Die deutsche Rechtschreibung

Die deutsche Rechtschreibung

verfasst von Ursula Hermann

völlig neu bearbeitet und erweitert von
Prof. Dr. Lutz Götze

mit einem Vorwort von
Dr. Klaus Heller

BERTELSMANN LEXIKON INSTITUT

Dr. Lutz Götze ist Professor für das Fach Deutsch als Fremdsprache der Fachrichtung Germanistik an der Universität des Saarlandes, Saarbrücken.

Dr. Klaus Heller ist wissenschaftlicher Mitarbeiter am Institut für deutsche Sprache, Mannheim, und Geschäftsführer der Internationalen Kommission für deutsche Rechtschreibung.

Das *Wahrig Textkorpus*^{digital} wurde aufgebaut und sprachtechnologisch ausgewertet durch die CLT Sprachtechnologie GmbH Saarbrücken.
Sprachtechnologischer Berater: Prof. Dr. Manfred Pinkal, Universität des Saarlandes
Die Auswertung erfolgte u. a. auf der Basis aktueller Jahrgänge folgender Zeitungen und Zeitschriften: *Berliner Zeitung, Neue Zürcher Zeitung, Spektrum der Wissenschaft, Der Spiegel, Der Standard, Süddeutsche Zeitung* (lizenziert durch die DIZ München GmbH).

Fragen zur Rechtschreibung, Grammatik und Zeichensetzung
beantwortet die Wörterbuchredaktion des Verlages unter
Bertelsmann Lexikon Verlag, Postfach 130, 33311 Gütersloh
oder
www.lexikonverlag.de/sprachberatung

Dieses Werk ist 1973 erstmals unter dem Titel ›KNAURS RECHTSCHREIBUNG‹ im Lexikographischen Institut, München, erschienen.

Die Neuausgabe 1996 erschien unter dem Titel ›BERTELSMANN – *Die neue deutsche Rechtschreibung*‹.
Redaktionsleitung: Rudolf Radler
Redaktion: Susanne Bacher, Inge Götze, Alfred Konitzer, Werner Lord, Rita Seuß

Die Neuausgabe 1999 erschien unter dem Titel: ›*Bertelsmann – Die deutsche Rechtschreibung*‹.
Leitung und Chefredaktion der Neuausgabe 1999: Dr. Beate Varnhorn
Redaktion: Inge Götze, Heiko Hartmann, Alfred Konitzer, Dr. Sabine Krome, Ingrid Lenz-Aktas, Werner Lord, Rita Seuß

Leitung der Neuausgabe 2002: Dr. Sabine Krome
Chefredaktion: Dr. Beate Varnhorn
Redaktion: Dr. Brigitte Bulitta, Paul Kaltefleiter
Redaktionelle Mitarbeit: Antje Kleinelümern-Depping, Michael Müller, Andrea Rocha-Lieder, Bernhard Roll, Inga Westerteicher
Layout: lok. design division Claudia Grotefendt
Datentechnik und Satz: Dirk Bischoff, Tina Bollermann, Olaf Braun
Herstellung: Martin Kramer, Michael Schack
Einbandgestaltung: groothuis & consorten, Hamburg
Druck und Bindung: Clausen & Bosse, Leck

ISBN 3-577-10044-3

INHALT

Vorwort zur Ausgabe 1996

Unter den allgemeinen einsprachigen Wörterbüchern der deutschen Gegenwartssprache, die sich – besonders unter dem Aspekt der Orthografie – an einen breiten Benutzerkreis richten, nahm ***Knaurs Rechtschreibung*** lange Jahre einen festen Platz ein. Sie vereinte in sich Eigenschaften, die alle Rat Suchenden zu schätzen wussten – der im Nachschlagen geübte Schreibprofi nicht weniger als der sich dieses Hilfsmittels eher zögerlich bedienende Wenigschreiber: eine sorgfältige, wissenschaftlich fundierte Bearbeitung, eine übersichtliche, die rasche und sichere Handhabung erleichternde Darstellung und – vor allem im Hinblick auf den dargestellten Wortschatz – eine spürbare Aktualität. Eben diesen Ansprüchen sieht sich auch ihre Nachfolgepublikation, die ***Neue deutsche Rechtschreibung*** des Bertelsmann Lexikon Verlages, verpflichtet. Sie erscheint zu einem Zeitpunkt, der unter orthografiegeschichtlichem Aspekt nachgerade als historisch zu bezeichnen ist und die Bearbeiter eines Nachschlagewerkes dieser Art vor besondere Aufgaben stellen musste: Ein knappes Jahrhundert nach den Reformbeschlüssen von 1901, denen wir vor allem die Einheitlichkeit der deutschen Rechtschreibung verdanken, haben sich Deutschland, Österreich und die Schweiz neuerlich auf eine Reform der Orthografie geeinigt. Viele Jahre wissenschaftlicher Vorarbeiten, umfassende öffentliche Diskussionen und immer erneute Abstimmungen mit den politisch verantwortlichen Stellen der deutschsprachigen Staaten waren dieser Übereinkunft vorausgegangen. Anliegen der Neuregelung ist es, Vereinfachung durch Systematisierung zu erreichen. Mit Rücksicht auf die Tradition der deutschen Schreibkultur wird dabei äußerst behutsam vorgegangen. Die Lesbarkeit von Texten in der bisherigen Orthografie wird nicht gefährdet; das gewohnte Schriftbild bleibt so weit wie irgend möglich erhalten. Um den Geltungsbereich der Grundregeln auszuweiten, werden vor allem Ausnahmen und widersprüchliche Formen beseitigt, mitunter auch solche, die es nur aus heutiger Sicht sind. Zum Teil handelt es sich dabei um Änderungen, die schon 1901 beabsichtigt waren, zum Teil aber auch um Korrekturen, die sich erst infolge unsystematischer lexikografischer Einzelfallentscheidungen in den Wörterbuchbearbeitungen der letzten Jahrzehnte als nötig erwiesen haben. Angesichts der langfristigen Übergangsregelungen – die alte Schreibung soll bis zum Jahre 2005 zwar als überholt, aber nicht als falsch gelten – und angesichts der Tatsache, dass uns ein großer Teil der vorhandenen Texte auch weiterhin oder doch für längere Zeit in der alten Orthografie begleiten wird, hat es sich die ***Neue deutsche Rechtschreibung*** des Bertelsmann Lexikon Verlages zur Aufgabe gemacht, in allen Fällen Auskunft sowohl über die alte als auch über die neue Schreibweise zu geben. Eine sinnreiche, augenfällige Darstellungsmethode ermöglicht es dem Benutzer, ein Wort auch bei geänderter Schreibung schnell zu finden. Der alten Funktion eines jeden Wörterbuchs, Ratgeber und Wegweiser zu sein, wird damit auch die ***Neue deutsche Rechtschreibung*** in schöner Weise gerecht.

Mannheim, im Frühjahr 1996

Dr. Klaus Heller
Institut für deutsche Sprache

Vorwort zur Neuausgabe 2002

Wahrig, Die deutsche Rechtschreibung ist die grundlegend aktualisierte und umfassend erweiterte Neuausgabe des bewährten Standardwerks ***Bertelsmann, Die deutsche Rechtschreibung***. Das Werk vermittelt in informativer, allgemein verständlicher Form einen umfassenden Überblick über die deutsche Orthographie. Die neue amtliche Rechtschreibung, wie sie für Deutschland, Österreich und die Schweiz sowie für deutschsprachige Teile in anderen Ländern Europas 1996 beschlossen wurde und am 1. August 1998 in Kraft getreten ist, ist im Wörterverzeichnis sowie in allen anderen Teilen des Buches uneingeschränkt umgesetzt. Auch die nach Inkrafttreten der Reform aufgetretenen Zweifelsfälle, die von der »Zwischenstaatlichen Kommission für deutsche Rechtschreibung« inzwischen geklärt wurden, sind in das Werk vollständig eingearbeitet.

Wahrig, Die deutsche Rechtschreibung bietet den Wortschatz der heutigen deutschen Standard- und Umgangssprache einschließlich der Fremdwörter aller Lebens- und Wissensgebiete, soweit sie dem Leser außerhalb spezieller Fachliteratur begegnen können. Das Stichwortinventar basiert auf dem ***Wahrig Textkorpus****digital*, einer rd. 500 Millionen Wortbelege umfassenden digitalen Dokumentation der deutschen Sprache auf der Grundlage verschiedener überregionaler Zeitungen und Zeitschriften, aufgebaut und sprachtechnologisch ausgewertet durch die CLT Sprachtechnologie GmbH Saarbrücken. Mit diesem Korpus wurde das Stichwortinventar der ***Deutschen Rechtschreibung*** abgeglichen, um so genannte »Lücken« (= fehlende Wörter) und »Leichen« (= nicht mehr gebräuchliche Wörter) möglichst vollständig zu erfassen und auf diese Weise den deutschen Wortschatz in seinen wichtigen Aspekten repräsentativ abzubilden. ***Wahrig, Die deutsche Rechtschreibung*** ist damit eine umfassende, authentische Dokumentation des aktuellen Sprachgebrauchs.

Ergänzt wurde das Werk nicht nur um mehr als 1000 Stichwörter, sondern auch um ca. 300 Informationskästen zur neuen deutschen Rechtschreibung und zu wichtigen orthographischen Zweifelsfällen sowie um praktische Suchhilfen zum schnellen Auffinden schwierig zu schreibender Wörter, wie z.B. *akquirieren*.

Beibehalten wurden die Vorzüge der Ausgabe von 1999:

- die übersichtliche Gegenüberstellung von alten und neuen Schreibweisen, wobei die Neuschreibung in der vorliegenden Ausgabe an erster Stelle erscheint,
- die benutzerfreundliche farbige Markierung der Neuschreibungen inklusive der neuen Trennungen,
- die als Lern- und Orientierungshilfen konzipierten, in der Kritik immer wieder positiv hervorgehobenen farbigen Informationskästen mit Verweis auf das amtliche Regelwerk,
- der vollständige Abdruck des amtlichen Regelwerks mit Kommentaren und Verweisen auf die bisherige Regelung,
- die Angabe sämtlicher zulässiger Varianten.

Redaktion und Verlag wünschen den Benutzerinnen und Benutzern des Werkes, dass ihnen ***Wahrig, Die Deutsche Rechtschreibung*** stets ein verlässlicher Ratgeber in allen wichtigen Fragen und Zweifelsfällen der deutschen Sprache, speziell der Orthographie, sein möge.

Der Verlag

Hinweise zur Benutzung

Zielsetzung des Buches

Wahrig, Die deutsche Rechtschreibung ist ein Standard-Nachschlagewerk für alle, die Deutsch sprechen, lesen und schreiben und dabei Rat oder Auskunft suchen. Die übersichtliche Anordnung von Stichwörtern, Anwendungsbeispielen und Informationskästen – jedes Stichwort erscheint mit eigenem Eintrag – sowie das zweifarbige Layout ermöglichen ein schnelles Auffinden des Gesuchten.

Die Neuregelung der deutschen Rechtschreibung, wie sie für Deutschland, Österreich und die Schweiz sowie deutschsprachige Teile in anderen Ländern Europas beschlossen wurde, ist hier entsprechend dem Beschluss der Ständigen Konferenz der Kultusminister der Länder der Bundesrepublik Deutschland dargestellt und im Wörterverzeichnis sowie in allen anderen Teilen dieses Buches durchgeführt worden.

Der Wortlaut der Neuregelung findet sich in dem Kapitel ***Die neuen Regeln mit Erläuterungen.*** Um dem Benutzer eine schnelle Orientierung über die Veränderungen der Neuregelung zu ermöglichen, ist bei jedem Paragraphen dieses Abschnitts der Unterschied zur bisherigen Regelung aufgezeigt.

Im ***Wörterverzeichnis*** ist bei den von der Neuregelung betroffenen Formen die Neuschreibung bzw. die neue Variante sowie auch die bisher übliche Schreibung, die bis zum Jahr 2005 Gültigkeit hat, aufgeführt. Dabei weist die blaue Schrift auf die Änderungen hin; die ab 2005 ausschließlich geltenden Neuschreibungen stehen an erster Stelle.

Der Benutzer kann daher das Wörterverzeichnis auch als ein umfassendes Protokoll der Veränderungen ansehen, das ihm, durch die Zweifarbigkeit leicht erfassbar, alle Neuerungen in der Schreibung wie auch in der Worttrennung aufzeigt.

Auswahl des Wortguts

Wahrig, Die deutsche Rechtschreibung bietet den Wortschatz der heutigen deutschen Standard- und Umgangssprache einschließlich der Fremdwörter aller Lebens- und Wissensgebiete, soweit sie dem Leser außerhalb spezieller Fachliteratur begegnen können, dazu eine Auswahl veralteter oder im Veralten begriffener Wörter, die in der bis heute gelesenen klassischen Literatur vorkommen. Das Stichwortinventar basiert auf dem *Wahrig Textkorpus*^digital^ – einer rd. 500 Millionen Wortbelege umfassenden Dokumentation auf der Grundlage verschiedener überregionaler Zeitungen und Zeitschriften, mit dem die *Deutsche Rechtschreibung* abgeglichen wurde. Vorrangiges Anliegen dieser neuartigen Methode war es, den deutschen Wortschatz repräsentativ abbilden zu können.

Den Wortschatz einer lebenden Sprache lückenlos zu sammeln, ist weder ein erreichbares noch ein sinnvolles Ziel. Wörter von nur lokaler Verbreitung und täglich neu aufkommende Wörter stehen dem im Wege, vor allem aber auch die Leichtigkeit, mit der gerade die deutsche Sprache neue Zusammensetzungen bildet. Deshalb sind Komposita zwar in reicher Zahl aufgenommen, doch ist Vollständigkeit nicht angestrebt worden; neben **Verkehrsminister** bietet **Verkehrsministerium** keine neuen rechtschreiblichen Probleme, es kann daher entfallen.

Österreich, Schweiz Die Besonderheiten der deutschen Schriftsprache Österreichs und der Schweiz wurden umfassend berücksichtigt.

weibliche Formen Weibliche Formen sind nicht aufgeführt, wenn sie durch einfaches Anhängen der Silbe **-in** gebildet werden können **(Schauspieler/Schauspielerin).** Dagegen sind sie immer aufgeführt, wenn bei ihrer Bildung die männliche Form verändert wird, z. B. **Zauberer/Zauberin** (nicht: Zaubererin), **Landsmann/Landsmännin.**

Namen Geographische Namen sind ebenso aufgenommen worden wie eine Reihe von Vornamen sowie Namen bekannter Persönlichkeiten aus Kunst, Politik und Wissenschaft – dies besonders dann, wenn sie rechtschreibliche Schwierigkeiten aufwerfen können. Sofern biblische Namen aufgeführt sind, wurde neben der konventionellen Schreibweise die Schreibung nach den »Loccumer Richtlinien« angeführt.

Abkürzungen als Stichwort Allgemein verbreitete Abkürzungen sind als Stichwort aufgenommen, z. B.: **h. c.** *Abk. für* honoris causa. Das ausgeschriebene Wort erscheint an seiner eigenen Stelle im Alphabet und wird erklärt – außer wenn die Auflösung keiner weiteren Erklärung bedarf, z. B.: **BfA** *Abk. für* Bundesversicherungsanstalt für Angestellte.

Alphabetische Ordnung Die Umlaute ä, ö, ü erscheinen in der alphabetischen Ordnung wie die einfachen Vokale a, o, u; ae und oe werden jedoch als zwei Buchstaben behandelt. Es erscheint also **Pädagoge** zwischen Packung und Paddel; dagegen steht der Eintrag **Goethe** zwischen Godel und Gof.

Veränderungen bei der Schreibung Wird durch die Neuregelung der Rechtschreibung eine bisher übliche Schreibung durch eine neue ersetzt, so wird der Benutzer durch die blaue Schrift auf die neue Form aufmerksam gemacht, z. B. **Gässchen** (*alt:* Gäßchen); **gut gelaunt** (*alt:* gutgelaunt). Oft hat sich mit der neuen Schreibung die Stellung des betreffenden Wortes im Alphabet verändert (z. B. **Gemse** (*alt für:* Gämse)). Die Worterklärung findet sich in diesen Fällen bei der neuen Schreibung (**Gämse** bzw. **gut**).
Zahlreiche veränderte Schreibungen, besonders im Bereich der Groß- und Kleinschreibung sowie der Getrennt- und Zusammenschreibung, sind ferner in den blau gerahmten Informationskästen erläutert.

mehrere zulässige Schreibungen, Haupt- und Nebenvarianten Gibt es mehrere gleichberechtigte Schreibungen eines Wortes, so sind diese nebeneinander aufgeführt und durch halbfette Schrift hervorgehoben, z. B. **Calvinismus, Kalvinismus.** Beim Eintrag **Kalvinismus** wird durch das Zeichen = auf die gleichberechtigte Variante, bei der die Worterklärung notiert ist, verwiesen.
Wird einer bisher geläufigen Schreibung eine neue gleichberechtigt zur

Seite gestellt, so wird die Gleichwertigkeit folgendermaßen dargestellt: **Tête-à-tête = Tete-a-tete.**
Sind unterschiedliche Schreibungen im Regelwerk als Haupt- und Nebenvariante definiert, so erscheint die »Nebenvariante« in magerer Schrift neben der »Hauptvariante«: **bezirzen,** becircen. Darüber hinaus wird von der »Nebenvariante« durch s. (= siehe) auf die »Hauptvariante« verwiesen: **becircen** s. **bezirzen.**
Wird durch die Neuregelung der Rechtschreibung eine neu eingeführte Schreibung als »Nebenvariante« zulässig (d. h., sie ist nicht zwingend vorgeschrieben), so wird diese bei der entsprechenden »Hauptvariante« des betreffenden Wortes mit dem Hinweis *auch:* im Wörterverzeichnis genannt: **Graphit** *auch:* **Grafit.** Die Worterklärung findet sich bei der »Hauptvariante«. **Grafit** erscheint an entsprechender Stelle im Alphabet; verwiesen wird durch s. auf **Graphit,** die Hauptvariante.
Wird eine neu eingeführte Schreibung empfohlen, daneben jedoch eine bisher übliche weiter zugelassen, so ist die bisher übliche Schreibung als »Nebenvariante« *(Nv.)* gekennzeichnet. Auf die neue, empfohlene Schreibung wird als »Hauptvariante« *(Hv.)* verwiesen: **Ketchup** *Nv.* **Ketschup** *Hv.* Bei **Ketschup,** Ketchup steht die Worterklärung.

Die blau markierten Informationskästen: Erläuterungen der neuen Regeln

Zu zahlreichen Stichwörtern sind prägnante, blau umrahmte Informationskästen in das Wörterverzeichnis eingefügt. Dort werden Hinweise auf Neuschreibungen gegeben, die neuen Schreibungen werden anhand des amtlichen Regelwerks zur deutschen Rechtschreibung mithilfe typischer Anwendungsbeispiele erläutert und begründet, es werden Varianten genannt, sowie orthographische und grammatische Zweifelsfälle besprochen. Dabei werden auch die entsprechenden Paragraphen des Regelteils angegeben.
In weiteren Kästen finden sich Hinweise zur Worttrennung, ebenfalls mit Verweisen auf den Regelteil.

Suchhilfen

In verschiedenen besonders rechtschreibschwierigen Wörtern sind zur raschen Orientierung des Benutzers blau umrandete, mit einem weißen Pfeil markierte Suchhilfekästen in das Wörterverzeichnis integriert. Diese Kästen findet man an der alphabetischen Stelle, an der der Benutzer vermutlich fälschlich das betreffende Wort suchen würde, so z. B. **akquirieren** unter **aqu...** Die Suchhilfe verweist mit Erläuterung und Begründung auf die richtige Schreibung und die entsprechende Stelle im Alphabet, an der der Stichworteintrag erscheint.

Betonung

Der betonte Vokal eines Wortes ist, wenn er lang gesprochen wird, durch einen untergesetzten Strich markiert: **Bla̲se;** wenn er kurz ist, durch einen Punkt: **Mịtleid.** Die Angabe der Betonung erfolgt beim Stichwort; folgt jedoch eine Ausspracheangabe in phonetischer Schrift, ist die Betonung bei dieser angegeben.

Aussprache

Wo Zweifel über die richtige Aussprache bestehen können, ist diese in eckigen Klammern hinter dem Stichwort angegeben, und zwar in den Zeichen des internationalen phonetischen Alphabetes.

Worttrennung am Zeilenende Die Worttrennung wird jeweils durch einen senkrechten Strich markiert: **Man|tel, Chi|li|as|mus.** Entsteht durch die Neuregelung eine Trennungsmöglichkeit an einer anderen Stelle des Wortes als nach der bisherigen Regel, so ist diese Trennung mit einem blauen senkrechten Strich hervorgehoben: **gus|tie|ren, Zu|cker.** Die deutschen Wörter sowie die englischen und französischen sind nach deutschen Regeln getrennt, z. B. **Bo|dy|buil|ding, Figh|ting,** Fremdwörter aus dem Griechischen und Lateinischen großenteils nach Sprechsilben.

Wenn bei Fremdwörtern die Anwendung der neuen Regel, nach der bei der Worttrennung auch entgegen den Sprechsilben der letzte von mehreren aufeinander folgenden Konsonanten in die neue Zeile gesetzt werden kann, zu sinnentstellenden oder der Aussprache zuwiderlaufenden Trennungen führt, wird auf die Angabe solcher Varianten verzichtet. Alle Trennvarianten werden bei Fremdwörtern nach den allgemeinen Regeln dann verzeichnet, wenn für den normalen Schreibenden die einzelnen Bestandteile eines Wortes nicht mehr als solche erkennbar sind.

Bei mehreren gültigen Trennungsalternativen werden alle Möglichkeiten aufgezeigt, z. B. **Ge|o|me|trie** *auch:* **Ge|o|met|rie.** Bei Reihen von Zusammensetzungen und Ableitungen, die von den gleichen neuen fakultativen Trennungsmöglichkeiten betroffen sind, z. B. bei **abstrahieren, abstrakt** usw., werden so genannte Buchstabenfolgen eingesetzt, in denen die jeweils gültigen Trennvarianten der folgenden Wortreihe angegeben werden. Alle Stichwörter, für die mehrere Trennvarianten gelten, sind mit einer blauen Raute (♦) gekennzeichnet.

> ♦ Die Buchstabenfolge **ab|str…** kann in Fremdwörtern auch **abs|tr…** getrennt werden.

♦ **ab|stra|hie|ren** [lat.] *tr. 3* das Allgemeine im Einzelnen erkennen und von ihm abheben; verallgemeinern, zum Begriff erheben

♦ **ab|strakt** begrifflich, unanschaulich; *Ggs.:* konkret; abstrakte Kunst: ungegenständl. Kunst

♦ **Ab|strak|ti|on** *f. 10* Verallgemeinerung, Begriffsbildung

Herkunft Die Herkunft ist nur für Fremd- und Kunstwörter angegeben, und zwar durch Angabe der Ursprungssprache in eckigen Klammern hinter dem Stichwort bzw. hinter der Ausspracheangabe: [arab.]. Gelegentlich wird auch die Vermittlungssprache genannt, durch die ein Wort ins Deutsche gelangt ist: [arab.-frz.].

grammatische Angaben Alle Substantive sind nach der Genusangabe *(m., f., n.)* mit einer Ziffer versehen, die auf das betreffende Deklinationsschema verweist. Ist ein

Wort nicht im Schema unterzubringen, so sind der Genitiv Singular und der Nominativ Plural angegeben, z. B. **Album** *n. Gen.* -s *Pl.* -ben (Genitiv: des Albums, Plural: Alben) oder **Infotainment** *n. Gen.* -s *nur Sg.* (nur im Singular vorkommend).

Bei Verben stehen die Angabe *tr.* = transitiv, *intr.* = intransitiv, *refl.* = reflexiv sowie eine Ziffer, die auf das betreffende Konjugationsschema verweist.

Deklinations- und Konjugationstabellen finden sich farbig schraffiert im Anhang.

Bei Präpositionen ist neben der Bezeichnung *Präp.* der Kasus angegeben, mit dem sie verbunden werden.

Erklärungen zur Wortbedeutung

Die Bedeutung eines Wortes wird erläutert, wenn sie nicht ohne weiteres als bekannt vorausgesetzt werden kann. Hat ein Wort neben einer allgemein bekannten Bedeutung noch eine Sonderbedeutung, so ist häufig nur diese angegeben. Dies kann auch durch eine Redewendung geschehen, die den übertragenen Gebrauch oder eine sonstige Sonderbedeutung erkennen lässt. Beispiel: **verbreiten** *tr. 2;* sich über etwas verbreiten: sich ausführlich zu etwas äußern. **Löffel** *m. 5; auch Jägerspr.:* Ohr (von Hase und Kaninchen). **Lanze** *f. 11;* eine Lanze für jmdn. brechen: ... **Lehre** *f. 11; auch:* Messwerkzeug.

Anwendungsbeispiele

Der Gebrauch eines Wortes wird häufig durch Anwendungsbeispiele und stehende Redewendungen veranschaulicht, z. B.

Hand *f. 2;* die öffentliche Hand: Behörde, Verwaltung; rechter, linker Hand: rechts, links; Ausgabe letzter Hand: letzte Ausgabe eines Schriftwerkes, die vom Verfasser selbst durchgesehen worden ist; die Sache war von langer Hand vorbereitet: seit langem.

In Anwendungsbeispielen wird das Stichwort, sofern keine Missverständnisse beim Leser auftreten können, abgekürzt: **lernen;** laufen l., Auto fahren l.

Warenzeichen

Das Zeichen ® gibt an, dass eine Bezeichnung urheber- oder wettbewerbsrechtlich geschützt ist. Aus seinem Fehlen kann jedoch nicht geschlossen werden, dass der betreffende Name nicht geschützt sei.

Aufbau eines Artikels

1 2 3 4 5 6

An|ci|en|ni|tät [ãsjɛni-, frz.] *f. 10 nur Sg., veraltet:* Reihenfolge nach dem Alter im Dienst, Dienstalter

6

1. Stichwort (halbfett); Worttrennung durch | , Betonung durch _ (langes, betontes ä) markiert;
2. Aussprache in phonetischen Zeichen, hier eingeschränkt auf den einer solchen Angabe bedürftigen Wortteil;

3. Herkunft (Ursprungssprache);
4. grammatische Angaben: Geschlecht (*f.* = Femininum); Nummer des Deklinationsschemas (*10*); Besonderheiten: *nur Sg.*, d. h., es kann kein Plural gebildet werden;
5. Angabe des Gültigkeitsbereichs oder der Sprachschicht, z. B. *veraltet; ugs.* = umgangssprachlich; *Med.* = Medizin;
6. Erklärung; Begriffsdefinition.

ạn|spie|len 1 *tr. 1* probeweise spielen (Musikstück); **2** *intr. 1;* auf etwas a.: etwas andeuten

1. Stichwort (halbfett); Worttrennung durch | , Betonung durch ̣ (kurzes, betontes a) markiert;
2. das Stichwort hat zwei Bedeutungen, die durch die halbfetten Ziffern **1, 2** angezeigt werden;
3. grammatische Angaben: *tr.* = transitiv, d. h., das Verb kann ein Akkusativobjekt nach sich ziehen, z. B.: Wir spielen jetzt den ersten Satz an; Nummer des Konjugationsschemas (*1*); *intr.* = intransitiv, d. h., das Verb kann auch ohne Akkusativobjekt gebraucht werden;
4. Bedeutung des Wortes;
5. die Bedeutung ist hier durch ein Anwendungsbeispiel erläutert.

Ne|gli|gé *Nv.* **Ne|gli|gee** *Hv.* *auch:* **Neg|li|gee** [-ʒe̱, frz.] *n. 9*

1. Stichwort (halbfett); Worttrennung durch | markiert;
2. Hinweis, dass die vorstehende Schreibung (1) die Nebenvariante ist;
3. Stichwort (halbfett) in blauer Schrift, die die neue Schreibung anzeigt; Worttrennung durch | markiert;
4. Hinweis, dass die vorstehende Schreibung (3) die Hauptvariante ist;
5. Angabe einer alternativen Worttrennung (durch | markiert);
6. Aussprache mit phonetischen Zeichen, hier eingeschränkt auf den einer solchen Angabe bedürftigen Wortteil; Betonung durch _ (betontes, langes e) markiert;
7. Herkunft (Ursprungssprache);
8. grammatische Angaben: Genus (*n.* = Neutrum); Nummer des Deklinationsschemas (*9*).

Abkürzungen und Zeichen

Abk.	Abkürzung
Adv.	Adverb
afrik.	afrikanisch
ahd.	althochdeutsch
Akk.	Akkusativ
alem.	alemannisch
allg.	allgemein
amerik.	amerikanisch
Anat.	Anatomie
aram.	aramäisch
Archit.	Architektur
argent.	argentinisch
Astrol.	Astrologie
Astron.	Astronomie
AT	Altes Testament
austr.	australisch
Bankw.	Bankwesen
Bauw.	Bauwesen
bair.	bairisch
bes.	besonders
Bez.	Bezeichnung
Bgb.	Bergbau
Biol.	Biologie
Bot.	Botanik
BR Dtld.	Bundesrepublik Deutschland
Buchw.	Buchwesen
bzw.	beziehungsweise
Chem.	Chemie
chin.	chinesisch
Dat.	Dativ
DDR	Deutsche Demokratische Republik
dt.	deutsch
Dtld.	Deutschland
ehem.	ehemals, ehemalig(e)
eigtl.	eigentlich
Elektr.	Elektrotechnik
erg.	ergänze
europ.	europäisch
ev., evang.	evangelisch
f.	Femininum
Forstw.	Forstwesen
Fot.	Fotografie
Frkr.	Frankreich
frz.	französisch
geb.	geboren
Gen.	Genitiv
Geol.	Geologie
Ggs.	Gegensatz
Gramm.	Grammatik
hebr.	hebräisch
hl.	heilig
Hv.	Hauptvariante
idg.	indogermanisch
i. e. S.	im engeren Sinn
intr.	intransitiv
ital.	italienisch
i. w. S.	im weiteren Sinn
jap.	japanisch
Jh.	Jahrhundert
jmd.	jemand
jmdm.	jemandem
jmdn.	jemanden
jmds.	jemandes
kath.	katholisch
kfm.	kaufmännisch
Konj.	Konjunktion
landsch.	landschaftlich
Landw.	Landwirtschaft
lat.	lateinisch
Lit.	Literatur
luth.	lutherisch
m.	Maskulinum
MA	Mittelalter
mal.	malaiisch
Math.	Mathematik
Med.	Medizin
Meteor.	Meteorologie
mhd.	mittelhochdeutsch
Mil.	Militär
Mio.	Million
mlat.	mittellateinisch
Mus.	Musik
Myth.	Mythologie
n.	Neutrum
nat.-soz.	nationalsozialistisch
n. Chr.	nach Christus
nddt.	niederdeutsch
ndrl.	niederländisch
neulat.	neulateinisch
Nom.	Nominativ
norw.	norwegisch
NT	Neues Testament
Nv.	Nebenvariante
o. Ä.	oder Ähnliche(s)
österr.	österreichisch
Österr.	Österreich
Part. II	Partizip II
Philos.	Philosophie
Phys.	Physik
Pl.	Plural
port(ug).	portugiesisch
Präp.	Präposition
Pron.	Pronomen
prot.	protestantisch
Psych.	Psychologie
Rechtsw.	Rechtswesen
refl.	reflexiv
relig.	religiös
Relig.	Religion
rotw.	rotwelsch
s.	siehe
scherzh.	scherzhaft
schweiz.	schweizerisch
Seew.	Seewesen
Sg.	Singular
skand.	skandinavisch
Soziol.	Soziologie
Sp.	Sport
Spr.	Sprache
Sprachw.	Sprachwissenschaft
Stud.	Studentensprache
Tech.	Technik
Theol.	Theologie
tr.	transitiv
tschech.	tschechisch
u.	und
u. a.	und andere(s)
u. Ä.	und Ähnliche(s)
übertr.	im übertragenen Sinn
u. dgl.	und dergleichen
ugs.	umgangssprachlich
ung.	ungarisch
urspr.	ursprünglich
usw.	und so weiter
v. Chr.	vor Christus
vgl.	vergleiche
VR	Volksrepublik
vulg.	vulgär
Wirtsch.	Wirtschaft
Wiss.	Wissenschaft
Zool.	Zoologie
Zus.	Zusammensetzung
*	nicht korrekt

Weitere Abkürzungen befinden sich im Wörterverzeichnis als Stichwörter

Tabelle der Aussprachezeichen
(internationales phonetisches Alphabet)

Im Wörterverzeichnis ist für Fremdwörter und für alle Wörter, bei denen es notwendig erscheint, die korrekte Aussprache in eckigen Klammern angegeben. Der Genauigkeit halber verwenden wir nicht ein Behelfssystem, sondern die internationale Lautschrift, mit der die Aussprache der in den europäischen Sprachen vorkommenden Laute genau bezeichnet werden kann.

[a] M*a*nn

[a:] N*a*se

[ã] frz. ch*am*bre, Je*an*
nasales a

[ʌ] engl. l*u*nch
kurzer, dunkler a-Laut

[e] l*e*bendig
geschlossen, kurz

[e:] L*e*ben
geschlossen, lang

[ɛ] R*e*ttich, H*ä*nde
offen, kurz

[ɛ:] K*ä*se
offen, lang

[æ] engl. h*a*nd, c*a*tch
heller, offener ä-Laut, nicht zu kurz

[ɛ̃] frz. m*ai*n
nasales ä [ɛ]

[ə] Gab*e*
schwach, kurz

[ɘ:] Callg*i*rl
offenes ö, lang

[i] R*i*vale
geschlossen, kurz

[i:] L*ie*be
geschlossen, lang

[ɪ] F*i*sch
offen, kurz

[o] Krok*o*dil
geschlossen, kurz

[o:] M*oh*r, M*oo*r
geschlossen, lang

[ɔ] H*o*rn
offen, kurz

[ɔ:] engl. *a*ll
offen, lang

[ɔ̃] frz. garç*on*
nasales offenes o

[ø:] K*ö*nig
geschlossen, lang

[œ] F*ö*rster
offen, kurz

[œ:] frz. *œu*vre
offen, lang

[œ̃] frz. Verd*un*
nasales œ

[u] K*u*riosität
geschlossen, kurz

[u:] Sp*ur*
geschlossen, lang

[y] parf*ü*mieren, M*ü*cke
geschlossen oder offen, kurz

[y:] G*ü*te
geschlossen, lang

[aɪ] H*ai*n, *Ei*s
ai- oder ei-Diphthong

[ɔɪ] H*äu*ser, h*eu*te, ah*oi*
äu- oder eu-Diphthong

[aʊ] H*au*s
au-Diphthong

[ɛɪ] engl. r*ai*n, Sh*a*kespeare
Diphthong für engl. ai, a

[oʊ] engl. n*o*se, Fl*oa*ting
Diphthong für engl. o, oa u. a.

[b] *B*all
stimmhafter Verschlusslaut

[ç] i*ch*
stimmloser Reibelaut

[x] Ba*ch*
stimmloser Reibelaut

[d] *D*ach
stimmhafter Verschlusslaut

[ð] engl. mo*th*er, span. Alma*d*en
stimmhafter Reibelaut

[θ] engl. Commonweal*th*, span. *C*ervantes
stimmloser Reibelaut

[f] *F*eld, *v*iel
stimmloser Reibelaut

[g] *G*arten
stimmhafter Verschlusslaut

[h] *h*eute
Hauchlaut

[j] *j*a, frz. fi*ll*e
stimmhafter Reibelaut

[k] *K*ind
stimmloser Verschlusslaut

[l] *l*eben, a*ll*e
Liquida

[m] *M*ann
Nasal

[n] *N*ase
Nasal

[ŋ] Fa*ng*
Nasal

[p] *P*ilz
stimmloser Verschlusslaut

[r] *R*iese
Liquida

[z] Ro*s*e
stimmhafter Reibelaut

[s] Sto*ß*
stimmloser Reibelaut

[ʒ] *G*enie
stimmhafter Reibelaut

[ʃ] *sch*ön
stimmloser Reibelaut

[t] *T*ag
stimmloser Verschlusslaut

[v] *W*elt, *V*illa
stimmhafter Reibelaut

[w] engl. *W*ales
konsonantisches u

Griechisches, kyrillisches und hebräisches Alphabet

griechische Schrift: 1 altgriechische Majuskeln bzw. neugriechische Großbuchstaben; 2 byzantinische Minuskeln bzw. neugriechische Kleinbuchstaben; 3 Buchstabenname; 4 altgriechischer, 5 neugriechischer Lautwert

1	2	3	4	5
Α	α	alpha	a	a
Β	β	beta	b	v
Γ	γ	gamma	g	g, j
Δ	δ	delta	d	δ
Ε	ε	epsilon	e	ε
Ζ	ζ	zeta	ds	z
Η	η	eta	e	i
Θ	ϑ	theta	th	θ
Ι	ι	iota	i	i, j
Κ	ϰ	kappa	k	k, kj
Λ	λ	lambda	l	l
Μ	μ	my	m	m, mj
Ν	ν	ny	n	n, nj
Ξ	ξ	xi	ks	ks
Ο	ο	omikron	o	ɔ
Π	π	pi	p	p
Ρ	ρ	rho	r	r
Σ	σ	sigma	s	s, z
Τ	τ	tau	t	t, d
Υ	υ	ypsilon	ü	i
Φ	φ	phi	ph	f
Χ	χ	chi	kh	x, ç
Ψ	ψ	psi	ps	ps
Ω	ω	omega	o	o

kyrillische Schrift: der lateinischen Schrift angenäherte »bürgerliche Schrift« in der modernen russischen Form: 1, 2 Druckschrift, 3, 4 Kursive; 5 wissenschaftliche Transliteration; 6 Lautwert im Russischen

1	2	3	4	5	6
А	а	*А*	*а*	a	a
Б	б	*Б*	*б*	b	b
В	в	*В*	*в*	v	v
Г	г	*Г*	*г*	g	g
Д	д	*Д*	*д, g*	d	d
Е	е	*Е*	*е*	e	jɛ
Ж	ж	*Ж*	*ж*	ž	ʒ
З	з	*З*	*з*	z	z
И	и	*И*	*и*	i	i
Й	й	*Й*	*й*	j	j
К	к	*К*	*к*	k	k
Л	л	*Л*	*л*	l	l
М	м	*М*	*м*	m	m
Н	н	*Н*	*н*	n	n
О	о	*О*	*о*	o	o
П	п	*П*	*п*	p	p
Р	р	*Р*	*р*	r	r
С	с	*С*	*с*	s	s
Т	т	*Т*	*т*	t	t
У	у	*У*	*у*	u	u
Ф	ф	*Ф*	*ф*	f	f
Х	х	*Х*	*х*	ch	x
Ц	ц	*Ц*	*ц*	c	ts
Ч	ч	*Ч*	*ч*	č	tʃ
Ш	ш	*Ш*	*ш*	š	ʃ
Щ	щ	*Щ*	*щ*	šč	ʃtʃ
Ъ	ъ	*Ъ*	*ъ*	['hartes' Zeichen]	–
Ы	ы	*Ы*	*ы*	y	y
Ь	ь	*Ь*	*ь*	['weiches' Zeichen]	–
Э	э	*Э*	*э*	ė	ɛ
Ю	ю	*Ю*	*ю*	ju	ju
Я	я	*Я*	*я*	ja	ja

hebräische Schrift: 1 Buchstabenform (Quadratschrift unpunktiert); 2 Buchstabenname; 3 Lautwert für das biblische Hebräisch; 4 wissenschaftliche Transliteration

1	2	3	4
א	alef	ʼ	ʼ
ב	beth	b, w	b, b̲
ג	gimel	g, gh	g, ḡ
ד	daleth	d, dh	d, d̲
ה	he	h	h
ו	waw	w	w
ז	sajin	s	z
ח	cheth	ḥ	ḥ
ט	teth	ṭ	ṭ
י	jodh	j	j
כ	kaf	k, ch	k, k̲
ל	lamedh	l	l
מ	mem	m	m
נ	nun	n	n
ס	samech	s	s
ע	ajin	ʻ	ʻ
פ	pe	p, f	p, p̄
צ	ṣadhe	ṣ	ṣ
ק	qof	q	q
ר	resch	r	r
שׂ	śin	ś	ś
שׁ	schin	sch	š
ת	taw	t, th	t, t̲

Römische Ziffern und Zahlen

Es gibt sieben verschiedene Zeichen:
I = 1, V = 5, X = 10, L = 50, C = 100, D = 500, M = 1000

Die Zahlen werden von links nach rechts gelesen und addiert; steht jedoch eine kleinere Zahl vor einer größeren, so muss sie abgezogen werden:

II = 2, III = 3, IV = 4, VI = 6, VII = 7, VIII = 8, IX = 9, XI = 11, XIX = 19, XX = 20, XXX = 30, XL = 40, LX = 60, XC = 90, XCIX = 99, CI = 101, CCCXLIX = 349, MCMXCVIII = 1998, MMII = 2002

Korrekturzeichen, nach DIN 16511

Hauptregeln Die Eintragungen sind so deutlich vorzunehmen, dass kein Irrtum entstehen kann.

Jedes eingezeichnete Korrekturzeichen ist am Papierrand zu wiederholen. Die erforderliche Änderung ist rechts neben das wiederholte Korrekturzeichen zu schreiben, sofern das Zeichen nicht (wie z. B. ⊓⊔, ══) für sich selbst spricht. Das Einzeichnen von Korrekturen innerhalb des Textes ohne den dazugehörigen Randvermerk ist unbedingt zu vermeiden. Das an den Rand Geschriebene muss in seiner Reihenfolge mit den innerhalb der Zeile angebrachten Korrekturzeichen übereinstimmen und in möglichst gleichem Abstand neben den betreffenden Zeilen untereinander stehen.

Bei mehreren Korrekturen innerhalb einer Zeile sind unterschiedliche Korrekturzeichen anzuwenden. Ergeben sich in einem Absatz umfangreichere Korrekturen, wird das Neuschreiben des Absatzes empfohlen.

Erklärende Vermerke zu einer Korrektur sind durch Doppelklammern zu kennzeichnen.

Es wird empfohlen, die Korrekturen farbig anzuzeichnen. Jeder gelesene Satzabzug ist zu signieren.

Anwendung **1. Falsche Buchstaben oder Wörter** werden durchgestrichen und am Papierrand durch die richtigen ersetzt; versehentlich umgedrehte Buchstaben

/e ⌐n — ben wurdƎn iu gleicher Weise angezeichnet.

/m ⌊i ⌊e ⌈o ⌈h — Komnen in einer Zaile mehrere sulcher Feller vor, so erhalten sie ihrer

⊢⊣ nach — Reihenfolge mit unterschiedliche Zeichen.

/₰ ⊢⊣ ₰ — **2. Überflüssige Buchstaben oder Wörter** werdenn durchgestrichen durchgestrichen und am Papierrand durch ₰ (Abkürzung für deleatur = »es werde getilgt«) angezeichnet.

/eh /Bu — **3. Fehlende Buchstaben** werden angezeichnet, indem der vorangende oder der folgende uchstabe durchgestrichen und am Rand zusammen mit dem fehlenden Buchstaben wiederholt wird. Es kann auch das ganze Wort

⊢⊣ oder /Istri — der die Silbe durchgechen und am Rand berichtigt werden.

4. Fehlende oder überflüssige Satzzeichen werden wie fehlende oder überflüssige Buchstaben angezeichnet.

/n, ⌊t. ⌈₰ /r, — Beispiele: *Satzzeichen beispielsweise Komma oder Punkt*
»Die Ehre ist das äußere Gewissen«, heißt es bei Schopenhauer
»und das Gewissen, die innere Ehre.«

/e — **5. Beschädigte Buchstaben** werden durchgestrichen und am Rand einmal unterstrichen.

/a — Fälschlich **aus anderer Schrift gesetzte Buchstaben** werden am Rand zweimal unterstrichen.

⊂⊃ ⊂⊃ — **Verschmutzte Buchstaben und zu stark erscheinende Stellen** werden umringelt. Dieses Zeichen wird am Rand wiederholt.

———	**Neu zu setzende Zeilen.** Zeilen mit porösen oder beschädigten Stellen erhalten einen waagerechten Strich. Ist eine solche Stelle nicht mehr lesbar,
⊢⊣ deutlich	wird sie durchgestrichen und deutlich an den Rand geschrieben.
	6. Wird nach **Streichung eines Bindestriches oder Buchstabens** die Getrennt- oder Zusammenschreibung der verbleibenden Teile zweifelhaft, so ist wie folgt zu verfahren:
|~Z |~C	Beispiele: *Der Schnee war blendend-weiß, la coufronne*
⊓ fi	**7. Ligaturen** (zusammengegossene Buchstaben) werden verlangt, indem man die fälschlich einzeln gesetzten Buchstaben durchstreicht und am Rand mit einem darunter befindlichen Bogen wiederholt. Fälschlich gesetzte Ligaturen werden durchgestrichen, am Rand wiederholt und durch einen Strich getrennt.
⊓ f/l	Beispiel: *Auflage*
⊓ en ⊢⊣ geb ⊓⊔ ld L B 1-7	**8. Verstellte Buchstaben** werdne durchgestrichen und am Rand richtig angebegen. **Verstellte Wörter** werden das durch Umstellungszeichen berichtigt. Die Wörter werden bei größeren Umstellungen beziffert. **Verstellte Zahlen** sind immer ganz durchzustreichen und in der richtigen Ziffernfolge an den Rand zu schreiben.
⊢⊣ 1964	Beispiel: 1694
⌈ Papierrand	**9. Fehlende Wörter** sind in der Lücke durch Winkelzeichen kenntlich zu machen und am anzugeben. Bei größeren Auslassungen wird auf die Manuskriptseite verwiesen. Die Stelle ist auf dem Manuskript zu markieren.
⌈ s. Ms. S. 12	Beispiel: *Die Erfindung Gutenbergs ist Entwicklung*
/~ ⌋ le	**10. Falsche Trennungen** werden am Zeilenschluss und am folgenden Zeilenanfang angezeichnet.
	11. Fehlender Wortzwischenraum wird durch Z, zu enger Zwischenraum durch Y, zu weiter Zwischenraum durch ↑ angezeichnet.
Z Y ↑	Beispiel: *Soweit dugehst, die Füße laufen mit.*
⌒	Ein Doppelbogen gibt an, dass der Zwischenraum ganz weg fallen soll.
— kursiv — halbfett └ Grundschrift	**12. Andere Schrift** wird verlangt, indem man die betreffende Stelle unterstreicht und die gewünschte Schrift am *Rand* vermerkt.
— sperren — nicht sperren	**13. Die Sperrung** oder Aufhebung einer Sperrung wird – wie beim Verlangen einer a n d e r e n Schrift – durch Unterstreichen angezeichnet.
= =	**14. Nicht Linie haltende Stellen** werden durch parallele Striche angezeichnet.
#	**15. Unerwünscht mitdruckende Stellen** (z.B. Spieße) werden unterstrichen und ■ am Rand mit Doppelkreuz angezeichnet.

16. Ein Absatz wird durch das Zeichen ⎣⎡ im Text und am Rand verlangt.

⎣⎡ Beispiel: *Die ältesten Drucke sind so gleichmäßig schön ausgeführt, dass sie die schönste Handschrift übertreffen.⎣⎡Die älteste Druckerpresse scheint von der, die uns Jost Amman im Jahre 1568 im Bilde vorführt, nicht wesentlich verschieden gewesen zu sein.*

17. Das Anhängen eines Absatzes wird durch eine verbindende Schleife verlangt.

Beispiel: *Diese Presse bestand aus zwei Säulen, die durch ein Gesims verbunden waren.*
In halber Mannshöhe war auf einem verschiebbaren Karren die Druckform befestigt.

18. Zu tilgender oder zu verringernder Einzug erhält das Zeichen ⊢—

⊢— Beispiel: ⊢— *Das Auge an die Beurteilung guter Verhältnisse zu gewöhnen erfordert jahrelange Übung.*

19. Fehlender oder zu erweiternder Einzug erhält das Zeichen ⊏

⊏ Beispiel: ⊏*Der Einzug bleibt im ganzen Buch gleich groß, auch wenn einzelne Absätze oder Anmerkungen in kleinerem Schriftgrad gesetzt sind.*

20. Verstellte (versteckte) Zeilen werden mit waagerechten Randstrichen versehen und in der richtigen Reihenfolge nummeriert.

1 — Beispiel: *Sah ein Knab' ein Röslein stehn,*
4 — *lief er schnell, es nah zu sehn,*
3 — *war so jung und morgenschön,*
2 — *Röslein auf der Heiden,*
5 — *sah's mit vielen Freuden. (Goethe)*

21. Fehlender Durchschuss wird durch einen zwischen die Zeilen gezogenen Strich mit nach außen offenem Bogen angezeichnet.
Zu großer Durchschuss wird durch einen zwischen die Zeilen gezogenen Strich mit einem nach innen offenen Bogen angezeichnet.

22. Erklärende Vermerke zu einer Korrektur sind durch Doppelklammer zu kennzeichnen.

⌈((hier fehlt Ms.-Anschluss)) Beispiel: *Die Vorstufen der Buchstabenschriften waren die Bilderschriften.⌈Alphabet als der Stammmutter aller abendländischen Schriften schufen die Griechen.*

23. Für unleserliche oder zweifelhafte Manuskriptstellen, die noch nicht blockiert sind, zeichnet man eine Blockade an (), um auf die noch notwendige Korrektur oder Ergänzung aufmerksam zu machen.

⊢⊣⊠ ⊢⊥⊠ Beispiel: H~~ylader~~ sind Insekten mit unbeweglichem Prothorax (s. S.⊢⊥).

⊢⊣ au~~f~~dem **24. Irrtümlich Angezeichnetes** wird unterpunktiert. Die Korrektur ~~am~~ Rand ist durchzustreichen.

Geschäftsbriefe nach DIN 5008: 1996-05

2,7 bzw. 4,5 cm

Feld für Briefkopf[1]

← 2,41 cm → Feld für Postanschrift des Absenders[2] ← mind. 10,97 cm →

Sendungsart[3]

Empfängerbezeichnung
Postfach mit Nummern (Abholangabe) od.
Straße u. Hausnummer (Zustellangabe)

Postleitzahl u. Bestimmungsort[4]

Ihr Zeichen	Unser Zeichen	Telefon	Datum[5]
Ihre Nachricht vom	unsere Nachricht vom		
7,49 cm →	12,57 cm →	17,65 cm →	

Betreff[6]

Anrede,[7]

Text[8]

Grußformel[9]

Firmenbezeichnung
Unterschrift/Stempel[10]

Name, Position des Unterzeichners

Anlagenvermerke[11]

Verteilervermerke

Feld für Geschäfts- u. gesellschaftsrechtliche Angaben[12]

[1] Die Gestaltung des **Briefkopfes** ist dem Absender freigestellt. Seinen Anforderungen entsprechend können hier z. B. das Firmenlogo, der Namenszug seiner Institution oder ein Werbetext Platz finden. Ab der zweiten Seite wird unterhalb dieses Feldes mit einer Zeile Abstand eine Seitenzahl gesetzt, hinter der nach einer Leerzeile der Text weiterläuft.

[2] Der klein zu druckende **Absender** sollte so angeordnet werden, dass er im Sichtfenster eines Kuverts über der Anschrift erscheint. Sein Abstand zum linken Blattrand beträgt (wie der des gesamten Brieftextes) 2,41 cm.

[3] Z. B. „Einschreiben", „Wertbrief", „Expresszustellung" o. Ä. Die Angaben zur **Sendungsart** werden unterstrichen, wenn sie aus Platzgründen nicht von der Empfängeranschrift durch eine Leerzeile getrennt werden können. Bei einer zugrunde gelegten Zeilenhöhe von 4,23 mm beginnt das **Anschriftenfeld** 3,39 cm bzw. (bei Briefblättern ohne Aufdruck) 5,08 cm unter der oberen Blattkante und besteht grundsätzlich aus neun Zeilen, deren Auffüllung je nach Bedarf variieren kann. Bei mehrzeiligen Firmenanschriften oder Auslandsadressen können z. B. Leerzeilen wegfallen. Es empfiehlt sich, rechts neben dem Anschriftenfeld Platz für Eingangs- und Bearbeitungsvermerke des Empfängers zu lassen.

[4] **Ortsnamen** werden in normaler Schrift geschrieben und nicht unterstrichen. Ausnahme: In **Auslandsanschriften** sind der Bestimmungsort und das Bestimmungsland in Großbuchstaben zu setzen. Ausländische Zielorte sollten dabei möglichst in Originalschreibung angegeben werden, also z. B. GDAŃSK statt DANZIG, PRAHA statt PRAG. Länderkennzeichnungen sollten generell nur bei Auslandsadressen verwendet werden, nicht jedoch bei Inlandskorrespondenz.

[5] Die **Bezugszeichenzeile** macht Angaben zur zurückliegenden Korrespondenz und enthält wichtige Kommunikationsdaten wie Telefax- und Telefonnummern, den Namen des Sachbearbeiters und das Datum, welches künftig numerisch (2002-08-01 bzw. 01-08-02) oder alphanumerisch (1. August 2002 bzw. 1. Aug. 2002) anzugeben ist. Zum Abstand der einzelnen Elemente vom linken Zeilenrand vgl. das Briefformular. Der Mindestabstand von der rechten Blattkante beträgt (wie auch für Text, Anlagen- und Verteilervermerke) 0,81 cm.

[6] Die **Betreffzeile** gibt in Stichworten präzise Auskunft über Inhalt und Anliegen des Schreibens. Entgegen der bisherigen Konvention wird das Wort „Betreff" künftig nicht mehr geschrieben, die Betreffzeile wird nicht unterstrichen und erhält keinen Schlusspunkt.

[7] Die **Anrede** wird mit zwei Zeilen Abstand unter die Betreffzeile gesetzt. Wenn der Empfänger nicht namentlich bekannt ist, gebraucht man für gewöhnlich die Formel „Sehr geehrte Damen und Herren". Hinter die Anrede setzt man ein Komma und schreibt mit einer Zeile Abstand klein weiter.

[8] Der mit einfachem Zeilenabstand zu schreibende **Text** sollte möglichst übersichtlich präsentiert und verständlich formuliert sein. Absätze sind durch eine Leerzeile zu markieren, für Hervorhebungen empfehlen sich markante Schriftarten, Einrückungen, Symbole o. Ä. Aus Gründen der Lesbarkeit sollte die Schriftgröße mindestens 10 Punkt betragen.

[9] Zwischen Text und **Gruß** bleibt eine Zeile frei. Gängige Formeln sind etwa „Mit freundlichen Grüßen", „Mit freundlichem Gruß" oder „Hochachtungsvoll". Der Gruß wird wieder durch eine Leerzeile vom Folgenden getrennt. Er sollte nie isoliert vom Text auf einem Blatt zu stehen kommen.

[10] Hierfür bleiben nach der Firmenbezeichnung je nach Bedarf drei oder mehr Zeilen frei.

[11] Die beigefügten **Anlagen** können im Abstand einer Leerzeile unter den Namen des Unterzeichners oder rechts neben den Grußabschnitt gesetzt werden. Die Wörter „Anlagen" bzw. „Verteiler" können durch Fettdruck hervorgehoben werden.

[12] Z. B. Geschäftsführer, Handelsregistereintragung, Umsatzsteuer-Identifikationsnummer o. Ä.

REGELTEIL

Zur Geschichte der Rechtschreibung

von Lutz Götze

Am 18. Dezember 1902 beschloss der Deutsche Bundesrat, »die Bundesregierungen zu ersuchen, die einheitliche Rechtschreibung nach Maßgabe der beiliegenden ›Regeln für die deutsche Rechtschreibung nebst Wörterverzeichnis‹ in den Schulunterricht und den amtlichen Gebrauch einzuführen«. Das Regelwerk, auf das der Deutsche Bundesrat Bezug nahm, war in der II. Orthographischen Konferenz erarbeitet worden.

KONRAD DUDEN schrieb in der 1902 erschienenen 7. Auflage seines ›*Orthographischen Wörterbuchs der deutschen Sprache*‹:

»Dieser endlich errungene Erfolg der lange Jahre hindurch sich hinziehenden Verhandlungen von Regierung zu Regierung und der mehrfach wiederholten Beratungen in größeren und kleineren Konferenzen erscheint so bedeutsam und erfreulich, daß daneben die der jetzt allgemein gültigen Rechtschreibung in der Tat noch anhaftenden Mängel nicht so schwer ins Gewicht fallen. Wer das vorliegende Ergebnis der gemeinsamen Arbeit von Regierungen und Fachmännern mit Billigkeit beurteilen will, der muß sich vergegenwärtigen, welche Aufgabe zu lösen war. Das zunächst und vor allen Dingen zu erstrebende Ziel war die Einheit der Rechtschreibung. Dieses Ziel konnte man bei besonnenem Vorgehen zu erreichen hoffen. Hätte man damit eine gründliche Reform der Rechtschreibung verbinden wollen, so hätte man alsbald den Boden unter den Füßen verloren und wäre einem in der Luft schwebenden Trugbilde nachgejagt.«

Die erreichte Einheitlichkeit der Rechtschreibung im gesamten deutschen Sprachraum bedeutete für Konrad Duden zwar einen erheblichen Fortschritt, zugleich aber betonte er auch, »daß nach der Meinung derer, die am Zustandekommen der neuen, einheitlichen Rechtschreibung mitgearbeitet haben, jetzt keineswegs für alle Zeiten ein Stillstand eintreten soll. Nur ein Zwischenziel ist erreicht ... Es fehlt auch nicht an Wegweisern, die auf ein ferneres Ziel hindeuten ... .« Die Vereinheitlichung der deutschen Rechtschreibung war gelungen, ihre Vereinfachung und Systematisierung stand allerdings noch aus und führte in den folgenden Jahrzehnten immer wieder zu einer Vielzahl von Reformvorschlägen.

Die Anfänge

Die Geschichte der deutschen Rechtschreibung beginnt dort, wo gelehrte Mönche versuchten, lateinische Texte der Bibel ins »Deutsche« zu übersetzen. Ihnen standen für die »Übersetzungsarbeit« nur die Buchstaben des lateinischen Alphabets zur Verfügung. Die Zahl der von dort übernommenen Schriftzeichen war kleiner als die Zahl der mit Schriftzeichen zu markierenden Laute des Deutschen. Die Mönche waren daher gezwungen, z. B. für die Bezeichnung der Vokallänge im Deutschen entsprechende Kennzeichnungen zu erfinden.

Die Erfindung des Buchdrucks durch Johannes Gutenberg und seine Herstellung der 42-zeiligen Bibel (1452–55) hatten eine nachhaltige Vermehrung gedruckter Texte zur Folge. Die beweglichen Lettern bereiteten die Neuzeit vor. Da aber die Texte von Ort zu Ort unterschiedlich geschrieben wurden, erscholl seit Beginn des 16. Jahrhunderts der Ruf nach Vereinheitlichung der Orthographie (Rechtschreibung). Handel und Gewerbe, die sich schnell ausbreiteten, brauchten Verträge, auf die Verlass war; Könige, Fürsten und Herzöge wollten, dass ihre Erlasse überall im deutschen Sprachraum verstanden wurden. Auch die riesige Zahl der Reformationsdrucke Luthers und seiner Nachfolger verlangte eine Vereinheitlichung der Schrift. Insbesondere die Grammatiker Hieronymus Freyer mit seiner ›*Anweisung zur Teutschen Orthographie*‹ (1722), Johann Christoph Gottsched mit der ›*Grundlegung einer deutschen Sprachkunst*‹ (1748, 1762⁵) und Johann Christoph Adelungs ›*Vollständige Anweisung zur Deutschen Orthographie*‹ (1788) waren wegweisend für die weitere Entwicklung. Gottsched wie Adelung fußten auf dem obersächsischen Deutsch – dem »Lutherdeutsch« aus der Meißner Gegend –, von dem Gottsched sagte, »daß das mittelländische, oder obersächsische Deutsch, die beste hochdeutsche Mundart sey«.

Die Grammatiker stellten vor allem phonetische und inhaltliche Überlegungen an: Homonyme Wörter *(Lärche – Lerche, Weise – Waise)* sollten in der Schrift auseinander gehalten werden, die Umlautschreibung des *a* sollte inhaltliche Verwandtschaften zum Wortstamm verdeutlichen: *älter (elter), fällen (vellen).* Ansonsten – nämlich bei etymologischen Verdunklungen – blieb man beim *e: edel (*zu *Adel), Eltern (*zu *alt), fertig (*zu *fahren)* und *behende (*zu *Hand).* Seit Gottsched ist zudem die Großschreibung der Substantive Norm.

Diese phonetische und logische Schreibung wurde im 19. Jahrhundert durch Jacob Grimms Reformen ergänzt, die dem historischen Prinzip, also der Etymologie, verpflichtet waren. Grimm forderte die unbedingte Anerkennung historischer Lautgesetze und somit die Abschaffung des Dehnungs-*h*, wo es sprachgeschichtlich nicht zu begründen war: so sollten *Mohn* [mhd. mâhen] und *Gemahl* [mhd. gemahel] neben *Lon* [mhd. lôn] stehen. Er wetterte: »Wenn man nahm, lahm, zahm schreibt, warum nicht auch kahm? oder umgekehrt: wir schreiben grün und schön, warum nicht auch kün?« Auch die radikale Kleinschreibung der Substantive stand auf seinem Programm.

Nachfolger wie Wilhelm Wackernagel verlangten das im 16./17. Jahrhundert für stimmloses *s* entwickelte *ß* an jenen Stellen, wo dem Laut ein germanisches *t* entspricht: *Waßer* [nddt. water], *Schweiß* [mnddt. swét].

Vehemente Kritiker forderten hingegen eine lautgerechte Schreibung unter Missachtung aller historischen Gesetze und Regeln. Ihnen schwebte als Idealfall vor, dass einem jeden Laut nur ein Buchstabe entspreche, also eine 1:1-Relation von Phonem (Laut) und Graphem (Buchstabe). Eine vermittelnde Position nahm Rudolf von Raumer ein, der lautgetreue und historisch begründete Schreibweisen zu vereinigen vorschlug.

Denn die Not im 19. Jahrhundert war groß, vor allem in den Schulen. Nahezu jede Druckerei und jeder Verlag verwendeten ihre eigene Rechtschreibung in den Schulbüchern; wechselte ein Vater den Wohnort, so sahen sich die Kinder häufig mit den größten Schwierigkeiten beim Schreiben konfrontiert. Einzelne Städte und Länder schufen selbständige Lösungen, so Hannover 1854, Leipzig 1857, Stuttgart 1861 und Berlin 1871.

Nach Beendigung des Deutsch-Französischen Krieges unternahm der preußische Minister FALK den Versuch, eine Vereinheitlichung der deutschen Orthographie zu erreichen. Mit Zustimmung der im deutschen Bundesrat vertretenen Regierungen beauftragte er von Raumer mit der Ausarbeitung einer Vorlage für eine orthographische Konferenz. Den Teilnehmern an der I. Orthographischen Konferenz, die 1876 in Berlin stattfand, lagen zwei Schriften von Raumers vor, zum einen ›*Regeln und Wörterverzeichnis für die deutsche Orthographie*‹, zum andern eine Erläuterung des Regelvorschlags. Im Verlauf der Konferenz wurde mit knapper Mehrheit ein Antrag angenommen, der im Bereich der Bezeichnung der Länge von Vokalen einen weiter gehenden Eingriff in den damaligen Schreibgebrauch vorsah (Abschaffung der Dehnungszeichen).

Eine einheitliche Regelung wurde jedoch zu diesem Zeitpunkt noch nicht erreicht; an ihre Stelle traten die so genannten Schulorthographien, u. a. die ›*Preußische Schulorthographie*‹, die im Jahre 1880 erschien. Der Bearbeiter dieser Schulorthographie, WILHELM WILMANNS, veranlasste Duden, noch im gleichen Jahre das ›*Vollständige Orthographische Wörterbuch der deutschen Sprache*‹ herauszugeben. Duden verstand sich als Ausleger der Schulorthographie. Das Wörterverzeichnis der Schulorthographie umfasste etwa 3000 Wörter. In Dudens Wörterbuch waren etwa 30 000 Wörter nach den ›*Amtlichen Regeln für die deutsche Rechtschreibung …*‹ aufgelistet, eine große Erleichterung, weil den Benutzern die Anwendung dieser Regeln auf Wörter, die nicht in der Schulorthographie enthalten waren, fortan erspart blieb. Amtlichen Charakter und damit Verbindlichkeit hatte Dudens Wörterbuch nicht.

Ein entschiedener Gegner der »neuen« preußischen Schulorthographie war OTTO VON BISMARCK, der bei gesteigerter Ordnungsstrafe den Mitgliedern seiner Verwaltung verbot, die neue Rechtschreibung anzuwenden. Die Schweiz legte 1892 Dudens Wörterbuch als Norm für die Schreibung in den deutschsprachigen Kantonen fest. Die deutschen Länder Baden, Mecklenburg, Sachsen und Württemberg schlossen sich ihrerseits dem bayrisch-preußischen Vorbild an.

II. Orthographische Konferenz in Berlin 1901

Diese Konferenz sollte ein Meilenstein auf dem Wege zu einer Vereinheitlichung der deutschen Rechtschreibung werden. Doch – wie so häufig in der deutschen Geschichte – wurden die nach nur zwei Tagen am 14. September 1901 beschlossenen ›*Regeln für die deutsche Rechtschreibung nebst Wörterverzeichnis*‹ diesem Anspruch nicht gerecht: Eine »Kleine Lösung« war das Ergebnis. Allen grundsätzlichen Fragen – Kleinschreibung der Substantive, lautgetreue Schreibung, Fremdwortschreibung, Silbentrennung usw. – wich man aus; stattdessen einigte man sich lediglich darauf, in allen deutschen Wörtern das *th* durch *t* *(thun – tun, Thor – Tor)* zu ersetzen. Weiterhin wurde festgelegt, das *c* in »geläufigen Fremdwörtern« entsprechend der jeweiligen Aussprache als *k* oder *z* *(Akkusativ, Porzellan)* zu schreiben; in Wörtern freilich mit »undeutlicher Lautbezeichnung« sollte das *c* beibehalten werden: *Café, Chef, Chocolade, Coiffeur* usw. Schließlich galt das *c* als *chic/chique*, aber nicht als *schick.*

Die Annahme der Konferenzergebnisse von 1901 durch Österreich und die Schweiz bedeutete, dass erstmals eine einheitliche Regelung der Schreibnorm im deutschen Sprachraum erreicht worden war.

Die Jahre nach 1901

Da 1901 nur ein »Zwischenziel« (Duden) erreicht worden war, gab es in der Folgezeit eine Vielzahl von Reformvorschlägen und Reformprogrammen. Den Anfang machte OSKAR BRENNER, Vertreter Bayerns auf der II. Orthographischen Konferenz. Er forderte in seiner Schrift ›*Die lautlichen und geschichtlichen Grundlagen unserer Rechtschreibung*‹ (1902) eine Vereinfachung bei der Groß- und Kleinschreibung der Substantive; 1908 folgte ihm Duden auf dem Fuße, indem er die Tilgung der Dehnungszeichen vorschlug, also *Zal, Mel, Bole, Al* und *Bot,* weiterhin vereinheitlichte Schreibungen von Fremdwörtern wie *Scharitee, Schossee, Büro, Frisör, Kor, Krist* und *Kronik* verlangte und, wahrhaft radikal, die Beseitigung der großen Anfangsbuchstaben (Majuskeln) postulierte, die er »für Lehrer und Schüler ein wahres Kreuz« nannte.

1912 publizierte der Breslauer Lehrer O. KOSOG eine Streitschrift ›*Unsere Rechtschreibung und die Notwendigkeit ihrer Gründlichen Reform*‹, in der er ein von J. LAMMERTZ verfasstes Diktat ›*Aus dem Testamente einer Mutter*‹ wiedergab, das von Schwierigkeiten, Zweifelsfällen und Absurditäten der Duden-Norm voll war. Ein Beispielsatz: *Befolgt das Vorstehende, so braucht euch nicht angst zu sein, ohne Angst könnt ihr dann zu guter Letzt auf das beste standhalten, auf das Beste hoffen und dem Schicksal Trotz bieten.* Kosog merkte an, »der einzige Oberlehrer endlich, der sich der Prüfung unterzog, lieferte eine Arbeit mit 18 Fehlern«.

Die Gegenwart

Die ›*Amtlichen Regeln für die deutsche Rechtschreibung nebst Wörterverzeichnis*‹ wurden bis in die 40er Jahre immer wieder neu aufgelegt. Parallel dazu erschienen weitere Auflagen der ›*Duden-Rechtschreibung*‹, so 1947 die 13. Auflage. Als Folge der deutschen Teilung gab es bis 1990 je eine Duden-Redaktion in Leipzig und in Mannheim.
Der Arbeitskreis für Sprachpflege veröffentlichte im Jahre 1954 die ›*Stuttgarter Empfehlungen*‹, ein radikales Programm für eine Reform der deutschen Rechtschreibung. Im Vorgriff auf diese Reform erschien damals im Bertelsmann-Verlag ein Rechtschreibwörterbuch, das der Sprachwissenschaftler LUTZ MACKENSEN in Kooperation mit der Gesellschaft für deutsche Sprache erarbeitet hatte. Mit diesem Bertelsmann-Buch stand dem Duden-Verlag plötzlich ein namhafter Konkurrent gegenüber. In dieser Situation beschloss die Kultusministerkonferenz im Jahre 1955 auf Drängen der Duden-Redaktion: »Die in der Rechtschreibreform von 1901 und den späteren Verfügungen festgelegten Schreibweisen und Regeln für die Rechtschreibung sind auch heute noch verbindlich für die deutsche Rechtschreibung. Bis zu einer etwaigen Neuregelung sind diese Regeln die Grundlage für den Unterricht in allen Schulen. In Zweifelsfällen sind die im ›*Duden*‹ gebrauchten Schreibweisen und Regeln verbindlich«. Damit war der ›*Duden*‹ quasi-amtlich geworden.

Es gab damals zahlreiche Zweifelsfälle. Ein Beispiel: Trennte ein Schüler in einem Diktat *Inte-resse* und *Helikop-ter*, so gab ihm die amtliche Regelung Recht. Im ›*Duden*‹ wurde dies aber als falsch bezeichnet *(Inter-esse, He-li-ko-pter):* Der Lehrer hielt sich an diese Norm, und der Schüler hatte einen Fehler mehr im Diktat. Dennoch: Die Reformbemühungen gingen weiter. Die Stuttgarter Empfehlungen von 1955, vor allem aber die Wiesbadener Empfehlungen von 1959, waren wichtige Dokumente reformerischen Bemühens, wenn sie auch, wie die vorausgegangenen Vorschläge, zum Scheitern verurteilt waren. So heißt es in den Empfehlungen des Arbeitskreises für Rechtschreibregelung vom 15. 10. 1958:

1. *Zur Groß- oder Kleinschreibung*
Die jetzige Großschreibung der ›Hauptwörter‹ (vgl. Duden, 14. Auflage, S. 32 ff.) soll durch die *gemäßigte* Kleinschreibung ersetzt werden. Danach werden künftig nur noch großgeschrieben: die Satzanfänge, die Eigennamen, einschließlich der Namen Gottes, die Anredefürwörter und gewisse fachsprachliche Abkürzungen (z.B. H_2O).
...
2. *Das Komma*
Das Komma soll weitgehend auf die Fälle beschränkt werden, in denen das rhythmische Empfinden des Schreibenden mit der grammatischen Gliederung des Satzes übereinstimmt.
...
6. *Zur Zusammen- und Getrenntschreibung*
Künftig sollen nur noch echte Zusammensetzungen zusammengeschrieben werden. Selbständige Satzglieder oder Gliedteile schreibt man dagegen getrennt. In Zweifelsfällen ist die Getrenntschreibung vorzuziehen.

Der weit greifende Vorschlag des Arbeitskreises einer gemäßigten Kleinschreibung wurde von den Kultusministern nicht akzeptiert.

Eine neue Rechtschreibregelung

Mitte der 70er Jahre nahmen in der Bundesrepublik Deutschland, in der Deutschen Demokratischen Republik, in der Republik Österreich und in der Schweiz Arbeitsgruppen mit dem Ziel einer Reform der deutschen Rechtschreibung ihre Arbeit auf. Vom Jahre 1980 an schlossen sich Mitglieder der vier Arbeitsgruppen im Internationalen Arbeitskreis für Orthographie zusammen und erörterten in mehreren internationalen Tagungen Vorschläge zu einer Reform der deutschen Rechtschreibung. Nur ein einheitlicher Vorschlag konnte erfolgreich sein.

Das so genannte Reformpaket, das das Regelwerk von 1901 ersetzen sollte, umfasste die Bereiche A. Laut-Buchstaben-Zuordnungen (einschließlich Fremdwortschreibung), B. Getrennt- und Zusammenschreibung, C. Schreibung mit Bindestrich, D. Groß- und Kleinschreibung, E. Zeichensetzung, F. Worttrennung am Zeilenende.
Seit 1986 fanden parallel zu den Tagungen des Internationalen Arbeitskreises für Orthographie in Wien Gespräche statt, an denen Wissenschaftler und Politiker der genannten Staaten beteiligt waren. In der Abschlusserklärung der 1. Wiener Gespräche von 1986 hieß es: »Grundsätzliches Einvernehmen wurde darüber erzielt, die auf der Orthographischen Konferenz von 1901 in Berlin erreichte einheitliche Regelung der deutschen Rechtschreibung den heutigen Erfordernissen anzupassen. Insbesondere geht es darum, die in vielen Teilbereichen der Rechtschreibung im Laufe der Zeit kompliziert gewordenen Regeln zu vereinfachen«.

Während die Arbeitsgruppen in der DDR, in Österreich und in der Schweiz politisch legitimiert waren, erhielt die Kommission für Rechtschreibfragen mit Sitz am Institut für deutsche Sprache in Mannheim erst im Jahre 1987 den Auftrag der Kultusministerkonferenz und des zuständigen Bundesministers des Inneren, Reformvorschläge zu allen Teilgebieten der Rechtschreibung mit Ausnahme der Groß- und Kleinschreibung – des fehlerträchtigsten Bereichs – auszuarbeiten. Die offizielle Begründung für diese Aussparung war, dass es keine überzeugende Definition dessen gibt, was ein Substantiv sei und damit großgeschrieben werde, insbesondere aber, dass die Abgrenzung von Gattungsnamen *(nomina appellativa)* und Eigennamen *(nomina propria)* nicht schlüssig sei.

Die Übergabe der ersten Fassung des Auftragswerks führte in den Jahren 1988 und 1989 zu einer heftigen Diskussion, vor allem deshalb, weil die Kommission vorgeschlagen hatte, *Keiser* statt *Kaiser* zu schreiben (was sprachgeschichtlich korrekt ist) sowie *Bot* statt *Boot* und *Al* statt *Aal* (was bekanntlich bereits Duden 1908 empfohlen hatte).

Unter dem Eindruck dieser lautstarken und gelegentlich polemischen Auseinandersetzung überarbeitete der Internationale Arbeitskreis für Orthographie seine Reformvorschläge und legte 1992 eine Neufassung vor: ›*Deutsche Rechtschreibung. Vorschläge zu ihrer Neuregelung*‹. Die am häufigsten kritisierten Neuregelungen (Keiser, Mos usw.) waren wieder getilgt, die Großschreibung der Substantive wurde zumindest indirekt empfohlen, die Konjunktion *daß* sollte, weil ein kurzer Vokal vorliegt, in Zukunft mit Doppel-s *dass* geschrieben werden.

Zu dem überarbeiteten Reformpaket wurde am 4. Mai 1993 in Bonn eine Anhörung durchgeführt. In diesem Zusammenhang waren über 40 Verbände und Institutionen aufgefordert worden, eine schriftliche Stellungnahme einzureichen. Die Ergebnisse dieses Hearings führten zu einer Überarbeitung der Reformvorschläge, die dann im Rahmen der 3. Wiener Gespräche zur Neuregelung der deutschen Rechtschreibung (22. bis 24. November 1994) mit kleineren Modifikationen angenommen wurde. Ein Jahr später rückte die Kultusministerkonferenz von dem in Wien erreichten Konsens ab und strich etwa 50 Neuschreibungen aus dem Reformpaket, zumeist Fremdwortschreibungen.

Die Behutsamkeit der Reformvorschläge ist das eine wesentliche Phänomen, die Tatsache, dass hier zum ersten Mal in der Geschichte der deutschen Rechtschreibung ein für alle Teilbereiche ausgearbeitetes und sorgsam aufeinander abgestimmtes Regelwerk vorgelegt wurde, ein anderes. Zwar blieben die bisherigen Grundregeln unangetastet, doch wurden die Regeln einfacher, übersichtlicher und verständlicher formuliert.

Ziel ist nicht nur die Vereinheitlichung und Verständlichkeit der Regeln, sondern es soll auch der Überbewertung der Rechtschreibung in Gesellschaft und Schule entgegengetreten werden: Sie hat in der Vergangenheit zahllosen Menschen Angst und Schrecken eingejagt und sie oftmals am Schreiben gehindert. Die *communis opinio* ging im Einzelfall so weit, Rechtschreibleistung und Intelligenz gleichzusetzen; im Umkehrschluss hieß das, dass jeder dumm sei, der Kommaregeln oder Groß- und Kleinschreibung nicht beherrsche. Damit soll jetzt ein Ende sein.

Ehrlicherweise muss gesagt werden, dass nicht alle Ziele erreicht wurden. Neben vernünftigen Vereinfachungen und Verbesserungen (z. B. die Abschaffung der Regel »Trenne nie *st*, denn es tut ihm weh!«) bleiben Kompromisse. Die entscheidenden Probleme wie die Groß- oder Kleinschreibung wurden nicht gelöst; ein Bruch mit der Rechtschreibtradition wurde nicht vollzogen. So bleibt die deutsche Sprache auch in Zukunft die einzige Sprache auf der Welt, in der Substantive in der Satzmitte mit großem Anfangsbuchstaben geschrieben werden.

Die verantwortlichen Gremien der Bundesrepublik Deutschland, Österreichs und der Schweiz haben am 1. Juli 1996 in Wien eine Gemeinsame Erklärung zur Neuregelung der deutschen Rechtschreibung unterzeichnet. Die Neuregelung ist am 1. August 1998 in Kraft getreten. Eine Übergangs- und Erprobungszeit bis zum Jahr 2005 ist vorgesehen, in der alte und neue Schreibungen gleichermaßen gültig sind. Der Prozess der Umsetzung des neuen Regelwerks wird von der Zwischenstaatlichen Kommission für deutsche Rechtschreibung begleitet, in der sechs Wissenschaftler aus Deutschland und je drei aus Österreich und der Schweiz mitarbeiten. Diese Kommission legte im Dezember 1997 einen Bericht vor, der u. a. Vorschläge für Regelerläuterungen enthält. Damit wurden kritische Stellungnahmen zur Neuregelung der deutschen Rechtschreibung aufgegriffen.

Durch die Unterzeichnung der genannten Absichtserklärung wurde der Beschluss der Kultusministerkonferenz vom 18./19. November 1955 aufgehoben. In Zweifelsfällen ist nicht mehr der »Duden«, sondern die genannte »Kommission für deutsche Rechtschreibung« zuständig.

Literatur

Adelung, Johann Christoph: *Vollständige Anweisung zur Deutschen Orthographie.* Leipzig 1788.

Brenner, Oskar: *Die lautlichen und geschichtlichen Grundlagen unserer Rechtschreibung.* Halle 1902.

Duden, Konrad: *Vollständiges Orthographisches Wörterbuch der deutschen Sprache. Nach den neuen preußischen und bayrischen Regeln.* Leipzig 1880 (= Sammlung Duden. Band 1. Mannheim o. J.).

Duden, Konrad: *Orthographisches Wörterbuch der deutschen Sprache. Nach den für Deutschland, Österreich und die Schweiz gültigen amtlichen Regeln.* Siebente Auflage. Leipzig/Wien 1902.

Duden, Konrad: *Ausblick in die weitere Entwicklung unserer Rechtschreibung.* Leipzig/Wien 1908.

Duden-Rechtschreibung: *Duden, Rechtschreibung der deutschen Sprache und der Fremdwörter.* Neunte, neubearbeitete und vermehrte Auflage. Leipzig/Wien 1915.

Duden-Rechtschreibung: *Duden. Rechtschreibung der deutschen Sprache und der Fremdwörter.* Bearbeitet von der Duden-Schriftleitung des Bibliographischen Instituts. Hrsg. von Horst Klien. 13. Auflage. Wiesbaden 1947.

Freyer, Hieronymus: *Anweisung zur Teutschen Orthographie.* Halle 1722.

Gottsched, Johann Christoph: *Vollständigere und Neuerläuterte Deutsche Sprachkunst/Nach den Mustern der besten Schriftsteller des vorigen und itzigen Jahrhunderts abgefasset, und bey dieser fünften Auflage merklich verbessert.* Leipzig 1762 (= Documenta Linguistica Reihe V. Hildesheim/New York. 1. Auflage 1748).

Grimm, Jacob: *Deutsche Grammatik.* Band I, 2. Ausgabe. Göttingen 1822 (1. Ausgabe 1819).

Internationaler Arbeitskreis für Orthographie (Hrsg.): *Deutsche Rechtschreibung. Vorschläge zu ihrer Neuregelung.* Tübingen 1992.

Kosog, O.: *Unsere Rechtschreibung und die Notwendigkeit ihrer Gründlichen Reform.* Breslau 1912.

Mentrup, Wolfgang: *Wo liegt eigentlich der Fehler? Zur Rechtschreibung und zu ihren Hintergründen.* Stuttgart/Düsseldorf/Berlin/Leipzig 1993.
Raumer, Rudolf von: *Regeln und Wörterverzeichnis für die deutsche Orthographie.* In: Verhandlungen der zur Herstellung größerer Einigung in der Deutschen Rechtschreibung berufenen Konferenz. Berlin, den 4. bis 15. Januar 1876. Veröffentlicht im Auftrage des Königl. Preußischen Unterrichtsministers. Halle 1876, S. 9–46.
Wiesbadener Empfehlungen: *Empfehlungen des Arbeitskreises für Rechtschreibregelung* (= Duden-Beiträge. Band 2). Mannheim 1959.
Zabel, Hermann: *Aspekte der Fremdwortorthographie.* In: Glinz, Hans / Schaeder, Burkhard / Zabel, Hermann (Hrsg.): Sprache – Schrift – Rechtschreibung. Studien zu einer Reform der deutschen Orthographie. 1987, S. 101–128.

Die neuen Regeln mit Erläuterungen

ÜBERBLICK ÜBER DIE NEUREGELUNG

Die Neuregelung der Rechtschreibung und Zeichensetzung der deutschen Sprache verfolgt das Ziel, mehr Systematik und mehr Einfachheit in die Orthographie zu bringen, die Zahl der Ungereimtheiten und Zweifelsfälle drastisch zu verringern sowie den Sprachbenutzern klare Regeln anzubieten.

Da die Schreibung der deutschen Sprache seit langem im Wesentlichen auf zwei Ebenen – der der Regeln sowie jener der Einzelfestlegungen – beschrieben ist, ist auch der Regelteil des Wörterbuches nach diesem Grundschema organisiert: Rechtschreibregeln wie beispielsweise jene, dass Substantive mit großem Anfangsbuchstaben geschrieben werden, stehen neben Einzelfestlegungen, bei denen zwei unterschiedliche Schreibweisen (Haupt- und Nebenvariante) gelten und die gesondert nachgeschlagen werden müssen (z. B. *Bonbonniere – Bonboniere, Grafik – Graphik, Ketschup – Ketchup, Portmonee – Portemonnaie, substanziell – substantiell usw.*).

Der Regelteil ist gegliedert nach den sechs Großbereichen der Rechtschreibreform:

- Laut-Buchstaben-Zuordnungen einschließlich der Fremdwortschreibung
- Getrennt- und Zusammenschreibung
- Schreibung mit Bindestrich
- Groß- und Kleinschreibung
- Zeichensetzung
- Worttrennung am Zeilenende

Am Ende jedes Paragrafen wird zur leichteren Orientierung die jeweilige Neufassung bzw. die Beibehaltung der bisherigen Norm erläutert.

Laut-Buchstaben-Zuordnungen einschließlich der Fremdwortschreibung

Der seltene Fall einer Sprache, dass nämlich einem Laut jeweils ein Buchstabe entspricht (Lautprinzip), ist nur in Sprachen wie dem Türkischen durch eine Radikalreform geschaffen worden. Im Deutschen herrscht, bedingt durch das historisch gewachsene Schriftbild der Sprache, eine gewisse Willkür: So wird das stimmlose *f* [f] auf vierfache Weise geschrieben: *f (fallen), ff (Schiff), v (viel)* und *ph (Philosophie)*. Im Grundsatz wird dieser Zustand durch die Reform nicht verändert, doch konzentriert sich die neue Regelung darauf, das Stammprinzip durchzusetzen und bisherige Verstöße (numerieren, überschwenglich) zu beseitigen. Dagegen werden weiterhin *Tal, Qual* usw. mit einfachem *-a-*, hingegen *Saal, Aal* und *Zahl* mit Doppel-*a* bzw. *-ah-* geschrieben.

Im Einzelnen bringt die Neuregelung Veränderungen in den folgenden Bereichen:

- Umlautschreibung
- Verdoppelung der Konsonantenbuchstaben nach kurzem Vokal (Einzelfestlegungen)
- -s-Schreibung *(s, ss, ß)*
- Zusammentreffen dreier gleicher Buchstaben
- Fremdwortschreibung
- sonstige Einzelfälle

Umlautschreibung

bisherige Schreibung	neue Schreibung	
Schenke	*Schenke*	(weil: *ausschenken*)
	oder: *Schänke*	(weil: *Ausschank*)
schneuzen	*schnäuzen*	(weil: *Schnauze*)
Stengel	*Stängel*	(weil: *Stange*)

Verdoppelung der Konsonantenbuchstaben nach kurzem Vokal

Veränderungen gibt es weiterhin bei der Verdoppelung des Konsonanten nach kurzem Vokal: (numerieren → *nummerieren* (weil: *Nummer*), plazieren – *platzieren* (weil: *Platz*) usw. Auch hier gilt in Zukunft das Stammprinzip.

s-Schreibung (s, ss, ß)

Beibehalten wird, dass *-ß-* nach langem Vokal bzw. Diphthong steht *(Maß, Straße, draußen);* nach kurzem Vokal herrschte bisher Arbitrarität (Fluß - Flüsse). In Zukunft steht hier generell *-ss-: der Fluss, die Flüsse; der Kuss, sie küssten sich; er sagte, dass sie kommt.* Unterschieden werden somit: *das Floß* und *der Rhein floss.* In der Schweiz gibt es seit langem kein *-ß.*

Zusammentreffen dreier gleicher Buchstaben

Die bisherige Regelung, dass beim Zusammentreffen dreier gleicher Buchstaben und nachfolgendem Konsonantenbuchstaben *(Schifffracht ← Schiff + Fracht)* alle drei Buchstaben geschrieben werden, wird nun auch auf jene Fälle angewendet, bei denen ein Vokalbuchstabe folgt, also: *Schifffahrt* (bisher: Schiffahrt, bei Trennung bereits früher Schiff-fahrt). Es herrscht also dann Einheitlichkeit. Somit wird auch verändert: *Flusssenke* (da *-ss* statt bisher *-ß*). Erhalten bleiben lediglich jene Fälle, die bereits bisher nicht als Zusammensetzungen galten: *Mittag, dennoch* (Trennung: *Mit-tag, den-noch*).

Fremdwortschreibung

Fremdwörter und teilweise auch Lehnwörter bereiten dem Lexikografen seit langem große Schwierigkeiten: Im Widerstreit stehen der Respekt vor der Schreibweise in der fremden Sprache einerseits und das Bemühen andererseits, den deutschen Sprachbenutzern eine verständliche und nachvollziehbare Regelung anzubieten. Die Reform folgt hier zwei Grundprinzipien:

- Die Anpassung an die deutsche Schreibweise wird behutsam vorgenommen.
- Daneben werden Varianten angeboten, die beide korrekt und jeweils im Wörterverzeichnis aufgeführt sind: Neben der Hauptvariante *Fotografie* gilt auch die Nebenvariante *Photographie,* neben der Hauptvariante *essenziell* (da: *Essenz*) gilt weiterhin die Nebenvariante *essentiell* (vgl. Verzeichnis orthographischer Varianten, S. 132 ff.)

Sonstige Einzelfälle

Einige Veränderungen betreffen Anpassungen an die Laut-Buchstaben-Beziehungen bzw. Analogieschlüsse: *rau* (bisher: rauh), weil *blau, schlau* usw; *Rohheit* (bisher: Roheit), weil: *roh; selbstständig* bzw. *selbständig* (bisher: selbständig); *Känguru* (bisher: Känguruh), weil: *Gnu* und *Kakadu* und einige weitere Fälle.

Getrennt- und Zusammenschreibung

In diesem Bereich herrschte seit langem eine immense Unsicherheit, war er doch im amtlichen Regelwerk von 1901/02 nicht generell geregelt worden. Dies führte zu einer Unzahl von Einzel- und Sonderregelungen, die selbst für den Rechtschreibexperten unüberschaubar geworden waren. Die unklaren und kaum handhabbaren Unterscheidungsmerkmale (bei ursprünglicher Bedeutung Getrenntschreibung, bei übertragener Bedeutung oder bei Entstehung eines neuen Begriffs Zusammenschreibung) verlangten nach Klarstellung.

Nun gelten folgende Grundsätze:

- Die Getrenntschreibung gilt als Normalfall.
- Die Zusammenschreibung ist an formal-grammatische Kriterien (z.B. fehlende Steigerungsmöglichkeit) gebunden.

Eine beispielhafte Auswahl von Neuregelungen (in Klammern die alte Norm):

Rad fahren (radfahren), *gefangen nehmen* (gefangennehmen), *sitzen bleiben* (sitzenbleiben = in der Schule), *nahe gehen* (nahegehen = seelisch ergreifen), *übrig bleiben* (übrigbleiben), *irgendetwas* (irgend etwas) analog zu: *irgendwer, so viel, wie viel* (soviel, wieviel) analog zu: *wie viele usw.*

Schreibung mit Bindestrich

Die Schreibung mit Bindestrich bietet dem Sprachbenutzer die Möglichkeit zur übersichtlichen Gliederung komplexer Zusammensetzungen. Dies soll in Zukunft noch verstärkt werden. Hier einige Beispiele (alte Form in Klammern): *8-seitig* (8seitig), *17-jährig* (17jährig), *der 40-Jährige* (der 40jährige) usw.

Groß- und Kleinschreibung

Die Frage, ob Gattungsnamen wie *Baum, Tisch* usw. auch in Zukunft in der Satzmitte großgeschrieben werden sollen oder nicht – bekanntlich ist die deutsche Sprache die einzige auf der Welt, die so verfährt –, wurde bei der Erarbeitung des Reformvorschlages heftig diskutiert. Einigkeit herrschte bei der Wiener Konferenz 1994 lediglich darüber, dass die anderen drei Bereiche der Großschreibung – am Satzanfang, bei der höflichen Anrede sowie bei Eigennamen – nicht verändert werden sollen. Für den Bereich der Gattungsnamen und das Riesenfeld substantivierter Verben, Adjektive, Pronomen usw. entschied sich die Mehrheit der Kommission für die modifizierte Großschreibung und damit gegen die gemäßigte Kleinschreibung. Im Kern des Reformvorschlages stehen die Vereinheitlichung, Vereinfachung und Beseitigung bestehender Ungereimtheiten.

So werden

– nach einem Doppelpunkt immer großgeschrieben, wenn es sich um einen ganzen Satz handelt (*Alles war neu: Das Haus war renoviert, der Garten und die Einfahrt neu gestaltet.*),
– die höfliche Anrede stets großgeschrieben (*Sehr geehrter Herr Müller, wir danken Ihnen und Ihren Kollegen für Ihre Unterstützung*), aber die Duzform mit kleinem Anfangsbuchstaben (*Ich danke dir/euch für die Glückwünsche*),
– bei den Eigennamen nur die wirklichen Eigennamen (Personennamen, Titel, Arten und Rassen, Kalendertage und historische Ereignisse) mit Majuskel geschrieben, nicht aber die bisher großgeschriebenen Ableitungen auf *-isch, -sch,* es sei denn, bei Betonung des Eigenständigen und mit Apostroph. Also: *das ohmsche Gesetz / das Ohm'sche Gesetz.*

Hier sind beispielhaft einige Änderungen aufgelistet (in Klammern die alte Schreibung): *in Bezug* (in bezug), *im Großen und Ganzen* (im großen und ganzen), *auf dem Trockenen sitzen* (auf dem trockenen sitzen), *Bange machen* (bange machen), *heute Mittag* (heute mittag) usw.

Insgesamt werden sehr viel mehr Substantive und substantivierte Formen mit großem Anfangsbuchstaben geschrieben als bisher.

Zeichensetzung

Erfahrungen der Vergangenheit in Sprachberatungsstellen belegen nachdrücklich, dass die bisher gültigen Interpunktionsregeln neben der Groß- und Kleinschreibung zu den Bereichen gehören, die den Deutschen bei der Rechtschreibung die meisten Probleme bereiten. Kein Wunder übrigens: Schließlich wurde dieser Aspekt im amtlichen Regelwerk 1901/1902 nicht behandelt. Entsprechend schossen in den Folgejahren die Einzelregelungen nahezu aus dem Boden und machten, zumal bei den Infinitiv- und Partizipialsätzen, den Schreibenden das Leben schwer. Hier werden dem/der Schreibenden nun größere Freiheiten als bisher eingeräumt, um seine/ihre Aussage zu verdeutlichen. Das Komma soll also Sinneinheiten voneinander trennen, wie es einst Luther gefordert hatte. Ein Komma muss aber gesetzt werden, wenn ansonsten die Satzaussage nicht eindeutig ist: *Ich rate ihm, zu helfen* (= er soll anderen helfen). *Ich rate, ihm zu helfen* (= ihm soll geholfen werden).

Entsprechendes gilt für Partizipialgruppen. In Zukunft braucht kein Komma mehr gesetzt zu werden bei Sätzen wie: *Vor Freude wild gestikulierend rannte sie auf uns zu.* Oder aber es werden zwei Kommas zur stilistischen Akzentuierung gesetzt: *Sie rannte, vor Freude wild gestikulierend, auf uns zu.*

Und/oder: Im Gegensatz zur bisherigen Norm werden durch *und* bzw. *oder* verbundene Hauptsätze nicht durch Komma getrennt: *Sie fuhr in die Stadt und er blieb zu Haus.* Freilich kann der/die Schreibende ein Komma setzen, wenn er/sie dies um der Verständlichkeit des Satzes willen für sinnvoll hält: *Wir fahren in die Stadt, oder sie kommen übermorgen zu uns auf das Land.*

Worttrennung am Zeilenende

Auch hier folgt die Reform dem Grundprinzip: Vereinfachung und Verbesserung der Überschaubarkeit bzw. Verständlichkeit. Vor allem wird die aus den Frühzeiten der beweglichen Lettern sowie der Frakturschrift stammende Regel, *-st-* nicht zu trennen, aufgehoben und, wie bereits seit langem bei *-sp-*, getrennt: *flüs-tern, meis-tens, Mus-ter* (analog der Trennung mehrerer Konsonantenbuchstaben: *leug-nen, Ris-pe, schimpfen* usw.).

Weitere Neuregelungen:

-ck-: *-ck-* wird nicht mehr als -k-k- getrennt, sondern behandelt wie *-ch-* und *-sch-;* die Trennung erfolgt also vor dem Konsonantenbuchstaben; *Ba-cke, fli-cken, tro-cken, Zi-cke, Zu-cker.*

-r-, -l-, -gn-, -kn-: Die bisherige Regel, dass in romanischen Wörtern Verbindungen mit diesen Buchstaben nicht getrennt werden dürfen, wird modifiziert. Neben dieser Trennmöglichkeit kann auch nach Sprechsilben getrennt werden: *mö-bliert* bzw. *möb-liert, Qua-drat* bzw. *Quad-rat, Bre-ta-gne* bzw. *Bre-tag-ne.*

– Fremdwörter griechischen oder lateinischen Ursprungs können nach der alten, etymologisch begründeten Regel getrennt werden oder nach der Aussprache, also entsprechend der üblichen deutschen Trennung nach Wortbestandteilen: *He-li-ko-pter* bzw. *He-li-kop-ter, Päd-ago-gik* bzw. *Pä-da-go-gik, par-al-lel* bzw. *pa-ral-lel* usw.

– Gleiches gilt für ursprünglich zusammengesetzte Wörter, die heute nicht mehr als solche erkannt werden:
hin-auf bzw. *hi-nauf*
war-um bzw. *wa-rum* usw.

Lutz Götze

A. LAUT-BUCHSTABEN-ZUORDNUNGEN

0 Vorbemerkungen

(1) Die Schreibung des Deutschen beruht auf einer Buchstabenschrift. Jeder Buchstabe existiert als Kleinbuchstabe und als Großbuchstabe (Ausnahme *ß*):

a b c d e f g h i j k l m n o p q r s t u v w x y z ä ö ü ß
A B C D E F G H I J K L M N O P Q R S T U V W X Y Z Ä Ö Ü

Die Umlautbuchstaben *ä, ö, ü* werden im Folgenden mit den Buchstaben *a, o, u* zusammen eingeordnet; *ß* nach *ss*. Zum Ersatz von *ß* durch *ss* oder *SS* siehe § 25 E_2 und E_3.

In Fremdwörtern und fremdsprachigen Eigennamen kommen außerdem Buchstaben mit zusätzlichen Zeichen sowie Ligaturen vor (zum Beispiel *ç, é, å, æ*).

(2) Für die Schreibung des Deutschen gilt:

(2.1) Buchstaben und Sprachlaute sind einander zugeordnet. Die folgende Darstellung bezieht sich auf die Standardaussprache, die allerdings regionale Varianten aufweist.

(2.2) Die Schreibung der Wortstämme, Präfixe, Suffixe und Endungen bleibt bei der Flexion der Wörter, in Zusammensetzungen und Ableitungen weitgehend konstant (zum Beispiel *Kind, die Kinder, des Kindes, Kindbett, Kinderbuch, Kindesalter, kindisch, kindlich; Differenz, Differenzial, differenzieren;* aber *säen, Saat,- nähen, Nadel*). Dies macht es in vielen Fällen möglich, die Schreibung eines Wortes aus verwandten Wörtern zu erschließen.

Dabei ist zu beachten, dass Wortstämme sich verändern können, so vor allem durch Umlaut (zum Beispiel *Hand – Hände, Not – nötig, Kunst – Künstler, rauben – Räuber),* durch Ablaut (zum Beispiel *schwimmen – er schwamm – geschwommen)* oder durch e/i-Wechsel (zum Beispiel *geben – du gibst – er gibt).*

In manchen Fällen werden durch verschiedene Laut-Buchstaben-Zuordnungen gleich lautende Wörter unterschieden (zum Beispiel *malen* ≠ *mahlen, leeren* ≠ *lehren).*

(3) Der folgenden Darstellung liegt die deutsche Standardsprache zugrunde. Besonderheiten sind bei Fremdwörtern und Eigennamen zu beachten.

(3.1) Fremdwörter unterliegen oft fremdsprachigen Schreibgewohnheiten (zum Beispiel *Chaiselongue, Sympathie, Lady).*
Ihre Schreibung kann jedoch – und Ähnliches gilt für die Aussprache – je nach Häufigkeit und Art der Verwendung integriert, das heißt dem Deutschen angeglichen werden (zum Beispiel *Scharnier* aus französisch *charnière, Streik* aus englisch *strike).*

Manche Fremdwörter werden sowohl in einer integrierten als auch in einer fremdsprachigen Schreibung verwendet (zum Beispiel *Fotograf/Photograph).*

Nicht integriert sind üblicherweise

a) zitierte fremdsprachige Wörter und Wortgruppen (zum Beispiel: *Die Engländer nennen dies „one way mind“*);

b) Wörter in international gebräuchlicher oder festgelegter – vor allem fachsprachlicher – Schreibung (zum Beispiel *City;* medizinisch *Phlegmone).*

Für die nicht oder nur teilweise integrierten Fremdwörter lassen sich wegen der Vielgestaltigkeit fremdsprachiger Schreibgewohnheiten keine handhabbaren Regeln aufstellen. In Zweifelsfällen vgl. das Wörterverzeichnis.

(3.2) Für Eigennamen (Vornamen, Familiennamen, geographische Eigennamen und dergleichen) gelten im Allgemeinen amtliche Schreibungen. Diese entsprechen nicht immer den folgenden Regeln.

Eigennamen aus Sprachen mit nicht lateinischem Alphabet können unterschiedliche Schreibungen haben, die auf die Verwendung verschiedener Umschriftsysteme zurückgehen (zum Beispiel *Schanghai / Shanghai).*

(4) Beim Aufbau der folgenden Darstellung sind zunächst Vokale (siehe Abschnitt 1) und Konsonanten (siehe Abschnitt 2) zu unterscheiden.

Unterschieden sind des Weiteren in beiden Gruppen grundlegende Zuordnungen (siehe Abschnitt 1.1 und 2.1), besondere Zuordnungen (siehe Abschnitte 1.2 bis 1.7 und 2.2 bis 2.7) sowie spezielle Zuordnungen in Fremdwörtern (siehe Abschnitte 1.8 und 2. 8).

Laute werden im Folgenden durch die phonetische Umschrift wiedergegeben (zum Beispiel das lange a durch [aː]). Sind die Buchstaben gemeint, so ist dies durch kursiven Druck gekennzeichnet (zum Beispiel der Buchstabe *h* oder *H*).

Bisherige Regelung

Sie entspricht weitgehend den hier beschriebenen Regelungen. Bei der Neuregelung der deutschen Rechtschreibung werden aber konsequent bisherige Zweifelsfälle beseitigt; freilich sind häufig Kompromisse geschlossen worden. Daneben stehen zahlreiche Doppelschreibungen, also zugelassene Varianten, die den Schreibenden mehr Entscheidungsmöglichkeiten einräumen.

Von entscheidender Bedeutung bei der Neuregelung ist das Stammprinzip, also die gleiche Schreibung eines Wortstammes in möglichst allen Wörtern einer Wortfamilie. Damit sollen Widersprüchlichkeiten der bisherigen Rechtschreibung beseitigt werden (vgl. § 13).

Weiterhin werden jetzt anders geschrieben:

bisher	neu
Roheit	*Rohheit* (weil: *roh)*
Zäheit	*Zähheit* (weil: zäh)
Zierat	*Zierrat* (weil: *Vorrat)*

Dies gilt auch beim Zusammentreffen dreier gleicher Konsonanten (bisher fiel vor einem nachfolgenden Vokal der dritte Konsonant aus):

bisher	neu
Flanellappen	*Flanelllappen*
Flußsenke	*Flusssenke*
Schiffahrt	*Schifffahrt*

Vor allem wird die bisherige behutsame Angleichung der Fremdwortschreibung konsequent fortgesetzt; es werden zwei Schreibweisen (Haupt- und Nebenvariante) zugelassen (vgl. § 32). Als Hauptvariante wird die jeweils zuerst genannte Schreibweise empfohlen: *fantastisch/ phantastisch, Fotograf/Photograph.*

1 Vokale

1.1 Grundlegende Laut-Buchstaben-Zuordnungen

§ 1 Als grundlegend im Sinne dieser orthographischen Regelung gelten die folgenden Laut-Buchstaben-Zuordnungen.

Laute	Buchstaben	Beispiele
(1) Kurze einfache Vokale		
[a]	*a*	*ab, Alter, warm, Bilanz*
[ɛ], [e]	*e*	*enorm, Endung, helfen, fett, penetrant, Prozent*
[ə]	*e*	*Atem, Ballade, gering, nobel*
[ɪ], [i]	*i*	*immer, Iltis, List, indiskret, Pilot*
[ɔ], [o]	*o*	*ob, Ort, folgen, Konzern, Logis, Obelisk, Organ*
[œ], [ø]	*ö*	*öfter, Öffnung, wölben, Ökonomie*
[ʊ], [u]	*u*	*unten, Ulme, bunt, Museum*
[Y], [y]	*ü*	*Küste, wünschen, Püree*
(2) Lange einfache Vokale		
[aː]	*a*	*artig, Abend, Basis*
[eː]	*e*	*edel, Efeu, Weg, Planet*
[ɛː]	*ä*	*äsen, Ära, Sekretär*
[iː]	*ie*	(in einheimischen Wörtern:) *Liebe, Dieb*
	i	(in Fremdwörtern:) *Diva, Iris, Krise, Ventil*

[oː]	*o*	*oben, Ofen, vor, Chor*
[øː]	*ö*	*öde, Öfen, schön*
[uː]	*u*	*Ufer, Bluse, Muse, Natur*
[yː]	*ü*	*üben, Übel, fügen, Menü, Molekül*

(3) Diphthonge

[aɪ]	*ei*	*eigen, Eile, beiseite, Kaleidoskop*
[aʊ]	*au*	*auf Auge, Haus, Audienz*
[ɔɪ]	*eu*	*euch, Eule, Zeuge, Euphorie*

1.2 Besondere Kennzeichnung der kurzen Vokale

Folgen auf einen betonten Vokal innerhalb des Wortstammes – bei Fremdwörtern betrifft dies auch den betonten Wortausgang – zwei verschiedene Konsonanten, so ist der Vokal in der Regel kurz; folgt kein Konsonant, so ist der Vokal in der Regel lang; folgt nur ein Konsonant, so ist der Vokal kurz oder lang. Deshalb beschränkt sich die besondere graphische Kennzeichnung des kurzen Vokals auf den Fall, dass nur ein einzelner Konsonant folgt.

Bisherige Regelung

Identisch

§ 2

Folgt im Wortstamm auf einen betonten kurzen Vokal nur ein einzelner Konsonant, so kennzeichnet man die Kürze des Vokals durch Verdopplung des Konsonantenbuchstabens.

Das betrifft Wörter wie:
Ebbe; Paddel; schlaff, Affe; Egge; generell, Kontrolle; schlimm, immer; denn, wann, gönnen; Galopp, üppig; starr, knurren; Hass, dass (Konjunktion), *bisschen, wessen, Prämisse; statt (≠ Stadt), Hütte, Manschette*

Bisherige Regelung

Identisch mit Ausnahme der *ss*-Schreibung nach kurzem Vokal:

bisher	neu
daß	*dass*
bißchen	*bisschen*
Fluß	*Fluss*

§ 3

Für *k* und *z* gilt eine besondere Regelung:
(1) Statt *kk* schreibt man *ck*.
(2) Statt zz schreibt man *tz*.

Das betrifft Wörter wie:

Acker, locken, Reck; Katze, Matratze, Schutz

Ausnahmen: Fremdwörter wie *Mokka, Sakko; Pizza, Razzia, Skizze*

E zu § 2 und § 3: Die Verdopplung des Buchstabens für den einzelnen Konsonanten bleibt üblicherweise in Wörtern, die sich aufeinander beziehen lassen, auch dann erhalten, wenn sich die Betonung ändert, zum Beispiel: *Galopp – galoppieren, Horror – horrend, Kontrolle – kontrollieren, Nummer nummerieren, spinnen – Spinnerei, Stuck – Stuckatur, Stuckateur*

Bisherige Regelung

Teilweise unterschiedlich

bisher	neu
Ak I *ker* (bei Silbentrennung)	*A* I *cker*
lok I *ken* (bei Silbentrennung)	*lo* I *cken*
numerieren	*nummerieren*
Stukkateur	*Stuckateur*
Stukkatur	*Stuckatur*

§ 4 In acht Fallgruppen verdoppelt man den Buchstaben für den einzelnen Konsonanten nicht, obwohl dieser einem betonten kurzen Vokal folgt.

Dies betrifft

(1) eine Reihe einsilbiger Wörter (besonders aus dem Englischen), zum Beispiel: *Bus, Chip, fit, Gag, Grog, Jet, Job, Kap, Klub, Mob, Pop, Slip, top, Twen*

E_1: Ableitungen schreibt man entsprechend § 2 mit doppeltem Konsonantenbuchstaben: *jobben – du jobbst – er jobbt; jetten, poppig, Slipper;* außerdem: *die Busse (zu Bus)*

(2) die fremdsprachigen Suffixe *-ik* und *-it,* die mit kurzem, aber auch mit langem Vokal gesprochen werden können, zum Beispiel:

Kritik, Politik; Kredit, Profit

(3) einige Wörter mit unklarem Wortaufbau oder mit Bestandteilen, die nicht selbstständig vorkommen, zum Beispiel:

Brombeere, Damwild, Himbeere, Imbiss, Imker (aber *Imme*), *Sperling, Walnuss;* aber: *Bollwerk*

(4) eine Reihe von Fremdwörtern, zum Beispiel:

Ananas, April, City, Hotel, Kamera, Kapitel, Limit, Mini, Relief, Roboter

(5) Wörter mit den nicht mehr produktiven Suffixen *-d, -st* und *-t.* zum Beispiel:

Brand (trotz *brennen), Spindel* (trotz *spinnen); Geschwulst* (trotz *schwellen), Gespinst* (trotz *spinnen), Gunst* (trotz *gönnen); beschäftigen, Geschäft* (trotz *schaffen), (ins)gesamt, sämtlich* (trotz *zusammen)*

(6) eine Reihe einsilbiger Wörter mit grammatischer Funktion, zum Beispiel:

ab, an, dran, bis, das (Artikel, Pronomen), *des* (aber *dessen), in, drin* (aber *innen, drinnen), man, mit, ob, plus, um, was, wes* (aber *wessen)*

E_2: Aber entsprechend § 2:
dann, denn, wann, wenn; dass (Konjunktion)

(7) die folgenden Verbformen:

ich bin, er hat; aber nach der Grundregel (§ 2): *er hatte, sie tritt, nimm!*

(8) die folgenden Ausnahmen:

Drittel, Mittag, dennoch

Bisherige Regelung

Identisch (aber: *Imbiss, Walnuss;* vgl. § 2).

§ 5

In vier Fallgruppen verdoppelt man den Buchstaben für den einzelnen Konsonanten, obwohl der vorausgehende kurze Vokal nicht betont ist.

Dies betrifft

(1) das scharfe (stimmlose) *s* in Fremdwörtern, zum Beispiel:

Fassade, Karussell, Kassette, passieren, Rezession

2) die Suffixe *-in* und *-nis* sowie die Wortausgänge *-as, -is, -os* und *-us*, wenn in erweiterten Formen dem Konsonanten ein Vokal folgt, zum Beispiel:

-in:	*Ärztin – Ärztinnen, Königin – Königinnen*
-nis:	*Beschwernis – Beschwernisse, Kenntnis – Kenntnisse*
-as:	*Ananas – Ananasse, Ukas – Ukasse*
-is:	*Iltis – Iltisse, Kürbis – Kürbisse*
-os:	*Allbatros – Albatrosse, Rhinozeros – Rhinozerosse*
-us:	*Diskus – Diskusse, Globus – Globusse*

(3) eine Reihe von Fremdwörtern, zum Beispiel:

Allee, Batterie, Billion, Buffet, Effekt, frappant, Grammatik, Kannibale, Karriere, kompromittieren, Konkurrenz, Konstellation, Lotterie, Porzellan, raffiniert, Renomee, skurril, Stanniol

E: In Zusammensetzungen mit fremdsprachigen Präfixen wie *ad-, dis, in-, kon-/con, ob-, sub-* und *syn-* ist deren auslaufender Konsonant in manchen Fällen an den Konsonanten des folgenden Wortes angeglichen, zum Beispiel:

Affekt, akkurat, Attraktion (vgl. aber *Advokat, addieren*); ebenso: *Differenz, Illusion, korrekt, Opposition, suggerieren, Symmetrie*

(4) wenige Wörter mit *tz* (siehe § 3 (2)), zum Beispiel: *Kiebitz, Stieglitz*

1.3 Besondere Kennzeichnung der langen Vokale

Folgt im Wortstamm auf einen betonten Vokal kein Konsonant, ist er lang. Die regelmäßige Kennzeichnung mit *h* hat auch die Aufgabe, die Silbenfuge zu markieren, zum Beispiel *Kü | he*; vgl. § 6. Folgt nur *ein* Konsonant, so kann der Vokal kurz oder lang sein. Die Länge wird jedoch nur bei einheimischen Wörtern mit [iː] regelmäßig durch *ie* bezeichnet; vgl. § 1. Ansonsten erfolgt die Kennzeichnung nur ausnahmsweise:

a) in manchen Wörtern vor l, *m, n, r* mit *h;* vgl. § 8;

b) mit Doppelvokal *aa, ee, oo;* vgl. § 9;

c) mit *ih, ieh;* vgl. § 12.
Zum *ß* (statt *s*) nach langem Vokal und Diphthong siehe § 25.

Bisherige Regelung

Identisch

§ 6

Wenn einem betonten einfachen langen Vokal ein unbetonter kurzer Vokal unmittelbar folgt oder in erweiterten Formen eines Wortes folgen kann, so steht nach dem Buchstaben für den langen Vokal stets der Buchstabe *h.*

Dies betrifft Wörter wie:

ah: *nahen, bejahen* (aber *ja*)
eh: *Darlehen, drehen*
oh: *drohen, Floh (wegen Flöhe)*
uh: *Kuh (wegen Kühe), Ruhe, Schuhe*
äh: *fähig, Krähe, zäh* (Ausnahme *säen*)
öh: *Höhe* (Ausnahme *Bö,* trotz *Böe, Böen*)
üh: *früh* (wegen *früher*)

Zu ieh siehe § 12 (2).
Zu See u. a. siehe § 9.

Bisherige Regelung

Identisch

§ 7

Das *h* steht ausnahmsweise auch nach dem Diphthong [aɪ].

Das betrifft Wörter wie:

gedeihen, Geweih, leihen (≠ Laien), Reihe, Reiher, seihen, verzeihen, weihen, Weiher, aber sonst: *Blei, drei, schreien*

Bisherige Regelung

Identisch

§ 8

Wenn einem betonten langen Vokal einer der Konsonanten [l], [m], [n] oder [r] folgt, so wird in vielen, jedoch nicht in der Mehrzahl der Wörter nach dem Buchstaben für den Vokal ein *h* eingefügt.

Dies betrifft

(1) Wörter, in denen auf [l], [m], [n] oder [r] kein weiterer Konsonant folgt, zum Beispiel:

ah: *Dahlie, lahm, ahnen, Bahre*
eh: *Befehl, benehmen, ablehnen, begehren*
oh: *hohl, Sohn, bohren*
uh: *Pfuhl, Ruhm, Huhn, Uhr*
äh: *ähneln, Ähre*
öh: *Höhle, stöhnen, Möhre*
üh: *fühlen, Bühne, führen*

Zu *ih* siehe § 12 (1).

(2) die folgenden Einzelfälle:

ahnden, fahnden, Fehde

E_1: Zu unterscheiden sind gleich lautende, aber unterschiedlich geschriebene Wortstämme wie:

Mahl ≠ Mal, mahlen ≠ malen, Sohle ≠ Sole; dehnen ≠ denen; Bahre ≠ Bar, wahr ≠ er war, lehren ≠ leeren, mehr ≠ Meer, Mohr ≠ Moor, Uhr ≠ Ur, währen ≠ sie wären

E_2 zu § 6 bis 8: Das *h* bleibt auch bei Flexion, Stammveränderung und in Ableitungen erhalten, zum Beispiel:

befehlen – befiehl – er befahl – befohlen, drehen – gedreht – Draht, empfehlen – empfiehl – er empfahl – empfohlen, gedeihen – es gedieh – gediehen, fliehen – er floh – geflohen, leihen – er lieh – geliehen, mähen – Mahd, nähen – Naht, nehmen – er nahm, sehen – er sieht – er sah – gesehen, stehlen – er stiehlt – er stahl – gestohlen, verzeihen – er verzieh – verziehen, weihen – geweiht – Weihnachten

Ausnahmen, zum Beispiel: *Blüte, Blume* (trotz *blühen), Glut* (trotz *glühen), Nadel* (trotz *nähen*)

E_3: In Fremdwörtern steht bis auf wenige Ausnahmen wie *Allah, Schuh* kein *h*.

Bisherige Regelung

Identisch

§ 9

Die Länge von [aː], [eː] und [oː] kennzeichnet man in einer kleinen Gruppe von Wörtern durch die Verdopplung *aa, ee* bzw. *oo.*

Dies betrifft Wörter wie:

aa: *Aal, Aas, Haar, paar, Paar, Saal, Saat, Staat, Waage*
ee: *Beere, Beet, Fee, Klee, scheel, Schnee, See, Speer, Tee, Teer;* außerdem eine Reihe von Fremdwörtern mit *ee* im Wortausgang wie: *Armee, Idee, Kaffee, Klischee, Tournee, Varietee*
oo: *Boot, Moor, Moos, Zoo*

Zu *die Feen, Seen* siehe § 19.

E_1: Zu unterscheiden sind gleich lautende, aber unterschiedlich geschriebene Wortstämme wie:

Waage ≠ Wagen; Heer ≠ her, hehr; leeren ≠ lehren; Meer ≠ mehr, Reede ≠ Rede; Seele, seelisch ≠ selig; Moor ≠ Mohr

E_2: Bei Umlaut schreibt man nur *ä* bzw. *ö*, zum Beispiel:

Härchen – aber: *Haar, Pärchen* – aber: *Paar; Säle* – aber: *Saal; Bötchen* – aber: *Boot*

Bisherige Regelung

Identisch mit einer Ausnahme: Konsequent werden Fremdwörter (im Regelfall französischer Herkunft) mit der Endung *-é* an die deutsche Schreibung angeglichen:

bisher	neu
Dekolleté	*Dekolletee/Dekolleté*
Exposé	*Exposee/Exposé*
Varieté	*Varietee/Varieté*

§ 10

Wenige einheimische Wörter und eingebürgerte Entlehnungen mit dem langen Vokal [iː] schreibt man ausnahmsweise mit *i*.

Dies betrifft Wörter wie:

dir, mir, wir; gib, du gibst, er gibt (aber *ergiebig*); *Bibel, Biber, Brise, Fibel, Igel, Liter, Nische, Primel, Tiger, Wisent*

E: Zu unterscheiden sind gleich lautende, aber unterschiedlich geschriebene Wörter wie:

Lid ≠ Lid; Mine ≠ Miene; Stil ≠ Stiel; wider ≠ wieder

Bisherige Regelung

Identisch

§ 11

Für langes [iː] schreibt man *ie* in den fremdsprachigen Suffixen und Wortausgängen *-ie, -ier* und *-ieren.*

Dies betrifft Wörter wie:

Batterie, Lotterie; Manier, Scharnier, marschieren, probieren

Ausnahmen, zum Beispiel: *Geysir, Saphir, Souvenir, Vampir, Wesir*

Bisherige Regelung

Identisch

§ 12

In Einzelfällen kennzeichnet man die Länge des Vokals [iː] zusätzlich mit dem Buchstaben *h* und schreibt *ih* oder *ieh.*

Im Einzelnen gilt:

(1) *ih* steht nur in den folgenden Wörtern (vgl. § 8):

ihm, ihn, ihnen; ihr (Personal- und Possessivpronomen), außerdem *Ihle*

(2) *ieh* steht nur in den folgenden Wörtern (vgl. § 6):

fliehen, Vieh, wiehern, ziehen

Zu *ieh* in Flexionsformen wie *befiehl* (zu *befehlen*) siehe § 8 E_2.

Bisherige Regelung

Identisch

1.4 Umlautschreibung bei [ɛ]

§ 13

Für kurzes [ɛ] schreibt man *ä* statt *e*, wenn es eine Grundform mit *a* gibt.

Dies betrifft flektierte und abgeleitete Wörter wie:

Bänder, Bändel (wegen *Band*); Hälse (wegen *Hals*); Kälte, kälter (wegen *kalt*); überschwänglich (wegen *Überschwang*)

E_1: Man schreibt *e* oder *ä* in *Schenke / Schänke* (wegen *ausschenken / Ausschank*), aufwendig / aufwändig (wegen *aufwenden/Aufwand).*

E_2: Für langes [eː] und langes [ɛː], die in der Aussprache oft nicht unterschieden werden, schreibt man *ä*, sofern es eine Grundform mit *a* gibt, zum Beispiel *quälen* (wegen *Qual*). Wörter wie *sägen, Ähre (≠ Ehre), Bär* sind Ausnahmen.

Bisherige Regelung

Teilweise unterschiedlich

Hier wird jetzt konsequent das Stammprinzip angewendet, also *-ä-* statt des bisherigen *-e-* bei einer Grundforrn auf *-a-*, aber *-e-* bei einer Grundform auf *-e-:*

bisher	neu
aufwendig	*aufwändig/aufwendig* (weil: *Aufwand, aufwenden*)
belemmert	*belämmert* (weil: *Lamm*)
Bendel	*Bändel* (weil: *Band*)
Gemse	*Gämse* (weil: *Gams*)
Quentchen	*Quäntchen* (weil: *Quantum*)
Schenke	*Schenke/Schänke* (weil: *ausschenken, Ausschank*)
Stengel	*Stängel* (weil: *Stange*)
überschwenglich	*überschwänglich* (weil: *Überschwang*)

§ 14

In wenigen Wörtern schreibt man ausnahmsweise *ä*.

Dies betrifft Wörter wie:

ätzen, dämmern, Geländer, Lärm, März, Schärpe

E: Zu unterscheiden sind gleich lautende, aber unterschiedlich geschriebene Wörter wie: *Äsche* ≠ *Esche; Färse* ≠ *Ferse; Lärche* ≠ *Lerche*

Bisherige Regelung

Identisch

§ 15 In wenigen Wörtern schreibt man ausnahmsweise *e*

Das betrifft Wörter wie:

Eltern (trotz *alt*); schwenken – schwanken

Bisherige Regelung

Identisch

1.5 Umlautschreibung bei [ɔʏ]

§ 16 Für den Diphthong [ɔʏ] schreibt man *äu* statt *eu*, wenn es eine Grundform mit *au* gibt.

Dies betrifft flektierte und abgeleitete Wörter wie:

Häuser (wegen *Haus*), *er läuft* (wegen *laufen*), *Mäuse, Mäuschen* (wegen *Maus*); *Gebäude* (wegen *Bau*), *Geräusch* (wegen *rauschen*), *sich schnäuzen* (wegen *Schnauze*), *verbläuen* (wegen *blau*)

Bisherige Regelung

Teilweise unterschiedlich

Auch hier – wie in § 13 wird jetzt das Stammprinzip angewendet:

bisher	neu
(sich) schneuzen	*(sich) schnäuzen* (weil: *Schnauze*)
verbleuen	*verbläuen* (weil: *blau*)

§ 17 In wenigen Wörtern schreibt man ausnahmsweise *äu*.

Das betrifft Wörter wie:

Knäuel, Räude, sich räuspern, Säule, sich sträuben, täuschen

Bisherige Regelung

Identisch

1.6 Ausnahmen beim Diphthong [aɪ]

§ 18 In wenigen Wörtern schreibt man den Diphthong [aɪ] ausnahmsweise *ai*.

Das betrifft Wörter wie:

Hai, Kaiser, Mai

E: Zu unterscheiden sind gleich lautende, aber unterschiedlich geschriebene Wortstämme wie:

Bai ≠ bei; Laib ≠ Leib; Laich ≠ Leiche; Laie, Laien ≠ leihen; Saite ≠ Seite; Waise ≠ Weise, weisen

Bisherige Regelung

Identisch

1.7 Besonderheiten beim *e*

§ 19

Folgen auf *-ee* oder *-ie* die Flexionsendungen oder Ableitungssuffixe *-e, -en, -er, -es, -ell, so* lässt man ein *e* weg.

Das betrifft Wörter wie:

die Feen; die Ideen; die Mondseer des Sees; die Knie, knien; die Phantasien; sie schrien, geschrien; ideell; industriell

Bisherige Regelung

Identisch

1.8 Spezielle Laut-Buchstaben-Zuordnungen in Fremdwörtern

§ 20

Über die bisher dargestellten Laut-Buchstaben-Zuordnungen hinaus treten in Fremdwörtern auch fremdsprachige Zuordnungen auf. In den folgenden Listen sind nur die wichtigeren angeführt.

Dabei ist zu beachten, dass Kürze und Länge der Vokale von der Betonung abhängen. Vokale, die in betonten Silben lang sind, werden in unbetonten Silben kurz gesprochen, zum Beispiel *Analyse* mit langem Vokal [yː] *analysieren* mit kurzem Vokal [y].

(1) Fremdsprachige Laut-Buchstaben-Zuordnungen

Laute	Buchstaben	Beispiele
[a], [aː]	*u*	*Butler Cup, Make-up, Slum*
	at	*Eklat, Etat*
[ɛ], [ɛː]	*a*	*Action, Camping, Fan, Gag*
	ai	*Airbus, Chaiselongue, fair, Flair, Saison*
[eː]	*é*	*Abbé, Attaché, Lamé*
	er	*Atelier, Bankier, Premier*
	et	*Budget, Couplet, Filet*
	ai	*Cocktail, Container*
[i], [iː]	*y*	*Baby, City, Lady, sexy*

	ea	*Beat, Dealer, Hearing, Jeans, Team*
	ee	*Evergreen, Spleen, Teenager*
[oː]	*au*	*Chaussee, Chauvinismus*
	eau	*Niveau, Plateau, Tableau*
	ot	*Depot, Trikot*
[øː]	*eu*	*adieu, Milieu;* häufig in den Suffixen *-eur -euse: Ingenieur, Souffleuse*
[ʊ], [u], [uː]	*oo*	*Boom, Swimmingpool*
	ou	*Journalist, Rouge, Route, souverän*
[Y], [y], [yː]	*y*	*Analyse, Hymne, Physik, System, Typ;* auch in den Präfixen *dys- (≠ dis-), hyper-, hypo-, syl-, sym-, syn-: dysfunktional, hyperkorrekt, Hypozentrum, Syllogismus, Symbiose, synchron*
[ɑ̃], [ɑ̃ː]	*an*	*Branche, Chance, Orange, Renaissance, Revanche*
	ant	*Avantgarde, Pendant, Restaurant*
	en	*engagiert, Ensemble, Entree, Pendant, Rendezvous*
	ent	*Abonnement, Engagement*
[ɛ̃], [ɛ̃ː]	*ain*	*Refrain, Souterrain, Terrain*
	eint	*Teint*
	in	*Bulletin, Dessin, Mannequin*
[ɔ̃], [ɔ̃ː]	*on*	*Annonce, Chanson, Pardon*
[œ̃], [œ̃ː]	*um*	*Parfum*
[aʊ]	*au*	*Couch, Countdown, Foul, Sound*
	ow	*Clown, Countdown, Cowboy, Power(play)*
[aɪ]	*i*	*Lifetime, Pipeline*
	igh	*Copyright, high, Starfighter*
	y	*Nylon, Recycling*
[ɔʏ]	*oy*	*Boy, Boykott*
[oa]	*oi*	*Memoiren, Repertoire, Reservoir, Toilette*

(2) Doppelschreibungen

Im Prozess der Integration entlehnter Wörter können fremdsprachige und integrierte Schreibung nebeneinander stehen. (Zu Haupt- und Nebenform siehe das Wörterverzeichnis.)

Laute	Buchstaben	Beispiele
[ɛ], [ɛː]	*ai – ä*	*Drainage – Dränage, Mayonnaise – Majonäse, Mohair – Mohär, Polonaise – Polonäse*
[e], [eː]	*é – ee*	*Bouclé – Buklee, Doublé – Dublee, Exposé – Exposee – Café – Kaffee* (mit Bedeutungsdifferenzierung), *Kommuniqué – Kommunikee, Varieté – Varietee*
[o], [oː]	*au – o*	*Sauce-Soße*

[ʊ], [u], [uː]	*ou – u*	*Bravour – Bravur Bouquet – Buket(t), Doublé – Dublee, Coupon – Kupon, Nougat – Nugat*

Bisherige Regelung

Teilweise unterschiedlich

Die in der Neuregelung unter Ziffer (1) aufgeführten Schreibweisen von Fremdwörtern entsprechen der bisherigen Regelung.

Die in Ziffer (2) aufgelisteten Doppelschreibungen verzeichnen bisherige Regelungen sowie die jetzt zugelassenen Angleichungen an die deutsche Schreibweise:

bisher	neu
Bravour	*Bravur/Bravour*
Nougat	*Nugat/Nougat*
Varieté	*Varietee/Varieté*

Beide Schreibweisen sind fortan zugelassen; als Hauptvariante wird die jeweils zuerst genannte Schreibweise empfohlen.

§ 21 Fremdwörter aus dem Englischen, die auf *-y* enden und im Englischen den Plural *-ies* haben, erhalten im Plural ein *-s*.

Das betrifft Wörter wie:

Baby – Babys, Lady – Ladys, Party – Partys

E: Bei Zitatwörtern gilt die englische Schreibung, zum Beispiel: *Grand Old Ladies.*

Bisherige Regelung

Teilweise unterschiedlich

Konsequent werden fortan Pluralformen englischer Fremdwörter, die auf *-y* enden, mit *-s* geschrieben (statt wie im Englischen mit *-ies):*

bisher	neu
Babies/Babys	*Babys*
Hobbies/Hobbys	*Hobbys*
Ladies/Ladys	*Ladys*
Parties/Partys	*Partys*

2 Konsonanten

2.1 Grundlegende Laut-Buchstaben-Zuordnungen

§ 22 Als grundlegend im Sinne dieser orthographischen Regelung gelten die folgenden Laut-Buchstaben-Zuordnungen.

Besondere Zuordnungen werden in den sich anschließenden Abschnitten behandelt.

Laute	Buchstaben	Beispiele
(1) Einfache Konsonanten		
[b]	*b*	*backen, Baum, Obolus, Parabel*
[ç], [x]	*ch*	*ich, Bücher, lynchen; ach, Rauch*
[d]	*d*	*danken, Druck, leiden, Mansarde*
[f]	*f*	*fertig, Falke, Hafen, Fusion*
[g]	*g*	*gehen, Gas, sägen, Organ, Eleganz*
[h]	*h*	*hinterher, Haus, Hektik, Ahorn, vehement*
[j]	*j*	*ja, Jagd, Boje, Objekt*
[k]	*k*	*Kiste, Haken, Flanke, Majuskel, Konkurs*
[l]	*l*	*laufen, Laut, Schale, lamentieren*
[m]	*m*	*machen, Mund, Lampe, Maximum*
[n]	*n*	*nur, Nagel, Ton, Natur, nuklear*
[ŋ]	*ng*	*Gang, Länge, singen, Zange*
[p]	*p*	*packen, Paste, Raupe, Problem*
[r], [R], [ʁ]	*r*	*rauben, Rampe, hören, Zitrone*
[s]	*s*	*skurril, Skandal, Hast, hopsen*
[Z]	*s*	*sagen, Seife, lesen, Laser*
[ʃ]	*sch*	*scharf Schaufel, rauschen*
[t]	*t*	*tragen, Tür, fort, Optimum*
[v]	*w*	*wann, Wagen, Möwe*
(2) Konsonantenverbindungen (innerhalb des Stammes)		
[kv]	*qu*	*quälen, Quelle, liquid, Qualität*
[ks]	*x*	*xylographisch, Xenophobie, boxen, toxisch*
[ts]	*z*	*Zart, Zaum, tanzen, speziell, Zenit*

Bisherige Regelung

Identisch

2.2 Auslautverhärtung und Wortausgang *-ig*

§ 23

Die in großen Teilen des deutschen Sprachgebiets auftretende Verhärtung der Konsonanten [b], [d], [g], [v] und [z] am Silbenende sowie vor anderen Konsonanten innerhalb der Silbe wird in der Schreibung nicht berücksichtigt.

E_1: Bei vielen Wörtern kann die Schreibung aus der Aussprache erweiterter Formen oder verwandter Wörter abgeleitet werden, in denen der betreffende Konsonant am Silbenanfang steht, zum Beispiel:

Konsonant am Silbenende usw.	Konsonant am Silbenanfang
Lob, löblich, du lobst	*Lobes, belobigen* (aber *Isotop – Isotope*)
trüb, trübselig, eingetrübt	*trübe, eintrüben* (aber *Typ – Typen*)
Rad, Radumfang	*Rades, rädern* (aber *Rat – Rates*)
absurd	*absurde, Absurdität* (aber *Gurt – Gurte*)
Sieg, siegreich, er siegt	*siegen* (aber *Musik – musikalisch*)
Trug, er betrog, Betrug	*betrügen* (aber *Spuk – spuken*)
gläubig	*gläubige* (aber *Plastik – Plastiken*)
Möwchen	*Möwe* (aber *Öfchen – Ofen*)
naiv, Naivling, Naivheit	*Naive, Naivität* (aber *er rief – rufen*)
Preis, preislich, preiswert	*Preise* (aber *Fleiß – fleißig*)
Haus, häuslich, behaust	*Häuser* (aber *Strauß – Sträuße*)

E_2: Bei einer kleinen Gruppe von Wörtern ist es nicht oder nur schwer möglich, eine solche Erweiterung durchzuführen oder eine Beziehung zu verwandten Wörtern herzustellen. Man schreibt sie trotzdem mit *b, d, g* bzw. *s*, zum Beispiel:

ab, Eisbein (Eis – Eises), flugs (Flug), Herbst, hübsch, jeglich, Jugend, Kies (Kiesel), Lebkuchen, morgendlich, ob, Obst, Plebs (Plebejer), preisgeben, Rebhuhn, redlich (Rede), Reis (Reisig), Reis (= Korn; *Reise* fachsprachlich = Reissorten; aber *Grieß), ihr seid (≠ seit), sie sind, und, Vogt, weg (Weges), weissagen (weise)*

Bisherige Regelung

Identisch

§ 24

Für den Laut [ç] schreibt man regelmäßig *g*, wenn erweiterte Formen am Silbenanfang mit dem Laut [g] gesprochen werden.

Das betrifft Wörter wie:

ewig, Ewigkeit (wegen *ewige*), *gläubig* (wegen *gläubige*); aber: *unglaublich* (wegen *unglaubliche*); *heilig, Käfig, ruhig*

E: In einigen Sprachlandschaften wird *-ig* mit [k] gesprochen; dann gilt § 23.

Bisherige Regelung

Identisch

2.3 Besonderheiten bei [s]

§25

Für das scharfe (stimmlose) [s] nach langem Vokal oder Diphthong schreibt man *ß*, wenn im Wortstamm kein weiterer Konsonant folgt.

Das betrifft Wörter wie:

Maß, Straße, Grieß, Spieß, groß, grüßen; außen, außer, draußen, Strauß, beißen, Fleiß, heißen

Ausnahme: *aus*

Zur Schreibung von [s] in Wörtern mit Auslautverhärtung wie *Haus, graziös, Maus, Preis* siehe § 23.

E_1: In manchen Wortstämmen wechselt bei Flexion und in Ableitungen die Länge und Kürze des Vokals vor [s]; entsprechend wechselt die Schreibung *ß* mit *ss*. Beispiele:

fließen – er floss – Fluss – das Floß
genießen – er genoss – Genuss
wissen – er weiß – er wusste

E_2: Steht der Buchstabe *ß* nicht zur Verfügung, so schreibt man *ss*. In der Schweiz schreibt man immer ss.

Beispiel:

Straße – Strasse

E_3: Bei Schreibung mit Großbuchstaben schreibt man *SS*, zum Beispiel:

Straße – STRASSE

Bisherige Regelung

Teilweise unterschiedlich

In Zukunft soll *-ß-* nur nach langem Vokal und nach Diphthong stehen (Straße, außen). Nach kurzem Vokal hingegen wird *-ss-* geschrieben (*dass, der Fluss, es passt, wässerig* usw.). Daher:

bisher	neu
er floß	*er floss*
der Fluß	*der Fluss*
er genoß	*er genoss*
sie läßt	*sie lässt*
der Schluß	*der Schluss*
sie wußte	*sie wusste*

Damit werden also unterschieden: *fließen – der Fluss – das Floß – er floss; wissen – er weiß – er wusste* usw.

§ 26 Folgt auf das *s, ss, ß, x* oder *z* eines Verb- oder Adjektivstammes die Endung *-st* der 2. Person Singular bzw. die Endung *-st(e)* des Superlativs, so lässt man das *s* der Endung weg.

Das betrifft Wörter wie:

du reist (zu *reisen*), *du hasst* (zu *hassen*), *du reißt* (zu *reißen*), *du mixt* (zu *mixen*), *du* sitzt (zu *sitzen*); *(groß – größer –) größte*

Bisherige Regelung

Identisch

2.4 Besonderheiten bei [ʃ]

§ 27

Für den Laut [ʃ] am Anfang des Wortstammes vor folgendem [p] oder [t] schreibt man *s* statt *sch.*

Das betrifft Wörter wie:

spielen, verspotten; starren, Stelle, Stunde

Bisherige Regelung

Identisch

2.5 Besonderheiten bei [ŋ]

§ 28

Für den Laut [ŋ] vor [k] oder [g] im Wortstamm schreibt man *n* statt *ng*.

Das betrifft Wörter wie:

Bank, dünken, Enkel, Schranke, trinken; Mangan, Singular

Bisherige Regelung

Identisch

2.6 Besonderheiten bei [f] und [v]

§ 29

Für den Laut [f] schreibt man *v* statt *f* in *ver-* (wie in *verlaufen*) sowie am Anfang einiger weiterer Wörter.

Das betrifft Wörter wie:

Vater, Veilchen, Vettel, Vetter, Vieh, viel, vielleicht, vier, Vlies, Vogel, Vogt, Volk, voll (aber *füllen*), *von, vor, vordere, vorn;* auch in: *Nerv, Nerven*

Dazu kommen *Frevel, Nerv (Nerven).*

Bisherige Regelung

Identisch

§ 30

Für den Laut [v] schreibt man in Fremdwörtern regelmäßig und in wenigen eingebürgerten Entlehnungen *v* statt *w.*

Das betrifft Wörter wie:

privat, Revolution, Universität, Virus, zivil, Malve, Vase; Suffix bzw. Endung *-iv, -ive: Aktivität, die Detektive, Motivation; Initiative, Perspektive*

E: Bei einigen Wörtern schwankt die Aussprache von *v* zwischen [v] und [f] wie bei *Initiative, Larve, Pulver, evangelisch, Vers, Vesper, November, brave.*

Bisherige Regelung

Identisch

2.7 Besonderheiten bei [ks]

§ 31

Für die Lautverbindung [ks] schreibt man in einigen Wortstämmen ausnahmsweise *chs* bzw. *ks* statt *x*.

Das betrifft Wörter wie:

Achse, Achsel, Büchse, Dachs, drechseln, Echse, Flachs, Fuchs, Lachs, Luchs, Ochse, sechs, Wachs, wachsen, Wechsel, Weichsel(kirsche), wichsen

Keks, schlaksig

E: Die bei Flexion und in Ableitungen entstehende Lautverbindung [ks] wird je nach dem zugrunde liegenden Wort *gs, ks* oder *cks* geschrieben, zum Beispiel:

du hegst (wegen *hegen*), *du hinkst* (wegen *hinken*), *Streiks* (wegen *Streik*), *Häcksel* (wegen *hacken*)

Bisherige Regelung

Identisch

2.8 Spezielle Laut-Buchstaben-Zuordnungen in Fremdwörtern

§ 32

Über die bisher dargestellten Laut-Buchstaben-Zuordnungen hinaus treten in Fremdwörtern auch fremdsprachige Zuordnungen auf.

In den folgenden Listen sind nur die wichtigeren angeführt.

(1) Fremdsprachige Laut-Buchstaben-Zuordnungen

Laute	Buchstaben	Beispiele
(1.1) Einfache Konsonanten		
[f]	*ph*	*Atmosphäre, Metapher Philosophie, Physik*
[k]	*c*	*Clown, Container, Crew*
	ch	*Chaos, Charakter, Chlor, christlich*
	qu	*Mannequin, Queue*
[r]	*rh*	*Rhapsodie, Rhesusfaktor*
	rt	*Dessert, Kuvert, Ressort*
[s]	*c, ce*	*Annonce, Chance, City, Renaissance, Service*

[ʃ]	*ch*	*Champignon, Chance, charmant, Chef*
	sh	*Geisha, Sheriff, Shop, Shorts*
[ʒ]	*g*	*Genie, Ingenieur, Loge, Passagier, Regime;* auch im Suffix -age: *Blamage, Garage*
	j	*Jalousie, Jargon, jonglieren, Journalist*
[t]	*th*	*Ethos, Mathematik, Theater, These*
[v]	*v*	*Virus, zivil* (vgl. § 30)

(1.2) Konsonantenverbindungen

[dʒ]	*g*	*Gentleman, Gin, Manager, Teenager*
	j	*Jazz, Jeans, Jeep, Job, Pyjama*
[lj] / [j]	*ll*	*Billard, Bouillon, brillant, Guerilla, Medaille, Pavillon, Taille*
[nj]	*gn*	*Champagner, Kampagne, Lasagne*
[ts]	*c*	*Aceton, Celsius, Cellophan*
	t (vor [i] + Vokal)	sehr häufig im Suffix *-tion*; außerdem häufig in Fällen wie *-tie, -tiell, -tiös: Funktion, Nation, Produktion; Aktie, partiell, infektiös*
[tʃ]	*c*	*Cello, Cembalo*
	ch	*Chip, Coach, Ranch*
	ge, dge	*College, Bridge*

(2) Doppelschreibungen

Im Prozess der Integration entlehnter Wörter können fremdsprachige und integrierte Schreibung nebeneinander stehen. (Zu Haupt- und Nebenformen siehe das Wörterverzeichnis.)

Laute	Buchstaben	Beispiele
[f]	*ph – f*	*-photo-* – *-foto-*, zum Beispiel *Photographie – Fotografie; -graph-* – *-graf-*, zum Beispiel *Graphik – Grafik; -phon-* – *-fon-*, zum Beispiel *Mikrophon – Mikrofon; Delphin – Delfin, phantastisch – fantastisch*
[g]	*gh – g*	*Ghetto – Getto, Joghurt – Jogurt, Spaghetti – Spagetti*
[j]	*y – j*	*Yoga – Joga, Joghurt – Jogurt, Mayonnaise – Majonäse*
[k]	*c – k*	*Calcit – Kalzit, Caritas – Karitas, Code – Kode, codieren – kodieren, circa – zirka*
	qu – k	*Bouquet – Bukett, Kommuniqué – Kommunikee*
[r]	*rh – r*	*Katarrh – Katarr, Myrrhe – Myrre*

[s]	*c – ss, ß*	*Facette – Fassette, Necessaire – Nessessär, Sauce – Soße*
[ʃ]	*ch – sch*	*Anchovis – Anschovis, Chicorée – Schikoree, Sketch – Sketsch*
[t]	*th – t*	*Panther – Panter, Thunfisch – Tunfisch*
[ts]	*c – z*	*Acetat-Azetat, Calcit-Kalzit, Penicillin – Penizillin, circa – zirka*
	t – z (vor [i] + Vokal)	*pretiös – preziös, Pretiosen – Preziosen; potentiell – potenziell* (wegen *Potenz*), *substantiell – substanziell* (wegen *Substanz*)

Bisherige Regelung

Teilweise unterschiedlich

Die in Ziffer (1) aufgeführten Schreibweisen entsprechen der bisherigen Regelung der Fremdwortschreibung.

Die in Ziffer (2) aufgelisteten Doppelschreibungen gleichen häufig gebrauchte Fremdwörter an die deutsche Schreibnorm an und lassen daneben die bisherige Schreibweise zu. Als Hauptvariante wird die jeweils zuerst genannte Schreibweise empfohlen:

bisher	neu
Chicorée	*Chicorée/Schikoree*
Delphin	*Delphin/Delfin*
Ghetto	*Getto/Ghetto*
Panther	*Panther/Panter*
Penicillin	*Penizillin/Penicillin*
potentiell	*potenziell/potentiell*
Yoghurt/Joghurt	*Joghurt/Jogurt*

B. GETRENNT- UND ZUSAMMENSCHREIBUNG

0 Vorbemerkungen

(1) Die Getrennt- und Zusammenschreibung betrifft die Schreibung von Wörtern, die im Text unmittelbar benachbart und aufeinander bezogen sind. Handelt es sich um die Bestandteile von Wortgruppen, so schreibt man sie voneinander getrennt. Handelt es sich um die Bestandteile von Zusammensetzungen, so schreibt man sie zusammen. Manchmal können dieselben Bestandteile sowohl eine Wortgruppe als auch eine Zusammensetzung bilden. Die Verwendung als Wortgruppe oder als Zusammensetzung kann dabei von der Aussageabsicht des Schreibenden abhängen.

(2) Bei der Regelung der Getrennt- und Zusammenschreibung wird davon ausgegangen, dass die getrennte Schreibung der Wörter der Normalfall und daher allein die Zusammenschreibung regelungsbedürftig ist.

(3) Soweit dies möglich ist, werden zu den Regeln formale Kriterien aufgeführt, mit deren Hilfe sich entscheiden lässt, ob man im betreffenden Fall getrennt oder ob man zusammenschreibt. So wird zum Beispiel stets zusammengeschrieben, wenn der erste oder der zweite Bestandteil in dieser Form als selbständiges Wort nicht vorkommt (wie bei *wissbegierig, zuinnerst*). So wird zum Beispiel stets getrennt geschrieben, wenn der erste oder der zweite Bestandteil erweitert ist (wie bei *viele Kilometer weit*, aber *kilometerweit; irgend so ein*, aber *irgendein*).

(4) Bei den verschiedenen Wortarten sind – auch in Abhängigkeit von sprachlichen Entwicklungsprozessen – spezielle Bedingungen zu beachten. Daher ist die folgende Darstellung nach der Wortart der Zusammensetzung gegliedert:

1 Verb (§§ 33–35)
2 Adjektiv und Partizip (§ 36)
3 Substantiv (§§ 37–38)
4 Andere Wortarten (§ 39)

1 Verb

Zusätzlich zu der generellen Einteilung in Wortgruppen (wie *in die Ferne sehen)* und Zusammensetzungen (wie *fernsehen*) sind bei Verben zu unterscheiden:

a) untrennbare Zusammensetzungen wie *maßregeln, langweilen*

Untrennbare Zusammensetzungen erkennt man daran, dass die Reihenfolge der Bestandteile stets unverändert bleibt.

maß + regeln: Wer jemanden *maßregelt* … Man *maßregelte* ihn. Niemand wagte, ihn zu *maßregeln*. Er wurde offiziell *gemaßregelt*.
Siehe im Einzelnen § 33.

b) trennbare Zusammensetzungen wie *hinzukommen, fehlgehen, bereithalten, wundernehmen*

Trennbare Zusammensetzungen erkennt man daran, dass die Reihenfolge der Bestandteile in Abhängigkeit von ihrer Stellung im Satz wechselt.

hinzu + kommen: Wenn dieses Argument *hinzukommt* … Dieses Argument scheint *hinzuzukommen*. Dieses Argument ist *hinzugekommen*. Dieses Argument *kommt hinzu*. Dieses Argument *kommt* erschwerend *hinzu*.
Siehe im Einzelnen § 34.

Bisherige Regelung

Da die Getrennt- und Zusammenschreibung der Wörter in der Geschichte der Rechtschreibung nie offiziell geregelt worden war, bildeten sich seither zahlreiche Zweifelsfälle heraus: *sitzen bleiben / sitzenbleiben, gut gehen / gutgehen* usw. Die zumeist gebrauchte Erklärung zur Unterscheidung beider Schreibweisen war: wörtlicher bzw. übertragener Gebrauch. Freilich traten dabei immer wieder Unsicherheiten auf, wie im konkreten Fall geschrieben werden sollte.

Für die neue Regelung gelten drei Prinzipien:

- Getrenntschreibung gilt als Normalfall, Zusammenschreibung als Ausnahme, die geregelt worden ist;
- Zusammenschreibung ist an formalgrammatische Kriterien gebunden (fehlende Steigerungsmöglichkeit, fehlende Erweiterbarkeit oder der Fall, dass der erste Wortteil nicht mehr selbständig vorkommt);
- Fehlen formalgrammatische Kriterien, so ist die Zusammenschreibung über das Wörterverzeichnis erschließbar.

§ 33 Substantive, Adjektive oder Partikeln können mit Verben untrennbare Zusammensetzungen bilden. Man schreibt sie stets zusammen.

Dies betrifft

(1) Zusammensetzungen aus Substantiv + Verb, zum Beispiel:

brandmarken (gebrandmarkt, zu brandmarken), handhaben, lobpreisen, maßregeln, nachtwandeln, schlafwandeln, schlussfolgern, wehklagen, wetteifern

E$_1$: In einzelnen Fällen stehen Zusammensetzung und Wortgruppe nebeneinander, zum Beispiel:

danksagen (er danksagt) oder *Dank sagen (er sagt Dank); gewährleisten (sie gewährleistet)* oder *Gewähr leisten (sie leistet Gewähr)*

E$_2$: Eine Reihe untrennbarer Zusammensetzungen wird fast nur im Infinitiv oder substantivisch, in Einzelfällen auch im Partizip I und im Partizip II gebraucht, zum Beispiel:

bauchreden, bergsteigen, bruchlanden, bruchrechnen, brustschwimmen, kopfrechnen, notlanden, punktschweißen, sandstrahlen, schutzimpfen, segelfliegen, seiltanzen, seitenschwimmen, sonnenbaden, wettlaufen, wettrennen, zwangsräumen

(2) Zusammensetzungen aus Adjektiv + Verb, zum Beispiel:

frohlocken (frohlockt, zu frohlocken), langweilen, liebäugeln, liebkosen, vollbringen, vollenden, weissagen

(3) Zusammensetzungen mit den Partikeln *durch-, hinter-, über-, um-, unter-, wider-, wieder-* + Verb (mit Ton auf dem zweiten Bestandteil), zum Beispiel:

durchbrechen (er durchbricht die Regel, zu durchbrechen), hintergehen, übersetzen (er übersetzt das Buch), umfahren, unterstellen, widersprechen, wiederholen

Bisherige Regelung

Identisch

§ 34

Partikeln, Adjektive oder Substantive können mit Verben trennbare Zusammensetzungen bilden. Man schreibt sie nur im Infinitiv, im Partizip I und im Partizip II sowie im Nebensatz bei Endstellung des Verbs zusammen.

Zur Verbindung mit dem Verb *sein* siehe § 35.

Dies betrifft

(1) Zusammensetzungen aus Partikel + Verb mit den folgenden ersten Bestandteilen:

ab- (Beispiele: *abändern, abbauen, abbeißen, abbestellen, abbiegen), an-, auf-, aus-, bei-, beisammen-, da-, dabei-, dafür-, dagegen-, daher-, dahin-, daneben-, dar-, d(a)ran-, d(a)rein-, da(r)nieder-, darum-, davon-, dawider, dazu-, dazwischen-, drauf-, drauflos-, drin-, durch-, ein-, einher, empor-, entgegen-, entlang-, entzwei-, fort-, gegen-, gegenüber-, her-, herab-, heran-, herauf-, heraus-, herbei-, herein-, hernieder-, herüber-, herum-, herunter-, hervor-, herzu-, hin-, hinab-, hinan-, hinauf-, hinaus-, hindurch-, hinein-, hintan-, hintenüber-, hinterher-, hinüber-, hinunter-, hinweg-, hinzu-, inne-, los-, mit-, nach-, nieder-, über-, überein-, um-, umher-, umhin-, unter-, vor-, voran-, vorauf, voraus-, vorbei-, vorher-, vorüber-, vorweg-, weg-, weiter-, wider-, wieder-, zu-, zurecht-, zurück-, zusammen-, zuvor-, zuwider-, zwischen-*. Auch: *auf- und abspringen, ein- und ausführen, hin- und hergehen* usw.

E_1: Aber als Wortgruppe: *dabei* (bei der genannten Tätigkeit) *sitzen, daher* (aus dem genannten Grund) *kommen, wieder* (erneut, nochmals) *gewinnen, zusammen* (gemeinsam) *spielen* usw.

E_2: Zu den trennbaren Zusammensetzungen gehören auch Zusammensetzungen mit *haben* und *werden* wie: *innehaben, vorhaben, voraushaben; innewerden.* Zu Verbindungen mit dem Verb *sein* siehe § 35.

(2) Zusammensetzungen aus Adverb oder Adjektiv + Verb, bei denen

(2.1) der erste, einfache Bestandteil in dieser Form als selbständiges Wort nicht vorkommt, zum Beispiel:

fehlgehen, fehlschlagen feilbieten, kundgeben, kundtun, weismachen

(2.2) der erste Bestandteil in dieser Verbindung weder erweiterbar noch steigerbar ist, wobei die Negation *nicht* nicht als Erweiterung gilt, zum Beispiel:

bereithalten, bloßstellen, fernsehen, festsetzen (= bestimmen), freisprechen (= für nicht schuldig erklären), gutschreiben (= anrechnen), hochrechnen, schwarzarbeiten, totschlagen, wahrsagen (= prophezeien)

Zu Zweifelsfällen siehe § 34 E_3.

(3) Zusammensetzungen aus (teilweise auch verblasstem) Substantiv + Verb mit den folgenden ersten Bestandteilen:

heim-	zum Beispiel: *heimbringen, heimfahren, heimführen, heimgehen, heimkehren, heimleuchten, heimreisen, heimsuchen, heimzahlen*
irre-	*irreführen, irreleiten;* außerdem: *irrewerden*
preis-	*preisgeben*
stand-	*standhalten*
statt-	*stattfinden, stattgeben, statthaben*
teil-	*teilhaben, teilnehmen*
wett-	*wettmachen*
wunder-	*wundernehmen*

E_3: In den Fällen, die nicht durch § 34 (1) bis (3) geregelt sind, schreibt man getrennt. Siehe auch § 34 E_4.

Dies betrifft

(1) Partikel, Adverb, Adjektiv oder Substantiv + Verb in finiter Form am Satzanfang, zum Beispiel:

Hinzu kommt, dass …
Fehl ging er in der Annahme, dass …
Bereit hält er sich für den Fall, dass …
Wunder nimmt nur, dass …

(2) (zusammengesetztes) Adverb + Verb, zum Beispiel:

abhanden kommen, anheim fallen (geben, stellen), beiseite legen (stellen, schieben), fürlieb nehmen, überhand nehmen, vonstatten gehen, vorlieb nehmen, zugute halten (kommen, tun), zunichte machen, zupass kommen, zustatten kommen, zuteil werden

Zu Fällen wie zu *Hilfe (kommen)* siehe § 39 E2 (2.1); zu Fällen wie *infrage (stellen) / in Frage (stellen)* siehe § 39 E_3 (1).

aneinander denken (grenzen, legen), aufeinander achten (hören, stapeln), auseinander gehen (laufen, setzen), beieinander bleiben (sein, stehen), durcheinander bringen (reden, sein)

auswendig lernen, barfuß laufen, daheim bleiben; auch: *allein stehen, (sich) quer stellen*

abseits stehen, diesseits/jenseits liegen; abwärts gehen, aufwärts streben, rückwärts fallen, seitwärts treten, vorwärts blicken

(3) Adjektiv + Verb, wenn das Adjektiv in dieser Verbindung erweiterbar oder steigerbar ist, wenigstens durch *sehr* oder *ganz,* zum Beispiel:

bekannt machen (etwas noch bekannter machen, etwas ganz bekannt machen), fern liegen (ferner liegen, sehr fern liegen, zu fern liegen), fest halten, frei sprechen (= ohne Manuskript sprechen), genau nehmen, gut gehen, gut schreiben (= lesbar, verständlich schreiben), hell strahlen, kurz treten, langsam arbeiten, laut reden, leicht fallen, locker sitzen, nahe bringen, sauber schreiben, schlecht gehen, schnell laufen, schwer nehmen, zufrieden geben (lassen, stellen)

Fälle, in denen der erste Bestandteil eine Ableitung auf *-ig, -isch, -lich* ist, zum Beispiel:

lästig fallen, übrig bleiben; kritisch denken, spöttisch reden; freundlich grüßen, gründlich säubern

(4) Partizip + Verb, zum Beispiel:

gelangen nehmen (halten), geschenkt bekommen, getrennt schreiben, verloren gehen

(5) Substantiv + Verb, zum Beispiel:

Angst haben, Auto fahren, Diät halten, Eis laufen, Feuer fangen, Fuß fassen, Kopf stehen, Leid tun, Maß halten, Not leiden, Not tun, Pleite gehen, Posten stehen, Rad fahren, Rat suchen, Schlange stehen, Schuld tragen, Ski laufen, Walzer tanzen

(6) Verb (Infinitiv) + Verb, zum Beispiel:

kennen lernen, liegen lassen, sitzen bleiben, spazieren gehen

E_4: Lässt sich in einzelnen Fällen der Gruppe aus Adjektiv + Verb zwischen § 34 (2.2) und § 34 E3 (3) keine klare Entscheidung für Getrennt- oder Zusammenschreibung treffen, so bleibt es dem Schreibenden überlassen, ob er sie als Wortgruppe oder als Zusammensetzung verstanden wissen will.

Zu den Wortgruppen mit einem Partizip als letztem Bestandteil wie *abhanden gekommen, sitzen geblieben* siehe § 36 E_1 (1).

Zu den Substantivierungen wie das *Abhandenkommen, das Autofahren, das Sitzenbleiben* siehe § 37 (2).

Bisherige Regelung

Teilweise unterschiedlich

Die Zusammenschreibungen (Ziffern 1, 2) entsprechen der bisherigen Regelung. Neu sind zahlreiche Getrenntschreibungen, um Zweifelsfälle zu beseitigen, z. B. bei Verbindungen mit Adverbien (*überhand nehmen*), Substantiven (*Rad fahren* analog zu *Auto fahren*), steigerbaren Adjektiven (*fern liegen*), Ableitungen auf *-ig, -isch, -lieb* (*übrig bleiben*) sowie Verbindungen mit Infinitiven (*kennen lernen, sitzen bleiben*). Hier einige ausgewählte Beispiele:

bisher	neu
anheimfallen	*anheim fallen*
auseinandersetzen	*auseinander setzen*
bestehenbleiben	*bestehen bleiben*
eislaufen	*Eis laufen*
flötengehen	*flöten gehen*
kegelschieben	*Kegel schieben*
kennenlernen	*kennen lernen*
kopfstehen	*Kopf stehen*
liegenlassen	*liegen lassen*

maßhalten	*Maß halten*
parallelschalten	*parallel schalten*
radfahren	*Rad fahren*
sitzenbleiben (in der Schule)	*sitzen bleiben*
sitzen bleiben (auf der Bank)	*sitzen bleiben*
spazierengehen	*spazieren gehen*
überhandnehmen	*überhand nehmen*
übrigbleiben	*übrig bleiben*

Wichtig ist darüber hinaus die Toleranzregel: Ist sich der/die Schreibende nicht klar, ob es sich um eine Wortgruppe – also Getrenntschreibung – oder eine Zusammensetzung – also Zusammenschreibung – handelt, so bleibt die Schreibweise ihm/ihr überlassen (*schlechtgehen – schlechtgehen*).

Dieser toleranten Regelauffassung entspricht auch die Möglichkeit, bei Präpositionalgefügen – die als Präposition, Adverb oder Verbzusatz verstanden werden können – zwischen zwei Schreibweisen auszuwählen. Es werden also zugelassen: *in Frage/infrage stellen, zu Gunsten/zugunsten von, zu Lasten/zulasten von, zu Leide/zuleide tun, außer Stande/außerstande sein, zu Stande/zustande bringen* (vgl. § 39 E_3).

§ 35 Verbindungen mit *sein* gelten nicht als Zusammensetzung. Dementsprechend schreibt man stets getrennt.

Beispiele:

außerstande sein (auch: *außer Stande sein;* § 39 E_3 (1)), *beisammen sein (wenn sie beisammen sind), da sein, fertig sein, inne sein, los sein, pleite sein* (siehe auch § 56 (1)), *vonnöten sein, vorbei sein, vorhanden sein, vorüber sein, zufrieden sein, zuhanden sein, zumute sein* (auch: *zu Mute sein;* § 39 E_3 (1)), *zurück sein, zusammen sein*

Bisherige Regelung

Weitgehend identisch

Neu sind die alternativen und in beiden Fällen zugelassenen Schreibweisen: *außerstande/außer Stande sein* sowie *zumute/zu Mute sein* [vgl. § 39 E_3 (1)].

2 Adjektiv und Partizip

Für Partizipien gelten dieselben Regeln wie für Adjektive; zu diesen werden hier auch die Kardinal- und die Ordinalzahlen gerechnet.

Bei den Adjektiven/Partizipien sind zu unterscheiden

(1) Zusammensetzungen wie: *angsterfüllt, altersschwach, schwerstbehindert, wehklagend, blaugrau, bitterböse, dreizehn, siebzehnte*

(2) Wortgruppen wie: *abhanden gekommen, Rat suchend, sitzen geblieben, riesig groß, blendend weiß, mehrere Jahre lang; zwei Milliarden*

Siehe im Einzelnen § 36.
Zu Fällen wie *nicht öffentlich/nichtöffentlich* siehe § 36 E_2.

§ 36

> Substantive, Adjektive, Verbstämme, Adverbien oder Pronomen können mit Adjektiven oder Partizipien Zusammensetzungen bilden. Man schreibt sie zusammen.

Dies betrifft

(1) Zusammensetzungen, bei denen der erste Bestandteil für eine Wortgruppe steht, zum Beispiel:

angsterfüllt (= von Angst erfüllt), bahnbrechend (= sich eine Bahn brechend), butterweich (= weich wie Butter), fingerbreit (= einen Finger breit), freudestrahlend vor Freude strahlend), herzerquickend (= das Herz erquickend), hitzebeständig (= gegen Hitze beständig), jahrelang (= mehrere Jahre lang), knielang (= lang bis zum Knie), meterhoch (= einen oder mehrere Meter hoch), milieubedingt (= durch das Milieu bedingt)

denkfaul, fernsehmüde, lernbegierig, röstfrisch, schreibgewandt, tropfnass; selbstbewusst, selbstsicher

Mit Fugenelement, zum Beispiel: *altersschwach, anlehnungsbedürftig, geschlechtsreif, lebensfremd, sonnenarm, werbewirksam*

(2) Zusammensetzungen, bei denen der erste oder der zweite Bestandteil in dieser Form nicht selbständig vorkommt, zum Beispiel:

einfach, zweifach; letztmalig, redselig, saumselig, schwerstbehindert, schwindsüchtig; blauäugig, großspurig, kleinmütig, vieldeutig

(3) Zusammensetzungen, bei denen das dem Partizip zugrunde liegende Verb entsprechend § 33 bzw. § 34 mit dem ersten Bestandteil zusammengeschrieben wird, zum Beispiel:

wehklagend (wegen *wehklagen*); *herunterfallend, heruntergefallen; brachliegend, brachgelegen; irreführend, irregeführt; teilnehmend, teilgenommen*

(4) Zusammensetzungen aus gleichrangigen (nebengeordneten) Adjektiven, zum Beispiel: *blaugrau, dummdreist, feuchtwarm, grünblau, nasskalt, taubstumm.*

Zur Schreibung mit Bindestrich siehe § 45 (2).

(5) Zusammensetzungen mit bedeutungsverstärkenden oder bedeutungsmindernden ersten Bestandteilen, die zum Teil lange Reihen bilden, zum Beispiel:

bitter- (bitterböse, bitterernst, bitterkalt), brand, dunkel-, erz, extra-, gemein-, grund, hyper-, lau-, minder-, stock, super-, tod-, ultra-, ur-, voll-

(6) mehrteilige Kardinalzahlen unter einer Million sowie alle mehrteiligen Ordinalzahlen, zum Beispiel:

dreizehn, siebenhundert, neunzehnhundertneunundachtzig; der siebzehnte Oktober, der einhundertste Geburtstag, der fünfhunderttausendste Fall, der zweimillionste Besucher

Beachte aber Substantive wie *Dutzend, Million, Milliarde, Billion,* zum Beispiel: *zwei Dutzend Hühner, eine Million Teilnehmer, zwei Milliarden fünfhunderttausend Menschen*

E1: In den Fällen, die nicht durch § 36 (1) bis (6) geregelt sind, schreibt man getrennt. Siehe auch § 36 E_2.

Dies betrifft

(1) Fälle, bei denen das dem Partizip zugrunde liegende Verb vom ersten Bestandteil getrennt geschrieben wird, und zwar

(1.1) entsprechend § 35, zum Beispiel:
beisammen gewesen (wegen *beisammen sein*), *zurück gewesen*

(1.2) entsprechend § 34 E_3 (2) bis (6), zum Beispiel:

abhanden gekommen (abhanden kommen), auseinander laufend, auswendig gelernt, vorwärts blickend

hell strahlend (hell strahlen), laut redend

gefangen genommen (gefangen nehmen), verloren gegangen

Rat suchend (Rat suchen), Not leidend, Rad fahrend
kennen gelernt (kennen lernen), sitzen geblieben

(2) Fälle, bei denen der erste Bestandteil eine Ableitung auf *-ig, -isch, -lich* ist, zum Beispiel:

riesig groß, mikroskopisch klein, schrecklich nervös

Zur Schreibung mit Bindestrich in Fällen wie *wissenschaftlich-technisch* siehe § 45 (2).

(3) Fälle, bei denen der erste Bestandteil ein (adjektivisches) Partizip ist, zum Beispiel:

abschreckend hässlich, blendend weiß, gestochen scharf, kochend heiß, leuchtend rot, strahlend hell

(4) Fälle, bei denen der erste Bestandteil erweitert oder gesteigert ist bzw. erweitert oder gesteigert werden kann, zum Beispiel:

vor Freude strahlend, gegen Hitze beständig, zwei Finger breit, drei Meter hoch, mehrere Jahre lang, seiner selbst bewusst; sehr ernst gemeint, leichter verdaulich

dicht behaart, dünn bewachsen, schwach bevölkert

E_2: Lässt sich in einzelnen Fällen der Gruppen aus Adjektiv, Adverb oder Pronomen + Adjektiv/Partizip zwischen § 36 und § 36 E_1 keine klare Entscheidung für Getrennt- oder Zusammenschreibung treffen, so bleibt es dem Schreibenden überlassen, ob er sie als Wortgruppe oder als Zusammensetzung verstanden wissen will, zum Beispiel *nicht öffentlich* (Wortgruppe) / *nichtöffentlich* (Zusammensetzung).

Bisherige Regelung

Teilweise unterschiedlich

Die in den Ziffern 1–6 genannten Zusammenschreibungen entsprechen der bisherigen Rechtschreibnorm. Neu sind generelle Getrenntschreibungen wie *dicht behaart, gefangen genommen, kochend heiß, neu bearbeitet, schwach bevölkert, verloren gehen* usw., die teilweise schon vor der Rechtschreibreform getrennt geschrieben wurden, wenn sie in „ursprünglicher Bedeutung" verwendet wurden. Dies führte in der Vergangenheit immer wieder zu Rechtschreibfehlern.

Auch hier gilt die Toleranzregel, dass die Schreibweise dem/der Schreibenden überlassen bleibt, wenn er/sie sich nicht sicher ist, ob es sich um eine (getrennt geschriebene) Wortgruppe oder eine (in einem Wort geschriebene) Zusammensetzung handelt: *nicht öffentlich/nichtöffentlich.*

3 Substantiv

Bei den Substantiven sind zu unterscheiden

(1) Zusammensetzungen, bei denen der letzte Bestandteil ein Substantiv ist, zum Beispiel: *Feuerstein, Fünfkampf, Achtelliter*

(2) substantivisch gebrauchte Zusammensetzungen, bei denen der letzte Bestandteil kein Substantiv ist, zum Beispiel: *das Autofahren, das Stelldichein*

(3) Zusammensetzungen mit einem Eigennamen oder einer Einwohnerbezeichnung als erstem Bestandteil, zum Beispiel: *Goethegedicht, Danaergeschenk*

(4) Zusammensetzungen, die als Ganzes einen Eigennamen bilden, zum Beispiel: *Bahnhofstraße*

§ 37

Substantive, Adjektive, Verbstämme, Pronomen oder Partikeln können mit Substantiven Zusammensetzungen bilden. Man schreibt sie ebenso wie mehrteilige Substantivierungen zusammen.

Dies betrifft

(1) Zusammensetzungen, bei denen der letzte Bestandteil ein Substantiv ist, zum Beispiel:

Feuerstein, Lebenswerk, Kirschbaum, Kohlenwasserstoff, Wochenlohn, Dienstagabend

Airbag, Bandleader, Football, Ghostwriter, Mountainbike, Nightclub, Streetwork, Weekend, Worldcup

Zweierbob, Fünfkampf, Selbstsucht, Leerlauf, Faultier, Außenpolitik, Rastplatz, Nichtraucher, Ichsucht, Achtzigerjahre (auch *achtziger Jahre*), *Vierachteltakt, Dreiviertelliterflasche*

Background, Bestseller, Bluejeans, Bypassoperation, Clearingstelle, Hardware, Secondhandshop, Selfmademan, Swimmingpool, Upperclass; Bigband, Blackbox, Softdrink

E_1: Bei Verbindungen aus *Adjektiv und* Substantiv wie in *Bigband, Blackbox, Softdrink* ist in Anlehnung an die Herkunftssprache auch Getrenntschreibung möglich: *Big Band, Black Box, Soft Drink.* Zur Groß- und Kleinschreibung siehe § 55 (3); zur Schreibung mit Bindestrich siehe § 45 (2).

ein Viertelkilogramm, drei Achtelliter, fünf Hundertstelsekunden

E_2: In Verbindung mit einer unmittelbar folgenden Maßbezeichnung kann die Bruchzahl auch als Zahladjektiv aufgefasst werden, zum Beispiel:

ein viertel Kilogramm, drei achtel Liter, fünf hundertstel Sekunden

(2) Substantivisch gebrauchte Zusammensetzungen, bei denen der letzte Bestandteil kein Substantiv ist, zum Beispiel:

das Autofahren (aber *Auto fahren*), *das Ratholen, das Abhandenkommen, das Unrechttun, das Aufrechtgehen, das Bekanntmachen, das Sitzenbleiben, das Liegenlassen, das Infragestellen; das Suppengrün; das Stelldichein, das Vergissmeinnicht*

(3) Zusammensetzungen mit einem Eigennamen oder einer Einwohnerbezeichnung als erstem Bestandteil, zum Beispiel:

Goethegedicht, Europabrücke, Jakobsplan, Brennerpass, Glocknergruppe; Schweizergarde, Römerbrief Danaergeschenk

(4) Zusammensetzungen, die als Ganzes einen Eigennamen bilden, insbesondere Straßennamen, zum Beispiel:

Bahnhofstraße, Drosselgasse, Neugraben

Bisherige Regelung

Weitgehend identisch

Neu ist die Möglichkeit der Zusammen- oder Getrenntschreibung: *ein Viertelkilogramm/ein viertel Kilogramm, fünf Hundertstelsekunden/fünf hundertstel Sekunden* sowie bei Fremdwörtern: *Blackbox/Black Box* usw.

§ 38

Ableitungen auf *-er* von geographischen Eigennamen, die sich auf die geographische Lage beziehen, schreibt man von dem folgenden Substantiv getrennt.

Beispiele:

Allgäuer Alpen, Brandenburger Tor, Naumburger Dom, Potsdamer Abkommen, Thüringer Wald, Wiener Straße

Bisherige Regelung

Identisch

4 Andere Wortarten

Manche mehrteilige Adverbien, Konjunktionen, Präpositionen und Pronomen sind aus Elementen verschiedener Wortarten entstanden. Zum Teil sind sie als Wortgruppe erhalten geblieben, zum Teil haben sie sich zu einer Zusammensetzung entwickelt.

In Zweifelsfällen siehe das Wörterverzeichnis.

§ 39

Mehrteilige Adverbien, Konjunktionen, Präpositionen und Pronomen schreibt man zusammen, wenn die Wortart, die Wortform oder die Bedeutung der einzelnen Bestandteile nicht mehr deutlich erkennbar sind.

Dies betrifft

(1) Adverbien, zum Beispiel:

bergab, bergauf; kopfüber; landaus, landein; stromabwärts, stromaufwärts; tagsüber; zweifelsohne

-dessen	*indessen, infolgedessen, unterdessen*
-dings	*allerdings, neuerdings, schlechterdings*
-falls	*allenfalls, ander(e)nfalls, keinesfalls, schlimmstenfalls*
-halber	*ehrenhalber, umständehalber*
-mal	*diesmal, einmal, zweimal, keinmal, manchmal*
-mals	*erstmals, letztmals, vielmals*
-maßen	*dermaßen, einigermaßen, gleichermaßen, solchermaßen, zugegebenermaßen*
-orten	*allerorten, mancherorten*
-orts	*allerorts, ander(e)norts, mancherorts*
-seits	*allseits, allerseits, and(e)rerseits, einerseits, meinerseits*
-so	*ebenso, genauso, geradeso, sowieso, umso, wieso*
-teils	*einesteils, großenteils, meistenteils*
-wärts	*himmelwärts, meerwärts, seitwärts*
-wegen	*deinetwegen, deswegen, meinetwegen*
-wegs	*geradewegs, keineswegs, unterwegs*
-weil	*alldieweil, alleweil, derweil*
-weilen	*bisweilen, derweilen, zuweilen*
-weise	*probeweise, klugerweise, schlauerweise*
-zeit	*all(e)zeit, derzeit, jederzeit, seinerzeit, zurzeit*
-zeiten	*beizeiten, vorzeiten, zuzeiten*
-zu	*allzu, geradezu, hierzu, immerzu*
bei-	*beileibe, beinahe, beisammen, beizeiten*
der-	*derart, dereinst, dergestalt, dermaßen, derweil(en), derzeit*
irgend-	*irgendeinmal, irgendwann, irgendwie, irgendwo, irgendwohin*
nichts-	*nichtsdestominder, nichtsdestoweniger*
zu-	*zuallererst, zuallerletzt, zuallermeist, zuerst, zuhauf, zuhinterst, zuhöchst, zuletzt, zumal, zumeist, zumindest, zunächst, zuoberst, zutiefst, zuunterst, zuweilen, zuzeiten*

E_1: Zu Fällen wie *abhanden kommen, anheimfallen* siehe § 34 E_3 (2); zu Fällen wie *außerstand setzen / außer Stand setzen, imstande sein / im Stande sein* siehe unten E_3 (1).

(2) Konjunktionen, zum Beispiel:

anstatt (dass/zu), indem, inwiefern, sobald, sofern, solange, sooft, soviel, soweit

(3) Präpositionen, zum Beispiel:

anhand, anstatt (des/der), infolge, inmitten, zufolge, zuliebe

(4) Pronomen, zum Beispiel:

irgend-: irgendein, irgendetwas, irgendjemand, irgendwas, irgendwelcher, irgendwer

E_2: In anderen Fällen schreibt man getrennt. Siehe auch § 39 E_3 (1)

Dies betrifft

(1) Fälle, bei denen ein Bestandteil erweitert ist, zum Beispiel:

dies eine Mal (aber *diesmal*), *den Strom abwärts* (aber *stromabwärts)*

der Ehre halber (aber *ehrenhalber*), *in keinem Fall, das erste Mal, ein einziges Mal, in bekannter Weise, zu jeder Zeit, eine Zeit lang*

irgend so ein/eine/einer (aber *irgendein*), *irgend so etwas*

(2) Fälle, bei denen die Wortart, die Wortform oder die Bedeutung der einzelnen Bestandteile deutlich erkennbar sind, und zwar

(2.1) Fügungen in adverbialer Verwendung, zum Beispiel:

zu Ende (gehen, kommen), zu Fuß (gehen), zu Hause (bleiben, sein) (österreichisch und schweizerisch auch: *zuhause bleiben, sein*), *zu Hilfe (kommen), zu Lande, zu Wasser und zu Lande, zu Schaden (kommen)*

darüber hinaus, nach wie vor, vor allem

(2.2) mehrteilige Konjunktionen, zum Beispiel:

ohne dass, statt dass, außer dass

(2.3) Fügungen in präpositionaler Verwendung, zum Beispiel:

zur Zeit (Goethes), zu Zeiten (Goethes)

(2.4) *so, wie* oder *zu* + Adjektiv, Adverb oder Pronomen, zum Beispiel:

so (wie, zu) hohe Häuser, er hat das schon so (wie, zu) oft gesagt; so (wie, zu) viel Geld; so (wie, zu) viele Leute, so (wie, zu) weit

(2.5) *gar kein, gar nicht, gar nichts, gar sehr, gar wohl*

E_3: In den folgenden Fällen bleibt es dem Schreibenden überlassen, ob er sie als Zusammensetzung oder als Wortgruppe verstanden wissen will:

(1) Fügungen in adverbialer Verwendung, zum Beispiel:

außerstand setzen / außer Stand setzen; außerstande sein / außer Stande sein; imstande sein / im Stande sein; infrage stellen / in Frage stellen; instand setzen / in Stand setzen; zugrunde gehen / zu Grunde gehen; zuleide tun / zu Leide tun; zumute sein /zu Mute sein; zurande kommen /zu Rande kommen; zuschanden machen, werden / zu Schanden machen, werden; zuschulden kommen lassen / zu Schulden kommen lassen; zustande bringen / zu Stande bringen; zutage fördern, treten / zu Tage fördern, treten; zuwege bringen / zu Wege bringen

(2) die Konjunktion

sodass /so dass

(3) Fügungen in präpositionaler Verwendung, zum Beispiel:

anstelle / an Stelle; aufgrund / auf Grund; aufseiten / auf Seiten; mithilfe / mit Hilfe; vonseiten / von Seiten; zugunsten / zu Gunsten; zulasten / zu Lasten; zuungunsten / zu Ungunsten

Bisherige Regelung

Teilweise identisch

Neu sind die folgenden Schreibweisen, beispielhaft aufgeführt:

bisher	neu
an Hand/anhand	*anhand*
auf seiten	*auf Seiten/aufseiten*
außerstande sein	*außer Stande/außerstande sein*
imstande sein	*im Stande/imstande sein*
in Frage	*in Frage/infrage*
in Stand	*in Stand/instand*
irgend etwas	*irgendetwas*
mit Hilfe	*mithilfe/mit Hilfe*
so daß	*sodass/so dass*
zugrunde gehen	*zu Grunde/zugrunde gehen*
zugunsten	*zu Gunsten/zugunsten*
zumute sein	*zu Mute/zumute sein*
zuschulden kommen lassen	*zu Schulden/zuschulden kommen lassen*
zustande bringen	*zu Stande/zustande bringen*

C. SCHREIBUNG MIT BINDESTRICH

0 Vorbemerkungen

(1) Der Bindestrich bietet dem Schreibenden die Möglichkeit, anstelle der sonst bei Zusammensetzungen und Ableitungen üblichen Zusammenschreibung die einzelnen Bestandteile als solche zu kennzeichnen, sie gegeneinander abzusetzen und sie dadurch für den Lesenden hervorzuheben.

(2) Die Schreibung mit Bindestrich bei Fremdwörtern (zum Beispiel bei *7-Bit-Code, Stand-by-System*) folgt den für das Deutsche geltenden Regeln.

Die Schreibung mit Bindestrich bei Eigennamen entspricht nicht immer den folgenden Regeln, so dass nur allgemeine Hinweise gegeben werden können. Zusammensetzungen aus Eigennamen und Substantiv zur Benennung von Schulen, Universitäten, Betrieben, Firmen und ähnlichen Institutionen werden so geschrieben, wie sie amtlich festgelegt sind. In Zweifelsfällen sollte man nach §§ 46–52 schreiben.

Steht ein Bindestrich am Zeilenende, so gilt er zugleich als Trennungsstrich.

(3) Zu unterscheiden sind:

- Zusammensetzungen und Ableitungen, die keine Eigennamen als Bestandteile enthalten (§§ 40–45)
- Zusammensetzungen und Ableitungen, die Eigennamen als Bestandteile enthalten (§§ 46–52)
- Gruppen, in denen man den Bindestrich setzen muss (§§ 40–44; § 46 und §§ 48–50), und solche, in denen der Gebrauch des Bindestrichs dem Schreibenden freigestellt ist (§ 45, §§ 51–52).

Zum Ergänzungsstrich (zum Beispiel in *Haupt- und Nebeneingang*) siehe § 98.

Bisherige Regelung

Obligatorisch sind Bindestrichschreibungen (*UKW-Sender, BMW-Motorrad* usw.), wenn der Bindestrich zur Verdeutlichung der unterschiedlichen Wortbestandteile dient. Neu ist die Verwendung des Bindestrichs bei Zahlen in Ziffernform (Zahlzeichen; vgl. § 40).

Auf der anderen Seite lässt die Neuregelung weitaus mehr eigene Entscheidungsfreiheit bei der Bindestrichsetzung, um stilistische Akzente zu setzen (vgl. § 45).

1 Zusammensetzungen und Ableitungen, die keine Eigennamen als Bestandteile enthalten

§ 40

Man setzt einen Bindestrich in Zusammensetzungen mit Einzelbuchstaben, Abkürzungen oder Ziffern.

Dies betrifft

(1) Zusammensetzungen mit Einzelbuchstaben, zum Beispiel:

A-Dur (ebenso *Cis-Dur*), *b-Moll, β-Strahlen, i-Punkt, n-Eck, S-Kurve, s-Laut, s-förig, T-Shirt, T-Träger, x-beliebig, x-beinig, x-mal, y-Achse; Dativ-e, Zungenspitzen-r, Fugen-s*

(2) Zusammensetzungen mit Abkürzungen und Initialwörtern, zum Beispiel:

dpa-Meldung, D-Zug, Kfz-Schlosser, km-Bereich, UNO-Sicherheitsrat, VIP-Lounge; Fußball-WM, Lungen-Tbc; H_2o-gesättigt, DGB-eigen, Na-haltig, UV-bestrahlt; Abt.-Leiter, Inf.-Büro

Abt.-Ltr. (= Abteilungsleiter), Dipl.-Ing. (= Diplomingenieur), Tgb.-Nr. (= Tagebuchnummer), Telegr-Adr. (= Telegrammadresse)

E: Aber ohne Bindestrich bei Kurzformen von Wörtern (Kürzeln), zum Beispiel:

Busfahrt, Akkubehälter

(3) Zusammensetzungen mit Ziffern, zum Beispiel:

3-Tonner, 2-Pfünder, 8-Zylinder; 5-mal, 4-silbig, 100-prozentig, 1-zeilig, 17-jährig, der 17-Jährige

8:6-Sieg, 2:3-Niederlage, der 5:3-(2:1-)Sieg (auch 5:3(2:1)-Sieg)

2/3-Mehrheit, 3/4-Takt, 2" -Eck

Bisherige Regelung

Weitgehend identisch

Neu ist die Bindestrichschreibung bei Ziffern: *3-Tonner, 40-Pfünder, 20-prozentig, 25-jährig, 5-mal* usw.

§ 41

Vor Suffixen setzt man nur dann einen Bindestrich, wenn sie mit einem Einzelbuchstaben verbunden werden.

Beispiele:

der x-te, zum x-ten Mal, die n-te Potenz

E: Aber: *abclich, ÖVPler, der 68er, ein 32stel, 100%ig, 25fach, das 25fache*

Bisherige Regelung

Identisch

§ 42

Bilden Verbindungen aus Ziffern und Suffixen den vorderen Teil einer Zusammensetzung, so setzt man nach dem Suffix einen Bindestrich.

Beispiele:

ein 100stel-Millimeter, die 61er-Bildröhre, eine 25er-Gruppe, in den 80er-Jahren (auch *in den 80erJahren*)

E: Aber ausgeschrieben: *die Zweierbeziehung, die Zehnergruppe, die Achtzigerjahre* (auch *die achtziger Jahre*)

Bisherige Regelung

Weitgehend identisch

Neu ist die Bindestrichschreibung bei einem folgenden Wortteil: *eine 20er-Mannschaft, in den 70er-Jahren/70er Jahren, der 59er-Jahrgang* usw.

ausgeschrieben: *eine Zwanzigermannschaft, die Siebzigerjahre* (auch: *die siebziger Jahre*)

§ 43

Man setzt Bindestriche in substantivisch gebrauchten Zusammensetzungen (Aneinanderreihungen), insbesondere bei substantivisch gebrauchten Infinitiven mit mehr als zwei Bestandteilen.

Beispiele:

das Entweder-oder, das Teils-teils, das Als-ob, das Sowohl-als-auch; der Boogie-Woogie, das Walkie-Talkie; das Make-up, das Rooming-in

das Auf-die-lange-Bank-Schieben, das An-den-Haaren-Herbeiziehen, das In-denTag-Hineinträumen, das Von-der-Hand-in-den-Mund-Leben

E: Dies gilt nicht für einfache Zusammensetzungen mit Infinitiv, zum Beispiel: *das Autofahren, das Ballspielen, beim Walzertanzen*
Zur Groß- und Kleinschreibung siehe § 57 E_3.

Bisherige Regelung

Identisch

§ 44

Man setzt einen Bindestrich zwischen allen Bestandteilen mehrteiliger Zusammensetzungen, in denen eine Wortgruppe oder eine Zusammensetzung mit Bindestrich auftritt.

Beispiele:

A-Dur-Tonleiter, D-Zug-Wagen, S-Kurven-reich (aber *kurvenreich*), *Vitamin-B-haltig* (aber *vitaminhaltig*), *K.-o.-Schlag, UV-Strahlen-gefährdet* (aber *strahlengefährdet*), *Dipl.-Ing.-Ök.*

2-Mark-Stück, 800-Jahr-Feier, 35-Stunden-Woche, 10-Pfennig-Briefmarke, 8-Zylinder-Motor, 400-m-Lauf, 2-kg-Büchse, 3-Zimmer-Wohnung, 1/2-kg-Packung

Berg-und-Tal-Bahn, Frage-und-Antwort-Spiel, Kopf-an-Kopf-Rennen, Mund-zu-Mund-Beatmung, Wort-für-Wort-Übersetzung

Arzt-Patient-Verhältnis, Grund-Folge-Beziehung, Links-rechts-Kombination, Hals-Nasen-Ohren-Klinik, Ost-West-Gespräche, September-Oktober-Heft (auch *September/Oktober-Heft*; siehe § 106 (1))

Ad-hoc-Bildung, Als-ob-Philosophie, De-facto-Anerkennung, Do-it-yourself-Bewegung, Erste-Hilfe-Lehrgang, Go-go-Girl, Rooming-in-System; Make-up-freie Haut, Ruhe-vor-dem-Sturm-artig, Fata-Morgana-ähnlich; Trimm-dich-Pfad

Abend-Make-up, Wasch-Eau-de-Cologne

Bisherige Regelung

Identisch

§ 45

Man kann einen Bindestrich setzen zur Hervorhebung einzelner Bestandteile, zur Gliederung unübersichtlicher Zusammensetzungen, zur Vermeidung von Missverständnissen, in Zusammensetzungen aus gleichrangigen (nebengeordneten) Adjektiven oder beim Zusammentreffen von drei gleichen Buchstaben.

Dies betrifft

(1) Hervorhebung einzelner Bestandteile, zum Beispiel:

der dass-Satz, die Ich-Erzählung, das Ist-Aufkommen, die Kann-Bestimmung, die Soll-Stärke, die Hoch-Zeit, das Nach-Denken, Vor-Sätze, be-greifen

(2) Unübersichtliche Zusammensetzungen, auch mit Fremdwörtern, zum Beispiel:

Arbeiter-Unfallversicherungsgesetz, Haushalt-Mehrzweckküchenmaschine, Lotto-Annahmestelle, Mosel-Winzergenossenschaft, Software-Angebotsmesse, Ultraschall-Messgerät, Desktop-Publishing, Midlife-Crisis

der wissenschaftlich-technische Fortschritt, ein lateinisch-deutsches Wörterbuch, deutsch-österreichische Angelegenheiten; physikalisch-chemisch-biologische Prozesse

Zu Verbindungen wie *Blackbox / Black Box* siehe § 37 E_1.

(3) Vermeidung von Missverständnissen, zum Beispiel:

Drucker-Zeugnis und *Druck-Erzeugnis, Musiker-Leben* und *Musik-Erleben; re-integrieren*

(4) Zusammentreffen von drei gleichen Buchstaben in Zusammensetzungen, zum Beispiel:

Hawaii-Inseln, Kaffee-Ersatz, See-Elefant, Zoo-Orchester; Bett-Tuch, Schiff-Fahrt, Schrott-Transport

Bisherige Regelung

Unterschiedlich

Hier wird die Möglichkeit gegeben, einzelne Bestandteile durch Bindestrich hervorzuheben, Missverständnisse zu klären oder unübersichtliche Zusammensetzungen zu gliedern:

bisher	neu
Druckerzeugnis	*Drucker-Zeugnis* / aber: *Druck-Erzeugnis*
Kaffee-Ersatz	*Kaffee-Ersatz / Kaffeeersatz*
Sollstärke	*Soll-Stärke / Sollstärke*

2 Zusammensetzungen und Ableitungen, die Eigennamen als Bestandteile enthalten

§ 46

Man setzt einen Bindestrich in Zusammensetzungen, die als zweiten Bestandteil einen Eigennamen enthalten oder die aus zwei Eigennamen bestehen.

Dies betrifft

(1) Zusammensetzungen mit Personennamen, zum Beispiel:

Frau Müller-Weber, Herr Schmidt-Wilpert; Eva-Maria (auch *Eva Maria, Evamaria*), *Karl-Heinz* (auch *Karl Heinz, Karlheinz*)

die Bäcker-Anna, der Schneider-Karl; Blumen-Richter, Foto-Müller, Möbel-Schmidt; Müller-Lüdenscheid, Schneider-Partenkirchen

E_1: Die standesamtliche Schreibung mehrteiliger Personennamen kann von dieser Regelung abweichen.

(2) geographische Eigennamen, zum Beispiel:

Annaberg-Buchholz, Baden-Württemberg, Flughafen Köln-Bonn, Neu-Bamberg, Rheinland-Pfalz, Sachsen-Anhalt

E_2: Die amtliche Schreibung von Zusammensetzungen mit einem geographischen Eigennamen, die ihrerseits zu einem geographischen Eigennamen geworden sind, kann von dieser Regelung abweichen.

Adjektiv + Eigenname, zum Beispiel:

Neu Seehagen, Neubrandenburg

Immer Getrenntschreibung bei *Sankt*, zum Beispiel: *Sankt Georgen (St. Georgen)*

Substantiv + Eigenname, zum Beispiel:

Nordkorea, Königs Wusterhausen, Marktredwitz, Markt Indersdorf, Stadtlauringen, Stadt Rottenmann

Immer Getrenntschreibung bei *Bad*, zum Beispiel: *Bad Säckingen*

Zwei Eigennamen, zum Beispiel:

Grindelwald Grund, Rostock Lütten Klein; Berlin Schönefeld (auch *Berlin-Schönefeld*)

Bisherige Regelung

Identisch. Die bisherige Bindestrichschreibung bei Personennamen *(Schmidt-Henkel)* oder bei geographischen Eigennamen (*Rheinland-Pfalz*) bleibt erhalten. Die Sonderformen (*Neubrandenburg, Königs Wusterhausen, Stadtallendorf, Grindelwald Grund* usw.) werden ebenso beibehalten.

§ 47

Werden Zusammensetzungen mit einem ursprünglichen Personennamen als Gattungsbezeichnung gebraucht, so schreibt man ohne Bindestrich zusammen.

Beispiele:

Gänseliesel, Heulsuse, Meckerfritze

Bisherige Regelung

Identisch

§ 48

Bei Ableitungen von Verbindungen mit einem Eigennamen als zweitem Bestandteil bleibt der Bindestrich erhalten.

Beispiele:

baden-württembergisch (Baden-Württemberg), rheinland-pfälzisch, alt-wienerische / Alt-Wiener Kaffeehäuser, Spree-Athener

Bisherige Regelung

Mit Ausnahme der Form *alt-wienerisch* und vergleichbaren Ableitungen identisch.

§ 49

Bei Ableitungen von mehreren Eigennamen, von Titeln und Eigennamen oder von einem mehrteiligen Eigennamen setzt man einen Bindestrich.

Beispiele:

die sankt-gallischen / st.-gallischen Klosterschätze (St. Gallen), die gräflich-rieneckische Güterverwaltung (Graf Rieneck)

die kant-laplacesche Theorie (Kant und Laplace), der de-costersche Roman (de Coster), die gräflich-rienecksche Güterverwaltung (Graf Rieneck)

die Kant-Laplace'sche Theorie (Kant und Laplace), der de-Coster'sche Roman (de Coster), die Gräflich-Rieneck'sche Güterverwaltung (Graf Rieneck)

Zur Groß- und Kleinschreibung und zur Schreibung mit Apostroph siehe § 62.

E: Bei Ableitungen auf *-er* kann man den Bindestrich weglassen, zum Beispiel:

die Bad-Schandauer (Bad Schandau) / Bad Schandauer
die Sankt-Galler / Sankt Galler
die New-Yorker / New Yorker

Bisherige Regelung

Die Bindestrichschreibung bei *New-Yorker* und vergleichbaren Formen ist neu; die alte Schreibung ohne Bindestrich bleibt bestehen.

§ 50

Man setzt einen Bindestrich zwischen allen Bestandteilen mehrteiliger Zusammensetzungen, deren erste Bestandteile aus Eigennamen bestehen.

Beispiele:

Albrecht-Dürer-Allee, Heinrich-Heine-Platz, Kaiser-Karl-Ring, Ernst-Ludwig-Kirchner-Straße, Rainer-Maria-Rilke-Promenade, Thomas-Müntzer-Gasse
Elbe-Havel-Kanal, Oder-Neiße-Grenze, La-Plata-Mündung
Albert-Einstein-Gedenkstätte, Georg-Büchner-Preis, Jacob-und-Wilhelm-Grimm-Preis, Goethe-Schiller-Archiv, Johann-Sebastian-Bach-Gymnasium, Van-Gogh-Ausstellung
am Lago-di-Como-seitigen Abhang, Fidel-Castro-freundlich

Bisherige Regelung

Identisch

§ 51

Man kann einen Bindestrich in Zusammensetzungen setzen, die als ersten Bestandteil einen Eigennamen haben, der besonders hervorgehoben werden soll, oder wenn der zweite Bestandteil bereits eine Zusammensetzung ist.

Beispiele:

Goethe-Ausgabe, Johannes-Passion, Kafka-Kolloquium, Richelieu-freundlich; Goethe-Geburtshaus, Brecht-Jubiläumsausgabe
Ganges-Ebene, Krim-Treffen, Mekong-Delta; Elbe-Wasserstandsmeldung, Helsinki-Nachfolgekonferenz

Bisherige Regelung

Teilweise identisch

Hier wird erneut dem/der Schreibenden die Möglichkeit der Akzentsetzung durch die Bindestrichschreibung gegeben.

bisher	neu
Goetheausgabe	*Goethe-Ausgabe/Goetheausgabe*
Helsinkinachfolgekonferenz	*Helsinki-Nachfolgekonferenz/Helsinkinachfolgekonferenz*

§ 52

Wird ein geographischer Eigenname von einem nachgestellten Substantiv näher bestimmt, so kann man einen Bindestrich setzen.

Beispiele:

Frankfurt Hauptbahnhof / Frankfurt-Hauptbahnhof, München Ost / München-Ost

Bisherige Regelung

Teilweise identisch

Der Bindestrich kann gesetzt werden, um einen geographischen Eigennamen genauer zu bestimmen.

bisher	neu
Frankfurt Hauptbahnhof	*Frankfurt-Hauptbahnhof/* *Frankfurt Hauptbahnhof*
München Flughafen	*München-Flughafen/* *München Flughafen*

D. GROSS- UND KLEINSCHREIBUNG

0 Vorbemerkungen

(1) Die Großschreibung, das heißt die Schreibung mit einem großen Anfangsbuchstaben, dient dem Schreibenden dazu, den Anfang bestimmter Texteinheiten sowie Wörter bestimmter Gruppen zu kennzeichnen und sie dadurch für den Lesenden hervorzuheben.

(2) Die Großschreibung wird im Deutschen verwendet zur Kennzeichnung von

- Überschriften, Werktiteln und dergleichen
- Satzanfängen
- Substantiven und Substantivierungen
- Eigennamen mit ihren nichtsubstantivischen Bestandteilen
- bestimmten festen nominalen Wortgruppen mit nichtsubstantivischen Bestandteilen
- Anredepronomen und Anreden

(3) Die Abgrenzung von Groß- und Kleinschreibung, wie sie sich in der Tradition der deutschen Orthographie herausgebildet hat, macht es erforderlich, neben den Regeln für die Großschreibung auch Regeln für die Kleinschreibung zu formulieren. Diese werden in den einzelnen Teilabschnitten jeweils im Anschluss an die Großschreibungsregeln angegeben. In einigen Fallgruppen ist eine eindeutige Zuweisung zur Groß- oder Kleinschreibung fragwürdig. Hier sind beide Schreibungen zulässig.

(4) Entsprechend gliedert sich die folgende Darstellung in die Abschnitte:

1 Kennzeichnung des Anfangs bestimmter Texteinheiten durch Großschreibung (§ 53: Überschriften, Werktitel und dergleichen; § 54: Ganzsätze)

2 Anwendung von Groß- oder Kleinschreibung bei bestimmten Wörtern und Wortgruppen

2.1 Substantive und Desubstantivierungen (§§ 55–56)

2.2 Substantivierungen (§§ 57–59)

2.3 Eigennamen mit ihren nichtsubstantivischen Bestandteilen sowie Ableitungen von Eigennamen (§§ 59–62)

2.4 Feste Verbindungen aus Adjektiv und Substantiv (§§ 63–64)

2.5 Anredepronomen und Anreden (§§ 65–66)

1 Kennzeichnung des Anfangs bestimmter Texteinheiten durch Großschreibung

§ 53

Das erste Wort einer Überschrift, eines Werktitels, einer Anschrift und dergleichen schreibt man groß.

Dies betrifft unter anderem

(1) Überschriften und Werktitel (etwa von Büchern und Theaterstücken, Werken der bildenden Kunst und der Musik, Rundfunk- und Femsehproduktionen), zum Beispiel:

Allmähliche Normalisierung im Erdbebengebiet
Hohe Schneeverwehungen behindern Autoverkehr
Keine Chance für eine diplomatische Lösung!
Kleines Wörterbuch der Stilkunde
Wo warst du, Adam?
Der kaukasische Kreidekreis
Der grüne Heinrich
Hundert Jahre Einsamkeit
Ungarische Rhapsodie
Unter den Dächern von Paris
Ein Fall für zwei

(2) Titel von Gesetzen, Verträgen, Deklarationen und dergleichen sowie Bezeichnungen für Veranstaltungen, zum Beispiel:

Bayerisches Hochschulgesetz
Potsdamer Abkommen
Internationaler Ärzte- und Ärztinnenkongress
Grüne Woche (in Berlin)

E_1: Die Großschreibung des ersten Wortes bleibt auch dann erhalten, wenn eine Überschrift, ein Werktitel und dergleichen innerhalb eines Textes gebraucht wird, zum Beispiel:

Das Theaterstück „Der kaukasische Kreidekreis" steht auf dem Programm. Sie lesen Kellers Roman „Der grüne Heinrich".

Wird dabei am Anfang ein Titel und dergleichen verkürzt oder sein Artikel verändert, so schreibt man das nächstfolgende Wort des Titels groß, zum Beispiel:

Wir haben im Theater Brechts „Kaukasischen Kreidekreis" gesehen. Sie lesen den „Grünen Heinrich".

Zur Schreibung nach Gliederungsangaben oder nach Auslassungszeichen und Zahlen siehe § 54 (5) und (6). Zum Gebrauch der Anführungszeichen siehe § 94 (1).

(3) Anschriften, Datumszeilen und Anreden sowie Grußformeln etwa in Briefen, zum Beispiel:

Mittwoch, 15. Februar 1995

Frau
Ulla Schröder
Rüdesheimer Str. 29
D-65197 Wiesbaden

Sehr geehrte Frau Schröder,
entsprechend unserer telefonischen Vereinbarung erwarten wir Ihre Antwort.
...

Mit freundlichen Grüßen

Werner Meier

E_2: Wenn man nach der Anrede – wie in der Schweiz üblich – auf ein Satzzeichen verzichtet, schreibt man das erste Wort des folgenden Abschnitts groß. Siehe auch § 69 E_3.

Bisherige Regelung

Identisch

Wichtig ist, dass in Briefen nach der Anrede sowohl ein Komma wie ein Ausrufezeichen möglich sind. Nach dem Komma wird – außer bei Substantiven – klein, nach dem Ausrufezeichen mit großem Anfangsbuchstaben geschrieben:

Sehr geehrte Frau Nussek, ich danke Ihnen aufrichtig für ...

Sehr geehrte Frau Nussek! Ich danke Ihnen aufrichtig für ...

Der Gebrauch eines Kommas nach der Anrede wirkt freundlicher und setzt sich immer mehr durch.

§ 54 Das erste Wort eines Ganzsatzes schreibt man groß.

Beispiele:

Gestern hat es geregnet. Du kommst bitte morgen! Hat er das wirklich gesagt?

Nachdem sie von der Reise zurückgekehrt war, hatte sie den dringenden Wunsch, ein Bad zu nehmen. Im Hausflur war es still, ich drückte erwartungsvoll auf die Klingel. Meine Freundin hatte den Zug versäumt, deshalb kam sie eine halbe Stunde zu spät. Wir sehen nach, was Paul macht. Sehen Sie nur, wie schön die Aussicht ist. Haben Sie ihn aufgefordert, die Wohnung zu verlassen?

Kommt doch schnell! Bitte die Türen schließen und Vorsicht bei der Abfahrt des Zuges!

Ob sie heute kommt? Nein, morgen. Warum nicht? Gute Reise!

Vorwärts! Vgl. Anlage 3, Ziffer 7.

Alles war zerstört. das Haus, der Stall, die Scheune. Die Teeküche kann zu folgenden Zeiten benutzt werden: morgens von 7 bis 8 Uhr, abends von 18 bis 19 Uhr.

Im Einzelnen ist zu beachten:

(1) Wird die nach dem Doppelpunkt folgende Ausführung als Ganzsatz verstanden, so schreibt man das erste Wort groß, zum Beispiel:

Beachten Sie bitte folgenden Hinweis: Alle Bänke sind frisch gestrichen. Die Regel lautet: Würfelt man eine Sechs, dann ...

(2) Das erste Wort der wörtlichen Rede schreibt man groß, zum Beispiel:

Sie fragte: „Kommt er heute?“ Er sagte: „Wir wissen es nicht.“ Alle baten: „Bleib!“

(3) Folgt dem wörtlich Wiedergegebenen der Begleitsatz oder ein Teil von ihm, so schreibt man das erste Wort nach dem abschließenden Anführungszeichen klein, zum Beispiel:

„Hörst du?“, fragte sie. „Ich verstehe dich gut“, antwortete er. „Mit welchem Recht“, fragte er, „willst du das tun?“ Sie rief mir zu: „Wir treffen uns auf dem Schulhof“, und lief weiter.

(4) Das erste Wort von Parenthesen schreibt man klein, wenn es nicht nach einer anderen Regel großzuschreiben ist, zum Beispiel:

Eines Tages, es war mitten im Sommer, hagelte es. Er behauptete – so eine Frechheit! –, dass er im Kino gewesen sei. Sie hat das (erinnerst du dich?) gestern gesagt.

Zu den Satzzeichen siehe § 77 (1), § 84 (1), § 86 (1).

(5) Gliederungsangaben wie Ziffern, Paragraphen, Buchstaben gehören nicht zum nachfolgenden Ganzsatz; entsprechend schreibt man das folgende Wort groß. Dies gilt auch für Überschriften, Werktitel und dergleichen. Beispiele:

3. Die Besitzer und Besitzerinnen von Haustieren sollten ...
§ 13 Die Behandlung sollte sofort einsetzen.
c) Vgl. Anlage 3, Ziffer 7.
2 Die Säugetiere

(6) Auslassungspunkte, Apostroph oder Zahlen zu Beginn eines Ganzsatzes gelten als Satzanfang; entsprechend bleibt die Schreibung des folgenden Wortes unverändert. Dies gilt auch für Überschriften, Werktitel und dergleichen. Beispiele:

... und gab keine Antwort.
's ist schade um sie.
52 volle Wochen hat das Jahr.

Bisherige Regelung

Teilweise identisch

Wichtig ist vor allem, dass in Zukunft nach einem Doppelpunkt das nachfolgende Wort immer mit großem Anfangsbuchstaben geschrieben wird, wenn es sich um einen ganzen Satz handelt; die bisherigen Unsicherheiten sind damit beseitigt.

Er sagte: „Komm bitte morgen!"

Alle waren da: Die Kinder waren gekommen, alle Freunde, zahlreiche Verehrer.

Handelt es sich jedoch – z. B. in einer Aufzählung – nicht um vollständige, sondern um elliptische Sätze, wird kleingeschrieben:

Alle waren da: die Kinder, alle Freunde, zahlreiche Verehrer.

2 Anwendung von Groß- oder Kleinschreibung bei bestimmten Wörtern und Wortgruppen

2.1 Substantive und Desubstantivierungen

§ 55 Substantive schreibt man groß.

Beispiele:

Tisch, Wald, Milch, Mond, Genie, Team, Ladung, Feuer, Wasser, Luft, Sandkasten
Verständnis, Verantwortung, Freiheit, Aktion
Gabriela, Markus, Europa, Wien, Alpen

Substantive dienen der Bezeichnung von Gegenständen, Lebewesen und abstrakten Begriffen. Sie besitzen in der Regel ein festes Genus (Maskulinum, Femininum, Neutrum) und sind im Numerus (Singular, Plural) und im Kasus (Nominativ, Genitiv, Dativ, Akkusativ) bestimmt.

Die Großschreibung gilt auch

(1) für nichtsubstantivische Wörter, wenn sie am Anfang einer Zusammensetzung mit Bindestrich stehen, die als Ganzes die Eigenschaften eines Substantivs hat, zum Beispiel:

die Ad-hoc-Entscheidung, der A-cappella-Chor (vgl. auch § 55 E_2), *das In-den-Tag-hinein-Leben* (vgl. auch § 57 (2)), *der Trimm-dich-Pfad, die X-Beine, die S-Kurve*

Abkürzungen sowie zitierte Wortformen und Einzelbuchstaben und dergleichen bleiben allerdings unverändert, zum Beispiel:

die km-Zahl, die pH-Wert-Bestimmung, der dass-Satz, die x-Achse, der i-Punkt (der Punkt auf dem kleinen *i*)

(2) für Substantive – auch Initialwörter (§ 102 (2)) und Einzelbuchstaben, sofern sie nicht als Kleinbuchstaben zitiert sind – als Teile von Zusammensetzungen mit Bindestrich, zum Beispiel:

die Natrium-Chlor-Verbindung, der 400-Meter-Lauf, zum Aus-der-Haut-Fahren (vgl. auch § 57 (2))

Napoleon-freundlich, Formel-1-tauglich, S-Kurven-reich, pH-Wert-neutral

UV-empfindlich, T-förmig (in der Form eines großen *T*), *S-förmig* oder *s-förmig* (in der Form eines großen *S*) bzw. eines kleinen *s*), *x-beliebig*

(3) für Substantive aus anderen Sprachen, wenn sie nicht als Zitatwörter gemeint sind. Sind sie mehrteilig, wird der erste Teil großgeschrieben. Beispiele:

das Crescendo, der Drink, das Center, die Ratio; die Conditio sine qua non, das Cordon bleu, eine Terra incognita; das Know-how, das Make-up

Substantivische Bestandteile werden auch im Innern mehrteiliger Fügungen großgeschrieben, die als Ganzes die Funktion eines Substantivs haben, zum Beispiel:

die Alma Mater, die Ultima Ratio, das Desktop-Publishing, der Full-Time-Job, der Soft Drink, der Sex-Appeal, der Cash-Flow, das Corned Beef, der Chewing-Gum

E_1:Teilweise wird auch zusammengeschrieben, siehe Getrennt- und Zusammenschreibung, § 37 (1), und Schreibung mit Bindestrich, § 44 und § 45. Beispiele: *der Fulltimejob, der Softdrink, der Sexappeal, das Cornedbeef, der Chewinggum*

(4) für Substantive, die Bestandteile fester Gefüge sind und nicht mit anderen Bestandteilen des Gefüges zusammengeschrieben werden (siehe dazu auch Teil B, Getrennt- und Zusammenschreibung, §§ 34 E3 (5) und 39), zum Beispiel:

auf Abruf, in Bälde, in/mit Bezug auf, im Grunde, auf Grund (auch *aufgrund*); *zu Grunde gehen* (auch *zugrunde gehen*), *zu Händen von* (aber *zuhanden von; abhanden kommen*), *in Hinsicht auf* (aber *infolge*), *zur Not* (aber *vonnöten*), *zur Seite, von Seiten, auf Seiten* (auch *aufseiten, vonseiten;* aber nur *beiseite*)

etwas außer Acht lassen, die Haare stehen jemandem zu Berge, in Betracht kommen, zu Hilfe kommen, in Kauf nehmen

Auto fahren, Rad fahren, Maschine schreiben, Kegel schieben, Diät leben, Folge leisten, Maß halten, Hof halten, Kopf stehen, Leid tun, Not leiden, Not tun, Pleite gehen (aber nach § 56 (1): *pleite sein*), *Eis laufen* (aber nach § 34 (3): *irreführen, preisgeben, stattfinden, teilnehmen, wundernehmen*)

Recht haben/behalten/bekommen, Unrecht haben/behalten/bekommen, Ernst machen mit etwas, Wert legen auf etwas, Angst haben, jemandem Angst (und Bange) machen, (keine) Schuld tragen (vgl. aber Fügungen mit Adjektiven: *recht sein, unrecht sein, ernst sein/werden, etwas ernst nehmen, wert sein, angst (und bange) sein* (§ 56 (1)), *schuld sein* (§ 56 (1))

zum ersten Mal (aber nach § 39 (1): *einmal, diesmal, nochmal*)

eines Abends, des Nachts, letzten Endes, guten Mutes, schlechter Laune (aber nach § 56 (3): *abends, nachts;* aber nach § 39 (1): *keinesfalls, andernorts*)

E_2: In festen adverbialen Fügungen, die als Ganzes aus einer fremden Sprache entlehnt worden sind, gilt Kleinschreibung, zum Beispiel:

a cappella, in flagranti, à discrétion, de jure, de facto, in nuce, pro domo, ex cathedra, coram publico

Zu Schreibungen wie *A-cappella-Chor, De-facto-Anerkennung* siehe oben Absatz (1).

(5) für Zahlsubstantive, zum Beispiel:

ein Dutzend, das Schock (= 60 Stück), *das Paar* (aber *ein paar = einige*), *das Hundert* (zum Beispiel: *das erste Hundert Schrauben*), *das Tausend, eine Million, eine Milliarde, eine Billion*

Zu *Dutzend, Hundert* und *Tausend* siehe auch § 58 E_5.

(6) für Ausdrücke, die als Bezeichnung von Tageszeiten nach den Adverbien *vorgestern, gestern, heute, morgen, übermorgen* auftreten, zum Beispiel:

Wir treffen uns heute Mittag. Die Frist läuft übermorgen Mitternacht ab. Sie rief gestern Abend an.

Zu Verbindungen wie *(am) Dienstagabend* siehe § 37 (1).

Bisherige Regelung

Teilweise identisch

Wichtig sind die folgenden Änderungen, die bisherige Zweifelsfälle beseitigen:

bisher	neu
gestern abend	*gestern Abend*
Dienstag mittag	*Dienstagmittag*
außer acht lassen	*außer Acht lassen*
in bezug auf	*in Bezug auf* (weil: *mit Bezug auf*)
jemandem angst machen	*jemandem Angst (und Bange) machen*
jemandem schuld geben	*jemandem Schuld geben*
zugrunde gehen zu	*Grunde/zugrunde gehen*
heute mittag	*heute Mittag*
recht haben/behalten/ bekommen	*Recht haben/behalten/ bekommen*
auf seiten	*auf Seiten/aufseiten*
von seiten	*von Seiten/von seiten*

§ 56

Klein schreibt man Wörter, die ihre substantivischen Merkmale eingebüßt und die Funktion anderer Wortarten übernommen haben (= Desubstantivierungen).

Dies betrifft

(1) folgende Wörter, die in Verbindung mit den Verben *sein, bleiben, werden* als Adjektive gebraucht werden:

angst, bange, gram, leid, pleite, schuld

Beispiele:

Mir wird angst. Uns ist angst und bange. Wir sind ihr gram. Mir ist das alles leid. Die Firma ist pleite. Er ist schuld daran.

E_1: Zu Wörtern wie *recht, unrecht, ernst* vgl. § 55 (4).

(2) den ersten Bestandteil unfest zusammengesetzter Verben auch in getrennter Stellung (siehe auch § 34 (3)), zum Beispiel:

Ich nehme daran teil (teilnehmen). Die Besprechung findet am Freitag statt (stattfinden). Er führt uns irre (irreführen). Wir geben unser Ziel nicht preis (preisgeben). Es nimmt mich wunder (wundernehmen).

E_2: Wird ein Substantiv mit dem Infinitiv nicht zusammengeschrieben, so schreibt man es entsprechend § 55 (4) groß, zum Beispiel:

Ich nehme daran Anteil (Anteil nehmen). Du fährst Auto, und ich fahre Rad (Auto fahren, Rad fahren). Sie leistete der Aufforderung nicht Folge (Folge leisten). Meine Schwester läuft Eis (Eis laufen).

(3) Adverbien, Präpositionen, Konjunktionen auf *-s* und *-ens*, zum Beispiel:

abends, anfangs, donnerstags, schlechterdings, morgens, hungers (hungers sterben), willens, rechtens (rechtens sein, etwas rechtens machen); abseits, angesichts, mangels, mittels, namens, seitens; falls, teils … teils

(4) die folgenden Präpositionen:

dank, kraft (kraft ihres Amtes), laut, statt, an … statt (an Kindes statt, an seiner statt), trotz, wegen, von … wegen (von Amts wegen), um … willen, zeit (zeit seines Lebens)

(5) die folgenden unbestimmten Zahlwörter:

ein bisschen (= ein wenig), ein paar (= einige)

Beispiele:

ein bisschen Leim, dieses kleine bisschen Leim; ein paar Steine, diese paar Steine (aber nach § 55 (5): *ein Paar Schuhe*)

(6) Bruchzahlen auf *-tel* und *stel*

(6.1) vor Maßangaben (siehe auch § 37 E_2), zum Beispiel:

ein zehntel Millimeter, ein viertel Kilogramm, in fünf hundertstel Sekunden, nach drei viertel Stunden

E_3: Hier ist auch Zusammenschreibung nach § 37 (1) möglich, zum Beispiel:

ein Zehntelmillimeter, ein Viertelkilogramm, in fünf Hundertstelsekunden, nach drei Viertelstunden

(6.2) in Uhrzeitangaben unmittelbar vor Kardinalzahlen, zum Beispiel:

um viertel fünf, gegen drei viertel acht

E_4: In allen übrigen Fällen schreibt man Bruchzahlen auf *-tel* und *-stel* entsprechend § 55 groß, zum Beispiel: *ein Drittel, das erste Fünfel, neun Zehntel des Umsatzes, um drei Viertel größer um (ein) Viertel vor fünf*

Bisherige Regelung

Unterschiedlich

In Zukunft werden konsequent alle jene Wörter kleingeschrieben, die keine Substantive mehr sind (desubstantivierte Wörter: Adjektive, Verben usw.). Zahlreiche Zweifelsfälle der Vergangenheit sind damit beseitigt: *angst / bange / gram / leid pleite / schuld sein.*

Hingegen werden echte Substantive mit unfesten Verbverbindungen konsequent mit großem Anfangsbuchstaben geschrieben (bisher: eislaufen, radfahren; Auto fahren). Deshalb nun: *Auto fahren, Eis laufen, Folge leisten, Rad fahren, Schlitten fahren* usw.

Handelt es sich aber (§34 (3)) um Verbindungen, deren erster Teil semantisch verblasst ist (*heim-, irre-, preis-, stand-, statt-, teil-, wett-, wunder-: heimkehren, preisgeben, stattfinden, wundernehmen. Er kehrt heim* usw.), so wird das Wort – auch in der gebeugten/flektierten Form – kleingeschrieben.

Vorteilhaft ist auch die Toleranzregel, die dem Schreibenden die Entscheidung überlässt, wie er Bruchzahlen auf *-tel* oder *-stel* schreiben will. Es gilt, dass mit kleinem Anfangsbuchstaben und getrennt geschrieben oder mit großem Anfangsbuchstaben und zusammengeschrieben wird: *ein viertel Pfund, nach dreiviertel Stunden, acht hundertstel Sekunden* bzw. *ein Viertelpfund, nach Dreiviertelstunden, acht Hundertstelsekunden.*

2.2 Substantivierungen

§ 57

Wörter anderer Wortarten schreibt man groß, wenn sie als Substantive gebraucht werden (= Substantivierungen).

Substantivierte Wörter nehmen die Eigenschaften von Substantiven an (vgl. § 55). Man erkennt sie im Text an zumindest einem der folgenden Merkmale:

a) an einem vorausgehenden Artikel *(der, die, das; ein, eine, ein)*, Pronomen *(dieser, jener, welcher, mein, kein, etwas, nichts, alle, einige …)* oder unbestimmten Zahlwert *(ein paar, genug, viel, wenig …)*, die sich auf das substantivierte Wort beziehen;

b) an einem vorangestellten adjektivischen Attribut oder einem nachgestellten Attribut, das sich auf das substantivierte Wort bezieht;

c) an ihrer Funktion als kasusbestimmtes Satzglied oder kasusbestimmtes Attribut.

Siehe dazu folgende Beispiele:

Das Inkrafttreten (a, b, c) des Gesetzes verzögert sich. Er übersah alles Kleingedruckte (a, c). Das Ausschlaggebende (a, b, c) für ihre Einstellung war ihr sicheres Auftreten (a, b, c). Nichts Menschliches (a, c) war ihr fremd. Das

Deutsche (a, c) gilt als schwere Sprache. Sie bot ihr das Du (a, c) an. Der Beschluss fiel nach langem Hin und Her (b, c). Bananen kosten jetzt das Zweifache (a, b, c) des früheren Preises. Lesen und Schreiben (e) sind Kulturtechniken. Sie brachte eine Platte mit Gebratenem (c). Du sollst Gleiches (e) nicht mit Gleichem (c) vergelten. Man sagt, Liebende (c) seien blind.

E_1: Zahlreiche Substantivierungen sind ein fester Bestandteil des Substantivwortschatzes geworden, zum Beispiel:

das Essen, das Herzklopfen, das Leben, das Deutsche, die Grünen, die Studierenden, der/die Angestellte, das Durcheinander, das Jenseits, das Vergissmeinnicht

Die folgende Aufgliederung der Großschreibung von Substantivierungen ist nach Wortarten geordnet.

(1) Substantivierte Adjektive und adjektivisch gebrauchte Partizipien, besonders auch in Verbindung mit Wörtern wie *alles, allerlei, etwas, genug, nichts, viel, wenig,* zum Beispiel:

Wir wünschen alles Gute. Zum Aperitif gab es Süßes und Salziges. Geh nicht mit Unbekannten! Das Ausschlaggebende für die Einstellung war ihre Erfahrung. Er hat nichts/wenig/etwas/viel Bedeutendes geschrieben. Das nie Erwartete trat ein. Sie hatte nur Angenehmes erlebt. Der Umsatz war dieses Jahr um das Dreifache höher. Das andere Gebäude war um ein Beträchtliches höher. Das ist das einzig Richtige, was du tun kannst. Es wäre wohl das Richtige, wenn wir noch einmal darüber reden. Bitte lesen Sie das unten Stehende / unten Stehendes genau durch. Wir haben das Folgende / Folgendes verabredet. Wir werden das im Folgenden noch genauer darstellen. Des Näheren vermag ich mich nicht zu entsinnen. Sie hat mir die Sache des Näheren erläutert. Wir haben alles des Langen und Breiten diskutiert. Wir wohnen im Grünen. Beim Umweltschutz liegen noch viele Dinge im Argen. Wir sind uns im Großen und Ganzen einig. Die Arbeiten sind im Allgemeinen nicht schlecht geraten. Das ist im Wesentlichen richtig. Im Einzelnen sind aber noch Verbesserungen möglich. Plötzlich ertönte eine Stimme aus dem Dunkeln. Die Polizei tappt im Dunkeln. Die Direktorin war auf dem Laufenden.

Sie war unsere Jüngste. Das Beste, was dieser Ferienort bietet, ist die Ruhe. Es ist das Beste, wenn du kommst. Es änderte sich nicht das Geringste. Dies geschieht zum Besten unserer Kinder. Er gab wieder einmal eine seiner Geschichten zum Besten. Sie konnte uns vor dem Ärgsten bewahren. Daran haben wir nicht im Entferntesten gedacht. Sie war bis ins Kleinste vorbereitet. Sie war aufs Schrecklichste / auf das Schrecklichste gefasst. Sie hat uns aufs Herzlichste / auf das Herzlichste begrüßt (siehe auch § 58 E_1).

Die Pest traf Hohe und Niedrige / Hoch und Niedrig. Diese Musik gefällt Jungen und Alten / Jung und Alt. Die Teilnehmenden diskutierten über den Konflikt zwischen Jungen und Alten / zwischen Jung und Alt. Das ist ein Fest für Junge und Alte / für Jung und Alt.

Sie trug das kleine Schwarze. Der Zeitungsbericht traf ins Schwarze. Wenn man Schwarz mit Weiß mischt, entsteht Grau. Die Ampel schaltete auf Rot. Wir liefern das Gerät in Grau oder Schwarz.

Das Englische ist eine Weltsprache. Ihr Englisch hatte einen südamerikanischen Akzent. Mit Englisch kommt man überall durch. In Ostafrika verständigt man sich am besten auf Swahili oder auf Englisch.

E_2: Gelegentlich ist Groß- oder Kleinschreibung möglich, zum Beispiel:

Sie spricht Englisch (was? – die englische Sprache) / englisch (wie?).

Ordnungszahladjektive sowie sinnverwandte Adjektive, zum Beispiel:

Die Miete ist am Ersten jedes Monats zu bezahlen. Er ist schon der Zweite, der den Rekord des vergangenen Jahres überboten hat. Jeder Fünfte lehnte das Projekt ab. Endlich war sie die Erste im Staat. Dieses Vorgehen verletzte die Rechte Dritter. Er kam als Dritter an die Reihe. Er kam vom Hundertsten ins Tausendste. Fürs Erste wollen wir nicht mehr darüber reden. Die Nächste bitte! Liebe deinen Nächsten wie dich selbst! Trotz ihrer Verletzung wurde sie noch Viertletzte. Als Letztes muss der Deckel angeschraubt werden. Arthur und Armin gingen unterschiedliche Wege: der Erste / Ersterer wurde Beamter, der Zweite / der Letzte / Letzterer hatte als Schauspieler Erfolg.

Unbestimmte Zahladjektive (siehe aber auch § 58 (5)), zum Beispiel:

Den Kometen haben Unzählige (Ungezählte, Zahllose) gesehen. Ich muss noch Verschiedenes erledigen. Er hatte das Ganze rasch wieder vergessen. Der Kongress war als Ganzes ein Erfolg. Das muss jeder Einzelne mit sich selbst ausmachen. Anita war die Einzige, die alles wusste. Alles Übrige besprechen wir morgen. Er gab sein Geld .für alles Mögliche aus.

(2) Substantivierte Verben, zum Beispiel:

Das Lesen fällt mir schwer. Sie hörten ein starkes Klopfen. Wer erledigt das Fensterputzen? Viele waren am Zustandekommen des Vertrages beteiligt. Die Sache kam ins Stocken. Das ist zum Lachen. Euer Fernbleiben fiel uns auf. Uns half nur noch lautes Rufen. Die Mitbewohner begnügten sich mit Wegsehen und Schweigen.

Sie wollte auf Biegen und Brechen gewinnen. Er klopfte mit Zittern und Zagen an. Ich nehme die Tabletten auf Anraten meiner Ärztin.

Sie hat ihr Soll erfüllt. Dies ist ein absolutes Muss.

Bei mehrteiligen Fügungen, deren Bestandteile mit einem Bindestrich verbunden werden, schreibt man das erste Wort, den Infinitiv und die anderen substantivischen Bestandteile groß (siehe auch § 55 (1) und (2)), zum Beispiel:

es ist zum Auf-und-davon-Laufen, das Hand-in-Hand-Arbeiten, das In-den-Tag-hinein-Leben

E_3: Gelegentlich ist bei einfachen Infinitiven Groß- oder Kleinschreibung möglich, zum Beispiel:

Der Gehörgeschädigte lernt Sprechen. (Wie: *Der Gehörgeschädigte lernt das Sprechen/das deutliche Sprechen.*) Oder: *Der Gehörgeschädigte lernt sprechen.* (Wie: *Der Gehörgeschädigte lernt deutlich sprechen.*) (Ebenso:) *Bekanntlich ist Umlernen/umlernen schwieriger als Dazulernen/dazulernen. Doch geht Probieren/probieren über Studieren/studieren.*

(3) Substantivierte Pronomen (vgl. aber auch § 58 (4)), zum Beispiel:

Sie hatte ein gewisses Etwas. Er bot ihm das Du an. Das ist ein Er, keine Sie. Wir standen vor dem Nichts. Er konnte Mein und Dein nicht unterscheiden.

(4) Substantivierte Grundzahlen als Bezeichnung von Ziffern, zum Beispiel:

Er setzte alles auf die Vier. Sie fürchtete sich vor der Dreizehn. Der Zeiger nähert sich der Elf. Sie hat lauter Einsen im Zeugnis. Er würfelt eine Sechs.

(5) Substantivierte Adverbien, Präpositionen, Konjunktionen, Interjektionen, zum Beispiel:

Es gab ein großes Durcheinander. Mich störte das ewige Hin und Her. Ich will das noch im Diesseits erleben. Auf das Hier und Jetzt kommt es an. Das Danach war ihr egal. Es gibt kein Übermorgen. Sie hatte so viel wie möglich im Voraus erledigt. Im Nachhinein wussten wir es besser. Er stand im Aus. Sie überlegte sich das Für und Wider genau. Sein ständiges Aber stört mich. Es kommt nicht nur auf das Dass an, sondern auch auf das Wie. Er erledigte es mit Ach und Krach. Ein vielstimmiges Ah ertönte. Ihr freudiges Oh freute ihre Kolleginnen. Das Nein fällt ihm schwer.

E4: Bei mehrteiligen substantivierten Konjunktionen, die mit einem Bindestrich verbunden werden (siehe § 43), schreibt man nur das erste Wort groß, zum Beispiel:

ein Entweder-oder, das Als-ob, das Sowohl-als-auch

Bisherige Regelung

Unterschiedlich

Entscheidend ist bei der Neuregelung, dass grundsätzlich substantivierte Adjektive, Partizipien, Verben, Zahladjektive, Präpositionen, Konjunktionen und Interjektionen großgeschrieben werden. Kennzeichen der Substantivierung sind:

- vorangestellte Artikelwörter: *der, die, das, ein, eine, dieser jener, welcher alle, einige, mein, kein, etwas* usw.
- vorangestellte unbestimmte Numerale: *ein paar, genug, viel, wenig, mehr* usw.

Einige Beispiele von Substantivierungen: *das Beste, das Französische, das Schwimmen, ein Guter, jener Angestellte, einige Hundert, ein paar Junge, viel Neues, beim Alten bleiben, im Allgemeinen, im Großen und Ganzen, im Nachhinein, als Zehnter, auf Russisch, er spricht Englisch, sein Warum, vor der Zwanzig* usw.

§ 58

In folgenden Fällen schreibt man Adjektive, Partizipien und Pronomen klein, obwohl sie formale Merkmale der Substantivierung aufweisen.

(1) Adjektive, Partizipien und Pronomen, die sich auf ein vorhergehendes oder nachstehendes Substantiv beziehen, zum Beispiel:

Sie war die aufmerksamste und klügste meiner Zuhörerinnen. Der Verkäufer zeigte mir seine Auswahl an Krawatten, die gestreiften und gepunkteten gefielen mir am besten. Vor dem Haus spielten viele Kinder, einige kleine im Sandkasten, die größeren am Klettergerüst. Es waren neun Teilnehmer erschienen, auf den zehnten wartete man vergebens. Alte Schuhe sind meist bequemer als neue. Dünne Bücher lese ich in der Freizeit, dicke im Urlaub, Zwei Männer betraten den Raum; der erste trug einen Anzug, der zweite Jeans und Pullover. Leih mir bitte deine Farbstifte, ich habe meine / die meinen / die meinigen vergessen.

(2) Superlative mit „am", nach denen mit „Wie?" gefragt werden kann, zum Beispiel:

Dieser Weg ist am steilsten. (Frage: *Wie ist der Weg?*) *Dieser Stift schreibt am feinsten.* (Frage: *Wie schreibt dieser Stift?*) *Der ICE fährt am schnellsten.*

E_1: Superlative mit „am" gehören zur regulären Flexion des Adjektivs; „am" ist in diesen Fügungen nicht in „an dem" auflösbar. Beispiele: *Dieser Weg ist steil – steiler – am steilsten. Dieser Stift schreibt fein – feiner – am feinsten.*

In Anlehnung an diese Fügungen kann man auch feste adverbiale Wendungen mit „aufs" oder „auf das", die mit „Wie?" erfragt werden können, kleinschreiben, zum Beispiel:

Sie hat uns aufs / auf das herzlichste begrüßt (Frage: *Wie hat sie uns begrüßt?*). *Der Fall ließ sich aufs / auf das einfachste lösen.*

Superlative, nach denen mit „Woran?" („An was?") oder „Worauf?" („Auf was?") gefragt werden kann, schreibt man nach § 57 (1) groß, zum Beispiel:

Es fehlt ihnen am / an dem Nötigsten. (Frage: *Woran fehlt es ihnen?*) *Wir sind aufs / auf das Beste angewiesen.* (Frage: *Worauf sind wir angewiesen?*)

(3) Bestimmte feste Verbindungen aus Präposition und nicht dekliniertem oder dekliniertem Adjektiv ohne vorangehenden Artikel, zum Beispiel:

Ich hörte von fern ein dumpfes Grollen. Die Pilger kamen von nah und fern. Die Ware wird nur gegen bar ausgeliefert. Die Mädchen hielten durch dick und dünn zusammen. Das wird sich über kurz oder lang herausstellen. Damit habe ich mich von klein auf beschäftigt.

Das werde ich dir schwarz auf weiß beweisen. Die Stimmung war grau in grau.

Aus der Brandruine stieg von neuem Rauch auf. Wir konnten das Feuer nur von weitem betrachten. Der Fahrplan bleibt bis auf weiteres in Kraft. Unsere Pressesprecherin gibt Ihnen ohne weiteres Auskunft. Der Termin stand seit längerem fest.

E_2: Substantivierungen, die auch ohne Präposition üblich sind, werden nach § 57 (1) auch dann großgeschrieben, wenn sie mit einer Präposition verbunden werden, zum Beispiel:

Die Historikerin beschäftigt sich mit dem Konflikt zwischen Arm und Reich. Das ist ein Fest für Jung und Alt. (Vgl.: *Die Königin lud Arm und Reich ein. Das Fest gefiel Jung und Alt.*)

Die Ampel schaltete auf Rot. Wir liefern das Gerät in Grau (= in grauer Farbe). (Vgl.: *Das ist ein grelles Rot, Sie hasst Grau.*)

Mit Englisch kommst du überall durch. In Ostafrika verständigt man sich am besten auf Swahili oder Englisch. (Vgl.: *Bekanntlich ist Englisch eine Weltsprache. Sein Englisch war gut verständlich.*)

(4) Pronomen, auch wenn sie als Stellvertreter von Substantiven gebraucht werden, zum Beispiel:

In diesem Wald hat sich schon mancher verirrt. Ich habe mich mit diesen und jenen unterhalten. Wenn einer eine Reise tut, so kann er was erzählen. Das muss (ein) jeder mit sich selbst ausmachen. Wir haben alles mitgebracht. Sie hatten beides mitgebracht. Man muss mit (den) beiden reden.

Zur Großschreibung der Anredepronomen siehe §§ 65, 66.

E_3: In Verbindung mit dem bestimmten Artikel oder dergleichen lassen sich Possessivpronomen auch als substantivische possessive Adjektive bestimmen, entsprechend kann man hier nach § 57 (1) auch großschreiben, zum Beispiel:

Grüß mir die deinen / Deinen (die deinigen/Deinigen)! Sie trug das ihre / Ihre (das ihrige / Ihrige) zum Gelingen bei. Jedem das seine/Seine!

(5) die folgenden Zahladjektive mit allen ihren Flexionsformen:

viel, wenig; (der, die, das) eine, (der, die, das) andere

Beispiele:

Das haben schon viele erlebt. Zum Erfolg trugen auch die vielen bei, die ohne Entgelt mitgearbeitet haben. Nach dem Brand war nur noch weniges zu gebrauchen. Sie hat das wenige, was noch da war, in eine Kiste versorgt. Die meisten haben diesen Film schon einmal gesehen. Die einen kommen, die anderen gehen. Was der eine nicht tut, soll der andere nicht lassen. Die anderen kommen später. Das können auch andere bestätigen. Alles andere erzähle ich dir später. Sie hatte noch anderes zu tun. Unter anderem wurde auch über finanzielle Angelegenheiten gesprochen.

E_4: Wenn hervorgehoben werden soll, dass das Adjektiv nicht als unbestimmtes Zahlwort zu verstehen ist, kann nach § 57 (1) auch großgeschrieben werden, zum Beispiel:

Sie strebte etwas ganz Anderes (= völlig Neues) an.

(6) Kardinalzahlen unter einer Million, zum Beispiel:

Was drei wissen, wissen bald dreißig. Diese drei kommen mir bekannt vor. Sie rief um fünf an. Wir waren an die zwanzig. Er sollte die Summe durch acht teilen. Dieser Kandidat konnte nicht bis drei zählen. Wir fünf gehören zusammen. Der Abschnitt sieben fehlt im Text. Der Mensch über achtzig schätzt die Gesundheit besonders.

E_5: Wenn *hundert* und *tausend* eine unbestimmte (nicht in Ziffern schreibbare) Menge angeben, können sie auch auf die Zahlsubstantive *Hundert* und *Tausend* bezogen werden (vgl. § 55 (5)); entsprechend kann man sie dann klein- oder großschreiben, zum Beispiel:

Es kamen viele tausende / Tausende von Zuschauern. Sie strömten zu aberhunderten / Aberhunderten herein. Mehrere tausend / Tausend Menschen füllten das Stadion. Der Beifall zigtausender / Zigtausender von Zuschauern war ihr gewiss.

Entsprechend auch: *Der Stoff wird in einigen Dutzend / dutzend Farben angeboten. Der Fall war angesichts Dutzender / dutzender von Augenzeugen klar.*

Bisherige Regelung

Unterschiedlich

Eine Reihe von Adjektiven, Pronomen und Partizipien wird dennoch kleingeschrieben, wenn sie – obwohl substantiviert – die folgenden Bedingungen erfüllen:

- Bezugspunkt ist ein vorausgehendes oder nachfolgendes Substantiv: *Sie sah sich zahlreiche Kleider an; am Ende wählte sie das blaue;*
- Superlativformen mit *am* oder feste Wendungen: *Er ist am besten in Mathematik. Ich begrüßte sie auf das herzlichste* (auch: *auf das Herzlichste*);
- einzelne feste Verbindungen (lexikalisierte Formen): *bis auf weiteres, schwarz auf weiß usw.* (aber: *Jung und Alt, Arm und Reich* usw.);
- Artikelwörter als Stellvertreter von Substantiven mit ihren Flexionsformen: *alles, mancher, viel, die vielen, wenig;*
- Kardinalzahlen unter einer Million: *acht, vierhundert, fünfundzwanzigtausend,* aber: *Mehrere tausend/Tausend Menschen füllten das Stadion.*

2.3 Eigennamen mit ihren nichtsubstantivischen Bestandteilen sowie Ableitungen von Eigennamen

§ 59 Eigennamen schreibt man groß.

Eigennamen sind Bezeichnungen zur Identifizierung bestimmter einzelner Gegebenheiten (eine Person, ein Ort, ein Land, eine Institution usw.). Viele sind einfache, zusammengesetzte oder abgeleitete Substantive, zum Beispiel *Peter, Wien, Deutschland, Europa, Südamerika, Bahnhofstraße, Sigmaringen, Albrecht-Dürer-Allee, Ostsee-Zeitung.* Sie werden nach § 55 großgeschrieben. Daneben gibt es mehrteilige Eigennamen, die häufig auch nicht substantivische Bestandteile enthalten, zum Beispiel *Kap der Guten Hoffnung, Norddeutsche Neueste Nachrichten, Vereinigte Staaten von Amerika.* Im Folgenden wird die Groß- und Kleinschreibung dieser Gruppe von Eigennamen dargestellt.

Bisherige Regelung

Identisch

Eigennamen werden wie bisher mit großem Anfangsbuchstaben geschrieben. Dazu gehören Personennamen, geographische Namen, Firmennamen, Namen von Zeitungen und Zeitschriften sowie von Organisationen.

§ 60

In mehrteiligen Eigennamen mit nichtsubstantivischen Bestandteilen schreibt man das erste Wort und alle weiteren Wörter außer Artikel, Präpositionen und Konjunktionen groß.

E_1: Ein vorangestellter Artikel ist in der Regel nicht Bestandteil des Eigennamens und wird darum kleingeschrieben. Zu Ausnahmen siehe unten, Absatz (4.4).

Als Eigennamen im Sinne dieser orthographischen Regelung gelten:

(1) Personennamen, Eigennamen aus Religion, Mythologie sowie Beinamen, Spitznamen und dergleichen, zum Beispiel:

Johann Wolfgang von Goethe, Gertrud von Le Fort, Charles de Coster, Ludwig van Beethoven, der Apokalyptische Reiter, Walther von der Vogelweide, Holbein der Jüngere, der Alte Fritz, Katharina die Große, Heinrich der Achte, Elisabeth die Zweite; Klein Erna

Präpositionen wie *von, van, de, ten, zu(r)* in Personennamen schreibt man im Satzinnern auch dann klein, wenn ihnen kein Vorname vorausgeht, zum Beispiel:

Der Autor dieses Buches heißt von Ossietzky.

(2) Geographische und geographisch-politische Eigennamen, so

(2.1) von Erdteilen, Ländern, Staaten, Verwaltungsgebieten und dergleichen, zum Beispiel:

Vereinigte Staaten von Amerika, Freie und Hansestadt Hamburg (als Bundesland), *Tschechische Republik*

(2,2) von Städten, Dörfern, Straßen, Plätzen und dergleichen, zum Beispiel:

Neu Lübbenau, Groß Flatow, Rostock-Lütten Klein, Unter den Linden, Lange Straße, In der Mittleren Holdergasse, Am Tiefen Graben, An den Drei Pfählen, Hamburger Straße, Neuer Markt

(2.3) von Landschaften, Gebirgen, Wäldern, Wüsten, Fluren und dergleichen, zum Beispiel:

Kahler Asten, Hohe Tatra, Holsteinische Schweiz, Schwäbische Alb, Bayerischer Wald, Libysche Wüste, Goldene Aue, Thüringer Wald

(2.4) von Meeren, Meeresteilen und -straßen, Flüssen, Inseln und Küsten und dergleichen, zum Beispiel:

Stiller Ozean, Indischer Ozean, Rotes Meer, Kleine Antillen, Großer Belt, Schweriner See, Straße von Gibraltar, Kapverdische Inseln, Kap der Guten Hoffnung

(3) Eigennamen von Objekten unterschiedlicher Klassen, so

(3.1) von Sternen, Sternbildern und anderen Himmelskörpern, zum Beispiel:

Kleiner Bär, Großer Wagen, Halleyscher Komet (auch: *Halley'scher Komet;* § 62)

(3.2) von Fahrzeugen, bestimmten Bauwerken und Örtlichkeiten, zum Beispiel:

die Vorwärts (Schiff), *der Blaue Enzian* (Eisenbahnzug), *der Fliegende Hamburger* (Eisenbahnzug), *die Blaue Moschee* (in Istanbul), *das Alte Rathaus* (in Leipzig), *der Französische Dom* (in Berlin), *die Große Mauer* (in China), *der Schiefe Turm* (in Pisa)

(3.3) von einzeln benannten Tieren, Pflanzen und gelegentlich auch von Einzelobjekten weiterer Klassen, zum Beispiel:

der Fliegende Pfeil (ein bestimmtes Pferd), *die Alte Eiche* (ein bestimmter Baum)

(3.4) von Orden und Auszeichnungen, zum Beispiel:

das Blaue Band des Ozeans, Großer Österreichischer Staatspreis für Literatur

(4) Eigennamen von Institutionen, Organisationen, Einrichtungen, so

(4.1) von staatlichen bzw. öffentlichen Dienststellen, Behörden und Gremien, von Bildungs- und Kulturinstitutionen und dergleichen, zum Beispiel:

Deutscher Bundestag, Statistisches Bundesamt, Mecklenburgisches Staatstheater Schwerin, Museum für Deutsche Geschichte (in Berlin), *Naturhistorisches Museum* (in Wien), *Grünes Gewölbe* (in Dresden), *Klinik für Innere Medizin der Universität Rostock, Akademie für Alte Musik Berlin, Zweites Deutsches Fernsehen, Eidgenössische Technische Hochschule* (in Zürich)

(4.2) von Organisationen, Parteien, Verbänden, Vereinen und dergleichen, zum Beispiel:

Vereinte Nationen, Internationales Olympisches Komitee, Deutscher Gewerkschaftsbund, Sozialdemokratische Partei Deutschlands, Christlich-Demokratische Union, Allgemeiner Deutscher Automobilclub, Börsenverein des Deutschen Buchhandels, Österreichisches Rotes Kreuz

(4.3) von Betrieben, Firmen, Genossenschaften, Gaststätten, Geschäften und dergleichen, zum Beispiel:

Deutsche Bank, Österreichischer Raiffeisenverband, Bibliographisches Institut (in Mannheim), *Deutsche Bahn, Weiße Flotte, Städtisches Klinikum Berlin-Buch, Hotel Vier Jahreszeiten, Gasthaus zur Neuen Post, Zum Goldenen Anker* (Gaststätte), *Salzburger Dombuchhandlung, Rheinisch-Westfälisches Elektrizitätswerk AG*

(4.4) von Zeitungen und Zeitschriften und dergleichen, zum Beispiel:

Berliner Zeitung, Sächsische Neueste Nachrichten, Deutsch als Fremdsprache, Dermatologische Monatsschrift, Die Zeit

Wird der Artikel am Anfang verändert, so schreibt man ihn klein, zum Beispiel: *Sie hat das in der Zeit gelesen.*

(5) inoffizielle Eigennamen, Kurzformen sowie Abkürzungen von Eigennamen, zum Beispiel:
Schwarzer Kontinent, Ferner Osten, Naher Osten, Vereinigte Staaten

A. Müller, Astrid M., A. M. (= Astrid Müller), J. W v. Goethe; SPD (= Sozialdemokratische Partei Deutschlands), DGB (= Deutscher Gewerkschaftsbund), EU (= Europäische Union), SRB (= Schweizerische Bundesbahnen), ORF (= Österreichischer Rundfunk)

E_2: In einigen der oben genannten Namengruppen kann die Schreibung im Einzelfall abweichend festgelegt sein, zum Beispiel:

neue deutsche literatur, profil, konkret (Zeitschriften); *Institut für deutsche Sprache, Akademie.für Musik und darstellende Kunst „Mozarteum"; Zur letzten Instanz* (Gaststätte)

Zur Kennzeichnung der Namen von Zeitungen und Zeitschriften mit Anführungszeichen siehe § 94 (1).

Bisherige Regelung

Identisch

Wichtig ist dabei, dass Präpositionen in Personennamen *(von, van, de, ten, zu(r))* kleingeschrieben werden, auch wenn ihnen kein Vorname vorausgeht: *Der Erfinder dieser Maschine heißt von Miller*

§ 61

Ableitungen von geographischen Eigennamen auf *-er* schreibt man groß.

Beispiele:

die Berliner Bevölkerung, die Mecklenburger Landschaft, der Schweizer Käse, das St. Galler / Sankt Galler Kloster, das Bad Krozinger Kurgebiet, die New Yorker Kunstszene
Zur Schreibung mit oder ohne Bindestrich siehe § 49 E.

Bisherige Regelung

Identisch

§ 62

Kleingeschrieben werden adjektivische Ableitungen von Eigennamen auf *-(i)sch*, außer wenn die Grundform eines Personennamens durch einen Apostroph verdeutlicht wird, ferner alle adjektivischen Ableitungen mit anderen Suffixen.

Beispiele:

die darwinsche / die Darwin'sche Evolutionstheorie, das wackernagelsche / Wackernagel'sche Gesetz, die goethischen / goetheschen / Goethe'schen Dramen, die bernoullischen/ Bernoulli'schen Gleichungen

die homerischen Epen, das kopernikanische Weltsystem, die darwinistische Evolutionstheorie, tschechisches Bier, indischer Tee, englischer Stoff

mit eulenspiegelhaftem Schalk, eine kafkaeske Stimmung

Zur Schreibung mit Apostroph siehe auch Zeichensetzung, § 97 E.
Zur Schreibung mehrteiliger Ableitungen mit Bindestrich siehe § 49 E.

Bisherige Regelung

Unterschiedlich

Im Gegensatz zur bisherigen Regelung, bei der einerseits zwischen persönlicher Leistung oder Zugehörigkeit (das Platonische Höhlengleichnis) und sekundärer Benennung (platonische Liebe) unterschieden wurde, werden in Zukunft alle adjektivischen Eigennamen auf *-sch* und *-isch* kleingeschrieben; eine Ausnahme bildet die in Zukunft zulässige Schreibung mit Apostroph: Dann wird großgeschrieben: *das schillersche Werk/ das Schiller'sche Werk.* Kleingeschrieben werden auch alle anderen adjektivischen Ableitungen von Eigennamen: *die kafkaesken Zustände, das musilhafte Erzählen.*

2.4 Feste Verbindungen aus Adjektiv und Substantiv

§ 63 In substantivischen Wortgruppen, die zu festen Verbindungen geworden, aber keine Eigennamen sind, schreibt man Adjektive klein.

Beispiele:

der italienische Salat, der blaue Brief das autogene Training, das neue Jahr, die gelbe Karte, das gelbe Trikot, der goldene Schnitt, die goldene Hochzeit, das große Los, die höhere Mathematik, die innere Medizin, die künstliche Intelligenz, die grüne Lunge, das olympische Feuer, der schnelle Brüter, das schwarze Brett, das schwarze Schaf die schwedischen Gardinen, der weiße Tod, das zweite Gesicht, die graue Eminenz

Bisherige Regelung

Teilweise identisch

Die Unsicherheit, ob man feste Verbindungen (lexikalisierte Formen) mit großem oder kleinem Anfangsbuchstaben schreibt, ist beseitigt. Solche, die keine Eigennamen sind, werden grundsätzlich in Zukunft kleingeschrieben: *das schwarze Schaf, der weiße Tod.*

§ 64 In bestimmten substantivischen Wortgruppen werden Adjektive großgeschrieben, obwohl keine Eigennamen vorliegen.

Dies betrifft

(1) Titel, Ehrenbezeichnungen, bestimmte Amts- und Funktionsbezeichnungen, zum Beispiel:

der Heilige Vater, die Königliche Hoheit, der Erste Bürgermeister, der Regierende Bürgermeister, der Technische Direktor

(2) fachsprachliche Bezeichnungen bestimmter Klassifizierungseinheiten, so von Arten, Unterarten oder Rassen in der Botanik und Zoologie, zum Beispiel:

die Schwarze Witwe, das Fleißige Lieschen, der Rote Milan, die Gemeine Stubenfliege

(3) besondere Kalendertage, zum Beispiel:

der Heilige Abend, der Weiße Sonntag, der Internationale Frauentag, der Erste Mai

(4) bestimmte historische Ereignisse und Epochen, zum Beispiel:

der Westfälische Frieden, der Deutsch-Französische Krieg 1870/1871, der Zweite Weltkrieg, die Goldenen Zwanziger, die Jüngere Steinzeit

Bisherige Regelung

Teilweise identisch

Hier bleibt die Unsicherheit bestehen; die aufgelisteten substantivischen Wortgrupen werden großgeschrieben.

2.5 Anredepronomen und Anreden

§ 65 Die Anredepronomen *Sie* und das entsprechende Possessivpronomen *Ihr* sowie die zugehörigen flektierten Formen schreibt man groß.

Beispiele:

Würden Sie mir helfen? Wie geht es Ihnen? Ist das Ihr Mantel? Bestehen Ihrerseits Bedenken gegen den Vorschlag?

E_1: Großschreibung gilt auch für ältere Anredeformen wie: *Habt Ihr es Euch überlegt, Fürst von Gallenstein? Johann, führe Er die Gäste herein.*

E_2: In Anreden wie *Seine Majestät, Eure Exzellenz, Eure Magnifizenz* schreibt man das Pronomen ebenfalls groß.

Bisherige Regelung

Identisch

Sie bzw. *Ihr* und die deklinierten Formen schreibt man mit großem Anfangsbuchstaben: *Liebe Frau Müller, ich danke Ihnen für die Einladung.*

§ 66 Die Anredepronomen *du* und *ihr*, die entsprechenden Possessivpronomen *dein* und *euer* sowie das Reflexivpronomen *sich* schreibt man klein.

Beispiele:

Würdest du mir helfen? Hast du dich gut erholt? Haben Sie sich schon angemeldet?

Lieber Freund,
ich schreibe dir diesen Brief und schicke dir eure Bilder …

Bisherige Regelung

Unterschiedlich

Während bisher in Briefen das Anredepronomen Du großgeschrieben wurde, wird es in Zukunft – ebenso wie die entsprechenden Possessivpronomen sowie *sich* – mit kleinem Anfangsbuchstaben geschrieben: *Lieber Manfred, ich danke dir für die Einladung.*

E. ZEICHENSETZUNG

0 Vorbemerkungen

(1) Die Satzzeichen sind Grenz- und Gliederungszeichen. Sie dienen insbesondere dazu, einen geschriebenen Text übersichtlich zu gestalten und ihn dadurch für den Lesenden überschaubar zu machen. Zudem kann der Schreibende mit den Satzzeichen besondere Aussageabsichten oder Einstellungen zum Ausdruck bringen oder stilistische Wirkungen anstreben.

Zu unterscheiden sind Satzzeichen

- zur Kennzeichnung des Schlusses von Ganzsätzen: Punkt, Ausrufezeichen, Fragezeichen
- zur Gliederung innerhalb von Ganzsätzen: Komma, Semikolon, Doppelpunkt, Gedankenstrich, Klammern
- zur Anführung von Äußerungen oder Textstellen bzw. zur Hervorhebung von Wörtern oder Textteilen: Anführungszeichen

(2) Daneben dienen bestimmte Zeichen

- zur Markierung von Auslassungen: Apostroph, Ergänzungsstrich, Auslassungspunkte
- zur Kennzeichnung der Wörter bestimmter Gruppen: Punkt nach Abkürzungen bzw. Ordinalzahlen, Schrägstrich

1 Kennzeichnung des Schlusses von Ganzsätzen

Der Kennzeichnung des Schlusses von Ganzsätzen dienen:

- der Punkt
- das Ausrufezeichen
- das Fragezeichen

Ganzsätze im Sinne dieser orthographischen Regelung zeigen Beispiele wie:

Gestern hat es geregnet. Du kommst bitte morgen! Hat er das wirklich gesagt? Im Hausflur war es still, ich drückte erwartungsvoll auf die Klingel. Ich hoffe, dass wir uns bald wiedersehen. Meine Freundin hatte den Zug versäumt; deshalb kam sie eine halbe Stunde zu spät.
Niemand kannte ihn. Auch der Gärtner nicht. Bitte die Türen schließen und Vorsicht bei der Abfahrt des Zuges! Ob er heute kommt? Nein, morgen. Warum nicht? Gute Reise! Hilfe!

Zu den Zeichen in Verbindung mit Gedankenstrich oder Klammern siehe § 85 bzw. § 88.
Zu den Zeichen bei wörtlich Wiedergegebenem siehe § 90.
Zum Gedankenstrich zwischen zwei Ganzsätzen siehe § 83.

§ 67 Mit dem Punkt kennzeichnet man den Schluss eines Ganzsatzes.

Ich habe ihn gestern gesehen. Sie kommt morgen. Das Kind weinte, weil es seinen Schlüssel verloren hatte.
Wir sehen nach, was Paul macht. Sie habe ihn gestern gesehen, behauptete sie. Sie forderte ihn auf die Wohnung sofort zu verlassen. Ich wünschte, die Prüfung wäre vorbei. Sie fragte ungeduldig, ob er endlich käme. Der Redner stellte die Frage, wie es nach diesen Umweltschäden weitergehen solle.
Im Hausflur war es still. Ich drückte erwartungsvoll auf die Klingel.

E_1: Wenn aber als mehrteiliger Ganzsatz verstanden, entsprechend § 71 (1) bzw. § 80 (1) mit Komma oder Semikolon:

Im Hausflur war es still, ich drückte erwartungsvoll auf die Klingel.
Im Hausflur war es still; ich drückte erwartungsvoll auf die Klingel.

E2: Bei Aufforderungen, denen man keinen besonderen Nachdruck geben will, setzt man einen Punkt und kein Ausrufezeichen (hierzu siehe § 69):

Rufen Sie bitte später noch einmal an. Nehmen Sie doch Platz. Vgl. S. 25 seiner letzten Veröffentlichung.

E_3: In den folgenden Fällen setzt man keinen Punkt:

- am Ende von freistehenden Zeilen (siehe § 68)
- am Ende einer kolumnenartigen Aufzählung ohne schließende Satzzeichen (siehe § 71 E_2)
- am Ende von Parenthesen (mit Gedankenstrich siehe § 85, mit Klammern siehe § 88)
- bei wörtlich Wiedergegebenem am Anfang oder im Inneren von Ganzsätzen (siehe § 92)
- nach Auslassungspunkten (siehe § 100)

– nach Punkt zur Kennzeichnung von Abkürzungen (siehe § 103) und Ordinalzahlen (siehe § 105)

Bisherige Regelung

Identisch

Die Regelung, wann in Zukunft ein Punkt gesetzt wird, bringt zahlreiche Klärungen. Entscheidend ist stets, ob es sich um einen ganzen Satz handelt (dann wird ein Punkt gesetzt) oder nicht (kein Punkt). Entsprechend wird bei Aufzählungen, bei freistehenden Zeilen, bei Parenthesen (Einschüben) oder Abkürzungen kein Punkt gesetzt.

§ 68 Nach frei stehenden Zeilen setzt man keinen Punkt.

Dies betrifft unter anderem

(1) Überschriften und Werktitel (etwa von Büchern und Theaterstücken, Werken der bildenden Kunst und der Musik, Rundfunk- und Fernsehproduktionen):

Allmähliche Normalisierung im Erdbebengebiet
Schneeverwehungen behindern Autoverkehr
Chance für eine diplomatische Lösung
Einführung in die höhere Mathematik
Der kaukasische Kreidekreis
Die Zauberflöte

Zum Ausrufezeichen siehe § 69 E_2 (1); zum Fragezeichen siehe § 70 E_2.

(2) Titel von Gesetzen, Verträgen, Deklarationen und dergleichen sowie Bezeichnungen für Veranstaltungen:

Bundesgesetz über den Straßenverkehr
Konferenz über Sicherheit und Zusammenarbeit in Europa
Internationaler Ärztekongress

(3) Anschriften und Datumszeilen sowie Grußformeln und Unterschriften etwa in Briefen:

Werner Meier — *Donnerstag, 15. Februar 1995*
Gerichtsweg 12
04103 Leipzig

Herrn Rudolf Schröder
Rüdesheimer Str. 29
62123 Wiesbaden

Sehr geehrter Herr Schröder,

entsprechend unserer telefonischen Vereinbarung …

Mit freundlichen Grüßen
Ihr Werner Meier

Zur Zeichensetzung bei der Anrede etwa in Briefen siehe § 69 E_3.

Bisherige Regelung

Identisch

§ 69

Mit dem Ausrufezeichen gibt man dem Inhalt des Ganzsatzes einen besonderen Nachdruck wie etwa bei nachdrücklichen Behauptungen, Aufforderungen, Grüßen, Wünschen oder Ausrufen.

Ich habe ihn gestern bestimmt gesehen! Komm bitte morgen! Du kommst morgen! Lasst uns keine Zeit verlieren! Du musst die Arbeit abgeben, weil morgen der letzte Termin ist!

Seht nach, was Paul macht! Sehen Sie nur, wie schön die Aussicht ist! Bitte fordern Sie ihn auf die Wohnung sofort zu verlassen! Frag ihn, ob er kommt!

Ruhe! Bitte nicht stören! Zurücktreten! Bitte die Türen schließen und Vorsicht bei der Abfahrt des Zuges! Guten Morgen! Hoffentlich sehen wir uns bald wieder! Wäre nur die Prüfung erst einmal vorbei! Wenn ich dich noch einmal erwische, kannst du was erleben! Das ist ja großartig! Welch ein Glück! Au! Das tut weh! Nein! Nein!

Zum Punkt nach Aufforderungen ohne besonderen Nachdruck siehe § 67 E_2.

E_1: Wenn aber als mehrteiliger Ganzsatz oder als Teile einer Aufzählung verstanden, entsprechend § 71 mit Komma (siehe auch § 79 (2) und (3)):

Das ist ja großartig, welch ein Glück! Au, das tut weh! Nein, nein!

E_2: Zur Kennzeichnung eines besonderen Nachdrucks setzt man auch nach freistehenden Zeilen ein Ausrufezeichen.

Dies betrifft

(1) Überschriften und Werktitel:

Chance für eine diplomatische Lösung!
Kämpft für den Frieden!
Endlich!

Zum Punkt siehe § 68 (1); zum Fragezeichen siehe § 70 E_2

(2) die Anrede:

Sehr geehrter Herr Präsident!
Meine Damen und Herren!

E_3: Nach der Anrede etwa in Briefen kann man ein Ausrufezeichen oder entsprechend § 79 (1) ein Komma setzen:

Sehr geehrter Herr Schröder!
Entsprechend unserer telefonischen Vereinbarung …

Sehr geehrter Herr Schröder,
entsprechend unserer telefonischen Vereinbarung …

In der Schweiz auch ohne Zeichen am Ende:

Sehr geehrter Herr Schröder
Entsprechend unserer telefonischen Vereinbarung …

Bisherige Regeln

Identisch

Das Setzen des Ausrufezeichens in der Briefanrede nimmt deutlich ab; statt dessen wird immer häufiger ein Komma verwendet: *Lieber Herr Müller, es sind nun schon fünf Wochen her, seit …*

§ 70 Mit dem Fragezeichen kennzeichnet man den Ganzsatz als Frage.

Hast du ihn gestern gesehen? Wann kommst du? Kommst du wirklich morgen? Ob er morgen kommt? Soll er ihm einen Brief schreiben oder ist es besser, dass er ihn anruft?

Habt ihr nachgesehen, was Paul macht? Sehen Sie, wie schön die Aussicht ist? Haben Sie ihn aufgefordert die Wohnung sofort zu verlassen? Hat er gefragt, ob Fritz kommt?

Warst du im Kino? In welchem Film? Dein Freund war auch mit? Was möchtet ihr trinken: Bier, Wein oder Apfelmost? Ist das nicht großartig? Ist das nicht ein Glück? Warum? Weshalb? Weswegen?

E_1: Wenn aber als mehrteiliger Ganzsatz oder als Teile einer Aufzählung verstanden, entsprechend § 71 mit Komma:

Ist das nicht großartig, ist das nicht ein Glück? Warum, weshalb, weswegen?

E_2: Zur Kennzeichnung einer Frage setzt man auch nach freistehenden Zeilen, zum Beispiel nach Überschriften und Werktiteln, ein Fragezeichen:

Chance für eine diplomatische Lösung? Wo warst du, Adam? Quo vadis?

Zum Punkt siehe § 68 (1); zum Ausrufezeichen siehe § 69 E_2.

Bisherige Regelung

Identisch

2 Gliederung innerhalb von Ganzsätzen

(1) Der Gliederung des Ganzsatzes dienen die folgenden Satzzeichen:

- das Komma
- das Semikolon
- der Doppelpunkt
- der Gedankenstrich
- die Klammern

Zu den Auslassungspunkten siehe §§ 99 bis 100.

(2) Das Komma wird sowohl einfach als auch paarig gebraucht:.

Er trug einen schwarzen, breitkrempigen Hut. Seine Kopfbedeckung, ein schwarzer und breitkrempiger Hut, lag auf dem Tisch.

Dasselbe gilt für den Gedankenstrich.

Nur paarig werden die Klammern gebraucht, nur einfach das Semikolon und der Doppelpunkt.

(3) Manchmal kann man zwischen verschiedenen Zeichen wählen:

Im Hausflur war es still, ich drückte erwartungsvoll auf die Klingel.
Im Hausflur war es still; ich drückte erwartungsvoll auf die Klingel.
Im Hausflur war es still – ich drückte erwartungsvoll auf die Klingel.

Zur stärkeren Abgrenzung kann man entsprechend § 67 auch einen Punkt setzen:

Im Hausflur war es still. Ich drückte erwartungsvoll auf die Klingel.

Eines Tages, es war mitten im Sommer, hagelte es. Eines Tages – es war mitten im Sommer – hagelte es. Eines Tages (es war mitten im Sommer) hagelte es.

2.1 Komma

§ 71

Gleichrangige (nebengeordnete) Teilsätze, Wortgruppen oder Wörter grenzt man mit Komma voneinander ab.

Dies betrifft (siehe aber § 72)

(1) gleichrangige Teilsätze:

Im Hausflur war es still, ich drückte erwartungsvoll auf die Klingel. Die Musik wird leiser, der Vorhang hebt sich, das Spiel beginnt. Er dachte angestrengt nach, aber ihr Name fiel ihm nicht ein. Ich wollte ihm helfen, doch er ließ es nicht zu. Ich wollte ihm helfen, er ließ es jedoch nicht zu. Das ist ja großartig, welch ein Glück! Ist das nicht großartig, ist das nicht ein Glück?

Zur Möglichkeit der Wahl zwischen Komma, Semikolon oder Punkt siehe § 80 (1).

Er log beharrlich, er wisse von nichts, er sei es nicht gewesen. Wenn das wahr ist, wenn du ihn wirklich nicht gesehen hast, brauchst du dir keine Vorwürfe zu machen. Er erkundigte sich, was es Neues gebe, ob Post gekommen sei. Dass sie ihn nicht nur übersah, sondern dass sie auch noch mit anderen flirtete, kränkte ihn sehr.

(2) gleichrangige Wortgruppen oder Wörter in Aufzählungen:

Der Nachbar hatte versprochen den Briefkasten zu leeren, die Blumen zu gießen, hin und wieder zu lüften. Völlig erschöpft, hungrig und frierend, vom Regen durchnässt kamen sie nach Hause. Er hat nicht behauptet in Berlin gewesen zu sein, sondern in Mainz seinen Onkel besucht zu haben. Sie ärgerte sich ständig über ihren Mann, über die Kinder, über die Hausbewohner

Er trug einen schwarzen, breitkrempigen Hut. Das ist ein ausgesprochen süßes, widerlich klebriges Getränk. (Siehe aber unten E_1.)

Zu Fällen wie den folgenden siehe § 77 (4): *Auf der Ausstellung waren viele ausländische, insbesondere holländische Firmen vertreten. Als er sein Herz ausgeschüttet, das heißt alles erzählt hatte, fühlte er sich besser.*

Die Buchstaben x, y, z bilden den Schluss des Alphabets. Frühling, Sommer Herbst, Winter.
Er fährt nicht mit dem Auto, sondern mit dem Zug. Er ist klug, (dabei) aber faul. Einerseits ist er klug, andererseits faul. Der März war teils freundlich, teils regnerisch, aber im Ganzen zu kalt. Sie lächelte halb verlegen, halb belustigt.
Nein, nein! Warum, weshalb, weswegen?

Zum Ausrufe- oder Fragezeichen siehe § 69 bzw. § 70.
Zum Komma bei mehrteiligen Orts-, Wohnungs, Zeit- und Literaturangaben siehe § 77 (3).

E_1: Sind zwei Adjektive nicht gleichrangig, so setzt man kein Komma.

die letzten großen Ferien, eine neue blaue Bluse, dunkles bayerisches Bier, die allgemeine wirtschaftliche Lage, zahlreiche wertende Stellungnahmen

Gelegentlich kann der Schreibende dadurch, dass er ein Komma setzt oder nicht, deutlich machen, ob er die Adjektive als gleichrangig verstanden wissen will oder nicht.
Gleichrangig: *neue, umweltfreundliche Verfahren* (neben den bisherigen Verfahren, die nicht umweltfreundlich sind, gibt es nunmehr neue und umweltfreundliche Verfahren). Nicht gleichrangig: *neue umweltfreundliche Verfahren* (zusätzlich zu den bisherigen umweltfreundlichen Verfahren gibt es weitere umweltfreundliche Verfahren)

E_2: Das Komma (und gegebenenfalls der Schlusspunkt) kann in kolumnenartigen Aufzählungen fehlen, zum Beispiel:

Unser Sonderangebot.
– Äpfel
– Birnen
– Orangen

Bisherige Regelung

Teilweise unterschiedlich

Bei der Kommasetzung herrscht in Zukunft größere Toleranz, insbesondere bei erweiterten Infinitiv- und Partizipgruppen (Infinitiv- und Partizipialsätze, vgl. § 76). Ziel dieser Neuregelung ist vor allem(,) den/die Schreibende(n) in die Lage zu versetzen, mithilfe des Kommas besondere Akzentsetzungen und Betonungen vorzunehmen. Dies gilt auch für die Zeichensetzung bei mehreren attributiv gebrauchten Adjektiven:

neue, computergestützte Lehrverfahren (neben den bisherigen Lehrverfahren, die nicht computergestützt waren, gibt es jetzt neue und computergestützte Methoden)

neue computergestützte Lehrverfahren (es gab bereits computergestützte Lehrverfahren; jetzt sind neue dazugekommen)

Weiterhin kann bei Aufzählungen in Kolumnen ein Komma, Semikolon und am Ende ein Punkt gesetzt werden; die Satzzeichen können aber auch weggelassen werden:

Sommerschlussverkauf

Hemden,	*Hemden;*	*– Hemden*
Blusen,	*Blusen;*	*– Blusen*
Anzüge,	*Anzüge;*	*– Anzüge*
Schuhe.	*Schuhe.*	*– Schuhe*

§ 72

Sind die gleichrangigen Teilsätze, Wortgruppen oder Wörter durch *und, oder, beziehungsweise / bzw., sowie (= und), wie (= und), entweder … oder, nicht … noch, sowohl … als (auch), sowohl … wie (auch)* oder durch *weder … noch* verbunden, so setzt man kein Komma.

Dies betrifft

(1) gleichrangige Teilsätze (siehe aber § 73):

Die Musik wird leiser und der Vorhang hebt sich und das Spiel beginnt. Ich habe sie oft besucht und wir saßen bis spät in die Nacht zusammen. Seid ihr mit meinem Vorschlag einverstanden oder habt ihr Einwände vorzubringen? Sie wisse Bescheid und der Vorgang sei ihr völlig klar, sagte sie. Er erkundigte sich, was es Neues gebe und ob Post gekommen sei. Alle wollten wissen, wie es gewesen war und warum es so lange gedauert hatte. Ich hoffe, dass es dir gefällt und dass du zufrieden bist.

(2) gleichrangige Wortgruppen oder Wörter in Aufzählungen:

Der Nachbar hatte versprochen den Briefkasten zu leeren und die Blumen zu gießen und hin und wieder zu lüften. Völlig erschöpft und vom Regen durchnässt kamen sie nach Hause.

Sie fährt sowohl bei gutem als auch bei schlechtem Wetter. Der März war kalt und unfreundlich, Das ist ein ausgesprochen süßes sowie widerlich klebriges Getränk. Feuer, Wasser, Luft und Erde

Sie fährt entweder mit dem Auto oder mit dem Zug. Er ist klug und dabei faul. Nein und abermals nein! Wie und warum und wozu?

E_1: Ein Komma vor *und* usw. kann dadurch begründet sein, dass mit ihm entsprechend § 74 ein Nebensatz, entsprechend § 77 ein Zusatz oder Nachtrag bzw. entsprechend § 93 ein wörtlich wiedergegebener Satz abgeschlossen wird:

Er sagte, dass er morgen komme, und verabschiedete sich. Mein Onkel, ein großer Tierfreund, und seine Katzen leben in einer alten Mühle. Sie fragte: „Brauchen Sie die Unterlagen?", und öffnete die Schublade.

E_2: Bei entgegenstellenden Konjunktionen wie *aber, doch, jedoch, sondern* steht nach der Grundregel (§ 71) ein Komma, wenn sie zwischen gleichrangigen Wörtern oder Wortgruppen stehen:

Sie fährt nicht nur bei gutem, sondern auch bei schlechtem Wetter. Der März war sonnig, aber kalt. Er hat mir ein süßes, jedoch wohlschmeckendes Getränk eingeschenkt.

Bisherige Regelung

Unterschiedlich

Im Gegensatz zur bisherigen Norm muss in Zukunft bei durch *und, oder, weder … noch, sowohl … als (auch), entweder … oder, sowie, wie* (= und) usw. verbundenen Hauptsätzen kein Komma gesetzt werden: *Er ging nach Hause und sie blieb noch im Restaurant. Seid ihr damit einverstanden oder habt ihr andere Vorstellungen?*

Hingegen wird bei adversativen (entgegenstellenden) Konjunktionen wie *aber, doch, jedoch* und *sondern* im einfachen Satz (Verbindung zweier Wortgruppen) bzw. zwischen gleichrangigen Sätzen (zwei Hauptsätze) ein Komma gesetzt: *Sie hatte Jürgen nicht geheiratet, sondern lebte ohne Trauschein mit ihm zusammen. Die Geschichte ist sensationell, aber sie ist leider nicht wahr.*

§ 73

Bei gleichrangigen Teilsätzen, die durch *und, oder* usw. verbunden sind, kann man ein Komma setzen, um die Gliederung des Ganzsatzes deutlich zu machen.

Ich habe sie oft besucht(,) und wir saßen bis spät in die Nacht zusammen, wenn sie in guter Stimmung war. Es war nicht selten, dass er sie besuchte(,) und dass sie bis spät in die Nacht zusammensaßen, wenn sie in guter Stimmung war.

Er traf sich mit meiner Schwester(,) und deren Freundin war auch mitgekommen. Wir warten auf euch(,) oder die Kinder gehen schon voraus. Ich fotografierte die Berge(,) und meine Frau lag in der Sonne.

Bisherige Regelung

Teilweise unterschiedlich

Will man aus stilistischen Gründen bei durch *und, oder* usw. (§ 72) verbundenen Hauptsätzen dennoch ein Komma setzen, so ist dies möglich: *Sie hatten sich sehr auf das Wiedersehen gefreut(,) und dass er obendrein seine Kinder mitgebracht hatte, machte ihr Glück noch größer*

§ 74

Nebensätze grenzt man mit Komma ab; sind sie eingeschoben, so schließt man sie mit paarigem Komma ein.

Am Anfang des Ganzsatzes:

Was ich anfangen soll, weiß ich nicht. Als wir nach Hause kamen, war es schon spät. Dass es dir wieder besser geht, freut mich sehr. Obwohl schlechtes Wetter war, suchten wir die Ostereier im Garten. Ist dir der Weg zu weit, kannst du mit dem Bus fahren. Er komme morgen, sagte er. Als er sich niederbeugte, weil er ihre Tasche aufheben wollte, stießen sie mit den Köpfen zusammen.

Eingeschoben:

Das Buch, das ich dir mitgebracht habe, liegt auf dem Tisch. Seine Annahme, dass Peter käme, erfüllte sich nicht. Sie konnte, wenn sie wollte, äußerst liebenswürdig sein. Er sagte, dass er morgen komme, und verabschiedete sich. Er sagte, er komme morgen, und verabschiedete sich.

Am Ende des Ganzsatzes:

Ich weiß nicht, was ich anfangen soll. Sie beobachtete die Kinder, die auf der Wiese ihre Drachen steigen ließen. Gestern traf ich eine Freundin, von der ich lange nichts mehr gehört hatte. Das Kind weinte, weil es seinen Schlüssel verloren hatte. Ich hätte nie gedacht, dass du mich so enttäuschen würdest. Sie sah gesünder aus, als sie sich fühlte. Seine Tochter war ebenso rothaarig, wie er es als Kind gewesen war Sie sagte, sie komme morgen. Er war zu klug, als dass er in die Falle gegangen wäre, die man ihm gestellt hatte.

E_1: Besteht die Einleitung eines Nebensatzes aus einem Einleitewort und weiteren Wörtern, so gilt:

(1) Man setzt das Komma vor die ganze Wortgruppe:

Ich habe sie selten besucht, aber wenn ich bei ihr war, saßen wir bis spät in die Nacht zusammen. Er rannte, als ob es um sein Leben ginge, über die Straße. Sie rannte, wie wenn es um ihr Leben ginge. Ein Passant hatte bereits Risse in den Pfeilern der Brücke bemerkt, zwei Tage bevor sie zusammenbrach.

(2) In einigen Fällen kann der Schreibende zusätzlich ein Komma zwischen den Bestandteilen der Wortgruppe setzen:

Morgen wird es regnen, angenommen(,) dass der Wetterbericht stimmt. Wir fahren morgen, ausgenommen, wenn es regnet. Ich glaube nicht, dass er anruft, geschweige(,) dass er vorbeikommt. Ich glaube nicht, dass er anruft, geschweige denn(,) dass er vorbeikommt. Ich komme morgen, gleichviel(,) ob er es will oder nicht. Ich werde ihnen gegenüber abweisend oder entgegenkommend sein, je nachdem(,) ob sie hartnäckig oder sachlich sind.

(3) Der Schreibende kann durch das Komma deutlich machen, ob er Wörter als Bestandteil der Nebensatzeinleitung verstanden wissen will oder nicht:

Ich freue mich, auch wenn du mir nur eine Karte schreibst. Ich freue mich auch, wenn du mir nur eine Karte schreibst. Die Rehe bemerkten ihn, gleich als er sein Versteck verließ. Die Rehe bemerkten ihn gleich, als er sein Versteck verließ. Er ärgerte sich zeitlebens, so dass er schon früh graue Haare bekam. Er ärgerte sich zeitlebens so, dass er schon früh graue Haare bekam. Sie sorgt sich um ihn, vor allem(,) wenn er nachts unterwegs ist. Sie sorgt sich um ihn vor allem, wenn er nachts unterwegs ist.

E_2: Wenn eine beiordnende Konjunktion wie *und, oder* (§ 72) Satzglieder oder Teile von Satzgliedern mit Nebensätzen verbindet, so steht zwischen den Bestandteilen einer solchen Reihung kein Komma:

Außerordentlich bedauert hat er diesen Vorfall und dass das hier geschehen konnte.

Bei großer Dürre oder wenn der Föhn weht, ist das Rauchen hier streng verboten. Wenn der Föhn weht oder bei großer Dürre ist das Rauchen hier streng verboten. Das Rauchen ist hier streng verboten bei großer Dürre oder wenn der Föhn weht. Das Rauchen ist hier streng verboten, wenn der Föhn weht oder bei großer Dürre.

E_3: Vergleiche mit *als* oder *wie* in Verbindung mit einer Wortgruppe oder einem Wort sind keine Nebensätze; entsprechend setzt man kein Komma (zu *wie* siehe auch § 78 (2)):

Früher als gewöhnlich kam er von der Arbeit nach Hause. Wie im letzten Jahr hatten wir auch diesmal einen schönen Herbst. Er kam früher als gewöhnlich von der Arbeit nach Hause. Er kam wie am Vortage auch heute zu spät. Peter ist größer als sein Vater. Heute war er früher da als gestern. Das ging schneller als erwartet. Er ist genauso groß wie sie.

Bisherige Regelung

Teilweise identisch

Bei Nebensätzen gelten die alten Interpunktionsregeln weiterhin: Man setzt ein Komma vor die einleitende Konjunktion (Nachsatz) bzw. an das Ende des Nebensatzes (Vordersatz). Ist der Nebensatz eingeschoben (Zwischensatz), steht ein Komma davor und danach (paariges Komma):

(Nachsatz)	*Er wollte erreichen, dass sie zur Premiere singt.*
(Vordersatz)	*Dass sie zur Premiere singt, wollte er erreichen.*
(Zwischensatz)	*Seine Thesen, die er bereits mehrfach vorgetragen hatte, überzeugten nicht.*

Eine besondere Rolle spielen Wortgruppen wie *angenommen(,) dass, geschweige(,) dass, geschweige(,) denn, gleichviel(,) ob, je nachdem(,) ob, vorausgesetzt(,) dass* usw. Hier kann ein Komma gesetzt werden, wenn der/die Schreibende einen besonderen Akzent setzen will. Es kann aber auch entfallen: *Wir werden auf die Vorschläge ablehnend oder zustimmend reagieren, je nachdem(,) ob sie rechthaberisch oder kompromissbereit auftritt.*

Wie bisher wird bei den Satzteilkonjunktionen *als* bzw. *wie* kein Komma gesetzt: *Sie ist natürlich künstlerisch beeindruckender als ihr Mann. Das geht uns so wie allen Menschen.*

§ 75 Bei formelhaften Nebensätzen kann man das Komma weglassen.

Wie bereits gesagt(,) verhält sich die Sache anders. Ich komme(,) wenn nötig(,) bei dir noch vorbei.

Bisherige Regelung

Unterschiedlich

Im Gegensatz zur bisherigen Regelung – Kommasetzung obligatorisch – ist es fortan dem/der Schreibenden überlassen, ob er/sie bei formelhaften (verkürzten) Nebensätzen ein Komma setzt: *Die Eltern haben(,) wie bereits erwähnt(,) ihre Kinder umgeschult.*

§ 76 Bei Infinitiv-, Partizip- oder Adjektivgruppen oder bei entsprechenden Wortgruppen kann man ein (gegebenenfalls paariges) Komma setzen, um die Gliederung des Ganzsatzes deutlich zu machen bzw. um Missverständnisse auszuschließen.

Sie ist bereit(,) zu diesem Unternehmen ihren Beitrag zu leisten. Etwas Schöneres(,) als bei dir zu sein(,) gibt es nicht. Durch eine Tasse Kaffee gestärkt(,) werden wir die Arbeit fortsetzen. Darauf aufmerksam gemacht(,) haben wir den Fehler beseitigt. Er sah sich(,) ihn laut und wütend beschimpfend(,) nach einem Fluchtweg um. Sie suchte(,) den etwas ungenauen Stadtplan in der Hand(,) ein Straßenschild.

Ich hoffe(,) jeden Tag(,) in die Stadt gehen zu können. Ich rate(,) ihm(,) zu helfen. Die Kranke versuchte(,) täglich(,) etwas länger aufzubleiben. Sabine versprach(,) ihrem Vater(,) einen Brief zu schreiben(,) und verabschiedete sich. Er ging(,) gestern(,) von allen wütend beschimpft(,) zur Polizei.

Zum Komma bei Infinitivgruppen usw. in Verbindung mit einem hinweisenden Wort siehe § 77 (5).

Zum Komma bei nachgetragenen Infinitivgruppen oder entsprechenden Wortgruppen siehe § 77 (6), bei nachgetragenen Partizip-, Adjektivgruppen oder entsprechenden Wortgruppen auch am Ende des Ganzsatzes siehe § 77 (7).

Zur Möglichkeit der Wahl, Infinitivgruppen usw. mit Komma als Zusatz oder Nachtrag zu kennzeichnen, siehe § 78 (3).

Bisherige Regelung

Unterschiedlich

Im Gegensatz zur bisher gültigen Interpunktionsnorm können in Zukunft bei erweiterten Infinitiv- und Partizipialsätzen Kommas gesetzt werden (bei eingeschobenen Sätzen paariges Komma); sie können aber auch entfallen: *Er ist bereit(,) seine Erklärungen schriftlich nachzureichen und zu beeiden. Mit zahlreichen Karten versehen(,) machten wir uns auf die Bergwanderung. Ihn verlieren zu sehen(,) war unerträglich.*

Manchmal freilich ist ein Komma nötig, um Missverständnisse zu vermeiden: *Er hofft(,) jeden Tag(,) besser Französisch sprechen zu können.*

§ 77

Zusätze oder Nachträge grenzt man mit Komma ab; sind sie eingeschoben, so schließt man sie mit paarigem Komma ein.

Möglich sind in bestimmten Fällen auch Gedankenstrich (siehe § 84) oder Klammern (siehe § 86); mit diesen Zeichen kennzeichnet man stärker, dass man etwas als Zusatz oder Nachtrag verstanden wissen will.

Dies betrifft (1) Parenthesen, (2) Substantivgruppen als Nachträge (Appositionen), (3) Orts-, Wohnungs, Zeit- und Literaturangaben ohne Präposition, (4) Erläuterungen, (5) angekündigte Wörter oder Wortgruppen, (6) Infinitivgruppen und (7) Partizip- oder Adjektivgruppen.

(1) Parenthesen:

Eines Tages, es war mitten im Sommer, hagelte es. Dieses Bild, es ist das letzte und bekannteste des Künstlers, wurde nach Amerika verkauft. Ihre Forderung, um das noch einmal zu sagen, halten wirftir wenig angemessen.

Zum Gedankenstrich oder zu Klammern siehe § 84 (1) bzw. § 86 (1).

(2) Substantivgruppen als Nachträge (Appositionen), insbesondere auch Titel, Berufsbezeichnungen und dergleichen in Verbindung mit Eigennamen:

Mein Onkel, ein großer Tierfreund, und seine Katzen leben in einer alten Mühle. Wir gingen in die Hütte, einen kalten Raum mit kleinen Fenstern. Wir gingen in die Hütte, einen kalten Raum mit kleinen Fenstern, und zündeten ein Feuer an. Walter Gerber, Mannheim, und Anita Busch, Berlin, verlobten sich letzte Woche.

Mainz ist die Geburtsstadt Johannes Gutenbergs, des Erfinders der Buchdruckerkunst. Johannes Gutenberg, der Erfinder der Buchdruckerkunst, wurde in Mainz geboren. Professor Dr. med. Max Müller, Direktor der Kinderklinik, war unser Gesprächspartner. Franz Meier, der Angeklagte, verweigerte die Aussage. Gertrud Patzke, Hebamme des Dorfes, wurde 60 Jahre alt.

Zum Gedankenstrich oder zu Klammern siehe § 84 (2) bzw. § 86 (2).

E_1: Folgt der Eigenname einem Titel, einer Berufsbezeichnung und dergleichen, so kann man nach § 78 (4) das Komma weglassen:

Der Erfinder der Buchdruckerkunst(,) Johannes Gutenberg(,) wurde in Mainz geboren.

E_2: Bestandteile von mehrteiligen Eigennamen und vorangestellte Titel ohne Artikel sind keine Zusätze oder Nachträge; entsprechend setzt man kein Komma.

Wilhelm der Eroberer unterwarf ganz England. Direktor Professor Dr. med. Max Müller führte uns durch die Klinik.

Frau Schmidt geb. Kühn hat dies mitgeteilt.

Nach der Grundregel (§ 77) auch mit Komma: *Frau Schmidt, geb. Kühn, hat dies mitgeteilt.*

(3) Mehrteilige Orts-, Wohnungs, Zeit- und Literaturangaben ohne Präposition (das schließende Komma kann hier auch weggelassen werden):

Orts-, Wohnungs- und Zeitangaben:

Gustav Meier, Wiesbaden, Wilhelmstr. 24, 1. Stock(,) hat diese Annonce aufgegeben. Gabi Schmid aus Berlin, Landsberger Allee 209, 3. Stock(,) gewann eine Reise in den Harz. Aber: Gabi hat lange in Köln am Kirchplatz 4 gewohnt.

Die Tagung soll Mittwoch, (den) 14. November(,) beginnen. Die Tagung soll am Mittwoch, dem 14. November(,) beginnen. Die Tagung soll am Mittwoch, dem 14. November, (um) 9.00 Uhr(,) im Rosengarten beginnen.

Mehrteilige Hinweise auf Stellen aus Büchern, Zeitschriften und dergleichen:

Die Zeitschrift Spektrum, Jahrgang 29, Heft 2, S. 134(,) hat darüber berichtet. In der Zeitschrift Spektrum, Jahrgang 29, Heft 2, S. 134(,) findet sich ein entsprechendes Zitat.

Ausnahme: In mehrteiligen Hinweisen auf Gesetze, Verordnungen und dergleichen setzt man kein Komma:

§ 6 Abs. 2 Satz 3 der Verordnung

(4) Nachgestellte Erläuterungen, die häufig mit *also, besonders, das heißt (d. h.), das ist (d. i.), genauer, insbesondere, nämlich, und das, und zwar, vor allem, zum Beispiel (z. B.)* oder dergleichen eingeleitet werden:

Sie isst gern Obst, besonders Apfelsinen und Bananen. Obst, besonders Apfelsinen und Bananen, isst sie gern. Wir erwarten dich nächste Woche, und zwar am Dienstag. Nachmittags kommt Gewitterneigung auf, vor allem im Süden. Mit einem Scheck über 2000 DM, in Worten: zweitausend Mark, hat er die Rechnung bezahlt. Sie bezahlte mit einem Scheck über 2000 DM, in Worten: zweitausend Mark.

Auf der Ausstellung waren viele ausländische Firmen, insbesondere holländische [Maschinenhersteller/Firmen], vertreten. Wir erwarten dich nächste Woche, das heißt vielleicht auch übernächste [Woche], zu einem Gespräch. Als sie ihr Herz ausgeschüttet hatte, das heißt alles erzählt hatte, fühlte sie sich besser.

Wird – im Unterschied zu den letztgenannten Beispielen – die Erläuterung in die substantivische oder verbale Fügung einbezogen, so grenzt man sie mit einfachem Komma ab:

Auf der Ausstellung waren viele ausländische, insbesondere holländische Firmen vertreten. Wir erwarten dich nächste, das heißt vielleicht auch übernächste Woche zu einem Gespräch. Als er sein Herz ausgeschüttet, das heißt alles erzählt hatte, fühlte er sich besser.

Zum Gedankenstrich oder zu Klammern siehe § 84 (3) bzw. § 86 (3).

(5) Wörter oder Wortgruppen, die durch ein hinweisendes Wort oder eine hinweisende Wortgruppe angekündigt werden:

Sie, die Gärtnerin, weiß das ganz genau. Wir beide, du und ich, wissen es genau.

Daran, den Job länger zu behalten, dachte sie nicht. Sie dachte nicht daran, den Job länger zu behalten, und kündigte. Sein größter Wunsch ist es, eine Familie zu gründen. Dies, eine Familie zu gründen, ist sein größter Wunsch.

So, aus vollem Halse lachend, kam sie auf mich zu. So, mit dem Rucksack bepackt, standen wir vor dem Tor. So bepackt, den Rucksack auf dem Rücken, standen wir vor dem Tor.

Werden Wörter oder Wortgruppen durch ein hinweisendes Wort oder eine hinweisende Wortgruppe wieder aufgenommen, so grenzt man sie mit einfachem Komma ab:

Denn die Gärtnerin, die weiß das ganz genau. Und du und ich, wir beide wissen das genau. Wie im letzten Jahr, so hatten wir auch diesmal einen schönen Herbst.

… und den Job länger zu behalten, daran dachte sie nicht und kündigte. Eine Familie zu gründen, das ist sein größter Wunsch.

Aus vollem Halse lachend, so kam sie auf mich zu. Mit dem Rucksack bepackt, so standen wir vor dem Tor. Den Rucksack auf dem Rücken, so bepackt standen wir vor dem Tor.

Zum Gedankenstrich siehe § 84 (4).

(6) nachgetragene Infinitivgruppen oder entsprechende Wortgruppen (siehe dazu auch § 78 (3)):

Er, ohne den Vertrag vorher gelesen zu haben, hatte ihn sofort unterschrieben. Er, ohne jede Kenntnis des Vertragsinhalts, hatte sofort unterschrieben. Er, statt ihm zu Hilfe zu kommen, sah tatenlos zu.

(7) nachgetragene Partizip- oder Adjektivgruppen oder entsprechende Wortgruppen auch am Ende des Ganzsatzes (siehe auch § 78 (3)):

Sie, aus vollem Halse lachend, kam auf mich zu. Er, außer sich vor Freude, lief auf sie zu und umarmte sie. Sie, ganz in Decken verpackt, saß auf der Terrasse. Er kam auf mich zu, aus vollem Halse lachend. Er lief auf sie zu und umarmte sie, außer sich vor Freude. Sie saß auf der Terrasse, ganz in Decken verpackt. Die Klasse, zum Ausflug bereit, war auf dem Schulhof versammelt. Wir, den Rucksack auf dem Rücken, standen vor dem Tor. Die Klasse war auf dem Schulhof versammelt, zum Ausflug bereit. Wir standen vor dem Tor, den Rucksack auf dem Rücken.

Suchen Mitarbeiter, sprachkundig und schreibgewandt. Mehrere Mitarbeiter, sprachkundig und schreibgewandt, werden gesucht. Der November, kalt und nass, löste eine Grippe aus.

E_3: In einer festen Verbindung mit einem nachgestellten Adjektiv setzt man kein Komma.

Hänschen klein, Forelle blau, Whisky pur

Bisherige Regelung

Teilweise identisch

Wie bisher werden Kommas gesetzt bei Parenthesen (Einschüben), Appositionen (Beifügungen im gleichen Kasus), Erläuterungen, Angaben zur Wohnung, Literaturangaben oder zum Titel usw. Das abschließende Komma bei Angaben kann weggelassen werden:

Morgens, es war schon hell, klingelte es.
Herr Prof Schulze, Lehrstuhlinhaber seit fünf Jahren, zeigte uns das neue Institut.
Er trinkt gern Wein, vor allem rote Burgunderweine
Ilse Müller, geb. Schlegel, Rostock, Goethestraße 4(,) hat den ersten Preis gewonnen.
Der Kongress beginnt Montag, (den) 13. August(,) in Vancouver.
Der Kongress beginnt am Montag, dem 13. August(,) in Vancouver.

Wichtig ist die Ausnahmeregelung bei mehrteiligen Hinweisen auf Gesetze und Verordnungen. Hier wird kein Komma gesetzt:

§ 14 Abs. 5 Satz 2 des Ausländergesetzes.

Eine weitere Besonderheit ist das Komma bei Wortgruppen mit einem Hinweiswort: *Vor Anstrengung heftig atmend, so kam er auf uns zu.* (Komma!) Ohne Hinweiswort: *Vor Anstrengung heftig atmend kam er auf uns zu.* (kein Komma!)

§ 78

Oft liegt es im Ermessen des Schreibenden, ob er etwas mit Komma als Zusatz oder Nachtrag kennzeichnen will oder nicht.

Dies betrifft

(1) Gefüge mit Präpositionen, entsprechende Wortgruppen oder Wörter:

Die Fahrtkosten(,) einschließlich D-Zug-Zuschlag(,) betragen 25,00 Mark. Die Fahrtkosten betragen 25,00 Mark(,) einschließlich D-Zug-Zuschlag. Sie hatte(,) trotz aller guten Vorsätze(,) wieder zu rauchen angefangen. Sie hatte(,) bedauerlicherweise(,) wieder zu rauchen angefangen. Der Kranke hatte(,) entgegen ärztlichem Verbot(,) das Bett verlassen. Das war(,) nach allgemeinem Urteil(,) eine Fehlleistung. Er hatte sich(,) den ganzen Tag über(,) mit diesem Problem beschäftigt. Die ganze Familie(,) samt Kindern und Enkeln(,) besuchte die Großeltern.

(2) Gefüge mit *wie* (zu *wie* in Vergleichen siehe § 74 E_3):

Ihre Ausgaben(,) wie Fahrt- und Übernachtungskosten(,) werden Ihnen ersetzt.

(3) Infinitiv-, Partizip- oder Adjektivgruppen oder entsprechende Wortgruppen (siehe auch § 77 (6) und (7)):

Er hatte den Vertrag(,) ohne ihn vorher gelesen zu haben(,) sofort unterschrieben. Er hatte(,) ohne jede Kenntnis des Vertragsinhalts(,) sofort unterschrieben. Er hatte den Vertrag sofort unterschrieben(,) ohne ihn vorher gelesen zu haben. Er hatte sofort unterschrieben(,) ohne jede Kenntnis des Vertragsinhalts. Er sah(,) statt ihm zu Hilfe zu kommen(,) tatenlos zu. Er sah tatenlos zu(,) statt ihm zu Hilfe zu kommen. Sie hatte(,) um nicht zu spät zu kommen(,) ein Taxi genommen. Sie hatte ein Taxi genommen(,) um nicht zu spät zu kommen. Sein Wunsch(,) eine Familie zu gründen(,) war groß. Unfähig(,) einen Kompromiss zu schließen(,) beendete er die Verhandlung.

Sie kam(,) aus vollem Halse lachend(,) auf mich zu. Er lief(,) außer sich vor Freude(,) auf sie zu und umarmte sie. Sie saß(,) ganz in Decken verpackt(,) auf der Terrasse. Die Klasse war(,) zum Ausflug bereit(,) auf dem Schulhof versammelt. Wir standen(,) den Rucksack auf dem Rücken(,) vor dem Tor. Er sah(,) den Spazierstock in der Hand(,) tatenlos zu.

(4) Eigennamen, die einem Titel, einer Berufsbezeichnung und dergleichen folgen (siehe auch § 77 (2)):

Der Erfinder der Buchdruckerkunst(,) Johannes Gutenberg(,) wurde in Mainz geboren. Der Direktor der Kinderklinik(,) Professor Dr. med. Max Müller(,) war der Gesprächspartner. Der Angeklagte(,) Franz Meier(,) verweigerte die Aussage. Die Hebamme des Dorfes(,) Gertrud Patzke(,) wurde 60 Jahre alt.

Bisherige Regelung

Unterschiedlich

In Zukunft ist es, bei Zusätzen und erläuternden Nachträgen, in das Ermessen des/der Schreibenden gestellt, ob er/sie ein Komma (bzw. paariges Komma) setzt oder nicht: *Das Essen kostete(,) alle Getränke eingeschlossen(,) 220,- DM. Sie wollte das Urteil(,) ohne vorher die schriftliche Fassung gelesen zu haben(,) akzeptieren.*

§ 79

Anreden, Ausrufe oder Ausdrücke einer Stellungnahme, die besonders hervorgehoben werden sollen, grenzt man mit Komma ab; sind sie eingeschoben, so schließt man sie mit paarigem Komma ein.

Dies betrifft

(1) Anreden:

Kinder, hört doch mal zu. Hört doch mal zu, Kinder. Hört, Kinder, doch mal zu. Du, stell dir vor, was mir passiert ist! Kommst du mit ins Kino, Klaus-Dieter? Für heute sende ich dir, liebe Ruth, die herzlichsten Grüße.

Zur Möglichkeit der Wahl zwischen Komma oder Ausrufezeichen nach der Anrede etwa in Briefen siehe § 69 E_3.

(2) Ausrufe:

Oh, wie kalt das ist! Au, das tut weh! He, was machen Sie da? Was, du bist umgezogen? Du bist umgezogen, was? So ist es, ach, nun einmal. So ist es nun einmal, ach ja. Ach ja, so ist es nun einmal.

Aber ohne Hervorhebung:

Oh wenn sie doch käme! Ach lass mich doch in Ruhe!

(3) Ausdrücke einer Stellungnahme wie etwa einer Bejahung, Verneinung, Bekräftigung oder Bitte:

Ja, daran ist nicht zu zweifeln. Nein, das sollten Sie nicht tun, nein! Tatsächlich, das ist es. Das ist es, tatsächlich. Leider, das hat er gesagt. Das hat er gesagt, leider. Sie hat uns angerufen, eine gute Idee. Er hat, eine Unverschämtheit, uns auch noch angerufen. Bitte, komm doch morgen pünktlich. Komm doch, bitte, morgen pünktlich. Komm doch morgen pünktlich, bitte. Danke, ich habe schon gegessen. Ich habe schon gegessen, danke.

Aber ohne Hervorhebung:

Bitte komm doch morgen pünktlich!

Zum Ausrufezeichen siehe § 69.

Zur Möglichkeit der Wahl zwischen Komma, Gedankenstrich oder Doppelpunkt siehe § 82.

Bisherige Regelung

Identisch

2.2 Semikolon

§ 80

Mit dem Semikolon kann man gleichrangige (nebengeordnete) Teilsätze oder Wortgruppen voneinander abgrenzen. Mit dem Semikolon drückt man einen höheren Grad der Abgrenzung aus als mit dem Komma und einen geringeren Grad der Abgrenzung als mit dem Punkt.

Zur Abgrenzung mit Punkt siehe § 67; zur Abgrenzung mit Komma siehe § 71.

Dies betrifft

(1) gleichrangige, vor allem auch längere Hauptsätze (mit Nebensatz):

Im Hausflur war es still; ich drückte erwartungsvoll auf die Klingel. Meine Freundin hatte den Zug versäumt; deshalb kam sie eine halbe Stunde zu spät. Steffen wünscht sich schon lange einen Hund; aber seine Eltern dulden keine Tiere in der Wohnung. Die Angelegenheit ist erledigt; darum wollen wir nicht länger streiten. Wir müssen uns überlegen, mit welchem Zug wir fahren wollen; wenn wir den früheren Zug nehmen, müssen wir uns beeilen.

Möglich sind hier auch das schwächer abgrenzende Komma oder der stärker abgrenzende Punkt:

Im Hausflur war es still, ich drückte erwartungsvoll auf die Klingel.

Im Hausflur war es still. Ich drückte erwartungsvoll auf die Klingel.

Zum hier ebenfalls möglichen Gedankenstrich siehe § 82.

(2) gleichrangige Wortgruppen gleicher Struktur in Aufzählungen:

Unser Proviant bestand aus gedörrtem Fleisch, Speck und Rauchschinken; Ei- und Milchpulver; Reis, Nudeln und Grieß.

Möglich ist hier auch das schwächer abgrenzende, nicht untergliedernde Komma:

Unser Proviant bestand aus gedörrtem Fleisch, Speck und Rauchschinken, Ei- und Milchpulver, Reis, Nudeln und Grieß.

Bisherige Regelung

Teilweise identisch

Das Semikolon dient zur Trennung von gleichrangigen Teilsätzen oder Satzteilen (Wortgruppen); für den Gebrauch gibt es keine festen Regeln. In Zukunft soll es noch mehr als bisher in das Ermessen des/der Schreibenden gestellt werden, ob er/sie ein Semikolon (weniger als ein Punkt, aber mehr als ein Komma) verwendet: *Es war ein faszinierender Abend; nur das Essen ließ zu wünschen übrig.*

Weiterhin wird das Semikolon bei Aufzählungen gleichrangiger Wortgruppen jeweils unterschiedlichen Inhalts verwendet: *Im Sommerschlussverkauf werden alle Waren billiger angeboten: Kleider, Anzüge und Mäntel; Badehosen und Badeanzüge; Gartengeräte und Bänke; Haushaltsartikel, Reinigungsmittel und Küchengeräte.*

2.3 Doppelpunkt

§ 81

Mit dem Doppelpunkt kündigt man an, dass etwas Weiterführendes folgt.

Zur Schreibung des ersten Wortes nach Doppelpunkt siehe § 54 (1) und (2).

Dies betrifft

(1) wörtlich wiedergegebene Äußerungen oder Textstellen, wenn der Begleitsatz oder ein Teil von ihm vorausgeht:

Er sagte: „Ich komme morgen." Er sagte zu ihr: „Komm bitte morgen!" Er fragte: „Kommst du morgen?" Sie sagte: „Brauchen Sie die Unterlagen?", und öffnete die Schublade. Die Zeitung schrieb, dass die Bahn erklären ließ: „Wir haben die feste Absicht die Strecke stillzulegen."

Zu den Anführungszeichen siehe § 89.

(2) Aufzählungen, spezielle Angaben, Erklärungen oder dergleichen:

Er hat schon mehrere Länder besucht: Frankreich, Spanien, Rumänien, Polen. Die Namen der Monate sind folgende: Januar, Februar, März usw. Er hatte alles verloren. seine Frau, seine Kinder und sein ganzes Vermögen.

Wir stellen ein: Maschinenschlosser
Reinigungskräfte
Kraftfahrer

Nächste Arbeitsberatung: 30. 9. 1997

Familienstand: ledig

Latein: befriedigend

Robert Musil: Der Mann ohne Eigenschaften

Gebrauchsanweisung: Man nehme jede zweite Stunde eine Tablette.

Beachten Sie bitte folgenden Hinweis: Infolge der anhaltenden Trockenheit besteht Waldbrandgefahr.

(3) Zusammenfassungen des vorher Gesagten oder Schlussfolgerungen aus diesem:

Haus und Hof, Geld und Gut: alles ist verloren.
Wer immer nur an sich selbst denkt, wer nur danach trachtet, andere zu übervorteilen, wer sich nicht in die Gemeinschaft einfügen kann: der kann von uns keine Hilfe erwarten.

Möglich ist hier auch ein Gedankenstrich:

Haus und Hof, Geld und Gut – alles ist verloren.

Zur Möglichkeit der Wahl zwischen Doppelpunkt, Gedankenstrich und Komma siehe § 82.

Bisherige Regelung

Identisch

Zur Schreibung nach dem Doppelpunkt: siehe § 54.

2.4 Gedankenstrich

§ 82

Mit dem Gedankenstrich kündigt man an, dass etwas Weiterführendes folgt oder dass man das Folgende als etwas Unerwartetes verstanden wissen will.

Sie trat in das Zimmer und sah – ihren Mann. Im Hausflur war es still – ich drückte erwartungsvoll auf die Klingel. Zuletzt tat er etwas, woran niemand gedacht hatte – er beging Selbstmord. Plötzlich – ein vielstimmiger Schreckensruf!

Möglich sind hier teilweise auch Doppelpunkt oder Komma:

Plötzlich: ein vielstimmiger Schreckensruf! Plötzlich, ein vielstimmiger Schreckensruf!

Zur Möglichkeit der Wahl zwischen Gedankenstrich und Doppelpunkt siehe § 81 (3).

Bisherige Regelung

Identisch

Der Gedankenstrich drückt im Regelfall aus, dass eine neue und zumeist überraschende Information folgt. Er dient damit der semantischen Gliederung des Textes:

Sie blickte ihren Partner strahlend an – und plötzlich begriff sie, dass er sie nicht mehr liebte.

§ 83

Zwischen zwei Ganzsätzen kann man zusätzlich zum Schlusszeichen einen Gedankenstrich setzen, um – ohne einen neuen Absatz zu beginnen – einen Wechsel deutlich zu machen.

Dies betrifft

(1) den Wechsel des Themas oder des Gedankens:

Wir sind nicht in der Lage diesen Wunsch zu erfüllen. – Nunmehr ist der nächste Punkt der Tagesordnung zu besprechen.

(2) den Wechsel des Sprechers:

Komm bitte einmal her! – Ja, ich komme sofort.

Bisherige Regelung

Identisch

Das semantische Gliederungsprinzip wird hier deutlich: Der Gedankenstrich wird, zusätzlich zum Schlusszeichen des Satzes, gesetzt, um das Ende eines Gedankens oder den Sprecherwechsel zu markieren:

Das war das Ende der Rundfahrt. – Morgen sind wir schon in alle Winde zerstreut. Lasst doch diesen Unfug! – Im Gegenteil, jetzt geht es erst richtig los!

§ 84

Mit dem Gedankenstrich grenzt man Zusätze oder Nachträge ab; sind sie eingeschoben, so schließt man sie mit paarigem Gedankenstrich ein.

Möglich sind auch Komma (siehe § 77) oder Klammern (siehe § 86).

Dies betrifft

(1) Parenthesen:

Eines Tages – es war mitten im Sommer – hagelte es. Eines Tages – es war mitten im Sommer! – hagelte es. Eines Tages – war es mitten im Sommer? – hagelte es. Dieses Bild – es ist das letzte und bekannteste des Künstlers – wurde nach Amerika verkauft. Ihre Forderung – um das noch einmal zu sagen – halten wir für wenig angemessen.

Zum Komma oder zu Klammern siehe § 77 (1) bzw. § 86 (1).

(2) Substantivgruppen als Nachträge (Appositionen):

Mein Onkel – ein großer Tierfreund – und seine Katzen leben in einer alten Mühle. Wir gingen in die Hütte – einen kalten Raum mit kleinen Fenstern. Wir gingen in die Hütte – einen kalten Raum mit kleinen Fenstern – und zündeten ein Feuer an. Johannes Gutenberg – der Erfinder der Buchdruckerkunst – wurde in Mainz geboren.

Zum Komma oder zu Klammern siehe § 77 (2) bzw. § 86 (2).

(3) nachgestellte Erläuterungen, die häufig mit *also, besonders, das heißt (d. h.), das ist (d. i.), genauer, insbesondere, nämlich, und das, und zwar, vor allem, zum Beispiel (z. B.)* oder dergleichen eingeleitet werden:

Sie isst gern Obst – besonders Apfelsinen und Bananen. Obst – besonders Apfelsinen und Bananen – isst sie gern. Wir erwarten dich nächste Woche – und zwar am Dienstag. Mit einem Scheck über 2000 DM – in Worten: zweitausend Mark – hat er die Rechnung bezahlt. Er bezahlte mit einem Scheck über 2000 DM – in Worten: zweitausend Mark.

Auf der Ausstellung waren viele ausländische Maschinenhersteller – insbesondere holländische – vertreten. Auf der Ausstellung waren viele ausländische Maschinenhersteller – vor allem holländische Firmen – vertreten. Auf der Ausstellung waren viele ausländische – insbesondere holländische – Maschinenhersteller vertreten.

Zum Komma oder zu Klammern siehe § 77 (4) bzw. § 86 (3).

(4) Wörter oder Wortgruppen, die durch ein hinweisendes Wort oder eine hinweisende Wortgruppe angekündigt werden:

Sie – die Gärtnerin – weiß es ganz genau. Wir beide – du und ich – wissen das genau. Das – eine Familie zu gründen – ist sein größter Wunsch.

Werden Wörter oder Wortgruppen durch ein hinweisendes Wort oder eine hinweisende Wortgruppe wieder aufgenommen, so grenzt man sie mit einfachem Gedankenstrich ab.

Denn die Gärtnerin – die weiß das ganz genau. Und du und ich – wir beide wissen das genau. Eine Familie zu gründen – das ist sein größter Wunsch.

Zum Komma siehe § 77 (5).

Bisherige Regelung

Identisch

Der Gedankenstrich grenzt Textteile voneinander ab und gliedert so den Text:

Gestern – es war gerade Mittag – zog plötzlich ein Gewitter auf. Er behauptete stets, dass das nicht wahr sei – warum er das tat, vermag ich nicht zu erklären.

§ 85

Ausrufe- oder Fragezeichen, die zum Zusatz oder Nachtrag im paarigen Gedankenstrich gehören, setzt man vor den abschließenden Gedankenstrich; ein Schlusspunkt wird weggelassen.
Satzzeichen, die zum einschließenden Satz gehören und daher auch bei Weglassen des Zusatzes oder Nachtrags stehen müssten, dürfen nicht weggelassen werden.

Er behauptete – so eine Frechheit! –, dass er im Kino gewesen wäre. Sie hat das – erinnerst du dich nicht? – gestern gesagt.

Sie betonte – ich weiß es noch ganz genau –, dass sie für einen Erfolg nicht garantieren könne. Vgl.: *Sie betonte, dass sie für einen Erfolg nicht garantieren könne.*

Bisherige Regelung

Identisch

Ausrufe- oder Fragezeichen stehen vor dem Gedankenstrich:
Er log – es war wirklich nicht zu glauben! –, dass sich die Balken bogen.

2.5 Klammern

§ 86

Mit Klammern schließt man Zusätze oder Nachträge ein.

Möglich sind auch Komma (siehe § 77) oder Gedankenstrich (siehe § 84).

Dies betrifft

(1) Parenthesen:

Eines Tages (es war mitten im Sommer) hagelte es. Eines Tages (es war mitten im Sommer!) hagelte es. Eines Tages (war es mitten im Sommer?) hagelte es. Dieses Bild (es ist das letzte und bekannteste des Künstlers) wurde nach Amerika verkauft. Ihre Forderung (um das noch einmal zu sagen) halten wir für wenig angemessen.

Zum Komma oder zum Gedankenstrich siehe § 77 (1) bzw. § 84 (1).

(2) Substantivgruppen als Nachträge (Appositionen):

Mein Onkel (ein großer Tierfreund) und seine Katzen leben in einer alten Mühle. Wir gingen in die Hütte (einen kalten Raum mit kleinen Fenstern). Wir gingen in die Hütte (einen kalten Raum mit kleinen Fenstern) und zündeten ein Feuer an. Johannes Gutenberg (der Erfinder der Buchdruckerkunst) wurde in Mainz geboren.

Zum Komma oder zum Gedankenstrich siehe § 77 (2) bzw. § 84 (2).

(3) nachgestellte Erläuterungen, die häufig mit *also, besonders, das heißt (d. h.), das ist (d i.), genauer, insbesondere, nämlich, und das, und zwar, vor allem, zum Beispiel (z. B.)* oder dergleichen eingeleitet werden:

Sie isst gern Obst (besonders Apfelsinen und Bananen). Obst (besonders Apfelsinen und Bananen) isst sie gern. Wir erwarten dich nächste Woche (und zwar am Dienstag). Mit einem Scheck über 2000 DM (in Worten: zweitausend Mark) hat er die Rechnung bezahlt. Er bezahlte mit einem Scheck über 2000 DM (in Worten: zweitausend Mark).

Auf der Ausstellung waren viele ausländische Maschinenhersteller (insbesondere holländische) vertreten. Auf der Ausstellung waren viele ausländische Maschinenhersteller (vor allem holländische Firmen) vertreten. Auf der Ausstellung waren viele ausländische (insbesondere holländische) Maschinenhersteller vertreten.

Zum Komma oder zum Gedankenstrich siehe § 77 (4) bzw. § 84 (3).

(4) Worterläuterungen, geographische, systematische, chronologische, biographische Zusätze und dergleichen:

Frankenthal (Pfalz)

Grille (Insekt) – Grille (Laune)

Als Hauptwerke Matthias Grünewalds gelten die Gemälde des Isenheimer Altars (vollendet 1511 oder 1515).

Bisherige Regelung

Identisch

Die Klammer dient – wie der Gedankenstrich – zur Gliederung des Textes sowie zur weiteren Erläuterung:

Herr Müller (ein großer Briefmarkensammler) ist unser Nachbar.
Herrsching (Ammersee)

§ 87

Mit Klammern kann man neben einzelnen Ganzsätzen insbesondere auch größere Textteile einschließen und auf diese Weise als selbstständige Texteinheit kennzeichnen.

Sie betonte, dass sie für den Erfolg garantieren könne. (Ich weiß es noch ganz genau, da ich mir das notiert hatte. Und ich habe ihr diese Notiz auch gezeigt). Aber heute will sie nichts mehr davon wissen.

Bisherige Regelung

Identisch

§ 88

Ausrufe- oder Fragezeichen, die zum Zusatz oder Nachtrag in Klammern gehören, setzt man vor die abschließende Klammer.

Ist der Zusatz oder Nachtrag in einen anderen Satz einbezogen, so lässt man seinen Schlusspunkt weg; wird er als Ganzsatz oder als selbstständige Texteinheit verstanden, so setzt man den Schlusspunkt.

Satzzeichen, die zum einschließenden Satz gehören und daher auch bei Weglassen des Zusatzes oder Nachtrags stehen müssten, dürfen nicht weggelassen werden.

Das geliehene Buch (du hast es schon drei Wochen!) hast du mir noch nicht zurückgegeben. Er hat das (erinnerst du dich nicht?) gestern gesagt.

Damit wäre dieses Thema vorerst erledigt (weitere Angaben siehe Seite 145). Damit wäre dieses Thema vorerst erledigt. (Weitere Angaben siehe Seite 145).

Er sagte (dabei senkte er seine Stimme), dass das nicht alle wissen müssten. „Der Staat bin ich“ (Ludwig der Vierzehnte).

Bisherige Regelung

Identisch

3 Anführung von Äußerungen oder Textstellen bzw. Hervorhebung von Wörtern oder Textstellen

3.1 Anführungszeichen

§ 89

Mit Anführungszeichen schließt man etwas wörtlich Wiedergegebenes ein.

Dies betrifft

(1) wörtlich wiedergegebene Äußerungen (direkte Rede):

„Es ist unbegreiflich, wie ich das hatte vergessen können“, sagte sie. „Immer muss ich arbeiten!“, seufzte sie. „Dass ich immer arbeiten muss!“, seufzte sie. Er fragte: „Kommst du morgen?“ „Kommst du morgen?“, fragte er. Er fragte: „Kommst du morgen?“, und verabschiedete sich. „Du siehst“, sagte die Mutter, „recht gut aus.“
„Wir haben die feste Absicht die Strecke stillzulegen“, erklärte der Vertreter der Bahn, „aber die Entscheidung der Regierung steht noch aus.“

Dies gilt auch für Beispiele wie:

„Das war also Paris!“, dachte Frank. „Du hast schon Recht“, lächelte sie.

(2) wörtlich wiedergegebene Textstellen (Zitate):

Über das Ausscheidungsspiel berichtete ein Journalist: „Das Stadion glich einem Hexenkessel. Das Publikum stürmte auf das Spielfeld und bedrohte den Schiedsrichter.“

Zum Doppelpunkt siehe § 81 (1).

Bisherige Regelung

Identisch

§ 90

Satzzeichen, die zum wörtlich Wiedergegebenen gehören, setzt man vor das abschließende Anführungszeichen; Satzzeichen, die zum Begleitsatz gehören, setzt man nach dem abschließenden Anführungszeichen.

Bisherige Regelung

Identisch

Im Einzelnen gilt:

§ 91

Sowohl der angeführte Satz als auch der Begleitsatz behalten ihr Ausrufe- oder Fragezeichen.

„Du kommst jetzt!“, rief sie. „Kommst du morgen?“, fragte er. Du solltest ihm sagen: „Ich kann das auf keinen Fall akzeptieren“! Hast du gesagt: „Ich kann das auf keinen Fall akzeptieren“? Sag ihm: „Ich habe keine Zeit!“! Fragtest du: „Wann beginnt der Film?“?

Bisherige Regelung

Teilweise identisch

Neu ist, dass ein Komma nach dem Ausrufe- oder Fragezeichen sowie den Anführungszeichen gesetzt wird, wenn der Begleitsatz hinter dem angeführten Satz steht:

bisher	neu
„Du kommst jetzt!“ rief sie.	*„Du kommst jetzt!“, rief sie.*

§ 92

Beim angeführten Satz lässt man den Schlusspunkt weg, wenn er am Anfang oder im Innern des Ganzsatzes steht.
Beim Begleitsatz lässt man den Schlusspunkt weg, wenn der angeführte Satz oder ein Teil von ihm am Ende des Ganzsatzes steht.

„Ich komme morgen“, versicherte sie. Sie sagte: „Ich komme gleich wieder“, und holte die Unterlagen.

Die Bahn erklärte: „Wir haben die feste Absicht die Strecke stillzulegen." Sie versicherte: „Ich komme morgen!" Er rief: „Du kommst jetzt!" Er fragte: „Kommst du?" „Komm bitte", sagte er, „morgen pünktlich."

Bisherige Regelung

Identisch

§ 93

Folgt nach dem angeführten Satz der Begleitsatz oder ein Teil von ihm, so setzt man nach dem abschließenden Anführungszeichen ein Komma.
Ist der Begleitsatz in den angeführten Satz eingeschoben, so schließt man ihn mit paarigem Komma ein.

„Ich komme gleich wieder", versicherte sie. „Komm bald wieder!", rief sie. „Wann kommst du wieder?", rief sie. Sie sagte: „Ich komme gleich wieder", und holte die Unterlagen. Sie fragte: „Brauchen Sie die Unterlagen?", und öffnete die Schublade.

„Ich werde", versicherte sie, „bald wiederkommen." „Kommst du wirklich", fragte sie, „erst morgen Abend?"

Bisherige Regelung

Teilweise identisch

Neu ist (vgl. § 91), dass bei nachgestelltem Begleitsatz zusätzlich zum Ausrufe- oder Fragezeichen ein Komma gesetzt wird:

bisher	neu
„Wann kommst du wieder?" rief sie.	*„Wann kommst du wieder?", rief sie.*

§ 94

Mit Anführungszeichen kann man Wörter oder Teile innerhalb eines Textes hervorheben und in bestimmten Fällen deutlich machen, dass man zu ihrer Verwendung Stellung nimmt, sich auf sie bezieht.

Dies betrifft

(1) Überschriften, Werktitel (etwa von Büchern und Theaterstücken), Namen von Zeitungen und dergleichen:

Sie las den Artikel „Chance für eine diplomatische Lösung" in der „Wochenpost".
Sie liest Heinrich Bölls Roman „Wo warst du, Adam?". Kennst du den Roman „Wo warst du, Adam?"? Wir lesen gerade den „Kaukasischen Kreidekreis" von Brecht.

Zur Groß- und Kleinschreibung siehe § 53 E_2.

(2) Sprichwörter, Äußerungen und dergleichen, zu denen man kommentierend Stellung nehmen will:

Das Sprichwort „Eile mit Weile" hört man oft. „Aller Anfang ist schwer" ist nicht immer ein hilfreicher Spruch.

Sein kritisches „Der Wein schmeckt nach Essig" ärgerte den Kellner. Ihr bittendes „Kommst du morgen?" stimmte mich um. Seine ständige Entschuldigung „Ich habe keine Zeit!" ist wenig glaubhaft. Mich nervt sein dauerndes „Ich kann nicht mehr!".

Textteile dieser Art werden nicht mit Komma abgegrenzt. Im Übrigen gilt § 90 bis § 92.

(3) Wörter oder Wortgruppen, über die man eine Aussage machen will:

Das Wort „fälisch" ist gebildet in Anlehnung an West„falen". Der Begriff „Existenzialismus" wird heute vielfältig verwendet. Alle seine Freunde nannten ihn „Dickerchen".

Die Präposition *„ohne"* verlangt den Akkusativ.

(4) Wörter oder Wortgruppen, die man anders als sonst – etwa ironisch oder übertragen – verstanden wissen will:

Und du willst ein „treuer Freund" sein? Für diesen „Liebesdienst" bedanke ich mich. Er bekam wieder einmal seine „Grippe". Sie sprang diesmal „nur" 6,60 Meter.

Bisherige Regelung

Identisch

§ 95

Steht in einem Text mit Anführungszeichen etwas ebenfalls Angeführtes, so kennzeichnet man dies durch die so genannten halben Anführungszeichen.

Die Zeitung schrieb: „Die Bahn hat bereits im Frühjahr erklärt: ‚Wir haben die feste Absicht die Strecke stillzulegen', und sie hat das auf Anfrage gestern noch einmal bestätigt."

„Das war ein Satz aus Bölls ‚Wo warst du, Adam?', den viele nicht kennen", sagte er.

Bisherige Regelung

Identisch

4 Markierung von Auslassungen

4.1 Apostroph

Mit dem Apostroph zeigt man an, dass man in einem Wort einen Buchstaben oder mehrere ausgelassen hat.

Zu unterscheiden sind:

a) Gruppen, bei denen man den Apostroph setzen muss (siehe § 96),

b) Gruppen, bei denen der Gebrauch des Apostrophs dem Schreibenden freigestellt ist (siehe § 97).

§ 96 Man setzt den Apostroph in drei Gruppen von Fällen.

Dies betrifft

(1) Eigennamen, deren Grundform (Nominativform) auf einen s-Laut (geschrieben: *-s, -ss, -ß, -tz, -z, -x, -ce*) endet, bekommen im Genitiv den Apostroph, wenn sie nicht einen Artikel, ein Possessivpronomen oder dergleichen bei sich haben:

Aristoteles' Schriften, Carlos' Schwester, Ines' gute Ideen, Felix' Vorschlag, Heinz' Geburtstag, Alice' neue Wohnung

E_1: Aber ohne Apostroph:

die Schriften des Aristoteles, die Schwester des Carlos, der Geburtstag unseres kleinen Heinz

E_2: Der Apostroph steht auch, wenn *-s, -z, -x* usw. in der Grundform stumm sind:

Cannes' Filmfestspiele, Boulez' bedeutender Beitrag, Giraudoux' Werke

(2) Wörter mit Auslassungen, die ohne Kennzeichnung schwer lesbar oder missverständlich sind:

In wen'gen Augenblicken ... 's ist schade um ihn. Das Wasser rauscht' das Wasser schwoll.

(3) Wörter mit Auslassungen im Wortinneren wie:

D'dorf (= Düsseldorf), M'gladbach (= Mönchengladbach), Ku'damm (= Kurfürstendamm)

Bisherige Regelung

Identisch

§ 97 Man kann den Apostroph setzen, wenn Wörter gesprochener Sprache mit Auslassungen bei schriftlicher Wiedergabe undurchsichtig sind.

der Käpt'n, mit 'm Fahrrad

Bitte, nehmen S' (= Sie) doch Platz! Das war 'n (= ein) Bombenerfolg!

E: Von dem Apostroph als Auslassungszeichen zu unterscheiden ist der gelegentliche Gebrauch dieses Zeichens zur Verdeutlichung der Grundform eines Personennamens vor der Genitivendung *-s* oder vor dem Adjektivsuffix *-sch:*

Carlo's Taverne, Einstein'sche Relativitätstheorie

Zur Schreibung der adjektivischen Ableitungen von Personennamen auf *-sch* siehe auch § 49 und § 62.

Bisherige Regelung

Teilweise identisch.

Vor dem Genitiv-*s* von Namen stand bisher in keinem Fall ein Apostroph.

4.2 Ergänzungsstrich

§ 98

Mit dem Ergänzungsstrich zeigt man an, dass in Zusammensetzungen oder Ableitungen einer Aufzählung ein gleicher Bestandteil ausgelassen wurde, der sinngemäß zu ergänzen ist.

Zum Bindestrich wie in *A-Dur* siehe § 40 ff.

Dies betrifft

(1) den letzten Bestandteil:

Haupt- und Nebeneingang (= Haupteingang und Nebeneingang); Eisenbahn-, Straßen-, Luft- und Schiffsverkehr, vitamin- und eiweißhaltig, saft- und kraftlos, ein- und ausladen

Natur- und synthetische Gewebe, Standard- und individuelle Lösungen; zurück-, voraus- oder abwärtsfahren; (in umgekehrter Abfolge:) *synthetische und Naturgewebe, individuelle und Standardlösungen; abwärts, voraus- oder zurückfahren*

(2) den ersten Bestandteil:

Verkehrslenkung und -überwachung (= Verkehrslenkung und Verkehrsüberwachung); Schulbücher, -hefte, -mappen und -utensilien; heranführen oder -schleppen, bergauf und -ab

Mozart-Symphonien und -Sonaten (= Mozart-Symphonien und Mozart-Sonaten)

(3) den letzten und den ersten Bestandteil:

Textilgroß- und -einzelhandel (= Textilgroßhandel und Textileinzelhandel), Eisenbahnunter- und -überführungen

Werkzeugmaschinen-Import- und -Exportgeschäfte

Bisherige Regelung

Identisch

4.3 Auslassungspunkte

Mit drei Punkten (Auslassungspunkten) zeigt man an, dass in einem Wort, Satz oder Text Teile ausgelassen worden sind.

Du bist ein E … ! Scher dich zum …

„… ihm nicht weitersagen“, hörte er ihn gerade noch sagen. Der Horcher an der Wand …

Vollständiger Text: *In einem Buch heißt es: „Die zahlreichen Übungen sind konkret auf das abgestellt, was vorher behandelt worden ist. Sie liefern in der Regel Material, mit dem selbst gearbeitet und an dem geprüft werden kann, ob das, was vorher dargestellt wurde, verstanden worden ist oder nicht. Die im Anhang zusammengestellten Lösungen machen eine unmittelbare Kontrolle der eigenen Lösungen möglich".*

Mit Auslassung: *In einem Buch heißt es: „Die … Übungen … liefern … Material, mit dem selbst gearbeitet … werden kann … Die … Lösungen machen eine … Kontrolle … möglich."*

Bisherige Regelung

Identisch

§ 100

Stehen die Auslassungspunkte am Ende eines Ganzsatzes, so setzt man keinen Satzschlusspunkt.

Ich habe die Nase voll und …
Diese Szene stammt doch aus dem Film „Die Wüste lebt" …
Mit „Es war einmal … " beginnen viele Märchen.
Viele Märchen beginnen mit den Worten: „Es war einmal … "

Aber: *Verflixt! Ich habe die Nase voll und …!*

Bisherige Regelung

Identisch

5 Kennzeichnung der Wörter bestimmter Gruppen

5.1 Punkt

§ 101

Mit dem Punkt kennzeichnet man bestimmte Abkürzungen (abgekürzte Wörter).

Dies betrifft Fälle wie:

Tel. (= Telefon), Pf. (= Pfennig), Ztr. (= Zentner), v.(= von), Bd. (= Band), Bde. (=Bände), Ms. (= Manuskript), Jg. (= Jahrgang), Jh. (= Jahrhundert), Jh.s (= des Jahrhunderts), f. (= folgende Seite), ff. (= folgende Seiten); lfd. Nr (= laufende Nummer), z. B. (= zum Beispiel), u. A. w. g. (= um Antwort wird gebeten); Weißenburg i. Bay. (= Weißenburg in Bayern), Bad Homburg v. d. H. (= Bad Homburg vor der Höhe); Reg.-Rat (= Regierungsrat), Masch.-Schr. (= Maschinenschreiben); Abt.-Leiter (= Abteilungsleiter), Rechnungs-Nr. (= Rechnungsnummer); Tsd. (= Tausend), Mio. (= Million(en)), Mrd. (= Milliarde(n))

Dr. med., stud. med., stud. phil., a. D., h. c.

Bisherige Regelung

Identisch

§ 102

Bestimmte Abkürzungen, Kurzwörter und dergleichen stehen üblicherweise ohne Punkt.

Dies betrifft

(1) Abkürzungen, die national oder international festgelegt sind, wie etwa Abkürzungen

(1.1) für Maße in Naturwissenschaft und Technik nach dem internationalen Einheitssystem:

m (= Meter), g (= Gramm), km/h (= Kilometer pro Stunde), s (= Sekunde), A (= Ampere), Hz (= Hertz)

(1.2) für Himmelsrichtungen:

NO (= Nordost), SSW (= Südsüdwest)

(1.3) für bestimmte Währungsbezeichnungen:

DM (= Deutsche Mark)

(2) so genannte Initialwörter und Kürzel:

BGB (= Bürgerliches Gesetzbuch), TÜV (= Technischer Überwachungsverein), Na (= Natrium; so alle chemischen Grundstoffe); *des PKW(s), die EKG(s), Kfz-Papiere FKKler, U-Bahn*

E_1: Ohne Punkt stehen teilweise auch fachsprachliche Abkürzungen wie:

RücklVO (= Rücklagenverordnung), LArbA (= Landesarbeitsamt)

E_2: In einigen Fällen gibt es Doppelformen.

Co. /Co (ko) (= Companie), M. d. B. / MdB (= Mitglied des Bundestages), G.m.b.H. / GmbH (= Gesellschaft mit beschränkter Haftung); WW / Wirk. Wort (= Wirkendes Wort; Titel einer Zeitschrift), AA/Ausw. Amt (= Auswärtiges Amt)

Bisherige Regelung

Teilweise identisch

Neu ist die Anerkennung von Doppelschreibungen, die sich in der bisherigen Schreibpraxis bereits teilweise eingebürgert hatten:

M.d.B./ MdB (Mitglied des Bundestages)
Ausw. Amt/AA (Auswärtiges Amt)

Auch hier wird die Tendenz deutlich, den Sprachteilnehmerinnen und -nehmern individuelle Schreibvarianten zu ermöglichen.

§ 103

Am Ende eines Ganzsatzes setzt man nach Abkürzungen nur *einen* Punkt.

Sein Vater ist Regierungsrat a. D.
Aber: *Ist sein Vater Regierungsrat a. D. ?*

Bisherige Regelung

Identisch

§ 104

Mit dem Punkt kennzeichnet man Zahlen, die in Ziffern geschrieben sind als Ordinalzahlen.

der 2. Weltkrieg, der II. Weltkrieg; Sonntag, den 20. November, Friedrich II., König von Preußen; die Regierung Friedrich Wilhelms III. (des Dritten)

Bisherige Regelung

Identisch

§ 105

Am Ende eines Ganzsatzes setzt man nach Ordinalzahlen, die in Ziffern geschrieben sind, nur einen Punkt.

Der König von Preußen hieß Friedrich II.

Aber: *Wann regierte Friedrich II.?*

Bisherige Regelung

Identisch

5.2 Schrägstrich

§ 106

Mit dem Schrägstrich kennzeichnet man, dass Wörter (Namen, Abkürzungen), Zahlen oder dergleichen zusammengehören.

Dies betrifft

(1) die Angaben mehrerer (alternativer) Möglichkeiten im Sinne einer Verbindung mit *und, oder, bzw., bis* oder dergleichen:

die Schüler/Schülerinnen der Realschule, das Semikolon / der Strichpunkt als stilistisches Zeichen, Männer/Frauen/Kinder; Abfahrt vom Dienstort/Wohnort, die Rundfunkgebühren für Januar/Februar/März, Montag/Dienstag, Wien/Heidelberg 1967, September/Oktober-Heft (auch *September-Oktober-Heft;* siehe § 44)
die Koalition CDU/FDP die SPÖ/ÖVP-Koalition
das Wintersemester 1996/97, am 9./10. Dezember 1997

(2) die Gliederung von Adressen, Telefonnummem, Aktenzeichen, Rechnungsnummern, Diktatzeichen und dergleichen:

Linzer Straße 67/I/5–6, 0621/1581–0, Az III/345/5, Re-Nr 732/24, me/la

(3) die Angabe des Verhältnisses von Zahlen oder Größen im Sinne einer Verbindung mit *je/pro, im Durchschnitt 80 km/h, 1000 Einwohner/km²*

Bisherige Regelung

Identisch

F. WORTTRENNUNG AM ZEILENENDE

0 Vorbemerkungen

(1) Wörter mit mehr als einer Silbe kann man am Ende einer Zeile trennen.

(2) Steht am Zeilenende ein Bindestrich, so gilt er zugleich als Trennungsstrich.

§ 107

Geschriebene Wörter trennt man am Zeilenende so, wie sie sich bei langsamem Sprechen in Silben zerlegen lassen.

Beispiele:

Bau-er, Ei-er, steu-ern, na-iv, Mu-se-um, in-di-vi-du-ell,- eu-ro-pä-i-sche, Ru-i-ne, na-ti-o-nal, Fa-mi-li-en; Haus-tür, Be-fund, ehr-lich

E: Die Abtrennung eines einzelnen Vokals am Ende ist überflüssig, da der Trennungsstrich den gleichen Raum in Anspruch nimmt, zum Beispiel: *Kleie, laue* (nicht: *Klei-e, lau-e)*

Bisherige Regelung

Identisch

Die Regelung, dass im Regelfall die Sprechsilben darüber entscheiden, wie am Zeilenende getrennt wird, wird beibehalten. Das gilt auch für Fremdwörter. Die Trennung nach etymologischen (sprachhistorischen) Prinzipien gibt es als Variante weiterhin.

Dabei gilt im Einzelnen:

§ 108

Steht in einfachen Wörtern zwischen Vokalbuchstaben ein einzelner Konsonantenbuchstabe, so kommt er bei der Trennung auf die neue Zeile. Stehen mehrere Konsonantenbuchstaben dazwischen, so kommt nur der letzte auf die neue Zeile.

Beispiele:

Au-ge, A-bend, Bre-zel, He-xe, bei-ßen, Rei-he, Wei-mar; Trai-ning, ba-nal, trau-rig, nei-disch, Hei-mat

El-tern, Gar-be, Hop-fen, Lud-wig, ros-ten, leug-nen, sin-gen, sin-ken, sit-zen, Städ-te; Bag-ger, Wel-le, Kom-ma, ren-nen, Pap-pe, müs-sen, beis-sen (wenn *ss* statt *ß*, vgl. § 25 E_2 und E_3), *Drit-tel, zän-kisch, Ach-tel, Rech-ner, ber-gig, wid-rig, Ar-mut, freund-lich, fr-ucht-bar, ernst-lich, sechs-te; imp-fen, Karp-fen, kühns-te, knusp-rig, dunk-le*

Bisherige Regelung

Unterschiedlich

Neu ist die Regel, einen einzelnen Vokalbuchstaben abzutrennen:

bisher	neu
Abend	*A-bend*
aber	*a-ber*
eben	e-ben
Ofen	o-*fen*

Beibehalten wird die Regelung, dass bei mehreren Konsonantenbuchstaben der letzte auf die folgende Zeile kommt: *Fin-ger, El-tern, knusp-rig.* Neu ist weiterhin die Trennung des *-st-:*

bisher	neu
Aku-stik	*A-kus-tik*
brem-ste	*brems-te*
Ka-sten	*Kas-ten*
ro-sten	*ros-ten*
sech-ste	*sechs-te*

Neu ist auch die Regelung, *-ss-* bei Typensätzen zu trennen, die kein *-ß-* enthalten:

bisher	neu
bei-ssen	*beis-sen*
Grü-sse	*Grüs-se*

§ 109 Stehen Buchstabenverbindungen wie *ch, sch, ph, rh, sh* oder *th* für einen Konsonanten, so trennt man sie nicht. Dasselbe gilt für *ck.*

Beispiele: *la-chen, wa-schen, Deut-sche; Sa-phir, Ste-phan, Myr-rhe, Bushel, Zi-ther Goe-the; bli-cken, Zu-cker*

Bisherige Regelung

Unterschiedlich

Neu ist die Regelung, *-ck-* bei der Silbentrennung beizubehalten und davor abzutrennen, statt – wie bisher – in *-k-k-* aufzulösen:

bisher	neu
bak-ken	*ba-cken*
blik-ken	*bli-cken*
Zuk-ker	*Zu-cker*
Zwik-kau	*Zwi-ckau*

§ 110 In Fremdwörtern können die Verbindungen aus Buchstaben für einen Konsonanten + *l, n* oder *r* entweder entsprechend § 108 getrennt werden, oder sie kommen ungetrennt auf die neue Zeile.

Beispiele: *nob-le / no-ble, Zyk-lus / Zy-klus, Mag-net / Ma-gnet, Feb-ruar / Fe-bruar, Hyd-rant / Hy-drant, Arth-ritis / Ar-thritis*

Bisherige Regelung

Unterschiedlich

Im Gegensatz zur bisherigen Regelung, die etymologische Kenntnisse voraussetzte und die Buchstabenverbindungen *bl, pl, fl, cl, kl, phl; br, pr, dr, tr, fr, vr, gr, cr, kr, phr, str, thr; chth; gn* und *kn* in Fremdwörtern nicht trennte (*Pu-bli-kum, Di-plom, Fe-bru-ar, Sa-kra-ment, Ma-gnet* usw.) lässt die Neuregelung zwei Schreibvarianten zu: einmal die nach Sprechsilben – die vielen Schreibenden die geläufigere sein wird –, zum andern die bisherige nach sprachhistorischen Prinzipien:

bisher	neu
Pu-bli-kum	*Pub-li-kum / Pu-bli-kum*
Zy-klus	*Zyk-lus/Zy-klus*
Hy-drant	*Hyd-rant/Hy-drant*
Ar-thri-tis	*Arth-ri-tis/Ar-thri-tis*
Ere-chthei-on	*Erech-thei-on/Ere-chthei-on*
Ma-gnet	*Mag-net/Ma-gnet*

Im Wörterverzeichnis wird die bisherige, also die etymologisch begründete Trennung zuerst angegeben und danach – als Variante – die Trennung nach Sprechsilben. Sollten die Benutzerinnen oder Benutzer Zweifel haben, kann dort nachgeschlagen werden.

§ 111

Zusammensetzungen und Wörter mit Präfix trennt man zwischen den einzelnen Bestandteilen.

Beispiele:

Heim-weg, Schul-hof, Week-end; Ent-wurf, Er-trag, Ver-lust, syn-chron, Pro-gramm, At-traktion, kom-plett, In-stanz

E_1: Die Bestandteile selbst trennt man entsprechend § 108 bis § 110 wie einfache Wörter, zum Beispiel:

Papp-pla-kat, Schwimm-meis-ter, Po-ly-tech-nik, Kon-zert-di-rek-tor, Lud-wigs-ha-fen, ab-fah-ren, be-rich-ten, emp-fan-gen, a-ty-pisch, Des-il-lu-si-on, in-of-fi-zi-ell, ir-re-al

E_2: Irreführende Trennungen sollte man vermeiden, zum Beispiel:

Altbau-erhaltung	(nicht *Altbauer-haltung*)
Sprech-erziehung	(nicht *Sprecher-ziehung*)
See-ufer	(nicht *Seeu-fer*)

Zum Bindestrich zur Vermeidung von Missverständnissen siehe § 45 (3).

Bisherige Regelung

Teilweise identisch

Die bisherige Regelung, Zusammensetzungen sowie Ableitungen durch Präfixe nach ihren Bestandteilen zu trennen, gilt weiterhin.

Empfohlen wird jedoch, Trennungen zu vermeiden, die irreführend wären oder beim Lesen behindern könnten. Daher:

Gehör-nerven	(nicht: Gehörner-ven)
Spar-gelder	(nicht: Spargel-der)
Sprech-erziehung	(nicht: Sprecher-ziehung)
See-ufer	(nicht: Seeu-fer)

§ 112

Wörter, die sprachhistorisch oder von der Herkunftssprache her gesehen Zusammensetzungen sind, aber oft nicht mehr als solche empfunden oder erkannt werden, kann man entweder nach §§ 108–110 oder nach § 111 trennen.

Beispiele:

hi-nauf / hin-auf, he-ran / her-an, da-rum / dar-um, wa-rum / war-um

ei-nan-der / ein-an-der, vol-len-den / voll-en-den, Klei-nod / Klein-od, Lie-be-nau / Lie-ben-au

Chry-san-the-me / Chrys-an-the-me, Hek-tar / Hekt-ar, He-li-kop-ter / He-li-ko-pter, in-te-res-sant / in-ter-es-sant, Li-no-le-um / Lin-ole-um, Pä-da-go-gik / Päd-a-go-gik

Bisherige Regelung

Unterschiedlich

Wie in § 110 wird hier davon ausgegangen, dass etymologische (sprachhistorische) Kenntnisse bei den Schreibenden nicht oder nur in geringem Maße vorausgesetzt werden können. Die Liberalisierung der Worttrennung wird betont: Deshalb werden zwei Varianten zugelassen, deren eine die Trennung nach Sprechsilben und die andere nach etymologischen bzw. grammatischen Prinzipien vorsieht. Die Neuregelung betrifft deutsche und fremdsprachige Wörter:

bisher	neu
hin-auf	*hi-nauf/hin-auf*
dar-um	*da-rum/dar-um*
her-un-ter	*he-run-ter/her-un-ter*
ein-an-der	*ei-nan-der/ein-an-der*
Klein-od	*Klei-nod/Klein-od*
Main-au	*Mai-nau/Main-au*
Hekt-ar	*Hek-tar/Hekt-ar*
He-li-ko-pter	*He-li-kop-ter/He-li-ko-pter*
in-ter-es-sant	*in-te-res-sant/in-ter-es-sant*
Päd-ago-gik	*Pä-da-go-gik/Päda-go-gik*
Chrys-an-the-me	*Chry-san-the-me/Chrys-an-the-me*
swing-ing Lon-don	*swin-ging/swing-ing Lon-don*

Anmerkung: Die alte Regel, dass der bei drei gleichen Konsonanten vor nachfolgendem Vokal gestrichene dritte Konsonant bei der Worttrennung wieder erscheint (Schiffahrt, aber: Schiff-fahrt), ist hinfällig, da fortan stets alle drei Konsonanten geschrieben werden, unabhängig davon, ob ein Vokal oder ein weiterer (anderer) Konsonant folgt.

Verzeichnis orthographischer Varianten

Ein Wegweiser

Die folgende Aufstellung bietet eine repräsentative Übersicht über die infolge der Rechtschreibreform vermehrt möglichen orthographischen Varianten des deutschen Gebrauchswortschatzes sowie verschiedener Fachbegriffe. Damit wird dem Benutzer ein Fundus an nebeneinander stehenden Schreibungen bereitgestellt, der ihm bei seiner Entscheidung für eine der Möglichkeiten eine Orientierung bietet. Sowohl bei der Festlegung von Hausorthographien in Unternehmen und Redaktionen als auch bei der Abfassung umfangreicher Texte mit einheitlichen orthographischen Konventionen kann dieses Verzeichnis als Leitfaden dienen.
Unter **Variante 1** ist jeweils die Hauptvariante (z. B. *Majonäse*) angegeben, bei gleichberechtigten Varianten die an das Deutsche angeglichene (z. B. *Penizillin*) bzw. neue Schreibmöglichkeit (z. B. *aufwändig*). Unter **Variante 2** findet sich entsprechend die jeweilige Nebenvariante (z. B. *Mayonnaise*) bzw. die fremd- und fachsprachliche (z. B. *Penicillin*) oder alte, ebenfalls noch gültige Schreibung (z. B. *aufwendig*). Über Einzelheiten der jeweiligen Varianten informiert eingehend das Wörterverzeichnis.
Die Abkürzungen und Zeichen bedeuten: *Hv.* = Hauptvariante, *Nv.* = Nebenvariante, *Wz.* = Warenzeichen, *Pl.* = Plural, * = neue Schreibung.

A

Variante 1	Variante 2
Aberhundert*	aberhundert
aberhunderte*	Aberhunderte
Abscheu erregend*	abscheuerregend
Achlaut*	Ach-Laut
achteckig	8-eckig*
achtfach	8fach
achtjährig	8-jährig*
achtmal acht Mal (*bei bes. Betonung*)	8-mal* 8 Mal
achtprozentig	8-prozentig*, 8%ig
achtseitig	8-seitig*
Achttonner	8-Tonner*
Achtzigerjahre* 80er Jahre	achtziger Jahre 80er-Jahre*
Achtzylinder	8-Zylinder*
Actionpainting*	Action-Painting
addisonsche Krankheit*	Addison'sche Krankheit*
Ade sagen*	ade sagen
Adieu sagen*	adieu sagen
Aerophon *Hv.*	Aerofon* *Nv.*
Aftershavelotion*	After-Shave-Lotion*
Agent Provocateur*	Agent provocateur
Albtraum*	Alptraum
allein Erziehende(r)*	Alleinerziehende(r)
allein Stehende(r)*	Alleinstehender
(etwas/nichts) Anderes*	(etwas/nichts) anderes
anders Denkende(r)*	Andersdenkende(r)
Anschovis *Hv.*	Anchovis *Nv.*
anstelle	an Stelle
Antiphon *Hv.*	Antifon* *Nv.*
Aphonie *Hv.*	Afonie* *Nv.*
Arbeiterunfallversicherungsgesetz	Arbeiter-Unfallversicherungsgesetz
Arbeit Suchende(r)*	Arbeitsuchende(r)
Armeeeinheit*	Armee-Einheit
Armesünderglocke	Arme-Sünder-Glocke*
Äther	Ether (*fachsprachl.*)
aufgrund	auf Grund
aufseiten*	auf Seiten*
aufwändig*	aufwendig
Aupairmädchen*	Au-pair-Mädchen
außen Stehende(r)*	Außenstehende(r)
außer Stand* (setzen)	außerstand (setzen)
(auf das/aufs) Äußerste*	(auf das/aufs) äußerste
Azetat	Acetat (*fachsprachl.*)

B

Variante 1	Variante 2
Balletttänzer*	Ballett-Tänzer*
Balneographie *Hv.*	Balneografie* *Nv.*
Basedowkrankheit*	Basedow-Krankheit
Bassstimme*	Bass-Stimme*
beethovensche* (Sinfonien)	Beethoven'sche* (Sinfonien)
(auf das/aufs) Beste*	(auf das/aufs) beste
Bestellliste*	Bestell-Liste*
Betastrahlen	β-Strahlen
(Rote) Bete	(Rote) Beete
Betttuch*	Bett-Tuch*

bezirzen *Hv.*	becircen *Nv.*
Bhagwan	Bhagvan
Bibliografie* *Hv.*	Bibliographie *Nv.*
Bigband* *Hv.*	Big Band *Nv.*
Bigbusiness* *Hv.*	Big Business *Nv.*
Binnenschifffahrt*	Binnen-Schiff-Fahrt*
Biograf* *Hv.*	Biograph *Nv.*
Biskaya	Biscaya
Bitte sagen*	bitte sagen
Blackbox* *Hv.*	Black Box *Nv.*
Black-out* *Hv.*	Blackout *Nv.*
Blasenkatarrh *Hv.*	Blasenkatarr* *Nv.*
Blässhuhn*	Blesshuhn*
Bluejeans *Hv.*	Blue Jeans* *Nv.*
Blut saugend*	blutsaugend
Bonbonniere *Hv.*	Bonboniere* *Nv.*
Bouclé *Hv.*	Buklee* *Nv.*
Boxkalf *Hv.*	Boxcalf *Nv.*
braunsche Röhre*	Braun'sche Röhre*
Bravo rufen*	bravo rufen
bravourös *Hv.*	bravurös* *Nv.*
Breccie *Hv.*	Brekzie *Nv.*
Brokkoli *Hv.*	Broccoli *Nv.*
Bukett	Bouquet
Butike	Boutique

C

Variante 1	Variante 2
Canossagang*	Kanossagang
Centrecourt*	Centre-Court*
Cevapcici*	Ćevapčići
Chansonnette *Hv.*	Chansonette* *Nv.*
Chansonnier *Hv.*	Chansonier* *Nv.*
Chapeau Claque*	Chapeau claque
Charme *Hv.*	Scharm *Nv.*
Chateau*	Château
Chewinggum* *Hv.*	Chewing Gum* *Nv.*
Chicorée *Hv.*	Schikoree* *Nv.*
Choreografie* *Hv.*	Choreographie *Nv.*
Chose *Hv.*	Schose *Nv.*
Chronograph *Hv.*	Chronograf* *Nv.*
Closedshop* *Hv.*	Closed Shop *Nv.*
Come-back* *Hv.*	Comeback *Nv.*
Commonsense* *Hv.*	Common Sense *Nv.*
Compactdisc* *Hv.*	Compact Disc *Nv.*
Cooljazz* *Hv.*	Cool Jazz *Nv.*
Cord *Hv.*	Kord *Nv.*
Cornedbeef* *Hv.*	Corned Beef* *Nv.*
Costa-Ricaner*	Costa Ricaner*
Count-down* *Hv.*	Countdown *Nv.*
Coupé *Hv.*	Kupee *Nv.*
Creme *Hv.*	Kreme* *Nv.*
Csardas*	Csárdás

D

Variante 1	Variante 2
Dämmmaterial*	Dämm-Material*
danksagen	Dank sagen
Dasssatz*	dass-Satz*
(der, die, das) deine*	(der, die, das) Deine
(die) deinigen*	(die) Deinigen
Dekolletee* *Hv.*	Dekolleté *Nv.*
Delphin *Hv.*	Delfin* *Nv.*
Demographie *Hv.*	Demografie* *Nv.*
Desktoppublishing*	Desktop-Publishing*
Deuxpièces*	Deux-Pièces*
dienstagabends*	dienstags abends
Differenzial* *Hv.*	Differential *Nv.*
differenziell* *Hv.*	differentiell *Nv.*
Diktaphon *Hv.*	Diktafon* *Nv.*
Dioxid *Hv.*	Dioxyd *Nv.*
Diskjockei *Hv.*	Discjockey *Nv.*
Disko *Hv.*	Disco *Nv.*
donnerstagabends*	donnerstags abends
dort zu Lande*	dortzulande
Dragee *Hv.*	Dragée *Nv.*
Dränage *Hv.*	Drainage *Nv.*
Drapé *Hv.*	Drapee* *Nv.*
dreieckig	3-eckig*
dreifach	3fach
dreijährig	3-jährig*
dreimal drei Mal (*bei bes. Betonung*)	3-mal* 3 Mal
Dreißigerjahre 30er Jahre	dreißiger Jahre 30er-Jahre*
Dreitonner	3-Tonner*
Dreizimmerwohnung	3-Zimmer-Wohnung
(auf das/aufs) Dringendste*	(auf das/aufs) dringendste
Dublee *Hv.*	Doublé *Nv.*
Dutyfreeshop* *Hv.*	Duty-free-Shop *Nv.*
dutzende*	Dutzende

E

Variante 1	Variante 2
Easyrider* *Hv.*	Easy Rider* *Nv.*
echtgolden	echt golden
(auf das/aufs) Eindringlichste*	(auf das/aufs) eindringlichste
(der, die, das) Eine*	(der, die, das) eine
(etw. auf das/aufs) Einfachste* (lösen)	(etw. auf das/aufs) einfachste (lösen)
(etw. auf das/aufs) Eingehendste* (untersuchen)	(etw. auf das/aufs) eingehendste (untersuchen)
einzeilig	1-zeilig*
Ekel erregend*	ekelerregend
(auf das/aufs) Entschiedenste*	(auf das/aufs) entschiedenste
Erfolg versprechend*	erfolgversprechend
essenziell* *Hv.*	essentiell *Nv.*
Ethnographie *Hv.*	Ethnografie* *Nv.*
(der, die, das) eure*	(der, die, das) Eure
Eurhythmie *Hv.*	Eurythmie* *Nv.*
Existenzialismus* *Hv.*	Existentialismus *Nv.*
existenziell* *Hv.*	existentiell *Nv.*
Exposee* *Hv.*	Exposé *Nv.*

F

Variante 1	Variante 2
Facette *Hv.*	Fassette* *Nv.*
Fairplay* *Hv.*	Fair Play *Nv.*
Fall-out* *Hv.*	Fallout *Nv.*
Fantasie *Hv.*	Phantasie *Nv.*
fantastisch *Hv.*	phantastisch *Nv.*
Fastfood* *Hv.*	Fast Food* *Nv.*
Feed-back* *Hv.*	Feedback *Nv.*
fest angestellt*	festangestellt
fest besoldet*	festbesoldet
Finanzier *Hv.*	Financier *Nv.*
flach gedrückt*	flachgedrückt
Floppydisk* *Hv.*	Floppy Disk* *Nv.*
Flusssand*	Fluss-Sand*
Flussschifffahrt*	Fluss-Schiff-Fahrt*
foto...(*) *Hv./Nv. (je nach Einzelfall)*	photo... *Nv./Hv. (je nach Einzelfall)*
fotogen *Hv.*	photogen *Nv.*
Fotografie *Hv.*	Photographie *Nv.*
Fotosynthese *Hv.*	Photosynthese *Nv.*
Frappee* *Hv.*	Frappé *Nv.*
Freejazz* *Hv.*	Free Jazz *Nv.*
Frigidaire (*Wz.*) *Hv.*	Frigidär* *Nv.*
Friseur *Hv.*	Frisör *Nv.*
Frottee *Hv.*	Frotté *Nv.*
Frucht bringend*	fruchtbringend
(gestern/heute/morgen) Früh*	(gestern/heute/morgen) früh
Fruktose	Fructose (*fachsprachl.*)
Fulltimejob* *Hv.*	Full-Time-Job* *Nv.*
Fuzzylogic*	Fuzzy Logic*

G

Variante 1	Variante 2
(auf das/aufs) Genaueste*	(auf das/aufs) genaueste
Genusssucht*	Genuss-Sucht*
Geographie *Hv.*	Geografie* *Nv.*
Geschosssalve*	Geschoss-Salve*
Getto *Hv.*	Ghetto *Nv.*
Gewähr leisten*	gewährleisten
Gewinn bringend*	gewinnbringend
Gewinnnummer*	Gewinn-Nummer*
Ginkgo *Hv.*	Ginko* *Nv.*
Glacé *Hv.*	Glacee* *Nv.*
Glukose	Glucose (*fachsprachl.*)
Glyzerin	Glycerin (*fachsprachl.*)
goethesche* (Gedichte)	Goethe'sche* (Gedichte)
graf.../Graf...(*) *Hv./Nv. (je nach Einzelfall)*	graph.../Graph... *Nv./Hv. (je nach Einzelfall)*
...graf(*) *Hv./Nv. (je nach Einzelfall)*	...graph *Nv./Hv. (je nach Einzelfall)*
Grafik *Hv.*	Graphik *Nv.*
grafisch *Hv.*	graphisch *Nv.*
Grammophon *Hv.*	Grammofon* *Nv.*
Grandprix*	Grand Prix
Graphit *Hv.*	Grafit* *Nv.*
Graphologe *Hv.*	Grafologe* *Nv.*
Grauen erregend*	grauenerregend
Grislibär* *Hv.*	Grizzlybär *Nv.*
(auf das/aufs) Gröbste*	(auf das/aufs) gröbste
Gussstahl*	Guss-Stahl*
Guten Tag* (sagen)	guten Tag (sagen)

H

Variante 1	Variante 2
Hagiographie *Hv.*	Hagiografie* *Nv.*
halb blind*	halbblind

halb fertig*	halbfertig
halb gar*	halbgar
halb reif*	halbreif
Hämorrhoiden *Hv.*	Hämorriden* *Nv.*
Handel Treibende(r)*	Handeltreibende(r)
Hand-out* *Hv.*	Handout *Nv.*
Happyend* *Hv.*	Happy End* *Nv.*
Hardcover* *Hv.*	Hard Cover* *Nv.*
nach Hause	nachhause* (*österr., schweiz.*)
Haus halten*	haushalten
Hawaiiinseln*	Hawaii-Inseln
Heavymetal* *Hv.*	Heavy Metal *Nv.*
heiß laufen*	heißlaufen
Hektograph *Hv.*	Hektograf* *Nv.*
(auf das/aufs) Herzlichste*	(auf das/aufs) herzlichste
hier zu Lande*	hierzulande
Highfidelity* *Hv.*	High Fidelity* *Nv.*
Highsociety* *Hv.*	High Society* *Nv.*
Hillbillymusic* *Hv.*	Hillbillimusik* *Nv.*
hinterdrein laufen*	hinterdreinlaufen
Historiograph *Hv.*	Historiograf* *Nv.*
hoch begabt*	hochbegabt
(auf das/aufs) Höchste* (überrascht)	(auf das/aufs) höchste (überrascht)
Hohe Lied*	Hohelied
Hohn lachen*	hohnlachen
homophon *Hv.*	homofon* *Nv.*
Hotdog* *Hv.*	Hot Dog* *Nv.*
Hotpants* *Hv.*	Hot Pants* *Nv.*
(einige/viele) Hundert*	(einige/viele) hundert
Hundertmeterlauf 100-Meter-Lauf	Hundert-Meter-Lauf 100-m-Lauf
hundertprozentig	100-prozentig*, 100%ig
hundertstel Sekunde	Hundertstelsekunde, 100stel* Sekunde
Hurra schreien*	hurra schreien

I

Variante 1	Variante 2
Icherzähler*	Ich-Erzähler
Ichsucht*	Ich-Sucht
Ikonograph *Hv.*	Ikonograf* *Nv.*
Imbissstube*	Imbiss-Stube*
im Stande* (sein)	imstande (sein)
Indices* (*Pl.*)	Indizes (*Pl.*)
Industrialdesign* *Hv.*	Industrial Design *Nv.*
inessenziell* *Hv.*	inessentiell *Nv.*
infrage* (stellen)	in Frage (stellen)
in Stand* (halten/setzen)	instand (halten/setzen)
Intervalllaut*	Intervall-Laut*
Istaufkommen*	Ist-Aufkommen

J

Variante 1	Variante 2
Ja und Amen* (sagen)	ja und amen (sagen)
Jacht	Yacht
Jak	Yak
Jetlag*	Jet-Lag
Jetset*	Jet-Set
Jockei *Hv.*	Jockey *Nv.*
Joga	Yoga
Joghurt *Hv.*	Jogurt* *Nv.*
Jointventure* *Hv.*	Joint Venture* *Nv.*
Jo-Jo	Yo-Yo
Jota *Hv.*	Iota *Nv.*
Justiziar*	Justitiar

K

Variante 1	Variante 2
Kabrio(lett)	Cabrio(let)
Kaffeeernte*	Kaffee-Ernte
Kai	Quai
Kaki *Hv.*	Khaki *Nv.*
Kalligraphie *Hv.*	Kalligrafie* *Nv.*
Kalvinismus	Calvinismus
Kampagne *Hv.*	Campagne *Nv.*
Kanaille *Hv.*	Canaille *Nv.*
Kannbestimmung*	Kann-Bestimmung
Karbid	Carbid (*fachsprachl.*)
Karbonat	Carbonat (*fachsprachl.*)
Kargo *Hv.*	Cargo *Nv.*
Kartographie *Hv.*	Kartografie* *Nv.*
Katarrh *Hv.*	Katarr* *Nv.*
Kathode *Hv.*	Katode *Nv.*
Kennnummer*	Kenn-Nummer*
Kentaur	Zentaur
Kerub	Cherub
Kescher	Käscher
Ketschup* *Hv.*	Ketchup *Nv.*
Khan	Chan

Kick-down* *Hv.*	Kickdown *Nv.*
Kick-off *Hv.*	Kickoff* *Nv.*
Klan	Clan
das klein Gedruckte*	das Kleingedruckte
Klipp *Hv.*	Clip *Nv.*
Klub *Hv.*	Club *Nv.*
Knock-out* *Hv.*	Knockout *Nv.*
Koda *Hv.*	Coda *Nv.*
Kodein *Hv.*	Codein *Nv.*
kodieren	codieren (*fachsprachl.*)
Koffein	Coffein
Kojote *Hv.*	Coyote *Nv.*
Kollier *Hv.*	Collier *Nv.*
Kolophonium *Hv.*	Kolofonium* *Nv.*
Kommuniqué *Hv.*	Kommunikee* *Nv.*
Komplize *Hv.*	Komplice *Nv.*
Konfiserie *Hv.*	Confiserie *Nv.*
Konfliktpotenzial* *Hv.*	Konfliktpotential *Nv.*
Kongresssaal*	Kongress-Saal*
kontra *Hv.*	contra *Nv.*
Kontrollleuchte*	Kontroll-Leuchte*
Korps *Hv.*	Corps *Nv.*
Kortison	Cortison (*fachsprachl.*)
kraulen *Hv.*	crawlen *Nv.*
Kredo *Hv.*	Credo *Nv.*
Krepp* *Hv.*	Crêpe *Nv.*
Krepppapier*	Krepp-Papier*
Krevette *Hv.*	Crevette *Nv.*
Krux	Crux
Kunststofffolie*	Kunststoff-Folie*
Kupon *Hv.*	Coupon *Nv.*
Kusine *Hv.*	Cousine *Nv.*

L

Variante 1	Variante 2
Lamé *Hv.*	Lamee* *Nv.*
Lay-out* *Hv.*	Layout *Nv.*
leicht Behinderte(r)*	Leichtbehinderte(r)
Leid tragend*	leidtragend
Leid Tragende(r)*	Leidtragende(r)
Lexikograph *Hv.*	Lexikograf* *Nv.*
Lezithin	Lecithin (*fachsprachl.*)
Lithographie *Hv.*	Lithografie* *Nv.*
Lizenziat* *Hv.*	Lizentiat *Nv.*
Löss*	Löß
Lottoannahmestelle	Lotto-Annahmestelle

M

Variante 1	Variante 2
Majonäse *Hv.*	Mayonnaise *Nv.*
Malaise *Hv.*	Maläse* *Nv.*
Masurka *Hv.*	Mazurka *Nv.*
Matrices* (*Pl.*)	Matrizes (*Pl.*)
Megaphon *Hv.*	Megafon* *Nv.*
Messner*	Mesner
Messstab*	Mess-Stab*
Metalllegierung*	Metall-Legierung*
Midlifecrisis*	Midlife-Crisis*
Mikrofon *Hv.*	Mikrophon *Nv.*
(das) Mindeste*	(das) mindeste
(nicht) im Mindesten*	(nicht) im mindesten
Minimalart* *Hv.*	Minimal Art* *Nv.*
minutiös *Hv.*	minuziös *Nv.*
mithilfe*	mit Hilfe
Mitleid erregend*	mitleiderregend
mittwochabends*	mittwochs abends
Mixedpickles* *Hv.*	Mixed Pickles *Nv.*
Modelllösung*	Modell-Lösung*
Modernjazz* *Hv.*	Modern Jazz *Nv.*
Mohär *Hv.*	Mohair *Nv.*
Monographie *Hv.*	Monografie* *Nv.*
monophon *Hv.*	monofon* *Nv.*
Motocross* *Hv.*	Moto-Cross *Nv.*
Multiplechoiceverfahren*	Multiple-Choice-Verfahren*
Myrrhe *Hv.*	Myrre* *Nv.*

N

Variante 1	Variante 2
napoleonfreundlich	Napoleon-freundlich
Nassschnee*	Nass-Schnee*
Necessaire *Hv.*	Nessessär* *Nv.*
Negligee* *Hv.*	Negligé *Nv.*
Nein* (sagen)	nein (sagen)
Newage* *Hv.*	New Age* *Nv.*
New Yorker	New-Yorker*
nicht amtlich*	nichtamtlich
nicht öffentlich*	nichtöffentlich
nichts ahnend*	nichtsahnend
nichts sagend*	nichtssagend
nicht Zutreffendes*	Nichtzutreffendes
Nikotin	Nicotin (*fachsprachl.*)

Nofuturegeneration*	No-Future-Generation*
Nonstopflug	Non-Stop-Flug*, Nonstop-Flug*
Not Leidende(r)*	Notleidende(r)
Nugat *Hv.*	Nougat *Nv.*
Nulllinie*	Null-Linie*
(auf) Nummer sicher* (gehen)	(auf) Nummer Sicher (gehen)
Nussschale*	Nuss-Schale*

O

Variante 1	Variante 2
o-beinig*	O-beinig
(das) oben Erwähnte*	(das) Obenerwähnte
o-förmig*	O-förmig
(das) ohmsche Gesetz*	(das) Ohm'sche Gesetz*
Ölmessstab*	Öl-Mess-Stab*
Onemanshow* *Hv.*	One-Man-Show* *Nv.*
Openenddiskussion*	Open-End-Diskussion*
Ordonnanzoffizier *Hv.*	Ordonanzoffizier* *Nv.*
Orthographie *Hv.*	Orthografie* *Nv.*
Oxid *Hv.*	Oxyd *Nv.*

P

Variante 1	Variante 2
ein paar Mal*	ein paarmal
Paläographie *Hv.*	Paläografie* *Nv.*
Panther *Hv.*	Panter* *Nv.*
Pappmaschee* *Hv.*	Pappmaché *Nv.*
Paragraph *Hv.*	Paragraf* *Nv.*
Parodontose *Hv.*	Paradentose *Nv.*
Parketttäfelung*	Parkett-Täfelung*
passee* *Hv.*	passé *Nv.*
pawlowscher Reflex*	Pawlow'scher Reflex*
Penizillin	Penicillin (*fachsprachl.*)
Penthaus	Penthouse
Perkussion	Percussion
phon.../Phon... *Hv.*	fon.../Fon...* *Nv.*
...phon *Hv.*	...fon* *Nv.*
Phonetik *Hv.*	Fonetik* *Nv.*
Phonotechnik *Hv.*	Fonotechnik* *Nv.*
Piktographie *Hv.*	Piktografie* *Nv.*
Plattitüde* *Hv.*	Platitude* *Nv.*
Play-back* *Hv.*	Playback *Nv.*
Polonäse *Hv.*	Polonaise *Nv.*
polyphon *Hv.*	polyfon* *Nv.*
Pontifices* (*Pl.*)	Pontifizes (*Pl.*)
Pornografie* *Hv.*	Pornographie *Nv.*
Portmonee* *Hv.*	Portemonnaie *Nv.*
potemkinsche Dörfer*	Potemkin'sche Dörfer*
Potenzial* *Hv.*	Potential *Nv.*
potenziell* *Hv.*	potentiell *Nv.*
präferenziell* *Hv.*	präferentiell *Nv.*
Pressspan*	Press-Span*
preziös *Hv.*	pretiös* *Nv.*
Preziosen *Hv.*	Pretiosen *Nv.*
Procedere *Hv.*	Prozedere *Nv.*
Publicrelations* *Hv.*	Public Relations *Nv.*
pushen *Hv.*	puschen* *Nv.*

R

Variante 1	Variante 2
Racingteam* *Hv.*	Racing Team* *Nv.*
Rakett	Racket
Rallyecross*	Rallye-Cross
Rat Suchende(r)*	Ratsuchende(r)
rein golden*	reingolden
rein seiden*	reinseiden
rekeln	räkeln
Rekorder *Hv.*	Recorder *Nv.*
Reprographie *Hv.*	Reprografie* *Nv.*
Rock and Roll	Rock 'n' Roll
Rollladen*	Roll-Laden*
Rommee* *Hv.*	Rommé *Nv.*
Roundtable* *Hv.*	Round Table* *Nv.*

S

Variante 1	Variante 2
Sacharin	Saccharin (*fachsprachl.*)
Safersex* *Hv.*	Safer Sex *Nv.*
Saisonnier *Hv.*	Saisonier* *Nv.*
Sauregurkenzeit	Saure-Gurken-Zeit*
Saxophon *Hv.*	Saxofon* *Nv.*
Schänke*	Schenke
(auf das/aufs) Schärfste* (verurteilen)	(auf das/aufs) schärfste (verurteilen)
Schauder erregend*	schaudererregend
Scheck *Hv.*	Check *Nv.*
schick *Hv.*	chic *Nv.*
Schifffahrt*	Schiff-Fahrt*
schillersche Dramen*	Schiller'sche Dramen*
Schimäre *Hv.*	Chimäre *Nv.*

(auf das/aufs) Schlimmste*	(auf das/aufs) schlimmste
Schlussstrich*	Schluss-Strich*
Schneeeule*	Schnee-Eule
(auf das/aufs) Schönste*	(auf das/aufs) schönste
Schrecken erregend*	schreckenerregend
(auf das/aufs) Schrecklichste*	(auf das/aufs) schrecklichste
Schrimp*	Shrimp
Schritttempo*	Schritt-Tempo*
schwarz-rot-golden*	schwarzrotgolden
schwer wiegend*	schwerwiegend
Score *Hv.*	Skore *Nv.*
Seeelefant*	See-Elefant
(jedem das) seine/seinige*	(jedem das) Seine/Seinige
Seismograph *Hv.*	Seismograf* *Nv.*
selbstständig*	selbständig
Séparée *Hv.*	Separee* *Nv.*
September-Oktober-Heft	September/Oktober-Heft
sequenziell* *Hv.*	sequentiell *Nv.*
s-förmig*	S-förmig
shakespearesche Sonette*	Shakespeare'sche Sonette*
Shortstory* *Hv.*	Short Story* *Nv.*
Show-down* *Hv.*	Showdown *Nv.*
Silikon	Silicon (*fachsprachl.*)
Sinfonie	Symphonie
Sketsch *Hv.*	Sketch *Nv.*
Ski (laufen) *Hv.*	Schi (laufen) *Nv.*
Smalltalk* *Hv.*	Small Talk* *Nv.*
sodass*	so dass
Softdrink* *Hv.*	Soft Drink* *Nv.*
Softwareangebotsmesse	Software-Angebotsmesse
Sollbestand*	Soll-Bestand
Soße *Hv.*	Sauce *Nv.*
Soufflé *Hv.*	Soufflee* *Nv.*
Spaghetti *Hv.*	Spagetti* *Nv.*
Spektrographie *Hv.*	Spektrografie* *Nv.*
Stalllaterne*	Stall-Laterne*
Standingovations* *Hv.*	Standing Ovations* *Nv.*
Starlett	Starlet
Staub saugen	staubsaugen
Stenografie *Hv.*	Stenographie *Nv.*
Stereophonie *Hv.*	Stereofonie* *Nv.*
Stillleben*	Still-Leben*
Stofffetzen*	Stoff-Fetzen*
(auf das/aufs) Strengste*	(auf das/aufs) strengste
Stresssituation*	Stress-Situation*
substanziell* *Hv.*	substantiell *Nv.*
Süffisanz *Hv.*	Süffisance *Nv.*
süperb	superb
Sutane	Soutane

T

Variante 1	Variante 2
Teeei*	Tee-Ei
Telegrafie *Hv.*	Telegraphie *Nv.*
Tete-a-tete*	Tête-à-tête
Thermograph *Hv.*	Thermograf* *Nv.*
Thunfisch *Hv.*	Tunfisch* *Nv.*
Tiebreak* *Hv.*	Tie-Break *Nv.*
Tokaier *Hv.*	Tokajer *Nv.*
Tomatenketschup* *Hv.*	Tomatenketchup *Nv.*
Tomographie *Hv.*	Tomografie* *Nv.*
Topographie *Hv.*	Topografie* *Nv.*
Topten* *Hv.*	Top Ten* *Nv.*
transchieren *Hv.*	tranchieren *Nv.*
Trekking *Hv.*	Trecking* *Nv.*
tschau	ciao
tschüss!*	tschüs!
Typografie* *Hv.*	Typographie *Nv.*

U

Variante 1	Variante 2
u-förmig*	U-förmig
Ultraschallmessgerät*	Ultraschall-Messgerät*
unselbstständig*	unselbständig
(die) unseren/unsrigen*	(die) Unseren/Unsrigen
(das) unten Stehende*	(das) Untenstehende
(im) unten Stehenden*	im Untenstehenden*

V

Variante 1	Variante 2
Vabanque* (spielen) *Hv.*	va banque (spielen) *Nv.*
Varietee* *Hv.*	Varieté *Nv.*
Verschlusssache*	Verschluss-Sache*
Vibraphon *Hv.*	Vibrafon* *Nv.*
(der, die, das) Viele*	(der, die, das) viele
vis-a-vis*	vis-à-vis
voll gefressen*	vollgefressen
vonseiten* *Hv.*	von Seiten* *Nv.*

W

Variante 1	Variante 2
Waggon *Hv.*	Wagon* *Nv.*
Wandalismus	Vandalismus
weit blickend*	weitblickend
weiter bestehen*	weiterbestehen
weit gehend*	weitgehend
weit hinaus*	weithinaus
(der, die, das) Wenige*	(der, die, das) wenige
Wettturnen*	Wett-Turnen*
(jmd.) Auf Wiedersehen* (sagen)	(jmd.) auf Wiedersehen (sagen)
Wirtschaftsgeographie *Hv.*	Wirtschaftsgeografie* *Nv.*
wohl geformt*	wohlgeformt
wohl gelitten*	wohlgelitten
wohl genährt*	wohlgenährt

X

Variante 1	Variante 2
x-beinig*	X-beinig
Xerographie *Hv.*	Xerografie* *Nv.*
x-förmig*	X-förmig
Xylographie *Hv.*	Xylografie* *Nv.*
Xylophon *Hv.*	Xylofon* *Nv.*

Z

Variante 1	Variante 2
Zäpfchen-r*	Zäpfchen-R
zart besaitet*	zartbesaitet
Zäsium	Caesium (*fachsprachl.*)
Zaziki *Hv.*	Tsatsiki *Nv.*
(die oberen) zehntausend*	(die oberen) Zehntausend
Zeit raubend*	zeitraubend
Zellophan	Cellophan (*fachsprachl., Wz.*)
Zellulose	Cellulose (*fachsprachl.*)
Zentaur	Kentaur
Zephir *Hv.*	Zephyr *Nv.*
Zervelatwurst *Hv.*	Servelatwurst *Nv.*
Zider	Cidre
zirka *Hv.*	circa *Nv.*
Zirkus *Hv.*	Circus *Nv.*
Zitrat	Citrat (*fachsprachl.*)
zu Grunde* (gehen/legen)	zugrunde (gehen/legen)
zu Gunsten*	zugunsten
zulasten*	zu Lasten
zu Leide*	zuleide
zu Mute*	zumute
Zungen-r*	Zungen-R
zu Nutze* (machen)	zunutze (machen)
zurande* (kommen)	zu Rande (kommen)
zurate* (ziehen)	zu Rate (ziehen)
zu Schanden* (werden)	zuschanden (werden)
zu Schulden* (kommen lassen)	zuschulden (kommen lassen)
zuseiten*	zu Seiten*
zu Stande* (bringen)	zustande (bringen)
zu Tage* (fördern/treten)	zutage (fördern/treten)
zu Ungunsten*	zuungunsten
zu Wege* (bringen)	zuwege (bringen)
zweifach	2fach
Zweipfünder	2-Pfünder

WÖRTERVERZEICHNIS

a **1.** *Abk. für* Ar (1); **2.** *Mus.: Abk. für* a-Moll
à je, zu, zu je; 5 Stück à 2 Mark
A *n. Gen.* - *Pl.* -(s) **1.** erster Buchstabe des Alphabets; **2.** *Phys.: Abk. für* Ampere; **3.** *Chem.: Abk. für* Atomgewicht; **4.** *Mus.: Abk. für* A-Dur; **5.** das A und das O: der Anfang und das Ende, Gott; *allg.:* das Wichtigste; von A bis Z *ugs.:* von Anfang bis Ende; **6.** *Abk. für* Avance (5); **7.** *Abk. für* Autobahn; **8.** *Kfz-Kennzeichen für* Österreich (= Austria)
Å *Abk. für* Ångström(-Einheit)
a. *Abk. für* am; Frankfurt a. Main *oder* a. M.
AA *Abk. für* Auswärtiges Amt
a. a. *Abk. für* ad acta
Aa|chen Stadt in Nordrhein-Westfalen
Aal *m. 1* schlangenähnl. Fisch; *aber:* Älchen
aa|len *refl. 1, ugs.:* sich behaglich ausruhen
aal|glatt
a. a. O. *Abk. für* am angeführten Ort (bei Zitaten)
Aar *m. 1, poet.:* Adler
Aar|au *auch:* **Aa|rau** Hauptstadt des Kantons Aargau
Aar|gau *m. Gen.* -s schweiz. Kanton
Aas **1.** *n. 1* verwesende Tierleiche; **2.** *n. Gen.* -es *Pl.* Ä|ser *ugs., Schimpfwort*
aa|sen *intr. 1* verschwenderisch umgehen
aa|sig ekelhaft
ab **1.** *Adv.:* ab und an, ab und zu: gelegentlich; ab sein *ugs.;* der Knopf ist ab, ist ab gewesen; ich bin ganz ab *ugs.:* ganz erschöpft; **2.** *Präp. mit Dat.:* ab München; ab Lager spesenfrei; ab zwanzig Büchern; ab erstem (*ugs. auch:* ersten) Mai; vom ersten Mai ab (*ugs. für* vom ersten Mai an); ab ein Uhr; ab sechs Jahre(n)
A|ba|kus [griech.] *m. Gen.* - *Pl.* - **1.** antikes Rechen-, Spielbrett; **2.** Deckplatte über dem Säulenkapitell
A|bä|lard, A|bé|lard, A|bail|lard, *Pierre* frz. Philosoph
ab|än|dern *tr. 1*
Ab|än|de|rung *f. 10*
A|ban|don [abãdɔ̃, frz.] *m. 9* Abtretung (von Rechten oder Sachen)
a|ban|don|nie|ren [abãdɔ-] *tr. 3* abtreten
ab|ar|bei|ten *tr. 2* **1.** ein Pensum a.: schrittweise, nach und nach bewältigen; **2.** sich a.: bis zur Erschöpfung arbeiten
Ab|art *f. 10*
ab|ar|ten *intr. 2, selten*
ab|ar|tig

A-: Die Trennung nach Silben, die nur aus einem Vokal bestehen, ist erlaubt, allerdings sollte im Interesse der Lesbarkeit wie des Schriftbildes von dieser Regel nur behutsam Gebrauch gemacht werden: *A|bend, a|ber, A-ber|glau|be, A|ba|kus,* auch: *o|der, U|fer* usw. § 108

A|ba|sie [griech.] *f. 11, Med.:* Unfähigkeit zu gehen
ab|äs|ten *tr. 2* von Ästen befreien
A|ba|te, Ab|ba|te [aram.-ital.] *m. Gen.* -(n) *Pl.* -ten *oder* -ti Titel ital. Weltgeistlicher
a|ba|tisch auf Abasie beruhend
A|ba|ton [griech.] *n. Gen.* -s *Pl.* -ta das Allerheiligste in der griech.-kath. Kirche
Abb. *Abk. für* Abbildung
Ab|ba [aram. »Vater«] *im NT Anrede für* Gott
Ab|ba|si|de [nach Abbas, dem Onkel Mohammeds] *m. 11* Angehöriger eines Kalifengeschlechts
Ab|ba|te *m. Gen.* -(n) *Pl.* -ten *oder* -ti s. **A|ba|te**
Ab|bau *m. 1 nur Sg.*
ab|bau|en **1.** *tr. 1;* das Gerüst a.; Personal a.; **2.** *intr. 1;* der Mensch baut im Alter ab
Ab|bé [abe, frz.] *m. 9* Titel der niederen frz. Weltgeistlichen
ab|bei|ßen *tr. 8*
ab|bei|zen *tr. 1* entfernen von Farb- und Lackschichten
ab|be|ru|fen *tr. 102;* jmdn. a.
Ab|be|ru|fung *f. 10*
ab|be|stel|len *tr. 1* eine Bestellung rückgängig machen
Ab|be|stel|lung *f. 10*
Ab|be|vil|li|en [abəviljɛ̃, nach dem frz. Fundort Abbeville] *n. Gen.* -(s) *nur Sg.* Kulturstufe der älteren Altsteinzeit
ab|be|zah|len *tr. 1*
ab|bie|gen **1.** *tr. 12, ugs.:* etwas verhindern können; **2.** *intr. 12* die Richtung ändern
Ab|bild *n. 3*
ab|bil|den *tr. 2*
Ab|bit|te *f. 11;* jmdm. A. tun; A. leisten
ab|bit|ten *tr. 15;* jmdm. etwas a.
ab|bla|sen *tr. 16;* die Jagd a.; eine Veranstaltung a. *übertr., ugs.:* ausfallen lassen
ab|blen|den *tr. 2*
ab|blit|zen *intr. 1, ugs.:* abgewiesen werden; jmdn. a. lassen
ab|blo|cken *tr. 1, Sport:* abwehren
Ab|brand *m. 2* Materialschwund beim Verbrennen und Schmelzen
Ab|brand|ler *m. 5, österr.:* durch Brand Geschädigter
Ab|bre|vi|a|ti|on [-vi-, lat.] *f. 10,* **Ab|bre|vi|a|tur** [-vi-] *f. 10* Abkürzung (in Schrift und Druck)
ab|bre|vi|ie|ren [-vi-] *tr. 3* abkürzen
ab|brö|ckeln *tr. u. intr. 1*
Ab|bruch *m. 2;* das tut der Sache keinen A.: das schadet ihr nicht
ab|brum|men *tr. 1;* eine Strafe a. *ugs.:* sie verbüßen
ab|bu|chen *tr. 1* eine Ausgabe eintragen; einen Betrag vom Konto abbuchen
Ab|bu|chung *f. 10*
ab|bum|meln *tr. 1, ugs.;* Überstunden a.
Abc, A|be|ce *n. Gen.* - *Pl.* - Alphabet
Abc-Buch *n. 4* Buch zum Lesenlernen
Abc-Code [-ko:d] *m. 9 nur Sg.* s. **Abc-Kode**
Ab|cha|si|en [-xa-] Republik im Nordwesten Georgiens
ab|che|cken [-tʃɛ-] *tr. 1* prüfen
Abc-Kode, *fachsprachl.:* Abc-Code [-ko:d] *m. 9 nur Sg.* internationaler Telegrammschlüssel
ABC-Staa|ten *Pl.* Argentinien, Brasilien und Chile
ABC-Waf|fen *Pl.* atomare, biolog. und chem. Waffen
Ab|dampf *m. 2*
ab|damp|fen *intr. 1, auch ugs.:* abfahren
ab|dan|ken **1.** *intr. 1* auf den Thron verzichten, zurücktreten; **2.** *tr. 1, veraltet:* entlassen
Ab|dan|kung *f. 10* **1.** Verzicht auf

A

den Thron, Rücktritt, Abdikation; **2.** *schweiz.:* Trauerfeier

ab|dar|ben *tr. 1;* sich etwas (vom Munde) a.

Ab|de|cker *m. 5* jmd., der für die menschl. Ernährung nicht verwertbare Tiere tötet und verarbeitet

Ab|de|cke|rei *f. 10*

Ab|de|rit *m. 10* **1.** Einwohner der altgriechischen Stadt Abdera; **2.** *übertr.:* einfältiger Mensch

Ab|di|ka|ti|on [lat.] *f. 10* = Abdankung (1)

ab|ding|bar *Rechtsw.:* durch Vereinbarung veränderbar

ab|din|gen *tr. 23;* jmdm. etwas a.: jmdm. etwas für einen niedrigeren Preis abhandeln

ab|di|zie|ren [lat.] *intr. 3* abdanken, dem Thron entsagen

Ab|do|men [lat.] *n. Gen.* -s *Pl.* - *oder* -mi|na **1.** Bauch, Unterleib; **2.** Hinterleib der Gliederfüßer

ab|do|mi|nal

ab|dre|hen *tr. u. intr. 1*

Ab|drift *f. 10* s. **Ab|trift**

Ab|druck **1.** *m. 1* Abbildung durch Druck; **2.** *m. 2* Form, die ein Gegenstand durch Druck hinterlässt

ab|dru|cken *tr. 1*

ab|drü|cken *tr. 1*

Ab|duk|ti|on [lat.] *f. 10* Bewegung von der Körperachse weg, Abspreizen

Ab|duk|tor *m. 13* Streckmuskel; *Ggs.:* Adduktor

ab|du|zie|ren *tr. 3*

ab|eb|ben *intr. 2, übertr.:* der Lärm ebbt ab: wird schwächer

A|be|ce *n. Gen.* - *Pl.* - s. **Abc**

ab|ei|sen *tr. 1, österr.:* abtauen

A|bel|mo|schus [arab.] *m. 1* trop. Strauch

> **Abend, abends:** Bezeichnungen für Tageszeiten werden in Verbindung mit *heute, morgen* bzw. *(vor)gestern* großgeschrieben: *heute Mittag, gestern Abend.* Die substantivische Zusammensetzung von Wochentag und Tageszeit wird in einem Wort geschrieben: *am Freitagabend, jeden Freitagabend, eines Freitagabends* (mit dem Adverb *freitagabends,* auch: *freitags abends*). § 55 (4), § 56 (3)

A|bend *m. 1;* gestern, heute, morgen Abend; *aber:* es war an einem Montagabend; jeden Freitagabend; diesen Abend; des Abends; eines Abends; guten Abend!; (jmdm.) guten *oder:* Guten Abend sagen, wünschen; Abend für Abend; gegen Abend; zu Abend essen

a|ben|de|lang; *aber:* viele Abende lang

A|bend|es|sen *n. 7*

a|bend|fül|lend

A|bend|land *n. Gen.* -(e)s *nur Sg.* Europa (und Amerika); *Ggs.:* Morgenland

a|bend|län|disch

a|bend|lich

A|bend|mahl **1.** *n. 1* eine gottesdienstliche Handlung; **2.** *n. 1 oder n. 4* Abendmahlzeit

a|bends am Abend; um 9 Uhr a.; spätabends; montagabends *oder:* montags abends: jeden Montag am Abend

A|bend|stern *m. 1 nur Sg.*

A|bend|stu|di|um *n. Gen.* -s *nur Sg.*

a|bend|wärts *poet.:* westwärts

A|bend|wei|te *f. 11* Winkelabstand eines Gestirns bei seinem Untergang vom Westpunkt; *Ggs.:* Morgenweite

A|ben|teu|er *n. 5*

A|ben|teu|er|film *m. 1*

A|ben|teu|e|rin *f. 10, Nebenform von* Abenteurerin

a|ben|teu|er|lich

a|ben|teu|ern *intr. 1* Abenteuer suchen

A|ben|teu|er|spiel|platz *m. 2*

A|ben|teu|rer *m. 5*

A|ben|teu|re|rin, A|ben|teu|e|rin *f. 10*

> **aber:** Vor entgegensetzenden Konjunktionen wie *aber, doch, jedoch* und *sondern* steht bei nebengeordneten Teilsätzen, Wortgruppen oder Wörtern ein Komma: *Er sah sie, aber er konnte sich nicht/an nichts erinnern. Das war ein schöner, aber anstrengender Ausflug.*

a|ber **1.** *Konj.;* er ist (zwar) klug, aber faul; klein, aber fein; das ist aber schön!; aber, aber! (erstaunt u. leicht tadelnd); aber ja!, aber nein! (verstärkend); **2.** *Adv.:* wieder; aber und abermals; aberhundert, abertausend *oder:* Aberhundert, Abertausend Blumen; aberhunderte, abertausende *oder:* Aberhunderte, Abertausende blühender Blumen

A|ber *n. Gen.* -s *Pl.* -(s); es ist ein (großes) A. dabei; das Wenn und das A.

A|ber|glau|be *m. 15* auf primitiven relig. Vorstellungen beruhender Glaube

a|ber|gläu|bisch

> **aberhundert/Aberhundert:** Geben *aberhundert* bzw. *abertausend* eine unbestimmte Menge an, sind sie wie die Zahlwörter (Substantive) *Hundert* bzw. *Tausend* zu verstehen. Deshalb ist Klein- oder Großschreibung möglich: *aberhundert/Aberhundert* (= viele hundert) *Menschen* bzw. *aberhunderte/Aberhunderte Menschen* (= viele Hunderte). § 58 (6)

a|ber|hun|dert vgl. aber

ab|er|ken|nen *tr. 67;* ich erkenne es ihm ab *oder:* ich aberkenne es ihm: ich gestehe es ihm nicht zu

Ab|er|ken|nung *f. 10*

a|ber|ma|lig wiederholt, wieder vorkommend

a|ber|mals wieder, wiederum; a. kam er zu spät

ab|er|rant [lat.] abweichend

Ab|er|ra|ti|on *f. 10* **1.** Abweichung; **2.** *Astron.:* scheinbare Ortsveränderung eines Sterns; **3.** *Optik:* sphärische A.: Bildunschärfe; chromatische A.: Farbabweichung

A|ber|rau|te *f. 11* eine Heilpflanze

ab|er|rie|ren [lat.] *intr. 3* abweichen

a|ber|tau|send vgl. aber

A|ber|witz *m. 1 nur Sg.* Wahnwitz

a|ber|wit|zig

A|bes|si|ni|en *frühere Bez. für* Äthiopien

A|bes|si|ni|er *m. 5*

a|bes|si|nisch

ABF *in der DDR Abk. für* Arbeiter-und-Bauern-Fakultät

ab|fa|ckeln *tr. 1, Tech.:* Gasgemische, die nicht anderweitig genutzt werden können, verbrennen

ab|fah|ren **1.** *tr. 32;* eine Strecke a.; **2.** *intr. 32, ugs.:* unfreundlich abgewiesen werden; jmdn. a. lassen: jmdn. unfreundlich abweisen

Ab|fahrt *f. 10*

Ab|fahrts|be|fehl *m. 1*

Ab|fahrts|lauf *m. 2* ein alpiner Skiwettbewerb

Ạb|fahrt(s)|si|gnal *auch:* **Ab|fahrt(s)|sig|nal** *n. 1*
Ạb|fahrts|tag *m. 1*
Ạb|fahrts|zeit *f. 10*
Ạb|fall **1.** *m. 1 nur Sg.;* A. vom Glauben; **2.** *m. 2* Überbleibsel, Kehricht, Müll
Ạb|fall|bör|se *f. 11* Einrichtung, an der Industrieabfälle, Reststoffe u. Ä. gehandelt werden
ạb|fal|len *intr. 33*
ạb|fäl|lig geringschätzig
ạb|fan|gen *tr. 34*
ạb|fär|ben *intr. 1*
ạb|fas|sen *tr. 1*
Ạb|fas|sung *f. 10*
ạb|fei|ern *tr. 1;* Überstunden a.: statt Bezahlung Freizeit für sie nehmen
ạb|fer|ti|gen *tr. 1*
Ạb|fer|ti|gung *f. 10*
ạb|feu|ern *tr. 1;* einen Schuss a.
ạb|fin|den *tr. 36*
Ạb|fin|dung *f. 10*
ạb|flau|en *intr. 1* schwächer werden (Wind, Interesse)
ạb|flie|gen *intr. 38*
ạb|flie|ßen *intr. 40*
ạb|fluch|ten *tr. 2, Bauw.:* in eine gerade Linie (Fluchtlinie) bringen
Ạb|flug *m. 2*
Ạb|fluss (*alt:* Ạb|fluß) *m. 2*
Ạb|fol|ge *f. 11* Reihenfolge
ạb|for|dern *tr. 1;* jmdm. etwas abfordern
ạb|fra|gen *tr. 1;* jmdn. oder jmdm. etwas abfragen
Ạb|fuhr *f. 10; übertr.:* barsche Abweisung; jmdm. eine Abfuhr erteilen
ạb|füh|ren **1.** *tr. 1;* **2.** *intr. 1* die Darmentleerung anregen
Ạb|führ|mit|tel *n. 5*
ạb|füt|tern *tr. 1, ugs.*
Abg. *Abk. für* Abgeordnete(r)
Ạb|ga|be *f. 11, meist Pl.* Steuern, Zoll u. a.
ạb|ga|be(n)|frei
ạb|ga|ben|pflich|tig, ạb|ga|be|pflich|tig
Ạb|ga|be|pflicht *f. 10*
ạb|ga|be|pflich|tig, ạb|ga|ben|pflich|tig
Ạb|gang *m. 2; Med.:* Fehlgeburt, Abort; einen Abgang haben
Ạb|gän|ger *m. 5* von der Schule abgehender Schüler
ạb|gän|gig vermisst
Ạb|gas *n. 1* bei Verbrennungsvorgängen entweichendes Gas, Auspuffgas

ABGB *Abk. für* Allgemeines Bürgerliches Gesetzbuch (für Österreich)
ạb|ge|ben **1.** *tr. u. refl. 45;* **2.** *intr. 45, schweiz.:* alt, gebrechlich werden; er hat abgegeben
ạb|ge|brannt *ugs.:* ohne Geld, in Geldverlegenheit
ạb|ge|brüht *ugs.:* durch böse Erfahrungen gleichgültig; moralisch unempfindlich
ạb|ge|dro|schen *ugs.:* durch zu häufigen Gebrauch bedeutungs-, wirkungslos (Redensart)
ạb|ge|feimt sehr schlau, gerissen, ausgefeimt
ạb|ge|grif|fen abgenutzt; *auch übertr.:* abgedroschen
ạb|ge|hackt
ạb|ge|härmt
ạb|ge|hen *intr. 47;* du bist mir abgegangen *süddt.:* du hast mir gefehlt
ạb|ge|kämpft
ạb|ge|kar|tet heimlich vereinbart
ạb|ge|klärt ruhig und weise (geworden), gereift
Ạb|geld *n. 3* vgl. Disagio; *Ggs.:* Aufgeld
ạb|ge|lebt **1.** gebrechlich, altersschwach; **2.** *poet.:* längst vergangen; in abgelebten Zeiten
ạb|ge|le|gen
ạb|gel|ten *tr. 49* bezahlen, ausgleichen; Überstunden a.
Ạb|gel|tung *f. 10*
ạb|ge|macht
ạb|ge|neigt; einer Sache a. sein
Ạb|ge|ord|ne|te(r) *m. 18 (17) bzw. f. 17 oder 18* (*Abk.:* Abg.)
Ạb|ge|ord|ne|ten|haus *n. 4*
Ạb|ge|ord|ne|ten|kam|mer *f. 11*
ạb|ge|ris|sen **1.** abgenutzt, schäbig; **2.** *übertr.:* unzusammenhängend; etwas in abgerissenen Worten erzählen
Ạb|ge|sand|te(r) *m. 18 (17) bzw. f. 17 oder 18*
Ạb|ge|sang *m. 2* letzter Teil der Strophe im Meistergesang; *Ggs.:* Aufgesang
ạb|ge|schie|den
ạb|ge|schmackt albern, geistlos
ạb|ge|spannt
ạb|ge|stan|den *übertr.:* abgedroschen
ạb|ge|stor|ben
ạb|ge|sto|ßen
ạb|ge|stumpft
ạb|ge|ta|kelt *übertr. ugs.:* heruntergekommen, verlebt, verblüht
ạb|ge|tan

ạb|ge|trie|ben *übertr.:* überanstrengt und schlecht gepflegt (Pferd)
ạb|ge|win|nen *tr. 53;* einer Sache nichts a. können: keinen Gefallen an ihr finden
ạb|ge|wöh|nen *tr. 1*
ạb|gie|ßen *tr. 54*
Ạb|glanz *m. Gen. -es nur Sg.*
ạb|glei|chen *tr. 55*
Ạb|gott *m. 4* **1.** falscher Gott, Götze; **2.** *übertr.:* jmd., der übertrieben geliebt wird
Ab|göt|te|rei *f. Gen. - nur Sg.* Götzendienst, Idolatrie
ạb|göt|tisch; jmdn. a. lieben *übertr.*
Ạb|gott|schlan|ge *f. 11* südamerikan. Riesenschlange, Königsschlange
ạb|gra|ben *tr. 58;* jmdm. das Wasser a. *übertr.:* jmdm. die Existenzgrundlage entziehen
ạb|gren|zen *tr. 1*
Ạb|gren|zung *f. 10 nur Sg.*
Ạb|grund *m. 2*
ạb|grün|dig
ạb|grund|tief
ạb|gu|cken *tr. u. intr. 1*
Ạb|gunst *f. Gen. - nur Sg., veraltet:* Missgunst
ạb|güns|tig
Ạb|guss (*alt:* Ạb|guß) *m. 2*
Abh. *Abk. für* Abhandlung
ạb|ha|ben *tr. 60, ugs.:* den Hut, die Brille a.; etwas a. wollen
ạb|ha|ken *tr. 1*
ạb|half|tern *tr. 1, auch übertr.;* jmdn. abhalftern: jmdn. in seine Schranken verweisen, absetzen
ạb|hal|ten **1.** *tr. 61;* **2.** *intr. 61;* vom Land a. *Seew.:* vom Land wegsteuern
Ạb|hal|tung *f. 10*
ạb|han|deln *tr. 1*
ab|hạn|den; abhanden kommen: verloren gehen
Ạb|hand|lung *f. 10* (*Abk.:* Abh.) schriftl. (wissenschaftl.) Untersuchung, Aufsatz
Ạb|hang *m. 2*
ạb|hän|gen **1.** *tr. 1;* ein Bild a.; einen Begleiter a. *übertr. ugs.:* ihn loswerden, ihm entfliehen; **2.** *intr. 62* über längere Zeit hängen; abgehangenes Fleisch; von jmdm. a.: von jmdm. abhängig sein; es hängt davon ab, ob …: es kommt darauf an, ob …
ạb|hän|gig; abhängige Rede: indirekte Rede; abhängiger Satz: Nebensatz

A

Ab|hän|gig|keit *f. 10*
ab|här|men *refl. 1*
ab|här|ten *tr. 2*
Ab|här|tung *f. 10 nur Sg.*
ab|has|peln **1.** *tr. 1;* **2.** *refl. 1, ugs.:* sich abhetzen
ab|hau|en **1.** *tr. 63;* **2.** *intr. 1, ugs.:* weglaufen; *Schülerspr. mitteldt.:* abschreiben
ab|he|ben *tr., intr., refl. 64;* auf etwas a.: auf etwas hinweisen
ab|hef|ten *tr. 2*
ab|hei|len *intr. 1;* die Krankheit wird schnell a.
ab|hel|fen *intr. 66;* einer Sache abhelfen
ab|het|zen *refl. 1*
Ab|hil|fe *f. Gen. - nur Sg.;* Abhilfe schaffen, wissen
Ab|hit|ze *f. 11 nur Sg.* = Abwärme
ab|hold [auch: ab-]; jmdm. oder einer Sache abhold sein: jmdn. oder eine Sache nicht mögen
ab|ho|len *tr. 1*
Ab|ho|ler *m. 3*
ab|hol|zen *tr. 1*
Ab|hol|zung *f. 10*
ab|hor|chen *tr. 1, Med.:* durch Horchen an Brust und Rücken Körpergeräusche prüfen, auskultieren
ab|hö|ren *tr. 1*
Ab|hör|ge|rät *n. 1*
ab|hor|res|zie|ren, ab|hor|rie|ren [lat.] *tr. 3, veraltet* **1.** verabscheuen; **2.** *Rechtsw.:* ablehnen, verwerfen
Ab|hub *m. 1 nur Sg.* Reste, Abfall, Abschaum
A|bi|o|ge|ne|se [griech.] *f. 11 nur Sg.,* **A|bi|o|ge|ne|sis** *f. Gen. - nur Sg.* Urzeugung, Zeugung aus unbelebter Materie
A|bi|o|se *f. 11 nur Sg.* Leblosigkeit, Lebensunfähigkeit
a|bi|o|tisch leblos
A|bi|o|tro|phie *f. 11* vorzeitiges Absterben von Geweben
Ab|i|tur *auch:* **A|bi|tur** [lat.] *n. 1* Reifeprüfung an der höheren Schule
Ab|i|tu|ri|ent *auch:* **A|bi|tu|ri|ent** *m. 10* jmd., der das Abitur ablegt oder gerade abgelegt hat
Ab|i|tu|ri|um *auch:* **A|bi|tu|ri|um** *n. Gen. -s Pl. -ri|en, veraltet für* Abitur
ab|ja|gen *tr. 1*
Ab|ju|di|ka|ti|on [lat.] *f. 10, Rechtsw.:* Aberkennung
ab|ju|di|zie|ren *tr. 3* aberkennen
Abk. *Abk. für* Abkürzung

ab|kan|zeln *tr. 1* heftig zurechtweisen
ab|ka|pi|teln *tr. 1, ugs.:* heftig ausschelten
ab|kap|seln *tr. 1*
Ab|kap|se|lung, Ab|kaps|lung *f. 10*
ab|kas|sie|ren *intr. 3* **1.** Gästen die Zeche abrechnen; **2.** *ugs.:* Geld einnehmen
ab|kau|fen *tr. 1;* das kaufe ich dir nicht ab *übertr. ugs.:* das glaube ich dir nicht
ab|ket|te(l)n *tr. 1;* Maschen a.: sie so abstricken, dass sie sich nicht mehr lösen können
ab|kip|pen *tr. 1*
ab|klap|pern *tr. 1, ugs.:* Häuser, Wohnungen a.: in allen Häusern, Wohnungen nachfragen (um etwas zu verkaufen oder zu erfahren)
ab|klä|ren *tr. 1*
Ab|klatsch *m. 1* Abdruck, genaue Nachbildung; *übertr. ugs.:* Nachahmung ohne Wert
ab|klem|men *tr. 1*
ab|klin|gen *intr. 69*
ab|klop|fen **1.** *tr. 1, Med.:* durch Klopfen mit dem Finger oder Perkussionshammer auf den Rücken auf krankhafte Geräusche im Brustkorb untersuchen, perkutieren; **2.** *intr. 1* durch Klopfen mit dem Taktstock das Spiel der Musiker unterbrechen
ab|knal|len *tr. 1, ugs.:* sinnlos erschießen
ab|knap|pen, ab|knap|sen *tr. 1, ugs.;* jmdm. etwas (vom Lohn, vom Essen) a.
ab|knöp|fen *tr. 1; auch ugs.;* jmdm. etwas a.: mit Mühe von ihm erlangen
ab|ko|chen **1.** *tr. 1* durch Kochen keimfrei machen; **2.** *intr. 1* im Freien kochen
Ab|ko|chung *f. 10* Absud
ab|kom|man|die|ren *tr. 3*
Ab|kom|man|die|rung *f. 10*
Ab|kom|me *m. 11* Nachkomme
ab|kom|men *intr. 71*
Ab|kom|men *n. 7* Abmachung, Vereinbarung, Vertrag
Ab|kom|men|schaft *f. 10* Nachkommenschaft
ab|kömm|lich entbehrlich (Person)
Ab|kömm|ling *m. 1* **1.** Nachkomme; **2.** = Derivat (1)
ab|kop|peln *tr. 1;* sich a. *übertr.:* sich selbständig machen
Ab|kopp|lung *f. 10*
ab|kra|gen *tr. 1, Bauw.:* abschrägen

ab|krat|zen **1.** *tr. 1;* **2.** *intr. 1, ugs.:* sterben
ab|küh|len *tr. u. intr. 1*
Ab|küh|lung *f. 10*
ab|kün|di|gen *tr. 1* von der Kanzel her bekannt geben
Ab|kün|di|gung *f. 10*
Ab|kunft *f. 2, veraltet:* Herkunft, Abstammung
ab|kup|fern *tr. 1, ugs.:* abzeichnen, abschreiben
ab|kür|zen *tr. 1*
Ab|kür|zung *f. 10* Verkürzung; verkürztes Wort, z. B. »Abk.«
Ab|kür|zungs|spra|che *f. 11* Sprache mit vielen Abkürzungen, Küsprache
ab|la|den *tr. u. intr. 74*
Ab|la|de|platz *m. 2*
Ab|la|dung *f. 10*
Ab|la|ge *f. 11* **1.** Stelle oder Raum zum Ablegen, Aufbewahren; **2.** *schweiz.:* Agentur, Annahmestelle (z. B. einer Wäscherei)
ab|la|gern *tr. u. intr. 1*
Ab|la|ge|rung *f. 10* Sediment
Ab|lak|ta|ti|on [lat.] *f. 10 nur Sg.* Entwöhnung von der Muttermilch, Abstillen
ab|lak|tie|ren *tr. 3* **1.** abstillen; **2.** *Obstbau:* veredeln
ab|lan|dig vom Land her wehend (Wind); *Ggs.:* auflandig
Ab|lass (*alt:* Ab|laß) *m. 2* **1.** Abfluss; **2.** Nachlass (vom Preis); **3.** *kath. Kirche:* Nachlass von Sündenstrafen
ab|las|sen **1.** *tr. 75;* **2.** *intr. 75;* von etwas a.: mit etwas aufhören
Ab|la|ti|on *auch:* **A|bla|ti|on** [lat.] *f. 10* Abschmelzen (von Gletschern); Abtragung, Einebnung (der Erdoberfläche) durch Wind
Ab|la|tiv *auch:* **A|bla|tiv** *m. 1* Beugungsfall der indogerman. Sprachen z. B. zur Angabe der Richtung von … her
Ab|la|ti|vus ab|so|lu|tus *auch:* **A|bla|ti|vus ab|so|lu|tus** [-vus] *m. Gen. - - Pl. -vi [-vi] -ti, im Latein.:* eine Ablativkonstruktion
Ab|lauf *m. 2*
ab|lau|fen *intr. u. tr. 76;* jmdm. den Rang a. *übertr.:* ihn übertreffen
Ab|laut *m. 1* Veränderung des Stammvokals in wurzelverwandten Wörtern, z. B. binden, Band, Bund
ab|lau|ten *intr. 2* dem Ablaut unterliegen

A

ab|le|ben *intr. 1* sterben
ab|le|cken *tr. 1*
ab|le|gen *tr. 1*
Ab|le|ger *m. 5* abgeschnittener, in die Erde gesetzter Pflanzenteil, Senker
ab|leh|nen *tr. 1*
Ab|leh|nung *f. 10*
ab|lei|ten *tr. 2*
Ab|lei|tung *f. 10*
Ab|lei|tungs|sil|be *f. 11*
ab|len|ken *tr. 1*
Ab|len|kung *f. 10*
Ab|len|kungs|ma|nö|ver [-vər] *n. 5*
ab|lich|ten *tr. 2* auf fotomechan. Wege eine Kopie herstellen
Ab|lich|tung *f. 10* fotomechan. Kopie
ab|lie|fern *tr. 1;* ich liefere es ab
ab|lie|gen *intr. 80; schweiz. auch:* sich hinlegen
ab|lis|ten *tr. 2;* jmdm. etwas a.
ab|lö|schen *tr. 1; auch Kochkunst:* mit kalter Flüssigkeit aufgießen
Ab|lö|se *f. 11, kurz für* Ablösesumme
ab|lö|sen *tr. 1;* Einrichtungsgegenstände a.: beim Mieten einer Wohnung mit übernehmen und bezahlen
Ab|lö|se|sum|me *f. 11* für eine Ablösung zu zahlender Betrag, Ablöse
Ab|lö|sung *f. 10*
ab|luch|sen [-ks-] *tr. 1, ugs.:* jmdm. etwas a.: durch List etwas von jmdm. erlangen
Ab|luft *f. 2* aus einem Raum abgeleitete, verbrauchte Luft
ABM *Abk. für* Arbeitsbeschaffungsmaßnahme
ab|ma|chen *tr. 1*
Ab|ma|chung *f. 10*
ab|ma|gern *intr. 1*
Ab|ma|ge|rung *f. 10 nur Sg.*
ab|mah|nen *tr. 1*
Ab|mah|nung *f. 10*
ab|mark|ten *tr. 2;* jmdm. etwas a.: durch Feilschen von ihm erlangen
ab|mei|ern *tr. 1;* jmdn. a.: jmds. Pachtverhältnis für einen Meierhof kündigen
ab|mel|den *tr. 2*
Ab|mel|dung *f. 10*
ab|mes|sen *tr. 84*
Ab|mes|sung *f. 10*
ab|mon|tie|ren *tr. 3*
ab|mü|hen *refl. 1*
ab|murk|sen *tr. 1, ugs.:* umbringen, töten
ab|mus|tern *Seew.:* **1.** *intr. 1* den Dienst aufgeben; **2.** *tr. 1* entlassen; *Ggs.:* anmustern
Ab|mus|te|rung *f. 10*
ab|na|beln *tr. 1* durch Abbinden und Zerschneiden der Nabelschnur vom Mutterleib trennen
Ab|na|be|lung, Ab|nab|lung *f. 10*
ab|nä|hen *tr. 1* durch eine Naht enger machen
Ab|nä|her *m. 5* Naht zum Verengern
ab|neh|men **1.** *tr. 88;* das nehme ich dir nicht ab *ugs.:* das glaube ich dir nicht; **2.** *intr. 88* geringer werden
Ab|neh|mer *m. 5*
Ab|nei|gung *f. 10*
ab|ni|cken *tr. 1, ugs.:* etwas genehmigen, einer Sache zustimmen
ab|norm [lat.] von der Norm, der Regel abweichend, regelwidrig
ab|nor|mal *österr., schweiz.:* abnorm
Ab|nor|mi|tät *f. 10* Abweichung von der Norm, Regelwidrigkeit, krankhafte Erscheinung
ab|nö|ti|gen *tr. 1;* er nötigt mir Bewunderung, Respekt ab: ich muss ihn bewundern, muss Respekt vor ihm haben
ab|nut|schen *tr. 1, Chem.:* mit der Nutsche absaugen
ab|nut|zen, ab|nüt|zen *tr. 1*
Ab|nut|zung, Ab|nüt|zung *f. 10 nur Sg.*
A|bo *Kurzform für* Abonnement
ab|o|lie|ren *auch:* **a|bo|lie|ren** [lat.] *tr. 3, veraltet:* abschaffen; begnadigen
Ab|o|li|ti|on *auch:* **A|bo|li|ti|on** *f. 10* Niederschlagung (eines Strafverfahrens); Abschaffung, Aufhebung
Ab|o|li|ti|o|nis|mus *auch:* **A|bo|li|ti|o|nis|mus** *m. Gen. - nur Sg., in den USA* Bewegung für die Abschaffung der Sklaverei, *in Großbritannien* für die Abschaffung der Prostitution
Ab|o|li|ti|o|nist *auch:* **A|bo|li|ti|o|nist** *m. 10* Anhänger des Abolitionismus
A|bon|ne|ment [abɔnəmã, schweiz. auch: -bɔn-, frz.] *n. 9, schweiz. auch:* [abɔnəmɛnt] *n. 1* **1.** Bezug von Zeitungen u. a. auf bestimmte oder unbestimmte Zeit; **2.** Miete eines Platzes im Theater oder Konzert für eine Spielzeit bzw. Saison
A|bon|nent *m. 10* Inhaber eines Abonnements
a|bon|nie|ren *tr. 3;* eine Zeitung a.; auf eine Zeitung abonniert sein *ugs.:* sie abonniert haben
ab|o|ral *auch:* **a|bo|ral** [lat.] vom Mund, von der Mundöffnung abgewendet, entgegengesetzt zum Mund liegend
ab|ord|nen *tr. 2*
Ab|ord|nung *f. 10*
Ab|o|ri|gi|nes *auch:* **A|bo|ri|gi|nes** [æbərɪdʒɪni:z, engl.] *Pl.* Ureinwohner Australiens
Ab|ort **1.** *m. 1* Klosett, Toilette; **2.** *auch:* **A|bort** [lat.] *m. 1* Ab|or|tus *m. Gen. - Pl. -* Fehlgeburt
ab|or|tie|ren *auch:* **a|bor|tie|ren** *intr. 3* **1.** eine Fehlgeburt haben; **2.** *Gartenbau:* keine Früchte ansetzen
ab|or|tiv *auch:* **a|bor|tiv** **1.** unreif, unfertig; **2.** abtreibend (Mittel); **3.** leicht, verkürzt verlaufend (Krankheit)
Ab|or|ti|vum *auch:* **A|bor|ti|vum** [-vum] *n. Gen.* -s *Pl.* -va [-va] Mittel zur Abtreibung; Mittel, das eine Krankheit verkürzt oder ihren Ausbruch verhindert
Ab|or|tus *auch:* **A|bor|tus** *m. Gen. - Pl. -* s. **Ab|ort** (2)
ab o|vo [-vo, lat. »vom Ei an«] von Anfang an, weit ausholend; etwas ab ovo berichten
ab|pfei|fen *tr. 90;* ein Spiel a.: durch Pfiff das Zeichen zu seiner Beendigung geben
ab|pla|cken, ab|pla|gen *refl. 1*
ab|pral|len *intr. 1* beim Auftreffen auf einen Gegenstand zurückgeworfen werden
Ab|pro|dukt *n. 1 meist Pl.* Müll
ab|prot|zen *intr. 1, Mil.:* ein Geschütz von der Protze nehmen
ab|quä|len *refl. 1*
ab|qua|li|fi|zie|ren *tr. 3* abwertend beurteilen
ab|ra|ckern *refl. 1*
Ab|ra|ham *auch:* **A|bra|ham** **1.** im AT Stammvater Israels; **2.** männl. Vorname
ab|rah|men *tr. 1;* Milch a.: den Rahm abschöpfen
A|bra|ka|da|bra *auch:* **Ab|ra|ka|dab|ra** [vielleicht von Abraxas] *n. 9* ein Zauberwort; sinnloses Geschwätz
Ab|ra|si|on *f. 10* **1.** Abtragung (der Küste durch die Brandung); **2.** *Med.:* Ausschabung (der Gebärmutter)
Ab|raum *m. 2* **1.** Erdschicht über Bodenschätzen; **2.** Abfall, Schutt

A

Ab|ra|xas *auch:* **A|bra|xas** [ägypt. oder pers.] *m. Gen. - nur Sg.* **1.** *in der Gnostik Name für* Gott; **2.** Zauberwort auf geschnittenen Steinen
ab|re|a|gie|ren *tr. 3* loswerden, entladen (Ärger, Erregung); sich a.: seinem Ärger Luft machen
Ab|re|ak|ti|on *f. 10*
ab|re|beln *tr. 1, österr.;* Beeren a.: einzeln abpflücken
ab|rech|nen **1.** *tr. 2;* einen Betrag a.; **2.** *intr. 2;* mit jmdm. a.
Ab|rech|nung *f. 10*
Ab|rech|te *f. 11* linke Tuchseite
Ab|re|de *f. 11* Vereinbarung, Abmachung; etwas in Abrede stellen: etwas leugnen, für nicht wahr erklären
ab|re|gen *refl. 1, ugs.:* sich beruhigen
Ab|rei|bung *f. 10, ugs.:* scharfe Zurechtweisung, Prügel; kalte Abreibung *Med.:* Abreibung mit kaltfeuchtem Tuch
ab|rei|sen *intr. 1*
ab|rei|ßen *tr. 96* losreißen, niederreißen, abtrennen
A|bri *auch:* **Ab|ri** [frz.] *m. 9* steinzeitl. Wohnstätte unter Felsvorsprüngen
ab|rich|ten *tr. 2;* Tiere a.: lehren, dressieren; Hölzer, Bleche a.: glätten
Ab|rich|ter *m. 5* Tierlehrer, Dresseur
Ab|rieb *m. 1 nur Sg.* Materialschwund durch Abbröckeln oder Reibung (bei Kohle, Metall o. Ä.)
ab|rieb|fest
Ab|rieb|fes|tig|keit *f. 10 nur Sg.*
ab|rie|geln *tr. 1;* ich riegele, riegle die Tür ab
Ab|rie|ge|lung, Ab|rieg|lung *f. 10*
ab|rin|gen *tr. 100;* jmdm. etwas abringen
Ab|riss (*alt:* Ab|riß) *m. 1* kurze (schriftl.) Darstellung, Überblick
Ab|ruf *m. 1;* etwas auf A. bestellen, liefern
ab|ruf|bar
ab|ru|fen *tr. 102*
ab|run|den *tr. 2*
Ab|run|dung *f. 10*
ab|rupt *auch:* **a|brupt** [lat.] ohne Übergang, plötzlich
ab|rüs|ten *tr. u. intr. 2*
Ab|rüs|tung *f. 10 nur Sg.*
Ab|ruz|zen *auch:* **A|bruz|zen** *Pl.* ital. Gebirgslandschaft
Abs. **1.** *Abk. für* Absender; **2.** *Abk. für* Absatz (1)
ABS *Abk. für* Antiblockiersystem
ab|sa|cken *intr. 1, ugs.:* versinken
Ab|sa|ge *f. 11*
ab|sa|gen *tr. 1*
ab|sä|gen *tr. 1; übertr., ugs.:* entlassen
ab|sah|nen *tr. 1; übertr., ugs.:* das Beste für sich nehmen
ab|sat|teln *tr. 1*
Ab|satz *m. 2* **1.** (*Abk.:* Abs.) Abschnitt; **2.** Teil des Schuhs; **3.** *nur Sg.* Verkauf (von Waren)
ab|sau|fen *intr. 103, ugs.:* ertrinken; untergehen (Schiff)
ab|säu|gen *tr. 1* abstillen
ab|schal|ten *tr. u. intr. 2*
Ab|schal|tung *f. 10*
ab|schät|zen *tr. 1*
ab|schät|zig geringschätzig, verächtlich
Ab|schät|zung *f. 10*
Ab|schaum *m. 2 nur Sg.*
ab|schei|den **1.** *tr. 107* trennen, ausscheiden; **2.** *intr. 107* sterben
Ab|schei|dung *f. 10*
ab|schel|fern *intr. 1* s. **ab|schil|fern**
Ab|schel|fe|rung *f. 10* s. **Ab|schil|fe|rung**
Ab|scheu *m. oder f. 1 nur Sg.;* Abscheu erregend *oder:* abscheuerregend
ab|scheu|er|re|gend = **Ab|scheu er|re|gend**
ab|scheu|lich
Ab|scheu|lich|keit *f. 10*
ab|schie|ben **1.** *tr. 112;* **2.** *intr. 112, ugs.:* weggehen; schieb ab!
Ab|schie|bung *f. 10;* die A. von Asylbewerbern
Ab|schied *m. 1*
ab|schie|ßen *tr. 113*
ab|schil|fern, ab|schel|fern *intr. 1* sich in Schuppen ablösen
Ab|schil|fe|rung, Ab|schel|fe|rung *f. 10*
ab|schin|den *refl. 114*
ab|schir|men *tr. 1*
Ab|schir|mung *f. 10*
ab|schir|ren *tr. 1;* ein Pferd a.
Ab|schlag *m. 2* **1.** Teilzahlung, Akontozahlung; **2.** *Bankw.:* = Disagio; **3.** *Hockey, Eishockey:* = Bully; **4.** *Golf:* erster Schlag; *auch:* Bahnbeginn
ab|schlä|gig ablehnend; abschlägiger Bescheid
ab|schläg|lich in Form eines Abschlags; abschlägliche Zahlung
ab|schläm|men *tr. 1* von Schlamm befreien
ab|schlep|pen *tr. 1*
ab|schlie|ßen *tr. u. intr. 120*
Ab|schluss (*alt:* Ab|schluß) *m. 2*
ab|schme|cken *tr. 1*
ab|schmei|cheln *tr. 1;* jmdm. etwas abschmeicheln
ab|schmet|tern *tr. 1* energisch abweisen, zurückweisen
ab|schmin|ken *tr. 1* von Schminke befreien, reinigen; sich a.; das Gesicht a.; sich etwas a. *ugs.:* auf etwas verzichten, etwas aufgeben
ab|schnei|den *tr. u. intr. 125*
Ab|schnitt *m. 1*
ab|schnitt(s)|wei|se
ab|schnü|ren *tr. 1*
Ab|schnü|rung *f. 10*
ab|schöp|fen *tr. 1;* von einer Sache den Rahm a. *übertr.:* das Beste für sich nehmen
ab|schre|cken *tr. 1; auch Kochkunst:* Eier abschrecken: mit kaltem Wasser übergießen
Ab|schre|ckung *f. 10 nur Sg.*
ab|schrei|ben *tr. u. intr. 127*
Ab|schrei|bung *f. 10*
Ab|schrot *m. 1* meißelförmiger Ambosseinsatz
ab|schro|ten *tr. 2* trennen (metall. Werkstücke)
Ab|schrö|ter *m. 5* **1.** Abschrot; **2.** Abschrothammer
ab|schuf|ten *refl. 2, ugs.*
ab|schup|pen *tr. u. refl. 1*
Ab|schup|pung *f. 10*
ab|schür|fen *tr. 1* abkratzen, durch Kratzen verletzen
Ab|schür|fung *f. 10*
Ab|schuss (*alt:* Ab|schuß) *m. 2*
Ab|schuss|ba|sis (*alt:* Ab|schuß|basis) *f. Gen. - Pl. -sen* Stätte zum Abschuss von Raketen
ab|schüs|sig steil geneigt, steil abfallend
Ab|schüs|sig|keit *f. 10 nur Sg.*
Ab|schuss|ram|pe (*alt:* Ab|schuß|ram|pe) *f. 11* Vorrichtung zum Abschuss von Raketen
ab|schüt|teln *tr. 1*
ab|schwä|chen *tr. 1; Fot.:* aufhellen
Ab|schwä|cher *m. 5* Chemikaliengemisch zum Abschwächen von Negativen
Ab|schwä|chung *f. 10*
ab|schwat|zen *tr. 1, ugs.;* jmdm. etwas abschwatzen
ab|schwei|fen *intr. 1* abweichen, abkommen; vom Thema a.
Ab|schwei|fung *f. 10*
ab|schwel|len *intr. 131*
Ab|schwel|lung *f. 10 nur Sg.*
ab|schwen|ken *tr. u. intr. 1*
ab|schwin|deln *tr. 1, ugs.;* jmdm. etwas a.

ab|schwir|ren *intr. 1, ugs.:* weggehen, sich entfernen
ab|schwö|ren *intr. 135, mit Dat.;* seinem Glauben a.
ab|seg|nen *tr. 2, ugs.;* etwas a.: einem Vorhaben zustimmen
ab|se|hen *tr. u. intr. 136;* abgesehen davon, dass ...
ab|sei|hen *tr. 1* durch einen Seiher gießen
ab|sei|len *tr. 1*
ab sein (*alt:* ab|sein) *intr. 137, ugs.*
Ab|sei|te *f. 11* **1.** Rückseite (bei Stoffen); **2.** Raum, Verschlag unter dem schrägen Dach
ab|sei|tig **1.** abgelegen; **2.** abwegig
Ab|sei|tig|keit *f. 10 nur Sg.*
ab|seits **1.** *Adv.* entfernt; a. stehen; *Sport:* in regelwidriger Stellung (bei Ballspielen); **2.** *Präp. mit Gen.:* fern von; abseits der großen Menge
Ab|seits *n. Gen. - nur Sg., Sport:* regelwidrige Stellung; der Spieler steht im Abseits
Ab|sence [absãs, frz.] *f. 11* Geistesabwesenheit; kurze Bewusstseinstrübung oder Bewusstlosigkeit bei epileptischem Anfall; vgl. Absenz
ab|sen|den *tr. 1*
Ab|sen|der *m. 5* (*Abk.:* Abs.)
ab|sent [lat.] abwesend; *Ggs.:* präsent
ab|sen|tie|ren *refl. 3* sich entfernen
Ab|senz *f. 10* Abwesenheit; *Ggs.:* Präsenz; vgl. Absence
ab|ser|vie|ren [-vi-] *tr. 3* **1.** abräumen (Tisch), abtragen (Speisen); **2.** *ugs.:* aus dem Amt entfernen
ab|set|zen *tr. 1*
Ab|sicht *f. 10*
ab|sicht|lich [auch: ab-]
ab|sichts|los
Ab|sichts|satz *m. 2* = Finalsatz
Ab|sinth [griech.] *m. 1* Wermutbranntwein
ab|sit|zen **1.** *tr. 143;* eine Strafe a.: sie verbüßen; **2.** *intr. 143* (vom Pferd, Fahrrad) absteigen
ab|so|lut [lat.] **1.** *adjektiv.:* unabhängig, losgelöst; uneingeschränkt, unbedingt; *Ggs.:* relativ; zu jmdm. absolutes Vertrauen haben; absolutes Gehör: Fähigkeit, einen musikal. Ton nach dem Gehör zu bestimmen; absolute Mehrheit: Mehrheit mit über 50% aller abgegebenen Stimmen; absolute Monarchie: Monarchie, in der der Herrscher die unbeschränkte Gewalt ausübt, Absolutismus; absolute Musik: Musik, die nicht auf außermusikal. Vorstellungen beruht; *Ggs.:* Programmmusik; absolute Zahl: unabhängig von ihrem Vorzeichen betrachtete Zahl; **2.** *adverbial:* durchaus, völlig, überhaupt; das ist absolut unmöglich; ich habe absolut keine Lust; absolut nicht: keineswegs
Ab|so|lu|ti|on *f. 10* Freisprechung von Sünden; jmdm. A. erteilen
Ab|so|lu|tis|mus *m. Gen. - nur Sg.* Regierungsform, bei der der Monarch die unbeschränkte Gewalt ausübt
Ab|so|lu|tist *m. 10* Anhänger des Absolutismus
Ab|so|lu|to|ri|um *n. Gen. -s Pl. -*rien, *veraltet* **1.** Freispruch; **2.** die Bescheinigung darüber; **3.** *österr. für* Abitur
Ab|sol|vent [-vent; lat.] *m. 10* jmd., der eine Schule, einen Lehrgang absolviert hat
ab|sol|vie|ren [-vi-] *tr. 3* **1.** erfolgreich beenden (z. B. Lehrgang); **2.** freisprechen
ab|son|der|lich
Ab|son|der|lich|keit *f. 10*
ab|son|dern *tr. 1*
Ab|sor|bens *n. Gen. - Pl.* -ben|zi|en *oder* -ben|tia [-tsja] Stoff, der einen anderen absorbiert; vgl. Absorptiv
Ab|sor|ber *m. 5* Anlage zum Absorbieren von Gasen, Dämpfen
ab|sor|bie|ren *tr. 3* aufsaugen
Ab|sorp|ti|on *f. 10* **1.** Aufnahme von Gas oder Dampf in Flüssigkeit oder festen Körper; **2.** Energieschwächung von Strahlung beim Durchdringen von Materie
ab|sorp|tiv zur Absorption fähig
Ab|sorp|tiv *n. 1* Stoff, der von einem andern absorbiert wird; vgl. Absorbens
ab|spal|ten *tr. 1*
Ab|spal|tung *f. 10*
ab|spä|nen *tr. 1* **1.** mit Spänen reinigen; **2.** Späne abheben; **3.** entwöhnen, absäugen (Ferkel)
ab|span|nen *tr. 1;* ein Pferd a.
Ab|span|nung *f. 10 nur Sg.* Erschöpfung, Abgespanntheit
ab|spa|ren *tr. 1*
ab|spei|chern *tr. 1, EDV*
ab|spei|sen *tr. 1;* jmdn. mit einer Redensart abspeisen
ab|spens|tig; jmdm. den Freund, die Kunden, die Geliebte a. machen: wegnehmen, weglocken, entfremden
ab|spie|len *tr. u. refl. 1*
Ab|spra|che *f. 11* Vereinbarung, Abmachung
ab|spre|chen *tr. 146;* jmdm. etwas a.: nicht zugestehen
ab|spu|len *tr. 1; auch ugs.:* Sätze a.: eintönig und ohne Unterbrechung sprechen
ab|spü|len *tr. 1*
ab|stam|men *intr. 1*
Ab|stam|mung *f. 10 nur Sg.*
Ab|stand *m. 2;* von etwas A. nehmen: darauf verzichten, etwas zu tun
ab|stän|dig **1.** durch zu langes Stehen verdorben; **2.** dürr, abgestorben
ab|stat|ten *tr. 2;* jmdm. einen Besuch a.
Ab|stat|tung *f. 10 nur Sg.*
ab|stau|ben *tr. u. intr. 1; auch ugs.:* wegnehmen, mitgehen lassen
ab|stäu|ben *tr. u. intr. 1* s. **ab|stau|ben** *ugs.*
ab|ste|chen *tr. u. intr. 149*
Ab|ste|cher *m. 5* kleiner Ausflug oder Umweg
ab|ste|hen *intr. 151;* von etwas abstehen: darauf verzichten, etwas zu tun
Ab|stei|ge *f. 11* = Absteigequartier
ab|stei|gen *intr. 153*
Ab|stei|ge|quar|tier *n. 1 f. 11* billige Unterkunft, Absteige
ab|stel|len *tr. 1*
Ab|stell|gleis *n. 1*
ab|stem|peln *tr. 1;* ich stempele, stemple es ab
Ab|stem|pe|lung, Ab|stemp|lung *f. 10 nur Sg.*
ab|ster|ben *intr. 154*
Ab|stich *m. 1*
Ab|stieg *m. 1*
ab|stil|len *tr. 1;* ein Kind a.
ab|stim|men *tr. u. intr. 1*
Ab|stim|mung *f. 10*
ab|sti|nent *auch:* **abs|ti|nent** [lat.] enthaltsam, auf Alkohol verzichtend; a. leben
Ab|sti|nenz *auch:* **Abs|ti|nenz** *f. 10 nur Sg.* Enthaltsamkeit
Ab|sti|nenz|ler *auch:* **Abs|ti|nenz|ler** *m. 5* jmd., der enthaltsam lebt, bes. keinen Alkohol trinkt
ab|sto|ßen *tr. 157*
ab|sto|ßend; ein abstoßendes Erscheinungsbild haben
Ab|sto|ßung *f. 10 nur Sg.*
ab|stot|tern *tr. 1, ugs.:* in Raten bezahlen

A

♦ Die Buchstabenfolge **ab|str...** kann in Fremdwörtern auch **abs|tr...** getrennt werden.

♦ **Ab|stract** [æbstrækt, engl.] *m. 9* kurze (meist schriftlich abgefasste) Inhaltsangabe eines Vortrages, Artikels o. Ä.
♦ **ab|stra|hie|ren** [lat.] *tr. 3* das Allgemeine im Einzelnen erkennen und von ihm abheben; verallgemeinern, zum Begriff erheben
♦ **ab|strakt** begrifflich, unanschaulich; *Ggs.:* konkret; abstrakte Kunst: ungegenständl. Kunst
♦ **Ab|strak|ti|on** *f. 10* Verallgemeinerung, Begriffsbildung
♦ **Ab|strak|ti|ons|ver|mö|gen** *n. 7 nur Sg.* Fähigkeit zu abstrahieren
♦ **Ab|strak|tum** *n. Gen.* -s *Pl.* -ta **1.** allgemeiner, ungegenständlicher Begriff; **2.** abstraktes Substantiv; *Ggs.:* Konkretum
ab|stram|peln *refl. 1, ugs.:* sich abmühen, sich anstrengen
ab|strei|ten *tr. 159* leugnen
Ab|strich *m. 1* **1.** *Med.:* Entnahme einer Haut-, Schleimhaut-, Geschwulstabsonderung zur medizin. Untersuchung; *auch:* die entnommene Probe selbst; **2.** *Metallurgie:* infolge geringerer Dichte auf Metallschmelzen schwimmende Verunreinigungen, die bei der Reinigung abgezogen werden
♦ **ab|strus** *auch:* **abst|rus** [lat.] schwer verständlich, verworren
ab|stump|fen **1.** *tr. 1* stumpf machen; **2.** *intr. 1* stumpf werden; *übertr.:* gleichgültig werden
Ab|stump|fung *f. 10 nur Sg.*
Ab|sturz *m. 2*
ab|stür|zen *intr. 1*
Ab|sud [auch: -sud] *m. 1* durch Kochen (Sieden) entstandener Auszug aus Heilkräutern, Abkochung, Dekokt
ab|surd unsinnig, unvernünftig; absurdes Theater: moderne Form der Dramatik
Ab|sur|di|tät *f. 10*
Ab|szess *auch:* **Abs|zess** (*alt:* Abszeß) *m. 1, österr. ugs.: n. 1* Eitergeschwulst
Ab|szis|se *auch:* **Abs|zis|se** [lat.] *f. 11, Math.:* parallel zur Abszissenachse abgemessener Linienabschnitt; *Ggs.:* Ordinate
Ab|szis|sen|ach|se *auch:* **Abs|zis|sen|ach|se** [-ks-] *f. 11* waagerechte Achse im Koordinatensystem, x-Achse; *Ggs.:* Ordinatenachse
Abt [aram.] *m. 2* Vorsteher eines Mönchsklosters oder Stifts
Abt. *Abk. für* Abteilung
ab|ta|keln *tr. 1;* ein Schiff a.: ihm das Takelwerk abnehmen, es außer Dienst stellen
Ab|ta|ke|lung, Ab|tak|lung *f. 10*
ab|tas|ten *tr. 2*
Ab|tas|tung *f. 10 nur Sg.*
ab|tau|chen *intr. 1, ugs.;* der Agent musste a.: sich unauffindbar machen
ab|tau|en *intr. u. tr. 1*
Ab|tei *f. 10* Kloster, dem ein Abt oder eine Äbtissin vorsteht
Ab|teil *n. 1*
ab|tei|len *tr. 1*
Ab|tei|lung *f. 10* (*Abk.:* Abt.)
Ab|tei|lungs|lei|ter *m. 5*
Ab|tei|lungs|zei|chen *n. 7*
ab|teu|fen *tr. 1, Bgb;* einen Schacht a.: einen Schacht anlegen
ab|tip|pen *tr. 1* auf der Schreibmaschine abschreiben
Äb|tis|sin *f. 10* Vorsteherin eines Nonnenklosters oder Stifts
ab|tö|ten *tr. 2*
Ab|tö|tung *f. 10 nur Sg.*
Ab|trag *m. 2* Schaden; jmdm. A. tun
ab|tra|gen *tr. 160*
ab|träg|lich schädlich; einer Sache a. sein: ihr schaden
ab|trei|ben *tr. u. intr. 162;* ein Kind a.: eine Fehlgeburt herbeiführen
Ab|trei|bung *f. 10*
ab|tren|nen *tr. 1*
Ab|tren|nung *f. 10*
ab|tre|ten *tr. u. intr. 163*
Ab|tre|ter *m. 5*
Ab|tre|tung *f. 10*
Ab|trieb *m. 1* **1.** *Landw.:* das Abtreiben des Viehs von der Alm; **2.** *Forstw.:* Abholzung; **3.** *Tech.:* Endglied einer Maschine, an dem die Kraftabnahme erfolgt
Ab|trift, Ab|drift *f. 10* das Abgetriebenwerden des Schiffs oder Flugzeugs vom Kurs durch Seegang bzw. Wind
Ab|tritt *m. 1* Abort, Klosett
ab|trot|zen *tr. 1;* jmdm. etwas a.: es durch Trotz von ihm erlangen
ab|trün|nig; a. werden: sich z. B. von einem Glauben abwenden
ab|tun *tr. 167;* eine Sache mit einem Scherz a.; eine Frage mit einer kurzen Bemerkung a.
Abu *in arab. Eigennamen:* Vater (des, der ...), z. B. Abu Hassan
A|bu|lie [griech.] *f. 11* Willensschwäche, Willenlosigkeit, Unentschlossenheit
ab|un|dant *auch:* **a|bun|dant** [lat.] reichlich (vorhanden)
Ab|un|danz *auch:* **A|bun|danz** *f. 10 nur Sg.* **1.** Überfluss; **2.** Bevölkerungsdichte; **3.** Häufigkeit einer Tier- oder Pflanzenart in einem Gebiet
ab ur|be con|di|ta [lat.] (*Abk.:* a. u. c.) seit Gründung der Stadt (Rom): altröm. Zeitrechnung ab 753 v. Chr.
ab|ur|tei|len *tr. 1*
Ab|ur|tei|lung *f. 10*
ab|u|siv [lat.] missbräuchlich
Ab|u|sus *m. Gen.* - *Pl.* - Missbrauch, übermäßiger Gebrauch
Ab|ver|kauf *m. 2, österr. für* Ausverkauf
ab|ver|lan|gen *tr. 1*
ab|ver|mie|ten *tr. 2*
ab|vie|ren *tr. 3* vierkantig zuschneiden (Holz)
ab|wä|gen *tr. 173* genau überlegen
Ab|wahl *f. 10*
ab|wäh|len *tr. 1*
ab|wan|deln *tr. 1, Gramm.:* beugen; konjugieren bzw. deklinieren
Ab|wand|lung *f. 10, Gramm.:* Beugung; Konjugation bzw. Deklination
Ab|wär|me *f. 11 nur Sg.* Wärme, die nach einem techn. Vorgang übrig bleibt, Abhitze
Ab|wart *m. 1, schweiz.:* Hausmeister
ab|war|ten *tr. 2*
Ab|war|tin *f. 10, schweiz.:* Hausmeisterin

abwärts: Fügungen aus dem mehrgliedrigen Adverb *abwärts* und einem Verb/Partizip werden im Infinitiv, Partizip und am Ende eines Nebensatzes getrennt geschrieben: *Es ist mit ihr seit Jahren abwärts gegangen* (= schlechter geworden); *eine abwärts gerichtete Entwicklung; ein breiter, abwärts führender Weg.* § 34 E3 (2)

ab|wärts; die Treppe abwärts gehen; mit ihm wird es abwärts gehen: schlechter werden
ab|wärts ge|hen (*alt:* ab|wärts|gehen) *intr. 47, ugs.:* schlechter werden
Ab|wasch *m. 1 nur Sg., ugs.* **1.** das

Geschirrspülen; **2.** das schmutzige Geschirr selbst; **3.** *österr.: f. 10* Geschirrspülbecken, Spüle
Ab|was|ser *n. 6* abfließendes Schmutzwasser
ab|wech|seln [-ks-] *intr. 1*
Ab|wech|se|lung, Ab|wechs|lung [-ks-] *f. 10*
ab|wechs|lungs|reich [-ks-]
Ab|weg *m. 1;* er ist auf Abwege geraten
ab|we|gig sonderbar, wirklichkeitsfern
Ab|wehr *f. 10 nur Sg.*
ab|weh|ren *tr. 1*
ab|wei|chen *tr. u. intr. 176*
Ab|wei|chung *f. 10*
ab|wei|den *tr. 2*
ab|wei|sen *tr. 177*
Ab|wei|sung *f. 10*
ab|wen|den *tr. 178*
ab|wen|dig abspenstig
ab|wer|ben *tr. 179* durch Werben (Geschenke, Versprechungen usw.) abspenstig machen; Kunden, Arbeitskräfte a.
Ab|wer|bung *f. 10 nur Sg.*
ab|wer|fen *tr. 181*
ab|wer|ten *tr. 2*
Ab|wer|tung *f. 10*
ab|we|send nicht anwesend, nicht da
Ab|we|sen|heit *f. 10 nur Sg.*
ab|wet|tern *tr. 1;* einen Schacht a. *Bergbau:* abdichten; einen Sturm a. *Seew.:* auf offenem Meer einen Sturm überstehen
ab|wet|zen *tr. 1* abnutzen
ab|wi|ckeln *tr. 1;* ich wickele, wickle es ab
Ab|wi|cke|lung, Ab|wick|lung *f. 10 nur Sg.*
ab|wie|geln *tr. 1, ugs.:* beschwichtigen
ab|wie|gen *tr. 182*
ab|wim|meln *tr. 1, ugs.:* abweisen, zurückweisen
Ab|wind *m. 1* abwärts gerichteter Luftstrom
ab|win|ken *intr. 1*
ab|wirt|schaf|ten *tr. 2* durch schlechtes Wirtschaften herunterbringen
ab|wra|cken *tr. 1;* ein Schiff a.: ein nicht mehr taugliches Schiff abbauen
Ab|wurf *m. 2*
ab|wür|gen *tr. 1*
a|bys|sal, a|bys|sisch [griech.] aus der Tiefe der Erde, des Meeres stammend; zur Tiefsee gehörig; abgrundtief
A|bys|sus *m. Gen. - nur Sg.* Tiefe der Erde, Abgrund; Unergründliches
ab|zah|len *tr. 1*
ab|zäh|len *tr. 1*
Ab|zähl|reim *m. 1*
Ab|zah|lung *f. 10*
ab|zap|fen *tr. 1, ugs.:* jmdm. Geld abzapfen
ab|zap|peln *refl. 1, ugs.:* ich zappele, zapple mich ab
ab|zäu|men *tr. 1;* ein Pferd a.
ab|zeh|ren *intr. 1*
Ab|zei|chen *n. 7*
ab|zeich|nen *tr. u. refl. 2*
Ab|zieh|bild *n. 3*
ab|zie|hen *tr. u. intr. 187*
ab|zie|len *intr. 1;* auf etwas a.: etwas anstreben
ab|zir|keln *tr. 1* wie mit dem Zirkel genau abmessen
Ab|zug *m. 2*
ab|züg|lich *Präp. mit Gen.:* nach Abzug; die Einnahmen abzüglich der Steuern
ab|zugs|fä|hig abziehbar
ab|zwa|cken *tr. 1;* jmdm. etwas a. *ugs.:* entziehen; jmdm. etwas vom Lohn abzwacken
Ab|zwei|ge *f. 11* Abzweigung
ab|zwei|gen *tr. u. intr. 1*
Ab|zwei|gung *f. 10*
Ac *chem. Zeichen für* Actinium
a c. *Abk. für* a conto
à c. *Abk. für* à condition
A|ca|de|my A|ward (*alt:* Aca|demy award) [əkædəmi əwɔd] *m. Gen.* - -s *Pl.* - -s amerik. Filmpreis; vgl. Oscar
a cap|pel|la [ital. »wie in der Kapelle«] ohne Instrumentalbegleitung; ein Lied a cappella singen
A-cap|pel|la-Chor *m. 2* ohne Begleitung singender Chor
acc. *Abk. für* accrescendo
ac|ce|le|ran|do [atʃɛ-, ital.] (*Abk.:* accel.) *Mus.:* beschleunigend, schneller werdend; *Ggs.:* ritardando
Ac|cent ai|gu [aksãtɛgy, frz.] *m. Gen.* - - *Pl.* -s -s [aksãtɛgy] (*Zeichen:* ´) im Frz. Zeichen für die geschlossene Aussprache des e, z. B. Café; vgl. Akut
Ac|cent cir|con|flexe [aksãsirkɔ̃flɛks] *m. Gen.* - - *Pl.* -s -s [aksãsirkɔ̃flɛks] (*Zeichen:* ˆ) im Frz. Zeichen für die Dehnung eines Vokals oder Diphthongs infolge eines ausgefallenen s, z. B. in frz. fenêtre [fənɛtrə] aus lat. fenestra »Fenster«
Ac|cent grave [aksãgrav] *m. Gen.* - - *Pl.* -s -s [aksãgrav] (*Zeichen:* `) im Frz. Zeichen für die lange, offene Aussprache des e, vgl. z. B. mère [mɛːr]
Ac|cen|tus [aktsɛn-, lat.] *m. Gen.* - *Pl.* - Sprechgesang des Priesters in der Liturgie; *Ggs.:* Concentus
Ac|ces|soire [aksɛsoar, frz.] *n. Gen.* -s *Pl.* -s *meist Pl.* modisches Zubehör, z. B. Gürtel, Schmuck
Ac|com|pa|gna|to *auch:* **Ac|com-pag|na|to** [-nja-, ital.] s. **Ak|kom-pa|gna|to**
Ac|com|pa|gne|ment *auch:* **Ac|com-pag|ne|ment** [-njəmã, frz.] s. **Ak|kom|pa|gne|ment**
ac|com|pa|gnie|ren *auch:* **ac|com-pag|nie|ren** [-nji-] s. **ak|kom|pa-gnie|ren**
Ac|count [əkaunt, engl.] *m. 9* **1.** Werbeetat; **2.** Auftraggeber einer Werbeagentur **3.** E-Mail-Konto
Ac|count|ma|na|ger [əkauntmænɪdʒə(r), engl.] *m. 5* Kundenbetreuer (bes. in einer Werbeagentur)
ac|cre|scen|do [-ʃɛn-, ital.] (*Abk.:* acc., accresc.), *Mus.:* anschwellend, lauter werdend; *Ggs.:* decrescendo
A|cet|al|de|hyd *auch:* **A|cet|al|de-hyd** [lat.] *m. 1 nur Sg.* stechend riechende organ. Verbindung
A|ce|tat *n. 1* s. **A|ze|tat**
A|ce|ton *n. 1 nur Sg.* aromatisch riechendes Lösungsmittel
A|ce|ty|len *n. 1 nur Sg.* ungesättigter, gasförmiger Kohlenwasserstoff
ach; ach nein!, ach je!, ach so!, ach was!
Ach *n. 9;* mit Ach und Krach *ugs.:* gerade noch; Ach und Weh schreien
A|chä|ne [-xɛ-, griech.] *f. 11* einsamige Schließfrucht von Korbblütlern
A|chat [axat, griech.] *m. 1* ein Schmuckstein
a|cha|ten [axa-] aus Achat; achat(e)ne Kugeln
A|che [auch: axə] *f. 11* Fluss
A|chei|ro|poi|e|ta [axai-, griech. »nicht von Menschenhand gemacht«] *Pl.* byzantin. Bildnisse von Christus, Maria oder Heiligen, deren Ursprung man für außerirdisch hielt
A|che|ron [axərɔn, griech.] *m. Gen.* -s *nur Sg., griech. Myth.:* Fluss der Unterwelt

A

a|che|ron|tisch [axə-] zum Acheron gehörig, unterweltlich
A|cheu|lé|en [aʃœleẽ, nach dem frz. Fundort St-Acheul] *n. Gen.* -(s) *nur Sg.* Kulturstufe der älteren Altsteinzeit
A|chill, A|chil|les [axil-] Held der griech. Sage
A|chil|les|fer|se [axil-] *f. 11, übertr.:* verwundbare Stelle, schwacher Punkt
A|chil|les|seh|ne [axil-] *f. 11* Sehne zwischen Wadenmuskeln und Fersenbein
A|chil|leus [axil-] *griech. Form von* Achilles
a|chla|my|de|isch *auch:* **ach|la|my|de|isch** [axla-, griech.] ohne Blütenhülle
Ach-Laut = **Ach|laut** *m. 1* der Laut ch nach a, o, u; vgl. Ich-Laut
Ach|ma|to|wa, *Anna* russ. Schriftstellerin
a. Chr. (n.) *Abk. für* ante Christum (natum): vor Christi Geburt
A|chro|it [-kro-, griech.] *m. 1* ein Mineral, ein Turmalin
A|chro|ma|sie [-kro-, griech.] *f. 11, bei optischen Geräten:* Brechung des Lichts ohne Zerlegung in Spektralfarben, Achromatismus
A|chro|mat [-kro-] *m. 1* Linsensystem, das Licht nicht in Farben zerlegt
A|chro|ma|tin [-kro-] *n. 1 nur Sg.* der nicht färbbare Teil der Zellkernsubstanz
a|chro|ma|tisch [-kro-] nicht in Farben zerlegend
A|chro|ma|tis|mus [-kro-] *m. Gen.* - *Pl.* -tis|men s. **A|chro|ma|sie**
A|chro|mat|op|sie *auch:* **A|chro|ma|top|sie** [-kro-] *f. 11* Farbenblindheit
Ach|se [-ks-] *f. 11*
Ach|sel [-ks-] *f. 11*
Ach|sel|höh|le [-ks-] *f. 11*
Ach|sel|klap|pe [-ks-] *f. 11* Besatz auf der Schulter von Uniformen mit Rangabzeichen, Schulterklappe, Achselstück
ach|sel|stän|dig [-ks-] *Bot.:* in der Blattachsel stehend
Ach|sel|stück [-ks-] *n. 1* = Achselklappe
Ach|sel|zu|cken [-ks-] *n. Gen.* -s *nur Sg.*
ach|sel|zu|ckend [-ks-]
Ach|sen|kreuz [-ks-] *n. 1* **1.** *Math.:* ebenes Koordinatensystem; **2.** Koordinatensystem zur Feststellung eines Kristallsystems
...ach|sig [-ks-] mit einer bestimmten Zahl von Achsen versehen, z. B. ein-, dreiachsig
Achs|ki|lo|me|ter [-ks-] *n. 5* Maßeinheit bei der Eisenbahn: Produkt aus Anzahl der Achsen und der gefahrenen Kilometer
achs|recht [-ks-] = axial
Achs|sturz [-ks-] *m. 2* Neigung eines Rades von der Senkrechten weg, Radsturz

acht — Acht: Kleingeschrieben wird das Zahlwort: *acht, achtmal* (bei besonderer Betonung: *acht Mal*), *um acht, achtjährig* (*8-jährig*), *die ersten acht.* § 58 (6) Großgeschrieben werden hingegen Substantivierungen: *der/die/das Achte, die eine Acht.* Auch in Eigennamen: *Heinrich der Achte.*
Acht (2) wird in festen Fügungen großgeschrieben: *Acht geben, Acht haben, in Acht nehmen, außer Acht lassen.* § 55 (4)

acht 8 **1.** achtfach, 8fach; achtjährig, 8-jährig; achtjährlich, 8-jährlich; achtmal, 8-mal; fünf- bis achtmal, 5-8-mal; achtblättrig, 8-blättrig; achteckig, 8-eckig; 8 mal 2 ist (macht) 16; er verlor 13:8 (13 zu 8): mit 13 Punkten gegenüber 8 Punkten des Gegners; die Linie (Straßenbahn) 8; 8-Stunden-Tag; acht Millionen Mal; **2.** es ist acht (Uhr), halb acht; um acht; Punkt, Schlag acht; fünf Minuten vor acht; (ein) Viertel nach acht; er kommt gegen acht; es ist schon nach acht; er kam noch vor acht; es geht auf acht; es schlägt acht; die Uhr zeigt acht; heute in acht Tagen: heute in einer Woche; wir sind (unser) acht, wir sind zu acht
Acht **1.** *f. 10* die Zahl, Ziffer 8; eine Acht schreiben; eine arabische, römische Acht; mit der Acht fahren *ugs.:* mit der Straßenbahn, dem Autobus Nr. 8; Achten fahren (mit dem Rad, beim Eislaufen); **2.** *f. 10 nur Sg.* Aufmerksamkeit; etwas außer Acht geben; ich habe nicht Acht gegeben; Acht haben; habt Acht!; Acht lassen; sie hat das Kind völlig außer Acht gelassen; sich in Acht nehmen: aufpassen, vorsichtig sein; **3.** *f. 10 nur Sg.* Ächtung, Ausschluss aus der Gemeinschaft unter Verlust des Rechtsschutzes; über jmdn. die Acht aussprechen; jmdn. in Acht und Bann tun
ach|te(r, -s) 8.; eine achte Wiederholung; ein achter Termin; ein achtes Mal
Ach|te *m., f. oder n. 18;* der, die, das Achte; ein Achter; jeder Achte; Ludwig der Achte; am Achten des nächsten Monats
acht|ein|halb, acht|und|ein|halb $8\frac{1}{2}$
ach|tel $\frac{1}{8}$; ein, drei achtel Liter; *aber:* ein Achtelliter
Ach|tel *n. 5, schweiz.: m. 5* der achte Teil vom Ganzen; drei Achtel Milch; ein Achtel des Zimmers; *Mus.:* Achtelnote; diese sechs Achtel sind gebunden zu spielen; Sechsachteltakt, *mit Ziffer:* $\frac{6}{8}$-Takt
Ach|tel|fi|na|le *n. 5, Sport:* acht parallel geführte Wettkämpfe um den Einzug ins Viertelfinale
ach|teln *tr. 1* in acht gleiche Teile teilen
Ach|tel|no|te *f. 11, Mus.:* Note im Zeitwert eines Achtels einer ganzen Note
Ach|tel|pau|se *f. 11, Mus.:* Pause im Zeitwert einer Achtelnote
ach|ten *tr. u. intr. 2;* auf etwas oder jmdn. a.
äch|ten *tr. 2* jmdn. ä.: die Acht über jmdn. aussprechen
Ach|ten|der *m. 5* Hirsch mit acht Enden am Geweih
ach|tens 8.; an achter Stelle, als achter Punkt
ach|tens|wert
ach|ter *Seew.:* hinter
Ach|ter *m. 5* **1.** *süddt.:* die Ziffer 8; Figur in Form einer 8; **2.** Autobus Linie 8; mit dem Achter fahren; **3.** Ruderboot für acht Ruderer
ach|ter|aus *Seew.:* nach hinten
Ach|ter|bahn *f. 10*
Ach|ter|deck *n. 9, Seew.:* Hinterdeck; *Ggs.:* Vorderdeck
ach|ter|las|tig *Seew.:* hinten mehr belastet als vorn (Schiff); *Ggs.:* vorderlastig
ach|ter|lei
ach|tern *Seew.:* hinten
Ach|ter|ste|ven *m. 7, Seew.:* hinterer Abschluss eines Schiffes; *Ggs.:* Vordersteven
acht|fach 8fach: achtmal, in acht Schichten; der Stoff liegt a.

Acht|fa|che *n. 18* das 8fache; um ein Achtfaches
Acht|flach *n. 1*, **Acht|fläch|ner** *m. 5* = Oktaeder
Acht|fü|ßer, Acht|füß|ler *m. 5* achtarmiger Kopffüßer, Oktopode
Acht ge|ben (*alt:* acht|ge|ben) *intr. 45*
Acht ha|ben (*alt:* acht|ha|ben) *intr. 60*
Acht|gro|schen|jun|ge *m. 11, veraltet, berlin.:* **1.** käuflicher Zuträger; **2.** Strichjunge
acht|hun|dert 800
Acht|hun|dert|jahr|fei|er *f. 11*, 800-Jahr-Feier
acht|jäh|rig, 8-jäh|rig acht Jahre dauernd, acht Jahre alt
Acht|jäh|ri|ge(r), 8-Jäh|ri|ge(r) *m. 18 (17) bzw. f. 17 oder 18,* **Acht|jäh|ri|ge(s),** 8-Jäh|ri|ge(s) *n. 18 (17)* Kind von acht Jahren
acht|jähr|lich, 8-jähr|lich alle acht Jahre
acht|los
Acht|lo|sig|keit *f. 10 nur Sg.*
acht|mal, 8-mal; 8 mal 6 ist (macht) 48; sechs- bis achtmal, 6-8-mal; *aber bei besonderer Betonung:* acht Mal; zu acht Malen; das achte Mal; zum achten Mal(e); acht mal sechs
acht|ma|lig
acht|mo|na|tig, 8-mo|na|tig acht Monate lang, acht Monate alt; ein achtmonatiger Lehrgang; ein achtmonatiges Kind
acht|mo|nat|lich, 8-mo|nat|lich alle acht Monate
Acht|mo|nats|kind *n. 3* nach acht Monaten Schwangerschaft geborenes Kind
acht|sam
Acht|sam|keit *f. 10 nur Sg.*
acht|spän|nig mit 8 Pferden bespannt
Acht|stun|den|tag *m. 1* 8-Stunden-Tag: Tag mit acht Arbeitsstunden
acht|stün|dig, 8-stün|dig acht Stunden lang dauernd; eine achtstündige Sitzung
acht|stünd|lich, 8-stünd|lich alle acht Stunden; in achtstündlichem Wechsel; eine Medizin a. einnehmen
acht|tä|gig, 8-tä|gig acht Tage lang dauernd; ein achttägiger Urlaub
acht|täg|lich, 8-täg|lich alle acht Tage, wöchentlich
acht|tau|send 8000
acht|und|ein|halb 8 ½
Acht|und|sech|zi|ger *m. 5* Teilnehmer der Studentenrevolte Ende der Sechzigerjahre
acht|und|vier|zig 48; die Revolution von a.: von 1848
Acht|und|vier|zi|ger *m. 5* Anhänger der Revolution von 1848
Ach|tung *f. 10 nur Sg.;* eine Achtung gebietende Person
Ach|tung ge|bie|tend (*alt:* achtung|ge|bie|tend)
Ächltung *f. 10 nur Sg.*
Ach|tungs|ap|plaus *m. 1 nur Sg.;* sie bekam nur einen A.
ach|tungs|voll
acht|zehn 18; er ist achtzehn (Jahre alt); er ist Mitte achtzehn, über achtzehn; im Jahre achtzehn n. Chr.
acht|zehn|hun|dert 1800

> **achtzig:** Das Zahlwort *achtzig* wird kleingeschrieben: *achtzig Jahre, mit (seinen) achtzig, Mitte der achtzig, auf achtzig bringen.* § 58 (6)
> Die Zusammensetzung *Achtzigerjahre* wird, weil substantiviert, großgeschrieben. Kleinschreibung ist ebenfalls möglich: *achtziger Jahre.*
> Außerdem: *80er Jahre* bzw. *80er-Jahre.* § 37 (1)

acht|zig 80; er (sie) ist Mitte (der) achtzig: etwa 85 Jahre alt; in die achtzig kommen: zwischen 75 und 79 Jahre alt; er ist schon weit über die achtzig
Acht|zig *f. 10* die Zahl 80
acht|zi|ger 80er; in den Achtzigerjahren *oder:* achtziger Jahren (*mit Ziffer:* den 80er-Jahren *oder:* den 80er Jahren) des 20. Jahrhunderts: von 1980 bis 1989; in seinen achtziger Jahren *oder:* Achtzigerjahren: im Alter zwischen 80 und 89; ein achtziger Jahrgang: jmd., der 1980 geboren ist, Wein aus dem Jahr 1980
Acht|zi|ger **1.** *m. 5* Mensch von 80 Jahren oder zwischen 80 und 89 Jahren; Wein aus dem Jahr 1980; er ist ein rüstiger Achtziger; **2.** *Pl.* er ist in den Achtzigern: über 80 Jahre alt
Acht|zi|ger|jah|re *Pl.* vgl. achtziger
acht|zig|fach vgl. achtfach
acht|zig|mal vgl. achtmal
acht|zig|jäh|rig vgl. achtjährig
acht|zigs|te(r, -s); der achtzigste Geburtstag
Acht|zy|lin|der, 8-Zy|lin|der *m. 5* Kraftfahrzeug mit einem Motor mit acht Zylindern
A|chy|lie [axy-, griech.] *f. 11* fehlende oder mangelhafte Saftbildung von Verdauungsorganen
äch|zen *intr. 1*
a. c. i. *Abk. für* accusativus cum infinitivo, vgl. Akkusativ
A|cid [æsɪd, engl.] *n. 5 nur Sg.* **1.** *ugs.:* LSD; **2.** Musikrichtung; Acid House
A|ci|di|me|trie *auch:* **A|ci|di|met|rie** [lat. + griech.] *f. 11 nur Sg.* Verfahren zum Messen der Konzentration von Säuren
A|ci|di|tät *f. 10 nur Sg.* Säuregrad (einer Flüssigkeit)
A|ci|do|se *f. 11* krankhaftes Ansteigen des Säuregrades im Blut
A|ci|dum *n. Gen.* -s *Pl.* -da Säure
A|cker **1.** *m. 5* altes Feldmaß, zwischen 19 und 65 Ar; 30 Acker Land; **2.** *m. 6* landwirtschaftlich bebautes Stück Land, Feld
A|cker|bau *m. Gen.* -(e)s *nur Sg.;* Ackerbau treibend
A|cker|bau|er *m. 11*
A|cker|bau trei|bend (*alt:* acker|bau|trei|bend)
A|cker|bür|ger *m. 5, früher:* Stadtbürger mit eigener Landwirtschaft
A|cker|kru|me *f. 11* die oberste, pflügbare Erdschicht des Ackers
a|ckern *intr. 1; auch übertr. ugs.:* schwer arbeiten, angestrengt lernen
A|cker|nah|rung *f. 10 nur Sg. früher:* Ackerland, das zur Ernährung einer vierköpfigen Familie ausreicht und von dieser allein bestellt werden kann
A|con|ca|gua *m. Gen.* - höchster Berg der Anden und Amerikas
à con|di|ti|on [akɔ̃disjɔ̃, frz.] (*Abk.:* à c.) unter Vorbehalt, nicht fest (zu liefern bzw. geliefert)
A|co|ni|tin [lat.] *n. 1* s. **A|ko|ni|tin**
a con|to [ital.] (*Abk.:* a c.) auf Rechnung (von)
Ac|quit [aki, frz.] *n. 9* Empfangsbescheinigung, Quittung
A|cre *auch:* **Ac|re** [ɛɪkə(r), engl.] *m. 9* engl. und nordamerik. Flächenmaß, 4047 m^2
A|cryl *auch:* **Ac|ryl** [griech.] *n. 1 nur Sg.* ein Kunststoff
A|cryl|säu|re *auch:* **Ac|ryl|säu|re** *f. 11* Äthylenkarbonsäure, Ausgangsstoff vieler Kunstharze und synthetischer Fasern

A

Ac|ti|ni|um [griech.] *n. Gen.* -s *nur Sg.* (*Zeichen:* Ac) radioaktives chem. Element
Ac|tion [ækʃən, engl.] *f. Gen.* - *nur Sg.* spannendes Geschehen
Ac|tion|film [ækʃən-] *m.1* spannender Film mit vielen Actionszenen
Ac|tion-Pain|ting *Nv.* **Ac|tion-pain|ting** *Hv.* [ækʃənpeıntıŋ] *f. Gen.* - *nur Sg. wörtlich:* »Aktionsmalerei«, Richtung innerhalb der amerik. abstrakten Malerei
a d. *Abk. für* a dato
a. d. *Abk. für* an der; Neuburg a. d. Donau
a. D. *Abk. für* außer Dienst (hinter der Rang- oder Dienstbez. von Offizieren und Beamten)
A. D. *Abk. für* Anno Domini
A|da|bei *m. 9, österr. ugs.:* jmd., der bei allem »auch dabei« sein will, neugieriger Mensch
ad ab|sur|dum [lat.]; eine Behauptung ad absurdum führen: die unmögl. Folgen einer Behauptung zeigen und damit ihre Unsinnigkeit beweisen
ADAC *Abk. für* Allgemeiner Deutscher Automobil-Club
ad ac|ta [lat.] (*Abk.:* a. a.); etwas ad acta legen: zu den Akten legen, es als erledigt betrachten
a|da|gio [adadʒo, ital.] *Mus.:* langsam, ruhig
A|da|gio [adadʒo] *n. 9* adagio zu spielendes Musikstück oder Teil davon
A|dak|ty|lie [griech.] *f. 11* angeborenes Fehlen der Finger
A|dal|bert, A|del|bert männl. Vorname
A|dam 1. *im AT:* Stammvater der Menschheit; *übertr.:* der Mensch schlechthin; den alten Adam ausziehen: ein neuer Mensch werden; **2.** männl. Vorname
A|dams|ap|fel *m. 6* der Schildknorpel am Hals, beim Mann oft stark hervortretend
A|dams|kos|tüm *n. 1, nur in der Wendung* im A.: nackt

> ♦ Die Buchstabenfolge **ad|ap...** kann in Fremdwörtern auch **a|dap...** getrennt werden.

♦ **Ad|ap|ta|bi|li|tät** [lat.] *f. Gen.* - *nur Sg.* Anpassungsvermögen
♦ **Ad|ap|ta|ti|on, Ad|ap|ti|on** *f. 10* *nur Sg.* Anpassung z. B. der Sinnesorgane an äußere Reize
♦ **Ad|ap|ter** *m. 5 Tech.* Ergänzungs-, Zusatzgerät
♦ **ad|ap|tie|ren** *tr. 3* anpassen; eine Wohnung a. *österr.:* neu herrichten
♦ **Ad|ap|ti|on** *f. 10* = **Ad|ap|ta|ti|on**
♦ **ad|ap|tiv** auf Adaption beruhend, (sich) anpassend
Ad|ä|quanz *auch:* **A|dä|quanz** [lat.] *f. 10 nur Sg.* Angemessenheit
ad|ä|quat *auch:* **a|dä|quat** angemessen, entsprechend; ein adäquater Preis
a da|to [lat.] (*Abk.:* a d.) vom Tag der Ausstellung (des Wechsels) an
ADB *Abk. für* Allgemeine Deutsche Biographie, 1875 bis 1912 erschienenes biograf. Nachschlagewerk mit mehr als 25 000 Einzelbiografien; *seit 1953* → NDB
Ad|dend [lat.] *m. 10* = Summand
Ad|den|dum *n. Gen.* -s *Pl.* -da Zusatz, Nachtrag
ad|die|ren *tr. 3* dazu-, zusammenzählen
Ad|dier|ma|schi|ne *f. 11* Maschine, die addiert und subtrahiert
ad|dio [ital.] adieu, leb wohl
Ad|dis A|be|ba [auch: Abeba] Hauptstadt von Äthiopien
ad|di|son|sche Krank|heit *auch:* **Ad|di|son'|sche Krank|heit** (*alt:* Ad|di|son|sche Krank|heit) [ædisən-, nach dem engl. Arzt Addison] *f. 10 nur Sg.* Braunfärbung der Haut infolge fehlender oder mangelhafter Produktion des Nebennierenrindenhormons, Bronzekrankheit
Ad|di|ti|on [lat.] *f. 10* Hinzufügung, Zusammenzählung; *Ggs.:* Subtraktion
ad|di|ti|o|nal zusätzlich, nachträglich
ad|di|tiv auf Addition beruhend, hinzufügend
Ad|di|tiv *n. 1* Zusatz, der in geringer Menge die gewünschte Eigenschaft eines Stoffes verbessert (z. B. bei Treibstoffen)
ad|di|zie|ren *tr. 3* zusprechen, zuerkennen, z. B. ein unsigniertes Bild einem bestimmten Maler
Add-on [ædɔn, engl. »hinzufügen«] *n. 9* kostenfreie Zugabe
Ad|duk|ti|on [lat.] *f. 10* das Anziehen eines Glieds an den Körper
Ad|duk|tor *m. 13* heranziehender Muskel; *Ggs.:* Abduktor
a|de [frz.] adieu, leb wohl; jmdm. Ade *oder:* ade sagen
A|de *n. 9* Abschiedsgruß; jmdm. ein Ade zuwinken
A|de|bar *m. 1, nddt. Name für den* Storch; Meister Adebar
A|del *m. 5 nur Sg.*
A|de|le weibl. Vorname
A|del|heid weibl. Vorname
a|de|lig, ad|lig
A|de|li|ge(r), Ad|li|ge(r) *m. 18 (17) bzw. f. 17 oder 18*
a|deln *tr. 1* in den Adelsstand erheben
A|dels|brief *m. 1*
A|dels|stolz *m. 1 nur Sg.*
A|dels|ti|tel *m. 5*
A|den Hafenstadt im südl. Jemen
A|de|nau|er, *Konrad* dt. Politiker
A|de|ni|tis [griech.] *f. Gen.* - *Pl.* -ti|den Drüsen-, Lymphknotenentzündung
a|de|no|id drüsenartig, drüsig
A|de|nom *n. 1,* **A|de|no|ma** *n. Gen.* -s *Pl.* -mata gutartige Drüsengeschwulst
a|de|no|ma|tös in der Art eines Adenoms
A|de|no|to|mie *f. 11* operative Entfernung eines Adenoms im Nasen-Rachen-Raum
Ad|ept *auch:* **A|dept** [lat.] *m. 10* **1.** *früher:* in eine Geheimlehre Eingeweihter, Meister; **2.** Schüler, Jünger
A|der *f. 11*
Ä|der|chen *n. 7*
a|de|rig, ad|rig
ä|de|rig, äd|rig
A|der|lass (*alt:* Ader|laß) *m. 2* Blutentnahme aus der Ader
ä|dern *tr. 1* mit Adern versehen
Ä|de|rung *f. 10*
A|des|po|ta [griech.] *Pl.* Werke unbekannter Verfasser, bes. Kirchenlieder
à deux mains [adømɛ̃, frz.] *Mus.* mit zwei Händen zu spielen (beim Klavierspiel)
ADFC *Abk. für* Allgemeiner Deutscher Fahrrad-Club
Ad|go *f. Gen.* - *nur Sg., Abk. für* Allgemeine Deutsche Gebührenordnung (für Ärzte)
ad|hä|rent [lat.] anhaftend, zusammenhängend
Ad|hä|renz *f. 10* das Anhaften
ad|hä|rie|ren *intr. 3* anhängen, anhaften
Ad|hä|si|on *f. 10* **1.** das Haften aneinander (von Stoffen); **2.** Verwachsung (von Geweben)
ad|hä|siv (an)haftend, (an)klebend
ad hoc [lat.] **1.** zu diesem Zweck;

2. aus dem Augenblick heraus; eine Redewendung, ein Wort ad hoc bilden
Ad-hoc-Ent|schei|dung *f. 10*
Ad-hoc-Maß|nah|me *f. 11*
ad ho|mi|nem [lat.] die Denkart des Menschen berücksichtigend
Ad|hor|ta|tiv [lat.] *m. 1* Ermahnungsform, Imperativ der 1. Person Plural, z. B. gehen wir!
a|di|a|ba|tisch [griech.] ohne Wärmeaustausch (mit der Umgebung; von Gasen, Luft)
A|di|a|pho|ra [griech.] *Pl.* gleichgültige, zwischen Gut und Böse liegende Dinge
a|di|eu! [adjø, frz.] leb wohl!
A|di|eu [adjø] *n. 9* Abschiedsgruß; jmdm. ein Adieu zurufen, zuwinken; jmdm. Adieu *oder:* adieu sagen
Ä|di|ku|la [lat.] *f. Gen. - Pl.* -lae [-lɛ:] **1.** Einfassung von Fenstern oder Nischen mit Säulen und Giebeln; **2.** Nische (für ein Standbild, einen Sarkophag)
Ä|dil [lat.] *m. 10 oder m. 12, im alten Rom:* hoher Beamter
ad in|fi|ni|tum [lat.] bis ins Unendliche; unendlich oft
a|di|pös [lat.] fettreich, verfettet
A|di|po|si|tas *f. Gen. - nur Sg.* Fettsucht
Ad|jek|tiv [lat.] *n. 1* Eigenschaftswort
ad|jek|ti|visch [-viʃ]
Ad|ju|di|ka|ti|on [lat.] *f. 10* Zuerkennung
ad|ju|di|zie|ren *tr. 3* zuerkennen
Ad|junkt [lat.] *m. 10* **1.** *veraltet:* Gehilfe; **2.** *österr.:* Beamtentitel, z. B. Forstadjunkt
ad|jus|tie|ren [lat.] *tr. 3* anpassen, eichen; *österr.:* einkleiden, mit Uniform versehen
Ad|ju|tant [lat.] *m. 10* einem höheren Offizier zur Hilfe zugeteilter junger Offizier
Ad|ju|tan|tur *f. 10* Amt, Dienststelle eines Adjutanten
Ad|ju|tor [lat.] *m. 13* Helfer, Gehilfe
ad l. *Abk. für* ad libitum
Ad|la|tus [lat.] *m. Gen. - Pl. - oder* -ten Helfer, Amtsgehilfe
Ad|ler *m. 5* ein Greifvogel
ad lib. *Abk. für* ad libitum
ad li|bi|tum [lat.] (*Abk.:* ad l., ad lib.) nach Belieben
ad|lig, a|de|lig
Ad|li|ge(r), A|de|li|ge(r) *m. 18 (17) bzw. f. 17 oder 18*

ad ma|io|rem Dei glo|ri|am [lat.] (*Abk.:* A.M.D.G.) *eigentlich* omnia ...: (alles) zur größeren Ehre Gottes (Wahlspruch der Jesuiten)
Ad|mi|nis|tra|ti|on *auch:* **Ad|mi|nist|ra|ti|on** [lat.] *f. 10* Verwaltung, Verwaltungsbehörde
ad|mi|nis|tra|tiv *auch:* **ad|mi|nist|ra|tiv** zur Verwaltung gehörend, auf dem Verwaltungsweg, Verwaltungs...
Ad|mi|nis|tra|tor *auch:* **Ad|mi|nist|ra|tor** *m. 13* Verwalter
ad|mi|nis|trie|ren *auch:* **ad|mi|nist|rie|ren** *tr. 3* verwalten; administrierter Preis: behördlich genehmigter oder festgesetzter Preis, z. B. Posttarif
ad|mi|ra|bel *veraltet:* bewunderungswürdig
Ad|mi|ral [arab.] *m. 1, österr. auch m. 2* **1.** Seeoffizier im Generalsrang; **2.** Schmetterling
Ad|mi|ra|li|tät *f. 10* Gesamtheit der Admirale, oberste Kommando- und Verwaltungsstelle der Kriegsmarine
Ad|mi|ral(s)|stab *m. 2* oberste Leitung der Kriegsmarine
ADN *Abk. für* Allgemeiner Deutscher Nachrichtendienst
Ad|nex [lat.] *m. 1* **1.** Anhang, Anhängsel; **2.** Eierstock und Eileiter
Ad|ne|xi|tis *f. Gen. - Pl.* -ti|den Entzündung des Adnexes (2)
ad|no|mi|nal [lat.] zu einem Nomen gehörig oder hinzutretend; adnominales Attribut
ad no|tam [lat.]; etwas a. n. nehmen: zur Kenntnis nehmen, vormerken
ad o|cu|los [lat.] vor Augen; etwas a. o. demonstrieren: etwas vor Augen führen, durch Augenschein beweisen
a|do|les|zent [lat.] heranwachsend, im Jugendalter stehend
A|do|les|zenz *f. 10 nur Sg.* Jugendalter, die Zeit nach dem Einsetzen der Pubertät bis etwa zum 20. Lebensjahr
A|dolf männl. Vorname
A|do|nai [hebr. »mein Herr«] *im AT Name für* Gott
A|do|nis **1.** griech. Sagengestalt; **2.** *m. 1* schöner Jüngling; **3.** *m. 1* ein Schmetterling
a|do|nisch schön wie Adonis; adonischer Vers: antiker Vers aus Daktylus und Trochäus

A|do|nis|rös|chen *n. 7* ein Hahnenfußgewächs
ad|op|tie|ren *auch:* **a|dop|tie|ren** *tr. 3* an Kindes statt annehmen
Ad|op|ti|on *auch:* **A|dop|ti|on** [lat.] *f. 10* Annahme an Kindes statt
Ad|op|tiv|el|tern *auch:* **A|dop|tiv|el|tern** *nur Pl.*
Ad|op|tiv|kind *auch:* **A|dop|tiv|kind** *n. 3*
ad|o|ral *auch:* **a|do|ral** [lat.] in der Nähe des Mundes gelegen
Ad|o|rant *auch:* **A|do|rant** [lat.] *m. 10* Anbetender; *in der Kunst:* Gestalt in betender Stellung
Ad|o|ra|ti|on *auch:* **A|do|ra|ti|on** *f. 10* **1.** Anbetung; **2.** Huldigung (der Kardinäle vor dem neu gewählten Papst)
ad|o|rie|ren *auch:* **a|do|rie|ren** *tr. 3* anbeten
A|dor|no, *Theodor W.* dt. Philosoph
ad pu|bli|can|dum *auch:* **ad pub|li|can|dum** [lat.] zur Veröffentlichung
Adr. *Abk. für* Adresse
ad re|fe|ren|dum [lat.] zur Berichterstattung
ad rem [lat.] zur Sache

♦ Die Buchstabenfolge **ad|r...** bzw. **ad|r...** kann in Fremdwörtern auch **a|dr...** getrennt werden.

♦ **Ad|re|ma**® *f. 9 Kurzwort für* Adressiermaschine
♦ **Ad|re|na|lin** [lat.] *n. 1 nur Sg.* Hormon des Nebennierenmarks
♦ **Ad|re|nos|te|ron** *n. 1 nur Sg.* Hormon der Nebennierenrinde
♦ **Ad|res|sant** [mlat.] *m. 10* Absender
♦ **Ad|res|sat** *m. 10* Empfänger (einer Postsendung)
♦ **Ad|ress|buch** (*alt:* Adreß|buch) *n. 4*
♦ **Ad|res|se** *f. 11* (*Abk.:* Adr.) **1.** Anschrift; **2.** polit. (schriftl.) Kundgebung, offizieller schriftlicher Gruß, Glückwunschschreiben; **3.** *Datenverarbeitung:* Kennzeichen (meist Zahl), mit dem eine bestimmte Stelle im Speicher angesprochen wird, dient zur Identifizierung von gespeicherten Daten
♦ **ad|res|sie|ren** *tr. 3* mit der Adresse versehen
♦ **Ad|res|sier|ma|schi|ne** *f. 11*
♦ **ad|rett** [lat.-frz.] hübsch, sauber und ordentlich

A

♦ **Ad|ria** *f. Gen. - nur Sg., Kurzform für* Adriatisches Meer
♦ **Ad|ri|a|ti|sches Meer** *n. Gen.* -en -es Teil des Mittelmeeres zwischen Italien und der Balkanhalbinsel
ad|rig, a|de|rig
äd|rig, ä|de|rig
ADSL *Abk. für* asymmetrical digital subscriber line: Übertragungstechnik von Daten
Ad|sor|bat [lat.] *n. 1* = Adsorptiv
Ad|sor|bens *n. Gen. - Pl.* -ben|zi|en *oder* -ben|tia bei der Adsorption der adsorbierende Stoff, Adsorber; vgl. Adsorptiv
Ad|sor|ber *m. 5* = Adsorbens
ad|sor|bie|ren *tr. 3* auf der Oberfläche eines festen Stoffes anlagern, verdichten (Gase und gelöste Stoffe)
Ad|sorp|ti|on *f. 10* Anlagerung, Verdichtung (eines Gases oder gelösten Stoffes) auf der Oberfläche eines festen Stoffes
Ad|sorp|tiv *n. 1* bei der Adsorption der adsorbierte Stoff; Adsorbat; vgl. Adsorbens
Ad|strin|gens [lat.] *n. Gen. - Pl.* -gen|zi|en *oder* -gen|tia zusammenziehendes, blutstillendes Heilmittel
Ad|strin|genz *f. 10 nur Sg.* zusammenziehende Fähigkeit (eines Stoffes)
ad|strin|gie|ren *tr. 3, Med.:* zusammenziehen
A|du|lar [fälschlich nach den Adula-Alpen in Graubünden] *m. 1* ein Feldspat, Schmuckstein
a|dult [lat.] erwachsen, geschlechtsreif
A-Dur *n. Gen. - nur Sg.* (*Abk.:* A) eine Tonart
A-Dur-Ton|lei|ter *f. 11*
ad usum [lat.] (*Abk.:* ad us.) zum Gebrauch
ad usum Del|phi|ni [lat.] zum Gebrauch des Dauphins (des frz. Kronprinzen); *übertr.:* zum Gebrauch für den Schüler (früher bei Klassikerausgaben, aus denen anstößige Stellen entfernt worden waren)
ad usum pro|pri|um *auch:* **ad usum pro|pri|um** [lat.] (*Abk.:* ad us. prop.) *auf ärztl. Rezepten:* zum eigenen Gebrauch
ad va|lo|rem [- va-, lat.] dem Wert nach
Ad|van|tage [ədvantɪdʒ, engl.] *m. 9* **1.** Vorteil; **2.** *Tennis:* der erste Punktgewinn nach dem Einstand
Ad|vent [-vɛnt, lat. »Ankunft«] *m. 1* die vier Wochen vor Weihnachten
Ad|ven|tist [-vɛn-] *m. 10* Angehöriger einer Sekte, die an die baldige Wiederkunft Christi glaubt
ad|ven|tiv [-vɛn-] an ungewöhnl. Stelle befindlich
Ad|ven|tiv|knos|pe [-vɛn-] *f. 11* Knospe an ungewöhnl. Stelle, z. B. am Stamm
Ad|ven|tiv|kra|ter [-vɛn-] *m. 5* Nebenkrater
Ad|vents|sonn|tag [-vɛnts-] *m. 1*
Ad|vents|zeit [-vɛnts-] *f. 10*
Ad|verb [-vɛrb, lat.] *n. Gen. -s Pl.* -bi|en Wort, das ein Adjektiv oder Verb genauer bezeichnet, Umstandswort, z. B. bald, sehr, sofort
ad|ver|bi|al [-vɛr-] in der Art eines Adverbs; adverbialer Gebrauch
Ad|ver|bi|al|be|stim|mung *f. 10,* **Ad|ver|bi|a|le** [-vɛr-] *n. Gen. -s Pl.* -bi|a|li|en nähere Bestimmung eines Verbs, Umstandsbestimmung, z. B. am anderen Tag, mit großer Freude
Ad|ver|bi|al|satz [-vɛr-] *m. 2* eine Umstandsbestimmung enthaltender Nebensatz, Umstandssatz
ad|ver|bi|ell [-vɛr-] = adverbial
ad|ver|sa|tiv [-vɛr-] entgegenstellend, gegensätzlich
Ad|ver|ti|sing [ædvətaɪzɪŋ, engl.] *n. 9* Anzeigenwerbung, Anzeige
Ad|vo|ca|tus Dei [-vo- dei, lat. »Anwalt Gottes«] *m. Gen. - - Pl.* -ti -, *im katholischen Heilig- bzw. Seligsprechungsprozess:* Geistlicher, der für den Betreffenden eintritt
Ad|vo|ca|tus Di|a|bo|li [-vo-, lat. »Anwalt des Teufels«] *m. Gen. - - Pl.* -ti - **1.** *im kath. Heilig- bzw. Seligsprechungsprozess:* Geistlicher, der die Bedenken vorbringt; **2.** *übertr.:* jmd., der bewusst eine schlechte Sache vertritt, *auch:* strenger Kritiker
Ad|vo|kat [-vo-] *m. 10, veraltet:* Rechtsanwalt
AdW *Abk. für* Akademie der Wissenschaften
A|dy|na|mie [griech.] *f. 11, Med.:* Kraftlosigkeit
a|dy|na|misch kraftlos, schwach
A|dy|ton [griech.] *n. Gen. -s Pl.* -ta das Allerheiligste
AE *Abk. für* astronomische Einheit
A|e|ri|al [griech.] *n. 1 nur Sg.* der Luftraum als Lebensbezirk der Landtiere
a|e|ril, a|e|risch *Geol.:* durch Windeinwirkung entstanden, äolisch
a|e|ro..., A|e|ro... [griech.] *in Zus.:* luft..., Luft..., gas..., Gas...
a|e|rob *Biol.:* Sauerstoff zum Leben brauchend; *Ggs.:* anaerob
Ae|ro|bic [ɛrɔbɪk, engl.] Fitnessgymnastik
A|e|ro|bi|er *m. 5,* **A|e|ro|bi|ont** *m. 10* Lebewesen, das nur mit Sauerstoff leben kann; *Ggs.:* Anaerobier
A|e|ro|dy|na|mik *f. 10 nur Sg.* Lehre von der Bewegung gasförmiger Stoffe
a|e|ro|dy|na|misch
A|e|ro|fon *n. 1* s. **A|e|ro|phon**
A|e|ro|flot *f. 10 nur Sg.* russ. Luftfahrtgesellschaft
A|e|ro|gramm *n. 1* Luftpostleichtbrief
A|e|ro|kar|to|graph *auch:* **A|e|ro|kar|to|graf** *m. 10* Gerät zum Entzerren von Luftaufnahmen zur kartograph. Auswertung
A|e|ro|lith *m. 10, veraltet:* Meteorstein
A|e|ro|lo|gie *f. 11 nur Sg.* Lehre von den höheren Luftschichten
a|e|ro|lo|gisch
A|e|ro|me|cha|nik *f. 10 nur Sg.* Lehre vom Gleichgewicht und von der Bewegung der Gase
A|e|ro|me|di|zin *f. 10 nur Sg.* Gebiet der Medizin, das sich mit den Wirkungen der Luftfahrt auf den Körper befasst
A|e|ro|me|ter *n. 5* Gerät zum Messen von Gewicht und Dichte der Luft
A|e|ro|naut *m. 10, veraltet:* Flieger
A|e|ro|nau|tik *f. 10 nur Sg., veraltet:* Luftfahrt
A|e|ro|na|vi|ga|ti|on [-vi-] *f. 10 nur Sg.* Steuerung und Standortbestimmung von Luftfahrzeugen
A|e|ro|no|mie *f. 11 nur Sg.* Lehre von den höchsten Luftschichten
A|e|ro|pho|bie *f. 11* krankhafte Scheu vor Luft und Luftbewegung
A|e|ro|phon *auch:* **A|e|ro|fon** *n. 1* Musikinstrument, bei dem der Ton durch Luft erzeugt wird, z. B. alle Blasinstrumente
A|e|ro|phyt *m. 10* auf einer anderen Pflanze lebende, den Boden nicht berührende Pflanze, Luftpflanze

A

A|e|ro|plan *m. 1, veraltet:* Flugzeug
A|e|ro|sa|lon [-lɔ̃, frz.] *m. 9* Luftfahrtausstellung
A|e|ro|sol *n. 1* **1.** Luft- oder Gasmenge, in der feinste flüssige oder gasförmige Teilchen schweben, z. B. Nebel, Rauch; **2.** Heilmittel zum Einatmen
A|e|ro|sta|tik *f. 10 nur Sg.* Lehre von den Gleichgewichtszuständen der Gase
a|e|ro|sta|tisch
A|e|ro|tro|pis|mus *m. Gen. - nur Sg.* Wachstumsbewegung von Pflanzen nach Stellen mit höherem Sauerstoff- oder Kohlendioxidgehalt
A|e|tit [griech.] *m. 1* Adlerstein, Eisenmineral
AF *Abk. für* Air France
AfA *Abk. für* Absetzung für Abnutzung
a|fe|bril *auch:* **a|feb|ril** [lat.] ohne Fieber
Af|fä|re [frz.] *f. 11* **1.** Angelegenheit, (unangenehmer) Vorfall; **2.** Liebschaft
Äff|chen *n. 7*
Af|fe *m. 11*
Af|fekt [lat.] *m. 1* starke Gemütsbewegung, Erregung
Af|fek|ta|ti|on *f. 10* Ziererei, Getue
af|fek|tiert geziert, unnatürlich
Af|fek|tiert|heit *f. 10 nur Sg.*
Af|fek|ti|on *f. 10* **1.** *Med.:* krankhafter Vorgang oder Zustand, Erkrankung; **2.** *veraltet:* Zuneigung, Wohlwollen
af|fek|ti|o|niert *veraltet:* zugeneigt, wohlgesinnt
af|fek|tiv gefühlsbetont
Af|fek|ti|vi|tät [-vi-] *f. 10 nur Sg.* Gefühlsleben, Ansprechbarkeit des Gefühls
äf|fen *tr. 1* nachahmen, nachäffen
Af|fen|brot|baum *m. 2* ein afrik. Baum, Baobab
af|fen|geil *ugs.*
Af|fen|lie|be *f. 11 nur Sg.* übertriebene Liebe
Af|fen|pin|scher *m. 5* eine Hunderasse, kleiner Schnauzer
Af|fen|schan|de *f. 11 nur Sg.*
Äf|fe|rei *f. 10*
af|fet|tu|o|so [ital.] *Mus.:* ausdrucksvoll, leidenschaftlich
Af|fi|che [-fiʃ(ə), frz.] *f. 11* Anschlagzettel, Plakat
af|fi|chie|ren [-ʃi-] *tr. 3* durch Affiche bekannt machen, aushängen, anschlagen
af|fig
Af|fig|keit *f. 10 nur Sg.*
Af|fi|li|a|ti|on [lat.] *f. 10* Aufnahme (in eine Gemeinschaft), An-, Eingliederung
af|fi|li|ie|ren *tr. 3* aufnehmen; an-, eingliedern
af|fin [lat.] verwandt; *Math.:* parallel verwandt; affine Figuren: Figuren, bei denen entsprechende Punkte auf Parallelen liegen
Af|fi|ni|tät *f. 10 nur Sg.* Wesensverwandtschaft; Schwägerschaft; *Math.:* Parallelverwandtschaft
Af|fir|ma|ti|on [lat.] *f. 10* Bejahung, Zustimmung
af|fir|ma|tiv bejahend, zustimmend
Af|fir|ma|ti|ve *f. 11* bejahende Aussage
af|fir|mie|ren *tr. 3* bejahen, zustimmen
äf|fisch wie ein Affe
Af|fix [lat.] *n. 1* Vor- oder Nachsilbe, Präfix bzw. Suffix
af|fi|zie|ren *tr. 3* **1.** reizen, erregen; **2.** *Med.:* krankhaft verändern
Af|fo|dill, As|pho|dill [griech.] *m. 1* ein Liliengewächs
Af|fri|ka|ta [lat.] *f. Gen. - Pl.* -tae, **Af|fri|ka|te** *f. 11* Verschlusslaut mit folgendem Reibelaut, z. B. pf
Af|front [-frɔ̃, frz.] *m. 9* Beleidigung, Kränkung
af|fron|tie|ren [-frɔ̃-] *tr. 3, veraltet:* beleidigen
Af|gha|ne *m. 11* **1.** Einwohner von Afghanistan; **2.** Windhundrasse
Af|gha|ni *m. 9* afghan. Währungseinheit
af|gha|nisch
Af|gha|nis|tan *auch:* **Af|gha|ni|stan** vorderasiat. Staat
AFL *Abk. für* American Federation of Labor (amerik. Gewerkschaftsverband)
AFN *Abk. für* American Forces Network (Rundfunkanstalt für die außerhalb der USA stationierten US-Soldaten)
à fonds per|du [a fɔ̃ pɛrdy, frz. »bei verlorenem Kapital«] ohne Aussicht auf Wiedererstattung oder Gegenleistung
AFP *Abk. für* Agence France-Presse (frz. Nachrichtenagentur)
a fres|co [ital.] »auf frischen«, noch nassen Kalk (gemalt)

♦ Die Buchstabenfolge **a|fr...** kann in Fremdwörtern auch **af|r...** getrennt werden.

♦ **A|fri|ka** einer der fünf Erdteile
♦ **A|fri|kaan|der,** A|fri|kan|der *m. 5* weißer Bürger Südafrikas (mit Afrikaans als Muttersprache)
♦ **A|fri|kaans** *n. Gen. - nur Sg.* Sprache der Buren, Kapholländisch
♦ **A|fri|kan|der** s. **A|fri|kaan|der** *m. 5*
♦ **A|fri|ka|ner** *m. 5*
♦ **a|fri|ka|nisch**
♦ **A|fri|ka|nist** *m. 10*
♦ **A|fri|ka|nis|tik** *f. 10 nur Sg.* Wissenschaft von den afrik. Sprachen und Kulturen
♦ **A|frik|an|thro|pus** *auch:* **A|fri|kanth|ro|pus** [griech.] *m. Gen. - nur Sg.* Urmensch der Eiszeit
♦ **a|fro|a|me|ri|ka|nisch** (*alt:* afro-ame|ri|ka|nisch)
♦ **a|fro|a|si|a|tisch** (*alt:* afro-asiatisch)
♦ **A|fro|look** (*alt:* Afro-look) [-luk, engl.] *m. Gen. -(s) nur Sg.*
Af|ter *m. 5* Darmausgang
Af|ter|le|hen *n. 7* von einem Nichtlehensfähigen bewirtschaftetes Lehensgut
Af|ter|re|de *f. 11, veraltet:* böswillige Nachrede, Verleumdung
Af|ter|shave|lo|tion *auch:* **Af|ter-Shave-Lo|tion** (*alt:* Af|ter-shave-Lo|tion) [aftəʃeɪvloʊʃn, engl.] *f. 9* Flüssigkeit zur Hautpflege
Ag *chem. Zeichen für* Silber (Argentum)
a. G. *Abk. für* **1.** als Gast; **2.** auf Gegenseitigkeit
AG **1.** *Abk. für* Aktiengesellschaft; **2.** *Abk. für* Arbeitsgemeinschaft
A|ga [türk.] *m. 9, früher im Osman. Reich:* Offiziers- und Beamtentitel
Ä|gä|is *f. Gen. -,* **Ä|gä|i|sches Meer** *n. 1 nur Sg.* Teil des Mittelmeeres
A|ga Khan *m. Gen. - -s Pl. - -e* erbliches Oberhaupt eines Zweigs der Ismailiten
A|ga|mem|non Held der griech. Sage
A|ga|mie *f. 11 nur Sg.* Ehelosigkeit
a|ga|misch ehelos; ungeschlechtlich
A|ga|mo|go|nie *f. 11 nur Sg.* ungeschlechtl. Fortpflanzung
A|ga|pe [griech. »Liebe«] *f. 11* **1.** *in der altchristl. Gemeinde:* gemeinsame Mahlzeit mit Armenspeisung, Liebesmahl; **2.** *nur Sg.* Liebe Gottes
A|gar-A|gar [mal.] *m. 9 oder n. 9 nur Sg.* Extrakt aus Rotalgen als Geliermittel für Lebensmittel und Bakterienkulturen

A

A|ga|the weibl. Vorname
A|ga|ve [-və, griech.] *f. 11* der Aloe ähnliche tropische und subtropische Pflanze, Amaryllisgewächs
A|gen|da [lat.] *f. Gen. - Pl.* -den **1.** Schreibtafel, Notizbuch, Terminkalender; **2.** Zusammenstellung von zu erörternden Fragen
A|gen|de *f. 11* Buch für die Gottesdienstordnung
A|gens [lat.] *n. Gen. - Pl.* A|gen|zi|en **1.** *Philos.* tätige Kraft, wirkendes Prinzip; **2.** *Med.:* wirkendes Mittel; **3.** *Gramm.:* Träger des Geschehens im Satz; *Ggs.:* Patiens
A|gent *m. 10* **1.** Vertreter, Vermittler; **2.** Spion
A|gen|tie *f. 11, österr.:* Geschäftsstelle der ehem. Donau-Dampfschifffahrtsgesellschaft
a|gen|tie|ren *intr. 3, österr.:* Kunden werben
A|gen|tin *f. 10*
A|gent pro|vo|ca|teur = **A|gent Pro|vo|ca|teur** [aʒã prɔvokatœr, frz.] *m. Gen. - - Pl.* -s -s Lockspitzel
A|gen|tur *f. 10* Geschäftsstelle eines Agenten, Vertretung; Geschäftsnebenstelle
Ag|glo|me|rat [lat.] *n. 1* Ablagerung von scharfkantigen, unverfestigten Gesteinsbrocken; Masse von Lavabrocken; *Ggs.:* Konglomerat (2)
Ag|glo|me|ra|ti|on *f. 10* Anhäufung; Ballung von städtischen Siedlungen und Industrieanlagen
ag|glo|me|rie|ren *tr. u. intr. 3* (sich) anhäufen
Ag|glu|ti|na|ti|on [lat.] *f. 10* **1.** Zusammenballung, Verklumpung, Verklebung; **2.** *Gramm.:* Anhängen eines Suffixes an den Wortstamm
ag|glu|ti|nie|ren *intr. 3* zusammenballen, verkleben, verklumpen; agglutinierende Sprachen: Sprachen, in denen die grammat. Beziehungen durch Anhängen von Suffixen an den Wortstamm wiedergegeben werden, z. B. das Ungarische
Ag|glu|ti|nin *n. 1* Abwehrstoff im Blutserum
Ag|glu|ti|no|gen *n. 1* Stoff zur Bildung von Agglutininen
Ag|gre|gat [lat.] *n. 1* **1.** mehrgliedriges Ganzes; **2.** mehrgliedrige math. Größe; **3.** Satz aus mehreren gekoppelten Maschinen
Ag|gre|ga|ti|on *f. 10* Vereinigung mehrerer Moleküle zu einem größeren Molekül
Ag|gre|gat|zu|stand *m. 2* Erscheinungsform der Materie; fester, flüssiger, gasförmiger Aggregatzustand
Ag|gres|si|on [lat.] *f. 10* Angriff
ag|gres|siv angreifend, angriffslustig; ein aggressives Verhalten; er wurde aggressiv
Ag|gres|si|vi|tät [-vi-] *f. 10*
Ag|gres|sor *m. Gen.* -s *Pl.* -so|ren Angreifer
A|gha *m. 9* s. **A|ga**
Ä|gi|de [griech.] *f. 11 nur Sg.* Obhut, Schutz, Schirmherrschaft; *meist in der Wendung:* unter der Ägide von …
a|gie|ren [lat.] *intr. 3* handeln, wirken; a. als …: die Rolle spielen von …
a|gil [lat.] flink, beweglich, behände; ein agiler Senior
A|gi|li|tät *f. 10 nur Sg.* Flinkheit, Beweglichkeit
Ä|gi|na **1.** griech. Insel; **2.** griech. Stadt
Ä|gi|ne|ten *Pl.* die Giebelfiguren des Tempels von Ägina
A|gio [adʒo auch: aʒio, ital.] *n. 9 nur Sg.* Betrag, um den der Kurs einer Währung oder eines Wertpapiers über dem Nennwert steht, Aufgeld; *Ggs.:* Disagio
A|gio|ta|ge [aʒiotaʒə, frz.] *f. 11* Börsenspekulation unter Ausnutzung des Agios
A|gio|teur [aʒiotør] *m. 1* Börsenspekulant, der das Agio ausnutzt
a|gio|tie|ren [aʒio-] *intr. 3* unter Ausnutzung der Agios Börsenspekulation betreiben
Ä|gir *nord. Myth.:* Meerriese
Ä|gis *f. Gen. - nur Sg., griech. Myth.:* Schild des Zeus und der Athene
A|gi|ta|ti|on [lat.] *f. 10* aufreizende polit. Werbung
a|gi|ta|to [adʒi-, ital.] *Mus.:* sehr bewegt
A|gi|ta|tor [lat.] *m. 13* jmd., der für etwas agitiert
a|gi|ta|to|risch
a|gi|tie|ren *intr. 3* politisch aufreizend werben
A|git|prop [Kurzw. aus: Agitation und Propaganda] *f. Gen. - nur Sg.* Beeinflussung der öffentl. Meinung mit den Mitteln der Kunst im Sinne der kommunist. Doktrin

♦ Die Buchstabenfolge **ag|n…** kann in Fremdwörtern auch **a|gn…** getrennt werden.

♦ **Ag|nat** [lat.] *m. 10* männl. Blutsverwandter der männl. Linie; vgl. Kognat
♦ **Ag|na|ti|on** *f. 10* Blutsverwandtschaft väterlicherseits; vgl. Kognation
♦ **ag|na|tisch**
♦ **Ag|nes** weibl. Vorname
♦ **Ag|no|men** [lat.] *n. Gen.* -s *Pl.* -mi|na Beiname
♦ **Ag|no|sie** [griech.] *f. 11* **1.** *Med.:* Unfähigkeit, das sinnlich Wahrgenommene geistig zu verarbeiten, Seelenblindheit, -taubheit; **2.** *Philos.:* Nichtwissen
♦ **Ag|nos|ti|ker** *m. 5* Vertreter des Agnostizismus
♦ **Ag|nos|ti|zis|mus** *m. Gen. - nur Sg.* Lehre von der Unerkennbarkeit des übersinnl. Seins
♦ **ag|nos|zie|ren** *tr. 3* **1.** anerkennen; **2.** *österr.:* identifizieren (einen Toten), feststellen
♦ **Ag|nus Dei** [lat. »Lamm Gottes«] **1.** Bez. Christi nach Johannes 1,29; **2.** Gebetshymnus im kath. Gottesdienst; **3.** vom Papst geweihtes Wachstäfelchen mit dem Bild des Lamms
A|go|gik [griech.] *f. 10 nur Sg., Mus.:* Lehre von den Tempi als Ausdrucksmittel
a|go|gisch
A|gon [griech.] *m. 1* **1.** altgriech. Wettkampf; **2.** Hauptteil der attischen Komödie
A|go|nie *f. 11* Todeskampf
A|go|nist *m. 10* altgriech. Wettkämpfer
A|go|ra [griech.] *f. Gen. - nur Sg.* altgriech. Markt und Versammlungsplatz
A|go|ra|pho|bie *f. 11 nur Sg.* Platzangst, krankhafte Scheu, freie Plätze zu überqueren

♦ Die Buchstabenfolge **a|gr…** kann in Fremdwörtern auch **ag|r…** getrennt werden. Davon ausgenommen sind Zusammensetzungen, in denen die fremdsprachigen bzw. sprachhistorischen Bestandteile deutlich als solche erkennbar sind, z. B. *-graphie*.

♦ **A|gra|f|fe** [frz.] *f. 11* **1.** Brosche, Schmuckspange; **2.** *Med.:* Wund-

klammer; **3.** *Baukunst:* klammerförmige Verzierung am Rundbogen
A|gra|fie *f. 11* s. **A|gra|phie**
♦ **A|gram** früherer Name von Zagreb, kroat. Hauptstadt
A|gra|nu|lo|zy|to|se [lat. + griech.] *f. 11* Schwund der weißen Blutkörperchen
A|gra|phie *auch:* **A|gra|fie** *f. 11* Verlust der Schreibfähigkeit
♦ **A|gra|ri|er** [lat.] *m. 5* **1.** Grundbesitzer, Landwirt; **2.** Interessenvertreter des Großgrundbesitzes
♦ **a|gra|risch** landwirtschaftlich
♦ **A|grar|re|form** *f. 10*
♦ **A|gree|ment** [əgriːmənt, engl.] *n. 9* Vereinbarung, Übereinkunft
♦ **a|gre|ie|ren** [lat.-frz.] *tr. 3* genehmigen
♦ **A|gré|ment** [agremã, frz.] *n. 9* Zustimmung einer Regierung zum Empfang eines ausländ. Diplomaten
♦ **A|gri|kul|tur** [lat.] *f. 10* Landwirtschaft
♦ **A|gro|nom** [griech.] *m. 10* Landwirtschaftswissenschaftler
♦ **A|gro|no|mie** *f. 11 nur Sg.* Landwirtschaftswissenschaft
♦ **a|gro|no|misch**
♦ **A|gro|tech|nik** *f. 10 nur Sg.* Lehre von der Technik in der Landwirtschaft
♦ **A|gru|men, A|gru|mi** [mlat.] *Pl., Sammelbez. für* Zitrusfrüchte
A|gu|ti [indian.] *m. 9* südamerik. Nagetier, Goldhase
Ä|gyp|ten nordafrikan. Staat
Ä|gyp|ter *m. 5*
ä|gyp|tisch; ägyptische Finsternis: völlige Finsternis; *aber:* Ägyptische Augenkrankheit
Ä|gyp|to|lo|gie *f. 11 nur Sg.* Wissenschaft vom ägypt. Altertum
ä|gyp|to|lo|gisch
Ah *Abk. für* Amperestunde
ah!; ah ja; ah so!
äh!
a|ha! [auch: aha]
A|ha-Er|leb|nis *n. 1* plötzl. Erkenntnis eines Sinnzusammenhangs
A|has|ver, A|has|ve|rus **1.** jüd. Sagengestalt, »Ewiger Jude«; **2.** *m. Gen.* -(s) *nur Sg., übertr.:* ruhelos umherirrender Mensch
a|has|ve|risch
Ah|le *f. 11* = Pfriem
ah|men *tr. 1* eichen
Ah|ming *f. 1 oder f. 9* Tiefgangsmarkierung am Schiff
Ahn *m. 12* = **Ah|ne**
ahn|den *tr. 2* strafen, strafrechtlich verfolgen
Ahn|dung *f. 10*
Ah|ne *f. 11*, **Ahn** *m. 12* **1.** männl. oder weibl. Vorfahr; **2.** *bair.:* (Ur-)Großvater oder -mutter
äh|neln *intr. 1;* ich ähnele, ähnle ihm
ah|nen *tr. 1*
Ah|nen|for|schung *f. 11* = Genealogie
Ahn|frau *f. 10*
Ahn|herr *m. Gen.* -(e)n *Pl.* -en
Ah|nin *f. 10* Ahne, Ahnfrau
ähn|lich; jmdm. ä. sehen, ä. sein; Ähnliches und Verschiedenes; er hat Ähnliches gesehen; und Ähnliches (*Abk.:* u. Ä.); etwas Ähnliches
Ähn|lich|keit *f. 10*
Ah|nung *f. 10*
ah|nungs|los
ah|nungs|voll
a|hoi! seemänn. Anruf eines Schiffes; Schiff, Boot ahoi!
A|horn *m. 1* ein Laubbaum
a|hor|nen aus Ahornholz
Ähr|chen *n. 7*
Äh|re *f. 11*
Ai [auch: ai] *n. Gen.* -(s) *Pl.* -s eine Faultierart
Ai|chin|ger, *Ilse* österr. Schriftstellerin
Aide [ɛd, frz.] *m. 11* **1.** Gehilfe, Beistand; **2.** *Kartenspiel:* Spielpartner; **3.** *schweiz.:* Hilfskoch
AIDS, Aids [ɛɪds, engl.] *ohne Artikel, Abk. für* acquired immune deficiency syndrome: tödliche Immunschwächekrankheit
Aids|kran|ke(r) [ɛɪds-] *m. 18 (17) bzw. f. 17 oder 18*
Aids|test [ɛɪds-] *m. 1 oder m. 9* Test zur Feststellung einer HIV-Infektion
Ai|gret|te *auch:* **Aig|ret|te** [ɛgrɛt(ə), frz.] *f. 11* **1.** Federbusch; **2.** Bündel, Büschel, z. B. Strahlenbüschel beim Feuerwerk
Ai|ki|do [jap.] *n. Gen.* -(s) *nur Sg.* jap. Form der Selbstverteidigung
Ai|ma|ra, Ay|ma|ra *m. 9 oder Gen.* - *Pl.* - Angehöriger eines Indianervolkes in Bolivien und Peru
Ai|nu *m. 9 oder Gen.* - *Pl.* - Angehöriger des Ureinwohnervolkes von Japan
Air [ɛr, frz.] *n. 9* **1.** Aussehen, Haltung; **2.** Lied, Arie; liedartiges Instrumentalstück
Air|bag [ɛrbæg, engl.] *n. 9* mit Luft füllbares Kissen; Luftsack (als Sicherheitsvorrichtung in Kraftfahrzeugen)
Air|bus [ɛr-] *m. 1* Flugzeug im Passagierverkehr auf Kurz- und Mittelstrecken
Air|con|di|tion (*alt:* Air-con|di|tion) [ɛrkəndɪʃn, engl.] *n. 9* Lüftung und Temperaturregelung durch Klimaanlage
Aire|dale|ter|ri|er [ɛrdɛɪl-, engl.] *m. 5* eine Hunderasse
Air France [ɛr frãs, frz.] *f. Gen.* - - *nur Sg.* (*Abk.:* AF) frz. Luftfahrtgesellschaft
Air|fresh [ɛrfrɛʃ, engl.] *n. 9* Mittel zur Luftverbesserung
Air|line [ɛrlain] *f. 9* Fluglinie
Air|mail (*alt:* Air mail) [ɛrmɛɪl] *f. Gen.* - *nur Sg.* Luftpost
Air|port [ɛrpɔː(r)t] *m. 1* Flughafen
a|is, A|is *n. Gen.* - *Pl.* -, *Mus.:* das um einen halben Ton erhöhte a bzw. A
Ais|chy|los [aisçylɔs] *griech. Form von* Äschylus
A|ja|tol|lah *m. 9* höchster schiitischer Ehrentitel
à jour [aʒur, frz.] **1.** bis zum (heutigen) Tag; à jour sein: auf dem Laufenden sein; **2.** (*österr.:* ajour) eingefasst (Edelstein); durchbrochen (Gewebe)
A|jour|ar|beit [aʒur-] *f. 10* Durchbruchsarbeit, -stickerei
a|jou|rie|ren [aʒu-] *tr. 3, österr.:* in Ajourarbeit herstellen
AK *Abk. für* Alaska
A|ka|de|mie [griech.] *f. 11* **1.** der Forschung dienende Vereinigung von Gelehrten oder Künstlern; **2.** Fachhochschule; **3.** Forschungsanstalt; **4.** *österr.:* literar. oder musikal. Veranstaltung
A|ka|de|mi|ker *m. 5* jmd., der auf der Universität oder einer Akademie studiert hat
a|ka|de|misch *übertr.:* weltfremd, trocken-lehrhaft; akademische Freiheit: *Bez. für* die besonderen Freiheiten im Hochschulbereich; akademisches Viertel: Viertelstunde nach dem für eine Vorlesung angesetzten Zeitpunkt
A|ka|de|mis|mus *m. Gen.* - *nur Sg.* in Regeln erstarrte Betätigung in einer Kunst oder Wissenschaft
A|kan|thit [griech.] *m. 1* Silberglanz, ein Mineral
A|kan|thus [griech.] *m. Gen.* - *Pl.* - **1.** ein Staudengewächs, Bärenklau; **2.** Schmuckform an Säulenkapitellen

A|ka|ro|id|harz [griech.] *n. 1* ein gelbes oder rotes Baumharz für Lack und Firnis

a|ka|ta|lek|tisch *in der antiken Verslehre:* unverkürzt, mit vollständigem letztem Fuß; *Ggs.:* katalektisch; vgl. hyperkatalektisch

A|ka|tho|lik [griech.] *m. 10* Nichtchrist, nichtkatholischer Christ, abgefallener Katholik

a|ka|tho|lisch

A|ka|zie [-tsjə, griech.] *f. 11* ein tropischer Laubbaum, Kameldorn

A|ke|lei [mlat.] *f. 10* ein Hahnenfußgewächs

a|ke|phal s. **a|ze|phal**

A|ki *n. 9 Kurzw. für* Aktualitätenkino

A|ki|ne|sie [griech.] *f. 11 nur Sg.* **1.** Bewegungslosigkeit; **2.** Totstellen (von Tieren)

Akk. *Abk. für* Akkusativ

Ak|kad **1.** Reich im antiken Mesopotamien; **2.** dessen Hauptstadt

ak|ka|disch

Ak|kla|ma|ti|on [lat.] *f. 10* **1.** Beifall, zustimmender Zuruf; **2.** Wahl oder Abstimmung durch Zuruf

ak|kla|mie|ren *tr. 3;* jmdn. a.: jmdm. Beifall spenden, jmdn. durch Zuruf wählen

Ak|kli|ma|ti|sa|ti|on [lat.] *f. 10* Anpassung an veränderte Klima- oder Umweltverhältnisse, Akklimatisierung

ak|kli|ma|ti|sie|ren *tr. 3, meist refl.* (sich) anpassen

Ak|kli|ma|ti|sie|rung *f. 10* = Akklimatisation

Ak|ko|la|de [frz.] *f. 11* **1.** zeremonielle Umarmung beim Ritterschlag und bei Ordensverleihungen; **2.** geschweifte Klammer ({), Nasenklammer

ak|kom|mo|da|bel [frz.] anpassungsfähig; zweckmäßig

Ak|kom|mo|da|ti|on *f. 10* Anpassungsfähigkeit, bes. des Auges an wechselnde Entfernungen

ak|kom|mo|die|ren **1.** *tr. 3, veraltet:* anpassen; **2.** *refl. 3* sich mit jmdm. über etwas einigen

Ak|kom|pa|gna|to *auch:* **Ak|kom|pag|na|to,** Ac|com|pa|gna|to [-nja-] *n. Gen.* -(s) *Pl.* -ti das vom Orchester begleitete Rezitativ

Ak|kom|pa|gne|ment *auch:* **Ak|kom|pag|ne|ment,** Ac|com|pa|gne|ment [-panjəmã, frz.] *n. 9, Mus., veraltet:* Begleitung

ak|kom|pa|gnie|ren *auch:* **ak|kom|pag|nie|ren,** ac|com|pa|gnie|ren [-nji-] *tr. 3, Mus., veraltet:* begleiten

Ak|kord [lat.-frz.] *m. 1* **1.** Übereinstimmung; **2.** Leistungs-, Stücklohn; im Akkord arbeiten; **3.** *Rechtsw.:* Vereinbarung mit Gläubigern; **4.** *Mus.:* Zusammenklang mindestens zweier verschiedener Töne

Ak|kord|ar|beit *f. 10*

Ak|kor|de|on *n. 9* Handharmonika mit Tastatur

Ak|kor|de|o|nist *m. 10* Akkordeonspieler

ak|kor|die|ren **1.** *tr. 3* vereinbaren; **2.** *intr. 3, veraltet:* einen Vertrag abschließen

ak|kre|di|tie|ren [lat.] *tr. 3; jmdn. a.:* **1.** jmdm. Kredit gewähren; **2.** jmdn. beglaubigen (diplomatischen Vertreter)

Ak|kre|di|tiv *n. 1* **1.** Anweisung durch die Hausbank des Importeurs an die Hausbank des Exporteurs, diesem einen bestimmten Geldbetrag auszuzahlen; **2.** Beglaubigungsschreiben

Ak|kres|zenz [lat.] *f. 10* Wachstum (eines Erbteils)

ak|kres|zie|ren *intr. 3, veraltet:* anwachsen (Erbteil)

Ak|ku *m. 9, Kurzw. für* Akkumulator

Ak|kul|tu|ra|ti|on [neulat.] *f. 10* kulturelle Angleichung

Ak|ku|mu|la|ti|on [lat.] *f. 10* Anhäufung

Ak|ku|mu|la|tor *m. 13* **1.** Gerät zum Speichern von elektr. Energie; **2.** Druckwasserbehälter

ak|ku|mu|lie|ren *tr. 3* anhäufen

ak|ku|rat [lat.] genau, sorgfältig; a. so ist es! *südd.:* genauso

Ak|ku|ra|tes|se [frz.] *f. 11 nur Sg.* Genauigkeit, Sorgfalt

Ak|ku|sa|tiv [lat.] *m. 1* vierter Fall der Deklination, Wenfall; A. mit Infinitiv, *lat.* accusativus cum infinitivo (*Abk.:* a. c. i.): eine lat. Satzkonstruktion

Ak|me [griech.] *f. 11 nur Sg.* Höhepunkt (einer Krankheit)

Ak|ne [griech.] *f. 11* eitrige Entzündung einer Talgdrüse

A|ko|luth [griech.] *m. 12 oder m. 10* kath. Geistlicher im vierten Grad der niederen Weihen

A|ko|nit [griech.] *m. 1* **1.** Eisenhut, Sturmhut, eine Heilpflanze; **2.** = Akonitin

A|ko|ni|tin, Aco|ni|tin *n. 1* aus den Wurzeln des Akonits gewonnenes Heilmittel, Akonit

A|kon|to [ital.] *n. Gen.* -s *Pl.* -s *oder* -ten, *österr.:* Anzahlung

A|kon|to|zah|lung *f. 10* Teilzahlung, Anzahlung

a|ko|ty|le|don [griech.] keimblattlos

A|ko|ty|le|do|ne *f. 11* keimblattlose Pflanze

ak|qui|rie|ren [lat.] *tr. 3* erwerben, anschaffen

Ak|qui|si|teur [-tør, lat.-frz.] *m. 1* Werber von Kunden, bes. für Anzeigen in einer Zeitung

Ak|qui|si|ti|on *f. 10* **1.** Anschaffung, Erwerbung; **2.** Kundenwerbung

ak|qui|si|to|risch

♦ Die Buchstabenfolge **a|kr...** kann in Fremdwörtern auch **ak|r...** getrennt werden. Davon ausgenommen sind Zusammensetzungen, in denen die fremdsprachigen bzw. sprachhistorischen Bestandteile deutlich als solche erkennbar sind, z. B. *-kritisch.*

♦ **A|kra|ni|er** [griech.] *Pl.* schädellose Meerestiere mit Chorda dorsalis

♦ **A|kri|bie** [griech.] *f. 11 nur Sg.* höchste Genauigkeit, äußerste Sorgfalt

♦ **a|kri|bisch**

a|kri|tisch nicht kritisch, unkritisch, kritiklos

♦ **A|kro|bat** [griech.] *m. 10* Artist, der im Varietee turnerische und Gelenkigkeitsübungen vorführt

♦ **A|kro|ba|tik** *f. 10 nur Sg.* Kunst des Akrobaten

♦ **a|kro|ba|tisch**

♦ **A|kro|le|in** [lat.] *n. 1 nur Sg.* übel riechende chem. Verbindung zur Herstellung von Lack, Parfüm, Tränengas

♦ **A|kro|lith** [griech.] *m. 10* altgriech. Bildwerk, bei dem die unbekleideten Körperteile aus Marmor, die bekleideten aus bemaltem oder vergoldetem Holz bestehen

♦ **A|kro|me|ga|lie** [griech.] *f. 11* übermäßiges Wachstum einzelner Körperteile

♦ **A|kro|nym** [griech.] *n. 1* aus den Anfangsbuchstaben mehrerer Wörter gebildetes Kurzwort, Initialwort, z. B. Agfa, UNO

♦ **A|kro|po|lis** [griech.] *f. Gen. - Pl.* -po|len altgriech. Stadtburg, bes. die von Athen
♦ **A|kros|ti|chon** [-çɔn, griech.] *n. Gen.* -s *Pl.* -chen *oder* -cha Lied oder Gedicht, bei dem die Anfangsbuchstaben, -silben oder -wörter ein Wort oder einen Satz ergeben

→ Acryl Das aus dem Lateinischen abgeleitete Kunstwort *Acryl* schreibt man mit *Ac-* und nicht mit *Ak-*, obwohl es den gleichen Anlaut wie z. B. *Akrobat* hat. Dieses Wort stammt jedoch aus dem Griechischen und wird entsprechend der ursprünglichen Orthographie mit *k* geschrieben.

äks! *ugs.:* pfui!
Akt [lat.] *m. 1* **1.** Handlung, Tat, Vorgang; **2.** künstler. Darstellung des nackten Körpers; **3.** Abschnitt eines Bühnenwerkes, Aufzug; **4.** *m. 12* = Akte
Ak|te *f. 11 m. 12* alle schriftlichen Unterlagen eines geschäftl. Vorgangs, Akt
Ak|tei *f. 10* Aktensammlung
ak|ten|kun|dig in Akten vermerkt
Ak|ten|zei|chen *n. 7* **1.** Buchungsnummer; **2.** Namenskürzel zur Unterzeichnung kurzer interner dienstl. Mitteilungen, von Briefdurchschlägen usw.
Ak|teur [-tør, lat.-frz.] *m. 1* **1.** handelnde Person; **2.** Schauspieler
Akt|fo|to *n. 9* Fotografie eines nackten Menschen
Ak|tie [-tsjə, lat.] *f. 11* Urkunde über den Anteil am Grundkapital einer Aktiengesellschaft
Ak|ti|en|fonds [-fɔ̃] *m. Gen.* - [-fɔ̃s] *Pl.* - [-fɔ̃s] Investmentfonds, der seinen Bestandteil an Wertpapieren insbesondere in Aktien anlegt
Ak|ti|en|ge|sell|schaft *f. 10* (*Abk.:* AG) Handelsgesellschaft, bei der das Kapital durch Einlagen der Gesellschafter aufgebracht wird
Ak|tien|in|dex *m. 1 oder Gen. - Pl.* -di|zes *oder* -di|ces [-tses] Messzahl der durchschnittlichen Aktienkurse der wichtigsten börsennotierten Gesellschaften
Ak|ti|nie [-njə, griech.] *f. 11* ein Meerespolyp, Seerose, Seeanemone
ak|ti|nisch durch Strahlung hervorgerufen (Krankheit)
Ak|ti|ni|um *n. Gen.* -s *nur Sg.* (*Zeichen:* Ac) chem. Element
Ak|ti|no|me|ter *n. 5* Gerät zum Messen von Lichtstrahlen, bes. der Sonne
Ak|ti|no|me|trie *auch:* **Ak|ti|no|met|rie** *f. 11* **1.** *nur Sg.* Lichtstrahlenmessung; **2.** Sternkatalog mit Angabe der Helligkeiten
ak|ti|no|morph strahlenförmig
Ak|ti|no|my|ko|se *f. 11* Strahlenpilzkrankheit
Ak|ti|no|my|zet *f. 10* Strahlenpilz, ein Fadenbakterium
Ak|ti|on [lat.] *f. 10* Handlung, Tat, Unternehmung, Maßnahme
Ak|ti|o|när *m. 1* Inhaber einer Aktie
Ak|ti|ons|art *f. 10* Art und Weise, wie das durch ein Verb ausgedrückte Geschehen vor sich geht, z. B. beginnend (»erblühen«), vollendend (»verblühen«), wiederholend (»kränkeln«)
Ak|ti|ons|form *f. 10* Form des Geschehens, der Handlung beim Verb, Aktiv und Passiv, Handlungsrichtung, Genus Verbi
Ak|ti|ons|ra|di|us *m. Gen. - Pl.* -di|en Wirkungs-, Reichweite, Fahr-, Flugbereich
ak|tiv [lat.] **1.** wirksam, handelnd, tätig; aktives Wahlrecht: das Recht zu wählen; *Ggs.:* passives Wahlrecht; **2.** *Mil.:* ständig im Dienst stehend; aktiver Offizier; **3.** [ak-] *Gramm.:* im Aktiv stehend (Verb), aktivisch; *Ggs.:* passiv; **4.** *Chem.:* wirksam, reaktionsfähig
Ak|tiv *n. 1 nur Sg.*, Aktionsform des Verbs, die ausdrückt, dass das Subjekt des Satzes etwas tut oder sich in einem Zustand befindet; *Ggs.:* Passiv
Ak|ti|va [-va] *Pl.* Vermögenswerte, Guthaben, Aktivposten; *Ggs.:* Passiva
Ak|ti|va|tor [-va-] *m. 13* **1.** Stoff, der die Wirksamkeit eines Katalysators beschleunigt, ohne selbst Katalysator zu sein; **2.** *Zahnmed.:* Vorrichtung zur Kieferregulierung
Ak|tiv|bür|ger *m. 5, früher, noch schweiz.:* Bürger mit sämtl. polit. Rechten; *Ggs.:* Passivbürger
ak|ti|vie|ren [-vi-] *tr. 3* **1.** zu größerer Wirkung bringen; **2.** in die Buchführung und Bilanz aufnehmen
Ak|ti|vie|rung [-vi-] *f. 10*
ak|ti|visch [-viʃ] = aktiv (3)
Ak|ti|vis|mus [-vis-] *m. Gen. - nur Sg.* betont zielstrebiges Handeln
Ak|ti|vist [-vist] *m. 10* **1.** (bes. politisch) zielstrebig handelnder Mensch; **2.** *DDR:* jmd., der für vorbildliche Arbeit mit einem staatlichen Ehrentitel ausgezeichnet worden war
ak|ti|vis|tisch [-vis-] auf Aktivismus beruhend
Ak|ti|vi|tas [-vi-] *f. Gen. - nur Sg., in student. Verbindungen:* alle, die zur aktiven Beteiligung verpflichtet sind
Ak|ti|vi|tät [-vi-] **1.** *f. 10* Tätigkeit, Wirksamkeit; **2.** *Pl.* Handlungen, Unternehmungen
Ak|tiv|koh|le *f. 11* aus Holz, Knochen u. a. gewonnene, als Adsorbens zur Reinigung und Entgiftung verwendete Kohle
Ak|tiv|pos|ten *Pl.* = Aktiva
Ak|tri|ce *auch:* **Akt|ri|ce** [-sə, lat.-frz.] *f. 11, veraltet:* Schauspielerin
Ak|tu|al|ge|ne|se [lat. + griech.] *f. 11, Psych.:* Entstehung einer Gestalt als Vorgang im aktuellen Erleben
ak|tu|a|li|sie|ren [lat.] *tr. 3* aktuell, zeitnah machen
Ak|tu|a|li|tät *f. 10* Zeitnähe, Bedeutung für die Gegenwart
Ak|tu|a|li|tä|ten|ki|no *n. 9* (*Kurzw.:* Aki)
Ak|tu|ar [lat.] *m. 1* **1.** *auch:* **Ak|tu|a|ri|us** *m. Gen. - Pl.* -ri|en, *veraltet:* Gerichtsangestellter; **2.** *schweiz.:* Schriftführer einer Behörde oder eines Vereins
ak|tu|ell [lat.] zeitnah, für die Gegenwart interessant oder wichtig
Akt|zeich|nung *f. 10* Zeichnung eines nackten Menschen
A|ku|pres|sur [lat.] *f. 10* Heilbehandlung durch Druck der Finger
A|ku|punk|tur [lat.] *f. 10* altes Heilverfahren durch Stiche mit Gold- oder Silbernadeln in bestimmte Hautstellen
A|kü|spra|che *f. 11, Kurzw. für* Abkürzungssprache
A|kus|tik [griech.] *f. 10* **1.** Schallwirkung, Schallwiedergabe (eines Raumes); **2.** Lehre vom Schall, von den Tönen
a|kus|tisch die Akustik betreffend, auf ihr beruhend, mit dem Gehör wahrnehmbar; *Ggs.:* visuell; akustischer Typ: Mensch, der sich Gehörtes besser merken kann als Gesehenes

A

a|kut [lat.] **1.** im Augenblick wichtig, brennend, dringend; **2.** *Med.:* plötzlich auftretend, rasch und heftig verlaufend (Krankheit); *Ggs.:* chronisch
A|kut *m. 1* (*Zeichen:* ´) Zeichen im Französischen für die geschlossene Aussprache des e, im Ungarischen für die geschlossene Aussprache des e und o sowie für die offene Aussprache des a, in einigen Sprachen, z. B. im Spanischen, für die Betonung
AKW *Abk. für* Atomkraftwerk
Ak|ze|le|ra|ti|on [lat.] *f. 10* Beschleunigung; *Ggs.:* Retardation
Ak|ze|le|ra|tor *m. 13* **1.** Beschleuniger; **2.** *Wirtschaft:* Koeffizient, der angibt, welche Investitionsausgaben bei Erhöhung der Konsumausgaben oder des Volkseinkommens um eine Einheit eintreten
ak|ze|le|rie|ren *tr. 3* beschleunigen
Ak|zent [lat.] *m. 1* **1.** (*Zeichen:* ´, `, ˆ) Zeichen für die Betonung, Länge, geschlossene oder offene Aussprache eines Vokals; vgl. Akut, Gravis, Zirkumflex; **2.** Betonung, Nachdruck; **3.** Tonfall, Aussprache
Ak|zen|tu|a|ti|on *f. 10* = Akzentuierung
ak|zen|tu|ie|ren *tr. 3* betonen; genau und deutlich aussprechen
Ak|zen|tu|ie|rung *f. 10* Betonung, Akzentuation
Ak|zept [lat.] *n. 1* **1.** durch Unterschrift angenommener Wechsel; **2.** Annahmeerklärung auf dem Wechsel
ak|zep|ta|bel annehmbar
Ak|zep|tant *m. 10* jmd., der einen Wechsel akzeptiert, Bezogener
Ak|zep|tanz *f. 10 nur Sg.* Bereitschaft, etwas anzunehmen, zu akzeptieren
Ak|zep|ta|ti|on *f. 10* Annahme
ak|zep|tie|ren *tr. 3* annehmen, billigen
Ak|zep|tor *m. 13* Stoff, der bei einer chem. Reaktion andere Stoffe annimmt, bindet
Ak|zess (*alt:* Ak|zeß) [lat.] *m. 1* **1.** Zutritt; **2.** Zulassung
Ak|zes|si|on *f. 10* **1.** Zugang, Erwerb; **2.** Beitritt (zu einem bereits abgeschlossenen Staatsvertrag)
Ak|zes|sist *m. 10, österr.:* Anwärter auf den Gerichts- und Verwaltungsdienst
ak|zes|so|risch hinzutretend, nebensächlich
Ak|zes|so|ri|um *n. Gen.* -s *Pl.* -ri|en **1.** Nebensache, Beiwerk; **2.** Nebenanspruch
Ak|zi|dens [lat.] *n. Gen.* - *Pl.* -den|zi|en *oder* -den|tia Zufälliges, Nebensächliches, Hinzutretendes
Ak|zi|den|ta|li|en *Pl.* Nebenpunkte (bei Rechtsgeschäften); *Ggs.:* Essentialien
ak|zi|den|tell, ak|zi|den|ti|ell zufällig, unwesentlich, nebensächlich
Ak|zi|denz *f. 10* Drucksache, meist von geringem Umfang, z. B. Anzeige, Glückwunsch, Formular
ak|zi|pie|ren [lat.] *tr. 3* annehmen, empfangen; vgl. Akzept
Ak|zi|se [lat.] *f. 11* indirekte Verbrauchssteuer, Zoll
Al *chem. Zeichen für* Aluminium
Al. *Abk. für* Alinea
AL *Abk. für* Alabama
à la [frz.] nach Art von …, so wie …; Spaghetti à la Bolognese
alaaf! *niederrhein.:* hoch!
à la baisse [alabɛs, frz.]; à la baisse spekulieren: mit dem Fallen von Börsenkursen rechnend spekulieren; vgl. à la hausse
A|la|ba|ma (*Abk.:* AL) Staat der USA
A|la|bas|ter [griech.] *m. 3* dem Marmor ähnl. Gipsart
a|la|bas|tern aus Alabaster
à la bonne heure! [alabɔnœr, frz.] recht so!, bravo!
à la carte [alakart, frz.]; à la carte essen: nach der Speisekarte essen
à la hausse [alaos, frz.]; à la hausse spekulieren: mit dem Steigen der Börsenkurse rechnend spekulieren; vgl. à la baisse
à la jar|di|niè|re [alaʒardinjɛr(ə), frz. »nach Art der Gärtnerin«] mit Gemüse garniert (Fleisch)
A|la|lie [griech.] *f. 11* Unfähigkeit, artikuliert zu sprechen
à la mode [alamɔd, frz.]; sich à la mode kleiden: sich nach der Mode kleiden
A|la|mode|li|te|ra|tur [alamɔd-] *f. 10 nur Sg.* die dt. höfische Unterhaltungsliteratur des 17./18. Jh., die frz. und ital. Vorbilder nachahmte
A|land *m. 1* karpfenähnl. Süßwasserfisch, Nerfling
A|la|nin *n. 1 nur Sg.* eine Aminosäure
A|lant [vulgärlat.] *m. 1, Sammelbez. für* mehrere Gewürz- und Heilpflanzen, Inula
A|larm [frz. »zur Waffe!«] *m. 1* **1.** Gefahrensignal, Warnzeichen; **2.** *während des 2. Weltkriegs:* Zeit zw. Warnung und Entwarnung
a|lar|mie|ren *tr. 3* **1.** durch Alarmsignal warnen; **2.** Hilfe herbei rufen
A|las|ka (*Abk.:* AK) Staat der USA
a|las|kisch
à la suite [alasyit, frz.] im Gefolge von …
A|laun [lat.] *m. 1 nur Sg.,* Alumen *n. 7 nur Sg.* Kalium-Aluminium-Sulfat, zum Gerben, Beizen und als blutstillendes Mittel verwendet
Alb *f. 10* Juragebirge; Fränkische Alb, Schwäbische Alb
Alb (*alt:* Alp) *m. 12 meist Pl.* Elf, Naturgeist; *auch für* gespenstisches Wesen, das schwere Träume hervorruft
Al|ba [lat.] **1.** *f. Gen.* - *Pl.* -ben langes, weißes liturg. Gewand der kath. und anglikan. Geistlichen, Messhemd, Albe; **2.** *f. 9* Tagelied der Troubadoure
Al|ba|ner *m. 5* Einwohner von Albanien
Al|ba|ni|en Staat auf dem Balkan
al|ba|nisch
Al|ba|tros *auch:* **Al|bat|ros** [arab.] *m. 1* ein Sturmvogel der südl. Meere
Alb|druck *m. 2,* **Alb|drü|cken** *Gen.* -s *nur Sg.* = **Alp|druck, Alp|drü|cken**
Al|be *f. 11* = Alba (1)
Al|be|do [lat.] *f. 9 nur Sg.* Verhältnis des auf eine Fläche fallenden Lichts zum zurückgestrahlten Licht
Al|be|do|me|ter [lat. + griech.] *n. 5* Gerät zum Messen der Albedo
Al|be|rich *dt. Myth.:* Elfenkönig, Wächter des Nibelungenhortes
al|bern **1.** Adj.; **2.** *intr. 1;* ich albere, albre
Al|bern|heit *f. 10*
Al|bert männl. Vorname
al|ber|ti|ni|sche Li|nie (*alt:* Al|ber|ti|ni|sche Li|nie) *f. 11* sächsische Linie der Wettiner (Fürstengeschlecht)
Al|bi|gen|ser [nach der frz. Stadt Albi] *m. 5* Angehöriger einer frz. Sekte des 12./13. Jh.
Al|bi|nis|mus [lat.] *m. Gen.* - *nur Sg.* fehlende Farbstoffbildung in Haut, Augen und Haaren

A

Al|bi|no *m. 9* Mensch oder Tier mit Albinismus

al|bi|no|tisch in der Art eines Albinos

Al|bi|on [kelt.-lat.] *alter poet. Name für* England

Al|bit [lat.] *m. 1* ein Natronfeldspat

Alb|recht *auch:* **Al|brecht** männl. Vorname

Alb|traum *m. 2* = **Alp|traum**

Al|bum [lat.] *n. Gen.* -s *Pl.* -ben Gedenk-, Sammelbuch (für Gedichte, Lieder, Bilder u. Ä.)

Al|bu|men [lat.] *n. Gen.* -s *nur Sg.* Eiweiß

Al|bu|min *n. 1 meist Pl.* Gruppe von Eiweißstoffen

al|bu|mi|no|id eiweißähnlich

al|bu|mi|nös eiweißhaltig

Al|bu|min|u|rie *auch:* **Al|bu|mi|nu|rie** [lat. + griech.] *f. 11* Vorkommen von Eiweiß im Urin

Al|bu|mo|se *f. 11* Zwischenprodukt bei der Eiweißverdauung

Al|bus [lat.] *m. Gen.* - *Pl.* -busse, alte dt. Münze, 6–10 Pfennig, Weißpfennig

Al|can|ta|ra *n. Gen.* -(s) *nur Sg.* ein wildlederähnl., waschbarer Kunststoff (für Kleidung)

Al|che|mie, Al|chi|mie *f. 11 nur Sg.*, Vorstufe wissenschaftl. Chemie, Goldmacherei

Äl|chen *n. 7* ein Fadenwurm

Al|chi|mie [arab.-griech.] *f. 11 nur Sg.* s. **Al|che|mie**

Al|de|ba|ran [arab.] *m. 1 nur Sg.* Stern im Sternbild Stier

Al|de|hyd [neulat.] *m. 1* Gruppe von chem. Verbindungen, die durch Entzug von Wasserstoff aus Alkoholen gewonnen werden

Al|der|man [ɔldəmæn, engl.] *m. Gen.* -s *Pl.* -men [-mən], *in angelsächs. Ländern:* Mitglied der gesetzgebenden Körperschaft einer Gemeinde

Ale [ɛɪl, engl.] *n. 9 nur Sg.* engl. helles Bier

a|lea ia|cta est [lat. »der Würfel ist gefallen«] die Entscheidung ist getroffen (angebl. Ausspruch Cäsars)

A|le|a|to|rik [lat.] *f. 10 nur Sg.* moderne Kompositionsweise, die auf dem Zufallsprinzip aufbaut

a|le|a|to|risch vom Zufall abhängig

A|le|man|ne *m. 11* Angehöriger eines westgerman. Volksstammes

a|le|man|nisch

a|lert [ital.-frz.] munter, flink

A|letsch|glet|scher *m. 5* längster Gletscher der Alpen

A|leu|ron [griech.] *n. Gen.* -s *nur Sg.* ein Eiweißstoff, Kleber

A|le|u|ten *Pl.* Inselgruppe südwestl. von Alaska

a|le|u|tisch

A|le|xan|der männl. Vorname

A|lex|an|dria *auch:* **A|le|xand|ria** Stadt in Ägypten

A|lex|an|dri|ner *auch:* **A|le|xand|ri|ner** *m. 5* **1.** Einwohner von Alexandria; **2.** sechsfüßiger, gereimter jambischer Vers

a|lex|an|dri|nisch *auch:* **a|le|xand|ri|nisch**

A|lex|an|drit *auch:* **A|le|xand|rit** [nach dem Zaren Alexander II.] *m. 1* grünes, bei Lampenlicht rotes Mineral

A|lex|i|a|ner *auch:* **A|le|xi|a|ner** *m. 5* Angehöriger einer kath. Brudergenossenschaft, die sich urspr. (seit dem 14. Jh.) der Pflege und Bestattung Pestkranker, später der allg. Krankenpflege widmete, Lollarde

A|le|xie [griech.] *f. 11 nur Sg.* Verlust der Lesefähigkeit, Buchstabenblindheit

A|le|xin [griech.] *n. 1 meist Pl.* eiweißartiger Schutzstoff im Blutserum gegen Bakteriengifte

Al|fa [arab.] *f. Gen.* - *nur Sg.* = Esparto

Al|fa|gras *n. 4 nur Sg.* = Espartogras

al|fan|zen [ital.] *intr. 1, veraltet:* Possen treiben, närrisch reden; schwindeln

Al|fan|ze|rei *f. 10, veraltet:* närrisches Benehmen; Schwindelei

al fi|ne [ital.] *Mus.:* bis zum Schluss (zu spielen); vgl. da capo

Al|fons männl. Vorname

Al|fred *auch:* **Alf|red** männl. Vorname

al fres|co s. **a fres|co**

Al|ge [lat.] *f. 11* eine niedere Wasserpflanze

Al|ge|bra *auch:* **Al|geb|ra** [österr.: -ge-, arab.] *f. Gen.* - *nur Sg.* Zweig der Mathematik, Buchstabenrechnung, Rechnen mit Gleichungen, Gruppen u. a.

al|ge|bra|isch *auch:* **al|geb|ra|isch**

Al|gen|säu|re *f. 11 nur Sg.* s. **Al|gin|säu|re**

Al|ge|ri|en nordafrik. Staat

Al|ge|ri|er *m. 5* Einwohner von Algerien

al|ge|risch

Al|ge|sie [griech.] *f. 11* Schmerz, Schmerzempfindlichkeit

Al|gier [-ʒiːr] Hauptstadt von Algerien

Al|gin|säu|re, Al|gen|säu|re *f. 11 nur Sg.* aus Algen gewonnene, vielseitig verwendbare Säure

Al|gol [auch: al-] *m. 1 nur Sg.* Stern im Sternbild Perseus

ALGOL [engl.] eine Programmiersprache

Al|go|lo|gie [griech.] *f. 11 nur Sg.* Lehre von den Algen

al|go|lo|gisch

Al|gon|kin **1.** *m. 9 oder Gen.* - *Pl.* - Angehöriger einer Gruppe nordamerik. Indianerstämme; **2.** *n. Gen.* -(s) *nur Sg.* deren Sprache

al|gon|kisch

Al|gon|ki|um *n. Gen.* -s *nur Sg.* = Archäozoikum

Al|go|rith|mus [pers.] *m. Gen.* - *Pl.* -men Rechenverfahren

Al|gra|phie *auch:* **Al|gra|fie** [lat. + griech.] *f. 11* ein Flachdruckverfahren

Al|hi|da|de [arab.] *f. 11* drehbarer Teil an Winkelmessgeräten

a|li|as [lat.] anders, sonst, auch, auch … genannt; Franz Müller alias Huber

A|li|bi [lat. »anderswo«] *n. 9* Nachweis der Abwesenheit (eines Verdächtigen) vom Tatort des Verbrechens zur Tatzeit

A|li|e|na|ti|on [ali|e-, lat.] *f. 10* **1.** *veraltet für* Entfremdung; **2.** Verkauf, Veräußerung; **3.** eine Form der Psychose

a|li|e|nie|ren [ali|e-] *tr. 3, veraltet* **1.** entfremden; **2.** veräußern

A|ligne|ment *auch:* **A|lig|ne|ment** [alinjəmã, frz.] *n. 9* Abstecken einer Richtlinie beim Straßen- und Streckenbau

a|li|gnie|ren [alinji-] *tr. 3* abmessen, abstecken

a|li|men|tär [lat.] mit der Ernährung, mit Nahrungsmitteln zusammenhängend

A|li|men|ta|ti|on *f. 10* Gewährung von Alimenten

a|li|men|ta|ti|ons|pflich|tig

A|li|men|te *Pl.* Beitrag zum Lebensunterhalt (bes. für unehel. Kinder)

a|li|men|tie|ren *tr. 3;* jmdn. a.: jmdm. Alimente zahlen

A|li|nea [lat.] *n. 9* (*Abk.:* Al.) Absatz, neuer Zeilenanfang

a|li|ne|ie|ren *tr. 3* mit einer neuen Zeile beginnen, absetzen

A

a|li|pha|tisch [griech.] mit in offenen Ketten angeordneten Kohlenstoffatomen (in chem. Strukturformeln)

a|li|quant [lat.] nur mit Rest teilbar (Zahl)

a|li|quot ohne Rest teilbar (Zahl)

A|li|quo|te *f. 11* Zahl, durch die eine andere ohne Rest geteilt werden kann

A|li|za|rin [arab.] *n. 1* ein Pflanzenfarbstoff (heute synthetisch hergestellt)

Alk [schwed.] *m. 1* ein Meeresvogel der Arktis

Al|ka|hest [arab.] *n. 1, in der Alchemie:* Mittel angeblich zur Lösung aller Stoffe

Al|kal|de [arab.-span.] *m. 11* span. Bürgermeister

Al|ka|li [arab.] *n. Gen.* -s *Pl.* -li|en chem. Verbindung, die in wässriger Lösung alkalisch (basisch) reagiert

Al|ka|li|me|trie *auch:* **Al|ka|li|met|rie** [arab. + griech.] *f. 11* Bestimmung des Alkaligehalts einer Lösung

al|ka|lin alkalisch reagierend; alkalihaltig

al|ka|lisch laugenartig

al|ka|li|sie|ren *tr. 3* alkalisch machen

Al|ka|li|tät *f. 10 nur Sg.* = Basizität

Al|ka|lo|id *n. 1* organ. Verbindung, Heilmittel

Al|ka|zar [-kaθar, auch: -θar, span.] *m. 1* Burg, Schloss in Spanien

Al|ko|hol [arab.] *m. 1, i. w. S.:* organische chem. Verbindung; *i. e. S.:* Äthylalkohol, Grundlage aller Spirituosen

Al|ko|ho|lat *n. 1* **1.** Metallverbindung eines Alkohols; **2.** = Alkolat

Al|ko|ho|li|ka *Pl.* alle alkoholischen Getränke

Al|ko|ho|li|ker *m. 5* gewohnheitsmäßiger Trinker

al|ko|ho|lisch Alkohol enthaltend

al|ko|ho|li|sie|ren *tr. 3* mit Alkohol vermischen

al|ko|ho|li|siert *ugs.:* betrunken

Al|ko|ho|lis|mus *m. Gen. - nur Sg.* **1.** Trunksucht; **2.** Alkoholvergiftung

Al|ko|ho|lo|me|ter *n. 5* Gerät zum Bestimmen des Alkoholgehalts einer Flüssigkeit

Al|ko|hol|spie|gel *m. 5* Menge des im Blut enthaltenen Alkohols

Al|ko|lat *n. 1* wenig Alkohol enthaltendes Getränk, Alkoholat

Al|ko|ven [-vən, auch: -ko-, arab.-span.] *m. 7* kleiner Nebenraum, Bettnische

Al|kyl [arab. + griech.] *n. 1* einwertiger Kohlenwasserstoff

al|ky|lie|ren *tr. 3* mit Alkylgruppen versetzen

al|ky|o|nisch [griech.], hal|ky|o|nisch windstill; friedlich, ruhig; alkyonische Tage

all; all mein Geld; all die vielen Kinder; vgl. alle, alledem, alles

All *n. 9 nur Sg.* Weltall

all…, All… vgl. allo…, Allo…

all|a|bend|lich, all|a|bends

al|la bre|ve [-və, ital.] in straffem Tempo

Al|la-bre|ve-Takt [-və-] *m. 1* Takt, bei dem statt vier Vierteln zwei Halbe gezählt werden

Al|lah *im Islam Name für* Gott

al|la mar|cia [- martʃa, ital.] *Mus.:* in der Art eines Marsches

al|la pol|lac|ca [ital.] *Mus.:* in der Art einer Polonäse

al|la pri|ma [ital.] *in der Wendung* alla prima malen: mit nur einer Farbschicht, ohne Unter- und Übermalung

Al|lasch [nach dem Gut Allasch bei Riga] *m. 1* ein Kümmellikör

al|la te|des|ca [ital.] *Mus.:* nach deutscher Art, in der Art eines deutschen Tanzes

al|la tur|ca [ital.] *Mus.:* nach türk. Art, in der Art der Janitscharenmusik

al|la zin|ga|re|se [ital.] *Mus.:* in der Art von Zigeunermusik

all|da *veraltet:* da

all|dem

all|die|weil *veraltet:* weil

> **all/alle:** Die unbestimmten Zahlwörter werden kleingeschrieben: *Sie waren alle da; alle Tage; ein für alle Mal.* Ebenso: *allzeit/allezeit.* § 58 (4)

al|le **1.** *Pron.:* wir, ihr, sie alle; alle waren da; alle kleinen Kinder; das Leben aller kleinen Kinder; allen Ernstes; der Urgrund allen Seins (*früher:* alles Seins); *aber:* alles Schönen; das Ergebnis aller (großen) Mühe; alle (*ugs.:* aller) drei Tage; aller Nasen lang; *aber:* alle naslang; ein für alle Mal(e); *aber:* allemal; für alle Zeiten; *aber:* allzeit, allezeit; **2.** *Adv., ugs.:* zu Ende, verbraucht; der Vorrat ist, wird alle

al|le|dem; bei, mit, nach, trotz alledem

Al|lee [frz.] *f. 11* beidseitig von Bäumen gesäumte Straße; *in Straßennamen:* Kirschallee, Wittelsbacherallee; *aber in Verbindung mit Ortsnamen:* Landshuter Allee

Al|le|gha|nies, Al|le|ghe|nies [ælıgɛıni:z, engl.] *Pl.* Gebirge in den USA

Al|le|go|rie [griech.] *f. 11* bildhafte, gleichnishafte Darstellung eines Begriffs oder Vorgangs

al|le|go|risch in der Art einer Allegorie

al|le|go|ri|sie|ren *tr. 3* allegorisch darstellen

al|le|gret|to *auch:* **al|leg|ret|to** [lat.-ital.] *Mus.:* weniger schnell als allegro, mäßig schnell

Al|le|gret|to *auch:* **Al|leg|ret|to** *n. Gen.* -s *Pl.* -ti mäßig schnelles Musikstück oder Teil eines solchen

al|le|gro *auch:* **al|leg|ro** *Mus.:* lebhaft, bewegt

Al|le|gro *auch:* **Al|leg|ro** *n. Gen.* -s *Pl.* -gri lebhaftes, bewegtes Musikstück

> **allein:** In Fügungen mit Verben, Partizipien und Adjektiven wird *allein* getrennt geschrieben: *allein bleiben, allein sein, allein erziehen, eine allein stehende Frau, die allein selig machende Kirche.* Die substantivierte Form wird getrennt oder zusammengeschrieben: *die allein Stehenden* bzw. *die Alleinstehenden.* Ebenso: *die allein Erziehenden* bzw. *die Alleinerziehenden.* § 34 E3 (2)

al|lein **1.** *Adv.:* allein sein, bleiben; jmdn. allein lassen; allein erziehen: die allein erziehende Mutter; der allein Erziehende *oder:* Alleinerziehende; allein stehen; allein stehende Menschen; die allein Stehenden *oder:* Alleinstehenden; einzig und allein, von allein; **2.** *Konj., poet.:* doch, aber; die Botschaft hör ich wohl, allein mir fehlt der Glaube (Goethe)

al|lein er|zie|hend (*alt:* al|lein|er|zie|hend)

Al|lein|gang *m. 2*

Al|lein|herr|schaft *f. 10*

al|lei|nig einzig

al|lein se|lig ma|chend (*alt:* al|lein|se|lig|ma|chend)
al|lein ste|hend (*alt:* al|lein|ste|hend)
Al|lein|ver|kauf *m. 2*
al|lel [griech.] das Allel betreffend
Al|lel *n. 1* die Zustandsform einer Erbanlage, bezogen auf homologe Chromosomen
Al|le|lie *f. 11,* **Al|le|lo|mor|phis|mus** *m. Gen. - nur Sg.* Vorkommen einer Erbeinheit in verschiedenen Zuständen
Al|le|lo|pa|thie *f. 11* gegenseitige Beeinflussung von Pflanzen durch Stoffwechselausscheidungen
al|le|lu|ja, *Nebenform von* halleluja
al|le|mal **1.** vgl. alle; **2.** *ugs.:* auf jeden Fall, bestimmt; allemal!; *aber:* ein für alle Mal; das kannst du allemal noch tun: immer noch
Al|le|man|de [almã̄d(ə), frz.] *f. 11* **1.** Gesellschaftstanz im 16./17. Jh., aus einem dt. Volkstanz entstanden; **2.** *Mus.:* ein Satz der Suite
al|len|falls
al|lent|hal|ben
al|ler|art vgl. alle
Al|ler|bar|mer *m. 5 nur Sg.* Gott, Christus, der sich aller erbarmt

> **allerbest:** Das substantivierte Adjektiv wird großgeschrieben: *Es ist das Allerbeste, wenn …* (alt: *allerbeste*).

al|ler|best; es wäre das Allerbeste, wenn du …; das Allerbeste, was du tun kannst, ist …; du bist der Allerbeste; ich wünsche dir das Allerbeste
Al|ler|christ|lichs|te Ma|jes|tät *f. 10 nur Sg., früher:* Titel der frz. Könige
al|ler|dings [auch: -diŋs]
al|ler|en|den *poet.:* überall
al|ler|erst vgl. zuallererst
Al|ler|gen *auch:* **Al|ler|gen** [griech.] *n. 1 meist Pl.* Stoff, der allergische Reaktionen hervorruft
Al|ler|gie *auch:* **Al|ler|gie** *f. 11* Überempfindlichkeit gegen bestimmte Stoffe
al|ler|gie|aus|lö|send *auch:* **al|ler|gie|aus|lö|send**
Al|ler|gi|ker *auch:* **Al|ler|gi|ker** *m. 5* jmd., der an einer Allergie leidet
al|ler|gisch *auch:* **al|ler|gisch** auf Allergie beruhend, überempfindlich

al|ler|hand; a. schöne Dinge; das ist ja allerhand!
Al|ler|hei|li|gen *ohne Artikel;* an, zu Allerheiligen
Al|ler|hei|li|gen|fest *n. 1*
al|ler|hei|ligst; die allerheiligste Jungfrau; *aber:* das Allerheiligste Sakrament
Al|ler|hei|ligs|te *n. 18 nur Sg.*
al|ler|höchst; aufs Allerhöchste *oder:* allerhöchste gespannt
Al|ler|höchs|te(r) *m. 18 (17)* Gott
al|ler|höchs|tens
Al|ler|ka|tho|lischs|te Ma|jes|tät *f. 10 nur Sg.* Titel der span. Könige
al|ler|lei; a. gute Sachen; er weiß, kann allerlei
Al|ler|lei *n. 9 nur Sg.;* Leipziger A.: Gericht aus Möhren, Kohlrabi, Erbsen, Blumenkohl
al|ler|letzt vgl. zuallerletzt; er war der Allerletzte *ugs.*
al|ler|liebst; das ist a.; er ist mir am allerliebsten; ein allerliebstes Kind
al|ler|meist; das allermeiste wusste ich; am allermeisten
al|ler|min|dest; das allermindeste *oder:* Allermindeste, was du tun solltest, ist …
al|ler|nächst; das Allernächste; am allernächsten
al|ler|or|ten, al|ler|orts
Al|ler|see|len *ohne Artikel;* an, zu Allerseelen
Al|ler|see|len|tag *m. 1*
al|ler|seits
al|ler|wärts
al|ler|we|ge(n) *veraltet:* überall
Al|ler|welts… *ugs.:* Durchschnitts…, häufig vorkommend
Al|ler|welts|ge|sicht *n. 3*
Al|ler|welts|wort *n. 4*
al|ler|we|nigst; das allerwenigste; am allerwenigsten
Al|ler|wer|tes|te(r) *m. 18 (17), ugs. scherzhaft:* Gesäß

> **alles:** Das nachfolgende Adjektiv wird großgeschrieben: *alles Böse, alles Einzelne, alles Gute, alles Schöne, alles Übrige.* § 57 (1)

al|les; alles und jedes; mein Ein und Alles; alles Einzelne; alles Übrige; das alles; was alles; alles das; um alles in der Welt nicht; alles in allem; alles Gute; der Inbegriff alles Guten
al|le|samt
Al|les|fres|ser *m. 5*
Al|les|kle|ber *m. 5*
al|le|wei|le *veraltet:* immer
al|lez! [ale, frz. »geht!«] vorwärts!
al|le|zeit, all|zeit
all|fäl|lig *österr., schweiz.:* möglicherweise (vorkommend), gegebenenfalls
All|gäu *n. Gen.* -s Landschaft in Süddeutschland
all|gäu|isch
All|ge|gen|wart *f. 10 nur Sg.*
all|ge|gen|wär|tig
all|ge|mach *veraltet:* allmählich

> **allgemein:** Die Form *im Allgemeinen* wird, weil substantiviert, großgeschrieben (alt: *im allgemeinen*). § 57 (1)
> Als Bestandteil von Namen wird *allgemein* großgeschrieben: *der Allgemeine Deutsche Studentenausschuss* (*AStA*). Ansonsten sind Kleinschreibung und Getrenntschreibung obligatorisch: *die allgemein bildenden Schulen.*

all|ge|mein [auch: all-]; allgemein bildende Schulen; allgemein gültige Gesetze; allgemein verbindliche Regelungen; in allgemein verständlichem Deutsch reden; im Allgemeinen (*Abk.:* i. Allg.); das Allgemeine und das Besondere; *Großschreibung auch in offiziellen Bez. wie:* Allgemeiner Deutscher Automobil-Club
all|ge|mein bil|dend (*alt:* all|ge|mein|bil|dend)
All|ge|mein|bil|dung *f. 10 nur Sg.*
all|ge|mein gül|tig (*alt:* all|ge|mein|gül|tig)
All|ge|mein|gut *n. 4 nur Sg.*
All|ge|mein|heit *f. 10 nur Sg.*
all|ge|mein ver|bind|lich (*alt:* all|ge|mein|ver|bind|lich)
all|ge|mein ver|ständ|lich (*alt:* all|ge|mein|ver|ständ|lich)
All|ge|mein|wohl *n. 1 nur Sg.*
All|ge|walt *f. 10*
all|ge|wal|tig
All|heil|mit|tel *n. 5*
Al|li|anz *f. 10* **1.** Bündnis zwischen Staaten; **2.** Vereinigung, Interessengemeinschaft
al|lie|bend (*alt für:* all|lie|bend)
Al|li|ga|ti|on [lat.] *f. 10* Mischung (z. B. von Metallen)
Al|li|ga|tor [lat.-span.] *m. 13* ein Krokodil
al|li|ie|ren [frz.] *refl. 3* sich verbünden
Al|li|ier|te(r) *m. 18 (17)* Verbündeter

A

Al|li|te|ra|ti|on [lat.] *f. 10* Gleichheit des Anfangsbuchstabens mehrerer aufeinander folgender Wörter, Stabreim
al|li|te|rie|ren *intr. 3*
all|jähr|lich
all|lie|bend
All|macht *f. 2 nur Sg.*
all|mäch|tig
All|mäch|ti|ge(r) *m. 18 (17);* der A.: Gott
all|mäh|lich
All|men|de *f. 11, schweiz.:* All|mend *f. 10, früher:* ungeteiltes, gemeinsam genutztes Gemeindeeigentum an Wald, Weide und Wasser
all|mo|nat|lich
all|mor|gend|lich
All|mut|ter *f. 6 nur Sg.* die Natur
all|nächt|lich
al|lo..., Al|lo... [griech.] *in Zus.:* anders, fremd, gegensätzlich, z. B. Allolalie
Al|lo|cho|rie [-ko-, griech.] *f. 11* Verbreitung von Früchten und Pflanzensamen durch Einwirkung von außen, z. B. durch Wind oder Tiere
al|lo|chro|ma|tisch [-kro-, griech.] anders gefärbt, als es der Substanz nach zu erwarten wäre; *Ggs.:* idiochromatisch
al|lo|chthon *auch:* **al|loch|thon** [griech.] *Geologie:* in fremdem Boden oder andernorts entstanden; *Ggs.:* autochthon
Al|lod *n. 1,* Al|lo|di|um *Gen.* -s *Pl.* -di|en **1.** Freigut; **2.** *früher:* lehensfreier Grundbesitz
al|lo|di|al
Al|lo|di|um *n. Gen.* -s *Pl.* -di|en s. **Al|lod**
al|lo|gam, al|lo|ga|misch [griech.] auf Allogamie beruhen
Al|lo|ga|mie *f. 11* Fremdbestäubung, Blütenbestäubung
al|lo|ga|misch s. **al|lo|gam**
Al|lo|ku|ti|on [lat.] *f. 10* feierliche Ansprache des Papstes an die Kardinäle
Al|lo|la|lie [griech.] *f. 11, bei psych. Störungen:* Fehlsprechen
Al|lo|me|trie *auch:* **Al|lo|met|rie** [griech.] *f. 11* verschiedene Geschwindigkeit des Wachstums (von Körperorganen)
Al|lon|ge [alɔ̃ʒə, frz.] *f. 11* Verlängerungsstreifen für zusätzl. Angaben (an Wechseln)
Al|lon|ge|pe|rü|cke [alɔ̃ʒə-, frz.] *f. 11* Männerperücke mit langen Locken
al|lo|nym *auch:* **al|lo|nym** [griech.] ein Allonym tragend
Al|lo|nym *auch:* **Al|lo|nym** *n. 1* Name eines anderen als Deckname für sich selbst
Al|lo|path [griech.] *m. 10* nach der Allopathie arbeitender Arzt; *Ggs.:* Homöopath
Al|lo|pa|thie *f. 11 nur Sg.* herkömml. Heilverfahren, gegen eine Krankheit ein der Ursache entgegenwirkendes Mittel anzuwenden; *Ggs.:* Homöopathie
al|lo|pa|thisch; *Ggs.:* homöopathisch
Al|lo|plas|tik [griech.] *f. 10* **1.** Ersatz von Gewebe durch anorgan. Stoffe; **2.** das Ersatzstück
al|lo|plas|tisch
Al|lo|tria *auch:* **Al|lot|ria** [griech.] *früher: Pl., heute meist: n. 9 nur Sg.* Unfug, Dummheiten
al|lo|trop [griech.]
Al|lo|tro|pie *f. 11* Eigenschaft eines chem. Stoffes, in verschiedenen festen Zustandsformen (Kristallsystemen) vorzukommen, z. B. des Kohlenstoffs als Graphit und Diamant
All|rad|an|trieb *m. 1*
All|round|sport|ler [ɔ:lraund-] *m. 5* Sportler, der viele Sportarten ausübt
all|sei|tig
All|sei|tig|keit *f. 10 nur Sg.*
all|seits
All|strom|ge|rät *n. 1* Gerät für Gleich- und Wechselstrom
all|stünd|lich
All|tag *m. 1 nur Sg.*
all|täg|lich
All|täg|lich|keit *f. 10 nur Sg.*
all|tags
all'u. *Abk. für* all' unisono
all|über|all *poet.*
all|um|fas|send
all'un|ghe|re|se [ital.] *Mus.:* nach ungar. Art
Al|lü|re [frz.] *f. 11* Gangart (des Pferdes)
Al|lü|ren *Pl.* ungewöhnl., übertriebenes Benehmen
al|lu|vi|al [-vi-, lat.] aus dem Alluvium stammend
Al|lu|vi|on [-vi-] *f. 10* angeschwemmtes Land
Al|lu|vi|um [-vi-] *n. Gen.* -s *nur Sg.* jüngste Abteilung des Quartärs, *neuere Bez.:* Holozän
All|va|ter *m. 6 nur Sg.* Gott
all|weil *bair., österr.:* immer
all|wis|send [auch: al-]; allwissend sein; Doktor Allwissend (Märchenfigur)
All|wis|sen|heit *f. 10 nur Sg.*
all|wö|chent|lich
Al|lyl|al|ko|hol [lat. + griech. + arab.] *m. 1* ein ungesättigter Alkohol
all|zeit, al|le|zeit
all|zu; allzu bald; allzu sehr; allzu oft; er redet allzu viel; allzu viele
all|zu bald (*alt:* all|zu|bald)
all|zu|mal alle zusammen
all|zu oft (*alt:* all|zu|oft)
all|zu sehr (*alt:* all|zu|sehr)
all|zu viel (*alt:* all|zu|viel)
Alm *f. 10* Bergwiese, Alp
Al|ma Ma|ter (*alt:* Al|ma ma|ter) [lat. »nährende Mutter«] *f. Gen. - - nur Sg., poet. Bez. für* Universität
Al|ma|nach [arab.] *m. 1* Kalender, Jahrbuch (meist mit Bildern oder Textproben)
Al|man|din [nach dem Fundort Alabanda in Kleinasien] *m. 1* ein Mineral
Al|ma|ty Hauptstadt von Kasachstan
Al|men|rausch, Alm|rausch *m. 1 nur Sg.* Alpenrose
Al|mer *m. 5, österr.:* Senn
Al|me|rin *f. 10, österr.:* Sennerin
Alm|hüt|te *f. 11*
Al|mo|sen [griech.-mlat.] *n. 7* **1.** Gabe an Bedürftige; **2.** *übertr.:* dürftiges Geschenk
Alm|rausch *m. 1 nur Sg.* s. **Al|men|rausch**
A|loe [aloe:, hebr.-griech.] *f. 11* eine Heilpflanze
a|lo|gisch nicht logisch
A|lo|is, A|lo|ys männl. Vorname
A|lo|pe|zie [griech.] *f. 11* krankhafter Haarausfall
Alp **1.** *f. 10* Alm, Gebirgswiese, Alpe; **2.** *m. 12 meist Pl.* (*alt für:* Alb)
Al|pac|ca® *n. 9 nur Sg.* s. **Al|pa|ka** (3)
Al|pa|ka [indian.-span.] *n. 9* **1.** südamerik. Lama; **2.** *nur Sg.* dessen Wolle; **3.** Al|pac|ca® *nur Sg.* Neusilberlegierung
al pa|ri [ital. »zum gleichen« (Wert)] zum Nennwert (bei Aktien)
Alp|druck, Alb|druck *m. 2,* **Alp|drü|cken, Alb|drü|cken** *n. 7 nur Sg.* Angsttraum mit Beklemmungsgefühl
Al|pe *f. 11* = Alp (1)
al|pen *intr. 1, schweiz.:* Vieh auf der Alp halten

A

Al|pen *Pl.* Gebirgszug in Europa
Al|pen|glü|hen *n. 7*
Al|pen|veil|chen *n. 7*
Al|pen|ver|ein *m. 1 nur Sg.*
Al|pha [griech.] *n. Gen.* -(s) *Pl.* -s (*Zeichen:* α, A) erster Buchstabe des griech. Alphabets; das Alpha und das Omega: Anfang und Ende
Al|pha|bet [nach den griech. Buchstaben alpha und beta] *n. 1* die Buchstaben einer Sprache in geordneter Reihenfolge, Abc
al|pha|be|tisch in der Ordnung des Alphabets
al|pha|be|ti|sie|ren *tr. 3* in alphabetische Reihenfolge bringen
al|pha|nu|me|risch [griech. + lat.] *EDV:* aus Buchstaben und Zahlen bestehend
Al|pha|strah|len, α-Strah|len *Pl.* aus Alphateilchen bestehende, radioaktive Strahlung
Al|pha|teil|chen *n. 7, Physik:* Heliumkern
Alp|horn *n. 4*
al|pid, al|pi|disch zu den Alpiden gehörend
Al|pi|den *Pl.* in der Kreide und im Tertiär entstandene Faltengebirge
al|pin die Alpen betreffend, darin vorkommend; alpine Kombination: Wettkampf aus Abfahrts- und Torlauf
Al|pi|ni [ital.] *Pl., Sg.* -no, ital. Gebirgsjäger
Al|pi|nis|mus *m. Gen. - nur Sg.* = Alpinistik
Al|pi|nist *m. 10*
Al|pi|nis|tik *f. 10 nur Sg.* sportlich betriebenes Bergsteigen, Alpinismus
Al|pi|num *n. 9* Steingarten mit Alpenblumen
Älp|ler *m. 5* Alpenbewohner
Alp|traum, Alb|traum *m. 2* Angsttraum
Al|raun *m. 1,* **Al|rau|ne** *f. 11* menschenähnlich gestaltete, früher als Zaubermittel geltende Wurzel eines Nachtschattengewächses, Springwurz
als; größer, kleiner als; *aber:* so groß, so klein wie; mehr als; er ist mehr schön als klug; es gibt nichts Schöneres als das; ich erschrak, als ich das hörte; als Nächstes, als Erstes, als Letztes; ich schätze ihn mehr als Menschen denn als Künstler; als dass; als ob; so bald wie möglich

als: Fügungen mit *als* und Zahladjektiven werden, weil substantiviert, großgeschrieben: *als Erstes, als Letztes, als Nächstes.* Kommasetzung: Beim Komparativ steht kein Komma: *Er lief schneller als alle anderen Konkurrenten.* Folgt aber ein ganzer Satz, wird ein Komma gesetzt: *Er lief schneller, als es alle anderen Konkurrenten an diesem Tag vermochten.* Bei Infinitivsätzen bleibt den Schreibenden die Wahl: *Es ist nichts schöner(,) als jetzt ein Glas Wein zu trinken.*

als|bald
als|bal|dig
als|dann
al s. *Abk. für* al segno
al sec|co [ital.] *Malerei:* auf trockenen (Putz); vgl. Seccomalerei
al se|gno *auch:* **al seg|no** [-zenjo, ital.] (*Abk.:* al s.) *Mus.:* bis zum Zeichen (wiederholen)
al|so; also gut!; also doch!; also los!
Als-ob *n. Gen. - nur Sg.*
al|so|bald *veraltet:* alsbald
Als-ob-Phi|lo|so|phie *f. 11*
al|so|gleich *veraltet:* sogleich

alt — Alt: Die Großschreibung dominiert: *Alt und Jung, beim Alten bleiben, es beim Alten lassen, am Alten hängen, (ganz) der/die/das Alte.* § 57 (1)
Kleingeschrieben wird das Adjektiv vor dem Substantiv: *der alte Mann, meine alte Mutter.* In Eigennamen wird das Adjektiv großgeschrieben: *das Alte Testament, der Alte Fritz, die Alte Welt.* § 59 (1)

alt 1. *Kleinschreibung:* er war der älteste von vier Söhnen; *aber:* er ist unser Ältester; sich alt fühlen; alt aussehen; etwas alt kaufen; immer wieder die alte Geschichte; *aber:* Alte Geschichte; alter Meister: Künstler des MA bzw. dessen Werk; **2.** *Großschreibung:* der, die Alte: alter Mensch; die Alten: die alten Leute bzw. Völker; mein Alter *ugs.:* mein Vater, mein Mann; beim Alten bleiben; es beim Alten lassen; ganz der Alte sein; am Alten hängen; Alt und Jung; Alte und Junge; Altes und Neues; der Älteste: der Gemeindeälteste; mein Ältester: mein ältester Sohn; Hans Holbein der Ältere (*Abk.:* d. Ä.); der Alte Fritz: Friedrich der Große; Alte Geschichte: Geschichte des Altertums; Alter Herr: Mitglied einer Studentenverbindung nach dem Studium; Alter Mann: abgebauter Teil eines Bergwerks; das Alte Testament; die Alte Welt: Europa; Alter Markt: Werte der klassischen Wirtschaftsbereiche an der Börse
Alt [ital. alto »hoch«] *m. Gen.* -s *nur Sg.* **1.** Altstimme, tiefe Stimmlage bei Frauen und Knaben; **2.** Stimmlage bei Musikinstrumenten, z. B. Altblockflöte; **3.** Sänger(in) mit Altstimme; **4.** Gesamtheit der tiefen Knaben- oder Frauenstimmen im Chor
Al|tai *m. Gen.* -(s) Gebirge in Innerasien
Al|tai|er *m. 5* Angehöriger eines Turkvolkes
al|ta|isch
Al|tan [ital.] *m. 1* vom Boden aus gestützter Balkon, Söller; (umlaufender) Holzbalkon
Al|tar [lat.] *m. 2*
Al|tar|bild *n. 3*
Alt|a|zi|mut [lat. + arab.] *n. 1 oder m. 1* Gerät zum Messen von Höhe und Azimut eines Gestirns
alt|ba|cken
Alt|bau *m. Gen.* -s *Pl.* -bauten
Alt|bau|woh|nung *f. 10*
alt|be|kannt
Alt-Ber|lin
alt-ber|li|nisch (*alt:* alt|ber|li|nisch)
Alt|bun|des|kanz|ler *m. 5*
Alt|bun|des|prä|si|dent *m. 10*
alt|deutsch
Alt|dor|fer, *Albrecht* dt. Maler und Baumeister
alt|ein|ge|ses|sen
äl|teln *intr. 1* allmählich alt werden
Al|ten|heim *n. 1*
Al|ten|teil *n. 1*
Al|ten|tei|ler *m. 5* jmd., der auf dem Altenteil lebt
Al|ter *n. 5 nur Sg.* Lebenszeit; *aber:* von alters her
Al|te|ra|ti|on [lat.] *f. 10* **1.** Erregung; **2.** *Med.:* krankhafte Veränderung; **3.** *Mus.:* chromat. Veränderung eines Akkordtons
al|te|ra|tiv *Med.*
Al|ter E|go (*alt:* Al|ter ego) [lat.] *n. Gen. - - nur Sg.* das »andere Ich«, vertrauter Freund
al|te|rie|ren 1. *tr. 3, Mus.:* chroma-

tisch verändern (Akkordton); **2.** *refl. 3;* sich a.: sich aufregen

al|tern *intr. 1;* ich altere

Al|ter|nanz [lat.] *f. 10* **1.** = Alternation; **2.** *Obstbau:* Wechsel von Jahren mit und ohne Ertrag

Al|ter|na|ti|on *f. 10* Wechsel zwischen zwei Dingen oder Möglichkeiten, Alternanz

al|ter|na|tiv **1.** die Wahl zwischen zwei Möglichkeiten bietend, wechselweise; **2.** anders als üblich, z. B. a. leben

Al|ter|na|ti|ve [-və] *f. 11* Wahl zwischen zwei Möglichkeiten

al|ter|nie|ren *intr. 3* wechseln; zwei Vorgänge, Zustände alternieren

Al|terns|for|schung *f. 10 nur Sg.* = Gerontologie

al|ters; seit alters; von alters her

Al|ters|für|sor|ge *f. 11 nur Sg.*

Al|ters|heil|kun|de *f. 11 nur Sg.* = Geriatrie

Al|ters|heim *n. 1*

> **altersschwach:** Zusammensetzungen aus Substantiv und Adjektiv, bei denen der erste Teil für eine Wortgruppe steht (= *vor Alter schwach*) oder ein Fugenelement (hier: *s*) enthält, werden zusammengeschrieben: *ein altersschwacher Manager.* § 36 (1)

al|ters|schwach

Al|ters|schwä|che *f. 11 nur Sg.*

Al|ters|ver|si|che|rung *f. 10*

Al|ters|ver|sor|gung *f. 10 nur Sg.*

Al|ters|vor|sor|ge *f. 11 nur Sg.* Anlegen von Kapital zur finanziellen Absicherung im Alter

Al|ter|tum *n. 4 nur Sg.* vgl. Altertümer

Al|ter|tü|me|lei *f. 10*

al|ter|tü|meln *intr. 1;* ich altertümele, altertümle

Al|ter|tü|mer *nur Pl.* Gegenstände aus dem Altertum

al|ter|tüm|lich

Al|ter|tüm|lich|keit *f. 10 nur Sg.*

Al|ter|tums|wis|sen|schaft *f. 10* = Archäologie

Al|te|rung *f. 10 nur Sg.* Änderung spezifischer Stoffeigenschaften im Lauf der Zeit

al|te|rungs|be|dingt

Al|tes Land, das Al|te Land *n. Gen.* (des) -n -es Landschaft südl. der unteren Elbe

alt|frän|kisch; *übertr.:* altmodisch und hausbacken

alt|ge|dient

Alt|gei|ge *f. 11* = Bratsche

alt|ge|wohnt

Alt|grad *m. 1* vgl. Neugrad, Gon

Al|thee [-teə, frz.] *f. 11* **1.** eine Heilpflanze; **2.** daraus gewonnenes Hustenmittel

Alt-Hei|del|berg

alt|her|ge|bracht

Alt|her|ren|mann|schaft *f. 10, Sport*

alt|hoch|deutsch

Alt|hoch|deutsch *n. Gen.* -(s) *nur Sg.*

Al|ti|graph *auch:* **Al|ti|graf** [lat. + griech.] *m. 10, Meteor.:* automat. Höhenschreiber

Al|ti|me|ter *n. 5* Höhenmesser

Al|tist *m. 10* Sänger mit Altstimme

Al|tis|tin *f. 10* Sängerin mit Altstimme

Alt|jahrs|a|bend *m. 1* Silvester

Alt|jahrs|tag *m. 1, österr.:* Silvester

alt|jüng|fer|lich

Alt|ka|tho|lik *m. 10*

alt|ka|tho|lisch

Alt|ka|tho|li|zis|mus *m. Gen. - nur Sg.* Religionsgemeinschaft, die sich nach der Verkündung des Dogmas von der päpstl. Unfehlbarkeit (1870) von der röm.-kath. Kirche trennte

alt|klug

Alt|klug|heit *f. 10 nur Sg.*

Alt|last *f. 10* umweltschädlicher Rückstand aus einer vergangenen Industrieepoche

ält|lich

Alt|meis|ter *m. 5* ältester, vorbildl. Vertreter (eines Fachgebietes)

Alt|me|tall *n. 1*

alt|nor|disch

Alt|nor|disch *n. Gen.* -(s) *nur Sg.*

Al|to A|di|ge [adidʒe, »obere Etsch«] *ital. Bez. für* Südtirol

Al|to|ku|mu|lus [lat.] *m. Gen. - Pl.* -li Haufenwolke in mittlerer Höhe

Al|to|stra|tus [lat.] *m. Gen. - Pl.* -ti Schichtwolke in mittlerer Höhe

Alt|phi|lo|lo|ge *m. 11*

Alt|phi|lo|lo|gie *f. 11 nur Sg.* Wissenschaft von den Sprachen und Literaturen des klass. Altertums (Griechisch, Latein)

alt|phi|lo|lo|gisch

Alt-Rom

alt-rö|misch (*alt:* alt|rö|misch)

Al|tru|is|mus *auch:* **Alt|ru|is|mus** [lat.] *m. Gen. - nur Sg.* Uneigennützigkeit; *Ggs.:* Egoismus

Al|tru|ist *auch:* **Alt|ru|ist** *m. 10* uneigennütziger Mensch; *Ggs.:* Egoist

al|tru|is|tisch *auch:* **alt|ru|is|tisch**

Alt|se|kun|de *f. 11* Sekunde (2)

Alt|sitz *m. 1* Altenteil

Alt|sprach|ler *m. 5* Altphilologe

alt|sprach|lich altphilologisch

Alt|stadt *f. 2*

Alt|stadt|sa|nie|rung *f. 10* Erneuerung alter Stadtteile

Alt|stein|zeit *f. 10 nur Sg.* Paläolithikum

Alt|stim|me *f. 11* = Alt (1)

Alt|tes|ta|ment|ler *m. 5* Kenner, Erforscher des AT

alt|tes|ta|ment|lich zum AT gehörig

Alt|tier *n. 1, beim Elch-, Rot- und Damwild:* Muttertier

alt|vä|te|risch altmodisch

alt|vä|ter|lich großväterlich-ehrwürdig

Alt|vor|dern *Pl., veraltet:* Vorfahren, Ahnen

Alt|was|ser *n. 5* alter Flussarm mit stehendem Wasser

Alt|wei|ber|fast|nacht *f. 10 nur Sg.* Donnerstag vor Fastnacht

Alt|wei|ber|som|mer *m. 5* **1.** Spät-, Nachsommer; **2.** vom Wind getragene Spinnwebfäden im Spätsommer

alt|welt|lich zur Alten Welt, zu Europa gehörend, von dort stammend

Alt-Wien

alt-wie|ne|risch (*alt:* alt|wie|nerisch)

A|lu *n. 9 Kurzw. für* Aluminium

A|lu|fo|lie [-ljə] *f. 11, Kurzw. für* Aluminiumfolie

A|lu|men *n. 7 nur Sg.* = Alaun

A|lu|mi|nat [lat.] *n. 1* aluminiumsaures Salz

a|lu|mi|nie|ren *tr. 3* mit Aluminium überziehen

A|lu|mi|nit *m. 1 nur Sg.* ein Mineral

A|lu|mi|ni|um *n. Gen.* -s *nur Sg.* (*Zeichen:* Al) chem. Element, ein Metall

A|lu|mi|ni|um|fo|lie [-ljə] *f. 11* (*Kurzw.:* Alufolie) fein ausgewalztes Aluminium

A|lum|nat [lat.] *n. 1* **1.** zu einer Schule gehöriges Schülerheim; **2.** *österr.:* Ausbildungsstätte für Geistliche

A|lum|ne *m. 11,* **A|lum|nus** *m. Gen. - Pl.* -nen Schüler eines Alumnats

A|lu|nit [lat.] *m. 1 nur Sg.* ein Mineral, Alaunstein

A|lu|rol|ler *m. 5* leichter Tretroller aus Aluminium

al|ve|o|lar [-ve-, lat.] am Zahndamm befindlich; vgl. dental
Al|ve|o|lar [-ve-] *m. 1* am Zahndamm gebildeter Laut; vgl. Dental
al|ve|o|lär [-ve-] mit kleinen Hohlräumen versehen
Al|ve|o|le [-ve-] *f. 11* **1.** Zahnfach im Kiefer; **2.** Lungenbläschen
Al|weg|bahn [nach dem schwed. Industriellen A. L. Wenner-Gren] *f. 10* Einschienen-Hochbahn
Alz|hei|mer|krank|heit *auch:* **Alzhei|mer-Krank|heit** *f. 10 nur Sg.* Gehirnkrankheit
am an dem; Frankfurt am Main (*Abk.:* a. M.); am Abend; am Dienstag, dem 3. Mai; ich war (gerade) am Schreiben: ich schrieb gerade; am besten, am meisten
Am *chem. Zeichen für* Americium
AM *Abk. für* Amplitudenmodulation
a. m. *Abk. für* ante meridiem, ante mortem
a|ma|bi|le [ital.] *Mus.:* liebenswürdig; lieblich
a|ma|gne|tisch *auch:* **a|mag|ne|tisch** nicht magnetisch, nicht magnetisierbar
A|ma|ler *Pl.* = Amelungen
A|mal|gam [arab.-griech.] *n. 1* eine Quecksilberlegierung
A|mal|ga|ma|ti|on *f. 10* Gewinnung von Gold und Silber aus Erz durch Lösen in Quecksilber
a|mal|ga|mie|ren *tr. 3* **1.** mit Quecksilber legieren; **2.** aus Erzen durch Lösen in Quecksilber gewinnen
a|ma|rant, a|ma|ran|ten [griech.] dunkelrot
A|ma|rant *m. 1* **1.** eine Zierpflanze; **2.** afrik. Vogelart; **3.** ein Farbholz
a|ma|ran|ten s. **a|ma|rant**
A|ma|rel|le [lat.-ital.] *f. 11* eine Sauerkirschenart
A|ma|ret|to [ital.] *m. 9* Bittermandellikör
A|ma|ryl [griech.] *m. 1* künstlich hergestellter, hellgrüner Saphir
A|ma|ryl|lis *f. Gen. - Pl.* -len eine Zierpflanze
A|ma|teur [-tør, lat.-frz.] *m. 1* jmd., der eine Beschäftigung aus Liebhaberei betreibt, Nichtfachmann
A|ma|teur|sport|ler [-tør-] *m. 5*
A|ma|ti *f. 9* Geige aus der Werkstatt der ital. Geigenbauerfamilie Amati im 16. u. 17. Jh.

A|ma|zo|nas *m. Gen. -* Fluss in Südamerika
A|ma|zo|ne [griech.] *f. 11, griech. Myth.:* Angehörige eines kriegerischen Frauenvolkes
A|ma|zo|nen|strom *m. 2 nur Sg.* = Amazonas
A|ma|zo|ni|en Flussgebiet des Amazonas
Am|bas|sa|de [ã-, frz.] *f. 11, veraltet:* Botschaft, Gesandtschaft
Am|bas|sa|deur [ãbasadœr] *m. 1, veraltet:* Gesandter, Botschafter
Am|be [ital.] *f. 11, österr.:* Ambo *m. Gen.* -s *Pl.* -s *oder* -ben Doppeltreffer im Lotto
Am|ber *m. 5 oder m. 14* = **Am|bra**
am|bi|dex|ter [lat.] mit beiden Händen gleich geschickt
Am|bi|dex|trie *auch:* **Am|bi|dext|rie** *f. 11*
Am|bi|en|te [lat.-ital.] *n. Gen. - nur Sg.* Umgebung, Milieu, Atmosphäre
Am|bi|gu|i|tät [lat.] *f. 10 nur Sg.* Zweideutigkeit, Doppelsinn (von Wörtern)
Am|bi|ti|on [lat.] *f. 10* Ehrgeiz
am|bi|ti|o|nie|ren *tr. 3* erstreben; ambitioniert sein *österr.:* ehrgeizig sein
am|bi|ti|ös [-tsjøs] ehrgeizig
Am|bi|tus [lat.] *m. Gen. - Pl. -* Tonumfang (einer Stimme, eines Instruments, einer Melodie)
am|bi|va|lent [-va-, lat.] doppelwertig
Am|bi|va|lenz [-va-] *f. 10* **1.** Doppelwertigkeit (von Gefühlen); Möglichkeit, auch das Gegenteil einzuschließen, z. B. Hassliebe; **2.** zwischen Liebe und Hass schwankende Einstellung gegenüber einem Menschen
Am|bo *m. Gen.* -s *Pl.* -s *oder* -ben **1.** *österr. für* Ambe; **2.** *in frühchristl. Kirchen:* erhöhtes Lesepult
Am|bon *m. Gen.* -s *Pl.* -bo|nen = Ambo (2)
Am|boss (*alt:* Am|boß) *m. 1* **1.** stählerner Block als Unterlage zum Schmieden von Eisen; **2.** mittleres der drei Gehörknöchelchen

♦ Die Buchstabenfolge **am|br...** kann in Fremdwörtern auch **amb|r...** getrennt werden.

♦ **Am|bra** [arab.] *f. 9,* **Am|ber** *m. 5 oder m. 14* für Duftstoffe verwendete Absonderung des Pottwals

♦ **Am|bro|sia** [griech.] *f. Gen. - nur Sg.* **1.** *griech. Myth.:* Götterspeise, die Unsterblichkeit verleiht; vgl. Nektar (1); **2.** = Ambrosie
♦ **am|bro|si|a|nisch** auf den Kirchenlehrer Ambrosius zurückgehend; ambrosianische Liturgie; ambrosianischer Lobgesang
♦ **Am|bro|sie** [-zjə] *f. 11* eine Pflanzengattung
♦ **am|bro|sisch** himmlisch, göttlich
♦ **Am|bro|si|us** männl. Vorname
am|bu|lant [lat.] **1.** wandernd, umherziehend; ambulanter Handel: Handel von Tür zu Tür; ambulantes Gewerbe: nicht ortsgebundenes Gewerbe, *vulg.:* Gewerbe der Straßendirnen; **2.** *Med.:* während der Sprechstunde, nicht stationär im Krankenhaus; ambulante Behandlung
Am|bu|lanz *f. 10* **1.** bewegl. Feldlazarett; **2.** kleine Station für ambulante Behandlung im Krankenhaus, Ambulatorium; **3.** fahrbare Einrichtung für ärztl. Untersuchungen und Behandlungen; **4.** *kurz für* Ambulanzwagen
Am|bu|lanz|wa|gen *m. 7* Krankenwagen
Am|bu|la|to|ri|um *n. Gen.* -s *Pl.* -ri|en = Ambulanz
A. M. D. G. *Abk. für* ad maiorem Dei gloriam
A|mei|se *f. 11*
A|mei|sen|bär *m. 10*
A|mei|sen|i|gel *m. 5*
A|mei|sen|säu|re *f. 11*
a|me|li|o|rie|ren *tr. 3*
A|me|li|o|ri|sa|ti|on [lat.] *f. 10* Verbesserung (des Bodens)
A|me|lun|gen *Pl.* ostgot. Herrschergeschlecht, Amaler
a|men [hebr. »so sei es«] Gebetsschlusswort, Segens- und Bestätigungsformel; zu allem ja und amen *oder:* Ja und Amen sagen
A|men *n. 7;* sein Amen zu etwas geben *ugs.:* sein Einverständnis geben
A|men|de|ment [amãdəmã, lat.-frz.], **A|mend|ment** [əmɛndmənt, lat.-engl.] *n. 9* Zusatz-, Änderungsvorschlag zu einem Gesetz oder Gesetzesentwurf, in den USA auch zur Verfassung
a|men|die|ren [amã-] *tr. 3*
A|mend|ment [əmɛndmənt, lat.-engl.] *n. 9* s. **A|men|de|ment**
A|me|nor|rhö [griech.] *f. 10* Ausbleiben der Menstruation

A

a|me|nor|rho|isch auf Amenorrhö beruhend
A|me|ri|ca|na, A|me|ri|ka|na *Pl.* Bücher, Bilder, Dokumente über Amerika
A|me|ri|ci|um [nach Amerika] *n. Gen.* -s *nur Sg.* (*Zeichen:* Am) künstlich hergestelltes chem. Element, ein Transuran
A|me|ri|ka
A|me|ri|ka|na *Pl.* s. **A|me|ri|ca|na**
A|me|ri|ka|ner *m. 5*
a|me|ri|ka|nisch
a|me|ri|ka|ni|sie|ren *tr. 3* nach amerikan. Vorbild gestalten
A|me|ri|ka|nis|mus *m. Gen. - Pl.* -men **1.** amerik. Spracheigentümlichkeit in einer anderen Sprache; **2.** amerik. Eigenart in Lebensstil, Weltanschauung, Kultur, Wirtschaftsform usw.
A|me|ri|ka|nist *m. 10*
A|me|ri|ka|nis|tik *f. 10 nur Sg.* Wissenschaft von der Kultur und den Sprachen Amerikas
a|me|ri|ka|nis|tisch
a|me|tho|disch nicht methodisch, nicht planvoll
A|me|thyst [griech.] *m. 1* ein Schmuckstein
A|me|trie *auch:* **A|met|rie** [griech.] *f. 11* Abweichung vom Ebenmaß, Ungleichmäßigkeit
a|me|trisch *auch:* **a|met|risch** ungleichmäßig, ungleich
A|me|tro|pie [griech.] *f. 11* Sehfehler infolge Abweichung von der normalen Brechkraft des Auges
A|meu|ble|ment *auch:* **A|meub|le|ment** [amøbləmã, frz.] *n. 9, veraltet:* Gesamtheit der Möbel, Mobiliar
Am|ha|ra *m. 9 oder Gen. - Pl. -*
Am|ha|rer *m. 5* Angehöriger eines nordostafrikanischen Volkes
am|ha|risch
Am|ha|risch *n. Gen.* -(s) *nur Sg.* amharische Sprache
A|mi *m. 9, ugs., Kurzw. für* Amerikaner
A|mi|ant [griech.] *m. 1* ein Mineral
A|mid [griech.] *n. 1* chem. Verbindung des Ammoniaks von basenähnl. Charakter
A|mi|da|se *f. 11* Ferment, das Kohlenstoff-Stickstoff-Bindungen spaltet
A|min [griech.] *n. 11* Verbindung des Ammoniaks mit organ. Molekülgruppen
A|mi|no|plast [griech.] *n. 1* ein Kunstharz
A|mi|no|säu|re *f. 11* eine organische Säure
A|mi|to|se [griech.] *f. 11* direkte Kernteilung mittels einfacher Durchschnürung ohne Chromosomenbildung; *Ggs.:* Mitose
Am|man Hauptstadt von Jordanien
Am|mann *m. 4, schweiz.:* Gemeindevorsteher
Am|me *f. 11*
Am|men|mär|chen *n. 7* unglaubwürdige Geschichte
Am|mer **1.** *f. 11* ein Singvogel; **2.** *f. Gen. -* Fluss in Oberbayern; **3.** *f. Gen. -* Nebenfluss des Neckars
Am|mon *griech. Name des* Amun
Am|mo|ni|ak [auch: am-, österr.: amon-, griech.] *n. 1 nur Sg.* ein stechend riechendes Gas
am|mo|ni|a|ka|lisch Ammoniak enthaltend
Am|mo|nit [nach dem ägypt. Gott Ammon] *m. 10 n. 4* ausgestorbener, als Versteinerung erhaltener Kopffüßer, Ammonshorn
Am|mo|ni|ter *m. 5* Angehöriger eines semit. Volkes im AT
Am|mo|ni|um [griech.] *n. Gen.* -s *nur Sg.* eine Atomgruppe
Am|mo|ni|um|sul|fat *n. 1* ein Düngemittel
Am|mons|horn *n. 4* = Ammonit
Am|ne|sie *auch:* **Am|ne|sie** [griech.] *f. 11* dauernder oder vorübergehender Gedächtnisschwund, Gedächtnisstörung
Am|nes|tie *auch:* **A|mnes|tie** [griech.] *f. 11* Begnadigung; Straferlass durch Gesetz
am|nes|tie|ren *auch:* **a|mnes|tie|ren** *tr. 3*
am|nes|ty in|ter|na|tio|nal *auch:* **a|mnes|ty in|ter|na|tio|nal** [æmnɪstɪ ɪntənæʃənəl] (*Abk.:* ai) *ohne Artikel* internationale Hilfsorganisation zur Betreuung politischer Gefangener
Am|ni|on [griech. amnos »Lamm«] *n. 9 nur Sg.* innerste Embryonalhülle bei den höheren Wirbeltieren, Schafhaut, Eihaut
A|mö|be [griech. »Wechsel«] *f. 11* Wechseltierchen, ein Einzeller
a|mö|bo|id amöbenartig
A|mok [zu mal. amuk »Wut«] *m. Gen.* -s *nur Sg.* Amok laufen: blindwütiges Umherlaufen mit einer Waffe, wobei der Betreffende jeden angreift, der ihm begegnet; er läuft Amok, ist Amok gelaufen
A|mok|läu|fer *m. 5*
A|mok|schüt|ze *m. 11*
a-Moll *n. Gen. - nur Sg.* (*Abk.:* a) eine Tonart; *aber:* A-Dur
a-Moll-Ton|lei|ter *f. 11*
A|mor röm. Gott der Liebe
A|mo|ral [griech.] *f. Gen. - nur Sg.* Fehlen von Moral
a|mo|ra|lisch sich über jegliche sittl. Grundsätze hinwegsetzend, jenseits der Moral; vgl. immoralisch
A|mo|ra|lis|mus *m. Gen. - nur Sg.* Ablehnung von sittl. Grundsätzen überhaupt; vgl. Antimoralismus, Immoralismus
a|mo|ra|lis|tisch
A|mo|ra|li|tät *f. 10 nur Sg.* die Sittlichkeit ablehnende Einstellung; vgl. Immoralität
A|mo|ret|te [frz.] *f. 11, bildende Kunst:* Figur eines geflügelten Knaben mit Pfeil und Bogen, Eros (4)
a|mo|ro|so [ital.] *Mus.:* zärtlich, innig
a|morph [griech.] form-, gestaltlos
A|mor|phie *f. 11 nur Sg.* **1.** Form-, Gestaltlosigkeit; **2.** *Phys.:* Zustand eines Stoffes zwischen festem und flüssigem Aggregatzustand
a|mor|ti|sa|bel amortisierbar, tilgbar
A|mor|ti|sa|ti|on [mlat.], A|mor|ti|sie|rung *f. 10* Tilgung, Abschreibung, Amortisierung
a|mor|ti|sie|ren *tr. 3;* ein Gegenstand amortisiert sich: seine Anschaffungskosten werden durch den Ertrag getilgt
A|mor|ti|sie|rung *f. 10* = Amortisation
A|mou|ren [-mu-, frz.] *Pl.* Liebschaften, Liebesabenteuer
a|mou|rös [-mu-] Liebes…; amouröse Abenteuer
Am|pel [lat.] *f. 11* **1.** Hängelampe; **2.** Verkehrssignalanlage
Am|pel|ko|a|li|ti|on *f. 10* Koalition von SPD, FDP und Grünen, Rot-Gelb-Grün-Koalition
Am|per *f. Gen. -* Nebenfluss der Isar
Am|pere [ampɛr, nach dem frz. Physiker André Marie Ampère] *n. Gen.* -(s) *Pl. -* (*Zeichen:* A) Maßeinheit der elektr. Stromstärke
Am|pere|me|ter *n. 5* Stromstärkemesser

A

Am|pere|se|kun|de *f. 11* (*Zeichen:* As) die Elektrizitätsmenge, die Strom von 1 Ampere in 1 Sekunde transportiert
Am|pere|stun|de *f. 11* (*Zeichen:* Ah) die Elektrizitätsmenge, die Strom von 1 Ampere in 1 Stunde transportiert
Amp|fer *m. 5* eine Pflanze
Am|phet|a|min *auch:* **Am|phe|ta|min** *n. 11* als Droge verwendete chem. Verbindung
am|phi..., Am|phi... [griech.] *in Zus.:* um... herum, doppel..., Doppel...
Am|phi|bie [-bjə, griech.] *f. 11,* Am|phi|bi|um *n. Gen.* -s *Pl.* -bi|en Tier, das im Wasser und auf dem Land leben kann
Am|phi|bi|en|fahr|zeug [-bjən-] *n. 1* Land-Wasser-Kraftfahrzeug
am|phi|bisch
Am|phi|bi|um *n. Gen.* -s *Pl.* -bi|en s. **Am|phi|bie**
am|phi|bol s. **am|phi|bo|lisch**
Am|phi|bol [griech.] *m. 1,* Am|phi|bo|lit *m. 1* Hornblende, ein Mineral
Am|phi|bo|lie *f. 11* Doppeldeutigkeit
am|phi|bo|lisch doppeldeutig
Am|phi|bo|lit *m. 1* s. **Am|phi|bol**
Am|phi|go|nie [griech.] *f. 11* zweigeschlechtliche Fortpflanzung (durch Ei und Samen)
Am|phi|kty|o|ne *auch:* **Am|phik|ty|o|ne** [griech.] *m. 11* Mitglied einer Amphiktyonie
Am|phi|kty|o|nie *auch:* **Am|phik|ty|o|nie** *f. 11* Verband altgriech. Stämme oder Staaten zum Schutz eines Heiligtums
am|phi|mik|tisch [griech.] durch Amphimixis entstanden
Am|phi|mi|xis *f. Gen.* - *nur Sg.* Vermischung der Erbanlagen bei der Amphigonie
Am|phi|o|le® [griech., wahrscheinlich aus Ampulle und Phiole] *f. 11* Ampulle mit spritzfertigem Arzneimittel
Am|phi|o|xus [griech.] *m. Gen.* - *nur Sg.* Lanzettfischchen
am|phi|pneus|tisch [griech.] durch Lungen und Kiemen atmend
Am|phi|po|de [griech.] *m. 11* Flohkrebs
Am|phi|the|a|ter [griech.] *n. 5* Theater unter freiem Himmel mit kreis- oder ellipsenförmigem Grundriss und ansteigenden Sitzreihen
am|phi|the|a|tra|lisch *auch:* **am|phi|the|at|ra|lisch**
Am|phi|try|on *auch:* **Am|phit|ry|on** *griech. Myth.:* König von Tiryns
Am|pho|ra, Am|pho|re [griech.] *f. Gen.* - *Pl.* -pho|ren **1.** altgriech. Gefäß mit engem Hals und zwei senkrechten Henkeln; **2.** antikes Flüssigkeitsmaß
am|pho|ter [griech.] teils sauer, teils basisch reagierend
Am|pli|fi|ka|ti|on [lat.] *f. 10* Erweiterung, ausführlichere Darstellung
am|pli|fi|zie|ren *tr. 3*
Am|pli|tu|de *auch:* **Amp|li|tu|de** [lat.] *f. 11 Phys.:* größter Ausschlag (eines schwingenden Körpers), Schwingungsweite (einer Welle); Schwankungsbreite (einer Größe)
Am|pli|tu|den|mo|du|la|ti|on *f. 10 Phys.:* (*Abk.:* AM) Beeinflussung der Schwingungsweite einer hochfrequenten Trägerwelle durch die zu übertragende niederfrequente Welle
Am|pul|le [lat.] *f. 11* **1.** *i. w. S.:* kleines, bauchiges Gefäß; **2.** *i. e. S.:* zugeschmolzenes Glasröhrchen mit Arzneimittel zum Einspritzen
Am|pu|ta|ti|on [lat.] *f. 10* operative Abtrennung eines Körpergliedes
am|pu|tie|ren *tr. 3*
Am|sel *f. 11* ein Singvogel, Schwarzdrossel
Ams|ter|dam [auch: -dam] Hauptstadt der Niederlande
Ams|ter|da|mer [auch: -da-] *m. 5*
Amt *n. 4;* von Amts wegen
Ämt|chen *n. 7*
am|ten *intr. 2, schweiz., sonst veraltet für* amtieren
am|tie|ren *intr. 3* ein Amt versehen, innehaben
amt|lich
Amt|mann *m. 4 Pl. auch:* -leu|te
Amts|an|ma|ßung *f. 10*
Amts|arzt *m. 2*
Amts|ent|he|bung *f. 10* Entlassung aus einem Amt nach einem Dienstvergehen
Amts|ge|richt *n. 1*
amts|hal|ber
Amts|hand|lung *f. 10*
Amts|in|ha|ber *m. 5*
amts|mü|de
Amts|per|son *f. 10*
Amts|schim|mel *m. 5, ugs.:* übertriebenes Festhalten an amtl. Vorschriften
Amts|sie|gel *n. 5*
Amts|tracht *f. 10*
Amts|trä|ger *m. 5*
Amts|weg *m. 1*
Amts|zim|mer *n. 5*
A|mu|lett [lat.] *n. 1* am Körper (meist um den Hals) getragenes Zauberschutzmittel
A|mun ein altägypt. Gott
A|mur *m. Gen.* -(s) Fluss in Ostasien
a|mü|sant [frz.] vergnüglich, unterhaltend
A|mü|se|ment [-mã] *n. 9* Vergnügen, Zeitvertreib
a|mü|sie|ren *tr. 3*
a|mu|sisch ohne Sinn für Kunst
A|myg|da|lin [griech.] *n. 1 nur Sg.* blausäurehaltiger Geschmacksstoff in bitteren Mandeln
a|myg|da|lo|id bittermandelähnlich
A|myl|al|ko|hol [griech.] *m. 1* ein giftiger Alkohol
A|my|la|se *f. 11 nur Sg.* vgl. Diastase
a|my|lo|id stärkeähnlich
A|my|lo|se *f. 11 nur Sg.* ein Bestandteil der Stärke
A|my|lum *n. Gen.* -s *nur Sg.* pflanzliche Stärke
a|my|thisch ohne Mythen

an, anstatt, an ..., statt: Der Gebrauch von *an was/woran* ist so geregelt: Die standardsprachliche Form lautet *woran* (*Woran ist er erkrankt?*); *an was* ist umgangssprachlich.
In der Fügung mit *sein* wird getrennt geschrieben: *Die Lampen sind alle an gewesen* (= waren angeschaltet).
Anstatt wird zusammengeschrieben, das Gefüge *an ..., statt* (*an Eides statt, an Kindes statt*) jedoch getrennt und *statt* mit kleinem Anfangsbuchstaben.

an **1.** *Präp. mit Dat. oder Akk.;* Halle an der (*Abk.:* a.d.) Saale; an München (*auf Fahrplänen*): Ankunft in München; von hier an, von heute an; es ist an der Zeit, sich umzuziehen; an die Arbeit gehen; an etwas arbeiten; an die 100 Menschen: etwa, fast 100 Menschen; an Eides, Kindes statt; an seiner statt; *aber:* anstatt; an Stelle *oder:* anstelle; **2.** *Adv.:* ab und an: ab und zu; an und für sich: eigentlich; **3.** an sein; angeschaltet sein; das Licht ist an, ist an gewesen

A

A|na|bap|tis|mus [griech.] *m. Gen. - nur Sg.* Lehre der Wiedertäufer
A|na|bap|tist *m. 10* Wiedertäufer
A|na|ba|sis [griech.] *f. Gen. - nur Sg.* Hinaufmarsch
a|na|ba|tisch *Meteor.:* aufsteigend (Wind)
A|na|bi|o|se [griech.] *f. 11 nur Sg.* Überdauern und Wiederaufleben mancher Lebewesen nach längerem Scheintod
A|na|bo|lie [griech.] *f. 11* Erwerb neuer Merkmale im Lauf der Entwicklung des Individuums
A|na|bo|li|ka *Pl.* den Muskelaufbau fördernde Hormone
A|na|cho|ret [-xo- oder -ço- oder -ko-, griech.] *m. 10, frühchristl. Bez. für* Einsiedler
A|na|chro|nis|mus [-kro-, griech.] *m. Gen. - Pl.* -men **1.** falsche zeitl. Einordung; **2.** nicht mehr zeitgemäße Einrichtung
a|na|chro|nis|tisch
A|na|dy|o|me|ne [auch: -dyo- oder -dyo-, griech. »die (aus dem Meer) Auftauchende«] Beiname der griech. Göttin Aphrodite
an|a|e|rob [griech.] ohne Sauerstoff lebend; *Ggs.:* aerob
An|a|e|ro|bi|er *m. 5,* **An|a|e|ro|bi|ont** *m. 10* niederes Lebewesen, das ohne Sauerstoff leben kann; *Ggs.:* Aerobier
An|a|e|ro|bi|o|se *f. 11 nur Sg.* Unabhängigkeit der Lebensvorgänge vom Luftsauerstoff; Anoxybiose
A|na|ge|ne|se [griech.] *f. 11 nur Sg.* Höherentwicklung im Lauf der Stammesgeschichte
A|na|gramm [griech.] *n. 1* Buchstabenversetzrätsel, Umstellen von Buchstaben oder Silben eines Wortes zu einem neuen Wort, z. B. Unart – Natur
a|na|gram|ma|tisch
an|äh|neln *tr. 1* ähnlich machen
An|a|ko|luth *auch:* **A|na|ko|luth** [griech.] *m. 1* Satzbruch, formal falsche Weiterführung eines angefangenen Satzes (als Stilfigur)
A|na|kon|da *f. 9* südamerik., nicht giftige Riesenschlange
A|na|kre|on altgriech. Dichter (um 550 v. Chr.)
A|na|kre|on|tik *f. 10 nur Sg.* die Dichtweise des Anakreon nachahmende Richtung in der deutschen Literatur des 18. Jh.
A|na|kre|on|ti|ker *m. 5* Angehöriger der Anakreontik
a|na|kre|on|tisch
An|a|ku|sis *auch:* **A|na|ku|sis** [griech.] *f. Gen. - nur Sg.* Taubheit
a|nal [lat., zu Anus] zum After gehörig, in der Nähe des Afters gelegen
A|na|lek|ten [griech.], A|na|lek|ta *Pl.* Auslese od. Sammlung von Aufsätzen oder Auszügen aus Dichtwerken
a|na|lek|tisch auswählend
A|na|lep|ti|kum [griech.] *n. Gen.* -s *Pl.* -ka den Kreislauf anregendes Mittel
a|na|lep|tisch
A|nal|e|ro|tik *f. 10 nur Sg., Psych.:* **1.** frühkindl. Interesse am Anus; **2.** Fixierung der sexuellen Wünsche auf den Anus
An|al|gen [griech.] *n. 1* = Analgetikum
An|al|ge|sie, An|al|gie [griech.] *f. 11* Schmerzlosigkeit
An|al|ge|ti|kum *n. Gen.* -s *Pl.* -ka, An|al|gen *n. 1* schmerzstillendes Mittel
an|al|ge|tisch
An|al|gie *f. 11* s. **An|al|ge|sie**
a|na|log [griech.] ähnlich, entsprechend, analogisch
A|na|lo|gie *f. 11* Entsprechung, sinngemäße Übertragung oder Anwendung
A|na|lo|gie|schluss (*alt:* Ana|lo|gie-schluß) *m. 2,* A|na|lo|gis|mus *m. Gen. - Pl.* -men nicht zwingender, auf Vergleich oder Ähnlichkeit beruhender Schluss
a|na|lo|gisch = analog
A|na|lo|gis|mus *m. Gen. - Pl.* -men s. **A|na|lo|gie|schluss**
A|na|lo|gon *n. Gen.* -s *Pl.* -ga ähnl. Fall
A|na|log|rech|ner *m. 5* mit variablen elektrischen Spannungen, nicht digital arbeitender Großrechner
An|al|pha|bet [griech.] *m. 10* des Lesens und Schreibens Unkundiger
An|al|pha|be|ten|tum *n. Gen.* -s *nur Sg.*
an|al|pha|be|tisch
An|al|pha|be|tis|mus *m. Gen. - nur Sg.* Lese- und Schreibunkundigkeit
A|nal|ver|kehr *m. 1 nur Sg.* Form des Geschlechtsverkehrs
A|na|ly|se [griech.] *f. 11* Zergliederung, Untersuchung
a|na|ly|sie|ren *tr. 3*
A|na|ly|sis *f. Gen. - nur Sg.* zergliederndes Verfahren zur Lösung mathemat. Aufgaben
A|na|lyst *m. 10* Experte, der die Entwicklung an der Börse beobachtet und analysiert
A|na|ly|tik *f. 10 nur Sg.* Lehre, Kunst der Analyse
A|na|ly|ti|ker *m. 5*
a|na|ly|tisch
An|ä|mie *auch:* **A|nä|mie** [griech.] *f. 11* Blutarmut
an|ä|misch *auch:* **a|nä|misch**
A|na|mne|se *auch:* **A|nam|ne|se** [griech.] *f. 11* **1.** *griech. Philos.:* Erinnerung der Seele an ihre vorgeburtlichen Ideen; **2.** *Med.:* Vorgeschichte der Krankheit nach Angaben des Patienten; vgl. Katamnese
a|na|mnes|tisch *auch:* **a|nam|nes-tisch, a|na|mne|tisch** *auch:* **a|nam|ne|tisch** die Anamnese (2) betreffend, auf ihr beruhend
A|na|nas [indian.-port.] *f. 1* **1.** eine trop. Frucht; **2.** eine Erdbeersorte
A|na|nym [griech.] *n. 1* Deckname aus den rückwärts gelesenen (und leicht veränderten) Buchstaben des eigenen Namens, z. B. Keisgreb aus Bergsiek
A|na|päst [griech.] *m. 1* Versfuß aus zwei unbetonten und einer betonten Silbe
a|na|päs|tisch
A|na|pher [griech.] *f. 11,* **A|na|pho-ra** *f. Gen. - Pl.* -rae Wiederholung des Anfangswortes in aufeinander folgenden Sätzen (Stilfigur); *Ggs.:* Epiphora (2)
a|na|pho|risch
An|aph|ro|di|si|a|kum *auch:* **An|a-phro|di|si|a|kum** [griech.] *n. Gen.* -s *Pl.* -ka den Geschlechtstrieb dämpfendes Mittel
A|na|phy|la|xie [griech.] *f. 11* Überempfindlichkeit gegen artfremdes Eiweiß
An|ar|chie *auch:* **A|nar|chie** [-çi, griech.] *f. 11* Gesetzlosigkeit, politische Unordnung
an|ar|chisch *auch:* **a|nar|chisch** [-çiʃ] auf Anarchie beruhend
An|ar|chis|mus *auch:* **A|nar|chis-mus** [-çis-] *m. Gen. - nur Sg.* Lehre, die jede Staatsgewalt und -ordnung ablehnt
An|ar|chist *auch:* **A|nar|chist** [-çist] *m. 10*
an|ar|chis|tisch *auch:* **a|nar|chis-tisch** [-çis-]
An|ar|cho *auch:* **A|nar|cho** [-ço]

m. 9, ugs.: jmd., der dem Anarchismus nahe steht
a|na|sta|tisch *auch:* **a|nas|ta|tisch** [griech.] wiederauffrischend, neubildend; anastatischer Druck: veraltetes Nachdruckverfahren ohne Neusatz mit Hilfe von Umdruck auf Stein oder Metall
An|äs|the|sie *auch:* **A|näs|the|sie** [griech.] *f. 11* **1.** Betäubung von Schmerzen; **2.** Schmerzunempfindlichkeit
an|äs|the|sie|ren *auch:* **a|näs|the|sie|ren,** an|äs|the|ti|sie|ren *tr. 3* schmerzunempfindlich machen
An|äs|the|si|o|lo|ge *auch:* **A|näs|the|si|o|lo|ge** *m. 11*
An|äs|the|si|o|lo|gie *auch:* **A|näs|the|si|o|lo|gie** *f. 11 nur Sg.* Lehre von der Anästhesie
An|äs|the|sist *auch:* **A|näs|the|sist** *m. 10* Facharzt für Narkose
An|äs|the|ti|kum *auch:* **A|näs|the|ti|kum** *n. Gen.* -s *Pl.* -ka schmerzunempfindlich machendes Mittel
an|äs|the|tisch *auch:* **a|näs|the|tisch**
an|äs|the|ti|sie|ren *auch:* **a|näs|the|ti|sie|ren** *tr. 3* s. **an|äs|the|sie|ren**
A|nas|tig|mat *auch:* **A|nas|tig|mat** [griech.] *m. 1 oder n. 1, Fotografie:* Objektiv, das unverzerrte Bilder ermöglicht
A|na|sto|mo|se *auch:* **A|nas|to|mo|se** [griech.] *f. 11* **1.** Verbindung zwischen Adern, Lymphgefäßen und Nerven; **2.** Verbindung zwischen Blattnerven; **3.** operativ hergestellte Verbindung von Hohlorganen
A|na|stro|phe *auch:* **A|nas|tro|phe, A|nast|ro|phe** [-fe, griech.] *f. Gen.* - *Pl.* -stro|phen Umkehrung der Wortstellung, z. B. zweifelsohne *statt:* ohne Zweifel
A|na|them [griech.] *n. 1,* **A|na|the|ma** *n. Gen.* -s *Pl.* -the|ma|ta Kirchenbann, Verfluchung
a|na|the|ma|ti|sie|ren *tr. 3*
A|na|the|ma|ti|sie|rung *f. 10*
a|na|ti|o|nal gleichgültig gegenüber Volk und Nationalität
A|na|to|li|en Kleinasien
A|na|to|li|er *m. 5*
a|na|to|lisch
A|na|tom [griech.] *m. 10* Lehrer, Kenner der Anatomie
A|na|to|mie **1.** *f. 11 nur Sg.* Wissenschaft vom Körperbau der Lebewesen; **2.** Ausbildungsstätte für Anatomen an einer Universität
a|na|to|mie|ren *tr. 3* zerlegen, zergliedern (Leichen)
a|na|to|misch
A|na|to|zis|mus [griech.] *m. Gen.* - *Pl.* -men Verzinsung rückständiger Zinsen
an|a|xi|al *auch:* **a|na|xi|al** [auch: an-, griech.] nicht in der Achsenrichtung angeordnet; *Ggs.:* axial
a|na|zy|klisch *auch:* **a|na|zyk|lisch** vorwärts und rückwärts gelesen gleichlautend; vgl. Palindrom
an|bah|nen *tr. 1*
An|bah|nung *f. 10*
an|ban|deln, an|bän|deln *intr. 1*
An|bau **1.** *m. Gen.* -s *nur Sg.* Anpflanzung; **2.** *m. Gen.* -s *Pl.* -bauten angebautes Gebäude
an|bau|en *tr. 1*
an|bau|fä|hig
An|bau|mö|bel *n. 5 meist Pl.*
An|be|ginn *m. 1 nur Sg.;* seit A., von A. an
an|be|hal|ten *intr. 61*
an|bei [auch: an-]
an|bei|ßen *intr. u. tr. 8*
an|be|lan|gen *tr. 1* betreffen; was mich anbelangt
an|be|que|men *refl. 1* sich anpassen
an|be|rau|men *tr. 1* festsetzen; die Versammlung wurde für ein Uhr anberaumt
an|be|ten *tr. 2*
An|be|ter *m. 5*
An|be|tracht *m., nur in Wendungen wie* in A. seiner Verdienste, in A. dessen
an|be|tref|fen *tr. 161* betreffen; was mich anbetrifft
An|be|tung *f. 10 nur Sg.*
an|bie|dern *refl. 1;* sich bei jmdm. a.; ich biedere, biedre mich nicht an
An|bie|de|rung *f. 10*
an|bie|ten *tr. 13*
An|bie|ter *m. 5*
an|bin|den *tr. 14;* kurz angebunden: mürrisch, abweisend
An|blick *m. 1*
an|bli|cken *tr. 1*
an|blin|zeln *tr. 1;* ich blinzele, blinzle ihn an
an|boh|ren *tr. 1*
An|boh|rung *f. 10*
An|bot *n. 1, österr. für* Angebot
an|bra|ten *tr. 18*
an|bre|chen *tr. u. intr. 19;* ein angebrochener Abend
an|bren|nen *tr. u. intr. 20*
an|brin|gen *tr. 21*
An|bruch *m. 2* **1.** *nur Sg.* Beginn; **2.** *Bergbau:* Stelle, an der ein Erzgang beginnt
An|chor|man [æŋkəmæn, engl.] *m. Gen.* -s *Pl.* -men [-mən] im Studio moderierender Redakteur einer (Nachrichten-)Sendung
An|cho|vis [-ʃovis] *f. Gen.* - *Pl.* - s. **An|scho|vis**
An|ci|en|ni|tät [ãsjɛni-, frz.] *f. 10 nur Sg., veraltet:* Reihenfolge nach dem Alter im Dienst, Dienstalter
An|ci|en Ré|gime (*alt:* An|ci|en régime) [ãsiẽ reʒim] *n. Gen.* - - *nur Sg.* **1.** die absolutistische Regierung in Frankreich vor der Frz. Revolution; **2.** *allg.:* die feudale europ. Staats- und Gesellschaftsform im 18. Jh.
An|dacht *f. 10*
an|däch|tig
an|dachts|voll
An|da|lu|si|en südspan. Landschaft
An|da|lu|si|er *m. 5*
an|da|lu|sisch
An|da|lu|sit *m. 1* ein Mineral
an|dan|te [ital. »gehend«] *Mus.:* ruhig
An|dan|te *n. 9* Musikstück in ruhigem Tempo
an|dan|te con mo|to *Mus.:* ruhig, (doch) mit Bewegung
an|dan|ti|no *Mus.:* etwas schneller als andante
An|dan|ti|no *n. Gen.* -s *Pl.* -s *oder* -ni Musikstück in etwas beschleunigtem Tempo
an|dau|ern *intr. 1*
an|dau|ernd
An|den *Pl.* Gebirge in Südamerika
An|den|ken *n. 7* **1.** *nur Sg.* Erinnerung; **2.** Erinnerungsgegenstand

> **andere:** Bei den Fügungen *etwas anderes/Anderes* sind Groß- und Kleinschreibung möglich (bisher nur: *etwas anderes*).
> Im Regelfall schreibt man Zahladjektive klein, auch bei Substantivierungen: *der/die/das andere; viel/wenig/etwas anderes, niemand anderes.*
> Soll der Unterschied (= etwas Neues/Fremdes/Andersartiges) betont werden, kann großgeschrieben werden: *Die Begegnung mit dem Anderen* (= der fremden Kultur). § 58 (5)

an|de|re(r, -s), and|re(r, -s); der, die, das andere, andre; die anderen, andern; der eine und der

A

and(e)re; der eine oder der and(e)re; ein and(e)rer; *süddt., österr.:* jemand, niemand and(e)rer, mit jemand, niemand and(e)rem reden, jemand, niemand and(e)ren fragen, vgl. anders; alles and(e)re; etwas, nichts and(e)res *oder:* etwas, nichts Anderes; und and(e)res (*Abk.:* u. a.), und and(e)res mehr (*Abk.:* u. a. m.), und vieles and(e)re mehr (*Abk.:* u. v. a. m.); unter and(e)rem (*Abk.:* u. a.); jmdn. eines and(e)ren belehren; sich eines and(e)ren besinnen; einmal um das (*oder:* ums) and(e)re, ein um das (*oder:* ums) and(e)re Mal; ein and(e)res Mal; *aber:* ein andermal; von einem Mal aufs and(e)re; einer nach dem ander(e)n; *Beugung* des nachfolgenden Adjektivs: *Nom.:* anderes kleines Getier, das andere kleine Mädchen, *Gen.:* des anderen kleinen Mädchens, und anderer schöner Dinge, *Dat.:* mit anderem täglichem (*oder:* täglichen) Bedarf, mit anderem kleinem (*oder:* kleinen) Getier, von anderer unterrichteter Seite, *Akk.:* den anderen kleinen Jungen

an|de|ren|falls, an|dern|falls; etwas a. unterlassen

an|de|ren|orts, an|dern|orts; a. etwas unternehmen

an|de|ren|tags, an|dern|tags; etwas a. erledigen

an|de|ren|teils, an|dern|teils

an|de|rer|seits, an|der|seits, and|rer|seits

an|der|mal vgl. andere

än|dern *tr. 1;* ich ändere es, ändre es

an|dern|falls, an|de|ren|falls

an|dern|orts, an|de|ren|orts

an|dern|tags, an|de|ren|tags

an|dern|teils, an|de|ren|teils

an|ders; jemand, niemand anders, *süddt., österr.:* vgl. andere; mit jemand, niemand anders reden; jemand, niemand anders fragen; irgendwie anders; wie anders soll ich es machen?; irgendwo anders; wo anders soll er gewesen sein?: wo sonst?; *aber:* das war woanders; wenn anders nicht mögl.; wer anders soll es sein?; anders denkend; der anders Denkende, Andersdenkende; ein anders geartetes Problem, anders geartet; anders gesinnte Leute

an|ders|ar|tig

An|ders|ar|tig|keit *f. 10 nur Sg.*

An|dersch, *Alfred* dt. Schriftsteller

anders denkend: Im Gegensatz zur bisherigen Schreibung wird getrennt geschrieben: *ein anders denkender Mensch.* Ebenso: *anders geartet, anders gesinnt.* Substantivierung: *der anders Denkende/Andersdenkende.* § 34 E3 (2), § 36 E1 (1)

an|ders den|kend (*alt:* an|ders-den|kend)

an|der|seits, an|de|rer|seits

an|ders|far|big; in einer anderen Farbe; ein a. Kleid

An|ders|far|bi|ge(r) *m. 18 (17) bzw. f. 17 oder 18*

an|ders ge|ar|tet (*alt:* an|ders|ge-ar|tet)

an|ders ge|sinnt (*alt:* an|ders|ge-sinnt)

an|ders|gläu|big

An|ders|gläu|big|keit *f. 10 nur Sg.*

an|ders|her|um *auch:* **an|ders|he-rum,** *ugs.:* **an|ders|rum**

an|ders|spra|chig

An|ders|spra|chig|keit *f. 10 nur Sg.*

an|ders|wie

an|ders|wo

an|ders|wo|her

an|ders|wo|hin

an|dert|halb einundeinhalb; a. Pfund, a. Stunden

an|dert|halb|fach

An|dert|halb|fa|che *n. 18*

an|dert|halb|jäh|rig [auch: an-]

an|dert|halb|mal [auch: -mal]

Än|de|rung *f. 10*

Än|de|rungs|vor|schlag *m. 2*

an|der|wär|tig

an|der|wärts

an|der|weit

an|der|wei|tig

An|de|sin [nach den Anden] *m. 1 nur Sg.* ein Mineral

An|de|sit *m. 1 nur Sg.* ein Ergussgestein

an|deu|ten *tr. 2*

An|deu|tung *f. 10*

an|deu|tungs|wei|se

an|die|nen *tr. 1, Kaufmannsspr.:* anbieten (Waren)

An|die|nung *f. 10 nur Sg., bei Seeversicherungen:* Schadenersatzbeanspruchung

an|do|cken *tr. 1* ein Raumfahrzeug an ein anderes koppeln

An|dorn *m. 1* eine Heilpflanze

An|dor|ra Zwergstaat in den Pyrenäen

An|dor|ra|ner *m. 5*

an|dor|ra|nisch

An|drang *m. 2 nur Sg.*

an|drän|gen *intr. 1*

and|re(r, -s), an|de|re(r, -s)

An|drea *auch:* **And|rea** weibl. Vorname

An|dre|as *auch:* **And|re|as** männl. Vorname

an|dre|hen *tr. 1;* jmdm. etwas a. *ugs.:* jmdn. veranlassen, etwas (Wertloses) anzunehmen oder zu kaufen

and|rer|seits, an|de|rer|seits

♦ Die Buchstabenfolge **an|dr...** kann in Fremdwörtern auch **and|r...** getrennt werden.

♦ **An|dro|ga|met** [griech.] *m. 10* männl. Keimzelle

♦ **an|dro|gyn** [griech.] zwitterig, zweigeschlechtlich

♦ **An|dro|gy|nie** *f. 11* Ausbildung männlicher Geschlechtsmerkmale bei Frauen; *Ggs.:* Gynandrie (1)

an|dro|hen *tr. 1*

An|dro|hung *f. 10*

♦ **An|dro|lo|gie** [griech.] *f. 11 nur Sg.* Lehre von den Männerkrankheiten; *Ggs.:* Gynäkologie

♦ **an|dro|lo|gisch**

♦ **An|dro|ma|che** [-xe:] *griech. Myth.:* Gemahlin des Hektor

♦ **An|dro|me|da** **1.** *griech. Myth.:* Gemahlin des Perseus; **2.** *f. Gen.* - ein Sternbild

An|druck *m. 1* Probedruck

an|dru|cken *tr. 1*

an|drü|cken *tr. 1*

Ä|ne|as, *griech.* Ai|nai|as griech.-röm. Sagenheld

an|e|cken *intr. 1*

an|eig|nen *tr. 2*

An|eig|nung *f. 10*

aneinander: Fügungen aus dem mehrgliedrigen Adverb *aneinander* und einem Verb/Partizip werden im Infinitiv, Partizip und am Ende eines Nebensatzes getrennt geschrieben: *aneinander geraten* (alt: *aneinandergeraten*), *aneinander fügen* (alt: *aneinanderfügen*). § 34 E3 (2)

an|ein|an|der *auch:* **an|ei|nan|der;** aneinander fügen; aneinander kleben; aneinander reihen; aneinander rücken; aneinander stellen

an|ein|an|der fü|gen *auch:* **an|ei-nan|der fü|gen** (*alt:* an|ein|an-der|fü|gen) *tr. u. refl. 1*
an|ein|an|der kle|ben *auch:* **an|ei-nan|der kle|ben** (*alt:* an|ein|an-der|kle|ben) *tr. u. intr. 1*
an|ein|an|der rei|hen *auch:* **an|ei-nan|der rei|hen** (*alt:* an|ein|an-der|rei|hen) *tr. 1*
an|ein|an|der rü|cken *auch:* **an|ei-nan|der rü|cken** (*alt:* an|ein|an-der|rü|cken) *tr. u. intr. 1*
an|ein|an|der stel|len *auch:* **an|ei-nan|der stel|len** (*alt:* an|ein|an-der|stel|len) *tr. 1*
Ä|ne|is, Ä|ne|i|de *f. Gen. - nur Sg.* Titel eines Epos von Vergil
An|ek|do|te *auch:* **A|nek|do|te** [griech.] *f. 11* kurze, witzige, nicht unbedingt verbürgte, aber charakterisierende Geschichte über eine histor. Persönlichkeit
an|ek|do|tisch
an|e|keln *tr. 1*
a|ne|mo|gam [griech.] *Bot.:* durch Wind bestäubt
A|ne|mo|ga|mie *f. 11*
A|ne|mo|graph *auch:* **A|ne|mo|graf** [griech.] *m. 10* selbstschreibender Windmesser, Windschreiber
A|ne|mo|me|ter *n. 5* Windmessgerät
A|ne|mo|ne [griech.] *f. 11* Windröschen, Buschwindröschen
an|emp|feh|len *tr. 27* empfehlen; jmdm. etwas a.
an|emp|fin|den *tr. 36, nur in Wendungen wie* das ist nur anempfunden: nicht selbst empfunden oder erlebt
An|e|ner|gie *f. 11* s. **An|er|gie**
an|e|ner|gisch s. **an|er|gisch**
An|er|be *m. 11* Erbe des (ungeteilten) Hofes
An|er|ben|recht *n. 1* Erbrecht, nach dem der Grundbesitz nicht geteilt werden darf
an|er|bie|ten *refl. 13* erbieten; ich erbiete mich an
An|er|bie|ten *n. 7*
An|er|gie *auch:* **A|ner|gie** [griech.], An|e|ner|gie *f. 11* **1.** Energielosigkeit; **2.** Reizunempfindlichkeit; **3.** nicht umwandelbare Energie
an|er|gisch, an|e|ner|gisch
an|er|kann|ter|ma|ßen
an|er|ken|nen *tr. 67;* wir erkennen seine Forderung an, wir anerkennen seine Forderung
an|er|ken|nens|wert
An|er|kennt|nis *f. 1, rechtssprachl.*
An|er|ken|nung *f. 10*
An|e|ro|id *auch:* **A|ne|ro|id** [griech.] *n. 1,* **An|e|ro|id|ba|ro|me|ter** *n. 5* Luftdruckmesser mit einer luftleeren Metalldose
An|e|ro|sie [griech.] *f. 11* Fehlen des Geschlechtstriebes
an|er|zie|hen *tr. 187*
An|er|zie|hung *f. 10 nur Sg.*
A|net|te, An|net|te weibl. Vorname
A|neu|rie [griech.] *f. 11* Nervenschwäche
A|neu|rin [griech.] *n. 1 nur Sg.* Vitamin B_1
An|eu|rys|ma *auch:* **A|neu|rys|ma** [griech.] *n. Gen.* -s *Pl.* -men *oder* -ma|ta sackartige Erweiterung einer Schlagader
an|fa|chen *tr. 1*
an|fah|ren *tr. u. intr. 23*
An|fahrt *f. 10*
An|fall *m. 2* **1.** *Med.;* **2.** *nur Sg.* Ertrag, Vorkommen
an|fal|len **1.** *tr. 33* überfallen; **2.** *intr. 33* entstehen; anfallende Arbeit, Gebühren
an|fäl|lig
An|fäl|lig|keit *f. 10 nur Sg.*
an|fall(s)|wei|se in einzelnen Anfällen (auftretend)
An|fang *m. 2;* am Anfang; von Anfang an; zu Anfang
an|fan|gen *intr. u. tr. 34*
An|fän|ger *m. 5*
an|fäng|lich
an|fangs
An|fangs|buch|sta|be *m. 15*
An|fangs|ge|halt *n. 4*
An|fangs|sta|di|um *n. Gen.* -s *Pl.* -di|en
an|fecht|bar
An|fecht|bar|keit *f. 10 nur Sg.*
an|fech|ten *tr. 35*
An|fech|tung *f. 10*
an|fein|den *tr. 2*
An|fein|dung *f. 10*
an|fer|ti|gen *tr. 1*
An|fer|ti|gung *f. 10*
an|feuch|ten *tr. 2*
an|feu|ern *tr. 1;* ich feuere, feure ihn an
An|feu|e|rung *f. 10*
an|flie|gen *tr. 38*
An|flug *m. 2*
an|for|dern *tr. 1*
An|for|de|rung *f. 10*
An|fra|ge *f. 11;* große A., kleine A. (im Parlament)
an|fra|gen *intr. 1;* bei jmdm. anfragen; *schweiz.:* jmdn. anfragen
an|freun|den *refl. 2*
an|fü|gen *tr. 1*
An|fü|gung *f. 10*
An|fuhr *f. 10*
an|füh|ren *tr. 1*
An|füh|rer *m. 5*
An|füh|rung *f. 10*
An|füh|rungs|stri|che *Pl.*
An|füh|rungs|zei|chen *n. 7*
an|fun|ken *tr. 1*
An|ga|be *f. 11, ugs.:* Protzerei
an|gän|gig erlaubt, zulässig
an|ge|ben *tr. 45, ugs. auch: intr.*
An|ge|ber *m. 5*
an|ge|be|risch
An|ge|bin|de *n. 5* Geschenk
an|geb|lich
an|ge|bo|ren
An|ge|bot *n. 1*
an|ge|bracht passend, angemessen
an|ge|dei|hen *tr. 46, nur in der Wendung* jmdm. etwas a. lassen: zuteil werden, zugute kommen lassen (z. B. gute Pflege, Erziehung)
An|ge|den|ken *n. 7 nur Sg., poet. für* Andenken (1)
an|ge|gan|gen *mitteldt.:* in Fäulnis übergegangen; angegangenes Fleisch
an|ge|graut leicht ergraut (Haar)
an|ge|grif|fen erschöpft, matt
an|ge|hei|ra|tet durch Heirat verwandt
an|ge|hei|tert leicht betrunken
an|ge|hen **1.** *intr. 47;* das geht nicht an: das ist nicht zulässig, nicht passend; gegen etwas a.; **2.** *tr. 47;* das geht mich nichts an; jmdn. um etwas a.: jmdn. um etwas bitten
an|ge|hö|ren *intr. 1;* einer Partei (als Mitglied) a.
an|ge|hö|rig
An|ge|hö|ri|ge(r) *m. 18 (17) bzw. f. 17 oder 18*
an|ge|jahrt bejahrt
An|ge|klag|te(r) *m. 18 (17) bzw. f. 17 oder 18*
an|ge|knackst *ugs.:* leicht beschädigt; meine Gesundheit ist a.: lässt zu wünschen übrig
an|ge|krän|kelt nicht mehr ganz gesund
An|gel *f. 11*
An|ge|la weibl. Vorname
An|geld *n. 3* = Handgeld
an|ge|le|gen *meist in der Wendung* sich etwas a. sein lassen: sich um etwas kümmern
An|ge|le|gen|heit *f. 10*
an|ge|le|gent|lich nachdrücklich; sich a. erkundigen
An|ge|li|ka **1.** weibl. Vorname; **2.** *f. 9* Engelwurz, eine Heilpflanze

A

an|geln *tr. 1;* ich angele, angle
An|geln *Pl.* german. Volksstamm
an|ge|lo|ben *tr. 1, gehoben:* geloben
An|ge|lo|bung *f. 10*
An|gel|punkt *m. 1, übertr.:* Kern-, Hauptpunkt
An|gel|sach|sen [-ks-] *Pl. Sammelbez. für* Angeln, Sachsen und Jüten
an|gel|säch|sisch [-ks-]
An|gel|säch|sisch [-ks-] *n. Gen.* -(s) *nur Sg.* die altengl. Sprache
An|ge|lus *m. Gen. - nur Sg., eigentl.* A. Domini: Engel des Herrn (Verkündigungsengel)
An|ge|lus|läu|ten *n. Gen.* -s *nur Sg.*
an|ge|mes|sen
An|ge|mes|sen|heit *f. 10 nur Sg.*
an|ge|nehm
etwas Angenehmes
an|ge|nom|men; a., dass …
An|ger *m. 5* freier Grasplatz im oder am Dorf, Gemeindeweide
An|ger|dorf *n. 4* um einen Anger angelegtes Dorf
an|ge|regt
an|ge|säu|selt *ugs.:* angetrunken
an|ge|schla|gen *ugs.:* erschöpft
an|ge|schrie|ben; bei jmdm. gut a. sein: in Gunst stehen
An|ge|schul|dig|te(r) *m. 18 (17) bzw. f. 17 oder 18*
an|ge|se|hen geachtet, geschätzt; sehr a. sein
An|ge|sicht *n. 3 oder n. 1, poet. für* Gesicht
an|ge|sichts *Präp. mit Gen.;* a. dieser Tatsache, a. dessen
an|ge|spannt
an|ge|stammt ererbt
An|ge|stell|te(r) *m. 18 (17) bzw. f. 17 oder 18*
An|ge|stell|ten|ver|si|che|rung *f. 10*
an|ge|strengt
an|ge|tan
an|ge|trun|ken leicht betrunken
An|ge|wen|de *n. 5* Feldstreifen am Rand des Ackers zum Wenden oder Abstellen von Ackergeräten
an|ge|wie|sen; auf etwas oder jmdn. a. sein: von etwas oder jmdm. abhängig sein
an|ge|wöh|nen *tr. 1*
An|ge|wohn|heit *f. 10*
an|ge|wur|zelt
an|gie|ßen *tr. 54;* der Anzug sitzt wie angegossen: passt genau
An|gi|na [griech.] *f. Gen. - Pl.* -nen fieberhafte Mandel-Rachen-Entzündung
An|gi|na Pec|to|ris (*alt:* An|gina pec|to|ris) *f. Gen. - - nur Sg.* Erkrankung oder Verengung der Herzkranzgefäße
an|gi|nös auf Angina beruhend
An|gi|o|gramm [griech.] *n. 1* Röntgenbild der Blutgefäße
An|gi|o|lo|ge *m. 11*
An|gi|o|lo|gie *f. 11 nur Sg.* Lehre von den Blutgefäßen
an|gi|o|lo|gisch
An|gi|om [griech.] *n. 1* Gefäßgeschwulst
An|gi|o|pa|thie *f. 11* Erkrankung eines Blutgefäßes
An|gi|o|sper|me *f. 11* = Bedecktsamer; *Ggs.:* Gymnosperme

♦ Die Buchstabenfolge **an|gl…** kann in Fremdwörtern auch **ang|l…** getrennt werden.

♦ **An|glai|se** [ãglɛːz(ə), frz.] *f. 11* »engl. Tanz«, alter Gesellschaftstanz
an|glei|chen *tr. 55*
Ang|ler *m. 5*
an|glie|dern *tr. 1;* ich gliedere es an
An|glie|de|rung *f. 10*
♦ **an|gli|ka|nisch** anglikanische Kirche: die engl. Staatskirche
♦ **An|gli|ka|nis|mus** *m. Gen. - nur Sg.* Lehre, Ordnung und Kultus der anglikanischen Kirche
♦ **an|gli|sie|ren** *tr. 3* dem engl. Wesen, Stil usw. angleichen
♦ **An|gli|sie|rung** *f. 10 nur Sg.*
♦ **An|glist** *m. 10*
♦ **An|glis|tik** *f. 10 nur Sg.* Wissenschaft von der engl. Sprache und Literatur
♦ **an|glis|tisch**
♦ **An|gli|zis|mus** *m. Gen. - Pl.* -men in eine andere Sprache übernommene engl. Spracheigentümlichkeit
♦ **An|glo|a|me|ri|ka|ner** *m. 5* **1.** Amerikaner engl. Abstammung; **2.** *Pl., Sammelbez. für* Engländer und Amerikaner
♦ **an|glo|a|me|ri|ka|nisch**
♦ **an|glo|fon** s. **an|glo|phon**
♦ **An|glo|ma|ne** *m. 11* jmd., der übertrieben für alles Englische schwärmt
♦ **An|glo|ma|nie** *f. 11 nur Sg.*
♦ **An|glo|nor|man|nisch** *n. Gen.* -(s) *nur Sg.* urspr. altfrz., durch die normann. Eroberung nach England verpflanzter Dialekt
♦ **an|glo|phil** [lat. + griech.] englandfreundlich
♦ **An|glo|phi|lie** *f. 11 nur Sg.* Vorliebe für alles Englische
♦ **an|glo|phon** *auch:* **an|glo|fon** englischsprachig, als Muttersprache Englisch sprechend
♦ **an|glo|phob** allem Englischen abgeneigt
♦ **An|glo|pho|bie** *f. 11 nur Sg.* Abneigung gegen alles Englische
An|go|la Staat im südwestlichen Afrika
An|go|la|ner *m. 5*
an|go|la|nisch
An|go|ra|ka|nin|chen [nach Angora, dem heutigen Ankara] *n. 7*
An|go|ra|wol|le *f. 11*
An|gos|tu|ra *m. 9* aus der Rinde des Angosturabaumes gewonnener Likör
an|greif|bar
an|grei|fen *tr. 59*
An|grei|fer *m. 5*
an|gren|zen *intr. 1*
An|griff *m. 1*
an|grif|fig *schweiz.:* angriffslustig
An|griffs|krieg *m. 1*
an|griffs|lus|tig

Angst: Im Unterschied zur bisher unsicheren Schreibweise werden Fügungen mit *Angst* großgeschrieben: *Das macht ihr Angst und Bange. Sie hatte dabei große Angst.* § 55 (4)
Aber: *Ihr war angst und bange* (Adjektiv). § 35

Angst *f. 2;* Angst haben; *aber:* mir ist, wird angst; in Angst, in tausend Ängsten schweben; jmdm. Angst machen; mir ist angst und bange; angstauslösend *oder:* Angst auslösend
angst|aus|lö|send = **Angst aus|lö|send**; *aber nur:* eine ziemlich angstauslösende Vorstellung; angstauslösender ist nur noch seine Unberechenbarkeit *(bei Steigerung und mit Attribut)*
ängs|ten *refl. 2, poet.*
angst|er|füllt
Angst|ha|se *m. 11*
ängs|ti|gen *tr. und refl. 1;* er ängstigte sich zu Tode
ängst|lich
Angst|psy|cho|se *f. 11*
Ång|ström *auch:* **Ångs|tröm, Ångst|röm** [ɔŋ-, auch: aŋ-, nach dem schwed. Physiker Anders Jonas Å.] *n. Gen.* -s *Pl.* -, **Ång|ström|ein|heit** *f. 10* (*Abk.:* Å) nicht mehr zulässige Maßeinheit für die Wellenlänge von Licht- und Röntgenstrahlen

Angst|schweiß *m. 1 nur Sg.*
angst|voll
an|gu|lar [lat.] zu einem Winkel gehörig, Winkel…, eckig
an|gur|ten *refl. 2* einen Sicherheitsgurt anlegen
An|guss (*alt:* An|guß) *m. 2*
Anh. *Abk. für* Anhang
an|ha|ben *tr. 60, ugs.:* er hat nichts an; weil er nichts anhat; er kann mir nichts a.: er kann mir nichts tun, nicht schaden
an|hä|gern *tr. 1* ablagern (Sand u. Ä.)
An|hä|ge|rung *f. 10*
An|halt *m. 1* Anhaltspunkt
an|hal|ten *tr. u. intr. 61*
An|hal|ter *m. 5, ugs.:* jmd., der ein Auto anhält, um mitgenommen zu werden; per A. fahren
An|halts|punkt *m. 1*
an|hand *Präp. mit Gen.;* anhand eines Bildes, anhand von Berichten, anhand von Aussagen
An|hang *m. 2* (*Abk.:* Anh.)
an|han|gen *intr. 62, veraltet:* anhängen (2); jmdm., einer Lehre anhangen
an|hän|gen 1. *tr. 1;* **2.** *intr. 62;* jmdm. a.: an jmdm. hängen, ihm zugetan sein
An|hän|ger *m. 5*
an|hän|gig; ein Prozess ist a.: er schwebt; eine Klage a. machen: Klage erheben
an|häng|lich jmdm. zugetan, treu
An|häng|lich|keit *f. 10 nur Sg.*
An|häng|sel *n. 5*
an|hangs|wei|se
An|hauch *m. 1*
an|hau|chen *tr. 1*
an|hau|en *tr. 63, vulg.* **1.** formlos anreden; **2.** anbetteln, belästigen
an|häu|fen *tr. 1*
An|häu|fung *f. 10*
an|he|ben 1. *tr. 64;* **2.** *intr. poet.:* anfangen; er hob, hub an zu sprechen; er hatte kaum angehoben zu sprechen, als …
an|heim; das Grundstück fiel dem Staat a.; der Vergessenheit anheim fallen; anheim geben; anheim stellen; ich werde es dir anheim stellen: dir überlassen
an|hei|meln *tr. 1;* eine anheimelnde Atmosphäre
an|heim fallen (*alt:* an|heim|fal|len) *intr. 33*
an|heim ge|ben (*alt:* an|heim|ge|ben) *tr. 45*
an|heim stel|len (*alt:* an|heim|stel|len) *tr. 1*
an|hei|schig *nur in der Wendung* sich a. machen (etwas zu tun): sich erbieten, sich zutrauen
an|hei|zen *tr. 1* **1.** den Ofen a.; **2.** *übertr. ugs.:* Emotionen a.
an|herr|schen *tr. 1*
an|heu|ern *tr. 1* für den Schiffsdienst einstellen, *auch allg.:* in Dienst nehmen; ich heuere, heure ihn an
An|hi|dro|se *auch:* **An|hid|ro|se** [griech.] *f. 11* Fehlen oder Verminderung der Schweißabsonderung
An|hieb *m. 1, nur in der Wendung* auf A.: gleich beim ersten Mal
an|him|meln *tr. 1, ugs.*
an|hin; bis anhin *schweiz.:* bis jetzt
An|hö|he *f. 11*
an|hö|ren *tr. u. refl. 1*
An|hö|rung *f. 10*
An|hy|drid *auch:* **An|hyd|rid** [griech.] *n. 1* Sauerstoffverbindung, die mit Wasser eine Säure oder Base bildet
An|hy|drit *m. 1* wasserfreier Gips
A|ni|lin [arab.] *n. 1 nur Sg.* ein Öl, Ausgangsstoff für Farb- und Kunststoffe sowie Arzneimittel
a|ni|ma|lisch [lat.] tierisch, den Tieren eigen
A|ni|ma|lis|mus *m. Gen. - nur Sg.* religiöse Verehrung von Tieren
a|ni|ma|lis|tisch
A|ni|ma|li|tät *f. 10 nur Sg.* Tiersein, tierische Wesensart
A|ni|ma|teur [-tør, frz.] *m. 1* = Animator
a|ni|ma|to [ital.] *Mus.:* belebt, beseelt
A|ni|ma|tor [engl.] *m. 13* **1.** Zeichner der Bewegungsabläufe im Zeichentrickfilm; **2.** Angestellter in der Touristik, der die Ferienreisenden dazu anregt, ihre Freizeit aktiv zu gestalten
a|ni|mie|ren [frz.] *tr. 3* anregen, in Stimmung bringen
A|ni|mier|mäd|chen *n. 7, in Tanzlokalen:* Mädchen, das die Gäste zum Trinken anregt
A|ni|mis|mus [lat.] *m. Gen. - nur Sg.* Glaube an die Beseeltheit der Natur
a|ni|mis|tisch
A|ni|mo [ital.] *n. 9 nur Sg., österr.:* Lust, Schwung
A|ni|mo|si|tät *f. 10 nur Sg.* Abneigung, Widerwille
A|ni|mus *m. Gen. - Pl.* -mi Geist, Seele, Neigung, Gefühl; *ugs. scherzh.:* Ahnung
An|i|on *auch:* **A|ni|on** [griech.] *n. Gen.* -s *Pl.* -i|o|nen negatives Ion, bei der Elektrolyse zur Anode wanderndes Ion; *Ggs.:* Kation
A|nis [auch anis, griech.] *m. 1* eine Gewürz- und Heilpflanze
A|ni|sett *m. 1* mit Anis gewürzter Likör
An|i|so|ga|mie [griech.] *f. 11* Fortpflanzung niederer Pflanzen mit ungleichen männl. und weibl. Keimzellen
an|i|so|trop [griech.] **1.** bei gleichen Bedingungen verschiedene Wachstumsrichtung aufweisend (von Pflanzenteilen); **2.** nach verschiedenen Richtungen verschiedene physikal. Eigenschaften aufweisend (von Kristallen); *Ggs.:* isotrop
An|i|so|tro|pie *f. 11 nur Sg.* anisotrope Beschaffenheit; *Ggs.:* Isotropie
A|ni|ta weibl. Vorname
An|ja weibl. Vorname, *russ. Form von* Anna
An|jou [ãʒu] **1.** histor. Landschaft in Nordwestfrankreich; **2.** *m. 9 oder Gen. - Pl. -* Angehöriger eines frz. Herrschergeschlechts
An|ka|ra Hauptstadt der Türkei
An|kauf *m. 2*
an|kau|fen *tr. 1*
An|käu|fer *m. 5*
An|ke weibl. Vorname, *norddt. Koseform von* Anna
An|ken *m. 7 nur Sg., alem.:* Butter
An|ker *m. 5* **1.** altes Flüssigkeitsmaß, 35-45 l; **2.** Doppelhaken zum Festmachen von Schiffen; vor Anker gehen, liegen; **3.** Teil einer elektr. Maschine, in dessen Wicklung die Spannung erzeugt wird
an|kern *intr. 1*
An|ker|spill *n. 1* Ankerwinde
An|kla|ge *f. 11*
An|kla|ge|bank *f. 2*
an|kla|gen *tr. 1*
An|klä|ger *m. 5*
an|klä|ge|risch
An|klang *m. 2;* A. finden
an|kli|cken *tr. 1*
an|klin|geln *tr. 1, ugs.:* (telefonisch) anrufen; ich klingele, klingle dich an
an|klop|fen *intr. 1*
an|knüp|fen *tr. 1*
An|knüp|fung *f. 10 nur Sg.*
An|knüp|fungs|punkt *m. 1*
an|koh|len *tr. 1, ugs.:* anschwindeln
an|kom|men 1. *intr. 71;* es kommt

A

(mir) nicht darauf an, ob ...; **2.** *tr. 71;* das Verlangen kam mich an, es kam mich das Verlangen an, zu ...
An|kömm|ling *m. 1*
an|kop|peln *tr. 1;* ich koppele, kopple es an
an|kö|ren *tr. 1* zur Zucht auswählen (Zuchttier)
An|kö|rung *f. 10*
an|krei|den *tr. 2;* jmdm. etwas a.: übel nehmen, nachtragen
an|kün|den *tr. 2*
an|kün|di|gen *tr. 1*
An|kün|di|gung *f. 10*
An|kunft *f. 2 nur Sg.*
an|kup|peln *tr. 1;* ich kuppele, kupple es an
an|kur|beln *tr. 1;* ich kurbele, kurble es an
An|kur|be|lung *f. 10 nur Sg.*
An|ky|lo|se [griech.] *f. 11* Gelenkversteifung
an|la|chen *tr. 1, ugs.;* sich jmdn. a.: eine Liebesbeziehung zu jmdm. anknüpfen
An|la|ge *f. 11*
An|la|ge|ka|pi|tal *n. Gen.* -s *Pl.* -li|en
An|la|ge|pa|pier *n. 1*
an|la|gern *tr. 1*
An|la|ge|rung *f. 10*
an|lan|den **1.** *tr. 2* an Land bringen (Schiffsladung); **2.** *intr. 2* sich verbreitern, neues Land bilden (Ufer)
An|lan|dung *f. 10*
an|lan|gen **1.** *tr. 1* betreffen, anbelangen; was mich anlangt; *süddt.:* anfassen; **2.** *intr. 1* ankommen, eintreffen
An|lass (*alt:* An|laß) *m. 2*
an|las|sen *tr. 75* **1.** anschalten (Motor); **2.** *ugs.:* angeschaltet, angezogen lassen; das Licht, den Mantel a.; **3.** anfahren, zurechtweisen; jmdn. barsch a.; **4.** *refl.;* die Sache lässt sich gut an: beginnt gut
An|las|ser *m. 5*
an|läss|lich (*alt:* an|läß|lich) *mit Gen.;* a. meines Geburtstages
an|las|ten *tr. 2;* jmdm. etwas a.: jmdm. etwas zur Last legen, jmdn. für etwas verantwortlich machen
An|lauf *m. 2*
an|lau|fen **1.** *intr. 76;* **2.** *tr. 76;* einen Hafen anlaufen (Schiff)
An|lauf|zeit *f. 10*
An|laut *m. 1* erster Laut eines Wortes oder einer Silbe
an|lau|ten *intr. 2* beginnen (Wort, Silbe)
an|läu|ten *tr. 2* (telefonisch) anrufen
an|le|gen **1.** *tr. 1;* **2.** *refl. 1, ugs.;* sich mit jmdm. a.: Streit anfangen
An|le|ge|platz *m. 2*
An|le|ger *m. 5* **1.** jmd., der sein Geld anlegt; **2.** Papiereinführer an der Druckpresse
an|le|ger|o|ri|en|tiert
An|le|ge|steg *m. 1*
An|le|ge|stel|le *f. 11*
an|leh|nen *tr. 1*
An|leh|nung *f. 10 nur Sg.*
An|leh|nungs|be|dürf|nis *n. 1 nur Sg.*
an|leh|nungs|be|dürf|tig
An|lei|he *f. 11*
an|lei|nen *tr. 1* an die Leine nehmen (Hund)
an|lei|ten *tr. 2*
An|lei|tung *f. 10*
An|lern|be|ruf *m. 1* Beruf mit Anlernzeit und Abschluss-, aber ohne Gesellenprüfung
an|ler|nen *tr. 1*
An|lern|ling *m. 1* jmd., der angelernt wird
An|lern|zeit *f. 10*
an|le|sen *tr. 79* **1.** zu lesen beginnen und wieder aufhören; ich habe das Buch nur angelesen; **2.** durch Lesen, aber nicht durch eigenes Erleben oder Nachdenken lernen; das hat er sich nur angelesen
an|lie|fern *tr. 1;* ich liefere, liefre es an
An|lie|fe|rung *f. 10*
an|lie|gen *intr. 80*
An|lie|gen *n. 7* Wunsch, Bitte
an|lie|gend
An|lie|ger *m. 5* jmd., der an einer öffentl. Straße, einem See o. Ä. ein Grundstück hat
an|lu|ven *intr. 1* den Bug des Schiffes in Windrichtung drehen
Anm. *Abk. für* Anmerkung
an|ma|chen *tr. 1, ugs.* **1.** ansprechen, belästigen; mach mich nicht an!; **2.** gefallen; das macht mich an
an|ma|len *tr. 1, ugs.:* sich schminken
an|ma|ßen *refl. 1;* du maßt dir das an
an|ma|ßend
An|ma|ßung *f. 10 nur Sg.*
an|mel|den *tr. 2*
An|mel|de|pflicht *f. 10 nur Sg.*
An|mel|dung *f. 10*
an|mer|ken *tr. 1*
An|mer|kung *f. 10* (*Abk.:* Anm.)
an|mus|tern **1.** *tr. 1, Seew.:* in Dienst nehmen; **2.** *intr. 1, Seew.:* in Dienst treten; ich mustere, mustre an; *Ggs.:* abmustern
An|mus|te|rung *f. 10*
An|mut *f. 10 nur Sg.*
an|mu|ten *tr. 2;* die Gegend mutet mich heimatlich an: kommt mir heimatlich vor
an|mu|tig
An|mu|tung *f. 10, Psych.:* Erlebnis eines (oft gefühlsbetonten) Eindrucks
An|na, An|ne weibl. Vorname
an|na|deln *tr. 1, österr.:* mit Nadeln anstecken; ich nadele, nadle es an
an|na|geln *tr. 1;* ich nagele, nagle es an
an|nä|hern *tr. 1*
an|nä|hernd
An|nä|he|rung *f. 10*
An|nä|he|rungs|ver|such *m. 1*
An|nah|me *f. 11*
An|na|len [lat.] *Pl.* geschichtl. Jahrbücher
An|na|list *m. 10* Verfasser von Annalen
An|na|ten [lat.] *nur Pl.* Abgaben an den päpstl. Stuhl für die Verleihung kirchlicher Pfründen
an|nehm|bar
an|neh|men *tr. 88;* angenommen, dass ...
an|nehm|lich
An|nehm|lich|keit *f. 10*
an|nek|tie|ren [lat.] *tr. 3* sich (mit Gewalt) aneignen (Staat oder Staatsgebiet)
An|nek|tie|rung *f. 10* = Annexion
An|ne|li|den [lat.] *Pl.* Ringelwürmer
An|ne|lie|se weibl. Vorname
An|ne|ma|rie weibl. Vorname
An|nette, A|net|te weibl. Vorname
An|nex [lat.] *m. 1* Anhang, Anhängsel, Anbau
An|nex|bau *m. Gen.* -(e)s *Pl.* -bauten
An|ne|xi|on *f. 10* (gewaltsame) Aneignung (fremden Gebietes); Annektierung
An|ne|xi|o|nis|mus *m. Gen.* - *nur Sg.* Streben nach Annexion
An|ne|xi|o|nist *m. 10*
An|ni|ver|sar [-vɛr-, lat.] *n. 1,* **An|ni|ver|sa|ri|um** *n. Gen.* -s *Pl.* -ri|en, *kath. Kirche:* jährlich abgehaltene Gedächtnisfeier am Jahrestag des Todes

A

an|no, An|no [lat.] (*Abk.:* a.) im Jahre; anno 1848; anno dazumal *ugs.:* vor langer Zeit, einstmals; anno Tobak *ugs. scherzh.:* einstmals
An|no Do|mi|ni (*Abk.:* A.D.) im Jahr des Herrn: nach Christi Geburt, z.B. A.D. 1483
An|non|ce [-nɔ̃sə, frz.] *f. 11* Zeitungsanzeige, Inserat
An|non|cen|ex|pe|di|ti|on [-nɔ̃sən-] *f. 10* Anzeigenvermittlungsbüro
an|non|cie|ren [-nɔ̃si-] *tr. 3* durch eine Annonce bekannt geben, inserieren
An|no|ta|ti|on [lat.] *f. 10* Anmerkung, Vermerk
an|nu|ell [lat.] **1.** *veraltet:* jährlich; **2.** *Bot.:* einjährig (Pflanzen)
An|nu|i|tät *f. 10* jährl. Zahlung zur Verzinsung und Tilgung einer Schuld
an|nul|lie|ren [lat.] *tr. 3* für ungültig, nichtig erklären
An|nul|lie|rung *f. 10*
A|no|de [griech.] *f. 11* positive Elektrode; *Ggs.:* Kathode
an|ö|den *tr. 2, ugs.:* langweilen, lästig fallen
A|no|den|bat|te|rie *f. 11*
A|no|den|strom *m. 2*
a|no|disch
a|no|mal *auch:* **an|o|mal** [griech.] nicht normal, von der Regel abweichend, regelwidrig
A|no|ma|lie *auch:* **An|o|ma|lie** *f. 11* Regelwidrigkeit, falls regelwidrige Bildung
A|no|mie *auch:* **An|o|mie** [griech.] *f. 11* **1.** Gesetz-, Normenlosigkeit; **2.** *Soziol.:* Unfähigkeit, sich in der Gesellschaft zu orientieren
a|no|misch *auch:* **an|o|misch**
an|o|nym *auch:* **a|no|nym** [griech.] ohne Angabe des Namens, ungenannt
An|o|ny|mi|tät *auch:* **A|no|ny|mi|tät** *f. 10 nur Sg.* Namenlosigkeit, Verschweigen des Namens
An|o|ny|mus *auch:* **A|no|ny|mus** *m. Gen. - Pl.* -mi Ungenannter; Künstler mit unbekanntem Namen
An|o|phe|les *auch:* **A|no|phe|les** [griech. »die Schädliche«] *f. Gen. - Pl.* -, **An|o|phe|les|mü|cke** *auch:* **A|no|phe|les|mü|cke** *f. 11* trop. Stechmücke, Überträgerin von Malaria
An|o|pie *auch:* **A|no|pie** [griech.], **An|op|sie** *auch:* **A|nop|sie** *f. 11* Sehstörung durch Augenschaden

A|no|rak [eskimoisch] *m. 9* Windjacke, meist mit Kapuze
an|ord|nen *tr. 2*
An|ord|nung *f. 10*
a|no|rek|tal [lat.] in der Gegend von After und Mastdarm gelegen
An|o|re|xie *auch:* **A|no|re|xie** *f. 11 nur Sg.* Magersucht
an|or|ga|nisch nicht organisch, unbelebt; anorganische Chemie: Lehre von den Elementen und Verbindungen ohne Kohlenstoff-Kohlenstoff-Bindungen
An|or|gas|mie [griech.] *f. 11* Ausbleiben des Orgasmus
a|nor|mal nicht normal
An|or|thit *auch:* **A|nor|thit** [griech.] *m. 1* ein Mineral
An|os|to|se *auch:* **A|nos|to|se** [griech.] *f. 11* Knochenschwund
An|ox|ä|mie *auch:* **A|nox|ä|mie** [griech.] *f. 11* Sauerstoffmangel im Blut, Anoxyhämie
An|o|xy|bi|o|se *auch:* **A|no|xy|bi|o|se** *f. 11 nur Sg.* = Anaerobiose
An|o|xy|hä|mie *auch:* **A|no|xy|hä|mie** [griech.] *f. 11* = Anoxämie
an|pas|sen *tr. 1*
An|pas|sung *f. 10*
an|pas|sungs|fä|hig
An|pas|sungs|fä|hig|keit *f. 10 nur Sg.*
An|pas|sungs|schwie|rig|kei|ten *Pl.*
an|pei|len *tr. 1, See- und Flugwesen:* ansteuern
an|pfei|fen **1.** *intr. 90, Sport:* durch Pfiff das Zeichen zum Spielbeginn geben; **2.** *tr. 90, ugs.:* scharf zurechtweisen
An|pfiff *m. 1, Sport u. ugs.*
an|pflan|zen *tr. 1*
An|pflan|zung *f. 10*
an|pflau|men *tr. 1, ugs.* verspotten
an|pi|cken *tr. 1, österr.:* ankleben
an|pir|schen *refl. 1;* sich a.: sich anschleichen (Jäger)
An|pö|be|lei *f. 10, ugs.*
an|pö|beln *tr. 1, ugs.:* mit etwas belästigen
An|prall *m. 1*
an|pral|len *intr. 1*
an|pran|gern *tr. 1;* ich prangere es an
An|pran|ge|rung *f. 10*
an|prei|en *tr. 1, Seew.:* (ein anderes Schiff) anrufen
an|prei|sen *tr. 92*
An|prei|sung *f. 10*
An|pro|be *f. 11*
an|pro|bie|ren *tr. 3*
an|pum|pen *tr. 1, ugs.;* jmdn. a.: sich von jmdm. Geld leihen

An|putz *m. 1 nur Sg.*
an|put|zen *tr. 1* (festlich) schmücken (z.B. Christbaum)
An|rai|ner *m. 5* Anlieger, Anliegerstaat
an|ran|zen *tr. 1, ugs.:* unwirsch zurechtweisen
An|ran|zer *m. 5, ugs.:* unwirsche Zurechtweisung
an|ra|ten *tr. 94* raten, empfehlen; auf Anraten des Arztes
an|raun|zen *tr. 1, süddt. für* anranzen
an|rech|nen *tr. 2*
An|rech|nung *f. 10;* etwas in A. bringen, *besser:* etwas anrechnen
An|recht *n. 1* **1.** Recht; **2.** Abonnement, Platzmiete im Theater
An|recht|ler *m. 5* Theater- oder Konzertabonnent
An|rechts|kar|te *f. 11*
An|re|de *f. 11*
An|re|de|fall *m. 2* Vokativ
an|re|den *tr. 2*
an|re|gen *tr. 1*
An|re|ger *m. 5*
An|re|gung *f. 10*
an|rei|chern *tr. 1;* ich reichere es an
An|rei|che|rung *f. 10*
an|rei|hen *tr. 1*
An|rei|hung *f. 10*
An|rei|se *f. 11* Anfahrt, Ankunft
an|rei|sen *intr. 1*
an|rei|ßen *tr. 96* **1.** *Tech.:* auf Holz oder Metall vorzeichnen; **2.** *ugs.:* aufdringlich anlocken (Käufer)
An|rei|ßer *m. 5* **1.** jmd., der Werkstücke anreißt; **2.** Marktschreier
an|rei|ße|risch
An|reiz *m. 1*
an|rei|zen *tr. 1*
an|rem|peln *tr. 1;* ich rempele, remple jmdn. an
An|rich|te *f. 11*
an|rich|ten *tr. 2*
An|riss (*alt:* An|riß) *m. 1* Vorzeichnung auf Holz oder Metall
an|rü|chig
An|rü|chig|keit *f. 10*
An|ruf *m. 1*
An|ruf|be|ant|wor|ter *m. 5*
an|ru|fen *tr. 102*
An|ru|fer *m. 5*
An|ru|fung *f. 10*
ans an das; ans Fenster klopfen
An|sa|ge *f. 11*
an|sa|gen *tr. 1*
An|sa|ger *m. 5*
an|sam|meln *tr. 1;* ich sammele, sammle es an
An|samm|lung *f. 10*
an|säs|sig wohnhaft, beheimatet

An|satz *m. 2*
An|satz|punkt *m. 1*
an|sau|fen *tr. 103, ugs.;* sich einen a.: sich betrinken
an|säu|seln *tr. 1, ugs.;* ich säusele, säusle mir einen an: betrinke mich ein wenig; er ist angesäuselt; jmdn. a.: scharf zurechtweisen
an|schaf|fen *tr. 1;* sich etwas a.; jmdm. etwas a. *süddt.:* jmdm. etwas zu tun auftragen; a. gehen *ugs.:* der Prostitution nachgehen
An|schaf|fung *f. 10*
An|schaf|fungs|kos|ten *nur Pl.*
an|schal|ten *tr. 1*
an|schau|en *tr. 1*
an|schau|lich
An|schau|lich|keit *f. 10 nur Sg.*
An|schau|ung *f. 10*
An|schau|ungs|un|ter|richt *m. 1*
An|schein *m. 1 nur Sg.*

> **anscheinend:** *Anscheinend* bedeutet: »es hat den Anschein/ich glaube, dass …«
> Also: *Er ist anscheinend krank und kann deshalb nicht kommen. Scheinbar* hingegen betont die Absicht des Täuschens, der Vorspiegelung falscher Tatsachen: *Er ist nur scheinbar krank* (= in Wirklichkeit fehlt ihm nichts).

an|schei|nend [auch: anschei-] offensichtlich; a. war er da; vgl. scheinbar
an|schei|ßen *tr. 109, vulg.:* grob zurechtweisen
an|schi|cken *refl. 1;* sich a., etwas zu tun: etwas zu tun beginnen
an|schir|ren *tr. 1;* ein Zugtier a.: ihm das Geschirr anlegen
An|schiss (*alt:* An|schiß) *m. 1, vulg.:* grobe Zurechtweisung
An|schlag *m. 2*
an|schla|gen **1.** *tr. 116;* **2.** *intr. 116* warnend bellen; Wirkung zeigen; die Kur hat gut, hat nicht angeschlagen
An|schlä|ger *m. 5*
an|schlä|gig *norddt.:* schlau
An|schlag|säu|le *f. 11*
an|schläm|men *tr. 1* anschwemmen (Sand)
An|schläm|mung *f. 10; auch:* ein Verfahren zur Bodenverbesserung
an|schlie|ßen *tr. 120*
An|schluss (*alt:* An|schluß) *m. 2*
An|schluss|ka|bel (*alt:* An|schluß-ka|bel) *n. 5*
An|schluss|zug (*alt:* An|schluß|zug) *m. 2*
an|schmie|gen *tr. 1*
an|schmieg|sam
An|schmieg|sam|keit *f. 10 nur Sg.*
an|schmie|ren *tr. 1* **1.** *ugs.:* betrügen; **2.** *süddt.:* beschmutzen
an|schnal|len *tr. 1*
An|schnall|pflicht *f. 10 nur Sg.*
an|schnau|zen *tr. 1, ugs.:* grob zurechtweisen
An|schnau|zer *m. 5* grobe Zurechtweisung
an|schnei|den *tr. 125;* ein Thema a.: von einem Thema zu sprechen beginnen
An|schnitt *m. 1*
An|scho|ve [-və, span.-ndrl.] *f. 11,* **An|scho|vis,** An|cho|vis [-ʃovis] *f. Gen. - Pl. -* kleine, gesalzene Sardelle
An|scho|vis|pas|te [-vis-] *f. 11*
an|schrei|ben *tr. 127;* jmdn. a.: an jmdn. schreiben
An|schrei|ben *n. 7* Schreiben, Brief
an|schrei|en *tr. 128*
An|schrift *f. 10* Adresse
an|schu|hen *tr. 1* **1.** mit Schuhen versehen (Stiefelschäfte); **2.** mit Eisen beschlagen (Pfahl)
an|schul|di|gen *tr. 1*
An|schul|di|gung *f. 10*
an|schwär|zen *tr. 1; auch ugs.:* verdächtigen
an|schwei|gen *tr. 130, ugs.;* jmdn. a.: jmdm. schweigend gegenübersitzen
an|schwel|len *intr. 131*
An|schwel|lung *f. 10*
an|schwem|men *tr. 1*
An|schwem|mung *f. 10*
an|schwin|deln *tr. 1*
an|se|hen *tr. 136*
An|se|hen *n. 7 nur Sg.*
an|sehn|lich
An|sehn|lich|keit *f. 10 nur Sg.*
An|se|hung *f. 10 nur Sg., Behördenspr.;* in A. seiner Verdienste: mit Rücksicht auf seine V.; ohne A. der Person
an sein (*alt:* an|sein) *intr. 137, ugs.*
An|selm männl. Vorname
an|set|zen **1.** *tr. 1;* **2.** *intr. 1;* zum Sprung a.; **3.** *refl. 1;* sich a.: sich festsetzen, haften bleiben
Ans|gar männl. Vorname
Ans|gard weibl. Vorname
An|sicht *f. 10*
an|sich|tig *mit Gen.;* jmds. a. werden: jmdn. erblicken
An|sichts|kar|te, An|sichts|post-kar|te *f. 11*
An|sichts|sa|che *f. 11;* das ist A.!
an|sie|deln *tr. 1;* ich siedele, siedle mich, sie an
An|sied|ler *m. 5*
An|sied|lung, An|sie|de|lung *f. 10*
An|sin|nen *n. 7* Forderung, Bitte; ein A. an jmdn. stellen
An|sitz *m. 1, Jägerspr.:* Stelle, wo der Jäger auf das Wild wartet, Anstand
an|sonst, an|son|sten sonst, andernfalls
an|span|nen *tr. 1*
An|span|nung *f. 10 nur Sg.*
an|spei|en *tr. 144* anspucken
An|spiel *n. 1, Sport*
an|spie|len **1.** *tr. 1* probeweise spielen (Musikstück); **2.** *intr. 1;* auf etwas a.: etwas andeuten
An|spie|lung *f. 10*
an|spin|nen *refl. 145;* zwischen den beiden hat sich etwas angesponnen *ugs.:* hat eine Beziehung begonnen
An|sporn *m. 1*
an|spor|nen *tr. 1*
An|spra|che *f. 11*
an|spre|chen **1.** *tr. 146;* jmdn. a.; ein Thema a.: auf ein Thema zu sprechen kommen; **2.** *intr. 146* Klang, Ton geben; die Flöte spricht gut, schlecht an
An|sprech|part|ner *m. 5*
An|spruch *m. 2*
an|spruchs|los
An|spruchs|lo|sig|keit *f. 10 nur Sg.*
an|spruchs|voll
an|spu|cken *tr. 1*
An|stalt *f. 10*
An|stalts|lei|ter *m. 5*
An|stand *m. 2* **1.** *nur Sg.* gutes Benehmen; **2.** Stelle, wo der Jäger auf das Wild wartet, Ansitz; **3.** Einwand; wir nehmen keinen A. daran: wir haben nichts dagegen; mach keine Anstände!: keine Schwierigkeiten; ich will keine Anstände haben: keine Scherereien
an|stän|dig
An|stän|dig|keit *f. 10 nur Sg.*
an|stands|hal|ber
an|stands|los ohne Einwände
an|star|ren *tr. 1*
an|statt *mit Gen.;* anstatt seiner; anstatt des Kindes; anstatt dass er …; anstatt zu kommen; *aber:* an Eides, Kindes statt; an seiner statt
an|ste|cken **1.** *tr. 1;* **2.** *intr. 1;* ansteckende Krankheiten
An|ste|ckung *f. 10 nur Sg.*

An|ste|ckungs|ge|fahr *f. 10*
an|ste|hen *intr. 151* **1.** Schlange stehen; **2.** *veraltet:* geziemen, sich schicken; es steht mir nicht an, zu ...; **3.** *veraltet:* Bedenken haben, sich scheuen (nur verneinend); ich stehe nicht an zu erklären...; **4.** *Bgb:* zu Tage treten (Gestein)
an|stei|gen *intr. 153*
an|stel|le = an Stel|le *Präp. mit Gen.;* anstelle/an Stelle eines Briefes, anstelle/an Stelle von Briefen
an|stel|len *tr. u. refl. 1*
An|stel|le|rei *f. 10 nur Sg., ugs.*
an|stel|lig geschickt und willig
An|stel|lung *f. 10*
An|stich *m. 1* (eines Fasses)
An|stieg *m. 1*
an|stif|ten *tr. 2*
An|stif|ter *m. 5*
An|stif|tung *f. 10*
an|stim|men *tr. 1*
an|stin|ken *intr. 156, vulg.;* gegen etwas oder jmdn. nicht a. können: nicht aufkommen, sich nicht auflehnen können
An|stoß *m. 2* Anstoß erregen
an|sto|ßen *tr. u. intr. 157*
An|stö|ßer *m. 5, schweiz.:* Inhaber des Nachbargrundstücks
an|stö|ßig
An|stö|ßig|keit *f. 10*
an|strän|gen *tr. 1* ein Zugtier anschirren
an|stre|bens|wert
an|strei|chen *tr. 158*
An|strei|cher *m. 5*
an|stren|gen *tr. 1*
An|stren|gung *f. 10*
An|strich *m. 1*
an|stü|cke(l)n *tr. 1;* ich stückele, stückle etwas an
An|sturm *m. 2*
an|stür|men *intr. 1;* gegen etwas anstürmen
an|su|chen *tr. 1, Amtsdeutsch;* jmdn. um etwas a.: ersuchen, bitten
An|su|chen *n. 7* Bitte, Gesuch
Ant|a|go|nis|mus *auch:* **An|ta|go|nis|mus** [griech.] *m. Gen. - Pl.* -men Widerstreit, (unversöhnl.) Gegensatz
Ant|a|go|nist *auch:* **An|ta|go|nist** *m. 10* Gegner, Widersacher
ant|a|go|nis|tisch *auch:* **an|ta|go|nis|tisch** unversöhnlich, gegensätzlich
An|ta|na|na|ri|vo [-vo] Hauptstadt von Madagaskar

Ant|a|res *auch:* **An|ta|res** *m. Gen. -* Hauptstern im Sternbild Skorpion
Ant|ark|ti|ka [griech.] *f. Gen. - nur Sg.* der Kontinent am Südpol
Ant|ark|tis *f. Gen. - nur Sg.* Gebiet um den Südpol; *Ggs.:* Arktis
ant|ark|tisch
an|tas|ten *tr. u. intr. 2* berühren; dieses Recht darf von niemandem angetastet werden
An|tä|us, *griech.:* An|tai|os *griech. Myth.:* Riese, Sohn des Poseidon und der Gäa
an|te Chris|tum (na|tum) [lat.] (*Abk.:* a. Chr. (n.)) vor Christus bzw. vor Christi Geburt; *heute meist:* v. Chr.; *Ggs.:* post Christum (natum)
An|teil *m. 1*
an|tei|lig
An|teil|nah|me *f. 11 nur Sg.*
An|teils|eig|ner *m. 5, Wirtsch.:* Besitzer von Geschäftsanteilen
an|te|le|fo|nie|ren *tr. 3*
an|te me|ri|di|em [lat.] (*Abk.:* a. m.) vormittags; *Ggs.:* post meridiem
an|te mor|tem (*Abk.:* a. m.) *Med.:* vor dem Tode
An|ten [lat.] *Pl.* die verlängerten Längswände des altgriech. Tempels, die mit zwei Säulen eine Vorhalle bilden
An|ten|ne [lat.] *f. 11* **1.** Vorrichtung zum Empfangen oder Senden von elektromagnet. Wellen; **2.** *meist Pl.* Fühler der Gliedertiere
An|te|pen|di|um [ital.] *n. Gen. -s Pl.* -di|en Verkleidung des Altarunterbaus
an|te por|tas [lat. »vor den Toren«] im Kommen, im Anmarsch
An|te|ze|dens [lat.] *n. Gen. - Pl.* -den|zi|en, An|te|ze|denz *f. 10,* Voraussetzung, Ursache, Grund, Prämisse
an|te|ze|dent durch Antezedenz (2) entstanden
An|te|ze|denz *f. 10* **1.** s. **An|te|ze|dens; 2.** Talbildung an einem Fluss bei gleichzeitiger Erhebung eines Gebirges
an|te|ze|die|ren *intr. 3, veraltet:* vorhergehen, vorausgehen
An|te|zes|sor *m. Gen. -s Pl.* -so|ren, *veraltet:* Amtsvorgänger
Ant|he|li|um [griech.] *n. Gen. -s Pl.* -li|en vgl. Gegensonne
An|the|mi|on [griech.] *n. Gen. -s Pl.* -mi|en, *altgriech. Baukunst:* Blumenschmuckfries

An|the|re [griech.] *f. 11, Bot.:* Staubbeutel
An|tho|lo|gie [griech. »Blumenlese«] *f. 11* Sammlung von Gedichten, Sprüchen oder Prosastücken, Florilegium
An|tho|lo|gi|on, An|tho|lo|gi|um *n. Gen. -s Pl.* -gia *oder* -gi|en, *griech.-orthodoxe Kirche:* liturg. Gebetbuch
an|tho|lo|gisch ausgewählt
An|tho|lo|gi|um *n. Gen. -s Pl.* -gia *oder* -gi|en s. **An|tho|lo|gi|on**
An|tho|zo|on [griech.] *n. Gen. -s Pl.* -zo|en Korallentier

♦ Die Buchstabenfolge **an|thr...** kann in Fremdwörtern auch **anth|r...** getrennt werden.

♦ **An|thra|cen, An|thra|zen** [griech.] *n. 1* Bestandteil des Steinkohlenteers, Ausgangsstoff für Farbstoffe
♦ **An|thra|chi|non** [-çi-, aus Anthracen und Chinon] *n. 1 nur Sg.* Abkömmling des Anthracens
♦ **An|thra|ko|se** *f. 11* Kohlenstaubablagerung in der Lunge
♦ **An|thrax** *m. Gen. - nur Sg.* Milzbrand
♦ **An|thra|zen** *n. 1* s. **An|thra|cen**
♦ **An|thra|zit** *m. 1* Steinkohle mit hohem Heizwert
♦ **an|thra|zit|far|ben, an|thra|zit|far|big** schwarzgrau
♦ **an|thro|po|gen** [griech.] vom Menschen geschaffen oder beeinflusst
♦ **An|thro|po|ge|ne|se, An|thro|po|ge|nie** *f. 11* Lehre von der stammesgeschichtl. Entwicklung des Menschen
♦ **An|thro|po|gra|phie** *auch:* **An|thro|po|gra|fie** *f. 11* Beschreibung der menschlichen Rassenmerkmale
♦ **an|thro|po|id** menschenähnlich
♦ **An|thro|po|id** *m. 10* Menschenaffe
♦ **An|thro|po|lo|ge** *m. 11*
♦ **An|thro|po|lo|gie** *f. 11 nur Sg.* Wissenschaft vom Menschen
♦ **an|thro|po|lo|gisch**
♦ **An|thro|po|me|trie** *auch:* **An|thro|po|met|rie** *f. 11* Lehre von den Maßverhältnissen des menschl. Körpers
♦ **an|thro|po|me|trisch** *auch:* **an|thro|po|met|risch**
♦ **an|thro|po|morph** menschenähnlich gestaltet; vermenschlicht

A

♦ **An|thro|po|mor|phis|mus** *m. Gen. - nur Sg.* Vermenschlichung
♦ **An|thro|po|pha|ge** *m. 11*
♦ **An|thro|po|pha|gie** *f. 11 nur Sg.* = Kannibalismus
♦ **an|thro|po|phob**
♦ **An|thro|po|pho|bie** *f. 11 nur Sg.* Menschenscheu
♦ **An|thro|po|soph** *m. 10*
♦ **An|thro|po|so|phie** *f. 11 nur Sg.* von Rudolf Steiner begründete Lehre vom Menschen in seiner Beziehung zum Übersinnlichen
♦ **an|thro|po|so|phisch**
♦ **an|thro|po|zen|trisch** *auch:* **an|thro|po|zent|risch** den Menschen in den Mittelpunkt stellend
♦ **An|thro|pus** *m. Gen. - nur Sg.* Vorstufe des Menschen, Vormensch
an|ti..., An|ti... [griech.] gegen ..., Gegen ...
An|ti|al|ko|ho|li|ker *m. 5* Alkoholgegner
an|ti|au|to|ri|tär gegen autoritäre Normen und Machtansprüche gerichtet
An|ti|ba|by|pil|le [-bebi-] *f. 11* empfängnisverhütendes Arzneimittel
an|ti|bak|te|ri|ell gegen Bakterien wirkend
An|ti|bi|ont [griech.] *m. 10* Kleinstlebewesen, das Antibiose bewirkt
An|ti|bi|o|se *f. 11* Vernichtung von Kleinstlebewesen durch Stoffwechselprodukte anderer Kleinstlebewesen (Bakterien, Pilze)
An|ti|bi|o|ti|kum *n. Gen. -s Pl. -ka* Stoff, der Antibiose bewirkt, als Heilmittel verwendet
an|ti|bi|o|tisch
An|ti|blo|ckier|sys|tem *n. 1* (*Abk.:* ABS) Anlage in einem Auto, die das Blockieren der Räder bei Vollbremsung verhindert
an|ti|cham|brie|ren *auch:* **an|ti|chamb|rie|ren** [-ʃã-, frz.] *intr. 3* im Vorzimmer warten; *übertr.:* um Gunst betteln, katzbuckeln
An|ti|christ [auch: -krist] **1.** *m. 10* Gegner des Christentums; **2.** *m. 1* der Teufel, Widerchrist
an|ti|christ|lich [auch: -krist-]
An|ti|de|pres|si|vum [-vum, griech.] *n. Gen. -s Pl. -va* [-va] Medikament gegen Depressionen
An|ti|di|ar|rho|i|kum [griech.] *n. Gen. -s Pl. -ka* Mittel gegen Durchfall
An|ti|dot [griech.] *n. 1,* **An|ti|do|ton** *n. Gen. -s Pl. -ta* Gegengift
An|ti|fa|schis|mus *m. Gen. - nur Sg.* Gegnerschaft, Bewegung gegen Faschismus und Nationalsozialismus
An|ti|fa|schist *m. 10*
an|ti|fa|schis|tisch
An|ti|fon *f. 11* s. **An|ti|phon**
An|ti|fo|na|le *n. Gen. -s Pl. -li|en* s. **An|ti|pho|na|le**
An|ti|fo|nar *n. Gen. -s Pl. -ri|en* s. **An|ti|pho|nar**
An|ti|gen [griech.] *n. 1* artfremder Eiweißstoff, der im Blut die Bildung von Antikörpern bewirkt, die ihn selbst vernichten
An|ti|go|ne *griech. Myth.:* Tochter des Ödipus und der Jokaste
An|ti|gua und Bar|bu|da karib. Inselstaat
an|tik [lat.-frz.] zur Antike gehörend, aus ihr stammend; *übertr.:* alt, altertümlich
An|ti|ka|gli|en *auch:* **An|ti|kag|li|en** [-kaljən, ital.] *Pl.* kleine, antike Kunstwerke
An|ti|ka|tho|de *f. 11* Anode einer Röntgenröhre
An|ti|ke [lat.-frz.] *f. 11 nur Sg.* das griech.-röm. Altertum
An|ti|ken *Pl.* antike Kunstwerke
an|ti|kisch die Antike nachahmend
an|ti|ki|sie|ren *tr. 3* nach dem Vorbild der Antike gestalten
an|ti|kle|ri|kal kirchenfeindlich
An|ti|kle|ri|ka|lis|mus *m. Gen. - nur Sg.* kirchenfeindliche Haltung
An|ti|kli|max *f. 1, Rhetorik:* Übergang vom stärkeren zum schwächeren Ausdruck; *Ggs.:* Klimax (1)
an|ti|kli|nal [griech.] *Geol.:* sattelförmig
An|ti|kli|na|le, An|ti|kli|ne *f. 11* Sattel (einer geolog. Falte)
an|ti|kon|zep|ti|o|nell empfängnisverhütend
An|ti|kör|per *m. 5* im Blut gebildeter Abwehrstoff gegen Krankheitserreger, Immunkörper
An|ti|kri|tik [auch: -tik] *f. 10* Gegenkritik, Erwiderung auf eine Kritik
An|til|len *Pl.* Inselgruppe Mittelamerikas; Große, Kleine Antillen
An|ti|lo|pe [griech.] *f. 11* ein Huftier, bes. in Asien und Afrika
An|ti|ma|te|rie [-riə] *f. 11 nur Sg., Phys.:* Materie, die sich nur aus Antiteilchen aufbaut
An|ti|mi|li|ta|ris|mus *m. Gen. - nur Sg.* Einstellung gegen den Militarismus
An|ti|mi|li|ta|rist *m. 10*
an|ti|mi|li|ta|ris|tisch
An|ti|mon [griech.] *n. 1 nur Sg.* (*Zeichen:* Sb) chem. Element, ein Metall, Stibium
An|ti|mo|nat *n. 1* Salz der Antimonsäure
An|ti|mon|blü|te *f. 11* ein Mineral
An|ti|mo|nit [lat.] *m. 1* **1.** Salz der antimonigen Säure; **2.** ein Antimonerz, Antimonglanz, Grauspießglanz
An|ti|mo|ra|lis|mus *m. Gen. - nur Sg.* feindl. Einstellung gegenüber der herrschenden Moral; vgl. Amoralismus, Immoralismus
An|ti|mo|ra|list *m. 10*
An|ti|neur|al|gi|kum *auch:* **An|ti|neu|ral|gi|kum** [griech.] *n. Gen. -s Pl. -ka* schmerzstillendes Mittel
An|ti|no|mie [griech.] *f. 11* Widerspruch zweier an sich gültiger Sätze oder innerhalb eines Satzes, Widersprüchlichkeit
an|ti|no|misch
An|ti|o|che|ne [-xe-] *m. 11* Einwohner von Antiochia
An|ti|o|chia [-xia] Stadt im antiken Syrien, heute Antakya
An|ti|o|chi|er *m. 5* s. **An|ti|o|che|ne**
An|ti|pas|sat *m. 1* Gegenpassat, dem Passat entgegengesetzter Wind der Tropen
An|ti|pas|to [ital.] *m. oder n. Gen. -(s) Pl. -ti* Vorspeise
An|ti|pa|thie [griech.] *f. 11* gefühlsmäßige Abneigung, Widerwille; *Ggs.:* Sympathie
an|ti|pa|thisch
An|ti|phon *auch:* **An|ti|fon** [griech.] *f. 10* liturg. Wechselgesang
An|ti|pho|na|le *auch:* **An|ti|fo|na|le** *n. Gen. -s Pl. -li|en,* **An|ti|pho|nar** *auch:* **An|ti|fo|nar** *n. Gen. -s Pl. -ri|en* Sammlung von Antiphonen
An|ti|phra|se [griech.] *f. 11* Stilmittel, bei dem das Gegenteil von dem gesagt wird, was tatsächlich gemeint ist, wie z. B. »Das ist ja eine schöne Bescherung!«
An|ti|po|de [griech. »Gegenfüßler«] *m. 11* **1.** auf dem entgegengesetzten Punkt der Erde lebender Mensch, Gegenfüßler; **2.** *übertr.:* den entgegengesetzten Standpunkt vertretender Mensch
An|ti|pol *m. 1* Gegenpol
An|ti|py|re|ti|kum [griech.] *n. Gen.*

A

-s *Pl.* -ka ein das Fieber senkende Mittel
an|ti|py|re|tisch
An|ti|qua [lat. »die alte« (Schrift)] *f. Gen. - nur Sg., Sammelbez. für* mehrere lat. Druckschriften
An|ti|quar *m. 1* jmd., der mit gebrauchten Büchern handelt; *auch:* Antiquitätenhändler
An|ti|qua|ri|at *n. 1* Altbuchhandel, Altbuchhandlung
an|ti|qua|risch gebraucht, alt (von Büchern)
An|ti|qua|ri|um *n. Gen.* -s *Pl.* -ri|en Sammlung von Altertümern
an|ti|quiert veraltet
An|ti|qui|tät *f. 10* altertüml. Kunstwerk, altertüml., wertvoller Gegenstand
An|ti|rheu|ma|ti|kum [griech.] *n. Gen.* -s *Pl.* -ka Mittel gegen Rheumatismus
An|ti|se|mit *m. 10* Gegner des Judentums
an|ti|se|mi|tisch
An|ti|se|mi|tis|mus *m. Gen. - nur Sg.* feindselige Einstellung gegenüber den Juden
An|ti|sep|sis [griech.] *f. Gen. - nur Sg.*, **An|ti|sep|tik** *f. 10 nur Sg.* Abtötung von Krankheitskeimen, bes. in Wunden
An|ti|sep|ti|kum *n. Gen.* -s *Pl.* -ka Mittel zur Antisepsis
an|ti|sep|tisch keimtötend
An|ti|se|rum [griech. + lat.] *n. Gen.* -s *Pl.* -ren *oder* -ra Antikörper enthaltendes Heilserum, Immunserum
An|ti|spas|mo|di|kum, An|ti|spas|ti|kum [griech.] *n. Gen.* -s *Pl.* -ka krampflösendes Heilmittel
an|ti|spas|tisch krampflösend
An|ti|stro|phe *f. 11, im altgriech. Drama:* die von der zweiten Hälfte des Chors gesungene, der Strophe folgende Gegenstrophe
An|ti|teil|chen *n. 7* Elementarteilchen mit kurzer Lebensdauer
An|ti|the|se [auch: an-] *f. 11* der These entgegengestellte Behauptung, Gegenbehauptung
An|ti|the|tik *f. 10 nur Sg.* Lehre von den Widersprüchen und ihren Ursachen
an|ti|the|tisch in der Art einer Antithese, entgegenstellend
An|ti|to|xin *n. 1* Gegengift, Antikörper
An|ti|zi|pa|ti|on [lat.] *f. 10* Vorwegnahme
an|ti|zi|pa|to|risch
an|ti|zi|pie|ren *tr. 3* vorwegnehmen
an|ti|zy|klisch *auch:* **an|ti|zyk|lisch** einem Zyklus entgegengesetzt, unregelmäßig (wiederkehrend); *Ggs.:* prozyklisch
An|ti|zy|klo|ne *auch:* **An|ti|zyk|lo|ne** *f. 11* Hochdruckgebiet
An|ti|zy|mo|ti|kum [griech.] *n. Gen.* -s *Pl.* -ka gärungshemmendes Mittel
Ant|je weibl. Vorname, *norddt. und ndrl. Koseform von* Anna
Ant|litz *n. 1, poet.:* Gesicht
an|tö|nen *tr. 1, schweiz.:* andeuten
An|ton männl. Vorname
An|to|nia, An|to|nie weibl. Vorname
Ant|o|no|ma|sie *auch:* **An|to|no|ma|sie** [griech.] *f. 11* **1.** Umschreibung eines Eigennamens, z. B. »Dichterfürst« für Goethe; **2.** Bez. eines Gattungsbegriffs durch einen Eigennamen, z. B. »ein Herkules« für »starker Mann«
Ant|o|nym *auch:* **An|to|nym** *n. 1* Wort mit entgegengesetzter Bedeutung, z. B. »schön« im Unterschied zu »hässlich«
an|tör|nen, an|tur|nen [-tə:-, engl.] *tr. u. refl. 1;* von etw. nicht angetörnt sein *ugs.:* von etw. nicht begeistert sein
An|trag *m. 2*
An|trag|stel|ler *m. 5*
an|trau|en *tr. 1* verheiraten; seine ihm angetraute Frau
an|trei|ben *tr. 162*
An|trei|ber *m. 5*
An|trei|bung *f. 10*
an|tre|ten **1.** *tr. 163* durch Treten in Gang setzen; etwas übernehmen; **2.** *intr. 163* sich aufstellen
An|trieb *m. 1*
An|triebs|kraft *f. 2*
An|triebs|schwä|che *f. 11 nur Sg.*
an|trin|ken *tr. 165;* sich einen a.: sich betrinken; angetrunken sein
An|tritt *m. 1*
An|tritts|vor|le|sung *f. 10*
an|tun *tr. 167;* jmdm. etwas antun: zuleide tun; sich etwas antun: Selbstmord begehen; *österr.:* sich grundlos über etwas aufregen
an|tur|nen **1.** *ugs.:* herbeieilen; **2.** [-tə:-, engl.] s. **an|tör|nen**
Ant|wort *f. 10;* um Antwort wird gebeten (*Abk.:* u. A. w. g.)
ant|wor|ten *tr. 2*
ant|wort|lich *mit Gen., Amtsdeutsch:* in Beantwortung Ihrer Anfrage
Ant|wort|schein *m. 1*
an und für sich eigentlich, im Grunde
An|u|rie *auch:* **A|nu|rie** [griech.] *f. 11* Versagen der Urinabsonderung
A|nus [lat.] *m. Gen. - Pl.* Ani After
an|ver|trau|en *tr. 1;* ich vertraue dir das Geld an, *selten auch:* ich anvertraue dir das Geld; ich vertraue mich dir an
an|ver|wandt verwandt; einander a. sein
An|ver|wand|te(r) *m. 18 (17) bzw. f. 17 oder 18* Verwandte(r)
an|vi|sie|ren [-vi-] *tr. 3*
An|wachs [-ks] *m. 1 nur Sg., im Rechtsw.:* Zuwachs, Anwachsung
an|wach|sen [-ks-] *intr. 172*
An|wach|sung [-ks-] *f. 10 nur Sg.* = Anwachs
An|walt *m. 2*
An|wäl|tin *f. 10*
An|walts|bü|ro *n. 9*
An|walt|schaft *f. 10 nur Sg.*
An|walts|kam|mer *f. 11*
an|wan|deln *tr. 1*
An|wand|lung *f. 10*
An|wär|ter *m. 5*
An|wart|schaft *f. 10*
an|wei|sen *tr. 177*
An|wei|sung *f. 10*
an|wend|bar
An|wend|bar|keit *f. 10 nur Sg.*
an|wen|den *tr. 178*
An|wen|der *m. 5*
An|wen|dung *f. 10*
An|wen|dungs|be|reich *m. 1*
an|wen|dungs|o|ri|en|tiert
an|wer|ben *tr. 179*
An|wer|bung *f. 10*
An|wert *m. 1, österr.:* Wertschätzung; einen A. haben: geschätzt, geachtet werden
An|we|sen *n. 7* Grundstück mit Haus
an|we|send
An|we|sen|de(r) *m. 18 (17) bzw. f. 17 oder 18*
An|we|sen|heit *f. 10 nur Sg.*
An|we|sen|heits|lis|te *f. 11*
an|wi|dern *tr. 1*
An|woh|ner *m. 5* Anlieger, Nachbar
An|woh|ner|schaft *f. 10 nur Sg.*
An|wuchs [-ks] *m. 2, Forstw.:* sehr junger Wald
An|wurf *m. 2* **1.** *Sport:* erster Wurf; **2.** Beleidigung, Beschimpfung
an|wur|zeln *intr. 1;* wie angewurzelt stehen bleiben
An|zahl *f. 10 nur Sg.*
an|zah|len *tr. 1*
An|zah|lung *f. 10*

A

an|zap|fen *tr. 1* **1.** öffnen, anstechen (Wein-, Bierfass); **2.** jmdn. a. *ugs.:* sich von jmdm. Geld leihen, jmdn. anpumpen
An|zei|chen *n. 7*
An|zei|ge *f. 11*
an|zei|gen *tr. 1*
An|zei|ge|pflicht *f. 10*
an|zei|ge|pflich|tig
An|zei|ger *m. 5* Titel von Zeitungen
An|zen|gru|ber, *Ludwig* österr. Schriftsteller
an|zet|teln *tr. 1*
An|zet|te|lung, An|zett|lung *f. 10 nur Sg.*
an|zie|hen *tr. 187*
An|zie|hung *f. 10 nur Sg.*
An|zie|hungs|kraft *f. 2*
An|zucht **1.** *f. 10* Aufziehen (von Pflanzen); **2.** *f. 2, Bgb.:* Abwassergraben
An|zug *m. 2* **1.** *nur Sg.;* im A. sein: im Kommen; **2.** *schweiz. auch:* Antrag (im Parlament)
an|züg|lich
An|züg|lich|keit *f. 10*
An|zugs|kraft *f. 2*
An|zug|stoff *m. 1*
an|zwei|feln *tr. 1;* ich zweifele, zweifle es an
ao., a. o. *Abk. für* außerordentlich(er); a. o. Professor
AOK *Abk. für* Allgemeine Ortskrankenkasse
AOL *EDV: Abk. für* America Online, Onlinedienst
Äo|li|en antike Landschaft an der Nordwestküste Kleinasiens
Äo|li|er *m. 5* Bewohner von Äolien
äo|lisch **1.** zu Äolien gehörig; **2.** [nach Äolus] durch Windeinwirkung entstanden; aeril
Äols|har|fe [nach Äolus] *f. 11* Harfe, deren Saiten durch Wind zum Schwingen gebracht werden, Windharfe, Pneumatochord
Äo|lus, *griech.:* Ai|o|los griech. Gott der Winde
Äon [griech.] *m. 12* unendlich langer Zeitraum, Weltalter
Ao|rist [griech.] *m. 1* Form des Verbums, die eine einmalige, unbestimmte, abgeschlossene Handlung bezeichnet
Aor|ta [griech.] *m. Gen. - Pl.* -ten Hauptschlagader des Körpers
Aor|tal|gie *auch:* **A|or|tal|gie** *f. 11* von der Aorta ausgehender Schmerz
Aor|ten|bo|gen *m. 7*
AP *Abk. für* Associated Press (US-amerikanisches Nachrichtenbüro)
ap..., Ap..., vgl. apo..., Apo...
APA *Abk. für* Austria Presse Agentur
Ap|a|go|ge *auch:* **A|pa|go|ge** [griech.] *m. Gen. - nur Sg.* Schluss, der aus einer sicheren und einer nicht ganz sicheren Voraussetzung gezogen wird
ap|a|go|gisch *nur in der Fügung* apagogischer Beweis: indirekter Beweis
A|pa|na|ge [-ʒə, frz.] *f. 11* Unterhalt für nicht regierende Angehörige eines regierenden Fürsten
a|part [frz. »beiseite«] eigenartig, ungewöhnlich und reizvoll
A|part|heid [Afrikaans] *f. 10 nur Sg.* Trennung von Schwarzen und Weißen in Südafrika
A|part|heit *f. 10* reizvolle Eigenart
A|part|ment [əpatmənt, engl.] *n. 9* kleine Wohnung; vgl. Appartement
A|part|ment|haus *n. 4* Mietshaus mit (meist nur) Kleinstwohnungen
A|pa|thie [griech.] *f. 11* Teilnahmslosigkeit
a|pa|thisch
A|pa|tit [lat.] *m. 1* ein Mineral
A|pen|nin *m. 12 auch:* **A|pen|ni|nen** *Pl.* Gebirge in Italien
A|pen|ni|nen|halb|in|sel *f. 11 nur Sg.* Italien
a|pen|ni|nisch
a|per *oberdt.:* schneefrei
A|per|çu [-sy, frz.] *n. 9* geistreiche Bemerkung
a|pe|ri|o|disch unregelmäßig
A|pe|ri|tif [frz. »öffnend«] *m. 9* alkohol. Getränk vor dem Essen
A|pe|ri|ti|vum [-vum, lat.] *n. Gen. -s Pl.* -va [-va] **1.** mildes Abführmittel; **2.** appetitanregendes Mittel
a|pern *intr. 1, oberdt.:* tauen
A|per|tur [lat.] *f. 10* Öffnungsverhältnis der Blende eines Objektivs, das dessen Lichtstärke angibt
A|per|wind *m. 1, oberdt.:* Tauwind
A|pex [lat.] *m. Gen. - Pl.* A|pi|zes **1.** *Astron.:* Zielpunkt der Bewegung eines Gestirns; **2.** *Sprachw.:* Zeichen für die Länge eines Vokals, z. B. â; **3.** *Metrik:* Zeichen für die Betonung einer Silbe (´)
Ap|fel *m. 6*
Ap|fel|baum *m. 2*
ap|fel|grün
Ap|fel|koch, Äp|fel|koch *n. Gen. -s nur Sg., österr. für* Apfelmus
Ap|fel|schim|mel *m. 5* weißes Pferd mit grauen Flecken oder Ringen
Ap|fel|si|ne *f. 11*
Ap|fel|stru|del *m. 5* eine Mehlspeise
Ap|fel|wick|ler *m. 5* Schmetterling, dessen Raupe Apfelkerngehäuse frisst
Aph|ä|re|se *auch:* **A|phä|re|se** [griech.] *f. 11,* **Aph|ä|re|sis** *auch:* **A|phä|re|sis** *f. Gen. - Pl.* -re|sen Wegfall des Anlauts, z. B. »'s« statt »es«; *Ggs.:* Apokope
A|pha|sie [griech.] *f. 11 nur Sg.* **1.** *Philos.:* Urteilsenthaltung; **2.** *Med.:* Verlust des Sprechvermögens (bei Gehirnstörung)
Ap|hel *auch:* **A|phel** [aphel, auch: afel, griech.] *n. 1,* Ap|he|li|um *n. Gen. -s Pl.* -li|en Punkt der größten Entfernung eines Planeten von der Sonne; *Ggs.:* Perihel
A|phon|ge|trie|be *auch:* **A|fon|ge|trie|be** [griech.] *n. 5* geräuscharmes Schaltgetriebe
A|pho|nie *auch:* **A|fo|nie** *f. 11, Med.:* tonloses Sprechen, Flüsterstimme
A|pho|ris|mus [griech.] *m. Gen. - Pl.* -men kurz und treffend formulierter Gedanke, Sinnspruch
A|pho|ris|ti|ker *m. 5* Verfasser von Aphorismen
a|pho|ris|tisch
A|phra|sie [griech.] *f. 11 Med.:* Unfähigkeit, richtige Sätze zu bilden
Aph|ro|di|si|a|kum *auch:* **A|phro|di|si|a|kum** [nach der griech. Liebesgöttin Aphrodite] *n. Gen. -s Pl.* -ka den Geschlechtstrieb anregendes Mittel
Aph|ro|di|sie *auch:* **A|ph|ro|di|sie** *f. 11* krankhaft gesteigerter Geschlechtstrieb
aph|ro|di|sisch *auch:* **a|phro|di|sisch** den Geschlechtstrieb steigernd
Aph|ro|di|te *auch:* **A|phro|di|te** griechische Liebesgöttin
Aph|the [griech.] *f. 11 meist Pl.* = Mundfäule
Aph|then|seu|che *f. 11* Maul- und Klauenseuche
a|pi|kal [lat.] an der Spitze gelegen
A|pis *m. Gen. - nur Sg.,* **A|pis|stier** *m. 1* heiliger Stier der alten Ägypter
apl. *Abk. für* außerplanmäßig(er); apl. Professor

A|pla|nat [griech.] *m. 1* die Aberration korrigierendes Linsensystem
a|pla|na|tisch
A|pla|sie [griech.] *f. 11* angeborenes Fehlen eines Organs
a|plas|tisch
A|plomb *auch:* **Ap|lomb** [aplõ, frz.] *m. 9 nur Sg.* **1.** Sicherheit, Nachdruck im Auftreten; **2.** *Ballett:* Abfangen einer Bewegung
APO, Apo *f. Gen. - nur Sg., Abk. für* außerparlamentarische Opposition
a|po..., A|po... [griech.] *in Zus.:* von ... weg, entfernt von, ab ...
A|po|chro|mat [-kro-, griech.] *m. 1* Farbfehler korrigierendes Linsensystem
A|po|dik|tik [griech.] *f. 10 nur Sg., Philos.:* Lehre vom Beweis
a|po|dik|tisch unwiderleglich, unumstößlich; keinen Widerspruch duldend
A|po|ga|mie [griech.] *f. 11 nur Sg.* ungeschlechtl. Fortpflanzung, Apomixis
A|po|gä|um [griech.] *n. Gen. -s Pl. -gä|en* Punkt der größten Entfernung eines Planeten von der Erde; *Ggs.:* Perigäum
A|po|ka|lyp|se [griech. »Enthüllung«] *f. 11* prophet. Schrift über das (schreckliche) Weltende, bes. die Offenbarung des Johannes im NT
A|po|ka|lyp|tik *f. 10* **1.** Lehre vom Weltende; **2.** Gesamtheit der Schriften über die Apokalypse
A|po|ka|lyp|ti|ker *m. 5* Verfasser oder Deuter einer Apokalypse
a|po|ka|lyp|tisch; apokalyptische Schriften; *aber:* die Apokalyptischen Reiter
A|po|ko|pe [-pe:, griech.] *f. Gen. - Pl. -ko|pen* Wegfall des Auslauts, z. B. »im Tal« statt »im Tale«; *Ggs.:* Aphärese
a|po|ko|pie|ren *tr. 3*
a|po|kryph, a|po|kry|phisch [griech.] zu den Apokryphen gehörend, unecht, später hinzugefügt
A|po|kryph *n. 12,* **A|po|kry|phe** *f. 11* nicht anerkannte, später hinzugefügte Schrift, bes. der Bibel, im Unterschied zum Kanon (5)
a|po|kry|phisch s. **a|po|kryph**
a|po|li|tisch unpolitisch, politisch uninteressiert
A|poll = **A|pol|lo**
a|pol|li|nisch in der Art des Apoll, maßvoll, ausgeglichen; *Ggs.:* dionysisch
A|pol|lo, A|poll **1.** griech.-röm. Gott der Dichtkunst; **2.** *m. 9,* **A|pol|lo|fal|ter** *m. 5* ein Schmetterling, zur Gattung der Tagesfalter gehörend
A|po|log [griech.] *m. 1* lehrhafte Fabel oder Erzählung
A|po|lo|get *m. 10* Verfechter, Verteidiger, bes. des Christentums
A|po|lo|ge|tik *f. 10* Verteidigung, Rechtfertigung, bes. des christlichen Glaubens, Fundamentaltheologie
a|po|lo|ge|tisch
A|po|lo|gie *f. 11* Verteidigungs-, Rechtfertigungsrede oder -schrift
a|po|lo|gisch in der Art eines Apologs, lehrhaft
A|po|phtheg|ma *auch:* **A|poph|theg|ma|ta** [griech.] *n. Gen. -s Pl. -men oder -ma|ta* witziger, treffender Ausspruch
a|po|phtheg|ma|tisch *auch:* **a|poph|theg|ma|tisch**
A|po|phy|se [griech.] *f. 11* Knochenfortsatz
A|po|plek|ti|ker [griech.] *m. 5* jmd., der zu Apoplexien neigt oder eine Apoplexie erlitten hat
a|po|plek|tisch
A|po|ple|xie *f. 11* Schlaganfall
A|po|rem [griech.] *n. Gen. -s Pl. -ma|ta* Streitfrage, logische Schwierigkeit
a|po|re|ma|tisch zweifelhaft
A|po|re|tik *f. 10 nur Sg.* Auseinandersetzung mit philosoph. Problemen
A|po|rie *f. 11* Ausweglosigkeit, Unmöglichkeit, ein schwieriges Problem zu lösen

♦ Die Buchstabenfolge **a|po|st...** kann in Fremdwörtern auch **a|pos|t...** getrennt werden. Die zweite Trennvariante gilt jedoch ausschließlich bei Bildungen, in denen die fremdsprachigen bzw. sprachhistorischen Bestandteile noch deutlich als solche erkennbar sind wie z. B. in *Aposteriori.*

♦ **A|po|sta|sie** [griech.] *f. 11* Abfall vom Glauben
♦ **A|po|stat** *m. 10* Abtrünniger
♦ **A|po|stel** [lat.] *m. 5* **1.** Jünger Jesu; **2.** Vertreter, Vorkämpfer einer Lehre
♦ **A|po|stel|ge|schich|te** *f. 11*
a pos|te|ri|o|ri [lat. »vom Späteren«] aus der Erfahrung (gewonnen), nachträglich, später; *Ggs.:* a priori
A|pos|te|ri|o|ri *n. Gen. - Pl. -* aus der Erfahrung gewonnene Erkenntnis; *Ggs.:* Apriori
a|pos|te|ri|o|risch auf Erfahrung beruhend; *Ggs.:* apriorisch
♦ **A|po|stilb** [griech.] *n. Gen. -s Pl. -* (*Abk.:* asb) Maßeinheit der Leuchtdichte
♦ **A|po|sto|lat** [griech.] *n. 1* **1.** Amt eines Apostels; **2.** geistl. Auftrag
♦ **A|po|sto|li|kum** *n. Gen. -s nur Sg.* das Apostolische Glaubensbekenntnis
♦ **a|po|sto|lisch** die Apostel betreffend, von ihnen ausgehend; das Apostolische Glaubensbekenntnis; der Apostolische Stuhl: der Bischofssitz in Rom; die apostolischen Väter: die ältesten christl. Schriftsteller
♦ **A|po|stroph, A|post|roph** [griech.] *m. 1* Auslassungszeichen für einen Vokal, z. B. »er hat's« statt »er hat es«
♦ **A|po|stro|phe** [-fe:] *f. Gen. - Pl. -stro|phen* **1.** Wendung des Redners an eine andere Person als die bisher angeredete; **2.** feierliche Anrede, Anrufung
♦ **a|po|stro|phie|ren** *tr. 3* feierlich anreden, nachdrücklich bezeichnen; jmdn. als Genie a.
A|po|the|ke [griech.] *f. 11*
A|po|the|ker *m. 5*
A|po|the|o|se [griech.] *f. 11* **1.** Vergöttlichung, Verherrlichung; **2.** *Theater:* prächtiges Schlussbild
Ap|pa|la|chen [-xən] *Pl.* nordamerik. Gebirge
Ap|pa|rat [lat.] *m. 1* **1.** mehrteiliges Gerät; **2.** alle für eine Tätigkeit nötigen Hilfsmittel; **3.** Telefon
Ap|pa|rat|schik [russ.] *m. 9, abwertend:* führende Persönlichkeit im Staats»apparat« totalitärer Staaten
Ap|pa|ra|tur *f. 10*
Ap|pa|ri|ti|on [frz.] *f. 10* **1.** Erscheinung; **2.** Sichtbarwerden (von Gestirnen)
Ap|par|te|ment [apart(ə)mã, frz.] Zimmerflucht im Hotel; vgl. Apartment
ap|pas|si|o|na|to *Mus.:* leidenschaftlich
Ap|peal [əpil, engl.] *m. 9, Werbung:* Anreiz, Anziehungskraft

A

Ap|pell [frz.] *m. 1* **1.** Aufruf, Mahnruf; **2.** Ruf zum Antreten; **3.** Gehorsam (des Jagdhundes)
Ap|pel|lant [lat.] *m. 10, veraltet:* Berufungskläger
Ap|pel|lat *m. 10* Berufungsbeklagter
Ap|pel|la|ti|on *f. 10, veraltet:* Berufung
Ap|pel|la|tiv *n. 1,* **Ap|pel|la|ti|vum** [-vum] *n. Gen.* -s *Pl.* -va [-va] Gattungsbegriff, z. B. Tier; vgl. Kollektivum
ap|pel|lie|ren *intr. 3;* an jmdn. oder etwas a.: sich an jmdn. wenden, jmdn. oder etwas anrufen
Ap|pend|ek|to|mie *auch:* **Ap|pen|dek|to|mie** [lat. + griech.] *f. 11* operative Entfernung des Appendix
Ap|pen|dix [lat.] *m. Gen.* -(es) *Pl.* -e *oder* -di|ces **1.** Anhang; **2.** *Med.:* Wurmfortsatz des Blinddarms
Ap|pen|di|zi|tis [lat.] *f. Gen.* - *Pl.* -ti|den Entzündung des Appendix (2)
Ap|pen|zell schweiz. Kanton; A.-Außerrhoden, A.-Innerrhoden
Ap|per|zep|ti|on [lat.] *f. 10* bewusste Wahrnehmung eines Sinneseindrucks
ap|per|zi|pie|ren *tr. 3*
Ap|pe|tit [lat.-frz.] *m. 1*
ap|pe|tit|an|re|gend; *aber:* den Appetit anregend
ap|pe|tit|lich
ap|pe|tit|los
Ap|pe|tit|lo|sig|keit *f. 10 nur Sg.*
Ap|pe|ti|zer [æpıtaızə(r), engl. »Appetitanreger«] *m. 5*
ap|pla|nie|ren [lat.-frz.] *tr. 3* einebnen
ap|plau|die|ren [lat.] *intr. 3* Beifall klatschen; jmdm. a.
Ap|plaus *m. 1 nur Sg.* durch Händeklatschen ausgedrückter Beifall
ap|pli|ka|bel [lat.] anwendbar
Ap|pli|ka|ti|on *f. 10* **1.** Verordnung und Anwendung von Heilmitteln; **2.** auf ein Kleidungsstück aufgenähte Verzierung
Ap|pli|ka|tur *f. 10* Fingersatz (beim Instrumentalspiel)
ap|pli|zie|ren *tr. 3* **1.** verabreichen; **2.** aufnähen, auftragen
Ap|point [apoẽ, frz. »auf den Punkt«] *m. 9* **1.** eine Restschuld vollständig ausgleichender Wechsel; **2.** Gelddokument, z. B.Wertpapier
ap|port! [frz.] bring es her! (Befehl an den Hund)
Ap|port *m. 1* **1.** *in Kapitalgesellschaften:* Sach- statt Bargeldeinlage; **2.** Herbeibringen des erlegten Wildes durch den Hund
ap|por|tie|ren *tr. 3* herbeibringen (nur vom Jagdhund gesagt)
Ap|po|si|ti|on [lat.] *f. 10* **1.** *Gramm.:* hauptwörtl. Beifügung im gleichen Kasus, z. B. Peter »der Große«, Beisatz; **2.** *Bot.:* Dickenwachstum der Zellwände
ap|po|si|ti|o|nell
Ap|pre|hen|si|on [lat.] *f. 10* Erfassen, Begreifen, Begriffsvermögen
ap|pre|hen|siv reizbar, furchtsam
Ap|pre|teur [-tør, frz.] *m. 1* jmd., der Gewebe appretiert
ap|pre|tie|ren *tr. 3;* Gewebe a.: bearbeiten, um ihre Gebrauchsfähigkeit zu verbessern
Ap|pre|tur *f. 10*
Ap|pro|ba|ti|on [lat.] *f. 10* **1.** Genehmigung, Bewilligung; **2.** staatl. Zulassung zur Berufsausübung für Ärzte und Apotheker; **3.** Bestätigung eines Priesters durch die Kurie; **4.** Ap|pro|ba|tie *f. 11* Druckerlaubnis für relig. Schriften durch die Kirchenbehörde
ap|pro|bie|ren *tr. 3*
Ap|pro|pri|a|ti|on *auch:* **Ap|prop|ri|a|ti|on** [lat.] *f. 10* **1.** Aneignung; **2.** Zueignung, Widmung
Ap|pro|xi|ma|ti|on [lat.] *f. 10* **1.** Annäherung; **2.** *Math.:* Näherungswert
ap|pro|xi|ma|tiv annähernd

♦ Die Buchstabenfolge **a|pr...** kann in Fremdwörtern auch **ap|r...** getrennt werden. Die zweite Trennvariante gilt jedoch ausschließlich bei Bildungen, in denen die fremdsprachigen bzw. sprachhistorischen Bestandteile noch deutlich als solche erkennbar sind wie z. B. in *Apriori.*

♦ **A|près-Ski** [aprɛʃi, frz. -ʃi] *n. Gen.* - *nur Sg.* **1.** bequeme, modische Kleidung nach dem Skilaufen; **2.** geselliges Beisammensein nach dem Skilaufen
♦ **A|pri|ko|se** [lat.-ndrl.] *f. 11*
♦ **A|pri|ko|sen|baum** *m. 2*
♦ **a|pri|ko|sen|far|ben, a|pri|ko|sen|far|big**
♦ **A|pril** [lat.] *m. Gen.* -(s) *Pl.* -e
♦ **A|pril|wet|ter** *n. 5*
a pri|ma vis|ta [lat. »auf den ersten Blick«] vom Blatt (spielen, singen)
a pri|o|ri [lat. »vom Früheren«] aus dem Denken, aus der Vernunft her, ohne Erfahrungsgrundlage; von vornherein; *Ggs.:* a posteriori
A|pri|o|ri *n. Gen.* - *Pl.* - Vernunftsatz; *Ggs.:* Aposteriori
a|pri|o|risch nur aus dem Denken gewonnen, begrifflich; *Ggs.:* aposteriorisch
A|pri|o|ris|mus **1.** *m. Gen.* - *Pl.* -men Erkenntnis a priori; **2.** *nur Sg.* Lehre, die eine von der Erfahrung unabhängige Erkenntnis annimmt
a|pri|o|ris|tisch
♦ **a|pro|pos** [-po, frz.] übrigens, nebenbei bemerkt
Ap|si|de [griech.] *f. 11* **1.** Punkt der kleinsten oder größten Entfernung eines Planeten von dem Gestirn, um das er sich bewegt; **2.** = Apsis
ap|si|di|al zur Apsis gehörig
Ap|sis *f. Gen.* - *Pl.* -si|den halbrunde oder vieleckige Altarnische im Chor einer Kirche, Apside (2)
A|pu|li|en ital. Landschaft
a|pu|lisch
A|qua de|stil|la|ta [lat.] *auch:* **A|qua des|til|la|ta** *n. Gen.* - - *nur Sg.* destilliertes (chemisch reines) Wasser
A|quä|dukt [lat.] *n. 1* (bes. altröm.) Wasserleitung, meist auf Brücken entlanglaufende Rinnen oder Rohre
A|qua|ma|rin [lat. »Meerwasser«] *m. 1* meerblauer oder -grüner Edelstein
A|qua|naut [lat.] *m. 10* Tiefseeforscher
A|qua|pla|ning [engl.] *n. Gen.* -s *nur Sg.* Gleiten der Autoreifen auf nasser Straße, Wasserglätte
A|qua|rell [lat.-ital.] *n. 1* mit Wasserfarben gemaltes Bild
a|qua|rel|lie|ren *tr. 3*
A|qua|rel|list *m. 10*
A|qua|ri|a|ner [lat.] *m. 5* Aquarienliebhaber
A|qua|rist *m. 10* Aquarienkundler
A|qua|ris|tik *f. 10 nur Sg.* Aquarienkunde
A|qua|ri|um *n. Gen.* -s *Pl.* -ri|en Glasbehälter oder Gebäude (Museum) zur Pflege und Zucht kleiner Wassertiere

Aquatinta [lat.] **1.** *f. Gen. - nur Sg.* ein Kupferstichverfahren, bei dem die Zeichnung aus der Platte herausgeätzt wird; **2.** *f. Gen. - Pl.* -ten in diesem Verfahren hergestelltes Kunstblatt

Äquationsteilung [lat.] *f. 10* = Mitose

aquatisch [lat.] zum Wasser gehörig, im Wasser lebend

Äquator [lat.] *m. 13* der größte Breitenkreis der Erd- bzw. Himmelskugel

äquatorial zum Äquator gehörig, in Äquatornähe befindlich

Äquatorialguinea Staat an der Westküste Afrikas

Äquatortaufe *f. 11*

Aquavit [-vit, lat.] *m. 1* ein Kümmelbranntwein

Äquilibrismus *auch:* **Äquilibrismus** [lat.] *m. Gen. - nur Sg.* philosoph. Lehre, nach der Handlungsfreiheit nur dann besteht, wenn alle Motive zur Tat gleich stark sind

Äquilibrist *auch:* **Äquilibrist** *m. 10* Artist im Varietee und Zirkus, der Geschicklichkeitsübungen vorführt (z. B. Seiltänzer), Gleichgewichtskünstler

Äquilibristik *auch:* **Äquilibristik** *f. 10 nur Sg.* Kunst des Äquilibristen, Gleichgewichtskunst

äquilibristisch *auch:* **äquilibristisch**

Äquilibrium *auch:* **Äquilibrium** *n. Gen. -s nur Sg.* Gleichgewicht

äquinoktial [lat.] zum Äquinoktium gehörig, auf ihm beruhend

Äquinoktialsturm *m. 2*

Äquinoktium *n. Gen. -s Pl.* -tien Tagundnachtgleiche

→ akquirieren Der gesprochene Anlaut [akw-] ließe eine Schreibung des aus dem Lateinischen stammenden Wortes mit *aqu-* erwarten, analog z. B. zu *Aquarell.* Stattdessen ist der Buchstabenfolge *qu* noch ein *k* vorangestellt (*akqu-*).
Ebenso: *Akquisiteur, Akquisition* und *akquisitorisch.*

Aquitanien südwestfrz. histor. Landschaft

aquitanisch

äquivalent [-va, lat.] gleichwertig

Äquivalent [-va] *n. 1* Gleichwertiges, gleichwertiger Ersatz

Äquivalenz [-va] *m. 10 nur Sg.* Gleichwertigkeit

äquivok [-vok, lat.] doppelsinnig, mehrdeutig

Ar *n. 1 auch: m. 1* (*Abk.:* a) Flächenmaß; 100 Ar

Ar *chem. Zeichen für* Argon

AR *Abk. für* Arkansas

Ara [indian.], Arara *m. 9* südamerik. Langschwanzpapagei

Ära [lat.] *f. Gen. - Pl.* Ären Zeitalter, -abschnitt, Amtszeit

Araber [auch: a-, ugs. und schweiz.: -ra-] *m. 5* Einwohner Arabiens

Arabeske [frz.] *f. 11* **1.** Pflanzenornament; **2.** heiteres Musikstück; **3.** *Ballett:* Körperhaltung mit waagerecht nach hinten gestrecktem Bein

arabisch; arabische Ziffern; *aber:* Arabische Republik Ägypten; Vereinigte Arabische Emirate; Arabisches Meer; Arabische Liga

Arabisch *n. Gen. -(s) nur Sg.* arabische Sprache; vgl. Deutsch

Arabist *m. 10*

Arabistik *f. 10 nur Sg.* Wissenschaft von der arab. Sprache und Kultur

Arachniden, Arachnoiden [griech.] *Pl.* Spinnentiere

Arachnologe *m. 11*

Arachnologie *f. 11 nur Sg.* Spinnenkunde

Aragonese *m. 11* s. **Aragonier**

Aragonien historische span. Provinz

Aragonier *m. 5,* Aragonese *m. 11* Einwohner von Aragonien

aragonisch

Aragonit [nach Aragonien] *m. 1 nur Sg.* ein Mineral

Aralie [-ljə] *f. 11* efeuartiger nordamerik. und ostasiat. Strauch, Zimmerpflanze

Aralsee mittelasiat. See

Aramäer *m. 5* Angehöriger eines semit. Volksstammes

aramäisch

Aramäisch *n. Gen. -(s) nur Sg.* aramäische Sprache

Ärar [lat.] *n. 1* Staatsschatz, Staatsvermögen

Arara *m. 9* s. **Ara**

Ararat höchster Berg der Türkei

ärarisch zum Ärar gehörig

Araukaner *m. 5* Angehöriger eines Indianervolkes in Chile und Argentinien

araukanisch

Araukarie [-riə, nach den Araukanern] *f. 11* ein Nadelbaum, Zimmertanne

Arazzo [ital., nach der frz. Stadt Arras] *m. Gen. -s Pl.* -zi gewirkter Wandteppich

Arbeit suchend: Die Fügung aus Substantiv und Partizip wird getrennt geschrieben, da beide Bestandteile eigenständig sind. Dies erkennt man daran, dass sie auch in anderen Satzstellungen ohne Erweiterungen verwendet werden: *Er sucht Arbeit.* Vgl. dagegen z. B. *freudestrahlend* (= vor Freude strahlend).
Entsprechend schreibt man die substantivierte Form: *die Arbeit Suchenden.* Bei Substantivierung ist weiterhin auch Zusammenschreibung möglich: *die Arbeitsuchenden.* § 34 E3 (5)

Arbeit *f. 10;* Arbeit Suchende *oder:* Arbeitsuchende; Arbeit suchende Menschen; Arbeit suchend

arbeiten *intr. u. tr. 2*

Arbeiter *m. 5*

Arbeiterschaft *f. 10 nur Sg.*

Arbeiter-und-Bauern-Fakultät *f. 10* (*Abk.:* ABF), *DDR*

Arbeiter-und-Bauern-Staat *m. 12, DDR*

Arbeitgeber *m. 5*

Arbeitgeberverband *m. 2*

Arbeitnehmer *m. 5*

arbeitsam

Arbeitsamkeit *f. 10 nur Sg.*

Arbeitsamt *n. 4*

Arbeitsbeschaffungsmaßnahme *f. 11* (*Abk.:* ABM)

Arbeitsbiene *f. 11*

arbeitsfähig

Arbeitsfähigkeit *f. 10 nur Sg.*

Arbeitsgericht *n. 1*

arbeitslos

Arbeitslosengeld *n. 3*

Arbeitslose(r) *m. 18 (17) bzw. f. 17 oder 18*

Arbeitslosigkeit *f. 10 nur Sg.*

Arbeitsmarkt *m. 2*

Arbeitsminister *m. 5*

Arbeitspapier *n. 1* schriftl. Materialsammlung als Grundlage für eine Diskussion oder für die weitere Bearbeitung eines Problems

Arbeitsplatz *m. 2*

Arbeitspsychologie *f. 11 nur Sg.*

Arbeitsstreifen *m. 7* kurzer Unterrichtsfilm im Schmalfilmformat

A

Ar|beits|su|che, Ar|beit|su|che
Ar|beits|tei|lung *f. 10 nur Sg.*
Ar|beit|su|che, Ar|beits|su|che *f. Gen. - nur Sg.*
Arbeit su|chend (*alt:* ar|beit|su-chend)
Ar|beits|ver|hält|nis *n. 1*
Ar|beits|zeit *f. 10*
Ar|bi|tra|ge *auch:* **Ar|bit|ra|ge** [-ʒə, lat.-frz.] *f. 11* **1.** *Handelsrecht:* Schiedsspruch; **2.** *Börse:* Ausnutzung von Kursdifferenzen zwischen verschiedenen Märkten (Börsen)
ar|bi|trär *auch:* **ar|bit|rär** nach Ermessen
ar|bi|trie|ren *auch:* **ar|bit|rie|ren** *tr. 3* schätzen
Ar|bi|tri|um *auch:* **Ar|bit|ri|um** *n. Gen.* -s *Pl.* -tria Schiedsspruch
Ar|bo|re|tum [lat.] *n. Gen.* -s *Pl.* -ten Baumgarten mit verschiedenen Hölzern zu Studienzwecken
Ar|bu|se [Herkunft unsicher] *f. 11* Wassermelone
arc *Abk. für* Arcus
Ar|cha|i|kum [-ça-, griech.] *n. Gen.* -s *nur Sg.* = Azoikum
ar|cha|isch [-ça-] aus sehr früher Zeit stammend
ar|chä|isch [-çɛ-] zum Archaikum gehörend, aus ihm stammend
ar|cha|i|sie|ren [-ça-] *tr. 3* altertüml. Sprach- oder Kunstformen nachahmen
Ar|cha|is|mus [-ça-] *m. Gen. - Pl.* -men altertüml. Form, altertüml. Wort; Nachahmung archaischer Kunstformen
Ar|chä|o|lo|ge [-çɛ-, griech.] *m. 11*
Ar|chä|o|lo|gie [-çɛ-] *f. 11 nur Sg.* Wissenschaft von den alten Kulturen, bes. auf Grund von Ausgrabungen, Altertumswissenschaft
ar|chä|o|lo|gisch [-çɛ-]
Ar|chä|o|pte|ryx *auch:* **Ar|chä|op|te|ryx** [-çɛ-, griech.] *f. oder m. Gen. - Pl.* -e *oder* -pte|ry|ges ausgestorbener Vogel mit Reptilienmerkmalen, Urvogel
Ar|chä|o|zo|i|kum [-çɛ-, griech.] *n. Gen.* -s *nur Sg.* Frühzeit der Erdgeschichte mit dem Beginn des organ. Lebens, Algonkium, Proterozoikum, Eozoikum
Ar|che [-çə, lat. arca »Kasten«] *f. 11* kastenähnl. Schiff; die A. Noah
Ar|che|go|ni|um [-çə-, griech.] *n. Gen.* -s *Pl.* -ni|en weibl. Fortpflanzungsorgan der Moose und Farne
Ar|che|typ [-çə-, griech.] *m. 12,* Ar|che|ty|pus *m. Gen. - Pl.* -pen Urbild, Urform; Muster, Vorbild; älteste verfügbare Vorlage eines Druckes oder einer Handschrift
ar|che|ty|pisch [-çə-] der Urform entsprechend, vorbildlich
Ar|chi|di|a|kon [-çi-, griech.] *m. 1 oder m. 10* **1.** *kath. Kirche:* Vorsteher eines Kirchensprengels, Erzdiakon; **2.** *ev. Kirche:* zweiter Geistlicher
Ar|chi|di|a|ko|nat [-çi-] *n. 1* Amt und Amtsbereich eines Archidiakons
Ar|chi|man|drit *auch:* **Ar|chi|mand|rit** [-çi-, griech.] *m. 10, Ostkirche:* Klostervorsteher, Abt
Ar|chi|me|des [-çi-] altgriech. Mathematiker
ar|chi|me|disch [-çi-]; archimedisches Prinzip: von Archimedes aufgestelltes Gesetz vom Auftrieb eines in eine Flüssigkeit eintauchenden Körpers
ar|chi|me|di|sches Prin|zip (*alt:* Ar|chi|me|di|sches Prin|zip) [-çi-]
Ar|chi|pel [-çi-, griech.] *m. 1* Inselgruppe
Ar|chi|tekt [-çi-, griech.] *m. 10* Baufachmann, Baumeister
Ar|chi|tek|to|nik [-çi-] *f. 10 nur Sg.* **1.** Wissenschaft von der Baukunst; **2.** Aufbau, Bauart eines Bauwerkes
ar|chi|tek|to|nisch [-çi-]
Ar|chi|tek|tur [-çi-] *f. 10* Baukunst, Baustil
Ar|chi|trav *auch:* **Ar|chit|rav** [-çi-, griech. + lat.] *m. 1, antike Baukunst:* die Säulen verbindender, den Oberbau tragender Querbalken, Epistyl
Ar|chiv [-çif, griech.-lat.] *n. 1* **1.** Urkundensammlung; **2.** Raum oder Gebäude dafür
Ar|chi|va|li|en [-çiva-] *Pl.* Urkunden
ar|chi|va|lisch [-çiva-] urkundlich
Ar|chi|var [-çivar] *m. 1* Leiter, Angestellter eines Archivs
ar|chi|vie|ren [-çivi-] *tr. 3* in ein Archiv aufnehmen (Urkunden)
Ar|chi|vol|te [-çivɔl-, griech. + lat.] *f. 11* **1.** Stirn-, Innenseite eines Rundbogens; **2.** meist figürlich verzierter roman. oder got. Portalbogen
Ar|chon [-çon, griech.] *m. Gen.* -s *Pl.* -cho|nten, **Ar|chont** [-çɔnt] *m. 10, in altgriech. Städten:* höchster Beamter
Ar|cus [lat.] *m. Gen. - Pl. -* **1.** *Anat.:* bogenförmiges Gebilde; **2.** *Math.* s. **Ar|kus**
ARD **1.** *Abk. für* Arbeitsgemeinschaft der öffentlich-rechtl. Rundfunkanstalten der Bundesrep. Deutschland; **2.** *Abk. für die Währungseinheit* Armenischer Dram
Ar|den|nen *Pl.* belg. Mittelgebirge
A|re *f. 11 schweiz. für* Ar
A|re|al [lat.] *n. 1* Bodenfläche; Grundstück
A|re|ka|nuss (*alt:* A|re|ka|nuß) [drawid.-port.] *f. 2* Frucht der Areka- oder Betelpalme
a|re|li|gi|ös nicht religiös
A|re|na [lat.] *f. Gen. - Pl.* -nen **1.** mit Sand bestreuter Kampfplatz; **2.** Sportplatz mit Zuschauertribünen; **3.** Zirkusmanege; **4.** *österr.:* Sommerbühne
A|re|o|pag [griech.] *m. 1, im alten Athen:* höchster Gerichtshof

> **arg — Arg:** Im Gegensatz zur bisherigen Schreibweise wird *arg* auch in festen Fügungen großgeschrieben, weil es sich um ein substantiviertes Adjektiv handelt: *im Argen liegen; ich dachte mir nichts Arges dabei; es soll nicht zum Ärgsten kommen; er befürchtet Arges/das Ärgste.* § 57 (1)

arg; im Argen liegen; ich dachte mir nichts Arges dabei; es soll nicht zum Ärgsten kommen; jmdn. vor dem Ärgsten bewahren; das Ärgste dabei ist, dass …
Arg *n. Gen.* -s *nur Sg.;* er ist ohne Arg; ich finde kein Arg an ihm
Ar|gen|tan [lat.] *n. 1 nur Sg.* Neusilber
Ar|gen|ti|ni|en südamerik. Staat
Ar|gen|ti|ni|er *m. 5*
ar|gen|ti|nisch
Ar|gen|tit [lat.] *m. 1 nur Sg.* Silberglanz, ein Mineral
Ar|gen|tum [lat.] *n. Gen.* -s *nur Sg.* (*Zeichen:* Ag) Silber
Är|ger *m. 5 nur Sg.*
är|ger|lich
är|gern *tr. 1;* ich ärgere, ärgre mich
Är|ger|nis *n. 1*
Arg|list *f. 10 nur Sg.*
arg|lis|tig
arg|los
Arg|lo|sig|keit *f. 10 nur Sg.*
Ar|gon [auch: -gon, griech.] *n. 1 nur Sg.* (*Zeichen:* Ar) chem. Element, ein Edelgas

Ar|go|naut [griech.] *m. 10* **1.** *griech. Myth.:* Angehöriger der Besatzung des Schiffes »Argo«; **2.** ein Tintenfisch
Ar|got [-go, frz.] *n. 9* **1.** die frz. Gaunersprache; **2.** *auch:* Sondersprache einer sozialen Schicht, Jargon
Ar|gu|ment [lat.] *n. 1* Beweisgrund, stichhaltige, einleuchtende Entgegnung
Ar|gu|men|ta|ti|on *f. 10* Beweisführung
ar|gu|men|tie|ren *intr. 3*
Ar|gus *griech. Myth.:* hundertäugiger Riese
Ar|gus|au|gen *f. 11, übertr.:* scharfe, wachsame Augen; etwas mit A. beobachten
Arg|wohn *m. 1 nur Sg.*
arg|wöh|nen *tr. 1*
arg|wöh|nisch
A|rhyth|mie *f. 11* s. **Ar|rhyth|mie**
A|ri|ad|ne|fa|den [nach der griech. Sagengestalt Ariadne] *m. 8* Leitfaden, rettendes Mittel
A|ri|a|ner *m. 5* Anhänger des Arianismus
a|ri|a|nisch; *aber:* der Arianische Streit
A|ri|a|nis|mus *m. Gen. - nur Sg.* Lehre des Arius von Alexandria, dass Gott und Christus nicht wesensgleich, sondern wesensähnlich sind; vgl. Athanasianer
a|rid [lat.] trocken, dürr (Boden, Klima)
A|ri|di|tät *f. 10 nur Sg.*
A|rie [ariə, lat.-ital.] *f. 11* Sologesangsstück mit Instrumentalbegleitung
A|ri|el [griech.] **1.** bibl. Name Jerusalems; **2.** *bei den Juden:* ein Engel; **3.** Luftgeist in Shakespeares »Sturm« und Goethes »Faust«
A|ri|er [griech.] *m. 5* **1.** Angehöriger einer frühgeschichtl. Völkergruppe mit idg. Sprachen im Iran und in Indien; **2.** *nationalsozialistische Ideologie:* Nichtjude, Angehöriger der so genannten nordischen Rasse
A|ri|et|ta [ital.] *f. Gen. - Pl.* -ten kleine Arie
a|ri|os, a|ri|o|so [ital.] arienartig, sanglich, melodiös
A|ri|o|so *n. Gen.* -s *Pl.* -s *oder* -si arienartiges Sologesangs- oder Instrumentalstück
a|risch zu den Ariern gehörend, von ihnen stammend
A|ris|to|krat [griech.] *m. 10* **1.** Angehöriger der Aristokratie; **2.** *übertr.:* vornehmer Mensch
A|ris|to|kra|tie *f. 11* **1.** Adel; **2.** Adelsherrschaft; **3.** *übertr.:* Oberschicht
a|ris|to|kra|tisch
A|ris|to|nym [griech.] *n. 1* aus einem Adelsnamen bestehender Deckname
A|ris|to|pha|nes altgriech. Komödiendichter
A|ris|to|te|li|ker *m. 5* Anhänger der Lehre des Aristoteles
a|ris|to|te|lisch
A|rith|me|tik [griech.] *f. 10 nur Sg.* Zahlenlehre, Rechnen mit Zahlen und Buchstaben
A|rith|me|ti|ker *m. 5*
a|rith|me|tisch; arithmetisches Mittel: Durchschnittswert
A|ri|zo|na (*Abk.:* AZ) Staat der USA
Ar|ka|de [lat.-frz.] *f. 11* auf zwei Säulen oder Pfeilern ruhender Bogen
Ar|ka|di|en griech. Landschaft
ar|ka|disch; arkadische Dichtung: Hirten-, Schäferdichtung
Ar|kan|sas (*Abk.:* AR) Staat der USA
Ar|kan|sit [nach Arkansas] *m. 1 nur Sg.* ein Mineral mit metallartigem Glanz
Ar|ka|num [lat.] *n. Gen.* -s *Pl.* -na, *Pharmazie:* Geheimmittel
Ar|ke|bu|se [ndrl. »Hakenbüchse«] *f. 11, 15. Jh.:* schweres, beim Schießen in einen Haken zu hängendes Gewehr
Ar|ke|bu|si|er *m. 1* Soldat mit Arkebuse
Ar|ko|na Kap auf Rügen
Ar|ko|se [frz.] *f. 11 nur Sg.* Feldspat und Glimmer enthaltender Sandstein
Ar|ko|so|li|um [lat.] *n. Gen.* -s *Pl.* -li|en, *in Katakomben:* Wandgrab unter einer bogenförmigen Nische
Ark|ti|ker *m. 3* Bewohner der Arktis
Ark|tis *f. Gen. - nur Sg.* Gebiet um den Nordpol; *Ggs.:* Antarktis
ark|tisch
Ark|tur *m. Gen.* -s, Ark|tu|rus *m. Gen.* - Stern im Sternbild Bootes
Ar|ku|bal|lis|te [lat.] *f. 11* Bogenschleuder, altröm. und mittelalterl. Belagerungsgerät
Ar|kus, Ar|cus [lat.] *m. Gen. - Pl. -* (*Abk.:* arc) Kreisbogen eines Winkels
Arl|berg *m. 1 nur Sg.* ein Alpenpass
Ar|lec|chi|no [-ki-, ital.] *m. Gen.* -s *Pl.* -s *oder* -ni, *in der Commedia dell'Arte:* Hanswurst

arm: Das Adjektiv *arm* wird kleingeschrieben: *Er war damals sehr arm.* Dagegen wird *Arm und Reich* (= jedermann) großgeschrieben, weil es als substantiviertes Adjektiv verstanden wird: *Es trafen sich Arm und Reich.* Ebenso: *Jung und Alt.* § 57 (1)

arm; Arm und Reich: jedermann; Arm und Reich: arme und reiche Menschen; die Armen; du Armer; der Ärmste; der arme Sünder
Arm *m. 1;* ein Arm voll Holz; zwei Arm(e) voll Holz
Ar|ma|da *f. Gen. - Pl.* -s *oder* -den, Kriegsmacht, *bes.* die Flotte des span. Königs Philipp II.
Ar|ma|gnac *auch:* **Ar|mag|nac** [-njak, nach der frz. Landschaft A.] *m. 9* ein frz. Weinbrand
arm|am|pu|tiert
Ar|ma|to|len [neugriech.] *Pl. 18./19. Jh.:* griech. Freischaren gegen die Türken
Ar|ma|tur [lat.] *f. 10* Zubehör zu Maschinen und techn. Anlagen
Ar|ma|tu|ren|brett *n. 3*
Arm|band *n. 4*
Arm|band|uhr *f. 10*
Arm|brust *f. 1 oder f. 2*
Arm|brus|ter *m. 5* Armbrustschütze, Armbrustmacher
arm|dick
Ar|mee [frz.] *f. 11*
Ar|mee-Ein|heit *auch:* **Ar|mee|ein|heit** *f. 10*
Ar|mee|korps [-ko:r] *n. Gen.* - [-ko:rs] *Pl.* - [-ko:rs]
Är|mel *m. 5*
Är|mel|ka|nal *m. 2 nur Sg.*
Ar|men|haus *n. 4*
Ar|men|häus|ler *m. 5*
Ar|me|ni|en Staat in Vorderasien
Ar|me|ni|er *m. 5*
ar|me|nisch
Ar|men|vier|tel *n. 5*
Ar|mes|län|ge *f., nur in Wendungen wie* jmdn. auf A. von sich fern halten, herankommen lassen
Ar|me|sün|der|glo|cke *f. 11,* **Ar|me-Sün|der-Glo|cke** *f. Gen.* der Ar|men-Sün|der-Glo|cke *Pl.* die Ar|men-Sün|der-Glo|cken Glocke, die für die zum Tode Verurteilten geläutet wurde

A

Arm|fü|ßer, Arm|füß|ler *m. 5* Angehöriger einer Klasse festsitzender Meerestiere
ar|mie|ren [lat.] *tr. 3* bewaffnen, ausrüsten, bewehren
Ar|mie|rung *f. 10*
Ar|mie|rungs|trup|pe *f. 11* Truppe für Befestigungsarbeiten
...ar|mig *vgl. z. B.* einarmig, dreiarmiger Leuchter
Ar|min männl. Vorname
arm|lang; ein armlanger Aal; *aber:* der Aal war etwa einen Arm lang
Arm|län|ge *f. 11*
Arm|leuch|ter *m. 5, derb, verhüllend für* Arschloch
ärm|lich
Ärm|lich|keit *f. 10 nur Sg.*
Ärm|ling *m. 1* Ärmel zum Überstreifen
Ar|mo|ri|al [frz.] *n. 1* Wappenbuch
Ar|mo|ri|ka *kelt. Name für die* Bretagne
ar|mo|ri|ka|nisch; *aber:* Armorikanisches Gebirge
Arm|reif *m. 1,* **Arm|rei|fen** *m. 7*
arm|se|lig
Arm|se|lig|keit *f. 10 nur Sg.*
Ar|mü|re [frz.] *f. 11* **1.** kleingemustertes Seiden- oder Kunstseidengewebe; **2.** Teil des Webstuhls
Ar|mut *f. Gen. - nur Sg.*
Ar|muts|zeug|nis *n. 1*
Arm voll (*alt:* Arm|voll); ein Arm voll Holz; zwei Arm(e) voll Holz
Arndt, *Ernst Moritz* dt. Schriftsteller
Ar|ni|ka *f. 9 nur Sg.* eine Heilpflanze
Ar|nim, *Achim von* dt. Schriftsteller
Ar|no männl. Vorname
Ar|nold, Ar|nolt männl. Vorname
Ar|nulf männl. Vorname
A|rom [griech.] *n. 1, poet. für* Aroma
A|ro|ma *n. Gen.* -s *Pl.* -men *oder* -s *oder* -ma|ta **1.** Duft; **2.** künstlich hergestellter Geschmacksstoff
A|ro|mat *m. 10, Chem.:* aromatische Verbindung
A|ro|ma|the|ra|pie *f. 11* Heilbehandlung durch ätherische Öle
a|ro|ma|tisch; aromatische Verbindung: Benzolverbindung
a|ro|ma|ti|sie|ren *tr. 3* mit einem Aroma versehen
A|ron|stab, A|rons|stab *m. 2 nur Sg.* eine Giftpflanze
Ar|peg|gia|tur [-dʒa-, ital.] *f. 10* Reihe von Arpeggien
ar|peg|gie|ren [-dʒi-] *tr. 3* einzeln nacheinander spielen (Akkordtöne)
ar|peg|gio [-pɛdʒo] einzeln nacheinander (zu spielen)
Ar|peg|gio [-pɛdʒo] *n. Gen.* -s *Pl.* -peg|gi|en [-pɛdʒən] in seinen einzelnen Tönen gespielter Akkord
Ar|rak [arab.] *m. 1 oder m. 9* Reisbranntwein
Ar|ran|ge|ment [arãʒmã, frz.] *n. 9* **1.** Anordnung; **2.** Übereinkunft; **3.** Bearbeitung eines Musikstücks für andere Instrumente
Ar|ran|geur [arãʒør] *m. 1* jmd., der ein Musikstück arrangiert
ar|ran|gie|ren [arãʒi-] *tr. 3* anordnen, bearbeiten; sich a.: sich einigen, sich abfinden
Ar|rest [lat.] *m. 1* **1.** leichte Freiheitsstrafe; **2.** Beschlagnahme; **3.** Strafstunde, Nachsitzen
Ar|res|tant *m. 10* Häftling
ar|re|tie|ren *tr. 3* **1.** festnehmen; **2.** *Tech.:* sperren, feststellen
Ar|re|tie|rung *f. 10* **1.** Festnahme; **2.** Hemmvorrichtung in der Uhr
Ar|rhyth|mie, A|rhyth|mie [griech.] *f. 11* **1.** Störung des Rhythmus, Mangel an Gleichmaß; **2.** *Med.:* Unregelmäßigkeit des Herzschlags
ar|ri|vie|ren [-vi-, frz.] *intr. 3* beruflich vorwärtskommen, Erfolg haben; arriviert sein: anerkannt sein
ar|ro|gant [lat.-frz.] dünkelhaft, anmaßend
Ar|ro|ganz *f. 10 nur Sg.*
ar|ron|die|ren [-rɔ̃-, frz.] *tr. 3* abrunden, zusammenlegen (Grundbesitz)
Ar|ron|dis|se|ment [arɔ̃dis(ə)mã] *n. 9* Teil eines frz. Departements
Ar|row|root [ærouru:t, engl. »Pfeilwurzel«] *n. 9* Stärkemehl aus Wurzeln oder Knollen versch. trop. Pflanzen
Ars an|ti|qua [lat. »alte Kunst«] *f. Gen.* - - *nur Sg.* die mehrstimmige Musik des 13. Jh. in Nordfrankreich
Arsch *m. 2 vulg.*
Ar|schin *m. Gen.* -s *Pl.* - früheres russ. Längenmaß, 71 cm
Arsch|krie|cher *m. 5, vulg.:* widerl. Schmeichler
Arsch|le|der *m. 5* Gesäßschutz der Bergleute
Arsch|loch *n. 4 vulg.*
Ar|sen [griech. oder arab.] *n. 1 nur Sg.* (*Zeichen:* As) chem. Element
Ar|se|nal [lat.-ital.] *n. 1* Geräte-, Waffenlager, Zeughaus
ar|se|nig Arsenik enthaltend; arsenige Säure: Arsensauerstoffsäure
Ar|se|nik *n. 1 nur Sg.* Verbindung von Arsen und Sauerstoff
Ar|se|nit *n. 1* Salz der arsenigen Säure
Ar|sen|kies *m. 1 nur Sg.* ein Mineral
Ar|sis [griech.] *f. Gen.* - *Pl.* Arsen **1.** *antike Metrik:* unbetonter Taktteil; *Ggs.:* Thesis; **2.** *neuere Metrik:* betonter Taktteil, Hebung; **3.** *Mus.:* Aufheben des Fußes bzw. der Arme beim Taktschlagen
Art 1. *f. 10;* er gehört zu der Art von Männern, die ..., *aber:* derart; **2.** [engl. »Kunst«] *f. 9* künstlerisch gestaltetes Erzeugnis, z. B. Foto, Blatt der Gebrauchsgrafik
Art déco [a:r deko, frz.], *Kurzw. aus* art décorative; Stil in Kunst, Kunstgewerbe und Architektur von 1920 bis 1940
Art|di|rec|tor (*alt:* Art-di|rec|tor) [artdaırɛktə(r), engl.] *m. Gen.* - -s *Pl.* - -s *Werbung:* künstler. Leiter eines Ateliers oder eines Layout-Büros
ar|te|fakt [lat.] künstlich hervorgerufen (Verletzung)
Ar|te|fakt *n. 1* **1.** Kunsterzeugnis, Erzeugnis menschlichen Könnens, z. B. vorgeschichtl. Werkzeug; **2.** *Med.:* künstlich hervorgerufener Körperschaden (z. B. Verletzung) zwecks Täuschung
art|ei|gen für eine bestimmte Art kennzeichnend
Ar|tel [-tjɛl, russ.] *n. 9* **1.** Form der sowjet. Kollektivwirtschaft; **2.** *im zarist. Russland:* Arbeiter- oder Handwerkergenossenschaft
Ar|te|mis *griech. Myth.:* Göttin der Jagd
ar|ten *intr. 2;* nach jmdm. arten: sich wie jmd. entwickeln
Ar|te|rie [-riə, griech.] *f. 11* vom Herzen wegführendes Blutgefäß, Schlagader, Pulsader
ar|te|ri|ell zur Arterie gehörig; arterielles Blut: Sauerstoff enthaltendes Blut
Ar|te|ri|en|ver|kal|kung *f. 10*
Ar|te|ri|i|tis *f. Gen.* - *Pl.* -ri|i|ti|den Entzündung der Arterie
Ar|te|ri|o|skle|ro|se *f. 11* Arterienverkalkung
ar|te|ri|o|skle|ro|tisch

ar|te|sisch [nach der frz. Grafschaft Artois]; artesischer Brunnen: durch Druck höherer Grundwasserschichten zutage tretendes Grundwasser, Springquell
art|fremd
art|ge|recht
art|gleich

♦ Die Buchstabenfolge **ar|thr...** kann in Fremdwörtern auch **arth|r...** getrennt werden.

♦ **Ar|thral|gie** [griech.] *f. 11* Gelenkschmerz
♦ **Ar|thri|ti|ker** *m. 5* jmd., der an Arthritis leidet
♦ **Ar|thri|tis** *f. Gen. - Pl.* -ti|den Gelenkentzündung
♦ **ar|thri|tisch**
♦ **Ar|thro|po|de** [griech.] *m. 11 meist Pl.* Gliederfüßler
♦ **Ar|thro|se** [griech.] *f. 11,* **Ar|thro|sis** *f. Gen. - Pl.* -sen auf Abnutzung beruhendes Gelenkleiden
Ar|thur, Ar|tur männl. Vorname
ar|ti|fi|zi|ell [lat.] künstlich, gekünstelt
ar|tig
Ar|tig|keit *f. 10;* jmdm. Artigkeiten sagen: Schmeicheleien sagen
Ar|ti|kel [auch: -ti-, lat.] *m. 5* **1.** das grammat. Geschlecht anzeigende Wort, Geschlechtswort; der, die, das, ein, eine, ein; **2.** Abschnitt (eines Gesetzes oder Vertrages); **3.** kleiner Aufsatz; **4.** Glaubenssatz (einer Religion); **5.** Ware
ar|ti|ku|lar [lat.] zum Gelenk gehörig
Ar|ti|ku|la|ten *Pl.* Gliedertiere
Ar|ti|ku|la|ti|on *f. 10* **1.** *Anat.:* Gelenkverbindung; **2.** *Sprachw.:* Lautbildung, Aussprache; **3.** *Mus.:* sinnvolle Gliederung einer Tonfolge
ar|ti|ku|lie|ren *tr. 3* **1.** aussprechen; **2.** zum Ausdruck bringen (Gedanken)
Ar|til|le|rie [auch: ar-, frz.] *f. 11* **1.** mit Geschützen ausgerüstete Truppe; **2.** die Geschützausrüstung selbst
Ar|til|le|rist *m. 10* Soldat der Artillerie
ar|til|le|ris|tisch
Ar|ti|scho|cke [arab.] *f. 11* in wärmeren Ländern angebaute Gemüsepflanze
Ar|tist **1.** [frz.] *m. 10* Varietee- oder Zirkuskünstler; **2.** [artıst, engl.] *m. 9, Werbung:* Gebrauchsgrafiker, Fotograf, Typograf usw.
Ar|tis|tik *f. 10 nur Sg.* Kunst des Artisten (1)
ar|tis|tisch
Ar|to|thek [lat. + griech.] *f. 10* Institution, die Werke der bildenden Kunst ausleiht
Ar|tung *f. 10* Beschaffenheit
Ar|tur, männl. Vorname, *Nebenform von* Arthur
art|ver|wandt
Art|work, Art-Work [artwə:k, engl.] *n. Gen.* -s *Pl.* -s künstlerische Gestaltung (bes. in der Werbung)
Art|wort *n. 4* Adjektiv
Arz|nei *f. 10*
arz|nei|lich
Arz|nei|mit|tel *n. 5*
Arzt *m. 2*
Ärz|tin *f. 10*
ärzt|lich
ärzt|li|cher|seits
Arzt-Pa|ti|ent-Ver|hält|nis *n. 1*
as *n. Gen. - Pl. -, Mus.* **1.** das um einen halben Ton erniedrigte a; **2.** = as-Moll
As **1.** *n. Gen. - Pl. -, Mus.:* das um einen halben Ton erniedrigte A; = As-Dur; **2.** (*alt für:* Ass) *n. 1*
As **1.** *chem. Zeichen für* Arsen; **2.** *Abk. für* Amperesekunde
a. S. *Abk. für* auf Sicht (auf Wechseln)
asb *Abk. für* Apostilb
As|best [griech.] *m. 1* ein faseriges Mineral
As|bes|to|se *f. 11* durch Asbeststaub hervorgerufene Lungenkrankheit
Asch *m. 2, ostmitteldt.:* Napf, Schüssel, kleine Wanne
Asch|be|cher, A|schen|be|cher *m. 5*
asch|bleich
asch|blond
Asch|cha|bad, Asch|ga|bad Hauptstadt von Turkmenistan
A|sche *f. 11*
Ä|sche *f. 11* lachsartiger Speisefisch
A|schen|bahn *f. 10*
A|schen|be|cher, Asch|be|cher *m. 5*
A|schen|blu|me *f. 11* eine Zimmerpflanze, Zinerarie
A|schen|brö|del, A|schen|put|tel *n. 5*
A|schen|re|gen *m. 7*
A|scher *m. 5* Aschenbecher
Ä|scher *m. 5* **1.** Aschen- und Kalklauge; **2.** Fass, Grube dafür
A|scher|mitt|woch *m. 1* der Tag nach Fastnacht
ä|schern *tr. 1* im Äscher enthaaren (Felle)
asch|fahl
asch|far|ben
asch|grau
a|schig wie Asche, aus Asche
Asch|ke|na|sim [auch: -sim, hebr.] *Pl., Sammelbez. für* die ost- und mitteleurop. Juden; vgl. Sephardim
asch|ke|na|sisch
Asch|ku|chen *m. 7, ostmitteldt.:* Napfkuchen
ä|schy|le|isch von Äschylus stammend
Ä|schy|lus, *griech.:* Ais|chy|los [ai-sçy-] altgriech. Dichter (um 525-456 v. Chr.)
ASCII *Abk. für* american standard code for information interchange: international gebräuchliche Verschlüsselung von 128 Zeichen in Binärzahlen
As|cor|bin|säu|re [griech.] *f. 11 nur Sg.* s. **As|kor|bin|säu|re**
As-Dur *n. Gen. - nur Sg.* (*Abk.:* As) eine Tonart

As-Dur-Tonleiter: Bei Einzelbuchstaben als Erstbestandteil einer Zusammensetzung wie in *A-Dur, Cis-Dur, S-Kurve* usw. wird ein Bindestrich gesetzt. Handelt es sich um mehrteilige Zusammensetzungen, in denen eine Wortgruppe oder eine Zusammensetzung mit Bindestrich auftreten, so steht ein Bindestrich zwischen allen Teilen: *As-Dur-Tonleiter, D-Zug-Wagen.* § 44

As-Dur-Ton|lei|ter *f. 11*
ASEAN *Abk. für* Association of Southeast Asian Nations (Verband Südostasiatischer Staaten)
A|se|bie [griech.] *f. 11 nur Sg.* Gottlosigkeit; *Ggs.:* Eusebie
ä|sen *intr. 1* fressen (vom Wild außer Schwarz- und Raubwild)
A|sen *Pl.* die german. Götter
A|sep|sis [griech.] *f. Gen. - nur Sg.* Keimfreiheit
a|sep|tisch
A|sep|tik *f. 10 nur Sg.* keimfreie Wundbehandlung
Ä|ser **1.** *Pl. von* Aas; **2.** *m. 5* Maul (vom Wild), Geäse
A|ser|baid|schan *auch:* **A|ser|bai|dschan** Staat in Vorderasien
As|gard *german. Myth.:* Wohnsitz der Götter

A

A|si|at *m. 10* Einwohner von Asien
A|si|a|ti|ka *Pl.* Bücher, Bilder, Dokumente über Asien
a|si|a|tisch; asiatische Grippe
A|si|en einer der fünf Erdteile
As|ka|ri|a|sis [griech.], As|ka|ri|di|a|sis *f. Gen. - nur Sg.* Spulwurmkrankheit
As|ka|ris *m. Gen. - Pl.* -ri|den im Darm schmarotzender Spulwurm
As|ke|se [griech.] *f. 11 nur Sg.* streng enthaltsame Lebensweise, Selbstüberwindung
As|ket *m. 10* jmd., der Askese übt
As|ke|tik *f. 10 nur Sg.* Lehre von der Askese
as|ke|tisch in der Art eines Asketen
As|kle|pi|os *auch:* **Ask|le|pi|os** *griech. Name des* Äskulap
As|kor|bin|säu|re, *fachsprachl.:* As|cor|bin|säu|re [griech.] *f. 11 nur Sg., chem. Bez. für* Vitamin C
Äs|ku|lap *griech.-röm. Myth.:* Gott der Heilkunde
Äs|ku|lap|nat|ter *f. 11* mittel- und südeurop. Schlange
Äs|ku|lap|stab *m. 2* von einer Schlange umwundener Stab, Symbol der Ärzte
as-Moll *n. Gen. - nur Sg.* (*Abk.:* as) eine Tonart
as-Moll-Ton|lei|ter *f. 11*
a|so|ma|tisch [auch: -ma-, griech.] nicht somatisch, körperlos, unkörperlich
A|sow|sche(s) Meer [auch: asɔf-] *Gen.* des Asowschen Meeres, *nur Sg.* Seitenbecken des Schwarzen Meeres
a|so|zi|al [auch: a-, griech.] nicht sozial, unfähig zum Leben in der Gemeinschaft
A|so|zi|a|li|tät *f. 10 nur Sg.*
As|pa|ra|gin [griech.] *n. 1 nur Sg.* eine Aminosäure
As|pa|ra|gus [auch: -pa-] *m. Gen. - nur Sg.* eine Gemüse- und Zierpflanze, Spargel
As|pekt *auch:* **A|spekt** [lat.] *m. 1* **1.** eine Seite (einer Sache); **2.** Betrachtungsweise; **3.** *bes. in den slaw. Sprachen:* Aktionsart des Verbums, die ausdrückt, ob ein Vorgang vollendet ist oder nicht; **4.** bestimmte Stellung der Planeten zueinander
As|per|gill *auch:* **A|sper|gill** [lat.] *n. 1* Weihwasserwedel
A|sper|ma|tis|mus [griech.] *m. Gen. - nur Sg.,* **A|sper|mie** *f. 11 nur Sg.* völliges Fehlen der Samenzellen im Samenerguss
As|per|si|on *auch:* **A|sper|si|on** [lat.] *f. 10* Besprengung mit Weihwasser
As|phalt [griech.] *m. 1* Mischung aus Bitumen und Mineralstoffen, Erdharz, Erdpech
as|phal|tie|ren *tr. 3*
As|pho|de|le [griech.] *f. 11,* **As|pho|dill** *m. 1* s. **Af|fo|dill**
a|sphyk|tisch *auch:* **as|phyk|tisch** [griech.] auf Asphyxie beruhend
A|sphy|xie *auch:* **As|phy|xie** *f. 11* Erstickung infolge Lähmung des Atemzentrums

♦ Die Buchstabenfolge **a|spi...** kann in Fremdwörtern auch **as|pi...** getrennt werden.

♦ **A|spik** [lat.-frz.] *m. 1, österr. auch: n. 1* säuerliches Gallert zum Einlegen von Fleisch oder Fisch
♦ **A|spi|rant** [lat.] *m. 10* Anwärter, Bewerber
♦ **A|spi|ran|tur** *f. 10* Stelle eines Aspiranten
♦ **A|spi|ra|ta** [lat.] *f. Gen. - Pl.* -tae *oder* -ten = Hauchlaut
♦ **A|spi|ra|teur** [-tør, frz.] *m. 1* Absaugvorrichtung, die das Getreide vor dem Mahlen reinigt
♦ **A|spi|ra|ti|on** [lat.] *f. 10* **1.** *veraltet:* Streben, Bestrebung; **2.** behauchte Aussprache (eines Lautes); **3.** Ansaugung (von Flüssigkeit)
♦ **A|spi|ra|tor** *m. 13* Vorrichtung zum Ansaugen von Luft oder Gas
♦ **a|spi|ra|to|risch** mit Hauchlaut (auszusprechen)
♦ **a|spi|rie|ren** **1.** *tr. 3* mit Hauchlaut aussprechen; aspirierte Laute; **2.** *intr. 3;* auf etwas a. *österr.:* sich um etwas bewerben
♦ **A|spi|rin**® *n. Gen. -s Pl. -* Schmerzmittel
Ass *n. 1* **1.** Spielkarte mit dem höchsten Wert; vgl. Daus; **2.** *übertr.:* Spitzenkönner, der Beste **3.** *Tennis:* für den Gegner unerreichbarer Aufschlag
Ass. *Abk. für* Assessor, Assistent
as|sai [ital.] *Mus.:* ziemlich, genug, z. B. allegro assai
as|sa|nie|ren [lat.] *tr. 3;* Felder a.: gesunde Bodenverhältnisse für Felder schaffen; Stadtteile a.: hygienische Verhältnisse für sie schaffen
As|sa|nie|rung *f. 10*
As|sas|si|ne [arab.] *m. 11* **1.** Angehöriger eines mittelalterl. muslim. Geheimbunds; **2.** *veraltet:* Meuchelmörder
As|se|ku|rant [lat.] *m. 10, veraltet:* Versicherer
As|se|ku|ranz *f. 10, veraltet:* Versicherung; Versicherungsgesellschaft
As|sel *f. 11* ein Krebstier
As|sem|blée na|ti|o|nale *auch:* **As|semb|lée na|ti|o|nale** [asãble nasjonal] *f. Gen. - - nur Sg.* die frz. Nationalversammlung
As|sem|bler *auch:* **As|semb|ler** [əsɛmblə(r), engl. »Zusammensteller«] **1.** eine maschinenorientierte Programmiersprache; **2.** Computerprogramm, das diese Sprache in die rechnereigene Sprache übersetzt
As|sem|bling *auch:* **As|semb|ling** [əsɛm-, engl.] *n. 9* Zusammenschluss von Industriebetrieben zur Rationalisierung
as|sen|tie|ren [lat.] *tr. 3* **1.** bei-, zustimmen; **2.** *österr.:* für tauglich zum Militärdienst erklären
as|se|rie|ren [lat.] *tr. 3* behaupten, feststellen
As|ser|ti|on *f. 10* Behauptung, Feststellung
as|ser|to|risch
As|ser|vat [-vat, lat.] *n. 1* amtlich aufbewahrter Gegenstand (z. B. als Beweismittel für eine Gerichtsverhandlung)
as|ser|vie|ren [-vi-] *tr. 3*

→ Accessoire Im Deutschen wird das französische Fremdwort *Accessoire* häufig [asɛsoar] gesprochen, obwohl es eigentlich wie im Französischen mit [aks-] anlautet. Dies wird allerdings im geschriebenen Wort durch die Buchstabenfolge *Acc-* wiedergegeben.

As|ses|sor [lat.] *m. Gen. -s Pl.* -so|ren (*Abk.:* Ass.) Anwärter auf die höhere Beamtenlaufbahn nach dem Staatsexamen
As|ses|so|rin *f. 10*
As|set [æset, engl.] *m. Gen. -s Pl. -s, Wirtsch.:* Vermögenswert eines Unternehmens
As|set|ma|nage|ment [æsetmænɪdʒmənt, engl.] *n. 9, Börse:* Steuerung eines Bestandes an Wertpapieren

A

As|si|bi|la|ti|on [lat.] *f. 10* Verwandlung eines Verschlusslautes in einen Reibelaut, z. B. niederdt. »Tid« in hochdt. »Zeit«
as|si|bi|lie|ren *tr. 3*
As|si|bi|lie|rung *f. 10 nur Sg.*
As|si|gna|te *auch:* **As|sig|na|te** [frz.] *f. 11* Geldschein in der Frz. Revolution
as|si|gnie|ren *tr. 3* anweisen (Geld)
As|si|mi|lat [lat.] *n. 1* durch Assimilation entstandenes Produkt, z. B. Zucker
As|si|mi|la|ti|on *f. 10,* **As|si|mi|lie|rung** *f. 10* Angleichung, Verschmelzung, Überführung, Assimilation
as|si|mi|la|to|risch durch Assimilation
as|si|mi|lie|ren *tr. 3* angleichen, sich einverleiben
As|si|mi|lie|rung *f. 10* = Assimilation
As|si|sen [frz.] *f. 11, in Frankreich u. der Schweiz:* **1.** Schwurgericht; **2.** dessen Sitzungen
As|si|si Wallfahrtsort in Italien
As|sis|tent [lat.] *m. 10* (*Abk.:* Ass.) Helfer, Mitarbeiter (bes. wissenschaftl.)
As|sis|tenz *f. 10* Hilfe, Mitwirkung
As|sis|tenz|arzt *m. 2* Hilfsarzt in Klinik od. Praxis
as|sis|tie|ren *intr. 3*
As|so|cié [asɔsje, frz.] *m. 9, veraltet:* Teilhaber
As|so|nanz [lat.] *f. 10* Gleichklang nur der Vokale, nicht aber der Konsonanten beim Reim
as|sor|tie|ren [frz.] *tr. 3* mit Waren versehen, vervollständigen (Lager)
As|so|zi|a|ti|on [lat.] *f. 10* Vereinigung, Zusammenschluss, Verknüpfung, Verbindung; *Ggs.:* Dissoziation
as|so|zi|a|tiv durch Verknüpfung von Vorstellungen bewirkt, verbindend; *Ggs.:* dissoziativ
as|so|zi|ie|ren *tr. 3* verbinden, verknüpfen; *Ggs.:* dissoziieren
As|so|zi|ie|rung *f. 10*
ASSR *Abk. für* Autonome Sozialistische Sowjetrepublik *(früher)*
As|su|an ägypt. Stadt
As|su|an|stau|damm *m. 2 nur Sg.*
As|sump|ti|on *f. 10 nur Sg.* s. **As|sum|ti|on**
As|sump|ti|o|nist [lat.] *m. 10* Angehöriger der Kongregation der Augustiner von der Himmelfahrt Mariä
As|sum|ti|on, As|sump|ti|on *f. 10* **1.** *nur Sg.* Himmelfahrt Mariä; **2.** = Assunta
As|sun|ta *f. Gen. - Pl.* -ten, **As|sun|zi|o|ne** *f. 11* bildl. Darstellung der Himmelfahrt Mariä
As|sy|ri|en antikes Reich in Mesopotamien
As|sy|ri|er, As|sy|rer *m. 5*
As|sy|ri|o|lo|ge *m. 11*
As|sy|ri|o|lo|gie *f. 11 nur Sg.* Wissenschaft von den assyr.-babylon. Sprachen und Kulturen
as|sy|ri|o|lo|gisch
as|sy|risch
Ast *m. 2*
AStA *m. Gen. - nur Sg., Kurzw. für* Allgemeiner Studentenausschuss
A|sta|sie *auch:* **As|ta|sie** [griech.] *f. 11, Med.:* Unruhe, Unfähigkeit, ruhig zu stehen (bes. bei Hysterie)
A|stat *auch:* **As|tat** [griech.] *n. 1 nur Sg.* (*Zeichen:* At) künstlich hergestelltes chem. Element
a|sta|tisch *auch:* **as|ta|tisch** **1.** *Med.:* unstet, unruhig; **2.** *Phys.:* gegen Beeinflussung durch äußere elektr. und magnet. Felder geschützt
Äst|chen *n. 7*
as|ten *intr. 2, ugs.:* rennen, sich beeilen
As|ter [griech.] *f. 11* Sternblume, eine Zierpflanze
as|te|risch sternähnlich
As|te|ris|kus *m. Gen. - Pl.* -ken, *Buchdruck:* Sternchen (*)
As|te|ro|id *m. 12 oder m. 10* = Planetoid
A|sthe|nie *auch:* **As|the|nie** [griech.] *f. 11* allgemeine Körperschwäche
A|sthe|ni|ker *auch:* **As|the|ni|ker** *m. 5* schmächtiger, zart gebauter Mensch
a|sthe|nisch *auch:* **as|the|nisch**
Äs|the|sie [griech.] *f. 11 nur Sg.* Empfindungsvermögen
Äs|thet *m. 10* überfeinerter Freund des Schönen
Äs|the|tik *f. 10 nur Sg.* Wissenschaft vom Schönen
Äs|the|ti|ker *m. 5* Kenner der Ästhetik
äs|the|tisch im Sinne der Ästhetik, auf ihr beruhend; schön, geschmackvoll
äs|the|ti|sie|ren *tr. 3* einseitig nach den Gesetzen der Ästhetik gestalten oder beurteilen
Äs|the|ti|zis|mus *m. Gen. - nur Sg.* einseitig ästhetische Lebenshaltung oder Kunstbetrachtung
Äs|the|ti|zist *m. 10*
äs|the|ti|zis|tisch
Asth|ma [griech.] *n. 9 nur Sg.* anfallsweise auftretende Atemnot
Asth|ma|ti|ker *m. 5* jmd., der an Asthma leidet
asth|ma|tisch
As|ti *m. Gen.* -(s) *Pl.* - Wein aus der Gegend um die ital. Stadt Asti; Asti spumante: ital. Schaumwein
äs|tig astreich, stark verästelt
a|stig|ma|tisch *auch:* **as|tig|ma|tisch** [griech.] Punkte strichförmig verzerrend (von opt. Linsen, auch von der Augenlinse)
A|stig|ma|tis|mus *auch:* **As|tig|ma|tis|mus** *m. Gen. - nur Sg.* Abbildungsfehler von Linsen, linear verzerrte Punktwiedergabe; *auch:* Augenfehler, Stabsichtigkeit
Äs|ti|ma|ti|on [lat.] *f. 10 nur Sg.* Hochschätzung, Beachtung, Würdigung
äs|ti|mie|ren *tr. 3* hoch achten, schätzen; beachten
Äst|lein *n. 7*
Ast|loch *n. 4* als Loch oder Fleck im Brettholz sichtbare Ansatzstelle des Astes

♦ Die Buchstabenfolge **as|tr...** kann in Fremdwörtern auch **ast|r...** getrennt werden.

♦ **As|tra|chan** [-xa:n] **1.** südruss. Stadt; **2.** *m. 9* Fell eines südruss. Lammes
♦ **as|tral** [griech.] die Gestirne betreffend, von ihnen stammend
♦ **As|tral|leib** *m. 3, Okkultismus:* ätherischer, nach dem Tode fortlebender Leib des Menschen, Umhüllung der Seele
♦ **As|tral|re|li|gi|on** *f. 10* relig. Verehrung von Gestirnen
ast|rein *ugs.:* in Ordnung; die Sache ist nicht ganz astrein
♦ **As|trid** weibl. Vorname
♦ **As|tro|bo|ta|nik** *f. 10 nur Sg.* Erforschung der Lebensbedingungen für pflanzl. Lebewesen auf anderen Sternen
♦ **As|tro|fo|to|gra|fie** *f. 11 nur Sg.* Fotografie der Himmelskörper
♦ **As|tro|graph** *auch:* **As|tro|graf** [griech.] *m. 10* **1.** Fernrohr mit Einrichtung zum Fotografieren des Sternhimmels; **2.** Gerät zum Zeichnen von Sternkarten

A

♦ **As|tro|gra|phie** *auch:* **As|tro|gra|fie** *f. 11 nur Sg.* Sternbeschreibung

♦ **As|tro|la|bi|um** *n. Gen.* -s *Pl.* -bien altes astronom. Instrument

♦ **As|tro|lo|ge** *m. 11*

♦ **As|tro|lo|gie** *f. 11 nur Sg.* Lehre von einer angebl. Beziehung zwischen der Konstellation der Gestirne und dem menschlichen Schicksal

♦ **as|tro|lo|gisch**

♦ **As|tro|me|trie** *auch:* **As|tro|met|rie** *f. 11 nur Sg.* Zweig der Astronomie, der sich mit der Bestimmung der Örter der Gestirne beschäftigt

♦ **As|tro|naut** *m. 10*

♦ **As|tro|nau|tik** *f. 10 nur Sg.* Weltraumfahrt

♦ **as|tro|nau|tisch**

♦ **As|tro|nom** *m. 10*

♦ **As|tro|no|mie** *f. 11 nur Sg.* Wissenschaft von den Gestirnen, Sternkunde

♦ **as|tro|no|misch**

♦ **As|tro|phy|sik** *f. 10 nur Sg.* Wissenschaft von der physikal. Beschaffenheit der Himmelskörper

♦ **as|tro|phy|si|ka|lisch**

Äs|tu|ar, Äs|tu|a|ri|um [lat.] *n. Gen.* -s *Pl.* -ri|en trichterförmige Flussmündung

As|tu|ri|en historische span. Provinz

As|tu|ri|er *m. 5*

as|tu|risch

Ä|sung *f. 10 nur Sg.* das Äsen; Nahrung (des Wildes), Geäse

A|syl [griech.] *n. 1* **1.** Zufluchtsort (für Verfolgte), Freistatt; **2.** Heim (für Obdachlose)

A|sy|lant *m. 10* jmd., der um Asyl (1) bittet, Asylbewerber

A|syl|be|wer|ber *m. 5* Asylant

A|syl|recht *n. 1*

A|syl|su|chen|de(r) *auch:* **A|syl Su|chen|de(r)** *m. 18 (17) bzw. f. 17 oder 18*

A|syl|wer|ber *m. 5 österr. für* Asylbewerber

A|sym|me|trie *auch:* **A|sym|met|rie** *f. 11 nur Sg.* Mangel an Symmetrie, Ungleichmäßigkeit

a|sym|me|trisch *auch:* **a|sym|met|risch**

A|sym|pto|te *auch:* **A|symp|to|te** [griech.] *f. 11* Gerade, der sich eine Kurve nähert, ohne sie (im Endlichen) zu erreichen

a|sym|pto|tisch *auch:* **a|symp|to|tisch** in der Art einer Asymptote

a|syn|chron [-kron, griech.] nicht gleichzeitig; *Ggs.:* synchron

A|syn|chron|mo|tor [-kron-] *m. 12* Elektromotor mit frequenzunabhängiger Drehzahlregelung

a|syn|de|tisch [griech.] nicht durch Bindewörter verbunden (Sätze, Satzteile); *Ggs.:* syndetisch

A|syn|de|ton *n. Gen.* -s *Pl.* -ta Aneinanderreihung von Sätzen oder Satzteilen ohne Bindewörter, z. B. »Ich kam, sah, siegte« (Cäsar); *Ggs.:* Polysyndeton

A|szen|dent *auch:* **As|zen|dent** [lat.] *m. 10* **1.** Verwandter in aufsteigender Linie, Vorfahr; **2.** aufgehendes Gestirn; **3.** Aufgangspunkt eines Gestirns; *Ggs.:* Deszendent

A|szen|denz *auch:* **As|zen|denz** *f. 10* **1.** Verwandtschaft in aufsteigender Linie; **2.** Aufgang (eines Gestirns); *Ggs.:* Deszendenz

a|szen|die|ren *auch:* **as|zen|die|ren** *intr. 3* aufsteigen, aufgehen; *Ggs.:* deszendieren

As|ze|se *f. 11 nur Sg.* s. **As|ke|se**

at **1.** [æt, engl. »bei«] (*Zeichen:* @) *EDV:* Trennzeichen innerhalb einer E-Mail-Adresse **2.** *veraltet, Abk. für* Atmosphäre, *heute:* Bar

At *chem. Zeichen für* Astat

AT *Abk. für* Altes Testament

A|ta|ca|ma Wüstengebiet in Chile

a|tak|tisch [griech.] auf Ataxie beruhend, ungleichmäßig

A|ta|man *m. 1* Stammes- und militär. Führer der Kosaken

A|ta|ra|xie [griech.] *f. 11 nur Sg.* unerschütterliche Ruhe, Gleichmut

A|ta|vis|mus [-vis-, lat.] *m. Gen.* - *Pl.* -men Wiederauftreten von Eigenschaften oder Anschauungen der Ahnen

a|ta|vis|tisch [-vis-]

A|ta|xie [griech.] *f. 11* Störung des geordneten Bewegungsablaufs in Form von schleudernden Bewegungen

A|te|lier [-lje, frz.] *n. 9* **1.** Werkstatt eines Künstlers, eines Maßschneiders; **2.** Raum für fotografische oder Filmaufnahmen

A|tem *m. Gen.* -s *nur Sg.*

a|tem|be|rau|bend

a|tem|los

A|tem|not *f. 2 nur Sg.*

a tem|po [ital.] **1.** *Mus.:* wieder im gleichen Tempo (zu spielen); **2.** *ugs.:* sofort, schnell; bitte (ein bisschen) a tempo!

Ä|than, *fachsprachl.:* E|than [griech.] *n. 1 nur Sg.* ein gasförmiger gesättigter Kohlenwasserstoff

A|tha|na|si|a|ner *m. 5* Anhänger der Lehre des Kirchenvaters Athanasius, dass Gott und Christus wesensgleich sind; vgl. Arianismus

a|tha|na|si|a|nisch

A|tha|na|sie [griech.] *f. 11 nur Sg.* Unsterblichkeit

A|tha|na|tis|mus *m. Gen.* - *nur Sg.* Lehre von der Unsterblichkeit

Ä|tha|nol, *fachsprachl.:* E|tha|nol [Kurzwort aus Äthan und Alkohol] *n. 1 nur Sg.* = Äthylalkohol

A|tha|pas|ke, A|tha|bas|ke *m. 11* Angehöriger einer Gruppe nordamerik. Indianerstämme

A|the|is|mus [griech.] *m. Gen.* - *nur Sg.* Verneinung der Existenz Gottes

A|the|ist *m. 10*

a|the|is|tisch

A|then Hauptstadt von Griechenland

A|the|nä|um *n. Gen.* -s *Pl.* -nä|en **1.** Tempel der Göttin Athene; **2.** Titel einer Literaturzeitschrift um 1800; **3.** Name von wissenschaftl. Instituten, die sich mit dem Altertum beschäftigen

A|the|ne griech. Göttin der Weisheit

A|the|ner *m. 5* Einwohner von Athen

a|the|nisch

Ä|ther [griech.] *m. 5 nur Sg.* **1.** Himmel, Himmelsluft; **2.** *Chem., fachsprachl:* E|ther, Oxid eines Kohlenwasserstoffs

ä|the|risch **1.** ätherartig; **2.** himmlisch; **3.** hauchzart; vergeistigt; **4.** wohlriechend

ä|the|ri|sie|ren *tr. 3*

a|ther|man [griech.] undurchlässig für Wärmestrahlen; *Ggs.:* diatherman

A|the|rom [griech.] *n. 1* Talgdrüsengeschwulst, Grützbeutel

Ä|thi|o|pi|en ostafrik. Staat

Ä|thi|o|pi|er *m. 5*

ä|thi|o|pisch

Ath|let [griech.] *m. 10* **1.** Wettkämpfer; **2.** sehr starker, kräftig gebauter Mann

Ath|le|tik *f. 10 nur Sg.* **1.** Wettkampflehre; **2.** sportl. Wettkampf

Ath|le|ti|ker *m. 5* muskulöser, starkknochiger Menschentyp

ath|le|tisch

A|thos [griech. »heiliger Berg«] Mönchsrepublik auf der südöstl. Spitze von Chalkidike

> **Äthyl/Ethyl, Äther/Ether:** In der Gemeinsprache wird *Äthyl* bzw. *Äther* geschrieben, in den Fachsprachen der Naturwissenschaften *Ethyl* und *Ether*. § 32 (2)

Ä|thyl, *fachsprachl.:* E|thyl [griech.] *n. 1 nur Sg.* organische, einwertige Molekülgruppe zahlreicher chem. Verbindungen

Ä|thyl|al|ko|hol, *fachsprachl.:* E|thyl|al|ko|hol *m. 1 nur Sg.* der in alkohol. Getränken enthaltene Alkohol, Äthanol

Ä|thy|len, *fachsprachl.:* E|thy|len *n. 1 nur Sg.*, ein ungesättigter Kohlenwasserstoff

Ä|ti|o|lo|gie [griech.] *f. 11 nur Sg.* Lehre von den Ursachen, bes. der Krankheiten

ä|ti|o|lo|gisch

At|lant *m. 10, Baukunst:* das Gebälk tragende Männergestalt

At|lan|tik *m. Gen. -s nur Sg.* der Atlant. Ozean

At|lan|tis Name eines sagenhaften, im Meer versunkenen Insellandes

at|lan|tisch zum Atlantik gehörig; *aber:* Atlantischer Ozean

At|las **1.** *griech. Myth.:* die Himmelskugel tragender Riese; **2.** *m. 1 oder Gen. - Pl.* -lan|ten Buch mit Landkarten; Buch mit Abbildungen über ein Wissensgebiet; **3.** *m. Gen. - nur Sg.* nordwestafrik. Gebirge; **4.** *m. Gen. - oder* -las|ses Name des obersten Halswirbels; **5.** *m. 1* ein Seidengewebe

at|las|sen aus Atlas (5)

atm *veraltete Abk. für* Atmosphäre, *heute:* Bar

At|man [Sanskrit] *m. 1 oder f. 1, ind. Philos.:* Atem, Seele, Selbst

at|men *intr. 2*

At|mo|sphä|re *auch:* **At|mos|phä|re** [griech.] *f. 11* **1.** Gashülle eines Planeten, *bes.:* die Lufthülle der Erde; **2.** nicht mehr zulässige Maßeinheit für den Luftdruck, *heute:* Bar; **3.** *übertr.:* Stimmung, Umwelt

At|mo|sphä|ri|li|en *Pl.* Gesamtheit der in der atmosphärischen Luft enthaltenen Stoffe

at|mo|sphä|risch die Atmosphäre (1) betreffend, in der Atmosphäre (1) befindlich; hinsichtlich der Atmosphäre (3)

At|mung *f. 10*

At|mungs|or|gan *n. 1*

Ät|na *m. Gen.* -s Vulkan auf Sizilien

Ä|to|li|en historische griech. Landschaft

ä|to|lisch

A|toll [mal.-engl.] *n. 1* ringförmige Koralleninsel

A|tom [griech.] *n. 1* kleinstes Teilchen eines chem. Elements

a|to|mar **1.** das Atom betreffend, auf ihm beruhend; **2.** auf Atomwaffen beruhend

A|tom|bom|be *f. 11*

A|tom|bom|ben|test *m. 1 oder m. 9*

A|tom|bun|ker *m. 5* Schutzraum gegen Atomwaffen

A|tom|e|ner|gie *f. 11* Kernenergie

A|tom|ge|wicht *n. 1*

a|to|mi|sie|ren *tr. 3* in Atome zerkleinern, völlig zerstören

A|to|mis|mus *m. Gen. - nur Sg.*, **A|to|mis|tik** *f. 10 nur Sg.* Lehre, dass alle Materie aus kleinsten, unteilbaren Teilchen (Atomen) bestehe

a|to|mis|tisch

A|tom|kern *m. 1*

A|tom|kraft|werk *n. 1* (*Abk.:* AKW) Kernkraftwerk

A|tom|mei|ler *m. 5* Reaktor

A|tom|müll *m. 1 nur Sg.*

A|tom|phy|sik *f. 10 nur Sg.*

A|tom|re|ak|tor *m. 13* = Reaktor

A|tom|stopp *m. 9, ugs. kurz für* Atomversuchsstopp

A|tom-U-Boot *n. 1*

A|tom|ver|suchs|stopp *m. 9*

A|tom|waf|fe *f. 11 meist Pl.*

a|tom|waf|fen|frei

a|to|nal nicht tonal, nicht auf einen Grundton bezogen, zwölftonig; atonale Musik

A|to|na|list *m. 10* Vertreter der atonalen Musik

A|to|na|li|tät *f. 10 nur Sg.* atonale Kompositionsweise; *Ggs.:* Tonalität

A|to|nie [griech.] *f. 11* Erschlaffung, bes. der Muskeln

a|to|nisch

A|to|non [griech.] *n. Gen. -s Pl.* -na unbetontes, unvollständiges Wort, das sich an ein vorangehendes anlehnt, z. B. das »es« in »ich bin's«

A|tout [atu, frz.] *m. 9 oder n. 9, Kartenspiel:* Trumpf

a|to|xisch ungiftig

> ♦ Die Buchstabenfolge **a|tr...** kann in Fremdwörtern auch **at|r...** getrennt werden. Davon ausgenommen sind Bildungen, in denen die fremdsprachigen bzw. sprachhistorischen Bestandteile als solche noch deutlich erkennbar sind wie z. B. in *Atrophie.*

♦ **A|tre|sie** [griech.] *f. 11* angeborenes Fehlen einer Körperöffnung, z. B. des Afters

♦ **A|treus** [atrɔis] griech. Sagengestalt, Vater des Agamemnon

♦ **A|tri|chie, A|tri|cho|se** [griech.] *f. 11* Haarlosigkeit, Kahlheit

♦ **A|tri|den** *Pl., griech. Myth.:* die Söhne des Atreus

♦ **A|tri|um** [lat.] *n. Gen. -s Pl.* -tri|en **1.** Hauptraum des altröm. Hauses; **2.** *Baukunst:* Innenhof; **3.** *Anat.:* Vorhof des Herzens

A|tro|phie [griech.] *f. 11* Schwund von Muskeln, Zellgewebe, Organen, z. B. infolge mangelhafter Ernährung

a|tro|phisch

♦ **A|tro|pin** [griech.] *n. 1 nur Sg.* in der Tollkirsche enthaltenes Gift

ätsch! *ugs.*

at|tac|ca [ital.] *Mus.:* ohne Unterbrechung anschließen

At|ta|ché [-ʃe, frz.] *m. 9* **1.** Anwärter auf den diplomat. Dienst; **2.** Sachverständiger einer Auslandsvertretung, z. B. Kulturattaché

at|ta|chie|ren [-ʃi-] *tr. 3, veraltet:* zugesellen, zuteilen

At|ta|cke [frz.] *f. 11* **1.** Angriff, bes. der Kavallerie; **2.** Krankheits-, Schmerzanfall

at|ta|ckie|ren *tr. 3* angreifen

At|ten|tat [auch: at-, lat.-frz.] *n. 1*

At|ten|tä|ter *m. 5*

At|ten|tis|mus [lat.-frz.] *m. Gen. - nur Sg.* Zurückhaltung der Entscheidung, bis eine von zwei streitenden Parteien erfolgreich ist

At|test [lat.] *n. 1* ärztl. Bescheinigung, Zeugnis

at|tes|tie|ren *tr. 3* bescheinigen

Ät|ti *n. 9, alem.:* Vater

At|ti|ka **1.** griech. Halbinsel; **2.** *f. Gen. - Pl.* -ken, *Baukunst:* brüstungsartige Wand über dem Hauptgesims; niedriges Obergeschoss

At|ti|la **1.** Hunnenkönig (gest. 453); **2.** *f. 9* mit Schnüren besetzte Husarenjacke

at|tisch zu Attika (1) gehörig, aus

A

ihm stammend; attisches Salz: feiner Witz, Geist

At|ti|tü|de [frz.] *f. 11* **1.** ausdrucksvolle Körperhaltung, Pose; **2.** Einstellung, Haltung (gegenüber jmdm. oder etwas); **3.** *Ballett:* Körperstellung mit nach hinten erhobenem Bein und angewinkeltem Unterschenkel

At|ti|zis|mus *m. Gen. - nur Sg.* Sprachgebrauch der att. Dichter sowie später dessen Pflege und Nachahmung

At|ti|zist *m. 10* Vertreter des Attizismus

at|ti|zis|tisch

At|to... *vor Maßeinheiten:* ein Trillionstel (10^{18})

At|trak|ti|on [lat.] *f. 10* **1.** Anziehung, Anziehungskraft; **2.** Glanznummer (im Zirkus); **3.** bes. gut gehende Ware

at|trak|tiv anziehend

At|trak|ti|vi|tät [-vi-] *f. 10 nur Sg.* Anziehungskraft

At|trap|pe [frz. »Falle«] *f. 11* **1.** Nachbildung, Schaupackung; **2.** Person oder Sache ohne Bedeutung oder ohne Einfluss

at|tri|bu|ie|ren [lat.] *tr. 3, Gramm.* **1.** als Attribut verwenden; **2.** mit einem Attribut versehen

At|tri|but *n. 1* **1.** Merkmal, Eigenschaft; **2.** bestimmter Gegenstand als Kennzeichen einer Person, z. B. der Schlüssel für den hl. Petrus; **3.** *Gramm.:* nähere Bestimmung eines Substantivs, Adjektivs oder Adverbs, Beifügung

at|tri|bu|tiv *Gramm.:* als Attribut (gebraucht)

At|tri|but|satz *m. 2* Beifügung in Form eines Gliedsatzes

At|tri|ti|on [lat.] *f. 10 nur Sg., kath. Kirche:* die unvollkommene, nur aus Furcht vor Strafe empfundene Reue; *Ggs.:* Kontrition

a|tü *veraltete Abk. für* Atmosphärenüberdruck, *heute:* Bar

a|ty|pisch [auch: aty-, griech.] von der Regel abweichend

at|zen *tr. 1* füttern (Raubvögel)

ät|zen *tr. 1* mit Säure oder Lauge behandeln

ät|zend *ugs.* unangenehm

At|zung *f. 10* Fütterung, Nahrung (von Raubvögeln)

Ät|zung *f. 10* **1.** Behandlung mit Chemikalien; **2.** Druckplatte mit durch Ätzen herausgearbeitetem Bild

au!; au Backe!, au verflixt!, *aber:* auweh!

Au *chem. Zeichen für* Gold (aurum)

Au *f. 10* = **Aue**

AU *Abk. für* Abgasuntersuchung

AUA *Abk. für* Austrian Airlines

Au|ber|gi|ne [obɛrʒinə, arab.- frz.] *f. 11* eine Gemüseart, Eierfrucht

Au|bri|e|tie *auch:* **Aub|ri|etie** [obrietsjə, nach dem frz. Blumenmaler Aubriet] *f. 11* eine mittelmeer. Zierpflanze

a. u. c. *Abk. für* ab urbe condita

auch; auch wenn; wenn auch

Auck|land [ɔklənd] größte Stadt Neuseelands

au|di|a|tur et al|te|ra pars [lat.] auch der andere Teil muss gehört werden (röm. Rechtsgrundsatz)

Au|di® Kraftfahrzeugmarke

Au|di|enz *f. 10* feierlicher offizieller Empfang

Au|di|max *n. Gen. - nur Sg., Studentenspr.: kurz für* Auditorium maximum

Au|di|o|gramm [lat. + griech.] *n. 1* graf. Darstellung der mit dem Audiometer festgestellten Werte

Au|di|o|me|ter *n. 5* Gerät zum Messen des menschl. Hörvermögens

Au|di|o|me|trie *auch:* **Au|di|o|met|rie** *f. 11 nur Sg.*

au|di|o|me|trisch *auch:* **au|di|o|met|risch**

Au|di|on [lat.] *n. Gen. -s Pl. -s oder* -di|o|nen Bauelement von Verstärkerschaltungen

Au|dio-Vi|deo-Tech|nik [-vi-] *f. 10* Technik des Übertragens und Empfangens von Ton und Bild

Au|di|o|vi|si|on [-vi-, lat.] *f. 10*

au|di|o|vi|su|ell [-vi-, lat.] das Hören und Sehen betreffend

Au|dit [ɔdit, engl.] *n. 9 oder m. 9* **1.** Prüfung eines Betriebes durch unabhängige Fachleute (z. B. Umweltaudit) **2.** Netzwerksicherheitssystem

Au|di|ting [ɔditɪŋ, engl.] *n. Gen. -s Pl. -s* **1.** *Wirtsch.:* Wirtschaftsprüfung, Revision; **2.** Prüfung zur Aufnahme in eine Sekte

Au|di|ti|on *f. 10* Vorsingen, Vorspielen (von Sängern, Schauspielern)

au|di|tiv [lat.] das Hören betreffend, auf ihm beruhend

Au|di|tor *m. 13* **1.** Richter, Beamter der röm. Kurie; **2.** *schweiz.:* öffentl. Ankläger beim Militärgericht

Au|di|to|ri|um *n. Gen. -s Pl. -ri|en* **1.** Hörsaal einer Universität; **2.** Zuhörerschaft; A. maximum: größter Hörsaal einer Universität

Aue *f. 11*, **Au** *f. 10*

Au|en|wald, Au|wald *m. 4*

Au|er|hahn *m. 2*

Au|er|hen|ne *f. 11*

Au|er|huhn *n. 4*

Au|er|licht [nach dem Erfinder Auer von Welsbach] *n. 3 nur Sg.* Gasglühlicht

Au|er|me|tall [nach dem Erfinder Auer von Welsbach] *n. 1 nur Sg.* eine Cer-Eisen-Legierung

Au|er|och|se [-ks-] *m. 11* ausgestorbenes Wildrind, Ur

auf: Substantivierte Präpositionen werden großgeschrieben: *das Auf und Ab;* auch: *Er stand im Aus.* § 57 (5)

auf **1.** *Präp. mit Dat. u. Akk.;* auf dem Bett liegen; auf das Bett legen; aufgrund *oder:* auf Grund; aufseiten *oder:* auf Seiten; **2.** *Adverb;* auf und ab gehen, auf und davon gehen; *aber:* auf- und abspringen; **3.** das Auf und Ab des Lebens; jmdm. Auf Wiedersehen sagen, *auch:* jmdm. auf Wiedersehen sagen **4.** auf sein; ich bin, ich war auf gewesen

auf|ar|bei|ten *tr. 2*

Auf|ar|bei|tung *f. 10 nur Sg.*

auf|at|men *intr. 2*

auf|ba|cken *tr. 4*

auf|bah|ren *tr. 1*

Auf|bah|rung *f. 10*

Auf|bau **1.** *m. 1 nur Sg.;* **2.** *m. Gen. -s Pl.* -bau|ten aufgesetzter Bauteil; **3.** *meist Pl.* Schiffsräume auf Deck

auf|bau|en *tr. 1*

auf|bau|men *intr. 1, Jägerspr.:* auf einen Baum fliegen (Federwild), auf einen Baum klettern (kleine Raubtiere)

auf|bäu|men **1.** *refl. 1;* **2.** *tr. 1, Weberei:* auf den Kettbaum aufdrehen

auf|bau|schen *tr. 1, ugs.:* übertreiben

auf|be|geh|ren *intr. 1;* gegen etwas aufbegehren

auf|be|kom|men *intr. 71*

auf|be|rei|ten *tr. 2* vorbereitend bearbeiten (Material)

Auf|be|rei|tung *f. 10 nur Sg.*

auf|bes|sern *tr. 1;* ich bessere, bessre es, ihn auf

A

Auf|bes|se|rung *f. 10*
auf|be|wah|ren *tr. 1*
Auf|be|wah|rung *f. 10*
auf|bie|ten *tr. 13*
Auf|bie|tung *f. 10 nur Sg.*
auf|blä|hen *tr. 1*
Auf|blä|hung *f. 10*
auf|blei|ben *intr. 17*
auf|bli|cken *intr. 1*
auf|bre|chen *tr. u. intr. 19; auch Jägerspr.:* ausweiden (Wild)
auf|bre|zeln *refl. 1* sich besonders herausputzen, aufdonnern
auf|brin|gen *tr. 21* **1.** jmdn. a.; **2.** ein Schiff a.: kapern
Auf|bruch *m. 2; auch Jägerspr.:* die Organe des aufgebrochenen Wilds; *Bergbau:* Blindschacht
auf|brum|men *tr. 1;* jmdm. eine Strafe aufbrummen
auf|bü|geln *tr. 1;* ich bügele, bügle den Anzug auf
auf|bür|den *tr. 2*
auf dass (*alt:* auf daß) *veraltet:* damit
auf|din|gen *tr. 23, österr.:* in Dienst nehmen
auf|don|nern *refl. 1, ugs.:* sich auffallend, überladen kleiden
auf|drän|gen *tr. 1*
auf|dre|hen **1.** *tr. 1* durch Drehen öffnen; **2.** *intr. 1, ugs.:* schneller fahren, lustig werden
auf|dring|lich
Auf|dring|lich|keit *f. 10 nur Sg.*
auf|drö|seln *tr. 1* aufdrehen (Faden), auftrennen (Gestricktes); ich drösele, drösle es auf
Auf|druck *m. 1*
auf|dru|cken *tr. 1*

> **aufeinander:** Fügungen aus dem mehrgliedrigen Adverb *aufeinander* und einem Verb werden immer getrennt geschrieben: *aufeinander folgen/liegen/prallen/stoßen*. Ebenso: *auseinander gehen, beieinander stehen, überhand nehmen.* § 34 E3 (2)

auf|ein|an|der *auch:* **auf|ei|nan|der,** *in Verbindung mit Verben Getrenntschreibung:* aufeinander achten, warten; aufeinander folgen; aufeinander legen; aufeinander prallen; aufeinander stellen; aufeinander stoßen; aufeinander treffen
auf|ein|an|der fol|gen *auch:* **auf|ei|nan|der fol|gen** (*alt:* auf|ein|an|der|fol|gen) *intr. 1*
auf|ein|an|der le|gen *auch:* **auf|ei|nan|der le|gen** (*alt:* auf|ein|an|der|le|gen) *tr. 1*
auf|ein|an|der pral|len *auch:* **auf|ei|nan|der pral|len** (*alt:* auf|ein|an|der|pral|len) *intr. 1*
auf|ein|an|der stel|len *auch:* **auf|ei|nan|der stel|len** (*alt:* auf|ein|an|der|stel|len) *tr. u. refl. 1*
auf|ein|an|der sto|ßen *auch:* **auf|ei|nan|der sto|ßen** (*alt:* auf|ein|an|der|sto|ßen) *intr. 157*
auf|ein|an|der tref|fen *auch:* **auf|ei|nan|der tref|fen**(*alt:* auf|ein|an|der|tref|fen) *intr. 161*
Auf|ent|halt *m. 1*
Auf|ent|hal|ter *m. 5, schweiz.:* Durchreisender, Gast
Auf|ent|halts|er|laub|nis *f. 1*
Auf|ent|halts|ge|neh|mi|gung *f. 10*
Auf|ent|halts|ort *m. 1*
auf|er|le|gen *tr. 1*
Auf|er|le|gung *f. 10 nur Sg.*
auf|er|ste|hen *intr. 151*
Auf|er|ste|hung *f. 10 nur Sg.*
auf|er|we|cken *tr. 1*
auf|fah|ren *intr. 32*
Auf|fahr|scha|den *m. 8*
Auf|fahr|un|fall *m. 2*
Auf|fahrt *f. 10*
auf|fal|len *intr. 33*
auf|fäl|lig
Auf|fäl|lig|keit *f. 10 nur Sg.*
auf|fan|gen *tr. 34*
Auf|fang|la|ger *n. 5*
auf|fas|sen *tr. 1*
Auf|fas|sung *f. 10*
Auf|fas|sungs|ga|be *f. 11 nur Sg.*
auf|fin|den *tr. 36*
Auf|fin|dung *f. 10 nur Sg.*
auf|for|dern *tr. 1*
Auf|for|de|rung *f. 10*
auf|fors|ten *tr. 2*
Auf|fors|tung *f. 10*
auf|fri|schen **1.** *tr. 1;* **2.** *intr. 1* stärker wehen; auffrischende Winde
Auf|fri|schung *f. 10*
auf|füh|ren *tr. 1*
Auf|füh|rung *f. 10*
Auf|ga|be *f. 11*
auf|ga|beln *tr. 1, ugs.*
Auf|ga|ben|be|reich *m. 1*
Auf|ga|be|stem|pel *m. 5*
Auf|ga|lopp *m. 1 oder m. 9* **1.** gemeinsamer Galopp der Pferde zum Start; **2.** erstes Pferderennen der Saison; **3.** *ugs.:* Auftakt (der Sportsaison)
Auf|gang *m. 2*
Auf|gangs|punkt *m. 1*
auf|ge|ben *tr. 45*
auf|ge|bla|sen; *übertr.:* eitel und wichtigtuerisch
Auf|ge|bot *n. 1*
auf|ge|dun|sen
auf|ge|hen *intr. 47*
auf|gei|en *tr. 1* unter den Rahen zusammenziehen (Segel)
auf|ge|kratzt *ugs.:* munter, guter Laune
Auf|geld *n. 3* **1.** = Agio; *Ggs.:* Abgeld **2.** = Handgeld
auf|ge|legt; *übertr.:* gelaunt; gut, schlecht aufgelegt sein
auf|ge|passt (*alt:* auf|ge|paßt)
auf|ge|rauht (*alt für:* auf|ge|raut)
auf|ge|räumt; *übertr.:* heiter, leutselig
auf|ge|raut
auf|ge|regt
Auf|ge|sang *m. 2* erster, längerer Teil der Strophe im Meistergesang; *Ggs.:* Abgesang
auf|ge|schlos|sen; *übertr.:* offen, empfänglich
Auf|ge|schlos|sen|heit *f. 10 nur Sg.*
auf|ge|schmis|sen; *ugs.:* ratlos, hilflos
auf|ge|schos|sen; hoch, lang a.
auf|ge|ta|kelt *ugs.:* auffallend und geschmacklos gekleidet
auf|ge|weckt lebhaft und intelligent
Auf|ge|weckt|heit *f. 10 nur Sg.*
auf|ge|wor|fen wulstig, breit (Lippen)
auf|glei|sen *tr. 1* auf Gleise setzen
Auf|glei|sung *f. 10*
auf|glie|dern *tr. 1*
Auf|glie|de|rung *f. 10*
auf|grei|fen *tr. 59*

> **aufgrund/auf Grund:** Substantive, die Bestandteile fester Gefüge sind, werden großgeschrieben. Es bleibt aber dem Schreibenden überlassen, ob er das Gefüge als Zusammensetzung oder als Wortgruppe versteht, daher: *aufgrund/auf Grund*. Beide Schreibweisen sind zulässig. Ebenso: *anstelle/an Stelle, aufseiten/auf Seiten.* § 39 E 3 (3)

auf|grund = **auf Grund** *Präp. mit Gen.*
Auf|guss (*alt:* Auf|guß) *m. 2*
Auf|guss|tier|chen (*alt:* Auf|guß|tier|chen) *n. 7* Einzeller, Infusorium
auf|ha|ben *tr. 60, ugs.:* den Hut aufhaben; weil er seinen Hut aufhat; Schularbeiten aufhaben; weil wir viel aufhatten
auf|hal|sen *tr. 1, ugs.:* aufbürden

A

auf|hal|ten *tr. u. refl. 61;* sich über etwas a.: sich ungehalten darüber äußern
auf|hän|gen *tr. 1;* ich hängte (*nicht:* hing) den Mantel auf
Auf|hän|ger *m. 5*
Auf|hän|gung *f. 10*
auf|he|ben *tr. 64;* viel, wenig Aufhebens von etwas machen
auf|hei|tern *tr. 1;* ich heitere, heitre ihn auf
Auf|hei|te|rung *f. 10*
auf|hel|len *tr. 1*
Auf|hel|lung *f. 10*
auf|het|zen *tr. 1*
auf|ho|len **1.** *tr. 1;* die Verspätung a.; **2.** *intr. 1;* sie hat in der letzten Zeit mächtig aufgeholt
auf|hö|ren *intr. 1*
auf|ka|schie|ren *tr. 3, österr.:* auf Karton kleben
Auf|kauf *m. 2*
auf|kau|fen *tr. 1*
Auf|käu|fer *m. 5*
auf|kla|ren *intr. 1*
Auf|kla|rung *f. 10 nur Sg.*
auf|klä|ren *tr. 1*
Auf|klä|rer *m. 5* Kundschafter
auf|klä|re|risch
Auf|klä|rung *f. 10*
Auf|klä|rungs|film *m. 1*
Auf|klä|rungs|flug|zeug *n. 1*
Auf|kle|be|a|dres|se *auch:* **Auf|kle|be|ad|res|se** *f. 11*
auf|kle|ben *tr. 1*
Auf|kle|ber *m. 5*
auf|knüp|fen *tr. 1; auch ugs.:* henken
auf|ko|chen *tr. u. intr. 1*
auf|kom|men *intr. 71*
Auf|kom|men *n. 7* **1.** *nur Sg.* Genesung; **2.** Ertrag, z. B. Steueraufkommen
auf|kün|di|gen *tr. 1* = kündigen; jmdm. die Freundschaft a.: die F. mit ihm beenden
Auf|la|ge *f. 11*
Auf|la|gen|hö|he *f. 11*
auf|la|gen|schwach
auf|la|gen|stark
Auf|la|gen|zif|fer *f. 11*
Auf|la|ger *n. 5* Stützfläche, auf der ein Balken oder Bogen aufliegt
auf|lan|dig auf das Land zu wehend (Wind); *Ggs.:* ablandig
auf|las|sen *tr. 75* **1.** *Bgb.:* stilllegen (Grube); **2.** *Rechtsw.:* übertragen, aufgeben (Grundstück, Grab)
auf|läs|sig stillgelegt (Grube)
Auf|las|sung *f. 10, Bgb. u. Rechtsw.*
auf|las|ten *tr. 2* aufbürden
auf|lau|ern *intr. 1;* jmdm. a.

Auf|lauf **1.** *m. 2* Menschenansammlung; **2.** *m. 2, österr.: m. 1* Mehlspeise
auf|lau|fen **1.** *intr. 76* auf Grund stoßen (Schiff); anschwellen; sich ansammeln (Beträge); **2.** *tr. 76;* sich die Füße a.: wundlaufen
Auf|lauf|form *f. 10*
auf|le|ben *intr. 1*
Auf|le|ge|ma|trat|ze *auch:* **Auf|le|ge|mat|rat|ze** *f. 11*
auf|le|gen *tr. 1*
Auf|le|ger *m. 5* Auflegematratze
auf|leh|nen *tr. u. refl. 1*
Auf|leh|nung *f. 10 nur Sg.*
auf|le|sen *tr. 79* zusammensuchen
auf|lie|fern *tr. 1* zur Post geben
Auf|lie|fe|rung *f. 10*
auf|lie|gen **1.** *intr. 80, Seew.:* in Ruhe liegen (Schiff); **2.** *refl. 80* sich wund liegen
auf|lis|ten *tr. 1* aufschreiben
Auf|lis|tung *f. 10*
auf|lo|ckern *tr. 1*
Auf|lo|cke|rung *f. 10*
auf|lö|sen *tr. 1*
Auf|lö|sung *f. 10*
Auf|lö|sungs|ver|mö|gen *n. 7 nur Sg.*
Auf|lö|sungs|zei|chen *n. 7, Mus.* (♮)
auf|lu|ven *intr. 1, Seew.:* den Winkel zwischen Kurs und Windrichtung verringern
auf|ma|chen **1.** *tr. 1;* **2.** *refl. 1* sich auf den Weg machen
Auf|ma|cher *m. 3* wirkungsvoller Titel eines Zeitungsartikels
Auf|ma|chung *f. 10* **1.** Aufputz, Kleidung; in großer A. erscheinen; **2.** äußere Gestaltung, typograf. Bild (eines Druckwerkes)
Auf|marsch *m. 2*
auf|mar|schie|ren *intr. 3*
auf|mei|ßeln *tr. 1;* ich meißele, meißle es auf
Auf|mei|ße|lung, Auf|meiß|lung *f. 10 nur Sg.*
auf|mer|ken *intr. 1*
auf|merk|sam
Auf|merk|sam|keit *f. 10*
auf|mö|beln *tr. 1, ugs.:* aufmuntern; ich möbele, möble ihn auf
auf|mot|zen *tr. 1, ugs.:* auffälliger gestalten
auf|mu|cken *intr. 1* sich auflehnen, widersprechen
auf|mun|tern *tr. 1;* ich muntere, muntre ihn auf
Auf|mun|te|rung *f. 10 nur Sg.*
auf|müp|fen *intr. 1, ugs.:* sich auflehnen, aufbegehren

auf|müp|fig *ugs.:* widerspenstig, aufsässig
Auf|nä|her *m. 5* Stoffabzeichen
Auf|nah|me *f. 11*
auf|nah|me|fä|hig, *österr.:* aufnahms|fä|hig
Auf|nah|me|fä|hig|keit, *österr.:* Auf|nahms|fä|hig|keit *f. 10 nur Sg.*
Auf|nah|me|prü|fung, *österr.:* Aufnahms|prü|fung *f. 10*
auf|neh|men *tr. 88*
äuf|nen *tr. 2, schweiz.:* mehren, vergrößern (Sammlung, Fonds)
Äuf|nung *f. 10*
auf|nö|ti|gen *tr. 1;* jmdm. etwas aufnötigen
Auf|nö|ti|gung *f. 10 nur Sg.*
auf|ok|troy|ie|ren *auch:* **auf|okt|ro|yie|ren** [-oktroa-] *tr. 3, ugs.* = oktroyieren
auf|op|fern *tr. 1;* ich opfere, opfre mich für sie auf
Auf|op|fe|rung *f. 10 nur Sg.*
auf|päp|peln *tr. 1* sorgsam aufziehen oder pflegen (Kind, Kranken)
auf|pas|sen *intr. 1*
Auf|pas|ser *m. 5*
auf|pflan|zen *tr. 1;* das Bajonett a.; sich vor jmdm. a. *ugs.:* sich (breit) vor ihn hinstellen
auf|pfrop|fen *tr. 1;* ein Reis a.
auf|plat|zen *intr. 1*
auf|plus|tern *tr. 1*
auf|po|lie|ren *tr. 3*
auf|pols|tern *tr. 1;* ich polstere, polstre den Stuhl auf
Auf|prall *m. 1*
auf|pral|len *intr. 1*
Auf|preis *m. 1* Preisaufschlag
auf|pum|pen *tr. 1*
auf|put|schen *tr. 1*
Auf|putz *m. 1 nur Sg.*
auf|put|zen *tr. 1*
auf|raf|fen *tr. u. refl. 1*
auf|rap|peln *refl. 1, ugs.;* ich rappele, rapple mich auf
auf|rau|en (*alt:* auf|rau|hen) *tr. 1*
auf|räu|men *tr. 1*
Auf|räu|mung *f. 10 nur Sg.*
Auf|räu|mungs|ar|bei|ten *Pl.*
auf|rech|nen *tr. 2;* etwas gegen etwas anderes a.
Auf|rech|nung *f. 10 nur Sg.*

aufrecht halten, aufrechterhalten: *Aufrecht halten* wird getrennt geschrieben, weil es sich um ein Gefüge aus einem zusammengesetzten Adverb und einem Verb handelt. § 34 E3 (2) Die substantivierte Form wird

zusammen- und großgeschrieben: *das Aufrechtgehen, das Sitzenbleiben.* § 37 (2)
Hingegen wird *aufrechterhalten* im Infinitiv, Partizip und am Ende eines Nebensatzes zusammengeschrieben, weil der erste Teil der Fügung (*aufrecht*) weder erweiterbar noch steigerbar ist. Ebenso: *totschlagen, hochrechnen* usw. § 34 (2.2)

auf|recht; den Kopf aufrecht halten, sich aufrecht halten: gerade; aufrecht stehen, sitzen

auf|recht|er|hal|ten *tr. 61* weiter bestehen lassen; die Ordnung a.

Auf|recht|er|hal|tung *f. 10 nur Sg.*

auf|re|den *tr. 2;* jmdm. etwas a.

auf|re|gen *tr. 1*

Auf|re|gung *f. 10*

auf|rei|ben *tr. 95*

auf|rei|ßen *tr. 96;* jmdn. a. *ugs.:* ansprechen, mit ihm Kontakt suchen

auf|rei|zen *tr. 1*

Auf|rei|zung *f. 10*

auf|rib|beln *tr. 1, norddt.:* auftrennen (Gestricktes); ich ribbele, ribble es auf

Auf|rich|te *f. 11, schweiz.:* Richtfest

auf|rich|ten *tr. 2*

auf|rich|tig

Auf|rich|tig|keit *f. 10 nur Sg.*

Auf|rich|tung *f. 10 nur Sg.*

auf|rie|geln *tr. 1;* ich riegele, riegle die Tür auf

Auf|riss (*alt:* Auf|riß) *m. 1* unperspektivische Zeichnung der Außenseite eines Gegenstandes

auf|rol|len *tr. 1*

auf|rü|cken *intr. 1*

Auf|ruf *m. 1*

auf|ru|fen *tr. 102*

Auf|ruhr *m. 1*

auf|rüh|ren *tr. 1*

Auf|rüh|rer *m. 5*

auf|rüh|re|risch

auf|run|den *tr. 2*

Auf|run|dung *f. 10*

auf|rüs|ten *tr. 2*

Auf|rüs|tung *f. 10*

auf|rüt|teln *tr. 1;* ich rüttele, rüttle ihn auf

aufs *ugs.:* auf das; aufs Neue, aufs Dach steigen

auf|säs|sig

Auf|säs|sig|keit *f. 10 nur Sg.*

Auf|satz *m. 2*

auf|sau|gen *tr. 104*

auf|scheu|chen *tr. 1*

auf|schie|ben *tr. 112*

Auf|schieb|ling *m. 1* kleiner Balken auf dem Hauptsparren im Dachstuhl

Auf|schlag *m. 2*

auf|schla|gen *tr. 116*

Auf|schlä|ger *m. 5* Spieler, der den ersten Schlag (Aufschlag) tut

auf|schläm|men *tr. 1* (fein zerteilten, nichtlösl. Stoff) in einer Flüssigkeit verteilen

Auf|schläm|mung *f. 10*

auf|schlie|ßen *tr. 120*

auf|schlit|zen *tr. 1*

Auf|schluss (*alt:* Auf|schluß) *m. 2*

auf|schlüs|seln *tr. 1;* ich schlüssele, schlüssle es auf

Auf|schlüs|se|lung, Auf|schlüss|lung (*alt:* Auf|schlüß|lung) *f. 10*

auf|schluss|reich (*alt:* auf|schluß|reich)

auf|schnei|den **1.** *tr. 125;* etwas a.; **2.** *intr. 125* prahlen, übertreiben

Auf|schnei|der *m. 5*

Auf|schnei|de|rei *f. 10*

auf|schnei|de|risch

Auf|schnitt *m. 1 nur Sg.* in Scheiben geschnittene Wurst

auf|schre|cken **1.** *tr. 1* jmdn. a.; **2.** *intr. 126;* ich schrak auf

Auf|schrei *m. 1*

auf|schrei|ben *tr. 127*

auf|schrei|en *intr. 128*

Auf|schrift *f. 10*

Auf|schub *m. 2*

auf|schüt|teln *tr. 1*

auf|schüt|ten *tr. 2*

Auf|schüt|tung *f. 10*

auf|schwat|zen *tr. 1, ugs.*

auf|schwem|men *tr. 1*

Auf|schwem|mung *f. 10*

auf|schwin|gen *refl. 134*

Auf|schwung *m. 2*

auf|se|hen *intr. 136*

Auf|se|hen *n. 7 nur Sg.;* kein A., großes A. erregen; Aufsehen erregend *oder:* aufsehenerregend; etwas Aufsehen Erregendes

auf|se|hen|er|re|gend = **Auf|se|hen er|re|gend;** ein aufsehenerregendes *oder:* Aufsehen erregendes Spektakel; *aber nur:* aufsehenerregender, sehr aufsehenerregend *(bei Steigerung und mit Attribut)*

Auf|se|her *m. 5*

auf sein (*alt:* auf|sein) *intr. 137, ugs.* **1.** offen sein (Tür); **2.** nicht im Bett sein

auf|sei|ten *auch:* **auf Sei|ten** (*alt:* auf sei|ten) *mit Gen.;* Verluste aufseiten *oder:* auf Seiten des Gegners

Auf|sicht *f. 10 nur Sg.;* der die Aufsicht führende Lehrer

Auf|sicht füh|rend (*alt:* auf|sicht|füh|rend)

Auf|sichts|be|am|te(r) *m. 18 (17)*

Auf|sichts|be|hör|de *f. 11*

Auf|sichts|pflicht *f. 10*

Auf|sichts|rat *m. 2*

Auf|sichts|rats|vor|sit|zen|de(r) *m. 18 (17) bzw. f. 17 oder 18*

auf|sit|zen *intr. 143* **1.** aufsteigen (aufs Pferd, Motorrad); **2.** jmdm. a.: sich von jmdm. betrügen, täuschen lassen; ich bin ihm aufgesessen; **3.** jmdn. a. lassen: jmdn. im Stich lassen

Auf|sit|zer *m. 5, österr.:* Reinfall, Täuschung

auf|spal|ten *tr. 2*

Auf|spal|tung *f. 10*

auf|spei|chern *tr. 1;* ich speichere, speichre es auf

Auf|spei|che|rung *f. 10 nur Sg.*

auf|spie|len **1.** *tr. u. intr. 1;* zum Tanz a.; **2.** *refl. 1* sich wichtig machen

auf|sta|cheln *tr. 1;* ich stachele, stachle ihn (zu etwas) auf

Auf|stand *m. 2*

auf|stän|disch

auf|sta|peln *tr. 1;* ich stapele, staple es auf

Auf|stau *m. 1*

auf|stau|en *tr. 1*

auf|ste|cken *tr. 1;* sich das Haar a.; seinen Beruf a. *ugs.:* aufgeben

auf|ste|hen *intr. 151*

auf|stei|gen *intr. 153*

Auf|stei|ger *m. 5*

auf|stel|len *tr. 1*

Auf|stel|lung *f. 10*

auf|stem|men *tr. 1*

Auf|stieg *m. 1*

Auf|stiegs|mög|lich|keit *f. 10*

auf|stö|bern *tr. 1;* ich stöbere, stöbre ihn auf

auf|sto|cken *tr. 1;* ein Gebäude a.: ein Stockwerk draufsetzen

Auf|sto|ckung *f. 10*

auf|sto|ßen **1.** *tr. 157;* **2.** *intr. 157;* es ist mir aufgestoßen: aufgefallen

Auf|strich *m. 1*

auf|stül|pen *tr. 1* den Hut, Ärmel a.

auf|stüt|zen *tr. u. refl. 1*

auf|ta|keln *tr. 1* **1.** mit Takelwerk versehen (Schiff); **2.** sich a.: sich auffallend und geschmacklos kleiden; ich takele, takle mich auf

Auf|ta|ke|lung, Auf|tak|lung *f. 10 nur Sg.*

A

Auf|takt *m. 1*
auf|tan|ken *tr. u. intr. 1*
auf|tau|chen *intr. 1*
auf|tei|len *tr. 1*
Auf|tei|lung *f. 10*
auf|ti|schen *tr. 1*
auf|top|pen *tr. 1, Seew.:* senkrecht hochziehen (Rah)
Auf|trag *m. 2;* im Auftrag (*Abk.:* i. A., I. A.); *Kleinschreibung, wenn davor der Behörden- oder Firmenname steht*
auf|tra|gen *tr. 160*
Auf|trag|ge|ber *m. 5*
Auf|trag|neh|mer *m. 5*
Auf|trags|be|stä|ti|gung *f. 10*
auf|trags|ge|mäß
auf|trei|ben *tr. 162* beschaffen
auf|tre|ten *intr. 163*
Auf|trieb *m. 1*
Auf|triebs|kraft *f. 2*
Auf|tritt *m. 1*
Auf|tritts|ver|bot *n. 1*
auf|trump|fen *intr. 1*
auf|tür|men *tr. 1*
auf und ab; auf und ab gehen (ohne Ziel); *aber:* auf- und absteigen: hinauf und hinunter; das Auf und Ab
Auf|und|ab|ge|hen *n. 7; aber:* das Auf- und Absteigen
auf und da|von auf und davon gehen
auf|wa|chen *intr. 1*
auf|wach|sen [-ks-] *intr. 172*
auf|wal|len *intr. 1*
Auf|wal|lung *f. 10*
Auf|wand *m. Gen.* -(e)s *nur Sg.*

aufwändig/aufwendig: Beide Varianten sind zulässig. § 13

auf|wän|dig, **auf|wen|dig**
Auf|wands|ent|schä|di|gung *f. 10*
Auf|wand|steu|er *f. 11*
Auf|war|te|frau *f. 10*
auf|war|ten *intr. 2;* jmdm. mit etwas a.

aufwärts: Fügungen aus dem mehrsilbigen Adverb *aufwärts* und einem Verb/Partizip werden im Infinitiv, Partizip und am Ende eines Nebensatzes getrennt geschrieben: *Es wird bald aufwärts gehen. Er ließ nicht davon ab(,) aufwärts zu streben. Ein wieder aufwärts gerichteter Trend.* § 34 E3 (2)

auf|wärts; auf- und abwärts; den Berg aufwärts gehen; mit ihm wird es jetzt aufwärts gehen: besser gehen
auf|wärts ge|hen (*alt:* auf|wärts-ge|hen) *intr. 47* besser gehen; vgl. aufwärts
Auf|war|tung *f. 10*
Auf|wasch *m. 1 nur Sg.* schmutziges Geschirr zum Spülen; das lässt sich in einem A. erledigen *ugs.:* auf einmal
auf|wa|schen *tr. 174*
Auf|wasch|was|ser *n. 5 nur Sg.*
Auf|weis *m. 1*
auf|wei|sen *tr. 177*
auf|wen|den *tr. 178*
auf|wen|dig = **auf|wän|dig**
Auf|wen|dung *f. 10*
auf|wer|fen *tr. 181*
auf|wer|ten *tr. 2*
Auf|wer|tung *f. 10*
Auf|wie|ge|lei *f. 10*
auf|wie|geln *tr. 1;* ich wiegele, wiegle sie auf
Auf|wie|ge|lung, Auf|wieg|lung *f. 10*
Auf|wieg|ler *m. 5*
auf|wieg|le|risch
Auf|wieg|lung, Auf|wie|ge|lung *f. 10*
Auf|wind *m. 1*
auf|wir|beln *tr. 1*
Auf|wuchs [-ks] *m. 1* **1.** *nur Sg.* Nachkommenschaft; **2.** Waldanpflanzung
Auf|wurf *m. 2* Aufschüttung
auf|zäh|len *tr. 1*
Auf|zäh|lung *f. 10*
auf|zeich|nen *tr. 2*
Auf|zeich|nung *f. 10*
auf|zei|gen *tr. 1* darlegen, zeigen, vorführen
auf Zeit (*Abk.:* a. Z.)
auf|zie|hen *tr. u. intr. 187*
Auf|zucht *f. 10*
Auf|zug *m. 2*
Auf|zug|füh|rer *m. 5*
Auf|zugs|schacht *m. 2*
auf|zwin|gen *tr. 188;* jmdm. etwas aufzwingen
Aug|ap|fel *m. 6*
Au|ge *n. 14*
Äu|gel|chen *n. 7*
äu|geln **1.** *intr. 1* zwinkern; hinschauen; ich äugele, äugle; **2.** *tr. 1; Bot.:* okulieren
äu|gen *intr. 1*
Au|gen|arzt *m. 2*
Au|gen|blick *m. 1*
au|gen|blick|lich
au|gen|blicks
Au|gen|braue *f. 11*
Au|gen|di|a|gno|se *auch:* **Au|gen|di|ag|no|se** *f. 11* Iridologie
au|gen|fäl|lig
Au|gen|licht *n. 3 nur Sg.*
Au|gen|lid *n. 3*
Au|gen|maß *n. 1 nur Sg.*
Au|gen|merk *n. 1 nur Sg.;* sein A. auf etwas richten
Au|gen|pul|ver [-vər] *n. 5 nur Sg. ugs.:* zu kleine Schrift, zu feine Handarbeit
Au|gen|schein *m. 1 nur Sg.*
au|gen|schein|lich
Au|gen|trost *m. Gen.* -(e)s *nur Sg.* ein Kraut
Au|gen|wei|de *f. 11* erfreulicher Anblick
Au|gen|wim|per *f. 11*
Au|gen|zahn, Aug|zahn *m. 2* oberer Eckzahn
Au|gen|zeu|ge *m. 11*
Au|gen|zwin|kern *n. Gen.* -s *nur Sg.*
au|gen|zwin|kernd
Au|gi|as|stall [nach dem König Augias der griech. Sage] *m. 2* verschmutzter Raum; vernachlässigte Arbeit; verrottete, korrupte Verhältnisse
Au|git [griech.] *n. 1* ein Mineral
Äug|lein *n. 7*
Aug|ment [lat.] *n. 1* **1.** Zusatz; **2.** dem Verbstamm vorangesetzter Wortbildungsteil, besonders im Griech.
Aug|men|ta|ti|on *f. 10* Vergrößerung, Vermehrung, Verlängerung
Augs|burg Stadt in Schwaben
Augs|bur|ger *m. 5*
augs|bur|gisch; *aber:* Augsburgische Konfession
Aug|spross (*alt:* Aug|sproß) *m. 1,* **Aug|spros|se** *f. 11* unterste Sprosse des Hirschgeweihs
Au|gur [lat. »Vogelschauer«] *m. 12 oder m. 10, im alten Rom:* Priester und Wahrsager, der aus dem Vogelflug die Zukunft voraussagte
Au|gu|ren|lä|cheln *n. 7 nur Sg.* wissendes Lächeln unter Eingeweihten als Zeichen geheimen Einverständnisses
Au|gust männl. Vorname
Au|gust *m. 1* (*Abk.:* Aug.)
Au|gus|ta|na *f. Gen.* - *nur Sg.* die Augsburg. Konfession
au|gus|te|isch den Kaiser Augustus betreffend, in der Art des Kaisers Augustus; *aber:* das Augusteische Zeitalter
Au|gus|tin männl. Vorname
Au|gus|ti|ner *m. 5* Angehöriger des Augustinerordens

Au|gus|ti|ner|or|den *m. 7*
Aug|zahn *m. 2* s. **Au|gen|zahn**
Auk|ti|on [lat.] *f. 10* Versteigerung
Auk|ti|o|na|tor *m. 13* Versteigerer
auk|ti|o|nie|ren *tr. 3* versteigern
Au|la [griech.] *f. Gen. - Pl.* -len **1.** Innenhof des altgriech. Hauses; **2.** altröm. Palast; **3.** *MA:* Pfalz; **4.** Vorhalle der altchristl. Basilika; **5.** Versammlungssaal einer Schule oder Hochschule
au na|tu|rel [onatyrɛl, frz. »nach der Natur«] ohne künstl. Zusatz (bei Speisen und Getränken)
au pair [opɛr, frz.] auf Gegenleistung, ohne Bezahlung
Au|pair|mäd|chen *auch:* **Au-pair-Mäd|chen** [opɛr-, frz.] *n. 7* Mädchen, das (gegen Unterkunft und Taschengeld) in einer Familie im Ausland arbeitet, um die Landessprache zu erlernen
Au|ra [lat.] *f. Gen. - Pl.* -ren **1.** *griech. Myth.:* Gefährtin der Artemis; **2.** *Okkultismus:* Strahlenkranz, der (angeblich) einen Menschen umgibt; **3.** *Med.:* von bestimmten Sinnesempfindungen begleitetes Gefühl vor epilept. u. a. Anfällen; **4.** *übertr.:* Gesamtheit der von einem Menschen ausgehenden Wirkungen
au|ral [lat.] zum Ohr gehörig
Au|rar *Pl. von* Eyrir
Au|re|o|le [lat.] *f. 11* **1.** *bildende Kunst:* Heiligenschein um die ganze Gestalt; **2.** *Bgb.:* bläul. Lichtschein um Grubenlampen bei Auftreten von Grubengas; **3.** *Astron.:* Hof um Sonne und Mond infolge Wolkendunst; **4.** *Elektrotechnik:* Lichterscheinung an elektrisch geladenen Körpern bei hoher Spannung
Au|ri|gna|ci|en *auch:* **Au|rig|na|ci|en** [ɔrinjasjɛ̃, nach der frz. Stadt Aurignac] *n. 9 nur Sg.* Stufe der jüngeren Altsteinzeit
Au|ri|gnac|ras|se *auch:* **Au|rig|nac-ras|se** [ɔrinjak-] *f. 11* Menschenrasse des Aurignacien
Au|ri|kel [lat. »Öhrchen«] *f. 11* eine Zierpflanze, Primelart
au|ri|ku|lar [lat.] zum Ohr gehörig
Au|ri|pig|ment [lat.] *n. 1* ein Arsenmineral
Au|ri|punk|tur [lat.] *f. 10* Durchbohrung des Trommelfells des Ohrs
Au|ro|ra **1.** röm. Göttin der Morgenröte; **2.** *f. Gen. - nur Sg.* Morgenröte
Au|ro|ra|fal|ter *m. 5* ein Schmetterling
Au|rum *n. 9 nur Sg., lat. Bez. für* Gold
aus **1.** *Präp. mit Dat.;* aus und ein gehen: häufig verkehren; *aber:* die aus- und eingehende Post; nicht mehr aus und ein, weder aus noch ein wissen; **2.** *prädikativ;* auf etwas aus sein, eine Absicht verfolgen; die Schule ist aus, ist aus gewesen
Aus *n. Gen. - nur Sg.* Gelände außerhalb des Spielfeldes; der Ball ist im Aus
aus|ar|bei|ten *tr. 2*
Aus|ar|bei|tung *f. 10*
aus|ar|ten *intr. 2*
aus|at|men *intr. 2*
Aus|at|mung *f. 10*
aus|ba|den *tr. 2, ugs.;* eine Sache a. müssen: die Folgen einer Sache tragen müssen
aus|bag|gern *tr. 1*
Aus|bag|ge|rung *f. 10 nur Sg.*
aus|ba|lan|cie|ren [-lãsi:-] *tr. 3* ins Gleichgewicht bringen; Gegenstände ausbalancieren
aus|bal|do|wern *tr. 1, ugs.:* auskundschaften
Aus|bau *m. Gen.* -(e)s *Pl.* -bau|ten
aus|bau|chen *tr. 1* bauchig machen, wölben
Aus|bau|chung *f. 10*
aus|bau|en *tr. 1*
aus|bau|fä|hig
Aus|bau|woh|nung *f. 10*
aus|be|din|gen *tr. 23;* sich etwas a.: etwas zur Bedingung machen
aus|bes|sern *tr. 1;* ich bessere, bessre es aus
Aus|bes|se|rung *f. 10*
aus|bes|se|rungs|be|dürf|tig
aus|beu|len *tr. 1*
Aus|beu|lung *f. 10*
Aus|beu|te *f. 11*
aus|beu|ten *tr. 2*
Aus|beu|ter *m. 5*
Aus|beu|te|rei *f. 10*
Aus|beu|tung *f. 10 nur Sg.*
aus|be|zah|len *tr. 1* = auszahlen
aus|bil|den *tr. 2*
Aus|bil|der *m. 5*
Aus|bil|dung *f. 10*
aus|bil|dungs|be|glei|tend; ein ausbildungsbegleitender Lehrgang
Aus|bil|dungs|gang *m. 2*
Aus|bil|dungs|platz *m. 2*
aus|bit|ten *tr. 15;* sich etwas a.
aus|blei|ben *intr. 17*
Aus|blick *m. 1*
aus|bli|cken *intr. 1* ausschauen (nach)
aus|blu|ten *intr. 2*
aus|bo|jen *tr., nur im Infinitiv gebräuchlich:* mit Bojen versehen
aus|bom|ben *tr. 1, nur in den Wendungen* ausgebombt sein, werden
aus|boo|ten *tr. 2*
aus|bor|gen *tr. 1;* sich etwas a.
aus|bre|chen *intr. 19*
Aus|bre|cher *m. 5*
aus|brei|ten **1.** *tr. 2;* Stoff, eine Ware a.; **2.** *refl. 2;* sich a. *ugs.:* sich wichtig machen
Aus|brei|tung *f. 10 nur Sg.*
aus|brin|gen *tr. 21;* einen Trinkspruch auf jmdn. a.
Aus|bruch *m. 2*
Aus|bruch|wein *m. 1, in Ungarn und im Burgenland:* Auslesewein
aus|bu|chen *tr. 1, nur im Perfekt üblich;* der Flug, das Hotel ist ausgebucht: alle Plätze bzw. Zimmer sind vergeben
aus|buch|ten *tr. 2*
Aus|buch|tung *f. 10*
Aus|bund *m. 2* Muster; er ist ein Ausbund an Fleiß, an Frechheit, an Lebensfreude
aus|bür|gern *tr. 1*
Aus|bür|ge|rung *f. 10*
aus|bü|xen *intr. 1, ugs.:* ausreißen
aus|chil|len [-tʃil-, engl.] = chillen
Aus|dau|er *f. 11 nur Sg.*
aus|dau|ern *intr. 1* (selten)
aus|dau|ernd
aus|deh|nen *tr. 1*
Aus|deh|nung *f. 10*
Aus|deh|nungs|ko|ef|fi|zi|ent *m. 10* Faktor, der die Volumenveränderung eines Körpers bei Erwärmung um 1°C angibt
aus|dis|ku|tie|ren *tr. 3*
Aus|druck **1.** *m. 2;* **2.** *m. 1, Buchw.:* Fertigstellen des Druckes
aus|dru|cken *tr. 1* zu Ende, fertigdrucken
aus|drü|cken *tr. 1*
aus|drück|lich
Aus|drucks|kraft *f. 2 nur Sg.*
Aus|drucks|kunst *f. 2 nur Sg.* Expressionismus
aus|drucks|los
Aus|drucks|lo|sig|keit *f. 10 nur Sg.*
Aus|drucks|tanz *m. 2 nur Sg.*
aus|drucks|voll
Aus|drucks|wei|se *f. 11*
Aus|drusch *m. 1* **1.** das Ausdreschen; **2.** dessen Ertrag
aus|duns|ten, aus|düns|ten *intr. 2*
Aus|duns|tung, Aus|düns|tung *f. 10*

A

auseinander fallen/gehen: Fügungen aus dem mehrgliedrigen Adverb *auseinander* und einem Verb werden immer getrennt geschrieben: *auseinander fallen.* Ebenso: *auseinander gehen.* § 34 E3 (2)

aus|ein|an|der *auch:* **aus|ei|nan|der;** auseinander fallen; auseinander gehen; auseinander halten; auseinander nehmen; auseinander setzen; einen Sachverhalt auseinander setzen: erklären; zwei Schüler auseinander setzen; sich mit einem Problem auseinander setzen: sich damit beschäftigen
aus|ein|an|der fal|len *auch:* **aus|ei|nan|der fal|len** (*alt:* aus|ein|an|der|fal|len) *intr. 33*
aus|ein|an|der ge|hen *auch:* **aus|ei|nan|der ge|hen** (*alt:* aus|ein|an|der|ge|hen) *intr. 47*
aus|ein|an|der hal|ten *auch:* **aus|ei|nan|der hal|ten** (*alt:* aus|ein|an|der|hal|ten) *tr. 61* unterscheiden
aus|ein|an|der lau|fen *auch:* **aus|ei|nan|der lau|fen** (*alt:* aus|ein|an|der|lau|fen) *intr. 76*
aus|ein|an|der neh|men *auch:* **aus|ei|nan|der neh|men** (*alt:* aus|ein|an|der|neh|men) *tr. 88*
aus|ein|an|der set|zen *auch:* **aus|ei|nan|der set|zen** (*alt:* aus|ein|an|der|set|zen) *tr. 1*
Aus|ein|an|der|set|zung *f. 10*
aus|er|ko|ren auserwählt
aus|er|le|sen hervorragend
aus|er|se|hen *tr. 136*
aus|er|wäh|len *tr. 1*
aus|fah|ren *tr. u. intr. 32*
aus|fah|rend plötzlich, jäh, unkontrolliert (Bewegung)
Aus|fahr|si|gnal *auch:* **Aus|fahr|sig|nal** *n. 1, Fachspr.*
Aus|fahrt *f. 10*
Aus|fahrt|si|gnal *auch:* **Aus|fahrt|sig|nal** *n. 1*
Aus|fahrts|stra|ße *f. 11*
Aus|fall *m. 2*
aus|fal|len *intr. 33*
aus|fäl|len *tr. 1* **1.** einen gelösten Stoff a. *Chem.:* durch Zugabe einer geeigneten Verbindung aus einer Lösung ausscheiden; **2.** *schweiz.:* (Strafe) verhängen
aus|fal|lend, aus|fäl|lig unverschämt, beleidigend
Aus|fall(s)|er|schei|nung *f. 10*
Aus|fall|stra|ße *f. 11* große, aus einer Stadt hinausführende Straße
Aus|fall(s)|win|kel *m. 5*
Aus|fäl|lung *f. 10*
aus|fe|gen *tr. 1*
Aus|fe|ger *m. 5* **1.** Besen; **2.** Kehraus
aus|fer|ti|gen *tr. 1*
Aus|fer|ti|gung *f. 10*
aus|fin|dig *nur in der Wendung* etwas oder jmdn. a. machen
aus|flip|pen *intr. 1* die Kontrolle über sich verlieren; außer sich sein; ausgefallen sein
aus|flo|cken *tr. 1* in flockiger Form ausfällen
Aus|flo|ckung *f. 10*
Aus|flucht *f. 2;* Ausflüchte machen
Aus|flug *m. 2*
Aus|flüg|ler *m. 5*
Aus|flugs|lo|kal *n. 1*
Aus|fluss (*alt:* Aus|fluß) *m. 2*
aus|fol|gen *tr. 1, Amtsdeutsch:* aushändigen
aus|for|schen *tr. 1*
Aus|for|schung *f. 10 nur Sg.*
aus|fra|gen *tr. 1*
aus|frie|ren *tr. u. intr. 42*
Aus|fuhr *f. 10*
aus|führ|bar
Aus|führ|bar|keit *f. 10 nur Sg.*
aus|füh|ren *tr. 1*
aus|führ|lich
Aus|führ|lich|keit *f. 10 nur Sg.*
Aus|füh|rung *f. 10*
Aus|füh|rungs|be|stim|mung *f. 10*
aus|fül|len *tr. 1*
Ausg. *Abk. für* Ausgabe
Aus|ga|be *f. 11*
Aus|ga|ben|buch *n. 4*
Aus|gang *m. 2*
aus|gangs *Präp. mit Gen., Amtsdeutsch:* am Schluss
Aus|gangs|punkt *m. 1*
aus|ge|ben **1.** *tr. 45* Geld a.; **2.** *intr. 45;* Ertrag bringen; **3.** sich physisch a.: zur Grenze körperlicher Belastung vorstoßen
aus|ge|bufft *ugs.:* gerissen
Aus|ge|burt *f. 10;* Erzeugnis; eine A. seiner Fantasie
aus|ge|dient; die Schuhe haben ausgedient; ausgedienter Soldat
Aus|ge|din|ge *n. 5* Altenteil
Aus|ge|din|ger *m. 5* jmd., der auf dem Ausgedinge lebt
aus|ge|fal|len ungewöhlich
aus|ge|feimt = abgefeimt
aus|ge|gli|chen
Aus|ge|gli|chen|heit *f. 10 nur Sg.*
aus|ge|hen *intr. 47*
Aus|geh|ver|bot *n. 1*
aus|ge|kocht *übertr. ugs.:* schlau und erfahren
aus|ge|macht **1.** verabredet; eine ausgemachte Sache; **2.** *übertr.:* eindeutig; ausgemachter Blödsinn
aus|ge|las|sen übermütig
Aus|ge|las|sen|heit *f. 10 nur Sg.*
aus|ge|las|tet
aus|ge|macht
aus|ge|mer|gelt
aus|ge|nom|men; wir haben alle wieder gesehen, ihn a. *oder:* a. ihn; ich erinnere mich seiner Freunde genau, a. des einen *oder:* den einen a.
aus|ge|picht **1.** abgefeimt; **2.** an scharfe Schnäpse gewöhnt; eine ausgepichte Kehle
aus|ge|po|wert *auch:* **aus|ge|pow|ert** [-paʊ-, engl.] *ugs.:* völlig erschöpft
aus|ge|prägt
aus|ge|pumpt erschöpft
aus|ge|rech|net; a. ich; a. dir muss das passieren; a. heute
aus|ge|schlos|sen unmöglich
aus|ge|spro|chen sehr, besonders; a. schön
aus|ge|stal|ten *tr. 2*
Aus|ge|stal|tung *f. 10*
aus|ge|zeich|net
aus|gie|big
Aus|gie|big|keit *f. 10 nur Sg.*
aus|gie|ßen *tr. 54*
Aus|gie|ßung *f. 10 nur Sg.*
Aus|gleich *m. 1*
aus|glei|chen *tr. 55*
Aus|gleichs|ge|trie|be *n. 5*
Aus|gleichs|sport *m. Gen. -s nur Sg.*
Aus|glei|chung *f. 10 nur Sg.*
aus|glü|hen *tr. 1*
Aus|glü|hung *f. 10 nur Sg.*
aus|gra|ben *tr. 58*
Aus|grä|ber *m. 5*
Aus|gra|bung *f. 10*
aus|gren|zen *tr. 1*
Aus|gren|zung *f. 10*
Aus|guck *m. 1*
aus|gu|cken *intr. 1*
Aus|guss (*alt:* Aus|guß) *m. 2*
aus|han|deln *tr. 1;* ich handele, handle es aus
aus|hän|di|gen *tr. 1*
Aus|hän|di|gung *f. 10 nur Sg.*
Aus|hang *m. 2*
Aus|hän|ge|bo|gen *Pl.* die fertigen Druckbogen eines Buches, Aushänger
aus|hän|gen **1.** *tr. 1;* ein Fenster a.; ich habe die Anzeige im Schaufenster ausgehängt; **2.** *intr. 62;* die Anzeige hing lange aus

Aus|hän|ger *m. 5* Aushängebogen
Aus|hän|ge|schild *n. 3*
Aus|hau *m. 1* Rodung
aus|hau|chen *tr. 1*
aus|hau|en *tr. 63*
aus|häu|sig *ugs.:* nicht zu Hause
aus|he|ben *tr. 64*
aus|he|bern *tr. 1* mit einem Heber Flüssigkeit entnehmen
Aus|he|be|rung *f. 10*
Aus|he|bung *f. 10*
aus|he|cken *tr. 1, ugs.:* ausdenken
aus|hei|len *tr. u. intr. 1*
Aus|hei|lung *f. 10 nur Sg.*
aus|hel|fen *intr. 66*
Aus|hieb *m. 1* Entfernung alter oder dürrer Bäume, Auszugshieb
Aus|hil|fe *f. 11,* **Aus|hilfs|kraft** *f. 2*
aus|hilfs|wei|se
aus|höh|len *tr. 1*
Aus|höh|lung *f. 10*
aus|ho|len **1.** *intr. 1;* zum Schlag a.; **2.** *tr. 1* aushorchen
aus|hol|zen *tr. 1*
Aus|hol|zung *f. 10*
aus|hor|chen *tr. 1*
Aus|hor|cher *m. 5*
Aus|hub *m. 1 nur Sg.* ausgehobene Erde
aus|hun|gern *tr. 1*
Aus|hun|ge|rung *f. 10 nur Sg.*
aus|i|xen *tr. 1* auf der Schreibmaschine mit dem Buchstaben x unleserlich machen
aus|ke|geln *tr. 1* auskugeln; ich kegele, kegle mir den Arm aus
aus|keh|len *tr. 1* mit einer Hohlkehle versehen
Aus|keh|lung *f. 10*
aus|kei|len *intr. 1* **1.** ausschlagen (vom Pferd); **2.** *Geol.:* keilförmig enden (von einer Schicht zwischen zwei andern)
Aus|kei|lung *f. 10, Geol.*
aus|ken|nen *refl. 67*
aus|ker|ben *tr. 1*
Aus|ker|bung *f. 10*
aus|ker|nen *tr. 1*
aus|klam|mern *tr. 1;* ich klammere, klammre es aus
Aus|klam|me|rung *f. 10 nur Sg.*
Aus|klang *m. 2*
aus|kla|rie|ren *tr. 3* bei der Ausfahrt verzollen (Schiffsladung)
Aus|kla|rie|rung *f. 10*
aus|klei|den *tr. 2*
Aus|klei|dung *f. 10* Bezug, Bespannung (eines Innenraums)
aus|klin|gen *intr. 69*
aus|klop|fen *tr. 1*
Aus|klop|fer *m. 5*
aus|klü|geln *tr. 1;* ich klügele, klügle es aus: ein ausgeklügelter Plan
aus|knei|fen *intr. 70, ugs.:* ausreißen
aus|knip|sen *tr. 1, ugs.:* ausschalten
aus|kno|beln *tr. 1* ausdenken, herausbringen
aus|kno|cken [-nɔkən, engl.] *tr. 1* durch Knock-out besiegen
aus|kof|fern *tr. 1* mit einem Untergrund versehen (Straße, Gleis)
Aus|kof|fe|rung *f. 10*
aus|kol|ken *tr. 1* durch starke Strömung auswaschen (Flussbett)
Aus|kol|kung *f. 10*
aus|kom|men *intr. 71*
Aus|kom|men *n. 7 nur Sg.;* sein (gutes) A. haben
aus|kömm|lich
aus|kos|ten *tr. 2*
aus|kra|gen *intr. 1* vorspringen (Bauteil)
Aus|kra|gung *f. 10*
aus|krat|zen **1.** *tr. 1; auch Med.:* ausschaben; **2.** *intr. 1, ugs.:* ausreißen, davonlaufen
Aus|krat|zung *f. 10, Med.:* Ausschabung
Aus|kris|tal|li|sa|ti|on *f. 10*
aus|kris|tal|li|sie|ren *intr. 3* Kristalle aus Lösungen heraus bilden
aus|ku|geln *tr. 1* ausrenken; ich kugele, kugle mir den Arm aus
Aus|kul|ta|ti|on [lat.] *f. 10, Med.:* Untersuchung durch Abhorchen
aus|kul|ta|to|risch *Med.:* durch Abhorchen
aus|kul|tie|ren *tr. 3, Med.:* abhorchen
aus|kund|schaf|ten *tr. 2*
Aus|kunft *f. 2*
Aus|kunf|tei *f. 10* Auskunftsbüro
Aus|kunfts|be|am|te(r) *m. 18 (17)*
Aus|kunfts|bü|ro *n. 9*
aus|ku|rie|ren *tr. 3*
aus|la|chen *tr. 1*
Aus|lad *m. 1 nur Sg., schweiz.:* Ausladung (bei der Eisenbahn)
aus|la|den *tr. 74*
aus|la|dend breit gebaut; *übertr.:* weitschweifig; weit ausholend (Gebärde)
Aus|la|der *m. 5*
Aus|la|ge *f. 11;* Auslagen: Ausgaben, ausgelegtes Geld
aus|la|gern *tr. 1*
Aus|land *n. 4 nur Sg.*
Aus|län|der *m. 5*
Aus|län|der|be|auf|trag|te(r) *m. 18 (17) bzw. f. 17 oder 18* jmd., der die Wahrung der Interessen von Ausländern vertritt
Aus|län|der|be|hör|de *f. 11*
Aus|län|de|rei *f. 10 nur Sg.* Nachahmung ausländischer Sitten, Sprache usw.
aus|län|der|feind|lich
Aus|län|der|feind|lich|keit *f. 10 nur Sg.*
aus|län|der|freun|dlich
Aus|län|der|freund|lich|keit *f. 10 nur Sg.*
aus|län|disch
aus|lands|deutsch
Aus|lands|deut|sche(r) *m. 18 (17) bzw. f. 17 oder 18*
Aus|lands|rei|se *f. 11*
Aus|lands|kun|de *f. 11 nur Sg.*
Aus|lands|ver|tre|tung *f. 10*
Aus|lass (*alt:* Aus|laß) *m. 2* Öffnung; *südd., österr.:* Tür
aus|las|sen *tr. 75; südd., österr. auch:* loslassen
Aus|las|sung *f. 10*
Aus|las|sungs|punk|te *Pl.* (...)
Aus|las|sungs|satz *m. 2* Ellipse
Aus|las|sungs|zei|chen *n. 7* (') Apostroph
Aus|lass|ven|til (*alt:* Aus|laß|ven|til) [-vɛn-] *n. 1* beim Verbrennungsmotor das Ventil, durch welches das Gasgemisch den Verbrennungsraum verlässt
aus|las|ten *tr. 2*
Aus|las|tung *f. 10*
aus|lat|schen **1.** *tr. 1, ugs.:* austreten (Schuhe); **2.** *intr. 1, vulg.:* sich ungehörig benehmen
Aus|lauf *m. 2*
aus|lau|fen *intr. 76*
Aus|läu|fer *m. 5; schweiz. auch:* Laufbursche, Bote
aus|lau|gen *tr. 1*
Aus|laut *m. 1* letzter Laut eines Wortes
aus|lau|ten *intr. 2*
aus|lee|ren *tr. 1*
Aus|lee|rung *f. 10*
aus|le|gen *tr. 1*
Aus|le|ger *m. 5*
Aus|le|ger|boot *n. 1* schmales Boot, dessen Stabilität durch Schwimmbalken verbessert ist
Aus|le|ger|brü|cke *f. 11*
Aus|le|gung *f. 10*
Aus|leih|bi|bli|o|thek *auch:* **Aus|leih|bib|li|o|thek** *f. 10; Ggs.:* Präsenzbibliothek
Aus|lei|he *f. 11* Ausgabestelle in Bibliotheken
aus|lei|hen *tr. 78*
Aus|lei|her *m. 5*
aus|ler|nen *tr. 1*
Aus|le|se *f. 11*

A

aus|le|sen *tr. 79*
aus|lie|fern *tr. 1;* ich liefere, liefre es aus
Aus|lie|fe|rung *f. 10*
aus|lo|ben *tr. 1;* etwas ausloben: öffentlich eine Belohnung für etwas aussetzen
Aus|lo|bung *f. 10*
aus|lo|gie|ren [-ʒiː-] *tr. 3* zum Auszug aus der Wohnung veranlassen
aus|loh|nen, aus|löh|nen *tr. 1* bei der Entlassung entlohnen
Aus|loh|nung, Aus|löh|nung *f. 10*
aus|lo|sen *tr. 1*
aus|lö|sen *tr. 1*
Aus|lö|ser *m. 5*
Aus|lo|sung *f. 10*
Aus|lö|sung *f. 10*
aus|lo|ten *tr. 2;* etwas ausloten: mit dem Lot die Tiefe von etwas feststellen
Aus|lucht *f. 10* erkerartiger Vorbau, bes. in Norddtld.
Aus|lug *m. 1, veraltet:* Ausguck
aus|ma|chen *tr. 1* **1.** *Jägerspr.:* aufspüren; **2.** *schweiz., mitteldt.:* erkennen, wahrnehmen
aus|mah|len *tr. 1*
Aus|mah|lung *f. 10 nur Sg.*
aus|ma|len *tr. 1*
Aus|ma|lung *f. 10 nur Sg.*
aus|mar|chen *tr. 1, schweiz.:* abgrenzen (Rechte, Interessen)
Aus|maß *n. 1*
aus|mau|ern *tr. 1;* ich mauere es aus
Aus|mau|e|rung *f. 10*
aus|mei|ßeln *tr. 1;* ich meißele, meißle es aus
Aus|mei|ße|lung, Aus|meiß|lung *f. 10 nur Sg.*
Aus|mer|ze *f. 11 nur Sg.* aus der Zucht auszumerzende Tiere
aus|mer|zen *tr. 1;* du merzt sie aus
aus|mes|sen *tr. 84*
Aus|mes|sung *f. 10*
aus|mie|ten *tr. 2* **1.** aus der Miete nehmen (Rüben); **2.** *schweiz.:* vermieten
aus|mit|teln *tr. 1, selten:* ermitteln
Aus|mit|te|lung, Aus|mitt|lung *f. 10*
aus|mün|den *intr. 2* = münden
Aus|mün|dung *f. 10*
aus|mün|zen *tr. 1* **1.** prägen (Münzen); **2.** zum eigenen Vorteil auswerten
Aus|mün|zung *f. 10*
aus|mus|tern *tr. 1* aussondern; ich mustere, mustre es aus; aus dem Militärdienst (wegen Krankheit) entlassen
Aus|mus|te|rung *f. 10*
Aus|nah|me **1.** *f. 11;* **2.** *f. 11 nur Sg., österr.:* Altenteil
Aus|nah|me|fall, *österr.:* Aus-nahms|fall *m. 2*
Aus|nah|me|zu|stand, *österr.:* Ausnahms|zu|stand *m. 2*
aus|nahms|los
aus|nahms|wei|se
aus|neh|men *tr. 88*
aus|neh|mend sehr; das gefällt mir a. gut
Aus|neh|mer *m. 5, österr.:* Altenteiler
aus|nüch|tern *tr. 1* nüchtern werden lassen
Aus|nüch|te|rung *f. 10 nur Sg.*
Aus|nüch|te|rungs|zel|le *f. 11*
aus|nut|zen, aus|nüt|zen *tr. 1*
Aus|nut|zung, Aus|nüt|zung *f. 10 nur Sg.*
aus|pa|cken **1.** *tr. 1* Gegenstände a; **2.** *intr. 1, ugs.:* ausplaudern, nicht Bekanntes preisgeben
aus|peit|schen *tr. 1*
aus|pfäh|len *tr. 1* **1.** einzäunen; **2.** *Bgb.:* durch Pfähle stützen (Gestein)
Aus|pfäh|lung *f. 10*
aus|pfei|fen *tr. 90*
aus|pflan|zen *tr. 1*
Aus|pflan|zung *f. 10*
Au|spi|zi|um *auch:* **Aus|pi|zi|um** [lat.] *n. Gen.* -s *Pl.* -zi|en *meist Pl., österr. nur Pl.* **1.** *im alten Rom:* Weissagung nach dem Vogelflug; **2.** Aussicht, Hoffnung; unter günstigen Auspizien; **3.** Obhut, Leitung; unter günstigen Auspizien; etwas unter den Auspizien von ..., des ... tun
aus|plau|dern *tr. 1;* ich plaudere, plaudre es aus
aus|plün|dern *tr. 1;* ich plündere, plündre ihn aus
Aus|plün|de|rung *f. 10 nur Sg.*
aus|pols|tern *tr. 1;* ich polstere, polstre es aus
Aus|pols|te|rung *f. 10 nur Sg.*
aus|po|sau|nen *tr. 1, ugs.:* überall weitererzählen
aus|po|wern *auch:* **aus|pow|ern** [-paʊ-, engl.] *tr. 1, abwertend:* ausplündern, ausbeuten
aus|prä|gen *tr. 1*
Aus|prä|gung *f. 10*
aus|pro|bie|ren *tr. 3*
Aus|puff *m. 1*
Aus|puff|flam|me *f. 11*
Aus|puff|topf *m. 2*
aus|punk|ten *tr. 2, Boxen:* nach Punkten besiegen
Aus|putz *m. 1 nur Sg.* **1.** Zierde; **2.** Abfälle bei der Getreidereinigung
aus|put|zen *tr. 1*
Aus|put|zer *m. 5* Ausbeuter
aus|quar|tie|ren *tr. 3*
Aus|quar|tie|rung *f. 10 nur Sg.*
aus|quet|schen *tr. 1, ugs.*
aus|ra|die|ren *tr. 3*
aus|ran|gie|ren [-rãʒiː-, ugs.: -raŋ ʒiː-] *tr. 3*
aus|ras|ten *intr. 2* **1.** *süddt., österr.:* eine Pause machen; **2.** *ugs.:* vor Wut außer sich geraten
aus|räu|chern *tr. 1;* ich räuchere es aus
Aus|räu|che|rung *f. 10 nur Sg.*
aus|räu|men *tr. 1;* Möbel a.; Missverständnisse a.
Aus|räu|mung *f. 10 nur Sg.*
Aus|re|de *f. 11*
aus|re|den **1.** *intr. 2;* jmdn. a. lassen; **2.** *tr. 2;* jmdm. etwas ausreden
aus|rei|ben *tr. 95, österr.:* scheuern
Aus|reib|tuch *n. 4, österr.*
aus|rei|chend
Aus|rei|se *f. 11*
Aus|rei|se|er|laub|nis *f. 1*
aus|rei|sen *intr. 1*
aus|rei|ßen *tr. u. intr. 96*
Aus|rei|ßer *m. 5*
aus|ren|ken *tr. 1*
Aus|ren|kung *f. 10*
aus|rich|ten *tr. 2*
Aus|rich|tung *f. 10 nur Sg.*
aus|rin|gen *tr. 100* = auswringen
aus|ro|den *tr. 2*
Aus|ro|dung *f. 10*
aus|rot|ten *tr. 2*
Aus|rot|tung *f. 10 nur Sg.*
aus|rü|cken *tr. u. intr. 1*
Aus|ruf *m. 1*
aus|ru|fen *tr. 102*
Aus|ru|fer *m. 5*
Aus|ru|fe|satz *m. 2*
Aus|ru|fe|zei|chen, Aus|ru|fungs|zei|chen *n. 7,* **Aus|ruf|zei|chen** *n. 7, österr.*
aus|ru|hen *intr. 1*
aus|rüs|ten *tr. 2*
Aus|rüs|ter *m. 5*
Aus|rüs|tung *f. 10*
Aus|rüs|tungs|ge|gen|stand *m. 2*
aus|rut|schen *intr. 1*
Aus|rut|scher *m. 5, ugs.* **1.** schlechtes Benehmen, Lapsus; **2.** *Sport:* unerwartete Niederlage eines Favoriten
Aus|saat *f. 10*
aus|sä|en *tr. 1*
Aus|sa|ge *f. 11*

aus|sa|ge|kräf|tig
aus|sa|gen *tr. 1*
aus|sä|gen *tr. 1*
Aus|sa|ge|satz *m. 2*
Aus|sa|ge|wei|se *f. 11* Modus
Aus|satz *m. 2 nur Sg.* Lepra
aus|sät|zig
aus|scha|ben *tr. 1*
Aus|scha|bung *f. 10, Med.:* Abrasio
aus|schach|ten *tr. 2*
Aus|schach|tung *f. 10*
aus|scha|len *tr. 1* aus der Schale oder Verschalung nehmen
aus|schal|ten *tr. 2*
Aus|schal|tung *f. 10*
Aus|scha|lung *f. 10 nur Sg.*
Aus|schank *m. 2*
Aus|schau *f. Gen. - nur Sg., meist in der Wendung* A. halten
aus|schau|en *intr. 1;* nach jmdm. a.
Aus|scheid *m. 2*
aus|schei|den *tr. u. intr. 107*
Aus|schei|dung *f. 10*
Aus|schei|dungs|kampf *m. 2*
Aus|schei|dungs|spiel *n. 1*
aus|schen|ken *tr. 1;* Bier, Wein ausschenken
aus|sche|ren *intr. 1* **1.** aus der Reihe, Spur abbiegen (von Fahrzeugen); **2.** sich von einer Gruppe absondern
aus|schie|ßen **1.** *tr. 113;* **2.** *intr. 113, Buchw.:* den Satz in der Druckform so anordnen, dass nach dem Falzen des bedruckten Bogens die Seiten richtig liegen
aus|schif|fen **1.** *tr. 1;* Passagiere a.: vom Schiff ans Land bringen; **2.** *refl. 1;* sich a.: an Land gehen
Aus|schif|fung *f. 10 nur Sg.*
aus|schil|dern *tr. 1* mit schriftl. Hinweisen versehen, z. B. Preise ausschildern
Aus|schil|de|rung *f. 10*
aus|schlach|ten *tr. 2*
Aus|schlach|tung *f. 10 nur Sg.*
Aus|schlag *m. 2*
aus|schla|gen *tr. u. intr. 116*
aus|schlag|ge|bend; *aber:* den Ausschlag gebend; das Ausschlaggebende
aus|schlie|ßen *tr. 120*
aus|schließ|lich
Aus|schließ|lich|keit *f. 10 nur Sg.*
Aus|schlie|ßung *f. 10 nur Sg.*
Aus|schlupf *m. 2*
aus|schlüp|fen *intr. 1*
Aus|schluss (*alt:* Aus|schluß) *m. 2*
Aus|schluss|tas|te (*alt:* Aus|schluß|ta|ste) *f. 11* Taste zum Herstellen gleichmäßiger Wortzwischenräume

aus|schmie|ren *tr. 1; süddt. auch:* übers Ohr hauen
aus|schmü|cken *tr. 1*
Aus|schmü|ckung *f. 10*
aus|schnei|den *tr. 125*
Aus|schnitt *m. 1*
aus|schrei|ben *tr. 127* **1.** ausfertigen; **2.** öffentlich ausloben, ausbieten (Wettbewerb, Preisausschreiben)
Aus|schrei|bung *f. 10*
aus|schrei|ten *intr. 129*
Aus|schrei|tung *f. 10*
aus|schro|ten *tr. 2* **1.** zermahlen; **2.** *österr.:* (zum Verkauf) zerlegen (Fleisch)
aus|schu|len *tr. 1* aus der Schule nehmen
Aus|schu|lung *f. 10*
Aus|schuss (*alt:* Aus|schuß) *m. 2*
Aus|schuss|sit|zung (*alt:* Aus|schuß|sit|zung) *f. 10*
Aus|schuss|wa|re (*alt:* Aus|schuß|wa|re) *f. 11*
aus|schüt|teln *tr. 1;* ich schüttele, schüttle es aus
aus|schüt|ten *tr. 2*
Aus|schüt|tung *f. 10, Bankw.:* Verteilung (von Dividenden)
aus|schwei|fen *tr. 1*
aus|schwei|fend; einen a. Lebenswandel haben
Aus|schwei|fung *f. 10*
aus|schwem|men *tr. 1*
Aus|schwem|mung *f. 10*
aus|schwit|zen *tr. 1*
aus|seg|nen *tr. 2*
Aus|seg|nung *f. 10* Segnung eines Toten, bevor er aus dem Haus getragen wird
aus|se|hen *intr. 136*
Aus|se|hen *n. 7 nur Sg.*
aus sein (*alt:* aus|sein) *intr. 137*
au|ßen; außen am Fenster; nach außen (hin); von innen nach außen drehen; von außen (her)
Au|ßen *m. 7, Sport:* Spieler außen, am Flügel der Mannschaft, *meist:* Linksaußen, Rechtsaußen
Au|ßen|an|ten|ne *f. 11*
Au|ßen|auf|nah|me *f. 11*
Au|ßen|be|zirk *m. 1*
Au|ßen|bord|mo|tor *m. 12*
au|ßen|bords; *Ggs.:* innenbords, binnenbords
aus|sen|den *tr. 138*
Au|ßen|dienst *m. 1 nur Sg.*
au|ßen|dienst|lich
Aus|sen|dung *f. 10 nur Sg.;* Aussendung von Strahlen
Au|ßen|han|del *m. 6 nur Sg.*
Au|ßen|mi|nis|ter *m. 5*

Au|ßen|mi|nis|te|ri|um *n. Gen.* -s *Pl.* -ri|en
Au|ßen|po|li|tik *f. 10 nur Sg.*
au|ßen|po|li|tisch
Au|ßen|sei|te *f. 11*
Au|ßen|sei|ter *m. 5*
Au|ßen|stän|de *Pl.* nicht bezahlte Forderungen
Au|ßen|ste|hen|de(r) *auch:* **au|ßen Ste|hen|der** *m. 18 (17) bzw. f. 17 oder 18*
Au|ßen|welt *f. 10 nur Sg.*
Au|ßen|win|kel *m. 5*
au|ßer **1.** *Präp. mit Dat.;* außer mir waren noch drei Leute da; ich war außer mir: empört; alle außer einem; die Maschine ist außer Betrieb; er ist außer Gefahr; außer Atem sein; außer Landes sein; etwas außer Acht lassen; das steht außer allem Zweifel; außer Stand *oder:* außerstand setzen; außer Stande *oder:* außerstande sein; außer Frage stehen *oder:* außerfrage stehen; *mit Gen. nur in der Wendung* außer Landes gehen *oder:* sein; **2.** *Konj.;* außer dass, außer wenn; ich gehe täglich spazieren, außer wenn es neblig ist, außer bei Nebel
Au|ßer|acht|las|sung *f. 10 nur Sg.*
au|ßer|dem
au|ßer|dienst|lich
äu|ße|re(r, -s); die äußeren Angelegenheiten (eines Staates); *aber:* die Äußere Mission
Äu|ße|re(-s) *n. 18 (17);* sein Äußeres; Minister des Äußeren
au|ßer|e|he|lich
au|ßer|eu|ro|pä|isch
au|ßer|ge|richt|lich
au|ßer|ge|wöhn|lich; eine außergerichtliche Einigung erzielen
au|ßer|halb *Präp. mit Gen.;* außerhalb des Hauses
au|ßer|ir|disch
äu|ßer|lich
Äu|ßer|lich|keit *f. 10*
äu|ßerln *tr. 1, österr.:* (den Hund) ausführen
äu|ßern *tr. 1;* ich äußere, äußre etwas; sich äußern
au|ßer|or|dent|lich [auch: -ɔr-]; außerordentlicher Professor (*Abk.:* ao., a. o. Prof.)
Au|ßer|par|la|men|ta|ri|sche Op|po|si|ti|on *f. 10 nur Sg.* (*Abk.:* APO)
au|ßer|plan|mä|ßig; außerplanmäßiger Professor (*Abk.:* apl. Prof.)
au|ßer|schu|lisch

äußerst: Substantivierte Adjektive werden großgeschrieben: *bis zum Äußersten gehen; das Äußerste befürchten.* Feste adverbiale Fügungen können aber auch wie bisher kleingeschrieben werden: *auf das Äußerste/äußerste gefasst sein.* § 57 (1), § 58 E1

äu|ßerst; ich war aufs äußerste *oder:* Äußerste gespannt, gefasst; zwei Wochen sind das Äußerste; lass es nicht bis zum Äußersten kommen; ich bin mit meinem Angebot bis zum Äußersten gegangen
au|ßer|stand = **au|ßer Stand**

außerstand(e)/außer Stand(e): Einige feste Fügungen zu einer Präposition können als Zusammensetzung oder als Wortgruppe verstanden werden. Die Schreibenden können zwischen beiden Varianten wählen: *außerstand(e)/außer Stand(e) sein.* § 39 E3 (1)

au|ßer|stan|de = **au|ßer Stan|de**
äu|ßers|ten|falls
Äu|ße|rung *f. 10*
aus|set|zen *tr. u. intr. 1*
Aus|set|zung *f. 10*
Aus|sicht *f. 10*
aus|sichts|los
Aus|sichts|lo|sig|keit *f. 10 nur Sg.*
Aus|sichts|punkt *m. 1*
aus|sichts|reich
Aus|sichts|turm *m. 2*
aus|sichts|voll
aus|sie|deln *tr. 1*
Aus|sie|de|lung, Aus|sied|lung *f. 10*
Aus|sied|ler *m. 5*
Aus|sied|lung, Aus|sie|de|lung *f. 10*
aus|söh|nen *tr. 1*
Aus|söh|nung *f. 10*
aus|son|dern *tr. 1;* ich sondere, sondre es aus
Aus|son|de|rung *f. 10*
aus|sor|tie|ren *tr. 3*
Aus|sor|tie|rung *f. 10*
aus|spä|hen *intr. 1;* nach jmdm. ausspähen
aus|span|nen *tr. u. intr. 1*
Aus|span|nung *f. 10 nur Sg.*
aus|spa|ren *tr. 1*
Aus|spa|rung *f. 10*
aus|sper|ren *tr. 1*
Aus|sper|rung *f. 10*
aus|spie|len **1.** *intr. 1* das (Karten-)Spiel beginnen; **2.** *tr. 1* eine Karte a.; jmdn. gegen jmdn. a.
Aus|spra|che *f. 11*
aus|spre|chen *tr. 146*
Aus|spruch *m. 2*
aus|staf|fie|ren *tr. 3*
Aus|staf|fie|rung *f. 10 nur Sg.*
Aus|stand *m. 2*
aus|stän|dig
Aus|ständ|ler *m. 5*
aus|stat|ten *tr. 2*
Aus|stat|tung *f. 10*
Aus|stat|tungs|film *m. 1*
Aus|stat|tungs|stück *n. 1*
aus|ste|hen **1.** *tr. 151* leiden, erleiden; viel a. müssen; jmdn. oder etwas nicht a. können: nicht mögen; **2.** *intr. 151* fehlen; die Antwort, Rechnung steht noch aus
aus|stei|gen *intr. 153* **1.** ein Auto, eine Bahn verlassen; **2.** *ugs.:* bei einer Sache nicht mehr mitmachen
aus|stel|len *tr. 1*
Aus|stel|ler *m. 5*
Aus|stel|lung *f. 10*
Aus|stel|lungs|stück *n. 1*
Aus|ster|be|e|tat [-eta] *m. 9, nur in den Wendungen* auf dem A. stehen: zu Ende gehen; etwas auf den A. setzen: zu Ende gehen lassen
aus|ster|ben *intr. 154*
Aus|steu|er *f. 11*
aus|steu|ern *tr. 1;* ich steuere, steure es aus
Aus|steu|e|rung *f. 10 nur Sg.*
Aus|stich *m. 1* **1.** das Beste (seiner Art, bes. vom Wein); **2.** *schweiz., Sport:* Entscheidungskampf
Aus|stieg *m. 1*
aus|stop|fen *tr. 1*
Aus|stop|fung *f. 10*
Aus|stoß *m. 2*
aus|sto|ßen *tr. 157*
Aus|sto|ßung *f. 10*
aus|strah|len *tr. 1*
Aus|strah|lung *f. 10*
aus|stre|cken *tr. 1*
aus|strei|chen *tr. 158*
aus|ta|rie|ren *tr. 3;* einen Behälter a. *österr.:* auf der Waage das Leergewicht eines Behälters feststellen
Aus|tausch *m. 1*
aus|tau|schen *tr. 1*
Aus|tausch|schü|ler *m. 5*
aus|tausch|wei|se
Aus|te|nit [nach dem engl. Forscher Roberts-Austen] *m. 1* ein Mischkristall von Eisen und Kohlenstoff
Aus|ter [lat.] *f. 11* eine essbare Meeresmuschel
Aus|te|ri|ty [ɔːstẹrɪtɪ, engl.] *f. Gen. - nur Sg.* staatl. Sparmaßnahmen, Einschränkung
Aus|tern|bank *f. 2*
Aus|tern|fi|scher *m. 5*
aus|tes|ten *tr. 2*
aus|til|gen *tr. 1* tilgen, auslöschen
aus|to|ben *tr. 1*
aus|ton|nen *tr. 1, nur im Präsens üblich* ausbojen
Aus|trag *m. 2*
aus|tra|gen *tr. 160*
Aus|trä|ger *m. 5*
Aus|trä|ge|rei *f. 10* Klatsch
Aus|träg|ler *m. 5* Altenteiler
Aus|tra|gung *f. 10*

♦ Die Buchstabenfolge **aus|tr...** kann in Fremdwörtern auch **aust|r...** getrennt werden.

♦ **aus|tral** [zu lat. auster »Südwind«] *veraltet:* zur südl. Erdhalbkugel gehörend
♦ **aus|tra|lid** zu den Australiden gehörend
♦ **Aus|tra|li|de(r)** *m. 18 (17)* Ureinwohner Australiens
♦ **Aus|tra|li|en** Staat und Erdteil zwischen Ind. und Pazif. Ozean
♦ **Aus|tra|li|er** *m. 5*
♦ **aus|tra|lisch;** *aber:* der Australische Bund
♦ **aus|tra|lo|id** den Australiden ähnlich
♦ **Aus|tra|lo|i|de(r)** *m. 18 (17)* Mensch mit den Australiden ähnlichen Rassenmerkmalen
♦ **Aus|tra|lo|pi|the|cus** *m. Gen. - nur Sg.* Vormensch
♦ **Aus|tra|si|en** unter den Merowingern der östl. Teil des Frankenreiches, Austrien
aus|trei|ben *tr. 162*
Aus|trei|bung *f. 10*
aus|tre|ten *intr. u. tr. 163*
♦ **Aus|tria** *lat. Name für* Österreich
♦ **Aus|tri|en** = Austrasien
♦ **aus|trisch**
Aus|tritt *m. 1*
♦ **aus|tro|a|si|a|tisch** austroasiatische Sprachen: die Sprachen in Süd- und Südostasien
aus|trock|nen *tr. u. intr. 2*
Aus|trock|nung *f. 10 nur Sg.*
♦ **Aus|tro|mar|xis|mus** *m. Gen. - nur Sg.* österr. Form des Marxismus
aus|trom|pe|ten *tr. 2, ugs.:* überall weitererzählen
aus|tüf|teln *tr. 1;* ich tüftele, tüftle es aus

aus|tup|fen *tr. 1;* an den Innenseiten durch Tupfen säubern; die Wunde a.
aus|tu|schen *tr. 1;* mit Tusche ausfüllen
aus|ü|ben *tr. 1*
Aus|ü|bung *f. 10*
aus|u|fern *intr. 1* **1.** über die Ufer treten; **2.** *übertr.:* das normale Maß überschreiten

Ausuferung: Getrennt werden können auch Silben, die nur aus einem Vokal bestehen. Daher: *Aus|u|fe|rung.* Doch sollte im Interesse der Lesbarkeit wie auch des Schriftbildes von dieser Regel nur behutsam Gebrauch gemacht werden. § 108

Aus|u|fe|rung *f. 10*
Aus|ver|kauf *m. 2*
aus|ver|kau|fen *tr. 1*
aus|wach|sen [-ks-] *intr. 172;* es ist zum Auswachsen *ugs.:* langweilig, zum Verzweifeln
Aus|wahl *f. 10 nur Sg.*
aus|wäh|len *tr. 1*
Aus|wahl|mann|schaft *f. 10*
Aus|wahl|sen|dung *f. 10*
aus|wal|ken *tr. 1*
aus|wal|len *tr. 1, süddt., schweiz.:* ausrollen (Teig)
aus|wal|zen *tr. 1*
Aus|wan|de|rer *m. 5*
Aus|wan|de|rin *f. 10*
aus|wan|dern *intr. 1*
Aus|wan|de|rung *f. 10*
aus|wär|tig; auswärtige Angelegenheiten; er ist im auswärtigen Dienst; *aber:* das Auswärtige Amt (*Abk.:* AA); Minister des Auswärtigen
aus|wärts; auswärts essen, wohnen; auswärts gehen; auswärts laufen
aus|wärts ge|hen (*alt:* aus|wärtsge|hen) *intr. 47*
aus|wärts lau|fen (*alt:* aus|wärtslau|fen) *intr. 76*
aus|wa|schen *tr. 174*
Aus|wa|schung *f. 10*
aus|wech|seln [-ks-] *tr. 1;* ich wechsele, wechsle es aus
Aus|wech|se|lung, Aus|wechs|lung [-ks-] *f. 10*
Aus|weg *m. 1*
aus|weg|los
Aus|weg|lo|sig|keit *f. 10 nur Sg.*
Aus|wei|che *f. 11*
aus|wei|chen *intr. 176*
Aus|weich|la|ger *n. 5*
Aus|weich|stel|le *f. 11*
aus|wei|den *tr. 2;* ein Tier, Wild a.: Eingeweide herausnehmen
Aus|weis *m. 1*
aus|wei|sen **1.** *tr. 177;* **2.** *refl.:* durch Urkunde nachweisen, wer man ist
Aus|weis|pa|pie|re *Pl.*
Aus|wei|sung *f. 10*
aus|wen|dig; etwas a. lernen, können, hersagen
Aus|wen|dig|ler|nen *n. Gen. -s nur Sg.*
aus|wer|fen *tr. 181*
Aus|wer|fer *m. 5*
aus|wer|ten *tr. 2*
Aus|wer|tung *f. 10*
aus|wet|zen *tr. 1, nur in der Wendung* eine Scharte (wieder) a.: etwas wieder gutmachen
aus|wie|gen *tr. 182*
aus|win|den *tr. 183* auswringen
aus|win|tern *intr. 1* **1.** durch Frost absterben (Saat); **2.** unter dem Eis ersticken (Fische)
Aus|win|te|rung *f. 10 nur Sg.*
aus|wir|ken *refl. 1*
Aus|wir|kung *f. 10*
aus|wi|schen *tr. 1;* jmdm. eins a.: jmdm. absichtlich Schaden zufügen
aus|wit|tern *intr. 1* **1.** sich aus Mauerwerk o. Ä. ausscheiden; **2.** durch Witterungseinflüsse leiden
aus|wrin|gen, aus|rin|gen *tr. 100*
Aus|wuchs [-ks] *m. 2*
Aus|wurf *m. 2*
Aus|würf|ling *m. 1* von einem Vulkan ausgeworfener Stein
aus|zah|len *tr. 1*
aus|zäh|len *tr. 1*
Aus|zah|lung *f. 10*
Aus|zäh|lung *f. 10*
aus|zeh|ren *tr. 1*
Aus|zeh|rung *f. 10 nur Sg., veraltet für* Schwindsucht, Abmagerung
aus|zeich|nen *tr. 2*
Aus|zeich|nung *f. 10*
Aus|zeit *f. 10, Sport*
aus|zie|hen *tr. u. intr. 187*
Aus|zieh|tisch *m. 1*
Aus|zieh|tu|sche *f. 11*
aus|zie|ren *tr. 1*
Aus|zie|rung *f. 10*
aus|zir|keln *tr. 1;* ich zirkele, zirkle es aus
aus|zi|schen *tr. 1* durch Zischen zum Schweigen bringen
aus|zo|nen *tr. 1, schweiz.;* Land a.: als Grünfläche deklarieren
Aus|zu|bil|den|de(r) *m. 18 (17) bzw. f. 17 oder 18, Kurzwort:* Azubi
Aus|zug *m. 2; schweiz. auch:* erste Altersklasse der Wehrpflichtigen
Aus|züg|ler *m. 5, österr.:* Altenteiler; *schweiz.:* Wehrpflichtiger der ersten Altersklasse
Aus|zug|mehl, Aus|zugs|mehl *n. 1 nur Sg.*
Aus|zugs|hieb *m. 1* = Aushieb
Aus|zugs|mehl, Aus|zug|mehl *n. 1 nur Sg.*
aus|zugs|wei|se
aut…, Aut… vgl. auto…, Auto…
aut|ark *auch:* **au|tark** [griech.] wirtschaftlich unabhängig
Aut|ar|kie *auch:* **Au|tar|kie** *f. 11* wirtschaftl. Unabhängigkeit vom Ausland
au|teln *intr. 1, schweiz.:* Auto fahren (aus Liebhaberei)
Au|then|tie *f. 11 nur Sg.* (selten) = Authentizität
au|then|ti|fi|zie|ren [griech. + lat.] *tr. 3* als echt bezeugen, beglaubigen
au|then|tisch [griech.] verbürgt, echt
au|then|ti|sie|ren *tr. 3* glaubwürdig machen
Au|then|ti|zi|tät *f. 10 nur Sg. f. 11 nur Sg.* Echtheit, Glaubwürdigkeit
Au|tis|mus [griech.] *m. Gen. - nur Sg.* extreme Kontaktunfähigkeit, krankhafte Ichbezogenheit
Au|tist *m. 10*
au|tis|tisch
Aut|ler *m. 5, schweiz.:* Autofahrer (aus Liebhaberei)
au|to…, Au|to… [griech.] *in Zus.:* selbst…, Selbst…
Au|to **1.** [griech.] *n. 9, Kurzw. für* Automobil, Kraftwagen; Auto fahren, ich fahre Auto, bin Auto gefahren; das Autofahren; **2.** *n. 9, Kurzw. für* Autotypie; **3.** [lat.] *n. 9* relig. einaktiges span. und portug. Schauspiel
Au|to|bahn *f. 10*
Au|to|bahn|zu|brin|ger|stra|ße *f. 11*
Au|to|bi|o|gra|fie, Au|to|bi|o|gra|phie [griech.] *f. 11* Beschreibung des eigenen Lebens
au|to|bi|o|gra|fisch, au|to|bi|o|graphisch
Au|to|bi|o|gra|phie *Nv.* **Au|to|bi|ogra|fie** *Hv. f. 11*
au|to|bi|o|gra|phisch *Nv.* **au|to|bio|gra|fisch** *Hv.*
Au|to|bus *m. 1* Omnibus
Au|to|car [griech. + engl.] *m. 9, schweiz.:* Autobus für Gesellschaftsreisen, Ausflugsomnibus

A

au|to|chthon *auch:* **au|toch|thon** [griech.] alteingesessen, bodenständig, am Ort entstanden; *Ggs.:* allochthon
Au|to|chtho|ne(r) *auch:* **Au|toch|tho|ne(r)** *m. 18 (17) bzw. f. 17 oder 18* Eingeborene(r), Ureinwohner(in)
Au|to|da|fé [-fe, lat.-port.] *n. 9* Ketzerverbrennung, öffentl. Verbrennen verbotener Bücher
Au|to|di|dakt [griech.] *m. 10* jmd., der sich im Selbststudium Spezialkenntnisse angeeignet hat
au|to|di|dak|tisch
Au|to|drom [griech.] *n. 1, österr.:* Fahrbahn für Skooter
Au|to|e|ro|tik [griech.] *f. 10 nur Sg.* Trieberfüllung am eigenen Körper
Au|to|fah|ren *n. 7 nur Sg.; aber:* Auto fahren
Au|to|fo|kus [lat.] *m. Gen. - Pl. -, Fot.:* Vorrichtung zur automatischen Scharfeinstellung bei Objektiven
au|to|gam [griech.]
Au|to|ga|mie *f. 11* Selbstbefruchtung
au|to|gen [griech.] selbsttätig; autogenes Schweißen: Schweißen zweier Werkstücke durch Stichflamme; autogenes Training: allein auszuführende Entspannungsübungen
Au|to|graf *m. 10* s. **Au|to|graph**
Au|to|gra|fie *f. 11* s. **Au|to|gra|phie**
au|to|gra|fie|ren *tr. 3* s. **au|to|gra|phie|ren**
au|to|gra|fisch s. **au|to|gra|phisch**
Au|to|gramm [griech.] *n. 1* eigenhändig geschriebener Namenszug
Au|to|graph *auch:* **Au|to|graf** [griech.] *m. 10* eigenhändig geschriebenes Schriftstück (einer bekannten Persönlichkeit)
Au|to|gra|phie *auch:* **Au|to|gra|fie** *f. 11* veraltetes Druckverfahren
au|to|gra|phie|ren *auch:* **au|to|gra|fie|ren** *tr. 3*
au|to|gra|phisch *auch:* **au|to|gra|fisch**
Au|to|gra|vü|re [-vy-] *f. 11* ein Tiefdruckverfahren
Au|to|hyp|no|se [griech.] *f. 11* Selbsthypnose
Au|to|in|fek|ti|on *f. 10* Selbstansteckung
Au|to|in|to|xi|ka|ti|on *f. 10* Selbstvergiftung (bei Fäulnisprozessen im eigenen Körper)
Au|to|ki|no *n. 9* Freilichtkino, in dem man den Film vom Auto aus ansieht, Drive-in-Kino
Au|to|klav [griech. + lat.] *m. 12* Stahlgefäß zum Erhitzen bei Überdruck
Au|to|kna|cker *m. 5, ugs.:* jmd., der Autos gewaltsam öffnet und ausraubt
Au|to|krat [griech.] *m. 10* Alleinherrscher; *übertr.:* selbstherrlicher Mensch
Au|to|kra|tie *f. 11* Alleinherrschaft
au|to|kra|tisch
Au|to|ly|se [griech.] *f. 11* **1.** Selbstauflösung, Auflösung abgestorbener pflanzlicher oder tierischer Lebewesen ohne Beteiligung von Bakterien; **2.** *Med.:* Selbstverdauung, Abbau von Körpereiweiß ohne Bakterien
Au|to|mat [griech.] *m. 10* selbsttätiger Apparat
Au|to|ma|tie *f. 11* unbewusst ablaufende Handlung (Gehen) oder unwillkürliche Organtätigkeit (Herzschlag)
Au|to|ma|tik *f. 10* Selbststeuerung, selbsttätige Wirkungsweise
Au|to|ma|ti|on *f. 10 nur Sg.* vollautomatische Fabrikation
Au|to|ma|ti|sa|ti|on *f. 10 nur Sg.* das Automatisieren
au|to|ma|tisch
au|to|ma|ti|sie|ren *tr. 3;* einen Betrieb a.: automatische Arbeitsgänge in einem Betrieb einführen
Au|to|ma|ti|sie|rung *f. 10 nur Sg.*
Au|to|ma|tis|mus *m. Gen. - Pl. -men* unbewusster Ablauf von Bewegungen oder Handlungen
Au|to|mo|bil [griech. + lat.] *n. 1* (*Kurzw.:* Auto) Kraftfahrzeug
Au|to|mo|bil|in|dus|trie *auch:* **Au|to|mo|bil|in|dust|rie** *f. 11*
Au|to|mo|bi|list *m. 10, schweiz.:* Autofahrer
Au|to|mo|bil|klub *m. 9; aber:* Allgemeiner Deutscher Automobil-Club (*Abk.:* ADAC); Automobilclub von Deutschland (*Abk.:* AvD)
au|to|morph [griech.] idiomorph
au|to|nom [griech.] unabhängig, selbständig, nach eigenen Gesetzen lebend; *Ggs.:* heteronom
Au|to|no|mie *f. 11* Unabhängigkeit; Recht zur Selbstverwaltung; *Ggs.:* Heteronomie
Au|to|no|mist *m. 10* Anhänger der Autonomie
aut|o|nym *auch:* **au|to|nym** [griech.] unter dem wirklichen Namen des Verfassers
Aut|o|nym *auch:* **Au|to|nym** *n. 1* autonym erschienenes Buch
Au|to|pi|lot *m. 10* automat. Steuerungsanlage im Flugzeug
Au|to|plas|tik *f. 10* Verpflanzung von Gewebe auf demselben Körper
Aut|op|sie *auch:* **Au|top|sie** [griech.] *f. 11* **1.** eigener Augenschein, Selbstwahrnehmung; **2.** Leichenschau, Leichenöffnung
Au|tor [lat.] *m. 13* Verfasser, Urheber (eines Schrift- bzw. Kunstwerkes)
Au|to|ren|kor|rek|tur *f. 10* s. **Au|tor|kor|rek|tur**
Au|to|re|verse [ɔːtərɪvəːs, engl.] *n. nur Sg.* Umschaltautomatik bei Kassettenrekordern
Au|to|ri|sa|ti|on *f. 10* Ermächtigung, Vollmacht
au|to|ri|sie|ren *tr. 3* als Einzigen ermächtigen, berechtigen; autorisierte Übersetzung
au|to|ri|tär [lat.-frz.] mit uneingeschränkter Autorität (herrschend); autoritäres Regime
Au|to|ri|tät *f. 10* **1.** *nur Sg.* Ansehen, Geltung; **2.** anerkannter Fachmann
au|to|ri|ta|tiv maßgebend, entscheidend
Au|tor|kor|rek|tur, Au|to|ren|kor|rek|tur *f. 10* vom Autor selbst durchgeführte Korrektur (eines Schriftsatzes)
Au|tor|schaft *f. 10* Urheberschaft
Au|to|stopp *m. 9*
Au|to|strich *m. 1, ugs.:* Prostitution an Autostraßen
Au|to|sug|ges|ti|on *f. 10 nur Sg.* Selbstbeeinflussung
au|to|sug|ges|tiv
Au|to|to|xin *n. 1* im eigenen Körper entstandenes Gift
au|to|troph [griech.] sich selbst ernährend (durch Umwandlung anorgan. Nahrung in organ. Stoffe); *Ggs.:* heterotroph
Au|to|tro|phie *f. 11 nur Sg.* Ernährung von anorgan. Stoffen; *Ggs.:* Heterotrophie
Au|to|ty|pie [griech.] *f. 11* **1.** Druckstock mit durch Raster entstandenen Halbtönen, Rasterätzung; **2.** das davon hergestellte Druckbild
Au|to|vak|zi|ne [-vak-, griech. + lat.] *f. 11* Impfstoff, der aus Bak-

terien im Körper des Impflings hergestellt wurde
Au|ver|gne *auch:* **Au|verg|ne** [ovɛrnjə] *f. Gen.* - histor. frz. Provinz
Au|wald, Au|en|wald *m. 4*
au|weh! [auch: au-]
au|xi|li|ar [lat.] *veraltet:* zur Hilfe, Hilfs...
Au|xi|li|ar|verb [-vɛrb] *n. 12, veraltet:* Hilfsverb
Au|xin [griech.] *n. 1* Pflanzenwuchsstoff
a v. *Abk. für* a vista
A|val [-val, frz.] *m. 1 auch: n. 1* Wechselbürgschaft
a|va|lie|ren [-va-] *tr. 3* als Bürge unterschreiben (Wechsel)
A|va|list [-va-] *m. 10* Wechselbürge
A|van|ce [avã̱s(ə), frz.] *f. 11* **1.** Vorsprung, Vorteil, Gewinn; **2.** Entgegenkommen; jmdm. Avancen machen; **3.** Vorschuss; **4.** Preisunterschied zwischen Kauf und Verkauf; **5.** *bei Uhrwerken:* Beschleunigung (*Abk.:* A)
A|van|ce|ment [avãs(ə)mã̱] *n. 9, bes. Mil.:* Beförderung
a|van|cie|ren [avãsi-] *intr. 3* aufrücken, befördert werden
A|van|ta|ge [avãtaʒ(ə), frz.] *f. 11, veraltet:* Vorteil, Vorgabe
A|vant|gar|de [avãgard(ə), frz.] *f. 11* Vorhut; Vorkämpfer (für eine Idee, eine Bewegung)
A|vant|gar|dis|mus [avã-] *m. Gen. - nur Sg.* Eintreten für neue Ideen
A|vant|gar|dist [avã-] *m. 10*
a|vant|gar|dis|tisch [avã-]
a|van|ti! [-van-, ital.] vorwärts!, schnell!
AvD *Abk. für* Automobilclub von Deutschland
A|ve [ave, lat.] **1.** Sei gegrüßt!; **2.** *n. 9, Kurzw. für* Ave-Maria
A|ve-Ma|ri|a [-ve-] *n. 9 oder Gen. - Pl. -* nach seinen Anfangsworten benanntes kath. Gebet, englischer Gruß
A|ve-Ma|ri|a-Läu|ten [-ve-] *n. Gen. -s nur Sg.*
A|ve|ni|da [-ve-, span., portug.] *f. Gen. - Pl. -den span. und port. Bez. für* Prachtstraße, Allee
A|ven|tin [-vɛn-] *m. Gen. -s nur Sg.* einer der Hügel Roms
A|ven|tu|rin [-vɛn-, ital.] *m. 1* gelber, roter oder brauner, von vielen kleinen Rissen durchzogener Quarz
A|ve|nue [avəny, frz.] *f. 11* Allee, Prachtstraße
a|ve|rage [ævərɪdʒ, engl.] mittel, Durchschnitts... (von Waren)
A|ve|rage [ævərɪdʒ] *m. Gen. - nur Sg.* **1.** Mittelwert, Durchschnitt; **2.** Havarie
A|vers [-vɛrs, frz.] *m. 1* Vorderseite (einer Münze oder Medaille); *Ggs.:* Revers (2)
A|ver|sal|sum|me [-vɛr-] *f. 11* Abfindungssumme, Aversum, Aversionalsumme
A|ver|si|on [-vɛr-, lat.] *f. 10* Widerwille, Abneigung; eine A. gegen etwas haben
A|ver|si|o|nal|sum|me [-vɛr-] *f. 11* Abfindungssumme, Aversum, Aversalsumme
a|ver|si|o|nie|ren [-vɛr-, lat.] *tr. 3, veraltet:* abfinden
A|ver|sum [-vɛr-] *n. Gen. -s Pl. -sa f. 11* Abfindungssumme, Aversalsumme, Aversionalsumme
A|ver|tis|se|ment [avɛrtismã̱, frz.] *n. 9, veraltet:* Benachrichtigung
A|ves|ta [-vɛs-] *n. Gen. - nur Sg.* s. **A|wes|ta**
AVG *Abk. für* Angestelltenversicherungsgesetz
A|vi|gnon *auch:* **A|vig|non** [avinjõ̱] frz. Stadt
a|vi|ru|lent [-vi-, griech. + lat.] nicht ansteckend; *Ggs.:* virulent
A|vis [-vi, frz.] *n. Gen. - Pl. -* [-vis] Benachrichtigung, Ankündigung
a|vi|sie|ren [-vi-] *tr. 3* anmelden, ankündigen
A|vi|so [-vi-] **1.** *n. 9, österr. für* Avis; **2.** [span.] *m. 9* kleines, schnelles Kriegsschiff
a vis|ta [- vis-, ital. »bei Sicht«] (*Abk.:* a v.) bei Vorlage fällig
A|vis|ta|wech|sel [-vistawɛksəl] *m. 5* Sichtwechsel
A|vit|a|mi|no|se *auch:* **A|vi|ta|mi|no|se** [-vit-, lat.] *f. 11* durch Vitaminmangel entstandene Krankheit
A|vo|ca|do [-vo-, aztek.] *f. 9* ölhaltige, birnenförmige Frucht aus Südamerika
A|vus [-vus, Kurzwort aus Automobil-Verkehrs- und Uebungsstraße] *f. Gen. - nur Sg.* Autorennstrecke in Berlin
A|wa|re *m. 11* Angehöriger eines tatar. Volkes
a|wa|risch
A|wes|ta, A|ves|ta [pers. »Grundtext«] *n. Gen. - nur Sg.* Sammlung heiliger Schriften der Parsen
a|wes|tisch
A|xel *m. Gen. -s Pl. -, Sport* (nach dem norw. Eiskunstläufer Axel Paulsen benannter) Sprung beim Eiskunstlauf
A|xel männl. Vorname
a|xi|al [lat.] auf eine Achse bezogen, in der Achsenrichtung, achsrecht, längsachsig, symmetrisch; *Ggs.:* anaxial
A|xi|a|li|tät *f. 10 nur Sg.* Anordnung in Achsenrichtung
A|xi|al|sym|me|trie *auch:* **A|xi|al-sym|met|rie** *f. 11 nur Sg.*
A|xi|al|ver|schie|bung *f. 10*
a|xil|lar [lat.] **1.** zur Achselhöhle gehörig, in ihr gelegen; **2.** in der Blattachsel stehend, achselständig
A|xil|lar|knos|pe *f. 11*
A|xi|o|lo|gie [griech.] *f. 11* Wertlehre
a|xi|o|lo|gisch
A|xi|om [griech.] *n. 1* ohne Beweis einleuchtender, grundlegender Lehrsatz
A|xi|o|ma|tik *f. 10 nur Sg.* Lehre von den Axiomen
a|xi|o|ma|tisch auf Axiomen beruhend, unmittelbar einleuchtend
A|xis|hirsch *m. 1* eine kleine vorderind. Hirschart
Ax|mins|ter|tep|pich [ɛks-, nach der engl. Stadt Axminster] *m. 1* gewebter Florteppich
A|xo|lotl [atzek.] *m. 5* mexikan. Wassermolch
A|xon [griech.] *n. Gen. -s Pl.* A|xonen, Achsenzylinder, zentraler Teil einer Nervenfaser
A|xo|no|me|trie *auch:* **A|xo|no|met-rie** [griech.] *f. 11* eine geometr. Parallelprojektion
a|xo|no|me|trisch *auch:* **a|xo|no-met|risch**
Axt *f. 2*
Axt|helm *m. 1* Axtstiel
Aye-Aye [aijai, madagass.] *n. Gen. - Pl. -s* ein Halbaffe, Fingertier
Ay|ma|ra *m. 9 oder Gen. - Pl. -* s. **Ai|ma|ra**
a. Z. *Abk. für* auf Zeit
AZ *Abk. für* Arizona
A|za|lee, A|za|lie [-ljə, griech.] *f. 11* eine Zierpflanze, Heidekrautgewächs
a|ze|phal [griech.], a|ke|phal **1.** ohne Kopf; **2.** azephaler Vers: Vers, dem am Anfang eine Silbe fehlt; **3.** ohne Anfang, am Anfang verstümmelt (Buch)
A|ze|pha|lie, A|ke|pha|lie *f. 11* Fehlen des Kopfes

A

A|ze|tat, *fachsprachl.:* A|ce|tat *n. 1* Salz der Essigsäure
A|zid *n. 1* Salz der Stickstoffwasserstoffsäure
A|zi|mut [arab.] *m. 1 oder n. 1, Astron.:* Winkel zwischen Höhenkreis und Meridian
a|zi|mu|tal
A|zo|farb|stoff *m. 1* Teerfarbstoff
A|zo|grup|pe *f. 11* eine Stickstoffgruppe
A|zo|i|kum [griech.] *n. Gen.* -s *nur Sg.* ältestes Erdzeitalter ohne organ. Leben, Archaikum
a|zo|isch
A|zo|o|sper|mie [-tso:o-, griech.] *f. 11* Fehlen der Samenzellen in der Samenflüssigkeit
A|zo|ren *Pl.* portug. Inselgruppe im Atlant. Ozean
A|zot [azo, griech.] *n. 9 nur Sg.*, **A|zote** [azɔt] *m. Gen. - nur Sg.*, *ältere frz. Bez. für* Stickstoff
Az|te|ke *m. 11* Angehöriger eines ehemals hochkultivierten Indianerstammes in Mexiko
az|te|kisch
A|zu|bi [auch: -tsu-] *m. 9 oder f. 9, Kurzw. für* Auszubildende(r), Lehrling
A|zu|le|jos [asulɛxɔs, span.: aθu-] *Pl.* bunte, bes. blaue, von den Mauren in Spanien eingeführte Fayencefliesen
A|zur [pers.-frz.] *m. 1 nur Sg.* Himmelsblau, -bläue
a|zur|blau
A|zu|ree|li|ni|en *Pl.* waagerechtes Linienfeld (für Wertangaben auf Formularen)
a|zu|riert mit Azureelinien versehen
A|zu|rit *m. 1 nur Sg.* ein azurblaues Mineral
a|zurn azurblau
A|zy|gie [griech.] *f. 11* unpaariges Vorkommen, Unpaarigkeit
a|zy|gisch *Biol.:* nicht paarweise vorkommend, unpaarig (Organe)
a|zy|klisch *auch:* **a|zyk|lisch** [auch: -tsy-] **1.** *allg.:* nicht zyklisch; **2.** *Bot.:* nicht kreisförmig, spiralig; **3.** *Med.:* zeitlich unregelmäßig verlaufend

b *n. Gen. - Pl. - Mus.* **1.** das um einen halben Ton erniedrigte h; **2.** *kurz für* b-Moll
B *n. Gen. - Pl. -* **1.** *Kfz-Kennzeichen für* Belgien; **2.** *Mus.: kurz für* B-Dur; **3.** *Phys.: Zeichen für* Bel; **4.** *chemisches Zeichen für* Bor; **5.** *auf Kurszetteln Abk. für* Brief; **6.** *Abk. für* Beatus, Beata (»Seliger«, »Selige«) in der kath. Kirche
b. *Abk. für* bei, z. B. Aurach b. Kitzbühel
B. *Abk. für* Bachelor
Ba *chem. Zeichen für* Barium
BA *Abk. für* British Airways (Corporation), brit. Luftfahrtgesellschaft
Baal semit. Gott
Baals|dienst *m. 1 nur Sg.*
Baas [ndrl.] *m. 1, nddt.:* Herr, Meister, Vorgesetzter
bab|beln *intr. 1, ugs.:* schwatzen; ich babbele, babble
Bab|bitt [bæbɪt, engl.-amerik., nach dem Titelhelden des Romans von Sinclair Lewis] *m. 9* nordamerik. Durchschnittsmensch, geschäftstüchtiger Spießer
Bab|bitt|me|tall [bæbɪt-, nach dem nordamerik. Erfinder Isaac Babbitt] *n. 1, Sammelbez. für* bestimmte Lagermetalle
Ba|bel s. **Ba|by|lon**
Ba|be|sia [nach dem rumän. Arzt V. Babes] *f. Gen. - Pl.* -si|en Erreger mehrerer durch Zecken übertragener Tierkrankheiten
Ba|bis|mus [pers.] *m. Gen. - nur Sg.* Lehre einer islam. Sekte
Ba|bist *m. 10*
Ba|bu [hind.] *m. 9* ind. Titel und Anrede für gebildete Männer, *eigtl.:* Fürst
Ba|bu|sche, Pam|pu|sche [frz.] *f. 11, nordostdt.:* Stoffpantoffel, warmer Hausschuh
Ba|by [bebi, engl.] *n. 9* Säugling
Ba|by|fon, Ba|by|phon [bebi-] *n. 1* Funkgerät zur Übertragung von Geräuschen aus dem Kinderzimmer
Ba|by|jahr [bebi-] *n. 1* Urlaub für eine Frau, die ihr Baby versorgt
Ba|by|lon, Ba|bel antike Stadt am Euphrat
Ba|by|lo|ni|en antikes Land am unteren Euphrat und Tigris
Ba|by|lo|ni|er *m. 5*
ba|by|lo|nisch
Ba|by|phon [bebi-] *n. 1* s. **Ba|by|fon**
ba|by|sit|ten [bebi-, engl.] *intr., nur im Infinitiv gebräuchlich:* sich als Babysitter betätigen
Ba|by|sit|ter [bebi-] *m. 5* Beaufsichtiger eines Babys in Abwesenheit der Eltern
Bac|cha|nal [-xa-, lat.] *n. 1* **1.** Fest zu Ehren des röm. Weingottes Bacchus; **2.** *übertr.:* wüstes Trinkgelage
bac|cha|na|lisch [-xa-]
Bac|chant [-xant] *m. 10* Diener des Bacchus
bac|chan|tisch [-xan-] trunken, ausgelassen
bac|chisch [-xiʃ] in der Art des Bacchus
Bac|chus [-xus] röm. Gott des Weines
Bach, *Johann Sebastian* dt. Komponist
Bach *m. 2*
Bach|blü|ten *nur Pl.* bestimmte Blütenessenzen als Heilmittel
Ba|che *f. 11* weibl. Wildschwein
Ba|che|lor [bætʃələ(r), engl.] *m. 9* (*Abk.:* B.) Bakkalaureus, niedrigster akadem. Grad in den angelsächs. Ländern
Ba|cher *m. 5, selten für* Keiler
Bach|stel|ze *f. 11*
back *Seew.:* zurück, hinten
Back *f. 10, Seew.* **1.** Essschüssel; **2.** Tischgemeinschaft an Bord; **3.** Aufbau auf dem Deck des Vorderschiffs
Back [bæk, engl.] *m. 9, schweiz., Sport:* Verteidiger
back|bord(s) *Seew.:* links; *Ggs.:* steuerbord(s)
Back|bord *n. Gen.* -(s) *nur Sg.* linke Schiffsseite (von hinten gesehen); *Ggs.:* Steuerbord
Bäck|chen *n. 7*
Ba|cke *f. 11*
ba|cken **1.** *tr. 4;* **2.** *intr.* backte, gebacken: kleben (besonders vom Schnee); **3.** *intr., Seew., in der Wendung* backen und banken: Essen fassen
Ba|cken *m. 7, süddt. für* Backe
Ba|cken|bart *m. 2*
Ba|cken|brem|se *f. 11*
Ba|cken|streich *m. 1*
Ba|cken|zahn, Back|zahn *m. 2*
Bä|cker *m. 5*
Bä|cke|rei *f. 10*
Bä|cker|la|den *m. 8*
Bä|ckers|frau *f. 10*
Back|fisch *m. 1, veraltet:* halbwüchs. Mädchen, Teenager
Back|ground [bækgraund, engl.] *m. 9* **1.** *Film:* Projektion als Hintergrund einer Dekoration; **2.** *Jazz:* Klanghintergrund beim Solo; **3.** geistige Herkunft
Back|hand [bækhænd, engl.] *m. 9, Tennis:* Rückhandschlag; *Ggs.:* Forehand
Back|hendl *n. 14, österr.:* Backhuhn, Brathähnchen
Back|list [bæklɪst, engl.] *f. Gen. - Pl. -s, Buchw.:* Übersicht der lieferbaren Titel eines Verlages
Back|obst *n. 1 nur Sg.* Dörrobst
Back|pfei|fe *f. 11* Ohrfeige
back|pfei|fen *tr., fast nur im Infinitiv gebräuchlich, selten:* er hat ihn gebackpfeift
Back|pflau|me *f. 11* getrocknete Pflaume
Back|pul|ver [-vər] *n. 5*
Back|schaft *f. 10, Seew.:* Tischgemeinschaft
Back|schaf|ter *m. 5, Seew.:* Essenholer
Back|slash [bækslæʃ, engl.] *m. Gen.* -(e)s *Pl.* -(e)s, (*Zeichen:* \) Schriftzeichen auf EDV-Tastaturen
back|stage [bæksteɪdʒ, engl.] hinter der Bühne
Back|stage|aus|weis [bæksteɪdʒ-] *m. 1* Ausweis, der berechtigt, sich hinter der Bühne aufzuhalten
Back|stein *m. 1* gebrannter Ziegelstein
Back|wa|re *f. 11 meist Pl.*
Back|werk *n. 1 nur Sg.*
Back|zahn, Ba|cken|zahn *m. 2*
Ba|con [beɪkən], *Francis* engl. Philosoph
Ba|con [beɪkən, engl.] *m. Gen.* -s *nur Sg.* leicht geräucherter und gesalzener, magerer Speck
Ba|con|schwein [beɪkən-] *n. 1* Schwein mit zartem Fleisch und dünner Speckschicht
Bad *n. 4;* Bad Kissingen; *aber:* Badgastein; Stuttgart-Bad Cannstatt
Ba|de|an|stalt *f. 10*

Ba|de|an|zug *m. 2*
Ba|de|arzt *m. 2*
Ba|de|gast *m. 2*
Ba|de|meis|ter *m. 5*
Ba|de|müt|ze *f. 11*
ba|den *tr. u. intr. 2;* baden gehen; damit kannst du baden gehen *ugs.:* damit wirst du einen Misserfolg haben
Ba|den ehemaliges südwestdt. Land am Rhein
Ba|den-Ba|den Badeort im nördl. Schwarzwald
Ba|de|ner *m. 5*
Ba|den|ser *m. 5, veraltet für* Badener
ba|den|sisch *veraltet für* badisch
Ba|den-Würt|tem|berg südwestdt. Bundesland
ba|den-würt|tem|ber|gisch
Ba|de|ort *m. 1*
Ba|der *m. 5 veraltet:* Barbier, Heilgehilfe
Bad|gas|tein österr. Badeort
Badge [bædʒ, engl.] *n. Gen.* -(s) *Pl.* -s Namens- oder Firmenzeichen (für Tagungsteilnehmer)
Ba|di|na|ge [-ʒə, frz.], **Ba|di|ne|rie** *f. 19* schnelles, heiteres Musikstück, Satz der Suite im 18. Jh.
ba|disch zu Baden gehörig, von dort stammend
Bad|min|ton [bædmıntən, nach dem Besitztum des Herzogs von Beaufort in England] *n. 9 nur Sg., Sport:* Federballspiel
Bae|de|ker [nach seinem Begründer, dem Buchhändler Karl B.] *m. 5* Reiseführer, Reisehandbuch
Ba|fel [jidd.], Bo|fel *m. 14 nur Sg.* **1.** Ausschussware; **2.** Gerede, Geschwätz
baff *ugs., unflektierbar:* verblüfft
BAföG, Ba|fög *n. Gen. - nur Sg., Abk. für* Bundesausbildungsförderungsgesetz; *ugs.:* Bafög bekommen: eine monatliche Zahlung für das Studium nach diesem Gesetz
Ba|ga|ge [-ʒə, frz.] *f. 11* **1.** *veraltet:* Reisegepäck; **2.** *Mil., veraltet:* Tross; **3.** *ugs., abwertend:* Gesindel, Pack
Ba|gas|se [frz.] *f. 11* Rückstand bei der Rohrzuckergewinnung
Ba|ga|tel|le [frz.] *f. 11* **1.** kurzes, leichtes Musikstück; **2.** Kleinigkeit, Geringfügigkeit
ba|ga|tel|li|sie|ren *tr. 3* als geringfügig hinstellen
Ba|ga|tell|sa|che *f. 11* geringfügige Rechtssache
Bag|dad Hauptstadt des Irak
Bag|ger [ndrl.] *m. 5* Maschine zum Heben und Wegschaffen von Erdreich, Schutt u. a.
Bag|ger|füh|rer *m. 5*
bag|gern *tr. u. intr. 1;* ich baggere
Ba|gno *auch:* **Bag|no** [banjo, ital. »Bad«] *n. 9, Pl. auch:* -gni, *früher in Italien und Frankreich:* Kerker
Bag|stall *m. 1 oder m. 2, österr., veraltet:* (»beigestellter«) Pfosten, Stützpfeiler
Ba|guette [-gɛt, frz.] *f. 11* **1.** längl. Schliff von Edelsteinen, bes. Diamanten; **2.** langes frz. Weißbrot
Ba|hai [pers.] *m. 10* Anhänger des Bahaismus
Ba|ha|ma|in|seln, Ba|ha|mas *Pl.* mittelamerik. Inselstaat
bä|hen **1.** *intr. 1* blöken (vom Schaf); **2.** *tr. 1* leicht rösten (Brot); **3.** *tr. 1* feucht wärmen
Bahn *f. 10;* Bahn fahren
bahn|amt|lich

> **bahnbrechend:** Fügungen aus Substantiv und Partizip, bei denen der erste Teil für eine Wortgruppe steht (= *sich eine Bahn brechend*), werden zusammengeschrieben: *Das war eine bahnbrechende Entdeckung.* § 36 (1)
> Aber: *Die Wahrheit bricht sich weiterhin Bahn; eine sich Bahn brechende Neuentwicklung.*

bahn|bre|chend; eine bahnbrechende Entdeckung; *aber:* sich Bahn brechen
Bahn|bre|cher *m. 5*
Bahn|bus *m. 1* ein von der Deutschen Bahn AG betriebener Autobus
Bahn|ca|mi|on|na|ge [-ʒə, frz.] *f. 11, schweiz.:* Bahn-Haus-Lieferdienst
Bahn|ca|mi|on|neur [-nøːr] *m. 1, schweiz.:* Bahn-Haus-Spediteur
Bahn|card [engl.] *f. 9* Fahrausweis der Deutschen Bahn AG
Bähn|chen *n. 7*
bah|nen *tr. 1*
bah|nen|wei|se in (Stoff-)Bahnen
Bahn|hof *m. 2* (*Abk.:* Bhf., Bf.)
Bahn|hofs|hal|le *f. 11*
Bahn|hofs|mis|si|on *f. 10*
Bahn|hofs|vor|ste|her *m. 5*
bahn|la|gernd; bahnlagernde Sendung
Bahn|meis|ter *m. 5*
Bahn|meis|te|rei *f. 10*
Bahn|steig *m. 1*
Bahn|über|gang *m. 2*
Bahn|wär|ter *m. 5*
Bah|rain Inselgruppe und Staat im Pers. Golf
Bah|re *f. 11*
Bahr|tuch *n. 4*
Baht *m. Gen. - Pl. -* Währungseinheit in Thailand
Bä|hung *f. 10* Heilverfahren mit feuchtwarmen Umschlägen
Bai [ndrl.] *f. 10* Meeresbucht
Bai|kal|see *m. Gen.* -s See in Südsibirien
bai|risch; bairische Mundart; vgl. bayerisch
Bai|ser [bɛze, frz.] *n. 9* Gebäck aus Eischnee und Zucker
Baisse [bɛs, frz.] *f. 11* niedriger Stand (von Aktien, Preisen); *Ggs.:* Hausse
Bais|sier [bɛsje, frz.] *m. 9* jmd., der an der Börse auf Baisse spekuliert; *Ggs.:* Haussier
Ba|ja|de|re [portug.] *f. 11* ind. Tempeltänzerin
Ba|jaz|zo [ital.] *m. 9* Hanswurst
Ba|jo|nett [nach der frz. Stadt Bayonne] *n. 1* Stoß- und Stichwaffe, Seitengewehr
ba|jo|net|tie|ren *tr. u. intr. 3* mit dem Bajonett kämpfen oder aufspießen
Ba|jo|nett|ver|schluss (*alt:* Ba|jo|nett|ver|schluß) *m. 2* leicht lösbare Verbindung von Rohren, Hülsen usw.
Ba|ju|wa|re *m. 11, veraltete, heute noch scherzh. Bez. für* Bayer
ba|ju|wa|risch
Ba|ke *f. 11* feststehendes Orientierungszeichen im Schiffs-, Luft-, Straßen- und Eisenbahnverkehr
Ba|ke|lit® [nach dem belg. Erfinder L.H. Baekeland] *n. 1 nur Sg.* ein Kunstharz
ba|ke|li|tie|ren *tr. 3* mit Bakelit überziehen
Bak|ka|lau|re|at [lat.] *n. 1* Würde eines Bakkalaureus
Bak|ka|lau|re|us [lat.] *m. Gen. - Pl.* -rei [-reːi] niedrigster akadem. Grad in Großbritannien, Frankreich und den USA; vgl. Bachelor
Bak|ka|rat [auch: -ra, frz.] *n. 9 nur Sg.* ein Glücksspiel mit Whistkarten
Bak|ken [norw.] *m. 7, Skisport:* Sprunghügel
Bak|schisch [pers.] *n. 1* **1.** Trinkgeld; **2.** Bestechungsgeld

B

Bakteri-: Die Trennung einzelner Vokale ist zulässig: *Bak|te|ri|ä|mie, Bak|te|ri|o|lo|gie, bak|te|ri|o|lo|gisch, Bak|te|ri|u|rie* usw. § 107

Bak|te|ri|ä|mie [griech.] *f. 11* Vorhandensein von Bakterien im Blut ohne sept. Krankheitserscheinungen
Bak|te|rie [-riə] *f. 11, fälschl. für* Bakterium
bak|te|ri|ell durch Bakterien hervorgerufen
Bak|te|ri|en|trä|ger *m. 5*
Bak|te|ri|o|lo|ge *m. 11*
Bak|te|ri|o|lo|gie *f. 11 nur Sg.* Wissenschaft von den Bakterien
bak|te|ri|o|lo|gisch
Bak|te|ri|o|ly|se *f. 11* Vernichtung von Bakterien
bak|te|ri|o|ly|tisch
Bak|te|ri|o|pha|ge *m. 11* bakterienvernichtendes Virus
Bak|te|ri|o|se *f. 11* durch Bakterien hervorgerufene Pflanzenkrankheit
Bak|te|ri|um *n. Gen.* -s *Pl.* -ri|en pflanzlicher Einzeller, Fäulnis- und Krankheitserreger
bak|te|ri|zid bakterientötend
Bak|te|ri|zid *n. 1* bakterientötendes Mittel
Ba|la|lai|ka [russ.] *f. Gen.* - *Pl.* -ken russ. Zupfinstrument mit drei Saiten und dreieckigem Klangkörper
Ba|lan|ce [-lãsə, frz.] *f. 11* Gleichgewicht
Ba|lan|cé [-lãse] *m. 9, Ballett:* Schwebeschritt
Ba|lan|ce|akt [-lãsə-] *m. 1*
Ba|lan|ce|ment [balãsəmã] *n. 9, Mus.:* Bebung, Schwingung des Tons
ba|lan|cie|ren [-lã-] *intr. u. tr. 3* (sich) im Gleichgewicht halten
Ba|lan|cier|stan|ge [-lã-] *f. 11*
Ba|la|ni|tis [griech.] *f. Gen.* - *Pl.* -ti|den Eichelentzündung, Eicheltripper
Ba|la|ton *m. Gen.* -(s), *dt.:* Plat|tensee, ungarischer See
Ba|la|tum® *n. Gen.* -s *nur Sg.* mit Kautschuklösung getränkter Wollfilz als Fußbodenbelag
Bal|bier *m. 1* Barbier
bal|bie|ren, bar|bie|ren *tr. 3, in der Wendung* jmdn. über den Löffel balbieren: betrügen
Bal|boa [nach dem span. Entdecker B.] *m. Gen.* - *Pl.* - Währungseinheit in Panama
bald eher, am ehesten; möglichst bald; so bald wie möglich
Bal|da|chin [-xi:n, nach Baldacco, der ital. Bez. im Mittelalter für die Stadt Bagdad] *m. 1* **1.** Stoffdach über Bett oder Thron; **2.** steinernes Dach über einem Standbild
Bäl|de *nur noch in der Wendung* in Bälde: bald
Bal|der, Baldr s. **Bal|dur**
bal|dig
bald|mög|lichst möglichst bald; komm b. zurück!
bal|do|wern *tr. 1* s. **aus|bal|do|wern**
Bal|dri|an *auch:* **Bald|ri|an** *m. 1 nur Sg.* eine Heilpflanze
Bal|dur, Bal|der, Baldr germ. Gott des Lichts
Ba|le|a|ren *Pl.* span. Inselgruppe im westl. Mittelmeer
Ba|les|ter [lat.] *m. 5* Kugelarmbrust
Balg 1. *m. 2* Tierhaut, abgezogenes Fell; **2.** *m. 2 auch:* Bal|gen *m. 7* harmonikaartig ausziehbarer Teil, z. B. an alten Fotoapparaten; **3.** *n. 4 auch: m. 4, ugs.:* ungezogenes Kind; **4.** *m. 2, kurz für* Blasebalg
Bal|ge [frz.-nddt.] *f. 11* **1.** Fahrwasser, Wasserlauf im Wattenmeer; **2.** Abzugsgraben; **3.** Waschfass, Eimer
bal|gen *refl. 1* sich spielerisch raufen
Bal|gen *m. 7* s. **Balg** (2)
Bal|ge|rei *f. 10*
Balg|ge|schwulst *f. 2* Atherom
Ba|li eine der Kleinen Sundainseln
Ba|li|ne|se *m. 11*
ba|li|ne|sisch
Ba|lint-Grup|pe *f. 11* psychoanalyt. Arbeitsgruppe
Bal|kan *m. 1 nur Sg.* Hauptgebirge der Balkanhalbinsel
Bal|kan|halb|in|sel *f. 11 nur Sg.*
bal|ka|nisch
Bal|ka|no|lo|ge *m. 11*
Bal|ka|no|lo|gie *f. 11 nur Sg.* Wissenschaft von den Sprachen und Literaturen der Balkanhalbinsel
Bälk|chen *n. 7*
Bal|ken *m. 7*
Bal|kon [-kõ oder -kɔŋ, frz.] *m. 9 oder eindeutschend* [-kon] *m. 1*
Bal|kon|lo|ge [-kõlo:ʒə oder -kɔŋ-, frz.] *f. 11*
Ball *m. 2;* Ball spielen
Bal|la|de [frz.] *f. 11* dramatisch bewegtes, episch-lyrisches Gedicht
bal|la|desk balladenhaft
Bal|last [ndrl.] *m. 1* **1.** wertlose Fracht (bei Schiffen zum Ausgleich des Tiefgangs); **2.** *übertr.:* unnützes Beiwerk
Bal|la|watsch [ital.], Pal|la|watsch *m. 1 nur Sg., österr.:* Durcheinander; Unsinn
Bäll|chen *n. 7*
bal|len *intr. 1*
Bal|len *m. 7*
bal|len|wei|se in Ballen
Bal|lei [lat.] *f. 10* Verwaltungsbezirk eines Ritterordens
Bal|le|ri|na, Bal|le|ri|ne [ital.] *f. Gen.* - *Pl.* -nen Ballettsolistin
bal|lern *intr. 1, ugs.:* knallen
Bal|lett [ital.] *n. 1* **1.** Bühnentanz; **2.** Bühnentanzgruppe

Balletttänzer: Bei drei aufeinander folgenden gleichen Konsonanten werden jetzt auch vor einem folgenden Vokal alle drei Buchstaben geschrieben. Ebenso: *Betttuch/Bett-Tuch, Fußballlehrer/Fußball-Lehrer, Basssolo/Bass-Solo.* § 45.
Empfohlen wird wegen der besseren Lesbarkeit die Bindestrichschreibung.

Bal|let|tän|zer (-tt|t-) (*alt für:* Bal|lett|tän|zer) *m. 5*
Bal|let|teu|se [-tø-, frz.] *f. 11* Balletttänzerin
Bal|lett|meis|ter *m. 5*
Bal|lett|tän|zer *m. 5*
Bal|lett|trup|pe *f. 11*
ball|hor|ni|sie|ren *tr. 3* verballhornen
bal|lig ballförmig; ein Werkstück b. drehen
Bal|lis|te [griech.-lat.] *f. 11* antike Wurfmaschine
Bal|lis|tik [griech.-lat.] *f. 10 nur Sg.* Lehre von der Flugbahn geworfener oder geschossener Körper
bal|lis|tisch; ballistische Kurve
Ball|jun|ge *m. 11,* **Ball|kind** *n. 3* Kind, das beim Tennis die Bälle aufhebt und den Spielern zurückwirft
Ball|lo|kal (*alt:* Ballo|kal (-ll|l-)) *n. 1*
Bal|lon [-lõ oder -lɔŋ, frz.] *m. 9 oder eindeutschend* [-lon] *m. 1* **1.** mit Gas gefüllter Ball; **2.** bauchiger Glasbehälter
Bal|lo|nett [-lõ- oder -lɔ-, frz.] *n. 1* Luftkammer in Fesselballons und Luftschiffen
Bal|lot 1. [-lo, frz.] *n. 9* kleiner Warenballen; **2.** [bælət, engl.]

B

n. 9, angloamerik. Recht: geheime Abstimmung; vgl. Ballotage
Bal|lo|ta|de [frz.] *f. 11, hohe Schule:* ein Sprung des Pferdes mit angezogenen Vorderbeinen und nach hinten gerichteten Hufen
Bal|lo|ta|ge [-ʒe, frz.] *f. 11* geheime Abstimmung mit weißen und schwarzen Kugeln
bal|lo|tie|ren [frz.] *intr. 3*
Bal|lung *f. 10*
Bal|lungs|ge|biet *n. 1*
Bal|mung *in der Nibelungensage:* Name von Siegfrieds Schwert
Bal|ne|o|gra|phie *auch:* **Bal|ne|o-gra|fie** [griech.] *f. 11* Bäder-, Heilquellenbeschreibung
Bal|ne|o|lo|gie *f. 11 nur Sg.* Bäder-, Heilquellenkunde
bal|ne|o|lo|gisch
Bal|ne|o|the|ra|pie *f. 11* Behandlung mit Heilbädern
Bal pa|ré [- -re, frz.] *m. Gen. - - Pl.* -s -s [bal pare(s)] bes. festlicher Ball
Bal|sa [span.] *n. 9* **1.** floßartiges Boot aus Binsenbündeln oder Balsaholz bei südamerik. Indianern; **2.** Balsaholz
Bal|sa|baum *m. 2* trop. Baum aus sehr leichtem Holz
Bal|sa|holz *n. 4* bes. leichtes trop. Holz
Bal|sam [hebr.-lat.] *m. 1* **1.** Gemisch von Harzen und äther. Ölen; **2.** *übertr.:* Wohltat, Linderung
bal|sa|mie|ren *tr. 3* mit Balsam einreiben
Bal|sa|mie|rung *f. 10*
Bal|sa|mi|ne *f. 11* eine Zierpflanze
bal|sa|misch
Bal|te *m. 11* Einwohner des Baltikums
Bal|ti|kum *n. Gen.* -s *nur Sg.* zusammenfassende Bez. für die Republiken Estland, Lettland und Litauen
bal|tisch; *aber:* Baltischer Landrücken; Baltisches Meer
Ba|lus|ter [griech.-frz.] *m. 5*
Ba|lus|ter|säu|le *f. 11* kleine Säule als Geländerstütze
Ba|lus|tra|de *auch:* **Ba|lust|ra|de** *f. 11* Geländer
Balz *f. Gen. - nur Sg.* Paarungszeit, Vorspiel zur Paarung (bei Vögeln)
Bal|zac [balzak], *Honoré de* frz. Schriftsteller
Bal|za|rie [-riə] *f. 11* Laute, die ein Auerhahn beim Balzen ausstößt
bal|zen *intr. 1* werben (bes. von Vögeln)
Balz|ruf *m. 1*
Balz|zeit *f. 10*
Bam|bi|no [ital.] *m. Gen.* -s *Pl.* -ni *oder* -s kleiner Junge, kleines Kind
Bam|bus [mal.] *m. 1* trop. Riesengras
Bam|bus|rohr *n. 1*
Bam|bus|stab *m. 2*
Bam|mel *m. 5 nur Sg., ugs.:* Angst, Lampenfieber
bam|meln *intr. 1, ugs.:* baumeln, hängen
Ban [serbokroat. »Herr«] **1.** *auch:* Ba|nus *m. Gen. - Pl. -, früher:* ungar. Statthalter; kroat. Würdenträger; **2.** [rumän.] *m. Gen.* -s *Pl.* Ba|ni rumän. Währungseinheit
ba|nal [frz.] alltäglich, fad, geistlos
ba|na|li|sie|ren *tr. 3* ins Banale ziehen, herabsetzen
Ba|na|li|tät *f. 10*
Ba|na|ne [Kongospr.] *f. 11* trop. Frucht
Ba|na|nen|ste|cker *m. 5, Elektrotechnik:* kleiner, schmaler Stecker
Ba|nat *n. 1* **1.** ehemaliger, einem Ban unterstehender Verwaltungsbezirk; **2.** *nur Sg.* Landschaft zwischen Donau, Theiß und den Südkarpaten
Ba|na|ter *m. 5*
Ba|nau|se [griech.] *m. 11* Mensch ohne Sinn für Kunst und Geistiges
ba|nau|sisch
Band **1.** *n. 4* Gewebestreifen; Tonband; **2.** *n. 1* Verbindung, Verknüpfung, Fessel; Bande der Freundschaft; außer Rand und Band sein; **3.** *m. 2* (*Abk.:* Bd., *Pl.:* Bde.) einzelnes Buch; **4.** [bænd, engl.] *f. 9* Gruppe von Musikern, bes. im Jazz sowie in der Pop- und Rockmusik
Ban|da|ge [-ʒə, frz.] *f. 11* Stütz-, Schutz-, Wundverband
ban|da|gie|ren [-ʒi-] *tr. 3* mit einer Bandage versehen
Ban|da|gist [-ʒist] *m. 10* Hersteller, Verkäufer von Bandagen und künstl. Gliedmaßen
Band|auf|nah|me *f. 11* Tonbandaufnahme
Band|brei|te *f. 11* **1.** Breite des Frequenzbereichs, der von einem elektronischen Gerät übertragen wird; **2.** *übertr.:* Vielfalt, Spannweite
Bänd|chen *n. 7*
Ban|de *f. 11* **1.** Gruppe, Schar (von Verbrechern) unter einem Anführer; **2.** *scherzh.:* Gesellschaft (von Kindern, jungen Leuten); **3.** [frz.] Umrandung des Billardtisches; Einfassung der Zirkusmanege und Reitbahn **4.** [frz.] Einfassung der Zirkusmanege und Reitbahn
Ban|del = **Bän|del** (*alt:* Bendel) *n. 5, ugs.:* Bändchen; jmdn. am Bandel/Bändel haben *scherzh.:* einen Liebhaber haben
Ban|den|spek|trum *auch:* **Ban|den-spekt|rum** *n. Gen.* -s *Pl.* -tren, *Phys.:* von Molekülen erzeugtes Spektrum, das von zahlreichen Linien (Banden) durchsetzt ist
Ban|de|ril|la [-rilja, span.] *f. 9* mit Fähnchen geschmückter Wurfspieß mit Widerhaken, der beim Stierkampf dem Stier in den Nacken gestoßen wird
Ban|de|ril|le|ro [-rilje-, span.] *m. 9* Stierkämpfer, der den Stier mit Banderillas reizt
bän|dern *tr. 1* mit Bändern besetzen; ich bändere, bändre es
Ban|de|ro|le [frz.] *f. 11* Steuerband (bes. an Tabakwaren)
Ban|de|ro|len|steu|er *f. 11*
Bän|der|riss (*alt:* Bän|der|riß) *m. 1*
Bän|der|tanz *m. 2*
Bän|der|zer|rung *f. 10*
...bän|dig aus einer Anzahl von Bänden bestehend, z. B. drei-, mehrbändig
bän|di|gen *tr. 1*
Bän|di|ger *m. 5*
Bän|di|gung *f. 10 nur Sg.*
Ban|dit [ital.] *m. 10* Räuber
Band|ke|ra|mik *f. 10 nur Sg.*
Band|lea|der [bændli:də(r), engl.] *m. 5* Leiter einer Jazz-, Pop- oder Rockgruppe
Band|maß *n. 1*
Ban|do|la *f. 9* s. **Ban|du|ra**
Ban|do|ne|on, Ban|do|ni|on [nach dem Erfinder Heinrich Band] *n. 9* Handharmonika mit Knöpfen auf beiden Seiten
Band|schei|be *f. 11* elast. Scheibe zwischen den Wirbelkörpern
Bänd|sel *n. 5; Seew.:* dünnes Tau
Ban|du|ra, Ban|do|la [griech.] *f. 9* ukrainisches Zupfinstrument mit 12 Saiten
Ban|dur|ria [griech.-span.] *f. 9* span. Zupfinstrument mit 10 Saiten
Band|wurm *m. 4*

B

bange — Bange: Das Adjektiv wird kleingeschrieben: *Ihr ist angst und bange.* § 35
Groß schreibt man dagegen Substantive als Bestandteile fester Gefüge: *Das macht ihr Angst und Bange; das Bangemachen; nur keine Bange.* § 55 (4)

bang s. **ban|ge**
Bang|büx *f. 10,* **Bang|bü|xe** *f. 11, norddt.:* Angsthase
ban|ge, bang; angst und bang(e) sein
Ban|ge *f. Gen. - nur Sg.* Angst; jmdm. (Angst und) Bange machen
ban|gen *intr. 1;* um jmdn. bangen
Ban|gig|keit *f. 10 nur Sg.*
Bang|kok Hauptstadt von Thailand
Ban|gla|desch *auch:* **Bang|la|desch,** *englisch:* Ban|gla|desh, Staat am Golf von Bengalen
bäng|lich
Bang|nis *f. 1*
Bang|krank|heit *auch:* **Bang-Krank|heit** [nach dem dän. Tierarzt B. Bang] *f. 10 nur Sg.* eine Infektionskrankheit der Rinder und Schweine
Ba|ni *Pl. von* Ban (2)
Ban|jo [auch: bændʒo, engl.] *n. 9* 4- bis 9-saitiges Zupfinstrument der amerik. Schwarzen
Bank **1.** *f. 2* ein Sitzmöbel; **2.** *f. 10* Geldinstitut; **3.** *nur Sg., Ringen:* Ausgangsstellung im Bodenkampf
Bank|ak|tie [-tsjə] *f. 11*
Bank|ak|zept *n. 1* auf eine Bank gezogener Wechsel
Bänk|chen *n. 7*
Bän|kel|lied *n. 3, bes. im 17./18. Jh.:* einfaches Lied über ein schauriges Ereignis
Bän|kel|sang *m. Gen. -s nur Sg.*
Bän|kel|sän|ger *m. 5*
Ban|ker [auch: bæŋkə(r), engl.], *schweiz.:* **Bänk|ler** *m. 5* Bankier
Ban|kert *m. 1, abwertend:* uneheliches Kind
Ban|kett [frz.] *n. 1* Festmahl
Ban|ket|te, Ban|kett *f. 11* **1.** Absatz einer Böschung oder des Fundaments unter dem Mauerwerk; **2.** schmaler, unbefestigter Weg neben Fahrstraße oder Eisenbahnschienen
Bank|ge|heim|nis *n. 1*
Bank|hal|ter *m. 5* Spielleiter beim Glücksspiel
Ban|kier [-kje, frz] *m. 9* Inhaber oder Leiter einer Bank (2)
Bank|kon|to *n. Gen. -s Pl. -ten*
Bank|leit|zahl *f. 10 (Abk.:* BLZ) achtstellige Zahl, die ein Kreditinstitut kennzeichnet
Bänk|ler *m. 5, schweiz. für* Banker
Bank|no|te *f. 11* Geldschein

bankrott — Bankrott: Das Adjektiv wird klein- und im Infinitiv getrennt geschrieben: *Die Firma muss bankrott sein.* § 35
Substantive in festen Gefügen schreibt man groß: *Die Firma ging in den Bankrott/ging in Bankrott/ging Bankrott* (alt: *bankrott*). *Sie machte Bankrott.* § 55 (4)

bank|rott *auch:* **ban|krott** [ital.] zahlungsunfähig; bankrott sein
Bank|rott *auch:* **Ban|krott** *m. 1;* Bankrott gehen
Bank|rot|teur *auch:* **Ban|krot|teur** [-tør] *m. 1* jmd., der Bankrott gemacht hat
bank|rot|tie|ren *auch:* **ban|krot|tie|ren** *intr. 3*
Bann *m. 1* **1.** *im MA:* obrigkeitl. Gebot oder Verbot; Gerichtsbarkeit; Herrschaftsgebiet, z. B. Bannwald; **2.** *kath. Kirche:* Ausschluss aus der Kirche; **3.** *übertr.:* Zauber, Verzauberung
Bann|bul|le *f. 11* päpstl. Bannurkunde
ban|nen *tr. 1*
Ban|ner *n. 5* Fahne
Bann|fluch *m. 2*
ban|nig *norddt.* sehr; bannig heiß
Bann|kreis *m. 1*
Bann|mei|le *f. 11*
Bann|strahl *m. 12*
Bann|wart *m. 1, schweiz.:* Flurhüter
Ban|tam|ge|wicht [nach dem zum Hahnenkampf benutzten Bantamhuhn] *n. 1 veraltet für* Gewichtsklasse in der Schwerathletik
Ban|tam|huhn [nach der javan. Stadt Bantam] *n. 4* engl. Zwerghuhn
Ban|tu **1.** *m. 9 oder Gen. - Pl. -* Angehöriger der über 400 Völker und Stämme Afrikas, die Bantusprachen sprechen; **2.** *n. Gen. -(s) nur Sg.* afrik. Sprachfamilie
Ban|tu|spra|chen *Pl.* weit verbreitete afrik. Sprachengruppe
Ba|nus *m. Gen. - Pl. -* s. **Ban** (1)
Ba|o|bab [afrik.] *m. 9* Affenbrotbaum
Bap|tis|mus [griech.] *m. Gen. - nur Sg.* Lehre einer christl. Gemeinschaft, die nur die Erwachsenentaufe zulässt
Bap|tist *m. 10*
Bap|tis|te|ri|um *n. Gen. -s Pl. -ri|en* Taufkapelle
bar *Zeichen für* Bar (1)
bar **1.** nackt, bloß; bar aller Hoffnung sein: ohne jede Hoffnung; das ist barer Unsinn; **2.** in Münzen oder Geldscheinen; bares Geld; bar zahlen; 10 DM in bar; etwas für bare Münze nehmen: es glauben, ernst nehmen
Bar **1.** [griech.] *n. Gen. - Pl. - (Zeichen:* bar, *Meteor.:* b) frühere Maßeinheit des Luftdrucks; **2.** [engl.] *f. 9* Lokal; Theke, Schanktisch
Bär *m. 10;* der Große, der Kleine Bär: zwei Sternbilder; jmdm. einen Bären aufbinden: ihn beschwindeln
Ba|ra|cke [frz.] *f. 11* ebenerdiges, nicht unterkellertes, zerlegbares Haus aus vorgefertigten Wandplatten
Ba|ra|cken|la|ger *n. 5*
Ba|rat|te|rie [lat.-ital.] *f. 11, Seerecht:* vorsätzliche Unredlichkeit von Kapitän oder Besatzung
Ba|ratt|han|del *m. 6 nur Sg.* Tauschhandel
ba|rat|tie|ren *tr. 3* tauschen (Waren)
Bar|ba|di|er *m. 5* Einwohner von Barbados
bar|ba|disch
Bar|ba|dos mittelamerik. Inselstaat
Bar|bar [griech.] *m. 10, urspr.:* Nichtgrieche; *heute:* roher, ungesitteter Mensch
Bar|ba|ra weibl. Vorname
Bar|ba|rei *f. 10 nur Sg.* Rohheit, Unmenschlichkeit
bar|ba|risch
Bar|ba|ris|mus *m. Gen. - Pl. -men* Verstoß gegen die Sprachregeln
Bar|be [lat.] *f. 11* ein Karpfenfisch
Bar|be|cue [-kju:, engl.] *n. 9* **1.** Gartenfest mit Spießbraten; **2.** Gerät zum Rösten von Fleisch; **3.** das geröstete Fleisch selbst
bär|bei|ßig mürrisch, grimmig
Bär|bei|ßig|keit *f. 10 nur Sg.*
Bar|be|stand *m. 2* Bestand an Bargeld
Bar|be|trag *m. 2*

B

Bar|bier [frz.] *m. 1, veraltet:* Bartscherer, Friseur
bar|bie|ren *tr. 3* = **bal|bie|ren**
Bar|bi|ton *n. 9,* **Bar|bi|tos** *m. oder f. Gen. - Pl.* -toi altgriech. harfenähnl. Saiteninstrument
Bar|bi|tur|säu|re *f. 11* Grundstoff vieler Schlafmittel
Bar|ce|lo|na [-tsə-, span. -θə-] span. Stadt
Bar|chent [arab.] *m. 1* Baumwollflanell
Bar|ches [hebr.] *Pl.* weißes Sabbatbrot der Juden
Bar|code [-ko:d, engl.] *m. 9* Strichkode, Verschlüsselung binärer Daten durch die Darstellung unterschiedlich breiter Balken und Zwischenräume
Bar|da|me *f. 11*
Bar|de 1. [kelt.] *m. 11* kelt. Dichter und Sänger; *übertr.; oft iron.:* lyrischer Dichter; **2.** [arab.-frz.] *f. 11* Speckscheibe um gebratenes Geflügel
bar|die|ren *tr. 3* mit einer Barde umwickeln
Bar|diet, Bar|dit *m. 1,* Bar|di|tus *m. Gen. - Pl. -* vaterländ. Lied im Ton der Barden
bar|disch
Bar|dit *m. 1* s. **Bar|diet**
Bä|ren|dienst *m. 1* schlechter Dienst
Bä|ren|fang *m. 2* Likör mit Honig
Bä|ren|haut *f. 2, nur in Wendungen wie* auf der B. liegen, sich auf die B. legen: faulenzen
Bä|ren|häu|ter *m. 5* eine Märchengestalt
Bä|ren|hun|ger *m. 5 nur Sg.*
Bä|ren|käl|te *f. 11 nur Sg.*
Bä|ren|klau *m. oder f. Gen. -(s) nur Sg.* Akanthus
Bä|ren|müt|ze *f. 11* **1.** Mütze aus Bärenfell; **2.** große, hohe Pelzmütze
bä|ren|stark
Bä|ren|trau|be *f. 11* eine Heilpflanze
Ba|rents|see [nach dem holländ. Seefahrer Willem Barents] *f. 11 nur Sg.* Teil des Nordpolarmeeres
Ba|rett [lat.-frz.] *n. 1* flache Kopfbedeckung ohne Rand, bes. zur Amtstracht von Richtern, Geistlichen usw.
Bar|fran|kie|rung, Bar|frei|ma|chung *f. 10* Frankierung mit Stempelmaschine
Bar|frost *m. 2* Frost ohne Schnee

bar|fuß; b. gehen
Bar|fü|ßer *m. 5,* **Bar|fü|ßer|mönch** *m. 1* barfuß (in Sandalen) gehender Mönch, z. B. Franziskaner
Bar|fü|ßer|or|den *m. 7*
bar|fü|ßig
Bar|geld *n. 3 nur Sg.*
bar|geld|los; bargeldloser Zahlungsverkehr
Bar|ge|schäft *n. 1*
bar|haupt, bar|häup|tig ohne Kopfbedeckung
ba|risch [griech.] *veraltet:* den Luftdruck betreffend, auf ihm beruhend; barisches Windgesetz
Ba|ri|ton [griech.-ital.] *m. 1* **1.** Männerstimme in der Mittellage; **2.** Ba|ri|to|nist *m. 10* Sänger mit dieser Stimme
ba|ri|to|nal
Ba|ri|to|nist *m. 10*
Ba|ri|um [griech.] *n. Gen. -s nur Sg.* (*Zeichen:* Ba) chem. Element
Bark *f. 10* Segelschiff mit drei oder mehr Masten
Bar|ka|ne, Bar|ko|ne [ital.] *f. 11* zwei- oder dreimastiges Fischerboot im Mittelmeer
Bar|ka|ro|le *f. 11* **1.** Ruderboot; **2.** Lied des Gondoliere, Gondellied
Bar|kas|se [ndrl.] *f. 11* **1.** größtes Beiboot auf Kriegsschiffen; **2.** kleines Dampfboot
Bar|ke [frz.] *f. 11* kleines Boot; *poet.:* Kahn, Boot
Bar|kee|per [-ki:-, engl.] *m. 5* **1.** Inhaber einer Bar; **2.** Kellner hinter der Bar
Bar|ko|ne *f. 11* s. **Bar|ka|ne**
Bar|lach, *Ernst* dt. Bildhauer
Bär|lapp *m. 1* eine moosartige Pflanze
Bar|lauf *m. 2 nur Sg.* ein Laufspiel
Bär|me *f. 11, norddt.:* Hefe
bar|men *intr. 1, nord-, ostdt.:* klagen
barm|her|zig; *aber:* Barmherzige Brüder, Schwestern: zwei Orden für Krankenpflege
Barm|her|zig|keit *f. 10 nur Sg.*
Bar|mi|xer [engl.] *m. 5* Getränkemischer an der Bar
ba|rock [portug.] **1.** zum Barock gehörend, aus ihm stammend; **2.** überladen
Ba|rock *m. 1 oder n. 1 nur Sg.* **1.** schmuckreicher Kunst- und Literaturstil des 17./18. Jh.; **2.** das Zeitalter selbst
Ba|rock|kir|che *f. 11*
Ba|ro|gramm [griech.] *n. 1* Aufzeichnung des Barographen

Ba|ro|graph *auch:* **Ba|ro|graf** *m. 10* Luftdruckmesser
Ba|ro|me|ter *n. 5* Luftdruckmesser
Ba|ro|me|trie *auch:* **Ba|ro|met|rie** *f. 11* Luftdruckmessung
ba|ro|me|trisch *auch:* **ba|ro|met|risch;** barometrische Höhenformel, Höhenstufe, barometrisches Maximum, Minimum
Ba|ron [mlat.] *m. 1* Freiherr
Ba|ro|nat *n. 1,* Ba|ro|nie [frz.] *f. 11* Würde, Stammsitz eines Barons
Ba|ro|ness (*alt:* Ba|ro|neß) *f. 11*
Ba|ro|nes|se *f. 11* Freiin, Freifräulein
Ba|ro|net [bærənət, engl.] *m. 9* (*Abk.:* Bart.) unterster engl. Adelstitel
Ba|ro|nie *f. 11* s. **Ba|ro|nat**
Ba|ro|nin *f. 10* Freifrau
ba|ro|ni|sie|ren *tr. 3* in den Freiherrnstand erheben
Ba|ro|ther|mo|graph *auch:* **Ba|ro|ther|mo|graf** [griech.] *m. 10* Verbindung von Barograph und Thermograph
Bar|ra|ku|da *m. 9* räuberischer Knochenfisch
Bar|ras [jidd.] *m. Gen. - nur Sg.* **1.** Kommissbrot; **2.** Militär
Bar|re *f. 11* **1.** Schranke; **2.** Sand-, Schlammbank
Bar|rel [bærəl, engl.] *n. 9* brit. und nordamerik. Hohlmaß, Fass, Tonne
Bar|ren *m. 7* **1.** ein Turngerät; **2.** gegossenes Formstück aus Metall (Edelmetallbarren früher auch als Zahlungsmittel)
Bar|ren|gold *n. 1 nur Sg.*
Bar|ren|sil|ber *n. 5 nur Sg.*
Bar|ri|e|re [frz.] *f. 11* Schranke, Schlagbaum, Sperre
Bar|ri|ka|de *f. 11* Straßensperre
bar|ri|ka|die|ren *tr. 3, selten für* verbarrikadieren
Bar|ris|ter [bær-, engl.] *m. 5, in Großbritannien:* Rechtsanwalt bei höheren Gerichten
barsch unwirsch, grob
Barsch *m. 1* ein Fisch
Bar|schaft *f. 10* Besitz an Bargeld
Bar|scheck *m. 9* Scheck, der von der Bank gegen Bargeld eingelöst wird
Barsch|heit *f. 10 nur Sg.*
Bar|soi [-sɔɪ, russ.] *m. 9* russ. Windhund
Bar|sor|ti|ment *n. 1* Zwischenbuchhandel, Buchhandelsbetrieb zwischen Verlag und Einzelbuchhandel

B

Bart *m. 2*
Bart. *Abk. für* Baronet
Bärt|chen *n. 7*
Bar|te *f. 11* **1.** *früher:* Beil, Streitaxt; **2.** *Pl.* vom Oberkiefer der Bartenwale herabhängende Hornplatten, liefern Fischbein
Bar|teln *Pl.* Bartfäden bei manchen Fischen
Bar|ten|wal *m. 1*
Bar|terl *n. 14, österr.:* Lätzchen
Bart|flech|te *f. 11* Hautausschlag im Bereich des Bartes
Bart|haar *n. 1*
Bär|tier|chen *n. 7* mikroskopisch kleines Wasserinsekt
bär|tig
Bär|tig|keit *f. 10 nur Sg.*
bart|los
Bart|lo|sig|keit *f. 10 nur Sg.*
Bart|nel|ke *f. 11* Gartennelke
Bar|tók [bartɔk], *Bela* ungar. Komponist
Bart|sche|rer *m. 5* Barbier
Bart|tracht *f. 10*
Bart|wisch *m. 1, österr.:* Handbesen
Ba|rut|sche, Bi|rut|sche [lat.-ital.] *f. 11* zweirädrige Kutsche
Ba|ry|o|nen [griech.] *Pl., zusammenfassende Bez. für* die schweren Elementarteilchen
Ba|ry|sphä|re *auch:* **Ba|rys|phä|re** [griech.] *f. 11 nur Sg.* innerster Teil der Erde, Erdkern
Ba|ryt [griech.] *m. 1* ein Mineral, Schwerspat
Ba|ry|ton [griech.] *n. 1* Streichinstrument des 18. Jh.
Ba|ry|to|non [griech.] *n. Gen.* -s *Pl.* -na Wort mit unbetonter letzter Silbe
Ba|ryt|pa|pier *n. 1* mit Bariumsulfat bestrichenes Papier mit glatter Oberfläche (für Fotografie und Reproduktion)
Ba|ryt|weiß *n. Gen. - nur Sg.* weiße Malerfarbe
ba|ry|zen|trisch *auch:* **ba|ry|zent|risch**
Ba|ry|zen|trum *auch:* **Ba|ry|zent|rum** *n. Gen.* -s *Pl.* -tren *oder* -tra Schwerpunkt
Bar|zah|lung *f. 10*
Bar|zel|let|ta [ital.] *f. 9, 15. und 16. Jh.* Tanzlied
Ba|salt [lat.] *m. 1* ein Vulkangestein
ba|sal|ten aus Basalt
Ba|sal|tem|pe|ra|tur *f. 10* die morgens vor dem Aufstehen gemessene Körpertemperatur
ba|sal|tig wie Basalt
Ba|salt|tuff *m. 1* tuffartiges Verwitterungsprodukt von Basalt
Ba|sar [pers.], **Ba|zar** *m. 1* **1.** *in oriental. Ländern:* Markt; **2.** *früher:* Warenhaus; **3.** Warenverkauf für wohltätige Zwecke
Bäs|chen *n. 7*
Basch|ki|re *m. 11* Angehöriger eines Turkvolkes im südl. Ural
basch|ki|risch
Basch|lik [türk.] *m. 9* kaukasische Wollkapuze
Ba|se *f. 11* **1.** *veraltet:* Kusine; *österr., schweiz. auch:* Tante; **2.** alkalisch reagierende chem. Verbindung
Base|ball [bɛɪsbɔ:l, engl.] *m. 9 nur Sg.* nordamerik., dem Schlagball ähnl. Spiel
Ba|se|dow|krank|heit *auch:* **Ba|sedow-Krank|heit** [-do-, nach dem Arzt Karl von Basedow] *f. 10 nur Sg.* auf Überfunktion der Schilddrüse beruhende Krankheit
Ba|sel schweiz. Stadt
Ba|sel|biet *n. 1 nur Sg.* s. **Ba|sel|land**
Ba|se|ler, Bas|ler *m. 5*
Ba|sel|land *n. Gen.* -es *nur Sg.,* Ba|sel|biet *n. Gen.* -s *nur Sg.* schweiz. Halbkanton
Ba|sel-Stadt *n. Gen. - nur Sg.* schweiz. Halbkanton
BASIC [bɛɪsɪk, engl.] *Abk. für* Beginner's All Purpose Symbolic Instruction Code: eine einfache Programmiersprache
Ba|sic Eng|lish *auch:* **Ba|sic English** (*alt:* Ba|sic-Eng|lish) [bɛɪsɪk ɪŋglɪʃ] *n. Gen. - - nur Sg.* Grundenglisch, vereinfachtes Englisch mit 850 Grundwörtern und einfachen Regeln
Ba|sics [bɛɪsɪks, engl.] *Pl., ugs.* **1.** wichtige Bestandteile der menschlichen Grundversorgung wie Nahrung oder Kleidung; **2.** grundlegende Kleidungsstücke, die nicht der Mode unterworfen sind
ba|sie|ren [griech.] *intr. 3;* auf etwas b.: auf etwas beruhen, etwas zur Grundlage haben
Ba|si|li|a|ner [nach Basilius dem Großen] *m. 5* Angehöriger eines griech.-orthodoxen Mönchsordens
ba|si|li|a|nisch
Ba|si|lie [-ljə] *f. 11 nur Sg.,* **Ba|si|li|en|kraut** [-ljən-] *n. 4 nur Sg.,* Ba|si|li|kum *n. Gen.* -s *nur Sg.* eine Gewürzpflanze
Ba|si|li|ka [griech., nach dem Amtsgebäude des Archons Basileus in Athen] *f. Gen. - Pl.* -ken **1.** altröm. Markt- und Gerichtshalle; **2.** altchristl. Kirchenform mit Mittelschiff, zwei niedrigeren Seitenschiffen und (seit dem 4. Jh.) Querschiff
ba|si|li|kal
Ba|si|li|kum *n. Gen.* -s *nur Sg.*
Ba|si|lisk [griech.] *m. 10* **1.** *in orientalischen Sagen:* schlangenhaftes Ungeheuer, dessen Blick tötet; **2.** mittel- und südamerik. Echse
Ba|si|lis|ken|blick *m. 1* stechender, böser Blick
Ba|sis [griech.] *f. Gen. - Pl.* -sen **1.** Grundlage, Ausgangspunkt, Wurzel; **2.** Grundzahl; **3.** Grundlinie (einer geometr. Figur)
Ba|sis|grup|pe *f. 11* Arbeitsgruppe linksorientierter Studenten
ba|sisch *Chem.:* wie eine Base (2) (reagierend)
Ba|si|zi|tät *f. 10 nur Sg.* **1.** Basengehalt einer Lösung, Alkalität; **2.** Maßbegriff für die Neutralisationsfähigkeit einer Säure
Bas|ke *m. 11* Angehöriger eines Volkes an der Biskaya
Bas|ken|müt|ze *f. 11*
Bas|ker|ville [-vil, nach dem engl. Buchdrucker John B.] *f. Gen. - nur Sg.* eine Druckschrift
Bas|ket|ball [engl.] *m. 2 nur Sg.* dem Korbball ähnliches englisches Spiel
bas|kisch zu den Basken gehörend, von ihnen stammend
Bas|kisch *n. Gen.* -(s) *nur Sg.* einzige nichtindogerman. Sprache in Westeuropa
Bas|kü|le [frz.] *f. 11* Hebelverschluss für Fenster und Türen
Bäs|lein *n. 7*
Bas|ler *m. 5* Baseler
Bas|re|li|ef [barəljɛf oder -jɛf, frz.] *n. 9 oder n. 1* Flachrelief; *Ggs.:* Hautrelief
bass (*alt:* baß) sehr; *fast nur noch in der Wendung* bass erstaunt
Bass (*alt:* Baß) *m. 2* **1.** Kontrabass, Bassgeige; **2.** tiefste Stimmlage der Männer; **3.** Bas|sist *m. 10* Sänger mit dieser Stimme; **4.** tiefste Stimmlage bei Musikinstrumenten, z. B. Bassflöte; **5.** Gesamtheit der tiefen Männerstimmen im Chor bzw. der tiefsten Instrumente im Orchester
Bas|sa *m. 9, veraltete europ. Form von* Pascha

B

Bass|ba|ri|ton (*alt:* Baß|ba|ri|ton) *m. 1* **1.** Stimmlage zwischen Bass und Bariton; **2.** Sänger mit dieser Stimme
Bass|buf|fo (*alt:* Baß|buf|fo) *m. 9* Sänger mit Bassstimme für komische Rollen
Bas|se *m. 11, Jägerspr.:* starker Keiler
Bas|se|lis|se|we|be|rei *f. 10* Webart mit waagrechter Kette; *Ggs.:* Hautelisseweberei
Bas|se|na [ital.] *f. 9* Wasserbecken im Altbau
Bas|set [engl. bæsət, frz. basɛ] *m. 9* kurzbeiniger Jagdhund mit Hängeohren
Bas|sett [lat.-ital.] *m. 1, veraltet für* Violoncello
Bas|sett|horn *n. 4* Altklarinette
Bass|flö|te (*alt:* Baß|flö|te) *f. 11*
Bass|gei|ge (*alt:* Baß|gei|ge) *f. 11*
Bas|sin [-sɛ̃, frz.] *n. 9* künstl. angelegtes Becken für Flüssigkeiten
Bas|sist *m. 10* **1.** Bassgeiger; **2.** Bass (3)
Bas|so [ital.] *m. Gen. - Pl.* -si Bass; B. continuo (*Abk.:* B. c.), *im 17./18. Jh.:* Bassstimme zur Unterstützung oder Begleitung bei Instrumentalstücken, Generalbass; Basso ostinato: ständig wiederkehrendes Motiv im Bass
Bass|po|sau|ne (*alt:* Baß|po|sau|ne) *f. 11*
Bass|schlüs|sel (*alt:* Baß|schlüs|sel) *m. 5*
Bass|stim|me (*alt:* Baß|stim|me) *f. 11* Stimme in tiefster Lage; tiefste Stimme einer Komposition
Bass|tu|ba (*alt:* Baß|tu|ba) *n. Gen. - Pl.* -ben
Bast *m. 1* **1.** Fasergewebe unter der Rinde; **2.** Haut über dem wachsenden Geweih
bas|ta [ital. »es genügt«] genug, Punktum, Schluss; und damit basta!
Bas|tard [auch: bas-, frz.] *m. 1* **1.** Mischling; **2.** *abwertend:* uneheliches Kind
Bas|tar|da *f. Gen. - nur Sg.* Druckschrift, Abart der Gotisch
bas|tar|die|ren *tr. 3* kreuzen (Rassen, Arten)
Bas|tar|die|rung *f. 10* Züchtung von Bastarden, Rassenmischung
Bas|tard|schrift *f. 10* eine Druckschrift mit Merkmalen der Fraktur und Antiqua
Bas|te [frz.] *f. 11* Trumpfkarte
Bas|tei *f. 10* **1.** vorspringender Teil einer Festung, Bollwerk, Bastion; **2.** *nur Sg.* Felsengruppe im Elbsandsteingebirge
Bas|te|lei *f. 10*
bas|teln *tr. 1;* ich bastele, bastle (etwas)
bas|ten aus Bast
Bas|til|le [bastijə, frz.] *f. 11* **1.** befestigtes Schloss in Frankreich; **2.** Burg in Paris, die als Staatsgefängnis diente
Bas|ti|on [ital.] *f. 10* Bollwerk, Schutzwehr
bas|ti|o|nie|ren *tr. 3* mit Bastionen versehen
Bast|ler *m. 5*
Bas|to|na|de [ital.] *f. 11* früher im Orient übliche Prügelstrafe, Stockhiebe, bes. auf die Fußsohlen
Ba|su|to *m. 9 oder Gen. - Pl. - ältere Bez. für* Angehörige eines Bantustammes
BAT *Abk. für* Bundesangestelltentarif
BAT O *Abk. für* Bundesangestelltentarif in den neuen Bundesländern (seit 1991)
Bat. *Abk. für* Bataillon
Ba|tail|le [batajə, frz.] *f. 11, veraltet:* Kampf, Schlacht
Ba|tail|lon [bataljon, frz.] *n. 1* (*Abk.:* Bat.) Teil eines Regiments
Ba|tail|lons|kom|man|deur [bataljonskɔmandø:r] *m. 1*
Ba|ta|te [indian.-span.] *f. 11* südamerik. Knollenpflanze, Süßkartoffel
Ba|ta|ver [-vər] *m. 5* Angehöriger eines german. Volksstammes
Ba|tho|lith [griech.] *m. 1 oder m. 10* magmatischer, in der Tiefe erstarrter Gesteinskörper
Ba|tho|me|ter *n. 5* s. **Ba|thy|me|ter**
Bath|or|den [baθ-, engl.] *m. 7 nur Sg.* ein engl. Ritterorden, Verdienstorden
ba|thy|al [griech.] zum Bathyal gehörig
Ba|thy|al *n. 1 nur Sg.* Ablagerungen im Meer zwischen 200 und 800 m Tiefe
Ba|thy|gra|phie *auch:* **Ba|thy|gra|fie** *f. 11 nur Sg.* Tiefseeforschung
ba|thy|gra|phisch *auch:* **ba|thy|gra|fisch**
Ba|thy|me|ter, Ba|tho|me|ter *n. 5* Gerät zum Messen der Meerestiefe
Ba|thy|skaph *auch:* **Ba|thys|kaph** *m. 10* Tiefseetauchgerät
Ba|thy|sphä|re *auch:* **Ba|thys|phä|re** *f. 11* **1.** Tiefsee; **2.** Tiefenzone der Erde, aus der Magma aufsteigt; **3.** Tiefseetauchkugel
Ba|tik [javan.] *f. 10* **1.** *nur Sg.* javan. Gewebefärbverfahren durch Abdecken des Musters mit Wachs; **2.** ein so gefärbter Stoff
ba|ti|ken *tr. 1*
Ba|tist [frz.] *m. 1* feines, leinenartiges Gewebe
ba|tis|ten aus Batist
Batt., Battr. *Abk. für* Batterie (*Mil.*)
Bat|te|rie [frz.] *f. 11* **1.** *Mil.:* kleinste Einheit der Artillerie; **2.** *Elektrotechnik:* Zusammenschaltung mehrerer Elemente zu einer Stromquelle; **3.** *Schach:* eine Figurengruppierung
Bat|zen *m. 7* **1.** Klumpen; **2.** alte Münze, *in Dtld.:* 4 Kreuzer, *schweiz. noch:* Zehnrappenstück
Bau **1.** *m. Gen.* -(e)s *nur Sg.* das Bauen; Anbau (von Feldfrüchten); Baustelle; Wuchs, Gestalt; **2.** *m. 1* Tierwohnung; **3.** *m. 1, Bergbau:* Bergwerksanlage; **4.** *m. Gen.* -(e)s *Pl.* Bau|ten Gebäude
Bau|ab|nah|me *f. 11*
Bau|a|ka|de|mie *f. 11*
Bau|auf|sichts|be|hör|de *f. 11*
Bauch *m. 2*
bau|chen [-xən] *tr. 1, fast nur in:* gebaucht
Bauch|fell *n. 1*
Bauch|fü|ßer, Bauch|füß|ler *m. 5* Schnecke
Bauch|grim|men *n. 7* Bauchschmerzen
Bauch|höh|le *f. 11*
Bauch|höh|len|schwan|ger|schaft *f. 10*
bau|chig
Bauch|knei|pen *n. 7* Bauchschmerzen
Bäuch|lein *n. 7*
bäuch|lings
bauch|re|den *intr., nur im Infinitiv und Partizip II;* er kann b., er hat bauchgeredet
Bauch|re|de|kunst *f. 2 nur Sg.*
Bauch|red|ner *m. 5*
Bauch|schmer|zen *Pl.*
Bauch|spei|chel|drü|se *f. 11*
Bauch|tanz *m. 2*
Bauch|tän|ze|rin *f. 10*
Bau|chung *f. 10*
Bauch|weh *n. 1 nur Sg.*
Bau|cis Frau des → Philemon
Baud [auch: bo, nach dem frz. Telegrafisten Baudot] *n. Gen.* -(s)

Pl. - Einheit für die Telegrafiergeschwindigkeit
Bau|de *f. 11* Berggasthof
Baude|laire [bod(ə)lɛ:(r)], *Charles* frz. Schriftsteller
Bau|e|le|ment *n. 1*
bau|en *tr. 1*
Bau|er **1.** *m. 11;* **2.** *n. 5* Vogelkäfig
Bäu|er|chen *n. 7*
Bäu|e|rin *f. 10*
bäu|e|risch, bäu|risch
Bäu|er|lein *n. 7*
bäu|er|lich
Bau|ern|auf|stand *m. 2*
Bau|ern|bur|sche *m. 11*
Bau|ern|fän|ger *m. 5* Betrüger, der die Weltfremdheit anderer ausnutzt
Bau|ern|fän|ge|rei *f. 10*
Bau|ern|früh|stück *n. 1*
Bau|ern|gut *n. 4*
Bau|ern|haus *n. 4*
Bau|ern|hof *m. 2*
Bau|ern|krieg *m. 1*
Bau|ern|le|gen *n. Gen. -s nur Sg.* Aufkaufen von Bauernhöfen durch Großgrundbesitzer
Bau|ern|sa|me *f. 11 nur Sg., schweiz.:* Bauernschaft
Bau|ern|schaft *f. 10 nur Sg.*
bau|ern|schlau
Bau|ern|schläue *f. 11 nur Sg.*
Bau|ern|tum *n. Gen. -s nur Sg.*
Bau|ern|ver|band *m. 2*
Bau|er|sa|me *f. 11 nur Sg.* Bauernsame
Bau|ers|frau *f. 10*
Bau|ers|leu|te *Pl.*
Bau|ers|mann *m. Gen. -(e)s Pl.* -leu|te
Bau|fach *n. 4 nur Sg.*
bau|fäl|lig
Bau|fäl|lig|keit *f. 10 nur Sg.*
Bau|füh|rer *m. 5*
Bau|ge|neh|mi|gung *f. 10*
Bau|ge|nos|sen|schaft *f. 10*
Bau|ge|wer|be *n. 5*
Bau|haus *n. 4 nur Sg., 1919-33:* Schule für Baukunst, Malerei, Kunstgewerbe
Bau|herr *m. Gen. -(e)n Pl. -en*
Bau|kas|ten *m. 8*
Bau|klöt|ze(r) *Pl.*
Bau|kos|ten|zu|schuss (*alt:* Bau|kosten|zu|schuß) *m. 2*
Bau|kunst *f. 2 nur Sg.*
bau|lich
Bau|lich|kei|ten *Pl.* Gesamtheit von Gebäuden
Baum *m. 2*
Baum|a|chat *m. 1* ein Mineral
Bau|maß|nah|me *f. 11*
Bau|ma|te|ri|al *n. Gen. -s Pl. -li|en*
Baum|blü|te *f. 11 nur Sg.*
Bäum|chen *n. 7*
Bau|mé|grad *auch:* **Bau|mé-Grad** [bome-, nach dem frz. Chemiker Antoine Baumé] *m. 1, nach Zahlenangaben Pl. -* (*Abk.:* Bé) Maßeinheit für das spezif. Gewicht von Flüssigkeiten
Bau|meis|ter *m. 5*
bau|meln *intr. 1*
bau|men *intr. 1* aufbaumen
bäu|men *refl. 1* **1.** sich erregt auf die Hinterbeine aufrichten; **2.** *übertr.:* sich gegen etwas bäumen: sich einer Sache widersetzen
Bau|mé|spin|del *auch:* **Bau|mé-Spin|del** [bome-] *f. 11* nach Baumégraden geeichtes Instrument
Baum|fre|vel *m. 5* böswilliges Beschädigen von Bäumen
Baum|gren|ze *f. 11*
Baum|grup|pe *f. 11*
Baum|kro|ne *f. 11*
Baum|ku|chen *m. 7* ein Gebäck
Baum|läu|fer *m. 5* ein Singvogel
Bäum|lein *n. 7*
Baum|mar|der *m. 5*
Baum|sä|ge *f. 11*
Baum|sche|re *f. 11*
Baum|schu|le *f. 11*
Baum|stamm *m. 2*
baum|stark
Baum|step|pe *f. 11*
Baum|woll|baum *m. 2* Kapokbaum
Baum|wol|le *f. 11*
baum|wol|len aus Baumwolle
Baum|woll|spin|ne|rei *f. 10*
Baun|zerl *n. 14, österr.:* Milchbrötchen
Bau|plan *m. 2*
Bau|po|li|zei *f. Gen. - nur Sg.*
bau|po|li|zei|lich
Bau|rat *m. 2*
Bau|recht *n. 1*
bäu|risch *selten auch:* bäu|e|risch
Bausch *m. 2;* in Bausch und Bogen: alles zusammen, ohne es genau zu nehmen
Bäusch|chen *n. 7*
Bäu|schel *m. 5, Bergbau:* schwerer Hammer
bau|schen *tr. 1*
Bau|schen *m. 7, österr. für* Bausch
bau|schig
bau|spa|ren *intr. 1, nur im Infinitiv und Partizip II;* zum Zweck des Bauens begünstigt sparen
Bau|spa|rer *m. 5*
Bau|spar|kas|se *f. 11*
Bau|spar|ver|trag *m. 2*
Bau|stel|le *f. 11*
Bau|stil *m. 1*
Bau|ta|stein *m. 1* bronzezeitl., skandinav. Gedenkstein
Bau|ten *Pl. von* Bau (4)
Bau|tisch|ler *m. 5*
Bau|trä|ger *m. 5*
Bau|un|ter|neh|mer *m. 5*
Bau|werk *n. 1*
Bau|we|sen *n. 7 nur Sg.*
Bau|wich *m. 1* Zwischenraum zwischen Häusern
bau|wür|dig *Bergbau:* abbauwürdig, fündig
Bau|xerl *n. 14, österr.:* kleines, reizendes Kind
Bau|xit [nach dem Fundort Les Baux in Frankreich] *m. 1* ein Mineral
bauz!
Ba|va|ria [-va-] **1.** *lat. Bez. für* Bayern; **2.** *f. Gen. - nur Sg.* Frauengestalt als Sinnbild Bayerns
Bay|er *m. 5*
bay|e|risch, bay|risch; *aber:* Bayerischer Rundfunk (*Abk.:* BR); der Bayerische Wald
Bay|er|land *n. 4 nur Sg.*
Bay|ern Land der BR Dtld.
Bay|ran *n. 9* (islam.) Fest(tag), Feiertag
Bay|reuth Stadt in Oberfranken
bay|risch, bay|e|risch
Ba|zar *m. 1* = **Ba|sar**
Ba|zi *m. 9, bair., österr., scherzh.:* Gauner
ba|zil|lär [lat.] durch Bazillen hervorgerufen
Ba|zil|len|trä|ger *m. 5*
Ba|zil|lus *m. Gen. - Pl. -len* stäbchenförmiger Spaltpilz, oft Krankheitserreger
B2B [bi tu bi, engl.] *Abk. für* Business-to-Business
BBC [bi:bi:si, engl.] *Abk. für* British Broadcasting Corporation (britische Rundfunkgesellschaft)
B2C [bi tu si, engl.] *Abk. für* Business-to-Client
B. c. *Abk. für* Basso continuo
B. C. [bi:si, engl.] *Abk. für* before Christ: vor Christus
BCD [bi:si:di, engl.] *Abk. für* binary coded decimal: binär geschriebene Dezimalzahlen
Bd. *Abk. für* Band (3)
BDA **1.** *Abk. für* Bund Deutscher Architekten; **2.** *Abk. für* Bundesvereinigung Deutscher Arbeitgeberverbände
Bde. *Abk. für* Bände (3)

B

BDÜ *Abk. für* Bundesverband der Dolmetscher und Übersetzer
B-Dur *n. Gen. - nur Sg.* (*Abk.:* B) Tonart
B-Dur-Ton|lei|ter *f. 11*
Be *chem. Zeichen für* Beryllium
BE *Abk. für* Broteinheit
Bé *Abk. für* Baumégrad
be|ab|sich|ti|gen *tr. 1*
be|ach|ten *tr. 2*
be|ach|tens|wert
be|acht|lich
Be|ach|tung *f. 10 nur Sg.*
be|a|ckern *tr. 1;* ich beackere es
Bea|gle *auch:* **Beag|le** [bigəl, engl.] *m. 9* Spürhundrasse
Bea|mer [bimə(r), engl.] *m. 5* Gerät zur Projektion der Bildschirmansicht eines Computers
Be|am|ten|be|lei|di|gung *f. 10*
Be|am|ten|schaft *f. 10 nur Sg.*
Be|am|ten|tum *n. Gen. -s nur Sg.*
Be|am|te(r) *m. 18 (17)*
be|am|tet
Be|am|tin *f. 10*
be|ängs|ti|gend
Be|ängs|ti|gung *f. 10*
be|an|spru|chen *tr. 1*
Be|an|spru|chung *f. 10*
be|an|stan|den, *österr. auch:* **be|an-stän|den** *tr. 2*
Be|an|stan|dung *f. 10*
be|an|tra|gen *tr. 1*
Be|an|tra|gung *f. 10*
be|ant|wor|ten *tr. 2*
Be|ant|wor|tung *f. 10*
be|ar|bei|ten *tr. 2*
Be|ar|bei|tung *f. 10*
be|arg|wöh|nen *tr. 1*
Beat [bit, engl.] *m. 9 nur Sg.* **1.** *im Jazz:* gleichmäßiger Schlagrhythmus; **2.** betonter Taktteil; **3.** Musik mit gleichmäßigem Schlagrhythmus; **4.** Beatnik
Be|a|te weibl. Vorname
bea|ten [bi-, engl.] *intr. 2 ugs.* Beatmusik spielen, nach Beatmusik tanzen
Beat|ge|ne|ra|tion (*alt:* Beat ge|ne-ra|tion) [bitdʒɛnəreɪʃn] *m. Gen. - nur Sg.* eine Gruppe amerik. Künstler nach dem 2. Weltkrieg, die sich gegen Staat und Gesellschaft auflehnte
Be|a|ti|fi|ka|ti|on [lat.] *f. 10* Seligsprechung
be|a|ti|fi|zie|ren *tr. 3*
Beat|les *auch:* **Bea|tles** [bitlz] *Pl.* brit. Rockgruppe
be|at|men *tr. 2;* jmdn. b.: jmdm. Luft, Sauerstoff in die Atemwege einführen
Be|at|mung *f. 10*
Beat|mu|sik [bit-] *f. 10*
Beat|nik [bit-], Beat *m. 9* Vertreter der Beatgeneration
Be|a|trix *auch:* **Be|at|rix, Be|a|tri|ce** *auch:* **Be|at|ri|ce** weibl. Vorname
Beau [bo, frz.] *m. 9* schöner, eitler Mann, Dandy, Geck
Beau|fort|ska|la [bofət-, nach dem engl. Admiral Sir Francis Beaufort] *m. Gen. - Pl. -len* zwölfgradige Skala für Windstärken
be|auf|schla|gen *tr. 1* (die Turbinenschaufeln) treffen (vom Wasser)
be|auf|sich|ti|gen *tr. 1;* eine Schulklasse b.
Be|auf|sich|ti|gung *f. 10 nur Sg.*
be|auf|tra|gen *tr. 1*
Be|auf|trag|te(r) *m. 18 (17) bzw. f. 17 oder 18*
Be|auf|tra|gung *f. 10 nur Sg.*
be|äu|gen *tr. 1*
be|au|gen|schei|ni|gen *tr. 1* selber anschauen
Beau|jo|lais [boʒɔlɛ, frz.] **1.** *f. Gen. - Pl. -* frz. Landschaft; **2.** *m. Gen. - Pl. -* ein von dort stammender Rotwein
Beau|mar|chais [bomarʃɛ], *Pierre Augustin Caron de* frz. Schriftsteller
Beau|té [bote, frz.] *f. 9* schöne Frau
Beau|ty|farm [bjuti-, engl.] *f. 10* Schönheitsfarm
Beau|voir [bovoa(r)], *Simone de* frz. Schriftstellerin
be|bän|dern *tr. 1;* ich bebändere es
Be|bän|de|rung *f. 10 nur Sg.*
be|bau|en *tr. 1*
Be|bau|ung *f. 10 nur Sg.*
Be|bau|ungs|plan *m. 2*
Bé|bé [-be] *n. 9, schweiz.:* kleines Kind
be|ben *intr. 1*
Be|ben *n. 7, kurz für* Erdbeben
be|bil|dern *tr. 1;* ich bebildere, bebildre es
Be|bil|de|rung *f. 10*
Be|bop [bibɔp, engl.] *m. 9* Jazzstil nach 1940
be|brillt
be|brü|ten *tr. 2* ausbrüten
Be|bung *f. 10*
Bé|cha|mel|so|ße [-ʃamɛl-, nach dem Marquis de Béchamel] *f. 11* Soße aus Mehl, Milch, Butter und Gewürzen
Be|cher *m. 5*
be|chern *intr. 1* zechen
Be|cher|werk *n. 1* eine Fördermaschine mit Bechern zum Transport körniger Materialien
be|cir|cen *tr. 1* s. **be|zir|zen**
Be|cken *n. 7*
Be|cken|schlä|ger *m. 5* Musiker im Orchester, der das Becken schlägt
Be|ckett [bɛkɛt], *Samuel* irischer Schriftsteller
Beck|mann, *Max* dt. Maler
Beck|mes|ser Gestalt aus Richard Wagners Oper »Die Meistersinger«
Beck|mes|se|rei *f. 10* kleinl. Kritik
beck|mes|sern *intr. 1* kleinl. tadeln
Bec|que|rel [bɛkərɛl, frz.] (*Abk.:* Bq) *n. Gen. -s Pl. -* Einheit für die Stärke der Radioaktivität
be|da|chen *tr. 1* mit einem Dach versehen
be|dacht; auf etwas b. sein
Be|dacht *m. Gen. -(e)s nur Sg.;* etwas mit B. tun
be|däch|tig
Be|däch|tig|keit *f. 10 nur Sg.*
be|dacht|sam
Be|dacht|sam|keit *f. 10 nur Sg.*
Be|da|chung *f. 10*
be|dan|ken *refl. 1*
Be|darf *m. 1 nur Sg.;* nach B. einkaufen; B. an Lebensmitteln; keinen B., großen B. haben
Be|darfs|fall *m. 2;* im B.
Be|darfs|hal|te|stel|le *f. 11*
be|dau|er|lich
be|dau|er|li|cher|wei|se; b. konnte sie nicht kommen
be|dau|ern *tr. 1;* ich bedauere, bedaure es
be|dau|erns|wert
be|de|cken *tr. 1*
Be|de|cker *m. 5* männl. Zuchttier
Be|deckt|sa|mer *m. 5* Pflanze, deren Samen im Fruchtknoten liegen, Angiosperme; *Ggs.:* Nacktsamer
be|deckt|sa|mig
Be|de|ckung *f. 10*
Be|de|ckungs|ver|än|der|li|che *Pl.* Doppelsterne, die einander wechselweise mehr oder weniger bedecken und dadurch verschieden hell erscheinen
be|den|ken *tr. 22*
Be|den|ken *n. 7*
be|den|ken|los
Be|den|ken|lo|sig|keit *f. 10 nur Sg.*
be|denk|lich
Be|denk|lich|keit *f. 10 nur Sg.*
Be|denk|zeit *f. 10*
be|dep|pert *ugs.:* eingeschüchtert, betreten, bestürzt

B

das Bedeutende: Substantivierte Adjektive und Partizipien werden großgeschrieben: *Wir wollen das Bedeutende in seiner Karriere betonen. Sie war um ein Bedeutendes größer.*
Ebenso: *das Folgende, alles Gute.*
§ 57 (1)

be|deu|ten *tr. 2;* das Bedeutende; (nichts) Bedeutendes; um ein Bedeutendes größer
be|deu|tend
be|deut|sam
Be|deut|sam|keit *f. 10 nur Sg.*
Be|deu|tung *f. 10*
be|deu|tungs|los
Be|deu|tungs|lo|sig|keit *f. 10 nur Sg.*
be|deu|tungs|voll
Be|deu|tungs|wan|del *m. 5*
be|die|nen **1.** *tr. 1;* **2.** *refl. 1;* sich jmds. oder einer Sache b.
Be|die|ne|rin *f. 10, österr.:* Zugehfrau
be|diens|tet
Be|diens|te|te(r) *m. 18 (17) bzw. f. 17 oder 18*
Be|dien|te(r) *m. 18 (17) bzw. f. 17 oder 18, veraltet:* Diener(in)
Be|die|nung *f. 10* **1.** *nur Sg.;* **2.** jmd., der bedient, z. B. Kellner
Be|die|nungs|an|lei|tung *f. 10*
Be|die|nungs|zu|schlag *m. 2*
Be|ding *m. 1 oder n. 1 nur Sg., veraltet für* Bedingung; mit dem B., dass …
be|din|gen *tr. 1 oder 23;* das ist nur bedingt richtig: nur unter bestimmten Voraussetzungen
Be|dingt|gut *n. 4* Kommissionsware, die bei Nichtverkauf zurückgegeben werden kann
Be|dingt|heit *f. 10 nur Sg.*
Be|din|gung *f. 10*
Be|din|gungs|form *f. 10* = Konditional
be|din|gungs|los
Be|din|gungs|satz *m. 2* = Konditionalsatz
be|din|gungs|wei|se
be|drän|gen *tr. 1*
Be|dräng|nis *f. 1*
Be|drän|gung *f. 10 nur Sg.*
be|dräu|en *tr. 1, poet., veraltet:* bedrohen
be|dripst *ugs.:* bedrückt
be|dro|hen *tr. 1*
be|droh|lich
Be|droh|lich|keit *f. 10 nur Sg.*
Be|dro|hung *f. 10*
be|dru|cken *tr. 1*
be|drü|cken *tr. 1*
be|drückt
Be|drü|ckung *f. 10*
be|du|deln *refl. 1, ugs.:* sich leicht betrinken
Be|du|i|ne [arab.] *m. 11* arab. Nomade
be|du|i|nisch [arab.]
be|dün|ken *tr. 1, veraltet:* scheinen; es bedünkt mich, es will mich b., als ob …: es scheint mir, will mir scheinen, als ob …
Be|dün|ken *n. Gen.* -s *nur Sg., veraltet:* meines Bedünkens, nach meinem B.: meiner Meinung nach
be|dür|fen *intr. 26;* einer Sache b.: eine S. brauchen, nötig haben; das bedarf keiner weiteren Erklärung
Be|dürf|nis *n. 1*
Be|dürf|nis|an|stalt *f. 10* öffentl. Toilette
be|dürf|nis|los
Be|dürf|nis|lo|sig|keit *f. 10 nur Sg.*
be|dürf|tig
Be|dürf|tig|keit *f. 10 nur Sg.*
be|du|seln *refl. 1, ugs.:* sich leicht betrinken
Beef|steak [bifstɛɪk, engl.] *n. 9;* englisches B.: gebratene Rindslende; deutsches B.: gebratenes Fleischklößchen
Beef|tea [bifti:] *m. 9* Rindfleischbrühe
be|eh|ren *tr. 1*
be|ei|den *tr. 2*
be|ei|di|gen *tr. 1*
Be|ei|di|gung, Be|ei|dung *f. 10*
be|ei|fern *refl. 1, selten:* sich eifrig bemühen
be|ei|len *refl. 1*
Be|ei|lung *f. 10 nur Sg.*
be|ein|dru|cken *tr. 1*
Be|ein|dru|ckung *f. 10 nur Sg.*
be|ein|fluss|bar (*alt:* be|ein|flußbar)
Be|ein|fluss|bar|keit (*alt:* Be|einfluß|bar|keit) *f. 10 nur Sg.*
be|ein|flus|sen *tr. 1;* ich beeinflusse ihn, habe ihn beeinflusst
Be|ein|flus|sung *f. 10*
be|ein|spru|chen *tr. 1, österr.:* untersagen, Einspruch erheben; einen Entscheid b.
be|ein|träch|ti|gen *tr. 1*
Be|ein|träch|ti|gung *f. 10*
be|e|len|den *tr. 2, schweiz.:* nahe gehen, Leid tun; es beelendet mich
Be|el|ze|bub [auch: bel-, hebr.] *m. Gen.* - oberster Teufel im NT; den Teufel mit B. austreiben: ein Übel mit einem anderen vertreiben
be|en|den *tr. 2,* **be|en|di|gen** *tr. 1*
Be|en|di|gung, Be|en|dung *f. 10 nur Sg.*
be|en|gen *tr. 1*
Be|en|gung *f. 10 nur Sg.*
be|er|ben *tr. 1*
Be|er|bung *f. 10 nur Sg.*
be|er|di|gen *tr. 1*
Be|er|di|gung *f. 10*
Bee|re *f. 11*
Bee|ren|aus|le|se *f. 11*
Bee|ren|obst *n. 1 nur Sg.*
Bee|ren|wein *m. 1*
Beet *n. 1*
Bee|te *f. 11* s. **Be|te**
Beet|ho|ven, *Ludwig van* dt. Komponist
be|fä|hi|gen *tr. 1*
Be|fä|hi|gung *f. 10*
Be|fä|hi|gungs|nach|weis *m. 1*
be|fah|ren *tr. 32;* befahrener Bau *Jägerspr.:* bewohnte Tierhöhle; befahrenes Volk *Seew.:* erprobte Seeleute; eine wenig befahrene Straße
Be|fall *m. 2*
be|fal|len *tr. 33*
be|fan|gen **1.** gehemmt; **2.** voreingenommen
Be|fan|gen|heit *f. 10 nur Sg.*
be|fas|sen *refl., auch: tr. 1;* sich mit einer Sache, mit jmdm. b.; *auch:* jmdn. mit einer Sache b.
be|feh|den *tr. 2*
Be|feh|dung *f. 10 nur Sg.*
Be|fehl *m. 1*
be|feh|len *tr. 5*
be|feh|le|risch
be|feh|li|gen *tr. 1*
Be|fehls|aus|ga|be *f. 11*
Be|fehls|emp|fän|ger *m. 5*
Be|fehls|form *f. 10* = Imperativ
Be|fehls|ha|ber *m. 5*
be|fehls|ha|be|risch
Be|fehls|not|stand *m. 2*
Be|fehls|satz *m. 2* = Imperativsatz
Be|fehls|ver|wei|ge|rung *f. 10*
be|fehls|wid|rig
be|fein|den *tr. 2*
be|fes|ti|gen *tr. 1*
Be|fes|ti|gung *f. 10*
Be|fes|ti|gungs|an|la|ge *f. 11*
be|feuch|ten *tr. 2*
be|feu|ern *tr. 1*
Be|feu|e|rung *f. 10*
Beff|chen *n. 7, Pl.* Halsbinde mit vorn zwei kleinen, rechteckigen Läppchen (bei Amtstrachten)
Beff|froi *auch:* **Beff|roi** [-froa, frz.]

B

m. 9 Hauptturm einer Burg, Bergfried
be|fie|dern *tr. 1* mit Federn versehen; befiederter Pfeil; der Vogel ist bunt befiedert
Be|fie|de|rung *f. 10*
be|fin|den **1.** *intr. 36;* über etwas b.: etwas entscheiden; darüber habe ich nicht zu b.; **2.** *tr. 36;* etwas für gut, richtig b.: für gut, richtig halten; **3.** *refl. 36* sich aufhalten
Be|fin|den *n. 7 nur Sg.*
be|find|lich sich befindend, vorhanden
be|fin|gern *tr. 1* befühlen; ich befingere, befingre es
be|flag|gen *tr. 1*
Be|flag|gung *f. 10 nur Sg.*
be|fle|cken *tr. 1*
Be|fle|ckung *f. 10*
be|fle|geln *tr. 1, österr.:* beschimpfen
be|flei|ßen *refl. 6, veraltet,* **be|flei|ßi|gen** *refl. 1;* sich einer Sache b.: sich um eine Sache bemühen; sich b., etwas zu tun
be|flie|gen *tr. 38;* eine Strecke b.; eine viel beflogene Linie
be|flis|sen eifrig bemüht, z. B. kunstbeflissen
Be|flis|sen|heit *f. 10 nur Sg.* Eifer
be|flis|sent|lich *selten für* geflissentlich
be|flü|geln *tr. 1;* ich beflügele, beflügle ihn
be|flu|ten *tr. 2* unter Wasser setzen
Be|flu|tung *f. 10 nur Sg.*
be|fol|gen *tr. 1*
Be|fol|gung *f. 10 nur Sg.*
Be|för|de|rer, Be|förd|rer *m. 5*
be|för|der|lich *schweiz.:* beschleunigt
be|för|dern *tr. 1;* ich befördere, befördre es
Be|för|de|rung *f. 10*
Be|för|de|rungs|mit|tel *n. 5*
Be|förd|rer *m. 5*
be|fors|ten *tr. 2* forstlich bewirtschaften
be|förs|tern *tr. 1* durch staatl. Forstbeamte verwalten (Privatwald)
Be|förs|te|rung *f. 10 nur Sg.*
Be|fors|tung *f. 10 nur Sg.*
be|frach|ten *tr. 2*
Be|frach|ter *m. 5* Absender einer Fracht
Be|frach|tung *f. 10 nur Sg.*
be|frackt in einen Frack gekleidet
be|fra|gen *tr. 1*
Be|fra|gung *f. 10*
be|fran|sen *tr. 1*
be|frei|en *tr. 1*
Be|frei|er *m. 5*
Be|frei|ung *f. 10*
Be|frei|ungs|be|we|gung *f. 10*
Be|frei|ungs|krieg *m. 1*
be|frem|den *tr. 2*
Be|frem|den *n. 7 nur Sg.*
be|fremd|lich
be|freun|den *refl. 2*
be|frie|den *tr. 2;* ein Land befrieden: einem Land Frieden geben, bringen
be|frie|di|gen *tr. 1* zufrieden stellen
Be|frie|di|gung *f. 10*
Be|frie|dung *f. 10 nur Sg.*
be|fris|ten *tr. 2*
Be|fris|tung *f. 10 nur Sg.*
be|fruch|ten *tr. 2*
Be|fruch|tung *f. 10*
be|fu|gen *tr. 1* ermächtigen; *meist in Wendungen wie* (nicht) befugt sein (etwas zu sagen, zu tun)
Be|fug|nis *f. 1;* jmdm. Befugnisse erteilen
be|fum|meln *tr. 1, ugs.* **1.** befühlen; **2.** erledigen, besorgen
Be|fund *m. 1;* ohne B. *Med.* (*Abk.:* o. B.)
be|fürch|ten *tr. 2*
Be|fürch|tung *f. 10*
be|für|sor|gen *tr. 1, österr. Amtsspr.:* betreuen
Be|für|sor|gung *f. 10, österr. Amtsspr.:* Betreuung
be|für|wor|ten *tr. 2*
Be|für|wor|ter *m. 5*
Be|für|wor|tung *f. 10*
Beg [türk. »Herr«] *m. 9* s. **Bei, Bey**
be|ga|ben *tr. 1*
be|gabt
Be|gab|ten|för|de|rung *f. 10*
Be|ga|bung *f. 10*
be|gaf|fen *tr. 1, ugs.*
Be|gäng|nis *n. 1* feierliche Handlung, z. B. Leichenbegängnis: Bestattung
Be|gard [vielleicht nach dem Begründer Le Bègue] *m. 10,* **Be|gar|de** *m. 11* Angehöriger einer im Kloster lebenden, aber nicht durch Gelübde gebundenen Männervereinigung
be|ga|sen *tr. 1* mit Gas behandeln (zur Schädlingsbekämpfung)
Be|ga|sung *f. 10*
be|gat|ten *tr. 2*
Be|gat|tung *f. 10*
be|geb|bar übertragbar (Wechsel)
be|ge|ben **1.** *tr. 45* in Umlauf setzen, ausgeben (Wechsel, Anleihe); **2.** *refl. 45;* dann begab sich, dass …; sich an einen Ort b.; sich eines Rechtes, eines Vorteils b.: darauf verzichten
Be|ge|ben|heit *f. 10*
Be|ge|ber *m. 5* = Girant (eines Wechsels)
Be|geb|nis *n. 1*
Be|ge|bung *f. 10 nur Sg.* (eines Wechsels)
be|geg|nen *intr. 2;* jmdm. b.
Be|geg|nis *f. 1*
Be|geg|nung *f. 10*
be|ge|hen *tr. 47*
Be|gehr *m. 1 oder n. 1 nur Sg., veraltet:* Wunsch, Begehren; *nur noch in Wendungen wie* was ist sein B.?: was möchte er?
be|geh|ren *tr. 1*
be|geh|rens|wert
be|gehr|lich
Be|gehr|lich|keit *f. 10 nur Sg.*
Be|ge|hung *f. 10*
be|gei|fern *tr. 1*
be|geis|tern *tr. 1;* ich begeistere, begeistre ihn, mich für sie
Be|geis|te|rung *f. 10 nur Sg.*
be|geis|te|rungs|fä|hig
Be|geis|te|rungs|fä|hig|keit *f. 10 nur Sg.*
be|gich|ten *tr. 2, Hüttenwesen:* (Erz) in den Schachtofen einbringen
Be|gich|tung *f. 10 nur Sg.*
Be|gier *f. 10 nur Sg.,* **Be|gier|de** *f. 11*
be|gie|rig
Be|gi|ne [vielleicht nach dem Begründer Le Bègue] *f. 11* Angehörige einer im Kloster lebenden, nicht durch Gelübde gebundenen Frauenvereinigung
Be|ginn *m. 1 nur Sg.*
be|gin|nen *tr. 7*
be|glau|bi|gen *tr. 1*
Be|glau|bi|gung *f. 10*
Be|glau|bi|gungs|schrei|ben *n. 7*
be|glei|chen *tr. 55*
Be|glei|chung *f. 10 nur Sg.*
Be|gleit|a|dres|se *auch:* **Be|gleit|ad|res|se** *f. 11*
be|glei|ten *tr. 2*
Be|glei|ter *m. 5*
Be|gleit|er|schei|nung *f. 10*
Be|gleit|schrei|ben *n. 7*
Be|gleit|um|stand *m. 2*
Be|glei|tung *f. 10*
be|glü|cken *tr. 1*
Be|glü|ckung *f. 10 nur Sg.*
be|glück|wün|schen *tr. 1*
Be|glück|wün|schung *f. 10*
be|gna|det
be|gna|di|gen *tr. 1*
Be|gna|di|gung *f. 10*

B

Be|gna|di|gungs|ge|such *n. 1*
be|gnü|gen *refl. 1*
Be|go|nie [-njə, nach dem Franzosen Michel Bégon] *f. 11* eine Zierpflanze
be|gön|nern *tr. 1, ugs.;* jmdn. b.: als jmds. Gönner auftreten; *auch:* herablassend behandeln; ich begönnere, begönnre ihn
begr. *Abk. für* begraben (*Zeichen:* ▭)
be|gra|ben *tr. 58*
Be|gräb|nis *n. 1*
be|gra|di|gen *tr. 1* gerade machen
Be|gra|di|gung *f. 10*
be|grannt mit Grannen bewachsen
be|grei|fen *tr. 59*
be|greif|lich
be|greif|li|cher|wei|se
be|gren|zen *tr. 1*
Be|grenzt|heit *f. 10 nur Sg.*
Be|gren|zung *f. 10*
Be|griff *m. 1*
be|griff|lich
be|griffs|stut|zig, *österr.:* **be|griffs|stüt|zig**
Be|griffs|stut|zig|keit *f. 10 nur Sg.*
be|grün|den *tr. 2*
Be|grün|dung *f. 10*
Be|grün|dungs|satz *m. 2* = Kausalsatz
be|grü|nen *refl. 1* grün werden (Bäume)
be|grü|ßen *tr. 1*
be|grü|ßens|wert
Be|grü|ßung *f. 10*
be|gu|cken *tr. 1, ugs.*
Be|gum [Hindi] *f. 10, Titel für* ind. Fürstin
be|güns|ti|gen *tr. 1*
Be|güns|ti|gung *f. 10*
be|gut|ach|ten *tr. 2*
Be|gut|ach|tung *f. 10*
be|gü|tert
be|gü|ti|gen *tr. 1*
be|haa|ren *refl. 1*
Be|haa|rung *f. 10 nur Sg.*
be|hä|big; *schweiz. auch:* wohlhabend
Be|hä|big|keit *f. 10 nur Sg.*
be|ha|cken *tr. 1* **1.** mit der Hacke bearbeiten; **2.** *ugs.:* betrügen
be|haf|ten *tr. 2, schweiz.:* haftbar machen
be|haf|tet; mit etwas b. sein
be|ha|gen *intr. 1;* es behagt mir (nicht)
Be|ha|gen *n. 7 nur Sg.*
be|hag|lich
Be|hag|lich|keit *f. 10 nur Sg.*
be|hal|ten *tr. 61*
Be|häl|ter *m. 5*
Be|hält|nis *n. 1*

behänd: Dem Stammprinzip folgend wird *behänd* (alt: *behend*) geschrieben (im Anschluss an *Hand*). § 13

be|händ
be|hän|de
Be|hän|dig|keit *f. 10 nur Sg.*
be|han|deln *tr. 1;* ich behandle es
Be|hand|lung *f. 10*
Be|hand|lungs|stuhl *m. 2*
be|hand|schuht
Be|hang *m. 2; Jägerspr. auch:* Ohr (des Jagdhundes)
be|hän|gen *tr. 1*
be|har|ren *intr. 1*
be|harr|lich
Be|harr|lich|keit *f. 10 nur Sg.*
Be|har|rung *f. 10 nur Sg.*
Be|har|rungs|ver|mö|gen *n. 7 nur Sg.*
be|hau|chen *tr. 1;* behauchte Laute: Aspiraten
be|hau|en *tr. 63, nur Präsens und Partizip II;* behauener Stein
be|haup|ten *tr. 2*
Be|haup|tung *f. 10*
Be|hau|sung *f. 10*
Be|ha|vi|o|ris|mus [bihɛɪvjə-, engl.] *m. Gen. - nur Sg.* Richtung der Psychologie
be|ha|vi|o|ris|tisch [bihɛɪvjə-, engl.]
be|he|ben *tr. 64*
Be|he|bung *f. 10 nur Sg.*
be|hei|ma|tet; wo sind Sie b.?
be|hei|zen *tr. 1*
Be|hei|zung *f. 10 nur Sg.*
Be|helf *m. 1*
be|hel|fen *refl. 66*
Be|helfs|heim *n. 1*
be|helfs|mä|ßig
be|hel|li|gen *tr. 1*
Be|hel|li|gung *f. 10*
be|helmt
be|hend (*alt für:* be|händ)
be|hen|de (*alt für:* be|hän|de)
Be|hen|dig|keit (*alt für:* Be|hän|dig|keit)
Be|hen|nuss (*alt:* Be|hen|nuß) *f. 2* s. **Ben|nuss**
be|her|ber|gen *tr. 1*
be|herr|schen *tr. 1*
Be|herr|scher *m. 5*
Be|herrscht|heit *f. 10 nur Sg.*
Be|herr|schung *f. 10 nur Sg.*
be|her|zi|gen *tr. 1*
be|her|zi|gens|wert
Be|her|zi|gung *f. 10 nur Sg.*
be|herzt
Be|herzt|heit *f. 10 nur Sg.*
be|he|xen *tr. 1*
be|hilf|lich; jmdm. b. sein
be|hin|dern *tr. 1;* ich behindere, behindre ihn
be|hin|der|ten|freund|lich
be|hin|der|ten|ge|recht; eine behindertengerechte Bauweise
Be|hin|de|rung *f. 10*
Be|hör|de *f. 11*
be|hörd|lich
be|hörd|li|cher|seits
be|host *ugs.:* Hosen tragend
Be|huf *m. 1, Amtsdeutsch:* Zweck; zu diesem B. brauche ich …
be|hufs *Präp. mit Gen., Amtsdeutsch:* zwecks, zum Zwecke von
be|hü|ten *tr. 2;* behüt' dich Gott!
be|hut|sam
Be|hut|sam|keit *f. 10 nur Sg.*
bei *Präp. mit Dat.;* bei weitem; bei all(e)dem; bei dem allem, *oder:* allen; bei diesem allem, *oder:* allen; bei Tisch; ich bin beim Essen; bei allem guten Willen
Bei, Bey *m. 9 oder m. 1* türkischer Titel
bei|be|hal|ten *tr. 61*
Bei|be|hal|tung *f. 10 nur Sg.*
bei|bie|gen *tr. 12, ugs.:* jmdm. etwas b.; zu verstehen geben
Bei|blatt *n. 4*
Bei|boot *n. 1*
Bei|bre|che *f. 11* außer den Erzen mitabgebaute Nebengesteine
bei|brin|gen *tr. 21*
Beich|te *f. 11*
beich|ten *intr. 2*
Beicht|for|mel *f. 11*
Beicht|ge|heim|nis *n. 1*
Beicht|kind *n. 3* jmd., der beichtet
Beicht|stuhl *m. 2*
Beicht|va|ter *m. 6* Priester, der die Beichte hört
beid|ar|mig *Sport:* mit beiden Armen gleich geschickt

beide, beide Mal(e): Pronomen als Stellvertreter von Substantiven werden kleingeschrieben: *Sie hatte beide/beides mitgebracht; man muss mit beiden reden; die beiden waren gekommen; alle beide; euch beide; keiner von beiden; für uns/euch beide.*
Aber: *Sie waren beide Mal(e) hier.* § 58 (4), § 58 (6)

bei|de; beide Mal(e)
bei|der|lei; Kinder b. Geschlechts; das Abendmahl in b. Gestalt

B

bei|der|sei|tig, beid|sei|tig; in beiderseitigem Einverständnis; er ist b. gelähmt
bei|der|seits *Präp.mit Gen.;* b. der Straße
Bei|der|wand *f. 2 oder n. 2 nur Sg.* grobes Leinen- oder Wollgewebe
beid|fü|ßig
Beid|hän|der *m. 5* **1.** jmd., der mit beiden Händen gleich geschickt ist; **2.** großes, mit beiden Händen zu führendes Schwert, Zweihänder
beid|hän|dig
beid|recht auf beiden Seiten gleich (Gewebe)
Beid|recht *n. 1* beidrechtes Gewebe
bei|dre|hen *intr. 1, Seew.:* das Schiff dem Wind zuwenden, langsamer fahren
beid|sei|tig s. **bei|der|sei|tig**
beid|seits *schweiz. für:* beiderseits

> **beieinander:** Fügungen des mehrgliedrigen Adverbs *beieinander* mit einem Verb werden im Infinitiv, Partizip und am Ende eines Nebensatzes getrennt geschrieben: *beieinander bleiben/liegen/stehen. Sie blieben beieinander stehen. Sie wollten beieinander bleiben.* § 34 E3 (2)

bei|ein|an|der *auch:* **bei|ei|nan|der;** er ist gut beieinander *ugs.;* beieinander bleiben; beieinander liegen; beieinander sein *ugs.;* beieinander stehen
bei|ein|an|der blei|ben *auch:* **bei|ei|nan|der blei|ben** (*alt:* bei|ein|an|der|blei|ben) *intr. 17*
bei|ein|an|der lie|gen *auch:* **bei|ei|nan|der lie|gen** (*alt:* bei|ein|an|der|lie|gen) *intr. 80*
bei|ein|an|der sein *auch:* **bei|ei|nan|der sein** (*alt:* bei|ein|an|der|sein) *intr. 137, ugs.*
bei|ein|an|der ste|hen *auch:* **bei|ei|nan|der ste|hen** (*alt:* bei|ein|an|der|ste|hen) *intr. 151*
Bei|fah|rer *m. 5*
Bei|fall *m. 2 nur Sg.;* Beifall heischend
bei|fal|len *intr. 33, veraltet:* einfallen, in den Sinn kommen, darauf kommen
Bei|fall hei|schend (*alt:* bei|fall|hei|schend)
bei|fäl|lig
Bei|falls|kund|ge|bung *f. 10*
Bei|film *m. 1*
bei|fol|gend (*Abk.:* beif.) *Amtsdeutsch:* beiliegend
bei|fü|gen *tr. 1*
Bei|fü|gung *f. 10, Gramm.* = Attribut
Bei|fuß *m. 2 nur Sg.* eine Gewürzpflanze
Bei|fut|ter *n. 5 nur Sg.* Zugabe zum Futter
Bei|ga|be *f. 11*
beige [beʒ, frz.] sandfarben, gelbbraun
Bei|ge *f. 11, süddt., schweiz.:* geschichteter Stoß, Stapel
bei|ge|ben 1. *tr. 45;* **2.** *intr. 45;* klein b.: sich fügen
bei|gen *tr. 1, schweiz.:* schichten, stapeln
Bei|ge|ord|ne|te(r) *m. 18 (17) bzw. f. 17 oder 18* gewählte(r) Gemeindebeamter, -beamtin
Bei|ge|schmack *m. 2 nur Sg.;* mit bitterem B.
bei|ge|sel|len *tr. 1, meist refl.:* sich jmdm. b.
Bei|gnet *auch:* **Beig|net** [bɛnje, frz.] *n. 9* Schmalzgebackenes mit Fruchtfüllung
Bei|heft *n. 1* einem Buch beigefügter, gehefteter Teil
Bei|hil|fe *f. 11*
Bei|hirsch *m. 1, Jägerspr.:* dem Rudel des Platzhirsches folgender, schwächerer Hirsch
Bei|koch *m. 2* Hilfskoch
Bei|kö|chin *f. 10*
bei|kom|men *intr. 71* **1.** jmdm., einer Sache b.: mit jmdm. oder etwas fertig werden; **2.** sich b. lassen: sich einfallen lassen
Bei|kost *f. 10 nur Sg.* zusätzl. Kost zur tägl. Nahrung
Beil *n. 1*
beil. *Abk. für* beiliegend
bei|la|den *tr. 74* zusätzl. laden, noch mit aufladen
Bei|la|dung *f. 10*
Bei|la|ge *f. 11*
Bei|la|ger *n. 5, früher:* Hochzeitsfest (von fürstl. Personen); feierliches B. halten
bei|läu|fig 1. nebenbei; **2.** *österr. auch:* ungefähr
Bei|läu|fig|keit *f. 10 nur Sg.*
bei|le|gen *tr. 1*
Bei|le|gung *f. 10*
bei|lei|be *nur in den Wendungen* b. nicht, b. kein, keine …: bestimmt nicht, bestimmt kein, keine …
Bei|leid *n. 1 nur Sg.*
Bei|leids|be|zei|gung *f. 10*
Bei|leids|be|zeu|gung *f. 10*
Bei|leids|brief *m. 1*
Bei|leids|schrei|ben, *österr.:* Bei|leid|schrei|ben *n. 7*
bei|lie|gen *intr. 80*
Beil|stein *m. 1* **1.** Nephrit; **2.** Serpentin (aus dem in vorgeschichtlicher Zeit Beile hergestellt wurden)
beim bei dem; es bleibt beim Alten; beim Essen
bei|men|gen *tr. 1*
Bei|men|gung *f. 10*
bei|mes|sen *tr. 84*
bei|mi|schen *tr. 1*
Bei|mi|schung *f. 10*
Bein *n. 1*
bei|nah, bei|na|he [auch: -na-]
Bei|na|me *m. 15*
bein|am|pu|tiert
Bein|brech *m. 1* **1.** *Bot.:* Ährenlilie; **2.** *Geol.:* ein Mineral
Bein|bruch *m. 2;* Hals- u. B.!: viel Glück (bei der Prüfung)
bei|nern aus Knochen
be|in|hal|ten *tr. 2* zum Inhalt haben; das Buch beinhaltet viele neue Ideen
Bein|haus *n. 4, auf Friedhöfen:* Gebäude zum Aufbewahren der aus alten Gräbern ausgegrabenen Gebeine
Bein|heil *n. 1* s. **Bein|well**
Bein|kleid *n. 3*
Bein|ling *m. 1* Oberteil des Strumpfes
Bein|well *m. oder n. 1,* Bein|heil *n. 1* eine Heilpflanze
bei|ord|nen *tr. 2*
Bei|ord|nung *f. 10*
Bei|pack *m. 1 nur Sg.* zusätzliche Fracht
bei|pa|cken *tr. 1*

> **→ Bypass** Weil es sich bei *Bypass* um ein aus dem Englischen stammendes Fremdwort handelt, wird der Anlaut [baɪ-] nicht wie sonst im Deutschen mit *Bei-*, sondern wie in der Herkunftssprache mit *By-* wiedergegeben.

Bei|pferd *n. 1* Handpferd
bei|pflich|ten *intr. 2*
Bei|pflich|tung *f. 10*
Bei|pro|gramm *n. 1*
Bei|rat *m. 2*
Bei|ried *n. 1 oder f. 1, österr.:* Rippenstück vom Rind
be|ir|ren *tr. 1*
Bei|rut Hauptstadt des Libanon

beisammen: Fügungen aus *beisammen* und Verben werden im Infinitiv, Partizip und am Ende eines Nebensatzes zusammengeschrieben: *Sie wollten beisammenstehen. Wenn sie beisammenstehen, …*
In der Fügung mit *sein* dagegen wird generell getrennt geschrieben: *Sie wollten beisammen sein. Wenn sie beisammen sind, …*
§ 35

bei|sam|men; beisammen sein: beieinander sein; beisammen sein *ugs.:* rüstig sein; sie ist im letzten Jahr noch gut beisammen gewesen *ugs.:* bei relativ guter Gesundheit
Bei|sam|men|sein *n. Gen.* -s *nur Sg.*
bei|sam|men|sit|zen *intr. 143*
bei|sam|men|ste|hen *intr. 151*
Bei|sas|se *m. 11, im MA:* Einwohner ohne Bürgerrecht
Bei|satz *m. 2* = Apposition
Bei|schlaf *m. Gen.* -(e)s *nur Sg.* Geschlechtsverkehr
Bei|schlä|fer *m. 5, veraltet:* jmd., der mit einer Frau den Geschlechtsverkehr ausübt
Bei|schlag *m. 2, an Barock- und Renaissancehäusern:* eingefasste, erhöhte Terrasse vor dem Hauseingang
bei|schlie|ßen *tr. 120* (einem Brief o. Ä.) beilegen
Bei|schluss (*alt:* Bei|schluß) *m. 2* Anlage (zum Brief)
Bei|sein *n. Gen.* -s *nur Sg.* Anwesenheit; in meinem B.; in ihrem B.; im B. von …
bei|sei|te; b. legen, lassen, schaffen, stellen
Bei|sel, Beisl *n. 5 oder n. 14, bair., österr.:* kleines Wirtshaus
bei|set|zen *tr. 1*
Bei|set|zung *f. 10*
Bei|sitz *m. 1* Amt des Beisitzers
Bei|sit|zer *m. 5* **1.** Nebenrichter; **2.** Ausschuss-, Kommissions-, Vorstandsmitglied neben dem Vorsitzenden
Bei|spiel *n. 1*
bei|spiel|haft
bei|spiel|los
bei|spiels|wei|se
bei|sprin|gen *intr. 148;* jmdm. b.: helfen
Bei|ßel *m. 5, Nebenform von* Beitel
bei|ßen *tr. 8*
Beiß|korb *m. 2*
Beiß|zahn *m. 2* Schneidezahn
Beiß|zan|ge *f. 11* Kneifzange
Bei|stand *m. 2*
bei|ste|hen *intr. 151*
Bei|steu|er *f. 11*
bei|steu|ern *tr. 1;* ich steuere, steure etwas dazu bei
bei|stim|men *intr. 1*
Bei|stim|mung *f. 10 nur Sg.*
Bei|strich *m. 1* Komma
Bei|tel, Beu|tel *m. 5* Stechwerkzeug zur Holzbearbeitung
Bei|trag *m. 2*
bei|tra|gen *tr. 160*
Bei|trä|ger *m. 5*
bei|trags|pflich|tig
bei|trags|zah|lend, bei|trag|zahlend
Bei|trags|zah|lung *f. 10*
bei|trag|zah|lend, bei|trags|zahlend
bei|trei|ben *tr. 162* zwangsweise einziehen (Geld)
Bei|trei|bung *f. 10*
bei|tre|ten *intr. 163*
Bei|tritt *m. 1*
Bei|tritts|er|klä|rung *f. 10*
Bei|wa|gen *m. 7*
Bei|werk *n. 1 nur Sg.*
bei|woh|nen *intr. 1* **1.** einem Vorgang b.: bei einem Vorgang dabei sein; **2.** *veraltet:* jmdm. b.: mit jmdm. Geschlechtsverkehr haben
Bei|woh|nung *f. 10*
Bei|wort *n. 4, veraltet:* Adjektiv
Beiz *f. 10, schweiz.:* Schenke, Wirtshaus
Bei|ze *f. 11* **1.** Mittel zur Oberflächenbehandlung, zum Färben, Einpökeln u. a.; **2.** Beiz|jagd Jagd mit abgerichteten Raubvögeln, z. B. Falkenbeize
bei|zei|ten
bei|zen *tr. 1* mit Beize (1) behandeln
bei|zie|hen *tr. 187*
Bei|zie|hung *f. 10*
Beiz|jagd *f. 10* s. **Bei|ze** (2)
Beiz|vo|gel *m. 6*
be|ja|hen *tr. 1*
be|ja|hen|den|falls
be|jahrt ziemlich alt (Person, Tier)
Be|ja|hung *f. 10*
be|jam|mern *tr. 1*
be|jam|merns|wert; ein bejammernswertes Unglück
be|ju|beln *tr. 1*
be|ka|keln *tr. 1, ugs.:* besprechen
be|kämp|fen *tr. 1*
Be|kämp|fung *f. 10 nur Sg.*

bekannt geben/machen/werden: Fügungen aus Adjektiv und Verb/Partizip werden getrennt geschrieben, wenn das Adjektiv erweiterbar oder steigerbar ist: *Die Kooperation der Firmen wurde nun bekannt gemacht.*
§ 34 E3 (3)
Die substantivierte Form schreibt man groß und zusammen: *Das Bekanntmachen der Kooperation gestaltete sich schwierig.*
§ 37 (2)

be|kannt; bekannt sein; sie haben sich bekannt gemacht; das Gesetz wurde bekannt gemacht (= veröffentlicht); bekannt geben; man hat den Erlass bekannt gegeben; wir sind jetzt erst mit ihnen bekannt geworden; bekannt gewordene Absprachen
Be|kann|te(r) *m. 18 (17) bzw. f. 17 oder 18*
Be|kann|ten|kreis *m. 1*
be|kann|ter|ma|ßen
be|kann|ter|wei|se; *aber:* in bekannter Weise
Be|kannt|ga|be *f. 11 nur Sg.*
be|kannt ge|ben (*alt:* be|kannt|geben) *tr. 45*
be|kannt|lich
be|kannt ma|chen (*alt:* be|kanntma|chen) *tr. 1*
Be|kannt|ma|chung *f. 10*
Be|kannt|schaft *f. 10*
be|kannt wer|den (*alt:* be|kanntwer|den) *intr. 180*
Be|kas|si|ne [frz.] *f. 11* Sumpfschnepfe
be|keh|ren *tr. 1*
Be|keh|rung *f. 10*
be|ken|nen *tr. 67*
Be|ken|ner|brief *m. 1* Brief, mit dem sich jmd. zu einem politischen Verbrechen bekennt
Be|kennt|nis *n. 1*
Be|kennt|nis|frei|heit *f. 10 nur Sg.*
be|kennt|nis|haft
Be|kennt|nis|schu|le *f. 11* Schule, in der Schüler und Lehrer in der Regel dem gleichen Bekenntnis angehören, Konfessionsschule; *Ggs.:* Gemeinschaftsschule
be|kla|gen *tr. 1*
be|kla|gens|wert, be|kla|gens|würdig
Be|klag|te(r) *m. 18 (17) bzw. f. 17 oder 18* jmd., gegen den eine zivilrechtl. Klage erhoben wurde
be|klat|schen *tr. 1, ugs.:* übel nachreden

be|kle|ckern *tr. 1, ugs.*
be|kleck|sen *tr. 1*
be|klei|den *tr. 2;* ein Amt b.: innehaben
Be|klei|dung *f. 10 nur Sg.*
be|klem|men *tr. 1*
Be|klem|mung *f. 10*
be|klom|men
Be|klom|men|heit *f. 10 nur Sg.*
be|klop|fen *tr. 1*
be|kloppt *ugs.:* beschränkt, blöd
be|knien *tr. 1, ugs.:* oft bitten
be|ko|chen *tr. 1, ugs.:* mit Essen versorgen, verpflegen
be|kom|men *intr. 71*
be|kömm|lich
Be|kömm|lich|keit *f. 10 nur Sg.*
be|kös|ti|gen *tr. 1*
Be|kös|ti|gung *f. 10 nur Sg.*
be|kräf|ti|gen *tr. 1*
Be|kräf|ti|gung *f. 10*
be|krän|zen *tr. 1*
Be|krän|zung *f. 10 nur Sg.*
be|kreu|zen *tr. 1* mit dem Kreuzeszeichen segnen
be|kreu|zi|gen *refl. 1* das Kreuzeszeichen vor sich selbst machen
Be|kreu|zi|gung *f. 10 nur Sg.*
be|krie|gen *tr. 1*
be|krit|teln *tr. 1;* ich bekrittele, bekrittle ihn
be|krö|nen *tr. 1*
Be|krö|nung *f. 10*
be|küm|mern **1.** *tr. 1;* **2.** *refl. 1* sich kümmern
Be|küm|mer|nis *f. 1*
be|kun|den *tr. 2*
Be|kun|dung *f. 10*
Bel [nach dem engl.-amerik. Erfinder des Telefons, A.G. Bell] *n. Gen.* -s *Pl.* - (*Abk.:* B) Maßeinheit für die Dämpfung von Schwingungen
be|lä|cheln *tr. 1;* ich belächele, belächle es
be|la|chen *tr. 1*
be|la|den *tr. 74*
Be|la|dung *f. 10 nur Sg.*
Be|lag *m. 2*
Be|la|ge|rer *m. 5*
be|la|gern *tr. 1*
Be|la|ge|rung *f. 10*
Be|la|ge|rungs|zu|stand *m. 2 nur Sg.*
Bel|a|mi [frz. »schöner Freund«] *m. 9* Frauenliebling
be|läm|mern *tr. 1 ugs.* **1.** betrügen; **2.** belästigen
be|läm|mert *ugs.* **1.** hereingefallen; **2.** unangenehm, peinlich, übel (Angelegenheit); **3.** verlegen, betreten
Be|lang *m. 1;* das ist nicht von B.
be|lan|gen *tr. 1* **1.** anbelangen, betreffen; **2.** jmdn. b.: zur Rechenschaft ziehen
be|lang|los
Be|lang|lo|sig|keit *f. 10*
Be|la|rus [russ.] Weißrussland
be|la|rus|sisch
Be|la|rus|sisch *n. Gen.* -(s) *nur Sg.*
be|las|sen *tr. 75*
be|las|ten *tr. 2*
be|läs|ti|gen *tr. 1*
Be|läs|ti|gung *f. 10*
Be|las|tung *f. 10*
Be|las|tungs|gren|ze *f. 11*
Be|las|tungs|pro|be *f. 11*
Be|las|tungs|zeu|ge *m. 11*
be|lau|ben *refl. 1*
be|lau|ern *tr. 1;* ich belauere, belaure ihn
Be|lauf *m. 2* **1.** *veraltet:* Betrag; **2.** Forstbezirk, Verwaltungsbezirk eines Försters
be|lau|fen *refl. 76;* die Kosten belaufen sich auf 1100 €
be|lau|schen *tr. 1*
Be|lau|schung *f. 10 nur Sg.*
Bel|can|to *m. 9 nur Sg.* s. **Bel|kan|to**
Bel|che *f. 11* Blässhuhn
be|le|ben *tr. 1*
Be|le|bung *f. 10*
Be|le|bungs|ver|such *m. 1*
be|le|dern *tr. 1, österr.:* mit Leder beziehen (Sessel); mit neuer Dichtung versehen (Wasserhahn)
Be|le|de|rung *f. 10 nur Sg.*
Be|leg *m. 1*
be|le|gen *tr. 1*
Be|leg|ex|em|plar *auch:* **Be|leg|e|xemp|lar** *n. 1*
Be|leg|schaft *f. 10*
Be|leg|stück *n. 1*
Be|le|gung *f. 10*
be|leh|nen *tr. 1*
Be|leh|nung *f. 10*
be|leh|ren *tr. 1;* jmdn. eines anderen, eines Besseren b.
Be|leh|rung *f. 10*
be|leibt
Be|leibt|heit *f. 10 nur Sg.*
be|lei|di|gen *tr. 1*
Be|lei|di|gung *f. 10*
be|lei|hen *tr. 78*
Be|lei|hung *f. 10*
be|lem|mern (*alt für:* be|läm|mern) *tr. 1, ugs.*
be|lem|mert (*alt für:* be|läm|mert) *ugs.*
Be|lem|nit [griech.] *m. 10* **1.** ausgestorbener Kopffüßer **2.** fossiler Rest seines Gehäuses, Donnerkeil, Teufelsfinger
be|le|sen durch vieles Lesen viel wissend
Be|le|sen|heit *f. 10 nur Sg.*
Bel|es|prit *auch:* **Bel|esp|rit** [bɛlɛspri, frz.] *m. 9, veraltet:* Schöngeist
Bel|e|tage [bɛletaʒ, frz.] *f. 11, veraltet:* erstes Stockwerk, Hauptgeschoss
be|leuch|ten *tr. 2*
Be|leuch|ter|brü|cke *f. 11*
Be|leuch|tung *f. 10*
Be|leuch|tungs|kör|per *m. 5*
Be|leuch|tungs|stär|ke *f. 11*
be|leum|det, be|leu|mun|det; gut, schlecht b. sein: einen guten, schlechten Leumund (Ruf) haben
bel|fern *intr. 1* **1.** heftig bellen; **2.** keifen, schimpfen
Bel|fried *m. 1* Bergfried, Turm
Bel|gi|en [-gjən] Staat in Europa
Bel|gi|er [-gjər] *m. 5*
bel|gisch; belgische Francs (*Abk.:* bfr)
Bel|grad Hauptstadt von Jugoslawien
Bel|gra|der *m. 5*
Be|li|al [hebr.] *m. 1 nur Sg., bibl. Bez. für* Teufel
be|lich|ten *tr. 2*
Be|lich|tung *f. 10*
Be|lich|tungs|mes|ser *m. 5*
Be|lich|tungs|zeit *f. 10*
be|lie|ben *intr. 1* **1.** *persönl.:* er beliebt zu scherzen; **2.** *unpersönl.:* es beliebt mir (nicht), zu kommen
Be|lie|ben *n. 7 nur Sg.;* nach Belieben
be|lie|big; jeder Beliebige; alles Beliebige
be|liebt
Be|liebt|heit *f. 10 nur Sg.*
be|lie|fern *tr. 1;* ich beliefere, beliefre ihn
Be|lie|fe|rung *f. 10 nur Sg.*
Be|lize [bɛliz] Staat in Mittelamerika
Be|li|zer *m. 5*
be|li|zisch
Bel|kan|to, Bel|can|to [ital. »schöner Gesang«] *m. 9 nur Sg., bes. im 17.-19. Jh.:* ital. Kunstgesang
Bel|la|don|na [ital. »schöne Frau«] *f. Gen.* - *Pl.* -nen **1.** Tollkirsche, eine Gift- und Heilpflanze; **2.** *nur Sg.* daraus gewonnenes Heil- und früher auch Schönheitsmittel

bel|len *intr. 1*
Bel|ler *m. 5*
Bel|le|trist *auch:* **Bel|let|rist** [frz.] *m. 10* Schriftsteller der Belletristik
Bel|le|tris|tik *auch:* **Bel|let|ris|tik** *f. 10 nur Sg.* schöne Literatur, Unterhaltungsliteratur
bel|le|tris|tisch *auch:* **bel|let|ris|tisch**
Belle|vue [bɛlvy, frz. »schöne Aussicht«] **1.** *f. 11* Aussichtspunkt; **2.** *n. 9* Name von Schlössern
be|lo|ben, be|lo|bi|gen *tr. 1*
Be|lo|bi|gung, Be|lo|bung *f. 10;* eine B. bekommen
be|loh|nen *tr. 1*
Be|loh|nung *f. 10*
be|lo|rus|sisch s. **be|la|rus|sisch**
Bel|pa|e|se® *Nv.* **Bel Pa|e|se** *Hv.* [ital. »schönes Land«] *m. Gen. - Pl. -* ein italienischer Weichkäse
Belt *m. 1;* Großer, Kleiner B.: zwei Meeresstraßen zwischen Ost- und Nordsee
Be|ludsch, Be|lutsch *m. 1* dunkelfarbiger Orientteppich
be|lüf|ten *tr. 2*
Be|lüf|tung *f. 10*
Be|lu|ga [russ.] *m. 9* **1.** Weißwal, ein Gründelzahnwal; **2.** Hausen, Stör; **3.** der aus dem Rogen von (2) hergestellte Kaviar
be|lü|gen *tr. 81*
be|lus|ti|gen *tr. 1*
Be|lus|ti|gung *f. 10*
Be|lutsch *m. 1* s. **Be|ludsch**
Be|lu|tsche *auch:* **Be|lut|sche** *m. 11*
Be|lu|tschis|tan *auch:* **Be|lut|schi|stan** Hochland in Westpakistan
Bel|ve|de|re [-və-, ital. »schöne Aussicht«] *n. 9* **1.** Aussichtspunkt; **2.** Name von Schlössern
be|mäch|ti|gen *refl. 1 mit Gen.;* sich jmds. oder einer Sache b.
be|mä|keln *tr. 11;* ich bemäkele, bemäkle es
be|ma|len *tr. 1*
Be|ma|lung *f. 10*
be|män|geln *tr. 1;* ich bemängele, bemängle es
Be|män|ge|lung *f. 10 nur Sg.*
be|man|nen *tr. 1* mit Mannschaft ausstatten (Schiff)
Be|man|nung *f. 10*
be|män|teln *tr. 1;* ich bemäntele, bemäntle es
Be|män|te|lung, Be|mänt|lung *f. 10 nur Sg.*
be|mas|ten *tr. 2* mit Mast(en) versehen (Schiff)
Be|mas|tung *f. 10*
be|meis|tern *tr. 1;* ich bemeistere, bemeistre meinen Zorn
be|merk|bar
be|mer|ken *tr. 1*
be|mer|kens|wert
be|merk|lich *veraltet:* bemerkbar
Be|mer|kung *f. 10*
be|mes|sen *tr. 84*
Be|mes|sung *f. 10*
Be|mes|sungs|grund|la|ge *f. 11*
be|mit|lei|den *tr. 2*
be|mit|lei|dens|wert
Be|mit|lei|dung *f. 10 nur Sg.*
be|mit|telt wohlhabend
Bem|me *f. 11, sächs.:* belegtes Brot
be|mo|geln *tr. 1, ugs.:* betrügen; ich bemogele, bemogle ihn
be|moost *übertr.:* alt, ein bemoostes Haupt: ein alter (würdiger) Mann
be|mü|hen *tr. 1*
Be|mü|hung *f. 10*
be|mü|ßi|gen *tr. 1, nur noch im Partizip II gebräuchlich;* sich bemüßigt fühlen, etwas zu tun: sich veranlasst sehen
be|mut|tern *tr. 1*
Ben *vor hebr. und arab. Namen:* Sohn, Enkel
be|nach|bart
be|nach|rich|ti|gen *tr. 1*
Be|nach|rich|ti|gung *f. 10*
be|nach|tei|li|gen *tr. 1*
Be|nach|tei|li|gung *f. 10*
be|nam|sen *tr. 1, ugs. scherzh.:* mit einem Namen versehen
Bench|mark [bɛntʃma:k, engl.] *f. Gen. - Pl. -s, Wirtsch.:* Verfahren zum Vergleich verschiedener Rechnersysteme oder Leistungen
Bench|mar|king [bɛntʃma:kɪŋ, engl.] *n. Gen. - Pl. -s, Wirtsch.:* Vergleichen von Leistungen, Prozessen und Praktiken zur Auffindung von Defiziten
Ben|del (*alt für:* Bän|del) *n. 5*
be|ne|belt *ugs.:* betrunken
be|ne|dei|en [lat.] *tr. 1* segnen; gebenedeit seist du, Maria
Be|ne|dic|tus [lat.] *n. Gen. - Pl. -, in der kath. Messe:* Lobgesang, Hymnus
Be|ne|dikt männl. Vorname
Be|ne|dik|ten|kraut *n. 4* eine Heilpflanze
Be|ne|dik|ti|ner *m. 5* **1.** Angehöriger eines Mönchsordens; **2.** ein (ursprünglich von den Benediktinern hergestellter) Kräuterlikör
Be|ne|dik|ti|ner|or|den *m. 7 nur Sg.* (*Abk.:* OSB) ein katholischer Klosterorden
Be|ne|dik|ti|on [lat.] *f. 10* Segnung
be|ne|di|zie|ren *tr. 3*
Be|ne|fiz *n. 1* **1.** *kurz für* Benefizvorstellung; **2.** *kurz für* Benefizium
Be|ne|fi|zi|um *n. Gen. -s Pl. -zi|en, im MA* **1.** zur Nutzung überlassenes, vererbbares Land; **2.** mit einer Pfründe verbundenes Kirchenamt
Be|ne|fiz|vor|stel|lung *f. 10* Theater- oder Musikaufführung zugunsten eines Künstlers oder eines wohltätigen Zwecks
be|neh|men *refl. 88*
Be|neh|men *n. 7 nur Sg.;* sich mit jmdm. ins B. setzen: sich mit jmdm. über etwas verständigen
be|nei|den *tr. 2*
be|nei|dens|wert
Be|ne|lux|län|der *Pl.*, **Be|ne|lux|staa|ten** *Pl.* die seit 1947 in Zollunion zusammengefassten Länder Belgien, Niederlande (Nederland), Luxemburg
be|nen|nen *tr. 89*
Be|nen|nung *f. 10*
be|net|zen *tr. 1*
Be|net|zung *f. 10 nur Sg.*
Ben|ga|le *m. 11*
Ben|ga|len Landschaft in Südasien
Ben|ga|li *n. Gen. -(s) nur Sg.* indoarische Sprache
ben|ga|lisch; bengalisches Feuer: Buntfeuer
Ben|gel **1.** *m. 5, ugs. auch: m. 9* Lausbub; **2.** *m. 5, veraltet:* Stock, Knüppel
be|nie|sen *tr. 1*
be|ni|gne *auch:* **be|nig|ne** [lat.] *Med.:* gutartig (von Geschwülsten); *Ggs.:* maligne
Be|ni|gni|tät *auch:* **Be|nig|ni|tät** *f. 10 nur Sg., Med.:* Gutartigkeit; *Ggs.:* Malignität
Be|nimm *m. 1 nur Sg., ugs.:* gutes Benehmen; er hat keinen Benimm
Be|nin Staat in Westafrika
Be|ni|ner *m. 5* Einwohner von Benin
be|ni|nisch
Ben|ja|min [nach dem Sohn Jakobs und der Rahel im AT] *m. 1, übertr.:* der Jüngste
Ben|ne *f. 11, schweiz.:* Schubkarren
Ben|no männl. Vorname
Ben|nuss (*alt:* Ben|nuß), Be|hennuss *f. 2* Frucht eines arab. Wüstenbaumes
be|nom|men leicht betäubt, noch schläfrig

Be|nom|men|heit *f. 10 nur Sg.*
be|no|ten *tr. 2* mit einer Note (Zensur) versehen; eine Arbeit benoten
be|nö|ti|gen *tr. 1*
Be|no|tung *f. 10*
Ben|thos [griech.] *n. Gen. - nur Sg.* Tier- und Pflanzenwelt auf dem Boden von Gewässern
Ben|to|nit [nach dem Fundort Fort Benton in Montana/USA] *m. 1 nur Sg.* Ton mit starker Quellfähigkeit
be|num|mern *tr. 1*
Be|num|me|rung *f. 10 nur Sg.*
be|nut|zen, be|nüt|zen *tr. 1*
Be|nut|zer *m. 5*
be|nut|zer|de|fi|niert *EDV;* eine benutzerdefinierte Installation
be|nut|zer|freund|lich *EDV;* eine b. gestaltete Webseite
be|nut|zer|spe|zi|fisch
Be|nut|zung, Be|nüt|zung *f. 10 nur Sg.*
Benz|al|de|hyd *m. 1* Bittermandelöl
ben|zen *intr. 1, bair., österr.:* hartnäckig bitten, betteln
Ben|zin *n. 1*
Ben|zin|preis *m. 1*
Ben|zin|tank *m. 9*
Ben|zoe [-tsoe:, arab.] *f. Gen. - nur Sg.,* **Ben|zo|e|harz** *n. 1 nur Sg.* wohlriechendes Harz des ostind. und indones. Benzoebaumes
Ben|zo|e|säu|re *f. 11 nur Sg.* ein Konservierungsmittel
Ben|zol [Kurzwort aus Benzoe und Alkohol] *n. 1 nur Sg.* ein Kohlenwasserstoff
Ben|zyl *n. 1 nur Sg.* Restgruppe des Moleküls Benzoesäure
Ben|zyl|al|ko|hol *m. 1* ein aromat. Alkohol, Ausgangsstoff für Parfüme
be|ob|ach|ten *auch:* **be|o|bach|ten** *tr. 2*
Be|ob|ach|ter *auch:* **Be|o|bach|ter** *m. 5*
Be|ob|ach|tung *auch:* **Be|o|bach|tung** *f. 10*
Be|ob|ach|tungs|ga|be *auch:* **Be|o|bach|tungs|ga|be** *f. 11 nur Sg.*
Be|o|grad *serb. für* Belgrad
be|or|dern *tr. 1*
be|pa|cken *tr. 1*
Be|pa|ckung *f. 10 nur Sg.*
be|pflan|zen *tr. 1*
Be|pflan|zung *f. 10 nur Sg.*
be|pin|seln *tr. 1;* ich bepinsele, bepinsle es
Be|pin|se|lung *f. 10 nur Sg.*
be|plan|ken *tr. 1*
Be|plan|kung *f. 10 nur Sg.*
be|pu|dern *tr. 1;* ich bepudere, bepudre es
be|quas|seln, be|quat|schen *tr. 1, ugs.:* besprechen
be|quem
be|que|men *refl. 1;* sich zu etwas b.
be|quem|lich
Be|quem|lich|keit *f. 10*
Be|rapp *m. 1 nur Sg.* rauer Verputz
be|rap|pen *tr. 1* **1.** mit grobem Verputz bewerfen; **2.** [rotwelsch] *ugs.:* bezahlen
be|ra|ten *tr. 94*
Be|ra|ter *m. 5*
be|rat|schla|gen *tr. 1*
Be|rat|schla|gung *f. 10 nur Sg.*
Be|ra|tung *f. 10*
Be|ra|tungs|stel|le *f. 11*
be|rau|ben *tr. 1;* jmdn. b.; jmdn. seines Geldes, seiner Freiheit b.
Be|rau|bung *f. 10*
be|rau|schen *tr. 1*
Be|rau|schung *f. 10 nur Sg.*
Ber|ber *m. 5* Angehöriger einer nordafrikan. Völkergruppe mit hamit. Sprache
Ber|be|rin [lat.] *n. 1 nur Sg.* Alkaloid der Berberitze
ber|be|risch
Ber|be|rit|ze *f. 11* Sauerdorn, ein Zierstrauch
Ber|ceu|se [bɛrsøz(ə), frz.] *f. 11* Wiegenlied
Berch|ten *Pl.* s. **Perch|ten**
be|rech|nen *tr. 2*
Be|rech|nung *f. 10*
be|rech|ti|gen *tr. 1*
be|rech|tig|ter|wei|se
Be|rech|ti|gung *f. 10*
Be|rech|ti|gungs|schein *m. 1*
be|re|den *tr. 2;* etwas b.; jmdn. b.
be|red|sam
Be|red|sam|keit *f. 10 nur Sg.*
be|redt
Be|redt|heit *f. 10 nur Sg.* Beredsamkeit
be|reg|nen *tr. 2*
Be|reg|nung *f. 10*
Be|reich *m. 1 oder n. 1*
be|rei|chern *tr. 1;* ich bereichere mich
Be|rei|che|rung *f. 10*
Be|reichs|an|ga|be *f. 11*
be|rei|fen *tr. 1* **1.** mit Reifen ausstatten; **2.** mit Reif überziehen
be|reift mit Reif überzogen
Be|rei|fung *f. 10* Ausstattung mit Reifen
be|rei|ni|gen *tr. 1*
Be|rei|ni|gung *f. 10 nur Sg.*
be|rei|sen *tr. 1;* die Welt b.

> **bereit:** Die Fügung des Adverbs *bereit* mit *sein* wird immer getrennt geschrieben: *Sie wollten morgen bereit sein.* § 35

be|reit; bereit sein; bereit erklären
be|rei|ten **1.** *tr. 2* zu-, vorbereiten; **2.** *tr. 97* zureiten, ausbilden (Pferd)
Be|rei|ter *m. 5* Zureiter, Ausbilder (eines Pferdes)

> **bereithalten, bereitmachen:** Ist der erste Teil einer Fügung aus Adjektiv/Adverb und Verb weder steigerbar noch erweiterbar, so schreibt man diese im Infinitiv, Partizip und am Ende eines Nebensatzes zusammen: *Sie wollte die notwendigen Papiere bereithalten.* § 34 (2.2)

be|reit|hal|ten *tr. 61;* sie konnte das Geld bereithalten; ich werde mich bereithalten
be|reit|le|gen *tr. 1;* sie haben die Unterlagen bereitgelegt
be|reit|lie|gen *intr. 80;* alles wird pünktlich bereitliegen
be|reit|ma|chen *tr. 1;* sie haben alles bereitgemacht; sie haben sich bereitgemacht
be|reits
Be|reit|schaft *f. 10 nur Sg.*
Be|reit|schafts|dienst *m. 1* stets bereiter Hilfsdienst für den Notfall (z. B. Feuerwehr, Polizei, Rotes Kreuz)
Be|reit|schafts|po|li|zei *f. 10 nur Sg.*
be|reit|ste|hen *intr. 151*
be|reit|stel|len *tr. 1*
Be|reit|stel|lung *f. 10* etwas bereitstellen
Be|rei|tung *f. 10 nur Sg.* (zu: bereiten (1))
be|reit|wil|lig
Be|reit|wil|lig|keit *f. 10 nur Sg.*
Be|re|ni|ce [-tse:], **Be|re|ni|ke** Name mehrerer Königinnen der Ptolemäer; Haar der B.: ein Sternbild
be|ren|nen *tr. 98;* eine Festung berennen
be|ren|ten *tr. 2, Amtsdeutsch;* jmdn. berenten: jmdm. eine Rente zuerkennen
be|reu|en *tr. 1*
Berg, *Alban* österr. Komponist
Berg *m. 1*
berg|ab; b. fahren
Berg|ab|hang *m. 1*
berg|ab|wärts

Bergahorn, Bergakademie: Die Trennung nach einer Silbe, die nur aus einem Vokal besteht, ist erlaubt, aber nicht zu empfehlen, wenn dadurch das Wort falsch verstanden werden kann: *Berg|a|horn, Berg|a|ka|de|mie.* § 107

Berg|a|horn *m. 1*
Berg|a|ka|de|mie *f. 11*
Ber|ga|mas|ka [nach der ital. Stadt Bergamo] *f. Gen. - Pl.* -ken Tanzlied des 17./18. Jh.
Ber|ga|mas|ke *m. 11* Einwohner von Bergamo
ber|ga|mas|kisch
Ber|ga|mo ital. Stadt
Ber|ga|mot|te [türk.] *f. 11* **1.** Pomeranze, eine Zitrusfrucht; **2.** eine Birnensorte
Ber|ga|mott|öl *n. 1* aus der Bergamotte (1) gewonnenes Öl
Berg|amt *n. 4*
berg|an
Berg|ar|bei|ter *m. 5*
Berg|as|ses|sor *m. Gen.* -s *Pl.* -so|ren
berg|auf; bergauf fahren
berg|auf|wärts
Berg|bahn *f. 10*
Berg|bau *m. Gen.* -(e)s *nur Sg.*
Berg|bau|be|flis|se|ne(r) *m. 18 (17)* Bergbaustudent im prakt. Jahr
Berg|be|stei|gung *f. 10*
Ber|ge *Pl.* taubes Gestein
ber|ge|hoch, berg|hoch
Ber|ge|lohn *m. 2* Lohn für die Bergung eines Schiffes in Seenot
ber|gen *tr. 9*
Ber|ge|nie [-njə, nach dem dt. Botaniker K. A. v. Bergen] *f. 11* ein Steinbrechgewächs, eine Zierstaude
Ber|ges|hö|he *f. 11*
Berg|fach *n. 4 nur Sg.*
Berg|fahrt *f. 10* Fahrt bergauf (bei Bergbahnen); *Ggs.:* Talfahrt
Berg|fex *m. 1* leidenschaftl. Bergsteiger
Berg|fried, Burg|fried *m. 1* Hauptturm einer Burg
Berg|füh|rer *m. 5*
Berg|geist *m. 3*
Berg|hal|de *f. 11*
berg|hoch, ber|ge|hoch
Berg|haupt|mann *m. Gen.* -(e)s *Pl.* -leute
ber|gig
Berg|in|ge|ni|eur [-inʒənjø:r] *m. 1*
Berg|in|spek|tor *auch:* **Berg|ins|pek|tor** *m. 13*
Berg|kamm *m. 2*
Berg|krank|heit *f. 10*
Berg|kris|tall *m. 1*
Berg|ler *m. 5* jmd., der im Bergland wohnt
Berg|mann *m. Gen.* -(e)s *Pl.* -leu|te
berg|män|nisch
Berg|not *f. 2 nur Sg.;* in B. sein
Berg|par|te *f. 11* Paradebeil der Bergleute
Berg|pre|digt *f. 10 nur Sg.*
Berg|recht *n. 1 nur Sg.*
Berg|rutsch *m. 1*
Berg|schuh *m. 1*
berg|schüs|sig viel taubes Gestein enthaltend
Berg|son [bɛrgsɔ̃], *Henry* frz. Philosoph
berg|stei|gen *intr. 153, nur im Infinitiv und Partizip*
Berg|stei|ger *m. 5*
Berg|stra|ße *f. 11 nur Sg.*
Berg-und-Tal-Bahn *f. 10*
Ber|gung *f. 10*
Ber|gungs|damp|fer *m. 5*
Ber|gungs|mann|schaft *f. 10*
Berg|wacht *f. 10*
Berg|war|dein *m. 1* Bergbeamter, der den Gehalt an Erzen prüft
Berg|werk *n. 1*
Berg|werks|di|rek|tor *m. 13*
Berg|wis|sen|schaft *f. 10*
Be|ri|be|ri [singhales.] *f. 9 nur Sg.* eine Vitamin-B-Mangelkrankheit
Be|richt *m. 1*
be|rich|ten *tr. 2*
Be|richt|er|stat|ter *m. 5*
Be|richt|er|stat|tung *f. 10*
be|rich|ti|gen *tr. 1*
Be|rich|ti|gung *f. 10*
Be|richts|jahr *n. 1*
be|rie|chen *tr. 99*
be|rie|seln *tr. 1*
Be|rie|se|lung *f. 10*
Be|rie|se|lungs|an|la|ge *f. 11*
be|rin|gen *tr. 1* mit einem Ring versehen (Vögel); mit Ring oder Ringen schmücken
Be|ring|meer [nach dem dän. Forscher Vitus Bering] *n. 1 nur Sg.* Meer zwischen Sibirien, Alaska und den Alëuten
Be|ring|stra|ße *f. 11 nur Sg.* Meerenge zwischen Sibirien und Alaska
Be|rin|gung *f. 10 nur Sg.* (von Vögeln)
Be|ritt *m. 1* **1.** kleine Reiterabteilung; **2.** Forstbezirk; **3.** Dienstbezirk
be|rit|ten zu Pferde, mit Reittier(en) versehen
Be|ritt|füh|rer *m. 5* (zu: Beritt (1))
Berke|ley [bakli], *George* ir. Philosoph
Ber|ke|li|um [nach der kaliforn. Stadt Berkeley] *n. Gen.* -s *nur Sg.* (*Zeichen:* Bk) ein chem. Element
Ber|lin Hauptstadt der BR Dtld.
Ber|li|na|le *f. 11* Filmfestspiele in Berlin
Ber|li|ner Blau *n. Gen.* -s *nur Sg.*
ber|li|ne|risch
ber|li|nern *intr. 1* Berliner Dialekt sprechen
ber|li|nisch
Ber|li|oz [bɛrliɔs], *Hector* frz. Komponist
Ber|lo|cke [frz.] *f. 11* Schmuckanhänger für Uhrketten u. Ä.
Ber|me *f. 11* horizontaler Absatz in einer Böschung
Ber|mu|da|in|seln, Ber|mu|das *Pl.* Inselgruppe im westl. Atlantik
Bern **1.** Hauptstadt des Kantons Bern und der Schweiz; **2.** Kanton der Schweiz
Ber|na|dette [-dɛt] weibl. Vorname
Bernd männl. Vorname, *Kurzform von* Bernhard
Bern|hard männl. Vorname
Bern|har|di|ner *m. 5* eine Hunderasse
Bern|har|di|ner|or|den *m. 7 nur Sg., frz. Bez. für den* Zisterzienserorden
Bern|hardt [-ar], *Sarah* frz. Schauspielerin
Bern|stein [eigtl. Brennstein] *m. 1 nur Sg.* fossiles Harz
bern|stei|ne(r)n aus Bernstein
Be|ro|li|na *f. Gen. - nur Sg.* Frauengestalt als Sinnbild Berlins
Ber|sa|glie|re *auch:* **Ber|sag|lie|re** [-saljɛrə, ital.] *m. Gen.* -s *Pl.* -ri Soldat der ital. Elitetruppe
Ber|ser|ker [altnord.] *m. 5, altnord. Myth.:* wilder, starker Kämpfer
Ber|ser|ker|wut *f. Gen. - nur Sg.*
bers|ten *intr. 10*
Ber|ta, Ber|tha weibl. Vorname
Bert|hold, Ber|told, Ber|tolt männl. Vorname
Bert|ram männl. Vorname
be|rüch|tigt
be|rü|cken *tr. 1*
be|rück|sich|ti|gen *tr. 1*
Be|rück|sich|ti|gung *f. 10 nur Sg.*
Be|rü|ckung *f. 10 nur Sg.*
Be|ruf *m. 1*
be|ru|fen *tr. 102*
Be|ruf|kraut *n. 4* eine Feldpflanze, Dürrkraut

B

be|ruf|lich
Be|rufs|aus|bil|dung *f. 10*
be|rufs|be|dingt
be|rufs|be|glei|tend; berufsbegleitende Schulen
Be|rufs|be|ra|tung *f. 10*
Be|rufs|be|zeich|nung *f. 10*
be|rufs|bil|dend; berufsbildende Schulen
Be|rufs|e|thos *n. Gen. - nur Sg.*
be|rufs|fremd
Be|rufs|ge|heim|nis *n. 1*
Be|rufs|klei|dung *f. 10 nur Sg.*
Be|rufs|krank|heit *f. 10*
Be|rufs|le|ben *n. 7 nur Sg.*
be|rufs|los
Be|rufs|schu|le *f. 11*
Be|rufs|sport|ler *m. 5*
be|rufs|stän|disch
be|rufs|tä|tig
Be|rufs|tä|ti|ge(r) *m. 18 (17) bzw. f. 17 oder 18*
Be|rufs|tä|tig|keit *f. 10 nur Sg.*
be|rufs|un|fä|hig
Be|rufs|un|fä|hig|keit *f. 10 nur Sg.*
Be|rufs|ver|bot *n. 1*
Be|rufs|wahl *f. 10*
Be|ru|fung *f. 10*
Be|ru|fungs|ge|richt *n. 1*
Be|ru|fungs|ver|fah|ren *n. 7*
Be|ru|fungs|ver|hand|lung *f. 10*
be|ru|hen *intr. 1;* das beruht auf der Wahrheit; etwas auf sich b. lassen: etwas nicht weiter verfolgen oder besprechen
be|ru|hi|gen *tr. 1*
Be|ru|hi|gung *f. 10 nur Sg.*
Be|ru|hi|gungs|mit|tel *n. 5*
be|rühmt
be|rühmt-be|rüch|tigt
Be|rühmt|heit *f. 10* **1.** *nur Sg.* das Berühmtsein; **2.** berühmte Persönlichkeit
be|rüh|ren *tr. 1*
Be|rüh|rung *f. 10*
Be|rüh|rungs|bild|schirm *m. 1* = Touchscreen
Be|rüh|rungs|punkt *m. 1*
Be|ryll [griech.] *m. 1* ein Edelstein
Be|ryl|li|um *n. Gen. -s nur Sg. (Zeichen:* Be) chem. Element, ein Metall
bes. *Abk. für* besonders
be|sa|gen *tr. 1;* das besagt gar nichts: das hat nichts zu bedeuten
be|sagt erwähnt; der besagte Schüler
be|sai|ten *tr. 2* mit Saiten bespannen; ein zart besaiteter Mensch *übertr.:* ein empfindsamer Mensch
be|sä|en *tr. 1;* mit Blumen besät
be|sa|men *tr. 1*
be|sam|meln *tr. 1, schweiz.:* sammeln (Truppen)
Be|samm|lung *f. 10 nur Sg.*
Be|sa|mung *f. 10*
Be|sa|mungs|zen|trum *auch:* **Be|sa|mungs|zent|rum** *n. Gen. -s Pl. -tren*
Be|san [arab.-ital.] *m. 1* Segel am Besanmast
be|sänf|ti|gen *tr. 1*
Be|sänf|ti|gung *f. 10 nur Sg.*
Be|san|mast *m. 12* hinterster Mast (eines Segelschiffes)
Be|satz *m. 2*
Be|sat|zer *m. 5*
Be|sat|zung *f. 10*
Be|sat|zungs|macht *f. 2*
Be|sat|zungs|sta|tut *n. 12*
Be|sat|zungs|trup|pe *f. 11*
Be|sat|zungs|zo|ne *f. 11*
be|sau|fen *refl. 103*
Be|säuf|nis *f. 1 oder n. 1* Saufgelage
be|säu|seln *refl. 1, ugs.:* sich leicht betrinken
be|schä|di|gen *tr. 1*
Be|schä|di|gung *f. 10*
be|schaf|fen **1.** *tr. 1* besorgen, herbeischaffen; **2.** *Adj.* geartet, in einem bestimmten Zustand; wie ist das Haus b.?
Be|schaf|fen|heit *f. 10 nur Sg.*
Be|schaf|fung *f. 10 nur Sg.*
be|schäf|ti|gen *tr. 1*
Be|schäf|ti|gung *f. 10*
be|schäf|ti|gungs|los
Be|schäf|ti|gungs|lo|sig|keit *f. 10 nur Sg.*
Be|schäf|ti|gungs|the|ra|pie *f. 11*
be|schä|len *tr. 1* begatten (vom Pferd)
Be|schä|ler *m. 5* Zuchthengst
be|schal|len *tr. 1, Med.:* mit Ultraschallwellen behandeln
Be|schal|lung *f. 10 nur Sg.*
Be|schäl|seu|che *f. 11* Geschlechtskrankheit der Pferde und Esel, Zuchtlähme, Dourine
Be|schä|lung *f. 10* Begattung (vom Pferd)
be|schä|men *tr. 1*
Be|schä|mung *f. 10*
be|schat|ten *tr. 2; auch übertr.:* beobachten (verdächtige Person)
Be|schat|tung *f. 10 nur Sg.*
Be|schau *f. 10 nur Sg.*
be|schau|en *tr. 1*
Be|schau|er *m. 5*
be|schau|lich
Be|schau|lich|keit *f. 10 nur Sg.*
Be|schau|zei|chen *n. 7*
Be|scheid *m. 1* B. geben, wissen
be|schei|den **1.** *tr. 107;* jmdn. abschlägig b. *Amtsdeutsch:* jmds. Antrag ablehnen; jmdn. zu sich b.: zu sich bitten; **2.** *refl. 107* sich zufrieden geben; **3.** *Adj.;* b. sein
Be|schei|den|heit *f. 10 nur Sg.*
be|schei|nen *tr. 108*
be|schei|ni|gen *tr. 1*
Be|schei|ni|gung *f. 10*
be|schei|ßen *tr. 109, vulg.:* betrügen
be|schen|ken *tr. 1*
be|sche|ren *tr. 1*
Be|sche|rung *f. 10*
be|schich|ten *tr. 2*
Be|schich|tung *f. 10 nur Sg.*
be|schi|cken *tr. 1*
Be|schi|ckung *f. 10 nur Sg.*
be|schie|ßen *tr. 113*
Be|schie|ßung *f. 10*
be|schil|dern *tr. 1;* ich beschildere es
Be|schil|de|rung *f. 10 nur Sg.*
be|schimp|fen *tr. 1*
Be|schimp|fung *f. 10*
be|schir|men *tr. 1*
Be|schir|mung *f. 10 nur Sg.*
Be|schiss (*alt:* Be|schiß) *m. 1 nur Sg., vulg.:* Betrug, Mogelei
be|schis|sen *vulg.:* sehr schlecht, unangenehm
be|schlab|bern *ugs.* **1.** *tr. 1* überreden; **2.** *refl. 1* sich beim Essen beschmutzen
Be|schlächt *n. 1* Uferschutz aus Bohlen
be|schla|fen *tr. 115;* eine Sache b.: sie sich über Nacht überlegen; eine Frau b. *(abwertend):* mit ihr Geschlechtsverkehr haben
Be|schlag *m. 2;* etwas mit B. belegen, in B. nehmen
be|schla|gen **1.** *tr. 116;* ein Pferd b.; ein weibl. Tier b.: begatten (z. B. vom Hirsch); **2.** *intr. 116 schweiz.:* angehen, betreffen; **3.** *Adj.:* angelaufen (z. B. Fenster); gut Bescheid wissend; auf einem Gebiet b. sein
Be|schlag|nah|me *f. 11*
be|schlag|nah|men *tr. 1*
be|schleu|ni|gen *tr. 1*
Be|schleu|ni|gung *f. 10 nur Sg.*
be|schleu|sen *tr. 1* mit Schleusen versehen
be|schlie|ßen *tr. 120*
Be|schlie|ßer *m. 5* Aufseher, Verwalter, Haushälter
Be|schluss (*alt:* Be|schluß) *m. 2*
be|schluss|fä|hig (*alt:* be|schluß|fä|hig)

Be|schluss|fä|hig|keit (*alt:* Be|schluß|fä|hig|keit) *f. 10 nur Sg.*
Be|schluss|fas|sung (*alt:* Be|schluß|fas|sung) *f. 10 nur Sg.*
be|schmei|ßen *tr. 122, ugs.*
be|schmie|ren *tr. 1*
be|schmut|zen *tr. 1*
Be|schmut|zung *f. 10*
be|schnei|den *tr. 125*
Be|schnei|dung *f. 10*
be|schneit
Be|schnitt *m. 1 nur Sg.*
Be|schnit|te|ne(r) *m. 18 (17)*
be|schnüf|feln *tr. 1, ugs.*
be|schnup|pern *tr. 1*
be|schö|ni|gen *tr. 1*
Be|schö|ni|gung *f. 10*
be|schot|tern *tr. 1*
Be|schot|te|rung *f. 10 nur Sg.*
be|schran|ken *tr. 1*
be|schrän|ken *tr. 1*
be|schränkt engstirnig, dumm
Be|schränkt|heit *f. 10 nur Sg.*
Be|schran|kung *f. 10*
Be|schrän|kung *f. 10*
be|schrei|ben *tr. 127*
Be|schrei|bung *f. 10*
be|schrei|ten *tr. 129*
be|schrif|ten *tr. 2*
Be|schrif|tung *f. 10*
be|schu|hen *tr. 1*
Be|schu|hung *f. 10 nur Sg.*
be|schul|di|gen *tr. 1 mit Gen.;* jmdn. des Diebstahls b.
Be|schul|dig|te(r) *m. 18 (17) bzw. f. 17 oder 18*
Be|schul|di|gung *f. 10*
be|schum|meln *tr. 1, ugs.;* ich beschummele, beschummle ihn
be|schup|pen [rotwelsch] *tr. 1, ugs.:* betrügen
Be|schuss (*alt:* Be|schuß) *m. 2*
be|schüt|zen *tr. 1*
be|schwat|zen *tr. 1, ugs.*
Be|schwer *n. 1 oder f. 1 nur Sg.* Last, Mühsal, Bedrängnis
Be|schwer|de *f. 11;* B. führen
be|schwer|de|frei
Be|schwer|de|füh|rer *m. 5*
Be|schwer|de|weg *m. 1;* auf dem B.
be|schwe|ren *tr. u. refl. 1*
be|schwer|lich
Be|schwer|lich|keit *f. 10*
Be|schwer|nis *f. 1 oder n. 1*
Be|schwe|rung *f. 10*
be|schwich|ti|gen *tr. 1*
Be|schwich|ti|gung *f. 10*
be|schwin|deln *tr. 1;* ich beschwindele, beschwindle ihn
be|schwin|gen *tr. 1*
be|schwingt
Be|schwingt|heit *f. 10 nur Sg.*
be|schwip|sen *refl. 1* sich leicht betrinken
Be|schwipst|heit *f. 10 nur Sg.*
be|schwö|ren *tr. 135*
Be|schwö|rung *f. 10*
Be|schwö|rungs|for|mel *f. 11*

→ Baiser Trotz des gesprochenen Anlauts [bɛ-] wird das Fremdwort *Baiser* mit *Bai-* geschrieben, weil es aus dem Französischen entlehnt ist. Das auslautende *r* wird zwar geschrieben, aber nicht gesprochen.

be|see|len *tr. 1*
Be|seelt|heit *f. 10 nur Sg.*
Be|see|lung *f. 10 nur Sg.*
be|sei|ti|gen *tr. 1*
Be|sei|ti|gung *f. 10*
be|se|li|gen *tr. 1*
Be|se|li|gung *f. 10 nur Sg.*
Be|sen *m. 7*
Be|sen|bin|der *m. 5*
Be|sen|gins|ter *m. 5*
Be|sen|hei|de *f. 11 nur Sg.*
be|sen|rein
be|ses|sen
Be|ses|sen|heit *f. 10 nur Sg.*
be|set|zen *tr. 1*
Be|setzt|zei|chen *n. 7*
Be|set|zung *f. 10*
be|sich|ti|gen *tr. 1*
Be|sich|ti|gung *f. 10*
be|sie|deln *tr. 1*
Be|sie|de|lung, Be|sied|lung *f. 10 nur Sg.*
be|sie|geln *tr. 1;* ich besiegele, besiegle es
Be|sie|ge|lung, Be|sieg|lung *f. 10 nur Sg.*
be|sie|gen *tr. 1*
Be|sie|gung *f. 10 nur Sg.*
Bé|sigue [besig, frz.] *n. 9 nur Sg.* ein Kartenspiel
be|sin|gen *tr. 140;* eine Tat besingen
be|sin|nen *refl. 142*
be|sinn|lich
Be|sinn|lich|keit *f. 10 nur Sg.*
Be|sin|nung *f. 10 nur Sg.*
be|sin|nungs|los
Be|sin|nungs|lo|sig|keit *f. 10 nur Sg.*
Be|sitz *m. 1 nur Sg.*
be|sitz|an|zei|gend
be|sit|zen *tr. 143*
Be|sit|zer *m. 5*
be|sitz|er|grei|fend
be|sitz|los
Be|sitz|lo|sig|keit *f. 10 nur Sg.*
Be|sitz|stand *m. 2*
Be|sitz|tum *n. 4*
Be|sit|zung *f. 10*
Be|sof|fen|heit *f. 10 nur Sg., ugs.*
be|soh|len *tr. 1*
Be|soh|lung *f. 10 nur Sg.*
be|sol|den *tr. 2*
Be|sol|dung *f. 10 nur Sg.*
be|söm|mern *tr. 1, Landw.:* nur im Sommer bebauen; ich besömmere den Boden
Be|söm|me|rung *f. 10 nur Sg.*
be|son|de|re(r, -s); etwas/nichts Besonderes; im Besonder(e)n, im Besondren
Be|son|der|heit *f. 10*

besonders: Neben dem Adverb *besonders* gibt es die substantivierte Form, die großgeschrieben wird: *Im Besonderen erklärte der Regierungssprecher, dass …* Ebenso: *das Besondere, nichts Besonderes.* § 57 (1)

be|son|ders (*Abk.:* bes.)
be|son|nen umsichtig, überlegt
Be|son|nen|heit *f. 10 nur Sg.*
be|sonnt von der Sonne beschienen
be|sor|gen *tr. 1*
Be|sorg|nis *f. 1;* Besorgnis erregend *oder:* besorgniserregnd
be|sorg|nis|er|re|gend = **Be|sorg|nis er|re|gend**
Be|sorgt|heit *f. 10 nur Sg.*
Be|sor|gung *f. 10*
Be|sor|gungs|gang *m. 2*
be|span|nen *tr. 1*
Be|span|nung *f. 10 nur Sg.*
be|spie|geln *tr. 1;* ich bespiegele, bespiegle mich
Be|spie|ge|lung, Be|spieg|lung *f. 10 nur Sg.*
be|spie|len *tr. 1;* ein Tonband bespielen
be|spit|zeln *tr. 1;* ich bespitzele, bespitzle ihn
Be|spit|ze|lung, Be|spitz|lung *f. 10 nur Sg.*
be|spöt|teln *tr. 1;* ich bespöttele, bespöttle es
be|spre|chen *tr. 146*
Be|spre|chung *f. 10*
Be|spre|chungs|ex|em|plar *auch:* **Be|spre|chungs|e|xemp|lar** *n. 1*
be|sprin|gen *tr. 148* begatten (von manchen Tieren)
be|spu|cken *tr. 1*
Bes|sa|ra|bi|en *auch:* **Bess|a|ra|bi|en** Landschaft östlich der Karpaten
bes|sa|ra|bisch *auch:* **bess|a|ra|bisch**

B

Bes|se|mer|bir|ne [nach dem engl. Ingenieur Sir Henry Bessemer] *f. 11* feuerfester Behälter, in dem Roheisen gereinigt und in Stahl verwandelt wird
bes|se|mern *tr. 1* in der Bessemerbirne herstellen
Bes|se|mer|stahl *m. 2 nur Sg.*

besser: Fügungen des Komparativs *besser* mit Verben werden wegen der Steigerungsform immer getrennt geschrieben: *Es dürfte ihr jetzt besser gehen.* Ebenso: *besser gestellt, besser verdienend.* § 34 E3 (3)
Die substantivierte Form schreibt man zusammen, als Variante ist auch die Getrenntschreibung möglich: *die Besserverdienenden,* auch: *die besser Verdienenden.*

bes|ser; besser gehen; besser gestellt; ich bin gehaltlich besser gestellt als du; die besser Gestellten *oder:* Bessergestellten; besser verdienen; besser verdienend; die besser Verdienenden *oder:* Besserverdienenden; das Bessere *oder:* Bessre; Besseres *oder:* Bessres; jmdn. eines Besseren *oder:* Bessren belehren; eine Wendung zum Besseren *oder:* Bessren nehmen

das Bessere/Bessre: Mit großem Anfangsbuchstaben werden Substantivierungen geschrieben, auch solche in festen Gefügen: *das Bessere/Bessre; jemanden eines Besseren belehren; sich eines Besseren besinnen; eine Wendung zum Besseren/Bessren nehmen.* § 57 (5)

bes|ser ge|stellt (*alt:* bes|ser|gestellt)
Bes|ser|ge|stell|te(r) *auch:* **besser Ge|stell|te(r)** *m. 18 (17) bzw. f. 17 oder 18 meist Pl.*
bes|sern *tr. 1;* ich bessere, bessre es
Bes|se|rung, Bess|rung *f. 10*
Bes|se|rungs|an|stalt *f. 10*
bes|se|rungs|fä|hig
Bes|se|rungs|fä|hig|keit *f. 10 nur Sg.*
bes|ser ver|die|nend (*alt:* bes|server|die|nend)
Bes|ser|ver|die|nen|de(r) *auch:* **besser Ver|die|nen|de(r)** *m. 18 (17) bzw. f. 17 oder 18 meist Pl.*
Bes|ser|ver|die|ner *m. 5*
Bes|ser|wes|si [iron. Zusammenziehung aus Besserwisser und Wessi] *m. 9* aufdringlich belehrend wirkender Bewohner der alten Bundesländer
Bes|ser|wis|ser *m. 5*
bes|ser|wis|se|risch
Best *n. 1, österr.:* Preis, Gewinn, z. B. beim Wettschießen
best... am meisten, am besten; die bestangezogene Frau
be|stal|len *tr. 1* in ein Amt einsetzen
Be|stal|lung *f. 10*
Be|stal|lungs|ur|kun|de *f. 11*
Be|stand *m. 2* **1.** *nur Sg.* Dauer, Fortbestehen; das hat (keinen) B.; das ist nicht von B.; **2.** Vorrat
be|stan|den; mit Bäumen b.
be|stand|fä|hig
be|stand|fest
be|stän|dig
Be|stän|dig|keit *f. 10 nur Sg.*
Be|stands|auf|nah|me *f. 11*
Be|stand|teil *m. 1*
be|stär|ken *tr. 1*
Be|stär|kung *f. 10 nur Sg.*
be|stä|ti|gen *tr. 1*
Be|stä|ti|gung *f. 10*
be|stat|ten *tr. 2*
Be|stat|ter *m. 5*
Be|stät|ter, Be|stät|te|rer *m. 5, süddt.:* Fuhrunternehmer
Be|stät|te|rei *f. 10*
Be|stät|te|rer *m. 5* s. **Be|stät|ter**
Be|stat|tung *f. 10*
Be|stat|tungs|in|sti|tut *auch:* **Be|stat|tungs|ins|ti|tut** *n. 1*
be|stau|ben *tr. 1*
be|stäu|ben *tr. 1*
Be|stäu|bung *f. 10 nur Sg.*

Beste — beste: Das substantivierte Adjektiv wird mit großem Anfangsbuchstaben geschrieben: *Er ist der Beste; der erste/nächste Beste; zum Besten haben/halten/kehren/stehen; sein Bestes tun. Ich halte es für das Beste.* § 57 (1)
Feste adverbiale Wendungen mit *auf das/aufs* kann man in Anlehnung an Superlativformen auch kleinschreiben: *Wir wurden auf das beste/Beste bewirtet. Es ist am besten, wenn du bezahlst.* § 58 E1
Bei der Frage *Worauf?* wird großgeschrieben: *Wir sind aufs Beste angewiesen.* § 58 E1

bes|te(r, -s); es wird am besten sein, das ...; diese Gelegenheit ist die beste; auf das Beste *oder:* beste; es ist das Beste, wenn ...; es steht alles zum Besten; der, die, das erste Beste; *aber:* der, die, das Erstbeste; zum Besten geben; zum Besten haben; zum Besten halten; zum Besten stehen; zum Besten wenden
be|ste|chen *tr. 149*
be|stech|lich
Be|stech|lich|keit *f. 10 nur Sg.*
Be|ste|chung *f. 10*
Be|ste|chungs|gel|der *Pl.*
Be|steck *n. 1*
Be|steck|kas|ten *m. 8*
Be|steg *m. 1* Tonschicht zwischen Gesteinsschichten
be|ste|hen **1.** *tr. 151;* eine Prüfung b.; **2.** *intr. 151;* auf etwas b.; in etwas b.; bestehen bleiben; bestehen lassen

bestehen bleiben/lassen: Fügungen aus einem Verb (Infinitiv) und einem weiteren Verb werden getrennt geschrieben: *bestehen bleiben/lassen.* Ebenso: *liegen lassen, spazieren gehen* usw. § 34 E3 (6)

be|ste|hen blei|ben (*alt:* be|stehen|blei|ben) *intr. 17*
be|ste|hen las|sen (*alt:* be|ste|hen-las|sen) *tr. 75*
be|stei|gen *tr. 153*
Be|stei|gung *f. 10*
be|stel|len *tr. 1*
Be|stell|lis|te (*alt:* Be|stel|li|ste (-ll|l-)) *f. 11*
Be|stell|num|mer *f. 11*
Be|stell|schein *m. 1*
Be|stel|lung *f. 10*
bes|ten|falls
Bes|ten|för|de|rung *f. 10, DDR:* Begabtenförderung
bes|tens
be|sternt mit Sternen bedeckt
be|steu|ern *tr. 1*
Be|steu|e|rung *f. 10 nur Sg.*
best|ge|hasst (*alt:* best|ge|haßt); der bestgehasste Mann
bes|ti|a|lisch [lat.]
Bes|ti|a|li|tät *f. 10 nur Sg.*
Bes|tie [-tjə] *f. 11*
be|stim|men *tr. 1*
be|stimmt
Be|stimmt|heit *f. 10 nur Sg.*
Be|stim|mung *f. 10*
Be|stim|mungs|bahn|hof *m. 2*
Be|stim|mungs|ort *m. 1*
be|stirnt mit Sternen bedeckt (Himmel)

Best|leis|tung *f. 10*
Best|mann *m. 4; Seew.:* Vertreter des Schiffsführers (auf Küstenschiffen)
best|mög|lich; in bestmöglicher Ausführung
be|sto|cken *refl. 1* **1.** holzig werden; **2.** Seitentriebe treiben
Be|sto|ckung *f. 10 nur Sg.* **1.** Entwicklung von Seitentrieben; **2.** Aufforstung; **3.** Gesamtheit der Holzgewächse eines Waldes; **4.** Viehbestand auf einer Weidefläche
be|sto|ßen *tr. 157*
Be|stoß|zeug *n. 1 nur Sg.* Vorrichtung zur Metallbearbeitung
be|stra|fen *tr. 1*
Be|stra|fung *f. 10*
be|strah|len *tr. 1*
Be|strah|lung *f. 10*
Be|strah|lungs|raum *m. 2*
be|stre|ben *refl. 1;* bestrebt sein
Be|stre|bung *f. 10*
be|strei|ken *tr. 1;* einen Betrieb b.
Be|strei|kung *f. 10 nur Sg.*
be|strei|ten *tr. 159*
Be|strei|tung *f. 10 nur Sg.*
be|stri|cken *tr. 1*
be|strumpft mit Strumpf, Strümpfen bekleidet
Best|sel|ler [engl.] *m. 5* Buch mit großem Verkaufserfolg
Best|sel|ler|lis|te *f. 11*
be|stü|cken *tr. 1* mit Teilstücken, mit Geschützen ausrüsten
Be|stü|ckung *f. 10 nur Sg.*
be|stuh|len *tr. 1* mit Stühlen versehen (Theater)
Be|stuh|lung *f. 10 nur Sg.*
be|stür|men *tr. 1*
be|stür|zen *tr. 1*
Be|stür|zung *f. 10 nur Sg.*
Best|wert *m. 1*
Be|such *m. 1*
be|su|chen *tr. 1*
Be|su|cher *m. 5*
Be|su|cher|strom *m. 2*
Be|su|cher|zahl *f. 10*
Be|suchs|zeit *f. 10*
Be|suchs|zim|mer *n. 5*
be|su|deln *tr. 1;* ich besudele, besudle es
Be|su|de|lung *f. 10 nur Sg.*
Be|ta *n. Gen.* -(s) *Pl.* -s (*Zeichen:* β, Β) griech. Buchstabe
Be|ta|blo|cker *m. 5, kurz für* Betarezeptorenblocker
be|tagt alt
Be|tagt|heit *f. 10 nur Sg.*
be|ta|keln *tr. 1, Seew.:* mit Takelwerk versehen, auftakeln
Be|ta|ke|lung *f. 10 nur Sg.*
Be|ta|re|zep|to|ren|blo|cker, Be|ta|blo|cker *m. 5* Arzneimittel für Herzkrankheiten
be|tas|ten *tr. 2*
Be|ta|strah|len, β-Strah|len *Pl.*
be|tä|ti|gen *tr. u. refl. 1*
Be|tä|ti|gung *f. 10*
Be|tä|ti|gungs|feld *n. 3*
Be|ta|tron *auch:* **Be|tat|ron** [Kurzwort aus Betastrahlen und Elektron] *n. Gen.* -s *Pl.* -s *oder* -tro|ne Gerät zum Beschleunigen von Betastrahlen
be|tat|schen *tr. 1, ugs.:* betasten
be|täu|ben *tr. 1*
Be|täu|bung *f. 10 nur Sg.*
Be|täu|bungs|mit|tel *n. 5*
Bet|bru|der *m. 6*
Be|te *f. 11* Futterpflanze; Rote B./Beete: rote Rübe
Be|tei|geu|ze [arab.] *f. 11 nur Sg.* Stern im Sternbild Orion
be|tei|len *tr. 1, österr.:* beschenken (Kinder)
Be|tei|lung *f. 10 nur Sg.*
be|tei|li|gen *tr. 1*
Be|tei|li|gung *f. 10 nur Sg.*
Be|tel [mal.] *m. 5* aus der Betelnuss hergestelltes Genussmittel; Betel kauen
Be|tel|pal|me *f. 11* südostasiat. Baum
be|ten *intr. 2*
Be|ter *m. 5*
be|teu|ern *tr. 1;* ich beteuere, beteure es
Be|teu|e|rung *f. 10*
Be|thel *Name der* evang. Anstalten bei Bielefeld für Epileptiker, psych. Kranke und sozial Benachteiligte
Beth|le|hem, Bet|le|hem Stadt im Westjordanland
beth|le|he|mi|tisch; der bethlehemitische Kindermord
Be|ting *m. 1 oder f. 1, auf Schiffen:* Gerüst zum Befestigen von Ketten und Tauen
be|ti|teln *tr. 1;* ich betitele, betitle es
Be|ti|te|lung *f. 10*
Be|ton [-tõ, lat.-frz.] *m. 9, eindeutschend* [-ton] *m. 1* ein Baustoff aus Zement, Wasser, Sand u. a.
be|to|nen *tr. 1*
Be|to|nie [-njə, lat.] *f. 11* eine Wiesenblume, Heilpflanze
be|to|nie|ren *tr. 3* mit Beton ausmauern
Be|to|nie|rung *f. 10 nur Sg.*
be|ton|nen *tr. 1* mit Tonnen (Seezeichen) versehen
Be|ton|nung *f. 10 nur Sg.*
Be|to|nung *f. 10*
Be|to|nungs|zei|chen *n. 7*
be|tö|ren *tr. 1*
Be|tö|rung *f. 10 nur Sg.*
betr. *Abk. für* betreffend, betreffs
Betr. *Abk. für* Betreff
Be|tracht *m. 1, nur noch in Fügungen wie* (nicht) in B. kommen, etwas (nicht) in B. ziehen, das bleibt außer B.
be|trach|ten *tr. 2*
be|trächt|lich; um ein Beträchtliches höher
Be|trach|tung *f. 10*
Be|trach|tungs|wei|se *f. 11*
Be|trag *m. 2*
be|tra|gen **1.** *tr. 160;* **2.** *refl. 160* sich benehmen
be|trau|en *tr. 1;* jmdn. mit etwas b.
be|trau|ern *tr. 1;* ich betrauere, betraure ihn
be|träu|feln *tr. 1;* ich beträufele, beträufle es
Be|treff *m. 1* (*Abk.:* Betr.), *Amtsdeutsch:* in diesem B.: in dieser Beziehung; des Betreffs
be|tref|fen *tr. 161;* was mich betrifft; der betreffende Beamte; der Betreffende hat …
Be|treff|nis *n. 1, schweiz.:* Anteil (einer Summe o. Ä.)
be|treffs *Präp. mit Gen.* (*Abk.:* betr.); betreffs Ihrer Anfrage
be|trei|ben *tr. 162*
Be|trei|ber *m. 5*
Be|trei|bung *f. 10, schweiz.:* Zwangsvollstreckung
be|tres|sen *tr. 1* mit Tressen versehen; *meist im Partizip II;* (mit Gold) betresste Uniform
be|tre|ten **1.** *tr. 163;* **2.** *Adj.:* beschämt, bestürzt
Be|tre|ten|heit *f. 10 nur Sg.*
be|treu|en *tr. 1*
Be|treu|er *m. 5*
Be|treu|ung *f. 10 nur Sg.*
Be|treu|ungs|stel|le *f. 11*
Be|trieb **1.** *m. 1 nur Sg.;* eine Maschine in B. nehmen, setzen; in, außer B. sein; **2.** *m. 1* Fabrik, Werkstatt
be|trieb|lich einen Betrieb betreffend
be|trieb|sam
Be|trieb|sam|keit *f. 10 nur Sg.*
Be|triebs|arzt *m. 2*
Be|triebs|aus|flug *m. 2*
be|triebs|be|dingt
be|triebs|fä|hig

B

Be|trie|bs|fä|hig|keit *f. 10 nur Sg.*
Be|triebs|fe|ri|en *nur Pl.*
Be|triebs|fe|ri|en|heim *n. 1, DDR*
be|triebs|fer|tig
be|triebs|fremd
Be|triebs|ka|pi|tal *n. 1 nur Sg.*
Be|triebs|kli|ma *n. Gen.* -s *nur Sg.*
Be|triebs|rat *m. 2*
Be|triebs|schluss (*alt:* Be|triebs-schluß) *m. 2*
be|triebs|si|cher
Be|triebs|si|cher|heit *f. 10 nur Sg.*
Be|triebs|stoff *m. 1*
Be|triebs|stö|rung *f. 10*
Be|triebs|sys|tem *n. 1* Programmpaket, das die Vermittlerrolle zwischen Anwender, Arbeitsprogramm und Computersystem übernimmt (z. B. MS-DOS)
Be|triebs|un|fall *m. 2*
Be|triebs|ver|samm|lung *f. 10*
Be|triebs|wirt|schaft *f. 10 nur Sg.*
be|trin|ken *refl. 165*
Be|trof|fen|heit *f. 10 nur Sg.*
be|trü|ben *tr. 1*
be|trüb|lich
be|trüb|li|cher|wei|se
Be|trüb|nis *f. 1*
Be|trübt|heit *f. 10 nur Sg.*
Be|trug *m. 1 nur Sg.*
be|trü|gen *tr. 166*
Be|trü|ger *m. 5*
Be|trü|ge|rei *f. 10*
be|trü|ge|risch
Be|trun|ken|heit *f. 10 nur Sg.*
Bet|saal *m. Gen.* -(e)s *Pl.* -sä|le
Bet|schwes|ter *f. 11*
Bett *n. 12*
Bet|tag *m. 1;* Buß- und Bettag
Bett|bank *f. 2, österr.:* als Bett und Bank benutzbares Möbel
Bett|couch [-kautʃ] *f. 9*
Bett|de|cke *f. 11*
Bet|tel *m. 5 nur Sg.* **1.** das Betteln; **2.** Gerümpel, alter Kram
bet|tel|arm
Bet|tel|brief *m. 1*
Bet|te|lei *f. 10 nur Sg.*
Bet|tel|mönch *m. 1*
bet|teln *intr. 1;* ich bettele, bettle
Bet|tel|or|den *m. 7*
Bet|tel|stab *m. 2, nur in der Wendung* jmdn. an den B. bringen: jmdn. arm machen
bet|ten *tr. 2*
bett|lä|ge|rig
Bett|lä|ge|rig|keit *f. 10 nur Sg.*
Bett|ler *m. 5*
Bett|näs|sen *n. Gen.* -s *nur Sg.*
Bett|näs|ser *m. 5*
bett|reif *ugs.*
Bett|ru|he *f. 11 nur Sg.*
Bett|statt *f. Gen.* - *Pl.* -stät|ten
Bett|tuch (*alt:* Bettuch (-tt|t-)) *n. 4*
Bet|tuch *n. 4*
Bett|um|ran|dung *f. 10*
Bet|tung *f. 10* Unterlage
Bett|vor|le|ger *m. 5*
Bett|wä|sche *f. 11 nur Sg.*
Bett|zeug *n. 1 nur Sg.*
be|tucht [hebr.] *ugs.:* vermögend, reich; gut b. sein
be|tu|lich
Be|tu|lich|keit *f. 10 nur Sg.*
be|tun *refl. 167, ugs.:* sich zieren
be|tu|sam
Beu|che *f. 11* Lauge zum Entfernen von Fett und Holzsubstanzen aus Baumwolle u. a.
beu|chen *tr. 1*
Beu|ge *f. 11*
Beu|gel *n. 5,* Beu|gerl *n. 14, österr., süddt.:* bogenförmiges Gebäck
beu|gen *tr. 1*
Beu|ger *m. 5* Beugemuskel
Beu|gerl *n. 14* s. **Beu|gel**
Beu|gung *f. 10*
Beu|gungs|en|dung *f. 10*
beu|gungs|fä|hig
Beu|gungs|fä|hig|keit *f. 10 nur Sg.*
Beu|le *f. 11*
Beu|len|pest *f. Gen.* - *nur Sg.*
be|un|ru|hi|gen *tr. 1*
Be|un|ru|hi|gung *f. 10 nur Sg.*
be|ur|kun|den *tr. 2*
Be|ur|kun|dung *f. 10 nur Sg.*
be|ur|lau|ben *tr. 1*
Be|ur|lau|bung *f. 10*
be|ur|tei|len *tr. 1*
Be|ur|tei|lung *f. 10*
Beu|schel *n. 5, österr.:* Gericht aus Lunge und Herz
Beu|te *f. 11* **1.** *nur Sg.* Fang, Gewinn (bei Jagd, Krieg usw.); **2.** Holzgefäß, Back-, Wassertrog; **3.** hohler oder ausgehöhlter Waldbaum als Bienenstock
beu|te|gie|rig
Beu|tel *m. 5* **1.** Säckchen; **2.** s. **Bei|tel**
beu|teln **1.** *tr. 1* schütteln; ich beutele, beutle ihn; **2.** *intr. 1* einen Beutel bilden, sich bauschen (Kleid)
Beu|tel|schnei|der *m. 5* Gauner
Beu|tel|schnei|de|rei *f. 10 nur Sg.*
Beu|tel|tier *n. 1*
beu|te|lüs|tern
beu|te|lus|tig
beu|ten *tr. 2;* Bienen b.: in eine Beute (2) einsetzen
Beu|ten|ho|nig *m. 1 nur Sg.* in Beuten gewonnener Honig von Waldbienen
Beu|te|stück *n. 1*
Beu|te|zug *m. 2*
Beut|ler *m. 5* **1.** Beuteltier; **2.** *früher:* Beutelmacher
Beut|ner *m. 5* Züchter von Waldbienen
Beut|ne|rei *f. 10 nur Sg.*
Be|va|tron *auch:* **Be|vat|ron** [-vat-, engl.] *n.Gen.* -s *Pl.* -s *oder* -tro|ne *1 oder n. 9* Teilchenbeschleuniger
be|völ|kern *tr. 1*
Be|völ|ke|rung *f. 10*
Be|völ|ke|rungs|dich|te *f. 11 nur Sg.*
Be|völ|ke|rungs|sta|tis|tik *f. 10*
be|voll|mäch|ti|gen *tr. 1*
Be|voll|mäch|tig|te(r) *m. 18 (17) bzw. f. 17 oder 18*
Be|voll|mäch|ti|gung *f. 10 nur Sg.*
be|vor
be|vor|mun|den *tr. 2*
Be|vor|mun|dung *f. 10 nur Sg.*
be|vor|ra|ten *tr. 2* mit einem Vorrat versehen
Be|vor|ra|tung *f. 10 nur Sg.*
be|vor|rech|ten *tr. 2, veraltet,* **be|vor|rech|ti|gen** *tr. 1*
Be|vor|rech|ti|gung *f. 10 nur Sg.*
be|vor|schus|sen *tr. 1*
be|vor|schusst (*alt:* be|vor|schußt)
Be|vor|schus|sung *f. 10 nur Sg.*
be|vor|ste|hen *intr. 151*
be|vor|zu|gen *tr. 1*
Be|vor|zu|gung *f. 10*
be|wa|chen *tr. 1*
be|wach|sen [-ks-] *tr. 172*
Be|wach|sung [-ks-] *f. 10 nur Sg.*
Be|wa|chung *f. 10 nur Sg.*
Be|wa|chungs|mann|schaft *f. 10*
be|waff|nen *tr. 2*
Be|waff|nung *f. 10 nur Sg.*
Be|wahr|an|stalt *f. 10*
be|wah|ren *tr. 1*
be|wäh|ren *refl. 1*
be|wahr|hei|ten *refl. 2* sich als wahr herausstellen
Be|wah|rung *f. 10 nur Sg.*
Be|wäh|rung *f. 10 nur Sg.*
Be|wäh|rungs|frist *f. 10*
Be|wäh|rungs|hel|fer *m. 5*
Be|wäh|rungs|pro|be *f. 11*
Be|wäh|rungs|stra|fe *f. 11*
be|wal|den *refl. 2*
be|wald|rech|ten *tr. 2* Baumstämme b.: von Ästen u. a. befreien
Be|wal|dung *f. 10 nur Sg.*
be|wäl|ti|gen *tr. 1*
Be|wäl|ti|gung *f. 10 nur Sg.*
be|wan|dert erfahren, kenntnisreich; in etwas, auf einem Gebiet b. sein
be|wandt *veraltet:* beschaffen, ge-

B

artet; die Dinge sind so bewandt, dass …
Be|wạndt|nis *f. 1*
be|wạ̈s|sern *tr. 1;* ich bewässere, bewässre es
Be|wạ̈s|se|rung *f. 10 nur Sg.*
Be|wạ̈s|se|rungs|an|la|ge *f. 11*
be|we̱|gen **1.** *tr. 1;* **2.** *tr. 11;* jmdn. zu etwas b.: ihn dazu veranlassen, etwas zu tun
Be|weg|grund *m. 2*
be|weg|lich
Be|weg|lich|keit *f. 10 nur Sg.*
Be|wegt|heit *f. 10 nur Sg.*
Be|we̱|gung *f. 10*
Be|we̱|gungs|frei|heit *f. 10 nur Sg.*
be|we̱|gungs|los
Be|we̱|gungs|lo|sig|keit *f. 10 nur Sg.*
Be|we̱|gungs|stu|die *f. 11*
Be|we̱|gungs|the|ra|pie *f. 11*
be|we̱|gungs|un|fä|hig
Be|we̱|gungs|un|fä|hig|keit *f. 10 nur Sg.*
be|weh|ren *tr. 1* bewaffnen, ausrüsten
Be|weh|rung *f. 10 nur Sg.*
be|wei|ben *refl. 1, ugs.:* sich verheiraten (vom Mann)
be|weih|räu|chern *tr. 1;* ich beweihräuchere es
Be|weih|räu|che|rung *f. 10 nur Sg.*
be|wei|nen *tr. 1*
Be|wei|nung *f. 10 nur Sg.;* Beweinung Christi
Be|weis *m. 1*
Be|weis|auf|nah|me *f. 11*
be|weis|bar
Be|weis|bar|keit *f. 10 nur Sg.*
be|wei|sen *tr. 177*
Be|weis|füh|rung *f. 10*
Be|weis|kraft *f. 2 nur Sg.*
be|weis|kräf|tig
Be|weis|mit|tel *n. 5*
Be|weis|stück *n. 1*
be|wẹn|den *nur in den Wendungen* es dabei b. lassen: es gut sein lassen, sich damit begnügen
Be|wẹn|den *n. 7 nur Sg.;* damit soll es sein Bewenden haben: damit soll es erledigt sein
be|wẹr|ben *refl. 179;* sich um eine Stelle b.
Be|wẹr|ber *m. 5*
Be|wẹr|bung *f. 10*
Be|wẹr|bungs|schrei|ben *n. 7*
be|wẹrk|stel|li|gen *tr. 1*
Be|wẹrk|stel|li|gung *f. 10 nur Sg.*
be|wer|ten *tr. 2*
Be|wer|tung *f. 10*
be|wẹt|tern *tr. 1, Bergbau:* Frischluft zuführen; eine Grube b.
Be|wẹt|te|rung *f. 10 nur Sg.*
be|wịl|li|gen *tr. 1*
Be|wịl|li|gung *f. 10 nur Sg.*
be|wịll|komm|nen *tr. 2*
Be|wịll|komm|nung *f. 10 nur Sg.*
Be|wịm|pe|lung, Be|wịmp|lung *f. 10 nur Sg.*
be|wịr|ken *tr. 1*
be|wịr|ten *tr. 2*
be|wịrt|schaf|ten *tr. 2*
Be|wịrt|schaf|tung *f. 10 nur Sg.*
Be|wịr|tung *f. 10 nur Sg.*
be|wịt|zeln *tr. 1*
be|wohn|bar
Be|wohn|bar|keit *f. 10 nur Sg.*
be|woh|nen *tr. 1*
Be|woh|ner|schaft *f. 10 nur Sg.*
be|wọ̈l|ken *refl. 1*
Be|wọ̈l|kung *f. 10 nur Sg.*
Be|wọ̈l|kungs|auf|lo|cke|rung *f. 10*
Be|wọ̈l|kungs|zu|nah|me *f. 11 nur Sg.*
Be|wuchs [-ks] *m. 2 nur Sg.* das Bewachsensein (mit Pflanzen)
Be|wụn|de|rer, Be|wund|rer *m. 5*
be|wụn|dern *tr. 1* ich bewundere, bewundre es
be|wụn|derns|wert; eine bewundernswerte Leistung
be|wụn|derns|wür|dig
Be|wụn|de|rung *f. 10 nur Sg.*
be|wụn|de|rungs|wür|dig
Be|wụrf *m. 2*
be|wụr|zeln *refl. 1* Wurzeln bekommen
be|wụsst (*alt:* be|wụßt) *mit Gen.;* sich etwas bewusst machen
Be|wụsst|heit (*alt:* Be|wụßt|heit) *f. 10 nur Sg.*
be|wụsst|los (*alt:* be|wụßt|los)
Be|wụsst|lo|sig|keit (*alt:* Be|wụßt|lo|sig|keit) *f. 10 nur Sg.*

> **bewusst machen/werden:** Fügungen aus Adjektiv und Verb, in denen das Adjektiv steigerbar oder erweiterbar ist, werden im Infinitiv, im Partizip und am Ende eines Nebensatzes getrennt geschrieben: *Er wollte das Problem (ganz) bewusst machen. …, damit sie sich das Problem bewusst machten.* § 34 E3 (3)

be|wụsst ma|chen (*alt:* be|wụßt|ma|chen) *tr. 1*
Be|wụsst|sein (*alt:* Be|wụßt|sein) *n. 1 nur Sg.*
Be|wụsst|seins|bil|dung (*alt:* Be|wụßt|seins|bil|dung) *f. 10 nur Sg.*
Be|wụsst|seins|trü|bung (*alt:* Be|wụßt|seins|trü|bung) *f. 10*
Bey *m. 9 oder m. 1* = **Bei**
bez. *Abk. für* bezahlt, bezüglich
Bez. **1.** *Abk. für* Bezeichnung; **2.** *auch:* Bz. *Abk. für* Bezirk
be|zahl|bar erschwinglich; ein bezahlbares Auto
be|zah|len *tr. 1*
Be|zah|lung *f. 10*
be|zähm|bar
Be|zähm|bar|keit *f. 10 nur Sg.*
be|zäh|men *tr. 1*
Be|zäh|mung *f. 10 nur Sg.*
be|zau|bern *tr. 1*
Be|zau|be|rung *f. 10 nur Sg.*
be|zẹ|chen *refl. 1* sich betrinken
be|zeich|nen *tr. 2*
be|zeich|nend charakteristisch; ein bezeichnendes Verhalten
be|zeich|nen|der|wei|se
Be|zeich|nung *f. 10 (Abk.:* Bez.)
be|zei|gen *tr. 1* zeigen, zu erkennen geben; jmdn. Achtung, Ehre b.; jmdm. seine Hochachtung, Dankbarkeit b.
Be|zei|gung *f. 10*
be|zeu|gen *tr. 1* Zeugnis ablegen für; die Richtigkeit, Wahrheit einer Sache b.
Be|zeu|gung *f. 10*
be|zịch|ti|gen *tr. 1*
Be|zịch|ti|gung *f. 10*
be|zieh|bar
Be|zieh|bar|keit *f. 10 nur Sg.*
be|zie|hen *tr. 187*
be|zie|hent|lich *mit Gen., Amtsdeutsch:* mit Bezug auf
Be|zie|her *m. 5*
Be|zie|hung *f. 10*
be|zie|hungs|wei|se (*Abk.:* bzw.)
be|zịf|fern *tr. 1;* ich beziffere, beziffre es
Be|zịf|fe|rung *f. 10*
Be|zịrk *m. 1 (Abk.:* Bez., Bz.)
Be|zịrks|arzt *m. 2*
be|zịrk|lich
Be|zịrks|stadt *f. 2*
be|zịrks|wei|se
be|zịr|zen, be|cịr|cen [nach der griech. Zauberin Circe] *tr. 1, ugs.:* bezaubern, verliebt machen, verführen
Be|zo|ar, Be|zo|ar|stein *m. 1* kleiner Ballen aus Pflanzenresten, Haaren u. a. im Magen von Ziege, Gämse, Lama, früher als Heilmittel benutzt
Be|zo|ar|zie|ge *f. 11*
Be|zo|ge|ne(r) *m. 18 (17) bzw. f. 17 oder 18* jmd., auf den ein Wechsel gezogen, der also vom Aussteller zur Zahlung angewiesen ist, Akzeptant

B

Bezug: Die bisherige Uneinheitlichkeit der Schreibweise ist beseitigt. *Bezug* in festen Gefügen wird stets mit großem Anfangsbuchstaben geschrieben: *in Bezug auf, mit Bezug auf, Bezug nehmen.* § 55 (4)

Be|zug *m. 2;* mit Bezug auf; in Bezug auf; auf etwas B. nehmen
Be|zü|ge *Pl.* Einkommen
Be|zü|ger *m. 5, schweiz.:* Bezieher (von Zeitschriften)
be|züg|lich *Präp. mit Gen.* (*Abk.:* bez.); bezüglich Ihrer Anfrage; bezügliches Fürwort: Relativpronomen
Be|zug|nah|me *f. 11 nur Sg.;* unter B. auf …
Be|zugs|per|son *f. 10*
Be|zugs|preis *m. 1*
Be|zugs|satz *m. 2* Relativsatz
be|zu|schus|sen *tr. 1*
be|zu|schusst (*alt:* be|zu|schußt)
Be|zu|schus|sung *f. 10 nur Sg.*
be|zwe|cken *tr. 3*
be|zwei|feln *tr. 1;* ich bezweifele, *meist:* bezweifle es
be|zwin|gen *tr. 188*
Be|zwin|ger *m. 5*
Be|zwin|gung *f. 10 nur Sg.*
Bf., Bhf. *Abk. für* Bahnhof
BfA *Abk. für* Bundesversicherungsanstalt für Angestellte
bfr *Abk. für* belgische Franc
BG *Kfz-Kennzeichen für* Belgien
BGB *Abk. für* Bürgerliches Gesetzbuch
BGH *Abk. für* Bundesgerichtshof
BGS *Abk. für* Bundesgrenzschutz
Bha|ga|wad|gi|ta [Sanskrit] *n. Gen. - nur Sg.* einer der heiligen Texte des Hinduismus
Bhag|van [-van], **Bhag|wan** *m. 9* Anrede und Titel einer ehrwürdigen Person im Hinduismus und Buddhismus
Bhf., Bf. *Abk. für* Bahnhof
Bhu|tan Königreich im Osthimalaya
Bhu|ta|ner *m. 5*
bhu|ta|nisch
Bi *chem. Zeichen für* Wismut (Bismutum)
bi…, Bi… [lat.] *in Zus.:* zwei…, doppelt…
Bi|an|ca, Bi|an|ka [bijaŋka] weiblicher Vorname
Bi|ar|chie [lat. + griech.] *f. 11* Doppelherrschaft
Bi|as [baɪəs, engl. »Vorurteil«] *n. Gen. - nur Sg., Marktforschung:* das Verzerren von Meinungsumfrage-Ergebnissen durch subjektive Einflüsse oder systematische Fehler
Bi|ath|lon *n. Gen.* -s *nur Sg.* Kombination aus Skilanglauf und Schießen
bib|bern *intr. 1, ugs.:* zittern
Bi|bel [griech.] *f. 11*
bi|bel|fest
Bi|bel|kon|kor|danz *f. 10*
Bi|bel|spruch *m. 2* häufig zitierter Spruch aus der Bibel
Bi|bel|über|set|zung *f. 10*
Bi|bel|wort *n. 1*
Bi|ber 1. *m. 5* ein Nagetier; **2.** *m. 5 oder n. 5* ein Baumwollgewebe
Bi|be|ret|te *f. 11* auf Biber zugerichtetes Kaninchenfell
Bi|ber|geil *n. 1* Absonderung aus der Afterdrüse des Bibers, für Seifen und Parfüms benutzt
Bi|ber|nel|le *f. 11* eine Wiesenpflanze, Pimpernelle
Bi|ber|schwanz *m. 2* flache Dachziegelart
Bi|ber|wurz *f. 10* Osterluzei

♦ Die Buchstabenfolge **bi|bl…** kann in Fremdwörtern auch **bib|l…** getrennt werden.

♦ **Bi|bli|o|graf,** Bi|bli|o|graph [griech.] *m. 10* Hersteller einer Bibliografie
♦ **Bi|bli|o|gra|fie,** Bi|bli|o|gra|phie *f. 11* **1.** Bücherkunde; **2.** Bücherverzeichnis mit genauen Angaben von Titel, Verfasser, Erscheinungsort und -jahr, Seitenzahl usw.

bibliografieren/bibliographieren: Beide Schreibweisen sind zulässig, die ins Deutsche integrierte Form *bibliografieren* ist die empfohlene Hauptvariante.

♦ **bi|bli|o|gra|fie|ren,** bi|bli|o|gra|phie|ren *tr. 3;* ein Buch b.: in eine Bibliografie aufnehmen; *auch:* seine Daten ermitteln
♦ **bi|bli|o|gra|fisch,** bi|bli|o|gra|phisch
♦ **Bi|bli|o|graph** *Nv.* **Bi|bli|o|graf** *Hv. m. 10*
♦ **Bi|bli|o|gra|phie** *Nv.* **Bi|bli|o|gra|fie** *Hv. f. 11*
♦ **bi|bli|o|gra|phie|ren** *Nv.* **bi|bli|o|gra|fie|ren** *Hv. tr. 3*
♦ **bi|bli|o|gra|phisch** *Nv.* **bi|bli|o|gra|fisch** *Hv.*
♦ **Bi|bli|o|klast** *m. 10* jmd., der aus Sammelwut Seiten aus fremden Büchern herausreißt
♦ **Bi|bli|o|ma|ne** *m. 11* übertrieben, krankhaft leidenschaftlicher Büchersammler
♦ **Bi|bli|o|ma|nie** *f. 11* Büchersammelwut
♦ **bi|bli|o|ma|nisch**
♦ **bi|bli|o|phil 1.** schöne und kostbare Bücher liebend; **2.** schön und kostbar ausgestattet; bibliophile Ausgabe
♦ **Bi|bli|o|phi|le(r)** *m. 18 (17) bzw. f. 17 oder 18* Bücherliebhaber(in)
♦ **Bi|bli|o|phi|lie** *f. 11 nur Sg.*
♦ **bi|bli|o|phob** bücherfeindlich
♦ **Bi|bli|o|pho|be(r)** *m. 18 (17) bzw. f. 17 oder 18* Bücherfeind(in)
♦ **Bi|bli|o|pho|bie** *f. 11 nur Sg.*
♦ **Bi|bli|o|thek** *f. 10* **1.** Büchersammlung, Bücherei; **2.** Raum, Gebäude dafür
♦ **Bi|bli|o|the|kar** *m. 1* Angestellter in einer Bibliothek (mit bes. Ausbildung)
♦ **bi|bli|o|the|ka|risch**
♦ **Bi|bli|o|theks|we|sen** *n. 7 nur Sg.*
♦ **bi|blisch** eine biblische Geschichte; *aber:* Biblische Geschichte (als Lehrfach)
Bi|car|bo|nat [lat.] *n. 1* s. **Bi|kar|bo|nat**
Bi|chro|mat [-kro-, lat. + griech.] *n. 1, früher für* Dichromat
Bi|chro|mie [-kro-] *f. 11 nur Sg.* Zweifarbigkeit
Bick|bee|re *f. 11, norddt.:* Heidel-, Blaubeere
Bi|det [-de, frz.] *n. 9* Sitzbadebecken
Bi|don|ville [bidɔ̃vil, zu frz. bidon »Kanister«] *n. 9* Elendsquartier (in nordafrikanischen und frz. Städten)
bie|der
Bie|der|keit *f. 10 nur Sg.*
Bie|der|mann *m. 4*
Bie|der|mei|er *n. 5 nur Sg.* Bez. für die Kulturepoche in der ersten Hälfte des 19. Jh.
bie|der|mei|er|lich
Bie|der|mei|er|zeit *f. 10 nur Sg.*
Bie|der|sinn *m. 1 nur Sg.* Rechtschaffenheit
bieg|bar
Bieg|bar|keit *f. 10 nur Sg.*
Bie|ge *f. 11* Biegung, Kurve
Bie|ge|fes|tig|keit *f. 10 nur Sg.*
bie|gen *tr. 12;* auf Biegen oder Brechen: unbedingt, unter allen Umständen

bieg|sam
Bieg|sam|keit *f. 10 nur Sg.*
Bie|gung *f. 10*
Bien *m. 1 nur Sg.* Gesamtheit des Bienenvolkes
Bien|chen *n. 7*
Bie|ne *f. 11*
Bie|nen|fleiß *m. 1 nur Sg., ugs.*
Bie|nen|ho|nig *m. 1 nur Sg.*
Bie|nen|kö|ni|gin *f. 10*
Bie|nen|saug *m. 1* Taubnessel
Bie|nen|schwarm *m. 2*
Bie|nen|spra|che *f. 11 nur Sg.*
Bie|nen|stich *m. 1*
Bie|nen|stock *m. 2*
Bien|lein *n. 7*
Bi|en|na|le [ital.] *f. 11* alle zwei Jahre stattfindende Ausstellung und Vorführung von Werken der bildenden Kunst, der Musik und des Films, bes. in Venedig
Bi|en|ni|um [lat.] *n. Gen.* -s *Pl.* -nien Zeitraum von zwei Jahren
Bier *n. 1*
Bier|bass (*alt:* Bier|baß) *m. 2, ugs. scherzh.*
Bier|ei|fer *m. 5 nur Sg., ugs.*
bier|eif|rig
Bier|fass (*alt:* Bier|faß) *n. 4*
Bier|gar|ten *m. 8* Gartenlokal
Bier|ru|he *f. 11 nur Sg., ugs. scherzh.:* unerschütterliche Ruhe
Bier|sei|del *n. 5* Bierkrug
Bie|se *f. 11* **1.** schmales, abgenähtes Fältchen; **2.** farbiger Vorstoß an Uniformen
bie|sen *intr. 1* toll, unruhig werden (vom Vieh)
Bies|flie|ge *f. 11* Bremse
Biest *n. 3* **1.** *nddt.:* Vieh, Rind; **2.** *ugs.:* boshafter, gemeiner, hinterhältiger Mensch
Biest|milch *f. 10 nur Sg.* erste Milch der Kuh nach dem Kalben
Biet *n. 1, schweiz.:* Gebiet, meist in Verbindung mit Städtenamen, z. B. Baselbiet
bie|ten *tr. 13*
Bie|ter *m. 5*
bi|fi|lar [lat.] *Tech.:* zweifädig, zweidrahtig
Bi|fo|kal|glas *n. 4* Brillenglas mit zweifachem Schliff für Fern- und Nahsicht
Bi|ga [lat.] *f. Gen.* - *Pl.* -gen antiker, mit zwei Pferden bespannter, zweirädriger Streitwagen
Bi|ga|mie [lat. + griech.] *f. 11 nur Sg.* Doppelehe
bi|ga|misch
Bi|ga|mist *m. 10* jmd., der in Bigamie lebt

Big Band *Nv.* **Big|band** *Hv.* [-bænd, engl.] *f. Gen.* (-) - *Pl.* (-) -s großes Jazzorchester
Big Ben [engl. »großer Benjamin«] *m. Gen.* - - *nur Sg.* Glocke im Uhrturm des Londoner Parlamentsgebäudes
Big Busi|ness *Nv.* **Big|busi|ness** *Hv.* [-bịznis, engl.] *n. Gen.* (-) - *nur Sg.* Geschäftswelt der Großunternehmer
Bi|gno|nie *auch:* **Big|no|nie** [-njə, nach dem frz. Abbé Bignon] *f. 11* eine Zierpflanze
bi|gott [frz.] frömmelnd, blind gläubig
Bi|got|te|rie *f. 11*
Bi|jou [-ʒu, frz.] *n. 9 oder m. 9* Kleinod, Schmuckstück
Bi|jou|te|rie [-ʒu-] *f. 11* **1.** (meist unechte) Schmuckwaren; **2.** Schmuckgeschäft
Bi|kar|bo|nat, *fachsprachl.:* Bi|carbo|nat *n. 1*
Bike [baɪk, engl.] *n. 9 engl. Kurzwort für* Motorrad oder Fahrrad
bi|ken [baɪkən] *intr. 1* Motorrad oder Fahrrad fahren
Bi|ker [baɪkə(r)] *m. 5* Motorrad- oder Fahrradfahrer
Bi|ki|ni [nach dem Atoll Bikini der Marshallinseln] *m. 9* sehr knapper, zweiteiliger Badeanzug
bi|kon|kav [lat.] beiderseits hohl geschliffen (Linse)
bi|kon|vex [-vɛks, lat.] beiderseits gewölbt geschliffen (Linse)
bi|la|bi|al [lat.] mit beiden Lippen gebildet (Laut)
Bi|la|bi|al *m. 1* mit beiden Lippen gebildeter Laut (m, b, p)
Bi|lanz [ital.] *f. 10* **1.** Gegenüberstellung von Vermögenswerten und Verpflichtungen zu einem best. Zeitpunkt; **2.** *übertr.:* Gegenüberstellung, abschließender Überblick
bi|lan|zie|ren *tr. 3* eine Bilanz aufstellen über
Bi|lan|zie|rung *f. 10*
bi|lanz|scho|nend
bi|la|te|ral [lat.] zweiseitig; bilaterale Verträge
Bi|la|te|ra|lis|mus *m. Gen.* - *nur Sg.* Zweiseitigkeit der Verträge zwischen zwei Staaten
Bilch *m. 1,* **Bilch|maus** *f. 2* ein Nagetier, Schlafmaus
Bild *n. 3*
Bild|band *m. 2*
Bild|be|richt *m. 1*
Bild|be|richt|er|stat|ter *m. 5*

Bild|chen *n. 7*
bil|den *tr. 2;* bildende Kunst
Bil|der|bi|bel *f. 11*
Bil|der|rah|men *m. 7*
Bil|der|rät|sel *n. 5*
Bil|der|schrift *f. 10* Schrift, die ein Wort, einen Satz oder Sachverhalt durch ein bildliches Zeichen wiedergibt (z. B. die Hieroglyphen, die chines. Schrift, die Gaunerzinken), Piktographie; vgl. Lautschrift, Silbenschrift
Bil|der|sturm *m. 2 nur Sg.*
Bil|der|stür|mer *m. 5*
Bil|der|stür|me|rei *f. 10 nur Sg.*
Bild|flä|che *f. 11*
bild|haft
Bild|haf|tig|keit *f. 10 nur Sg.*
Bild|hau|er *m. 5*
Bild|hau|e|rei *f. 10 nur Sg.*
Bild|hau|er|kunst *f. 2 nur Sg.*
bild|hau|ern *intr. 1*
bild|hübsch
Bild|kraft *f. 2 nur Sg.*
bild|kräf|tig
bild|lich
Bild|ner *m. 5*
Bild|ne|rei *f. 10 nur Sg.* Bildhauerkunst
bild|ne|risch
Bild|nis *n. 1*
bild|sam
Bild|sam|keit *f. 10 nur Sg.*
Bild|säu|le *f. 11*
Bild|schirm *m. 1* Frontscheibe des Monitors oder Fernsehers
Bild|schirm|scho|ner *m. 5* Programm zum Schutz der Bildröhre
Bild|schnit|zer *m. 5*
Bild|schnit|ze|rei *f. 10*
bild|schön
Bild|stock *m. 2, süddt., österr.:* Marterl
Bild|te|le|fon *m. 5* Telefon mit Bildschirm
Bild|te|le|gramm *n. 1*
Bild|tep|pich *m. 1*
Bil|dung *f. 10*
bil|dungs|be|flis|sen
Bil|dungs|be|flis|sen|heit *f. 10 nur Sg.*
bil|dungs|fä|hig
Bil|dungs|fä|hig|keit *f. 10 nur Sg.*
Bil|dungs|hun|ger *m. 5 nur Sg.*
bil|dungs|hung|rig
Bil|dungs|lü|cke *f. 11*
Bil|dungs|po|li|tik *f. 10 nur Sg.*
Bil|dungs|stät|te *f. 11*
Bil|dungs|stu|fe *f. 11*
Bild|wand|ler *m. 5* Gerät, das die Wellenlänge elektromagneti-

B

scher Strahlung verändert, meist nicht sichtbare Strahlen in sichtbare umwandelt

Bild|wer|bung *f. 10 nur Sg.*

Bild|wer|fer *m. 5* Projektionsapparat

Bild|wir|ke|rei *f. 10*

Bild|wir|kung *f. 10*

Bil|ge *f. 11* Kielraum (des Schiffes)

Bil|ge|was|ser *n. 6* Leckwasser, das sich in der Bilge sammelt

Bil|har|zie [-zjə, nach dem dt. Arzt Theodor Bilharz] *f. 11* ein in menschl. Bauchvenen schmarotzender Saugwurm

Bil|har|zi|o|se *f. 11* durch Bilharzien hervorgerufene Krankheit

bi|lin|gu|al [lat.] zweisprachig

Bi|li|ru|bin [lat.] *n. 1 nur Sg.* Gallenfarbstoff

Bill, *Max* schweiz. Architekt, Bildhauer und Maler

Bill [engl.] *f. 9* **1.** *im britischen Parlament:* Gesetzesentwurf; **2.** *englisch-amerikanisches Rechtsw. allg.:* Urkunde; **3.** *Bankw.:* Wechsel

Bil|lard [biljart, frz.] *n. 1, österr.* [biljar oder bijar] Kugelstoßspiel auf einem tuchbespannten Tisch mit federndem Rand

Bil|lard|ball [biljart-] *m. 2*

bil|lar|die|ren [biljar-] *intr. 3* Billard regelwidrig spielen

Bill|ber|gia [nach dem schwed. Botaniker G. J. Billberg] *f. Gen. - Pl.* -gi|en, **Bill|ber|gie** [-gjə] *f. 11* eine Zimmerpflanze

Bil|le *f. 11* **1.** *Seew.:* Rundung des Schiffshecks; **2.** doppelschneidige Hacke

Bil|let|doux [bijɛdu, frz. »süßes Briefchen«] *n. 9, veraltet:* Liebesbriefchen

Bil|le|teur [bijɛtør, frz.] *m. 1 oder m. 9, österr.:* Platzanweiser (in Kino und Theater)

Bil|lett [-ljɛt] *n. 9 oder n. 1* **1.** *veraltet:* Briefchen, Zettel mit einer Mitteilung; **2.** Eintritts-, Fahrkarte

Bil|li|ar|de [frz.] *f. 11* tausend Billionen

bil|lig

bil|li|gen *tr. 1*

bil|li|ger|wei|se, bil|li|ger|ma|ßen

Bil|lig|keit *f. 10 nur Sg.*

Bil|li|gung *f. 10 nur Sg.*

Bil|li|on [frz.] *f. 10, in Dtld., Großbritannien u. Frkr.:* eine Million Millionen; *in den USA und der GUS:* eine Milliarde

Bil|li|ons|tel *n. 5* der billionste Teil; vgl. Achtel

Bil|lon [biljɔ̃, frz.] *n. 9 oder m. 9* **1.** Legierung aus Kupfer, Zinn und Zink; **2.** Münze daraus

Bil|sen|kraut *n. 4* eine Gift- und Heilpflanze

Bi|lux|lam|pe [lat.] *f. 11* Glühlampe mit zwei getrennt schaltbaren Leuchtkörpern, z. B. als Fern- und Abblendlampe in Autoscheinwerfern

bim!; bim bam!

Bim|bam *nur in der Wendung* heiliger B.!: du liebe Zeit!

bi|ma|xil|lar [lat.] Ober- und Unterkiefer betreffend

Bi|mes|ter [lat.] *n. 5, veraltet:* Zeitraum von zwei Monaten

Bi|me|tall *n. 1* zwei aufeinander geschweißte oder gewalzte Metallstreifen mit verschiedenen Ausdehnungskoeffizienten (für Thermometer, elektr. Kontakte)

bi|me|tal|lisch

Bi|me|tal|lis|mus *m. Gen. - nur Sg.* auf zwei Metallen (meist: Gold und Silber) beruhende Währung; *Ggs.:* Monometallismus

Bim|mel *f. 11, ugs.:* Klingel, Glocke

Bim|mel|bahn *f. 10* Kleinbahn

Bim|me|lei *f. 10 nur Sg.*

bim|meln *intr. 1, ugs.*

bim|sen *tr. 1, ugs.* **1.** etwas b.: intensiv lernen, pauken; **2.** jmdn. b.: drillen, ihm etwas einpauken

Bims|stein *m. 1*

bi|när, bi|nar, bi|na|risch [lat.] aus zwei Einheiten bestehend (Ziffer, Stoff)

Bi|när|kode, *fachsprachl.:* Binärcode *m. 9, Kybernetik:* aus zwei Ziffern bestehendes Zahlensystem

bi|na|ry di|git [baɪnərɪ dɪdʒɪt] s. **Bit**

Bin|de *f. 11*

Bin|de|ge|we|be *n. 5*

Bin|de|ge|webs|mas|sa|ge [-ʒə] *f. 11*

Bin|de|glied *n. 3*

Bin|de|haut *f. 2*

Bin|de|mit|tel *n. 5*

bin|den *tr. 14*

Bin|de|rei *f. 10*

Bin|de-s *n. Gen. - Pl. -*

Bin|de|strich *m. 1*

Bin|de|wort *n. 4* Konjunktion

Bind|fa|den *m. 8*

bin|dig schwer, zäh (Boden)

Bin|dig|keit *f. 10 nur Sg.*

Bin|dung *f. 10*

bin|dungs|los

Bin|dungs|lo|sig|keit *f. 10 nur Sg.*

Bin|ge, Pin|ge *f. 11, Bergbau:* durch Einsturz alter Gruben entstandene, trichterförmige Erdvertiefung

Bin|gel|kraut *n. 4* eine zweihäusige Waldpflanze

Bin|gen Stadt in Rheinland-Pfalz; Binger Loch

Bin|ger *m. 5* Einwohner von Bingen

Bin|go *n. 9 nur Sg.*

Bin|kel *m. 14* **1.** *österr.:* Bündel; dummer Kerl; **2.** *bair.:* Beule

bin|nen *Präp. mit Dat. oder Gen.;* b. kurzem; b. zwei Jahren, b. zweier Jahre

bin|nen|bords *Seew.:* innerhalb des Schiffes; *Ggs.:* außenbords

Bin|nen|ha|fen *m. 8*

Bin|nen|han|del *m. 6 nur Sg.*

Bin|nen|land *n. 4*

bin|nen|län|disch

Bin|nen|markt *m. 2*

Bin|nen|meer *n. 1*

Bin|nen|schiff|fahrt (*alt:* Bin|nen-schiffahrt (-ff|f-)) *f. 10 nur Sg.*

Bi|no|de [lat. + griech.] *f. 11* Elektronenröhre mit zwei Röhrensystemen in einem Glaskolben

Bin|o|kel *auch:* **Bi|no|kel** [lat.] **1.** *n. 5* Brille, Fernrohr, Mikroskop für beide Augen; **2.** *m. 5 oder n. 5, schweiz., veraltet:* Kartenspiel; *auch:* die Kombination von Karobube und Pikdame dabei

bin|o|ku|lar *auch:* **bi|no|ku|lar** für beide Augen zugleich eingerichtet

Bi|nom [lat.] *n. 1* **1.** *Math.:* zweigliedriger Ausdruck; **2.** *Bot.:* zweigliedriger Pflanzenname

bi|no|misch

Bin|se *f. 11*; in die Binsen gehen: verloren gehen, kaputt gehen

Bin|sen|wahr|heit, Bin|sen|weis|heit *f. 10* allgemein bekannte Wahr- oder Weisheit

bi|o..., Bi|o... [griech.] *in Zus.:* leben(s)..., Leben(s)...

Bi|o|che|mie *f. 11 nur Sg.* Lehre von den chem. Vorgängen in Lebewesen

Bi|o|che|mi|ker *m. 5*

bi|o|che|misch

Bi|o|gas *n. 1*

bi|o|gen [griech.] von Lebewesen stammend

Bi|o|ge|ne|se *f. 11* Entstehung, Entwicklungsgeschichte des Lebens, Biogenie

bi|o|ge|ne|tisch

Bi|o|ge|nie *f. 11 nur Sg.;* Biogenese

Bi|o|ge|o|gra|phie *auch:* **Bi|o|ge|o|gra|fie** [griech.] *f. 11 nur Sg.* Wissenschaft von der Verteilung der Tiere und Pflanzen auf der Erde

bi|o|ge|o|gra|phisch *auch:* **bi|o|ge|o|gra|fisch**

Bi|o|graf, Bi|o|graph [griech.] *m. 10* Verfasser einer Biografie

Bi|o|gra|fie, Bi|o|gra|phie *f. 11* Lebensbeschreibung

bi|o|gra|fisch, bi|o|gra|phisch

Bi|o|graph *Nv.* **Bi|o|graf** *Hv. m. 10*

Bi|o|gra|phie *Nv.* **Bi|o|gra|fie** *Hv. f. 11*

bi|o|gra|phisch *Nv.* **bi|o|gra|fisch** *Hv.*

Bi|o|gramm [griech.] *n. 1, Verhaltensforschung:* Aufzeichnung der Lebensvorgänge innerhalb einer Gruppe

Bi|o|kli|ma|to|lo|gie [griech.] *f. 11 nur Sg.* Wissenschaft von der Wirkung des Klimas auf das Leben

bi|o|kli|ma|to|lo|gisch

Bi|o|la|den *m. 8* Laden mit dem Anspruch, chemisch unbehandelte Lebensmittel zu verkaufen

Bi|o|lith [griech.] *m. 10 oder m. 12* Ablagerungsgestein tier. oder pflanzl. Herkunft

Bi|o|lo|ge [griech.] *m. 1*

Bi|o|lo|gie *f. 11 nur Sg.* Wissenschaft von den Lebewesen

bi|o|lo|gisch

Bi|o|lo|gis|mus *m. Gen. - nur Sg.* einseitige Anwendung biologischer Betrachtungsweisen auf andere Wissensgebiete

bi|o|lo|gis|tisch

Bi|o|lu|mi|nes|zenz [griech. + lat.] *f. 10 nur Sg.* Leuchtvermögen bestimmter Pflanzen und Tiere

Bi|o|ly|se [griech.] *f. 11* Zersetzung von organ. Substanz durch Lebewesen

bi|o|ly|tisch

Bi|o|mant [griech.] *m. 10*

Bi|o|man|tie *f. 11 nur Sg.,* **Bi|o|man|tik** *f. 10 nur Sg.* Wahrsagen aus Handlinien, Puls u. Ä.

bi|o|man|tisch

Bi|o|me|cha|nik *f. 10 nur Sg.* Lehre von den mechan. Vorgängen in Lebewesen

bi|o|me|cha|nisch

Bi|o|me|trie *auch:* **Bi|o|met|rie** [griech.] *f. 11 nur Sg.,* **Bi|o|me|trik** *auch:* **Bi|o|met|rik** *f. 10 nur Sg.* **1.** Lehre von den Maß- und Zahlenverhältnissen bei Lebewesen; **2.** Biostatistik

bi|o|morph [griech.] von natürl. Lebenskräften und -vorgängen geformt und beeinflusst; vgl. soziomorph, technomorph

Bi|o|mor|pho|se *f. 11* die durch natürl. Vorgänge hervorgerufene Umwandlung der Lebewesen

Bi|o|mo|tor *m. 13* Gerät zur künstl. Beatmung

Bi|o|müll *m. Gen. -s nur Sg.* kompostierbarer Haushaltsmüll

Bi|o|nik [Kurzwort aus Biologie + Technik] *f. 10 nur Sg.* Wissenschaft, die die Funktionsweise von Organen zur Lösung technischer Probleme heranzieht

bi|o|nisch

Bi|o|phy|sik *f. 10 nur Sg.* Wissenschaft von den physikal. Vorgängen in Lebewesen

Bi|o|phy|si|ker *m. 5*

bi|o|phy|si|ka|lisch

Bi|op|sie [griech.] *f. 11* Untersuchung von Gewebe u. Ä., das dem lebenden Organismus entnommen wurde

Bi|o|rhyth|mik *f. 10 nur Sg.,* **Bi|o|rhyth|mus** *m. Gen. - nur Sg.* rhythm. Ablauf von Lebensvorgängen

bi|o|rhyth|misch

Bi|os [griech.] *m. Gen. - nur Sg.* die belebte Welt

Bi|o|se [griech.] *f. 11* einfacher Zucker mit zwei Sauerstoffatomen im Molekül

Bi|o|skop *auch:* **Bi|os|kop** [griech.] *n. 1* 1891 erfundenes kinematografisches Gerät

Bi|o|sphä|re *auch:* **Bi|os|phä|re** *f. 11* der belebte Teil der Erdoberfläche

Bi|o|sta|tis|tik *f. 10* biologische Statistik, Biometrik (2)

Bi|o|tech|nik *f. 10 nur Sg.* Nutzbarmachen biologischer Umwandlungen, z. B. der Hefegärung, für die Technik

bi|o|tech|nisch

Bi|o|tech|no|lo|gie *f. 11 nur Sg.* Wissenschaft von der Biotechnik

bi|o|tech|no|lo|gisch

Bi|o|tin *n. 1 nur Sg.* Vitamin H

bi|o|tisch zu Lebewesen gehörend, von ihnen stammend

Bi|o|tit [nach dem frz. Physiker J. B. Biot] *m. 1* schwarzer Glimmer

Bi|o|ton|ne *f. 11*

Bi|o|to|nus [griech.] *m. Gen. - nur Sg.* Lebenskraft, Spannkraft

Bi|o|top [griech.] *m. 1 oder n. 1* einheitlicher Lebensraum mit bestimmten Pflanzen- und Tierarten

bi|o|trop [griech.] auf Lebewesen bestimmend einwirkend; biotrope Faktoren: z. B. Luftdruck, Temperatur

Bi|o|tro|pie *f. 11* Witterungsempfindlichkeit des Organismus

Bi|o|typ *m. 12,* **Bi|o|ty|pus** *m. Gen. - Pl.* -pen Gesamtheit aller reinerbigen Exemplare einer Population

bi|o|zen|trisch *auch:* **bi|o|zent|risch** das Leben, seine Erhaltung und Höherentwicklung in den Mittelpunkt stellend

Bi|o|zö|no|se [griech.] *f. 11* Lebensgemeinschaft von Pflanzen und Tieren in einem Biotop

bi|o|zö|no|tisch

BIP *Abk. für* Bruttoinlandsprodukt

Bi|pe|de [lat.] *m. 11* Zweifüßer, zweifüßiges Tier

bi|pe|disch

Bi|pe|di|tät *f. Gen. - nur Sg.* zweifüßige Beschaffenheit, Zweifüßigkeit

bi|po|lar [auch: -lar], zweipolig

Bi|po|la|ri|tät *f. 10*

Bi|qua|drat *auch:* **Bi|quad|rat** *n. 1* Quadrat des Quadrats, vierte Potenz

bi|qua|dra|tisch *auch:* **bi|quad|ra|tisch** in die vierte Potenz erhoben

Bi|quet [bike, frz.] *m. 9* Schnellwaage für Gold- und Silbermünzen

bi|que|tie|ren [-ke-] *tr. 3* auf dem Biquet abwiegen

Bir|cher|mü|es|li *auch:* **Bir|cher-Mü|es|li** [nach dem schweiz. Arzt Maximilian Oskar Bircher-Benner] *n. 9* Gericht aus Haferflocken, Milch, Obstsaft, geriebenen Nüssen und Zucker oder Honig

Bi|re|me [lat.] *f. 11* antikes Kriegsschiff mit zwei Reihen von Ruderbänken

Bi|rett *n. 1, Nebenform von* Barett

Bir|git, Bir|gid, Bir|gitt weibl. Vorname

Bir|ke *f. 11*

bir|ken aus Birkenholz

Birk|hahn *m. 2*

Birk|huhn *n. 4*

Bir|ma, *offiziell:* My|an|mar, Staat in Südostasien; vgl. Burma

Bir|ma|ne *m. 11*

bir|ma|nisch

Birn|baum *m. 2*

B

Bir|ne *f. 11*
Birsch *f. Gen. - nur Sg.* Pirsch
Bi|rut|sche *f. 11 Nebenform von* Barutsche
bis; bis heute, bis jetzt, bis dahin; bis München, bis Montag; bis nächstes Jahr, bis zum nächsten Jahr; bis wann?; ich warte, bis du kommst; drei bis vier Euro (3-4 Euro); eine Höhe von drei bis fünf Metern (3-5 Metern); vier- bis fünfmal (4-5-mal); vom 4. bis zum 10. Jh. (*aber nur:* 4.-10. Jh.); Kinder bis zu fünf Jahren; alle bis auf einen
Bi|sam *m. 1* **1.** Fell der Bisamratte; **2.** *veraltet für* Moschus
Bi|sam|och|se [-ks-] *m. 11* Moschusochse
Bi|sam|rat|te *f. 11*
Bis|ca|ya s. **Bis|ka|ya**
Bisch|kek Hauptstadt von Kirgisistan
Bi|schof *m. 2*
bi|schöf|lich
Bi|schofs|kon|fe|renz *f. 10*
Bi|schofs|müt|ze *f. 11*
Bi|schofs|sitz *m. 1*
Bi|schofs|stab *m. 2*
Bi|schofs|stuhl *m. 2*
Bi|se *f. 11,* Bis|wind *m. 1, schweiz.:* scharfer Nordostwind
Bi|sek|trix *auch:* **Bi|sekt|rix** [lat.] *f. Gen. - Pl.* -tri|zes Winkelhalbierende zwischen den Achsen eines Kristalls
Bi|se|xu|a|li|tät *f. 10 nur Sg.* **1.** *Biol.* Zweigeschlechtigkeit; **2.** auf beide Geschlechter gerichtete Sexualität
bi|se|xu|ell **1.** *Biol.:* zweigeschlechtig; **2.** mit beiden Geschlechtern verkehrend
Bi|se|xu|el|le(r) *m. 18 (17) bzw. f. 17 oder 18*
bis|her [süddt., schweiz.: bis-]

> **bisherig:** Substantiviert wird das Adjektiv mit großem Anfangsbuchstaben geschrieben: *Das Bisherige war sehr langweilig.* Ebenso: *beim Bisherigen, im Bisherigen.* § 57 (1)

bis|he|rig; im Bisherigen: im bisher Gesagten
Bis|ka|ya, Bis|ca|ya; Golf von B.: Bucht des Atlant. Ozeans zwischen der Nordküste Spaniens und der Westküste Frankreichs
Bis|kot|te [ital.] *f. 11, österr.:* Biskuitplätzchen
Bis|kuit [-kvit, auch: bis-, lat.-frz.] *n. 9 oder n. 1* leichtes, feines Gebäck ohne Fett
Bis|kuit|por|zel|lan [-kvit-, auch: bis-] *n. 1* zweimal gebranntes, unglasiertes Porzellan
bis|lang bis jetzt, bisher
Bis|marck Gründer und Kanzler des Dt. Reiches
Bis|marck|he|ring *m. 1*
bis|mar|ckisch, bis|marcksch; die bismarck(i)schen Sozialgesetze *oder:* Bismarck'schen Sozialgesetze
Bis|mut *m. 1* ein Mineral
Bis|mu|tit *n. Gen. -s nur Sg. (Zeichen:* Bi) Wismut
Bi|son *m. 9* nordamerik. Wildrind
Biss (*alt:* Biß) *m. 1*
biss|chen (*alt:* biß|chen); das bisschen, ein bisschen, ein kleines bisschen; ein bisschen Brot; ein bisschen schnell!
Biss|chen (*alt:* Biß|chen) *n. 7, selten:* kleiner Bissen
bis|sel bisschen
Bis|sen *m. 7*
bis|sen|wei|se
Biss|gurn (*alt:* Biß|gurn) *f. Gen. - Pl. -, bair., österr.:* zänkisches Weib
bis|sig
Bis|sig|keit *f. 10 nur Sg.*
Biss|wun|de (*alt:* Biß|wun|de) *f. 11*
bis|ten *intr. 2* locken, rufen (vom Haselhuhn)
Bis|ter [frz.] *m. 5* aus Ruß gewonnene, braune Wasserfarbe
Bis|tou|ri [-tu-, frz.] *m. 9 oder n. 9* Operationsmesser mit bewegl. Klinge
Bis|tro(t) *auch:* **Bist|ro(t)** [-tro-, frz.] **1.** *n. 9* kleine frz. Gaststätte, Kneipe; **2.** *m. 9* frz. Schankwirt
Bis|tum *n. 4* Amtsbezirk eines Bischofs
bis|wei|len
Bis|wind *m. 1* Bise
bi|syl|la|bisch [lat.] zweisilbig
Bit *in der Datenverarbeitung Abk. für* binary digit: Informationseinheit
Bittag (-tt|t-) (*alt für:* Bitt|tag) *m. 1*
Bitt|brief *m. 1*
bit|te; b. gib mir das Buch; sei so freundlich, b!; wie b.?; b. sehr, b. schön; b. wenden! (*Abk.:* b.w.)
Bit|te *f. 11*
bit|ten *tr. 15*
bit|ter
bit|ter|bö|se
Bit|te|re(r) *m. 18 (17)* Kräuterschnaps, Magenbitter
bit|ter|ernst; *aber:* es wird bitterer Ernst
Bit|ter|fäu|le *f. 11 nur Sg.* Fäulniserscheinung bei Kernobst
bit|ter|kalt
Bit|ter|keit *f. 10 nur Sg.*
Bit|ter|klee *m. 9*
bit|ter|lich
Bit|ter|ling *m. 1* **1.** ein Fisch; **2.** ein Pilz
Bit|ter|man|del|öl *n. 1*
Bit|ter|mit|tel *n. 5*
Bit|ter|nis *f. 1*
bit|ter|süß
Bit|ter|stoff *m. 1* bitterer pflanzl. Stoff zur Herstellung der Bittermittel
Bit|ter|was|ser *n. 6*
Bit|ter|wur|zel *f. 11* Gelber Enzian
Bitt|gang *m. 2*
Bitt|ge|such *n. 1*
bitt|lich *österr.;* wenn ich b. sein darf: wenn ich bitten darf
Bitt|schrift *f. 10*
Bitt|stel|ler *m. 5*
Bitt|tag (*alt:* Bittag (-tt|t-)) *m. 1 kath. Kirche:* jeder der drei Tage vor Himmelfahrt
Bi|tu|men [lat.] *n. 7* Erdharz, Erdpech
bi|tu|mig
bi|tu|mi|nie|ren *tr. 3* mit Bitumen bestreichen
bi|tu|mi|nös Bitumen enthaltend
bit|zeln *intr. 1, südwestdt.* **1.** kitzeln, prickeln; **2.** kleine Stückchen abschneiden
Bit|zel|was|ser *n. 6, südwestdt.:* Mineralwasser
bi|va|lent [-va-, lat.] *Chem.:* zweiwertig
Bi|va|lenz [-va-] *f. 10* Zweiwertigkeit
Bi|wa [jap.] *f. 9* viersaitige jap. Laute
Bi|wak [nddt.] *n. 1 oder n. 9* Nachtlager im Freien, Feldlager
bi|wa|kie|ren *intr. 3*
bi|zarr [frz., ital.] **1.** seltsam, ungewöhnlich (Form); **2.** launenhaft, wunderlich (Person)
Bi|zar|re|rie *f. 11*
Bi|zeps [lat.] *m. 1* zweiköpfiger Beugemuskel (z. B. am Oberarm)
Bi|zet [bize], *Georges* frz. Komponist
bi|zy|klisch *auch:* **bi|zyk|lisch** [lat. + griech.] einen Kohlenstoffdoppelring enthaltend (chem. Verbindung)

Björn männl. Vorname
Bk *chem. Zeichen für* Berkelium
Bl. *Abk. für* Blatt (Papier)
Bla|che, Bla|he, Pla|che *f. 11* Plane, Wagendecke
Blach|feld *n. 3* **1.** flaches Feld; **2.** *poet.:* Schlachtfeld
Black|band [blækbænd, engl.] *n. 9 nur Sg.* geringwertiges Eisenerz
Black Box *Nv.* **Black|box** *Hv.* [blæk-, engl. »schwarzer Kasten«] *f. Gen.* (-) - *nur Sg.* **1.** nicht vollständig bekanntes System, von dem man nicht weiß, wie es arbeitet; **2.** Flugschreiber
Black|out *Nv.* **Black-out** *Hv.* [blækaut, engl.] *n. 9* **1.** plötzliches Dunkelwerden der Bühne beim Szenenschluss; **2.** kurze, meist witzige Szene mit einem solchen Schluss; **3.** Ausfall der Funkverbindung mit einem Raumschiff bei dessen Eintritt in die Atmosphäre; **4.** vorübergehender Verlust der Sehfähigkeit unter Einwirkung extremer Beschleunigung; **5.** Aussetzen der Wahrnehmungsfähigkeit oder des Bewusstseins; **6.** vollständiger nächtlicher Stromausfall (in einer Stadt)
Black Po|wer *Nv.* **Black|po|wer** *Hv. auch:* **Black|pow|er** [blækpauə(r), engl.] *f. Gen.* (-) - *nur Sg.* Freiheitsbewegung der US-amerik. Schwarzen
blaff!
blaf|fen, bläf|fen *intr. 1* bellen, kläffen
Blaf|fer, Bläf|fer *m. 5*
Blag *n. 12,* **Bla|ge** *f. 11, abwertend:* kleines, ungezogenes, lästiges Kind
Bla|he *f. 11* = **Bla|che**
blä|hen *tr. u. intr. 1*
Bläh|hals *m. 2, volkstüml.:* Kropf
Bläh|sucht *f. Gen. - nur Sg.* Trommelsucht
Blä|hung *f. 10* Gasbildung im Darm; an Blähungen leiden
bla|ken *intr. 1* schwelen, rußen, rauchen (Lampe)
blä|ken *intr. 1, sächs.:* schreien, plärren
Bla|ker *m. 5* **1.** reflektierender Metallschirm eines Wandleuchters; **2.** Wandleuchter mit solchem Schirm
bla|ma|bel beschämend; eine blamable Sache
Bla|ma|ge [-ʒə, frz.] *f. 11* peinliche Beschämung
bla|mie|ren *tr. 3* bloßstellen, zum Gespött machen
blan|chie|ren [blãʃi-, frz. »weiß machen«] *tr. 3* abbrühen (Geflügel, Mandeln)
bland [lat.] **1.** mild, reizlos (Diät); **2.** ruhig verlaufend (Krankheit)
Blank [blæŋk] *n. 9, EDV:* Leerstelle
blank; der Blanke Hans: die Nordsee bei Sturm; blank polieren, putzen, reiben, scheuern; *aber:* blank poliert; blank sein *ugs.:* kein Geld (mehr) haben
Blan|kett [ital.] *n. 1* nicht völlig ausgefülltes, aber unterschriebenes Formular (*bes.:* Wechsel)
blan|kie|ren *tr. 3* verkaufen, ohne es selbst schon gekauft zu haben
Blank|le|der *n. 5* geglättetes Rindsleder
blan|ko unausgefüllt, aber unterschrieben
Blan|ko|scheck *m. 9* Scheck, bei dem der Betrag nicht eingesetzt ist
Blan|ko|ver|kauf *m. 2* Leerverkauf, spekulativer Verkauf einer Sache, die man noch nicht besitzt
Blan|ko|voll|macht *f. 10* unbeschränkte Vollmacht
blank po|liert (*alt:* blank|po|liert); blank polierte Schuhe
Blank|vers *m. 1* fünffüßiger Jambus ohne Reim
blank|zie|hen *tr. 187* aus der Scheide ziehen (Säbel, Degen)
Blas|balg *m. 2, österr. für* Blasebalg
Bläs|chen *n. 7*
Bla|se **1.** *f. 11;* **2.** *f. 11 nur Sg., vulg.:* Gruppe jugendlicher Rowdys, Bande
Bla|se|balg *m. 2* Gerät zum Erzeugen eines Luftstroms
bla|sen *tr. 16*
Bla|sen|ka|tarrh *auch:* **Bla|sen|ka-tarr** *m. 1*
Bla|sen|stein *m. 1*
Bla|sen|wurm *m. 4* eine Art des Bandwurms
Blä|ser *m. 5*
Bla|se|rei *f. 10*
Blä|se|rei *f. 10*
Blä|ser|quin|tett *n. 1*
bla|siert
bla|sig
Blas|in|stru|ment *auch:* **Blas|ins-tru|ment, Blas|inst|ru|ment** *n. 1*
Bla|son [-sɔ̃, frz.] *m. 9* Wappen, Wappenschild
bla|so|nie|ren *tr. 3* (ein Wappenschild) ausmalen oder erklären
Blas|phe|mie [griech.] *f. 11* Gotteslästerung, Beschimpfung von etwas Heiligem
blas|phe|mie|ren *tr. 3*
blas|phe|misch
Blas|rohr *n. 1*
blass (*alt:* blaß); blasse Haut; er wurde blass und blässer
blass|blau (*alt:* blaß|blau)
Bläs|se *f. 11 nur Sg.* vgl. Blesse
blass|grün (*alt:* blaß|grün)
Bläss|huhn (*alt:* Bläß|huhn), **Bless-huhn** *n. 4*
bläss|lich (*alt:* bläß|lich)
blass|rot (*alt:* blaß|rot)
Blas|to|derm [griech.] *n. 1 nur Sg.* Zellwand der Blastula
Blas|to|ge|ne|se *f. 11* ungeschlechtl. Vermehrung durch Sprossung oder Knospung
Blas|tom *n. 1* nichtentzündl. Geschwulst
Blas|to|my|zet *m. 10* Sprosspilz
Blas|to|po|rus [griech.-lat.] *m. Gen. - nur Sg.* Öffnung des Urdarms, Urmund
Blas|tu|la *f. Gen. - nur Sg.* Blasenkeim, frühe Entwicklungsstufe des Embryos
Blatt *n. 4 (mit Zahlenangaben Abk.:* Bl.)
Blätt|chen *n. 7*
Blat|te *f. 11,* Blat|ter *m. 5* Instrument zum Nachahmen des Fiepens der Ricke
blat|ten *intr. 2* mit der Blatte den Rehbock anlocken
Blat|ter **1.** *f. 11* Pockennarbe; **2.** *m. 5 Nebenform von Blatte*
blät|te|rig, blätt|rig
Blät|ter|ma|gen *m. 8*
Blat|tern *Pl.* Pocken
blät|tern *intr. 1;* ich blättere, blättre
Blat|ter|nar|be *f. 11*
blat|ter|nar|big
Blät|ter|teig *m. 1*
Blät|ter|werk, Blatt|werk *n. 1 nur Sg.*
Blatt|gold *n. Gen.* -(e)s *nur Sg.*
Blatt|grün *n. Gen.* -s *nur Sg.*
Blatt|laus *f. 2*
blatt|los
Blatt|pflan|ze *f. 11* Zierpflanze mit schönen Blättern
blätt|rig, blät|te|rig
Blatt|schuss (*alt:* Blatt|schuß) *m. 2*
Blatt|sil|ber *n. Gen.* -s *nur Sg.*
blatt|wei|se
Blatt|werk *n. 1 nur Sg.* s. **Blät|ter-werk**
Blatt|zinn *n. Gen.* -s *nur Sg.*

B

blau: Getrennt geschrieben wird die Fügung von Adjektiv und Verb, wenn das Adjektiv in dieser Fügung erweiterbar oder steigerbar ist: *(vollständig) blau färben, blau malen, blau gestreift.* Aber: *blaumachen* (= nicht arbeiten). § 34 E3 (3)
Mit großem Anfangsbuchstaben wird das substantivierte Adjektiv geschrieben: *in Blau, auf Blau* usw. § 57 (1)
Aber in festen Fügungen: *blau in blau.* § 58 (3)
In Eigennamen wird *blau* großgeschrieben: *der Blaue Nil, der Blaue Planet* (= Erde), *das Blaue Band, der Blaue Eisenhut.* § 60 (2.4), § 60 (3.4), § 60 (5)
Dagegen schreibt man *blau* in festen Fügungen klein, die keine Eigennamen sind: *der blaue Brief, die blaue Blume der Romantik, sein blaues Wunder erleben.* § 63

blau; blau machen: blau färben; eine blau gestreifte Bluse; *aber:* blaumachen *ugs.:* nicht arbeiten; der Blaue Planet
Blau *n. Gen.* -s *nur Sg.* blaue Farbe
blau|äu|gig
Blau|bart *m. Gen.* -(e)s *nur Sg.;* Ritter B.: eine Märchengestalt
Blau|bee|re *f. 11* Heidelbeere
blau|blü|tig
Blau|buch *n. 4* amtl. Veröffentlichung mit blauem Umschlag in Großbritannien
Blau|druck *m. 1*
Bläue *f. 11 nur Sg.*
blau|en *intr. 1* blau sein (Himmel)
bläu|en *tr. 1* blau färben; blau tönen
bläu|en (*alt:* bleu|en) *tr. 1, ugs.:* schlagen
Blau|fel|chen *m. 7* ein Fisch
blau|grau, blau|grün grau bzw. grün mit blauem Schimmer; *aber:* blau-grau: blau und grau gestreift oder gemustert
Blau|helm *m. 1* UN-Soldat
Blau|kreuz *n. 1 nur Sg.*
Blau|kreu|zer, Blau|kreuz|ler *m. 5*
Blau|kreuz|ver|ein *m. 1 nur Sg.* christl. Suchtkrankenhilfeverband, (bes. für Alkoholkranke und ihre Angehörige)
bläu|lich; bläulich grau
Blau|licht *n. 1 nur Sg.*
Blau|ling, Bläu|ling *m. 1* **1.** ein Schmetterling; **2.** ein Fisch

blau|ma|chen *tr. 1* nicht zur Arbeit gehen *aber:* blau machen: blau färben
Blau|mei|se *f. 11*
Blau|pau|se *f. 11* bläuliche Kopie auf lichtempfindlichem Papier
blau|rot rot mit blauem Schimmer, *aber:* blau-rot: blau und rot gemustert
blau|schwarz schwarz mit blauem Schimmer; *aber:* blau-schwarz: blau und schwarz
Blau|stich *m. 1*
blau|sti|chig
Blau|strumpf *m. 2* ihre Emanzipiertheit u. geistige Bildung einseitig betonende Frau
blau|weiß weiß mit blauem Schimmer; *aber:* blau-weiß: blau und weiß
Blau|weiß|por|zel|lan *n. 1*
Bla|zer [blɛɪzə(r), engl.] *m. 5* leichte, sportl. Jacke
Blech **1.** *n. 1;* **2.** *n. 1 nur Sg.* Gesamtheit der Blechblasinstrumente im Orchester; *übertr. ugs.:* Unsinn
Blech|blas|in|stru|ment *auch:* **Blech|blas|ins|tru|ment, Blech|blas|inst|ru|ment** *n. 1*
ble|chen *tr. 1, ugs.:* bezahlen
ble|chern
Blech|mu|sik *f. 10* Musik auf Blechblasinstrumenten
Blech|ner *m. 5, südwestdt.:* Klempner
Blech|scha|den *m. 8*
ble|cken *tr. 1, nur in der Wendung* die Zähne blecken
Blei **1.** *n. 1 nur Sg.* (*Zeichen:* Pb) chem. Element; **2.** *n. 1* Senkblei; zollamtliche Plombe; **3.** *m. 1 oder m. 9, ugs.:* Bleistift; **4.** *m. 1auch:* Bleie *f. 11* Brachse
Blei|a|sche *f. 11*
Blei|be *f. 11, ugs.:* Unterkunft
blei|ben *intr. 17;* bleiben lassen

bleiben lassen: Fügungen aus einem Verb (Infinitiv) und einem weiteren Verb werden getrennt geschrieben: *Er sollte das endlich bleiben lassen.*
Ebenso: *kennen lernen, sitzen bleiben, spazieren gehen.*
§ 34 E3 (6)

blei|ben las|sen (*alt:* blei|ben|lassen) *tr. 75*
bleich
Blei|che *f. 11*
blei|chen *tr. u. intr. 1*

Bleich|er|de *f. 11*
Blei|chert *m. 1* blasser Rotwein
Bleich|ge|sicht *n. 3*
Bleich|sucht *f. Gen. - nur Sg.*
bleich|süch|tig
Bleie *f. 11* s. **Blei** (4)
blei|en *tr. 1* mit Blei versehen
blei|ern aus Blei; wie Blei
blei|hal|tig
blei|ig Blei enthaltend
Blei|kris|tall *n. 1 nur Sg.*
blei|schwer
Blei|stift *m. 1*
Blei|stift|ab|satz *m. 2*
Blei|stift|spit|zer *m. 5*
Blei|stift|zeich|nung *f. 10*
Blei|weiß *n. Gen. - nur Sg.* haltbare weiße Malerfarbe
Blend|ar|ka|de *f. 11*
Blend|bo|gen *m. 7*
Blen|de *f. 11*
blen|den *tr. u. intr. 2*
blen|dend; blendend weiß
blen|dend weiß (*alt:* blen|dend-weiß)
Blen|der *m. 5*
Blend|la|ter|ne *f. 11*
Blend|rah|men *m. 7*
Blend|schutz *m. 1 nur Sg.*
Blend|werk *n. 1 nur Sg.*
Blen|nor|rhö [griech.] *f. 10* eitrige Schleimabsonderung, *bes.:* eitrige Bindehautentzündung
Ble|pha|ri|tis [griech.] *f. Gen. - Pl.* -ri|ti|den Lidrandentzündung
Bles|se *f. 11* **1.** weißer Stirnfleck bei Tieren; **2.** Tier mit solchem Fleck
Bless|huhn (*alt:* Bleß|huhn) *n. 4* = **Bläss|huhn**
bles|sie|ren [frz.] *tr. 3, veraltet:* verletzen
Bles|sur *f. 10*
bleu [blø, frz.] *meist nicht flektiert:* grünlich blau
bleu|en (*alt für:* bläu|en) *tr. 1*
Blick *m. 1*
bli|cken *intr. 1*
Blick|fang *m. 2*
Blick|feld *n. 3* Bereich, den man überblicken kann, ohne Kopf und Augen zu bewegen; vgl. Gesichtsfeld
Blick|kon|takt *m. 1;* mit jmdm. B. haben
Blick|punkt *m. 1*
Blick|win|kel *m. 5*
blind; blind fliegen, schreiben, spielen; *aber:* blindfliegen, blindschreiben, blindspielen
Blind|darm *m. 2*
Blind|darm|ent|zün|dung *f. 10*

B

Blind|date *auch:* **Blind Date** [blaınddeıt, engl.] *n. Gen.* (-) -s *Pl.* (-) -s Verabredung mit einer unbekannten Person
Blin|de|kuh *f. 2 nur Sg.;* B. spielen
Blin|den|an|stalt *f. 10*
Blin|den|heim *n. 1*
Blin|den|hund *m. 1*
Blin|den|schrift *f. 10* aus erhabenen Punkten, die von Blinden getastet werden können, bestehende Schrift, Brailleschrift, Punktschrift
Blin|de(r) *m. 18 (17) bzw. f. 17 oder 18*
blind flie|gen, *fachsprachl.:* **blind|flie|gen** *intr. 38*
Blind|flug *m. 2*
Blind|gän|ger *m. 5*
Blind|heit *f. 10 nur Sg.*
blind|lings
Blind|schlei|che *f. 11*
blind schrei|ben, *fachsprachl.:* **blind|schrei|ben** *intr. 127*
blind spie|len, *fachsprachl.:* **blind-spie|len** *intr. 1, beim Schach:* spielen, ohne aufs Brett zu sehen
blind|wü|tig
blink *nur in der Wendung* blink und blank (reiben, putzen)
blin|ken *intr. 1*
Blin|ker *m. 5*
blin|kern *intr. 1*
Blink|feu|er *n. 5* ein Seezeichen
Blink|licht *n. 3*
Blink|zei|chen *n. 7*
blin|zeln *intr. 1;* ich blinzele, blinzle
Blitz *m. 1*
Blitz|ab|lei|ter *m. 5*
blitz|ar|tig
blitz|blank, blitz|ze|blank
blitz|blau
blitz|dumm
blit|zen *intr. 1*
Blit|zer *m. 5* **1.** *Bergbau:* elektrische Grubenleuchte mit Scheinwerfer; **2.** jmd., der sich unbekleidet an öffentlichen Plätzen zeigt
Blit|zes|schnel|le *f., nur in den Wendungen* in, mit B.
blitz|ge|scheit
Blitz|ge|spräch *n. 1, früher:* sofort vermitteltes Ferngespräch gegen zehnfache Gebühr
Blitz|kar|ri|e|re *f. 11*
Blitz|krieg *m. 1*
Blitz|licht *n. 3*
Blitz|röh|re *f. 11* Fugurit
blitz|sau|ber
Blitz|scha|den *m. 8*
Blitz|schlag *m. 2*
blitz|schnell
Blitz|strahl *m. 12*
Blitz|te|le|gramm *n. 1* sofort weitergegebenes Telegramm gegen zehnfache Gebühr
Blitz|um|fra|ge *f. 11*
Bliz|zard [blizə(r)d, engl.] *m. 9* Schneesturm
Bloch, *Ernst* dt. Philosoph
Bloch *m. 1, m. 4 oder n. 4 süddt., schweiz., österr.:* roh behauener Baumstamm
Block **1.** *m. 2* Stein-, Holzblock; **2.** *m. 9* Häuser-, Papierblock
Blo|cka|de *f. 11*
Block|bus|ter [blɔkbʌstə(r), engl., eigtl. »Knüller, große Bombe«] *m. 5* besonders erfolgreicher Film im Kino, Kassenschlager
blo|cken *tr. 1, süddt.:* bohnern
Blo|cker *m. 5, süddt.:* Bohnerbesen
Block|flö|te *f. 11*
Block|haus *n. 4*
blo|ckie|ren *tr. 3*
Blo|ckie|rung *f. 10 nur Sg.*
blo|ckig klotzig
Block|kon|den|sa|tor *m. 13*
Block|schrift *f. 10*
Block|sys|tem *n. 1*
blöd, blö|de
Blö|de|lei *f. 10*
blö|deln *intr. 1*
Blöd|heit *f. 10*
Blö|di|an *m. 1*
Blö|dig|keit *f. 10 nur Sg. veraltet:* Schüchternheit
Blöd|ling *m. 1*
Blöd|mann *m. 4*
Blöd|sinn *m. 1 nur Sg.*
blöd|sin|nig
Blöd|sin|nig|keit *f. 10 nur Sg.*
blö|ken *intr. 1*
blond; ihr Haar ist blond gelockt; blond gefärbt
Blon|de **1.** *f. 17 (18)* blonde Frau; ein Glas helles Bier; **2.** [blɔ̃d, frz.] *f. 19* Seidenspitze mit Muster
blond ge|färbt (*alt:* blond|gefärbt)
blond ge|lockt (*alt:* blond|gelockt)
Blond|haar *n. 1 nur Sg.*
blond|haa|rig
blon|die|ren *tr. 3* blond färben
Blon|di|ne *f. 11* blonde Frau
Blond|kopf *m. 2*
blond|lo|ckig
bloß **1.** *Adj.:* nackt, unbedeckt; **2.** *Adv.:* nur
Blö|ße *f. 11*
bloß|fü|ßig
bloß|le|gen *tr. 1*
bloß|lie|gen *intr. 80; aber:* die Lungenkranken sollten bloß liegen (= nicht stehen)

bloßstellen, bloßliegen: Fügungen aus Adjektiv/Adverb und Verb werden im Infinitiv, Partizip und am Ende eines Nebensatzes zusammengeschrieben, wenn der erste Teil weder erweiterbar noch steigerbar ist: *Sie wollten ihn heute bloßstellen.* § 34 E2 (2.2)
Getrennt geschrieben werden Fügungen mit dem Adverb *bloß* (= nur): *Die Kranken sollen bloß liegen, nicht sitzen.* § 34 E3 (2)

bloß|stel|len *tr. 1*
Bloß|stel|lung *f. 10*
bloß|stram|peln *refl. 1*
Blou|son [bluzɔ̃, frz.] *m. 9 oder n. 9* über dem Rock getragene Bluse
Blow-up [blouʌp, engl.] *n. Gen. - nur Sg.* Vergrößerung (eines Fotos u. a.)
blub|bern *intr. 1* sprudeln, glucksen; *ugs. auch:* undeutlich sprechen
Blue|jeans *auch:* **Blue Jeans** [bludʒinz, engl.] *nur Pl., ugs. auch Sg. Gen.* - blaue, widerstandsfähige Baumwollhose
Blues [bluz, engl.] *m. Gen. - Pl.* - **1.** schwermütiges Tanzlied der nordamerikan. Schwarzen; **2.** Gesellschaftstanz
Bluff [blʌf, auch noch: blœf, auch schon: bluf, engl.] *m. 9* dreiste Täuschung, Irreführung
bluf|fen [blʌf-, auch noch: blœf-, auch schon: bluf-] *tr. 1* dreist täuschen
blü|hen *intr. 1*
Blü|het *m. 1 nur Sg.; schweiz.:* Blütezeit, Blust
blüh|wil|lig viel blühend
Blüm|chen *n. 7*
Blüm|chen|kaf|fee *m. 9, scherzh.:* dünner Kaffee
Blu|me *f. 11, auch:* Duft, Aroma (vom Wein)
Blu|men|freund *m. 1*
Blu|men|kas|ten *m. 8*
Blu|men|krip|pe *f. 11*
blu|men|reich
Blu|men|schmuck *m. 1 nur Sg.*
Blu|men|spra|che *f. 11* Blumen als Zeichen für etwas, was man zum Ausdruck bringen möchte
Blu|men|stock *m. 2*

B

Blu|men|stück *n. 1* Stillleben mit Blumen
blü|me|rant [frz.] *ugs.:* schwindelig, flau, schwach; mir ist, wird ganz b. (zumute)
blu|mig
Blüm|lein *n. 7*
Blüs|chen *n. 7*
Blu|se *f. 11*
Blü|se *f. 11, Seew.:* Leuchtfeuer

→ Blouson Obwohl das aus dem Französischen stammende Fremdwort *Blouson* mit [blu-] anlautet, wird es wie in der Herkunftssprache mit *Blou-* geschrieben. Dagegen sind bei dem ebenfalls aus dem Französischen stammenden Wort *Bluse* der gesprochene und der geschriebene Anlaut identisch, da die Schreibung in diesem Fall bereits an die deutsche Sprache angepasst wurde.

Blust *m. 1 nur Sg., veraltet, noch poet. und schweiz.:* Blütezeit, Blühen
Blut *n. Gen. -(e)s nur Sg.* Blut bildend, reinigend, saugend, stillend *oder:* blutbildend, blutreinigend, blutsaugend, blutstillend
Blut|a|chat [-axat] *m. 1* feuriger Achat
Blut|a|der *f. 11*
Blut|al|ko|hol *m. 1 nur Sg., ugs.:* Alkoholgehalt im Blut
blut|arm
Blut|ar|mut *f. 10 nur Sg.*
Blut|bad *n. 4*
Blut|bank *f. 10* Sammelstelle für Blutkonserven
blut|bil|dend = **Blut bil|dend**
Blut|bu|che *f. 11*
Blut|druck *m. 1 nur Sg.*
Blut|durst *m. Gen. -(e)s nur Sg.*
blut|dürs|tig
Blü|te *f. 11*
Blut|e|gel *m. 5*
blu|ten *intr. 2*
Blü|ten|ho|nig *m. 1 nur Sg.*
Blü|ten|le|se *f. 11* Sammlung, Auswahl, Auslese
Blü|ten|pflan|ze *f. 11*
Blü|ten|stand *m. 2*
Blü|ten|staub *m. Gen. -(e)s nur Sg.*
blü|ten|weiß
Blu|ter *m. 5*
Blut|er|guss (*alt:* Blut|er|guß) *m. 2*
Blu|ter|krank|heit *f. 10 nur Sg.* fehlende Gerinnungsfähigkeit des Blutes
Blü|te|zeit *f. 10*
Blut|fleck *m. 1*
Blut|ge|fäß *n. 1*
Blut|geld *n. 3 nur Sg.*
Blut|ge|rinn|sel *n. 5*
Blut|ge|rin|nung *f. 10 nur Sg.*
Blut|gier *f. Gen. - nur Sg.*
blut|gie|rig
Blut|grup|pe *f. 11*
Blut|hund *m. 1*
Blut|hus|ten *m. 7 nur Sg.*
blu|tig
Blut|jas|pis *m. Gen. - Pl.* -jas|pis|se ein Mineral, Heliotrop
blut|jung
Blut|kon|ser|ve [-və] *f. 11*
Blut|kör|per|chen *n. 7*
Blut|kreis|lauf *m. 2*
Blut|la|che *f. 11*
blut|leer
Blut|lee|re *f. 11*
blut|los
Blut|o|ran|ge [-orãʒə] *f. 11*
Blut|plas|ma *n. Gen. -s Pl.* -men
Blut|plätt|chen *n. 7*
Blut|pro|be *f. 11*
Blut|ra|che *f. 11 nur Sg.*
blut|rei|ni|gend = **Blut rei|ni|gend**
Blut|rei|ni|gung *f. 10 nur Sg.*
blut|rot
blut|rüns|tig
blut|sau|gend = **Blut sau|gend**
Blut|sau|ger *m. 5*
Bluts|bru|der *m. 6*
Bluts|brü|der|schaft *f. 10 nur Sg.*
Blut|schan|de *f. 11 nur Sg.*
blut|schän|de|risch
Blut|schuld *f. 10 nur Sg.*
Blut|sen|kung *f. 10*
Blut|se|rum *n. Gen. -s Pl.* -ra *oder* -ren
Blut|spen|der *m. 5*
Blut|stein *m. 1* ein Mineral, Eisenglimmer, Hämatit
blut|stil|lend = **Blut stil|lend**
Bluts|trop|fen *m. 7*
Blut|sturz *m. 2*
bluts|ver|wandt
Bluts|ver|wandt|schaft *f. 10 nur Sg.*
Blut|tat *f. 10*
Blut|trans|fu|si|on *f. 10*
blut|trie|fend
Blut|ü|ber|tra|gung *f. 10*
Blu|tung *f. 10*
blut|un|ter|lau|fen
Blut|ver|gif|tung *f. 10*
Blut|wä|sche *f. 11*
Blut|wurst *f. 2*
Blut|zeu|ge *m. 11*
Blut|zu|cker *m. 5 nur Sg.*
BLZ *Abk. für* Bankleitzahl
BMI *Abk. für* Body-Mass-Index
b-Moll *n. Gen. - nur Sg.* (*Abk.:* b) Tonart
b-Moll-Ton|lei|ter *f. 11*
BMW® *Abk. für* Bayerische Motoren Werke AG
BND *Abk. für* Bundesnachrichtendienst
Bö *f. 10,* **Böe** *f. 11* Windstoß
Boa *f. 9* **1.** Riesenschlange; **2.** langer, schmaler Pelz oder Schal zum Umhängen
Board [bɔrd, engl.] *n. 9* **1.** Führungsgremium; **2.** *Kurzwort für* Skateboard, Surfboard oder Snowboard
boar|den [bɔr-] *tr. 1* ein Flugzeug oder Schiff besteigen
Boar|ding|house [bɔrdiŋhaus, engl.] *n. Gen. - Pl.* -s [-hausiz], *in Großbritannien:* Pension, Fremdenheim
Boat|peo|ple (*alt:* Boat peo|ple) [boutpɪp(ə)l, engl.] *nur Pl.* mit Booten geflüchtete Vietnamesen
Bob *m. 9, Kurzwort für* Bobsleigh
Bob|bahn *f. 10*
bob|ben *intr. 1* beim Bobfahren den Oberkörper ruckweise nach vorn bewegen, um die Fahrt zu beschleunigen
Bob|by [nach dem Engländer Robert (Bobby) Peel] *m. 9* Spitzname der Londoner Polizisten
Bo|ber *m. 5* schwimmendes Seezeichen
Bo|bi|ne [frz.] *f. 11* **1.** Garnspule; **2.** endloser Papierstreifen; **3.** Trommel für Förderbänder
Bo|bi|net [auch: bo-, engl.] *m. 9* engl. Tüll
Bob|sleigh [-slɛɪ, engl.] (*Kurzwort:* Bob) *m. 9* lenkbarer Rennschlitten
Boc|che|ri|ni [bɔkɛ-], *Luigi* ital. Komponist
Boc|cia [bɔtʃa] *n. Gen. - nur Sg.* ital. Kugelspiel
Boche [bɔʃ, frz. »Schwein«] *m. 9, bes. im 1. Weltkrieg:* Schimpfname der Franzosen für den Deutschen
Bock **1.** *m. 2;* Bock springen, *aber:* das Bockspringen; **2.** *n. Gen. -(s) Pl. -, Kurzwort für* Bockbier
bock|bei|nig störrisch
Bock|bier *n. 1* ein Starkbier
Böck|chen *n. 7*
bö|ckeln *intr. 1* nach Bock riechen
bo|cken *intr. 1*
Bo|ckerl *n. 14, österr.:* Kiefernzapfen

bockig
Bockkäfer *m. 5*
Böcklein *n. 7*
Bockleiter *f. 11*
Böcklin, *Arnold* schweiz. Maler
Bocksbart *m. 2*
Bocksbeutel *m. 5* flache, seitlich gebauchte Flasche bes. für Frankenwein
Bocksbeutelei [nach dem Lederbeutel, in dem man früher Gesangbuch, Statutenbuch u. a. trug] *f. 10 nur Sg.* Festhalten an überlebten Gebräuchen
Bockshorn *n. 4;* jmdn. ins B. jagen: einschüchtern
Bockshörndl *n. 14, österr.:* Frucht des Johannisbrotbaums
Bocksprung *m. 2*
Bockwurst *f. 2*
Bodden [nddt.] *m. 7* durch Landzungen oder Inseln abgetrennte seichte Meeresbucht an einer Flachküste
Bodega *f. 9* span. Weinschenke
Boden *m. 8*
Bodenkammer *f. 11*
bodenlos
Bodensatz *m. 2*
Bodenschätze *Pl.*
Bodensee *m. Gen.* -s See am nördl. Alpenrand
bodenständig
Bodhisattva [-va, Sanskrit] *m. 9* buddhist. Heiliger
bodigen *tr. 1, schweiz.:* zu Boden werfen, besiegen
bodmen *tr. 2* mit Bodmerei belasten
Bodmerei *f. 10* Darlehen an den Kapitän eines Schiffes zur Finanzierung der Weiterfahrt
Bodo, Botho männl. Vorname
Bodoni [nach ihrem Schöpfer, dem ital. Buchdrucker Giambattista B.] *f. Gen. - nur Sg.* eine Antiqua-Druckschrift
Body [bɔdı, engl. »Körper«] *m. 9* am Körper anliegende, einteilige Unterbekleidung
Bodybuilding [bɔdıbıl-, engl.] *n. Gen.* -s *nur Sg.* Muskeltraining
Bodycheck [bɔdıtʃɛk, engl.] *m. Gen.* -s *nur Sg.* erlaubtes Rempeln des Gegners im Eishockey
Bodyguard [bɔdıga:d, engl.] *m. Gen.* -s *Pl.* -s Leibwächter
Bodylotion [bɔdıloʊʃn, engl.] *f. 10* flüssiges Kosmetikum
Body-Mass-Index [bɔdımæs-, engl. + lat.] *m. 1 oder Gen. - Pl.* -dizes *oder* -dices [-tse:s] (*Abk.:* BMI) Körpermasseindex, der sich aus Körpergewicht in Kilogramm geteilt durch die Quadratzahl der Körpergröße in Metern errechnet
Bodysuit [bɔdısju:t, engl.], **Bodystocking** [bɔdıstɔkıŋ, engl.] *m. Gen.* -s *Pl.* -s eng anliegende, einteilige Unterbekleidung
Böe *f. 11* = **Bö**
Bofel *m. 5 Nebenform von* Bafel
Bofist *m. 1* = **Bovist**
Bogen *m. 7, süddt.: m. 8*
Bogengang *m. 2*
Bogenlampe *f. 11*
Bogenschießen *n. 7 nur Sg.*
Bogenzwickel *m. 5* Spandrille
bogig
Bogheadkohle [-hɛd-, nach dem schott. Ort Boghead] *f. 11 nur Sg.* sehr fetthaltige Steinkohle
Bogomile, Bogumile [slaw. »Gottesfreund« oder nach dem Gründer Bogomil] *m. 11* Angehöriger einer mittelalterl. Sekte in Osteuropa und Kleinasien
Boheme [boɛm, frz.] *f. 11 nur Sg.* **1.** unbürgerliches, ungebundenes Künstlerleben oder -milieu; **2.** Gesamtheit der Bohemiens
Bohemien [boɛmjɛ̃] *m. 9* jmd., der in der Art der Boheme lebt
Bohle *f. 11* vgl. Bowle
Böhme *m. 11*
Böhmen Landesteil der Tschech. Republik
Böhmerwald *m. 4 nur Sg.* Gebirge in der Tschech. Republik
böhmisch; böhmische Dörfer *übertr.:* etwas Unverständliches
Böhnchen *n. 7*
Bohne *f. 11; auch:* = Kunde (5)
Bohnenkaffee *m. 9*
Bohnenstange *f. 11*
Bohner *m. 5*
Bohnerbesen *m. 7*
bohnern *tr. 1*
Bohnerwachs [-ks] *n. 1*
bohren *tr. 1*
Bohrer *m. 5*
Bohrinsel *f. 11* künstl. Insel für Bohrungen in den Meeresuntergrund
Bohrmaschine *f. 11*
Bohrturm *m. 2*
Bohrung *f. 10*
Bohrwurm *m. 4*
böig in Böen, mit Böen
Boiler [bɔı-, engl.] *m. 5* Gerät zum Warmwasserbereiten
Bojar [russ.] *m. 10, früher im alten Russland:* Angehöriger des Hochadels, *in Bulgarien und Rumänien:* adliger Großgrundbesitzer
Boje *f. 11* verankertes Seezeichen
Bokmål, *früher:* Riksmål [-mɔ:l, norw.] *n. Gen.* -s *nur Sg.* vom Dänischen beeinflusste norwegische Schriftspr., im Unterschied zum Landsmål
Bol *m. 1* s. **Bolus** (1)
Bola [span.] *f. 9* südamerik. Wurfwaffe
Bolero [span.] *m. 9* **1.** span. Tanz; **2.** kurzes Jäckchen
Boletus [griech.] *m. Gen. - Pl.* -ti Pilzgattung
Bolid [griech.] *m. 1 oder m. 10* Meteor in Form einer Feuerkugel
Bolivar [-var] *m. Gen.* -s *Pl.* - Währungseinheit in Venezuela
Bolivianer, Bolivier [-vi-] *m. 5* Einwohner von Bolivien
bolivianisch [-vi-], bolivisch [-viʃ]
Boliviano [-vi-] *m. Gen.* -s *Pl.* -(s) Währungseinheit in Bolivien
Bolivien [-vi-] südamerik. Staat
Bolivier [-vi-] *m. 5* Bolivianer
bölken *intr. 1* brüllen (vom Rind, auch von Kindern)
Bolle *f. 11* Zwiebel
Böller *m. 5* **1.** kleiner Mörser zum Schießen; **2.** Knallbüchse
böllern *intr. 1*
Bollette *f. 9 österr. für* Zollbescheinigung
Bollwerk *n. 1*
Bologna *auch:* **Bologna** [-nja] ital. Stadt
Bologneser *auch:* **Bologneser** [-nje-] *m. 5,* Bolognese [-nje-] *m. 11* Einwohner von Bologna
bolognesisch *auch:* **bolognesisch** [-nje-]
Bolometer [griech.] *n. 5* Gerät zum Messen der Energie elektromagnetischer Strahlung
Bolschewik [russ.] *m. Gen.* -en *Pl.* -en *oder* -ki, *oft abwertend:* Angehöriger der Kommunist. Partei der ehem. UdSSR
bolschewisieren *tr. 3*
Bolschewismus *m. Gen. - nur Sg.*
Bolschewist *m. 10*
bolschewistisch
Bolus [griech.] *m. Gen. - Pl.* Boli **1.** *nur Sg.* kalkhaltiger Ton, Bol; **2.** Bissen; **3.** große Pille
Bolustod *m. 1 nur Sg.* Tod durch Ersticken an einem zu großen Bissen oder Fremdkörper
Bolz *m. 1, veraltet für* Bolzen

bol|zen *intr. 1, Fußball:* hart, regelwidrig spielen
Bol|zen *m. 7*
bol|zen|ge|ra|de
Bom|ba|ge [-ʒə, frz.] *f. 11* Biegung, Aufwölbung, gewölbte Form
Bom|bar|de [frz.] *f. 11* **1.** altes Steinschleudergeschütz, Donnerbüchse; **2.** tiefes Orgelregister; **3.** *auch:* Bom|hart, Bom|hard *m. 1* Holzblasinstrument, Pommer
Bom|bar|de|ment [-mã] *n. 9* Bombardierung
bom|bar|die|ren *tr. 3*
Bom|bar|die|rung *f. 10*
Bom|bar|don [-dɔ̃] *n. 9* Blechblasinstrument, Vorläufer der Basstuba
Bom|bast [pers.-engl.] *m. 1 nur Sg.* Schreib-, Redeschwulst, Prunk
bom|bas|tisch
Bom|bay [-bɛɪ] ehem. Name der ind. Stadt Mumbai
Bom|be [frz.] *f. 11*
Bom|ben|an|griff *m. 1*
Bom|ben|an|schlag *m. 2*
Bom|ben|at|ten|tat *n. 1*
Bom|ben|e|le|ment! Donnerwetter!
Bom|ben|er|folg *m. 1* großer Erfolg
bom|ben|fest ganz sicher; das steht b.
Bom|ben|flug|zeug *n. 1*
Bom|ben|ge|schäft *n. 1, ugs.:* sehr erfolgreiches Geschäft
Bom|ben|rol|le *f. 11, ugs.:* bes. erfolgssichere Rolle (für einen Schauspieler)
Bom|ben|scha|den *m. 8*
bom|ben|si|cher **1.** gegen Bomben gesichert; **2.** *ugs.:* ganz sicher
Bom|ben|stel|lung *f. 10* sehr gut bezahlte Stellung
Bom|ben|tep|pich *m. 1*
Bom|ber *m. 5*
bom|bie|ren [frz.] **1.** *tr. 3* biegen, aufwölben, runden (Glas, Blech); **2.** *intr. 3* sich biegen (Glas im Ofen), sich aufwölben (Deckel von Konservendosen); vgl. Bombage
bom|big *ugs.:* großartig
Bom|hard, Bom|hart *m. 1* = Bombarde (3)
Bom|mel, Bum|mel *f. 11* Troddel, Quaste
Bon [bɔ̃, frz.] *m. 9* Kassenzettel, Gutschein
bo|na fi|de [lat.] im guten Glauben, auf Treu und Glauben
Bo|na|par|tis|mus *m. Gen. - nur Sg.* polit. Richtung, autoritäre Herrschaftsform
Bo|na|par|tist *m. 10*
Bon|bon [bɔŋbɔŋ, frz. bɔ̃bɔ̃] *n. 9 auch: m. 9* kleine Süßigkeit
Bon|bon|nie|re *auch:* **Bon|bo|nie|re** [bɔ̃bɔnjerə] *f. 11* Pralinen-Geschenkpackung
Bond [engl.] *m. 9 in Großbritannien und den USA Bez. für* Anleihe
bon|gen *tr. 1, ugs.,* bo|nie|ren *tr. 3* einen Bon (für etwas) an der Registrierkasse tippen
Bön|ha|se [nddt.] *m. 11* nichtzünftiger Handwerker, Pfuscher
Bon|ho|mie [bɔnɔmi, frz.] *f. 11 nur Sg.* Gutmütigkeit, Biederkeit, Einfalt
Bon|homme [bɔnɔm] *m. 9* gutmütiger, einfältiger Mensch
bo|nie|ren *tr. 3* s. **bon|gen**
Bo|ni|fi|ka|ti|on [lat.] *f. 10* Vergütung, Entschädigung
bo|ni|fi|zie|ren *tr. 3;* vergüten, als Entschädigung zahlen
Bo|ni|tät *f. 10* **1.** Güte, Wert; **2.** kaufmänn. Ruf; **3.** Zahlungsfähigkeit
bo|ni|tie|ren *tr. 3* schätzen, dem Wert nach einstufen (Grundstück, Waren)
Bo|ni|tie|rung *f. 10*
Bon|mot [bɔ̃mo, frz.] *n. 9* witzige, geistreiche Bemerkung
Bonn Stadt am Rhein
Bon|ne [frz.] *f. 11, veraltet:* Kindermädchen
Bon|sai [jap. »im Topf kultiviert«] *m. 9* in Schale oder Topf gezüchteter Zwergbaum
Bo|nus [lat.] *m. 1 oder Gen. - Pl. -* **1.** Gutschrift, einmalige Sondervergütung; **2.** verbessernder Zuschlag auf Zeugnisnoten u. Ä.; *Ggs.:* Malus (2)
Bon|vi|vant [bɔ̃vivã, frz.] *m. 9* Lebemann; *im Theater:* Salonheld
Bon|ze [jap.] *m. 11* **1.** lamaistischer Mönch; **2.** *übertr.:* engstirniger Parteifunktionär
Bon|zo|kra|tie *f. 11* Bonzenherrschaft
Boo|gie-Woo|gie [bugiwugi, engl.] *m. Gen. -(s) nur Sg.* **1.** rasch gespielter Blues-Piano-Stil; **2.** getanzte Variante des Rock 'n' Roll
Book|mark [bukma:k, engl.] *f. 9 oder n. 9, EDV:* elektronisches Lesezeichen, gespeicherte Internetadresse
Boom [bum, engl.] *m. 9* wirtschaftl. Aufschwung, Hochkonjunktur, Hausse
boo|men [bu-] *intr. 1*
Boot *n. 1; aber:* Bötchen
boo|ten [bu-, engl.] *intr. 2* (den Computer) für die Eingabe bereit machen, starten
Bo|o|tes [griech. »Ochsentreiber«] *m. Gen. - nur Sg.* ein Sternbild
Bö|o|ti|en altgriech. Landschaft
Boot|leg|ger [but-, engl.] *m. 5* Schwarzhändler
Boots [buts, engl.] *nur Pl.* über die Knöchel reichende Wildlederschuhe
Boots|haus *n. 4*
Boots|mann *m. Gen. -(e)s Pl.* -leu|te
Boots|manns|maat *m. 1*
Boots|steg *m. 1*
Bop *m. 9, Kurzform für* Bebop
Bor *n. 1 nur Sg.* (*Zeichen:* B) chem. Element, Nichtmetall
Bo|ra [vermutl. slaw.] *f. 9* Fallwind, z. B. an der dalmatinischen Küste
Bo|rat *n. 1* Salz der Borsäure
Bo|rax *n. 1 nur Sg.* Natriumsalz der Borsäure
Bo|ra|zit *n. 1 nur Sg.* ein borhaltiges Mineral
Bord **1.** *n. 1* Wand-, Bücherbrett; **2.** *m. 1* Schiffsrand, *nur noch in Wendungen wie* an Bord gehen, sein, von Bord gehen; Mann über Bord!; **3.** *n. 1, schweiz.:* kleiner Abhang, Böschung
Bord|case [-kɛɪs, engl.] *m. oder n. Gen. - Pl.* -s [-sɪz] Hartschalenkoffer
Bör|de *f. 11* fruchtbare Ebene
Bor|deaux [-do, nach der frz. Stadt B.] *m. Gen. - Pl. -* [-dos] ein frz. Rotwein
bor|deaux|rot [-do-]
Bor|de|lai|ser Brü|he [-lɛ-] *f. 11* Kupferkalkbrühe, Mittel gegen Obst-, bes. Rebenkrankheiten
Bor|dell [frz.] *n. 1* Haus zur Ausübung der Prostitution, Freudenhaus
bör|deln *tr. 1* umbiegen, mit einem Rand versehen (Blech); ich bördele, bördle es
Bor|de|reau [-ro, frz.] *m. 9 oder n. 9* Liste, Verzeichnis eingelieferter Wertpapiere
Bord|funk *m. 1 nur Sg.*
Bord|fun|ker *m. 5*
bor|die|ren *tr. 3* mit einer Borte versehen, einfassen
Bor|die|rung *f. 10*
Bord|kan|te, Bord|schwel|le *f. 11*
Bord|stein *m. 1*

B

Bor|dun [frz.] *m. 1* **1.** ständig mitklingender Basston, z. B. bei Dudelsack und Drehleier; **2.** tiefes Orgelregister
Bor|dun|sai|te *f. 11* mitschwingende, neben dem Griffbrett liegende Saite
Bor|dü|re [frz.] *f. 11* farbiger Rand, Einfassung (von Geweben)
Bord|wa|che *f. 11*
Bord|waf|fen *Pl.*
bo|re|al nördlich, kalt-gemäßigt
Bo|re|as [nach dem griech. Gott des Nordwindes B.] *m. Gen. - nur Sg.* Nordwind am Ägäischen Meer
Bo|retsch [arab.-frz.] *m. 1 nur Sg.* s. **Bor|retsch**
Borg *m., nur noch in Wendungen wie* auf Borg leben, kaufen
bor|gen *tr. 1;* jmdm., sich etwas borgen
Bor|ghe|se röm. Adelsgeschlecht
bor|ghe|sisch; *aber:* der Borghesische Fechter
Bor|gis [zu frz. bourgeois »bürgerlich«] *f. Gen. - nur Sg.* ein Schriftgrad (9 Punkt)
borg|wei|se auf Borg
Bo|rid *n. 1* Verbindung aus Bor und einem Metall
Bo|ris männl. Vorname
Bor|ke *f. 11* Rinde (vom Baum)
Bor|ken|flech|te *f. 11*
Bor|ken|kä|fer *m. 5*
bor|kig wie Borke
Born *m. 1, poet.:* Quell, Brunnen
Bor|neo größte Insel Südostasiens
bor|niert [frz.] geistig beschränkt, engstirnig, stur
Bor|niert|heit *f. 10 nur Sg.*
Bor|retsch, Bo|retsch [arab.-frz.] *m. 1 nur Sg.* ein Küchenkraut, Salatgewürz und Heilpflanze
Bor|ro|me|i|sche In|seln *Pl.* Inseln im Lago Maggiore
Bor|sal|be *f. 11 nur Sg.*
Bor|säu|re *f. 11 nur Sg.*
Borschtsch *m. Gen. - nur Sg.* russ. Kohlsuppe mit Fleisch
Bör|se [griech.-lat.-frz.] *f. 11* **1.** Geldbeutel, Portemonnaie; **2.** Markt zum Handel mit Wertpapieren und bestimmten Gütern; **3.** Gebäude, in dem Börsengeschäfte getätigt werden; **4.** Einnahmen eines Berufsboxers aus einem Wettkampf
Bör|sen|crash [-kræʃ] *m. 9* Zusammenbruch der Börse
Bör|sen|gang *m. 2* erstmaliger Börsenauftritt einer Gesellschaft
Bör|sen|job|ber [-dʒɔbər] *m. 5* Börsenspekulant
bör|sen|ko|tiert *schweiz. für* börsennotiert
Bör|sen|kurs *m. 1*
Bör|sen|mak|ler *m. 5*
bör|sen|no|tiert; ein börsennotiertes Unternehmen
Bör|sen|spe|ku|lant *m. 10*
Bör|sen|spe|ku|la|ti|on *f. 10*
Bör|sen|ver|ein *m. 1*
Bör|si|a|ner *m. 5* Börsenmitglied, -besucher
Bors|te *f. 11*
Bors|ten|vieh *n. Gen. -s nur Sg.*
bors|tig; *auch übertr.:* widerspenstig
Bors|tig|keit *f. 10 nur Sg.*
Bor|te *f. 11*
Bor|ten|we|be|rei *f. 10*
bor|tie|ren *tr. 3* s. **bor|die|ren**
Bo|rus|se *m. 11* Preuße
Bo|rus|sia *f. Gen. - nur Sg.* Frauengestalt als Sinnbild Preußens
Bor|was|ser *n. 6 nur Sg.*
bös s. **bö|se**
bös|ar|tig
Bös|ar|tig|keit *f. 10 nur Sg.*
bö|schen *tr. 1* abschrägen
Bö|schung *f. 10*

> **böse:** Als Adjektiv wird *böse* kleingeschrieben: *der böse Blick, böse Überraschungen.* Ebenso in der Fügung *jenseits von gut und böse.* Die substantivierte Form wird dagegen großgeschrieben: *Das Böse, etwas hat sich zum Bösen gewendet, im Bösen auseinander gehen.* § 57 (1)

bö|se, bös; böser Blick; die böse Sieben; gut und böse unterscheiden; jenseits von gut und böse; im Guten wie im Bösen
Bö|se *m. 17* der Teufel
Bö|se|wicht *m. 3 oder m. 1*
bos|haft
Bos|haf|tig|keit *f. 10 nur Sg.*
Bos|heit *f. 10*
Bos|kett [frz.] *n. 1* Lustwäldchen
Bos|kop [nach dem niederl. Ort Boskoop] *m. 9* eine Apfelsorte
Bos|ni|a|ke *m. 11* **1.** Bos|ni|er *m. 5* muslim. Einwohner von Bosnien-Herzegowina; **2.** *nur Pl.* kurze, gestrickte Wollsocken
Bos|ni|ckel, Bos|nigl *m. 5, österr.:* boshafter Mensch
Bos|ni|en
Bos|ni|en-Her|ze|go|wi|na Staat in Südosteuropa
Bos|ni|er *m. 5* s. **Bos|ni|a|ke** (1)
bos|nisch
bos|nisch-her|ze|go|wi|nisch
Bos|po|rus *m. Gen. - nur Sg.* Meerenge bei Istanbul
Boss (*alt:* Boß) [amerik.] *m. 1* Chef
Bos|se *f. 11* **1.** die nach dem Behauen von Natursteinen zutage tretende Fläche; **2.** Rohform einer aus dem Stein gehauenen Figur
Bo|ßel [nddt.] *f. 11* Kugel
bos|se|lie|ren *tr. 3* s. **bos|sie|ren**
bos|seln *intr. 1* **1.** leichte handwerkl. Arbeit sorgfältig ausführen; ich boss(e)le; **2.** Kegeln, Eisschießen spielen; **3.** *tr. 1 s.* **bos|sie|ren**
bo|ßeln *intr. 1* mit der Boßel werfen; ich boßele
Bos|sen|qua|der *m. 5* roh behauener Naturstein
Bos|sen|werk *n. 1 nur Sg.* Mauerwerk aus bossierten Natursteinen
Bos|sier|ei|sen *n. 7*
bos|sie|ren, bos|se|lie|ren *tr. 3* roh behauen (Stein); formen (Wachs, Ton)
Bos|sie|rer *m. 5*
Bos|sier|wachs [-ks] *n. 1*
Bos|ton [bɔstən] **1.** Stadt in England und den USA; **2.** *n. 9 nur Sg.* ein Kartenspiel mit Whistkarten; **3.** *m. 9* langsamer amerik. Walzer
bös|wil|lig
Bös|wil|lig|keit *f. 10 nur Sg.*
Bot *n. 1* Vorladung; vgl. Bott
Bo|ta|nik [griech.] *f. 10 nur Sg.* Pflanzenkunde
Bo|ta|ni|ker *m. 5*
bo|ta|nisch; botanischer Garten; *aber:* der Botanische Garten in München; botanisches Institut, *aber:* das Botanische Institut der Universität
bo|ta|ni|sie|ren *intr. 3* Pflanzen sammeln
Bo|ta|ni|sier|trom|mel *f. 11*
Böt|chen *n. 7* kleines Boot
Bo|te *m. 11*
Bo|tel [aus Boot und Hotel] *n. 9* als Hotel umgebautes, verankertes Schiff
Bo|ten|dienst *m. 1*
Bo|ten|gang *m. 2*
Bo|ten|gän|ger *m. 5*
Bo|ten|lohn *m. 2*
bot|mä|ßig **1.** tributpflichtig, untertan; **2.** gehorsam, fügsam
Bot|mä|ßig|keit *f. 10 nur Sg.*
Bo|to|ku|de *m. 11* brasilianischer Indianer

B

bo|to|ku|disch
Bot|schaft *f. 10*
Bot|schaf|ter *m. 5*
Bot|schafts|rat *m. 2*
Bot|schafts|se|kre|tär *m. 1*
Bo|tsua|na *auch:* **Bot|su|a|na,** *engl.:* Bots|wa|na Staat im südl. Afrika
Bo|tsua|ner *auch:* **Bot|su|a|ner,** Bots|wa|ner *m. 5*
bo|tsua|nisch *auch:* **bot|su|a|nisch,** bots|wa|nisch
Bott *n. 1, schweiz.* **1.** Vorladung; **2.** Versammlung
Bött|cher *m. 5*
Bött|che|rei *f. 10*
Bot|te|ga *f. 9, ital. Pl.* -ghe ital. Weinschenke
Bot|te|lier [ndrl.-frz.] *m. 1,* Bott|ler *m. 5* Verwalter der Verpflegungsvorräte bei der Marine
Bött|ger|por|zel|lan [nach dem angebl. Erfinder, Johann Friedrich Böttger] *n. 1 nur Sg.* ältestes dt. Porzellan
Bot|ti|cel|li [-tʃɛ-], *Sandro* ital. Maler
Bot|tich *m. 1*
Bot|tle|par|ty *auch:* **Bott|le|par|ty** (*alt:* Bottle par|ty) [bɔtl-, engl.] *f. 9* Party, zu der die Gäste die Getränke selbst mitbringen
Bott|ler *m. 5* Bottelier
Bo|tu|lis|mus [zu lat. botulus »Wurst«] *m. Gen. - nur Sg.* Lebensmittel-, bes. Wurst-, Konservenvergiftung
Bou|clé *auch:* **Bouc|lé** [bukle, frz.] *auch:* **Bu|klee** **1.** *n. 9* frotteeartiger Zwirn; **2.** *m. 9* Gewebe, Teppich daraus
Bou|doir [budoar, frz.] *n. 9* kleines, elegantes Damenzimmer, häufig mit Spiegeln und Sofas
Bou|gain|vil|lea [bugɛ̃-, nach dem frz. Geographen L. A. de Bougainville] *f. Gen. - Pl.* -vil|len ein tropischer Kletterstrauch, Zierpflanze
Bou|gie [buʒi, frz.] *f. 9* Stäbchen zum Dehnen krankhaft verengter Körpergänge
bougie|ren *tr. 3* mit der Bougie dehnen
Bouil|la|baisse [bujabɛs, frz.] *f. Gen. - Pl.* -s [-bɛs] provenzal. Fischsuppe
Bouil|lon [buljɔ̃, österr. bujɔ̃, frz.] *f. 9* Fleischbrühe
Bouil|lon|wür|fel [buljɔ̃-, österr. bujɔ̃-] *m. 5*
Boule [bul, frz.] *n. 9 oder f. 9* ein frz. Kugelspiel

Bou|le|vard [buləvar, frz.] *m. 9* Ring-, Prachtstraße
Bou|le|vard|the|a|ter [buləvar-] *n. 5*
Boulle|ar|beit [bul-, nach dem frz. Tischler A. Ch. Boulle] *f. 10* Intarsien mit Schildpatt, Elfenbein, Messing, Kupfer, Zinn
Bou|quet [bukɛ] *n. 9* = **Bu|kett**
Bou|qui|nist [buki-, frz.] *m. 10* Händler mit gebrauchten Büchern, bes. in Paris
Bour|bo|ne [bur-] *m. 11* Angehöriger eines frz. Herrschergeschlechts
bour|bo|nisch
bour|geois [burʒoa, bei flektierten Formen: burʒoas, frz.] zur Bourgeoisie gehörend, bürgerlich
Bour|geois [burʒoa] *m. Gen. - Pl. -, abwertend:* wohlhabender, selbstzufriedener Bürger
Bour|geoi|sie [burʒoazi] *f. 11* **1.** wohlhabendes Bürgertum; **2.** *marxist.:* herrschende Klasse in der kapitalist. Gesellschaft
Bour|rée [bure, frz.] *f. 1* **1.** altfrz., bäuerl. Tanz; **2.** Teil der Suite
Bour|ret|te [burɛt(ə), frz.] *f. 11* **1.** Abfall bei der Seidengewinnung; **2.** Gewebe daraus
Bou|tique [butik, frz.] *f. 11* = **Bu|ti|ke**
Bou|ton [butɔ̃, frz.] *m. 9* Schmuckknopf fürs Ohr
Bo|vist [*auch:* -vist], **Bo|fist** *m. 1* rundlicher (Bauch-)Pilz
Bow|den|zug [baʊ-, nach dem engl. Erfinder Bowden] *m. 2* in Rohren u. Ä. geführtes Drahtkabel zum Übertragen von Zugkräften
Bow|den|zug|brem|se [baʊ-] *f. 11*
Bo|wie|mes|ser [nach dem amerikan. Erfinder James Bowie] *n. 5* langes Jagdmesser
Bow|le [bo-, engl.] *f. 11* **1.** Getränk aus Wein, Sekt, Früchten und Zucker; **2.** Glasgefäß dafür
Bow|len|glas [bo-] *n. 4*
Bow|ler [bou-, engl.] *m. 5* runder, steifer Hut, Melone
Bow|ling [bou-, engl.] *n. 9* **1.** amerik. Art des Kegelspiels; **2.** engl. Rasen-Kugelspiel
Box [engl.] *f. 10* **1.** Abteil im Pferdestall oder in der Autogarage; **2.** Unterstellraum; **3.** Behälter; **4.** einfache Kamera in Kastenform
Box|calf *n. 9* s. **Box|kalf**
bo|xen *tr. 1*
Bo|xen *n. 7 nur Sg.* sportl. Faustkampf

Bo|xer *m. 5* **1.** Faustkämpfer; **2.** eine Hunderasse
Bo|xin [engl.] *n. 1 nur Sg.* Kunstleder
Box|kalf, Box|calf [engl.: -ka:f] *n. 9* Kalbsleder
Box|kampf *m. 2*
Box|ring *m. 1*
Box|sport *m. 1 nur Sg.*
Boy [bɔı, engl.] *m. 9* Lauf-, Botenjunge; jugendl. Diener in Hotels
Boy|group [bɔıgru:p, engl.] *n. 9, Mus.:* aus jungen Männern gebildete Popgruppe
Boy|kott [bɔı-, nach dem geächteten irischen Gutsverwalter Boycott] *m. 1* Verrufserklärung, Waren-, Liefersperre
boy|kot|tie|ren [bɔı-] *tr. 3* mit Boykott belegen
Boy|scout (*alt:* Boy-scout) [bɔıskaut, engl.] *m. 9* Pfadfinder
Bo|zen, *ital.:* Bol|za|no Hauptstadt von Südtirol
BP **1.** *Abk. für* Bayern-Partei; **2.** *Abk. für* British Petroleum (Mineralölgesellschaft)
Bq *Abk. für* Becquerel
Br *chem. Zeichen für* Brom
BR *Abk. für* Bayer. Rundfunk
Bra|ban|çonne [-bãsɔn, nach der belg. Provinz Brabant] *f. Gen. - nur Sg.* belg. Nationalhymne
brab|beln *tr. 1, ugs.:* undeutlich vor sich hinreden
brach unbebaut (Acker)
Bra|che *f. 11,* Brach|feld *n. 3,* Brachland *n. Gen.* -(e)s *nur Sg.* unbebauter, gepflügter Acker
Bra|chet *m. 1,* Brach|mo|nat *m. 1, alter Name für* Juni
Brach|feld *n. 3* s. **Bra|che**
bra|chi|al [lat.] zum Oberarm gehörig
Bra|chi|al|ge|walt *f. 10 nur Sg.* rohe Körperkraft
Brach|land *n. Gen.* -(e)s *nur Sg.* s. **Bra|che**
brach|lie|gen *intr. 80;* der Acker liegt brach, hat brachgelegen
Brach|mo|nat *m. 1* s. **Bra|chet**
Brach|se [-ks-] *f. 11,* **Brach|sen** [-ks-] *m. 7* ein Fisch, Blei
Brach|vo|gel *m. 6* eine Schnepfenart
Bra|chy|lo|gie [griech.] *f. 11 nur Sg.* gedrängte Kürze, Knappheit des Ausdrucks, Breviloquenz
Bra|cke *f. 11* ein Spürhund
bra|ckig [nddt.] mit Salzwasser gemischt, nicht trinkbar (Wasser)

Brack|vieh *n. 1 nur Sg.* untaugl. Vieh
Brack|was|ser *n. 6 nur Sg.* mit Salzwasser vermischtes Süßwasser (in Flussmündungen)
Bra|dy|kar|die [griech.] *f. 11* Verlangsamung der Herztätigkeit
Brä|gen *m. 7 Nebenform von* Bregen
Brah|ma [Sanskrit] ind. Gott; Verkörperung des Brahmans
Brah|ma|is|mus *m. Gen. - nur Sg.* s. **Brah|ma|nis|mus**
Brah|man *n. Gen. -s nur Sg., ind. Relig.:* Urgrund allen Seins, beherrschendes Weltprinzip
Brah|ma|ne *f. 11* Angehöriger der ind. Priesterkaste
brah|ma|nisch
Brah|ma|nis|mus, Brah|ma|is|mus *m. Gen. - nur Sg.* ind. Religion
Brah|ma|pu|tra *auch:* **Brah|ma|put|ra** *m. Gen.* -(s) Strom in Südasien
Brahms, *Johannes* dt. Komponist
Braille|schrift [brajə-, nach ihrem Erfinder, dem Franzosen Louis Braille] *f. 10 nur Sg.* Blindenschrift
Brain|drain (*alt:* Brain drain) [breɪndreɪn, engl.] *m. Gen. -s nur Sg.* Abwanderung von Wissenschaftlern
Brain|stor|ming [breɪnstɔ:miŋ, engl. »Gehirnstürmen«] *n. Gen. -s nur Sg.* eine Konferenzmethode, bei der in begrenzter Zeit spontan alle Vorschläge zu einem bestimmten Problem abgegeben werden, Ideenkonferenz
Brain|trust (*alt:* Brain trust) [breɪntrʌst, engl.] *m. 9* Beratungsausschuss aus Fachleuten
Brai|se [brɛzə, frz.] *f. 11* Würzbrühe
brai|sen [brɛ-] *tr. 1* in einer Braise dämpfen (Fleisch)
Brak|te|at [lat.] *m. 10* mittelalterl., einseitig geprägte Münze, Hohlmünze, Hohlpfennig
Bram [ndrl.] *f. 10,* Bram|sten|ge *f. 11, Seew.:* zweitoberste Verlängerung des Mastes
Bra|man|te, *Donato* ital. Architekt
Bra|mar|bas [span.] *m. 1* Prahlhans, Aufschneider
bra|mar|ba|sie|ren *intr. 3* aufschneiden, großtun
Bram|bu|ri [tschech.] *Pl., österr., scherzh.:* Kartoffeln
Brä|me, Bra|me *f. 11* **1.** kostbarer Besatz an Kleidungsstücken; **2.** Einfassung (einer Wiese, eines Feldes) mit Bäumen
Bram|me *f. 11, Walztechnik:* Eisenblock
Bram|se|gel *n. 5*
Bram|sten|ge *f. 11* s. **Bram**
bram|sig *norddt.:* protzig, prahlerisch
Bran|che [brãʃə, frz.] *f. 11* Geschäfts-, Wirtschaftszweig
Bran|chen|kenn|tnis [brãʃən-] *f. 1*
Bran|chen|ver|zeich|nis [brãʃən-] *n. 1* Telefon- und Adressenverzeichnis nach Branchen
Bran|chi|at [-çi-, griech.] *m. 10* durch Kiemen atmendes Wassertier
Bran|chi|en [-çi-] *Pl.* Kiemen
Bran|chi|o|sau|ri|er [-çi-] *m. 5* ausgestorbenes kleines Amphibium des Erdaltertums
Brand *m. 2*
brand|ak|tu|ell
Brand|an|schlag *m. 2*
Brand|bla|se *f. 11*
Brand|brief *m. 1, ugs.:* dringender Mahnbrief
brand|ei|lig *ugs.:* sehr eilig
bran|deln *intr. 1, süddt., österr.:* nach Brand riechen
Bran|den|burg **1.** dt. Bundesland; **2.** Stadt bei Berlin
Bran|den|bur|ger *m. 5*
bran|den|bur|gisch; *aber:* die Brandenburgischen Konzerte (von Bach)
Brand|fa|ckel *f. 11*
Brand|fuchs [-ks] *m. 2* rötlich braunes Pferd
Brand|herd *m. 1*
bran|dig
Brand|mal *n. 1*
brand|mar|ken *tr. 1*
Brand|mau|er *f. 11*
brand|neu *ugs.:* ganz neu
Brand|sal|be *f. 11*
brand|schat|zen *tr. 1;* gebrandschatzt
Brand|schat|zung *f. 10*
Brand|soh|le *f. 11*
Brand|statt *f. Gen. - nur Sg.,* **Brand|stät|te** *f. 11*
Brand|stif|ter *m. 5*
Brand|stif|tung *f. 10*
Brandt, *Willy* dt. Politiker
Bran|dung *f. 10*
Bran|dungs|boot *n. 1*
Brand|wa|che *f. 11*
Brand|wun|de *f. 11*
Bran|dy [brændi, engl.] *m. 9, engl. Bez. für* Branntwein
Brannt|kalk *m. 1* gebrannter Kalk
Brannt|wein *m. 1*
Brannt|wein|bren|ne|rei *f. 10*
Brannt|wei|ner *m. 5, österr.:* Branntweinschenker, Säufer
Braque [brak], *Georges* frz. Maler
Bra|sil **1.** *m. 1 oder m. 9* Kaffee-, Tabaksorte; **2.** *f. Gen. - Pl. -* Zigarre aus Brasiltabak
Bra|sil|holz *n. 4 nur Sg.* ein Farbholz
Bra|si|lia Hauptstadt von Brasilien
Bra|si|li|a|ner *m. 5*
bra|si|li|a|nisch
Bra|si|li|en südamerik. Staat
Bra|si|lin *n. 1 nur Sg.* aus Brasilholz gewonnener Farbstoff
Bra|sil|nuss (*alt:* Bra|sil|nuß) *f. 2* Paranuss
Bras|se **1.** *f. 11* Bras|sen *m. 7, nddt., mitteldt. für* Brachse; **2.** *f. 11, Seew.:* Tau zum Drehen der Segel
Bras|se|lett [frz.] *n. 1* **1.** Armband; **2.** *Pl., Gaunerspr.:* Handschellen
bras|sen *tr. 1, Seew.:* die Segel b.: mit der Brasse nach dem Wind drehen
Bras|sen *m. 7* s. **Bras|se**
Bras|se|rie [frz.] *f. 11* Gastwirtschaft, Bierhaus
Brat *österr.,* **Brät** *n. 1 nur Sg., schweiz.:* rohe Bratwurstmasse
Brat|ap|fel *m. 6*
Brät|chen *n. 7*
brä|teln *tr. 1* anbraten; ich brätele, brätle es
bra|ten *tr. 18*
Bra|ten *m. 7*
Bra|ten|rock *m. 2, scherzh.:* Gehrock
Brat|hendl *n. 14, bair., österr.:* Brathähnchen
Bra|ti|sla|va *auch:* **Bra|tis|la|va** [-va], *dt.:* Press|burg, Hauptstadt der Slowakei
Brat|kar|tof|feln *Pl.*
Brat|ling *m. 1* Klößchen aus Gemüse oder Sojamehl
Brät|ling *m. 1* ein Pilz
Brat|sche [ital.] *f. 11* Altgeige, Viola
Brat|scher *m. 5,* **Brat|schist** *m. 10* Bratschenspieler
Brat|spieß *m. 1*
Brat|spill *n. 1, Seew.:* Ankerwinde mit waager. Welle
Brat|wurst *f. 2*
Bräu *n. 1* **1.** gebrautes Getränk; **2.** Brauerei; zu einer Brauerei gehörende Gastwirtschaft
Brauch *m. 2*
brauch|bar

B

Brauch|bar|keit *f. 10 nur Sg.*
brau|chen *tr. 1*
Brauch|tum *n. 4 nur Sg.*
Brauch|was|ser *n. Gen. -s nur Sg.* (meist nicht aufbereitetes) Wasser, das in der Industrie genutzt wird
Braue *f. 11*
brau|en *tr. 1*
Brau|e|rei *f. 10*
Brau|haus *n. 4*
Brau|meis|ter *m. 5*
braun *Schreibung in Zus.* vgl. blau; braun gebrannt
Braun *n. 9 nur Sg.*
braun|äu|gig
Bräu|ne *f. 11 nur Sg.* **1.** braune Hautfarbe, bräunlicher Teint; **2.** Diphtherie, Angina
Brau|nel|le *f. 11* **1.** ein Singvogel, Flühvogel; **2.** Bru|nel|le eine Pflanze, Braunheil
bräu|nen *tr. u. intr. 1*
Brau|ne(r) *m. 18 (17)* braunes Pferd mit schwarzer Mähne
braun ge|brannt (*alt:* braun|gebrannt)
braun|haa|rig
Braun|koh|le *f. 11*
bräun|lich vgl. blau; bräunlich gelb
braun|sche Röh|re *auch:* **Braun'sche Röh|re** (*alt:* Braun|sche Röh|re) *f. 11* Elektronenröhre
Bräu|nung *f. 10*
Braus *m., nur noch in der Wendung* in Saus und Braus leben: verschwenderisch leben
Brau|sche *f. 11* Beule am Kopf
brau|schig
Brau|se *f. 11*
Brau|se|bad *n. 4*
Brau|se|kopf *m. 2* leicht erregbarer Mensch
brau|se|köp|fig
brau|sen *intr. 1*
Brau|se|pul|ver [-vər] *n. 5*
Braut *f. 2*
Bräut|chen *n. 7*
Braut|füh|rer *m. 5*
Bräu|ti|gam *m. 1*
Braut|jung|fer *f. 11*
Braut|kranz *m. 2*
Braut|leu|te *nur Pl.*
bräut|lich
Braut|mut|ter *f. 6*
Braut|paar *n. 1*
Braut|schau *f. 10* Suche nach einer passenden Braut
Braut|schlei|er *m. 5*
Braut|va|ter *m. 6*
brav
Brav|heit *f. 10 nur Sg.*
bra|vis|si|mo! [-vis-, ital.] ausgezeichnet!
bra|vo! [-vo] sehr gut!
Bra|vo [-vo] **1.** *n. 9* Beifallsruf; Bravo *oder:* bravo rufen; **2.** *m. 9, ital. Bez. für* gedungener Mörder
Bra|vo|ruf [-vo-] *m. 1*
Bra|vour [-vur, frz.] *auch:* **Bra|vur** *f. Gen. - nur Sg.* **1.** Meisterschaft, sehr großes technisches Können; **2.** Kühnheit, Schneid
Bra|vour|a|rie [-vura:riə] *auch:* **Bra|vur|a|rie** *f. 11*
bra|vou|rös [-vu-] *auch:* **bra|vu|rös** **1.** großes techn. Können erfordernd; **2.** technisch hervorragend (gespielt)
Bra|vour|stück [-vur-] *auch:* **Bra|vur|stück** *n. 1*
Bra|vur *f. Gen. - nur Sg.* s. **Bravour**
Bra|vur|a|rie *f. 11* s. **Bra|vour|a|rie**
bra|vu|rös s. **bra|vou|rös**
Bra|vur|stück *n. 1* s. **Bra|vour|stück**
Braz|za|ville [brazavil] Hauptstadt der Republik Kongo
BRD, BR Dtld. *Abk. für* Bundesrepublik Deutschland
break! [brɛɪk, engl.] trennt euch! (Kommando des Ringrichters beim Boxen)
Break [brɛɪk] **1.** *m. 9* lange, offene Kutsche für Gesellschaftsfahrten; **2.** *m. 9* Kombiwagen; **3.** *n. 9, Jazz:* Zwischensolo mit entgegengesetztem Rhythmus; **4.** *n. 9, Tennis:* verlorener Aufschlag
Break|dance [brɛɪkdæns] *m. Gen. - nur Sg.* tänzerische Darbietung zu Popmusik
Break-e|ven-A|na|ly|se [brɛɪk-ivən-, engl.] *f. 11* Ermittlung der Gewinnschwelle
Brec|cie [brɛtʃə, ital.], Brek|zie [-tsjə] *f. 11* aus Gesteinstrümmern verkittetes Sedimentgestein
brech|bar
Brech|bar|keit *f. 10 nur Sg.*
Brech|durch|fall *m. 2*
Bre|che *f. 11* Werkzeug zum Brechen, bes. der Hanfstängel
bre|chen *tr. u. intr. 19;* den Stab über jmdn. b.: jmdn. (vorschnell) verurteilen
Bre|cher *m. 5*
Brech|mit|tel *n. 5*
Brech|stan|ge *f. 11*
Brecht, *Bertolt* dt. Schriftsteller
Bre|chung *f. 10*
Bre|chungs|win|kel *m. 5*
Brech|wein|stein *m. 1 nur Sg.* Salz der Weinsäure
Bre|douil|le [bredulјə, frz.] *f. 11 nur Sg.* Bedrängnis, Verlegenheit; in die B. geraten, in der B. sein
Bree|ches [britʃəz, engl.] *nur Pl.* oben weite, an der Wade enge Sport-, bes. Reithose
Bre|gen, Brä|gen *m. 7* Hirn (vom Schlachttier)
Bre|genz Hauptstadt des Landes Vorarlberg (Österr.)
Brei *m. 1*
brei|ig
Breis|gau *m. 1 nur Sg.* südbadische Landschaft zwischen Rhein und Schwarzwald
breit; eine breite Straße; die breite Öffentlichkeit; der Stoff liegt doppelt breit; weit und breit; des Langen und Breiten; *in Verbindung mit Verben:* sich breit machen; breit gefächert; *aber:* breitschlagen, breittreten
breit|bei|nig
Brei|te *f. 11;* geographische Länge und Breite; in die Breite gehen
brei|ten *tr. 2*
Brei|ten|grad *m. 1*
Brei|ten|kreis *m. 1*
Breit|for|mat *n. 1; Ggs.:* Hochformat
breit ge|fä|chert (*alt:* breit|ge|fächert)
breit|krem|pig
Breit|ling *m. 1* ein Fisch, Sprotte

breit machen, breitschlagen:
Fügungen aus Adjektiv und Verb, in denen das Adjektiv steigerbar oder erweiterbar ist, werden im Infinitiv, Partizip und am Ende eines Nebensatzes getrennt geschrieben. Daher: *Sie wollten sich (richtig) breit machen. Das Angebot war breiter gefächert als das der Konkurrenz.*
§ 34 E3 (3)
Aber: *Sie ließen sich breitschlagen* (= überreden). Ebenso: *eine Angelegenheit breittreten* (= übertrieben ausführlich darstellen).
§ 34 (2.2)
Die substantivierte Form wird großgeschrieben: *Wir haben des Langen und Breiten darüber diskutiert.* § 57 (1)

breit ma|chen (*alt:* breit|ma|chen) *tr. 1*
Breit|na|se *f. 11* Neuweltaffe; *Ggs.:* Schmalnase

B

breit|na|sig
breit|ran|dig
breit|schla|gen *tr. 116, ugs.:* überreden; sich b. lassen
breit|schul|te|rig, breit|schult|rig
Breit|schwanz *m. 2* **1.** junges Karakulschaf; **2.** dessen Fell
Breit|sei|te *f. 11*
breit|spu|rig *übertr.:* wichtigtuerisch
Breit|spu|rig|keit *f. 10 nur Sg.*
breit|tre|ten *tr. 163;* eine Angelegenheit b. *ugs.:* überall erzählen, zu ausführlich behandeln
Breit|wand *f. 2*
Breit|wand|film *m. 1*
Brek|zie *f. 11* s. **Brec|cie**
Bre|men **1.** dt. Hafenstadt; **2.** dt. Bundesland
Bre|mer *m. 5*
Bre|mer|ha|ven Stadt im Bundesland Bremen
Bre|mer|ha|ve|ner *m. 5*
bre|misch
Brems|ba|cke *f. 11*
Brem|se *f. 11* **1.** Vorrichtung zum Verlangsamen der Fahrt; **2.** Nasenklemme für Pferde; **3.** Fliegenart
brem|sen *intr. u. tr. 1*
Brem|ser|häus|chen *n. 7*
Brems|flie|ge *f. 11*
Brems|klotz *m. 2*
Brems|licht *n. 3*
Brems|spur *f. 10*
Brems|weg *m. 1*
brenn|bar
Brenn|bar|keit *f. 10 nur Sg.*
Brenn|ei|sen *n. 7*
bren|nen *intr. u. tr. 20;* brennend gern
Bren|ner **1.** *m. 5;* **2.** *m. 5 nur Sg.* ein Alpenpass
Bren|ne|rei *f. 10*
Brenn|nes|sel (*alt:* Brennes|sel (-nn|n-)) *f. 11*
Brenn|punkt *m. 1*
Brenn|stoff *m. 1*
Brenn|wei|te *f. 11*
Bren|ta|no, *Clemens* dt. Schriftsteller
bren|zeln *intr. 1, süddt., österr.:* nach Brand riechen
brenz|lig, *österr. auch:* **brenz|lich**
Bre|sche *f. 11* Lücke; eine Bresche schlagen
Bres|lau, *poln.* Wroc|ław [vrɔtswaf] Stadt an der Oder
Bres|lau|er *m. 5*
bres|lau|isch
brest|haft *veraltet:* mit einem Gebrechen behaftet
Bre|ta|gne *auch:* **Bre|tag|ne** [-tanjə] *f. Gen. - nur Sg.* westlichste Halbinsel Frankreichs
Bre|to|ne *m. 11* Einwohner der Bretagne
bre|to|nisch
Bre|to|nisch *n. Gen.* -(s) *nur Sg.* zu den kelt. Sprachen gehörende Sprache der Bretonen
Brett *n. 3*
Brett|chen *n. 7*
Bret|ter|bu|de *f. 11*
bret|tern aus Brettern
Brettl *n. 5 oder n. 14* Kabarett
Brettln *Pl., bair., österr.:* Skier
Brett|spiel *n. 1*
Bret|zel *f. 11; schweiz. für* Brezel
Bre|ve [-və, lat. »kurz«] *n. 9 oder n. 14* kurzes päpstl. Schreiben
Bre|vet [brəve, frz.] *n. 9, früher:* Gnadenbrief des frz. Königs; *veraltet:* Verleihungs-, Schutzurkunde für Diplome, Patente usw.
bre|ve|tie|ren [-ve-] *tr. 3;* etwas b.: ein Brevet über etwas ausstellen
Bre|vi|ar [-vi-, lat.] *n. 1,* **Bre|vi|a|rium** *n. Gen.* -s *Pl.* -ri|en kurze Übersicht, Auszug
Bre|vier [-vir, lat.] *n. 1* **1.** Gebetbuch der kath. Geistlichen; **2.** *veraltet für* kleine Stellensammlung aus den Werken eines Dichters
bre|vi ma|nu [-vi -, lat.] *veraltet:* kurzerhand; das hätte er b. m. erledigen können
Bre|zel, *süddt.:* Bre|ze, *schweiz.:* **Bret|zel** *f. 11, österr. auch:* **Bre|zen** *m. 7* Laugengebäck etwa in Form einer 8
Bridge [brıdʒ, engl.] *n. Gen. - nur Sg.* ein Kartenspiel mit frz. Karten; Bridge spielen
Brie *m. Gen.* -(s) *nur Sg., kurz für* Briekäse
Brief *m. 1; Börse* (*Abk.:* B) *kurz für* Briefkurs
Brief|a|del *m. 5 nur Sg.*
Brief|be|schwe|rer *m. 5*
Brief|chen *n. 7*
brie|fen [engl.-amerik.] *tr. 1* jmdn. über eine Aufgabe informieren
Brie|fing *n. Gen.* -s *nur Sg.* kurz gefasste schriftliche Anweisung; kurzes Informationsgespräch
Brief|ge|heim|nis *n. 1*
Brief|kar|te *f. 11*
Brief|kas|ten *m. 8*
Brief|kopf *m. 2*
Brief|kurs *m. 1, Börse:* Angebotskurs eines Wertpapiers
Brief|lein *n. 7*
brief|lich
Brief|mar|ke *f. 11*
Brief|mar|ken|al|bum *n. Gen. - Pl.* -ben
Brief|öff|ner *m. 5*
Brief|schaf|ten *Pl.*
Brief|schul|den *Pl.*
Brief|ta|sche *f. 11*
Brief|tau|be *f. 11*
Brief|trä|ger *m. 5*
Brief|um|schlag *m. 2*
Brief|waa|ge *f. 11*
Brief|wahl *f. 10*
Brief|wech|sel [-ks-] *m. 5*
Brie|kä|se [nach der frz. Landschaft Brie] *m. 11 nur Sg.* ein frz. Weichkäse
Bries *n. 1*
Bries|chen *n. 7* = **Brös|chen**
Brie|sel *n. 5* die Thymusdrüse von Tieren, bes. vom Kalb
Bri|ga|de [frz.] *f. 11* **1.** *Mil.:* eine größere Truppeneinheit; **2.** *DDR:* Arbeitsgruppe im Betrieb
Bri|ga|de|stütz|punkt *m. 1*
Bri|ga|de|ta|ge|buch *n. 4*
Bri|ga|dier [-dje] *m. 9* **1.** *Mil.:* Brigadegeneral, Brigadeführer; **2.** [auch -dir] *DDR:* Brigadeleiter
Bri|gant [ital.] *m. 10* Straßenräuber
Bri|gan|ti|ne *f. 11* leichtes, zweimastiges Segelschiff mit nur einem Gaffelsegel am hinteren Mast
Brigg [engl.] *f. 9* zweimastiges Segelschiff
Bri|git|te weibl. Vorname
Bri|kett [frz.] *n. 9* in Form gepresste Kohle
bri|ket|tie|ren *tr. 3* zu Briketts formen, pressen
Bri|ket|tie|rung *f. 10 nur Sg.*
Bri|ko|le [frz.] *f. 11, Billard:* Rückprall des Balles von der Bande
bri|ko|lie|ren *tr. 3* durch Brikole treffen
bril|lant [briljant, frz.] glänzend, ausgezeichnet
Bril|lant [briljant] **1.** *m. 10* geschliffener Diamant; **2.** *f. Gen. - nur Sg.* ein Schriftgrad
Bril|lan|ti|ne [briljan-] *f. 11 nur Sg., österr. auch:* Bril|lan|tin *n. Gen.* -s *nur Sg.* Haarpomade
Bril|lanz [briljants] *f. 10 nur Sg.* **1.** Glanz, Feinheit; **2.** meisterhafte Geschicklichkeit
Bril|le *f. 11*
Bril|len|e|tui [-ɛtvi] *n. 9*
Bril|len|fut|te|ral *n. 1*

B

Bril|len|schlan|ge *f. 11*
Bril|len|trä|ger *m. 5*
bril|lie|ren [briljiːrən, frz.] *intr. 3* glänzen, sich durch sehr gute Leistung hervortun; er brillierte auf ganzer Linie
Brim|bo|ri|um [lat.] *n. Gen.* -s *nur Sg.* unnützer Aufwand, Getue, Umschweife
Brim|sen [tschech.] *m. 7,* **Brim|sen|kä|se** *m. 11 nur Sg., österr.:* ein Schafskäse
Bri|nell|här|te [nach dem schwed. Ingenieur August Brinell] *f. 11 nur Sg.* (*Abk.:* HB) Maß für die Härte eines Werkstoffes
brin|gen *tr. 21*
Brin|ger *m. 5*
Bri|oche [briɔʃ, frz.] *f. 9* ein feines Hefegebäck
bri|sant [frz.] **1.** sprengend, hochexplosiv; **2.** sensationell
Bri|sanz *f. 10 nur Sg.* **1.** *Tech.:* Sprengkraft; **2.** *übertr.:* höchste Aktualität
Bri|se *f. 11* leichter Wind
Brise|so|leil [briːzsɔlɛj, frz.] *m. 9* aus einzelnen beweglichen Lamellen bestehendes Sonnenrollo
Bri|so|lett [frz.] *n. 1,* **Bri|so|let|te** *f. 11* gebratenes Fleischklößchen
Bris|sa|go [nach dem Herstellungsort B.] *f. 9* Zigarrensorte
Bri|tan|nia *lat. Name für* die Brit. Inseln
Bri|tan|ni|a|me|tall *n. 1* eine Zinnlegierung
Bri|tan|ni|en [kelt.] zusammenfassend für England, Wales und Schottland
bri|tan|nisch
Bri|te *m. 11* Einwohner Großbritanniens
bri|tisch, *aber:* die Britischen Inseln, das Britische Museum
Brit|ten, *Benjamin* engl. Komponist
Broad|way [brɔːdwɛɪ, engl.] *m. 9* eine der Hauptverkehrsstraßen in New York
Broc|co|li *m. 9 nur Pl.* s. **Brok|ko|li**
Bröck|chen *n. 7*
brö|cke|lig, bröck|lig
brö|ckeln *intr. 1*
bro|cken *tr. 1*
Bro|cken *m. 7*
Bröck|lein *n. 7*
bröck|lig, brö|cke|lig
Bro|del *m. 5,* **Bro|dem** *m. 7* Dampf, wallender Dunst
bro|deln *intr. 1; österr.:* trödeln
Bro|dem *m. 7* = **Bro|del**

Bro|de|rie [frz.] *f. 11, veraltet:* Stickerei
bro|die|ren *tr. 3, veraltet:* besticken, einfassen
Broi|ler *m. 5, DDR:* Grill-, Brathähnchen
Bro|kat [ital.] *m. 1* schwerer Seidenstoff mit eingewebten Gold- oder Silberfäden (Goldbrokat, Silberbrokat)
Bro|ka|tell *m. 1,* **Bro|ka|tel|le** *f. 11* schwerer Halbseidenstoff mit erhabenem Muster
Bro|ker [broukə(r), engl.] *m. 5* Wertpapiermakler
Brok|ko|li [ital.], Broc|co|li *m. nur Pl.* Spargelkohl, eine ital. Kohlsorte
Brom [griech.] *n. 1 nur Sg.* (*Zeichen:* Br) chem. Element
Bro|mat *n. 1* Salz der Bromsäure
Bro|ma|tik, Bro|ma|to|lo|gie [griech.] *f. Gen.* - *nur Sg.* Lehre von der Zubereitung der Nahrungsmittel
Brom|bee|re *f. 11*
Brom|beer|strauch *m. 4*
Bro|mid [griech.] *n. 1* Salz der Bromwasserstoffsäure
Bro|mis|mus *m. Gen.* - *nur Sg.* Bromvergiftung
Bro|mit *m. 1 nur Sg.* ein Mineral
Brom|ka|li *n. Gen.* -s *nur Sg.* Kaliumbromid
Brom|säu|re *f. 11 nur Sg.*
Brom|sil|ber *n. 5 nur Sg.*
Brom|ver|gif|tung *f. 10*
bron|chi|al [-çi-, griech.] zu den Bronchien gehörend, von ihnen ausgehend
Bron|chi|al|asth|ma [-çi-] *n. Gen.* -s *nur Sg.*
Bron|chi|al|ka|tarrh *auch:* **Bron|chi|al|ka|tarr** [-çi-] *m. 1*
Bron|chie [-çiə] *f. 11 meist Pl.* Ast der Luftröhre
Bron|chi|o|len [-çi-] *Pl.* feine Verzweigungen der Bronchien
Bron|chi|tis [-çi-] *f. Gen.* - *Pl.* -ti|den Bronchialkatarrh
Bron|cho|pneu|mo|nie [-ço-] *f. 11* eine Form der Lungenentzündung
Bron|cho|skop *auch:* **Bron|chos|kop** [-ços-] *n. 1* Gerät zur Untersuchung der Bronchien
Bron|cho|sko|pie *auch:* **Bron|chos|ko|pie** [-ços-] *f. 11* Untersuchung der Bronchien mit dem Bronchoskop
Bron|chus [-çus] *m. Gen.* - *Pl.* -chen Hauptast der Luftröhre

Bronn *m. 12,* **Bron|nen** *m. 7, poet.:* Brunnen, Born
Bron|to|sau|ri|er [griech.] *m. Gen.* - *Pl.* -ri|er riesiger Saurier der Kreidezeit in Nordamerika
Bron|ze [brɔ̃sə, frz.] *f. 11* **1.** eine Kupferlegierung; künstlerisch gestalteter Gegenstand daraus; **2.** *nur Sg.* braungelber Farbton
Bron|ze|krank|heit [brɔ̃sə-] *f. 10 nur Sg.* Erkrankung der Nebennieren mit Braunfärbung der Haut
bron|zen [brɔ̃sən] aus Bronze
Bron|ze|zeit [brɔ̃sə-] *f. 10 nur Sg.* Abschnitt der menschl. Vorgeschichte
bron|zie|ren [brɔ̃si-] *tr. 3* mit Bronze überziehen
Bron|zit *m. 1 nur Sg.* ein Mineral
Bro|sa|me *f. 11 meist Pl.*
brosch. *Abk. für* broschiert
Bro|sche *f. 11* Schmucknadel
Brös|chen, Bries|chen *n. 7*
bro|schie|ren [frz.] *tr. 3* heften und leimen (Druckbogen)
bro|schiert (*Abk.:* brosch.)
Bro|schur *f. 10*
Bro|schü|re *f. 11* Drucksache aus Buchblock und Umschlag
Brö|sel *m. 5, ugs. auch: m. 14, österr.: n. 14*
brö|seln *tr. u. intr. 1;* ich brösele, brösle es
Brot *n. 1*
Brot|beu|tel *m. 5*
Bröt|chen *n. 7*
Brot|er|werb *m. 1*
Brot|frucht|baum *m. 2*
Brot|ge|trei|de *n. Gen.* -s *nur Sg.*
Brot|kru|me *f. 11*
Brot|laib *m. 1*
brot|los
Brot|neid *m. 1 nur Sg.*
Brot|rös|ter *m. 5* Toaster
Brot|stu|di|um *n. Gen.* -s *Pl.* -di|en auf schnellen Abschluss und Verdienst ausgerichtetes Studium
Brot|teig *m. 1*
Brot|zeit *f. 10, süddt.:* Vesper, kleine, meist kalte Mahlzeit; Brotzeit machen
brot|zeln *intr. u. tr. 1, Nebenform von* brutzeln
Brow|ning [brau-, nach dem amerik. Erfinder John Browning] *m. 9* Selbstladepistole
Brow|ser [brau-, engl.] *m. Gen.* -s *Pl.* -, *EDV:* Programm, mit dem man in einem Netzwerk Informationen abrufen kann
BRT *Abk. für* Bruttoregistertonne

B

Bru|cel|la [nach dem engl. Arzt D. Bruce] *f. Gen. - Pl.* -len Erreger einiger Infektionskrankheiten
Bru|cel|lo|se *f. 11* durch Brucellen verursachte Infektionskrankheit bei Mensch und Tier
Bruch **1.** *m. 2;* **2.** *m. 2 oder n. 2* Moor, Sumpfland
Bruch|bu|de *f. 11*
bruch|fest
Bruch|fes|tig|keit *f. 10 nur Sg.*
Bruch|flä|che *f. 11*
Bruch|ge|fahr *f. 10*
bru|chig moorig
brü|chig morsch, rissig
Brü|chig|keit *f. 10 nur Sg.*
bruch|lan|den *intr. 2, nur im Infinitiv und Partizip II üblich:* er ist bruchgelandet
Bruch|lan|dung *f. 10*
bruch|rech|nen *intr. 2, nur im Infinitiv übl.*
Bruch|rech|nung *f. 10*
Bruch|scha|den *m. 8*
Bruch|scho|ko|la|de *f. 11*
Bruch|sil|ber *n. 5 nur Sg.*
Bruch|strich *m. 1*
Bruch|stück *n. 1*
bruch|stück|haft
Bruch|teil *m. 1*
Bruch|zahl *f. 10*
Brück|chen *n. 7*
Brü|cke *f. 11*
Brü|cken|bau *m. Gen.* -(e)s *nur Sg.*
Brü|cken|kopf *m. 2*
Brü|cken|waa|ge *f. 11*
Brück|lein *n. 7*
Bruck|ner, *Anton* österr. Komponist
Bru|der *m. 6*
Brü|der|chen *n. 7*
Brü|der|ge|mei|ne *f. 11 nur Sg.* eine pietist. Gemeinde
Bru|der|herz *n. 16 nur Sg.*
Bru|der|krieg *m. 1*
Brü|der|lein *n. 7*
brü|der|lich
Brü|der|lich|keit *f. 10 nur Sg.*
Bru|der Lus|tig *m. Gen.* - -(s) *Pl.* Brüder -
Bru|der|mord *m. 1*
Bru|der|mör|der *m. 5*
bru|der|mör|de|risch
Bru|der|schaft *f. 10* religiöse Vereinigung
Brü|der|schaft *f. 10 nur Sg.* brüderl. Verhältnis; B. trinken, schließen
Bru|der|zwist *m. 1*
Brue|gel, Brue|ghel, Breu|ghel [brɔigəl] ndrl. Malerfamilie: **1.** *Jan* B. d. Ä.; **2.** *Jan* B. d. J.; **3.** *Pieter* B. d. Ä.; **4.** *Pieter* B. d. J.

Brüg|ge Stadt in Belgien
Brü|he *f. 11*
brü|hen *tr. 1*
brüh|heiß
Brühl *m. 1, veraltet, nur noch in Straßen- und Platznamen:* Sumpfland
brüh|warm
Brüh|wür|fel *m. 5*
Bru|i|tis|mus [zu frz. bruit »Lärm«] *m. Gen. - nur Sg.* Richtung der Musik, in der Geräusche als Gestaltungsmaterial verwendet werden
Brüll|af|fe *m. 11*
brül|len *intr. 1*
Brül|ler|krank|heit *f. 10 nur Sg.* andauernde Brunst bei Kühen und Stuten
Brumm|bär *m. 10*
Brumm|bass (*alt:* Brumm|baß) *m. 2*
Brumm|ei|sen *n. 7*
brum|meln *tr. 1*
brum|men *tr. u. intr. 1*
Brum|mer *m. 5*
brum|mig
Brum|mig|keit *f. 10 nur Sg.*
Brumm|krei|sel *m. 5*
Brumm|schä|del *m. 5*
Brunch [brantʃ, engl.] *m. Gen.* -s *Pl.* -(e)s üppiges Frühstück
Bru|nei Staat in Südostasien
Bru|nei|er *m. 5* Einwohner von Brunei
bru|nei|isch
Bru|nel|le *f. 11* = **Brau|nel|le** (2)
brü|nett [frz.] braunhaarig
Brü|net|te *f. 17 oder 18*
Brunft *f. 2, Jägerspr.:* Paarungszeit (beim Hochwild), Brunst
brunf|ten *intr. 2, Jägerspr.:* in der Brunft sein
brunf|tig
Brunft|schrei *m. 1*
Brunft|zeit *f. 10*
brü|nie|ren [frz.] *tr. 3* mit einer Oxidschutzschicht überziehen (Metall)
Brunn *m. 12, poet.:* Brunnen, Born
Brünn, *tschech.:* Brno tschech. Stadt
Brünn|chen *n. 7*
Brün|ne *f. 11* mittelalterl. Panzerhemd
Brun|nen *m. 7*
Brun|nen|kres|se *f. 11*
Brun|nen|kur *f. 10*
Brun|nen|meis|ter *m. 5*
Brun|nen|stu|be *f. 11, veraltet:* Raum oder Schacht, in dem Quellwasser gesammelt wird

Brun|nen|trog *m. 2*
Brun|nen|ver|gif|tung *f. 10*
Brünn|lein *n. 7*
Bru|no männl. Vorname
Brunst *f. 2* Paarungszeit (bei manchen Tieren); starke geschlechtliche Erregung; vgl. Brunft
bruns|ten *intr. 2*
brüns|tig
Brunst|zeit *f. 10*
brüsk [frz.] schroff, kurz
brüs|kie|ren *tr. 3* schroff, abweisend behandeln
Brüs|kie|rung *f. 10*
Brüs|sel Hauptstadt von Belgien; Brüsseler Spitzen
Brüs|se|ler *m. 5* Einwohner von Brüssel
Brust *f. 2*
Brust|bein *n. 1*
Brust|bild *n. 3*
Brüst|chen *n. 7*
Brust|drü|se *f. 11*
brüs|ten *refl. 2;* sich mit etwas b.
Brust|fell *n. 1*
Brust|flos|se *f. 11*
brust|hoch
Brust|hö|he *f. 11 nur Sg.*
Brust|kas|ten *m. 8*
Brust|kind *n. 3* mit Muttermilch ernährtes Kind; *Ggs.:* Flaschenkind
Brust|korb *m. 2*
Brust|krebs *m. 1 nur Sg.*
Brüst|lein *n. 7*
brust|schwim|men *intr., nur im Infinitiv*
Brust|schwim|men *n. 7 nur Sg.*
Brust|stim|me *f. 11*
Brust|ta|sche *f. 11*
Brust|tee *m. 9*
Brust|ton *m. 2;* etwas im B. der Überzeugung sagen
Brüs|tung *f. 10*
Brust|war|ze *f. 11*
Brust|wehr *f. 10*
Brut *f. 10*
bru|tal [lat.]
Bru|ta|li|tät *f. 10 nur Sg.*
Brut|ap|pa|rat *m. 1*
brü|ten *tr. u. intr. 2*
brü|tend; brütende Hitze; es war brütend heiß, ein brütend heißer Tag
Brü|ter *m. 5* (meist: schneller Brüter) Kernreaktor, der mehr spaltbares Material erzeugt, als er verbraucht
Brut|hit|ze *f. 11 nur Sg.*
brü|tig, *österr. auch:* **bru|tig** zum Brüten bereit (Henne)
Brut|kas|ten *m. 8*

B

Brut|o|fen *m. 8*
Brut|pfle|ge *f. 11 nur Sg.*
Brut|stät|te *f. 11*
brut|to [ital.] (*Abk.:* btto.) **1.** mit Verpackung; **2.** ohne Abzug von Kosten; er verdient brutto 2000 Euro; *Ggs.:* netto
Brut|to|ein|kom|men *n. 7*
Brut|to|er|trag *m. 2*
Brut|to|ge|wicht *n. 1*
Brut|to|ge|winn *m. 1*
Brut|to|in|lands|pro|dukt *n. 1 nur Sg.*
Brut|to|raum|zahl *f. 10* (*Abk.:* BRZ), *neu für* Brut|to|re|gis|ter|ton|ne *f. 11* (*Abk.:* BRT) Raummaß für Schiffe
Brut|to|so|zi|al|pro|dukt *n. 1 nur Sg.*
Brut|to|ver|dienst *m. 1*
Brut|zeit, Brüt|zeit *f. 10*
brut|zeln *tr. u. intr. 1, ugs.;* ich brutzele, brutzle etwas
Bruy|ère|holz *auch:* **Bru|yère|holz** [bryjɛr-, frz.] *n. 4 nur Sg.* rötliches Wurzelholz der Baumheide (für Tabakspfeifen)
Bry|o|lo|gie [griech.] *f. 11 nur Sg.* Mooskunde
Bry|o|nie [-njə] *f. 11* zur Gattung der Kürbisgewächse gehörende Kletterpflanze
Bry|o|phy|ten *Pl.* Moospflanzen, Moose
Bry|o|zo|en *n. Pl.* Moostierchen
BRZ *Abk. für* Bruttoraumzahl
BSE *Abk. für* Bovine Spongioforme Enzephalopathie, Rinderwahnsinn
BSP *Abk. für* Bruttosozialprodukt
bst!, pst!
btto. *Abk. für* brutto
Bub *m. 10,* **Bu|be** *m. 11 süddt., österr., schweiz.:* Junge
bub|bern *intr. 1, ugs.:* klopfen, pochen (Herz)
Büb|chen *n. 7*
Bu|be *m. 11* **1.** = **Bub; 2.** *abwertend:* Schurke, Spitzbube; **3.** Figur im Kartenspiel
bu|ben|haft
Bu|ben|haf|tig|keit *f. 10 nur Sg.*
Bu|ben|streich *m. 1*
Bu|ben|stück *n. 1* Schandtat
Bu|ber, *Martin* jüd. Philosoph
Bü|be|rei *f. 10* Schurkerei
Bu|bi *m. 9* **1.** *Koseform für* Bub; **2.** *ugs.:* Geck
Bu|bi|kopf *m. 2*
Bü|bin *f. 10* weibl. Schurke
bü|bisch
Büb|lein *n. 7*
Bu|bo [griech.] *m. Gen.* -s *Pl.* -bonen entzündl. Lymphknotenschwellung in der Leistenbeuge
Bu|bo|nen|pest *f. Gen. - nur Sg.* Beulenpest
Buch *n. 4;* Buch führen; Buch führend
Bu|cha|ra **1.** Oasenstadt in Usbekistan; **2.** *m. 9* Teppich aus Buchara
Buch|be|spre|chung *f. 10*
Buch|bin|der *m. 5*
Buch|bin|de|rei *f. 10*
Buch|druck *m. 1*
Buch|dru|cke|rei *f. 10*
Buch|dru|cker|kunst *f. 2 nur Sg.*
Bu|che *f. 11*
Buch|e|cker *f. 11* Frucht der Buche
Bu|chel *f. 11, österr. für* Buchecker
Bü|chel|chen *n. 7*
bu|chen **1.** *Adj.:* aus Buchenholz; **2.** *tr. 1* in ein Geschäftsbuch oder eine Liste eintragen; eine Reise b.: einen Platz für eine Flug- oder Schiffsreise oder einen Erholungsaufenthalt bestellen
Bu|chen|holz *n. 4 nur Sg.*
Bu|chen|scheit *n. 1*
Bu|chen|wald *m. 4*
Bü|cher|bord *n. 1,* **Bü|cher|brett** *n. 3*
Bü|che|rei *f. 10*
Buch|er|folg *m. 1*
Bü|cher|freund *m. 1*
Bü|cher|kun|de *f. 11 nur Sg.* Bibliografie (1)
bü|cher|kund|lich
Bü|cher|narr *m. 10*
Bü|cher|re|gal *n. 1*
Bü|cher|re|vi|sor [-vi-] *m.Gen.* -s *Pl.* -so|ren
Bü|cher|ver|zeich|nis *n. 1*
Bü|cher|weis|heit *f. 10 nur Sg.* Buchweisheit
Bü|cher|wurm *m. 4*
Buch|fink *m. 10*
Buch füh|rend (*alt:* buch|führend)
Buch|füh|rung *f. 10*
Buch|ge|lehr|sam|keit *f. 10 nur Sg.*
Buch|ge|mein|schaft *f. 10*
Buch|ge|wer|be *n. 5*
buch|ge|werb|lich
Buch|hal|ter *m. 5*
buch|hal|te|risch
Buch|hal|tung *f. 10*
Buch|han|del *m. 6 nur Sg.*
Buch|händ|ler *m. 5*
buch|händ|le|risch
Buch|hand|lung *f. 10*
Buch|la|den *m. 8, ugs.:* Buchhandlung
Büch|lein *n. 7*
Buch|ma|cher *m. 5* gewerbsmäßiger Vermittler von Rennwetten, bes. bei Pferderennen
Buch|ma|le|rei *f. 10*
Buch|markt *m. 2*
Buch|mes|se *f. 11*
Büch|ner, *Georg* dt. Schriftsteller
Buch|prü|fer *m. 5* Bücherrevisor
Buchs [-ks] *m. 1*
Buchs|baum [-ks-] *m. 2*
buchs|bau|men [-ks-] aus Buchsbaumholz
Büchs|chen [-ks-] *n. 7*
Buch|se [-ks-] *f. 11* Hohlzylinder
Büch|se [-ks-] *f. 11* **1.** Gefäß; **2.** Schusswaffe, *meist:* Jagdgewehr
Büch|sen|fleisch [-ks-] *n. Gen.* -s *nur Sg.*
Büch|sen|licht [-ks-] *n. 3 nur Sg., Jagd:* gerade zum gezielten Schuss ausreichende Helligkeit
Büch|sen|ma|cher [-ks-] *m. 5*
Büch|sen|milch [-ks-] *f. 10 nur Sg.*
Büch|sen|öff|ner [-ks-] *m. 5*
Buch|sta|be *m. 15, selten auch: m. 11*
Buch|sta|ben|rät|sel *n. 5*
Buch|sta|ben|rech|nung *f. 10*
buch|sta|bie|ren *tr. 1*
...buch|sta|big, z. B. vierbuchstabiges Wort; 4-buchstabig
buch|stäb|lich
Bucht *f. 10*
Buch|tel *f. 11, meist Pl., österr.:* süßer, meist mit Marmelade gefüllter Hefekloß
Buch|ti|tel *m. 5*
Bu|chung *f. 10*
Buch|weis|heit *f. 10* nur aus Büchern, nicht aus Lebenserfahrungen gewonnene Weisheit
Buch|wei|zen *m. 7 nur Sg.* ein Knöterichgewächs, dessen Früchte früher zu Grütze verarbeitet wurden, Heidekorn
Buch|we|sen *n. 7 nur Sg.*
Buch|wis|sen *n. 7 nur Sg.* nur aus Büchern erlerntes Wissen
Buch|zei|chen *n. 7*
Bu|cin|to|ro [-tʃin-] *m. Gen.* -s *Pl.* -s *oder* -ri, *ital. Form von* Buzentaur (2)
Bu|ckel *m. 5*
bu|cke|lig s. **buck|lig**
bu|ckeln **1.** *intr. 1* einen Buckel machen, liebedienern; **2.** *tr. 1* (Metall) treiben
Bu|ckel|rind *n. 3*
bü|cken *refl. 1*
Bü|cking *m. 1* = **Bück|ling** (2)
buck|lig, bu|cke|lig
Bück|ling *m. 1* **1.** Verbeugung; **2.** Bücking geräucherter Hering

B

Buck|skin [bʌk-, engl.] *m. 9* **1.** Schaf- oder Hirschleder; **2.** ein Streichgarngewebe
Bu|da|pest Hauptstadt von Ungarn
Bu|da|pes|ter *m. 5*
Büd|chen *n. 7* kleine Bude
Bud|del, But|tel *f. 11, ugs.:* Flasche
Bud|de|lei *f. 10*
bud|deln *intr. 1;* ich buddele, buddle
Bud|dha [Sanskrit »der Erleuchtete, Erhabene«] Stifter des Buddhismus
Bud|dhis|mus *m. Gen. - nur Sg.*
Bud|dhist *m. 10*
bud|dhis|tisch
Bu|de *f. 11*
Bu|del *f. 11, österr.:* Verkaufstisch
Bu|den|zau|ber *m. 5 nur Sg.*
Bud|get [bydʒe, frz.] *n. 9* (bes. staatl.) Haushaltsplan, Etat
bud|ge|tär [bydʒe-] das Budget betreffend
bud|ge|tie|ren [bydʒe-] *intr. 1* ein Budget aufstellen
Bud|ge|tie|rung [bydʒe-] *f. 10*
Bu|di|ke *f. 11, ugs.:* kleiner Laden
Büd|ner *m. 5, norddt.:* Häusler
Bu|e|nos Ai|res Hauptstadt von Argentinien
Bü|fett [frz.], *österr., schweiz.:* **Buffet** [byfe] *n. 9* Anrichte; Schanktisch; Geschirrschrank; *österr. auch:* Gaststätte (Bahnhofsbuffet); kaltes Büfett: Auswahl kalter Gerichte
Bü|fet|tier [-tje] *m. 9* jmd., der hinter dem Büfett Speisen und Getränke ausgibt
Bü|fett|mam|sell *f. 10 oder f. 9*
Büf|fel *m. 5*
Büf|fel|le|der *n. 5*
Büf|fe|lei *f. 10 nur Sg., ugs.*
büf|feln *intr. 1 ugs.;* ich büffele, büffle
Buf|fet [byfe] *n. 9, österr., schweiz.* = **Bü|fett**
Büff|ler *m. 5; ugs.:* jmd., der viel büffelt, der angestrengt lernt
Buf|fo [ital.] *m. Gen. -s Pl. -s oder -fi* Sänger komischer Rollen
Buf|fo|o|per *f. 11* komische Oper
Bug *m. 1* **1.** Vorderteil (des Schiffes); **2.** *auch: m. 2* Schulter (Pferd, Rind, Hochwild)
Bü|gel *m. 5*
Bü|gel|brett *n. 3*
Bü|gel|ei|sen *n. 7*
Bü|gel|fal|te *f. 11*
bü|gel|fest
bü|gel|frei
bü|geln *tr. 1;* ich bügele, bügle

Bug|gy [bʌgı, engl.] **1.** zweirädriger, einspänniger Wagen für Trabrennen; **2.** offenes kleines Auto (Selbstbau); **3.** kleines Gefährt mit vier (Doppel-)Rädern; **4.** Kindersportwagen
Büg|le|rin *f. 10*
bug|sie|ren [lat.-ndrl.] *tr. 3* **1.** ins Schlepptau nehmen (Schiff); **2.** mit einiger Mühe oder Geschicklichkeit an einen bestimmten Ort bringen
Bug|sie|rer *m. 5* Bugsierdampfer
Bug|spriet *n. 1 oder m. 1* über den Bug schräg hinausragende Segelstange
Bug|wel|le *f. 11*
Bü|hel *m. 5* s. **Bühl**
bu|hen *intr. 1* buh rufen (als Missfallensäußerung)
Bühl *m. 1, süddt., österr., schweiz.:* Bü|hel *m. 5* Hügel
Buh|le **1.** *m. 11, poet.:* Liebster; **2.** *f. 11, poet.:* Liebste
buh|len *intr. 1*
Buh|ler *m. 5*
Buh|le|rei *f. 10 nur Sg.*
Buh|le|rin *f. 10*
buh|le|risch
Buhl|schaft *f. 10, veraltet:* Liebesverhältnis
Buh|mann *m. 4, ugs.:* böser Mann, Schreckgespenst
Buh|ne *f. 11* ins Wasser hineingebauter Damm als Uferschutz
Büh|ne *f. 11; schweiz. auch:* Heu-, Dachboden, Speicher
Büh|nen|ar|bei|ter *m. 5*
Büh|nen|aus|spra|che *f. 11*
Büh|nen|bild *n. 3*
Büh|nen|bild|ner *m. 5*
Büh|nen|künst|ler *m. 5*
Büh|nen|stück *n. 1*
büh|nen|wirk|sam
Büh|nen|wirk|sam|keit *f. 10 nur Sg.*
Buh|ruf *m. 1*
Buh|ru|fer *m. 5*
Bu|hurt [altfrz.] *m. 1* mittelalterl. Reiterkampfspiel
Bu|ka|ni|er [frz.] *m. 5* karib. Seeräuber im 17. Jh.
Bu|ka|rest Hauptstadt von Rumänien
Bu|ka|res|ter *m. 5*
Bu|kett, Bou|quet [frz.] *n. 1 oder n. 9* **1.** Blumenstrauß; **2.** *nur Sg.* Duft, Aroma (des Weins)
Bu|klee *auch:* **Buk|lee** *n. 9 oder m. 9* s. **Bou|clé**
Bu|ko|lik [griech.] *f. 10 nur Sg.* Hirten-, Schäferdichtung
Bu|ko|li|ker *m. 5*

bu|ko|lisch
Bu|ko|wi|na [»Buchenland«] *f. Gen. - nur Sg.* Landschaft in den Karpaten
bul|bös [lat.] knollig, zwiebelförmig
Bul|bus [lat.] *m. Gen. - Pl. -bi* **1.** Zwiebel, Knolle; **2.** rundl. Organ, z. B. Augapfel; **3.** Anschwellung
Bu|let|te [frz.] *f. 11* gebratenes Fleischklößchen
Bul|ga|re *m. 11*
Bul|ga|ri|en europ. Staat
bul|ga|risch
Bul|ga|risch *n. Gen. -(s) nur Sg.* zu den slaw. Sprachen gehörende Sprache der Bulgaren
Bu|li|mie *f. Gen. - nur Sg.* krankhaft gesteigerte Esslust (mit anschließend selbst herbeigeführtem Erbrechen)
Bu|lin *f. 10,* **Bu|li|ne** *f. 11, Seew.:* Haltetau für Rahsegel

> **→ Bouillon** Das aus dem Französischen stammende Wort *Bouillon* wird [buljɔ̃] oder österr. [bujɔ̃] ausgesprochen, aber entsprechend seiner Herkunftssprache anlautend *Bou-* geschrieben (ebenso: *Boudoir*). Der Laut [j] wird durch die Buchstabenfolge *ill* wiedergegeben.

Bulk|car|ri|er [bʌlkkæriə(r), engl.] *m. 5* Frachtschiff für Massen-, bes. Schüttgut
Bulk|la|dung *f. 10, Seew.:* Schüttgut
Bul|la|ri|um *n. Gen. -s Pl. -ri|en* Sammlung päpstlicher Bullen
Bull|au|ge *n. 14* kleines rundes Fenster (am Schiff)
Bull|dog® [engl.] *m. 9* Zugmaschine mit Einzylindermotor
Bull|dog|ge *f. 11* eine mittelgroße, stämmige Hunderasse mit stumpfer Schnauze
Bull|do|zer [-dozə(r), engl.] *m. 5* schwere Planierraupe
Bul|le **1.** *m. 11* männl. Zuchtrind, Zuchtstier; **2.** *m. 11, ugs. abfällig:* Polizist; **3.** [frz.] *f. 11* Urkunde mit Metallsiegel, *bes.:* päpstl. Erlass; die Goldene Bulle
Bul|len|bei|ßer *m. 5* ausgestorbene, doggenartige Hunderasse
Bul|len|hit|ze *f. 11 nur Sg., ugs.:* große Hitze
bul|le|rig, bull|rig *ugs.:* polternd
bul|lern *intr. 1, ugs.* **1.** kochen, wallen; **2.** klopfen; **3.** dröhnen

B

Bulletin [byl(ə)tɛ̃, frz.] *n. 9* **1.** amtl. Tagesbericht; **2.** Bekanntmachung
Bullfinch [bulfintʃ, engl.] *m. 9* Hindernis bei Pferderennen
bullig *ugs.:* sehr; bullig warm
Bullion [buljən, engl.] *n. 9* Barren aus Gold oder Silber
bullös [lat.] *Med.:* blasig
Bullterrier [engl.] *m. 5* eine engl. Hunderasse
Bully [engl.] *n. 9, Hockey und Eishockey:* auf bestimmte Weise geführter erster Schlag, der den Ball ins Spiel bringt, Abschlag
Bülte [nddt.] *f. 11* feste Stelle im Moor, Hügelchen
Bultsack *m. 2* Seemannsmatratze
Bumbass (*alt:* Bumbaß) *m. 2* Schellenbaum
Bumboot [engl.] *n. 1* kleines Händlerschiff zur Versorgung größerer Schiffe
Bumerang [austral.] *m. 1* gekrümmtes Wurfholz, das, wenn es sein Ziel verfehlt, zum Werfer zurückkehrt
bumm!
Bummel **1.** *m. 5* gemächl. Spaziergang; **2.** *f. 11* s. **Bommel**
Bummelant *m. 10*
Bummelei *f. 10*
bummelig *ugs.*
Bummelleben *n. 7*
bummeln *intr. 1;* ich bummele, bummle
Bummelstreik *m. 9*
Bummelzug *m. 2*
Bummerl *n. 14, österr.* **1.** Verlustpunkt beim Kartenspiel; **2.** der Gefoppte, Benachteiligte
Bummler *m. 5*
bummlig *ugs.*
bums!
Bums *m. 1, ugs.:* dumpfer Knall
bumsen *intr. u. tr. 1, ugs., derb* **1.** dumpf knallen; **2.** Geschlechtsverkehr haben; *auch:* jmdn. b.: den Beischlaf mit ihm ausüben
Bumslokal *n. 1, ugs.:* billiges, meist auch anrüchiges Vergnügungslokal
Buna® [aus Butadien und Natrium] *m. oder n. Gen.* -s *nur Sg.* synthet. Kautschuk
Bund **1.** *m. 2* Verbindung, Gemeinschaft; **2.** *n. 1, nach Zahlenangaben Pl. auch:* - Bündel; drei Bund Radieschen
BUND *Abk. für* Bund für Umwelt- und Naturschutz in Deutschland e.V.
Bündchen *n. 7*
Bündel *n. 5*
Bündelei *f. 10 nur Sg.*
bündeln *tr. 1;* ich bündele, bündle es
bündelweise
Bundesamt *n. 4*
Bundesangestelltentarif *m. 1* (*Abk.:* BAT)
Bundesanstalt *f. 10*
Bundesanwaltschaft *f. 10 nur Sg.*
Bundesarbeitsgericht *n. 1 nur Sg.*
Bundesausbildungsförderungsgesetz *n. 1* s. **BAföG**
Bundesaußenminister *m. 5*
Bundesbank *f. 10*
Bundesbruder *m. 6*
Bundesbürger *m. 5*
bundesdeutsch
Bundesdeutsche(r) *m. 18 (17) bzw. f. 17 oder 18*
Bundesebene *f. Gen. - nur Sg., meist in der Wendung* auf B.: für alle Bundesländer (verbindlich), von allen Bundesländern (beschlossen); *Ggs.:* Landesebene
bundeseigen
Bundesfinanzminister *m. 5*
Bundesgebiet *n. 1*
Bundesgenosse *m. 11*
Bundesgenossenschaft *f. 10 nur Sg.*
bundesgenössisch
Bundesgericht *n. 1*
Bundesgerichtshof *m. 2* (*Abk.:* BGH)
Bundesgesetzblatt *n. 4* (*Abk.:* BGBl.)
Bundesgrenzschutz *m. Gen.* -es *nur Sg.*
Bundesgesundheitsminister *m. 5*
Bundeshauptstadt *f. 2*
Bundeshaushalt *m. 1*
Bundesinnenminister *m. 5*
Bundeskabinett *n. 1*
Bundeskanzler *m. 5*
Bundeskanzleramt *n. 4*
Bundeskartellamt *n. 4*
Bundeskriminalamt *n. 4*
Bundeslade *f. 11*
Bundesland *n. 4*
Bundesliga *f. Gen. - Pl.* -gen
Bundesligist *m. 10* Mitglied der Bundesliga
Bundesminister *m. 5*
Bundesnachrichtendienst *m. Gen.* -es *nur Sg.* (*Abk.:* BND)
Bundespräsident *m. 10*
Bundesrat *m. 2*
Bundesrechnungshof *m. 2*
Bundesregierung *f. 10*
Bundesrepublik *auch:* **Bundesrepublik** *f. 10*
Bundesrepublik Deutschland *auch:* **Bundesrepublik Deutschland** (*Abk.:* BRD, BR Dtld.)
Bundesstaat *m. 12*
Bundesstadt *f. 2, schweiz. Bez. für* Bern als Sitz der Bundesregierung und des Parlaments
Bundesstraße *f. 11*
Bundestag *m. 1*
Bundestagsabgeordnete(r) *m. 18 (17) bzw. f. 17 oder 18*
Bundestagsfraktion *f. 10*
Bundestagspräsident *m. 10*
Bundestagswahl *f. 10*
Bundestrainer [-tre:-, engl.] *m. 5*
Bundesverband *m. 2*
Bundesvereinigung *f. 10*
Bundesverfassung *f. 10*
Bundesverfassungsgericht *n. 1*
Bundesverkehrsminister *m. 5*
Bundesversammlung *f. 10*
Bundesverwaltungsgericht *n. 1*
Bundesvorstand *m. 2*
bundesweit
Bundeswehr *f. 10*
Bundeswirtschaftsminister *m. 5*
Bundhose *f. 11*
bündig **1.** kurz und überzeugend; **2.** *Bauw.:* in einer Ebene liegend (Steine, Balken)
Bündigkeit *f. 10 nur Sg.*
bündisch einem Bund angehörend; Bündische Jugend
bündlerisch
Bündner *m. 5* **1.** *veraltet:* Angehöriger eines Bundes; **2.** *schweiz. kurz für* Graubündner
bündnerisch *schweiz. kurz für* graubündnerisch
Bündnis *n. 1*
Bündnis 90 *n. Gen. - auch ohne Artikel* politische Partei in Deutschland; vgl. Bündnis 90/Die Grünen
Bündnis 90/Die Grünen *n. Gen. - meist ohne Artikel* politische Partei in Deutschland, die sich 1993 aus den Parteien Bündnis 90 sowie Die Grünen gebildet hat
Bündnisgrüne(r) *m. 18 (17) bzw. f. 17 oder 18 meist Pl.* Angehörige(r) der politischen Partei Bündnis 90/Die Grünen
Bundschuh *m. 1*
Bundsteg *m. 1, Buchw.:* innerer, schriftfreier Rand der Buchseite

Bun|ga|low [-lo, engl.] *m. 9* kl., ebenerdiges Wohnhaus
Bun|ge *f. 11* **1.** Fischreuse; **2.** ein Primelgewächs
Bun|gee [bandʒi:, engl.] *n. 9* Gummiseil
Bun|gee|jum|ping [bʌndʒidʒʌmpɪŋ] *n. Gen. - nur Sg.*
Bun|ker [engl.] *m. 5* **1.** Behälter für Massengüter, z. B. Kohle; **2.** betonierter Schutzraum
bun|kern *tr. 1* in einen Bunker füllen und dort speichern
Bun|sen|bren|ner [nach dem Erfinder Robert Bunsen] *m. 5* Gasbrenner

bunt färben/gefleckt/gemustert/gestreift: Ist das Adjektiv in einer Fügung aus Adjektiv und Verb/Partizip erweiterbar bzw. steigerbar, wird getrennt geschrieben: *Sie wollte die Wäsche (ganz) bunt färben. Das Kleid war bunt gemustert; ein bunt gemustertes Kleid.*
§ 34 E3 (3)

bunt; bunt bemalen, färben; bunt gefärbt; bunt gefiedert; bunt gemischt; bunt gestreift; bunt schillernd
Bunt|druck *m. 1* Farbendruck, Mehrfarbendruck
Bunt|film *m. 1*
bunt ge|fie|dert (*alt:* bunt|ge|fiedert)
bunt ge|färbt (*alt:* bunt|ge|färbt)
bunt ge|mischt (*alt:* bunt|gemischt)
bunt ge|streift (*alt:* bunt|gestreift)
Bunt|heit *f. 10 nur Sg.*
Bunt|me|tall *n. 1*
Bunt|sand|stein *m. 1* untere Abteilung der Trias
bunt|sche|ckig
bunt schil|lernd (*alt:* bunt|schillernd)
Bunt|specht *m. 1*
Bunt|stift *m. 1*
Bunz|lau|er Stein|zeug [nach der niederschles. Stadt Bunzlau] *n. Gen. - -s nur Sg.* Steingutgeschirr mit Glasur
Bu|o|nar|ro|ti, *Michelangelo* [-rɔ-, mikəlandʒəlo] ital. Maler und Bildhauer
Buph|thal|mie [griech.] *f. 11,* **Buph|thal|mus** *m. Gen. - nur Sg.* Augapfelvergrößerung
Bur *m. 10* s. **Bu|re**

Bu|ran *m. 1* anhaltender Nordoststurm in Nordasien
Bu|rat|ti|no [ital.] *m. Gen. -s Pl. -s oder -ni, ital. Bez. für* Marionette
Bür|de *f. 11*
Bür|del *n. 5, österr.:* Bund; zwei B. Stroh
bür|deln *tr. 1, österr.:* zu Bündeln schnüren
Bur|do [lat.] *m. Gen. -s Pl. -do|nen* aus einer Pfropfung hervorgegangener Bastard
Bu|re [ndrl. »Bauer«] *m. 11,* Bur *m. 10* Südafrikaner niederländischer Herkunft
Bu|ren|krieg *m. 1*
Bü|ret|te [frz.] *f. 11* Glasröhrchen zum Abmessen von Flüssigkeiten
Burg *f. 10*
Bür|ge *m. 1*
bür|gen *intr. 1;* für jmdn. bürgen
Bur|gen|land *n. 4 nur Sg.* österr. Bundesland
Bur|gen|län|der *m. 5*
bur|gen|län|disch
Bür|ger *m. 5*
Bür|ger|be|geh|ren *n. 7*
Bür|ger|ent|scheid *m. 1*
Bür|ger|in|i|ti|a|ti|ve *auch:* **Bür|ger|i|ni|ti|a|ti|ve** [-tsjativə] *f. 11* Zusammenschluss vieler Bürger, um eine Behördenentscheidung zu verhindern, ein Anliegen durchzusetzen
Bür|ger|krieg *m. 1*
bür|ger|lich; die bürgerlichen Ehrenrechte; bürgerliches Recht; *aber:* das Bürgerliche Gesetzbuch (*Abk.:* BGB)
Bür|ger|meis|ter *m. 5;* der Erste B., der Regierende B.
Bür|ger|meis|ter|amt *n. 4*
Bür|ger|meis|te|rei *f. 10*
Bür|ger|recht *n. 1*
Bür|ger|recht|ler *m. 5*
bür|ger|recht|lich
Bür|ger|schaft *f. 10*
Bür|gers|mann *m. Gen. -(e)s Pl. -leu|te*
Bür|ger|steig *m. 1*
Bür|ger|tum *n. Gen. -s nur Sg.*
Burg|fried *m. 1* s. **Berg|fried**
Burg|frie|de *m. 15,* **Burg|frie|den** *m. 7, früher:* Verbot der Fehde innerhalb einer Burg oder Stadt
Burg|graf *m. 10*
Burg|grä|fin *f. 10*
Burg|graf|schaft *f. 10*
Burg|hard, Burk|hard, Bur|kard, Bur|kart männl. Vorname
Bür|gin *f. 10* weibl. Bürge

Burg|ru|i|ne *f. 11*
Burg|sas|se *m. 11, im MA:* jmd., der zum Bereich einer Burg gehörte
Bürg|schaft *f. 10*
Bur|gund Landschaft in Ostfrankreich
Bur|gun|der *m. Gen. -n, Pl. -n* Angehöriger eines germ. Volksstammes
Bur|gun|der *m. 5* Rotwein aus Burgund
Bur|gun|der|wein *m. 1* Burgunder
bur|gun|disch; *aber:* die Burgundische Pforte
Burg|ver|lies *n. 1*
bu|risch zu den Buren gehörend, von ihnen stammend
Bur|ja|tien Republik der Russ. Föderation
Bur|ja|te, Bur|jä|te *m. 11*
bur|ja|tisch, bur|jä|tisch
Bur|kard, Burk|hard männl. Vorname, *Nebenform von* Burghard
Bur|ki|na Fa|so Staat in Westafrika, früher Obervolta
Bur|ki|ner *m. 5*
bur|ki|nisch
Bur|lak [russ.] *m. 10, im alten Russland:* Schiffszieher an der Wolga
bur|lesk [ital.] possenhaft, derbkomisch
Bur|les|ke *f. 11* Posse, Schwank
Bur|ma *engl. und schweiz. Form von* Birma (*offiziell:* Myanmar)
Bur|me|se *m. 11* Birmane
bur|me|sisch birmanisch
Bur|nus [arab.] *m. 1* Kapuzenmantel der Beduinen
Bü|ro [frz.] *n. 9*
Bü|ro|krat [frz. + griech.] *m. 10* pedantisch nach Vorschriften arbeitender Mensch, Kleinigkeitskrämer
Bü|ro|kra|tie *f. 11* **1.** Beamtenschaft; **2.** kleinliche Beamtenherrschaft
bü|ro|kra|tisch
bü|ro|kra|ti|sie|ren *tr. 3*
Bü|ro|kra|tis|mus *m. Gen. - nur Sg.;* kleinl. Auslegung von Vorschriften, Kleinigkeitskrämerei
Bü|ro|kra|ti|us *m. Gen. - nur Sg., scherzh.:* »Heiliger« des Bürokratismus, personifizierte Kleinlichkeit von Behörden
Bü|ro|zeit *f. 10*
Bursch *m. 10,* **Bur|sche** *m. 11*
Bürsch|chen *n. 7*
Bur|sche *m. 11* = **Bursch**
bur|schen|haft
Bur|schen|schaft *f. 10*
Bur|schen|schaf|ter *m. 5*
bur|schen|schaft|lich

B

bur|schi|kos burschenhaft ungezwungen
Bur|schi|ko|si|tät *f. 10 nur Sg.*
Bürsch|lein *n. 7*
Bur|se *f. 11* **1.** *im MA:* Studentenheim, dessen Bewohner aus einer gemeinsamen Kasse lebten; **2.** *auch:* Mensa
Bur|si|tis [griech.] *f. Gen. - Pl.* -ti|den Schleimbeutelentzündung
Bürst|chen *n. 7*
Bürs|te *f. 11*
bürs|ten *tr. 2*
Bürs|ten|ab|zug *m. 2* Korrekturabzug (vom Schriftsatz), früher durch Klopfen mit einer Bürste auf das Papier hergestellt
Bürs|ten|haar|schnitt *m. 1*
Bürs|ten|wa|ren *Pl.*
Bu|run|di ostafrik. Staat
Bu|run|di|er *m. 5*
bu|run|disch
Bür|zel *m. 5* Schwanz(wurzel) von Vögeln
Bus *m. 1* Autobus, Omnibus
Busch, *Wilhelm* dt. Schriftsteller und Zeichner
Busch *m. 2*
Büsch|chen *n. 7*
Bü|schel *n. 5*
Bü|schel|chen *n. 7*
Bü|schel|licht *n. 3* Sankt-Elms-Feuer
Bu|schen *m. 7, österr.:* Bündel (von Blumen, Zweigen u. Ä.)
Bu|schen|schank *m. 2 nur Sg.,* **Bu|schen|schän|ke, Bu|schen|schen|ke** *f. 11, österr. für* Straußwirtschaft
Bu|schi|do [jap.] *n. Gen.* -(s) *nur Sg.* Ehren- und Sittenkodex des altjapan. Kriegerstandes
bu|schig
Busch|klep|per *m. 5, veraltet:* Wilddieb, Straßenräuber
Busch|mann *m. 4* Angehöriger eines afrik. Urvolkes
busch|män|nisch
Busch|mes|ser *n. 5*
Busch|wind|rös|chen *n. 7*
Bü|se *f. 11* Fischerboot zum Heringsfang
Bu|sen *m. 7;* eine Schlange am B. nähren *übertr., ugs.:* jmdm. blind, zu stark vertrauen
Bu|sen|freund *m. 1* sehr enger Freund
Bus|fah|rer *m. 5*
Bu|shel [buʃəl, engl.] *m. Gen.* -s *Pl.* - in den USA und Großbritannien verwendetes Hohlmaß
Busi|ness (*alt:* Busi|neß) [biznis, engl.] *n. Gen. - nur Sg.* Geschäft, Geschäftsleben
Busi|ness|card (*alt:* Busi|ness Card) [biznis-] *f. 9* firmenintern übertragbare Kreditkarte
Busi|ness|class (*alt:* Busi|ness Class) [bizniskla:s] *f. Gen. - nur Sg.* besser ausgestatteter Bereich im Flugzeug
Busi|ness-to-Busi|ness [biznis tu biznis, engl.] *n. Gen. - nur Sg.* (*Abk.:* B2B) Geschäftstransaktion zwischen Firmen
Busi|ness-to-Cli|ent [biznis tu klaɪənt, engl.] *n. Gen. - nur Sg.* (*Abk.:* B2C) Geschäftstransaktion mit Endverbrauchern
Bus|sard *m. 1* ein Greifvogel
Bu|ße *f. 11 nur Sg.*
bü|ßen *tr. 1*
Bü|ßer|hemd *n. 12*
Bus|serl *n. 14,* Bus|si *n. 9, süddt., österr.:* Kuss
Bü|ßer|schnee *m. 9 nur Sg.* Zackenfirn (die kegelförmigen Zacken sehen aus wie Gestalten in weißen Kutten)
buß|fer|tig
Buß|geld *n. 3*
Bus|si *n. 9 Nebenform von* Busserl
Bus|so|le [frz.] *f. 11* Messgerät mit Magnetnadel zur Bestimmung des erdmagnet. Feldes
Buß|pre|di|ger *m. 5*
Buß|tag *m. 1*
Buß- und Bet|tag *m. 1*
Büs|te *f. 11*
Büs|ten|hal|ter *m. 5*
Bus|tier [bystje, frz.] *n. 9* eng anliegendes Miederteil
Bus|tro|phe|don *auch:* **Bu|stro|phe|don, Bust|ro|phe|don** [griech.] *n. Gen.* -s *nur Sg.* (bes. altgriech.) abwechselnd rechts- und linksläufige Schrift, Furchenschrift
Bu|su|ki *f. 9* lautenähnliches griech. Musikinstrument
Bu|ta|di|en [zu: Butan] *n. 1 nur Sg.* ungesättigter, gasförmiger Kohlenwasserstoff, Ausgangsstoff für synthet. Kautschuk
Bu|tan [lat.] *n. 1 nur Sg.* gesättigter, gasförmiger Kohlenwasserstoff
Bu|ta|nol *n. 1 nur Sg.* s. **Bu|tyl|al|kohol**
Bu|ten *n. 1 nur Sg.* s. **Bu|ty|len**
Bu|ti|ke [frz.], **Bou|tique** [-tik] *f. 11* **1.** kleiner Laden; **2.** Budike, Kneipe
But|ler [bʌtlə(r), engl.] *m. 5, in vornehmen Häusern:* Leiter des Hauspersonals
Butt *m. 1* ein Schollenfisch
But|te *f. 11, süddt., österr., schweiz.,* **Büt|te** *f. 11* großes, hölzernes Gefäß, Waschzuber, Kiepe, Fass zum Herstellen von Papierbrei
But|tel *f. 11* = **Bud|del**
Büt|tel **1.** *n. 5, österr.:* kleine Butte mit nur einem Griff; **2.** *m. 5* Gerichtsbote, -diener; Häscher, Henkersknecht
Büt|ten *n. 7,* **Büt|ten|pa|pier** *n. 1* aus der Bütte handgeschöpftes Papier mit gefranstem Rand
Büt|ten|re|de *f. 11* aus einem Fass (*rhein.* Bütt) heraus gehaltene Karnevalsrede
Büt|ten|red|ner *m. 5*
But|ter *f. Gen. - nur Sg.*
But|ter|blu|me *f. 11*
But|ter|brot *n. 1*
But|ter|brot|pa|pier *n. 1*
But|ter|fly|stil [bʌtə(r)flaɪ-, engl.] *m. 1 nur Sg., Schwimmen:* Schmetterlingsstil
but|te|rig, butt|rig
But|ter|milch *f. 10 nur Sg.*
but|tern **1.** *intr. 1* Butter herstellen; **2.** *tr. 1* mit Butter bestreichen
But|ter|pilz *m. 1*
But|ter|säu|re *f. 11 nur Sg.*
But|ter|schmalz *n. 1 nur Sg.*
But|ter|stul|le *f. 11, norddt., berlin.:* Butterbrot
but|ter|weich
Bütt|ner *m. 5, ostmitteldt.:* Böttcher, Küfer
Bütt|ner|tanz *m. 2*
But|ton [bʌtən, engl.] *m. 9* runde Ansteckplakette
butt|rig s. **but|te|rig**
Bu|tyl|al|ko|hol *m. 1 nur Sg.* aliphat. Alkohol mit 4 Kohlenstoffatomen, Butanol
Bu|ty|len, Bu|ten *n. 1 nur Sg.* ungesättigter gasförmiger Kohlenwasserstoff
Bu|ty|rat [lat.] *n. 1* Salz der Buttersäure
Bu|ty|ro|me|ter [lat. + griech.] *n. 5* Gerät zum Messen des Fettgehalts der Milch
Butz *m. 10,* But|ze *m. 11* **1.** Kobold; **2.** Knirps, kleines Kind
But|ze **1.** *m. 11* s. **Butz; 2.** [nddt.] *f. 11* Wandbrett, Verschlag
But|ze|mann *m. 4* **1.** Kobold; **2.** vermummte Gestalt; **3.** Vogelscheuche
But|zen *m. 7* **1.** Kerngehäuse (vom Apfel); **2.** Verdickung (im Glas);

3. Klümpchen; 4. *Bgb.:* unregelmäßige Erzanhäufung im Gestein

Bụt|zen|schei|be *f. 11* kleine, runde Fensterscheibe mit einer Verdickung in der Mitte

Bụt|zen|schei|ben|ly|rik *f. 10 nur Sg.* altertümelnde, leicht sentimentale Lyrik im 19. Jh.

Bụ̈x *f. 10,* **Bụ|xe** *f. 11, norddt.:* Hose

Bu|zen|taur [griech.] *m. 10* **1.** *griech. Myth.:* Stiermensch; **2.** Bucintoro, Prunkschiff des Dogen von Venedig

BV *Abk. für* schweizerische Bundesversammlung

b. w. *Abk. für* bitte wenden!

bye-bye [baıbaı, engl.] auf Wiedersehen!

By|pass [baı-, engl.] *m. Gen.* -es *Pl.* -päs|se, *Med.:* durch eine Operation angelegte Umgehung nach Gefäßverschluss

By|pass|o|pe|ra|ti|on [baı-] *f. 10*

By|ron [baırən], *George Gordon Noel Lord* engl. Schriftsteller

Bys|sus [griech.] *m. Gen. - nur Sg.* **1.** *im Altertum:* feines Gewebe (z. B. für Mumienbinden); **2.** ® feines Baumwollgewebe; **3.** Haftfäden von Muscheln

Byte [bait, engl.] *m. Gen. - nur Sg., EDV:* 8 Bit

By|zan|ti|ner *m. 5* **1.** Einwohner von Byzanz; **2.** *veraltet:* Kriecher, Schmeichler

by|zan|ti|nisch; *aber:* das Byzantinische Reich

By|zan|ti|nis|mus *m. Gen. - nur Sg.* **1.** byzantin. Staatsform; **2.** *veraltet:* Kriecherei

By|zan|ti|nist *m. 10*

By|zan|ti|nis|tik *f. 10 nur Sg.* Wissenschaft von der Kultur des Byzantin. Reiches

by|zan|ti|nis|tisch

By|zanz altgriech. Stadt am Bosporus, das heutige Istanbul

bz., bez. *Abk. für* bezahlt

Bz., Bez. *Abk. für* Bezirk

bzw. *Abk. für* beziehungsweise

c 1. *Mus.: Abk. für* c-Moll; 2. *Abk. für* Cent, Centime

c, ch: Fremdwörter mit *c* oder *ch* werden in zunehmender Zahl der deutschen Schreibweise angeglichen. Bisher geschah das bereits mit *Kopie* (statt *Copie*) oder *Zentrum* (statt *Centrum*). Mit der Reform 1996 wurden Variantenschreibungen eingeführt: neben *Chicorée* auch *Schikoree*, neben *Charme* auch *Scharm*, neben *Cord* auch *Kord*. § 20 (2)

C 1. *Mus.: Abk. für* C-Dur; 2. *chem. Zeichen für* Carboneum (Kohlenstoff); 3. *Abk. für* Coulomb; 4. *Abk. für* Celsius; 5. *röm. Zahlzeichen für* 100 (centum); 6. eine Programmiersprache

Ca *chem. Zeichen für* Calcium

ca. *Abk. für* circa

CA *Abk. für* California

Ca|bal|le|ro [kavaljero, span.] *m. 9, span. Bez. für* Ritter, Edelmann

Ca|bo|chon [-ʃɔ̃, lat.-frz.] *m. 9* rund geschliffener Edelstein

Ca|brio *auch:* **Cab|rio** *n. Gen. -(s) Pl. -s* = **Ka|brio**

Ca|bri|o|let *auch:* **Cab|ri|o|let** [kabriole, frz.] *n. Gen. -(s) Pl. -s* = **Ka|bri|o|lett**

Ca|bri|o|li|mou|si|ne *auch:* **Cab|ri|o|li|mou|si|ne** [-mu-] *f. 11* = **Ka|bri|o|li|mou|si|ne**

Ca|che|nez [kaʃ(ə)ne, frz.] *n. Gen.* - [-nes] *Pl.* - [-nes] seidenes Halstuch

Ca|chet [kaʃɛ, frz.] *n. 9, veraltet* 1. Siegel, Petschaft; 2. Gepräge, Eigentümlichkeit

CAD [kæd, engl.] *ohne Artikel, Abk. für* computer-aided design: Konstruieren, Zeichnen mit dem Computer

Cad|die [kædi, lat.-engl.] *m. 9* 1. Junge, der den Golfspielern die Schläger trägt; 2. kleiner, zweirädriger Wagen für die Golfschläger

Cad|mi|um *n. Gen. -s nur Sg.* s. **Kad|mi|um**

Cae|si|um, Cä|si|um [tsɛ-] *n. Gen. -s nur Sg.* s. **Zä|si|um**

Ca|fé [frz.] *n. 9* Kaffeehaus, Konditorei; *aber:* Kaffee

Ca|fe|te|ria [ital.] *f. Gen. - Pl.* -ri|en Kaffeewirtschaft

Ca|fe|ti|er [-tje, frz.] *m. 9* Kaffeehausbesitzer

Ca|fe|ti|e|re [-tjɛ-] *f. 11* 1. Kaffeehausbesitzerin; 2. *auch:* Kaffeekanne

ça ira [sa ira, frz. »es wird gehen«] Anfang des frz. Revolutionsliedes von 1789

Cais|son [kɛsɔ̃, frz.] *m. 9* unten offener Kasten für Unterwasserarbeiten, Senkkasten

Cais|son|krank|heit *auch:* **Cais|son-Krank|heit** [kɛsɔ̃-] *f. 10 nur Sg.* Taucherkrankheit

Ca|jun|mu|sic (*alt:* Ca|jun-mu|sic) [kɛɪdʒənmju:zɪk, engl.] *f. Gen. - nur Sg.* Countrymusic aus Louisiana

cal *Abk. für die nicht mehr zulässige Einheit* Kalorie

ca|lan|do [ital.] *Mus.:* an Tempo und Lautstärke abnehmend

Cal|ci|na|ti|on *f. 10* s. **Kal|zi|na|ti|on**

cal|ci|nie|ren *tr. 3* s. **kal|zi|nie|ren**

Cal|ci|nie|rung *f. 10* s. **Kal|zi|nie|rung**

Cal|ci|no|se *f. 11 nur Sg.* s. **Kal|zi|no|se**

cal|ci|phil s. **kal|zi|phil**

Cal|cit *m. 1* s. **Kal|zit**

Cal|ci|um *n. Gen. -s nur Sg.* s. **Kal|zi|um**

Cal|ci|um|car|bo|nat *n. 1 nur Sg.* s. **Kal|zi|um|kar|bo|nat**

Cal|ci|um|hy|dro|xid *auch:* **Cal|ci|um|hyd|ro|xid** *n. 1 nur Sg.* s. **Kal|zi|um|hy|dro|xid**

Cal|ci|um|o|xid *n. 1 nur Sg.* s. **Kal|zi|um|o|xid**

Cal|ci|um|sul|fat *n. 1 nur Sg.* s. **Kal|zi|um|sul|fat**

Ca|lem|bourg [kalãbur, frz.] *m. 9* Wortspiel, Kalauer

Ca|len|dae [lat.] *Pl., im alten Rom:* der erste Tag jeden Monats, Kalenden

Ca|li|for|nia, Ka|li|for|ni|en (*Abk.:* CA) Staat der USA

Ca|li|for|ni|um *n. Gen. -s nur Sg.* (*Zeichen:* Cf) künstlich hergestelltes chem. Element

Cal|la *f. 9* s. **Kal|la**

Call|boy [kɔlbɔɪ, engl.] *m. 9* dem Callgirl entsprechender männl. Prostituierter

Call-by-Call [kɔlbaɪkɔl, engl.] *n. Gen. -s nur Sg., meist ohne Artikel* Gebührensystem, das es dem Telefonkunden erlaubt, für jedes einzelne Gespräch durch Wahl einer vorgegebenen Netznummer den Telefonnetzanbieter festzulegen

Call|cen|ter [kɔlsɛntə(r), engl.] *n. 5* von Firmen und Institutionen betriebener telefonischer Auskunfts- und Informationsdienst für Kunden oder die Allgemeinheit, telefonischer Auskunftsdienst

Call|girl [kɔlgə:l, engl.] *n. 9* Prostituierte, die auf telefon. Anruf hin kommt oder jmdn. empfängt

Cal|mette|imp|fung *auch:* **Cal|mette-Imp|fung** [-mɛt-, nach dem frz. Bakteriologen Albert Léon Charles Calmette] *f. 10* eine Tuberkulose-Schutzimpfung

Ca|lu|met [kalyme, frz.] *n. 9* s. **Ka|lu|met**

Cal|va|dos [-va-, nach dem frz. Département C.] *m. Gen. - Pl.* - ein Apfelbranntwein

Cal|vi|nis|mus, Kal|vi|nis|mus [-vi-] *m. Gen. - nur Sg.* Lehre des frz.-schweiz. Reformators Johannes Calvin

Cal|vi|nist, Kal|vi|nist [-vi-] *m. 10* Anhänger der Lehre Calvins

cal|vi|nis|tisch, kal|vi|nis|tisch [-vi-]

Ca|lyp|so *m. Gen. -(s) nur Sg.* Musikform der Antillen, oft mit Steeldrums

CAM [kæm, engl.] *ohne Artikel, Abk. für* computer-aided manufacturing: Übertragen der mit CAD erstellten Unterlagen in die Steuerung von Werkzeugmaschinen

Cam|bridge [kɛɪmbrɪdʒ] engl. Stadt

Cam|cor|der [kæm-, engl.] *m. 5* tragbare Videokamera mit eingebautem Videorekorder

Ca|mem|bert [kamãbɛ:r, nach dem frz. Ort C.] *m. 9* ein Weichkäse

Ca|me|ra ob|scu|ra *auch:* **Ca|me|ra obs|cu|ra** [lat.] *f. Gen. - - Pl.* -rae [-rɛ:] -rae [-rɛ:] Kamera mit Loch statt Linse, Lochkamera

Ca|mil|la, Ka|mil|la weibl. Vorname

Ca|mi|on [-mjɔ̃, frz.] *m. 9, schweiz.:* Lastkraftwagen

Ca|mi|on|na|ge [-ʒə] *f. 11* vgl. Bahncamionnage
Ca|mor|ren *f. Gen. - nur Sg.* s. **Ka|mo|ra**
Ca|mou|fla|ge *auch:* **Ca|mouf|la|ge** [kamuflaʒə, frz.] *f. 11, veraltet:* Irreführung, Täuschung, Tarnung
Camp [kæmp, engl.] *n. 9* **1.** Feld-, Gefangenenlager; **2.** Campingplatz
Cam|pa|gna *auch:* **Cam|pag|na** [-panja] *f. Gen. - nur Sg.* ital. Landschaft
Cam|pa|gne *auch:* **Cam|pag|ne** [-panjə, frz.] *f. 11* s. **Kam|pa|gne**
Cam|pa|ni|le *m. Gen.* -(s) s. **Kam|pa|ni|le**
Cam|pa|ri® [ital.] *m. 9* ein Bitterlikör
Cam|pe|che|holz [kampetʃə-] *n. 4* s. **Kam|pe|sche|holz**
cam|pen [kæm-, engl.] *intr. 1* **1.** zelten; **2.** auf dem Campingplatz übernachten
Cam|per [kæm-] *m. 5* **1.** jmd., der im Zelt oder im Wohnwagen übernachtet; **2.** motorisierter Wohnwagen, Wohnauto, Wohnmobil
cam|pie|ren *intr. 1, schweiz. für* campen
Cam|ping [kæm-] *n. Gen.* -s *nur Sg.* Leben auf Campingplätzen
Cam|ping|an|hän|ger [kæm-] *m. 5*
Cam|ping|bus [kæm-] *m. 1*
Camp|mee|ting [kæmpmi:tiŋ] *n. 9* Gottesdienst im Freien oder im Zelt
Cam|pus [lat.] *m. Gen. - nur Sg.* Universitätsgelände
Ca|mus [kamy], *Albert* frz. Schriftsteller
Ca|nail|le [kanaljə] *f. 11* s. **Ka|nail|le**
Ca|na|let|to ital. Maler
Ca|na|pé *n. 9* s. **Ka|na|pee**
Ca|nas|ta [span.] *n. Gen.* -s *nur Sg.* ein Kartenspiel
Can|ber|ra [kænbərə] Hauptstadt von Australien
Can|can [kãkã, frz.] *m. 9* Bühnentanz mit Hochwerfen der Beine
can|celn [kæntsəln, engl.] *tr. 1* absagen, streichen (Reise, Verabredung, Textstelle)
Can|cer [lat.] *m. 5, Med.:* Krebsgeschwulst
cand. *Abk. für* candidatus; vgl. Kandidat
Can|de|la [lat.] *f. Gen. - Pl. - (Abk.:* cd) Maßeinheit für die Lichtstärke
Ca|net|ti, *Elias* deutschsprachiger Schriftsteller
Can|na *f. 9* s. **Kan|na**
Can|na|bis [lat.] *m. Gen. - nur Sg.* **1.** Hanf; **2.** *auch für* Haschisch
Can|nae [kanɛ:] antike Stadt in Italien
Can|nel|lo|ni [ital.] *Pl.* gefüllte Nudelröllchen
Cannes [kan] frz. Stadt
Ca|ñon [kanjɔn, span.: kanjɔn, engl.: kænjən] *m. 9* enges, steiles Flusstal, Schlucht
Ca|no|ni|cus *m. Gen. - Pl.* -ci, *lat. Form von* Kanoniker
Ca|nos|sa *n. Gen.* -(s) *nur Sg.* = **Ka|nos|sa**
Ca|nos|sa|gang *m. 2* = **Ka|nos|sa|gang**
can|ta|bi|le [-le:, ital.] *Mus.:* gesanglich, beseelt
Can|ter|bu|ry [kæntə(r)bərı] engl. Stadt
Can|to [ital.] *m. Gen.* -s *Pl.* -s *oder* -ti Gesang
Can|tus fir|mus *m. Gen. - - Pl.* - -mi Hauptmelodie eines polyphonen Chor- oder Instrumentalsatzes
Cape [kep, engl.] *n. 9* ärmelloser Umhang
Ca|pi|to|lin *m. Gen.* -(s) *nur Sg.* einer der Hügel in Rom
Ca|po|tas|to *m. Gen.* -s *Pl.* -s *oder* -ti s. **Ka|po|das|ter**
Cap|puc|ci|no [-tʃi-, ital.] *m. Gen.* -(s) *Pl.* -s *oder* -ni Kaffee (Espresso) mit geschäumter Milch und Kakaopulver obenauf

♦ Die Buchstabenfolge **ca|pr...** kann in Fremdwörtern auch **cap|r...** getrennt werden.

♦ **Ca|pre|se** *m. 11* Einwohner von Capri
♦ **ca|pre|sisch**
♦ **Ca|pri** Insel im Golf von Neapel
♦ **Ca|pric|cio** [kapritʃo, ital.] *n. 9* heiteres, launiges Musikstück
♦ **ca|pric|cio|so** [-tʃo-] *Mus.:* launig, scherzhaft
♦ **Ca|pri|ce** [kapris(ə)] *f. 11, frz. Schreibung für* Kaprice
♦ **Ca|pri|o|le** [frz.] *f. 11, hohe Schule:* Sprung aus der Levade mit parallel nach hinten ausschlagenden Hinterbeinen, während sich der Körper in der Waagerechten befindet
Cap|tain [kæptn] *m. 9, engl. Bez. für* Hauptmann
Cap|ta|tio Be|ne|vo|len|ti|ae (*alt:* Cap|ta|tio be|ne|vo|len|tiae) [-tsjo -volɛntsjɛ:, lat.] *f. Gen. - - nur Sg.* Werben um die Gunst des Zuhörers oder Lesers
Ca|pu|chon [-pyʃɔ̃, frz.] *m. 9* **1.** Kapuze der Mönchskutte; **2.** Damenmantel mit Kapuze
Ca|put mor|tu|um [lat. »toter Kopf«] *n. Gen. - - nur Sg.* Eisen(III)-Oxid, Englischrot, Malerfarbe und Poliermittel
Car [engl.] *m. 9, schweiz.:* Auto für Gesellschaftsfahrten
Ca|ra|bi|ni|e|re [-njɛ-] *m. Gen.* -(s) *Pl.* -ri, *ital. Schreibung von* Karabiniere
Ca|ra|cho *n. Gen. - nur Sg., span. Schreibung von* Karacho
Car al|pin [kar alpɛ̃, frz.] *m. Gen. - - Pl.* -s -s [karzalpɛ̃] *schweiz.:* Auto für Gesellschaftsfahrten in die Berge
Ca|ra|vag|gio [karavadʒo], *Michelangelo Merisi da* ital. Maler
Ca|ra|van [auch: -van, engl.] *m. 9* **1.** kombinierter Personen- und Lastwagen; **2.** Reisewohnwagen als Anhänger für Kraftwagen
Ca|ra|va|ning [-va-] *n. Gen.* -s *nur Sg.* das Reisen und Leben im Wohnwagen
Carb|a|mid *auch:* **Car|ba|mid** [Kurzwort aus Carbid und Amid] *n. 1 nur Sg.* Harnstoff
Car|bid [lat.] *n. 1* **1.** Verbindung des Kohlenstoffs vor allem mit Metallen; **2.** s. **Kar|bid**
Car|bo|nat *n. 1* s. **Kar|bo|nat** (2)
Car|bo|ne|um *n. Gen.* -s *nur Sg.* (*Zeichen:* C) Kohlenstoff
CARE [kɛr] *Abk. für* Cooperative for American Remittances to Europe: amerik. Hilfsorganisation
care of [kɛr ɔv, engl.] (*Abk.:* c/o) *bes. in engl. und amerikan. Anschriften:* wohnhaft bei …
Car|go *m. 9* s. **Kar|go**
Ca|ri|o|ca [indian.-port.] *f. 9* ein lateinamerik. Tanz
Ca|ri|tas [lat.] *f. Gen. - nur Sg. kurz für* Deutscher Caritasverband (der kath. Kirche), Verband zur Wohlfahrtspflege
Carl, Karl männl. Vorname
Car|la, Kar|la weibl. Vorname
Car|ma|gno|le *auch:* **Car|mag|no|le** [-njɔl, auch: -njolə, frz.] *f. 11* **1.** *nur Sg.* Lied und Tanz während der Frz. Revolution; **2.** kurzes Jäckchen der Jakobiner
Car|men weibl. Vorname

C

Car|net (de Pas|sa|ges) (*alt:* Carnet (de pas|sa|ges)) [karnẹ də pasaʒ(ə), frz.] *n. Gen.* - - - *Pl.* -s [-nẹ] - - Heft mit Zollpassierscheinen (Triptyks) für Kraftfahrzeuge
Ca|ro|la, Ka|ro|la weibl. Vorname
Ca|ro|li|na, Ca|ro|li|ne, Ka|ro|li|na, Ka|ro|li|ne weibl. Vorname
Car|port [engl.-amerik.] *m. 9* überdachter Abstellplatz für Autos
Car|ra|ra ital. Stadt
car|ra|risch; carrarischer Marmor
Cars|ten, Kars|ten männl. Vorname
Carte blanche [kart blã∫, frz. »weiße Karte«] *f. Gen.* - - *Pl.* -s -s [kart blã∫] unbeschränkte Vollmacht
car|te|si|a|nisch s. **kar|te|si|a|nisch**
Car|te|si|us *latinisierte Schreibung von* Descartes
Car|toon [-tun] *m. 9 oder n. 9, engl. Bez. für* Karikatur
Ca|sals [ka-], *Pablo* span. Cellist
Ca|sa|no|va [-va, nach dem ital. Abenteurer und Schriftsteller Giovanni Giacomo C.] *m. 9* Frauenheld, galanter Verführer
Cä|sar **1.** Ehrenname der röm. Kaiser; **2.** *Gaius Julius* röm. Kaiser (100-44 v. Chr.)
Cä|sa|ren|herr|schaft *f. 10* Alleinherrschaft, diktator. Herrschaft
Cä|sa|ren|wahn *m. 1 nur Sg.* Größenwahn
cä|sa|risch kaiserlich, selbstherrlich, diktatorisch
Cä|sa|ris|mus *m. Gen.* - *nur Sg.* Cäsarenherrschaft
Cä|sa|ro|pa|pis|mus *m. Gen.* - *nur Sg.* Herrschaftsform, bei der der weltl. Herrscher zugleich kirchl. Oberhaupt ist
Cas|sa|ta [ital.] *f. 9 nur Sg.* Speiseeis
cash [kæ∫, engl.] bar
Cash [kæ∫] *n. Gen.* - *nur Sg.* Barzahlung, Bargeld
cash and car|ry [kæ∫ ənd kæri] *n. Gen.* - - - *nur Sg.* (*Kurzform:* C und C) Vertriebsform im Handel mit Selbstbedienung und Barzahlung
Cash-and-car|ry-Klau|sel [kæ∫ ənd kæri-] *f. 11, im Überseehandel:* Vertragsklausel, nach der der Käufer die Ware selbst heraussuchen, abholen und sofort bar bezahlen muss
Ca|shew [kæ∫u, indian.-engl.] *f. Gen.* - *Pl.* -(s), **Ca|shew|nuss** (*alt:* Ca|shew|nuß) [kæ∫u-] *f. 2* Frucht des trop. Nierenbaumes
Cash|flow (*alt:* Cash-flow) [kæ∫flou, engl.] *m. 9 nur Sg., Wirtsch.:* Überschuss nach Abzug aller Unkosten
Cash|ge|schäft [kæ∫-, engl.] *n. 1* Barzahlungsgeschäft
Ca|si|no *n. 9* s. **Ka|si|no**
Cä|si|um, Cae|si|um [tsɛ-, lat.] *n. Gen.* -s *nur Sg.* s. **Zä|si|um**
Cas|par, Kas|par männl. Vorname
Cast [engl.] *n. 9 nur Sg., im amerik. Filmwesen:* gesamter Stab von Filmmitwirkenden
Cas|ting [engl.] *n. Gen.* -s *Pl.* -s Auswahl der Schauspieler für ein Filmprojekt bzw. eine einzelne Rolle, Rollenbesetzung
Cas|tor® [engl.] *m. Gen.* -s *Pl.* -s *oder* -to|ren *Abk. für* cask for storage and transport of radioactive material (Fass für Lagerung und Transport radioaktiven Materials)
Cas|tor|be|häl|ter *m. 5* bes. Behälter für radioaktives Material
Ca|sus *m. Gen.* - *Pl.* -, *lat. Schreibung von* Kasus
Ca|sus Bel|li (*alt:* Ca|sus bel|li) *m. Gen.* - - *Pl.* - - Grund zum Krieg, zum Krieg führendes Ereignis
Ca|sus ob|li|quus *auch:* **Ca|sus o|bli|quus** *m. Gen.* - - *Pl.* - -qui abhängiger Fall, jeder Beugungsfall außer dem Nominativ
Ca|sus rec|tus *m. Gen.* - - *Pl.* - -ti unabhängiger Fall, Nominativ, Vokativ
Cat|boot [kẹt-, engl.] *n. 1* kleines Segelboot
Catch-as-catch-can [kæt∫ əz kæt∫ kæn, engl. »pack, wie du packen kannst«] *n. Gen.* - *nur Sg.* Art des Freistilringkampfes
cat|chen [kæt∫ən] *intr. 1*
Cat|cher [kæt∫ə(r)] *m. 5* Freistilringkämpfer
Cat|cher|pro|mo|ter [kæt∫ə(r)prəmoutə(r)] *m. 5* Veranstalter eines Catchkampfs
Ca|te|nac|cio [katenat∫o, ital.] *m. 9, Fußball:* Verteidigungsform
Ca|te|ring (-Ser|vice) [kɛɪ- (sɜvɪs), engl.] *m. Gen.* - *oder* -s [-vɪsɪz] *Pl.* -s [-vɪsɪz] Bereitstellung von Speisen und Getränken für viele Personen, z. B. für Kongresse
Cat|gut [kætgʌt] *n. 9 nur Sg.* s. **Kat|gut**
Ca|tha|ri|na, Ka|tha|ri|na weibl. Vorname
ca|to|nisch in der Art des röm. Staatsmannes Cato; catonische Strenge
Cau|sa [lat.] *f. Gen.* - *Pl.* -sae [-sɛ:] **1.** Grund, Ursache; **2.** Rechtsfall
Cause cé|lè|bre *auch:* **Cause cé|lèb|re** [koz selɛbrə, frz.] *f. Gen.* - - *Pl.* -s -s [koz selɛbrə] Aufsehen erregender Vorfall, berüchtigte Sache
Cau|se|rie [kozəri, frz.] *f. 11* Plauderei, leichte, heitere Unterhaltung
Cau|seur [kozœr] *m. 1* Plauderer, Schwätzer
Cau|seuse [kozøz] *f. 11* **1.** Plauderin, Schwätzerin; **2.** *veraltet:* kleines Sofa
ca|ve ca|nem [-və -, lat.] hüte dich vor dem Hund (Warnungsschild an altröm. Haustüren)
Ca|yenne [kajẹn] Hauptstadt von Frz.-Guayana
Ca|yenne|pfef|fer [kajẹn-] *m. 5 nur Sg.* sehr scharfes Gewürz
CB-Funk [tse:be-, engl.] *m. Gen.* -s *nur Sg. kurz für* Citizen Band: Privatsprechfunk
cbm *früher Abk. für* Kubikmeter vgl. m^3
CC *Abk. für* Corps consulaire: Konsularisches Korps
ccm *früher Abk. für* Kubikzentimeter vgl. cm^3
cd *Abk. für* Candela
Cd *chem. Zeichen für* Cadmium
CD **1.** *Abk. für* Corps diplomatique: Diplomatisches Korps; **2.** *f. 9 Abk. für* Compactdisc: digitale, durch Laserstrahlen abtastbare Schallplatte
CD-Play|er *auch:* **CD-Pla|yer** [-plɛɪə(r)], **CD-Spie|ler** *m. 5* Abspielgerät für Audio-CDs, Compactdiscs
CD-ROM *f. 9 Abk. für* compact disc read only memory: ein optisches Speichermedium mit großer Speicherkapazität, das nur gelesen werden kann
c. d. *Abk. für* colla destra
cdm *früher Abk. für* Kubikdezimeter; vgl. dm^3
CDU *Abk. für* Christlich-Demokratische Union, politische Partei in Deutschland
C-Dur *n. Gen.* - *nur Sg.* (*Abk.:* C) Tonart
C-Dur-Ton|lei|ter *f. 11*
Ce *chem. Zeichen für* Cer
Ce|dil|le [sedij(ə), span.] *f. 11* Häkchen unter dem c (ç), Zeichen

zur Aussprache des c wie s vor a, o, u
Ce|le|bes eine der Sundainseln
Ce|les|ta [ital.] *f. Gen.* - *Pl.* -s *oder* -ten Glockenspiel mit hohlen Stahlstäben, mit Tasten gespielt
Cel|la [lat.] *f. Gen.* - *Pl.* -lae [-lɛː] **1.** Kultraum im antiken Tempel mit dem Götterbild; **2.** Mönchszelle; **3.** *Anat.:* Zelle
Cel|list [tʃɛl-, ital.] *m. 10* Cellospieler
Cel|lo [tʃɛl-] *n. Gen.* -s *Pl.* -li, *Kurzwort für* Violoncello
Cel|lo|phan® *n. 1 nur Sg.* s. **Zel|lo|phan**
Cel|lu|loid *n. 1 nur Sg.* s. **Zel|lu|loid**
Cel|lu|lo|se *f. 11* s. **Zel|lu|lo|se**
Cel|si|us [nach dem schwedischen Astronomen Anders C.] (*Zeichen:* C) Einheit beim in 100 Grade eingeteilten Thermometer; 5 Grad Celsius, 5°C
Cem|ba|list [tʃɛm-, lat.] *m. 10* Cembalospieler
cem|ba|lis|tisch [tʃɛm-]
Cem|ba|lo [tʃɛm-] *n. Gen.* -s *Pl.* -li, *eigtl.:* Clavicembalo
Cent [sɛnt, zu lat. centum »hundert«] *m. Gen.* -(s) *Pl.* -(s) **1.** (*Abk.:* Ct) *kurz für:* Eurocent; **2.** (*Abk.:* c *oder* ct, *Pl.:* cts) kleine Münze in den USA, Niederlanden, Kanada
Cen|ta|vo [sɛntavo, span. θɛn-] *m. Gen.* -(s) *Pl.* -(s) kleine Münze in Mittel- und Südamerika
Cen|ter [sɛn-, amerik.] *n. 5* Zentrum, z. B. Modecenter, Einkaufscenter (Bez. für Läden, Vergnügungsstätten usw.)
Cen|té|si|mo [sɛnte-] *m. Gen.* -(s) *Pl.* -(s) kleine Münze in Chile, Uruguay und Panama
Centime [sãtim] *m. Gen.* -(s) *Pl.* -(s) (*Abk.:* c, ct, *Pl.:* cts, *schweiz.:* Ct.) kleine Münze in Frankreich, Belgien, Luxemburg und der Schweiz
Cén|ti|mo [sɛn-, span. θɛn-] *m. Gen.* -(s) *Pl.* -(s) kleine Münze in Spanien, Mittel- und Südamerika
Cen|tre|court *auch:* **Cent|re|court** (*alt:* Cen|tre Court) [sɛntə(r)-kɔːt, engl.] *m. 9* Hauptplatz einer großen Tennisanlage
Cen|tu|rie [-riə] *f. 11* s. **Zen|tu|rie**
Ce|pha|lo... s. **Ke|pha|lo...**
Cer [lat.], Ce|ri|um *n. Gen.* -s *nur Sg.* (*Zeichen:* Ce) chem. Element
Ce|ran® *n. Gen.* -(s) *nur Sg.* glaskeramischer Werkstoff
Ce|ran|feld *n. 3* Kochfläche aus Glaskeramik
Cer|be|rus *m. Gen.* - *Pl.* -rus|se s. **Zer|be|rus**
Cer|cle *auch:* **Cerc|le** [sɛrkl, frz.] *m. 9* **1.** kleiner Kreis, geschlossene Gesellschaft; **2.** Empfang bei Hofe; C. halten: Gäste beim Hofempfang ins Gespräch ziehen
Cer|cle|sitz *auch:* **Cerc|le|sitz** [sɛrkl-] *m. 1, österr.:* Theater- und Konzertplatz in den vorderen Reihen
Ce|re|a|li|en [lat.] *nur Pl.* altröm. Fest zu Ehren der Ceres, der Göttin des Ackerbaus; vgl. Zerealien
Ce|re|bel|lum, Ze|re|bel|lum *n. Gen.* -s *Pl.* -la Kleinhirn
Ce|re|brum *auch:* **Ce|reb|rum,** Ze|re|brum *n. Gen.* -s *Pl.* -bra Großhirn, Gehirn
Ce|res *röm. Myth.:* Göttin des Feldes und des pflanzl. Wachstums
Ce|re|sin *n. 1* s. **Ze|re|sin**
Ce|ri|um *n. Gen.* -s *nur Sg.* s. **Cer**
CERN *Abk. für* Conseil Europèen pour la Recherche Nucléaire: Europäisches Kernforschungszentrum bei Genf
Cer|van|tes Saa|ved|ra [θɛrvan--ved-], *Miguel de* spanischer Schriftsteller
Cer|ve|lat, Ser|ve|la [sɛrvəla] *f. 9 oder m. 9, schweiz.:* eine Art Teewurst; vgl. Zervelatwurst
ces *n. Gen.* - *Pl.* -, *Mus.* **1.** das um einen halben Ton erniedrigte c; **2.** *kurz für* ces-Moll
Ces *n. Gen.* - *Pl.* -, *Mus.* **1.** das um einen halben Ton erniedrigte C; **2.** *kurz für* ces-Dur
Ces-Dur *n. Gen.* - *nur Sg.* (*Abk.:* Ces) eine Tonart
Ces-Dur-Ton|lei|ter *f. 11*
ces-Moll *n. Gen.* - *nur Sg.* (*Abk.:* ces) eine Tonart
ces-Moll-Ton|lei|ter *f. 11*
c'est la guerre [sɛː la gɛr, frz.] das ist (= so ist) der Krieg
ce|te|ris pa|ri|bus [lat. »(wenn) das Übrige gleich (ist)«] unter sonst gleichen Bedingungen
ce|te|rum cen|seo [lat. »im Übrigen meine ich«; *eigtl.:* ceterum censeo Carthaginem esse delendam: »Im Übrigen meine ich, dass Karthago zerstört werden muss«, Schlusssatz jeder Rede Catos im röm. Senat] *n. Gen.* - - *nur Sg.* immer wieder vorgebrachte, feste Überzeugung
Će|vap|či|ći = **Ce|vap|ci|ci** [tʃe-vaptʃitʃi, serbokroat.] *Pl.* gegrillte Hackfleischbällchen
Ce|ven|nen [sevɛn-] *Pl.* Mittelgebirge in Frkr.
Cey|lon *amtlich:* Sri Lanka, Inselstaat an der Südspitze Vorderindiens
Cey|lo|ne|se *m. 11* Einwohner von Sri Lanka
cey|lo|ne|sisch
Cézanne [seːzan], *Paul* frz. Maler
cf *Abk. für* cost and freight, im Seehandel eine Klausel, dass Verlade- und Frachtkosten im Preis eingeschlossen sind
Cf *chem. Zeichen für* Californium
cf., cfr. *Abk. für* confer
cg *Abk. für* Zentigramm
CGS-Sys|tem *n. 1* auf den Einheiten Zentimeter, Gramm, Sekunde aufgebautes, internationales Maßsystem; vgl. MKS-System
CH *Abk. für* Confoederatio Helvetica
Cha-Cha-Cha [-tʃa] *m. 9* ein moderner Gesellschaftstanz
Cha|conne [ʃakɔn, span.-frz.] *f. 9 oder f. 11* **1.** span. Reigentanz; **2.** Satz der Suite
cha|cun à son goût [ʃakɛ̃nasɔ̃ gu, frz.] jeder nach seinem Geschmack
Cha|gall [ʃagal], *Marc* frz.-russ. Maler
Cha|grin *auch:* **Chag|rin** [ʃagrɛ̃, türk.-frz.] *n. 9 nur Sg.* ein Seidengewebe
cha|gri|nie|ren *auch:* **chag|ri|nie|ren** [ʃa-] *tr. 3* mit einer künstl. Narbung versehen (Leder)
Cha|grin|le|der *auch:* **Chag|rin|le|der** [ʃagrɛ̃-] *n. 5* Leder aus Esels- oder Pferdehaut mit künstlich aufgeprägter Narbung
Chaine [ʃɛn, frz.] *f. 11* **1.** Tanztour beim Kontertanz; **2.** Kettfaden
Chair|man [tʃɛrmən] *m. Gen.* - *Pl.* -men [-mən] *engl. Bez. für* Vorsitzender, z. B. eines Ausschusses im Parlament
Chai|se [ʃɛz(ə), frz.] *f. 11* **1.** Kutsche mit Halbverdeck; **2.** *veraltet:* Sessel; **3.** *ugs. veraltet, kurz für* Chaiselongue
Chai|se|lon|gue [ʃɛːz(ə)lɔ̃g] *f. 11* Sofa ohne Rückenlehne, Liege
Cha|kra *auch:* **Chak|ra** [tʃakra, Sanskrit] *n. 9 Pl. auch:* Cha|kren,

C

C

Esoterik: jedes der sieben Energiezentren im Körper
Chal|dä|er [kal-] *m. 5* Angehöriger eines semit.-aramäischen Volksstammes
chal|dä|isch [çal-]
Cha|let [ʃalɛ, frz.] *n. 9* **1.** Sennhütte; **2.** kleines Landhaus
Chal|ki|di|ke [çal- oder xal-] nordgriech. Halbinsel
Chal|ko|che|mi|gra|phie *auch:* **Chal|ko|che|mi|gra|fie** [çal-, griech.] *f. 11 nur Sg.* Metallgravierung
Chal|ko|graph *auch:* **Chal|ko|graf** [çal-] *m. 10, veraltet:* Kupferstecher
Chal|ko|gra|phie *auch:* **Chal|ko|gra-fie** [çal-] *f. 11 nur Sg., veraltet:* Kupferstechkunst
chal|ko|gra|phisch *auch:* **chal|ko-gra|fisch** [çal-]
Chal|ko|lith [çal-, griech.] *m. 10 oder m. 12 nur Sg.* ein Mineral
Chal|ko|li|thi|kum [çal-] *n. Gen.* -s *nur Sg.* Kupfersteinzeit, Ende der Jungsteinzeit
chal|ko|li|thisch [çal-]
Chal|len|ger [tʃælındʒə(r), engl.] *f. 10 nur Sg.* amerik. Raumfähre
Chal|ze|don [çal-, nach der Landschaft Chalzedonien in Kleinasien] *m. 1 nur Sg.* ein Mineral
Cha|mä|le|on [ka-, griech.] *n. 9* **1.** Baumeidechse; **2.** *übertr.:* oft seine Überzeugung wechselnder Mensch
Cham|bre gar|nie *auch:* **Chamb-re gar|nie** [ʃãbrə -, frz.] *n. Gen.* - - *Pl.* -s -s [ʃãbrə garni], *veraltet:* möbliertes Zimmer zum Vermieten
Cham|bre sé|pa|rée *auch:* **Chamb-re sé|pa|rée** [ʃãbrə separe] *n. Gen.* - - *Pl.* -s -s [ʃãbrə separe] kleiner, abgetrennter Raum im Restaurant
Cha|mis|so [ʃa-], *Adelbert* frz.-dt. Schriftsteller
cha|mois [ʃamoa, frz.] gämsfarben, gelb bräunlich
Cha|mois [ʃamoa, frz.] *n. Gen.* - *nur Sg.,* **Cha|mois|le|der** [ʃamoa-, frz.] *n. 5 nur Sg.* Gäms-, Ziegen-, Schafleder
Cham|pa|gner *auch:* **Cham|pag|ner** [ʃãpanjər *auch:* ʃam-, nach der frz. Landschaft Champagne] *m. 5*
Cham|pa|gner|wein *auch:* **Cham-pag|ner|wein** [ʃãpanjər- *auch:* ʃam-] *m. 1* frz. Schaumwein
Cham|pi|gnon *auch:* **Cham|pig|non** [ʃampinjõ, frz.] *m. 9* ein Speisepilz
Cham|pi|on [tʃæmpjən, engl.] *m. 9* **1.** Meister in einer Sportart; **2.** *österr.:* Aufsatz auf dem Rauchfang
Cham|pi|o|nat [ʃam-] *n. 1* Meisterschaft in einer Sportart
Cham|pi|ons League [tʃæmpiənz lig, engl.] *f. 10 nur Sg., Fußball:* Meisterschaftsliga, Austragungsmodus beim Europapokal der Landesmeister
Champs-É|ly|sées [ʃãzelize] *nur Pl.* eine Hauptstraße in Paris
Chan [xan, pers.] *m. 1* = **Khan**
Cha|nat *n. 1* = **Kha|nat**
Chan|ce [ʃãs(ə), frz.] *f. 11* günstige Möglichkeit, Gelegenheit
Chan|cel|lor [tʃansələ(r), engl.] *m. 9, in England:* Inhaber eines hohen Staatsamtes
Chan|cen|gleich|heit [ʃãs(ə)n-] *f. 10 nur Sg.*
Change [tʃɛındʒ, engl.] *m. Gen.* - *nur Sg. oder* [ʃãʒ, frz.] *f. Gen.* - *nur Sg.* Geldwechsel
chan|geant [ʃãʒã, frz.] *unflektierbar* schillernd, im Farbton wechselnd (Stoff)
Chan|geant [ʃãʒã] *m. 9* schillernder Stoff
chan|gie|ren [ʃãʒirən] *intr. 3* **1.** schillern, im Farbton wechseln; **2.** *Reitsport:* den Galopp wechseln; **3.** *Jägerspr.:* die Fährte wechseln (Hund)
Chan|son [ʃãsõ, frz.] *n. 9* **1.** *in der altfrz. Dichtung:* sangliches Gedicht; **2.** heute: Kabarettlied
Chan|so|net|te [ʃãsõnɛt(ə)] *f. 11* s. **Chan|son|net|te**
Chan|so|nier [ʃãsonje] *m. 9* s. **Chan|son|nier**
Chan|so|nie|re [ʃãsonjɛrə] *f. 11* s. **Chan|son|nie|re**
Chan|son|net|te, Chan|so|net|te [ʃãsõnɛt(ə)] *f. 11* **1.** kleines, komisches oder frivoles Lied; **2.** Chansonsängerin

> **Chansonnier/Chansonier:** Die Hauptvariante lautet *Chansonnier;* zulässig ist auch die Nebenvariante *Chansonier.* Ebenso: *Chansonnette* und *Chansonette.*

Chan|son|nier *auch:* **Chan|so|nier** [ʃãsɔnje] *m. 9* Chansonsänger
Chan|son|nie|re *auch:* **Chan|so|nie-re** [ʃãsɔnjɛrə] *f. 11* Chansonsängerin
Chan|te [xan-] *m. 11* Angehöriger eines westsibir. Volkes, Ostjake
chan|tisch [xan-]
Cha|nuk|ka [xa-, hebr.] *f. Gen.* - *nur Sg.* jüd. Fest im Dezember zur Tempelweihe
Cha|os [ka-, griech.] *n. Gen.* - *nur Sg.* **1.** die ungeformte Masse der Welt vor der Schöpfung; **2.** Durcheinander, Wirrwarr
Cha|ot *m. 10,* **Cha|o|te** [ka-] *m. 11, meist Pl.* radikaler Anarchist
cha|o|tisch [ka-] völlig verwirrt, unentwirrbar; chaotisches System: durch mathematische Formeln kaum bestimmbares System gewisser Ordnung
Cha|peau [ʃapo, frz.] *m. 9, im Dt. nur scherzhaft verwendete Bez. für* Hut
Cha|peau claque = **Cha|peau Claque** [ʃapoklak] *m. Gen.* - - *Pl.* -x -s [ʃapoklak] zusammenklappbarer Zylinderhut
Chap|lin [tʃæplın], *Charlie* brit. Filmschauspieler und Regisseur
Cha|rak|ter [ka-, griech.] *m. Gen.* -s *Pl.* -te|re Gepräge, Eigenart; *auch:* feste Haltung
Cha|rak|ter|dar|stel|ler [ka-] *m. 5* Schauspieler einer Charakterrolle
Cha|rak|ter|feh|ler [ka-] *m. 5*
cha|rak|ter|fest [ka-]
Cha|rak|ter|fes|tig|keit [ka-] *f. 10 nur Sg.*
cha|rak|te|ri|sie|ren [ka-] *tr. 3*
Cha|rak|te|ri|sie|rung [ka-] *f. 10*
Cha|rak|te|ris|tik [ka-] *f. 10* **1.** treffende Schilderung, Kennzeichnung; **2.** *Math.:* Kennziffer eines Logarithmus
Cha|rak|te|ris|ti|kum [ka-] *n. Gen.* -s *Pl.* -ka Kennzeichen, hervorstechende Eigenschaft
cha|rak|te|ris|tisch [ka-]
cha|rak|ter|lich [ka-]
cha|rak|ter|los [ka-]
Cha|rak|ter|lo|sig|keit [ka-] *f. 10 nur Sg.*
Cha|rak|te|ro|lo|ge [ka-] *m. 11*
Cha|rak|te|ro|lo|gie [ka-] *f. 11 nur Sg.* Lehre vom Wesen und von der Entwicklung des Charakters
cha|rak|te|ro|lo|gisch [ka-]
Cha|rak|ter|rol|le [ka-] *f. 11* Bühnenrolle einer ausgeprägten Persönlichkeit
Cha|rak|ter|schwä|che [ka-] *f. 11 nur Sg.*
Cha|rak|ter|spie|ler [ka-] *m. 5* Charakterdarsteller

Cha|rąk|ter|stär|ke [ka-] *f. 11 nur Sg.* Festigkeit der inneren Haltung; eine bes. C. besitzen

Cha|rąk|ter|stück [ka-] *n. 1* **1.** Bühnenstück, dessen Konflikt sich aus dem Charakter des Helden ergibt, Charakterdrama; **2.** kurzes instrumentales Musikstück (meist für Klavier), dessen Ausdruck durch das Thema bestimmt ist, z. B. Träumerei

Cha|rąk|ter|tra|gö|die [ka-] *f. 11* Charakterstück (1) mit tragischem Ausgang

cha|rąk|ter|voll [ka-]

Cha|rąk|ter|zug [ka-] *m. 2* Wesenszug, Eigenschaft

Char|don|net|sei|de *auch:* **Char|don|net-Sei|de** [ʃardɔne-, nach dem frz. Chemiker Chardonnet] *f. 11 nur Sg.* aus Nitrocellulose hergestellte Kunstseide

Char|ge [ʃarʒə, frz.] *f. 11* **1.** Würde, Rang; **2.** *Mil.:* Dienstgrad; **3.** *Technik:* Beschickung eines metallurg. Ofens; **4.** kleine, aber sehr ausgeprägte Bühnenrolle, die übertreibend dargestellt wird

Char|gen|spie|ler [ʃarʒən-] *m. 5* Darsteller einer Charge (4)

char|gie|ren [ʃarʒi-] **1.** *tr. 3, Technik:* beschicken, laden (Hochofen); **2.** *intr. 3, Stud.:* in Amtstracht oder Farben erscheinen; *Theater:* eine Rolle überdeutlich gestalten

Char|gier|te(r) [ʃarʒi̱r-] *m. 18 (17)* Vorstandsmitglied einer Studentenverbindung

Cha|rįs|ma [ça-, griech.] *n. Gen. -s Pl. -rįs|ma|ta oder -rįs|men* **1.** göttliches Gnadengeschenk; **2.** Berufung (eines Propheten oder kirchlichen Würdenträgers); **3.** bes. Ausstrahlung

cha|ris|ma|tisch [ça-]

Cha|ri|té [ʃarite̱, frz.] *f. 9* Name einiger Krankenhäuser

Cha|ri|ten, Cha|ri|tin|nen [ça-, griech.] *nur Pl., griech. Myth.:* Göttinnen der Anmut und Schönheit

Cha|ri|va|ri [ʃariva̱-, frz.] *n. 9* **1.** Durcheinander, Katzenmusik; **2.** ein Trachtenschmuck; **3.** *in Frankreich:* Polterabend

Char|kow [xạrkɔf] Stadt in der Ukraine

Charles|ton [tʃa̱lstən, nach der Stadt C. in den USA] *m. 9* schneller Foxtrott

Char|lọt|te weibl. Vorname

> **charmant:** Die Hauptvariante ist die bisherige Schreibung, als Nebenvariante gilt die ins Deutsche integrierte Form *scharmant.* Ebenso: *Charme/Scharm.*

char|mạnt [ʃar-, frz.], **schar|mạnt** gewinnend

Charme [ʃạrm], **Schạrm** *m. Gen. -s nur Sg.* Reiz, Liebreiz

Char|meur [ʃarmø̱r, frz.] *m. 1 oder m. 9* betont liebenswürdiger Mensch

Char|meu|rin [ʃarmø̱-] *f. 10* weibl. Charmeur

Char|meuse [ʃarmø̱z] *f. Gen. - nur Sg.* kunstseidene Wirkware

Cha|ron [ça̱-] *griech. Myth.:* Fährmann in der Unterwelt

Chart [tʃa̱t, engl.] *m. 9 oder n. 9* grafische Abbildung von Zahlenreihen

Char|ta [kạr-, griech.] *f. 9* Verfassungsurkunde, Staatsgrundgesetz

Char|te [ʃạrtə, frz.] *f. 11, Staats- und Völkerrecht:* wichtige Urkunde

Char|ter [tʃa̱rtə(r), engl.] *f. 9 oder m. 9* **1.** Urkunde, Freibrief; **2.** *Seerecht:* Frachtvertrag

Char|te|rer [tʃa̱r-] *m. 5* Mieter eines Schiffes oder Flugzeuges

> **Charterflugzeug:** Die Zusammensetzung aus Substantiv und Substantiv wird zusammengeschrieben. Ebenso: *Airbag, Weekend, Nightclub* usw. § 37 (1)

Char|ter|flug|zeug [tʃa̱r-] *n. 1,* **Char|ter|ma|schi|ne** [tʃa̱r-] *f. 11* für priv. Zwecke gemietetes Flugzeug

char|tern [tʃa̱r-] *tr. 1* mieten (Schiff oder Flugzeug)

Char|tįs|mus [tʃar-] *f. Gen. - nur Sg.* engl. Arbeiterbewegung im 19. Jh.

Char|tịst [tʃar-] *m. 10*

Char|treuse® *auch:* **Chart|reuse** [ʃartrø̱z, nach dem frz. Kloster Grande Chartreuse] *m. Gen. - nur Sg.* ein frz. Kräuterlikör

Charts [tʃa̱ts, engl.] *Pl.* Hitliste der beliebtesten Schlager

Cha|ryb|dis [ça-] *f. Gen. - nur Sg.* vgl. Scylla

Chase [tʃɛɪz, engl.] *n. oder f. Gen. - nur Sg., Jazz:* ständiger Wechsel zwischen improvisierenden Solisten

chas|mo|ga̱m [ças-, griech.] offenblütig

Chas|mo|ga|mi̱e [ças-] *f. 11* Fremdbestäubung bei offener Blüte

chas|sen [ʃạs-, frz.] *tr. 1, schweiz. für* schassen

Chas|si|dịm [xas-, hebr.] *Pl.* Anhänger des Chassidismus

Chas|si|dįs|mus [xas-] *m. Gen. - nur Sg.* im 18. Jh. begründete, osteurop. jüd. relig. Bewegung

Chas|sis [ʃasi̱, frz.] *n. Gen. - [ʃasi̱s] Pl. - [ʃasis]* Gestell für Aufbauten, Fahrgestell (des Autos), Montagerahmen (des Rundfunkempfängers u. a.)

Châ|teau = **Cha|teau** [ʃato̱, frz.] *n. 9, veraltet:* Landhaus, Schloss

Cha|teau|bri|and [ʃatobriã̱, frz.] *n. 9* gebratene Rindslende

Cha|tscha|tur|jạn *auch:* **Chat|scha|tur|jạn** [xa-], **Khat|scha|tu|ri|ạn,** *Aram* armen. Komponist

Chat [tʃæ̱t, engl.] *m. 9* lockere Unterhaltung im Internet

Chat|te [çạt- oder kạt-] *m. 11* Angehöriger eines westgerm. Volksstammes

chat|ten [tʃæ̱tən, engl.] *intr. 2* im Internet kommunizieren

chat|tisch [çạt- oder kạt-]

Chau|deau [ʃodo̱, frz.] *m. 9* Weinschaumsoße

Chauf|feur [ʃɔfø̱r, frz.] *m. 1* Lenker eines Kraftwagens

chauf|fie|ren [ʃɔf-] *intr. 3*

Chau|ke [ça̱u̯-] *m. 11* Angehöriger eines westgerman. Volksstammes

chau|kisch [ça̱u̯-]

Chaus|see [ʃɔs-, frz.] *f. 11, veraltet:* Landstraße

Chau|vi [ʃo̱vi, frz.] *m. 9, ugs.:* jmd., der an überkommenen Männlichkeitsidealen festhält

Chau|vi|nįs|mus [ʃo:vi-] *m. Gen. - nur Sg.* übersteigerter Nationalismus

Chau|vi|nịst [ʃo:vi-] *m. 10*

chau|vi|nįs|tisch [ʃo:vi-]

Check *m. 9* **1.** [tʃẹk, engl.] *Eishockey:* Behinderung des Spielverlaufs; **2.** [ʃẹk] s. **Schẹck** (2)

che|cken [tʃẹ-] *tr. 1* prüfen, vergleichen

Check|lis|te [tʃẹk-] *f. 11* Kontrollliste mit allen wichtigen Punkten eines Arbeitsbereichs

Check|point [tʃẹkpɔɪnt] *m. 9* Kontrollpunkt an Grenzübergängen

chee|rio! [tʃi:(r)ɪo̱, engl.] *ugs.:* prost!, zum Wohl!

C

Cheer|lea|der [tʃi̲rli:də(r), engl.] *m. 5* Mitglied einer Tanzgruppe, die bei sportlichen Großveranstaltungen die Stimmung anheizt
cheers! [tʃi̲rz, engl.] *ugs.:* prost!, zum Wohl!
Cheese|bur|ger [tʃi̲zbə:gə(r), engl.] *m. 5* Hamburger (2) mit zusätzlich einer Scheibe Käse
Chef [ʃe̱f, frz.] *m. 9* **1.** Vorgesetzter, Leiter; **2.** Geschäftsinhaber; **3.** Haupt..., Ober..., z. B. Cheflektor, Chefredakteur
Chef|arzt [ʃe̱f-] *m. 2*
Chef|e|ta|ge [ʃe̱fetaʒə, frz.] *f. 11, ugs.:* Führungsriege; sie hat den Sprung in die C. geschafft
Che|feu|se [ʃɛfø̱zə] *f. 11, ugs., scherzh.:* Frau des Chefs
Che|fin [ʃe̱-] *f. 10*
Chef|in|ge|ni|eur [ʃe̱finʒənjø̱:r] *m. 1*
Chef|lek|tor [ʃe̱f-] *m. 13*
Chef|pi|lot [ʃe̱f-] *m. 10* Flugkapitän
Chef|re|dak|teur [ʃe̱f-] *m. 1*
Che|mi̲e [çe-, süddt., österr.: ke-, griech.] *f. 11 nur Sg.* Wissenschaft von den Eigenschaften und der Umwandlung der Stoffe
Che|mi̲e|fa|ser [çe-, süddt., österr.: ke-] *f. 11* auf chem. Weg hergestellter Faserstoff, Kunstfaser
Che|mi̲e|wer|ker [çe-, süddt., österr.: ke-] *m. 5* Arbeiter in der chem. Industrie
Che|mi|gra̲ph *auch:* **Che|mi|gra̲f** [çe-, süddt., österr.: ke-] *m. 10*
Che|mi|gra|phi̲e *auch:* **Che|mi|gra|fi̲e** [çe-, süddt., österr.: ke-] *f. 11* Verfahren zur Herstellung von Druckplatten auf fotomechanischem Wege
che|mi|gra̲|phisch *auch:* **che|mi|gra̲|fisch** [çe-, süddt., österr.: ke-]
Che|mi|ka̲l [çe-, süddt., österr.: ke-] *n. Gen.* -s *Pl.* -li|en, **Che|mi|ka̲|lie** [-ljə] *f. 11* auf chem. Wege hergestellter Stoff
Che|mi|ker [çe̱-, süddt., österr.: ke̱-] *m. 5* Wissenschaftler auf dem Gebiet der Chemie
Che|mi|nee [ʃəmine̱, frz.] *n. 9, schweiz.:* offener Kamin im Wohnraum
che|misch [çe̱-, süddt., österr.: ke̱-] die Chemie betreffend, auf ihr beruhend, zu ihr gehörig; auf Stoffumwandlung beruhend; chemisches Element: durch chem. Verfahren nicht weiter zerlegbarer Bestandteil der Materie; chemische Keule; chemische Waffen
Che|mise [ʃəmi̱z, frz.] *f. 11, um 1800:* hemdartiges Kleid, Überwurf
Che|mi|sett [ʃəmize̱t] *n. 1 oder n. 9,* **Che|mi|set|te** [ʃəmize̱t(ə)] *f. 11* gestärkte Hemdbrust zum Vorbinden; *auch:* weißer Einsatz am vorderen Oberteil des Damenkleides
Che|mi̱s|mus [çe-, süddt., österr.: ke-, griech.] *m. Gen. - nur Sg.* Gesamtheit der Stoffumwandlungen bes. im Tier- und Pflanzenkörper
Chem|nitz [ke̱m-] Stadt in Sachsen (1953-90: Karl-Marx-Stadt)
Che|mo|nas|ti̲e [çe-, süddt., österr.: ke-, griech.] *f. 11* durch chem. Reiz ausgelöste, ungerichtete Bewegung von Pflanzen; vgl. Chemotropismus
Che|mo|pla̱st [çe-, süddt., österr.: ke-] *m. 1 meist Pl.* härtbares Kunstharz
Che|mo|re|sis|te̱nz [çe-, süddt., österr.: ke-] *f. 10 nur Sg.* Widerstandsfähigkeit von Krankheitserregern gegen Chemotherapeutika, von denen sie vorher vernichtet worden waren
Che|mo|re|ze̱p|tor [çe-, süddt., österr.: ke-] *m. 13* auf chemische Reize (z. B. Geruchsreize) ansprechende Nervenzelle
Che|mo|syn|the̲|se [çe-, süddt., österr.: ke-] *f. 11* auf chem. Wege (ohne Sonnenlicht) verlaufende Umwandlungsvorgänge in Pflanzen
che|mo|ta̱k|tisch [çe-, süddt., österr.: ke-] auf Chemotaxis beruhend
Che|mo|ta̱|xis [çe-, süddt., österr.: ke-] *f. Gen. - Pl.* -xen Anziehung oder Abstoßung durch chem. Stoffe (z. B. bei Bakterien)
Che|mo|te̱ch|nik [çe-, süddt., österr.: ke-] *f. 10*
Che|mo|te̱ch|ni|ker [çe-, süddt., österr.: ke-] *m. 5*
Che|mo|the|ra|pe̲u|ti|kum [çe-, süddt., österr.: ke-] *n. Gen.* -s *Pl.* -ka aus chem. Stoffen hergestelltes Arzneimittel, das Krankheitserreger vernichtet oder im Wachstum hemmt, ohne dem Körper nachhaltig zu schaden
che|mo|the|ra|pe̲u|tisch [çe-, süddt., österr.: ke-]
Che|mo|the|ra|pi̲e [çe-, süddt., österr.: ke-] *f. 11* Behandlung mit Chemotherapeutika
Che|mo|tro|pi̱s|mus [çe-, süddt., österr.: ke-] *m. Gen. - Pl.* -men durch chem. Reiz ausgelöste, gerichtete Bewegung von Pflanzen; vgl. Chemonastie
Che|nil|le [ʃəni̱ljə oder -ni̱j(ə), frz.] *f. 11* Garn mit abstehenden Fasern, Raupengarn
Che|ops [çe̱-] altägypt. Herrscher
Che|ops|py|ra|mi|de [çe̱-] *f. 11 nur Sg.*
Cheque [ʃe̱k] *m. 9 schweiz.* s. **Sche̱ck** (2)
cher|chez la femme [ʃɛrʃe̱ la fa̱m, frz. »sucht die Frau«] dahinter steckt bestimmt eine Frau
Cher|ry|bran|dy (*alt:* Cher|ry Bran|dy) [tʃe̱ribrændi, engl.] *m. Gen.* -s *Pl.* - -s Kirschlikör
Che|rub [çe̱-, hebr.], **Ke̲|rub** *m. Gen.* -s *Pl.* -ru|bim *oder* -ru|bi̲|nen Engel, Paradieswächter
Che|ru|bi̲|ni [ke-], *Luigi* ital. Komponist
che|ru|bi̲|nisch [çe̱-], **ke|ru|bi̲|nisch** engelgleich; *aber:* der Cherubinische Wandersmann
Che|ru̱s|ker [çe-] *m. 5* Angehöriger eines westgermanischen Volksstammes
che|ru̱s|kisch [çe-]
Ches|ter [tʃe̱s-, nach der engl. Stadt C.] *m. 5,* **Ches|ter|kä|se** [tʃe̱s-] *m. Gen.* -s *Pl.* - ein fetter Hartkäse
che|va|le|re̱sk [ʃəva-, frz.] ritterlich
Che|va|lier [ʃəvalje̱] *m. 9* **1.** Ritter; **2.** frz. Adelstitel
Che|vi|ot [tʃe̱vi-, ʃe̱vi- oder ʃe̱vi-, österr.: ʃe̱vi-, nach den Cheviotbergen an der engl.-schott. Grenze] *m. 9* ein Kammgarngewebe aus Schafwolle
Che|vreau *auch:* **Chev|reau** [ʃəvro̱, frz.] *n. Gen. - Pl.* -s, **Che|vreau|le|der** *auch:* **Che|vreau|le|der** [ʃəvro̱-] *n. 5* Ziegenleder
Che|vrette *auch:* **Chev|rette** [ʃəvre̱t, frz.] *f. 11* mit Chromsalzen gegerbtes Schafleder
Che|vron *auch:* **Chev|ron** [ʃəvrɔ̱̃, frz.] *m. 9* **1.** *Wappenkunde:* pfeilspitzenartige Verbindung zweier Schrägbalken; **2.** frz. Dienstgradabzeichen in dieser Form; **3.** Gewebe mit Fischgrätenmuster
Chew|ing|gum *auch:* **Che|wing|gum** (*alt:* Chew|ing-gum) [tʃu̱ɪŋgʌm] *m. Gen.* (-) -(s) *Pl.* (-) -s, *engl. für* Kaugummi

C

Chi [çi] *n. Gen.* -(s) *Pl.* -s (*Zeichen:* χ, X) griech. Buchstabe
Chi|an|ti [kjan-, nach der ital. Landschaft C.] *m. 9,* **Chi|an|ti|wein** *m. 1* ein ital. Rotwein
Chi|as|mus [çi-, nach dem griech. Buchstaben Chi] *m. Gen. - Pl.* -men Stilfigur, kreuzweise Gegenüberstellung von gleichen oder gegensätzlichen Begriffen, z. B. »Es ist viel Neues und Gutes in diesem Buch, aber das Neue ist nicht gut, und das Gute ist nicht neu« (Lessing)
chi|as|tisch [çi-]
chic [ʃik] *unflektierbar* s. **schick**
Chi|ca|go [tʃikago], Stadt in den USA
Chi|chi [ʃiʃi, frz.] *n. Gen. - nur Sg.* **1.** Getue, Gehabe; **2.** Kleinigkeiten, Tand
Chi|co|rée [ʃikore:, frz.] *auch:* **Schi|ko|ree** *f. 9 oder m. 9 nur Sg.* Trieb der Zichorie, für Gemüse und Salat
Chief [tʃif] *m. 9, engl. Bez. für* Anführer
Chiem|see [kim-] *m. Gen.* -s See in Oberbayern
Chif|fon [ʃifɔ̃, frz.] *m. 9, österr.:* [-fon] *m. 1* leichtes, seidenes oder kunstseidenes Gewebe

♦ Die Buchstabenfolge **chif|fr...** kann in Fremdwörtern auch **chiff|r...** getrennt werden.

♦**Chif|fre** [ʃifrə, auch: ʃifər, frz.] *f. 11* **1.** Ziffer, Zahl; **2.** Geheimzeichen; **3.** Kennwort
♦**Chif|fre|schrift** [ʃifrə-] *f. 10* Geheimschrift
♦**Chif|fre|te|le|gramm** [ʃifrə-] *n. 1* verschlüsseltes Telegramm
♦**Chif|freur** [ʃifrør] *m. 1* jmd., der Texte in Chiffren (2) umsetzt oder sie entschlüsselt
♦**chif|frie|ren** [ʃif-] *tr. 3* in Geheimschrift abfassen
Chi|gnon *auch:* **Chig|non** [ʃinjɔ̃, frz.] *m. 9* Haarknoten im Nacken
Chi|le [tʃile: oder çile:] südamerik. Staat
Chi|le|ne [tʃile:- oder çile:-] *m. 11* Einwohner von Chile
chi|le|nisch [tʃile:- oder çile:-]
Chi|le|sal|pe|ter [tʃile:- oder çile:-] *m. 5 nur Sg.* Natronsalpeter
Chi|li [tʃi-, indian.] *m. 9* **1.** eine Art Paprika, aus der Cayennepfeffer gewonnen wird; **2.** mit Cayennepfeffer gewürzte Soße
Chi|li|a|de [çi-, griech.] *f. 11* **1.** Zahl, Reihe, Sammlung von Tausend; **2.** Jahrtausend
Chi|li|as|mus [çi-] *m. Gen. - nur Sg.* Lehre von der Erwartung des Tausendjährigen Reiches (nach Christi Wiederkunft)
Chi|li|ast [çi-] *m. 10*
chi|li|as|tisch [çi-]
chil|len [tʃil-, engl.] *intr. 1* ausruhen, entspannen (nach dem Tanzen), auschillen
Chill-out-Room [tʃılaʊtru:m, engl.] *m. Gen.* -s *Pl.* -s Erholungsraum bei Techno- oder Ravepartys
Chi|mä|ra [çi-] *f. Gen. - Pl.* -ren **1.** *griech. Myth.:* Ungeheuer: Löwe (Kopf), Ziege (Leib, Beine) und Schlange (Schwanz) in einem; **2.** *Biol.:* s. **Chi|mä|re** (1)
Chi|mä|re [çi-] *f. 11* **1.** Pfropfbastard; **2.** s. **Schi|mä|re**
Chi|na [çi-, süddt., österr.: ki-] Staat in Ostasien
Chi|na|kohl [çi-, süddt., österr.: ki-] *m. 1 nur Sg.* Ramie
Chi|na|pa|pier [çi-, süddt., österr.: ki-] *n. 1* feines, festes Papier aus Bambus oder Reisstroh
Chi|na|rin|de [çi-, süddt., österr.: ki-] *f. 11 nur Sg.* **1.** Rinde des südostasiat. Chinarindenbaumes, Fieberrinde; **2.** daraus hergestelltes Heilmittel gegen Fieber
Chi|na|wa|re [çi-, süddt., österr.: ki-] *f. 11* kunstgewerbl. Gegenstand, bes. Porzellan, aus China
Chin|chil|la [tʃintʃila, span. tʃintʃilja] **1.** *f. 9 oder n. 9, österr.: n. 9* südamerik. Nagetier, Hasenmaus; **2.** *m. 9* Pelz dieses Tieres
Chi|né [ʃine, frz.] *m. 9* ein Kunstseidengewebe
Chi|ne|se [çi-, süddt., österr.: ki-] *m. 11* Einwohner von China
chi|ne|sisch [çi-, süddt., österr.: ki-]
chi|niert [ʃi-] geflammt (Gewebe)
Chi|nin [çi-, süddt., österr.: ki-, indian.] *n. 1 nur Sg.* Alkaloid der Chinarinde, ein Fiebermittel
Chi|noi|se|rie [ʃinoazə-, frz.] *f. 11* kunstgewerbl. Gegenstand in chinesischem Stil
Chi|nook [tʃinuk] **1.** *m. 9 oder Gen. - Pl.* -, Angehöriger eines nordamerik. Indianerstammes; **2.** *m. 9* föhnartiger Wind auf der Ostseite der Rocky Mountains
Chintz [tʃints, Hindi] *m. 1* durch Wachsüberzug glänzend gemachtes, meist gemustertes Baumwollgewebe
chint|zen [tʃin-] *tr. 1*
Chip [tʃip, engl.] *m. 9* **1.** Spielmarke; **2.** *Pl.* dünne, rösch gebackene, gewürzte Kartoffelscheibchen; **3.** Träger einer elektron. Miniaturschaltung
Chip|kar|te [tʃip-] *f. 11*
Chip|pen|dale [tʃipəndeıl, nach dem engl. Kunsttischler Thomas C.] *n. Gen.* -(s) *nur Sg.* ein Möbelstil des 18. Jh.
Chir|a|gra *auch:* **Chi|rag|ra** [çir-, griech.] *n. Gen.* -s *nur Sg.* Gicht in den Handgelenken
Chi|ro|gno|mie *auch:* **Chi|rog|no|mie** [çi-, griech.] *f. 11 nur Sg.* = Chirologie
Chi|ro|graph *auch:* **Chi|ro|graf** [çi-, griech.] *n. 12,* **Chi|ro|gra|phum** [çi-] *n. Gen.* -s *Pl.* -pha *oder* -gra|phen **1.** *Antike:* Handschreiben; **2.** *MA:* eigenhändig geschriebene Urkunde; **3.** päpstl. Erlass an eine Einzelperson
chi|ro|gra|phisch *auch:* **chi|ro|gra|fisch** [çi-]
Chi|ro|lo|gie [çi-, griech.] *f. 11 nur Sg.* Lehre von der Charakter- und Schicksalsdeutung aus Form und Linien der Hände, Chirognomie
chi|ro|lo|gisch [çi-]
Chi|ro|mant [çi-, griech.] *m. 10*
Chi|ro|man|tie [çi-] *f. 11 nur Sg.* Charakter- und Zukunftsdeutung aus Form und Linien der Hände, Handlesekunst
chi|ro|man|tisch [çi-]
Chi|ro|prak|tik [çi-, griech.] *f. 10 nur Sg.* Methode zur Behandlung von Wirbelverrenkungen
Chi|ro|prak|ti|ker [çi-] *m. 5*
chi|ro|prak|tisch [çi-]
Chi|ro|spas|mus [çi-, griech.] *m. Gen. - Pl.* -men Schreibkrampf
Chir|urg *auch:* **Chi|rurg** [çir-, süddt., österr.: kir-, griech.] *m. 10* Facharzt der Chirurgie
Chir|ur|gie *auch:* **Chi|rur|gie** [çir-, süddt., österr.: kir-] *f. 11 nur Sg.* **1.** Heilbehandlung durch operativen Eingriff; **2.** *ugs.:* chirurg. Klinik
chir|ur|gisch *auch:* **chi|rur|gisch** [çir-, süddt., österr.: kir-]
Chi|si|nau [kıʃinoʊ] Hauptstadt von Moldawien
Chi|tin [çi-, griech.] *n. 1 nur Sg.* hornhaltiger Stoff im Panzer von Gliederfüßern

C

chi|ti|nig [çi-]
chi|ti|nös [çi-] aus Chitin
Chi|ton [çi-, griech.] *m. 1* altgriech. Gewand
Chloe [klo:e:] weibl. griech. Eigenname, bes. in der Hirtendichtung
Chlor [klor, griech.] *n. 1 nur Sg.* (*Zeichen:* Cl) chem. Element
Chlo|ral [klo-] *n. 1 nur Sg.* stechend riechende, ätzende Chlorverbindung
Chlo|ral|hy|drat *auch:* **Chlo|ral|hyd|rat** [klo-] *n. 1 nur Sg.* ein Schlafmittel
Chlor|a|min *auch:* **Chlo|ra|min** [klor-] *n. 1 nur Sg.* ein Bleich- und Desinfektionsmittel
Chlo|rat [klo-] *n. 1* Salz der Chlorsäure
Chlo|rel|la [klo-] *f. Gen. - Pl.* -len eine Grünalge
chlo|ren [klo-] *tr. 1,* chlo|rie|ren *tr. 3* mit Chlor versetzen und dadurch keimfrei machen
Chlo|rid [klo-] *n. 1* eine Chlorverbindung, Salz der Chlorwasserstoffsäure (Salzsäure)
chlo|rie|ren [klo-] *tr. 3* s. **chloren**
chlo|rig [klo-] Chlor enthaltend
Chlo|rit [klo-] **1.** *n. 1* Salz der chlorigen Säure; **2.** ein Mineral
Chlor|kalk [klor-] *m. 1 nur Sg.* ein Bleich- und Desinfektionsmittel
Chlor|na|tri|um *auch:* **Chlor|nat|ri|um** [klor-] *n. Gen.* -s *nur Sg.,* Kochsalz, Natriumchlorid
Chlo|ro|form [klo-] *n. Gen.* -s *nur Sg., früher:* Narkosemittel
chlo|ro|for|mie|ren [klo-] *tr. 3* mit Chloroform betäuben
Chlo|rom [klo-] *n. 1* bösartige Geschwulst an Knochen und Drüsen
Chlo|ro|phyll [klo-] *n. 1 nur Sg.* grüner Farbstoff von Pflanzenzellen, Blattgrün
Chlo|ro|phy|zee [klo-] *f. 11 meist Pl.* eine Grünalge
Chlo|ro|se [klo-] *f. 11* **1.** *Bot.:* Bleichwerden grüner Pflanzenteile bei mangelnder Bildung von Blattgrün; **2.** *Med.:* Bleichsucht
Chlor|sil|ber [klor-] *n. 5 nur Sg.* lichtempfindliches Silbersalz
Choke [tʃouk, engl.] *m. 9,* **Cho|ker** [tʃoukə(r)] *m. 7, Technik:* Luftklappe am Vergaser eines Kraftfahrzeugs (zur Kaltstarthilfe)
Chol|an|gi|tis *auch:* **Cho|lan|gi|tis** [kol-, griech.] *f. Gen. - Pl.* -ti|den Entzündung der Gallenblase und Gallengänge
Cho|le|lith [ko-] *m. 10* Gallenstein
Cho|le|li|thi|a|sis [ko-] *f. Gen. - nur Sg.* Gallensteinleiden
Cho|le|ra [ko-, griech.] *f. Gen. - nur Sg.* eine schwere Infektionskrankheit mit heftigem Brechdurchfall
Cho|le|re|se [ko-] *f. 11* Gallenabsonderung
Cho|le|ri|ker [ko-, griech.] *m. 5* reizbarer, leicht aufbrausender Mensch
cho|le|risch [ko-]
Cho|les|te|rin [ko-, griech.] *n. 1 nur Sg.* ein Fett, Hauptbestandteil der Gallensteine
Cho|le|zys|ti|tis [ko-] *f. Gen. - Pl.* -ti|den Gallenblasenentzündung
Chol|iam|bus [çoljam-, griech.] *m. Gen. - Pl.* -ben Hinkjambus, jamb. Vers mit einem Trochäus statt des letzten Jambus
cho|lo|sta|tisch *auch:* **cho|los|ta|tisch** [ko-] durch Gallenstauung verursacht
Chon|drit *auch:* **Chond|rit** [çɔn-, griech.] *m. 10* aus kleinen Kristallkörnern (Chondren) aufgebauter Meteorstein
Chon|dri|tis *auch:* **Chond|ri|tis** [çɔn-] *f. Gen. - Pl.* -ti|den Knorpelentzündung
Cho|pin [ʃɔpɛ̃], *Frédéric* poln. Komponist
Chop|per [tʃɔpə(r), engl.] *m. 5* Motorrad
Chop|suey (*alt:* Chop Suey) [tʃɔpsui, chin.-engl.] *n. Gen.* -(s) *Pl.* -s chin. Reisgericht
Chor [kor, griech.] *m. 2* **1.** *urspr.:* Kulttanz, Kultgesang; *dann:* deren Ausführende; Bestandteil der altgriech. Tragödie; **2.** erhöhter, den Geistlichen vorbehaltener Raum am Ende des Kirchenschiffs mit dem Hochaltar; **3.** größere Sängergruppe; **4.** Musikstück für diese; **5.** gemeinsamer Gesang
Cho|ral [ko-] *m. 2* Kirchengesang; Kirchenlied
Cho|ral|no|ta|ti|on [ko-] *f. 10* nur die Tonhöhe angebende Notenschrift des 12. Jh.; vgl. Mensuralnotation, Modalnotation
Cho|ral|vor|spiel [ko-] *n. 1*
Chör|chen [kør-] *n. 7*
Chor|da [kɔr-, griech.] *f. Gen. - Pl.* -den, Chor|de [kɔr-] *f. 11* strangartiges Gebilde, Sehne
Chor|da|ten [kɔr-] *Pl.*
Chor|di|tis [kɔr-] *f. Gen. - Pl.* -ti|den Stimmbänderentzündung
Cho|reg [ko-, griech.] *m. 10,* **Cho|re|ge** *m. 11, im altgriech. Theater:* Chorführer
Cho|re|o|graf, Cho|re|o|graph [ko-, griech.] *m. 10* Künstler, der die Tänze für Ballettaufführungen entwirft
Cho|re|o|gra|fie, Cho|re|o|gra|phie [ko-] *f. 11* Tanzschrift, Entwurf für Balletttänze
cho|re|o|gra|fie|ren, cho|re|o|gra|phie|ren [ko-] *tr. 3* einen Balletttanz entwerfen
cho|re|o|gra|fisch, cho|re|o|gra|phisch [ko-]
Cho|re|o|graph *Nv.* **Cho|re|o|graf** *Hv.* [ko-] *m. 10*
Cho|re|o|gra|phie *Nv.* **Cho|re|o|gra|fie** *Hv.* [ko-] *f. 10*
cho|re|o|gra|phie|ren *Nv.* **cho|re|o|gra|fie|ren** *Hv.* [ko-] *tr. 3*
cho|re|o|gra|phisch *Nv.* **cho|re|o|gra|fisch** *Hv.* [ko-]
Cho|re|o|ma|nie, Cho|ro|ma|nie [ko-] *f. 11 nur Sg.* Tanzwut, krankhafte Sucht zu tanzen
cho|re|o|ma|nisch [ko-]
Cho|reut [ko-, griech.] *m. 10, im altgriech. Theater:* Chortänzer
Cho|reu|tik [ko-] *f. 10 nur Sg.* Tanzkunst
Chor|frau [kor-] *f. 10* Angehörige einer relig. weibl. Gemeinschaft, auch des weibl. Zweigs eines Mönchsordens
Chor|ge|stühl [kor-] *n. 1* Sitze der Geistlichen im Chor (2)
Chor|hemd [kor-] *n. 12* langes, hemdartiges Kleidungsstück der kath. Priester und Chorknaben
Chor|herr [kor-] *m. Gen.* -(e)n *Pl.* -en Mitglied eines Domkapitels oder Stifts
cho|risch [ko-] durch einen Chor ausgeführt oder auszuführen
Cho|rist [ko-] *m. 10* Chorsänger, Mitglied eines Chors
Chor|kna|be [kor-] *m. 11* Sänger eines Kirchen-Knabenchors
Chör|lein, Chör|chen [kør-] *n. 7* kleiner Erker an mittelalterlichen Wohnhäusern, urspr. als Kapelle
Cho|ro|gra|phie *auch:* **Cho|ro|gra|fie** [ko-, griech.] *f. 11 nur Sg.* **1.** Länder-, Landschaftsbeschreibung; **2.** *veraltet für* Chorologie
cho|ro|gra|phisch *auch:* **cho|ro|gra|fisch** [ko-]

C

Cho|ro|lo|gie [ko-, griech.] *f. 11 nur Sg.* **1.** Lehre von der Verteilung und Anordnung von Gegenständen im Raum; **2.** Lehre von der Verbreitung von Tieren und Pflanzen auf der Erde
cho|ro|lo|gisch [ko-, griech.]
Cho|ro|ma|nie [ko-] *f. 11 nur Sg.* s. **Cho|re|o|ma|nie**
Chor|re|gent [kor-] *m. 10, süddt. veraltet:* Leiter eines kath. Kirchenchors
Chor|rock [kor-] *m. 2* Chorhemd
Cho|rus [ko-, griech.] *m. Gen. - nur Sg.* **1.** *veraltet:* Sängerchor; **2.** *Jazz:* mehrfach wiederholtes Thema
Cho|se [ʃo-, frz.], Scho|se *f. 11, ugs.:* Sache
Chow-Chow [tʃaʊtʃaʊ, chin.-engl.] *m. 9* eine spitzähnliche Hunderasse aus China
Chres|to|ma|thie [krɛs-, griech.] *f. 11* Auswahl von Prosastücken für den Unterricht
Chri|sam [kri-, griech.] *n. oder m. Gen. -s nur Sg.,* **Chris|ma** [kris-] *n. Gen. -s nur Sg., kath. Kirche:* geweihtes Salböl
Christ [krist, griech.] *m. 10* **1.** Angehöriger einer christlichen Glaubensgemeinschaft, Getaufter; **2.** *nur Sg., volkstüml. für* Christus, Christkind; der Heilige Christ
Chris|ta [kris-] weibl. Vorname
Christ|baum [krist-] *m. 2*
Christ|de|mo|krat [krist-] *m. 10* Angehöriger einer christl.-demokrat. Partei
christ|de|mo|kra|tisch [krist-]
Chris|ten|ge|mein|de [kris-] *f. 11 nur Sg.* Gesamtheit der Christen, Christenheit
Chris|ten|ge|mein|schaft [kris-] *f. 10 nur Sg.* 1922 von F. Rittelmeyer gegründete, auf der Anthroposophie R. Steiners beruhende christl. Glaubensgemeinschaft
Chris|ten|heit [kris-] *f. 10 nur Sg.* Gesamtheit der Christen
Chris|ten|tum [kris-] *n. Gen. -s nur Sg.*
Chris|ten|ver|fol|gung [kris-] *f. 10*
Chris|ti|an [kris-] männl. Vorname
Chris|ti|a|ne [kris-] weibl. Vorname
Chris|ti|a|nia [kris-] **1.** *früherer Name von* Oslo; **2.** *m. 9, Skilauf, veraltet:* bremsender Querschwung
chris|ti|a|ni|sie|ren [kris-] *tr. 3* zum Christentum bekehren
Chris|ti|a|ni|sie|rung [kris-] *f. 10 nur Sg.*
Chris|ti|an Sci|ence [kristjən saɪəns, engl. »christliche Wissenschaft«] *f. Gen. - - nur Sg.* christl. Lehre und Gemeinschaft, die die Erlösung von Krankheit, Sünde und Tod als Aufgabe richtigen Denkens ansieht
Chris|ti|ne [kris-] weibl. Vorname
christ|ka|tho|lisch [krist-] *schweiz. für* altkatholisch
Christ|ka|tho|li|zis|mus [krist-] *m. Gen. - nur Sg., schweiz.:* Altkatholizismus
Christ|kind [krist-] *n. 3 nur Sg.*
Christ|kindl [krist-] *n. 5; süddt., österr. auch:* Weihnachtsgeschenk
Christ|kindl|markt [krist-] *m. 2, süddt., österr.:* Weihnachtsmarkt
christ|lich [krist-]; *aber:* Christlich-Demokratische Union; Christlich-Soziale Union
Christ|lich|keit [krist-] *f. 10 nur Sg.*
Christ|met|te [krist-] *f. 11*
Christ|mo|nat, Christ|mond [krist-] *m. 1, alter Name für* Dezember
Christ|nacht [krist-] *f. 2*
Chris|to|gramm [kris-, griech.] *n. 1* s. **Chris|tus|mo|no|gramm**
Chris|to|la|trie *auch:* **Chris|to|lat|rie** [kris-] *f. 11 nur Sg.* Verehrung, Anbetung Christi
Chris|to|lo|gie [kris-] *f. 11 nur Sg.* Lehre von Person und Natur Christi
chris|to|lo|gisch [kris-]
Chris|toph, Chris|tof [kris-] männl. Vorname
Chris|to|pho|rus [kris-, lat., »Christusträger«] ein Heiliger
chris|to|zen|trisch *auch:* **chris|to|zent|risch** [kris-] Christus als Mittelpunkt habend
Christ|ro|se [krist-] *f. 11*
Christ|stol|le [krist-] *f. 11, süddt.:* Christ|stol|len *m. 7*
Christ|tag [krist-] *m. 1* erster Weihnachtsfeiertag
Chris|tus [kris-, griech. »der Gesalbte«] *m. Gen. -ti nur Sg.* Ehrenname Jesu; Jesus Christus; nach Christo, nach Christus (*Abk.:* n. Chr.): nach Christi Geburt; vor Christo, vor Christus (*Abk.:* v. Chr.): vor Christi Geburt
Chris|tus|mo|no|gramm [kris-], Chris|to|gramm *n. 1* die ineinander geschriebenen griech. Buchstaben X (Chi = Ch) und P (Rho = R): ☧
Christ|wurz [krist-] *f. 10* eine Heilpflanze
Chrom [krom, griech.] *n. 1 nur Sg.* (*Zeichen:* Cr) chem. Element
Chro|mat [kro-] *n. 1* Salz der Chromsäure
Chro|ma|tik [kro-] *f. 10 nur Sg.* **1.** *Mus.:* Erhöhung oder Erniedrigung der Stufen einer Tonleiter um einen halben Ton durch Versetzungszeichen; *Ggs.:* Diatonik; **2.** *Phys.:* Farbenlehre
Chro|ma|tin [kro-] *n. 1 nur Sg.* bei basischer Färbung leicht färbbarer Bestandteil des Zellkerns
chro|ma|tisch [kro-] **1.** *Mus.:* in Halbtonschritten fortschreitend; *Ggs.:* diatonisch; **2.** *Optik:* auf Farbenzerlegung beruhend
Chro|ma|to|gra|phie *auch:* **Chro|ma|to|gra|fie** [kro-] *f. 11 nur Sg.* Verfahren zur Trennung von ähnlichen und schwer trennbaren chem. Stoffen aufgrund von unterschiedlicher Wandlungsgeschwindigkeit in einem Lösungsmittel und unterschiedlicher Färbung
chro|ma|to|gra|phie|ren *auch:* **chro|ma|to|gra|fie|ren** [kro-] *tr. 3*
chro|ma|to|gra|phisch *auch:* **chro|ma|to|gra|fisch** [kro-]
Chro|ma|to|phor [kro-] *n. 1* bei manchen Tieren mit Farbstoff gefüllte Zelle, Grundlage für eine Farbänderung der Haut
Chro|ma|tron *auch:* **Chro|mat|ron** [kro-] *n. Gen. -s Pl.* -tro|ne Bildröhre für das Farbfernsehen
Chrom|bei|ze [krom-] *f. 11* Chromverbindung zum Nachfärben von Textilien
Chrom|ei|sen|stein [krom-] *m. 1 nur Sg.* ein Mineral
Chrom|far|be [krom-] *f. 11* Chrom enthaltende anorgan. Mineralfarbe, z. B. Chromgelb
Chrom|gelb [krom-] *n. Gen. -s nur Sg.* gut deckende Malerfarbe
Chrom|grün [krom-] *n. Gen. -s nur Sg.* stark deckende grüne Malerfarbe, Mischung aus Chromgelb und Berliner Blau
Chrom|le|der [krom-] *n. 5* mit Chromsalzen gegerbtes, widerstandsfähiges Leder
Chro|mo|lith [kro-] *m. 1 oder m. 10* unglasiertes, farbiges Steinzeug mit eingelegten Verzierungen

C

Chro|mo|li|tho|gra|phie *auch:* **Chro|mo|li|tho|gra|fie** [kro-] *f. 11* **1.** *nur Sg.* Mehrfarben-Steindruck; **2.** in diesem Verfahren hergestelltes Erzeugnis
Chro|mo|skop *auch:* **Chro|mos|kop** [kro-] *n. 1* Gerät zum Projizieren farbiger Bilder
Chro|mo|som [kro-] *n. 12* bei der Zellkernteilung entstehender Träger der Erbanlagen, Kernschleife, Idiosom
Chro|mo|sphä|re *auch:* **Chro|mos|phä|re** [kro-] *f. 11* Gasschicht der Sonnenatmosphäre
Chrom|rot [krom-] *n. Gen.* -s *nur Sg.* Malerfarbe aus basischem Bleichromat
Chrom|stahl [krom-] *m. 2* mit Chrom legierter Stahl
Chro|nik [kro-, griech.] *f. 10* Aufzeichnung geschichtlicher Vorgänge in der Reihenfolge ihres Geschehens
Chro|ni|ka [kro-] *Pl.* zwei Geschichtsbücher des AT
chro|ni|ka|lisch [kro-] in der Art einer Chronik
Chro|nique scan|da|leuse [kronik skãdaløz, frz.] *f. Gen.* - - *nur Sg.* (meist übertriebene) Skandalgeschichte
chro|nisch [kro-] langsam verlaufend, langwierig; *Ggs.:* akut
Chro|nist [kro-] *m. 10* Verfasser einer Chronik
Chro|no|bi|o|lo|gie [kro-] *f. 11 nur Sg.* Wiss. von den regelmäßigen Abläufen im lebenden Organismus in bestimmten Zeiträumen, z. B. der Atmung, des Stoffwechsels, des Schlafrhythmus
Chro|no|graph *auch:* **Chro|no|graf** [kro-] *m. 10* Gerät zum Aufzeichnen der Zeitdauer eines Vorgangs
Chro|no|gra|phie *auch:* **Chro|no|gra|fie** [kro-] *f. 11* Geschichtsschreibung in der Reihenfolge der Ereignisse
chro|no|gra|phisch *auch:* **chro|no|gra|fisch** [kro-]
Chro|no|lo|ge [kro-] *m. 11*
Chro|no|lo|gie [kro-] *f. 11 nur Sg.* **1.** Lehre von der Zeitrechnung; **2.** zeitl. Ablauf
chro|no|lo|gisch [kro-] nach dem zeitl. Ablauf, zeitlich geordnet; Schriften c. ordnen
Chro|no|me|ter [kro-] *n. 5* **1.** Taktmesser; **2.** sehr genau gehende Uhr
Chro|no|me|trie *auch:* **Chro|no|met|rie** [kro-] *f. 11 nur Sg.* Zeitmessung
chro|no|me|trisch *auch:* **chro|no|met|risch** [kro-]
Chro|no|skop *auch:* **Chro|nos|kop** [kro-] *n. 1* Gerät zum Messen sehr kleiner Zeitabschnitte
Chrys|an|the|me *auch:* **Chry|san|the|me** *f. 11*, **Chrys|an|the|mum** *auch:* **Chry|san|the|mum** [krys-, griech.] *n. Gen.* -s *Pl.* -the|men eine Zierpflanze, Wucherblume
Chry|so|be|ryll [kry-] *m. 12* ein grünes durchscheinendes Mineral
Chry|so|i|din [kry-] *n. 1 nur Sg.* ein Farbstoff zum Färben von Leder, Kokosfaser u. a.
Chry|so|lith [kry-] *m. 12 oder m. 10* ein Mineral
Chry|so|pras *auch:* **Chry|sop|ras** [kry-] *m. 1* ein Halbedelstein
chtho|nisch [çto-, griech.] der Erde angehörend, unterirdisch, unter der Erde lebend; chthonische Götter *griech. Myth.:* Götter der Unterwelt
Chur [kur] Hauptstadt des schweiz. Kantons Graubünden
Chur|chill [tʃəːtʃɪl], *Sir Winston Spencer* brit. Politiker
chur|welsch [kur-] rätoromanisch
Chut|ney [tʃʌtnɪ, Hindi-engl.] *n. Gen.* -s *nur Sg.* Würzpaste aus Früchten, bes. Mango
Chuz|pe [xuts-, jidd.] *f. Gen.* - *nur Sg.* Dreistigkeit, Unverschämtheit
Chy|mus [çy-] *m. Gen.* - *nur Sg.* Speisebrei im Magen
Ci *Abk. für* Curie
CIA [siːaɪɛɪ] *Abk. für* Central Intelligence Agency: US-amerik. Geheimdienst
Cia|bat|ta [tʃa-, ital.] *n. 9* Weißbrot aus Hefeteig
ciao [tʃaɔ] = **tschau**
Ci|bo|ri|um *n. Gen.* -s *Pl.* -ri|en s. **Zi|bo|ri|um**
CIC [siːaɪsi] *Abk. für* Counter Intelligence Corps: US-amerik. militär. Abwehrdienst
Ci|ce|ro [tsitse-] **1.** *Marcus Tullius* röm. Staatsmann und Schriftsteller; **2.** *f. Gen.* - *nur Sg., schweiz.: m. Gen.* - *nur Sg.* ein Schriftgrad
Ci|ce|ro|ne [tʃitʃe-, ital.] *m. Gen.* -(s) *Pl.* -s *oder* -ni, *scherzh.:* Fremden-, Kunstführer in Italien
Ci|ce|ro|ni|a|ner [tsitse-] *m. 5* Anhänger der mustergültigen Schreibweise Ciceros
ci|ce|ro|ni|a|nisch, ci|ce|ro|nisch [tsitse-] in der Art Ciceros; ciceronische Beredsamkeit
Ci|cis|beo [tʃitʃis-, ital.] *m. Gen.* -(s) *Pl.* -s Liebhaber, Hausfreund
Cid [θid] span. Nationalheld
Ci|dre *auch:* **Cid|re** [si-] *m. Gen.* - *nur Sg.* = **Zi|der**
Cie. *früher Abk. für* Compagnie; vgl. Co.
cif [tsif] *Abk. für* cost, insurance, freight, *im Überseehandel:* Klausel, nach der Kosten für Verladung, Versicherung und Fracht im Kaufpreis enthalten sind
Ci|ne|ast [si-, griech.] *m. 10* **1.** Filmfachmann, Filmschaffender; **2.** Filmfan
Ci|ne|cit|tà [tʃinetʃita, ital. »Filmstadt«] *f. Gen.* - *nur Sg.* ital. Filmproduktionsmetropole bei Rom
Ci|ne|ma|scope® *auch:* **Ci|ne|mas|cope** [sinəmaskop, engl.] *n. Gen.* -(s) *nur Sg.* ein Breitwand- und Raumtonverfahren beim Film
Ci|ne|ma|thek [si-, frz. + griech.] *f. 10* s. **Fil|mo|thek**
Ci|ne|ra|ma® *n. Gen.* - *nur Sg.* ein Breitwand- und Raumtonverfahren beim Film
Cin|que|cen|tist [tʃinkvetʃɛn-, ital.] *m. 10* Künstler des Cinquecentos
Cin|que|cen|to [tʃinkvetʃɛn-, ital. »fünfhundert«] *n. Gen.* -(s) *nur Sg.* die künstler. Stilepoche des 16. Jh. in Italien
CIO [siːaɪoʊ] *Abk. für* Congress of Industrial Organizations: US-amerik. Gewerkschaftsverband
Ci|pol|lin [tʃi-, ital.] *m. 1* mit Streifen durchsetzter Marmor, Zwiebelmarmor
cir|ca (*Abk.:* ca.) s. **zir|ka**
Cir|ce [tsirtse], Kir|ke [-keː] **1.** *griech. Myth.:* Zauberin; **2.** *übertr.:* verführerische Frau; vgl. bezirzen
Cir|cuit|trai|ning [səːkɪtrɛɪ-, engl.] *n. 9 nur Sg.* allg. Konditionstraining an verschiedenen, im Kreis aufgestellten Geräten
Cir|cu|lus vi|ti|o|sus [tsir- vitsjo-, lat. »fehlerhafter Kreislauf«] *f. Gen.* - - *Pl.* -li -si **1.** Schlussfolgerung, bei der das zu Beweisende schon in der Beweisführung enthalten ist, Zirkelschluss, Zirkelbeweis; **2.** Kreislauf ohne positives Ergebnis, weil das Beheben eines Fehlers zu einem weiteren Fehler führt; **3.** Teufelskreis

Cir|cus [tsir-] *m. 1* s. **Zir|kus**
cis [tsis] *n. Gen. -, Mus.* **1.** das um einen halben Ton erhöhte c; **2.** *Abk. für* cis-Moll
Cis [tsis] *n. Gen. - Pl. -, Mus.* **1.** das um einen halben Ton erhöhte C; **2.** *Abk. für* Cis-Dur
Cis-Dur *n. Gen. - nur Sg.* (*Abk.:* Cis) eine Tonart
Cis-Dur-Ton|lei|ter *f. 11*
cis-Moll *n. Gen. - nur Sg.* (*Abk.:* cis) eine Tonart
cis-Moll-Ton|lei|ter *f. 11*
ci|tis|si|me [tsitisime, lat.] sehr eilig (als Aktenvermerk)
ci|to [tsi-] eilig (als Aktenvermerk)
Ci|toy|en *auch:* **Ci|to|yen** [sitoajɛ̃, frz.] *m. 9, frz. Bez. für* Staatsbürger
Ci|trat *auch:* **Cit|rat** *n. 1* s. **Zi|trat**
Ci|ty [sɪtɪ, engl.] *f. 9* Geschäftsviertel einer Großstadt, Innenstadt
Ci|ty|rol|ler [sɪtɪ-, engl.] *m. 5* leichter Tretroller zum schnelleren Vorankommen in der Stadt
Ci|vet [sivɛ, frz.] *n. 9* Wildfleischragout
Ci|vi|tas Dei [tsivi- -, lat.] *f. Gen. - - nur Sg.* der (jenseitige) Gottesstaat
ckm *früher Abk. für* Kubikkilometer; vgl. km³
cl *Abk. für* Zentiliter
Cl *chem. Zeichen für* Chlor
c. l. *Abk. für* citato loco: am angeführten Ort (bei Zitaten), *heute meist:* a. a. O.
Claim [klɛɪm, engl. »Anspruch«] *n. 9* Anrecht, Anteil (bes. an einer Goldmine)
Claire [klɛə] weibl. Vorname, *frz. Form von* Klara
Clai|ret [klerɛ, frz.] *m. 9* s. **Kla|rett** (2)
Clair-ob|scur *auch:* **Clair-obs|cur** [klɛːrɔbskyr, frz. »Helldunkel«] *n. Gen. -s nur Sg.* Malstil, bei dem durch den Kontrast von Hell und Dunkel bes. Wirkung erreicht wird
Clai|ron [klɛrɔ̃, frz.] *n. 9* **1.** Signalhorn; **2.** hohe Trompete, Bachtrompete
Clan [klan, engl. klæn], **Klan** *m. 1, engl. m. 9* **1.** alter schott. und irischer Sippenverband; **2.** *Völkerkunde:* Untergruppe eines Stammes
Claque [klak, frz.] *f. 9 nur Sg.* Gruppe von Claqueuren
Cla|queur [klakør] *m. 1* bezahlter Beifallklatscher
Cla|ra, Kla|ra weibl. Vorname
Clau|dia weibl. Vorname
Clau|di|us männl. Vorname
Clau|di|us, *Matthias* dt. Schriftsteller
Claus, Klaus männl. Vorname
Cla|vi|cem|ba|lo [-vitʃɛm-, ital.] *n. Gen. -s Pl. -li* Cembalo
Cla|vi|cu|la [-vi-, lat.] *f. Gen. - Pl.* -lae [-lɛː] Schlüsselbein
cla|vi|cu|lar [-vi-] das Schlüsselbein betreffend, von ihm ausgehend
Cla|vis [-vis] *f. Gen. - Pl. - oder* -ses **1.** Notenschlüssel; **2.** Taste (an Klavier und Orgel); **3.** *veraltet:* Wörterbuch zur Erläuterung klass. Schriften, bes. der Bibel
clean [klin, engl. »sauber«] nicht mehr rauschgiftsüchtig
Clea|ring [kli-, engl. »klären«] *n. 9* Abrechnungsverfahren
Clea|ring|ver|kehr [kli-] *m. 1 nur Sg.* Abrechnungsverkehr
Cle|mens, Kle|mens männl. Vorname
Cle|men|ti|ne *f. 11* s. **Kle|men|ti|ne**
Clerk [klark, engl.] *m. 9, engl. Bez. für* **1.** Gerichtsschreiber; **2.** Buchhalter, kaufmänn. Angestellter
cle|ver [klɛvə(r), engl.] gescheit, geschickt, geschäftstüchtig, wendig
Cle|ver|ness (*alt:* Cle|ver|neß) [klɛvə(r)nɛs] *f. Gen. - nur Sg.*
Cliff|dwel|ler (*alt:* Cliff-dwel|ler) [engl.] *m. 9* vorgeschichtlicher Höhlenbewohner im Colorado-Cañon (USA)
Clinch [klintʃ, engl.] *m. Gen. -es nur Sg., Boxen:* Umklammerung des Gegners
Clip *m. 9* **1.** *kurz für* Videoclip; **2.** s. **Klipp**
Clip|per® *m. 5* amerik. Langstreckenflugzeug; vgl. Klipper
Cli|que [klikə, klikə, frz.] *f. 11* **1.** Gruppe miteinander befreundeter Personen; **2.** durch gemeinsame egoistische Interessen verbundene Gruppe, Sippschaft, Klüngel
Cli|quen|we|sen [klikən-, klikən-] *n. 7 nur Sg.*
Cli|quen|wirt|schaft [klikən-, klikən-] *f. 10 nur Sg.*
Cli|via [-via, nach einer engl. Herzogin, Lady Clive] *f. Gen. - Pl.* -vi|en [-vi|en] s. **Kli|vie**
Clo|chard [klɔʃar, frz.] *m. 9, frz. Bez. für* Vagabund (in Großstädten)
Clog [klɔk, engl.] *m. 9 meist Pl.* pantoffelähnlicher Schuh mit Holzsohle
Cloi|son|né [kloazɔne, frz.] *n. Gen. -s nur Sg.* Zellenschmelz, Art der Emailmalerei
Clo|qué [klɔke, frz.] *m. 9* Kreppgewebe mit blasig erhabenem Muster
Closed-Cir|cuit-Te|le|vi|si|on [klouzd sɔkit tɛləviʒn, engl.] *n. Gen. - nur Sg.* Kabelfernsehen

Closedshop: Mehrteilige Ausdrücke aus Adjektiven und Substantiven schreibt man zusammen: *Closedshop*.
Bei *Closedshop* ist in Anlehnung an das Englische wie bei *Bigband, Blackbox* und *Softdrink* auch Getrenntschreibung möglich: *Closed Shop, Big Band, Black Box, Soft Drink.* § 37 E1

Closed Shop *Nv.* **Closed|shop** *Hv.* [klouzdʃɔp, engl.] *n. Gen. - nur Sg.* Unternehmen, in dem nur Mitglieder der tarifschließenden Gewerkschaft eingestellt werden dürfen
Cloth [klɔθ, engl.] *m. oder n. Gen. - nur Sg.* glänzendes Atlasgewebe, Futterstoff
Clou [klu, frz.] *m. 9* **1.** Glanzpunkt, Höhepunkt, Knalleffekt; **2.** Zugstück, Schlager
Clown [klaun, engl.] *m. 9* Spaßmacher, dummer August im Zirkus; *urspr.:* lustige Person des engl. Theaters
Clow|ne|rie [klaʊ-] *f. 11* Spaßmacherei, Spaß
clow|nesk [klaʊ-] in der Art eines Clowns
Club *m. 9* s. **Klub**
Clu|ni|a|zen|ser [nach dem frz. Kloster Cluny] *m. 5* Angehöriger einer kath. kirchl. Bewegung zur Reform des Klosterwesens
clu|ni|a|zen|sisch; cluniazensische Reform, cluniazensische Bewegung
Clus|ter [klʌstə(r), engl.] *m. 5* **1.** *Musik:* gleichzeitiges Erklingen mehrerer eng benachbarter Töne; **2.** *Chemie, Physik:* aus vielen Molekülen oder Einzelteilen bestehendes System
cm *Abk. für* Zentimeter
cm² *Abk. für* Quadratzentimeter
cm³ *Abk. für* Kubikzentimeter
Cm *chem. Zeichen für* Curium

cmm *früher Abk. für* Kubikmillimeter; vgl. mm^3
c-Moll *n. Gen.* -s *nur Sg.* (*Abk.:* c) eine Tonart
c-Moll-Ton|lei|ter *f. 11*
cm/s, *früher:* **cm/sec** *Abk. für* Zentimeter in der Sekunde
c/o *Abk. für* care of
Co *chem. Zeichen für* Cobaltum (Kobalt)
Co. *Abk. für* Compagnie; vgl. Kompanie
CO *Abk. für* Colorado
Coach [koutʃ, engl.] *m. 9* Manager und Betreuer eines Sportlers
Coat [kout, engl.] *m. 9* Kurzmantel
Cob|bler *auch:* **Cobb|ler** [engl.] *m. 9* Getränk aus Wein, Sekt, Kognak oder Whisky (und Selters) mit Fruchtsaft und Eiswürfeln
COBOL *Abk. für* Common Business Oriented Language: eine Programmiersprache
Co|ca-Co|la® *n. oder f. Gen.* - *Pl.* - Auszüge der Kolanuss und des Kokastrauchs enthaltendes Erfrischungsgetränk
Co|che|nil|le [kɔʃəniljə, span.] *f. 11* s. **Ko|sche|nil|le**
Co|chon [kɔʃɔ̃, frz.] *m. 9, Schimpfwort:* Schwein, unanständiger, unmoralischer Mensch
Co|chon|ne|rie [kɔʃɔnə-] *f. 11* Schweinerei, Unanständigkeit
Co|cker|spa|ni|el [engl.] *m. 9* angeblich aus Spanien stammender engl. Hühnerhund
Cock|ney [-nı] **1.** *n. Gen.* -(s) *nur Sg.* in London (bes. Ostlondon) gesprochene Mundart; **2.** *m. 9* Londoner, der Cockney spricht
Cock|pit [engl.] *n. 9* **1.** Pilotenkabine im Flugzeug; **2.** vertiefter Sitzraum in Jacht und Motorboot, Plicht
Cock|tail [-tɛıl, engl.] *m. 9* alkohol. Mischgetränk
Cock|tail|kleid [-tɛıl-] *n. 3*
Cock|tail|par|ty [-tɛıl-] *f. 9*
cod., Cod. *Abk. für* Codex, Kodex
Co|da *f. 9* s. **Ko|da**
Code [kod] *m. 9* s. **Kode**
Code ci|vil [kod sıvil, frz.] *m. Gen.* - - *nur Sg.* das frz. bürgerl. Gesetzbuch
Co|de|in *n. 1 nur Sg.* s. **Ko|de|in**
Code Na|po|lé|on [kod napoleɔ̃] *m. Gen.* - - *nur Sg., im 1. und 2. frz. Kaiserreich Bez. für den (auf Veranlassung Napoleons I. geschaffenen)* Code civil

Co|dex [lat.] *m. Gen.* - *Pl.* -dices [-tse:s] (*Abk.:* Cod.) s. **Ko|dex**
Co|dex Iu|ris Ca|no|ni|ci *m. Gen.* - - - *nur Sg.* Gesetzbuch der kath. Kirche von 1918
co|die|ren *tr. 3* s. **ko|die|ren**
Cœur [kœr, frz.] *n. 9 oder Gen.* - *Pl.* -, *im frz. Kartenspiel:* Herz
Cof|fe|in *n. 1 nur Sg.* = **Kof|fe|in**
co|gi|to, er|go sum [lat.] ich denke, also bin ich (erkenntnistheoretischer Hauptgrundsatz des frz. Philosophen René Descartes)
Co|gnac® *auch:* **Cog|nac** [kɔnjak, frz.] *m. 9* s. **Ko|gnak**
Coif|feur [kwafœr, schweiz.: kwa-, frz.] *m. 1* Friseur
Coif|feu|se [kwafœzə] *f. 11* Friseuse
Coif|fure [kwafyr] *f. 11, veraltet:* kunstvolle Frisur
Co|ir [Tamil] *f. 10 oder n. 12* Kokosfaser
Co|i|tus [lat.] *m. Gen.* - *Pl.* - s. **Ko|i|tus**
Coke [kouk, amerik.] *n. Gen.* -(s) *Pl.* -s *Kurzwort für* Coca-Cola
col. *Buchw.: Abk. für* columna (Spalte, Seite)
Co|la *n. Gen.* -(s) *Pl.* -s *oder f. 9, ugs. Kurzwort für* Coca-Cola
Cold Cream *Nv.* **Cold|cream** *Hv.* [kouldkri:m, engl.] *f. Gen.* - *Pl.* -s durch rasche Verdunstung ihres Feuchtigkeitsgehalts kühlende Hautcreme
col|la des|tra *auch:* **col|la dest|ra** (*Abk.:* c. d.) *Mus.:* mit der rechten Hand (zu spielen)
Col|la|ge [-ʒə, frz.] *f. 11* aus Papierstücken oder anderem Material geklebtes Bild
col|la si|nis|tra *auch:* **col|la si|nist|ra** (*Abk.:* c. s.) *Mus.:* mit der linken Hand (zu spielen)
Col|lege [kɔlıdʒ, engl.] *n. Gen.* - *oder* -s [-dʒız] *Pl.* -s [-dʒız] **1.** *in Großbritannien:* Studienhaus für Studenten und Lehrer, meist der Universität angegliedert; **2.** *in den USA:* höhere Lehranstalt, die zur Hochschulreife führt
Col|lège [kɔlɛʒ, frz.] *n. Gen.* -(s) *Pl.* -s, *in Frankreich, Belgien und der frz. Schweiz:* höhere Schule
Col|le|gi|um Ger|ma|ni|cum *n. Gen.* - - *nur Sg.* dt. Priesterseminar in Rom
Col|le|gi|um mu|si|cum [lat.] *n. Gen.* - - *Pl.* -gia -ca Vereinigung von Musikliebhabern, bes. Studenten

Col|li|co® *n. 9* zusammenlegbare Transportkiste der Eisenbahn
Col|lie [engl.] *m. 9* schott. Schäferhund
Col|lier [kɔlje, frz.] *n. 9* s. **Kol|lier**
Co|lom|bo Hauptstadt von Sri Lanka
Co|lo|nel [engl. kɑnəl, frz. kɔlonɛl] *m. 9, engl. und frz. Bez. für* Oberst
Co|lo|ni|a|kü|bel *m. 5, in Wien:* Mülltonne
Co|lo|ni|a|wa|gen *m. 7*
Co|lor... [kɔlɔr, *auch:* kɔlor, lat.] Farb..., z. B. Colorfilm
Co|lo|ra|do (*Abk.:* CO) Staat der USA
Colt [nach dem amerik. Ingenieur S. Colt] *m. 9* ein Revolver
Com|bo *f. 9, Bez. für* Tanzmusikensemble der 40er-Jahre

> **Come-back:** Die Bindestrichschreibung wird als Hauptvariante empfohlen, als Nebenvariante gilt aber die bisherige Schreibung *Comeback.*

Come|back *Nv.* **Come-back** *Hv.* [kʌmbæk, engl. »Rückkehr«] *n. 9* Wiederauftreten eines bekannten Künstlers, Sportlers oder Politikers nach längerer Pause
COMECON *Abk. für* Council for Mutual Economic Aid: Rat für gegenseitige Wirtschaftshilfe (Wirtschaftsorganisation der ehem. Ostblockstaaten)
Co|mes [lat.] *m. Gen.* - *Pl.* - *oder* -mi|tes **1.** *im alten Rom:* hoher Amtstitel; **2.** *MA:* Graf; **3.** *Mus.:* erstes in der zweiten Stimme auftretendes Thema der Fuge; vgl. Dux
Co|mic [kɔmık, engl.] *m. 9 meist Pl., Kurzwort für* Comicstrip
Co|mic|strip (*alt:* Co|mic strip) [kɔmık-] *m. Gen.* -s *Pl.* -s *meist Pl.* gezeichnete Bildergeschichte (mit Sprechblasen)
Co|ming-out [kʌmıŋaut, engl.] *n. Gen.* -(s) *Pl.* -s öffentliches Bekenntnis, z. B. der homosexuellen Veranlagung
comme ci, comme ça [kɔm si, kɔm sa, frz.] soso, lala
Com|me|dia dell'Ar|te (*alt:* Com|me|dia dell'ar|te) [ital.] *f. Gen.* - - *nur Sg.* die ital. Stegreifkomödie des 16.–18. Jh.
comme il faut [kɔm il fo, frz.] wie es sich gehört, musterhaft

com|mo|do [ital.], co|mo|do *Mus.:* ruhig, behaglich
Com|mon|sense *auch:* **Com|mon Sense** (*alt:* Com|mon sense) [kɔmənsɛns, engl.] *m. Gen. - nur Sg.* gesunder Menschenverstand
Com|mon|wealth [kɔmənwɛlθ, engl.] *n. Gen. - nur Sg.* Staatenbund, Völkergemeinschaft; C. of Nations [- ɔv nɛɪʃnz] Gesamtheit der (heute meist unabhängigen) Staaten, die die brit. Krone anerkennen
Com|pact Disc *Nv.* **Com|pact|disc** *Hv.* [-pækt-, engl.] *f. 9* s. **CD** (2)
Com|pa|gnie *auch:* **Com|pag|nie** [kɔmpani] *f. 11* s. **Kom|pa|nie**
Com|pi|ler [-paɪ-, engl.] *m. 5* Computerprogramm zur Übersetzung von Programmen aus ihrer Programmiersprache in eine Maschinensprache
Com|po|ser [engl.] *m. 5* elektr. Schreibmaschine mit Randausgleich und auswechselbaren Schrifttypen
Com|pound|ma|schi|ne [kɔmpaund-] *f. 11* Verbunddampfmaschine
Com|pur|ver|schluss (*alt:* Compur|ver|schluß) *m. 2* Verschluss von fotograf. Objektiven, bei dem sich Lamellen von der Mitte aus öffnen
Com|pu|ter [kɔmpju-, engl.] *m. 5* elektron. Rechenanlage
Com|pu|ter|a|ni|ma|ti|on [kɔmpju-] *f. 10* (durch Computer) bewegte Bilder
com|pu|ter|ge|steu|ert [kɔmpju-]
com|pu|ter|ge|stützt [kɔmpju-]
com|pu|ter|les|bar [kɔmpju-]; computerlesbare Angaben
Com|pu|ter|spiel [kɔmpju-] *n. 1*
Com|pu|ter|to|mo|gra|phie *auch:* **Com|pu|ter|to|mo|gra|fie** [kɔmpju-] *f. 11* (*Abk.:* CT) Untersuchungsverfahren in der Medizin mittels Computer, Schichtaufnahme
Comte [kɔ̃t, frz.] *m. 9* Graf, frz. Adelstitel
con..., Con... s. **kon..., Kon...**
con a|ni|ma [ital.] *Mus.:* beseelt, mit Empfindung
con|a|xi|al s. **ko|a|xi|al**
con bri|o, con bri|o|so [ital.] *Mus.:* mit Schwung, lebhaft
Con|cen|tus [lat.] *m. Gen. - Pl. -* Teil des gregorian. Gesangs, der vom Chor oder Vorsänger oder von der Gemeinde nach einer gegebenen Melodie gesungen wird; *Ggs.:* Accentus
Con|cept|art (*alt:* Con|cept-art) [kɔnsɛpt-, engl.] *f. Gen. - nur Sg.* moderne Kunstrichtung
Con|cer|ti|no [-tʃɛr-, ital.] *n. Gen. - Pl.* -ni kleines Konzert
Con|cer|to [-tʃɛr-] *n. Gen. - Pl.* -ti Konzert
Con|cha *f. Gen. - Pl.* -s *oder* -chen s. **Kon|cha**
Con|cierge [kɔ̃sjɛrʒ, frz.] *m. oder f. Gen. - Pl.* -s [kɔ̃sjɛrʒ], *frz. Bez. für* **1.** Gefängniswärter(in); **2.** Pförtner(in), Hausmeister(in)
Con|corde [kɔ̃kɔrd, frz.] *f. 9* Verkehrsflugzeug mit Überschallgeschwindigkeit
Con|di|tio si|ne qua non [lat. »Bedingung, ohne die nicht«] *f. Gen. - - - - nur Sg.* unerlässl. Bedingung
conf. *Abk. für* confer!
con|fer! [lat.] (*Abk.:* cf., cfr., conf.) vergleiche!
Con|fé|rence [kɔ̃ferɑ̃s, frz.] *f. 11 nur Sg.* geistreich unterhaltsame Ansage in Kabarett und Rundfunk
Con|fé|ren|cier [kɔ̃ferɑ̃sje] *m. 9* unterhaltender Ansager
Con|fes|sio [lat.] *f. Gen. - Pl.* -si|o|nes **1.** Glaubens-, Sündenbekenntnis; **2.** *Reformationszeit:* Bekenntnisschrift; C. Augustana: Augsburger Konfession; C. Helvetica: Helvetische Konfession
Con|fes|sor *m. Gen.* -s *Pl.* -so|res Bekenner (Ehrenname der verfolgten Christen während der röm. Kaiserzeit)
Con|fi|se|rie *f. 11* s. **Kon|fi|se|rie**
Con|foe|de|ra|tio Hel|ve|ti|ca [- -ve-] *f. Gen. - - nur Sg.* (*Abk.:* CH) Schweiz. Eidgenossenschaft
Con|fra|ter *m. Gen.* -s *Pl.* -tres s. **Kon|fra|ter**
con fu|o|co [- fuɔkɔ, ital.] *Mus.:* mit Feuer
Co|ni|fe|re *f. 11* s. **Ko|ni|fe|re**
con mo|to [ital.] *Mus.:* bewegt
Con|nec|ti|cut [kɔnɛtikət] (*Abk.:* CT) Staat der USA
Con|nec|tion [kɔnɛkʃn, engl.] *f. 9* Beziehung, Verbindung (bes. zum Drogenhandel)
con pas|si|o|ne [ital.] *Mus.:* leidenschaftlich, ausdrucksvoll
Con|rad, Kon|rad männl. Vorname
Con|se|cu|tio Tem|po|rum (*alt:* Con|se|cu|tio tem|po|rum) [lat.] *f. Gen. - - nur Sg.* Zeitenfolge im zusammengesetzten Satz
Con|sen|sus [lat.] *m. Gen. - Pl. -* Übereinstimmung
Con|si|li|um Ab|e|un|di (*alt:* Con|si|li|um ab|e|un|di) [lat.] *n. Gen. - - nur Sg.* Androhung des Verweises von der höheren Schule
Con|som|mé [kɔ̃sɔme, frz.] *f. 9 oder n. 9* Fleischbrühe
con sor|di|no [ital.] *Mus.:* mit dem Dämpfer (zu spielen)
con spi|ri|to [ital.] *Mus.:* geistvoll, spritzig
Con|sta|ble *auch:* **Cons|tab|le** [kɔnstəbl] *m. 9, engl. Bez. für* Konstabler
Con|stan|tin, Kon|stan|tin männl. Vorname
Con|stan|ze, Kon|stan|ze weibl. Vorname
Con|sti|tu|ante *auch:* **Cons|ti|tu|ante** [kɔ̃stityɑ̃t, frz.] *f. Gen. - nur Sg.* verfassunggebende Versammlung (urspr. der Frz. Revolution)
Con|sul|ting [konsʌltɪŋ, engl.] *n. Gen.* -s *nur Sg.* Wirtschafts- und Unternehmensberatung
Con|tai|ner [-tɛɪ-, engl.] *m. 5* Großbehälter zum Gütertransport
Con|tai|ner|bahn|hof [-tɛɪ-] *m. 2*
Con|tai|ner|ha|fen [-tɛɪ-] *m. 8*
Con|tai|ner|schiff [-tɛɪ-] *n. 1*
Conte [kɔ̃t, frz.] *f. 9* kurze Erzählung
Con|te *m. Gen. - Pl.* -ti Graf, ital. Adelstitel
Con|te|nance [kɔ̃tənɑ̃s] *f. 11 nur Sg., veraltend für* Haltung, Fassung
Con|ter|gan® *n. Gen.* -s *nur Sg.* ein (aus dem Handel gezogenes) Schlafmittel
Con|tes|sa [ital.] *f. Gen. - Pl.* -sen Gräfin, ital. Adelstitel
Con|ti|nuo *m. 9, Kurzwort für* Basso continuo
Con|to de Re|is [kɔntu ðə reis] *m. Gen. - - - Pl. - - -* portug. (1000 Escudos) und brasilian. (1000 Cruzeiros) Währungseinheit

♦ Die Buchstabenfolge **con|tr...** kann in Fremdwörtern auch **cont|r...** getrennt werden.

♦**con|tra** s. **kon|tra**
♦**con|tre..., Con|tre...** [kɔ̃trə, frz.] s. **kon|ter..., Kon|ter...**
♦**con|tre cœur** [kɔ̃trə kœr, frz. »gegen das Herz«] das geht mir c. c.: das widerstrebt mir

C

♦**Con|tre|coup** [kɔ̃trəku, frz.] *m. 9* Gegen-, Rückstoß
♦**Con|tre|danse** [kɔ̃trədɑ̃s] *m. Gen. - Pl.* -s [-dɑ̃s], *frz. Form von* Kontertanz
♦**Con|trol|ler** [-trolə(r), engl.] *m. 5* Fachkraft für Kostenrechnung eines Unternehmens
♦**Con|trol|ling** *n. Gen.* -(s) *nur Sg.* Mittel der Unternehmensführung
Con|vey|er [-vɛı-, engl.] *m. 5* auf Schienen laufendes Becherwerk zum Materialtransport
Con|vi|vi|um [-vivi-] *n. Gen.* -s *Pl.* -vi|en s. **Kon|vi|vi|um**
Coo|kie [kukı, engl.] *n. 9, EDV:* Datenpaket zur Benutzeridentifizierung und zum Speichern benutzerspezifischer Daten
cool [kul, engl.] *ugs.* **1.** glückselig im Drogenrausch; **2.** kühl, distanziert, ohne Erregung
Cool Jazz *Nv.* **Cool|jazz** *Hv.* [kuldʒæs] *m. Gen. - nur Sg.* Richtung im modernen Jazz mit »kühler« (undynam.) Intonationstechnik
Co|py|right [kɔpirait, engl.] *n. 9* (*Zeichen:* ©) Urheberrecht
co|ram pu|bli|co *auch:* **co|ram pub|li|co** [lat.] in der Öffentlichkeit; etwas c. p. erklären
Cord, Kord *m. 9* geripptes Baumwollgewebe
Cór|do|ba Stadt in Spanien
Cór|do|ba [nach dem span. Forscher Francisco de Córdoba] *m. Gen.* -(s) *Pl.* -(s) Währungseinheit in Nicaragua, 100 Centavos
Cor|don bleu [kɔrdɔ̃ blø, frz.] *n. Gen. - - Pl.* -s -s [-dɔ̃ blø] mit Käse und gekochtem Schinken gefülltes Kalbsschnitzel
Cor|du|la, Kor|du|la weibl. Vorname
Co|rin|na weibl. Vorname
Co|rinth, *Lovis* dt. Maler
Cor|nea, Kor|nea [lat.] *f. Gen. - nur Sg.* Hornhaut (des Auges)
Cor|ned|beef *auch:* **Cor|ned Beef** (*alt:* Cor|ned beef) [kɔ:rndbif, engl.] *n. Gen. - nur Sg.* gepökeltes, gekörntes Rindfleisch in Büchsen
Cor|ned|beef|büch|se *auch:* **Corned-Beef-Büch|se** [kɔ:rndbifbyksə] *f. 11*
Cor|neille [kɔrnɛj], *Pierre* frz. Schriftsteller
Cor|ne|lia, Kor|ne|lia weibl. Vorname
Cor|ne|li|us, Kor|ne|li|us männl. Vorname
Cor|ner [engl.] *m. 5 oder m. 9* **1.** *Boxen:* Ringecke; **2.** *Fußball, veraltet, noch österr.:* Eckball; **3.** s. **Kor|ner**
Corn|flakes [kɔrnflɛıks, engl.] *nur Pl.* Maisflocken
Cor|ni|chon [-ʃɔ̃, frz.] *n. 9* kleine Pfeffergurke
Corn|wall [kɔrnwəl] südwestengl. Halbinsel
Cor|po|rate I|den|ti|ty (*alt:* Cor|porate iden|ti|ty) [kɔrpɔrıt aıdɛntitı, engl.] *f. Gen. - nur Sg.* einheitliches Erscheinungsbild (eines Unternehmens)
Corps [kɔr, frz.] *n. Gen.* - [kɔrs] *Pl.* - [kɔrs] s. **Korps**
Corps de Bal|let (*alt:* Corps de bal|let) [kɔ:r də balɛ, frz.] *n. Gen. - - - Pl. - - -* Ballettgruppe
Corps di|plo|ma|tique *auch:* **Corps dip|lo|ma|tique** [kɔ:r -tik] *n. Gen. - - Pl.* - -s [-tik] (*Abk.:* CD) Diplomatisches Korps
Cor|pus *n. Gen. - Pl.* -po|ra s. **Kor|pus** (4)
Cor|pus De|lic|ti (*alt:* Cor|pus de|lic|ti) [lat.] *n. Gen. - - Pl.* -po|ra - Gegenstand (z. B. Waffe, Werkzeug) eines Verbrechens, Beweisstück
Cor|pus In|scrip|ti|o|num La|ti|na|rum *n. Gen. - - - nur Sg.* Sammlung aller latein. Inschriften
Cor|pus Iu|ris (*alt:* Cor|pus iu|ris) *n. Gen. - - nur Sg.* Gesetzbuch, Gesetzessammlung
cor|ri|ger la for|tune [kɔriʒe la fɔrtyn, frz. »das Glück verbessern«] falsch spielen, betrügen
Cor|tes [span.] *Pl.* span. (früher auch port.) Parlament
cor|ti|sches Or|gan *auch:* **Cor|ti'|sches Or|gan** (*alt:* Cor|tisches Or|gan) [nach dem ital. Anatomen Alfonso Corti] *n. 1* das die schallempfindlichen Sinneszellen enthaltende Organ des Innenohres
Cor|ti|son *n. Gen.* -s *nur Sg.* s. **Kor|ti|son**
cos *Abk. für* Kosinus
Co|sa Nos|tra *auch:* **Co|sa Nost|ra** [ital.] *f. Gen. - - nur Sg.* Verbrechersyndikat
cosec *Abk. für* Kosekans
Co|sí fan tut|te [ital. »so machen's alle (Frauen)«] Titel einer Oper von Mozart
Cos|ta Bra|va [span. »wilde Küste«] *f. Gen. - - nur Sg.* span. Küstenstreifen am Mittelmeer
Cos|ta Ri|ca mittelamerik. Staat
Cos|ta-Ri|ca|ner *auch:* **Cos|ta Ri|ca|ner** (*alt:* Co|sta|ri|ca|ner) *m. 5*
cos|ta-ri|ca|nisch (*alt:* co|sta|ri|ca|nisch)
cot *Abk. für* Kotangens
Côte d'A|zur [kot dazyr] *f. Gen. - - die* frz. Riviera
Cot|tage [kɔtıdʒ, engl.] *n. Gen. - Pl.* -s [-tidʒız] **1.** kleines engl. Landhaus; **2.** *österr.:* Villenviertel
Cot|ton [kɔtn] *n. Gen.* -s *nur Sg., engl. Bez. für* Baumwolle, Kattun
Cot|ton|öl [kɔtn-] *n. 1* Baumwollsamenöl
Cot|ton|stuhl [kɔtn-] *m. 2,* **Cot|ton|ma|schi|ne** [kɔtn-] *f. 11* Strumpf-Wirkmaschine
Couch [kautʃ, engl.] *f. 9* gepolsterte Liegestatt
Cou|leur [kulœr, frz.] *f. 10 oder f. 9* **1.** *Kartenspiel:* Trumpf; **2.** Farbe einer Studentenverbindung
Cou|loir [kuloar, frz.] *m. 9* **1.** Flur, Verbindungs-, Wandelgang; **2.** *Alpinistik:* Schlucht, Rinne; **3.** *Reitsport:* ovaler Sprunggarten für Pferde
Cou|lomb [kulɔ̃, nach dem frz. Physiker Charles A. de C.] *n. Gen.* -s *Pl.* - (*Abk.:* C) Maßeinheit für die Elektrizitätsmenge (1 C = 1 Amperesekunde)
Count [kaunt, engl.] *m. 9, in Großbritannien:* Titel des nichtbrit. Grafen
Count|down *Nv.* **Count-down** *Hv.* [kauntdaun, engl. »herunterzählen«] *m. 9 oder n. 9* **1.** lautes Rückwärtszählen bis Null als Einleitung eines Startkommandos; **2.** die dafür aufgewendete Zeitspanne; **3.** die für einen Raketenstart nötigen Vorbereitungen und Kontrollen
Coun|ter|te|nor [kauntə(r)-, engl.] *m. 2* männliche Altstimme, hoher Tenor
Coun|tess [kauntis, engl.] *f. Gen. - Pl.* -tes|ses [-tısız] *oder* -tes|sen Gräfin, Frau eines Counts oder Earls
Coun|try|mu|sic *auch:* **Count|ry|music** (*alt:* Coun|try-mu|sic) [kʌntrımju:zık, engl.] *f. Gen. - nur Sg.* US-amerikanische Volksmusik im 20. Jh.
Coun|ty [kauntı] *f. 9, in Großbritannien und den USA:* Verwaltungsbezirk

C

Coup [ku, frz.] *m. 9* **1.** Schlag, Hieb; **2.** Kunstgriff, Kniff; **3.** kühnes Unternehmen
Cou|pé [kupe, frz.], Ku|pee *n. 9* **1.** *veraltet:* Abteil; **2.** sportlicher Personenkraftwagen mit nach hinten abgeflachtem Dach
Cou|plet *auch:* **Coup|let** [kuple, frz.] *n. 9* witziges, satirisches Kehrreimlied im Kabarett
Cou|pon [kupɔ̃] *m. 9* s. **Ku|pon**
Cour [kur, frz. »Hof«] *f. Gen. - nur Sg., nur noch in der Wendung* einer Dame die Cour machen *oder:* schneiden: ihr den Hof machen
Cou|ra|ge [kuraʒə, frz.] *f. 11 nur Sg.* Mut, Schneid
cou|ra|giert [kuraʒirt] mutig, beherzt
Cou|rante [kurãt, frz.] *f. 11* **1.** altfranzösischer Tanz; **2.** schneller Satz der Suite
Cour|bet|te [kur-, frz.] *f. 11, hohe Schule:* Aufrichten auf die Hinterbeine und einige Schritte oder kleine Sprünge nach vorn
Court [kɔ(r)t, engl.] *m. 9, Tennis:* Spielfeld
Cour|ta|ge [kurtaʒə, frz.], Kur|ta|ge *f. 11, Börse:* Maklergebühr
Cour|toi|sie [kurtoasi, frz.] *f. 11* ritterl., höfl. Benehmen
Cous|cous [kuskus] *m. Gen. - nur Sg.* s. **Kus|kus**
Cou|sin [kuzɛ̃, frz.] *m. 9* Vetter
Cou|si|ne [ku-] *f. 11* s. **Ku|si|ne**
Cou|ture [kutyr, frz.] *f. 11 nur Sg.* Schneiderkunst; vgl. Haute Couture
Cou|tu|ri|er [kutyrje] *m. 9*
Co|ver [kʌvə(r), engl.] *n. Gen.* -s *Pl.* -(s) **1.** Titelbild; **2.** Schallplattenhülle
Co|ver|coat [kʌvə(r)kout] *m. 9* **1.** imprägnierter Wollstoff; **2.** Herrenmantel aus C.
Co|ver|girl [kʌvə(r)gə:l] *n. 9* auf der Titelseite (Cover) einer Illustrierten abgebildetes Mädchen
Cow|boy [kaubɔı, engl.] *m. 9* nordamerik. berittener Rinderhirt
Cow|per [kaupə(r), nach dem engl. Ingenieur Edward Alfred Cowper] *m. 5,* **Cow|per|ap|pa|rat** [kaupə(r)-] *m. 1* Winderhitzer für Hochöfen
Co|yo|te *m. 11* s. **Ko|jo|te**
CQD *Abk. für* Come quick, danger: Kommt schnell, Gefahr (Seenotzeichen)
Cr *chem. Zeichen für* Chrom
ČR [tʃe-] *Abk. für* Česká Republika: *amtl. Bez. für die* Tschechische Republik
cr. *Abk. für* currentis
Crack [kræk, engl.] *m. 9* **1.** Spitzensportler; **2.** sehr gutes Rennpferd; **3.** mit Backpulver aufbereitetes Kokain
Cra|cken, Cra|cking [kræ-] *n. Gen.* -s *nur Sg.* Krackverfahren
Cra|cker [kræ-] *m. 9* sprödes, salziges Gebäck
Cra|nach dt. Malerfamilie: **1.** *Lucas* C. d. Ä.; **2.** *Lucas* C. d. J.
Cra|que|lé [krakəle, frz.], Kra|ke|lee *m. 9 oder n. 9* feine, absichtlich hervorgebrachte Risse in der Glasur von Geschirr
Crash [kræʃ, engl.] *m. 9* **1.** Zusammenstoß (zweier Autos); **2.** Zusammenbruch (eines Unternehmens)
Crash|kid [kræʃ-, engl.] *n. 9* Jugendlicher, der gestohlene Autos zu Schrott fährt
Crash|kurs [kræʃ-] *m. 1* kurzer Intensivkurs
Crash|test [kræʃ-] *m. 1 oder m. 9* Test, der das Unfallverhalten von Kraftfahrzeugen untersucht
Crash|test|dum|my *auch:* **Crash-Test-Dum|my** [kræʃtestdʌmı, engl.] *m. 9* lebensgroße Puppe, die bei Crashtests als Wageninsasse dient
Crawl [krɔl] *n. Gen.* -(s) *nur Sg.* s. **Kraul**
craw|len [krɔ-] *intr. 1* s. **krau|len** (1)
Cra|yon *auch:* **Cray|on** [krɛjɔ̃] *m. 9* s. **Kra|yon**
Cream [krim] *f. 9, engl. Bez. für* Creme
Cre|do *n. 9* s. **Kre|do**
Creek [krik, engl.] *m. 9* nur während der Regenzeit Wasser führender Fluss
Creme [krɛm oder krem, griech.-frz.] *auch:* **Kre|me** *f. 9,* Krem *f. 9, ugs. auch: m. 9* **1.** schaumige Süßspeise; **2.** Salbe zur Hautpflege; **3.** *nur Sg.* das Erlesenste; die Creme der Gesellschaft: die Oberschicht
creme|far|ben [krɛm-, krem-] matt hellgelb, beige
Crème fraîche [krɛm frɛʃ, frz.] *f. Gen. - - Pl.* -s -s [krɛm frɛʃ] sehr fetthaltige saure Sahne
cre|men *tr. 1* einkremen
cre|mig [kre-]
Crêpe [krɛp, frz.] *Nv.* **Krepp** *Hv. m. 9 oder m. 1 bzw. f. 9 oder f. 1*
Crêpe de Chine [krɛp də ʃin] *m. Gen. - - - Pl.* -s - - [krɛp] Seiden- oder Kunstseidenkrepp in Taftbindung
Crêpe Geor|gette [krɛp ʒɔrʒɛt] *m. Gen. - - Pl.* -s - [krɛp] durchsichtiger Seiden- oder Kunstseidenkrepp
Crêpe Sa|tin [krɛp satɛ̃] *m. Gen. - - Pl.* -s - [krɛp] Krepp in Atlasbindung mit einer glänzenden Seite
Crêpe Su|zette [krɛp syzɛt] *f. Gen. - - Pl.* -s - [krɛp] flambierter dünner Eierkuchen
cresc. *Abk. für* crescendo
cre|scen|do [krɛʃɛn-, ital.] (*Abk.:* cresc.), ac|cre|scen|do [akrɛʃɛn-] (*Abk.:* acc., accresc., *Zeichen:* <) *Mus.:* anschwellend, lauter werdend; *Ggs.:* decrescendo
Cre|tonne [kretɔn, frz.] *m. 9, österr.:* Kre|ton *m. 1* Baumwollstoff in Leinenbindung
Creutz|feldt-Ja|kob-Krank|heit *f. 10 nur Sg.* Erkrankung des Nervensystems
Cre|vet|te [-vɛt-] *f. 11* s. **Kre|vet|te**
Crew [kru, engl.] *f. 9* **1.** Schiffsmannschaft, Flugzeugbesatzung; **2.** Kadettenjahrgang der Kriegsmarine; **3.** *allgemein:* Team
Croi|sé [kroaze, frz.] *n. 9* **1.** Gewebe in Köperbindung; **2.** Tanzschritt mit kreuzweisem Übersetzen des einen Fußes über den andern
croi|siert [kroa-] geköpert
Crois|sant [kroasã, frz.] *n. 9* Hörnchen aus Blätterteig
Cro|ma|gnon|ras|se *auch:* **Cro|mag|non|ras|se** [kromanjɔ̃-, nach dem Fundort Cro-Magnon in Südwestfrankreich] *f. 11 nur Sg.* Menschenrasse der jüngeren Altsteinzeit
Crom|ar|gan® *auch:* **Cro|mar|gan** *n. 1 nur Sg.* rostfreier Chrom-Nickel-Stahl
Crom|lech *m. 1 oder m. 9* s. **Krom|lech**
Crom|well [krɔmwɛl], *Oliver* engl. Politiker
Cro|quet|te [krɔkɛt(ə)] *f. 11* s. **Kro|ket|te**
Cro|quis [krɔki] *n. Gen. - Pl.* - [-kis] s. **Kro|ki**
Cross|coun|try *auch:* **Cross|count|ry** (*alt:* Cross-Coun|try) [krɔskʌntrı, engl.] *n. Gen. - Pl.* -s **1.** Querfeldeinrennen zu Pferde, Jagdrennen; **2.** Geländelauf

C

Croupade [kru-] *f. 11* s. **Kruppade**
Croupier [krupje, frz.] *m. 9* Bankhalter beim Glücksspiel, der auch das Spiel überwacht
Croupon [krupõ, frz.] *m. 9* Rückenstück der gegerbten Rindshaut
Croûton [krutõ, frz.] *m. 9* geröstete Brotbrocken
Crowding-out-Effekt [kraudiŋaut-, engl.] *m. 1* Verdrängung privater Investitionsnachfrage durch staatliche
crt. *Abk. für* courant; vgl. kurant
Cruisemissile [kru:smisaıl, engl.] *n. 9* Flugkörpergeschoss, Marschflugkörper
Crux [lat.] *f. Gen. - nur Sg.* = **Krux**
Cruzeiro [-zeıru oder -zero] *m. Gen.* -(s) *Pl.* -(s) brasilian. Währungseinheit, 100 Centavos
Cs *chem. Zeichen für* Cäsium
c. s. *Abk. für* colla sinistra
Csárdás = **Csardas** [tʃardaʃ, ung.] *m. Gen. - Pl. -* ung. Nationaltanz des 19. Jh.
Csikós [tʃikoʃ, ung.] *m. Gen. - Pl. -* berittener ung. Pferdehirt
CSU *Abk. für* Christlich-Soziale Union, politische Partei in Deutschland
ct *Abk. für* Centime, Cent
CT *Abk. für* **1.** Connecticut; **2.** Computertomographie
Ct. *schweiz. Abk. für* Centime(s)
c. t. *Abk. für* cum tempore
cts *Abk. für* Centimes, Cents
Cu **1.** *chem. Zeichen für* Cuprum (Kupfer); **2.** *Abk. für* Kumulus
Cuba *amtl. Schreibung von* Kuba
cui bono? [lat.] wem zunutze?, wer hat davon einen Vorteil?
cuius regio, eius religio [lat.] wessen das Land, dessen die Religion: Grundsatz des Augsburger Religionsfriedens, nach dem der Herrscher die Konfession seiner Untertanen bestimmen konnte
Cul de Paris [ky də pari, frz. »Pariser Hinterer«] *m. Gen. - - - Pl.* -s - - [ky], *im 18. Jh.:* hinten unter dem Kleid getragenes Gestell oder Polster
cum grano salis [lat.] mit einem Körnchen Salz, d. h. mit einer gewissen Einschränkung, nicht ganz wörtlich
cum laude [lat.] mit Lob (die drittbeste Note der Doktorprüfung)
cum tempore [lat. »mit Zeit«] (*Abk.:* c. t.) mit dem akadem. Viertel, eine Viertelstunde nach der angegebenen Zeit; *Ggs.:* sine tempore
C und C *Kurzform für* cash and carry
Cunnilingus [lat.] *m. Gen. - nur Sg.* Reizung des weibl. Geschlechtsteils mit der Zunge
Cup [kʌp, engl.] *m. 9* **1.** Pokal (Ehrenpreis bei sportl. Wettkämpfen, bes. bei Fußball und Tennis); **2.** Körbchen (des Büstenhalters)
Cupido *röm. Myth.:* Liebesgott, Amor
Cuprum *auch:* **Cuprum** [lat.] *n. Gen.* -s *nur Sg.* (*Zeichen:* Cu) Kupfer
Curaçao [kyrasao] **1.** Insel im Karibischen Meer; **2.** *m. 9* ein Likör
Cura posterior [lat.] *f. Gen. - - Pl.* -rae -riores spätere, zukünftige Sorge
Curare *n. 9 nur Sg.* s. **Kurare**
Curcuma *f. Gen. - Pl.* -cumen s. **Kurkuma**
Curé [kyre, frz.] *m. 9, in Frankreich:* kath. Geistlicher
Curie [kyri, nach dem frz. Physiker-Ehepaar Pierre und Marie C.] *n. Gen. - Pl. -* (*Abk.:* Ci) Maßeinheit für radioaktive Strahlung
Curium [lat.] *n. Gen.* -s *nur Sg.* (*Zeichen:* Cm) radioaktives, künstlich hergestelltes chem. Element, Transuran
Curling [kə-, engl.] *n. 9 nur Sg.* schott. Eisschießen
currentis [lat.] (*Abk.:* cr.) des laufenden (Monats, Jahres); am 10. cr. (*besser:* am 10. d. M.): am 10. dieses Monats
Curriculum [lat.] *n. Gen.* -s *Pl.* -la, *umfassendere Bez. für* Lehrplan, umfasst Inhalte und Ziele des Unterrichts, Methoden sowie die vermittelten Qualifikationen
Curriculum Vitae (*alt:* Curriculum vitae) [- -tε:] *n. Gen. - - Pl.* -la -tae Lebenslauf
Curry [kərı, engl. kʌrı] *m. 9 auch: n. 9 nur Sg.* ein scharfes ind. Gewürz
Cursor [kərsə(r), engl.] *m. 9* blinkender Leuchtpunkt, der angibt, wo auf dem Computerbildschirm das nächste Zeichen erscheint bzw. eingegeben werden kann
Curt, Kurt, Curd männl. Vorname
Custard [kʌstə(r)d, engl.] *m. Gen. - Pl.* -s eine engl. Süßspeise aus Milch und Eidottern
Cut **1.** [kʌt, meist: kət] *m. 9, Kurzwort für* Cutaway; **2.** [kʌt] *m. 9* das Cutten
Cutaway *auch:* **Cutaway** [kʌtəwεı, engl. »wegschneiden«] *m. 9* Herrenschoßrock mit abgerundeten Ecken
cutten [kʌt-] *tr. 2,* **cuttern** *tr. 1;* einen Filmstreifen oder ein Tonband c.: durch Schnitt fertig stellen
Cutter [kʌt-] *m. 9* **1.** *Film, Funk:* Schnittmeister, der den Filmstreifen bzw. das Tonband zerschneidet und nach künstlerischen Gesichtspunkten zusammensetzt; **2.** Fleischschneidemaschine
Cutterin [kʌt-] *f. 10* weibl. Cutter (1)
cuttern [kʌt-] *tr. 1* = **cutten**
Cuvée [kyve, frz.] *n. 9* Verschnitt von verschiedenen Weinen zur Herstellung von Schaumwein einer bestimmten Qualität
Cuxhaven Stadt in Niedersachsen
CVJM *Abk. für* Christlicher Verein junger Menschen (früher: Männer)
cwt. *Abk. für* Centweight
Cyan [tsy-], Zyan *n. 1 nur Sg.* giftige, nach bitteren Mandeln riechende Kohlenstoff-Stickstoff-Verbindung
Cyberspace [saıbə(r)speıs, engl.] *m. 9* vom Computer simulierter, dreidimensionaler Raum (in der virtuellen Realität)
Cyclamen *auch:* **Cyclamen** [tsy-] *n. 7* s. **Zyklamen**
cyclisch *auch:* **cyclisch** s. **zyklisch**
Cyclohexan *auch:* **Cyclohexan** *n. 1* ringförmiger gesättigter Kohlenwasserstoff mit sechs Kohlenstoffatomen, Naphthen
Cyrenaika [tsy-], Kyrenaika *f. Gen. - nur Sg.* nordafrikan. Landschaft
Cystein [tsys-], Zystein *n. 1 nur Sg.* eine schwefelhaltige Aminosäure
Cystin [tsys-], Zystin *n. 1 nur Sg.* eine vom Cystein abgeleitete Aminosäure
cyto…, Cyto… s. **zyto…, Zyto…**
CZ *Kfz-Kennzeichen für* Tschechische Republik

d **1.** *Math. (stets in Kursivschrift): Abk. für* Durchmesser; **2.** *Mus.: Abk. für* d-Moll; **3.** *vor Maßeinheiten: Abk. für* Dezi…, z. B. dm; **4.** *Phys.: Abk. für* dextrogyr; **5.** *Abk. für* Denar, Penny, Pence; **6.** [von lat. dies »Tag«] *Astron.: Abk. für die Zeiteinheit* Tag

D **1.** *röm. Zahlzeichen für* 500; **2.** *Mus.: Abk. für* D-Dur; **3.** *chem. Zeichen für* Deuterium; **4.** *Abk. für* Dinar; **5.** *Kfz-Kennzeichen für* Deutschland

D. *Abk. für* Doktor der evang. Theologie (ehrenhalber)

> **da:** Fügungen mit *sein* werden immer getrennt geschrieben: *Sie sind alle da gewesen, noch nie da gewesene Verbrechen.* § 35
> Die substantivierte Form kann zusammengeschrieben werden: *Das Dasein. Das Dagewesene* (auch: *das da Gewesene*).
> In Fügungen mit anderen Verben gilt im Infinitiv, Partizip und am Ende eines Nebensatzes Zusammenschreibung: *ohne Kündigungsschutz dastehen, noch länger dableiben.*

da; hier und da; da und dort; du kannst da bleiben: dort, wo du jetzt bist; *aber:* du musst dableiben: hier; ich werde um sechs Uhr noch da sein; so etwas ist noch nie da gewesen; das Dasein

d. Ä. *Abk. für* der Ältere; Hans Holbein d. Ä.

DAAD *Abk. für* Deutscher Akademischer Austauschdienst

DAB *Abk. für* Deutsches Arzneibuch

da|be|hal|ten *tr. 61*

da|bei; ich möchte auch dabei sein; ich bin dabei gewesen; ich muss dabei bleiben, dass …: an der Meinung festhalten; *aber:* → dabeibleiben; du kannst dabei sitzen: bei dieser Tätigkeit; *aber:* → dabeisitzen; er muss dabei stehen: bei dieser Tätigkeit; *aber:* → dabeistehen

da|bei|blei|ben *intr. 17* bei den anderen bleiben; vgl. dabei

da|bei|ha|ben *tr. 60* etwas bei sich tragen

> **dabei sein:** Fügungen mit *sein* werden immer getrennt geschrieben: *Ich möchte auch dabei sein; er ist dabei gewesen.* § 35

da|bei sein (*alt:* da|bei|sein) *intr. 137*

> **dabeisitzen — dabei sitzen:** Fügungen aus *dabei* (*daneben, dazwischen* usw.) und einem Verb werden im Infinitiv, Partizip und am Ende eines Nebensatzes zusammengeschrieben: *Er wollte nur still dabeisitzen und zuhören.* Ebenso: *Sie konnte es gerade noch dazwischenschieben* usw. § 34 (1)
> Steht *dabei* als stellvertretendes Adverb für eine Wortgruppe, wird getrennt geschrieben: *Gestern hat er noch dabei* (= bei einer Tätigkeit) *gesessen.* § 34 E1

da|bei|sit|zen *intr. 143* bei etwas oder jmdn. sitzen; vgl. dabei

da|bei|ste|hen *intr. 151* bei den anderen, in der Nähe stehen; vgl. dabei

da|blei|ben *intr. 17* hier, an diesem Ort bleiben; vgl. da

da ca|po [ital. »vom Kopf (an)«] (*Abk.:* d. c.) *Mus.:* noch einmal von Anfang an (spielen, singen); da capo al fine: (noch einmal) vom Anfang bis zum Ende (oder bis zum Zeichen »fine«); vgl. Dakapo

Dac|ca s. **Dha|ka**

d'ac|cord [dakor, frz.] *veraltet:* einig, der gleichen Meinung; mit jmdm. d'accord gehen

Dach *n. 4*

Dach|bal|ken *m. 7*

Dach|bo|den *m. 8*

Dach|de|cker *m. 5*

Dä|chel|chen *n. 7*

da|chen *tr. 1* mit einem Dach bedecken, *meist:* bedachen

Dach|first *m. 1*

Dach|gar|ten *m. 8*

Dach|gau|be, Dach|gau|pe *f. 11*

Dach|ge|sell|schaft *f. 10*

Dach|ha|se *m. 11, scherzh.:* Katze

Dach|kam|mer *f. 11*

Däch|lein *n. 7*

Dach|or|ga|ni|sa|ti|on *f. 10*

Dach|rei|ter *m. 5* kleiner (Glocken-)Turm auf dem Dachfirst

Dachs [-ks] *m. 1*

Dachs|bau [-ks-] *m. 1*

Dach|scha|den *m. 8, ugs.:* geistiger Defekt

Dächs|chen [-ks-] *n. 7*

Dachs|hund [-ks-] *m. 1* = Dackel

Dächs|lein [-ks-] *n. 7*

Dach|spar|ren *m. 7*

Dach|stu|be *f. 11*

Dach|stuhl *m. 2* Traggerüst des Daches

Dach|tel *f. 11, ugs.:* Ohrfeige

dach|teln *tr. 1, ugs.:* ohrfeigen

Dach|trau|fe *f. 11*

Dach|zie|gel *m. 5*

Da|ckel *m. 5* kurzbeinige, bes. zur Dachsjagd geeignete Hunderasse, Dachshund, Teckel

Da|da *ohne Artikel,* **Da|da|is|mus** *m. Gen. - nur Sg.* literarisch-künstlerische Strömung um 1920

Da|da|ist *m. 10*

da|da|is|tisch

> **Daddy:** Die bisherige Unsicherheit der Pluralform bei Fremdwörtern aus dem Englischen, die auf *-y* enden, besteht nicht mehr; der Plural endet auf *-s: Daddys, Babys, Ladys, Partys* usw. § 21

Dad|dy [dedi, engl.] *m. 9, ugs.:* Papa

da|durch; dadurch, dass …

da|für; er ist kein Ausländer, aber man könnte ihn dafür halten; *aber:* → dafürhalten; ich bin nicht dagegen, aber ich kann auch nicht dafür sein

da|für|hal|ten *intr. 61* meinen; ich halte dafür, dass …; nach meinem Dafürhalten; vgl. dafür

da|für|kön|nen = **da|für kön|nen** *tr. 72* Schuld haben; ich habe nichts dafürgekonnt *oder:* dafür gekonnt

da|für|ste|hen = **da|für ste|hen** *intr. 151* **1.** *veraltet:* für etwas einstehen, bürgen; **2.** *österr.:* sich lohnen

dag *österr. Abk. für* Dekagramm

DAG *Abk. für* Deutsche Angestelltengewerkschaft

da|ge|gen; etwas dagegen haben; dagegen sein; dagegen halten; du musst die Farbe dagegen halten, dann siehst du, ob sie passt

D

da|ge|gen|hal|ten *tr. 61* entgegnen; *aber:* ein anderes Foto dagegen halten
Da|guer|reo|ty|pie [dagɛro-, nach dem frz. Erfinder L. J. M. Daguerre] *f. 11* **1.** *nur Sg.* Frühform der Fotografie; **2.** danach hergestelltes Lichtbild
da|heim; daheim bleiben; daheim sein; daheim Gebliebene(r) *auch:* Daheimgebliebene(r)
Da|heim *n. 1 nur Sg.*
Da|heim|ge|blie|be|ne(r) *Nv.* **da|heim Ge|blie|be|ne(r)** *Hv. m. 18 (17) bzw. f. 17 oder 18*
da|her; daher fiel die Veranstaltung aus; das wird daher kommen, dass …; *aber:* → daherkommen
da|her|flie|gen *intr. 38;* dahergeflogen

daherkommen — daher kommen: Fügungen aus *daher* und einem Verb werden im Infinitiv, Partizip und am Ende eines Nebensatzes zusammengeschrieben: *Wir sahen sie daherkommen.* Steht *daher* als stellvertretendes Adverb für eine Wortgruppe, wird getrennt geschrieben: *Das ist daher gekommen, dass er betrunken war* (= aus dem genannten Grund). § 34 (1), § 34 E1

da|her|kom|men *intr. 71;* dahergekommen; schau, wie er daherkommt; *aber:* es wird daher kommen, dass …
da|her|re|den *tr. 2;* dumm daherreden
da|hier *veraltet:* hier, auf dieser Welt, an diesem Ort
da|hin [oder: dahin]; wie weit ist es bis dahin?; bis dahin ist noch viel Zeit; es wird noch dahin kommen, dass …; die Anordnung geht dahin, dass …; eine dahin gehende Anordnung; sich dahin gehend äußern; *aber:* → dahingehen
da|hin|ab *auch:* **da|hi|nab**
da|hin|auf *auch:* **da|hi|nauf**
da|hin|aus *auch:* **da|hi|naus**
da|hin|däm|mern *intr. 1*
da|hin|ei|len *intr. 1*
da|hin|ein *auch:* **da|hi|nein**
da|hin|flie|gen *intr. 38;* die Zeit ist dahingeflogen
da|hin|ge|ben *tr. 45*
da|hin|ge|gen *veraltet für* hingegen
da|hin|ge|hen *intr. 47;* die Zeit ist schnell dahingegangen; *aber:* er soll dahin, nicht dorthin gehen; eine dahin gehende Anordnung
da|hin|ge|stellt; das will ich d. sein lassen; das will ich nicht näher untersuchen
da|hin|le|ben *intr. 1*
da|hin|raf|fen *tr. 1;* sie wurden vom Tode dahingerafft
da|hin|schlep|pen *refl. 1;* sich müde dahinschleppen
da|hin|sie|chen *intr. 1*
da|hin|ste|hen *intr. 151, nur in Wendungen wie* es steht noch dahin, ob …: es ist noch nicht sicher, ob …
dahin|stel|len *tr. 1* vgl. dahingestellt
da|hin|ten
da|hin|ter; sie haben sich dahinter geklemmt, dass …; dahinter klemmen; sie sind dahinter gekommen; dahinter kommen; *aber:* dahinter kommt nichts mehr; irgendjemand muss dahinter stecken
da|hin|ter klem|men (*alt:* da|hin|ter|klem|men) *refl. 1, ugs.*
da|hin|ter kom|men (*alt:* da|hin|ter|kom|men) *intr. 71, ugs.:* erfahren, herausbringen
da|hin|ter ste|cken (*alt:* da|hin|ter|stecken) *intr. 150, ugs.:* verborgen sein

dahinter: Fügungen aus dem mehrgliedrigen Adverb *dahinter* und einem Verb werden im Infinitiv, Partizip und am Ende des Nebensatzes getrennt geschrieben. *Er hat dahinter* (= hinter dem Haus) *gesteckt. Er hat dahinter* (= hinter dem Plan) *gesteckt.* Ebenso: *dahinter klemmen, dahinter kommen, dahinter stehen* usw. § 34 E3 (2)

Dah|lie [-ljə, nach dem schwed. Botaniker A. Dahl] *f. 11* eine Zierpflanze, Georgine
Da|ho|me, *amtl.:* Da|ho|mey [-mɛɪ] früherer Name des westafrik. Staates Benin
Dail Ei|reann [daɪl æɾən] *m. Gen. - - nur Sg.* das Abgeordnetenhaus der Republik Irland
Dai|ly|soap *auch:* **Dai|ly Soap** [dɛɪlɪsoup, engl.] *f. Gen. (-) - Pl. (-) -s* täglich ausgestrahlte, triviale Unterhaltungsserie im Fernsehen oder Radio
Dai|mio, Dai|myo *m. 9* altjap. Territorialfürst
Dai|qui|ri [-ki-, span.] Drink aus weißem Rum, Limonensaft, Zucker und gestoßenem Eis
Da|jak *m. 9 oder Gen. - Pl. -* altindones. Volk auf der Insel Borneo
DAK *Abk. für* Deutsche Angestellten-Krankenkasse
Da|ka|po [ital.] *n. 9* Wiederholung; vgl. da capo
Da|ka|po|a|rie [-riə, ital.] *f. 11*
Da|kar [frz.: dakar] Hauptstadt des Senegal
Da|ki|en s. **Da|zi|en**
Da|ko|ta **1.** Name zweier Staaten in den USA, Nord-, Süddakota; **2.** *m. 9 oder Gen. - Pl. -* Angehöriger eines nordamerikanischen Indianerstammes; **3.** *n. Gen. -(s) nur Sg.* dessen Sprache
Dak|ty|li|o|man|tie [griech.] *f. 11* Wahrsagerei mit Hilfe eines Pendels
dak|ty|lisch [griech.] aus Daktylen (→ Daktylus) bestehend
Dak|ty|li|tis [griech.] *f. Gen. - Pl. -ti|den* Fingerentzündung
Dak|ty|lo|gra|fie *f. 11* s. **Da|kty|lo|gra|phie**
dak|ty|lo|gra|fie|ren *tr. 3* s. **dak|ty|lo|gra|phie|ren**
Dak|ty|lo|gra|fin *f. 10* s. **Dak|ty|lo|gra|phin**
Dak|ty|lo|gramm [griech.] *n. 1* Fingerabdruck
Dak|ty|lo|gra|phie *auch:* **Dak|ty|lo|gra|fie** [griech.] *f. 11, schweiz.:* Maschinenschreiben
dak|ty|lo|gra|phie|ren *auch:* **dak|ty|lo|gra|fie|ren** [griech.] *tr. 3, schweiz.:* mit der Maschine schreiben
Dak|ty|lo|gra|phin *auch:* **Dak|ty|lo|gra|fin** [griech.] *f. 10, schweiz.:* Maschinenschreiberin
Dak|ty|lo|lo|gie [griech.] *f. 11* Gebärdensprache der Taubstummen
Dak|ty|lo|sko|pie *auch:* **Dak|ty|los|ko|pie** [griech.] *f. 11* Fingerabdruckverfahren
dak|ty|lo|sko|pisch *auch:* **dak|ty|los|ko|pisch** [griech.]
Dak|ty|lus [griech.] *m. Gen. - Pl. -ty|len* Versfuß aus einer langen, betonten und zwei kurzen, unbetonten Silben
dal *österr. Abk. für* Dekaliter
Da|lai-La|ma [tibet.] *m. Gen. -(s) Pl. -s* kirchliches Oberhaupt der Tibeter

da|las|sen *tr. 75* hierlassen; er hat seine Mappe dagelassen; *aber:* du kannst deine Mappe da lassen: dort liegen lassen, wo sie gerade liegt

Dal|be *f. 11,* **Dal|ben** *m. 7, Kurzwort für* Duckdalbe

dal|bern *intr. 1, ugs.:* sich albern benehmen, herumalbern

Da|lí, *Salvador* span. Maler

da|lie|gen *intr. 80* hingestreckt, sichtbar liegen; *aber:* lass das Buch da liegen!: dort, wo es gerade liegt

dal|ken *intr. 1, österr.:* kindisch daherreden

Dal|ken *m. 7, österr.:* mit Marmelade gefülltes Schmalzgebäck

dal|ket *bair.:* töricht, einfältig

Dal|les *m. Gen. - nur Sg., ugs.:* Geldmangel, Geldverlegenheit; im D. sein; den D. haben

dal|li! *ugs.:* schnell!

Dal|ma|ti|en [-tsjən] kroat. Landschaft an der Adria

Dal|ma|tik, Dal|ma|ti|ka *f. Gen. - Pl.* -ken **1.** altröm., über der Tunika getragenes Gewand; **2.** *kath. Kirche:* liturg. Gewand

Dal|ma|ti|ner *m. 5* **1.** Einwohner von Dalmatien; **2.** Wein aus Dalmatien; **3.** eine Jagdhundrasse

dal|ma|tisch, dal|ma|ti|nisch

dal se|gno *auch:* **dal seg|no** [-njo, ital.] (*Abk.:* d. s.) *Mus.:* vom Zeichen an (wiederholen)

Dal|to|nis|mus [nach dem engl. Chemiker und Physiker John Dalton] *m. Gen. - nur Sg.* angeborene Rotgrünblindheit

dam *österr. Abk. für* Dekameter

da|ma|lig

da|mals

Da|mas|kus Hauptstadt von Syrien

Da|mast [nach der syr. Stadt Damaskus] *m. 1* Seidengewebe mit gleichfarbigem, eingewebtem Muster

da|mas|ten aus Damast

Da|mas|ze|ner *m. 5* Einwohner von Damaskus

Da|mas|ze|ner|klin|ge *f. 11* elastische, durch Verschweißen mehrerer Stahlplatten hergestellte und mit einem flammigen Muster versehene Säbelklinge aus Damaskus

da|mas|ze|nisch

da|mas|zie|ren *tr. 3* nach Art der Damaszenerklingen verschweißen und bearbeiten

Dam|bock *m. 2* Damhirsch

Däm|chen *n. 7, iron.:* zarte, zimperliche oder gezierte Dame

Da|me *f. 11*

Da|me|brett *n. 3* **1.** Brett für das Damespiel; **2.** Schachbrettfalter

Dä|mel *m. 5,* Däm|lack *m. 1 oder m. 9, ugs.:* Dummkopf

da|men|haft

Da|men|mann|schaft *f. 10, Sport*

Da|men|sitz *m. 1 nur Sg.* Reitsitz mit beiden Beinen auf einer Seite des Pferdes

Da|me|spiel *n. 1* Brettspiel; wir spielen Dame

Dam|hirsch *m. 1* eine Hirschart mit schaufelartig verbreitertem Geweih, Dambock

da|misch *bair., österr.:* dumm, dämlich; *auch:* schwindlig

da|mit [auch: da-]

Däm|lack *m. 1 oder m. 9* s. **Dä|mel**

däm|lich

Däm|lich|keit *f. 10 nur Sg.*

Damm *m. 2*

Dam|mar *n. 9 nur Sg.*

Dam|mar|harz *n. 1 nur Sg.* Harz von südostasiat. Zweiflügelfruchtgewächsen

Damm|bruch *m. 2*

däm|men *tr. 1*

Däm|mer *m. 5 nur Sg., poet. für* Dämmerung; im Dämmer

däm|me|rig, dämm|rig

Däm|mer|licht *n. Gen. -(e)s nur Sg.*

däm|mern *intr. 1* **1.** es dämmert: wird langsam hell; **2.** es dämmert mir *ugs.:* es wird mir allmählich klar

Däm|mer|schlaf *m. Gen. -(e)s nur Sg.*

Däm|mer|schop|pen *m. 7*

Däm|mer|stun|de *f. 11*

Däm|me|rung *f. 10*

Däm|mer|zu|stand *m. 2*

dämm|rig, däm|me|rig

Damm|riss (*alt:* Damm|riß) *m. 1, Med.*

Damm|schnitt *m. 1, Med.*

Damm|schutz *m. 1 nur Sg., Med.*

Däm|mung *f. 10* Schall- und Wärme-Isolierung

Dam|no [ital.] *m. 9 oder n. 9,* **Dam|num** [lat.] *n. Gen. -s Pl.* -na, *Bankwesen:* **1.** Einbuße, Verlust; **2.** Unterschiedsbetrag zwischen Nennbetrag und Auszahlungssumme eines Darlehens

Da|mo|kles|schwert *auch:* **Da|mok|les|schwert** [nach Damokles, dem Günstling des Dionysius von Syrakus] *n. 3* ständig drohende Gefahr

Dä|mon [griech.] *m. 13* **1.** (meist böser) Geist; **2.** innere Stimme

Dä|mo|nie *f. 11* undurchschaubare, gefährliche Macht

dä|mo|nisch

Dä|mo|nis|mus *m. Gen. - nur Sg.* Glaube an Dämonen

Dä|mo|ni|um *n. Gen. -s Pl.* -ni|en warnende innere Stimme

Dä|mo|no|lo|gie *f. 11 nur Sg.* Lehre von den Dämonen

dä|mo|no|lo|gisch

Dampf *m. 2*

Dampf|bad *n. 4*

damp|fen *intr. 1*

dämp|fen *tr. 1*

Damp|fer *m. 5*

Dämp|fer *m. 5;* jmdm. einen D. aufsetzen *übertr. ugs.:* ihn zügeln, mäßigen

Damp|fer|an|le|ge|stel|le *f. 11*

Dampf|hei|zung *f. 10*

damp|fig voller Dampf

dämp|fig *ugs.* **1.** schwül, stickig; **2.** *bei Pferden:* kurzatmig

Dämp|fig|keit *f. 10 nur Sg., bei Pferden:* Kurzatmigkeit

Dampf|ma|schi|ne *f. 11*

Dampf|nu|del *f. 11* bayr. Hefeteigknödel

Dampf|schiff|fahrt (*alt:* Dampfschiffahrt (-ff|f-)) *f. 10 nur Sg.*

Dampf|strahl *m. 12*

Dampf|strahl|ge|blä|se *n. 5*

Dampf|tur|bi|ne *f. 11*

Dämp|fung *f. 10*

Dampf|wal|ze *f. 11*

Dam|tier *n. 1* weibl. Damhirsch

Dam|wild *n. Gen. -(e)s nur Sg., Sammelbez. für* Damhirsch, Damtier und die Jungen

da|nach [auch: da-]; das Danach

Da|nae [-nae:] *griech. Myth.:* Mutter des Perseus

Da|na|er *m. 5, bei Homer:* Grieche

Da|na|er|ge|schenk [nach den Danaern, die sich im → Trojan. Pferd verbargen] *n. 1* Unheil bringendes Geschenk

Da|na|i|den *Pl. griech. Myth.:* die 50 Töchter des Danaos

Da|na|i|den|ar|beit *f. 10* ermüdende, sinnlose Arbeit

Dance|floor [dænsflɔ(r) oder dansflɔ(r), engl.] *m. 9* **1.** Tanzfläche (in einer Diskothek); **2.** *nur Sg.* elektronische Musik, die sich besonders zum Tanzen eignet

Dan|cing [dænsıŋ oder dansıŋ, engl.] *n. Gen. - nur Sg.* Tanz, Tanzveranstaltung

Dan|dy [dɛndi, engl.] *m. 9* Geck,

übertriebenmodisch gekleideter Mann
Dä|ne *m. 11* Einwohner von Dänemark
da|ne|ben; daneben gehen: neben jmdm. oder etwas gehen; *aber:* → danebengehen; daneben hauen; *aber:* → danebenhauen; daneben stehen; *aber:* → danebenstehen
da|ne|ben|ge|hen *intr. 47* **1.** das Ziel verfehlen; **2.** *ugs.:* misslingen
da|ne|ben|hau|en *intr. 63, ugs.:* das Falsche tun; mit einem Vorschlag danebenhauen; *aber:* er hat am Nagel daneben gehauen

danebenstehen — daneben stehen: Fügungen aus *daneben* und einem Verb werden im Infinitiv, Partizip und am Ende eines Nebensatzes zusammengeschrieben: *in der Diskussion danebenstehen* (= sich nicht hineinversetzen können). Ebenso: *danebenbenehmen, danebengehen, danebengreifen, danebenschießen.* § 34 (1)
Steht *daneben* als stellvertretendes Adverb für eine Wortgruppe (= neben einer bestimmten Stelle), gilt Getrenntschreibung: *daneben stehen, daneben stellen, daneben hinsetzen* usw.: *Das Buch sollte unmittelbar daneben* (= neben der genannten Stelle) *stehen.* § 34 E1

da|ne|ben|ste|hen sich nicht in etwas hineinversetzen können; in einer Diskussion danebenstehen
Da|ne|brog *auch:* **Da|neb|rog** [dän. »dän. Tuch«] *m. Gen.* -s *nur Sg.* die dän. Flagge
Dä|ne|mark europ. Staat
Da|ne|werk *n. 1 nur Sg.* alte dän. Grenzbefestigung zwischen Schlei und Treene
da|nie|den *poet.:* auf dieser Erde
da|nie|der
da|nie|der|lie|gen *intr. 80*
Da|ni|el männl. Vorname
Da|ni|e|la weibl. Vorname
dä|nisch
Dä|nisch *n. Gen.* -(s) *nur Sg.* dän. Sprache; vgl. deutsch, Deutsch; Dänische Dogge
dä|ni|sie|ren *tr. 3* dänisch machen
dank *Präp. mit Dat., auch mit Gen.;* dank seinem Reichtum, dank seines Reichtums

Dank *m. 1 nur Sg.;* Gott sei Dank; vielen, tausend Dank; jmdm. Dank sagen, schulden, wissen; vgl. danksagen
Dank|a|dres|se *auch:* **Dank|ad|res|se** *f. 11, Politik:* offizielles Dankschreiben
dank|bar
Dank|bar|keit *f. 10 nur Sg.*
Dank|brief, Dan|kes|brief *m. 1*
dan|ke; danke sagen; danke schön, danke sehr
dan|ken *intr. 1*
dan|kens|wert
dan|kens|wer|ter|wei|se
dank|er|füllt
Dan|kes|be|zei|gung *f. 10*
Dan|kes|brief, Dank|brief *m. 1*
Dan|ke|schön *n. 9 nur Sg.;* jmdm. ein (herzliches) D. sagen; er tut es für ein D.
Dan|kes|schuld *f. 10 nur Sg.*
Dan|kes|wor|te *Pl.;* ein paar Dankesworte an die Versammlung richten
Dank|ge|bet *n. 1*
Dank|got|tes|dienst *m. 1*
dank|sa|gen *intr. 1,* **Dank sa|gen;** ich danksagte, sagte Dank, habe dankgesagt, Dank gesagt
Dank|sa|gung *f. 10*
Dank|schrei|ben *n. 7*
dann; dann und wann
dan|nen *nur in der veralteten Wendung* von d.: weg …, z. B. von d. gehen
dann|zu|mal *schweiz.:* dann, in jenem Augenblick
Danse ma|ca|bre *auch:* **Danse ma|cab|re** [dãs makabrə, frz.] *m. Gen.* - - *Pl.* -s -s [dãs makabrə] Totentanz
Dan|te A|li|ghi|e|ri [-gie-] ital. Schriftsteller
dan|tesk in der Art Dantes; eine Dichtung von dantesker Größe
dan|tisch Dante ähnlich, von Dante stammend; die dantischen Werke
Dan|zig, *heute amtl. poln.* Gdańsk, Stadt an der Ostsee
Dan|zi|ger *m. 5*
Dao, Tao [chin. »Weg«] *n. Gen.* - *nur Sg., chin. Philos.:* der Urgrund alles Seins sowie der Weg dorthin
Da|o|is|mus, Ta|o|is|mus [chin.] *m. Gen.* - *nur Sg.* die Lehre vom Dao
Da|o|ist, Ta|o|ist [chin.] *m. 10*
da|o|is|tisch, ta|o|is|tisch
Da|o|te|king, Ta|o|te|king [chin.] *n. Gen.* - *nur Sg.* klassisches Werk der chin. Philosophie
Daph|ne [griech. »Lorbeerbaum«] **1.** *griech. Myth.:* eine Nymphe; **2.** *f. 11* Seidelbast, ein Zierstrauch
Daph|nia, Daph|nie [-niə, griech.] *f. Gen.* - *Pl.* -ni|en Wasserfloh
dap|pen *intr. 1, südd. für* tappen
dar|an *auch:* **da|ran** [oder: dar-] *ugs.:* dran; daran glauben; daran sein: an der Reihe sein; es ist etwas (Wahres) daran; vgl. dran
Dar|an|ga|be *auch:* **Da|ran|ga|be** *f. 11;* unter Darangabe seiner Gesundheit

darangehen — daran gehen: Partikeln wie *d(a)ran* und Verben bilden Zusammensetzungen, die im Infinitiv, Partizip und am Ende eines Nebensatzes zusammengeschrieben werden: *Er wollte darangehen(,) das Haus zu renovieren.* Ebenso: *sich daranmachen* (= beginnen). § 34 (1)
Steht *daran* stellvertretend für eine Wortgruppe (= an etwas), gilt Getrenntschreibung: *Du sollst daran gehen, nicht hieran.* Ebenso: *Daran* (= an ein glückliches Ende) *glaubte er fest.* § 34 E1

dar|an|ge|hen *auch:* **da|ran|ge|hen** *intr. 47, ugs.:* beginnen; *aber:* du sollstest doch daran gehen, nicht hieran
dar|an|ma|chen *auch:* **da|ran|ma|chen** *refl. 1, ugs.:* beginnen; *aber:* ich muss noch etwas daran machen: an der Sache etwas tun
dar|an|set|zen *auch:* **da|ran|set|zen** *tr. 1* tun, einsetzen; ich werde alles daransetzen, um zu verhindern, dass …; *andere Zus.* vgl. dran…
dar|auf *auch:* **da|rauf** [oder: dar-] *ugs.:* drauf; darauf ausgehen; darauf aus sein: danach streben; darauf eingehen, folgen; am darauf folgenden Tag; alles deutet darauf hin; *aber:* → daraufhin; ich kann nicht darauf kommen: es fällt mir nicht ein; darauf losgehen: auf ein Ziel losgehen, *aber:* → drauflosgehen; *andere Zus.* vgl. drauf…
dar|auf fol|gend *auch:* **da|rauf fol|gend** (*alt:* dar|auf|fol|gend)
dar|auf|hin *auch:* **da|rauf|hin** [auch: dar-]; d. wandte er sich um und ging

D

dar|aus *auch:* **da|raus** [oder: dar-], *ugs.:* draus; daraus mache ich mir gar nichts: das habe ich nicht gern; ich mache mir nichts daraus, draus: das kümmert mich nicht
dar|ben *intr. 1*
dar|bie|ten *tr. 13*
Dar|bie|tung *f. 10*
dar|brin|gen *tr. 21*
Dar|brin|gung *f. 10 nur Sg.*
Dar|da|nel|len *nur Pl., im Altertum:* Hellespont, Meerenge zwischen dem Ägäischen Meer und dem Marmarameer
dar|ein *auch:* **da|rein**, *ugs.:* drein; sich darein ergeben, schicken: sich damit abfinden
dar|ein|fin|den *auch:* **da|rein|finden,** *ugs.:* drein|fin|den *refl. 36* sich mit etwas abfinden
dar|ein|set|zen *auch:* **da|rein|setzen,** *ugs.:* drein|set|zen *tr. 1* einsetzen; er hat allen Ehrgeiz dareingesetzt, dass …; *aber:* wir können uns alle darein setzen; *andere Zus.* vgl. drein…
Dar|es|sa|lam *auch:* **Da|res|sa|lam** ehem. Hauptstadt von Tansania
Darg, Dark *m. 1, nddt.:* fester Schilftorf im Moor
dar|in *auch:* **da|rin** [oder: dar-], *ugs.:* drin; darin sein; darin sitzen; *aber:* drinsitzen
dar|in|nen *auch:* **da|rin|nen** *veraltet* **1.** darin; **2.** drinnen
Dark *m. 1* s. **Darg**
dar|le|gen *tr. 1*
Dar|le|gung *f. 10*
Dar|le|hen, Dar|lehn *n. 7*
Dar|le|hens|kas|se, Dar|lehns|kasse *f. 11* Kreditanstalt zur Gewährung von Darlehen
dar|lei|hen *tr. 78* verleihen
Dar|lei|hen *n. 7, schweiz. für* Darlehen
Dar|lei|her *m. 5, Rechtsw. (BGB):* Verleiher
Dar|lei|hung *f. 10, schweiz.*
Dar|ling [engl.] *m. 9* Liebling
Darm *m. 2*
Darm|bak|te|ri|en *Pl.*
Darm|flo|ra *f. Gen. - nur Sg.* die im Darm lebenden Bakterien
Darm|in|fek|ti|on *f. 10*
Darm|ka|tarrh *auch:* **Darm|ka|tarr** *m. 1* = Enteritis
Darm|sai|te *f. 11*
Darm|ver|schlin|gung *f. 10*
Darm|ver|schluss (*alt:* Darm|verschluß) *m. 2*
Darm|wind *m. 1*
Darm|zot|te *f. 11 meist Pl.*
dar|nach *ältere Form von* danach
dar|ne|ben *ältere Form von* daneben
dar|nie|der *ältere Form von* danieder
dar|nie|der|lie|gen *intr. 80;* krank darniederliegen
dar|ob *auch:* **da|rob**, drob *veraltend für* darüber; er war darob sehr verwundert
Dar|re *f. 11* **1.** Vorrichtung zum Trocknen von Obst, Getreide, Flachs u. a., Dörre; **2.** *nur Sg.* das Trocknen selbst; **3.** *nur Sg.* Darrsucht
dar|rei|chen *tr. 1*
Dar|rei|chung *f. 10*
dar|ren *tr. 1* durch Hitze trocknen (Obst, Getreide u. a.)
Darr|malz *n. 1*
Darr|sucht *f. 2 nur Sg.* **1.** durch Unterernährung oder Schmarotzer hervorgerufene Krankheit bei jungen Tieren, bes. Pferden; **2.** eine Pflanzenkrankheit, Dürrwerden der Zweige; **3.** Sklerodermie
Darß *m. 1 nur Sg.* Teil der Halbinsel Zingst
dar|stel|len *tr. 1*
Dar|stel|ler *m. 5*
dar|stel|le|risch
Dar|stel|lung *f. 10*
dar|stre|cken *tr. 1*
Darts [engl.] Wurfpfeilspiel
dar|tun *tr. 167* darlegen, zeigen; ich tat dar, wie …, habe etwas dargetan, wie …
dar|ü|ber *auch:* **da|rü|ber** [oder: dar-], *ugs.:* drü|ber; d. hinaus; d. hinausreichend; d. hinwegsehen; ich muss etwas d. schreiben: berichten; darüber fahren; darüber machen; darüber stehen: überlegen sein
dar|ü|ber fah|ren *auch:* **da|rü|ber fah|ren** (*alt:* dar|über|fahren) *intr. u. tr. 32;* sind sind einfach darüber gefahren
dar|ü|ber ma|chen *auch:* **da|rü|ber ma|chen** (*alt:* dar|über|machen) *refl. 1;* wir müssen uns erneut darüber machen
dar|ü|ber ste|hen *auch:* **da|rü|ber ste|hen** (*alt:* dar|über|stehen) *intr. 151;* ihr solltet doch darüber stehen
dar|um *auch:* **da|rum** [oder: dar-]; ich bitte darum; es handelt sich darum, dass …; darum herumkommen
dar|um|kom|men *auch:* **da|rum|kom|men** *intr. 71* nicht erhalten; er ist darumgekommen; *aber:* darum kommt er immer wieder
dar|um|le|gen *auch:* **da|rum|le|gen** *tr. 1*
dar|um|zie|hen *auch:* **da|rum|zie|hen** *tr. 187*
dar|un|ter *auch:* **da|run|ter** [oder: dar-], *ugs.:* drun|ter; 5 Jahre und d.; was verstehen Sie darunter?; seinen Namen d. schreiben, d. setzen, d. stellen; *aber:* drunterschreiben, druntersetzen
Dar|win, *Charles* engl. Naturforscher
Dar|wi|nis|mus *m. Gen. - nur Sg.* die Abstammungs- und Entwicklungslehre des engl. Naturforschers Charles Darwin
Dar|wi|nist *m. 10* Anhänger des Darwinismus
dar|wi|nis|tisch
dar|win|sche Leh|re *auch:* **Dar|win'sche Leh|re** (*alt:* Dar|winsche Leh|re) *f. 11*
das; das alles; alles das; das Kind, das ich meine; auch das noch; das, was ich weiß
das. *Abk. für* daselbst
DASA *Abk. für* Daimler-Benz Aerospace

> **da sein:** Fügungen mit *sein* werden im Infinitiv, Partizip und am Ende eines Nebensatzes generell getrennt geschrieben: *Er konnte noch nicht da sein. Sie sind noch nicht da gewesen.* Ebenso: *außerstande sein/außer Stande sein, fertig sein, pleite sein, zurück sein.* § 35

da sein (*alt:* da|sein) *intr. 137*
Da|sein *n. Gen. -s nur Sg.*
da|seins|be|din|gend
Da|seins|be|din|gung *f. 10*
da|seins|be|rech|tigt
Da|seins|be|rech|ti|gung *f. 10 nur Sg.*
Da|seins|freu|de *f. 11 nur Sg.*
Da|seins|kampf *m. 2 nur Sg.*
da|selbst (*Abk.:* das.) *veraltet:* dort, an jenem Ort; geboren in Augsburg, gestorben daselbst
Dash [dæʃ, engl.] *m. 9* Spritzer, kleine Menge (beim Mixen von Cocktails)
das heißt (*Abk.:* d. h.); am 10. Mai, d. h. gestern
da|sig *süddt.:* benommen
das ist (*Abk.:* d. i.)

da|sit|zen *intr. 143;* faul dasitzen; *aber:* bleib nur da sitzen!: dort (wo du gerade sitzt)
das|je|ni|ge *Gen.* des|je|ni|gen *Pl.* die|je|ni|gen

> **dass:** Die Konjunktion *dass* wird, da der Vokal kurz gesprochen wird, mit *-ss* geschrieben. Entsprechend: *so dass* oder: *sodass.* § 2
> Auch: *der Dasssatz* oder: *der dass-Satz.* § 45 (1), § 45 (4)

dass (*alt:* daß); so dass *oder:* sodass; als dass; auf dass es dir wohl ergehe; ich fürchte, dass er ...; es ging vorbei, ohne dass ...; geschweige denn(,) dass ...
das|sel|be *Gen.* des|sel|ben *Pl.* die|sel|ben; ein und dasselbe
Das|sel|beu|le *f. 11*
Dass|satz *auch:* **dass-Satz** (*alt:* daß-Satz) *m. 2*
da|ste|hen *intr. 151;* mittellos, allein dastehen; *aber:* bleib nur da stehen!: dort, wo du stehst
Da|sy|me|ter [griech.] *n. 5* Gerät zum Messen der Gasdichte, Gaswaage
dat. *Abk. für* datum
Dat. *Abk. für* Dativ
Date [dɛɪt, engl.] *n. 9* Verabredung, Treffen
Da|tei *f. 10* in einem Computer gespeichertes Dokument (Text, Bild, Ton o. Ä.)
Da|ten *Pl. von* Datum; Daten verarbeitend
Da|ten|au|to|bahn *f. 10* Leitungen, die in kurzer Zeit große Datenmengen übertragen können
Da|ten|bank *f. 10* Informationszentrum mit elektron. Speicherung von Daten
da|ten|bank|ge|stützt
Da|ten|netz *n. 1* System aus zahlreichen Datenbanken oder Computernetzwerken
Da|ten|schutz *m. Gen.* -es *nur Sg.*
Da|ten|trä|ger *m. 5* Diskette, CD, Mikrochip, Mikrofiche, Magnetband o. Ä. zum Speichern von Daten
Da|ten ver|ar|bei|tend (*alt:* da|ten|ver|ar|bei|tend)
Da|ten|ver|ar|bei|tungs|an|la|ge *f. 11*
da|tie|ren **1.** *tr. 3* mit einem Datum versehen; einen Brief d.; **2.** stammen von; der Brief datiert vom 10. Mai
Da|tie|rung *f. 10*
Da|tiv [lat.] *m. 1* dritter Fall der Deklination, Wemfall; Dativ-e
da|to [ital.] heute; bis dato; drei Monate dato: binnen drei Monaten
Da|to|wech|sel [-ks-] *m. 5* Wechsel, der zu einem bestimmten Termin eingelöst werden muss, Fristwechsel
Dat|scha, Dat|sche [russ.] *f. Gen.* - *Pl.* -schen, *bes. Ostdtld.:* kleines Sommerhaus auf dem Land
Dat|tel *f. 11*
Dat|tel|pal|me *f. 11*
Dat|tel|pflau|me *f. 11*
Dat|tel|wein *m. 1 nur Sg.*
da|tum [lat. »gegeben«] (*Abk.:* dat.) *veraltet:* geschrieben
Da|tum *n. Gen.* -s *Pl.* -ten
Da|tums|an|ga|be *f. 11*
Da|tums|gren|ze *f. 11*
Da|tums|stem|pel *m. 5*
Dau, Dhau [arab.] *f. 10* arab. Segelschiff
Dau|be *f. 11* **1.** gebogenes Seitenbrett eines Fasses; **2.** *Eisstockschießen:* Zielwürfel
Dau|ben|holz *n. 4*
Dau|ben|rei|ßer *m. 5* Werkzeug zum Herstellen von Dauben (1)
Dau|er *f. 11 nur Sg.*
Dau|er|bren|ner *m. 5*
Dau|er|frost|bo|den *m. 8*
dau|er|ge|wellt; dauergewelltes Haar
dau|er|haft
Dau|er|kar|te *f. 11*
Dau|er|lauf *m. 2*
dau|ern **1.** *intr. 1;* es dauert lange; **2.** *tr. 1* Leid tun; er dauert mich
dau|ernd
Dau|er|obst *n. Gen.* -es *nur Sg.*
Dau|er|par|ker *m. 5*
Dau|er|prä|pa|rat *n. 1* für Studienzwecke haltbar gemachtes mikroskop. Präparat
Dau|er|re|kord *m. 1*
Dau|er|schlaf *m. Gen.* -(e)s *nur Sg.* künstlich herbeigeführter, lange anhaltender Heilschlaf
Dau|er|tropf|in|fu|si|on *f. 10*
Dau|er|wa|re *f. 11*
Dau|er|wel|le *f. 11*
Dau|er|wurst *f. 2*
Dau|er|zu|stand *m. 2*
Däum|chen *n. 7*
Dau|men *m. 7*
dau|men|breit; ein daumenbreiter Spalt; *aber:* zwei Daumen breit
dau|men|dick; ein daumendicker Spalt; *aber:* zwei Daumen dick
Dau|men|lut|scher *m. 5*
Dau|men|schrau|ben *Pl.*
Däum|ling *m. 1* eine Märchengestalt
Dau|ne *f. 11* Flaumfeder
Dau|nen|bett *n. 12*
Dau|nen|de|cke *f. 11*
dau|nen|weich
Dau|phin [dofɛ̃, frz.] *m. 9* Titel des frz. Thronfolgers von 1349 bis 1830
Dau|phi|né [dofine, frz.] *f. Gen.* - *nur Sg.* Provinz in Südostfrankreich
Daus **1.** *m. 1* Teufel, *nur noch in den Wendungen:* ei der D.!; was der D.!; **2.** *n. 4 oder n. 1, im dt. Kartenspiel:* Ass; *im Würfelspiel:* zwei Augen
Da|vid männl. Vorname
Da|vid(s)|stern *m. 1* Stern aus zwei gekreuzten gleichseitigen Dreiecken, Symbol der Juden
Da|vis|cup [dɛɪviskʌp, engl., nach dem amerik. Stifter, Dwight Filley Davis] *m. 9,* **Da|vis|po|kal** [dɛɪvis-] *m. 1,* seit 1909: Wanderpreis im Tennis
Da|vit [dɛɪvit, auch: da-, engl.] *m. 9* vertikal drehbarer Schiffskran (für Anker, Boote)

> **davon:** Fügungen aus der Partikel *davon* und einem Verb werden im Infinitiv, Partizip und am Ende eines Nebensatzes zusammengeschrieben: *Er ist noch einmal glücklich davongekommen. Sie ist davongelaufen.* § 34 (1)
> Steht *davon* stellvertretend für eine Wortgruppe, schreibt man hingegen getrennt: *Er hat nichts davon* (= von dieser Sache) *wissen wollen. Das ist davon gekommen, dass ...*
> Auch das Ortsadverb wird in der Fügung getrennt geschrieben: *auf und davon gehen.*

da|von [oder: da-] etwas, viel, nichts d.; nicht weit d.; davon will ich nichts hören; auf und davon gehen, laufen; davon, dass ...; das wird davon kommen, dass ...
da|von|blei|ben *intr. 17, ugs.:* nicht berühren, sich fern halten von; *aber:* davon bleiben noch 6 Stück übrig
da|von|ge|hen *intr. 47* weggehen; *aber:* auf und davon gehen
da|von|kom|men *intr. 71;* er wird gerade noch einmal davonkom-

men; er ist gut, glimpflich, noch einmal davongekommen; *aber:* das ist letztlich davon gekommen, dass …

da|von|lau|fen *intr. 76;* es ist zum Davonlaufen!; *aber:* auf und davon laufen

da|von|ma|chen *refl. 1, ugs.;* sich d.: davonlaufen, ausreißen

da|von|tra|gen *tr. 160* wegtragen; zurückbehalten; er hat von dem Unfall einen Schaden davongetragen; *aber:* wie viel Stück kannst du davon tragen?

da|vor [oder: da-]; ein Haus mit einem Garten davor; ein Schild davor hängen; davor legen; davor liegen; davor schieben; davor stehen; davor stellen

da|vor hän|gen (*alt:* da|vor|hän-gen) *intr. 62*

da|vor le|gen (*alt:* da|vor|le|gen) *tr. 1*

da|vor lie|gen (*alt:* da|vor|lie|gen) *intr. 80*

da|vor schie|ben (*alt:* da|vor|schie-ben) *tr. 112*

da|vor ste|hen (*alt:* da|vor|ste|hen) *intr. 151*

da|vor stel|len (*alt:* da|vor|stel|len) *tr. u. refl. 1*

Da|vos schweiz. Kurort

Da|vo|ser *m. 5*

da|vy|sche Lam|pe *auch:* **Da|vy'-sche Lam|pe** (*alt:* Da|vy-sche Lam|pe) [dɛɪvi-, nach dem engl. Chemiker Humphrey Davy] *f. 11* Grubensicherheitslampe

Dawes|plan [dɔs-, nach dem US-amerik. Bankier und Politiker Charles Gates Dawes] *m. 2 nur Sg.*

da|wi|der *veraltet:* dagegen; etwas dawider haben

da|wi|der|re|den *intr. 2* entgegnen; er hat ständig dawidergeredet; *aber:* sie hat nicht dafür, sondern dawider geredet

DAX, Dax *m. Gen. - nur Sg. Abk. für* Deutscher Aktienindex

Day|tra|ding [dɛɪtrɛɪdɪŋ, engl.] *n. Gen. - nur Sg., Börse:* kurzfristiger Aktienhandel

Da|zi|en, Da|ki|en *im Altertum:* Land zwischen Donau, Theiß und Dnjestr

Da|zi|er *m. 5*

da|zisch; *aber:* die Dazischen Kriege

da|zu [oder: da-]

da|zu|ge|hö|ren *intr. 1* er möchte auch dazugehören; *aber:* dazu gehört noch mehr

da|zu|ge|hö|rig

da|zu|hal|ten *refl. 61* sich beeilen

da|zu|kom|men *intr. 71;* ich bin gerade rechtzeitig dazugekommen; ich bin nicht mehr dazugekommen: ich habe keine Zeit mehr dazu gehabt; *aber:* dazu kommen noch 10 Stück

da|zu|ler|nen *tr. 1;* das Dazulernen

da|zu|mal *veraltet:* damals; *fast nur noch in der ugs. Wendung* Anno d.: vor sehr langer Zeit

da|zu|schrei|ben *tr. 127;* noch einen Satz dazuschreiben; *aber:* ich werde noch etwas dazu schreiben: zu diesem Thema, darüber

da|zu|set|zen *tr. 1*

da|zu|tun *tr. 167;* ich werde noch drei Stück dazutun; *aber:* was kann ich dazu tun?: zu dieser Sache beitragen?

da|zu|zah|len *tr. 1*

dazwischen: Fügungen aus der Partikel *dazwischen* und einem Verb werden im Infinitiv, Partizip und am Ende des Nebensatzes zusammengeschrieben: *dazwischenfahren, dazwischenreden, dazwischenrufen, dazwischenkommen.* § 34 (1)
Wird das Wort *dazwischen* jedoch in seiner zeitlichen oder räumlichen Dimension verstanden, schreibt man getrennt: *Du kannst die Schauspielerin dazwischen sehen* (= zwischen den Vorstellungen). *Wir können dazwischen hindurchfahren* (= zwischen den Häusern).

da|zwi|schen; d. ist eine Pause

da|zwi|schen|kom|men *intr. 71* störend eintreten; ich hoffe, dass nichts mehr dazwischenkommt; *aber:* dazwischen kommen wieder Felder

da|zwi|schen|re|den *intr. 2;* du sollst nicht d.; *aber:* wir können dazwischen reden: zwischen den Vorträgen o. Ä.

da|zwi|schen|ru|fen *tr. 102;* du sollst nicht d.; *aber:* du kannst ihn dazwischen rufen

da|zwi|schen|tre|ten *intr. 163* eingreifen

db *Abk. für* Dezibel

DB *Abk. für* Deutsche Bahn AG

DBB *Abk. für* Deutscher Beamtenbund

DBGM *Abk. für* Deutsches Bundesgebrauchsmuster

d. c. *Abk. für* da capo

D. C. *Abk. für* District of Columbia

Dd. *Abk. für* doctorandus s. **Dok|to|rand**

d. d. *Abk. für* de dato

DDR *Abk. für* Deutsche Demokratische Republik

DDR-Bür|ger *m. 5*

DDT® *Abk. für* Dichlordiphenyltrichloräthan, ein weitgehend verbotenes Schädlingsbekämpfungsmittel

D-Dur *n. Gen. - nur Sg.* (*Abk.:* D) eine Tonart

D-Dur-Ton|lei|ter *f. 11*

de…, De… [lat.] *in Zus.:* von … weg, ent…, herab…, z. B. dechiffrieren, deduzieren

DE *Abk. für* Delaware (1)

Dead|line [dɛdlaɪn, engl.] Frist, letztmöglicher Termin

Deal [dil, engl.] *m. 9* (illegaler) Handel, (unlauteres) Geschäft

dea|len [di-, engl.] *intr. 1, ugs.:* mit Rauschgift handeln

Dea|ler [di-, engl.] *m. 5* Rauschgifthändler

Dean [din, engl.] *m. 9, in Großbritannien* **1.** *in der anglikan. Kirche:* Hauptgeistlicher, z. B. an einer Kathedrale; **2.** Leiter einer Universitätsfakultät oder eines Colleges

De|ba|kel [lat.-frz.] *n. 5* Zusammenbruch, Niederlage

De|bat|te [frz.] *f. 11* **1.** lebhafte Erörterung, Diskussion; **2.** parlamentar. Verhandlung

de|bat|tie|ren *intr. 3* erörtern

De|bet [lat.] *n. 9* Soll, Schuld; *Buchführung: ältere Bez. für* die zu belastende Seite des Kontos; *Ggs.:* Kredit (3)

De|bet|sal|do *m. Gen.* -s *Pl.* -den *oder* -di

de|bil [lat.] leicht schwachsinnig

De|bi|li|tät *f. 10 nur Sg.*

De|bit [-bi, frz.] *m. 9 nur Sg., veraltet:* Kleinhandelsvertrieb

de|bi|tie|ren [lat.] *tr. 3* belasten (Konto)

De|bi|tor *m. 13* Schuldner; *Ggs.:* Kreditor

De|bo|ra, De|bo|rah weibl. Vorname

De|bre|czi|ner *auch:* **Deb|re|czi|ner, De|bre|zi|ner** *auch:* **Deb|re|zi|ner** [-tsi-, nach der ung. Stadt Debreczin] *Pl.* scharf gewürzte Würstchen

D

D

De|bus|sy [dəbysi], *Claude* frz. Komponist
De|büt [deby, frz.] *n. 9* erstes öffentl. Auftreten
De|bü|tant [deby-] *m. 10* jmd., der zum ersten Mal öffentlich auftritt
De|bü|tan|tin [deby-] *f. 10*
De|bü|tan|tin|nen|ball [deby-] *m. 2*
de|bü|tie|ren [deby-] *intr. 3*
Dec|a|me|ro|ne *auch:* **De|ca|me|ro|ne** *n. Gen.* -s *nur Sg.* s. **Dek|a|me|ron**
De|cha|nat [-ça-], De|ka|nat *n. 1* Amt, Amtsräume, Amtsbezirk eines Dechanten
De|cha|nei [-ça-], De|ka|nei *f. 10* Wohnung, Amtsbereich eines Dechanten
De|chant [-çant, österr.: dε-] *m. 10, kath. Kirche:* Leiter eines Kirchenbezirks innerhalb einer Diözese; vgl. Dekan
De|chan|tei [-çan-] *f. 10, österr. für* Dechanei
De|charge [-ʃarʒ, frz.] *f. 11, veraltet:* Entlastung (von einer Amtspflicht)
de|char|gie|ren [-ʃarʒi-, frz.] *tr. 3;* die Versammlung wählt und dechargiert den Vorstand
De|cher [lat.] *m. 5 oder n. 5, früher:* Zählmaß (10 Stück) für Felle
De|chet [-ʃe, frz.] *m. 9 meist Pl.* Spinnereiabfälle
de|chif|frie|ren *auch:* **de|chiff|rie|ren** [-ʃif-, frz.] *tr. 3* entschlüsseln (eine Geheimschrift, einen chiffrierten Text)
De|chif|frie|rung *auch:* **De|chiff|rie|rung** [-ʃif-, frz.] *f. 10*
Dech|sel [-ks-] *f. 11* Beil mit quer stehendem Blatt
Deck *n. 9 oder n. 1*
Deck|a|dres|se *auch:* **Deck|ad|res|se** *f. 11*
Deck|an|schrift *f. 10*
Deck|bett *n. 12*
Deck|blatt *n. 4*
De|cke *f. 11*
De|ckel *m. 5*
De|ckel|glas *n. 4*
de|ckeln *tr. 1*
de|cken *tr. 1*
De|cken|be|leuch|tung *f. 10*
De|cken|ge|mäl|de *n. 5*
Deck|far|be *f. 11*
Deck|hengst *m. 1* Zuchthengst
Deck|man|tel *m. 6*
Deck|na|me *m. 15*
Deck|of|fi|zier *m. 1*
Deck|plat|te *f. 11*
De|ckung *f. 10*
De|ckungs|bei|trag *m. 2* zur Deckung der Fixkosten und als Gewinn verbleibende Differenz zwischen Erlös und Einzelkosten
de|ckungs|gleich kongruent
Deck|weiß *n. 1*
Deck|zeit *f. 10* Begattungszeit für Zuchttiere
De|co|der [dikoudə(r), engl.] *m. 5* Schaltung für das Decoding, z. B. zum Empfang bestimmter Fernsehsender
De|co|ding [dikou-, engl.] *n. 9* Entschlüsselung (einer Nachricht); *Ggs.:* Encoding
De|col|la|ge [-ʒə, frz.] *f. 11* Kunstwerk, das durch Zerstörung der Oberfläche entsteht
de|cou|ra|gie|ren [-kuraʒi-, frz.] *tr. 3* entmutigen
decr., decresc. *Abk. für* decrescendo
de|cre|scen|do [-ʃεn-, ital.] (*Zeichen:* >) *Mus.:* abnehmend, leiser werdend; *Ggs.:* crescendo, accrescendo
De|cre|scen|do [-ʃεn-, ital.] *n. Gen.* -(s) *Pl.* -di
de da|to [lat.] (*Abk.:* d. d.) *veraltet:* vom Tag der Ausstellung (eines Wechsels) an
De|de|ron® [Kunstwort] *n. Gen.* - *nur Sg., DDR:* eine Kunstfaser (entspricht Perlon)
De|di|ka|ti|on [lat.] *f. 10* Widmung, Geschenk
de|di|zie|ren *tr. 3* widmen, schenken
De|duk|ti|on [lat.] *f. 10* Ableitung des Besonderen aus dem Allg.; *Ggs.:* Induktion (1)
de|duk|tiv
de|du|zie|ren *tr. 3*
Deep|free|zer (*alt:* Deep-free|zer) [dipfri:zə(r), engl.] *m. 5* Tiefkühltruhe
Deern *f. 9, nddt.:* Dirn, Mädchen
DEFA *DDR: Abk. für* Deutsche Film-AG
de fac|to [lat.] den Tatsachen nach, tatsächlich; *Ggs.:* de jure
De-fac|to-An|er|ken|nung *f. 10 nur Sg.*
De|fai|tis|mus [-fε:-] *m. Gen.* - *nur Sg.* s. **De|fä|tis|mus**
De|fä|ka|ti|on [lat.] *f. 10, Med.:* Reinigung, Darmentleerung
De|fä|tis|mus [frz.], De|fai|tis|mus [-fε:-] *m. Gen.* - *nur Sg.* Zustand der Mutlosigkeit
De|fä|tist *m. 10*
de|fä|tis|tisch
de|fekt [lat.] schadhaft, beschädigt
De|fekt *m. 1* **1.** Schaden, Fehler, Beschädigung; **2.** Gebrechen
De|fek|tar *m. 1* Apotheker, der mit der → Defektur betraut ist
de|fek|tiv **1.** lücken-, mangelhaft; **2.** *Gramm.:* mit fehlenden Beugungsformen
De|fek|ti|vum [-vum] *n. Gen.* -s *Pl.* -va [-va] Wort, dem Beugungsformen fehlen, z. B. Durst (ohne Pl.), Leute (ohne Sg.)
De|fek|tur *f. 10* **1.** Herstellung von Arzneimitteln, die in größeren Mengen vorrätig gehalten werden sollen; **2.** Arbeitsraum des Defektars
de|fen|siv [lat.] verteidigend, abwehrend; *Ggs.:* offensiv
De|fen|si|ve [-və, lat.] *f. 11* Verteidigung, Abwehr(stellung); *Ggs.:* Offensive
De|fen|siv|krieg *m. 1*
De|fen|siv|spiel *n. 1, Sport*
De|fen|sor *m. Gen.* -s *Pl.* -so|ren **1.** Verteidiger; **2.** Sachwalter; **3.** D. Fidei: Verteidiger des Glaubens (Ehrentitel des engl. Königs)
de|fe|rie|ren [lat.] *tr. 3, veraltet* **1.** zuschieben (die Eidesleistung); **2.** bewilligen (Gesuch)
De|fi|bra|tor *auch:* **De|fib|ra|tor** [lat.] *m. 13*
De|fi|breur *auch:* **De|fib|reur** [-brør, lat.-frz.] *m. 1* Maschine zum Zerfasern von Holz
de|fi|bri|nie|ren *auch:* **de|fib|ri|nie|ren** [lat.] *tr. 3* von Fibrin befreien und dadurch ungerinnbar machen (Blut)
De|fi|cit|spen|ding (*alt:* De|fi|cit spen|ding) [dεfisit-, engl.] geplante defizitäre Haushaltspolitik zur Belebung der gesamtwirtschaftl. Nachfrage
De|fi|gu|ra|ti|on [lat.] *f. 10* Verunstaltung, Entstellung
de|fi|gu|rie|ren *tr. 3*
De|fi|lee [frz.] *n. 9 oder n. 14* **1.** *veraltet:* Hohlweg, Engpass; **2.** *österr., schweiz. auch:* Dé|fi|lé [schweiz.: de-] Vorbeimarsch
de|fi|lie|ren *intr. 3* feierlich vorbeimarschieren
de|fi|nie|ren [lat.] *tr. 3* erklären, begrifflich bestimmen
de|fi|nit [lat.] bestimmt; definite Größen *Math.:* Größen mit immer gleichem Vorzeichen
De|fi|ni|ti|on [lat.] *f. 10* **1.** Begriffs-

bestimmung; **2.** *kath. Kirche:* als unfehlbar geltende Entscheidung des Papstes oder eines Konzils in dogmat. Fragen
de|fi|ni|tiv [lat.] endgültig, abschließend, bestimmt
De|fi|ni|ti|vum [-vum, lat.] *n. Gen.* -s *Pl.* -va [-va] endgültiger Zustand
de|fi|zi|ent [lat.] unvollständig
De|fi|zi|ent [lat.] *m. 10, veraltet:* Dienstuntauglicher
De|fi|zit [auch: -zit, lat.] *n. 1* fehlender Betrag, Einbuße, Verlust; ein hohes Defizit beklagen
de|fi|zi|tär [lat.] ein Defizit ergebend, mit einem Defizit belastet; ein defizitäres Unternehmen
De|fla|gra|ti|on *auch:* **De|flag|ra|ti|on** [lat.] Abbrennen von Sprengstoffen ohne Explosion, Verpuffung; vgl. Detonation
De|fla|ti|on [lat.] *f. 10* **1.** Verringerung des Geldumlaufs in einer Volkswirtschaft; Zunahme der Kaufkraft einer Währung; *Ggs.:* Inflation; **2.** Abtragung von lockerem Gestein durch Wind
de|fla|ti|o|när, de|fla|ti|o|nis|tisch, de|fla|to|risch [lat.] eine Deflation (1) bewirkend
De|flek|tor [lat.] *m. 13* **1.** Rauch-, Luftsaugkappe, Schornsteinaufsatz; **2.** Vorrichtung in Kreisbeschleunigern zur Ablenkung von Elektronen
De|flo|ra|ti|on [lat.] *f. 10* Zerreißung des Jungfernhäutchens
de|flo|rie|ren [lat.] *tr. 3* entjungfern
de|form [lat.] entstellt, missgestaltet
De|for|ma|ti|on [lat.] *f. 10* Formveränderung, Verformung, Missbildung
de|for|mie|ren [lat.] *tr. 3* verformen, verunstalten, entstellen
De|for|mie|rung [lat.] *f. 10*
De|for|mi|tät [lat.] *f. 10* Missbildung
De|frau|dant [lat.] *m. 10 veraltet:* jmd., der eine Defraudation begangen hat, Betrüger
De|frau|da|ti|on [lat.] *f. 10 veraltet:* Betrug, Unterschlagung, Steuer- oder Zollhinterziehung
de|frau|die|ren *tr. 3 veraltet:* unterschlagen, hinterziehen
De|fros|ter [engl.] *m. 5* **1.** *im Auto:* Heizvorrichtung, die das Beschlagen und Vereisen der Windschutzscheibe verhindert; **2.** *bei Kühlanlagen:* Vorrichtung zum Abtauen des Gefrierfachs
def|tig **1.** tüchtig, stark; **2.** kräftig, grob
De|ga|ge|ment [-gaʒ(ə)mã, frz.] *n. 9* Befreiung (von einer Verpflichtung), Zwanglosigkeit
de|ga|gie|ren [-ʒi-, frz.] *tr. 3* befreien
de|ga|giert [-ʒirt, frz.] frei
De|gen *m. 7* **1.** *altertüml., noch poet.:* junger Krieger, Held; **2.** Hieb- und Stichwaffe, Offiziersseitenwaffe
De|ge|ne|ra|ti|on [lat.] *f. 10* Rückbildung, Entartung; *Ggs.:* Regeneration (3)
de|ge|ne|ra|tiv [lat.] auf Degeneration beruhend
de|ge|ne|rie|ren [lat.] *intr. 3* sich zurückbilden, verkümmern, schwach, kraftlos werden; *Ggs.:* regenerieren (2)
De|gout [-gu, frz.] *m. 9 nur Sg.* Ekel, Widerwille, Abneigung
de|gou|tant [-gu-] ekelhaft, widerlich, abstoßend
de|gou|tie|ren [-gu-] *tr. 3* anekeln, anwidern
De|gra|da|ti|on [lat.] *f. 10* **1.** Degradierung; **2.** *Landw.:* Verschlechterung des Bodens (durch Entzug von Nährstoffen); **3.** *Phys.:* Zerstreuung (von Energie)
de|gra|die|ren *tr. 3* **1.** *Mil.:* im Rang herabsetzen; **2.** aus dem Amt ausstoßen (Geistlichen); **3.** verschlechtern (Boden); **4.** zerstreuen (Energie)
De|gra|die|rung *f. 10* **1.** strafweise Herabsetzung im Rang, Degradation; **2.** strafweise Ausstoßung (eines Geistlichen) aus dem Amt; **3.** *Landw.:* Verschlechterung des Bodens
de|grais|sie|ren [-grɛs-, frz.] *tr. 3* von Fett befreien (Soße)
De|gres|si|on [lat.] *f. 10* **1.** *Kostenrechnung:* Verminderung der Stückkosten bei Vergrößerung der Auflage; **2.** *Steuerrecht:* Verminderung des jährlichen Abschreibungsbetrages
de|gres|siv nachlassend, sinkend, sich vermindernd (Kosten, Abschreibung, Preise); *Ggs.:* progressiv (1)
De|gus|ta|ti|on [lat.] *f. 10, bes. schweiz.:* Kostprobe, Verkostung
de gus|ti|bus non est dis|pu|tan|dum über den Geschmack lässt sich nicht streiten
de|gus|tie|ren *tr. 3, bes. schweiz.:* kosten, probieren (Lebensmittel, Wein)
dehn|bar
Dehn|bar|keit *f. 10 nur Sg.*
deh|nen *tr. 1*
Deh|nung *f. 10*
Deh|nungs-h *n. 9 oder Gen. - Pl. -*
Deh|nungs|zei|chen *n. 7*
De|hors [dəɔr, frz.] *nur Pl., fast nur in der Wendung* die D. wahren: Anstand wahren

♦ Die Buchstabenfolge **de|hy|dr...** kann in Fremdwörtern auch **de|hyd|r...** getrennt werden.

♦ **De|hy|dra|se** [lat. + griech.] *f. 11* Ferment, das chem. Verbindungen unter Wasserstoffabspaltung oxidiert
♦ **De|hy|dra|da|ti|on** *f. 10* Wasserentzug, Trocknung (zur Konservierung von Lebensmitteln)
♦ **De|hy|dra|ti|on** *f. 10* Abspaltung von Wasserstoff
♦ **de|hy|dra|ti|sie|ren** *tr. 3* Wasser entziehen
♦ **de|hy|drie|ren** *tr. 3* Wasserstoff abspalten
♦ **De|hy|drie|rung** *f. 10* = Dehydration
♦ **De|hy|drite®** *Pl.* Trockenmittel
Dei|bel *m. 5, ugs., nord-, mitteldt.:* Teufel; pfui D.!
Deich *m. 1*
dei|chen *tr. 1*
Deich|ge|nos|sen|schaft *f. 10*
Deich|graf *m. 10*
Deich|haupt|mann *m. Gen.* -(e)s *Pl.* -leu|te Vorsteher der Deichgenossenschaft
Deich|kro|ne *f. 11* obere Kante des Deichs
Deich|sel [-ks-] *f. 11* **1.** *Nebenform von* Dechsel; **2.** Teil des Wagens zum Ziehen und Lenken
deich|seln [-ks-] *tr. 1, ugs.:* (geschickt) zustande bringen; du wirst die Sache schon deichseln
De|i|fi|ka|ti|on [lat.] *f. 10* Vergötterung, Vergottung eines Menschen oder Dinges
de|i|fi|zie|ren *tr. 3* zum Gott, zur Gottheit machen
Dei gra|tia [-tsja, lat.] (*Abk.:* D. G.) von Gottes Gnaden (Zusatz zum Titel von Bischöfen und Fürsten)
deik|tisch [griech.] hinweisend, durch Beispiele zeigend, auf Beispiele gegründet

dein — Dein: Die Anredepronomen *du, ihr* sowie die Possessivpronomen *dein, euer* schreibt man klein. § 66
Nach einem bestimmten Artikel ist Großschreibung möglich, da es sich hier um ein substantiviertes Possessivpronomen handelt. Entsprechend sind beide Schreibungen zulässig: *Grüß mir die deinen/Deinen (die deinigen/Deinigen).* Ebenso: *das deine/Deine.* Aber nur Großschreibung: *Er kann Mein und Dein nicht unterscheiden; ein Streit über Mein und Dein.* § 58 (E3), § 57 (3)

D

dein **1.** *Possessivpronomen:* das ist dein: das gehört dir; *aber:* Mein und Dein nicht unterscheiden können; ich wünsche den deinen/Deinen alles Gute; nimm dir das deine/Deine; **2.** *Personalpronomen im Genitiv:* ich gedenke dein *oder:* deiner; das ist deiner nicht würdig
dei|ner|hal|ben
dei|ner|seits
dei|nes|glei|chen; du und d.
dei|nes|teils
dei|net|hal|ben deinetwegen
dei|net|we|gen
dei|net|wil|len; um d.
dei|ni|ge; ist dieses Buch das deinige?: ist es dein Buch?; der deinige/Deinige *scherzh.:* dein Mann; die deinigen/Deinigen: deine Angehörigen; du musst nun auch das deinige/Deinige dazu tun: deinen Beitrag dazu leisten
De|is|mus [lat.] *m. Gen. - nur Sg.* religionsphilosoph. Anschauung, die zwar die Existenz Gottes anerkennt, aber den Glauben an sein Einwirken auf die Welt nach der Schöpfung ablehnt; vgl. Theismus
De|ist *m. 10* Anhänger des Deismus
de|is|tisch
Dei|wel *ugs. nddt.,* **Dei|xel** *mitteldt.:* Teufel; pfui D.!
Déjà-vu-Er|leb|nis [deʒavy-, frz. »schon einmal gesehen«] *n. 1* Erleben einer neuen Situation mit dem (täuschenden) Gefühl, sie bereits zu kennen
De|jekt [lat.] *n. 1, Med.:* Auswurf, Kot
De|jek|ti|on *f. 11* Entleerung (von Kot)
De|jeu|ner [deʒøne, frz.] *n. 9, veraltet:* Frühstück
de|jeu|nie|ren [deʒø-] *intr. 3, veraltet:* frühstücken
de ju|re [lat.] rechtlich, auf rechtl. Grundlage, von Rechts wegen; *Ggs.:* de facto
De-ju|re-An|er|ken|nung *f. 10*
De|ka [griech.] *n. Gen. -s Pl. -, österr. für* Dekagramm
de|ka..., De|ka... [lat.] *in Zus.:* zehn
De|ka|brist *auch:* **De|kab|rist** [zu russ. dekabr »Dezember«] *m. 10* Teilnehmer am russischen Aufstand vom Dezember 1825
De|ka|de [griech.] *f. 11* zehn Stück, Zeitraum von zehn Tagen u. a.
de|ka|dent [lat.] verfallen
De|ka|denz *f. 10 nur Sg.* Niedergang, Verfall, Kraftlosigkeit
de|ka|disch auf der Zahl 10 beruhend, zehnteilig; dekadisches System: Dezimalsystem
De|ka|e|der [griech.] *m. 5* von zehn Flächen begrenzter Körper, Zehnflach, Zehnflächner
De|ka|gon *n. 1* Zehneck
De|ka|gramm *n. Gen. - Pl. - (Abk. österr.:* dag) zehn Gramm
De|ka|li|ter *n. 5 oder m. 5 (Abk. österr.:* dal) zehn Liter
De|kal|kier|pa|pier [frz.] *n. 1* Papier zum Druck von Abziehbildern
De|ka|log [griech.] *m. 1* die Zehn Gebote
Dek|a|me|ron *auch:* **De|ka|me|ron,** Dec|a|me|ro|ne, De|ca|me|ro|ne [griech. »zehn Tage«] *n. Gen. -s nur Sg.* 100 Novellen von Giovanni Boccaccio, die an zehn Tagen erzählt wurden
De|ka|me|ter [griech.] *n. 5 (Abk. österr.:* dam) zehn Meter
De|kan [lat.] *m. 1* **1.** Leiter einer Hochschulfakultät; **2.** Dechant
De|ka|nat *n. 1* Amt eines Dekans
De|ka|nei *f. 10* s. **De|cha|nei**
de|kan|tie|ren [frz.] *tr. 3* vom Bodensatz abgießen (Flüssigkeit)
de|ka|pie|ren [frz.] *tr. 3* entzundern
De|ka|po|de [griech.] *m. 11* Zehnfußkrebs
Dek|ar *auch:* **De|kar** [lat.] *n. Gen. -s Pl. -, schweiz.:* **Dek|a|re** *auch:* **De|ka|re** *f. 11* zehn Ar
de|kar|tel|li|sie|ren [lat.], de|kar|tel|lie|ren *tr. 3* entflechten (Kartell)
De|kar|tel|li|sie|rung, De|kar|tel|lie|rung *f. 10*
De|ka|ster [griech.] *m. Gen. -s Pl. -, veraltet:* zehn Ster: zehn Kubikmeter
De|ka|teur [-tør, frz.] *m. 1,* De|ka|tie|rer *m. 5* jmd., der Stoffe dekatiert
de|ka|tie|ren *tr. 3* Stoffe mit Wasserdampf behandeln, um das Einlaufen zu verhindern
De|ka|tur *f. 10*
De|kla|ma|ti|on [lat.] *f. 10* **1.** kunstgerechter Vortrag (einer Dichtung u. Ä.); **2.** *übertr.:* pathetischer, aber inhaltsarmer Vortrag; **3.** Einheit von musikal. und textl. Gestaltung
De|kla|ma|tor *m. 13* Vortragskünstler
De|kla|ma|to|rik *f. 10 nur Sg.* Vortragskunst
de|kla|ma|to|risch
de|kla|mie|ren *tr. 3* **1.** vortragen; Texte d.; **2.** *scherzh.:* übertrieben sprechen
De|kla|rant [lat.] *m. 10* jmd., der eine Deklaration (2) abgibt
De|kla|ra|ti|on *f. 10* offizielle Erklärung (Zoll, Steuer)
de|kla|rie|ren *tr. 3*
dek|las|sie|ren [lat.] *tr. 3* **1.** jmdn. d.: jmdn. in eine sozial niedrigere Klasse verstoßen, herabsetzen; **2.** *Sport:* einen Gegner d.: ihn überlegen schlagen
De|klas|sie|rung *f. 10*
de|kli|na|bel [lat.] deklinierbar
De|kli|na|ti|on *f. 10* **1.** Abwandlung (der Substantive, Pronomen, Adjektive und Numeralien), Beugung; **2.** Winkelabstand eines Gestirns vom Himmelsäquator; **3.** Abweichung der Magnetnadel von der geographischen Nordrichtung, Missweisung
De|kli|na|tor *m. 13,* De|kli|na|to|ri|um *n. Gen. -s Pl. -ri|en,* De|kli|no|me|ter *n. 5* Gerät zum Bestimmen von Veränderungen der Deklination (der Magnetnadel)
de|kli|nier|bar beugbar
De|kli|nier|bar|keit *f. 10 nur Sg.*
de|kli|nie|ren *tr. 3* beugen, abwandeln (Substantive, Adjektive, Pronomen, Numeralien)
De|kli|no|me|ter *n. 5* = Deklinator
De|kokt [lat.] *n. 1* = Absud

Dekolletee/Dekolleté: Die ins Deutsche integrierte Schreibung *Dekolletee* ist die Hauptvariante, die fremdsprachige Schreibung *Dekolleté* die zulässige Nebenvariante. § 20 (2)

De|kol|le|té *Nv.* **De|kol|le|tee** *Hv.* [dekɔlte, frz.] *n. 9* tiefer Halsausschnitt (am Kleid)
de|kol|le|tiert [dekɔl-, frz.]
De|kom|pen|sa|ti|on [lat.] *f. 10* Versagen der Ausgleichsmaßnahmen (Kompensation) des Körpers (bes. des Herzens) bei Organschwäche
de|kom|po|nie|ren [lat.] *tr. 3* in seine Bestandteile zerlegen, auflösen
De|kom|po|si|ti|on *f. 10* **1.** Zerlegung, Auflösung; **2.** *bei Säuglingen:* Organschwund infolge mangelhafter Ernährung
De|kom|po|si|tum *n. Gen.* -s *Pl.* -ta Ableitung von einem zusammengesetzten Wort (Kompositum), z. B. Baupolizei — baupolizeilich; *auch:* mehrfach zusammengesetztes Wort, z. B. Schulhausmeister
De|kon|ta|mi|na|ti|on [lat.] *f. 10* **1.** Entfernung von Neutronen absorbierenden Spaltprodukten aus dem Reaktor; **2.** Entgiftung von radioaktiv verseuchten Kleidern, Geräten, Gebieten
de|kon|ta|mi|nie|ren [lat.] *tr. 3*
De|kon|ta|mi|nie|rung [lat.] *f. 10*
De|kon|zen|tra|ti|on *auch:* **De|kon|zent|ra|ti|on** [lat.] *f. 10* Zerstreuung, Zersplitterung, Verteilung, Auflösung; *Ggs.:* Konzentration (1)
de|kon|zen|trie|ren *auch:* **de|kon|zent|rie|ren** *tr. 3*
De|kor [lat.-frz.] *n. 9* Verzierung, Vergoldung, Muster (auf Glas-, Porzellan- und Tonwaren)
De|ko|ra|teur [-tør] *m. 1* Fachmann für die Ausstattung von Innenräumen, Schaufenstern usw.
De|ko|ra|ti|on *f. 11* **1.** Ausschmückung, Schmuck; **2.** *Theater, Film, Fernsehen:* Ausstattung (Kulissen, Bauten usw.); **3.** Auszeichnung (von Personen) mit Orden oder Ehrenzeichen, Dekorierung
De|ko|ra|ti|ons|ma|ler *m. 5* Maler für Innenräume (im Unterschied zum Kunstmaler)
De|ko|ra|ti|ons|stoff *m. 1*
de|ko|ra|tiv schmückend, wirkungsvoll
de|ko|rie|ren *tr. 3* **1.** schmücken, verzieren; **2.** (mit einem Orden o. Ä.) auszeichnen
De|ko|rie|rung *f. 10* s. **De|ko|ra|ti|on** (1 und 3)
De|kort [frz.] *m. 1 auch:* [-kor] *m. 9* **1.** Zahlungsnachlass wegen Mängeln; **2.** Preisnachlass im Exportgeschäft; **3.** Kassa-Skonto im Großhandel
de|kor|tie|ren *tr. 3*
De|ko|rum [lat.] *n. Gen.* -s *nur Sg.* Anstand, Schicklichkeit; das D. wahren
De|ko|stoff *m. 1, Kurzwort für* Dekorationsstoff
De|kre|ment [lat.] *n. 1* **1.** Verminderung, Abnahme (einer Krankheit, des Fiebers); **2.** Verfall; **3.** *Math.:* natürlicher Logarithmus des Verhältnisses der Amplituden zweier aufeinander folgender Schwingungen
De|kre|pi|ta|ti|on *f. 10* knisterndes Zerfallen, Zerplatzen von Kristallen (beim Erhitzen)
de|kre|pi|tie|ren *intr. 3* zerfallen, zerplatzen
De|kres|zenz [lat.] *f. 10* Abnahme, Verminderung
De|kret [lat.] *n. 1* behördl. Verordnung, Regierungserlass
De|kre|ta|le *n. Gen.* - *Pl.* -li|en *oder f. 11 meist Pl.* päpstl. Entscheidung
De|kre|ta|list, De|kre|tist *m. 10, MA:* Kirchenrechtslehrer
de|kre|tie|ren *tr. 3* verordnen, verfügen
De|ku|bi|tus [lat.] *m. Gen.* - *nur Sg., Med.:* Wundliegen bei längerer Bettlägerigkeit
De|ku|ma|ten|land [lat.], **De|ku|mat|land** *n. 4 nur Sg.* vom Limes begrenztes altröm. Herrschaftsgebiet zwischen Oberrhein und oberer Donau
de|ku|pie|ren [frz.] *tr. 3* aussägen
De|ku|pier|sä|ge *f. 11* Laubsäge
De|ku|rie [-riə, lat.] *f. 11, im alten Rom* **1.** militär. Abteilung von zehn Mann; **2.** Gruppe von Senatoren u. Ä.
De|ku|rio *m. Gen.* -s *oder* -ri|o|nen *Pl.* -ri|o|nen, *im alten Rom* **1.** Führer einer Dekurie; **2.** Mitglied des Senats
de|kus|siert [lat.] kreuzweise gegenständig (Pflanzenblätter)
De|ku|vert [-vɛr, frz.] *n. 9* **1.** *Kaufmannsspr.:* Ausfall einer Einnahme; **2.** *Börse:* Mangel an Wertpapieren
de|ku|vrie|ren *auch:* **de|kuv|rie|ren** [-vri-] **1.** *tr. 3* aufdecken, entlarven; **2.** *refl. 3* sich zu erkennen geben, sich verraten
del. 1. *Abk. für* deleatur; **2.** *Abk. für* delineavit
De|la|croix [dəlakroa], *Eugène* frz. Maler
De|la|ware [dɛləwɛ:(r)] **1.** (*Abk.:* DE) Staat der USA; **2.** *m. 9 oder Gen.* - *Pl.* -, *dt.:* De|la|wa|re *m. 11* Angehöriger eines nordamerik. Indianerstammes
de|le|a|tur [lat. »es werde getilgt«] (*Abk.:* del.) Anweisung zum Streichen von Schriftsatz
De|le|a|tur *n. Gen.* - *Pl.* -, **De|le|a|tur|zei|chen** *n. 7* Tilgungszeichen
De|le|gat [lat.] *m. 10* Bevollmächtigter; Apostolischer D.: Bevollmächtigter des Papstes (ohne diplomatische Rechte) zur Überwachung des kirchl. Lebens
De|le|ga|ti|on *f. 10* **1.** Abordnung, Gruppe von Bevollmächtigten; **2.** Übertragung (einer Vollmacht oder Befugnis)
De|le|ga|tur *f. 10* Amt oder Amtsbereich eines Apostol. Delegaten
de|le|gie|ren *tr. 3* **1.** abordnen; **2.** übertragen; Aufgaben, Arbeiten delegieren
De|le|gier|te(r) *m. 18 (17) bzw. f. 17 oder 18*
De|le|gie|rung *f. 10*
de|lek|tie|ren [lat.] *refl. 3, veraltet:* sich gütlich tun, *auch:* sich ergötzen
Del|fin *m. 1* s. **Del|phin**
Del|fi|na|ri|um s. **Del|phi|na|ri|um**
del|fin|schwim|men *intr. 132* s. **del|phin|schwim|men**
Delft ndrl. Stadt; Delfter Porzellan
Del|hi Hauptstadt der Ind. Union
de|li|kat [frz.] **1.** lecker, köstlich, wohlschmeckend; **2.** heikel, behutsam zu behandeln (Angelegenheit); *Ggs.:* indelikat; **3.** zart fühlend
De|li|ka|tes|se *f. 11* **1.** Leckerbissen; **2.** *nur Sg.* Behutsamkeit
De|li|ka|tes|sen|ge|schäft, De|li|ka|tess|ge|schäft (*alt:* De|li|ka|teß|ge|schäft) *n. 1*
De|likt [lat.] *n. 1* Straftat, Vergehen
De|lin|quent [lat.] *m. 10* Übel-, Missetäter, Angeklagter
de|li|rant [lat.]; deliranter Zustand: Delirium
de|li|rie|ren *intr. 3, Med.:* irrereden
De|li|ri|um *n. Gen.* -s *Pl.* -ri|en Bewusstseinstrübung (im Fieber oder Rausch) mit Wahnvorstellungen; Delirium tremens: Säuferwahnsinn

D

de|lisch zur Insel Delos gehörend; delisches Problem: die den Griechen vom Orakel auf Delos gestellte Aufgabe, den würfelförmigen Altar Apollons aufs doppelte Volumen zu vergrößern; *aber:* Delischer Bund
de|li|zi|ös [frz.] köstlich, fein
Del|kre|de|re [ital.] *n. Gen. - Pl. -* Haftung (für den Eingang einer Forderung), Bürgschaft(ssumme)
Del|kre|de|re|fonds [-fɔ̃] *m. Gen. - Pl. -* [-fɔ̃s] Rücklage für eventuelle Verluste
Del|le *f. 11* Vertiefung, Mulde, Druckstelle
de|lo|gie|ren [-ʒi-, frz.] *tr. 3, bes. österr.:* zum Ausziehen aus der Wohnung zwingen
De|lo|gie|rung [-ʒi-] *f. 10*
Del|phi altgriech. Stadt mit Kultstätte für Apollon
Del|phin *auch:* **Del|fin** [griech.] *m. 1* ein Zahnwal
Del|phi|na|ri|um *auch:* **Del|fi|na|ri|um** *n. Gen. -s Pl. -ri|en* Großaquarium für Delphine
del|phin|schwim|men *auch:* **del|fin|schwim|men** *intr. 132*
del|phisch zu Delphi gehörig, von ihm stammend; *übertr.:* doppelsinnig, rätselhaft; ein delphisches Orakel; *aber:* das Delphische (in Delphi bestehende) Orakel
Del|ta **1.** *n. Gen. -(s) Pl. -s (Zeichen:* δ, Δ) griech. Buchstabe; **2.** *n. 9* mehrarmige Flussmündung in Form eines Dreiecks (nach dem griech. Buchstaben Δ)
Del|ta|flie|ger *m. 5* von einem Motorboot gezogener Wasserskifahrer, der sich mit Hilfe eines deltaförmigen Segels bei zunehmender Geschwindigkeit über die Wasseroberfläche erhebt
Del|ta|me|tall *n. 1* eine Kupfer-Zink-Legierung
Del|ta|strah|len, δ-Strah|len *Pl.* nicht direkt von radioaktiven Substanzen ausgehende, sondern von deren Strahlung sekundär ausgelöste Elektronen
Del|to|id *n. 1* Viereck aus zwei gleichschenkligen Dreiecken
Del|to|id|do|de|ka|e|der *m. 5* von zwölf Deltoiden begrenzte Kristallform
De|lu|si|on [lat.] *f. 10* **1.** Täuschung; **2.** Verspottung
de|lu|so|risch
dem *Dativ von* der
Dem|a|go|ge *auch:* **De|ma|go|ge** [griech. »Volksführer«] *m. 11* Volksverführer, polit. Hetzer
Dem|a|go|gie *auch:* **De|ma|go|gie** *f. 11*
dem|a|go|gisch *auch:* **de|ma|go|gisch**
De|mant *m. 10, poet. für* Diamant
de|man|ten *poet.:* aus Diamanten bestehend; ein demantenes Kreuz
De|man|to|id *m. 1* ein Mineral
De|marche [-maʀʃ, frz.] *f. 11* diplomat. Schritt, mündlich vorgetragener Einspruch
De|mar|ka|ti|on [lat.] *f. 10* Abgrenzung
De|mar|ka|ti|ons|li|nie *f. 11*
de|mar|kie|ren *tr. 3* abgrenzen
de|mas|kie|ren [frz.] *tr. 3; übertr.:* jmdn. demaskieren: jmdm. die Maske abnehmen, jmdn. entlarven; *übertr.:* sich d.: sein wahres Gesicht zeigen
De|mas|kie|rung *f. 10*
De|men *Pl. von* Demos
dem|ent|ge|gen *veraltet:* dagegen, hingegen
De|men|ti [frz.] *n. 9* Widerruf, Leugnung, amtl. Richtigstellung
De|men|tia [-tsja, lat.] *f. Gen. - Pl. -ti|ae* [-tsjɛ:], *lat. Form von* Demenz
de|men|tie|ren [frz.] *tr. 3* (amtl.) widerrufen, leugnen, bestreiten
dem|ent|spre|chend
De|menz [lat.] *f. 10* erworbener Schwachsinn
De|me|rit [frz.] *m. 10, kath. Kirche:* straffälliger Geistlicher
De|mes|ti|ka *m. Gen. - nur Sg.* ein trockener griech. Rot- oder Weißwein
De|me|ter *griech. Myth.:* Göttin der Fruchtbarkeit und des Ackerbaus
dem|ge|gen|ü|ber andererseits
dem|ge|mäß
De|mi|john [-dʒɔn, engl.] *m. 9* bauchige Korbflasche
de|mi|li|ta|ri|sie|ren *tr. 3* entmilitarisieren
De|mi|li|ta|ri|sie|rung *f. 10*
De|mi|monde [-mɔ̃d, frz.] *f. Gen. - nur Sg.* Halbwelt
de|mi|nu|tiv *Nebenform von* diminutiv
de|mi-sec [dəmisɛk, frz.] *bei Schaumweinen:* halbtrocken
De|mis|si|on [lat.] *f. 10* Rücktritt (eines Ministers, einer Regierung), Entlassung
De|mis|si|o|när *m. 1, veraltet:* verabschiedeter Beamter
de|mis|si|o|nie|ren *intr. 3* zurücktreten
De|mi|urg [griech.] *m. 10, bei Plato:* Weltschöpfer, Gott
dem|nach
dem|nächst
De|mo|bi|li|sa|ti|on *f. 10* das Demobilisieren
de|mo|bi|li|sie|ren [lat.] *tr. 3* vom Kriegs- in den Friedenszustand zurückführen
De|mo|bi|li|sie|rung, De|mo|bil|ma|chung *f. 10*
De|mo|du|la|ti|on [lat.] *f. 10* Abtrennung der niederfrequenten Schwingung von der hochfrequenten Trägerwelle, Gleichrichtung
De|mo|du|la|tor *m. 13* die Demodulation bewirkender Teil des Rundfunkempfängers
de|mo|du|lie|ren *tr. 3*
De|mo|gra|phie *auch:* **De|mo|gra|fie** [griech.] *f. 11* Lehre von der Bevölkerung nach Zahl und Zusammensetzung
de|mo|gra|phisch *auch:* **de|mo|gra|fisch**
De|moi|selle [dəmoazɛl, frz.] *f. 11, veraltet:* Fräulein
De|mo|krat [griech.] *m. 10* Anhänger der Demokratie
De|mo|kra|tie *f. 11* Volksherrschaft
de|mo|kra|tisch
de|mo|kra|ti|sie|ren *tr. 3* **1.** nach demokrat. Grundsätzen gestalten; **2.** nach demokrat. Gesichtspunkten umgestalten (Einrichtungen)
De|mo|kra|ti|sie|rung *f. 10*
De|mo|kra|tis|mus *m. Gen. - nur Sg.* übertrieben demokrat. Denken und Handeln
de|mo|lie|ren [frz.] *tr. 3* zerstören, zerschlagen, niederreißen
De|mo|lie|rung *f. 10*
de|mo|ne|ti|sie|ren [lat.] *tr. 3* aus dem Umlauf ziehen (Münzen)
De|mo|ne|ti|sie|rung *f. 10*

♦ Die Buchstabenfolge **de|mons|tr...** kann in Fremdwörtern auch **de|monst|r...** getrennt werden.

♦ **De|mons|trant** [lat.] *m. 10* Teilnehmer an einer Demonstration (3)
♦ **De|mons|tra|ti|on** *f. 10* **1.** Darlegung, Vorführung; **2.** polit. Machtentfaltung (als Warnung,

z. B. Flottendemonstration); **3.** Massen-, Protestkundgebung

♦**de|mons|tra|tiv** **1.** anschaulich, darlegend; **2.** betont, auffällig; **3.** *Gramm.:* hinweisend

♦**De|mons|tra|tiv** *n. 1,* **De|mons|tra|tiv|pro|no|men** *n. 7,* **De|mons|tra|ti|vum** [-vum, lat] *n. Gen.* -s *Pl.* -va [-va] hinweisendes Fürwort, z. B. dieser

♦**De|mons|tra|tor** *m. 13* jmd., der etwas demonstriert, Vorführer

♦**de|mons|trie|ren** **1.** *tr. 3* darlegen, anschaulich vor Augen führen; **2.** *intr. 3* an einer Demonstration (3) teilnehmen

De|mon|ta|ge [-ʒə, frz.] *f. 11* Abbau, Abbruch (von Industrieanlagen)

de|mon|tie|ren *tr. 3* abbauen, abreißen

De|mon|tie|rung *f. 10*

De|mo|ra|li|sa|ti|on *f. 10* Untergrabung der Moral

de|mo|ra|li|sie|ren *tr. 3;* jmdn. d.: jmds. Moral untergraben, zersetzen, jmdn. entmutigen

De|mo|ra|li|sie|rung *f. 10*

de mor|tu|is nil ni|si be|ne [lat.] von den Toten soll man nur gut sprechen (denn sie können sich nicht wehren)

De|mos [griech.] *m. Gen. - Pl.* -men **1.** altgriech. Stadtstaat und seine Bevölkerung; **2.** *heute:* kleinster griech. Verwaltungsbezirk

De|mo|sko|pie *auch:* **De|mos|ko|pie** [griech.] *f. 11* Meinungsumfrage, Meinungsforschung

de|mo|sko|pisch *auch:* **de|mos|ko|pisch**

de|mo|tisch [griech.] volkstümlich; demotische Schrift: altägypt. Gebrauchsschrift

De|mo|ti|va|ti|on [-va-] *f. 10* Verringerung des Interesses für eine Sache

de|mo|ti|vie|ren [-vi-] *tr. 3*

De|mut *f. Gen. - nur Sg.*

de|mü|tig

de|mü|ti|gen *tr. 1*

De|mü|ti|gung *f. 10*

De|mut(s)|sinn *m. 1 nur Sg.*

De|muts|ver|hal|ten *n. Gen.* -s *nur Sg.*

de|muts|voll

dem|zu|fol|ge [auch: -fo̱l-] daher, deshalb, infolgedessen; demzufolge habe ich angeordnet, dass …; *aber:* der Erlass, dem zufolge alle Arbeitnehmer …

den **1.** *Abk. für* Denier **2.** *Akk. von* der

De|nar [lat. »je zehn enthaltend«] *m. 1* **1.** (*Abk.:* d) altröm. Silbermünze **2.** (*Abk.:* Den) Währungseinheit in der Republik Mazedonien, 100 Deni

De|na|tu|ra|li|sa|ti|on [lat.] *f. 10* Entzug der, Entlassung aus der bisherigen Staatsangehörigkeit, Ausbürgerung; *Ggs.:* Naturalisation

de|na|tu|ra|li|sie|ren *tr. 3*

de|na|tu|rie|ren [lat.] *tr. 3* ungenießbar machen, vergällen (Spiritus)

De|na|tu|rie|rung *f. 10*

de|na|zi|fi|zie|ren *tr. 3* entnazifizieren

> ♦Die Buchstabenfolge **den|dr…** kann in Fremdwörtern auch **dend|r…** getrennt werden.

♦**Den|drit** [griech.] *m. 10* **1.** verzweigter Protoplasmafortsatz einer Nervenzelle; **2.** pflanzenähnl. verästelte Gesteinszeichnung

♦**den|dri|tisch** verzweigt, verästelt

♦**Den|dro|chro|no|lo|gie** *f. 11 nur Sg.* Methode der Altersbestimmung in Holzfunden

♦**den|dro|chro|no|lo|gisch**

♦**Den|dro|lo|ge** *m. 11*

♦**Den|dro|lo|gie** *f. 11 nur Sg.* Lehre von den Bäumen und Gehölzen

♦**den|dro|lo|gisch**

♦**Den|dro|me|ter** *n. 5* Gerät zum Messen der Höhe und Stärke stehender Bäume

de|nen **1.** *Dat. Pl. vom Demonstrativpron.* der, die, das; **2.** *Dat. Pl. vom Relativpron.* der

Den|gel *f. 11* Schneide (von Sense, Sichel, Pflug)

Den|gel|ham|mer *m. 6*

den|geln *tr. 1* durch Hammerschläge schärfen; ich dengele, dengle die Sense

Den|gue|fie|ber [dɛŋgə-, span.] *n. 5 nur Sg.* eine trop. Infektionskrankheit

Den Haag s. **Haag, Den**

De|nier [dənje, lat.-frz.] *n. Gen.* -(s) *Pl.* - (*Abk.:* den) Maßeinheit für die Feinheit von Seide und Kunstfasern

De|nis männl. Vorname, *urspr. frz. Kurzform zu* Dionysius

De|nise [dəniz] weibl. Vorname

Denk|an|stoß *m. 2*

Denk|art *f. 10*

Denk|auf|ga|be *f. 11*

denk|bar; die denkbar besten Voraussetzungen

den|ken *tr. 22*

Den|ker *m. 5*

den|ke|risch

denk|fä|hig

Denk|fä|hig|keit *f. 10 nur Sg.*

denk|faul

Denk|faul|heit *f. 10 nur Sg.*

Denk|feh|ler *m. 5*

Denk|kraft *f. 2 nur Sg.*

Denk|leh|re *f. 11* Logik

Denk|mal *n. 4, selten auch: n. 1*

denk|mal|ge|schützt

Denk|mal(s)|kun|de *f. 11 nur Sg.*

denk|mal(s)|kund|lich

Denk|mal(s)|pfle|ge *f. 11 nur Sg.*

Denk|mal(s)|schutz *m. 1 nur Sg.*

Denk|pau|se *f. 11*

Denk|pro|zess (*alt:* Denk|pro|zeß) *m. 1*

Denk|schrift *f. 10*

Denk|sport *m. 1 nur Sg.*

Denk|sport|auf|ga|be *f. 11*

Denk|spruch *m. 2*

Denk|ü|bung *f. 10*

Den|kungs|art *f. 10*

Denk|ver|mö|gen *n. 7 nur Sg.*

Denk|wei|se *f. 11*

denk|wür|dig

Denk|wür|dig|keit *f. 10*

Denk|zet|tel *m. 5*

denn *beim Komparativ statt »als«, poet. oder wenn zweimal »als« stehen müsste:* schöner denn je; nichts ist größer denn die Liebe; er ist als Dichter bedeutender denn als Musiker; *in der Wendung* es sei denn, dass …

den|noch

De|no|mi|na|ti|on [lat.] *f. 10* **1.** Vorschlag, Benennung, Anzeige; **2.** Ernennung (zu einem Amt); **3.** [dɪnɔmɪneɪʃn] *amerik. Bez. für* relig. geschlossener Kreis, relig. Gemeinschaft, Sekte

De|no|mi|na|tiv *n. 1,* **De|no|mi|na|ti|vum** [-vum] *n. Gen.* -s *Pl.* -va [-va] von einem Substantiv oder Adjektiv abgeleitetes Wort, z. B. »Bürger« von »Burg«, »kränklich« von »krank«

de|no|mi|nie|ren *tr. 3* ernennen, benennen

Den|si|me|ter [lat.] *n. 5* Gerät zum Messen des spezif. Gewichts, Dichtemesser

Den|si|tät *f. 10* **1.** Dichte, Dichtigkeit; **2.** Schwärzegrad (einer fotograf. Schicht)

Den|si|to|me|ter *n. 5* Gerät zum

D

Messen der Schwärze (Dichte) einer fotograf. Schicht
Den|si|to|me|trie *auch:* **Den|si|to|met|rie** *f. 11 nur Sg.* Dichtemessung
Den|so|graph *auch:* **Den|so|graf** *m. 10,* **Den|so|me|ter** *n. 5* s. **Den|si|to|me|ter**

D

den|tal [lat.] die Zähne betreffend, zu ihnen gehörend, von ihnen ausgehend; vgl. alveolar
Den|tal, Den|tal|laut *m. 1* an den Zähnen gebildeter Laut, Zahnlaut, zum Beispiel d, t; vgl. Alveolar
Dent|al|gie *auch:* **Den|tal|gie** [lat. + griech.] *f. 11* Zahnschmerz
Den|ta|lis [lat.] *f. Gen. - Pl.* -les, *veraltet für* Dental
Den|tal|laut *m. 1 kurz für* Dental
den|te|lie|ren *tr. 3* auszacken, zackig machen, zähnen
Den|tin *n. 1 nur Sg.* **1.** Zahnbein; **2.** Hartsubstanz der Haifischschuppen
Den|tist *m. 10, früher:* Zahnarzt ohne Hochschulprüfung
Den|ti|ti|on *f. 10* Zahndurchbruch, das Zahnen
Den|to|lo|gie [lat. + griech.] *f. 11 nur Sg.* Zahnheilkunde
De|nu|da|ti|on [lat.] *f. 10* **1.** flächenhafte Abtragung der Erdoberfläche durch Wind oder Wasser; **2.** *Med.:* Fehlen einer natürl. Hülle, z. B. von Zahnfleisch
De|nun|zi|ant [lat.] *m. 10* jmd., der einen anderen denunziert
De|nun|zi|a|ti|on *f. 10* Anzeige, Anschwärzung aus niedrigen Beweggründen
de|nun|zi|a|to|risch verleumderisch
de|nun|zie|ren *tr. 3* anzeigen, anschwärzen (aus niedrigen Beweggründen)
Deo *n. 9, kurz für* **De|o|do|rant, Des|o|do|rant** [engl.] *n. Gen.* -s *Pl.* -e *oder* -ti|en [-tsjən] Geruch tilgendes Mittel
De|o|do|rant|spray [-sprɛɪ] *n. 9* Deodorant in Form von Spray
Deo gra|ti|as [-a:s, lat.] Gott sei Dank
De|o|rol|ler *m. 5* Deodorantstift
De|o|spray [-sprɛɪ] *n. 9, kurz für* Deodorantspray
De|par|te|ment [-mã, lat.-frz.] *n. 9, schweiz.:* [-mɛnt] *n. 1* Verwaltungsbezirk; *schweiz. auch:* Verwaltungsinstanz, Ministerium
De|part|ment *n. 9, engl. Form von* Departement

De|pen|dance [depãdãs, lat.-frz.] *f. 11* **1.** Nebengebäude (bes. eines Hotels); **2.** Zweigstelle
De|pen|denz *f. 10* Abhängigkeit
De|pen|denz|gram|ma|tik *f. 10*
De|per|so|na|li|sa|ti|on [lat.] *f. 10* Herabsetzung oder Verlust des Persönlichkeitsgefühls, Entpersönlichung (bei psych. Störungen)
De|pe|sche [frz.] *f. 11* Funkspruch, Telegramm
de|pe|schie|ren *tr. 3* drahten, telegrafieren
De|pi|la|ti|on [lat.] *f. 10* **1.** Enthaarung; **2.** krankhafter Haarausfall
De|pi|la|to|ri|um *n. Gen.* -s *Pl.* -ri|en Enthaarungsmittel
de|pi|lie|ren *tr. 3*
De|place|ment [deplasmã, frz.] *n. 9* **1.** Verrückung, Verschiebung; **2.** *Seew.:* Wasserverdrängung (eines Schiffes)
De|plan|ta|ti|on [lat.] *f. 10* Um-, Verpflanzung
de|plan|tie|ren *tr. 3*

deplatzieren: Dem Stammprinzip folgend wird, ausgehend von *Platz,* nun *platzieren* und entsprechend *deplatzieren* mit *-tz-* geschrieben.

de|plat|zie|ren *tr. 3* versetzen, verrücken
de|plat|ziert unangebracht, unpassend, fehl am Platze (Bemerkung, Verhalten)
De|plat|zie|rung *f. 10*
de|pla|zie|ren (*alt für:* de|plat|zie|ren) *tr. 3*
de|pla|ziert (*alt für:* de|plat|ziert)
De|pla|zie|rung (*alt für:* De|plat|zie|rung) *f. 10*
De|po|la|ri|sa|ti|on [lat.] *f. 10 nur Sg.* Aufhebung der Polarisation in galvan. Elementen
De|po|la|ri|sa|tor *m. 13* chem. Stoff, der im galvan. Element die Polarisation verhindert
de|po|la|ri|sie|ren *tr. 3*
De|po|nens [lat.] *n. Gen. - Pl.* -nen|zi|en [-tsjən] *oder* -nen|tia [-tsja], *Gramm.:* Wort mit passiver Form und aktiver Bedeutung
De|po|nent *m. 10* jmd., der etwas deponiert, Hinterleger
De|po|nie *f. 10* Stelle, an der etwas abgelegt oder gelagert werden kann, z. B. Mülldeponie
de|po|nie|ren *tr. 3* in Verwahrung geben, hinterlegen

De|po|pu|la|ti|on [lat.] *f. 10, veraltet:* Entvölkerung
De|port [frz.] *m. 1 auch:* [-pɔr] *m. 9* Vergütung für früher als vereinbart erfolgende Lieferung; *Ggs.:* Report (2)
De|por|ta|ti|on [lat.] *f. 10* Zwangsverschickung, Verbannung
de|por|tie|ren *tr. 3*
De|por|tie|rung *f. 10*
De|po|si|tar, De|po|si|tär [lat.] *m. 1* jmd., der etwas Hinterlegtes verwahrt
De|po|si|ten *Pl. von* Depositum **1.** hinterlegte Wertgegenstände; **2.** verzinslich angelegte Gelder
De|po|si|ten|bank *f. 10*
De|po|si|ten|kas|se *f. 11*
De|po|si|ti|on *f. 10* **1.** Hinterlegung; **2.** Absetzung (bes. von Geistlichen)
De|po|si|to|ri|um *n. Gen.* -s *Pl.* -ri|en [lat.] Aufbewahrungs-, Hinterlegungsort, Tresor
De|po|si|tum *n. Gen.* -s *Pl.* -ta *oder* -si|ten [lat.] hinterlegter Gegenstand, Betrag
De|pot [-po, frz.] *n. 9* **1.** Aufbewahrungsort; **2.** Straßenbahnhof; **3.** *Med.:* Ablagerung, Ansammlung, Speicher; **4.** *Kurzwort für* Depotbehandlung; **5.** *schweiz.:* Pfand (für Entliehenes, z. B. Flaschen)
De|pot|be|hand|lung [-po-] *f. 10* Einspritzung von schwer lösl. Medikamenten, die nur langsam vom Körper absorbiert werden
De|pot|fett [-po-] *n. 1* im Körper gespeichertes Fett, das bei längerem Hungern verbraucht wird
De|pot|fund [-po-] *m. 1* Sammelfund von Gegenständen aus vorgeschichtl. Zeit
De|pot|ge|bühr [-po-] *f. 10* *Bankw.:* für die Verwahrung von Wertpapieren erhobene Vergütung
De|pot|prä|pa|rat [-po-] *n. 1* Medikament zur Depotbehandlung
De|pot|wech|sel [-po-] *m. 5* als Sicherheit hinterlegter Wechsel
De|pot|wir|kung [-po-] *f. 10* lang anhaltende Wirkung (von Depotpräparaten)
Depp *m. 10, süddt., schweiz., österr.:* Dummkopf, Tölpel, Trottel
De|pra|va|ti|on *auch:* **Dep|ra|va|ti|on** [-va-, lat.] *f. 10* **1.** Verschlechterung (eines Krankheitszustandes); **2.** Verringerung des Edelmetallgehalts (von Münzen)

de|pra|vie|ren *auch:* **dep|ra|vie|ren** [-vi-] **1.** *tr. 3* verringern; **2.** *intr. 3* sich verschlechtern
De|pres|si|on [lat.] *f. 10* **1.** Niedergeschlagenheit; **2.** wirtschaftlicher Tiefstand; **3.** *Meteor.:* Tiefdruckgebiet; **4.** *Geographie:* unter Meereshöhe liegendes Land; **5.** *Astron.:* Kimmtiefe
de|pres|siv niedergeschlagen, gedrückt (Stimmung)
de|pri|mie|ren [lat.] *tr. 3* niederdrücken, traurig machen, entmutigen
de|pri|miert niedergeschlagen, mutlos, schwermütig
De|pri|va|ti|on [-va-, lat.] *f. 10* Absetzung (eines kath. Geistlichen)
De pro|fun|dis [lat. »Aus der Tiefe« (rufe ich, Herr, zu dir), Anfangsworte des 130. Psalms] *n. Gen. - - nur Sg.* Klageruf
De|pu|tant [lat.] *m. 10* jmd., der auf ein Deputat Anspruch hat
De|pu|tat *n. 1* Naturalien als Teil des Lohns
De|pu|ta|ti|on *f. 10* Abordnung
De|pu|tat|lohn *m. 2*
de|pu|tie|ren *tr. 3* abordnen
De|pu|tier|te(r) *m. 18 (17) bzw. f. 17 oder 18* Abgeordnete(r)
De|pu|tier|ten|kam|mer *f. 11*
der 1. bestimmter Artikel; der Mann; **2.** *Gen. von* die; die Liebe d. Mutter; **3.** = dieser; d. und jener; d. ist der Schönste; **4.** = derjenige; das ist d., den ich gesehen habe
De|ran|ge|ment [-rãʒ(ə)mã, frz.] *n. 9, veraltet:* Verwirrung, Unordnung, Störung
de|ran|gie|ren [-rãʒi-] *tr. 3*
de|ran|giert [-rãʒirt] verwirrt, in Unordnung, zerzaust
der|art so; d. erschöpft, dass …; und zwar d., dass …

> **Derartiges:** Substantivierte Adjektive werden mit großem Anfangsbuchstaben geschrieben: *etwas Derartiges, etwas Schönes.* § 57 (1)

der|ar|tig so, solch; eine derartige Unverschämtheit; etwas Derartiges gibt es hier nicht
derb
Derb|heit *f. 10*
Der|by [engl. dabı, amerik.: də(r)bı, im Deutschen meist: dərbı, nach dem Begründer, Lord Edward Derby] *n. 9*
Der|by|ren|nen [engl. dabı-, amerik.: də(r)bı-, im Deutschen meist: dərbı-] *n. 7* Pferderennen
De|re|gu|lie|rung *f. 10*
der|einst
der|eins|tens *veraltet:* in ferner Zukunft

> **deren — derer:** *Deren* als Relativpronomen oder zurückweisendes Possessivpronomen bezieht sich stets auf eine Person oder einen Sachverhalt, die bereits genannt worden sind: *die Kollegin, mit deren kleinem Kind; die Kollegen und deren Familienangehörige; die Toten, deren wir gedenken; die Frau, deren Hobby Aquarellmalerei ist.* Die Form *derem* ist unzulässig (falsch: *in derem Hause*). Dagegen verweist *derer* stets auf Nachfolgendes: *die Begeisterung derer, die gekommen waren; das Schloss derer von Hohenlohe.*

de|ren 1. *Gen. Sg. f. und Gen. Pl. m., f., n. vom Relativpron.* die; die Frau, deren Kind ich sah; die Bäume, deren Laub gelb wird; **2.** *Gen. Sg. und Pl. vom Possessivpron.* ihr; meine Schwester, meine Tante und deren Sohn
de|rent|hal|ben [auch: de-], **de|rent|we|gen**; die Frau, d. er zurückgekommen ist
de|rent|wil|len; die Frau, um derentwillen er …
de|rer *Gen. Pl. von dem Demonstrativpron.* der, derjenige, jener; gedenkt derer, die …; die Söhne all derer, die …; der Besitz derer von Hohenzollern
der|ge|stalt so, in der Art; dergestalt, dass …
der|glei|chen; ich habe nichts d. gesehen; und dergleichen (*Abk.:* u. dgl.); und d. mehr; ich tat nicht d.: ich tat, als merkte ich es nicht
De|ri|vat [-vat, lat.] *n. 1* **1.** abgeleitete Verbindung, Abkömmling; **2.** abgeleitetes Wort, z. B. »ängstlich« von »Angst«; **3.** Organ, das sich entwicklungsgeschichtlich auf ein früheres zurückführen lässt
De|ri|va|ti|on [-va-] *f. 10* **1.** Ableitung; **2.** seitl. Abweichung (eines Geschosses) von der Visierlinie
de|ri|va|tiv [-va-] *Sprachw.:* durch Ableitung entstanden
De|ri|va|tiv [-va-] *n. 1,* **De|ri|va|ti|vum** [-vativum] *n. Gen. -s Pl. -va* [-va] abgeleitetes Wort
de|ri|vie|ren [-vi-] *tr. 3*
der|je|ni|ge *Gen.* des|je|ni|gen *Pl.* die|je|ni|gen
der|lei von dieser Art
Der|ma [griech.] *n. Gen. -s Pl.* -ma|ta, *Med.:* Haut
der|mal, der|ma|tisch die Haut betreffend, zu ihr gehörig
der|mal|einst *veraltet für* dereinst
der|ma|len *veraltet, noch österr.:* jetzt
Derm|al|gie *auch:* **Der|mal|gie** [griech.] *f. 11* Hautnervenschmerz
der|ma|lig *veraltet für* jetzig
der|ma|ßen so, derart; ich bin d. erschrocken, dass …
Der|ma|ti|kum [griech. + lat.] *n. Gen. -s Pl. -ka* Hautmittel
der|ma|tisch s. **der|mal**
Der|ma|ti|tis [griech.] *f. Gen. - Pl.* -ti|ti|den Hautentzündung
Der|ma|to|gen *n. 1* die Haut erzeugendes Bildungsgewebe
Der|ma|to|lo|ge *m. 11*
Der|ma|to|lo|gie *f. 11 nur Sg.* Wissenschaft von den Hautkrankheiten
der|ma|to|lo|gisch
Der|ma|tom *n. 1* Hautgeschwulst
Der|ma|to|my|ko|se *f. 11* Pilzflechte
Der|ma|to|plas|tik *f. 10* s. **Der|mo|plas|tik**
Der|ma|to|se *f. 11* Hautkrankheit
Der|ma|to|zo|on *n. Gen. -s Pl.* -zo|en Hautschmarotzer, z. B. Milbe
Der|ma|zo|o|no|se *f. 11* durch Hautschmarotzer verursachte Hautkrankheit
Der|mo|graph *auch:* **Der|mo|graf** *m. 10* Fettstift zum Markieren von Stellen auf der Haut
Der|mo|plas|tik, Der|ma|to|plas|tik *f. 10* operativer Ersatz eines erkrankten oder verletzten Hautstücks durch ein gesundes, Hautplastik
Der|nier Cri (*alt:* Der|nier cri) [dɛrnje kri, frz.] *m. Gen. - - Pl. -s -s* [-nje kriz] »letzter Schrei«, letzte Neuheit der Mode
de|ro *veraltet:* deren
De|ro *in der Anrede, veraltet:* Euer
De|ro|ga|ti|on [lat.] *f. 10* **1.** Beschränkung; **2.** teilweise Aufhebung (eines Gesetzes)
de|ro|ga|tiv, de|ro|ga|to|risch 1. beschränkend; **2.** teilweise aufhebend

D

D

de|ro|gie|ren *tr. 3*
de|ro|hal|ben *veraltet:* deshalb
De|route [-rut, frz.] *f. 11, veraltet* **1.** *Mil.:* wilde Flucht; **2.** *Börse:* Kurs-, Preissturz
de|rou|tie|ren [-ru-] *tr. 3* vom Weg abbringen, verwirren
der|sel|be *Gen.* des|sel|ben *Pl.* die|sel|ben; ein und derselbe; mit ein(em) und demselben Stift geschrieben; wir benutzen ein(en) und denselben
Der|sel|be (*Abk.:* Ders.) *in Bibliografien:* derselbe Verfasser
der|sel|bi|ge *veraltet:* derselbe
De|ru|ta|wa|re *f. 11* Keramik aus der ital. Stadt Deruta (Umbrien)
der|weil, der|wei|len
Der|wisch [pers.] *m. 1* muslimischer Bettelmönch
der|zeit **1.** (*Abk.:* dz.) jetzt, augenblicklich, zur Zeit; das derzeit übliche Verfahren; **2.** *veraltet:* früher, damals
der|zei|tig jetzig
des **1.** *Gen. Sg. von* der *und* das; **2.** *veraltet:* dessen; wes Brot ich esse, des Lied ich singe; des kannst du gewiss sein
des *n. Gen. - Pl. -* **1.** das um einen halben Ton erniedrigte d; **2.** *kurz für* des-Moll
Des *n. Gen. - Pl. -, Mus.* **1.** das um einen halben Ton erniedrigte D; **2.** *kurz für* Des-Dur
des. *Abk. für* designatus
des..., Des... [lat.] *in Zus.:* ent..., Ent...
des|ak|ti|vie|ren [-vi-] *tr. 3*
Des|an|ne|xi|on [lat.] *f. 10* Rückgängigmachen einer Annexion
des|ar|mie|ren [lat.] *tr. 3* **1.** entwaffnen; **2.** *Fechten:* den Gegner d.: ihm die Klinge aus der Hand schlagen
De|sas|ter [frz.] *n. 5* Unheil, Unglück, Zusammenbruch
des|a|vou|ie|ren *auch:* **de|sa|vou|ie|ren** [-vu-, frz.] *tr. 3* **1.** leugnen; **2.** im Stich lassen, bloßstellen
Des|cartes, *René* [dekart, rane] frz. Mathematiker und Philosoph; vgl. kartesianisch
Des-Dur *n. Gen. - nur Sg.* (*Abk.:* Des) eine Tonart
Des-Dur-Ton|lei|ter *f. 11*
Des|en|ga|ge|ment [-ãgaʒmã] *n. 9, frz. Form von* Disengagement
De|sen|si|bi|li|sa|ti|on [lat.] *f. 10* das Desensibilisieren
De|sen|si|bi|li|sa|tor *m. 13* Farbstoff, der Filme desensibilisiert
de|sen|si|bi|li|sie|ren *tr. 3* **1.** weniger empfindl. machen; **2.** *Fot.:* lichtunempfindl. machen
De|sen|si|bi|li|sie|rung *f. 10*
De|ser|teur [-tør, frz.] *m. 1* fahnenflüchtiger Soldat
de|ser|tie|ren *intr. 3*
De|ser|ti|fi|ka|ti|on *f. 10 nur Sg.* Zunahme von Wüsten, Austrocknung (der Erdoberfläche)
De|ser|ti|on *f. 10* Fahnenflucht
des|falls *veraltet:* für diesen Fall
desgl. *Abk. für* desgleichen
des|glei|chen (*Abk.:* desgl.) ebenso, gleichfalls
des|halb
de|si|de|ra|bel [lat.] wünschenswert
De|si|de|rat *n. 1,* **De|si|de|ra|tum** *n. Gen. - Pl.* -ta etwas Erwünschtes, z. B. ein für die Bibliothek zur Anschaffung empfohlenes Buch
De|sign [dɪzaɪn, engl.] *n. 9* **1.** Plan, Entwurf; **2.** Muster, Modell; **3.** Formgebung, künstlerische Gestaltung

♦ Die Buchstabenfolge **de|si|gn...** kann in Fremdwörtern auch **de|sig|n...** getrennt werden.

♦ **De|si|gna|ti|on** [lat.] *f. 10* **1.** Bezeichnung, Bestimmung; **2.** vorläufige Ernennung
♦ **de|si|gna|tus** (*Abk.:* des.) bestimmt, vorgesehen, im Voraus ernannt
♦ **De|si|gner** [dɪzaɪnə(r), engl.] *m. 5* Fachmann, der Formen für Gebrauchsgüter entwirft und gestaltet
♦ **De|si|gner|dro|ge** [dɪzaɪnə(r)-] *f. 11* Rauschgift, das von jmdm. mit guter Kenntnis chemisch-physischer Wirkungen nach eigenem Gutdünken gemixt wurde
♦ **De|si|gner|mo|de** [dɪzaɪnə(r)-] *f. 11*
♦ **de|si|gnie|ren** [lat.] *tr. 3* **1.** bezeichnen, bestimmen; **2.** im Voraus ernennen, (für ein Amt) vorsehen
Des|il|lu|si|on [frz.] *f. 10* Enttäuschung, Ernüchterung
des|il|lu|si|o|nie|ren *tr. 3* der Illusionen berauben, ernüchtern
Des|il|lu|si|o|nis|mus *m. Gen. - nur Sg.* illusionslose Weltbetrachtung
Des|in|fek|ti|on [lat.] *f. 10* Vernichtung von Kranheitserregern mit chem. Mitteln
Des|in|fek|ti|ons|mit|tel *n. 5*
Des|in|fek|tor *m. 13* Fachmann für Desinfektion
Des|in|fi|zi|ens *n. Gen. - Pl.* -zi|en|tia [-tsja] *oder* -zi|en|zi|en keimtötendes Mittel
des|in|fi|zie|ren *tr. 3* von Krankheitserregern befreien
Des|in|fi|zie|rung *f. 10*
Des|in|fla|ti|on [lat.] *f. 10* Bekämpfung einer Inflation durch Deflationspolitik
Des|in|for|ma|ti|on [lat.] *f. 10* bewusst falsche Information
Des|in|te|gra|ti|on *auch:* **Des|in|teg|ra|ti|on** [lat.] *f. 10* Spaltung, Auflösung (eines Ganzen in seine Teile)
Des|in|te|gra|tor *auch:* **Des|in|teg|ra|tor** *m. 13* Schlag- und Schleudermaschine
des|in|te|grie|ren *auch:* **des|in|teg|rie|ren** *tr. 3* auflösen
des|in|te|grie|rend *auch:* **des|in|teg|rie|rend** nicht notwendig
Des|in|te|grie|rung *auch:* **Des|in|teg|rie|rung** *f. 10*
Des|in|ter|es|se *auch:* **Des|in|te|res|se** [lat.] *n. Gen. -s nur Sg.* Mangel an Interesse, Gleichgültigkeit
des|in|ter|es|siert *auch:* **des|in|te|res|siert**
Des|ja|ti|ne *f. 11* s. **Dess|ja|ti|ne**
De|skrip|ti|on *auch:* **Des|krip|ti|on, Desk|rip|ti|on** [lat.] *f. 10* Beschreibung
de|skrip|tiv *auch:* **des|krip|tiv, desk|rip|tiv** beschreibend
Desk|top|pu|bli|shing *auch:* **Desk|top|pub|li|shing** (*alt:* Desk|top pu|bli|shing) [-pʌblɪʃɪŋ, engl.] *n. Gen. - nur Sg.* Herstellen von Druckartikeln im eigenen Büro unter Einsatz eines Computers mit grafischen Einrichtungen
des-Moll *n. Gen. - nur Sg.* (*Abk.:* des) eine Tonart
des-Moll-Ton|lei|ter *f. 11*
Des|o|do|rant *auch:* **De|so|do|rant** *n. Gen. -s Pl. -e oder -s* = **De|o|do|rant**
des|o|do|rie|ren *auch:* **de|so|do|rie|ren, des|o|do|ri|sie|ren** *auch:* **de|so|do|ri|sie|ren** *tr. 3* von schlechtem Geruch befreien
Des|o|do|rie|rung *auch:* **De|so|do|rie|rung, Des|o|do|ri|sie|rung** *auch:* **De|so|do|ri|sie|rung** *f. 10*
de|so|lat [lat.] trostlos, traurig
Des|or|dre *auch:* **De|sord|re** [dezɔrdrə, frz.] *m. 9, veraltet:* Unordnung

Des|or|ga|ni|sa|ti|on [lat.] *f. 10* **1.** Auflösung, Zerrüttung; **2.** mangelhafte Organisation
des|or|ga|ni|sie|ren *tr. 3* in Unordnung bringen
des|or|ga|ni|siert **1.** in Unordnung geraten; **2.** mangelhaft organisiert
des|o|ri|en|tiert [lat.] nicht oder falsch unterrichtet, nicht orientiert
Des|o|ri|en|tiert|heit *f. 10 nur Sg.*
Des|o|xi|da|ti|on [lat. + griech.] *f. 10* Entzug von Sauerstoff
des|o|xi|die|ren *tr. 3* von Sauerstoff befreien
de|spek|tier|lich *auch:* **des|pek|tier|lich** [lat.] respektlos, geringschätzig
De|spe|ra|do *auch:* **Des|pe|ra|do** [span. »verzweifelt«] *m. 9* **1.** politischer Heißsporn, Umstürzler; **2.** anarchistischer, asozialer Draufgänger
de|spe|rat *auch:* **des|pe|rat** [lat.] verzweifelt, hoffnungslos
Des|pot [griech.] *m. 10* **1.** Gewaltherrscher, Tyrann; **2.** *übertr.:* herrischer Mensch
Des|po|tie *f. 11* Gewaltherrschaft
des|po|tisch
des|po|ti|sie|ren *tr. 3* despotisch behandeln, tyrannisch beherrschen
Des|po|tis|mus *m. Gen. - nur Sg.* System, Zustand einer Despotie
des|sel|ben vgl. dasselbe
des|sen **1.** *Gen. Sg. vom Relativpron.* der, das; der Freund, dessen wir gedenken; **2.** *Gen. Sg. vom Demonstrativpron.* dieser, dieses; ich erinnere mich dessen nicht; dessen bin ich sicher; **3.** *Gen. Sg. vom Possessivpron.* sein; mein Freund, sein Sohn und dessen Frau; dessen ungeachtet
des|sent|hal|ben, des|sent|we|gen [auch: des-]
des|sent|wil|len [auch: des-]; das ist der Freund, um d. ich das getan habe
des|sen un|ge|ach|tet (*alt:* dessen|un|ge|ach|tet)
Des|sert [dɛsɛ̲r, frz.] *n. 9* Nachspeise
Des|sert|tel|ler [dɛsɛ̲r-] *m. 5*
Des|sert|wein [dɛsɛ̲r-] *m. 1* süßer, alkoholreicher Wein, Südwein
Des|sin [dɛsɛ̲̃, frz.] *n. 9* **1.** Muster, Musterzeichnung, Entwurf; **2.** *Billard:* Weg des gestoßenen Balls
Des|si|na|teur [-tø̲r] *m. 1* jmd., der Muster entwirft
des|si|nie|ren *tr. 3* (Muster) entwerfen, zeichnen
Dess|ja|ti|ne [russ.] *f. 11* russ. Flächenmaß, 1,0925 ha
Des|sous [dəsu̲, frz.] *n. Gen. - Pl. -* [dəsu̲z] *meist Pl.* Unterwäsche (für Damen)
de|sta|bi|li|sie|ren [lat.] *tr. 3* instabil, unbeständig machen

> ♦ Die Buchstabenfolge **de|sti...** kann in Fremdwörtern auch **des|ti...** getrennt werden.

♦ **De|stil|lat** [lat.] *n. 1* Produkt der Destillation
♦ **De|stil|la|teur** [-tø̲r] *m. 1* **1.** Branntweinbrenner; **2.** Branntwein-Schankwirt
♦ **De|stil|la|ti|on** *f. 10* **1.** Verdampfung und Wiederverflüssigung einer Flüssigkeit, um sie von Feststoffen oder anderen Flüssigkeiten zu trennen; **2.** Branntweinbrennerei oder -ausschank
♦ **de|stil|la|tiv** mittels Destillation
♦ **De|stil|le** *f. 11, ugs.:* Branntweinschenke
♦ **de|stil|lie|ren** *tr. 3* mittels Destillation trennen; destilliertes Wasser: chemisch reines Wasser
♦ **De|stil|lier|kol|ben** *m. 7*
♦ **De|sti|na|tar, De|sti|na|tär** [lat.] *m. 1* Empfänger einer Schiffsfracht
♦ **De|sti|na|ti|on** *f. 10* Bestimmung, Endzweck
♦ **de|sti|tu|ie|ren** [lat.] *tr. 3, veraltet:* seines Amtes entheben, absetzen
♦ **De|sti|tu|ti|on** *f. 11*
des|to umso; desto mehr; je länger du zögerst, desto weniger Erfolg wirst du haben; *aber:* nichtsdestoweniger
de|stru|ie|ren *auch:* **des|tru|ie|ren, dest|ru|ie|ren** [lat.] *tr. 3* zerstören
De|struk|ti|on *auch:* **Des|truk|ti|on, Dest|ruk|ti|on** *f. 10* **1.** Zerstörung; **2.** *Geol.:* Abtragung durch Verwitterung
de|struk|tiv *auch:* **des|truk|tiv, dest|ruk|tiv** zersetzend, zerstörend; *Ggs.:* konstruktiv
de|sul|to|risch [lat.] wankelmütig, unbeständig
des un|ge|ach|tet (*alt:* des|un|geach|tet) [auch: - -ạch-]
des|we|gen
des|wil|len; um deswillen

> ♦ Die Buchstabenfolge **de|szen...** kann in Fremdwörtern auch **des|zen...** getrennt werden.

♦ **de|szen|dent, de|szen|die|rend** [lat.] nach unten sinkend (Wasser, Ablagerungen)
♦ **De|szen|dent** *m. 10* **1.** Nachkomme, Abkömmling; **2.** *Astron.:* Untergangspunkt eines Gestirns; Gestirn im Untergang; *Ggs.:* Aszendent
♦ **De|szen|denz** *f. 10 nur Sg.* **1.** Abstammung; **2.** Nachkommenschaft; **3.** *f. 10 Astron.:* Untergang (eines Gestirns); *Ggs.:* Aszendenz
♦ **De|szen|denz|the|o|rie** *f. 11* Abstammungslehre
♦ **de|szen|die|ren** *intr. 3* sinken, absteigen, untergehen; *Ggs.:* aszendieren
♦ **de|szen|die|rend** s. **de|szen|dent**
De|tache|ment [-taʃmã̲, frz.] *n. 9, schweiz.:* [-mẹnt] *n. 1, veraltet:* Truppenabteilung mit bes. Aufgaben
De|ta|cheur [-ʃø̲r] *m. 1* **1.** *chem. Reinigung:* Fachmann zum Fleckenentfernen; **2.** Müllereimaschine zum Lockern des Mahlguts
De|ta|cheu|se [-ʃø̲-] *f. 11* weibl. Detacheur (1)
de|ta|chie|ren [-ʃi̲-] *tr. 3* **1.** (mit bes. Aufgaben) abkommandieren; **2.** von Flecken reinigen; **3.** auflockern (Mahlgut)
De|tail [frz.: -ta̲j] *n. 9* Einzelheit, Einzelteil
De|tail|han|del [frz.: -ta̲j-] *m. Gen. -s nur Sg.* Einzelhandel
de|tail|lie|ren [-taji̲-] *tr. 3* im Einzelnen erklären, darlegen
de|tail|liert [-taj-]; detaillierte Beschreibung
de|tail|reich [frz.: -ta̲j-]
De|tail|list [-taji-] *m. 10, veraltet:* Einzelhändler
De|tail|ver|kauf [frz.: -ta̲j-] *m. 2*
De|tek|tei [lat.] *f. 10* Ermittlungs-, Detektivbüro
De|tek|tiv *m. 1*
De|tek|tiv|in|sti|tut *auch:* **De|tek|tiv|ins|ti|tut** *n. 1*
De|tek|tiv|ro|man *m. 1*
De|tek|tor *m. 13* **1.** Hochfrequenzgleichrichter, Demodulator; **2.** Wünschelrute
Dé|tente [detã̲t, frz.] *f. 11 nur Sg.* (polit.) Entspannung
De|ter|gens [lat.] *n. Gen. - Pl. -gen|tia* [-tsja] oder *-gen|zi|en meist Pl.* **1.** die Oberflächenspan-

D

nung des Wassers herabsetzender Stoff (in Waschmitteln); **2.** Mittel zur Wundreinigung

De|te|ri|o|ra|ti|on [lat.] *f. 10* Verschlechterung, Wertminderung

de|te|ri|o|rie|ren *tr. 3* verschlechtern, im Wert mindern

De|te|ri|o|rie|rung *f. 10*

D

De|ter|mi|nan|te [lat.] *f. 11* **1.** spezieller Ausdruck der Algebra zur Lösung von Gleichungen; **2.** umstrittener (ungeklärter) physiologischer Entwicklungsfaktor

De|ter|mi|na|ti|on *f. 10* **1.** Begriffsbestimmung durch Einengung; **2.** Festlegung der Entwicklungsrichtung eines bestimmten Keimteils

de|ter|mi|na|tiv festlegend, bestimmend

De|ter|mi|na|tiv *n. 1,* **De|ter|mi|na|ti|vum** [-vum] *n. Gen.* -s *Pl.* -va [-va] **1.** Determinativpronomen, Art des Demonstrativpronomens mit heraushebender Funktion, z. B. derjenige; **2.** zusammengesetztes Wort, dessen erster Teil den zweiten näher bestimmt, z. B. Handtuch, fettarm

de|ter|mi|nie|ren *tr. 3* festlegen, bestimmen

De|ter|mi|niert|heit *f. 10 nur Sg.*

De|ter|mi|nis|mus *m. Gen. - nur Sg.* philosoph. Lehre, dass 1. alle Vorgänge vorbestimmt seien, 2. der menschl. Wille von äußeren Ursachen abhängig und daher nicht frei sei; *Ggs.:* Indeterminismus

De|ter|mi|nist *m. 10* Anhänger des Determinismus

de|ter|mi|nis|tisch

de|tes|ta|bel [lat.] *veraltet:* verabscheuenswürdig, abscheulich; sie findet die Welt d.

de|tes|tie|ren *tr. 3, veraltet:* verabscheuen

Det|lef, Det|lev männl. Vorname

De|to|na|ti|on [lat.] *f. 10* **1.** mit Knall und Gasentwicklung verbundene Zersetzung von explosiven Stoffen mit starker Sprengwirkung; vgl. Deflagration, Explosion; **2.** unreines Singen oder Spielen

De|to|na|tor *m. 13* Zündkörper

de|to|nie|ren *intr. 3* **1.** sich in Form einer Detonation zersetzen; **2.** unrein singen oder spielen

De|tri|ment *auch:* **Det|ri|ment** [lat.] *n. 1, veraltet:* Schaden, Verlust (bes. durch Abnutzung)

De|tri|tus *auch:* **Det|ri|tus** *m. Gen. - nur Sg.* **1.** *Med.:* breiig zerfallenes Gewebe; **2.** zerriebenes Gestein, Gesteinsschutt; **3.** unbelebte Schwebe- und Sinkstoffe in Gewässern

det|to *österr., schweiz. für* dito

De|tu|mes|zenz [lat.] *f. 10 nur Sg.* Abschwellen (einer Schwellung oder entzündl. Geschwulst)

Deu|bel *m. 5, nord-, mitteldt.:* Teufel

deucht vgl. dünken

Deu|ka|li|on *griech. Myth.:* dem bibl. Noah entsprechende Sagengestalt

De|us ex Ma|chi|na (*alt:* De|us ex ma|chi|na) [-xi-, lat., »der Gott aus der Maschine«] *m. Gen. - - - nur Sg.* **1.** *im antiken Theater:* mittels einer mechan. Vorrichtung auf der Bühne erscheinende und den Konflikt lösende Göttergestalt; **2.** *übertr.:* unerwarteter Helfer

Deut *m. 9, früher:* kleine Kupfermünze; *heute nur noch in Wendungen wie* das ist keinen Deut wert, ich kümmere mich keinen Deut darum

Deu|te|lei *f. 10* kleinl. Auslegung, Spitzfindigkeit

deu|teln *intr. 1;* ich deutele, deutle

deu|ten *tr. 2*

Deu|ter *m. 5*

Deu|ter|a|go|nist *auch:* **Deu|te|ra|go|nist** [griech.] *m. 10, im altgriech. Theater:* zweiter Schauspieler; vgl. Protagonist, Tritagonist

Deu|te|ri|um [griech.] *n. Gen.* -s *nur Sg.* (*Zeichen:* D) Isotop des Wasserstoffs

Deu|te|ro|je|sa|ja [griech.] *m. Gen. - nur Sg.* der unbekannte Verfasser eines Teils des Buches Jesaja der Bibel

Deu|te|ron [griech.] *n. Gen.* -s *Pl.* -ro|nen Atomkern des Deuteriums

Deu|te|ro|no|mi|um [griech.] *n. Gen.* -s *nur Sg.* das 5. Buch Mose

Deut|ler *m. 5*

deut|lich; auf das, aufs Deutlichste *oder* deutlichste; jmdm., sich etwas d. machen

Deut|lich|keit *f. 10*

deut|lich|keits|hal|ber

Deu|to|plas|ma [griech.] *n. Gen.* -s *Pl.* -men im Eiplasma als Reservestoffe gespeicherte Nährstoffe, Dotter

deutsch — Deutsch: Die bisherige Unsicherheit (*auf deutsch, sie spricht Deutsch/deutsch*) ist beseitigt; die Großschreibung dominiert: *auf Deutsch, in Deutsch, im Deutschen, das Deutsch, er spricht Deutsch, sie unterrichtet Deutsch, der Deutsche Schäferhund, der Deutsch-Französische Krieg.* § 57 (1)
In Ausnahmefällen ist Kleinschreibung zulässig: *Sie spricht deutsch.* § 57 E2

deutsch *Kleinschreibung:* die deutsche Bundesrepublik (kein Titel! Offizieller Titel: Bundesrepublik Deutschland); deutsche Buchführung; ein deutsch-französischer Krieg; *aber:* der Deutsch-Französische Krieg von 1870/71; nach deutschem Recht; die deutsche Schweiz; deutsche Sprache; deutsch-italienisches Wörterbuch; auf deutsche Art, in deutschem Wortlaut; deutsch sprechen: in deutscher Sprache sprechen; deutsch unterrichten: in deutscher Sprache unterrichten; *Großschreibung: a)* Deutsche Angestellten-Krankenkasse (*Abk.:* DAK); Deutsche Angestellten-Gewerkschaft (*Abk.:* DAG); Deutsches Arzneibuch (*Abk.:* DAB); Deutsche Bahn AG (*Abk.:* DB); Deutsche Bibliothek (Frankfurt, Leipzig); Deutsches Bundespatent (*Abk.:* DBP); Deutsche Demokratische Republik (*Abk.:* DDR); Deutsche Forschungsgemeinschaft (*Abk.:* DFG); Deutscher Gewerkschaftsbund (*Abk.:* DGB); der Deutsch-Französische Krieg 1870/71; Deutsche Jugendherberge (*Abk.:* DJH); der Deutsche Krieg 1866; *aber:* ein deutscher Krieg; Deutsche Lebens-Rettungs-Gesellschaft (*Abk.:* DLRG); Deutsche Mark (*Abk.:* DM); Deutsche Post AG; *DDR:* Deutsche Reichsbahn (*Abk.:* DR); der Deutsche Orden; das Deutsche Reich; Deutsches Rotes Kreuz (*Abk.:* DRK); Deutscher Schäferhund; *b)* auf Deutsch; zu Deutsch; auf gut Deutsch; die Deutsch sprechenden Länder

Deutsch *n. Gen. - oder* -s die deutsche Sprache; (vgl. das Deutsche); ich kann, lehre, spreche,

verstehe (kein) Deutsch; er unterrichtet Deutsch (als Fach); *aber:* er unterrichtet deutsch (in deutscher Sprache); sein Deutsch ist mangelhaft; er kann, spricht, versteht kein Wort Deutsch; er spricht gut, schlecht Deutsch, gutes, schlechtes Deutsch; er spricht ein nahezu einwandfreies Deutsch; er hat in Deutsch eine Eins; Unterricht in Deutsch halten, haben, erteilen, bekommen; daneben steht der Text in Deutsch; im modernen Deutsch; die Aussprache seines Deutsch(s)
Deutsch|a|me|ri|ka|ner *m. 5* Amerikaner deutscher Abstammung
deutsch|a|me|ri|ka|nisch die Deutschamerikaner betreffend
deutsch-a|me|ri|ka|nisch Deutschland und Amerika betreffend, zwischen Deutschland und Amerika bestehend; deutsch-amerikanischer Schüleraustausch
Deut|sche *n. 18* die deutsche Sprache; aus dem Deutschen, ins Deutsche übersetzen; im Deutschen wird das anders genannt
Deut|sche(r) *m. 18 (17) bzw. f. 17 oder 18;* ich bin Deutscher; sie ist Deutsche; der Deutsche ist, hat, wird …; ich als Deutscher; wir Deutschen (*auch:* wir Deutsche); alle Deutschen
Deut|schen|feind *m. 1*
Deut|schen|freund *m. 1*
Deut|schen|hass (*alt:* Deut|schen|haß) *m. 1 nur Sg.*
deutsch|feind|lich
Deutsch|feind|lich|keit *f. 10 nur Sg.*
deutsch|freund|lich
Deutsch|freund|lich|keit *f. 10 nur Sg.*
Deutsch|her|ren *Pl.* Angehörige des Deutschen Ordens
Deutsch|kun|de *f. 11 nur Sg.*
deutsch|kund|lich
Deutsch|land *n. Gen.* -(s) *nur Sg.;* des heutigen Deutschland(s)
Deutsch|land|ra|dio *n. 9*
deutsch|land|weit
Deutsch|leh|rer *m. 5*
Deutsch|meis|ter *m. 5* oberster Verwalter des Dt. Ordens in Deutschland
deutsch|na|ti|o|nal
Deutsch|na|ti|o|na|le(r) *m. 18 (17) bzw. f. 17 oder 18*
Deutsch|or|dens|rit|ter *m. 5*
Deutsch|rit|ter|or|den [auch: -rit-] *m. 7 nur Sg.*
Deutsch|schwei|zer *m. 5*
deutsch|schwei|ze|risch vgl. deutschamerikanisch; aber: deutsch-schwei|ze|risch
deutsch|spra|chig in deutscher Sprache; deutschsprachiges Lehrbuch; die deutschsprachige Bevölkerung; deutschsprachiger Unterricht: in deutscher Sprache gehaltener Unterricht
deutsch|sprach|lich die deutsche Sprache betreffend; deutschsprachlicher Unterricht: U. über die deutsche Sprache, in der deutschen Sprache
Deutsch sprechend (*alt:* deutsch|spre|chend)
Deutsch|tü|me|lei *f. 10 nur Sg.* übertriebene Betonung alles Deutschen
Deutsch|un|ter|richt *m. 1 nur Sg.*
Deu|tung *f. 10*
Deu|tungs|ver|such *m. 1*
Deut|zie [-tsjə, nach dem Holländer Joh. van der Deutz] *f. 11* ein Zierstrauch
Deux|pi|èces *auch:* **Deux-Pi|èces** (*alt:* Deux-pièces) [dø:pjɛs, frz.] *n. Gen.* - *Pl.* - zweiteiliges Damenkleid
De|val|va|ti|on [-valva-, lat.] *f. 10* Abwertung einer Währung
de|val|va|ti|o|nis|tisch, de|val|va|to|risch [-valva-] abwertend; devalvatorische Maßnahmen
de|val|vie|ren [-valvi-] *tr. 3*
De|vas|ta|ti|on [-vas-, lat.] *f. 10* Verwüstung, Verheerung
de|vas|tie|ren [-vas-] *tr. 3*
De|ver|ba|tiv *n. 1,* **De|ver|ba|ti|vum** [-vɛr-, lat.] *n. Gen.* -s *Pl.* -va [-va-] von einem Verb abgeleitetes Substantiv oder Adjektiv, z. B. »Bestimmung« von »bestimmen«, »fügsam« von »fügen«
De|vi|a|ti|on [-vi-, lat.] *f. 10* Abweichung von der Richtung
De|vi|a|ti|o|nist [-vi-] *m. 10* jmd., der von der Parteilinie abweicht
de|vi|ie|ren [-vi-] *intr. 3*
De|vi|se [-vi-, frz.] *f. 11* **1.** Wahlspruch, Motto; **2.** Zahlungsmittel in ausländ. Währung
De|vi|sen|kurs [-vi-] *m. 1*
De|vi|sen|ver|kehr [-vi-] *m. 1 nur Sg.*
De|vo|lu|ti|on [-vo-, lat.] *f. 10* Übergang eines Rechtes oder Besitzes auf einen anderen
de|vol|vie|ren [-vɔlvi-] *tr. 3* **1.** abwälzen; **2.** an eine höhere Instanz weitergeben (Rechtssache)
De|von [-von, nach der engl. Grafschaft Devonshire] *n. Gen.* -s *nur Sg.* eine Formation des Paläozoikums
de|vo|nisch [-vo-]
de|vot [-vot, lat.] übertrieben diensteifrig, allzu ergeben, unterwürfig
De|vo|ti|on [-vo-] *f. 10 nur Sg.* Unterwürfigkeit
De|vo|ti|o|na|li|en [-vo-] *Pl.* Andachtsgegenstände, z. B. Heiligenbild, Rosenkranz
De|wa|na|ga|ri [Sanskrit] *f. Gen.* - *nur Sg.* ind. Schrift, in der das Hindi geschrieben wird
De|xi|o|gra|phie *auch:* **De|xi|o|gra|fie** [griech.] *f. 11 nur Sg.* Schreiben von links nach rechts
de|xi|o|gra|phisch *auch:* **de|xi|o|gra|fisch**
dex|tro|gyr *auch:* **dext|ro|gyr** [lat. + griech.] (*Zeichen:* d) *Phys.:* die Ebene des polarisierten Lichts nach rechts drehend; *Ggs.:* lävogyr
Dex|tro|kar|die *auch:* **Dext|ro|kar|die** [lat.] *f. 11* angeborene Verlagerung des Herzens nach rechts
Dex|tro|se *auch:* **Dext|ro|se** *f. 11 nur Sg.* Traubenzucker
Dez *m. 1, mitteldt. ugs.:* Kopf
De|zem|ber *m. Gen.* -(s) *Pl.* - (*Abk.:* Dez.)
De|zem|vir [-vir] *m. Gen.* -s *oder* -n *Pl.* -n Angehöriger des Dezemvirats
De|zem|vi|rat [-vi-] *n. 1, im alten Rom:* Zehnmännerkollegium
De|zen|ni|um *n. Gen.* -s *Pl.* -ni|en Zeitraum von 10 Jahren, Jahrzehnt
de|zent [lat.] **1.** anständig, schicklich; *Ggs.:* indezent; **2.** unaufdringlich, nicht unangenehm auffallend; ein dezentes Parfüm; die Räume sind dezent eingerichtet; **3.** gedämpft (z. B. Musik, Beleuchtung)
de|zen|tral *auch:* **de|zent|ral** [lat.] vom Mittelpunkt, Zentrum entfernt
De|zen|tra|li|sa|ti|on *auch:* **De|zent|ra|li|sa|ti|on** *f. 10 nur Sg.* Aufteilung der Verwaltung auf untergeordnete oder provinzielle Behörden
de|zen|tra|li|sie|ren *auch:* **de|zent|ra|li|sie|ren** *tr. 3*
De|zen|tra|li|sie|rung *auch:* **De|zent|ra|li|sie|rung** *f. 10 nur Sg.*

D

De|zęnz [lat.] *f. 10 nur Sg.* Anstand, Schicklichkeit, Unaufdringlichkeit; *Ggs.:* Indezenz
De|zer|nat [lat.] *n. 1* Aufgaben-, Bearbeitungs-, Geschäfts-, Sachbereich
De|zer|nęnt *m. 10* **1.** Leiter eines Dezernats, Sachbearbeiter; **2.** Berichterstatter (einer übergeordneten Dienststelle gegenüber)
De|zi... (*Abk.:* d) *vor Maßeinheiten:* Zehntel...
De|zi|bęl *n. Gen.* -s *Pl.* - (*Abk.:* db) ¹⁄₁₀ Bel
de|zi|die|ren [lat.] *tr. 3, veraltet:* entscheiden
de|zi|diert *österr., schweiz.:* entschieden, entschlossen, unwiderruflich
De|zi|grąmm [lat. + griech.] *n. Gen.* -s *Pl.* - (*Abk.:* dg) ¹⁄₁₀ Gramm
De|zi|li|ter *n. 5 oder m. 5* (*Abk.:* dl) ¹⁄₁₀ Liter
de|zi|mal [lat.] auf der Zahl 10 beruhend
De|zi|mal|bruch *m. 2* durch Komma bezeichneter Bruch, dessen Nenner mit einer Potenz aus 10 gebildet ist
De|zi|ma|le *f. 11* Dezimalzahl, rechts vom Komma eines Dezimalbruchs stehende Zahl
De|zi|mal|klas|si|fi|ka|ti|on *f. 10* (*Abk.:* DK) System für Bibliotheken zur Ordnung des gesamten Wissens in zehn Klassen, die nach dem Dezimalsystem weiter untergliedert werden
De|zi|mal|sys|tem *n. 1* auf der Zahl 10 beruhendes Rechensystem, dekadisches System
De|zi|mal|waa|ge *f. 11* Waage, bei der das Verhältnis von Last und Gewichtsstück 10:1 beträgt
De|zi|mal|zahl *f. 10* Dezimale
De|zi|me [lat.] *f. 11* **1.** 10. Ton der diaton. Tonleiter; **2.** Intervall aus 10 Tonstufen; **3.** Strophenform aus 10 Zeilen
De|zi|me|ter [auch: -me-, lat. + griech.] *n. 5, ugs.: m. 5* (*Abk.:* dm) ¹⁄₁₀ Meter
de|zi|mie|ren *tr. 3* **1.** *früher:* durch Hinrichten jedes 10. Mannes bestrafen (Truppen); **2.** *heute:* stark verringern
De|zi|mie|rung *f. 10* drastische Verminderung
De|zi|si|on [lat.] *f. 10* Entscheidung
de|zi|siv entscheidend, bestimmt

DFB *Abk. für* Deutscher Fußball-Bund
dg *Abk. für* Dezigramm
Dg *Abk. für* Dekagramm
D. G. *Abk. für* Dei gratia
DGB *Abk. für* Deutscher Gewerkschaftsbund
DGB-ei|gen
dgl. *Abk. für* dergleichen
d. Gr. *Abk. für* der Große, z. B. Peter d. Gr.
d. h. *Abk. für* das heißt
Dhą|ka Hauptstadt von Bangladesch
Dhar|ma [Sanskrit] *n. Gen.* -(s) *Pl.* -s, *ind. Relig.:* Gesetz, Lehre, bes. die Lehre Buddhas
Dhau *f. 10* s. **Dau**
d'hǫndt|sches Sys|tem *auch:* **d'Hǫndt'|sches Sys|tem** (*alt:* d'Hǫndt|sches Sy|stem) [nach dem belg. Mathematiker. v. d'Hondt] *n. Gen.* -n -s *nur Sg.* Methode zur Verteilung der Wahlmandate bei der Verhältniswahl
Di *Abk. für* Dienstag
d. i. *Abk. für* das ist
Dia *n. 9, Kurzwort für* Diapositiv
Di|a|bąs [griech.] *m. 1* ein Ergussgestein, Grünstein
Di|a|be|tes [griech.] *m. Gen.* - *nur Sg.* erhöhter Durchfluss von Flüssigkeit durch die Nieren, Harnruhr; Diabetes mellitus: verminderter Zuckergehalt der Organe und Erhöhung des Blutzuckers mit Ausscheidung von Zucker im Harn, Zuckerharnruhr, Zuckerkrankheit
Di|a|be|ti|ker *m. 5* Zuckerkranker
Di|a|bo|lie [griech.] *f. 11 nur Sg.*, **Di|a|bo|lik** *f. 10 nur Sg.* teuflisches Verhalten, Teufelei
di|a|bo|lisch teuflisch
Di|a|bo|lo *n. 9* Geschicklichkeitsspiel
Di|a|bo|lus *m. Gen.* - *nur Sg.* der Teufel
Di|a|dem [griech.] *n. 1* kostbarer Stirnreif, Stirnschmuck
Di|a|dǫ|che [-xə, griech.] *m. 11 meist Pl.* **1.** *urspr.:* einer der Feldherren und Nachfolger Alexanders des Großen; **2.** *allg.:* Nachfolger eines Herrschers
Di|a|ge|ne|se [griech.] *f. 11* nachträgl. Verfestigung, Verkittung von Sedimentgesteinen
Di|a|gly|phe [griech.] *f. 11* vertieft gearbeitete Relieffigur, z. B. Gemme

di|a|gly|phisch vertieft geschnitten, gemeißelt

♦ Die Buchstabenfolge **di|a|gn...** kann in Fremdwörtern auch **di|ag|n...** getrennt werden.

♦ **Di|a|gno|se** [griech.] *f. 11* Erkennung, Feststellung (einer Krankheit, einer Tier- oder Pflanzenart nach ihren Merkmalen)
♦ **Di|a|gnǫs|tik** *f. 10* Lehre von der Fähigkeit zur Erkennung einer Krankheit
♦ **Di|a|gnǫs|ti|ker** *m. 5* jmd., der eine Diagnose stellt
♦ **di|a|gnǫs|tisch**
♦ **di|a|gnos|ti|zie|ren** *tr. 3* erkennen, feststellen (Krankheit)
di|a|go|nal [griech.] zwei nicht benachbarte Ecken eines Vielecks verbindend, schräg laufend
Di|a|go|na|le *f. 11* diagonal verlaufende Gerade
Di|a|go|nal|rei|fen *m. 7*
Di|a|grąmm [griech.] *n. 1* Darstellung von Zahlenwerten in einem Koordinatensystem oder Schaubild mit geometr. Formen
Di|a|graph *auch:* **Di|a|graf** *m. 10* Gerät zum Zeichnen von Körperumrissen
Di|a|kaus|tik [griech.] *f. 10* die beim Durchgang paralleler Strahlen durch eine nicht korrigierte Linse entstehende Brennlinie oder -fläche
Di|a|kon [griech.] *m. 1 oder m. 10* **1.** *kath. Kirche:* niederer Geistlicher; **2.** *evang. Kirche:* Gemeindehelfer, Krankenpfleger, Helfer in der Inneren Mission
Di|a|ko|nin *f. 10*
Di|a|ko|nat *n. 1* Amt, Wohnung eines Diakons
Di|a|ko|nie *f. 11 nur Sg., evang. Kirche:* Wohlfahrtspflege
Di|a|ko|nis|se *f. 11*, **Di|a|ko|nis|sin** *f. 10, evang. Kirche:* Gemeinde-, Krankenschwester
Di|a|ko|nus *m. Gen.* - *Pl.* -ko|nen, *evang. Kirche:* Hilfsgeistlicher
Di|a|kri|se [griech.] *f. 11*, **Di|a|kri|sis** *f. Gen.* - *Pl.* -sen Trennung, Absonderung, Unterscheidung (bes. von Krankheiten)
di|a|kri|tisch zur Unterscheidung dienend; diakritisches Zeichen: Zeichen über oder unter einem Laut zur Kennzeichnung seiner Aussprache, z. B. Cedille, Akzent
Di|a|lękt [griech.] *m. 1* Mundart

Di|a|lękt|ge|o|gra|phie *auch:* **Di|a-lękt|ge|o|gra|fie** *f. 11 nur Sg.*
Di|a|lęk|tik *f. 10 nur Sg.* **1.** Kunst des Diskutierens; **2.** Methode zur Wahrheitsfindung durch Denken in Gegensatzbegriffen, durch Aufdecken und Überwinden von Gegensätzen
Di|a|lęk|ti|ker *m. 5* **1.** Meister der Dialektik (1); **2.** Vertreter der Dialektik (2)
di|a|lęk|tisch **1.** mundartlich; **2.** auf Dialektik beruhend; dialektischer Materialismus: Lehre, dass jede Entwicklung auf den ständig in Gegensätzen und Wechselbeziehungen sich verwandelnden Formen der Materie beruhe; **3.** haarspalterisch, spitzfindig
Di|a|lek|to|lo|gie *f. 11 nur Sg.* Mundartenforschung
di|a|lek|to|lo|gisch
Di|al|le|le [griech.] *f. 11* logisch falscher Schluss, Zirkelschluss, Circulus vitiosus
Di|a|log [griech.] *m. 1* Gespräch, Zwiegespräch, Wechselrede, Wechselgespräch
di|a|lo|gisch
di|a|lo|gi|sie|ren *tr. 3* in Dialogform bringen
Di|a|ly|sat [griech.] *n. 1* aus frischen Pflanzen durch Dialyse gewonnener Extrakt
Di|a|ly|sa|tor *m. 13* Gerät für Dialysen
Di|a|ly|se *f. 11* **1.** Trennung von Stoffen nach der Größe ihrer Moleküle; **2.** Entschlackung des Blutes mit der künstl. Niere
di|a|ly|sie|ren *tr. 3* mittels Dialyse trennen
di|a|ly|tisch **1.** mittels Dialyse; **2.** zerstörend, auflösend
Di|a|mạnt [griech.] **1.** *m. 10* ein Edelstein; **2.** *f. Gen. - nur Sg.* kleinster Schriftgrad
di|a|mạn|ten aus Diamant(en); diamantene Hochzeit: 60. Jahrestag der Hochzeit
Di|a|mạnt|schmuck *m. Gen. -(e)s nur Sg.*
Di|a|me|ter [griech.] *m. 5* Durchmesser
di|a|me|tral *auch:* **di|a|met|ral** entgegengesetzt; diametrale Punkte: die Endpunkte eines Durchmessers
di|a|me|trisch *auch:* **di|a|met|risch** dem Durchmesser entsprechend
Di|a|na **1.** *röm. Myth.:* Göttin der Jagd **2.** weibl. Vorname
Di|a|pa|son [griech.] *m. oder n. Gen.* -s *Pl.* -s *oder* -so|nen **1.** altgriech. Oktave; **2.** Kammerton, Normalstimmton; **3.** Stimmgabel; **4.** ein Orgelregister
Di|a|pau|se [griech.] *f. 11* Latenzperiode
di|a|phan [griech.] durchscheinend
Di|a|pha|nie *f. 11* durchscheinendes Bild
Di|a|pho|ra [griech.] *f. Gen. - nur Sg.* **1.** Betonung des Unterschieds; **2.** Wiederholung eines Wortes, aber mit abgewandelter Bedeutung oder zur Verstärkung
Di|a|pho|re|se [griech.] *f. 11 nur Sg.*, **Di|a|pho|re|sis** *f. Gen. - nur Sg.*, *Med.:* das Schwitzen
Di|a|pho|re|ti|kum *n. Gen.* -s *Pl.* -ka schweißtreibendes Mittel
di|a|pho|re|tisch
Di|a|phrạg|ma [griech.] *n. Gen.* -s *Pl.* -men **1.** Zwerchfell; **2.** Scheidewand zwischen Körperhöhlen; **3.** durchlässige Scheidewand als Filter bei Trennverfahren; **4.** *Optik, früher:* Blende
Di|a|po|si|tiv [griech. + lat.] *n. 1* (*Kurzwort:* Dia) durchsichtiges Lichtbild
Di|ä|re|se [griech.], **Di|ä|re|sis** *f. Gen. - Pl.* -re|sen **1.** *Sprachw.:* getrennte Aussprache zweier aufeinander folgender Vokale, z. B. Aleüten; **2.** *Metrik:* Einschnitt durch Zusammenfall von Versfuß- und Wortende; **3.** *Philos.:* Zerlegung eines Oberbegriffs in die ihm untergeordneten Begriffe; **4.** *Med.:* Zerreißung (eines Blutgefäßes)
Di|a|ri|um [lat.] *n. Gen.* -s *Pl.* -ri|en **1.** Notizbuch; **2.** Tagebuch; **3.** Schreibheft
Di|ar|rhö [griech.] *f. 10* Durchfall
Di|a|skop *auch:* **Di|as|kop** [griech.] *n. 1* Projektionsapparat für Diapositive
Di|a|sko|pie *auch:* **Di|as|ko|pie** *f. 11* Durchleuchtung *(auch Med.)*
Di|ạspo|ra *auch:* **Di|as|po|ra** [griech.] *f. Gen. - nur Sg.* **1.** Mitglieder und Gemeinden einer Kirche im Land einer andersgläubigen Bevölkerung; **2.** das Gebiet, in dem die Minderheit lebt
Di|a|sta|se *auch:* **Di|as|ta|se** [griech.] *f. 11* **1.** tierische und pflanzliche Stärke in Maltose umwandelndes Ferment, Amylase; **2.** Auseinanderklaffen (von Knochen oder Muskeln)
Di|ạsto|le *auch:* **Di|ạs|to|le** [griech.] *f. 11* **1.** *Med.:* die auf die Zusammenziehung (Systole) in regelmäßigem Wechsel folgende Erweiterung des Herzens; **2.** *antike Metrik:* Dehnung eines Vokals aus Verszwang
di|a|sto|lisch *auch:* **di|as|to|lisch**
Di|a|sys|tem *n. 1*
Di|ät [griech.] *f. 10* die Gesundheit fördernde Ernährungsweise, Kranken-, Schonkost; Diät halten; Diät leben
Di|ät|as|sis|ten|tin *f. 10* s. **Di|ä|tis|tin**
Di|ä|ten [lat.] *nur Pl.* Tagegelder (für Abgeordnete), Aufwandsentschädigung
Di|ä|te|tik [griech.-lat.] *f. Gen. - nur Sg.* Ernährungslehre
Di|ä|te|ti|kum *n. Gen.* -s *Pl.* -ka der Gesundheit dienendes Nahrungsmittel
di|ä|te|tisch auf der Diät beruhend, mittels einer Diät
Di|ät|feh|ler *m. 5*
Di|a|thek *f. 10* Sammlung von Diapositiven
di|a|ther|man [griech.] durchlässig für Wärmestrahlen; *Ggs.:* atherman
Di|a|ther|mie *f. 11 nur Sg.* Wärmebehandlung mit Kurzwellen für Heilzwecke
Di|a|the|se [griech.] *f. 11* Empfänglichkeit für bestimmte Krankheiten
Di|ä|tis|tin [griech.], Di|ät|as|sis|ten|tin *f. 10* weibl. Fachkraft, die mit dem Arzt Diätpläne für Patienten aufstellt
Di|ät|kur *f. 10*
Di|a|to|mee [-meə, griech.] *f. 11 meist Pl.* Kieselalge
Di|a|to|me|en|er|de *f. 11*, **Di|a|to|me|en|schlamm** *m. 1 nur Sg.* Kieselgur
Di|a|to|nik [griech.] *f. 10 nur Sg.* Tonleitersystem mit sieben überwiegend Ganztonstufen, das europ. Dur-Moll-System; *Ggs.:* Chromatik
di|a|to|nisch in überwiegend Ganztonstufen fortschreitend; *Ggs.:* chromatisch
Di|a|tri|be *auch:* **Di|at|ri|be** [griech.] *f. 11* gelehrte Abhandlung, Streitschrift
Di|a|vo|lo [-vo-, ital.] *m. Gen.* -(s) *Pl.* -li, *ital. Form von* Diabolus, Teufel

D

Dib|bel|ma|schi|ne *f. 11* Sämaschine
dib|beln [engl.] *tr. 1* in regelmäßigen Abständen säen

> **dich:** Auch in Briefen wird das Anredepronomen kleingeschrieben: *Lieber Peter, ich freue mich, dich* … (vgl. *du - Du*).

dich *Akk. von* du, *in Briefen, auf Plakaten u. Ä.:* **dich** (*alt:* Dich)
di|cho|tom [-ço-, griech.], di|cho|to|misch zweiteilig, gegabelt (Pflanzensprosse)
Di|cho|to|mie [-ço-] *f. 11* **1.** *Bot.:* gabelartige Verzweigung; **2.** *Philos.:* Einteilung nach zwei Gesichtspunkten
di|cho|to|misch [-ço-] s. **di|cho|tom**
Di|chro|is|mus [-kro-, griech.] *m. Gen. - nur Sg.* Eigenschaft vieler Kristalle, bei Lichtdurchgang in zwei verschiedenen Blickrichtungen zwei verschiedene Farben zu zeigen, Doppelbrechung
di|chro|i|tisch [-kro-]
di|chro|ma|tisch [-kro-] zweifarbig
Di|chro|skop *auch:* **Di|chros|kop** [-kro-] *n. 1* Lupe zur Untersuchung von Kristallen auf Dichroismus
di|chro|sko|pisch *auch:* **di|chros|ko|pisch** [-kro-]
dicht; eine dicht behaarte Brust; ein dicht besetzter Bus; eine dicht besiedelte Landschaft; das dicht bevölkerte Ruhrgebiet; dicht bewölkter Himmel; dicht gedrängte Zuschauermassen; der Schlauch wird dicht halten; *aber* → dichthalten; das Fenster dicht machen; *aber* → dichtmachen; die Tür wird jetzt sicher dicht schließen

> **dicht behaart:** Getrennt schreibt man Gefüge, deren erster Teil erweitert oder gesteigert werden kann: *dicht behaart.* Ebenso: *dicht besetzt, dicht besiedelt, dicht bewölkt.* § 36 E1 (4)

dicht be|haart (*alt:* dicht|be|haart)
dicht be|setzt (*alt:* dicht|be|setzt)
dicht be|sie|delt (*alt:* dicht|be|sie|delt)
dicht be|völ|kert (*alt:* dicht|be|völ|kert)
dicht be|wölkt (*alt:* dicht|be|wölkt)
Dich|te *f. 11* Verhältnis der Masse zur Raumeinheit bzw. zum Gewicht
Dich|te|mes|ser *m. 5* Densimeter
dich|ten *tr. 2* **1.** dicht, undurchlässig machen; **2.** ersinnen, ausdenken, verfassen
Dich|ter *m. 5*
dich|te|risch
Dich|ter|kom|po|nist *m. 10* jmd., der Dichter und Komponist zugleich ist
Dich|ter|ling *m. 1* unbegabter Dichter
Dich|ter|spra|che *f. 11*
Dich|ter|wort *n. 1*
dicht ge|drängt (*alt:* dicht|ge|drängt)
dicht|hal|ten *intr. 61, ugs.:* nichts verraten, schweigen; vgl. dicht
Dicht|heit *f. 10 nur Sg.*
Dich|tig|keit *f. 10 nur Sg.*
Dicht|kunst *f. 2*
dicht|ma|chen *tr. 1, ugs.:* schließen; den Betrieb d.; vgl. dicht
Dich|tung *f. 10* **1.** Sprachkunstwerk; **2.** Vorrichtung an Verbindungsstellen von Geräten und Maschinen zum Abdichten
Dich|tungs|ma|te|ri|al *n. Gen.* -s *Pl.* -li|en
Dich|tungs|ring *m. 1*
Dicht|werk *n. 1* dichterisches Werk, Sprachkunstwerk, Dichtung (1)
dick; durch dick und dünn; das dicke Ende
dick|bau|chig (Flasche)
dick|bäu|chig (Person)
Dick|bein *n. 1*
Dick|blatt|ge|wächs [-ks] *n. 1*
Dick|darm *m. 2*
Di|cke **1.** *f. 11 nur Sg.* das Dicksein; **2.** *f. 11* Maß von einer Körperseite zur andern, Dickte
di|cken *tr. 1* dick machen, eindicken (Flüssigkeit)
Di|ckens, *Charles* engl. Schriftsteller
Di|cken|wachs|tum [-ks-] *n. Gen.* -s *nur Sg.*
di|cke|tun *refl. 167, ugs.:* sich wichtig machen
dick|fel|lig
Dick|fel|lig|keit *f. 10 nur Sg.*
dick|flüs|sig
Dick|häu|ter *m. 5*
Di|ckicht *n. 1*
Dick|kopf *m. 2*
dick|köp|fig
Dick|köp|fig|keit *f. 10 nur Sg.*
dick|lei|big
Dick|lei|big|keit *f. 10 nur Sg.*
dick|lich
Dick|milch *f. 10 nur Sg.* Sauermilch
Dick|schä|del *m. 5*
dick|scha|lig
Dick|te *f. 11* = Dicke (2)
Dick|tu|er *m. 5* Wichtigtuer
Dick|tu|e|rei *f. 10 nur Sg.*
dick|tu|e|risch
dick|tun *refl. 167* s. **di|cke|tun**
Di|ckung *f. 10, Jägerspr.:* Dickicht
dick|wan|dig
Dick|wan|dig|keit *f. 10 nur Sg.*
Dick|wanst *m. 2*
Dick|wurz *f. 10* Runkelrübe
Dic|ti|on|naire [diksjonɛr, frz.] *m. 9 oder n. 9, frz. Schreibung von* Diktionär
Di|dak|tik [griech.] *f. 10 nur Sg.* Lehre, Theorie vom Unterricht
Di|dak|ti|ker *m. 5* Unterrichtswissenschaftler
di|dak|tisch
di|del|dum, di|del|dum|dei
Di|de|rot [-ro], *Denis* frz. Schriftsteller
Di|do *röm. Myth.:* Tochter des Königs von Tyros, Gründerin von Karthago
Di|dot|an|ti|qua [-do-, nach dem frz. Buchdrucker Firmin Didot] *f. Gen. - nur Sg.* eine Antiquadruckschrift
Di|dot|sys|tem [-do-, nach dem frz. Buchdrucker François-Ambroise Didot] *n. 1 nur Sg.* typograf. Punktsystem
die *Gen.* der *Pl.* die **1.** bestimmter Artikel; **2.** diese, diejenige; die ist die Schönste; ich werde die nehmen, die mir am besten gefällt; **3.** *ugs.:* sie; was macht die denn?
Dieb *m. 1*
Die|be|rei *f. 10* geringfügiger Diebstahl; kleine Diebereien begehen, verüben
Die|bes|ban|de *f. 11*
Die|bes|gut *n. Gen.* -s *nur Sg.*
Die|bes|höh|le *f. 11*
Die|bes|nest *n. 3*
die|bes|si|cher
die|bisch
Diebs|ge|sin|del *n. 5 nur Sg.*
Diebs|ha|ken *m. 7* = Dietrich (2)
Dieb|stahl *m. 2*
Dieb|stahl|ver|si|che|rung *f. 10*
die|je|ni|ge *Gen.* der|je|ni|gen *Pl.* die|je|ni|gen
Die|le *f. 11*
Di|e|lek|tri|kum *auch:* **Di|e|lek|tri|kum** [griech.] *n. Gen.* -s *Pl.* -ka

elektrisch nicht leitendes Material, Nichtleiter, Isolator
di|e|lek|trisch *auch:* **di|e|lek|trisch**
Di|e|lek|tri|zi|täts|kon|stan|te *auch:* **Di|e|lekt|ri|zi|täts|kon|stan|te** *f. 11* (*Zeichen:* ε) Maß für die Isolierfähigkeit eines Stoffes
die|len *tr. 1* mit Dielen versehen
Die|me *f. 11,* **Die|men** *m. 7, norddt.:* Heu- oder Strohschober
die|nen *intr. 11*
Die|ner *m. 5*
die|ne|risch
die|nern *intr. 1;* ich dienere
Die|ner|schaft *f. 10*
dien|lich
Dien|lich|keit *f. 10 nur Sg.*
Dienst *m. 1* **1.** das Dienen, in Berufsarbeit stehen; außer Dienst (*Abk.:* a. D.); jmdm. zu Diensten stehen, sein; Dienst habend; Dienst leistend; Dienst tuend; **2.** dünne Säule (eines Bündel- oder Wandpfeilers); gotische Dienste
Dienst|ab|teil *n. 1*
Diens|ta|del *m. 5 nur Sg.*
Diens|tag *m. 1* (*Abk.:* Di); eines Dienstags; des Dienstags; *aber:* dienstags

Dienstagabend: Die Zusammensetzung wird groß- und zusammengeschrieben. Daher: *am Dienstagabend, jeden Dienstagabend, an diesem Dienstagabend, eines Dienstagabends.* § 37 (1), § 55 (4)
Beim Adverb gilt die Zusammenschreibung *dienstagabends.* Getrennt geschrieben wird dagegen die Fügung *dienstags abends.* § 56 (3)

Diens|tag|a|bend *m. 1;* wir treffen uns am, an einem, an jedem zweiten, jeden Dienstagabend; eines Dienstagabends
diens|tag|a|bends = **diens|tags a|bends**
diens|tä|gig am Dienstag (stattfindend); vgl. …tägig
diens|täg|lich jeden Dienstag (stattfindend); vgl. …täglich
diens|tags; dienstags abends
Dienst|al|ter *n. 5*
Dienst|äl|tes|te(r) *m. 18 (17) bzw. f. 17 oder 18*
Dienst|an|wei|sung *f. 10*
Dienst|auf|sicht *f. 10*
dienst|bar
Dienst|bar|keit *f. 10 nur Sg.*
Dienst|be|fehl *m. 1*
dienst|be|flis|sen
Dienst|be|flis|sen|heit *f. 10 nur Sg.*
dienst|be|reit
Dienst|be|reit|schaft *f. 10 nur Sg.*
Dienst|bo|te *m. 11*
Dienst|eid *m. 1*
Dienst|ei|fer *m. 5 nur Sg.*
dienst|eif|rig
dienst|fä|hig tauglich
Dienst|fä|hig|keit *f. 10 nur Sg.*
dienst|fer|tig
Dienst|fer|tig|keit *f. 10 nur Sg.*
dienst|frei
Dienst|ge|heim|nis *n. 1*
Dienst|grad *m. 1*
Dienst ha|bend (*alt:* dienst|habend)
Dienst|herr *m. Gen.* -(e)n *Pl.* -en
Dienst|herr|schaft *f. 10*
Dienst|jahr *n. 1*
Dienst leis|tend (*alt:* dienst|leistend)
Dienst|leis|ter *m. 5*
Dienst|leis|tung *f. 10*
Dienst|leis|tungs|ge|sell|schaft *f. 10*
Dienst|leu|te *Pl. von* Dienstmann
dienst|lich
Dienst|mäd|chen *n. 7*
Dienst|mann *m. Gen.* -(e)s *Pl.* -leu|te
Dienst|ord|nung *f. 10*
Dienst|per|so|nal *n. 1 nur Sg.*
Dienst|pflicht *f. 10*
dienst|pflich|tig
Dienst|rang *m. 2*
Dienst|raum *m. 2*
Dienst|rei|se *f. 11*
Dienst|sa|che *f. 11*
Dienst|stel|le *f. 11*
Dienst|stem|pel *m. 5*
Dienst|stra|fe *f. 11*
Dienst|stun|den *f. 11 nur Pl.*
dienst|taug|lich
Dienst|taug|lich|keit *f. 10 nur Sg.*
Dienst tu|end (*alt:* dienst|tu|end)
Dienst|un|fä|hig|keit *f. 10 nur Sg.*
dienst|un|taug|lich
Dienst|un|taug|lich|keit *f. 10 nur Sg.*
Dienst|ver|ge|hen *n. 7*
dienst|ver|pflich|tet
Dienst|ver|pflich|tung *f. 10*
Dienst|vor|schrift *f. 10*
Dienst|weg *m. 1* vorgeschriebene Reihenfolge für die Bearbeitung einer behördl. Angelegenheit
dienst|wil|lig
Dienst|woh|nung *f. 10*
Dienst|zeit *f. 10*
dies *Gen.* die|ses *Pl.* die|se s. **die|ses** (bes. wenn es allein steht); dies Kind; dies und das; dies ist das Schönste (von allen)
Di|es a|ca|de|mi|cus [lat. »akademischer Tag«] *m. Gen. - - nur Sg.* vorlesungsfreier Tag an der Universität (meist mit Festlichkeiten)
dies|be|züg|lich
die|se *Gen.* -r *Pl.* -
Di|e|se *f. 11 Mus.:* Zeichen für die Erhöhung um einen halben Ton
Die|sel *m. 5, Kurzwort für* Dieselmotor
die|sel|be *Gen.* der|sel|ben *Pl.* die|sel|ben
die|sel|be|trie|ben
die|sel|bi|ge *Gen.* der|sel|bi|gen *Pl.* die|sel|bi|gen *veraltet:* dieselbe
die|sel|e|lek|trisch *auch:* **die|sel|e|lekt|risch**
Die|sel|lo|ko|mo|ti|ve [-və] *f. 11*
Die|sel|mo|tor [nach dem Erfinder, Rudolf Diesel] *m. 13*
die|seln *intr. 1* ohne Zündung weiterlaufen
Die|sel|öl *n. 1*
die|ser *Gen.* -ses *Pl.* -se; dieser ist es; dieser und jener; der Überbringer dieses, *besser:* diesen Briefes
die|ser|halb *veraltet:* deshalb
die|ses *Gen.* - *Pl.* -die|se; dieses und jenes; Anfang dieses Jahres; im Mai dieses Jahres (*Abk.:* d. J.); am 3. dieses Monats (*Abk.:* d. M.)
dies|falls in diesem Falle
die|sig dunstig
Die|sig|keit *f. 10 nur Sg.*
dies|jäh|rig dieses Jahr (stattfindend)
dies|mal; *aber:* dieses Mal, dies(es) eine Mal
dies|ma|lig
dies|sei|tig
dies|seits *Präp.mit Gen.;* d. der Mauer; d. liegen
Dies|seits *n. Gen. - nur Sg.*; *Ggs.:* Jenseits
dies|seits|gläu|big
Die|ter männl. Vorname
Diet|mar männl. Vorname
Diet|rich **1.** männl. Vorname **2.** *m. 1* hakenförmiger Draht zum Öffnen von Schlössern, Diebshaken
die|weil *veraltet:* weil
Dif|fa|ma|ti|on [lat.] *f. 10, selten für* Diffamierung
dif|fa|ma|to|risch beschimpfend, verleumderisch
Dif|fa|mie *f. 11* verleumderische Behauptung

D

D

dif|fa|mie|ren *tr. 3* verleumden, herabsetzen
Dif|fa|mie|rung *f. 10*
dif|fe|rent [lat.] unterschiedlich, ungleich
dif|fe|ren|ti|al [-tsjal] *Nv.* **dif|fe|ren|zi|al** *Hv.*
Dif|fe|ren|ti|al [-tsjal] *Nv.* **Dif|fe|ren|zi|al** *Hv. n. 1*
Dif|fe|ren|ti|al|di|a|gno|se *auch:* **Dif|fe|ren|ti|al|di|ag|no|se** [-tsjal-] *Nv.* **Dif|fe|ren|zi|al|di|a|gno|se** *Hv. f. 11*
Dif|fe|ren|ti|al|ge|trie|be [-tsjal-] *Nv.* **Dif|fe|ren|zi|al|ge|trie|be** *Hv. n. 5*
Dif|fe|ren|ti|al|glei|chung [-tsjal-] *Nv.* **Dif|fe|ren|zi|al|glei|chung** *Hv. f. 10*
Dif|fe|ren|ti|al|quo|ti|ent [-tsjal-] *Nv.* **Dif|fe|ren|zi|al|quo|ti|ent** *Hv. m. 10*
Dif|fe|ren|ti|al|rech|nung [-tsjal-] *Nv.* **Dif|fe|ren|zi|al|rech|nung** *Hv. f. 10*
Dif|fe|ren|ti|a|ti|on [-tsja-] *Nv.* **Dif|fe|ren|zi|a|ti|on** *Hv.* [lat.] *f. 10*
dif|fe|ren|ti|ell [-tsjell] *Nv.* **dif|fe|ren|zi|ell** *Hv.*
Dif|fe|renz [lat.] *f. 10* **1.** Unterschied; **2.** *meist Pl.* Meinungsverschiedenheit; **3.** *Math.:* Ergebnis einer Subtraktion
Dif|fe|renz|ge|schäft *n. 1* Börsengeschäft, bei dem Kursdifferenzen ausgenutzt werden

Differenzial/Differential: Die integrierte Schreibweise *Differenzial* ist die Hauptvariante; die bisherige Schreibung *Differential* ist als Nebenvariante zulässig und gilt weiter für Fachsprachen wie die der Medizin und Mathematik. Ebenso: *differenzial/differential* bzw. *differenziell/differentiell.* § 32 (2)

dif|fe|ren|zi|al, dif|fe|ren|ti|al einen Unterschied darlegend
Dif|fe|ren|zi|al, Dif|fe|ren|ti|al *n. 1* **1.** *Math.* (*Abk.:* d): sehr kleine Größe, bezeichnet die Veränderung einer Funktion bei einer kleinen Veränderung einer Variablen; **2.** *Kurzwort für* Differenzialgetriebe
Dif|fe|ren|zi|al|di|a|gno|se *auch:* **Dif|fe|ren|zi|al|di|ag|no|se,** Dif|fe|ren|ti|al|di|a|gno|se *f. 11* gegen andere Krankheiten abgrenzende, sehr genaue Diagnose
Dif|fe|ren|zi|al|ge|trie|be, Dif|fe|ren|ti|al|ge|trie|be *n. 5* Ausgleichsgetriebe
Dif|fe|ren|zi|al|glei|chung, Dif|fe|ren|ti|al|glei|chung *f. 10* mathematische Gleichung, in der Differenzialquotienten enthalten sind
Dif|fe|ren|zi|al|quo|ti|ent, Dif|fe|ren|ti|al|quo|ti|ent *m. 10* Quotient zweier Differenziale
Dif|fe|ren|zi|al|rech|nung, Dif|fe|ren|ti|al|rech|nung *f. 10* Teilgebiet der höheren Mathematik
Dif|fe|ren|zi|a|ti|on, Dif|fe|ren|ti|a|ti|on *f. 10* **1.** *allg.:* Aus-, Absonderung; **2.** *Sprachw.:* Entwicklung mehrerer Sprachen aus einer Sprache, z. B. der roman. Sprachen aus dem Lat.; **3.** *Math.:* Anwendung der Differenzialrechnung; **4.** *Geol.:* Zerfall von Magma in verschiedene Gesteine
dif|fe|ren|zi|ell, dif|fe|ren|ti|ell s. **dif|fe|ren|zi|al**
dif|fe|ren|zie|ren *tr. 3* **1.** unterscheiden, trennen; **2.** *Math.:* mittels Differenzialrechnung berechnen
dif|fe|rie|ren *intr. 3* voneinander abweichen
dif|fi|zil [lat.] schwierig, peinlich, heikel
dif|form [lat.] missgestaltet
Dif|for|mi|tät *f. 10*
dif|frakt [lat.] zerbrochen
Dif|frak|ti|on *f. 10* Strahlen-, Wellenbrechung
dif|fun|die|ren [lat.] **1.** *tr. 3* ausbreiten, zerstreuen; **2.** *intr. 3* ineinander eindringen, sich vermischen
dif|fus **1.** zerstreut (Licht); **2.** verschwommen, nicht abgegrenzt; **3.** ohne geordneten Verlauf, nach allen Richtungen
Dif|fu|si|on *f. 10* **1.** Zerstreuung (vom Licht); **2.** Vermischung, Durchdringung (von Stoffen); **3.** *Bergbau:* Wetteraustausch
di|gen [griech.] zweifach entstanden, geschlechtlich gezeugt
di|ge|rie|ren [lat.] *tr.* **1.** *Chem.:* auslaugen; **2.** *Med.:* verdauen
Di|gest [daidʒəst, lat.-engl.] *n. 9* Auswahl, Zusammenstellung von Artikeln aus Zeitschriften, Auszügen aus Büchern usw.
Di|ges|tif [diʒestif, frz.] *n. 1* alkohol. Getränk zur Verdauungsförderung
Di|ges|ti|on [lat.] *f. 10* **1.** *Chem.:* Auslaugung, Auszug; **2.** *Med.:* Verdauung
di|ges|tiv zur Verdauung gehörig, sie anregend
Di|ges|ti|vum [-vum] *n. Gen.* -s *Pl.* -va [-va] die Verdauung anregendes Mittel
Dig|ger [engl.] *m. 9* Goldgräber
Di|git [didʒit, engl.] *n. 1, EDV:* Ziffer auf elektron. Anzeigegeräten
di|gi|tal [lat.] **1.** *Med.:* mit dem Finger; **2.** Technik mit Ziffern oder Zahlen, in Stufen darstellbar
Di|gi|ta|lis *f. Gen. - nur Sg.* **1.** eine Heilpflanze, Fingerhut; **2.** daraus gewonnene Heildroge gegen Herzkrankheiten
Di|gi|tal|ka|me|ra *f. 9* Kamera, die Bilder in digitaler Form (nicht auf Film) erzeugt
Di|gi|tal|rech|ner *m. 5* ein Rechencomputer
Di|gi|tal|uhr *f. 10* Uhr, bei der die Zeit durch vierstellige Ziffern angezeigt wird
Di|glos|sie [griech.] *f. 11* das Vorhandensein mehrerer Sprachen in einem Gebiet
Di|glyph [griech.] *m. 1, ital. Baukunst:* Platte mit zwei schlitzförmigen, senkrechten Rinnen am Gebälk, Abart des Triglyphs
Di|gni|tar *auch:* **Dig|ni|tar, Di|gni|tär** *auch:* **Dig|ni|tär** [lat.] *m. 1, kath. Kirche:* Würdenträger
Di|gni|tät *auch:* **Dig|ni|tät** *f. 10 nur Sg., kath. Kirche:* hohes Amt, hohe Würde
Di|gres|si|on [lat.] *f. 10* **1.** Abweichung; **2.** *Astron.:* Winkel zwischen dem Vertikalkreis eines polnahen Gestirns und dem Meridian des jeweiligen Beobachters
DIHT *Abk. für* Deutscher Industrie- und Handelstag
di|hy|brid *auch:* **di|hyb|rid** [griech.] sich in zwei Erbmerkmalen unterscheidend
Di|hy|bri|de *auch:* **Di|hyb|ri|de** *m. 11* Bastard aus dihybrider Kreuzung
Di|jam|bus [griech.] *m. Gen. - Pl.* -ben doppelter Jambus
di|ju|di|zie|ren [lat.] *tr. 3* urteilen, entscheiden
Di|kas|te|ri|um [griech. + lat.] *n. Gen.* -s *Pl.* -ri|en altgriech. Gerichtshof
Di|ke [-ke:] *griech. Myth.:* Göttin der Gerechtigkeit
di|klin [griech.] eingeschlechtig
Di|ko|ty|le|do|ne [griech.] *f. 11* zweikeimblättrige Pflanze

Dik|ta|fon *n. 1* s. **Dik|ta|phon**
Dik|tam *m. 9 nur Sg.* s. **Dip|tam**
Dik|ta|phon *auch:* **Dik|ta|fon** [lat. + griech.] *n. 1* Diktiergerät
Dik|tat [lat.] *n. 1* **1.** Ansage zum Nachschreiben; **2.** Nachschrift nach Ansage; **3.** aufgezwungene Verpflichtung
Dik|ta|tor *m. 13* **1.** unbeschränkter Herrscher; **2.** Gewaltherrscher
dik|ta|to|risch
Dik|ta|tur *f. 10* unbeschränkte Herrschaft
dik|tie|ren *tr. 3* **1.** ansagen (zum Nachschreiben); **2.** auferlegen, aufzwingen
Dik|tier|ge|rät *n. 1*
Dik|ti|on [lat.] *f. 10* Ausdrucksweise, Schreibart
Dik|ti|o|när *n. 1 oder m. 1, veraltet:* Wörterbuch
Dik|tum *n. Gen.* -s *Pl.* -ta Ausspruch
di|la|ta|bel [lat.] dehnbar; dilatable Buchstaben
Di|la|ta|bi|lis *m. Gen. - Pl.* -les [-le:s] *meist Pl.* zum Ausfüllen der Zeile in die Breite gezogener Buchstabe
Di|la|ta|ti|on *f. 10* Dehnung, Ausdehnung, Erweiterung
Di|la|ta|tor *m. 13* Instrument zum Dehnen von Körperhöhlen
di|la|tie|ren *tr. 3* dehnen, erweitern
Di|la|ti|on [lat.] *f. 10* Aufschub, Verzögerung
di|la|to|risch aufschiebend; dilatorische Einrede (vor Gericht) *Ggs.:* peremptorisch
Di|lem|ma [griech.] *n. Gen.* -s *Pl.* -s *oder* -ma|ta Zwangslage, Wahl zwischen zwei gleich unangenehmen Dingen; ein großes D.
Di|let|tant [ital.] *m. 10* Nichtfachmann, jmd., der eine Sache nur aus Liebhaberei, nicht beruflich, betreibt
di|let|tan|tisch
Di|let|tan|tis|mus *m. Gen. - nur Sg.* **1.** Betätigung aus Liebhaberei; **2.** Pfuscherei
di|let|tie|ren *intr. 3* sich als Dilettant betätigen
Di|li|gence [-ʒɑ̃s, frz.] *f. 11, veraltet:* Eilpostwagen
Dill *m. 1, mitteldt.:* **Dil|le** *f. 11 nur Sg., österr.:* **Dil|len|kraut** *n. 4* eine Gewürzpflanze
Dil|len|so|ße *f. 11, österr.*
Dil|they [-taɪ], *Wilhelm* dt. Philosoph
Di|lu|ti|on [lat.] *f. 10* Verdünnung
Di|lu|vi|um [-vi-] *n. Gen.* -s *Pl.* -vi|en [-vi-] Eiszeitalter; *neuere Bez.:* Pleistozän
dim. *Abk. für* diminuendo
Dime [daɪm, engl.] *m. 9, nach Zahlenangaben Pl.* - nordamerik. Silbermünze, 10 Cent
Di|men|si|on [lat.] *f. 10* Maß, Ausmaß, Ausdehnung
di|men|si|o|nal auf eine Dimension bezüglich, bestimmtes Ausmaß besitzend
di|men|si|o|nie|ren *tr. 3* abmessen, nach Ausmaßen bestimmen
di|mer [griech.] *Med., Chem.:* zweiteilig, zweigliedrig
Di|me|ter [griech.] *m. 5* Versform aus zwei gleichen, doppelten Versfüßen
di|mi|nu|en|do [lat.] (*Abk.:* dim.) *Mus.:* abnehmend, leiser, schwächer werdend
di|mi|nu|ie|ren [lat.] *tr. 3* verkleinern, verringern
Di|mi|nu|ti|on *f. 10* Verkleinerung, Verkürzung, Verminderung
di|mi|nu|tiv verkleinernd
Di|mi|nu|tiv *n. 1,* **Di|mi|nu|ti|vum** [-vum] *n. Gen.* -s *Pl.* -va [-va] = Verkleinerungsform
Di|mis|si|on [lat.] *f. 10, veraltet für* Demission
di|mit|tie|ren *tr. 3, veraltet:* entlassen, verabschieden
Dim|mer [engl.] *m. 5* Schalter zur stufenlosen Veränderung des elektr. Lichts, Helligkeitssteller
di|morph [griech.] zweigestaltig, in zwei Formen auftretend
Di|mor|phie *f. 11,* **Di|mor|phis|mus** *m. Gen. - Pl.* -men Auftreten oder Nebeneinanderbestehen in zwei verschiedengestaltigen Formen
DIN 1. *Abk. für* Deutsches Institut für Normung e. V.; **2.** *im Zusammenhang mit Zahl (und Buchstaben) Bez. für* eine Norm, z. B. DIN A5; DIN-A4-Format; vgl. DIN-Format
Di|nar (*Abk.:* D) *m. 1, nach Zahlenangaben Pl.* - Währungseinheit u. a. in der Bundesrepublik Jugoslawien (1 Neuer Dinar = 100 Para), Irak (1000 Fils) und Iran (1/100 Rial)
di|na|risch; dinarische Rasse: hauptsächlich in den Dinarischen Alpen vorkommender Menschenschlag
Di|ner [dine, frz.] *n. 9* **1.** *in Frankreich:* die abends eingenommene Hauptmahlzeit; **2.** Festmahl; *aber:* Dinner
DIN-For|mat *n. 1* nach DIN festgelegtes Papierformat
Ding 1. *n. 1, abwertend auch: n. 3* guter Dinge sein; vor allen Dingen; ein Ding drehen: einen Überfall, Einbruch o. Ä. begehen; unverrichteter Dinge wieder abziehen; **2.** *n. 3 ugs.:* Kind, junges Mädchen; die hübschen, jungen Dinger; das arme Ding; **3.** = **Thing**
Din|gel|chen *n. 7*
din|gen *tr. 23, veraltet:* in Dienst nehmen
ding|fest [zu Ding (3)] *nur in der Wendung* jmdn. d. machen: verhaften
Din|ghi, Din|gi [Hindi] *n. 9* **1.** kleines Beiboot auf Kriegsschiffen; **2.** kleines Sportsegelboot
Ding|lein *n. 7*
ding|lich ein Ding, eine Sache betreffend, in der Art eines Dinges; dingliche Rechte: Rechte an bestimmten Dingen
Ding|lich|keit *f. 10 nur Sg.*
Din|go [austral.] *m. 9* wild lebender austral. Hund
DIN-Grad *n. 1, nach Zahlenangaben Pl.* - Maßeinheit für die Film-Lichtempfindlichkeit
Dings *n. Gen. - Pl.* Din|ger, *ugs. für* Ding (1)
Dings|bums *m. 1 oder n. 1 nur Sg., ugs. scherzh.:* Person oder Sache, deren Name einem nicht einfällt
Dings|da *m. 9 bzw. unflektiert, ugs.:* Person bzw. Stadt, deren Name einem nicht einfällt; der Herr D.; aus D.
Dings|kir|chen *ugs.:* Ort, dessen Name einem nicht einfällt
Ding|wort *n. 4* Hauptwort, Substantiv
di|nie|ren [frz.] *intr. 3* **1.** die Hauptmahlzeit einnehmen; **2.** festlich speisen
Di|ning|room (*alt:* Di|ning-room) [daɪnɪŋru:m, engl.] *m. 9, engl. für* Speisezimmer
Din|kel *m. 5* Weizenart, Spelt, Spelz
Din|ner [engl.] *n. 9, in Großbritannien:* die abends eingenommene Hauptmahlzeit
Di|no|sau|ri|er [griech.] *m. 5,* **Di|no|sau|rus** *m. Gen. - Pl.* -ri|er ausgestorbenes Riesenreptil
Di|no|the|ri|um *n. Gen.* -s *Pl.* -ri|en ausgestorbener Riesenelefant

D

Di|o|de [griech.] *f. 11* Elektronenröhre, die eine Anode und eine Kathode enthält, Zweipolröhre, Gleichrichterröhre
Di|o|ge|nes Name mehrerer Philosophen im griechischen Altertum
Di|o|len® [Kunstwort] *n. Gen.* -s *nur Sg.* eine Polyesterfaser
Di|o|ny|si|en *Pl.* altgriech. Fest zu Ehren des Gottes Dionysos
di|o|ny|sisch **1.** in der Art des Gottes Dionysos; **2.** *übertr.:* rauschhaft, wild; *Ggs.:* apollinisch
Di|o|ny|sos *griech. Myth.:* Gott des Weines
di|o|phan|tisch [griech.] diophantische Gleichung: Gleichung mit mehreren Unbekannten, für die ganzzahlige Lösungen zu suchen sind
Di|op|ter [griech.] *n. 5* **1.** Zielgerät; **2.** *veraltet:* Sucher (an Kameras)
Di|op|trie *auch:* **Di|opt|rie** *f. 11* (*Abk.:* dpt, Dptr., dptr.) Maßeinheit für die Brechkraft von Linsen
Di|op|trik *auch:* **Di|opt|rik** *f. 10 nur Sg., veraltet:* Lehre von der Lichtbrechung
di|op|trisch *auch:* **di|opt|risch** auf Strahlenbrechung beruhend, lichtbrechend, durchsichtig
Di|op|tro|me|ter *auch:* **Di|opt|ro|me|ter** *n. 5* Gerät zum Messen der Dioptrien
Di|o|ra|ma [griech.] *n. Gen.* -s *Pl.* -men **1.** Bild auf durchscheinendem Stoff; **2.** plast. Darstellung mit gemaltem Hintergrund
Di|o|rit [griech.] *m. 1* ein Tiefengestein
Di|os|ku|ren [griech.] *Pl.* **1.** Zwillingsgötter, Kastor und Pollux; **2.** *übertr.:* unzertrennliche Freunde
Di|o|ti|ma **1.** Priesterin und Deuterin der Liebe in Platos »Gastmahl«; **2.** Gestalt in Hölderlins »Hyperion«
Di|o|xid, Di|o|xyd [griech.] *n. 1* Oxid mit zwei Sauerstoffatomen
Di|o|xin *n. 1 nur Sg.* ein giftiger Kohlenwasserstoff, das Seveso-Gift
Di|o|xyd *n. 1* s. **Di|o|xid**
di|ö|ze|san [griech.] zu einer Diözese gehörend
Di|ö|ze|san *m. 10* Angehöriger einer Diözese
Di|ö|ze|se *f. 11* Amtsbereich eines Bischofs
Di|ö|zie [griech.] *f. 11 nur Sg., Bot.:* Zweihäusigkeit, Heterözie; *Ggs.:* Monözie
di|ö|zisch *Bot.* zweihäusig; *Ggs.:* monözisch
Dip [engl.] *m. 9* gewürzte Soße
Diph|the|rie [griech.] *f. 11* Infektionskrankheit des Hals- und Rachenraumes, Hals- und Rachenbräune
diph|the|risch
Di|phthong *auch:* **Diph|thong** [griech.] *m. 1* aus zwei Vokalen bestehender Laut, Zwielaut, z. B. ei, au, im Unterschied zum → Doppellaut; *Ggs.:* Monophthong
di|phthon|gie|ren *auch:* **diph|thon|gie|ren** *tr. u. intr. 3* vom einfachen Vokal zum Diphthong übergehen (lassen); *Ggs.:* monophthongieren
di|phthon|gisch *auch:* **diph|thon|gisch**
Dipl. *Abk. für* Diplom
Dipl.-Bibl. *Abk. für* Diplombibliothekar, Bibliothekar im gehobenen Dienst
Dipl.-Chem. *Abk. für* Diplomchemiker
Dipl.-Hdl. *Abk. für* Diplomhandelslehrer
Dipl.-Ing. *Abk. für* Diplomingenieur
Dipl.-Kff(r). *Abk. für* Diplomkauffrau
Dipl.-Kfm. *Abk. für* Diplomkaufmann
Dipl.-Ldw. *Abk. für* Diplomlandwirt

♦ Die Buchstabenfolge **di|plo...** kann in Fremdwörtern auch **dip|lo...** getrennt werden.

♦ **Di|plo|do|kus** [griech.] *m. Gen.* - *Pl.* -ken ausgestorbene Riesenechse
♦ **di|plo|id** [griech.] mit normalem (doppeltem) Chromosomensatz; *Ggs.:* haploid
♦ **Di|plo|kok|kus** *m. Gen.* - *Pl.* -ken in Paaren auftretendes Kugelbakterium
♦ **Di|plom** [griech.] *n. 1* (*Abk.:* Dipl.) **1.** Urkunde; **2.** Zeugnis über eine abgelegte Prüfung an einer Hochschule; *auch:* die Prüfung selbst
♦ **Di|plo|mand** *m. 10* jmd., der sich auf eine Hochschulprüfung vorbereitet
♦ **Di|plo|mat** [griech.] *m. 10* **1.** Beamter im auswärtigen Dienst; **2.** *übertr.:* klug und vorsichtig berechnender und verhandelnder Mensch
♦ **Di|plo|ma|tie** *f. 11 nur Sg.* **1.** Kunst des Verhandelns, kluge Berechnung; **2.** Gesamtheit der Diplomaten
♦ **Di|plo|ma|tik** *f. 10 nur Sg.* Urkundenlehre
♦ **Di|plo|ma|ti|ker** *m. 5* Kenner, Erforscher von Urkunden
♦ **di|plo|ma|tisch** **1.** zur Diplomatik gehörend; **2.** auf Diplomatie beruhend, zu ihr gehörend; Diplomatisches Korps (*Abk.:* CD): die bei einem fremden Staat akkreditierten (beglaubigten) diplomatischen Vertreter eines Staates; **3.** klug berechnend
♦ **Di|plom|bi|bli|o|the|kar** *auch:* **Di|plom|bib|li|o|the|kar** *m. 1* (*Abk.:* Dipl.-Bibl.)
♦ **Di|plom|che|mi|ker** *m. 5* (*Abk.:* Dipl.-Chem.)
♦ **Di|plom|han|dels|leh|rer** *m. 5* (*Abk.:* Dipl.-Hdl.)
♦ **di|plo|mie|ren** *tr. 3;* jmdn. d.: jmdm. ein Diplom verleihen
♦ **Di|plom|in|ge|ni|eur** [-inʒənjøːr] *m. 1* (*Abk.:* Dipl.-Ing.)
♦ **Di|plom|kauf|frau** *f. 10* (*Abk.:* Dipl.-Kff(r).)
♦ **Di|plom|kauf|mann** *m. Gen.* -(e)s *Pl.* -leu|te (*Abk.:* Dipl.-Kfm., *österr.:* Dkfm.)
♦ **Di|plom|land|wirt** *m. 1* (*Abk.:* Dipl.-Ldw.)
♦ **Di|plom|phi|lo|lo|ge** *m. 11* (*Abk.:* Dipl.-Phil.)
♦ **Di|plom|phy|si|ker** *m. 5* (*Abk.:* Dipl.-Phys.)
♦ **Di|plom|volks|wirt** *m. 1* (*Abk.:* Dipl.-Volksw.)
Dipl.-Phil. *Abk. für* Diplomphilologe
Dipl.-Phys. *Abk. für* Diplomphysiker
Dipl.-Volksw. *Abk. für* Diplomvolkswirt
Di|po|die [griech.] *f. 11* metr. Einheit aus zwei gleichen Versfüßen
di|po|disch
Di|pol [griech.] *m. 1* Anordnung zweier gleich starker, einander entgegengesetzter elektr. oder magnet. Pole
Di|pol|an|ten|ne *f. 11* aus zwei gleich langen elektr. Leitern bestehende Antenne
Dip|pel *m. 5, süddt.:* Dübel, Zapfen
Dip|pel|baum *m. 2, österr.:* Tragbalken, Deckenbalken

dip|pen *tr. 1* **1.** *Seew.:* die Flagge d.: zum Gruß niederholen und wieder hissen; **2.** *ugs.:* eintauchen

Dip|tam [griech.], Dik|tam *m. 9* wohlriechendes Rautengewächs

Di|pte|re *auch:* **Dip|te|re** [griech.] *m. 11* Zweiflügler; Fliege, Mücke u. a.

Di|pte|ros *auch:* **Dip|te|ros** [griech.] *m. Gen. - Pl.* -roi altgriech. Tempel mit doppeltem Säulenumgang

Di|pty|chon *auch:* **Dip|ty|chon** [-çɔn, griech.] *n. Gen.* -s *Pl.* -chen *oder* -cha **1.** *Altertum:* zusammenklappbare Schreibtafel; **2.** *MA:* zweiteiliges Altarbild

Di|py|lon [griech. »Doppeltor«] *n. Gen.* -s *nur Sg.* Eingangstor im NW des alten Athen

Di|py|lon|kul|tur [nach dem Fundort vor dem Dipylon] *f. 10 nur Sg.* eisenzeitl. Kultur Griechenlands

> **dir:** Das Anredepronomen (Dativ von *du*) wird kleingeschrieben. Dies betrifft - im Gegensatz zur alten Regel - auch die Verwendung in Briefen: *Liebe Petra, ich danke dir …* Ebenso: *dir altem* (auch: *alten*) *Mann, dir Verehrtem.*

dir *Dat. von* du; wie du mir, so ich dir; mir nichts, dir nichts; dir faulem (*auch:* faulen) Kerl, dir frechen Göre werde ich es zeigen, *in Briefen:* **dir** (*alt:* Dir)

Di|rect|mar|ke|ting *auch:* **Di|rect Mar|ke|ting** [daɪrekt-, engl.] *n. Gen.* -(s) *nur Sg.* s. **Di|rekt|mar|ke|ting**

Di|rec|toire [dirɛktoar, frz.] *n. Gen.* -s *nur Sg.* **1.** Direktorium (2); **2.** Directoirestil, Kunststil zur Zeit der Frz. Revolution

di|rekt [lat.-frz.] gerade, unmittelbar, geradezu; direkte Rede: wörtliche Rede; Nachkommen in direkter Linie

Di|rek|ti|on *f. 10* **1.** *veraltet:* Richtung; **2.** Geschäftsleitung, Verwaltung

Di|rek|ti|ve [-və] *f. 11* Anweisung, Verhaltensmaßregel

Di|rekt|man|dat *n. 1* Mandat durch direkte Wahl

Di|rekt|mar|ke|ting, Di|rect|mar|keting [daɪrekt-, engl.] *n. Gen.* -(s) *nur Sg.* Werbung und Verkaufsmethoden, die sich unmittelbar an die Zielgruppe richten

Di|rek|tor *m. 13*

Di|rek|to|rat *n. 1* Amt, Amtszimmer des Direktors

Di|rek|to|rin [auch: -rɛk-] *f. 10*

Di|rek|to|ri|um **1.** *n. Gen.* -s *Pl.* -rien aus mehreren Personen bestehender Vorstand; **2.** Di|rec|toire [-toar] *n. Gen.* -s *nur Sg.*, 1795-1799: oberste frz. Staatsbehörde

Di|rek|tri|ce *auch:* **Di|rekt|ri|ce** [-sə] *f. 11* leitende Angestellte (bes. in Geschäften für Oberbekleidung)

Di|rek|trix *auch:* **Di|rekt|rix** *f. Gen. - nur Sg., Math.:* Leitlinie, Richtungslinie

Di|rekt|sen|dung *f. 10*

Di|rekt|wer|bung *f. 10* gezielte, unmittelbar an den namentlich erfassten Empfänger gerichtete werbliche Maßnahme eines Unternehmens

Di|rex *m. 1, Schülerspr.:* Direktor

Di|ret|tis|si|ma [ital.] *f. 9* direkte Route zum Gipfel

Dir|ham, Dir|hem *m. 9, nach Zahlenangaben Pl. -* **1.** arab. Währungs- und Gewichtseinheit; **2.** älteres türkisches Handelsgewicht

Di|ri|gat *n. 1* das Dirigieren (eines Orchesters)

Di|ri|gent [lat.] *m. 10* Leiter eines Orchesters oder Chores

di|ri|gie|ren **1.** *intr. 3* den Takt schlagen; **2.** *tr. 3* musikalisch leiten; **3.** *tr. 3, ugs.:* lenken, führen

Di|ri|gis|mus *m. Gen. - nur Sg.* Lenkung der Wirtschaft durch den Staat

di|ri|mie|ren *tr. 3*

Dirn *f. 10,* Dir|ne *f. 11 veraltet:* junges Mädchen, kleines Mädchen

Dirndl *n. Gen.* -s *Pl.* - oder -n, *bair., österr.* **1.** junges Mädchen, kleines Mädchen; **2.** *kurz für* Dirndlkleid

Dirndl|kleid *n. 3, bair., österr.:* Trachtenkleid

Dirndl|strauch *m. 4, österr.:* Kornelkirsche

Dir|ne *f. 11* **1.** *veraltet für* Dirn; Bauernmagd; **2.** Prostituierte

Dir|nen|haus *m. 4* Bordell

Dirt|track|ren|nen *auch:* **Dirt-Track-Ren|nen** [dətræk-, engl.] *n. 7* Rad- oder Motorradrennen auf der Aschenbahn

dis *n. Gen. - Pl. -, Mus.:* **1.** das um einen halben Ton erhöhte d; **2.** *kurz für* dis-Moll

Dis *n. Gen. - Pl. -, Mus.* **1.** das um einen halben Ton erhöhte D; **2.** *kurz für* Dis-Dur

dis…, Dis… [lat.] *in Zus.:* auseinander…, weg…

Di|sac|cha|rid, Di|sa|cha|rid [-saxa-, griech.] *n. 1* Zucker, dessen Molekül aus zwei Monosacchariden aufgebaut ist

Dis|a|gio [-adʒo, ital.] *n. 9 nur Sg.* Betrag, um den der Kurs eines Wertpapiers unter dem Nennwert steht; Abgeld, Abschlag; *Ggs.:* Agio

Disc *f. 9, kurz für* Compactdisc

Disc|jo|ckey [-dʒɔkɪ] *m. 9* s. **Disk|jo|ckei**

Dis|co *f. 9* s. **Dis|ko**

Dis|co|rol|ler *m. 5* s. **Dis|ko|rol|ler**

Dis|coun|ter [-kaun-, engl.] *m. 5* Inhaber eines Discountgeschäfts

Dis|count|ge|schäft [-kaun-] *n. 1,* **Dis|count|la|den** *m. 8* sehr einfach ausgestattetes Geschäft, in dem Waren zu stark herabgesetzten Preisen verkauft werden

Dis|co|ve|ry [-kavərɪ, engl.] *f. 11 nur Sg.* Name einer amerik. Raumfähre

Dis-Dur *n. Gen. - nur Sg.* (*Abk.:* Dis) eine Tonart

Dis-Dur-Ton|lei|ter *f. 11*

Dis|en|gage|ment [-ɪngɛɪdʒmənt, engl.] *n. Gen. - nur Sg.* das Auseinanderrücken der Machtblöcke in Europa durch atomwaffenfreie oder militärisch verdünnte Zonen

Di|seur [-sør, frz.] *m. 1* Vortragskünstler im Kabarett

Di|seu|se [-søzə] *f. 11* weibl. Diseur

Dis|har|mo|nie [lat. + griech.] *f. 11* **1.** Missklang; **2.** Missstimmung, Uneinigkeit

dis|har|mo|nie|ren *intr. 3*

dis|har|mo|nisch

dis|is, Dis|is *n. Gen. - Pl. -, Mus.:* das um zwei halbe Töne erhöhte d bzw. D

dis|junkt [lat.] getrennt, gesondert (von Begriffen)

Dis|junk|ti|on *f. 10* **1.** Trennung, Sonderung; **2.** Gegenüberstellung zweier gegensätzlicher, aber zusammengehöriger Begriffe, z. B. Tag-Nacht; **3.** *Logik:* Einheit zweier durch »oder« verbundener Begriffe oder Aussagen; *Ggs.:* Konjunktion (3)

dis|junk|tiv trennend, gegensätzlich und doch zusammengehörig; disjunktive Konjunktion: ausschließendes Bindewort, z. B. »oder«; *Ggs.:* konjunktiv

Dis|kant [lat.] *m. 1* **1.** höchste Stimmlage, Sopran; **2.** höchste Tonlage eines Instruments, z. B. Diskantgambe; **3.** Gegenstimme zum → Cantus firmus

Dis|kant|schlüs|sel *m. 5* Sopranschlüssel, C-Schlüssel

Dis|ket|te *f. 11* magnetischer Datenspeicher für Computer in Form einer kleinen Scheibe

Dis|ket|ten|lauf|werk *n. 1*

Disk|jo|ckei [-dʒɔkı, engl.], Disc|jo|ckey *m. 9* (*Abk.:* DJ) **1.** jmd., der in Diskotheken (2), bei Radiosendern u. a. CDs auflegt, Ansagen macht; **2.** Angestellter in einer Diskothek (2), der die Tonträger verwaltet und auswählt

Dis|ko, Dis|co *f. 9 Kurzwort für* Diskothek

Dis|ko|gra|phie *auch:* **Dis|ko|gra|fie** [engl. + griech.] *f. 11* Verzeichnis über Tonträger eines bestimmten Themenkreises mit Angaben über Besetzung, Interpretation u. a.

Dis|kont [ital.] *m. 1,* Dis|kon|to *m. Gen.* -s *Pl.* -s *oder* -ti Zinsvergütung bei Zahlung einer noch nicht fälligen Forderung (beim Kauf von Wechseln)

dis|kon|tie|ren *tr. 3;* einen Wechsel d.: vor Fälligkeit mit Zinsvergütung kaufen

dis|kon|ti|nu|ier|lich [lat.] mit Unterbrechungen, nicht in fortlaufender Folge; *Ggs.:* kontinuierlich

Dis|kon|ti|nu|i|tät *f. 10* das Fehlen von Stetigkeit, unterbrochener Zusammenhang; *Ggs.:* Kontinuität

Dis|kon|to *m. Gen.* -s *Pl.* -s *oder* -ti s. **Dis|kont**

Dis|kont|satz *m. 2* Zinssatz

dis|kor|dant [lat.] **1.** nicht übereinstimmend, uneinig; **2.** *Mus.:* auf Dissonanz aufgebaut; **3.** *Geol.:* ungleichförmig gelagert (Gestein); *Ggs.:* konkordant

Dis|kor|danz *f. 10*

Dis|ko|rol|ler, Dis|co|rol|ler *m. 5* Rollschuh mit Kunststoffrollen

Dis|ko|thek [engl. + griech.] *f. 10* **1.** Tonträgersammlung, -archiv; **2.** Lokal, bes. für Jugendliche, zum Tanzen nach rhythmischer Musik

Dis|ko|the|kar *m. 1* Verwalter einer Diskothek (1)

Dis|kre|dit [lat.] *m. 1 nur Sg.* Misskredit, übler Ruf

dis|kre|di|tie|ren *tr. 3* in Misskredit, Verruf bringen, verleumden

dis|kre|pant [lat.] widersprüchlich, zwiespältig

Dis|kre|panz *f. 10* Unstimmigkeit, Widerspruch, Missverhältnis

dis|kret [lat.] **1.** verschwiegen, taktvoll; *Ggs.:* indiskret; **2.** unaufdringlich, unauffällig

Dis|kre|ti|on *f. 10 nur Sg.* **1.** Verschwiegenheit, Takt; *Ggs.:* Indiskretion; **2.** Unaufdringlichkeit

Dis|kri|mi|nan|te [lat.] *f. 11* arithmet. Ausdruck, der bei Gleichungen Zahl und Art der Wurzel angibt

Dis|kri|mi|na|ti|on *f. 10* **1.** unterschiedl. Behandlung; **2.** Herabsetzung

dis|kri|mi|na|to|risch

dis|kri|mi|nie|ren *tr. 3* **1.** unterschiedlich behandeln; **2.** herabsetzen, herabwürdigen

Dis|kri|mi|nie|rung *f. 10* **1.** ungleiche Behandlung; **2.** Herabsetzung, Herabwürdigung

dis|kur|rie|ren [lat.] *intr. 3* sich eifrig über etwas unterhalten, lebhaft etwas erörtern

Dis|kurs *m. 1* lebhafte Erörterung, eifrige Unterhaltung

dis|kur|siv logisch folgernd

Dis|kus [griech.] *m. Gen.* - *Pl.* -ken *oder: m. 1* **1.** Wurfscheibe; **2.** *kath. Kirche:* kleiner Teller für das geweihte Brot

Dis|kus|si|on [lat.] *f. 10* Erörterung, Meinungsaustausch

Dis|kus|si|ons|red|ner *m. 5*

dis|ku|ta|bel [lat.] erwägenswert, annehmbar; *Ggs.:* indiskutabel; ein diskutabler Vorschlag

dis|ku|tie|ren *tr. u. intr. 3* erörtern, Meinungen austauschen; etwas *oder:* über etwas angeregt diskutieren

Dis|lo|ka|ti|on [lat.] **1.** Verschiebung, Verlagerung; **2.** *Mil.:* Verteilung (von Truppen)

dis|loy|al *auch:* **dis|lo|yal** [-loaja:l, ugs.: -loia:l, lat.] nicht loyal, unloyal

dis|lo|zie|ren [lat.] *tr. 3* verschieben, verlagern

Dis|lo|zie|rung *f. 10*

dis-Moll *n. Gen.* - *nur Sg.* (*Abk.:* dis) eine Tonart

dis-Moll-Ton|lei|ter *f. 11*

Dis|pache [-paʃ, frz.] *f. 11* Seeschadensberechnung für die Beteiligten

Dis|pa|cheur [-ʃør] *m. 1* Sachverständiger für Dispachen

dis|pa|chie|ren [-ʃi-] *tr. 3*

dis|pa|rat [lat.] ungleichartig, abweichend

Dis|pa|ri|tät *f. 10 nur Sg.*

Dis|pat|cher [-pɛtʃə(r), engl.] *m. 5* **1.** *EDV:* Teil des Betriebssystems; **2.** leitender Angestellter in Großbetrieben

Dis|pens [lat.] *m. 1* **1.** Befreiung von einer Verpflichtung oder Vorschrift; **2.** Genehmigung einer Ausnahme

Dis|pen|sa|ri|um *n. Gen.* -s *Pl.* -ri|en s. **Dis|pen|sa|to|ri|um**

Dis|pen|sa|ti|on *f. 10* Befreiung (von einer Verpflichtung)

Dis|pen|sa|to|ri|um, Dis|pen|sa|ri|um *n. Gen.* -s *Pl.* -ri|en Arzneibuch

Dis|pens|e|he *f. 11* aufgrund eines kirchl. Dispenses geschlossene Ehe

dis|pen|sie|ren *tr. 3* **1.** befreien (von einer Verpflichtung oder Vorschrift); **2.** zubereiten und abgeben (Arznei)

Dis|pen|sier|recht *n. 1* Recht, Arzneien zuzubereiten und abzugeben

Di|sper|gens *auch:* **Dis|per|gens** [lat.] *n. Gen.* - *Pl.* -gen|zi|en Stoff (Gas oder Flüssigkeit), der einen anderen in feinster Verteilung enthält

di|sper|gie|ren *auch:* **dis|per|gie|ren** *tr. 3* fein verteilen

Di|sper|mie [griech.] *f. 11* Besamung (einer Eizelle) mit zwei Samenfäden

di|spers *auch:* **dis|pers** [lat.] fein verteilt

Di|sper|si|on *auch:* **Dis|per|si|on** *f. 10* **1.** Zerstreuung, Verbreitung; **2.** feinste Verteilung eines Stoffes in Gas oder Flüssigkeit

Di|sper|si|tät *auch:* **Dis|per|si|tät** *f. 10* Verteilungsgrad, -möglichkeit

Dis|placed Per|son (*alt:* Displaced per|son) [displɛıst pɔsn, engl.] *f. Gen.* - - *Pl.* - -s *meist Pl.* (*Abk.:* D. P.) jmd., der im 2. Weltkrieg nach Deutschland oder in die von deutschen Truppen besetzten Gebiete verschleppt wurde

Dis|play [-plɛı, engl.] *n. 9* **1.** Zurschaustellung (von Waren) im

Schaufenster; **2.** *EDV:* optische Datenanzeige

Di|spon|de|us [griech.] *m. Gen.* - *Pl.* -de|en Versfuß aus zwei Spondeen

Dis|po|nen|den [lat.] *Pl.* vom Sortimenter nicht verkaufte Bücher, die er über den mit dem Verleger vereinbarten Abrechnungstermin hinaus weiter bei sich lagern kann

Dis|po|nent *m. 10* leitender Angestellter mit bes. Vollmachten

dis|po|ni|bel verfügbar; disponible Geldmittel; *Ggs.:* indisponibel

Dis|po|ni|bi|li|tät *f. 10 nur Sg.* Verfügbarkeit

dis|po|nie|ren *tr. 3* **1.** ordnen, einteilen; **2.** verfügen

dis|po|niert gestimmt, aufgelegt; nicht d. sein: nicht gut bei Stimme sein (von Sängern); für eine Krankheit d. sein: empfänglich

Dis|po|si|ti|on *f. 10* **1.** Ordnung, Gliederung, Einteilung; jmdn. zur D. stellen (*Abk.:* z. D.): einstweilen in den Ruhestand versetzen; **2.** Empfänglichkeit (für eine Krankheit)

dis|po|si|ti|ons|fä|hig geschäftsfähig

Dis|po|si|ti|ons|fonds [-fɔ̃] *m. Gen.* - [-fɔ̃s] *Pl.* - [-fɔ̃s] staatl. Geldmittel zur freien Verfügung der Verwaltung

Dis|po|si|ti|ons|kre|dit *m. 1*

dis|po|si|tiv verfügbar, abdingbar; dispositives Recht: Recht, das nach Vereinbarung geändert werden kann

Dis|pro|por|ti|on [lat.] *f. 10* Missverhältnis; *Ggs.:* Proportion (1)

dis|pro|por|ti|o|niert ungleich, unverhältnismäßig

Dis|put [lat.] *m. 1* Wortwechsel, Erörterung, Streitgespräch

dis|pu|ta|bel *veraltet:* strittig

Dis|pu|tant *m. 10* jmd., der an einem Disput beteiligt ist

Dis|pu|ta|ti|on *f. 10* wissenschaftl. Streitgespräch

dis|pu|tie|ren *intr. 3* etwas wissenschaftlich erörtern, seine Meinung gegenüber anderen vertreten

Dis|qua|li|fi|ka|ti|on [lat.] *f. 10* **1.** Untauglichkeitserklärung; **2.** Ausschluss aus einem sportl. Wettkampf wegen Vergehens gegen die Regeln

dis|qua|li|fi|zie|ren *tr. 3*; jmdn. d.: **1.** für untauglich erklären; **2.** vom sportl. Wettkampf ausschließen

Dis|qua|li|fi|zie|rung *f. 10*

Dis|se|mi|na|ti|on [lat.] *f. 10* Aussaat (von Krankheitserregern im Körper), Ausbreitung (einer Seuche)

Dis|sens [lat.] *m. 1, Rechtsw.:* Meinungsverschiedenheit (z. B. bei Vertragsabschlüssen), Abweichung (einer Willenserklärung vom Willen)

Dis|sen|ters [engl.] *Pl., in England:* die nicht der anglikan. Kirche angehörenden Protestanten, Nonkonformisten (2)

dis|sen|tie|ren *intr. 3* **1.** anderer Meinung sein; **2.** sich von einer Kirche trennen

Dis|ser|ta|ti|on [lat.] *f. 10* wissenschaftl. Arbeit zur Erlangung des Doktorgrads, Doktorarbeit

dis|ser|tie|ren *intr. 3* die Dissertation schreiben; über ein Thema d.

Dis|si|dent [lat.] *m. 10* **1.** jmd., der keiner staatlich anerkannten Religionsgemeinschaft angehört; **2.** *früher:* jmd., der in der Öffentlichkeit gegen die Politik des kommunist. Staates auftrat

Dis|si|di|um *n. Gen.* -s *Pl.* -di|en, *veraltet:* Streitpunkt

dis|si|die|ren *intr. 3* **1.** anders denken; **2.** aus der Kirche austreten

Dis|si|mi|la|ti|on [lat.] *f. 10* **1.** Unähnlichmachen, Veränderung; **2.** *Sprachw.:* Unähnlichwerden zweier benachbarter Laute oder Ausfall eines von zwei ähnl. Lauten, z. B. »fünf« aus mhd. »fimf«, »Pfennig« aus mhd. »pfenning«; **3.** *Biol.:* Abbau von Nährstoffen zur Energiegewinnung (bei Pflanzen)

dis|si|mi|lie|ren *tr. 3*

Dis|si|mu|la|ti|on [lat.] *f. 10* Verheimlichung von Krankheitssymptomen; *Ggs.:* Simulation

dis|si|mu|lie|ren *tr. 3* verheimlichen; *Ggs.:* simulieren

Dis|si|pa|ti|on [lat.] *f. 10* Übergang irgendeiner Energieform in Wärmeenergie

dis|si|pie|ren *intr. 3*

dis|so|lu|bel [lat.] auflösbar, löslich, schmelzbar, zerlegbar

dis|so|lut halt-, zügellos

Dis|so|lu|ti|on *f. 10* **1.** Auflösung; **2.** Halt-, Zügellosigkeit

Dis|sol|vens [-vɛns] *n. Gen.* - *Pl.* -ven|tia [-tsja] *oder* -ven|zi|en Lösungsmittel

dis|sol|vie|ren [-vi-] *tr.* auflösen, zerteilen, schmelzen

dis|so|nant [lat.] misstönend, nicht zusammenstimmend; *Ggs.:* konsonant

Dis|so|nanz *f. 10* Missklang; *Ggs.:* Konsonanz

dis|so|nie|ren *intr. 3*

Dis|so|zi|a|ti|on [lat.] *f. 10* Auflösung, Trennung, Zerfall; *Ggs.:* Assoziation

dis|so|zi|a|tiv auflösend, trennend; *Ggs.:* assoziativ

dis|so|zi|ie|ren *tr. 3; Ggs.:* assoziieren

Dis|stress (*alt:* Dis|streß) *m. 1* nicht mehr tolerierbarer Stress

♦ Die Buchstabenfolge **di|st...** kann in Fremdwörtern auch **dis|t...** getrennt werden. Davon ausgenommen sind Zusammensetzungen, in denen die fremdsprachigen bzw. sprachhistorischen Bestandteile deutlich als solche erkennbar sind, z. B. *-trahieren, -tributieren.*

♦ **di|stal** [lat.] vom Körpermittelpunkt, von der Körperachse bzw. vom Herzen entfernt liegend

♦ **Di|stanz** *f. 10* **1.** Abstand, Entfernung; **2.** *Sport:* zurückzulegende Strecke; **3.** *Boxen:* Zeit der angesetzten Runden

♦ **Di|stanz|ge|schäft** *n. 1* Geschäft zwischen Partnern an verschiedenen Orten

♦ **di|stan|zie|ren** **1.** *refl. 3;* sich d.: (von etwas oder jmdm.) abrücken, Abstand nehmen; **2.** *tr. 3;* jmdn. d.: (im Sportwettkampf) hinter sich lassen, überholen

♦ **Di|stanz|ritt** *m. 1* Ritt über sehr weite Entfernung

♦ **Di|stanz|wech|sel** [-ks-] *m. 5* Wechsel mit unterschiedl. Ausstellungs- und Zahlungsort

Dis|tel *f. 11*

Dis|tel|fink *m. 10* Stieglitz

♦ **Di|sthen** [griech.] *m. 1* ein Mineral

♦ **di|sti|chisch** [griech.], di|sti|chitisch in der Art eines Distichons

♦ **Di|sti|chon** [-çɔn] *n. Gen.* -s *Pl.* -chen Versform aus Hexameter und Pentameter

♦ **di|stin|gu|iert** [-girt, frz.] vornehm

♦ **di|stinkt** *veraltet:* deutlich, verständlich

D

♦ **Di|stink|ti|on** *f. 10* **1.** hoher Rang, Würde; **2.** *österr.:* Rangabzeichen
♦ **di|stink|tiv** auszeichnend, unterscheidend
Dis|tor|si|on [lat.] *f. 10* **1.** *Med.:* Verstauchung; **2.** *Optik:* Bildverzerrung
dis|tra|hie|ren [lat.] *tr. 3* auseinander ziehen, trennen
Dis|trak|ti|on *f. 10* **1.** Auseinanderziehen; **2.** Behandlung eines Knochenbruchs mittels Streckverband
Dis|tri|bu|ent [lat.] *m. 10, veraltet:* Verteiler
dis|tri|bu|ie|ren *tr. 3* verteilen
Dis|tri|bu|ti|on *f. 10* **1.** Verteilung, Auflösung; **2.** *Volkswirtschaft:* Verteilung von Einkommen und Vermögen; **3.** Verteilung von Waren an die Abnehmer
dis|tri|bu|tiv verteilend
Dis|tri|bu|ti|vum [-vum] *n. Gen.* -s *Pl.* -va [-va], **Dis|tri|bu|tiv|zahl** *f. 10* Zahl zur Einteilung in gleiche Mengen, z. B. je zwei
♦ **Di|strict of Co|lum|bia** *auch:* **Dist|rict of Co|lum|bia** [dɪstrɪkt ɔf kəlʌmbɪə] (*Abk.:* D. C.) Bundesdistrikt der USA
♦ **Di|strikt** *auch:* **Dist|rikt** [lat.] *m. 1* Verwaltungsbezirk

♦ Die Buchstabenfolge **dis|zi|pl...** kann in Fremdwörtern auch **dis|zip|l...** getrennt werden.

♦ **Dis|zi|plin** [lat.] *f. 10* **1.** *nur Sg.* Zucht, straffe Ordnung, Einordnung; **2.** Fach-, Wissensgebiet, Fachrichtung
♦ **dis|zi|pli|när** auf Disziplin (1) beruhend
♦ **Dis|zi|pli|nar|ge|walt** *f. 10* Befugnis, Disziplinarstrafen zu verhängen, Dienststrafgewalt
♦ **dis|zi|pli|na|risch,** dis|zi|pli|nell auf Disziplinargewalt beruhend, mit Hilfe einer Disziplinarstrafe
♦ **Dis|zi|pli|nar|stra|fe** *f. 11* Strafe für ein Dienstvergehen, Dienststrafe
♦ **Dis|zi|pli|nar|ver|fah|ren** *n. 7* Dienststrafverfahren
♦ **Dis|zi|pli|nar|ver|ge|hen** *n. 7* Vergehen gegen die Dienstvorschriften
♦ **dis|zi|pli|nell** s. **dis|zi|pli|na|risch**
♦ **dis|zi|pli|niert** straffe Ordnung haltend, sich gut einordnend
♦ **Dis|zi|pli|niert|heit** *f. 10 nur Sg.*
♦ **dis|zi|plin|los**
♦ **Dis|zi|plin|lo|sig|keit** *f. 10*

Di|szis|si|on *auch:* **Dis|zis|si|on** [lat.] *f. 10, Med.:* Spaltung
Di|te|tro|de *auch:* **Di|tet|ro|de** [griech.] *f. 11* eine Elektronenröhre mit zwei Tetroden
Dith|mar|schen Landschaft und Kreis im Westen Schleswig-Holsteins
Dith|mar|scher *m. 5*
dith|mar|sisch
Di|thy|ram|be [griech.] *f. 11,* Di|thy|ram|bus *n. Gen.* - *Pl.* -ben **1.** Chorlied zu Ehren des Dionysos; **2.** überschwängliches Lob-, Festlied
di|thy|ram|bisch **1.** in der Art einer Dithyrambe; **2.** *übertr.:* überschwänglich, trunken
Di|thy|ram|bos *m. Gen.* - *Pl.* -boi, *griech. Form von* Dithyrambe
Di|thy|ram|bus *m. Gen.* - *Pl.* -ben s. **Di|thy|ram|be**
di|to [ital.], *österr.:* det|to (*Abk.:* do., dto.) ebenso
Di|to *n. 9* dasselbe, Einerlei
Di|tro|chä|us [griech.] *m. Gen.* - *Pl.* -en doppelter Trochäus
dit|to s. **di|to**
Dit|to|gra|phie *auch:* **Dit|to|gra|fie** [griech.] *f. 11* **1.** fehlerhafte Doppelschreibung von Buchstaben; *Ggs.:* Haplographie; **2.** doppelte Lesart von Stellen bei antiken Schriftstellern
Dit|to|lo|gie *f. 11* eine Sprachstörung, fehlerhaftes doppeltes Aussprechen von Lauten
Di|u|re|se [griech.] *f. 11* Harnabsonderung
Di|u|re|ti|kum *n. Gen.* -s *Pl.* -ka harntreibendes Mittel
di|u|re|tisch harntreibend
Di|ur|nal [lat.] *n. 1,* **Di|ur|na|le** *n. Gen.* -s *Pl.* -lia, *kath. Kirche:* Gebetbuch der Geistlichen mit den Stundengebeten
Di|va [-va, ital.] *f. Gen.* - *Pl.* -ven [-ven] *oder* -s gefeierte Bühnen- oder Filmkünstlerin
di|ver|gent [-vɛr-, lat.] auseinander strebend, abweichend, in entgegengesetzter Richtung verlaufend; *Ggs.:* konvergent
Di|ver|genz [-vɛr-] *f. 10* Abweichung, Meinungsverschiedenheit; *Ggs.:* Konvergenz
di|ver|gie|ren [-vɛr-] *intr. 3; Ggs.:* konvergieren
di|vers [-vɛr-, lat.] verschieden; diverse: mehrere; Diverses: Verschiedenes (was man nicht einordnen kann)

Di|ver|sant [-vɛr-] *m. 10, im kommunist. Sprachgebrauch:* Saboteur
Di|ver|si|fi|ka|ti|on [-vɛr-] *f. 10* Erweiterung des Tätigkeitsbereiches eines Unternehmens auf neue Produkte, Märkte, Branchen usw.
Di|ver|si|on [-vɛr-] *f. 10* **1.** Ablenkung, Richtungsänderung; **2.** *im kommunist. Sprachgebrauch:* Sabotage
Di|ver|ti|kel [-vɛr-] *n. 5* Ausstülpung, sackartiges Anhängsel von Hohlorganen
Di|ver|ti|men|to [-vɛr-, ital.] *n. Gen.* -s *Pl.* -s *oder* -ti, **Di|ver|tis|se|ment** [-vɛrtis(ə)mã, frz.] *n. 9* unterhaltendes, der Suite ähnl. Musikstück in mehreren Sätzen
di|vi|de et im|pe|ra! [-vi-, lat.] teile und herrsche!, d. h. säe Zwietracht unter die, über die du herrschen willst (Grundsatz der altröm. Außenpolitik)
Di|vi|dend [-vi-, lat.] *m. 10* **1.** Zahl, die geteilt werden soll; **2.** Zähler (eines Bruches); *Ggs.:* Divisor
Di|vi|den|de [-vi-] *f. 11* auf eine Aktie entfallender Gewinnanteil
di|vi|die|ren [-vi-] *tr. 3* teilen
Di|vi|di|vi [-vidivi, indian.] *n. 9 nur Sg.* gerbstoffreiche Hülsen eines mittelamerik. Strauchs
Di|vi|na Com|me|dia [-vi-, ital.] die »Göttliche Komödie« von Dante
Di|vi|na|ti|on [-vi-, lat.] *f. 10* Ahnungsvermögen, Sehertum, Wahrsagekunst
di|vi|na|to|risch [-vi-] seherisch
Di|vi|ni|tät [-vi-] *f. 10* **1.** *nur Sg.* Göttlichkeit; **2.** göttl. Wesen
Di|vis [-vis, lat.] *n. 1* Bindestrich, Abteilungszeichen
di|vi|si|bel [-vi-] teilbar
Di|vi|si|on [-vi-] *f. 10* **1.** *Math.:* Teilung; **2.** *Mil.:* aus allen Truppengattungen bestehende Heeresabteilung
Di|vi|si|o|när [-vi-] *m. 1, bes. schweiz.:* Befehlshaber einer Division
Di|vi|sor [-vi-] *m. 13* **1.** Zahl, durch die eine andere geteilt werden soll; **2.** Nenner (eines Bruchs); *Ggs.:* Dividend
Di|vi|so|ri|um [-vi-] *n. Gen.* -s *Pl.* -ri|en gabelförmige Klammer am Manuskripthalter des Setzers
Di|wan [pers.] *m. 1* **1.** ehemalige osman. Regierung; **2.** Ruhebett ohne Rückenlehne; **3.** Gedicht-

sammlung eines einzelnen islam. Verfassers; Westöstlicher Diwan: Dichtwerk von Goethe

di|xi [lat. »ich habe (es) gesagt«] basta, Punktum

Di|xie *m. Gen. - nur Sg., kurz für* Dixieland

Di|xie|land [-lænd, engl.] **1.** *n. Gen.* -(s) *nur Sg., Bez. für* die Südstaaten der USA; **2.** *Kurzwort für* Dixielandjazz

Dixielandjazz: Diese Form des Jazz wird zusammengeschrieben. Als Variante wird die Schreibung mit Bindestrich empfohlen: *Dixieland-Jazz.* § 37, § 43

Di|xie|land|jazz [-lændʒæz] *m. Gen. - nur Sg.* Abart des nordamerik. Jazz

d. J. 1. *Abk. für* dieses Jahres; am 10. Mai d. J.; **2.** *Abk. für* der Jüngere; Hans Holbein d. J.

DJ [didʒɛɪ] *m. 9 Abk. für* Diskjockey

Dja|kar|ta [dʒa-] s. **Ja|kar|ta**

Dje|bel *m. 5* s. **Dsche|bel**

Djer|ba [dʒɛr-] tunes. Insel

DJH *Abk. für* Deutsches Jugendherbergswerk

Dji|bou|ti [dʒibu-] s. **Dschi|bu|ti**

DK 1. *Abk. für* Dezimalklassifikation; **2.** *Kfz-Kennzeichen für* Dänemark

Dkfm. *österr. Abk. für* Diplomkaufmann

dkr *Abk. für* dänische Krone

dl *Abk. für* Deziliter

dm *Abk. für* Dezimeter

DM *Abk. für* Deutsche Mark; 25 DM; 25,- DM, 25,00 DM *oder* DM 25,-, DM 25,00; 5,50 DM, DM 5,50

dm² *Abk. für* Quadratdezimeter

dm³ *Abk. für* Kubikdezimeter

d. M. *Abk. für* dieses Monats; am 10. d. M.

d-Moll *n. Gen. - nur Sg.* (*Abk.:* d) eine Tonart

d-Moll-Ton|lei|ter *f. 11*

DNA s. **DNS**

Dnjepr *m. Gen.* -(s) Fluss in Osteuropa

Dnjestr *m. Gen.* -(s) Fluss in Osteuropa

DNS *Abk. für* Desoxyribonukleinsäure: wesentl. Bestandteil der Chromosomen, in denen die genetischen Informationen verschlüsselt sind; *engl.:* DNA

Do *Abk. für* Donnerstag

do., dto. *Abk. für* dito

d. O. *Abk. für* der/die Obige (unter Nachschriften in Briefen)

Dö|bel *m. 5* **1.** karpfenähnl. Fisch; **2.** *Nebenform von* Dübel

dö|beln *tr. 1, Nebenform von* dübeln

Do|ber|mann [nach dem Züchter] *m. 4,* **Do|ber|mann|pin|scher** *m. 5* eine Hunderasse

Döb|lin, *Alfred* dt. Schriftsteller

Do|bru|dscha *auch:* **Dob|ru|dscha** *f. Gen.* - bulgarisch-rumänische Landschaft

do|cen|do di|sci|mus [lat.] durch Lehren lernen wir

doch; ja doch!; nicht doch!

Docht *m. 1*

Docht|sche|re *f. 11*

Dock *n. 9* **1.** Anlage zum Trockensetzen und Reparieren von Schiffen; **2.** vom Außenwasserstand unabhängiges Hafenbecken

Do|cke *f. 11* **1.** Garnmaß; **2.** gedrehte Garnsträhne; **3.** Getreidepuppe; **4.** Zapfen

do|cken 1. *tr. 1* ins Dock legen; **2.** *intr. 1* im Dock liegen; **3.** *tr. 1* zu Docken drehen, bündeln

Do|cker *m. 5* Dockarbeiter

Do|cking [engl.] *n. 9* Ankoppelung an ein Raumfahrzeug

Do|cking|ma|nö|ver *n. 5*

Do|de|ka|dik [griech.] *f. 10 nur Sg.* Duodezimalsystem

do|de|ka|disch duodezimal

Do|de|ka|e|der *m. 5* von zwölf Flächen begrenzter Körper, Zwölfflach, Zwölfflächner

Do|de|ka|nes *m. Gen. - nur Sg.* griech. Inselgruppe

Do|de|ka|pho|nie *auch:* **Do|de|ka|fo|nie** *f. 11 nur Sg.* Zwölftonmusik

do|de|ka|pho|nisch *auch:* **do|de|ka|fo|nisch**

Doe|skin® [do-, engl. dou-, »Rehhaut«] *m. 9 nur Sg.* starker Wollstoff für Herrenmäntel

Do|ga|res|sa [ital.] *f. Gen. - Pl.* -sen Gemahlin des Dogen

Dog|cart [engl. »Hundewagen«] *m. 9* offener, zweirädriger Einspänner

Do|ge [doʒə, ital.: dodʒə] *m. 11, früher:* Oberhaupt der Republiken Venedig und Genua

Do|gen|pa|last [doʒən-] *m. 2*

Dog|ge *f. 11* eine Hunderasse

Dog|ger *m. 5* **1.** *nur Sg.* mittlere Abteilung des Juras, brauner Jura; **2.** = Doggerboot

Dog|ger|bank *f. 2 nur Sg.* fischreiche Sandbank in der Nordsee

Dog|ger|boot *n. 1* ndrl. Fischerboot, Dogger (2)

Dög|ling *m. 1* eine Walart

Dog|ma [griech.] *n. Gen.* -s *Pl.* -men **1.** Glaubenssatz, kirchlicher Lehrsatz mit dem Anspruch der unbedingten Gültigkeit; **2.** *übertr.:* starre Lehrmeinung, Doktrin

Dog|ma|tik *f. 10* systematische Darstellung von Dogmen, Glaubenslehre

Dog|ma|ti|ker *m. 5* **1.** Verfechter eines Dogmas; **2.** Lehrer der Dogmatik

dog|ma|tisch 1. auf einem Dogma beruhend; **2.** *übertr.:* starr an ein Dogma gebunden

dog|ma|ti|sie|ren *tr. 3* zum Dogma machen

Dog|ma|tis|mus *m. Gen. - nur Sg.* **1.** starres Festhalten an einem Dogma; **2.** *übertr.:* unkritisches, von Lehrmeinungen abhängiges Denken

dog|ma|tis|tisch auf Dogmatismus beruhend

Dog|skin [engl. »Hundehaut«] *n. 9 nur Sg.* Schafleder

Doh|le *f. 11* ein Rabenvogel

Doh|ne *f. 11* Schlinge zum Vogelfang

Doh|nen|steig, Doh|nen|stieg *m. 1* mit Dohnen besetzter Weg

do it your|self [du:ıtjɔ:sɛlf, engl. »tu es selbst«] *Schlagwort für* handwerkl. Selbsthilfe

Do-it-your|self-Be|we|gung [du:ıtjɔ:sɛlf-] *f. 10*

Do|ket [griech] *m. 10* Anhänger der frühchristl. Lehre des Doketismus

Do|ki|ma|sie [griech.] *f. 11* **1.** *im alten Griechenland:* Prüfung der Anwärter für den Staatsdienst; **2.** *allg.:* Prüfung, Untersuchung

Do|ki|ma|si|o|lo|gie *f. 11 nur Sg.*, **Do|ki|mas|tik** *f. 10 nur Sg.* Lehre von der Prüfung von Erzen auf ihren Metallgehalt

do|ki|mas|tisch

dok|tern *intr. 1, ugs.:* Heilmittel nach eigenem Gutdünken anwenden

Dok|tor [lat.] *m. 13* (*Abk.:* Dr., *Pl.:* Dres.) **1.** Titel auf Grund einer akadem. Prüfung; **2.** *ugs.:* Arzt; *in Briefen:* Sehr geehrter Herr Doktor, *aber:* Sehr geehrter Herr Dr. Meyer; die einzelnen Fachtitel siehe unter ihren eigenen Abkürzungen; vgl. Dr.

Dok|to|rand *m. 10* (*Abk.:* Dd.) jmd., der sich auf die Doktorprüfung vorbereitet

Dok|tor|ar|beit *f. 10* Dissertation

Dok|to|rat *n. 1* Doktorgrad

Dok|tor|hut *m. 2*

dok|to|rie|ren *intr. 3* die Doktorarbeit schreiben, den Doktorgrad erlangen

Dok|to|rin [auch: dɔk-] *f. 10* **1.** weiblicher Doktor; **2.** *ugs.:* Ärztin

Dok|tor|in|ge|ni|eur [-ʒənjøːr] *m. 1* (*Abk.:* Dr.-Ing.)

Dok|tor|prü|fung *f. 10*

Dok|tor|ti|tel *m. 5*

Dok|trin *auch:* **Dokt|rin** *f. 10* **1.** Lehre, Lehrsatz; **2.** *übertr.:* starre Lehrmeinung

dok|tri|när *auch:* **dokt|ri|när** **1.** in der Art einer Doktrin; **2.** *übertr.:* starr an einer Doktrin festhaltend, einseitig, engstirnig

Dok|tri|när *auch:* **Dokt|ri|när** *m. 1* **1.** Verfechter einer Doktrin; **2.** *übertr.:* jmd., der starr an einer Doktrin festhält

Dok|tri|na|ris|mus *auch:* **Dokt|ri|na|ris|mus** *m. Gen. - nur Sg.* starres, einseitiges Festhalten an einer Doktrin

Do|ku|ment [lat.] *n. 1* Urkunde, amtl. Schriftstück, als Beweis dienendes Schriftstück

Do|ku|men|ta|list *m. 10* jmd., der sich mit Dokumentation beschäftigt

Do|ku|men|tar|film *m. 1* Film, der Begebenheiten auf Grund von Dokumenten der Wirklichkeit entsprechend darstellt

do|ku|men|ta|risch mit Hilfe von Dokumenten, urkundlich

Do|ku|men|ta|ti|on *f. 10* **1.** Beweisführung auf Grund von Dokumenten; **2.** Sammlung und Nutzbarmachung von Dokumenten, z. B. Zeitschriftenartikeln, Büchern, Urkunden

do|ku|men|tie|ren *tr. 3* **1.** durch Dokumente belegen; **2.** *allg.:* deutlich zeigen

Dol|by [engl.] *n. 9 nur Sg.* System zur Unterdrückung des Rauschens (bei Tonübertragungen)

dol|ce [-tʃə, ital.] *Mus.:* sanft, süß

dol|ce far ni|en|te [-tʃə - -, ital.] (es ist) süß, nichts zu tun

Dol|ce|far|ni|en|te [-tʃə-] *n. Gen. - nur Sg.* süßes Nichtstun

Dol|ce Vi|ta (*alt:* Dol|ce vi|ta) [dɔltʃəvita, ital. »süßes Leben«] *n. oder f. Gen. - - nur Sg.* ausschweifendes Müßiggängertum

Dolch *m. 1*

Dolch|stoß|le|gen|de *f. 11 nur Sg.*

Dol|de *f. 11*

Dol|den|blüt|ler *m. 5*

dol|dig doldenförmig

Dol|drum *auch:* **Dold|rum** [engl.] *n. 9* windstille Zone am Äquator, Kalmenzone

Do|le *f. 11* verdeckte Sickergrube

do|len|te doloroso

Do|le|tit [griech.] *m. 1* Abart des Basalts

do|li|cho|ze|phal, do|li|cho|ke|phal [-ço-, griech.] langköpfig

Do|li|cho|ze|pha|lie, Do|li|cho|ke|pha|lie [-ço-] *f. 11 nur Sg.* lange Kopfform; *Ggs.:* Brachyzephalie

Do|li|ne *f. 11* durch unterird. Auflösung von Kalkstein entstandene, trichterförmige Vertiefung im Karst

doll *ugs., norddt.:* toll, sehr, stark, unerhört

Dol|lar [engl.] *m. Gen. -s Pl. -(s)* (*Zeichen:* $) Währungseinheit u. a. in den USA, Kanada, Australien, 100 Cent

Dol|lar|kurs *m. 1, Börse:* Angebotskurs des Dollars

Doll|bord *n. 1* verstärkte oberste Seitenplanke des Ruderbootes

Dol|le *f. 11* gabelförmige bewegl. Vorrichtung am Dollbord zum Festhalten des Riemens

dol|lie|ren [lat.] *tr. 3* innen abschaben (Fell)

Dol|man [türk.] *m. 1* **1.** alttürk. Männerrock; **2.** mit Schnüren besetzte Husarenjacke

Dol|men [kelt.] *m. 7* vorgeschichtl. Steingrab in Tischform

Dol|metsch [türk.] *m. 1* **1.** *österr.* = Dolmetscher; **2.** *übertr.:* Fürsprecher

dol|met|schen *intr. 1* mündlich übersetzen, als Dolmetscher tätig sein

Dol|met|scher *m. 5, österr.:* Dolmetsch *m. 1* jmd., der (meist beruflich) beim Gespräch zwischen Personen verschiedener Sprachen übersetzt

Do|lo|mit [nach dem frz. Mineralogen Dolomieu] *m. 1* **1.** ein Mineral; **2.** überwiegend daraus bestehendes Gestein

Do|lo|mi|ten *Pl.* Teil der Alpen in Südtirol

do|lo|ros, do|lo|rös [lat.] *Med.:* schmerzhaft, schmerzempfindlich

do|lo|ro|so [ital.], do|len|te *Mus.:* klagend, schmerzlich

do|los [lat.] *Rechtsw.:* heimtückisch, vorsätzlich

Do|lus *m. Gen. - nur Sg., Rechtsw.:* Heimtücke, böser Vorsatz; D. directus: Vorsatz im vollen Bewusstsein der Folgen; D. eventualis: bedingter Vorsatz, d. h. mit Inkaufnehmen einer eventuellen, wenn auch nicht beabsichtigten Folge

Dom **1.** [lat.] *m. 1* Bischofskirche, Hauptkirche (einer Stadt) **2.** [griech.-frz.] *m. 1* gewölbte Decke, Kuppel; kuppelartiger Aufsatz (auf Dampfkesseln) **3.** [port.] *m., port. Anrede in Verbindung mit dem Vornamen:* Herr

Do|mä|ne [lat.-frz.] *f. 11* **1.** Landgut im Besitz eines Herrscherhauses oder Staates; **2.** Arbeitsgebiet, auf dem man bes. gute Kenntnisse hat

do|ma|ni|al zu einer Domäne gehörend

Do|ma|ni|al|gut *n. 4* Domäne (1)

Dom|chor [lat.] *m. 2*

Dom|de|kan *m. 1* Vorsteher eines Domkapitels

Do|mes|tik [lat.-frz.] *m. 10,* Do|mes|ti|ke *m. 11, heute meist abwertend:* Dienstbote

Do|mes|ti|ka|ti|on [lat.] *f. 10* Umwandlung von Wildtieren zu Haustieren bzw. von Wildpflanzen zu Kulturpflanzen durch Züchtung

Do|mes|ti|ke *m. 11* s. **Do|mes|tik**

do|mes|ti|zie|ren *tr. 3* zu Haustieren, zu Kulturpflanzen züchten

Dom|frei|heit *f. 10, im MA:* Gebiet um den Dom, das unter geistl. Gerichtsbarkeit stand

Dom|herr *m. Gen. -(e)n Pl. -en* Domkapitular

Do|mi|na *f. Gen. - Pl. -nä* **1.** Hausherrin; **2.** Stiftsvorsteherin; **3.** Prostituierte, die von Masochisten aufgesucht wird

do|mi|nant [lat.] vorherrschend, andere Erbfaktoren überlagernd, überdeckend; *Ggs.:* rezessiv

Do|mi|nant|ak|kord *m. 1* Dominante (3)

Do|mi|nan|te *f. 11* **1.** vorherrschendes Merkmal; **2.** fünfter Ton der diaton. Tonleiter; **3.** Dreiklang auf diesem Ton

Do|mi|nant|sept|ak|kord *m. 1* Dominantakkord mit Septime
Do|mi|nanz *f. 10, Vererbungslehre:* Vorherrschen eines bestimmten Merkmals; *Ggs.:* Rezessivität
Do|mi|ni|ca karib. Inselstaat
do|mi|nie|ren *intr. 3* **1.** vorherrschen; **2.** herrschen
Do|mi|nik, Do|mi|ni|kus männl. Vorname
Do|mi|ni|ka|ner *m. 5* **1.** Angehöriger des Dominikanerordens; **2.** Einwohner der Dominikanischen Republik
Do|mi|ni|ka|ner|or|den *m. 7* (*Abk.:* O. P. *oder* O. Pr.: Ordo fratrum praedicatorum) 1215 vom hl. Dominikus gegründeter Bettelorden, Predigerorden
do|mi|ni|ka|nisch *aber:* Dominikanische Republik
Do|mi|ni|ka|ni|sche Re|pu|blik *auch:* **Do|mi|ni|ka|ni|sche Re|pub|lik** Staat auf Hispaniola (Große Antillen)
Do|mi|ni|on [-njən, lat.-engl.] *n. 9, früher:* sich selbst regierender Teil des brit. Commonwealth
Do|mi|nique [-nik] frz. weibl. Vorname
Do|mi|ni|um [lat.] *n. Gen.* -s *Pl.* -ni|en, *im alten Rom:* Herrschaftsgebiet
Do|mi|no [lat.] **1.** *m. 9* Maskenkostüm: weiter Mantel mit Kapuze; Person in diesem Kostüm; **2.** *n. 9* Spiel mit rechteckigen Steinen, die je nach Augenzahl aneinander gelegt werden; **3.** *n. 9, österr.:* Dominostein
Do|mi|nus [lat.] *m. Gen.* - *Pl.* -ni Herr, Gebieter; D. vobiscum! Der Herr (sei) mit euch! (*kath. Kirche:* Gruß des Priesters an die Gemeinde)
Do|mi|zel|lar [lat.] *m. 1, veraltet:* studierender Kleriker, Domschüler
Do|mi|zil [lat.] *n. 1* **1.** Wohnsitz; **2.** *bei Wechseln:* Zahlungsort
do|mi|zi|lie|ren **1.** *intr. 3* seinen Wohnsitz haben; **2.** *tr. 3* (Wechsel) an einem anderen Ort als dem Wohnsitz des Bezogenen zur Zahlung anweisen
Do|mi|zil|wech|sel [-ks-] *m. 5* Wechsel mit einem anderen Zahlungsort als dem Wohnort des Bezogenen
Dom|ka|pi|tel [lat.] *n. 5* die Geistlichen eines Doms (1) als Berater des Bischofs
Dom|ka|pi|tu|lar *m. 1* Mitglied des Domkapitels, Domherr
Dom|pfaff *m. 10* Gimpel, ein Singvogel
Dom|propst *m. 2* erster Würdenträger des Domkapitels
Domp|teur [-tør, frz.] *m. 1* jmd., der berufsmäßig wilde Tiere dressiert und öffentlich Dressurakte vorführt
Domp|teu|se [-tøzə] *f. 11* weibl. Dompteur
Dom|ra [russ.] *f. Gen.* - *Pl.* -s *oder* -ren lautenähnliches russisches Zupfinstrument
Dom|schu|le *f. 11* von einem Domkapitel unterhaltene Schule
Don **1.** [span.] *m., span. Anrede in Verbindung mit dem Namen:* Herr; *in Italien:* Titel von Geistlichen und Adligen; **2.** Fluss in Russland
Do|ña [dọnja, span.] *f., span. Anrede in Verbindung mit dem Namen:* Frau
Do|nar *germ. Myth.* Thor
Do|na|tar [lat.] *m. 1, Rechtsw., veraltet:* jmd., der eine Schenkung erhält oder erhalten hat
Do|na|ti|on *f. 10, veraltet:* Schenkung
Do|na|tor *m. 13* **1.** *veraltet:* Geber einer Schenkung, Schenker; **2.** *Chem.:* Stoff, der Elektronen an einen anderen, den Akzeptor (Empfänger), abgibt
Do|nau *f. Gen.* - mittel- und südosteuropäischer Fluss
Do|nau-Dampf|schiff|fahrts|ge|sell|schaft (*alt:* Do|nau-Dampf|schiffahrts|ge|sell|schaft (-ff|f-)) (*Abk.:* DDSG) *f. 10 nur Sg.*
Do|nau|mon|ar|chie *auch:* **Do|nau|mo|nar|chie** *f. 11 nur Sg.* das ehemalige Österreich-Ungarn
Don|bass *russ. Kurzwort für* Donezkij bassejn: Donezbecken (Industriegebiet)
Dö|ner *m. Gen.* -s *Pl.* -, **Dö|ner|kebab** [türk.] *m. Gen.* -(s) *Pl.* -s türkisches Gericht aus Weißbrot mit Fleisch vom Drehspieß
Do|nez [-njẹts] *m. Gen.* - Fluss in Osteuropa
Do|ni|zet|ti, *Gaetano* ital. Komponist
Don|ja [span. »Herrin«] *f. 9, ugs. veraltet:* Dienstmädchen, *auch:* Geliebte, Freundin
Don|jon [dɔ̃ʒɔ̃, frz.] *m. 9, in Frankreich:* Hauptturm der mittelalterlichen Burg
Don Ju|an [- xu-, nach einer Gestalt der span. Literatur] *m. Gen.* - -s *Pl.* - -s Verführer, Frauenheld
Don|ko|sak *m. 10 meist Pl.* Angehöriger eines russ., am Don lebenden Volksstammes
Don|ko|sa|ken|chor [auch: -sạ-] *m. 2 nur Sg.*
Don|na [ital.] *f. Gen.* - *Pl.* -s *oder* -nen Herrin; *früher ital. Anrede in Verbindung mit dem Namen:* Frau, Fräulein
Don|ner *m. 5;* D. und Doria! (Fluch)
Don|ner|büch|se [-ks-] *f. 11* Bombarde
Don|ne|rer *m. 5* Donnergott
Don|ner|keil *m. 1* Belemnit
don|nern *intr. 1*
Don|ners|tag *m. 1* (*Abk.:* Do); vgl. Dienstag
Don|ners|tag|a|bend *m. 1*
don|ners|tags
Don|ner|wet|ter *n. 5*
Don Qui|chotte [- kiʃɔt, *span.:* - kixɔtə, nach Don Quijote, dem Helden eines Romans von Cervantes] *m. Gen.* - - *Pl.* - -s weltfremder Idealist
Don|qui|chot|te|rie [-kiʃɔt-] *f. 11* törichte, aus weltfremdem Idealismus unternommene Handlung
Don Qui|jo|te, Don Qui|xo|te [- kixɔtə] *span. Formen von* Don Quichotte
Dont|ge|schäft [dɔ̃-, frz.] *n. 1 Börse:* Geschäft, von dem jeder Partner gegen eine Zahlung (Dontprämie) zurücktreten kann
Do|num [lat.] *n. Gen.* -s *Pl.* -na Schenkung, Geschenk
Do|nut, Dough|nut [doʊnʌt, engl.] *m. 9* in Fett ausgebackener Hefering
doof *ugs.:* dumm, langweilig
Doof|heit *f. 10 nur Sg.*
Dope [doʊp, engl.] *n. Gen.* -s *nur Sg.* Rauschgift
do|pen [engl.] *tr. 1, Sport:* durch verbotene Anregungsmittel zu Höchstleistungen treiben
Do|ping *n. Gen.* -s *nur Sg.* unerlaubte Anwendung von Anregungsmitteln
Dop|pel *n. 5* **1.** Zweitschrift, Abschrift, Durchschlag, Kopie; **2.** *Tennis:* Spiel von je zwei Spielern gegeneinander; gemischtes D.: Spiel zweier gemischter Paare gegeneinander; vgl. Einzel
Dop|pel-b *n. 9* (*Zeichen:* ♭♭), *Mus.:*

Zeichen zur Erniedrigung eines Tons um zwei halbe Töne
dop|pel|deu|tig
Dop|pel|deu|tig|keit *f. 10*
Dop|pel|fens|ter *n. 5*
Dop|pel|gän|ger *m. 5*
Dop|pel|heit *f. 10 nur Sg.*
Dop|pel|klick *m. 9, EDV:* zweimaliges, schnelles Drücken der Maustaste
dop|pel|kli|cken *tr. 1, EDV:* Maustaste zweimal schnell hintereinander betätigen
Dop|pel|kon|so|nant *m. 10* zwei gleiche Konsonanten nebeneinander
Dop|pel|kopf *m. 2 nur Sg.* ein Kartenspiel
Dop|pel|kreuz *n. 1* **1.** Kreuz mit zwei Querarmen; **2.** (*Zeichen:* X), *Mus.:* Zeichen zur Erhöhung eines Tons um zwei halbe Töne
Dop|pel|laut *m. 1* Doppelvokal, Doppelkonsonant, im Unterschied zum → Diphthong
Dop|pel|le|ben *n. 7*
Dop|pel|li|nie *f. 11*
dop|peln *tr. 1;* ich doppele, dopple es; Schuhe d. *österr.:* besohlen
Dop|pel|naht *f. 2*
Dop|pel|nel|son *m. 9, Ringen:* doppelter Nackenhebel
Dop|pel|punkt *m. 1* ein Satzzeichen (:), Kolon
Dop|pel|rei|he *f. 11*
dop|pel|rei|hig
dop|pel|sei|tig
Dop|pel|sinn *m. 1 nur Sg.*
dop|pel|sin|nig
Dop|pel|spiel *n. 1*
dop|pelt; doppelte Buchführung; doppelte Staatsbürgerschaft; doppelt sehen; er ist genau doppelt so alt wie ich; doppelt so viel; ein doppelt wirkendes Medikament; um das, ums Doppelte größer
Dop|pel-T-Ei|sen *n. 7*
dop|pelt koh|len|sau|er, *fachsprachl.:* **dop|pelt|koh|len|sau|er;** doppeltkohlensaures Natron
Dop|pelt|se|hen *n. 7 nur Sg.*
Dop|pel|tür *f. 10*
dop|pelt wir|kend (*alt:* dop|pelt-wir|kend)
Dop|pe|lung, Dopp|lung *f. 10*
Dop|pel|ver|die|ner *m. 5*
Dop|pel|ver|dienst *m. 1*
Dop|pel|vo|kal *m. 1* zwei gleiche Vokale nebeneinander, z. B. ee, im Unterschied zum → Diphthong

Dop|pel|wäh|rung *f. 10* Gold- und Silberwährung zugleich, Bimetallismus
Dop|pel|zent|ner *m. 5* (*Abk.:* dz) 100 kg
Dop|pel|zim|mer *n. 5* Zweibettzimmer
dop|pel|zün|gig
Dop|pel|zün|gig|keit *f. 10 nur Sg.*
Dop|pik *f. 10 nur Sg.* doppelte Buchführung
Dopp|ler|ef|fekt [nach dem österr. Physiker Christian Doppler] *m. 1 nur Sg.* vom Beobachter wahrgenommene Änderung der Frequenz von Licht- oder Schallwellen bei Bewegung der Licht- oder Schallquelle auf den Beobachter zu oder vom Beobachter weg
Dopp|lung, Dop|pe|lung *f. 10*
Do|ra|de [frz.] *f. 11* Goldmakrele
Do|ra|do *n. 9* = **El|do|ra|do**
Do|rant [lat.] *m. 1* Name für verschiedene Pflanzen, z. B. Löwenmaul, Schafgarbe
Do|rer *m. 5* s. **Do|ri|er**
Dorf *n. 4*
Dörf|chen *n. 7*
dörf|isch
Dörf|lein *n. 7*
Dörf|ler *m. 5*
dörf|lich
Dörf|lich|keit *f. 10 nur Sg.*
Dorf|sa|me *f. 11 nur Sg., schweiz.:* Dorfgenossenschaft
Dorf|schul|ze *m. 11* Gemeindevorsteher
Do|ri|er, Do|rer *m. 5* Angehöriger eines altgriech. Volksstammes
Do|ris weibl. Vorname
do|risch zu den Doriern gehörend, von ihnen stammend; dorische Säule: eine altgriech. Säulenordnung; dorische Tonart: Kirchentonart
Dor|mi|to|ri|um *n. Gen. - Pl.* -ri|en Schlafsaal (im Kloster oder Internat)
Dorn **1.** *m. 12* Stachel (an Pflanzen); **2.** *m. 1* kleines Werkzeug zum Stechen
Dorn|busch *m. 2*
dor|nen aus Dornen, dornig
Dor|nen|he|cke, Dorn|he|cke *f. 11*
Dorn|fort|satz *m. 2* Wirbelfortsatz
dor|nicht *veraltet:* dornig
Dor|nicht *n. 1, veraltet:* Dornengestrüpp
dor|nig
Dorn|rös|chen *n. 7* eine Märchengestalt

Dorn|rös|chen|schlaf *m. Gen.* -(e)s *nur Sg., übertr. ugs.:* anhaltende Untätigkeit
Do|ro|thea, Do|ro|thee weibl. Vorname
Dör|re *f. 11* s. **Dar|re** (1)
dor|ren *intr. 1* dürr, trocken werden
dör|ren *tr. 1* trocknen
Dörr|fleisch *n. Gen.* -(e)s *nur Sg.*
Dörr|ge|mü|se *n. 5*
Dörr|obst *n. Gen.* -(e)s *nur Sg.*
Dörr|pflau|me *f. 11*
dor|sal [lat.] **1.** zum Rücken gehörig, am Rücken gelegen; **2.** *Sprachw.:* mit dem Zungenrücken gebildet (Laut)
Dor|sal *m. 1* Dorsallaut
Dor|sa|le *n. 5* Rückwand des Chorgestühls
Dor|sal|laut *m. 1* mit dem Zungenrücken gebildeter Laut
Dorsch *m. 1* ein Seefisch, junger Kabeljau
dor|so|ven|tral *auch:* **dor|so|vent|ral** [-ven-, lat.] vom Rücken zum Bauch hin gelegen

dort: Das Adverb wird als selbständiges Wort vor einem Verb getrennt geschrieben: *dort bleiben, dort wohnen.* Ebenso: *dort sein, von dort her.* § 34 E3, § 35

dort; dort behalten; dort bleiben; dort sein
dort be|hal|ten (*alt:* dort|be|halten) *tr. 61*
dort blei|ben (*alt:* dort|blei|ben) *intr. 17*
dort|her; von d.
dort|hin [auch: -hin]; da- und dorthin; hier- und dorthin
dort|hin|ab *auch:* **dort|hi|nab**
dort|hin|auf *auch:* **dort|hi|nauf**
dort|hin|ein *auch:* **dort|hi|nein**
dort|hin|un|ter *auch:* **dort|hi|nun|ter**
dor|tig
Dort|mund Stadt in NRW
Dort|mund-Ems-Ka|nal *m. 2 nur Sg.*
Dort|mun|der *m. 5*
dort|mun|disch
dort|selbst
dort|zu|lan|de = **dort zu Lan|de**
Dos [lat.] *f. Gen. - Pl.* Do|ten, *Rechtsw.:* Mitgift
DOS *ohne Artikel, Abk. für engl.* disc operating system (ein Betriebssystem eines Personalcomputers)

dos à dos [dozado, frz.] *Ballett:* Rücken an Rücken
Dös|chen *n. 7*
Do|se *f. 11*
dö|sen *intr. 1*
Do|sen|milch *f. Gen. - nur Sg.*
Do|sen|öff|ner *m. 5*
do|sie|ren [griech.] *tr. 3* ab-, zumessen; etwas gut, richtig dosieren
Do|sie|rung *f. 10*
dö|sig
Dö|sig|keit *f. 10 nur Sg.*
Do|si|me|ter [griech.] *n. 5* Gerät zum Messen von Stärke und Dauer von radioaktiven Strahlen, z. B. Röntgenstrahlen
Do|si|me|trie *auch:* **Do|si|met|rie** *f. 11 nur Sg.* Messung mit dem Dosimeter
do|si|me|trisch *auch:* **do|si|met|risch**
Do|sis *f. Gen. - Pl.* -sen (vom Arzt verordnete) Menge eines Heilmittels
Dös|kopf *m. 2, ugs.*
Dös|lein *n. 7*
Dos|sier [dɔsje, frz.] *m. 9 oder n. 9* Aktenbündel, alle zu einem Vorgang gehörenden Akten
dos|sie|ren [frz.] *tr. 3* abschrägen
Dos|sie|rung *f. 10* flache Böschung
Dost *m. 1* eine Gewürzpflanze, Oregano
Dos|to|jews|kij, Dos|to|jews|ki, *Fjodor Michajlowitsch* russ. Schriftsteller
Do|ta|ti|on [lat.] *f. 10* Schenkung, Zuwendung, Ausstattung mit Heiratsgut, Belohnung für Verdienste
Dot-Com-Un|ter|neh|men [auch: dot-] *n. 7* kommerzieller Anbieter im Internet oder im E-Commerce
do|tie|ren *tr. 3*
Do|tie|rung *f. 10*
Dot|ter *n. 5, Biol., fachsprachl.: m. 5* Eigelb
Dot|ter|blu|me *f. 11*
dot|ter|gelb
Dot|ter|sack *m. 2* embryonales Anhangsorgan mit Nährdottermasse
dot|ter|weich
Dou|ane [duan, frz.] *f. 11, frz. Bez. für* Zoll, Zollamt
Dou|a|nier [duanje] *m. 9, frz. Bez. für* Zollbeamter
dou|beln [du-, frz.] *tr. 1* **1.** synchronisieren; **2.** vertreten (vgl. Double)

♦ Die Buchstabenfolge **dou|bl...** kann in Fremdwörtern auch **doub|l...** getrennt werden.

♦ **Dou|bla|ge** [dublaʒə, frz.] *f. 11* **1.** Synchronisation; **2.** synchronisierter Film
♦ **Dou|ble** [dubl] *n. 9* **1.** *Film:* Ersatzperson ähnl. Aussehens (in Filmrollen); vgl. Stuntman; **2.** Variation eines Suitensatzes durch Verdoppelung der Notenwerte
♦ **Dou|blé** [duble] *n. 9* s. **Du|blee**
♦ **dou|blie|ren** [du-] *tr. 3* s. **du|blie|ren**
♦ **Dou|blü|re** [du-, frz.], Du|blü|re *f. 11* **1.** Unterfutter; **2.** Aufschlag an Uniformen; **3.** *Buchwesen:* verzierte Innenseite des Buchdeckels
Dough|nut [dounʌt, engl.] *m. 9* s. **Do|nut**
Dou|gla|sie *auch:* **Doug|la|sie** [duglazjə, nach dem schott. Botaniker David Douglas] *f. 11,* **Dou|glas|tan|ne** *auch:* **Doug|las|tan|ne** [du-] *f. 11* ein nordamerikanischer Nadelbaum
Dou|rine [durin, arab.-frz.] *f. 11* Beschälseuche
Dou|ro [doru] *port. Schreibung von* Duero
do ut des [lat.] ich gebe, damit du gibst
Dow-Jones-In|dex [dau dʒounz ɪndɛks] *m. Gen. - nur Sg.* US-amerik. Aktienindex
down [daun, engl.]; down sein: niedergeschlagen, erschöpft, erledigt sein
Dow|ning Street [dauniŋ strit, engl.] Straße in London mit dem Amtssitz des Premierministers
Down|load [daunloud, engl.] *n. oder m. Gen.* -s *Pl.* -s, *EDV* **1.** Programm, das das Herunterladen von Dateien auf die Festplatte ermöglicht; **2.** die heruntergeladenen Dateien selbst
down|loa|den [daunlou-] *intr. 1* Dateien (z. B. aus dem Internet) auf die Festplatte herunterladen
Down|syn|drom [daun-, engl.] *n. Gen.* -s *nur Sg.* Mongolismus
Do|xa|le [griech.] *n. 9, in Barockkirchen:* **1.** Gitter zwischen Hauptschiff und Chor; **2.** eine Empore für Orgel und Chor
Do|xo|lo|gie *f. 11, im christl. Gottesdienst:* Lobpreisungsformel, z. B. die letzten Worte des Vaterunsers
Doy|en *auch:* **Do|yen** [doajɛ̃, frz.] *m. 9* Rang- und Dienstältester sowie Wortführer eines diplomat. Korps
Do|zent [lat.] *m. 10* Lehrer an einer Hochschule
Do|zen|tur *f. 10* Lehrauftrag (eines Dozenten)
do|zie|ren *intr. 3* **1.** Vorlesungen halten; **2.** *ugs. übertr.:* lehrhaft etwas darlegen
D. P. *Abk. für* Displaced Person
dpa *Abk. für* Deutsche Presse-Agentur
dpa-Mel|dung *f. 10*
dpt, Dptr., dptr. *Abk. für* Dioptrie
Dr *Abk. für* Drachme
Dr. *Abk. für* doctor, → Doktor; vgl. Dr. agr., Dr. E. h., Dr. forest., Dr. habil., Dr. h. c., Dr.-Ing., Dr. j. u., Dr. jur., Dr. med., Dr. med. dent., Dr. med. univ., Dr. med. vet., Dr. oec., Dr. oec. publ., Dr. oec. troph., Dr. paed., Dr. pharm., Dr. phil., Dr. phil. nat., Dr. rer. camer., Dr. rer. hort., Dr. rer. mont., Dr. rer. nat., Dr. rer. oec., Dr. rer. pol., Dr. rer. publ., Dr. rer. techn., Dr. sc. (*DDR:* entspricht Dr. habil.), Dr. sc. nat., Dr. sc. pol., Dr. techn., Dr. theol., D. theol.
d. R. *Abk. für* der Reserve
Dra|che [griech.] *m. 11* riesiges, echsenartiges Fabeltier
Dra|chen *m. 7,* **Dra|che** *m. 11* **1.** Fluggerät (als Kinderspielzeug); **2.** *übertr.:* zänkische Person, bes. Frau
Dra|chen|flie|ger *m. 5* Segelflieger mit einem Flugkörper aus Segeltuch und Metallstangen
Drach|me [griech.] *f. 11* **1.** altes Apothekergewicht; **2.** (*Abk.:* Dr) alt- und neugriech. Währungseinheit, 100 Lepta
Draft [engl.] *Bankwesen:* Wechsel
Dra|gee, Dra|gée [-ʒe, frz.] *n. 9 oder f. 11* **1.** mit Zucker überzogene Frucht; **2.** mit Zuckermasse überzogene Pille
Dra|geur [-ʒør] *m. 1* Hersteller von Dragees
dra|gie|ren [-ʒi-] *tr. 3* mit Zucker oder Zuckermasse überziehen
Drag|ge *f. 11,* **Drag|gen** *m. 7* kleiner Anker
Dra|go|man [arab.] *m. 1, früher im Vorderen Orient:* Dolmetscher

D

Dra|gon [arab.], Dra|gun *m. oder n. Gen.* -s *nur Sg., selten für* Estragon
Dra|go|na|de [frz.] *f. 11* **1.** unter Ludwig XIV. zwangsweise Bekehrung von Protestanten zum kath. Glauben durch Einquartierung von Dragonern; **2.** *übertr.:* gewaltsame Maßnahme
Dra|go|ner *m. 5* **1.** *Mil.:* leichter Reiter; **2.** *österr.:* Rückenspange an Rock oder Mantel; **3.** *übertr.:* derbe, resolute Person, bes. Frau
Dr. agr. *Abk. für* doctor agronomiae: Doktor der Landwirtschaft
Draht *m. 2*
drah|ten *tr. 2, veraltet:* telegrafieren
dräh|tern aus Draht
Draht|funk *m. Gen.* -s *nur Sg.* Rundfunk über das Fernsprechnetz
Draht|haar|da|ckel *m. 3*
draht|haa|rig
drah|tig
Draht|leh|re *f. 11* Gerät zum Messen der Drahtdicke
draht|los durch Funk; drahtlose Telegrafie
Draht|seil *n. 1*
Draht|seil|bahn *f. 10*
Draht|ver|hau *m. 1*
Draht|zan|ge *f. 11*
Draht|zie|her *m. 5* jmd., der andere nach seinem Willen lenkt und dabei selbst im Hintergrund bleibt
Drain [drɛn, drɛ̃, engl.-frz.] *m. 9* s. **Drän** (2)
Drai|na|ge [drɛnaʒə] *f. 11* s. **Drä|na|ge** (2)
drai|nie|ren [drɛ-] *tr. 3* s. **drä|nie|ren** (2)
Drai|si|ne [draɪ-, ugs. auch: drɛ-, nach dem dt. Forstmeister K. F. Drais] *f. 11* **1.** Laufmaschine, Vorläufer des Fahrrades; **2.** kleines Schienenfahrzeug zur Eisenbahn-Streckenkontrolle
Dra|kens|ber|ge Gebirge in Südafrika
dra|ko|nisch [nach Drako(n), dem altgriech. Verfasser eines wegen seiner Härte berüchtigten Gesetzbuches] sehr streng; drakonische Maßnahmen
drall rund und fest
Drall *m. 1* **1.** Drehung, Drehbewegung; **2.** Windungen im Rohr von Schusswaffen
Dra|lon® [Kunstwort] *n. Gen.* -s *nur Sg.* eine Kunstfaser
Dram *m. Gen.* - *Pl.* Dra|mer, *nach Zahlenangaben Pl.* - (*Abk.:* ARD) Währungseinheit in der Republik Armenien, 100 Luma
Dra|ma [griech.] *n. Gen.* -s *Pl.* -men **1.** Schauspiel, Bühnendichtung; **2.** *nur Sg.:* Gesamtheit der Bühnendichtung eines Landes; **3.** *übertr.:* trauriger Vorgang
Dra|ma|tik *f. 10 nur Sg.* **1.** dramat. Dichtkunst; **2.** *übertr.:* Lebendigkeit, Bewegtheit (eines Ablaufs)
Dra|ma|ti|ker *m. 5* Dramendichter
dra|ma|tisch **1.** in Form eines Dramas; **2.** *übertr.:* lebendig bewegt
dra|ma|ti|sie|ren *tr. 3* **1.** zu einem Drama umschreiben; **2.** *übertr.:* übertrieben spannend oder erregend darstellen
Dra|ma|ti|sie|rung *f. 10*
Dra|ma|tis Per|so|nae (*alt:* dra|ma-tis per|so|nae) [-nɛː] *Pl.* die in einem Drama oder dramat. Ereignis auftretenden Personen
Dra|ma|turg *m. 10* Berater eines Theaterleiters, der Stücke für die Bühne bearbeitet
Dra|ma|tur|gie *f. 11* **1.** Wissenschaft vom Drama und seiner Bearbeitung für die Bühne; **2.** Sammlung von Theaterkritiken; Hamburgische D. von Lessing
dra|ma|tur|gisch
Dram|ma per Mu|si|ca (*alt:* Dram|ma per mu|si|ca) [ital. »Drama für Musik«] *n. Gen.* - - - *Pl.* -me - - ital. Frühform der Oper
dran *ugs.:* daran; das ganze Drum und Dran, mit allem Drum und Dran; dran sein: an der Reihe sein; drauf und dran sein; vgl. daran
Drän [frz.] *m. 9 oder m. 1* **1.** Entwässerungsrohr oder -graben; **2.** Drain [drɛn] *m., Med.:* Gummiröhrchen mit seitl. Öffnungen
Drä|na|ge [-ʒə] *f. 11* **1.** Entwässerung (des Bodens); **2.** Drai|na|ge [drɛnaʒe] *f. 11* Ableitung von Eiter o. Ä. mittels Gummiröhrchens oder Gazestreifens

> **dranbleiben:** Die Zusammensetzung aus Partikel und Verb wird im Infinitiv und am Ende des Nebensatzes zusammengeschrieben: *Er ist drangeblieben.* § 34 (1)

dran|blei|ben *intr. 17, ugs.*
Drang *m. 2*
dran|ge|ben *tr. 45, ugs.;* vgl. daran
dran|ge|hen *intr. 47, ugs.;* vgl. daran
Drän|ge|lei *f. 10*
drän|geln *intr. 1;* ich drängele, drängle
drän|gen *tr. 1*
Drän|ge|rei *f. 10*
Drang|sal *f. 1* Leiden, Bedrückung, Not, Qual
drang|sa|lie|ren *tr. 3* quälen
drang|voll
drä|nie|ren [frz.] *tr. 3* **1.** entwässern (Boden); **2.** drai|nie|ren [drɛ-] mittels Gummiröhrchens oder Gazestreifens ableiten
Drä|nie|rung *f. 10* s. **Drä|na|ge** (1)
Drank *m. Gen.* -s *nur Sg., nddt.:* Spülwasser, Abfälle, flüssiges Viehfutter
dran|kom|men *intr. 71, ugs.;* vgl. daran
Drank|ton|ne *f. 11*
Drän|rohr *n. 1*
dran|set|zen *tr. 1, ugs.;* vgl. daran
Drä|nung, Drä|nie|rung *f. 10* s. **Drä|na|ge** (1)
Drap [auch: dra, frz.] *m. 9 nur Sg.* tuch-, lederartiges Gewebe
Dra|pé [-pe] *auch:* **Dra|pee** *m. 9* feiner Wollstoff für Anzüge
Dra|peau [-po] *n. 9, veraltet:* Fahne, Banner
Dra|pee *m. 9* s. **Dra|pé**
Dra|pe|rie *f. 11* Faltenwurf, -anordnung
dra|pie|ren *tr. 3* **1.** kunstvoll in Falten anordnen; **2.** (mit Stoff, Girlanden u. Ä.) behängen
Dra|pie|rung *f. 10*
drapp, drapp|far|ben *österr.:* sandfarben
Drä|si|ne *f. 11* s. **Drai|si|ne**
Dras|ti|kum [lat.] *n. Gen.* -s *Pl.* -ka starkes Abführmittel
dras|tisch **1.** stark, schnell wirkend (Heilmittel); **2.** sehr wirksam, energisch (Maßnahme); **3.** derb, deutlich
Drau *f. Gen.* - Nebenfluss der Donau
dräu|en *intr. 1, veraltet für* drohen
drauf *ugs.:* darauf; drauf sein: schlecht/gut gelaunt sein; drauf und dran sein: im Begriff, entschlossen sein
Drauf|ga|be *f. 11* **1.** Handgeld; **2.** *österr.:* Zugabe
Drauf|gän|ger *m. 5*
drauf|gän|ge|risch
Drauf|gän|ger|tum *n. Gen.* -s *nur Sg.*

drauf|ge|ben *tr. 45*
drauf|ge|hen *intr. 47, ugs.* **1.** verbraucht werden, verloren gehen; **2.** umkommen, sterben; er ist dabei draufgegangen
Drauf|geld *n. 3* Handgeld
drauf|le|gen *tr. 1, ugs.:* zusätzlich zahlen
drauf|los
drauf|los|ar|bei|ten *intr. 2*
drauf|los|ge|hen *intr. 47*
drauf|los|lau|fen *intr. 76*
drauf|los|schla|gen *intr. 116*
drauf sein (*alt:* drauf|sein) *intr. 137 ugs.*
Drauf|sicht *f. 10* Ansicht von oben her
drauf|zah|len **1.** *tr. 1* zusätzlich zahlen; **2.** *intr. 1, ugs.:* Verlust erleiden
draus *ugs.:* daraus
draus|brin|gen *tr. 21* aus dem Takt bringen
draus|kom|men *intr. 71* aus dem Takt kommen, den Zusammenhang verlieren
drau|ßen; draußen bleiben; draußen sein
Dra|wi|da, Dra|vi|da *m. 9 oder Gen. - Pl. -* Angehöriger einer vorderind. Völkergruppe
dra|wi|disch, dra|vi|disch
Dread|nought [drẹdnɔ:t, engl. »fürchte nichts«] *m. 9* altes engl. Großkampfschiff
Dream|team [drimti:m, engl.] *n. 9, Sport:* ideal besetzte Mannschaft
Drẹch|sel|bank [-ks-] *f. 2*
Drech|se|lei [-ks-] *f. 10* geschraubtes Reden oder Schreiben
drẹch|seln [-ks-] *tr. 1;* ich drechsele, drechsle es
Drẹchs|ler [-ks-] *m. 5*
Drẹchs|ler|ar|beit [-ks-] *f. 10*
Drechs|le|rei [-ks-] *f. 10*
Drẹck *m. 1 nur Sg., ugs.*
Drẹck|ar|beit *f. 10* Arbeit mit Dreck; vgl. Drecksarbeit
Drẹck|ei|mer *m. 5*
Drẹck|fink *m. 10*
drẹ|ckig
Drẹcks|ar|beit *f. 10* schmutzige, unangenehme Arbeit
Drẹck|schwein *n. 1, vulg.*
Drẹck|spatz *m. 12*
Dredge [drẹdʒ, engl.] *f. 11,* **Drẹd|sche,** Drẹg|ge *f. 11,* Drẹgg|netz *n. 1* Schleppnetz für kleine, am Boden lebende Meerestiere
Dreesch, Driesch *m. 9* unbebautes Land, Grünland, Brache; *in der Dreifelderwirtschaft:* der jeweils als Weide genutzte Teil der Feldflur
Dreesch|wirt|schaft, Driesch|wirt|schaft *f. 10*
Drẹgg|an|ker *m. 5* Dregge (1)
Drẹg|ge *f. 11* **1.** kleiner Anker; **2.** Dredsche
drẹg|gen *tr. 1* mit der Dregge fischen
Drẹgg|netz *n. 1* s. **Drẹd|sche**
Dr. E. h. *Abk. für* Doktor ehrenhalber; vgl. Dr. h. c.
Dreh *m. 9 oder m. 1, ugs.:* Kunstgriff
Dreh|ar|beit *f. 10* (beim Film)
Dreh|bank *f. 2*
dreh|bar
Dreh|bar|keit *f. 10 nur Sg.*
Dreh|buch *n. 4* Manuskript für einen Film
Dreh|buch|au|tor *m. 13*
Dreh|büh|ne *f. 11*
dre|hen *tr. 1*
Dre|her *m. 5*
Dre|he|rei *f. 10*
Dreh|im|puls *m. 1*
Dreh|krank|heit *f. 10 nur Sg.* Krankheit bei Wiederkäuern, Pferden, Kaninchen, Rotwild u. a.
Dreh|mo|ment *n. 1* Drehwirkung aus Kraft mal Hebelarm
Dreh|or|gel *f. 11*
Dreh|schei|be *f. 11*
Dreh|strom *m. 2* aus drei überlagerten Wechselströmen bestehender Strom, Dreiphasenstrom
Dreh|tür *f. 10*
Dre|hung *f. 10*
Dreh|wurm *m. 4* Erreger der Drehkrankheit, Quese
Dreh|zahl *f. 10* Anzahl der Umdrehungen, Tourenzahl
Dreh|zäh|ler *m. 5*
Dreh|zahl|mes|ser *m. 5*
drei *Gen.* -er *Dat.* -en; wir drei; unter uns dreien; zu dreien: zu dritt; aller guten Dinge sind drei; er kann nicht bis drei zählen: er ist dumm; die Hilfe dreier guter (*oder:* guten) Freunde; der Topf ist drei viertel voll; *aber:* zu drei Vierteln voll; ich gehe den Weg in drei viertel Stunden *oder:* in einer Dreiviertelstunde; ich habe drei Viertelstunden dazu gebraucht: dreimal eine Viertelstunde; drei viertel acht (Uhr); *Ableitungen* vgl. acht
Drei *f. 10* **1.** die Zahl 3; **2.** Schulnote 3; vgl. Eins; **3.** Straßenbahnlinie 3; *Zus. und Ableitungen* vgl. Acht
Drei|ạch|tel|takt *m. 1* 3/8-Takt
Drei|an|gel *m. 5* dreieckiger Riss (im Kleidungsstück)
drei|ar|mig
drei|bei|nig
drei|blät|te|rig, drei|blätt|rig
Drei|bund *m. 2*
drei|di|men|si|o|nal; dreidimensionaler Film, *Kurzwort:* Drei-D-Film, 3-D-Film
Drei|eck *n. 1*

> **dreieckig:** Die Abtrennung von Silben, die nur aus einem Vokal bestehen, ist möglich (*drei|e-ckig*). § 108

drei|e|ckig
drei|ei|nig
Drei|ei|nig|keit *f. 10 nur Sg.*
Drei|er *m. 5* **1.** *im 16.-18. Jh.:* Dreipfennigstück; **2.** Bus Linie 3; **3.** *süddt.:* die Zahl 3; Schulnote 3; vgl. Drei
drei|er|lei [auch: -laɪ]
Drei|er|rei|he *f. 11*
drei|fach 3fach: dreimal, in drei Schichten; der Stoff liegt d.
Drei|fa|che *n. 18* das 3fache
Drei|fach|impf|fung *f. 10* Impfung, die zugleich gegen Diphtherie, Starrkrampf und Keuchhusten (oder Poliomyelitis) immunisiert
Drei|fach|ste|cker *m. 3*
Drei|fạl|tig|keit *f. 10 nur Sg.*
Drei|fạl|tig|keits|fest *n. 1*
Drei|fạr|ben|druck *m. 1*
Drei|fịn|ger|re|gel *f. 11 nur Sg.* Rechtehandregel
Drei|fuß *m. 2*
Drei|ge|spann *n. 1* aus drei Pferden bestehendes Gespann, Troika
drei|ge|stri|chen *Mus.:* zwei Oktaven höher liegend (vom → eingestrichenen Mittelton aus gerechnet); das dreigestrichene A
drei|häu|sig männl., weibl. und zwittrige Blüten auf drei verschiedenen Individuen tragend (Pflanze), triözisch
Drei|häu|sig|keit *f. 10 nur Sg.* Triözie
Drei|kant *m. 1*
drei|kan|tig
Drei|kä|se|hoch *m. 9*
Drei|klang *m. 2*
Drei|kö|ni|ge *ohne Artikel, unflektiert* Dreikönigsfest; an, zu D.
Drei|kö|nigs|fest *n. 1* 6. Januar
drei|köp|fig

D

drei|mäh|dig drei Ernten bringend (Wiese)
drei|mal, 3-mal (*alt:* 3mal)
Drei|mas|ter *m. 5* Segelschiff mit drei Masten
drei|mas|tig
Drei|mei|len|zo|ne *f. 11*
Drei|me|ter|brett *n. 3*
drein *ugs.:* darein
drein|bli|cken *intr. 1*
drein|re|den *intr. 2*
drein|schau|en *intr. 1*
drein|schla|gen *intr. 116*
Drei|pass (*alt:* Drei|paß) *m. 1* Zierform aus drei Dreiviertelkreisen im Maßwerk
Drei|pha|sen|strom *m. 2* Drehstrom
drei|pro|zen|tig
Drei|rad *n. 4*
Drei|schlitz *m. 1* Triglyph
Drei|schneuß *m. 1* Zierform im Maßwerk aus drei Fischblasen
Drei|spän|ner *m. 5* mit drei Pferden bespannter Wagen, Troika
Drei|spitz *m. 1* dreieckiger Uniformhut
Drei|sprung *m. 2* Weitsprung in drei Sätzen
drei|ßig vgl. achtzig
Drei|ßig *f. Gen. - nur Sg.* die Zahl 30; vgl. Achtzig
dreist
Dreis|tig|keit *f. 10 nur Sg.*
drei|stö|ckig

dreistrophig/3-strophig: Die Folge von Ziffer und Adjektiv (auf *-ig* endend) wird mit Bindestrich geschrieben. Als Variante ist *dreistrophig* möglich: *ein dreistrophiges/3-strophiges Lied.* § 40 (3)

drei|stro|phig
Drei|stu|fen|ra|ke|te *f. 11*
Drei|ta|ge|fie|ber *n. 5 nur Sg.* durch eine Mücke übertragene Infektionskrankheit in den Mittelmeerländern, Pappatacifieber
drei|tei|len *tr. 1*
Drei|tei|lung *f. 10*
drei vier|tel (*alt:* drei|vier|tel)
Drei|vier|tel|mehr|heit *f. 10 nur Sg.*
Drei|vier|tel|stun|de *f. 11*
Drei|vier|tel|takt *m. 1* $^3/_4$-Takt
Drei|zack *m. 1*
drei|za|ckig
drei|zehn
Drei|zehn *f. Gen. - nur Sg.* die Zahl 13; sie fürchtete sich vor der Dreizehn

Drei|zim|mer|woh|nung *f. 10* 3-Zimmer-Wohnung
Drell *m. 1, norddt. für* Drillich
Dre|pa|no|zy|ten [griech.] *Pl.* sichelförmige rote Blutkörperchen
Dres. *Abk. für* doctores (*Pl.*); vgl. Doktor
Dre|sche *f. 11 nur Sg. mitteldt., berlin.:* Prügel
dre|schen *tr. 24*
Dresch|fle|gel *m. 5*
Dres|den Hauptstadt von Sachsen; Dresdner Bank
Dres|de|ner, Dresd|ner *m. 5*
Dress (*alt:* Dreß) *m. 1, österr. Pl.* Dres|sen Sportkleidung
Dres|seur [-sør, frz.] *m. 1* jmd., der Tiere dressiert, Tierlehrer
dres|sie|ren *tr. 3* **1.** abrichten, lehren (Tier); **2.** *Kochk.:* hübsch anrichten, garnieren; **3.** in eine Form pressen (Filzhut); **4.** nach dem Warmwalzen strecken (Bleche)
Dres|sing *n. 9* Salatsoße, Füllung für Geflügel
Dress|man [-mæn, engl.] *m. Gen.* -s *Pl.* -men [-men] **1.** jmd., der auf Modenschauen Herrenkleidung vorführt; **2.** männl. Fotomodell
Dres|sur [frz.] *f. 10* Abrichtung, Lehren (von Tieren)
Dres|sur|prü|fung *f. 10*
Dres|sur|rei|ten *n. Gen.* -s *nur Sg.*
Dr. forest. *Abk. für* doctor scientiae rerum forestalium: Doktor der Forstwissenschaft
Dr. habil. *in Verbindungen wie* Dr. phil. habil. *Abk. für* doctor (philosophiae) habilitatus: habilitierter Doktor (der Philosophie)
Dr. h. c. *Abk. für* doctor honoris causa: Doktor ehrenhalber (ohne Prüfung als Ehrung verliehener Titel)
drib|beln [engl.] *intr. 1, Fußball:* den Ball in kurzen Stößen vor sich her treiben
Dribb|ling *n. 9* Umspielen eines oder mehrerer Gegner durch Dribbeln
Driesch *m. 9* s. **Dreesch**
Drift, Trift *f. 10, Seew.:* vom Wind verursachte Bewegung der Meeresoberfläche
drif|ten, trif|ten *intr. 2, Seew.:* treiben
Drilch *m. 1* = **Dril|lich**
Drill *Mil.:* harte Ausbildung, scharfes Exerzieren
Drill|boh|rer *m. 5*

dril|len *tr. 1* **1.** mit dem Drillbohrer bohren; **2.** in Reihen säen; **3.** hart ausbilden
Dril|lich, Drilch *m. 1* fester Leinen- oder Baumwollstoff für Arbeitskleidung
Dril|lich|zeug *n. 1 nur Sg.* Kleidung aus Drillich
Dril|ling *m. 1, auch:* Jagdgewehr mit drei Läufen
Drill|ma|schi|ne *f. 11* Maschine zum Drillen (2)
drin *ugs.:* darin; das ist nicht drin: das lohnt nicht, geht nicht, hat keinen Zweck; drin sein
Dr.-Ing. *Abk. für* Doktor der Ingenieurwissenschaften
drin|gen *intr. 25*
drin|gend; auf das, aufs Dringendste/dringendste: sehr dringend
dring|lich
Drink [engl.] *m. 9* alkohol. Getränk, Mixgetränk
drin|nen *ugs.:* darinnen
drin|ste|cken *intr. 150, ugs.:* in etwas d.: in einer unangenehmen Lage sein
drin sein (*alt:* drin|sein) *intr. 137, ugs.*
drin|sit|zen *intr. 143*
dritt *nur in der Wendung* zu dritt: zu dreien

der dritte Stand: Da es sich nicht um einen Eigennamen handelt, wird das Zahlwort kleingeschrieben: *Er gehörte dem dritten Stand an.* § 63
Aber: *das Dritte Reich, Ludwig der Dritte, die Dritte Welt.* § 60 (1), § 60 (2.1)
Außerdem: *der, die, das Dritte.* § 57 (1)

drit|te(r, -s) **1.** *Kleinschreibung:* der dritte Stand: der Bürgerstand; **2.** *Großschreibung:* sprich zu keinem Dritten darüber: keinem Außenstehenden, Unbeteiligten gegenüber; der Dritte im Bunde; wenn zwei sich streiten, freut sich der Dritte; die Dritte Welt; das Dritte Reich
Drit|teil (-tt|t-) (*alt für:* Dritt|teil) *n. 1*
drit|tel vgl. achtel
Drit|tel *n. 5;* ein D., $^1/_3$; vgl. Achtel
drit|teln *tr. 1* in drei gleiche Teile teilen; ich drittele, drittle es
Drit|ten|ab|schla|gen *n. Gen.* -s *nur Sg.* ein Laufspiel

drit|tens
dritt|letz|te(r, -s) der dritte, vom Ende der Reihe her gerechnet; *aber:* er ist in der Schule der Drittletzte (der Leistung nach)

Dritttteil: Im Gegensatz zur bisherigen Regelung werden jetzt drei gleiche Konsonanten auch vor nachfolgendem Vokal geschrieben: *Dritttteil.* Aber: *Drittel.* § 4 (8)

Dritt|teil *n. 1*
Dr. iur. s. **Dr. jur.**
Drive [draiv, engl. »treiben«] *m. Gen. - nur Sg.* **1.** *Jazz:* drängender, treibender Rhythmus; **2.** *Golf, Tennis:* auf große Entfernung berechneter Schlag, Treibschlag; **3.** Schwung, Tatkraft; keinen Drive haben
Drive-in-Ki|no [draıv-] *n. 9* Autokino
Drive-in-Re|stau|rant *auch:* **Drive-in-Res|tau|rant** [draıvinrɛstorã:] *n. 9* Restaurant mit Bedienung am Auto
Dri|ver [draıvə(r)] *m. 5* **1.** *Golf:* Schläger zum Treibschlag und Abschlag; **2.** Fahrer, Rennfahrer, z. B. beim Trab- und Autorennen
Dr. j. u. *Abk. für* doctor juris utriusque: Doktor beider Rechte
Dr. jur. *Abk. für* doctor juris: Doktor der Rechte
Dr. jur. utr. s. **Dr. j. u.**
DRK *Abk. für* Deutsches Rotes Kreuz
Dr. med. *Abk. für* doctor medicinae: Doktor der Medizin
Dr. med. dent. *Abk. für* doctor medicinae dentariae: Doktor der Zahnmedizin
Dr. med. univ. *österr. Abk. für* doctor medicinae universae: Doktor der gesamten Medizin
Dr. med. vet. *Abk. für* doctor medicinae veterinariae: Doktor der Tiermedizin
drob, dar|ob, *veraltet:* darüber
dro|ben oben, dort oben
Dr. oec. *Abk. für* doctor oeconomiae: Doktor der Wirtschaftswissenschaft; vgl. Dr. rer. oec.
Dr. oec. publ. *Abk. für* doctor oeconomiae publicae: Doktor der Staatswissenschaften; vgl. Dr. rer. pol., Dr. sc. pol.
Dr. oec. troph. *Abk. für* Doktor der Ökotrophologie
drö|ge *nddt.:* trocken, nüchtern-steril
Dro|ge [frz.] *f. 11, i. w. S.:* zu Arzneien verwendeter pflanzl. oder tier. Stoff; *i. e. S.:* Rauschgift
dro|gen|ab|hän|gig
Dro|gen|sucht *f. Gen. - nur Sg.*
dro|gen|süch|tig
Dro|ge|rie *f. 11* Geschäft für Körperpflegemittel, chem.-techn. Artikel u. a.
Dro|gist *m. 10* Inhaber oder ausgebildeter Angestellter einer Drogerie
Droh|brief *m. 1*
dro|hen *intr. 1*
Drohn *m. 12, Fachsprache der Imker für* Drohne (1)
Droh|ne *f. 11* **1.** männl. Biene, Drohn; **2.** *übertr.:* Nichtstuer, Schmarotzer
dröh|nen *intr. 1*
Dro|hung *f. 10*
Droh|wort *n. 1*
Dro|le|rie [frz.] *f. 11* **1.** Drolligkeit, Schnurrigkeit, Komik; **2.** kurze, komische Erzählung, Schnurre; **3.** *got. Kunst:* kleine, drollige Darstellung von Menschen, Tieren oder Fabelwesen, bes. am Chorgestühl
drol|lig
Drol|lig|keit *f. 10 nur Sg.*
Dro|me|dar [griech.] *n. 1* einhöckeriges Kamel
Dron|te *f. 11* ein ausgestorbener, flugunfähiger Taubenvogel, Walgvogel
Drop-out [drɔpaut, engl.] *m. 9* Aussteiger
Drops [engl.] *m. Gen. - Pl. -* ungefülltes Fruchtbonbon
Drosch|ke [russ.] *f. 11* Mietfahrzeug
Drosch|ken|gaul *m. 2*
Drosch|ken|kut|scher *m. 5*
drö|seln **1.** *tr. 1* drehen (Faden); **2.** *intr. 1, ugs.:* schlendern, trödeln
Dro|se|ra [griech.] *f. Gen. - nur Sg.* Sonnentau
Dro|so|me|ter *n. 5* Gerät zum Messen der Taumenge
Dro|so|phi|la *f. Gen. - Pl. -*lae [-lɛ:] Taufliege
Dros|sel *f. 11* **1.** ein Singvogel; **2.** Luftröhre, Kehle (beim Wild); **3.** Sperrvorrichtung in Rohrleitungen
Dros|sel|bart; König D.: eine Märchengestalt
Dros|sel|klap|pe *f. 11*
dros|seln *tr. 1* bremsen, sperren, verringern; ich drossele, drossle die Geschwindigkeit
Dros|sel|rohr|sän|ger *m. 5* größter Rohrsänger
Dros|sel|spu|le *f. 11* Drossel (3) zum Verringern von Wechselstrom
Dros|se|lung, Dross|lung (*alt:* Droß|lung) *f. 10*
Drost *m. 1, früher:* Verwalter einer Drostei
Dros|tei *f. 10, norddt. früher:* Verwaltungsbezirk, Vogtei
Dr. paed. *Abk. für* doctor paedagogiae: Doktor der Pädagogik
Dr. pharm. *Abk. für* doctor pharmaciae: Doktor der Pharmazie
Dr. phil. *Abk. für* doctor philosophiae: Doktor der Philosophie
Dr. phil. nat. *Abk. für* doctor philosophiae naturalis: Doktor der Naturwissenschaften; vgl. Dr. rer. nat., Dr. sc. nat.
Dr. rer. camer. *Abk. für* doctor rerum cameralium: Doktor der Staatswirtschaftskunde
Dr. rer. hort. *Abk. für* doctor rerum hortensium: Doktor der Gartenbauwissenschaft
Dr. rer. mont. *Abk. für* doctor rerum montanarum: Doktor der Bergbauwissenschaften
Dr. rer. nat. *Abk. für* doctor rerum naturalium: Doktor der Naturwissenschaften; vgl. Dr. phil. nat., Dr. sc. nat.
Dr. rer. oec. *Abk. für* doctor rerum oeconomicarum: Doktor der Wirtschaftswissenschaften; vgl. Dr. oec.
Dr. rer. pol. *Abk. für* doctor rerum politicarum: Doktor der Staatswissenschaften; vgl. Dr. oec. publ., Dr. sc. pol.
Dr. rer. publ. *Abk. für* doctor rerum publicarum: Doktor der Zeitungswissenschaft
Dr. rer. techn. *Abk. für* doctor rerum technicarum: Doktor der technischen Wissenschaften; vgl. Dr. techn.
Dr. sc. nat. *Abk. für* doctor scientiarum naturalium: Doktor der Naturwissenschaften; vgl. Dr. phil. nat., Dr. rer. nat.
Dr. sc. pol. *Abk. für* doctor scientiarum politicarum: Doktor der Staatswissenschaften; vgl. Dr. rer. pol., Dr. oec. publ.
Dr. techn. *österr.: Abk. für* doctor rerum technicarum: Doktor der techn. Wissenschaften; vgl. Dr. rer. techn.

D

Dr. theol. *Abk. für* doctor theologiae: Doktor der Theologie; vgl. D., D. theol.
drü|ben auf der anderen Seite
drü|ber *ugs.:* darüber
drü|ber|fah|ren *tr. 32, ugs.*
Druck **1.** *m. 2;* **2.** *m. 1* Erzeugnis des Druckens
Druck|buch|sta|be *m. 11*
Drü|cke|ber|ger *m. 5*
druck|emp|find|lich
Druck|emp|find|lich|keit *f. 10 nur Sg.*
dru|cken *tr. 1*
drü|cken *tr. 1*
drü|ckend; drückend heiß
Dru|cker *m. 5*
Drü|cker *m. 5*
Dru|cke|rei *f. 10*
Druck|er|laub|nis *f. 1 nur Sg.*
Dru|cker|schwär|ze *f. 11 nur Sg.*
Dru|cker|zei|chen *n. 7*
Druck|er|zeug|nis *n. 1*
Druck|feh|ler *m. 5*
druck|fer|tig
Druck|ge|neh|mi|gung *f. 10*
Drück|jagd *f. 10* Treibjagd in der Dickung ohne Lärm
Druck|knopf *m. 2*
Druck|le|gung *f. 10 nur Sg.* Druckbeginn
Druck|luft *f. Gen. - nur Sg.*
Druck|luft|brem|se *f. 11*
Druck|mit|tel *n. 5*
Druck|ort *m. 1*
Druck|plat|te *f. 11*
druck|reif
Druck|rei|fe *f. Gen. - nur Sg.*
Druck|sa|che *f. 11*
Druck|schrift *f. 10*
Druck|sei|te *f. 11*
druck|sen *intr. 1* nicht mit der Sprache heraus wollen
Druck|stock *f. 2*
Druck|tech|nik *f. 10*
druck|tech|nisch
Dru|de *f. 11, german. Myth.:* weibl. (meist böser) Nachtgeist
Dru|den|fuß *m. 2, im Volksglauben:* Zeichen zum Schutz gegen Druden, Fünfzack, Pentagramm
Drug|store [drʌgstɔ:(r), engl.] *m. 9* **1.** *in den USA:* Laden für die verschiedensten Bedarfsartikel, meist mit Imbissraum; **2.** Lokal mit Imbiss- und Einkaufsmöglichkeiten in kleinen Fachgeschäften
Dru|i|de [kelt.-lat.] *m. 11* kelt. Priester
Dru|i|den|stein *m. 1* kelt. Opferaltar
dru|i|disch
drum *ugs.:* darum; sei's drum!: es macht nichts, nehmen wir's hin; alles, was drum und dran hängt *ugs.:* alles, was dazugehört; mit allem Drum und Dran
Drum [drʌm, engl.] *f. 9, engl. Bez. für* Trommel; vgl. Drums
Drum|lin [selten auch: drʌm-, engl.] *m. 9* lang gestreckter Hügel aus eiszeitl. Grundmoränenmaterial
Drum|mer [drʌmə(r), engl.] *m. 5, Jazz:* Musiker, der die Drums schlägt
Drums [drʌmz, engl.] *Pl., bes. Jazz:* Schlagzeug
drun|ten unten, dort unten
drun|ter *ugs.:* darunter; es geht (alles) drunter und drüber: durcheinander; bei diesem Drunter und Drüber
drun|ter|stel|len *tr. u. refl. 1*
Drusch *m. 1* das Dreschen
Dru|se **1.** *f. 11* Hohlraum im Gestein mit Kristallen an den Innenwänden; **2.** *f. 11 nur Sg.* Pferdekrankheit mit Entzündung der Nasenschleimhaut; **3.** *f. 11 meist Pl.* Pilzkörnchen (bei Strahlenpilzerkrankung); **4.** *m. 11* Angehöriger einer islamischen Sekte in Syrien
Drü|se *f. 11*
drü|sig **1.** wie eine Drüse; **2.** voller Drüsen
dry [draɪ, engl.] trocken, herb, ohne Zuckerzusatz (alkohol. Getränk)
Dry|a|de [griech.] *f. 11, griech. Myth.:* Waldnymphe, Baumnymphe
d. s. *Abk. für* dal segno
Dschai|na, Jai|na *m. 9* Anhänger des Dschainismus
Dschai|nis|mus, Jai|nis|mus *m. Gen. - nur Sg.* streng asketische ind. Religion
Dschai|nist *m. 10* s. **Dschai|na**
dschai|nis|tisch, jai|nis|tisch
Dsche|bel, Dje|bel [arab.] *m. 5 in arab. erdkundl. Namen:* Berg, Gebirge
Dscher|ba s. **Djer|ba**
Dschi|bu|ti, *amtl.:* Dji|bou|ti [dʒibu-] **1.** Staat im nordöstl. Afrika; **2.** dessen Hauptstadt
Dschin|gis Khan mongol. Herrscher und Eroberer
Dschinn [arab.] *m. 9, im islam. Volksglauben:* böser Geist, Dämon
Dschun|gel [Hindi] *m. 5, selten auch: n. 5* tropischer Urwald, bes. in Indien, undurchdringliches Dickicht
Dschun|ke [mal.] *f. 11* chines. Segelschiff
DSF *Abk. für* Deutsches Sportfernsehen
DSG *Abk. für* **1.** Deutsche Schlafwagen- und Speisewagen-Gesellschaft mbH; vgl. Mitropa; **2.** Datensichtgerät
DSL *Abk. für* digital subscriber line: digitale Übertragungstechnik von Daten
Dsun|ga|rei *f. Gen. -* Landschaft im nördl. Innerasien
dt. *Abk. für* deutsch
DTB *Abk. für* Deutscher Turnerbund
D. theol. *Abk. für* doctor theologiae: Doktor der Theologie ehrenhalber; vgl. Dr. theol.
dto., do. *Abk. für* dito
DTP *Abk. für* Desktoppublishing
DTSB *Abk. für* Deutscher Turn- und Sportbund (der DDR)
Dtzd. *Abk. für* Dutzend

du — Du: Pronomen als Stellvertreter des Substantivs sowie *du* und *ihr* als Anredepronomen (auch in Briefen) mit den entsprechenden Possessivpronomen *dein* und *euer* werden kleingeschrieben: *du, dein, deiner, dir, dich. Würdest du mir helfen? Lieber Karl, ich schreibe dir diesen Brief, um …* § 58 (4), § 66
In festen Wendungen gilt Großschreibung: *mit jemandem auf Du und Du stehen.* § 55 (4)
Ebenso bei substantivierten Pronomen: *Er bot ihm das Du an.* § 57 (3)

du; jmdn. du nennen
Du *n. 9 oder Gen. - Pl.;* jmdm. das Du anbieten; jmdn. mit Du anreden; mit jmdm. auf Du und Du stehen
d. U. *Abk. für* der, die Unterzeichnete
du|al [lat.] in der Zweizahl auftretend, eine Zweiheit bildend; duales System
Du|al *m. 1,* Du|a|lis *m. Gen. - Pl.* -le grammat. Form für zwei Dinge oder Lebewesen, noch in den balt. und slaw. Sprachen sowie im bair. »enk«: euch beiden
Du|a|la **1.** Stadt in Kamerun; **2.**

m. 9 oder Gen. - Pl. - Angehöriger eines Bantustammes; **3.** *n. Gen.* -(s) *nur Sg.* eine Bantusprache
Du|a|lis *m. Gen. - Pl.* -le s. **Du|al**
Du|a|lis|mus *m. Gen. - nur Sg.* **1.** Widerstreit zweier rivalisierender Mächte oder entgegengesetzter Kräfte; **2.** jede Lehre, nach der es zwei gegensätzl. Grundprinzipien des Seins gibt, z. B. Licht - Finsternis, Geist - Materie
Du|a|list *m. 10* Vertreter, Anhänger des Dualismus (2)
du|a|lis|tisch
Du|a|li|tät *f. 10* Zweiheit, Zweiförmigkeit, Wechselseitigkeit
Du|al|sys|tem *n. 1 nur Sg.* auf der Zahl 2 aufgebautes Zahlensystem, Dyadik
Du|bai Scheichtum der Vereinigten Arabischen Emirate
Du|bas|se [russ.] *f. 11, in Osteuropa:* flacher Ruderkahn
Dub|bing [dʌbɪŋ, engl.] *n. 9* Kopie oder Überspielung von Ton- und Videoaufnahmen
Dü|bel *m. 5* kleiner Keil oder Zapfen zum Befestigen von Nägeln in der Wand
dü|beln *tr. 1, meist:* eindübeln; ich dübele, düble es
du|bi|os, du|bi|ös [lat.] zweifelhaft
Du|bi|o|sum *n. Gen.* -s *Pl.* -sa *oder* -sen *meist Pl.* etwas Zweifelhaftes, zweifelhafte Sache, unsichere Forderung
du|bi|ta|tiv Zweifel ausdrückend
Du|bi|um *n. Gen.* -s *Pl.* -bia *oder* -bi|en Zweifelsfall

♦ Die Buchstabenfolge **du|bl...** kann in Fremdwörtern auch **dub|l...** getrennt werden.

♦ **Du|blee,** Dou|blé [frz.] *n. 9* **1.** Metall mit Edelmetallüberzug; **2.** *Billard:* Stoß mit einmaligem Berühren der Bande
♦ **Du|blee|gold** *n. Gen.* -(e)s *nur Sg.*
♦ **Du|blet|te** **1.** *f. 11* zweimal vorhandener Gegenstand, Doppelstück; **2.** Doppeltreffer; **3.** mit einem imitierten Stück zusammengesetzter Edelstein
♦ **du|blie|ren,** dou|blie|ren *tr. 3* **1.** mit Edelmetall überziehen; **2.** verdoppeln
♦ **Dub|lin** [dʌb-] Hauptstadt der Republik Irland
♦ **Du|blo|ne** *f. 19* alte span. Goldmünze
♦ **Du|blü|re** *f. 11* s. **Dou|blü|re**
Duc [dyk, frz.] *m. 9, in Frankreich:* Herzog
Du|ca [ital.] *m. 9, in Italien:* Herzog
Du|cen|to, Du|e|cen|to [-tʃɛn-, ital. »zweihundert« (nach 1000)] *n. Gen.* (-s) *nur Sg.* die künstler. Stilepoche des 13. Jh. in Italien
Du|ces *lat. Pl. von* Dux
Du|chesse [dyʃɛs, frz.] *f. 11* **1.** *in Frankreich:* Herzogin; **2.** schweres Seiden- oder Kunstseidengewebe
Ducht *f. 10* Sitzbank und Querversteifung im Ruder- und offenen Segelboot
Duck|dal|be, Dück|dal|be [frz.] *f. 11* Pfahlgruppe im Hafen zum Festmachen von Schiffen
du|cken *tr. u. refl. 1*
Duck|mäu|ser *m. 5* Leisetreter, sich sofort fügender Mensch
Duck|mäu|se|rei *f. 10 nur Sg.*
duck|mäu|se|risch
Duck|stein *m. 1* Tuff (1)
Duc|tus [lat.] *m. Gen. - Pl.* -, *Med.:* Kanal, Ausführungsgang; vgl. Duktus
Du|del|dei *n. Gen.* -s *nur Sg.* dreh-orgelartige Musik
Du|de|lei *f. 10 nur Sg.*
du|deln *intr. 1;* ich dudele, dudle
Du|del|sack *m. 2* schott. Blasinstrument mit Windsack
Du|del|sack|pfei|fer *m. 5*
Du|e|cen|to [-tʃɛn-] *n. Gen.* -(s) *nur Sg.* s. **Du|cen|to**
Du|ell [lat.] *n. 1* Zweikampf (meist mit Pistolen oder Säbeln)
Du|el|lant *m. 10* Teilnehmer an einem Duell
du|el|lie|ren *tr. 3;* sich d.: im Duell miteinander kämpfen
Du|eña [duɛnja, span.] *f. 9, span. Form von* Duenja
Du|en|ja, Du|en|na *f. 9* **1.** Herrin, Dame; **2.** *veraltet:* Anstandsdame, Erzieherin
Du|e|ro [span.], Dou|ro [doru, port.] *m. Gen.* (-s) span.-port. Fluss
Du|ett [ital.] *n. 1* Musikstück für zwei Singstimmen oder zwei gleiche Instrumente; vgl. Duo
Du|et|ti|no *n. Gen.* -s *Pl.* -s *oder* -ni kleines Duett
duff *norddt.:* matt, glanzlos
Duf|fle|coat *auch:* **Duff|le|coat** [dʌfəlkout, engl., nach der belg. Stadt Duffel] *m. 9* dreiviertellanger Mantel mit Schlingen und Knebeln zum Schließen sowie Kapuze
Du|four|kar|te [dyfur-, nach dem schweizer. General und Landvermesser G.-H. Dufour] *f. 11* topograph. Landeskarte der Schweiz
Duft *m. 2*
Düft|chen *n. 7*
dufte [hebr.-jidd.] *ugs.:* großartig, fein, prima
duf|ten *intr. 2*
duf|tig
Duf|tig|keit *f. 10 nur Sg.*
Duft|stoff *m. 1*
Duft|was|ser *n. 6*
Du|gong [mal.] *m. 9 oder m. 1* Seekuh
duhn, dun *nddt.* **1.** erschöpft, erledigt; **2.** betrunken
Duis|burg [dys-] Stadt in Nordrhein-Westfalen
du jour [dy ʒur, frz. »vom Tage«] *veraltet:* vom Dienst; du jour sein: Tagesdienst haben
Du|ka|ten [ital.] *m. 7* alte dt., urspr. venezian. Goldmünze
Duke [djuk, engl.] *m. 9, in Großbritannien:* Herzog
Dü|ker *m. 5* Unterführung von Wasserläufen, Rohrleitungen für Flüssigkeiten oder Gas unter Straßen, Flussbetten u. Ä.
duk|til [lat.] gut formbar, dehnbar
Duk|ti|li|tät *f. 10 nur Sg.*
Duk|tus *m. Gen. - nur Sg.* Art des Schreibens, Linienführung der Schrift
dul|den *tr. u. intr. 2*
Dul|der *m. 5*
Dul|der|mie|ne *f. 11*
duld|sam
Duld|sam|keit *f. 10 nur Sg.*
Dul|dung *f. 10 nur Sg.*
Dul|li|äh *österr.* **1.** *n. 9* Ausgelassenheit; **2.** *m. 9* leichter Rausch, Schwips
Dult *f. 10, bair.:* Jahrmarkt
Dul|zi|nea [nach der Geliebten des Don Quijote] *f. Gen. - Pl.* -s *oder* -ne|en, *ugs. abwertend:* Geliebte, Freundin
Du|ma [russ.] *f. 9* **1.** *im alten Russland:* Vertretung des Hochadels; *seit 1870:* Rat, Magistrat; **2.** *1906-1917* Reichsduma: das russ. Parlament; **3.** *seit 1993:* russ. Parlament
Du|mas [dyma] frz. Schriftsteller: **1.** *Alexandre* D. (Vater); **2.** *Alexandre* D. (Sohn)

D

D

Dum|dụm [nach dem ind. Herstellungsort D.] *n. 9*, **Dum|dụm|ge|schoss** (*alt:* Dum|dụm|ge|schoß), *n. 1* (heute verbotenes) schwere Wunden verursachendes Stahlmantelgeschoss mit z. T. frei liegendem Bleikern; vgl. Geschoss
Dụm|ka [ukrain.] *f. Gen. - Pl. -ki* schwermütiges slaw. Volkslied; *auch:* Instrumentalstück
dụmm
Dụmm|bart *m. 2*, **Dụmm|bar|tel** *m. 5* Dummkopf
dụmm|dreist
Dụmm|dreis|tig|keit *f. 10 nur Sg.*
Dum|me|jụn|gen|streich *m. 1 Gen.* Dum|me(n)|jụn|gen|streichs *Pl.* Dum|me(n)|jụn|gen|strei|che; der D.; *aber:* ein Dumme(r)jungenstreich
Dụm|mer|chen *n. 7*
Dụm|me|ri|an, Dụm|mer|jan, Dụm|mi|an, Dụmm|ri|an *m. 1*
Dụmm|heit *f. 10*
Dụm|mi|an *m.1* s. **Dụm|me|ri|an**
Dụmm|kopf *m. 2*
dụ̈mm|lich
Dụmm|ling, Dụ̈mm|ling *m. 1*
Dụmm|ri|an *m.1* s. **Dụm|me|ri|an**
dụmm|stolz
Dum|my [dʌmi, engl.] *m. 9* **1.** Attrappe, Schaupackung; **2.** leeres Exemplar eines in Vorbereitung befindlichen Buches mit Titel und einigen bedruckten Seiten; **3.** *Boxen:* Sandsack in menschl. Form zum Training; **4.** lebensgroße Puppe zu Testzwecken, Test-Dummy; **5.** *Bridge:* Strohmann
dụ̈m|peln *intr. 1*
Dum|per [dʌm-, engl.] *m. 5* Kippwagen
dụmpf
Dụmpf|heit *f. 10 nur Sg.*
dụmp|fig
Dum|ping [dʌm-, engl.] *n. 9* Verkauf auf ausländ. Märkten zu Preisen, die unter den Inlandspreisen liegen
Dum|ping|preis [dʌm-] *m. 1;* etwas zum D. verkaufen
du̱n s. **du̱hn**
Dü̱|na *f. Gen. -* die Westliche Dwina
Du̱|ne *f. 11, nddt. für* Daune
Dü̱|ne *f. 11*
Dü̱|nen|sand *m. Gen. -(e)s nur Sg.*
Dụng *m. Gen. -(e)s nur Sg.*
Dụ̈n|ge|mit|tel *n. 5*
dụ̈n|gen *tr. 1*
Dụ̈n|ger *m. 5*
Dụ̈n|ger|hau|fen *m. 7*
Dụng|gru|be *f. 11*
Dụ̈n|gung *f. 10*

dunkel färben/gefärbt: Die Verbindung aus Adjektiv und Verb bzw. Partizip wird getrennt geschrieben, wenn das Adjektiv steigerbar oder durch *sehr* erweiterbar ist: *Sie hat dunkel gefärbte Haare.* § 34 E3 (3), § 36 E3 (1.2)

dụn|kel; sein Haar ist dunkel, dunkel gefärbt; dunkel gefärbte Haare; im Dunkeln ist gut munkeln; etwas im Dunkeln nicht finden können; etwas im Dunkeln lassen: ungewiss lassen; das liegt noch im Dunkeln: ist noch ungewiss; im Dunkeln tappen: vergeblich nachforschen, nicht Bescheid wissen; sich im Dunkeln verlieren
Dụn|kel *n. 5 nur Sg.*
Dụ̈n|kel *m. 5 nur Sg.*

dunkelblau: Zusammensetzungen mit bedeutungsverstärkendem ersten Bestandteil *(dunkel-)* werden zusammengeschrieben: *dunkelblau, dunkelrot.*
Ebenso: *bitterböse, grundverschieden, stockkonservativ.*
§ 36 (5)

dụn|kel|blau
dụn|kel|braun
dụn|kel|gelb
dụn|kel|grün
dụn|kel|haa|rig
Dụn|kel|haft *f. Gen. - nur Sg.*
dụ̈n|kel|haft
Dụ̈n|kel|haf|tig|keit *f. 10 nur Sg.*
dụn|kel|häu|tig
Dụn|kel|heit *f. 10 nur Sg.*
Dụn|kel|kam|mer *f. 11*
Dụn|kel|mann *m. 4* Mensch mit dunkler Vergangenheit
dụn|keln *intr. 1, nur unpersönlich;* es dunkelt
dụn|kel|rot
Dụn|kel|zif|fer *f. 11* Bezeichnung für alle Fakten, die in Statistiken nicht erfasst oder nicht zu erfassen sind
Dụn|kel|zif|fer|de|likt *n. 1* Delikt mit hoher Dunkelziffer
dụ̈n|ken *tr. 1;* mich, mir dünkt, dass …; *älter:* mich deucht; mich, mir dünkte es schön; *älter:* mich, mir deuchte; mich, mir hat gedünkt; *älter:* gedeucht
dụ̈nn; durch dick und dünn; eine dünn besiedelte Landschaft; eine dünn bevölkerte Gegend; sich dünn machen: möglichst wenig Platz einnehmen; die Soße dünn machen: verdünnen; *aber:* dünnmachen
dụ̈nn be|sie|delt (*alt:* dụ̈nn|be|sie|delt)
dụ̈nn be|völ|kert (*alt:* dụ̈nn|be|völ|kert)
Dụ̈nn|bier *n. 1*
Dụ̈nn|darm *m. 2*
Dụ̈nn|druck *m. 1*
Dụ̈nn|druck|aus|ga|be *f. 11*
Dụ̈n|ne *f. Gen. - nur Sg.*
dụn|ne|mals *scherzhaft:* damals
dụ̈nn|flüs|sig
Dụ̈nn|flüs|sig|keit *f. 10 nur Sg.*
Dụ̈nn|heit *f. 10 nur Sg.*
dụ̈nn|ma|chen *refl. 1 ugs.:* weglaufen; vgl. dünn
Dụ̈nn|pfiff *m. 1*
Dụ̈nn|schiss (*alt:* Dụ̈nn|schiß) *m. 1, vulg.:* Durchfall
Dụ̈nn|schliff *m. 1*
Dụ̈n|nung *f. 10, Jägerspr.:* Flanke (des Schalenwildes)
dụ̈nn|wan|dig
Dụnst *m. 2*
dụns|ten *intr. 2* Dunst ausströmen
dụ̈ns|ten **1.** *intr. 2* s. **dụns|ten;** **2.** *tr. 2* in wenig Wasser und Fett gar machen (Gemüse)
Dụnst|glo|cke *f. 11* Ansammlung von Dunst über Städten
dụns|tig
Dụnst|kreis *m. 1*
Dü̱|nung *f. 10* Meeresbewegung nach abgeflautem Sturm
Du̱o [ital.] *n. 9* **1.** Musikstück für zwei verschiedene Instrumente; vgl. Duett; **2.** die ausführenden Musiker
du|o|de|na̱l [lat.] zum Duodenum gehörig, von ihm ausgehend
Du|o|de|ni̱|tis *f. Gen. - Pl. -ti|den* Zwölffingerdarmentzündung
Du|o|de̱|num *n. Gen. -s Pl. -na* Zwölffingerdarm
Du|o|de̱z [lat.] *n. 1* (*Zeichen:* 12°), *kurz für* Duodezformat
Du|o|de̱z|band *m. 2* Buch in Duodezformat
Du|o|de̱z|for|mat *n. 1* altes Buchformat in der Größe eines Zwölftelbogens
Du|o|de̱z|fürst *m. 10* Fürst eines Duodezstaates
du|o|de|zi|ma̱l auf dem Duodezimalsystem beruhend, dodekadisch

Du|o|de|zi|mal|sys|tem *n. 1* auf der Zahl 12 beruhendes Zahlensystem, Dodekadik
Du|o|de|zi|me *f. 11* zwölfter Ton der diaton. Tonleiter
Du|o|dez|staat *m. 12* sehr kleiner Staat, unbedeutender Zwergstaat
Du|o|le [lat.] *f. 11, Mus.:* zwei aufeinander folgende, gleichwertige Noten, die im Taktwert von drei Noten zu spielen sind
Du|o|pol *n. 1* s. **Dy|o|pol**
dü|pie|ren [frz.] *tr. 3* täuschen, betrügen, übertölpeln, zum Besten haben
Du|pla *Pl.* von Duplum
Du|plet [-ple, frz.] *n. 9* aus zwei Linsen zusammengesetzte Lupe
Du|plex... [lat.] *in Zus.:* Doppel...
Du|plex|be|trieb *m. 1*
du|plie|ren *tr. 3* verdoppeln
Du|plie|rung *f. 10*
Du|plik *f. 10* Antwort auf eine Replik, Gegenantwort
Du|pli|kat *n. 1* Doppel (eines Schriftstücks), Abschrift, Durchschlag, Kopie
Du|pli|ka|ti|on *f. 10* Verdoppelung
Du|pli|ka|tor *m. 13* Vorrichtung zum Verstärken der elektr. Ladung auf einem Konduktor
Du|pli|ka|tur *f. 10* Verdoppelung, Doppelbildung
du|pli|zie|ren *tr. 3* verdoppeln
Du|pli|zi|tät *f. 10* doppeltes Vorkommen oder Auftreten; Duplizität der Fälle: fast gleichzeitiges Auftreten zweier ähnlicher Ereignisse
Du|plum *n. Gen.* -s *Pl.* -pla Doppel, Duplikat
Dur [lat. durus »hart«] *n. Gen. - nur Sg.* eins der beiden Tongeschlechter mit großer Terz im Dreiklang auf dem Grundton; vgl. Moll; das Stück ist in Dur komponiert; A-Dur
Du|ra [lat., eigtl.: Dura Mater] *f. Gen. - nur Sg.* die harte, äußere Hirnhaut
du|ra|bel [lat.] dauerhaft, beständig, wetterfest
Du|ra|bi|li|tät *f. 10 nur Sg.*
Dur|ak|kord *m. 1* Dreiklang mit großer Terz
Du|ral [lat.] *n. 1 nur Sg., österr. für* Duralumin
Dur|a|lu|min *auch:* **Du|ra|lu|min** *n. 1* sehr harte Aluminiumlegierung
Du|ra Ma|ter (*alt:* Du|ra ma|ter) [lat.] *f. Gen. - - nur Sg.* s. **Du|ra**
du|ra|tiv [auch: du-, lat.] dauernd
Du|ra|tiv *n. 1* **1.** Aktionsart des Verbums, die die Vorgangsdauer ausdrückt; **2.** s. **Du|ra|ti|vum**
Du|ra|ti|vum [-vum] *n. Gen.* -s *Pl.* -va [-va], Du|ra|tiv *n. 1* Verbum im Durativ (1), z. B. schlafen, wohnen, blühen
durch *Präp. mit Akk.;* durch mich, durch seinen Vater; durch und durch; das ganze Jahr (hin-) durch; bei jmdm. unten durch sein *ugs.:* es mit ihm verdorben haben; das Fleisch muss gut durch sein

durchackern: Entsprechend §108 kann das Verb folgendermaßen getrennt werden: *durch|a|ckern.* Die Abtrennung des Einzelvokals ist aus Gründen der Lesbarkeit aber nicht zu empfehlen. Besser: *durch|ackern.*

durch|a|ckern *tr. 1, ugs.:* durcharbeiten (2)
durch|ar|bei|ten **1.** *intr. 2* eine Zeit lang ohne Pause arbeiten; ich habe drei Stunden durchgearbeitet; **2.** *tr. 2;* ein Buch d.: bis zu Ende sorgfältig lesen
durch|ar|bei|ten *tr. 2, selten, nur in Wendungen wie* nach einer durcharbeiteten Nacht
durch|at|men *intr. 2*
durch|aus [auch: durç-]
durch|ba|cken *tr. 4* der Kuchen ist (nicht) durchgebacken
durch|ba|cken *Part. Perf.:* mit Rosinen durchbackener Kuchen
durch|bei|ßen [auch: -baı-] **1.** *tr. 8;* der Fuchs hat dem Lamm die Kehle durchgebissen *oder:* durchbissen; **2.** *refl. 8;* sie haben sich im Leben durchbeißen müssen, haben sich durchgebissen
durch|bet|teln *refl. 1;* er hat sich durchgebettelt
durch|bil|den *tr. 1;* eine gut durchgebildete Stimme, ein gut durchgebildetes Ohr
Durch|bil|dung *f. 10 nur Sg.*
durch|blät|tern [auch: -blɛt-] *tr. 1;* ich habe das Buch durchgeblättert, *oder:* durchblättert
Durch|blick *m. 1*
durch|bli|cken *intr. 1;* etwas d. lassen: andeuten; ich blicke nicht durch: ich durchschaue es nicht
durch|blu|ten *tr. 2;* gut, schlecht durchblutete Gliedmaßen
Durch|blu|tung *f. 10 nur Sg.*
Durch|blu|tungs|stö|rung *f. 10*
durch|boh|ren *tr., refl. u. intr. 1;* der Holzwurm hat sich durch das Brett durchgebohrt; ich habe leider ganz durchgebohrt
durch|boh|ren *tr. 1;* jmdm. mit dem Dolch den Leib d.; jmdn. mit Blicken d.
Durch|boh|rung *f. 10*
durch|bo|xen *tr. u. refl. 1, ugs.;* wir haben die Sache durchgeboxt: mit Energie durchgesetzt; sich im Leben d.
durch|bra|ten *tr. 18;* das Fleisch ist gut, ist nicht durchgebraten
durch|brau|sen *intr. 1;* der Zug ist (durch die Station) durchgebraust
durch|brau|sen *tr. 1;* der Sturm durchbraust den Wald
durch|bre|chen **1.** *intr. 19;* das Brett bricht gleich durch, ist durchgebrochen; das Geschwür ist durchgebrochen; **2.** *tr. 19;* ich habe die Tafel Schokolade einmal durchgebrochen
durch|bre|chen *tr. 19;* die Truppen haben schließlich die feindliche Front durchbrochen; durchbrochene Arbeit: Stickerei
durch|bren|nen *intr. 20* die Sicherung ist durchgebrannt; *ugs.:* weglaufen; sie ist von zu Hause, ist ihrem Mann durchgebrannt
Durch|bren|ner *m. 5, ugs.:* Ausreißer
durch|brin|gen *tr. 21;* er kann seine Familie nur mit Mühe d.; er hat sein ganzes Geld durchgebracht
Durch|bruch *m. 2*
Durch|bruchs|ar|beit *f. 10* eine Art Stickerei
durch|che|cken [-tʃɛ-] *tr. 1*
durch|den|ken *tr. 22;* ich habe das Problem ganz durchgedacht: bis zu Ende gedacht
durch|den|ken *tr. 22;* der Plan war nicht genügend durchdacht
durch|drän|gen *tr. 1;* ich habe mich, ihn bis nach vorn durchgedrängt
durch|dre|hen **1.** *tr. 1* durch den Wolf drehen (Fleisch); **2.** *intr. 1, ugs.:* die Nerven verlieren; ich fürchte, er dreht noch durch; ich war völlig durchgedreht
durch|drin|gen *intr. 25;* er ist mit seinem Vorschlag nicht durchgedrungen
durch|drin|gen *tr. 25;* das Gebüsch d.; die Wärme durchdrang seinen Körper; er war von seiner Wichtigkeit durchdrungen

D

Durch|drin|gung *f. 10*
durch|drü|cken *tr. 1;* mit durchgedrückten Knien dastehen; wir haben die Sache durchgedrückt *übertr.:* durchgesetzt
durch|duf|ten *tr. 2;* das ganze Zimmer ist von Rosen den durchduftet
durch|ei|len *intr. 1;* ich bin durch die Ausstellung nur durchgeeilt
durch|ei|len *tr. 1;* er hat das Land im Auto durcheilt

D

> **durcheinander bringen:** Die Verbindung aus dem zusammengesetztem Adverb *durcheinander* und Verb wird getrennt geschrieben: *Er hat alles durcheinander gebracht.* Ebenso: *durcheinander laufen/reden/schreien.* § 34 E3 (2)

durch|ein|an|der *auch:* **durch|ei|nan|der**; zwei verschiedene Sachen durcheinander bringen; durcheinander laufen; durcheinander reden; durcheinander schreien; durcheinander wirbeln; durcheinander sein: verwirrt, konfus sein; ich bin ganz durcheinander; alles durcheinander essen oder trinken; alle liefen, redeten durcheinander; er hat alles durcheinander geworfen
Durch|ein|an|der *auch:* **Durch|ei|nan|der** *n. 5*
durch|ein|an|der brin|gen *auch:* **durch|ei|nan|der brin|gen** (*alt:* durch|ein|an|der|brin|gen) *tr. 21*
durch|ein|an|der lau|fen *auch:* **durch|ei|nan|der lau|fen** (*alt:* durch|ein|an|der|lau|fen) *intr. 76*
durch|ein|an|der re|den *auch:* **durch|ei|nan|der re|den** (*alt:* durch|ein|an|der|re|den) *intr. 2*
durch|ein|an|der schrei|en *auch:* **durch|ei|nan|der schrei|en** (*alt:* durch|ein|an|der|schrei|en) *intr. 128*
durch|ein|an|der wer|fen *auch:* **durch|ei|nan|der wer|fen** (*alt:* durch|ein|an|der|wer|fen) *tr. 181*
durch|ein|an|der wir|beln *auch:* **durch|ei|nan|der wir|beln** (*alt:* durch|ein|an|der|wir|beln) *intr. u. tr. 1*
durch|es|sen *refl. 31, ugs.:* ich habe mich nach und nach durch die ganze Speisekarte durchgegessen
durch|ex|er|zie|ren *auch:* **durch|e|xer|zie|ren** *tr. 3;* wir haben das Pensum durchexerziert: durchgeübt; ich habe das alles schon einmal durchexerziert: durchgelebt, durchgeprobt
durch|fah|ren *intr. 32;* wir sind die ganze Nacht durchgefahren; der Zug ist durchgefahren, ohne zu halten
durch|fah|ren *tr. 32;* der Zug hatte den Tunnel bereits durchfahren, als …
Durch|fahrt *f. 10 nur Sg.;* D. verboten; wir sind auf der D.
Durch|fahrts|recht *n. 1*
Durch|fahrts|stra|ße *f. 11*
Durch|fall *m. 2*
durch|fal|len *intr. 33;* er ist durchgefallen: er hat die Prüfung nicht bestanden
durch|fa|xen *tr. 1*
durch|fech|ten *tr. 35;* wir haben die Sache durchgefochten: durchgekämpft, durchgesetzt
durch|feuch|ten *tr. 2;* vom Nebel durchfeuchtete Kleider
durch|fin|den *refl. 36;* ich habe mich auch ohne Stadtplan durchgefunden
durch|fit|zen *refl. 1, ugs.;* ich habe mich durch diese Arbeit ganz gut durchgefitzt: sie bewältigt
durch|flech|ten *tr. 37;* der Kranz ist mit Bändern durchflochten
durch|flie|gen *intr. 38;* er ist durchgeflogen *ugs.:* er hat die Prüfung nicht bestanden
durch|flie|gen *tr. 38;* nachdem die Rakete die Atmosphäre durchflogen hatte
durch|flie|ßen *intr. 40;* das Wasser ist hier durchgeflossen
durch|flie|ßen *tr. 40;* der Bach durchfließt die Wiese; von Strom durchflossene Spule
Durch|flug *m. 2*
Durch|fluss (*alt:* Durch|fluß) *m. 2*
durch|flu|ten *tr. 2;* das Zimmer ist von Sonne durchflutet
durch|for|men *tr. 1;* eine gut durchgeformte Plastik
Durch|for|mung *f. 10 nur Sg.*
durch|for|schen *tr. 1;* ich habe alle Unterlagen durchforscht
Durch|for|schung *f. 10 nur Sg.*
durch|fors|ten *tr. 2;* Wald d.: ausholzen, kranke oder dürre Bäume daraus entfernen
Durch|fors|tung *f. 10 nur Sg.*
durch|fra|gen *refl. 1, ugs.;* ich habe mich bis hierher durchgefragt
durch|fres|sen *refl. 41;* der Rost hat die Eisenstange durchgefressen; sich bei anderen Leuten d. *ugs.*
durch|fres|sen *tr. 41;* von Rost durchfressenes Eisen
durch|frie|ren *intr. 42;* der Teich ist durchgefroren: bis auf den Grund gefroren; ich bin völlig durchgefroren, *oder:* durchfroren
Durch|fuhr *f. 10* Warenbeförderung von einem Staat zum andern durch einen dritten hindurch, Transit
durch|führ|bar
Durch|führ|bar|keit *f. 10 nur Sg.*
durch|füh|ren *tr. 1;* ich habe die Untersuchung durchgeführt
Durch|fuhr|er|laub|nis *f. 1*
Durch|fuhr|han|del *m. Gen. -s nur Sg.*
Durch|füh|rung *f. 10*
Durch|füh|rungs|be|stim|mung *f. 10*
Durch|fuhr|zoll *m. 2*
durch|fur|chen *tr. 1;* von Falten durchfurchte Stirn
durch|füt|tern *tr. 1;* wir haben das Kind mit durchgefüttert: unentgeltlich mit ernährt
Durch|gang *m. 2*
Durch|gän|ger *m. 5* **1.** jmd., der durchgegangen ist, Ausreißer; **2.** Pferd, das häufig durchgeht
durch|gän|gig allgemein; das wird d. so gehandhabt
Durch|gangs|bahn|hof *m. 2* Bahnhof mit durchgehenden Gleisen; *Ggs.:* Sack-, Kopfbahnhof
Durch|gangs|stra|ße *f. 11*
Durch|gangs|ver|kehr *m. 1 nur Sg.*
durch|ge|ben *tr. 45;* eine Nachricht telefonisch d.
durch|ge|hen *intr. 47* ich bin durch die Ausstellung nur rasch durchgegangen; das Pferd ist durchgegangen
durch|ge|hend; das Geschäft ist durchgehend geöffnet
durch|ge|hends *österr.:* überall, immer
durch|geis|tigt von Geist geprägt, erfüllt (Gesicht)
durch|ge|näht ohne Quernaht in der Taille (Kleid)
durch|glü|hen **1.** *tr. 1;* Eisen durchglühen: ganz zum Glühen bringen; **2.** *intr. 1* die Kohlen sind durchgeglüht: ganz glühend geworden
durch|glü|hen *tr. 1;* von Leidenschaft durchglüht
durch|grei|fen *intr. 59* ich habe einfach durch das Gitter gegriffen; er hat energisch durchgegriffen

durch|ha|cken *tr. 1;* ich habe den Ast durchgehackt
durch|hal|ten *intr. 61;* er hat bis zuletzt durchgehalten
Durch|hal|te|pa|ro|le *f. 11*
durch|hän|gen *intr. 62*
Durch|hau *m. 1*
durch|hau|en *tr. 63* er hat den Ast durchgehauen; er hat den Jungen durchgehauen: verprügelt
durch|hau|en *tr. 63;* er hat den gordischen Knoten durchhauen
Durch|haus *n. 4, österr.:* Haus mit öffentl. Durchgang
durch|he|cheln *tr. 1* **1.** wir haben den Flachs durchgehechelt (mit der Hechel); **2.** wir haben alle Bekannten durchgehechelt *übertr.:* über alle geredet
durch|hei|zen *intr. u. tr. 1;* wir haben (den Ofen) durchgeheizt: über Nacht geheizt, ohne das Feuer ausgehen zu lassen
durch|hei|zen *tr. 1;* ein gut durchheizter Raum
Durch|hieb *m. 1*
durch|hun|gern *refl. 1;* wir haben uns (durch den Krieg) durchgehungert
durch|käl|ten *tr. u. intr. 2;* bis in die Fingerspitzen durchkältet
durch|käm|men *tr. 1;* ich habe ihr das Haar durchgekämmt; sie haben den ganzen Zug durchgekämmt, um die Flüchtlinge zu finden
durch|kämp|fen **1.** *tr. 1;* wir haben die Sache allein durchgekämpft; **2.** *refl. 1;* ich habe mich schließlich bis zum Kommandanten durchgekämpft
durch|kau|en *tr. 1;* die Nahrung gründlich d.; wir haben die Lektion dreimal durchgekaut *übertr.:* gründlich besprochen
durch|klet|tern *intr. 1;* er ist durchgeklettert
durch|klet|tern *tr. 1, Bergsteigen:* er hat den Kamin durchklettert
durch|kne|ten *tr. 2;* ich habe den Teig gut durchgeknetet
durch|kom|men *intr. 71;* der Kranke ist durchgekommen; er ist gerade noch durchgekommen (bei der Prüfung)
durch|kom|po|nie|ren *tr. 3;* durchkomponierte Oper: durchgehend vertonte Oper, ohne gesprochenen Text
durch|kreu|zen *tr. 1;* ich habe drei Seiten durchgekreuzt: mit einem Kreuz durchgestrichen
durch|kreu|zen *tr. 1;* er hat meine Pläne durchkreuzt: zunichte gemacht
Durch|kreu|zung *f. 10 nur Sg.*
durch|krie|chen *intr. 73;* er ist unter dem Geländer durchgekrochen
durch|krie|chen *tr. 73;* nachdem er den unterirdischen Gang durchkrochen hatte
durch|krie|gen *tr. 1, ugs.:* durchsetzen; sie haben das Gesetz durchgekriegt
durch|la|den *tr. 74;* er hat die Pistole durchgeladen
Durch|lass (*alt:* Durch|laß) *m. 2* ein enger Durchgang
durch|las|sen *tr. 75;* sie haben ihn an der Grenze nicht durchgelassen
durch|läs|sig
Durch|läs|sig|keit *f. 10 nur Sg.*
Durch|laucht [auch: durç-] *f. Gen. - nur Sg.* Titel und Anrede für einen Fürsten; Euer, Seine D.
durch|lauch|tig, durch|lauch|tigst; durchlauchtig(st)er Herr!
Durch|lauf *m. 2*
durch|lau|fen **1.** *intr. 76;* der Kaffee ist noch nicht durchgelaufen; **2.** *tr. 76;* ich habe mir die Schuhsohlen durchgelaufen
durch|lau|fen *tr. 76;* er hat die Universität durchlaufen; es durchlief mich eiskalt
Durch|lauf|er|hit|zer, Durch|lauf|was|ser|er|hit|zer *m. 5* ein Heißwasserbereiter, bei dem das Wasser während des Durchlaufens erhitzt wird
durch|le|ben [auch: -le-] *tr. 1;* ich habe das alles bis zum bitteren Ende durchgelebt; ich habe das schon einmal durchlebt
durch|le|sen *tr. 79;* ich habe das Buch ganz durchgelesen
durch|leuch|ten *intr. 2;* das Licht leuchtet noch durch (durch die Jalousien)
durch|leuch|ten *tr. 2;* Eier d.; jmdn. d.: mittels Röntgenstrahlen untersuchen
Durch|leuch|tung *f. 10*
durch|lie|gen *tr. 80;* die Matratze ist durchgelegen; der Kranke hat sich durchgelegen: wund gelegen
durch|lo|chen *tr. 1;* durchlochte Fahrscheine
durch|lö|chern *tr. 1;* der Strumpf ist völlig durchlöchert
durch|lüf|ten *tr. 2;* ich habe das Zimmer gründlich durchgelüftet
durch|lüf|ten *tr. 2;* gut durchlüftetes Zimmer: luftiges Zimmer
Durch|lüf|tung *f. 10 nur Sg.*
durch|ma|chen *tr. 1;* er hat schwere Zeiten durchgemacht
Durch|marsch *m. 2, auch ugs. scherzh.:* Durchfall
durch|mar|schie|ren *intr. 3*
durch|mes|sen *tr. 84;* ich habe alle Stücke sorgfältig durchgemessen
durch|mes|sen *tr. 84;* er durchmisst den Saal mit großen Schritten, hat ihn durchmessen
Durch|mes|ser *m. 5* (*Abk.:* d) (*Zeichen:* Ø)
durch|mus|tern *tr. 1;* ich habe die Waren durchgemustert
durch|näs|sen *tr. 1;* ich bin völlig durchnässt
durch|neh|men *tr. 88;* wir haben heute die zweite Lektion durchgenommen
durch|num|me|rie|ren (*alt:* durch-nu|me|rie|ren) *tr. 3*
Durch|num|me|rie|rung (*alt:* Durch|nu|me|rie|rung) *f. 10 nur Sg.*
durch|ör|tern *tr. 1;* ein Gebiet d. *Bergbau:* in einem Gebiet Örter, Grubenbaue anlegen; das Gebiet ist durchörtert
durch|pau|sen *tr. 1;* ich habe das Bild durchgepaust
durch|peit|schen *tr. 1;* das Gesetz wurde durchgepeitscht *übertr.:* gegen Widerstand durchgesetzt
durch|pres|sen *tr. 1;* ich habe die Kartoffeln durchgepresst (durchs Sieb)
durch|pro|ben *tr. 1;* wir haben jede Szene einmal durchgeprobt
durch|prü|fen *tr. 1;* ich habe die Sache genau durchgeprüft
Durch|prü|fung *f. 10*
durch|prü|geln *tr. 1;* er hat den Jungen durchgeprügelt
durch|pul|sen *tr. 1;* eine von lebhaftem Verkehr durchpulste Stadt
durch|que|ren *tr. 1;* nachdem wir den Wald durchquert hatten
Durch|que|rung *f. 10*
durch|ra|sen *intr. 1;* er ist durch die Ausstellung einmal durchgerast
durch|ras|seln *intr. 1, ugs.;* er ist (durch die Prüfung) durchgerasselt
durch|rech|nen *tr. 2;* ich habe die Sache durchgerechnet
durch|reg|nen *intr. 1;* es hat durchgeregnet (durchs Dach)

D

D

Durch|rei|che *f. 11* kleines Fenster zwischen Küche und Speiseraum
durch|rei|chen *tr. 1;* sie hat mir die Speisen durchgereicht
Durch|rei|se *f. 11;* wir sind auf der Durchreise
Durch|rei|se|er|laub|nis *f. 1*
durch|rei|sen *intr. 1;* wir sind nur durchgereist (ohne Aufenthalt)
durch|rei|sen *tr. 1;* er hat viele Länder durchreist
Durch|rei|sen|de(r) *m. 18 (17) bzw. f. 17 oder 18*
Durch|rei|se|vi|sum [-vi-] *n. Gen.* -s *Pl.* -sa
durch|rei|ßen *tr. u. intr. 96;* ich habe das Blatt zweimal durchgerissen; das Tragseil riss durch
durch|rei|ten *intr. 97;* wir sind die Strecke in einem Zuge durchgeritten
durch|rei|ten *tr. 97;* nachdem er den Wald durchritten hatte
durch|rie|seln *intr. 1;* der Regen, der Sand ist durchgerieselt
durch|rie|seln *tr. 1;* es durchrieselte mich heiß, kalt; es hat mich durchrieselt
durch|rin|gen *refl. 100;* ich habe mich zu dem Entschluss durchgerungen
durch|ros|ten *intr. 2;* die Stange ist fast durchgerostet
durch|ru|fen *intr. 102;* ich habe soeben durchgerufen *ugs.:* ich habe eben telefonisch Bescheid gesagt
durch|rüh|ren *tr. 1;* ich habe den Teig gründlich durchgerührt; ich habe die Beeren durchgerührt (durchs Sieb)
durch|rüt|teln *tr. 1;* wir sind tüchtig durchgerüttelt worden
durchs *mit Akk.:* durch das, durchs Zimmer gehen; durchs Examen fallen
Durch|sa|ge *f. 11*
durch|sa|gen *tr. 1;* ich habe die Meldung sofort durchgesagt
durch|sä|gen *tr. 1;* ich habe das Brett ganz durchgesägt
Durch|satz *m. 2* die in einer bestimmten Zeit durch eine Industrieanlage (Hochofen o. Ä.) geleitete Menge eines Materials
durch|säu|ern *tr. 1;* der Teig ist genügend durchsäuert
durch|sau|fen *intr. 3, ugs.;* sie haben die ganze Nacht durchgesoffen
durch|schal|ten *tr. 2;* wir haben den Telefonanschluss gestern durchgeschaltet
durch|schau|en *intr. 1;* hast du schon durchgeschaut? (durchs Fernrohr)
durch|schau|en *tr. 1;* ich habe ihn sofort durchschaut
durch|schei|nen *intr. 108;* durchscheinendes Papier: fast durchsichtiges Papier; das Licht scheint durch, hat durchgeschienen (durch die Fensterläden)
durch|scheu|ern *tr. 1;* er hat die Jacke an den Ärmeln durchgescheuert
durch|schie|ßen *intr. 113;* er hat durchgeschossen (durchs Fenster)
durch|schie|ßen *tr. 113;* der Hut ist zweimal durchschossen; durchschossenes Exemplar *Buchw.:* Buch mit unbedruckten Blättern zwischen den Seiten
durch|schim|mern *intr. 1;* das Licht hat durchgeschimmert
durch|schla|fen *intr. 115;* ich habe bis fünf Uhr durchgeschlafen
durch|schla|fen *tr. 115;* nach einer gut durchschlafenen Nacht
Durch|schlag *m. 2*
durch|schla|gen **1.** *tr. 116* durch ein Sieb rühren (Soße); **2.** *intr. 116;* die Farbe hat durchgeschlagen: ist auf der Rückseite sichtbar geworden; ein durchschlagender Erfolg *übertr.:* ein großer Erfolg
durch|schla|gen *tr. 116;* das Geschoss hat die Tür durchschlagen
durch|schlä|gig
Durch|schlag|pa|pier *n. 1*
Durch|schlags|kraft *f. 2 nur Sg.*
durch|schlän|geln *refl. 1;* ich schlängele, schlängle mich durch, habe mich durchgeschlängelt
durch|schlei|chen *refl. 117;* er hat sich durchgeschlichen
durch|schleu|sen *tr. 1;* das Schiff wurde durchgeschleust; sie haben ihn durchgeschleust *übertr. ugs.:* heimlich durch die Kontrolle gebracht
Durch|schlupf *m. 1*
durch|schlüp|fen *intr. 1;* er ist unbemerkt mit durchgeschlüpft
durch|schme|cken *tr. 1;* das Gewürz hat sehr durchgeschmeckt
durch|schmel|zen *intr. 123;* die Sicherung ist durchgeschmolzen
durch|schmug|geln *tr. 1;* sie haben ihn durchgeschmuggelt
durch|schnei|den *tr. 125;* ich habe den Faden durchgeschnitten
durch|schnei|den *tr. 125;* das Schiff durchschneidet die Wellen; von einem Bach durchschnittenes Feld
Durch|schnitt *m. 1;* im D.; er ist guter D.
durch|schnitt|lich
Durch|schnitt|lich|keit *f. 10 nur Sg.*
Durch|schnitts|al|ter *n. 5 nur Sg.*
Durch|schnitts|ge|schwin|dig|keit *f. 10*
Durch|schnitts|mensch *m. 10*
Durch|schnitts|tem|pe|ra|tur *f. 10*
Durch|schrei|be|block *m. 9*
Durch|schrei|be|buch|füh|rung *f. 10 nur Sg.*
durch|schrei|ben *tr. 127* beim Schreiben auf besonderem Papier eine Zweitschrift herstellen
durch|schrei|ten *tr. 129;* er hat den Raum durchschritten
Durch|schrift *f. 10*
Durch|schuss (*alt:* Durch|schuß) **1.** *m. 2* Schuss, der durch den Körper hindurchgegangen ist; **2.** *nur Sg., Druckerei:* Zwischenraum zwischen den Zeilen
durch|schüt|teln *tr. 1;* wir wurden im Wagen durchgeschüttelt
durch|schwär|men *tr. 1;* durchschwärmte Nächte
durch|schwim|men *intr. 132;* er ist durchgeschwommen (durch den See)
durch|schwim|men *tr. 132;* sie hat den Kanal durchschwommen
durch|schwin|deln *refl. 1;* er hat sich immer durchgeschwindelt
durch|schwit|zen *tr. 1;* er hat sein Hemd durchgeschwitzt
durch|se|geln *intr. 1;* sie sind (unter der Brücke) durchgesegelt; er ist (bei der Prüfung) durchgesegelt *ugs.:* durchgefallen
durch|se|geln *tr. 1;* er hat alle Ozeane durchsegelt
durch|se|hen **1.** *intr. 136;* ich habe auch durchgesehen (durch das Fernrohr); **2.** *tr. 136;* ich habe seine Arbeit durchgesehen
durch|sei|hen *tr. 1;* ich habe die Milch durchgeseiht

> **durch sein:** Verbindungen mit *sein* gelten nicht als Zusammensetzungen und werden getrennt geschrieben: *Der Braten könnte durch sein. Der Zug müsste schon durch sein.* § 35

durch sein (*alt:* durch|sein) *intr. 137*

dụrch|set|zen *tr. 1;* er hat es durchgesetzt, dass …
durch|sẹt|zen *tr. 1;* der Kuchen ist mit Rosinen durchsetzt
Dụrch|sicht *f. 10 nur Sg.*
dụrch|sich|tig
Dụrch|sich|tig|keit *f. 10 nur Sg.*
dụrch|si|ckern *intr. 1;* das Wasser ist durchgesickert; es ist durchgesickert, dass … *übertr.:* allmählich bekannt geworden
dụrch|sie|ben *tr. 1;* ich habe den Sand durchgesiebt
dụrch|sin|gen *tr. 140;* wir haben das Lied x-mal durchgesungen
dụrch|sit|zen *tr. 143;* er hat die Hose, den Sessel durchgesessen
dụrch|spie|len *tr. 1;* wir haben die Szene einmal durchgespielt
dụrch|spre|chen *tr. 146;* wir haben die Sache gründlich durchgesprochen
dụrch|star|ten *intr. 2, Flugwesen:* nach missglücktem Landeversuch die Geschwindigkeit wieder beschleunigen und Höhe gewinnen
dụrch|ste|chen *intr. 149;* ich habe ganz durchgestochen (durch den Stoff); er stach zum Eiterherd durch
durch|stẹ|chen *tr. 149;* der Arzt hat ihm das Trommelfell durchstochen; ein greller Blitz durchstach die Dunkelheit
dụrch|ste|hen [auch: -stẹ-] *tr. 151;* er hat alle Schwierigkeiten, Prüfungen durchgestanden, *auch:* durchstanden
dụrch|stei|gen *intr. 153;* er ist durchgestiegen (durchs Fenster); *ugs.:* da steige ich nicht durch: das verstehe ich nicht
durch|st<u>ei</u>|gen *tr. 153, Bergsteigen:* er hat den Kamin durchstiegen
Dụrch|stich *m. 1*
durch|st<u>ö</u>|bern *tr. 1;* ich habe alle Winkel durchstöbert
Dụrch|stoß *m. 2*
dụrch|sto|ßen *intr. 157;* die Truppen sind bis zu dem Wald durchgestoßen
durch|st<u>o</u>|ßen *tr. 157;* sie haben die feindl. Front durchstoßen; das Fahrzeug durchstieß die Leitplanke
dụrch|strei|chen *tr. 158;* ich habe das Wort durchgestrichen
durch|str<u>ei</u>|fen *tr. 1;* er hat die Wälder durchstreift
dụrch|strö|men *intr. 1;* das Wasser ist hier durchgeströmt
durch|str<u>ö</u>|men *tr. 1;* der Fluss durchströmt das Land; heiße Freude hat mich durchströmt
dụrch|sty|len [-stailən, engl.] *tr. 1*
dụrch|su|chen *tr. 1;* ich habe alles durchgesucht
durch|s<u>u</u>|chen *tr. 1;* wir wurden nach Waffen durchsucht
Durch|s<u>u</u>|chung *f. 10*
dụrch|tan|zen *intr. 1;* sie hat ihre Schuhe durchgetanzt
durch|tạn|zen *tr. 1;* durchtanzte Nächte
dụrch|trai|nie|ren [-trɛ-] *tr. 3*
durch|trặn|ken *tr. 1;* von Wasser, Blut durchtränkte Kleider
dụrch|tren|nen [auch: -trẹn-] *tr. 1;* der Arzt hat die Sehne durchgetrennt, *oder:* durchtrennt
Durch|trẹn|nung *f. 10*
durch|trie|ben gerissen, raffiniert
Durch|tr<u>ie</u>|ben|heit *f. 10 nur Sg.*
durch|wạ|chen *tr. 1;* durchwachte Nächte
dụrch|wach|sen [-ks-] *intr. 172;* der Baum ist oben (durch die Ruine) durchgewachsen
durch|wạch|sen [-ks-] durchsetzt (von Fett, Knorpeln u. Ä.); fettes, durchwachsenes Fleisch
Dụrch|wahl *f. 10* Wahl der Telefonnummer ohne Vermittlung des Fernsprechamts; jetzt ist D. nach Japan möglich
dụrch|wäh|len *intr. 1*
dụrch|wal|ken *tr. 1, übertr. ugs.:* verhauen; ich habe den Jungen durchgewalkt
durch|wạn|dern *tr. 1;* wir haben das Land durchwandert
dụrch|wär|men *tr. 1;* ich habe mich, das Bett durchgewärmt
durch|wặr|men *tr. 1;* der Tee hat den Körper durchwärmt
dụrch|wa|schen *tr. 174, ugs.;* ich habe das Kleid rasch durchgewaschen
dụrch|wa|ten *intr. 2;* ich bin da durchgewatet (durch den Bach)
durch|w<u>a</u>|ten *tr. 1;* ich habe den Bach durchwatet
dụrch|we|ben *tr. 1;* der Stoff ist durchgewebt: das Muster erscheint auf beiden Seiten
durch|w<u>e</u>|ben *tr. 1;* mit Goldfäden durchwebter Stoff
dụrch|weg, dụrch|wegs *österr.*
dụrch|wei|chen *intr. 1;* das Papier ist durchgeweicht
durch|w<u>ei</u>|chen *tr. 1;* der Regen hat das Papier durchweicht
dụrch|wet|zen *tr. 1* durchscheuern
dụrch|win|den *refl. 183;* ich habe mich durchgewunden (durch das Gitter)
durch|wịn|den *tr. 183;* von Bändern durchwundene Kränze
durch|wịn|tern *tr. 1;* durchwinterte Pflanzen
Durch|wịn|te|rung *f. 10 nur Sg.*
durch|wịr|ken *tr. 1;* mit Goldfäden durchwirkter Stoff
dụrch|wi|schen, dụrch|wit|schen *intr. 1, ugs.:* entwischen; er ist mir durchgewischt, durchgewitscht
dụrch|wüh|len *refl. 1;* der Maulwurf hat sich durchgewühlt
durch|w<u>ü</u>h|len *tr. 1;* er hat das gesamte Gepäck durchwühlt
dụrch|wurs|teln *refl. 1, ugs.:* mit Mühe eine Arbeit bewältigen; ich habe mich durchgewurstelt
dụrch|zäh|len *tr. u. intr. 1;* ich habe die Gruppen durchgezählt; durchzählen! (militär. Kommando)
Dụrch|zäh|lung *f. 10*
dụrch|ze|chen *intr. 1;* sie haben bis morgens durchgezecht
durch|zẹ|chen *tr. 1;* durchzechte Nächte
dụrch|zeich|nen *tr. 2* **1.** durchpausen; **2.** die Gestalt ist gut durchgezeichnet: in allen Einzelheiten gut gezeichnet, gut geschildert
dụrch|zie|hen **1.** *intr. 187;* die Truppen, die Vögel sind durchgezogen; **2.** *tr. 187;* ich habe den Strick durchgezogen
durch|z<u>ie</u>|hen *tr. 187;* ein süßer Duft durchzieht die Räume
Dụrch|zie|her *m. 5* ein Fechthieb
durch|zụ|cken *tr. 1;* der Schmerz hat mich durchzuckt
Dụrch|zug *m. 2*
Dụrch|züg|ler *m. 5*
Dụrch|zugs|ar|beit *f. 10* eine Handarbeit
dụrch|zwän|gen *tr. 1;* er hat den Kopf durchgezwängt
D<u>ü</u>|rer, *Albrecht* dt. Maler
dụ̈r|fen *intr. 26;* ich habe nicht gedurft; *aber:* er hätte nicht weggehen dürfen; das dürfte genug sein
dụ̈rf|tig
Dụ̈rf|tig|keit *f. 10*
dụ̈rr; *schweiz. auch:* geräuchert
Dụr|ra [arab.] *m. Gen. - nur Sg.* Mohrenhirse
Dụ̈r|re *f. 11*
Dụ̈r|ren|matt, *Friedrich* schweizerischer Schriftsteller

D

Dụ̈rr|erz *n. 1* metallarmes Erz
Dụrst *m. Gen.* -(e)s *nur Sg.*
dụrs|ten *intr. 2*
dụ̈rs|ten *tr. u. intr. 2;* er dürstet, es dürstet ihn nach Rache *oder:* ihn dürstet nach Rache
dụrs|tig
dụrst|lö|schend
Dụrst|stre|cke *f. 11, übertr.:* entbehrungsreiche Zeit; eine lange Durststrecke durchstehen
Du̲r|ton|art *f. 10*
Du̲r|ton|lei|ter *f. 11*
Du|schan|be̲ Hauptstadt von Tadschikistan
Dụsch|bad [auch: du̲ʃ-] *n. 4*
Dụ|sche [auch: du̲-, lat.-frz.] *f. 11*
dụ|schen *intr. 1*
Dü̲|se *f. 11*
dü̲|sen *intr. 1, ugs.:* eilig laufen oder fahren
Du̲|sel *m. Gen.* -s *nur Sg.; ugs.* **1.** Glück; D. haben; **2.** Rausch; im D.
Du|se|le̲i *f. 10*
du̲|se|lig, du̲s|lig
du̲|seln *intr. 1* schlummern, im Halbschlaf sein
Dü̲|sen|an|trieb *m. 1*
Dü̲|sen|flug|zeug *n. 1*
du̲s|lig, du̲|se|lig
Dụs|sel *m. 5, ugs.*
Dụ̈s|sel|dorf Hauptstadt von Nordrhein-Westfalen
Dus|se|le̲i *f. 10*
dụs|se|lig, dụss|lig
Dụs|se|lig|keit, Dụss|lig|keit *f. 10 nur Sg.*
Dụs|sel|tier *n. 1, ugs.:* Dummkopf
dụss|lig (*alt:* dụß|lig) s. **dụs|se|lig**
Dụss|lig|keit (*alt:* Dụß|lig|keit) *f. 10 nur Sg.* s. **Dụs|se|lig|keit**
Du̲st *m. 1 nur Sg., nddt.:* Dunst, Staub
du̲s|ter *ugs.,* **dü̲s|ter**
Dü̲s|ter|heit, Dü̲s|ter|keit *f. 10 nur Sg.*
dü̲s|tern *intr. 1, poet.*
Du̲s|ter|nis *f. 1 nur Sg., ugs.*
Dü̲s|ter|nis *f. 1 nur Sg.*
Dutch|man [dʌtʃmæn, engl.] *m. Gen.* -s *Pl.* -men [-men] **1.** *englische Bez. für* Niederländer; **2.** *Schimpfwort Englisch sprechender Matrosen für* deutscher Matrose
Dụtt *m. 1, ugs.:* Haarknoten
Dụt|te *f. 11, süddt., österr.* Zitze, Brustwarze
Du|ty-free-Shop *Nv.* **Du|ty|free-shop** *Hv.* [dju:tɪfriʃɔp, engl.] *m. 9* Laden für zollfreie Waren, z. B. auf Flughäfen

Dutzende/dutzende: Das Zahlsubstantiv wird großgeschrieben: *Er kaufte ein Dutzend.* § 55 (5)
Werden die Kardinalzahlen *dutzend* bzw. *hundert* oder *tausend* als Zahlsubstantive verstanden, können sie mit großem oder kleinem Anfangsbuchstaben geschrieben werden: *Der Stoff wird in einigen Dutzend/dutzend Farben angeboten. Der Stoff wird in Dutzenden/dutzenden Farben angeboten.* § 58 E5

Dụt|zend [frz.] *n. 1, nach Zahlenangaben Pl.* - (*Abk.:* Dtzd.) zwölf Stück; dutzende, Dutzende von Beschwerden
dụt|zend|fach
dut|zend|ma̲l; *aber:* ein paar dutzend, Dutzend Mal; ein Dutzend Mal(e)
Dụt|zend|mensch *m. 10*
Dụt|zend|wa|re *f. 11* billige Ware
dụt|zend|wei|se
Du|ụm|vir [-vir, lat.] *m. 11* Angehöriger des Duumvirats
Du|um|vi|ra̲t [-vi-] *n. 1, im alten Rom:* aus zwei Beamten bestehende Behörde
Dụx [lat. »Führer«] *m. Gen.* - *Pl.* Du̲|ces **1.** *im alten Rom:* Truppenführer; **2.** *Mus.:* erstes Thema der Fuge auf der Grundstufe; vgl. Comes
Du̲z|bru|der *m. 6*
du̲|zen *tr. 1;* sich d.: du zueinander sagen
Du̲z|freund *m. 1*
Du̲z|fuß *m., nur in der Wendung* (mit jmdm.) auf dem D. stehen
DVD *Abk. für* digital versatile disc: zweiseitig beschreibbares digitales Speichermedium mit einer Kapazität von bis zu 9,4 Gigabyte
DVD-Play|er *auch:* **DVD-Pla|yer** [-plɛɪə(r), engl.], **DVD-Spie|ler** *m. 5* Abspielgerät für DVDs
Dvo|řák [dvɔ̣rʒak], *Antonín* tschech. Komponist
dwạrs *nddt.:* quer
Dwạrs|see *f. 11, Seew.:* Wellenbewegung von der Seite
Dwạrs|wind *m. 1, Seew.:* Seitenwind
Dwi̲|na *f. Gen.* - Fluss in Russland; Nördliche D.; russ.-lett. Fluss: Westliche D. s. **Dü̲|na**
dwt. *Abk. für* Pennyweight
Dy *chem. Zeichen für* Dysprosium

Dy|a̲|de [griech.] *f. 11, Vektorrechnung:* zwei zusammengefasste Einheiten
Dy|a̲|dik *f. 10 nur Sg.* Dualsystem
dy|a̲|disch **1.** auf der Dyadik beruhend; **2.** zur Dyas gehörig, aus ihr stammend
Dy̲|as *f. Gen.* - *nur Sg., veraltet für* Perm
Dyck [da̲ɪk], *Anthonis van* fläm. Maler
Dy̲n [griech.] *n. Gen.* -s *Pl.* - (*Zeichen:* dyn) Maßeinheit der Kraft; *heute meist:* Newton
Dy|na̲|mik *f. Gen.* - *nur Sg.* **1.** *Phys.:* Lehre von der Bewegung von Körpern unter dem Einfluss von Kräften; *Ggs.:* Statik; **2.** lebendige Bewegtheit, Schwung
dy|na̲|misch **1.** auf Dynamik beruhend, zur Dynamik gehörend; *Ggs.:* statisch (1); **2.** lebendig bewegt, schwungvoll; *Ggs.:* statisch (2); **3.** wach und aufgeschlossen, beweglich und anpassungsfähig
dy|na|mi|sie̲|ren *tr. 3* dynamisch gestalten
Dy|na|mịs|mus *m. Gen.* - *nur Sg.* **1.** Lehre, dass alles Sein auf der Wirkung von Kräften beruht; **2.** *bei Naturvölkern:* Glaube, dass manche Menschen übernatürliche Kräfte besitzen
dy|na|mịs|tisch
Dy|na|mi̲t *n. 1 nur Sg.* ein Sprengstoff
Dy|na̲|mo *m. 9, Kurzwort für* **Dy|na̲|mo|ma|schi̲|ne** *f. 11* Maschine zum Erzeugen von Strom
Dy|na|mo|me̲|ter *n. 5* Gerät zum Messen von Kräften und mechanischer Leistung
Dy|nạst [griech.] *m. 10* regierender Angehöriger einer Dynastie, Herrscher, Fürst
Dy|nas|ti̲e *f. 11* Herrscherhaus, -familie
dy|nạs|tisch
Dy|o|po̲l [griech.], Du|o|po̲l [lat. + griech.] *n. 1* Marktform, in der zwei etwa gleich starke Unternehmen den Markt des gleichen Wirtschaftsgutes beherrschen
dys..., Dys... [griech.] *in Zus.:* schlecht, miss..., krankhaft
Dys|äs|the|si̲e *auch:* **Dy|säs|the|si̲e** [griech.] *f. 11* Unempfindlichkeit, Stumpfheit (der Sinne)
Dys|ba|si̲e [griech.] *f. 11* Gehstörung
Dys|bu|li̲e [griech.] *f. 11* krankhafte Willensschwäche

Dys|en|te|rie *auch:* **Dy|sen|te|rie** [griech.] *f. 11* Ruhr
dys|en|te|risch *auch:* **dy|sen|te-risch** ruhrartig
Dys|er|gie *auch:* **Dy|ser|gie** [griech.] *f. 11* verminderte Widerstandskraft, Krankheitsbereitschaft
Dys|funk|ti|on [griech. + lat.] *f. 11* Organfunktionsstörung
Dys|ko|lie [griech.] *f. 11* Verdrießlichkeit, Unzufriedenheit
Dys|me|lie [griech.] *f. 11* angeborene Missbildung (von Gliedmaßen)
Dys|me|nor|rhö [griech.] *f. 10* gesteigerte Schmerzhaftigkeit der Menstruation
Dys|pep|sie [griech.] *f. 11* Verdauungsstörung
dys|pep|tisch **1.** auf Dyspepsie beruhend, schwer verdauend; **2.** schwer verdaulich
Dys|pha|gie [griech.] *f. 11* Störung des Schluckvorgangs
Dys|pha|sie [griech.] *f. 11* Sprechstörung, Unfähigkeit, die den Vorstellungen und Dingen entsprechenden Wörter zu finden
Dys|pho|rie [griech.] *f. 11* Übellaunigkeit, Gereiztheit, Verstimmung; *Ggs.:* Euphorie
Dys|phre|nie [griech.] *f. 11* seelische Störung
Dys|pla|sie [griech.] *f. 11* körperliche Missbildung, Fehlentwicklung
dys|plas|tisch; dysplastischer Typ: von der Norm abweichender Körperbautyp
Dys|pnoe [-noe:, griech.] *m. Gen.* - *nur Sg.* Atemstörung, bes. Kurzatmigkeit
Dys|pro|si|um [griech.] *n. Gen.* -s *nur Sg.* (*Zeichen:* Dy) chem. Element, ein Metall
Dys|te|le|o|lo|gie [griech.] *f. 11 nur Sg.* philos. Lehre von der Zweckwidrigkeit in der Natur; *Ggs.:* Teleologie
Dys|to|nie [griech.] *f. 11* Störung des normalen Spannungszustandes (von Muskeln, Gefäßen, Nerven)
dys|troph [griech.] auf Dystrophie beruhend
Dys|tro|phie *f. 11* Ernährungsstörung (von Muskeln, Organen u. a.)
Dys|u|rie *auch:* **Dy|su|rie** [griech.] *f. 11* Störung der Harnblasenentleerung
Dys|ze|pha|lie [griech.] *f. 11* krankhafte, atypische Verformung des Schädels
dz *Abk. für* Doppelzentner
dz. *Abk. für* derzeit
D-Zug *m. 2 Kurzwort für* Durchgangszug, Schnellzug

D

e 1. *früher Zeichen für* Elektron; 2. *Zeichen für* Elementarladung; 3. *Zeichen für* die eulersche Zahl 2,71828... (Basis der natürl. Logarithmen); 4. *Mus.: Abk. für* e-Moll

ε *Zeichen für* Dielektrizitätskonstante

e⁺ *Zeichen für* Positron

E 1. *Mus.: Abk. für* E-Dur; 2. *Meteor.: Abk. für* East (engl.), Est (frz., span.); 3. *Kfz-Kennzeichen für* Spanien (Estado Español); 4. *Abk. für* Europastraße

€ *Zeichen für* Euro

Ea|gle *auch:* **Eag|le** [igl, engl. »Adler«] *m. 9* Goldmünze in den USA, 10 Dollar

EAN-Kode, *fachsprachl.:* **EAN-Code** [e:a:ɛnko:d] *m. 9 nur Sg., Kurzwort für* Europäischer Artikelnummerkode: maschinenlesbarer Strichkode

Earl [ə(r)l, engl.] *m. 9, engl. Bez. für* Graf

East [ist, engl.] (*Abk.:* E) *Meteor.:* Ost(en)

Ea|sy|ri|der *auch:* **Ea|sy Ri|der** (*alt:* Ea|sy-ri|der) [isiraɪdə(r), engl.] *m. 5* jmd., der ein Motorrad mit hohem Lenker und Rückenlehne fährt

Eau de Co|lo|gne *auch:* **Eau de Co|log|ne** [o:dəkolɔnjə, frz.] *n. Gen. - - - nur Sg.* Kölnischwasser, ein Duftwasser

Eau de Par|fum (*alt:* Eau de par|fum) [o:dəparfœ] *n. Gen. - - - Pl.* -x [o:] - - Duftwasser mit stärkerem Duft als Eau de Toilette

Eau de Toi|lette (*alt:* Eau de toi|lette) [o:dətoalɛt] *n. Gen. - - - Pl.* -x [o:] - - ein Duftwasser

Eau de Vie [o:dəvi, frz.] *n. Gen. - - - nur Sg., frz. Bez. für* Weinbrand

E-Ban|king [ibæŋkɪŋ, engl.] *n. Gen.* -s *nur Sg.* s. **E|lec|tro|nic-ban|king**

Eb|be *f. 11; Ggs.:* Flut

ebd. *Abk. für* ebenda

e|ben 1. flach; eben sein, eben machen; 2. soeben; der eben erwähnte, eben genannte Vorfall; 3. gerade; das ist es ja eben!

E|ben|bild *n. 3*

e|ben|bür|tig

E|ben|bür|tig|keit *f. 10 nur Sg.;* ebenbürtige Beschaffenheit, Gleichwertigkeit

eben-: Bildungen mit *eben-* werden zusammengeschrieben: *ebenda, ebenderselbe, ebendas, ebendeshalb, ebendeswegen, ebendie, ebendieser, ebendort* usw. § 39 (1)

e|ben|da (*Abk.:* ebd., bei Zitaten)

e|ben|da|her [auch: -da-]

e|ben|da|hin [auch: -da-]

e|ben|dar|um *auch:* **e|ben|da|rum**

e|ben|das

e|ben|das|sel|be

e|ben|der

e|ben|der|sel|be

e|ben|des|halb [auch: -halb]

e|ben|des|we|gen [auch: -we-]

e|ben|die

e|ben|dies

e|ben|die|sel|be

e|ben|die|ser

e|ben|dort

E|be|ne *f. 11*

e|ben|er|dig

e|ben|falls

E|ben|heit *f. 10 nur Sg.*

E|ben|holz *n. 4* dunkles, schweres, hartes Edelholz, Schwarzholz

e|be|nie|ren *tr. 3* mit Ebenholz auslegen

E|be|nist *m. 10, im 17./18. Jh.:* Kunsttischler

e|ben|je|ne(r, -s)

E|ben|maß *n. 1 nur Sg.*

e|ben|mä|ßig

E|ben|mä|ßig|keit *f. 10 nur Sg.*

ebenso gut/schnell: Mehrteilige Adverbien (*ebenso, indessen, allerorten* usw.) schreibt man zusammen. § 39 (1)
Ebenso wird immer getrennt vom nachfolgenden Adjektiv/Adverb geschrieben: *Sie ist ebenso gut wie ihre Freundin. Sein Auto ist ebenso schnell wie mein Auto.*
Entsprechend: *ebenso häufig, ebenso lang(e), ebenso oft, ebenso sehr, ebenso wenig.*

e|ben|so; ebenso gut; ebenso häufig; ebenso lang; ebenso oft; ebenso sehr; ebenso viel; ebenso weit; ebenso wenig; ebenso wohl

e|ben|so gut (*alt:* eben|so|gut)

e|ben|so häu|fig (*alt:* eben|so-häu|fig)

e|ben|so lang (*alt:* eben|so|lang)

e|ben|so lan|ge (*alt:* eben|so-lan|ge)

e|ben|sol|che(r, -s)

e|ben|so oft (*alt:* eben|so|oft)

e|ben|so sehr (*alt:* eben|so|sehr)

e|ben|so viel (*alt:* eben|so|viel); ebenso viele *aber:* ebensovielmal; ebenso viele Mal; ebenso viele Male

e|ben|so weit (*alt:* eben|so|weit)

e|ben|so we|nig (*alt:* eben|so|we-nig); ebenso wenige Mal; ebenso wenige Male

e|ben|so wohl (*alt:* eben|so|wohl)

E|ber *m. 5* männl. Schwein

E|ber|e|sche *f. 11* Laubbaum

E|ber|hard, E|ber|hart männl. Vorname

E|ber|rau|te *f. 11* Heilpflanze

eb|nen *tr. 2*

Eb|ner-E|schen|bach, *Marie von* österr. Schriftstellerin

E|bo|nit [arab.-türk.] *n. 1 nur Sg.* Hartgummi

Eb|ro *auch:* **E|bro** *m. Gen.* -(s) Fluss im Nordosten Spaniens

E-Busi|ness [ibɪznɪs, engl.] *n. Gen. - nur Sg.* s. **E|lec|tro|nic|busi|ness**

e. c. *Abk. für* exempli causa

EC *Abk. für* Eurocityzug

E|car|té [-te, frz.] *n. 9* s. **E|kar|té**

E-Cash [ikæʃ, engl.] *n. Gen. - nur Sg.* s. **E|lec|tro|nic|cash**

Ec|ce-Ho|mo [ɛktsə-, lat. »seht, (welch) ein Mensch«, Ausspruch des Pilatus, Joh. 19,5] *n. 9 oder Gen. - Pl.* - Darstellung Christi mit Dornenkrone

Ec|cle|sia [lat.] *f. Gen. - nur Sg.* Kirche; E. militans: die kämpfende Kirche

e|chauf|fie|ren [eʃɔf-, frz.] *refl. 3, veraltet:* sich erhitzen, sich erregen

e|chauf|fiert [eʃɔf-]

E|che|ve|ria [ɛtʃɛve-, nach dem mexikan. Pflanzenzeichner Echeverria] *f. Gen. - Pl.* -ri|en ein Dickblattgewächs, eine Zimmerpflanze

E|chi|nit [griech.] *m. 12 oder m. 10* versteinerter Seeigel

E|chi|no|der|me *m. 11 meist Pl. Zool.:* Stachelhäuter

E|chi|no|kak|tus *m. Gen. - Pl.* -te|en Igelkaktus
E|chi|no|kok|kus *m. Gen. - Pl.* -ken Blasenwurm (ein Hundebandwurm sowie dessen Finne)
E|chi|nus [lat.] *m. Gen. - Pl.* - **1.** Seeigel; **2.** Wulst zwischen Deckplatte und Schaft der dorischen Säule
E|cho [griech.] **1.** *griech. Myth.:* eine Bergnymphe; **2.** *n. 9* Widerhall, Antwort
e|cho|en *intr. 1* **1.** widerhallen; **2.** *übertr.:* ohne nachzudenken nachsagen, wiederholen
E|cho|lot *n. 1* Gerät zum Messen von Entfernungen und Tiefen mittels Schallwellen
Ech|se [-ks-] *f. 11* Kriechtier
echt; die Kette ist echt golden, echt silbern *oder:* eine echtgoldene, echtsilberne Kette

echtgolden/echt golden: Mehrteilige Ausdrücke aus Adjektiv und Adjektiv können sowohl als Zusammensetzung aufgefasst und zusammengeschrieben *(echtgolden)* als auch als Wortgruppe verstanden und getrennt geschrieben *(echt golden)* werden. Beide Formen sind korrekt. Ähnlich: *reinleinen/rein leinen, reinseiden/rein seiden.* § 36 E2

echt|gol|den vgl. echt
Echt|heit *f. 10 nur Sg.;* etwas auf seine E. prüfen
Echt|sil|ber *n. Gen.* -s *nur Sg.* massives Silber
echt|sil|bern vgl. echt
Eck *n. 1, österr. auch: n. 12* Ecke; das Deutsche Eck (in Koblenz)
Eckard, Eckart männl. Vorname
EC-Kar|te *Abk. für* Eurochequekarte
Eck|ball *m. 2, volkstüml. für* Eckstoß
Eck|bank *f. 2*
Eck|brett *n. 3*
Eck|chen *n. 7*
Ecke *f. 11*
Ecke|hard, Ecke|hart, Eckard, Eckart männl. Vorname
Ecken|ste|her *m. 5, früher:* Gelegenheitsarbeiter, der an Straßenecken auf Aufträge wartete
Ecker *f. 11* Frucht der Rotbuche, Buchecker
Eck|fens|ter *n. 5*
Eck|haus *n. 4*
eckig
Eck|lein *n. 7*
Eck|lohn *m. 2* bestimmter Stundenlohn für Facharbeiter (Hauptgröße bei Tarifverhandlungen)
Eck|platz *m. 2*
Eck|schrank *m. 2*
Eck|stein *m. 1*
Eck|stoß *m. 2; Fußball:* Stoß des Balles von der äußersten Ecke des Spielfeldes
Eck|wurf *m. 2, Handball:* Wurf von der äußersten Ecke des Spielfeldes
Eck|zahn *m. 2*
E|clair *auch:* **Ec|lair** [eklɛr, frz.] *n. 9* ein mit Creme gefülltes Gebäck mit Zucker- oder Schokoladenglasur, Liebesknochen
E-Com|merce [ikɔmə:s, engl.] *m. Gen. - nur Sg.* s. **E|lec|tro|nic-com|merce**
E|co|no|mi|ser [ikɔnomaɪzə(r), engl.] *m. 5* s. **E|ko|no|mi|ser**
E|co|no|my|class [ikɔnɔmikla:s, engl.] *f. Gen. - nur Sg.* billigste Tarifklasse (im Flugzeug), Economyklasse
E|cos|sai|se [ekɔsɛz(ə), frz.] *f. 11* s. **E|kos|sai|se**
E|cra|sé|le|der *auch:* **Ec|ra|sé|le|der** [-se-, frz.] *n. 5* grobnarbiges Ziegenleder
Ec|sta|sy *auch:* **Ecs|ta|sy** [ɛkstəzi, engl.] *f. Gen. - Pl.* -s eine Droge
e|cru *auch:* **ec|ru** [ekry, frz.] s. **e|krü**
ECU, E|cu [eky, engl.-frz.] *Abk. für* European Currency Unit: Bezugsgröße des Europäischen Währungssystems
E|cu|a|dor Staat in Südamerika
E|cu|a|do|ri|a|ner *m. 5*
e|cu|a|do|ri|a|nisch
ed. *Abk. für* edidit: (er hat es) herausgegeben, ediert (in Bibliografien)
Ed. *Abk. für* Edition
E|dam ndrl. Stadt; Edamer Käse
E|da|phon [griech.] *n. Gen.* -s *nur Sg.* die Welt der Kleinlebewesen im Erdboden
edd. *Abk. für* ediderunt: (sie haben es) herausgegeben, ediert (in Bibliografien bei mehreren Herausgebern)
Ed|da *f. Gen. - Pl.* -s *oder* -den Name zweier Sammlungen altnordischer Dichtungen; Ältere E., Jüngere E.
ed|disch zur Edda gehörig, aus ihr stammend
E|de|ka *Kurzwort* für Einkaufsgenossenschaft deutscher Kolonialwarenhändler

edel-, Edi-, Ega-, Ego-, Ehe-: Die Trennung nach einer Silbe, die nur aus einem Vokal besteht, ist erlaubt (*e|del-, E|di-, E|ga-, E|go-, E|he-*), wird aber aus ästhetischen Gründen nicht empfohlen. § 108

e|del; dieser edle Mensch; ein edel denkender Mensch
E|del|da|me *f. 11*
e|del den|kend (*alt:* edel|denkend)
E|del|fäu|le *f. 11 nur Sg.* Zersetzung überreifer Weinbeeren durch Edelpilze, Edelreife
E|del|frau *f. 10*
E|del|fräu|lein *n. 7*
E|del|gas *n. 1*
E|del|höl|zer *Pl.*
E|de|ling *m. 1* german. Adliger
E|del|kas|ta|nie [-njə] *f. 11*
E|del|kna|be *m. 11*
E|del|knap|pe *m. 11*
E|del|mann *m. Gen.* -(e)s *Pl.* -leute
E|del|mar|der *m. 5*
E|del|me|tall *n. 1*
E|del|mut *m. Gen.* -(e)s *nur Sg.*
e|del|mü|tig
E|del|obst *n. Gen.* -(e)s *nur Sg.*
E|del|pilz *m. 1*
E|del|rei|fe *f. 11 nur Sg.* = Edelfäule
E|del|reis *n. 1* Pfropfreis
E|del|rost *m. 1 nur Sg.* = Patina
E|del|stahl *m. 2*
E|del|stein *m. 1*
E|del|tan|ne *f. 11*
E|del|traud weibl. Vorname
E|del|weiß *n. 1* eine Alpenpflanze
E|del|zwi|cker *m. 5* elsäss. Weißwein
E|den [hebr.] *n. 7 nur Sg., im AT:* Paradies; Garten Eden
E|den|ta|te [lat.] *m. 11 meist Pl. Zool.:* zahnarmes Säugetier, z. B. Gürtel-, Faultier, Ameisenbär
Ed|gar männl. Vorname
e|die|ren [lat.] *tr. 3* herausgeben (Buch); ediert (*Abk.:* ed.)
E|dikt [lat.] *n. 1* Verordnung
E|din|burgh [engl.: ɛdɪnbərə] Hauptstadt von Schottland
E|di|r|ne *türk. Name von* Adrianopel
E|dith weibl. Vorname
E|di|ti|on [lat.] *f. 10* (*Abk.:* Ed.) Ausgabe, Herausgabe (von Büchern und Musikalien)

E

Editor **1.** [auch: -di-] *m. 13* Herausgeber (eines Buches); **2.** [engl.: editə(r)] *m. 9* Teil eines Computerprogramms, der den Text auf dem Bildschirm gestaltet (z. B. Blocksatz, Einfügen, Verschieben)
Editorial [engl.: -tɔriəl] *n. 9* **1.** Vorbemerkung des Herausgebers; **2.** Leitartikel (einer Zeitung)
editorisch die Herausgabe (eines Buches) betreffend
Edle(r) *m. 18 (17) bzw. f. 17 oder 18* Adlige(r), ein Adelstitel
Edmund männl. Vorname
Edom, *griech.:* Idumaia Land am Toten Meer
Edomiter, Idumäer *m. 5, im Altertum:* Einwohner von Edom
edomitisch
Eduard männl. Vorname
Edukation [lat.] *f. 10* Erziehung
Edukt [lat.] *n. 1* Auszug aus Rohstoffen, z. B. Öl, Zucker
E-Dur *n. Gen. - nur Sg.* (*Abk.:* E) eine Tonart
E-Dur-Tonleiter *f. 11*
EDV *Abk. für* elektronische Datenverarbeitung
EDV-Anwendung *f. 10*
EDV-Applikation *f. 10*
EDV-gestützt
EEG *Abk. für* Elektroenzephalogramm
Efendi [griech.-türk.], Effendi *m. 9* **1.** *früher:* türk. Titel für ranghohe Personen; **2.** *dann (bis 1934):* Herr (als Anrede)
Efeu *m. Gen. -s nur Sg.*
Effeff [Aussprache der Abkürzung ff »sehr fein«] *ugs. in Wendungen wie* etwas aus dem E. verstehen, können: sehr gut
Effekt [lat.] *m. 1* Wirkung, Erfolg, Ergebnis
Effektbeleuchtung *f. 10*
Effekten *Pl.* Wertpapiere
Effektenbörse *f. 11*
Effektenhandel *m. Gen. -s nur Sg.*
Effekthascherei *f. 10 nur Sg.* auf Wirkung angelegtes, abzielendes Verhalten
effektiv tatsächlich, wirklich, wirksam; *Ggs.:* ineffektiv
Effektivbestand *m. 2* Ist-Bestand
Effektivleistung *f. 10*
Effektivlohn *m. 2* Tariflohn einschließlich aller Zulagen
Effektivwert *m. 1*
effektuieren **1.** *tr. 3* ausführen, durchführen (Auftrag), zahlen; **2.** *refl. 3* sich lohnen
effektvoll
Effemination [lat.] *f. 10 nur Sg.* schwerster Grad entgegengesetzter geschlechtlicher Empfindung, bei der sich der Mann ganz als Frau fühlt
effeminieren *intr. 3* weichlich, weibisch werden
Effendi *m. 9* s. **Efendi**
Effet [ɛfɛ, frz. »Wirkung«] *n. 9 oder m. 9* Drehung eines Balles oder einer Billardkugel durch schräg geführten Schlag oder Stoß, sodass er bzw. sie beim Aufschlagen oder Anstoßen die Richtung ändert
effettuoso [ital.] *Mus.:* wirkungsvoll
Efficiency [ɪfɪʃ(ə)nsɪ, engl.] *f. Gen. -s nur Sg.* Wirtschaftlichkeit, größtmögliche Wirkung
effilieren [frz.] *tr. 3* Haare e.: beim Schneiden gleichmäßig dünner machen
Effilierschere *f. 11*
effizient [lat.] wirksam
Effizienz *f. 10* Wirkkraft, Wirksamkeit
effizieren *tr. 3* bewirken
Effloreszenz [lat.] *f. 10* **1.** *Med.:* Hautblüte, z. B. Pusteln; **2.** *Geol.:* Salzüberzug auf Böden und Gesteinen
effloreszieren *intr. 3* **1.** krankhafte Hautveränderung zeigen; **2.** sich mit Salz überziehen
effluieren [lat.] *intr. 3, Med.:* ausfließen, ausdünsten
Effluvium [-vi-, lat.] *n. Gen. -s Pl.* -vilen [-vi-], *Med.:* Ausfluss, Ausdünstung
Effusion [lat.] *f. 10* Ausströmen, Erguss (z. B. von Lava)
effusiv durch Effusion gebildet
Effusivgestein *n. 1* Ergussgestein
EFTA *Abk. für* European Free Trade Association: Europäische Freihandelszone
eG, e. G. *Abk. für* eingetragene Genossenschaft
EG *Abk. für* Europäische Gemeinschaft(en)
egal [frz.] **1.** gleich, gleichmäßig; *Ggs.:* inegal; **2.** gleichgültig, einerlei; das ist mir egal; **3.** [egal] *sächs.:* immerzu, andauernd
egalisieren *tr. 3* ausgleichen, gleichmäßig machen
egalitär (polit., soziale usw.) Gleichheit anstrebend
Egalitarismus *m. Gen. - nur Sg.* Lehre von der größtmöglichen Gleichheit aller Menschen und das Streben nach ihrer Verwirklichung
Egalität *f. 10 nur Sg.* Gleichheit
Égalité [-te, frz.] *f. 11 nur Sg.* Gleichheit (eins der drei Schlagwörter der Frz. Revolution); vgl. Fraternité, Liberté
Egart *f. Gen. -s nur Sg., süddt., österr.:* Grasland
Egartenwirtschaft, Egartwirtschaft *f. 10 nur Sg.* eine Feldgraswirtschaft mit überwiegender Grünlandnutzung
Egel *m. 5, Bez. für* zwei Gruppen von Würmern: **1.** Blutegel **2.** Leberegel
Egerling *m. 1* ein Pilz, brauner Champignon
Egge *f. 11* **1.** Webkante, Salkante, Stoffrand; **2.** rechenartiges Ackergerät zum Lockern des Bodens
eggen *tr. 1* mit der Egge lockern
Eggenband, Eckenband *n. 4*
Egghead [-hɛd, engl. »Eierkopf«] *m. 9, amerik. ironische Bez. für* Intellektueller
Egk [ɛk], *Werner* dt. Komponist
eGmbH, EGmbH *Abk. für* eingetragene bzw. Eingetragene Genossenschaft mit beschränkter Haftpflicht; *dafür jetzt:* eG, e. G.
Ego [lat.] *n. 9 nur Sg.* das Ich; vgl. Alter Ego
Egoismus *m. Gen. - nur Sg.* Ichsucht, Selbstsucht; *Ggs.:* Altruismus
Egoist *m. 10* selbstsüchtiger Mensch; *Ggs.:* Altruist
egoistisch
Egomane *m. 11* jmd., der krankhaft auf sich selbst bezogen ist
Egomanie *f. 11* krankhafte Selbstbezogenheit
Egon männl. Vorname
Egotismus [lat.] *m. Gen. - nur Sg.* Neigung, sich selbst in den Vordergrund zu stellen, Eigenliebe
Egotist *m. 10*
egotistisch
Egotrip *m. 9, ugs.:* egozentrische Lebenseinstellung
egozentriert *auch:* **egozentriert**
Egozentrik *auch:* **Egozentrik** [lat.], Egozentrizität *f. 10 nur Sg.* Neigung, alles auf sich selbst zu beziehen, nur vom eigenen Standpunkt aus denkend und handelnd

E|go|zen|tri|ker *auch:* **E|go|zent|ri|ker** *m. 5*
e|go|zen|trisch *auch:* **e|go|zent|risch**
E|go|zen|tri|zi|tät *auch:* **E|go|zent|ri|zi|tät** *f. 10 nur Sg.* s. **E|go|zen|trik**
e|gre|nie|ren *auch:* **eg|re|nie|ren** [frz.] *tr. 3* von den Samen trennen (Baumwollfasern)
E|gre|nier|ma|schi|ne *auch:* **Eg|re|nier|ma|schi|ne** *f. 11*
E|gyp|ti|enne [eʒipsjɛ̃n, frz. »ägyptisch«] *f. Gen. - nur Sg.* eine Antiqua-Druckschrift
eh = **e|he**
e. h. *österr. Abk. für* eigenhändig (unterschrieben)
E. h. *Abk. für* ehrenhalber, vgl. Dr. E. h.
e|he, eh e|her, am e|hes|ten **1.** *Adv.* früher, damals, *nur noch in den Wendungen* seit eh und je, wie eh und je; **2.** *Konj.* ehe er sich versah, … **3.** *ugs.:* sowieso, ohnehin; ich komme eh dort vorbei
E|he *f. 11*
E|he|an|bah|nungs|in|sti|tut *auch:* **E|he|an|bah|nungs|ins|ti|tut** *n. 1*
E|he|be|ra|tung *f. 10*
E|he|bett *n. 12*
e|he|bre|chen *intr. 19, Zusammenschreibung nur im Infinitiv;* ich breche, brach die Ehe, habe die Ehe gebrochen
E|he|bre|cher *m. 5*
e|he|bre|che|risch
E|he|bruch *m. 2*
e|he|dem vordem, vormals, einstmals
e|he|fä|hig
E|he|fä|hig|keit *f. 10 nur Sg.*
E|he|frau *f. 10*
E|he|gat|te *m. 11*
E|he|ge|spons *m. 1, süddt. scherzh.*
E|he|glück *n. 1 nur Sg.*
e|he|ges|tern *veraltet:* vorgestern; *auch:* vor längerer Zeit
E|he|hälf|te *f. 11*
e|he|herr|lich *veraltet:* den Ehemann betreffend, ihm gehörig
E|he|hin|der|nis *n. 1*
E|he|joch *n. 1, scherzh.*
E|he|le|ben *n. 7 nur Sg.*
E|he|leu|te *nur Pl.* Ehepaar
e|he|lich eheliche Kinder
e|he|li|chen *tr. 1* heiraten
E|he|lich|keit *f. 10 nur Sg.*
E|he|lich|keits|er|klä|rung *f. 10*
e|he|los
E|he|lo|sig|keit *f. 10 nur Sg.*
e|he|ma|lig
e|he|mals
E|he|mann *m. 4*
e|he|mün|dig
E|he|mün|dig|keit *f. 10 nur Sg.*
E|he|paar *n. 1*
E|he|part|ner *m. 5*
e|her; je eher, desto besser; je eher, je lieber; sie ist nicht schlank, eher füllig (zu nennen); ich stimme umso eher (= lieber) zu, als ich weiß, dass …
E|he|recht *n. 1*
E|he|ring *m. 1*
e|hern eisern; *übertr.:* unveränderlich, unerbittlich, unbeugsam; ehernes Lohngesetz
E|he|schei|dung *f. 10*
e|he|scheu
E|he|scheu *f. Gen. - nur Sg.*
E|he|schlie|ßung *f. 10*
e|hest frühest; mit Ehestem *Kaufmannsspr.:* so bald wie möglich; am ehesten: am leichtesten, am besten; ehestens: frühestens
E|he|stand *m. 2 nur Sg.*
E|he|stands|dar|le|hen *n. 7*
E|he|streit *m. 1*
E|he|tra|gö|die *f. 11*
E|he|ver|mitt|lung *f. 10*
E|he|weib *n. 3, ugs. scherzh.*
Ehr|ab|schnei|der *m. 5*
Ehr|ab|schnei|de|rei *f. 10 nur Sg.*
ehr|bar
Ehr|bar|keit *f. 10 nur Sg.*
Eh|re *f. 11;* ihm zu Ehren
eh|ren *tr. 1*
Eh|ren|amt *n. 4*
eh|ren|amt|lich
Eh|ren|be|zei|gung (*nicht:* -bezeugung) *f. 10* militär. Gruß
Eh|ren|bür|ger *m. 5*
Eh|ren|bür|ger|schaft *f. 10*
Eh|ren|dok|tor *m. 13* (*Abk.:* Dr. E. h. *oder* Dr. h. c.)
Eh|ren|er|klä|rung *f. 10*
eh|ren|haft
Eh|ren|haf|tig|keit *f. 10 nur Sg.*
eh|ren|hal|ber (*Abk.:* E. h.); vgl. Dr. E. h.; *aber:* der Ehre halber
Eh|ren|mal *n. 1 oder n. 4*
Eh|ren|mann *m. 4*
Eh|ren|mit|glied *n. 3*
Eh|ren|mit|glied|schaft *f. 10 nur Sg.*
Eh|ren|na|me *m. 15*
Eh|ren|pflicht *f. 10*
Eh|ren|platz *m. 2*
Eh|ren|preis *m. 1 oder n. 1* eine Wiesenpflanze, Männertreu, Veronika
Eh|ren|rech|te *Pl.;* die bürgerlichen Ehrenrechte
Eh|ren|ret|ter *m. 5*
Eh|ren|ret|tung *f. 10 nur Sg.*
Eh|ren|rich|ter *m. 5*
eh|ren|rüh|rig
Eh|ren|rüh|rig|keit *f. 10 nur Sg.*
Eh|ren|run|de *f. 11*
Eh|ren|sa|che *f. 11*
Eh|ren|sold *m. 1* Gehalt als Dank für besondere Verdienste
Eh|ren|tag *m. 11*
Eh|ren|tanz *m. 2*
Eh|ren|ti|tel *m. 5*
Eh|ren|tor *n. 1, Fußball:* einziges Tor einer verlierenden Mannschaft
Eh|ren|ur|kun|de *f. 11*
eh|ren|voll
eh|ren|wert; der ehrenwerte Herr Soundso; *aber:* das ist aller Ehren wert
Eh|ren|wa|che *f. 11*
Eh|ren|wort *n. 1*
eh|ren|wört|lich
Eh|ren|zei|chen *n. 7*
ehr|er|bie|tig
Ehr|er|bie|tig|keit *f. 10 nur Sg.*
Ehr|er|bie|tung *f. 10 nur Sg.*
Ehr|furcht *f. 10 nur Sg.;* Ehrfurcht gebietend
Ehr|furcht ge|bie|tend (*alt:* ehr|furcht|ge|bie|tend)
ehr|fürch|tig
ehr|furchts|los
ehr|furchts|voll
Ehr|ge|fühl *n. 1*
Ehr|geiz *m. 1 nur Sg.*
ehr|gei|zig
Ehr|geiz|ling *m. 1, ugs.*
ehr|lich
Ehr|lich|keit *f. 10 nur Sg.*
Ehr|lie|be *f. 11 nur Sg.*
ehr|lie|bend
ehr|los
Ehr|lo|sig|keit *f. 10 nur Sg.*
ehr|pus|se|lig *ugs.:* übertrieben sittsam
ehr|sam sittsam
Ehr|sam|keit *f. 10 nur Sg.*
Ehr|sucht *f. 2 nur Sg.*
ehr|süch|tig
Eh|rung *f. 10*
ehr|ver|ges|sen
Ehr|ver|ges|sen|heit *f. 10 nur Sg.*
Ehr|ver|lust *m. 1 nur Sg.*
Ehr|wür|den *ohne Artikel, kath. Kirche:* Anrede für Angehörige von geistlichen Orden und Kongregationen
ehr|wür|dig
ei!, ei, ei!; ei freilich!; ei gewiss!
Ei *n. 3*
ei|a|po|peia
Ei|be *f. 11* Nadelbaum, Taxus
ei|ben aus Eibenholz

E

Ei|bisch *m. 1* ein Heilkraut
Eich, *Günter* dt. Schriftsteller
Eich|amt *n. 4*
Eich|baum *m. 2* s. **Ei|chen|baum**
Ei|che *f. 11* **1.** Laubbaum; **2.** Eichung; Maischemaß
Ei|chel *f. 11*
Ei|chel|ass (*alt:* Ei|chel-As) *n. 1*
Ei|chel|hä|her *m. 5*
ei|chen **1.** aus Eichenholz; **2.** *tr. 1* auf das offizielle Maß einstellen und kennzeichnen
Ei|chen *n. 7, Pl., auch:* Eierchen
Ei|chen|baum, Eich|baum *m. 2*
Ei|chen|dorff, *Joseph von* dt. Schriftsteller
Ei|cher *m. 5* = Eichmeister
Eich|horn *n. 4*
Eich|hörn|chen *n. 7*
Eich|kätz|chen *n. 7*
Eich|maß *n. 1*
Eich|meis|ter, Ei|cher *m. 5* Beamter im Eichamt
Eich|strich *m. 1*
Ei|chung *f. 10*

an Eides statt: Die Kleinschreibung *statt* ist richtig: *Er erklärte an Eides statt(,) die Tat nicht begangen zu haben.* Aber: *Er erklärte eidesstattlich(,) zu der Zeit nicht in Rom gewesen zu sein.*

Eid *m. 1;* an Eides statt
Ei|dam *m. 1, veraltet:* Schwiegersohn
Eid|bruch *m. 2*
eid|brü|chig
Ei|dech|se [-ks-] *f. 11*
Ei|der *f. 11* Eiderente, Eidergans
Ei|der|dau|ne *f. 11*
Ei|der|en|te *f. 11,* **Ei|der|gans** *f. 2* Ente der Nordseeküste
ei|des|fä|hig
Ei|des|fä|hig|keit *f. 10 nur Sg.*
Ei|des|for|mel *f. 11*
Ei|des|hel|fer, Eid|hel|fer *m. 5* jmd., der die Glaubwürdigkeit dessen, der einen Eid ablegen soll, beschwört
ei|des|statt|lich; eidesstattliche Erklärung
Ei|des|ver|wei|ge|rung *f. 10*
Ei|de|tik [griech.] *f. 10* Fähigkeit, früher Geschehenes als anschauliches Bild wieder vor sich zu sehen
Ei|de|ti|ker *m. 5*
ei|de|tisch auf Eidetik beruhend, anschaulich, bildhaft
Eid|ge|nos|se *m. 11*
Eid|ge|nos|sen|schaft *f. 10;* Schweizerische Eidgenossenschaft
eid|ge|nös|sisch
Eid|hel|fer *m. 5* s. **Ei|des|hel|fer**
eid|lich
Ei|dot|ter *n. 5, österr.: m. 5* Eigelb
Ei|er|klar *n. Gen. -s Pl. -* s. **Ei|klar**
Ei|er|kopf *m. 2* **1.** ein Schimpfwort; **2.** Intellektueller, vgl. Egghead
Ei|er|ku|chen *m. 7*
Ei|er|li|kör *m. 1*
ei|ern *intr. 1* sich ungleichmäßig drehen (Rad)
Ei|er|schwamm *m. 2* = Pfifferling
Ei|er|spei|se *f. 11*
Ei|er|stab *m. 2, Baukunst:* Zierleiste mit eiförmigen Ornamenten
Ei|er|stock *m. 2*
Ei|er|tanz *m. 2, ugs. in der Wendung* einen E. aufführen: sich übertrieben umständlich benehmen
Ei|er|uhr *f. 10*
Ei|fel *f. Gen. -* dt. Mittelgebirge
Ei|fer *m. 5 nur Sg.*
Ei|fe|rer *m. 5*
ei|fern *intr. 1;* ich eifere, eifre dagegen
Ei|fer|sucht *f. 2 nur Sg.*
Ei|fer|süch|te|lei *f. 10*
ei|fer|süch|tig
Ei|fer|suchts|tra|gö|die *f. 11*
Eif|fel [ɛfɛ̣l], *Gustave* frz. Ingenieur
Eif|fel|turm [nach dem frz. Ingenieur Gustave Eiffel] *m. 2 nur Sg.* Aussichts- und Fernsehturm in Paris
eif|rig
Eif|rig|keit *f. 10 nur Sg.*
Ei|gelb *n. Gen. -s Pl. -*

eigen — Eigen: Das Adjektiv wird kleingeschrieben: *Das war ihm eigen.* Die substantivierte Form wird mit großem Anfangsbuchstaben geschrieben: *das Eigene, etwas Eigenes.* § 57 (1) Ebenso: *das Eigen, mein Eigen, des Volkes Eigen, etwas sein Eigen nennen, sich etwas zu Eigen machen, jmdm. etwas zu Eigen geben.* § 55 (4)

ei|gen; das eigene, eigne Kind; das ist ihm eigen; er sagte es mit der ihm eigenen Ironie
Ei|gen *n. 7 nur Sg.* Besitz; etwas sein Eigen nennen; jmdm. etwas zu Eigen geben; sich etwas zu Eigen machen
Ei|gen|art *f. 10*
ei|gen|ar|tig
Ei|gen|ar|tig|keit *f. 10 nur Sg.*
Ei|gen|be|darf *m. Gen. -s nur Sg.*
Ei|gen|be|sitz *m. 1, Rechtsw.* **1.** tatsächl. Besitz des Eigentümers einer Sache; **2.** Grundbesitz
Ei|gen|be|sit|zer *m. 5*
Ei|gen|be|we|gung *f. 10*
Ei|gen|brö|te|lei *f. 10 nur Sg.*
Ei|gen|bröt|ler *m. 5* Sonderling
Ei|gen|bröt|le|rei *f. 10 nur Sg.* Eigenbrötelei
ei|gen|bröt|le|risch
Ei|gen|dün|kel *m. 5 nur Pl.*
ei|gen|ge|setz|lich
Ei|gen|ge|setz|lich|keit *f. 10 nur Sg.*
Ei|gen|ge|wicht *n. 1*
ei|gen|hän|dig (*österr. Abk.:* e. h.)
Ei|gen|hän|dig|keit *f. 10 nur Sg.*
Ei|gen|heim *n. 1*
Ei|gen|heit *f. 10*
Ei|gen|ka|pi|tal *n. Gen. -s nur Sg.*
Ei|gen|kir|che *f. 11, MA:* Kirche im Besitz eines weltlichen Grundherrn, der auch die Geistlichen ernannte
Ei|gen|le|ben *n. 7 nur Sg.*
Ei|gen|lie|be *f. 11 nur Sg.*
Ei|gen|lob *n. 1 nur Sg.*
ei|gen|mäch|tig
Ei|gen|mäch|tig|keit *f. 10*
Ei|gen|na|me *m. 15*
Ei|gen|nutz *m. 1 nur Sg.*
ei|gen|nüt|zig
Ei|gen|nüt|zig|keit *f. 10 nur Sg.*
ei|gens nur deshalb, extra; ich habe eigens angerufen, um …
Ei|gen|schaft *f. 10*
Ei|gen|schafts|wort *n. 4* Adjektiv
ei|gen|schafts|wört|lich adjektivisch
Ei|gen|sinn *m. 1 nur Sg.*
ei|gen|sin|nig
ei|gen|staat|lich unter eigenem Hoheitsrecht stehend
Ei|gen|staat|lich|keit *f. 10 nur Sg.*
ei|gen|stän|dig
Ei|gen|stän|dig|keit *f. 10 nur Sg.*
Ei|gen|strah|lung *f. 10*
Ei|gen|sucht *f. 2 nur Sg.*
ei|gen|süch|tig
ei|gent|lich (*Abk.:* eigtl.)
Ei|gen|tor *n. 1* versehentlich ins Tor der eigenen Mannschaft geschossener Ball
Ei|gen|tum *n. 4 nur Sg.*
Ei|gen|tü|mer *m. 5*
ei|gen|tüm|lich
Ei|gen|tüm|lich|keit *f. 10*
Ei|gen|tums|de|likt *n. 1*
Ei|gen|tums|recht *n. 1*
Ei|gen|tums|woh|nung *f. 10*
ei|gen|ver|ant|wort|lich

Ei|gen|ver|ant|wort|lich|keit *f. 10 nur Sg.*
Ei|gen|ver|brauch *m. 1 nur Sg.*
Ei|gen|wär|me *f. 11 nur Sg.*
Ei|gen|wert *m. 1*
Ei|gen|wil|le *m. 15*
ei|gen|wil|lig
Ei|gen|wil|lig|keit *f. 10 nur Sg.*
eig|nen **1.** *intr. 2* eigen sein, charakteristisch sein; ihm eignet eine starke Neigung zum Jähzorn; **2.** *refl. 2* sich für, zu etwas eignen
Eig|ner *m. 5* Eigentümer; *nur noch in wenigen Zus. wie* Schiffseigner
Eig|nung *f. 10 nur Sg.*
Eig|nungs|prü|fung *f. 10*
eigtl. *Abk. für* eigentlich
Ei|haut *f. 2*
Ei|klar, Ei|er|klar *n. Gen.* -s *Pl.* -, *österr.:* (das flüssige) Eiweiß
Ei|land *n. 1, poet.:* Insel
Eil|an|ge|bot *n. 1*
Eil|bo|te *m. 11*
Eil|brief *m. 1*
Ei|le *f. 11 nur Sg.*
Ei|lei|ter *m. 5*
ei|len **1.** *intr. 1;* eile mit Weile!; **2.** *refl. 1*
ei|lends
eil|fer|tig
Eil|fer|tig|keit *f. 10 nur Sg.*
Eil|gut *n. 4*
ei|lig; es eilig haben; er hatte nichts Eiligeres zu tun, als …
ei|ligst
Eil|marsch *m. 2*
Eil|schrift *f. 10* stark gekürzte Kurzschrift
Eil|schritt *m. 1;* im E.
Eil|sen|dung *f. 10*
Eil|zug *m. 2*
Ei|mer *m. 5*
ei|mer|wei|se

> **ein:** Der unbestimmte Artikel *ein/eine/ein* wird vor einem Substantiv kleingeschrieben: *Wir sahen einen Mann. Dort stand eine Palme.* Auch die substantivierte Form schreibt man klein: *der/die/das eine; von einem zum andern; die einen und die anderen.* Ebenso: *in ein und derselben Straße.*
> Lediglich in der festen Fügung *mein Ein und Alles* (alt: *mein ein und alles*) wird großgeschrieben.

ein **1.** *unbestimmter Artikel;* ein Mann, eine Frau, ein Kind; ein anderer, ein jeder, ein jeglicher; **2.** *Zahladjektiv:* es schlägt ein Uhr; um ein Uhr; mein Ein und Alles; ein und derselbe; sie sind ein Herz und eine Seele; ein für alle Mal; es war nur ein Mann, nur eine Frau dabei; *ohne Artikel stark flektiert:* nur eines Mannes, nur einem Mann(e), nur einen Mann; *mit Artikel schwach flektiert:* der eine Mann, des einen Mannes, dem einen Mann(e), den einen Mann; diesereine; *aber:* der Eine: Gott; mit einem, auf einen Schlag; in einem fort; einer für alle, alle für einen; mehr als einer; der, die, das eine; **3.** *unbestimmtes Pronomen:* das ärgert einen, wenn einem das passiert; das kann einem Leid tun; wenn einer eine Reise tut; sie sollen einen in Ruhe lassen; einen (erg.: Schnaps) haben *ugs.;* jmdm. eine (erg.: Ohrfeige) geben *ugs.;* ich will dir ein(e)s sagen; jmdm. eins auswischen, eins versetzen *ugs.; in Gegenüberstellung zu »anderer«:* der eine und der andere; die einen und die anderen; der eine oder der andere; immer eins nach dem anderen; einer hinter dem anderen; **4.** *Adverb:* ich weiß nicht mehr ein noch aus; hier gehen viele Menschen ein und aus; wer hier ein und aus geht; *aber:* ein- und aussteigen
Ein|ak|ter *m. 5* Bühnenstück in nur einem Akt
ein|ak|tig
ein|an|der *auch:* **ei|nan|der** wir duzen, kennen, helfen einander
ein|ar|bei|ten *tr. 2*
Ein|ar|bei|tung *f. 10 nur Sg.*
ein|ar|mig
ein|ä|schern *tr. 1*
Ein|ä|sche|rung *f. 10*
ein|at|men *tr. 2*
Ein|at|mung *f. 10 nur Sg.*
ein|äu|gig
Ein|äu|gig|keit *f. 10 nur Sg.*
Ein|back *m. 1 oder m. 2* ein Gebäck
Ein|bahn *f. 10, österr. für* Einbahnstraße
Ein|bahn|stra|ße *f. 11*
ein|bal|lie|ren *tr. 3* in Ballen verpacken
ein|bal|sa|mie|ren *tr. 3*
Ein|bal|sa|mie|rung *f. 10*
Ein|band *m. 2*
Ein|band|de|cke *f. 11*
ein|bän|dig
ein|ba|sisch; einbasische Säure
Ein|bau **1.** *m. Gen.* -s *nur Sg.* das Einbauen; **2.** *m. Gen.* -s *Pl.* -bauten eingebauter Teil
ein|bau|en *tr. 1*
Ein|bau|kü|che *f. 11*
Ein|baum *m. 2* Boot aus einem ausgehöhlten Baumstamm
Ein|bau|mö|bel *Pl.*
Ein|bau|schrank *m. 2*
Ein|bee|re *f. 11* giftiges Liliengewächs
ein|be|grei|fen *tr. 59;* im Preis einbegriffen; wir alle, mich einbegriffen
ein|be|hal|ten *tr. 61*
Ein|be|hal|tung *f. 10*
ein|bei|nig
ein|be|ken|nen *tr. 67, österr.:* eingestehen
Ein|be|ken|nung *f. 10*
ein|be|ru|fen *tr. 102*
Ein|be|ru|fung *f. 10*
ein|bet|ten *tr. 2*
ein|bet|tig
Ein|bet|tung *f. 10*
Ein|bett|zim|mer *n. 5*
ein|be|zie|hen *tr. 187*
Ein|be|zie|hung *f. 10 nur Sg.*
ein|bie|gen *intr. u. tr. 12*
ein|bil|den *tr. 2*
Ein|bil|dung *f. 10 nur Sg.*
Ein|bil|dungs|kraft *f. 2 nur Sg.*
ein|bin|den *tr. 14*
Ein|blatt|druck *m. 1*
ein|bläu|en *tr. 1, ugs.:* handgreiflich einschärfen, mit Nachdruck (bes. durch Prügel) einprägen; einem Kind etwas e.
ein|blen|den *tr. 2*
Ein|blen|dung *f. 10*
ein|bleu|en (*alt für:* ein|bläu|en)
Ein|blick *m. 1*
ein|bre|chen *tr. u. intr. 19*
Ein|bre|cher *m. 5*
Ein|bren|ne *f. 11, süddt.,* **Ein|brenn** *f. 10, österr.:* Mehlschwitze
ein|bren|nen *tr. 20*
Ein|brenn|sup|pe *f. 11*
ein|brin|gen *tr. 21*
ein|bring|lich Gewinn bringend
Ein|brin|gung *f. 10 nur Sg.*
ein|bro|cken *tr. 1;* sich, jmdm. etwas e.: Probleme bereiten
Ein|bruch *m. 2*
Ein|bruch(s)|dieb|stahl *m. 2*
ein|bruch(s)|sicher
Ein|bruch(s)|ver|si|che|rung *f. 10*
ein|buch|ten *tr. 2*
Ein|buch|tung *f. 10*
ein|bud|deln *tr. 1*
Ein|bund *m. 2, schweiz.:* Taufpatengeschenk

ein|bür|gern *tr. 1*
Ein|bür|ge|rung *f. 10*
Ein|bür|ge|rungs|ur|kun|de *f. 11*
Ein|bu|ße *f. 11*
ein|bü|ßen *tr. 1*
ein|che|cken [-tʃɛ-] *tr. u. intr. 1*
ein|cre|men, ein|kre|men *tr. 1*
ein|däm|men *tr. 1*
Ein|däm|mung *f. 10*
ein|damp|fen *tr. 1*
Ein|damp|fung *f. 10 nur Sg.*
ein|de|cken *tr. 1, ugs.:* sich mit etwas e.: sich Vorrat von etwas anschaffen; jmdn. mit Arbeit e.: jmdm. viel Arbeit zuweisen
ein|dei|chen *tr. 1*
Ein|dei|chung *f. 10 nur Sg.*
ein|deu|tig
Ein|deu|tig|keit *f. 10*
ein|deut|schen *tr. 1*
Ein|deut|schung *f. 10*
ein|di|cken *tr. 1*
ein|di|men|si|o|nal
ein|do|sen *tr. 1* in Dosen konservieren
ein|drän|gen *refl. 1*
ein|dril|len *tr. 1, ugs.:* einüben
ein|drin|gen *intr. 25*
ein|dring|lich; aufs, auf das Eindringlichste *oder:* eindringlichste
Ein|dring|lich|keit *f. 10 nur Sg.*
Ein|dring|ling *m. 1*
Ein|druck *m. 2*
ein|drü|cken *tr. 1*
ein|drück|lich
ein|drucks|fä|hig
Ein|drucks|fä|hig|keit *f. 10 nur Sg.*
ein|drucks|voll; e. verteidigt er seine Ansprüche
ei|ne vgl. ein
ein|eb|nen *tr. 2*
Ein|eb|nung *f. 10 nur Sg.*
Ein|e|he *f. 11* = Monogamie; *Ggs.:* Vielehe
ein|ei|ig; eineiige Zwillinge
ein|ein|halb, ein|und|ein|halb, 1 ½; ich bin eineinhalb Stunde(n) geblieben; *aber:* eine und eine halbe Stunde; ein(und)einhalbmal so viel
ei|nen *tr. 1*
ein|en|gen *tr. 1*
Ein|en|gung *f. 10 nur Sg.*
ei|ner vgl. ein
Ei|ner *m. 5* **1.** einstellige Zahl; *bei mehrstelligen Zahlen:* die letzte Zahl; *bei Dezimalbrüchen:* die Zahl unmittelbar vor dem Komma; **2.** Ruder- oder Paddelboot für nur eine Person
ei|ner|lei
Ei|ner|lei *n. Gen. -s nur Sg.*

ei|ner|seits; einerseits - andererseits; *oder:* anderseits, andrerseits
ei|nes vgl. ein
ei|nes|teils; einesteils - ander(e)nteils
ein|ex|er|zie|ren *auch:* **ein|e|xer|zie|ren** *tr. 3* einüben

einfach, das Einfachste: Das Adjektiv wird mit kleinem Anfangsbuchstaben geschrieben: *Das Problem ist ganz einfach.* Das substantivierte Adjektiv wird großgeschrieben: *Es ist das Einfachste, wenn … Etwas auf das Einfachste lösen.* § 57 (1)
In Anlehnung an Superlativformen können feste adverbiale Wendungen mit *auf das* auch kleingeschrieben werden (Frage: *wie?*): *Der Fall ließ sich aufs/auf das einfachste lösen.* § 58 E1

ein|fach; einfache Buchführung; einfache Zahlen; es ist nicht e.; *aber:* es ist das Einfachste, wenn …; etwas aufs Einfachste *oder:* einfachste lösen
Ein|fach|heit *f. 10 nur Sg.*
ein|fä|deln *tr. 1;* ich fädele, fädle es ein
ein|fah|ren *intr. u. tr. 32*
Ein|fahr|si|gnal *auch:* **Ein|fahr|sig|nal** *n. 1, fachsprachlich*
Ein|fahrt *f. 10*
Ein|fahrt(s)|si|gnal *auch:* **Ein|fahrt(s)|sig|nal** *n. 1*
Ein|fall *m. 2*
ein|fal|len *intr. 33*
Ein|fall|licht (*alt:* Ein|fallicht (-ll-l-)) *n. 3*
ein|falls|reich
Ein|falls|reich|tum *m. Gen. -s nur Sg.*
Ein|falls|win|kel *m. 5*
Ein|falt *f. Gen. - nur Sg.*
ein|fäl|tig
Ein|fäl|tig|keit *f. 10 nur Sg.*
Ein|falts|pin|sel *m. 5, abwertend*
ein|fal|zen *tr. 1*
Ein|fal|zung *f. 10*
Ein|fa|mi|li|en|haus *n. 4*
ein|fan|gen *tr. 34*
ein|fär|ben *tr. 1*
ein|far|big
ein|fär|big *österr. für* einfarbig
Ein|far|big|keit *f. 10 nur Sg.*
Ein|fär|bung *f. 10 nur Sg.*
ein|fas|sen *tr. 1*
Ein|fas|sung *f. 10*
ein|fen|zen [engl.] *tr. 1* einzäunen
Ein|fen|zung *f. 10*

ein|fet|ten *tr. 2*
Ein|fet|tung *f. 10 nur Sg.*
ein|fin|den *refl. 36*
ein|flech|ten *tr. 37*
Ein|flech|tung *f. 10*
ein|flie|gen *tr. u. intr. 38*
Ein|flie|ger *m. 5*
ein|flie|ßen *intr. 40*
ein|flö|ßen *tr. 1*
Ein|flö|ßung *f. 10 nur Sg.*
Ein|flug *m. 2*
Ein|flug|schnei|se *f. 11*
Ein|fluss (*alt:* Ein|fluß) *m. 2*
Ein|fluss|be|reich (*alt:* Ein|fluß|be|reich) *m. 1*
Ein|fluss|nah|me (*alt:* Ein|fluß|nah|me) *f. 11, Amtsdeutsch*
ein|fluss|reich (*alt:* ein|fluß|reich)
ein|flüs|tern *tr. 1;* ich flüstere, flüstre es ihm ein
Ein|flüs|te|rung *f. 10*
ein|for|dern *tr. 1;* ich fordere, fordre es ein
Ein|for|de|rung *f. 10*
ein|för|mig
Ein|för|mig|keit *f. 10 nur Sg.*
ein|frie|den *tr. 2*
ein|frie|di|gen *tr. 1*
Ein|frie|di|gung *f. 10*
Ein|frie|dung *f. 10*
ein|frie|ren *intr. u. tr. 42*
ein|fü|gen *tr. 1*
Ein|fü|gung *f. 10*
ein|füh|len *refl. 1*
ein|fühl|sam
Ein|fühl|sam|keit *f. 10 nur Sg.*
Ein|füh|lung *f. 10 nur Sg.*
Ein|füh|lungs|ver|mö|gen *n. 7 nur Sg.*
Ein|fuhr *f. 10*
ein|füh|ren *tr. 1*
Ein|füh|rung *f. 10*
Ein|füh|rungs|preis *m. 1*
Ein|füh|rungs|vor|trag *m. 2*
Ein|fuhr|ver|bot *n. 1*
Ein|fuhr|zoll *m. 2*
ein|fül|len *tr. 1*
Ein|fül|lung *f. 10 nur Sg.*
Ein|ga|be *f. 11*
Ein|gang *m. 2*
ein|gangs *Präp. mit Gen.:* wie e. bereits erwähnt
Ein|gangs|be|stä|ti|gung *f. 10*
Ein|gangs|da|tum *n. Gen. -s Pl. -ten*
ein|ge|ben *tr. 45*
ein|ge|bil|det
Ein|ge|bil|det|heit *f. 10 nur Sg.*
ein|ge|bo|ren; Gottes eingeborener Sohn
Ein|ge|bo|re|ne(r) *m. 18 (17) bzw. f. 17 oder 18*

Ein|ge|bo|re|nen|spra|che *f. 11*
Ein|ge|bung *f. 10*
ein|ge|denk *mit Gen;* einer Verpflichtung immer e. bleiben; e. seiner Verdienste
ein|ge|fleischt; eingefleischter Junggeselle
ein|ge|fuchst [-ks-] *ugs.:* gut eingearbeitet
ein|ge|hen *tr. u. intr. 47*
ein|ge|hend; etwas e. betrachten; aufs, auf das Eingehendste *oder:* eingehendste
Ein|ge|mach|te(s) *n. 18 (17)* Konserve, z. B. Marmelade
ein|ge|mein|den *tr. 2* einer größeren Gemeinde eingliedern
Ein|ge|mein|dung *f. 10 nur Sg.*
ein|ge|nom|men für, gegen etwas oder jmdn. e. sein
Ein|ge|nom|men|heit *f. 10 nur Sg.*
ein|ge|schlech|tig *Bot.:* nur weibl. oder männl. Geschlecht aufweisend (Blüte), diklin
ein|ge|ses|sen einheimisch, seit längerem ansässig
ein|ge|stan|de|ner|ma|ßen, ein|ge|stand|ner|ma|ßen
Ein|ge|ständ|nis *n. 1*
ein|ge|ste|hen *tr. 151*
ein|ge|stri|chen; eingestrichene Oktave *Mus.:* Oktave der Mittellage, deren Töne bei Buchstabenschrift mit einem kleinen senkrechten Strich gekennzeichnet werden; das eingestrichene a (a')
ein|ge|tra|gen; eingetragener Verein (*Abk.:* e. V.)
Ein|ge|wei|de *n. 5, meist Pl.*
Ein|ge|wei|de|bruch *m. 2*
Ein|ge|weih|te(r) *m. 18 (17) bzw. f. 17 oder 18*
ein|ge|wöh|nen *refl. 1*
Ein|ge|wöh|nung *f. 10 nur Sg.*
ein|ge|wur|zelt
ein|ge|zo|gen zurückgezogen; ein eingezogenes Leben führen
Ein|ge|zo|gen|heit *f. 10 nur Sg.*
ein|gip|sen *tr. 1*
Ein|glas *n. 4* Brille für nur ein Auge, Monokel
ein|glei|sig; eingleisige Strecke
ein|glie|dern *tr. 1;* ich gliedere, gliedre es ein
Ein|glie|de|rung *f. 10 nur Sg.*
ein|gra|ben *tr. 58*
ein|gra|vie|ren [-vi:-] *tr. 3*
Ein|gra|vie|rung [-vi:-] *f. 10*
ein|grei|fen *intr. 59*
Ein|griff *m. 1*
ein|gren|zen *tr. 1*
Ein|gren|zung *f. 10*
Ein|guss (*alt:* Ein|guß) *m. 2*
ein|ha|ken *intr. u. tr. 1;* den Verschluss e.
ein|halb|mal; e. so groß wie ...
Ein|halt *m. 1 nur Sg.;* jmdm. oder einer Sache E. gebieten, E. tun
ein|hal|ten *tr. u. intr. 61*
ein|han|deln *tr. 1;* ich handele, handle es ein
ein|hän|dig
ein|hän|di|gen *tr. 1*
Ein|hän|di|gung *f. 10 nur Sg.*
Ein|hand|seg|ler *m. 5* jmd., der ein Segelboot allein führt
ein|hän|gen **1.** *tr. 1;* **2.** *intr. 1, veraltet:* den (Telefon-)Hörer auf die Gabel legen
ein|hau|en *intr. u. tr. 63*
ein|häu|sig *Bot.:* männl. und weibl. Blüten auf demselben Individuum tragend, monözisch
Ein|häu|sig|keit *f. 10 nur Sg.* Monözie
ein|he|ben *tr. 64, schweiz.:* erheben (Steuern)
ein|hei|misch
Ein|hei|mi|sche(r) *m. 18 (17) bzw. f. 17 oder 18*
ein|heim|sen *tr. 1*
Ein|hei|rat *f. 10*
ein|hei|ra|ten *intr. 2*
Ein|heit *f. 10*
ein|heit|lich
Ein|heit|lich|keit *f. 10 nur Sg.*
Ein|heits|kurz|schrift *f. 10*
Ein|heits|preis *m. 1*
Ein|heits|staat *m. 12*
Ein|heits|wert *m. 1*
ein|hei|zen *intr. 1;* jmdm. e. *ugs.:* jmdm. Vorwürfe machen
ein|hel|fen *intr. 66* vorsagen, einsagen
ein|hel|lig
Ein|hel|lig|keit *f. 10 nur Sg.*
ein|hen|ke|lig, ein|henk|lig
ein|hen|keln *refl. 1*
ein|her
ein|her|fah|ren *intr. 32*
ein|her|ge|hen *intr. 47*
Ein|he|ri|er *m. 5, germ. Myth.:* gefallener Kämpfer in Walhall
ein|her|ja|gen *intr. 1*
ein|her|stol|zie|ren *intr. 3*
ein|hie|ven *tr. 1, Seew.:* ein-, hochziehen (Ankerkette)
ein|ho|len *tr. 1*
Ein|ho|lung *f. 10 nur Sg.*
Ein|horn *n. 4* **1.** Fabeltier in Pferde- oder Hirschgestalt mit einem Horn auf der Stirn; **2.** ein Sternbild
Ein|hu|fer *m. 5*
ein|hu|fig
ein|hun|dert vgl. hundert
ei|nig; mit jmdm. einig sein, einig werden; einig gehen; ich gehe mit ihm einig, dass ...: stimme mit ihm überein; der einige Gott

einige: Das unbestimmte Zahlwort wird vor einem Substantiv kleingeschrieben: *einige Kinder, mit einigem Engagement.* Ebenso: *Sie wusste einiges.*
Dagegen muss das folgende Zahlwort großgeschrieben werden: *einige Mal, einige Tausend* (auch: *tausend*) *Menschen.*

ei|ni|ge **1.** mehrere, ein paar; einige kamen mit; einige Menschen; einige Mal; einige Male; *nachfolgendes Adjektiv wird stark flektiert:* einige junge Leute; die Stimmen einiger junger Leute **2.** ziemlich viel; einiges Geld; ich weiß einiges darüber; *Flexion des folgenden substantivierten Adjektivs schwankt:* einiges Gute(s); er wusste einiges Kluge(s) dazu zu sagen; mit einigem guten (*nicht:* gutem) Willen;
ei|ni|ge Mal (*alt:* ei|ni|ge|mal)
ein|i|geln *refl. 1* **1.** eine Stellung mit Verteidigungsmöglichkeiten nach allen Seiten beziehen; **2.** sich von der Umwelt absondern
ei|ni|gen *tr. 1*
ei|ni|ger|ma|ßen
ei|ni|ges vgl. einige
ei|nig ge|hen (*alt:* ei|nig|ge|hen) *intr. 47*
Ei|nig|keit *f. 10 nur Sg.*
Ei|ni|gung *f. 10*
ein|imp|fen *tr. 1*
Ein|imp|fung *f. 10 nur Sg.*
ein|ja|gen *tr. 1;* jmdm. Angst, einen Schrecken einjagen
ein|jäh|rig
Ein|jäh|ri|ge(r) *m. 18 (17)*
Ein|jäh|ri|ge(s) *n. 18 (17)* mittlere Reife
Ein|jäh|rig-Frei|wil|li|ge(r) *m. 18 (17)*
ein|ka|cheln *intr. 1, ugs.:* (zu) stark heizen
ein|kal|ku|lie|ren *tr. 3* einrechnen, mit berücksichtigen
Ein|kam|mer|sys|tem *n. 1*
ein|kap|seln *tr. 1;* ich kapsele, kapsle mich ein
Ein|kap|se|lung, Ein|kaps|lung *f. 10 nur Sg.*

E

ein|kas|sie|ren *tr. 3*
Ein|kas|sie|rung *f. 10 nur Sg.*
Ein|kauf *m. 2*
ein|kau|fen *tr. 1*
Ein|käu|fer *m. 5*
Ein|kaufs|ge|nos|sen|schaft *f. 10*
Ein|kaufs|preis *m. 1*
Ein|kaufs|zen|trum *auch:* **Ein-kaufs|zent|rum** *n. Gen.* -s *Pl.* -tren
Ein|kehr *f. 10 nur Sg.*
ein|keh|ren *intr. 1*
ein|kei|len *tr. 1;* in einer Menschenmenge eingekeilt
ein|keim|blät|te|rig, ein|keim-blätt|rig
ein|kel|lern *tr. 1* im Keller einlagern (Vorrat); ich kellere es ein
Ein|kel|le|rung *f. 10 nur Sg.*
ein|ker|ben *tr. 1*
Ein|ker|bung *f. 10*
ein|ker|kern *tr. 1*
Ein|ker|ke|rung *f. 10 nur Sg.*
ein|kes|seln *tr. 1*
Ein|kes|se|lung, Ein|kess|lung (*alt:* Ein|keß|lung) *f. 10 nur Sg.*
ein|kla|gen *tr. 1* mit Hilfe einer Klage eintreiben
ein|klam|mern *tr. 1;* ich klammere, klammre es ein
Ein|klam|me|rung *f. 10*
Ein|klang *m. 2 nur Sg.*
Ein|klas|sen|schu|le *f. 11*
ein|klas|sig
ein|klei|den *tr. 2*
Ein|klei|dung *f. 10 nur Sg.*
ein|klem|men *tr. 1*
Ein|klem|mung *f. 10*
ein|kni|cken *tr. u. intr. 1*
Ein|koch|ap|pa|rat *m. 1*
ein|ko|chen *tr. 1*
ein|kom|men *intr. 71;* um etwas einkommen *Amtsdeutsch:* ein Gesuch einreichen
Ein|kom|men *n. 7*
Ein|kom|mens|gren|ze *f. 11*
ein|kom|mens|schwach; einkommensschwache Gesellschaftsschichten
Ein|kom|men|steu|er *f. 11*
ein|kom|men|steu|er|pflich|tig
ein|krei|sen *tr. 1*
Ein|krei|sung *f. 10 nur Sg.*
Ein|krei|sungs|po|li|tik *f. 10 nur Sg.*
ein|kre|men *tr. 1* s. **ein|cre|men**
Ein|künf|te *nur Pl.*
Ein|lad *m. 1 nur Sg., schweiz.:* Einladen, Verladen
ein|la|den *tr. 74*
Ein|la|dung *f. 10*
Ein|la|dungs|kar|te *f. 11*
Ein|la|ge *f. 11*

Ein|lass (*alt:* Ein|laß) *m. 2*
ein|las|sen *tr. 75*
Ein|lass|kar|te (*alt:* Ein|laß|kar|te) *f. 11*
ein|läss|lich (*alt:* ein|läß|lich) *schweiz.:* gründlich
Ein|läss|lich|keit (*alt:* Ein|läß|lich-keit) *f. 10 nur Sg., schweiz.*
Ein|las|sung *f. 10, Rechtsw.:* Stellungnahme zur Klage
Ein|lauf *m. 2*
ein|lau|fen *intr. 76*
Ein|lauf|sup|pe *f. 11*
Ein|lauf|wet|te *f. 11* Wette beim Pferderennen
ein|le|ben *refl. 1*
Ein|le|ge|ar|beit *f. 10*
ein|le|gen *tr. 1*
Ein|le|ger *m. 5*
Ein|le|gung *f. 10*
ein|lei|ten *tr. 2*
Ein|lei|tung *f. 10*
ein|len|ken *intr. 1*
ein|le|sen *refl. 79* **1.** sich in ein Buch, eine Handschrift einlesen **2.** Daten einlesen: digitalisieren
ein|leuch|ten *intr. 2*
ein|lie|fern *tr. 1;* ich liefere, liefre ihn ein
Ein|lie|fe|rung *f. 10*
Ein|lie|fe|rungs|schein *m. 1*
ein|lie|gend
Ein|lie|ger *m. 5* Gelegenheitsarbeiter auf dem Land, der beim Bauern zur Miete wohnt
ein|lo|chen *tr. 1* **1.** *ugs.:* ins Gefängnis einsperren; **2.** *Golf:* den Ball ins Loch spielen
ein|log|gen [-lɔgən, engl] *refl. 1, EDV:* sich durch Anmeldung in ein Computernetzwerk oder das Internet integrieren
ein|lo|gie|ren [-ʒiː-] *tr. 3*
ein|lö|sen *tr. 1*
Ein|lö|sung *f. 10 nur Sg.*
ein|lul|len *tr. 1* **1.** in den Schlaf singen; **2.** in trügerische Sicherheit wiegen
Ein|mach *f. Gen. - nur Sg., österr.:* helle Mehlschwitze
ein|ma|chen *tr. 1* einkochen; eingemachtes Obst
Ein|mach|glas *n. 4*
Ein|mach|sup|pe *f. 11, österr.:* mit einer Mehlschwitze zubereitete Suppe
ein|mah|dig, ein|mäh|dig nur einmal im Jahr Ernte bringend (Wiese), einschürig
ein|mah|nen *tr. 1* durch Mahnung eintreiben
Ein|mah|nung *f. 10*

> **einmal, ein Mal:** Das Zahlwort *einmal* wird kleingeschrieben: *Er ist einmal zu spät gekommen.* Bei besonderer Betonung ist Getrenntschreibung möglich: *Erst ein Mal ist das passiert!*
> § 39 (1), § 55 (4), § 39 E2 (1)

ein|mal; *bei bes. Betonung auch:* ein Mal; alles auf einmal; nicht einmal das; noch einmal; ein- bis zweimal; 1- bis 2-mal; einmal ums andere
Ein|mal|eins *n. Gen. - Pl. -;* das große, kleine E.
ein|ma|lig
Ein|ma|lig|keit *f. 10 nur Sg.*
Ein|mann|ge|sell|schaft *f. 10* Handelsgesellschaft, deren Anteile sich in nur einer Hand befinden
Ein|mark|stück *n. 1*
Ein|marsch *m. 2*
ein|mar|schie|ren *intr. 3*
Ein|mas|ter *m. 5* Segelschiff mit nur einem Mast
ein|mas|tig
ein|mau|ern *tr. 1;* ich mauere, maure es ein
Ein|mau|e|rung *f. 10 nur Sg.*
Ein|me|ter|brett *n. 3*
ein|mie|ten **1.** *tr. 2;* Rüben e.; **2.** *refl. 2;* sich bei jmdm. e.
Ein|mie|tung *f. 10 nur Sg.*
ein|mi|schen *refl. 1*
Ein|mi|schung *f. 10*
ein|mo|to|rig
ein|mot|ten *tr. 2*
ein|mum|meln *tr. 1*
ein|mum|men *tr. 1*
ein|mün|den *intr. 2*
Ein|mün|dung *f. 10*
ein|mü|tig
Ein|mü|tig|keit *f. 10 nur Sg.*
ein|nach|ten, nach|ten *intr. 2, schweiz.:* Nacht werden
Ein|nah|me *f. 11*
Ein|nah|me|quel|le *f. 11*
ein|näs|sen *tr. 1;* das Kind nässt ein
ein|ne|beln *tr. 1*
Ein|ne|be|lung, Ein|neb|lung *f. 10 nur Sg.*
ein|neh|men *tr. 88*
Ein|neh|mer *m. 5*
ein|ni|cken *intr. 1*
Ein|öd *f. 10 m. 2, süddt.:* abseits liegendes Bauerngut, Einödhof
Ein|öd|bau|er *m. 11*
Ein|ö|de *f. 11*
Ein|öd|hof *m. 2* s. **Ein|öd**
ein|ord|nen *tr. 2*
Ein|ord|nung *f. 10 nur Sg.*
Ein|par|tei|en|re|gie|rung *f. 10*

Ein|par|tei|en|sys|tem *n. 1*
ein|pas|sen *tr. 1*
ein|pau|ken *tr. 1*
Ein|pau|ker *m. 5*
ein|peit|schen *tr. 1*
Ein|peit|scher *m. 5, im brit. Parlament:* jmd., der für die Anwesenheit der Fraktionsmitglieder sorgt, Whip
ein|pen|deln *intr. u. refl. 1*
ein|pfar|ren *tr. 1*
Ein|pfar|rung *f. 10*
ein|pfer|chen *tr. 1*
Ein|pha|sen|strom, Ein|pha|senwech|sel|strom [-ks-] *m. 2*
ein|pla|nen *tr. 1*
Ein|pla|nung *f. 10*
ein|pö|keln *tr. 1;* ich pökele, pökle es ein
ein|pol|dern *tr. 1* eindeichen
Ein|pol|de|rung *f. 10 nur Sg.*
ein|po|lig
ein|prä|gen *tr. 1*
ein|präg|sam
Ein|prä|gung *f. 10*
ein|pup|pen *refl. 1*
ein|quar|tie|ren *tr. 3*
Ein|quar|tie|rung *f. 10*
ein|ran|gie|ren [-rãʒiː-] *tr. 3*
ein|ras|ten *intr. 2; auch ugs.:* beleidigt sein
ein|räu|men *tr. 1*
Ein|räu|mung *f. 10*
Ein|räu|mungs|satz *m. 2* = Konzessivsatz
Ein|re|de *f. 11* Einwand
ein|re|den *tr. 2*
ein|reg|nen **1.** *intr. 2;* **2.** *refl. 2, ugs.:* es regnet sich ein: es hört nicht auf zu regnen
ein|rei|ben *tr. 95*
Ein|rei|bung *f. 10*
ein|rei|chen *tr. 1*
Ein|rei|chung *f. 10 nur Sg.*
ein|rei|hen *tr. 1*
Ein|rei|her *m. 5* Anzug mit nur einer Knopfreihe an der Jacke
ein|rei|hig
Ein|rei|hung *f. 10 nur Sg.*
Ein|rei|se *f. 11*
Ein|rei|se|er|laub|nis *f. 11*
Ein|rei|se|ge|neh|mi|gung *f. 10*
ein|rei|sen *intr. 1*
Ein|rei|se|vi|sum [-viː-] *n. Gen.* -s *Pl.* -sa
ein|rei|ßen *tr. u. intr. 96*
ein|ren|ken *tr. 1*
Ein|ren|kung *f. 10*
ein|ren|nen *tr. 98*
ein|rich|ten *tr. 2*
Ein|rich|tung *f. 10*
Ein|rich|tungs|ge|gen|stand *m. 2*

Ein|riss (*alt:* Ein|riß) *m. 1*
ein|ros|ten *intr. 2*
ein|rü|cken **1.** *intr. 1; Mil.* **2.** *tr. 1, Buchw.;* eine Zeile e.: mit einem kleinen Einzug beginnen lassen
Ein|rü|ckung *f. 10*
ein|rüs|ten *tr. 2* mit einem Gerüst versehen (Haus)

ein(s): Als Kardinalzahl wird *ein(s)* kleingeschrieben: *ein Buch; halb eins; Artikel eins.* Ebenso als unbestimmtes Pronomen: *Das ärgert einen, wenn einem das passiert; das kann einem Leid tun.* § 58 (4)
Auch das substantivierte Zahladjektiv wird kleingeschrieben: *der/ die/ das eine; das eine und das andere; der eine und der andere.* § 58 (5)
Auch das Adjektiv *eins* (= einig, dasselbe) wird kleingeschrieben: *eins* (= einig) *sein, ihm war alles eins* (= dasselbe). § 56

eins **1.** *unbestimmtes Pronomen,* vgl. ein; **2.** *Zahladjektiv:* eins, zwei, drei hatte er alles aufgegessen: im Nu; es schlägt eins, die Uhr zeigt eins: ein Uhr; Viertel vor eins, nach eins; drei weniger zwei macht, ist eins; das Spiel steht zwei zu eins (2:1); **3.** *Adverb:* mit jmdm. eins sein (= eines Sinnes); es ist mir alles eins (= gleichgültig)
Eins *f. 10* **1.** die Zahl 1; zwei Einsen würfeln; **2.** *als Schulnote:* sehr gut; eine Eins im Rechnen haben, schreiben; die Prüfung mit Eins bestehen; sie hat lauter Einsen im Zeugnis; **3.** Straßenbahn Linie 1
Ein|saat *f. 10*
ein|sa|cken *tr. 1, ugs.*
ein|sä|en *tr. 1*
ein|sa|gen *tr. 1* vorsagen, soufflieren
Ein|sa|ger *m. 5* Souffleur
ein|sam
Ein|sam|keit *f. 10*
ein|sam|meln *tr. 1;* ich sammele, sammle es ein
ein|sar|gen *tr. 1* in einen Sarg legen, im Sarg verschließen
Ein|satz *m. 2*
ein|satz|be|reit
Ein|satz|be|reit|schaft *f. 10 nur Sg.*
Ein|satz|stück *n. 1*
Ein|satz|zen|tra|le *auch:* **Ein|satzzent|ra|le** *f. 11*

ein|sau|en *tr. 1, ugs.:* schmutzig machen
ein|säu|ern *tr. 1*
Ein|säu|e|rung *f. 10 nur Sg.*
ein|scan|nen [-skænən] *tr. 1* = scannen
ein|schach|teln *tr. 1;* ich schachtele, schachtle es ein
ein|schal|ten *tr. 2*
Ein|schal|tung *f. 10*
ein|schär|fen *tr. 1;* jmdm. etwas einschärfen
ein|schät|zen *tr. 1*
Ein|schät|zung *f. 10*
ein|schen|ken *tr. 1;* Wein, Kaffee einschenken
ein|sche|ren *intr. u. refl. 1* sich in die Reihe, in einen Verband einordnen
Ein|schicht *f. 10 nur Sg., österr.:* Einsamkeit, Einöde; in der E. leben
ein|schich|tig *österr.:* abseits gelegen; ein einschichtiger Hof
ein|schie|ben *tr. 112*
Ein|schieb|sel *n. 5*
Ein|schie|bung *f. 10*
Ein|schie|nen|bahn *f. 10*
ein|schie|ßen **1.** *tr. 113;* **2.** *refl. 113;* sich auf ein Ziel einschießen; **3.** *intr. 113;* die Milch schießt ein (bei werdenden Müttern)
ein|schif|fen *refl. 1*
Ein|schif|fung *f. 10 nur Sg.*
einschl. *Abk. für* einschließlich
ein|schla|fen *intr. 115*
ein|schlä|fe|rig, ein|schläf|rig; nur für einen Schläfer; einschläferiges Bett, Federbett
ein|schlä|fern *tr. 1;* ich schläfere, schläfre ihn ein
ein|schläf|rig s. **ein|schlä|fe|rig**
Ein|schlag *m. 2*
ein|schla|gen *tr. u. intr. 116*
ein|schlä|gig zu etwas gehörig, etwas betreffend; die einschlägige Literatur, die einschlägigen Bestimmungen nachlesen, die einschlägige Meinung
ein|schlei|chen *refl. 117*
ein|schlep|pen *tr. 1*
Ein|schlep|pung *f. 10 nur Sg.*
ein|schleu|sen *tr. 1*
Ein|schleu|sung *f. 10 nur Sg.*
ein|schlie|ßen *tr. 120*
ein|schließ|lich (*Abk.:* einschl.) *Präp. mit Gen., wenn der Artikel vor dem Substantiv steht, sonst Nom.:* e. des Trinkgeldes; *aber:* e. Trinkgeld; *im Pl. auch mit Dativ:* e. Kindern
Ein|schlie|ßung *f. 10 nur Sg.*

E

Ein|schluss (*alt:* Ein|schluß) *m. 2*
ein|schmei|cheln *refl. 1*
ein|schnei|den *tr. u. intr. 125*
ein|schnei|dend; ein einschneidendes Ereignis, Erlebnis
ein|schnei|en *intr. 1*
Ein|schnitt *m. 1*
ein|schnü|ren *tr. 1*
Ein|schnü|rung *f. 10 nur Sg.*
ein|schrän|ken *tr. 1*
Ein|schrän|kung *f. 10*
Ein|schreib|brief, Ein|schrei|be|brief *m. 1*
Ein|schrei|be|ge|bühr, Ein|schreib|ge|bühr *f. 10*
ein|schrei|ben *tr. 127*
Ein|schrei|ben *n. 7*
Ein|schrei|be|päck|chen, Ein|schreib|päck|chen *n. 7*
Ein|schrei|ber *m. 5, ugs.:* eingeschriebene Postsendung
Ein|schrei|be|sen|dung *f. 10*
Ein|schrei|bung *f. 10*
ein|schrei|ten *intr. 129;* gegen etwas einschreiten
Ein|schrieb *m. 1, schweiz.:* Einschreiben (von Postsendungen)
ein|schrum|peln *intr. 1, ugs.:* einschrumpfen
ein|schrump|fen *intr. 1*
Ein|schrump|fung *f. 10 nur Sg.*
Ein|schub *m. 2*
ein|schüch|tern *tr. 1*
Ein|schüch|te|rung *f. 10 nur Sg.*
Ein|schüch|te|rungs|ver|such *m. 1*
ein|schu|len *tr. 1* zum ersten Mal auf eine Schule gehen
Ein|schu|lung *f. 10*
ein|schü|rig = einmähdig
Ein|schuss (*alt:* Ein|schuß) *m. 2* **1.** Stelle, an der ein Geschoss eingedrungen ist; **2.** Gesamtheit der eingeschossenen Kettfäden
Ein|schüt|te *f. 11* feiner Inlettköper für Daunen
ein|schüt|ten *tr. 2*
ein|schwen|ken *intr. 1* einbiegen, die Richtung ändern
ein|schwim|men *tr. 132* schwimmend zur Baustelle transportieren (Brückenteile)
ein|seg|nen *tr. 2*
Ein|seg|nung *f. 10*
ein|se|hen *tr. 136*
Ein|se|hen *n. Gen. -s nur Sg.;* ein E. haben
ein|sei|fen *tr. 1; auch ugs.:* überlisten, zum Besten haben
ein|sei|tig
Ein|sei|tig|keit *f. 10 nur Sg.*
ein|sen|den *tr. 138*
Ein|sen|der *m. 5*
Ein|sen|dung *f. 10*
ein|sen|ken *tr. 1*
Ein|sen|kung *f. 10* Vertiefung, Graben
Ein|ser *m. 5* **1.** Autobus Linie 1; **2.** *süddt.:* die Zahl 1; Schulnote 1; vgl. Eins
ein|set|zen *tr. u. intr. 1*
Ein|set|zung *f. 10*
Ein|sicht *f. 10*
ein|sich|tig klug, verständig, vernünftig, überlegt
Ein|sich|tig|keit *f. 10 nur Sg.*
Ein|sicht|nah|me *f. 11 nur Sg.*
ein|sichts|los
Ein|sichts|lo|sig|keit *f. 10 nur Sg.*
ein|sichts|voll
Ein|sie|de|glas, Ein|sied|glas *n. 4, österr.:* Einmach-, Einweckglas
Ein|sie|de|lei *f. 10*
ein|sie|den *tr. 2, österr.:* einkochen
Ein|sied|glas *n. 4* vgl. Einsiedeglas
Ein|sied|ler *m. 5*
ein|sied|le|risch
Ein|sied|ler|krebs *m. 1*
Ein|sil|ber *m. 5* s. **Ein|silb|ler**
ein|sil|big
Ein|sil|big|keit *f. 10 nur Sg.*
Ein|silb|ler, Ein|sil|ber *m. 5* einsilbiges Wort
Ein|sit|zer *m. 5* Fahr- oder Flugzeug mit nur einem Sitzplatz
ein|sit|zig
ein|söm|me|rig einen Sommer alt (Fische)
ein|span|nen *tr. 1*
Ein|spän|ner *m. 5* **1.** Kutsche für ein Pferd; **2.** *ugs.:* jmd., der gern allein lebt; **3.** *österr.:* schwarzer Kaffee mit Schlagsahne; **4.** *früher:* Bauer, der mit einem Gespann fronpflichtig war
ein|spän|nig
ein|spa|ren *tr. 1*
Ein|spa|rung *f. 10*
Ein|spa|rungs|maß|nah|me *f. 11*
ein|spei|cheln *tr. 1*
ein|spei|sen *tr. 1, EDV:* Daten, Informationen in eine EDV-Anlage eingeben, einspeichern
ein|spie|len *tr. u. refl. 1*
Ein|spie|lung *f. 10*
Ein|spra|che *f. 11* Einspruch, Einrede
Ein|spra|che|recht *n. 1*
ein|spra|chig; einsprachiges Wörterbuch
ein|spren|gen *tr. 1*
Ein|spreng|ling *m. 1* aus magmatischem Schmelzfluss ausgeschiedener größerer Kristall
Ein|spreng|sel *n. 5*
ein|sprin|gen *intr. 148;* für jmdn. einspringen
ein|sprit|zen *tr. 1*
Ein|sprit|zer *m. 5*
Ein|spritz|mo|tor *m. 13* Verbrennungsmotor mit Kraftstoffeinspritzung anstatt Vergaser
Ein|sprit|zung *f. 10*
Ein|spruch *m. 2;* gegen etwas Einspruch erheben
Ein|spruchs|recht *n. 1*
Ein|spur|bahn *f. 10*
ein|spu|rig
einst, eins|tens
Einst *n. Gen. - nur Sg.;* das Einst und (das) Jetzt
ein|stamp|fen *tr. 1*
Ein|stand *m. 2*
ein|stau|ben *tr. u. intr. 1*
ein|stäu|ben *tr. 1*
ein|ste|chen *tr. 149*
ein|ste|cken *tr. 1*
Ein|steck|kamm *m. 2*
ein|ste|hen *intr. 151;* für jmdn. einstehen
ein|stei|gen *intr. 153*
Ein|stein, *Albert* dt.-amerik. Physiker
Ein|stei|ni|um [nach dem dt. Physiker Albert Einstein] *n. Gen. -s nur Sg.* (*Zeichen:* Es) künstlich hergestelltes radioaktives chem. Element
ein|stel|len *tr. 1*
ein|stel|lig; eine einstellige Zahl
Ein|stel|lung *f. 10*
eins|tens, einst
Ein|stich *m. 1*
Ein|stieg *m. 1*
Ein|stiegs|dro|ge *f. 11*
eins|tig
ein|stim|men *intr. u. refl. 1*
ein|stim|mig
Ein|stim|mig|keit *f. 10 nur Sg.*
einst|ma|lig
einst|mals
ein|stö|ckig
ein|strah|len *intr. 1*
Ein|strah|lung *f. 10*
ein|strei|chen *tr. 158, ugs.;* Geld e.: an sich nehmen
ein|strö|men *intr. 1*
Ein|strö|mung *f. 10*
ein|stu|die|ren *tr. 3*
Ein|stu|die|rung *f. 10*
ein|stu|fen *tr. 1*
ein|stu|fig
Ein|stu|fung *f. 10*
Ein|sturz *m. 2*
ein|stür|zen *intr. 1*
Ein|sturz|ge|fahr *f. 10 nur Sg.*
einst|wei|len

ein|st|wei|lig; einstweilige Verfügung
Ein|tags|fie|ber *n. 5 nur Sg.*
Ein|tags|flie|ge *f. 11; auch ugs.:* Angelegenheit von schnell vorübergehender Bedeutung
ein|tan|zen *refl. 1*
Ein|tän|zer *m. 5* in Tanzlokalen angestellter Tanzpartner
Ein|tausch *m. 1*
ein|tau|schen *tr. 1*
ein|tau|send vgl. tausend
ein|tei|len *tr. 1*
ein|tei|lig
Ein|tei|lung *f. 10*
Ein|tel *n. 5, schweiz. auch: m. 5* ein Eintel (¹/₁): ein Ganzes
ein|tö|nig
Ein|tö|nig|keit *f. 10 nur Sg.*
Ein|topf *m. 2* Eintopfgericht
Ein|tracht *f. 10 nur Sg.*
ein|träch|tig
ein|träch|tig|lich *veraltet für* einträchtig
Ein|trag *m. 2*
ein|tra|gen *tr. 160* vgl. eingetragen
ein|träg|lich
Ein|träg|lich|keit *f. 10 nur Sg.*
Ein|tra|gung *f. 10*
ein|trän|ken *tr. 1;* jmdm. etwas e.: sich an jmdm. für etwas rächen
ein|träu|feln *tr. 1;* ich träufele, träufle es ein
ein|tref|fen *intr. 161*
ein|trei|ben *tr. 162*
Ein|trei|bung *f. 10 nur Sg.*
ein|tre|ten *intr. 163*
ein|tre|ten|den|falls *Amtsdeutsch*
Ein|tre|tens|de|bat|te *f. 11, schweiz.:* Eröffnungsansprache
ein|trich|tern *tr. 1;* ich trichtere es ihm ein
Ein|tritt *m. 1 nur Sg.*
Ein|tritts|geld *n. 3*
Ein|tritts|kar|te *f. 11*
ein|trü|ben *intr. u. refl. 1*
Ein|trü|bung *f. 10*
ein|tru|deln *intr. 1;* ich trudele, trudle ein
ein|ü|ben *tr. 1*
Ein|ü|bung *f. 10 nur Sg.*
ein und der|sel|be
ein|und|ein|halb vgl. eineinhalb
Ei|nung *f. 10* das Einen, Einigung
ein|ver|lei|ben *tr. 1*
Ein|ver|lei|bung *f. 10 nur Sg.*
Ein|ver|nah|me *f. 11, österr.:* Vernehmung, Verhör
ein|ver|neh|men *tr. 88, österr.* vernehmen, verhören
Ein|ver|neh|men *n. 7 nur Sg.;* mit jmdm. in gutem E. leben, stehen; sich mit jmdm. ins E. setzen: Übereinstimmung herstellen, erzielen
ein|ver|nehm|lich
ein|ver|stan|den; e. sein
Ein|ver|ständ|nis *n. 1*
Ein|waa|ge *f. 11* **1.** Gewichtsverlust beim Wiegen; **2.** reines Gewicht ohne Flüssigkeit, Verpackung usw. (bei Konserven); **3.** Gewicht (einer Textilprobe) vor der chem. Untersuchung
ein|wach|sen [-ks-] **1.** *intr. 172;* eingewachsener Nagel; **2.** *tr. 1* mit Wachs einreiben (Boden)
Ein|wand *m. 2*
Ein|wan|de|rer *m. 5*
ein|wan|dern *intr. 1*
Ein|wan|de|rung *f. 10 nur Sg.*
Ein|wan|de|rungs|be|hör|de *f. 11*
ein|wand|frei
ein|wärts; einwärts gebogen; einwärts gedreht; einwärts drehen; einwärts gehen
ein|wärts dre|hen (*alt:* ein|wärts-dre|hen) *tr. 1*
ein|wärts ge|hen (*alt:* ein|wärts-ge|hen) *intr. 47*
ein|wech|seln [-ks-] *tr. 1;* ich wechsele, wechsle das Geld ein
Ein|wech|se|lung, Ein|wechs|lung [-ks-] *f. 10 nur Sg.*
Ein|weck|ap|pa|rat *m. 1* vgl. Weckapparat
ein|we|cken *tr. 1* einkochen (bes. Obst und Gemüse)
Ein|weck|glas *n. 4*
Ein|weg... *in Zus.:* nur einmal zu benutzen und dann wegzuwerfen, z. B. Einwegflasche, Einwegspritze
Ein|weg|hahn *m. 2* Leitungshahn, der einen Flüssigkeits- oder Gasstrom nur in einer Richtung durchlässt
ein|wei|hen *tr. 1*
Ein|wei|hung *f. 10*
ein|wei|sen *tr. 177*
Ein|wei|sung *f. 10 nur Sg.*
ein|wen|den *tr. 178*
Ein|wen|dung *f. 10;* Einwendungen machen, erheben
ein|wer|fen *tr. 181*
ein|wer|tig
Ein|wer|tig|keit *f. 10*
ein|wi|ckeln *tr. 1*
Ein|wi|ckel|pa|pier *n. 1*
ein|wie|gen **1.** *tr. 1* in den Schlaf wiegen; **2.** *tr. 182* wiegen und in die Verpackung füllen
ein|wil|li|gen *intr. 1*
Ein|wil|li|gung *f. 10 nur Sg.*
ein|win|tern *tr. 1;* ich wintere es ein
Ein|win|te|rung *f. 10 nur Sg.*
ein|wir|ken *intr. 1*
Ein|wir|kung *f. 10*
Ein|woh|ner *m. 5*
Ein|woh|ner|mel|de|amt *n. 4*
Ein|woh|ner|schaft *f. 10 nur Sg.*
Ein|woh|ner|zahl *f. 10*
Ein|wurf *m. 2*
Ein|zahl *f. 10 nur Sg.* = Singular; *Ggs.:* Mehrzahl
ein|zah|len *tr. 1*
Ein|zah|lung *f. 10*
Ein|zah|lungs|schal|ter *m. 5*
Ein|zah|lungs|schein *m. 1, schweiz.:* Zahlkarte
ein|zäu|nen *tr. 1*
Ein|zäu|nung *f. 10*
ein|ze|hig
ein|zeich|nen *tr. 2*
Ein|zeich|nung *f. 10*
ein|zei|lig, 1-zei|lig
Ein|zel *n. 5, Tennis:* Spiel zweier einzelner Spieler gegeneinander; vgl. Doppel (2)
Ein|zel|fall *m. 2*
Ein|zel|gän|ger *m. 5*
Ein|zel|haft *f. 10*
Ein|zel|han|del *m. Gen.* -s *nur Sg.*
Ein|zel|han|dels|ge|schäft *n. 1*
Ein|zel|händ|ler *m. 5*
Ein|zel|heit *f. 10*
Ein|zel|kos|ten *nur Pl.* dem einzelnen Produkt direkt zurechenbare Kosten
Ein|zel|ler *m. 5*
ein|zel|lig

einzeln, der Einzelne: Mit kleinem Anfangsbuchstaben wird das Zahladjektiv *einzeln* geschrieben.
Die substantivierte Form wird großgeschrieben: *der/ die/ das Einzelne, jede(r) Einzelne, bis ins Einzelne, im Einzelnen, alles Einzelne.* § 57 (1)
Getrennt wird geschrieben: *einzeln stehend.* § 36 E1 (1.2)

ein|zeln **1.** *Kleinschreibung:* einzelne Dinge haben mir gefallen; ein einzeln stehender Baum; **2.** *Großschreibung:* der Einzelne ist machtlos; vom Einzelnen zum Allgemeinen, zum Ganzen; bis ins Einzelne; im Einzelnen; alles Einzelne; Einzelnes blieb unklar; als Einzelner; jeder Einzelne
ein|zeln ste|hend (*alt:* ein|zeln-ste|hend)

Ein|zel|stim|me *f. 11*
Ein|zel|stück *n. 1*
Ein|zel|stun|de *f. 11* Privatstunde
Ein|zel|teil *n. 1*
Ein|zel|ver|kauf *m. 2*
Ein|zel|we|sen *n. 7*
Ein|zel|zel|le *f. 11*
Ein|zel|zim|mer *n. 5*
ein|ze|men|tie|ren *tr. 3*
ein|zie|hen *tr. u. intr. 187*
Ein|zie|hung *f. 10 nur Sg.*

E

einzig, der Einzige: Das Adjektiv wird kleingeschrieben: *der einzige Passagier; er ist einzig.* Die substantivierte Form wird großgeschrieben: *der/die/das Einzige, als Einziger, als Einziges, kein Einziger.* § 57 (1)

ein|zig 1. *Kleinschreibung:* die einzige Möglichkeit wäre, ...; einzig schön; das ist das einzig Wahre; **2.** *Großschreibung:* er ist unser Einziger: unser einziges Kind; der, die, das Einzige; kein Einziger; als Einziges
ein|zig|ar|tig einmalig, unvergleichlich; das Einzigartige
Ein|zig|ar|tig|keit *f. 10 nur Sg.*
Ein|zig|keit *f. 10 nur Sg.*
Ein|zim|mer|woh|nung *f. 10*
Ein|zug *m. 2*
Ein|zü|ger *m. 5, schweiz.:* Kassierer
Ein|zugs|er|mäch|ti|gung *f. 10, Bankw.:* Vollmacht, von einem Konto regelmäßig bestimmte Summen einzuziehen
Ein|zugs|ge|biet *n. 1*
ein|zwän|gen *tr. 1*
ein|zwi|cken *tr. 1, südd., österr.:* einklemmen
Ein|zy|lin|der *m. 5*, **Ein|zy|lin|der|ma|schi|ne** *f. 11*
Ei|pul|ver [-vər] *n. 5 nur Sg.*
Eire [ɛərə] *ir. Name von* Irland
ei|rund
Ei|rund *n. 1 nur Sg.* ovale Form
eis, Eis *n. Gen. - Pl. -, Mus.:* das um einen halben Ton erhöhte e bzw. E
Eis *n. Gen.* -es *Pl.* -; drei Eis bestellen; Eis essen; Eis laufen
Eis|bahn *f. 10* gefrorene Wasserfläche zum Schlittschuhlaufen
Eis|bai|ser [-bɛze:] *n. 9*
Eis|bär *m. 10*
Eis|bein *n. 1* **1.** *nur Sg.* gekochtes und gepökeltes Beinstück vom Schwein; **2.** *Pl., ugs.:* sehr kalte Füße
Eis|berg *m. 1*
Eis|beu|tel *m. 5*
eis|blau grünlich blau
Eis|blink *m. 1* Widerschein des Polareises am Horizont
Eis|blu|me *f. 11 meist Pl.*
Eis|bom|be *f. 11*
Eis|bre|cher *m. 5*
Eis|creme, Eis|krem [-kre:m] *f. 9*
Eis|die|le *f. 11*
ei|sen *intr. 1* Eis gewinnen
Ei|sen *n. 7* (*Zeichen:* Fe) chem. Element, Ferrum; die Eisen schaffende, Eisen verarbeitende Industrie
Ei|sen|ach *auch:* **Ei|se|nach** Stadt am Thüringer Wald
Ei|sen|bahn *f. 10*
Ei|sen|bah|ner *m. 5*
Ei|sen|bahn|schaff|ner *m. 5*
Ei|sen|bahn|ver|kehr *m. 1 nur Sg.*
Ei|sen|bart(h) [nach dem Wundarzt Johann Andreas Eysenbarth] Doktor E. *ugs.:* mit derben Kuren behandelnder Arzt
Ei|sen|blü|te *f. 11 nur Sg.* ein Mineral
Ei|sen|erz *n. 1*
Ei|sen|glanz *m. Gen.* -es *nur Sg.*
Ei|sen|glim|mer *m. 5 nur Sg.* ein Mineral, Blutstein
Ei|sen|hut *m. 2 nur Sg.* eine Heilpflanze, Sturmhut, Akonit
Ei|sen|hüt|te *f. 11*
Ei|sen|hüt|ten|stadt Stadt an der Oder (1950 gegründet)
Ei|sen|kraut *n. 4* eine Heilpflanze, Verbene
Ei|sen|rahm *m. 1 nur Sg.* ein Mineral
Ei|sen schaf|fend (*alt:* ei|sen|schaf|fend)
ei|sen|schüs|sig eisenhaltig
Ei|sen|schwamm *m. 2 nur Sg.* Abfallstoff bei der Eisenverhüttung
Ei|sen|stadt Hauptstadt des Burgenlandes

Eisen verarbeitend: Das Gefüge aus Substantiv und Verb wird getrennt geschrieben, da *Eisen* auch in anderen syntaktischen Zusammenhängen noch als eigenständiges Substantiv erkennbar ist: *die Eisen verarbeitende Industrie.* § 34 E3 (5), § 36 E1 (1.2)

Ei|sen ver|ar|bei|tend (*alt:* ei|sen|ver|ar|bei|tend)
Ei|sen|zeit *f. 10 nur Sg.* vorgeschichtl. Zeitalter
ei|sen|zeit|lich

eisern - Eisern: Als Adjektiv kleingeschrieben *(ein eiserner Wille)*, wird es in Eigennamen mit großem Anfangsbuchstaben geschrieben: *die Eiserne Krone* (= langobardische Königskrone), *das Eiserne Kreuz* (= militärische Auszeichnung), *der Eiserne Vorhang* (= Grenze zwischen Ost und West nach dem II. Weltkrieg). § 60 (2.3), § 64 (4). Kleingeschrieben wird es weiterhin in Fällen, bei denen es sich um feste Fügungen handelt, die keine Eigennamen sind: *die eiserne Lunge, die eiserne Ration, der eiserne Vorhang* (= Feuerschutzvorrichtung im Theater). § 63

ei|sern; eiserne Hochzeit: Hochzeitstag nach 65 Jahren; eiserne Lunge: Gerät zur künstl. Atmung; eiserne Ration: Proviant für den äußersten Notfall; eiserner Vorhang: Feuerschutzvorrichtung im Theater; *aber:* der Eiserne Vorhang: (= Grenze zwischen Ost und West nach dem II. Weltkrieg; der Eiserne Kanzler: Bismarck; Eisernes Kreuz (*Abk.:* EK); Eiserne Krone: die langobardische Königskrone; Eisernes Tor: Donaudurchbruch und Name mehrerer Pässe
eis|frei
Eis|fuchs [-ks] *m. 2* = Polarfuchs
Eis|gang *m. 2*
eis|ge|kühlt
Eis|hei|li|gen *Pl., volkstüml. Bez. für* Heilige der Tage 11.-13. Mai (Norddeutschld.) bzw. 12.-14. Mai (Süddeutschld.), da es in diesen Tagen meist zu einem plötzl. Kälteeinbruch kommt
Eis|ho|ckey [-ke:] *n. Gen.* -s *nur Sg.*
ei|sig; der Wind ist eisig kalt
ei|sig kalt (*alt:* ei|sig|kalt)
Eis|kaf|fee *m. 9*
eis|kalt
Eis|kunst|lauf *m. 2*
Eis|kunst|läu|fer *m. 5*
Eis|lauf *m. 2*

Eis laufen: Fügungen aus Substantiv und Verb werden im Infinitiv, Partizip und am Ende eines Nebensatzes getrennt geschrieben: *Wir wollen Eis laufen. Er ist Eis gelaufen.* Ebenso: *Eis laufend, Eis und Ski laufen.* § 34 E3 (5)

Eis lau|fen (*alt:* eis|lau|fen) *intr. 76*
Eis|ler, *Hanns* dt. Komponist
Eis|män|ner *Pl. süddt., österr. für* Eisheilige
Eis|meer *n. 1*
Eis|mo|nat *m. 1,* **Eis|mond** *m. 1, alte Bez. für* Januar
Eis|pi|ckel *m. 5*
Ei|sack *m. Gen.* -s Fluss in Südtirol
Ei|sprung *m. 2* Austritt eines reifen Eies aus dem Eierstock, Follikelsprung, Ovulation
Eis|schie|ßen *n. Gen.* -s *nur Sg.*
Eis|schnell|lauf (*alt:* Eis|schnellauf (-ll|l-)) *m. 2*
Eis|se|geln *n. Gen.* -s *nur Sg.*
Eis|sport *m. 1 nur Sg.*
Eis|stand *m. 2*
Eis|vo|gel *m. 6*
Eis|zap|fen *m. 7*
Eis|zeit *f. 10*
eis|zeit|lich
ei|tel **1.** ein eitler Mensch; eitles Geschwätz; **2.** *veraltet, noch poet.:* lauter, rein; es herrschte eitel Lust und Freude
Ei|tel|keit *f. 10*
Ei|ter *m. 5 nur Sg.*
Ei|ter|herd *m. 1* eitrig endzündliche Stelle am od. im Körper
ei|te|rig, eit|rig
ei|tern *intr. 1*
Ei|te|rung *f. 10*
eit|rig Eiter absondernd
Ei|weiß *n. Gen.* - *Pl.* -; drei E. zu Schnee schlagen
Ei|zel|le *f. 11*

> **Eja-, Ekel-, Ela-, Ele-, Eli-:** Die Trennung nach einer Silbe, die nur aus einem Vokal besteht, ist erlaubt *(E|ja-, E|kel-, E|la-, E|le-, E|li-),* wird aber aus ästhetischen Gründen nicht empfohlen. § 108

E|ja|cu|la|tio prae|cox [lat.] *f. Gen.* - - *nur Sg.* vorzeitiger Samenerguss
E|ja|cu|la|tio re|tar|da *f. Gen.* - - *nur Sg.* zu spät eintretender Samenerguss
E|ja|ku|lat *n. 1* ausgespritzte Samenflüssigkeit
E|ja|ku|la|ti|on *f. 10* Samenerguss
e|ja|ku|lie|ren *intr. 3*
E|jek|ti|on *f. 10* **1.** *veraltet:* Vertreibung (aus dem Besitz); **2.** *Geol.:* Auswurf von vulkanischem Material
E|jek|tor *m. 13* **1.** Auswerfvorrichtung am Jagdgewehr; **2.** Dampfstrahlpumpe
e|ji|zie|ren *tr. 3* hinauswerfen, vertreiben
EK *Abk. für* Eisernes Kreuz
E|kart [ekar, frz.] *m. 9, Börse:* Unterschied zwischen zwei Kursen im Terminhandel
E|kar|té, E|car|té [-te] *n. 9* **1.** ein frz. Kartenspiel; **2.** *Ballett:* Abspreizen des gestreckten Beines
Ek|chon|drom [-çɔn-, griech.] *n. 1* Knorpelgeschwulst
Ek|chon|dro|se [-çɔn-, griech.] *f. 11* Erkrankung infolge Knorpelwucherung
Ek|chy|mo|se [-çy-, griech.] *f. 11* blutunterlaufene Stelle
EKD *Abk. für* Evangelische Kirche in Deutschland
ek|de|misch [griech.] auswärts befindlich, abwesend; *Ggs.:* endemisch (1)
e|kel *veraltet, noch poet.:* ekelhaft
E|kel **1.** *m. 5 nur Sg.* Widerwille, Abscheu; Ekel erregend *oder:* ekelerregend; **2.** *n. 5, ugs.:* unangenehmer, widerlicher Mensch; er ist ein E.
E|kel|blu|me *f. 11* Blume mit widerlichem Geruch
ekel|er|re|gend = **E|kel er|re|gend;** *aber nur:* ekelerregender, sehr ekelerregend *(bei Steigerung und mit Attribut)*
e|kel|haft
e|ke|lig, ek|lig
e|keln *tr. u. refl. 1;* ich ekle mich davor; es ekelt mich (*oder:* mir) vor ihm; er ekelt mich
E|kel|na|me [eigtl. Ökelname »Beiname«] *m. 15* Spitz-, Beiname
EKG, Ekg *Abk. für* Elektrokardiogramm
Ek|kle|sia *f. Gen.* - *nur Sg., eindeutschende Schreibung von* Ecclesia
Ek|kle|si|as|tik *f. 10 nur Sg.* = Ekklesiologie
Ek|kle|si|as|ti|kus *m. Gen.* - *nur Sg., in der Vulgata Bez. für* das Buch Jesus Sirach
Ek|kle|si|o|lo|gie *f. 11 nur Sg.,* Ek|kle|si|as|tik *f. 10 nur Sg.* Lehre von der Kirche

> ♦ Die Buchstabenfolge **ek|l...** kann in Fremdwörtern auch **e|kl...** getrennt werden.

♦ **Ek|lamp|sie** [griech.] *f. 11* Krampfanfall als Folge einer Stoffwechselstörung während der Schwangerschaft
♦ **ek|lamp|tisch**
♦ **Ek|lat** [ekla, frz.] *m. 9* Aufsehen erregendes Ereignis, Skandal
♦ **ek|la|tant** [frz.] **1.** Aufsehen erregend; **2.** offenkundig
♦ **Ek|lek|ti|ker** [griech. »Auswählender«] *m. 5* jmd., der verschiedene Anschauungen oder Kunststile verbindet
♦ **ek|lek|tisch**
♦ **Ek|lek|ti|zis|mus** *m. Gen.* - *nur Sg.* Übernahme fremden Gedankenguts
♦ **ek|lek|ti|zis|tisch**
ek|lig, e|ke|lig
Ek|lig|keit *f. 10 nur Sg.*
♦ **Ek|lip|se** [griech.] *f. 11* Sonnen- oder Mondfinsternis
♦ **Ek|lip|tik** *f. 10 nur Sg.* die scheinbar von der Sonne durchlaufene Bahn am Himmel innerhalb eines Jahres
♦ **ek|lip|tisch**
♦ **Ek|lo|ge** [griech.] *f. 11* altröm. Schäfergedicht
E|ko|no|mi|ser, E|co|no|mi|ser [ikɔnomaɪzə(r), engl.] *m. 5* Vorwärmer für das Wasser von Dampfkesseln
E|kos|sai|se, E|cos|sai|se [ekɔsɛz(ə), frz.] *f. 11 urspr.:* ein schott. Volkstanz, *danach:* ein Gesellschaftstanz
Ek|pho|rie [griech.] *f. 11* Vorgang des Sicherinnerns
E|kra|sit *auch:* **Ek|ra|sit** [frz.] *n. 1 nur Sg.* ein Sprengstoff
e|krü *auch:* **ek|rü, e|cru** [frz.] *nicht flektierbar* naturfarben
E|krü|sei|de *auch:* **Ek|rü|sei|de** *f. 11* Rohseide
Ek|sta|se *auch:* **Eks|ta|se** [griech.] *f. 11* **1.** rauschhafte Verzückung, Entrückung; **2.** übersteigerte Begeisterung
Ek|sta|tik *auch:* **Eks|ta|tik** *f. 10 nur Sg.* Lehre von der Ekstase
Ek|sta|ti|ker *auch:* **Eks|ta|ti|ker** *m. 5* rasch in übersteigerte Begeisterung geratender Mensch, idealistischer Schwärmer
ek|sta|tisch *auch:* **eks|ta|tisch**
Ek|ta|se [griech.] *f. 11,* Ek|ta|sis *f. Gen.* - *Pl.* -sen, *antike Metrik:* Dehnung (eines Vokals)
Ek|ta|sie *f. 11, Med.:* Ausdehnung, Erweiterung
Ek|ta|sis *f. Gen.* - *Pl.* -sen vgl. Ektase
Ek|to|derm [griech.] *n. 1* äußeres Keimblatt des Embryos
Ek|to|mie *f. 11* operative Entfernung eines Organs

E

E

Ek|to|pa|ra|sit *m. 10* Schmarotzer auf der Körperoberfläche
Ek|to|pie *f. 11* Verlagerung eines Organs (z. B. bei der Wanderniere)
ek|to|pisch
Ek|to|plas|ma *n. 9, bei Einzellern:* äußere Plasmaschicht
E|ku|a|dor *integrierte Schreibung von* Ecuador
Ek|zem [griech.] *n. 1* nicht ansteckende, juckende Hautentzündung
Ek|ze|ma|ti|ker *m. 5* jmd., der an Ekzemen leidet
ek|ze|ma|tisch, ek|ze|ma|tös von einem Ekzem hervorgerufen, in der Art eines Ekzems
E|la|bo|rat [lat.] *n. 1* schlechte schriftl. Arbeit, Machwerk
E|lan [auch: elã, frz.] *m. Gen.* -s *nur Sg.* Schwung, Begeisterung
E|last *m. 1 meist Pl.* = **E|las|tik**
E|las|tik *f. 10 oder n. 9,* **E|last** *m. 1 meist Pl.* ein dehnbares Gewebe
e|las|tisch **1.** dehnbar, biegsam; **2.** *übertr.:* spannkräftig, beweglich
E|las|ti|zi|tät *f. 10 nur Sg.* **1.** Dehnbarkeit, Biegsamkeit; **2.** *übertr.:* Spannkraft, Beweglichkeit
E|las|ti|zi|täts|gren|ze *f. 11*
E|las|ti|zi|täts|mo|dul *m. 14* Widerstandsfähigkeit gegen Formveränderung
E|las|to|me|re *Pl.* gummiartige Kunststoffe
E|la|tiv [lat.] *m. 1* absoluter Superlativ, z. B. schönstens: sehr schön, eiligst: sehr eilig
El|ba ital. Insel
El|be *f. Gen.* - mitteleurop. Fluss
El|brus *auch:* **El|brus** *m. Gen.* - höchster Gipfel des Kaukasus
El|burs *m. Gen.* - Gebirge in Iran
Elch *m. 1* eine Hirschart, Elen
El|do|ra|do, Do|ra|do [span.] *n. 9* Land von großem Reichtum
E|le|a|te [nach der südital. Stadt Elea] *m. 11* Mitglied einer altgriech. Philosophenschule
e|le|a|tisch

♦ Die Buchstabenfolge **e|lec|tr...** kann in Fremdwörtern auch **e|lect|r...** getrennt werden.

♦ **E|lec|tro|nic|ban|king** *auch:* **E|lec|tro|nic Ban|king** [ılɛktrɔnıkbæŋkıŋ, engl.] *n. Gen.* -s *nur Sg.* computerunterstützter Geschäftsvorgang bei Banken und deren (Privat-)Kunden
♦ **E|lec|tro|nic|busi|ness** *auch:* **E|lec|tro|nic Busi|ness** [ılɛktrɔnıkbıznıs, engl.] *n. Gen. - nur Sg.* Geschäftsabwicklung auf elektronischem Weg, insbesondere über das Internet
♦ **E|lec|tro|nic|cash** *auch:* **E|lec|tro|nic Cash** [ılɛktrɔnıkæʃ, engl.] *n. Gen. - nur Sg.* bargeldloser Zahlungsverkehr
♦ **E|lec|tro|nic|com|merce** *auch:* **E|lec|tro|nic Com|merce** [ılɛktrɔnıkɔmɔːs, engl.] *m. Gen. - nur Sg.* computerunterstützter Handel mit Waren und Dienstleistungen, insbesondere über das Internet
♦ **E|lec|tro|nic|mail** *auch:* **E|lec|tro|nic Mail** [ılɛktrɔnıkmɛıl, engl.] *f. 9* s. **E-Mail**
♦ **E|lec|tro|nic|pu|bli|shing** *auch:* **E|lec|tro|nic Pub|li|shing** [ılɛktrɔnıkpʌblıʃıŋ, engl.] *n. Gen. - nur Sg.* **1.** elektronische Produktion von Publikationen; **2.** Distribution elektronischer Publikationen; **3.** Präsentations- und Publikationsformen elektronischer Medien, die mit intermedialen Verknüpfungen arbeiten, z. B. CD-ROM, Internet
E|le|fant [griech.-lat.] *m. 10*
E|le|fan|ten|hoch|zeit *f. 10, scherzh. für* Zusammenschluss von Großunternehmen
E|le|fan|ten|run|de *f. 11, ugs.:* Fernsehveranstaltung mit den Parteivorsitzenden nach Wahlen
E|le|fan|ti|a|sis, E|le|phan|ti|a|sis *f. Gen. - Pl.* -ti|a|sen infolge Lymphstauung unförmige Verdickung des Gewebes an Gliedmaßen, bes. den Beinen
e|le|gant [frz.]
E|le|gant [-gã] *m. 9* stets nach der letzten Mode gekleideter Mann
E|le|ganz *f. 10 nur Sg.*
E|le|gie [griech.] *f. 11* **1.** *urspr.:* Gedicht in Distichen; **2.** *danach:* wehmütiges, klagendes Gedicht oder Musikstück
E|le|gi|ker *m. 5* Elegiendichter
e|le|gisch **1.** in der Art einer Elegie; **2.** *übertr.:* klagend, wehmütig, traurig
E|leg|jam|bus *m. Gen. - Pl.* -ben ein antikes jambisches Versmaß
E|lei|son *auch:* **E|le|i|son** [auch: elei-, griech. »erbarme dich«] *n. 9* gottesdienstl. Gesang; vgl. Kyrie eleison
E|lek|ti|on [lat.] *f. 10* Auswahl
e|lek|tiv auswählend
E|lek|to|rat *n. 1* Kurfürstenwürde

♦ Die Buchstabenfolge **e|lek|tr...** kann in Fremdwörtern auch **e|lekt|r...** getrennt werden.

♦ **E|lek|tra** *griech. Myth.:* Tochter des Agamemnon
♦ **E|lek|tri|fi|ka|ti|on** [lat.] *f. 10 nur Sg.* Einrichtung von elektr. Anlagen, Umstellung auf elektr. Betrieb
♦ **e|lek|tri|fi|zie|ren** *tr. 3* auf elektr. Betrieb ein- oder umstellen
♦ **E|lek|tri|fi|zie|rung** *f. 10 nur Sg.*
♦ **E|lek|trik** *f. 10 nur Sg., Kurzwort für* Elektrotechnik, Elektrizitätslehre
♦ **E|lek|tri|ker** *m. 5, Kurzwort für* Elektrotechniker
♦ **e|lek|trisch;** elektrisches Feld; elektrische Lokomotive (*Kurzwort:* E-Lok); elektrischer Stuhl; elektrischer Widerstand
♦ **e|lek|tri|sie|ren** *tr. 3* **1.** elektr. Ladungen erzeugen (in etwas), übertragen (auf etwas); **2.** mit elektr. Strom behandeln
♦ **E|lek|tri|sier|ma|schi|ne** *f. 11*
♦ **E|lek|tri|sie|rung** *f. 10 nur Sg.*
♦ **E|lek|tri|zi|tät** *f. 10 nur Sg.* elektr. Ladung, elektr. Energie
♦ **E|lek|tri|zi|täts|werk** *n. 1*
♦ **E|lek|tri|zi|täts|zäh|ler** *m. 5*
♦ **E|lek|tro|a|kus|tik** *f. 10 nur Sg.* Technik der Umwandlung akustischer in elektrische Signale sowie ihre Übertragung, Speicherung und Rückverwandlung in Schallwellen
♦ **e|lek|tro|a|kus|tisch**
♦ **E|lek|tro|au|to** *n. 9*
♦ **E|lek|tro|che|mie** [-çe-] *f. 11 nur Sg.* Lehre von den chem. Wirkungen des elektr. Stroms
♦ **e|lek|tro|che|misch** [-çe-]
♦ **E|lek|tro|chir|ur|gie** *auch:* **E|lek|tro|chi|rur|gie** [-çir-] *f. 11 nur Sg.* Chirurgie mit Hilfe elektr. Stroms
♦ **e|lek|tro|chir|ur|gisch** *auch:* **e|lek|tro|chi|rur|gisch** [-çir-]
♦ **E|lek|tro|chord** [-kɔrd] *n. 1* elektr. Klavier
♦ **E|lek|tro|de** *f. 11* Metall- oder Kohlekörper zum Zu- oder Ableiten von elektr. Strom
♦ **E|lek|tro|di|a|gnos|tik** *auch:* **E|lek|tro|di|ag|nos|tik** *f. 10 nur Sg.* Diagnostik mit Hilfe elektrophysikal. Verfahren (z. B. EKG, EEG)

♦**E|lek|tro|dy|na|mik** *f. 10 nur Sg.* Lehre von den mechan. Wirkungen des elektr. Stroms
♦**e|lek|tro|dy|na|misch**
♦**E|lek|tro|dy|na|mo|me|ter** *n. 5* Gerät zum Messen der elektrischen Stromstärke und Spannung
♦**E|lek|tro|en|ze|pha|lo|gramm** *n. 1* (*Abk.:* EEG) Aufzeichnung der elektr. Aktionsströme des Gehirns zur Erkennung von Gehirnerkrankungen
♦**E|lek|tro|en|ze|pha|lo|gra|phie** *auch:* **E|lek|tro|en|ze|pha|lo|gra|fie** *f. 11 nur Sg.*
♦**E|lek|tro|fahr|zeug** *n. 1*
♦**E|lek|tro|herd** *m. 1*
♦**E|lek|tro|in|dus|trie** *auch:* **E|lek|tro|in|dust|rie** *f. 11*
♦**E|lek|tro|in|ge|ni|eur** [-ʒənjø:r] *m. 1*
♦**E|lek|tro|kar|di|o|gramm** *n. 1* (*Abk.:* EKG, Ekg) Aufzeichnung der Aktionsströme des Herzmuskels
♦**E|lek|tro|kar|di|o|graph** *auch:* **E|lek|tro|kar|di|o|graf** *m. 10* Gerät zur Herstellung von Elektrokardiogrammen
♦**E|lek|tro|kar|di|o|gra|phie** *auch:* **E|lek|tro|kar|di|o|gra|fie** *f. 11 nur Sg.*
♦**E|lek|tro|kaus|tik** *f. 10 nur Sg.* operative Entfernung kranken Gewebes mit Hilfe von Hochfrequenzströmen
♦**E|lek|tro|kau|ter** *m. 5* elektr. Schneidbrenner zur Elektrokaustik
♦**E|lek|tro|ly|se** *f. 11* Zersetzung chem. Verbindungen durch elektr. Strom
♦**E|lek|tro|lyt** *m. 1 oder m. 10* Stoff, der in wässriger Lösung elektr. Strom leitet und durch ihn zersetzt wird
♦**e|lek|tro|ly|tisch**
♦**E|lek|tro|ma|gnet** *auch:* **E|lek|tro|mag|net** *m. 10* durch elektrischen Strom magnetisch gewordenes Metall
♦**e|lek|tro|ma|gne|tisch** *auch:* **e|lek|tro|mag|ne|tisch**
♦**E|lek|tro|ma|gne|tis|mus** *auch:* **E|lek|tro|mag|ne|tis|mus** *m. Gen. - nur Sg.* durch elektr. Strom erzeugter Magnetismus
♦**E|lek|tro|me|tall** *n. 1* durch Elektrolyse gewonnenes Metall
♦**E|lek|tro|me|ter** *n. 5* Gerät zum Messen elektr. Ladung und Spannung
♦**E|lek|tro|mo|tor** *m. 13* mit elektr. Strom betriebener Motor
♦**E|lek|tron** [auch: -tron, griech.] *n. Gen.* -s *Pl.* -tro|nen (*Zeichen:* e, *früher:* e⁻) **1.** negativ geladenes Elementarteilchen; **2.** *nur Sg.* in der Natur vorkommende Gold-Silber-Legierung; **3.** ® Magnesiumlegierung (mit je nach Verwendung verschiedenen Zusätzen); **4.** antikes Münzmetall
♦**E|lek|tro|nen|ge|hirn** *n. 1* elektron. Rechenmaschine
♦**E|lek|tro|nen|mi|kro|skop** *auch:* **E|lek|tro|nen|mik|ros|kop** *n. 1* Mikroskop, bei dem Elektronen statt Licht verwendet werden
♦**E|lek|tro|nen|or|gel** *f. 11* elektronisch betriebenes, orgelähnl. Musikinstrument
♦**E|lek|tro|nen|rech|ner** *m. 5*
♦**E|lek|tro|nen|röh|re** *f. 11* Gerät zum Erzeugen, Verstärken und Gleichrichten elektr. Schwingungen
♦**E|lek|tro|nen|volt** *n. Gen.* -(s) *Pl.* -, *Kernphysik:* Einheit für Arbeit bzw. Energie
♦**E|lek|tro|nik** *f. 10 nur Sg.* Lehre von den Elektronen und Elektronenröhren und ihrer techn. Anwendung
♦**E|lek|tro|ni|ker** *m. 5* Techniker in der Elektronik
♦**e|lek|tro|nisch**; elektronische Musik: Musik, die mit elektron. Klangmitteln erzeugt und durch Lautsprecher übertragen wird; elektronische Datenverarbeitung (*Abk.:* EDV)
♦**E|lek|tro|o|fen** *m. 8*
♦**e|lek|tro|phil** zur Anlagerung von Elektronen neigend
♦**e|lek|tro|phob** der Anlagerung von Elektronen abgeneigt
♦**E|lek|tro|pho|re|se** *f. 11 nur Sg.* Bewegung elektrisch geladener Teilchen im elektr. Feld
♦**E|lek|tro|schock** *m. 9* Schock durch elektr. Strom zu Heilzwecken
♦**E|lek|tro|skop** *auch:* **E|lek|tros|kop** *n. 1* veraltetes Gerät zum Nachweis elektr. Ladungen
♦**E|lek|tro|smog** *m. 9 nur Sg., ugs.;* gesundheits-, umweltschädigende elektromagnetische Strahlung in Wohnräumen
♦**E|lek|tro|sta|tik** *f. 10 nur Sg.* Lehre von den ruhenden elektr. Ladungen
♦**e|lek|tro|sta|tisch**
♦**E|lek|tro|tech|nik** *f. 10 nur Sg.* Technik der Erzeugung und Anwendung der Elektrizität und der Herstellung elektr. Geräte und Maschinen
♦**E|lek|tro|tech|ni|ker** *m. 5* Handwerker oder Ingenieur in der Elektrotechnik
♦**e|lek|tro|tech|nisch**
♦**E|lek|tro|the|ra|pie** *f. 11* Heilbehandlung mit elektr. Strom
♦**E|lek|tro|to|mie** *f. 11* Herausschneiden von Gewebswucherungen mittels elektrisch beheizter Schneidschlinge
E|le|ment [lat.] *n. 1* **1.** Urstoff, Grundstoff; **2.** Grundbestandteil, -begriff; **3.** *übertr.:* minderwertiger Mensch; **4.** das jmdm. Gemäße, Angemessene; hier ist er in seinem E.
e|le|men|tar **1.** grundlegend; **2.** naturhaft; **3.** Anfangs…, Grund…, Natur…; elementare Begriffe
E|le|men|tar|ge|walt *f. 10* Urgewalt, Naturgewalt
E|le|men|tar|geist *m. 3, im Volksglauben:* Naturgeist
E|le|men|tar|la|dung *f. 10* kleinste in der Natur vorkommende elektr. Ladung
E|le|men|tar|leh|rer *m. 5* Grundschullehrer
E|le|men|tar|ma|the|ma|tik *f. 10 nur Sg.* unterste Stufe der Mathematik
E|le|men|tar|schu|le *f. 11* Grundschule
E|le|men|tar|teil|chen *n. 7* kleinstes, nicht weiter teilbares Teilchen
E|le|men|tar|un|ter|richt *m. 1* **1.** Grundschulunterricht; **2.** Anfangs-, Einführungsunterricht
E|le|men|tar|werk *n. 1* Lehrbuch der Anfangsgründe (eines Wissensgebietes)
E|le|mi [arab.-span.] *n. Gen.* -s *nur Sg.* Harz versch. trop. Bäume
E|le|mi|öl *n. 1 nur Sg.*
E|len [lat.] *n. 7 oder m. 7,* E|len|tier *n. 1* Elch
E|len|an|ti|lo|pe *f. 11*
e|lend; mir ist elend

elend, Elend: Getrennt und kleingeschrieben wird *elend* in verbalen Fügungen: *Mir ist elend* (Infinitiv: *elend sein*); *sich elend fühlen*. § 35
Die substantivierte Form wird großgeschrieben: *Sie leben/sind im Elend.* § 55 (4)

E

E|lend *n. Gen.* -s *nur Sg.*; im Elend leben

e|len|dig, e|len|dig|lich [auch: elẹn-]

E|lends|quar|tier *n. 1*

E|lends|vier|tel *n. 5*

E|len|tier *n. 1* Elen

E|le|o|no|ra, E|le|no|re weibl. Vorname

E|le|phan|ti|a|sis *f. Gen.* - *Pl.* -ti|a|sen s. **E|le|fan|ti|a|sis**

E|leu|si|ni|en *Pl. im alten Griechenland:* Mysterienspiele der Stadt Eleusis zu Ehren der Göttin Demeter, die Eleusinischen Mysterien

E|le|va|ti|on [-va-, lat.] *f. 10* **1.** Erhöhung, Empor-, Aufheben; **2.** *kath. Kirche:* das Emporheben von Hostie und Kelch während der Messe; **3.** *Astron.:* Erhebung eines Gestirns über den Horizont

E|le|va|ti|ons|win|kel [-va-] *m. 5, Astron.*

E|le|va|tor [-va-] *m. 13* Hebe-, Becherwerk

E|le|ve [-və, frz.] *m. 11* **1.** Land- und Forstwirt während der prakt. Ausbildung; **2.** Schauspiel- oder Ballettschüler

E|le|vin [-vin] *f. 10* weibl. Eleve

ẹlf 11; zu elfen, zu elft; vgl. acht

Ẹlf **1.** *f. 10* die Zahl 11; vgl. Acht; **2.** *f. 10* Mannschaft aus elf Spielern; **3.** *m. 10* Naturgeist

Ẹl|fe *f. 11* weibl. Elf (3)

Ẹl|fen|bein *n. 1 nur Sg.* Zahnbein der Zähne von Elefant, Walross, Nilpferd, Narwal u. a.

ẹl|fen|bei|nern aus Elfenbein

Ẹl|fen|bein|küs|te *f. 11, nur Sg.* Staat in Westafrika, *amtl.:* Côte d'Ivoire

Ẹl|fen|bein|schnit|ze|rei *f. 10*

Ẹl|fen|bein|turm *m. 2 nur Sg.* Symbol für das Sichabschließen von der Umwelt und ihren Problemen zum Zweck ungestörter geistiger oder künstler. Arbeit

ẹl|fen|haft

Ẹl|fen|kö|nig *m. 1*

Ẹl|fen|rei|gen *m. 7*

Ẹl|fen|ring *m. 1* Hexenring

Ẹl|fer *m. 5, kurz für* Elfmeter

Ẹl|fer|rat *m. 2* aus elf Mitgliedern bestehender Rat einer Faschingsgesellschaft

Ẹl|fer|wet|te *f. 11* Wette beim Fußballtoto

ẹlf|hun|dert eintausendeinhundert, 1100

ẹl|fisch zu den Elfen gehörend, elfenhaft

Elf|me|ter *m. 5, Fußball:* Strafstoß aus 11 m Entfernung gegen das Tor

Elf|me|ter|mar|ke *f. 11*

Elf|me|ter|punkt *m. 1*

Elf|me|ter|schie|ßen *n. 7*

Elf|me|ter|schuss (*alt:* Elf|me|ter|schuß) *m. 2*

El|frie|de weibl. Vorname

ẹlf|tel vgl. achtel

El|gar [ẹlga:(r)], *Sir Edward* engl. Komponist

E|li|as, E|li|a männl. Vorname

e|li|die|ren [lat.] *tr. 3* **1.** *Sprachw.:* auslassen, ausstoßen (Laut); **2.** streichen, tilgen

E|li|die|rung *f. 10*

E|li|mi|na|ti|on [lat.] *f. 10* Entfernung, Beseitigung

e|li|mi|nie|ren *tr. 3* ausscheiden, entfernen

E|li|mi|nie|rung *f. 10*

E|li|sa|beth weibl. Vorname

e|li|sa|be|tha|nisch; *aber:* das Elisabethanische England: das England zur Zeit Elisabeths I.

E|li|si|on [lat.] *f. 10* Weglassen, Ausstoßen eines Vokals, z. B. das hör ich gern, Freud und Leid, Besied(e)lung

e|li|tär zu einer Elite gehörend

E|li|te [österr.: -lit, frz.] *f. 11* Auslese, die Besten

E|li|te|mann|schaft *f. 10*

E|li|xier [griech.-arab.] *n. 1* Zauber-, Heiltrank, Verjüngungsmittel

Ẹl|ke weibl. Vorname

Ẹll|bo|gen, Ẹl|len|bo|gen *m. 7*

Ẹll|bo|gen|frei|heit *f. 10 nur Sg., ugs. übertr.:* Bewegungsfreiheit, Freiheit zur Wirksamkeit

Ẹl|le *f. 11* **1.** einer der beiden Unterarmknochen; **2.** altes Längenmaß, 60-80 cm

Ẹl|len|bo|gen *m. 7* = **Ẹll|bo|gen**

ẹl|len|lang *ugs.:* sehr lang

Ẹl|ler *f. 11, nddt. für* Erle

El|lip|se [griech.] *f. 11* **1.** *Math.:* ein Kegelschnitt; **2.** *Sprachw.:* Auslassung von zum Verständnis nicht nötigen Teilen, z. B. (was) frisch gewagt (wird), ist (schon) halb gewonnen

el|lip|so|id ellipsenähnlich

El|lip|so|id *n. 1* durch Drehung einer Ellipse um eine ihrer Achsen entstandener Körper

el|lip|tisch in der Art, Form einer Ellipse

El|lip|ti|zi|tät *f. 10 nur Sg., Astron.:* Abplattung eines Himmelskörpers infolge seiner Rotation

Ẹl|mar männl. Vorname

Ẹlms|feu|er, Sankt-Ẹlms-Feuer [nach dem hl. Elmo] *n. 5* elektr. Lichterscheinung an hohen Spitzen (z. B. Kirchtürmen, Blitzableitern, Masten) bei gewittriger Luft

E|lo|ah [semit.] *m. Gen.* -(s) *Pl.* E|lo|him, *im AT Bez. für* Jahwe und die Heidengötter

E|lo|ge [-ʒə, frz.] *f. 11* Lob, Lobrede, Schmeichelei; jmdm. Elogen machen

E-Lok *f. 9* elektr. Lokomotive

E|lon|ga|ti|on [lat.] *f. 10* **1.** jeweiliger Abstand eines schwingenden Körpers von der Ruhelage; **2.** Winkelabstand zwischen Sonne und Planet oder zwischen Planet und Satellit

e|lo|quẹnt [lat.] beredt

E|lo|quẹnz *f. 10 nur Sg.* Beredsamkeit

E|lo|xal® [Kurzwort aus elektrisch oxidiertes Aluminium] *n. 1 nur Sg.* Schutzüberzug aus Aluminiumoxid zur Erhöhung der Korrosionsbeständigkeit

e|lo|xie|ren *tr. 3* mit Eloxal überziehen

Ẹl|rit|ze *f. 11* ein Karpfenfisch, Pfrille, Pfrelle

Ẹl|sa, Ẹl|se weibl. Vorname, *Kurzform von* Elisabeth

El Sal|va|dor [-va-] Staat in Mittelamerika

Ẹl|sass (*alt:* Ẹl|saß) *n. Gen.* - *oder* -sas|ses frz. Landschaft zwischen Oberrhein und Vogesen, an der Grenze zur BR Dtld.

Ẹl|säs|ser *m. 5*

ẹl|säs|sisch

Ẹl|sass-Loth|rin|gen (*alt:* Ẹl|saß-Loth|rin|gen)

ẹl|sass-loth|rin|gisch (*alt:* ẹl|saß-loth|rin|gisch)

Ẹls|ter **1.** *f. Gen.* - dt. Fluss; Weiße E.; Schwarze Elster; **2.** *f. 11* ein Vogel

Ẹl|ter *m. 14, naturwissenschaftl. und statist. Bez. für* Elternteil

ẹl|ter|lich

Ẹl|tern *nur Pl.*

Ẹl|tern|a|bend *m. 1*

Ẹl|tern|bei|rat *m. 2*

Ẹl|tern|haus *n. 4*

ẹl|tern|los

Ẹl|tern|schaft *f. 10 nur Sg.*

Ẹl|tern|teil *m. 1*

E|lu|at [lat.] *n. 1* aus einem Adsorbens herausgelöster Stoff
e|lu|ie|ren *tr. 3;* einen adsorbierten Stoff e.: aus einem festen Adsorbens herauslösen
E|lu|ti|on *f. 10* das Eluieren
e|lu|vi|al [-vi-, lat.] am Entstehungsort liegen geblieben (Gestein, Metalle usw.)
E|lu|vi|um [-vi-] *n. Gen.* -s *nur Sg.* am Entstehungsort liegen gebliebene Rückstände von Abtragungsvorgängen
El|vi|ra [-vi-] weibl. Vorname
e|ly|sä|isch, e|ly|sisch **1.** zum Elysium gehörig; **2.** paradiesisch, himmlisch, wonnevoll; elysäische Gefilde vgl. Elysium; *aber:* die Elysäischen Felder (Champs Élysées) in Paris
É|ly|sée *n. Gen.* -s *nur Sg.* Palast in Paris, Residenz des Präsidenten der Rep. Frankreich
e|ly|sisch s. **e|ly|sä|isch**
E|ly|si|um *n. Gen.* -s *nur Sg. griech. Myth.:* Aufenthaltsort der Seligen, Paradies, die elysäischen Gefilde
E|ly|tron *auch:* **E|lyt|ron** [griech.] *n. Gen.* -s *Pl.* Ely|tren Deck-, Schutzflügel (von manchen Insekten)
El|ze|vir [-zəvir] *f. Gen.* - *nur Sg.* [nach der ndrl. Buchdruckerfamilie E.] eine Antiqua-Druckschrift
El|ze|vi|ri|a|na [-vi-] *Pl.* Drucke der Familie Elzevir
Em *chem. Zeichen für* Emanation (4)
em. *Abk. für* emeritiert
em..., Em... vgl. en..., En...

Ema-, Eme-, Emu-: Die Trennung nach einer Silbe, die nur aus einem Vokal besteht, ist erlaubt *(E|ma-, E|me-, E|mu-),* wird aber aus ästhetischen Gründen nicht empfohlen. § 108

E|mail [auch: emaj, frz.] *n. 9,* E|mail|le [emaj(ə)] *f. 11* farbiger Schutz- oder Schmucküberzug auf Metallgegenstände
E-Mail [imɛıl, engl.] *f. 9 kurz für* Electronicmail, Nachricht, die über das Internet, Onlinedienste oder ein Firmennetzwerk befördert wird
E-Mail-A|dres|se *auch:* **E-Mail-Ad|res|se** [imɛıl-, engl.] *f. 11*
E|mail|far|be [auch: emaj-] *f. 11*
E|mail|lack [auch: emaj-] *m. 1*
E|mail|le [emaj(ə)] *f. 11* s. **E|mail**
E|mail|leur [emajør] *m. 1* Facharbeiter, der Metallgegenstände mit Email überzieht
e|mail|lie|ren [emaji-] *tr. 3* mit Email überziehen
E|mail|ma|le|rei [auch: emaj-] *f. 10*
E|man [Kurzwort aus Emanation] *n. Gen.* -s *Pl.* - Maßeinheit für den radioaktiven Gehalt (bes. von Quellwasser)
E|ma|na|ti|on *f. 10* **1.** Ausströmen, Ausstrahlung; **2.** *Philos.:* Entstehung aller Dinge aus dem vollkommenen, unveränderl. Einen (Gott); **3.** *Psychol.:* persönliche Ausstrahlung; **4.** *Chem.: früher Bez. für* Radon (*Zeichen:* Em)
E|ma|na|tis|mus *m. Gen.* - *nur Sg.* antike Lehre von der Emanation
e|ma|nie|ren *intr. 3* ausströmen, ausstrahlen
E|ma|nu|el männl. Vorname
E|man|ze *f. 11, abwertend:* emanzipierte Frau
E|man|zi|pa|ti|on [lat.] *f. 10* Befreiung aus Abhängigkeit und Bevormundung; Gleichstellung, Gleichberechtigung
E|man|zi|pa|ti|ons|be|we|gung *f. 10*
e|man|zi|pa|to|risch auf Emanzipation zielend
e|man|zi|pie|ren *refl. 3* sich selbständig machen, sich aus Abhängigkeit und von Bevormundung befreien
e|man|zi|piert betont selbständig und vorurteilslos
E|man|zi|piert|heit *f. 10 nur Sg.*
Em|bal|la|ge [ãbalaʒə, frz.] *f. 11* Verpackung (einer Ware)
em|bal|lie|ren *tr. 3*
Em|bar|go [span.] *n. 9* **1.** Beschlagnahme (eines Schiffes oder seiner Ladung durch einen Staat); **2.** Ausfuhrverbot
Em|blem *auch:* **Emb|lem** [auch: ãblem, griech.] *n. 1* Kenn-, Abzeichen, Hoheitszeichen; Sinnbild
em|ble|ma|tisch *auch:* **emb|le|ma|tisch** sinnbildlich
Em|bo|lie [griech.] *f. 11* Verstopfung eines Blutgefäßes durch einen Embolus
Em|bo|lus *m. Gen.* - *Pl.* -li Blutgerinnsel, Fetttröpfchen o. Ä. in der Blutbahn
Em|bon|point [ãbɔ̃poɛ̃, frz. »in gutem Zustand«] *m. 9 oder n. 9* Wohlbeleibtheit, Körperfülle, Spitzbauch

♦ Die Buchstabenfolge **em|bry...** kann in Fremdwörtern auch **emb|ry...** getrennt werden.

♦ **Em|bryo** [griech.] *m. Gen.* -s *Pl.* -s *oder* -bry|o|nen, *österr. auch: n. 9* ungeborenes bzw. noch nicht geschlüpftes Lebewesen, Keimling; vgl. Fetus
♦ **Em|bry|o|lo|gie** *f. 11 nur Sg.* Lehre von der Entwicklung des Embryos
♦ **em|bry|o|lo|gisch**
♦ **em|bry|o|nal,** em|bry|o|nisch zum Embryo gehörig, im Zustand des Embryos, unentwickelt
♦ **Em|bry|o|nal|ent|wick|lung** *f. 10*
♦ **em|bry|o|nisch** vgl. embryonal
Emd *n. Gen.* -es *nur Sg., schweiz.:* zweite Mahd, Öhmd
Em|den Stadt in Niedersachsen
Em|de|ner, Em|der *m. 5*
E|men|da|ti|on [lat.] *f. 10* Verbesserung, Berichtigung (bes. von Texten)
e|men|die|ren *tr. 3*
E|me|rit [lat.] *m. 10,* E|me|ri|tus *m. Gen.* - *Pl.* -ti jmd., der emeritiert ist
e|me|ri|tie|ren *tr. 3* in den Ruhestand versetzen (Geistliche), entpflichten (Universitätsprofessoren)
e|me|ri|tiert (*Abk.:* em.) im Ruhestand
E|me|ri|tie|rung *f. 10 nur Sg.*
E|me|ri|tus *m. Gen.* - *Pl.* -ti vgl. Emerit
e|mers [lat.] über den Wasserspiegel hinausragend (Wasserpflanzen); *Ggs.:* submers
E|mer|si|on *f. 10* **1.** Heraustreten eines Mondes aus dem Schatten des Planeten, den er umkreist; **2.** *Geol.:* Auftauchen von Festland durch Zurückweichen des Meeres
E|me|ti|kum [griech.] *n. Gen.* -s *Pl.* -ka Brechmittel
e|me|tisch Erbrechen bewirkend
E|mi|grant *auch:* **E|mig|rant** [lat.] *m. 10* Auswanderer; *Ggs.:* Immigrant; vgl. Remigrant
E|mi|gra|ti|on *auch:* **E|mig|ra|ti|on** *f. 10* Auswanderung (bes. aus polit. oder relig. Gründen); *Ggs.:* Immigration
e|mi|grie|ren *auch:* **e|mig|rie|ren** *intr. 3* auswandern; *Ggs.:* immigrieren
E|mil männl. Vorname
E|mi|lie weibl. Vorname

E

E

e|mi|nent [lat.] hervorragend, außerordentlich
E|mi|nenz *f. 10* Titel für Kardinäle und den Großmeister des Malteserordens (auch als Anrede); Euer Eminenz
E|mir [auch: -mir, arab.] *m. 1* Titel für arab. Fürsten
E|mi|rat *n. 1* arab. Fürstentum
E|mis|sär [lat.-frz.] *m. 1* Abgesandter mit geheimem Auftrag, Kundschafter
E|mis|si|on *f. 10* **1.** *Phys.:* Aussendung (von Strahlen), Ausstrahlung; **2.** *Med.:* Entleerung (z. B. der Harnblase); **3.** *Börse:* Ausgabe von neuen Wertpapieren oder Anleihen
E|mis|si|ons|kurs *m. 1* Ausgabekurs (von Wertpapieren)
E|mit|tent *m. 10* jmd., der Wertpapiere ausgibt
e|mit|tie|ren *tr. 3* **1.** aussenden, in Umlauf bringen; **2.** *Phys.:* Elektronen aussenden
Em|men|ta|ler *m. 5* **1.** Einwohner des schweiz. Emmentals; **2.** *kurz für* Emmentaler Käse
Em|mer *m. 5* eine Weizenart
Em|me|rich männl. Vorname
e-Moll *n. Gen. - nur Sg.* (*Abk.:* e) eine Tonart
e-Moll-Ton|lei|ter *f. 11*
E|mo|ti|on [lat.] *f. 10* Gefühls-, Gemütsbewegung
e|mo|ti|o|nal, e|mo|tio|nell gefühlsmäßig, auf Gefühl beruhend
E|mo|ti|o|na|li|tät *f. 10 nur Sg.* Gefühlserregbarkeit, gefühlsmäßige Ansprechbarkeit
e|mo|ti|o|nell s. **e|mo|ti|o|nal**
Emp|fang *m. 2*
emp|fan|gen *tr. 34*
Emp|fän|ger *m. 5*
emp|fäng|lich
Emp|fäng|lich|keit *f. 10 nur Sg.*
Emp|fang|nah|me *f. 11, besser:* Empfang
Emp|fäng|nis *f. 1*
emp|fäng|nis|ver|hü|tend
Emp|fäng|nis|ver|hü|tung *f. 10 nur Sg.*
Emp|fangs|an|ten|ne *f. 11*
emp|fangs|be|rech|tigt
Emp|fangs|be|rech|ti|gung *f. 10 nur Sg.*
emp|fangs|be|reit
Emp|fangs|be|schei|ni|gung *f. 10*
Emp|fangs|chef [-ʃef] *m. 9*
Emp|fangs|da|me *f. 11*
Emp|fangs|ge|rät *n. 1*
emp|feh|len *tr. 27*
emp|feh|lens|wert
Emp|feh|lung *f. 10*
Emp|feh|lungs|brief *m. 1*
Emp|feh|lungs|schrei|ben *n. 7*
emp|feh|lungs|wür|dig
emp|fin|den *tr. 36*
emp|find|lich
Emp|find|lich|keit *f. 10 nur Sg.*
emp|find|sam
Emp|find|sam|keit *f. 10 nur Sg.*
Emp|fin|dung *f. 10*
emp|fin|dungs|fä|hig
Emp|fin|dungs|fä|hig|keit *f. 10 nur Sg.*
Emp|fin|dungs|kraft *f. 2 nur Sg.*
emp|fin|dungs|los
Emp|fin|dungs|lo|sig|keit *f. 10 nur Sg.*
Emp|fin|dungs|ver|mö|gen *n. 7 nur Sg.*
Emp|fin|dungs|wort *n. 4* Freude, Schmerz, Schreck, Erstaunen usw. ausdrückendes Wort, z. B. ach!, au!, oh!, Interjektion
Em|pha|se [griech.] *f. 11 nur Sg.* Nachdruck, leidenschaftl. Betonung, schwungvoller Ausdruck
em|pha|tisch
Em|phy|sem [griech.] *n. 1* Luftansammlung im Gewebe (bes. der Lungen)
em|phy|se|ma|tisch durch Luft aufgebläht
Em|pire **1.** [ãpir, frz.] *n. Gen.* -(s) *nur Sg.* das Kaiserreich Napoleons I. und III.; **2.** Kunststil in Frankreich zur Zeit Napoleons I.
Em|pi|re [ɛmpaɪə(r), engl.] *n. Gen.* (-s) *nur Sg.* das britische Weltreich
Em|pi|rem [griech.] *n. 1* Erfahrungstatsache
Em|pire|stil [ãpir-] *m. 1 nur Sg.* vgl. Em|pire (2)
Em|pi|rie [griech.] *f. 11 nur Sg.* Erfahrung, auf Erfahrung beruhende Erkenntnis
Em|pi|ri|ker *m. 5* jmd., der nur die Erfahrung als Erkenntnisgrundlage gelten lässt
Em|pi|ri|o|kri|ti|zis|mus *m. Gen. - nur Sg.* Richtung der Philosophie, die die Erkenntnis nur auf kritische Erfahrung gründet
Em|pi|ri|o|kri|ti|zist *m. 10*
em|pi|risch auf Erfahrung beruhend
Em|pi|ris|mus *m. Gen. - nur Sg.* Lehre, dass alle Erkenntnis nur auf Erfahrung beruhe
Em|pi|rist *m. 10* Vertreter des Empirismus
em|pi|ris|tisch auf dem Empirismus beruhend
em|por hinauf, nach oben
em|por|ar|bei|ten *refl. 2*
Em|po|re *f. 11* hoch gelegene Galerie im Kirchenraum
em|pö|ren *tr. 1*
Em|pö|rer *m. 5*
em|pö|re|risch
em|por|flie|gen *intr. 38*
em|por|he|ben *tr. 64*
Em|po|ren|kir|che *f. 11* **1.** Kirche mit Emporen; **2.** Teil des Kirchenraumes über den Emporen
em|por|kom|men *intr. 71*
Em|por|kömm|ling *m. 1*
em|por|ra|gen *intr. 1*
em|por|stei|gen *intr. 153*
em|por|stre|ben *intr. 1*
Em|pö|rung *f. 10*
em|por|wach|sen [-ks-] *intr. 172*
em|por|zie|hen *tr. 187*
Em|py|em [griech.] *n. 1* Eiteransammlung in einer natürl. Körperhöhle
em|py|re|isch zum Empyreum gehörend, feurig, hell, strahlend
Em|py|re|um *n. Gen.* -s *nur Sg.* **1.** *antike Philos.:* Feuerhimmel, oberste Weltgegend; **2.** *scholast. Philos.:* Himmel, Lichtreich; **3.** *bei Dante:* Ort der Seligen
Em|ser Salz *n. Gen.* - -es *nur Sg.* Salz aus der Heilquelle von Bad Ems
em|sig
Em|sig|keit *f. 10 nur Sg.*
E|mu [port.] *m. 9* flugunfähiger Vogel Australiens
E|mu|la|ti|on *f. 10, EDV:* Imitation der Funktionen eines Computers oder angeschlossener Geräte durch einen anderen Computer oder ein anderes Gerät
E|mul|ga|tor [lat.] *m. 13* die Bildung einer Emulsion fördernder Stoff
e|mul|gie|ren *tr. 3;* einen Stoff e.: mit einem anderen zu einer Emulsion mischen
e|mu|lie|ren *tr. 3*
E|mul|sin *n. 1 nur Sg.* in bitteren Mandeln enthaltenes Ferment
E|mul|si|on *f. 10* **1.** feinste Verteilung zweier nicht mischbarer Flüssigkeiten ineinander; **2.** *Fot.:* lichtempfindl. Schicht auf fotograf. Aufnahmematerialien
E-Mu|sik *f. 10 nur Sg., ugs.:* ernste Musik
en..., En... [lat.] *in Zus.:* ein..., Ein..., hinein...

E|na|ki|ter, E|naks|kin|der, E|nakssöh|ne *Pl.* biblisches Riesenvolk in Palästina (4. Buch Mose 13, 23-34)
En|al|la|ge [griech.] *f. 11* das Setzen eines Adjektivs vor ein anderes als das ihm logisch zugehörige Substantiv, z.B.: Auf die Berge will ich steigen, wo die frommen Hütten stehn (Heine, Harzreise), oder: fünfköpfiger Familienvater
En|an|them *auch:* **E|nan|them** [griech.] *n. 1* Schleimhautausschlag
en a|vant! [ãnavã, frz.] vorwärts!
en bloc [ãblɔk, frz.] im Ganzen; etwas en bloc verkaufen
En-bloc-Ab|stim|mung [ãblɔk-] *f. 10*
En|chan|te|ment [ãʃãt(ə)mã, frz.] *n. 9 nur Sg., veraltet:* Bezauberung, Entzücktheit
En|co|ding [-kou-, engl.] *n. 9* Verschlüsselung (einer Nachricht); *Ggs.:* Decoding
en|cou|ra|gie|ren [ãkuraʒi-, frz.] *tr. 3, veraltet:* anfeuern, ermutigen; *Ggs.:* decouragieren*m. 2*
End|bahn|hof *m. 2*
End|buch|sta|be *m. 15*
End|chen *n. 7* kleines Stück; ein E. Zwirn
End|darm *m. 2*

> **Ende:** Das Substantiv wird mit großem Anfangsbuchstaben geschrieben: *das Ende, am Ende sein, an allen Ecken und Enden, zu Ende, letzten Endes, Ende Mai, Ende nächster Woche.* § 55 (4)
> Ebenso bei Altersangaben: *Er ist ein Mann Ende vierzig.* § 58 (6)

En|de *n. 14;* am Ende; ich bin am Ende; an allen Ecken und Enden; zu Ende; letzten Endes; Ende Mai; Ende nächster Woche; ein Mann Ende vierzig
End|ef|fekt *m. 1;* im E.
En|del *n. 5, österr.:* Webkante
en|deln *tr. 1, österr.:* einfassen (Stoffrand)
En|de|mie [griech.] *f. 11* nur in einem begrenzten Gebiet auftretende Krankheit; *Ggs.:* Epidemie
en|de|misch **1.** einheimisch; *Ggs.:* ekdemisch; **2.** *Bot., Zool.:* auf ein bestimmtes Gebiet beschränkt; **3.** *Med.:* nur in einem begrenzten Gebiet auftretend (Krankheit); *Ggs.:* epidemisch

En|de|mis|mus *m. Gen. - nur Sg.* Vorkommen von Tieren und Pflanzen nur in einem bestimmten Gebiet
en|den *intr. 2;* nicht enden wollender Beifall
End|er|geb|nis *n. 1*
En|des|un|ter|fer|tig|te(r), En|desun|ter|zeich|ne|te(r) *m. 18 (17) bzw. f. 17 oder 18, veraltet:* derjenige oder diejenige, der/die (den Brief/die Urkunde) unterschrieben hat
en dé|tail [ãdetaj, frz.] im Kleinen, in kleinen Mengen, in Einzelstücken; *Ggs.:* en gros; Waren en détail verkaufen
En|dé|tail|han|del [ãdetaj-] *m. Gen. -s nur Sg.* Einzelhandel; *Ggs.:* Engroshandel
end|gül|tig
End|gül|tig|keit *f. 10 nur Sg.*
en|di|gen *intr. 1, veraltend*
En|di|vie [-viə, ägypt.-ital.] *f. 11* eine Salatpflanze
En|di|vi|en|sa|lat [-vi-] *m. 1*
End|kampf *m. 2*
End|la|ger *n. 5* endgültiges Lager für radioaktive Abfälle
end|la|gern *tr. 1*
End|lauf *m. 2*
end|lich **1.** vergänglich; **2.** *unflektierbar:* schließlich, zuletzt
End|lich|keit *f. 10 nur Sg.*
end|los
End|lo|sig|keit *f. 10 nur Sg.*
End|mo|rä|ne *f. 10* Stirnseite einer Moräne
En|do|der|mis [griech.] *f. Gen. - Pl. -men* innerste Schicht der Pflanzenwurzelrinde
En|do|ga|mie [griech.] *f. 11, bei Naturvölkern:* Heirat innerhalb des eigenen Stammes, der eigenen sozialen Gruppe, Verwandtenehe; *Ggs.:* Exogamie
en|do|gen [griech.] von innen kommend, im Innern entstanden; *Ggs.:* exogen
En|do|kard [griech.] *n. 1* Herzinnenhaut
En|do|kar|di|tis *f. Gen. - Pl. -ti|den* Entzündung der Herzinnenhaut (bes. der Herzklappen)
En|do|karp [griech.] *n. 1* Innenschicht der Fruchtwand; *Ggs.:* Exokarp
en|do|krin [griech.] **1.** nach innen absondernd, mit innerer Sekretion (Drüsen); **2.** nach innen abgesondert (Drüsenprodukt); *Ggs.:* exokrin

En|do|kri|no|lo|gie *f. 11 nur Sg.* Lehre von der inneren Sekretion
En|do|phyt [griech.] *m. 10* in anderen Pflanzen oder Tieren schmarotzende Pflanze
En|do|pro|the|se [griech.] *f. 11* künstl. Ersatzstück im menschl. Körper
En|dor|phin *n. 1* schmerzstillender Eiweißstoff im menschlichen Körper
En|do|skop *auch:* **En|dos|kop** [griech.] *n. 1* Instrument mit Spiegel und elektr. Lichtquelle zur Untersuchung von Körperhöhlen
En|do|sko|pie *auch:* **En|dos|ko|pie** *f. 11* Untersuchung mit dem Endoskop
en|do|sko|pisch *auch:* **en|dos|ko|pisch**
En|do|sperm [griech.] *n. 1* Nährgewebe des pflanzlichen Samens
En|do|thel [griech.] *n. 1,* **En|do|the|li|um** *n. Gen. -s Pl. -li|en* Blut- und Lymphgefäße sowie Körperhöhlen auskleidende Zellschicht
en|do|therm, en|do|ther|misch [griech.] Wärme von außen aufnehmend, Wärme bindend; *Ggs.:* exotherm
End|pha|se *f. 11*
End|punkt *m. 1*
End|reim *m. 1*
End|run|de *f. 11*
End|sil|be *f. 11*
End|spiel *n. 1*
End|spurt *m. 1 oder m. 9*
End|sta|di|um *n. Gen. -s Pl. -di|en*
End|sta|ti|on *f. 10*
End|sum|me *f. 11*
En|dung *f. 11*
End|ver|brau|cher *m. 5* Käufer, der eine Ware zum eigenen Gebrauch erwirbt
End|ziel *n. 1*
End|zweck *m. 1*
E|ner|ge|tik [griech.] *f. 10 nur Sg.* **1.** *Phys.:* Lehre von der Energie und ihrer Umwandlung; **2.** *Philos.:* Lehre, dass die Energie die Grundkraft allen Seins und Geschehens sei
E|ner|ge|ti|ker *m. 5* Vertreter der Energetik (2)
e|ner|ge|tisch
E|ner|gie *f. 11* **1.** *Phys.:* Fähigkeit, Arbeit zu leisten; energiesparend *oder:* Energie sparend; energieverbrauchend *oder:* Energie verbrauchend; **2.** *allg.:* Tatkraft, Nachdruck

E

e|ner|gie|ge|la|den
E|ner|gie|kon|zern *m. 1*
e|ner|gie|los
E|ner|gie|lo|sig|keit *f. 10 nur Sg.*
e|ner|gie|spa|rend = **E|ner|gie spa|rend**; eine energiesparende *oder:* Energie sparende Veränderung; *aber nur:* ein äußerst energiesparendes Modell; die energiesparendste Methode *(bei Steigerung und mit Attribut)*
e|ner|gie|ver|brau|chend = **E|ner|gie ver|brau|chend**; ein energieverbrauchender *oder:* Energie verbrauchender Prozess; *aber nur:* eine enorm energieverbrauchende Technologie; material- und energieverbrauchendere Techniken *(bei Steigerung und mit Attribut)*
E|ner|gie|ver|sor|ger *m. 5*
E|ner|gie|wirt|schaft *f. 10 nur Sg.*
e|ner|gisch
E|ner|va|ti|on [-va-, lat.] *f. 10* nervliche Erschöpfung
e|ner|vie|ren [-vi-] *tr. 3* **1.** entnerven, entkräften; **2.** *Med.:* operativ von einem Nerv befreien
E|ner|vie|rung [-vi-] *f. 10*
en face [ãfas, frz.] von vorn (gesehen), gegenüber
en fa|mille [ãfamijə, frz.] in der Familie, im engsten Verwandtenkreis, unter sich
En|fant ter|ri|ble *auch:* **En|fant ter|rib|le** [ãfã teribl(ə), frz. »schreckliches Kind«] *n. Gen. - - Pl.* -s -s [ãfã teribl(ə)] jmd., der durch allzu große Offenheit andere in Verlegenheit bringt
En|fleu|ra|ge [ãfløraʒ(ə), frz.] *f. 11 nur Sg.* Gewinnung von Duftstoffen und Blütenölen aus Blüten und anderen Pflanzenteilen
eng; wir sind aufs, auf das engste *oder:* Engste befreundet; ein eng anliegendes Kleid; eng bedruckte Seiten; eng befreundete Länder; eine mit der Familie eng verwandte Frau
En|ga|ge|ment [ãgaʒ(ə)mã, frz.] *n. 9* **1.** Verpflichtung, Bindung; **2.** *Börse:* Verpflichtung, zu einem bestimmten Zeitpunkt zu zahlen oder zu liefern; **3.** Anstellung (von Künstlern)
en|ga|gie|ren [ãgaʒi-] *tr. 3* **1.** anstellen, verpflichten (Künstler); **2.** zum Tanz auffordern; **3.** sich e.: sich auf etwas einlassen, sich binden
En|ga|giert|heit *f. 10 nur Sg.*

eng anliegend, eng befreundet: Gefüge aus Adjektiv und Partizip werden getrennt geschrieben, wenn das Adjektiv steigerbar oder erweiterbar ist: *Das (sehr) eng anliegende Kleid steht ihr gut. Sie sind enger befreundet, als ich dachte.* § 36 E1 (1.2), § 34 E3
Großgeschrieben wird *aufs/auf das Engste.* Kleinschreibung ist zulässig: *aufs engste.*

eng an|lie|gend (*alt:* eng|an|liegend)
eng be|druckt (*alt:* eng|be|druckt)
eng be|freun|det (*alt:* eng|befreun|det)
eng ver|wandt (*alt:* eng|verwandt)
eng|brüs|tig
Eng|brüs|tig|keit *f. 10 nur Sg.*
En|ge *f. 11 nur Sg.*
En|gel *m. 5*
En|ge|laut *m. 1* Reibelaut
En|gel|bert männl. Vorname
En|gel|ber|ta weibl. Vorname
En|gel|chen, En|ge|lein, Eng|lein *n. 7*
en|gel|gleich, en|gels|gleich
en|gel|haft
en|gel|schön, en|gels|schön
En|gels|ge|duld *f. Gen. - nur Sg.*
en|gels|gleich, en|gel|gleich
En|gels|gü|te *f. 11 nur Sg.*
En|gels|haar *n. 1 nur Sg.*
en|gels|rein
en|gels|schön, en|gel|schön
En|gel|süß *n. 1 nur Sg.* eine Farnart
En|gels|zun|gen *f. 11 nur Pl., in der Wendung* mit Engelszungen reden, *oder:* mit Menschen- und mit Engelszungen: sehr eindringlich
En|gel|wurz *f. 10* eine Heilpflanze
En|ger|ling *m. 1* Larve des Blatthornkäfers
eng|her|zig
Eng|her|zig|keit *f. 10 nur Sg.*
En|gig|keit *f. 10 nur Sg.*
Eng|land
Eng|län|der *m. 5*
Eng|lein, En|ge|lein *n. 7*
eng|lisch; englische Broschur: ein Bucheinband; englische Krankheit; englischer Walzer: langsamer Walzer; englischer Garten: in engl. Stil angelegter Garten; *aber:* der Englische Garten in München; die Englischen Fräulein: eine kath. Frauenkongregation für die Erziehung junger Mädchen; Englischer Gruß: **1.** Gruß des Engels bei der Verkündigung Mariä und seine Darstellung in der Kunst; **2.** ein Gebet, Ave-Maria

englisch — Englisch: In der Bedeutung »in englischer Sprache sprechen/unterrichten« wird das Wort kleingeschrieben: *Er spricht/unterrichtet englisch* (= in englischer Sprache). Ansonsten in der Bedeutung »die englische Sprache sprechen/unterrichten« sowie in der substantivierten Form wird das Wort mit großem Anfangsbuchstaben geschrieben: *Sie sprechen/unterrichten Englisch* (= die englische Sprache). Ebenso: *auf Englisch, das Englisch(e), im Englischen, ein verständliches Englisch.* § 57 E2, § 57 (1), § 58 E2

Eng|lisch *n. Gen.* -(s) *nur Sg.* engl. Sprache; vgl. Deutsch
Eng|lisch|horn *n. 4* ein Holzblasinstrument
Eng|lisch|le|der *n. 5 nur Sg.* Moleskin
Eng|lisch|pflas|ter *n. 5* ein Heftpflaster
Eng|lisch|rot *n. Gen.* -(s) *nur Sg.* eine Malerfarbe aus Eisenoxid, Caput mortuum
eng|lisch|spra|chig in englischer Sprache
eng|ma|schig
En|go|be [ãgob(ə), frz.] *f. 11* eine Überzugsmasse für Keramiken
en|go|bie|ren *tr. 3* mit Engobe überziehen
Eng|pass (*alt:* Eng|paß) *m. 2*
En|gramm [griech.] *n. 1* bleibender geistiger Eindruck, Erinnerungsbild
en gros [ãgro, frz. »im Großen«] in größeren Mengen; *Ggs.:* en détail; etwas nur en gros kaufen
En|gros|han|del [ãgro-] *m. Gen.* -s *nur Sg.* Großhandel; *Ggs.:* Endétailhandel
En|gros|preis [ãgro-] *m. 1* Großhandelspreis
En|gros|sist [ã-] *m. 10, österr. für* Grossist
eng|stir|nig
Eng|stir|nig|keit *f. 10 nur Sg.*
En|har|mo|nik [griech.] *f. 10 nur Sg.* unterschiedliche Bezeichnung und Notierung desselben Tones z. B. cis bzw. des

en|har|mo|nisch; enharmonische Verwechslung: Verwandlung eines Tons oder Akkords durch andere Schreibung und Bezeichnung

En|jam|be|ment [ãʒãb(ə)mã, frz.] *n. 9* Übergreifen eines Satzes in die nächste Verszeile, Zeilensprung

en|kaus|tie|ren [griech.] *tr. 3* mit enkaustischen Farben bemalen

En|kaus|tik *f. 10* antike Maltechnik mit enkaustischen Farben, Wachsmalerei

en|kaus|tisch; enkaustische Farben: mit Wachs verschmolzene und dadurch feuchtigkeitsbeständige Farben

En|kel *m. 5* **1.** Sohn des Sohnes oder der Tochter; **2.** Fußknöchel

En|kel|chen *n. 7*

En|ke|lin *f. 10*

En|kel|kind *n. 3*

En|kel|sohn *m. 2*

En|kel|toch|ter *f. 6*

En|kla|ve [-və, lat.] *f. 11* fremdes Staatsgebiet, das vom eigenen Staatsgebiet eingeschlossen ist; *Ggs.:* Exklave (1)

En|kli|se [griech.] *f. 11,* **En|kli|sis** *f. Gen. - Pl.* -sen Verkürzung eines unbetonten Wortes durch Anlehnung an ein vorhergehendes, betontes Wort, z. B.: gib's mir, statt: gib es mir; *Ggs.:* Proklise

En|kli|ti|kon *n. Gen.* -s *Pl.* -ka unbetontes, sich an ein betontes Wort anlehnendes Wort; *Ggs.:* Proklitikon

en|kli|tisch; *Ggs.:* proklitisch

En|ko|mi|ast [griech.] *m. 10* Lobredner, Lobpreiser

En|ko|mi|as|tik *f. 10* Lobpreisung

En|ko|mi|on, En|ko|mi|um *n. Gen.* -s *Pl.* -mi|en Lobrede, Lobschrift

en masse [ãmas, frz.] in Masse(n), in großer Zahl

en mi|ni|a|ture [ãminjatyr, frz.] im kleinen (Maßstab)

en|net *mit Dat., schweiz.:* hinter, jenseits, ennet dem Fluss

en|net|bir|gisch *schweiz.:* hinter dem Gebirge

en|nu|yant *auch:* **en|nuy|ant** [ãnyjã, frz.] *veraltet:* langweilig, lästig

en|nu|yie|ren *auch:* **en|nuy|ie|ren** [ãnyji-] *tr. 3* lästig sein, langweilen

e|norm ungeheuer, außerordentlich; herrlich, großartig

E|nor|mi|tät *f. 10 nur Sg., veraltet*

en pas|sant [ãpasã, frz. »im Vorbeigehen«] nebenbei, beiläufig

en pro|fil [ã-, frz.] im Profil, von der Seite her (gesehen)

En|quete [ãkɛt, frz.] *f. 11* amtl. Untersuchung, Rundfrage, Umfrage

en|ra|gie|ren [ãraʒi-, frz.] *refl. 3, veraltet:* sich leidenschaftlich begeistern

en route [ãrut, frz.] *veraltet:* unterwegs

En|sem|ble *auch:* **En|semb|le** [ãsãbl, frz.] *n. 9* **1.** Gesamtheit der Mitwirkenden in einem Theaterstück, einer Tanz- oder Musikaufführung; **2.** kleines Orchester; **3.** Spiel des ganzen Orchesters, im Unterschied zu dem des Solisten

En|semble|mu|sik *auch:* **En|semb|le|mu|sik** [ãsãbl-] *f. 10 nur Sg.* Tanz-, Unterhaltungsmusik

En|semble|spiel *auch:* **En|semb|le|spiel** [ãsãbl-] *n. 1 nur Sg.* Spiel gut zusammenarbeitender Schauspieler

En|si|la|ge [ãsilaʒə, frz.] *f. 11* vgl. Silage

en suite [ãsyit, frz.] **1.** nach-, hintereinander, unmittelbar aufeinander folgend; **2.** im Folgenden

ent|ar|ten *intr. 2*

Ent|ar|tung *f. 10*

ent|a|schen *tr. 1*

Ent|a|schung *f. 10*

En|ta|se [griech.] *f. 11,* **En|ta|sis** *f. Gen. - Pl.* -sen Anschwellung des Säulenschaftes nach der Mitte zu

ent|äu|ßern *refl. 1, mit Gen.;* ich entäußere, entäußre mich dieser Dinge

Ent|äu|ße|rung *f. 10 nur Sg.*

ent|beh|ren *tr. 1*

ent|behr|lich

Ent|behr|lich|keit *f. 10 nur Sg.*

Ent|beh|rung *f. 10*

ent|bie|ten *tr. 13, veraltet, noch poet.;* jmdm. seine Grüße e.: jmdn. grüßen; jmdn. zu sich e.: zu sich bitten

ent|bin|den **1.** *tr. 14;* jmdn. seiner Pflichten entbinden; **2.** *intr. 14* ein Kind zur Welt bringen

Ent|bin|dung *f. 10*

Ent|bin|dungs|heim *n. 1*

Ent|bin|dungs|sta|ti|on *f. 10*

ent|blät|tern *tr. u. refl. 1*

ent|blö|den *refl. 2, nur in verneinenden Sätzen;* er entblödete sich nicht, mir zu sagen ...: er scheute sich nicht

ent|blö|ßen *tr. 1*

Ent|blö|ßung *f. 10*

ent|bre|chen *refl. 19, nur noch poet.;* er konnte sich nicht e., zu ...: er konnte nicht umhin

ent|bren|nen *intr. 20;* in Liebe entbrennen

ent|bü|ro|kra|ti|sie|ren *tr. 3* von bürokrat. Ballast befreien

Ent|chen, Ent|lein *n. 7*

ent|de|cken *tr. 1*

Ent|de|cker *m. 5*

Ent|de|cker|freu|de *f. 11*

Ent|de|ckung *f. 10*

Ent|de|ckungs|rei|se *f. 11*

En|te *f. 11; auch ugs.:* falsche Nachricht (Zeitungsente); kalte Ente: Getränk aus Weißwein, Sekt und Zitrone

ent|eh|ren *tr. 1*

Ent|eh|rung *f. 10*

ent|eig|nen *tr. 2*

Ent|eig|nung *f. 10*

ent|ei|len *intr. 1*

ent|ei|sen *tr. 1* vom Eis befreien

ent|ei|se|nen *tr. 1* von Eisen befreien, Eisen entziehen (Mineralwasser); enteisent: ohne Eisen

Ent|ei|se|nung *f. 10 nur Sg.*

Ent|ei|sung *f. 10 nur Sg.*

En|te|le|chie [griech.] *f. 11, Philos.:* zielstrebige Kraft eines Lebewesens, sich seinen Anlagen gemäß zu entwickeln

en|te|le|chisch

En|ten|flott *n. Gen.* -s *nur Sg.,* **En|ten|grün** *n. Gen.* -s *nur Sg.,* **En|ten|grüt|ze** *f. 11 nur Sg.* eine Schwimmpflanze, Wasserlinse

En|ten|schna|bel *m. 6, 15./16. Jh.:* Schuh mit aufgebogener, verbreiterter Spitze

En|tente [ãtãt, frz.] *f. 11* freundschaftl. Staatenbündnis; E. cordiale [- kɔrdjal]: Bündnis zwischen England und Frankreich 1904

En|ter *m. 5, nddt.:* einjähriges Pferd oder Kalb

en|te|ral [griech.] zum Darm gehörig, von ihm ausgehend

En|ter|al|gie *auch:* **En|te|ral|gie** *f. 11* Leibschmerz

En|ter|beil *n. 1* Beil zum Entern eines Schiffes

ent|er|ben *tr. 1*

En|ter|ha|ken *m. 7* Haken zum Entern eines Schiffes

En|te|rich *m. 1*

En|te|ri|tis [griech.] *f. Gen. - Pl.* -ti|den Dünndarmentzündung, Darmkatarrh

en|tern **1.** *tr. 1;* ein Schiff e.: auf ein Schiff klettern und es erobern; **2.** *intr. 1* klettern; ins Takelwerk entern
en|te|ro|gen [griech.] vom Darm ausgehend
En|te|ro|kly|se *f. 11,* **En|te|ro|klys|ma** *n. Gen.* -s *Pl.* -men *oder* -ma|ta Darmspülung
En|te|ro|skop *auch:* **En|te|ros|kop** *n. 1* Gerät mit Spiegel und elektr. Lichtquelle zur Untersuchung des Dickdarms
En|te|ro|sko|pie *auch:* **En|te|ros|ko|pie** *f. 11* Untersuchung des Dickdarms mit dem Enteroskop
En|te|ro|sto|mie *auch:* **En|te|ros|to|mie** *f. 11* Anlegen eines künstl. Afters
En|te|ro|to|mie *f. 11* operative Öffnung des Darms
En|te|ro|zo|on *n. Gen.* -s *Pl.* -zo|en Darmschmarotzer
En|ter|tai|ner [-tɛı-, engl.] *m. 5* Unterhalter, z. B. Conférencier
ent|fa|chen *tr. 1*
ent|fah|ren *intr. 32*
ent|fal|len *intr. 33*
ent|fal|ten *tr. 2*
Ent|fal|tung *f. 10*
ent|fär|ben *tr. 1*
Ent|fär|ber *m. 5*
Ent|fär|bung *f. 10 nur Sg.*
ent|fer|nen *tr. 1*
ent|fernt; nicht im Entferntesten
Ent|fer|nung *f. 10*
ent|fes|seln *tr. 1*
Ent|fes|se|lung, Ent|fes|s|lung (*alt:* Ent|feß|lung) *f. 10 nur Sg.*
ent|fes|ti|gen *tr. 1* enthärten (Metall)
Ent|fes|ti|gung *f. 10 nur Sg.*
ent|fet|ten *tr. 2*
Ent|fet|tung *f. 10 nur Sg.*
Ent|fet|tungs|kur *f. 10*
ent|flam|men *tr. 1*
ent|flech|ten *tr. 37* auflösen (Konzern, Kartell usw.)
Ent|flech|tung *f. 10*
ent|flie|gen *intr. 38*
ent|flie|hen *intr. 39*
ent|frem|den *tr. 2*
Ent|frem|dung *f. 10 nur Sg.*
ent|fros|ten *tr. 2;* von Vereisung befreien, vor Vereisung schützen
Ent|fros|ter *m. 5*
Ent|fros|tung *f. 10 nur Sg.*
ent|füh|ren *tr. 1*
Ent|füh|rer *m. 5*
Ent|füh|rung *f. 10*
ent|ga|sen *tr. 1*
Ent|ga|sung *f. 10*
ent|ge|gen *Präp. mit Dat.;* dem entgegen; e. den Anweisungen hat er …
ent|ge|gen|ge|hen *intr. 47*
ent|ge|gen|ge|setzt; in entgegengesetzter Richtung
ent|ge|gen|kom|men *intr. 71*
Ent|ge|gen|kom|men *n. 7 nur Sg.*
ent|ge|gen|kom|mend
ent|ge|gen|kom|men|der|wei|se e. half er mir …; *aber:* er erklärte mir in sehr entgegenkommender Weise, dass …
ent|ge|gen|neh|men *tr. 88*
ent|ge|gen|se|hen *intr. 136*
ent|ge|gen|set|zen *tr. 1* vgl. entgegengesetzt
ent|ge|gen|ste|hen *intr. 151;* dem steht nichts entgegen
ent|ge|gen|stel|len *tr. 1*
Ent|ge|gen|stel|lung *f. 10*
ent|ge|gen|stem|men *tr. 1*
ent|ge|gen|tre|ten *intr. 163*
ent|ge|gen|wir|ken *intr. 1*
ent|geg|nen *tr. 2*
Ent|geg|nung *f. 10*
ent|ge|hen *intr. 47*
ent|geis|tert *ugs.:* bestürzt, fassungslos
ent|gei|zen *tr. 1* von Seitentrieben (Geizen) befreien
Ent|gelt *n. 1 nur Sg.:* etwas gegen E., ohne E. tun
ent|gel|ten *tr. 49;* jmdm. etwas e.: jmdn. für etwas belohnen; jmdn. etwas e. lassen: für etwas büßen lassen; lass es ihn nicht e., dass er dich einmal geärgert hat
ent|gif|ten *tr. 2*
Ent|gif|tung *f. 10 nur Sg.*
ent|glei|sen *intr. 1*
Ent|glei|sung *f. 10*
ent|glei|ten *intr. 56*
ent|got|ten *tr. 2* seiner Göttlichkeit berauben
ent|göt|tern *tr. 1* von Göttern befreien
Ent|göt|te|rung *f. 10 nur Sg.*
Ent|got|tung *f. 10 nur Sg.*
ent|grä|ten *tr. 2*
ent|haa|ren *tr. 1*
Ent|haa|rung *f. 10 nur Sg.*
Ent|haa|rungs|mit|tel *n. 5*
En|thal|pie [griech.] *f. 11 nur Sg.* eine Zustandsgröße in der Thermodynamik
ent|hal|ten **1.** *intr. 61;* **2.** *refl. 61;* ich konnte mich nicht, kaum e., ihm zu widersprechen; sich der Stimme e.; sich des Alkohols e.
ent|halt|sam
Ent|halt|sam|keit *f. 10 nur Sg.*
Ent|hal|tung *f. 10*
ent|här|ten *tr. 2*
Ent|här|tung *f. 10 nur Sg.*
ent|haup|ten *tr. 2*
Ent|haup|tung *f. 10*
ent|häu|ten *tr. 2*
Ent|häu|tung *f. 10 nur Sg.*
ent|he|ben *tr. 64;* jmdn. seines Amtes e.; damit bin ich der unangenehmen Pflicht enthoben, ihr zu sagen, dass …
Ent|he|bung *f. 10 nur Sg.*
ent|hei|li|gen *tr. 1*
Ent|hei|li|gung *f. 10*
Ent|hel|min|then [griech.] *Pl.* Eingeweidewürmer
ent|hem|men *tr. 1*
Ent|hem|mung *f. 10 nur Sg.*
ent|hül|len *tr. 1*
Ent|hül|lung *f. 10*
ent|hül|sen *tr. 1*
ent|hu|ma|ni|sie|ren *tr. 3* **1.** entmenschlichen, entsittlichen; **2.** versachlichen
Ent|hu|ma|ni|sie|rung *f. 10 nur Sg.*
en|thu|si|as|mie|ren [griech.] *tr. 3* in Enthusiasmus versetzen, begeistern
En|thu|si|as|mus *m. Gen. nur Sg.* Begeisterung
En|thu|si|ast *m. 10* leicht zu begeisternder Mensch, Schwärmer
en|thu|si|as|tisch
ent|i|de|o|lo|gi|sie|ren *tr. 3*
En|ti|tät [lat.] *f. 10* **1.** das Dasein (eines Dinges), im Unterschied zum Wesen **2.** *EDV:* Einheit, z. B. Sonderzeichen
ent|jung|fern *tr. 1*
Ent|jung|fe|rung *f. 10* Defloration
ent|kal|ken *tr. 1*
Ent|kal|kung *f. 10 nur Sg.*
ent|kei|men *tr. 1*
Ent|kei|mung *f. 10 nur Sg.*
ent|ker|nen *tr. 1*
Ent|ker|ner *m. 5*
ent|klei|den *tr. 2*
Ent|klei|dung *f. 10 nur Sg.*
ent|ko|lo|ni|a|li|sie|ren *tr. 3*
Ent|ko|lo|ni|a|li|sie|rung *f. 10 nur Sg.*
ent|kom|men *intr. 71*
ent|kor|ken *tr. 1*
ent|kör|nen *tr. 1*
Ent|kör|nung *f. 10 nur Sg.*
ent|kräf|ten *tr. 2*
Ent|kräf|tung *f. 10 nur Sg.*
ent|kramp|fen *tr. 1*
Ent|kramp|fung *f. 10 nur Sg.*
ent|la|den *tr. 74*
Ent|la|der *m. 5*
Ent|la|dung *f. 10*

entlang: Als Präposition gebraucht, steht das folgende Substantiv im Genitiv: *entlang des Flusses;* in der gesprochenen Sprache ist die Dativform verbreitet.
Geht das Substantiv voraus, steht es im Akkusativ: *Sie ging den Fluss entlang.*
Der Infinitiv *entlanggehen,* die Partizipien *entlanggehend* und *entlanggegangen* sowie die flektierten Formen werden zusammengeschrieben: *Wir wollen den Fluss entlanggehen.* § 34 (1)

ent|lang **1.** *bei nachfolgendem Substantiv Gen. (Präp.):* entlang des Zaunes; **2.** *bei vorangehendem Substantiv Akk., auch Dat. (Postposition):* den Zaun entlang; am Zaun entlang; **3.** *in Verbindung mit Verben Zusammenschreibung:* am Fluss entlanglaufen
ent|lang|fah|ren *intr. 32*
ent|lang|ge|hen *intr. 47*
ent|lang|lau|fen *intr. 76*
ent|lar|ven *tr. 1*
Ent|lar|vung *f. 10 nur Sg.*
ent|las|sen *tr. 75*
Ent|las|sung *f. 10*
Ent|las|sungs|pa|pie|re *Pl.*
ent|las|ten *tr. 2*
Ent|las|tung *f. 10*
Ent|las|tungs|zeu|ge *m. 11*
Ent|las|tungs|zug *m. 2*
ent|lau|ben *tr. u. refl. 1*
Ent|lau|bung *f. 10 nur Sg.*
ent|lau|fen *intr. 76*
ent|lau|sen *tr. 1*
Ent|lau|sung *f. 10*
ent|le|di|gen *refl. mit Gen.;* sich einer Sache, eines Menschen e.
Ent|le|di|gung *f. 10 nur Sg.*
ent|lee|ren *tr. 1*
Ent|lee|rung *f. 10*
ent|leh|nen *tr. 1*
Ent|leh|nung *f. 10*
ent|lei|ben *refl. 1* Selbstmord begehen
Ent|lei|bung *f. 10*
ent|lei|hen *tr. 78*
Ent|lei|her *m. 5*
Ent|lei|hung *f. 10*
Ent|lein, Ent|chen *n. 7*
ent|lo|ben *refl. 1*
Ent|lo|bung *f. 10*
ent|lo|cken *tr. 1*
ent|loh|nen, *schweiz.:* **ent|löh|nen** *tr. 1*
Ent|loh|nung, *schweiz.:* **Ent|löh|nung** *f. 10*
ent|lüf|ten *tr. 2*
Ent|lüf|ter *m. 5*
Ent|lüf|tung *f. 10*
Ent|lüf|tungs|an|la|ge *f. 11*
ent|mach|ten *tr. 2*
Ent|mach|tung *f. 10*
ent|ma|gne|ti|sie|ren *auch:* **ent|mag|ne|ti|sie|ren** *tr. 3*
Ent|ma|gne|ti|sie|rung *auch:* **Ent|mag|ne|ti|sie|rung** *f. 10 nur Sg.*
ent|man|nen *tr. 1* kastrieren
Ent|man|nung *f. 10*
ent|menscht
ent|mi|li|ta|ri|sie|ren *tr. 3*
Ent|mi|li|ta|ri|sie|rung *f. 10 nur Sg.*
ent|mi|nen *tr. 1*
ent|mi|schen *tr. 1*
ent|mün|di|gen *tr. 1*
Ent|mün|di|gung *f. 10*
ent|mu|ti|gen *tr. 1*
Ent|mu|ti|gung *f. 10 nur Sg.*
ent|my|thi|sie|ren *tr. 3*
Ent|my|thi|sie|rung *f. 10 nur Sg.*
ent|my|tho|lo|gi|sie|ren *tr. 3* von mytholog. Weltbild befreien
Ent|my|tho|lo|gi|sie|rung *f. 10 nur Sg.*
Ent|nah|me *f. 11*
ent|na|ti|o|na|li|sie|ren *tr. 3* reprivatisieren
Ent|na|ti|o|na|li|sie|rung *f. 10*
ent|na|zi|fi|zie|ren *tr. 3*
Ent|na|zi|fi|zie|rung *f. 10*
Ent|na|zi|fi|zie|rungs|kom|mis|si|on *f. 10*
ent|neh|men *tr. 88*
ent|ner|ven *tr. 1*
Ent|ner|vung *f. 10 nur Sg.*
En|to|blast [griech.] *n. 1,* **En|to|derm** *n. 1* inneres Keimblatt des Embryos
ent|ö|len *tr. 1*
En|to|mo|lo|ge [griech.] *m. 11*
En|to|mo|lo|gie *f. 11 nur Sg.* Wissenschaft von den Gliedertieren, bes. den Insekten
en|to|mo|lo|gisch
En|to|pa|ra|sit [griech.] *m. 10* im Innern von anderen Tieren oder Pflanzen lebender Parasit
en|to|pisch [griech.] *veraltet:* einheimisch, örtlich
En|to|plas|ma [griech.] *n. 9* innere Schicht des Protoplasmas
ent|op|tisch *auch:* **en|top|tisch** [griech.] im Innern des Auges gelegen oder entstanden
ent|o|tisch *auch:* **en|to|tisch** [griech.] im Inneren des Ohrs gelegen oder entstanden
En|to|xis|mus [griech.] *m. Gen. - Pl.* -men, *Med.:* Vergiftung
En|to|zo|on [griech.] *n. Gen.* -s *Pl.* -zo|en im Innern anderer Lebewesen lebender Schmarotzer
ent|per|sön|li|chen *tr. 1*
Ent|per|sön|li|chung *f. 10 nur Sg.*
ent|pflich|ten *tr. 2*
Ent|pflich|tung *f. 10 nur Sg.*
ent|prel|len *tr. 1*
ent|pup|pen *refl. 1*
Ent|pup|pung *f. 10 nur Sg.*
ent|quel|len *intr. 93*

♦ Die Buchstabenfolge **en|tr...** kann in Fremdwörtern auch **ent|r...** getrennt werden. Davon ausgenommen sind Zusammensetzungen, in denen die fremdsprachigen bzw. sprachhistorischen Bestandteile deutlich als solche erkennbar sind, z. B. *-tropie* (vgl. *Allotropie, Isotropie* usw.).

♦ **En|tra|da** *f. Gen. - Pl.* -den vgl. Intrada
ent|rah|men *tr. 1*
Ent|rah|mer *m. 5*
Ent|rah|mung *f. 10 nur Sg.*
ent|ra|ten *intr. 94 mit Gen., veraltet:* entbehren; ich kann seines Beistands nicht entraten
ent|rät|seln *tr. 1;* ich enträtsele, enträtsle es
Ent|rät|se|lung, Ent|räts|lung *f. 10 nur Sg.*
♦ **En|tre|akt** [ãtrəakt, ãtrakt, frz.] *m. 1* Zwischenakt, Zwischenspiel, Zwischenaktmusik
♦ **En|tre|chat** [ãtrəʃa, frz.] *m. Gen.* -s [-ʃa] *Pl.* -s [-ʃa], *Ballett:* Kreuzsprung, Sprung in die Höhe, bei dem die gestreckten Füße mehrmals schnell übereinander geschlagen werden
ent|rech|ten *tr. 2*
Ent|rech|tung *f. 10 nur Sg.*
♦ **En|tre|cote** [ãtrəkot, frz.] *n. 9* Rippenstück (vom Rind)
♦ **En|tree** [ãtre, frz.] **1.** *n. 9* Eingang; **2.** *n. 9 oder f. 9* Vorzimmer, Diele; **3.** *n. 9 oder f. 9* Vorspeise; **4.** *n. 9* Vorspiel zum Ballett; **5.** *n. 9* selbständiger Auftritt im Zirkus
ent|rei|ßen *tr. 96*
♦ **En|tre|lacs** [ãtrəla, frz.] *n. Gen. - Pl.* -, *Baukunst, Kunstgewerbe:* Zierform aus verschlungenen Linien oder Bändern
♦ **En|tre|mets** [ãtrəme, frz.] *n. Gen. - Pl.* - **1.** *veraltet:* leichtes Zwischengericht; **2.** *heute:* Süßspeise

E

E

♦ **en|tre nous** [ãtrə nu, frz.] unter uns, vertraulich
♦ **En|tre|pot** [ãtrəpo, frz.] *n. 9* Speicher, Lagerraum für Waren beim Zoll
♦ **En|tre|pre|neur** [ãtrəprənœr, frz.] *m. 1, veraltet:* Veranstalter (von Konzerten u. a.)
♦ **En|tre|pri|se** [ãtrəpriz(ə), frz.] *f. 11, veraltet:* Unternehmen, Veranstaltung
♦ **En|tre|sol** [ãtrəsɔl, frz.] *n. 9, veraltet:* Zwischengeschoss
♦ **En|tre|vue** [ãtrəvy, frz.] *f. 11, veraltet:* Zusammenkunft, Besprechung (bes. von Staatsoberhäuptern)
ent|rich|ten *tr. 2* bezahlen (Beitrag, Fahrgeld)
ent|rin|den *tr. 2*
ent|rin|gen *intr. 100*
ent|rin|nen *intr. 101*
ent|rol|len *tr. 1*
En|tro|pie [griech.] *f. 11, in der Wärmelehre:* Maß für die Unordnung in einem abgeschlossenen System (Gas oder Flüssigkeit)
ent|ros|ten *tr. 2*
Ent|ros|tung *f. 10 nur Sg.*
ent|rü|cken *tr. 1*
Ent|rü|ckung *f. 10 nur Sg.*
ent|rüm|peln *tr. 1;* ich entrümpele, entrümple es
Ent|rüm|pe|lung, Ent|rümp|lung *f. 10 nur Sg.*
ent|rüs|ten *refl. 2*
Ent|rüs|tung *f. 10 nur Sg.*
ent|saf|ten *tr. 2*
Ent|saf|ter *m. 5*
Ent|saf|tung *f. 10 nur Sg.*
ent|sa|gen *intr. 1*
Ent|sa|gung *f. 10 nur Sg.*
ent|sa|gungs|voll
ent|sal|zen *tr. 1*
Ent|sal|zung *f. 10 nur Sg.*
Ent|satz *m. 2 nur Sg.* das Entsetzen (2)
ent|schä|di|gen *tr. 1*
Ent|schä|di|gung *f. 10*
ent|schä|di|gungs|los
Ent|schä|di|gungs|sum|me *f. 11*
ent|schär|fen *tr. 1*
Ent|schär|fung *f. 10 nur Sg.*
Ent|scheid *m. 1*
ent|schei|den *tr. u. refl. 107;* sich für, gegen etwas e.
Ent|schei|dung *f. 10*
Ent|schei|dungs|kampf *m. 2*
Ent|schei|dungs|spiel *n. 1*
Ent|schei|dungs|stun|de *f. 11*
ent|schie|den; auf das, aufs Entschiedenste *oder:* entschiedenste
Ent|schie|den|heit *f. 10 nur Sg.*
ent|schla|cken *tr. 1*
Ent|schla|ckung *f. 10 nur Sg.*
ent|schla|fen *intr. 115*
ent|schla|gen *refl. 116 mit Gen.;* sich eines Vorteils e.: darauf verzichten
ent|schlei|ern *tr. 1*
Ent|schlei|e|rung *f. 10 nur Sg.*
ent|schlie|ßen *refl. 120*
Ent|schlie|ßung *f. 10*
ent|schlos|sen
Ent|schlos|sen|heit *f. 10 nur Sg.*
Ent|schluss (*alt:* Ent|schluß) *m. 2*
ent|schlüs|seln *intr. 1;* ich entschlüssele, entschlüssle es
Ent|schlüs|se|lung *f. 10 nur Sg.*
ent|schluss|fä|hig (*alt:* ent|schluß|fä|hig)
Ent|schluss|fä|hig|keit (*alt:* Ent|schluß|fä|hig|keit) *f. 10 nur Sg.*
Ent|schluss|kraft (*alt:* Ent|schluß|kraft) *f. 2 nur Sg.*
Ent|schlüss|lung (*alt:* Ent|schlüß|lung) *f. 10 nur Sg.*
ent|schuld|bar
ent|schul|den *tr. 2* von Schulden befreien (Grundstück)
ent|schul|di|gen *tr. u. refl. 1*
Ent|schul|di|gung *f. 10*
Ent|schul|di|gungs|brief *m. 1*
Ent|schul|dung *f. 10 nur Sg.*
ent|schwe|ben *intr. 1*
ent|schwe|feln *tr. 1;* ich entschwefele, entschwefle es
Ent|schwe|fe|lung, Ent|schwef|lung *f. 10 nur Sg.*
ent|schwin|den *intr. 133*
ent|seelt *poet.:* tot
ent|sen|den *tr. 138*
Ent|sen|dung *f. 10 nur Sg.*
ent|set|zen **1.** *tr. u. refl. 1;* **2.** *tr. 1;* eine Festung e.: von Belagerern befreien
Ent|set|zen *n. 7 nur Sg.*
ent|setz|lich
Ent|setz|lich|keit *f. 10*
ent|seu|chen *tr. 1* desinfizieren
Ent|seu|chung *f. 10*
ent|si|chern *tr. 1*
ent|sie|geln *tr. 1;* ich entsiegele, entsiegle es
Ent|sie|ge|lung *f. 10 nur Sg.*
ent|sin|nen *refl. 142;* sich jmds. *oder:* sich an jmdn. e.; sich einer Sache *oder:* sich an eine Sache entsinnen
ent|sitt|li|chen *tr. 1*
Ent|sitt|li|chung *f. 10 nur Sg.*
ent|sor|gen *tr. 1* von Müll und Gerümpel befreien; Haushalte e.
Ent|sor|gung *f. 10 nur Sg.*
ent|span|nen *tr. 1*
ent|spannt
Ent|span|nung *f. 10 nur Sg.*
Ent|span|nungs|po|li|tik *f. 10*
ent|spin|nen *refl. 145*
ent|spre|chen *intr. 146*
ent|spre|chend *Präp. mit Dat.*
Ent|spre|chung *f. 10*
ent|sprie|ßen *intr. 147*
ent|sprin|gen *intr. 148*
ent|staat|li|chen *tr. 1*
Ent|staat|li|chung *f. 10*
Ent|sta|li|ni|sie|rung *f. 10 nur Sg.*
ent|stam|men *intr. 1*
ent|stau|ben *tr. 1*
Ent|stau|bung *f. 10 nur Sg.*
ent|ste|hen *intr. 151*
Ent|ste|hung *f. 10 nur Sg.*
Ent|ste|hungs|ge|schich|te *f. 11*
Ent|ste|hungs|ur|sa|che *f. 11*
ent|stei|gen *intr. 153*
ent|stei|nen *tr. 1*
ent|stel|len *tr. 1*
Ent|stel|lung *f. 10*
ent|stie|len *tr. 1*
ent|stö|ren *tr. 1*
Ent|stö|rung *f. 10 nur Sg.*
Ent|stö|rungs|stel|le *f. 11*
ent|strö|men *intr. 1*
ent|süh|nen *tr. 1*
Ent|süh|nung *f. 10 nur Sg.*
ent|sump|fen *tr. 1*
Ent|sump|fung *f. 10 nur Sg.*
ent|sün|di|gen *tr. 1*
ent|ta|bu|i|sie|ren *tr. 3* von Tabus befreien
ent|tar|nen *tr. 1*
ent|täu|schen *tr. 1*
Ent|täu|schung *f. 10*
ent|tee|ren *tr. 1*
Ent|tee|rung *f. 10 nur Sg.*
ent|thro|nen *tr. 1*
Ent|thro|nung *f. 10 nur Sg.*
ent|trüm|mern *tr. 1*
Ent|trüm|me|rung *f. 10 nur Sg.*
ent|völ|kern *tr. 1*
Ent|völ|ke|rung *f. 10 nur Sg.*
ent|wach|sen [-ks-] *intr. 172*
ent|waff|nen *tr. 2*
Ent|waff|nung *f. 10 nur Sg.*
ent|wal|den *tr. 2*
Ent|wal|dung *f. 10 nur Sg.*
ent|war|nen *intr. 1*
Ent|war|nung *f. 10*
ent|wäs|sern *tr. 1*
Ent|wäs|se|rung *f. 10 nur Sg.*
Ent|wäs|se|rungs|an|la|ge *f. 11*
ent|we|der; entweder - oder!
Ent|we|der-o|der (*alt:* Ent|we|der-Oder) *n. Gen. - nur Sg.*
ent|wei|chen *intr. 176*
ent|wei|hen *tr. 1*

Ent|wei|hung *f. 10*
ent|wen|den *tr. 2*
Ent|wen|dung *f. 10 nur Sg.*
ent|wer|fen *tr. 181*
ent|wer|ten *tr. 2*
Ent|wer|ter *m. 5*
Ent|wer|tung *f. 10 nur Sg.*
ent|we|sen *tr. 1* von Ungeziefer, Schädlingen befreien (Räume)
Ent|we|sung *f. 10 nur Sg.*
ent|wi|ckeln *tr. 1;* ich entwickele, entwickle es
Ent|wick|ler *m. 5*
Ent|wick|ler|bad *n. 4*
Ent|wick|lung *f. 10*
Ent|wick|lungs|al|ter *n. 5 nur Sg.*
ent|wick|lungs|fä|hig
Ent|wick|lungs|fä|hig|keit *f. 10 nur Sg.*
Ent|wick|lungs|ge|schich|te *f. 11*
ent|wick|lungs|ge|schicht|lich
Ent|wick|lungs|hel|fer *m. 5*
Ent|wick|lungs|hil|fe *f. 11 nur Sg.*
Ent|wick|lungs|jah|re *Pl.*
Ent|wick|lungs|land *n. 4 meist Pl.*
Ent|wick|lungs|ro|man *m. 1*
Ent|wick|lungs|stö|rung *f. 10*
Ent|wick|lungs|stu|fe *f. 11*
ent|win|den *tr. 183*
ent|wir|ren *tr. 1*
Ent|wir|rung *f. 10 nur Sg.*
ent|wi|schen *intr. 1*
ent|wöh|nen *tr. 1*
Ent|wöh|nung *f. 10 nur Sg.*
ent|wöl|ken *refl. 1*
ent|wür|di|gen *tr. 1*
Ent|wür|di|gung *f. 10 nur Sg.*
Ent|wurf *m. 2*
ent|wur|zeln *tr. 1*
Ent|wur|ze|lung, Ent|wurz|lung *f. 10 nur Sg.*
ent|zau|bern *tr. 1*
Ent|zau|be|rung *f. 10 nur Sg.*
ent|zer|ren *tr. 1* von Verzerrungen befreien (fotograf. Aufnahme, Film)
Ent|zer|rer *m. 5*
Ent|zer|rung *f. 10 nur Sg.*
ent|zie|hen *tr. 187*
Ent|zie|hung *f. 10 nur Sg.*
Ent|zie|hungs|kur *f. 10*
ent|zif|fer|bar
ent|zif|fern *tr. 1*
Ent|zif|fe|rung *f. 10 nur Sg.*
ent|zü|cken *tr. 1*
Ent|zü|cken *n. Gen. -s nur Sg.*
Ent|zug *m. 2 nur Sg.*
Ent|zugs|schmer|zen *Pl.* Schmerzen nach Rauschgiftentzug, Abstinenzschmerzen
ent|zünd|bar
Ent|zünd|bar|keit *f. 10 nur Sg.*
ent|zün|den *tr. 2*
ent|zun|dern *tr. 1* durch Beizen von Zunder reinigen, dekapieren (geglühte Metalle)
ent|zünd|lich; ein leicht entzündliches Material
Ent|zünd|lich|keit *f. 10 nur Sg.*
Ent|zün|dung *f. 10*
ent|zün|dungs|hem|mend
ent|zwei; entzwei sein
ent|zwei|bre|chen *tr. u. intr. 19*
ent|zwei|en *tr. 1*
ent|zwei|ge|hen *intr. 47*
ent|zwei|ma|chen *tr. 1*
ent|zwei|schla|gen *tr. 116*
Ent|zwei|ung *f. 10 nur Sg.*
E|nu|me|ra|ti|on [lat.] *f. 10, veraltet:* Aufzählung
e|nu|me|rie|ren *tr. 3, veraltet:* aufzählen
En|u|re|se *auch:* **E|nu|re|se** [griech.] *f. 11* unwillkürliches Harnlassen, Bettnässen
En|ve|lop|pe [ãvəlɔp(ə), frz.] *f. 11* **1.** *veraltet:* Briefumschlag, Hülle; **2.** *Math.:* einhüllende Kurve
En|vers [ãvɛr, frz.] *m. Gen. - Pl. -, veraltet:* Kehrseite
En|vi|ron|ment [-vaɪən-, engl.] *n. 9* Arrangement aus Gegenständen der alltägl. Umgebung, das eine bestimmte Wirkung auf den Betrachter ausüben soll
en vogue [ãvog, frz.] beliebt, im Schwange, in Mode
En|vo|yé [ãvoaje, frz.] *m. 9, frz. Bez. für* Gesandter
En|ze|pha|li|tis [griech.] *f. Gen. - Pl.* -ti|den Gehirnentzündung
En|ze|pha|lo|gramm *n. 1* Röntgenaufnahme der Gehirnkammern
En|zi|an *m. 1* **1.** Vertreter einer Gruppe oft blau blühender Alpenpflanzen; **2.** aus der Wurzel des Gelben Enzians hergestellter Schnaps

♦ Die Buchstabenfolge **en|zy|kl...** kann in Fremdwörtern auch **en|zyk|l...** getrennt werden.

♦ **En|zy|kli|ka** [griech.] *f. Gen. - Pl.* -ken päpstl. Rundschreiben
♦ **en|zy|klisch** einen Kreis durchlaufend
♦ **En|zy|klo|pä|die** [griech.] *f. 11* **1.** Gesamtheit des Wissens; **2.** Nachschlagewerk über alle Wissensgebiete
♦ **En|zy|klo|pä|di|ker** *m. 5* Verfasser einer Enzyklopädie
♦ **en|zy|klo|pä|disch**
♦ **En|zy|klo|pä|dist** *m. 10* Mitarbeiter an der »Französ. Enzyklopädie« im 18. Jh.
En|zym [griech.] *n. 1* Ferment
en|zy|ma|tisch durch Enzyme bewirkt
En|zy|mo|lo|gie *f. 11 nur Sg.* Lehre von den Enzymen
en|zy|mo|lo|gisch
eo ip|so [lat. »durch sich selbst«] von selbst, gerade dadurch

Eo-, Epi-: Die Trennung nach einer Silbe, die nur aus einem Vokal besteht, ist erlaubt: *E|o-, E|pi-*. Sie wird aber aus ästhetischen Gründen nicht empfohlen. § 108

E|o|li|enne [-ljɛn, frz.] *f. 11 nur Sg.* ein Seidengewebe, Sizilienne
E|o|lith [griech.] *m. 10* als Werkzeug betrachteter, vorgeschichtl. Feuerstein
E|os *griech. Myth.:* Göttin der Morgenröte
E|o|sin *n. 1 nur Sg.* ein roter Farbstoff
e|o|si|nie|ren *tr. 3* mit Eosin färben
e|o|zän *n. 1 nur Sg.* [griech.] zum Eozän gehörend, aus ihm stammend
E|o|zän *n. 1 nur Sg.* eine Abteilung des Tertiärs
E|o|zo|i|kum *n. Gen. -s nur Sg.* Archäozoikum
e|o|zo|isch zum Eozoikum gehörend, aus ihm stammend
Ep|a|go|ge *auch:* **E|pa|go|ge** [griech.] *f. 11* vgl. Induktion (1)
ep|a|go|gisch *auch:* **e|pa|go|gisch** induktiv
Ep|a|kris *auch:* **E|pak|ris** [griech.] *f. Gen. - nur Sg.* eine Zierpflanze, Bergheide
Ep|ak|te *auch:* **E|pak|te** [griech.] *f. 11* Anzahl der Tage, die seit dem letzten Neumond bis zu einem bestimmten Tag (bes. bis zum 1. Januar) verflossen sind (zur Berechnung des Osterfestes)
Ep|arch *auch:* **E|parch** [griech.] *m. 10* **1.** *griech.-orthodoxe Kirche:* Bischof; **2.** *im oström. Reich:* Statthalter
Ep|ar|chie *auch:* **E|par|chie** *f. 11* **1.** Diözese eines Eparchen; **2.** oström. Provinz
E|pau|lett [epo-, frz.] *n. 9,* **E|pau|let|te** *f. 11 meist Pl.* Schulterstück, Achselklappe der Offiziersuniform

E

E|pen *Pl. von* Epos
Ep|en|the|se *auch:* **E|pen|the|se** [griech.] *f. 11,* **Ep|en|the|sis** *auch:* **E|pen|the|sis** *f. Gen. - Pl.* -the|sen Einschiebung, Einschaltung eines Lautes zur Erleichterung der Aussprache, z. B. des t in flehentlich
ep|en|the|tisch *auch:* **e|pen|the|tisch**
E|phe|be [griech.] *m. 11, im alten Griechenland:* Jüngling im wehrfähigen Alter (zwischen 18 und 20 Jahren)
E|phe|li|den *auch:* **E|ph|eli|den** [griech.] *Pl.* Sommersprossen
e|phe|mer *auch:* **e|ph|emer** [griech.], e|phe|me|risch **1.** nur einen Tag lebend oder dauernd; **2.** *übertr.:* kurzlebig, vergänglich
E|phe|me|ri|de *auch:* **E|ph|eme|ri|de** *f. 11* **1.** Eintagsfliege; **2.** *Astron.:* Buch mit Tabellen über den Stand der Gestirne für einen gewissen Zeitraum; **3.** kurzlebige Erscheinung; **4.** *veraltet:* period. Veröffentlichung mit den Tagesereignissen
e|phe|me|risch *auch:* **e|ph|eme|risch** s. **e|phe|mer**
E|phe|ser *m. 5* Einwohner von Ephesos
E|phe|sos, E|phe|sus altgriech. Stadt in Kleinasien
E|phor [griech.] *m. 10, in Sparta:* einer der fünf jährlich gewählten höchsten Beamten
E|pho|rat *n. 1* Amt eines Ephoren
E|pho|rie *f. 11* Amtsbezirk eines Ephorus
E|pho|rus *m. Gen. - Pl.* -ren, *evang. Kirche:* Superintendent
e|pi..., E|pi... [griech.] *in Zus.:* darauf..., darüber..., daneben, bei, hinzu
E|pi|deik|tik [griech.] *f. 10 nur Sg.* schwülstige Redeweise (wie in Lob- und Festreden)
e|pi|deik|tisch prunkend, auf Wirkung berechnet
E|pi|de|mie [griech.] *f. 11* ansteckende, plötzlich auftretende und abflauende Massenerkrankung, Seuche; *Ggs.:* Endemie
E|pi|de|mi|o|lo|gie *f. 11 nur Sg.* Lehre von den Epidemien
e|pi|de|mi|o|lo|gisch
e|pi|de|misch in der Art einer Epidemie; *Ggs.:* endemisch (3)
e|pi|der|mal [griech.] zur Epidermis gehörig
E|pi|der|mis *f. Gen. - Pl.* -men oberste Schicht der Haut, Oberhaut
E|pi|der|mo|phyt *m. 10* in der Haut des Menschen schmarotzender Pilz
E|pi|der|mo|phy|tie *f. 11* Hautpilzerkrankung
E|pi|dia|skop *auch:* **E|pi|di|as|kop** [griech.] *n. 1* Bildwerfer für durchsichtige und undurchsichtige Bilder, Verbindung von Diaskop und Episkop
E|pi|gai|on [griech.] *n. Gen.* -s *nur Sg.* Gesamtheit der auf der Erdbodenoberfläche lebenden Organismen
e|pi|gä|isch oberirdisch
E|pi|ge|ne|se [griech.] *f. 11, Biol., Geol.:* Neubildung, (nachträgl.) Umformung
e|pi|ge|ne|tisch
e|pi|go|nal [griech.] in der Art eines Epigonen, nachgeahmt, nachahmend
E|pi|go|ne *m. 11* unschöpferischer Nachahmer eines früheren Stils
e|pi|go|nen|haft
E|pi|go|nen|tum *n. Gen.* -s *nur Sg.*
E|pi|gramm [griech.] *n. 1* kurzes, meist geistvolles, oft spottendes Gedicht in Distichen, Sinngedicht
E|pi|gram|ma|ti|ker *m. 5* Verfasser von Epigrammen
e|pi|gram|ma|tisch in der Art eines Epigramms, kurz und treffend
E|pi|graph *auch:* **E|pi|graf** [griech.] *n. 1* (bes. antike) Inschrift
E|pi|gra|phik *auch:* **E|pi|gra|fik** *f. 10 nur Sg.* Inschriftenkunde
E|pi|gra|phi|ker *auch:* **E|pi|gra|fi|ker** *m. 5* Inschriftenforscher
E|pik [griech.-lat.] *f. 10 nur Sg.* erzähl. Dichtkunst in Versen (Versepik) u. Prosa; vgl. Epos
E|pi|kan|thus [griech.] *m. Gen. - nur Sg.* sichelförmige Hautfalte am inneren Augenwinkel, Mongolenfalte
E|pi|kard [griech.] *n. 1 nur Sg.* inneres Hautblatt des Herzbeutels
E|pi|karp [griech.] *n. 1* äußerste Schicht der Fruchtschale
E|pi|ker [griech.] *m. 5* Dichter epischer Werke
E|pi|kle|se *auch:* **E|pik|le|se** [griech.] *f. 11, griech.-orthodoxe und kath. Kirche:* Anrufung des Hl. Geistes beim Abendmahl
E|pi|kri|se [griech.] *f. 11* abschließendes Urteil über einen abgelaufenen Krankheitsfall am Ende der Krankengeschichte
E|pi|kur altgriech. Philosoph
E|pi|ku|re|er **1.** Anhänger der Lehre des altgriech. Philosophen Epikur; **2.** *übertr. fälschl.:* Genussmensch
e|pi|ku|re|isch; epikureische Schriften
E|pi|ku|re|is|mus *m. Gen. - nur Sg.* **1.** Lehre des Epikur; **2.** *übertr. fälschl.:* Lebensprinzip, das den Genuss an erste Stelle setzt
E|pi|la|ti|on [lat.] *f. 10 nur Sg.* Entfernung von Haaren, Enthaarung
E|pi|lep|sie [griech.] *f. 11 nur Sg.* Erkrankung mit anfallsweise auftretenden Krämpfen, Fallsucht
E|pi|lep|ti|ker *m. 5* jmd., der an Epilepsie leidet
e|pi|lep|tisch auf Epilepsie beruhend
e|pi|lie|ren [lat.] *tr. 3* enthaaren
E|pi|lim|ni|on [griech. + lat.], **E|pi|lim|ni|um** *n. Gen.* -s *Pl.* -ni|en Oberflächenschicht eines stehenden Gewässers und die in ihr lebenden Organismen
E|pi|log [griech.] *m. 1* Nach-, Schlusswort, Nachspiel (eines Buches oder Theaterstücks); *Ggs.:* Prolog
E|pin|glé *auch:* **E|ping|lé** [epẽgle, frz.] *m. 9* ungleichmäßig gerippter Baumwoll- oder Halbseidenstoff
E|pi|ni|ki|on [griech.] *n. Gen.* -s *Pl.* -ki|en altgriech. Siegeslied (bei nationalen Wettspielen)
E|pi|pa|lä|o|li|thi|kum [griech.] *n. Gen.* -s *nur Sg.* Mesolithikum
E|pi|pha|nia [griech.] *f. Gen. - Pl.* -ni|en s. **E|pi|pha|nie**
E|pi|pha|ni|as *n. Gen. - Pl.* -ni|en, **E|pi|pha|ni|en|fest** *n. 1* **1.** Fest der Erscheinung Christi am 6. Januar, Erscheinungsfest; **2.** *zugleich:* Dreikönigsfest
E|pi|pha|nie *f. 11,* E|pi|pha|nia *f. Gen. - Pl.* -ni|en das Erscheinen einer Gottheit, bes. Christi
E|pi|pho|ra [griech.] *f. Gen. - nur Sg.* **1.** *Med.:* Tränenfluss; **2.** *Stilkunst:* Wiederholung eines Wortes am Ende mehrerer aufeinander folgender Sätze; *Ggs.:* Anapher
E|pi|phyl|lum [griech.] *n. Gen.* -s *Pl.* -len Weihnachts-, Blattkaktus
E|pi|phy|se [griech.] *f. 11* **1.** Zirbel-

drüse; **2.** Endstück der Röhrenknochen

E|pi|phyt [griech.] *m. 10* auf anderen Pflanzen lebende, sich aber selbst ernährende Pflanze

e|pisch in der Art eines Epos, erzählend; episches Theater

E|pi|si|o|to|mie [griech.] *f. 11, Med.:* Dammschnitt

E|pi|sit [griech.] *m. 10* räuberisch lebendes Tier

♦ Die Buchstabenfolge **e|pi|sko...** kann in Fremdwörtern auch **e|pis|ko...** getrennt werden.

♦ **E|pi|skop** [griech.] *n. 1* Bildwerfer für undurchsichtige Bilder

♦ **e|pi|sko|pal** [griech.-lat.] bischöflich

♦ **E|pi|sko|pa|lis|mus** *m. Gen. - nur Sg.,* E|pi|sko|pal|sys|tem *n. 1* kirchl. System, bei dem die Kirche von der Gesamtheit der Bischöfe geleitet wird; *Ggs.:* Papalismus

♦ **E|pi|sko|pa|list** *m. 10* Anhänger des Episkopalsystems

♦ **E|pi|sko|pal|kir|che** *f. 11* nichtkathol. Kirche mit bischöflicher Leitung

♦ **E|pi|sko|pal|sys|tem** *n. 1* Episkopalismus

♦ **E|pi|sko|pat** *m. 1* **1.** Gesamtheit der Bischöfe; **2.** Amt, Würde eines Bischofs

♦ **E|pi|sko|pus** *m. Gen. - Pl.* -pi Bischof

E|pi|so|de [griech.] *f. 11* **1.** eingeschobenes Zwischenstück im Roman oder Theaterstück; **2.** Zwischenspiel in der Fuge; **3.** nebensächl. Ereignis oder Erlebnis

e|pi|so|disch

♦ Die Buchstabenfolge **e|pi|st...** kann in Fremdwörtern auch **e|pis|t...** getrennt werden.

♦ **E|pi|stel** [griech.-lat.] *f. 11* **1.** längerer Brief; **2.** Apostelbrief des NT; **3.** vorgeschriebene Lesung aus den Apostelbriefen oder der Apostelgeschichte im Gottesdienst; **4.** *ugs.:* Strafpredigt

♦ **E|pi|ste|mo|lo|gie** [griech.] *f. 11 nur Sg.* Erkenntnislehre, -theorie

♦ **e|pi|ste|mo|lo|gisch**

♦ **E|pi|sto|lar** [griech.-lat.] *n. 1,* **E|pi|sto|la|ri|um** *n. Gen.* -s *Pl.* -ri|en Handbuch mit den gottesdienstlichen Episteln

♦ **E|pi|sto|lo|gra|phie** *auch:* **E|pi|sto|lo|gra|fie** *f. 11 nur Sg.* Kunst des Briefschreibens

♦ **E|pi|stro|phe|us** *auch:* **E|pis|tro|phe|us** [*auch:* -fɔɪs, griech.] *m. Gen. - nur Sg.* zweiter Halswirbel bei Reptilien, Vögeln und Säugern

♦ **E|pi|styl** [griech.] *n. 1,* **E|pi|sty|li|on** *n. Gen.* -s *Pl.* -li|en Architrav

E|pi|tha|la|mi|um [griech.] *n. Gen.* -s *Pl.* -li|en, *in der Antike:* Hochzeitslied

E|pi|taph [griech.] *n. 1,* **E|pi|ta|phi|um** *n. Gen.* -s *Pl.* -phi|en **1.** Grabinschrift; **2.** Grabmal mit Inschrift; **3.** Totengedenktafel (an Kirchenmauer, -pfeiler)

E|pi|thel [griech.] *n. 1,* E|pi|the|li|um *n. Gen.* -s *Pl.* -li|en begrenzende Zellschicht(en) der Oberfläche und Hohlräume des menschl. und tier. Körpers

e|pi|the|li|al zum Epithel gehörig

E|pi|the|li|om *n. 1* Epithelgeschwulst

E|pi|the|li|um *n. Gen.* -s *Pl.* -li|en s. **E|pi|thel**

E|pi|thel|kör|per|chen *Pl.* die Nebenschilddrüsen

E|pi|the|ton [griech.] *n. Gen.* -s *Pl.* -ta Beiwort, Attribut

E|pi|the|ton or|nans [griech. + lat.] *n. Gen. - Pl.* -ta -nan|tia schmückendes Beiwort

E|pi|trit *auch:* **E|pit|rit** [griech.] *m. 10* antiker Versfuß aus drei langen und einer kurzen Silbe

E|pi|zen|trum *auch:* **E|pi|zent|rum** [griech.-lat.] *n. Gen.* -s *Pl.* -tren senkrecht über einem Erdbebenherd liegender Punkt auf der Erdoberfläche

e|pi|zo|isch [griech.] durch Tiere verbreitet (von Samen, Bakterien)

E|pi|zo|on [-tsoɔ-] *n. Gen.* -s *Pl.* -zo|en auf einem andern Tier oder einer Pflanze lebendes Tier

E|pi|zo|o|no|se [-tso:ɔ-] *f. 11* durch Epizoen hervorgerufene Hautkrankheit

E|pi|zo|o|tie [-tso:ɔ-] *f. 11* in größerem Bereich auftretende Tierseuche

e|po|chal [griech.] **1.** für einen großen Zeitabschnitt geltend, Epoche machend; **2.** *übertr.:* Aufsehen erregend

E|po|che **1.** [epɔxə] *f. 11* sehr bedeutungsvoller Zeitabschnitt; *Astron.:* Zeitpunkt des Standorts eines Gestirns; E. machen: einen neuen Zeitabschnitt einleiten; eine Epoche machende Entdeckung; **2.** [-xe] *Philos.:* Enthaltung des Beifalls oder Urteils

E|po|che ma|chend (*alt:* epo|che-ma|chend)

Ep|o|de *auch:* **E|po|de** [griech.] *f. 11* **1.** *im altgriech. Chorlied:* die auf Strophe und Antistrophe folgende dritte Strophe; **2.** *in der altgriech. und -röm. Dichtung:* auf einen längeren Vers folgender kurzer Vers; *danach:* aus langen und kurzen Versen bestehende Strophe

ep|o|disch

E|po|pöe [griech.] *f. 11* **1.** *veraltet für* Epos; **2.** kurzes, komisches Heldengedicht

E|pos [auch: ɛpɔs, griech.] *n. Gen. - Pl.* Epen erzählende Dichtung in rhythm. oder metr. gebundener Sprache

Ep|pich [lat.] *m. 1* volkstüml. Name verschiedener Pflanzen, z. B. Efeu

E|prou|vet|te *auch:* **Ep|rou|vet|te** [epruvɛt(ə), frz.] *f. 11, österr.:* Probierröhrchen (für chem. Versuche)

Ep|si|lon *n. Gen.* -(s) *Pl.* -s (*Zeichen:* ε, E) griech. Buchstabe, kurzes e

E-Pu|bli|shing *auch:* **E-Pub|li|shing** [ipʌblɪʃɪŋ, engl.] *n. Gen. - nur Sg.* s. **E|lec|tro|nic|pu|bli|shing**

E|qua|li|zer [i:kwəlaɪzə(r), engl.] *m. 3* Gerät zur Klangverbesserung bei Verstärkern

E|ques|trik *auch:* **E|quest|rik** [lat.] *f. 10 nur Sg.* Reitkunst

E|qui|den [lat.] *f. 11, Sammelbez. für* alle pferdeartigen Tiere

E|qui|pa|ge [ekipaʒə auch: -kvi-, frz.] *f. 11* **1.** elegante Kutsche; **2.** Mannschaft (eines Schiffes); **3.** Ausrüstung (eines Offiziers)

E|qui|pe [ekip(ə)] *f. 11* **1.** Reitermannschaft; **2.** *österr.:* für einen Wettkampf ausgewählte Sportmannschaft; **3.** *schweiz.:* Sportmannschaft; Künstlergruppe

e|qui|pie|ren [eki-] *tr. 3, veraltet:* ausrüsten

E|qui|pie|rung [eki-] *f. 10*

E|quip|ment [ɪkwɪpmənt, engl.] *n. 9* Ausrüstung

er; *Großschreibung in der veralteten Anrede für Untergebene:* das lasse Er künftig bleiben!

Er *m. Gen. - nur Sg., ugs.:* männl. Person oder männl. Tier; ein Er

und eine Sie; der kleine Hund ist ein Er
Er *chem. Zeichen für* Erbium
er|ach|ten *tr. 2;* etwas für gut e.; ich erachte es als nicht richtig
Er|ach|ten *n. Gen.* -s *nur Sg.;* meines Erachtens (*Abk.:* m. E.) ist das zu hoch (*nicht:* meines Erachtens nach)
er|ah|nen *tr. 1*
er|ar|bei|ten *tr. 2*
E|ras|mus männl. Vorname
E|ra|to *griech. Myth.:* Muse der Liebesdichtung
Erb|a|del *m. Gen.* -s *nur Sg.*
Erb|an|la|ge *f. 11*
Erb|an|spruch *m. 2*
er|bar|men **1.** *refl. 1 mit Gen.:* sich jmds. e.; **2.** *tr. 1 mit Akk.:* es, er erbarmt mich; **3.** *österr. auch intr. 1 mit Dat.* er erbarmt mir
Er|bar|men *n. Gen.* -s *nur Sg.;* ohne E.; er sieht zum E. aus
er|bar|mens|wert
Er|bar|mer *m. 5* Gott
er|bärm|lich
Er|bärm|lich|keit *f. 10*
Er|bar|mung *f. 10 nur Sg.*
er|bar|mungs|los
Er|bar|mungs|lo|sig|keit *f. 10 nur Sg.*
er|bar|mungs|voll
er|bar|mungs|wür|dig
er|bau|en *tr. 1*
Er|bau|er *m. 5*
er|bau|lich
Er|bau|lich|keit *f. 10 nur Sg.*
Er|bau|ung *f. 10 nur Sg.*
Er|bau|ungs|schrift *f. 10*
Erb|bau|er *m. 11*
Erb|bau|recht *n. 1*
Erb|be|gräb|nis *n. 1*
erb|be|rech|tigt
Erb|be|rech|ti|gung *f. 10 nur Sg.*
Er|be **1.** *m. 11* jmd., der etwas erbt oder erben wird; **2.** *n. Gen.* -s *nur Sg.* Erbschaft
er|be|ben *intr. 1*
erb|ei|gen
Erb|ei|gen|tum *n. Gen.* -s *nur Sg.*
erb|ein|ge|ses|sen
er|ben *tr. 1*
er|be|ten **1.** *tr. 1* durch Beten zu erlangen suchen; **2.** *Part. Perf. von* erbitten
er|bet|teln *tr. 1*
er|beu|ten *tr. 2*
erb|fä|hig erbberechtigt
Erb|fä|hig|keit *f. 10 nur Sg.* Erbberechtigung
Erb|fall *m. 2, Rechtsw.:* Todesfall, der jmdn. zum Erben macht
Erb|feind *m. 1*
Erb|fol|ge *f. 11*
Erb|fol|ge|krieg *m. 1;* Spanischer E.
Erb|fol|ger *m. 5*
Erb|gut *n. 4*
Erb|hof *m. 2*
er|bie|ten *refl. 13*
er|bit|ten *tr. 15*
er|bit|tern *tr. 1*
Er|bit|te|rung *f. 10 nur Sg.*
Er|bi|um *n. Gen.* -s *nur Sg.* (*Zeichen:* Er) chem. Element
Erb|kai|ser|tum *n. Gen.* -s *nur Sg.*
Erb|kö|nig|tum *n. Gen.* -s *nur Sg.*
erb|krank
Erb|krank|heit *f. 10*
Erb|land *n. 1*
er|blas|sen *intr. 1;* sie erblasste
Erb|las|sen|schaft *f. 10* Hinterlassenschaft, die vererbt wird
Erb|las|ser *m. 5* jmd., der ein Erbe hinterlässt
Erb|las|sung *f. 10 nur Sg.*
Erb|le|hen *n. 7*
er|blei|chen **1.** *intr. 1* bleich werden; er erbleichte; **2.** *intr. 28, veraltet:* sterben; er ist erblichen
erb|lich
Erb|lich|keit *f. 10 nur Sg.*
er|bli|cken *tr. 1*
er|blin|den *intr. 2*
Er|blin|dung *f. 10 nur Sg.*
erb|los ohne Erben
er|blü|hen *intr. 1*
Erb|mas|se *f. 11*
Erb|on|kel *m. 5, ugs.: m. 9*
er|bo|sen *tr. u. refl. 1*
er|bö|tig bereit; er ist e., es zu tun
Er|bö|tig|keit *f. 10 nur Sg.*
Erb|pacht *f. 10*
Erb|päch|ter *m. 5*
Erb|prinz *m. 10*
er|bre|chen *tr. 19*
Erb|recht *n. 1*
er|brin|gen *tr. 21;* den Nachweis e., dass…
Erb|scha|den *m. 8* ererbter Schaden, ererbte Anomalie
Erb|schaft *f. 10*
Erb|schafts|steu|er, Erb|schaft|steu|er *f. 11*
Erb|schein *m. 1*
Erb|schlei|cher *m. 5*
Erb|schlei|che|rei *f. 10 nur Sg.*
Erb|se *f. 11*
Erb|sen|bein *n. 1* ein Handwurzelknochen
Erb|sen|stein *m. 1* Oolith
Erb|sen|stroh, Erbs|stroh *n. Gen.* -s *nur Sg.*
Erb|stück *n. 1*
Erb|sün|de *f. 11*
Erbs|wurst *f. 2* in Wurstform gepresstes Erbsmehl für Suppe
Erb|tan|te *f. 11*
Erb|teil *n. 1*
Erb|tei|lung *f. 10*
Erb|tum *n. 4* ererbter Besitz
erb|tüm|lich
Erb|ü|bel *n. 5* Missstand seit Generationen
erb|un|ter|tä|nig
Erb|un|ter|tä|nig|keit *f. 10 nur Sg.* der Leibeigenschaft ähnl. Abhängigkeitsverhältnis
erb|un|wür|dig
Erb|un|wür|dig|keit *f. 10 nur Sg.*
Erb|ver|trag *m. 2*
Erb|ver|zicht *m. 1*
Erd|ach|se [-ks-] *f. 11*
Erd|ap|fel *m. 6, süddt., österr.:* Kartoffel
Erd|ar|bei|ter *m. 5*
Erd|at|mo|sphä|re *auch:* **Erd|at|mos|phä|re** *f. 11 nur Sg.*
er|dau|ern *tr. 1, schweiz.:* gründlich prüfen
Er|dau|e|rung *f. 10 nur Sg.*
Erd|bahn *f. 10*
Erd|ball *m. 2 nur Sg.*
Erd|be|ben *n. 7*
Erd|bee|re *f. 11*
erd|beer|far|ben, erd|beer|far|big
erd|beer|rot
Erd|bir|ne *f. 11, mitteldt., schwäb.:* Kartoffel
Erd|bo|den *m. 8 nur Sg.*
Erd|boh|rer *m. 5*
Er|de *f. 11*
er|den *tr. 2* mit der Erde verbinden (Antenne, Stromleitung)
Er|den|bür|ger *m. 5*
er|den|fern
Er|den|fer|ne *f. 11 nur Sg.*
er|den|ken *tr. 22*
er|denk|lich; alles e. Gute
Er|den|le|ben *n. 7*
er|den|nah
Er|den|nä|he *f. Gen.* - *nur Sg.*
Er|den|rund *n., fast nur in der Wendung* auf dem ganzen E.
Erd|fall *m. 2* trichterförmige Vertiefung in der Erde
Erd|far|be *f. 11*
Erd|fer|kel *n. 5*
Erd|fer|ne *f. 11 nur Sg.* größte Entfernung eines Planeten von der Erde; vgl. Apogäum
Erd|floh *m. 2*
Erd|frucht *f. 2*
Erdg. *Abk. für* Erdgeschoss
Erd|gas *n. 1 nur Sg.*
erd|ge|bun|den
Erd|ge|bun|den|heit *f. 10 nur Sg.*

Erd|geist *m. 3*
Erd|ge|schich|te *f. 11 nur Sg.*
erd|ge|schicht|lich
Erd|ge|schoss (*alt:* Erd|ge|schoß) *n. 1* (*Abk.:* Erdg.); vgl. Geschoss
erd|haft
Erd|harz *n. 1 nur Sg.* Asphalt
Erd|hörn|chen *n. 7* ein Nagetier
er|dich|ten *tr. 2* sich mit Hilfe der Fantasie ausdenken, erfinden
Er|dich|tung *f. 10*
er|dig
Erd|ka|bel *n. 5*
Erd|kar|te *f. 11*
Erd|kreis *m. 1*
Erd|krus|te *f. 11 nur Sg.* oberste Schichte der Erde
Erd|ku|gel *f. 11 nur Sg.*
Erd|kun|de *f. 11 nur Sg.* Geographie
Erd|kund|ler *m. 5*
erd|kund|lich
Erd|ma|gne|tis|mus *auch:* **Erd|mag-ne|tis|mus** *m. Gen. - nur Sg.*
erd|ma|gne|tisch *auch:* **erd|mag-ne|tisch**
Erd|männ|chen *n. 7* **1.** *im Volksglauben:* Zwerg, Wichtel; **2.** afrik. Schleichkatzenart
Erd|nä|he *f. Gen. - nur Sg.* geringste Entfernung eines Planeten von der Erde; vgl. Perigäum
Erd|nuss (*alt:* Erd|nuß) *f. 2*
Erd|o|ber|flä|che *f. 11 nur Sg.*
Erd|öl *n. 1;* die Erdöl fördernden Konzerne; Erdöl exportierende Länder
er|dol|chen *tr. 1*
Erd|öl ex|por|tie|rend (*alt:* erd|öl-ex|por|tie|rend)
Erd|öl för|dernd (*alt:* erd|öl|för-dernd)
Erd|pech *n. 1*
Erd|rauch *m. Gen. -s nur Sg.* eine Feldblume
Erd|reich *n. 1 nur Sg.* lockere Erde
er|dreis|ten *refl. 2*
Erd|rin|de *f. 11 nur Sg.*
er|dröh|nen *intr. 1*
er|dros|seln *tr. 1*
Er|dros|se|lung, Er|dross|lung (*alt:* Er|droß|lung) *f. 10*
er|drü|cken *tr. 1*
Er|drusch *m. 1* Ertrag des Dreschens
Erd|rutsch *m. 1*
Erd|sa|tel|lit *m. 10*
Erd|schat|ten *m. 7*
Erd|schlipf *m. 1, schweiz.:* Erdrutsch
Erd|schluss (*alt:* Erd|schluß) *m. 2, Elektrotechnik:* unerwünschte leitende Verbindung mit der Erde
Erd|schol|le *f. 11*
Erd|teil *m. 1*
er|dul|den *tr. 2*
Er|dul|dung *f. 10 nur Sg.*
Erd|um|krei|sung *f. 10*
Erd|um|se|ge|lung, Erd|um|seg-lung *f. 10*
Er|dung *f. 10* das Erden
erd|ver|bun|den
Erd|ver|bun|den|heit *f. 10 nur Sg.*
Erd|wachs [-ks] *n. 1* mineralisches Wachs, Ozokerit
Erd|wär|me *f. 11 nur Sg.*
Erd|zeit|al|ter *n. 5*
E|re|bos, E|re|bus *m. Gen. - nur Sg., griech. Myth.:* Unterwelt, Totenreich
er|ei|fern *refl. 1*
Er|ei|fe|rung *f. 10 nur Sg.*
er|eig|nen *refl. 2*
Er|eig|nis *n. 1*
er|eig|nis|los
er|eig|nis|reich
er|ei|len *tr. 1* einholen, erreichen, überraschen
e|rek|til [lat.] anschwellbar, erektionsfähig (bes. vom männlichen Glied)
E|rek|ti|on *f. 10* Anschwellung, Aufrichtung (von Organen bei geschlechtl. Erregung, bes. vom männl. Glied)
E|re|mit [griech.] *m. 10* **1.** Einsiedler; **2.** Einsiedlerkrebs
E|re|mi|ta|ge [-ʒ(ə)] **1.** *f. 11* Einsiedelei; **2.** einer Einsiedelei nachgebildete Grotte o. Ä. in Parks; **3.** Er|mi|ta|ge *f. 11 nur Sg.* Kunstsammlung in St. Petersburg
E|ren, Ern *m. Gen. - Pl. - süddt., veraltet:* Hausflur
er|er|ben *tr. 1*
e|re|thisch [griech.] *Med.:* leicht erregbar, leicht reizbar
E|re|this|mus *m. Gen. - nur Sg.* gesteigerte Reizbarkeit
er|fah|ren **1.** *tr. 32;* **2.** *Adj.:* reich an Erfahrung
Er|fah|ren|heit *f. 10 nur Sg.*
Er|fah|rung *f. 10*
Er|fah|rungs|aus|tausch *m. 1*
Er|fah|rungs|be|richt *m. 1*
er|fah|rungs|ge|mäß
Er|fah|rungs|tat|sa|che *f. 11*
Er|fah|rungs|wis|sen|schaft *f. 10*
er|fas|sen *tr. 1*
Er|fas|sung *f. 10*
er|fin|den *tr. 36*
Er|fin|der *m. 5*
er|fin|de|risch
er|find|lich; es ist mir nicht e., wie ...: ich verstehe nicht
Er|fin|dung *f. 10*
Er|fin|dungs|ga|be *f. 11 nur Sg.*
Er|fin|dungs|geist *m. 3 nur Sg.*
er|fin|dungs|reich
er|fle|hen *tr. 1*
Er|folg *m. 1;* ein erfolgversprechendes *oder:* Erfolg versprechendes Unterfangen
er|fol|gen *intr. 1*
er|folg|los
Er|folg|lo|sig|keit *f. 10 nur Sg.*
er|folg|reich
Er|folgs|rech|nung *f. 10, Wirtsch.*
er|folgs|o|ri|en|tiert
er|folgs|si|cher
er|folg|ver|spre|chend = **Er|folg ver|spre|chend;** *aber nur:* es wäre erfolgversprechender, wenn ...; eine sehr erfolgversprechende Strategie *(bei Steigerung und mit Attribut)*
er|for|der|lich
er|for|der|li|chen|falls
er|for|dern *tr. 1*
Er|for|der|nis *n. 1*
er|for|schen *tr. 1*
Er|for|scher *m. 5*
er|forsch|lich
Er|for|schung *f. 10 nur Sg.*
er|fra|gen *tr. 1*
Er|fra|gung *f. 10 nur Sg.*
er|freu|en *tr. 1*
er|freu|lich
er|freu|li|cher|wei|se
er|frie|ren *intr. 42*
Er|frie|rung *f. 10*
er|fri|schen *tr. 1*
Er|fri|schung *f. 10*
Er|fri|schungs|ge|tränk *n. 1*
Er|fri|schungs|raum *m. 2*
er|fül|len *tr. 1*
Er|füllt|heit *f. 10 nur Sg.*
Er|fül|lung *f. 10 nur Sg.*
Er|fül|lungs|ort *m. 1*
Er|furt Hauptstadt von Thüringen
erg *Zeichen für* Erg
Erg *n. Gen. -s Pl. -* Energieeinheit
erg. *Abk. für* ergänze
er|gän|zen *tr. 1*
Er|gän|zung *f. 10*
Er|gän|zungs|ab|ga|be *f. 11* zusätzliche steuerliche Abgabe
Er|gän|zungs|band *m. 2*
Er|gän|zungs|bin|de|strich *m. 1*
Er|gän|zungs|satz *m. 2* Objektsatz
Er|gän|zungs|win|kel *m. 5*
er|gat|tern *tr. 1*
er|gau|nern *tr. 1* erhaschen, sich rasch und geschickt verschaffen
er|ge|ben **1.** *tr. 45;* 2 mal 5 ergibt 10; die Umfrage hat ergeben, dass ...; **2.** *refl. 45;* ich habe mich

drein ergeben; es hat sich so ergeben; **3.** *Adj.:* ein sehr ergebener Freund; Ihr ergebener … (als Briefschluss)

Er|ge|ben|heit *f. 10 nur Sg.*

Er|geb|nis *n. 1*

er|geb|nis|los

Er|ge|bung *f. 10 nur Sg.*

er|ge|hen **1.** *intr. 47;* es ist ein Aufruf an alle Einwohner ergangen; es ist ihm schlecht ergangen; **2.** *refl. 47;* sich im Freien e.; sich in endlosen Klagen über etwas e.

Er|ge|hen *n. 7 nur Sg.* Befinden

er|gie|big

Er|gie|big|keit *f. 10 nur Sg.*

er|gie|ßen *tr. u. refl. 54*

Er|gie|ßung *f. 10 nur Sg.*

er|glän|zen *intr. 1*

er|glü|hen *intr. 1*

er|go [lat.] *immer vorangestellt* folglich, also; ergo hat er …, ergo kann er nicht …; ergo bibamus!: also lasst uns trinken! (Trinkspruch, Trinklied)

Er|go|graph *auch:* **Er|go|graf** [griech.] *m. 10* Gerät zum Messen der Muskelarbeit, Ergometer, Ergostat

Er|go|gra|phie *auch:* **Er|go|gra|fie** *f. 11 nur Sg.* Messung der Muskelarbeit, Ergometrie

Er|go|lo|gie *f. 11 nur Sg.* Erforschung von volkstüml. Arbeitsgeräten und -gebräuchen

er|go|lo|gisch

Er|go|me|ter *n. 5* Ergograph

Er|go|me|trie *auch:* **Er|go|met|rie** *f. 11 nur Sg.* Ergographie

Er|go|no|mie *f. 11 nur Sg.* Zweig der Arbeitswissenschaft, der sich mit der Anpassung der Technik an den Menschen (zur Erleichterung der Arbeit) befasst

Er|go|stat *auch:* **Er|gos|tat** *m. 10* Ergograph

Er|go|ste|rin *auch:* **Er|gos|te|rin** [aus frz. ergot »Mutterkorn« + Cholesterin] *n. 1 nur Sg.* ein pflanzl. Sterin, Vorstufe des Vitamins D2

Er|got|a|min *auch:* **Er|go|ta|min** [aus frz. ergot + Ammonium] *n. 1 nur Sg.* ein Alkaloid des Mutterkorns, bewirkt Blutdruckanstieg

Er|go|the|ra|pie *f. 11 nur Sg.* Beschäftigungs- und Arbeitstherapie

Er|go|tin® *n. 1 nur Sg.* ein aus Mutterkorn gewonnenes Heilmittel

Er|go|tis|mus *m. Gen. - nur Sg.* Mutterkornvergiftung, Kribbelkrankheit

Er|go|to|xin *n. 1 nur Sg.* ein Alkaloid des Mutterkorns

er|göt|zen *tr. 1*

er|götz|lich

er|grau|en *intr. 1*

er|grei|fen *tr. 59*

Er|grei|fung *f. 10 nur Sg.*

er|grif|fen erschüttert, bewegt; einem Vortrag e. lauschen

Er|grif|fen|heit *f. 10 nur Sg.*

er|grim|men *intr. 1*

er|grün|den *tr. 2*

Er|grün|dung *f. 10 nur Sg.*

Er|guss (*alt:* Er|guß) *m. 2*

Er|guss|ge|stein (*alt:* Er|guß|gestein) *n. 1* verhältnismäßig rasch an der Erdoberfläche erkaltetes und erstarrtes Magma, z. B. Basalt, Porphyr

er|ha|ben

Er|ha|ben|heit *f. 10 nur Sg.*

Er|halt *m. 1 nur Sg.;* nach, seit E. Ihrer Sendung

er|hal|ten *tr. 61;* etwas e.; jmdn. e.: für jmds. Lebensunterhalt aufkommen; sich gesund e.

Er|hal|ter *m. 5*

er|hält|lich

Er|hal|tung *f. 10 nur Sg.*

Er|hal|tungs|zu|stand *m. 2*

er|hän|gen *refl. 1*

Er|hard, Er|hart männl. Vorname

er|här|ten *tr. u. intr. 2*

Er|här|tung *f. 10 nur Sg.*

er|ha|schen *tr. 1* durch rasches Zugreifen fassen, fangen

er|he|ben *tr. 64*

er|heb|lich

Er|he|bung *f. 10*

er|hei|schen *tr. 1, veraltet:* erfordern, verlangen

er|hei|tern *tr. 1*

Er|hei|te|rung *f. 10 nur Sg.*

er|hel|len **1.** *tr. 1;* **2.** *intr. u. refl. 1;* daraus erhellt (sich), dass …: daraus wird deutl.

Er|hel|lung *f. 10 nur Sg.*

er|heu|cheln *tr. 1*

er|hit|zen *tr. 1*

Er|hit|zer *m. 5*

Er|hit|zung *f. 10 nur Sg.*

er|hof|fen *tr. 1*

er|hö|hen *tr. 1*

Er|hö|hung *f. 10 nur Sg.*

Er|hö|hungs|zei|chen *n. 7,* (*Zeichen:* ♯), *Mus.:* Zeichen zur Erhöhung eines Tons um einen halben Ton oder zwei halbe Töne; vgl. Kreuz, Doppelkreuz

er|ho|len *refl. 1*

er|hol|sam

Er|hol|sam|keit *f. 10 nur Sg.*

Er|ho|lung *f. 10 nur Sg.;* Erholung suchend; die Erholung Suchenden *oder:* Erholungsuchenden

Er|ho|lungs|auf|ent|halt *m. 1*

er|ho|lungs|be|dürf|tig

Er|ho|lungs|heim *n. 1*

Er|ho|lungs|rei|se *f. 11*

Er|ho|lung su|chend (*alt:* er|holung|su|chend)

Er|ho|lung|su|chen|de *auch:* **Er|ho|lung Su|chen|de** *Pl.*

Er|ho|lungs|ur|laub *m. 1*

er|hö|ren *tr. 1*

Er|hö|rung *f. 10 nur Sg.*

E|rie|see *m. Gen. -* See in Nordamerika

e|ri|gi|bel [lat.] aufrichtbar (von Organen)

e|ri|gie|ren *intr. 3* sich aufrichten, anschwellen (von Organen, bes. vom männl. Glied)

E|rich männl. Vorname

E|rik männl. Vorname

E|ri|ka weibl. Vorname

E|ri|ka *f. Gen. - Pl.* -ken Heidekraut, Glockenheide

E|ri|ka|zee *f. 11 meist Pl.* Heidekrautgewächs

Er|na weibl. Vorname

er|in|ner|lich

er|in|nern *tr. u. refl. 1;* jmdn., sich an etwas e.

Er|in|ne|rung *f. 10*

Er|in|ne|rungs|bild *n. 3*

Er|in|ne|rungs|zei|chen *n. 7*

E|rin|nye *f. 11,* **E|rin|nys** *f. Gen. - Pl.* -rin|nyen, *griech. Myth.:* Rachegöttin

E|ris|ap|fel [nach Eris, der griech. Göttin der Zwietracht] *m. 6* Streitobjekt, Zankapfel

E|ris|tik *f. 10 nur Sg.* Kunst des wissenschaftl. Redestreits

E|ri|trea *auch:* **E|rit|rea** Staat im nordöstl. Afrika

e|ri|tre|isch *auch:* **e|rit|re|isch**

E|ri|wan vgl. Jerewan

er|ja|gen *tr. 1*

er|kal|ten *intr. 2*

er|käl|ten *refl. 2*

Er|käl|tung *f. 10*

Er|käl|tungs|krank|heit *f. 10*

er|kämp|fen *tr. 1*

er|kau|fen *tr. 1*

er|ke|cken *refl. 1;* sich e., etwas zu tun, zu sagen: so keck sein

er|kenn|bar

Er|kenn|bar|keit *f. 10 nur Sg.*

er|ken|nen **1.** *tr. 67;* **2.** *intr. 67, Rechtsw.;* auf eine Geldstrafe e.: entscheiden, dass eine Geldstrafe zu zahlen sei

er|kennt|lich; er hat sich sehr erkenntlich gezeigt
Er|kennt|lich|keit *f. 10 nur Sg.*
Er|kennt|nis **1.** *f. 1;* **2.** *n. 1, Rechtsw.:* Urteil, Entscheidung
er|kennt|nis|the|o|re|tisch
Er|kennt|nis|the|o|rie *f. 11*
Er|ken|nung *f. 10 nur Sg.*
Er|ken|nungs|dienst *m. 1 nur Sg.*
Er|ken|nungs|zei|chen *n. 7*
Er|ker *m. 5*
Er|ker|zim|mer *n. 5*
er|kie|sen *tr. 29, veraltet:* erwählen
er|klär|bar
er|klä|ren *tr. 1*
er|klär|lich
Er|klä|rung *f. 10*
Er|klä|rungs|ver|such *m. 1*
er|kleck|lich erheblich, beträchtlich, ziemlich groß; eine erkleckliche Anzahl, Summe; der Betrag ist um ein Erkleckliches größer als vermutet
er|klet|tern *tr. 1*
er|klim|men *tr. 68*
er|klin|gen *intr. 69*
er|klü|geln *tr. 1*
er|kor, er|ko|ren *Vergangenheitsformen von* erkiesen und erküren
er|kran|ken *intr. 1*
Er|kran|kung *f. 10*
Er|kran|kungs|fall *m. 2, Amtsdeutsch:* im E.: im Falle einer Erkrankung
er|küh|nen *refl. 1;* sich e., etwas zu tun, zu sagen: so kühn sein
er|kun|den *tr. 2*
er|kun|di|gen *refl. 1*
Er|kun|di|gung *f. 10*
Er|kun|dung *f. 10*
Er|kun|dungs|flug *m. 2*
Er|kun|dungs|gang *m. 2*
er|küns|telt auf unnatürliche Art erzwungen; eine erkünstelte Lustigkeit
er|kü|ren *tr. 29, veraltet:* erwählen
er|la|ben *refl. 1, veraltet, noch poet.:* erquicken; sich an etwas erlaben
Er|lag *m. 1 nur Sg., österr.:* Hinterlegung
Er|lag|schein *m. 1, österr.:* Zahlkarte
er|lah|men *intr. 1*
er|lan|gen *tr. 1*
Er|lan|gung *f. 10 nur Sg.*
Er|lass (*alt:* Er|laß) *m. 1, österr.: m. 2*
er|las|sen *tr. 75*
er|läss|lich (*alt:* er|läß|lich) *veraltet*
Er|las|sung *f. 10 nur Sg.*
er|lau|ben *tr. 1*
Er|laub|nis *f. 1*

er|laucht; eine erlauchte Adresse
Er|laucht *f. Gen. - nur Sg., veraltet:* Titel und Anrede für die Häupter ehemals regierender Grafenhäuser; Seine, Eure Erlaucht
er|läu|tern *tr. 1;* ich erläutere, erläutre es
Er|läu|te|rung *f. 10*
Er|le *f. 11* ein Laubbaum
er|le|ben *tr. 1*
Er|le|bens|fall *m. 2, Amtsdeutsch;* im E.: falls man es erlebt
Er|leb|nis *n. 1*
er|le|di|gen *tr. 1*
Er|le|di|gung *f. 10 nur Sg.*
er|le|gen *tr. 1*
Er|le|gung *f. 10 nur Sg.*
er|leich|tern *tr. 1;* ich erleichtere, erleichtre es ihm
Er|leich|te|rung *f. 10 nur Sg.*
er|lei|den *tr. 77*
er|len aus Erlenholz
Er|len|zei|sig *m. 1* ein Singvogel
er|lern|bar
Er|lern|bar|keit *f. 10 nur Sg.*
er|ler|nen *tr. 1*
Er|ler|nung *f. 10 nur Sg.*
er|le|sen **1.** *tr. 79;* sich etwas erlesen: durch Lesen erfahren, lernen; **2.** *Adj.:* ausgesucht, köstlich
Er|le|sen|heit *f. 10 nur Sg.*
er|leuch|ten *tr. 2*
Er|leuch|tung *f. 10*
er|lie|gen *intr. 80*
er|lis|ten *tr. 2*
Er|lis|tung *f. 10 nur Sg.*
Erl|kö|nig [aus dän. ellerkonge »Elfenkönig«] *m. 1* Elfenkönig; *auch ugs.:* getarntes Automodell
er|lo|gen vgl. erlügen
Er|lös *m. 1*
er|lö|schen *intr. 30*
er|lö|sen *tr. 1*
Er|lö|ser *m. 5*
Er|lö|sung *f. 10 nur Sg.*
Er|lö|sungs|werk *n. 1*
er|lü|gen *tr. 81, meist im Partizip II:* das ist erlogen
er|mäch|ti|gen *tr. 1*
Er|mäch|ti|gung *f. 10*
er|mah|nen *tr. 1*
Er|mah|nung *f. 10*
er|man|geln *intr. 1, veraltet;* ich ermangele der nötigen Kenntnisse *oder:* mir ermangeln die nötigen Kenntnisse: mir fehlen die nötigen Kenntnisse
Er|man|ge|lung, Er|mang|lung *f. 10 nur Sg., nur noch in Wendungen wie* in E. der nötigen Kenntnisse, in E. eines besseren Werkzeugs

er|man|nen *refl. 1*
er|mä|ßi|gen *tr. 1*
Er|mä|ßi|gung *f. 10*
er|mat|ten *intr. 2*
Er|mat|tung *f. 10 nur Sg.*
er|mes|sen *tr. 84*
Er|mes|sen *n. Gen. -s nur Sg.;* nach E. handeln; nach meinem E.
Er|mes|sens|fra|ge *f. 11 nur Sg.;* das ist eine E.
Er|mes|sens|miss|brauch (*alt:* Er|mes|sens|miß|brauch) *m. 2*
Er|mi|ta|ge [-ʒ(ə)] *f. 11 nur Sg.* s. **E|re|mi|ta|ge** (3)
er|mit|teln *tr. u. intr. 1;* ich ermittele, ermittle es
Er|mit|te|lung, Er|mitt|lung *f. 10*
Er|mitt|lungs|rich|ter *m. 5*
Er|mitt|lungs|ver|fah|ren *n. 7*
Erm|land *n. Gen. -(e)s, poln.:* Warmia, Landschaft im ehem. Ostpreußen
Erm|län|der *m. 5*
er|mög|li|chen *tr. 1*
er|mor|den *tr. 2*
Er|mor|dung *f. 10*
er|mü|den *intr. u. tr. 2*
Er|mü|dung *f. 10 nur Sg.*
Er|mü|dungs|er|schei|nung *f. 10*
er|mun|tern *tr. 1;* ich ermuntere, ermuntre ihn
Er|mun|te|rung *f. 10*
er|mu|ti|gen *tr. 1*
Er|mu|ti|gung *f. 10 nur Sg.*
Ern *m. Gen. - Pl. -* s. **Eren**
er|näh|ren *tr. 1*
Er|näh|rer *m. 5*
Er|näh|rung *f. 10 nur Sg.*
Er|näh|rungs|la|ge *f. 11 nur Sg.*
Er|näh|rungs|stö|rung *f. 10*
Er|näh|rungs|wei|se *f. 11;* eine gesunde Ernährungsweise
Er|näh|rungs|zu|stand *m. 2*
er|nen|nen *tr. 89*
Er|nen|nung *f. 10*
Er|nen|nungs|ur|kun|de *f. 11*
er|neu|en *tr. 1* erneuern
Er|neu|e|rer, Er|neu|rer *m. 5*
er|neu|ern *tr. 1;* ich erneuere, erneure es
Er|neu|e|rung *f. 10*
er|neu|e|rungs|be|dürf|tig
Er|neu|e|rungs|be|we|gung *f. 10*
er|neut
Er|neu|ung *f. 10* Erneuerung
er|nied|ri|gen *tr. 1*
Er|nied|ri|gung *f. 10*
Er|nied|ri|gungs|zei|chen *n. 7,* (*Zeichen:* ♭ od. 𝄫), *Mus.:* Zeichen zum Erniedrigen eines Tones um einen halben Ton oder zwei halbe Töne; vgl. b, Doppel-b

E

ernst, ernst gemeint, Ernst: Das Adjektiv wird mit kleinem Anfangsbuchstaben geschrieben: *Die Lage ist ernst. Ihm ist es ernst.*
Die Fügung aus Adjektiv und Verb/Partizip wird getrennt geschrieben, da das Adjektiv steigerbar und erweiterbar ist: *Das war (sehr) ernst gemeint. Das ist ein ernst zu nehmender Rat.*
Ebenso: *Wir müssen das ernst nehmen.* § 34 E3 (3)
Die Fügung aus dem Substantiv *Ernst* und einem Verb wird getrennt und großgeschrieben: *Sie machten endlich Ernst.* Ebenso: *Daraus wurde Ernst.* § 34 E3 (5)

ernst; etwas ernst meinen; etwas ernst nehmen; ein ernst gemeinter Vorschlag; ein ernst zu nehmender Rat; es wird ernst; das ist mir ernst
Ernst *m. 1 nur Sg.;* Ernst machen; aus dem Spaß wurde Ernst; es ist mein Ernst; er hat den Spaß für Ernst genommen; allen Ernstes
Ernst männl. Vorname
Ernst|fall *m. 2;* im E., für den E.
ernst gemeint (*alt:* ernst|gemeint)
ernst|haft
Ernst|haf|tig|keit *f. 10 nur Sg.*
ernst|lich
ernst neh|men (*alt:* ernst|nehmen) *tr. 88*
ernst zu neh|mend (*alt:* ernst|zuneh|mend)
Ern|te *f. 11*
Ern|te|dank|fest [auch: ern-] *n. 1*
Ern|te|fest *n. 1*
Ern|te|kranz *m. 2*
Ern|te|mond *m. 1* Ernting
ern|ten *tr. 2*
Ern|te|se|gen *m. 7*
Ern|te|zeit *f. 10*
Ern|ting *m. 1,* Ern|te|mond *m. 1, alter Name für* August
er|nüch|tern *tr. 1*
Er|nüch|te|rung *f. 10 nur Sg.*
Er|o|be|rer *m. 5*
er|o|bern *tr. 1*
Er|o|be|rung *f. 10*
Er|o|be|rungs|feld|zug *m. 2*
Er|o|be|rungs|krieg *m. 1*
Er|o|be|rungs|lust *f. 2 nur Sg.*
er|o|be|rungs|lus|tig
Er|o|be|rungs|sucht *f. 2 nur Sg.*
er|o|be|rungs|süch|tig
e|ro|die|ren [lat.] *tr. 3* auswaschen, wegschwemmen (Land, Ufer)
er|öff|nen *tr. 2*
Er|öff|nung *f. 10*
Er|öff|nungs|be|schluss (*alt:* Er|öff|nungs|be|schluß) *m. 2*
Er|öff|nungs|fei|er *f. 11*
Er|öff|nungs|re|de *f. 11*
Er|öff|nungs|zug *m. 2* (beim Brettspiel)
e|ro|gen [griech.] geschlechtlich reizbar; erogene Zonen: Körperstellen, deren Berührung geschlechtl. Erregung auslöst
E|ro|i|ka [eigtl.: Sinfonia eroica »heroische Sinfonie«] *f. Gen. - nur Sg.* Beiname der 3. Sinfonie von Beethoven
er|ör|tern *tr. 1;* ich erörtere, erörtre es
Er|ör|te|rung *f. 10*
E|ros [auch: ɛrɔs, griech.] **1.** *griech. Myth.:* Gott der Liebe; **2.** *m. Gen. - nur Sg., Philos.:* schöpferischer Trieb; **3.** *m. Gen. - nur Sg.* geschlechtl. Liebe; **4.** *m. Gen. - Pl.* E|ro|ten, *meist Pl., bildende Kunst:* geflügelter Liebesgott, meist in Kindergestalt, Amorette
E|ros|cen|ter [-sɛn-] *n. 5* größeres Bordell
E|ro|si|on [lat.] *f. 10* Auswaschung, Abtragung (von Land durch fließendes Wasser, auch durch Wind)
e|ro|siv durch Erosion entstanden
E|ro|te|ma|tik [griech.] *f. 10 nur Sg., veraltet:* Kunst der richtigen Fragestellung (beim Unterrichten)
e|ro|te|ma|tisch
E|ro|ten *Pl. von* Eros (4)
E|ro|tik [griech.] *f. 10 nur Sg.* Liebeskunst, vergeistigtes Liebes-, Geschlechtsleben
E|ro|ti|ka *Pl.; Sg.:* -kon Bücher, Bilder über die Liebe und das Geschlechtsleben
E|ro|ti|ker *m. 5* **1.** Liebeskünstler; **2.** Verfasser von Liebesliedern oder Liebesromanen
e|ro|tisch die Erotik betreffend
e|ro|ti|sie|ren *tr. 3* geschlechtlich reizbar machen
E|ro|to|lo|gie *f. 11 nur Sg.* Wissenschaft von der Erotik
E|ro|to|ma|ne *m. 11* Mensch mit gesteigertem Geschlechtstrieb
E|ro|to|ma|nie *f. 11 nur Sg.* krankhaft gesteigerter Geschlechtstrieb, Liebeswahnsinn
e|ro|to|ma|nisch
ERP *Abk. für* European Recovery Program (Marshallplan)
Er|pel *m. 5* männl. Ente, Enterich
er|picht; auf etwas e. sein: etwas sehr gern haben wollen
er|press|bar (*alt:* er|preß|bar)
er|pres|sen *tr. 1*
Er|pres|ser *m. 5*
er|pres|se|risch
Er|pres|sung *f. 10*
er|pro|ben *tr. 1*
Er|pro|bung *f. 10*
er|qui|cken *tr. 1*
er|quick|lich
Er|qui|ckung *f. 10*
er|raf|fen *tr. 1*
er|ra|re hu|ma|num est [lat.] irren ist menschlich
Er|ra|ta [lat.] *Pl.* Druckfehler, Irrtümer
er|ra|ten *tr. 94*
er|ra|tisch [lat.] verstreut, verirrt; erratischer Block: von Gletschern abgelagerter Gesteinsbrocken, Findling
er|rech|nen *tr. 2*
er|reg|bar
Er|reg|bar|keit *f. 10 nur Sg.*
er|re|gen *tr. 1*
Er|re|ger *m. 5*
Er|regt|heit *f. 10 nur Sg.*
Er|re|gung *f. 10*
Er|re|gungs|zu|stand *m. 2*
er|reich|bar
Er|reich|bar|keit *f. 10 nur Sg.*
er|rei|chen *tr. 1*
Er|rei|chung *f. 10 nur Sg.*
er|ret|ten *tr. 2*
Er|ret|ter *m. 5*
Er|ret|tung *f. 10 nur Sg.*
er|rich|ten *tr. 2*
Er|rich|tung *f. 10 nur Sg.*
er|rin|gen *tr. 100*
Er|rin|gung *f. 10 nur Sg.*
er|rö|ten *tr. 2*
Er|run|gen|schaft *f. 10*
Er|satz *m. 2 nur Sg.*
Er|satz|dienst *m. 1 nur Sg.*
Er|satz|dienst|leis|ten|de(r) *m. 18 (17)*
er|satz|dienst|pflich|tig
Er|satz|kas|se *f. 11*
Er|satz|mann *m. 4*
Er|satz|pflicht *f. 10*
er|satz|pflich|tig
Er|satz|spie|ler *m. 5*
Er|satz|teil *n. 1 oder m. 1*
Er|satz|zeit *f. 10, Versicherungsw.*
er|sau|fen *intr. 103*
er|säu|fen *tr. 1*
er|schaf|fen *tr. 105*
Er|schaf|fer *m. 5;* der E. der Welt: Gott
Er|schaf|fung *f. 10 nur Sg.*
er|schal|len *intr. 1 oder 106*

er|schau|dern *intr. 1*
er|schau|en *tr. 1*
er|schau|ern *intr. 1*
er|schei|nen *intr. 108*
Er|schei|nung *f. 10*
Er|schei|nungs|bild *n. 3*
Er|schei|nungs|fest *n. 1* Epiphanias
Er|schei|nungs|form *f. 10*
Er|schei|nungs|jahr *n. 1*
Er|schei|nungs|ort *m. 1*
Er|schei|nungs|welt *f. 10 nur Sg.*
er|schie|ßen *tr. 113*
Er|schie|ßung *f. 10*
er|schlaf|fen *intr. 1*
Er|schlaf|fung *f. 10 nur Sg.*
er|schla|gen *tr. 116*
er|schlei|chen *tr. 117;* sich etwas e.: durch Täuschung, Intrigen o. Ä. erlangen
Er|schlei|chung *f. 10 nur Sg.*
er|schlie|ßen *tr. 120*
Er|schlie|ßung *f. 10*
er|schmei|cheln *tr. 1*
er|schöpf|bar
Er|schöpf|bar|keit *f. 10 nur Sg.*
er|schöp|fen *tr. 1*
er|schöpf|lich
Er|schöp|fung *f. 10 nur Sg.*
Er|schöp|fungs|zu|stand *m. 2*
er|schre|cken **1.** *intr. 126;* ich bin erschrocken; **2.** *tr. 1;* du hast mich erschreckt; ich habe mich erschreckt *oder:* erschrocken; sie sah erschreckend bleich aus
er|schreck|lich *veraltet:* erschreckend, schrecklich
Er|schro|cken|heit *f. 10 nur Sg.*
er|schröck|lich *ugs. scherzh. für* schrecklich
er|schüt|tern *tr. 1*
Er|schüt|te|rung *f. 10*
er|schüt|te|rungs|frei
er|schwe|ren *tr. 1*
Er|schwer|nis *f. 1*
Er|schwe|rung *f. 10*
er|schwin|deln *tr. 1*
er|schwin|gen *tr. 134, ugs.:* bezahlen, aufbringen
er|schwing|lich
Er|schwing|lich|keit *f. 10 nur Sg.*
er|se|hen *tr. 136;* ich kann daraus e., dass …; ich kann es nicht mehr e.! *ugs.:* den Anblick nicht mehr ertragen
er|seh|nen *tr. 1*
er|setz|bar
Er|setz|bar|keit *f. 10 nur Sg.*
er|set|zen *tr. 1*
er|setz|lich
Er|set|zung *f. 10 nur Sg.*
er|sicht|lich; daraus ist e., dass …
er|sin|nen *tr. 142*
er|sinn|lich *selten:* ausdenkbar
er|sor|gen *tr. 1, schweiz.:* mit Sorge erwarten
er|spä|hen *tr. 1*
er|spa|ren *tr. 1*
Er|spar|nis *f. 1*
Er|spa|rung *f. 10 nur Sg.*
er|sprieß|lich
Er|sprieß|lich|keit *f. 10 nur Sg.*
erst; erst heute; nun erst recht
er|star|ken *intr. 1*
Er|star|kung *f. 10 nur Sg.*
er|star|ren *intr. 1*
Er|star|rung *f. 10 nur Sg.*
er|stat|ten *tr. 2*
Er|stat|tung *f. 10 nur Sg.*
Erst|auf|füh|rung *f. 10* vgl. Uraufführung
er|stau|nen *tr. 1*
er|stau|nens|wert
er|staun|lich
er|staun|li|cher|wei|se
Erst|auf|la|ge *f. 11*
Erst|aus|ga|be *f. 11*
erst|bes|te die erstbeste Gelegenheit; der, die, das Erstbeste
Erst|druck *m. 1*

> **erste — Erste:** Das Zahladjektiv wird kleingeschrieben: *das erste Mal.*
> Das substantivierte Zahladjektiv hingegen wird mit großem Anfangsbuchstaben geschrieben: *der/die/das Erste, am Ersten, als Erstes, fürs Erste, zum Ersten, der/die/das Erstere, Ersteres. Die Ersten werden die Letzten sein.* § 57 (1)
> Ebenso in Eigennamen: *Erstes Deutsches Fernsehen* und bei bestimmten historischen Ereignissen und Epochen: *der Erste Weltkrieg.* § 60, § 64 (4)
> Dagegen wird das Wort in festen Fügungen kleingeschrieben, die keine Eigennamen sind: *die erste Hilfe.* § 63

ers|te **1.** *Kleinschreibung:* das erste Mal; zum ersten Mal(e); der erste Beste; *aber:* der Erstbeste; **2.** *Großschreibung:* er war der Erste, der mich sah; das ist das Erste, was ich höre; er ging als Erster durchs Ziel; als Erstes möchte ich sagen, dass …; fürs Erste wird das genügen; der Erste des Monats; er geht am Ersten (des Monats); zum Ersten kündigen; die Ersten werden die Letzten sein; **3.** *in Eigennamen:* Erstes Deutsches Fernsehen; Erster Bürgermeister; die Erste Bundesliga; der Erste Mai (Feiertag); Kaiser Karl der Erste; der Erste Weltkrieg; **4.** *in Fügungen:* erste Hilfe; erste Geige spielen
er|ste|chen *tr. 149*
er|ste|hen *tr. u. intr. 151*
Ers|te-Hil|fe-Aus|rüs|tung *f. 10*
Ers|te-Hil|fe-Lehr|gang *m. 2*
Ers|te-Hil|fe-Leis|tung *f. 10; aber:* erste Hilfe leisten
er|steig|bar
er|stei|gen *tr. 153*
Er|stei|ger *m. 5*
Er|stei|gung *f. 10*
er|stel|len *tr. 1*
Er|stel|lung *f. 10 nur Sg.*
ers|te Mal (*alt:* er|ste|mal)
ers|tens
ers|ter vgl. erste
er|ster|ben *intr. 154*
ers|te|re(r, -s); der, die, das Erstere (von zwei genannten Lebewesen oder Dingen); Ersterer …, Letzterer; der Erstere …, der Letztere; Ersteres möchte ich betonen
Erst|er|stei|gung *f. 10 Pl. selten*
erst|er|wähnt
Erst|ge|bä|ren|de *f. 17 oder 18* Primipara; *Ggs.:* Mehrgebärende
erst|ge|bo|ren
Erst|ge|bo|re|ne(r), Erst|ge|bor|ne(r) *m. 18 (17) bzw. f. 17 oder 18*
Erst|ge|burt *f. 10*
Erst|ge|burts|recht *n. 1*
erst|ge|nannt
Erst|ge|nann|te(r) *m. 18 (17) bzw. f. 17 oder 18*
er|sti|cken *tr. u. intr. 1*
Er|sti|ckung *f. 10 nur Sg.*
Er|sti|ckungs|an|fall *m. 2*
Er|sti|ckungs|tod *m. 1*
erst|klas|sig
Erst|klas|sig|keit *f. 10 nur Sg.*
Erst|kläss|ler (*alt:* Erst|kläß|ler) *m. 5*
Erst|klass|wa|gen (*alt:* Erst|klaß|wa|gen) *m. 7 schweiz.:* Wagen erster Klasse
Erst|kom|mu|ni|kant *m. 10*
Erst|kom|mu|ni|on *f. 10*
erst|lich *veraltet für* erstens
Erst|li|gist *m. 10, Sport*
Erst|ling *m. 1*
Erst|lings|ar|beit *f. 10*
Erst|lings|aus|stat|tung *f. 10* Ausstattung für ein Neugeborenes
Erst|lings|druck *m. 1* Erstdruck
Erst|lings|wä|sche *f. 11 nur Sg.* Erstlingsausstattung

E

erst|ma|lig
Erst|ma|lig|keit *f. 10 nur Sg.*
erst|mals; *aber:* das erste Mal
Erst|milch *f. Gen. - nur Sg.* Absonderung der Milchdrüsen am Ende der Schwangerschaft
erst|ran|gig
Erst|ran|gig|keit *f. 10 nur Sg.*
er|stre|ben *tr. 1*
er|stre|bens|wert
er|stre|cken *refl. 1*
Er|stre|ckung *f. 10*
er|strei|ten *tr. 159*
Erst|schlag *m. 2, Mil.*
Erst|se|mes|ter *n. 5*
erst|stel|lig an erster Stelle stehend (Hypothek)
Erst|tags|stem|pel *m. 5*
er|stun|ken *in der Wendung* das ist e. und erlogen
er|stür|men *tr. 1*
Er|stür|mung *f. 10 nur Sg.*
Erst|ver|sor|gung *f. 10 nur Sg., Med.*
Erst|wäh|ler *m. 5*
Erst|zu|las|sung *f. 10*
er|su|chen *tr. 1*
er|tap|pen *tr. 1*
er|tas|ten *tr. 2*
er|tau|ben *intr. 1*
Er|tau|bung *f. 10 nur Sg.*
er|tei|len *tr. 1*
Er|tei|lung *f. 10 nur Sg.*
er|tö|nen *intr. 1*
er|tö|ten *tr. 2*
Er|tö|tung *f. 10 nur Sg.*
Er|trag *m. 2*
er|trag|bar erträglich
er|tra|gen *tr. 160*
er|trag|fä|hig
Er|trag|fä|hig|keit *f. 10 nur Sg.*
er|träg|lich
er|trag|los
Er|träg|nis *n. 1* Ertrag
er|trag|reich
Er|trags|la|ge *f. 11 nur Sg.*
Er|trag(s)|stei|ge|rung *f. 10 nur Sg.*
Er|trags|wert *m. 1*
er|trän|ken *tr. 1*
er|träu|men *tr. 1*
er|trin|ken *intr. 165*
er|trot|zen *tr. 1*
er|tüch|ti|gen *tr. 1*
Er|tüch|ti|gung *f. 10 nur Sg.*
er|üb|ri|gen **1.** *tr. 1;* **2.** *refl. 1;* es erübrigt sich: es ist überflüssig
E|ru|di|ti|on [lat.] *f. 10 nur Sg., veraltet:* Gelehrsamkeit
e|ru|ie|ren [lat.] *tr. 3* ergründen, ermitteln, herausbringen
E|rup|ti|on [lat.] *f. 10* **1.** Ausbruch (eines Vulkans); **2.** *Med.:* Auftreten eines Hautausschlags; dieser selbst
e|rup|tiv
E|rup|tiv|ge|stein *n. 1* Ergussgestein
Er|ve [-və, lat.] *f. 11* **1.** Hülsenfrucht; **2.** Hülsenfrüchtler
er|wa|chen *intr. 1*
er|wach|sen [-ks-] **1.** *intr. 172;* daraus werden dir nur Unannehmlichkeiten e.; **2.** *Adj.;* ein erwachsener Mensch
Er|wach|se|ne(r) [-ks-] *m. 18 (17) bzw. f. 17 oder 18*
Er|wach|se|nen|bil|dung [-ks-] *f. 10 nur Sg.*
Er|wach|se|nen|tau|fe [-ks-] *f. 11*
er|wä|gen *tr. 173*
er|wä|gens|wert
Er|wä|gung *f. 10;* etwas in E. ziehen
er|wäh|len *tr. 1*
Er|wähl|te(r) *m. 18 (17)*
Er|wäh|lung *f. 10*
er|wäh|nen *tr. 1*
er|wäh|nens|wert
er|wähn|ter|ma|ßen
Er|wäh|nung *f. 10*
er|wah|ren *tr. 1, schweiz.:* amtlich bestätigen (Wahlergebnis)
Er|wah|rung *f. 10*
er|wan|dern *tr. 1;* ich erwandere, erwandre mir das Land
er|war|men *intr. 1, veraltet:* warm werden
er|wär|men *tr. 1*
Er|wär|mung *f. 10 nur Sg.*
er|war|ten *tr. 2*
Er|war|ten *n., nur in den Wendungen* über (alles) E., wider (alles) E.
Er|war|tung *f. 10*
er|war|tungs|ge|mäß
er|war|tungs|voll
er|we|cken *tr. 1*
Er|we|ckung *f. 10*
Er|we|ckungs|pre|di|ger *m. 5*
er|weh|ren *refl. 1 mit Gen.;* ich konnte mich seiner nicht, kaum e.; ich konnte mich eines Lächelns nicht erwehren
er|wei|chen *tr. 1*
Er|wei|chung *f. 10 nur Sg.*
Er|weis *m. 1*
er|wei|sen **1.** *tr. 177;* jmdm. einen Dienst e.; **2.** *refl. 177;* es hat sich als falsch, richtig erwiesen
er|weis|lich
Er|wei|sung *f. 10 nur Sg.*
er|wei|tern *tr. 1;* ich erweitere es
Er|wei|te|rung *f. 10*
Er|wei|te|rungs|bau *m. Gen.* -(e)s *Pl.* -bau|ten
Er|werb *m. 1*
er|wer|ben *tr. 179*
er|werbs|be|schränkt
Er|werbs|be|schrän|kung *f. 10*
er|werbs|fä|hig
Er|werbs|fä|hig|keit *f. 10 nur Sg.*
er|werbs|ge|min|dert
er|werbs|los
Er|werbs|lo|sig|keit *f. 10 nur Sg.*
Er|werbs|min|de|rung *f. 10 nur Sg.*
Er|werbs|sinn *m. 1 nur Sg.*
er|werbs|tä|tig
Er|werbs|tä|tig|keit *f. 10 nur Sg.*
er|werbs|un|fä|hig
Er|werbs|un|fä|hig|keit *f. 10 nur Sg.*
Er|werbs|zweig *m. 1*
Er|wer|bung *f. 10*
er|wi|dern *tr. 1;* ich erwidere etwas
Er|wi|de|rung *f. 10*
er|wie|se|ner|ma|ßen
Er|win männl. Vorname
er|wir|ken *tr. 1*
Er|wir|kung *f. 10 nur Sg.*
er|wirt|schaf|ten *tr. 2*
er|wi|schen *tr. 1*
er|wünscht
er|wür|gen *tr. 1*
E|ry|si|pel [griech.] *n. 1 nur Sg.* Rose, Wundrose (Hautentzündung)
E|ry|them *n. 1* entzündliche Hautrötung

♦ Die Buchstabenfolge **e|ry|thr...** kann in Fremdwörtern auch **e|ryth|r...** getrennt werden.

♦ **E|ry|thräa** s. **E|ri|trea**
♦ **e|ry|thrä|isch** s. **e|ri|tre|isch**
♦ **E|ry|thrin** [griech.] *n. 1 nur Sg.* **1.** ein Mineral, Kobaltblüte; **2.** ein roter Farbstoff
♦ **E|ry|thris|mus** *m. Gen. - nur Sg.* **1.** Rotfärbung (bei Tieren); **2.** Rothaarigkeit (beim Menschen)
♦ **E|ry|thrit** *n. 1 nur Sg.* ein vierwertiger Alkohol
♦ **E|ry|thro|blast** [griech.] *m. 10* Jugendform der roten Blutzelle
♦ **E|ry|thro|blas|to|se** *f. 11 nur Sg.* Bluterkrankung bei Säuglingen
♦ **E|ry|thro|zyt** *m. 10,* **E|ry|thro|zy|te** *f. 11* rote Blutzelle
♦ **E|ry|thro|zy|to|se** *f. 11 nur Sg.* Vermehrung der roten Blutzellen
Erz *n. 1*
erz..., Erz... [auch: ɛrts] *in Zus. zur Verstärkung:* **1.** sehr, z. B. erzfaul; **2.** der Erste, Oberste, z. B. Erzengel, Erzbischof; **3.** sehr groß, z. B. Erzgauner
Erz|a|der *f. 11*
er|zäh|len *tr. 1*

er|zäh|lens|wert
Er|zäh|ler *m. 5*
er|zäh|le|risch
Er|zäh|lung *f. 10*
Er|zäh|lungs|wei|se, Er|zähl|wei|se *f. 11*
Erz|amt *n. 4, im alten röm.-dt. Reich:* Hofamt eines Kur- oder Reichsfürsten, z. B. Erzmundschenk
Erz|auf|be|rei|tung *f. 10 nur Sg.*
Erz|berg|bau *m. 1 nur Sg.*
Erz|bi|schof *m. 2*
erz|bi|schöf|lich
Erz|bis|tum *n. 4*
Erz|di|ö|ze|se *f. 11*
Erz|bö|se|wicht *m. 3*
erz|dumm
er|zei|gen *tr. u. refl. 1;* jmdm. Achtung e.; sich dankbar e.
er|zen **1.** *Adj.* aus Erz; **2.** *tr. 1, veraltet:* mit »Er« anreden
Erz|en|gel *m. 5*
er|zeu|gen *tr. 1*
Er|zeu|ger *m. 5*
Er|zeu|ger|land *n. 4*
Er|zeu|ger|preis *m. 1*
Er|zeug|nis *n. 1*
Er|zeu|gung *f. 10 nur Sg.*
erz|faul
Erz|feind *m. 1*
Erz|gau|ner *m. 5*
Erz|ge|bir|ge *n. 5 nur Sg.* sächs. Mittelgebirge
erz|ge|bir|gisch
erz|hal|tig
Erz|hal|tig|keit *f. 10 nur Sg.*
Erz|ha|lun|ke *m. 11*
Erz|her|zog *m. 2*
erz|her|zog|lich
Erz|her|zog|tum *n. 4*
Erz|heuch|ler *m. 5*
erz|höf|fig reiche Ausbeute an Erz versprechend
Erz|höf|fig|keit *f. 10 nur Sg.*
er|zieh|bar
Er|zieh|bar|keit *f. 10 nur Sg.*
er|zie|hen *tr. 187*
Er|zie|her *m. 5*
er|zie|he|risch
er|zieh|lich erzieherisch
Er|zie|hung *f. 10 nur Sg.*
Er|zie|hungs|an|stalt *f. 10*
Er|zie|hungs|bei|hil|fe *f. 11*
Er|zie|hungs|be|rech|tig|te(r) *m. 18 (17) bzw. f. 17 oder 18*
Er|zie|hungs|geld *n. 3*
Er|zie|hungs|heim *n. 1*
Er|zie|hungs|mi|nis|ter *m. 5*
Er|zie|hungs|ro|man *m. 1*
Er|zie|hungs|wis|sen|schaft *f. 10* Pädagogik

er|zie|len *tr. 1*
Er|zie|lung *f. 10 nur Sg.*
er|zit|tern *intr. 1*
Erz|käm|me|rer *m. 5* vgl. Erzamt
Erz|kanz|ler *m. 5* vgl. Erzamt
erz|kon|ser|va|tiv [-va-]
Erz|la|ger *n. 5*
Erz|la|ger|stät|te *f. 11*
Erz|lüg|ner *m. 5*
Erz|lump *m. 10*
Erz|mar|schall *m. 1, im alten röm.-dt. Reich:* königlicher Stall- und Zeremonienmeister; vgl. Erzamt
Erz|mund|schenk *m. 1* vgl. Erzamt
Erz|narr *m. 10*
Erz|pries|ter *m. 5, kath. Kirche:* Dechant
Erz|schalk *m. 1*
Erz|schelm *m. 1*
Erz|schur|ke *m. 11*
Erz|spitz|bu|be *m. 11*
Erz|truch|sess (*alt:* Erz|truch|seß) *m. 1* ein Erzamt
Erz|ü|bel *n. 5*
er|zür|nen *tr. 1*
Erz|va|ter *m. 6* Patriarch
Erz|wä|sche *f. 11* nasse Aufbereitung von Erzen
er|zwin|gen *tr. 188*
Er|zwin|gung *f. 10 nur Sg.*
es; es geht nicht; es regnet; es sei denn, dass …; es war einmal; ich kann es nicht; ich kanns *oder:* kann's nicht; das gibts *oder:* gibt's nicht; er wars *oder:* war's; 's ist Sommer; ich bin es leid, bin es müde, bin es zufrieden; ich bin es satt *oder:* ich habe es satt
es *n. Gen. - Pl. -, Mus.* **1.** das um einen halben Ton erniedrigte e; **2.** *Abk. für* es-Moll
Es **1.** *n. Gen. - Pl. -, Mus.:* das um einen halben Ton erniedrigte E **2.** *Abk. für* Es-Dur; **3.** *chem. Zeichen für* Einsteinium
ESA *f. 10 nur Sg. Abk. für* European Space Agency: Europäische Weltraumorganisation
Esau bibl. männl. Vorname
Esc *Abk. für* Escudo
Es|cha|to|lo|gie [-ça-, griech.] *f. 11 nur Sg.* Lehre vom Weltende und Anbruch einer neuen Welt, von Tod und Auferstehung, von den letzten Dingen
es|cha|to|lo|gisch [-ça-]
Esche *f. 11;* vgl. aber Äsche
eschen aus Eschenholz
E-Schicht *f. 10 nur Sg.* Schicht der Ionosphäre zwischen 100 und 150 km Höhe
Es|co|ri|al, Es|ko|ri|al *m. Gen. (-s) nur Sg.* Klosterschloss bei Madrid
Es|cu|do, Es|ku|do *m. Gen. -(s) Pl. -(s) (Abk.: Esc)* port. Währungseinheit, 100 Centavos
Es-Dur *n. Gen. - nur Sg. (Abk.:* Es) eine Tonart
Es-Dur-Ton|lei|ter *f. 11* auf dem Grundton Es beruhende Tonleiter
Esel *m. 5*
Esel|chen *n. 7*
Ese|lei *f. 10*
Ese|lein *n. 7*
esel|haft
Esel|hengst *m. 1*
Ese|lin *f. 10*
Esels|brü|cke *f. 11, ugs.:* kleine Erinnerungshilfe für etwas, was man sich schwer merken kann
Esels|ohr *n. 12, ugs.*
Esels|rü|cken *m. 7* spitzer und etwas geschweifter spätgot. Bogen
Es|ka|der [frz.] *m. 5, veraltet:* Schiffsgeschwader
Es|ka|dron *auch:* **Es|kad|ron** *f. 10* kleinste Einheit der Kavallerie, Schwadron
Es|ka|la|de [lat.-frz.] *f. 11, früher:* Ersteigung einer Festungsmauer mit Leitern
es|ka|la|die|ren *tr. 3*
Es|ka|la|dier|wand *f. 2* Holzwand für Kletterübungen
Es|ka|la|ti|on *f. 10* **1.** schrittweise Steigerung (bes. militärischer und politischer Mittel); **2.** Anpassung der Preise an die steigenden Materialkosten
Es|ka|la|tor *m. 13* Rolltreppe
es|ka|lie|ren *intr. 3* (im Wettbewerb o. Ä.) stufenweise steigen, anwachsen
Es|ka|pa|de [frz.] *f. 11* **1.** falscher Sprung (eines Schulpferdes); **2.** Seitensprung, Streich
Es|ka|pis|mus *m. Gen. - nur Sg., Psych.:* Flucht-, Ausweichhaltung, Neigung zur Flucht vor den Anforderungen des Lebens
Es|ka|ri|ol [lat.-frz.] *m. Gen. -s nur Sg.* Winterendivie
Es|kar|pe [frz.] *f. 11, früher:* innere Grabenböschung (bei Befestigungsanlagen)
es|kar|pie|ren *tr. 3, früher:* böschen, mit einer Grabenböschung versehen
Es|kar|pins [-pɛ̃, frz.] *Pl., im 18. Jh.:* leichte, zu Kniehosen getragene Schnallenschuhe; *fälschl. auch:* seidene Kniehosen

E

E

Es|ki|mo [indian.] *m. 9 oder Gen. - Pl.* - Ureinwohner von Grönland und des nördlichen Nordamerika
es|ki|mo|isch
Es|ki|mo|spra|che *f. 11*
Es|ko|ri|al *m. Gen.* -(s) *nur Sg.* s. **Es|co|ri|al**
Es|kor|te [lat.-frz.] *f. 11* Begleitmannschaft, Geleit, Bedeckung
es|kor|tie|ren *tr. 3*
Es|ku|do *m. Gen.* -(s) *Pl.* -(s) s. **Es|cu|do**
Es|me|ral|da [span.] *f. Gen. - nur Sg.* ein span. Tanz
es-Moll *n. Gen. - nur Sg.* (*Abk.:* es) eine Tonart
es-Moll-Ton|lei|ter *f. 11*
E|so|te|rik [griech.] *f. 10* **1.** Geheimlehre; **2.** Geheimwissenschaft
E|so|te|ri|ker *m. 5* in eine Geheimlehre Eingeweihter; *Ggs.:* Exoteriker
e|so|te|risch; *Ggs.:* exoterisch
ESP *Abk. für* **1.** extra-sensory perception: außersinnliche Wahrnehmung in der Parapsychologie; **2.** elektronisches Stabilitätsprogramm; **3.** spanische Peseta
Es|pa|gno|le *auch:* **Es|pag|no|le** [-njɔlə, frz.] *f. 11* ein span. Tanz
Es|pa|gno|let|te *auch:* **Es|pag|no|let|te** [-njɔ-] *f. 11 früher:* Drehstangenverschluss (für Fenster)
Es|pa|gno|let|te|ver|schluss *auch:* **Es|pag|no|let|te|ver|schluss** [-njɔ-] (*alt:* Es|pa|gno|let|te|ver|schluß) *m. 2*
Es|par|set|te [frz.] *f. 11* eine Futterpflanze
Es|par|to [griech.-span.] *m. 9 nur Sg.*, **Es|par|to|gras** *n. 4 nur Sg.* in den Mittelmeerländern wachsendes Gras, das zur Papierherstellung verwendet wird, Alfa-, Halfagras, Spart, Spartgras
Es|pe *f. 11* Zitterpappel
es|pen aus Espenholz
Es|pen|laub *n. Gen.* -(e)s *nur Sg.* zittern wie E.
Es|pe|ran|to [nach dem Pseudonym des Erfinders, des poln. Arztes L. Zamenhof] *n. Gen.* -(s) *nur Sg.* eine künstl. Weltsprache
Es|pla|na|de [frz.] *f. 11* **1.** *in Festungen:* freier Raum zwischen Zitadelle und innerer Mauer; **2.** großer, freier Platz
es|pres|si|vo [-vo, ital.] *Mus.:* ausdrucksvoll
Es|pres|so **1.** *m. Gen.* -s *Pl.* -s *oder* -si in einer Maschine mit Druckluft zubereiteter, sehr starker Kaffee nach ital. Art; **2.** *n. Gen.* -s *Pl.* -s kleines Café
Es|pres|so|bar *f. 9*
Es|pres|so|ma|schi|ne *f. 11*
Es|prit *auch:* **Esp|rit** [-pri, frz.] *m. 9 nur Sg.* Geist und Witz
Esq. *Abk. für* Esquire
Es|qui|lin *m. Gen.* -(s) *nur Sg.* einer der Hügel in Rom
Es|quire [ɛskwaɪə(r), engl.] (*Abk.:* Esq.) Wohlgeboren (früher engl. Adels-, heute Höflichkeitstitel in Anschriften hinter dem Namen)
Es|ra bibl. männl. Vorname
Es|say [ɛse, auch: ɛse:, engl.] *m. 9 oder n. 9* literar. Abhandlung in allgemein verständl., geistvoller Form
Es|say|ist [ɛse-] *m. 10* Verfasser von Essays
Es|say|is|tik [ɛse-] *f. 10 nur Sg.* Kunstform des Essays
es|say|is|tisch [ɛse-]
ess|bar (*alt:* eß|bar)
Ess|bar|keit (*alt:* Eß|bar|keit) *f. 10 nur Sg.*
Ess|be|steck (*alt:* Eß|be|steck) *n. 1*
Es|se *f. 11, ostmitteldt.:* Schornstein; *österr.:* offener Kamin; etwas in die E. schreiben *ugs.:* auf etwas verzichten, etwas aufgeben
Es|sen Stadt im Ruhrgebiet
es|sen *tr. 31;* er isst; iss!
Es|sen *n. 7*
Es|sen|aus|ga|be, Es|sens|aus|ga|be *f. 11*
Es|se|ner *m. 5* Einwohner von Essen
Es|se|ner *m. 5* Angehöriger einer altjüd. Sekte
Es|sen|hol|ler *m. 5*
Es|sen|keh|rer *m. 5, ostmitteldt.:* Schornsteinfeger
Es|sens|aus|ga|be, Es|sen|aus|ga|be *f. 11*
Es|sens|mar|ke *f. 11*
Es|sens|zeit *f. 10*
es|sen|ti|al [-tsjal] *Nv.* **es|sen|zi|al** *Hv.*
es|sen|ti|ell [-tsjɛl, lat.] *Nv.* **es|sen|zi|ell** *Hv.*
Es|senz *f. 10* **1.** *nur Sg., Philos.:* Wesen, Hauptbegriff, Geist (einer Sache); **2.** Flüssigkeit, Paste, Pulver aus Duft- oder Geschmacksstoffen in konzentrierter Form; **3.** Auszug aus pflanzlichen oder tierischen Stoffen
es|sen|zi|ell, es|sen|ti|ell wesenhaft, wesentlich, zum Wesen (einer Sache) gehörig
Es|ser *m. 5* ein guter, schlechter E. sein
Es|se|rei *f. 10 nur Sg.*
Ess|ge|schirr (*alt:* Eß|ge|schirr) *n. 1*
Es|sig *m. 1 nur Sg.*
Es|sig|ä|ther *m. 5 nur Sg., fachsprachl.:* Essigester
Es|sig|baum *m. 2* ein Zierstrauch
Es|sig|es|ter *m. 5, eigtl.:* Essigäthylester, eine angenehm riechende chem. Verbindung aus Essigsäure und Äthylalkohol
Es|sig|flie|ge *f. 11*
Es|sig|gur|ke *f. 11*
Es|sig|mut|ter *f. 6 nur Sg.* Bakterienkultur, die sich in Essigfässern bildet
es|sig|sau|er; essigsaure Tonerde
Es|sig|säu|re *f. 11 nur Sg.*
Ess|kas|ta|nie (*alt:* Eß|ka|sta|nie) [-njə] *f. 11*
Ess|koh|le (*alt:* Eß|koh|le) *f. 11*
Ess|löf|fel (*alt:* Eß|löf|fel) *m. 5*
ess|löf|fel|wei|se (*alt:* eß|löf|fel|wei|se)
Ess|lust (*alt:* Eß|lust) *f. 2 nur Sg.*
ess|lus|tig (*alt:* eß|lu|stig)
Ess|stäb|chen (*alt:* Eß|stäb|chen) *n. 7 meist Pl.* chinesisches Essbesteck aus zwei Stäbchen
Ess|stö|rung (*alt:* Eß|stö|rung) *f. 10* krankhafte Veränderung der Essgewohnheiten
Ess|tisch (*alt:* Eß|tisch) *m. 1*
Ess|un|lust (*alt:* Eß|un|lust) *f. 2 nur Sg.*
ess|un|lus|tig (*alt:* eß|un|lu|stig)
Ess|wa|ren (*alt:* Eß|wa|ren) *Pl.*
Ess|zim|mer (*alt:* Eß|zim|mer) *n. 5*
Es|ta|blish|ment *auch:* **Es|tab|lish|ment** [ɪstæblɪʃmənt, engl.] *n. 9* einflussreiche Schicht
Es|ta|min *n. 1 nur Sg.* s. **E|ta|min**
Es|tam|pe *auch:* **E|stam|pe** [ɛstɑ̃p(ə), frz.] *f. 11* Abdruck eines Kupfer-, Stahl- oder Holzstichs bzw. Holzschnitts
Es|tan|zia *auch:* **E|stan|zia** [span.] *f. 9* südamerik. Landgut mit Viehzucht
Es|te *m. 11* Estländer
Es|ter [Kunstwort aus Essig und Äther] *m. 5* organisch-chem. Verbindung, die bei Einwirkung von Alkohol auf Säure unter Wasseraustritt entsteht
Es|ther, Es|ter bibl. weibl. Vorname
es|ti|mie|ren *tr. 3* s. **äs|ti|mie|ren**
Es|tin *f. 10*
es|tin|guen|do [-gɛn-, ital.] *Mus.:* verlöschend

Est|land einer der drei baltischen Staaten
Est|län|der *m. 5* Este
est|län|disch
est|nisch estländisch
Es|tra|de *auch:* **Est|ra|de** [frz.] *f. 11* erhöhter Platz in Innenräumen für Sitzplatz, Thron, Altar u. Ä.
Es|tra|gon *auch:* **Est|ra|gon** [arab.-frz.] *m. Gen.* -s *nur Sg.* eine Gewürzpflanze
Es|tre|ma|du|ra *auch:* **Est|re|ma|du|ra** Landschaft in Mittelportugal
Es|tre|ma|du|ra|garn *auch:* **Est|re|ma|du|ra|garn** *n. 1* ein glattes Baumwollgarn
Est|rich [griech.] *m. 1* **1.** fugenloser Fußboden (aus Lehm, Zement o. Ä.); **2.** *schweiz.:* Dachboden
et [lat.] (*Zeichen:* &) und (in Firmennamen)

Eta-: Die Trennung nach einer Silbe, die nur aus einem Vokal besteht, ist erlaubt *(E|ta-)*, wird aus ästhetischen Gründen jedoch nicht empfohlen. § 108

E|ta *n. Gen.* -(s) *Pl.* -s (*Zeichen:* η, H) griech. Buchstabe, langes e
ETA *f. Gen. - nur Sg. Kurzwort für:* Euzkadi Ta Askatasuna: Befreiungsorganisation im Baskenland
e|ta|blie|ren *auch:* **e|tab|lie|ren** [frz.] **1.** *tr. 3* gründen, begründen, errichten; **2.** *refl. 3* sich selbständig machen, sich niederlassen
E|ta|blie|rung *auch:* **E|tab|lie|rung** *f. 10*
E|ta|blis|se|ment *auch:* **E|tab|lis|se|ment** [-mã] *n. 9, schweiz.:* [-mẹnt] *n. 1* **1.** Niederlassung, Geschäft, Unternehmen; **2.** Vergnügungslokal, Nachtlokal; *auch:* Bordell
E|ta|ge [-ʒə, frz.] *f. 11* Stockwerk, Obergeschoss
E|ta|gen|bett [-ʒən-] *n. 12* Stockwerkbett, Doppelbett übereinander
E|ta|gen|ge|schäft [-ʒən-] *n. 1*
E|ta|gen|hei|zung [-ʒən-] *f. 10*
E|ta|gen|woh|nung [-ʒən-] *f. 10*
E|ta|ge|re [-ʒe-] *f. 11, veraltet:* Stufengestell, Bücherbrett, Wandbrett, Tischaufsatz; aufhängbare Tasche mit Fächern für Kosmetika u. a.
et al. vgl. et alii
et a|lii [lat.] (*Abk.:* et al.) und andere
E|ta|la|ge [-ʒə, frz.] *f. 11, veraltet:* Auslage im Schaufenster; Aus-, Schaustellung
e|ta|lie|ren *tr. 3*
E|ta|lon [-lɔ̃, frz.] *m. 9* Eichmaß, Normalmaßstab
E|ta|min [frz.], Es|ta|min *n. 1 nur Sg.*, **E|ta|mi|ne** *f. 11 nur Sg.* gazeartiger Seiden-, Kunstseiden- oder Baumwollstoff für Vorhänge
E|tap|pe [frz.] *f. 11* **1.** Teilstrecke, Abschnitt; **2.** *Mil.:* Gebiet hinter der Front als Nachschub- und Versorgungsgebiet
E|tap|pen|flug *m. 2* Flug mit Zwischenlandungen
E|tap|pen|schwein *n. 1, Soldatenspr.:* Drückeberger in der Etappe
e|tap|pen|wei|se
e|tap|pie|ren *tr. 3, schweiz.:* in Phasen aufteilen
E|tat [eta, frz.] *m. 9* **1.** Haushaltsplan; **2.** Geldmittel dafür; **3.** *schweiz.:* Mitgliederverzeichnis (eines Verbandes)
e|ta|ti|sie|ren *tr. 3* in den Etat aufnehmen
e|tat|mä|ßig [eta-] dem Etat entsprechend, in den Etat aufgenommen
E|tat|jahr [eta-] *n. 1*
E|tat|stär|ke [eta-] *f. 11, Mil.:* planmäßige Stärke, Sollstärke
E|ta|zis|mus [griech.] *m. Gen. - nur Sg.* Aussprache des griech. Buchstabens Eta als langes e; *Ggs.:* Itazismus
etc. *Abk. für* et cetera
et ce|te|ra [lat. »und das Übrige«] und so weiter
et ce|te|ra pp. [pp: lat. perge, perge »fahre fort«] (*Abk.:* etc. pp.) und so weiter
e|te|pe|te|te [Herkunft unsicher] *ugs.:* übertrieben empfindsam, zimperlich, übertrieben auf Formen haltend
e|ter|ni|sie|ren [lat.] *tr. 3, veraltet:* verewigen, in die Länge ziehen
E|ter|nit® *m. 1 oder n. 1 nur Sg.* feuerfester, leichter, gewalzter oder gepresster Zementwerkstoff
E|te|si|en [griech.] *Pl.* regelmäßig auftretende, trockene Winde von April bis Oktober im östl. Mittelmeer
E|te|si|en|kli|ma *n. Gen.* -s *nur Sg.* Klima mit trockenen Sommern und feuchten Wintern
E|than s. **Ä|than**
E|ther s. **Ä|ther** (2)
ETH *Abk. für* Eidgenössische Technische Hochschule
E|thik [griech.] *f. 10* Lehre vom sittl. Verhalten, Sittenlehre
E|thi|ker *m. 5* Vertreter der Ethik, Schöpfer einer Ethik
E|thik|kom|mis|si|on *f. 10* Gutachtergremium zur ethischen Beurteilung von Forschungsvorhaben in der Medizin und Biologie
e|thisch sittlich
eth|nisch [griech.] zu einem bestimmten Volk und Volkstum gehörig, volkseigentümlich
Eth|no|graph *auch:* **Eth|no|graf** [griech.] *m. 10*
Eth|no|gra|phie *auch:* **Eth|no|gra|fie** *f. 11* beschreibende Völkerkunde
eth|no|gra|phisch *auch:* **eth|no|gra|fisch**
Eth|no|lo|ge *m. 11* Völkerkundler
Eth|no|lo|gie *f. 11 nur Sg.* vergleichende Völkerkunde
eth|no|lo|gisch
E|tho|lo|gie [griech.] *f. 11 nur Sg.* **1.** Lehre von den Sitten und Gebräuchen eines Volkes; **2.** Lehre von den Verhaltensweisen der Tiere
E|thos *n. Gen. - nur Sg.* sittl. Gesinnung
E|thyl *n. 1 nur Sg.* s. **Ä|thyl**
E|ti|enne [etjẹn, nach einem frz. Drucker] *f. 11 nur Sg.* eine Antiqua-Druckschrift
E|ti|kett [frz.] *n. 1 oder n. 9* Aufklebschildchen (mit Preis-, Firmen- u. a. Angaben)
E|ti|ket|te *f. 11* **1.** *schweiz., österr. für* Etikett; **2.** herkömmliche feine Umgangsformen
e|ti|ket|tie|ren *tr. 3* mit einem Etikett versehen, bezeichnen
E|ti|o|le|ment [-mã, frz.] *n. 9 nur Sg.* anomales Wachstum von Pflanzen mit Bleichwerden bei Lichtmangel
e|ti|o|lie|ren *tr. 3* im Dunkeln bleichen und treiben (z. B. Spargel)
et|li|che einige, mehrere, ein paar; etliche Tage, Personen; ich habe etliche von ihnen gesehen; er kann davon etliches erzählen; etliche Male; etliche Mal
et|li|che Mal (*alt:* et|li|che|mal)
Et|mal [nddt.] *n. 1, Seew.:* Strecke, die von einem Schiff in der Zeit von Mittag bis Mittag zurückgelegt wird, Schiffstagereise
E|ton [itn] engl. Stadt mit berühmter Internatsschule

E

E

E|tru|ri|en *auch:* **Et|ru|ri|en** antike Landschaft in Italien
E|trus|ker *auch:* **Et|rus|ker** *m. 5* Einwohner von Etrurien
e|trus|kisch *auch:* **et|rus|kisch**
Etsch *f. Gen. - ital.:* Adige [adidʒə], nordital. Fluss
E|tü|de [frz.] *f. 11* **1.** Musikstück zum Üben der Fingerfertigkeit; **2.** virtuoses Musikstück
E|tui [ɛtvi oder: ɛtyi, frz.] *n. 9* **1.** Behälter, Futteral (für Brille, Schmuck, Zigaretten); **2.** ärztl. Besteck mit Hülle
E|tui|kleid [ɛtvi- oder: ɛtyi-] *n. 3* schlichtes, enges Kleid
et|wa ungefähr; *ugs. auch:* beispielsweise
et|wa|ig möglich, unvorhergesehen; für etwaige Notfälle

etwas: Das nachfolgende Adjektiv oder Partizip wird mit großem Anfangsbuchstaben geschrieben: *Es gab etwas Großes zu sehen.* Ebenso: *etwas Bedeutendes* usw. § 57 (1), § 58 E 4
Bei Zahladjektiven ist Groß- und Kleinschreibung zulässig: *etwas Anderes/anderes.* § 58 E4
Aber: *ein gewisses Etwas.* § 57 (3)

et|was; etwas Anderes *oder:* anderes; etwas mehr; etwas Schönes; etwas Brot; ich will dir etwas erzählen; das ist doch etwas!; wenigstens etwas; er kann etwas
Et|was *n. Gen. - nur Sg.;* sie hat so ein gewisses Etwas
et|wel|che *veraltet:* einige, etliche
E|ty|mo|lo|ge [griech.] *m. 11*
E|ty|mo|lo|gie *f. 11* die Herkunft der Wörter sowie die Lehre davon
e|ty|mo|lo|gisch
E|ty|mon *n. Gen.* -s *Pl.* -ma Wurzelwort, Stammwort, urspr. Form eines Wortes
Et-Zei|chen *n. 7* »und«-Zeichen (&) in Firmennamen
Et|zel *in der dt. Sage* Name des Hunnenkönigs Attila
etz|li|che *veraltet, noch scherzh.:* etliche
Eu *chem. Zeichen für* Europium
EU *Abk. für* Europäische Union
Eu|bi|o|tik [griech.] *f. 10 nur Sg.* Lehre vom gesunden Leben
euch; *Dat. und Akk. des Personalpron. ihr*
Eu|cha|ris|tie [-ça-, griech.] *f. 11, kath. Kirche* **1.** Dankgebet vor dem Abendmahl; **2.** Abendmahl; **3.** Altarsakrament
eu|cha|ris|tisch [-ça-]; *aber:* Eucharistischer Kongress: internationaler kath. Kongress zur Erneuerung und Verehrung des Altarsakraments
Eu|dä|mo|nie [griech.] *f. 11 nur Sg., Philos.:* Glückseligkeit
Eu|dä|mo|nis|mus *m. Gen. - nur Sg.* Lehre, dass das Ziel alles Handelns die Glückseligkeit und diese nur durch sittl. Verhalten zu verwirklichen sei
eu|dä|mo|nis|tisch
Eu|di|o|me|ter [griech.] *n. 5* **1.** Glasröhrchen zum Auffangen und Messen von Gasen; **2.** Gerät zum Messen der Luftqualität
Eu|di|o|me|trie *auch:* **Eu|di|o|met|rie** *f. 11* Messung des Sauerstoffgehalts der Luft
Eu|do|xie [griech.] *f. 11, veraltet* **1.** sicheres Urteil; **2.** guter Ruf

euer, euch: Das Anredepronomen *ihr* (und *du*), seine Deklinationsformen *(euer, euch)* sowie die entsprechenden Possessivpronomen (*euer, eure* usw.) werden kleingeschrieben, auch in Briefen: *Habt ihr euch schon begrüßt? Das ist eure neue Wohnung?* Ebenso: *eure Eltern; wir freuen uns auf euch; ich gedenke euer; ich erinnere mich euer* (falsch: *eurer*). § 66
Die substantivierte Form des Pronomens kann mit kleinem oder großem Anfangsbuchstaben geschrieben werden: *die euren/Euren, die eurigen/Eurigen, das eure/Eure, das eurige/Eurige.* § 58 (1), § 58 (4), § 58 E3

eu|er, eu(e)|re **1.** *Gen. des Personalpron. ihr;* ich gedenke euer (*nicht:* eurer); ihr seid euer drei, euer sind drei; **2.** *Gen. des Possessivpron. ihr;* euer Kind, eure (euere) Eltern; das Haus ist euer (eures); in eurem (euerm) Haus; wir kennen euren (euern) Sohn; das Haus ist das eure *oder:* Eure (euere *oder:* Euere), das eurige *oder:* Eurige; ihr habt das eure *oder:* Eure, eurige *oder:* Eurige gehabt: das, was euch zusteht; auch ihr müsst das eure *oder:* Eure, eurige *oder:* Eurige dazu tun; Euer, Eure (*Abk.:* Ew.) Exzellenz, Majestät; die euren *oder:* Euren (euern *oder:* Euern): eure Angehörigen
eu|er|seits, eu|rer|seits
eu|ers|glei|chen, eu|res|glei|chen
eu|ert|we|gen, eu|ret|we|gen
eu|ert|wil|len, eu|ret|wil|len; ich habe es um e. getan
Eu|fo|nie *f. 11* s. **Eu|pho|nie**
eu|fo|nisch s. **eu|pho|nisch**
Eu|fo|ni|um s. **Eu|pho|ni|um**
Eu|gen männl. Vorname
Eu|ge|ne|tik *f. 10 nur Sg.* Eugenik
eu|ge|ne|tisch
Eu|ge|nik [griech.], Eu|ge|ne|tik *f. 10 nur Sg.* Lehre von der Erbgesundheit; Förderung des menschl. Erbguts
eu|ge|nisch
Eu|gna|thie *auch:* **Eug|na|thie** [griech.] *f. 11* normale Form, Ausbildung und Stellung der Zähne
Eu|ka|lyp|tus [griech.] *m. Gen. - Pl. - oder* -ten Vertreter einer Gruppe austral. Hartlaubbäume
Eu|klid *auch:* **Euk|lid** altgriech. Mathematiker
Eu|ko|lie [griech.] *f. 11 nur Sg.* heitere, unbeschwerte Zufriedenheit, heiterer Sinn
Eu|kra|sie [griech.] *f. 11 nur Sg., eigtl.:* gute Mischung aller Körpersäfte; *danach:* glückliche Veranlagung
Eu|le *f. 11*
eu|len|äu|gig
Eu|len|spie|gel, *Till* Titelgestalt eines dt. Volksbuches
Eu|len|spie|ge|lei *f. 10* Schelmenstreich
Eu|me|ni|de [griech. »die Wohlgesinnte«] *f. 11 meist Pl., verhüllende Bez. für* Erinnye
Eu|nuch [griech. »Betthüter«] *m. 10* Entmannter (als Haremswächter)
Eu|phe|mis|mus [griech.] *m. Gen. - Pl.* -men verhüllende, beschönigende Bezeichnung, z. B. »heimgehen« statt »sterben«
eu|phe|mis|tisch
Eu|pho|nie *auch:* **Eu|fo|nie** [griech.] *f. 11* Wohlklang; *Ggs.:* Kakophonie
eu|pho|nisch *auch:* **eu|fo|nisch**
Eu|pho|ni|um *auch:* **Eu|fo|ni|um** *n. Gen.* -s *Pl.* -ni|en **1.** Kornett in Baritonlage, Baritonhorn; **2.** ein Orgelregister
Eu|phor|bia *f. Gen. - Pl.* -bi|en, **Eu|phor|bie** [-bjə] *f. 11* eine Pflanze, Wolfsmilch

Eu|pho|rie [griech.] *f. 11* gesteigertes Wohlbefinden; *Ggs.:* Disphorie
Eu|pho|ri|kum *n. Gen.* -s *Pl.* -ka Anregungs- oder Rauschmittel
eu|pho|risch; euphorische Stimmung
eu|pho|tisch [griech.] lichtreich (von Schichten des Wassers)
Eu|phrat *auch:* **Euph|rat** *m. Gen.* -(s) vorderasiat. Fluss
Eu|phro|sy|ne *auch:* **Euph|ro|sy|ne** *griech. Myth.:* eine der drei Göttinnen der Anmut, eine der → Chariten
Eu|phu|is|mus [nach dem Roman Euphues von John Lyly] *m. Gen.* - *nur Sg.* Schwulststil (der engl. Barockzeit)
eu|phu|is|tisch
Eu|pnoe [-pnoe:, griech.] *f. 11 nur Sg., Med.:* normale, regelmäßige, mühelose Atmung; *Ggs.:* Dyspnoe
EUR *Abk. für* Euro
eu|ra|si|a|tisch zu Europa und Asien zusammen gehörend, dort lebend (von Tieren und Pflanzen)
Eu|ra|si|en die Festlandmasse von Europa und Asien
Eu|ra|si|er *m. 5* **1.** Angehöriger eines Volkes im mongol.-europ. Grenzraum; **2.** Mischling aus einem europiden und einem indischen Elternteil
eu|ra|sisch Europa und Asien betreffend, dazu gehörend
Eur|a|tom *auch:* **Eu|ra|tom** *f. Gen.* - *nur Sg., Kurzwort für* Europäische Gemeinschaft für Atomenergie
eu|re, eu|e|re vgl. euer
eu|rer|seits, eu|er|seits
eu|res|glei|chen, eu|ers|glei|chen
eu|ret|hal|ben, eu|ert|hal|ben
eu|ret|we|gen, eu|ert|we|gen
eu|ret|wil|len, eu|ert|wil|len; ich habe es um e. getan
Eu|rhyth|mie *auch:* **Eu|ryth|mie** [griech.] *f. 11 nur Sg.* **1.** Gleich-, Ebenmaß von Bewegung und Ausdruck; **2.** *Med.:* Regelmäßigkeit von Herz- und Pulsschlag; **3.** *Anthroposophie:* Vereinigung von tänzerischer Bewegung und Sprache, wobei den Bewegungen eine bestimmte Bedeutung gegeben wird
eu|ri|ge vgl. euer
Eu|ri|pi|des altgriech. Tragödiendichter

Eu|ro *m. Gen.* -(s) *Pl.* -(s) (*Abk.:* EUR, *Zeichen:* €) Währungseinheit in Europa, 100 Eurocent; das kostet 20 Euro; *aber:* 20 Euros (Münzen)
Eu|ro|card *f. 9* Kreditkarte der Gesellschaft für Zahlungssysteme
Eu|ro|cent [-sɛnt] *m. Gen.* -(s) *Pl.* -(s) europäische Währungseinheit, $^1/_{100}$ Euro
Eu|ro|cheque|kar|te [-ʃɛk-] *f. 11* Karte mit Magnetstreifen für den elektronischen Zahlungsverkehr, EC-Karte
Eu|ro|ci|ty *m. Gen.* -s *Pl.* -s, *Abk. für* Eurocityzug
Eu|ro|ci|ty|zug *m. 2* (*Abk.:* EC) grenzüberschreitende Zugverbindung in Europa
Eu|ro|figh|ter [-faɪtə(r), engl.] *m. 5* ein Kampfflugzeug
Eu|ro|pa einer der fünf Erdteile
Eu|ro|pa|cup [-kʌp, engl.] *m. 9* in vielen Sportarten auf europ. Ebene ausgetragener Pokalwettbewerb, Europapokal
Eu|ro|pä|er *m. 5*
eu|ro|pä|id den Europäern ähnlich
eu|ro|pä|isch; europäische Philosophie; *aber:* Europäische Gemeinschaft, Europäisches Parlament
eu|ro|pä|i|sie|ren *tr. 3*
Eu|ro|pä|i|sie|rung *f. 10 nur Sg.*
Eu|ro|pa|meis|ter *m. 5*
Eu|ro|pa|meis|ter|schaft *f. 10*
Eu|ro|pa|par|la|ment *n. 1*
Eu|ro|pa|po|kal *m. 1, Sport* vgl. Europacup
Eu|ro|pa|rat *m. 2 nur Sg.*
Eu|ro|pa|stra|ße *f. 11* (*Abk.:* E)
eu|ro|pa|weit
eu|ro|pid zu den europ. Rassen gehörig
Eu|ro|pi|um *n. Gen.* -s *nur Sg.* (*Zeichen:* Eu) chem. Element
eu|ro|po|id den europ. Rassen nahe stehend
Eu|ro|tun|nel *m. 5 nur Sg.*
Eu|ro|vi|si|on [-vi-, Kurzwort aus Europa und Television] *f. 10 nur Sg.* Organisation europ. Rundfunk- und Fernsehanstalten
Eu|ry|di|ke [-ke:, auch: -di-] *griech. Myth.:* Gemahlin des Orpheus
eu|ry|ök [griech.] anpassungsfähig an größere Schwankungen der Umweltbedingungen (von Tieren und Pflanzen)
Eu|ry|ö|kie *f. 11 nur Sg.*
eu|ry|phag nicht auf bestimmte Nahrung angewiesen (von Tieren und Pflanzen)

Eu|ry|pha|gie *f. 11 nur Sg.*
eu|ry|therm widerstandsfähig gegen größere Temperaturschwankungen (von Tieren und Pflanzen)
Eu|ryth|mie [bereits 1924 von Rudolf Steiner gebrauchte Schreibung] *f. 11 nur Sg.* s. **Eu|rhyth|mie**
eu|ry|top weit verbreitet (von Tieren und Pflanzen)
eus|ta|chi|sche Röh|re (*alt:* Eu|sta|chi|sche Röh|re) [nach dem ital. Arzt B. Eustacchi(o)] *f. 11* Verbindungsweg zwischen Mittelohr und Rachenraum, Ohrtrompete
Eu|stress (*alt:* Eu|streß) [griech.-engl.] *m. 1* stimulierender Stress
Eu|ter *n. 5*
Eu|ter|pe *griech. Myth.:* Muse der Poesie
Eu|tha|na|sie [griech.] *f. 11 nur Sg.* Erleichterung des Todeskampfes durch Narkotika
eu|troph [griech.] nährstoffreich
Eu|tro|phie *f. 11 nur Sg.* **1.** Nährstoffreichtum; **2.** guter Ernährungszustand
eV *Abk. für* Elektronenvolt
ev. *Abk. für* evangelisch
e. V., E. V. *Abk. für* eingetragener bzw. Eingetragener Verein

Eva-, Eve-, Evi-, Evo-: Die Trennung nach einer Silbe, die nur aus einem Vokal besteht, ist erlaubt *(E|va-, E|ve-, E|vi-, E|vo-)*, wird aus ästhetischen Gründen jedoch nicht empfohlen. § 108

E|va weibl. Vorname
E|va [efa, auch: eva, nach der bibl. Urmutter der Menschen] *f. 9, ugs.:* kokettes Mädchen
E|va|ku|a|ti|on [-va-, lat.-frz.] *f. 10* Evakuierung
e|va|ku|ie|ren [-va-] *tr. 3* **1.** luftleer machen; **2.** von Bewohnern räumen (Gebiet); **3.** aussiedeln (Bewohner)
E|va|ku|ie|rung [-va-] *f. 10*
E|va|lu|ie|rung [-va-, lat.] *f. 10, Werbung:* Bewertung
E|val|va|ti|on [-valva-, lat.] *f. 10, veraltet:* Wertbestimmung
e|val|vie|ren [-valvi-] *tr. 3* veraltet
E|van|ge|li|ar [-vaŋ-, lat.] *n. Gen.* -s *Pl.* -e *oder* -ri|en, **E|van|ge|li|a|ri|um** [-vaŋ-] *n. Gen.* -s *Pl.* -ri|en, **E|van|ge|li|en|buch** [-vaŋ-] *n. 4* Buch mit den vier Evangelien

E|van|ge|li|en|har|mo|nie [-vaŋ-] *f. 11* Darstellung des Lebens Jesu aus den vier Evangelien
E|van|ge|li|ka|le(r) [-vaŋ-] *m. 18 (17) meist Pl.* Vertreter einer Bewegung in vielen christlichen Kirchen und Gruppen mit unbedingtem Bezug auf die Bibel
E|van|ge|li|sa|ti|on [-vaŋ-] *f. 10* Bekehrung zum Evangelium
e|van|ge|lisch [-vaŋ-] (*Abk.:* ev.) **1.** auf dem Evangelium beruhend; **2.** protestantisch; die evangelische Kirche; *aber:* die Evangelische Kirche in Deutschland (*Abk.:* EKD); evangelisches Bekenntnis
e|van|ge|lisch-lu|the|risch [-vaŋ-] (*Abk.:* ev.-luth.)
e|van|ge|lisch-re|for|miert [-vaŋ-] (*Abk.:* ev.-ref.)
e|van|ge|li|sie|ren [-vaŋ-] *tr. 3* zum Evangelium bekehren
E|van|ge|li|sie|rung [-vaŋ-] *f. 10*
E|van|ge|list [-vaŋ-] *m. 10* **1.** Verfasser eines der vier Evangelien; **2.** Wanderprediger
E|van|ge|lis|tar [-vaŋ-] *n. Gen.* -s *Pl.* -e *oder* -ri|en Buch mit Abschnitten aus den Evangelien für Lesungen während der Messe
E|van|ge|li|um [-vaŋ-] *n. Gen.* -s *Pl.* -li|en **1.** die Botschaft Christi; **2.** jede der vier Schriften des NT über das Leben und den Tod Jesu sowie ihre Gesamtheit; **3.** Lesung aus den Evangelien im Gottesdienst; **4.** *ugs.:* etwas, woran man blindlings glaubt, Wort oder Werk, das einem heilig ist
E|va|po|ra|ti|on [-va-, lat.] *f. 10* Verdampfung, Verdunstung
E|va|po|ra|tor [-va-] *m. 13* Verdampfer
e|va|po|rie|ren [-va-] *tr. 3* verdampfen, eindampfen, von Wasser befreien; evaporierte Milch: Milch, der man Wasser entzogen hat, eingedampfte Milch
E|va|po|ri|me|ter [-va-] *n. 5* Verdunstungsmesser
E|va|si|on [-va-, lat.] *f. 10* **1.** Flucht; *Ggs.:* Invasion; **2.** *veraltet:* Ausflucht
e|va|siv, e|va|so|risch [-va-] *veraltet:* ausweichend, Ausflüchte benutzend
E|vas|toch|ter [e̲fa:s-, auch: e̲va:s-] *f. 6* kokettes Mädchen
E|ve|line, E|ve|lin, E|ve|lyne, E|ve|lyn [-və-] weibl. (im Engl. auch männl.) Vorname

E|vent [ɪvẹnt, engl.] **1.** *m. 9* sportl. Erfolg; **2.** *n. 9, ugs.:* kulturelles Ereignis
e|ven|tu|al [-vɛn-, lat.] *selten für* eventuell
E|ven|tu|al|fall [-vɛn-, lat.] *m. 2* möglicherweise eintretender Fall
E|ven|tu|a|li|tät [-vɛn-, lat.] *f. 10* möglicher Fall, Möglichkeit
e|ven|tu|a|li|ter [-vɛn-, lat.] *veraltet:* möglicherweise
e|ven|tu|ell [-vɛn-, lat.] (*Abk.:* evtl.) möglicherweise, vielleicht
E|ver|green [ẹvərgri:n, engl. »immergrün«] *m. 9 oder n. 9* Schlager, der lange beliebt bleibt
E|ver|te|brat *auch:* **E|ver|teb|rat** [-vɛr-, lat.] *m. 10* wirbelloses Tier, Invertebrat
e|vi|dent [-vi-, lat.] offenkundig, völlig klar, einleuchtend
E|vi|denz [-vi-, lat.] *f. 10 nur Sg.* Augenschein, einleuchtende Klarheit, Offenkundigkeit; etwas in E. halten *österr.:* etwas im Auge behalten, vormerken
ev.-luth. *Abk. für* evangelisch-lutherisch
E|vo|ka|ti|on [-vo-, lat.] *f. 10* **1.** *früher:* Recht des Königs, einen Prozess vor sein Hofgericht zu ziehen; **2.** *veraltet:* Vorladung (eines Beklagten); **3.** Hervortreten von Vorstellungen oder Erlebnissen beim Betrachten eines Kunstwerkes
e|vo|ka|to|risch [-vo-] eine Evokation (3) bewirkend
E|vo|lu|te [-vo-, lat.] *f. 11, Math.:* geometr. Ort der Krümmungsmittelpunkte einer ebenen Kurve
E|vo|lu|ti|on [-vo-] *f. 10* allmähl. Entwicklung (bes. die der Lebewesen zu höheren Formen)
e|vo|lu|ti|o|när [-vo-]
E|vo|lu|ti|o|nis|mus [-vo-] *m. Gen. - nur Sg.* völkerkundl. Forschungsrichtung im 19. Jh., die den Evolutionsgedanken auf die Kulturentwicklung anwandte
e|vo|lu|ti|o|nis|tisch [-vo-]
E|vo|lu|ti|ons|the|o|rie [-vo-] *f. 11 nur Sg.* **1.** Abstammungslehre; **2.** kosmolog. Theorie, nach der das Weltall sich ständig ausdehnt
E|vol|ven|te [-vɔl-] *f. 11, Math.:* ebene Kurve, die ein Punkt auf einer Geraden beschreibt, die auf einer anderen Kurve abrollt
e|vol|vie|ren [-vɔl-] *tr. 3* entwickeln, entfalten, nacheinander darstellen

E|vo|ny|mus [-vo̲-, griech.] *m. Gen. - nur Sg.* Pfaffenhütchen
e|vo|zie|ren [-vo-, lat.] *tr. 3* vorladen, vor Gericht laden
ev.-ref. *Abk. für* evangelisch-reformiert
evtl. *Abk. für* eventuell
ev|vi|va! [evi̲va, ital.] er, sie lebe (hoch)!
Ev|zo|ne [griech.] *m. 11* Angehöriger der Leibgarde in Athen
Ew. *Abk. für* Euer, Eure (Majestät o. Ä.)
E|wald männl. Vorname
E|we **1.** *m. 9 oder Gen. - Pl. -* Angehöriger eines westafrik. Volkes; **2.** *n. Gen. - nur Sg.* deren Sprache
E|wen|ke *m. 11* Angehöriger eines tungusischen Volkes
e|wen|kisch
E|wer *m. 5* anderthalbmastiges Küstensegelboot mit flachem Boden und Seitenschwertern
E-Werk *Kurzwort für* Elektrizitätswerk
EWG *Abk. für* Europäische Wirtschaftsgemeinschaft
e|wig; das ewige Licht (in kath. Kirchen); die Ewige Stadt: Rom
E|wig|keit *f. 10*
e|wig|lich
E|wig-Weib|li|che, E|wig|weib|li|che *n. 18*
EWS *Abk. für* Europäisches Währungssystem
EWU *Abk. für* Europäische Währungsunion
ex [lat.] aus; ex trinken *Studentenspr.:* das Glas (auf einen Zug) leeren
ex..., Ex... [lat.] *in Zus.:* aus..., Aus..., ent..., Ent..., weg..., Weg..., ehemalig
ex ab|rup|to *auch:* **ex a|brup|to** [lat.] jählings, unversehens
ex ae|quo [lat.] *veraltet:* in derselben Weise, genauso, auf gleicher Stufe

♦ Die Buchstabenfolge **ex|a...** kann in Fremdwörtern auch **e|xa...** getrennt werden. Davon ausgenommen sind Zusammensetzungen, in denen die fremdsprachigen bzw. sprachhistorischen Bestandteile deutlich als solche erkennbar sind, z. B. *Exartikulation.*

♦ **Ex|ag|ge|ra|ti|on** [lat.] *f. 10, Med.:* Übertreibung

♦**ex|ag|ge|rie|ren** *tr. 3*
♦**ex|akt** [lat.] genau, sorgfältig; die exakten Wissenschaften: die Naturwissenschaften und Mathematik
♦**Ex|akt|heit** *f. 10 nur Sg.*
♦**Ex|al|ta|ti|on** [lat.] *f. 10 nur Sg.* hyster. Erregtheit, übertriebene Aufregung
♦**ex|al|tie|ren** *refl. 3* sich übertrieben aufregen
♦**Ex|al|tiert|heit** *f. 10 nur Sg.*
♦**Ex|a|men** [lat.] *n. Gen.* -s *Pl.* - *oder* -ami|na Prüfung
♦**Ex|a|mens|ar|beit** *f. 10* Prüfungsarbeit
♦**Ex|a|mi|nand** *m. 10* jmd., der ein Examen ablegt, Prüfling
♦**Ex|a|mi|na|tor** *m. 13* Prüfer
♦**Ex|a|mi|na|to|ri|um** *n. Gen.* -s *Pl.* -ri|en, *veraltet* **1.** Prüfungskommission; **2.** Prüfungsvorbereitung
♦**ex|a|mi|nie|ren** *tr. 3;* jmdn. e.: prüfen
♦**Ex|an|them** [griech.] *n. 1, Med.:* entzündl. Hautausschlag
♦**ex|an|the|ma|tisch** in der Art eines Exanthems
♦**Ex|arch** [griech.] *m. 10* **1.** byzantin. Statthalter in Italien und Afrika; **2.** *Ostkirche:* kirchl. Würdenträger, Leiter eines Kirchengebietes in der Diaspora
♦**Ex|ar|chat** [-çat] *n. 1* Amt und Verwaltungsbezirk eines Exarchen
Ex|ar|ti|ku|la|ti|on [lat.] *f. 10, Med.:* Abtrennung eines Glieds im Gelenk
♦**Ex|au|di** [lat., nach Psalm 27, 7: (Herr,) höre (meine Stimme)] Name des 6. Sonntags nach Ostern
exc., excud. *Abk. für* excudit
ex ca|the|dra *auch:* **ex ca|thed|ra** [lat. »vom Lehrstuhl aus«] **1.** *in Wendungen wie* ex c. gesprochen: vom Papst als (unfehlbarem) Kirchenlehrer verkündet; **2.** *übertr.:* maßgeblich, verbindlich, unanfechtbar; etwas ex cathedra erklären
Ex|cep|tio [-tsɛptsjo, lat.] *f. Gen.* - *Pl.* -ti|o|nes [-tsjone:s] *Rechtsw.:* Einrede
Ex|change [ɪkstʃɛɪndʒ, engl.] *f. 11* **1.** *im Börsengeschäft:* Tausch, Kurs; **2.** Geldwechsel, Wechselstube
ex|cu|dit [lat. »hat (es) gedruckt«] (*Abk.:* exc., excud.) Vermerk hinter d. Namen des Druckers (auf Kupferstichen)

♦Die Buchstabenfolge **ex|e...** bzw. **ex|e...** kann in Fremdwörtern auch **e|xe...** getrennt werden. Die zweite Trennvariante gilt jedoch ausschließlich bei mit *exequ-* beginnenden Wörtern wie z. B. *Exequatur*.

♦**Ex|e|cu|tive** [-kjutɪv, engl.] *m. 9* Führungskraft, z. B. Einkaufs-, Finanz-, Personalleiter
♦**Ex|e|dra** *auch:* **Ex|ed|ra** [griech.] *f. Gen.* - *Pl.* -dren **1.** *im griech.-röm. Haus:* Wohnraum; **2.** halbrunder oder eckiger Raum mit Bank als Abschluss eines Säulengangs; **3.** *in mittelalterl. Kirchen* Apsis
♦**Ex|e|ge|se** [griech.] *f. 11* Ausdeutung, Erklärung (von Schriftwerken, bes. von juristischen Quellen sowie der Bibel)
♦**Ex|e|get** *m. 10* Ausdeuter
♦**Ex|e|ge|tik** *f. 10 nur Sg.* Wissenschaft von der Exegese
♦**ex|e|ge|tisch**
♦**ex|e|ku|tie|ren** [lat.] *tr. 3* **1.** vollziehen, vollstrecken (Urteil); **2.** hinrichten; **3.** *österr.:* pfänden; exekutiert werden
♦**Ex|e|ku|ti|on** *f. 10*
♦**Ex|e|ku|ti|ons|kom|man|do** *n. 9*
♦**ex|e|ku|tiv** ausführend, vollziehend, vollstreckend; exekutive Gewalt: Exekutive
♦**Ex|e|ku|ti|ve** [-və] *f. 18* die vollziehende, ausführende Gewalt (im Staat), z. B. die Polizei; vgl. Judikative, Legislative
♦**Ex|e|ku|tiv|ge|walt** *f. 10* Exekutive
♦**Ex|e|ku|tor** *m. 13* Vollstrecker; *österr.:* Gerichtsvollzieher
♦**ex|e|ku|to|risch** vollstreckend
♦**Ex|em|pel** [lat.] *n. 5* **1.** Aufgabe, bes. Rechenaufgabe; **2.** Beispiel; zum E.; ein E. statuieren: ein abschreckendes Beispiel geben
♦**Ex|em|plar** *n. 1* (*Abk.:* Expl.) Einzelstück
♦**ex|em|pla|risch** **1.** musterhaft, beispielgebend; **2.** warnend, abschreckend; jmdn. e. bestrafen
♦**Ex|em|pla|ris|mus** *m. Gen.* - *nur Sg.* philos. Lehre, dass alle Geschöpfe nach dem göttl. Urbild geschaffen seien
♦**ex|em|pli cau|sa** [»wegen eines Beispiels«] (*Abk.:* e.c.) beispielsweise, zum Beispiel
♦**Ex|em|pli|fi|ka|ti|on** *f. 10* Erläuterung durch Beispiele
♦**ex|em|pli|fi|zie|ren** *tr. 3* durch Beispiel(e) erläutern
♦**Ex|em|pli|fi|zie|rung** *f. 10*
♦**ex|emt** [lat.] von bestimmten gesetzl. Pflichten befreit
♦**Ex|em|ti|on** *f. 10*
E|xe|qua|tur [lat.] *n. Gen.* -s *Pl.* -tu|ren **1.** Bestätigung, Zulassung (eines ausländischen Konsuls); **2.** staatl. Erlaubnis, kirchl. Akte zu verkünden; **3.** Vollstreckungswirkung eines im Ausland ergangenen Gerichtsurteils im Inland
E|xe|qui|en [lat.] *nur Pl., kath. Kirche:* Begräbnisfeier, Totenmesse, Obesequien
e|xe|quie|ren *tr. 3, veraltet:* eintreiben (Schulden)
♦**ex|er|zie|ren** *tr. u. intr. 3* üben, ausbilden (bes. Truppen)
♦**Ex|er|zier|platz** *m. 2*
♦**Ex|er|zi|ti|en** [-tsjən] *nur Pl., kath. Kirche:* relig. Übungen
♦**Ex|er|zi|ti|um** [-tsjum] *n. Gen.* -s *Pl.* -ti|en [-tsjən] schriftl. Hausarbeit
♦**ex|e|unt** [lat. »sie gehen hinaus«] *Theater, als Regieanweisung:* sie gehen ab, treten ab
Ex|ha|la|ti|on [lat.] *f. 10* **1.** Ausatmung, Ausdünstung; **2.** Ausströmung (von vulkan. Gasen und Dämpfen)
ex|ha|lie|ren *tr. 3*
Ex|haus|tor [lat.] *m. 13* Gebläse zum Absaugen von Gas, Dampf, Staub u. a., Entlüfter
ex|hi|bie|ren [lat.] *tr. 3* **1.** vorzeigen, zur Schau stellen; **2.** aushändigen (Papiere)
Ex|hi|bit *n. 1*, Ex|hi|bi|tum *n. Gen.* -s *Pl.* -ten *oder* -ta Eingabe
Ex|hi|bi|ti|on *f. 10, Med.:* Zurschaustellung
Ex|hi|bi|ti|o|nis|mus *m. Gen.* - *nur Sg.* krankhafte Neigung zum öffentlichen Entblößen der Geschlechtsteile
Ex|hi|bi|ti|o|nist *m. 10* jmd., der an Exhibitionismus leidet
ex|hi|bi|ti|o|nis|tisch
Ex|hi|bi|tum *n. Gen.* -s *Pl.* -ten *oder* -ta s. **Ex|hi|bit**
Ex|hu|ma|ti|on [lat.]
ex|hu|mie|ren *tr. 3* wieder ausgraben (von Leichen für gerichtl. Untersuchungen)
Ex|hu|mie|rung *f. 10*
E|xil [lat.] *n. 1* **1.** Verbannung; **2.** Verbannungs-, Zufluchtsort

e|xi|lie|ren *tr. 3* ins Exil schicken
E|xil|li|te|ra|tur *f. 10*
E|xil|re|gie|rung *f. 10*
ex|i|mie|ren *auch:* **e|xi|mie|ren** [lat.] *tr. 3* von einer gesetzl. Pflicht befreien
e|xis|tent [lat.] existierend, vorhanden
e|xis|ten|ti|al [-tsjal] *Nv.* **e|xis|ten|zi|al** *Hv.*
E|xis|ten|ti|a|lis|mus [-tsja-] *Nv.* **E|xis|ten|zi|a|lis|mus** *Hv. m. Gen. - nur Sg.*
E|xis|ten|ti|a|list [-tsja-] *Nv.* **E|xis|ten|zi|a|list** *Hv. m. 10*
e|xis|ten|ti|a|lis|tisch [-tsja-] *Nv.* **e|xis|ten|zi|a|lis|tisch** *Hv.*
E|xis|ten|ti|al|phi|lo|so|phie [-tsjal-] *Nv.* **E|xis|ten|zi|al|phi|lo|so|phie** *Hv. f. 11 nur Sg.*
e|xis|ten|ti|ell [-tsjɛl-] *Nv.* **e|xis|ten|zi|ell** *Hv.*
E|xis|tenz *f. 10* **1.** Leben, Dasein, Vorhandensein; **2.** Lebensunterhalt; **3.** Mensch, Person
e|xis|tenz|be|rech|tigt
E|xis|tenz|be|rech|ti|gung *f. 10 nur Sg.*
e|xis|tenz|fä|hig
E|xis|tenz|fä|hig|keit *f. 10 nur Sg.*
E|xis|tenz|grün|der *m. 5* jmd., der sich z. B. mit einer Firmengründung selbständig macht
e|xis|ten|zi|al, e|xis|ten|ti|al
E|xis|ten|zi|a|lis|mus, E|xis|ten|ti|a|lis|mus *m. Gen. - nur Sg.*
E|xis|ten|zi|a|list, E|xis|ten|ti|a|list *m. 10*
e|xis|ten|zi|a|lis|tisch, e|xis|ten|ti|a|lis|tisch
E|xis|ten|zi|al|phi|lo|so|phie, E|xis|ten|ti|al|phi|lo|so|phie *f. 11 nur Sg.* Richtung der Philosophie, die den Menschen im Hinblick auf seine Existenz betrachtet

> **existenziell/existentiell:** Die ins Deutsche integrierte Form *existenziell* gilt als Hauptvariante, die fremdsprachige Form *existentiell* als Nebenvariante. Ebenso: *Existenzialismus/Existentialismus.* § 32 (2)

e|xis|ten|zi|ell [-tsjɛl], e|xis|ten|ti|ell die Existenz, das Dasein betreffend, darauf beruhend
E|xis|tenz|kampf *m. 2*
E|xis|tenz|mi|ni|mum *n. Gen. -s Pl.* -ma Mindestmaß dessen, was man für den Lebensunterhalt braucht

e|xis|tie|ren *intr. 3* **1.** vorhanden sein, da sein, bestehen; **2.** von etwas e.: seinen Lebensunterhalt von etwas bestreiten, mit etwas auskommen
ex|it *auch:* **e|xit** [lat. »er, sie geht«] *Theater, als Regieanweisung:* geht ab, tritt ab, geht hinaus
Ex|it *auch:* **E|xit** *m. 9, veraltet:* Ausgang (in Gebäuden)
Ex|i|tus *auch:* **E|xi|tus** [lat.] *m. Gen. - Pl. - oder* -tus|se, *Med.:* Tod
Ex|kai|ser *m. 5* ehemaliger Kaiser
Ex|ka|va|ti|on [-va-, lat.] *f. 10* **1.** Aushöhlung, Ausbaggerung, Ausgrabung; **2.** *Zahnmed.:* Ausbohrung
Ex|ka|va|tor [-va-] *m. 13* Maschine, Instrument zur Exkavation
ex|ka|vie|ren [-vi-] *tr. 3*
exkl. *Abk. für* exklusive
Ex|kla|ma|ti|on [lat.] *veraltet:* Ausruf
ex|kla|mie|ren *tr. 3*
Ex|kla|ve [-və, lat.] *f. 11* **1.** von fremdem Staatsgebiet umgebener Teil des eigenen Staates; *Ggs.:* Enklave; **2.** Vorkommen einer Pflanzen- oder Tierart außerhalb ihres eigentlichen Verbreitungsgebietes
ex|klu|die|ren [lat.] *tr. 3, veraltet:* ausschließen
Ex|klu|si|on *f. 10, veraltet:* Ausschließung
ex|klu|siv **1.** ausschließend; **2.** gesellschaftlich abgesondert, Außenstehende fernhaltend; **3.** außergewöhnlich und vornehm
ex|klu|si|ve [-və] (*Abk:* exkl.) mit Ausschluss von …, ausgenommen; *Ggs.:* inklusive; *mit Gen., wenn vor dem folgenden Substantiv der Artikel steht:* exklusive des Trinkgeldes; *aber:* exklusive Trinkgeld; *mit Dativ, wenn der Gen. nicht erkennbar wäre:* exklusive Getränken; *aber:* exklusive der Getränke
Ex|klu|si|vi|tät [-vi-] *f. 10 nur Sg.* **1.** Ausschließlichkeit; **2.** gesellschaftliche Abgeschlossenheit
Ex|kom|mu|ni|ka|ti|on [lat.] *f. 10, kath. Kirche:* Ausschluss aus der Kirchengemeinschaft
ex|kom|mu|ni|zie|ren *tr. 3* ausschließen
Ex|kö|nig *m. 1* ehem. König
Ex|ko|ri|a|ti|on [lat.] *f. 10* Hautabschürfung
Ex|kre|ment [lat.] *n. 1* Körperausscheidung, Kot, Harn

Ex|kret [lat.] *n. 1* vom Körper nicht weiter verwendbares und daher ausgeschiedenes Stoffwechselprodukt, z. B. Kot, Schweiß, Harn
Ex|kre|ti|on *f. 10* Ausscheidung (von Exkreten)
ex|kre|to|risch ausscheidend, nach außen absondernd
Ex|kul|pa|ti|on [lat.] *f. 10, Rechtsw.:* Rechtfertigung, Befreiung von Schuld
ex|kul|pie|ren *tr. 3*
Ex|kurs [lat.] *m. 1* **1.** Abschweifung; **2.** kurze Ausarbeitung; **3.** Anhang
Ex|kur|si|on *f. 10* Ausflug (unter wissenschaftl. Leitung)
ex|lex [lat.] *früher:* gesetzlos, außerhalb des Gesetzes stehend, geächtet, vogelfrei
Ex|li|bris *auch:* **Ex|lib|ris** [lat. »aus den Büchern«] *n. Gen. - Pl. -* meist künstlerisch gestalteter, in ein Buch eingeklebter Zettel mit Namen und Zeichen des Eigentümers
Ex|ma|tri|kel *auch:* **Ex|mat|ri|kel** [lat.] *f. 11* Bescheinigung über den Abgang von einer Hochschule
Ex|ma|tri|ku|la|ti|on *auch:* **Ex|mat|ri|ku|la|ti|on** *f. 10* Streichung aus der Matrikel beim Abgang von einer Hochschule; *Ggs.:* Immatrikulation
ex|ma|tri|ku|lie|ren *auch:* **ex|mat|ri|ku|lie|ren** *tr. 3* aus der Matrikel streichen; *Ggs.:* immatrikulieren
Ex|mis|si|on [lat.] *f. 10* **1.** gerichtl. Ausweisung; **2.** Zwangsräumung (einer Wohnung)
Ex|mis|si|ons|kla|ge *f. 11*
ex|mit|tie|ren *tr. 3* gerichtlich ausweisen, zur Räumung veranlassen
Ex|mit|tie|rung *f. 10*
Ex|o|bi|o|lo|gie [griech.] *f. 11 nur Sg.* Weltraumbiologie
E|xo|der|mis [lat.] *f. Gen. - nur Sg.* äußeres, verkorktes Gewebe der Pflanzenwurzel
Ex|o|dus *auch:* **E|xo|dus** [griech.] *m. Gen. - nur Sg.* Auszug (der Juden aus Ägypten), Titel des zweiten Buches Mose
ex of|fi|cio [lat.] *Rechtsw.:* von Amts wegen, amtlich
E|xo|ga|mie [griech.] *f. 11, bei Naturvölkern:* Heirat außerhalb der eigenen sozialen Gruppe; *Ggs.:* Endogamie

exogen [griech.] **1.** von außen stammend, einwirkend (von Kräften); **2.** von außen eingeführt (in den Körper); **3.** außen entstehend (Knospe, Blatt); *Ggs.:* endogen
Exokarp [griech.] *n. 1* äußerste Schicht der Fruchtwand; *Ggs.:* Endokarp
exokrin [griech.] **1.** nach außen absondernd (Drüsen); **2.** nach außen abgesondert (Drüsenprodukt); *Ggs.:* endokrin
exorbitant *auch:* **exorbitant** [lat.] **1.** übertrieben, übermäßig; **2.** gewaltig, außerordentlich
Exorbitanz *auch:* **Exorbitanz** *f. 10*
Exordium *auch:* **Exordium** [lat.] *n. Gen.* -s *Pl.* -dia Einleitung (einer Rede)
ex oriente lux [lat.] aus dem Osten (kommt) das Licht (ursprüngl. vom Sonnenaufgang gesagt, dann von Christentum und Kultur)
exorzieren *auch:* **exorzieren, exorzisieren** *auch:* **exorzisieren** [griech.] *tr. 3* austreiben, beschwören (böse Geister)
Exorzismus *auch:* **Exorzismus** *m. Gen.* - *nur Sg.* Geisterbeschwörung, -austreibung
Exorzist *auch:* **Exorzist** **1.** Geisterbeschwörer; **2.** *kath. Kirche:* Träger des dritten Grades der vier niederen Weihen
Exosphäre [griech.] *f. 11* oberste Schicht der Atmosphäre
Exot [griech.] *m. 10,* **Exote** *m. 11* jmd., der aus einem fernen Land stammt (auch von Tieren, Pflanzen, Wertpapieren)
Exoteriker *m. 5* Nichteingeweihter, Außenstehender; *Ggs.:* Esoteriker
exoterisch für die Öffentlichkeit, die Allgemeinheit, nicht nur für Eingeweihte bestimmt; *Ggs.:* esoterisch
exotherm [griech.] Wärme abgebend; *Ggs.:* endotherm
Exotik [griech.] *f. 10 nur Sg.* das Fremdländische (eines Lebewesens, einer Sache), fremdländ. Wesen
Exotika *Pl., Sg. -kum* fremdländ. Kunstwerke
exotisch aus fernen Ländern stammend
ex ovo [-vo, lat. »aus dem Ei«] vgl. ab ovo

Expander [lat.] *m. 5* Gerät zum Kräftigen der Muskeln, wobei elast. Seile auseinander gezogen werden müssen
expandieren *tr. 3* ausdehnen, auseinander ziehen
expansibel ausdehnbar
Expansion *f. 10* Ausdehnung, Ausbreitung
Expansionskraft, Expansivkraft *f. 2*
Expansionspolitik *f. 10 nur Sg.*
expansiv (sich) ausdehnend
Expansivkraft *f. 2* Expansionskraft
Expatriation *auch:* **Expatriation** [lat.] *f. 10* Ausbürgerung
expatriieren *auch:* **expatriieren** *tr. 3* ausbürgern, die Staatsbürgerschaft entziehen
Expatriierung *auch:* **Expatriierung** *f. 10*
Expedient [lat.] *m. 10* Angestellter, der Waren zum Versand fertig macht
expedieren *tr. 3* zum Versand fertig machen und verschicken
Expedit *n. 1; österr.:* Versandabteilung (einer Firma)
Expediteur [-tør] *m. 1, österr.:* Spediteur
Expedition *f. 10* **1.** das Verschicken, Absendung; **2.** Versandabteilung (einer Firma); **3.** Forschungsreise
Expeditor *m. 13, österr. für* Expedient
Expektorans, Expektorantium [-tsjum, lat.] *n. Gen.* - *bzw.* -s *Pl.* -rantia [-tsja] *oder* -ranzien Hustenmittel
Expektoration *f. 10* **1.** Aushusten (von Schleim); **2.** Auswurf; **3.** *veraltet:* Aussprechen (von Gefühlen)
expektorieren *tr. 3*
Experiment [lat.] *n. 1* **1.** (bes. wissenschaftl.) Versuch; **2.** (gewagtes) Unternehmen
experimental *selten für* experimentell
Experimentalphysik *f. 10 nur Sg.*
Experimentator *m. 13* jmd., der Experimente vorführt
experimentell mit Hilfe von Experimenten
experimentieren *intr. 3* Experimente durchführen, Versuche machen
expert [lat.] sachverständig, sachkundig, fachmännisch

Experte *m. 11* Sachverständiger, erfahrener Fachmann
Expertise *f. 11* Gutachten durch einen Experten
expertisieren *tr. 3, selten:* sachverständig, fachmännisch prüfen
Expl. *Abk. für* Exemplar
Explanation [lat.] *f. 10* Erklärung (von literar. Texten)
explanativ erläuternd
explanieren *tr. 3*
Explantation [lat.] *f. 10, Med.:* Züchtung von Zellen oder Gewebe auf künstl. Nährboden
explicit [lat.] es ist zu Ende (Vermerk am Schluss von Frühdrucken und Handschriften); *Ggs.:* incipit
Explikation *f. 10* Erklärung, Erläuterung
explizieren *tr. 3*
explizit erläutert, erklärt, ausführlich (dargestellt); *Ggs.:* implizit
explizite [-te:] ausdrücklich
explodieren [lat.] *intr. 3* zerplatzen, knallend bersten
Exploitation [-ploa-, frz.] *f. 10* Ausbeutung, Ausnutzung
exploitieren [-ploa-] *tr. 3* ausbeuten, nutzbar machen
Exploration [lat.] *f. 10* **1.** Erforschung; **2.** ärztliche Untersuchung und Befragung; **3.** *Psych.:* Informationsgespräch mit gezielter Befragung
explorieren *tr. 3* **1.** erforschen; **2.** ärztlich untersuchen und befragen
explosibel [lat.] vgl. explosiv (1)
Explosion *f. 10* **1.** sehr schnelles Abbrennen eines Sprengstoffs; **2.** knallendes Bersten, Zerplatzen eines Hohlkörpers durch Druck von innen; *Ggs.:* Implosion; **3.** sehr rasches Wachstum (einer Menge)
Explosionsgefahr *f. 10*
Explosionsmotor *m. 12* Verbrennungsmotor
explosiv **1.** leicht explodierend, explosibel; **2.** *übertr. ugs.:* leicht erregbar, zu Wutausbrüchen neigend
Explosivlaut *m. 1* Verschlusslaut
Explosivstoff *m. 1* Sprengstoff
Exponat [lat.] *n. 1* Ausstellungsstück
Exponent *m. 10* **1.** Hochzahl einer Potenz; **2.** in der Öffentlichkeit bekannter Vertreter (einer Strömung, Partei o. Ä.)

E

E

Ex|po|nen|ti|al|funk|ti|on [-tsjal-] *f. 10* math. Funktion, bei der die Veränderliche als Potenz auftritt
Ex|po|nen|ti|al|glei|chung [-tsjal-] *f. 10* Gleichung, bei der die Unbekannte im Exponenten einer Potenz auftritt
Ex|po|nen|ti|al|röh|re [-tsjal-] *f. 11, Tech.:* den Schwund ausgleichende Elektronenröhre, Regelröhre
ex|po|nen|ti|ell [-tsjel-]
ex|po|nie|ren *tr. 3* **1.** (einer Gefahr) aussetzen; **2.** *Fot.:* dem Licht aussetzen (Film), belichten; **3.** sich e.: sich Angriffen aussetzen; in exponierter Stellung stehen
Ex|port [lat.] *m. 1* Ausfuhr (von Waren); *Ggs.:* Import
Ex|por|te *f. 11 meist Pl.* Ausfuhrware
Ex|por|teur [-tør] *m. 1* Kaufmann, *auch:* Firma im Exporthandel; *Ggs.:* Importeur
Ex|port|han|del *m. Gen.* -s *nur Sg.*
ex|por|tie|ren *tr. 3* ins Ausland verkaufen, ausführen; *Ggs.:* importieren
Ex|po|sé [-se, frz.] *Nv.* **Ex|po|see** *Hv. n. 9* **1.** Bericht, Darlegung; **2.** ausgearbeiteter Entwurf, Handlungsskizze zu einem literar. Werk oder Film
Ex|po|si|ti|on *f. 10* **1.** Ausstellung; **2.** Darlegung; **3.** Einführung (im ersten Akt eines Dramas) in die vor Beginn des Stückes abgelaufene Handlung; **4.** *Mus.:* erster Teil des Sonatensatzes
Ex|po|si|tur *f. 10* **1.** Seelsorgebezirk, Nebenkirche ohne eigenen Pfarrer; **2.** *österr.:* auswärtiges Zweiggeschäft; **3.** *österr.:* in einem anderen Gebäude untergebrachter Teil einer Schule
Ex|po|si|tus *m. Gen.* - *Pl.* -ti Pfarrer auf einer Nebenstelle
ex|press (*alt:* ex|preß) [lat.] eilig, mit Eilpost; eine Sendung e. schicken
Ex|press (*alt:* Ex|preß) *m. 1* Fernschnellzug, *in Zus. wie* Orientexpress
Ex|press|bo|te (*alt:* Ex|preß|bo|te) *m. 11, veraltet:* Eilbote
Ex|press|brief (*alt:* Ex|preß|brief) *m. 1, veraltet, noch österr.:* Eilbrief
Ex|press|gut (*alt:* Ex|preß|gut) *n. 4*
Ex|pres|si|on [lat.] *f. 10* **1.** *veraltet:* Ausdruck; **2.** *Med.:* Herauspressen (bei der Geburt)
Ex|pres|si|o|nis|mus *m. Gen.* - *nur Sg.* Ausdruckskunst, Kunstrichtung Anfang des 20. Jh.
Ex|pres|si|o|nist *m. 10* Vertreter des Expressionismus
ex|pres|si|o|nis|tisch
ex|pres|sis ver|bis [- ver-] mit ausdrücklichen Worten, ausdrücklich
ex|pres|siv ausdrucksvoll, mit betontem Ausdruck
Ex|pres|si|vi|tät [-vi-] *f. 10 nur Sg.* **1.** Ausdruckskraft; **2.** Ausgeprägtheit (einer Erbanlage)
ex pro|fes|so [lat.] **1.** von Berufs wegen, von Amts wegen; **2.** absichtlich
Ex|pro|mis|si|on [lat.] *f. 10* Übernahme einer Schuld durch einen Dritten
Ex|pul|si|on [lat.] *f. 10* Aus-, Vertreibung
ex|pul|siv *Med.:* abführend, austreibend
ex|qui|sit [lat.] erlesen, ausgezeichnet, vorzüglich
Ex|se|kra|ti|on *auch:* **Ex|sek|ra|ti|on** [lat.] *f. 10* Verwünschung, Verfluchung
ex|se|krie|ren *auch:* **ex|sek|rie|ren** *tr. 3*
Ex|sik|kans [lat.] *n. Gen.* - *Pl.* -kan|tia [-tsja] *oder* -kan|zi|en, *Chem.:* austrocknendes, Flüssigkeit aufsaugendes Mittel
Ex|sik|ka|ti|on *f. 10 nur Sg., Chem.:* Austrocknung
ex|sik|ka|tiv austrocknend
Ex|sik|ka|tor *m. 13* Gefäß zum Austrocknen wasserhaltiger und zum Aufbewahren trockener Chemikalien
ex|spek|ta|tiv **1.** eine Anwartschaft gewährend, in Aussicht stellend; **2.** *Med.:* abwartend
Ex|spi|ra|ti|on [lat.] *f. 10* Ausatmung; *Ggs.:* Inspiration (2)
ex|spi|ra|to|risch **1.** auf Ausatmung beruhend, mit Ausatmung einhergehend; **2.** mit starker Betonung
ex|spi|rie|ren *intr. 3* ausatmen
Ex|stir|pa|ti|on [lat.] *f. 10* vollständige operative Entfernung eines erkrankten Organs
ex|stir|pie|ren *tr. 3*
Ex|su|dat [lat.] *n. 1* **1.** *Med.:* infolge Entzündung abgesonderte Flüssigkeit; **2.** *Zool.:* Drüsenabsonderung (bei Insekten)
Ex|su|da|ti|on *f. 10* Ausschwitzung einer Flüssigkeit
ex|su|da|tiv mit entzündl. Absonderung einhergehend
Ex|tem|po|ra|le [lat.] *n. Gen.* -s *Pl.* -s *oder* -li|en, *veraltet:* unvorbereitete schriftl. Klassenarbeit
ex tem|po|re [-re:] aus dem Stegreif, unvorbereitet
Ex|tem|po|re *n. 9* Rede, Zusatz aus dem Stegreif
ex|tem|po|rie|ren *tr. 3* aus dem Stegreif sprechen oder spielen
ex|ten|die|ren *tr. 3* ausdehnen, erweitern
ex|ten|si|bel ausdehnbar
Ex|ten|si|on *f. 10* **1.** Ausdehnung; **2.** Streckung (eines Glieds bei Verrenkung oder Knochenbruch)
Ex|ten|si|tät *f. 10 nur Sg.* Ausdehnung, Umfang, Extensivität
ex|ten|siv **1.** der Ausdehnung nach, räumlich; **2.** ausgedehnt, umfassend; **3.** *Rechtsw.:* ausdehnend, erweiternd (beim Auslegen eines Gesetzes); *Ggs.:* restriktiv; extensive Wirtschaft: auf großer Fläche betriebene, vor allem den Boden ausnutzende Wirtschaft
ex|ten|si|vie|ren [-vi-] *tr. 3* in die Breite wirken lassen
Ex|ten|si|ti|vi|tät [-vi-] *f. 10 nur Sg.* vgl. Extensität
Ex|ten|sor *m. Gen.* -s *Pl.* -so|ren Streckmuskel; *Ggs.:* Flexor
Ex|te|ri|eur [-ør, frz.] *n. 9* Äußeres, äußere Erscheinung
Ex|te|ri|o|ri|tät *f. 10, veraltet:* Äußeres
Ex|ter|mi|na|ti|on [lat.] *f. 10 nur Sg.* **1.** Ausweisung, Vertreibung; **2.** Ausrottung
ex|ter|mi|nie|ren *tr. 3*
ex|tern [lat.] **1.** draußen befindlich, auswärtig; **2.** außerhalb des Internats wohnend; *Ggs.:* intern (3)
Ex|ter|nat *n. 1* Schule, deren Schüler nicht im Schulgebäude wohnen; *Ggs.:* Internat
Ex|ter|ne(r) *m. 18 (17) bzw. f. 17 oder 18* **1.** Schüler(in), der (die) nicht im Internat wohnt; *Ggs.:* Interne(r); **2.** Schüler(in), der (die) die Abschlussprüfung an einer Schule ablegt, sich aber privat darauf vorbereitet hat
Ex|ter|nist *m. 10, österr. für* Externer
Ex|ter|num *n. Gen.* -s *Pl.* -na äußerliches Heilmittel
ex|ter|ri|to|ri|al [lat.] der Staatsgewalt des Gastlandes nicht unterstellt

ex|ter|ri|to|ri|a|li|sie|ren *tr. 3;* jmdn. e.: jmdm. Exterritorialität gewähren

Ex|ter|ri|to|ri|a|li|tät *f. 10 nur Sg.* Unabhängigkeit von der Staatsgewalt des Gastlandes (bes. bei Botschaftern)

Ex|tink|ti|on [lat.] *f. 10* **1.** *veraltet:* Tilgung, Auslöschung; **2.** Abschwächung einer Strahlung beim Durchgang durch einen trüben Stoff, z. B. des Sonnen- und Sternenlichtes durch die Erdatmosphäre

♦ Die Buchstabenfolge **ex|tr...** kann in Fremdwörtern auch **ext|r...** getrennt werden. Davon ausgenommen sind Zusammensetzungen, in denen die fremdsprachigen bzw. sprachhistorischen Bestandteile deutlich als solche erkennbar sind, z. B. *-trahieren* (vgl. *subtrahieren*).

♦ **ex|tra** [lat.] *unflektierbar* **1.** zusätzlich, dazu, über das Vereinbarte, Übliche hinaus; ein extra Trinkgeld; **2.** besonders, für sich; das wird extra berechnet; **3.** außergewöhnlich; extra fein; etwas extra Feines

♦ **Ex|tra** *n. 9 meist Pl.* **1.** Sonderzubehör, das für sich zu bezahlen ist; **2.** Sonderleistung, die nicht im Pauschalpreis inbegriffen ist (z. B. Getränke)

♦ **ex|tra..., Ex|tra...** [griech.] *in Zus.:* außer..., außerhalb; Sonder..., außerordentlich

♦ **Ex|tra|aus|ga|be** *f. 11*

♦ **Ex|tra|blatt** *n. 4* Sondernummer (einer Zeitung)

♦ **ex|tra dry** [- drai, engl.] *bei alkohol. Getränken:* besonders trocken, herb

♦ **ex|tra|ga|lak|tisch** außerhalb der Milchstraße

♦ **ex|tra|hart**

ex|tra|hie|ren *tr. 3* **1.** herausschreiben, ausziehen (aus einem Schriftwerk); **2.** herausziehen (Zahn); **3.** mit Lösungsmittel herauslösen (Bestandteile aus einem Stoff); **4.** *veraltet:* durch Antrag erwirken (Verfügung)

Ex|trakt *m. 1* **1.** Auszug (aus einem Buch, aus einem pflanzl. oder tier. Stoff); **2.** Hauptinhalt, kurz gefasste Inhaltsangabe

Ex|trak|ti|on *f. 10* das Herausziehen, Herauslösen

ex|trak|tiv **1.** mittels Extraktion; **2.** auslaugend, herauslösend

♦ **ex|tra|mun|dan** [lat.] *Philos.:* außerweltlich; *Ggs.:* intramundan

♦ **ex|tra|mu|ral, ex|tra mu|ros** [-ro:s, lat.] außerhalb der Stadtmauern (gelegen)

♦ **ex|tra|or|di|när** [frz.] außergewöhnlich

♦ **Ex|tra|or|di|na|ri|at** *n. 1* Amt eines Extraordinarius

♦ **Ex|tra|or|di|na|ri|um** *n. Gen. -s Pl. -ri|en* außerordentlicher (d. h. einmalige Einnahmen und Ausgaben umfassender) Staatshaushaltsplan

♦ **Ex|tra|or|di|na|ri|us** *m. Gen. - Pl. -ri|en* außerordentl. Professor

♦ **Ex|tra|po|la|ti|on** [lat.] *f. 10* Schluss von Funktionswerten innerhalb eines mathemat. Bereichs auf solche außerhalb dieses Bereichs; *Ggs.:* Interpolation

♦ **ex|tra|po|lie|ren** *tr. 3*

♦ **Ex|tra|post** *f. 10, früher:* Postwagen außerhalb des üblichen Linienverkehrs

♦ **Ex|tra|sys|to|le** *auch:* **Ex|tra|sy|sto|le** [auch: ɛks-, griech.] *f. 11* vorzeitige Zusammenziehung des Herzens

♦ **ex|tra|ter|res|trisch** *auch:* **ext|ra|ter|rest|risch** [lat.] außerhalb der Erde und Erdatmosphäre befindlich

♦ **Ex|tra|tour** [-tu:r] *f. 10* eigenwilliges Verhalten oder Handeln innerhalb einer Gemeinschaft; Extratouren machen

♦ **ex|tra|u|te|rin** [lat.] außerhalb der Gebärmutter liegend

♦ **ex|tra|va|gant** [auch: ɛkstrava-, lat.] ausgefallen, ungewöhnlich, aus dem Rahmen fallend

♦ **Ex|tra|va|ganz** [auch: ɛkstrava-] *f. 10* extravagantes Benehmen, Aussehen

♦ **Ex|tra|ver|si|on** [-vɛr-, lat.] *f. 10 nur Sg.* extravertiertes Verhalten, Wesen; *Ggs.:* Introversion

♦ **ex|tra|ver|tiert** [-vɛr-] = **ex|tro|ver|tiert**

♦ **Ex|tra|wurst** *f. 2*

♦ **ex|tra|zel|lu|lär** [lat.] außerhalb der Zelle befindlich

♦ **Ex|tra|zim|mer** *n. 5 österr.:* kleiner, abgesonderter Raum im Restaurant

♦ **ex|trem** [lat.] äußerst, übertrieben; radikal; die extreme Linke; extreme Werte: Maximum und Minimum

♦ **Ex|trem** *n. 1* äußerste Grenze, höchster Grad oder Wert, äußerster möglicher Standpunkt, äußerster Gegensatz; von einem E. ins andere fallen

♦ **Ex|tre|ma|du|ra** *f. Gen. - nur Sg.* Landschaft in Spanien

♦ **Ex|tre|mis|mus** *m. Gen. - nur Sg.* übersteigert radikale Einstellung

♦ **Ex|tre|mist** *m. 10*

♦ **ex|tre|mis|tisch**

♦ **Ex|tre|mi|tät** *f. 10* **1.** äußerstes Ende; **2.** *meist Pl.* Gliedmaße, Arm, Bein; die oberen, unteren Extremitäten

♦ **Ex|tre|mum** *n. Gen. -s Pl. -ma,* **Ex|trem|wert** *m. 1* äußerster Wert, Maximum bzw. Minimum

♦ **ex|trors** [lat.] *bei Blütenpflanzen:* nach außen gewendet (Staubbeutel); *Ggs.:* intrors

♦ **ex|tro|ver|tiert** [-vɛr-] der Außenwelt zugewandt, an äußeren Objekten interessiert, extravertiert; *Ggs.:* introvertiert

♦ **Ex|tru|si|on** [lat.] *f. 10* Vulkanausbruch

♦ **ex|tru|siv** aus einer Extrusion herrührend

♦ **Ex|tru|siv|ge|stein** *n. 1* Ergussgestein

ex|u|be|rans *auch:* **e|xu|be|rans** [lat.] *Med.:* stark wuchernd

ex|u|be|rant *auch:* **e|xu|be|rant** *veraltet* **1.** üppig; **2.** überschwänglich

Ex|u|be|ranz *auch:* **E|xu|be|ranz** *f. 10* **1.** Üppigkeit; **2.** Überschwänglichkeit, Schwulst

Ex|u|lant *auch:* **E|xu|lant** [lat.] *m. 10, veraltet:* Verbannter, Vertriebener (bes. um seines Glaubens willen)

ex|u|lie|ren *auch:* **e|xu|lie|ren** *tr. 3, veraltet:* verbannen, vertreiben

Ex|ul|ze|ra|ti|on *auch:* **E|xul|ze|ra|ti|on** [lat.] *f. 10* Geschwürbildung

ex|ul|ze|rie|ren *auch:* **e|xul|ze|rie|ren** *intr. 3* ein Geschwür bilden, schwären, sich geschwürartig verändern

ex u|su [lat.] aus dem Gebrauch heraus, durch Übung

Ex|u|vi|en *auch:* **E|xu|vi|en** [-vi-, lat.] *Pl.* **1.** abgestreifte Tierhaut, z. B. Schlangenhaut; **2.** Siegesbeute; **3.** als Reliquien aufbewahrte Gewänder oder Teile davon

ex vo|to [- vo-, lat.] aus einem Gelübde heraus (Inschrift auf Votivgaben)

E

Ex|vo|to [-vo-] *n. Gen.* -s *Pl.* -s *oder* -ten Weihgeschenk

Exz. *Abk. für* Exzellenz

ex|zel|lent [lat.] ausgezeichnet, vortrefflich; er bot erneut eine exzellente Leistung

Ex|zel|lenz *f. 10* (*Abk.:* Exz.) früher Titel von hohen Beamten, heute noch von Botschaftern und Gesandten; Euer Exzellenz (als Anrede)

ex|zel|lie|ren *intr. 3* hervorragen, glänzen

Ex|zen|ter [lat.] *m. 5*, **Ex|zen|ter|schei|be** *f. 11* Steuerungsscheibe, deren Drehpunkt nicht in ihrem Mittelpunkt liegt

Ex|zen|trik *auch:* **Ex|zent|rik** *f. 10 nur Sg.* Form der Artistik, die mit grotesker Komik dargeboten wird

Ex|zen|tri|ker *auch:* **Ex|zent|ri|ker** *m. 5* **1.** Artist der Exzentrik; **2.** jmd., der überspannt ist, exzentrischer Mensch

ex|zen|trisch *auch:* **ex|zent|risch** **1.** außerhalb des Mittelpunktes liegend; exzentrische Kreise: Kreise, die keinen gemeinsamen Mittelpunkt haben; **2.** überspannt, verschroben

Ex|zen|tri|zi|tät *auch:* **Ex|zent|ri|zi|tät** *f. 10 nur Sg.* **1.** Abweichung, Abstand vom Mittelpunkt; **2.** Überspanntheit

Ex|zep|ti|on [lat.] *f. 10, veraltet:* Ausnahme; Einrede; vgl. Exceptio

Ex|zep|ti|o|na|lis|mus *m. Gen. - nur Sg.* veraltete Lehre, dass in der Frühzeit der Erdgeschichte andere Kräfte wirksam gewesen seien als heute

ex|zep|ti|o|nell ausnahmsweise (eintretend), außergewöhnlich

ex|zep|tiv ausschließend

ex|zer|pie|ren [lat.] *tr. 3* herausschreiben (aus Büchern)

Ex|zerp|ti|on *f. 10*

Ex|zess (*alt:* Ex|zeß) [lat.] *m. 1* Ausschreitung, Überschreitung gesellschaftl. Grenzen, Ausschweifung

ex|zes|siv das normale Maß überschreitend, maßlos, ausschweifend; exzessives Klima: Kontinentalklima mit großen Temperaturschwankungen

ex|zi|die|ren [lat.] *tr. 3, Med.:* herausschneiden

ex|zi|pie|ren [lat.] *tr. 3, veraltet:* als Ausnahme darstellen

Ex|zi|si|on [lat.] *f. 10, Med.:* Herausschneiden

ex|zi|ta|bel [lat.] reizbar, erregbar

Ex|zi|ta|bi|li|tät *f. 10 nur Sg.*

Ex|zi|tans *n. Gen. - Pl.* -tan|tia [-tsja] *oder* -tan|zi|en Herz, Kreislauf oder Nervensystem anregendes Heilmittel

Ex|zi|ta|ti|on *f. 10* Erregung, Anregung, Aufreizung, Aufmunterung

ex|zi|ta|tiv anregend, erregend

ex|zi|tie|ren *tr. 3* (durch Medikamente) stimulieren, anregen

Eyck [aɪk], *van,* ndrl. Malerfamilie: **1.** *Hubert van E.*; **2.** *Jan van E.*

Eye|cat|cher [aɪkɛtʃə(r), engl.] *m. Gen.* -s *Pl.* -s, *Werbung:* Blickfang

Eye|li|ner [aɪlaɪnə(r), engl.] *m. 5* Stift oder Pinsel sowie Farbe zum Betonen der Augenlidränder

Ey|rir *m. oder n. Gen. - Pl.* Au|rar isländ. Währungseinheit, $^1/_{100}$ Krona

EZB *f. Gen. - nur Sg. Abk. für* Europäische Zentralbank

E|ze|chi|el [-çie:l], *bei Luther:* He|se|ki|el ein Prophet im AT

f **1.** *Mus.: Abk. für* forte; **2.** *Mus.: Abk. für* f-Moll

F **1.** *Mus.: Abk. für* F-Dur; **2.** *Abk. für* Fahrenheit, Farad; **3.** *chem. Zeichen für* Fluor; **4.** *Kfz-Kennzeichen für* Frankreich

f. **1.** *Abk. für* (und) folgende (Seite); **2.** *Abk. für* für

Fa. *Abk. für* Firma

Fa|bel [lat.] *f. 11* **1.** lehrhafte, erdichtete Geschichte (z. B. Tierfabel); **2.** das Wesentliche einer Dichtung

Fa|be|lei *f. 10*

fa|bel|haft

fa|beln *tr. 1;* ich fabele, fable

Fa|bel|tier *n. 1*

Fa|bel|we|sen *n. 7*

Fa|bi|an männl. Vorname

Fa|bi|a|nis|mus *m. Gen. - nur Sg.* die Lehre der → Fabier

Fa|bi|er [nach dem altröm. Feldherrn Fabius Cunctator] *m. 5* Angehöriger der Fabian Society, einer 1883 gegründeten engl. sozialist. Vereinigung

♦ Die Buchstabenfolge **fa|br...** kann in Fremdwörtern auch **fab|r...** getrennt werden.

♦ **Fa|brik** [auch: -brik] *f. 10*

♦ **Fa|brik|an|la|ge** [auch: -brik-] *f. 11*

♦ **Fa|bri|kant** *m. 10*

♦ **Fa|brik|ar|bei|ter** [auch: -brik-] *m. 5*

♦ **Fa|bri|kat** *n. 1*

♦ **Fa|bri|ka|ti|on** *f. 10*

♦ **Fa|brik|be|sit|zer** [auch: -brik-] *m. 5*

♦ **fa|brik|neu** [auch: -brik-]

♦ **Fa|briks|ar|bei|ter** [auch: -briks-] *m. 5, österr.*

♦ **Fa|briks|be|sit|zer** [auch: -briks-] *m. 5, österr.*

♦ **Fa|brik|si|re|ne** [auch: -brik-] *f. 11*

♦ **fa|briks|neu** [auch: -briks-] *österr.*

♦ **fa|bri|zie|ren** *tr. 3*

Fa|bu|lant *m. 10* **1.** jmd., der fabuliert; **2.** Schwätzer

fa|bu|lie|ren *intr. 3* **1.** fantasievoll erzählen; **2.** Geschichten erfinden

Fa|bu|list *m. 10, veraltet:* Fabeldichter

fa|bu|lös *ugs. scherzh.:* märchenhaft, unglaubhaft

Face [fas, frz.] *f. 11, veraltet:* Vorderansicht

Facette/Fassette: Die fremdsprachige Form ist die Hauptvariante (*Facette*), die eingedeutschte Schreibweise die zulässige Nebenvariante (*Fassette*). § 32 (2)

Fa|cet|te [-sɛtə] *auch:* **Fas|set|te** *f. 11* **1.** eckig geschliffene Fläche (an Edelsteinen und Glasgegenständen); **2.** schräge Kante an Klischees zum Befestigen an der Druckunterlage

Fa|cet|ten|au|ge [-sɛtən-] *auch:* **Fas|set|ten|au|ge** *n. 14* Netzauge

Fa|cet|ten|schliff [-sɛtən-] *auch:* **Fas|set|ten|schliff** *m. 1*

fa|cet|tie|ren [-sɛ-] *auch:* **fas|set|tie|ren** *tr. 3* mit Facetten versehen

Fach *n. 4*

...fach; zweifach, das Zweifache; 2fach; x-fach, n-fach

Fach|ar|bei|ter *m. 5*

Fach|arzt *m. 2*

fach|ärzt|lich

Fach|aus|bil|dung *f. 10*

Fach|aus|druck *m. 2*

Fach|be|reich *m. 1*

Fach|bi|bli|o|thek *auch:* **Fach|bib|li|o|thek** *f. 10*

fä|cheln *intr. 1;* ich fächele, fächle

fa|chen *tr. 1* **1.** anfachen; **2.** Flachs f.: brechen

Fä|cher *m. 5*

fä|che|rig

fä|chern *tr. 1*

Fä|cher|pal|me *f. 11*

Fach|frau *f. 10*

Fach|ge|biet *n. 1*

fach|ge|mäß

fach|ge|recht

Fach|hoch|schu|le *f. 11* (*Abk.:* FH)

Fach|kennt|nis|se *Pl.*

Fach|kraft *f. 2*

fach|kun|dig

Fach|leh|rer *m. 5*

fach|lich

Fach|li|te|ra|tur *f. 10*

Fach|mann *m. 4 Pl. auch:* -leu|te

fach|män|nisch

Fach|mes|se *f. 11* Messe für ein begrenztes Angebot von Waren aus ausgewählten Wirtschaftszweigen

Fach|schaft *f. 10* alle Angehörigen einer Berufsgruppe

Fach|schu|le *f. 11*

Fach|schü|ler *m. 5*

Fach|sim|pe|lei *f. 10 nur Sg.*

fach|sim|peln *intr. 1* mit Kollegen über Themen des eigenen Fachgebiets diskutieren; ich fachsimpele, fachsimple

Fach|spra|che *f. 11*

Fach|un|ter|richt *m. 1*

Fach|werk *n. 1* Rahmenwerk aus Holz oder Metall für Gebäude

Fach|werk|haus *n. 4*

Fach|wis|sen *n. Gen. -s nur Sg.*

Fach|wis|sen|schaft *f. 10*

fach|wis|sen|schaft|lich

Fach|wör|ter|buch *n. 4*

Fach|zeit|schrift *f. 10*

Fa|ckel *f. 11*

fa|ckeln *intr. 1* zögern; *nur in verneinenden Wendungen* ich fackele, fackle nicht lange; vorwärts, nicht lange gefackelt!

Fa|ckel|zug *m. 2*

Fact [fækt, engl.] *m. 9 meist Pl.,* Tatsache, Tatsachenmaterial

Fac|tion [fækʃən, aus engl. fact und fiction »Erdichtung«] *f. Gen. - nur Sg.* Literatur- oder Filmgattung, in der wahre Begebenheiten verarbeitet werden

Fac|to|ring [fæktəriŋ, engl.] *n. 9 nur Sg.* eine Form der Absatzfinanzierung und Absicherung des Kreditrisikos

Fac|to|ry|out|let (*alt:* Fac|to|ry Out|let) [fæktəriautlɛt, engl.] *f. Gen. - -s Pl. - -s* an eine Fabrik angeschlossenes Geschäft für den Direktverkauf an Endverbraucher

Fa|cul|tas Do|cen|di (*alt:* Fa|cul|tas do|cen|di) [lat. »die Fähigkeit zu lehren«] *f. Gen. - - Pl. - -* Lehrbefähigung (für eine Hochschule)

fad, fa|de [frz.]

Fäd|chen *n. 7*

fä|deln *tr. 1;* ich fädele, fädle es

Fa|den **1.** *m. 8;* **2.** *m. Gen. -s Pl. -, Seew. früher:* Längenmaß hauptsächl. zum Messen der Wassertiefe, etwa 1,80 m; *Textilindustrie:* Einheit für die Garnlänge

fa|den|dünn

Fa|den|ge|ber *m. 5* Teil der Nähmaschine

F

fa|den|ge|ra|de
Fa|den|kreuz *n. 1*
Fa|den|lauf *m. 2*
Fa|den|mo|le|kül *n. 1*
Fa|den|nu|del *f. 11*
fa|den|schei|nig
Fa|den|schei|nig|keit *f. 10 nur Sg.*
Fa|den|schlag *m. 2, schweiz.* **1.** lockere, geheftete Naht; **2.** *übertr.:* Vorbereitung
Fa|den|wurm *m. 4*
Fa|den|zäh|ler *m. 5*
Fad|heit *f. 10*
Fa|ding [fɛɪdɪŋ, engl.] *n. 9 nur Sg., Rundfunk:* Schwund
Faf|ner, Faf|nir *german. Myth.:* Drache, der den Nibelungenhort bewacht
Fa|gott [ital.] *n. 1* ein Holzblasinstrument
Fa|got|tist *m. 10* Fagottspieler
Fä|he *f. 11* weibl. Fuchs, Wolf, Dachs, Marder, Iltis sowie weibl. Wiesel
fä|hig
Fä|hig|keit *f. 10*
fahl blass, farblos, bleich
Fahl|erz *n. 1* ein Mineral
fahl|gelb
Fahl|heit *f. 10 nur Sg.*
Fahl|le|der *n. 5* Rindsleder für Arbeitsschuhe
Fahl|wild *n. Gen.* -(e)s *Pl.* - Steinwild
Fähn|chen *n. 7*
fahn|den *intr. 2*
Fahn|der *m. 5*
Fahn|dung *f. 10*
Fahn|dungs|buch *n. 4*
Fah|ne *f. 11* **1.** *Buchw.:* Korrekturabzug eines Schriftsatzes; **2.** *auch ugs.:* nach Alkohol riechender Atem; eine F. haben
Fah|nen|eid *m. 1*
Fah|nen|flucht *f. 10 nur Sg.*
fah|nen|flüch|tig
Fah|nen|jun|ker *m. 5*
Fah|nen|kor|rek|tur *f. 10*
Fah|nen|mast *m. 12*
Fah|nen|stan|ge *f. 11*
Fähn|lein *n. 7, 16./17. Jh.:* Kampf- und Verwaltungseinheit der Landsknechte
Fähn|rich *m. 1* **1.** *früher:* Fahnenträger; **2.** *heute:* Offiziersanwärter
Fahr|aus|weis *m. 1* Führerschein; vgl. Fahrtausweis
Fahr|bahn *f. 10*
fahr|bar
Fahr|bar|keit *f. 10 nur Sg.*
fahr|be|reit
Fahr|be|reit|schaft *f. 10 nur Sg.*
Fähr|be|trieb *m. 1*
Fähr|boot *n. 1*
Fahr|damm *m. 2*
Fahr|dienst *m. 1*
Fahr|dienst|lei|ter *m. 5*
Fäh|re *f. 11*

> **fahren:** Das bisherige Nebeneinander der Schreibweisen von *radfahren* und *Auto fahren* ist aufgehoben. Man schreibt das Substantiv stets mit großem Anfangsbuchstaben: *Rad fahren, ich fahre Rad* bzw. *Auto fahren, ich fahre Auto.* § 34 E3 (5)

fah|ren *intr. u. tr. 32;* spazieren fahren; jmdn. mit dem Auto fahren lassen; etwas fahren lassen *ugs.:* aufgeben; fahren lernen; Rad fahren; Auto fahren; Zug fahren; erster, zweiter Klasse fahren
Fah|ren|heit [nach dem Physiker Daniel Gabriel F.] *n. Gen.* - *Pl.* - (*Abk.:* F) Maßeinheit einer 180-teiligen Temperaturskala

> **fahren lassen:** Gefüge aus einem Verb (Infinitiv) und einem weiteren Verb werden getrennt geschrieben: *fahren lassen.* Ebenso: *liegen lassen, fallen lassen, spazieren gehen.* § 34 E3 (6)

fah|ren las|sen (*alt:* fah|ren|las|sen) *tr. 75*
Fah|rens|mann *m. 4 Pl. auch:* -leu|te Seemann
Fah|rer *m. 5*
Fah|re|rei *f. 10 nur Sg.*
Fah|rer|flucht *f. 10 nur Sg.*
Fahr|er|laub|nis *f. 1*
Fahr|gast *m. 2*
Fahr|geld *n. 3*
Fahr|ge|le|gen|heit *f. 10*
Fahr|ge|schwin|dig|keit *f. 10*
Fahr|ge|stell *n. 1*
Fahr|ha|be *f. 11, schweiz. für* Fahrnis
Fahr|hau|er *m. 3, Bgb.:* Gehilfe des Steigers
fah|rig nervös, unausgeglichen
Fah|rig|keit *f. 10 nur Sg.*
Fahr|kar|te *f. 11*
Fahr|kar|ten|schal|ter *m. 5*
Fahr|kos|ten *nur Pl.* vgl. Fahrtkosten
fahr|läs|sig
Fahr|läs|sig|keit *f. 10 nur Sg.*
Fahr|leh|rer *m. 5*
Fähr|mann *m. 4 Pl. auch:* -leu|te
Fahr|nis *f. 1, Rechtsw.:* fahrende Habe, beweglicher Besitz
Fähr|nis *f. 1, poet.:* Gefährlichkeit, Gefährdung
Fahr|plan *m. 2*
fahr|plan|mä|ßig
Fahr|preis *m. 1*
Fahr|prü|fung *f. 10*
Fahr|rad *n. 4* Fahrrad fahren
Fahr|rin|ne *f. 11*
Fahr|schein *m. 1*
Fähr|schiff *n. 1*
Fahr|schu|le *f. 11*
Fahr|schü|ler *m. 5*
Fähr|seil *n. 1*
Fahr|spur *f. 10* Fahrstreifen
Fahr|stei|ger *m. 5, Bgb.:* Vorgesetzter mehrerer Steiger
Fahr|stra|ße *f. 11*
Fahr|stuhl *m. 2*
Fahrt *f. 10*
Fahrt|aus|weis *m. 1* Fahrkarte; vgl. Fahrausweis
Fahrt|dau|er *f. 11 nur Sg.*
Fähr|te *f. 11*
Fahr|tech|nik *f. 10*
fahr|tech|nisch
Fahr|ten|buch *n. 4*
Fahr|ten|schrei|ber, Fahrt|schrei|ber *m. 5* Gerät zur Aufzeichnung von Geschwindigkeit, Fahrt- und Haltezeiten, vornehmlich in Lastkraftwagen
Fahr|ten|schwim|mer *m. 5*
Fähr|ten|su|cher *m. 5*
Fahrt|kos|ten, Fahr|kos|ten *nur Pl.*
Fahrt|rich|tung *f. 10*
Fahrt|rich|tungs|an|zei|ger *m. 5*
Fahrt|wind *m. 1* (beim Auto-, Radfahren); vgl. Fahrwind
Fahr|un|tüch|tig|keit *f. 10 nur Sg.*
Fahr|ver|bot *n. 1*
Fahr|vor|schrift *f. 10*
Fahr|was|ser *n. 5*
Fahr|weg *m. 1*
Fahr|wind *m. 1* Wind zum Segeln; vgl. Fahrtwind
Fahr|zeit *f. 10*
Fahr|zeug *n. 1*
Fahr|zeug|bau *m. Gen.* -(e)s *nur Sg.*
Fahr|zeug|brief *m. 1*
Fahr|zeug|hal|ter *m. 5*
Fai|ble *auch:* **Faib|le** [fɛbəl, frz.] *n. 9* Vorliebe, Neigung, Schwäche; ein F. für etwas haben
fair [fɛr, engl.] ehrlich, anständig (bes. bei Wettkämpfen); fair spielen; faires Spiel; *Ggs.:* unfair
Fair|ness (*alt:* Fair|neß) [fɛr-] *f. Gen.* - *nur Sg.* faires Verhalten

Fair|play *auch:* **Fair Play** (*alt:* Fair play) [fɛ:rplɛɪ] *n. Gen.* - - *nur Sg.* faires Spiel
Fai|seur [fɛzør, frz.] *m. 1, veraltet:* Anstifter (einer üblen Sache)
Fait ac|com|pli *auch:* **Fait ac-comp|li** [fɛ:takɔ̃pli, frz.] *n. Gen.* - - *Pl.* -s -s [fɛ:zakɔ̃pli] vollendete Tatsache
fä|kal [lat.] aus Fäkalien bestehend, kotig
Fä|kal|dün|ger *m. 5* Naturdünger
Fä|ka|li|en *Pl.* Ausscheidungen, Kot, Harn
Fa|kir [österr.: -kir, arab.] *m. 1* ind. Büßer, Asket
Fak|si|mi|le [lat. »mach (es) ähnlich«] *n. 9* originalgetreue Nachbildung (eines Druckes, einer Handschrift)
Fak|si|mi|le|aus|ga|be *f. 11,* **Fak|si-mi|le|druck** *m. 1*
fak|si|mi|lie|ren *tr. 3* originalgetreu nachahmen
Fakt [lat.] *m. 12* = **Fak|tum**
Fak|ten *Pl. von* Faktum: Tatsachen
Fak|ten|wis|sen *n. Gen.* -s *nur Sg.* Kenntnis der Fakten, Sachkenntnisse
Fak|ti|on [lat.] *f. 10* parteiähnliche, politisch bes. aktive oder radikale Gruppe
fak|ti|ös Partei ergreifend, aufrührerisch
fak|tisch [lat.] tatsächlich, in Wirklichkeit
fak|ti|tiv bewirkend
Fak|ti|tiv *n. 1,* **Fak|ti|ti|vum** [-vum] *n. Gen.* -s *Pl.* -va [-va] Kausativum
Fak|ti|zi|tät *f. 10 nur Sg.* Tatsächlichkeit, Gegebenheit; *Ggs.:* Logizität
Fak|tor *m. 13* **1.** Leiter einer Faktorei; **2.** Werkmeister in einer Druckerei; **3.** Zahl, die mit einer anderen multipliziert wird, Multiplikand, Multiplikator; **4.** mitwirkender Umstand, bestimmendes Element
Fak|to|rei *f. 10* überseeische Handelsniederlassung
Fak|to|tum *n. Gen.* -s *Pl.* -ta jmd., der die verschiedensten Arbeiten verrichtet, »Mädchen für alles«
Fak|tum *n. Gen.* -s *Pl.* -ten *auch:* -ta, **Fakt** *m. 12* Tatsache, Ereignis, Vorgang
Fak|tur *f. 10* **1.** Rechnung (für eine Ware); **2.** Lieferschein
Fak|tu|ra *f. Gen.* - *Pl.* -ren vgl. Faktur
fak|tu|rie|ren **1.** *intr. 3* Rechnungen schreiben; **2.** *tr. 3* berechnen (Waren)
Fak|tu|rist *m. 10* jmd., der Fakturen schreibt
Fa|kul|tas [lat.] *f. Gen.* - *Pl.* -tä|ten Lehrbefähigung; vgl. Facultas Docendi
Fa|kul|tät *f. 10* **1.** Gesamtheit der Lehrenden (und der Studenten) einer Fächergruppe an einer Hochschule; **2.** fachlich begrenzte Abteilung einer Hochschule; philosophische, naturwissenschaftl. F.; sich an einer Hochschule für eine F. einschreiben; an der medizinischen F. studieren; **3.** Gebäude einer Hochschulabteilung; **4.** Produkt der Glieder der natürl. Zahlenreihe bis zu einer bestimmten Zahl (*Zeichen:* !), z. B. 5! (*gesprochen:* fünf Fakultät): 1 · 2 · 3 · 4 · 5 = 120
fa|kul|ta|tiv wahlfrei (Lehrfach); *Ggs.:* obligatorisch
Fa|lan|ge [-laŋgə, span.: -lanxə] *f. 11 nur Sg.* faschist. span. Partei
Fa|lan|gist [-lanxist] *m. 10*
falb gelblich, graugelb
Fal|be(r) *m. 18 (17)* Pferd mit gelbl. Fell, dunkler Mähne und dunklem Schweif
Fal|bel *f. 11* gekrauster oder gefältelter Kleiderbesatz
fäl|beln *tr. 1* kraus ziehen, fälteln
Fa|ler|ner [nach dem Ager Falernus in Kampanien (Italien)] *m. 5* ital., schon im Altertum berühmter Wein
fä|lisch; fälische Rasse (in Nord- und Nordwesteuropa)
Fal|ke *m. 11*
Fal|ken|au|ge *n. 14* ein Mineral
Fal|ken|bei|ze *f. 11* vgl. Beize
Fal|ke|nier [-nje] *m. 1,* **Falk|ner** *m. 5* jmd., der Falken zur Jagd abrichtet
Fal|ken|jagd *f. 10*
Falk|ner *m. 5* = **Fal|ke|nier**
Falk|ne|rei *f. 10 nur Sg.*
Fal|ko|nett [ital.] *n. 1, 16./17. Jh.:* leichtes Geschütz, Feldschlange
Fall **1.** *m. 2;* gesetzt den Fall, dass …; für den Fall, dass …; für alle Fälle, im Falle, dass …; etwas von Fall zu Fall entscheiden; jmdn. zu Fall(e) bringen; **2.** *n. 12, Seew.:* Tau
Fal|la [fa̱ja], *Manuel de* span. Komponist
Fal|la|da, *Hans* dt. Schriftsteller
Fall|beil *n. 1*
Fall|brü|cke *f. 11*
Fal|le *f. 11; ugs.:* Bett
fal|len *intr. 33;* etwas fallen lassen; sie hat eine Bemerkung fallen lassen; wir haben den Plan fallen gelassen; dass du mir die Idee ja nicht fallen lässt; anheim fallen
fäl|len *tr. 1*

> **fallen lassen:** Die Folge zweier Verben wird getrennt geschrieben: *Er hat das Buch fallen lassen* (ugs.: *gelassen*). *Sie hat eine Bemerkung fallen lassen* (neben: *gelassen*). *Wir haben den Plan fallen gelassen* (neben: *lassen*).
> § 34 E3 (6)
> Die Trennung trifft auch auf die feste Wendung *anheim fallen* zu: *Ihnen ist die Regelung der Erbschaft anheim gefallen.*
> § 34 E3 (2)

fal|len las|sen (*alt:* fal|len|las|sen) *tr. 75*
Fal|len|stel|ler *m. 5*
Fall|ge|schwin|dig|keit *f. 10*
Fall|ge|setz *n. 1*
Fall|gru|be *f. 11*
fal|li|bel [lat.] *veraltet:* trügerisch, fehlbar
Fal|li|bi|li|tät *f. 10 nur Sg.*
fal|lie|ren *intr. 3* zahlungsunfähig werden, in Konkurs gehen; er hat falliert
fäl|lig
Fäl|lig|keit *f. 10 nur Sg.*
Fäl|lig|keits|ter|min *m. 1*
Fall|li|nie (*alt:* Fal|li|nie (-ll|l-)) *f. 11*
Fall|meis|ter *m. 5* Abdecker
Fall|nest *n. 3*
Fall|obst *n. Gen.* -(e)s *nur Sg.*
Fal|lott, Fa|lott *m. 10, österr.:* Betrüger
Fall|out *Nv.* **Fall-out** *Hv.* [fɔ:laut, engl.] *m. 9* radioaktiver Niederschlag
Fall|reep *n. 1* von der Reling herablassbare Schiffstreppe
Fall|rück|zie|her *m. 5, Fußball:* Schuss über den Kopf nach hinten, wobei sich der Spieler rückwärts fallen lässt
falls; falls er kommt; falls möglich
Fall|schirm *m. 1*
Fall|schirm|jä|ger *m. 5*
Fall|schirm|sprin|ger *m. 5*
Fall|schirm|trup|pe *f. 11*
Fall|strick *m. 1*
Fall|stu|die [-djə] *f. 11* genaue Beschreibung eines typ. Falles

Fall|sucht *f. Gen. - nur Sg.* = Epilepsie
fall|süch|tig
Fall|tür *f. 10*
Fäl|lung *f. 10*
fall|wei|se
Fall|wind *m. 1*
Fa|lott *m. 10* s. **Fal|lott**
Fal|sa *Pl. von* Falsum
falsch; Richtig und Falsch unterscheiden; falscher Hase: Hackbraten; f. sein; das Besteck hat f. gelegen (= nicht an der richtigen Stelle); mit dieser These wirst du falsch liegen: dich irren; diese Passage wird sie wohl immer wieder f. spielen; sie werden wieder falsch spielen: beim Spiel betrügen
Falsch *n.* Falschheit, *nur in Wendungen wie* es ist kein F. an ihm
Falsch|eid *m. 1*
fäl|schen *tr. 1*
Fäl|scher *m. 5*
Falsch|geld *n. 3*
Falsch|heit *f. 10*
fälsch|lich
falsch lie|gen (*alt:* falsch|lie|gen) *intr. 80*
Falsch|mel|dung *f. 10*
Falsch|mün|zer *m. 5*
Falsch|mün|ze|rei *f. 10*

falsch spielen: Fügungen aus Adjektiv und Verb/Partizip werden getrennt geschrieben, wenn das Adjektiv erweiterbar oder steigerbar ist: *Er hat diese Passage falsch gespielt* (= beim Musizieren). *Sie haben falsch gespielt* (= beim Skat betrogen). Ebenso: *Das Besteck hat falsch gelegen. Mit dieser Behauptung hast du falsch gelegen* (= dich geirrt).
§ 34 E3 (3)

falsch spie|len (*alt:* falsch|spie|len) *intr. 1*
Falsch|spie|ler *m. 5*
Fäl|schung *f. 10*
Fal|sett [ital.] *n. 1* durch Brustresonanz verstärkte Kopfstimme des Mannes
fal|set|tie|ren *intr. 3* mit Falsettstimme singen
Fal|set|tist *m. 10* Sänger für Sopran- und Altpartien
Fal|sett|stim|me *f. 11*
Fal|si|fi|kat [lat.] *n. 1* Fälschung, gefälschter Gegenstand
Fal|si|fi|ka|ti|on *f. 10; veraltet:* Fälschung
fal|si|fi|zie|ren *tr. 3, veraltet:* fälschen
Fal|staff *auch:* **Fals|taff** [nach einer Shakespearefigur] *m. 9* dicker Prahlhans
Fal|sum [lat.] *n. Gen. -s Pl. -sa* etwas Falsches, Fälschung
Falt|blatt *n. 4*
Falt|boot *n. 1*
Fält|chen *n. 7*
Fal|te *f. 11*
fäl|teln *tr. 1;* ich fältele, fältle es
fal|ten *tr. 2*
Fal|ten|ge|bir|ge *n. 5*
fal|ten|los
fal|ten|reich
Fal|ten|rock *m. 2*
Fal|ten|wurf *m. 2*
Fal|ter *m. 5*
fal|tig
Falt|stuhl *m. 2*
Falt|ta|sche *f. 11*
Fal|tung *f. 10*
Falz *m. 1*
Falz|bein *n. 1* Gerät zum Falzen
fal|zen *tr. 1*
Fal|zer *m. 5*
Falz|ho|bel *m. 5*
fal|zig
Fal|zung *f. 10*
Falz|zie|gel *m. 5*
Fa|ma [lat.] *f. Gen. - nur Sg.* Gerücht
fa|mi|li|är [lat.]
Fa|mi|li|a|re *m. 11* **1.** Angehöriger des Gesindes eines Klosters; **2.** Angehöriger eines kirchenfürstlichen Hofstaates
Fa|mi|li|a|ri|tät *f. 10 nur Sg.* familiäres Verhalten, Vertrautheit, Ungezwungenheit, Vertraulichkeit, Zwanglosigkeit
Fa|mi|lie [-liə] *f. 11*
Fa|mi|li|en|an|ge|hö|ri|ge(r) *m. 18 (17) bzw. f. 17 oder 18*
Fa|mi|li|en|buch *n. 4*
Fa|mi|li|en|for|schung *f. 10* = Genealogie
fa|mi|li|en|freund|lich; eine familienfreundliche Regelung
Fa|mi|li|en|kun|de *f. 11 nur Sg.* = Genealogie
Fa|mi|li|en|le|ben *n. 7 nur Sg.*
Fa|mi|li|en|mit|glied *n. 3*
Fa|mi|li|en|na|me *m. 15*
Fa|mi|li|en|o|ber|haupt *n. 4*
Fa|mi|li|en|ro|man *m. 1*
Fa|mi|li|en|va|ter *m. 6*
Fa|mi|li|en|zu|sam|men|füh|rung *f. 10*
Fa|mi|li|en|zu|wachs [-ks] *m. 1 nur Sg.*
Fa|mi|lis|mus *m. Gen. - nur Sg.* Überbetonung der Familie als Quelle für Sozialkontakte (in niederen sozialen Schichten)
fa|mi|lis|tisch
fa|mos [lat.] *ugs.:* großartig
Fa|mu|la [lat.] *f. Gen. - Pl. -lä* weibl. Famulus
Fa|mu|la|tur *f. 10* Praktikum im Krankenhaus während des Medizinstudiums
fa|mu|lie|ren *intr. 3* die Famulatur ableisten
Fa|mu|lus *m. Gen. - Pl. -li* **1.** Medizinstudent, der sein Praktikum im Krankenhaus ableistet; **2.** *veraltet:* Assistent, Gehilfe eines Wissenschaftlers
Fan [fæn, engl., Kurzwort aus: fanatic] *m. 9* begeisterter Liebhaber, Anhänger (von etwas), z. B. Filmfan, Fußballfan
Fa|nal [griech.] *n. 1* Feuerzeichen, Zeichen (für den Beginn einer Wende o. Ä.)
Fa|na|ti|ker [lat.] *m. 5* jmd., der leidenschaftlich und unduldsam etwas vertritt, Eiferer
fa|na|tisch
fa|na|ti|sie|ren *tr. 3* zum Fanatismus anstacheln, aufhetzen
Fa|na|tis|mus *m. Gen. - nur Sg.* leidenschaftlicher, blinder, unduldsamer Eifer und Einsatz (für eine Sache oder Überzeugung)
Fan|club [fæn-, engl.] *m. 9* s. **Fan|klub**
Fan|dan|go [span.] *m. 9* ursprünglich gesungener, feuriger span. Tanz
Fan|fa|re [frz.] *f. 11* **1.** Dreiklangtrompete ohne Ventile; **2.** Trompetensignal in gebrochenem Dreiklang; **3.** kurzer, signalähnl. Satz der Suite
Fan|fa|ren|stoß *m. 2*
Fang *m. 2*
Fang|arm *m. 1*
Fang|ei|sen *n. 7*
fan|gen *tr. 34*
Fang|fra|ge *f. 11*
Fang|garn *n. 1* Netz zum Fangen von Fischen od. Wild
fän|gisch entsichert (Falle)
Fan|klub, Fan|club [fæn-, engl.] *m. 9*
Fang|korb *m. 2* korbartige Sicherheitsvorrichtung
Fang|lei|ne *f. 11* Leine, die vom Schiff einem Boot zum Festmachen zugeworfen wird
Fang|netz *n. 1*

Fạn|go [ital.] *m. 9 nur Sg.* Mineralschlamm zu Heilzwecken
Fạng|schnur *f. 2* Zierschnur an Uniformen
Fạng|schuss (*alt:* Fạng|schuß) *m. 2* Schuss zum Töten des angeschossenen, aber noch nicht verendeten Wildes
Fạng|spiel *n. 1*
Fạng|stoß *m. 2* Todesstoß für angeschossenes, aber noch nicht verendetes Wild
Fạnt [lat.-nddt.] *m. 1* unreifer junger Bursche
Fan|ta|s<u>i</u>a [ital.] *f. 9* **1.** nordafrik. Reiterkampfspiel; **2.** *ital. Bez. für* Fantasie
Fan|ta|s<u>ie</u> *f. 11* Musikstück in ungebundener Form
Fan|ta|s<u>ie</u>, Phan|ta|s<u>ie</u> *f. 11 nur Sg.* **1.** Einbildungskraft, Einfallsreichtum; **2.** vorgestelltes Bild, Träumerei, Wahngebilde
fan|ta|s<u>ie</u>|los, phan|ta|s<u>ie</u>|los
Fan|ta|s<u>ie</u>|lo|sig|keit, Phan|ta|s<u>ie</u>|lo|sig|keit *f. 11 nur Sg.*
fan|ta|s<u>ie</u>|ren, phan|ta|s<u>ie</u>|ren *intr. 3* **1.** sich den Bildern der Einbildungskraft hingeben, sich etwas ausdenken; **2.** *Med.:* irre reden; **3.** *Mus.:* frei gestaltend spielen
fan|ta|s<u>ie</u>|voll, phan|ta|s<u>ie</u>|voll

→ Phantasma Der Anlaut des aus dem Griechischen stammenden Fremdwortes *Phantasma* (ebenso: *Phantasmagorie, phantasmagorisch*) darf nicht mit der Buchstabenfolge *Fan-* wiedergegeben werden, obgleich dies bei anderen Mitgliedern dieser Wortfamilie (z. B. *Fantasie, Fantast* usw.) die orthographische Hauptvariante geworden ist.

Fan|tạst, Phan|tạst *m. 10* Schwärmer, Mensch mit überspannten Ideen
Fan|tas|te|r<u>ei</u>, Phan|tas|te|r<u>ei</u> *f. 11* überspannte Idee

fantastisch/phantastisch: Die ins Deutsche integrierte Schreibung *fantastisch* ist die Hauptvariante, die traditionelle Form *phantastisch* die Nebenvariante.

fan|tạs|tisch, phan|tạs|tisch **1.** nur in der Fantasie bestehend, unwirklich; **2.** großartig, herrlich
Fan|ta|sy [fæntəsi, engl.] *f. Gen. - nur Sg.* moderne Darstellung magischer Welten, ohne Bezug zu traditionellen Märchen und Mythen (in Romanen, Filmen, Comics)
Fa|r<u>a</u>d [nach dem engl. Physiker Michael Faraday] *n. Gen.* -s *Pl.* - (*Abk.:* F) Maßeinheit für elektr. Kapazität
Fạ|ra|day|kä|fig *auch:* **Fạ|ra|day-Kä|fig** *m. 1* käfigartige, geerdete Vorrichtung aus Drahtgeflecht zum Abschirmen gegen elektr. Felder oder Ströme (bei Messinstrumenten und beim Blitzschutz)
fạ|ra|day|sche Ge|sẹt|ze *auch:* **Fạ|ra|day'sche Ge|sẹt|ze** (*alt:* Fạ|ra|day|sche Ge|sẹt|ze) *Pl.*
Fa|ra|di|sa|ti|<u>o</u>n *f. 10,* Fa|ra|do|the|ra|p<u>ie</u> *f. 11* Heilbehandlung mit (faradischem) Strom
fa|r<u>a</u>|disch; faradischer Strom: häufig unterbrochener Gleichstrom
fa|ra|di|s<u>ie</u>|ren *tr. 3* mit faradischem Strom behandeln
Fa|ra|do|the|ra|p<u>ie</u> *f. 11* = Faradisation
Fa|ran|d<u>o</u>|le *f. 11* s. **Fan|da|r<u>o</u>|le**
Fạrb|auf|nah|me *f. 11*
Fạrb|band *n. 4*
fä̱rb|bar
Fạrb|buch *n. 4* Buch mit amtl. Veröffentlichungen zur Außenpolitik mit je nach Land verschiedenfarbigem Umschlag, z. B. Weißbuch, Braunbuch
Fạr|be *f. 11*
fạrb|echt
Fạrb|echt|heit *f. 10*
Fä̱r|be|mit|tel *n. 5*
fạrb|emp|find|lich (Film)
Fạrb|emp|find|lich|keit *f. 10*
fä̱r|ben *tr. 1*
fạr|ben|blind
Fạr|ben|blind|heit *f. 10 nur Sg.*
Fạr|ben|druck *m. 1*
fạr|ben|freu|dig
Fạr|ben|in|dus|trie *auch:* **Far|ben|in|dust|r<u>ie</u>** *f. 11*
Fạr|ben|leh|re *f. 11*
Fạr|ben|pracht *f. 10 nur Sg.*
fạr|ben|präch|tig
fạr|ben|reich
Fạr|ben|sinn *m. 1 nur Sg.*
Fạr|ben|spiel *n. 1*
Fạr|ben|sym|bo|lik *f. 10 nur Sg.*
Fä̱r|ber *m. 5*
Fä̱r|be|r<u>ei</u> *f. 10*
Fä̱r|ber|rö|te *f. 11 nur Sg.* eine Pflanze (früher zur Farbstoffgewinnung), Krapp
Fä̱r|ber|waid *m. 1,* **Fä̱r|ber|wau** *m. 1* Reseda
Fạrb|fern|se|hen *n. Gen.* -s *nur Sg.*
Fạrb|film *m. 1*
Fạrb|fil|ter *m. 5*
Fạrb|fo|to|gra|fie, Fạrb|pho|to|gra|phie *f. 11*
Fạrb|ge|bung *f. 10 nur Sg.*
Fạrb|holz *n. 4 meist Pl.* farbstoffhaltiges tropisches Holz
Fạrb|holz|schnitt *m. 1*
fạr|big, *österr. auch:* fä̱r|big
Fạr|bi|ge(r) *m. 18 (17) bzw. f. 17 oder 18* Angehörige(r) einer nichtweißen Rasse
Fạr|big|keit *f. 10 nur Sg.*
Fạrb|kas|ten *m. 8*
fạrb|lich
fạrb|los
Fạrb|lo|sig|keit *f. 10 nur Sg.*
Fạrb|pho|to|gra|phie *Nv.* **Fạrb|fo|to|gra|fie** *Hv. f. 11*
Fạrb|pro|be *f. 11*
Fạrb|stift *m. 1*
Fạrb|stoff *m. 1*
Fạrb|ton *m. 2*
Fä̱r|bung *f. 10*
Fạrb|wech|sel [-ks-] *m. 5*
Fạrb|wert *m. 1*
Fạr|ce [-sə, österr.: fạrs, frz.] *f. 11* **1.** *14./16. Jh.:* derb komisches, kurzes Theaterstück, Posse; **2.** lächerliche, aber als wichtig dargestellte Angelegenheit; **3.** Verhöhnung; **4.** Füllung aus gehacktem Fleisch u. a. für Geflügel und Pasteten
far|cie|ren [-s<u>i</u>-] *tr. 3* mit Farce (4) füllen
Fa|r<u>i</u>n [lat.] *m. 1 nur Sg.,* Fa|r<u>i</u>n|zu|cker *m. 5 nur Sg.* nicht völlig gereinigter, gelblicher Zucker
Fa|ri|n<u>a</u>|de *f. 11* Puderzucker
F<u>ä</u>|rin|ger, Fä|r<u>ö</u>|er *m. 5* Einwohner der Färöer
Fa|r<u>i</u>n|zu|cker *m. 5 nur Sg.* s. **Fa|r<u>i</u>n**
Fạrm [engl.] *f. 10* **1.** Bauerngut; **2.** Landgut mit Tierzucht
Fạr|mer *m. 5*
Fạr|mers|frau *f. 10*
Fạrn *m. 1* eine Sporenpflanze
far|n<u>e</u>|sisch zu dem ital. Adelsgeschlecht der Farnese gehörend; Farnesischer Herkules
Fạrn|kraut *n. 4*
Fạrn|pflan|ze *f. 11*
Fạrn|we|del *m. 5* Blatt des Farnkrauts
Fä|r<u>ö</u>|er [auch: fɛ-] **1.** *Pl.* dän. Inselgruppe im Nordatlantik; **2.** *auch:* Fä|rin|ger *m. 5* Einwohner der Färöer

F

fä|rö|isch [auch: fɛ-]
Far|re *m. 11* junger Stier
Fär|se *f. 11* junge Kuh vor dem ersten Kalben, Kalbe, Kalbin
fas *Abk. für* free alongside ship
Fa|san *m. 12*
Fa|sa|nen|gar|ten *m. 8*
Fa|sa|nen|zucht *f. 10*
Fa|sa|ne|rie *f. 11* Gehege, in dem Fasanen gehalten werden
Fas|ces [-tse:s] *Pl.* s. **Fas|zes**
Fa|sche *f. 11, österr.:* Wickelbinde
fa|schen *tr. 1, österr.:* umwickeln, bandagieren
fa|schie|ren [frz.] *tr. 3* durch die Faschiermaschine drehen
Fa|schier|ma|schi|ne *f. 11* Fleischwolf
Fa|schi|ne [lat.-ital.] *f. 11* Reisigbündel (für Uferbefestigung)
Fa|schi|nen|holz *n. 4 nur Sg.* Reisig
Fa|schi|nen|mes|ser *n. 5* Messer zum Schneiden von Faschinen
Fa|schi|nen|werk *n. 1*
Fa|sching *m. 1 oder m. 9, bair., österr.:* Fastnacht
Fa|schings|ball *m. 2*
Fa|schings|diens|tag *m. 1*
Fa|schings|prinz *m. 10*
Fa|schings|zeit *f. 10*
Fa|schings|zug *m. 2*
Fa|schis|mus [ital.] *m. Gen. - nur Sg., bis 1945:* nationalist., totalitäre Bewegung, bes. in Italien
Fa|schist *m. 10*
fa|schis|tisch
Fa|se [frz.] *f. 11* abgeschrägte Kante an Werkzeugen und -stücken
Fa|sel *m. 5* junges Zuchttier, z. B. Faselhengst, Faselstier
Fa|sel|e|ber *m. 5* junger Zuchteber
Fa|se|lei *f. 10*
Fa|sel|feh|ler *m. 5*
Fa|sel|hans *m. 2* faseliger Junge
Fa|sel|hengst *m. 1* junger Zuchthengst
fa|se|lig, fas|lig zerstreut, unaufmerksam, unkonzentriert
fa|seln *intr. 1* **1.** zerstreut, unaufmerksam sein; **2.** Unsinn reden; ich fasele, fasle
Fa|sel|stier *m. 1* junger Zuchtstier
fa|sen|nackt *Nebenform von* fasernackt
Fa|ser *f. 11*
Fä|ser|chen *n. 7*
Fa|ser|ge|schwulst *f. 2* Fibrom
fa|se|rig, fas|rig voller Fasern, wie Fasern
fa|sern *intr. 1* sich in Fasern ablösen
fa|ser|nackt völlig nackt
Fa|ser|stoff *m. 1*
Fa|se|rung *f. 10 nur Sg.*
Fa|shion [fæʃən, engl.] *f. Gen. - nur Sg.* **1.** Mode; **2.** feiner Lebensstil, feine Sitte
fa|shio|na|ble [fæʃənəbl] **1.** modisch, modern; **2.** fein
fas|lig s. **fa|se|lig**
Fas|nacht *f. 2 nur Sg.* = **Fast|nacht**
fas|rig s. **fa|se|rig**
Fass (*alt:* Faß) *n. 4*
Fas|sa|de [frz.] *f. 11*
Fas|sa|den|klet|te|rer *m. 5*
fass|bar (*alt:* faß|bar)
Fass|bier (*alt:* Faß|bier) *n. 1* Bier vom Fass; *Ggs.:* Flaschenbier
Fass|bin|der (*alt:* Faß|bin|der) *m. 5* Böttcher
Fass|bin|de|rei (*alt:* Faß|bin|de|rei) *f. 10* Böttcherei
Fäss|chen (*alt:* Fäß|chen) *n. 7*
Fass|dau|be (*alt:* Faß|dau|be) *f. 11* gebogenes Brett für Fässer
fas|sen *tr. 1;* du fasst, er/sie/es fasst, ich fasste, gefasst
fäs|ser|wei|se
Fas|set|te *f. 11* s. **Fa|cet|te**
Fas|set|ten|au|ge *n. 14* s. **Fa|cet|ten|au|ge**
Fas|set|ten|schliff *m. 1* s. **Fa|cet|ten|schliff**
fas|set|tie|ren *tr. 3* s. **fa|cet|tie|ren**
Fäss|lein (*alt:* Fäß|lein) *n. 7*
fass|lich (*alt:* faß|lich)
Fass|lich|keit (*alt:* Faß|lich|keit) *f. 10 nur Sg.*
Fas|son [-sõ, frz.] *f. 9, österr., schweiz. auch:* [-son] *f. 10* **1.** Zuschnitt (eines Kleidungsstücks); **2.** Art und Weise; **3.** *n. 9* Revers
fas|so|nie|ren *tr. 3* in eine bestimmte Fasson (1, 2)bringen
Fas|son|schnitt [-sõ-] *m. 1* eine Form des Haarschnitts
Fas|sung *f. 10* **1.** *nur Sg.* Beherrschung, Haltung; die F. bewahren, verlieren; **2.** Umrahmung, Einfassung (von Edelsteinen); **3.** Bemalung (einer Holzschnitzerei)
Fas|sungs|kraft *f. 2 nur Sg.*
fas|sungs|los
Fas|sungs|lo|sig|keit *f. 10 nur Sg.*
Fas|sungs|ver|mö|gen *n. 7 nur Sg.*
Fass|wein (*alt:* Faß|wein) *m. 1* Wein vom Fass; *Ggs.:* Flaschenwein
fass|wei|se (*alt:* faß|wei|se)
fast beinahe
Fas|ta|ge [-ʒə] *f. 11* s. **Fus|ta|ge**
Fast|e|be|ne *f. 11* nicht ganz ebene Fläche, leicht wellige Ebene
Fas|tel|a|bend *m. 1, rhein.:* Fastnacht
fas|ten *intr. 2*
Fas|ten *Pl.* die kirchliche Fastenzeit
Fas|ten|zeit *f. 10*
Fast|food *auch:* **Fast Food** (*alt:* Fast food) [fastfu:d, engl. »schnelles Essen«] *n. Gen. - - nur Sg. leicht abwertend für* Fertigessen aus einer Imbisskette (z. B. Hamburger)
Fast|nacht *f. 2 nur Sg.,* **Fas|nacht** *f. 2 nur Sg.*
Fast|nachts|spiel *n. 1*
Fast|tag *m. 1*
Fas|zes, Fas|ces [-tse:s, lat.] *Pl.* Rutenbündel mit einem zweischneidigen Beil (Amtszeichen der altrömischen Liktoren), Liktorenbündel
fas|zi|al bündelweise
Fas|zi|a|ti|on *f. 10* **1.** *Bot.:* Verbänderung, Bildung von bandähnl. Querschnittsformen; **2.** *Med.:* Einbinden, Umwickelung
Fas|zie [-tsiə] *f. 11, Med.* **1.** bindegewebige Hülle um Muskeln; **2.** Bindenverband
Fas|zi|kel *m. 5* **1.** Aktenbündel; **2.** Heft, Band eines in Fortsetzungen erscheinenden Werkes
fas|zi|ku|lie|ren *tr. 3* bündeln, heften
Fas|zi|na|ti|on [lat.] *f. 10* Bezauberung
fas|zi|nie|ren *tr. 3* fesseln, bezaubern, bannen
Fa|ta *Pl. von* Fatum
fa|tal [lat.] **1.** unangenehm, peinlich; **2.** verhängnisvoll
Fa|ta|lis|mus *m. Gen. - nur Sg.* Glaube an ein vorherbestimmtes Schicksal, das hinzunehmen ist
Fa|ta|list *m. 10*
fa|ta|lis|tisch
Fa|ta|li|tät *f. 10 nur Sg.* **1.** Verhängnis, Missgeschick; **2.** Peinlichkeit

Fata-Morgana-ähnlich: Man setzt einen Bindestrich zwischen alle Bestandteile mehrteiliger Zusammensetzungen, in denen eine Wortgruppe oder eine Zusammensetzung mit Bindestrich auftritt: *Fata-Morgana-ähnlich.* Ebenso: *Trimm-dich-Pfad, De-facto-Anerkennung.* § 44

Fa|ta Mor|ga|na [ital.] *f. Gen. - - Pl. - -nen oder - -s* **1.** durch starken Temperaturunterschied in

bodennahen Luftschichten hervorgerufene Spiegelung weit entfernter Gegenstände und Landschaften in der Luft, bes. über Wüsten; **2.** Sinnestäuschung, Wahngebilde
fa|tie|ren [lat.] *tr. 3* **1.** *veraltet:* bekennen, angeben; **2.** *österr.:* dem Finanzamt bekannt geben (Einkommen)
fa|ti|gant [frz.] *veraltet:* ermüdend, lästig
Fa|tum [lat.] *n. Gen.* -s *Pl.* -ta Schicksal
Fatz|ke *m. Gen.* -n *Pl.* -n *oder* -s, *ugs.:* blasierter, eitler Mann
fau|chen *intr. 1*
faul; faule Ausrede; fauler Zauber; faul sein
Faul|baum *m. 2* eine Heilpflanze
Faul|bett *n., nur in der Wendung* auf dem F. liegen: faulenzen
Faul|brand *m. 2 nur Sg.; Med.:* = Gangrän
Fäu|le *f. 11 nur Sg.*
Faul|e|cke *f. 11,* Faul|win|kel *m. 5* entzündlicher, schmerzhafter Riss im Mundwinkel
fau|len|zen *intr. 1*
Fau|len|zer *m. 5*
Fau|len|ze|rei *f. 10 nur Sg.*
Faul|heit *f. 10 nur Sg.*
fau|lig
Faulk|ner [fɔknə], *William* amerik. Schriftsteller
Fäul|nis *f. 1 nur Sg.*
Faul|pelz *m. 1*
Faul|schlamm *m. Gen.* -(e)s *nur Sg.* **1.** bei der Abwasserreinigung entstehender, sich absetzender Bodensatz; **2.** Schlamm aus Pflanzen- und Tierresten auf dem Grund stehender Gewässer, Sapropel
Faul|tier *n. 1* **1.** ein südamerik. Säugetier; **2.** *ugs.:* Faulpelz
Faul|win|kel *m. 5* Faulecke
Faun [lat.] *m. 1* **1.** *röm. Myth.:* halb tierischer Waldgeist mit Gehörn und Bocksfüßen; **2.** *übertr.:* lüsterner Mensch
Fau|na *f. Gen.* - *Pl.* -nen Tierwelt (eines bestimmten Gebietes); vgl. Flora
fau|nisch in der Art eines Fauns, lüstern
Fau|nis|tik *f. 10 nur Sg.* Lehre von der Tierwelt eines bestimmten Gebietes
fau|nis|tisch
Fau|ré [fore], *Gabriel* frz. Komponist
Faust *f. 2*
Faust|ball *m. 2 nur Sg.*
Fäust|chen *n. 7*
faust|dick; es faustdick hinter den Ohren haben: pfiffig sein; faustdicke Lügen
Fäus|tel *m. 5, Bgb.:* Hammer
faus|ten *tr. 2* mit der Faust schlagen (den Ball)
faust|groß
Faust|hand|schuh *m. 1*
faus|tisch [nach Goethes Drama »Faust«] nach Erkenntnis strebend; faustischer Drang
Faust|kampf *m. 2*
Fäust|ling *m. 1* **1.** Fausthandschuh; **2.** *Bgb.:* faustgroßer Stein
Faust|pfand *n. 4* bewegliche Sache als Pfand
Faust|recht *n. 1* gewaltsame Selbsthilfe
Faust|re|gel *f. 11* einfache Grundregel
Faust|sä|ge *f. 11* Handsäge
Faust|waf|fe *f. 11* Handfeuerwaffe, z. B. Pistole
faute de mieux [fot də mjø, frz.] in Ermangelung eines Besseren
Fau|teuil [fotœj, frz.] *m. 9, veraltet, österr. u. schweiz.:* Lehn-, Armsessel
Faut|fracht [frz.] *f. 10* Entschädigungssumme, die dem Reeder zusteht, wenn der Befrachter vom Frachtvertrag zurücktritt
Fau|vis|mus [fovis-, frz.] *m. Gen.* - *nur Sg.* als Absage an den Impressionismus entstandene, von einer französischen Künstlergruppe mit dem Spottnamen les fauves (»die Wilden«) vertretene Richtung der Malerei Anfang des 20. Jh.
Faux|pas [fo:pa, frz. »Fehltritt«] *m. Gen.* - *Pl.* - [fo:pas] Verstoß gegen die gesellschaftlichen Formen, Taktlosigkeit
Fa|ve|la [-ve-, port.] *f. Gen.* - *Pl.* -s Elendsviertel in brasilian. Städten
fa|vo|ra|bel [-vo-, lat.] günstig, vorteilhaft
fa|vo|ri|sie|ren [-vo-] *tr. 3* **1.** begünstigen, bevorzugen; **2.** *Sport:* als Favoriten nennen, in den Vordergrund rücken
Fa|vo|rit [-vo-] *m. 10* **1.** Günstling, Liebling; **2.** *Sport:* voraussichtl. Sieger
Fa|vus [-vus, lat.] **1.** *m. Gen.* - *nur Sg.* ansteckende Hautkrankheit, bes. an behaarten Körperstellen, Erbgrind, Grind; **2.** *m. Gen.* - *Pl.* -ven [-vən] *oder* -vi [-vi] Wachsscheibe im Bienenstock
Fax *n. 1, kurz für* Telefax
fa|xen *tr. 1* ein Telefax durchgeben; Texte, Bildvorlagen f.
Fa|xen *Pl., ugs.:* Grimassen, dumme Späße
Fa|xen|ma|cher *m. 5*
Fa|yence *auch:* **Fay|ence** [fajãs, frz., nach der ital. Stadt Faenza] *f. 11* Feinkeramik mit Zinnglasur
Fa|zen|da [-sen-, port.] *f. 9* Landgut in Brasilien
Fä|zes [lat.] *Pl., Med.:* Ausscheidungen, Kot
Fa|ze|tie [-tsjə, lat.] *f. 11* **1.** kurze, witzige, oft satir. oder erot. Erzählung, Schnurre, Schwank; **2.** witziger Einfall, Spaß
fa|zi|al [lat.] zum Gesicht gehörig, Gesichts…
Fa|zi|a|lis *m. Gen.* - *nur Sg.* Gesichtsnerv
Fa|zi|a|lis|läh|mung *f. 10*
fa|zi|ell [lat.] die Fazies betreffend, zu ihnen gehörig
Fa|zi|es *f. Gen.* - *Pl.* - Gesamtheit der Merkmale einer Ablagerung bezüglich der Gesteinsart und des Fossiliengehalts
Fa|zi|li|tät [lat.] *f. 10 nur Sg., veraltet* **1.** Leichtigkeit, Gewandtheit; **2.** Umgänglichkeit, Willfährigkeit
Fa|zit [lat.] *n. 9* Endsumme, Ergebnis, Schlussfolgerung; das F. (aus einem Vorfall usw.) ziehen
FBI [ɛfbi:ai] *Abk. für* Federal Bureau of Investigation (Bundeskriminalamt der USA)
FC *Abk. für* Fußballklub
FCKW *Abk. für* Fluorchlorkohlenwasserstoff, umweltschädigender Stoff (in Treibgasen)
FDGB *DDR: Abk. für* Freier Deutscher Gewerkschaftsbund
FDJ *DDR:* Freie Deutsche Jugend
FDJler *m. 5, DDR:* Angehöriger der FDJ
FDP, F.D.P. *Abk. für* Freie Demokratische Partei (Deutschlands), politische Partei in Deutschland
F-Dur *n. Gen.* - *nur Sg.* (*Abk.:* F) eine Tonart
F-Dur-Ton|lei|ter *f. 11*
Fe *chem. Zeichen für* Eisen (Ferrum)
Fea|ture [fitʃə(r), engl.] *n. 9* dramaturgisch gestalteter Dokumentarbericht für Funk und Fernsehen

F

Fe|ber *m. 5, österr. für* Februar
fe|bril *auch:* **feb|ril** [lat.] *Med.:* fieberhaft
Fe|bru|ar *auch:* **Feb|ru|ar** *m. 1* (*Abk.:* Febr.)
fec. *Abk. für* fecit
fech|sen [-ks-] *tr. 1, österr.:* ernten
Fech|ser [-ks-] *m. 5* **1.** unterird. Sprossstück zur Vermehrung; **2.** Schössling, Senker
Fech|sung [-ks-] *f. 10, österr.:* Ernte, Ertrag
Fecht|bo|den *m. 8*
Fecht|bru|der *m. 5* Landstreicher, Bettler
fech|ten **1.** *intr. 35;* **2.** *tr. 35, ugs.:* erbetteln
Fech|ter *m. 5*
Fecht|kunst *f. 2 nur Sg.*
fe|cit [lat. »hat (es) gemacht«] (*Abk.:* fec.) Vermerk auf Kunstwerken, bes. Kupferstichen, hinter dem Namen des Künstlers
Fe|cker *m. 5, schweiz.* **1.** Maß-, Milchprüfer; **2.** Landstreicher
Fe|da|jin [arab. »Selbstopferer«] *m. 9 oder Gen. - Pl. -* arab. Guerilla
Fe|der *f. 11*
Fe|der|ball *m. 2*
Fe|der|ball|ten|nis *n. Gen. - nur Sg.*
Fe|der|bett *n. 12*
Fe|der|brett *n. 3* federndes Sprungbrett
Fe|der|busch *m. 2*
Fe|der|fuch|ser [-ks-] *m. 5, ugs.* **1.** Schreiber, Schreiberling; **2.** übergenauer, kleinlicher Mensch
fe|der|füh|rend zuständig
fe|der|ge|wandt
Fe|der|ge|wandt|heit *f. 10 nur Sg.*
Fe|der|ge|wicht *n. 1, Boxen, Ringen u. a.:* früher niedrigste Gewichtsklasse
fe|de|rig, fed|rig
Fe|der|kiel *m. 1*
Fe|der|kleid *n. 3 nur Sg.*
Fe|der|krieg *m. 1, übertr.:* literarischer Streit
fe|der|leicht
Fe|der|le|sen *n., nur noch in den Wendungen* nicht viel Federlesens machen: keine Umstände machen; ohne viel Federlesens
Fe|der|ling *m. 1* ein Insekt
Fe|der|mes|ser *n. 5* feines, scharfes Taschenmesser
fe|dern *tr. u. intr. 1*
Fe|der|nel|ke *f. 11*
Fe|der|spiel *n. 1* Schwenken zweier Taubenflügel, um den Jagdfalken wieder zurückzulocken
Fe|de|rung *f. 10*
Fe|der|vieh *n. Gen. -s nur Sg.* Geflügel
Fe|der|waa|ge *f. 11*
Fe|der|weiß *n. Gen. - nur Sg.* weißes Pulver, Schneiderkreide
Fe|der|wei|ße *m. 11* junger, gärender Wein
Fe|der|wild *n. Gen. -(e)s nur Sg.* alle jagdbaren Vögel
Fe|der|wisch *m. 1* Flederwisch
Fe|der|wol|ke *f. 11* Zirruswolke
Fe|der|zeich|nung *f. 10*
fed|rig, fe|de|rig
Fee *f. 11*
Feed|back *Nv.* **Feed-back** *Hv.* [fi:dbæk, engl.] *n. 9* **1.** Rückkopplung, Rückmeldung, Rückbeeinflussung, zurückkehrende Reaktion, z. B. in Steuerungssystemen; **2.** *Psychol.:* Echo im Verhalten der anderen auf das eigene Verhalten
Fee|der [fi-, engl.] *m. 5* Leitung zum Speisen von Antennen mit Energie
Fee|ling [fi-, engl.] **1.** Einfühlungsvermögen, Gespür; **2.** Gefühl
fe|en|haft
Fe|en|haf|tig|keit *f. 10 nur Sg.*
Fe|en|mär|chen *n. 7*
Fe|en|ring *m. 1* Hexenring
Fe|en|stück *n. 1,* **Fe|e|rie** *f. 11* Theaterstück um eine Fee
Feet [fit, engl.] *Pl. von* Foot
Fe|ge *f. 11* Werkzeug zum Reinigen von Getreide
Fe|ge|feu|er, Feg|feu|er *n. 5 nur Sg.*
fe|gen **1.** *tr. 1* kehren; **2.** *intr. 1* sausen
Fe|ger *m. 5* **1.** Besen; **2.** Geck; **3.** wildes, mannstolles Mädchen; **4.** *schweiz.:* Wirbelwind
Feg|feu|er *n. 5 nur Sg.* s. **Fe|ge|feu|er**
Feg|nest *n. 3, schweiz.:* unruhiger Geist (Kind)
feg|nes|ten *intr. 2, schweiz.:* unruhig sein
Feh *n. 1* **1.** sibir. Eichhörnchen; **2.** Feh|werk *n. 1* dessen Pelz
Feh|de *f. 11*
Feh|de|hand|schuh *m. 1, nur noch in der Wendung* jmdm. den F. hinwerfen: Feindseligkeiten gegen jmdn. beginnen
fehl *nur noch in der Wendung* das ist hier fehl am Platze
Fehl *m. 1, nur noch in der Wendung* ohne Fehl (und Tadel) sein
Fehl|an|zei|ge *f. 11*
fehl|bar *schweiz.:* f. sein: eine Vorschrift übertreten haben
Fehl|be|trag *m. 2*
Fehl|bit|te *f. 11* vergebliche Bitte
Fehl|bo|den *m. 8* doppelte Bretterschicht (z. B. als Zwischendecke)
Fehl|di|a|gno|se *auch:* **Fehl|di|ag|no|se** *f. 11*
feh|len *intr. 1*
Feh|ler *m. 5*
feh|ler|frei
feh|ler|haft
feh|ler|los
Feh|ler|quel|le *f. 11*
Fehl|far|be *f. 11* **1.** Spielkarte, die nicht Trumpf ist; **2.** Zigarre mit fehlfarbenem Deckblatt; **3.** *bei Briefmarken:* abweichende Farbe; *auch:* Briefmarke in dieser Farbe
fehl|far|ben missfarben
Fehl|ge|burt *f. 10*

fehlgehen, fehlschlagen: Mehrteilige Ausdrücke aus Adverb/Adjektiv und Verb werden zusammengeschrieben, wenn der erste Teil nicht als selbständiges Wort vorkommt: *Er sollte in dieser Annahme fehlgehen.*
Ebenso: *brachliegen, kundgeben.*
§ 34 (2.1)

fehl|ge|hen *intr. 47*
fehl|grei|fen *intr. 59*
Fehl|griff *m. 1*
Fehl|kon|struk|ti|on *auch:* **Fehl|kons|truk|ti|on, Fehl|konst|ruk|ti|on** *f. 10*
Fehl|leis|tung *f. 10*
fehl|lei|ten *tr. 2*
Fehl|lei|tung *f. 10*
Fehl|pass (*alt:* Fehl|paß) *m. 2, Fußball:* Ballabgabe, die den gewünschten Spieler nicht erreicht
fehl|schie|ßen *intr. 113*
Fehl|schlag *m. 2*
fehl|schla|gen *intr. 116*
Fehl|schluss (*alt:* Fehl|schluß) *m. 2*
Fehl|schuss (*alt:* Fehl|schuß) *m. 2*
Fehl|sich|tig|keit *f. 10 nur Sg.* Störung des Sehvermögens, z. B. Kurz-, Weitsichtigkeit
Fehl|start *m. 9*
Fehl|stoß *m. 2*
fehl|sto|ßen *intr. 157*
fehl|tre|ten *intr. 163*
Fehl|tritt *m. 1*
Fehl|ur|teil *n. 1*
Fehl|ver|such *m. 1*
Fehl|wurf *m. 2*
Fehl|zün|dung *f. 10*
Feh|marn eine Ostseeinsel

Fehn [ndrl.], Fenn *n. 1* Sumpf-, Moorland
Fehn|ko|lo|nie *f. 11* bäuerl. Siedlung in den ostfries. Mooren
Fehn|kul|tur *f. 10*, **Fehn|wirt|schaft** *f. 10* das Urbarmachen von Mooren
Feh|werk *n. 1* s. **Feh** (2)
fei|en *tr. 1, im Volksglauben:* unverwundbar machen; *nur noch in der Wendung* gegen etwas gefeit sein: unempfindlich sein
Fei|er *f. 11*
Fei|er|a|bend *m. 1*
Fei|er|a|bend|heim *n. 1, DDR:* Altenheim
fei|er|a|bend|lich
fei|er|lich
Fei|er|lich|keit *f. 10*
fei|ern *tr. u. intr. 1;* ich feiere, feire
Fei|er|schicht *f. 10* ausgefallene Schicht
Fei|er|stun|de *f. 11*
Fei|er|tag *m. 1*
fei|er|täg|lich
fei|er|tags; sonn- und feiertags
feig, fei|ge
Fei|ge *f. 11*
Fei|gen|baum *m. 2*
Fei|gen|blatt *n. 4*
Fei|gen|kak|tus *m. Gen. - Pl.* -te|en
Feig|heit *f. 10 nur Sg.*
Feig|ling *m. 1*
Feig|war|ze *f. 11* Kondylom
Feig|wurz *f. 10* ein Hahnenfußgewächs, Scharbockskraut
feil
feil|bie|ten *tr. 13* zum Verkauf anbieten, feilhalten
Fei|le *f. 11*
fei|len *tr. 1*
feil|hal|ten *tr. 61* feilbieten
Feil|licht *n. 1* Feilstaub
Feil|klo|ben *m. 7* kleiner Schraubstock
feil|schen *intr. 1*
Feim *m. 1* **1.** Schaum; **2.** Fei|me, Fei|men aufgeschichteter Getreide-, Stroh- oder Heuhaufen
Fei|me *f. 11*, **Fei|men** *m. 7* s. **Feim** (2)
fei|men **1.** *intr. 1* schäumen; **2.** *tr. 1* zu Feim (2) aufschichten
fein; fein gemahlener Pfeffer; ein fein geschnittenes Gesicht; fein gesponnenes Garn; ein fein gestreiftes Hemd; sich fein machen
Fein|ar|beit *f. 10*
Fein|bä|cker *m. 5*
Fein|bä|cke|rei *f. 10*
Fein|be|ar|bei|tung *f. 10*
Fein|blech *n. 1* sehr dünnes Blech

Feind sein/werden/bleiben: In festen Gefügen werden Substantive mit großem Anfangsbuchstaben geschrieben: *Er ist ihm Feind geworden.* § 55 (4)

Feind *m. 1;* er ist sein Feind; jemandes Feind sein, bleiben, werden; jmdm. Feind sein; jmdm. Feind werden
Feind|bild *n. 3* Vorstellung vom Feind, Gegner
Fein|des|hand *f. 2 nur Sg.;* sich in F. befinden
Fein|des|land *n. 4 nur Sg.*; sich in F. befinden; in F. einfallen
feind|lich
Feind|lich|keit *f. 10 nur Sg.*
Feind|schaft *f. 10 nur Sg.*
feind|schaft|lich
feind|se|lig
Feind|se|lig|keit *f. 10*
Fei|ne *f. 11 nur Sg.* Feinheit
Fein|ein|stel|lung *f. 10*
fei|nen *tr. 1* **1.** von Unreinheiten befreien (Metall); **2.** fein bearbeiten
fein|füh|lig
Fein|füh|lig|keit *f. 10 nur Sg.*
Fein|ge|fühl *n. 1 nur Sg.*
Fein|ge|halt *m. 1* Gehalt an edlem Metall (in Gold- und Silberlegierungen)

fein gemahlen: Gefüge aus Adjektiv und Verb/Partizip werden getrennt geschrieben, wenn der erste Teil erweiterbar oder steigerbar ist: *Das Mehl ist (noch) fein(er) gemahlen.* Ebenso: *fein geschnitten.* § 34 E3 (3)

fein ge|mah|len (*alt:* fein|ge|mahlen)
fein ge|schnit|ten (*alt:* fein|geschnit|ten)
fein ge|streift (*alt:* fein|ge|streift)
fein|glie|de|rig, fein|glied|rig
Fein|glied|rig|keit *f. 10 nur Sg.*
Fein|gold *n. 1 nur Sg.* reines Gold
Fein|heit *f. 10*
Fein|ke|ra|mik *f. 10 Ggs.:* Grobkeramik
fein|ke|ra|misch
fein|kör|nig
Fein|kör|nig|keit *f. 10 nur Sg.*
Fein|kost *f. Gen. - nur Sg.*
fein ma|chen (*alt:* fein|ma|chen) *refl. 1, ugs.*
fein|ma|schig
Fein|me|cha|nik *f. 10 nur Sg.* Teilgebiet der Technik, das sich mit dem Bau messtechnischer Geräte befasst
Fein|me|cha|ni|ker *m. 5*
fein|me|cha|nisch
Fein|mess|ge|rät (*alt:* Fein|meß|gerät) *n. 1*
Fein|mes|sung *f. 10*
fein|ner|vig
Fein|ner|vig|keit *f. 10 nur Sg.*
fein|schlei|fen *tr. 118* **1.** *fachsprachl.;* **2.** **fein schlei|fen**
Fein|schliff *m. 1 nur Sg.*
Fein|schme|cker *m. 5*
Fein|schnitt *m. 1 nur Sg.* **1.** fein geschnittener Tabak; **2.** *Film:* Feinarbeit beim Schneiden
Fein|sil|ber *n. Gen.* -s *nur Sg.* reines Silber
fein|sin|nig
Fein|sin|nig|keit *f. 10 nur Sg.*
Feins|lieb|chen *n. 7*
Fein|wä|sche *f. 11*
Fein|wasch|mit|tel *n. 5*
feist
Feist *n. 1 nur Sg., Jägerspr.:* Fett (vom Reh-, Rot-, Dam- und Elchwild)
Feis|te *f. 11 nur Sg.* Feistheit
feis|ten *tr. 2* mästen
Feist|heit, Feis|tig|keit *f. 10 nur Sg.*
Fei|tel *m. 5 österr.:* billiges Taschenmesser
fei|xen *intr. 1* lachen
fe|kund [lat.] fruchtbar
Fe|kun|da|ti|on *f. 10* Befruchtung
Fe|kun|di|tät *f. 10 nur Sg.* Fruchtbarkeit
Fel|bel [port.] *m. 5* Seidenplüsch (für Zylinderhüte)
Fel|ber *m. 5, österr.:* Weide
Fel|ber|baum *m. 2*
Fel|chen *m. 7* ein Lachsfisch, Ferch, Förch, Renke
Feld *n. 3*
Feld|ar|beit *f. 10*
Feld|ar|til|le|rie *f. 11* leichte Artillerie
Feld|bett *n. 12*
Feld|blu|me *f. 11*
Feld|dich|te *f. Gen. - nur Sg.* Dichte der Feldlinien
Feld|dieb *m. 1* Dieb von Feldfrüchten
Feld|dieb|stahl *m. 2*
Feld|dienst *m. 1* Dienst (einer Truppe) im Gelände
Feld|fie|ber *n. 5* fieberhafte, grippe- oder typhusähnliche Erkrankung, bes. in Gebieten, in denen häufig Überschwemmungen auftreten, Schlammfieber
Feld|fla|sche *f. 11*

Feld|flur *f. 10* Nutzland, Ackerland
Feld|for|schung *f. 10*
Feld|fre|vel *m. 5*
Feld|frucht *f. 2*
feld|grau
Feld|herr *m. Gen.* -(e)n *Pl.* -en
Feld|hü|ter *m. 5*
Feld|jä|ger *m. 5* Polizist der Bundeswehr
Feld|kü|che *f. 11*
Feld|la|ger *n. 5*
Feld|la|za|rett *n. 1* Lazarett hinter der Front
Feld|li|ni|en *Pl.* Kraftlinien
Feld|mar|schall *m. 2*
feld|marsch|mä|ßig
Feld|maß *n. 1* Flächenmaß, z. B. Hektar
Feld|mes|ser *m. 5* Landvermesser
Feld|post *f. Gen. - nur Sg.*
Feld|scher *m. 1, früher:* Wundarzt für die Truppe
Feld|spat *m. 1* ein Mineral
Feld|stär|ke *f. 11* die im Magnet- oder elektr. Feld wirkende Kraft
Feld|ste|cher *m. 5* kleines Fernglas
Feld|we|bel *m. 5*
Feld|weg *m. 1*
Feld|wei|bel *m. 5, schweiz. für* Feldwebel
Feld|zei|chen *n. 7* Unterscheidungszeichen für Truppen, z. B. Fahne
Feld|zug *m. 2*
Felg|auf|schwung *m. 2* Aufschwung am Reck
Fel|ge *f. 11* **1.** der den Reifen tragende Teil des Rades, Radkranz; **2.** *Turnen:* Schwung am Reck aus dem Stütz um 360°
fel|gen *tr. 1* mit Felgen versehen (Rad)
Fel|gen|brem|se *f. 11*
Fel|gen|schwung, Felg|um|schwung *m. 2* vgl. Felge (2)
Fe|li|ci|tas, Fe|li|zi|tas weibl. Vorname
Fe|li|den [lat.] *Pl., Sammelbez. für* Katzen und katzenartige Raubtiere
Fe|li|pe span. Form des Namens Philipp
Fe|lix männl. Vorname
Fell *n. 1*
Fel|lach [arab.] *m. 10,* **Fel|la|che** *m. 11* ägypt. Bauer
Fel|la|tio [-tsjo] *f. 9* Reizung des männl. Geschlechtsteiles mit Lippen und Zunge
Fell|ei|sen *n. 7* Reisesack, Ranzen (der wandernden Handwerksburschen)

Fel|low [-loʊ, engl. »Bursche«] *m. 9, in Großbritannien:* Mitglied einer gelehrten Körperschaft oder eines Colleges
Fel|low|tra|vel|ler [fɛloʊtrævələ(r), engl. »Mitreisender«] *m. 9* jmd., der mit einer Partei, bes. einer kommunistischen, sympathisiert, ohne ihr anzugehören
Fe|lo|nie [frz.] *f. 11* Treubruch gegenüber dem Lehnsherrn im MA
Fels *m. 10,* **Fel|sen** *m. 7*
Fels|block *m. 2*
Fel|sen|dom *m. 1* Moschee in Jerusalem
fel|sen|fest
Fels|ha|ken *m. 7* Stahlhaken zur Sicherung beim Bergsteigen
fel|sig
Fels|in|schrift *f. 10*
Fel|sit *m. 1* ein Gestein
Fels|ma|le|rei *f. 10* Felszeichnung
Fels|mas|siv *n. 1*
Fels|spit|ze *f. 10*
Fels|sturz *m. 2*
Fels|wand *f. 2*
Fels|zeich|nung *f. 10* Ritzzeichnung in Felsen aus der Altsteinzeit
Fe|lu|ke [arab.] *f. 11* zweimastiges Küstenfahrzeug der Mittelmeerländer
Fe|me [ndrl.] *f. 11,* Fem|ge|richt *n. 1* **1.** Blutgericht; **2.** *14./16. Jh.:* heimliches Gericht; **3.** Notgericht, Gericht zur Selbsthilfe
Fe|mel *m. 5* männl. Hanf- oder Hopfenpflanze
Fe|mel|be|trieb *m. 1* **1.** eine Form des Hochwaldbetriebes; **2.** Haltung mehrerer Fischarten in einem Teich
Fe|mel|wald *m. 4*
Fe|me|mord *m. 1* polit. Mord
Fe|me|mör|der *m. 5*
Fem|ge|richt *n. 1* s. **Fe|me**
fe|mi|nie|ren [lat.], fe|mi|ni|sie|ren *tr. 3* durch Eingriff in den Hormonhaushalt oder durch Einpflanzung eines Eierstocks (in ein kastriertes männl. Tier) verweiblichen
Fe|mi|nie|rung *f. 10*
fe|mi|nin **1.** weiblich; **2.** weibisch
Fe|mi|ni|num *n. Gen.* -s *Pl.* -na weibl. Geschlecht, weibl. Substantiv
fe|mi|ni|sie|ren *tr. 3* s. **fe|mi|nie|ren**
Fe|mi|nis|mus *m. Gen. - Pl.* -men **1.** Richtung der Frauenbewegung; **2.** weibische, weibl. Art (bei Männern), Verweiblichung

Fe|mi|nis|tin *f. 10* Frau, die sich aktiv für die gesellschaftl. Gleichstellung der Frauen und die Überwindung der Rollenverteilung zwischen Mann und Frau einsetzt
fe|mi|nis|tisch
Femme fa|tale [fam fatal, frz.] *n. Gen. - - Pl.* -s -s [fam fatal] gefährl.-verführerische Frau
Fench [lat.], **Fen|nich** *m. 1 volkstümlich für* versch. Hirsearten
Fen|chel [lat.] *m. 5* eine Gewürz- und Heilpflanze
Fen|der [engl.] *m. 5* Stoßdämpfer aus Tauen, Holz, Gummi o. Ä. an Schiffen
Fe|nek *m. 9* s. **Fen|nek**
Fenn *n. 1* s. **Fehn**
Fen|nek, Fe|nek [arab.] *m. 9* hundeartiges afrikan. Raubtier, Wüstenfuchs
Fen|nich *m. 1* = **Fench**
Fen|no|skan|dia *auch:* **Fen|nos|kan|dia, Fen|no|skan|di|en** *auch:* **Fen|nos|kan|di|en** geolog. Begriff für das Gebiet von Norwegen bis Ostkarelien
fen|no|skan|disch *auch:* **fen|nos|kan|disch**
Fen|rir *m. Gen.* -(s) *nur Sg.*
Fen|ris|wolf *m. 2 nur Sg., nord. Myth.:* Ungeheuer

Fenster: Im Unterschied zur bisherigen Regelung wird *-st-* getrennt: *Fens|ter, Fens|ter|bank, Fens|ter|glas.* § 107, § 108

Fens|ter *n. 5*
Fens|ter|bank *f. 2*
Fens|ter|brett *n. 3*
Fens|ter|chen *n. 7*
Fens|ter|glas *n. 4*
...fens|te|rig s. **...fenst|rig**
Fens|ter|la|den *m. 8*
Fens|ter|le|der *n. 5*
Fens|ter|lein *n. 7*
fens|terln *intr. 1, bair.:* nachts durchs Fenster bei der Geliebten einsteigen
Fens|ter|platz *m. 2*
Fens|ter|put|zer *m. 5*
Fens|ter|rah|men *m. 7*
Fens|ter|schei|be *f. 11*
Fens|ter|sturz *m. 2* Mauerrand oberhalb des Fensters
...fenst|rig, ...fens|te|rig *in Zus.,* z. B. einfenstrig, dreifenstrig
Fenz [engl.] *f. 10* Zaun, Hecke
fen|zen *tr. 1* mit einem Zaun, einer Hecke umgeben, einfriedigen

Fe|ra|li|en [lat.] *Pl., im alten Rom:* jährliches Totenfest
Fe̩rch *m. 1* Felchen
Fe̩r|di|nand männl. Vorname
Fe̩r|ge *m. 11, veraltet, poet.:* Fährmann
fe̩rg|gen *tr. 1, schweiz.:* abfertigen, wegbringen
Fe̩rg|ger *m. 5, schweiz.:* Spediteur
Fe|ri|al|tag [lat.] *m. 1, österr.:* Ferientag
Fe|ri|en *nur Pl.* die großen F.
Fe|ri|en|haus *n. 4*
Fe|ri|en|heim *n. 1*
Fe|ri|en|job [-dʒɔb, engl.] *m. 9*
Fe|ri|en|rei|se *f. 11*
Fe|ri|en|sa|chen *Pl.* dringende, während der Gerichtsferien zu bearbeitende Rechtssachen
Fe|ri|en|woh|nung *f. 10*
Fe̩r|kel *n. 5*
Fer|ke|lei *f. 10*
fe̩r|keln *intr. 1* Junge werfen (vom Schwein)
Fer|man [pers.] *m. 1, in islam. Ländern:* Erlass des Herrschers
Fer|ma|te [ital.] *f. 11 (Zeichen:* 𝄐*), Mus.:* Zeichen zum Aushalten des Tons oder zur Verlängerung der Pause
Fe̩r|me [frz.] *f. 11, in Belgien, Frankreich:* Landgut, Pachthof
Fer|me̩nt [lat.] *n. 1* in der Zelle gebildeter, zum Stoffwechsel notwendiger Stoff, Enzym
Fer|men|ta|ti|on *f. 10* Gärung durch Fermente zur Veredlung von Genussmitteln wie Tee, Tabak
fer|men|ta|tiv durch Fermente bewirkt
fer|men|tie|ren *tr. 3* durch Fermentation veredeln
Fe̩r|mi [nach dem ital. Physiker Enrico F.] *n. Gen.* -(s) *Pl.* - (*Abk.:* F) *Kernphysik:* Maßeinheit der Länge, 1 F = 10^{13} cm
Fe̩r|mi|on *n. 13* Elementarteilchen mit halbzahligem Spin
Fe̩r|mi|um *n. Gen.* -s *nur Sg.* (*chem. Zeichen:* Fm), *früher:* Zenturium, künstlich hergestelltes chem. Element, ein Transuran
fe̩rn, fe̩r|ne; von nah und f.; von f.; von f. her; der Ferne Osten; sich fern halten; ein fern liegender Gedanke; einander fern stehende Menschen
fern|a̩b
Fer|nam|buk|holz *n. 4 nur Sg.* Pernambukholz
Fe̩rn|amt *n. 4*
Fe̩rn|bahn|steig *m. 1*
Fe̩rn|be|ben *n. 7* mehr als 1000 km entferntes Erdbeben
fe̩rn|blei|ben *intr. 17*
Fe̩rn|blei|ben *n. 1 nur Sg.*
Fe̩rn|blick *m. 1 nur Sg.*
fe̩r|ne s. **fe̩rn**
Fe̩r|ne *f. 11;* aus der Ferne
fe̩r|ner weiterhin, außerdem
Fe̩r|ner, Fi̩r|ner *m. 5, bair., österr.:* Gletscher
fe̩r|ner|hin *veraltend für* ferner
Fe̩rn|fah|rer *m. 5*
Fe̩rn|fahrt *f. 10*
Fe̩rn|flug *m. 2*
Fe̩rn|gas *n. 1 nur Sg.*
fe̩rn|ge|heizt
fe̩rn|ge|lenkt ferngesteuert
Fe̩rn|ge|spräch *n. 1*
fe̩rn|ge|steu|ert; ein ferngesteuertes Auto
Fe̩rn|glas *n. 4*

> **fern halten/liegen/stehen:** Gefüge aus Adjektiv und Verb/Partizip, bei denen das Adjektiv erweiterbar oder steigerbar ist, werden getrennt geschrieben: *Das Thema musste ihm (äußerst) fern liegen; einander (sehr) fern stehende Menschen.* § 34 E3 (3)

fe̩rn hal|ten (*alt:* fe̩rn|hal|ten) *tr. 61*
Fe̩rn|hei|zung *f. 10*
fe̩rn|her; *aber:* von fern her
fe̩rn|hin
Fe̩rn|las|ter *m. 5, ugs. Kurzwort für* Fernlastzug
Fe̩rn|last|wa|gen *m. 7*
Fe̩rn|last|zug *m. 2* Fernlastwagen mit Anhängern
Fe̩rn|lei|tung *f. 10*
fe̩rn|len|ken *tr. 1* fernsteuern; ich lenke es fern, habe es ferngelenkt
Fe̩rn|len|kung *f. 10 nur Sg.*
Fe̩rn|licht *n. 3* nicht abgeblendetes Licht (an Kraftfahrzeugen)
fe̩rn lie|gen (*alt:* fe̩rn|lie|gen) *intr. 80*
Fe̩rn|mel|de|tech|nik *f. 10 nur Sg.* Zweig der Elektrotechnik, der sich mit Fernmeldeanlagen, wie Telefon- und Funkanlagen, befasst
fe̩rn|münd|lich telefonisch
Fern|o̩st *ohne Artikel, Kurzwort für* Ferner Osten; in, aus F.
fern|ö̩st|lich
Fe̩rn|rohr *n. 1*
Fe̩rn|ruf *m. 1*
Fe̩rn|schrei|ben *n. 7*
Fe̩rn|schrei|ber *m. 5*
Fe̩rn|seh|an|sa|ger *m. 5*
Fe̩rn|seh|ap|pa|rat *m. 1*
Fe̩rn|seh|emp|fän|ger *m. 5*

> **fernsehen, fernbleiben:** Gefüge aus Adjektiv und Verb, bei denen das Adjektiv nicht steigerbar oder erweiterbar ist, werden zusammengeschrieben: *Sie wollten gestern fernsehen. Er hatte vor(,) der Veranstaltung fernzubleiben* (= nicht teilzunehmen). § 34 (2.2)

fe̩rn|se|hen *intr. 136;* ich sehe fern, habe ferngesehen
Fe̩rn|se|hen *n. Gen.* -s *nur Sg.*
Fe̩rn|se|her *m. 5, ugs. kurz für* Fernsehapparat
Fe̩rn|seh|film *m. 1*
Fe̩rn|seh|ge|rät *n. 1*
Fe̩rn|seh|groß|pro|jek|ti|on *f. 10*
Fe̩rn|seh|ka|me|ra *f. 9*
fe̩rn|seh|mü|de
Fe̩rn|seh|muf|fel *m. 5, ugs., scherzh.:* jmd., der nicht gern fernsieht
Fe̩rn|seh|pro|gramm *n. 1*
Fe̩rn|seh|schirm *m. 1*
Fe̩rn|seh|sen|der *m. 5*
Fe̩rn|seh|sen|dung *f. 10*
Fe̩rn|seh|spot *m. 9* Werbekurzfilm im Fernsehen
Fe̩rn|seh|turm *m. 2*
Fe̩rn|sicht *f. 10 nur Sg.*
fe̩rn|sich|tig
Fe̩rn|sich|tig|keit *f. 10 nur Sg.*
Fe̩rn|sprech|amt *n. 4*
Fe̩rn|sprech|an|schluss (*alt:* Fe̩rn|sprech|an|schluß) *m. 2*
Fe̩rn|sprech|au|to|mat *m. 10*
Fe̩rn|sprech|buch *n. 4* Telefonbuch
fe̩rn|spre|chen *intr. 146* telefonieren; ich spreche fern, habe ferngesprochen
Fe̩rn|spre|cher *m. 5* Telefon
Fe̩rn|sprech|ge|bühr *f. 10*
Fe̩rn|sprech|teil|neh|mer *m. 5*
Fe̩rn|sprech|zel|le *f. 11*
Fe̩rn|spruch *m. 2* Telegramm
fe̩rn ste|hen (*alt:* fe̩rn|ste|hen) *intr. 151*
fe̩rn|steu|ern *tr. 1;* ich steuere es fern, habe es ferngesteuert
Fe̩rn|steu|e|rung *f. 10*
Fe̩rn|stu|di|um *n. Gen.* -s *Pl.* -di|en
Fe̩rn|un|ter|richt *m. 1*
Fe̩rn|ver|bin|dung *f. 10*
Fe̩rn|ver|kehr *m. 1 nur Sg.*
Fe̩rn|ver|kehrs|stra|ße *f. 11*
Fe̩rn|wär|me *f. 11 nur Sg.*

F

Fern|weh *n. Gen.* -s *nur Sg.*
Fern|wir|kung *f. 10*
Fer|rit [lat.] *m. 1 nur Sg.* reines, kristallisiertes Eisen in Eisenlegierungen
Fer|ro|graph *auch:* **Fer|ro|graf** [lat. + griech.] *m. 10* Gerät zum Messen der magnet. Eigenschaften eines Stoffes
fer|ro|gra|phisch *auch:* **fer|ro|gra-fisch**
fer|ro|ma|gne|tisch *auch:* **fer|ro-mag|ne|tisch** magnetisch wie Eisen

F

Fer|ro|ma|gne|tis|mus *auch:* **Fer|ro-mag|ne|tis|mus** *m. Gen. - nur Sg.* Eigenschaft von Eisen und anderen Stoffen, dauernd magnetisch zu sein
Fer|ro|skop *auch:* **Fer|ros|kop** *n. 1* Gerät, mit dem von Tieren verschluckte Eisengegenstände nachgewiesen werden können
Fer|rum [lat.] *n. Gen.* -s *nur Sg.* (*Zeichen:* Fe) chem. Element, Eisen
Fer|se *f. 11*
Fer|sen|bein *n. 1*
Fer|sen|geld *n., nur in der Wendung* F. geben: davonlaufen
fer|tig; f. sein, werden; sie hat es fertig bekommen, dass ...; sie wird mir das Kleid f. bringen; du hast das Kunststück fertig gebracht, ihn zu überreden; eine Arbeit f. machen; jmdn. fertig machen: zermürben; sie haben das Haus fertig gestellt; es ist alles fertig gekocht; sie hat es fertig gekriegt
Fer|tig|bau|wei|se *f. 11* Bauweise, bei der die Bauteile vorgefertigt und auf dem Bauplatz nur noch zusammengesetzt werden
fer|tig be|kom|men (*alt:* fer|tig|be-kom|men) *tr. 71, ugs.*
fer|tig brin|gen (*alt:* fer|tig|brin-gen) *tr. 21* können, zustande bringen
fer|ti|gen *tr. 1*
Fer|tig|fa|bri|kat *auch:* **Fer|tig|fab-ri|kat** *n. 1* Ganzfabrikat
Fer|tig|ge|richt *n. 1*
Fer|tig|haus *n. 4* in Fertigbauweise hergestelltes Haus
Fer|tig|keit *f. 10*
fer|tig ko|chen (*alt:* fer|tig|ko-chen) *tr. 1*
fer|tig krie|gen (*alt:* fer|tig|krie-gen) *tr. 1, ugs.*
fer|tig ma|chen (*alt:* fer|tig|ma-chen) *tr. 1* vgl. fertig

> **fertig stellen:** Gefüge, deren erster Bestandteil eine Ableitung auf *-ig* ist, schreibt man getrennt: *Sie wollte die Arbeit bis Montag fertig stellen.*
> Ebenso: *fertig bekommen, fertig bringen.* § 34 E3 (3)

fer|tig stel|len (*alt:* fer|tig|stel|len) *tr. 1*
Fer|tig|stel|lung *f. 10*
Fer|ti|gung *f. 10*
Fer|ti|gungs|kos|ten *nur Pl.*
Fer|tig|wa|re *f. 11* Ware, die nach Verlassen der Fabrik nicht weiter bearbeitet zu werden braucht
fer|til [lat.] fruchtbar; *Ggs.:* infertil
Fer|ti|li|tät *f. 10 nur Sg.* Fruchtbarkeit; *Ggs.:* Infertilität
fes, Fes *n. Gen. - Pl.* -, *Mus.:* das um einen halben Ton erniedrigte f bzw. F
Fes [nach der marokkan. Stadt Fes], **Fez** [fes] *m. 1, im Vorderen Orient:* rote, kegelstumpfförmige Kopfbedeckung mit Quaste
fesch [engl.] schick, flott
Fes-Dur *n. Gen. - nur Sg.* eine Tonart
Fes-Dur-Ton|lei|ter *f. 11*
Fes|sel *f. 11*
Fes|sel|bal|lon [-lɔ̃] *m. 9* am Boden verankerter Gasballon
Fes|sel|ge|lenk *n. 1*
fes|seln *tr. 1;* ich fessele, fessle ihn
Fes|se|lung *f. 10 nur Sg.*
fest; fest angestellt; er ist fest besoldet; fest geschnürte Schuhe; fest kochende Kartoffeln; er hat fest umrissene Vorstellungen; sie ist hier fest verwurzelt; fest binden; *aber:* → festbinden; fest halten; *aber:* → festhalten; fest stehen; *aber:* → feststehen
Fest *n. 1*
Fest|akt *m. 1*
Fest|an|ge|bot *n. 1*

> **fest angestellt:** Fügungen aus Adjektiv und Verb/Partizip, bei denen das Adjektiv mit *wie* erfragbar ist, werden getrennt geschrieben: *die fest angestellte Mitarbeiterin*; substantiviert: *die fest Angestellten* (neben: *die Festangestellten*). Ebenso: *der fest besoldete Beamte, die fest gefügte Ansicht, die fest verwurzelte Tradition.* § 34 E3 (3)

fest an|ge|stellt (*alt:* fest|an|ge-stellt)
fest|ba|cken *tr. 4* der Schnee backt fest
fest|bei|ßen *tr. 8* sich in etwas verbeißen
fest be|sol|det (*alt:* fest|be|sol|det)
fest|bin|den *tr. 14* anbinden
fes|te *Adv., ugs.:* fest, ordentlich, tüchtig; immer feste!; feste drauflos
Fes|te, Ves|te *f. 11, veraltet:* Festung
fes|ten *intr. 2* ein Fest feiern, in Gesellschaft vergnügt sein
Fes|tes|freu|de *f. 11 nur Sg., poet.*
Fest|es|sen *n. 7*
Fes|tes|stim|mung *f. 10 nur Sg., poet.*
fest|fah|ren *intr. 32;* eine festgefahrene Diskussion (wieder in Gang bringen)
Fest|freu|de *f. 11 nur Sg.*
Fest|ge|bot *n. 1, Kaufmannsspr.:* festes Angebot
Fest|ge|la|ge *n. 5*
Fest|geld *n. Gen.* -(e)s *nur Sg.* Bankeinlage mit fester Laufzeit
fest ge|schnürt (*alt:* fest|ge-schnürt)

> **festhalten, festnehmen, festsetzen:** Gefüge aus Adjektiv und Verb, in denen das Adjektiv weder steigerbar noch erweiterbar ist (*festhalten* = schriftlich fixieren, *festschreiben* = bestimmen, *festsetzen* = bestimmen), werden zusammengeschrieben: *Er hat die Vereinbarung festgehalten. Die Polizei hat ihn festgenommen* (= verhaftet). *Das konnten wir letzte Woche festsetzen.*
> § 34 (2.2)

fest|hal|ten *tr. 61;* schriftlich fixieren; vgl. fest
fes|ti|gen *tr. 1*
Fes|tig|keit *f. 10 nur Sg.*
Fes|ti|gung *f. 10*
Fes|ti|val [auch: -val, engl.] *n. 9* große festliche Veranstaltung
Fes|ti|vi|tät [-vi-] *f. 10, ugs., scherzh.:* Fest
fest|kle|ben *tr. u. intr. 1*
fest|klem|men *tr. 1*
fest ko|chend (*alt:* fest|ko|chend)
Fest|ko|mi|tee *n. 9*
Fest|kör|per *m. 5*
Fest|land *n. 4*
fest|län|disch
Fest|lands|block *m. 2*
Fest|lands|mas|se *f. 11*
Fest|land(s)|so|ckel *m. 5*

fest|le|gen *tr. 1;* wir haben die Tagesordnung festgelegt
fest|lich
Fest|lich|keit *f. 10*
fest|lie|gen *intr. 80*
Fest|lohn *m. 2*
fest|ma|chen *tr. 1* befestigen, bindend vereinbaren
Fest|mahl *n. 4*
Fest|me|ter *n. 5* (*Abk.:* fm) Raummaß (1 m³) für Holz ohne Zwischenraum; vgl. Raummeter
fest|na|geln *tr. 1;* ich nagele, nagle es fest
Fest|nah|me *f. 11*
fest|neh|men *tr. 88* vorläufig gefangen nehmen
Fest|of|fer|te *f. 11* Festgebot
Fes|ton [-tõ, frz.] *n. 9* Girlande aus Blumen, Blättern und Früchten (meist als Schmuckform in der Baukunst, Buchillustration und Stickerei)
fes|to|nie|ren *tr. 3* **1.** mit einem Feston versehen, verzieren, schmücken; **2.** mit Festonstich umranden
Fes|ton|stich [-tõ-] *m. 1* Knopflochstich
Fest|ord|ner *m. 5*
Fest|plat|te *f. 11* in einen Computer eingebauter Magnetplattenspeicher
Fest|platz *m. 2*
Fest|preis *m. 1*
Fest|punkt *m. 1* in Entfernung und Höhe festgelegter Punkt, Fixpunkt
Fest|re|de *f. 11*
Fest|red|ner *m. 5*
Fest|saal *m. Gen.* -(e)s *Pl.* -sä|le
Fest|schmuck *m. Gen.* -(e)s *nur Sg.*
fest|schnal|len *tr. 1*
fest|schrau|ben *tr. 1*
fest|schrei|ben *tr. 127* durch eine schriftliche (oder auch mündliche) Vereinbarung vorläufig festlegen
Fest|schrift *f. 10*
fest|set|zen *tr. u. refl. 1*
Fest|set|zung *f. 10 nur Sg.*
fest|sit|zen *intr. 143*
Fest|spiel *n. 1*
fest|ste|cken *tr. u. intr. 1*
fest|ste|hen *intr. 151* sicher sein, festgelegt, vereinbart sein; fest steht, dass …; es hat festgestanden, dass …; vgl. fest
fest|stel|len *tr. 1*
Fest|stel|ler *m. 5,* **Fest|stell|tas|te** *f. 11* Taste an der Schreibmaschine zum Feststellen des Wagens

Fest|stel|lung *f. 10*
Fest|stel|lungs|kla|ge *f. 11*
Fest|stim|mung *f. 10 nur Sg.*
Fest|ta|fel *f. 11*
Fest|tag *m. 1*
fest|täg|lich
Fes|tung *f. 10*
Fes|tungs|gra|ben *m. 8*
Fes|tungs|haft *f. 10 nur Sg.*
Fes|tungs|kom|man|dant *m. 10*
Fes|tungs|wall *m. 2*
Fest|ver|samm|lung *f. 10*
fest|ver|zins|lich; festverzinsliche Papiere
fest ver|wur|zelt (*alt:* fest|ver|wurzelt)
fest|wach|sen [-ks-] *intr. 172*
Fest|wie|se *f. 11*
Fest|wo|che *f. 11*
fest|wur|zeln *intr. 1*
Fest|zug *m. 2*
Fet, Föt *m. 1, kurz für* Fetus
Fe|ta *m. 9* griech. Schafskäse
fe|tal, fö|tal zum Fetus gehörig, ihn betreffend
Fe|te [*auch:* fɛtə, frz.] *f. 11, ugs.:* Fest
Fe|tisch [port.-frz.] *m. 1, bei Naturvölkern:* Gegenstand, dem magische Kraft zugeschrieben wird, religiös verehrter Gegenstand
Fe|ti|schis|mus *m. Gen. - nur Sg.* **1.** religiöse Verehrung von Fetischen, Glaube an magische Kräfte der Fetische; **2.** geschlechtliche Erregbarkeit durch einen zum anderen Geschlecht gehörigen Gegenstand, z. B. Kleidungsstück
Fe|ti|schist *m. 10* **1.** Anhänger des Fetischismus (1); **2.** jmd., der Fetischismus (2) ausübt
fe|ti|schis|tisch den Fetischismus betreffend
fett; ein fettes Essen; einen fetten Bissen erwischen *ugs.:* ein lohnendes Geschäft machen, großen Gewinn erzielen; fett gedruckte Ziffern
Fett *n. 1;* das Fett abschöpfen *ugs. übertr.:* sich das Beste nehmen; er hat sein Fett weg *ugs., übertr.:* er ist gemaßregelt worden; jmdm. sein Fett geben *ugs.:* ihn rügen, kritisieren
Fett|an|satz *m. 2*
fett|arm
Fett|ar|mut *f. 10 nur Sg.*
Fett|au|ge *n. 14*
Fett|druck *m. 1 nur Sg.*
Fet|te *f. 11 nur Sg., ugs.:* Fettheit

fet|ten *tr. u. intr. 2*
Fett|fleck *m. 12*
fett|frei

> **fett gedruckt:** Gefüge aus Adjektiv und Verb/Partizip, in denen das Adjektiv steigerbar oder erweiterbar ist, werden getrennt geschrieben: *Die Meldung war fett gedruckt.* § 34 E3 (3)

fett ge|druckt (*alt:* fett|ge|druckt)
Fett|ge|halt *m. 1 nur Sg.*
Fett|ge|schwulst *f. 2*
Fett|ge|we|be *n. 5*
Fett|heit *f. 10 nur Sg.*
Fett|hen|ne *f. 11 nur Sg.* Fette Henne, Zierpflanze und Heilkraut, eine Gattung der Dickblattgewächse
Fett|herz *n. 16*
fet|tig
Fet|tig|keit *f. 10*
Fett|kloß *m. 2, ugs.:* fetter Mensch
Fett|koh|le *f. 11* eine Steinkohlenart
Fett|le|be *f. Gen. - nur Sg., ugs.:* Wohlleben; F. machen: üppig essen und trinken
Fett|le|ber *f. 11*
fett|lei|big
Fett|lei|big|keit *f. 10 nur Sg.*
fett|lös|lich in Fetten löslich
Fett|lös|lich|keit *f. 10 nur Sg.*
Fett|näpf|chen *n. 7, nur in der ugs. Wendung* ins F. treten: etwas für den andern Peinliches oder Unangenehmes sagen oder tun
Fett|pols|ter *n. 5*
fett|reich
Fett|reich|tum *n. 4 nur Sg.*
Fett|säu|re *f. 11* gesättigte, einbasische Karbonsäure
Fett|schwanz|schaf *n. 1* eine Hausschafrasse
Fett|stift *m. 1*
Fett|stuhl *m. 2*
Fett|sucht *f. Gen. - nur Sg.*
fett|trie|fend
Fett|trop|fen *m. 7*
Fett|tu|sche (*alt:* Fettu|sche (-tt|t-)) *f. 11* fetthaltige Tusche
Fett|wanst *m. 2, derb für* fetter Mann
Fe|tus [lat.], **Fö|tus** *m. Gen. - Pl.* -ten *oder m. 1* Leibesfrucht vom dritten Monat an
Fetz|chen *n. 7*
fet|zen *tr. 1*
Fet|zen *m. 7; österr.:* Scheuertuch
fet|zig *ugs.:* mitreißend; fetzige Musik

feucht
Feuch|te *f. 11 nur Sg.*
feuch|ten *tr. 2*
feucht|fröh|lich *nur ugs.;* eine f. Feier: eine Feier, bei der viel Alkohol getrunken wird
feucht|heiß
Feuch|tig|keit *f. 10 nur Sg.*
Feuch|tig|keits|ge|halt *m. 1 nur Sg.*
Feuch|tig|keits|grad *m. 1*
Feuch|tig|keits|mes|ser *m. 5* = Hygrometer
feuch|tig|keits|spen|dend; eine feuchtigkeitsspendende Creme
feucht|kalt
feucht|warm
feu|dal [mlat.] **1.** zum Lehnswesen gehörend, Lehns…; **2.** vornehm, prunkvoll
Feu|dal|herr|schaft *f. 10 nur Sg.*
Feu|da|lis|mus *m. Gen. - nur Sg.,* Feu|dal|sys|tem *n. 1 nur Sg.* Lehnswesen, Lehnssystem
feu|da|lis|tisch
Feu|da|li|tät *f. 10 nur Sg.* **1.** Lehnsverhältnis; **2.** Vornehmheit, Prunk
Feu|dal|staat *m. 12* auf dem Lehnswesen beruhende Staatsform, Lehnsstaat
Feu|dal|sys|tem *n. 1* s. **Feu|da|lis|mus**
Feu|dal|we|sen *n. 7 nur Sg.* Lehnswesen
Feu|del *m. 5, nddt.:* Scheuerlappen
Feu|er *n. 5;* Feuer und Flamme (für etwas) sein *ugs.:* begeistert sein; ein Feuer speiendes Ungeheuer
Feu|er|a|larm *m. 1*
Feu|er|an|be|ter *m. 5*
Feu|er|an|be|tung *f. 10 nur Sg.*
feu|er|be|stän|dig
Feu|er|be|stän|dig|keit *f. 10 nur Sg.*
Feu|er|be|stat|tung *f. 10*
Feu|er|boh|ne *f. 11* eine Bohnenart
Feu|er|ei|fer *m. 5 nur Sg.*
feu|er|far|ben, feu|er|far|big
feu|er|fest
Feu|er|ge|fahr *f. 10 nur Sg.*
feu|er|ge|fähr|lich
Feu|er|ge|fähr|lich|keit *f. 10 nur Sg.*
Feu|er|kopf *m. 2* sprühend lebhafter Mensch
Feu|er|land Insel an der Südspitze Südamerikas
Feu|er|lei|ter *f. 11*
Feu|er|lö|scher *m. 5*
Feu|er|mal *n. 1* angeborener, bläulich roter Hautfleck, meist im Gesicht, ein Muttermal
Feu|er|mau|er *f. 11* Brandmauer
Feu|er|mel|der *m. 5*
feu|ern *tr. u. intr. 1:* ich feuere, feure
Feu|er|pro|be *f. 11*
feu|er|rot
Feu|er|sa|la|man|der *m. 5* ein Schwanzlurch
Feu|ers|brunst *f. 2*
Feu|er|scha|den *m. 8*
Feu|er|schein *m. 1 nur Sg.*
Feu|er|schiff *n. 1* verankertes Signalschiff
Feu|er|schutz *m. Gen. -es nur Sg.*
feu|er|si|cher
Feu|ers|not *f. 2*
Feu|er speil|end (*alt:* feu|er|spei|end)
Feu|er|sprit|ze *f. 11*
Feu|er|stein *m. 1* ein Quarz, Flintstein
Feu|er|stel|le *f. 11*
Feu|er|stel|lung *f. 10* schussbereite Stellung (von Geschützen)
Feu|er|tau|fe *f. 11* erstmalige Teilnahme an einem Gefecht
Feu|er|tod *m. 1*
Feu|er|ü|ber|fall *m. 2*
Feu|e|rung *f. 10*
Feu|e|rungs|an|la|ge *f. 11*
feu|er|ver|si|chert
Feu|er|ver|si|che|rungs|ge|sell|schaft *f. 10*
Feu|er|wa|che *f. 11*
Feu|er|waf|fe *f. 11*
Feu|er|was|ser *n. 6* Branntwein
Feu|er|wehr *f. 10*
Feu|er|wehr|mann *m. 4 Pl. auch:* -leu|te
Feu|er|werk *n. 1*
feu|er|wer|ken *intr. 1*
Feu|er|wer|ker *m. 5* Pyrotechniker
Feu|er|wer|ke|rei *f. 10 nur Sg.* Pyrotechnik
Feu|er|werks|kör|per *m. 5*
Feu|er|zan|ge *f. 11*
Feu|er|zan|gen|bow|le [-bo-] *f. 11*
Feu|er|zei|chen *n. 7*
Feu|er|zeug *n. 1*
Feuil|la|ge [fœjaʒə, frz.] *f. 11 nur Sg.* Laubwerk (als Ornament in Baukunst, Plastik und Malerei)
Feuil|le|ton [fœjətɔ̃] *n. 9* **1.** der Kulturteil der Zeitung; **2.** allgemein verständlich und ansprechend geschriebener Beitrag (Geschichte, Betrachtung, Kritik) für die Zeitung
Feuil|le|to|nis|mus [fœjətɔ̃-] *m. Gen. - nur Sg.* die Kunstform des Feuilletons (2)
Feuil|le|to|nist [fœjətɔ̃-] *m. 10* Mitarbeiter beim Feuilleton (1)
feuil|le|to|nis|tisch [fœjətɔ̃-] **1.** in der Art eines Feuilletons (2); **2.** *abwertend:* ansprechend, aber oberflächlich
feu|rig **1.** brennend, glühend; **2.** leidenschaftlich
Fex *m. 1, österr.: m. 10* jmd., der für etwas begeistert ist, z. B. Bergfex
Fez **1.** *m. 1 nur Sg., mitteldt., schweiz.:* Spaß, Unsinn; F. machen; **2.** [fɛs] *m. 1* = **Fes**
ff **1.** *Abk. für* fortissimo; **2.** *Zeichen für* sehr fein, beste Qualität; vgl. Effeff *eigtl.:* feinfein
ff. *Abk. für* (und) folgende (Seiten), z. B. S. 12 ff.
FF *Abk. für* französische(r) Franc(s)
FH *Abk. für* Fachhochschule
FIA *Abk. für* Féderation Internationale de l'Automobile: Internationaler Automobilverband, der den Automobilsport organisiert und reglementiert
Fi|a|ker [frz.] *m. 5* **1.** Mietkutsche, Pferdedroschke; **2.** Pferdedroschkenkutscher
Fi|a|le [griech.] *f. 11, got. Baukunst:* schlankes, spitzes Türmchen über Strebepfeilern
fi|an|chet|tie|ren [-ket-, ital.] *intr. 3, Schach:* das Spiel mit einem Fianchetto eröffnen
Fi|an|chet|to [-kɛt-] *n. Gen. -s Pl. -s oder -ti, Schach:* Vorbereitung eines Seitenangriffs durch die Läufer
Fi|as|ko [ital.] *n. 9* Misserfolg
Fi|bel **1.** *f. 11* Lehrbuch für Anfänger, Kinderlesebuch; **2.** [lat.] *f. 11* Fi|bu|la *f. Gen. - Pl.* -lae [-lɛ:] german. Gewandnadel
Fi|ber [lat.] *f. 11* Faser (von Muskeln, Pflanzen)

♦ Die Buchstabenfolge **fi|br…** kann in Fremdwörtern auch **fib|r…** getrennt werden.

♦ **fi|bril|lär** aus Fibern bestehend, faserig
♦ **Fi|bril|le** *f. 11* Ausläufer der Muskel-, Nerven-, Pflanzenfaser
♦ **fi|bril|lie|ren** *tr. 3* zerfasern (Papierrohstoff)
♦ **Fi|brin** [lat.] *n. 1 nur Sg.* bei der Blutgerinnung entstehender, faseriger Eiweißstoff
♦ **Fi|bri|no|gen** *n. 1 nur Sg.* lösl. Vorstufe des Fibrins
♦ **fi|bri|nös** fibrinhaltig, faserig gerinnend

♦ **Fi|bro|in** *n. 1 nur Sg.* ein Eiweißkörper, Bestandteil der Naturseide
♦ **Fi|brom** *n. 1* Bindegewebsgeschwulst, Fasergeschwulst
♦ **fi|brös** aus grobem Bindegewebe bestehend, faserig
Fi|bu|la [lat.] *f. Gen. - Pl.* -lae [-lɛ:] **1.** Wadenbein; **2.** Schloss (an Büchern); **3.** s. **Fi|bel** (2)
Fiche [fiʃ, frz.] *n. Gen. - Pl.* -s **1.** *f. schweiz. für* Karteikarte; **2.** *m. oder n.* Filmkarte mit Mikrokopie
Fich|te, *Johann Gottlieb* dt. Philosoph
Fich|te *f. 11*
fich|ten aus Fichtenholz
Fich|ten|holz *n. 4 nur Sg.*
Fich|ten|na|del *f. 11*
Fich|ten|spar|gel *m. 5 nur Sg.* eine Waldpflanze
Fich|ten|zap|fen *m. 7*
Fi|chu [-ʃy, frz.] *n. 9, Ende des 18. Jh.:* dreieckiges, auf der Brust gekreuztes und auf dem Rücken zusammengebundenes Schultertuch
fi|cken *intr. u. tr. 1, vulg.:* den Beischlaf ausüben
fi|cke|rig *ugs.:* nervös, unruhig
Fick|fack *m. 1* Ausflucht, Vorwand
fick|fa|cken *intr. 1* Ausflüchte machen
Fick|fa|cker *m. 5* jmd., der fickfackt
Fick|fa|cke|rei *f. 10*
Fic|tion [fɪkʃən, engl.] *f. Gen. - nur Sg.* erzählende Literatur
Fi|de|i|kom|miss (*alt:* Fi|dei|kommiß) [lat.] *n. 1, früher:* unverkäufl. unbelastbares und nur im Ganzen vererbl. Landgut
Fi|de|is|mus *m. Gen. - nur Sg.* **1.** Lehre, dass die relig. Wahrheiten nur mit dem Glauben, nicht mit der Vernunft fassbar seien; **2.** ev.-ref. Lehre, dass das Wichtigste der Glaube, nicht der Glaubensinhalt sei
Fi|de|ist *m. 10*
fi|de|is|tisch
fi|del [lat.] lustig, vergnügt
Fi|del *f. 11, 8./14. Jh.:* kleines Streichinstrument, Vorform der Geige
Fi|de|li|tas [lat.] *f. Gen. - nur Sg.,* **Fi|de|li|tät** *f. 10 nur Sg.* Lustigkeit, Munterkeit
Fi|des [lat.] *f.* Treue, Glauben, Göttin in der röm. Mythologie
Fi|di|bus [Herkunft unsicher] *m. 1* Span oder mehrmals gefalteter Papierstreifen zum Anzünden der Pfeife oder des Brennmaterials
Fi|dschi *auch:* **Fid|schi** Inselstaat in der Südsee
Fi|dschi|a|ner *auch:* **Fid|schi|a|ner** *m. 5*
Fi|duz [lat.] *n. Gen. -es nur Sg., Stud. und ugs.:* Vertrauen, Zutrauen; kein F. zu etwas haben
Fi|du|zi|ant *m. 10* Treugeber (bei einem fiduziar. Geschäft)
Fi|du|zi|ar *m. 1* Treuhänder
fi|du|zi|a|risch zu treuen Händen (übergeben); fiduziarisches Geschäft: Treuhandgeschäft
Fie|ber *n. 5*
Fie|ber|fan|ta|sie, Fie|ber|phan|ta|sie *f. 11*
fie|ber|frei
fie|ber|haft
fie|be|rig, fieb|rig
fie|ber|krank
Fie|ber|kur|ve [-və] *f. 11*
fie|bern *intr. 1*
Fie|ber|phan|ta|sie *f. 11* s. **Fie|ber|fan|ta|sie**
Fie|ber|rin|de *f. 11 nur Sg.* Chinarinde
Fie|ber|rö|te *f. 11 nur Sg.*
fie|ber|sen|kend; ein fiebersenkendes Medikament; *aber:* ein das Fieber senkende Medikament
fieb|rig, fie|be|rig
Fie|del *f. 11, ugs.:* Geige; vgl. Fidel
Fie|del|bo|gen *m. 7*
fie|deln *intr. 1, ugs.:* geigen
Fie|der *f. 11* **1.** Teil eines gefiederten Blattes; **2.** *veraltet:* kleine Feder
Fie|der|blätt|chen *n. 7*
Fie|de|rung *f. 10*
fie|dern **1.** *tr. 1* mit Federn versehen; *nur noch in* gefiedert; **2.** *refl. 1, Jägerspr.:* ein neues Federkleid anlegen
Fied|ler *m. 5, ugs.:* Geiger
Field|re|search (*alt:* Field Research) [-rɪzə:tʃ, engl. »Feldforschung«] *f. Gen. - nur Sg., Markt-, Meinungsforschung:* Befragung durch persönl. Gespräch oder Fragebogen
Field|work [-wə:k] *n. Gen. -s nur Sg., Markt-, Meinungsforschung:* persönliche Befragung (nicht durch Fragebogen)
Field|wor|ker [-wə:kə(r)] *m. 5* jmd., der persönliche Befragungen durchführt
Fie|pe *f. 11* feine, hohe Pfeife (zum Anlocken von Rehwild)
fie|pen *intr. 1* **1.** einen feinen, hohen Ton von sich geben (Reh); **2.** leise winseln (Hund)
Fi|e|rant [fiə-, ital.] *m. 10, süddt., österr.:* umherziehender Händler, Markthändler
fie|ren *intr. 1, Seew.:* (aus dem Takelwerk) herablassen, ablaufen lassen (Tau)
fies *ugs.:* widerlich, gemein
Fies|ling *m. 1*
Fi|es|ta [span.] *f. Gen. - Pl.* -s (span.) Volksfest
FIFA, Fi|fa *f. Gen. - nur Sg., Kurzwort für* Fédération Internationale de Football Association: Internationaler Fußballverband (mit Sitz in Zürich)
fif|ty-fif|ty [fɪftɪfɪftɪ, engl. »fünfzig-fünfzig«] halbpart, zu gleichen Teilen
Fi|ga|ro [ital.] *m. 6* **1.** Bühnen- und Opernfigur, berühmt durch Mozarts komische Oper »Figaros Hochzeit«; **2.** *scherzh.:* Frisör
Fight [faɪt, engl.] *m. 9, Boxen:* rascher, harter Schlagabtausch
figh|ten [faɪ-] *intr. 2, Boxen:* hart kämpfen
Figh|ter [faɪ-] *m. 5* hart und rasch schlagender Boxer
Figh|ting [faɪ-] *n. 9 nur Sg., Boxen:* Kampfweise mit hartem, raschem Schlagabtausch
Fi|gur [lat.] *f. 10*
Fi|gu|ra *f., nur in der Wendung* wie F. zeigt: wie das Beispiel, wie der Vorfall zeigt
fi|gu|ral mit Figuren versehen, verziert
Fi|gu|ral|mu|sik *f. 10 nur Sg.* die kunstvoll verzierte, mehrstimmige Musik des MA, im Unterschied zum einstimmigen Choral
Fi|gu|rant *m. 10* **1.** *Ballett:* Gruppentänzer, im Unterschied zum Solotänzer; **2.** *Theater, Film:* Darsteller ohne Sprechrolle
Fi|gu|ra|ti|on *f. 10* das Umspielen, Verzieren einer Melodie
fi|gu|ra|tiv **1.** figürlich; **2.** darstellend, als Beispiel dienend
Fi|gür|chen *n. 7*
fi|gu|rie|ren **1.** *intr. 3* erscheinen, auftreten, eine Rolle spielen; sie figuriert als Gesellschafterin; **2.** *tr. 3;* eine Melodie f.: umspielen, verzieren
Fi|gu|rie|rung *f. 10*
Fi|gu|ri|ne *f. 11* **1.** Figürchen, kleine (bes. antike) Statue; **2.** kleine

Gestalt im Hintergrund von Landschaftsbildern; **3.** *Theater:* gezeichnete kleine Figur als Kostümentwurf

fi|gür|lich **1.** im Hinblick auf die Figur (einer Person); **2.** bildlich, im übertragenen Sinne

Fik|ti|on [lat.] *f. 10* **1.** Erdichtung, etwas Ausgedachtes, Erfindung; **2.** *Philos.:* Unterstellung, bewusst falsche Annahme, um daraus Erkenntnisse zu gewinnen; **3.** *Rechtsw.:* rechtlich zulässige Anwendung eines Rechtssatzes auf einen Sachverhalt, auf den er eigentlich nicht anzuwenden ist (z. B. kann jmd. zu einem bestimmten Zeitpunkt als schon geboren gelten, obwohl er nur gezeugt ist)

Fik|ti|o|na|lis|mus *m. Gen. - nur Sg.* auf Fiktionen aufgebaute Philosophie, Als-ob-Philosophie

Fik|ti|o|na|list *m. 10*

fik|ti|o|na|lis|tisch

fik|tiv auf Fiktion beruhend, nur angenommen, erdichtet

Fi|la|ment [lat.] *n. 1* **1.** *Bot.:* Staubfaden; **2.** *Astron.:* schmales, lang gestrecktes Gebilde auf der Sonnenoberfläche

Fi|let [-le, frz.] *n. 9* **1.** durchbrochene, netzartige Wirkware; **2.** Lendenstück (vom Schlachttier und Wild); **3.** entgrätetes Rückenstück (vom Fisch)

Fi|le|te *f. 11* Stempel zum Aufprägen von Goldverzierungen auf Bucheinbände

Fi|let|bra|ten [-le-] *m. 7*

fi|le|tie|ren *intr. 3* Filets herausschneiden

Fi|let|spit|ze [-le-] *f. 11*

Fi|li|a|le *f. 11* Zweigniederlassung, Zweiggeschäft

Fi|li|al|ge|ne|ra|ti|on *f. 10, Biol.:* Nachkommen-, Tochtergeneration

Fi|li|al|kir|che *f. 11* Tochter-, Nebenkirche ohne eigenen Pfarrer

Fi|li|al|lei|ter *m. 5*

Fi|li|a|ti|on *f. 10* **1.** Einrichtung einer Filialkirche; **2.** Kindschaft, rechtmäßige Abstammung von einer Person sowie der Nachweis darüber; **3.** Abhängigkeit und Gehorsamspflicht von Ordensmitgliedern

Fi|li|bus|ter [ndrl.] **1.** *m. 5* s. **Fli|bus|ti|er;** **2.** [auch: -bʌstə] *n. 5* Verschleppungs-, Verzögerungstaktik

fi|li|bus|tern [auch: -bʌs-] *intr. 1* durch endlose Reden die Verabschiedung eines Gesetzes verzögern

fi|lie|ren [frz.] **1.** *intr. 3* eine Filetarbeit anfertigen; **2.** *intr. 3* beim Spiel Karten unterschlagen bzw. vertauschen; **3.** *tr. 3* in Filetstücke schneiden

fi|li|gran *auch:* **fi|lig|ran** [lat.-ital.] in der Art des Filigrans, sehr fein gearbeitet

Fi|li|gran *auch:* **Fi|lig|ran** *n. 1* Geflecht aus feinem Edelmetalldraht (Gold-, Silberfiligran)

fi|li|gra|nen *auch:* **fi|lig|ra|nen** aus, wie Filigran

Fi|li|pi|no *m. 9* Einwohner der Philippinen

Fi|li|us [lat.] *m. Gen. - Pl.* -lii, *ugs. auch:* -us|se, *scherzh.:* Sohn; mein Filius

Fil|lér [file:r, ung.] *m. Gen.* -s *Pl.* -(s) (*Abk.:* f) ung. Währungseinheit, $^1/_{100}$ Forint

Film [engl.] *m. 1*

Film|ar|chiv [-çi:f] *n. 1*

Film|a|te|lier [-lje:] *n. 9*

Film|auf|nah|me *f. 11*

Film|di|va [-va] *f. Gen. - Pl.* -ven [-ven]

fil|men *tr. u. intr. 1*

Film|fan [-fæ:n] *m. 9*

Film|fes|ti|val [-val] *n. 9*

Film|fest|spie|le *Pl.*

Film|held *m. 10*

fil|misch

Film|ka|me|ra *f. 9*

Fil|mo|thek *f. 10* **1.** (meist wissenschaftliche) Sammlung von Filmen, Cinemathek; **2.** Raum, Gebäude dafür

Film|re|gis|seur [-reʒisø:r] *m. 1*

Film|rol|le *f. 11*

Film|schau|spie|ler *m. 5*

Film|stadt *f. 2*

Film|star *m. 9*

Film|stu|dio *n. 9*

Film|tech|nik *f. 10 nur Sg.*

Film|the|a|ter *n. 5*

Film|wo|che *f. 11*

Fi|lou [-lu, engl.-frz.] *m. 9* Spitzbube, Schlaukopf, gerissener Bursche

Fils [arab.] *m. Gen. - Pl. -* irak. Währungseinheit, $^1/_{100}$ Dinar

Fil|ter [engl.] *m. 5 oder n. 5*

fil|tern *tr. 1;* ich filtere, filtre es

Fil|ter|kaf|fee *m. 9*

Fil|ter|pa|pier, Fil|trier|pa|pier *n. 1*

Fil|te|rung *f. 10 nur Sg.*

Fil|ter|zi|ga|ret|te *f. 11*

♦ Die Buchstabenfolge **fil|tr...** kann in Fremdwörtern auch **filt-r...** getrennt werden.

♦ **Fil|trat** *n. 1* filtrierte Flüssigkeit

♦ **Fil|tra|ti|on** *f. 10* Filterung

♦ **Fil|trier|ap|pa|rat** *m. 1*

♦ **fil|trier|bar**

♦ **fil|trie|ren** *tr. 3*

♦ **Fil|trie|rung** *f. 10*

Filz *m. 1* **1.** *ugs. auch:* Geizhals; **2.** *österr. auch:* unausgeschmolzenes Fett, z. B. Speckfilz

fil|zen **1.** *tr. 1, ugs.:* genau durchsuchen; **2.** *intr. 1* filzig werden (Wolle); **3.** *intr. 1, ugs.:* knausern, geizen

Filz|hut *m. 2*

fil|zig **1.** wie Filz; **2.** *ugs.:* geizig

Fil|zig|keit *f. 10 nur Sg.*

Filz|pan|tof|fel *m. 14*

Filz|schrei|ber *m. 5*

Filz|schuh *m. 1*

Filz|stift *m. 1*

Fim|mel *m. 5* **1.** *Nebenform von* Femel; **2.** *ugs.:* begeistertes, übertriebenes Interesse an etwas, z. B. Filmfimmel; **3.** *ugs.:* kleine Verrücktheit, Klaps

fim|me|lig *ugs.:* ein bisschen verrückt

FINA, Fi|na *f. Gen. - nur Sg., Kurzwort für* Fédération Internationale de Natation Amateur: Internationaler Amateur-Schwimmverband

fi|nal [lat.] **1.** eine Absicht, einen Zweck bestimmend; **2.** beendend, abschließend

Fi|nal|ab|schluss (*alt:* Fi|nal|ab-schluß) *m. 2, Wirtsch.*

Fi|na|le *n. 5* **1.** *Mus.:* Schlusssatz; **2.** *Sport:* Endrunde, Endspiel

Fi|na|lis|mus *m. Gen. - nur Sg.* Lehre, dass alles Geschehen in der Natur zweckbestimmt und zielgerichtet sei

Fi|na|list *m. 10* **1.** Anhänger des Finalismus; **2.** *Sport:* Teilnehmer am Finale

fi|na|lis|tisch

Fi|na|li|tät *f. 10 nur Sg.* Zweckbestimmtheit

Fi|nal|satz *m. 2* Nebensatz, der einen Zweck, eine Absicht ausdrückt, Absichtssatz, Zwecksatz

Fi|nan|ci|er [-näsje, frz.] *m. 9* s. **Fi-nan|zi|er**

Fi|nanz *f. 10 nur Sg.* **1.** Geldwesen; **2.** Gesamtheit der Finanzleute; vgl. Finanzen

Fi|nanz|amt *n. 4*

Fi|nanz|be|am|te(r) *m. 18 (17)*
Fi|nanz|buch|hal|ter *m. 5*
Fi|nan|zen *Pl.* **1.** Geld, Geldmittel; **2.** Staatshaushalt
Fi|nan|zer *m. 9, österr.:* Zollbeamter
Fi|nanz|ex|per|te *m. 11*
Fi|nanz|ge|ba|ren *f. 10*
Fi|nanz|hil|fe *f. 11* finanzielle Leistungen des Bundes an die Länder, Unternehmen sowie private Haushalte
Fi|nanz|ho|heit *f. 10 nur Sg.* Recht zur Erhebung und Verwendung von Steuern
fi|nan|zi|ell die Finanzen betreffend, im Hinblick auf die Finanzen, auf die Geldmittel, geldlich
Fi|nan|zi|er [-tsje], Fi|nan|ci|er *m. 9* Geldmann, Geldgeber
fi|nan|zie|ren *tr. 3* mit Geld ermöglichen
Fi|nan|zie|rung *f. 10*
fi|nanz|kräf|tig
Fi|nanz|kri|se *f. 11*
Fi|nanz|mann *m. Gen.* -(e)s *Pl.* -leu|te
Fi|nanz|mi|nis|ter *m. 5*
Fi|nanz|mi|nis|te|ri|um *n. Gen.* -s *Pl.* -ri|en
Fi|nanz|plan *m. 2*
Fi|nanz|po|li|tik *f. 10 nur Sg.*
fi|nanz|po|li|tisch
fi|nanz|schwach
fi|nanz|stark
Fi|nanz|wirt|schaft *f. 10 nur Sg.*
fi|nanz|wirt|schaft|lich
Fi|nanz|wis|sen|schaft *f. 10 nur Sg.*
Fin|ca [span.] *f. 9* Landhaus, Landgut
Fin|del|haus *n. 4*
Fin|del|kind *n. 3*
fin|den *tr. 36;* das ist ein gefundenes Fressen für ihn *ugs.:* das kommt ihm sehr gelegen
Fin|der *m. 5*
Fin|der|lohn *m. 2*
Fin de Siè|cle *auch:* **Fin de Siècle** (*alt:* Fin de siècle) [fɛ̃dəsjɛkl, frz.] *n. Gen.* - - - *nur Sg.* **1.** das Ende des 19. Jh.; **2.** *bildl. Bez. für* die Verfeinerung und die Verfallserscheinungen dieser Zeit
fin|dig
Fin|dig|keit *f. 10 nur Sg.*
Find|ling *m. 1*
Fines Herbes (*alt:* Fines herbes) [finzɛrb, franz.] *Pl.* in Fett gedünstete Kräuter und Pilze
Fi|nes|se [frz.] *f. 11* **1.** Feinheit; **2.** Kniff, Trick, Kunstgriff

Fin|ger *m. 5;* lange F. machen *ugs.:* stehlen; sich die F. verbrennen *übertr.:* sich Unannehmlichkeiten zuziehen
Fin|ger|ab|druck *m. 2*
Fin|ger|bee|re *f. 11* Unterseite des äußersten Fingergliedes
fin|ger|breit; ein fingerbreites Band; *aber:* das Band ist einen Finger breit
Fin|ger|breit *m. Gen.* - *Pl.* -; er wich keinen F. zurück
fin|ger|dick
fin|ger|fer|tig
Fin|ger|fer|tig|keit *f. 10*
Fin|ger|glied *n. 3*
Fin|ger|hut *m. 2; auch:* eine Gift- und Heilpflanze, Digitalis
Fin|ger|kup|pe *f. 11*
Fin|ger|ling *m. 1* Schutzhülle für einen verletzten Finger
fin|gern *intr. 1;* an etwas f.: herumspielen, etwas betasten, *meist:* herumfingern
Fin|ger|na|gel *m. 6*
Fin|ger|ring *m. 1*
Fin|ger|satz *m. 2* zweckmäßige Verwendung der einzelnen Finger beim Spielen eines Musikinstruments
Fin|ger|spit|ze *f. 11*
Fin|ger|spit|zen|ge|fühl *n. 1 nur Sg.*
Fin|ger|spra|che *f. 11* Zeichensprache
Fin|ger|tier *n. 1* ein Halbaffe, Aye-Aye
Fin|ger|ü|bung *f. 10*
Fin|ger|zeig *m. 1* Hinweis, Wink
fin|gie|ren [lat.] *tr. 3* vortäuschen, unterstellen; fingierter Brief
Fi|nis [lat.] *n. Gen.* - *nur Sg.* Ende (veralteter Vermerk am Schluss eines Buches)
Fi|nish [-niʃ, engl.] *n. 9* **1.** letzter Schliff, Vollendung; **2.** *Sport:* Schlusskampf, Endspurt
fi|ni|shen [-ʃən] *intr. 1* beim Pferderennen das Äußerste aus dem Pferd herausholen
Fi|ni|sher [-ʃə(r)] *m. 5* Pferd, das im Finish bes. gut ist
fi|nit [lat.] *Gramm.:* bestimmt; *Ggs.:* infinit; finite Verbform: Verbform, die durch Person und Zahl bestimmt ist
Fi|ni|tis|mus *m. Gen.* - *nur Sg.* philosoph. Lehre von der Endlichkeit der Welt
Fink *m. 10*
Fin|ken *m. 7, schweiz.:* Hausschuh
Fin|ken|bei|ßer *m. 5*
Fin|ken|ha|bicht *m. 1* Sperber

Fin|ken|herd *m. 1* Vogelherd
Fin|ken|schlag *m. 2 nur Sg.*
Fink|ler *m. 5, veraltet:* Vogelfänger
Finn-Din|ghi, Finn-Din|gi [-diŋgi] *n. Gen.* -s *Pl.* -s kleines Segelboot
Fin|ne **1.** *m. 11* Einwohner von Finnland; **2.** *f. 11* Larve mancher Bandwürmer; **3.** *f. 11* Rückenflosse der Haie und Wale; **4.** *f. 11* abgeschrägte Seite des Hammers
Fin|nen *Pl.*, **Fin|nen|aus|schlag** *m. 2* eine Hautkrankheit
fin|nig mit Finnenausschlag behaftet
Fin|nin *f. 10* Einwohnerin von Finnland
fin|nisch
fin|nisch-u|grisch *auch:* **fin|nisch-ug|risch;** finnisch-ugrische Sprachen, Völker
Finn|land
Finn|län|der *m. 5* Finne (1) mit schwedischer Muttersprache
finn|län|disch
Finn|lap|pe *m. 11* im finnischen Teil von Lappland lebender Lappe
Finn|mark *f. Gen.* - *Pl.* - (*Abk.:* Fmk) Markka
fin|no|u|grisch *auch:* **fin|no|ug|risch** finnisch-ugrisch
Finn|wal *m. 1* ein Bartenwal

im Finstern tappen: Substantivierte Adjektive oder adjektivisch gebrauchte Partizipien werden mit großem Anfangsbuchstaben geschrieben: *Die Polizei tappt im Finstern.*
Ebenso: *Die Stimme kam aus dem Dunkeln.* § 57 (1)

fins|ter; das finstere Mittelalter; in finstrer Nacht; im Finstern tappen
Fins|ter|keit *f. 10 nur Sg.*
fins|tern *intr. 1, veraltet:* finster werden
Fins|ter|nis *f. 1 nur Sg.*
Fin|te [ital.] *f. 11* **1.** Scheinangriff; **2.** Täuschung, Vorwand
fin|ten|reich
fin|ze|lig, finz|lig *ugs.* **1.** winzig, überfein, schwer zu erkennen; **2.** mühsam, schwierig, knifflig
Fi|o|ret|te [ital. »Blümchen«] *f. 11*, **Fi|o|ri|tur** *f. 10* Verzierung beim Kunstgesang, Triller, Koloratur u. Ä.
Fips *m. 1* Schnippen mit Daumen und Mittelfinger

F

fip|sen *intr. 1*
fip|sig klein, unbedeutend
Fi|re|wall [faɪə(r)wɔ:l, engl. »Brandschutzmauer«] *f. 9, EDV:* Programm zum Schutz eines Netzwerkes vor fremden Zugriff
Fir|le|fanz *m. 1 nur Sg.* **1.** Narrenpossen, Kinderei, Albernheit; **2.** unnützer Kram
Fir|le|fan|ze|rei *f. 10 nur Sg.* Possenreißerei
firm [lat.] *österr. auch:* ferm bewandert, kenntnisreich (in einem Fachgebiet)
Fir|ma *f. Gen. - Pl.* -men (*Abk.:* Fa.) Geschäft, Betrieb
Fir|ma|ment [lat.] *n. 1* Himmelsgewölbe
fir|meln *tr. 1, bair. für* firmen
Fir|me|lung *f. 10, bair. für* Firmung
fir|men *tr. 1;* jmdn. f.: jmdm. die Firmung erteilen
Fir|men|chef [-ʃɛf] *m. 9*
Fir|men|in|ha|ber *m. 5*
Fir|men|re|gis|ter *n. 5*
Fir|men|schild *n. 3*
Fir|men|zei|chen *n. 7*
fir|mie|ren *intr. 3* **1.** einen bestimmten Geschäftsnamen führen; **2.** mit diesem unterzeichnen
Firm|ling *m. 1*
Firm|pa|te *m. 11*
Fir|mung *f. 10* ein kath. Sakrament
firn *veraltet:* alt, vorjährig; mehrere Jahre alt (Schnee, Wein)
Firn *m. 1,* Firn|schnee *m. Gen. -s nur Sg.* vorjähriger Schnee, ewiger Schnee
Firn|brü|cke *f. 11* Firn über einer Gletscherspalte
Fir|ne *f. 11 nur Sg.* Reife (des Weines)
fir|nen *intr. 1* lagern, ruhen (vom Wein)
Fir|ner *m. 5* s. **Fer|ner**
Fir|ne|wein *m. 1* abgelagerter Wein
Fir|nis [frz.] *m. 1* **1.** rasch trocknende Flüssigkeit; **2.** Schutzanstrich damit
fir|nis|sen *tr. 1*
Firn|schnee *m. Gen. -s nur Sg.* Firn
First *m. 1* **1.** oberste Kante des Dachs; **2.** *Bgb.:* Decke (des Grubenbaus)
First|bal|ken *m. 7*
first class erstklassig
First-Class-Ho|tel (*alt:* First-class-Ho|tel) [fəst klas -, engl.] *n. Gen. - - -s Pl. - - -s*
First Flush *Nv.* **First|flush** *Hv.* [fəstflʌʃ, engl.] *m. Gen. -s nur Sg.* erster Trieb nach dem Zurückschneiden der Teesträucher bei indischen Sorten
First La|dy [fəst lɛɪdɪ, engl.] *f. Gen. - - Pl. - -s* Ehefrau des Staatsoberhauptes
First|zie|gel *m. 5*
fis **1.** *n. Gen. Pl. -, Mus.:* das um einen halben Ton erhöhte f; **2.** *Abk. für* fis-Moll
Fis **1.** *n. Gen. - Pl. -, Mus.:* das um einen halben Ton erhöhte F; **2.** *Abk. für* Fis-Dur
FIS, Fis *n. Gen. - nur Sg., Kurzwort für* Fédération Internationale de Ski: Internationaler Skiverband
Fis|cal|po|li|cy *auch:* **Fis|cal Po|li|cy** (*alt:* Fis|cal po|li|cy) [fɪskəlpɔlɪcɪ, engl. »Fiskalpolitik«] *f. Gen. (-) - nur Sg.* Gestaltung der öffentl. Einnahmen und Ausgaben zur Beeinflussung der Konjunktur
Fisch *m. 1;* kleiner Fisch *ugs.:* Kleinigkeit, unbedeutende Sache; faule Fische *ugs.:* faule Ausreden; ein Fisch verarbeitender Betrieb
Fisch|ad|ler *m. 5*
fisch|arm
Fisch|ar|mut *f. Gen. - nur Sg.*
fisch|äu|gig
Fisch|bein *n. 1 nur Sg.* Horn aus den Barten von Bartenwalen (für Miederstäbe)
Fisch|be|steck *n. 1 oder n. 9*
Fisch|bla|se *f. 11* **1.** Schwimmblase der Fische; **2.** *got. Baukunst:* ein Ornament
Fisch|chen *n. 7*
Fisch|dampf|fer *m. 5*
fi|schen *tr. u. intr. 1*
Fi|scher *m. 5*
Fi|scher|dorf *n. 4*
Fi|sche|rei *f. 10 nur Sg.*
Fi|scher|ste|chen *n. Gen. -s nur Sg.* Kampfspiel auf dem Wasser
Fisch|fang *m. 2*
Fisch|grä|te *f. 11*
Fisch|grä|ten|mus|ter *n. 5*
fi|schig
Fisch|kut|ter *m. 5*
Fisch|leim *m. 1 nur Sg.*
Fisch|lein *n. 7*
Fisch|mehl *n. 1 nur Sg.*
Fisch|ot|ter *m. 5*
fisch|reich
Fisch|reich|tum *m. 4 nur Sg.*
Fisch|schup|pe *f. 11*
Fisch|schup|pen|krank|heit *f. 10 nur Sg.* eine Hautkrankheit, Ichthyose
Fisch ver|ar|bei|tend (*alt:* fisch-ver|ar|bei|tend)
Fisch|zucht *f. Gen. - nur Sg.*
Fisch|zug *m. 2*
Fis-Dur *n. Gen. - nur Sg.* (*Abk.:* Fis) eine Tonart
Fis-Dur-Ton|lei|ter *f. 11*
Fi|sett|holz *n. 4 nur Sg.* Holz des Perückenstrauches
Fi|si|ma|ten|ten [lat.] *nur Pl., ugs.* **1.** Ausflüchte; **2.** Faxen
Fis|kal [lat.] *m. 1, veraltet:* Beamter der Staatskasse
fis|ka|lisch zum Fiskus gehörig
Fis|kal|jahr *n. 1* Zeitraum, über den der Staatshaushalt läuft
Fis|kus *m. Gen. - nur Sg.* **1.** Staatskasse, Staatsvermögen; **2.** der Staat als Vermögensträger
fis-Moll *n. Gen. - nur Sg.* (*Abk.:* fis) eine Tonart
fis-Moll-Ton|lei|ter *f. 11*
Fi|so|le [ital.] *f. 11, österr.:* Gartenbohne
fis|pe|lig, fisp|lig *ugs.:* unruhig, nervös, aufgeregt
fis|sil [lat.] spaltbar
Fis|si|li|tät *f. 10 nur Sg.* Spaltbarkeit
Fis|si|on *f. 10* **1.** Teilung einzelliger Organismen; **2.** Atomkernspaltung
Fis|sur *f. 10* **1.** Spalte, Furche, Einschnitt; **2.** Haut- oder Knochenriss
Fis|tel [lat.] *f. 11* abnormer röhrenförmiger Kanal zwischen zwei Körperhöhlen oder zwischen Körperinnerem und -oberfläche
fis|teln, fis|tu|lie|ren *intr. 1* mit Fistelstimme singen
Fis|tel|stim|me *f. 11* die nicht durch Brustresonanz verstärkte Kopfstimme des Mannes
Fis|tu|la *f. Gen. - Pl.* -lae [-lɛ:] **1.** Hirten-, Panflöte; **2.** ein Orgelregister; **3.** *lat. Form von* Fistel
fis|tu|lie|ren [lat.] *intr. 3* s. **fis|teln**
fit [engl.] **1.** *Sport:* leistungsfähig, gut durchtrainiert; **2.** *auch ugs.:* gesund, sich wohl fühlend
Fi|tis *m. Gen. - oder* -tis|ses *Pl.* -tisse ein Singvogel
Fit|ness (*alt:* Fit|neß) [engl.] *f. Gen. - nur Sg., Sport:* das Fitsein, Leistungsfähigkeit
Fit|ness|cen|ter (*alt:* Fit|neß|center) [-sɛn-] *n. 5*
fit|sprit|zen *tr. 1*
Fit|tich *m. 1, poet.:* Flügel; jmdn. unter seine Fittiche nehmen *ugs.:* jmdn. in seine Obhut nehmen
Fit|ting [engl.] *n. 9* Verbindungsstück (Gelenk u. Ä.) bei Rohrleitungen

Fitz *m. 1* verwirrte Fäden, Wirrwarr
Fitz... [zu lat. filius »Sohn«] *vor irischen Namen:* Sohn des, z. B. Fitzgerald
Fitz|chen, Fit|zel|chen *n. 7* Fetzchen, kleines Stückchen
Fit|ze *f. 11* **1.** Garnstrang; **2.** *schweiz.:* Gerte, Rute
Fit|zel|band *n. 4* Fitzfaden
Fit|zel|chen *n. 7* s. **Fitz|chen**
fit|zen **1.** *tr. 1* zu einer Fitze (1) bündeln; **2.** *schweiz.:* mit einer Fitze (2) schlagen; **3.** von Fäden befreien (Bohnen); **4.** *intr. 1, ugs.:* aufgeregt, nervös arbeiten
Fitz|fa|den *m. 8* Faden zum Bündeln einer Fitze (1), Fitzelband
Fi|u|ma|ra [ital.], **Fi|u|ma|re** *f. Gen. - Pl.* -ren Fluss, der nicht immer Wasser führt
Five o'clock [faɪvɔklɔk, engl.] *m. Gen. - - Pl. - -s,* **Five o'clock Tea** (*alt:* Five o'clock tea) [faɪvɔklɔk tiː] *m. Gen. - - - Pl. - - -s* Fünfuhrtee
Five|vow|el|word *auch:* **Five-Vowel-Word** [faɪvvaʊəlwəːd, engl.] *n. 9* Wort, in dem jeder der fünf Vokale ein einziges Mal vorkommt, z. B. education; vgl. Fourletterword
fix [lat.] **1.** fest, feststehend; fixe Kosten: immer gleiche Kosten; fixe Idee: Wahnvorstellung, unvernünftige Einbildung; **2.** gewandt, flink, aufgeweckt; f. und fertig sein: ganz fertig, bereit sein *ugs.:* am Ende seiner Kraft sein; f. arbeiten; f. nach Hause gehen *ugs.:* schnell
Fi|xa|teur [-tør, frz.] *m. 1* Gerät zum Mischen von Stoffen mit Fixativ bzw. zum Auftragen von Fixativ
Fi|xa|ti|on *f. 10* **1.** Haltbarmachung von biologischem Material, besonders zum Mikroskopieren; **2.** Ruhigstellung eines verletzten Gliedes; **3.** Scharfeinstellung des Auges auf einen Gegenstand
Fi|xa|tiv *n. 1* Mittel zum Härten, Festigen
Fi|xa|tor *m. 13* Mittel zum Beständigmachen des Duftes von Parfümen
fi|xen *intr. 1* **1.** Wertpapiere in Erwartung einer Baisse auf Zeit verkaufen; **2.** *ugs.:* jmd., der sich Rauschgift (ein)spritzt; er fixt schon lange
Fi|xer *m. 5* **1.** *Börse:* Börsenspekulant; **2.** jmd., der sich fixt (2)
Fix|ge|schäft *n. 1* an einen bestimmten Termin gebundenes Geschäft
Fi|xier|bad *n. 4*
fi|xie|ren **1.** *tr. 3* härten, festigen, haltbar machen; festhalten; etwas schriftlich f.; **2.** *tr. 3;* jmdn. f.: starr ansehen; **3.** *intr. 3;* auf etwas fixiert sein: starr auf etwas gerichtet sein, etwas unbedingt erstreben
Fi|xier|salz *n. 1 nur Sg.*
Fi|xie|rung *f. 10 nur Sg.*
Fi|xig|keit *f. 10 nur Sg., ugs.:* Gewandtheit, Schnelligkeit, Flinkheit
Fix|kos|ten *nur Pl.* von der Produktionsmenge unabhängige Kosten
Fix|punkt *m. 1* **1.** Festpunkt; **2.** fester Bezugspunkt, z. B. Siede-, Gefrierpunkt
Fix|stern *m. 1* scheinbar feststehender Stern; *Ggs.:* Wandelstern
Fi|xum *n. Gen.* -s *Pl.* -xa festes Einkommen, Gehalt
Fizz [fis, engl.] *m. Gen. - Pl.* -es alkohol. Mischgetränk
Fjäll, Fjell [schwed.] *m. 1, in Skandinavien:* von Gletschern glatt geschliffene, vegetationsarme Hochfläche
Fjord [skand.] *m. 1* schmaler, langer Meeresarm
FKK *Abk. für* Freikörperkultur
FKK-Strand *m. 2*
FL **1.** *Abk. für* Florida; **2.** *Kfz-Kennzeichen für* Lichtenstein
fl., Fl. *Abk. für* Florin (Gulden)
flach; das flache Land; flach gedrückt; flach legen: etwas flach auf den Boden legen; *aber:* → flachlegen
Flach *n. 1* Untiefe
Flach|bild|schirm *m. 1*
Flach|dach *n. 4*
Flach|druck *m. 1*
Flä|che *f. 11*
Flä|chen|aus|deh|nung *f. 10*
flä|chen|de|ckend
flä|chen|haft
Flä|chen|in|halt *m. 1*
flä|chen|spa|rend
flach|fal|len *intr. 33, ugs.:* wegfallen, sich erübrigen
flach ge|drückt (*alt:* flach|gedrückt)
Flach|heit *f. 10*
flä|chig
Flach|land *n. 4 nur Sg.*
Flach|län|der *m. 5* Bewohner des Flachlandes
flach|le|gen *tr. 1, ugs.* jemanden zu Fall bringen, auf den Boden schleudern; *aber:* etwas flach legen
Flach|re|li|ef *n. 9 oder n. 1* Relief, bei dem die Darstellung nur wenig aus der Fläche des Materials hervortritt, Basrelief; *Ggs.:* Hochrelief
Flach|ren|nen *n. 7* Pferderennen ohne Hindernisse
Flachs [-ks] *m. 1* **1.** ein Leingewächs, Faserpflanze; **2.** Faser dieser Pflanze; **3.** *nur Sg., ugs.:* Neckerei, Spaß
flachs|blond [-ks-]
Flachs|bre|che [-ks-] *f. 11* Gerät zum Säubern (Brechen) des Flachses von Holzteilen
Flach|schuss (*alt:* Flach|schuß) *m. 2*
Flachs|dar|re [-ks-] *f. 11* Gerät zum Trocknen des Flachses
Flach|se [-ks-] *f. 11 bair., österr. für* Flechse
flach|sen [-ks-] *intr. 1, ugs.:* Unsinn reden, einander necken
fläch|sen, fläch|sern [-ks-] aus Flachs
flachs|far|ben, flachs|far|big [-ks-]
Flachs|haar [-ks-] *n. 1 nur Sg.* hellblondes Haar
flachs|haa|rig [-ks-]
Flachs|he|chel [-ks-] *f. 11* Gerät zum Kämmen des Flachses
Flachs|kopf [-ks-] *m. 2* hellblondes Kind
Flachs|sa|men [-ks-] *m. 7*
fla|cken *intr. 1, bair.:* faul daliegen
Fla|cker|feu|er *n. 5* Lichtsignal auf See
fla|cke|rig, flack|rig
fla|ckern *intr. 1*
Fla|cker|stern *m. 1*
flack|rig
Fla|den *m. 7* **1.** flacher, runder Kuchen; **2.** flacher, breiiger Haufen, z. B. Kuhfladen
Fla|der *f. 11* Maser
fla|de|rig, flad|rig
Fla|de|rung *f. 10* Maserung
flad|rig s. **fla|de|rig**
Fla|gel|lant [lat.] *m. 10* Angehöriger einer Bruderschaft im späten MA, der sich zur Buße selbst geißelte, Geißler, Geißelbruder
Fla|gel|lan|ten|tum *n. 4 nur Sg.*
Fla|gel|lan|tis|mus *m. Gen. - nur Sg.* geschlechtl. Erregung durch Peitschenhiebe oder Schläge

F

F

Fla|gel|lat *m. 10,* **Fla|gel|la|te** *f. 11* ein Einzeller, Geißeltierchen
Fla|gel|la|ti|on *f. 10* Peitschen oder Gepeitschtwerden zur geschlechtl. Erregung oder Befriedigung
Fla|gẹl|le *f. 11* s. **Fla|gẹl|lum**
Fla|gel|lo|ma|nie *f. 11 nur Sg.* Flagellantismus
Fla|gẹl|lum *n. Gen.* -s *Pl.* -len, Fla|gẹl|le *f. 11* Geißel, Fortbewegungsorgan vieler Einzeller
Fla|geo|lẹtt [-ʒɔ-, frz.] *n. 1* **1.** kleine Flöte; **2.** Flötenregister der Orgel; **3.** Flageolettton
Fla|geo|lẹtt|ton (*alt:* Fla|geo|lẹtton (-tt|t-)) [-ʒɔ-] *m. 2, bei Streichinstrumenten und Harfe:* feiner, pfeifender Ton
Flạg|ge [engl.] *f. 11*
flạg|gen *intr. 1*
Flạg|gen|al|pha|bet *n. 1*
Flạg|gen|gruß *m. 2*
Flạg|gen|si|gnal *auch:* **Flạg|gen|sig|nal** *n. 1*
Flạgg|of|fi|zier *m. 1* Admiral, der auf seinem Schiff eine seinem Rang entsprechende Flagge führen darf
Flạgg|schiff *n. 1* Kriegsschiff mit der Flagge des Befehlshabers (Flaggoffiziers)
fla|grạnt *auch:* **flag|rạnt** [lat.] offenkundig, ins Auge springend, brennend; vgl. in flagranti
Flair [flɛr, frz.] *n. 9 nur Sg.* Spürsinn, Instinkt
Flạk *f. Gen.* - *Pl.* -(s), *Kurzwort für* **1.** Flieger- oder Flugzeugabwehrkanone; **2.** Flugabwehrartillerie
Flạk|ge|schütz *n. 1*
Fla|kon [-kɔ̃, frz.] *n. 9 oder m. 9* Fläschchen (für Parfüm)
Flam|beau [flãbo, frz.] *m. 9* **1.** *urspr.:* Fackel; **2.** *heute:* vielarmiger Leuchter
Flạm|berg *m. 1* mit zwei Händen zu führendes Schwert mit geflammter Klinge
flam|bie|ren *tr. 3* **1.** *veraltet:* absengen; **2.** *heute:* mit Spirituosen übergießen und brennend servieren
Flam|boy|ant *auch:* **Flam|bo|yant** [flãboajã] *n. 9* **1.** Flam|boy|ant|stil *m. 1* frz. spätgot. Stil mit flammenartigem Maßwerk; **2.** Flammenbaum
Flam|boy|ant|stil *auch:* **Flam|bo|yant|stil** *m. 1* s. **Flam|boy|ant** (1)
Fla|me *m. 11,* Flam|län|der *m. 5* Einwohner von Flandern

Fla|mẹn|co [span.] *m. 9* ein andalusischer Tanz
Fla|min, Flä|min *f. 10* weibl. Flame
Flä|ming *m. Gen.* -s Höhenzug in der Mark Brandenburg
Fla|mịn|go [lat.-port.] *m. 9* trop. und subtrop. Wasserwattvogel
flä|misch, Flä|misch vgl. deutsch, Deutsch
Flam|län|der *m. 5* s. **Fla|me**
flam|län|disch, flä|misch
Flämm|chen *n. 7*
Flạm|me *f. 11*
flạm|men **1.** *intr. 1;* **2.** *tr. 1* flammieren; geflammter Stoff
flạ̈m|men *tr. 1* absengen
flạm|mend leidenschaftlich
Flạm|men|meer *n. 1*
Flạm|men|tod *m. 1*
Flạm|men|wer|fer *m. 5*
Flạm|men|zei|chen *n. 7*
Flạm|me|ri [engl.] *n. 9* kalte Süßspeise
Flạmm|garn *n. 1* Garn mit andersfarbigen, dickeren Stellen
Flạmm|här|ten *n. Gen.* -s *nur Sg.*
flam|mie|ren *tr. 3,* flạm|men *tr. 1* mit Flammenmuster versehen (Stoff, Tonwaren)
flạm|mig
Flạmm|koh|le *f. 11* beim Verbrennen eine lange Flamme entwickelnde Steinkohle
Flạmm|o|fen *m. 8* ein Schmelzofen
Flạmm|punkt *m. 1* Temperatur, bei der Brennstoffe anfangen zu brennen
Flạn|dern histor. Landschaft zwischen Schelde und Nordsee im heutigen Nord- und Westbelgien, Nordostfrankreich und in den südl. Niederlanden
flạnd|risch
Fla|nẹll [kelt.] *m. 1* weicher, ein- oder beidseitig gerauter Baumwollstoff
fla|nẹl|len aus Flanell
Fla|nẹll|hemd *n. 12*
Fla|neur [-nør, frz.] *m. 1* jmd., der flaniert
fla|nie|ren *intr. 3* müßig schlendern
Flạn|ke [frz.] *f. 11* **1.** Seite; **2.** *Sport:* Schwung über ein Turngerät von der Seite
flạn|ken *intr. 1, Sport* **1.** seitlich abspringen; **2.** den Ball von der Seite zur Mitte spielen
Flạn|ken|an|griff *m. 1*
flan|kie|ren *tr. 3;* jmdn. f.: an jmds. Seite gehen, jmdn. von der Seite decken, ihn unterstützen

Flạnsch *m. 1* Ring am Ende eines Rohrs, an dem es mit einem andern verschraubt ist
flạn|schen *tr. 1* mit einem Flansch versehen
Flạn|schen|dich|tung *f. 10*
Flạnsch|ver|bin|dung *f. 10*
Flạp|pe *f. 11, mittel-, nddt.:* hängende oder vorgeschobene Unterlippe, Schmollmund
Flạps *m. 1* unreifer, (auch) unerzogener junger Mann
flạp|sig
Flạp|sig|keit *f. 10 nur Sg.*
Flạ̈sch|chen *n. 7*
Flạ|sche *f. 11; ugs.:* Dummkopf, Schwächling; Verbindung mehrerer Rollen beim Flaschenzug
Flạ|schen|bier *n. 1* in Flaschen abgefülltes Bier; *Ggs.:* Fassbier
Flạ|schen|gä|rung *f. 10* zweite Gärung bei Champagner und Schaumwein
flạ|schen|grün
Flạ|schen|hals *m. 2, ugs. auch:* enge Fahrbahn, Engpass
Flạ|schen|kind *n. 3* mit Flaschenmilch ernährtes Kind; *Ggs.:* Brustkind
Flạ|schen|kür|bis *m. 1*
Flạ|schen|post *f. 10 nur Sg.*
Flạ|schen|wein *m. 1* in Flaschen abgefüllter Wein; *Ggs.:* Fasswein
Flạ|schen|zug *m. 2* Vorrichtung zum Heben von Lasten mittels eines über eine Rolle laufenden Seils
Flạsch|ner *m. 5 süddt. für* Klempner
Fla|ser *f. 11* **1.** Ader im Gestein; **2.** *Nebenform von* Flader
fla|se|rig, flas|rig **1.** geädert; **2.** *Nebenform von* fladerig, fladrig
Flash [flæʃ, engl. »Blitz«] *m. 9* **1.** *Film:* kurze Einblendung in eine Bildfolge; **2.** Eintreten des Rauschzustandes mit Aufhören der Entzugsschmerzen
Flash|back [flæʃbæk] *m. 9* plötzlich wiederkehrender Rauschzustand einige Wochen nach dem eigentl. Rausch durch verzögerte Reaktion des Gehirns auf ein Rauschmittel
flat [flæt, engl.] *Mus.: engl. Bez. für* die Erniedrigung eines Tons, z. B. E flat; vgl. Es (1); *Ggs.:* sharp
Flat|rate [flætrɛɪt, engl.] *f. 9* Pauschalpreis, Pauschale
Flạt|ter|ech|se [-ks-] *f. 11* Flugdrachen

Flạt|ter|geist *m. 3* unsteter Mensch
Flạt|ter|gras *n. 4*
flạt|ter|haft
Flạt|ter|haf|tig|keit *f. 10 nur Sg.*
Flat|te|rie [frz.] *f. 11, veraltet:* Schmeichelei
flạt|te|rig, flạtt|rig **1.** aufgeregt, nervös; **2.** rasch und unregelmäßig (Puls)
flạt|tern *intr. 1*
Flạt|ter|tier *n. 1* kleines Säugetier mit Flughäuten, z. B. Fledermaus
flạtt|rig s. **flạt|te|rig**
Fla|tu|lẹnz [lat.] *f. 10* Entstehung und Abgang von Darmgasen, Blähsucht
Fla|tus *m. Gen. - Pl. -, Med.:* Blähung
flau
Flau|bert [flobɛ(r)], *Gustave* frz. Schriftsteller
Flau|heit *f. 10 nur Sg.*
Flaum *m. Gen. -s nur Sg.* **1.** Bauchfett (des Schweines), Flom, Flomen; **2.** kleine, weiche Federn; **3.** weiche, kurze Haare
Flaum|bart *m. 2*
Flaum|fe|der *f. 11*
flau|mig
flaum|weich
Flaus, Flausch *m. 1* weiches Wollgewebe
flau|schig
Flau|sen *Pl.* **1.** Ausflüchte, Flunkerei; **2.** dumme Gedanken
Flau|sen|ma|cher *m. 5* jmd., der gern flunkert, Flausen erzählt
Flau|te *f. 11* **1.** Windstille; **2.** fast ruhender Geschäftsgang; **3.** Zeit der Niedergeschlagenheit
Fläz *m. 1, ugs.:* Flegel, Rüpel
flä|zen *refl. 1, ugs.:* flegeln; sich in einen Sessel f.
flä|zig flegelhaft
Flẹch|se, Flạch|se [-ks-] *f. 11* Sehne
flẹch|sig [-ks-]
Flẹcht|ar|beit *f. 10*
Flẹch|te *f. 11* **1.** Hautausschlag; **2.** Zopf; **3.** ein aus Algen und Pilzen symbiotisch gebildeter Organismus
flẹch|ten *tr. 37*
Flẹcht|werk *n. 1*
Flẹck *m. 1,* **Flẹ|cken** *m. 7* der blinde Fleck (im Auge); blaue Flecke(n)
Flẹck|chen *n. 7*
Flẹ|cke *Pl., Kochkunst* Gericht aus geschnittenen Kaldaunen; saure Flecke
flẹ|cken *intr. 1* **1.** leicht Flecke bekommen; **2.** *süddt.:* rasch vorangehen (Arbeit)
Flẹ|cken *m. 7* **1.** s. **Flẹck; 2.** größeres Dorf mit bestimmten Rechten, z. B. Marktrecht
flẹ|cken|los
Flẹ|cken|was|ser *n. 6*
Flẹ|ckerl|tep|pich *m. 1, bair., österr.:* aus farbigen Stoffstückchen zusammengesetzter Teppich
Flẹck|fie|ber *n. 5 nur Sg.* eine schwere fiebrige Infektionskrankheit, Flecktyphus
flẹ|ckig
Flẹck|ty|phus *m. Gen. - nur Sg.* = Fleckfieber
Flẹd|de|rer [rotwelsch] *m. 5* Leichenfledderer
flẹd|dern *tr. 1* berauben (bes. Tote)
Fle|der|maus *f. 2*
Fle|der|wisch, Fe|der|wisch *m. 1* Federbesen (zum Staubwischen)
Fleet, Flet *n. 1, nddt.:* Graben, Kanal
Fle|gel *m. 5*
Fle|ge|lei *f. 10*
fle|gel|haft
Fle|gel|haf|tig|keit *f. 10 nur Sg.*
Fle|gel|jah|re *Pl.*
fle|geln *refl. 1* sich lässig und herausfordernd hinsetzen; sich in einen Sessel f.
fle|hen *intr. 1*
fle|hent|lich
Fleisch *n. 1 nur Sg.;* Fleisch fressen; Fleisch fressende Pflanzen, Tiere; der Fleisch gewordene Gott
Fleisch|bank *f. 2*
Fleisch|be|schau *f. 10 nur Sg.*
Fleisch|brü|he *f. 11*
Flei|scher *m. 5*
Flei|sche|rei *f. 10*
Flei|scher|meis|ter *m. 5*
flei|schern aus Fleisch
Flei|sches|lust *f. 2 nur Sg.*
fleisch|far|ben, fleisch|far|big
Fleisch fres|send (*alt:* fleisch|fressend)
Fleisch ge|wor|den (*alt:* fleischge|wor|den)
Fleisch|ha|cker, Fleisch|hau|er *m. 5, österr. für* Fleischer
flei|schig
fleisch|lich
fleisch|los (Nahrung)
Fleisch|ver|gif|tung *f. 10*
Fleisch|wer|dung *f. 10 nur Sg.*
Fleisch|wolf *m. 2*
Fleisch|wun|de *f. 11*
Fleisch|wurst *f. 2*
Fleiß *m. Gen. -es nur Sg.*
flei|ßig; Fleißiges Lieschen: Begonie
flek|tier|bar
flek|tie|ren *tr. 3* beugen, *Oberbegriff für* deklinieren und konjugieren
flẹn|nen *intr. 1, ugs.:* weinen
Flet *n. 1* s. **Fleet**
flẹt|schen *tr. 1, nur in der Wendung* die Zähne f.: die Zähne entblößen (als Drohgebärde)
flẹt|schern [nach dem Amerikaner Horace Fletcher] *tr. 1* lange und sorgfältig kauen
Flẹtt *n. 1, im niedersächs. Bauernhaus:* Wohn- und Herdraum
fleucht *veraltet poet.:* fliegt; alles, was da kreucht und fleucht
Fleu|ron [flørɔ̃] *m. 9, Baukunst, Buchw.:* Blumenornament
Fleu|rons [flørɔ̃s] *Pl.* Halbmonde aus ungesüßtem Blätterteig als Beilage zu Fisch u. Fleisch
Fleu|rop [flø-, Kurzwort aus: Flores Europae »Blumen Europas«] *ohne Artikel* Vereinigung von Blumenhändlern zur Vermittlung von Blumen
fle|xi|bel [lat.] **1.** biegsam, nachgebend, elastisch (Bucheinband); *Ggs.:* inflexibel; **2.** beweglich, nicht starr, anpassungsfähig (beim Planen u. Ä.)
Fle|xi|bi|li|tät *f. 10 nur Sg.*
Fle|xi|on *f. 10* Beugung, *Oberbegriff für* Deklination und Konjugation
Fle|xi|ons|en|dung *f. 10*
fle|xi|ons|fä|hig
fle|xi|ons|los
fle|xi|visch [-viʃ] Flexion besitzend, die Flexion betreffend
Flẹ|xo|druck *m. 1* Gummidruck
Flẹ|xor *m. Gen. -s Pl. -xo|ren* Beugemuskel; *Ggs.:* Extensor
Fle|xur *f. 10, bes. Anat.:* Biegung, Krümmung
Fli|bụs|ti|er [-tjər, ndrl.], Fi|li|bụs|ter *m. 5, 17. Jh.:* Seeräuber, Freibeuter
Flịck|ar|beit *f. 10*
flị|cken *tr. 1*
Flị|cken *m. 7*
Fli|cke|rei *f. 10*
Flịck|flack *m. 9* Übungsteil im Bodenturnen
Flịck|schnei|der *m. 5*
Flịck|schus|ter *m. 5*
Flịck|werk *n. 1 nur Sg.* zusammengestückelte, immer wieder ergänzte Arbeit
Flịck|wort *n. 4* Füllwort
Flie|boot [engl.] *n. 1* **1.** kleines, schnelles Fischerboot; **2.** Beiboot
Flie|der *m. 5*

F

F

flie|der|far|ben, flie|der|far|big
Flie|der|tee *m. 9 nur Sg.* Holunderblütentee
Flie|ge *f. 11*
flie|gen *intr. u. tr. 38;* fliegende Blätter: lose Blätter; fliegender Händler: wandernder Händler; fliegende Hitze; fliegende Eile; *aber:* Fliegende Blätter: Titel einer humorist. Wochenzeitschrift 1844-1928; Fliegende Fische *(Zool.)*; der Fliegende Holländer
Flie|gen|fän|ger *m. 5*
Flie|gen|fens|ter *n. 5*
Flie|gen|ge|wicht *n. 1 nur Sg., Schwerathletik:* leichteste Gewichtsklasse
Flie|gen|klap|pe, Flie|gen|klat|sche *f. 11*
Flie|gen|kopf *m. 2, Buchw.:* auf dem Kopf stehender Buchstabe
Flie|gen|pilz *m. 1*
Flie|gen|schnäp|per *m. 5* ein Singvogel
Flie|ger *m. 5*
Flie|ger|ab|wehr *f. 10 nur Sg.*
Flie|ger|ab|wehr|ka|no|ne *f. 11* (*Abk.:* Flak)
Flie|ger|a|larm *m. 1*
Flie|ger|an|griff *m. 1*
Flie|ge|rei *f. 10 nur Sg.*
Flie|ger|horst *m. 1*
flie|ge|risch
Flieh|burg *f. 10* frühe Form der Burg
flie|hen *intr. u. tr. 39*
Flieh|kraft *f. 2 nur Sg.* Zentrifugalkraft
Flie|se *f. 11*
flie|sen *tr. 1;* gefliestes Bad
Flie|sen|le|ger *m. 5*
Fließ|ar|beit *f. 10* Arbeit am Fließband
Fließ|band *n. 4*
Fließ|ei *n. 3* Windei
flie|ßen *intr. 40;* es floss
Fließ|heck *n. 9*
Fließ|laut *m. 1* Liquida
Fließ|pa|pier *n. 1* Löschpapier
Fließ|was|ser *n. 6 nur Sg., österr.:* fließendes Wasser, Leitungswasser
Flim|mer *m. 5* **1.** *nur Sg.* zitternder Lichtschein; **2.** ein Mineral, Glimmer; **3.** haarförmiger, meist der Bewegung dienender Zellfortsatz bei Einzellern
Flim|mer|e|pi|thel [-te:l] *n. 1* mit feinen Härchen besetzte Epithelzellen, z. B. in der Nase
Flim|mer|här|chen *n. 1* Wimper, Geißel bei Einzellern
flim|mern *intr. 1*
flink
Flink|heit *f. 10 nur Sg.*
Flint [engl.] *m. 1* Feuerstein
Flin|te *f. 11* Schrotgewehr
Flint|glas *n. 4 nur Sg.* bleihaltiges Glas
Flint|stein *m. 1* Feuerstein
Flip [engl.] *m. 9* Mischgetränk mit Zucker und Ei, z. B. Milchflip
Flip|chart [-tʃa:t, engl.] *m. 9 oder n. 9* auf einem Gestell befestigter, großformatiger Papierblock
Flip|flop *n. 9*
Flip|per *m. 5* Markierung am Ende der Bahn im Flipperspiel
flip|pern *intr. 3*
Flip|per|spiel *n. 1* elektr. Spielautomat, bei dem eine Kugel eine bestimmte Bahn rollen muss
flir|ren *intr. 1* flimmern
Flirt [flət, engl.] *m. 9* Liebelei
flir|ten [flə-] *intr. 2*
Flit|scherl *n. 14 bair., österr. für* Flittchen
Flitt|chen *n. 7* leichtes Mädchen, Nutte, Dirne
Flit|ter *m. 5 nur Sg.* **1.** kleine, glitzernde Metallstückchen zum Aufnähen auf Kleider; **2.** Unechtes, Tand
Flit|ter|gold *n. Gen.* -(e)s *nur Sg.* Rauschgold
Flit|ter|kram *m. Gen.* -s *nur Sg.* Flitter (2)
flit|tern *intr. 3, ugs.:* die Flitterwochen verleben
Flit|ter|wo|chen *Pl.* die ersten Wochen nach der Hochzeit
Flitz|bo|gen *m. 7* Bogen und Pfeile (als Kinderspielzeug)
flit|zen *intr. 1, ugs.:* rennen
Flit|zer *m. 5, ugs.:* kleines, schnelles Fahrzeug
floa|ten [flou-, engl.] *intr. 2* schwanken (Währungskurs)
Floa|ting [flou-] *n. 9 nur Sg.* freies Schwanken des Wechselkurses einer Währung nach Angebot und Nachfrage
Flo|bert|ge|wehr *auch:* **Flo|bert-Ge|wehr** [-bɛr-, nach dem frz. Waffenschmied Flobert] *n. 1* Kleinkalibergewehr
Flo|cke *f. 11*
flo|cken *intr. 1* Flocken bilden
flo|ckig
Flo|con|né [-ne, frz.] *m. 9 nur Sg.* weicher Mantelstoff mit flockiger Oberseite, Flockenstoff
Floh *m. 2*
Floh|cir|cus *m. 1* s. **Floh|zir|kus**
flö|hen *tr. 1* nach Flöhen absuchen (Tier)
Floh|krebs *m. 1*
Floh|markt *m. 2* Markt für gebrauchte Waren
Floh|zir|kus, Floh|cir|cus *m. 1* Schaubude mit dressierten Flöhen
Flom *m. 1,* **Flo|men** *m. 7* s. **Flaum** (1)
Flop [engl.] *m. 9* Misserfolg, Fehlschlag; das darf kein Flop sein
flop|pen *intr. 2, ugs.:* scheitern, einen Misserfolg haben; das Buch floppte; der Film ist gefloppt
Flop|py|disk *auch:* **Flop|py Disk** (*alt:* Flop|py disk) *f. 9* Diskette
Flor [lat.] *m. 1* **1.** alle Blüten einer Pflanze; **2.** große Menge von Blumen; **3.** Wohlstand, Gedeihen; **4.** dünner Seidenstoff; **5.** haarige Oberseite von Teppichen, Samt und Plüsch
Flo|ra *f. Gen.* - *Pl.* -ren **1.** die Pflanzenwelt eines bestimmten Gebietes; vgl. Fauna; **2.** Gesamtheit der Bakterien im Körper, z. B. Darmflora
Flo|ren|ti|ner *m. 5* **1.** Einwohner von Florenz; **2.** Damenstrohhut mit breiter Krempe; **3.** ein Mandel-Schokolade-Gebäck
flo|ren|ti|nisch
Flo|renz ital. Stadt
Flo|res|zenz [lat.] *f. 10* **1.** Blütenstand; **2.** Gesamtheit der Blüten einer Pflanze; **3.** Blütezeit
Flo|rett [frz.] *n. 1* eine leichte Stichwaffe, Stoßdegen
Flo|rett|fech|ten *n. Gen.* -s *nur Sg.*
Flo|rett|sei|de *f. 11* Abfallseide
Flo|ri|an männl. Vorname
flo|rid [lat.] rasch fortschreitend (Krankheit)
Flo|ri|da (*Abk.:* FL) Staat der USA
flo|rie|ren [lat.] *intr. 3* blühen, gedeihen, gut vorangehen (Geschäft)
Flo|ri|le|gi|um *n. Gen.* -s *Pl.* -gi|en **1.** Blütenlese **2.** Anthologie
Flo|rin [lat.] *m. Gen.* - *Pl.* -(s) (*Abk.:* fl., Fl.) Gulden, *in Großbritannien früher:* 2 Shilling, *Niederlande:* 100 Cent
Flo|rist [lat.] *m. 10* **1.** Blumenkenner, Erforscher einer Flora; **2.** Blumenbinder
Flo|ris|tik *f. 10 nur Sg.* Wissenschaft von den Floren (vgl. Flora) der Erde, Zweig der Pflanzengeographie
flo|ris|tisch

Flos|kel [lat. »Blümchen«] *f. 11* bloße Redensart, Formel, z. B. Höflichkeitsfloskel
Floß *n. 2* Wasserfahrzeug aus zusammengebundenen Baumstämmen
Flos|se *f. 11*
flö|ßen *tr. 1* auf dem Wasser treibend befördern (Baumstämme)
Flos|sen|fü|ßer *m. 5* **1.** Robbe; **2.** Flügelschnecke
Flö|ßer *m. 5*
Flö|ße|rei *f. 10*
Floß|fahrt *f. 10*
Flo|ta|ti|on [frz.] *f. 10* Verfahren zum Aufbereiten von Erzen
flo|ta|tiv mittels Flotation
Flö|te *f. 11;* Flöte spielen
flö|ten *intr. 2* **1.** Flöte spielen; **2.** *intr. 47, ugs.;* die Uhr ist flöten gegangen
flö|ten ge|hen (*alt:* flö|ten|ge|hen) [hebr.] *intr. 47, ugs.:* kaputtgehen, verloren gehen
Flö|ten|spiel *n. 1 nur Sg.*
Flö|ten|ton *m. 2;* jmdm. die Flötentöne beibringen *ugs.:* jmdn. zurechtweisen
flo|tie|ren [frz.] *tr. 3* mittels Flotation aufbereiten
Flö|tist *m. 10* Flötenbläser
flott 1. flink, rasch; flott arbeiten, schreiben; ein flott gehendes Geschäft; ein flott geschriebener Roman; **2.** schwimmfähig (Schiff); **3.** leichtsinnig, verschwenderisch; flott leben
Flott *n. Gen.* -(e)s *nur Sg.* etwas, das oben schwimmt, z. B. Milchrahm, Schicht kleiner Wasserpflanzen
Flot|te *f. 11*
Flot|ten|ab|kom|men *n. 7*
Flot|ten|pa|ra|de *f. 11*
Flot|ten|stütz|punkt *m. 1*
flott ge|hend (*alt:* flott|ge|hend)
flott ge|schrie|ben (*alt:* flott|ge-schrie|ben)
flot|tie|ren *intr. 3* schwimmen, gleiten, schweben; flottierende Schuld: schwebende, nicht fundierte Schuld
Flot|til|le [auch: -tiljə, span.] *f. 11* **1.** *veraltet:* Verband kleiner Kriegsschiffe; **2.** *heute:* Gesamtheit aller Schiffe eines Typs
flott|ma|chen *tr. 1* reparieren (bes. Schiff), wieder in Gang bringen; *aber:* flott machen (= schnell machen)
Flotz|maul *n. 4* der feuchte Teil der Nase (beim Vieh)

Flöz *n. 1* abbaubare Schicht (bes. von Kohle)
Flu|at [Kurzwort aus Fluorsilikat] *n. 1* ein Härtemittel für Baumaterialien
Fluch *m. 2*
fluch|be|la|den
flu|chen *intr. 1*
Flucht *f. 10* **1.** *nur Sg.* das Fliehen; **2.** *Jägerspr.:* Sprung (vom Reh); **3.** gerade Linie, Reihe (von Häusern, Zimmern)
Flucht|burg *f. 10* Fliehburg
fluch|ten *tr. 2* in eine gerade Linie bringen
flüch|ten *intr. 2*
Flucht|ge|fahr *f. 10*
Flucht|hel|fer *m. 5*
flüch|tig
Flüch|tig|keit *f. 10 nur Sg.*
Flüch|tig|keits|feh|ler *m. 5*
Flücht|ling *m. 1*
Flücht|lings|la|ger *n. 5*
Flucht|li|nie *f. 11*
Flucht|punkt *m. 1* Punkt, in dem sich alle geraden, parallelen Linien in der Ferne scheinbar vereinigen
Flucht|ver|dacht *m. 1 nur Sg.*
flucht|ver|däch|tig
Flucht|ver|such *m. 1*
Flucht|weg *m. 1*
fluch|wür|dig
Flug *m. 2*
Flug|ab|wehr *f. 10 nur Sg.* Fliegerabwehr
Flug|a|sche *f. 11 nur Sg.*
Flug|bahn *f. 10*
flug|be|reit
Flug|blatt *n. 4*
Flug|boot *n. 1*
Flug|dra|che *m. 11* eine tropische Echse, Flatterechse
Flug|ech|se [-ks-] *f. 11* Flugsaurier
Flü|gel *m. 5*
Flü|gel|al|tar *m. 2*
...flü|ge|lig, z. B. dreiflügelig, 3-flügelig
flü|gel|lahm
flü|gel|los (von Insekten)
Flü|gel|mann *m. 4, Pl. auch:* -leu|te, *Mil.*
flü|geln 1. *tr. 1, Jägerspr.:* in den Flügel schießen; **2.** *intr. 1, poet.:* schwankend fliegen, gaukeln
Flü|gel|rad *n. 4*
Flü|gel|schlag *m. 2*
Flü|gel|schne|cke *f. 11* eine Meeresschnecke
Flü|gel|stür|mer *m. 5, Sport:* Rechts- oder Linksaußen einer Mannschaft

Flü|gel|tür *f. 10*
Flug|fisch *m. 1* Fliegender Fisch
Flug|frosch *m. 2*
Flug|funk *m. 1 nur Sg.* Funkverbindung zwischen Flugzeug und Flughafen oder anderen Flugzeugen
Flug|gast *m. 2*
flüg|ge 1. flugfähig (Vogel); **2.** *auch übertr.:* erwachsen (junger Mensch, bes. Mädchen)
Flug|ha|fen *m. 8*
Flug|ge|sell|schaft *f. 10*
Flug|hörn|chen *n. 7* ein Nagetier
Flug|hund *m. 1* ein Flattertier, Fliegender Hund
Flug|ka|pi|tän *m. 1*
Flug|kör|per *m. 5*
Flug|leh|rer *m. 5*
Flug|lei|ter *m. 5*
Flug|li|nie *f. 11*
Flug|loch *n. 4*
Flug|lot|se *m. 11*
Flug|platz *m. 2* nicht dem öffentl. Verkehr dienender Landeplatz für Flugzeuge
flugs schnell, geschwind
Flug|sand *m. 1 nur Sg.*
Flug|sau|ri|er *m. 5*
Flug|schrei|ber *m. 5* Gerät im Flugzeug für die Aufzeichnung von Flugdaten, Blackbox
Flug|schrift *f. 10*
Flug|schü|ler *m. 5*
Flug|si|che|rung *f. 10 nur Sg.*
Flug|stun|de *f. 11*
flug|taug|lich
Flug|tech|nik *f. 10 nur Sg.*
Flug|ver|kehr *m. 1 nur Sg.*
Flug|wet|ter *n. 5 nur Sg.*
Flug|zeug *n. 1*
Flug|zeug|ab|sturz *m. 2*
Flug|zeug|ab|wehr|ka|no|ne *f. 11* (*Abk.:* Flak)
Flug|zeug|füh|rer *m. 5*
Flug|zeug|trä|ger *m. 5*
Fluh *f. 2,* **Flüh** *f. 1,* **Flü|he** *f. 11, schweiz.* **1.** Felswand, Bergabhang; **2.** Beton
flu|hen *tr. 1, schweiz.:* betonieren
Flüh|ler|che *f. 11*
Flüh|vo|gel *m. 6* ein Singvogel, Braunelle
flu|id [lat.] flüssig
Flu|id *n. Gen.* -s *Pl.* -i|da Flüssigkeit
flu|i|dal den Zustand des Fließens noch erkennen lassend (von Mineralien)
Flu|i|dum *n. Gen.* -s *Pl.* -da die von einer Person oder Sache ausgehende, eigentüml. Wirkung

F

F

Fluk|tu|a|ti|on [lat.] *f. 10* Schwankung, Wechsel
fluk|tu|ie|ren *intr. 3* schwanken, wechseln
Flun|der *f. 11* ein Plattfisch
Flun|ke|rei *f. 10*
Flun|ke|rer *m. 5*
flun|kern *intr. 1* aufschneiden, schwindeln; ich flunkere, flunkre
Flunsch *m. 1, nord-, mitteldt.:* vorgeschobene Unterlippe, Schmollmund
Flu|or [lat.] *n. Gen. -s nur Sg.* (*Zeichen:* F) chem. Element
Flu|o|res|zenz *f. 10 nur Sg.* farbiges Aufleuchten nach Einwirkung andersfarbiger Bestrahlung
flu|o|res|zie|ren *intr. 3* bei Bestrahlung aufleuchten
Flu|o|rid *n. 1* Salz der Flusssäure
Flu|o|rit *m. 1* Flussspat
flu|o|ro|gen, flu|o|ro|phor zur Fluoreszenz fähig
Flu|o|ro|me|ter [lat. + griech.] *n. 5* Gerät zum Messen der Fluoreszenz
Flu|o|ro|me|trie *auch:* **Flu|o|ro|met|rie** *f. 11 nur Sg.* Fluoreszenzmessung
flu|o|ro|me|trisch *auch:* **flu|o|ro|met|risch**
flu|o|ro|phor s. **flu|o|ro|gen**
Flu|o|ro|phor *m. 1* Fluoreszenzträger
Flu|or|si|li|kat *n. 1* vgl. Fluat
Flur **1.** *f. 10* bebautes Land, Acker, Wiese; **2.** *m. 1* Vorraum im Haus, Diele, Korridor, Hausflur
Flur|be|rei|ni|gung *f. 10*
Flur|gar|de|ro|be *f. 11*
Flur|hü|ter *m. 5*
Flur|scha|den *m. 8*
Flur|schütz *m. 10* Flurhüter
Flur|um|gang *m. 2* Bittgang um die Dorfflur
Flu|se *f. 11* Fussel
Fluss (*alt:* Fluß) *m. 2*
fluss|ab|wärts (*alt:* fluß|ab|wärts)
Fluss|arm (*alt:* Fluß|arm) *m. 1*
fluss|auf|wärts (*alt:* fluß|auf|wärts)
Fluss|bett (*alt:* Fluß|bett) *n. 12*
Flüss|chen (*alt:* Flüß|chen) *n. 7*
Fluss|fisch (*alt:* Fluß|fisch) *m. 1* Süßwasserfisch
flüs|sig; flüssig machen: schmelzen; Geld flüssig machen
Flüs|sig|keit *f. 10*
Flüs|sig|keits|men|ge *f. 11*
flüs|sig ma|chen (*alt:* flüs|sig|machen) *tr. 1*
Fluss|krebs (*alt:* Fluß|krebs) *m. 1*
Fluss|lauf (*alt:* Fluß|lauf) *m. 2*
Fluss|netz (*alt:* Fluß|netz) *n. 1*
Fluss|pferd (*alt:* Fluß|pferd) *n. 1*
Fluss|re|gu|lie|rung (*alt:* Fluß|re|gu|lie|rung), **Fluss|re|ge|lung** (*alt:* Fluß|re|ge|lung) *f. 10*
Fluss|sand (*alt:* Fluß|sand) *m. 1 nur Sg.*
Fluss|säu|re (*alt:* Fluß|säu|re) *f. 11* giftige, ätzende Lösung von Fluorwasserstoff
Fluss|schiff|fahrt (*alt:* Fluß-schiffahrt (-ff|f-)) *f. 10 nur Sg.* Binnenschifffahrt
Fluss|spat (*alt:* Fluß|spat) *m. 1 nur Sg.* ein Mineral, Fluorit
Fluss|tal (*alt:* Fluß|tal) *n. 4*
Flüs|ter|ge|wöl|be *n. 5*
flüs|tern *tr. 1;* ich flüstere, flüstre es
Flüs|ter|pro|pa|gan|da *f. Gen. - nur Sg.*
Flüs|ter|stim|me *f. 11*
Flüs|ter|ton *m. 2;* im F. sprechen
Flüs|ter|witz *m. 1*
Flut *f. 10,* Ebbe und Flut
flu|ten **1.** *intr. 2;* **2.** *tr. 2* unter Wasser setzen (U-Boot)
Flut|ha|fen *m. 8* nur bei Flut benutzbarer Hafen
Flut|licht *n. Gen. -(e)s nur Sg.*
flut|schen [auch: flut-] *intr. 1, ugs.:* rasch vorangehen (Arbeit)
Flut|wel|le *f. 11*
Flut|zeit *f. 10*
flu|vi|al, flu|vi|a|til [-vi-, lat.] **1.** durch einen Fluss bewirkt, zum Fluss gehörig; **2.** von einem Fluss abgetragen und abgesetzt
Flu|vi|o|graph *auch:* **Flu|vi|o|graf** [-vi-, lat. + griech.] *m. 10* selbsttätig registrierender Pegel
Flu|xi|on [lat.] *f. 10* Wallung, Blutandrang
Flu|xus *m. nur Sg., Med.:* starke Absonderung (Blut, Eiter)
Fly|er [flaɪə(r), engl.] *m. 5* Flugblatt, Werbewurfsendung
Fly|ing Dutch|man [flaɪɪŋ dʌtʃmæn] *m. Gen. - - Pl. - -men* [-mən] ein Segelboottyp
Fly-o|ver [flaɪoʊvə(r)] *m. Gen. -s Pl. -s* Straßenüberführung
Flysch *n. 1 nur Sg.* ein Sedimentgestein
fm *Abk. für* Festmeter
Fm *chem. Zeichen für* Fermium
FM *Abk. für* Frequenzmodulation
Fmk *Abk. für* Finnmark
f-Moll *n. Gen. - nur Sg.* (*Abk.:* f) eine Tonart
f-Moll-Ton|lei|ter *f. 11*
fob *Abk. für* free on board
Fock *f. 10, kurz für* Focksegel
Fock|mast *m. 12* vorderster Mast
Fock|se|gel *n. 5* unterstes Segel am Fockmast
fö|de|ral [lat.] s. **fö|de|ra|tiv**
fö|de|ra|li|sie|ren *tr. 3* zu einer Föderation vereinigen
Fö|de|ra|lis|mus *m. Gen. - nur Sg.* Streben nach einem Bundesstaat mit weitgehender Selbständigkeit der Einzelstaaten; *Ggs.:* Unitarismus
Fö|de|ra|list *m. 10*
fö|de|ra|lis|tisch
Fö|de|ra|ti|on *f. 10* Bündnis, Staatenbund, Bundesstaat
fö|de|ra|tiv, fö|de|ral auf Föderation beruhend
fö|de|rie|ren *refl. 3* sich verbünden
Fog [fɔg, engl.] *m. Gen. -s nur Sg.* dichter Nebel
Fog|horn *n. 4* Nebelhorn
Fo|gosch [ung.] *österr. für* Zander
foh|len *intr. 1* Junge werfen (vom Pferd)
Foh|len, Fül|len *n. 7* junges Pferd
Föhn *m. 1 nur Sg.* warmer, trockener Fallwind nördlich der Alpen
Föhn *m. 1* Haartrockner; *aber:* Fön®
föh|nen *intr. 1* wehen (Föhnwind)
föh|nen *tr. 1* mit dem Föhn (Haartrockner) trocknen
föh|nig durch Föhn (Föhnwind) bewirkt, warm; föhniges Wetter
Föhn|krank|heit *f. 10 nur Sg.* durch Föhn bedingte Beschwerden
Föh|re *f. 11* vgl. Kiefer (1)

→ Foyer Obwohl das aus dem Französischen stammende Fremdwort *Foyer* auf [-je:] auslautet, wird es wie in seiner Herkunftssprache *-yer* geschrieben. Das auslautende *r* wird wie im Französischen zwar geschrieben, aber nicht gesprochen.

fo|kal [lat.] **1.** vom Fokus ausgehend, auf ihn bezüglich; **2.** von einem infektiösen Krankheitsherd ausgehend
Fo|kal|di|stanz *auch:* **Fo|kal|dis|tanz** *f. 10* Brennweite
Fo|kal|in|fek|ti|on *f. 10* von einem streuenden Krankheitsherd im Körper ausgehende chronische Infektion, Herdinfektion
Fo|kus *m. Gen. - Pl. -* **1.** Brennpunkt; **2.** ständig Bakterien aussendender Krankheitsherd im Körper, Streuherd

fo|kus|sie|ren *tr. 3* **1.** in einem Brennpunkt vereinigen (Lichtstrahlen); **2.** ausrichten (Linsen); **3.** mit scharfer Aufmerksamkeit betrachten
fol. *Abk. für* folio
Fol. *Abk. für* Folio
Fol|der [fouldə(r), engl.] *m. 5* gefalteter Prospekt

Folge leisten: Gefüge aus Substantiv und Verb werden getrennt und mit großem Anfangsbuchstaben geschrieben: *Sie mussten der Aufforderung Folge leisten.* § 34 E3 (5)

Fol|ge *f. 11;* einer Aufforderung Folge leisten; in der Folge; vgl. demzufolge, infolge, infolgedessen, zufolge
fol|gen *intr. 1* **1.** hinterhergehen, nachfolgen; ich bin ihm gefolgt; **2.** gehorchen; ich habe ihm gefolgt

Folgendes: Substantivierte Adjektive oder adjektivisch gebrauchte Partizipien werden mit großem Anfangsbuchstaben geschrieben: *Sie haben gestern Folgendes/das Folgende verabredet. Im Folgenden/In Folgendem behandeln wir die Rechtschreibung.* Ebenso: *durch das Folgende, mit Folgendem, alle Folgenden.* § 57 (1)

fol|gend; folgendes interessantes Beispiel; folgende interessante Beispiele; und folgende Seite (*Abk.:* f.); und folgende Seiten (*Abk.:* ff.); Folgendes wurde mir berichtet; bitte machen Sie von Folgendem keinen Gebrauch; im Folgenden werde ich erklären, wie …; das Folgende; mit dem Folgenden; alles Folgende
fol|gen|der|ma|ßen
fol|gen|der|wei|se
fol|gen|los
fol|gen|reich
fol|gen|schwer
fol|ge|recht folgerichtig
fol|ge|rich|tig
Fol|ge|rich|tig|keit *f. 10 nur Sg.*
fol|gern *tr. 1*
Fol|ge|rung *f. 10*
Fol|ge|satz *m. 2* **1.** nachfolgender Satz; **2.** Konsekutivsatz
fol|ge|wid|rig nicht folgerichtig
Fol|ge|zeit *f. 10;* in der F.
folg|lich
folg|sam
Folg|sam|keit *f. 10 nur Sg.*
Fo|li|ant [lat.] *m. 10* **1.** Buch in Folioformat; **2.** großes, schweres (altes) Buch
Fo|lie [-ljə] *f. 11* **1.** dünnes Blatt, z. B. Gold-, Plastikfolie; **2.** aufgeprägte Farbschicht (auf einem Bucheinband); **3.** *übertr.:* Hintergrund (vor dem etwas hervortritt)
fo|lie|ren [lat.] *tr. 3* **1.** mit einer Folie (1) unterlegen; **2.** *veraltet:* beziffern (Druckbogenseiten)
Fo|lin|säu|re *f. 11 nur Sg.* s. **Fol|säu|re**
fo|lio [lat.] (*Abk.:* fol.) Blatt (Verweis in alten Handschriften, z. B. fol. 5c: auf dem Blatt 5c)
Fo|lio *n. 9* (*Abk.:* Fol., *Zeichen:* 2°) **1.** altes Papier- und Buchformat in der Größe eines halben Druckbogens (ca. 21 × 33 cm); **2.** Doppelseite (im Geschäftsbuch)
Fo|li|um *n. Gen.* -s *Pl.* -lia *oder* -li|en Pflanzenblatt
Folk [fouk, engl.] *m. Gen.* -, *nur Sg.* auf angloamerikan. Folklore basierende (Rock-)Musik
Fol|ke|ting [dän.: -gətəŋ] *n. 1 nur Sg.* das dän. Parlament
Folk|lo|re *auch:* **Fol|klo|re** [auch: -lo-, engl.] *f. 11 nur Sg.* Volksmusik, Volkslieder und -tänze
Folk|lo|rist *auch:* **Fol|klo|rist** *m. 10* Erforscher, Kenner der Folklore
Folk|lo|ris|tik *auch:* **Fol|klo|ris|tik** *f. 10 nur Sg.* Wissenschaft von der Folklore
folk|lo|ris|tisch *auch:* **fol|klo|ris|tisch**
Folk|song [fouk-, engl.] *m. 9* Volkslieder in der Art des Folk
Folk|wang *german. Myth.:* Palast der Freia
Fol|li|kel [lat.] *m. 5* **1.** Säckchen, Knötchen, Bläschen; **2.** Hülle des ausgereiften Eies im Eierstock
Fol|li|kel|hor|mon *n. 1* weibl. Geschlechtshormon
Fol|li|kel|sprung *m. 2* Eisprung
fol|li|ku|lar, fol|li|ku|lär zum Follikel gehörig, in der Art eines Follikels
Fol|li|ku|li|tis *f. Gen.* - *Pl.* -ti|den Haarbalg-, Talgdrüsenentzündung
Fol|säu|re, Fo|lin|säu|re *f. 11 nur Sg.* zur Vitamin-B-Gruppe gehörendes Vitamin
Fol|ter *f. 11*
Fol|ter|bank *f. 2*
Fol|te|rer *m. 5*
Fol|ter|kam|mer *f. 11*
Fol|ter|knecht *m. 1*
fol|tern *tr. 1*
Fol|ter|werk|zeug *n. 1*
Fo|ment [lat.] *n. 1,* **Fo|men|ta|ti|on** *f. 10* warmer Umschlag
Fon *n. Gen.* -s *Pl.* - s. **Phon**
fon…, Fon… s. **phon…, Phon…**
Fön (*alt für:* Föhn) *m. 1*
Fön® *m. 1 (in dieser Schreibung nur als Warenzeichen gültig)* s. **Föhn**
Fond [fɔ̃, frz.] *m. 9* **1.** Hintergrund; **2.** Rücksitz (im Auto); **3.** beim Braten in der Pfanne sich ansetzender Fleischsaft; **4.** ungewürzte Brühe aus Fleischsaft, die nach Bedarf für eine bestimmte Speise passend zubereitet wird
Fon|dant [fɔ̃dã, frz.] *m. 9, österr.: n. 9* **1.** gekochte Zuckermasse zum Überziehen oder Füllen von Pralinen; **2.** Zuckerpraline
Fonds [fɔ̃, frz.] *m. Gen.* - *Pl.* - [fɔ̃s] Geldvorrat (für best. Zwecke)
Fonds|ge|sell|schaft [fɔ̃-] *f. 10*
Fon|due [fɔ̃dy, frz.] *n. 9* Käse oder Fleischstückchen, auf einem Spirituskocher geschmolzen bzw. gebraten und gewürzt
Fo|nem *n. 1* s. **Pho|nem**
fö|nen (*alt für:* föh|nen) *tr. 1*
Fo|ne|tik *f. 10 nur Sg.* s. **Pho|ne|tik**
Fo|ne|ti|ker *m. 5* s. **Pho|ne|ti|ker**
fo|ne|tisch s. **pho|ne|tisch**
Fo|ni|a|trie *auch:* **Fo|ni|at|rie** *f. 11* s. **Pho|ni|a|trie**
fo|nisch s. **pho|nisch**
fo|no…, Fo|no… s. **pho|no…, Pho|no…**
Fo|no|graf *m. 10* s. **Pho|no|graph**
Fo|no|gra|fie *f. 11 nur Sg.* s. **Pho|no|gra|phie**
fo|no|gra|fisch s. **pho|no|gra|phisch**
Fo|no|gramm *n. 1* s. **Pho|no|gramm**
Fo|no|kof|fer *m. 5* s. **Pho|no|kof|fer**
Fo|no|lo|ge *m. 11* s. **Pho|no|lo|ge**
Fo|no|lo|gie *f. 11* s. **Pho|no|lo|gie**
fo|no|lo|gisch s. **pho|no|lo|gisch**
Fo|no|me|ter *n. 5* s. **Pho|no|me|ter**
Fo|no|tech|nik *f. 10* s. **Pho|no|tech|nik**
Fo|no|thek *f. 10* s. **Pho|no|thek**
Fo|no|ty|pis|tin *f. 10* s. **Pho|no|ty|pis|tin**
Font [engl.] *m. 9* digitaler Zeichensatz
Fon|ta|ne, *Theodor* dt. Schriftsteller
Fon|tä|ne [frz.] *f. 11* Springbrunnen

F

Fon|ta|nel|le [ital.] *f. 11* Knochenlücke auf dem Schädel Neugeborener
Fon|zahl *f. 10* s. **Phon|zahl**
Foot [fut, engl.] *m. Gen. - Pl.* Feet [fit] (*Abk.:* ft) engl. Längenmaß, Fuß, 0,3 m
Foot|ball [futbɔ:l] *m. Gen.* -s *nur Sg.* amerik., dem Rugby ähnl. Ballspiel
fop *Abk. für* free on plane

> **→ Fauxpas** Obwohl das französische Fremdwort *Fauxpas* mit [fo-] anlautet, wird es wie in seiner Herkunftssprache mit *Faux-* und nicht, wie bei entsprechend anlautenden deutschen Wörtern üblich, mit *Fo-* geschrieben. Das *x* und das *s* im zweiten Wortbestandteil *pas* gehören zu einer Reihe von Konsonanten, die zwar geschrieben, aber nicht gesprochen werden, wenn sie am Silbenende stehen.

fop|pen *tr. 1* necken, zum Narren halten
Fop|pe|rei *f. 10*
Fo|ra *Pl. von* Forum
Fo|ra|mi|ni|fe|re [lat.] *f. 11* einzelliges Wassertier, meist mit Kalkschale, ein Wurzelfüßer, Thalamophor
Force [fɔrs, frz.] *f. 11, veraltet:* Kraft, Stärke, Gewalt
for|cie|ren [-si-] *tr. 3* heftig oder mit Gewalt vorantreiben, beschleunigen
För|de [nddt.] *f. 11* langer, schmaler Meeresarm
För|der|band *n. 4*
För|der|korb *m. 2*
för|der|lich
För|der|mit|tel *Pl.* finanzielle Zuwendungen
for|dern *tr. 1;* ich fordere, fordre es
för|dern *tr. 1;* ich fördere, fördre ihn
För|der|pro|gramm *n. 1* umfassende Maßnahme zur Unterstützung eines besonderen Projekts
För|der|schacht *m. 2*
För|der|seil *n. 1*
För|der|stu|fe *f. 11, Schulwesen*
För|der|turm *m. 2*
For|de|rung *f. 10*
För|de|rung *f. 10*
För|der|wa|gen *m. 7*
För|der|werk *n. 1*
Fö|re [skand.] *f. 11* **1.** *nur Sg.* gute Eignung des Schnees zum Skilaufen, Geführigkeit; **2.** Schneebahn, Schlittenbahn
Fore|che|cking [fɔ(r)tʃɛkiŋ, engl.] *n. Gen.* -s *Pl.* -s, *Sport:* erlaubtes, frühes Stören des gegnerischen Angriffs
Fore|hand [fɔ(r)hænd, engl.] *f. 9, Tennis, Tischtennis, Federball:* Vorhandschlag; *Ggs.:* Backhand
Fo|rel|le *f. 11*
Fo|ren *Pl. von* Forum
fo|ren|sisch [lat.] **1.** *eigtl.:* zum Forum gehörig; **2.** *allg.:* gerichtlich; forensische Medizin; forensische Psychologie
Fo|rint [ung.] *m. Gen.* -s *Pl.* -(s), *österr. auch:* -e (*Abk.:* Ft) ung. Währungseinheit, 100 Fillér
For|ke *f. 11* Heu-, Mistgabel
for|keln *intr. u. tr. 1, Jägerspr.:* mit dem Geweih kämpfen, aufspießen
For|le *f. 11, süddt.:* Kiefer (Baum), Föhre
Forl|eu|le *f. 11* ein Schmetterling, Kieferneule
Form *f. 10;* in F. kommen, sein
for|mal der Form nach, hinsichtlich der Form
Form|al|de|hyd *m. 1 nur Sg.* farbloses, stechend riechendes, zur Desinfektion verwendetes Gas
For|ma|li|en *nur Pl.* Formalitäten, Formvorschriften
For|ma|lin, For|mol *n. 1 nur Sg.* Lösung von Formaldehyd in Wasser, Desinfektionsmittel
for|ma|li|sie|ren [lat.] *tr. 3* in strenge Form bringen, einer Formvorschrift unterwerfen
For|ma|lis|mus *m. Gen. - nur Sg.* übertriebene Betonung des Formalen, der Äußerlichkeiten
For|ma|list *m. 10*
for|ma|lis|tisch
For|ma|li|tät *f. 10* Formsache, Formvorschrift; die Formalitäten erledigen
for|ma|li|ter förmlich
for|mal|recht|lich dem Buchstaben des Gesetzes nach
For|mans [lat.] *n. Gen. - Pl.* -man|tia [-tsja] *oder* -man|zi|en Ableitungssilbe, Präfix, Infix, Suffix
For|mat [lat.] *n. 1* **1.** Maß, Ausmaß, Größe (Höhe und Breite); **2.** *übertr.:* Bedeutung, feste Haltung, Charakterstärke
For|ma|ti|on *f. 10* **1.** Bildung, Gestaltung; **2.** *Mil.:* Verband, Gliederung, Aufstellung; **3.** *Geol.:* durch bestimmte Schichten der Erdkruste gekennzeichneter Abschnitt der Erdgeschichte; **4.** *Bot.:* Pflanzengesellschaft mit gleicher Wuchsform, z. B. Steppe, Laubwald
for|ma|tiv auf Gestaltung beruhend, gestaltend
form|bar
Form|bar|keit *f. 10 nur Sg.*
form|be|stän|dig
Form|be|stän|dig|keit *f. 10 nur Sg.*
Form|blatt *n. 4* Blatt mit vorgedrucktem Text, Formular
For|mel *f. 10* feststehender Ausdruck, kurze, treffende Zusammenfassung oder Bestimmung
for|mel|haft
For|mel|haf|tig|keit *f. 10 nur Sg.*
for|mell **1.** förmlich, die äußeren Formen beachtend; **2.** (nur) zum Schein
for|men *tr. 1*
For|men|leh|re *f. 11* Morphologie
for|men|reich
For|men|reich|tum *m. 4 nur Sg.*
For|men|sinn *m. 1 nur Sg.*
For|mer *m. 5*
For|me|rei *f. 10*
Form|feh|ler *m. 5*
form|ge|bend
Form|ge|bung *f. 10 nur Sg.*
Form|gie|ßer *m. 5*
For|mi|at [lat.] *n. 1* Salz der Ameisensäure
for|mi|da|bel [frz.] *veraltet:* furchtbar, schrecklich, riesig
for|mie|ren [lat.] *tr. 3*
For|mie|rung *f. 10*
förm|lich
Förm|lich|keit *f. 10*
form|los
Form|lo|sig|keit *f. 10 nur Sg.*
Form|obst *n. Gen.* -es *nur Sg.* Spalierobst
For|mol *n. 1 nur Sg.* s. **For|ma|lin**
Form|sa|che *f. 11*
Form|sand *m. 1 nur Sg.*
form|schön
form|streng
For|mu|lar [lat.] *n. 1*
for|mu|lie|ren *tr. 3*
For|mu|lie|rung *f. 10*
For|mung *f. 10*
Form|ver|än|de|rung *f. 10*
form|voll|en|det
For|myl [lat. + griech.] *n. 1 nur Sg.* Säurerest der Ameisensäure
forsch
For|sche *f. 11 nur Sg., ugs.:* forsches Benehmen
för|scheln *intr. 1, schweiz.:* vorsichtig forschen, jmdn. aushorchen

for|schen *intr. 1*
For|scher *m. 5*
For|scher|drang *m. Gen.* -(e)s *nur Sg.*
Forsch|heit *f. 10 nur Sg.*
For|schung *f. 10*
For|schungs|auf|trag *m. 2*
For|schungs|ge|mein|schaft *f. 10*
For|schungs|in|sti|tut *auch:* **For|schungs|ins|ti|tut** *n. 1*
For|schungs|rei|se *f. 11*
Forst *m. 1*
Forst|a|ka|de|mie *f. 11*
Forst|amt *n. 4*
fors|ten *tr. 2* forstwirtschaftlich bearbeiten
Förs|ter *m. 5*
Förs|te|rei *f. 10*
Forst|fre|vel *m. 5*
Forst|haus *n. 4*
forst|lich
Forst|meis|ter *m. 5*
Forst|rat *m. 2*
Forst|re|vier [-vi:r] *n. 1*
Fors|tung *f. 10 nur Sg.*
Forst|wirt|schaft *f. 10 nur Sg.*
forst|wirt|schaft|lich
Forst|wis|sen|schaft *f. 10 nur Sg.*
forst|wis|sen|schaft|lich
For|sy|thia [-tsja, nach dem engl. Botaniker W.A. Forsyth] *f. Gen. - Pl.* -thi|en [-tsjən], **For|sy|thie** [-tsjə] *f. 11* ein Zierstrauch
fort; fort sein; und so fort (*Abk.:* usf.); in einem fort
Fort [for, lat.-frz.] *n. 9* kleine Befestigungsanlage
fort|ab
fort|an
Fort|be|stand *m. 2 nur Sg.*
fort|be|ste|hen *intr. 151*
fort|be|we|gen *tr. 1*
Fort|be|we|gung *f. 10*
fort|bil|den *tr. 2*
Fort|bil|dung *f. 10 nur Sg.*
Fort|bil|dungs|kurs *m. 1*
fort|blei|ben *intr. 17*
fort|brin|gen *tr. 21*
Fort|dau|er *f. 11 nur Sg.*
fort|dau|ern *intr. 1*
Fort|druck *m. 1 nur Sg.* Beginn des Drucks der Auflage nach Beendigung aller Vorarbeiten
for|te [ital.] (*Abk.:* f) *Mus.:* laut, stark
For|te *n. Gen.* -s *Pl.* -ti
fort|ei|len *intr. 1*
fort|ent|wi|ckeln *tr. 1*
Fort|ent|wick|lung *f. 10 nur Sg.*
For|te|pi|a|no [ital.] *n. Gen.* -s *Pl.* -s *oder* -ni, *veraltet für* Pianoforte

fort|fah|ren *intr. 32*
Fort|fall *m. 2 nur Sg.* Wegfall
fort|fal|len *intr. 33*
fort|flie|gen *intr. 38*
fort|füh|ren *tr. 1*
Fort|füh|rung *f. 10 nur Sg.*
Fort|gang *m. 2 nur Sg.*
fort|ge|ben *tr. 45*
fort|ge|hen *intr. 47*
Fort|ge|schrit|te|ne(r) *m. 18 (17) bzw. f. 17 oder 18*
fort|ge|setzt
fort|hin weiterhin
For|ti|fi|ka|ti|on [lat.] *f. 10, veraltet* **1.** Befestigung; **2.** Befestigungsanlage
for|ti|fi|zie|ren *tr. 3, veraltet:* befestigen
for|tis|si|mo [ital.] (*Abk.:* ff) *Mus.:* sehr laut, sehr stark
For|tis|si|mo *n. Gen.* -s *Pl.* -mi
fort|ja|gen *tr. 1*
fort|kom|men *intr. 71*
fort|kön|nen *intr. 72*
fort|las|sen *tr. 75*
fort|lau|fen *intr. 76;* fortlaufend nummeriert
fort|le|ben *intr. 1*
fort|müs|sen *intr. 87*
fort|neh|men *tr. 88*
fort|pflan|zen *refl. 1*
Fort|pflan|zung *f. 10 nur Sg.*
Fort|pflan|zungs|ge|schwin|dig|keit *f. 10*
Fort|pflan|zungs|or|gan *n. 1*
Fort|pflan|zungs|trieb *m. 1 nur Sg.*
FORTRAN [engl.] *Abk. für* für formula translator: Formelübersetzer (eine Programmiersprache)
fort|rei|sen *intr. 1*
fort|rei|ßen *tr. 96*
fort|ren|nen *intr. 98*
Fort|satz *m. 2*
fort|schaf|fen *tr. 1*
fort|schi|cken *tr. 1*
fort|schrei|ten *intr. 129*
Fort|schritt *m. 1*
Fort|schritt|ler *m. 5*
fort|schritt|lich
Fort|schritt|lich|keit *f. 10 nur Sg.*
fort|schritts|gläu|big
fort|seh|nen *refl. 1*
fort|set|zen *tr. 1*
Fort|set|zung *f. 10*
Fort|set|zungs|ro|man *m. 1*
fort|sprin|gen *intr. 148*
fort|steh|len *refl. 152*
fort|sto|ßen *tr. 157*
fort|tra|gen *tr. 160*
For|tu|na *röm. Myth.:* Glücksgöttin
For|tü|ne *f. Gen. - nur Sg.,* keine Fortüne, kein Glück haben

fort|wäh|rend andauernd, ununterbrochen
fort|wer|fen *tr. 181*
fort|wol|len *intr. 185*
fort|wün|schen *tr. 1*
fort|zie|hen *tr. u. intr. 187*
Fo|rum [lat.] *n. Gen.* -s *Pl.* -ra *oder* -ren **1.** *im alten Rom:* Markt- und Gerichtsplatz; **2.** *übertr.:* Gericht, Richterstuhl; das F. der Öffentlichkeit
For|ward [fɔ̱wəd, engl.] *m. 9, schweiz.:* Stürmer
Forz *m. 1, vulg.* s. **Furz**
for|zan|do *Mus.* s. **sfor|zan|do**
for|za|to *Mus.* s. **sfor|za|to**
for|zen *intr. 1, vulg.* s. **fur|zen**
Fos|bu|ry|flop *auch:* **Fos|bu|ry-Flop** [fɔsbəriflɔp, engl.] *m. 9* Hochsprungstil
Fo|ße [frz.] *f. 11* **1.** leere Karte; **2.** Fehlfarbe
fos|sil [lat.] urzeitlich, urweltlich, (nur noch) als Versteinerung erhalten; *Ggs.:* rezent (1)
Fos|sil *n. Gen.* -s *Pl.* -li|en versteinerter Rest eines Tiers oder einer Pflanze aus der erdgeschichtl. Urzeit
Fos|si|li|sa|ti|on *f. 10* Vorgang der Versteinerung
fos|si|li|sie|ren *tr. 3* versteinern
fot *Abk. für* free on truck
Föt *m. 12* = **Fet**
fö|tal = **fe|tal**
fö|tid *Med.:* übel riechend
Fo|to **1.** *n. 9, schweiz.: f. 9, Kurzwort für* Fotografie; **2.** *m. 9, Kurzwort für* Fotoapparat
fo|to..., Fo|to..., pho|to..., Pho|to...
Fo|to|ap|pa|rat *m. 1* Apparat zum Herstellen von Lichtbildern
Fo|to|che|mie, Pho|to|che|mie *f. 11 nur Sg.* Lehre von den Wirkungen des Lichts
Fo|to|che|mi|gra|fie, Pho|to|che|mi|gra|phie *f. 11 nur Sg.* Herstellung von Ätzungen auf fotografischem Weg
Fo|to|ef|fekt, Pho|to|ef|fekt *m. 1* Zusammenstoß eines Lichtquants mit einem Elektron an der Oberfläche eines Metalls
Fo|to|e|lek|tri|zi|tät *auch:* **Fo|to|e|lekt|ri|zi|tät,** Pho|to|e|lek|tri|zi|tät *f. 10 nur Sg.*
Fo|to|e|le|ment, Pho|to|e|le|ment *n. 1* Anordnung zur Umwandlung von Licht in Elektrizität
Fo|to|fi|nish [-niʃ, engl.] *n. Gen. - nur Sg.* Zieleinlauf, bei dem der

Sieger durch Zielfoto ermittelt wird
fo|to|gen, pho|to|gen bildwirksam
Fo|to|graf, Pho|to|graph *m. 10*

Fotografie/Photographie: Die ins Deutsche integrierte Schreibweise *Fotografie* ist die Hauptvariante, die fremdsprachige Schreibweise *Photographie* die zulässige Nebenvariante. § 32 (2)

F

Fo|to|gra|fie, Pho|to|gra|phie *f. 11* **1.** *nur Sg.* Herstellung von Lichtbildern; **2.** Lichtbild
fo|to|gra|fie|ren *tr. 3* ein Lichtbild (von jmdm. oder etwas) herstellen
fo|to|gra|fisch, pho|to|gra|phisch
Fo|to|gramm, Pho|to|gramm *n. 1*
Fo|to|gram|me|trie *auch:* **Fo|to|gram|met|rie,** Pho|to|gram|me|trie *f. 11 nur Sg.* fotograf. Verfahren für Messzwecke
Fo|to|ko|pie, Pho|to|ko|pie *f. 11* Kopie (eines Schriftstücks oder Bildes) auf fotograf. Wege
fo|to|ko|pie|ren, pho|to|ko|pie|ren *tr. 3;* ein Schriftstück f.: eine Fotokopie davon herstellen
fo|to|me|cha|nisch, pho|to|me|cha|nisch mit Hilfe der Fotografie mechanisch hergestellt
Fo|to|me|ter, Pho|to|me|ter *n. 5*
Fo|to|mo|dell *n. 1* jmd., der sich berufsmäßig für Werbe- oder künstler. Zwecke fotografieren lässt
Fo|to|mon|ta|ge [-ʒə] *f. 11* **1.** *nur Sg.* Zusammensetzung von Lichtbildausschnitten zu einem Bild; **2.** ein so entstandenes Lichtbild
Fo|ton, Pho|ton *n. Gen.* -s *Pl.* -to|nen kleinstes Teilchen einer elektromagnet. Strahlung
Fo|to|satz, Pho|to|satz *m. 2 nur Sg.* auf fotograf. Wege hergestellter Schriftsatz, Filmsatz
Fo|to|sphä|re *auch:* **Fo|tos|phä|re,** Pho|to|sphä|re *f. 11* strahlende Gashülle der Sonne
Fo|to|syn|the|se, Pho|to|syn|the|se *f. 11*
fo|to|tak|tisch, pho|to|tak|tisch *Bot.:* sich auf einen Lichtreiz hin bewegend
Fo|to|ta|xis, Pho|to|ta|xis *f. Gen. - Pl.* -xen, *Bot.:* auf einen Lichtreiz hin erfolgende Bewegung
Fo|to|thek, Pho|to|thek *f. 10* geordnete Sammlung von Fotografien
Fo|to|the|ra|pie, Pho|to|the|ra|pie *f. 11 nur Sg.* Heilverfahren mit Hilfe von Licht
fo|to|trop, fo|to|tro|pisch, pho|to|trop, pho|to|tro|pisch auf Fototropismus beruhend, lichtwendig
Fo|to|tro|pis|mus, Pho|to|tro|pis|mus *m. Gen. - nur Sg.* Krümmung (von Pflanzenteilen) zum Licht hin bei einseitigem Lichteinfall, Lichtwendigkeit, Heliotropismus
Fo|to|vol|ta|ik, Pho|to|vol|ta|ik *f. Gen. - nur Sg.* Teilgebiet der Elektronik
Fo|to|zel|le, Pho|to|zel|le *f. 11* lichtelektrische Zelle
Fö|tus *m. Gen. - Pl.* -ten *oder* -tus|se = **Fe|tus**
Fot|ze *f. 11* **1.** *vulgär:* Vagina; **2.** *bair., ugs.:* Maul; Ohrfeige
Föt|zel *m. 5, schweiz.:* Taugenichts, Lump
fot|ze|lig, föt|ze|lig *schweiz.:* zerlumpt
foul [faʊl, engl.] *unflektierbar, Sport:* regelwidrig
Foul [faʊl] *n. 9, Sport:* Verstoß gegen die Spielregeln
Fou|lard [fular, frz.] *m. 9* beidseitig bedruckter, leichter Seiden- oder Kunstseidenstoff
Fou|lar|di|ne [fu-] *f. 11 nur Sg.* bedruckter Baumwollstoff
Fou|lé [fule] *m. 9* weicher, gerauter Wollstoff
Foul|elf|me|ter [faʊl-] *m. 5*
foul|en [faʊ-, engl.] *Sport* **1.** *intr. 1* regelwidrig spielen; **2.** *tr. 1* den Gegner f.: regelwidrig angreifen
Foul|spiel [faʊl-] *n. 1*
Fou|qué [fuke], *Friedrich Baron de la Motte-F.* dt. Schriftsteller
Four|gon [furgɔ̃, frz.] *m. 9, veraltet, noch schweiz.:* Militärlastwagen
Fou|rier [fu-, franz.] *m. 1, veraltend, noch österr. und schweiz. Schreibung von* Furier
Four|let|ter|word *auch:* **Four-Letter-Word** [fɔ:lętə(r)wə:d, engl.] *n. 9, ugs.:* (aus vier Buchstaben bestehendes) vulgäres Schimpfwort, z. B. fuck; vgl. Fivevowelword
fou|tie|ren [fu-, frz.], fu|tie|ren *refl. 3, schweiz., ugs.:* sich f.: sich um etwas nicht kümmern
fow *Abk. für* free on waggon
Fox *m. 1, Kurzwort für* **1.** Foxterrier; **2.** Foxtrott
Fox|ter|ri|er *m. 5* eine Hunderasse
Fox|trott *m. 1 oder m. 9* ein Gesellschaftstanz
Fo|yer *auch:* **Foy|er** [foaje, frz.] *n. 9* Wandelgang, Wandelhalle (im Theater)
FPÖ *Abk. für* Freiheitliche Partei Österreichs
fr *Abk. für* Franc
fr. *Abk. für* frei
Fr **1.** *chem. Zeichen für* Francium; **2.** *Abk. für* Freitag
Fr. **1.** *Abk. für* Franken (2); **2.** *Abk. für* Frau; **3.** *Abk. für* Frater
Fra [ital.] *Abk. für* Frate »Bruder«, *nur vor Eigennamen:* Kloster-, Ordensbruder, z. B. Fra Angelico
Fracht *f. 10*
Fracht|brief *m. 1*
Fracht|damp|fer *m. 5*
Frach|ter *m. 5* Frachtdampfer
fracht|frei
Fracht|gut *n. 4*
Fracht|ver|kehr *m. 1 nur Sg.*
Fracht|wa|gen *m. 7*
Frack [engl.] *m. 2, ugs. auch: m. 9*
Frack|hemd *n. 12*
Fra|ge *f. 11;* infrage *oder:* in Frage kommen, stellen
Fra|ge|bo|gen *m. 7*
Fra|ge|für|wort *n. 4* = Interrogativpronomen
fra|gen *tr. 1*
Fra|ger *m. 5*
Fra|ge|rei *f. 10*
Fra|ge|satz *m. 2* = Interrogativsatz
Fra|ge-und-Ant|wort-Spiel *n. 1*
Fra|ge|wort *n. 4* = Interrogativpronomen
Fra|ge|zei|chen *n. 7*
fra|gil [lat.] zart, zerbrechlich
Fra|gi|li|tät *f. 10 nur Sg.*
frag|lich
frag|los
Frag|ment [lat.] *n. 1* Bruchstück, unvollendetes Werk, übrig gebliebener Rest eines Werkes
frag|men|ta|risch in der Art eines Fragments, bruchstückhaft
Frag|men|ta|ti|on *f. 10* **1.** direkte Kernteilung, Durchschnürung des Zellkerns in zwei oder mehr ungleiche Teile; **2.** Teilung einer Mutterpflanze
frag|men|tie|ren *tr. 3* in Bruchstücke zerlegen
frag|wür|dig
Frag|wür|dig|keit *f. 10 nur Sg.*
frais, fraise [frɛz, frz.] *unflektierbar:* erdbeerfarben
Frais *m. 12 meist Pl., süddt., österr.:*

Krämpfe (bes. bei kleinen Kindern)
Frak|ti|on [lat.] *f. 10* **1.** Vertretung einer Partei im Parlament; **2.** ein durch Verdampfung aus einem Gemisch isolierter Stoff
frak|ti|o|nie|ren *tr. 3, Chem.:* in Fraktionen trennen; fraktionierte Destillation
Frak|ti|ons|aus|schuss (*alt:* Frak|ti|ons|aus|schuß) *m. 2*
Frak|ti|ons|chef [-ʃɛf] *m. 9*
Frak|ti|ons|mit|glied *n. 3*
Frak|ti|ons|sit|zung *f. 10*
Frak|ti|ons|vor|sit|zen|de(r) *m. 18 (17) bzw. f. 17 oder 18*
Frak|ti|ons|zwang *m. 2 nur Sg.* Verpflichtung, sich bei Abstimmungen der Mehrheit innerhalb der Fraktion anzuschließen
Frak|tur [lat.] *f. 10* **1.** eine gebrochene Druckschrift; mit jmdm. Fraktur reden *übertr.:* ihm energisch die Meinung sagen; **2.** *Med.:* Knochenbruch
Fram|bö|sie [frz.] *f. 11* eine in den Tropen auftretende, der Syphilis ähnliche Hautkrankheit, Himbeerpocken
Frame [freɪm, engl.] *m. 11* Rahmen, Träger der Eisenbahnfahrzeuge
Franc [frã, frz.] *m. 9, nach Zahlenangaben Pl.* - (*Abk.:* fr, frs) Währungseinheit in Frankreich, Belgien, Luxemburg; 100 Centime; frz. Franc (*Abk.:* F, FF); belg. Franc (*Abk.:* bfr, bfrs); luxemburg. Franc (*Abk.:* lfr, lfrs); vgl. Franken
Fran|çaise [frãsɛz, frz.] *f. 11* frz. Kontertanz
Fran|chise [frãʃiz, frz.] *f. 11* **1.** Abgaben-, Zollfreiheit; **2.** *Transport- u. Güterversicherung:* ein Prozentsatz des Wertes des Versicherungsgutes, der nicht versichert wird
Fran|chi|sing [fræntʃaɪzɪŋ, frz.-engl.] Vertrieb unter einem Lizenzvertrag
Fran|ci|um [neulat.] *n. Gen.* -s *nur Sg.* (*Zeichen:* Fr) ein chem. Element, radioaktives Alkalimetall
frank offen, ehrlich, freimütig, *nur noch in der Wendung* frank und frei
Frank männl. Vorname
Fran|ka|tur [ital.] *f. 10* **1.** das Freimachen von Postsendungen; **2.** *veraltet:* Bezahlung der Transportkosten vor der Beförderung
Fran|ke *m. 11* **1.** Angehöriger eines westgerm. Volksstammes; **2.** Einwohner von Franken
Fran|ken **1.** dt. Landschaft, Gebiet in Baden-Württemberg und Bayern; **2.** Schweizer F. *m. 7* (*Abk.:* Fr., sFr. *oder* sfr, sfrs) schweiz. Währungseinheit, 100 Rappen, vgl. Franc
Frank|furt am Main Stadt in Hessen
Frank|fur|ter *m. 5*
frank|fur|te|risch, frank|fur|tisch
Frank|furt (Oder) Stadt in Brandenburg
fran|kie|ren [ital.] *tr. 3* mit Briefmarke(n) versehen oder mit der Frankiermaschine stempeln, freimachen
Fran|kie|rung *f. 10 nur Sg.*
frän|kisch *aber:* die Fränkische Schweiz; der Fränkische Jura
fran|ko [ital.] *unflektierbar:* porto-, kostenfrei, Transportkosten werden vom Absender bezahlt
fran|ko|fon s. **fran|ko|phon**
Fran|ko|ka|na|di|er *m. 5* Französisch sprechender Einwohner Kanadas
fran|ko|ka|na|disch
Fran|ko|ma|nie *f. 11 nur Sg.* übertriebene Vorliebe für alles Französische, Gallomanie
fran|ko|phil
Fran|ko|phi|lie *f. 11 nur Sg.* Vorliebe für alles Französische, Gallophilie
fran|ko|phob
Fran|ko|pho|bie *f. 11 nur Sg.* Abneigung gegenüber allem Französischen, Gallophobie
fran|ko|phon *auch:* **fran|ko|fon** französischsprachig
Fran|ko|stem|pel *m. 5* Stempel mit der Frankiermaschine
Frank|reich europ. Staat
Frank|ti|reur [-rør, frz.] *m. 1, früher:* frz. Freischärler
Fran|se [frz.] *f. 11*
fran|sen **1.** *tr. 1* mit Fransen versehen; **2.** *intr. 1* Fransen bekommen, ausfransen
fran|sig
Franz männl. Vorname, Kurzform zu Franziskus
Franz|band *m. 2* lederner Bucheinband (urspr. nach frz. Art); vgl. Halbfranz
Franz|brannt|wein *m. 1 nur Sg.* geringwertiger Weinbrand mit Zusätzen als Einreibemittel bes. gegen Rheumatismus
Fran|zis|ka weibl. Vorname
Fran|zis|ka|ner *m. 5* Angehöriger des Franziskanerordens
Fran|zis|ka|ner|or|den *m. 7* vom hl. Franz von Assisi (1181 oder 1182-1226) gegründeter Bettelorden
fran|zis|ka|nisch
Fran|zo|se *m. 11*
fran|zo|sen|feind|lich
fran|zo|sen|freund|lich
fran|zö|sie|ren, fran|zö|si|sie|ren *tr. 3* nach frz. Art gestalten, französisch, zum Franzosen machen
Fran|zö|sin *f. 10*
fran|zö|sisch; die französische Schweiz: der frz. Teil der Schweiz; *aber:* die Französische Revolution; vgl. deutsch
Fran|zö|sisch *n. Gen.* -(s) *nur Sg.* frz. Sprache; vgl. Deutsch
fran|zö|si|sie|ren *tr. 3* s. **fran|zö|sie|ren**
frap|pant [frz.] auffallend, überraschend, ins Auge springend
Frap|pé [-pe] *Nv.* **Frap|pee** *Hv.* **1.** *m. 9* Stoff mit eingepresstem Muster **2.** *n. 9* eisgekühltes Getränk
frap|pie|ren *tr. 3* **1.** überraschen, verblüffen; **2.** in Eis kühlen (Wein, Sekt)
Fras|ca|ti [nach dem Anbauort in der Provinz Latium] *m. 9* ein ital. trockener Weißwein
Fräs|dorn *m. 1*
Frä|se *f. 11*
frä|sen *tr. 1*
Frä|ser *m. 5*
Fräs|ma|schi|ne *f. 11*
Fraß *m. 1 nur Sg.*
Fra|te [lat.-ital.] *m. Gen.* - *Pl.* -ti, *Bez. und Anrede für* ital. Klosterbruder
Fra|ter [lat.] *m. Gen.* -s *Pl.* Fra|tres [-tre:s] (*Abk.:* Fr.) Ordens-, Klosterbruder vor der Priesterweihe
Fra|ter|ni|sa|ti|on *f. 10* Verbrüderung
fra|ter|ni|sie|ren *intr. 3* sich verbrüdern
Fra|ter|ni|tät *f. 10* **1.** *nur Sg.* Brüderlichkeit; **2.** Bruderschaft
Fra|ter|ni|té [-te] *f. Gen.* - *nur Sg.* Brüderlichkeit (eins der drei Schlagwörter der Frz. Revolution); vgl. Égalité, Liberté
Fra|tres *auch:* **Frat|res** [-tre:s] *Pl. von* Frater
Fratz *m. 12, ugs. österr.: m. 10* freches kleines Kind
Frat|ze *f. 11*

frat|zen|haft
Frat|zen|schnei|der *m. 5, ugs.*
Frau *f. 10* (*Abk.:* Fr.)
Frau|chen *n. 7*
Frau|en|arzt *m. 2* = Gynäkologe
Frau|en|be|auf|trag|te *f. 17 oder 18*
Frau|en|be|ruf *m. 1*
Frau|en|be|we|gung *f. 10*
Frau|en|chor *m. 2*
Frau|en|e|man|zi|pa|ti|on *f. 10*
frau|en|feind|lich
frau|en|för|dernd
Frau|en|haar *n. 1 nur Sg.* ein Haarfarn
frau|en|haft
Frau|en|haus *n. 4* Haus für Frauen, die von ihren Männern misshandelt wurden
Frau|en|heil|kun|de *f. 11 nur Sg.* = Gynäkologie
Frau|en|kir|che *f. 11* der Muttergottes geweihte Kirche
Frau|en|kli|nik *f. 10*
Frau|en|krank|heit *f. 10*
Frau|en|recht|le|rin *f. 10*
frau|en|recht|le|risch
Frau|en|schuh *m. 1 nur Sg.* eine Orchideenart
Frau|ens|per|son *f. 10, ugs., verächtl.:* Frau
Frau|en|stimm|recht *n. 1 nur Sg.*
Frau|en|wahl|recht *n. 1 nur Sg.*
Frau|en|zeit|schrift *f. 10*
Frau|en|zim|mer *n. 5, ugs., verächtl. oder scherzh.:* Frau, Mädchen
Fräu|lein *n. 7, ugs. auch: n. 9, veraltet* (*Abk.:* Frl.); das F. Müller, *süddt. auch:* die F. Müller; Ihr, *süddt. auch:* Ihre F. Tochter
frau|lich
Frau|lich|keit *f. 10 nur Sg.*
Fraun|ho|fer, *Joseph von* dt. Physiker
fraun|ho|fer|sche Li|ni|en *auch:* **Fraun|ho|fer'|sche Li|ni|en** (*alt:* Fraun|ho|fer|sche Li|ni|en) [nach dem deutschen Physiker Joseph v. Fraunhofer] *Pl.* Absorptionslinien im Sonnenspektrum
frdl. *Abk. für* freundlich
Freak [frik, engl.] *m. 9* **1.** jmd., der sich übermäßig für etwas begeistert; **2.** schrulliger Außenseiter
frech
Frech|dachs *m. 1*
Frech|heit *f. 10*
Frech|ling *m. 1* unverschämter Mensch
free a|long|side ship [fri əlɔŋsaɪd ʃip, engl. »frei (bis) längsseits (des) Schiff(s)«] (*Abk.:* fas) Kosten und Risiko des Transports der Ware bis zum Schiff trägt der Verkäufer
Free|clim|bing *auch:* **Free Clim|bing** (*alt:* Free clim|bing) [fri:klaimiŋ, engl.] *n. Gen. -s nur Sg.* Bergsteigen ohne jegliche Hilfsmittel
Free Jazz *Nv.* **Free|jazz** *Hv.* [fridʒɛ:z, engl.] *m. Gen. - nur Sg.*
free on board [fri ɔn bɔrd, engl. »frei an Bord«] (*Abk.:* fob) Kosten und Risiko des Transports der Ware bis aufs Schiff werden vom Verkäufer getragen
free on plane [fri ɔn plɛın, engl. »frei an Bord (des Flugzeugs)«] (*Abk.:* fop) Kosten und Risiko des Transports der Ware bis ins Flugzeug werden vom Verkäufer getragen
free on truck [fri ɔn trʌk, engl. »frei (bis) auf den Lastwagen«] (*Abk.:* fot); vgl. free on board
free on wag|gon [fri ɔn wægən, engl. »frei (bis) auf den Eisenbahnwagen«] (*Abk.:* fow); vgl. free on board
Free|sia [nach dem dt. Arzt H. Th. Frees] *f. Gen. - Pl.* -si|en, **Free|sie** [-zjə] *f. 11* eine Zierpflanze, ein Schwertliliengewächs
Free|style *auch:* **Free Style** [fristail, engl. »Freistil«] *m. Gen. -s nur Sg.* Springen, Salti (beim Skifahren und Snowboarden, im Ggs. zum Pistenfahren)
Fre|gat|te [frz.] *f. 11* **1.** *früher:* schnelles, dreimastiges Segelschiff; **2.** *heute:* ein Kriegsschiff
Fre|gat|ten|ka|pi|tän *m. 1* Seeoffizier im Rang eines Oberstleutnants
Fre|gatt|vo|gel *m. 6* ein trop. Meeresraubvogel

frei sprechen — freisprechen: Gefüge aus Adjektiv und Verb werden getrennt geschrieben, wenn das Adjektiv erweiterbar oder steigerbar ist: *Neuerdings kann er frei sprechen* (= ohne Manuskript oder ohne Zensur). § 34 E3 (3)
Hingegen wird das Gefüge zusammengeschrieben, wenn Erweiterung bzw. Steigerbarkeit nicht möglich sind: *Der Angeklagte wurde schließlich freigesprochen* (= nicht verurteilt). Ebenso: *freilassen, freihalten, freischwimmen.* § 34 (2.2)

frei **1.** *Kleinschreibung:* freie Berufe; der freie Fall; freies Geleit; eine Ware frei Haus liefern; freier Mitarbeiter, Schriftsteller; freie Wahlen; der freie Wille; die freie Marktwirtschaft; das Signal steht auf »frei«; **2.** *Großschreibung:* Sender Freies Berlin, Freier Deutscher Gewerkschaftsbund (*DDR; Abk.:* FDGB); Freie Demokratische Partei (*Abk.:* FDP, F.D.P.); Freie Deutsche Jugend (*DDR; Abk.:* FDJ); Freie und Hansestadt Hamburg; Freie Hansestadt Bremen; die Freie Reichsstadt Nürnberg; *aber:* die freien Reichsstädte; im Freien; das Freie; ins Freie; **3.** *in Verbindung mit Verben:* frei bekommen: ohne Beschränkung erhältlich sein; *aber:* → freibekommen; das Scharnier ist frei beweglich; frei bleiben; *aber:* → freibleibend; frei sein, werden; einen Gegenstand frei halten; *aber:* → freihalten; sich von Vorurteilen frei machen; *aber:* → freimachen; frei sprechen: ohne abzulesen; *aber:* → freisprechen; frei stehen: stehen, ohne sich festzuhalten, ohne Stütze stehen; *aber:* → freistehen; frei stellen: zur Wahl stellen, zur freien Entscheidung überlassen; *aber:* → freistellen; frei laufende Hunde; frei lebende Tiere
Freia, Freya, Frey|ja, *german. Myth.:* Fruchtbarkeitsgöttin
Frei|bad *n. 4*
Frei|bank *f. 2* Laden zum Verkauf von geringwertigem Fleisch
Frei|bank|fleisch *n. 1 nur Sg.*
frei|be|kom|men *intr. 71* freie Zeit bekommen; ein paar Tage f.; *aber:* etwas frei bekommen
Frei|be|trag *m. 2*
Frei|beu|ter *m. 5* Seeräuber
Frei|beu|te|rei *f. 10 nur Sg.*
frei|beu|te|risch
frei be|weg|lich (*alt:* frei|be|weglich)
Frei|bier *n. 1 nur Sg.*
frei|blei|bend *Kaufmannsspr.:* wir bieten f. an: ohne Verpflichtung; *aber:* ich möchte frei bleiben
Frei|bord *m. 1 nur Sg.* Schiffsbord oberhalb des Wasserspiegels
Frei|brief *m. 1*
Frei|burg **1.** süddt. Stadt; **2.** *frz.:* Fri|bourg schweiz. Kanton; **3.** Hauptstadt des Kantons F.
Frei|den|ker *m. 5*

frei|den|ke|risch
frei|en *tr. 1* werben, heiraten (wollen)
Frei|er *m. 5*
Frei|ers|fü|ße *Pl., nur in der Wendung* auf Freiersfüßen gehen
Frei|ex|em|plar *auch:* **Frei|e|xemplar** *n. 1*
Frei|frau *f. 10* Frau eines Freiherrn, Baronin
Frei|fräu|lein *n. 7,* Frei|in *f. 10* Tochter eines Freiherrn, Baronesse
Frei|ga|be *f. 11*
frei|ge|ben *tr. 45;* die Straße für den Verkehr freigeben
frei|ge|big
Frei|ge|big|keit *f. 10 nur Sg.*
Frei|geist *m. 3*
Frei|geis|te|rei *f. 10 nur Sg.*
frei|geis|tig
Frei|ge|las|se|ne(r) *m. 18 (17) bzw. f. 17 oder 18*
Frei|graf *m. 10* Schöffe im Femgericht
Frei|graf|schaft *f. 10*
Frei|gut *n. 4* **1.** kostenlos beförderte oder zollfreie Ware; **2.** *früher:* von Abgaben freies, lehnsfreies Landgut
frei|ha|ben *intr. 60, ugs.:* freie Zeit haben
frei|hal|ten *tr. 61;* jmdn. f.: für ihn bezahlen; den Weg f. (von Schnee); Einfahrt f.!; vgl. frei
Frei|hand|bi|bli|o|thek *auch:* **Frei|hand|bib|li|o|thek** *f. 10* Bibliothek, in der man sich die Bücher selbst aus den Regalen nehmen kann
Frei|hand|bü|che|rei *f. 10*
Frei|han|del *m. Gen. -s nur Sg.* Handelsverkehr ohne administrative oder polit. Beschränkungen zwischen Staaten
Frei|han|dels|zo|ne *f. 11*
frei|hän|dig
Frei|hand|zeich|nen *n. Gen. -s nur Sg.*
Frei|heit *f. 10*
frei|heit|lich
Frei|heit|lich|keit *f. 10 nur Sg.*
Frei|heits|be|rau|bung *f. 10*
Frei|heits|drang *m. Gen. -(e)s nur Sg.*
Frei|heits|kampf *m. 2*
Frei|heits|kämp|fer *m. 5*
Frei|heits|krieg *m. 1*
Frei|heits|lie|be *f. 11 nur Sg.*
frei|heits|lie|bend
Frei|heits|sta|tue [-tuə] *f. 11*
Frei|heits|stra|fe *f. 11*
frei|her|aus *auch:* **frei|he|raus;** freiheraus sprechen; etwas freiheraus sagen
Frei|herr *m. Gen.* -(e)n *Pl.* -en (*Abk.:* Frhr.) ein Adelstitel, dem Baron entsprechend
frei|herr|lich
Frei|in *f. 10* Freifräulein
Frei|kar|te *f. 11*
Frei|kir|che *f. 11* vom Staat unabhängige Kirche
frei|kom|men *intr. 71*
Frei|kör|per|kul|tur *f. 10 nur Sg.* (*Abk.:* FKK)
Frei|korps [-ko:r] *n. Gen.* - [-ko:rs] *Pl.* - [-ko:rs]
Frei|la|de|bahn|hof *m. 2*
Frei|land *n. 4 nur Sg.*
Frei|land|ge|mü|se *n. 5*
frei|las|sen *tr. 75*
Frei|las|sung *f. 10 nur Sg.*
Frei|lauf *m. 2*
frei lau|fend (*alt:* frei|lau|fend)
frei le|bend (*alt:* frei|le|bend)
frei|le|gen *tr. 1*
Frei|le|gung *f. 10 nur Sg.*
Frei|licht|büh|ne *f. 11*
Frei|licht|ma|le|rei *f. 10*
Frei|licht|the|a|ter *n. 5*
Frei|li|grath *auch:* **Frei|lig|rath,** *Ferdinand* dt. Schriftsteller
Frei|los *n. 1*
Frei|luft|be|hand|lung *f. 10*
frei|ma|chen *tr. 1* mit einer Briefmarke versehen, frankieren; vgl. frei
Frei|ma|chung *f. 10 nur Sg.*
Frei|mar|ke *f. 11* Briefmarke
Frei|mau|rer *m. 5*
Frei|mau|re|rei *f. 10 nur Sg.*
frei|mau|re|risch
Frei|mau|rer|lo|ge [-ʒə] *f. 11*
Frei|mau|rer|tum *n. Gen. -s nur Sg.*
Frei|mut *m. Gen. -(e)s nur Sg.*
frei|mü|tig
Frei|mü|tig|keit *f. 10 nur Sg.*
frei|pres|sen *tr. 1* durch Erpressung die Freigabe einer Person erzwingen
Freir, Frey, Freyr *german. Myth.:* Gott der Fruchtbarkeit, Bruder der Freia
frei|re|li|gi|ös
Frei|sass (*alt:* Frei|saß) *m. Gen.* -es *Pl.* -en, **Frei|sas|se** *m. 11* Besitzer eines Freigutes (2)
frei|schaf|fend; freischaffender Künstler
Frei|schalt|code [-ko:d] *m. 9, fachsprachl.* s. **Frei|schalt|kode**
frei|schal|ten *tr. 2*
Frei|schalt|kode, *fachsprachl.:* **Frei|schalt|code** [-ko:d] *m. 9* Kode, der die weitere Bedienung, Benutzung freigibt
Frei|schar *f. 10* Verband Freiwilliger
Frei|schär|ler *m. 5*
frei|schrei|ben *refl. 127* sich durch schöpfer. Schreiben von einer seel. Last befreien
Frei|schütz *m. 10*
frei|schwim|men *refl. 132* eine vorgeschriebene Zeit ununterbrochen schwimmen; vgl. frei
Frei|schwim|mer *m. 5*
frei|set|zen *tr. 1* **1.** Energie, chemische Stoffe f.; **2.** *verhüllend für* entlassen (Arbeitskräfte)
Frei|sinn *m. 1 nur Sg.* **1.** *in der Schweiz Kurzbez. für* Freisinnig-demokratische Partei **2.** *auch:* polit. Richtung
frei|sin|nig
Frei|sin|nig|keit *f. 10 nur Sg.*
frei|spre|chen *tr. 146* durch Schiedsspruch von einer Schuld, Anklage befreien; vgl. frei
Frei|spre|chung *f. 10*
Frei|spruch *m. 2*
Frei|staat *m. 12*
Frei|statt *f. Gen.* - *Pl.* -stät|ten, **Frei|stät|te** *f. 11*
frei|ste|hen *intr. 151* erlaubt sein; es muss jedem f., zu sagen, was er will; vgl. frei
Frei|stel|le *f. 11*
frei|stel|len *tr. 1* jmd. entlassen; vgl. frei
Frei|stel|lung *f. 10 nur Sg.*
Frei|stil|rin|gen *n. Gen. -s nur Sg.*
Frei|stil|schwim|men *n. Gen. -s nur Sg.*
Frei|stoß *m. 2, Fußball:* vom Schiedsrichter zuerkannter, ungestörter Stoß nach regelwidrigem Verhalten des Gegners

Freitagabend: Die Zusammensetzung aus zwei Substantiven wird zusammengeschrieben: *am Freitagabend, nächsten Freitagabend, eines Freitagabends.* § 37 (1)
Das Adverb wird ebenfalls zusammengeschrieben: *freitagabends.* Als Fügung wird das Wort getrennt geschrieben: *freitags abends.* § 56 (3)

Frei|tag *m. 1* (*Abk.:* Fr); am Freitagabend; vgl. Dienstag
Frei|te *f. 11* Brautwerbung; *fast nur noch in der Wendung* auf die Freite gehen

Frei|tisch *m. 1* regelmäßiges, kostenloses Mittagessen
Frei|tod *m. 1* Selbstmord
Frei|trep|pe *f. 11* Treppe ohne Geländer
Frei|ü|bung *f. 10*
Frei|um|schlag *m. 2* frankierter Briefumschlag
Frei|wild *n. Gen.* -(e)s *nur Sg.* schutzloser Mensch
frei|wil|lig [auch: -vịl-]
Frei|wil|li|ge(r) [auch: -vịl-] *m. 18 (17) bzw. f. 17 oder 18*
F
Frei|wurf *m. 2* (beim Handball)
Frei|zei|chen *n. 7*
Frei|zeit *f. 10*
Frei|zeit|ge|stal|tung *f. 10 nur Sg.*
frei|zü|gig
Frei|zü|gig|keit *f. 10 nur Sg.*
frẹmd
Frẹmd|ar|bei|ter *m. 5*
frẹmd|ar|tig
Frẹmd|ar|tig|keit *f. 10 nur Sg.*
Frẹm|de *f. 11 nur Sg.;* sich in der F. befinden
Frẹm|de(r) *m. 18 (17) bzw. f. 17 oder 18*
frẹm|deln *intr. 1* Fremden gegenüber scheu sein
frẹm|den|feind|lich
Frẹm|den|feind|lich|keit *f. 10 nur Sg.*
Frẹm|den|füh|rer *m. 5*
Frẹm|den|heim *n. 1*
Frẹm|den|le|gi|on *f. 10 nur Sg.*
Frẹm|den|le|gi|o|när *m. 1*
Frẹm|den|ver|kehr *m. 1 nur Sg.*
Frẹm|den|ver|kehrs|amt *n. 4*
Frẹm|den|zim|mer *n. 5*
Frẹmd|fi|nan|zie|rung *f. 10*
frẹmd|ge|hen *intr. 47; ugs.:* einen Seitensprung machen
Frẹmd|gut *n. 4*
Frẹmd|herr|schaft *f. 10*
Frẹmd|kör|per *m. 5*
frẹmd|län|disch
Frẹmd|ling *m. 1*
Frẹmd|spra|che *f. 11*
frẹmd|spra|chig; fremdsprachiger Unterricht: in einer fremden Sprache gehaltener Unterricht
frẹmd|sprach|lich; fremdsprachlicher Unterricht: über eine fremde Sprache, aber in der eigenen Sprache gehaltener Unterricht
Frẹmd|stäm|me *Pl.*
frẹmd|stäm|mig
Frẹmd|stäm|mig|keit *f. 10 nur Sg.*
Fremd|tü|me|lei *f. 10 nur Sg.* übertriebene Vorliebe für alles Fremde
Frẹmd|wort *n. 4*
fre|ne|tisch [frz.] stürmisch, rasend; frenetischer Applaus
fre|quẹnt [lat.] **1.** *veraltet:* häufig, zahlreich; **2.** *Med.:* beschleunigt (Puls)
Fre|quen|ta|ti|on *f. 10* häufiges Besuchen
Fre|quen|ta|tiv *n. 1* vgl. Iterativ
fre|quen|tie|ren *tr. 3* häufig besuchen oder benutzen
Fre|quẹnz *f. 10* **1.** Häufigkeit; **2.** Besucherzahl; **3.** Verkehr, Verkehrsdichte; **4.** Schwingungszahl pro Sekunde
Fre|quẹnz|mo|du|la|ti|on *f. 10* (*Abk.:* FM) Änderung der Frequenz der Trägerwelle
Frẹs|ke [ital. fresco »frisch«] *f. 11* = **Frẹs|ko** (1)
Frẹs|ko *n. Gen.* -s *Pl.* -ken **1.** Freske *f. 11* auf die frisch verputzte, feuchte Wand gemaltes Bild; **2.** *nur Sg.* poröser, harter Wollstoff
Fres|ko|ma|le|rei *f. 10* Malerei auf den noch feuchten Putz; *Ggs.:* Seccomalerei
Fres|sa|li|en *nur Pl., ugs.:* Esswaren
Frẹs|se *f. 11, vulg.:* Mund
frẹs|sen *tr. 41; ugs., derb auch:* verstehen, kapieren; ich fresse, du frisst, er/sie/es frisst, ich fraß, gefressen; fressende Flechte: eine Hautkrankheit
Frẹs|sen *n. 7 nur Sg.*
Frẹs|ser *m. 5*
Fres|se|rei *f. 10, ugs., derb* **1.** zu reichliches Essen; **2.** Nahrung
Frẹss|lust (*alt:* Frẹß|lust) *f. 2 nur Sg.*
Frẹss|korb (*alt:* Frẹß|korb) *m. 2, ugs.*
Frẹss|napf (*alt:* Frẹß|napf) *m. 2*
Frẹss|sack (*alt:* Frẹß|sack) *m. 2, ugs.:* jmd., der viel isst
Frẹss|sucht (*alt:* Frẹß|sucht) *f. 2 nur Sg.*
Frẹss|zel|le (*alt:* Frẹß|zel|le) *f. 11 meist Pl.* Zelle, die Fremdkörper, z. B. Bakterien, vertilgt
Frẹtt [lat.] *n. 1,* **Frẹtt|chen** *n. 7* eine Iltisart
frẹt|ten *refl. 2, österr. ugs.:* sich abmühen, abplagen, sich kümmerlich fortbringen
Fret|te|rei *f. 10 nur Sg., österr., ugs.*
fret|tie|ren *tr. 3* mit dem Frettchen jagen (Kaninchen)
Frẹtt|wie|sel *n. 5* Frettchen
Freu|de *f. 11;* Freud und Leid
freu|den|arm
Freu|den|bot|schaft *f. 10*
Freu|den|fest *n. 1*
Freu|den|feu|er *n. 5*
Freu|den|ge|heul *n. 1*
Freu|den|haus *n. 4* Bordell
freu|den|leer
freu|den|los
Freu|den|mäd|chen *n. 7* Prostituierte
freu|den|reich
Freu|den|ruf *m. 1*
Freu|den|schrei *m. 1*
Freu|den|tag *m. 1*
Freu|den|tau|mel *m. 5*
Freu|den|trä|nen *Pl.*

freudestrahlend: Fügungen aus Substantiv und Partizip, bei denen der erste Teil für eine Wortgruppe steht (= *vor Freude strahlend*), werden zusammengeschrieben: *ein freudestrahlendes Kind.* § 36 (1)

freu|de|strah|lend; *aber:* vor Freude strahlend
freu|de|trun|ken
Freu|di|a|ner *m. 5* Anhänger der Lehre des österr. Nervenarztes und Begründers der Psychotherapie, Sigmund Freud
freu|dig
Freu|dig|keit *f. 10 nur Sg.*
freud|los
Freud|lo|sig|keit *f. 10 nur Sg.*
freud|sche Fehl|leis|tung *auch:* **Freud'|sche Fehl|leis|tung** (*alt:* Freud|sche Fehl|lei|stung) [nach S. Freud] unbewusst beabsichtigtes Versehen
freud|voll
freu|en *tr. u. refl. 1*
Freund *m. 1;* mit jmdm. gut Freund sein; jmdm. Freund sein, bleiben, werden; ich bin sein Freund
Freund|chen *n. 7, meist als mild warnende Anrede*
Freun|des|gruß *m. 2*
Freun|des|hand *f. 2*
Freun|des|kreis *m. 1*
Freun|des|treue *f. 11 nur Sg.*
Freun|din *f. 10*
freund|lich (*Abk.:* frdl.); freundlich gesinnt; freundlich grüßen
Freund|lich|keit *f. 10*
freund|nạch|bar|lich
Freund|schaft *f. 10*
freund|schaft|lich
Freund|schafts|dienst *m. 1*
Freund|schafts|spiel *n. 1, Sport*
fre|vel *poet.:* frevelhaft; frevles Tun

Fre|vel *m. 5*
fre|vel|haft
Fre|vel|haf|tig|keit *f. 10 nur Sg.*
Fre|vel|mut *m. Gen.* -(e)s *nur Sg.*
fre|veln *intr. 1*
Fre|vel|tat *f. 10*
fre|vent|lich
Frev|ler *m. 5*
frev|le|risch
Frey, Freyr s. **Freir**
Freya, Frey|ja s. **Freia**
Frey|burg Stadt an der Unstrut
Frhr. *Abk. für* Freiherr
Frey|tag, *Gustav* dt. Schriftsteller
Fri|de|ri|cus *lat. Form von* Friedrich; F. Rex: König Friedrich I. (der Große)
fri|de|ri|zi|a|nisch
Frie|de *m. 15* = **Frie|den**
frie|den *tr. 2, selten für* einfriedigen
Frie|den *m. 7,* **Frie|de** *m. 15*
Frie|dens|ab|kom|men *n. 7*
Frie|dens|be|din|gung *f. 10 meist Pl.*
Frie|dens|be|we|gung *f. 10*
Frie|dens|bo|te *m. 11*
Frie|dens|en|gel *m. 5*
Frie|dens|fahrt *f. 10* Radrennen
Frie|dens|fest *n. 1*
Frie|dens|freund *m. 1*
Frie|dens|ge|richt *n. 1*
Frie|dens|kuss (*alt:* Frie|dens|kuß) *m. 2*
Frie|dens|lie|be *f. 11 nur Sg.*
Frie|dens|no|bel|preis *m. 1*
Frie|dens|pfei|fe *f. 11*
Frie|dens|preis *m. 1;* F. des deutschen Buchhandels
Frie|dens|pro|zess (*alt:* Frie|dens|pro|zeß) *m. 1*
Frie|dens|rich|ter *m. 5*
Frie|dens|schluss (*alt:* Frie|dens|schluß) *m. 2*
Frie|den(s)|stif|ter *m. 5*
Frie|dens|stö|rer *m. 5*
Frie|dens|tau|be *f. 11*
Frie|dens|ver|hand|lung *f. 10 meist Pl.*
Frie|dens|ver|trag *m. 2*
Frie|de|ri|ke weibl. Vorname
fried|fer|tig
Fried|fer|tig|keit *f. 10 nur Sg.*
Fried|hof *m. 2*
Fried|hofs|ver|wal|tung *f. 10*
Fried|län|der *m. 5* **1.** Beiname Wallensteins (nach seinem Herzogtum Friedland); **2.** Soldat aus Wallensteins Heer
fried|län|disch
fried|lich
Fried|lich|keit *f. 10 nur Sg.*
fried|lie|bend
fried|los
Fried|lo|sig|keit *f. 10 nur Sg.*
Fried|rich männl. Vorname
Fried|richs|dor *m. Gen.* -s *Pl.* -(s) alte preuß. Goldmünze, 5 Taler
fried|sam
Fried|sam|keit *f. 10 nur Sg.*
frie|ren *intr. 42;* ich friere, es friert mich, mich friert; ich friere an den Händen, mich friert an den Händen; mir frieren die Hände
Fries *m. 1* **1.** flauschiger Wollstoff; **2.** *Baukunst:* waagerechter Streifen mit ornamentalen oder figürl. Darstellungen zur Gliederung einer Wandfläche
Frie|se *m. 11,* Fries|län|der *m. 5* Einwohner Frieslands
Frie|sel *m. 14 oder n. 14* **1.** Hautbläschen; **2.** *Pl.* Frieseln, bläschenförmiger Hautausschlag, bes. → Hitzfrieseln
Frie|sel|fie|ber *n. 5 nur Sg.* mit Frieseln verbundenes Fieber
Frie|sin *f. 10* Einwohnerin von Friesland
frie|sisch, fries|län|disch; die Friesischen Inseln
Fries|land Landstrich an der Nordseeküste
Fries|län|der *m. 5* s. **Frie|se**
fries|län|disch s. **frie|sisch**
Frigg, Frig|ga, Fri|ja *german. Myth.:* Göttin des Herdes, Gemahlin Wotans
fri|gid, fri|gi|de [lat.] kühl, geschlechtlich schwer oder nicht erregbar (von Frauen)
Fri|gi|daire® [friʒidɛr, frz.] *auch:* **Fri|gi|där** *m. 9* Kühlschrank
Fri|gi|da|ri|um *n. Gen.* -s *Pl.* -ri|en **1.** *im alten Rom:* kaltes Bad (in den Thermen); **2.** kaltes Gewächshaus
fri|gi|de s. **fri|gid**
Fri|gi|di|tät *f. 10 nur Sg.* Kühle, Unfähigkeit zur geschlechtl. Erregung (von Frauen)
Fri|ja s. **Frigg**
Fri|ka|del|le [frz.] *f. 11* gebratenes Fleischklößchen
Fri|kan|deau [frikãdo, frz.] *n. 9* zarter innerer Teil der Kalbskeule, Kalbsnuss
Fri|kan|del|le [-kã-] *f. 11* **1.** Scheibe aus gedämpftem Fleisch; **2.** *meist auch* Frikadelle
Fri|kas|see *n. 9* klein geschnittenes, helles Fleisch in heller Soße (Hühner-, Kalbsfrikassee)
fri|kas|sie|ren *tr. 3* als Frikassee zubereiten
fri|ka|tiv [lat.] auf Reibung beruhend (von Lauten)
Fri|ka|ti|va [-va] *f. Gen.* - *Pl.* -vae [-vɛ:] *oder* -ven [-vən]
Fri|ka|tiv|laut *m. 1* Reibelaut
Frik|ti|on *f. 10* **1.** Reibung; **2.** *übertr.:* Zwist, Reiberei; **3.** *Med.:* Einreibung (von Salben); **4.** Reibmassage durch kreisförmige Bewegung der Fingerspitzen
Fris|bee [-bi:, engl.] *n. 9* Wurfscheibe
frisch; etwas f. halten; sich f. machen; f. gestrichen; f. gebackener Kuchen; ein frisch gebackener Doktor, Ehemann; eine frisch gestrichene Bank
Frisch, *Max* schweiz. Schriftsteller
frisch|auf!
frisch|ba|cken; frischbackenes Brot
Fri|sche *f. 11 nur Sg.*
fri|schen *tr. 1* **1.** von unedleren Stoffen befreien (Metall); **2.** *Jägerspr.:* Junge werfen (vom Wildschwein)
frisch ge|ba|cken (*alt:* frisch|ge|backen)
Frisch|ge|mü|se *n. 5*

frisch gestrichen: Gefüge aus Adjektiv und Verb werden getrennt geschrieben, wenn das Adjektiv steigerbar oder erweiterbar ist: *Die Bank ist (ganz) frisch gestrichen.* § 34 E3 (3)

frisch ge|stri|chen (*alt:* frisch|ge|stri|chen)
Frisch|hal|te|beu|tel *m. 5*
Frisch|ling *m. 1* Ferkel (vom Wildschwein)
Frisch|ofen *m. 8* Ofen zum Frischen (1)
Frisch|stahl *m. 2*
Frisch|was|ser *n. 6 nur Sg.* Süßwasser, Trinkwasser
frisch|weg
Frisch|zel|len|the|ra|pie *f. 11* Stoffwechselanreiz durch Einspritzen von lebenden Zellen, Zellulartherapie
Fri|seur [-zør], Fri|sör *m. 1*
Fri|seu|rin [-zø-] *f. 10* Friseuse
Fri|seur|ge|schäft [-zør-] *n. 1*
Fri|seu|se [-zø-] *f. 11* weibl. Friseur
fri|sie|ren *tr. 3; ugs. auch:* beschönigen, zum Positiven verändern
Fri|sier|sa|lon [-lɔ̃, ugs. -lɔŋ] *m. 9*
Fri|sier|to|i|let|te [-toa-] *f. 11*

F

Fri|sier|um|hang *m. 2*
Fri|sör *m. 1* s. **Fri|seur**
Frist *f. 10*
fris|ten *tr. 2;* (mühsam) sein Leben f.
Fris|ten|lö|sung *f. 10*, **Fris|ten|re|ge|lung** *f. 10* Freigabe des Schwangerschaftsabbruchs bis zum 3. Monat
frist|ge|recht
frist|los
Frist|wech|sel [-ks-] *m. 5* = Datowechsel
Fri|sur *f. 10*
Fri|teu|se *(alt für:* Frit|teu|se) [-tøzə, frz.] *f. 11*
fri|tie|ren *(alt für:* frit|tie|ren) *tr. 3*
Frit|ta|te [ital.] *f. 11* **1.** Omelette, Eierkuchen, Pfannkuchen; **2.** *österr.:* in Streifen geschnittene Pfannkuchen als Suppeneinlage
Frit|te *f. 11* Schmelzmasse zur Herstellung von Glasuren
frit|ten **1.** *intr. 2* schmelzen und zusammenbacken (Sand, Glasmasse); **2.** *tr. 2, ugs. für* fritieren
Frit|teu|se [-tøzə, frz.] *f. 11* elektrisches Gerät zum Frittieren von Speisen
frit|tie|ren *tr. 3* in schwimmendem Fett backen
Fritt|o|fen *m. 8*
Frit|tung *f. 10 nur Sg.*
Frit|tü|re *(alt:* Fri|tü|re) [frz.] *f. 11* **1.** heißes Fett zum Backen und Braten; **2.** das im Fett Gebackene
Fritz männl. Vorname, Kurzform zu Friedrich
fri|vol [-vol, frz.] schlüpfrig, zweideutig, frech
Fri|vo|li|tät [-vo-] *f. 10* **1.** Schlüpfrigkeit, Zweideutigkeit; **2.** *nur Pl.* mit einem schiffchenförmigen Werkzeug hergestellte Knüpfspitze, Okkispitze
Frl. *Abk. für* Fräulein
Frö|bel, *Friedrich* dt. Pädagoge
froh; froh gelaunt; ein frohes Ereignis; *aber:* die Frohe Botschaft (des Evangeliums)
Froh|bot|schaft *f. 10 nur Sg.* (des Evangeliums)
froh ge|launt *(alt:* froh|ge|launt)
froh|ge|mut
fröh|lich
Fröh|lich|keit *f. 10 nur Sg.*
froh|lo|cken *intr. 1*
Froh|mut *m. Gen. -(e)s nur Sg.*
froh|mü|tig
Froh|sinn *m. 1 nur Sg.*
Fro|mage de Brie [-maʒ də -] *m. Gen. - - - Pl. -s - -* [-maʒ - -] Briekäse
fromm; eine fromme Lüge
From|me *m. 11, veraltet:* Ertrag, *nur noch in der Wendung* zu Nutz und Frommen
Fröm|me|lei *f. 10 nur Sg.*
fröm|meln *intr. 1* sich übertrieben fromm zeigen
from|men *intr. 1* nützen; es frommt mir (nicht); wem soll das frommen?
Fromm|heit *f. 10 nur Sg.*
Fröm|mig|keit *f. 10 nur Sg.*
Frömm|ler *m. 5*
Fron *f. 10* **1.** Fron|de *f. 11, früher:* Dienstleistungen, die für private oder öffentl. Berechtigte erbracht wurden; **2.** mühsame Arbeit
Fron|bo|te *m. 11, im MA:* Gerichtsdiener, Büttel
Fron|de *f. 11* s. **Fron** (1)
Fron|de [frɔ̃də, frz.] *f. 11* **1.** *nur Sg.* polit. Bewegung in Frankreich gegen den Absolutismus; **2.** regierungsfeindliche Partei
fron|den *intr. 2* s. **fro|nen**
Fron|deur [frɔ̃dœr, frz.] *m. 1* Anhänger der Fronde
Fron|dienst *m. 1* **1.** *im Altertum und MA:* die dem Grundherrn zu leistende Zwangsarbeit; **2.** *Schweiz und Tirol auch heute noch* s. **Fron** (1)
fron|die|ren [frɔ̃-] *intr. 3* Widerspruch gegen die Regierung erheben, Opposition treiben
fro|nen, fron|den *intr. 1* Frondienst leisten
frö|nen *intr. 1, in den Wendungen* einer Leidenschaft, Gewohnheit, einem Laster f.: ihr, ihm nachgeben
Frö|ner *m. 5, früher:* Arbeiter im Frondienst
Fron|fas|ten *n. Gen. -s nur Sg.* vierteljährliche Fasttage
Fron|fes|te *f. 11* Zwingburg
Fron|leich|nam *m. Gen. -s nur Sg.* »Leib des Herrn«, kath. Fest am zweiten Donnerstag nach Pfingsten
Fron|leich|nams|fest *n. 1* Fronleichnam
Fron|leich|nams|pro|zes|si|on *f. 10*
Front [frz.] *f. 10;* gegen etwas F. machen: sich einer Sache widersetzen
fron|tal vorn befindlich, von vorn
Front|an|trieb *m. 1*
Front|dienst *m. 1 nur Sg.*
Fron|ti|spiz *auch:* **Fron|tis|piz** *n. 1* **1.** das dem Titelblatt gegenüberstehende Bild; **2.** Vordergiebel
Front|kämp|fer *m. 5*
Front|sol|dat *m. 10*
Fron|vogt *m. 2* Aufseher beim Frondienst
Frosch *m. 2*
Frosch|biss *(alt:* Frosch|biß) *m. 1* eine Wasserpflanze
Frösch|chen *n. 7*
Frosch|laich *m. 1*
Frösch|lein *n. 7*
Frosch|lurch *m. 1*
Frosch|mann *m. 4* Taucher
Frosch|per|spek|ti|ve *auch:* **Frosch|pers|pek|ti|ve** *f. 11* Blickwinkel von unten her
Frosch|test *m. 1* Test zur Feststellung der Schwangerschaft
Frost *m. 2*
frost|be|stän|dig
Frost|be|stän|dig|keit *f. 10 nur Sg.*
Frost|beu|le *f. 11*
frös|te|lig, fröst|lig
frös|teln *intr. 1;* ich fröstele, fröstle
frost|emp|find|lich
fros|ten *tr. 2* zum Gefrieren bringen, einfrieren
Fros|ter *m. 5* Tiefkühlfach
Frost|ge|mü|se *n. 5*
fros|tig
Fros|tig|keit *f. 10 nur Sg.*
Frost|kon|ser|ve [-və] *f. 11*
fröst|lig, frös|te|lig
Frost|sal|be *f. 11*
Frost|scha|den *m. 8*
Frost|schutz|mit|tel *n. 5*
Frot|tee, Frot|té [-te] *m. 9 oder n. 9* Baumwollgewebe aus Kräuselzwirn
Frot|tee|tuch *n. 4* Frottiertuch
frot|tie|ren *tr. 3*
Frot|tier|hand|tuch, Frot|tier|tuch *n. 4*
Frot|ze|lei *f. 10* Neckerei
frot|zeln *tr. 1* necken; ich frotzele, frotzle ihn
Frou|frou [frufru, frz.] *n. oder m. Gen. - nur Sg., um 1900:* das Knistern seidener Unterröcke
Frucht *f. 2;* ein Frucht bringender *oder:* fruchtbringender Strauch; Frucht tragende *oder:* fruchttragende Bäume
frucht|bar
Frucht|bar|keit *f. 10 nur Sg.*
Frucht|bar|keits|zau|ber *m. 5*
Frucht|bla|se *f. 11* mit Fruchtwasser gefüllte Eihülle des Embryos
frucht|brin|gend = **Frucht brin|gend**

Frụ̈cht|chen *n. 7; ugs. auch:* kleiner Tunichtgut
Frụ̈ch|te|brot *n. 1*
Frụcht|eis *n. 1 nur Sg.*
frụch|ten *intr. 2* nützen; das fruchtet nichts
Frụ̈ch|ten|brot *n. 1, österr. für* Früchtebrot
frụ̈ch|te|reich fruchtreich
Frụcht|fleisch *n. 1 nur Sg.*
Frụcht|fol|ge *f. 11* planmäßige Folge beim Anbau von Feldfrüchten
frụch|tig
Frụcht|kno|ten *m. 7* die Samenanlage enthaltendes Organ der Blüte
frụcht|los nutzlos
Frụcht|lo|sig|keit *f. 10 nur Sg.*
frụcht|reich
Frụcht|saft *m. 2*
frụcht|tra|gend = **Frụcht tra|gend**
Frụcht|was|ser *n. 6 nur Sg.* den Embryo in der Eihaut umgebende Flüssigkeit
Frụcht|wech|sel [-ks-] *m. 5*
Frụcht|zu|cker *m. 5 nur Sg.*
Fruc|to|se [lat.] *f. 11 nur Sg.* s. **Fruk|to|se**
fru|gal [lat.] mäßig, einfach, bescheiden (Mahlzeit); *Ggs.:* opulent
Fru|ga|li|tät *f. 10 nur Sg.*

> **früh verstorben:** Gefüge aus Adjektiv und Partizip, in denen das Adjektiv erweiterbar ist, werden getrennt geschrieben: *Unsere Mitarbeiterin ist (ziemlich) früh verstorben.* § 36 E1 (1.2)

früh; heute, gestern, morgen früh *oder:* Früh; früh am Morgen, morgens früh; von früh bis abends, bis spät; von früh auf; am Montag früh; früh verstorben; früh vollendet
Früh *f. Gen. - nur Sg.;* Frühe; morgens in der Früh
Früh|ap|fel *m. 6*
früh|auf; von f.: von Jugend an
Früh|auf|ste|her *m. 5*
Früh|beet *n. 1*
Früh|bir|ne *f. 11*
früh|christ|lich
Früh|di|a|gno|se *auch:* **Früh|di|ag|no|se** *f. 11*
Früh|druck *m. 1, i. e. S.:* zwischen 1500 und 1550 (i. w. S.: zwischen 1450 und 1550) gedrucktes Buch
Frü|he *f. 11 nur Sg.;* in der Frühe, in aller Frühe
frü|her; von früher her
frü|hes|tens
Früh|ge|burt *f. 10*
Früh|jahr *n. 1 nur Sg.*
Früh|kar|tof|fel *f. 11*
Früh|ling *m. 1*
Früh|lings|an|fang *m. 2 nur Sg.*
Früh|lings|blu|me *f. 11*
früh|lings|haft
Früh|lings|mo|nat *m. 1* März
Früh|lings|punkt *m. 1* Schnittpunkt des Himmelsäquators mit der Ekliptik, wird von der Sonne bei Frühlingsanfang überschritten, Widderpunkt
Früh|lings-Tag|und|nạcht|glei|che *auch:* **Früh|lings-Tag-und-Nacht-Glei|che** *f. 11*
früh|mor|gens
früh|neu|hoch|deutsch
Früh|obst *n. Gen.* -(e)s *nur Sg.*
früh|pen|si|o|nie|ren [-pãsjo-, frz.] *tr. 3*
früh|reif
Früh|rei|fe *f. 11 nur Sg.*
Früh|re|nais|sance [-nɛsãs] *f. 11 nur Sg.*
Früh|ro|man|tik *f. 10 nur Sg.*
Früh|schicht *f. 10*
Früh|schop|pen *m. 7*
Früh|sport *m. 1 nur Sg.*
Früh|stück *n. 1*
früh|stü|cken *intr. 1*
Früh|warn|sys|tem *n. 1*
Früh|werk *n. 1*
früh|zei|tig
Fruk|ti|fi|ka|ti|on [lat.] *f. 10* **1.** *Bot.:* Fruchtbildung; **2.** *veraltet:* Nutzbarmachung
fruk|ti|fi|zie|ren **1.** *intr. 3* Früchte bilden, Frucht ansetzen; **2.** *tr. 3, veraltet:* nutzbar machen, Nutzen ziehen aus
Fruk|ti|fi|zie|rung *f. 10 nur Sg.*
Fruk|to|se, *fachsprachl.:* Fruc|to|se [lat.] *f. 11 nur Sg.* Fruchtzucker
Frụst *m. 1 nur Sg., ugs., Kurzwort für* Frustration
Frus|tra|ti|on *auch:* **Frust|ra|ti|on** [lat.] *f. 10* Enttäuschung durch einen erzwungenen Verzicht, Frust
frus|trie|ren *auch:* **frust|rie|ren** *tr. 3;* jmdn. f.: jmdn. enttäuschen, ihm einen Verzicht aufzwingen; frustriert sein: in seinen Erwartungen enttäuscht sein
Frụt|ti di Ma|re (*alt:* Frụt|ti di ma|re) [ital. »Früchte des Meeres«] *Pl.* kleine Meerestiere, die roh oder auch gekocht gegessen werden
F-Schlüs|sel *m. 5, Mus.:* Bassschlüssel
ft *Abk. für* Foot
Ft *Abk. für* Forint
Fụchs [-ks] *m. 2; Stud.:* Verbindungsstudent im ersten und zweiten Semester
Fụ̈chs|chen [-ks-] *n. 7*
fụch|sen [-ks-] *tr. 1* ärgern, keine Ruhe lassen; das fuchst mich, es fuchst mich, dass …
Fuch|sie [fụksjə, nach dem Botaniker Leonhard Fuchs] *f. 11* eine Zierpflanze
fụch|sig [-ks-] **1.** fuchsrot; **2.** *ugs.:* ärgerlich, wütend
Fuch|sin [-ks-] *n. 1 nur Sg.* synthet. roter Farbstoff
Fụchs|jagd [-ks-] *f. 10*
Fụ̈chs|lein [-ks-] *n. 7*
Fụchs|ma|jor [-ks-] *m. 1* Student einer Studentenverbindung, der die Füchse unterweist
fụchs|rot [-ks-]
Fụchs|schwanz [-ks-] *m. 2* **1.** eine Zierpflanze; **2.** kurze Säge
fụchs|teu|fels|wịld [-ks-]
Fụch|tel *f. 11* **1.** Degen mit breiter Klinge; **2.** unter jmds. F. stehen: unter jmds. strenger Aufsicht
fụch|teln *intr. 1*
fụch|tig *ugs.:* wütend, zornig
fud. *Abk. für* fudit
Fu|der *n. 5* **1.** altes Raummaß, etwa eine Wagenladung, eine Fuhre; ein F. Heu; **2.** altes Hohlmaß, 800 bis 1000 l; ein F. Wein
fu|dit [lat.] (*Abk.:* fud.) »hat (es) gegossen« (Vermerk auf Glocken usw. hinter dem Namen)
Fu|dschi|ja|ma *auch:* **Fud|schi|ja|ma,** Fu|ji|ya|ma *m. Gen.* -(s) vulkan. Berg in Japan
Fu|er|te|ven|tu|ra [-vɛn-] eine der Kanarischen Inseln
Fụff|zi|ger *m. 5, ugs. für* Fünfzigpfennigstück; ein falscher F. *ugs.:* hinterlistiger Mensch
Fug *m.* Befugnis, Zuständigkeit; *nur noch in der Wendung* mit Fug und Recht
fu|gal [lat.] wie eine Fuge, in der Art einer Fuge
fu|ga|to [ital.] *unflektierbar:* in der Art einer Fuge
Fu|ga|to *n. Gen.* -s *Pl.* -ti fugenartiges Musikstück
Fu|ge **1.** *f. 11* Ritze, Spalt; **2.** [lat.] *f. 11* streng aufgebautes Musikstück, dessen erstes Thema durch alle Stimmen führt
fu|gen *tr. 1* zusammenfügen

F

F

fü|gen *tr. u. refl. 1*
fu|gen|los
Fu|gen-s *n. Gen. - Pl.* - Binde-s
Fu|gen|zei|chen *n. 7, Sprachw.*
Fu|gẹt|te *f. 11* s. **Fu|ghẹt|ta**
Fu|ghẹt|ta [ital.], Fu|gẹt|te *f. Gen. - Pl.* -ten kleine Fuge (2)
fu|gie|ren *tr. 3* in der Art einer Fuge durchführen, abwandeln; fugiertes Thema
füg|lich mit Recht; man kann f. behaupten
füg|sam
Füg|sam|keit *f. 10 nur Sg.*
Fu|gung *f. 10,* **Fü|gung** *f. 10*
fühl|bar
Fühl|bar|keit *f. 10 nur Sg.*
füh|len *tr. 1*
Füh|ler *m. 5*
fühl|los
Fühl|lo|sig|keit *f. 10 nur Sg.*
Füh|lung *f. 10 nur Sg.*
Füh|lung|nah|me *f. 11*
Fuh|re *f. 11*
füh|ren *tr. 1;* den Hund spazieren führen
Füh|rer *m. 5*
füh|rer|los
Füh|rer|schein *m. 1*
Fuhr|ge|schäft *n. 1*
füh|rig, ge|füh|rig gut zum Befahren geeignet (Schnee)
Füh|rig|keit, Ge|füh|rig|keit *f. 10 nur Sg.*
Fuhr|knecht *m. 1*
Fuhr|lohn *m. 2*
Fuhr|mann *m. 4 Pl. auch:* -leu|te
Fuhr|park *m. 9* Gesamtheit der Wagen eines Unternehmens
Füh|rung *f. 10*
Füh|rungs|a|ka|de|mie *f. 11*
Füh|rungs|kraft *f. 2*
Füh|rungs|zeug|nis *n. 1*
Fuhr|un|ter|neh|men *n. 7*
Fuhr|werk *n. 1*
fuhr|wer|ken *intr. 1* **1.** *veraltet:* ein Fuhrunternehmen betreiben; **2.** *ugs.:* sich energisch beschäftigen
Fu|ji|ya|ma [-dʒi-] *m. Gen.* -(s) *engl. für* Fudschijama
Fụl|be *m. 9 oder Gen. - Pl.* - Angehöriger eines hamit. Volksstammes in Afrika
Ful|gu|rit [lat.] *m. 1* **1.** durch Blitzschlag röhrenartig zusammengeschmolzener Sand, Blitzröhre; **2.** ein Sprengstoff; **3.** ® ein Baustoff aus Asbestzement
Full|drẹss (*alt:* Full|dreß) [engl. »vollständige Garderobe«] *m. Gen. - nur Sg.* Gesellschafts-, Abendanzug, Abendkleid
Fụl|le *f. 11 nur Sg.*
fụl|len *tr. 1*
Fụl|len, Foh|len *n. 7* junges Pferd
Fụl|ler *m. 5, Kurzwort für* Füllfederhalter
Fụll|fe|der|hal|ter *m. 5*
Fụll|horn *n. 4*
fụl|lig
Fụll|o|fen *m. 8*
Fụll|ort *m. 4, Bgb.:* Stelle unmittelbar am Schacht, wo das Fördergut zur Schachtförderung umgeladen wird
Fụll|sel *n. 5*
Full|time|job *auch:* **Full-Time-Job** (*alt:* Full|time-Job) [fụltaimdʒɔb, engl.] *m. 9* Ganztagsbeschäftigung
Fụl|lung *f. 10*
Fụll|wort *n. 4*
fụl|ly fa|shioned [- fæʃnd, engl.] nach Fasson gestrickt
ful|mi|nạnt [lat.] großartig
Fu|ma|ro|le [ital.] *f. 11* vulkan. Gas- und Wasserdampfausströmung
Fu|mé [fyme, frz.] *m. 9* **1.** *beim Stempelschneiden:* Rußabdruck; **2.** Probeabdruck (mit Rußfarbe) eines Holzschnitts
fụm|meln *intr. 1* **1.** *Fußball:* hin und her rennen; **2.** an etwas f.: sich (laienhaft) an etwas betätigen; *meist:* herumfummeln
Fụnd *m. 1*
Fun|da|mẹnt [lat.] *n. 1*
fun|da|men|tal grundlegend
Fun|da|men|ta|lịs|mus *m. Gen. - nur Sg.* **1.** *in den USA:* strenggläubige Richtung der evang. Kirche; **2.** pol.-relig. Bewegung, v. a. in islam. Gesellschaften; **3.** kompromissloses Festhalten an relig. oder pol. Vorstellungen
Fun|da|men|ta|lịst *m. 10*
fun|da|men|ta|lịs|tisch
Fun|da|men|tal|ka|ta|log *m. 1, Astron.:* Katalog der Örter von Fixsternen
Fun|da|men|tal|the|o|lo|gie *f. 11 nur Sg.* Apologetik
fun|da|men|tie|ren *tr. 3* mit einem Fundament unterbauen
Fun|da|men|tie|rung *f. 10 nur Sg.*
Fụnd|amt *n. 4*
Fun|da|ti|on *f. 10 nur Sg.* **1.** *schweiz. für* Fundamentierung; **2.** Stiftung
Fụnd|bü|ro *n. 9*
Fụnd|ge|gen|stand *m. 2*
Fụnd|gru|be *f. 11*
Fụn|di *m. Gen.* -s *Pl.* -s *ugs. für* Fundamentalist
fun|die|ren [lat.] *tr. 3* **1.** begründen, untermauern; **2.** mit den nötigen Mitteln ausstatten, sichern; fundiertes Wissen: sicher begründetes Wissen; fundiertes Einkommen: regelmäßiges Einkommen aus Vermögen; fundierte Schuld: langfristige Schuld
fụn|dig *Bgb.:* (beim Aufsuchen von Lagerstätten) erfolgreich; f. werden: eine Lagerstätte entdecken
Fụnd|ort *m. 1*
Fụnd|sa|che *f. 11*
Fụnd|stel|le *f. 11*
Fụnd|un|ter|schla|gung *f. 10*
Fụn|dus [lat.] *m. Gen. - Pl.* - **1.** Grundlage, Grundstock; **2.** Bestand, Vorrat
fu|ne|bre *auch:* **fu|neb|re** [fynebrə, frz.] *Mus.:* traurig, düster
fụnf; die fünf Sinne; wir sind zu fünft *oder:* zu fünfen; vgl. acht
Fụnf *f. 10* **1.** die Zahl 5; vgl. Eins; **2.** Schulnote 5; eine Fünf im Rechnen haben, schreiben; **3.** Straßenbahn Linie 5; *Ableitungen und Zus.* vgl. Acht
Fụn|fer *m. 5* **1.** Fünfpfennigstück; **2.** Straßenbahn-, Buslinie 5; **3.** *süddt.:* die Zahl 5; Schulnote 5; vgl. Fünf
Fụnf|flach *n. 1,* **Fụnf|fläch|ner** *m. 5* Pentaeder
Fünf|frạn|ken|stück *n. 1*
fụnf|hun|dert; Rat der Fünfhundert (nach der Frz. Revolution)
Fünf|jah|res|plan, Fünf|jahr|plan *m. 2;* 5-Jahres-Plan, 5-Jahr-Plan
Fünf|kampf *m. 2*
Fụnf|li|ber *m. 5, schweiz.:* Fünffrankenstück
Fünf|mạrk|stück *n. 1*
fünf|mạrk|stück|groß
Fụnf|pass (*alt:* Fụnf|paß) *m. 2, got. Baukunst:* Ornament aus fünf zu einem Mittelpunkt hin offenen Dreiviertelkreisen
Fünf|pfẹn|nig|stück *n. 1*
Fünf|pro|zẹnt|klau|sel, 5-Pro|zẹnt-Klau|sel, 5%-Klau|sel *f. 11* Grundsatz, dass eine Partei nur dann Anspruch auf ein Mandat hat, wenn sie mindestens 5% der gültigen Stimmen erhält
Fünf|strom|land *n. 4 nur Sg.* das Pandschab in Indien
Fünf|ta|ge|fie|ber *n. 5* durch Läuse übertragene Infektionskrankheit mit Fieberanfällen an jedem fünften Tag, Wolhynisches Fieber, Quintanafieber
Fụnf|tel *n. 5* vgl. Achtel

Fünf|te Re|pu|blik *f. 10* (in Frankreich)
Fünf|ton|mu|sik *f. 10 nur Sg.* Pentatonik
Fünf|uhr|tee *m. 9*
fünf|zig vgl. achtzig
Fünf|zi|ger *m. 5* Fünfzigpfennigstück; ein falscher F. *ugs.:* hinterlistiger Mensch
Fünf|zig|mark|schein *m. 1*
Fünf|zig|pfen|nig|stück *n. 1*
fun|gi|bel [lat.] vertretbar; fungible Sache *Rechtsw.:* bewegl. Sache, die im Verkehr nach Maß, Zahl oder Gewicht bestimmt wird und daher auswechselbar ist
Fun|gi|bi|li|en *Pl., Rechtsw.:* fungible Sachen
fun|gie|ren *intr. 3* tätig, wirksam sein; als Vertreter f.
fun|gi|zid [lat.] *Med.:* pilztötend
Fun|gi|zid *n. 1* Mittel gegen Pflanzen schädigende Pilze
fun|gös *Med.:* schwammig
Fun|go|si|tät *f. 10 nur Sg.* Schwammigkeit (von tuberkulösem Gewebe)
Fun|gus *m. Gen. - Pl.* -gi **1.** *lat. Bez. für* Pilz; **2.** schwammige, tuberkulöse Geschwulst
Funk *m. 1, Kurzwort für* Rundfunk
Funk|a|ma|teur [-tø:r] *m. 1*
Fünk|chen *n. 7*
Funk|dienst *m. 1*
Fun|ke *m. 11,* **Fun|ken** *m. 7;* Funken sprühende Augen
fun|keln *intr. 1*
fun|kel|na|gel|neu
fun|ken **1.** *tr. 1* durch Funk übermitteln (Nachricht); **2.** *intr. 1* Funken aussenden; es hat bei mir gefunkt *ugs.:* ich habe es begriffen; *ugs. auch für* funktionieren
Fun|ken *m. 7,* **Fun|ke** *m. 11*
Fun|ken|flug *m. 2 nur Sg.*
Fun|ken sprü|hend (*alt:* fun|ken-sprü|hend)
Funk|ent|stö|rungs|dienst *m. 1*
Fun|ker *m. 5*
Funk|er|zäh|lung *f. 10*
Funk|ge|rät *n. 1*
Fun|kie [-kjə, nach dem Apotheker H. Chr. Funk] *f. 11* eine Zierpflanze
fun|kisch
Fünk|lein *n. 7*
Funk|lot|te|rie *f. 11*
Funk|mess|ge|rät (*alt:* Funk|meß-ge|rät) *n. 1*
Funk|or|tung *f. 10*
Funk|pei|lung *f. 10*
Funk|re|por|ta|ge [-ʒə] *f. 11*
Funk|sprech|ver|kehr *m. 1 nur Sg.*
Funk|spruch *m. 2*
Funk|stil|le *f. 11 nur Sg.*
Funk|strei|fe *f. 11*
Funk|ta|xi *n. 9*
Funk|ti|on [lat.] *f. 10* **1.** Amt, Aufgabe; **2.** Tätigkeit, Wirksamkeit; **3.** *Math.:* von einer veränderlichen Größe gesetzmäßig abhängige Größe
funk|ti|o|nal *selten für* funktionell
Funk|ti|o|na|lis|mus *m. Gen. - nur Sg.* **1.** Auffassung, nach der bei der Gestaltung eines Gebäudes nur dessen Zweck maßgebend ist; **2.** *Philos.:* Lehre, nach der die Welt nur eine Funktion des Ich ist
Funk|ti|o|na|list *m. 10*
funk|ti|o|na|lis|tisch
Funk|ti|o|när *m. 1*
funk|ti|o|nell auf einer Funktion oder auf der Störung einer Funktion beruhend; funktionelle Krankheit
funk|ti|o|nie|ren *intr. 3*
Funk|ti|ons|glei|chung *f. 10*
funk|ti|ons|los
Funk|ti|ons|stö|rung *f. 10*
Funk|ti|ons|verb [-vɛrb] *n. 12* Verb, das in Verbindung mit einem Substantiv einen Vollzug ausdrückt, ohne selbst etwas auszusagen, z. B. (zur Anwendung) bringen, (zur Darstellung) kommen
Funk|ti|ons|wech|sel [-ks-] *m. 5*
Funk|turm *m. 2*
Funk|ver|kehr *m. 1 nur Sg.*
Funk|wer|bung *f. 10*
Funk|zei|chen *n. 7*
Fun|zel, Fun|sel *f. 11, ugs.:* schlecht oder schwach brennende Lampe
für (*Abk.:* f.) *Präp. mit Akk.;* für und für; ein für alle Mal; Tag für Tag; das Für und Wider abwägen
Fu|ra|ge [-ʒə, frz.] *f. 11 nur Sg., Mil.:* Lebensmittel, Futter, Proviant
fu|ra|gie|ren [-ʒi-] *intr. 3* Furage empfangen oder beschaffen
für|bass (*alt:* für|baß) *veraltet:* weiter; f. gehen, schreiten
Für|bit|te *f. 11*
Für|bit|ter *m. 5*
Fur|che *f. 11*
fur|chen *tr. 1*
Fur|chen|zie|her *m. 5* vgl. Markör (2)
fur|chig
Furcht *f. Gen. - nur Sg.;* eine Furcht einflößende *oder:* furchteinflößende Geschichte; eine Furcht erregende *oder:* furchterregende Grimasse
furcht|bar
Furcht|bar|keit *f. 10 nur Sg.*
Fürch|te|gott männl. Vorname
furcht|ein|flö|ßend = **Furcht ein|flö|ßend**
fürch|ten *tr. u. refl. 2*
fürch|ter|lich

furchterregend/Furcht erregend: Die Fügung aus Substantiv und Verb/Partizip wird getrennt und das Substantiv mit großem Anfangsbuchstaben geschrieben: *ein Furcht erregendes Tier.* Da der mehrteilige Ausdruck auch als adjektivische Zusammensetzung aufgefasst werden kann, ist als Variante die Zusammenschreibung korrekt: *ein furchterregendes Tier.* Bei Erweiterungen oder Steigerungen gilt nur die Zusammenschreibung: *ein äußerst furchterregendes Tier, eine noch furchterregendere Erscheinung.* Ebenso: *Furcht einflößend/furchteinflößend.* § 34 E3 (5), § 36 E1 (1.2)

furcht|er|re|gend = **Furcht er|re|gend**
furcht|los
Furcht|lo|sig|keit *f. 10 nur Sg.*
furcht|sam
Furcht|sam|keit *f. 10 nur Sg.*
für|der *veraltet:* weiter, weiterhin
für|der|hin *veraltet:* weiterhin, künftig
für|ein|an|der *auch:* **für|ei|nan|der** *in Verbindung mit Verben immer getrennt:* füreinander leben, einstehen
Fu|rie [-riə, lat.] *f. 11* **1.** *röm. Myth.:* Rachegöttin, Erinnye; **2.** *übertr.:* böses Weib
Fu|rier [frz.] *m. 1* der für die Furage verantwortliche Unteroffizier
fu|ri|os [lat.] wütend, hitzig, leidenschaftlich
fu|ri|o|so *Mus.:* leidenschaftlich
Fu|ri|o|so *n. Gen.* -s *Pl.* -si leidenschaftl. Musikstück
für|lieb neh|men (*alt:* für|lieb|nehmen) *intr. 88, ältere Form von* vorlieb nehmen
Fur|nier [frz.] *n. 1* dünnes Blatt aus Holz, als schmückendes Deck-

F

blatt auf einfachem Holz oder zur Stabilisierung
fur|nie|ren *tr. 3* mit Furnier versehen
Fur|nier|holz *n. 4*
Fur|nie|rung *f. 10 nur Sg.*
Fu|ror [lat.] *m. 1 nur Sg.* Wut, Raserei; Furor teutonicus: wilder Kampfesmut der Teutonen, deutsches Ungestüm
Fu|ro|re *f. 9 oder n. 9 nur Sg.* rasender Beifall, *fast nur noch in der Wendung* Furore machen: Aufsehen erregen, großen Erfolg haben

F

fürs für das; fürs Erste mag das genügen
Für|sor|ge *f. 11 nur Sg.*
Für|sor|ge|amt *n. 4*
Für|sor|ge|emp|fän|ger *m. 5*
Für|sor|ge|er|zie|hung *f. 10 nur Sg.*
Für|sor|ger *m. 5*
für|sor|ge|risch zum Fürsorgewesen gehörend
für|sorg|lich
Für|sorg|lich|keit *f. 10 nur Sg.*
Für|spra|che *f. 11 nur Sg.*
Für|sprech *m. 1* **1.** Fürsprecher; **2.** *schweiz.:* Rechtsanwalt
Für|spre|cher *m. 5*
Fürst *m. 10*
Fürst|bi|schof *m. 2 früher (in Österr. in Einzelfällen noch heute) Titel für* geistlicher Reichsfürst im Bischofsrang
fürs|ten *tr. 2, früher:* in den Fürstenstand erheben
Fürs|ten|bund *m. 2*
Fürs|ten|hof *m. 2*
Fürs|ten|schu|le *f. 11*
Fürs|ten|tum *n. 4*
Fürst|erz|bi|schof *m. 2*
Fürs|tin *f. 10*
Fürs|tin|mut|ter *f. 6* Mutter eines regierenden Fürsten oder einer regierenden Fürstin
fürst|lich
Fürst|lich|keit *f. 10* **1.** *nur Sg.* **2.** *Pl.* Angehörige einer fürstl. Familie
Fürst-Pück|ler-Eis *n. Gen.* - - -es *nur Sg.* (nach Hermann Fürst von Pückler-Muskau) Speiseeis in drei Schichten
Furt *f. 10* seichte Stelle im Fluss, die den Übergang ermöglicht
Für|tuch *n. 4, österr.:* Schürze, Brusttuch
Fu|run|kel [lat.] *n. 5* eitrige Entzündung eines Haarbalgs und seiner Talgdrüse
Fu|run|ku|lo|se *f. 11* ausgedehntes Auftreten von Furunkeln

für|wahr *veraltet:* wirklich, wahrhaftig
Für|witz *m. 1 nur Sg., ältere Form von* Vorwitz
für|wit|zig
Für|wort *n. 4* Pronomen
für|wört|lich pronominal
Furz *m. 2,* Forz *m. 1, vulg.:* abgehende Blähung, Darmwind
fur|zen, for|zen *intr. 1*
Fu|sel *m. 5, ugs.:* schlechter Branntwein
fu|seln *intr. 1, ugs.:* schlecht arbeiten
Fu|sel|öl *n. 1, Sammelbez. für* höhermolekulare Alkohole, die bei der alkohol. Gärung entstehen
Fü|si|la|de [frz.] *f. 11* massenweise standrechtliche Erschießung
Fü|si|lier *m. 1, veraltet:* Infanterist
fü|si|lie|ren *tr. 3* standrechtlich erschießen
Fü|si|lier|re|gi|ment *n. 3*
Fu|si|on [lat.] *f. 10* Vereinigung, Verschmelzung
fu|si|o|nie|ren *tr. 3* verschmelzen (Kapitalgesellschaften)
Fuß *m. 2, als Maßbez. Pl.* -; vgl. Foot; fünf Fuß lang; in einem Land Fuß fassen: heimisch werden; zu Fuß gehen; jmdm. zu Füßen fallen
Fuß|ab|strei|cher *m. 5*
Fuß|ab|strei|fer *m. 5*
Fuß|an|gel *f. 11*
Fuß|bad *n. 4*
Fuß|ball *m. 2*
Fuß|bal|ler *m. 5, ugs.:* Fußballspieler

Fußballländerspiel: Treffen bei einer Zusammensetzung drei gleiche Konsonantenbuchstaben aufeinander, so werden sie, im Gegensatz zur bisherigen Regelung, auch dann geschrieben, wenn ein Vokalbuchstabe folgt. Bisher galt dies nur bei nachfolgenden Konsonanten. Die Bindestrichschreibung ist die zulässige und wegen der besseren Lesbarkeit empfohlene Variante. Deshalb: *Fußballländerspiel* oder *Fußball-Länderspiel.*

Fuß|ball|län|der|spiel (*alt:* Fußballän|der|spiel (-lll|l-)) *n. 1*
Fuß|ball|spiel *n. 1*
Fuß|ball|welt|meis|ter|schaft *f. 10* (*Abk.:* Fußball-WM)
Fuß|bank *f. 2*
Fuß|bo|den *m. 8*

fuß|breit; ein fußbreiter Streifen
Fuß|breit *m. Gen.* - *Pl.* -; ein F. Boden; keinen F. zurückweichen; *aber:* drei Fuß breit
Fuß|brem|se *f. 11*
Füß|chen *n. 7*
Fus|sel *f. 11 oder m. Gen.* -s *Pl.* -(n), *österr.:* Fu|zel *m. 5*
fus|se|lig, fuss|lig
fus|seln *intr. 1;* die Wolle fusselt
fu|ßeln, fü|ßeln *intr. 1;* mit jmdm. f.: mit dem Fuß den Fuß einer andern Person spielerisch berühren
fu|ßen *intr. 1;* auf etwas f.: sich auf etwas gründen
Fuß|en|de *n. 14*
...fü|ßer, ...füß|ler *m. 5,* z.B. Kopffüßer, Ruderfüßler
Fuß|fall *m. 2*
fuß|fäl|lig
fuß|frei
Fuß|gän|ger *m. 5*
Fuß|gän|ger|ü|ber|weg *m. 1*
Fuß|gän|ger|zo|ne *f. 11*
Fuß|ge|her *m. 5, österr. für* Fußgänger
fuß|hoch; der Schnee lag f.; *aber:* der Schnee lag drei Fuß hoch
fuß|krank
fuß|lang; ein fußlanges Kleid: bis auf die Füße reichendes Kleid; ein fußlanger Aal: ein Aal so lang wie ein Fuß; *aber:* der Aal war drei Fuß lang
Füß|lein *n. 7*
...füß|ler *m. 5* s. **...fü|ßer**
fuss|lig (*alt:* fuß|lig) s. **fus|se|lig**
Füß|ling *m. 1* den Fuß umhüllender Teil des Strumpfes
Fuß|marsch *m. 2*
Fuß|no|te *f. 11*
Fuß|pfad *m. 2*
Fuß|pfle|ge *f. 11 nur Sg.*
Fuß|pilz *m. 1* Erreger von Ausschlägen an den Füßen, bes. zwischen den Zehen
Fuß|sack *m. 2*
Fuß|sche|mel *m. 5*
Fuß|soh|le *f. 11*
Fuß|spit|ze *f. 11*
Fuß|spur *f. 10*
Fuß|stap|fe *f. 11,* **Fuß|stap|fen** *m. 7*
Fuß|steig *m. 1*
Fuß|tap|fe *f. 11,* **Fuß|tap|fen** *m. 7*
fuß|tief; ein fußtiefes Loch; *aber:* das Loch ist drei Fuß tief
Fuß|tritt *m. 1*
Fuß|trup|pe *f. 11* Infanterie
Fuß|volk *n. 4 nur Sg., volkstümlich für* Infanterie
Fuß|wan|de|rung *f. 10*

Fuß|wa|schung *f. 10*
Fuß|weg *m. 1*
Fuß|ze|he *f. 11*
Fus|ta|ge [-ʒə, frz.], Fas|ta|ge [-ʒə] *f. 11* **1.** Leergut (leere Fässer, Kisten usw.); **2.** Preis für Leergut
Fus|ti [ital.] *Pl.* Preisnachlass für Unreinheiten einer Ware
Fus|tik|holz [lat.] *n. 4* trop., zur Farbstoffgewinnung geeignetes Holz
Fu|thark [-θark, nach den ersten sechs Buchstaben: f, u, d, o, r, c] *n. Gen.* -s *nur Sg.* das Runenalphabet
fu|tie|ren *refl. 3, schweiz.* = **fou|tie|ren**
Fu|ton *m. 9* jap. Baumwollmatratze
futsch *ugs.* **1.** kaputt, entzwei; **2.** verloren
fu|tschi|ka|to *auch:* **fut|schi|ka|to** *ugs., scherzh.:* futsch
Fut|ter *n. 5 nur Sg.*
Fut|te|ra|ge [-ʒə] *f. 11 nur Sg., ugs. scherzh.:* Essen, Lebensmittel
Fut|te|ral [mlat.] *n. 1* formgerechter Behälter
fut|tern *tr. 1, ugs.:* essen
füt|tern *tr. 1;* ich füttere, füttre es
Fut|ter|neid *m. 1 nur Sg.*
fut|ter|nei|disch
Fut|ter|pflan|ze *f. 11*
Füt|te|rung *f. 10*
Fu|tur [lat.] *n. 1,* Fu|tu|rum *n. Gen.* -s *Pl.* -ra Zukunftsform des Verbums, z. B. ich werde schlafen
Fu|tu|ra *f. Gen. - nur Sg.* eine Druckschrift
fu|tu|risch in der Form des Futurums gebraucht
Fu|tu|ris|mus *m. Gen. - nur Sg.* von Italien ausgehende Kunstrichtung vor dem 1. Weltkrieg, die die Darstellung des räumlich und zeitlich Getrennten nebeneinander erstrebte
Fu|tu|rist *m. 10* Anhänger des Futurismus
fu|tu|ris|tisch
Fu|tu|ro|lo|ge *m. 11* Vertreter der Futurologie
Fu|tu|ro|lo|gie *f. 11 nur Sg.* Zukunftsforschung, -deutung
fu|tu|ro|lo|gisch
Fu|tu|rum *n. Gen.* -s *Pl.* -ra Futur; F. exactum: zweites Futur, vollendete Zukunft, z. B. ich werde geschlafen haben
Fu|zel *m. 5, österr. für* Fussel
Fuz|zi *m. 9, ugs.:* Mensch, den man nicht ganz ernst nehmen kann
Fuz|zy|lo|gic *auch:* **Fuz|zy Lo|gic** [fʌzilɔdʒik, engl.-griech.], **Fuz|zy|lo|gik** (*alt:* Fuz|zy-Lo|gik) [fʌzi-] *f. 10 nur Sg., EDV:* Zweig der math. Logik

F

g 1. *Abk. für* Gramm; 2. *österr. Abk. für* Groschen; 3. *Mus.: Abk. für* g-Moll; 4. ^g *Zeichen für die nicht mehr zulässige Winkeleinheit* Gon (Neugrad)
G 1. *auf Kurszetteln Abk. für* Geld; 2. *Abk. für* Gauß; 3. *Abk. für* Gourde; 4. *Abk. für* G-Dur; 5. *Abk. für* Giga...
Ga *chem. Zeichen für* Gallium
GA *Abk. für* Georgia
Gäa *griech. Myth.:* Göttin der Erde
Ga|bar|di|ne [-di:n(ə), frz.] *m. Gen.* -s *nur Sg.* schräg gerippter Mantel- und Anzugstoff
Gab|bro *auch:* **Gabb|ro** [ital.] *m. 9 nur Sg.* ein Tiefengestein
Ga|be *f. 11*
Ga|bel *f. 11*
Ga|bel|bis|sen *m. 7* kleine, pikante Delikatesse
Ga|bel|bock *m. 2* Gabler
Ga|bel|früh|stück *n. 1* kleine Zwischenmahlzeit am Vormittag, zweites Frühstück
Ga|bel|hirsch *m. 1* Gabler
ga|be|lig
ga|beln *tr. u. refl. 1*
Ga|bel|stap|ler *m. 5* Hebefahrzeug
Ga|be|lung *f. 10*
Ga|bel|wei|he *f. 11* Milan
Gab|ler *m. 5* Rehbock oder Hirsch, dessen Gehörn bzw. Geweih nur je zwei Enden hat, Gabelbock
Ga|bri|el *auch:* **Gab|ri|el** männl. Vorname
Ga|bri|e|le *auch:* **Gab|ri|e|le,** Ga|bri|e|la, Gab|ri|e|la weibl. Vorname
Ga|bun, Ga|bon Staat in Zentralafrika
Ga|bu|ner, Ga|bo|ner *m. 5*
ga|bu|nisch, ga|bo|nisch
Gack|ei *n. 3, Kinderspr.:* Ei
ga|ckeln *intr. 1* 1. gackern; 2. *übertr.:* aufgeregt schwatzen
ga|ckern *intr. 1*
gack|sen *intr. 1* gackern
Ga|den *m. 7, schweiz.* 1. Nebengebäude; 2. *urspr.:* Stockwerk; *dann:* Vorrats-, Schlafkammer
Ga|do|li|nit [nach dem finn. Chemiker J. Gadolin] *m. 1 nur Sg.* ein Mineral
Ga|do|li|ni|um *n. Gen.* -s *nur Sg.* (*Zeichen:* Gd) chem. Element
Gaf|fel *f. 11* Stange für das Gaffelsegel
Gaf|fel|se|gel *n. 5* trapezförmiges Segel
gaf|fen *intr. 1*
Gaf|fer *m. 5*
Gaf|fe|rei *f. 10 nur Sg.*
Gag [gæg, engl.] *m. 9, Theater, Film, Fernsehen:* überraschender, wirkungsvoller, witziger, dramaturgisch aber nicht notwendiger Einfall
Ga|gat [griech.] *m. 1* s. **Jett**
Ga|ge [-ʒə, frz.] *f. 11, bei Künstlern:* Bezahlung
Gag|ger [gægə(r), engl.] *m. 5,* Gagman [gægmæn] *m. Gen.* -s *Pl.* -men [-men], *Film, Fernsehen:* jmd., der Gags erfindet und wirkungsvoll einsetzt
Ga|gli|ar|de *auch:* **Gag|li|ar|de** [galjardə] *f. 11, ital. Schreibung von* Gaillarde
Gag|man [gægmæn, engl.] *m. Gen.* -s *Pl.* -men [-men] s. **Gag|ger**
gäh|nen *intr. 1*
Gail|lar|de [gajardə, frz.] *f. 11* 1. altital. Springtanz; 2. Satz der Suite
Gains|bo|rough [gɛɪnzbərə], *Thomas* engl. Maler
Gal [nach dem ital. Naturforscher Galileo Galilei] *n. Gen.* - *Pl.* - nicht mehr zulässige Maßeinheit für die Beschleunigung
Ga|la [arab.-span.] *f. Gen.* - *nur Sg.* Festkleidung; in G. erscheinen; sich in G. werfen
Ga|la... *in Zus.:* Fest..., festlich
Ga|la|an|zug *m. 2*
ga|lak|tisch zur Galaxis gehörend
Ga|lak|to|me|ter [griech.] *n. 5* Gerät zum Messen des Fettgehalts der Milch
Ga|lak|tor|rhö [griech.] *f. 10* Milchabsonderung nach dem Stillen
Ga|lak|to|se *f. 11* einfacher Zucker, Bestandteil des Milchzuckers
Ga|la|lith® *m. 1 nur Sg.* ein Kunststoff, Kunsthorn
Ga|lan [span.] *m. 1* (vornehmer) Liebhaber
ga|lant liebenswürdig-höflich (vom Mann einer Frau gegenüber), ritterlich
Ga|lan|te|rie *f. 11* liebenswürdige Höflichkeit
Ga|lan|te|rie|wa|ren *Pl.* modisches Zubehör zur Kleidung
Ga|la|pa|gos|in|seln *Pl.* zu Ecuador gehörige Inselgruppe im Stillen Ozean
Ga|la|tea *griech. Myth.:* eine Meernymphe
Ga|la|ter *m. 5* Angehöriger eines kelt. Volksstammes in Kleinasien
Ga|la|u|ni|form *f. 10*
Ga|la|xie [griech.] *f. 11* 1. *nur Sg.* die Milchstraße; 2. Sternsystem außerhalb des Milchstraßensystems
Ga|la|xis *f. Gen.* - *Pl.* -xi|en s. **Ga|la|xie**
Gal|ban [hebr.-lat.], **Gal|ba|num** *n. Gen.* -s *nur Sg.*, **Gal|ben|saft** *m. 2 nur Sg.* Gummiharz aus den Stängeln eines pers. Doldenblütlers, ein Heilmittel
Gä|le *m. 11* Angehöriger eines kelt. Volksstammes in Irland und Schottland
Ga|le|as|se [frz.] *f. 11* kleines Küstensegelschiff der Ostsee mit Groß- und Besanmast
Ga|lee|re [ital.] *f. 11, MA:* Ruderkriegsschiff, auch mit Segeln
Ga|lee|ren|skla|ve [-və] *m. 11*
Ga|lee|ren|sträf|ling *m. 1*
Ga|le|ni|kum [nach dem griech.-röm. Arzt Galenos] *n. Gen.* -s *Pl.* -ka aus Drogen vom Apotheker selbst zubereitetes Arzneimittel, im Unterschied zu den fertigen Fabrikerzeugnissen
Ga|le|nit [lat.] *m. 1* Bleiglanz, ein Bleierz
Ga|le|o|ne [ital.], **Ga|li|o|ne** *f. 11, MA:* Kriegs- und Handelsschiff mit mehreren Masten und Decks
Ga|le|ot [ital.] *m. 10* Galeerensklave
Ga|le|o|te, Ga|li|o|te *f. 11* kleines, einmastiges Küstensegelschiff
Ga|le|rie [frz.] *f. 11*
Gal|gant [mlat.] *m. 1 nur Sg.*
Gal|gant|wur|zel *f. 11* heilkräftige Wurzel eines südostasiat. Ingwergewächses
Gal|gen *m. 7*
Gal|gen|frist *f. 10*
Gal|gen|hu|mor *m. Gen.* -s *nur Sg.* Humor vor einem unangenehmen Ereignis
Gal|gen|strick *m. 1* Gauner, Spitzbube
Gal|gen|vo|gel *m. 6* heruntergekommener Mensch
Ga|li|ci|en histor. span. Provinz; vgl. Galizien

Ga|li|ci|er *m. 5*
ga|li|cisch
Ga|li|läa Landschaft im alten Palästina
Ga|li|lä|er *m. 5*
ga|li|lä|isch
Ga|li|lei, *Galileo* ital. Naturforscher
Ga|li|ma|thi|as [lat. + griech.], Gal|li|ma|thi|as *m. Gen. - nur Sg.* verworrenes Zeug, unverständliches Gerede
Ga|li|on [span.] *n. 9, bei alten Schiffen:* Vorbau am Bug
Ga|li|o|ne *f. 11* = **Ga|le|o|ne**
Ga|li|ons|fi|gur *f. 10*
Ga|li|o|te *f. 11* s. **Ga|le|o|te**
Ga|li|pot [-po, frz.] *m. 9 nur Sg.* Harz der Nadelbäume
gä|lisch
Gä|lisch *n. Gen. -(s) nur Sg.* kelt. Sprache der Gälen
Ga|li|zi|en Landschaft nördlich der Karpaten zwischen Weichsel und der Bukowina; vgl. Galicien
Ga|li|zi|er *m. 5*
ga|li|zisch
Gal|jass (*alt:* Gal|jaß) *f. Gen. - Pl.* -jas|sen, *Nebenform von* Galeasse
Gall|ap|fel *m. 6,* **Gal|le** *f. 11* apfelförmige Absonderung von Pflanzen als Reaktion auf Befall mit Blattläusen, Milben u. a.
Gal|le *f. 11* Sekret der Leber
gall|bit|ter *österr.*
gal|le|bit|ter, gal|len|bit|ter
Gal|len|bla|se *f. 11*
Gal|len|bla|sen|ent|zün|dung *f. 10*
Gal|len|ko|lik *f. 10*
Gal|len|stein *m. 1*
Gal|lert [lat.] *n. 1,* **Gal|ler|te** *f. 11* durchsichtige, zähe Masse aus eingedickter Knochen- oder Fleischbrühe
gal|ler|tig [auch: gal-] aus Gallert bestehend
Gal|li|en *altröm. Name für* Frankreich, Belgien, Schweiz und Oberitalien
Gal|li|er *m. 5*
gal|lig **1.** bitter wie Galle; **2.** *übertr.:* verbittert, mürrisch, griesgrämig
gal|li|ka|nisch; gallikanische Kirche: die kath. Kirche in Frankreich vor der Frz. Revolution
Gal|li|ka|nis|mus *m. Gen. - nur Sg.* das Streben nach Selbständigkeit der gallikan. Kirche
Gal|li|ma|thi|as *m. Gen. - nur Sg.* s. **Ga|li|ma|thi|as**
gal|lisch zu Gallien gehörig, aus ihm stammend
Gal|li|um *n. Gen. -s nur Sg.* (*Zeichen:* Ga) chem. Element, ein Metall
Gal|li|zis|mus *m. Gen. - Pl.* -men in eine andere Sprache übernommene frz. Spracheigentümlichkeit
Gall|mil|be *f. 11*
Gall|mü|cke *f. 11*
Gal|lo|ma|ne *m. 11* begeisterter Bewunderer alles Französischen
Gal|lo|ma|nie *f. 11 nur Sg.* übertriebene Vorliebe für alles Französische
Gal|lo|ne [engl.] *f. 11* altes engl. und amerik. Hohlmaß 3,78–4,55 Liter
gal|lo|phil frankophil
gal|lo|phob frankophob
gal|lo|ro|ma|nisch; galloromanische Sprache: aus der gallischen und der vulgärlatein. Sprache entstandene Vorstufe des Altfranzösischen
Gal|lup|in|sti|tut *auch:* **Gal|lup-Ins|ti|tut** [gæləp-, nach dem Gründer, dem amerik. Publizisten George Horace G.] *n. 1 nur Sg.* US-amerik. Institut für Meinungsforschung
gal|lus|sau|er
Gal|lus|säu|re *f. 11 nur Sg.* aus Gallæpfeln gewonnene Säure
Gal|lus|tin|te *f. 11 nur Sg.*
Gall|wes|pe *f. 11*
Gal|mei [*auch:* gal-, griech.] *m. 1* Zinkspat
Ga|lon [-lɔ̃, frz.] *m. 9,* **Ga|lo|ne** *f. 11* Borte, Tresse
ga|lo|nie|ren *tr. 3* mit einem Galon, einer Galone besetzen
Ga|lopp [frz.] *m. 1 oder m. 9*
ga|lop|pie|ren *intr. 3*
Ga|lo|sche [frz.] *f. 11, veraltet:* Gummiüberschuh
galt keine Milch gebend
Galt *m. Gen. -s nur Sg., schweiz.:* Zeit, in der eine Kuh oder Ziege keine Milch gibt
Galt|vieh *n. Gen. -s nur Sg., schweiz.:* Jungvieh
Gal|va|ni|sa|ti|on [-va-, nach dem ital. Naturforscher Luigi Galvani] *f. 10* **1.** das Überziehen von Werkstücken mit Metall durch Elektrolyse; **2.** Anwendung von Gleichstrom zu Heilzwecken, Galvanotherapie
gal|va|nisch [-va-] auf Galvanisation beruhend, mit ihrer Hilfe; galvanisches Bad: Bad zum Galvanisieren; galvanisches Element: elektr. Stromquelle, in der elektr. Energie aus chem. Energie entsteht; galvanische Elektrizität, galvanischer Strom: aus galvan. Elementen gewonnene Elektrizität
Gal|va|ni|seur [-vanizør] *m. 1* Facharbeiter in der Galvanotechnik
gal|va|ni|sie|ren [-va-] *tr. 3* durch Elektrolyse mit Metall überziehen
Gal|va|ni|sie|rung [-va-] *f. 10*
Gal|va|nis|mus [-va-] *m. Gen. - nur Sg.* Lehre vom galvanischen Strom
Gal|va|no [-va-] *n. 9* im galvan. Bad hergestellter Druckstock
Gal|va|no|kaus|tik [-va-] *f. 10* Durchtrennung oder Zerstörung von erkranktem Gewebe mit dem Galvanokauter
gal|va|no|kaus|tisch [-va-]
Gal|va|no|kau|ter [-va-] *m. 5* chirurgisches Instrument, das mit Gleichstrom zum Glühen gebracht wird
Gal|va|no|me|ter [-va-] *n. 5* Gerät zum Messen der Stromstärke, Galvanoskop
gal|va|no|me|trisch *auch:* **gal|va|no|met|risch** [-va-]
Gal|va|no|plas|tik [-va-] *f. 10* plastische Nachformung von Gegenständen durch Galvanisieren
gal|va|no|plas|tisch [-va-]
Gal|va|no|punk|tur [-va-] *f. 10* Entfernung z. B. von Haaren mit einer durch galvan. Strom erhitzten Nadel
Gal|va|no|skop *auch:* **Gal|va|nos|kop** [-va-] *n. 1* Galvanometer
gal|va|no|sko|pisch *auch:* **gal|va|nos|ko|pisch** [-va-]
Gal|va|no|tech|nik [-va-] *f. 10* Technik des Galvanisierens
gal|va|no|tech|nisch [-va-]
Gal|va|no|the|ra|pie [-va-] *f. 11 nur Sg.* Anwendung von Gleichstrom zu Heilzwecken; vgl. Galvanisation (2)
Gal|va|no|ty|pie [-va-] *f. 11, ältere Bez. für* Galvanoplastik
Ga|man|der [griech.] *m. 5* eine Pflanzengattung (Lippenblütler)
Ga|ma|sche *f. 11*
Gam|be [ital.] *f. 11* Streichinstrument des 16. bis 18. Jh., Vorläufer des Violoncellos
Gam|bia Staat in Westafrika
Gam|bi|er *m. 5* Einwohner von Gambia
gam|bisch

G

Gam|bịst *m. 10* Gambenspieler
Gam|bịt [arab.-span.] *n. 9, Schach:* Eröffnung des Spiels, bei der eine oder mehrere Figuren geopfert werden, um den Angriff rasch vorzutragen
Gam|bri|nus *auch:* **Gamb|ri|nus** sagenhafter Erfinder des Bierbrauens, Schutzherr der Brauer
Game|boy [gεımbɔı, engl.] *m. 5* elektronisches Spielgerät
Ga|me|lan [mal.], **Ga|me|lang** *n. 9* Schlagzeugorchester auf Java und Bali
Ga|mẹl|le [frz.] *f. 11, schweiz.:* Kochgeschirr des Soldaten
Game|show [gεımʃoυ, engl.] *f. 9* (im Fernsehen) Unterhaltungssendung
Ga|met [griech.] *m. 10* männl. u. weibl. Fortpflanzungszelle
Gạm|ma *n. Gen.* -(s) *Pl.* -s griech. Buchstabe (*Zeichen:* Γ, γ)
Gạm|ma|me|tall *n. 1* Legierung aus Kupfer und Zinn, für Münzen
Gạm|ma|strah|len, γ-Strah|len *Pl.* radioaktive Strahlen
Gạm|mel *m. 5 nur Sg., mittel-, ost-, norddt.:* wertloser Kram
gạm|me|lig, gạmm|lig *ugs.:* nicht mehr oder nur noch schlecht brauchbar
gạm|meln *intr. 1, ugs.:* ein Leben außerhalb der Konvention führen
Gạmm|ler *m. 5*
Gạmm|le|rin *f. 10*
gạmm|lig s. **gạm|me|lig**
Gạms *f. 10, bair., österr., bes. Jägerspr.:* Gämse
Gạms|bart *m. 2* Rückenhaare der Gämse als Hutschmuck des Jägers
Gạ̈ms|bock, Gạms|bock *m. 2* männl. Gämse
Gạ̈m|se *f. 11*
gạ̈ms|far|ben gelbbraun, chamois
Gạ̈ms|geiß, Gạms|geiß *f. 10* weibl. Gämse
Gạ̈ms|kitz, Gạms|kitz *n. 12* Junges der Gämse
Gạms|le|der *n. 5*
gạms|le|dern
Gạms|wild *n. Gen.* -(e)s *nur Sg., Sammelbez. für* Gamsbock, Gamsgeiß und Gamskitz, Krickelwild
Ga|nạ|sche [ital.-frz.] *f. 11* beim Pferd oberer, muskulöser Seitenteil des Unterkiefers, mit dem es sich gegen das Zaumzeug stemmen kann

Gan|dha|ra|kunst *f. 2 nur Sg.* hellenist.-buddhist. Kunst der altind. Landschaft Gandhara
Gạn|dhi, *Mahatma* (eigtl. Mohandas Karamchand G.), ind. Politiker
Ga|nef(f) [jidd.] *m. 1* Ganove
gạng *nur noch in der Wendung* das ist gang und gäbe, *schweiz. auch* gäng und gäbe: das ist üblich
Gạng *m. 2;* im Gange sein; etwas in Gang bringen, setzen; *aber:* das Ingangsetzen
Gang [gæŋ, engl.] *f. 9* organisierte Verbrecherbande
Gạng|art *f. 10*
gạng|bar
Gạ̈n|gel|band *n. 4 nur Sg.*
Gạ̈n|ge|lei *f. 10 nur Sg.*
gạ̈n|geln *tr. 1*
Gạn|ges *m. Gen.* - Strom in Südasien
gạ̈n|gig **1.** gangbar (Weg); **2.** gut verkäuflich, gut gehend (Ware); **3.** gut an der Leine gehend (Hund); **4.** *schweiz.:* rüstig
Gạ̈n|gig|keit *f. 10 nur Sg.*
Gạn|gli|en|sys|tem *auch:* **Gạng|li|en|sys|tem** [griech.] *n. 1* Zentralnervensystem
Gạn|gli|en|zel|le *auch:* **Gạng|li|en|zel|le** *f. 11* Nervenzelle
Gạn|gli|on *auch:* **Gạng|li|on** *n. Gen.* -s *Pl.* -li|en **1.** knotenartige Anhäufung von Nervenzellen, Nervenknoten; **2.** Überbein
Gan|gli|o|ni|tis *auch:* **Gang|li|o|ni|tis, Gan|gli|tis** *auch:* **Gang|li|tis** *f. Gen.* - *Pl.* -ti|den Entzündung eines Ganglions, Nervenknotenentzündung
Gan|grän *auch:* **Gang|rän** [griech.] *n. 1 oder f. 10,* **Gan|grä|ne** *auch:* **Gang|rä|ne** *f. 11* Brand, Gewebstod, z. B. Knochenbrand
gan|grä|nes|zie|ren *auch:* **gang|rä|nes|zie|ren** *intr. 3* brandig werden
gan|grä|nös *auch:* **gang|rä|nös** von Gangrän befallen, brandig
Gạng|schal|tung *f. 10*
Gạng|spill [ndrl.] *n. 1* Ankerwinde
Gangs|ter [gæŋs-, engl.] *m. 5* Bandenmitglied, Verbrecher
Gangs|ter|boss (*alt:* Gang|ster|boß) [gæŋs-] *m. 1*
Gang|way [gæŋwεı, engl.] *f. 9* Laufsteg aufs Schiff oder ins Flugzeug
Ga|no|i|de [griech.] *m. 11 meist Pl.* eine Knochenfischart, Schmelzschupper

Ga|no|ve [-və, jidd.] *m. 11,* Gạ|neff *m. 1* Gauner, Verbrecher
Gạns *f. 2*
Gạns|bra|ten *m. 7, bair., österr. für* Gänsebraten
Gạ̈ns|chen *n. 7*
Gạ̈n|se|blüm|chen *n. 7,* **Gạ̈n|se|blu|me** *f. 11*
Gạ̈n|se|bra|ten *m. 7*
Gạ̈n|se|brust *f. 2*
Gạ̈n|se|fe|der *f. 11*
Gạ̈n|se|fett *n. 1 nur Sg.*
Gạ̈n|se|fuß *m. 2* eine Pflanze, Unkraut
Gạ̈n|se|füß|chen *n. 7 Pl., ugs.:* Anführungszeichen
Gạ̈n|se|haut *f. 2 nur Sg.*
Gạ̈n|se|klein *n. Gen.* -s *nur Sg.* Gericht aus Herz, Magen, Leber und Füßen der Gans
Gạ̈n|se|le|ber|pas|te|te *f. 11 nur Sg.*
Gạ̈n|se|marsch *m. 2 nur Sg.;* im G. gehen: einer hinter dem andern
Gạn|ser *m. 5* s. **Gạ̈n|se|rich**
Gạ̈n|se|rich *m. 1,* Gạn|ser, Gạn|ter *m. 5*
Gạ̈n|se|wein *m. 1 nur Sg., scherzh.:* Wasser
Gạns|fett *n. 1 nur Sg., bair., österr. für* Gänsefett
Gạns|jung *n. Gen.* -(s) *nur Sg., bair. für* Gänseklein
Gạns|jun|ges *n. 17 nur Sg., österr. für* Gänseklein
Gạns|le|ber *f. 11, bair., österr. für* Gänseleber
Gạ̈ns|lein *n. 7*
Gạnt [ital.] *f. 10, bair., österr. veraltet, noch schweiz.:* Versteigerung; auf die G. kommen: versteigert werden
gạn|ten *tr. 2, veraltet, noch schweiz.:* versteigern
Gạn|ter *m. 5* s. **Gạ̈n|se|rich**
Ga|ny|med *griech. Myth.:* Mundschenk des Zeus

ganz, im Ganzen: Das Adjektiv wird kleingeschrieben: *ganze Zahlen; ganz München; ganz und gar.* Die substantivierte Form wird mit großem Anfangsbuchstaben geschrieben: *das Ganze; aufs Ganze gehen; als Ganzes; ums Ganze gehen; im (großen) Ganzen; im Großen und Ganzen.* § 57 (1)

gạnz; ganz München; ein ganzer Apfel; mein ganzes Geld *ugs.;* ganze drei Stunden; die ganze Wahrheit; ganze Zahlen; etwas

ganz machen; es wird hoffentlich noch ganz sein; es geht mir ganz gut; ein ganz klein wenig; ganz und gar; vgl. Ganze(s)
Gän|ze *f. Gen. - nur Sg.* **1.** *Bgb.:* ganzes, festes Gestein; **2.** Ganzheit, Gesamtheit, *meist in der Wendung* zur Gänze: völlig, ganz
Gan|ze(s) *n. 18 (17)* das Ganze, ein Ganzes; eine Ganze: ein Liter (Bier); ein großes Ganzes; das Drama als Ganzes; aufs Ganze gehen; es geht ums Ganze; das ist nichts Ganzes und nichts Halbes; im Ganzen (genommen); im (Großen und) Ganzen; im großen Ganzen
Ganz|fa|bri|kat *auch:* **Ganz|fab|ri|kat** *n. 1* Fabrikat, das nach Verlassen der Fabrik nicht weiter bearbeitet zu werden braucht; *Ggs.:* Halbfabrikat
ganz|gar fertig gegerbt
Ganz|heit *f. 10 nur Sg.*
ganz|heit|lich
Ganz|heits|me|tho|de *f. 11 nur Sg.* = Ganzwortmethode
ganz|jäh|rig das ganze Jahr über; das Hotel ist g. geöffnet
Ganz|le|der *n. 5 nur Sg.* reines Leder
Ganz|le|der|band *m. 2* in Ganzleder gebundenes Buch
ganz|le|dern aus reinem Leder
ganz|lei|nen aus reinem Leinen
Ganz|lei|nen *n. 7 nur Sg.* reines Leinen
Ganz|lei|nen|band *m. 2* in Ganzleinen gebundenes Buch
gänz|lich
Ganz|pa|ckung *f. 10* Umschlag um den ganzen Körper
ganz|sei|den aus reiner Seide
ganz|tä|gig
Ganz|tags|schu|le *f. 11*
Ganz|ton *m. 2, Mus.:* ganzer Ton
ganz|wol|len aus reiner Wolle
Ganz|wort|me|tho|de *f. 11 nur Sg.* Methode zum Lesenlernen, bei der ein Wort als Ganzes, nicht in seinen einzelnen Buchstaben erfasst werden soll, Ganzheitsmethode
gar 1. fertig gekocht oder fertig gebraten; fertig zugerichtet (Leder); gar kochen; gar sein; gares, gar gekochtes Fleisch; **2.** *österr.:* verbraucht, zu Ende gegangen; der Vorrat ist gar; **3.** sogar, ganz, sehr; *in Verbindung mit anderen Wörtern immer getrennt;* ganz und gar; warum nicht gar!: das fehlte gerade noch!; gar manches Mal; gar kein, gar nicht, gar nichts, gar oft, gar sehr, gar zu gern; nicht gar so sehr
Ga|ra|ge [-ʒə, frz.] *f. 11*
ga|ra|gie|ren [-ʒi-] *tr. 3* in der Garage unterbringen
Ga|ra|mond [-mɔ̃, nach dem frz. Schriftgießer Claude G.] *f. 9 nur Sg.* eine Antiqua-Druckschrift
Ga|rant [frz.] *m. 10* Bürge, Gewährsmann
Ga|ran|tie *f. 11* Bürgschaft, Sicherheit
ga|ran|tie|ren *tr. 3*
Gar|aus *auch:* **Ga|raus** *m., nur in der Wendung* jmdm. (oder einem Tier) den G. machen: ihn (es) töten
Gar|be *f. 11*
Gar|bo, *Greta* schwed. Filmschauspielerin
Gar|cia Lor|ca [garθia lorka], *Federico* span. Schriftsteller
Gar|çon [-sɔ̃, frz.] *m. 9* **1.** junger Mann, Knabe; **2.** Kellner; **3.** *auch:* Junggeselle
Gar|çon|ne [-sɔn] *f. 11* **1.** jungenhaftes Mädchen; **2.** *auch:* Junggesellin
Gar|çon|ni|è|re [-sɔnjɛrə] *f. 11* Junggesellenwohnung
Gar|da|see *m. Gen.* -s See am südl. Alpenrand
Gar|de *f. 11* **1.** Leibwache, Elitetruppe; **2.** alte G.: Gruppe von langjährigen bewährten Freunden oder Mitarbeitern
Gar|de|du|korps [-dykor, frz.] *n. Gen. - Pl.* - [-dykors] **1.** *früher:* preußisches Gardekavallerieregiment; **2.** Leibwache
Gar|de|man|ger [gardmãʒe, frz.] *m. 9, in großen Restaurants:* für die kalten Speisen zuständiger Koch
Gar|de|nie [-njə, nach dem schott. Naturforscher A. Garden] *f. 11,* Gar|de|nia *f. Gen. - Pl.* -ni|en ein trop. Zierstrauch
Gar|de|of|fi|zier *m. 1*
Gar|de|ro|be [frz.] *f. 11*
Gar|de|ro|ben|frau *f. 10*
Gar|de|ro|ben|mar|ke *f. 11*
Gar|de|ro|bier [-bje] *m. 9, Theater:* Verwalter der Garderobe, Gewandmeister
Gar|de|ro|bi|e|re [-bjɛrə] *f. 11* **1.** Garderobenfrau; **2.** *Theater:* Gewandmeisterin
gar|dez! [-de, frz. »schützen Sie (Ihre Dame)!«] *Schach:* Warnung für den Gegner, dass seine Dame in Gefahr ist
Gar|di|ne [ndrl.] *f. 11*
Gar|di|nen|pre|digt *f. 10, ugs.:* Strafpredigt
Gar|di|nen|schnur *f. 2*
Gar|di|nen|stan|ge *f. 11*
Gar|dist *m. 10* Soldat der Garde
Ga|re *f. 11 nur Sg.* **1.** günstiger, lockerer Zustand des Ackerbodens, Bodengare; **2.** wässrige Lösung zum Gerben von Glacéleder, Glacégare
ga|ren *tr. 1* gar kochen
gä|ren *tr. u. intr. 43*
Gär|fut|ter *n. 5 nur Sg.*

gar gekocht/kochen: Eine Fügung aus Adjektiv und Verb/Partizip, bei der das Adjektiv steigerbar oder erweiterbar ist, wird getrennt geschrieben: *Sie hat das Fleisch (ganz) gar gekocht. Das Essen muss noch gar kochen.* § 34 E3 (3)

gar ge|kocht (*alt:* gar|ge|kocht)
Gar|koch *m. 2* Gastwirt einer Garküche
Gar|kü|che *f. 11* Speisewirtschaft, die auch fertige Speisen ins Haus liefert
Gar|mond [-mɔ̃, zu Garamond] *f. 9 nur Sg.* ein Schriftgrad
Garn *n. 1*
Gar|ne|le *f. 11* ein Krebstier, Krevette
gar|nie|ren [frz.] *tr. 3* mit Zubehör versehen, verzieren (bes. Speisen)
Gar|nie|rung *f. 10*
Gar|ni|son [frz.] *f. 10* **1.** Standort einer Truppe; **2.** *auch:* die Truppe selbst, Besatzung
gar|ni|so|nie|ren *intr. 3, veraltend für* in Garnison liegen
Gar|ni|son|kir|che *f. 11*
Gar|ni|son|pfar|rer *m. 5*
Gar|ni|tur [frz.] *f. 10* mehrere zusammengehörige Gegenstände, z. B. Polster-, Wäschegarnitur
Gar|rot|te [frz.] *f. 11* Würgschraube (zur Hinrichtung durch Erdrosseln)
gar|rot|tie|ren *tr. 3* mit der Garrotte erdrosseln
gars|tig
Gärt|chen *n. 7*
gär|teln *intr. 1, bair. für* gärtnern; ich gärtele, gärtle
Gar|ten *m. 8*
Gar|ten|ar|beit *f. 10*

Gar|ten|ar|chi|tekt *m. 10*
Gar|ten|bau|aus|stel|lung *f. 10*
Gar|ten|blu|me *f. 11*
Gar|ten|haus *n. 4*
Gar|ten|lau|be *f. 11*
Gar|ten|lo|kal *n. 1*
Gar|ten|zwerg *m. 1*
Gärt|lein *n. 7*
Gärt|ner *m. 5*
Gärt|ne|rei *f. 10*
Gärt|ne|rin *f. 10*
gärt|ne|risch
gärt|nern *intr. 1* aus Liebhaberei Gartenarbeit tun
Gärt|ners|frau *f. 10*

G

Gä|rung *f. 10*
Gä|rungs|er|re|ger *m. 5*
gä|rungs|fä|hig
Gä|rungs|fä|hig|keit *f. 10 nur Sg.*
Gä|rungs|pro|zess (*alt:* Gä|rungs|pro|zeß) *m. 1*
Gar|zeit *f. 10*
Gas *n. 1*
Gas|an|zün|der *m. 5*
Gas|ba|de|o|fen *m. 8*
Gas|druck *m. 1*
Ga|sel [arab.], Gha|sel *n. 1*, **Ga|se|le,** Gha|se|le *f. 11* oriental. Gedichtform aus beliebig vielen Verspaaren, wobei der Reim des ersten Paares in allen geraden Zeilen wiederkehrt, während die ungeraden Zeilen reimlos bleiben
ga|seln *intr. 1, schweiz.:* nach Gas riechen; es gaselt
ga|sen *intr. 1, ugs.:* sehr schnell fahren (mit dem Auto)
Gas|hahn *m. 2*
Gas|he|bel *m. 5*
Gas|hei|zung *f. 10*
Gas|herd *m. 1*
ga|sie|ren *tr. 3* über der Gasflamme glattbrennen, von Fasern befreien (Garn)
ga|si|fi|zie|ren *tr. 3* auf Gasbetrieb umstellen
ga|sig wie Gas
Gas|ko|na|de [nach der frz. Landschaft Gascogne] *f. 11, veraltet:* Prahlerei, Aufschneiderei
Gas|mas|ke *f. 11*
Gas|o|fen *m. 8*
Ga|so|me|ter *m. 5, falsche Bez. für* Gasbehälter
Gäss|chen (*alt:* Gäß|chen) *n. 7*
Gas|se *f. 11*
Gas|sel|schlit|ten *m. 7, österr.:* kleiner, einspänniger Pferdeschlitten
Gas|sen|hau|er *m. 5* dem Schlager ähnliches, viel gesungenes Lied
Gas|sen|jun|ge *m. 11*
Gäss|lein (*alt:* Gäß|lein) *n. 7*
Gas|strumpf *m. 2* Glühkörper im Gasglühlicht
Gast 1. *m. 2;* XY singt als Gast (*Abk.* a. G., auf Programmzetteln); jmdn. zu Gaste bitten; zu Gast sein; **2.** *m. 12, Seew.:* Matrose für bestimmte Aufgaben, z. B. Signalgast
Gast|ar|bei|ter *m. 5*
Gäs|te|buch *n. 4*
Gas|tech|nik *f. 10 nur Sg.*
Gas|tech|ni|ker *m. 5*
gas|tech|nisch
Gäs|te|haus *n. 4* Haus zur Unterbringung von geladenen Gästen
Gas|te|rei *f. 10* Gelage, Schmauserei
Gäs|te|zim|mer *n. 5*
gast|frei
Gast|frei|heit *f. 10 nur Sg.*
Gast|freund *m. 1*
gast|freund|lich
Gast|freund|lich|keit *f. 10 nur Sg.*
Gast|freund|schaft *f. 10 nur Sg.*
Gast|ge|ber *m. 5*
Gast|haus *n. 4*
Gast|hof *m. 2*
Gast|hö|rer *m. 5*
gas|tie|ren *intr. 3* **1.** als Gast in einem Theater spielen oder singen; **2.** *auch übertr.:* sich nur vorübergehend aufhalten
gast|lich
Gast|lich|keit *f. 10 nur Sg.*
Gast|mahl *n. 4 oder n. 1*
Gast|pflan|ze *f. 11* Schmarotzer

♦ Die Buchstabenfolge **gas|tr...** kann in Fremdwörtern auch **gast|r...** getrennt werden.

♦ **Gas|träa** [griech.] *f. Gen. - nur Sg.* von E. Haeckel angenommene Stammform aller mehrzelligen Tiere, Urdarmtier
♦ **gas|tral** zum Magen und Darm gehörig, von ihnen ausgehend
♦ **Gas|tral|gie** *f. 11* Magenkrampf
Gast|recht *n. 1*
♦ **Gas|trek|to|mie** [griech.] *f. 11* operative Entfernung des Magens
♦ **gas|trisch** zum Magen gehörend, von ihm ausgehend
♦ **Gas|tri|tis** *f. Gen. - Pl.* -ti|den Magenschleimhautentzündung
♦ **gas|tro|du|o|de|nal** zum Magen und Zwölffingerdarm gehörend, von ihnen ausgehend
♦ **Gas|tro|du|o|de|ni|tis** *f. Gen. - Pl.* -ti|den Schleimhautentzündung von Magen und Zwölffingerdarm
♦ **gas|tro|en|te|risch** Magen und Darm betreffend
♦ **Gas|tro|en|te|ri|tis** *f. Gen. - Pl.* -ti|den Magen-Darm-Entzündung
♦ **gas|tro|gen** vom Magen ausgehend
Gast|rol|le *f. 11;* eine G. geben
♦ **Gas|tro|lo|ge** [griech.] *m. 11* Spezialist der Gastrologie
♦ **Gas|tro|lo|gie** *f. 11 nur Sg.* Lehre vom Magen und seinen Erkrankungen
♦ **Gas|tro|nom** *m. 10* **1.** Gastwirt, der sich auf feine Küche versteht; **2.** Kochkünstler
♦ **Gas|tro|no|mie** *f. 11 nur Sg.* Kochkunst
♦ **gas|tro|no|misch**
♦ **Gas|tro|po|de** *m. 11* Schnecke
♦ **Gas|tro|skop** *auch:* **Gas|tros|kop** *n. 1* Magenspiegel
♦ **Gas|tro|sko|pie** *auch:* **Gas|tros|ko|pie** *f. 11* Untersuchung des Magens mit dem Gastroskop
♦ **gas|tro|sko|pisch** *auch:* **gas|tros|ko|pisch**
♦ **Gas|tro|sto|mie** *auch:* **Gas|tros|to|mie** *f. 11* Anlegen einer Magenfistel
♦ **Gas|tro|to|mie** *f. 11* Magenschnitt
♦ **Gas|tru|la** *f. Gen. - nur Sg.* Entwicklungsstadium des Embryos, in dem der Urmund entsteht, Becherkeim
♦ **Gas|tru|la|ti|on** *f. 10 nur Sg.* Entstehung der Gastrula durch Einstülpung der Blastula
Gast|spiel *n. 1*
Gast|stät|te *f. 11*
Gast|stu|be *f. 11*
Gast|wirt *m. 1*
Gast|wirt|schaft *f. 10*
Gast|zim|mer *n. 5*
Gas|uhr *f. 10*
Gas|ver|gif|tung *f. 10*
Gas|werk *n. 1*
Gas|zäh|ler *m. 5*
Gatt *n. 12 oder n. 9, nddt.:* enger Durchgang, Loch, Öffnung
GATT *n. Gen. -(s) nur Sg., Kurzwort für* General Agreement on Tariffs and Trade (allgemeines Zoll- u. Handelsabkommen), von 110 Staaten ratifiziert, seit 1995 WTO
Gat|te *m. 11*
Gat|ten|lie|be *f. 11 nur Sg.*
Gat|ten|mord *m. 1*
Gat|ten|wahl *f. 10*

Gatter *n. 5*
Gattersäge *f. 11*
gattieren *tr. 3* sachgemäß mischen (Rohstoffe)
Gattin *f. 10*
Gattung *f. 10*
Gattungsbegriff *m. 1*
Gattungskauf *m. 2* Kauf einer nur der Gattung nach bestimmten Ware, z. B. 100 Flaschen Weißwein, Genuskauf; *Ggs.:* Stückkauf
Gattungsname *m. 15* Bez. für gleichartige Lebewesen oder Dinge, z. B. Pflanze, Lampe
Gau *m. 1*
Gäu *n. 1, österr., schweiz. für* Gau, z. B. Allgäu; jmdm. ins Gäu gehen *österr.:* jmdm. ins Gehege kommen
GAU *m. 9, Abk. für* größter anzunehmender Unfall, schwerer Störfall in einem Kernkraftwerk
Gaube, Gaupe *f. 11* Dachfenster
Gauch *m. 1 oder m. 2* **1.** Kuckuck; **2.** Schelm, Spitzbube; **3.** Narr, Betrogener; armer Gauch
Gauchheil *m. 1* ein Primelgewächs
Gaucho [-tʃo, indian.-span.] *m. 9* südamerik. berittener Viehhirt
Gaudi [lat.] *f. oder n. Gen. - nur Sg., bair.-österr.:* für Gaudium: Spaß, Vergnügen
gaudieren *tr. 3* belustigen, erheitern
Gaudium *n. Gen. -s nur Sg.,* **Gaudi** *f. oder n. Gen. - nur Sg.* Belustigung, Erheiterung; *meist in der Wendung* zum (größten) G. aller, der Anwesenden o. Ä.
Gaufrage *auch:* **Gaufrage** [gofraʒə, frz.] *f. 11* geprägte Musterung (auf Papier und Gewebe)
Gaufré [gofre] *n. 9* Gewebe mit eingeprägtem Muster
gaufrieren [go-] *tr. 3* mit dem Gaufrierkalander mustern
Gaufrierkalander [go-] *m. 5* Walze zum Aufprägen von Mustern auf Papier und Gewebe
Gauge [gɛɪdʒ, engl.] *n. Gen. - nur Sg. (Abk.:* gg), *Strumpfwirkerei:* Maß zur Angabe der Maschenzahl auf 1,5 engl. Zoll (= 38,1 mm) und damit der Feinheit
Gauguin [gogɛ̃], *Paul* frz. Maler
Gaukelei *f. 10* **1.** Vortäuschung, Zauberei, Blendwerk; **2.** Possenreißerei
gaukeln *intr. 1* **1.** schwankend fliegen; **2.** possenhaft etwas vortäuschen; ich gaukele, gaukle
Gaukelspiel *n. 1*
Gaukler *m. 5* **1.** Zauberkünstler auf Jahrmärkten; **2.** *auch:* Akrobat
gauklerisch
Gaul *m. 2*
Gaulle [gol], *Charles de* frz. General und Politiker
Gaullismus [go:-] *m. Gen. - nur Sg.* frz. polit. Bewegung im Sinne des ehem. frz. Staatspräsidenten Charles de Gaulle
Gaullist [go:-] *m. 10* Anhänger des Gaullismus
gaullistisch [go:-]
gaumen *tr. 1, schweiz.:* hüten
Gaumen *m. 7*
Gaumenkitzel *m. 5*
Gaumenlaut *m. 1* mit Zunge und Gaumen gebildeter Laut, Gutturallaut; vgl. Hinter-, Vordergaumenlaut
Gaumenmandel *f. 11*
Gaumensegel *n. 5* hinterer, weicher Teil des Gaumens
Gauner *m. 5*
Gaunerei *f. 10*
Gaunersprache *f. 11* = Rotwelsch
Gaunerzinken *m. 7* bildl. Zeichen zur Verständigung der Gauner (Landstreicher) untereinander
Gaupe *f. 11* = **Gaube**
Gaur [ind.] *m. 5 oder m. 9* vorderind. Wildrind
Gauß [nach dem Mathematiker und Physiker Karl Friedrich G.] *n. Gen. - Pl. - (Abk.:* G) Maßeinheit der magnet. Induktion
Gautschbrief *m. 1, Buchw.:* Bestätigung über das erfolgte Gautschen (2)
Gautsche *f. 11* **1.** Maschine mit zwei Walzen, zwischen denen die nasse Papierbahn ausgepresst wird; **2.** *süddt.:* Schaukel
gautschen *tr. 1* **1.** (die nasse Papierbahn) auspressen; **2.** (den Setzer- oder Druckerlehrling) in ein Wasserfass tauchen, damit er zünftig wird; **3.** *süddt.:* schaukeln
Gautscher *m. 5* Facharbeiter an der Gautsche (1)
Gavotte [-vɔt(ə), frz.] *f. 11* **1.** heiterer Tanz; **2.** Satz der Suite
Gaze [-zə, arab.-frz.] *f. 11 nur Sg.* durchsichtiger, sehr lockerer Stoff, Verbandmull
Gazelle [arab.-ital.] *f. 11*
Gazette [-zɛt(ə), frz.] *f. 11, veraltet, auch abwertend für* Zeitung
GB **1.** *Kfz-Kennzeichen für* Großbritannien und Nordirland **2.** *Abk. für* Gigabyte
GBl. *Abk. für* Gesetzblatt
Gbyte, GByte *Abk. für* Gigabyte
G-Dur *n. Gen. - nur Sg. (Abk.:* G) eine Tonart
G-Dur-Tonleiter *f. 11*
Ge *chem. Zeichen für* Germanium
Geächz *n. Gen. -es nur Sg.,* **Geächze** *n. Gen. -s nur Sg.*
Geäder *n. 5 nur Sg.*
Geäse *n. 5* **1.** = Äsung; **2.** = Äser (2)
Geäst *n. 1 nur Sg.* Gesamtheit der Äste (eines Baumes)
geb. **1.** *Abk. für* geboren (*Zeichen:* *); **2.** *Abk. für* geborene (bei Frauen vor dem Mädchennamen); Ilse Müller, geb. Schulze *oder:* Ilse Müller geb. Schulze; **3.** *Abk. für* gebunden (von Büchern, in bibliograf. Angaben)
Gebäck *n. 1*
Gebälk *n. 1*
Gebände *n. 5* **1.** s. **Gebende;** **2.** = Abgesang
Gebärde *f. 11*
gebärden *refl. 2*
Gebärdensprache *f. 11*
gebaren *refl. 1, selten:* sich benehmen, sich verhalten
Gebaren *n. 7 nur Sg.*
gebären *tr. 44*
Gebärerin *f. 10*
Gebärmutter *f. 6* Organ im Körper der weibl. Säugetiere und Menschen, in dem sich das befruchtete Ei entwickelt
Gebarung *f. 10 nur Sg., österr. für* = Gebaren
gebauchkitzelt *ugs., nur in der Wendung* sich g. fühlen: sich geschmeichelt fühlen
Gebäude *n. 5*
Gebäudekomplex *m. 1*
gebefreudig
Gebefreudigkeit *f. 10 nur Sg.*
Gebein *n. 1*
Gebelfer *n. 5 nur Sg.* Gekläff, Gekeife
Gebell *n. 1 nur Sg.*
geben *tr. 45;* Geben (geben) ist seliger denn Nehmen (nehmen)
Gebende, Gebände *n. 5, 12./15. Jh.:* Kopfbedeckung mit Kinnbinde für Frauen
Geber *m. 5*
Geberlaune *f. 11 nur Sg.;* in G. sein
Gebet *n. 1*
Gebetbuch *n. 4*
Gebetsmantel *m. 6* (der Juden)
Gebetsnische *f. 11* (in islam. Moscheen)

G

Ge|bets|tep|pich *m. 1* (der Muslime)
ge|beut *poet. veraltet für* gebietet
Ge|biet *n. 1*
ge|bie|ten *intr. 13*
Ge|bie|ter *m. 5*
ge|bie|te|risch
ge|biets|wei|se
Ge|bild|brot *n. 1* zu symbol. Figuren geformtes und zu bestimmten Festtagen hergestelltes Gebäck
Ge|bil|de *n. 5*
Ge|bil|de|te(r) *m. 18 (17) bzw. f. 17 oder 18 meist Pl.*
Ge|bim|mel *n. Gen. -s nur Sg.*, **Ge|bimm|le** *n. Gen. -s nur Sg.*
Ge|bin|de *n. 5* **1.** fest gebundener Blumenschmuck, Garbe; vgl. Gesteck; **2.** *Transportwesen:* Behälter, z. B. Fass
Ge|bir|ge *n. 5*
ge|bir|gig
Ge|birg|ler *m. 5*
Ge|birgs|bach *m. 2*
Ge|birgs|ket|te *f. 11*
Ge|birgs|stock *m. 2* massiger Gebirgsteil
Ge|biss (*alt:* Ge|biß) *n. 1*
Ge|blä|se *n. 5* Winderzeuger zum Verdichten oder Bewegen von Gasen
Ge|blök *n. Gen. -s nur Sg.*, **Ge|blö|ke** *n. Gen. -s nur Sg.*
ge|blümt, *österr.:* ge|blumt
ge|bongt *ugs.:* erledigt, abgemacht; das ist g.
ge|bo|ren (*Abk.:* geb., *Zeichen:* *); Richy Müller, geboren: 15. 01. 1969
ge|bo|re|ne (*Abk.:* geb.) Ilse Müller, geborene Schulze *oder:* Ilse Müller geborene Schulze; sie ist eine geborene Schulze
Ge|bo|ren|zei|chen *n. 7* (*Zeichen:* *)
ge|bor|gen
Ge|bor|gen|heit *f. 10 nur Sg.*
Ge|bot *n. 1*
Ge|bots|schild *n. 3* ein Verkehrsschild
Gebr. *Abk. für* Gebrüder (vor dem Familiennamen, in Firmennamen)
Ge|bräch, Ge|brech *n. 1*, **Ge|brä|che** *n. 5* **1.** *Bgb.:* leicht brechendes Gestein; **2.** *Jägerspr.:* Rüssel (des Wildschweins), *auch:* der mit dem Rüssel aufgewühlte Boden
Ge|bräu *n. 1*
Ge|brauch *m. 2*
ge|brau|chen *tr. 1*
ge|bräuch|lich
Ge|brauchs|an|wei|sung *f. 10*
ge|brauchs|fer|tig
Ge|brauchs|ge|gen|stand *m. 2*
Ge|brauchs|gra|fik, Ge|brauchs|gra|phik *f. 10 nur Sg.* Zweig der angewandten Kunst, Gestaltung von Werbemitteln, Büchern, Zeitschriften, Urkunden u. Ä.
Ge|brauchs|gut *n. 4 meist Pl.*
Ge|brauchs|mu|sik *f. 10 nur Sg.*
Ge|brauchs|mus|ter *n. 5* geschützte, aber nicht patentfähige Erfindung
Ge|brauchs|mus|ter|schutz *m. Gen. -es nur Sg.*
Ge|brauchs|wert *m. 1*
Ge|braucht|wa|gen *m. 7*
Ge|braus *n. Gen. -es nur Sg.*, **Ge|brau|se** *n. Gen. -s nur Sg.*
Ge|brech *n. 1* s. **Ge|bräch**
ge|bre|chen *intr. 19, nur unpersönlich:* fehlen, mangeln; es gebricht ihm an Mut
Ge|bre|chen *n. 7* körperl. Fehler; ein schlimmes G. haben
ge|brech|lich
Ge|brech|lich|keit *f. 10 nur Sg.*
Ge|breit *n. 1*, **Ge|brei|te** *n. 5* Acker, Feld
Ge|bres|ten *n. 7* Gebrechen, Leiden, Krankheit
Ge|bro|del *n. Gen. -s nur Sg.*
Ge|brü|der *nur Pl.* (*Abk.:* Gebr.)
Ge|brüll, Ge|brül|le *n. Gen. -s nur Sg.*
Ge|brumm, Ge|brum|me *n. Gen. -s nur Sg.*
Ge|bück *n. 1, früher:* Grenzwehr des Rheingaus aus Astgeflecht, Verhau, künstl. Hecke
Ge|bühr *f. 10;* jmdn. nach G. belohnen, über G. loben
ge|büh|ren **1.** *intr. 1* zukommen, zustehen; dafür gebührt ihm Dank; **2.** *refl. 1, nur unpersönlich:* sich schicken, sich geziemen; es gebührt sich (nicht), zu …
ge|büh|rend; etwas g. bewundern
Ge|büh|ren|er|lass (*alt:* Ge|büh|ren|er|laß) *m. 2*
ge|büh|ren|frei
Ge|büh|ren|frei|heit *f. 10 nur Sg.*
ge|büh|ren|pflich|tig
ge|bühr|lich gebührend
Ge|bum|se *n. Gen. -s nur Sg.*
Ge|bund *n. 1* Bündel, Packen
Ge|bun|den|heit *f. 10 nur Sg.*
Ge|burt *f. 10*
Ge|bur|ten|be|schrän|kung *f. 10 nur Sg.*
Ge|bur|ten|kon|trol|le *f. 11*
Ge|bur|ten|ra|te *f. 11*
Ge|bur|ten|re|ge|lung *f. 10*
Ge|bur|ten|über|schuss (*alt:* Ge|bur|ten|über|schuß) *m. 2*
Ge|bur|ten|zif|fer *f. 11*
ge|bür|tig; er ist gebürtiger Bayer, ist aus Bayern gebürtig
Ge|burts|a|del *m. 5 nur Sg.*
Ge|burts|an|zei|ge *f. 11*
Ge|burts|feh|ler *m. 5*
Ge|burts|haus *n. 4*
Ge|burts|hel|fer *m. 5*
Ge|burts|hil|fe *f. 11*
Ge|burts|jahr *n. 1*
Ge|burts|land *n. 4*
Ge|burts|ort *m. 1*
Ge|burts|stadt *f. 2*
Ge|burts|tag *m. 1*
Ge|burts|tags|fei|er *f. 11*
Ge|burts|tags|kind *n. 3*
Ge|burts|ur|kun|de *f. 11*
Ge|büsch *n. 1*
geck *nordwestdt., meist prädikativ:* verrückt
Geck *m. 12*
Ge|cke *f. 11, mitteldt.:* Frosch
ge|cken *tr. 1, nordwestdt.:* zum Narren halten, foppen
ge|cken|haft
Ge|cken|haf|tig|keit *f. 10 nur Sg.*
Ge|cke|rei *f. 10, nordwestdt.:* Fopperei, Narrenspossen
Ge|cko [ndrl.] *m. 9* eine trop. Eidechse, Haftzeher
Ge|dächt|nis *n. 1*
Ge|dächt|nis|fei|er *f. 11*
Ge|dächt|nis|lü|cke *f. 11*
ge|dächt|nis|schwach
Ge|dächt|nis|schwä|che *f. 11 nur Sg.*
Ge|dächt|nis|schwund *m. Gen. -(e)s nur Sg.*
Ge|dächt|nis|stüt|ze *f. 11*
ge|dackt *Mus.:* gedeckt, d. h. oben geschlossen und dadurch tiefer klingend (von Orgelpfeifen)
Ge|dan|ke *m. 15*, **Ge|dan|ken** *m. 7*
Ge|dan|ken|aus|tausch *m. 1*
Ge|dan|ken|frei|heit *f. 10 nur Sg.*
Ge|dan|ken|gang *m. 2*
ge|dan|ken|los
Ge|dan|ken|lo|sig|keit *f. 10 nur Sg.*
Ge|dan|ken|schnel|le *f. 11 nur Sg.;* in, mit G.
Ge|dan|ken|split|ter *m. 5*
Ge|dan|ken|sprung *m. 2*
Ge|dan|ken|strich *m. 1*
Ge|dan|ken|ü|ber|tra|gung *f. 10*
ge|dan|ken|ver|lo|ren
ge|dan|ken|voll
ge|dank|lich
Ge|därm *n. 1*, **Ge|där|me** *n. 5*
Ge|deck *n. 1* **1.** Essbesteck und Ser-

viette; **2.** festgelegte Speisenfolge in der Gaststätte, Menü
Ge|deih *m. Gen.* -s *nur Sg., nur noch in der Wendung* auf G. und Verderb, z. B. jmdm. auf G. und Verderb ausgeliefert sein: bedingungslos ausgeliefert sein
ge|dei|hen *intr. 46*
ge|deih|lich
ge|den|ken *intr. 22, mit Gen.;* ich gedenke seiner; wir gedachten des Tages, an dem …
Ge|denk|mün|ze *f. 11*
Ge|denk|stät|te *f. 11*
Ge|denk|stun|de *f. 11*
Ge|denk|ta|fel *f. 11*
Ge|denk|tag *m. 1*
Ge|dicht *n. 1*
Ge|dicht|samm|lung *f. 10*
ge|die|gen **1.** echt, ohne Beimischung, rein (Gold, Silber); **2.** lauter, anständig, rechtschaffen (Charakter); **3.** sorgfältig (Arbeit); **4.** *ugs.:* wunderlich, seltsam
Ge|die|gen|heit *f. 10 nur Sg.*
ge|dient; gedienter (*eigtl.:* gedient habender) Soldat
Ge|din|ge *n. 5* **1.** *Bgb.:* Akkordlohn; **2.** *auch:* Gesinde
Ge|din|ge|ar|bei|ter *m. 5*
Ge|din|ge|lohn *m. 2*
Ge|don|ner *n. 5 nur Sg.*
Ge|döns *n. 1 nur Sg., norddt.:* Getue, Aufhebens
Ge|drän|ge *n. 5 nur Sg.*
Ge|drängt|heit *f. 10 nur Sg.*
Ge|dröhn, Ge|dröh|ne *n. Gen.* -s *nur Sg.*
Ge|drückt|heit *f. 10 nur Sg.*
ge|drun|gen
Ge|drun|gen|heit *f. 10 nur Sg.*
Ge|du|del, Ge|du|dle *n. Gen.* -s *nur Sg.*
Ge|duld *f. Gen.* - *nur Sg.*
ge|dul|den *refl. 2*
ge|dul|dig
Ge|dulds|fa|den *m. 8*
Ge|dulds|pro|be *f. 11*
Ge|dulds|spiel *n. 1*
ge|dun|sen
Ge|dun|sen|heit *f. 10 nur Sg.*
ge|eig|net
Ge|eig|net|heit *f. 10 nur Sg.* Eignung
Geest *f. 10,* **Geest|land** *n. 4 nur Sg.* hoch gelegenes, trockenes, meist unfruchtbares norddeutsches Küstenland, vielfach verheidet oder vermoort; *Ggs.:* Marsch
gef. *Abk. für* gefallen (*Zeichen:* ⚔)
Ge|fach *n. 4* Gefüge von Fächern

> **Gefahr bringen/bringend:** Die Fügung aus Substantiv und Verb/Partizip wird – da erweiterbar – getrennt geschrieben: *Eine (große) Gefahr bringende Aktion.* Weil der mehrteilige Ausdruck auch als adjektivische Zusammensetzung aufgefasst werden kann, ist auch Klein- und Zusammenschreibung möglich: *sich gefahrbringend nähern.* Bei Erweiterbarkeit und Steigerbarkeit ist sie obligatorisch: *äußerst gefahrbringende Stoffe.* In festen Fügungen gilt Getrenntschreibung: *Wir wollten nicht Gefahr laufen(,) das Spiel zu verlieren.* § 34 E3 (5)

Ge|fahr *f. 10;* Gefahr laufen; Gefahr bringend *oder:* gefahrbringend; ich laufe Gefahr, zu spät zu kommen, wenn ich …
ge|fahr|brin|gend = **Ge|fahr bringend**
ge|fähr|den *tr. 2*
Ge|fähr|dung *f. 10*
Ge|fah|ren|quel|le *f. 11*
Ge|fah|ren|zo|ne *f. 11*
ge|fähr|lich
Ge|fähr|lich|keit *f. 10 nur Sg.*
ge|fahr|los ungefährlich, ungefährdet
Ge|fahr|lo|sig|keit *f. 10 nur Sg.*
Ge|fährt *n. 1*
Ge|fähr|te *m. 11*
Ge|fähr|tin *f. 10*
ge|fahr|voll
Ge|fäl|le *n. 5*
ge|fal|len *intr. 33*
Ge|fal|len **1.** *n. Gen.* -s *nur Sg.;* Gefallen an etwas finden; jmdm. etwas zu Gefallen tun; **2.** *m. 7;* jmdm. einen Gefallen tun
Ge|fal|le|ne(r) *m. 18 (17) bzw. f. 17 oder 18*
Ge|fal|le|nen|denk|mal *n. 4*
ge|fäl|lig (*Abk.:* gefl.); zur gefälligen (*meist:* gefl.) Beachtung; jmdm. g. sein
Ge|fäl|lig|keit *f. 10*
Ge|fäl|lig|keits|ak|zept *n. 1* Akzept, durch das sich der Aussteller verpflichtet, einen Wechsel zu bezahlen
Ge|fäl|lig|keits|wech|sel [-ks-] *m. 5*
ge|fäl|ligst
Ge|fall|sucht *f. Gen.* - *nur Sg.*
ge|fall|süch|tig
ge|fan|gen; gefangen halten; sie halten ihn gefangen, haben ihn gefangen gehalten; gefangen nehmen; ich nahm ihn gefangen; um ihn gefangen zu nehmen; gefangen setzen
Ge|fan|ge|ne(r) *m. 18 (17) bzw. f. 17 oder 18*
Ge|fan|ge|nen|be|frei|ung *f. 10 nur Sg.*
Ge|fan|ge|nen|für|sor|ge *f. 11 nur Sg.*
Ge|fan|ge|nen|la|ger *n. 5*
Ge|fan|ge|nen|wär|ter *m. 5*

> **gefangen halten/nehmen/setzen:** Eine Fügung aus Partizip und Verb wird getrennt geschrieben: *Die Krieger wurden gefangen genommen.* § 34 E3 (4)

ge|fan|gen hal|ten (*alt:* ge|fan|gen|hal|ten) *tr. 61*
Ge|fan|gen|nah|me *f. 11 nur Sg.*
ge|fan|gen neh|men (*alt:* ge|fan|gen|neh|men) *tr. 88*
Ge|fan|gen|schaft *f. 10 nur Sg.*
ge|fan|gen set|zen (*alt:* ge|fan|gen|set|zen) *tr. 1*
Ge|fäng|nis *n. 1*
Ge|fäng|nis|stra|fe *f. 11*
Ge|fa|sel, Ge|fas|le *n. Gen.* -s *nur Sg.*
Ge|fäß *n. 1*
Ge|fäß|bün|del *n. 5*
Ge|fäß|krampf *m. 2*
ge|fäß|reich
Ge|fasst|heit (*alt:* Ge|faßt|heit) *f. 10 nur Sg.*
Ge|fecht *n. 1*
ge|fechts|be|reit
ge|fechts|klar gefechtsbereit (Schiff)
Ge|fechts|stand *m. 2*
Ge|fe|ge *n. 5, Jägerspr.:* vom Gehörn bzw. Geweih abgefegter Bast
ge|feit geschützt; gegen etwas g. sein
Ge|fer|tig|te(r) *m. 18 (17) bzw. f. 17 oder 18, veraltet, noch österr.:* Unterzeichneter
Ge|fie|del *n. Gen.* -s *nur Sg.*
Ge|fie|der *n. 5*
ge|fie|dert
Ge|fil|de *n. 5* **1.** Feldmark; **2.** *poet.:* Felder
ge|fin|kelt *österr.:* schlau
gefl. *Abk. für* gefällig
Ge|fla|cker *n. 5 nur Sg.*
Ge|flat|ter *n. 5 nur Sg.*
Ge|flecht *n. 1*
ge|fleckt; rot gefleckt
Ge|flim|mer *n. 5 nur Sg.*
ge|flis|sent|lich absichtlich

Ge|flu|der *n. 5* Gerinne
Ge|flü|gel *n. 5 nur Sg.*
Ge|flü|gel|farm *f. 10*
ge|flü|gelt; geflügeltes Wort: oft zitierter Ausspruch eines Dichters
Ge|flü|gel|zucht *f. 10*
Ge|flun|ker *n. 5 nur Sg.*
Ge|flüs|ter *n. 5 nur Sg.*
Ge|fol|ge *n. 5*
Ge|folg|schaft *f. 10*
Ge|folgs|leu|te *nur Pl.*
Ge|folgs|mann *m. 4 Pl. auch:* -leute
Ge|fra|ge *n. Gen.* -s *nur Sg., ugs.*
ge|frä|ßig
Ge|frä|ßig|keit *f. 10 nur Sg.*
Ge|frei|te(r) *m. 18 (17)*
Ge|frett *n. Gen.* -s *nur Sg., bair., österr.:* Ärger, Plage, Last, Mühe
Ge|frier|an|la|ge *f. 11*
Ge|frier|brand *m. 2 nur Sg.* Schaden an tiefgefrorenen Lebensmitteln
ge|frie|ren *intr. 42*
Ge|frier|fleisch *n. 1 nur Sg.*
Ge|frier|punkt *m. 1*
Ge|frier|schutz|mit|tel *n. 5*
Ge|frier|ver|fah|ren *n. 7*
Ge|frieß *n. 1, bair., österr., vulg.:* Gesicht
Ge|fro|re|ne(s) *n. 18 (17)* Speiseeis
Ge|fü|ge *n. 5*
ge|fü|gig
Ge|fü|gig|keit *f. 10 nur Sg.*
Ge|fühl *n. 1*
ge|fühl|los
Ge|fühl|lo|sig|keit *f. 10 nur Sg.*
ge|fühls|arm
Ge|fühls|ar|mut *f. 10 nur Sg.*
ge|fühls|be|dingt
ge|fühls|be|tont
Ge|fühls|be|tont|heit *f. 10 nur Sg.*
Ge|fühls|du|se|lei *f. 10*
ge|fühls|du|se|lig, ge|fühls|dus|lig
Ge|fühls|du|se|lig|keit *f. 10 nur Sg.*
Ge|fühls|ein|druck *m. 2*
Ge|fühls|le|ben *n. 7 nur Sg.*
ge|fühls|mä|ßig
Ge|fühls|mensch *m. 10*
Ge|fühls|re|gung *f. 10*
Ge|fühls|sa|che *f. 11;* das ist G.!
Ge|fühls|wär|me *f. 11 nur Sg.*
ge|fühl|voll
ge|füh|rig, füh|rig gut geeignet zum Befahren (Schnee)
Ge|füh|rig|keit, Füh|rig|keit *f. 10 nur Sg.*
Ge|fun|kel *n. 5 nur Sg.*
Ge|ga|cker *n. Gen.* -s *nur Sg.*
ge|ge|ben; das ist das Gegebene: das, was am nächsten liegt, was man tun sollte; ich nehme das Gegebene nicht wieder zurück
ge|ge|be|nen|falls (*Abk.:* ggf.)
Ge|ge|ben|heit *f. 10* Wirklichkeit, Tatsache; die örtlichen Gegebenheiten
ge|gen *Präp. mit Akk.;* gegen meinen Willen; er hat etwas gegen mich; gegen Abend, Morgen; gegen 100 Menschen: ungefähr 100 Menschen
Ge|gen|an|ge|bot *n. 1*
Ge|gen|an|griff *m. 1*
Ge|gen|an|trag *m. 2*
Ge|gen|be|such *m. 1*
Ge|gen|be|we|gung *f. 10*
Ge|gen|bild *n. 3*
Ge|gen|bu|chung *f. 10*
Ge|gend *f. 10*
Ge|gen|dar|stel|lung *f. 10*
Ge|gen|dienst *m. 1*
Ge|gen|druck *m. 2;* Druck und G.
ge|gen|ein|an|der *auch:* **ge|gen|ei|nan|der**; gegeneinander drücken; gegeneinander halten; gegeneinander kämpfen; gegeneinander prallen; gegeneinander pressen; gegeneinander spielen; gegeneinander stehen; gegeneinander stellen; gegeneinander stoßen

gegeneinander drücken/prallen/stoßen: Fügungen aus dem mehrgliedrigen Adverb *gegeneinander* und einem Verb werden immer getrennt geschrieben: *Sie mussten bei dieser Aktion gegeneinander prallen. Die Lastwagen sind gegeneinander gestoßen.* § 34 E3 (2)

ge|gen|ein|an|der drü|cken *auch:* **ge|gen|ei|nan|der drü|cken** (*alt:* ge|gen|ein|an|der|drücken) *tr. 1*
ge|gen|ein|an|der hal|ten *auch:* **ge|gen|ei|nan|der hal|ten** (*alt:* ge|gen|ein|an|der|hal|ten) *tr. 61*
ge|gen|ein|an|der pral|len *auch:* **ge|gen|ei|nan|der pral|len** (*alt:* ge|gen|ein|an|der|pral|len) *intr. 1*
ge|gen|ein|an|der pres|sen *auch:* **ge|gen|ei|nan|der pres|sen** (*alt:* ge|gen|ein|an|der|pres|sen) *tr. 1*
ge|gen|ein|an|der ste|hen *auch:* **ge|gen|ei|nan|der ste|hen** (*alt:* ge|gen|ein|an|der|ste|hen) *intr. 151* sich feindlich gegenüberstehen
ge|gen|ein|an|der stel|len *auch:* **ge|gen|ei|nan|der stel|len** (*alt:* ge|gen|ein|an|der|stel|len) *tr. 1*
ge|gen|ein|an|der sto|ßen *auch:* **ge|gen|ei|nan|der sto|ßen** (*alt:* ge|gen|ein|an|der|sto|ßen) *tr. 157*
Ge|gen|er|klä|rung *f. 10*
Ge|gen|for|de|rung *f. 10*
Ge|gen|fra|ge *f. 11*
Ge|gen|füß|ler *m. 5* = Antipode
Ge|gen|ga|be *f. 11*
Ge|gen|ge|wicht *n. 1*
Ge|gen|gift *n. 1*
Ge|gen|kan|di|dat *m. 10*
Ge|gen|kla|ge *f. 11*
Ge|gen|klä|ger *m. 5*
ge|gen|läu|fig
Ge|gen|läu|fig|keit *f. 10 nur Sg.*
Ge|gen|leis|tung *f. 10*
ge|gen|le|sen *tr. 79*
Ge|gen|licht *n. Gen.* -(e)s *nur Sg.*
Ge|gen|lie|be *f. 11 nur Sg.*
Ge|gen|maß|nah|me *f. 11*
Ge|gen|mit|tel *n. 5*
Ge|gen|par|tei *f. 10*
Ge|gen|pol *m. 1*
Ge|gen|pro|be *f. 11*
Ge|gen|re|de *f. 11*
Ge|gen|re|for|ma|ti|on *f. 10 nur Sg.*
Ge|gen|re|vo|lu|ti|on [-vo-] *f. 10*
Ge|gen|satz *m. 2*
ge|gen|sätz|lich
Ge|gen|sätz|lich|keit *f. 10*
Ge|gen|schlag *m. 2*
Ge|gen|sei|te *f. 11*
ge|gen|sei|tig
Ge|gen|sei|tig|keit *f. 10 nur Sg.;* auf Gegenseitigkeit (*Abk.:* a. G.)
Ge|gen|son|ne *f. 11* Lichterscheinung am Himmel der Sonne gegenüber, Anthelium
Ge|gen|spie|ler *m. 5*
Ge|gen|stand *m. 2*
ge|gen|stän|dig einander gegenüberstehend (von Blättern, auch von Tierdarstellungen in der orientalischen Kunst)
ge|gen|ständ|lich sachlich, anschaulich
Ge|gen|ständ|lich|keit *f. 10 nur Sg.*
ge|gen|stands|los überflüssig, unnötig, hinfällig
Ge|gen|stands|lo|sig|keit *f. 10 nur Sg.*
Ge|gen|stands|satz *m. 2* = Subjektsatz
Ge|gen|stim|me *f. 11*
ge|gen|stim|mig *Mus.:* in der Art einer Gegenstimme
Ge|gen|stoß *m. 2*
Ge|gen|strom *m. 2*
ge|gen|stro|mig
Ge|gen|strö|mung *f. 10*
Ge|gen|stro|phe *f. 11* vgl. Antistrophe
Ge|gen|stück *n. 1*

Ge|gen|teil *n. 1*
ge|gen|tei|lig
ge|gen|über *Präp. mit Dat.;* das Haus g.; g. aufstellen
Ge|gen|über *n. 5*
ge|gen|über|lie|gen *intr. 80;* das Grundstück, das dem unseren gegenüberliegt; *aber:* gerade uns gegenüber liegt ein Grundstück, das …
ge|gen|über|sit|zen *intr. 143;* der Herr, der mir gegenübersitzt
ge|gen|über|ste|hen *intr. 151;* das Haus, das dem unseren gegenübersteht
ge|gen|über|stel|len *tr. 1*
Ge|gen|über|stel|lung *f. 10*
ge|gen|über|tre|ten *intr. 163*
Ge|gen|u|fer *n. 5*
Ge|gen|un|ter|schrift *f. 10*
Ge|gen|vor|wurf *m. 2*
Ge|gen|wart *f. Gen. - nur Sg.; Gramm.;* vgl. Präsens
ge|gen|wär|tig
ge|gen|warts|be|zo|gen
Ge|gen|warts|be|zo|gen|heit *f. 10 nur Sg.*
Ge|gen|warts|form *f. 10* vgl. Präsens
ge|gen|warts|nah, ge|gen|warts|na|he
Ge|gen|wehr *f. 10 nur Sg.*
Ge|gen|wert *m. 1*
Ge|gen|wind *m. 1 nur Sg.*
Ge|gen|wir|kung *f. 10*
ge|gen|zeich|nen *tr. 2* als Zweiter unterschreiben (zur Kontrolle); ich zeichne gegen, habe gegengezeichnet
Ge|gen|zeich|nung *f. 10*
Ge|gen|zug *m. 2*
Geg|ner *m. 5*
Geg|ne|rin *f. 10*
geg|ne|risch
Geg|ner|schaft *f. 10 nur Sg.*
gegr. *Abk. für* gegründet
Ge|grö|le *n. Gen. -s nur Sg.*
Ge|grun|ze *n. Gen. -s nur Sg.*
geh. *Buchw.: Abk. für* geheftet (in bibliografischen Angaben); vgl. heften
Ge|ha|be *n. Gen. -s nur Sg.* Getue, Ziererei
ge|ha|ben *refl., nur noch in der Wendung* gehab dich wohl!: lass es dir gut gehen!
Ge|ha|ben *n. Gen. -s nur Sg.* Benehmen, Gebaren
Ge|hack|te(s) *n. 18 (17)* Hackfleisch
Ge|halt 1. *n. 4* festes Einkommen; **2.** *m. 1* Inhalt, Anteil (eines Stoffes in einer Mischung)
ge|halt|arm
ge|hal|ten *nur prädikativ:* verpflichtet; Sie sind g., mir regelmäßig Nachricht zu geben
ge|halt|los
Ge|halt|lo|sig|keit *f. 10 nur Sg.*
ge|halt|reich
Ge|halts|an|spruch *m. 2 meist Pl.*
Ge|halts|emp|fän|ger *m. 5*
Ge|halts|er|hö|hung *f. 10*
Ge|halts|stu|fe *f. 11*
Ge|halts|zah|lung *f. 10*
ge|halt|voll
Ge|häm|mer, Ge|hämm|re *n. Gen. -s nur Sg.*
ge|han|di|kapt [-hændikæpt, engl.] benachteiligt, behindert
Ge|hän|ge *n. 5*
ge|har|nischt
ge|häs|sig
Ge|häs|sig|keit *f. 10*
Ge|has|te *n. Gen. -s nur Sg.*
Ge|häu|se *n. 5*
geh|be|hin|dert
Geh|be|hin|der|te(r) *m. 18 (17) bzw. f. 17 oder 18*
Ge|heck *n. 1* die Jungen (vom Feder-, Raubwild und von Mäusen)
Ge|he|ge *n. 5*
ge|heim; geheimer Vorbehalt; geheimes Wahlrecht; im Geheimen; Geheimer Rat; Geheime Staatspolizei (1933-1945, *Kurzwort:* Gestapo); geheim bleiben; etwas geheim halten; geheim tun
Ge|heim|bund *m. 2*
Ge|heim|bün|de|lei *f. 10 nur Sg.*
Ge|heim|bünd|ler *m. 5*
Ge|heim|dienst *m. 1*
Ge|heim|fach *n. 4*

geheim halten/tun: Ist das Adjektiv in der Fügung aus Adjektiv und Verb steigerbar oder erweiterbar, wird getrennt geschrieben: *Die Supermächte wollten das Abkommen (absolut) geheim halten.* § 34 E3 (3)
Die substantivierte Form wird mit großem Anfangsbuchstaben geschrieben: *Er erklärte ihr im Geheimen, dass …* § 57 (1)
Bei Eigennamen wird *geheim* großgeschrieben: *Geheime Staatspolizei, Geheimes Staatsarchiv, Geheimer Rat.*

ge|heim hal|ten (*alt:* ge|heim|halten) *tr. 61*
Ge|heim|hal|tung *f. 10 nur Sg.*
Ge|heim|leh|re *f. 11*
Ge|heim|nis *n. 1*
Ge|heim|nis|krä|mer *m. 5*
Ge|heim|nis|krä|me|rei *f. 10 nur Sg.*
Ge|heim|nis|tu|e|rei *f. 10 nur Sg.*
ge|heim|nis|tu|e|risch
Ge|heim|nis|ver|rat *m. Gen. -s nur Sg.*
ge|heim|nis|voll
Ge|heim|po|li|zei *f. 10 nur Sg.*
Ge|heim|po|li|zist *m. 10*
Ge|heim|rat *m. 2*
Ge|heim|rats|e|cken *f. 11 Pl., ugs. scherzh.:* zurückweichender Haaransatz beidseits der Stirn
Ge|heim|schrift *f. 10*
Ge|heim|sen|der *m. 5*
Ge|heim|spra|che *f. 11*
ge|heim|sprach|lich
Ge|heim|tipp (*alt:* Ge|heim|tip) *m. 9*
Ge|heim|tu|e|rei *f. 10 nur Sg.*
ge|heim|tu|e|risch
ge|heim tun (*alt:* ge|heim|tun) *intr. 167*
Ge|heim|tür *f. 10*
Ge|heim|waf|fe *f. 11*
Ge|heim|wis|sen|schaft *f. 10*
Ge|heim|zei|chen *n. 7*
Ge|heiß *n. 1 nur Sg.;* auf G. von …; auf sein G. (hin)
Ge|hemmt|heit *f. 10 nur Sg.*
ge|hen *intr. 47;* schlafen gehen; baden g.; jmdn. g. lassen: fortgehen lassen, in Ruhe lassen; sich gehen lassen
Ge|henk *n. 1* Gürtel zum Anhängen einer Waffe
ge|hen las|sen (*alt:* ge|hen|las|sen) *refl. 75* sich unbeherrscht, lässig benehmen
Ge|hen|na [hebr.-lat.] *f. Gen. - nur Sg., jüd. Bez. für* Hölle
Ge|her *m. 5*
ge|heu|er *nur in verneinenden Sätzen;* hier ist es mir nicht (ganz) g. *oder:* die Sache ist mir nicht geheuer
Ge|heul, Ge|heu|le *n. Gen. -s nur Sg.*
Geh|gips *m. 1* Gipsverband, durch den Gehen möglich ist
Ge|hil|fe *m. 11*
Ge|hil|fin *f. 10*
Ge|hirn *n. 1*
Ge|hirn|blu|tung *f. 10*
Ge|hirn|er|schüt|te|rung *f. 10*
Ge|hirn|haut *f. 2*
Ge|hirn|haut|ent|zün|dung *f. 10* Meningitis
Ge|hirn|schlag *m. 2*
Ge|hirn|wä|sche *f. 11* Zerstörung des Willens und der Persönlich-

G

keit durch physische und psychische Foltern sowie Medikamente

gehl *veraltete Nebenform von* gelb

Ge|höft *n. 1* Bauernhof

Ge|hölz *n. 1*

Ge|hol|ze *n. Gen.* -s *nur Sg., Sport, Mus.:* stümperhaftes Spiel

Ge|hör *n. 1 nur Sg.*

ge|hor|chen *intr. 1*

ge|hö|ren **1.** *intr. 1;* (zu) jmdm. g.; **2.** *refl. 1* sich schicken, ordentlich, richtig sein

Ge|hör|feh|ler *m. 5*

Ge|hör|gang *m. 2*

ge|hö|rig

ge|hör|los

Ge|hör|lo|sen|schu|le *f. 11*

Ge|hör|lo|sig|keit *f. 10 nur Sg.*

Ge|hörn *n. 1*

ge|hörnt; gehörnter Ehemann *übertr.:* betrogener E.; vgl. Horn

Ge|hör|or|gan *n. 1*

ge|hor|sam

Ge|hor|sam *m. Gen.* -s *nur Sg.*

Ge|hor|sams|ver|wei|ge|rung *f. 10*

Ge|hör|sinn *m. 1 nur Sg.*

Geh|pelz *m. 1* kurzer Herrenpelzmantel

Geh|re *f. 11* **1.** Gehrung; **2.** Gehren; **3.** Fischspieß

geh|ren *tr. 1* schräg abschneiden

Geh|ren *m. 7,* Geh|re *f. 11* **1.** Zwickel, Einsatz, Keil; **2.** dreieckiges Grundstück

Geh|rock *m. 2, früher:* knielanger, dunkler Männerrock

Geh|rung *f. 10,* Geh|re *f. 11* spitzer Zuschnitt von Brettern oder Leisten, die im Winkel zusammengesetzt werden sollen (gewöhnlich 45°)

Geh|rungs|win|kel *m. 5*

Geh|steig *m. 1*

Ge|hu|del *n. 5 nur Sg.* schlechte Arbeit, schlechtes (musikal.) Spiel

Geh|ver|band *m. 2* Verband am Bein, mit dem Gehen möglich ist

Geh|weg *m. 1*

Geh|werk *n. 1* (z. B. in der Uhr)

Geh|werk|zeu|ge *Pl.*

Gei *f. 1,* Gei|tau *n. 1* Tau zum Befestigen von Segeln

gei|en *tr. 1* zusammenziehen (Segel)

Gei|er *m. 5*

Gei|fer *m. 5 nur Sg.*

gei|fe|rig, geif|rig

gei|fern *intr. 1*

Gei|ge *f. 11*

gei|gen *intr. 1*

Gei|gen|bau|er *m. 5*

Gei|ger *m. 5*

gei|ger|sches Zähl|rohr *auch:* **Gei|ger'|sches Zähl|rohr** (*alt:* Gei|ger|sches Zähl|rohr) [nach dem Physiker Hans Geiger] *n. 1,* **Gei|ger|zäh|ler** *m. 5* Gerät zum Nachweis radioaktiver Strahlung

geil **1.** kräftig, üppig (Pflanze); **2.** lüstern, geschlechtlich erregt; **3.** *Jugendspr.:* großartig, toll

Gei|le *f. 11 nur Sg.* Geilheit; vgl. Geilen

gei|len *intr. 1* geschlechtlich erregt sein; gierig verlangen (nach)

Gei|len *Pl.* Hoden (beim Hund und Wild)

Geil|heit *f. 10 nur Sg.*

Gei|sa *Pl. von* Geison

Gei|sel *f. 11;* eine G. nehmen

Gei|sel|nah|me *f. 11*

Gei|ser *m. 5* = **Gey|sir** *m. 5*

Gei|sha [ge∫a, jap.] *f. 9* Tänzerin, Sängerin und Unterhalterin in japan. Teehäusern

Gei|son [griech.] *m. Gen.* -s *Pl.* -s *oder* -sa Kranzgesims an griech. Tempeln

Geiß *f. 10, süddt., österr.:* Ziege, weibl. Reh (Rehgeiß), weibl. Gämse (Gamsgeiß), weibl. Steinbock (Steingeiß)

Geiß|bart *m. 2 nur Sg.* eine Wiesenpflanze

Geiß|blatt *n. 4 nur Sg.* eine Kletterpflanze, Jelängerjelieber

Geiß|bock *m. 2, süddt.:* Ziegenbock

Gei|ßel *f. 11* **1.** Peitsche; **2.** Fortbewegungsorgan mancher Einzeller; **3.** *übertr.:* Plage, Heimsuchung

Gei|ßel|bru|der *m. 6,* Geiß|ler *m. 5* = Flagellant

gei|ßeln *tr. 1;* ich geißele, geißle es

Gei|ßel|tier|chen *n. 7* ein Einzeller, Flagellat

Gei|ße|lung, Geiß|lung *f. 10 nur Sg.*

Geiß|fuß *m. 2* **1.** Brecheisen; **2.** winkliges Messer für Linol- und Holzschnitte; **3.** *nur Sg.* ein Wiesenkraut, Giersch

Geiß|lein *n. 7*

Geiß|ler *m. 5* = Geißelbruder

geiß|ler|sche Röh|re *auch:* **Geiß|ler'|sche Röh|re** (*alt:* Geiß|ler|sche Röh|re) [nach dem Mechaniker Heinrich Geißler] *f. 11* elektr. Entladungsröhre

Geist **1.** *m. 3;* **2.** *m. 1* Alkohol, z. B. Himbeergeist, Weingeist

Geist|chen *n. 7* ein Schmetterling

Geis|ter|be|schwö|rung *f. 10*

Geis|ter|er|schei|nung *f. 10*

Geis|ter|fah|rer *m. 5* Autofahrer, der auf der falschen Seite der Fahrbahn fährt

geis|ter|haft

geis|tern *intr. 1*

Geis|ter|stun|de *f. 11*

geis|tes|ab|we|send

Geis|tes|ab|we|sen|heit *f. 10 nur Sg.*

Geis|tes|ar|bei|ter *m. 5*

Geis|tes|blitz *m. 1*

Geis|tes|ga|ben *Pl.*

Geis|tes|ge|gen|wart *f. Gen. - nur Sg.*

geis|tes|ge|gen|wär|tig

geis|tes|ge|stört

Geis|tes|ge|stört|heit *f. 10 nur Sg.*

geis|tes|krank

Geis|tes|kran|ke(r) *m. 18 (17) bzw. f. 17 oder 18*

Geis|tes|krank|heit *f. 10*

geis|tes|schwach

Geis|tes|schwä|che *f. 11 nur Sg.*

Geis|tes|stö|rung *f. 10*

geis|tes|ver|wandt

Geis|tes|ver|wandt|schaft *f. 10 nur Sg.*

Geis|tes|wis|sen|schaf|ten *Pl.*

Geis|tes|wis|sen|schaft|ler *m. 5*

geis|tes|wis|sen|schaft|lich

Geis|tes|zu|stand *m. 2*

geis|tig; geistige Getränke: alkohol. Getränke

Geis|tig|keit *f. 10 nur Sg.*

geist|lich

Geist|li|che(r) *m. 18 (17) bzw. f. 17 oder 18*

Geist|lich|keit *f. 10 nur Sg.* Gesamtheit der Geistlichen

geist|los

Geist|lo|sig|keit *f. 10 nur Sg.*

geist|reich

Geist|rei|che|lei *f. 10 nur Sg.* geistreiches Gerede

geist|sprü|hend

geist|tö|tend

geist|voll

Gei|tau *n. 1* Gei

Geiz **1.** *m. 1 nur Sg.;* **2.** *m. 1, Bot.:* Seitentrieb

gei|zen *intr. 1;* mit etwas g.

Geiz|hals *m. 2*

gei|zig

Geiz|kra|gen *m. 7*

Ge|jam|mer *n. Gen.* -s *nur Sg.*

Ge|keif, Ge|kei|fe *n. Gen.* -s *nur Sg.*

Ge|ki|cher *n. Gen.* -s *nur Sg.*

Ge|kläff *n. Gen.* -s *nur Sg.*

Ge|klap|per, Ge|klapp|re *n. Gen.* -s *nur Sg.*

Ge|klim|per, Ge|klimp|re *n. Gen.* -s *nur Sg.*

Ge|klin|gel, Ge|kling|le *n. Gen.* -s *nur Sg.*
Ge|klirr, Ge|klir|re *n. Gen.* -s *nur Sg.*
Ge|klop|fe *n. Gen.* -s *nur Sg.*
Ge|klüft *n. Gen.* -(e)s *nur Sg.*, **Ge|klüf|te** *n. Gen.* -s *nur Sg.*
Ge|knat|ter *n. Gen.* -s *nur Sg.*
Ge|krächz *n. Gen.* -es *nur Sg.*, **Ge|kräch|ze** *n. Gen.* -s *nur Sg.*
Ge|kra|kel, Ge|krak|le *n. Gen.* -s *nur Sg.*
Ge|kreisch, Ge|krei|sche *n. Gen.* -s *nur Sg.*
Ge|krit|zel, Ge|kritz|le *n. Gen.* -s *nur Sg.*
Ge|krö|se *n. Gen.* -s *nur Sg.* **1.** Magen und Darm umschließende Bauchfellfalten; **2.** Gedärme von Kalb und Lamm
Gel [Kurzwort: Gelatine] *n. 1* gallertartige kolloidale Lösung
Ge|lab|ber *n. 5, ugs.:* fades, dünnes, lauwarmes Getränk
Ge|läch|ter *n. 5*
ge|lack|mei|ert *ugs.:* betrogen, angeführt, hereingefallen
Ge|la|ge *n. 5*
Ge|lä|ger *n. 5* bei der Gärung entstehender Niederschlag
ge|lahrt *veraltet, noch scherzh.:* gelehrt
Ge|län|de *n. 5*
Ge|län|de|fahrt *f. 10*
ge|län|de|gän|gig (Fahrzeug)
Ge|län|de|lauf *m. 2*
Ge|län|der *n. 5*
Ge|län|de|ritt *m. 2*
Ge|län|de|spiel *n. 1*
Ge|län|de|ü|bung *f. 10*
ge|lan|gen *intr. 1;* an ein Ziel g.: ein Ziel erreichen; an jmdn. g. *schweiz.:* sich an jmdn. wenden
ge|lappt
Ge|lass (*alt:* Ge|laß) *n. 1, veraltet:* kleiner, enger, meist dunkler Raum, Kammer
ge|las|sen gleichmütig
Ge|las|sen|heit *f. 10 nur Sg.*
Ge|la|ti|ne [ʒe-, neulat.] *f. 11 nur Sg.* quellbarer Leim aus frischen Knochen (für Speisen, lichtempfindl. Schichten, Farbdruckwalzen u. a.)
ge|la|ti|nie|ren [ʒe-] *tr. u. intr. 3* (sich) in Gelatine verwandeln
ge|la|ti|nös [ʒe-] wie Gelatine
Ge|läuf *n. 1* **1.** Boden der Pferderennbahn; **2.** *Jägerspr.:* Spur des Federwildes
ge|läu|fig
Ge|läu|fig|keit *f. 10 nur Sg.*
Ge|läu|fig|keits|ü|bung *f. 10*
ge|launt; gut, schlecht gelaunt sein; ein schlecht gelauntes Kind; das Kind ist schlecht gelaunt
Ge|läut *n. 1 nur Sg.* **1.** Glockenläuten; **2.** *Jägerspr.:* Gebell (der Jagdhunde)
gelb; das gelbe Fieber; das gelbe Trikot: Trikot des jeweils in der Gesamtwertung führenden Fahrers bei der Tour de France; vgl. grünes Trikot; die gelbe Karte *Fußball;* der Gelbe Fluss (in China); Gelbe Rüben; vgl. blau
Gelb *n. Gen.* -s *nur Sg.;* die Ampel zeigt Gelb; das Zimmer ist in Gelb gehalten; sie trägt gern Gelb
gelb|braun; *Schreibung in Zus. mit anderen Farben* vgl. blau
Gelb|buch *n. 4;* → Farbbuch von Frankreich
Gelb|fie|ber *n. 5* mit Gelbsucht einhergehende, fieberhafte Infektionskrankheit in warmen Ländern
Gelb|kreuz *n. 1 nur Sg.* = Senfgas
gelb|lich; ein gelblich brauner Boden
gelb|lich braun (*alt:* gelb|lich-braun)
gelb|lich rot (*alt:* gelb|lich|rot)
Gelb|ling *m. 1* Pfifferling
Gelb|sucht *f. Gen. - nur Sg.*
Gelb|wurz *f. 10*, **Gelb|wur|zel** *f. 11* ein Ingwergewächs, Kurkuma
Geld *n. 3* (*auf Kurszetteln Abk.:* G)
Geld|au|to|mat *m. 10*
Geld|beu|tel *m. 5*
Geld|bör|se *f. 11*
Geld|brief|trä|ger *m. 5*
Geld|bu|ße *f. 11*
Gel|des|wert *m. 1 nur Sg.*
Geld|ge|ber *m. 5*
Geld|ge|schenk *n. 1*
Geld|gier *f. Gen. - nur Sg.*
geld|gie|rig
Geld|in|sti|tut *auch:* **Geld|ins|ti|tut** *n. 1*
Geld|kat|ze *f. 11, früher:* am Gürtel getragene Geldbörse
geld|lich
Geld|quel|le *f. 11*
Geld|sa|che *f. 11*
Geld|schein *m. 1*
Geld|schnei|de|rei *f. 10 nur Sg.*
Geld|schrank *m. 2*
Geld|schrank|kna|cker *m. 5*
Geld|stra|fe *f. 11*
Geld|stück *n. 1*
Geld|sum|me *f. 11*
Geld|ta|sche *f. 11*
Geld|ver|le|gen|heit *f. 10 nur Sg.;* in G. sein
Geld|wä|sche *f. nur Sg.* gesetzwidriges Einschleusen von Geld in den Geldkreislauf
Geld|wech|sel [-ks-] *m. 5 nur Sg.*
Geldwert *m. 1*
Ge|lee [ʒə-, frz.] *n. 9 auch: m. 9* mit Zucker eingekochter Fruchtsaft
Ge|le|ge *n. 5*
ge|le|gen **1.** befindlich, liegend; das Haus ist am Meer g.; **2.** passend; das kommt mir sehr g.; **3.** mir ist nicht daran g.: mir liegt nichts daran
Ge|le|gen|heit *f. 10*
Ge|le|gen|heits|ar|beit *f. 10*
Ge|le|gen|heits|ar|bei|ter *m. 5*
Ge|le|gen|heits|ge|dicht *n. 1*
Ge|le|gen|heits|kauf *m. 2*
ge|le|gent|lich; g. einer Mitgliederversammlung, *besser:* bei einer Mitgliederversammlung
ge|leh|rig
Ge|leh|rig|keit *f. 10 nur Sg.*
ge|lehr|sam
Ge|lehr|sam|keit *f. 10 nur Sg.*
ge|lehrt
Ge|lehr|te(r) *m. 18 (17) bzw. f. 17 oder 18*
Ge|lehrt|heit *f. 10 nur Sg.*
Ge|lei|er, Ge|lei|re *n. Gen.* -s *nur Sg.*
Ge|lei|se *n. 5* **1.** = **Gleis; 2.** *übertr.:* Bahn, gewohnte Ordnung; aus dem G. geraten; wieder ins richtige G. kommen
Ge|leit *n. 1 nur Sg.*, **Ge|lei|te** *n. 5 nur Sg.*
ge|lei|ten *tr. 2*
Ge|leit|schutz *m. Gen.* -es *nur Sg.*
Ge|leits|herr *m. Gen.* -n *Pl.* -en, *MA:* jmd., der jmdm. Geleit gewährt
Ge|leits|mann *m. 4 Pl. auch:* -leu|te, *MA:* Angehöriger des Geleits
Ge|leit|wort *n. 1*
Ge|leit|zug *m. 2*
gelenk *Nebenform von* gelenkig; *Ggs.:* ungelenk
Ge|lenk *n. 1*
Ge|lenk|ent|zün|dung *f. 10*
ge|len|kig
Ge|len|kig|keit *f. 10 nur Sg.*
Ge|lenk|kopf *m. 2*
Ge|lenk|pfan|ne *f. 11*
Ge|lenk|rheu|ma|tis|mus *m. Gen. - nur Sg.*
Ge|lenk|schmerz *m. 12*
ge|lenk|scho|nend
Ge|lenks|ent|zün|dung *f. 10, österr.*

G

Ge|lenk|wa|gen *m. 7*
Ge|lenk|wel|le *f. 11* = Kardanwelle
Ge|leucht *n. 1, Bgb.:* Grubenlampe
Ge|lich|ter *n. 5 nur Sg.* Gesindel
Ge|lieb|te(r) *m. 18 (17) bzw. f. 17 oder 18*
ge|lie|ren [ʒə-, frz.] *intr. 3* sich in Gelee verwandeln, dick werden
Ge|lie|rung [ʒə-] *f. 10 nur Sg.*
Ge|lier|zu|cker [ʒə-] *m. 5*
ge|lind, ge|lin|de
ge|lin|gen *intr. 48*
gell schrill, durchdringend; ein geller Schrei, *meist:* gellend
gell? *bair. für* gelt?
gel|len *intr. 1;* gellend schreien
ge|lo|ben *tr. 1*
Ge|löb|nis *n. 1*
Ge|lock *n. Gen.* -s *nur Sg.*
Gel|se *f. 11, österr.:* Stechmücke
gelt vorübergehend nicht tragend und keine Jungen führend (Wild)
gelt? *süddt., österr.:* nicht wahr?, ja?
gel|ten *intr. 49;* einen Anspruch geltend machen
Gel|tend|ma|chung *f. 10 nur Sg.*
Gelts|tag *m. 1, schweiz. veraltet:* Konkurs, Bankrott
gelts|ta|gen *intr. 1* in Konkurs gehen, Bankrott machen
Gelt|tier *n. 1* beschlagenes, nicht tragendes weibl. Wild
Gel|tung *f. 10 nur Sg.*
Gel|tungs|be|dürf|nis *n. 1 nur Sg.*
gel|tungs|be|dürf|tig
Gel|tungs|trieb *m. 1 nur Sg.*
Ge|lüb|de *n. 5*
Ge|lum|pe *n. Gen.* -s *nur Sg., sächs.:* alter Kram
Ge|lün|ge *n. Gen.* -s *nur Sg., Jägerspr.:* = Geräusch (2)
ge|lun|gen **1.** *süddt.:* drollig, ulkig, komisch; **2.** geglückt; gut gelungen
Ge|lüst *n. 1,* **Ge|lüs|te** *n. 5*
ge|lüs|ten *tr. 2, unpersönlich:* es gelüstet mich *oder:* mich gelüstet nach einem Stück Kuchen
ge|lüs|tig begierig
Gel|ze *f. 11* verschnittene Sau
gel|zen *tr. 1* verschneiden (Schwein)
Gel|zung *f. 10*
GEMA *Kurzwort für* Gesellschaft für musikal. Aufführungs- und mechan. Vervielfältigungsrechte
ge|mach *poet.:* langsam, gemächlich, allmählich
Ge|mach *n. 4, poet.:* Zimmer
ge|mäch|lich

Ge|mächt *n. 1,* **Ge|mäch|te** *n. 5* männliches Glied, männliches Geschlechtsteil
Ge|mahl **1.** *m. 1* Ehemann; **2.** *n. 1, veraltet poet. für* Gemahlin
Ge|mah|lin *f. 10* Ehefrau
ge|mah|nen *tr. 1* mahnen, erinnern; das gemahnt mich an eine Verpflichtung
Ge|mäl|de *n. 5*
Ge|mäl|de|ga|le|rie *f. 11*
Ge|mäl|de|samm|lung *f. 10*
Ge|mar|kung *f. 10* **1.** Grenze; **2.** Gemeindeflur
ge|mäß; dem Gesetz g.; g. seiner Anweisung; das ist mir nicht g.: das passt nicht zu mir
...ge|mäß entsprechend, z. B. ordnungsgemäß, zeitgemäß; vgl. ...mäßig
ge|mä|ßigt
Ge|mäu|er *n. 5*
Ge|me|cker, Ge|meck|re *n. Gen.* -s *nur Sg.*
ge|mein; sich mit jmdm. gemein machen: auf die gleiche (niedrigere) Stufe stellen; die Gemeine Stubenfliege
Ge|mein|be|sitz *m. 1 nur Sg.*
Ge|mein|de *f. 11*
Ge|mein|de|am|mann *m. 4, schweiz.:* Gemeindevorsteher
Ge|mein|de|rat *m. 2*
Ge|mein|de|schwes|ter *f. 11*
Ge|mein|de|steu|er *f. 11*
ge|mein|deutsch umgangsdeutsch
Ge|mein|de|ver|tre|tung *f. 10*
Ge|mein|de|wahl *f. 10*
ge|meind|lich
Ge|mei|ne **1.** *f. 11, Nebenform von* Gemeinde; **2.** *Pl., Buchw.:* Kleinbuchstaben
Ge|mein|ei|gen|tum *n. Gen.* -s *nur Sg.*
Ge|mei|ne(r) *m. 18 (17), früher:* Soldat ohne Dienstrang
ge|mein|ge|fähr|lich
Ge|mein|ge|fähr|lich|keit *f. 10 nur Sg.*
ge|mein|ger|ma|nisch = urgermanisch
Ge|mein|gut *n. 4*
Ge|mein|heit *f. 10*
ge|mein|hin im Allgemeinen
Ge|mein|kos|ten *nur Pl.* Kosten, die nicht auf die einzelnen Produkte umgelegt werden können
Ge|mein|nutz *m. Gen.* -es *nur Sg.*
ge|mein|nüt|zig
Ge|mein|nüt|zig|keit *f. 10 nur Sg.*
Ge|mein|platz *m. 2* nichts sagende Redensart

ge|mein|sam; *aber:* Gemeinsamer Markt
Ge|mein|sam|keit *f. 10*
Ge|mein|schaft *f. 10*
ge|mein|schaft|lich
Ge|mein|schafts|an|ten|ne *f. 11*
Ge|mein|schafts|ar|beit *f. 10*
Ge|mein|schafts|er|zie|hung *f. 10 nur Sg.* gemeinsame Erziehung von Jungen und Mädchen
Ge|mein|schafts|ge|fühl *n. 1 nur Sg.*
Ge|mein|schafts|schu|le *f. 11*
Ge|mein|schafts|ver|pfle|gung *f. 10 nur Sg.*
Ge|mein|schuld|ner *m. 5* jmd., über dessen Vermögen der Konkurs eröffnet worden ist
Ge|mein|sinn *m. 1 nur Sg.*
Ge|mein|spra|che *f. 11* Umgangssprache
Ge|mein|we|sen *n. 7*
Ge|mein|wohl *n. Gen.* -s *nur Sg.*
Ge|mel|lus [lat.] *m. Gen.* - *Pl.* -li Zwilling
Ge|men|ge *n. 5*
Ge|men|ge|la|ge *f. 11* Zustand einer Ackerflur mit verstreut liegenden Parzellen
Ge|men|ge|saat *f. 10* Mischsaat aus versch. Pflanzen
Ge|meng|sel *n. 5*
ge|mes|sen
Ge|mes|sen|heit *f. 10 nur Sg.*
Ge|met|zel *n. 5*
Ge|mi|na|te [lat.] *f. 11* Doppelkonsonant
Ge|mi|na|ti|on *f. 10* Verdoppelung von Konsonanten
ge|mi|nie|ren *tr. 3* verdoppeln
Ge|mi|ni|pro|gramm *n. Gen.* -s *nur Sg.* Programm des Weltraumflugs der USA mit Zwei-Mann-Kapseln
Ge|misch *n. 1*
Ge|mischt|bau|wei|se *f. 11 nur Sg.* Bauweise von Wohnsiedlungen mit Hoch- und niedrigeren Häusern
Ge|mischt|wa|ren|hand|lung *f. 10, veraltet*
ge|mischt|wirt|schaft|lich; gemischtwirtschaftl. Unternehmen: Mischform von privater und öffentlicher Unternehmung
Gem|me [lat.] *f. 11* Halbedelstein mit vertieft eingeschnittener Verzierung, Intaglio; *Ggs.:* Kamee
Gem|mo|glyp|tik *f. 10 nur Sg.* Steinschneidekunst
Gem|mu|la [lat. »Knöspchen«] *f.*

Gen. - Pl. -lae [-lɛː] Fortpflanzungsorgan der Süßwasserschwämme
Gems|bock (*alt für:* Gäms|bock) *m. 2*
Gem|se (*alt für:* Gäm|se) *f. 11*
gems|far|ben (*alt für:* gäms|far|ben)
Ge|mun|kel *n. 5 nur Sg.*
Ge|mur|mel *n. 5 nur Sg.*
Ge|mü|se *n. 5*
Ge|mü|se|gar|ten *m. 8*
Ge|mü|se|pflan|ze *f. 11*
Ge|müt **1.** *n. 1 nur Sg.;* sich etwas zu Gemüte führen *ugs.:* essen, trinken, *auch:* lesen; **2.** *n. 3* Mensch im Hinblick auf sein Temperament; sonniges G.
ge|müt|lich
Ge|müt|lich|keit *f. 10 nur Sg.*
ge|müt|los
ge|müts|arm
Ge|müts|ar|mut *f. 10 nur Sg.*
Ge|müts|art *f. 10*
Ge|müts|be|we|gung *f. 10*
ge|müts|krank
Ge|müts|krank|heit *f. 10*
Ge|müts|le|ben *n. 7 nur Sg.*
Ge|müts|mensch *m. 10*
Ge|müts|ru|he *f. Gen. - nur Sg.*
Ge|müts|ver|fas|sung *f. 10*
Ge|müts|zu|stand *m. 2*
ge|müt|voll
gen *veraltet, noch poet. für* gegen, nach; gen Süden
Gen [griech.] *n. 1* Erbfaktor, in den Chromosomen lokalisierte Erbeinheit
gen. *Abk. für* genannt (bei Namen)
Gen. *Abk. für* Genitiv
ge|nannt (*Abk.:* gen.)
ge|nant [ʒə-, frz.] **1.** peinlich; so, dass man sich genieren muss; **2.** übertrieben schamhaft
ge|nä|schig naschhaft

genau genommen, auf das genaueste/Genaueste: Fügungen aus Adjektiv und Verb/Partizip werden getrennt geschrieben, wenn das Adjektiv erweiterbar ist: *Sie hat das Gesetz (sehr) genau genommen.* § 34 E3 (3)
Die substantivierte Form wird großgeschrieben: *Das war das Genaueste.* § 57 (1)
Feste adverbiale Wendungen, die mit *wie* erfragt werden, können auch kleingeschrieben werden: *Auf das/aufs genaueste folgte er ihrem Rat.* § 58 E1

ge|nau; aufs genaueste *oder:* Genaueste untersuchen; genau genommen verhält es sich anders; ich weiß nichts Genaues; des Genaueren betrachten
ge|nau ge|nom|men (*alt:* ge|nau|ge|nom|men)
Ge|nau|ig|keit *f. 10 nur Sg.*
ge|nau|so; diese Sorte ist genauso gut wie jene; diese Leiter ist genauso lang wie die andere; ich habe genauso wenig gegessen wie du; vgl. ebenso
ge|nau|so gut (*alt:* ge|nau|so|gut)
ge|nau|so lang (*alt:* ge|nau|so|lang)
ge|nau|so|viel|mal; genauso viele Mal; genauso viele Male
ge|nau|so we|nig (*alt:* ge|nau|so|we|nig)
Gen|bank *f. 10* der Aufbewahrung von Genmaterial dienende Einrichtung
Gen|darm [ʒã-, auch: ʒan-, frz.] *m. 10* Polizist
Gen|dar|me|rie [ʒã-, auch: ʒan-, frz.] *f. 11*
Gene [ʒɛn, frz.] *f. Gen. - nur Sg.* Schamhaftigkeit
Ge|ne|a|lo|ge [griech.] *m. 11*
Ge|ne|a|lo|gie *f. 11* Lehre von den Geschlechtern, ihrer Abstammung und ihren Beziehungen zueinander, Geschlechterkunde, Familienforschung, Ahnenforschung
ge|ne|a|lo|gisch
ge|nehm angenehm, recht; das ist mir nicht g.
ge|neh|mi|gen *tr. 1;* sich einen g. *ugs.:* einen Schnaps trinken
Ge|neh|mi|gung *f. 10*
ge|neigt **1.** wohlwollend; an den geneigten Leser; **2.** gewillt, gesonnen; ich bin (nicht) g., ihm das zu sagen
Ge|neigt|heit *f. 10 nur Sg.*
Ge|ne|ra *Pl. von* Genus
Ge|ne|ral *m. 1 oder m. 2*
Ge|ne|ral... *in Zus.:* Haupt..., Allgemein..., Ober...
Ge|ne|ral|ab|so|lu|ti|on *f. 10*
Ge|ne|ral|a|gent *m. 10*
Ge|ne|ral|a|gen|tur *f. 10*
Ge|ne|ral|arzt *m. 2; Mil.:* höchster Dienstrang im militär. Sanitätswesen, Arzt im Generalsrang
Ge|ne|ra|lat *n. 1* **1.** Rang, Würde eines Generals; **2.** Amtsbereich, Amtssitz eines Ordensgenerals
Ge|ne|ral|bass (*alt:* Ge|ne|ral|baß) *m. 2* Basso continuo
Ge|ne|ral|beich|te *f. 11*
Ge|ne|ral|be|voll|mäch|tig|te(r) *m. 18 (17) bzw. f. 17 oder 18*
Ge|ne|ral|bun|des|an|walt *m. 2* oberster Beamter der Staatsanwaltschaft beim Bundesgerichtshof
Ge|ne|ral|di|rek|tor *m. 13*
Ge|ne|ra|le *n. Gen.* -s *Pl.* -li|en *oder* -lia *meist Pl.* allgemeine Angelegenheit
Ge|ne|ral|feld|mar|schall *m. 2*
Ge|ne|ral|gou|ver|ne|ment [-guvɛrnəmã] *n. 9*
Ge|ne|ral|gou|ver|neur [-guvɛrnøːr] *m. 1*
Ge|ne|ra|lia, Ge|ne|ra|li|en *Pl. von* Generale
Ge|ne|ral|in|spek|teur *auch:* **Ge|ne|ral|ins|pek|teur** [-tøːr] *m. 1* höchster Rang in der Bundeswehr
Ge|ne|ral|in|ten|dant *m. 10* Leiter eines großen oder mehrerer Theater
Ge|ne|ra|li|sa|ti|on *f. 10* Verallgemeinerung
ge|ne|ra|li|sie|ren *tr. 3* verallgemeinern
Ge|ne|ra|li|sie|rung *f. 10*
Ge|ne|ra|lis|si|mus *m. Gen. - Pl.* -mi *oder* -mus|se oberster Befehlshaber
Ge|ne|ra|li|tät *f. 10* Gesamtheit der Generäle
ge|ne|ra|li|ter im Allgemeinen
Ge|ne|ral|ka|pi|tel *n. 5* Gesamtheit der Oberen eines kath. Ordens
Ge|ne|ral|kom|man|do *n. 9* Stab eines kommandierenden Generals
Ge|ne|ral|kon|sul *m. 14* ranghöchster Konsul (2)
Ge|ne|ral|kon|su|lat *n. 1* Amtssitz und -bereich eines Generalkonsuls
Ge|ne|ral|leut|nant [auch: -ral-] *m. 1*
Ge|ne|ral|li|nie *f. 11* allgemeine Richtlinie
Ge|ne|ral|ma|jor *m. 1*
Ge|ne|ral|mu|sik|di|rek|tor *m. 13* (*Abk.:* GMD) Leiter eines Opernorchesters oder Konzerthauses
Ge|ne|ral|nen|ner *m. 5* Hauptnenner
Ge|ne|ral|o|berst [auch: -ral-] *m. 10 oder m. 1*
Ge|ne|ral|pau|se *f. 11* Pause für alle Orchesterinstrumente zugleich
Ge|ne|ral|pro|be *f. 11* letzte Probe vor der ersten Aufführung, Hauptprobe

G

G

Ge|ne|ral|quar|tier|meis|ter *m. 5*
Ge|ne|ral|re|si|dent *m. 10, früher:* frz. Statthalter in Marokko und Tunesien
Ge|ne|ral|se|kre|tär *m. 1* **1.** Hauptgeschäftsführer (eines wissenschaftlichen Verbandes, einer Partei, einer internationalen Organisation); **2.** *DDR:* Vorsitzender der höchsten Leitungsgremien (Politbüro und Zentralkomitee) kommunist. Parteien
Ge|ne|ral|staa|ten *m. 12 Pl., früher:* die Vertreter der sieben ndrl. Provinzialstaaten; *heute:* das ndrl. Parlament
Ge|ne|ral|staats|an|walt *m. 2* oberster Staatsanwalt beim Oberlandesgericht
Ge|ne|ral|stab *m. 2* Gruppe von Offizieren zur Unterstützung höherer militär. Führer
Ge|ne|ral|stäb|ler *m. 5* Angehöriger des Generalstabes
Ge|ne|ral|stabs|of|fi|zier *m. 1*
Ge|ne|ral|stän|de *Pl., früher in Frankreich:* die drei Reichsstände (Adel, Geistlichkeit, Bürgertum)
Ge|ne|ral|streik *m. 9* Streik in allen Zweigen einer Volkswirtschaft
Ge|ne|ral|su|per|in|ten|dent *m. 10, früher:* Leiter einer evang. Landeskirche, *heute meist:* Bischof
Ge|ne|ral|syn|o|de *auch:* **Ge|ne|ral|sy|no|de** *f. 11*
ge|ne|ral|ü|ber|ho|len *tr. 1, nur im Infinitiv und Partizip II:* gründlich überholen; einen Wagen g. lassen; der Wagen wurde erst kürzlich generalüberholt
Ge|ne|ral|ver|samm|lung *f. 10* Versammlung aller Mitglieder (eines Vereins u. Ä.)
Ge|ne|ral|ver|tre|ter *m. 5* oberster Vertreter (einer Firma in einem Bezirk)
Ge|ne|ral|vi|kar [-vi-] *m. 1, kath. Kirche:* Vertreter des Bischofs in der Verwaltung
Ge|ne|ral|vi|ka|ri|at [-vi-] *n. 1* **1.** Amt des Generalvikars; **2.** Verwaltungsbehörde einer kath. Diözese
Ge|ne|ral|voll|macht *f. 10*
Ge|ne|ra|ti|on *f. 10* **1.** Menschenalter, Zeitraum von etwa 30 Jahren; **2.** Stufe der Geschlechterfolge; **3.** die zu dieser Stufe gehörigen Lebewesen; **4.** *Tech.: Sammelbegriff für* Geräte, die sich in ihren Konstruktionsmerkmalen deutlich von früheren oder weiterentwickelten Geräten für denselben Zweck unterscheiden
Ge|ne|ra|ti|o|nen|ver|trag *m. 2*
Ge|ne|ra|ti|ons|kon|flikt *m. 1*
Ge|ne|ra|ti|ons|wech|sel [-ks-] *m. 5* Wechsel zwischen einer Generation mit geschlechtlicher und einer Generation mit ungeschlechtlicher Fortpflanzung, Metagenese
ge|ne|ra|tiv auf geschlechtlicher Fortpflanzung beruhend
Ge|ne|ra|tor [lat.] *m. 13* Maschine zur Umwandlung von mechan. in elektr. Energie
ge|ne|rell [lat.] allgemein, im Allgemeinen
ge|ne|rie|ren *tr. 3* erzeugen, hervorbringen, bilden
Ge|ne|ri|kum [lat.] *n. Gen.* -s *Pl.* -ka Arzneimittel, das einem als Markenzeichen eingetragenen Präparat gleicht, aber preiswerter ist
ge|ne|risch [lat.] das Geschlecht betreffend
ge|ne|rös [frz.] freigebig
Ge|ne|ro|si|tät *f. 10 nur Sg.* Freigebigkeit
Ge|ne|se [griech.] Entstehung, Entwicklung
ge|ne|sen *intr. 50* gesund werden; sie genas eines Knaben *veraltet:* sie gebar einen Knaben
Ge|ne|sen|de(r) *m. 18 (17) bzw. f. 17 oder 18*
Ge|ne|sis [griech.] *f. Gen. - nur Sg.* **1.** Schöpfungsgeschichte; **2.** das erste Buch Mose
Ge|ne|sung *f. 10 nur Sg.*
Ge|ne|sungs|heim *n. 1*
Ge|ne|sungs|pro|zess (*alt:* Ge|ne|sungs|pro|zeß) *m. 1*
Ge|net [ʒəne], *Jean* frz. Schriftsteller
Ge|ne|tik [griech.] *f. 10 nur Sg.* Vererbungslehre
ge|ne|tisch **1.** entstehungsgeschichtlich; **2.** auf Vererbung beruhend, die Vererbung betreffend
Ge|net|te [ʒə-, arab.-frz.] *f. 11* eine Gattung der Schleichkatzen, Ginsterkatze
Ge|ne|ver [ʒənevə(r), frz.] *m. 5* Wacholderbranntwein
Ge|ne|za|reth, See *bibl. Bez. für den* See von Tiberias in Israel
Genf **1.** Hauptstadt des Kantons Genf; **2.** Schweizer Kanton; Genfer See
Gen|fer *m. 5*
gen|fe|risch
Gen|food [-fu:d, zu engl. food »Nahrung«] *n. Gen.* -s *nur Sg.; ugs.:* gentechnisch veränderte Nahrung
ge|ni|al **1.** hoch begabt und schöpferisch; **2.** hervorragend, bahnbrechend
ge|ni|a|lisch **1.** in der Art eines Genies; **2.** überschwänglich
Ge|ni|a|li|tät *f. 10 nur Sg.*
Ge|nick *n. 1*
Ge|nick|fang *m. 2, Jägerspr.:* Stich mit dem Genickfänger ins Genick
Ge|nick|fän|ger *m. 5* Jagdmesser
Ge|nick|schuss (*alt:* Ge|nick|schuß) *m. 2*
Ge|nick|star|re *f. 11 nur Sg.*
Ge|nie [ʒe-, frz.] *n. 9* **1.** *nur Sg.* schöpferische Begabung; **2.** hoch begabter und schöpferischer Mensch; **3.** *nur Sg., schweiz.:* militär. Ingenieurwesen
Ge|nie|korps [ʒeniko:r] *n. Gen.* - [-ko:rs] *Pl.* - [-ko:rs], Ge|nie|trup|pe *schweiz.:* Pioniertruppe
Ge|nie|of|fi|zier [ʒe-] *m. 1*
ge|nie|ren [ʒe-, frz.] **1.** *tr. 3* stören, belästigen; **2.** *refl. 3* sich gehemmt fühlen, sich schämen
ge|nier|lich [ʒe-] *ugs. für* genant
ge|nieß|bar
Ge|nieß|bar|keit *f. 10 nur Sg.*
ge|nie|ßen *tr. 51;* ich genoss, er/sie genoss
Ge|nie|ßer *m. 5*
ge|nie|ße|risch
Ge|nie|streich [ʒe-] *m. 1* kluger Streich
Ge|nie|trup|pe [ʒe-] *f. 11, schweiz.;* vgl. Geniekorps
Ge|nie|zeit [ʒe-] *f. 10 nur Sg.* Sturm-und-Drang-Zeit in der dt. Literaturgeschichte
ge|ni|tal [lat.] zu den Geschlechtsteilen gehörig
Ge|ni|tal, Ge|ni|ta|le *n. Gen.* -s *Pl.* -li|en Geschlechtsteil, -organ
Ge|ni|tiv [griech.] *m. 1* zweiter Fall der Deklination, Wesfall
Ge|ni|tiv|ob|jekt *n. 1*
Ge|ni|us [lat.] **1.** *m. Gen. - nur Sg.* Schöpferkraft, schöpferischer Geist; **2.** *m. Gen. - Pl.* -ni|en Schutzgeist; *in der bildenden Kunst:* geflügelte, niedere Gottheit
Ge|ni|us Lo|ci (*alt:* Ge|ni|us lo|ci) *m. Gen. - - nur Sg.* Schutzgeist, *übertr.:* Atmosphäre eines Ortes

Gen|ma|ni|pu|la|ti|on *f. 10* Umwandlung von Genen und die damit verbundene Veränderung der Erbsubstanz
gen|ma|ni|pu|liert; genmanipulierter Mais
Ge|nom [griech.] *n. 1* Gesamtheit aller in einer Zelle vorhandenen Erbanlagen, i. e. S. nur die des Zellkerns
Ge|nör|gel *n. Gen. -s nur Sg.*
Ge|nos|se *m. 11*
Ge|nos|sen|schaft *f. 10*
Ge|nos|sen|schaf|ter, Ge|nos|sen|schaft|ler *m. 5*
ge|nos|sen|schaft|lich
Ge|nos|sen|schafts|bau|er *m. 5, DDR*
Ge|nos|sin *f. 10*
Ge|noss|same (*alt:* Ge|noß|sa|me) *f. 11, schweiz.:* Genossenschaft
Ge|no|typ [griech.] *m. 12,* Ge|no|ty|pus *m. Gen. - Pl.* -pen Gesamtheit der Erbmöglichkeiten; vgl. Idiotyp, Phänotyp
ge|no|ty|pisch
Ge|no|ty|pus *m. Gen. - Pl.* -pen **1.** Genotyp; **2.** *Biol.:* die eine Gattung bestimmende Art
Ge|no|zid *m. oder n. Gen.* -(e)s *Pl.* -e *oder* -di|en Völkermord
Gen|re [ʒãrə, frz.] *n. 9* Gattung, Art, Wesen
Gen|re|bild [ʒãrə-] *n. 3, in der Kunst:* Darstellung, Schilderung des Alltagslebens
Gen|re|ma|ler [ʒãrə-] *m. 5*
Gen|re|ma|le|rei [ʒãrə-] *f. 10*
Gens [lat.] *f. Gen. - Pl.* Gen|tes [-te:s] **1.** Stamm, Sippe; **2.** *im alten Rom:* Verband von Familien gleicher Abstammung und gleichen Namens
Gent [dʒɛnt, engl.] *m. 9* **1.** *engl. Kurzwort für* Gentleman; **2.** Stutzer, Geck
Gen|tech|nik *f. 10,* Gen|tech|no|lo|gie *f. 11* molekularbiol. Methoden, um Gene gezielt zu verändern
gen|tech|nisch
Gen|ti|a|ne [lat.] *f. 11* = Enzian (1)
gen|til [ʒɛn-, auch: ʒã-, frz.] *veraltet:* fein, gut erzogen
Gen|til|homme [ʒãtijɔm] *m. 9* Mann mit vornehmer, guter Lebensart
Gen|tle|man *auch:* **Gent|le|man** [dʒɛntlmæn, engl.] *m. Gen.* -s *Pl.* -men [-men] **1.** *engl. Bez. für* Herr; **2.** Mann von vornehmer Gesinnung
gen|tle|man|like *auch:* **gent|le|man|like** [dʒɛntlmænlaɪk] in der Art eines Gentlemans, vornehm, anständig, ritterlich
Gen|tle|men's A|gree|ment *auch:* **Gent|le|men's Ag|ree|ment** [dʒɛntlmænz əgriːmənt] *n. Gen. - - Pl.* - -s Vereinbarung ohne Vertrag, auf Treu und Glauben
Gen|trans|fer [griech.-engl.] *m. 9, Genetik:* das Übertragen eines Gens von einem Organismus auf den anderen
Gen|try *auch:* **Gent|ry** [dʒɛntrɪ] *f. Gen. - nur Sg., in England:* niederer Adel
Ge|nua ital. Hafenstadt
Ge|nu|e|se *m. 11* Einwohner von Genua
ge|nu|e|sisch
ge|nug; genug und übergenug; er kann nie genug kriegen; genug haben; ich kann gar nicht genug tun, um ..., *aber:* jmdm. → genugtun
Ge|nü|ge *f. Gen. - nur Sg.;* jmds. Ansprüchen G. tun, G. leisten; ich kenne das zur G.
ge|nü|gen *intr. 1*
ge|nü|gend
ge|nug|sam *veraltet:* genügend; *noch in Wendungen wie* es ist g. bekannt
ge|nüg|sam
Ge|nüg|sam|keit *f. 10 nur Sg.*
ge|nug|tun *tr. 167;* jmdm. g.: Genugtuung geben; er konnte sich nicht g. mit Lob: er konnte (es, sie, ihn) gar nicht genug loben
Ge|nug|tu|ung *f. 10 nur Sg.;* jmdm. G. leisten, verschaffen; G. fordern
ge|nu|in [lat.] **1.** angeboren; **2.** echt, unverfälscht
Ge|nus [lat.] *n. Gen. - Pl.* -ne|ra grammatisches Geschlecht
Ge|nus|kauf *m. 2* = Gattungskauf
Ge|nuss (*alt:* Ge|nuß) *m. 2*
ge|nuss|freu|dig (*alt:* ge|nuß|freu|dig)
ge|nüss|lich (*alt:* ge|nüß|lich)
Ge|nüss|ling (*alt:* Ge|nüß|ling) *m. 1, ugs.:* Genussmensch, Genießer
Ge|nuss|mensch (*alt:* Ge|nuß|mensch) *m. 10*
Ge|nuss|mit|tel (*alt:* Ge|nuß|mit|tel) *n. 5*
ge|nuss|reich (*alt:* ge|nuß|reich)
Ge|nuss|sucht (*alt:* Ge|nuß|sucht) *f. Gen. - nur Sg.*
ge|nuss|süch|tig (*alt:* ge|nuß|süch|tig)
Ge|nus Ver|bi (*alt:* Ge|nus ver|bi) *f. Gen. - - Pl.* Ge|ne|ra - Art des verbalen Geschehens, Aktiv und Passiv
gen|ver|än|dert
Ge|o|bi|on|ten [griech.] *Pl.* die im Erdboden lebenden Organismen
Ge|o|bo|ta|nik *f. 10 nur Sg.* Lehre von der Verbreitung der Pflanzen auf der Erde, Pflanzengeographie, Phytogeographie
ge|o|bo|ta|nisch
Ge|o|che|mie *f. 11 nur Sg.* Lehre von der chem. Zusammensetzung der Erde
ge|o|che|misch
Ge|o|dä|sie *f. 11 nur Sg.* Land-, Erdvermessung, Vermessungskunde
Ge|o|dät *m. 10* Landvermesser
ge|o|dä|tisch
Ge|o|ge|nie, Ge|o|go|nie *f. 11 nur Sg.* Teilgebiet der Geologie, Lehre von der Entstehung und Entwicklung der Erde
Ge|o|graph *auch:* **Ge|o|graf** *m. 10*
Ge|o|gra|phie *auch:* **Ge|o|gra|fie** *f. 11 nur Sg.* Beschreibung der Erde und der Länder der Erde, Erdkunde, Länderkunde
ge|o|gra|phisch *auch:* **ge|o|gra|fisch**
Ge|o|id *n. 1* Figur der Erdkugel in ihrer tatsächl., durch Vermessung bestimmten Form
Ge|o|lo|ge *m. 11*
Ge|o|lo|gie *f. 11 nur Sg.* Lehre vom Aufbau und von der Geschichte der Erde
ge|o|lo|gisch
Ge|o|mant *m. 10*
Ge|o|man|tie *f. 11 nur Sg.,* **Ge|o|man|tik** *f. 10 nur Sg., bes. in China und Arabien:* Kunst, aus Figuren im Sand wahrzusagen
ge|o|man|tisch
Ge|o|me|ter *m. 5, veraltet für* Geodät
Ge|o|me|trie *auch:* **Ge|o|met|rie** *f. 11* Teilgebiet der Mathematik, Lehre von den ebenen und räuml. Gebilden
ge|o|me|trisch *auch:* **ge|o|met|risch;** geometrisches Mittel; geometrischer Ort; geometrische Reihe
Ge|o|mor|pho|lo|gie *f. 11 nur Sg.* Teilgebiet der Geographie, Lehre von den Oberflächenformen der Erde und ihrer Entstehung
Ge|o|pha|ge *m. 11* Erdesser
Ge|o|pha|gie *f. 11 nur Sg., bei Naturvölkern:* Sitte, Erde zu essen

G

Ge|o|phy|sik *f. 10 nur Sg.* Lehre von den physikalischen Erscheinungen auf und in der Erde
ge|o|phy|si|ka|lisch
Ge|o|phy|si|ker *m. 5*
Ge|o|phyt *m. 10* Pflanze, deren Zwiebeln, Knollen usw. im Erdboden überwintern
Ge|o|po|li|tik *f. 10 nur Sg.* Lehre von der Einwirkung geographischer Gegebenheiten auf die Politik
ge|o|po|li|tisch
Ge|o|psy|cho|lo|gie *f. 11 nur Sg.* Lehre vom Einfluss geographischer Gegebenheiten (z. B. Klima) auf die Psyche

G

ge|ord|net; gut geordnet
Ge|org männl. Vorname
Geor|gette [ʒɔrʒɛt, frz.] *f. Gen. - nur Sg.* schleierartiges Seiden-, Woll- oder Baumwollgewebe
Ge|or|gia weibl. Vorname
Geor|gia [dʒɔdʒə] (*Abk.:* GA) Staat der USA
Ge|or|gi|en Staat in Kaukasien
Ge|or|gi|er *m. 5* Angehöriger eines Volkes in Kaukasien
Ge|or|gi|ne [nach dem Botaniker J. G. Georgi] *f. 11* eine Zierpflanze, Dahlie
Ge|or|gisch *n. Gen. -(s) nur Sg.* zu den kaukas. Sprachen gehörende Sprache der Georgier, Grusinisch
ge|o|ther|misch [griech.] auf Erdwärme beruhend; geothermische Tiefenstufe: Strecke in Richtung des Erdmittelpunktes, bei der die Temperatur um 1° C zunimmt, etwa 33 m
Ge|o|ther|mo|me|ter *n. 5* Gerät zum Messen der Temperatur im Erdinnern
ge|o|trop, ge|o|tro|pisch auf Geotropismus beruhend
Ge|o|tro|pis|mus *m. Gen. - nur Sg.* Fähigkeit von Pflanzen, sich im Wachstum nach der Schwerkraft der Erde zu orientieren
ge|o|zen|trisch *auch:* **ge|o|zent|risch** **1.** die Erde als Mittelpunkt der Welt annehmend, z. B. geozentrisches Weltsystem; **2.** auf den Erdmittelpunkt bezogen, z. B. geozentrischer Ort (eines Himmelskörpers)
Ge|o|zo|o|lo|gie *f. 11 nur Sg.* Lehre von der Verbreitung der Tiere auf der Erde
ge|o|zy|klisch *auch:* **ge|o|zyk|lisch** den Umlauf der Erde um die Sonne, *auch:* die Erdumdrehung betreffend
Ge|päck *n. 1 nur Sg.*
Ge|päck|an|nah|me *f. 11 nur Sg.*
Ge|päck|auf|be|wah|rung *f. 10 nur Sg.*
Ge|päck|aus|ga|be *f. 11 nur Sg.*
Ge|päck|marsch *m. 2*
Ge|päck|netz *n. 1*
Ge|päcks|auf|ga|be *f. 11 nur Sg., österr.*
Ge|päcks|netz *n. 1, österr.*
Ge|päcks|stück *n. 1, österr.*
Ge|päcks|trä|ger *m. 5, österr.*
Ge|päck|stück *n. 1*
Ge|päck|trä|ger *m. 5*
Ge|päck|wa|gen *m. 7*
Ge|pard [frz.] *m. 1* Raubtier
ge|pfef|fert *ugs.* **1.** derb, unanständig (Witz); **2.** sehr hoch (Preis)
Ge|pflegt|heit *f. 10 nur Sg.*
Ge|pflo|gen|heit *f. 10* Gewohnheit, Sitte, Brauch
Ge|pi|de *m. 11* Angehöriger eines ostgerman. Volksstammes
Ge|pie|pe, Ge|piep|se *n. Gen. -s nur Sg.*
Ge|plän|kel *n. Gen. -s nur Sg.*
Ge|plap|per *n. Gen. -s nur Sg.*
Ge|plärr, Ge|plär|re *n. Gen. -s nur Sg.*
Ge|plät|scher *n. Gen. -s nur Sg.*
Ge|plau|der *n. Gen. -s nur Sg.*
Ge|pol|ter *n. Gen. -s nur Sg.*
Ge|prä|ge *n. Gen. -s nur Sg.*
Ge|prän|ge *n. Gen. -s nur Sg.*
Ge|pras|sel *n. Gen. -s nur Sg.*
ge|punk|tet
Ge|quak, Ge|qua|ke *n. Gen. -s nur Sg.*
Ge|quäk, Ge|quä|ke *n. Gen. -s nur Sg.*
Ge|quas|sel *n. Gen. -s nur Sg., ugs.*
Ge|quat|sche *n. Gen. -s nur Sg., ugs.*
Ge|quiek, Ge|quie|ke *n. Gen. -s nur Sg.*
Ge|quietsch, Ge|quiet|sche *n. Gen. -s nur Sg.*
Ger *m. 1* german. Wurfspieß

gerade: Folgt auf *gerade* ein Verb, gilt Getrenntschreibung, wenn *gerade* durch *wie* erfragbar ist: *gerade gehen, gerade biegen, gerade richten.* Ebenso bei *sein: alle fünf gerade sein lassen.* § 35 Sonst wird zusammengeschrieben: *etwas geradebiegen* (= klären), *für etwas geradestehen* (= die Verantwortung übernehmen). § 34 (2.2)

ge|ra|de, gra|de; gerade Zahlen; fünf gerade sein lassen: es nicht so genau nehmen; das Kind kann gerade sitzen (= seit kurzem); ich kam gerade heraus, als ..., *aber:* etwas geradeheraus sagen; *in Verbindung mit Verben:* gerade biegen, *aber:* → geradebiegen; gerade halten; gerade legen; gerade machen; gerade richten; gerade sitzen; gerade stehen, *aber:* → geradestehen; gerade stellen; er hat den Draht gerade gebogen; sie hat den Arm gerade gehalten; sie hat den Stoff gerade gelegt; sie hat die Linie gerade gemacht; ich habe die Stäbe gerade gerichtet; er hat die Kegel gerade gestellt
Ge|ra|de *f. 18* gerade Linie
ge|ra|de|aus, gra|de|aus; geradeaus gehen
ge|ra|de|bie|gen *tr. 12 übertr.:* einrencken
ge|ra|de bie|gen (*alt:* ge|ra|de|bie|gen) *tr. 12* eine Stange gerade biegen
ge|ra|de hal|ten (*alt:* ge|ra|de|hal|ten) *tr. 61*
ge|ra|de|her|aus *auch:* **ge|ra|de|he|raus;** etwas g. sagen; vgl. gerade
ge|ra|de le|gen (*alt:* ge|ra|de|le|gen) *tr. 1*
ge|ra|de ma|chen (*alt:* ge|ra|de|ma|chen) *tr. 1, ugs.*
ge|ra|den|wegs, ge|ra|de|wegs
ge|ra|de rich|ten (*alt:* ge|ra|de|rich|ten) *tr. 2*
ge|ra|de sit|zen (*alt:* ge|ra|de|sit|zen) *intr. 143*
ge|ra|de|so genauso; geradeso gut; geradeso viel
ge|ra|de|so gut (*alt:* ge|ra|de|so|gut)
ge|ra|de|so viel (*alt:* ge|ra|de|so|viel)
ge|ra|de|ste|hen *tr. 151* für etwas, jmdn. einstehen
ge|ra|de ste|hen (*alt:* ge|ra|de|ste|hen) *intr. 151* es ist gesünder gerade zu stehen
ge|ra|de stel|len (*alt:* ge|ra|de|stel|len) *tr. 1*
ge|ra|des|wegs *veraltet für* geradewegs
ge|ra|de|wegs, ge|ra|den|wegs
ge|ra|de|zu beinahe, nahezu
ge|ra|de|zu 1. offen, freimütig; er ist, spricht sehr g.; **2.** *ugs.:* geradeaus; immer g.!
Ge|rad|flüg|ler *Pl.* eine Ordnung der Insekten

Ge|rad|heit *f. 10 nur Sg.*
ge|rad|li|nig
ge|rad|sin|nig
Ge|rald männl. Vorname
Ge|ram|mel, Ge|ramm|le *n. Gen.* -s *nur Sg., ugs.*
ge|ram|melt *ugs.;* der Saal war g. voll
Ge|ra|nie [-njə, griech.] *f. 11,* **Ge|ra|ni|um** *n. Gen.* -s *Pl.* -ni|en **1.** vgl. Storchschnabel (1); **2.** *fälschl. für* Pelargonie
Ge|rank, Ge|ran|ke *n. Gen.* -s *nur Sg.*
Ge|rant [ʒe-, frz.] *m. 10, veraltet, noch schweiz.:* Geschäftsführer, Vorsteher
Ge|ra|schel *n. Gen.* -s *nur Sg.*
Ge|ras|sel *n. Gen.* -s *nur Sg.*
Ge|rät *n. 1*
ge|ra|ten 1. *intr. 94;* außer sich g. (vor Freude, Wut); **2.** etwas für geraten halten: für ratsam; ich möchte es dir wirklich geraten haben!
Ge|rä|te|schup|pen *m. 7*
Ge|rä|te|tur|nen *n. Gen.* -s *nur Sg.*
Ge|ra|te|wohl *n., nur in der Wendung* aufs G.: auf gut Glück, ohne nachzudenken
Ge|rät|schaf|ten *Pl.*
Ge|rat|ter *n. Gen.* -s *nur Sg.*
Ge|rät|tur|nen *n. Gen.* -s *nur Sg., meist für* Geräteturnen
Ge|räu|cher|te(s) *n. 18 (17)*
ge|raum; geraume Zeit: längere, einige Zeit
Ge|räum|de, Ge|räum|te *n. 5* Kahlschlag
ge|räu|mig
Ge|räu|mig|keit *f. 10 nur Sg.*
Ge|rau|ne *n. Gen.* -s *nur Sg.*
Ge|räusch 1. *n. 1;* **2.** *n. 1 nur Sg., Jägerspr.:* Lunge, Herz und Leber vom Schalenwild, Gelünge
Ge|räusch|ar|chiv *n. 1*
ge|räusch|arm
Ge|rau|sche *n. Gen.* -s *nur Sg.*
ge|räusch|emp|find|lich
Ge|räusch|ku|lis|se *f. 11*
ge|räusch|los
Ge|räusch|lo|sig|keit *f. 10 nur Sg.*
Ge|räusch|pe|gel *m. 7*
ge|räusch|voll
Ge|räus|per *n. Gen.* -s *nur Sg.*
Ger|be *f. 11 nur Sg., südd.:* Bierhefe
ger|ben *tr. 1*
Ger|ber *m. 5*
Ger|be|rei *f. 10*
Ger|ber|lo|he *f. 11* ein Gerbmittel
Gerb|säu|re *f. 11*
Gerb|stoff *m. 1*
Ger|bung *f. 10 nur Sg.*
Gerd, Gert männl. Vorname, *Kurzform von* Gerhard
Ger|da weibl. Vorname
Ge|re|bel|te(r) *m. 18 (17), österr.:* Wein aus gerebelten (einzeln geernteten) Beeren
ge|recht; jmdm. oder einer Sache gerecht werden
Ge|rech|tig|keit *f. 10 nur Sg.*
Ge|rech|tig|keits|sinn *m. 1 nur Sg.*
Ge|recht|sa|me *f. 11, veraltet:* Vorrecht, Privileg, z. B. Fischereigerechtsame
Ge|re|de *n. Gen.* -s *nur Sg.*
ge|rei|chen *intr. 1;* es gereicht ihm zur Ehre, zum Nachteil
Ge|reizt|heit *f. 10 nur Sg.*
Ge|ren|ne *n. Gen.* -s *nur Sg., ugs.*
ge|reu|en *tr. 1, veraltend für* reuen; es gereut mich, dass …
Ger|fal|ke, Gier|fal|ke *m. 11* ein Jagdfalke
Ger|hard, Ger|hart männl. Vorname
Ger|i|a|ter *auch:* **Ge|ri|a|ter** [griech.] *m. 5* Fachmann auf dem Gebiet der Geriatrie
Ger|i|a|trie *auch:* **Ger|i|at|rie** *f. 11 nur Sg.* Lehre von den Krankheiten des alternden und alten Menschen, Altersheilkunde; vgl. Gerontologie
ger|i|a|trisch *auch:* **ger|i|at|risch**
Ge|richt *n. 1* **1.** Speise, zubereitete Mahlzeit, z. B. Fischgericht; **2.** staatliches Organ der Rechtsprechung; das Gebäude dafür
ge|richt|lich; gerichtliche Medizin, Chemie, Psychologie
Ge|richts|ak|te *f. 11*
Ge|richts|arzt *m. 2*
Ge|richts|as|ses|sor *m. Gen.* -s *Pl.* -so|ren
Ge|richts|bar|keit *f. 10 nur Sg.*
Ge|richts|be|hör|de *f. 11*
Ge|richts|be|schluss (*alt:* Ge|richts|be|schluß) *m. 2*
Ge|richts|be|zirk *m. 1*
Ge|richts|die|ner *m. 5*
Ge|richts|ge|bühr *f. 10*
Ge|richts|hof *m. 2* aus mehreren Mitgliedern bestehendes Gericht
Ge|richts|kos|ten *nur Pl.*
Ge|richts|me|di|zin *f. 10 nur Sg.* gerichtliche Medizin
Ge|richts|ord|nung *f. 10 nur Sg.*
Ge|richts|re|fe|ren|dar *m. 1*
Ge|richts|saal *m. Gen.* -(e)s *Pl.* -sä|le
Ge|richts|schrei|ber *m. 5*
Ge|richts|stand *m. 2*
Ge|richts|tag *m. 1;* G. halten *poet.*
Ge|richts|ur|teil *n. 1*
Ge|richts|ver|fah|ren *n. 7*
Ge|richts|ver|hand|lung *f. 10*
Ge|richts|voll|zie|her *m. 5*
ge|rie|hen vgl. reihen
ge|rie|ren *refl. 3* sich benehmen, sich hervortun, sich erweisen als; sich als Vermittler g.
Ge|rie|sel *n. Gen.* -s *nur Sg.*

→ Guerilla Die für das Deutsche untypische Schreibung *gu-* für den Laut [g-] in *Guerilla* orientiert sich am Spanischen, aus dem das Wort entlehnt ist. Das doppelte *l* steht für das mouillierte *l*, das es im Deutschen nicht gibt und das deshalb [lj] ausgesprochen wird.

ge|ring; gering achten; gering schätzen; ein Geringes *poet.:* wenig; ich habe nur ein Geringes dazu getan; ich habe nicht das Geringste damit zu tun; nicht im Geringsten; der Geringste unter ihnen; kein Geringerer als …; das ist wohl das Geringste, was ich erwarten kann; nichts Geringeres als …

gering achten, das Geringste: Ist das Adjektiv in einer Fügung aus dem Adjektiv mit einem Verb steigerbar oder erweiterbar, wird getrennt geschrieben: *Sie mussten seinen Vorschlag gering achten.* § 34 E3 (3)
Substantivierte Adjektive werden mit großem Anfangsbuchstaben geschrieben: *Es entging ihm nicht das Geringste.*
Ebenso: *sich um ein Geringes verschätzen; kein Geringerer als; nicht im Geringsten.* § 57 (1)

ge|ring ach|ten (*alt:* ge|ring|ach|ten) *tr. 2*
Ge|ring|ach|tung *f. Gen.* - *nur Sg.*
ge|ring|fü|gig
Ge|ring|fü|gig|keit *f. 10*
ge|ring schät|zen (*alt:* ge|ring|schät|zen) *tr. 1*
Ge|ring|schät|zig|keit *f. 10 nur Sg.*
Ge|ring|schät|zung *f. 10 nur Sg.*
ge|ring|wer|tig
Ge|ring|wer|tig|keit *f. 10*
Ge|rinn|bar|keit *f. 10 nur Sg.*
Ge|rin|ne *n. 5* **1.** Rinnsal; **2.** *Bgb.:* Wasserabfluss, Gefluder

ge|rin|nen *intr. 101*
Ge|rinn|sel *n. 5*
Ge|rin|nung *f. 10 nur Sg.*
ge|rin|nungs|fä|hig
Ge|rin|nungs|fä|hig|keit *f. 10 nur Sg.*
Ge|rip|pe *n. 5*
ge|rippt mit Rippen versehen (Stoff)
ge|ris|sen schlau, durchtrieben
Ge|ris|sen|heit *f. 10 nur Sg.*
Ger|lin|de weibl. Vorname
Germ *m. Gen. -s nur Sg., bair., österr.: f. Gen. - nur Sg.* Bierhefe
Ger|ma|ne *m. 11* Angehöriger einer indogerman. Völkergruppe
Ger|ma|nia *f. Gen. -* Frauengestalt als Sinnbild Deutschlands
Ger|ma|ni|en *zur Zeit des Röm. Reiches Bez. für* Deutschland
Ger|ma|nin *f. 10* weibl. Germane
Ger|ma|nin® *n. 1 nur Sg.* Mittel gegen die Schlafkrankheit
ger|ma|nisch; *aber:* Germanisches Nationalmuseum (in Nürnberg)
Ger|ma|nis|mus *m. Gen. - Pl.* -men in eine andere Sprache übernommenes Element der dt. Sprache
Ger|ma|nist *m. 10*
Ger|ma|nis|tik *f. 10 nur Sg.* Lehre von den germanischen Sprachen und Literaturen, *i. e. S.* von der dt. Sprache und Literatur
ger|ma|nis|tisch
Ger|ma|ni|um *n. Gen. -s nur Sg.* (*Zeichen:* Ge) chem. Element, ein Metall
ger|ma|no|phil [griech.] deutschfreundlich
Ger|ma|no|phi|lie *f. 11 nur Sg.* Vorliebe für alles Deutsche
ger|ma|no|phob allem Deutschen abgeneigt
Ger|ma|no|pho|bie *f. 11 nur Sg.* Abneigung gegen alles Deutsche
Ger|mer *m. 5, süddt.:* eine Gebirgspflanze
ger|mig *süddt.:* Germ enthaltend
ger|mi|nal [lat.] zum Keim gehörig
Ger|mi|nal|drü|se *f. 11,* **Ger|mi|na|lie** [-ljə] *f. 11* Keim-, Geschlechtsdrüse
Ger|mi|na|ti|on *f. 10 nur Sg.* Keimungsperiode (der Pflanzen)
ger|mi|na|tiv zur Keimung gehörig
Germ|knö|del *m. 5, österr.:* Hefekloß
gern, ger|ne; etwas gern haben, tun; er ist bei uns gern gesehen; ein gern gesehener Gast
Ger|ne|groß *m. 1*
Ger|ne|klug *m. 9*
gern ge|se|hen (*alt:* gern|ge|sehen)
Ge|rö|chel *n. Gen. -s nur Sg.*
Ge|rold männl. Vorname
Ge|röll, Ge|röl|le *n. Gen. -s nur Sg.*
Ge|ront [griech.] *m. 10* Mitglied der → Gerusia
Ge|ron|to|lo|ge *m. 11* Fachmann auf dem Gebiet der Gerontologie
Ge|ron|to|lo|gie *f. 11 nur Sg.* Lehre von den Vorgängen des Alterns; vgl. Geriatrie
ge|ron|to|lo|gisch
Gersh|win [gœ(r)ʃwɪn], *George* amerik. Komponist
Gers|te *f. 11,* **Gers|tel** *n. 14, österr.:* Graupe
Gers|ten|korn *n. 4* Drüsenvereiterung am Augenlid
Gers|ten|saft *m. 2, ugs. scherzh.:* Bier
Gert männl. Vorname, *Nebenform von* Gerd
Ger|te *f. 11*
ger|ten|schlank
Ger|traud, Ger|trau|de, Ger|traut weibl. Vorname
Ger|trud weibl. Vorname
Ge|ruch **1.** *m. 2;* **2.** *nur Sg., poet.:* Ruf, Leumund
ge|ruch|los
ge|ruchs|emp|find|lich
Ge|ruchs|nerv *m. 12*
Ge|ruchs|or|gan *n. 1*
Ge|ruchs|sinn *m. 1 nur Sg.*
Ge|rücht *n. 1*
Ge|rüch|te|ma|che|rei *f. 10 nur Sg.*
ge|rücht|wei|se
Ge|ruch|ver|schluss (*alt:* Ge|ruch|ver|schluß) *m. 2*
ge|ru|hen *intr. 1* geneigt, gewillt sein
ge|ru|hig *poet. für* geruhsam
ge|ruh|sam
Ge|ruh|sam|keit *f. 10 nur Sg.*
Ge|rum|pel, Ge|rump|le *n. Gen. -s nur Sg.*
Ge|rüm|pel *n. Gen. -s nur Sg.*
Ge|run|di|um [lat.] *n. Gen. -s nur Sg.* deklinierte Form des Infinitivs, z. B. die Kunst *des Tanzens*
Ge|run|div *n. 1,* Ge|run|di|vum [-vum] *n. Gen. -s Pl.* -va [-va] Partizip der Zukunft des Passivs, besonders im Lateinischen, z. B. Examinand: einer, der geprüft werden soll, ein zu Prüfender
ge|run|di|visch [-vɪʃ]
Ge|run|di|vum [-vum] *n. Gen. -s Pl.* -va [-va] s. **Ge|run|div**
Ge|ru|sia [griech.], **Ge|ru|sie** *f. Gen. - nur Sg., im alten Sparta:* Rat der Ältesten
Ge|rüst *n. 1*
Ge|rüst|bau *m. Gen. -(e)s nur Sg.*
Ge|rüs|ter *m. 5, österr.:* Gerüstarbeiter
Ge|rüt|tel, Ge|rütt|le *n. Gen. -s nur Sg.*
ge|rüt|telt bis zum Rand; ein gerütteltes Maß; g. voll
Ger|vais [ʒɛrvɛ, auch: ʒɛrvɛ:, nach dem frz. Hersteller Charles G.] *m. Gen. -* [-vɛs, auch: ʒɛrvɛ:s] *Pl. -* [-vɛs, auch: ʒɛrvɛ:s] ein frz. Weichkäse
ges *n. Gen. - Pl. -, Mus.* **1.** das um einen halben Ton erniedrigte g; **2.** *Abk. für* ges-Moll
Ges *n. Gen. - Pl. -, Mus.* **1.** das um einen halben Ton erniedrigte G; **2.** *Abk. für* Ges-Dur
ge|sal|zen *ugs.:* sehr hoch (Preis)
ge|samt; im Gesamten; das Gesamte
Ge|samt *n. Gen. -s nur Sg.;* im Gesamt
Ge|samt|an|sicht *f. 10*
Ge|samt|aus|ga|be *f. 11*
ge|samt|deutsch *früher:* Ministerium für gesamtdeutsche Fragen; Gesamtdeutsche Volkspartei (1953-57)
Ge|samt|deutsch|land
Ge|samt|ein|druck *m. 2*
Ge|samt|er|geb|nis *n. 1*
ge|samt|haft *schweiz.:* insgesamt
Ge|samt|hands|ge|mein|schaft *f. 10* Rechtsgemeinschaft, bei der die Beteiligten nur gemeinsam verfügen können (z. B. Erbengemeinschaft)
Ge|samt|heit *f. 10 nur Sg.*
Ge|samt|hoch|schu|le *f. 11*
Ge|samt|kunst|werk *n. 1, nach R. Wagner:* die Einheit von Musik, Handlung und Bild in der Oper
Ge|samt|la|ge *f. 11 nur Sg.*
Ge|samt|schuld|ner *m. 5* mehrere Schuldner, deren jeder für die gesamte Schuld haftet, aber von den Übrigen Ausgleich verlangen kann, Solidarschuldner
Ge|samt|schu|le *f. 11* Schulform, die Haupt- und Realschule sowie Gymnasium in sich vereint
Ge|samt|sum|me *f. 11*
ge|samt|wirt|schaft|lich
Ge|samt|zahl *f. 10*
Ge|sand|te(r) *m. 18 (17) bzw. f. 17 oder 18*
Ge|sand|tin *f. 10*

G

Ge|sandt|schaft *f. 10*
ge|sandt|schaft|lich
Ge|sandt|schafts|at|ta|ché [-ʃe:] *m. 9*
Ge|sandt|schafts|rat *m. 2*
Ge|sang *m. 2*
Ge|sang|buch *n. 4*
Ge|sang|buch|vers *m. 1*
ge|sang|lich
Ge|sangs|buch *n. 4, österr.*
Ge|sangs|kunst *f. 2 nur Sg.*
Ge|sangs|leh|rer *m. 5*
Ge|sang(s)|stück *n. 1*
Ge|sangs|un|ter|richt *m. 1 nur Sg.*
Ge|sangs|ver|ein *m. 1, österr.*
Ge|sang|ver|ein *m. 1*
Ge|säß *n. 1*
Ge|säß|ba|cke *f. 11*
Ge|säß|kno|chen *m. 7*
Ge|säß|schwie|le *f. 11*
Ge|säß|ta|sche *f. 11*
Ge|säu|ge *n. 5, Jägerspr.:* Euter, Zitzen (beim Haarwild und Hund)
Ge|sau|se *n. Gen. -s nur Sg.*
Gesäu|sel *n. Gen. -s nur Sg.*
gesch. *Abk. für* geschieden (*Zeichen:* ⚮)

→ Geisha Das aus dem Japanischen stammende Fremdwort *Geisha* wird im Anlaut zwar [ge:-] gesprochen, aber *Gei-* geschrieben. Ebenfalls von der deutschen Orthographie abweichend ist die Schreibung des *sch*-Lautes mit *sh*.

Ge|schäft *n. 1;* Geschäfte machen; ich muss geschäftshalber (*aber:* wichtiger Geschäfte halber) verreisen
Ge|schäf|te|ma|cher *m. 5*
Ge|schäf|te|ma|che|rei *f. 10 nur Sg.*
ge|schäf|tig
Ge|schäf|tig|keit *f. 10 nur Sg.*
Ge|schaftl|hu|ber *m. 5* s. **Gschaftl|hu|ber**
ge|schäft|lich
Ge|schäfts|auf|gabe *f. 11 nur Sg.*
Ge|schäfts|be|reich *m. 1*
Ge|schäfts|brief *m. 1*
ge|schäfts|fä|hig
Ge|schäfts|feld *n. 3*
Ge|schäfts|freund *m. 1*
Ge|schäfts|füh|rer *m. 5*
Ge|schäfts|füh|rung *f. 10 nur Sg.*
Ge|schäfts|gang *m. 2 nur Sg.*
Ge|schäfts|ge|ba|ren *n. 7 nur Sg.*
Ge|schäfts|in|ha|ber *m. 5*
Ge|schäfts|jahr *n. 1*
Ge|schäfts|kos|ten *nur Pl.*
Ge|schäfts|lei|tung *f. 10*
Ge|schäfts|leu|te *Pl.*
Ge|schäfts|mann *m. Gen. -(e)s Pl.* -leu|te
Ge|schäfts|ord|nung *f. 10*
Ge|schäfts|schluss (*alt:* Ge|schäfts-schluß) *m. 2 nur Sg.*
Ge|schäfts|stel|le *f. 11*
Ge|schäfts|stun|den *Pl.*
ge|schäfts|tüch|tig
Ge|schäfts|tüch|tig|keit *f. 10 nur Sg.*
ge|schäfts|un|fä|hig
Ge|schäfts|ver|bin|dung *f. 10*
Ge|schäfts|ver|kehr *m. 1 nur Sg.*
Ge|schäfts|vier|tel *n. 5*
Ge|schäfts|wa|gen *m. 7*
Ge|schä|ker *n. Gen. -s nur Sg.*
Ge|schar|re *n. Gen. -s nur Sg.*
Ge|schau|kel, Ge|schauk|le *n. Gen. -s nur Sg.*
ge|scheckt scheckig, gefleckt (von Tieren)
ge|sche|hen *intr. 52*
Ge|scheh|nis *n. 1*
Ge|schei|de *n. 5, Jägerspr.:* Gedärme und Magen (vom Wild)
Ge|schein *n. 1* Blütenstand der Weinrebe
ge|scheit
Ge|scheit|heit *f. 10 nur Sg.*
Ge|schenk *n. 1*
Ge|schenk|ar|ti|kel *m. 5*
Ge|schenk|pa|ckung *f. 10*
ge|schert s. **gschert**
Ge|schicht|chen *n. 7*
Ge|schich|te *f. 11*
Ge|schich|ten|buch *n. 4* Buch mit Geschichten; vgl. Geschichtsbuch
Ge|schich|ten|er|zäh|ler *m. 5*
ge|schicht|lich
Ge|schichts|auf|fas|sung *f. 10*
Ge|schichts|be|wusst|sein (*alt:* Ge-schichts|be|wußt|sein) *n. 1 nur Sg.*
Ge|schichts|buch *n. 4* Buch mit Darstellungen der Geschichte, geschichtl. Lehrbuch
Ge|schichts|fäl|schung *f. 10*
Ge|schichts|for|schung *f. 10*
Ge|schichts|klit|te|rung *f. 10* Geschichtsfälschung
Ge|schichts|phi|lo|so|phie *f. 11*
Ge|schichts|schrei|ber *m. 5*
Ge|schichts|schrei|bung *f. 10 nur Sg.*
Ge|schichts|un|ter|richt *m. 1 nur Sg.*
Ge|schichts|wis|sen|schaft *f. 10*
ge|schichts|wis|sen|schaft|lich
Ge|schick *n. 1* **1.** Schicksal, Los; **2.** *nur Sg.* Geschicklichkeit
Ge|schick|lich|keit *f. 10 nur Sg.*
ge|schickt
Ge|schie|be *n. Gen. -s nur Sg.* von Flüssen oder Gletschern abgelagertes Geröll
Ge|schie|be|lehm *m. 1 nur Sg.*
ge|schie|den
Ge|schie|de|ne(r) *m. 18 (17) bzw. f. 17 oder 18*
Ge|schie|ße *n. Gen. -s nur Sg.*
Ge|schimp|fe *n. Gen. -s nur Sg.*
Ge|schirr *n. 1*
Ge|schirr|rei|ni|ger (*alt:* Ge-schirrei|ni|ger (-rr|r-)) *m. 1*
Ge|schlecht *n. 3; Gramm.* = Genus
Ge|schlech|ter|kun|de *f. 11 nur Sg.* = Genealogie
ge|schlech|tig *in Fügungen,* z. B. getrenntgeschlechtig
ge|schlecht|lich; geschlechtliche Fortpflanzung
Ge|schlecht|lich|keit *f. 10 nur Sg.*
Ge|schlechts|akt *m. 1*
Ge|schlechts|hor|mon *n. 1*
ge|schlechts|krank
Ge|schlechts|krank|heit *f. 10*
Ge|schlechts|le|ben *n. 7 nur Sg.*
ge|schlechts|los
Ge|schlechts|merk|mal *n. 1*
Ge|schlechts|na|me *m. 15* Familienname
Ge|schlechts|or|gan *n. 1*
Ge|schlechts|rei|fe *f. Gen. - nur Sg.*
ge|schlechts|spe|zi|fisch typisch für ein Geschlecht
Ge|schlechts|teil *n. 1 oder m. 1*
Ge|schlechts|trieb *m. 1 nur Sg.*
Ge|schlechts|ver|kehr *m. 1 nur Sg.*
Ge|schlechts|wort *n. 4* = Artikel (1)
ge|schlif|fen; geschliffener Stil
Ge|schlif|fen|heit *f. 10 nur Sg.*
Ge|schling, Ge|schlin|ge *n. Gen. -s nur Sg.* **1.** Gewirr von Schlingen; **2.** Hals, Lunge, Leber, Herz (vom Schlachttier)
Ge|schlos|sen|heit *f. 10 nur Sg.*
Ge|schluch|ze *n. Gen. -s nur Sg.*
Ge|schmack *m. 2, ugs. auch m. 4*
ge|schmack|bil|dend
ge|schmäck|le|risch in Geschmacksfragen übertrieben anspruchsvoll, gekünstelt
ge|schmack|los
Ge|schmack|lo|sig|keit *f. 10*
Ge|schmacks|nerv *m. 12*
Ge|schmacks|rich|tung *f. 10*
Ge|schmack(s)|sa|che *f. 11*
Ge|schmacks|sinn *m. 1 nur Sg.*
Ge|schmack|stoff *m. 1*
Ge|schmacks|ver|ir|rung *f. 10*
ge|schmack|voll
Ge|schmat|ze *n. Gen. -s nur Sg.*

G

Ge|schmei|chel *n. Gen.* -s *nur Sg.*
Ge|schmei|de *n. 5*
ge|schmei|dig
Ge|schmei|dig|keit *f. 10 nur Sg.*
Ge|schmeiß *n. 1 nur Sg.* **1.** Ungeziefer; **2.** *Jägerspr.:* Kot (von Raubtieren); **3.** *übertr.:* widerliches Gesindel, Pack
Ge|schmet|ter *n. Gen.* -s *nur Sg.*
Ge|schmier, Ge|schmie|re *n. Gen.* -s *nur Sg.*
Ge|schnat|ter *n. Gen.* -s *nur Sg.*
ge|schnie|gelt übertrieben gepflegt; g. und gebügelt
Ge|schnör|kel *n. Gen.* -s *nur Sg.*
Ge|schnüf|fel, Ge|schnüff|le *n. Gen.* -s *nur Sg.*
Ge|schöpf *n. 1*
ge|schöpf|lich kreatürlich
Ge|schöpf|lich|keit *f. 10 nur Sg.*

G

Geschoss: Nach kurzem Vokal wird *-ss* geschrieben: *das Geschoss, des Geschosses, ein 3-geschossiges Haus.* In Österreich gilt aufgrund der Aussprache die Schreibung *Geschoß.* § 25 E1

Ge|schoss (*alt:* Ge|schoß), *österr.; schweiz. auch:* **Ge|schoß** *n. 1*
Ge|schoss|bahn (*alt:* Ge|schoß-bahn) *f. 10*
Ge|schoss|ha|gel (*alt:* Ge|schoß|ha-gel) *m. 5*
...ge|schos|sig, *österr., schweiz. auch:* **...ge|scho|ßig** mit einer bestimmten Anzahl von Geschossen (Stockwerken) versehen, z. B. zweigeschossig; 5-geschossig
ge|schraubt gekünstelt, gezwungen (Ausdrucksweise)
Ge|schraubt|heit *f. 10 nur Sg.*
Ge|schrei *n. Gen.* -s *nur Sg.*
Ge|schreib|sel *n. Gen.* -s *nur Sg.*
Ge|schütz *n. 1*
Ge|schütz|feu|er *n. 5*
Ge|schwa|der *n. 5* Verband von Kriegsschiffen oder Flugzeugen
Ge|schwa|fel *n. Gen.* -s *nur Sg.*
ge|schwänzt mit einem Schwanz oder mit Schwänzen versehen (Peitsche, Note)
Ge|schwätz *n. Gen.* -es *nur Sg.*
Ge|schwat|ze *n. Gen.* -s *nur Sg.*
ge|schwät|zig
Ge|schwät|zig|keit *f. 10 nur Sg.*
ge|schwei|ge (denn) noch viel weniger; diese Frage ist bisher kaum beachtet, geschweige denn beantwortet worden
ge|schwei|gen *intr., nur in der Wendung* ganz zu geschweigen von ...: ganz zu schweigen von ...
ge|schwind
Ge|schwin|dig|keit *f. 10*
Ge|schwin|dig|keits|be|gren|zung *f. 10*
Ge|schwin|dig|keits|mes|ser *m. 5* = Tachometer
Ge|schwind|schritt *m. 1, nur in der Wendung* im G.
Ge|schwirr, Ge|schwir|re *n. Gen.* -s *nur Sg.*
Ge|schwis|ter **1.** *n. 5, Biol., Statistik:* eins von mehreren Geschwistern, Bruder, Schwester; **2.** *nur Pl., allg.:* Bruder und Schwester, Brüder und Schwestern
Ge|schwis|ter|chen *n. 7* kleiner Bruder, kleine Schwester
Ge|schwis|ter|kind *n. 3* Kind des Bruders oder der Schwester
ge|schwis|ter|lich
Ge|schwis|ter|lie|be *f. 11 nur Sg.*
Ge|schwis|ter|paar *n. 1*
ge|schwol|len *auch übertr., ugs.:* wichtigtuerisch
Ge|schwol|len|heit *f. 10 nur Sg.*
Ge|schwo|re|ne(r) *m. 18 (17) bzw. f. 17 oder 18, im Schwurgericht:* Laienrichter
Ge|schwo|re|nen|ge|richt *n. 1* vgl. Schwurgericht
Ge|schwulst *f. 2*
Ge|schwür *n. 1*
ge|schwü|rig
Ges-Dur *n. Gen.* - *nur Sg.* (*Abk.:* Ges) eine Tonart
Ges-Dur-Ton|lei|ter *f. 11*
Ge|sei|che *n. Gen.* -s *nur Sg., ugs.:* oberflächliches Gerede
Ge|sei|re(s) [jidd.] *n. 18 (17)* unnützes Gejammer
Ge|selch|te(s) *n. 18 (17), bair., österr.:* geräuchertes Fleisch, Selchfleisch
Ge|sell *m. 10, poet. für* Geselle; fahrender G.: wandernder Handwerksbursche
Ge|sel|le *m. 11* **1.** Handwerksgehilfe nach der Gesellenprüfung; **2.** Bursche, Kerl, Kamerad, Gefährte, Kumpan
ge|sel|len *refl. 1;* sich zu jmdm. gesellen: sich jmdm. anschließen, sich zu jmdm. setzen; Gleich und Gleich gesellt sich gern
Ge|sel|len|brief *m. 1*
Ge|sel|len|prü|fung *f. 10*
Ge|sel|len|stück *n. 1*
ge|sel|lig
Ge|sel|lig|keit *f. 10*
Ge|sell|schaft *f. 10;* G. mit beschränkter Haftung (*Abk.:* GmbH)
Ge|sell|schaf|ter *m. 5*
Ge|sell|schaf|te|rin *f. 10*
ge|sell|schaft|lich
Ge|sell|schafts|an|zug *m. 2*
ge|sell|schafts|fä|hig
Ge|sell|schafts|ord|nung *f. 10*
ge|sell|schafts|po|li|tisch
Ge|sell|schafts|rei|se *f. 11*
Ge|sell|schafts|ro|man *m. 1*
Ge|sell|schafts|schicht *f. 10*
Ge|sell|schafts|spiel *n. 1*
Ge|sell|schafts|tanz *m. 2*
Ge|sell|schafts|wis|sen|schaft *f. 10* **1.** Sozialwissenschaft, Soziologie; **2.** *meist Pl., DDR:* Geistes-, Sozial- und Erziehungswissenschaft(en), auch Marxismus-Leninismus als Wissenschaftsfach
Ge|senk *n. 1* **1.** Hohlform zum Schmieden; **2.** *Bgb.:* blind endender Schacht; **3.** *Fischerei:* Gewicht zum Beschweren des Netzes
Ge|sen|ke *n. 5* Bodensenke, Mulde
Ge|senk|schmied *m. 1*
Ge|setz *n. 1*
Ge|setz|blatt *n. 4* (*Abk.:* GBl.)
Ge|setz|buch *n. 4*
Ge|setz|ent|wurf, Ge|set|zes|ent-wurf *m. 2*
Ge|set|zes|än|de|rung *f. 10*
Ge|set|zes|ent|wurf, Ge|setz|ent-wurf *m. 2*
Ge|set|zes|kraft *f. 2 nur Sg.*
ge|set|zes|kun|dig, ge|setz|kun|dig
Ge|set|zes|samm|lung *f. 10*
Ge|set|zes|ü|ber|tre|tung *f. 10*
Ge|set|zes|vor|la|ge *f. 11*
ge|setz|ge|bend; gesetzgebende Gewalt: Legislative; gesetzgebende Versammlung
Ge|setz|ge|ber *m. 5*
ge|setz|ge|be|risch
Ge|setz|ge|bung *f. 10*
ge|setz|kun|dig, ge|set|zes|kun|dig
ge|setz|lich
Ge|setz|lich|keit *f. 10 nur Sg.*
ge|setz|los
Ge|setz|lo|sig|keit *f. 10 nur Sg.*
ge|setz|mä|ßig
Ge|setz|mä|ßig|keit *f. 10 nur Sg.*
Ge|setz|samm|lung, Ge|set|zes-samm|lung *f. 10*
ge|setzt **1.** gesetzt den Fall, sie kommen nicht *oder:* gesetzt, dass sie nicht kommen; **2.** *Adj.:* ruhig und ernsthaft, besonnen
ge|setz|ten|falls

Ge|setzt|heit *f. 10 nur Sg.*
ge|setz|wid|rig
Ge|setz|wid|rig|keit *f. 10 nur Sg.*
Ge|seuf|ze *n. Gen. -s nur Sg.*
ges. gesch. *Abk. für* gesetzlich geschützt
Ge|sicht **1.** *n. 3;* **2.** *n. 1* Erscheinung, Vision
Ge|sichts|aus|druck *m. 2*
Ge|sichts|far|be *f. 11*
Ge|sichts|feld *n. 3* Bereich, den man mit den Augen überblicken kann, ohne den Kopf zu drehen, Sehfeld; vgl. Blickfeld
Ge|sichts|haut *f. 2*
Ge|sichts|kreis *m. 1* = Horizont; vgl. Gesichtsfeld
Ge|sichts|mas|ke *f. 11*
Ge|sichts|mas|sa|ge [-ʒə] *f. 11*
Ge|sichts|nerv *m. 12*
Ge|sichts|punkt *m. 1*
Ge|sichts|schnitt *m. 1*
Ge|sichts|sinn *m. 1 nur Sg.*
Ge|sichts|was|ser *n. 6*
Ge|sichts|win|kel *m. 5* **1.** Winkel, den die von den beiden äußersten Punkten eines Gegenstandes zum Auge verlaufenden (gedachten) Linien bilden, Sehwinkel; **2.** *übertr.:* Art und Weise, etwas zu betrachten; unter, aus diesem G., von diesem G. her betrachtet, sieht die Sache anders aus
Ge|sichts|zug *m. 2 meist Pl.*
Ge|sims, Sims *n. 1* waagerecht vorspringender Bauteil an Mauern oder Pfeilern
Ge|sin|de *n. 5 nur Sg.*
Ge|sin|del *n. 5 nur Sg.*
Ge|sin|de|stu|be *f. 11*
ge|sinnt; jmdm. gut, schlecht, übel g. sein; ein edel gesinnter, gut gesinnter, gleich gesinnter Mensch; vgl. gesonnen
Ge|sin|nung *f. 10*
Ge|sin|nungs|ge|nos|se *m. 11*
ge|sin|nungs|los
Ge|sin|nungs|lo|sig|keit *f. 10 nur Sg.*
Ge|sin|nungs|lump *m. 10*
Ge|sin|nungs|lum|pe|rei *f. 10 nur Sg.*
ge|sin|nungs|treu
Ge|sin|nungs|treue *f. 11 nur Sg.*
Ge|sin|nungs|wan|del *m. 5 nur Sg.*
ge|sit|tet
Ge|sit|tung *f. 10 nur Sg.*
ges-Moll *n. Gen. - nur Sg.* (*Abk.:* ges) eine Tonart
ges-Moll-Ton|lei|ter *f. 11*
Ge|socks *n. Gen. - nur Sg., ugs.:* Gesindel
Ge|söff *n. 1, ugs. abwertend oder scherzh.:* Getränk
ge|son|nen; ich bin (nicht) g., das zu tun: nicht bereit; vgl. gesinnt
Ge|sot|te|ne(s) [zu: sieden] *n. 18 (17)* gekochtes Fleischgericht
Ge|span **1.** *m. 1 oder m. 10, veraltet:* Mitarbeiter, Helfer; **2.** [ung.] *m. 1, früher in Ungarn:* Verwaltungsbeamter
Ge|spann *n. 1* **1.** zusammengespannte Zugtiere, z. B. Vierergespann; **2.** Zugtier(e) und Wagen, z. B. Ochsengespann; **3.** *auch:* Kfz mit Anhänger; **4.** *übertr. ugs.:* zwei zusammengehörige Personen
Ge|spannt|heit *f. 10 nur Sg.*
Ge|span|schaft *f. 10, früher in Ungarn:* Verwaltungsbezirk
Ge|sparr *n. Gen. -s nur Sg.* Gesamtheit der Dachsparren
Ge|spär|re *n. Gen. -s nur Sg.* zwei einander gegenüberliegende Dachsparren
ge|spa|ßig s. **gspa|ßig**
Ge|spenst *n. 3*
Ge|spens|ter|chen *n. 7*
Ge|spens|ter|bal|la|de *f. 11*
Ge|spens|ter|ge|schich|te *f. 11*
Ge|spens|ter|glau|be *m. 15 nur Sg.*
ge|spens|ter|haft
ge|spens|tern *intr. 1*
Ge|spens|ter|stun|de *f. 11*
Ge|spenst|heu|schre|cke *f. 11* ein Insekt, Wandelndes Blatt
ge|spens|tig, ge|spens|tisch
Ge|sper|re *n. Gen. -s nur Sg.* **1.** Vorrichtung zum Sperren, Hemmen; **2.** *Jägerspr.:* die alten und jungen Vögel (beim Auer-, Birkhahn und Fasan)
Ge|spie|le *m. 11* Spielkamerad
Ge|spie|lin *f. 10*
Ge|spinst *n. 1*
Ge|spons **1.** *m. 1, veraltet, noch scherzh.:* Bräutigam, Ehemann (Ehegespons); **2.** *m. 1, poet.:* Gefährte, Freund; **3.** *n. 1, veraltet:* Braut, Ehefrau
Ge|spött *n. Gen. -s nur Sg.*
Ge|spöt|tel *n. Gen. -s nur Sg.*
Ge|spräch *n. 1*
ge|sprä|chig
Ge|sprä|chig|keit *f. 10 nur Sg.*
Ge|sprächs|ein|heit *f. 10* (im Selbstwählfernverkehr)
Ge|sprächs|ge|gen|stand *m. 2*
Ge|sprächs|part|ner *m. 5*
Ge|sprächs|run|de *f. 11*
Ge|sprächs|stoff *m. 1*
ge|sprächs|wei|se
ge|spreizt; *auch übertr.:* geziert, gekünstelt (Benehmen)
Ge|spreizt|heit *f. 10 nur Sg.*
Ge|spren|ge *n. 5* **1.** turmartiger, aus verschiedenen feingliedrigen Architekturteilen zusammengesetzter Aufbau auf spätgot. Flügeltüren; **2.** *Bgb.:* steil aufsteigendes Gesteinsmassiv
Ge|spritz|te(r) *m. 18 (17), bair., österr.:* mit Sodawasser vermischter Wein
Ge|spru|del *n. Gen. -s nur Sg.*
Ge|spür *n. Gen. -s nur Sg.* Gefühl (für etwas)
gest. *Abk. für* gestorben (*Zeichen:* †)
Gest *f. 1 oder m. 1 nur Sg., nddt.:* Hefe
Ge|sta|de *n. 5* Ufer, Strand
Ges|ta|gen [lat. + griech.] *n. 1* ein weibl. Geschlechtshormon
Ge|stalt *f. 10; aber:* dergestalt, solchergestalt
ge|stal|ten *tr. 2*
ge|stal|te|risch
ge|stalt|los
Ge|stalt|lo|sig|keit *f. 10 nur Sg.*
Ge|stalt|psy|cho|lo|gie *f. 11 nur Sg.*
Ge|stal|tung *f. 10*
Ge|stal|tungs|kraft *f. 2 nur Sg.*
Ge|stalt|wan|del *m. Gen. -s nur Sg.*
Ge|stam|mel *n. Gen. -s nur Sg.*
Ge|stamp|fe *n. Gen. -s nur Sg.*
ge|stän|dig
Ge|stän|dig|keit *f. 10 nur Sg.*
Ge|ständ|nis *n. 1*
Ge|stän|ge *n. Gen. -s nur Sg.*
Ge|stank *m. Gen. -s nur Sg.*
Ge|sta|po *1933-45 Kurzwort für* Geheime Staatspolizei
ge|stat|ten *tr. 2*
Ges|te [auch: ge-, lat.] *f. 11* **1.** Gebärde, sprechende Bewegung; **2.** Verhaltensweise, Redensart
Ge|steck *n. 1* **1.** lose angeordneter Blumenschmuck; vgl. Gebinde (1); **2.** Hutschmuck aus Gamsbart und Federn
ge|ste|hen *tr. 151*
Ge|ste|hungs|kos|ten *nur Pl.* Herstellungs-, Selbstkosten
Ge|stein *n. 1*
Ge|steins|bohr|ma|schi|ne *f. 11*
Ge|steins|kun|de *f. 11 nur Sg.* = Petrographie, Petrologie
Ge|steins|schicht *f. 10*
Ge|steins|staub *m. Gen. -(e)s nur Sg.*
Ge|stell *n. 1*
Ge|stel|lung *f. 10*
Ge|stel|lungs|be|fehl *m. 1*

gestern: In Fügungen des Temporaladverbs *gestern* mit Tageszeitangaben werden diese großgeschrieben: *gestern Abend, gestern Morgen, gestern Nachmittag.* In der Fügung mit *gestern* kann *früh* als Adverb und auch als Substantiv gesehen werden. Deshalb gilt neben der Kleinschreibung auch die Großschreibung: *gestern früh/Früh.* § 55 (6)
Als allein stehendes Temporaladverb wird *gestern* immer kleingeschrieben: *ein Mensch von gestern* (= altmodisch), *seit gestern.*

G

ges|tern; gestern Abend; gestern Mittag; gestern Morgen; gestern Nachmittag; gestern Nacht; zwischen gestern und morgen *oder:* zwischen Gestern und Morgen; gestern früh *oder:* Früh (= gestern in der Früh); das Gestern und das Heute
ge|stie|felt; gestiefelt und gespornt; der Gestiefelte Kater
ge|stielt mit einem Stiel versehen
Ges|tik [auch: ge-, lat.] *f. 10 nur Sg.* Gesamtheit der Gesten, Gebärdensprache
Ges|ti|ku|la|ti|on *f. 10 nur Sg.* das Gestikulieren
ges|ti|ku|lie|ren *intr. 3* sich durch Gesten verständlich machen, mit Gesten etwas ausdrücken
Ges|ti|on [lat.] *f. 10 nur Sg., veraltet:* Verwaltung, Geschäftsführung
Ge|stirn *n. 1*
ge|stirnt mit Sternen bedeckt (Himmel)
Ge|stö|ber *n. 5*
ge|sto|chen; g. scharf
Ge|stöhn, Ge|stöh|ne *n. Gen. -s nur Sg.*
Ge|stol|per *n. Gen. -s nur Sg.*
Ge|stör *n. 1* einzelner Stamm eines Floßes
Ges|to|se [lat.] *f. 11* Schwangerschaftsstörung, z. B. Erbrechen
Ge|stot|ter, Ge|stott|re *n. Gen. -s nur Sg.*
Ge|stram|pel, Ge|stramp|le *n. Gen. -s nur Sg.*
Ge|sträuch *n. 1 nur Sg.* Gebüsch
ge|streng *veraltet für* streng; die drei Gestrengen Herren: die Eisheiligen
Ge|streu *n. Gen. -(e)s nur Sg.*
Ge|strick *n. Gen. -s nur Sg.*
gest|rig; das ewige Gestrige
Ge|strüpp *n. Gen. -s nur Sg.*
Ge|stü|be, Ge|stüb|be *n. Gen. -s nur Sg.* Gemisch aus Koksrückständen und Lehm zum Auskleiden von Öfen u. Ä.
Ge|stü|ber *n. Gen. -s nur Sg., Jägerspr.:* Kot des Federwildes
Ge|stühl *n. 1* Gesamtheit zusammenhängender Stühle
Ge|stüm|per *n. Gen. -s nur Sg.*
Ges|tus *m. Gen. - nur Sg.* Gestik
Ge|stüt *n. 1* Pferdezuchtanstalt
Ge|stüts|brand *m. 2* eingebranntes Zeichen der Pferde eines Gestüts
Ge|such *n. 1*
ge|sucht unnatürlich, geziert (Stil)
Ge|su|del *n. Gen. -s nur Sg.*
Ge|summ, Ge|sum|me *n. Gen. -s nur Sg.*
Ge|sums *n. Gen. -es nur Sg., ugs.:* Getue, Aufhebens

gesund bleiben, gesundbeten: Ist in der Fügung aus dem Adjektiv mit einem Verb das Adjektiv steigerbar oder erweiterbar, schreibt man getrennt: *Sie wollen (ganz) gesund bleiben.* Ebenso: *gesund pflegen, gesund machen, (für) gesund erklären, gesund erhalten.* § 34 E3 (3)
Ist diese Steigerbarkeit oder Erweiterbarkeit nicht möglich, schreibt man zusammen: *Sie haben das Unternehmen gesundgeschrumpft* (= auf eine rentable Größe verkleinert).
Ebenso: *(sich) gesundstoßen, gesundbeten, gesundschreiben.* § 34 (2.2)

ge|sund; gesund bleiben; jmdn. gesund machen *ugs.;* gesund pflegen; *aber:* jmdn. gesundbeten; jmdn. gesundschreiben; sich gesundstoßen
ge|sund|be|ten *tr. 2*
Ge|sund|be|ter *m. 5*
Ge|sund|brun|nen *m. 7*
ge|sun|den *intr. 2*
Ge|sund|heit *f. 10 nur Sg.*
ge|sund|heit|lich
Ge|sund|heits|amt *n. 4*
Ge|sund|heits|dienst *m. 1 nur Sg.*
ge|sund|heits|hal|ber
Ge|sund|heits|mi|nis|ter *m. 5*
Ge|sund|heits|pfle|ge *f. 11 nur Sg.*
Ge|sund|heits|re|form *f. 10*
Ge|sund|heits|rück|sich|ten *f. 10 Pl., nur in der Wendung* aus G.
Ge|sund|heits|we|sen *n. 7 nur Sg.*
Ge|sund|heits|zu|stand *m. 2 nur Sg.*
ge|sund|ma|chen *refl. 1, ugs.:* sich bereichern; *aber:* jmdn. gesund machen: ihn heilen
ge|sund|schrei|ben *tr. 127*
ge|sund|schrump|fen *refl. 1, Wirtsch.*
ge|sund|sto|ßen *refl. 157, ugs.:* sich bereichern
Ge|sun|dung *f. 10 nur Sg.*
get. *Abk. für* getauft (*Zeichen:* ~)
Ge|tä|fel *n. Gen. -s nur Sg.*
Ge|tä|fer *n. Gen. -s nur Sg., schweiz. für* Getäfel
Ge|tän|del *n. Gen. -s nur Sg.*
Geth|se|ma|ne [-ne:], Get|se|ma|ni Garten am Ölberg bei Jerusalem
Ge|tier *n. Gen. -s nur Sg.*
ge|ti|gert gestreift (wie das Fell des Tigers)
Ge|to|be *n. Gen. -s nur Sg.* lärmendes Treiben
Ge|tön *n. Gen. -s nur Sg.*
Ge|to|se *n. Gen. -s nur Sg.*
Ge|tö|se *n. Gen. -s nur Sg.*
ge|tra|gen *Mus.:* langsam, gemessen
Ge|tram|pel, Ge|tramp|le *n. Gen. -s nur Sg.*
Ge|tränk *n. 1*
Ge|trän|ke|kar|te *f. 11*
Ge|trän|ke|steu|er *f. 11*
Ge|trap|pel *n. Gen. -s nur Sg.*
Ge|tratsch *n. Gen. -(e)s nur Sg.,* **Ge|trat|sche** *n. Gen. -s nur Sg.*
ge|trau|en *refl. 1;* ich getraue mich, *auch:* mir nicht, das zu tun; das getraue ich mich, *auch:* mir durchaus
Ge|trei|de *n. Gen. -s nur Sg.*
Ge|trei|de|pflan|ze *f. 11*

getrennt lebend/schreiben: Gefüge aus Partizip und Verb werden getrennt geschrieben: *Die Eheleute betrachten sich als getrennt lebend. Das Wort wird getrennt geschrieben.* § 34 E3 (4)

ge|trennt; getrennt leben, schreiben; ein getrennt lebendes Paar; getrennt geschriebene Wörter
ge|trennt|ge|schlech|tig
Ge|trennt|ge|schlech|tig|keit *f. 10 nur Sg.*
Ge|trennt|schrei|bung *f. 10*
ge|treu
Ge|treu|e(r) *m. 18 (17) bzw. f. 17 oder 18*
ge|treu|lich getreu, treu; g. dem Prinzip
Ge|trie|be **1.** *n. 5;* **2.** *n. 5 nur Sg.* unruhiges Leben, lebhaftes Treiben

Ge|trie|ben|heit *f. 10 nur Sg.*
Ge|tril|ler *n. Gen. -s nur Sg.*
Ge|trip|pel *n. Gen. -s nur Sg.*
Ge|trö|del, Ge|tröd|le *n. Gen. -s nur Sg.*
Ge|trom|mel, Ge|tromm|le *n. Gen. -s nur Sg.*
ge|trost

Getto/Ghetto: Die integrierte Form *Getto* gilt als Hauptvariante, die fremdsprachige (italienische) Form *Ghetto* ist die zulässige Nebenvariante.

Get|to, Ghet|to [hebr.-ital.] *n. 9* abgetrenntes Wohnviertel für Juden, auch für andere religiöse oder ethnische Minderheiten
Ge|tu *n. Gen. -(e)s nur Sg.,* **Ge|tue** *n. Gen. -s nur Sg.*
Ge|tüm|mel *n. Gen. -s nur Sg.*
Geu|se [frz.-ndrl. »Bettler«] *m. 11* Angehöriger eines ndrl. Bundes von Freiheitskämpfern gegen die span. Herrschaft
Ge|vat|ter *m. 14, veraltet* **1.** Pate; **2.** Freund, Nachbar
Ge|vat|te|rin *f. 10, veraltet*
Ge|vat|ter|schaft *f. 10, veraltet:* Patenschaft
Ge|vat|ters|mann *m. Gen. -(e)s Pl.* -leu|te, *veraltet*
Ge|viert *n. 1* Rechteck, *meist:* Quadrat; drei Meter im G.
Ge|viert|me|ter *n. 5, ugs.: m. 5* Quadratmeter
Ge|viert|schein *m. 1, Astron.:* Stellung eines Planeten, wenn er, von der Erde aus gesehen, zur Sonne im rechten Winkel steht, Quadratur
Ge|wächs [-ks] *n. 1*
Ge|wächs|haus [-ks-] *n. 4*
Ge|wa|ckel, Ge|wack|le *n. Gen. -s nur Sg.*
Ge|waff *n. Gen. -s nur Sg., Jägerspr.:* Hauer (des Keilers)
Ge|waf|fen *n. Gen. -s nur Sg., poet.:* alle Waffen (z. B. des Jägers)
Ge|wagt|heit *f. 10 nur Sg.*
ge|wählt; sich g. ausdrücken
Ge|wählt|heit *f. 10 nur Sg.*
ge|wahr; jmds. g. werden: jmdn. erblicken; kaum wurde er dessen g., als …
Ge|währ *f. 10 nur Sg.* Sicherheit, Garantie; Gewähr leisten
ge|wah|ren *tr. 1* bemerken, erblicken
ge|wäh|ren *tr. 1* zugestehen, erlauben, zubilligen

Ge|währ|frist *f. 10* Garantiezeit

gewährleisten/Gewähr leisten: Die Zusammensetzung *gewährleisten* und die Wortgruppe *Gewähr leisten* stehen als Varianten nebeneinander und sind korrekte Schreibweisen: *Wir könnten schon bald gewährleisten/Gewähr leisten, dass …* Gleiches gilt für die flektierten Formen: *Er gewährleistet/leistet Gewähr, dass …* § 33 (1), § 33 E1

ge|währ|leis|ten *auch:* **Ge|währ leis|ten** *tr. 2*
Ge|währ|leis|tung *f. 10 nur Sg.*
Ge|wahr|sam **1.** *m. 1* Obhut, Haft; **2.** *n. 1* Gefängnis
Ge|währ|schaft *f. 10, veraltet:* Gewährleistung
Ge|währs|mann *m. 4*
Ge|wäh|rung *f. 10 nur Sg.*
Ge|walt *f. 10*
Ge|walt|akt *m. 1*
Ge|walt|an|wen|dung *f. 10*
ge|walt|bereit
Ge|wal|ten|tei|lung *f. 10*
Ge|walt|herr|schaft *f. 10*
Ge|walt|herr|scher *m. 5*
ge|wal|tig
ge|wäl|ti|gen *tr. 1, Bgb.:* die Grube g.: von eingestürztem Gestein frei machen
Ge|walt|maß|nah|me *f. 11*
Ge|walt|mensch *m. 10*
ge|walt|sam
Ge|walt|sam|keit *f. 10 nur Sg.*
Ge|walt|streich *m. 1*
Ge|walt|tat *f. 10*
Ge|walt|tä|ter *m. 5*
ge|walt|tä|tig
Ge|walt|tä|tig|keit *f. 10*
ge|walt|ver|herr|li|chend = **Ge|walt ver|herr|li|chend**; gewaltverherrlichende *oder:* Gewalt verherrlichende Texte; *aber nur:* ein äußerst gewaltverherrlichender Spionagefilm *(bei Steigerung und mit Attribut)*
Ge|wand *n. 4*
Ge|wän|de *n. 5* die mit der Mauer verbundene Begrenzung von Fenstern und Türen
Ge|wand|haus *n. 4* **1.** *früher:* Lagerhaus der Tuchhändler; **2.** Zeughaus; **3.** Konzerthaus in Leipzig
Ge|wand|haus|or|ches|ter [-kɛs-] *n. 5 nur Sg.*
ge|wandt
Ge|wandt|heit *f. 10 nur Sg.*

Ge|wan|dung *f. 10* **1.** Kleidung; **2.** die Art, sich zu kleiden
Ge|wann *n. 1,* **Ge|wan|ne** *n. 5,* **Ge|wan|ne|flur, Ge|wann|flur** *f. 10, früher:* Teil der Ackerflur eines Dorfes
ge|wär|tig *nur prädikativ mit Gen.:* einer Sache g. sein; g. sein, dass etwas geschieht: darauf gefasst sein
ge|wär|ti|gen *tr. 1* erwarten; etwas zu g. haben: mit etwas rechnen müssen
Ge|wäsch *n. Gen. -s nur Sg., ugs.:* dummes oder nutzloses Gerede
Ge|wäs|ser *n. 5*
Ge|wäs|ser|kun|de *f. 11 nur Sg.* Hydrographie
ge|wäs|ser|reich
Ge|wäs|ser|reich|tum *m. Gen. -s nur Sg.*
Ge|we|be *n. 5*
Ge|we|be|kul|tur *f. 10*
Ge|webs|flüs|sig|keit *f. 10*
Ge|webs|tod *m. 1 nur Sg.* = Nekrose
Ge|webs|ver|pflan|zung *f. 10*
ge|weckt geistig rege, schnell auffassend (von Kindern)
Ge|weckt|heit *f. 10 nur Sg.*
Ge|wehr **1.** *n. 1;* **2.** *n. 1 nur Sg., Jägerspr.:* die Hauer (des Keilers)
Ge|wehr|feu|er *n. 5 nur Sg.*
Ge|wehr|kol|ben *m. 7*
Ge|wehr|lauf *m. 2*
Ge|wehr|schuss (*alt:* Ge|wehr-schuß) *m. 2*
Ge|weih *n. 1*
Ge|wen|de *n. 5* Ackergrenze
Ge|wer|be *n. 5*
Ge|wer|be|auf|sicht *f. 10*
Ge|wer|be|frei|heit *f. 10 nur Sg.*
Ge|wer|be|ge|biet *n. 1*
Ge|wer|be|ord|nung *f. 10 (Abk.:* GewO)
Ge|wer|be|schein *m. 1*
ge|wer|be|trei|bend
Ge|wer|be|trei|ben|de(r) *m. 18 (17) bzw. f. 17 oder 18*
ge|werb|lich
ge|werbs|mä|ßig
Ge|werbs|zweig *m. 1*
Ge|werk *n. 1, veraltet:* Handwerk, Zunft, Innung
Ge|wer|ke *m. 11, Bgb. veraltet:* Mitglied einer Bergbau-Genossenschaft
Ge|werk|schaft *f. 10*
Ge|werk|schaf|ter, Ge|werk|schaft|ler *m. 5*
ge|werk|schaft|lich
Ge|werk|schafts|be|we|gung *f. 10*

G

Ge|wẹrk|schafts|bund *m. 2*
Ge|we̲|se *n. 5* **1.** *nddt.:* Anwesen, Hof; **2.** *nur Sg., ugs.:* Getue
Ge|wịcht *n. 1; auch Jägerspr.:* Gehörn (des Rehbocks)
ge|wịch|ten *tr. 2* abwägen, einen Durchschnittswert bilden
Ge|wịcht|he|ben *n. Gen. -s nur Sg.*
Ge|wịcht|he|ber *m. 5*
ge|wịch|tig
Ge|wịch|tig|keit *f. 10 nur Sg.*
Ge|wịchts|ab|nah|me *f. 11 nur Sg.*
Ge|wịchts|klas|se *f. 11*
Ge|wịchts|ver|la|ge|rung *f. 10*
Ge|wịchts|ver|lust *m. 1*
Ge|wịchts|zu|nah|me *f. 11 nur Sg.*
Ge|wịch|tung *f. 10 nur Sg.*
ge|wie̲ft *ugs.:* schlau, gerissen
ge|wie̲gt *ugs.:* erfahren, schlau, durchtrieben
Ge|wie̲|her *n. Gen. -s nur Sg.*
ge|wịllt *nur prädikativ:* geneigt, willens; ich bin nicht g., zu …: ich habe nicht die Absicht
Ge|wịm|mel *n. Gen. -s nur Sg.*
Ge|wịm|mer *n. Gen. -s nur Sg.*
Ge|wịn|de *n. 5*
Ge|wịn|de|boh|rer *m. 5*
Ge|wịnn *m. 1;* Gewinn bringend *oder:* gewinnbringend; *aber nur:* sehr gewinnbringend, gewinnbringender, großen Gewinn bringend
Ge|wịnn|an|teil *m. 1*
Ge|wịnn|be|tei|li|gung *f. 10*

Gewinn bringend/gewinnbringend: Der mehrteilige Ausdruck aus Substantiv und Verb/Partizip wird getrennt geschrieben: *ein (enormen) Gewinn bringendes Unternehmen.* § 34 E3 (5)
Da man den mehrteiligen Ausdruck auch als adjektivische Zusammensetzung auffassen kann, ist als Variante die Zusammenschreibung möglich: *ein gewinnbringendes Unternehmen.* Bei Erweiterung des Ausdrucks und im Komparativ ist ausschließlich Zusammenschreibung gültig: *sehr gewinnbringend, eine gewinnbringendere Investition.*

ge|wịnn|brin|gend = **Ge|wịnn brin|gend**
ge|wịn|nen *tr. 53*
ge|wịn|nend freundlich, zuvorkommend
Ge|wịn|ner *m. 5*
Ge|wịnn|schwel|le *f. 11* Produktionsgröße, über die hinaus der Umsatz über den Gesamtkosten liegt
Ge|wịnn|span|ne *f. 11*
Ge|wịnn|sucht *f. Gen. - nur Sg.*
ge|wịnn|süch|tig
Ge|wịnn-und-Ver|lust-Rech|nung *f. 10*
Ge|wịn|nung *f. 10*
Ge|wịn|sel, Ge|wịns|le *n. Gen. -s nur Sg.*
Ge|wịnst *m. 1, veraltet:* Gewinn
Ge|wịr|ke *n. 5* Wirkware, Maschenstoff
Ge|wịrr *n. Gen. -s nur Sg.* völliges Durcheinander
ge|wịss (*alt:* ge|wịß); etwas, nichts Gewisses; er war seines Erfolges gewiss
Ge|wịs|sen *n. 7 nur Sg.*
ge|wịs|sen|haft
Ge|wịs|sen|haf|tig|keit *f. 10 nur Sg.*
ge|wịs|sen|los
Ge|wịs|sen|lo|sig|keit *f. 10 nur Sg.*
Ge|wịs|sens|biss (*alt:* Ge|wịs|sens|biß) *m. 1*
Ge|wịs|sens|fra|ge *f. 11*
Ge|wịs|sens|frei|heit *f. 10 nur Sg.*
Ge|wịs|sens|kon|flikt *m. 1*
Ge|wịs|sens|not *f. 2*
Ge|wịs|sens|qual *f. 10*
Ge|wịs|sens|zwang *m. 2 nur Sg.*
ge|wis|ser|ma̲|ßen
Ge|wịss|heit (*alt:* Ge|wịß|heit) *f. 10 nur Sg.*
ge|wịss|lich (*alt:* ge|wịß|lich) *poet.:* gewiss; das ist g. wahr
Ge|wịt|ter *n. 5*
ge|wịt|te|rig, ge|wịtt|rig
ge|wịt|tern *intr. 1, nur unpersönlich:* es gewittert
Ge|wịt|ter|re|gen *m. 7*
ge|wịt|ter|schwül
Ge|wịt|ter|schwü|le *f. Gen. - nur Sg.*
Ge|wịt|ter|wol|ke *f. 11*
ge|wịtt|rig, ge|wịt|te|rig
Ge|wịt|zel *n. Gen. -s nur Sg.*
ge|wịt|zigt durch Erfahrung vorsichtig
ge|wịtzt schlau
GewO *Abk. für* Gewerbeordnung
Ge|wo̲|ge *n. Gen. -s nur Sg.*
ge|wo̲|gen; jmdm. g. sein: zugetan, freundlich gesinnt sein
Ge|wo̲|gen|heit *f. 10 nur Sg.*
ge|wö̲h|nen *tr. 1;* jmdn., sich an etwas, an jmdn. g.
Ge|wo̲hn|heit *f. 10*
ge|wo̲hn|heits|ge|mäß einer bestimmten Gewohnheit entsprechend; er holte g. morgens die Post ab
ge|wo̲hn|heits|mä|ßig aus Gewohnheit, ohne nachzudenken; er raucht, trinkt g.
Ge|wo̲hn|heits|mensch *m. 10*
Ge|wo̲hn|heits|recht *n. 1*
Ge|wo̲hn|heits|tier *n. 1, ugs.*
Ge|wo̲hn|heits|ver|bre|cher *m. 5*
ge|wö̲hn|lich
Ge|wö̲hn|lich|keit *f. 10 nur Sg.*
ge|wo̲hnt durch Gewohnheit vertraut; meine gewohnte Arbeit; in gewohnter Weise; ich bin es gewohnt: ich bin durch Gewohnheit damit vertraut
ge|wö̲hnt; an etwas g. sein: durch Gewöhnung damit vertraut sein
Ge|wö̲h|nung *f. 10 nur Sg.*
Ge|wọ̈l|be *n. 5*
Ge|wọ̈lk *n. Gen. -(e)s nur Sg.,* **Ge|wọ̈l|ke** *n. Gen. -s nur Sg.*
Ge|wọ̈l|le *n. Gen. -s nur Sg., bei Raubvögeln:* ausgespiener Ballen unverdaulicher Nahrungsreste
Ge|wü̲hl *n. Gen. -(e)s nur Sg.,* **Ge|wü̲h|le** *n. Gen. -s nur Sg.*
ge|wụ̈r|felt kariert
Ge|wụ̈r|ge *n. Gen. -s nur Sg.*
Ge|wụ̈rm *n. Gen. -s nur Sg.*
Ge|wụ̈rz *n. 1*
Ge|wụ̈rz|kraut *n. 4*
Ge|wụ̈rz|nel|ke *f. 11*
Ge|wụ̈rz|wein *m. 1*
Gey̲|sir [isländ.] *m. 1,* **Gei̲|ser** *m. 5* in regel- oder unregelmäßigen Zeitabständen springende heiße Quelle
gez. *Abk. für* gezeichnet: unterschrieben (in Briefabschriften vor dem Namen)
ge|zạckt
Ge|zä̲|he *n. Gen. -s nur Sg.* die Werkzeuge des Berg- und Hüttenarbeiters
ge|zä̲h|nelt, ge|za̲hnt, ge|zä̲hnt
Ge|zạ̈nk, Ge|zạn|ke *n. Gen. -s nur Sg.*
Ge|zạp|pel, Ge|zạpp|le *n. Gen. -s nur Sg.*
Ge|zei̲|ten *nur Pl.* (regelmäßiger Wechsel von) Ebbe und Flut
Ge|zei̲|ten|kraft|werk *n. 1*
Ge|zẹr|re *n. Gen. -s nur Sg.*
Ge|ze̲|ter *n. Gen. -s nur Sg.*
ge|zie̲|men **1.** *intr. 1* recht, richtig sein, gebühren; dir geziemt ein besseres Benehmen; er weiß, was ihm geziemt; **2.** *refl. 1* sich schicken, sich gehören; es geziemt sich nicht, zu …; ein solches Verhalten geziemt sich nicht
ge|zie̲|mend wie es sich gehört
ge|zie̲rt

Ge|ziert|heit *f. 10 nur Sg.*
Ge|zirp, Ge|zir|pe *n. Gen.* -s *nur Sg.*
Ge|zisch *n. Gen.* -es *nur Sg.*, **Ge|zi-sche** *n. Gen.* -s *nur Sg.*
Ge|zücht *n. Gen.* -s *nur Sg.* **1.** Brut, z. B. Otterngezücht; **2.** *übertr.:* Gesindel
Ge|zün|gel *n. Gen.* -s *nur Sg.*
Ge|zweig, Ge|zwei|ge *n. Gen.* -s *nur Sg.*
Ge|zwit|scher *n. Gen.* -s *nur Sg.*
ge|zwun|gen unnatürlich, steif, gekünstelt
ge|zwun|ge|ner|ma|ßen
Ge|zwun|gen|heit *f. 10 nur Sg.*
gg *Abk. für* Gauge
GG *Abk. für* Grundgesetz
ggf. *Abk. für* gegebenenfalls
Gha|na Staat in Westafrika
Gha|na|er *m. 5* Einwohner von Ghana
gha|na|isch
Gha|sel *n. 1* s. **Ga|sel**
Ghet|to *n. 9* s. **Get|to**
Ghi|bel|li|ne, Gi|bel|li|ne *m. 11* Anhänger der Hohenstaufen und Gegner der Guelfen
Ghost|wri|ter [goustraɪtə(r), engl. »Geisterschreiber«] *m. 5* jmd., der Reden, Bücher u. Ä. für einen andern schreibt, aber als Autor nicht in Erscheinung tritt
G. I., GI [dʒiːaɪ] *m. 9 oder Gen. - Pl.* -, *urspr. Abk. für* Government Issue: die vom Staat gelieferte Ausrüstung des US-amerik. Soldaten; *übertr.:* US-amerik. Soldat
Gi|a|ni|co|lo [dʒa-], Ja|ni|cu|lus, Ja-ni|ku|lus *m. Gen. - nur Sg.* einer der Hügel Roms
Gi|aur [türk. »Ungläubiger«] *m. 9, Schimpfwort des Muslims für* Nichtmuslim
Gib|bon [frz.] *m. 9* südostasiat. Menschenaffe
Gi|bel|li|ne *m. 11* s. **Ghi|bel|li|ne**
Gi|bral|tar *auch:* **Gib|ral|tar** [arab.] Halbinsel an der Südspitze Spaniens
Gicht *f. 10* **1.** oberster Teil des Hochofens; **2.** *nur Sg.* eine Stoffwechselkrankheit
Gicht|bee|re *f. 11* Johannisbeere
gich|tig, gich|tisch gichtkrank
Gicht|kno|ten *m. 7* durch Gicht verursachter Knoten an den Gelenken, bes. der Finger
gicht|krank
Gi|ckel *m. 5, mitteldt.:* Hahn
gi|ckern *intr. 1* kichern, albern lachen
Gick|gack *n. Gen.* -s *nur Sg.* **1.** das Schnattern der Gänse; **2.** albernes Gerede
gick|sen, kick|sen **1.** *intr. 1* einen leichten, hohen Schrei ausstoßen; **2.** *intr. 1* mit der Stimme überschnappen; **3.** *tr. 1* stechen, pieken
Gide [ʒid], *André* frz. Schriftsteller
Gie|bel *m. 5* **1.** ein Fisch; **2.** dreieckiger Wandteil an der Schmalseite des Hauses zwischen den beiden Schrägen des Dachs
Gie|bel|dach *n. 4*
Gie|bel|fens|ter *n. 5*
gie|be|lig, gieb|lig
Gie|bel|wand *f. 2*
Gie|bel|zim|mer *n. 5*
gieb|lig, gie|be|lig
giek|sen, kiek|sen *tr. u. intr. 1 mitteldt.:* stechen, pieken
Gie|men **1.** *m. 7, alem.:* Spalt; **2.** *n. Gen.* -s *nur Sg.* krankhaftes Atmungsgeräusch (bei Pferden)
Gien *n. 1, Seew.:* starker Flaschenzug
gie|nen *tr. 1* mit dem Gien heben
Gier *f. Gen. - nur Sg.*
gie|ren *intr. 1* **1.** nach etwas g.: gierig nach etwas sein; **2.** ungewollt vom Kurs abweichen (Schiff)
Gier|fäh|re *f. 11* Seilfähre
Gier|fal|ke *m. 11* s. **Ger|fal|ke**
gie|rig
Gie|rig|keit *f. 10 nur Sg.*
Giersch *m. 1 nur Sg.* ein Wiesenkraut, Geißfuß
Gier|schlund *m. 1, ugs.:* Vielfraß, gieriger Esser
Gieß|bach *m. 2*
gie|ßen *tr. 54;* ich goss, er/sie/es goss, er/sie/es hat gegossen
Gie|ßer *m. 5*
Gie|ße|rei *f. 10*
Gieß|form *f. 10*
Gieß|kan|ne *f. 11*
Gieß|ma|schi|ne *f. 11*
Gift **1.** *n. 1;* **2.** *m. 1 nur Sg., bair., österr.:* Ärger, Zorn; einen Gift auf jmdn. haben
Gift|be|cher *m. 5*
Gift|drü|se *f. 11*
gif|ten *tr. 2* ärgern; sich g.
gift|fest unempfindlich gegen Gift; g. machen
Gift|fes|tig|keit *f. 10 nur Sg.*
gift|frei
Gift|gas *n. 1*
gift|grün
Gift|hauch *m. 1*
gif|tig
Gif|tig|keit *f. 10 nur Sg.*
Gift|mord *m. 1*
Gift|nu|del *f. 11, ugs.:* zänkischer, boshafter Mensch
Gift|pfeil *m. 1*
Gift|pflan|ze *f. 11*
Gift|pilz *m. 1*
Gift|schlan|ge *f. 11*
Gift|stoff *m. 1*
Gift|zahn *m. 2*
Gig [engl.] **1.** *n. 9* zweirädriger, offener, einspänniger Wagen; **2.** *n. 9* leichtes Ruderboot, Beiboot; **3.** *m. 9* Auftritt bei einem Pop- oder Jazzkonzert
Gi|ga... [griech.] (*Abk.:* G) in *Zus.:* das Milliardenfache der betreffenden Einheit, z. B. Gigawattstunde
Gi|ga|byte [-baɪt, griech. + engl.] *n. Gen.* -s *Pl.* -s (*Abk.:* GB, Gbyte, GByte) 10^9 Byte
Gi|ga|me|ter *n. 5* (*Abk.:* Gm) 1 Milliarde Meter
Gi|gant [griech.] *m. 10* Riese
gi|gan|tisch
Gi|gan|tis|mus *m. Gen. - nur Sg., Med.:* = Riesenwuchs
Gi|gan|to|ma|chie [-xiː] *f. 11, griech. Myth.:* Kampf der Giganten gegen Zeus
Gi|gan|to|ma|nie *f. 11* Streben nach übertriebenen Ausmaßen
Gi|gan|to|pi|the|cus *m. Gen. - nur Sg.* ein fossiler Menschenaffe
Gi|ga|watt|stun|de *f. 11* (*Abk.:* GWh) 1 Milliarde Wattstunden
Gi|gerl *n. 14, österr.:* Modenarr, Geck
gi|gi [ʒiʒi] *schweiz.:* unecht, übertrieben
Gi|go|lo [ʒi-, frz.] *m. 9* **1.** Eintänzer; **2.** *auch:* Geck, Fant
Gigue [ʒig, frz.] *f. 11* **1.** Hüpftanz; **2.** Satz der Suite, *auch:* der Sonate

→ Guillotine Das aus dem Französischen stammende Fremdwort *Guillotine* lautet zwar mit [gi-] an, wird aber wie in der Herkunftssprache mit *Gui-* geschrieben. Der danach gesprochene Laut [j] wird, ebenfalls der französischen Rechtschreibung entsprechend, durch das doppelte *l* wiedergegeben.

gik|sen **1.** *intr. 1, Nebenform von* gicksen; **2.** *tr. 1, Nebenform von* gieksen
gil|ben *intr. 1* gelb werden
Gilb|hard, Gilb|hart *m. 1, früher Bez. für* Oktober

G

Gịl|de *f. 11* Zusammenschluss von Personen, urspr. für wohltätige Zwecke und zum gegenseitigen Schutz (Brandgilde), später zur Wahrung gemeinsamer Interessen, im MA besonders von Händlern (Kaufmannsgilde, z. B. die Hanse)
Gịl|de|haus *n. 4*
Gịl|de|meis|ter *m. 5*
Gịl|den|schaft *f. 10* alle Mitglieder einer Gilde
Gi|let [ʒile, frz.] *n. 9, österr., schweiz.:* Weste
Gịl|ling, Gịl|lung *f. 10 oder f. 9, Seew.:* der nach innen gebogene Teil des Schiffshecks
Gịm|pe *f. 11* Schnur (als Kleiderbesatz), umsponnener Faden (zum Sticken oder für Spitzen)
Gịm|pel *m. 5* **1.** ein Singvogel, Dompfaff; **2.** einfältiger Mensch
Gịm|pel|fang *m. 2 nur Sg.* Bauernfängerei
Gin [dʒɪn, engl.] *m. 9* engl. Wacholderbranntwein
Gin-Fizz *Nv.* **Gin|fizz** *Hv.* [dʒɪnfịz] *m. Gen. - Pl. -* ein Mixgetränk
Gịn|gan, Gịn|gang [mal.] *m. 9* gestreiftes oder kariertes Baumwollgewebe
Gin|ger [dʒɪndʒə(r), engl.] *m. 5 nur Sg., engl. Bez. für* Ingwer
Gin|ger|ale (*alt:* Gin|ger-ale) [dʒɪndʒə(r)ɛɪl, engl.] *n. Gen. -s nur Sg.* Ingwerbier
Gin|gi|vi|tis [-vi-, lat.] *f. Gen. - Pl. -ti|den* Zahnfleischentzündung
Gink|go [gịŋko, jap.] *auch:* **Gịn|ko** *m. 9* ein ostasiat. Zierbaum
Gịn|seng [chin.] *m. 9* eine ostasiat. Heilpflanze
Gịns|ter *m. 5* ein strauchiger Schmetterlingsblütler
Gịns|ter|kat|ze *f. 11* = Genette
gio|co|so [dʒɔ-, ital.] *Mus.:* spielerisch, lustig, scherzend
Giot|to [gʒọto] ital. Maler
Gịp|fel *m. 5; auch kurz für* Gipfelkonferenz
...gip|fe|lig, ...gipf|lig *in Zus.,* z. B. zweigipf(e)lig
Gịp|fel|kon|fe|renz *f. 10* Konferenz von Staatsoberhäuptern, Gipfeltreffen
Gịp|fel|kreuz *n. 1*
gịp|feln *intr. 1*
Gịp|fel|punkt *m. 1* Höhepunkt
Gịp|fel|tref|fen *n. Gen. -s nur Sg.* Begegnung von Staatsoberhäuptern
...gipf|lig s. **...gip|fe|lig**

Gịps [griech.] *m. 1* ein Mineral, schwefelsaurer Kalk
Gịps|ab|guss (*alt:* Gịps|ab|guß) *m. 2*
Gịps|bein *n. 1, ugs.:* Bein im Gipsverband
Gịps|bett *n. 12* gepolsterte Gipsschale zur Ruhigstellung des Rumpfes
gịp|sen *tr. 1*
Gịp|ser *m. 5* Gipsarbeiter, Stuckateur
gịp|sern aus Gips
Gịps|ver|band *m. 2*
Gi|pür|ar|beit *f. 10,* **Gi|pü|re** *f. 11* Geflecht, Spitze aus Gimpen
Gi|rạf|fe [arab.] *f. 11* **1.** ein Huftier mit sehr langem Hals; **2.** *Film:* Gerät mit langem, schwenkbarem Arm, Galgen
Gi|rạf|fen|ga|zel|le *f. 11* ein antilopenartiges Huftier, Gerenuk
Gi|rạn|do|la [dʒi-, ital.] *f. Gen. - Pl. -do|len,* **Gi|ran|do|le** [ʒirã-, frz.] *f. 11* **1.** ein radförmig sprühender Feuerwerkskörper, Feuerrad; **2.** Armleuchter
Gi|rạnt [ʒi-, frz.] *m. 10* = Indossant
Gi|rat [ʒi-] *m. 10,* **Gi|ra|tar** *m. 1* jmd., auf den ein Wechsel oder Scheck übertragen ist
Gi|rau|doux [ʒirodu], *Jean* frz. Schriftsteller
gi|rie|ren [ʒi-] *tr. 3* übertragen; einen Wechsel, Scheck g.
Girl [gəl, engl.] *n. 9, engl. Bez. für:* **1.** Mädchen; **2.** weibl. Mitglied einer Tanzgruppe
Gir|lạn|de [frz.] *f. 11* langes Blumen- oder Blättergewinde, bunte Papierkette
Girl|group [gəlgru:p, engl.] *f. 9* Popgruppe aus jungen Frauen
Gir|lie [gəli:, engl.] *n. 9* Mädchen od. junge Frau, das bzw. die kindliche, körperbetonte Kleidung trägt und selbstbewusst auftritt
Gịr|litz *m. 1* ein Finkenvogel
Gi|ro [ʒi-, ital.] *n. Gen. -s Pl. -s, österr. auch:* -ri **1.** Überweisung im bargeldlosen Zahlungsverkehr; **2.** Übertragungsvermerk auf Wechsel oder Scheck
Gi|ro d'I|ta|lia [ʒi-] *m. Gen. - - nur Sg.* Straßenradrennen von Berufsradfahrern in Italien
Gi|ro|kon|to [ʒi-] *n. Gen. -s Pl. -s oder* -ten Bankkonto, das bes. dem bargeldlosen Zahlungsverkehr dient
Gi|ronde [ʒirɔ̃d, nach dem frz. Departement G.] *f. 11 nur Sg.* gemäßigter Flügel der Republikaner während der Frz. Revolution
Gi|ron|dịst [ʒirɔ̃-] *m. 10* Mitglied, Anhänger der Gironde
Gi|ro|ver|kehr [ʒi-] *m. Gen. -s nur Sg.* bargeldloser Zahlungsverkehr
gịr|ren *intr. 1* **1.** gurren (wie die Taube); **2.** kokettieren
gịs *n. Gen. - Pl. -, Mus.* **1.** das um einen halben Ton erhöhte g; **2.** *Abk. für* gis-Moll
Gịs *n. Gen. - Pl. -, Mus.* **1.** das um einen halben Ton erhöhte G; **2.** *Abk. für* Gis-Dur
gị|schen *intr. 1* Gischt versprühen, schäumen
Gịscht *f. 10 oder m. 1* Wellenschaum
Gis-Dur *n. Gen. - nur Sg.* (*Abk.:* Gis) eine Tonart
Gis-Dur-Ton|lei|ter *f. 11*
Gi|se|la [österr.: gisela] weibl. Vorname
gis-Mọll *n. Gen. - nur Sg.* (*Abk.:* gis) eine Tonart
gis-Mọll-Ton|lei|ter *f. 11*
Gịss (*alt:* Gịß) *m. 1 oder f. 10,* Gịssung *f. 10, nddt.:* Mutmaßung (des Schiffers oder Fliegers) über den Standort (des Schiffes oder Flugzeuges)
gịs|sen *intr. 1*
Gịs|sung *f. 10* s. **Gịss**
Gi|ta|no [xi-] *m. 9* sesshaft gewordener Zigeuner in Spanien
Gi|tạr|re [griech.-span.] *f. 11* ein Zupfinstrument
Gi|tar|rịst *m. 10* Gitarrenspieler
Gịt|ter *n. 5*
Gịt|ter|bett *n. 12*
Gịt|ter|fens|ter *n. 5*
Gịt|ter|mast *m. 12*
gịt|tern *tr. 1, selten für* vergittern
Gịt|ter|rost *m. 1*
Give-a|way [gịvəwɛɪ, engl.] *n. 9* Werbegeschenk
Glace [glạs, frz.] *f. Gen. - Pl. -s* [glạs] **1.** Zuckerglasur; **2.** Gallert; **3.** *f. 11, schweiz.:* Speiseeis
Gla|cé [-se] *auch:* **Gla|cee** *n. Gen. -(s) Pl. -s* **1.** *kurz für* Glacéleder; **2.** Hochglanzgewebe
Gla|cé|le|der [-se-] *auch:* **Gla|cee|le|der** *n. 5* weiches Ziegen- oder Lammleder
gla|cie|ren [-si-] *tr. 3,* mit Glace überziehen, zum Gefrieren bringen
Gla|cis [-si] *n. Gen. -* [-sis] *Pl. -* [-sis] Vorfeld einer Befestigungsanlage

Gla|di|a|tor [lat.] *m. 13, im alten Rom:* Schwertkämpfer bei den Zirkusspielen
Gla|di|o|le [lat.] *f. 11* ein Schwertliliengewächs, Siegwurz
gla|go|li|tisch; glagolitische Schrift: aus der griech. Minuskel entstandene, älteste slaw. Schrift
Gla|go|li|za *f. Gen. - nur Sg.* glagolitische Schrift
Gla|mour [glæmə(r), engl.] *m. Gen.* -(s) *nur Sg.* betörende Aufmachung, Blendwerk
Gla|mour|girl [glæmə(r)gə:l, engl.] *n. 9* strahlend schöne Frau, Reklameschönheit
Glan|del [lat.] *f. 11,* **Glan|du|la** *f. Gen. - Pl.* -lae [-lɛ:] Drüse
glan|du|lär zu einer Drüse gehörig, von ihr ausgehend
Glans [lat.] *f. Gen. - Pl.* Glan|des Eichel des männl. Gliedes
Glanz *m. Gen.* -es *nur Sg.*
Glanz|bü|geln *n. Gen.* -s *nur Sg.* Bügeln mit Glanzstärke
Glanz|bürs|te *f. 11*
glän|zen **1.** *intr. 1;* **2.** *tr. 1* glänzend machen, polieren, mit glänzender Schicht überziehen
glän|zend; glänzend schwarzes Haar
Glanz|far|be *f. 11*
Glanz|le|der *n. 5*
Glanz|leis|tung *f. 10*
Glanz|licht *n. 3*
glanz|los
Glanz|num|mer *f. 11*
Glanz|pa|pier *n. 1*
Glanz|punkt *m. 1*
Glanz|stär|ke *f. 11 nur Sg.* beim Bügeln glänzend machende Stärke
Glanz|stück *n. 1*
glanz|voll
Glanz|zeit *f. 10*
gla|ren *intr. 1, schweiz.* **1.** glänzen; **2.** gefrieren
gla|rig *schweiz.*
Gla|rus **1.** Hauptstadt des Schweizer Kantons G.; **2.** Schweizer Kanton
Glas **1.** *n. 4;* zwei Glas Wein bestellen: zweimal ein Glas Wein; ich habe nur zwei Gläser Wein getrunken; **2.** *n. 12, Seew.:* halbe Stunde
Glas|au|ge *n. 14*
Glas|blä|ser *m. 5*
Glas|blä|se|rei *f. 10*
Gläs|chen *n. 7*
Glas|dach *n. 4*
Glas|di|a|mant *m. 10* Diamant zum Schneiden von Glas
Gla|ser *m. 5*
Gla|se|rei *f. 10*
Gla|ser|kitt *m. 1*
Glä|ser|klang *m. 2*
glä|sern aus Glas, wie Glas
glä|ser|wei|se
Glas|fa|ser *f. 11*
Glas|flüg|ler *Pl.* Familie der Schmetterlinge
Glas|fluss (*alt:* Glas|fluß) *m. 2 nur Sg.* = Email
Glas|ge|mäl|de *n. 5*
Glas|glo|cke *f. 11*
Glas|har|fe *f. 11,* **Glas|har|mo|ni|ka** *f. 9* Musikinstrument, bei dem Glasscheiben in Schwingung versetzt werden
glas|hart
Glas|haus *n. 4*
Glas|hüt|te *f. 11* Betrieb zur Herstellung und Verarbeitung von Glas
gla|sie|ren *tr. 3* mit Glasur versehen
gla|sig wie Glas
glas|klar
Glas|kopf *m. 2 nur Sg.* ein Mineral
Glas|kör|per *m. 5* der durchsichtige Teil des Auges
Gläs|lein *n. 7*
Glas|ma|ler *m. 5*
Glas|ma|le|rei *f. 10*
Glas|nost [russ.] *f. Gen. - nur Sg.* politische Offenheit
Glas|per|le *f. 11*
Glas|schei|be *f. 11*
Glas|scher|be *f. 11*
Glas|schlei|fer *m. 5*
Glas|schliff *m. 1*
Glas|schnei|der *m. 5* Gerät zum Schneiden oder Ritzen von Glas
Glas|schrank *m. 2*
Glas|sturz *m. 2* Glasglocke, Glasgehäuse
Glast *m. 1, poet.:* Glanz, z. B. Sonnenglast
glas|tig *selten:* glänzend
Gla|su|now, *Alexander* russ. Komponist
Gla|sur *f. 10* glasiger Überzug
Glas|ver|si|che|rung *f. 10*
Glas|wa|ren *Pl.*
Glas|wat|te *f. 11 nur Sg.*
glatt; glatter, glatteste *oder:* glätter, glätteste; ich hoffe, es wird glatt gehen: gut gehen; glatt hobeln; glatt legen; glatt schleifen; glatt streichen; glatt ziehen
Glät|te *f. 11 nur Sg.*
Glatt|eis *n. Gen.* -es *nur Sg.;* jmdn. aufs G. führen: jmdn. durch bewusst irreführende Fragen auf die Probe stellen, in Gefahr bringen
Glatt|eis|bil|dung *f. 10*
glät|ten *tr. 2; schweiz. auch:* bügeln
glat|ter|dings schlechterdings
Glät|te|rin *f. 10, schweiz.:* Büglerin
glatt ge|hen (*alt:* glatt|ge|hen) *intr. 47*
Glatt|heit *f. 10 nur Sg.*
glatt ho|beln (*alt:* glatt|ho|beln) *tr. 1*
glatt le|gen (*alt:* glatt|le|gen) *tr. 1*
glatt|ma|chen *tr. 1 ugs.* ausgleichen, bezahlen
glatt schlei|fen (*alt:* glatt|schlei|fen) *tr. 118*
glatt|stel|len *tr. 1, Kaufmannsspr.:* ausgleichen
Glatt|stel|lung *f. 10*
glatt strei|chen (*alt:* glatt|strei|chen) *tr. 158*
Glät|tung *f. 10 nur Sg.*
glatt|weg rundweg, ohne weiteres; etwas g. ablehnen
glatt zie|hen (*alt:* glatt|zie|hen) *tr. 187*
glatt|zün|gig
Glatt|zün|gig|keit *f. 10 nur Sg.*
Glat|ze *f. 11*
Glatz|kopf *m. 2*
glatz|köp|fig
Glatz|köp|fig|keit *f. 10 nur Sg.*
Glau|be *m. 15,* **Glau|ben** *m. 7*
glau|ben *tr. 1;* jmdn. etwas glauben machen: jmdm. etwas einreden
Glau|ben *m. 7* = **Glau|be**
Glau|bens|ar|ti|kel *m. 5*
Glau|bens|be|kennt|nis *n. 1*
Glau|bens|ei|fer *m. 5*
glau|bens|fest
Glau|bens|fes|tig|keit *f. 10 nur Sg.*
Glau|bens|fra|ge *f. 11*
Glau|bens|frei|heit *f. 10 nur Sg.*
Glau|bens|krieg *m. 1*
Glau|bens|sa|che *f. 11*
Glau|bens|satz *m. 2*
glau|bens|stark
Glau|bens|stär|ke *f. 11 nur Sg.*
Glau|bens|streit *m. 1*
Glau|bens|treue *f. 11 nur Sg.*
Glau|bens|ver|fol|gung *f. 10*
Glau|bens|wech|sel [-ks-] *m. 5*
Glau|bens|zwei|fel *m. 5*
Glau|ber|salz [nach dem Chemiker Johann Rudolf Glauber] *n. 1 nur Sg.* ein Abführmittel, schwefelsaures Natrium
glaub|haft
Glaub|haf|tig|keit *f. 10 nur Sg.*
Glaub|haft|ma|chung *f. 10 nur Sg.*
gläu|big

G

Gläu|bi|ge(r) *m. 18 (17) bzw. f. 17 oder 18* jmd., der gläubig ist
Gläu|bi|ger *m. 5* jmd., der berechtigt ist, von jmdm. die Zahlung einer Schuld zu fordern
Gläu|big|keit *f. 10 nur Sg.*
glaub|lich; es ist kaum g.
glaub|wür|dig
Glaub|wür|dig|keit *f. nur Sg.*
Glau|ko|chro|it [-kro-, griech.] *m. 1* ein Mineral
Glau|ko|dot *n. 1* ein Mineral
Glau|kom *n. 1* eine Augenkrankheit, grüner Star
Glau|ko|nit *m. 1* ein Mineral
Glau|ko|phan *m. 1* ein Mineral
gla|zi|al [lat.] zu einem Gletscher, zur Eiszeit gehörig, von einem Gletscher, aus der Eiszeit stammend, eiszeitlich
Gla|zi|al *n. 1* Eiszeit
Gla|zi|al|e|ro|si|on *f. 10* die abtragende Tätigkeit eines Gletschers
Gla|zi|al|fau|na *f. Gen. - nur Sg.* die Tierwelt der Eiszeit
Gla|zi|al|flo|ra *f. Gen. - nur Sg.* die Pflanzenwelt der Eiszeit
Gla|zi|al|land|schaft *f. 10* durch die Eiszeit geformte Landschaft
Gla|zi|al|zeit *f. 10* Eiszeit
gla|zi|är, gla|zi|gen durch Gletscher, durch Eiswirkung entstanden
Gla|zi|o|lo|ge [lat. + griech.] *m. 11*
Gla|zi|o|lo|gie *f. 11 nur Sg.* Lehre von den Gletschern, der Eiszeit, den Vereisungsvorgängen auf der Erde
gla|zi|o|lo|gisch
Glei|bo|den *m. 8* Art des Bodens unmittelbar über oder unter dem Grundwasserspiegel

gleich, der/die/das Gleiche: Das Adjektiv/Adverb wird kleingeschrieben: *Das ist ihm gleich; sie sind gleich groß; sie werden gleich kommen.*
Das substantivierte Adjektiv hingegen wird mit großem Anfangsbuchstaben geschrieben: *das Gleiche; Gleiches mit Gleichem vergelten; ein Gleiches tun; auf das Gleiche hinauskommen; Gleich und Gleich gesellt sich gern.*
§ 57 (1)

gleich **1.** *Großschreibung:* der, die, das Gleiche; das kommt aufs, auf das Gleiche heraus, hinaus; etwas ins Gleiche bringen: in Ordnung bringen; Gleich und Gleich gesellt sich gern; ich werde ein Gleiches tun; ich kann dazu Gleiches berichten; Gleiches mit Gleichem vergelten; Gleiches zu Gleichem ergibt Gleiches; als Gleicher unter Gleichen; der Erste unter Gleichen; **2.** *in Verbindung mit Adjektiven:* gleich groß, gut, hoch, lang, schön, weit usw.; **3.** *in Verbindung mit Verben/Partizipien Getrenntschreibung:* ich werde gleich gehen, kommen, ich werde es gleich machen, tun, das werden wir gleich sehen; gleich bleiben; gleich geartete Verhältnisse; gleich gesinnte Geschwister; gleich lautende Befehle; *aber:* gleichkommen: entsprechen; gleichmachen: angleichen; gleichschalten: auf eine Linie bringen
gleich|al|te|rig, gleich|alt|rig
gleich|ar|tig
Gleich|ar|tig|keit *f. 10 nur Sg.*
gleich|be|deu|tend
gleich|be|rech|tigt
Gleich|be|rech|ti|gung *f. 10 nur Sg.*
gleich blei|ben (*alt:* gleich|bleiben) *intr. 17*
Glei|che *f. 11 nur Sg.;* etwas in die G. bringen: in Ordnung bringen; vgl. gleich
glei|chen *intr. 55*
glei|cher|ge|stalt
glei|cher|ma|ßen
glei|cher|wei|se
gleich|falls
gleich|far|big
Gleich|far|big|keit *f. 10 nur Sg.*
gleich|för|mig
Gleich|för|mig|keit *f. 10 nur Sg.*
gleich ge|ar|tet (*alt:* gleich|ge|artet)
gleich|ge|schlecht|lich
Gleich|ge|schlecht|lich|keit *f. 10 nur Sg.*
gleich ge|sinnt (*alt:* gleich|gesinnt)
gleich|ge|stellt
gleich ge|stimmt (*alt:* gleich|gestimmt)
Gleich|ge|wicht *n. 1*
Gleich|ge|wichts|stö|rung *f. 10*
gleich|gil|tig *veraltet, noch österr. Nebenform von* gleichgültig
gleich|gül|tig
Gleich|gül|tig|keit *f. 10 nur Sg.*
Gleich|heit *f. 10 nur Sg.*
Gleich|heits|zei|chen *n. 7 (Zeichen:* =)
Gleich|klang *m. 2*
gleich|kom|men *intr. 71;* jmdm. oder einer Sache g.: entsprechen; vgl. gleich
Gleich|lauf *m. 2 nur Sg.*
gleich|lau|fend gleichzeitig
gleich|läu|fig
Gleich|läu|fig|keit *f. 10 nur Sg.*
gleich lau|tend (*alt:* gleich|lautend)
gleich|ma|chen *tr. 1* **1.** angleichen; **2.** dem Erdboden g.: völlig niederreißen; vgl. gleich
Gleich|ma|che|rei *f. 10 nur Sg.*
gleich|ma|che|risch
Gleich|maß *n. 1*
gleich|mä|ßig
Gleich|mä|ßig|keit *f. 10 nur Sg.*
Gleich|mut *m. Gen.* -(e)s *nur Sg.*
gleich|mü|tig
gleich|na|mig
Gleich|na|mig|keit *f. 10 nur Sg.*
Gleich|nis *n. 1*
gleich|nis|haft
gleich|ran|gig
gleich|rich|ten *tr. 2*
Gleich|rich|ter *m. 5* Gerät zum Umwandeln von Wechselstrom in Gleichstrom
Gleich|rich|tung *f. 10 nur Sg. dt. für* Demodulation
gleich|sam
gleich|schal|ten *tr. 2* vgl. gleich
Gleich|schal|tung *f. 10*
gleich|schen|ke|lig, gleich|schenk|lig
Gleich|schritt *m. 1 nur Sg.;* im G.
gleich|se|hen *intr. 136* ähnlich sehen; das sieht ihm gleich!; das sieht nichts gleich *süddt.:* das sieht nach nichts aus, das sieht nicht gut aus; vgl. gleich
gleich|sei|tig
Gleich|sei|tig|keit *f. 10 nur Sg.*
gleich|set|zen *tr. 1,* etwas mit etwas g.; vgl. gleich
Gleich|set|zung *f. 10 nur Sg.*
Gleich|stand *m. 2*
gleich|ste|hen *intr. 151* gleich, unentschieden sein (in der Punktbewertung bei Wettkämpfen); vgl. gleich
gleich|stel|len *tr. 1*
Gleich|stel|lung *f. 10 nur Sg.*
gleich|stim|mig
Gleich|stim|mig|keit *f. 10 nur Sg.*
Gleich|stim|mung *f. 10 nur Sg.*
Gleich|strom *m. 2*
Gleich|strom|mo|tor *m. 13*
gleich|tun *tr. 167* nacheifern; es jmdm. g.: jmdm. in etwas gleichkommen, das Gleiche erreichen wie jemand; vgl. gleich

Gleichung *f. 10*
gleichviel einerlei; g., ob …: es ist einerlei, ob …; g., wann oder wo; vgl. gleich
gleichwertig
Gleichwertigkeit *f. 10 nur Sg.*
gleichwie wie, so wie, ebenso wie
gleichwinkelig, gleichwinklig
gleichwohl dennoch, trotzdem
gleichzeitig
Gleichzeitigkeit *f. 10 nur Sg.*
gleichziehen *intr. 187;* mit jmdm. g.: genauso wie jmd. handeln
Gleis *n. 1,* **Geleise** *n. 5*
Gleisanschluss (*alt:* Gleisanschluß) *m. 2*
Gleisbau *m. Gen.* -(e)s *nur Sg.*
…gleisig; ein-, zweigleisig
Gleiskette *f. 11*
Gleiskettenfahrzeug *n. 1*
Gleisner *m. 5, poet.:* Heuchler
Gleisnerei *f. 10 nur Sg., poet.:* Heuchelei
gleisnerisch
gleißen *intr. 1, poet.:* glänzen, glitzern
Gleitbacke *f. 11* auswechselbare Gleitfläche (an Maschinen), Gleitschuh
Gleitboot *n. 1*
gleiten *intr. 56*
Gleiter *m. 5* einfaches Segelflugzeug für Übungen
Gleitfläche *f. 11*
Gleitflug *m. 2*
Gleitklausel *f. 11* Vertragsklausel, durch die ein Punkt (insbes. der Preis) von späteren Umständen abhängig gemacht wird
Gleitschirm *m. 1* = Paraglider
Gleitschuh *m. 1* = Gleitbacke
Gleitschutz *m. Gen.* -es *nur Sg.*
gleitsicher nicht gleitend
Gleitwachs [-ks] *n. Gen.* -es *nur Sg.* Skiwachs
Glencheck [-tʃɛk, engl.] *m. 9* Muster aus feinen, im Karo verlaufenden Streifen
Gletscher *m. 5*
Gletscherbrand *m. 2* Sonnenbrand durch Rückstrahlung des Sonnenlichts vom Gletscher
Gletscherspalte *f. 11*
Gliazelle *f. 11* Stützsubstanz des Zentralnervensystems; vgl. Neuroglia
Glied *n. 3*
Gliederfüßer, Gliederfüßler *m. 5*
…gliederig, …gliedrig; in Zus., z. B. vierglied(e)rig; 4-glied(e)rig
Gliederkette *f. 11*
gliederlahm
Gliederlähmung *f. 10*
gliedern *tr. 1;* ich gliedere, gliedre es
Gliederpuppe *f. 11*
Gliederreißen *n. 7 nur Sg.* Gliederschmerzen
Gliedersatz *m. 2* künstliches Glied, Prothese
Gliedersatz *m. 2* aus mehreren Gliedern zusammengesetzter Satz, Satzgefüge, Satzverbindung
Gliederschmerz *m. 12*
Gliedertier *n. 1*
Gliederung *f. 10*
Gliedmaße *f. 11 meist Pl.*
Gliedsatz *m. 2* Nebensatz
Gliedstaat *m. 12* Einzelstaat eines Bundesstaates
gliedweise
glimmen *intr. 57* glühen
Glimmer *m. 5* ein Mineral
glimmerig
glimmern *intr. 1* schimmern, schwach glühen
Glimmerschiefer *m. 5* Schiefer aus Glimmer und Quarz
Glimmlampe *f. 11*
Glimmlicht *n. 3*
Glimmstängel (*alt:* Glimmstengel) *m. 5, ugs. scherzh.:* Zigarette, *auch:* Zigarre
glimpflich **1.** schonend, nachsichtig; jmdn. g. behandeln; **2.** ohne größeren Schaden; das ist g. abgelaufen; er ist g. davongekommen
Glioblastom [griech.] *n. 1* bösartiges Gliom
Gliom *n. 1* Geschwulst im Stützgewebe des Zentralnervensystems
Glissada [frz.] *f. 11, Tanz:* Gleit-, Schleifschritt
glissando [ital.] *Mus.:* (über mehrere Töne hinweg) gleitend
Glissando *n. Gen.* -s *Pl.* -s *oder* -di, *Mus.:* gleitende Verbindung
Glitschbahn *f. 10,* **Glitsche** *f. 11, norddt.:* Schlitterbahn
glitschen *intr. 1* rutschen, gleiten
glitscherig, glitschrig
glitschig
Glitzer *m. 5* Schimmer, Funkeln
glitzerig, glitzrig
glitzern *intr. 1*
global [lat.] die gesamte Erdoberfläche umfassend, weltweit, Erd…
globalisieren *tr. 3* **1.** (zu) allgemein beurteilen; **2.** *Wirtsch.:* auf dem internationalen Markt aktiv werden
Globalisierung *f. 10*
Globalsteuerung *f. 10* Beeinflussung von gesamtwirtschaftl. Größen (Verbrauch, Investitionen u. a.) durch allgemeine wirtschaftspolit. Maßnahmen
Globalstrahlung *f. 10* die direkte Sonnen- und die diffuse Himmelsstrahlung zusammen
Globen *Pl. von* Globus
Globetrotter *m. 5* Weltbummler
Globigerine *f. 11* eine Foraminifere, Schalentierchen
Globin *n. 1 nur Sg.* Eiweißbestandteil des Hämoglobins
Globoid *n. 1* **1.** kleinstes Teilchen im pflanzl. Reserveeiweiß; **2.** *Math.:* durch einen um eine beliebige Achse rotierenden Kreis erzeugte Fläche
Globularie [-riə] *f. 11* eine Alpenpflanze, Kugelblume
Globule *f. 11* kleines, dunkles, kugeliges Nebelgebilde (als Vorstadium der Sternentstehung)
Globuli [lat.] *Pl., Sg.:* Globulus *Med.:* kleine Kügelchen mit homöopathischen Wirkstoffen
Globulin *n. 1* in Blut, Milch, Eiern vorkommender Eiweißkörper
Globus *m. Gen.* - *Pl.* -ben, *oder m. 1* **1.** Nachbildung der Erd- oder Himmelskugel; **2.** *auch:* die Erdkugel
Glöckchen *n. 7*
Glocke *f. 11*
Glockenbecherkultur *f. 10 nur Sg.* Kultur der Jungsteinzeit
Glockenblume *f. 11*
Glockengießerei *f. 10*
Glockenguss (*alt:* Glockenguß) *m. 2*
Glockenheide *f. 11 nur Sg.* ein Heidekrautgewächs, Erika
glockenhell
glockenrein
Glockenschlag *m. 2*
Glockenspeise *f. 11* das flüssige Metall für den Glockenguss
Glockenspiel *n. 1* ein Musikinstrument
Glockenstube *f. 11* Raum für die Glocke im Kirchturm
Glockenstuhl *m. 2* Gerüst, an dem die Glocke hängt
Glockentierchen *n. 7* ein Wimpertierchen
Glockenturm *m. 2*
Glockenzug *m. 2*
glockig
Glöcklein *n. 7*
Glöckner *m. 5*
Gloria weibl. Vorname

G

G

Glo|ria [lat.] **1.** *n. 9 nur Sg.* Ehre, Ruhm; mit Glanz und G.; **2.** *n. 9* Lobgesang in der kath. Messe (nach dem Anfangswort)
Glo|ri|a|sei|de *f. 11* Seidenstoff für Futter, Regenschirme u. a.
Glo|rie [-riə] *f. 11 nur Sg.* Ruhm, Glanz, himmlische Herrlichkeit
Glo|ri|en|schein *m. 1*
Glo|ri|fi|ka|ti|on *f. 10* Verherrlichung
glo|ri|fi|zie|ren *tr. 3* verherrlichen
Glo|ri|o|le *f. 11* Heiligenschein
glo|ri|os glorreich, ruhmreich
glor|reich ruhmreich
glo|sen *intr. 1* glühen, glimmen
Glos|sar [griech.] *n. 1* **1.** Sammlung von Glossen (1); **2.** Wörterverzeichnis
Glos|sa|ri|um *n. Gen.* -s *Pl.* -ri|en, *ältere Form von* Glossar
Glos|sa|tor *m. 13* Verfasser von Glossen (2)
Glos|se *f. 11* **1.** *urspr.:* schwieriges Wort, das erklärt werden muss; **2.** *MA:* Erklärung, Übersetzung eines schwierigen Wortes (zwischen den Zeilen oder am Rand des Textes); **3.** *im röm. Recht des MA:* Kommentar zu einem Rechtssatz; **4.** spött. Bemerkung; seine Glossen über etwas machen; **5.** kurzer, spöttischer Artikel (in der Zeitung)
glos|sie|ren *tr. 3* **1.** mit Glossen (2) versehen (Text); **2.** mit spöttischen Bemerkungen bedenken (Ereignis)
Glos|so|graph *auch:* **Glos|so|graf** *m. 10* Erklärer von Glossen (1)
Glos|so|gra|phie *auch:* **Glos|so|gra|fie** *f. 11* Erläuterung von Glossen (1)
Glos|so|la|lie, Glot|to|la|lie [grch. »Zungenreden«] *f. 11* Reden in ungewöhnl. Sprachform im Zustand religiöser Ekstase
glos|ten *intr.*, gloste, geglost, *Nebenform von* glosen
glot|tal [griech.] im Kehlkopf erzeugt (von Lauten)
Glot|tal *m. 1* Kehlkopflaut
Glot|tis *f. Gen.* - *Pl.* -tes [-te:s] Stimmritze im Kehlkopf
Glot|to|la|lie *f. 11* s. **Glos|so|la|lie**
Glotz|au|ge *n. 14*
glotz|äu|gig
Glot|ze *f. 11, ugs.:* Fernsehapparat
glot|zen *intr. 1, ugs.*
Glot|zo|phon *auch:* **Glot|zo|fon** *n. 1, ugs.:* Fernsehapparat
Glo|xi|nie [-njə, nach dem elsäss. Botaniker Peter Benjamin Gloxin] *f. 11* eine Zierpflanze
Gluck, *Christoph Willibald Ritter von* dt. Komponist
gluck; gluck gluck!
Glück *n. 1 nur Sg.;* Glück bringend *oder:* glückbringend; Glück verheißend *oder:* glückverheißend; Glück versprechend *oder:* glückversprechend; Glück ab! (Fliegergruß); Glück auf! (Bergmannsgruß); Glück zu! (ermunternder Zuspruch)
glück|brin|gend = **Glück bringend**
Glu|cke *f. 11*
glu|cken *intr. 1* locken (von der Henne)
glü|cken *intr. 1*
glu|ckern *intr. 1*
glück|haft
Glück|hen|ne *f. 11*
glück|lich
glück|li|cher|wei|se
Glücks|brin|ger *m. 5*
Glücks|bu|de *f. 11*
glück|se|lig
Glück|se|lig|keit *f. 10 nur Sg.*
gluck|sen *intr. 1*
Glücks|fall *m. 2*
Glücks|gü|ter *Pl.* äußere Güter, Reichtum
Glücks|ha|fen *m. 8, süddt.* **1.** Gefäß mit Losen; **2.** *auf Jahrmärkten:* Bude, in der kleine Gegenstände verlost werden
Glücks|kind *n. 3*
Glücks|klee *m. Gen.* -s *nur Sg.*
Glücks|pilz *m. 1*
Glücks|rad *n. 4*
Glücks|sa|che *f. 11*
Glücks|spiel *n. 1*
Glücks|stern *m. 1*
Glücks|sträh|ne *f. 11*
Glücks|tag *m. 1*
glück|strah|lend; *aber:* vor Glück strahlend
Glücks|um|stand *m. 2*
Glücks|zahl *f. 10*
glück|ver|hei|ßend = **Glück ver|hei|ßend**
glück|ver|spre|chend = **Glück ver|spre|chend**
Glück|wunsch *m. 2*
Glück|wunsch|te|le|gramm *n. 1*
Glu|co|se [griech.] *f. 11 nur Sg.* s. **Glu|ko|se**
Glu|co|sid *n. 1* s. **Glu|ko|sid**
Glüh|bir|ne *f. 11*
Glüh|draht *m. 2*
glüh|e|lek|trisch *auch:* **glüh|e|lek|trisch;** glühelektrischer Effekt
glü|hen *intr. u. tr. 1;* ein glühend heißer Tag; mit glühend rotem Gesicht
glü|hend hei|ß (*alt:* glü|hend|heiß)
glü|hend rot (*alt:* glü|hend|rot)
Glüh|fa|den *m. 8*
glüh|heiß
Glüh|hit|ze *f. 11 nur Sg.*
Glüh|lam|pe *f. 11*
Glüh|licht *n. 1*
Glüh|strumpf *m. 2* ein Leuchtkörper
Glüh|wein *m. 1*
Glüh|würm|chen *n. 7* Leuchtkäfer
Glu|ko|se, *fachsprachl.:* Glu|co|se *f. 11 nur Sg.* Traubenzucker
Glu|ko|sid, *fachsprachl.:* Glu|co|sid *n. 1* von Glukose abgeleitetes Glykosid
glupsch *nddt.:* lauernd, böse; g. gucken; jmdn. g. ansehen
glupsch|äu|gig
glup|schen *intr. 1, nddt.:* böse, lauernd dreinschauen
Glut *f. 10*
Glut|a|min *auch:* **Glu|ta|min** *n. 1* Amid der Glutaminsäure
Glut|a|min|säu|re *auch:* **Glu|ta|min|säu|re** *f. 11* in vielen Eiweißkörpern vorkommende organische Säure
glu|ten *intr. 2* glühend brennen, glühend heiß sein
Glu|ten *n. 1 nur Sg.* Eiweißstoff im Getreidekorn; vgl. Kleber
glut|fest
Glut|fes|tig|keit *f. 10 nur Sg.*
Glut|hauch *m. 1 nur Sg., poet.*
glut|heiß
Glut|hit|ze *f. 11 nur Sg.*
Glu|tin [lat.] *n. 1 nur Sg.* Hauptbestandteil von Gelatine und Leim
Glut|meer *n. 1*
glut|rot
glut|voll
Gly|ce|rin [griech.] *n. 1 nur Sg.* s. **Gly|ze|rin**
Gly|cin *n. 1 nur Sg.* vgl. Glykokoll
Glyk|ä|mie *auch:* **Gly|kä|mie** *f. 11 nur Sg.* normaler Zuckergehalt des Blutes
Gly|ko|gen *n. 1 nur Sg.* Speicherform des Traubenzuckers in Leber und Muskeln, Leberstärke, tierische Stärke
Gly|ko|koll *n. 1 nur Sg.* einfachste Aminosäure, Bestandteil aller Eiweißstoffe, Glycin
Gly|kol *n. 1 nur Sg.* zweiwertiger aliphatischer Alkohol, Frostschutzmittel

Gly|ko|ly|se *f. 11* Abbau der Glukose (im Stoffwechsel) zu Milchsäure
Gly|ko|se *f. 11 nur Sg., nichtfachsprachliche Schreibung von* Glukose
Gly|ko|sid *n. 1* Verbindung von Zucker mit anderen Bestandteilen, bes. Alkoholen
Gly|kos|u|rie *auch:* **Gly|ko|su|rie** *f. 11* Ausscheidung von Zucker im Urin
Gly|phe [griech.] *f. 11* in Stein eingeritztes Zeichen
Glyp|te *f. 11* geschnittener Stein
Glyp|tik *f. 10 nur Sg.* **1.** Steinschneidekunst, Gemmenkunde; **2.** Bildhauerei
Glyp|to|thek *f. 10* **1.** Sammlung von geschnittenen Steinen oder von antiken Bildhauerarbeiten; **2.** das Gebäude dafür
Gly|san|tin® *n. 1 nur Sg.* ein Frostschutzmittel
Gly|ze|rin, *fachsprachl.:* Gly|ce|rin *n. 1 nur Sg.* dreiwertiger aliphatischer Alkohol
Gly|zin, Gly|cin *n. 1 nur Sg.* vgl. Glykokoll
Gly|zi|ne, Gly|zi|nie [-njə] *f. 11* ein Zierstrauch
Gm *Abk. für* Gigameter
G-Man [dʒimæn, engl.] *m. Gen.* -s *Pl.* G-Men [-men], *Kurzwort aus* Government Man (Mann der Regierung), Agent des FBI
GmbH *Abk. für* Gesellschaft mit beschränkter Haftung
GMD *Abk. für* Generalmusikdirektor
g-Moll *n. Gen. - nur Sg.* (*Abk.:* g) eine Tonart
g-Moll-Ton|lei|ter *f. 11*
Gna|de *f. 11;* Euer Gnaden *(veraltete Anrede für Höhergestellte);* von Gottes Gnaden; halten zu Gnaden *veraltet:* verübeln Sie es mir nicht (dass ich das sage)!
gna|den *intr. 2, veraltet:* gnädig sein, *nur noch in der Wendung* gnade dir Gott!
Gna|den|akt *m. 1*
Gna|den|be|weis *m. 1*
Gna|den|bild *n. 3, kath. Kirche:* wundertätiges Bild, bes. der Jungfrau Maria
gna|den|brin|gend; gnadenbringende Weihnachtszeit
Gna|den|brot *n. 1 nur Sg.* Pflege im Alter (von nicht mehr arbeitsfähigen Tieren)
Gna|den|er|lass (*alt:* Gna|den|er|laß) *m. 2*
Gna|den|frist *f. 10*
Gna|den|ge|schenk *n. 1* Almosen
Gna|den|ge|such *n. 1*
Gna|den|stoß *m. 2* Todesstoß (um die Todesqual eines Tieres zu beenden)
Gna|den|tisch *m. 1* Altar
gna|den|voll
Gna|den|weg *m. 1;* auf dem G.: mit Hilfe eines Gnadengesuchs
gnä|dig; die gnädige Frau
gnä|dig|lich *poet. für* gnädig
Gna|gi *n. Gen. - Pl. -, schweiz.:* Schweinsknochen zum Abnagen (als kalte Speise)
Gneis *m. 1* eine Gesteinsart
Gnoc|chi [njɔki, ital.] *Pl., Kochkunst:* Klößchen (aus Kartoffelteig)
Gnom *m. 10* Zwerg, Kobold, kleiner Erdgeist
Gno|me [griech.] *f. 11, antike Literatur:* Sinn-, Denkspruch
Gno|mi|ker *m. 5* Verfasser von Gnomen
Gno|mon [griech.] *m. Gen.* -s *Pl.* -mo|ne antike Sonnenuhr
Gno|sis [griech. »Erkenntnis«] *f. Gen. - nur Sg.* philosoph. Strömung innerhalb des frühen Christentums mit dem Ziel der Erkenntnis Gottes
Gnos|tik *f. 10 nur Sg.* Lehre der Gnosis
Gnos|ti|ker *m. 5* Anhänger der Gnosis
gnos|tisch
Gnos|ti|zis|mus *n. Gen. - nur Sg.* religionsphilosoph. Richtung, die nach Erkenntnis Gottes strebt und dadurch Erlösung sucht
Gnu [hottentott.] *n. 9* afrikanische Kuhantilope
Go [jap.] *n. 9* jap. Brettspiel
Goal [goul, engl.] *n. 9, Sport, bes. schweiz.:* Tor, Treffer
Goa|li, Goa|lie [gou-] *m. 9* Torhüter
Goal|kee|per [goulki:pə(r)] *m. 5* vgl. Keeper
Go|be|lin [-lɛ̃, nach einer frz. Färberfamilie] *m. 9* kunstvoll gewirkter od. gestrickter Wandbildteppich mit Bildmotiv
Go|bi [mongol. »Wüste«] *f. Gen.* - Wüstenbecken in Innerasien
Go|cart *m. 9* s. **Go|kart**
Go|ckel *m. 5, südd., österr.:* Hahn
Go|ckel|hahn *m. 2*
Go|de, Go|te *m. 11* Taufpate
Go|del, Go|dl *f. 11* Taufpatin

> **Goethe:** Bei Eigennamen kann das Possessivverhältnis auf verschiedene Weise ausgedrückt werden: *die goetheschen/goethischen Gedichte* oder: *die Goethe'schen Gedichte* (mit Apostroph und Großschreibung). § 62

Goe|the, *Johann Wolfgang von* dt. Dichter
Goe|the|a|na *Pl.* Werke von und über Goethe
goe|thesch, goe|thisch von Goethe (oder in seiner Art) verfasst; goethesche Lyrik *oder:* Goethe'sche Lyrik
Gof *m. 12 oder n. 12, schweiz.:* Gör
Gog *m., nach Hesekiel 38:* sagenhafter König aus dem Norden, der gegen Weltende in Israel einfallen und zugrunde gehen wird
Gogh [gɔx], *Vincent van* ndrl. Maler
Go-go-Boy [engl.] *m. 9,* **Go-go-Girl** [engl.] *n. 9, in Nachtlokalen:* Tänzer(in), der (die) die Gäste durch Tanzen unterhalten soll
Go|gol, *Nikolaj* russ. Schriftsteller
Goi [hebr.] *m. Gen.* -(s) *Pl.* Go|jim *oder* Go|jim, *Bez. der Juden für* Nichtjude
Go-in [engl. »geh hinein«] *n. 9 oder Gen. - Pl.* - Eindringen in eine offizielle Veranstaltung, wodurch eine Diskussion über ein bestimmtes Ereignis erzwungen werden soll; vgl. Sit-in
Go|ing|pu|blic *auch:* **Go|ing|pub|lic** [goɪŋpʌblɪk, engl.] *n. Gen.* -(s) *nur Sg.* Börsengang einer AG
Goi|se|rer [nach dem oberösterr. Dorf Goisern] *m. 5, österr.:* schwerer, genagelter Bergschuh
Go|kart (*alt:* Go-Kart) [engl.], Gocart *m. 9* kleines Rennfahrzeug
go|keln *intr. 1, mitteldt.:* mit Feuer spielen; ich gokele, gokle
Go|lat|sche *f. 11* s. **Ko|lat|sche**
Gold *n. Gen.* -(e)s *nur Sg.* (*Zeichen:* Au) chem. Element, ein Edelmetall; der Junge ist (mir) Gold wert, ist Goldes wert
Gold|am|mer *f. 11* ein Singvogel
Gold|am|sel *f. 11* ein Singvogel, Pirol
Gold|barsch *m. 1* ein Fisch, Kaulbarsch
gold|blond
gold|durch|wirkt; *aber:* mit Gold durchwirkt

G

der goldene Schnitt, das Goldene Kalb: In festen Fügungen, die keine Eigennamen sind, schreibt man das Adjektiv mit kleinem Anfangsbuchstaben: *die goldene Hochzeit, der goldene Schnitt.* § 63
In Eigennamen wird das Adjektiv jedoch großgeschrieben: *das Goldene Kalb, die Goldene Stadt.* § 60 (3.3), § 60 (5)

G

gol|den **1.** *Kleinschreibung:* goldene Hochzeit, die goldene Mitte; goldener Mittelweg; goldene Regel; goldene Schallplatte; das waren noch goldene Zeiten; das goldene Zeitalter (= ein goldenes Zeitalter); der goldene Schnitt: Teilung einer Strecke in zwei Abschnitte, so dass sich der größere Abschnitt zur ganzen Strecke so verhält wie der kleine zum größeren Abschnitt; **2.** *Großschreibung:* das Goldene Buch: Gästebuch (einer Stadt); die Goldene Bulle: mit Goldsiegel versehene Urkunde; die Goldene Horde: das Reich des Sohns Dschingis Khans; das Goldene Horn: Meerbusen in Istanbul; das Goldene Kalb; der Goldene Sonntag: der Sonntag vor Weihnachten sowie der Sonntag nach Pfingsten, Trinitatis; das Goldene Vlies *griech. Myth.:* das goldene Fell eines Widders; das Goldene Zeitalter (= fiktive historische Periode); die Goldenen Zwanzigerjahre; die Goldenen Zwanziger
Gold|fa|san *m. 12*
Gold|fisch *m. 1*
Gold|fuchs [-ks] *m. 2* goldbraunes Pferd
gold|gelb
Gold|grä|ber *m. 5*
Gold|gru|be *f. 11, ugs.:* reiche Einnahmequelle
Gold|grund *m. 2 nur Sg., Malerei:* goldfarbener Hintergrund
Gold|haar *n. 1 nur Sg.*
gold|haa|rig
Gold|hähn|chen *n. 7* ein Singvogel
Gold|hams|ter *m. 5*
gol|dig
Gold|kä|fer *m. 5*
Gold|küs|te *f. 11 nur Sg.* Küstengebiet in Westafrika
Gold|lack *m. 1 nur Sg.* eine Gartenblume
Gold|mark *f. Gen. - Pl. -*
Gold|me|dail|le [-daljə] *f. 11*
Gold|par|mä|ne *f. 11* eine Apfelsorte
Gold|re|gen *m. 7 nur Sg.* ein Zierstrauch
gold|reich
Gold|reich|tum *m. Gen. -s nur Sg.*
gold|rich|tig
Gold|schmied *m. 1*
Gold|schmie|de|ar|beit *f. 10*
Gold|schnitt *m. 1* vergoldete Schnittflächen (eines Buches)
Gold|wäh|rung *f. 10*
Gold|wä|scher *m. 5*
Gold|wert *m. 1 nur Sg.*
Go|lem [hebr.] *m. 9, im jüd. Volksglauben:* zeitweilig lebendige, Unheil stiftende Tonfigur in Menschengestalt
Golf **1.** [griech.-ital.] *m. 1* Meeresbucht; **2.** [engl.] *n. Gen. -s nur Sg.* ein Rasenspiel
Gol|fer *m. 5* **1.** Golfspieler; **2.** Golfjacke
Golf|platz *m. 2*
Golf|spiel *n. 1*
Golf|strom *m. 2 nur Sg.* warme Strömung im nördlichen Atlantischen Ozean
Gol|ga|tha, Gol|ga|ta [hebr. »Schädelstätte«] **1.** Hügel bei Jerusalem, Stätte der Kreuzigung Christi; **2.** *n. Gen. - nur Sg., übertr.:* Ort der Schmerzen
Go|li|ath **1.** Go|li|at *im AT:* ein Riese; **2.** *m. 9* sehr großer Mensch
Göl|ler *n. 6, schweiz.:* Schulterpasse
Gon *n. 1* (*Zeichen:* g) *Geodäsie:* Maßeinheit für den ebenen Winkel; *früher:* Neugrad
Go|na|de [griech.] *f. 11* Keimdrüse
Gon|a|gra *auch:* **Go|nag|ra** [griech.] *n. Gen. -s nur Sg.* Gicht im Kniegelenk
Gon|ar|thri|tis *auch:* **Go|narth|ri|tis** *f. Gen. - Pl.* -ti|den Kniegelenkentzündung
Gon|court [gɔ̃ku(r)], frz. Schriftsteller: **1.** *Edmond de* G.; **2.** *Jules de* G.
Gon|del [ital.] *f. 11* **1.** schmales venezian. Ruderboot; **2.** Korb am Luftballon; **3.** Raum für Motoren und Fahrgäste am Luftschiff; **4.** Kabine einer Seilbahn; **5.** Korb am Riesenrad oder Karussell
Gon|del|bahn *f. 10* Kabinenseilbahn
gon|deln *intr. 1, ugs.:* geruhsam fahren; ich gondele, gondle
Gon|do|li|e|re [-ljɛ-] *m. Gen. - Pl.* -ri Ruderer der Gondel (1)
Gong [mal.] *m. 9, urspr.:* malaiisches Musikinstrument
gon|gen *intr. 1*
Gong|schlag *m. 2*
Gon|go|ris|mus [nach dem span. Dichter Luis de Gongora] *m. Gen. - nur Sg.* überladener lyr. Stil des span. Barock
Go|ni|a|tit [griech.] *m. 10* fossiler Kopffüßer, ein Ammonit
Go|ni|o|me|ter *n. 5* Winkelmesser
Go|ni|o|me|trie *auch:* **Go|ni|o|met|rie** *f. 11 nur Sg.* Winkelmessung
go|ni|o|me|trisch *auch:* **go|ni|o|met|risch**
gön|nen *tr. 1;* jmdm. etwas g.
gön|ner|haft
Gön|ner|haf|tig|keit *f. 10 nur Sg.*
Gön|ner|mie|ne *f. 11;* mit G.
Gön|ner|schaft *f. 10 nur Sg.*
Go|no|kok|kus [griech.] *m. Gen. - Pl.* -ken eine Bakterienart
Go|nor|rhö *f. 10* durch Gonokokken hervorgerufene Geschlechtskrankheit, Tripper
go|nor|rho|isch
good|bye [gudbaɪ, engl.] *engl. Bez. für* leb(t) wohl, leben Sie wohl, auf Wiedersehen
Good|will [gudwɪl, engl.] *m. Gen. -s nur Sg.* **1.** Geschäfts-, Firmenwert; **2.** Ansehen, Wohlwollen
Good|will|tour [gudwɪltu:r] *f. 10* Reise, die dem Erwerb oder der Erhaltung von Goodwill (1) und öffentl. Vertrauen dient
Gö|pel *m. 5,* **Gö|pel|werk** *n. 1* durch Zugtiere betriebene Vorrichtung zum Antrieb von Maschinen
Gör *n. 12* = **Gö|re**
Go|ra|le *m. Gen. -n Pl. -n, Bez. für* Angehörige der poln. Bevölkerung in der Tatra und den Beskiden
Gor|bat|schow *auch:* **Gor|ba|tschow,** *Michail* sowjet. Politiker
Gor|ding [nddt.] *f. 9, Seew.:* Tau zum Zusammenschnüren der gerefften Segel
gor|disch; ein gordischer Knoten: eine unlösbare Schwierigkeit; den gordischen Knoten durchhauen: eine schwierige Aufgabe energisch lösen; *aber:* der Gordische Knoten *griech. Myth.:* von dem phrygischen König Gordios I. geknüpfter Knoten, den Alexander der Große mit einem Schwerthieb zerschnitt
Gö|re *f. 11,* **Gör** *n. 12* **1.** ungezogenes kleines Mädchen; **2.** kesse Halbwüchsige

Gor|go *f. Gen. - Pl.* -go|nen, *griech. Myth.:* weibl., schlangenhaariges Ungeheuer, dessen Blick jeden, der es ansah, zu Stein verwandelte

Gor|go|nen|haupt *n. 4; auch Zool.:* ein Schlangenstern

Gor|gon|zo|la [nach dem oberital. Ort G.] *m. Gen.* -(s) *nur Sg.* ein ital. Edelpilzkäse

Go|ril|la *m. 9* ein afrik. Menschenaffe

Gor|kij, Gor|ki, *Maxim* russischer Schriftsteller

Gösch *f. 10, Seew.* **1.** kleine Flagge in den Landesfarben am Bug, wenn das Schiff im Hafen oder vor Anker liegt; **2.** in der oberen, dem Flaggstock zugewandten Ecke der dt. Handelsflagge angebrachte kleine Sonderflagge

Go|sche *f. 11, süddt., österr., schweiz.:* Mund, Maul

Go|se *f. 11, mitteldt.:* obergäriges Bier in bauchiger Flasche mit langem Hals

Go-slow [goʊsloʊ, engl.] *n. Gen.* -(s) *nur Sg.* Dienst übergenau nach Vorschrift

Gos|pel|song [engl.] *m. 9* moderne Form des Negro Spirituals

Gos|po|dar *m. 1 oder m. 10* s. **Hos|po|dar**

Gos|se *f. 11* Abflussrinne neben dem Fußweg, Rinnstein

Gös|sel *n. 5 oder n. 14, norddt.:* Gänseküken

Go|te **1.** *m. 11* Angehöriger eines german. Volkes; **2.** Go|de *m. 11* Taufpate

Go|tha Stadt in Thüringen

Go|tha|er

go|tha|isch

Go|tik *f. 11 nur Sg.* Stilepoche in der europ. Kunst im 12. bis 16. Jh.

go|tisch

Go|tisch **1.** *n. Gen.* -(s) *nur Sg.* Sprache der Goten (Ostgermanisch); **2.** *f. Gen. - nur Sg.* gotische Schrift

Got|land schwed. Insel in der Ostsee

Got|lan|di|um *n. Gen.* -s *nur Sg.* eine Formation des Paläozoikums; vgl. Silur

Gott *m. 4;* Gott befohlen! (Abschiedsgruß); Gott behüte!, Gott bewahre uns davor!; grüß Gott!; helf Gott! (Zuruf an jmdn., der niest); Gott sei Dank!; vergelt's Gott! (süddt. Dankesformel); in Gottes Namen; um Gottes willen

gott|ähn|lich

Gott|ähn|lich|keit *f. 10 nur Sg.*

gott|be|gna|det; ein gottbegnadeter Künstler

gott|be|wah|re! keineswegs!; *aber:* Gott bewahre uns vor dem Übel

Got|te *f. 11, schweiz.:* Taufpatin; vgl. Götti

Gott|er|bar|men *n., nur in der Wendung* zum G.; er schrie zum G., er sah zum G. aus

Göt|ter|bild *n. 3*

got|ter|ge|ben

göt|ter|gleich

Göt|ter|sa|ge *f. 11*

Göt|ter|spei|se *f. 11* **1.** *griech. Myth.:* Ambrosia; **2.** *ugs.:* Süßspeise mit Gelatine

Göt|ter|trank *m. 2 nur Sg., griech. Myth.:* Nektar

Got|tes|a|cker *m. 5* Friedhof

Got|tes|an|be|te|rin *f. 10* eine Heuschrecke

Got|tes|be|weis *m. 1*

Got|tes|dienst *m. 1*

got|tes|dienst|lich

Got|tes|furcht *f. Gen. - nur Sg.*

got|tes|fürch|tig

Got|tes|ge|lehr|te(r) *m. 18 (17) bzw. f. 17 oder 18*

Got|tes|ge|richt *n. 1*

Got|tes|ge|schenk *n. 1*

Got|tes|gna|de *f. 11*

Got|tes|gna|den|tum *n. Gen.* -s *nur Sg., im Absolutismus Bez. für* die von jeglicher irdischen Gewalt unabhängige Macht des Herrschers

Got|tes|haus *n. 4*

Got|tes|kind *n. 3*

Got|tes|kind|schaft *f. 10 nur Sg.*

Got|tes|läs|te|rer *m. 5*

got|tes|läs|ter|lich

Got|tes|läs|te|rung *f. 10*

Got|tes|leug|ner *m. 5*

Got|tes|lohn *m. 2 nur Sg.;* etwas um (einen) G. tun: umsonst, unentgeltlich

Got|tes|mut|ter *f. 6 nur Sg.*

Got|tes|sohn *m. 2 nur Sg.;* Jesus, der G.; *aber:* Jesus, Gottes Sohn

Got|tes|staat *m. 12 nur Sg.*

Got|tes|ur|teil *n. 1*

Gott|fried männl. Vorname

gott|ge|ge|ben

gott|ge|fäl|lig

Gott|ge|fäl|lig|keit *f. 10 nur Sg.*

gott|ge|wollt

gott|gläu|big

Gott|heit *f. 10*

Gott|helf, *Jeremias* schweiz. Schriftsteller

Göt|ti *m. Gen.* -s *Pl.* -, *schweiz.:* Taufpate; vgl. Gotte

Göt|tin *f. 10*

Göt|tin|gen Stadt in Niedersachsen; die Göttinger Sieben; Göttinger Hain(bund)

göt|tin|gisch

gött|lich

Gött|lich|keit *f. 10 nur Sg.*

gott|lob

gott|los

Gott|lo|sig|keit *f. 10 nur Sg.*

Gott|mensch *m. 10 nur Sg.*

Gott|sched, *Johann Christoph* dt. Schriftsteller

Gott|sei|bei|uns [auch: -baɪ-] *m. Gen. - nur Sg.* der Teufel

gott|se|lig *veraltet:* selig im Glauben an Gott

gotts|er|bärm|lich [auch: -bɛrm-]

gotts|jäm|mer|lich

Gott|su|cher *m. 5*

Gott|va|ter *ohne Artikel, Gen.* -s

gott|ver|dammt

gott|ver|flucht

gott|ver|las|sen; ein gottverlassener Ort; *aber:* bist du denn ganz von Gott verlassen?

Gott|ver|trau|en *n. Gen.* -s *nur Sg.*

gott|voll

Göt|ze *m. 11*

Göt|zen|bild *n. 3*

Göt|zen|dienst *m. 1*

Götz|zi|tat *n. 1 nur Sg.* der dem Ritter Götz von Berlichingen zugeschriebene Ausspruch »Leck mich am Arsch«

Gou|ache [guaʃ, frz.] *f. 11, frz. Schreibung von* Guasch

Gou|da [xau-, nach dem ndrl. Ort G.] *m. 9,* **Gou|da|kä|se** *m. 5* ein Schnittkäse

Gou|dron *auch:* **Goud|ron** [gudrɔ̃, frz.] *m. 9 nur Sg.* aus Bitumen hergestelltes Klebe- und Abdichtungsmittel

Gourde [gurd] *n. Gen.* -s *Pl.* -(s) (*Abk.:* G) haitische Währungseinheit, 100 Centimes

Gour|mand [gurmã, frz.] *m. 9* Vielesser, Schlemmer, *fälschl. für* Gourmet

Gour|man|di|se [gurmãdiz(ə)] *f. 11* Schlemmerei

Gour|met [gurme] *m. 9* Feinschmecker, Weinkenner

Gout [gu, frz.] *m. 9* Geschmack; vgl. Chacun à son goût, Hautgout

gou|tie|ren [gu-], gus|tie|ren *tr. 3* gutheißen, billigen, Gefallen finden an

Gou|ver|nan|te [guvɛr-, frz.] *f. 11* Erzieherin, Hauslehrerin
gou|ver|nan|ten|haft [guvɛr-]
Gou|ver|ne|ment [guvɛrnəmã, frz.] *n. 9* **1.** Regierung, Verwaltung; **2.** Regierungs-, Verwaltungsbezirk
Gou|ver|neur [guvɛrnør] *m. 1* **1.** Statthalter, Leiter eines Gouvernements; **2.** *in den USA:* oberster Beamter eines Bundesstaates
Go|ya, *Francisco José de* (eigtl. G. y Lucientes), span. Maler
GPS *Abk. für* Global Positioning System: satellitenunterstütztes Navigationssystem
GPU *bis 1934: Abk. für* Gossudarstwennoje Polititscheskoje Uprawlenije: staatliche politische Verwaltung (die sowjetrussische Geheimpolizei)
GR *Kfz-Kennzeichen für* Griechenland
Gr. 1. *Abk. für* Greenwich; **2.** *Abk. für* Groß..., z. B. Gr.-2°: Großfolio; Gr.-4°: Großquart; Gr.-8°: Großoktav
Grab *n. 4;* jmdn. zu Grabe tragen
Grab|be, *Christian Dietrich* dt. Schriftsteller
Grab|be|lei *f. 10*
grab|beln *intr. 1, norddt.:* herumtasten
Grab|denk|mal *n. 4*
Gra|be|land *n. Gen.* -(e)s *nur Sg.* s. **Grab|land**
gra|ben *intr. 58*
Gra|ben *m. 8*
Grä|ber|feld *n. 3*
Gra|bes|ru|he *f. 11 nur Sg.*
Gra|bes|stil|le *f. 11 nur Sg.*
Gra|bes|stim|me *f. 11 nur Sg.* hohle, tiefe Stimme; mit G. sprechen
Grab|in|schrift *f. 10*
Grab|land, Gra|be|land *n. Gen.* -(e)s *nur Sg.* Brachland, das für Kleingärtnerei genutzt werden kann
Grab|le|gung *f. 10*
Grab|mal *n. 4*
Grab|re|de *f. 11*
Grab|scheit *n. 1, mitteldt., österr.:* Spaten
Grab|stät|te *f. 11*
Grab|stein *m. 1*
Grab|sti|chel *m. 5* Stichel zum Gravieren
Grab|stock *m. 2* altes Ackerbaugerät
Grab|tuch *n. 4* Leichentuch
Gra|bung *f. 10*
Grac|che [graxə] *m. 11* Angehöriger eines altröm. Geschlechts
Gracht [ndrl.] *f. 10, in ndrl. Städten:* schiffbarer Kanal
grad *Abk. für* Gradient
Grad [lat.] *m. Gen.* -(e)s *Pl.* -(e) **1.** (*Zeichen:* °) Maßeinheit für Temperatur; 5 Grad Celsius, 5° C; **2.** *auch:* Altgrad (*Zeichen:* °) 90. Teil eines rechten Winkels; 30 Grad *oder:* 30° nördlicher Breite; der 30. Grad (*nicht:* der 30.°); **3.** Maß, Stärke, Abstufung, Rang; in hohem Grad(e), bis zu einem gewissen Grad(e)
grad..., Grad... vgl. gerad..., Gerad...
Gra|da|ti|on [lat.] *f. 10* **1.** Steigerung, Abstufung, stufenweise Erhöhung; **2.** *Fot.:* Fähigkeit (eines fotograf. Materials), Kontraste wiederzugeben
gra|de = **ge|ra|de**
Gra|del, Gradl *m. 5, österr.:* grobes Gewebe mit Fischgrätenmuster für Matratzen, Schürzen u. Ä.
Gra|di|ent [lat.] *m. 10* (*Abk.:* grad) Maß für Steigung oder Gefälle
Gra|di|en|te *f. 11* Neigungslinie
gra|die|ren *tr. 3* verstärken, steigern, verbessern, konzentrieren
Gra|dier|haus *n. 4* vgl. Gradierwerk
Gra|die|rung *f. 10 nur Sg.*
Gra|dier|werk *n. 1* Anlage zur Gewinnung von Salz aus Salzsole durch Verdunsten, Gradierhaus
Gradl *n. 5* s. **Gra|del**
Grad|mes|ser *m. 5* Maßstab
Grad|netz *n. 1*
gra|du|al [lat.] den Grad betreffend
Gra|du|a|le *n. 5, kath. Messe:* kurzer Zwischengesang zwischen Epistel und Evangelium
Gra|du|al|lied *n. 3* evangelisches, dem Graduale ähnliches Kirchenlied
Gra|du|a|ti|on *f. 10* Einteilung in Grade
gra|du|ell grad-, stufenweise, allmählich
gra|du|ie|ren *tr. 3* **1.** in Grade einteilen; **2.** mit einem Grad, Rang, einer Würde versehen
Gra|du|ier|te(r) *m. 18 (17) bzw. f. 17 oder 18* jmd., der einen akadem. Rang erreicht hat, einen akadem. Titel trägt
Gra|du|ie|rung *f. 10*
Graf *m. 10* Angehöriger des mittleren Adels
Graf *m. 10* s. **Graph**
Gra|fem *n. 1* s. **Gra|phem**
Gra|fen|ti|tel *m. 5*
Graf|fi|a|to [griech.-ital.] *n. 9 oder m. 9 nur Sg.* Verzierung von Tonwaren durch Einritzen von Ornamenten in die aufgegossene Farbschicht
Graf|fi|to *n. Gen.* -s *Pl.* -ti in Stein eingeritzte Inschrift; *meist Pl.:* mit Farbe auf eine Wand gesprühte Zeichnung oder Parole, Wandkritzeleien
Gra|fie *f. 11 nur Sg.* s. **Gra|phie**

Grafik/Graphik: Die integrierte Form (*Grafik*) ist die Hauptvariante, die fremdsprachige Form (*Graphik*) die zulässige Nebenvariante. Ebenso: *grafisch,* auch: *graphisch.* § 32 (2)

Gra|fik, Gra|phik *f. 10* **1.** *nur Sg., Sammelbez. für* die künstler. Techniken der Zeichnung, des Stichs, der Radierung, der Lithographie, Serigraphie u. a.; **2.** einzelner Abzug eines Werkes einer dieser Techniken
Gra|fi|ker, Gra|phi|ker *m. 5* Künstler auf dem Gebiet der Grafik
Gra|fik|kar|te, Gra|phik|kar|te *f. 11, EDV:* spezielle Steckkarte zur Herstellung farbiger Grafiken auf dem Monitor
gra|fisch, gra|phisch
Gra|fit *m. 1* s. **Gra|phit**
Gra|fo|lo|ge *m. 11* s. **Gra|pho|lo|ge**
Gra|fo|lo|gie *f. 11 nur Sg.* s. **Gra|pho|lo|gie**
gra|fo|lo|gisch s. **gra|pho|lo|gisch**
Gra|fo|spas|mus *m. Gen.* - *Pl.* -men s. **Gra|pho|spas|mus**
Gra|fo|sta|tik *f. 10 nur Sg.* s. **Gra|pho|sta|tik**
Grä|fin *f. 10*
gräf|lich *in Titeln:* Gräflich
Graf|schaft *f. 10*
Gra|ham|brot [nach dem amerik. Arzt Sylvester Graham] *n. 1* ein Weizenvollkornbrot ohne Sauerteig
Grain [grɛɪn, engl. »Korn«] *m. Gen.* -s *Pl.* -(s) altes Gewichtsmaß der Goldschmiede, ¹⁄₄ Karat; vgl. Gran
grai|nie|ren [grɛ-] *tr. 3* mit einseitiger Narbung versehen (Papier)
grä|ko|la|tei|nisch (*alt:* grä|ko-la|tei|nisch) griechisch-lateinisch
Grä|ko|ma|ne *m. 11*
Grä|ko|ma|nie *f. 11 nur Sg.* übersteigerte Vorliebe für alles Griechische

Grä|ko|phi|lie *f. 11 nur Sg.* Vorliebe für alles Griechische
Gral *m. 1 nur Sg., in der mittelalterl. Sage und Dichtung:* Stein oder Schale mit Wunderkraft; der Heilige Gral
Grals|burg *f. 10 nur Sg.*
Grals|hü|ter *m. 5*
Grals|rit|ter *m. 5*
Grals|sa|ge *f. 11*
gram; jmdm. gram sein
Gram *m. 1 nur Sg.*
grä|men *refl. 1;* sich um jmdn. g.
gram|er|füllt
Gram|fär|bung *auch:* **Gram-Färbung** [nach dem dän. Arzt Hans Christoph Joachim Gram] *f. 10* Methode zum Färben und Unterscheiden ähnlicher Bakterien; vgl. gramnegativ, grampositiv
gram|ge|beugt
Gra|mi|ne|en [lat.] *Pl., Sammelbez. für* Gräser
gräm|lich
Gramm *n. Gen.* -s *Pl.* - (*Abk.:* g); 50 Gramm, 50 g
Gramm|ä|qui|va|lent [-va-] *n. 1 Chemie:* Maßeinheit für die Stoffmenge
Gram|ma|tik [griech.] *f. 10* **1.** Sprachlehre; **2.** Lehrbuch der Sprachlehre
gram|ma|ti|ka|lisch = grammatisch
Gram|ma|ti|ker *m. 5* Kenner der Grammatik
gram|ma|tisch, gram|ma|ti|ka|lisch hinsichtlich der Grammatik, zur Grammatik gehörend; grammatisches Geschlecht: = Genus
Gramm|a|tom *n. 1* so viele Gramm eines Stoffes, wie sein Atomgewicht beträgt
Gram|mel *f. 11, süddt., österr. für* Griebe
...gram|mig *in Zus.,* z. B. 30-grammiges Papier
Gramm|ka|lo|rie *f. 11* vgl. Kalorie (1)
Gramm|mo|le|kül (*alt:* Grammo|lekül (-mm|m-)) *n. 1* so viele Gramm eines Stoffes, wie sein Molekulargewicht beträgt, Mol
Gram|mo|phon® *auch:* **Gram|mo|fon** [griech.] *n. 1, veraltet:* Plattenspieler
Gram|mo|phon|plat|te *auch:* **Gram|mo|fon|plat|te** *f. 11, veraltet:* Schallplatte
gram|ne|ga|tiv *bei der Gramfärbung:* sich rot färbend
gram|po|si|tiv *bei der Gramfärbung:* sich blau färbend
gram|voll
Gran, Grän *n. Gen.* -s *Pl.* (-e) alte Gewichtseinheit für Arzneien; vgl. Grain
Gra|na|da Hauptstadt der span. Provinz Granada
Gra|na|dil|le *f. 11* s. **Gre|na|dil|le**
Gra|nat **1.** *m. 1* eine Garnele; **2.** [lat.] *m. 1, österr.: m. 10* ein Halbedelstein
Gra|nat|ap|fel *m. 6* Frucht des Granatapfelbaums
Gra|nat|ap|fel|baum, Gra|nat|baum *m. 2* ein subtrop. Strauch oder Baum
Gra|na|te [lat.] *f. 11*
Gra|na|ten|ha|gel *m. 5 nur Sg.*
Gra|nat|split|ter *m. 5*
Gra|nat|wer|fer *m. 5*
Gran Ca|na|ria eine der Kanarischen Inseln
Gran Cha|co [- tʃako, span.] *m. Gen.* - - Landschaft in Südamerika
Grand **1.** *m. 1 nur Sg., nddt.:* Gesteinsschotter, Kies; **2.** *m. 1, süddt., Brauerei:* Wasserbehälter; **3.** [grã, frz.] *m. 9, Skat:* höchstes Spiel
Gran|de [span.] *m. 11* Angehöriger des span. Hochadels
Gran|del *f. 11* s. **Grandl**
Gran|dez|za [span.-ital.] *f. Gen.* - *nur Sg.* würdevoll-anmutiges Benehmen
Grand|ho|tel [grã-, frz.] *n. 9* luxuriöses Hotel
gran|di|os [ital.] großartig
Grandl *f. 11, bair., österr., Jägerspr.:* Eckzahn (im Oberkiefer des Rotwildes)
Grand Mal (*alt:* Grand mal) [grã mal, frz.] *m. Gen.* - - *nur Sg.* vgl. Haut Mal
Grand ou|vert [grã uvɛr] *m. Gen.* - - *Pl.* - -s [- uvɛrz], *Skat:* höchstes Spiel mit Aufdecken der Karten
Grand Prix = **Grand|prix** [grã pri] *m. Gen.* - *nur Sg.* Großer Preis, Hauptpreis
Grand|sei|gneur *auch:* **Grand|seig|neur** [grãsɛnjœr] *m. 9 oder m. 1* **1.** Angehöriger des Hochadels; **2.** vornehmer Herr
Grand Slam *Nv.* **Grand|slam** *Hv.* [grændslæm, engl.] *m. Gen.* - *nur Sg.* im Tennis- und Golfsport der Gewinn mehrerer bestimmter Turniere in einem Jahr
Gra|ne, Grä|ne *f. 11, Nebenformen von* Grandl
gra|nie|ren [lat.] *tr. 3* **1.** aufrauen (die Platte für den Kupferstich); **2.** zu Körnern zermahlen
Gra|nier|stahl *m. 2* Gerät zum Granieren der Kupferplatte
Gra|nit *m. 1* ein Gestein
gra|ni|ten aus Granit
Gran|ne *f. 11* **1.** Borste an Getreideähren und Gräsern; **2.** verdicktes Ende des einzelnen Haars mancher Pelztiere
gran|nig voller Grannen
Grant *m. 1 nur Sg., bair., österr.:* schlechte Laune, Unmut; einen Grant haben
gran|tig
Gran|tig|keit *f. 10 nur Sg.*
Grant|ler *m. 5* jmd., der häufig schlecht gelaunt ist
gra|nu|lär [lat.] *selten für* granulös
Gra|nu|lat *n. 1* körnige Substanz
Gra|nu|la|ti|on *f. 10* **1.** Körnchenbildung; **2.** Verzierung von Schmuckgegenständen durch Auflöten von Gold- oder Silberkörnchen; **3.** Bildung von körnchenartigem Gewebe bei der Wundheilung
gra|nu|lie|ren **1.** *tr. 3* zu Körnern zermahlen; **2.** *tr. 3* mit Gold- oder Silberkörnchen verzieren; **3.** *intr. 3* körnchenartiges Gewebe bilden
Gra|nu|lit *m. 1* ein Gestein
gra|nu|li|tisch
Gra|nu|lom *n. 1* geschwulstartige Granulation (3)
gra|nu|lös körnig
Gra|nu|lo|se *f. 11* Bildung von Granulomen
Gra|nu|lum *n. Gen.* -s *Pl.* -la **1.** Körnchen; **2.** feinkörniges Arzneimittel
Grape|fruit [grɛɪpfru:t, engl.] *f. 9* kleine Form der Pampelmuse
Graph *auch:* **Graf** [griech.] *m. 10* **1.** *Math.:* zeichnerische Darstellung von Beziehungen zwischen verschiedenen Größen; **2.** *Sprachw.:* kleinstes, nicht bedeutungsunterscheidendes, geschriebenes Zeichen, z. B. diakrit. Zeichen, Satzzeichen
Gra|phem *auch:* **Gra|fem** *n. 1, Sprachw.:* kleinste bedeutungsunterscheidende, geschriebene Einheit, z. B. Buchstabe oder Buchstabengruppe
Gra|phie *auch:* **Gra|fie** *f. 11 nur Sg.* Schreibung, Schreibweise
Gra|phik *f. 10* s. **Gra|fik**
Gra|phi|ker *m. 5* s. **Gra|fi|ker**

Gra|phik|kar|te *f. 11, EDV* s. **Gra-fik|kar|te**
gra|phisch s. **gra|fisch**
Gra|phit *auch:* **Gra|fit** *m. 1* reiner Kohlenstoff
Gra|pho|lo|ge *auch:* **Gra|fo|lo|ge** [griech.] *m. 11* Kenner der Graphologie
Gra|pho|lo|gie *auch:* **Gra|fo|lo|gie** *f. 11 nur Sg.* Lehre von den Handschriften, Deutung des Charakters aus der Handschrift
gra|pho|lo|gisch *auch:* **gra|fo|lo-gisch**
Gra|pho|spas|mus *auch:* **Gra|fo-spas|mus** *m. Gen. - Pl.* -men Schreibkrampf

G

Gra|pho|sta|tik *auch:* **Gra|fo|sta|tik** *f. 10 nur Sg.* zeichner. Verfahren zur Lösung von Aufgaben in der Statik
Grap|pa [ital.] *m. 9* ital. Branntwein aus Trester
grap|schen, grap|sen *intr. 1, ugs.:* rasch u. gierig greifen
Gras *n. 4*
Gras|af|fe *m. 11, ugs.:* Neuling, unreifer Mensch
gras|be|wach|sen [-ks-]; ein grasbewachsener Weg, *aber:* ein mit Gras bewachsener Weg
Gräs|chen *n. 7 Pl. auch:* Grä|ser-chen
gra|sen *intr. 1* Gras fressen, Gras weiden
Gra|ser *m. 5, Jägerspr.:* Zunge (vom Hirsch)
Grä|ser|chen *Pl. von* Gräschen
Gras|gar|ten *m. 8*
gras|grün
Gras|halm *m. 1*
Gras|hüp|fer *m. 5* Heuschrecke
gra|sig
Gras|land *n. Gen.* -(e)s *nur Sg.*
Gras|mü|cke *f. 11* ein Singvogel
Gras|nar|be *f. 11* geschlossene Grasdecke unmittelbar über dem Boden
Gras|pferd|chen *n. 7* Heuschrecke
Grass, *Günter* dt. Schriftsteller
gras|sie|ren [lat.] *intr. 3* umgehen, um sich greifen, gehäuft auftreten (Krankheit)
gräss|lich (*alt:* gräß|lich)
Gräss|lich|keit (*alt:* Gräß|lich|keit) *f. 10 nur Sg.*
Gras|step|pe *f. 11*
Gras|wirt|schaft *f. 10 nur Sg.*
Grat *m. 1* **1.** Bergkamm, Felsspitze; **2.** scharfer Rand, Kante (an Werkstücken)
Grä|te *f. 11* Knochen (der Fische)
grä|ten|los
Grä|ten|schritt *m. 1* Schritt des Skiläufers bergauf mit schräg nach außen gestellten Skiern
Gra|ti|fi|ka|ti|on [lat.] *f. 10* freiwillige Sonderzuwendung, z. B. Weihnachtsgratifikation
gra|ti|fi|zie|ren *tr. 3, veraltet:* vergüten
grä|tig **1.** voller Gräten; **2.** *ugs.:* schlecht gelaunt, gereizt
Grä|tig|keit *f. 10 nur Sg., ugs.*
Gra|tin [gratẽ, frz.] *n. 9* überbackenes Gericht
gra|ti|nie|ren [frz.] *tr. 3* überbacken, sodass eine Kruste entsteht
gra|tis [lat.] umsonst, kostenlos; gratis und franko: kostenlos und portofrei
Grät|sche *f. 11* Sprung mit gespreizten Beinen über ein Turngerät
grät|schen **1.** *tr. 1* spreizen (Beine); **2.** *intr. 1* mit gespreizten Beinen (über ein Turngerät) springen
Gra|tu|lant [lat.] *m. 10* jmd., der einen Glückwunsch darbringt
Gra|tu|la|ti|on *f. 10* Glückwunsch
Gra|tu|la|ti|ons|cour [-ku:r] *f. 10* offizielle, feierliche Beglückwünschung einer hoch gestellten Persönlichkeit
gra|tu|lie|ren *intr. 3*
Grat|wan|de|rung *f. 10* **1.** Wanderung auf einem Berggrat; **2.** *übertr.:* Handeln in bedenklicher oder schwieriger Lage

> **grau:** Als Adjektiv wird *grau* kleingeschrieben: *ein graues Kleid, die grauen Zellen, grau in grau malen, ein grau gestreiftes Hemd.*
> In Eigennamen wird *grau* großgeschrieben: *die Graue Eminenz, die Grauen Panther.* § 60 (4.1)

grau; der graue Alltag; ein grau gestreiftes Hemd; grau meliertes Haar: mit grauen Haaren durchsetztes Haar; eine graue Eminenz: einflussreicher, aber nicht in Erscheinung tretender Politiker; graue Haare, graue Schläfen; grauer Star: eine Augenkrankheit; die Grauen Panther: Seniorenschutzbund
Grau *n. Gen.* -s *nur Sg.* graue Farbe; sie trägt gern Grau; sie kleidet sich in Grau; Grau in Grau malen; alles Grau in Grau sehen
grau|äu|gig
Grau|bart *m. 2*
grau|bär|tig
grau|blau; *Schreibung in Zus. mit anderen Farben* vgl. blau
Grau|brot *n. 1*
Grau|bün|den schweiz. Kanton
Grau|bünd|ner *m. 5*
grau|bünd|ne|risch
Grau|chen *n. 7, Kosename für* Eselchen

> **Gräuel:** Nach dem Stammprinzip wird im Anschluss an *Grauen* nun *Gräuel* geschrieben (alt: *Greuel*). Ebenso: *Gräueltat, gräulich.* § 13

Gräu|el *m. 5*
Gräu|el|mär|chen *n. 7*
Gräu|el|nach|richt *f. 10*
Gräu|el|pro|pa|gan|da *f. Gen. - nur Sg.*
grau|en **1.** *intr. 1* fahl werden, dämmern; der Tag, der Morgen graut; **2.** *intr. 1* Furcht haben, Entsetzen verspüren; mir graut, es graut mir davor; *ugs. auch:* ich graue mich davor
Grau|en *n. 7 nur Sg.* Furcht, Entsetzen; Schauder; entsetzliches Geschehen; das G. des Krieges; ein G. überkam, überlief mich; das kalte G. überkam mich; ein Grauen erregender *oder:* grauenerregender Film; ein G. vor etwas haben
grau|en|er|re|gend = **Grau|en er-re|gend**; großes Grauen erregend; sehr grauenerregend
grau|en|haft
grau|en|voll; ein grauenvolles Verbrechen
Grau|gans *f. 2* Wildgans
grau ge|streift (*alt:* grau|ge-streift)
grau|haa|rig
Grau|kopf *m. 2*
grau|len *refl. 1;* ich graule mich davor
gräu|lich [zu Grauen] *ugs.:* unheimlich, Furcht erregend
gräu|lich, grau|lich leicht grau; vgl. bläulich
grau me|liert (*alt:* grau|me|liert)
Gräup|chen *n. 7* kleine Graupe
Grau|pe *f. 11 meist Pl.* enthülstes Gerstenkorn
Grau|pel *f. 11* kleines Hagelkorn
grau|peln *intr. 1, nur unpersönlich;* in Graupeln hageln; es graupelt
graus *veraltet, poet.:* grausig

Graus *m. 1 nur Sg.* **1.** Geröll, Gesteinsschutt; **2.** Schrecken; es war ein G.; o Graus!
grausam
Grausamkeit *f. 10*
Grauschimmel *m. 5*
grausen *intr. 1;* mir graust *oder:* mich graust davor: ich empfinde Furcht, Entsetzen davor; es graust mir *oder:* mich, wenn ich nur daran denke
Grausen *n. 7 nur Sg.;* ein G., das kalte G. packte mich
grausig
Grauspießglanz *m. Gen.* -es *nur Sg.* ein Mineral
Grautier *n. 1, scherzh.:* Esel
Grauwacke *f. 11* ein Sedimentgestein
Grauwerk *n. 1 nur Sg.* Pelz vom Feh
grave [-və, ital.] *Mus.:* schwer, trauernd, ernst
Gravensteiner [-vən-] *m. 5* eine Apfelsorte
Graveur [-vør, frz.] *m. 1* jmd., der graviert (1), Metall-, Steinschneider
gravid [-vid, lat.] schwanger
Gravidität [-vi-] *f. 10* Schwangerschaft
gravieren [-vi-] *tr. 3* **1.** [frz.] einritzen, einschneiden (Schrift, Zeichnung); mit Ritzzeichnung verzieren (Metall, Glas u. a.); **2.** [lat.] *veraltet:* belasten, beschweren
gravierend [-vi-] erschwerend, belastend; gravierender Irrtum
Gravierung [-vi-] *f. 10* Verzierung durch Einritzen
Gravimeter [-vi-, lat. + griech.] *n. 5* Gerät zum Messen der Schwerkraft
Gravimetrie *auch:* **Gravimetrie** [-vi-] *f. 11 nur Sg.* **1.** Messung der Schwerkraft; **2.** *Chem.:* Bestimmung des Gewichts von Grundstoffen in Stoffgemischen
gravimetrisch *auch:* **gravimetrisch** [-vi-]
Gravis [-vis, lat.] *m. Gen.* - *Pl.* - (*Zeichen:* `) Zeichen über einem Vokal, im Ital. Betonungszeichen, im Frz. zur Bez. der offenen Aussprache
Gravität [-vi-, lat.] *f. 10 nur Sg., veraltet:* Würde, Gemessenheit
Gravitation [-vi-] *f. 10 nur Sg.* Schwerkraft
gravitätisch [-vi-] würdevoll und ein wenig steif
gravitieren [-vi-] *intr. 3* infolge der Schwerkraft (zu einem Punkt) hinstreben
Gravur [-vur, frz.] *f. 10* gravierte Verzierung oder Inschrift
Gravüre [-vy-, frz.] *f. 11* Kupfer- oder Stahlstich, Steinschnitt
Graz Hauptstadt der Steiermark (Österreich)
Grazer *m. 5*
Grazie [-tsjə, lat.] *f. 11* **1.** *nur Sg.* Anmut; **2.** *meist Pl., röm. Myth.:* jede der drei Göttinnen der Anmut; die drei Grazien
grazil [lat.] schlank und zierlich
Grazilität *f. 10 nur Sg.*
graziös [frz.] anmutig, zierlich, gewandt
grazioso [ital.] *Mus.:* anmutig
Grazioso *n. Gen.* -s *Pl.* -si, *Mus.:* grazioso zu spielendes Musikstück
gräzisieren [lat.] *tr. 3* nach griech. Vorbild gestalten, der griech. Form angleichen
Gräzisierung *f. 10*
Gräzismus *m. Gen.* - *Pl.* -men in eine nichtgriech. Sprache übernommene altgriech. Spracheigentümlichkeit
Gräzist *m. 10* Kenner, Erforscher der altgriech. Sprache und Kultur
Gräzität *f. 10 nur Sg.* altgriech. Wesensart
Greco, El Greco span. Maler
Greene [grin], *Graham* brit. Schriftsteller
Greenhorn [grin-, engl.] *n. 9* Neuling, Anfänger
Greenpeace [grinpi:s, engl., etwa »Grünfrieden«] eine Umweltschutzorganisation
Greenwich [grinɪtʃ] (*Abk.:* Gr.) Stadtteil von London, in dem früher die Sternwarte lag, durch die der Nullmeridian bestimmt ist; 30° östlich, westlich von Greenwich
Grège [grɛʒ, frz.] *f. 11 nur Sg.* Faden aus Naturseide
Gregor männl. Vorname
Gregorianik [nach Papst Gregor I.] *f. 10 nur Sg.* Formen und Lehre des gregorianischen Chorals
gregorianisch; der gregorianische Choral *im kath. Gottesdienst:* der einstimmige, unbegleitete Gesang; gregorianischer Kalender: der von Papst Gregor XIII. 1582 eingeführte, noch heute gültige Kalender
Greif *m. 10 oder m. 12* Fabeltier mit Adlerkopf, Löwenleib und Vogelkrallen
Greifbagger *m. 5*
greifbar
greifen *tr. 59*
Greifer *m. 5*
Greiffuß *m. 2*
Greifhand *f. 2*
Greifvogel *m. 6*
Greifzange *f. 11*
greinen *intr. 1* weinen, klagen
Greiner *m. 5, veraltet:* Zänker
greis sehr alt
Greis *m. 1*
Greisenalter *n. 5 nur Sg.*
greisenhaft
Greisenhaftigkeit *f. 10 nur Sg.*
Greisin *f. 10*
Greißler *m. 5, österr.* **1.** Lebensmittelhändler, Krämer; **2.** *übertr.:* Kleinigkeitskrämer
grell; grell beleuchtet
Grelle *f. Gen.* - *nur Sg.*
Gremium [lat.] *n. Gen.* -s *Pl.* -mien **1.** (beratende) Gemeinschaft, Körperschaft; **2.** *österr.:* Berufsvereinigung
Grenada karib. Inselstaat
Grenadier [frz.] *m. 1* **1.** *urspr.:* mit Handgranaten bewaffneter Soldat; **2.** *heute:* Infanterist
Grenadille [span.], Granadille *f. 11* Frucht der Passionsblume
Grenadine [nach der span. Stadt Granada] *f. 11* durchbrochenes Seidengewebe
Grenzbahnhof *m. 2*
Grenzbevölkerung *f. 10*
Grenze *f. 11*
grenzen *intr. 1*
grenzenlos; ins Grenzenlose steigern
Grenzenlosigkeit *f. 10 nur Sg.*
Grenzer *m. 5, ugs.:* Grenzposten, Wach-, Zollbeamter an der Grenze
Grenzfall *m. 2*
Grenzgänger *m. 5*
Grenzgebiet *n. 1*
Grenzkosten *nur Pl.* die Einzelkosten der zusätzlich produzierten Produkteinheit
Grenzland *n. Gen.* -(e)s *nur Sg.*
Grenzlinie *f. 11*
Grenzort *m. 1*
Grenzposten *m. 7*
Grenzpunkt *m. 1*
Grenzregulierung *f. 10*
Grenzschutz *m. Gen.* -es *nur Sg.*
Grenzsituation *f. 10*
Grenzstation *f. 10* Grenzbahnhof

G

Grenz|stein *m. 1*
Grenz|strah|len *Pl.* sehr weiche Röntgenstrahlen
Grenz|ü|ber|gang *m. 2*
grenz|ü|ber|schrei|tend
Grenz|ü|ber|tritt *m. 1*
Grenz|ver|kehr *m. 1 nur Sg.*
Grenz|ver|let|zung *f. 10*
Grenz|wert *m. 1, Math.*
Gre|ta, Gre|te weibl. Vorname, *Kurzform von* Margareta bzw. Margarete
Gret|chen|fra|ge *f. 11* **1.** *i. e. S.:* Frage nach der relig. oder polit. Überzeugung; **2.** *i. w. S.:* Frage, auf die hin der Gefragte Farbe bekennen muss, Gewissensfrage, entscheidende Frage
Gret|chen|fri|sur *f. 10* Frisur mit um den Kopf gelegtem Zopf
Greu|el (*alt für:* Gräu|el) *m. 5*
Greu|el|mär|chen (*alt für:* Gräu|el-mär|chen) *n. 7*
Greu|el|nach|richt (*alt für:* Gräu|el-nach|richt) *f. 10*
Greu|el|pro|pa|gan|da (*alt für:* Gräu|el|pro|pa|gan|da) *f. Gen. - nur Sg.*
greu|lich (*alt für:* gräu|lich)
Grey|er|zer [nach dem schweiz. Ort Greyerz] *m. 5, Kurzwort für* Greyerzer Käse
Grey|hound [grɛɪhaʊnd, engl.] *m. 9* **1.** engl. Windhund; **2.** *in den USA:* Überlandautobus
Grie|be *f. 11* Rückstand beim Auslassen von Speck
Grie|ben|fett *n. 1 nur Sg.*
Griebs *m. 1, sächs.* **1.** Kerngehäuse von Apfel und Birne; **2.** *auch:* Gurgel
Grie|che *m. 11*
Grie|chen|land Staat in Europa
grie|chisch; griechisches Feuer; vgl. deutsch
Grie|chisch *n. Gen.* -(s) *nur Sg.* zu den idg. Sprachen gehörende Sprache
grie|chisch-ka|tho|lisch
grie|chisch-or|tho|dox
grie|chisch-u|niert
Grie|fe *f. 11, mitteldt. für* Griebe
Grieg, *Edvard* norweg. Komponist
grie|meln *intr. 1, westmitteldt.:* versteckt schadenfroh grinsen
grie|nen *intr. 1, ugs.:* grinsen
Grie|sel|fie|ber *n. 5, nddt.:* Schüttelfrost
grie|seln *tr. 1, nur unpersönlich;* es grieselt mich: es gruselt mich
Gries|gram *m. 1* mürrischer, grämlicher Mensch
gries|grä|mig
gries|gräm|lich
Grieß *m. 1 nur Sg.*
grie|ßeln *intr. 1* **1.** körnig werden; **2.** graupeln
grie|ßig wie Grieß
Grie|ßig *n. 1 nur Sg.* Kot der Bienen
Griff *m. 1*
griff|be|reit
Griff|brett *n. 3*
Grif|fel *m. 5*
griff|fest (*alt:* griffest (-ff|f-))
grif|fig
Grif|fig|keit *f. 10 nur Sg.*
Grif|fon [-fɔ̃, frz.] *m. 9* ein rauhaariger Vorstehhund
Grill *m. 9* Bratrost
Gril|la|de *f. 11* gegrilltes Fleischstück
Gril|le *f. 11* **1.** ein Insekt; **2.** wunderlicher Einfall, Schrulle; **3.** *meist Pl.:* trübe Stimmung, schlechte Laune; Grillen fangen: trüber Stimmung sein
gril|len, gril|lie|ren *tr. 1* auf dem Grill braten
Gril|len|fän|ger *m. 5* jmd., der trüb gestimmt, schlecht gelaunt ist
Gril|len|fän|ge|rei *f. 10 nur Sg.*
gril|len|fän|ge|risch
gril|len|haft **1.** trüb gestimmt; **2.** wunderlich, sonderbar
gril|lie|ren [auch: griji-, frz.] *tr. 3* = **gril|len**
gril|lig gereizt, mürrisch
Gril|lig|keit *f. 10 nur Sg.*
Grill|par|zer, *Franz* österr. Schriftsteller
Grill|room [-ru:m, engl.] *m. 9* Gaststätte, in der das Fleisch vor den Gästen auf dem Grill gebraten wird
Gri|mas|se [frz.] *f. 11* Fratze
Gri|mas|sen|schnei|der *m. 5*
gri|mas|sie|ren Grimassen schneiden
Grim|bart *m. 1 nur Sg., in der Tierfabel:* Name des Dachses
Grimm, dt. Sprachforscher u. Märchensammler: **1.** *Jacob* G.; **2.** *Wilhelm* G.
Grimm *m. Gen.* -s *nur Sg.* unterdrückter Zorn
Grimm|darm *m. 2* Teil des Dickdarms
Grim|mels|hau|sen, *Hans Jakob Christoffel von* dt. Schriftsteller
grim|men *tr. 1, veraltet:* schmerzen
Grim|men *n. Gen.* -s *nur Sg.* Schmerz, *nur noch in* Bauchgrimmen
grim|mig
Grim|mig|keit *f. 10 nur Sg.*
grimmsch (*alt:* Grimmsch) von den Gebrüdern Grimm stammend; die grimmschen Märchen *oder:* die Grimm'schen Märchen
Grind *m. 1* **1.** = Favus; **2.** *volkstüml. Bez. für* Hautausschlag mit Krustenbildung; **3.** Wundschorf; **4.** Pilzbefall bei verschiedenen Nutzpflanzen; **5.** *Jägerspr.:* Kopf (von Hirsch und Gämse)
grin|dig
Grind|wal *m. 1* ein Zahnwal
Grin|go [span.] *m. 9, im span. Lateinamerika verächtl. Bez. für* Nichtromane, bes. Angelsachse
grin|sen *intr. 1*
grip|pal [frz.], grip|pös grippeartig; grippaler Infekt
Grip|pe *f. 11* eine Infektionskrankheit
Grip|pe|e|pi|de|mie *f. 11*
grip|pös = grippal
Grips *m. 1 nur Sg., ugs.:* Verstand
Gri|saille [-zaij, frz.] *f. 11* **1.** *nur Sg.* einfarbige Malerei, überwiegend grau in grau; **2.** *nur Sg.* schwarzweiß gemusterter Seidenstoff; **3.** Gemälde in Grisaille
Gri|set|te [-zɛt(ə), frz.] *f. 11* **1.** *frz. Bez. für* junge Putzmacherin; **2.** leichtfertiges Mädchen
Gris|li|bär (*alt:* Gris|ly|bär), Grizz-ly|bär [engl.] *m. 10* nordamerik. Bär
Griw|na *f. Gen. - Pl.* -ni (*Abk.:* UAH) Währungseinheit in der Ukraine, 100 Kopeken
gr.-kath. *Abk. für* griechisch-katholisch

aus dem Gröbsten heraus:
Substantivierte Adjektive werden großgeschrieben, auch in festen Fügungen: *Sie ist aus dem Gröbsten heraus; das Grobe/ Gröbste; auf das/aufs Gröbste verunglimpfen.* § 57 (1)
In Anlehnung an Superlativformen können feste adverbiale Fügungen mit *auf das/aufs* auch kleingeschrieben werden: *auf das/aufs gröbste verunglimpfen.* § 58 E1
Die gesteigerten Formen hingegen werden kleingeschrieben: *grob, gröber, am gröbsten.*

grob [auch: grɔb]; grober Betrug; grobe Fahrlässigkeit; grober Unfug; grob gemahlener Kaffee; aus

dem Groben arbeiten; aus dem Gröbsten heraus sein; aufs Gröbste *oder:* gröbste verunglimpfen
Grob|blech *n. 1*
grob|fa|se|rig, grob|fas|rig
grob ge|mah|len (*alt:* grob|gemah|len)
grob|glie|de|rig, grob|glied|rig
Grob|heit *f. 10*
Gro|bi|an *m. 1*
Grob|ke|ra|mik *f. 10* aus grob vorbereiteten Rohstoffen hergestellte Keramik, z. B. Ziegel; *Ggs.:* Feinkeramik
grob|kno|chig
Grob|kno|chig|keit *f. 10 nur Sg.*
grob|kör|nig
Grob|kör|nig|keit *f. 10 nur Sg.*
gröb|lich sehr, derb; eine Vorschrift g. verletzen, missachten
grob|schläch|tig
Grob|schläch|tig|keit *f. 10 nur Sg.*
Grob|schmied *m. 1* Hufschmied
Grob|schnitt *m. 1*
Gro|den *m. 7, nddt.:* angeschwemmtes, grasbewachsenes Land vor Deichen
Grog [nach dem Spitznamen des engl. Admirals Vernon, Old Grog] *m. 9* Getränk aus Rum, heißem Wasser und Zucker
grog|gy [engl.] *unflektierbar* **1.** *Boxen:* schwer angeschlagen; **2.** *ugs.:* erschöpft
grö|len *intr. 1, ugs.:* schreien, laut und unschön singen
Grö|le|rei *f. 10*
Groll *m. Gen.* -(e)s *nur Sg.* unterdrückter Ärger
grol|len *intr. 1*
Grön|land größte Insel der Arktis
Grön|län|der *m. 1* **1.** Einwohner von Grönland; **2.** = Kajak
grön|län|disch
Groom [grum, engl.] *m. 9* **1.** Reitknecht; **2.** Diener
Grop|pe *f. 11* ein Fisch mit einem mit Stacheln besetzten Kopf
Gros 1. [gro, frz.] *n. Gen. - Pl.* - [gro] *oder* [gros] Hauptmasse, der größte Teil; **2.** [grɔs, frz.] *n. Gen. - Pl.* - zwölf Dutzend, 144 Stück
Gro|schen *m. 7* **1.** (*Abk.:* Gr.) alte dt. Silbermünze; **2.** *heute ugs.:* 10-Pfennig-Stück; **3.** (*Abk.:* g) *österr.:* kleinste Münze, $^1/_{100}$ Schilling; **4.** *Pl., ugs.:* (wenig) Geld; meine paar Groschen
Gro|schen|heft *n. 1*
gro|schen|wei|se

groß schreiben — großschreiben, der Große: In der Bedeutung »mit großer Schrift schreiben« wird *groß schreiben* getrennt geschrieben: *Er hat den Satz groß geschrieben* (= mit großer Schrift). Ebenso: *groß angelegt/anlegen.* § 34 E3 (3)
Dagegen wird *großschreiben* zusammengeschrieben, wenn es die Bedeutung »mit großem Anfangsbuchstaben« hat: *Er hat das Wort großgeschrieben.* § 34 (2.2)
Substantivierungen werden großgeschrieben: *das Große, im Großen und Ganzen, Groß und Klein.* § 57 (1)
Großschreibung gilt auch in Eigennamen: *über den Großen Teich, die Große Strafkammer, die Große Mauer* (= in China), *der Große Wagen* (= Sternbild), *der Große Belt* (= Meerenge).
§ 60 (2.1), § 60 (5)

groß 1. *Kleinschreibung:* das große Einmaleins; die großen Ferien; auf großem Fuße leben *ugs.;* etwas an die große Glocke hängen *ugs.;* das große Los; die große Kreisstadt; große Worte; eine groß angelegte Razzia, die Razzia ist g. angelegt; das groß geschriebene Substantiv; ein groß gewachsener Baum; **2.** *Großschreibung:* im Großen; im Großen und Ganzen; im großen Ganzen; die Großen und die Kleinen; Groß und Klein; Große und Kleine; Friedrich der Große; der Große Bär, Wagen; der Große Kurfürst; der Große Ozean: der Pazifik; die Große Strafkammer; der Große Teich *scherzh.:* der Atlantik; **3.** *in Verbindung mit Verben:* g. sein, werden; *aber:* → großschreiben, → großtun, → großziehen
groß…, Groß… *in Zus.:* **1.** von besonderer Größe oder Bedeutung, z. B. großartig, Großaufnahme, Großkunde; **2.** in Verwandtschaftsbeziehungen auf die vorherige Generation bezogen, z. B. Großvater
Groß|ab|neh|mer *m. 5*
Groß|ak|ti|o|när *m. 1*
groß an|ge|legt (*alt:* groß|an|gelegt)
groß|ar|tig; das Großartige; ein großartiges Ereignis
Groß|auf|nah|me *f. 11*
Groß|bau|er *m. 11*
Groß-Ber|lin
Groß|bri|tan|ni|en
groß|bri|tan|nisch
Groß|buch|sta|be *m. 15*
groß|deutsch
Grö|ße *f. 11*
Groß|el|tern *nur Pl.*
Groß|en|kel *m. 5* Urenkel
Grö|ßen|ord|nung *f. 10*
gro|ßen|teils
Grö|ßen|ver|hält|nis *n. 1*
Grö|ßen|wahn *m. Gen.* -(e)s *nur Sg.*
grö|ßen|wahn|sin|nig
grö|ße|ren|teils, grö|ßern|teils
groß|fi|gu|rig
groß|flä|chig
Groß|fo|lio *n. 9* (*Abk.:* Gr.-2°) großes Folioformat
Groß|fürst *m. 10*
groß ge|wach|sen (*alt:* groß|gewach|sen) [-ks-]
Groß|glock|ner *m. Gen.* -s höchster Berg Österreichs
Groß|grund|be|sitz *m. 1*
Groß|han|del *m. Gen.* -s *nur Sg.*
Groß|han|dels|preis *m. 1*
Groß|händ|ler *m. 5*
Groß|hand|lung *f. 10*
groß|her|zig
Groß|her|zog *m. 2*
groß|her|zog|lich
Groß|her|zog|tum *n. 4*
Groß|hirn *n. 1*
Groß|hun|dert *n. 1* altes Zählmaß, 10 Dutzend, 120 Stück
Groß|in|dus|tri|el|le(r) *auch:* **Groß|in|dust|ri|el|le(r)** *m. 18 (17) bzw. f. 17 oder 18*
Groß|in|qui|si|tor *m. 13* oberster Richter der span. Inquisition
Gros|sist [frz.] *m. 10* Großhändler
groß|jäh|rig *veraltet für* mündig
groß|ka|li|be|rig, groß|ka|lib|rig
Groß|ka|li|ber|schie|ßen *n. Gen.* -s *nur Sg.*
Groß|ka|pi|tal *n. Gen.* -s *nur Sg.*
Groß|kauf|mann *m. Gen.* -(e)s *Pl.* -leu|te
Groß|kind *n. 3, schweiz.:* Enkelkind
Groß|kli|ma *n. Gen.* -s *nur Sg.* = Makroklima
Groß|kon|zern *m. 1*
Groß|kop|fe|te(r) *m. 18 (17) bzw. f. 17 oder 18, bair.:* Angehörige(r) der höheren Gesellschaftsklassen
Groß|koph|ta *m. Gen.* -s *nur Sg.* Vorsteher eines angeblich von Cagliostro gegründeten ägypt. Freimaurerbundes

G

groß|kot|zig *vulg.:* anmaßend, prahlerisch, großspurig
groß|ma|chen *refl. 1, ugs.:* prahlen, sich wichtig tun
Groß|macht *f. 2*
groß|mäch|tig
Groß|ma|ma *f. 9*
Groß|manns|sucht *f. Gen. - nur Sg.* übersteigertes Geltungsbedürfnis
Groß|mars *m. 1, Seew.:* Mastkorb am Hauptmast
groß|ma|schig
groß|maß|stäb|lich, groß|maß|stä|big in großem Maßstab (Karte)
Groß|mast *m. 12* Hauptmast
Groß|maul *n. 4*
groß|mäu|lig
Groß|mäu|lig|keit *f. 10 nur Sg.*
Groß|meis|ter *m. 5* Oberhaupt eines Ritterordens
Groß|mo|gul [auch: -mo-] *m. 11* Titel der Herrscher der ersten islamischen Dynastie in Indien (16.-18. Jh.)
Groß|muf|ti *m. 9* Oberhaupt einer islamischen Rechtsschule
Groß|mut *f. Gen. - nur Sg.*
groß|mü|tig überlegen und nachsichtig, großzügig
Groß|mut|ter *f. 6*
groß|müt|ter|lich
groß|müt|ter|li|cher|seits
Groß|nef|fe *m. 11* Sohn der Nichte oder des Neffen
Groß|nich|te *f. 11* Tochter der Nichte oder des Neffen
Groß|ok|tav *n. 1* (*Abk.:* Gr.-8°), *Buchw.:* großes Oktavformat
Groß|on|kel *m. 5, ugs. auch: m. 9* Bruder des Großvaters oder der Großmutter
Groß|pa|pa *m. 9*
groß|po|rig
Groß|quart *n. 1* (*Abk.:* Gr.-4°), *Buchw.:* großes Quartformat
Groß|rat *m. 2, in der Schweiz:* Mitglied des Kantonsparlaments
Groß|raum *m. 2* **1.** Einzugsbereich einer Stadt; **2.** großer Büroraum
groß|räu|mig
Groß|raum|wa|gen *m. 7* (der Straßen- und Eisenbahn)
Groß|rei|ne|ma|chen *n. Gen. -s nur Sg.*
Groß|satz *m. 2* mehrfach zusammengesetzter Satz, Periode
Groß|schiff|fahrts|weg (*alt:* Großschiffahrts|weg (-ff|f)) *m. 1* System von Flüssen und Kanälen für große Schiffe
Groß|schnau|ze *f. 11, ugs.*
groß|schnau|zig, groß|schnäu|zig
groß|schrei|ben (*alt:* groß schreiben) *tr. 187* mit großen Anfangsbuchstaben schreiben
groß schrei|ben (*alt:* groß|schreiben) *tr. 187* **1.** in großer Schrift schreiben **2.** *übertr.:* besonders schätzen
Groß|schrei|bung *f. 10 nur Sg.*
Groß|se|gel *n. 5* unterstes Segel am Großmast
Groß|sie|gel|be|wah|rer *m. 5, in Großbritannien, früher auch in Frankreich:* hoher Staatsbeamter
Groß|spre|cher *m. 5*
Groß|spre|che|rei *f. 10 nur Sg.*
groß|spre|che|risch
groß|spu|rig
Groß|spu|rig|keit *f. 10 nur Sg.*
Groß|stadt *f. 2*
Groß|städ|ter *m. 5*
groß|städ|tisch
Groß|stein|grab *n. 4* jungsteinzeitliches Grab aus unbehauenen Steinblöcken, Hünengrab, Megalithgrab
Groß|tan|te *f. 11* Schwester des Großvaters oder der Großmutter
Groß|tat *f. 10*
Groß|teil *m. 1*
größ|ten|teils
Größt|maß *n. 1*
größt|mög|lich
Groß|tu|er *m. 5*
Groß|tu|e|rei *f. 10 nur Sg.*
groß|tu|e|risch
groß|tun *intr. u. refl. 167;* du brauchst (dich) nicht so großzutun
Groß|un|ter|neh|mer *m. 5*
Groß|va|ter *m. 6*
groß|vä|ter|lich
groß|vä|ter|li|cher|seits
Groß|ver|kauf *m. 2*
Groß|vieh *n. Gen. -s nur Sg.*
Groß|we|sir *m. 1, früher in islamischen Ländern:* höchster Beamter
Groß|wet|ter|la|ge *f. 11*
Groß|wild *n. Gen. -(e)s nur Sg.* Wild der trop. Länder
groß|zie|hen *tr. 187;* ein Kind, ein Tier g.
groß|zü|gig
Groß|zü|gig|keit *f. 10 nur Sg.*
Grosz [grɔʃ] *m. Gen. - Pl.* Groszy [grɔʃy] poln. Währungseinheit: $^1/_{100}$ Złoty
gro|tęsk [frz.] komisch-verzerrt, lächerlich
Gro|tęsk *f. Gen. - nur Sg.* eine Gattung von Druckschriften
Gro|tęs|ke *f. 11* **1.** komische Dichtung in Prosa oder Versen; **2.** Ornament aus Rankenwerk mit figürl. Motiven; **3.** komischer, karikierender Tanz
Gro|tęsk|tanz *m. 2* vgl. Groteske (3)
Grọt|te [griech.-ital.] *f. 11* Felsenhöhle
Grọt|ten|werk *n. 1 nur Sg.* Auskleidung der Wände von künstlichen Grotten mit Steinen, Muscheln u. a.
Grou|pie [grupi, engl.] *n. 9* weibl. Fan, der Kontakt mit seinem Idol sucht oder pflegt
grụb|ben [engl.] *tr. 1* s. **grụb|bern**
Grụb|ber *m. 5* Gerät zum Lockern des Bodens, Kultivator, Krümmer
grụb|bern, grụb|ben *tr. 1* mit dem Grubber hacken
Grüb|chen *n. 7*
Gru|be *f. 11*
Grü|be|lei *f. 10*
grü|beln *intr. 1;* ich grübele, grüble
Gru|ben|ar|bei|ter *m. 5*
Gru|ben|gas *n. 1 nur Sg.* = Methangas
Gru|ben|lam|pe *f. 11*
Grüb|ler *m. 5*
grüb|le|risch
Gru|de **1.** *f. 11 nur Sg.* körniger Braunkohlenkoks; **2.** *f. 11, Kurzwort für* Grudeherd
Gru|de|herd *m. 1*
Gru|de|o|fen *m. 8*
Grụft *f. 2*
Grụf|tie *m. 9; ugs.* jmd., der alt ist, nicht mehr dazugehört
grụm|meln *intr. 1* **1.** leise donnern, rollen; **2.** murrend vor sich hin reden
Grụm|met, Grụmt *n. 1* Heu der zweiten Grasernte
grụm|ten *intr. 2* das Gras zum zweiten Mal mähen
grün **1.** *Kleinschreibung:* grüne Klöße: Klöße aus rohen Kartoffeln; grüne Minna *ugs.:* Polizeiauto zum Gefangenentransport; ach du grüne Neune! *ugs.:* du liebe Zeit!; grüner Salat: Kopfsalat; grüner Star: eine Augenkrankheit, Glaukom; etwas vom grünen Tisch aus entscheiden: von der Theorie her, ohne Kenntnis der Praxis; grünes Trikot: Trikot des jeweiligen Etappensiegers bei der Tour de France; vgl. gelbes Trikot; grüne Welle; grüne Hochzeit; grüne Lunge: Grünflächen der Großstadt; grüne Ver-

sicherungskarte; auf keinen grünen Zweig kommen: es zu nichts bringen, keinen Erfolg haben; jmdm. nicht grün sein: jmdn. nicht leiden können; **2.** *Großschreibung:* der Grüne Donnerstag: Gründonnerstag; das Grüne Gewölbe: eine Kunstsammlung in Dresden; die Grüne Insel: Irland; Die Grünen: politische Partei in Deutschland; vgl. Bündnis 90/Die Grünen; die Grüne Woche: jährlich stattfindende Landwirtschaftsausstellung in Berlin

Grün *n. Gen.* -s *nur Sg.* grüne Farbe, grünes Signallicht, grüne Blätter; Farbe im dt. Kartenspiel; das erste, junge Grün (im Frühjahr); bei Mutter Grün: in der freien Natur; fahr los, wir haben Grün!; bei Grün über die Straße gehen; im Grünen wohnen; das ist dasselbe in Grün *ugs.:* fast genau dasselbe

Grün|al|ge *f. 11*

Grün|an|la|ge *f. 11*

Grün|ass (*alt:* Grün-As) *n. 1*

grün|blau; *Schreibung von Zus. mit anderen Farben* vgl. blau

> **im Grunde, aufgrund/auf Grund:** Die feste Fügung *im Grunde* wird getrennt und großgeschrieben. In Fällen wie *aufgrund/auf Grund von* bzw. *zu Grunde/zugrunde gehen* bleibt es den Schreibenden überlassen, ob sie getrennt oder zusammenschreiben. § 39 E3 (3), § 55 (4)

Grund *m. 2;* auf Grund laufen (vom Schiff); aufgrund eines …, von … *oder:* auf Grund; im Grunde (genommen); von Grund auf; von Grund aus; zu Grunde *oder:* zugrunde gehen; vgl. zugrunde

grund|an|stän|dig

Grund|be|griff *m. 1*

Grund|be|sitz *m. 1*

Grund|be|sit|zer *m. 5*

Grund|be|stand|teil *m. 1*

Grund|buch *n. 4* vom Grundbuchamt geführtes Verzeichnis sämtlicher Grundstücke und ihrer Rechtsverhältnisse

Grund|buch|amt *n. 4* Behörde beim Amtsgericht (*österr.:* Bezirksgericht), die das Grundbuch führt

grund|ehr|lich

Grund|ei|gen|tum *n. Gen.* -s *nur Sg.*

Grund|ei|gen|tü|mer *m. 5*

Grund|eis *n. 1 nur Sg.;* ihm geht der Arsch auf G. *vulg.:* er ist in großer Bedrängnis

Grun|del, Grün|del *m. 5* ein Fisch

grün|deln *intr. 1* unter Wasser Nahrung suchen (von Enten)

grün|den *tr. 2*

Grün|der *m. 5*

Grün|der|jah|re *Pl.,* Grün|der|zeit *f. 10 nur Sg.* die Jahre nach 1871 in Deutschland

Grund|er|werb *m. 1*

Grund|er|werb|steu|er, *ugs. auch:* Grund|er|werbs|steu|er *f. 11*

Grün|der|zeit *f. 10 nur Sg.* = Gründerjahre

grund|falsch

Grund|feh|ler *m. 5*

Grund|flä|che *f. 11*

Grund|form *f. 10* **1.** *Gramm.:* = Infinitiv; **2.** *allg.:* ursprüngliche, zugrunde liegende Form

Grund|ge|bühr *f. 10*

Grund|ge|dan|ke *m. 15*

grund|ge|lehrt

grund|ge|scheit

Grund|ge|setz *n. 1* Verfassung, *bes.:* G. für die BR Dtld. vom 23. Mai 1949 (*Abk.:* GG)

grund|gü|tig

grund|häss|lich (*alt:* grund|häß|lich)

Grund|herr *m. Gen.* -(e)n *Pl.* -en

Grund|herr|schaft *f. 10*

Grund|hol|de(r) *m. 18 (17); früher:* an Grund und Boden gebundener Höriger

grun|die|ren *tr. 3* mit einem Voranstrich versehen

Grun|dier|far|be *f. 11*

Grund|irr|tum *m. 4*

Grund|ka|pi|tal *n. Gen.* -s *Pl.* -li|en *oder* -e

Grund|la|ge *f. 11*

Grund|la|gen|for|schung *f. 10*

grund|le|gend

gründ|lich

Gründ|lich|keit *f. 10 nur Sg.*

Gründ|ling *m. 1* ein Karpfenfisch

Grund|li|nie *f. 11*

Grund|lohn *m. 2*

grund|los

Grund|lo|sig|keit *f. 10 nur Sg.*

Grund|nah|rungs|mit|tel *n. 5*

Grün|don|ners|tag *m. 1* Donnerstag vor Ostern

Grund|re|chen|ar|ten *Pl.;* die vier G.: Addition, Subtraktion, Multiplikation, Division

Grund|recht *n. 1*

Grund|re|gel *f. 11*

Grund|riss (*alt:* Grund|riß) *m. 1*

Grund|satz *m. 2*

Grund|satz|ent|schei|dung *f. 10*

grund|sätz|lich

grund|schlecht

Grund|schuld *f. 10* ein Grundpfandrecht

Grund|schu|le *f. 11*

Grund|stein *m. 1*

Grund|stein|le|gung *f. 10*

Grund|stel|lung *f. 10* (beim Turnen)

Grund|steu|er *f. 11*

Grund|stock *m. 2*

Grund|stoff *m. 1*

Grund|strich *m. 1, beim Schreiben:* Strich nach unten; *Ggs.:* Haarstrich

Grund|stück *n. 1*

Grund|stücks|mak|ler *m. 5*

Grund|stu|fe *f. 11* **1.** *Gramm.:* = Positiv (1); **2.** *allg.:* unterste Stufe

Grund|ton *m. 2*

Grund|ü|bel *n. 5*

Grund|um|satz *m. 2* Maß für den Kalorienverbrauch des Körpers innerhalb 24 Stunden in nüchternem und Ruhezustand

Grün|dung *f. 10*

Grün|dün|ger *m. 5* grüne Pflanzen oder Pflanzenteile zum Unterpflügen

Grün|dungs|ka|pi|tal *n. Gen.* -s *Pl.* -li|en

Grün|dungs|mit|glied *n. 3*

Grün|dungs|ver|samm|lung *f. 10*

Grün|dün|gung *f. 10 nur Sg.*

grund|ver|schie|den

Grund|was|ser *n. Gen.* -s *nur Sg.*

Grund|was|ser|spie|gel *m. 5*

Grund|wort *n. 4* letzter Teil eines zusammengesetzten Wortes, z. B. »Wort« in »Grundwort«

Grund|zahl *f. 10* = Kardinalzahl; vgl. Ordnungszahl

Grund|zug *m. 2*

Grü|ne *f. 11 nur Sg.* das Grünsein, grüne Farbe

grü|nen *intr. 1* grün werden

Grü|ne(r) *m. 18 (17) bzw. f. 17 oder 18, bis 1993:* Angehörige(r) der politischen Partei »Die Grünen«; vgl. Bündnisgrüne(r)

Grün|fink *m. 10* ein Singvogel, Grünling

Grün|flä|che *f. 11*

Grün|fut|ter *n. Gen.* -s *nur Sg.*

Grunge [grʌndʒ, engl. »Dreck«] *m. Gen.* - *nur Sg.* Stil der Rock- und Punkmusik

G

G

grün|gelb; *Schreibung von Zus. mit anderen Farben* vgl. blau
Grün|gür|tel *m. 5*
Grün|horn *n. 4, dt. Bez. für* Greenhorn
Grün|kern *m. 1* unreifes Korn einer Weizenart
Grün|kohl *m. Gen.* -s *nur Sg.* Winterkohl
Grün|kreuz *n. 1 nur Sg.* lungenschädigendes Giftgas
Grün|land *n. Gen.* -(e)s *nur Sg.* Weideland
grün|lich grünlich blau; grünlich gelb
grün|lich blau (*alt:* grün|lich|blau)
grün|lich gelb (*alt:* grün|lich|gelb)
Grün|licht *n. 3 nur Sg.*
Grün|ling *m. 1* **1.** = Grünfink; **2.** = Grünreizker; **3.** unreifer Mensch; *auch:* Neuling
Grün|platz *m. 2*
Grün|reiz|ker *m. 5* ein Pilz, Grünling
Grün|rock *m. 2, volkstüml.:* Förster, Jäger
grün|rot|blind
Grün|rot|blind|heit *f. 10 nur Sg.*
Grün|schna|bel *m. 6* vorlauter, alles besser wissender junger Mensch
Grün|span *m. Gen.* -(e)s *nur Sg.* Kupferverbindung, die sich auf Kupfer- und Messinggegenständen bildet
Grün|specht *m. 1*
Grün|strei|fen *m. 1*
grun|zen *intr. 1* rauhe Kehllaute beim Schwein
Grün|zeug *n. 1 nur Sg.*
Grunz|och|se [-ks-] *m. 11* = Jak
Grupp [ital.] *m. 9* Paket aus Geldrollen
Grüpp|chen *n. 7*
Grup|pe *f. 11*
Grup|pen|auf|nah|me *f. 11*
Grup|pen|bild *n. 3*
Grup|pen|dy|na|mik *f. 10 nur Sg.* Wechselbeziehungen innerhalb einer Gruppe
grup|pen|dy|na|misch
Grup|pen|füh|rer *m. 5*
Grup|pen|sex *m. Gen.* -es *nur Sg.*
Grup|pen|the|ra|pie *f. 11*
grup|pen|wei|se
grup|pie|ren *tr. 3*
Grup|pie|rung *f. 10*
Grus *m. 1* **1.** kleine, durch Mahlen oder Verwitterung entstandene Gesteinsbrocken; **2.** Kohlenstaub; **3.** *Gattungsname für* Kranich; **4.** Sternbild des Kranichs
Grüsch *n. 1 nur Sg., schweiz.:* Kleie
Gru|sel|film *m. 1*
gru|se|lig, grus|lig Furcht, Schauder erweckend
gru|seln *tr., intr. u. refl. 1;* es gruselt mir, es gruselt mich, ich grusele, grusle mich davor: es flößt mir Furcht ein, erweckt Schauder in mir, ich fürchte mich davor
Gru|si|cal [-kəl, Nachbildung zu Musical] *n. 9* Gruselfilm
gru|sig wie Grus
Gru|si|ni|er *m. 5* = Georgier
gru|si|nisch
Gru|si|nisch *n. Gen.* -(s) *nur Sg.* = Georgisch
grus|lig s. **gru|se|lig**
Gruß *m. 2*
grü|ßen *tr. 1;* grüß (dich) Gott!
Gruß|for|mel *f. 11*
Grüß|fuß *m., nur in der ugs. Wendung* auf G. stehen: sich nur vom Grüßen her, nicht näher kennen
gruß|los
Grütz|beu|tel *m. 5* Talgdrüsengeschwulst, Atherom
Grüt|ze *f. 11* **1.** gemahlene Getreidekörner; **2.** Brei sowie Süßspeise daraus
Grütz|wurst *f. 2*
Gschaftl|hu|ber, Ge|schaftl|hu|ber *m. 5, bair.:* übertrieben geschäftiger Mensch, Wichtigtuer
gscha|mig *bair., österr.:* sich leicht genierend, übertrieben schamhaft
gschert, ge|schert *bair., österr.:* ungehobelt, grob
Gschnas *m. 1 nur Sg., österr.:* wertloses Zeug
Gschnas|fest *n. 1, österr.:* Faschingsveranstaltung Wiener Künstler
gspa|ßig, ge|spa|ßig *bair., österr.:* spaßig, lustig
Gspu|si *n. 9, bair.:* **1.** Freund, Freundin, Liebste(r); **2.** Liebschaft, Liebelei
Gstanzl *n. 14, bair., österr.:* = Schnadahüpfl
GU *Abk. für* Guam
Gu|a|jak|baum [indian.] *m. 2* ein mittelamerik. Baum
Gu|a|jak|harz *n. 1 nur Sg.*
Gu|a|ja|kol *n. 1 nur Sg.* ein aromatischer Alkohol, Heilmittel gegen Lungenkrankheiten
Gu|am Insel im Pazifik (US-amerikanisches Außengebiet)
Gu|a|na|ko [peruan.] *m. 9* südamerik., wild lebendes Lama
Gu|a|ni|din [indian.] *n. 1 nur Sg.* eine Stickstoffverbindung
Gu|a|nin *n. 1 nur Sg.* Bestandteil der Nukleinsäuren
Gu|a|no *m. 9 nur Sg.* Kot von Seevögeln in Peru und Chile, Düngemittel
Gu|a|ra|ni **1.** *m. Gen.* -s *Pl.* -(s) Währungseinheit in Paraguay, 100 Céntimos **2.** *m. 9 oder Gen.* - *Pl.* - Angehöriger eines südamerik. Indianervolkes; **3.** *n. Gen.* - *nur Sg.* dessen Sprache
Guar|dia ci|vil *auch:* **Gu|ar|dia ci|vil** [guardia sivil, span.] *f. Gen.* - - *nur Sg.* span. Gendarmerie
Gu|ar|di|an [mlat.] *m. 1, beiden Franziskanern und Kapuzinern:* Klostervorsteher
Gu|ar|ne|ri *f. 9* Geige aus der Werkstatt der ital. Geigenbauerfamilie G. (17./18. Jh.)
Gu|asch [lat.-frz.], Gou|ache [guaʃ] *f. 10* **1.** *nur Sg.* Malerei mit deckenden Wasserfarben, die mit harzigen Bindemitteln versetzt sind; **2.** Gemälde in Guasch
Gu|asch|ma|le|rei *f. 10*
Gu|a|te|ma|la **1.** Staat in Mittelamerika; **2.** Hauptstadt von Guatemala (1)
Gu|a|te|mal|te|ke *m. 11* Einwohner von Guatemala
gu|a|te|mal|te|kisch
Gu|a|ya|na **1.** Landschaft in Südamerika; **2.** *amtl.:* Gu|ya|na Staat im nördl. Südamerika
Gu|a|ya|ner *m. 5*
gu|a|ya|nisch
gu|cken, ku|cken *intr. 1*
Gu|cker *m. 5*
Guck|fens|ter *n. 5* kleines Fenster (z. B. in der Haustür)
Gu|cki *m. 9* **1.** ein Skatspiel; **2.** kleines Gerät zum Betrachten von Dias
Guck|in|die|luft *m. Gen.* - *nur Sg.;* Hans G.
Guck|kas|ten|büh|ne *f. 11, früher:* nur nach vorn zum Zuschauerraum offene Bühne
Gud|run weibl. Vorname
Gu|el|fe [ital.] *m. 11, MA:* Anhänger des Papstes und Gegner der Ghibellinen
Gue|ril|la [gerilja, span.] *m. 9 meist Pl.* Angehöriger einer bewaffneten Widerstandsgruppe, Freischärler, Partisan
Gue|ril|la|krieg [gerilja-] *m. 1* Kleinkrieg, Banden-, Partisanenkrieg

Gue|ril|le|ro [geriljero] *m. 9, span. u. port. Bez. für* Partisan
Gugel *f. 11,* Kogel *m. 5* Männerkapuze mit Schulterkragen
Gu|gel|hopf, Gugl|hopf *m. 1, schweiz.*
Gu|gel|hupf, Gugl|hupf *m. 1, süddt., österr.:* runder Rührkuchen, Napfkuchen
Guide [engl.: gaɪd, frz.: gid] *m. 9* Reiseführer
Gui|do [gi-, auch: guido] männl. Vorname
Guil|loche [gijɔʃ, auch: giljɔʃ, frz.] *f. 11* **1.** Muster aus verschlungenen Linien (auf Geldscheinen und Wertpapieren, um Fälschungen zu verhindern); **2.** Gerät zum Guillochieren
Guil|lo|cheur [gijɔʃør, auch: giljɔʃør, frz.] *m. 1* Facharbeiter, der Wertpapiere, Geldscheine guillochiert
guil|lo|chie|ren [gijɔʃi-, auch: giljɔʃi-, frz.] *tr. 3*
Guil|lo|ti|ne [gijɔ-, nach dem frz. Arzt Josephe-Ignace Guillotin] *f. 11* Gerät zum Hinrichten mit Fallbeil
guil|lo|ti|nie|ren [gijɔ-, frz.] *tr. 3*
Gui|nea [gi-] **1.** Staat in Westafrika; **2.** [gɪnɪ] *f. 9 auch:* Gui|nee [gine(ə)] *f. 11, bis 1816:* engl. Goldmünze
Gui|nea-Bis|sau [gi-] westafrik. Staat
Gui|ne|er [gi-] *m. 5* Einwohner von Guinea
gui|ne|isch [gi-]
Gu|lasch *m. oder n. Gen. - Pl. -, österr.:* **Gu|lyás** [gulaʃ] *m. oder n. Gen. - Pl. -,* Gericht aus in Würfel geschnittenem, scharf gewürztem Rindfleisch
Gu|lasch|ka|no|ne *f. 11, scherzh.:* Feldküche
Gul|den *m. 7* **1.** *bis 19. Jh.:* Gold- und Silbermünze in Dtld. u. a. Staaten; **2.** (*Abk.:* hfl) ndrl. Währungseinheit, 100 Cent
gül|den *veraltet, poet.:* golden
gül|disch *Bgb.:* goldhaltig
Gül|le *f. 11, südwestdt., schweiz.:* Jauche, Pfütze
gül|len *tr. 1* mit Jauche düngen
Gül|len|fass (*alt:* Gül|len|faß) *n. 4*
Gul|ly [engl.] *m. 9 oder n. 9* verdeckter, zum Abwasserkanal führender Schacht (auf der Straße), Abflussloch im Rinnstein
Gült *f. 10,* **Gül|te** *f. 11, süddt.* **1.** Abgabe, Zins; **2.** Grundstücksertrag
gül|tig
Gül|tig|keit *f. 10 nur Sg.*
Gül|tig|keits|dau|er *f. 11 nur Sg.*
Gu|lyás [gulaʃ] *m. oder n. Gen. - Pl. -* s. **Gu|lasch**
Gum|mi [ägypt.-lat.] *m. 9* **1.** aus Kautschuk gewonnenes Produkt; **2.** in Pflanzenausscheidungen enthaltener Stoff, Klebemittel; **3.** *kurz für* Radiergummi
Gum|mi|a|ra|bi|kum [neulat.] *n. Gen. -s nur Sg.* aus dem Harz von Akazien- und Mimosenarten gewonnener Klebstoff, auch Verdickungs- und Bindemittel für Arzneistoffe
Gum|mi|ball *m. 2*
Gum|mi|bär|chen *n. 7, meist Pl.* gelatineartige Süßigkeit in Form eines kleinen Bären
Gum|mi|baum *m. 2* eine tropisch-asiat. Zimmerpflanze
Gum|mi|druck *m. 1* Druck mit Druckformen ähnlich Gummistempeln, Flexodruck
Gum|mi|e|las|ti|kum *n. Gen. -s nur Sg.* Kautschuk
gum|mie|ren *tr. 3* mit Klebschicht aus Gummi bestreichen
Gum|mie|rung *f. 10* **1.** das Gummieren; **2.** Klebschicht aus Gummi
Gum|mi|gutt *n. 1 nur Sg.* giftiges indisches Gummiharz, als Abführmittel, gelbe Wasserfarbe und Firnis verwendet
Gum|mi|harz *n. 1* Gummi enthaltendes Harz
Gum|mi|knüp|pel *m. 5*
Gum|mi|pa|ra|graph *auch:* **Gum|mi|pa|ra|graf** *m. 10* nicht eindeutig formulierter, sehr unterschiedlich auslegbarer Paragraph
Gum|mi|zug *m. 2*
gum|mös gummiartig
Gum|mo|se *f. 11* eine Krankheit der Steinobstgewächse mit Ausscheidung von Gummiharz
Gum|pe *f. 11,* **Gum|pen** *m. 7, süddt., schweiz.:* Wasserloch
Gun|del|kraut *n. 4 nur Sg.,* **Gun|del|re|be** *f. 11 nur Sg.,* **Gun|der|mann** *m. 4 nur Sg.* eine Wiesenpflanze
Gun|kel *f. 11, bair.:* kesselförmige Bodenmulde
Gun|man [gʌnmæn, engl.] *m. Gen. -s Pl. -men* [-men] *amerik. Bez. für* bewaffneter Gangster
Gün|sel *m. 5* eine Wiesenpflanze
Gunst *f. Gen. - nur Sg.;* bei jmdm. in Gunst stehen; zu meinen Gunsten; zugunsten *oder:* zu Gunsten von
Gunst|be|weis *m. 1*
Gunst|be|zei|gung *f. 10*
güns|tig
güns|ti|gen|falls
Günst|ling *m. 1*
Gun|ther, Gun|ter männl. Vorname
Gün|ther, Gün|ter männl. Vorname
Gupf *m. 1* **1.** *süddt., österr., schweiz.:* Gipfel, Spitze (z. B. des Eies); **2.** *in Österr. auch:* Zugabe
Gup|py [nach dem brit. Naturforscher R.J.L. Guppy] *m. 9* zu den Zahnkarpfen gehörender Aquarienfisch
Gup|ta *m. 9* Angehöriger eines alt-ind. Herrscherhauses
Gur *f. 10 nur Sg., Geol.:* durch Zersetzung von Pflanzen- oder Tierresten oder Gesteinen entstandener Schlamm
Gur|gel *f. 11*
gur|geln *intr. 1;* ich gurgele, gurgle
Gur|gel|was|ser *n. 6*
Gürk|chen *n. 7*
Gur|ke *f. 11*
Gur|ken|baum *m. 2* amerik., süd-asiat. Baum mit gurkenähnlichen Früchten
Gur|kha *m. 9* **1.** Angehöriger eines hinduistischen Volkes in Nepal; **2.** *Bez. für* Soldat der brit.-ind. Armee
gur|ren *intr. 1*
Gurt *m. 1*
Gurt|band *n. 4*
Gurt|bo|gen *m. 8* verstärkter Bogen eines Tonnengewölbes
Gur|te *f. 11, Nebenform von* Gurt
Gür|tel *m. 5*
Gür|tel|ro|se *f. 11* eine Infektionskrankheit mit Hautausschlag, Herpes zoster
Gür|tel|tier *n. 1* mit verknöcherten, gürtelförmigen Hautschilden versehenes, Insekten fressendes Tier
gür|ten *tr. 2*
Gürt|ler *m. 5* Hersteller von Gürteln und Gürtelschnallen
Gu|ru [Hindi] *m. 9, im Hinduismus:* geistlicher Lehrer
GUS *Abk. für* Gemeinschaft Unabhängiger Staaten
Gu|sche *f. 11, mitteldt.:* Mund
Gus|la [serb.] *f. Gen. - Pl. -s oder -len* einsaitiges Streichinstrument der Balkanvölker
Gus|lar *m. 10* Guslaspieler

G

Gus|li [russ.] *f. 9* russ. zitherähnliches Zupfinstrument mit bis zu 28 Saiten
Guss (*alt:* Guß) *m. 2*
Guss|ei|sen (*alt:* Guß|ei|sen) *n. 7 nur Sg.* gegossenes Eisen; *Ggs.:* Schmiedeeisen
guss|ei|sern (*alt:* guß|ei|sern)
Guss|form (*alt:* Guß|form) *f. 10*
Guss|stahl (*alt:* Guß|stahl) *m. 2 nur Sg.*
Guss|stein (*alt:* Guß|stein) *m. 1, veraltet:* Abflussbecken in der Küche
güst *nddt.:* unfruchtbar, keine Milch gebend (Tier)

G

Güst *f. 10* unfruchtbares weibl. Tier
Gus|tav, Gus|taf männl. Vorname
Güs|ter *m. 5* ein Karpfenfisch
gus|tie|ren [lat.] *tr. 3* s. **gou|tie|ren**
gus|ti|ös *österr.:* appetitlich, appetitanregend, lecker
Gus|to *m. 9 nur Sg., veraltet, noch schwäb., bair., österr.:* Appetit, Geschmack; einen G. auf etwas haben; das ist nicht nach meinem G.

gut, das Gute: Mit kleinem Anfangsbuchstaben werden bestimmte feste Verbindungen aus Präposition und Adjektiv ohne vorangehenden Artikel geschrieben: *jenseits von gut und böse.* § 58 (3)
Mit großem Anfangsbuchstaben dagegen das substantivierte Adjektiv: *das Gute; alles Gute; des Guten zu viel tun; im Guten wie im Bösen; zum Guten lenken; Guten Tag* (auch: *guten Tag*) *sagen.* § 57 (1)

gut **1.** *Kleinschreibung:* guter Dinge sein; guter Hoffnung sein: schwanger sein; guten Mutes sein; gute Sitten; jenseits von gut und böse; **2.** *Großschreibung:* der Gute; du bist ein Guter; meine Gute; jmdm. etwas im Guten sagen; Gutes und Böses; das hat alles sein Gutes; jmdm. alles Gute wünschen; des Guten zu viel tun; etwas, nichts, viel, wenig Gutes; Gut Holz! (Keglergruß); im Guten wie im Bösen; der Gute Hirte: Christus; das Kap der Guten Hoffnung; Guten *oder:* guten Abend, Morgen, Tag sagen; **3.** *in Verbindung mit Verben:* ich kann in diesen Schuhen gut gehen; lass es dir gut gehen!; das kann nicht gut gehen; das ist gerade noch gut gegangen; diese Ware wird gut gehen: gut verkauft werden; er wird es bei uns gut haben; *aber:* → guthaben; das hast du gut gemacht; *aber:* → gutmachen; mit diesem Stift kann ich gut schreiben; *aber:* → gutschreiben; das kann man nicht gut sagen; das ist gut gesagt: treffend gesagt, *auch:* leichthin gesagt; *aber:* → gutsagen; lass es gut sein; jmdm. gut sein; ich kann hier gut stehen; ich glaube, dass sie sich sehr gut stehen: dass es ihnen finanziell sehr gut geht; **4.** *in Verbindung mit Partizipien:* gut aussehend; gut gehend; gut gekleidet; eine gut gelaunte Bemerkung; ein gut gemeinter Rat; gut situiert: in finanziell gesicherten Verhältnissen lebend; ein gut situierter Herr; gut sitzend; gut tun; das hat mir gut getan; gut unterrichtete Kreise
Gut *n. 4;* Hab und Gut
Gut|ach|ten *n. 7*
Gut|ach|ter *m. 5*
gut|ar|tig
Gut|ar|tig|keit *f. 10 nur Sg.*
gut aus|se|hend (*alt:* gut|aus|se|hend)
gut|bür|ger|lich
Gut|dün|ken *n. Gen.* -s *nur Sg.;* nach meinem, nach eigenem, nach Ihrem G.
Gü|te *f. 11 nur Sg.*
Gü|te|klas|se *f. 11*
Gu|te|nacht|gruß *m. 2*
Gu|ten|mor|gen|gruß *m. 2*
Gü|ter|ab|fer|ti|gung *f. 10*
Gü|ter|bahn|hof *m. 2*
Gü|ter|ge|mein|schaft *f. 10*
Gü|ter|recht *n. 1 nur Sg.*
gü|ter|recht|lich
Gü|ter|tren|nung *f. 10 nur Sg.*
Gü|ter|wa|gen *m. 7*
Gü|ter|zug *m. 2*
Gü|te|ver|hand|lung *f. 10 nur Sg.*
Gü|te|zei|chen *n. 7*
Gut|fin|den *n. Gen.* -s *nur Sg., schweiz. für* Gutdünken

gut gehen, gutschreiben: Fügungen aus Adjektiv und Verb, in denen das Adjektiv steigerbar (*gut - besser - am besten*) oder erweiterbar ist, werden getrennt geschrieben: *Es sollte ihm gut (besser/am besten) gehen. Früher ist es uns gut gegangen.* Ebenso: *es gut meinen, gut sein, gut* (= gut lesbar) *schreiben, gut aussehend, gut gemeint, gut versorgt.* Dagegen werden Formen, bei denen das Adjektiv nicht steigerbar oder erweiterbar ist, zusammengeschrieben: *gutschreiben* (= anrechnen), *gutmachen.* § 34 E3 (3), § 34 (2.2)

gut ge|hen (*alt:* gut|ge|hen) *intr. 47*
gut ge|launt (*alt:* gut|ge|launt)
gut ge|meint (*alt:* gut|ge|meint)
gut|gläu|big; ein gutgläubiger Mensch
gut|ha|ben *tr. 60* zu fordern haben; einen Geldbetrag bei jmdm. g.; vgl. gut
Gut|ha|ben *n. 7*
gut|hei|ßen *tr. 65* billigen; einen Plan g.
Gut|heit *f. 10 nur Sg.*
gut|her|zig
Gut|her|zig|keit *f. 10 nur Sg.*
Gu|ti *n. 9, bair.:* Bonbon
gü|tig
güt|lich; sich an etwas g. tun: sich etwas schmecken lassen; sich g. einigen
gut|ma|chen *tr. 1;* ein Unrecht g.; wir müssen sehen, dass sich dabei etwas g. lässt: dass dabei ein Vorteil für uns herausspringt; er hat sich dabei einiges gutgemacht: einiges Geld für sich beiseite gebracht; vgl. gut
gut|mü|tig
Gut|mü|tig|keit *f. 10 nur Sg.*
gut|nach|bar|lich
gut|sa|gen *intr. 1;* für jmdn. oder für eine Geldsumme g.: bürgen, einstehen; vgl. gut
Guts|be|sit|zer *m. 5*
Gut|schein *m. 1*
gut|schrei|ben *tr. 127* als Guthaben aufschreiben; jmdm. einen Betrag g.; vgl. gut
Gut|schrift *f. 10; Ggs.:* Lastschrift
Gut|sel *n. 14, bair.:* Bonbon
Guts|herr *m. Gen.* -(e)n *Pl.* -en
Guts|herr|schaft *f. 10*
Guts|hof *m. 2*
gut si|tu|iert (*alt:* gut|si|tu|iert)
Guts|le *n. 5, schwäb.:* kleines Gebäck
Gut|ta|per|cha [mal.] *f. Gen. - oder n. Gen.* -(s) *nur Sg.* gummiähnlicher Stoff aus dem Milchsaft südasiatischer Bäume, gutes Isoliermaterial

Gut|tat *f. 10*
gut|tä|tig
Gut|temp|ler *m. 5* Angehöriger des Guttemplerordens
Gut|temp|ler|or|den *m. 7 nur Sg.* 1825 in New York gegründeter Orden, der den Alkoholgenuss bekämpft
gut tun (*alt:* gut|tun) *intr. 167*
gut|tu|ral [lat.] in der Kehle gebildet, kehlig
Gut|tu|ral *m. 1*
Gut|tu|ral|laut *m. 1* = Gaumenlaut
gut un|ter|rich|tet (*alt:* gut|un|ter|rich|tet)
Gut|wet|ter|zei|chen *n. 7*
gut|wil|lig
Gut|wil|lig|keit *f. 10 nur Sg.*
Gu|ya|na, Gu|a|ya|na Staat im nördl. Südamerika
GWh *Abk. für* Gigawattstunde
Gym|kha|na [griech. + Hindi] *n. 9* sportlicher Geschicklichkeitswettbewerb
Gym|naes|tra|da *auch:* **Gym|naest|ra|da** [griech.-span.] *f. 9* Weltturnfest
gym|na|si|al [griech.] zu einem Gymnasium gehörig, durch ein Gymnasium vermittelt
Gym|na|si|al|bil|dung *f. 10 nur Sg.*
Gym|na|si|al|leh|rer *m. 5*
Gym|na|si|ast *m. 10*
Gym|na|si|um [griech.] *n. Gen. -s Pl.* -si|en **1.** *im Altertum:* Anlage für Leibesübungen, später auch Pflegestätte geistiger Bildung; **2.** *19. und 20. Jh.:* höhere Schule mit Latein und Griechisch; **3.** *heute in der BR Dtld., Österr. und der Schweiz:* jede höhere Schule mit der Reifeprüfung als Abschluss
Gym|nast *m. 10, im Altertum:* Lehrer im Gymnasium
Gym|nas|tik *f. 10 nur Sg.* Körperübung durch rhythmische Bewegungen
Gym|nas|ti|ker *m. 5* jmd., der Gymnastik betreibt
Gym|nas|tin *f. 10* Lehrerin für Gymnastik
gym|nas|tisch
Gym|no|sper|me [griech.] *f. 11* = Nacktsamer; *Ggs.:* Angiosperme
Gy|nä|kei|on [griech.] *n. Gen. -s Pl.* -kei|en, Gy|nä|ze|um *n. Gen. -s Pl.* -ze|en altgriech. Frauengemach
Gy|nä|ko|kra|tie *f. 11* »Weiberherrschaft«, Matriarchat
Gy|nä|ko|lo|ge [griech.] *m. 11* Facharzt für Gynäkologie, Frauenarzt
Gy|nä|ko|lo|gie *f. 11 nur Sg.* Lehre von den Frauenkrankheiten, Frauenheilkunde; *Ggs.:* Andrologie
gy|nä|ko|lo|gisch
Gy|nä|ko|mas|tie *f. 11* weibl. Brustbildung bei Männern
Gy|nä|ko|pho|bie *f. 11 nur Sg.* Abneigung gegen, Scheu vor Frauen
Gyn|an|der *auch:* **Gy|nan|der** [griech.] *m. 5* Tier, das die Merkmale der Gynandrie (2) aufweist
Gyn|an|drie *auch:* **Gy|nand|rie** *f. 11 nur Sg.* **1.** Ausbildung weiblicher Geschlechtsmerkmale beim Mann; *Ggs.:* Androgynie; **2.** Auftreten von männlichen und weiblichen Merkmalen beim selben Tier, Scheinzwittrigkeit, Gynandrismus, Gynandromorphismus
gyn|an|drisch *auch:* **gy|nand|risch** scheinzwittrig (von Tieren)
Gyn|an|dris|mus *auch:* **Gy|nand|ris|mus, Gyn|an|dro|mor|phis|mus** *auch:* **Gy|nand|ro|mor|phis|mus** *m. Gen. - nur Sg.* = Gynandrie (2)
Gyn|an|thro|pos *auch:* **Gy|nanth|ro|pos** *m. Gen. - Pl.* -poi *oder* -thro|pen, *veraltet:* Zwitter
Gy|nä|ze|um *n. Gen. -s Pl.* -ze|en **1.** = Gynäkeion; **2.** Gesamtheit der weiblichen Blütenteile
Gy|ro|man|tie [griech.] *f. 11 nur Sg.* Wahrsagen aus magischen Kreisen
Gy|ro|me|ter *n. 5* Gerät zum Messen der Drehgeschwindigkeit
Gy|ros *m. Gen. - nur Sg.* gegrillte Fleischstreifen
Gy|ro|skop *auch:* **Gy|ros|kop** *n. 1* Gerät zum Nachweis der Drehung der Erde um ihre Achse
gy|ro|sko|pisch *auch:* **gy|ros|ko|pisch**
Gy|rus *m. Gen. - Pl.* -ri, *Med.:* Gehirnwindung

h **1.** ^{h} *Zeichen für* hora (Stunde); 10^{h} = 10 Uhr; **2.** *Abk. für* h-Moll
h *Zeichen für* das plancksche Wirkungsspektrum
H **1.** *chem. Zeichen für* Hydrogenium (Wasserstoff); **2.** *Abk. für* Henry; **3.** *Abk. für* H-Dur; **4.** *Kfz-Kennzeichen für* Ungarn (Hungaria)
ha *Abk. für* Hektar
h. a. *Abk. für* hoc anno, huius anni
Haag, Den ndrl. Stadt, Residenz des Königshauses, Regierungssitz; in Den Haag *oder:* im Haag
Haa|ger *m. 5*
Haar *n. 1*
Haar|aus|fall *m. 2*
Haar|balg *m. 2*
Haar|breit *n. Gen. - nur Sg.;* er wich nicht um ein Haarbreit zurück
Haar|bürs|te *f. 11*
Haard *f. Gen. -* Hügellandschaft in Nordrhein-Westfalen
Haardt, Hardt *f. Gen. -* Landschaft in Rheinland-Pfalz
haa|ren **1.** *intr. 1* Haare verlieren; die Decke haart; **2.** *refl. 1* das Haarkleid wechseln; der Hund haart sich
Haar|er|satz *m. 2* Perücke
Haa|res|brei|te *f., nur in der Wendung* um H.
haar|fein
Haar|fes|ti|ger *m. 5*
Haar|garn *n. 1* Garn aus Haaren von Kuh, Ziege oder Pferd, vermischt mit Wolle oder Baumwolle für Teppiche
Haar|ge|fäß *n. 1* Kapillare (1)
haar|ge|nau
haa|rig **1.** voller Haare, mit Haaren besetzt; **2.** *ugs.:* schlimm, unangenehm, heikel
Haar|kleid *n. 3*
haar|klein, etwas h. erzählen: ganz genau
Haar|künst|ler *m. 5*
Haar|lem ndrl. Stadt; vgl. Harlem
Haar|le|mer *m. 5*
Haar|ling *m. 1* Schmarotzer im Pelz von Säugetieren
haar|los
Haar|na|del|kur|ve [-və] *f. 11* spitze Kurve
Haar|pfle|ge *f. 11 nur Sg.*
Haar|pin|sel *m. 5*
Haar|pracht *f. 11 nur Sg.*
Haar|pu|der *m. 5*
Haar|raub|wild *n. Gen. -(e)s nur Sg.* die zum Raubwild gehörenden Säugetiere
Haar|riss (*alt:* Haar|riß) *m. 1* haarfeiner Riss
Haar|röhr|chen *n. 7* Kapillare (2)
haar|scharf
Haar|schmuck *m. Gen. -(e)s nur Sg.*
Haar|schnei|der *m. 5*
Haar|schnitt *m. 1*
Haar|sieb *n. 1* sehr feines Sieb
Haar|spal|ter *m. 5*
Haar|spal|te|rei *f. 10* allzu genaue, für die Sache nicht notwendige Erklärung
Haar|spray [-sprɛı] *n. 9*
Haar|stern *m. 1* ein Meerestier, Seelilie
Haar|strang *m. Gen. -(e)s nur Sg.* ein Doldengewächs, Wiesenpflanze
haar|sträu|bend
Haar|strich *m. 1, beim Schreiben:* Strich nach oben; *Ggs.:* Grundstrich
Haar|was|ser *n. 6*
Haar|wild *n. Gen. -(e)s nur Sg.; Sammelbez. für* alle zum Wild gehörenden Säugetiere
Haar|wuchs [-ks] *m. Gen. -es nur Sg.*
Haar|wur|zel *f. 11*
Hab *n., nur in der Wendung* Hab und Gut
Ha|ba|ne|ra [nach der kubanischen Hauptstadt Habana (Havanna)] *f. 9* ruhiger kubanisch-spanischer Tanz
Ha|be *f. 11 nur Sg.*
Ha|be|as|kor|pus|ak|te [lat. »du habest den Körper«] *f. 11 nur Sg.* engl. Staatsgrundgesetz von 1679, nach dem niemand ohne behördlichen Haftbefehl und nicht länger als zwei Tage ohne Verhör inhaftiert werden darf
ha|ben **1.** *tr. 60;* habt Acht! *österr.:* stillgestanden!, ich hab's!; ich habe noch zu arbeiten; **2.** *refl. 60, ugs.:* sich zieren, zimperlich sein; hab dich nicht so!; **3.** *refl. 60, unpersönl., in den Wendungen* und damit hat sich's: und damit ist es erledigt; hat sich was!: keine Rede, kommt gar nicht in Frage!
Ha|ben *n. Gen. -s nur Sg.* Gesamtheit der Einnahmen, Guthaben; Soll und Haben *Buchführung:* Ausgaben und Einnahmen
Ha|be|nichts *m. 1, Gen. auch: -*
Ha|ben|sei|te *f. 11, Buchführung:* Seite im Kontobuch mit den Einnahmen
Ha|ber *m. 5 nur Sg., süddt., österr. für* Hafer
Ha|be|rer *m. 5, österr., derb:* Liebhaber, Freund
Ha|ber|feld|trei|ben *n. Gen. -s nur Sg., früher in Bayern und Tirol:* bäuerliches Volksgericht mit Strafpredigt (seltener auch Prügeln)
Ha|ber|geiß *f. 10, bair., österr.* **1.** Nachtgespenst mit Tiermaske; **2.** letzte Garbe auf dem Feld
Hab|gier *f. Gen. - nur Sg.*
hab|gie|rig
hab|haft; jmds. h. werden: jmdn. fangen, ergreifen, erwischen; einer Sache h. werden: sie erlangen, bekommen
Ha|bicht *m. 1* ein Greifvogel
Ha|bichts|na|se *f. 11* gebogene Nase
ha|bil [lat.] *veraltet:* geschickt, gewandt, fähig
ha|bil. vgl. Dr. habil.
Ha|bi|li|tand *m. 10* jmd., der zur Habilitation zugelassen wird
Ha|bi|li|ta|ti|on *f. 10* Erwerb der Lehrbefugnis an einer Hochschule
Ha|bi|li|ta|ti|ons|schrift *f. 10*
ha|bi|li|tie|ren *refl. 3* die Lehrbefugnis erwerben
Ha|bit [frz.] *n. 1 oder m. 1* **1.** Amtstracht; **2.** wunderliche Kleidung; **3.** [hæbıt, engl.] *n. 9 oder m. 9, Psych.:* Fähigkeit, auf Grund von Signalen aus der Umwelt bestimmte Handlungen auszuführen; **4.** Gelerntes, Gewohnheit
Ha|bi|tu|a|li|sie|rung [lat.] *f. 10* Ausbildung von Gewohnheiten
Ha|bi|tué [(h)abitye, frz.] *m. 9, veraltet:* ständiger Besucher, Stammgast
ha|bi|tu|ell **1.** auf dem Habitus beruhend; **2.** gewohnheitsmäßig, häufig wiederkehrend
Ha|bi|tus [lat.] *m. Gen. - nur Sg.* **1.** äußere Erscheinung, Gestalt, Aussehen; **2.** Haltung, Benehmen; **3.** Gesamtheit der für ein Tier oder eine Tiergruppe cha-

rakterist. Merkmale; **4.** Besonderheiten an einem Menschen, die auf die Neigung zu bestimmten Krankheiten hindeuten
hab|lich *schweiz.:* wohlhabend
Habs|burg *f. Gen.* - Burg im Schweizer Kanton Aargau, Stammsitz der Habsburger
Habs|bur|ger *m. 5* Angehöriger eines dt. Fürstengeschlechts
habs|bur|gisch
Hab|schaft *f. 10, veraltet:* Habe
Hab|se|lig|keit *f. 10 meist Pl.* Habe, Besitztum (von geringem Wert)
Hab|sucht *f. Gen. - nur Sg.*
hab|süch|tig
Habt|acht|stel|lung *f. 10 nur Sg., österr.:* straffe, bewegungslose Stellung nach dem Kommando »Habt Acht!«
Háček [hatʃɛk, tschech. »Häkchen«], Hatschek *n. 9 (Zeichen:* ˇ) *in slaw. Sprachen:* Zeichen über dem c oder z zur Aussprache wie [tʃ] bzw. [ʒ] oder über dem r wie [rʒ] oder [rʃ]
Ha|chel *n. 5 oder f. 11, österr.:* Küchenhobel
ha|cheln *tr. 1, österr.:* hobeln (Gemüse)
Ha|chse [-ks-] *f. 11* = **Ha|xe**
Hack|bank *f. 2* Hackklotz (des Metzgers)
Hack|bau *m. Gen.* -(e)s *nur Sg.* Ackerbau mit der Hacke
Hack|beil *n. 1*
Hack|bra|ten *m. 7*
Hack|brett *n. 3* meist trapezförmiges Saiteninstrument, das mit Holzhämmerchen geschlagen wird
Ha|cke *f. 11* **1.** *auch:* **Ha|cken** *m. 7, ugs.:* Ferse; **2.** Werkzeug zum Hacken
ha|cken *tr. 1*
Ha|cken *m. 7* = **Ha|cke** (1)
Ha|cken|trick *m. 9, Fußball:* Spielen des Balls mit dem Hacken
Ha|cke|pe|ter *m. 5, ugs.:* Gericht aus gewürztem, rohem Schweinehack
Ha|cker *m. 5* **1.** *auch:* **Hä|cker** Weinbergarbeiter; **2.** [hɛkə(r), engl.] jmd., der sich über ein Datenfernübertragungsnetz unerlaubt in ein fremdes Computersystem einschaltet
Hä|cker|ling *m. 1 nur Sg.* Häcksel
Hack|fleisch *n. Gen.* -(e)s *nur Sg.*
Hack|frucht *f. 2* Ackerfrucht, deren Boden regelmäßig gehackt werden muss, z. B. Kartoffel, Rübe
Hack|klotz *m. 2*
Hack|mes|ser *n. 5*
Häck|sel *n. oder m. 5 nur Sg.,* klein geschnittenes Stroh, Häckerling
Häck|se|ler, Häcks|ler *m. 5* Häckselmaschine
Hạddsch *m. Gen. - nur Sg.* s. **Hadsch**
Ha|der *m. 5 nur Sg.* Zank, Streit
Ha|der|lump *m. 10, bair., österr.:* Lump, Nichtsnutz
Ha|dern *m. Gen. - Pl.* - **1.** *bair., österr.:* Scheuerlappen; **2.** *Pl.* Lumpen, Stofffetzen
ha|dern *intr. 1;* ich hadere, hadre mit ihm
Ha|des *griech. Myth.* **1.** Gott der Unterwelt; **2.** *m. Gen. - nur Sg.* Unterwelt
Hadsch [arab.], Haddsch *m. Gen. - nur Sg.* Pilgerfahrt (des Muslims) nach Mekka
Ha|dschi *auch:* **Had|schi** *m. 9* Mekkapilger
Haem|oc|cult-Test® *auch:* **Hae|moc|cult-Test** *m. 1 oder m. 9* Blutuntersuchung zur Krebsvorsorge
Ha|fen *m. 8* **1.** geschützter Anlegeplatz für Schiffe; **2.** *süddt., österr.:* (bes. irdener) Topf
Hä|fen *n. 8, österr., ugs.:* Gefängnis
Ha|fer *m. 5 nur Sg.* eine Getreidepflanze
Ha|fer|flo|cken *Pl.*
Ha|ferl, Hä|ferl *n. 14, österr.:* Töpfchen
Hä|ferl|gu|cker *m. 5, österr.:* (aufs Essen) neugieriger Mensch
Ha|ferl|schuh *m. 1* Halbschuh mit seitl. Schnürung
Haff *n. 9* durch eine Nehrung vom Meer fast ganz getrennter Strandsee
Haf|lin|ger *m. 5* eine Pferderasse
Haf|ner *(schweiz.),* **Häf|ner** *m. 5, süddt., österr.:* Töpfer, Ofensetzer
Haf|ne|rei *f. 10* Töpferei, Ofensetzerei
Haf|ni|um [zu neulat. Hafnia »Kopenhagen«, dem Entdeckungsort] *n. Gen.* -s *nur Sg. (Zeichen:* Hf) chem. Element, ein Metall
Haft *f. 10 nur Sg.*
Haft|an|stalt *f. 10*
haft|bar
Haft|bar|keit *f. 10 nur Sg.*
Haft|be|fehl *m. 1*
Haf|tel *n. 14, süddt., österr.:* Haken (zur Öse)
häf|teln *tr. 1* mit einem Haftel schließen
haf|ten *intr. 2;* an etwas h.: festkleben; für jmdn. h.: bürgen, einstehen; haften bleiben
haf|ten blei|ben (*alt:* haf|ten|blei|ben) *intr. 17*
Haft|ent|las|sung *f. 10*
Haft|frist *f. 10*
Haft|glä|ser *Pl.* Haftschalen
Häft|ling *m. 1*
Haft|pflicht *f. 10 nur Sg.*
haft|pflich|tig
Haft|pflicht|ver|si|che|rung *f. 10*
Haft|psy|cho|se *f. 11*
Haft|scha|len *Pl.* dünne (Kunststoff-)Linsen, die anstelle einer Brille direkt auf dem Augapfel getragen werden, Haftgläser, Kontaktgläser, Kontaktlinsen, Kontaktschalen
Haft|stra|fe *f. 11*
Haf|tung *f. 10 nur Sg.*
Haft|ze|her *m. 5* Gecko
Hag *m. 1* **1.** *urspr.:* eingefriedigtes Grundstück; **2.** *noch poet.:* Hain, umgrenztes Wäldchen
Ha|ga|na(h) [hebr. »Schutz«] *f. Gen. - nur Sg.* **1.** *urspr.:* jüd. Selbstschutzorganisation; **2.** *in Palästina:* Untergrundorganisation, Vorläufer der israel. Armee
Ha|ge|bu|che *f. 11* Hainbuche
Ha|ge|but|te *f. 11* Frucht der Rose
Ha|ge|but|ten|tee *m. 9*
Ha|ge|dorn *m. 1* Weißdorn
Ha|gel *m. 5 nur Sg.*
ha|gel|dicht
Ha|gel|korn *n. 4*
ha|geln *intr. 1, unpersönl.;* es hagelt
Ha|gel|schlag *m. 2*
Ha|gel|schnur *f. 2* Eiweißstrang am Dotter des Vogeleis
Ha|gel|ver|si|che|rung *f. 10*
Ha|gen männl. Vorname
ha|ger
Ha|ger|keit *f. 10 nur Sg.*
Ha|ge|stolz [eigtl.: Besitzer eines Hags] *m. 1* alter Junggeselle
Hag|ga|da(h) [hebr.] *f. Gen. - Pl.* -doth erbaulich-belehrende Erläuterung von Bibelstellen im Talmud
Ha|gia So|phia *f. Gen.* - byzantinische Kirche in Istanbul
Ha|gi|o|graph *auch:* **Ha|gi|o|graf** [griech.] *m. 10* Verfasser von Hagiographien
Ha|gi|o|gra|phie *auch:* **Ha|gi|o|gra|fie** *f. 11* Lebensbeschreibung eines Heiligen
ha|gi|o|gra|phisch *auch:* **ha|gi|o|gra|fisch**

Ha|gi|o|la|trie *auch:* **Ha|gi|o|lat|rie** *f. 11 nur Sg.* Verehrung von Heiligen
Ha|gi|o|lo|gie *f. 11 nur Sg.* Lehre von den Heiligen
Ha|gi|o|lo|gi|um, Ha|gi|o|lo|gi|on *n. Gen.* -s *Pl.* -gi|en Buch mit Lebensbeschreibungen von Heiligen
Hä|her *m. 5* ein Rabenvogel
Hahn *m. 2, in der techn. Fachspr. auch m. 12*
Hähn|chen *n. 7*
Hah|nen|bal|ken *m. 7* oberster Querbalken im Sparrendach
Hah|nen|fuß *m. Gen.* -es *nur Sg.* eine Wiesenblume
Hah|nen|kamm **1.** *n. Gen.* -s Berg bei Kitzbühel; **2.** *m. 2* eine Zierpflanze
Hah|nen|kampf *m. 2*
Hah|nen|schrei *m. 1*
Hah|nen|tritt *m. 1 nur Sg.* **1.** Keimscheibe im Eidotter; **2.** fehlerhafte Gangart des Pferdes; **3.** der Fußspur des Hahns ähnliches Stoffmuster
Hähn|lein *n. 7*
Hahn|rei *m. 1* betrogener Ehemann
Hahn|rei|schaft *f. 10 nur Sg.*
Hai *m. 1* ein Raubfisch
Hai|duck *m. 10* s. **Hei|duck**
Hai|fisch *m. 1*
Hai|ku [jap.] *n. 9 oder Gen. - Pl. -* dreizeiliges jap. Gedicht aus 17 Silben
Hai|mons|kin|der *Pl.* **1.** *in der karolingischen Sage:* die Kinder des Grafen Haimon; **2.** *übertr.:* treue Geschwister oder Freunde
Hain *m. 1* kleiner, lichter Wald
Hain|bu|che *f. 11* ein Laubbaum, Hagebuche, Weißbuche
Hain|bund *m. 2 nur Sg., eigtl.:* Göttinger Hain, Dichterbund (1772-1774)
Hain|lei|te *f. Gen. -* Höhenzug in Thüringen
Hair|sty|list (*alt:* Hair Sty|list) [hɛrstaılist, engl.] *m. 1*
Ha|i|ti **1.** *früher für* die Karibikinsel Hispaniola; **2.** Staat im Westen der Insel Hispaniola
Ha|i|ti|a|ner, Ha|i|ti|er *m. 5* Bewohner von Haiti
ha|i|ti|a|nisch, ha|i|tisch
Ha|i|ti|enne [-tjɛn, nach Haiti] *f. Gen. - nur Sg.* ein taftähnlicher Seidenrips
Ha|i|ti|er *m. 5*
ha|i|tisch
Häk|chen *n. 7*
Hä|ke|lei *f. 10* **1.** Häkelarbeit; **2.** *ugs.:* leichter Streit
hä|keln **1.** *tr. 1;* **2.** *refl. 1, ugs.:* sich harmlos streiten
Hä|kel|na|del *f. 11*
ha|ken *tr. u. intr. 1*
Ha|ken *m. 7*
Ha|ken|büch|se [-ks-] *f. 11* Arkebuse
Ha|ken|kreuz *n. 1*
Ha|ken|na|se *f. 11*
ha|kig
Ha|ken|wurm *m. 4*
Ha|kim [auch: -kim, arab.], He|kim *m. 9* Gelehrter, Arzt, Richter (im Nahen Osten)
Ha|la|li [auch: -la-, frz.] *n. 9* Jagdsignal; H. blasen

etwas Halbes, halbleinen, halb leer: Als Adjektiv/Adverb wird *halb* kleingeschrieben: *in einer halben Woche, zum halben Preis, halb acht (Uhr), halb und halb.* Das substantivierte Adjektiv wird großgeschrieben: *etwas Halbes.* § 57 (1)
Zusammensetzungen des Adverbs *halb* mit einem Adjektiv schreibt man zusammen, wenn *halb* als bedeutungsmindernd verstanden wird: *halbamtlich, halbleinen, halbseiden.* § 36 (5)
Ansonsten gelten mehrteilige Ausdrücke mit *halb* als getrennt zu schreibende Wortgruppen *(halb leer, halb nackt, halb offen, halb voll)* mit der Einschränkung, dass Getrennt- oder Zusammenschreibung möglich ist, wenn nicht eindeutig erkennbar ist, ob es sich um eine Wortgruppe (*halb gar*) oder eine Zusammensetzung handelt (*halbgar*). § 36

halb; halb eins; die Uhr zeigt, schlägt halb (eins, zwei usw.); der Zeiger steht auf halb; die Uhr schlägt um voll und halb (jeder Stunde); 5 Minuten vor, nach halb (eins usw.); halb und halb; halb lachend, halb weinend; halb sitzend, halb stehend; halb gares *oder:* halbgares Fleisch; ein halb leeres Haus; ein halb nacktes Kind; das Kind ist halb nackt; das halb offene Hemd; das Hemd ist halb offen; das halb reife *oder:* halbreife Obst; ein halb totes Wesen; halb verhungerte Tiere; die Tiere sind halb verhungert; eine halb volle Tasse; die Tasse ist halb voll; in halb wachem Zustand; sie ist erst halb wach; eine halbe Stunde; alle, jede halbe Stunde; alle halben Stunden; eine und eine halbe Stunde; *aber:* eineinhalb Stunde(n); ein halbes (*oder:* ein halb) Dutzend; das ist nichts Halbes und nichts Ganzes
Halb|af|fe *m. 11*
halb|amt|lich nicht offiziell von einem Amt herausgegeben, offiziös; eine halbamtliche Nachricht; *aber:* ich stelle die Frage halb amtlich, halb persönlich
halb|bat|zig *schweiz. für* halbherzig
Halb|bau|er *m. 11, veraltet:* Kleinbauer
Halb|bil|dung *f. 10 nur Sg.*
halb|bit|ter
Halb|blut *n. Gen.* -(e)s *nur Sg.* **1.** Mischling; **2.** Kreuzung aus einem Vollbluttier und einem unveredelten Tier
Halb|blü|ter *m. 5* s. **Halb|blut** (2)
Halb|blü|ti|ge(r) *m. 18 (17) bzw. f. 17 oder 18* s. **Halb|blut** (1)
Halb|bru|der *m. 6* Bruder, mit dem man nur einen Elternteil gemeinsam hat
halb|bür|tig einen Elternteil gemeinsam habend
halb|dun|kel
Halb|dun|kel *n. Gen.* -s *nur Sg.*
hal|be-hal|be *ugs.:* zur Hälfte; halbe-halbe machen: den Gewinn oder Verlust zur Hälfte miteinander teilen
hal|ber *Präp. mit Gen.:* wegen, um … willen; ich muss dringender Geschäfte halber verreisen; der Übersicht halber
…hal|ber *in Zus.,* z. B. geschäftehalber, krankheitshalber, umständehalber
Halb|fa|bri|kat *auch:* **Halb|fab|ri|kat** *n. 1*
Halb|fa|yence *auch:* **Halb|fay|ence** [-fajãs] *f. 11* Mezzamajolika
halb|fett; eine halbfette Druckschrift
Halb|fi|na|le *n. 5, Sport:* Vorschlussrunde, Semifinale
Halb|franz *n. Gen. - nur Sg.* Bucheinband mit Lederrücken und -ecken, Halbleder
Halb|franz|band *m. 2* in Halbfranz gebundenes Buch; vgl. Franzband
halb|gar *auch:* **halb gar**

halb|ge|bil|det
Halb|ge|bil|de|te(r) *m. 18 (17) bzw. f. 17 oder 18*
Halb|ge|fro|re|ne(s) *n. 18 (17)*
Halb|ge|schwis|ter *nur Pl.* Geschwister mit nur einem gemeinsamen Elternteil
Halb|gott *m. 4*
Halb|heit *f. 10*
halb|her|zig
hal|bie|ren *tr. 3*
Hal|bie|rung *f. 10*
Halb|in|sel *f. 11*
Halb|jahr *n. 1*
Halb|jah|res|ver|trag *m. 2*
halb|jäh|rig ein halbes Jahr alt oder dauernd
halb|jähr|lich jedes halbe Jahr, alle halben Jahre; die Zeitschrift erscheint h.
Halb|jahrs|ver|trag, Halb|jah|res|ver|trag *m. 2*
Halb|kan|ton *m. 1* Teilgliedstaat der Schweiz
Halb|kreis *m. 1*
Halb|ku|gel *f. 11*
halb|lang
halb|laut
Halb|le|der *n. Gen.* -s *nur Sg.* Halbfranz
Halb|le|der|band *m. 2*
halb leer (*alt:* halb|leer)
halb|lei|nen aus Leinen und Baumwolle
Halb|lei|nen *n. Gen.* -s *nur Sg.* **1.** Gewebe aus Leinen und Baumwolle, Halbleinwand; **2.** Bucheinband aus papierbezogenem Karton mit Leinenrücken
Halb|lei|nen|band *m. 2*
Halb|lein|wand *f. Gen. - nur Sg.* Halbleinen (1)
Halb|lei|ter *m. 5* chem. Stoff, der eine temperaturabhängige elektr. Leitfähigkeit besitzt
Halb|licht *n. Gen.* -(e)s *nur Sg.* Dämmerung; im H.
Halb|lin|ke(r) *m. 18 (17)* s. **Halb|links**
halb|links *Sport; aber:* halb links: zwischen links und geradeaus
Halb|links *m. Gen. - nur Sg., Fußball:* Stürmer zwischen Mittelstürmer und Linksaußen
halb|mast bis zur halben Höhe des Mastes (emporgezogen); die Fahne h. *oder:* auf h. setzen; h. *oder:* auf h. flaggen
Halb|mes|ser *m. 5* Radius
Halb|me|tall *n. 1* chem. Element mit teils metall., teils nichtmetall. Eigenschaften
Halb|mo|nats|schrift *f. 10*
Halb|mond *m. 1*
halb nackt (*alt:* halb|nackt)
halb of|fen (*alt:* halb|of|fen)
halb|part; h. machen: den Gewinn gleichmäßig zu zweit teilen
Halb|pen|si|on *f. Gen. - nur Sg.* Übernachtung mit Verpflegung morgens und mittags (oder abends)
Halb|pro|dukt *n. 1* Halbfabrikat
Halb|rech|te(r) *m. 18 (17)* s. **Halb|rechts**
halb|rechts *Sport; aber:* halb rechts: zwischen rechts und geradeaus
Halb|rechts *m. Gen. - nur Sg., Fußball:* Stürmer zwischen Mittelstürmer und Rechtsaußen
halb|reif = **halb reif**
halb|rund halbkreisförmig
Halb|rund *n. Gen.* -s *nur Sg.;* im H. stehen, sitzen
Halb|schat|ten *m. 7 nur Sg.*
Halb|schlaf *m. Gen.* -s *nur Sg.*
Halb|schuh *m. 1*
Halb|schwer|ge|wicht *n. 1 nur Sg., früher im Boxen:* eine Gewichtsklasse
Halb|schwes|ter *f. 11* Schwester, mit der man nur einen Elternteil gemeinsam hat
Halb|sei|de *f. 11* Gewebe aus Seide und anderem Material
halb|sei|den **1.** aus Halbseide; ein halbseidenes Tuch; *aber:* ein halb seidenes, halb wollenes Tuch; **2.** *übertr. ugs.:* eine Neigung zur Halbwelt aufweisend, unseriös
halb|sei|tig
Halb|star|ke(r) *m. 18 (17), ugs.:* Halbwüchsiger mit rüdem Benehmen
halb|stün|dig eine halbe Stunde dauernd
halb|stünd|lich jede halbe Stunde, alle halben Stunden
halb|tä|gig einen halben Tag dauernd
halb|täg|lich jeden halben Tag, alle zwölf Stunden
Halb|tags|ar|beit *f. 10*
Halb|teil *n. 1, selten für* Hälfte
Halb|ton *m. 2* **1.** kleinste Tonstufe der diaton. Tonleiter; **2.** gebrochener Farbton, der den Übergang zwischen Hell und Dunkel bildet
halb tot (*alt:* halb|tot)
Halb|to|ta|le *f. 10*
halb|tro|cken; ein halbtrockener Weißwein
halb ver|hun|gert (*alt:* halb|ver|hun|gert)
halb voll (*alt:* halb|voll)
halb wach (*alt:* halb|wach)
Halb|wai|se *f. 11*
halb|wegs *ugs.:* einigermaßen
Halb|welt *f. 10 nur Sg.*
Halb|welt|da|me *f. 11*
Halb|wert(s)|zeit *f. 10* Zeit, in der die Hälfte der Atome einer radioaktiven Substanz zerfällt
Halb|wol|le *f. 11*
halb|wol|len
halb|wüch|sig [-ks-] noch nicht ganz erwachsen
Halb|wüch|si|ge(r) [-ks-] *m. 18 (17) bzw. f. 17 oder 18*
Halb|zeit *f. 10* halbe Spielzeit
Halb|zeug *n. 1*
Hal|de *f. 11* **1.** Abhang; **2.** aus Geröll, Schlacken, Schutt o. Ä. aufgeschütteter Hügel
Ha|léř [halɛːrʃ, tschech.] *m. Gen. - Pl.* - tschech. Währungseinheit, 1/100 Krone, Heller
Hal|fa|gras *n. 4 nur Sg.* = Esparto
Half|back (*alt:* Half-back) [hafbæk, engl.] *m. 9, Fußball, schweiz.:* Läufer
Half|court *auch:* **Half Court** (*alt:* Half court) [hafkɔːt] *m. 9, Tennis:* der dem Netz am nächsten gelegene Teil des Spielfeldes
Half|pipe *auch:* **Half Pipe** [hafpaɪp] Vorrichtung zum Skateboard- oder Snowboardfahren in Form einer längs halbierten Röhre
Hälf|te *f. 11;* bessere H. *ugs. scherzh.:* Ehepartner
hälf|ten *tr. 2, selten:* halbieren
Half|ter **1.** *n. 5* Zaum ohne Gebissteil; **2.** *f. 11* Pistolentasche im Sattel
hälf|tig zur Hälfte
Half|time *auch:* **Half Time** (*alt:* Half-Time) [haftaɪm, engl.] *f. 9, Fußball, schweiz.:* Halbzeit
Ha|lid [griech.] *n. 1* s. **Ha|lo|ge|nid**
Ha|lit *m. 1, Sammelbez. für* Salzgestein, *i. e. S.:* Steinsalz
hal|ky|o|nisch s. **al|ky|o|nisch**
Hall **1.** *m. 1* Schall, Klang, Widerhall, Echo; **2.** [hɔl, engl.] *f. 9, engl. Bez. für* große Diele, Vorraum, Halle
Hal|le *f. 11*
Hal|le Stadt in Sachsen-Anhalt
hal|le|lu|ja(h) [hebr. »lobt Gott«]
Hal|le|lu|ja(h) *n. 9* liturgischer Lob-, Freudengesang; ein H. anstimmen

H

hal|len *intr. 1* schallen, klingen
Hal|len|bad *n. 4*
Hal|len|kir|che *f. 11* Kirche mit mehreren gleich hohen Schiffen
Hal|len|ser *m. 5* Einwohner von Halle a. d. Saale
hal|len|sisch, hal|lesch, hal|lisch
Hal|len|sport *m. 1*
Hal|len|ten|nis *n. Gen. - nur Sg.*
Hal|ley-Ko|met [hælɛɪ-, engl.] *m. 10 nur Sg.*
Hal|lig *f. 10* kleine, meist nicht eingedeichte nordfriesische Insel aus Marschland
Hal|li|masch *m. 1* ein Blätterpilz
hal|lisch s. **hal|len|sisch**
Hall|jahr *n. 1* Jubiläums-, Feierjahr; vgl. Jubeljahr
hal|lo! [auch: -lo]
Hal|lo *n. 9* Aufregung, Lärm; es gab ein großes H., als …
Hal|lo|dri *auch:* **Hal|lod|ri** *m. 9, bair., österr.:* leichtsinniger Mensch
Hal|lo|re *m. 11* Mitglied der Salzbruderschaft in Halle
Hall|statt|zeit [nach dem Ort Hallstatt in Oberösterreich] *f. 10 nur Sg.* erste Stufe der Eisenzeit
Hal|lu|zi|na|ti|on [lat.] *f. 10* Sinnestäuschung ohne Reiz von außen, Wahnvorstellung
hal|lu|zi|na|tiv in der Art einer Halluzination, darauf beruhend
hal|lu|zi|nie|ren *intr. 3* eine Halluzination haben
Hal|lu|zi|no|gen *n. 1* Droge, die Halluzinationen hervorruft
Halm *m. 1*
Hal|ma [griech.] *n. Gen. -s nur Sg.* ein Brettspiel
Hälm|chen *n. 7*
Halm|frucht *f. 2* Getreidefrucht
Hälm|lein *n. 7*
Ha|lo [griech.] *m. Gen. -s Pl. -lo|nen* **1.** diffuser Ring, »Hof« um Sonne oder Mond infolge Lichtbrechung oder Reflexion; **2.** *Med.:* Augenring
ha|lo|gen [griech.] Salz bildend
Ha|lo|gen *n. 1* chem. Element, das ohne Hilfe von Sauerstoff mit Metallen Salze bildet
Ha|lo|ge|nid, Ha|lid, Ha|lo|id *n. 1* chem. Verbindung aus einem Halogen und einem anderen Element
ha|lo|ge|nie|ren *intr. 3* Salz bilden
Ha|lo|gen|schein|wer|fer *m. 5* mit einer Mischung aus Edelgas und Halogen gefüllter, lichtstarker (Auto-)Scheinwerfer
Ha|lo|id *n. 1* s. **Ha|lo|ge|nid**
Ha|lo|me|ter *n. 5* Gerät zum Bestimmen der Konzentration von Salzlösungen
Ha|lo|nen *Pl. von* Halo
ha|lo|niert umrändert (Augen)
Ha|lo|phyt *m. 10* Salzpflanze
Ha|lo|ther|me *f. 11* warme Salzquelle
Ha|lo|tri|chit *auch:* **Ha|lot|ri|chit** *n. 1* ein Mineral
Hals, *Frans* ndrl. Maler
Hals *m. 2;* Hals über Kopf abreisen; Hals- und Beinbruch! (Wunsch an jmdn., der eine Prüfung oder schwierige Unternehmung vor sich hat)
Hals|ab|schnei|der *m. 5* Betrüger
Hals|aus|schnitt *m. 1*
Hals|band *n. 4*
Hals|ber|ge *f. 11* Halsschutz an der Rüstung
Hals|bräu|ne *f. 11 nur Sg., volkstüml. für* Angina
hals|bre|che|risch; eine halsbrecherische Autofahrt
Häls|chen *n. 7*
Hal|se *f. 11, Seew.* **1.** Haltetau des Segels, Halsentau; **2.** untere vordere Ecke des Segels
Hals|ei|sen *n. 7* ein Folterwerkzeug, Halsfessel
hal|sen **1.** *tr. 1, veraltet:* umhalsen, umarmen; **2.** *intr. 1, Seew.:* beim Wenden des Schiffes das Segel auf die andere Seite drehen
Hal|sen|tau *n. 1, Seew.* Halse (1)
Hals|ent|zün|dung *f. 10*
Hals|ge|richt *n. 1, MA:* Gericht für Verbrechen, die mit dem Tode bestraft wurden, Hochgericht, hochnotpeinliches Gericht
Häls|lein *n. 7*
Hals-Na|sen-Oh|ren-Heil|kun|de *f. 11 nur Sg.* (*Kurzwort:* HNO-Heilkunde) Otorhinolaryngologie
Hals|schlag|a|der *f. 11*
hals|star|rig starrköpfig
Hals|star|rig|keit *f. 10 nur Sg.*
Hals- und Bein|bruch! vgl. Hals
Hals|wir|bel *m. 5*
halt *süddt., österr.:* eben, nun einmal; das ist halt nicht zu ändern; versuch halt, es zu vergessen

> **Halt/halt rufen:** Das Gefüge aus Substantiv und Verb wird getrennt geschrieben. Möglich ist Groß- oder Kleinschreibung: *Sie hat laut Halt/halt gerufen.* § 55 (4)

halt!; ein lautes Halt rufen, laut Halt rufen *oder:* halt rufen
Halt *m. 1;* keinen Halt finden, haben; Halt gebieten; einen Halt an jmdm. haben; Halt machen; das Signal stand auf Halt
halt|bar
Halt|bar|keit *f. 10 nur Sg.*
hal|ten *tr. u. intr. 61;* sich aufrecht halten; Nahrungsmittel kühl halten; an sich h.: sich beherrschen; da gab es kein Halten mehr; Halten verboten!; Maß halten; Hof halten; Haus halten *oder:* haushalten
Hal|te|punkt *m. 1*
Hal|ter *m. 5* **1.** Vorrichtung zum Befestigen; **2.** *österr.:* Hirt
Hal|ter|bub *m. 10, österr.:* Hirtenjunge
Hal|te|ren *Pl.* **1.** *im alten Griechenland:* zwei Gewichte, die der Weitspringer zum Verstärken des Schwungs in den Händen hielt; **2.** verkümmerte Hinterflügel (Schwingkölbchen) der Zweiflügler
Hal|te|rie|men *m. 7*
hal|tern *tr. 1* festmachen, befestigen; ich haltere es
Hal|te|rung *f. 10* Haltevorrichtung
Hal|te|stel|le *f. 11*
Hal|te|ver|bot *n. 1*
hal|tig *Bgb.:* Erz führend
...hal|tig, *österr. auch:* **...häl|tig** etwas enthaltend, z. B. salzhaltig, *österr. auch:* salzhältig
halt|los
Halt|lo|sig|keit *f. 10 nur Sg.*
Halt ma|chen (*alt:* halt|ma|chen) *intr. 1*
Hal|tung *f. 10*
Ha|lun|ke [tschech.] *m. 11* Betrüger, Schuft, Gauner
Häm [griech. »Blut«] *n. Gen. -s nur Sg.* Farbstoffanteil des Hämoglobins
Häm|ag|glu|ti|na|ti|on *auch:* **Hä|mag|glu|ti|na|ti|on** [griech. + lat.] *f. 10 nur Sg.* Verklumpung roter Blutzellen
Ha|ma|me|lis [griech.] *f. Gen. - nur Sg.* ein Zierstrauch, auch Heilpflanze, Zaubernuss
Ham and Eggs [hæm ənd ɛgz, engl.] *Pl., engl. Bez. für* gebratener Schinken und Spiegeleier
Häm|an|gi|om *auch:* **Hä|man|gi|om** [griech.] *n. 1* eine gutartige Blutgefäßgeschwulst
Häm|ar|thro|se *auch:* **Häm|arth|ro|se** *f. 11* Bluterguss in ein Gelenk

H

Hä|mat|e|me|sis *auch:* **Hä|ma|te|me|sis** *f. Gen. - nur Sg.* Bluterbrechen (z.B. bei Magengeschwür)
Hä|ma|tin *n. 1 nur Sg.* Bestandteil des roten Blutfarbstoffs
Hä|ma|ti|non *n. Gen. -s nur Sg.* durch mehrmaliges Erwärmen und Abkühlen rot gefärbtes Glas
Hä|ma|tit *m. 1* ein eisenreiches Mineral, Blutstein
Hä|ma|to|blas|ten *Pl.* s. **Hä|mo|blas|ten**
hä|ma|to|gen aus dem Blut stammend, blutbildend
Hä|ma|to|krit [griech.] *m. Gen.* -en *Pl.* -en **1.** *Phys.:* Anteil der roten Blutkörperchen am Volumen des Blutes; **2.** Glasröhrchen zum Messen des Verhältnisses der roten Blutkörperchen zum Blutplasma
Hä|ma|to|lo|gie *f. 11 nur Sg.* Lehre vom Blut
hä|ma|to|lo|gisch
Hä|ma|tom *n. 1* Bluterguss
Hä|ma|to|pha|ge *m. 11* blutsaugender Schmarotzer
Hä|ma|tor|rhö *f. 10* sehr starke Blutung, Blutsturz
Hä|ma|to|sper|mie *f. 11* s. **Hä|mo|sper|mie**
Hä|ma|to|zo|on *n. Gen.* -s *Pl.* -zo|en im Blut von Mensch oder Tier lebender, tierischer Schmarotzer
Hä|mat|u|rie *auch:* **Hä|ma|tu|rie** *f. 11* Ausscheidung von Blut im Harn
Ham|burg, Freie und Hansestadt **1.** dt. Stadt; **2.** dt. Bundesland
Ham|bur|ger *m. 5* **1.** Einwohner von Hamburg; **2.** [auch engl. hæmbə:gə(r)] in eine aufgeschnittene Semmel gelegte Rinderhackscheibe mit Ketschup u.Ä.
ham|bur|gern *intr. 1* Hamburger Dialekt sprechen; ich hamburgere
ham|bur|gisch
Hä|me *f. Gen. - nur Sg., ugs.:* hämisches Verhalten, hämische Freude, Schadenfreude; voller Häme: hämisch
Ha|men *m. 7* Netz mit Stiel zum Fischfang, Kescher
Hä|min *n. 1 nur Sg.* Salz des Hämatins
hä|misch hinterhältig, bösartig-boshaft, schadenfroh
Ha|mit [nach Ham, einem Sohn Noahs] *m. 10,* **Ha|mi|te** *m. 11* Angehöriger einer afrikanischen Völkergruppe
ha|mi|tisch
Ham|mel *m. 5* kastriertes männl. Schaf
Ham|mel|bein *n. 1, nur in der ugs. Wendung* jmdm. die Hammelbeine lang ziehen: jmdm. die Meinung sagen, jmdn. zurechtweisen
Ham|mel|sprung *m. 2 nur Sg.* ein Abstimmungsverfahren im Parlament, bei dem alle Abgeordneten den Saal verlassen und ihn, nach Ja- und Nein-Stimmen getrennt, durch verschiedene Türen wieder betreten
Ham|mer *m. 6*
häm|mer|bar (von Metallen)
Häm|mer|chen *n. 7*
Ham|mer|kla|vier [-vir] *n. 1* aus dem Cembalo entwickelter Vorläufer des Klaviers
Häm|mer|lein **1.** *n. 7* Hämmerchen; **2.** *m. 7,* Häm|mer|ling *m. 1* Kobold, Klopfgeist, böser Geist; Meister H.: der Teufel
Häm|mer|ling *m. 1* s. **Häm|mer|lein** (2)
häm|mern *tr. u. intr. 1;* ich hämmere, hämmre (es)
Ham|mer|wer|fen *n. Gen. -s nur Sg.*
Ham|mond|or|gel [hæmənd-, nach dem amerikan. Erfinder J. H. Hammond] *f. 11* elektromechan. Musikinstrument, Heimorgel
hä|mo..., Hä|mo... [griech.] *in Zus.:* blut ..., Blut ...
Hä|mo|blas|ten, Hä|ma|to|blas|ten *Pl.* Zellen des Knochenmarks, die Blutzellen bilden
Hä|mo|glo|bin *n. 1 nur Sg.* (*Abk.:* Hb) roter Blutfarbstoff
Hä|mo|ly|se *f. 11* Auflösung der roten Blutzellen (z.B. durch Giftstoffe)
Hä|mo|pa|thie *f. 11* Blutkrankheit
Hä|mo|phi|lie *f. 11* Bluterkrankheit
Hä|mor|rha|gie *f. 11* Blutung
hä|mor|rha|gisch auf Hämorrhagie beruhend, mit ihr einhergehend
hä|mor|rho|i|dal *auch:* **hä|mor|ri|dal** auf Hämorrhoiden beruhend
Hä|mor|rho|i|dal|kno|ten *auch:* **Hä|mor|ri|dal|kno|ten** *m. 7* einzelne Hämorrhoide
Hä|mor|rho|i|den *auch:* **Hä|mor|ri|den** *Pl.* knotenartige Erweiterung der Mastdarmvenen
Hä|mo|sper|mie, Hä|ma|to|sper|mie *f. 11* blutiger Samenerguss
Hä|mo|sta|se *auch:* **Hä|mos|ta|se** *f. 11* Blutstillung
Hä|mo|the|ra|pie *f. 11 nur Sg.* Einspritzung von venösem Eigenblut
Hä|mo|to|xin *n. 1* durch Bakterien erzeugter Giftstoff im Blut
Hä|mo|zyt *m. 10* Blutzelle
Ham|pel|mann *m. 4*
ham|peln *intr. 1*
Hams|ter *m. 5* ein Nagetier
Hams|te|rer *m. 5* jmd., der hamstert
hams|tern *intr. u. tr. 1* Vorräte speichern; ich hamstere, hamstre
Hams|ter|wa|re *f. 11*
Ham|sun, *Knut* norwegischer Schriftsteller
Hand *f. 2;* die öffentliche Hand: Behörde, Verwaltung; rechter, linker Hand: rechts, links; Ausgabe letzter Hand: letzte Ausgabe eines Schriftwerkes, die vom Verfasser selbst durchgesehen worden ist; die Sache war von langer Hand vorbereitet: seit langem; letzte Hand an etwas legen; anhand der vorliegenden Unterlagen; das Brett ist eine Hand, zwei Hände breit; *aber:* → Handbreit; ich habe alle Hände voll zu tun; einige Hände voll Stroh; zwei Hände voll Erdbeeren; eine Hand voll Geld; jmdm. zur Hand gehen; ich habe jmdn. an der Hand, der ...: ich kenne jmdn.; eine Ausrede schnell bei der Hand haben; Hand in Hand arbeiten; *aber:* das Hand-in-Hand-Arbeiten; das ist nicht von der Hand zu weisen: das kann man nicht ohne weiteres ablehnen; etwas schnell zur Hand haben: griffbereit haben; etwas unter der Hand regeln; überhand nehmen; Firma XY, zu Händen Herrn Schulze (*Abk.:* z. H.); → zuhanden
Hand|ar|beit *f. 10*
hand|ar|bei|ten *intr. 2;* ich handarbeite, habe gehandarbeitet; *aber:* dieser Gegenstand ist handgearbeitet (nicht mit der Maschine hergestellt)
Hand|ar|bei|ter *m. 5*
Hand|ar|beits|un|ter|richt *m. 1 nur Sg.*
Hand|auf|le|gen *n. Gen. -s nur Sg.;* durch H.
Hand|ball *m. 2 nur Sg.*
Hand|bal|ler *m. 5* Handballspieler
Hand|ball|spiel *n. 1*

H

Hand|bi|bli|o|thek *auch:* **Hand|bib|li|o|thek** *f. 10* kleine Reihe von Büchern in greifbarer Nähe
hand|breit; ein handbreiter Streifen; *aber:* der Streifen ist nur eine Hand breit
Hand|breit *f. Gen. - Pl.* - eine, zwei H. Stoff; vgl. Hand
Hand|brei|te *f. 11*
Hand|buch *n. 4* handliches Lehrbuch
Händ|chen *n. 7;* Händchen haltend
Händ|chen hal|tend (*alt:* händ|chen|hal|tend)
Hand|druck *m. 1, urspr.:* von Hand, *heute auch:* vom Künstler eigenhändig hergestellter Abdruck
Hän|de|druck *m. 2*
Hän|de|klat|schen *n. Gen.* -s *nur Sg.*
Han|del **1.** *m. Gen.* -s *nur Sg.* gewerbsmäßiger Kauf und Verkauf, Geschäft; Handel treiben; ein Handel treibendes Volk; **2.** *m. 6* Streit; Händel miteinander bekommen
Hän|del, *Georg Friedrich* dt. Komponist
han|deln *intr. 1;* ich handele, handle
Han|dels|ab|kom|men *n. 7*
Han|dels|be|zie|hun|gen *Pl.*
han|dels|ei|nig, han|dels|eins; h. werden
Han|dels|em|bar|go *n. 9*
Han|dels|flag|ge *f. 11*
Han|dels|flot|te *f. 11*
Han|dels|ge|richt *n. 1*
Han|dels|ge|sell|schaft *f. 10*
Han|dels|ge|setz|buch *n. 4* (*Abk.:* HGB)
Han|dels|haus *n. 4* Firma
Han|dels|kam|mer *f. 11*
Han|dels|leh|re *f. 11*
Han|dels|lehr|ling *m. 1*
Han|dels|mann *m. Gen.* -(e)s *Pl.* -leu|te
Han|dels|ma|ri|ne *f. 11 nur Sg.*
Han|dels|or|ga|ni|sa|ti|on *f. 10 nur Sg.*
Han|dels|platz *m. 2*
Han|dels|po|li|tik *f. 10 nur Sg.*
han|dels|po|li|tisch
Han|dels|recht *n. 1*
han|dels|recht|lich
Han|dels|re|gis|ter *n. 5*
Han|dels|schiff *n. 1*
Han|dels|schu|le *f. 11*
Han|dels|stra|ße *f. 11*
Han|dels|span|ne *f. 11* Differenz zwischen Einkaufs- und Verkaufspreis
han|dels|üb|lich
Hän|del|sucht *f. Gen. - nur Sg.*
hän|del|süch|tig
Han|dels|ver|trag *m. 2*
Han|dels|ver|tre|ter *m. 5*
Han|dels|wa|re *f. 11*
Han|dels|wert *m. 1*
Han|dels|zei|tung *f. 10*
Han|del trei|bend (*alt:* han|del|trei|bend)
hän|de|rei|bend
Hän|de|rin|gen *n. Gen.* -s *nur Sg.*

händeringend: Eine Folge von Substantiv und Partizip, bei der der erste Teil für eine Wortgruppe steht (= *die Hände ringend*), wird zusammengeschrieben: *Er stand händeringend vor ihm.* § 36 (1)

hän|de|rin|gend; jmdn. h. um etwas bitten
Hän|de|wa|schen *n. Gen.* -s *nur Sg.*
Hand|fer|tig|keit *f. 10*
hand|fest
Hand|feu|er|waf|fe *f. 11*
hand|ge|ar|bei|tet vgl. handarbeiten
hand|ge|bun|den; ein handgebundenes Buch; *aber:* das Buch ist mit der Hand *oder:* von Hand gebunden
hand|ge|knüpft; ein handgeknüpfter Teppich; *aber:* der Teppich ist mit der Hand geknüpft
Hand|geld *n. 3* Geld, das zur Bekräftigung eines Auftrags gezahlt wird, Angeld, Aufgeld, Draufgeld, Draufgabe
Hand|ge|lenk *n. 1*
hand|ge|mein *nur in der Wendung* h. werden: jmdn. tätlich angreifen
Hand|ge|men|ge *n. 5* Schlägerei, Rauferei; in ein H. geraten
hand|ge|näht; ein handgenähtes Tuch; *aber:* das Tuch ist mit der Hand genäht
Hand|ge|päck *n. 1 nur Sg.*
Hand|ge|päck|auf|be|wah|rung *f. 10 nur Sg.*
hand|ge|schöpft; handgeschöpftes Büttenpapier
hand|ge|webt; handgewebter Stoff; *aber:* der Stoff ist mit der Hand gewebt
Hand|gra|na|te *f. 11*
hand|greif|lich; ein handgreiflicher Beweis; h. werden
Hand|greif|lich|keit *f. 10*
Hand|griff *m. 1*
hand|groß; ein handgroßes Stück Tuch
Hand|ha|be *f. 11*
hand|ha|ben *tr. 1;* er handhabt die Vorschriften großzügig, hat sie immer großzügig gehandhabt; ich weiß nicht, wie das Gerät zu handhaben ist
Hand|ha|bung *f. 10*
...hän|dig; z. B. zwei-, vierhändig, freihändig
Han|di|kap, Han|di|cap [hændıkæp, engl.] *n. 9* **1.** Behinderung, Nachteil; **2.** *Sport:* Ausgleich (gegenüber den benachteiligten Wettkampfteilnehmern)
han|di|ka|pen, han|di|ca|pen *tr. 1* **1.** benachteiligen, behindern, hemmen; **2.** *Sport:* ausgleichen; gehandikapt
Han|di|kap|per, Han|di|cap|per [hændıkæp-] *m. 5, Sport:* Unparteiischer, Kampfrichter, der Handikaps festlegt
Hand-in-Hand-Ar|bei|ten *n. Gen.* -s *nur Sg.*
Hand-in-Hand-Ge|hen *n. Gen.* -s *nur Sg.*
hän|disch von Hand, nicht maschinell oder automatisch; h. eingegebene Daten
hand|ko|lo|riert; ein handkolorierter Stich
Hand|kuss (*alt:* Hand|kuß) *m. 2*
hand|lang
Hand|län|ge *f. 11*
Hand|lan|ger *m. 5*
Hand|lan|ger|dienst *m. 1*
hand|lan|gern *intr. 1;* ich handlangere
Händ|lein *n. 7, poet.*
Händ|ler *m. 5*
Hand|le|se|kunst *f. 2 nur Sg.* Chiromantie
Hand|le|se|rin *f. 10*
hand|lich gut zu handhaben, praktisch; *schweiz. auch:* behände, rüstig
Hand|lich|keit *f. 10 nur Sg.*
Hand|li|nie *f. 11*
Hand|ling [hændlıŋ, engl.] *n. Gen.* -s *nur Sg.* Handhabung, Gebrauch
Hand|lung *f. 10*
Hand|lungs|be|darf *m. 1 nur Sg.*
Hand|lungs|be|voll|mäch|tig|te(r) *m. 18 (17) bzw. f. 17 oder 18*
hand|lungs|fä|hig
Hand|lungs|fä|hig|keit *f. 10 nur Sg.*
Hand|lungs|form *f. 10* Aktionsform

Hand|lungs|frei|heit *f. 10 nur Sg.*
Hand|lungs|ge|hil|fe *m. 11* kaufmännischer Angestellter
Hand|lungs|rei|sen|de(r) *m. 18 (17) bzw. f. 17 oder 18* Handlungsbevollmächtigte(r) in auswärtigen Orten
Hand|lungs|rich|tung *f. 10* Aktionsform
Hand|lungs|voll|macht *f. 10*
Hand|lungs|wei|se *f. 11*
Hand|mehr *n. Gen. -s nur Sg., schweiz.:* durch Handheben ermittelte Mehrheit
Hand|or|gel *f. 11, schweiz.:* Ziehharmonika
hand|or|geln *intr. 1, schweiz.*
Hand|out *Nv.* **Hand-out** *Hv.* [hændaut] *n. 9* Handzettel (im Unterricht)
Hand|pferd *n. 1* das im Gespann rechts gehende Pferd; *Ggs.:* Sattelpferd
Hand|pres|se *f. 11*
Hand|pup|pe *f. 11*
Hand|pup|pen|spiel *n. 1*
Hand|rei|chung *f. 10*
Hands! [hændz] *Fußball, schweiz., österr.:* Hand! (Ruf bei regelwidrigem Berühren des Balles mit der Hand)
Hand|satz *m. 2 nur Sg.* mit der Hand gesetzter Schriftsatz
Hand|schel|len *Pl.* Fessel (für die Hände)
hand|scheu durch zu vieles Schlagen ängstlich (von Hunden)
Hand|schlag *m. 2*
Hand|schrei|ben *n. 7*
Hand|schrift *f. 10*
Hand|schrif|ten|deu|tung *f. 10* Graphologie
hand|schrift|lich
Hand|schuh *m. 1*
Hand|set|zer *m. 5* Schriftsetzer, der Handsatz herstellt
Hand|stand *m. Gen. -(e)s nur Sg.*
Hand|streich *m. 1* geschickte, kühne Tat
Hand|ta|sche *f. 11*
Hand|tuch *n. 4*
Hand|um|dre|hen *n., nur in der Wendung* im H.: im Nu, sehr schnell
Hand voll (*alt:* Hand|voll)*;* ein paar, zwei Hand voll Körner streuen
Hand|werk *n. 1*
Hand|wer|ker *m. 5*
hand|werk|lich
Hand|werks|be|trieb *m. 1*
Hand|werks|bur|sche *m. 11*
Hand|werks|kam|mer *f. 11*
Hand|werks|mes|se *f. 11*
Hand|werks|zeug *n. Gen. -s nur Sg.*
Hand|wur|zel *f. 11*
Han|dy [hændi, engl.] *n. 9* schnurloses, handliches Funktelefon
Hand|zeich|nung *f. 10* künstlerische Zeichnung, die (im Unterschied zur Graphik) nicht zur Vervielfältigung bestimmt ist
Hand|zet|tel *m. 5* Reklamezettel
ha|ne|bü|chen unerhört, unglaublich, grob; eine hanebüchene Unverschämtheit; hanebüchener Unsinn
Hanf *m. Gen. -s nur Sg., Bez. für* verschiedene Faserpflanzen
han|fen, hän|fen aus Hanf
Hänf|ling *m. 1* ein Singvogel
Hang *m. 2* **1.** Abhang; **2.** *nur Sg.* Neigung, Vorliebe; einen Hang zu etwas haben; **3.** *nur Sg.* hängende Stellung (am Turngerät)
Han|gar [haŋgaːr, *auch:* -gar, frz.] *m. 9* Flugzeug- oder Luftschiffhalle
Hän|ge|ba|cken *Pl.*
Hän|ge|bank *f. 2, Bgb.:* Ladebühne am Schachteingang
Hän|ge|bauch *m. 2*
Hän|ge|bo|den *m. 8* durch eine Zwischendecke gebildeter kleiner Raum unter der Zimmerdecke
Hän|ge|brü|cke *f. 11*
Hän|ge|lam|pe *f. 11* von der Zimmerdecke herabhängende Lampe
Han|gel|lei|ter *f. 11* ein Turngerät, waagerechte Leiter zum Hangeln
han|geln *intr. 1* sich im Hängen mit den Händen weiterbewegen; ich hangele, hangle
Hän|ge|mat|te *f. 11*
han|gen *intr. 62, veraltet für* hängen; *noch in der Wendung* mit Hangen und Bangen: mit Mühe) und Not
hän|gen **1.** *intr. 62;* der Mantel hängt, hing am Haken, hat am Haken gehangen; hängende Gärten: terrassenartige Gärten; *aber:* die Hängenden Gärten der Semiramis (eins der 7 Weltwunder); **2.** *tr. 1;* ich hänge, hängte den Mantel an den Haken, habe ihn an den Haken gehängt; jmdn. hängen: henken; mit Hängen und Würgen *ugs.:* mit Mühe und Not; hängen bleiben; hängen lassen

hängen bleiben/lassen: Fügungen aus einem Verb (Infinitiv) und einem weiteren Verb werden getrennt geschrieben: *Sie ist in Kalifornien hängen geblieben* (ugs.: unfreiwillig sesshaft geworden). *Er wollte sie einfach hängen lassen* (= im Stich lassen). § 34 E3 (6)

hän|gen blei|ben (*alt:* hän|gen-blei|ben) *intr. 17*
Han|gen|de(s) *n. 18 (17), Bgb.:* Erdschicht über einer Lagerstätte; *Ggs.:* Liegendes
hän|gen las|sen (*alt:* hän|gen|las-sen) *intr. 75*
Hän|ger *m. 5* **1.** gerade geschnittener Mantel ohne Gürtel; **2.** *kurz für* Anhänger (am Fahrzeug)
Hän|ge|schloss (*alt:* Hän|ge|schloß) *n. 4*
Hän|ge|schrank *m. 2*
hän|gig *schweiz.:* anhängig, unerledigt, schwebend; die Angelegenheit ist hängig
Han|na, Han|ne weibl. Vorname, *Kurzform von* Johanna bzw. Johanne
Han|no|ver [-fər] Hauptstadt von Niedersachsen
Han|no|ve|ra|ner [-və-] *m. 5; auch:* eine Pferderasse
han|no|ve|risch, han|nö|ve|risch, han|no|versch, han|nö|versch
Hans männl. Vorname, *Kurzform von* Johannes; Hans im Glück; Hansdampf in allen Gassen: jmd., der über alles Bescheid zu wissen glaubt; Hansnarr: Dummkopf; Hans Taps: ungeschickter Mensch; vgl. Hanswurst
Han|sa *f. Gen. - nur Sg., in Zus.* Name von Schiff- und Luftfahrtsunternehmen u. a., z. B. Lufthansa; vgl. Hanse
Han|sa|plast® *n. Gen. -(e)s nur Sg.*
Hans|dampf *m. 1* vgl. Hans
Han|se *f. 11 nur Sg., seit dem 12. Jh.:* Kaufmannsbund, *vom 13.-18. Jh.:* Städtebund mit dem Zentrum in Lübeck
Han|se|at *m. 10* **1.** Mitglied der Hanse; **2.** Einwohner einer Hansestadt
han|se|a|tisch s. **han|sisch**
Hän|se|lei *f. 10*
hän|seln *tr. 1* necken, verspotten; ich hänsele, hänsle ihn
Han|se|stadt *f. 2*
han|se|städ|tisch

H

H

han|sisch, han|se|a|tisch, zur Hanse gehörig; *aber:* die Hansische Universität (in Hamburg)
Hans|narr *m. 10* vgl. Hans
Hans|wurst *m. 1, scherzh. auch m. 2* **1.** Spaßmacher; **2.** *ugs.:* Dummkopf
Hans|wurs|te|rei *f. 10,* **Hans|wurs|ti|a|de** *f. 11* Narrenstreich
Han|tel *f. 11* Turngerät aus zwei durch einen Griff verbundenen Eisenkugeln oder -scheiben
han|teln *intr. 1* mit der Hantel turnen; ich hantele, hantle
han|tie|ren *intr. 3* geschäftig sein; in der Küche h.; mit einem Gerät h.: es gebrauchen, benutzen, mit ihm umgehen
Han|tie|rung *f. 10*
han|tig *österr.* **1.** bitter, scharf; **2.** zänkisch, unwillig
ha|pe|rig, hap|rig *norddt.:* stockend
ha|pern *intr. 1, unpersönl.:* fehlen, mangeln; es hapert am nötigen Geld
Ha|plo|gra|phie *auch:* **Ha|plo|gra|fie** *auch:* **Hap|lo|gra|phie** [griech.] *f. 11* fehlerhafte Einfachschreibung von doppelt erforderl. Buchstaben oder Silben; *Ggs.:* Dittographie
ha|plo|id *auch:* **hap|lo|id** nur einen einfachen (halben) Chromosomensatz enthaltend (von Zellkernen); *Ggs.:* diploid
Ha|plo|lo|gie *auch:* **Hap|lo|lo|gie** *f. 11* Verschmelzung zweier aufeinander folgender, gleicher oder ähnlicher Silben, z. B. Zauberin statt eigtl.: Zaubererin, Konservatismus statt Konservativismus
Häpp|chen *n. 7*
Hap|pen *m. 7*
Hap|pe|ning [hɛp-, engl.] *n. 9* moderne, provozierende Kunstform mit Einbeziehung der Zuschauer
hap|pig *ugs.* **1.** gierig, unbescheiden; **2.** sehr stark, sehr hoch (Preis)

Happyend/Happy End: Die Hauptvariante lautet *Happyend;* die der Herkunftssprache entsprechende Getrenntschreibung *Happy End* gilt als zulässige Nebenvariante. § 37 (1), § 37 E1

Hap|py|end *auch:* **Hap|py End** (*alt:* Hap|py-End) [hɛpi-, engl.] *n. 9* glückliches Ende, guter Ausgang (einer Liebesgeschichte usw.)
hap|rig s. **ha|pe|rig**
Hap|te|re [griech.] *f. 11* Haftorgan (bei Pflanzen)
hap|tisch auf dem Tastsinn beruhend, im Unterschied zu optisch oder akustisch
Ha|ra|ki|ri [jap.] *n. Gen.* -(s) *Pl.* -s, *früher:* jap. Art des Selbstmords durch Bauchaufschlitzen, Seppuku
Ha|rald männl. Vorname
Ha|rass (*alt:* Ha|raß) [frz.] *m. 1* Lattenkiste zum Verpacken von Glas und Porzellan
Här|chen *n. 7, Verkleinerungsform von* Haar
Hard *f. Gen. nur Sg.* s. **Hardt** (2)
Hard|core [ha(r)dkɔ(r), engl.] *m. Gen.* -s *Pl.* -s, *Phys.:* harter, innerer Kern von Elementarteilchen
Hard|core... [ha(r)dkɔ(r)] **1.** *in Zus., übertr.:* jmd., der einer Sache oder Ideologie fanatisch anhängt, z. B. Hardcoreradfahrer, Hardcorekommunist; **2.** besonders hart, extrem, z. B. Hardcoreporno
Hard|co|ver *auch:* **Hard Co|ver** (*alt:* Hard co|ver) [ha(r)d kavə(r), engl.] *n. 9* Buch mit festem Einband; vgl. Paperback
Hard|co|ver|ein|band *auch:* **Hard-Co|ver-Ein|band** (*alt:* Hard-co-ver-Ein|band [ha(r)dkavə(r)-]) *m. 2*
Har|de *f. 11, früher in Schleswig-Holstein:* Verwaltungsbezirk von mehreren Höfen oder Dörfern
Har|des|vogt *m. 2* Vorsteher einer Harde
Hard|li|ner [ha(r)dlaınə(r), engl.] *m. 5* jmd., der für einen harten, unnachgiebigen Kurs eintritt
Hard|rock *auch:* **Hard Rock** [ha(r)d-, engl.] *m. Gen.* - - *nur Sg.* laute Rockmusik mit einfachen Rhythmen
Hardt *f. Gen.* - **1.** s. **Haardt; 2.** Hard, Hart, Harth Name von bewaldeten Höhenzügen
Hard|top [ha(r)d-, engl.] *n. 9 oder m. 9* abnehmbares, nicht faltbares Verdeck von Kraft-, bes. Sportwagen
Hard|ware [ha(r)dwɛ:(r), engl.] *f. Gen.* - *nur Sg.* die techn. Einrichtungen von EDV-Anlagen; vgl. Software
Ha|rem [arab.] *m. 9* **1.** die nur von Frauen und Kindern bewohnten und streng abgeschlossenen Räume des muslimischen Hauses; **2.** Gesamtheit der darin wohnenden Frauen; **3.** die Ehefrauen eines Muslims
Ha|rems|da|me *f. 11*
Ha|rems|wäch|ter *m. 5* verschnittener Wächter im H., Eunuch
hä|ren **1.** *Adj.:* aus Haaren, aus grobem Gewebe; **2.** *refl. 1* sich haaren, Haare verlieren (von Tieren)
Hä|re|sie [griech.] *f. 11* von der kirchl. Lehrmeinung abweichende Meinung, Ketzerei
Hä|re|ti|ker *m. 5* Vertreter einer Häresie, Ketzer
hä|re|tisch
Har|fe *f. 11*
har|fen *intr. 1* Harfe spielen
Har|fe|nist *m. 10* Harfenspieler
Harf|ner *m. 5, veraltet:* Harfenspieler
Har|ke *f. 11, norddt.:* Rechen; jmdm. zeigen, was eine H. ist: jmdm. energisch die Meinung sagen
har|ken *tr. 1* rechen, mit der Harke glätten, säubern
Här|lein *n. 7, poet. Verkleinerungsform von* Haar
Har|le|kin [frz.] *m. 1* Abart des Hanswursts
Har|le|ki|na|de *f. 11* Narrenposse
Har|lem Stadtteil von New York; vgl. Haarlem
Harm *m. 1 nur Sg.* Gram, Kummer, Leid
här|men *refl. 1;* sich um jmdn. h.
harm|los
Harm|lo|sig|keit *f. 10*
Har|mo|nie [griech.] *f. 11* **1.** wohltönender Zusammenklang; **2.** angenehme Übereinstimmung (von Formen, Farben usw.); **3.** Eintracht
Har|mo|nie|leh|re *f. 11 nur Sg., Musik:* Lehre von der Verbindung der Töne und vom Aufbau der Akkorde
har|mo|nie|ren *intr. 3* gut zusammenpassen, in Einklang (miteinander) stehen
Har|mo|nik *f. 10 nur Sg.* Kunst der harmonischen Klanggestaltung
Har|mo|ni|ka *f. Gen.* - *Pl.* -ken Musikinstrument, bei dem durch einen Luftstrom Metallzungen in Schwingungen versetzt werden, z. B. Mund-, Ziehharmonika
Har|mo|ni|ker *m. 5* nach den Gesetzen der Harmonik gestaltender Komponist
har|mo|nisch

har|mo|ni|sie|ren *tr. 3* **1.** in Übereinstimmung, Einklang bringen; **2.** mit Begleitakkorden versehen (Melodie)
Har|mo|ni|sie|rung *f. 10*
Har|mo|ni|um *n. Gen.* -s *Pl.* -ni|en ein orgelartiges Musikinstrument
Harn *m. 1*
Harn|bla|se *f. 11*
Harn|drang *m. 2 nur Sg.*
har|nen *intr. 1*
Har|nisch *m. 1;* jmdn. in H. bringen: in Zorn, Empörung
Harn|lei|ter *m. 5*
Harn|röh|re *f. 11*
Harn|ruhr *f. 10 nur Sg.* Diabetes
Harn|säu|re *f. 11*
harn|trei|bend; ein harntreibendes Mittel
Harn|ver|gif|tung *f. 10* Urämie
Harn|zu|cker *m. 5*
Harn|zwang *m. 2 nur Sg.* schmerzhafter Zwang zu häufigem, tropfenweisen Wasserlassen, Strangurie
Harp|si|chord [-kɔrd, engl.] *n. 1, engl. Bez. für* Cembalo
Har|pu|ne [frz.-ndrl.] *f. 11* speerartiges Wurfgeschoss mit Widerhaken an der Spitze
Har|pu|nen|ka|no|ne *f. 11*
Har|pu|nier *m. 1,* Har|pu|nie|rer *m. 5* Harpunenwerfer
har|pu|nie|ren *tr. 3* mit der Harpune treffen, erlegen
Har|py|ie [-pyjə, griech.] *f. 11* **1.** *griech. Myth.:* weibl. Sturmdämon mit Flügeln und Vogelkrallen; **2.** südamerikan. Greifvogel; **3.** *übertr.:* unersättlich raubgieriges Wesen
har|ren *intr. 1, gehoben:* wir harren seiner; auf jmdn. oder etwas h.
harsch 1. eisverkrustet; **2.** barsch, unfreundlich
Harsch *m. 1 nur Sg.* vereister Schnee
har|schen *intr. 1* eisig, krustig werden (vom Schnee)
Harsch|schnee *m. Gen.* -s *nur Sg.*
hart; es ging hart auf hart; harte Währung: W., für die man alle anderen Währungen erwerben kann; hart gebrannte Ziegel; hart gefrorener Boden; ein hart gekochtes Ei; hart gesottenes Ei
Hart *f. Gen.* - *nur Sg.* s. **Hardt** (2)
Hart|brand|zie|gel *m. 5*
Här|te *f. 11* **1.** *nur Sg.;* **2.** Ungerechtigkeit
Här|te|fall *m. 2*
Här|te|grad *m. 1*
här|ten *tr. 2*
Här|te|pa|ra|graph *auch:* **Här|te|pa|ra|graf** *m. 10, Steuerrecht:* Vorschrift, die die Härten einer gesetzl. Bestimmung im Einzelfall ausgleicht
Här|te|prü|fung *f. 10*
Här|te|rei *f. 10*
Här|te|ska|la *f. Gen.* - *Pl.* -len
Hart|fa|ser|plat|te *f. 11*
Hart|fett *n. 1*

> **hart gebrannt:** Das Gefüge aus Adjektiv und Partizip wird getrennt geschrieben: *ein hart gebrannter Ziegel.* Ebenso: *hart gefroren, hart gekocht.* § 36 E1 (1.2)

hart ge|brannt (*alt:* hart|ge|brannt)
hart gefroren (*alt:* hart|ge|fro|ren)
hart ge|kocht (*alt:* hart|ge|kocht)
Hart|geld *n. 3 nur Sg.* Münzen
hart ge|sot|ten (*alt:* hart|ge|sot|ten); ein hart gesottenes Ei
Hart|gum|mi *m. 9*
Harth *f. Gen.* - *nur Sg.* s. **Hardt** (2)
hart|her|zig
Hart|her|zig|keit *f. 10 nur Sg.*
Hart|holz *n. 4*
hart|hö|rig schwerhörig
hart|köp|fig dickköpfig
Hart|köp|fig|keit *f. 10 nur Sg.*
hart|lei|big
Hart|lei|big|keit *f. 10 nur Sg.* Verstopfung
Härt|ling *m. 1* Hügel aus widerstandsfähigem, nur langsam verwitterndem Gestein
hart|mäu|lig *bei Pferden:* unempfindlich im Maul gegen Zügelhilfen; *Ggs.:* weichmäulig
Hart|mäu|lig|keit *f. 10 nur Sg.*
Hart|mut männl. Vorname
hart|nä|ckig
Hart|nä|ckig|keit *f. 10 nur Sg.*
Hart|rie|gel *m. 5* ein Strauch
hart|rin|dig
Hart|schier, Hat|schier [ital.] *m. 1* **1.** *urspr.:* berittener Bogenschütze; **2.** *später:* Leibgardist des bayerischen Königshauses
Har|tung *m. 1, alter Name für* Januar
Här|tung *f. Gen.* - *nur Sg.*
Ha|ru|spex *auch:* **Ha|rus|pex** [lat.] *m. 1 oder Gen.* - *Pl.* -spi|zes [-tse:s], *bei den alten Römern und Etruskern:* Priester, der aus den Eingeweiden von Opfertieren wahrsagte
Ha|ru|spi|zi|um *auch:* **Ha|rus|pi|zi|um** *n. Gen.* -s *Pl.* -zi|en Wahrsagung des Haruspex
Har|vard|u|ni|ver|si|tät *f. 10 nur Sg.* (in Cambridge/Massachusetts) älteste Universität der USA
Harz 1. *n. 1* Stoffwechselprodukt mancher Pflanzen, bes. der Nadelbäume; **2.** dt. Mittelgebirge; Harzer Käse; Harzer Roller: eine Rasse des Kanarienvogels
har|zen *intr. 1* **1.** Harz absondern; **2.** *schweiz.:* schleppend, zäh vonstatten gehen
har|zig 1. voller Harz; **2.** wie Harz; **3.** *schweiz.:* schwierig
Harz|säu|re *f. 11*
Ha|sard [frz.] *n. 1 Kurzform von* Hasardspiel
Ha|sar|deur [-dør] *m. 1* **1.** Glücksspieler; **2.** waghalsiger Mensch
ha|sar|die|ren *intr. 3* **1.** im Glücksspiel spielen; **2.** alles aufs Spiel setzen, etwas wagen
Ha|sard|spiel *n. 1* Glücksspiel
Hasch *n. Gen.* -(s) *nur Sg., ugs. Kurzform von* Haschisch
Ha|schee [frz.] *n. 9* Gericht aus fein geschnittenem Fleisch, z. B. Lungenhaschee
ha|schen 1. *intr. 1, ugs.:* Haschisch rauchen; **2.** *tr. 1* fangen; Haschen spielen
Häs|chen *n. 7*
Ha|scher *m. 5* **1.** *ugs.:* jmd., der (gewohnheitsmäßig) Hasch raucht; **2.** *österr.:* bedauernswerter Mensch; der arme Hascher
Hä|scher *m. 5, veraltet, noch poet.:* **1.** Verfolger, Scherge; **2.** Gerichtsdiener
Ha|scherl *n. 14, bair., österr.:* bedauernswertes Geschöpf; das arme Hascherl
ha|schie|ren *tr. 3* zu Haschee verarbeiten
Ha|schisch [arab.] *n. Gen.* - *nur Sg.* ein Rauschgift
Ha|se *m. 11;* falscher Hase: Hack-, Wiegebraten; alter Hase: bewährter Fachmann
Ha|sel 1. *f. 11* Haselnussstrauch; **2.** *m. 5* ein Karpfenfisch
Ha|se|lant [frz.] *m. 10, veraltet:* Spaßmacher, Possenreißer
Ha|sel|huhn *n. 4*
Ha|sel|maus *f. 2*
Ha|sel|nuss (*alt:* Ha|sel|nuß) *f. 2*
Ha|sel|nuss|strauch (*alt:* Ha|sel|nuß|strauch) *m. 4*
Ha|sen|fuß *m. 2* furchtsamer Mensch, Hasenherz

H

ha|sen|fü|ßig
Ha|sen|herz *n. 16* Hasenfuß
Ha|sen|jung *n. Gen. - nur Sg., bair.,* **Ha|sen|jun|ges** *n. 17, österr. für* Hasenklein
Ha|sen|klein *n. Gen. -s nur Sg.* Speise aus Herz, Lunge, Magen, Leber, Kopf und Läufen des Hasen
Ha|sen|maus *f. 2* Chinchilla
Ha|sen|pa|nier *n., nur in der Wendung* das H. ergreifen: ausreißen
Ha|sen|pest *f. Gen. - nur Sg.* Tularämie
Ha|sen|pfef|fer *m. Gen. -s nur Sg.* stark gewürztes Hasenklein
ha|sen|rein; die Sache ist nicht h. *ugs.:* ist verdächtig, bedenklich
Ha|sen|schar|te *f. 11* angeborene Spalte in der Oberlippe
Hä|sin *f. 10*
Häs|lein *n. 7, poet.*
Has|lin|ger *m. 5, österr.:* Stock, Gerte aus Haselholz
Has|pe *f. 11,* Has|pen *m. 7* Türangel, Fensterhaken
Has|pel *f. 11 auch: m. 5* **1.** Hebevorrichtung; **2.** Winde zum Aufwickeln von Garn zu Strähnen; **3.** Bottich mit Rührwerk zum Gerben und Färben
has|peln **1.** *tr. 1;* **2.** *intr. 1, ugs.:* hastig, überstürzt sprechen
Has|pen *m. 7* s. **Has|pe**
Hass (*alt:* Haß) *m. 1 nur Sg.*
has|sen *tr. 1*
has|sens|wert
Has|ser *m. 5*
hass|er|füllt (*alt:* haß|er|füllt)
häs|sig *schweiz.:* mürrisch
häss|lich (*alt:* häß|lich)
Häss|lich|keit (*alt:* Häß|lich|keit) *f. 10 nur Sg.*
Hast *f. Gen. - nur Sg.*
has|ten *intr. 2*
has|tig
Has|tig|keit *f. 10 nur Sg.*
Ha|tschek *auch:* **Hat|schek** *n. 9* s. **Há|ček**
Hät|schel|kind *n. 3*
hät|scheln *tr. 1*
hat|schen *intr. 1, ugs.:* nachlässig, schlurfend gehen
hat|schi!, hat|zi [auch: hat-]
Hat|schier *m. 1* s. **Hart|schier**
Hat|trick [hɛt-, engl.] *m. 9* **1.** *Fußball:* dreimaliger Torschuss durch denselben Spieler in einem Spiel; **2.** *übertr.:* dreifacher Erfolg
Hatz *f. 10, bair., österr.:* Hetzjagd (mit Hunden)
Hatz|hund *m. 1*
hat|zi!, hat|schi [auch: hat-]
hau|bar *Forstw.:* zum Fällen geeignet
Hau|bar|keits|al|ter *n. Gen. -s nur Sg.*
Häub|chen *n. 7*
Hau|be *f. 11*
Hau|ben|ler|che *f. 11*
Hau|bit|ze [tschech.] *f. 11* **1.** *urspr.:* Steinschleuder; **2.** *dann:* für Flach- und Steilfeuer verwendbares Geschütz
Häub|lein *n. 7, poet.*
Hauch *m. 1*
hauch|dünn
hau|chen *intr. 1*
hauch|fein
Hauch|laut *m. 1* mit einem nachfolgenden h ausgesprochener Laut, z. B. griech. θ (theta), behauchter Laut, Aspirata
hauch|zart
Hau|de|gen *m. 7* **1.** zweischneidiger Degen; **2.** alter, erprobter Soldat
Hau|de|rer *m. 5, nordwestdt.:* Lohnfuhrunternehmer
hau|dern *intr. 1*
Haue *f. 11* **1.** *süddt., österr. für* Hacke; **2.** *nur Sg., ugs. für* Prügel
hau|en *tr. 63; im Sinne von »prügeln« Präteritum nur:* haute
Hau|er *m. 5* **1.** *Jägerspr.:* unterer Eckzahn des Keilers; **2.** Häu|er *m. 5, Bgb.:* ausgebildeter Bergmann; **3.** *österr. für* Winzer
Häuf|chen *n. 7*
Hau|fe *m. 15* ungeordnete Menge (von Menschen)
häu|feln *tr. 1* mit Häufchen von Erde umgeben (Pflanzen); ich häufele, häufle sie
Hau|fen *m. 7*
häu|fen *tr. 1*
Hau|fen|dorf *m. 4* unregelmäßig angelegtes Dorf
hau|fen|wei|se
Hau|fen|wol|ke *f. 11*
Hauff, *Wilhelm* dt. Schriftsteller
häu|fig
Häu|fig|keit *f. 10 nur Sg.*
Häuf|lein *n. 7*
Häu|fung *f. 10*
Hauf|werk *n. 1 nur Sg.* s. **Hau|werk**
Hau|he|chel *f. 11 nur Sg.* eine Heilpflanze
Hau|land *n. Gen. -(e)s nur Sg., veraltet:* durch Rodung gewonnenes Acker- und Siedlungsland
Haupt *n. 4*
haupt|amt|lich
Haupt|bahn|hof *m. 2* (*Abk.:* Hbf, Hbf.)
Haupt|be|ruf *m. 1*
haupt|be|ruf|lich
Haupt|be|schäf|ti|gung *f. 10*
Haupt|dar|stel|ler *m. 5*
Haupt|ein|gang *m. 2*
Häup|tel *n. 5, österr.:* Kopf vom Kohl oder Salat
Häup|tel|sa|lat *m. 1, österr.:* Kopfsalat
Haup|tes|län|ge *f. 11;* jmdn. um H. überragen
Haupt|fach *n. 4*
Haupt|ge|schäfts|zeit *f. 10*
Haupt|ge|winn *m. 1*
Haupt|haar *n. Gen. -s nur Sg.*
Haupt|leu|te *Pl. von* Hauptmann
Häupt|ling *m. 1*
häupt|lings mit dem Kopf voran
Haupt|mann, *Gerhart* dt. Schriftsteller
Haupt|mann *m. Gen. -(e)s Pl.* -leu|te
Haupt|per|son *f. 10*
Haupt|pro|be *f. 11*
Haupt|rech|nungs|ar|ten *Pl.* Grundrechenarten
Haupt|rol|le *f. 11*
Haupt|sa|che *f. 11*
haupt|säch|lich
Haupt|satz *m. 2* selbständiger, unabhängiger Satz; *Ggs.:* Nebensatz
Haupt|schul|ab|schluss (*alt:* Haupt|schul|ab|schluß) *m. 2*
Haupt|schu|le *f. 11* Lehranstalt, die zum einfachen Bildungsabschluss führt
Haupt|stadt *f. 2*
haupt|städ|tisch
Haupt|stra|ße *f. 11*
Haupt|teil *m. 1*
Haupt- und Staats|ak|ti|on *f. 10, Ende des 17., Anfang des 18. Jh.:* abenteuerliches Schauspiel der dt. Wanderbühnen mit pompöser Ausstattung
Haupt|ver|le|sen *n. Gen. -s nur Sg., schweiz.:* Appell
Haupt|wort *n. 4* Substantiv
haupt|wört|lich
hau ruck!, horuck!

nach Haus(e)/nachhause: Die Richtungs- bzw. Situativergänzungen werden getrennt geschrieben: *nach Haus(e), zu Haus(e), von zu Haus(e).* In Österreich und der Schweiz ist auch Zusammenschreibung möglich: *nachhause, zuhause, von zuhause.* § 39 E2 (2.1)

Haus *n. 4;* das Haus Habsburg; er ist aus gutem Hause; außer Haus(e) essen; im Hause (*Abk.:* i.H., *in innerbetrieblichen Mitteilungen oder Briefanschriften*); nach Hause, nach Haus; von Hause fort sein; von Hause kommen; *meist:* von zu Hause; von Haus aus: ursprünglich, eigentlich; Grüße von Haus zu Haus *in Briefen:* von (uns) allen an (euch, Sie) alle; zu Hause; zu Haus; *in Österr. und der Schweiz auch:* zuhause, nachhause, von zuhause; Haus halten *oder:* haushalten, er/sie hält Haus; ich habe Haus gehalten
Hau|sa *m. 9 oder Gen. - Pl. -* s. **Haus|sa**
Haus|an|ge|stell|te *f. 17 oder 18*
Haus|an|zug *m. 2*
Haus|a|po|the|ke *f. 11*
Haus|ar|rest *m. 1*
Haus|arzt *m. 2* praktischer Arzt (der auch ins Haus kommt)
Haus|auf|ga|be *f. 11*
haus|ba|cken *übertr.:* bieder, ohne Schwung, brav, alltäglich
Haus|bau *m. Gen.* -(e)s *Pl.* -bauten
Haus|be|set|zer *m. 5*
Haus|be|sor|ger *m. 5, österr. für* Hausmeister
Haus|be|such *m. 1*
Häus|chen *n. 7 Pl. auch:* Häu|serchen
Haus|dra|che *m. 11,* **Haus|dra|chen** *m. 7, ugs. scherzh.* streitsüchtige Ehefrau
Haus|durch|su|chung *f. 10, österr. für* Haussuchung
Häu|sel, Häusl *n. 5, süddt.*
hau|sen **1.** *intr. 1* wohnen, leben; **2.** *tr. 1, schweiz.:* sparen
Hau|sen *m. 7* Störfisch des Schwarzen und Kaspischen Meeres, liefert den Kaviar
Häu|ser|block *m. 9*
Häu|ser|flucht *f. 10*
Häu|ser|mak|ler *m. 5* gewerbsmäßiger Vermittler von Hauskäufen und -verkäufen
Häu|ser|meer *n. 1*
Häu|ser|rei|he *f. 11*
Haus|flur *m. 1*
Haus|frau *f. 10*
haus|frau|lich
Haus|freund *m. 1*
Haus|frie|dens|bruch *m. 2*
haus|ge|macht; hausgemachte Wurst
Haus|halt *m. 1*

Haus halten/haushalten: Das Gefüge aus Substantiv und Verb wird getrennt geschrieben: *Er hat mit seinem Vermögen immer Haus gehalten.* Zusammenschreibung ist ebenfalls möglich: *Ich haushalte streng.* § 34 E3 (5), § 33 (1), § 33 E1

haus|hal|ten = **Haus hal|ten** *intr. 61;* ich haushalte; hauszuhalten; vgl. Haus
Haus|hal|ter, Haus|häl|ter *m. 5*
Haus|häl|te|rin *f. 10*
haus|häl|te|risch
Haus|halts|aus|schuss (*alt:* Haushalts|aus|schuß) *m. 2*
Haus|halts|de|fi|zit *n. 1*
Haus|halts|füh|rung, Haus|halt|füh|rung *f. 10 nur Sg.*
Haus|halts|geld *n. 3 nur Sg.*
Haus|halts|jahr, Haus|halt|jahr *n. 1*
Haus|halts|mit|tel *nur Pl.*
Haus|halts|plan, Haus|halt|plan *m. 2*
Haus|halts|sper|re *f. 11*
Haus|hal|tung *f. 10*
Haus|hal|tungs|buch *n. 4*
Haus|hal|tungs|vor|stand *m. 2*
Haus|halt|wa|ren *Pl.*
Haus-Haus-Ver|kehr *m. 1 nur Sg.*
Haus|herr *m. Gen.* -(e)n *Pl.* -en
haus|hoch
hau|sie|ren *intr. 3*
Hau|sie|rer *m. 5*
Häusl, Häu|sel *n. 5, süddt.*
Häus|lein *n. 7, poet.*
Häus|ler *m. 5* Tagelöhner mit Haus- und kleinem Grundbesitz, der nicht ausreicht, um davon zu leben
Haus|leu|te *nur Pl.* Hausmeister und dessen Frau
haus|lich *schweiz.:* sparsam
häus|lich
Häus|lich|keit *f. 10 nur Sg.*
Haus|mann *m. 4*
Haus|man|nit [nach dem Mineralogen J. F. M. Hausmann] *m. 1 nur Sg.* ein Mineral
Haus|manns|kost *f. Gen. - nur Sg.* einfache, kräftige Kost
Haus|mei|er *m. 5, im frühen MA bei den Merowingern:* Vorsteher der Hofhaltung und der königlichen Domänen
Haus|meis|ter *m. 5*
Haus|meis|te|rei *f. 10 nur Sg.*
Haus|mu|sik *f. 10*
Haus|rat *m. Gen.* -(e)s *nur Sg.*
Haus|rat|ver|si|che|rung *f. 10*
Haus|sa, Hau|sa **1.** *m. Gen. - Pl. -* Angehöriger eines Volkes in Nordnigeria; **2.** *n. Gen. - nur Sg.* dessen Sprache
haus|schlach|ten *Adj.* **1.** selbst geschlachtet; **2.** aus selbst geschlachteten Tieren hergestellt; hausschlachtene Wurst
Haus|schlach|tung *f. 10*
Haus|schlüs|sel *m. 5*
Hausse [os, frz.] *f. 11* hoher Stand (von Aktien, Preisen); *Ggs.:* Baisse
Haus|se|gen *m. 7* Segensspruch über der Haustür
hau|ßen *mitteldt., veraltet:* hier draußen
Haus|sier [o:sje, frz.] *m. 9* jmd., der an der Börse auf Hausse spekuliert; *Ggs.:* Baissier
Haus|stand *m. 2*
Haus|su|chung *f. 10*
Haus|tier *n. 1*
Haus|tür *f. 10*
Haus|ur|ne *f. 11* vorgeschichtliche Urne in Form eines Hauses
Haus|we|sen *n. 7*
Haus|wirt *m. 1*
Haus|wirt|schaft *f. 10 nur Sg.*
Haus-zu-Haus-Ver|kehr *m. 1 nur Sg.*
Haut *f. 2;* es ist, um aus der Haut zu fahren *oder:* es ist zum Aus-der-Haut-Fahren; auf der faulen Haut liegen; das geht unter die Haut *ugs.:* das berührt, beeindruckt einen stark, geht einem nahe
Haut|arzt *m. 2* Dermatologe
Haut|aus|schlag *m. 2*
Häut|chen *n. 7*
Haut|creme *f. 9*
Haute Cou|ture [o:tkutyr, frz.] *f. Gen. - - nur Sg.* das schöpferische Modeschaffen, bes. in Paris
Haute-Cou|ture-Modell [o:tkutyr-, frz.] *n. 1*
Haute|fi|nance [o:tfinɑ̃s] *f. Gen. - nur Sg.* Hochfinanz
Haute|lis|se|we|be|rei [o:tlis(ə)-] *f. 10* Webart mit senkrechter Kette; *Ggs.:* Basselisseweberei
häu|ten *tr. u. refl. 2*
haut|eng
Haute|vo|lee [o:tvɔle, frz.] *f. 11 nur Sg.* die vornehme Gesellschaft
Haut|far|be *f. 11*
Haut|flüg|ler *m. 5* eine Ordnung der Insekten
haut|freund|lich auf der Haut angenehm und nicht schädlich
haut|glät|tend; hautglättende Creme

H

Haut|gout [o:gu, frz.] *m. 9 nur Sg.* **1.** scharfer Wildgeschmack; **2.** *übertr.:* Anrüchigkeit
Haut|grieß *m. 1 nur Sg.*
häu|tig
Haut|ju|cken *n. Gen.* -s *nur Sg.*
Haut|krank|heit *f. 10*
Haut|krebs *m. 1 nur Sg.*
haut|nah *ugs.:* sehr nah
Haut|re|li|ef [o:rəljɛf, frz.] *n. 9 oder n. 1* Hochrelief; *Ggs.:* Basrelief
haut|scho|nend
Häu|tung *f. 10*
Haut|un|rein|heit *f. 10*
Haut|wolf *m. 2 nur Sg.* eine schmerzhafte Hautentzündung
Hau|werk, Hauf|werk *n. 1 nur Sg., Bgb.:* durch Hauen gewonnenes Rohmaterial
Ha|van|na [-van-] **1.** Hauptstadt von Kuba; **2.** *f. 9* Havannazigarre; **3.** *m. 9 nur Sg.* Havannatabak
Ha|van|na|ta|bak [-van-] *m. 1*
Ha|va|rie [-va-, arab.-frz.] *f. 11* Unfall, Bruch (eines Schiffes oder seiner Ladung, eines Flugzeugs, *österr. auch:* eines Kraftfahrzeugs), Average; H. erleiden
ha|va|rie|ren [-va-] *intr. 3* einen schweren Unfall haben (von Schiffen und großen Transportfahrzeugen), explodieren (von großen Industrieanlagen)
Ha|va|rist [-va-] *m. 10* Person oder Sache, die eine Havarie erlitten hat
Ha|vel *f. Gen.* - dt. Fluss
Ha|vel|land *n. Gen.* -(e)s *nur Sg.*
ha|vel|län|disch
Ha|ve|lock [-və-, nach dem engl. General Sir Henry H.] *m. 9* Herrenmantel mit bis zum Ellenbogen reichendem Schulterkragen
Ha|waii **1.** größte der Hawaiiinseln; **2.** (*Abk.:* HI) Staat der USA
Ha|waii|gi|tar|re *f. 11*
Ha|waii-In|seln = **Ha|waii|in|seln** *Pl.* eine polynesische Inselgruppe im Pazifischen Ozean
ha|wai|isch
Ha|xe, Hach|se [-ks-] *f. 11, süddt.:* unterer Teil des Beins von Schwein und Kalb (als Speise)
Haydn, *Joseph* österr. Komponist
Ha|zi|en|da [span.] *f. 9* Landgut in Mittel- und Südamerika
Hb *Abk. für* Hämoglobin
HB *Abk. für* Brinellhärte
H. B. *Abk. für* Helvetisches Bekenntnis
Hbf, Hbf. *Abk. für* Hauptbahnhof
H-Bom|be [nach dem chem. Zeichen H für Wasserstoff] *f. 11* Wasserstoffbombe
h. c. *Abk. für* honoris causa
H-Dur *n. Gen.* - *nur Sg.* (*Abk.:* H) eine Tonart
H-Dur-Ton|lei|ter *f. 11*
He *chem. Zeichen für* Helium
h. e. *Abk. für* hoc est (= das ist)
Head|hun|ter [hɛdhʌntə(r), engl.] *m. 5* jmd., der Spitzenkräfte abwirbt
Head|line [hɛdlaın, engl.] *f. 9, engl. Bez. für* Schlagzeile in der Zeitung
Hea|ring [hi-, engl.] *n. 9* öffentliches Anhören von Sachverständigen zu einem Gesetzesentwurf, Anhörung
Hea|vi|side|schicht [hɛvısaıd-, nach dem engl. Physiker Oliver Heaviside] *f. 10 nur Sg.* elektr. leitende Schicht der Atmosphäre
Hea|vy|me|tal *auch:* **Hea|vy Me|tal** [hɛvimɛtəl, engl.] *m. Gen.* - -(s) *nur Sg.* besonders schnell und aggressiv gespielte Rockmusik, die die Sologitarre stark betont
Heb|am|me *f. 11*
Heb|bel, *Friedrich* dt. Schriftsteller
He|be *griech. Myth.:* Göttin der Jugend, Mundschenkin der Götter
He|be|arm *m. 1,* **He|be|bal|ken** *m. 7,* **He|be|baum** *m. 2* Holz- oder Eisenstange zum Heben von Lasten durch Hebelwirkung
He|bel, *Johann Peter* dt. Schriftsteller
He|bel *m. 5*
He|bel|arm *m. 1*
he|ben *tr. 64* **1.** hochheben; **2.** *schwäb. für* halten
He|be|phre|nie [griech.] *f. 11* Vorform der Schizophrenie, Jugendirresein
He|be|prahm *m. 1* Prahm zum Bergen (von Schiffen)
He|ber *m. 5*
He|be|werk *n. 1*
He|be|zeug *n. 1* Vorrichtung zum Heben

♦Die Buchstabenfolge **he|br...** kann in Fremdwörtern auch **heb|r...** getrennt werden.

♦**He|brä|er** *m. 5* Angehöriger des Volkes Israel, Jude, Israelit
♦**He|brä|er|brief** *m. 1* ein Brief im NT
♦**he|brä|isch**
♦**He|brä|isch** *n. Gen.* -(s) eine nordwestsemit. Sprache, Sprache des AT; vgl. Iwrith
♦**He|bra|ist** *m. 10* Wissenschaftler der Hebraistik
♦**He|bra|is|tik** *f. 10 nur Sg.* Wissenschaft von der hebräischen Sprache und Kultur
♦**He|bri|den** *Pl.* **1.** Inselgruppe vor Nordwestschottland, Äußere, Innere Hebriden; **2.** Inselgruppe östlich von Australien, Neue Hebriden
He|bung *f. 10, Metrik:* betonte Silbe (im Vers); *Ggs.:* Senkung
He|chel *f. 11* kammartiges Gerät zur Flachsverarbeitung
He|che|lei *f. 10* Klatsch
he|cheln **1.** *tr. 1;* Flachs h.: mit der Hechel Flachsfasern spalten; ich hechele, hechle; **2.** *intr. 1* klatschen, über andere reden; **3.** *intr. 1* schnell und mit heraushängender Zunge atmen (von Hunden)
Hecht *m. 1*
hech|ten *intr. 2* im Hechtsprung ins Wasser springen
hecht|grau
Hecht|rol|le *f. 11* eine Übung im Bodenturnen
Hecht|sprung *m. 1* Sprung mit dem Kopf zuerst ins Wasser
Heck *n. 9 oder n. 1* **1.** Hinterteil (des Schiffes, Autos oder Flugzeugs); **2.** *n. 1, niedersächs.:* Koppel; Gattertür
He|cke *f. 11* gewachsene Umzäunung
he|cken *intr. 1* **1.** Junge zur Welt bringen, ausbrüten (von Vögeln und kleinen Säugetieren); **2.** *übertr.:* immer mehr werden (Geld)
He|cken|ro|se *f. 11*
He|cken|schüt|ze *m. 11*
He|ckicht *n. 1* Heckendickicht
he|ckig wie eine Hecke
Heck|meck *m. Gen.* -s *nur Sg., ugs.:* Gerede, Getue
Heck|mo|tor *m. 13*
Heck|pfen|nig *m. 1* Pfennig, der immer neue Münzen hervorbringt, Glückspfennig
He|cu|ba s. **He|ku|ba**
He|de *f. 11, nddt.:* Werg
he|den aus Hede
He|de|rich *m. 1* ein weiß blühendes Ackerunkraut
He|do|nik [griech.] *f. Gen.* - *nur Sg.* Hedonismus
He|do|ni|ker *m. 5* Anhänger des Hedonismus

He|do|nis|mus *m. Gen. - nur Sg.*, He|do|nik *f. Gen. - nur Sg.* altgriech. Lehre, nach der der Genuss Sinn und Ziel menschlichen Handelns ist
he|do|nis|tisch
He|dschra *auch:* **Hed|sch|ra** [arab. »Aufbruch«] *f. Gen. - nur Sg.* Übersiedlung Mohammeds von Mekka nach Medina im Jahr 622, Beginn der islam. Zeitrechnung
Hed|wig weibl. Vorname
Heer *n. 1*
Heer|bann *m. 1, MA* **1.** Recht des Königs, das Heer aufzubieten; **2.** Aufgebot des Königs zum Kriegsdienst; **3.** das königliche Kriegsheer selbst
Hee|res|be|richt *m. 1*
Hee|res|grup|pe *f. 11*
Hee|res|zug, Heer|zug *m. 2*
Heer|füh|rer *m. 5*
Heer|la|ger *n. 5*
Heer|schar *f. 10;* die himmlischen Heerscharen
Heer|stra|ße *f. 11*
Heer|zug, Hee|res|zug *m. 2*
He|fe *f. 11*
He|fe|ku|chen, He|fen|ku|chen *m. 7*
He|fe|pilz *m. 1*
He|fe|stück, He|fen|stück *n. 1*
He|fe|teig, He|fen|teig *m. 1*
he|fig
Hef|ner|ker|ze [nach dem Elektrotechniker Friedrich von Hefner-Alteneck] *f. 11* (*Abk.:* HK) *früher:* Einheit der Lichtstärke
Heft *n. 1*
Hef|tel *n. 5* Haken (am Kleid)
hef|teln *tr. 1* mit Hefteln befestigen
hef|ten *tr. 2;* geheftet (*Abk.:* geh., *in bibliograf. Angaben*)
Heft|fa|den *m. 8*
Heft|garn *n. 1*
hef|tig
Hef|tig|keit *f. 10 nur Sg.*
Heft|klam|mer *f. 11*
Heft|pflas|ter *n. 5*
He|ge *f. 11 nur Sg.* Pflege und Schutz des Wildes
He|gel, *Georg Wilhelm Friedrich* dt. Philosoph
He|ge|li|a|ner *m. 5* Anhänger der Lehre Hegels
he|ge|li|a|nisch, he|ge|lisch, he|gelsch; die hegelsche Philosophie
he|ge|mo|ni|al auf Hegemonie beruhend
He|ge|mo|nie *f. 11* Vorherrschaft, Vormachtstellung
he|ge|mo|nisch die Hegemonie besitzend
he|gen *tr. 1*
He|ger *m. 5*
He|ge|ring *m. 1* kleinster Jagdbezirk
He|ge|zeit *f. 10, veraltend:* Schonzeit
Hehl *n. 1 oder m. 1 nur Sg.;* kein *oder:* keinen Hehl daraus machen, dass …: es offen zugeben, es nicht leugnen, dass …
heh|len *tr. 1* **1.** verbergen (Diebesbeute); **2.** begünstigen (Verbrechen)
Heh|ler *m. 5* Helfer von Verbrechern, bes. Dieben
Heh|le|rei *f. 10 nur Sg.*
hehr heilig, erhaben
hei!, heia
Heia *f. 9, Kinderspr.:* Bett
hei|a|po|peia, ei|a|po|peia, hei|o|popeio
Hei|de weibl. Vorname, *Kurzform von* Adelheid
Hei|de **1.** *f. 11 nur Sg.* meist baumlose, bes. durch Zwergsträucher gekennzeichnete Landschaftsform; **2.** *f. 11 nur Sg., kurz für* Heidekraut; **3.** *m. 11* jmd., der nicht Christ, Jude oder Muslim ist, Anhänger einer nicht monotheistischen Religion
Hei|deg|ger, *Martin* dt. Philosoph
Hei|de|korn *n. 4 nur Sg.* = Buchweizen
Hei|de|kraut *n. 4 nur Sg.* ein immergrüner Zwergstrauch
Hei|de|land *n. 4 nur Sg.*
Hei|del|bee|re *f. 11*
Hei|del|beer|kraut *n. 4 nur Sg.*
Hei|del|berg südd. Stadt
Hei|de|ler|che *f. 11*
Hei|den… *in Zus. ugs.:* sehr viel, sehr groß; z. B. Heidenangst, Heidenspaß, Heidenlärm
Hei|den|christ *m. 10, im frühen Christentum:* Christ nicht jüd. Abstammung; vgl. Judenchrist
Hei|de|rauch *m. 1 nur Sg.* Höhenrauch
Hei|de|rös|chen, Hei|den|rös|chen *n. 7* **1.** eine Zistrose; **2.** Seidelbast
hei|di!; das ist heidi gegangen *ugs.:* verloren gegangen
hei|di hei|da!
Hei|din *f. 10* weibl. Heide (3)
Heid|jer *m. 5* Bewohner der (Lüneburger) Heide
heid|nisch
Heid|schnu|cke *f. 11* Schaf der Lüneburger Heide
Hei|duck [auch: haı-, ung.] *m. 10* **1.** *urspr.:* ung. Hirt; **2.** *dann:* ung. Söldner; **3.** *im 18. Jh.:* Gerichtsdiener sowie Diener eines ung. Fürsten
Hei|ke weibl. (selten auch männl.) Vorname
hei|kel **1.** schwierig, bedenklich, unangenehm; ein heikler Vorfall; **2.** *südd., österr.:* heikel sein (im Essen u. Ä.): schwer zufrieden zu stellen
Hei|ko männl. Vorname
heil; heil sein, bleiben, werden; heil geblieben
Heil *n. 1 nur Sg.*
Hei|land *m. 1* **1.** Erlöser, Retter; **2.** *nur Sg.* Christus
Heil|an|stalt *f. 10*
Heil|an|zei|ge *f. 11* Gründe für eine bestimmte Heilmaßnahme
Heil|bad *n. 4*
heil|bar
Heil|bar|keit *f. 10 nur Sg.*
Heil brin|gend (*alt:* heil|bringend)
Heil|butt *m. 1* ein Fisch
hei|len *tr. u. intr. 1*
Hei|ler|de *f. 11 nur Sg.*
heil|froh
Heil|ge|hil|fe *m. 11* Krankenpfleger
Heil|gym|nas|tik *f. 10 nur Sg.*
Heil|gym|nas|tin *f. 10*
heil|gym|nas|tisch
hei|lig (*Abk.:* hl., *Pl.:* hll.) **1.** *Kleinschreibung:* das heilige Abendmahl; der heilige Antonius *(Schreibung ebenso bei anderen Heiligen);* da soll doch das heilige Donnerwetter dreinfahren!; drei heilige Eide schwören; die heilige Kommunion; die heilige Messe; das heilige Oster-, Pfingstfest; die heiligen Stätten; die heilige Taufe; der heilige Krieg der Muslime; heilig sprechen; heilig gesprochen; heilig halten; heilig gehalten; heilig zu halten; **2.** *Großschreibung:* der Heilige Abend; die Heilige Allianz (von 1815); der Heilige Christ; die Heilige Dreifaltigkeit; die Heilige Familie; der Heilige Geist; das Heilige Grab (Jesu); der Heilige Gral; die Heilige Jungfrau (Maria); die Heiligen Drei Könige; das Heilige Land (Palästina); die Heilige Nacht (vom 24. zum 25. Dezember); das Heilige Römische Reich Deutscher Nation: das Deutsche Reich 962-1806; die Heilige

H

Schrift: die Bibel; die Heilige Stadt: Jerusalem; der Heilige Stuhl: Thron des Papstes, die päpstliche Behörde; der Heilige Vater: der Papst
Hei|lig|a|bend *m. Gen.* -s *nur Sg.;* an, am, zum H.
Hei|li|ge(r) *m. 18 (17) bzw. f. 17 oder 18*
Hei|li|ge|drei|kö|nigs|tag, des Hei|li|ge(n)|drei|kö|nigs|ta|g(e)s, die Hei|li|ge(n)|drei|kö|nigs|ta|ge
hei|li|gen *tr. 1* heilig halten, heilig sprechen, weihen
Hei|li|gen|bild *n. 3*
Hei|li|gen|schein *m. 1*
Hei|lig|geist|kir|che *f. 11*
hei|lig hal|ten (*alt:* hei|lig|hal|ten) *tr. 61*

H

Hei|lig|keit *f. 10 nur Sg.;* Seine, Eure H. (Titel und Anrede des Papstes)

heilig sprechen, der Heilige: Gefüge mit einem ersten Bestandteil, der auf *-ig* abgeleitet ist, werden getrennt geschrieben: *heilig sprechen/halten.* § 34 E3 (3)
Großgeschrieben werden das substantivierte Adjektiv *der Heilige* sowie Eigennamen: *die Heiligen Drei Könige, der Heilige Geist, das Heilige Grab, das Heilige Land, die Heilige Nacht, der Heilige Vater.* § 60
In substantivischen Wortgruppen, die feste Fügungen geworden sind, aber keine Eigennamen darstellen, werden die Adjektive hingegen kleingeschrieben: *das heilige Abendmahl, der heilige Krieg, die heilige Theresa.* § 63

hei|lig spre|chen (*alt:* hei|lig|spre|chen) *tr. 146*
Hei|lig|spre|chung *f. 10*
Hei|lig|tum *n. 4*
Hei|li|gung *f. 10*
Heil|kli|ma *n. Gen.* -s *nur Sg.*
heil|kli|ma|tisch
Heil|kraft *f. 2*
heil|kräf|tig
Heil|kraut *n. 4*
Heil|kun|de *f. 11 nur Sg.*
heil|kun|dig
Heil|kun|di|ge(r) *m. 18 (17) bzw. f. 17 oder 18*
heil|los
heil|ma|gne|tisch *auch:* **heil|mag|ne|tisch**
Heil|ma|gne|tis|mus *auch:* **Heil|mag|ne|tis|mus** *m. Gen. - nur Sg.*
Heil|mas|sa|ge [-ʒə] *f. 11*
Heil|päd|a|go|ge *auch:* **Heil|pä|da|go|ge** *m. 11*
Heil|päd|a|go|gik *auch:* **Heil|pä|da|go|gik** *f. 10 nur Sg.*
heil|päd|a|go|gisch *auch:* **heil|pä|da|go|gisch**
Heil|pflan|ze *f. 11*
Heil|prak|ti|ker *m. 5*
Heil|quel|le *f. 11*
Heil|ruf *m. 1* der Ruf »Heil!«
heil|sam
Heil|sam|keit *f. 10 nur Sg.*
Heils|ar|mee *f. 11 nur Sg.*
Heils|ar|mist *m. 10*
Heils|bot|schaft *f. 10*
Heil|schlaf *m. Gen.* -s *nur Sg.*
Heil|se|rum *n. Gen.* -s *Pl.* -ren
Heils|ge|schich|te *f. 11 nur Sg.*
Heils|leh|re *f. 11 nur Sg.*
Heil|stät|te *f. 11*
Heils|wahr|heit *f. 10*
Hei|lung *f. 10*
Hei|lungs|pro|zess (*alt:* Hei|lungs|pro|zeß) *m. 1*
Heil|ver|fah|ren *n. 7*
Heil|wir|kung *f. 10*
heim... nach Hause
Heim *n. 1*
Heim|ar|beit *f. 10*
Hei|mat *f. 10*
hei|mat|be|rech|tigt
Hei|mat|be|rech|ti|gung *f. 10 nur Sg.*
Hei|mat|dich|ter *m. 5*
Hei|mat|dich|tung *f. 10*
hei|mat|ge|nös|sig *schweiz.:* heimatberechtigt
Hei|mat|ha|fen *m. 8*
Hei|mat|kun|de *f. 11 nur Sg.*
hei|mat|kund|lich
Hei|mat|kunst *f. 2 nur Sg.*
Hei|mat|land *n. 4*
hei|mat|lich
Hei|mat|lie|be *f. 11 nur Sg.*
hei|mat|los
Hei|mat|lo|sig|keit *f. 10 nur Sg.*
Hei|mat|mu|se|um *n. Gen.* -s *Pl.* -se|en
Hei|mat|ort, Hei|mats|ort *m. 1*
Hei|mat|recht *n. 1*
Hei|mat|schutz *m. Gen.* -es *nur Sg.*
Hei|mats|ort, Hei|mat|ort *m. 1*
Hei|mat|staat *m. 12*
Hei|mat|stadt *f. 2*
hei|mat|ver|trie|ben
Hei|mat|ver|trie|be|ne(r) *m. 18 (17) bzw. f. 17 oder 18*
heim|be|ge|ben *refl. 45*
heim|be|glei|ten *tr. 2*

heimbringen: Fügungen aus (teilweise verblasstem) Substantiv und Verb werden im Infinitiv, in den Partizipien sowie im Nebensatz bei Endstellung des Verbs zusammengeschrieben: *Er will sie heimbringen.* Ebenso: *heimbegleiten, heimfahren, heimgehen, heimleuchten, heimsuchen* usw. Gleiches gilt für Zusammensetzungen mit *irre-, preis-, stand-, statt-, teil-, wett-* und *wunder-.* § 34 (3)

heim|brin|gen *tr. 21*
Heim|bür|gin *f. 10* Frau, die einen Toten vor der Bestattung wäscht und ankleidet, Leichenwäscherin, Leichenfrau, Totenfrau
Heim|chen *n. 7* eine Grille
Heim|dall *nord. Myth.:* Wächter der Götter
hei|me|lig anheimelnd, gemütlich, wie daheim
Hei|men *n. 7,* **Hei|met** *n. 1, schweiz.:* Bauerngut
heim|fah|ren *intr. u. tr. 32*
Heim|fahrt *f. 10*
Heim|fall *m. 2* **1.** Übergehen eines verpachteten Besitzes nach dem Tod des Pächters an den Eigentümer; **2.** Übergehen eines Besitzes an den Staat, wenn keine Erben vorhanden sind
heim|fal|len *intr. 33*
heim|fäl|lig
Heim|falls|recht *n. 1* Erbrecht des Staates
heim|fin|den *refl. 36*
heim|füh|ren *tr. 1, veraltet:* heiraten; ein Mädchen h.
Heim|gang *m. 2* Tod
Heim|ge|gan|ge|ne(r) *m. 18 (17) bzw. f. 17 oder 18*
heim|ge|hen *intr. 47* **1.** nach Hause gehen; **2.** sterben
heim|ho|len *tr. 1*
hei|misch
Heim|kehr *f. 10 nur Sg.*
heim|keh|ren *intr. 1*
Heim|kunft *f. Gen. - nur Sg.* Heimkehr
heim|leuch|ten *intr. 2;* jmdm. h.: jmdn. energisch zurechtweisen
heim|lich; heimlich tun
heim|li|cher|wei|se
Heim|lich|keit *f. 10*
Heim|lich|tu|er *m. 5*
Heim|lich|tu|e|rei *f. 10 nur Sg.*
heim|lich tun (*alt:* heim|lich|tun)
heim|los
Heim|mann|schaft *f. 10*

Heim|rei|se *f. 11*
heim|rei|sen *intr. 1*
heim|schi|cken *tr. 1*
Heim|spiel *n. 1*
Heim|statt *f. Gen. - nur Sg.*
Heim|stät|te *f. 11*
heim|su|chen *tr. 1*
Heim|su|chung *f. 10*
heim|tra|gen *tr. 160*
Heim|trai|ner [-tre:-, engl.] *m. 5* **1.** = Hometrainer **2.** Trainer der Heimmannschaft
Heim|tü|cke *f. 11 nur Sg.*
Heim|tü|cker *m. 5* heimtückischer Mensch
heim|tü|ckisch
Heim|vor|teil *m. 1*
heim|wärts
Heim|weh *n. Gen. -s nur Sg.*
Heim|wehr *f. 10, in Österr. 1919-1936:* freiwilliger Selbstschutzverband
Heim|wer|ker *m. 5* jmd., der handwerkliche Arbeiten daheim verrichtet
Heim|we|sen *n. 7, schweiz.:* Anwesen
heim|zah|len *tr. 1;* jmdm. etwas h.: jmdm. etwas vergelten, sich an jmdm. für etwas rächen
heim|zu *ugs.:* heimwärts, nach Hause
Hei|ne, *Heinrich* dt. Schriftsteller
Hei|ne|mann, *Gustav* dt. Politiker
Hein|rich männl. Vorname
Heinz männl. Vorname, *Kurzform von* Heinrich
Hein|zel|bank *f. 2, österr.:* Werkbank
Hein|zel|mann *m. 4*
Hein|zel|männ|chen *n. 7*
hei|o|po|peio s. **hei|a|po|peia**
Hei|rat *f. 10*
hei|ra|ten *tr. u. intr. 2*
Hei|rats|al|ter *n. 5 nur Sg.*
Hei|rats|an|trag *m. 2*
Hei|rats|an|zei|ge *f. 11*
hei|rats|fä|hig
Hei|rats|fä|hig|keit *f. 10 nur Sg.*
Hei|rats|gut *n. 4*
Hei|rats|kan|di|dat *m. 10*
hei|rats|lus|tig
Hei|rats|schwin|del *m. 5*
Hei|rats|schwind|ler *m. 5*
Hei|rats|ur|kun|de *f. 11*
Hei|rats|ver|mitt|lung *f. 10*
hei|schen *tr. 1, poet.:* fordern, verlangen; Aufmerksamkeit h.
hei|ser
Hei|ser|keit *f. 10 nur Sg.*
heiß; heißes Blut *übertr.:* Leidenschaftlichkeit; ein heißes Eisen: ein schwieriges, sehr aktuelles Problem; heiße Musik; heiße Quellen; sich die Köpfe heiß reden; heiß laufen *oder:* heißlaufen; heiß begehrt; heiß ersehnt; heiß geliebt; heiß umkämpft; heiß umstritten
hei|ßa!, hei|sa!
hei|ßa juch|hei
hei|ßas|sa!
Heiß|be|hand|lung *f. 10*

heißblütig, heiß ersehnt: Fügungen aus einem Adjektiv mit einem Adjektiv oder Partizip schreibt man zusammen, wenn der zweite Bestandteil in dieser Form nicht selbständig vorkommt (*heißblütig, heißspornig*) oder der erste Bestandteil bedeutungsverstärkend bzw. -mindernd ist (*heißhungrig*). § 36 (2), § 36 (5)
Dagegen werden Gefüge aus Adjektiv und Verb/Partizip getrennt geschrieben, wenn das Adjektiv steigerbar oder erweiterbar ist: *(überaus) heiß ersehnt/geliebt/umstritten.* § 36 E1 (1.2)

heiß|blü|tig
Heiß|blü|tig|keit *f. 10 nur Sg.*
hei|ßen **1.** *intr. 65* sich nennen, den Namen ... haben; bedeuten; das heißt (*Abk.:* d.h.); **2.** *tr. 65* befehlen, auffordern; bezeichnen, nennen; heiß mich nicht reden, heiß mich schweigen; er hat mich das tun heißen *oder:* er hat mich das zu tun geheißen; **3.** *tr. 1* = hissen
heiß be|gehrt (*alt:* heiß|be|gehrt)
heiß er|sehnt (*alt:* heiß|er|sehnt)
heiß ge|liebt (*alt:* heiß|ge|liebt)
Heiß|hun|ger *m. Gen. -s nur Sg.*
heiß|hung|rig
heiß|lau|fen = **heiß lau|fen** *refl. 76*
Heiß|luft *f. 2 nur Sg.*
Heiß|luft|be|hand|lung *f. 10*
Heiß|man|gel *f. 11*
Heiß|sporn *m. 1* hitziger, unbesonnener Mensch
heiß|spor|nig
heiß um|kämpft (*alt:* heiß|umkämpft)
heiß um|strit|ten (*alt:* heiß|umstrit|ten)
Heiß|was|ser|spei|cher *m. 5*
Heis|ter *m. 5* junger Laubbaum aus einer Baumschule
hei|ter
Hei|ter|keit *f. 10 nur Sg.*
Hei|ter|keits|aus|bruch *m. 2*
Hei|ter|keits|er|folg *m. 1*
Heiz|an|la|ge *f. 11*
heiz|bar
Heiz|bar|keit *f. 10 nur Sg.*
hei|zen *tr. 1*
Hei|zer *m. 5*
Heiz|kis|sen *n. 7*
Heiz|kör|per *m. 5*
Heiz|lüf|ter *m. 5*
Heiz|öl *n. 1*
Heiz|son|ne *f. 11*
Hei|zung *f. 10*
Hei|zungs|an|la|ge *f. 11*
Hei|zungs|mon|teur [-tø:r] *m. 1*
He|ka|te [-te:] *griech. Myth.:* Göttin und Zauberin
He|ka|tom|be [griech.] *f. 11* **1.** *urspr.:* Opfer von 100 Stieren; **2.** *übertr.:* riesige Menge
Hek|tar *auch:* **Hek|tar** [auch: -tar, griech.] *n. 1 auch: m. 1, nach Zahlenangaben Pl. - (Abk.:* ha) Flächenmaß, 100 Ar
Hekt|a|re *auch:* **Hek|ta|re** *f. 11, schweiz. für* Hektar
Hek|tik [griech.] *f. 10 nur Sg.* **1.** chronisches Fieber und Abmagerung (besonders bei Lungen-Tbc); **2.** aufgeregte Betriebsamkeit und Eile
hek|tisch **1.** an Lungen-Tbc erkrankt, auf ihr beruhend; hektisches Fieber, hektische Röte; **2.** übersteigert betriebsam
Hek|to|gramm [griech.] *n. Gen. -s Pl. - (Abk.:* hg) 100 Gramm
Hek|to|graph *auch:* **Hek|to|graf** *m. 10* ein Vervielfältigungsapparat
Hek|to|gra|phie *auch:* **Hek|to|gra|fie** *f. 11* **1.** Vervielfältigungsverfahren; **2.** damit hergestelltes Blatt
hek|to|gra|phie|ren *auch:* **hek|to|gra|fie|ren** *tr. 3* vervielfältigen
Hek|to|li|ter *n. 5, ugs.: m. 5 (Abk.:* hl) 100 Liter
Hek|to|pas|cal *n. Gen. -(s) Pl. - (Abk.:* hPA) Druckeinheit zur Angabe des Luftdrucks
He|ku|ba, He|cu|ba *griech. Myth.:* Mutter Hektors, Gemahlin des Priamos; was ist ihm H.? *übertr.:* was bedeutet ihm das?
Hel *germ. Myth.* **1.** Reich der Toten, Unterwelt; **2.** Göttin des Totenreiches
He|lan|ca® [Kunstwort] *n. Gen. -s nur Sg.* ein elastischer, aus Nylon gewirkter Stoff
Held *m. 10*

Hel|den|dar|stel|ler *m. 5*
Hel|den|e|pos *n. Gen. - Pl.* -e|pen
hel|den|haft
Hel|den|lied *n. 3*
Hel|den|mut *m. Gen.* -(e)s *nur Sg.*
hel|den|mü|tig
Hel|den|sa|ge *f. 11*
Hel|den|tat *f. 10*
Hel|den|te|nor *m. 2*
Hel|den|tum *n. Gen.* -s *nur Sg.*
Hel|der *m. 5 oder n. 5, nddt.:* nicht eingedeichtes Marschland
Hel|din *f. 10*
hel|disch
Heldt, *Werner* dt. Maler
He|le|na [auch: he-] *griech. Myth.:* Tochter des Zeus und der Leda
He|le|ne, He|le|na weibl. Vorname

Hel|fe *f. 11* Stützfaden beim Weben
hel|fen *intr. 66;* er hat mir tragen helfen *oder:* er hat mir beim Tragen geholfen
Hel|fer *m. 5*
Hel|fers|hel|fer *m. 5* Helfer bei einer Straftat
Hel|ga weibl. Vorname
Hel|ge *f. 11,* **Hel|gen** *m. 7, Nebenformen von* Helling
Hel|go|land dt. Nordsee-Insel
Hel|go|län|der *m. 5*
hel|go|län|disch
He|li|and *m. 1 nur Sg., nddt.:* Heiland
He|li|an|the|mum [griech.] *n. Gen.* -s *Pl.* -the|men ein Zierstrauch, Sonnenröschen
He|li|an|thus *m. Gen. - Pl.* -then Sonnenblume
He|li|kon [griech.] **1.** *m. Gen.* -(s) *nur Sg.* griech. Gebirge, *in der griech. Sage:* Sitz der Musen; **2.** *n. 9* ein Blechblasinstrument, Basstuba; **3.** *n. 9* altgriech. Saiteninstrument
He|li|ko|pter *auch:* **He|li|kop|ter** [griech.] *m. 5* Hubschrauber
he|li|o..., **He|li|o...** [griech.] *in Zus.:* sonnen..., Sonnen...
He|li|o|dor *m. 1* ein grüngelblicher Edelstein
He|li|o|graph *auch:* **He|li|o|graf** *m. 10* **1.** astron. Fernrohr mit Kamera für fotograf. Aufnahmen von der Sonne; **2.** Gerät zur Nachrichtenübermittlung durch Blinkzeichen mittels Sonnenlicht
He|li|o|gra|phie *auch:* **He|li|o|gra|fie** *f. 11* **1.** das Signalgeben mit dem Heliographen; **2.** ein Tiefdruckverfahren auf fotomechanischem Wege
he|li|o|gra|phisch *auch:* **he|li|o|gra|fisch**
he|li|o|phil die Sonne liebend (von Tieren und Pflanzen)
he|li|o|phob die Sonne meidend (von Tieren und Pflanzen)
He|li|os *griech. Myth.:* Sonnengott
He|li|o|skop *auch:* **He|li|os|kop** *n. 1* Licht absorbierendes Gerät zur direkten Beobachtung der Sonne mit dem Fernrohr
He|li|o|stat *auch:* **He|li|os|tat** *m. 10* Gerät mit Spiegeln, die durch ein Uhrwerk so bewegt werden, dass sie dem Sonnenlicht für Beobachtungen im Fernrohr stets die gleiche Richtung geben
He|li|o|the|ra|pie *f. 11* Heilbehandlung mit Sonnenlicht
he|li|o|trop blasslila
He|li|o|trop *n. 1* **1.** Sonnenwende, eine Zimmerpflanze mit lila, nach Vanille duftenden Blüten; **2.** ein Farbstoff; **3.** *Geodäsie:* Sonnenspiegel zur Beobachtung entfernter Punkte; **4.** *m. 1* ein Mineral, Blutjaspis
he|li|o|tro|pisch in der Wuchsrichtung sich nach dem Licht wendend
He|li|o|tro|pis|mus *m. Gen. - nur Sg.* Fototropismus
he|li|o|zen|trisch *auch:* **he|li|o|zent|risch** auf die Sonne als Mittelpunkt bezogen, z. B. heliozentrisches Weltsystem des Kopernikus
He|li|o|zo|on *n. Gen.* -s *Pl.* -zo|en Sonnentierchen
He|li|um *n. Gen.* -s *nur Sg.* (*Zeichen:* He) chem. Element, ein Edelgas
He|lix [griech.] *f. Gen. - Pl.* -li|ces [-tse:s] **1.** umgebogener Rand der Ohrmuschel, Ohrleiste; **2.** *nur Sg.* die Wendelstruktur der Erbmoleküle
hell; hell auflachen; *aber:* hellauf lachen; hell leuchtend; hell lodernd; hell strahlend
Hel|las *urspr.:* Landschaft in Thessalien; *dann:* das von Griechen bewohnte Gebiet; *seit 1833 amtl. Bez. für* Griechenland
hell|auf; h. lachen; *aber:* hell auflachen
hell|äu|gig
hell|blau
hell|blond
hell|braun
hell|dun|kel zwischen hell und dunkel spielend, wechselnd
Hell|dun|kel *n. Gen.* -s *nur Sg.* Gegensatz, Zusammenspiel, Wechsel von Hell und Dunkel, von hellen und dunklen Farben
Hel|le **1.** *f. 11 nur Sg.* Helligkeit; **2.** *f. 17;* eine Helle *mitteldt.:* ein Glas helles Bier
Hel|le|bar|de *f. 11, MA:* Hieb- und Stoßwaffe mit eiserner Spitze, Widerhaken und Beil
Hel|le|bar|dier *m. 1,* **Hel|le|bar|dist** *m. 10* Landsknecht mit Hellebarde
Hel|le|gatt, Hell|gatt *n. 9* Geräte-, Vorratsraum (auf Schiffen)
Hel|le|ne *m. 11* Grieche
hel|le|nisch Hellas, die Hellenen betreffend, von ihm, von ihnen stammend
hel|le|ni|sie|ren *tr. 3* nach griech. Vorbild gestalten
Hel|le|nis|mus *m. Gen. - nur Sg.* die Kulturepoche von Alexander dem Großen bis Augustus (325 v. Chr. bis 30 n. Chr.), gekennzeichnet durch die Verschmelzung griechischer, kleinasiatischer und ägyptischer Kulturelemente
Hel|le|nist *m. 10*
Hel|le|nis|tik *f. 10 nur Sg.* Wissenschaft vom Hellenismus
hel|le|nis|tisch zum Hellenismus gehörend, auf ihm beruhend
Hel|ler *m. 5* **1.** *urspr.:* Silbermünze; **2.** *19. Jh.:* Kupfermünze; **3.** *in Österr. bis 1924:* $^{1}/_{100}$ Krone; **4.** *übertr.:* kleine Münze von geringem Wert; dafür gebe ich keinen H.; etwas auf H. und Pfennig zurückzahlen
Hel|les|pont *m. Gen.* -(e)s **1.** *antiker Name für die* Dardanellen; **2.** *Spätantike:* Provinz am Hellespont
hel|leuch|tend (-ll|l-) (*alt für:* hell leuch|tend)
hell|far|big
Hell|gatt *n. 9* s. **Hel|le|gatt**

hellgelb: Mehrteilige Ausdrücke aus einem bedeutungsverstärkenden ersten Bestandteil (*hell-*) und einem Adjektiv oder Partizip werden zusammengeschrieben: *hellgelb, hellhaarig, hellhörig* usw. § 36 (5)

hell|gelb
hell|grau
hell|grün
hell|haa|rig

hell|hö|rig 1. sehr scharf hörend; sehr aufmerksam und Andeutungen sofort begreifend; 2. schalldurchlässig (Wände, Häuser)
Hell|hö|rig|keit *f. 10 nur Sg.*
hellicht (-ll|l-) (*alt für:* hell|licht)
Hel|li|gen *Pl. von* Helling
Hel|lig|keit *f. 10 nur Sg.*
Hel|lig|keits|grad *m. 1*
helli|la (-ll|l-) (*alt für:* hell|li|la)
Hel|ling *f. 10 Pl. auch:* Hel|li|gen *auch: m. 1, auf Werften:* schiefe Ebene als Unterlage zum Bau von Schiffen

hell leuchtend: Gefüge aus Adjektiv und Verb/Partizip werden getrennt geschrieben, wenn das Adjektiv steigerbar oder erweiterbar ist: *Der Stoff war hell leuchtend.* Ebenso: *hell lodernd, hell strahlend.* § 34 E3 (3)

hell leuch|tend
hell|licht *nur in* am helllichten Tage
hell|li|la
hell lo|dernd (*alt:* hel|lo|dernd (-ll|l-))
hell|rot
hell|se|hen *intr. 136, nur im Infinitiv üblich*
Hell|se|her *m. 5*
Hell|se|he|rei *f. 10 nur Sg.*
Hell|se|he|rin *f. 10*
hell|se|he|risch
hell|sich|tig einen Sachverhalt rasch durchschauend, scharfsinnig
Hell|sich|tig|keit *f. 10 nur Sg.*
hell strah|lend (*alt:* hell|strahlend)
hell|wach
Hell|weg *m. 1, MA:* Name großer Landstraßen, bes. die zwischen Ruhrmündung und Paderborn
Helm *m. 1* 1. Stiel von Werkzeugen, z. B. der Axt; 2. schützende Kopfbedeckung; 3. pyramidenförmiges Dach eines Turmes
Helm|busch *m. 2* Federschmuck am Helm, Helmstutz
Hel|min|the [griech.] *f. 11* Eingeweidewurm
Hel|min|thi|a|sis *f. Gen. - nur Sg.*, Hel|min|tho|se *f. 11* Wurmkrankheit
Hel|min|tho|lo|gie *f. 11 nur Sg.* Lehre von den Eingeweide- u. a. parasitischen Würmern
Hel|min|tho|se *f. 11* s. **Hel|min|thi|a|sis**
Helm|kraut *n. 4 nur Sg.* eine Gattung der Lippenblütler
Helm|sturz *m. 1* Gesichtsschutz am Helm
Helm|stutz *m. 1* Helmbusch
Hel|mut, Hell|mut, Hell|muth, Hel|muth männl. Vorname
He|lo|phyt [griech.] *m. 10* Sumpfpflanze
He|lot [griech.] *m. 10,* **He|lo|te** *m. 11* 1. *im alten Sparta:* Staatssklave; 2. *übertr.:* Unterdrückter
Hel|sing|fors [schwed.: -fors] *schwed. Name für* Helsinki
Hel|sin|ki Hauptstadt von Finnland
Hel|ve|tia [-vetsja] *lat. Name der* Schweiz
Hel|ve|ti|en [-vetsjən] die Schweiz
Hel|ve|ti|er [-vetsjər] *m. 5* Angehöriger eines keltischen Volksstammes in Süddeutschland und der Schweiz
Hel|ve|ti|ka [-ve-] *Pl.* Bilder, Bücher usw. über die Schweiz
hel|ve|tisch [-ve-]; *aber:* die Helvetische Konfession, das Helvetische Bekenntnis (*Abk.:* H. B.): Glaubensbekenntnis der ev.-ref. Kirche; die Helvetische Republik: die Schweiz
Hel|ve|tis|mus [-ve-] *m. Gen. - Pl.* -men in eine andere Sprache übernommene schweizer. Spracheigentümlichkeit
Hemd *n. 12*
Hemd|blu|se *f. 11*
Hemd|blu|sen|kleid *n. 3*
Hemd|brust *f. 2*
Hemd|chen *n. 7*
Hem|den|knopf, Hemd|knopf *m. 2*
Hem|den|matz *m. 2, ugs.:* kleines Kind im Hemd
Hemd|knopf *m. 2* s. **Hem|den|knopf**
Hemd|kra|gen *m. 7*
Hemds|är|mel *m. 5;* in Hemdsärmeln
hemds|är|me|lig
he|mi..., He|mi... [griech.] *in Zus.:* halb..., Halb...
He|ming|way [-weɪ], *Ernest* US-amerik. Schriftsteller
He|mi|pa|re|se *f. 11 Med.:* leichte, einseitige Körperlähmung
He|mi|ple|gie [griech] *f. 11* einseitige Körperlähmung
He|mi|pte|re *auch:* **He|mip|te|re** *m. 11 meist Pl.* Halbflügler, z. B. Wanze
He|mi|sphä|re *auch:* **He|mis|phä|re** *f. 11* 1. eine Hälfte der Erd- oder Himmelskugel; nördliche, südliche H.; 2. Hälfte des Groß- bzw. Kleinhirns
He|mi|sti|chi|on *auch:* **He|mis|ti|chi|on, He|mi|sti|chi|um** *auch:* **He|mis|ti|chi|um** *n. Gen.* -s *Pl.* -chien, *antike Metrik:* Halbvers
Hem|lock|tan|ne [engl.] *f. 11* eine Baumart, Schierlingstanne
Hem|me *f. 11* Bremse (1)
hem|men *tr. 1*
Hemm|nis *n. 1*
Hemm|schuh *m. 1*
Hemm|schwel|le *f. 11* Grad, bis zu dem Hemmungen wirksam sind
Hem|mung *f. 10*
hem|mungs|los
Hem|mungs|lo|sig|keit *f. 10 nur Sg.*
Hemm|werk *n. 1*
Hen|de|ka|gon [griech.] *n. 1* Elfeck
Hen|de|ka|syl|la|bus *m. Gen. - Pl.* -bi *oder* -la|ben elfsilbiger Vers
Hen|di|a|dy|oin [griech.] *n. 1,* **Hen|di|a|dys** *n. 1* Stilfigur, bei der statt eines Substantivs mit adjektivischem Attribut zwei durch »und« verbundene Substantive verwendet werden, z. B. »aus Bechern und Gold« statt »aus goldenen Bechern«
Hendl *n. 14, bair., österr.:* junges Huhn, Hähnchen
Hengst *m. 1*
Hengst|foh|len, Hengst|fül|len *n. 7*
Hen|kel *m. 5*
...hen|ke|lig, ...henk|lig *in Zus.*, z. B. ein-, zweihenkelig
Hen|kel|korb *m. 2*
Hen|kel|krug *m. 2*
hen|ken *tr. 1*
Hen|ker *m. 5*
Hen|ker|beil, Hen|kers|beil *n. 1*
Hen|kers|knecht *m. 1*
Hen|kers|mahl|zeit *f. 10* letzte Mahlzeit vor der Hinrichtung; *übertr.:* vor der Abreise
...henk|lig s. **...hen|ke|lig**
Hen|na *f. oder n. Gen. - nur Sg.* 1. orientalischer Strauch; 2. rotgelber Farbstoff aus (1) und Öl zum Einbalsamieren bzw. zum Haarfärben
Hen|ne *f. 11*
Hen|ne|gatt *n. 9, nddt.:* Koker (2)
Hen|nin [ɛnɛ̃, frz.] *n. 9, 14./15. Jh. in Frankreich und den Niederlanden:* hohe, kegelförmige Kopfbedeckung mit von der Spitze hinten herabhängendem Schleier für Frauen
Hen|ning, Hen|nig männl. Vorname

H

He|no|the|is|mus [griech.] *m. Gen. - nur Sg.* Verehrung eines bevorzugten Gottes, ohne das Dasein anderer Götter zu leugnen oder ihre Verehrung zu verbieten
he|no|the|is|tisch
Hen|ri|et|te weibl. Vorname
Hen|rik männl. Vorname, *nddt. Form von* Heinrich
Hen|ri|qua|tre *auch:* **Hen|ri|quat|re** [ãrikatr(ə)] *m. 9* Spitzbart mit aufwärts gedrehtem Schnurrbart
Hen|ry [nach dem US-amerik. Physiker Josef H.] *n. Gen. - Pl. - (Abk.:* H) Einheit der Induktivität
Hen|ze, *Hans Werner* dt. Komponist
H
He|par [griech.] *n. Gen. -s Pl. -pata, Med.:* Leber
He|pa|ti|ka *f. Gen. - Pl.* -ken Leberblümchen
he|pa|tisch zur Leber gehörend, von ihr ausgehend
He|pa|ti|tis *f. Gen. - Pl.* -ti|ti|den Leberentzündung
he|pa|to|gen von der Leber ausgehend
He|pa|to|gra|phie *auch:* **He|pa|to|gra|fie** *f. 11* Röntgenaufnahme der Leber
He|pa|to|lo|gie *f. 11* Lehre von der Leber und ihren Krankheiten
He|pa|to|pa|thie *f. 11* Leberleiden
He|pa|to|pto|se *auch:* **He|pa|top|to|se** *f. 11* Wanderleber
He|phais|tos *griech. Myth.:* Gott des Feuers und der Schmiedekunst
He|phäst, He|phäs|tus *latein. Form von* Hephaistos
Hep|ta|chord [-kord, griech.] *m. 1 oder n. 1, Mus.:* Intervall von sieben diatonischen Stufen, große Septime
Hep|ta|gon *n. 1* Siebeneck
Hept|a|me|ron *auch:* **Hep|ta|me|ron** *n. Gen. -s nur Sg.* **1.** die Schöpfungswoche; **2.** dem Decamerone nachgestaltete Sammlung von an sieben Tagen erzählten Novellen von Margarete von Navarra
Hep|ta|me|ter *m. 5* siebenfüßiger Vers
Hep|tan *n. 1 nur Sg.* Kohlenwasserstoff mit sieben Kohlenstoffatomen
Hep|ta|teuch *m. 1 nur Sg.* die ersten sieben Bücher des AT
Hept|o|de *auch:* **Hep|to|de** *f. 11* Elektronenröhre mit sieben Elektroden

her: Das Adverb beschreibt im Regelfall eine Bewegung auf den Sprechenden zu: *Komm her! Her mit dem Geld!*
Die substantivierte Form wird großgeschrieben: *Es war ein ewiges Hin und Her.* In der Fügung mit *sein* wird getrennt geschrieben: *Das konnte noch nicht lange her sein.* § 35
Ebenso: *hinter etwas/einer Person her sein* (= verfolgen).

her auf den Sprechenden zu; hin und her; *aber:* das Hin und Her; hin und her gehen, fahren; her damit!; her zu mir!; von dort her; damit kann es nicht weit her sein; von weit her; hinter etwas oder jmdm. her sein; ein Tier vor sich her treiben; vor jmdm. her fahren
He|ra, He|re *griech. Myth.:* Gemahlin des Zeus, Göttin der Ehe und der Frauen

herab-: Wörter, die sprachhistorisch Zusammensetzungen sind, aber oft nicht als solche empfunden werden, kann man auch nach Sprechsilben trennen: *he|rab-*. Ebenso: *he|ran-, he|rauf-, he|raus-, he|rein-, he|rü|ber-, he|rum-, he|run|ter-.*
Die bisherige Trennung bleibt daneben gültig: *her|ab-, her|auf-* usw. § 112

her|ab *auch:* **he|rab** auf den Sprechenden zu; hinauf und herab
her|ab|fal|len *auch:* **he|rab|fal|len** *intr. 33*
her|ab|flie|ßen *auch:* **he|rab|flie|ßen** *intr. 40*
her|ab|hän|gen *auch:* **he|rab|hän|gen** *intr. 62*
her|ab|las|sen *auch:* **he|rab|las|sen** *tr. u. refl. 75*
her|ab|las|send *auch:* **he|rab|las|send**
Her|ab|las|sung *auch:* **He|rab|las|sung** *f. 10 nur Sg.*
her|ab|schau|en *auch:* **he|rab|schau|en** *intr. 1*
her|ab|set|zen *auch:* **he|rab|set|zen** *tr. 1*
Her|ab|set|zung *auch:* **He|rab|set|zung** *f. 10 nur Sg.*
her|ab|stei|gen *auch:* **he|rab|stei|gen** *intr. 153*
her|ab|strö|men *auch:* **he|rab|strö|men** *intr. 1*
her|ab|stür|zen *auch:* **he|rab|stür|zen** *intr. 1*
her|ab|wür|di|gen *auch:* **he|rab|wür|di|gen** *tr. 1*
Her|ab|wür|di|gung *auch:* **He|rab|wür|di|gung** *f. 10*
he|ra|kle|isch *auch:* **he|rak|le|isch** von Herakles stammend
He|ra|kles *auch:* **He|rak|les** *griech. Form von* Herkules
He|ra|kli|de *auch:* **He|rak|li|de** *m. 11* Nachkomme des Herakles
He|ra|klit *auch:* **He|rak|lit** altgriech. Philosoph
He|ral|dik [frz.] *f. 10 nur Sg.* Wappenkunde
He|ral|di|ker *m. 5* Kenner, Erforscher der Heraldik
he|ral|disch
her|an *auch:* **he|ran** *ugs.:* ran; heran sein
her|an|bil|den *auch:* **he|ran|bil|den** *tr. 2*
her|an|ge|hen *auch:* **he|ran|ge|hen,** *ugs.:* ran|ge|hen *intr. 47*
her|an|hal|ten *auch:* **he|ran|hal|ten,** *ugs.:* ran|hal|ten *tr. u. refl. 61;* sich ranhalten: sich beeilen
her|an|kom|men *auch:* **he|ran|kom|men,** *ugs.:* ran|kom|men *intr. 71*
her|an|ma|chen *auch:* **he|ran|ma|chen,** *ugs.:* ran|ma|chen *refl. 1*
her|an|na|hen *auch:* **he|ran|na|hen** *intr. 1*
her|an|rei|chen *auch:* **he|ran|rei|chen** *intr. 1;* an jmdn. oder etwas (nicht) h. können
her|an|rei|fen *auch:* **he|ran|rei|fen** *intr. 1*
her|an|rü|cken *auch:* **he|ran|rü|cken** *intr. u. tr. 1*
her|an|schlei|chen *auch:* **he|ran|schlei|chen,** *ugs.:* ran|schlei|chen *refl. u. intr. 117*
her|an sein *auch:* **he|ran sein** (*alt:* her|an|sein) *intr. 137*
her|an|tra|gen *auch:* **he|ran|tra|gen** *tr. 160;* eine Angelegenheit an jmdn. h.
her|an|wach|sen *auch:* **he|ran|wach|sen** [-ks-] *intr. 172*
her|an|wa|gen *auch:* **he|ran|wa|gen,** *ugs.:* ran|wa|gen *refl. 1*
her|an|win|ken *auch:* **he|ran|win|ken** *intr. 1*
her|an|zie|hen *auch:* **he|ran|zie|hen** *intr. 187*
her|auf *auch:* **he|rauf,** *ugs.:* rauf zum Sprechenden her; h. und hinunter
her|auf|be|schwö|ren *auch:* **he|rauf|be|schwö|ren** *tr. 135*

her|auf|bit|ten *auch:* **he|rauf|bit|ten** *tr. 15*
her|auf|brin|gen *auch:* **he|rauf|brin|gen,** *ugs.:* rauf|brin|gen *tr. 21*
her|auf|drin|gen *auch:* **he|rauf|drin|gen** *intr. 25*

> **heraufgehen:** Fügungen aus einer Partikel (*herauf-* usw.) und einem Verb werden im Infinitiv, Partizip und am Ende eines Nebensatzes zusammengeschrieben: *Sie wollten (zusammen) heraufgehen.* Ebenso: *heranfahren, herausfinden, hinausschieben* usw. § 34 (1)

her|auf|ge|hen *auch:* **he|rauf|ge|hen,** *ugs.* rauf|ge|hen *intr. 47*
her|auf|ho|len *auch:* **he|rauf|ho|len,** *ugs.:* rauf|ho|len *tr. 1*
her|auf|kom|men *auch:* **he|rauf|kom|men,** *ugs.:* rauf|kom|men *intr. 71*
her|auf|schi|cken *auch:* **he|rauf|schi|cken,** *ugs.:* rauf|schi|cken *tr. 1*
her|auf|set|zen *auch:* **he|rauf|set|zen,** *ugs.:* rauf|set|zen *tr. 1;* Preise heraufsetzen
her|auf|stei|gen *auch:* **he|rauf|stei|gen,** *ugs.:* rauf|stei|gen *intr. 153*
her|auf|tra|gen *auch:* **he|rauf|tra|gen,** *ugs.:* rauf|tra|gen *tr. 160*
her|auf|zie|hen *auch:* **he|rauf|zie|hen,** *ugs.:* rauf|zie|hen *tr. 187*
her|aus *auch:* **he|raus,** *ugs.:* raus zum Sprechenden her; hinein und heraus; heraus sein; *von allen folgenden Zus. sind auch die ugs. Formen mit raus… üblich, sie sind deshalb nicht eigens aufgeführt*
her|aus|ar|bei|ten *auch:* **he|raus|ar|bei|ten** *tr. 2*
her|aus|be|kom|men *auch:* **he|raus|be|kom|men** *tr. 71*
her|aus|brin|gen *auch:* **he|raus|brin|gen** *tr. 21*
her|aus|drin|gen *auch:* **he|raus|drin|gen** *intr. 25*
her|aus|fah|ren *auch:* **he|raus|fah|ren** *intr. u. tr. 32*
her|aus|fal|len *auch:* **he|raus|fal|len** *intr. 33*
her|aus|fin|den *auch:* **he|raus|fin|den** *tr. u. refl. 36*
her|aus|fi|schen *auch:* **he|raus|fi|schen** *tr. 1*
her|aus|flie|gen *auch:* **he|raus|flie|gen** *intr. 38; ugs.:* rausfliegen: weggejagt werden, *eigtl.:* hinausfliegen
her|aus|for|dern *auch:* **he|raus|for|dern** *tr. 1*
Her|aus|for|de|rer *auch:* **He|raus|for|de|rer** *m. 5*
Her|aus|for|de|rung *auch:* **He|raus|for|de|rung** *f. 10*
Her|aus|ga|be *auch:* **He|raus|ga|be** *f. 11*
her|aus|ge|ben *auch:* **he|raus|ge|ben** *tr. 45;* das Buch wurde herausgegeben von … (*Abk.:* hg. *oder:* hrsg. von …)
Her|aus|ge|ber *auch:* **He|raus|ge|ber** *m. 5* (*Abk.:* Hg. *oder* Hrsg.)
her|aus|grei|fen *auch:* **he|raus|grei|fen** *tr. 59*
her|aus|ha|ben *auch:* **he|raus|ha|ben** *tr. 60*
her|aus|hal|ten *auch:* **he|raus|hal|ten** *tr. 61*
her|aus|hän|gen *auch:* **he|raus|hän|gen** *intr. 62 und tr. 1*
her|aus|ho|len *auch:* **he|raus|ho|len** *tr. 1*
her|aus|keh|ren *auch:* **he|raus|keh|ren** *tr. 1;* den Schulmeister h.: sich wie ein Schulmeister benehmen
her|aus|klin|geln *auch:* **he|raus|klin|geln** *tr. 1*
her|aus|kom|men *auch:* **he|raus|kom|men** *intr. 71*
her|aus|krie|chen *auch:* **he|raus|krie|chen** *intr. 73*
her|aus|krie|gen *auch:* **he|raus|krie|gen** *tr. 1*
her|aus|kris|tal|li|sie|ren *auch:* **he|raus|kris|tal|li|sie|ren** *refl. 3*
her|aus|las|sen *auch:* **he|raus|las|sen** *tr. 75*
her|aus|lo|cken *auch:* **he|raus|lo|cken** *tr. 1*
her|aus|ma|chen *auch:* **he|raus|ma|chen** *refl. 1;* er hat sich gut herausgemacht
her|aus|müs|sen *auch:* **he|raus|müs|sen** *intr. 87*
her|aus|neh|men *auch:* **he|raus|neh|men** *tr. 88;* er nimmt sich viel heraus: er erlaubt sich viel
her|aus|plat|zen *auch:* **he|raus|plat|zen** *intr. 1;* mit etwas h.
her|aus|po|sau|nen *auch:* **he|raus|po|sau|nen** *tr. 1, ugs.:* laut verkünden
her|aus|ra|gend *auch:* **he|raus|ra|gend**
her|aus|re|den *auch:* **he|raus|re|den** *refl. 2;* er versuchte sich darauf herauszureden, dass …
her|aus|rei|ßen *auch:* **he|raus|rei|ßen** *tr. 96*
her|aus|rü|cken *auch:* **he|raus|rü|cken** *intr. 1;* mit einem Plan, mit der Sprache h.
her|aus|ru|fen *auch:* **he|raus|ru|fen** *tr. 102*
her|aus|rut|schen *auch:* **he|raus|rut|schen** *intr. 1, ugs.;* das ist mir so herausgerutscht
her|aus|sa|gen *auch:* **he|raus|sa|gen** *tr. 1;* etwas frei h.; *oder:* etwas frei heraus sagen
her|aus|schau|en *auch:* **he|raus|schau|en** *intr. 1*
her|aus|schin|den *auch:* **he|raus|schin|den** *tr. 114*
her|aus|schla|gen *auch:* **he|raus|schla|gen** *tr. 116*
her|aus|schlüp|fen *auch:* **he|raus|schlüp|fen** *intr. 1*
her|aus|schmei|ßen *auch:* **he|raus|schmei|ßen** *tr. 122, ugs.:* raus|schmei|ßen, *eigtl.:* hinausschmeißen; vgl. Rausschmeißer, Rausschmiss
her|aus|schnei|den *auch:* **he|raus|schnei|den** *tr. 125*
her|aus|schrei|ben *auch:* **he|raus|schrei|ben** *tr. 127*
her|aus sein *auch:* **he|raus sein** (*alt:* her|aus|sein) *intr. 137*
her|au|ßen *auch:* **he|rau|ßen**
her|aus|sprin|gen *auch:* **he|raus|sprin|gen** *intr. 148;* bei dem Geschäft soll auch etwas für dich h.: sollst du auch einen Vorteil haben
her|aus|staf|fie|ren *auch:* **he|raus|staf|fie|ren** *tr. 3*
her|aus|ste|hen *auch:* **he|raus|ste|hen** *intr. 151*
her|aus|stel|len *auch:* **he|raus|stel|len** **1.** *tr. 1, übertr.:* (eine Eigenschaft, Leistung) hervorheben; **2.** *refl. 1* offenkundig werden
her|aus|stre|cken *auch:* **he|raus|stre|cken** *tr. 1*
her|aus|su|chen *auch:* **he|raus|su|chen** *tr. 1*
her|aus|tra|gen *auch:* **he|raus|tra|gen** *tr. 160*
her|aus|tre|ten *auch:* **he|raus|tre|ten** *intr. 163*
her|aus|trom|meln *auch:* **he|raus|trom|meln** *tr. 1*
her|aus|tun *auch:* **he|raus|tun** *tr. 167*
her|aus|wach|sen *auch:* **he|raus|wach|sen** [-ks-] *intr. 172;* das wächst mir zum Hals heraus *ugs.:* das habe ich satt
her|aus|wa|gen *auch:* **he|raus|wa|gen** *refl. 1*

her|aus|wa|schen *auch:* **he|raus|wa|schen** *tr. 174*
her|aus|wer|fen *auch:* **he|raus|wer|fen** *tr. 181; ugs.:* rauswerfen; wegjagen, *eigtl.:* hinauswerfen
her|aus|zie|hen *auch:* **he|raus|zie|hen** *tr. 187*
herb
Her|ba|ri|um [lat.] *n. Gen. -s Pl.* -ri|en Sammlung von getrockneten Pflanzen
Her|be *f. 11 nur Sg.* Herbheit
her|bei
her|bei|ei|len *intr. 1*
her|bei|füh|ren *tr. 1*
her|bei|kom|men *intr. 71*
her|bei|las|sen *refl. 75;* sich h., etwas zu tun
her|bei|lau|fen *intr. 76*
her|bei|re|den *tr. 2*
her|bei|ren|nen *intr. 98*
her|bei|ru|fen *tr. 102*
her|bei|schaf|fen *tr. 1*
her|bei|seh|nen *tr. 1*
her|bei|win|ken *tr. 1*
her|bei|wün|schen *tr. 1;* sich etwas sehnlich herbeiwünschen
her|be|kom|men *tr. 71*
her|be|mü|hen *tr. u. refl. 1*
Her|ber|ge *f. 11*
her|ber|gen *tr. 1, meist:* beherbergen
Her|bergs|mut|ter *f. 6*
Her|bergs|va|ter *m. 6*
Her|bert männl. Vorname
her|be|ten *tr. 2*
Herb|heit *f. 10 nur Sg.*
Her|bi|vo|re [-vo-, lat.] *m. 11* Pflanzen fressendes Tier
Her|bi|zid *n. 1* Unkrautvernichtungsmittel
her|brin|gen *tr. 21*
Herbst *m. 1*
Herbst|an|fang *m. 2*
Herbst|blu|me *f. 11*
herbs|teln *intr. 1, unpersönl.:* es herbstelt
herbs|ten **1.** *intr. 2, unpersönl.:* es herbstet; **2.** *tr. 2* Trauben ernten
Herbs|tes|an|fang *m. 2 poet.*
Herbst|fe|ri|en *Pl.*
Herbs|ting *m. 1, alter Name für* September
herbst|lich
Herbst|ling *m. 1* **1.** ein Pilz, Reizker; **2.** Herbstfrucht; **3.** spätgeborenes Kalb
Herbst|meis|ter *m. 5*
Herbst|meis|ter|schaft *f. 10*
Herbst-Tag|und|nacht|glei|che *auch:* **Herbst-Tag-und-Nacht-Glei|che** *f. 11*
Herbst|zeit|lo|se *f. 11* eine im Herbst blühende Wiesenblume
Herd *m. 1*
Herd|buch, *schweiz.:* Her|de|buch *n. 4* Verzeichnis der Zuchttiere einer Zuchtanstalt
Her|de *f. 11*
Her|de|buch *n. 4 schweiz.:* s. **Herdbuch**
Her|den|mensch *m. 10*
Her|den|tier *n. 1*
Her|den|trieb *m. 1 nur Sg.*
her|den|wei|se

Herder: Bei Eigennamen kann das Possessivverhältnis auf verschiedene Weise ausgedrückt werden: *die herderschen/herderischen Werke* oder: *die Herder'schen Werke* (mit Apostroph und Großschreibung). § 62

Her|der, *Johann Gottfried* dt. Philosoph
Herd|feu|er *n. 5*
Herd|in|fek|ti|on *f. 10* Fokalinfektion
Herd|plat|te *f. 11*
He|re s. **He|ra**
he|re|di|tär [frz.] erblich
He|re|di|tät *f. 10* **1.** Erblichkeit, Vererbung; **2.** Erbfolge
her|ein *auch:* **he|rein,** *ugs.:* rein zum Sprechenden her; hinaus und herein; »Herein!« rufen
her|ein|be|kom|men *auch:* **he|rein|be|kom|men,** *ugs.* rein|be|kommen *tr. 71*
her|ein|be|mü|hen *auch:* **he|rein|be|mü|hen** *tr. u. refl. 1*
her|ein|bre|chen *auch:* **he|rein|bre|chen** *intr. 19*
her|ein|brin|gen *auch:* **he|rein|brin|gen,** *ugs.:* rein|brin|gen *tr. 21*
her|ein|drin|gen *auch:* **he|rein|drin|gen** *intr. 25*
Her|ein|fall *auch:* **He|rein|fall,** *meist ugs.:* Rein|fall *m. 2*
her|ein|fal|len *auch:* **he|rein|fal|len** *intr. 33, ugs.:* rein|fal|len: den Schaden haben, betrogen werden, *eigtl.:* hineinfallen
her|ein|flie|gen *auch:* **he|rein|flie|gen** *intr. 38, ugs.:* rein|flie|gen, *eigtl.:* hineinfliegen; *von den folgenden Zus. sind auch die ugs. Formen mit rein… üblich, sie sind deshalb nicht eigens aufgeführt*
her|ein|kom|men *auch:* **he|rein|kom|men** *intr. 71*
her|ein|kön|nen *auch:* **he|rein|kön|nen** *intr. 72*
her|ein|krie|gen *auch:* **he|rein|krie|gen** *tr. 1, ugs.:* hereinbekommen
her|ein|las|sen *auch:* **he|rein|las|sen** *tr. 75*
her|ein|le|gen *auch:* **he|rein|le|gen** *tr. 1*
her|ein|plat|zen *auch:* **he|rein|plat|zen** *intr. 1*
her|ein|ru|fen *auch:* **he|rein|ru|fen** *tr. 102*
her|ein|schau|en *auch:* **he|rein|schau|en** *intr. 1*
her|ein|schei|nen *auch:* **he|rein|schei|nen** *intr. 108*
her|ein|schlei|chen *auch:* **he|rein|schlei|chen** *intr. u. refl. 117*
her|ein|schnei|en *auch:* **he|rein|schnei|en** *intr. 1, ugs.:* unerwartet zu Besuch kommen
her|ein|stre|cken *auch:* **he|rein|stre|cken** *intr. 1*
her|ein|wa|gen *auch:* **he|rein|wa|gen** *refl. 1*
her|ein|wol|len *auch:* **he|rein|wol|len** *intr. 185*
he|rein|zie|hen *auch:* **he|rein|zie|hen** *tr. 187*
He|re|ro **1.** *m. 9 oder Gen. - Pl. -* Angehöriger eines südwestafrikanischen Bantuvolkes; **2.** *n. Gen.* -(s) *nur Sg.* dessen Sprache
her|fah|ren *intr. u. tr. 32* vgl. her
Her|fahrt *f. 10;* Hin- und Herfahrt
her|fal|len *intr. 33;* über etwas oder jmdn. h.
her|fin|den *refl. 36*
her|füh|ren *tr. 1*
Her|gang *m. 2 nur Sg.* Vorgang, Verlauf eines Ereignisses
her|ge|ben *tr. 45*
her|ge|bracht herkömmlich
her|ge|hen *intr. 47;* es ging lustig her: es war lustig; vgl. hin
her|ge|lau|fen; ein hergelaufener Kerl
her|ha|ben *intr. 60;* wo hast du das her?
her|hal|ten *intr. 61;* dafür muss ich dann h.: dafür muss ich dann büßen, die Folgen tragen
her|ho|len *tr. 1;* das Argument ist weit hergeholt
her|hö|ren *intr. 1, ugs.;* alles herhören!
He|ri|bert männl. Vorname
her|in *auch:* **he|rin** *bair., österr. kurz für* herinnen
He|ring *m. 1*
He|rings|hai *m. 1*
He|rings|kö|nig *m. 1* ein Fisch
He|rings|mö|we *f. 11*
He|rings|sa|lat *m. 1*

her|in|nen *auch:* **he|rin|nen** *bair., österr.:* hier drinnen
her|kom|men *intr. 71*
Her|kom|men *n. Gen. -s nur Sg.* **1.** Abstammung, Herkunft; **2.** Brauch, Sitte
her|kömm|lich überliefert, wie es Brauch ist
her|krie|gen *tr. 1, ugs.:* herbekommen
Her|ku|les *lat. Form von* Herakles; **1.** *griech. Myth.:* Halbgott und Sagenheld; **2.** sehr starker, großer Mensch
Her|ku|les|ar|beit *f. 10*
her|ku|lisch **1.** in der Art des Herkules, sehr stark; **2.** schwer zu vollbringen (Arbeit)
Her|kunft *f. 2 nur Sg.*
Her|kunfts|be|zeich|nung *f. 10*
Her|kunfts|land *n. 4*
Her|kunfts|ort *m. 1*
her|lau|fen *intr. 76;* hinter jmdm. h.; vgl. hin-, vgl. hergelaufen
Her|lit|ze [auch: -lit-] *f. 11* Kornelkirsche
her|ma|chen **1.** *refl. 1, ugs.:* sich über etwas h.: sich auf etwas stürzen; **2.** *intr. 1, ugs.:* (nicht) viel von etwas h.: (nicht) viel Aufhebens von etwas machen
Her|mann männl. Vorname
Her|manns|schlacht *f. 10 nur Sg.*
Herm|a|phro|dis|mus *auch:* **Her|maph|ro|dis|mus** *m. Gen. - nur Sg., Nebenform von* Hermaphroditismus
Herm|a|phro|dit *auch:* **Her|maph|ro|dit** [nach dem Sohn des griech. Gottes Hermes und der Aphrodite] *m. 10* Zwitter
herm|a|phro|di|tisch *auch:* **her|maph|ro|di|tisch** zweigeschlechtig
Herm|a|phro|di|tis|mus *auch:* **Her|maph|ro|di|tis|mus** *m. Gen. - nur Sg.* Zweigeschlechtigkeit
Her|me [nach dem griech. Gott Hermes] *f. 11* Pfeiler mit Büste
Her|me|lin **1.** *n. 1* großes Wiesel; **2.** *m. 1* dessen Pelz
Her|me|neu|tik [griech.] *f. 10 nur Sg.* Kunst der Deutung, Auslegung von Kunstwerken, Texten, Musikstücken
her|me|neu|tisch
Her|mes *griech. Myth.:* Götterbote, Gott der Kaufleute, des Verkehrs, der Redekunst
her|me|tisch wasser-, luftdicht; h. verschlossen
Her|mi|ne weibl. Vorname
Her|mi|no|ne *m. 11* Angehöriger einer german. Stammesgruppe
her|mi|no|nisch
Her|mi|ta|ge [ɛrmitaʒə, frz.] *f. Gen. - nur Sg.* **1.** Weinbaugemarkung in der frz. Landschaft Dauphiné; **2.** eine Rebsorte (rot)
Her|mun|du|re *m. 11* Angehöriger eines german. Volksstammes
her|nach nachher
her|neh|men *tr. 88*
Her|nie [-njə, lat.] *f. 11* **1.** Eingeweidebruch; **2.** eine durch einen Pilz hervorgerufene Pflanzenkrankheit
her|nie|der
her|nie|der|stei|gen *intr. 153*
Her|ni|o|to|mie [lat. + griech.] *f. 11* Operation einer Hernie (1)
her|o|ben *auch:* **he|ro|ben**
He|roe [griech.] *m. 11, Nebenform von* Heros
He|ro|en|kult *m. 1* Heldenverehrung
He|ro|ik *f. 10 nur Sg.* Heldenhaftigkeit
He|ro|in *f. 10* = **He|ro|i|ne**
He|ro|in [griech.] *n. 1 nur Sg.* ein Rauschgift
He|ro|i|ne *f. 11,* **He|ro|in** *f. 10, Theater:* Darstellerin einer Heldinnenrolle
He|ro|i|nis|mus *m. Gen. - nur Sg.* Süchtigkeit nach Heroin
he|ro|isch heldenhaft, heldenmütig, heroische Landschaft *Malerei:* Landschaft mit mytholog. Figuren; heroischer Vers: epischer Vers, z. B. Hexameter, Blankvers
he|ro|i|sie|ren *tr. 3* zum Helden erheben, verherrlichen
He|ro|i|sie|rung *f. 10 nur Sg.*
He|ro|is|mus *m. Gen. - nur Sg.* Heldenmut, Heldenhaftigkeit
He|rold *m. 1* **1.** *MA:* Ausrufer, Bote eines Fürsten; **2.** *übertr.:* Vorläufer, Verkündiger
He|rolds|amt *n. 4*
He|rons|ball [nach dem altgriech. Mathematiker Heron von Alexandrien] *m. 2* Gefäß, in dem durch Einblasen von Luft Wasser in die Höhe gedrückt wird
He|ro|on [griech.] *n. Gen. -s Pl.* -roa Tempel, Grabmal eines Heros, Kultstätte
He|ros *m. Gen. - Pl.* -ro|en Held
He|ro|strat *auch:* **He|ros|trat, He|rost|rat** [nach dem Griechen Herostratos, der in Ephesos den Artemistempel in Brand steckte, um berühmt zu werden] *m. 10* Verbrecher aus Ruhmsucht
He|ro|stra|ten|tat *auch:* **He|ros|tra|ten|tat, He|rost|ra|ten|tat** *f. 10*
he|ro|stra|tisch *auch:* **he|ros|tra|tisch, he|rost|ra|tisch**
Her|pes [griech.] *m. oder f. Gen. - nur Sg.* Bläschenausschlag
Her|pe|to|lo|gie [griech.] *f. 11 nur Sg.* Lehre von den Amphibien und Reptilien
Herr *m. Gen.* -(e)n *Pl.* -en; der Herr Gott; vgl. Herrgott; meine Damen und Herren!; Herr Doktor; des Herrn Doktor; grüßen Sie Ihren Herrn Vater; einer Sache Herr werden; Menschen aus aller Herren Ländern: aus allen, vielen Ländern
Herr|chen *n. 7*
Her|rei|se *f. 11;* Hin- und H.
Her|ren|a|bend *m. 1*
Her|ren|es|sen *n. 7*
Her|ren|fah|rer *m. 5* Rennfahrer im eigenen Wagen
Her|ren|haus *n. 4* **1.** Gutshaus; **2.** *bis 1918:* Erste Kammer des preuß. Landtags und österr. Reichstags
her|ren|los
Her|ren|rei|ter *m. 5* Rennreiter auf eigenem Pferd
Her|ren|schnitt *m. 1* kurzer, ohrenfreier Haarschnitt für Frauen
Her|ren|sitz *m. 1* **1.** Landgut; **2.** *m. 1 nur Sg.* Reitsitz im Herrensattel
Her|ren|tier *n. 1 meist Pl.* Primat (2)
Her|ren|zim|mer *n. 5*
Herr|gott *m. Gen. -s nur Sg.*
Herr|gotts|frü|he *f., nur in der Wendung* in aller H.
Herr|gotts|schnit|zer, Herr|gott-schnit|zer *m. 5*
her|rich|ten *tr. 2*
Her|rin *f. 10*
her|risch
herr|je!, herr|je|mi|ne!, herr|je|ses! Ausruf des Schreckens oder Staunens
Herr|lein *n. 7, poet.*
herr|lich
Herr|lich|keit *f. 10*
Herrn|hu|ter [nach der Stadt Herrnhut im Lausitzer Bergland] *m. 5* Angehöriger der Herrnhuter Brüdergemeine
herrn|hu|tisch
Herr|schaft *f. 10*
herr|schaft|lich
Herrsch|be|gier *f. Gen. - nur Sg.*
Herrsch|be|gier|de *f. 11 nur Sg.*

herrsch|be|gie|rig
herr|schen *intr. 1*
Herr|scher *m. 5*
Herr|scher|ge|schlecht *n. 3* Fürstenhaus, Dynastie
Herr|scher|haus *n. 4*
Herr|sche|rin *f. 10*
Herrsch|sucht *f. Gen. - nur Sg.*
herrsch|süch|tig
her|rüh|ren *intr. 1;* von etwas h.
her|sa|gen *tr. 1*
her|schaf|fen *intr. 1*
her|schau|en *intr. 1*
her|schi|cken *tr. 1*
her|se|hen *intr. 136*
her sein (*alt:* her|sein) *intr. 137*
her|stam|men *intr. 1*
her|stel|len *tr. 1*
Her|stel|ler *m. 5*
Her|stel|lung *f. 10 nur Sg.*
Her|stel|lungs|kos|ten *nur Pl.*
Her|ta, Her|tha weibl. Vorname
her|tra|gen *tr. 160*
her|trei|ben *tr. 162* vgl. her
Hertz [nach dem Physiker Heinrich Rudolf H.] *n. Gen. - Pl. -* (*Abk.:* Hz) Einheit der Frequenz
her|ü|ber *auch:* **he|rü|ber,** *ugs.:* rü|ber zum Sprechenden her; hinüber und herüber; *von allen folgenden Zus. sind auch die ugs. Formen mit rüber… üblich; sie sind deshalb nicht eigens aufgeführt*
her|ü|ber|bit|ten *auch:* **he|rü|ber|bit|ten** *tr. 15*
her|ü|ber|brin|gen *auch:* **he|rü|ber|brin|gen** *tr. 21*
her|ü|ber|drin|gen *auch:* **he|rü|ber|drin|gen** *intr. 25*
her|ü|ber|ho|len *auch:* **he|rü|ber|ho|len** *tr. 1*
her|ü|ber|kom|men *auch:* **he|rü|ber|kom|men** *intr. 71*
her|ü|ber|kön|nen *auch:* **he|rü|ber|kön|nen** *intr. 72*
her|ü|ber|las|sen *auch:* **he|rü|ber|las|sen** *tr. 75*
her|ü|ber|rei|chen *auch:* **he|rü|ber|rei|chen** *tr. u. intr. 1*
her|ü|ber|ret|ten *auch:* **he|rü|ber|ret|ten** *tr. 2*
her|ü|ber|rü|cken *auch:* **he|rü|ber|rü|cken** *tr. u. intr. 1*
her|ü|ber|ru|fen *auch:* **he|rü|ber|ru|fen** *tr. 102*
her|ü|ber|schal|len *auch:* **he|rü|ber|schal|len** *intr. 1*
her|ü|ber|schau|en *auch:* **he|rü|ber|schau|en** *intr. 1*
her|ü|ber|schwim|men *auch:* **he|rü|ber|schwim|men** *intr. 132*
her|ü|ber|sprin|gen *auch:* **he|rü|ber|sprin|gen** *intr. 148*
her|ü|ber|stei|gen *auch:* **he|rü|ber|stei|gen** *intr. 153*
her|ü|ber|tra|gen *auch:* **he|rü|ber|tra|gen** *tr. 160*
her|ü|ber|wach|sen *auch:* **he|rü|ber|wach|sen** [-ks-] *intr. 172*
her|ü|ber|wer|fen *auch:* **he|rü|ber|wer|fen** *tr. 181*
her|ü|ber|wol|len *auch:* **he|rü|ber|wol|len** *intr. 185*
her|ü|ber|zie|hen *auch:* **he|rü|ber|zie|hen** *tr. 187*
her|um *auch:* **he|rum,** *ugs.:* rum; herum sein
her|um|bum|meln *auch:* **he|rum|bum|meln** *intr. 1*
her|um|dok|tern *auch:* **he|rum|dok|tern** *intr. 1*
her|um|dre|hen *auch:* **he|rum|dre|hen** *tr. 1*
her|um|drü|cken *auch:* **he|rum|drü|cken** *refl. 1, ugs.*
her|um|druck|sen *auch:* **he|rum|druck|sen** *intr. 1, ugs.*
her|um|fah|ren *auch:* **he|rum|fah|ren** *intr. u. tr. 32*
her|um|flie|gen *auch:* **he|rum|flie|gen** *intr. 38*
her|um|fuch|teln *auch:* **he|rum|fuch|teln** *intr. 1*
her|um|fum|meln *auch:* **he|rum|fum|meln** *intr. 1;* an etwas h.
her|um|ir|ren *auch:* **he|rum|ir|ren** *intr. 1*
her|um|kom|men *auch:* **he|rum|kom|men** *intr. 71;* darum werde ich nicht h.: das werde ich nicht vermeiden können
her|um|krie|gen *auch:* **he|rum|krie|gen** *tr. 1;* jmdn. h.
her|um|lau|fen *auch:* **he|rum|lau|fen** *intr. 76*
her|um|lie|gen *auch:* **he|rum|lie|gen** *intr. 80*
her|um|lun|gern *auch:* **he|rum|lun|gern** *intr. 1*
her|um|rät|seln *auch:* **he|rum|rät|seln** *intr. 1*
her|um|ren|nen *auch:* **he|rum|ren|nen** *intr. 98*
her|um|schla|gen *auch:* **he|rum|schla|gen** *tr. u. refl. 116*
her|um sein *auch:* **he|rum sein** (*alt:* her|um|sein) *intr. 137* vorbei sein, zu Ende sein
her|um|sit|zen *auch:* **he|rum|sit|zen** *intr. 143*
her|um|spre|chen *auch:* **he|rum|spre|chen** *refl. 146;* es hat sich schon herumgesprochen, dass …
her|um|sprin|gen *auch:* **he|rum|sprin|gen** *intr. 148*
her|um|ste|hen *auch:* **he|rum|ste|hen** *intr. 151*
her|um|sto|chern *auch:* **he|rum|sto|chern** *intr. 1*
her|um|tan|zen *auch:* **he|rum|tan|zen** *intr. 1*
her|um|tol|len *auch:* **he|rum|tol|len** *intr. 1*
her|um|tra|gen *auch:* **he|rum|tra|gen** *tr. 160;* etwas mit sich h.
her|um|trei|ben *auch:* **he|rum|trei|ben** *refl. 162*
her|um|trö|deln *auch:* **he|rum|trö|deln** *intr. 1*
her|un|ten *auch:* **he|run|ten**
her|un|ter *auch:* **he|run|ter,** *ugs.:* run|ter zum Sprechenden her; hinauf und herunter; herunter sein; *von allen folgenden Zus. sind auch die ugs. Formen mit runter… üblich, sie sind deshalb nicht eigens aufgeführt*
her|un|ter|brin|gen *auch:* **he|run|ter|brin|gen** *tr. 21*
her|un|ter|fal|len *auch:* **he|run|ter|fal|len** *intr. 33*
her|un|ter|hau|en *auch:* **he|run|ter|hau|en** *tr. 63;* ich haute ihm eine herunter, habe ihm eine heruntergehauen
her|un|ter|kom|men *auch:* **he|run|ter|kom|men** *intr. 71;* er sieht heruntergekommen aus: elend, armselig
her|un|ter|la|den *auch:* **he|run|ter|la|den** *tr. 74* Dateien z. B. aus dem Internet auf die Festplatte übertragen, downloaden
her|un|ter|ma|chen *auch:* **he|run|ter|ma|chen** *tr. 1, ugs. derb:* durch groben Tadel herabsetzen, beschimpfen
her|un|ter|put|zen *auch:* **he|run|ter|put|zen** *tr. 1;* jmdn. h.: grob ausschelten
her|un|ter|rei|ßen *auch:* **he|run|ter|rei|ßen** *tr. 96*
her|un|ter|schau|en *auch:* **he|run|ter|schau|en** *intr. 1*
her|un|ter|schlu|cken *auch:* **he|run|ter|schlu|cken** *tr. 1, eigtl.:* hinunterschlucken
her|un|ter sein *auch:* **he|run|ter sein** (*alt:* her|un|ter|sein) *intr. 137, ugs.:* abgearbeitet, erschöpft sein
her|un|ter|zie|hen *auch:* **he|run|ter|zie|hen** *tr. 187; übertr.:* abfällig (über etwas oder jmdn.) sprechen

her|vor
her|vor|brin|gen *tr. 21;* mit einem Instrument Töne h.
Her|vor|brin|gung *f. 10 nur Sg.*
her|vor|ge|hen *intr. 47*
her|vor|he|ben *tr. 64*
Her|vor|he|bung *f. 10*
her|vor|keh|ren *tr. 1* vgl. herauskehren
her|vor|kom|men *intr. 71*
her|vor|ra|gen *intr. 1*
Her|vor|ruf *m. 1*
her|vor|ru|fen *tr. 102*
her|vor|tre|ten *intr. 163*
her|vor|tun *refl. 167* sich auszeichnen; *auch:* sich wichtig tun
her|vor|wa|gen *refl. 1*
her|wärts
Her|weg *m. 1;* Hin- und H.
her|win|ken *tr. 1*
her|wol|len *intr. 1*
Herz *n. 16;* von Herzen kommen; von Herzen gern; zu Herzen gehen, nehmen
her|zäh|len *tr. 1;* etwas an den Fingern herzählen

> **herzallerliebst:** Mehrteilige Ausdrücke mit einer Wortgruppe als erstem Bestandteil und einem Adjektiv oder Partizip als zweitem Bestandteil schreibt man zusammen: *herzallerliebst.* Ebenso gilt Zusammenschreibung, wenn der erste Bestandteil mit einem Fugenelement (hier: *-s-*) schließt: *herzensgut* usw. § 36 (1)

herz|al|ler|liebst sehr lieb; mein herzallerliebstes Kind
Herz|al|ler|liebs|te(r) *m. 18 (17) bzw. f. 17 oder 18*
Herz|angst *f. 2 nur Sg.* Angstgefühl bei Angina pectoris; vgl. Herzensangst
Herz|ass (*alt:* Herz-As) *n. 1*
her|zau|bern *tr. 1*
herz|be|klem|mend
Herz|be|klem|mung *f. 10*
Herz|be|schwer|den *Pl.*
herz|be|we|gend
Herz|blatt *n. 4*
Herz|blätt|chen *n. 7*
Herz|blut *n. Gen. -(e)s nur Sg., übertr.* **1.** Leben; **2.** tiefes, entsagungsvolles Gefühl
Herz|bru|der, Her|zens|bru|der *m. 6* wie ein Bruder geliebter Freund
Herz|bu|be *m. 11*
Herz|chen *n. 7;* der (*oder:* das) ist ja ein H.! *ugs.:* der ist lieblos, taktlos oder rücksichtslos
Herz|chir|ur|gie *auch:* **Herz|chi|rur|gie** *f. 11 nur Sg.*
Herz|da|me *f. 11*
Herz|drü|cken *n., nur in der Wendung* nicht an H. sterben: stets offen seine Meinung sagen
Her|ze *n. Gen.* -ns *Pl.* -n *poet. für* Herz
Her|ze|go|wi|na Landschaft auf dem Balkan, Teil von Bosnien
her|zei|gen *tr. 1*
Her|ze|leid *n. Gen.* -(e)s *nur Sg.*
her|zen *tr. 1*
Her|zens|an|ge|le|gen|heit *f. 10*
Her|zens|angst *f. 2 nur Sg.* tiefe Angst; vgl. Herzangst
Her|zens|bre|cher *m. 5*
Her|zens|bru|der, Herz|bru|der *m. 6*
Her|zens|freund *m. 1*
Her|zens|grund *m. 2, nur in Wendungen wie* im H., aus H.
her|zens|gut
Her|zens|gü|te *f. Gen. - nur Sg.*
Her|zens|kind *n. 3*
Her|zens|lust *f. 2, nur in der Wendung* nach H.
Her|zens|wunsch *m. 2;* es ist mein H., dass dies gelingt
Herz|ent|zün|dung *f. 10*
herz|er|freu|end
herz|er|fri|schend; sie ist von einer herzerfrischenden Offenheit
herz|er|grei|fend
herz|er|qui|ckend
Herz|far|be *f. 11 nur Sg., Kartenspiel:* Farbe Rot
Herz|feh|ler *m. 5*
herz|haft
Herz|haf|tig|keit *f. 10 nur Sg.*
her|zie|hen *tr. u. intr. 187;* etwas hinter sich h.; über jmdn. h. *ugs.:* abfällig sprechen
her|zig
Herz|in|farkt *m. 1*
herz|in|nig
herz|in|nig|lich
Herz-Je|su-Bild *n. 3*
Herz-Je|su-Fest *n. 1, kath. Kirche:* Fest am dritten Freitag nach Pfingsten
Herz|kam|mer *f. 11*
Herz|kir|sche *f. 11* eine Süßkirsche
Herz|klap|pe *f. 11*
Herz|klap|pen|feh|ler *m. 5*
Herz|klop|fen *n. Gen. -s nur Sg.*
Herz|kö|nig *m. 1*
herz|krank
Herz|krank|heit *f. 10*
Herz|kranz|ge|fäß *n. 1*
Herz-Kreis|lauf-Er|kran|kung *f. 10*
Herz|lei|den *n. 7*
herz|lei|dend

> **das Herzlichste, auf das herzlichste:** Substantivierte Adjektive werden großgeschrieben: *Das war das Herzlichste an ihr. Sie begrüßten ihn auf das Herzlichste.* § 57 (1)
> Daneben können Superlativformen nach *auf das* kleingeschrieben werden, wenn sie mit *Wie?* erfragt werden können: *Sie hat uns auf das/aufs herzlichste begrüßt.* § 58 E1

herz|lich; auf das/aufs herzlichste *oder:* Herzlichste
Herz|lich|keit *f. 10 nur Sg.*
herz|lieb
herz|los
Herz|lo|sig|keit *f. 10 nur Sg.*
Herz-Lun|gen-Ma|schi|ne *f. 11*
Herz|mus|kel *m. 14*
Herz|mus|kel|ent|zün|dung *f. 10*
Her|zog *m. 2*
Her|zo|gin *f. 10*
Her|zo|gin|mut|ter *f. 6*
her|zog|lich; *in Titeln:* Herzoglich
Her|zogs|wür|de *f. 11*
Her|zog|tum *n. 4*
Herz|o|pe|ra|ti|on *f. 10*
Herz|rhyth|mus|stö|rung *f. 10*
Herz|schlag *m. 2*
Herz|schritt|ma|cher *m. 5*
Herz|schwä|che *f. 11*
Herz|spen|der *m. 5*
herz|stär|kend; herzstärkende Mittel; *aber:* das Herz stärkende und anregende Mittel
Herz|stär|kung *f. 10*
Herz|tä|tig|keit *f. 10 nur Sg.*
Herz|ton *m. 2*
Herz|trans|plan|ta|ti|on *f. 10*
Herz|trieb *m. 1* Haupttrieb (einer Pflanze)
her|zu
her|zu|ei|len *intr. 1*
her|zu|kom|men *intr. 71*
Herz|ver|pflan|zung *f. 10*
Herz|ver|sa|gen *n. 7 nur Sg.*
Herz|weh *n. Gen. -s nur Sg.*
her|zy|nisch [nach dem lat. Namen Hercynia silva »Herzynischer Wald« für das dt. Mittelgebirge] von Südosten nach Nordwesten verlaufend (wie das dt. Mittelgebirge); herzynische Richtung
herz|zer|rei|ßend schmerzvoll; zutiefst bewegt
He|se|ki|el [-kjel], Eze|chi|el Prophet im AT
Hes|pe|ri|den *Pl., griech. Myth.:* Nymphen, die die goldenen Äpfel des Lebens bewachen

H

Hes|pe|ri|den|äp|fel *Pl.*
hes|pe|ri|disch westlich
Hes|pe|ri|en *in der Antike Name für* Westeuropa
Hes|pe|ros *m. Gen. - nur Sg., griech. Myth.:* der Abendstern
Hes|pe|rus *m. Gen. - nur Sg., lat. Form von* Hesperos
Hes|se, *Hermann* dt. Schriftsteller
Hes|se **1.** *f. 11, volkstüml.:* unterer Teil des Beines vom Rind, Hachse; **2.** *m. 11* Einwohner von Hessen
Hes|sen dt. Bundesland
Hes|sen-Darm|stadt
Hes|sen-Nas|sau
Hes|si|an [-jən, engl.] *m. Gen.* -s *nur Sg.* grobes Juteleinen
hes|sisch; *aber:* Hessisches Bergland; Hessischer Rundfunk (*Abk.:* HR)
Hes|tia *griech. Myth.:* Göttin des Herdes und des Herdfeuers
He|tä|re [griech. »Freundin«] *f. 11, im alten Griechenland:* Freudenmädchen, (oft sehr gebildete) Geliebte bedeutender Männer
He|tä|rie *f. 11* **1.** *im alten Griechenland:* (oft geheimer) polit. Verband; **2.** H. der Befreundeten: 1814 gegründeter griech. Geheimbund gegen die Türkei
he|te|ro..., He|te|ro... [griech.] *in Zus.:* anders, fremd, ungleich
he|te|ro|dox andersgläubig, von der kirchlichen Lehrmeinung abweichend
He|te|ro|do|xie *f. 11* Irrglaube, Irrlehre
he|te|ro|gen andersartig, ungleich; *Ggs.:* homogen
He|te|ro|ge|ni|tät *f. 10 nur Sg.* Anders-, Ungleichartigkeit; *Ggs.:* Homogenität
He|te|ro|go|nie *f. 11 nur Sg.* **1.** Entstehung einer nicht beabsichtigten Wirkung; **2.** *Biol.:* Wechsel zwischen einer sich geschlechtlich fortpflanzenden Generation und einer Generation aus unbefruchteten Keimzellen; *Ggs.:* Homogonie
He|te|ro|kar|pie *f. 11 nur Sg.* Vorkommen verschiedengestaltiger Früchte auf einer Pflanze
he|te|ro|log *Med.:* abnorm
He|te|ro|lo|gie *f. 11* Abweichung von der Norm
he|te|ro|mer aus verschiedenen Bestandteilen zusammengesetzt
he|te|ro|morph verschiedengestaltig
He|te|ro|mor|phie *f. 11 nur Sg.,* **He|te|ro|mor|phis|mus** *m. Gen. - nur Sg.* Ausbildung verschiedenartiger Formen
He|te|ro|mor|pho|se *f. 11, bei Pflanzen und Tieren:* Ersatz eines verloren gegangenen Organs durch ein anders aufgebautes
he|te|ro|nom von anderen, fremden Gesetzen abhängig; *Ggs.:* autonom
He|te|ro|no|mie *f. 11 nur Sg.* Abhängigkeit von fremden Gesetzen; *Ggs.:* Autonomie
He|te|ro|phyl|lie *f. 11 nur Sg.* Vorkommen verschiedengestaltiger Blätter auf einer Pflanze
He|te|ro|plas|tik *f. 10* Verpflanzung von artfremdem (tierischem) Gewebe auf den Menschen; *Ggs.:* Homöoplastik
he|te|ro|po|lar entgegengesetzt elektrisch geladen
He|te|ro|se|xu|a|li|tät *f. 10 nur Sg.* sich auf das andere Geschlecht richtendes Geschlechtsempfinden; *Ggs.:* Homosexualität
he|te|ro|se|xu|ell auf das andere Geschlecht gerichtet, zum anderen Geschlecht hingezogen; *Ggs.:* homosexuell
He|te|ro|sis *f. Gen. - nur Sg.* üppigeres Wachstum der Tochtergeneration
He|te|ro|to|pie *f. 11 nur Sg.* Entstehung von Geweben an falscher Stelle
he|te|ro|trop verschiedenartig beschaffen, verschiedengestaltig
he|te|ro|troph sich von organischen, von anderen Lebewesen stammenden Stoffen ernährend; *Ggs.:* autotroph
He|te|ro|tro|phie *f. 11 nur Sg.* Ernährung durch organische Stoffe anderer Lebewesen; *Ggs.:* Autotrophie
He|ter|ö|zie *auch:* **He|te|rö|zie** *f. 11* Zweihäusigkeit
he|ter|ö|zisch *auch:* **he|te|rö|zisch** zweihäusig
he|te|ro|zy|got mit ungleichen Erbanlagen; *Ggs.:* homozygot
He|te|ro|zy|go|tie *f. 11 nur Sg.* Misch-, Ungleicherbigkeit; *Ggs.:* Homozygotie
He|thi|ter, Het|ti|ter, *ökumenisch* He|ti|ter *m. 5* Angehöriger eines indogerman. Volkes in Kleinasien
he|thi|tisch, het|ti|tisch, *ökumenisch* he|ti|tisch
Het|man [ukrain., poln.] *m. 1 oder m. 9* **1.** Oberhaupt der Kosaken; **2.** *im Königreich Polen:* Oberbefehlshaber
Het|sche|petsch *f. Gen. - Pl. -,* **Het|scherl** *n. 14, österr.:* Hagebutte
Het|ti|ter *m. 5* s. **He|thi|ter**
het|ti|tisch s. **he|thi|tisch**
Hetz *f. Gen. - nur Sg., österr.:* Spaß, Jux
Hetz|blatt *n. 4*
Het|ze *f. 11*
het|zen *tr. u. intr. 1*
Het|ze|rei *f. 10*
het|ze|risch
Hetz|jagd *f. 10*
Hetz|re|de *f. 11*
Hetz|schrift *f. 10*
heu! (Ausruf der Überraschung)
Heu *n. 1 nur Sg.*
Heu|blu|men *Pl.* aus Heu abgesiebte, als Heilmittel verwendete Blütenteile
Heu|bo|den *m. 8*
Heu|büh|ne *f. 11, schweiz.:* Heuboden
Heu|che|lei *f. 10*
heu|cheln *tr. u. intr. 1;* ich heuchele, heuchle
Heuch|ler *m. 5*
heuch|le|risch
Heu|die|le *f. 11, schweiz.:* Heuboden
heu|en *intr. 1* Heu machen
heu|er *süddt., österr.:* in diesem Jahr
Heu|er **1.** *m. 5* jmd., der Heu macht; **2.** *f. 11, Seew.:* Löhnung; vgl. Häuer
Heu|er|baas *m. 1, Seew.:* Stellenvermittler
Heu|er|bü|ro *n. 9*
Heu|er|leu|te *Pl. von* Heuerling
heu|ern *tr. 1* (*meist:* anheuern) anwerben, mieten; ich heuere jmdn.
Heu|ern|te *f. 11*
Heu|ert *m. 1* s. **Heu|et** (1)
Heu|et **1.** Heu|ert *m. 1, alter Name für* Juli, *auch:* Heumond, Heumonat; **2.** *m. Gen.* -s *oder f. Gen. - nur Sg., süddt., schweiz.:* Heuernte
Heu|feim *m. 1,* **Heu|fei|me** *f. 11,* **Heu|fei|men** *m. 7* **1.** großer, geschichteter Heuhaufen; **2.** Heuschober
Heu|fie|ber *n. 5 nur Sg.*
Heul|bo|je *f. 11* Boje, deren Sirene durch die Bewegung im Wasser ausgelöst wird, Heultonne

H

heu|len *intr. 1;* hör auf zu heulen; *aber:* hör auf mit dem Heulen; dann gibt es Heulen und Zähneklappern
Heu|le|rei *f. 10 nur Sg.*
Heul|lie|se *f. 11*
Heul|pe|ter *m. 5*
Heul|su|se *f. 11*
Heu|mahd *f. 10* Graserente
Heu|mo|nat, Heu|mond *m. 1* Heuet (1)
Heu|pferd *n. 1* **1.** Heuschrecke; **2.** *ugs.:* Dummkopf
Heu|rei|ter, Heu|reu|ter *m. 5* Gestell zum Trocknen von Gras
heu|re|ka! [griech., angebl. Ausruf des Archimedes, als er das Gesetz des Auftriebs entdeckte] ich hab's gefunden!
heu|rig *süddt., österr.:* diesjährig
Heu|ri|ge(r) *m. 18 (17), österr.:* Wein der jeweils letzten Lese
Heu|ris|tik [griech.] *f. 10 nur Sg.* Lehre von den Methoden zum Finden neuer Erkenntnisse
heu|ris|tisch
Heu|schnup|fen *m. 7*
Heu|scho|ber *m. 5*
Heu|schreck *m. 1, österr.,* **Heu|schre|cke** *f. 11* ein Insekt
Heuss, *Theodor* dt. Politiker, erster Präsident der BR Dtld.
Heu|sta|del *n. 5, süddt., österr.:* Heuschober
Heu|stock *m. 2, schweiz.* **1.** Heuschober, **2.** Heuvorrat
heut *süddt., österr. für* heute

heute: Das Temporaladverb wird mit kleinem Anfangsbuchstaben geschrieben: *Die Veranstaltung ist heute. Die Zeitung von heute.* In Fügungen mit Tageszeitangaben wird die Tageszeitangabe großgeschrieben: *heute Morgen, heute Abend, heute Nachmittag.* In der Fügung mit *heute* kann *früh* als Adverb gesehen werden. Deshalb gilt neben der Kleinschreibung auch die Großschreibung: *heute früh/Früh.* § 55 (6)

heu|te; heute Morgen, Mittag, Abend; lieber heute als morgen; von heute auf morgen; ein Mensch von heute
Heu|te *n. Gen. - nur Sg.;* das Gestern und das Heute
heu|tig; der heutige Tag; wir Heutigen; mit Heutigem erhalten Sie … *Kaufmannsspr.:* mit unserem heutigen Schreiben
heu|ti|gen|tags
heut|zu|ta|ge
hex…, Hex…, he|xa…, He|xa… [griech.] *in Zus.:* sechs…, Sechs…
He|xa|chord [-kɔrd] *n. 1 oder m. 1* sechsstufige diaton. Tonleiter des Guido von Arezzo, Grundlage der Solmisation
He|xa|e|der *m. 5 oder n. 5* von sechs regelmäßigen, ebenen Flächen begrenzter Körper, Würfel, Sechsflach, Sechsflächner
he|xa|e|drisch *auch:* **he|xa|ed|risch** sechsflächig
He|xa|e|me|ron *n. Gen. -s nur Sg.* die sechs Tage der Schöpfung; vgl. Hexameron
He|xa|gon *n. 1* Sechseck
he|xa|go|nal sechseckig
He|xa|gramm *n. 1* sechsstrahliger Stern aus zwei gleichseitigen Dreiecken, Davidsstern
He|xa|me|ter *m. 5* sechsfüßiger epischer Vers (meist sechs Daktylen)
he|xa|me|trisch *auch:* **he|xa|met|risch**
He|xa|po|de *m. 11* Sechsfüßer, Insekt
He|xa|teuch *m. 1 nur Sg.* die ersten sechs Bücher des AT
He̦|xe *f. 11*
he̦|xen *intr. 1*
He̦|xen-Ein|mal|eins *n. Gen. - nur Sg.*
He̦|xen|glau|be *m. 15 nur Sg.*
He̦|xen|jagd *f. 10*
He̦|xen|kes|sel *m. 5*
He̦|xen|kü|che *f. 11*
He̦|xen|kunst *f. 2*
He̦|xen|meis|ter *m. 5*
He̦|xen|pro|zess (*alt:* He̦|xen|pro|zeß) *m. 1*
He̦|xen|ring *m. 1* etwa kreisförmig angeordnete Gruppe von Pilzen, Feenring, Elfenring
He̦|xen|sab|bat *m. 1, übertr.:* lautes, wüstes Treiben
He̦|xen|schuss (*alt:* He̦|xen|schuß) *m. 2 nur Sg.* plötzlicher Rücken-, Kreuzschmerz, Lumbago
He|xen|ver|bre̦n|nung *f. 10*
He|xe|rei *f. 10*
Hex|i|te *auch:* **He|xi|te** [griech.] *Pl., Chem.:* sechswertige Alkohole
Hex|o|de *auch:* **He|xo|de** *f. 11* Elektronenröhre mit sechs Elektroden
Hex|o|se *auch:* **He|xo|se** *f. 11* einfacher Zucker mit sechs Sauerstoffatomen im Molekül
Hf *chem. Zeichen für* Hafnium
HF *Abk. für* Hochfrequenz
hfl *Abk. für* holländ. Gulden (eigtl. holländ. Floren: aus Florenz eingeführter Goldgulden)
hg *Abk. für* Hektogramm
Hg *chem. Zeichen für* Quecksilber (Hydrargyrum)
hg., hrsg. *Abk. für* herausgegeben
Hg., Hrsg. *Abk. für* Herausgeber
HGB *Abk. für* Handelsgesetzbuch
HI *Abk. für* Hawaii
Hi|at [lat.] *m. 1,* **Hi|a|tus** *m. Gen. - Pl. -* **1.** *Med.:* Spalt, Öffnung; **2.** *Sprachw.:* Zusammentreffen zweier Vokale am Ende des einen und am Anfang des folgenden Wortes (galt in der antiken Metrik als Missklang) oder am Ende der einen und am Anfang der darauf folgenden Silbe, z. B. mein*e* *E*ltern, The*a*ter; **3.** *Geol.:* Sedimentlücke
Hi|ber|na|kel [lat.] *n. 14, bei vielen Wasserpflanzen:* Überwinterungsknospe
hi|ber|nal *veraltet:* winterlich
Hi|ber|na|ti|on *f. 10* Überwinterung, Winterschlaf; *auch:* Heilschlaf
Hi|be̦r|nia *lat. Name für* Irland
Hi|bi̦s|kus [kelt.-lat.] *m. Gen. - Pl. -ken* ein Zierstrauch, Eibisch
hi̦c et nu̦nc [lat.] hier und jetzt
Hi̦cko|ry [indian.-engl.] *m. 9* nordamerik. Walnussbaum, dessen Holz bes. für Skier verwendet wird
hic Rho̦|dus, hic sa̦l|ta! [lat., »hier (ist) Rhodus, hier springe!«, nach einer Fabel von Äsop] hier zeige, was du kannst!, Jetzt gilt es!
Hi|da̦l|go [span.] *m. 9, früher:* Angehöriger des niederen span. und portugies. Adels
Hi̦d|den|see dt. Ostseeinsel
Hi̦d|den|se|er *m. 5*
Hi|dro|ti|kum *auch:* **Hid|ro|ti|kum** *n. Gen. -s Pl. -ka* schweißtreibendes Mittel
hi|dro|tisch *auch:* **hid|ro|tisch**
hie *veraltet für* hier; *gelegentlich noch in der Wendung* hie und da
Hieb *m. 1;* Hiebe: Prügel
hie|bei *veraltet für* hierbei
hieb|fest hieb- und stichfest
Hiebs|art *f. 10* die Art, einen Wald zwecks Verjüngung auszulichten
Hieb|waf|fe *f. 11*
Hieb|wun|de *f. 11*
hie|durch *veraltet für* hierdurch
Hie|fe *f. 11, süddt.:* Hagebutte

H

Hie|fen|tee *m. 9*
hie|für *veraltet für* hierfür
hie|her *veraltet für* hierher
hie|mit *veraltet für* hiermit
hie|nie|den *poet.:* auf dieser Erde
hier; hier und da; hier herum *ugs.:* in dieser Gegend; hier oben, unten, vorn, hinten; hier behalten; hier bleiben; hier lassen; hier sein; hier zu Lande
hier|an *auch:* **hie|ran;** h. kann man erkennen, dass ...
Hi|er|ar|chie *auch:* **Hi|e|rar|chie** [griech.] *f. 11* (bes. priesterliche) Rangordnung, *auch:* die in dieser Ordnung stehenden Personen
hi|er|ar|chisch *auch:* **hi|e|rar|chisch** in Stufen gegliedert
hi|e|ra|tisch priesterlich; hieratische Schrift: altägyptische, von den Priestern aus den Hieroglyphen entwickelte, vereinfachte Gebrauchsschrift
hier|auf *auch:* **hie|rauf;** h. kann ich nur antworten, dass ...
hier|aus *auch:* **hie|raus;** h. erklärt sich, dass ...
hier be|hal|ten (*alt:* hier|be|halten) *tr. 61*
hier|bei
hier blei|ben (*alt:* hier|blei|ben) *intr. 17*
hier|durch; h. geben wir bekannt
hier|für
hier|ge|gen
hier|her [auch: -her]; hierher gehören; hierher kommen; hierher gehörig
hier|her|auf *auch:* **hier|he|rauf**
hier|her|aus *auch:* **hier|he|raus**
hier|her ge|hö|ren (*alt:* hier|herge|hö|ren) *intr. 1*
hier|her ge|hö|rig (*alt:* hier|her|gehö|rig)
hier|her kom|men (*alt:* hier|herkom|men) *intr. 71*
hier|her|um *auch:* **hier|he|rum**
hier|hin; hierhin und dorthin
hier|hin|auf *auch:* **hier|hi|nauf**
hier|hin|aus *auch:* **hier|hi|naus**
hier|hin|un|ter *auch:* **hier|hi|nunter**
hier|in *auch:* **hie|rin;** h. unterscheiden sich beide
hier|lands *Nebenform von* hierzulande
hier las|sen (*alt:* hier|las|sen) *tr. 75*
hier|mit
hier|nach; h. ist der Angeklagte schuldig
hier|ne|ben; h., in diese Ecke, könnte man den Schrank stellen
Hi|e|ro|du|le [griech.] *m. 11 oder f. 11* altgriechische(r) Tempeldiener(in)
Hi|e|ro|gly|phe *f. 11* **1.** Zeichen einer Bilderschrift, bes. der ägyptischen; **2.** *Pl., ugs. scherzh.:* schwer lesbare Schrift
hi|e|ro|gly|phisch **1.** in Hieroglyphen (geschrieben); **2.** *übertr.:* rätselhaft, nicht entzifferbar
Hi|e|ro|krat *m. 10* Angehöriger einer Hierokratie
Hi|e|ro|kra|tie *f. 11* Priesterherrschaft
hi|e|ro|kra|tisch
Hi|e|ro|mant *m. 10* jmd., der Hieromantie betreibt
Hi|e|ro|man|tie *f. 11 nur Sg.* Weissagung aus Tieropfern
hi|e|ro|man|tisch
Hi|e|ro|phant *m. 10* Oberpriester, der bei den Eleusinischen Mysterien die heiligen Bräuche erläuterte
hier|orts
hier sein (*alt:* hier|sein); *aber:* während meines Hierseins
hier|selbst *veraltet:* hier, an diesem Ort in dieser Stadt
hier|über *auch:* **hie|rü|ber;** h. möchte ich nicht sprechen
hier|un|ter *auch:* **hie|run|ter;** h. muss man Folgendes verstehen
hier|von
hier|vor; h. möchte ich warnen
hier|zu

hierzulande/hier zu Lande: Es bleibt den Schreibenden überlassen, ob sie das adverbiale Gefüge als Zusammensetzung zusammen- oder als Wortgruppe getrennt schreiben. Beide Varianten sind korrekt: *hierzulande/hier zu Lande; dortzulande/dort zu Lande.*

hier|zu|lan|de = **hier zu Lan|de**
hie|sig; die hiesigen Verhältnisse
Hie|si|ge(r) *m. 18 (17) bzw. f. 17 oder 18;* er ist kein Hiesiger: er stammt nicht von hier
hie|ven *tr. 1, Seew.:* hoch-, hinaufziehen; den Anker hieven
Hi-Fi [haɪfaɪ oder haɪfi] *Kurzwort für* Highfidelity
Hi-Fi-An|la|ge [haɪfaɪ- oder haɪfi-] *f. 11* aus CD-Player, Tuner, Verstärker und Lautsprecherboxen kombinierte Anlage zur möglichst wirklichkeitsgetreuen Musik- und Tonwiedergabe
Hift|horn *n. 4* Jagdhorn
high [haɪ, engl. »hoch«] erhoben, im Rauschzustand (nach dem Genuss von Rauschgift); high sein
High Church (*alt:* High-Church) [haɪ tʃɔ:tʃ, engl.] *f. Gen. - nur Sg.* (die engl.) Hochkirche
High|end... [haɪɛnd, engl.] *in Zus.:* im oberen Preis- und Leistungsbereich, dort führend
High|end|qua|li|tät *auch:* **High-End-Qua|li|tät** [haɪɛnd-] *f. 10*

Highfidelity/High Fidelity: Die ins Deutsche integrierte Form *Highfidelity* ist die Hauptvariante, die der Herkunftssprache entsprechend getrennt geschriebene Form *High Fidelity* ist die zulässige Nebenvariante. Ebenso: *Highlife/High Life, Highsociety/High Society, Hightech/High Tech.* § 37 (1)

High|fi|de|li|ty *auch:* **High Fi|de|li|ty** (*alt:* High-Fi|de|lity) [haɪfidɛlɪtɪ, engl. »hohe Treue«] *f. Gen. - nur Sg.* (*Kurzwort:* Hi-Fi), *bei Schallplatten:* wirklichkeitsgetreue Wiedergabe durch Stereoton
High|life *auch:* **High Life** [haɪlaɪf, engl.] *n. Gen. -(s) nur Sg.* Leben der vornehmen Kreise, *auch:* Lebewelt
High|light [haɪlaɪt] *n. 9* Höhepunkt (eines Ereignisses)
High|ri|ser *auch:* **High Ri|ser** (*alt:* High-ri|ser) [haɪraɪzə(r), engl.] *m. 5* Moped, Fahrrad mit hohem, geteilten Lenker und Sattel mit Rückenlehne
High|school *auch:* **High School** (*alt:* High-School) [haɪsku:l, engl.] *f. 9, in den USA:* höhere Schule
High|so|ci|e|ty *auch:* **High So|ci|e|ty** (*alt:* High-So|cie|ty) [haɪsəsaɪətɪ, engl.] *n. Gen. - nur Sg.* vornehme Gesellschaft
High|tech *auch:* **High Tech** (*alt:* High-Tech) [haɪtɛk, engl.] *ohne Artikel, meist in Zus.:* Verfahren, Produkt auf dem neuesten Stand der Technik
High|tech|bran|che *auch:* **High-Tech-Bran|che** [haɪtɛk-] *f. 11*
High|way [haɪweɪ, engl.] *m. 9, engl. Bez. für* Landstraße, *in den USA für* Autobahn
Hi|ja|cker [haɪdʒækə(r), engl.] *m. 5* Flugzeugentführer

Hi|ja|cking [haɪdʒækiŋ] *n. Gen.* -(s) *nur Sg.* Flugzeugentführung
Hi̱la *Pl. von* Hilum
hịlb *schweiz.:* windgeschützt
Hịl|de, Hịl|da weibl. Vorname
Hịl|de|gard weibl. Vorname
Hịl|fe *f. 11;* Hilfe leisten; Hilfe stehen (beim Geräteturnen); einem Pferd Hilfen geben; erste Hilfe; mithilfe *oder:* mit Hilfe von; zu Hilfe kommen, nehmen; Hilfe bringend; Hilfe suchend
Hịl|fe brin|gend (*alt:* hịl|fe|bringend)
Hịl|fe|leis|tung *f. 10*
Hịl|fe|ruf *m. 1*
Hịl|fe|schrei *m. 1*
Hịl|fe|stel|lung *f. 10*

Hilfe suchend: Das Gefüge aus Substantiv und Verb wird getrennt geschrieben: *Sie blickte sich Hilfe suchend um* (alt: *hilfesuchend*). § 34 E3 (5)
Groß schreibt man ebenfalls: *mit Hilfe* (auch: *mithilfe*); *zu Hilfe kommen.* § 39 E3 (3), § 55 (4)

Hịl|fe su|chend (*alt:* hịl|fe|suchend)
hịlf|los
Hịlf|lo|sig|keit *f. 10 nur Sg.*
hịlf|reich
Hịlfs|ak|ti|on *f. 10*
Hịlfs|ar|bei|ter *m. 5*
hịlfs|be|dürf|tig
Hịlfs|be|dürf|tig|keit *f. 10 nur Sg.*
hịlfs|be|reit
Hịlfs|be|reit|schaft *f. 10 nur Sg.*
Hịlfs|kraft *f. 2*
Hịlfs|mit|tel *n. 5*
Hịlfs|or|ga|ni|sa|ti|on *f. 10*
Hịlfs|quel|le *f. 11*
Hịlfs|schu|le *f. 11, früher Bez. für* Sonderschule für Minderbegabte
Hịlfs|verb *n. 12* Verb, mit dessen Hilfe die meisten Zeitformen gebildet werden (haben, sein, werden)
Hịlfs|wis|sen|schaft *f. 10*
Hịlfs|zeit|wort *n. 4* = Hilfsverb
Hi̱|li *Pl. von* Hilus
Hi|li̱|tis *f. Gen.* - *Pl.* -ti̱|den Entzündung der Hilusdrüse
Hịll|bil|ly [amerik. »Hinterwäldler«] *m. 9* ländlicher Bewohner der Südstaaten der USA
Hịll|bil|ly|mu|sic *auch:* **Hịll|bil|li|mu|sik** (*alt:* Hịll|bil|ly-mu|sic) *f. 10*
Hịl|le|bil|le *f. 11, nddt.:* Brett, an das geschlagen wird (als Signalgerät)

Hi̱|lum [lat.] *n. Gen.* -s *Pl.* -la Stelle, an der der Samen einer Pflanze am Samenträger befestigt ist, Pflanzennabel
Hi̱|lus [lat.] *m. Gen.* - *Pl.* -li Vertiefung an Organen, wo Nerven, Gefäße o. Ä. ein- oder austreten
Hi̱|lus|drü|se *f. 11* Drüse am Hilus der Lunge
Hi|ma̱|la|ja, Hi|ma̱|la|ya *m. Gen.* -(s)
Hi|ma̱|ti|on [griech.] *n. Gen.* -s *Pl.* -ti|en [-tsjən] altgriech. Obergewand
Hịm|bee|re *f. 11*
hịm|beer|far|ben
Hịm|beer|geist *m. 3*
Hịm|beer|po|cken *Pl.* Frambösie
Hịm|beer|zun|ge *f. 11* gerötete, entzündete Zunge
Hịm|mel *m. 5;* um (des) Himmels willen!
him|mel|ạn
hịm|mel|ạngst; mir wurde h.
Hịm|mel|bett *n. 12*
hịm|mel|blau
Hịm|mel|don|ner|wet|ter!
Hịm|mel|fahrt *f. Gen.* - *nur Sg.;* Christi H.: kirchl. Fest am 40. Tag nach Ostern; Mariä H.: kath. Fest am 15. August
Hịm|mel|fahrts|kom|man|do *n. 9, ugs.:* Auftrag, bei dem der Betreffende wahrscheinlich ums Leben kommt
Hịm|mel|fahrts|na|se *f. 11, ugs.*
Hịm|mel|fahrts|tag *m. 1* Christi Himmelfahrt
hịm|mel|hoch
Hịm|mel|reich *n. 1 nur Sg.*
Hịm|mels|ach|se [-ks-] *f. 11,* **Hịm|mels|ä|qua|tor** *m. 13* gedachter, dem Erdäquator entsprechender Kreis am Himmelsgewölbe
Hịm|mels|bo|gen *m. 7, poet.:* Himmel, Himmelsgewölbe
Hịm|mels|braut *f. 2, poet.:* Nonne
Hịm|mels|brot *n. 1 nur Sg.* Manna (1)
Hịm|mel|schlüs|sel, Hịm|mels-schlüs|sel *n. 5* eine Wiesenblume, Schlüsselblume
hịm|mel|schrei|end
Hịm|mels|fes|te *f. 11 nur Sg., poet.:* Himmelsgewölbe
Hịm|mels|ge|gend *f. 10* Himmelsrichtung
Hịm|mels|ge|wöl|be *n. 5 nur Sg.*
Hịm|mels|kör|per *m. 5* jeder außerirdische Körper
Hịm|mels|ku|gel *f. 11*
Hịm|mels|rich|tung *f. 10;* die vier Himmelsrichtungen

Hịm|mels|schlüs|sel *n. 5* s. **Hịm|mel|schlüs|sel**
Hịm|mels|sohn *m. 2, im alten China Bez. der Chinesen für den* Kaiser von China
Hịm|mel(s)|stür|mer *m. 5* Fantast
hịm|mel|stür|mend
Hịm|mels|wa|gen *m. 7* der Große Wagen, Große Bär (Sternbild)
Hịm|mels|zelt *n. 1, poet.:* Himmelsgewölbe
hịm|mel|wärts
hịm|mel|weit
hịmm|lisch; die Himmlischen: die Götter

hin: Das Adverb beschreibt im Regelfall eine Bewegung vom Sprecher weg. *Geht hin! Bis zum Strafraum hin!*
Die substantivierte Form wird großgeschrieben: *Es war ein ewiges Hin und Her.* In der Fügung mit *sein* wird getrennt geschrieben: *Es könnte mit ihm hin sein* (= vorbei sein). *Sie ist völlig hin gewesen* (= kaputt sein).
Ebenso gilt die Getrenntschreibung bei: *hin und her gehen/laufen* (= ohne bestimmtes Ziel gehen). Möglich ist auch: *hin- und herfahren* (= zu einem bestimmten Ort und wieder zurück).

hịn **1.** *örtlich:* vom Sprechenden weg; hin und her; nach einigem Hin und Her; hin und her gehen, laufen, fahren: umher, ohne bestimmtes Ziel; *aber:* hin- und herfahren: hin- und wieder zurückfahren; wir sind hin und zurück gefahren, nicht gelaufen; *aber:* wir sind hin- und zurückgefahren; bis zum Wald hin; vor sich hin lachen; **2.** *zeitlich:* es ist noch eine Weile, noch lange hin; hin und wieder; **3.** hin sein *ugs.:* verloren, kaputt; die Uhr ist hin

hinab-: Wörter, die sprachhistorisch Zusammensetzungen sind, aber oft nicht als solche empfunden werden, kann man auch nach Sprechsilben trennen: *hi|nab-*. Ebenso: *hi|nauf-, hi|naus-, hi|nein-, hi|nü|ber-, hi|nun|ter-*. Die alte Trennung bleibt daneben gültig: *hin|ab-, hin|auf-* usw. § 112

hin|ạb *auch:* **hi|nạb** vom Sprechenden weg; hinauf und hinab

H

hin|ab|schau|en *auch:* **hi|nab|schau|en** *intr. 1*
hin|ab|stei|gen *auch:* **hi|nab|stei|gen** *intr. 153*
hin|ab|stür|zen *auch:* **hi|nab|stür|zen** *intr. 1*
Hi|na|ja|na, Hi|na|ya|na [Sanskrit »kleines Fahrzeug«] *n. Gen.* -(s) *nur Sg.* die ältere, strengere, mönchische Richtung des Buddhismus; vgl. Mahajana
hin|an *auch:* **hi|nan** *poet.:* hinauf
hin|ar|bei|ten *intr. 2;* auf etwas hinarbeiten
hin|auf *auch:* **hi|nauf,** *süddt.:* nauf vom Sprechenden weg; *in Zus. mit Verben wird ugs. meist fälschlich die Kurzform von herauf... benutzt,* z. B. raufgehen statt hinaufgehen
hin|auf|ar|bei|ten *auch:* **hi|nauf|ar|bei|ten** *refl. 2*
hin|auf|brin|gen *auch:* **hi|nauf|brin|gen** *tr. 21*
hin|auf|fah|ren *auch:* **hi|nauf|fah|ren** *intr. u. tr. 32*
hin|auf|ge|hen *auch:* **hi|nauf|ge|hen** *intr. 47*
hin|auf|kön|nen *auch:* **hi|nauf|kön|nen** *intr. 72*
hin|auf|lau|fen *auch:* **hi|nauf|lau|fen** *intr. 76*
hin|auf|müs|sen *auch:* **hi|nauf|müs|sen** *intr. 87*
hin|auf|schau|en *auch:* **hi|nauf|schau|en** *intr. 1*
hin|auf|stei|gen *auch:* **hi|nauf|stei|gen** *intr. 153*
hin|auf|tra|gen *auch:* **hi|nauf|tra|gen** *tr. 160*
hin|auf|wol|len *auch:* **hi|nauf|wol|len** *intr. 185*
hin|auf|zie|hen *auch:* **hi|nauf|zie|hen** *tr. 187*
hin|aus *auch:* **hi|naus,** *süddt.:* naus, vom Sprechenden weg; *in Zus. mit Verben wird ugs. meist fälschlich die Kurzform von heraus... benutzt,* z. B. rausgehen statt hinausgehen; hinaus sein
hin|aus|brin|gen *auch:* **hi|naus|brin|gen** *tr. 21*
hin|aus|dür|fen *auch:* **hi|naus|dür|fen** *intr. 26*
hin|aus|e|keln *auch:* **hi|naus|e|keln** *tr. 1*
hin|aus|fal|len *auch:* **hi|naus|fal|len** *intr. 33*
hin|aus|flie|gen *auch:* **hi|naus|flie|gen** *intr. 38*
hin|aus|ja|gen *auch:* **hi|naus|ja|gen** *tr. 1*
hin|aus|kön|nen *auch:* **hi|naus|kön|nen** *intr. 72*
hin|aus|las|sen *auch:* **hi|naus|las|sen** *tr. 75*
hin|aus|lau|fen *auch:* **hi|naus|lau|fen** *intr. 76;* es wird auf dasselbe hinauslaufen
hin|aus|müs|sen *auch:* **hi|naus|müs|sen** *intr. 87*
hin|aus|schau|en *auch:* **hi|naus|schau|en** *intr. 1*
hin|aus|schmei|ßen *auch:* **hi|naus|schmei|ßen** *tr. 122*
hin|aus sein *auch:* **hi|naus sein** (*alt:* hin|aus|sein) *intr. 137*
hin|aus|wach|sen *auch:* **hi|naus|wach|sen** [-ks-] *intr. 172;* über diese ersten Versuche ist er längst hinausgewachsen
hin|aus|wei|sen *auch:* **hi|naus|wei|sen** *tr. 177*
hin|aus|wer|fen *auch:* **hi|naus|wer|fen** *tr. 181*
hin|aus|wol|len *auch:* **hi|naus|wol|len** *intr. 185*
hin|aus|zie|hen *auch:* **hi|naus|zie|hen** *intr. u. tr. 187*
hin|aus|zö|gern *auch:* **hi|naus|zö|gern** *tr. 1*
Hi|na|ya|na *n. Gen.* -(s) *nur Sg.* s. **Hi|na|ja|na**
Hin|blick *m., nur in der Wendung* im, in H. auf
hin|brin|gen *tr. 21*
Hin|de|mith, *Paul* dt. Komponist
hin|der|lich störend, hemmend; das ist mir sehr h.
hin|dern *tr. 1;* ich hindere, hindre dich nicht
Hin|der|nis *n. 1*
Hin|der|nis|lauf *m. 2* Wettlauf über Hindernisse (Gräben, Hürden) hinweg
Hin|der|nis|ren|nen *n. 7* Pferderennen über Hindernisse
Hin|de|rung *f. 10*
Hin|de|rungs|grund *m. 2;* es gibt dafür wirklich keinen H.
hin|deu|ten *intr. 2*
Hin|di *n. Gen.* -(s) *nur Sg.* neuindische Sprache, Amtssprache in Indien
Hin|dos|tan *auch:* **Hin|do|stan** [auch: -tan] *Nebenform von* Hindustan
Hin|du *m. 9 oder Gen. - Pl. -* **1.** ursprünglicher Bewohner im Gebiet des Indus; **2.** Anhänger des Hinduismus
Hin|du|is|mus *m. Gen. - nur Sg.* aus Brahmanismus und Veda entwickelte ind. Religion
hin|du|is|tisch
Hin|du|kusch *m. Gen.* -(s) Gebirge in Afghanistan und Pakistan
hin|durch
hin|durch|ar|bei|ten *refl. 2*
hin|durch|ge|hen *intr. 47*
hin|durch|zwän|gen *tr. 1*
hin|dür|fen *intr. 26*
Hin|dus|tan *auch:* **Hin|du|stan** [auch: -tan] das Gebiet der Indus- und Ganges-Tiefebene
Hin|dus|ta|ni *auch:* **Hin|du|sta|ni** *n. Gen.* -(s) *nur Sg.* neuind. Sprache mit zwei Formen, dem persisch beeinflussten Urdu und dem Hindi
hin|dus|ta|nisch *auch:* **hin|du|sta|nisch**
hin|ein *auch:* **hi|nein,** *süddt.:* nein, vom Sprechenden weg; *in Zus. mit Verben wird ugs. meist fälschlich die Kurzform von herein... benutzt,* z. B. reinlassen statt hineinlassen
hin|ein|bei|ßen *auch:* **hi|nein|bei|ßen** *intr. 8*
hin|ein|den|ken *auch:* **hi|nein|den|ken** *refl. 22;* sich in etwas oder jmdn. h.
hin|ein|dür|fen *auch:* **hi|nein|dür|fen** *intr. 26*
hin|ein|fah|ren *auch:* **hi|nein|fah|ren** *tr. u. intr. 32*
hin|ein|fal|len *auch:* **hi|nein|fal|len** *intr. 33;* und dann bist du der Hineingefallene, *ugs.:* der Reingefallene
hin|ein|fin|den *auch:* **hi|nein|fin|den** *refl. 36;* sich in eine Sache, eine Arbeit h.
hin|ein|fres|sen *auch:* **hi|nein|fres|sen** *tr. 41;* etwas in sich h.
hin|ein|ge|heim|nis|sen *auch:* **hi|nein|ge|heim|nis|sen** *tr. 1;* etwas in eine Sache h.: mehr darin vermuten oder aus ihr herauslesen als darinsteckt; er hat zu viel hineingeheimnisst
hin|ein|ge|ra|ten *auch:* **hi|nein|ge|ra|ten** *intr. 94;* in etwas h.
hin|ein|knien *auch:* **hi|nein|knien** *refl. 1;* sich in eine Arbeit hineinknien
hin|ein|kön|nen *auch:* **hi|nein|kön|nen** *intr. 72*
hin|ein|müs|sen *auch:* **hi|nein|müs|sen** *intr. 87*
hin|ein|schlit|tern *auch:* **hi|nein|schlit|tern** *intr. 1;* in etwas h.
hin|ein|tun *auch:* **hi|nein|tun** *tr. 167*
hin|ein|wach|sen *auch:* **hi|nein|wach|sen** [-ks-] *intr. 172*

hin|ein|wol|len *auch:* **hi|nein|wol|len** *intr. 185*
hin|fah|ren *intr. u. tr. 32* vgl. hin
Hin|fahrt *f. 10;* Hin- und Rückfahrt; Hin- und Herfahrt
hin|fal|len *intr. 33*
hin|fäl|lig
Hin|fäl|lig|keit *f. 10 nur Sg.*
hin|fin|den *intr. u. refl. 36*
hin|flie|gen *intr. 38*
hin|fort
hin|füh|ren *tr. u. intr. 1*
Hin|ga|be *f. 11 nur Sg.*
hin|ga|be|fä|hig
Hin|ga|be|fä|hig|keit *f. 10 nur Sg.*
Hin|gang *m. 2 nur Sg.* Tod, Sterben; nach seinem H.
hin|ge|ben *tr. 45*
Hin|ge|bung *f. 10 nur Sg.*
hin|ge|bungs|voll
hin|ge|gen
hin|ge|gos|sen *ugs., in Wendungen wie* malerisch h.: in malerischer Haltung; sie lag da wie h.
hin|ge|hen *intr. 47* vgl. hin
hin|ge|hö|ren *intr. 1*
hin|ge|ris|sen vgl. hinreißen
hin|hal|ten *tr. 61;* den Kopf für etwas h.
hin|hän|gen **1.** *tr. 62;* **2.** *intr., ugs. nur in der Wendung* etwas h. lassen: es nicht voranbringen, sich nicht darum kümmern
hin|hau|en; es haute hin, hat hingehauen, *ugs.* **1.** *tr.;* etwas h.: flüchtig, schludrig niederschreiben; eine Arbeit h.: ärgerlich damit aufhören; **2.** *intr.* klappen, in Ordnung sein; das haut (nicht) hin; *auch mitteldt.:* sich beeilen; hau hin!; **3.** *refl.* sich zum Schlafen hinlegen; sich eine Stunde h.
Hin|ke|bein *n. 1,* **Hin|ke|fuß** *m. 2*
Hin|kel *n. 5, westdt.:* junges Huhn
hin|ken *intr. 1*
Hink|jam|bus *m. Gen. - Pl.* -ben, *dt. Bez. für* Choliambus
hin|knien *refl. 1*
hin|kom|men *intr. 71*
hin|kön|nen *intr. 72*
hin|krie|gen *tr. 1, ugs.:* zustande bringen
Hin|kunft *f. 2 nur Sg., österr. in der Wendung* in H.: von nun an; in H. wird sich einiges ändern
Hink|vers *m. 1* rhythmisch schlechter Vers
hin|läng|lich
hin|las|sen *tr. 75*
hin|le|gen *tr. 1*
hin|ma|chen *tr. 1, ugs.:* kaputtmachen
hin|mor|den *tr. 2*
hin|müs|sen *intr. 87*
Hin|nah|me *f. 11 nur Sg.*
hin|neh|men *tr. 88*
hin|nei|gen *tr. 1*
Hin|nei|gung *f. 10 nur Sg.*
hin|nen *nur noch poet.;* von h.: von hier fort; von h. gehen
hin|op|fern *tr. 1*
hin|raf|fen *tr. 1*
hin|rei|ben *tr. 95, ugs.:* jmdm. etwas h.: jmdm. etwas deutlich und leicht boshaft zu verstehen geben
hin|rei|chend
Hin|rei|se *f. 11;* Hin- und Rückreise; Hin- und Herreise
hin|rei|ßen *tr. 96;* sein Vortrag war hinreißend, hat mich hingerissen; hingerissen lauschen
hin|rich|ten *tr. 2*
Hin|rich|tung *f. 10*
hin|schau|en *intr. 1*
hin|schei|den *intr. 107, poet.:* sterben; nach seinem H.
Hin|schied *m. 1 nur Sg., schweiz.:* Tod, Todesfall
hin|schlach|ten *tr. 2*
hin|schmei|ßen *tr. 122, ugs.*
hin|schmel|zen *intr. 123*
hin|schrei|ben *tr. 127*
hin|schwin|den *intr. 133*
hin|se|hen *intr. 136*
hin sein (*alt:* hin|sein) *intr. 137*
hin|set|zen *tr. 1*
Hin|sicht *f. 10;* in dieser H.; in H. auf
hin|sicht|lich *Präp. mit Gen.;* h. unserer Pläne
hin|sie|chen *intr. 1*
hin|sol|len *intr. 1*
Hin|spiel *n. 1; Ggs.:* Rückspiel
hin|stel|len *tr. 1*
hin|ster|ben *intr. 154*
hin|stre|cken *tr. u. refl. 1*
hint|an
hint|an|set|zen *tr. 1*
Hint|an|set|zung *f. 10 nur Sg.*
hint|an|stel|len *tr. 1*
Hint|an|stel|lung *f. 10 nur Sg.*
hin|ten
hin|ten|an
hin|ten|an|set|zen *tr. 1*
hin|ten|her|um *auch:* **hin|ten|he|rum**
hin|ten|hin
hin|ten|nach
hin|ten|über
hin|ten|über|fal|len *intr. 33*
hin|ten|über|kip|pen *tr. 1*
hin|ter *Präp. mit Dat. und Akk.;* er steht h. dem Haus; er geht h. das Haus; er steht h. mir; er trat h. mich
Hin|ter|ach|se [-ks-] *f. 11*
Hin|ter|ba|cke *f. 11*
Hin|ter|bänk|ler *m. 5, abwertend:* wenig einflussreiches Parlamentsmitglied
Hin|ter|bein *n. 1*
hin|ter|blei|ben *intr. 17, fast nur im Part. Perf.;* die hinterbliebenen Kinder
Hin|ter|blie|be|ne(r) *m. 18 (17) bzw. f. 17 oder 18*
Hin|ter|blie|be|nen|für|sor|ge *f. 11 nur Sg.*
hin|ter|brin|gen *tr. 21;* jmdm. etwas h.: heimlich mitteilen; er hat mir die Nachricht hinterbracht, dass …; *aber ugs.:* bring mir die Bücher hinter!; ich habe das Essen kaum hintergebracht
hin|ter|drein
hin|ter|drein|lau|fen = **hin|ter|drein lau|fen** *intr. 76*
hin|te|re(r, -s); das hintere Haus
Hin|te|re(r) *m. 18 (17), ugs.:* Gesäß
hin|ter|ein|an|der *auch:* **hin|ter|ei|nan|der;** hintereinander hergehen; hintereinander fahren; hintereinander gehen; hintereinander schalten; hintereinander schreiben; hintereinander stellen
hin|ter|ein|an|der fah|ren *auch:* **hin|ter|ei|nan|der fah|ren** (*alt:* hin|ter|ein|an|der|fah|ren) *intr. 32*
hin|ter|ein|an|der ge|hen *auch:* **hin|ter|ei|nan|der ge|hen** (*alt:* hin|ter|ein|an|der|ge|hen) *intr. 47*
hin|ter|ein|an|der schal|ten *auch:* **hin|ter|ei|nan|der schal|ten** (*alt:* hin|ter|ein|an|der|schal|ten) *tr. 2*
hin|ter|ein|an|der schrei|ben *auch:* **hin|ter|ei|nan|der schrei|ben** (*alt:* hin|ter|ein|an|der|schrei|ben) *tr. 127*
hin|ter|ein|an|der stel|len *auch:* **hin|ter|ei|nan|der stel|len** (*alt:* hin|ter|ein|an|der|stel|len) *tr. 1*
hin|ter|fot|zig *bair.:* heimtückisch, hinterlistig
hin|ter|fra|gen *tr. 1;* etwas h.: nach den Motiven, Hintergründen für etwas fragen
Hin|ter|fuß *m. 2*
Hin|ter|gau|men *m. 7*
Hin|ter|gau|men|laut *m. 1* am hinteren Gaumen gebildeter Laut, z. B. g, k (vor a, o, u) und ch (wie in »ach«), Kehllaut, Velar
Hin|ter|ge|bäu|de *n. 5*
Hin|ter|ge|dan|ke *m. 15*

H

hin|ter|ge|hen *tr. 47* betrügen, täuschen; er hat mich hintergangen; *aber:* ich bin hinter gegangen
Hin|ter|glas|ma|le|rei *f. 10*
Hin|ter|grund *m. 2*
hin|ter|grün|dig
Hin|ter|grün|dig|keit *f. 10 nur Sg.*
Hin|ter|halt *m. 1*
hin|ter|häl|tig
Hin|ter|häl|tig|keit *f. 10 nur Sg.*
Hin|ter|hand *f. 2* **1.** Hinterbein (beim Pferd, Hund); **2.** *Kartenspiel:* der zuletzt ausspielende Spieler
Hin|ter|haupt *n. 4*
Hin|ter|haupts|bein *n. 1*
Hin|ter|haus *n. 4*

hin|ter|her; ich werde erst h. kommen: danach, erst wenn es vorbei ist; *aber:* → hinterherkommen; hinterher sein
hin|ter|her|ge|hen *intr. 47*
hin|ter|her|kom|men *intr. 71* als Letzter (in der Reihe) kommen
hin|ter|her|lau|fen *intr. 76;* jmdm. hinterherlaufen
hin|ter|her sein (*alt:* hin|ter|her-sein) *intr. 137*
Hin|ter|hof *m. 2*
hin|ter|kau|en *tr. 1, ugs.:* kau erst hinter!, hintergekaut
Hin|ter|kopf *m. 2*
Hin|ter|la|der *m. 5* Schusswaffe, die vom hinteren Ende des Rohrs geladen wird; *Ggs.:* Vorderlader
Hin|ter|la|ge *f. 11, schweiz.:* etwas Hinterlegtes, Pfand
Hin|ter|land *n. Gen.* -(e)s *nur Sg.*
hin|ter|las|sen *tr. 75* zurücklassen, vererben; er hat ihnen Geld hinterlassen; *aber ugs.:* er hat mich nicht hinter gelassen
Hin|ter|las|sen|schaft *f. 10*
Hin|ter|las|sung *f. 10 nur Sg.*
hin|ter|las|tig hinten stärker belastet als vorn (Schiff, Flugzeug); *Ggs.:* kopflastig, vorderlastig
Hin|ter|lauf *m. 2, Jägerspr.:* Hinterbein
hin|ter|le|gen *tr. 1* als Pfand zurücklegen, verwahren lassen; er hat Geld hinterlegt; *aber ugs.:* er hat das Geld hinter gelegt
Hin|ter|le|gung *f. 10 nur Sg.*
Hin|ter|le|gungs|schein *m. 1*
Hin|ter|leib *m. 3*
Hin|ter|list *f. 10 nur Sg.*
hin|ter|lis|tig
Hin|ter|lis|tig|keit *f. 10 nur Sg.*
hin|term hinter dem; hinterm Haus
Hin|ter|mann *m. 4*
hin|ter|mau|ern *tr. 1* hinter den Verblendsteinen mit einfachen Steinen befestigen; eine Wand h.; hintermauert
Hin|ter|mau|e|rung *f. 10 nur Sg.*
hin|tern *ugs.:* hinter den
Hin|tern *m. 7, ugs.:* Gesäß
Hin|ter|pfo|te *f. 11*
Hin|ter|pran|ke *f. 11*
Hin|ter|rad *n. 4*
Hin|ter|rad|an|trieb *m. 1*
hin|ter|rücks
hin|ters hinter das; hinters Haus gehen; jmdn. hinters Licht führen
Hin|ter|sass (*alt:* Hin|ter|saß) *m. 12, schweiz. auch:* **Hin|ter|säss** (*alt:* Hin|ter|säß) *m. 12,* **Hin|ter|sas|se** *m. 11* zinspflichtiger Kleinbauer
hin|ter|schlu|cken *tr. 1;* hintergeschluckt
Hin|ter|sinn *m. 1* verborgener Sinn
hin|ter|sin|nen *refl. 142, schweiz.:* grübeln, schwermütig sein
hin|ter|sin|nig schwermütig, trübsinnig, verschroben
Hin|ters|te(r) *m. 18 (17), ugs.:* Gesäß
Hin|ter|teil *n. 1*
Hin|ter|tref|fen *n., nur in den Wendungen* ins H. kommen, geraten, im H. sein: Nachteile haben
hin|ter|trei|ben *tr. 162* vereiteln, verhindern; er hat unser Vorhaben hintertrieben; *aber ugs.:* er hat das Vieh hinter getrieben
Hin|ter|trei|bung *f. 10 nur Sg.*
Hin|ter|trep|pe *f. 11*
Hin|ter|trep|pen|ro|man *m. 1* Kitschroman
Hin|ter|tür *f. 10*
Hin|ter|tür|chen *n. 7;* sich ein H. offen lassen *übertr.:* einen Ausweg, eine Ausflucht
Hin|ter|vier|tel *n. 5, ugs.:* Gesäß
Hin|ter|wäld|ler *m. 5* einfältiger, weltfremder Mensch
hin|ter|wäld|le|risch
hin|ter|wärts
hin|ter|zie|hen *tr. 187* unterschlagen; er hat Steuern hinterzogen; *aber:* er hat den Sitz hinter gezogen
Hin|ter|zie|hung *f. 10*
Hin|ter|zim|mer *n. 5*
Hin|tritt *m. 1, veraltet:* Tod, Sterben
hin|tun *tr. 167*
hin|ü|ber *auch:* **hi|nü|ber,** *süddt.:* nü|ber vom Sprechenden weg; *in Zus. mit Verben wird ugs. meist fälschlich die Kurzform von herüber… benutzt,* z. B. rüberkommen statt hinüberkommen; hinüber und herüber; hinüber sein
hin|ü|ber|dür|fen *auch:* **hi|nü|ber-dür|fen** *intr. 26*
hin|ü|ber|fah|ren *auch:* **hi|nü|ber-fah|ren** *intr. u. tr. 32*
hin|ü|ber|flie|gen *auch:* **hi|nü|ber-flie|gen** *intr. 38*
hin|ü|ber|kön|nen *auch:* **hi|nü|ber-kön|nen** *intr. 72*
hin|ü|ber|schau|en *auch:* **hi|nü|ber-schau|en** *intr. 1*
hin|ü|ber|schla|fen *auch:* **hi|nü|ber-schla|fen** *intr. 115* sterben
hin|ü|ber sein *auch:* **hi|nü|ber sein** (*alt:* hin|über|sein) *intr. 137* verbraucht, abgenutzt sein; *ugs. auch:* berauscht sein
hin|ü|ber|spie|len *auch:* **hi|nü|ber-spie|len** *intr. 1;* ins Blaue hinüberspielen
hin|ü|ber|sprin|gen *auch:* **hi|nü|ber-sprin|gen** *intr. 148*
hin|ü|ber|stei|gen *auch:* **hi|nü|ber-stei|gen** *intr. 153*
hin und her vgl. hin
Hin- und Her|fahrt *f. 10*
Hin|und|her|ge|re|de, Hin-und-her-Ge|re|de *n. Gen.* -s *nur Sg.*
Hin|und|her|lau|fen, Hin-und-her-Lau|fen *n. Gen.* -s *nur Sg.;* dieses ewige H. (ohne Ziel)
Hin- und Her|rei|se *f. 11*
Hin- und Her|weg *m. 1*
Hin- und Rück|fahrt *f. 10*
Hin- und Rück|rei|se *f. 11*
Hin- und Rück|weg *m. 1*
hin|un|ter *auch:* **hi|nun|ter,** *süddt.:* nun|ter vom Sprechenden weg; *in Zus. mit Verben wird ugs. meist fälschlich die Kurzform von herunter… benutzt,* z. B. runterwerfen statt hinunterwerfen
hin|un|ter|dür|fen *auch:* **hi|nun|ter-dür|fen** *intr. 26;* zum Spielen in den Hof hinunterdürfen
hin|un|ter|fal|len *auch:* **hi|nun|ter-fal|len** *intr. 33*
hin|un|ter|flie|gen *auch:* **hi|nun|ter-flie|gen** *intr. 38*
hin|un|ter|ge|hen *auch:* **hi|nun|ter-ge|hen** *intr. 47*
hin|un|ter|kön|nen *auch:* **hi|nun-ter|kön|nen** *intr. 72, ugs.*
hin|un|ter|müs|sen *auch:* **hi|nun-ter|müs|sen** *intr. 87, ugs.*
hin|un|ter|schau|en *auch:* **hi|nun-ter|schau|en** *intr. 1*
hin|un|ter|schlin|gen *auch:* **hi|nun-ter|schlin|gen** *tr. 121*

hin|un|ter|schlu|cken *auch:* **hi|nun|ter|schlu|cken** *tr. 1*
hin|un|ter|schmei|ßen *auch:* **hi|nun|ter|schmei|ßen** *tr. 122, ugs.*
hin|un|ter|sprin|gen *auch:* **hi|nun|ter|sprin|gen** *intr. 148*
hin|un|ter|tra|gen *auch:* **hi|nun|ter|tra|gen** *tr. 160*
hin|un|ter|wer|fen *auch:* **hi|nun|ter|wer|fen** *tr. 181*
hin|un|ter|wol|len *auch:* **hi|nun|ter|wol|len** *intr. 185, ugs.*
hin|un|ter|wür|gen *auch:* **hi|nun|ter|wür|gen** *tr. 1*
hin|un|ter|zie|hen *auch:* **hi|nun|ter|zie|hen** *tr. 187*
hin|wärts; hin- und herwärts
hin|weg; hinweg sein
Hin|weg *m. 1;* Hin- und Herweg; Hin- und Rückweg
hin|weg|fe|gen *tr. 1;* der Wind fegt die Blätter hinweg
hin|weg|se|hen *intr. 136;* über etwas, jmdn. h.
hin|weg sein (*alt:* hin|weg|sein) *intr. 137*
hin|weg|set|zen *refl. 1;* sich über eine Vorschrift h.: sie bewusst nicht beachten
hin|weg|täu|schen *tr. 1;* jmdn. oder sich über etwas h.
Hin|weis *m. 1*
hin|wei|sen *intr. 177;* hinweisendes Fürwort: Demonstrativpronomen
hin|wel|ken *intr. 1*
hin|wen|den *tr. 178*
Hin|wen|dung *f. 10*
hin|wer|fen *tr. 181*
hin|wie|der, *selten:* **hin|wie|der|um** *auch:* **hin|wie|de|rum** **1.** *Adv.:* nochmals, wieder; **2.** *Konj.:* dagegen, hingegen
Hinz *nddt. Form von* Heinz; Hinz und Kunz: jeder x-beliebige, alle Leute
hin|zie|hen *tr., intr. u. refl. 187;* der Prozess hat sich lange hingezogen
hin|zie|len *intr. 1;* auf etwas hinzielen
hin|zu
hin|zu|fü|gen *tr. 1*
hin|zu|ge|sel|len *refl. 1;* er gesellte sich der kleinen Gruppe hinzu
hin|zu|kom|men *intr. 71;* er ist zuletzt noch hinzugekommen; hinzu kommt (noch), dass …
hin|zu|neh|men *tr. 88*
hin|zu|set|zen *tr. 1*
hin|zu|tre|ten *intr. 163;* hinzu tritt noch eins, nämlich …
hin|zu|tun *tr. 167*
hin|zu|zäh|len *tr. 1*
hin|zu|zie|hen *tr. 187* jmdn. zu Rate ziehen, konsultieren
Hin|zu|zie|hung *f. 10 nur Sg.*
Hi|obs|bot|schaft [nach der Gestalt im AT] *f. 10,* **Hi|obs|post** *f. Gen. - nur Sg.* Unglücks-, Schreckensnachricht
H-Io|nen *Pl.* Wasserstoffionen
hip [engl.] zeitgemäß, modisch, im Trend; er ist noch hipper als sie; das hippste Mädchen in der Klasse
Hip|hop [engl.] *m. Gen. -s nur Sg., Mus.:* Stilrichtung in der Popmusik, die auf Rap basiert
Hip|pa|ri|on *auch:* **Hip|pa|ri|on** [griech.] *n. Gen. -s Pl. -ri|en* fossiles Urpferd
Hip|pe *f. 11* **1.** sichelförmiges Gartenmesser; **2.** *thüring.:* Fladenkuchen; **3.** *mitteldt.:* Ziege
hipp hipp hur|ra!
Hipp|hipp|hur|ra *n. 9*
Hip|pi|a|trik *auch:* **Hip|pi|at|rik** [griech.] *f. 10 nur Sg.* Pferdeheilkunde
Hip|pie [engl.] *m. 9, bes. in den 60er Jahren:* jmd., der für Gewaltlosigkeit, freien Drogenkonsum u. Ä. eintrat, Blumenkind
Hip|po|drom [griech.] *n. 1* Reitbahn
Hip|po|gryph *m. 12 oder m. 10, bei den ital. Renaissancedichtern:* geflügeltes Ross mit Vogelkopf, entsprechend dem Pegasus
Hip|po|krates altgriech. Arzt
Hip|po|kra|ti|ker *m. 5* Anhänger des Hippokrates und seiner Lehre
hip|po|kra|tisch von Hippokrates stammend; hippokratischer Eid: *urspr.* Eid auf die Gesetze der Ärztezunft; *danach allg.* Grundlage der ärztlichen Ethik; hippokratisches Gesicht: eingefallenes Gesicht Sterbender; die hippokratischen Schriften
Hip|po|kre|ne *f. Gen. - nur Sg., griech. Myth.:* die durch den Hufschlag des Pegasus entstandene Quelle der dichterischen Inspiration
Hip|po|lo|ge *m. 11*
Hip|po|lo|gie *f. 11 nur Sg.* Wissenschaft vom Pferd
hip|po|lo|gisch
Hip|po|po|ta|mus *m. Gen. - Pl. -* Flusspferd
Hipp|u|rit *auch:* **Hip|pu|rit** *m. 10* fossile Muschel der Kreidezeit
Hipp|ur|säu|re *f. 11 nur Sg.* im Harn von Pflanzenfressern enthaltenes Stoffwechselprodukt
Hips|ter [engl.] *m. 5* **1.** Jazzfan; **2.** jmd., der über alles Bescheid weiß, was neu und »in« ist
Hi|ra|ga|na [jap.] *f. Gen. - nur Sg. oder n. Gen. -(s) nur Sg.* aus den chinesischen Schriftzeichen entwickelte japanische Silbenschrift
Hirn *n. 1*
Hirn|an|hangs|drü|se *f. 11*
Hirn|ge|spinst *n. 1*
Hirn|haut|ent|zün|dung *f. 10*
Hirn|holz *n. Gen. -es nur Sg.* quer zur Faser geschnittenes Holz
hirn|los
Hirn|scha|le *f. 11*
hirn|ver|brannt
Hi|ro|schi|ma, Hi|ro|shi|ma jap. Stadt, die 1945 durch die erste Atombombe zerstört wurde
Hirsch *m. 1*
Hirsch|an|ti|lo|pe *f. 11*
Hirsch|fän|ger *m. 5* ein Jagdmesser
Hirsch|gar|ten *m. 8* Gehege für Hirsche
Hirsch|horn *n. Gen. -(e)s nur Sg.* Hirschgeweih, das für Knöpfe u. Ä. verwendet wird
Hirsch|horn|salz *n. Gen. -es nur Sg.* ein Treibmittel für Gebäck
Hirsch|kä|fer *m. 5*
Hirsch|kalb *n. 4*
Hirsch|kuh *f. 2*
Hirsch|le|der *n. 5 nur Sg.*
hirsch|le|dern
Hirsch|park *m. 9* Gehege für Hirsche
Hir|se *f. 11*
Hir|se|korn *n. 4*
Hirt *m. 10*
Hir|te *m. 11, veraltet*
hir|ten *intr. 2, schweiz.:* Hirt sein, Vieh hüten
Hir|ten|amt *n. 4* Amt des Seelsorgers
Hir|ten|brief *m. 1* bischöfliches Rundschreiben
Hir|ten|dich|tung *f. 10*
Hir|ten|flö|te *f. 11*
Hir|ten|stab *m. 2* Bischofsstab
Hir|ten|tä|schel *n. 5* ein Kreuzblütler
Hir|ten|volk *n. 4*
Hir|tin *f. 10*
his *n. Gen. - Pl. -, Mus.* **1.** das um einen halben Ton erhöhte h; **2.** his-Moll
His *n. Gen. - Pl. -, Mus.* **1.** das um einen halben Ton erhöhte H; **2.** His-Dur

H

His|bol|lah *f. Gen. - nur Sg.* radikale Organisation schiit. Muslime
His-Dur *n. Gen. - nur Sg. (Abk.:* His) eine Tonart
His-Dur-Ton|lei|ter *f. 11*
his-Moll *n. Gen. - nur Sg. (Abk.:* his) eine Tonart
his-Moll-Ton|lei|ter *f. 11*
His|pa|ni|en *im Altertum Name für* die Pyrenäenhalbinsel
His|pa|ni|o|la eine der Großen Antillen
his|pa|nisch
his|pa|ni|sie|ren *tr. 3* nach spanischem Vorbild gestalten
His|pa|nis|mus *m. Gen. - Pl.* -men in eine andere Sprache übernommene span. Spracheigentümlichkeit
His|pa|nist *m. 10* Kenner der span. Sprache und Kultur
his|sen *tr. 1* hochziehen (Flagge)
Hist|amin *auch:* **His|ta|min** [Kunstwort aus Histidin und Amin] *n. 1* ein Gewebshormon
His|ti|din *n. 1 nur Sg.* eine Aminosäure
His|to|lo|ge *m. 11*
His|to|lo|gie *f. 11 nur Sg.* Wissenschaft von den Geweben, Gewebelehre
his|to|lo|gisch
His|to|ly|se *f. 11* Einschmelzung von Gewebe (bei Eiterungen)
His|to|pa|tho|lo|gie *f. 11 nur Sg.* Lehre vom kranken Gewebe
His|tör|chen [griech.] *n. 7* Klatschgeschichte
His|to|rie [-riə] *f. 11* **1.** *früher:* Erzählung, Bericht; **2.** *heute:* Geschichte, Geschichtswissenschaft
His|to|ri|en|ma|ler *m. 5*
His|to|ri|en|ma|le|rei *f. 10* Malerei, die Motive aus der Geschichte oder aus Sagen darstellt
His|to|rik *f. 10 nur Sg.* Wissenschaft von der Geschichtsforschung
His|to|ri|ker *m. 5* Geschichtswissenschaftler
His|to|ri|o|graph *auch:* **His|to|ri|o|graf** *m. 10* Geschichtsschreiber
His|to|ri|o|gra|phie *auch:* **His|to|ri|o|gra|fie** *f. 11 nur Sg.* Geschichtsschreibung
his|to|risch geschichtlich, überliefert; historisches Drama; historischer Materialismus
his|to|ri|sie|ren *tr. 3* das Geschichtliche (einer Sache, eines Vorgangs) betonen
His|to|ris|mus, His|to|ri|zis|mus *m. Gen. - nur Sg.* Denkweise, die alle Erscheinungen des Lebens nur in ihrer Einmaligkeit verstehen und aus ihrem geschichtl. Zusammenhang erklären will; *auch:* Überbetonung des Geschichtlichen
His|to|rist *m. 10* Vertreter des Historismus
his|to|ris|tisch
His|to|ri|zis|mus *m. Gen. - nur Sg.* s. **His|to|ris|mus**
Hit [engl.] *m. 9* erfolgreiches Musikstück, Schlager; *auch allg.:* erfolgreiche Sache
hitch|hi|ken [hɪtʃhaɪkən, engl.] *intr. 1* per Anhalter fahren, trampen
Hit|lis|te *f. 11*
Hit|pa|ra|de *f. 11*
Hit|sche, Hut|sche *f. 11, nord-, mitteldt.* **1.** Fußbank; **2.** kleiner Rodelschlitten
Hitz|draht|in|stru|ment *auch:* **Hitz|draht|ins|tru|ment, Hitz|draht|inst|ru|ment** *n. 1, veraltend:* ein elektrisches Messinstrument
Hit|ze *f. 11 nur Sg.;* Hitze abweisende Stoffe
Hit|ze ab|wei|send (*alt:* hit|ze|ab|wei|send)

> **hitzebeständig:** Zusammensetzungen aus Substantiv und Adjektiv, bei denen der erste Teil für eine Wortgruppe steht (= gegen Hitze beständig), werden zusammengeschrieben: *neue hitzebeständige Materialien.* § 36 (1)

hit|ze|be|stän|dig
Hit|ze|be|stän|dig|keit *f. 10 nur Sg.*
Hit|ze|bläs|chen *n. 7*
hit|ze|emp|find|lich
Hit|ze|emp|find|lich|keit *f. 10 nur Sg.*
Hit|ze|fe|ri|en *nur Pl.*
hit|ze|frei
Hit|ze|wel|le *f. 11*
Hitz|frie|seln *Pl.* bei großer Hitze oder hohem Fieber auftretende Frieseln, Hitzpocken
hit|zig
Hit|zig|keit *f. 10 nur Sg.*
Hitz|kopf *m. 2*
hitz|köp|fig
Hitz|po|cken *Pl.* Hitzfrieseln
Hitz|schlag *m. 2*
HIV *Abk. für engl.* human immunodeficiency virus »menschlicher Immunschwächevirus«
HIV-ne|ga|tiv
HIV-po|si|tiv
Hi|wi *m. 9* **1.** *Kurzform für* Hilfswilliger; **2.** *ugs.:* Hilfskraft
HK *Abk. für* Hefnerkerze
hl *Abk. für* Hektoliter
hl., Hl. *Abk. für* heilige, Heilige, z. B. der hl. Antonius; die Hl. Schrift
h. l. *Abk. für* hoc loco
hll. *Abk. für* heiligen *(Pl.),* z. B. die hll. Peter und Paul
h. m. *Abk. für* huius mensis
H-Milch [ha-] *f. 10 nur Sg.* durch Hocherhitzen haltbar gemachte Milch
h-Moll *n. Gen. - nur Sg. (Abk.:* h) eine Tonart
h-Moll-Ton|lei|ter *f. 11*
HNO-Heil|kun|de *f. Gen. - nur Sg., Kurzwort für* Hals-Nasen-Ohren-Heilkunde
Ho *chem. Zeichen für* Holmium
Ho|ang|ho *m. Gen.* -(s) s. **Hwang|ho**
Hob. *Mus.: Abk. für* Hobokenverzeichnis
Hobbes [hɔbz], *Thomas* engl. Philosoph
Hob|bock *m. 9* großer Behälter aus Blech zum Versand von Fetten usw.
Hob|by [engl.] *n. 9* Steckenpferd, Liebhaberei
Hob|by|raum *m. 2* Bastelraum
Ho|bel *m. 5*
Ho|bel|bank *f. 2*
Ho|bel|ma|schi|ne *f. 11*
ho|beln *tr. 1;* ich hobele, hoble es
Ho|bel|span *m. 2*
Hob|ler *m. 5*
Ho|boe *f. 11, Nebenform von* Oboe
Ho|bo|ken|ver|zeich|nis [nach dem ndrl. Musikforscher Anthony van Hoboken] *(Abk.:* Hob.) *n. 1* Verzeichnis der Werke J. Haydns
hoc an|no [lat.] *(Abk.:* h. a.) in diesem Jahr
hoc est [lat.] *(Abk.:* h. e.) das ist

> **das hohe Haus, das Hohe Lied:** In festen Fügungen, die keine Eigennamen sind, wird das Adjektiv kleingeschrieben: *das hohe C, das hohe Haus* (= Parlament), *die hohe Schule des Reitens.* § 63
> Großgeschrieben werden substantivierte Adjektive: *die Hohen und die Niedrigen/Niederen, Hoch und Nieder/Niedrig* sowie Eigennamen: *die Hohen Tauern, der Hohe Priester, das Hohe Lied.* § 57 (1), § 60 (2.3), § 60 (3.3)

hoch; höher, am höchsten, höchst; hoch oben; ein hoher Preis; **1.** *Kleinschreibung:* der hohe Adel; höhere Gewalt; hohes Gericht; das hohe Haus: das Parlament; die hohe Jagd: Jagd auf Hochwild; hohe Schule: bestimmte Art der Reitkunst; **2.** *Großschreibung:* die Hohen und die Niedrigen/Niederen; es trafen sich Hoch und Nieder/Niedrig; die Hohe Messe in h-Moll von Bach; die Hohe Pforte: *bis 1924* die türkische Regierung; die Hohe Tatra, die Hohen Tauern; das Hohe Lied; der Hohe Priester; vgl. höher; **3.** *in Zus. mit Verben oder Partizipien:* den Wagen hoch/höher beladen; hoch/höher springen, steigen; den Kopf hoch/höher tragen; jmdn. hoch achten; jmdn. hoch schätzen; *aber:* jmdn. hochleben lassen; hochrechnen; hochgehen; hoch halten; *aber:* jmds. Andenken hochhalten; hoch begabt *oder:* hochbegabt; ein hoch beladener Erntewagen; hoch besteuert; hoch bezahlt; hoch dekoriert; hoch dotiert; hoch empfindlich; hoch entwickelt; hoch geachtet; hoch geehrt; hoch gelegen; hoch geschätzt; hoch gestellte Persönlichkeiten; hoch gewachsen; hoch industrialisiert; hoch liegend; hoch mechanisiert; hoch qualifiziert; hoch stehend; hoch technisiert; hoch verschuldet; hoch zivilisiert; *aber:* hochanständig; hochexplosiv; hochfahrend; hochgiftig; hochintelligent; hochkant; hochtrabend
Hoch *n. 9* **1.** der Ruf »hoch!«, Preis-, Heilruf; ein Hoch auf jmdn. ausbringen; **2.** Hochdruckgebiet
hoch ach|ten (*alt:* hoch|ach|ten) *tr. 2*
Hoch|ach|tung *f. 10 nur Sg.*
hoch|ach|tungs|voll
Hoch|a|del *m. 5 nur Sg.*
hoch|ak|tu|ell
Hoch|al|tar *m. 2*
Hoch|amt *n. 4*
hoch|an|stän|dig
hoch|auf|lö|send; ein hochauflösender Bildschirm
Hoch|bau *m. Gen. -(e)s nur Sg.*
hoch|be|gabt = **hoch be|gabt**
hoch|be|glückt
hoch be|la|den (*alt:* hoch|be|la|den)
hoch be|steu|ert (*alt:* hoch|be|steu|ert)
hoch|be|tagt
Hoch|be|trieb *m. 1 nur Sg.;* hier herrscht H.
hoch be|zahlt (*alt:* hoch|be|zahlt)
Hoch|blü|te *f. 11 nur Sg.*
hoch|brin|gen *tr. 21;* die Sache kann einen hochbringen; *aber:* die Koffer werden hoch gebracht
Hoch|burg *f. 10*
hoch de|ko|riert (*alt:* hoch|de|ko|riert)
hoch|deutsch vgl. deutsch
Hoch|deutsch *n. Gen. -(s) nur Sg.*
Hoch|deut|sche *n. 18*
hoch do|tiert (*alt:* hoch|do|tiert)
Hoch|druck *m. 1*
Hoch|druck|ge|biet *n. 1*
Hoch|e|be|ne *f. 11*
Hoch|ehr|wür|den *Anrede für* evang. Geistliche; Euer, Eure (*Abk.:* Ew.) Hochehrwürden
hoch emp|find|lich (*alt:* hoch|emp|find|lich)
Hoch|e|ner|gie|phy|sik *f. 10 nur Sg.*
hoch ent|wi|ckelt (*alt:* hoch|ent|wickelt)
hoch|er|freut
hoch|er|ho|ben; hocherhobenen Hauptes ging sie davon
hoch|ex|plo|siv
hoch|fah|rend
hoch|fein
hoch|feu|dal
Hoch|fi|nanz *f. 10 nur Sg.*
Hoch|flä|che *f. 11*
hoch|flie|gend; hochfliegende Pläne; *aber:* hoch/höher fliegen
Hoch|flut *f. 10*
Hoch|for|mat *n. 1; Ggs.:* Breitformat
hoch|fre|quent
Hoch|fre|quenz *f. 10* (*Abk.:* HF) Bereich der elektromagnet. Wellen über 20 kHz
hoch ge|ach|tet (*alt:* hoch|ge|ach|tet)
hoch|ge|bil|det = **hoch ge|bil|det**
Hoch|ge|bir|ge *n. 5*
hoch ge|ehrt (*alt:* hoch|ge|ehrt)
Hoch|ge|fühl *n. 1 nur Sg.*
hoch|ge|hen *intr. 47; auch ugs.* **1.** zornig werden; **2.** jmdn. h. lassen: jmdm. seinen Schutz entziehen, jmdn. ausliefern, preisgeben
hoch ge|le|gen (*alt:* hoch|ge|le|gen)
hoch|ge|lehrt; das sind alles hochgelehrte Leute
hoch|ge|mut
Hoch|ge|nuss (*alt:* Hoch|ge|nuß) *m. 2*
Hoch|ge|richt *n. 1* Halsgericht

hoch geschätzt, hochgelehrt: Mehrteilige Ausdrücke des Adjektivs *hoch* mit einem Verb, einem anderen Adjektiv oder Partizip, bei denen *hoch* steigerbar oder erweiterbar ist, werden getrennt geschrieben: *Die Grundstücke sind höher geschätzt worden als erwartet. Die Sieger sind vor Freude (sehr) hoch gesprungen.* § 34 E3 (3), § 36 E1 (4)
Ist das Adjektiv *hoch* dagegen nicht steigerbar oder erweiterbar, wird zusammengeschrieben: *hochanständig, hochfahrend, hochgestochen, hochrechnen, (etwas) hochspielen.*

hoch ge|schätzt (*alt:* hoch|geschätzt)
hoch|ge|schlos|sen
hoch|ge|schürzt
hoch|ge|spannt; hochgespannte Erwartungen; *aber:* das Seil ist zu hoch gespannt
hoch|ge|stellt; hochgestellte Zahlen; *aber:* hoch gestellte Persönlichkeiten
hoch|ge|stimmt; die Anwesenden waren hochgestimmt
hoch|ge|sto|chen; geistige Überlegenheit zur Schau stellend (Vortrag, Zeitschrift)
hoch ge|wach|sen (*alt:* hoch|ge|wach|sen) [-ks-]; *aber:* die Pflanze ist an der Hauswand hochgewachsen
hoch|gif|tig
Hoch|glanz *m. Gen. -es nur Sg.*
hoch|glanz|po|liert; *aber:* auf Hochglanz poliert
hoch|gra|dig
hoch|ha|ckig
hoch|hal|ten *tr. 61;* jmds. Andenken hochhalten; *aber:* die Fahne hoch halten
Hoch|haus *n. 4*
hoch|he|ben *tr. 64*
hoch|her|zig
hoch in|dus|tri|a|li|siert *auch:* **hoch in|dust|ri|a|li|siert** (*alt:* hoch|in|du|stria|li|siert)
hoch|in|tel|li|gent
hoch|in|ter|es|sant *auch:* **hoch|in|te|res|sant**
Hoch|jagd *f. 10* Jagd auf Hochwild
hoch|kant; eine Kiste h. stellen, auf die Schmalseite

H

hoch|kan|tig *in der ugs. Wendung* jmdn. h. hinauswerfen
hoch|ka|rä|tig
Hoch|kir|che *f. 11* Richtung innerhalb der anglikanischen Kirche
hoch|klap|pen *tr. 1*
hoch|kom|men *intr. 71;* gesund werden
Hoch|kom|mis|sar *m. 1*
Hoch|kon|junk|tur *f. 10*
hoch|kon|zen|triert *auch:* **hoch-kon|zent|riert;** *aber:* eine hoch konzentrierte Säure
hoch|kul|ti|viert; eine hochkultivierte Dame
Hoch|kul|tur *f. 10*
Hoch|land *n. 4 oder n. 1*
Hoch|län|der *m. 5*
hoch|län|disch
Hoch|lau|tung *f. 10* die für die Aussprache des Hochdeutschen geregelte Norm, Bühnenaussprache
hoch|le|ben *intr. 1;* jmdn. hochleben lassen
Hoch|leis|tung *f. 10*
Hoch|leis|tungs|ge|rät *n. 1*
Hoch|leis|tungs|sport *m. 1 nur Sg.*
Hoch|lei|tung *f. 10*
höch|lich, höch|lichst; ich bin h. erstaunt
hoch lie|gend (*alt:* hoch|lie|gend)
hoch me|cha|ni|siert (*alt:* hoch-me|cha|ni|siert)
Hoch|meis|ter *m. 5, bis 1530:* Leiter des Deutschen Ordens, danach → Deutschmeister
hoch|mo|dern
hoch|mo|disch
hoch|mö|gend *veraltet*
hoch|mo|le|ku|lar aus Molekülen bestehend, die aus Tausenden von Atomen zusammengesetzt sind, makromolekular
Hoch|moor *n. 1*
Hoch|mut *m. Gen.* -(e)s *nur Sg.*
hoch|mü|tig
Hoch|muts|teu|fel *m. 5 nur Sg.*
hoch|nä|sig
Hoch|nä|sig|keit *f. 10 nur Sg.*
hoch|neh|men *tr. 88, übertr.* **1.** übervorteilen; **2.** necken, foppen; *aber:* das Kind hoch nehmen
Hoch|neu|jahr *n. Gen.* -s *nur Sg.* s. **Hoh|neu|jahr**
Hoch|o|fen *m. 8*
hoch|pro|zen|tig
hoch qua|li|fi|ziert (*alt:* hoch|qua-li|fi|ziert)
hoch|ran|gig
hoch|rech|nen *tr. 2*
Hoch|rech|nung *f. 10* Berechnung aus einer repräsentativen Anzahl, um auf bestimmte Ergebnisse (z. B. von Wahlen) zu schließen
Hoch|re|li|ef [-ljɛf] *n. 9* Relief mit stark erhaben herausgearbeiteter Darstellung, Hautrelief; *Ggs.:* Flachrelief
hoch|rot
Hoch|ruf *m. 1*
Hoch|sai|son [-sɛzɔ̃, frz.] *f. 9*
hoch schät|zen (*alt:* hoch|schät-zen) *tr. 1*
Hoch|schät|zung *f. 10 nur Sg.*
hoch|schau|en *intr. 1*
Hoch|schu|le *f. 11*
Hoch|schü|ler *m. 5*
Hoch|schul|leh|rer *m. 5*
Hoch|schul|re|form *f. 10*
Hoch|schul|stu|di|um *n. Gen.* -s *Pl.* -di|en
hoch|schwan|ger
Hoch|see *f. 11 nur Sg.*
Hoch|see|fi|sche|rei *f. 10 nur Sg.*
Hoch|si|cher|heits|trakt *m. 1*
Hoch|sinn *m. 1 nur Sg.*
hoch|sin|nig
Hoch|sitz *m. 1* erhöhter Jagdsitz, Hochstand
Hoch|som|mer *m. 5*
Hoch|span|nung *f. 10;* elektr. Spannung über 1000 Volt; *Ggs.:* Niederspannung
Hoch|span|nungs|lei|tung *f. 10*
hoch|spie|len *tr. 1;* eine Angelegenheit h.: ihr zu viel Bedeutung beimessen, sie an die Öffentlichkeit bringen; *aber:* hoch spielen: mit hohem Einsatz spielen
Hoch|spra|che *f. 11* Schriftsprache
hoch|sprach|lich
hoch|sprin|gen *intr. 148;* ich springe hoch, bin hochgesprungen (als sportliche Übung); *aber:* ich bin sehr hoch gesprungen
Hoch|sprung *m. 2*
höchst 1. *Kleinschreibung:* höchst selten; ich bin höchst erstaunt; ich bin aufs höchste *oder:* Höchste überrascht: sehr, höchst überrascht, im höchsten Grade; **2.** *Großschreibung:* der Höchste: Gott; nach dem Höchsten streben
Hoch|stand *m. 2* Hochsitz
Hoch|sta|pe|lei *f. 10*
hoch|sta|peln *intr. 1;* ich stapele, staple hoch, habe hochgestapelt; *Ggs.:* tiefstapeln
Hoch|stap|ler *m. 5*
Höchst|be|las|tung *f. 10*
Höchst|bie|ten|de(r) *m. 18 (17) bzw. f. 17 oder 18*
hoch ste|hend (*alt:* hoch|ste-hend)
höchst|ei|gen; in höchsteigener Person
hoch|stel|len *tr. 1;* den Tisch hochstellen
höchs|tens
Höchst|ge|schwin|dig|keit *f. 10*
Hoch|stift *n. 1, im MA Bez. für* Bistum und dessen Domkapitel, Reichsabtei; Freies Deutsches H.: 1859 gegründete Vereinigung zur Pflege von Kunst, Wissenschaft und Bildung
Hoch|stim|mung *f. 10 nur Sg.*
Höchst|leis|tung *f. 10*
Höchst|maß *n. 1*
höchst|per|sön|lich; er kam h.: selbst, in eigener Person; *aber:* das ist meine höchst persönliche Meinung: meine ganz persönliche Meinung
Höchst|preis *m. 1*
Hoch|stra|ße *f. 11*
hoch|stre|bend
Höchst|satz *m. 2*
Höchst|stu|fe *f. 11* Superlativ
höchst|wahr|schein|lich; er wird h. kommen; *aber:* es ist höchst wahrscheinlich, dass er kommt
Höchst|wert *m. 1*
höchst|zu|läs|sig
Hoch|tal *n. 4*
hoch tech|ni|siert (*alt:* hoch|tech-ni|siert)
Hoch|tem|pe|ra|tur|re|ak|tor *m. 13*
Hoch|ton *m. 2* Hauptbetonung (im Wort, im Satz); *Ggs.:* Tiefton
hoch|tö|nend prahlerisch
hoch|to|nig den Hochton aufweisend, stark betont
Hoch|tour [-tuːr] *f. 10* Bergtour im Hochgebirge
hoch|tou|rig [-tuː-] mit hoher Umdrehungszahl; *Ggs.:* niedertourig
Hoch|tou|rist [-tu-] *m. 10*
Hoch|tou|ris|tik [-tu-] *f. 10 nur Sg.*
hoch|tra|bend
hoch|tra|gen *tr. 160, nord-, mitteldt.:* hinauf-, nach oben tragen; vgl. hoch (3)
hoch|ver|ehrt; unser hochverehrter Jubilar; *aber:* er wird von allen hoch verehrt
Hoch|ver|rat *m. Gen.* -(e)s *nur Sg.* Angriff auf Staatsoberhaupt, Verfassung und innere Ordnung des eigenen Landes; vgl. Landesverrat
Hoch|ver|rä|ter *m. 5*
hoch|ver|rä|te|risch

hoch ver|schul|det (*alt:* hoch|ver-schul|det)
hoch|ver|zins|lich
Hoch|wald *m. 4*
Hoch|was|ser *n. 5; Ggs.:* Niedrigwasser
hoch|wer|tig; *Ggs.:* geringwertig
Hoch|wer|tig|keit *f. 10 nur Sg.*
Hoch|wild *n. Gen.* -(e)s *nur Sg., Sammelbez. für* großes Wild, z. B. Hirsch, Reh, Elch, Gämse, Wildschwein, Auerhahn, Bär; *Ggs.:* Niederwild
hoch|will|kom|men
hoch|wir|beln *intr. 1*
hoch|wirk|sam; eine hochwirksame Medizin
hoch|wohl|ge|bo|ren *veraltet, in der Anrede:* Euer, Eure Hochwohlgeboren
Hoch|wür|den *f. Gen. - nur Sg., Anrede für* kath. Geistliche und evang. Geistliche bestimmter Grade; *in Briefen:* Euer, Eure (*Abk.:* Ew.) H.
hoch|wür|dig
Hoch|zahl *f. 10, Math.*
Hoch|zeit *f. 10* Heirat
Hoch|zeit *f. 10* Glanzzeit
Hoch|zei|ter *m. 5*
Hoch|zei|te|rin *f. 10*
hoch|zeit|lich
Hoch|zeits|bit|ter *m. 5; früher:* jmd., der die Hochzeitsgäste einlädt
Hoch|zeits|fei|er *f. 11*
Hoch|zeits|fest *n. 1*
Hoch|zeits|flug *m. 2* (bei manchen Insekten)
Hoch|zeits|rei|se *f. 11*
Hoch|zeits|tag *m. 1*
hoch|zie|hen *tr. 187*
hoch zi|vi|li|siert (*alt:* hoch|zi|vi|li-siert)
Hoch|zucht *f. 10*
hoch|züch|ten *tr. 2*
hoch|zu|frie|den
Hock *m. 2, schweiz.:* geselliges Beisammensein
Ho|cke *f. 11* **1.** mehrere zusammengestellte Getreidegarben, Puppe; **2.** Haltung in der Kniebeuge; **3.** Sprung mit angezogenen Beinen über ein Turngerät
ho|cken *intr. 1*
Ho|cker *m. 5*
Hö|cker *m. 5*
Ho|cker|grab *n. 4*
hö|cke|rig, höck|rig
Ho|ckey [-ke:, engl.] *n. Gen.* -(s) *nur Sg.* ein Rasenspiel für zwei Mannschaften
Ho|ckey|schlä|ger [-ke:-] *m. 5*
höck|rig s. **hö|cke|rig**
Hock|stel|lung *f. 10*
hoc lo|co [lat.] (*Abk.:* h. l.) *veraltet:* an diesem Ort
Ho|de *f. 11 oder m. 11* = **Ho|den**
Ho|den *m. 7,* **Ho|de** *f. 11 oder m. 11*
Ho|den|bruch *m. 2*
Ho|den|ent|zün|dung *f. 10*
Ho|den|sack *m. 2*
Ho|do|me|ter [griech.] *n. 5* Schrittzähler, Wegmesser
Hödr s. **Hö|dur**
Ho|dscha *auch:* **Hod|scha** [pers.] *m. 9* (geistl.) Lehrer
Hö|dur, Hödr *german. Myth.:* blinder Gott, der Baldur tötet
Hoek van Hol|land [hu̯k fan -] Vorhafen von Rotterdam
Hof *m. 2;* Hof halten; jmd. hält Hof
Höf|chen *n. 7*
Hof|da|me *f. 11*
hö|feln *intr. 1, schweiz.:* schmeicheln
Hö|fe|recht *n. 1* eine Art des Erbrechts
hof|fä|hig
Hof|fä|hig|keit *f. 10 nur Sg.*
Hof|fart *f. Gen. - nur Sg.* Hochmut, Dünkel
hof|fär|tig hochmütig, dünkelhaft
hof|fen *tr. 1*
hof|fent|lich
...höf|fig *Bgb., in Zus.:* Ausbeute versprechend, z. B. erzhöffig
höff|lich *Bgb.:* Ausbeute versprechend; ein höffliches Gebiet
Hoff|mann, *Ernst Theodor Amadeus* (E.T.A.) dt. Schriftsteller und Musiker
Hof|manns|thal, *Hugo von* österr. Schriftsteller
Hoff|nung *f. 10*
hoff|nungs|los
Hoff|nungs|lo|sig|keit *f. 10 nur Sg.*
Hoff|nungs|schim|mer *m. 5*
Hoff|nungs|strahl *m. 12*
hoff|nungs|voll
Hof|gän|ger *m. 5* Tagelöhner auf einem Bauernhof

> **Hof halten:** Die Fügung aus Substantiv und Verb wird getrennt geschrieben: *Die Dame des Hauses wollte immer Hof halten.* Hiermit vergleichbar sind: *Angst haben, Kopf stehen, Rad fahren* usw. § 34 E3 (5)

Hof hal|ten (*alt:* hof|hal|ten) *intr. 61*
Hof|hal|tung *f. 10*
Hof|hund *m. 1*
ho|fie|ren *tr. 3;* jmdn. h.: jmdm. den Hof machen, jmdm. schmeicheln
hö|fisch
höf|lich
Höf|lich|keit *f. 10*
Höf|lich|keits|be|zei|gung *f. 10*
Höf|lich|keits|flos|kel *f. 11*
Höf|ling *m. 1*
Hof|mann *m. Gen.* -(e)s *Pl.* -leu|te
Hof|mar|schall *m. 2*
Hof|meis|ter *m. 5* Prinzenerzieher
Hof|narr *m. 10*
Hof|rat *m. 2*
Hof|recht *n. 1 nur Sg., MA:* das Verhältnis zwischen Grundherrn und abhängigen Bauern regelndes Recht
Hof|rei|te *f. 11* Grundbesitz mit Gebäuden und Inventar
Hof|schran|ze *f. 11* liebedienerischer Höfling
Hof|staat *m. 12 nur Sg.*
Hof|statt *f. 10, schweiz.:* Haus mit Hof
Höft *n. 1, nddt.* **1.** Haupt; **2.** Landzunge; **3.** Buhne; **4.** *südwestdt.:* kleines Dorf
Hof|the|a|ter *n. 5*
Hof|tor *n. 1*
Hof|tracht *f. 10*
Hof|trau|er *f. 11 nur Sg.*
Hof|tür *f. 10*
Ho|garth [hougа:θ], *William* engl. Maler und Grafiker
ho|he(r, -s) vgl. hoch
Hö|he *f. 11*
Ho|heit *f. 10* **1.** *nur Sg.* Erhabenheit; **2.** fürstliche Person; Ihre, Seine H.; Königliche H.; *auch als Anrede:* Eure, Euer H.
ho|heit|lich
Ho|heits|ge|biet *n. 1*
Ho|heits|ge|wäs|ser *n. 5*
Ho|heits|recht *n. 1*
ho|heits|voll
Ho|heits|zei|chen *n. 7*
Ho|he Lied (*alt:* Ho|he|lied) *n. 3 oder Gen.* -n -es *nur Sg.* **1.** ein Buch des AT, König Salomo zugeschriebene Sammlung von Hochzeitsliedern; **2.** *auch übertr.:* ein Hohes Lied der Freundschaft; vgl. hoch
hö|hen *tr. 1* **1.** *veraltet:* erhöhen; **2.** *Malerei:* hervortreten lassen
Hö|hen|flug *m. 2*
Hö|hen|krank|heit *f. 10* Berg-, Fliegerkrankheit
Hö|hen|kur *f. 10*

Hö|hen|la|ge *f. 11*
Hö|hen|luft *f. 2 nur Sg.*
Hö|hen|mes|ser *m. 5*
Hö|hen|rauch *m. Gen.* -(e)s *nur Sg.* Trübung der Luft durch Waldbrand oder Abbrennen von Moor, Haarrauch, Heiderauch
Hö|hen|son|ne *f. 11 nur Sg.* **1.** Sonnenstrahlung im Hochgebirge; **2.** ® Quarzlampe mit Ultraviolettstrahlen
Ho|hen|stau|fe *m. 11* Angehöriger eines dt. Fürstengeschlechts
Ho|hen|stau|fen *m. Gen.* -(s) Berg in der Nähe der Schwäb. Alb
ho|hen|stau|fisch
Hö|hen|wind *m. 1*
Ho|hen|zol|ler *m. 11* Angehöriger eines dt. Fürstengeschlechts
ho|hen|zol|le|risch
Ho|hen|zol|lern *m. Gen.* -(s) Berg mit Burg in der Nähe der Schwäb. Alb
Hö|hen|zug *m. 2*
Ho|he Pries|ter (*alt:* Ho|he|priester) *m. 5 oder Gen.* -n -s *nur Sg.*
Hö|he|punkt *m. 1*
hö|her; höher gruppieren; höher schrauben; höher stufen; höher gestellt; höhere Gewalt; höhere Schule, *aber:* Höhere Handelsschule
hö|her ge|stellt (*alt:* hö|her|gestellt)
hö|her grup|pie|ren (*alt:* hö|hergrup|pie|ren) *tr. 3*
hö|her schrau|ben (*alt:* hö|herschrau|ben) *tr. 1*
hö|her stu|fen (*alt:* hö|her|stu|fen) *tr. 1*
Hö|her|ver|si|che|rung *f. 10*
ho|he Schu|le (*alt:* Ho|he Schu|le) *f. Gen.* -n - *nur Sg.* im Reitsport höchste Stufe des Dressurreitens
hohl
hohl|äu|gig
Höh|le *f. 11*
Höh|len|bär *m. 10*
Höh|len|be|woh|ner *m. 5*
Höh|len|ma|le|rei *f. 10*
Höh|len|mensch *m. 10*
Höh|len|tem|pel *m. 5*
Hohl|heit *f. 10 nur Sg.*
Hohl|keh|le *f. 11* lange, schmale, abgerundete Vertiefung (an Gebäuden, Möbeln) zur Flächengliederung
Hohl|kopf *m. 2* Dummkopf
Hohl|ku|gel *f. 11*
Hohl|maß *n. 1*
Hohl|mün|ze *f. 11* Brakteat
Hohl|na|del *f. 11*
Hohl|naht *f. 2* Ziernaht aus Hohlsaumstichen
Hohl|pfen|nig *m. 1* Brakteat
Hohl|raum *m. 2*
Hohl|saum *m. 2* ein Zierstich in Leinengewebe
Hohl|spie|gel *m. 5* nach hinten gewölbter, vergrößernder Spiegel
Hohl|tier *n. 1* niederes Meerestier, dessen Körper nur aus einem Hohlraum mit einer Öffnung besteht
Höh|lung *f. 10*
hohl|wan|gig
Hohl|weg *m. 1* Weg durch eine Schlucht o. Ä.
Hohl|zie|gel *m. 5* **1.** stark gekrümmter Dachziegel; **2.** Ziegelstein mit Hohlräumen

Hohn lachen/sprechen: Gefüge aus Substantiv und Verb werden getrennt geschrieben: *Ich lache Hohn. Ich habe Hohn gelacht. Das hat der Sache Hohn gesprochen.* § 55 (4)
Zusammenschreibung ist ebenfalls möglich: *Ich hohnlache. Jemandem hohnsprechen.* § 33 (1), § 33 E1, § 34 E3 (5)

Hohn *m. Gen.* -(e)s *nur Sg.;* Hohn lachen *oder:* hohnlachen; er lachte Hohn; Hohn sprechen *oder:* hohnsprechen; das spricht allen meinen Bemühungen Hohn
höh|nen *intr. 1*
Hoh|neu|jahr, Hoch|neu|jahr *n. Gen.* -s *nur Sg.* der 6. Januar, die letzte der zwölf Raunächte
Hohn|ge|läch|ter *n. 5*
höh|nisch
hohn|la|chen = **Hohn la|chen** *intr. 1*
hohn|spre|chen = **Hohn sprechen** *intr. 146*
hö|ken *intr. 1, Nebenform von* hökern
Hö|ker *m. 5* Kleinhändler mit Verkaufsbude oder -stand
Hö|ke|rei *f. 10 nur Sg.*
Hö|ker|frau *f. 10*
Hö|ke|rin *f. 10*
hö|kern *intr. 1*
Hö|ker|weib *n. 3*
Ho|kus|po|kus [wohl aus verstümmelten lat. Formen] *m. Gen.* - *nur Sg.* **1.** Zauberformel; **2.** Täuschung, Blendwerk
Hol|bein dt. Malerfamilie: **1.** *Hans* H. d. Ä.; **2.** *Hans* H. d. J.
hold
Hol|de, Hul|de *f. 11,* Hul|din *f. 10* weibl. Spukgestalt; die Holden *german. Myth.:* Totengeister
Hol|der *m. 5* = **Ho|lun|der**
Höl|der|lin, *Friedrich* dt. Schriftsteller
Hol|ding [houl-, engl.] *f. Gen.* - *nur Sg.,* **Hol|ding|ge|sell|schaft** *f. 10* Dach-, Kontrollgesellschaft, die Anteile anderer Unternehmen besitzt und diese dadurch beeinflussen kann
Hol|ding|ge|setz [houl-] *n. 1, Bergbau, Eisen- und Stahlindustrie:* Gesetz über die Mitbestimmung der Arbeitnehmer
hol|drio! *auch:* **hold|rio!** süddt. Hirtenruf, auch Freudenruf
hold|se|lig
Hold|se|lig|keit *f. 10 nur Sg.*
ho|len *tr. 1;* hol dich der Kuckuck, hol's der Teufel!
Hol|ger männl. Vorname
Ho|lis|mus [griech.] *m. Gen.* - *nur Sg.* eine biologisch-philosoph. Ganzheitslehre
Holk, Hulk [engl.] *m. 1 oder m. 12 oder f. 1 oder f. 10, MA:* dreimastiges Segelschiff, *fälschlich für* Kogge
Hol|land **1.** Niederlande; **2.** nordwestl. Teil und Kernland der Niederlande
Hol|län|der *m. 5* **1.** Einwohner von Holland; **2.** Meier, Milchwirt; **3.** *Papierherstellung:* Maschine zum Zerkleinern des Faserbreis; **4.** Kinderfahrzeug; **5.** *kurz für* Holländer Käse
Hol|län|de|rei *f. 10* Milchwirtschaft
Hol|län|de|rin *f. 10*
hol|län|dern **1.** *tr. 1, Buchbinderei:* mit Fäden heften; **2.** *intr. 1* zu zweit mit verschränkten Armen Schlittschuh laufen; ich holländere, holländre
hol|län|disch; holländischer Gulden (*Abk.:* hfl)
Hol|län|disch *n. Gen.* -(s) *nur Sg.* Niederländisch
Hol|le **1.** *f. 11, bei Vögeln:* Federhaube; **2.** Frau H.: eine Märchengestalt
Höl|le *f. 11* **1.** *nur Sg.;* **2.** *süddt.* Raum zwischen Ofen und Wand
Höl|len... *ugs.:* sehr groß, z. B. Höllenlärm
Höl|len|fahrt *f. 10;* H. Christi
Höl|len|fürst *m. 10*
Höl|len|hund *m. 1*
Höl|len|lärm *m. Gen.* -s *nur Sg.*
Höl|len|ma|schi|ne *f. 11* Zeitbombe

Höl|len|qual *f. 10*
Höl|len|spek|ta|kel *m. 5*
Höl|len|stein *m. 1* ein Ätzmittel zu Heilzwecken, Silbernitrat
Hol|ler *m. 5* = **Ho|lun|der**
Hol|le|rith|ma|schi|ne [nach dem dt.-amerik. Erfinder Hermann Hollerith] *f. 11* eine Lochkartenmaschine
höl|lisch
Hol|ly|wood [-wud] Filmstadt der USA
Hol|ly|wood|schau|kel [-wud-] *f. 11*
Holm *m. 1* **1.** Längs-, Griffstange an Leiter und Barren; **2.** kleine Insel; **3.** Längsträger des Flugzeugflügels
Holm|gang *m. 2* german. Zweikampf auf einem Holm (2)
Hol|mi|um [nach Stockholm] *n. Gen.* -s *nur Sg.* (*Zeichen:* Ho) chem. Element
Ho|lo|caust [griech.-engl.] *m. 1, engl. Bez. für* Brandopfer, Zerstörung, Massenmord, bes. der Juden in der Zeit des Nationalsozialismus
Ho|lo|e|der [griech.] *m. 5* Kristall mit vollständig ausgebildeten Flächen
Ho|lo|e|drie *auch:* **Ho|lo|ed|rie** *f. 11 nur Sg., bei Kristallen:* volle Ausbildung aller Flächen
ho|lo|e|drisch *auch:* **ho|lo|ed|risch**
Ho|lo|gramm [griech.] *n. Gen.* -s *Pl.* -e dreidimensionale Aufnahme eines Gegenstandes
Ho|lo|gra|phie *auch:* **Ho|lo|gra|fie** *f. 11* **1.** *nur Sg.* fotograf. Verfahren für räumliche Bilder; **2.** mit diesem Verfahren hergestelltes Bild
ho|lo|gra|phie|ren *auch:* **ho|lo|gra|fie|ren** *tr. 3, veraltet:* eigenhändig schreiben
ho|lo|gra|phisch *auch:* **ho|lo|gra|fisch**
ho|lo|kris|tal|lin ganz kristallin (von Gesteinen)
Ho|lo|zän *n. 1 nur Sg.* obere Abteilung des Quartärs, Eiszeit bis Gegenwart, *frühere Bez.:* Alluvium
hol|pe|rig
Hol|pe|rig|keit *f. 10*
hol|pern *intr. 1*
holp|rig
Holp|rig|keit *f. 10*
Hol|ste *auch:* **Hols|te** *m. 11, veraltet für* Holsteiner
Hol|stein südl. Landesteil von Schleswig-Holstein
Hol|stei|ner *m. 5*
Hol|stei|ne|rin *f. 10*
hol|stei|nisch; *aber:* die Holsteinische Schweiz
hol|ter|die|pol|ter, hol|ter|di|pol|ter
hol|über! Ruf an den Fährmann
Ho|lun|der, Hol|ler, Hol|der *m. 5;* der Schwarze H.
Ho|lun|der|baum *m. 2*
Ho|lun|der|bee|re *f. 11*
Ho|lun|der|strauch *m. 4*
Holz *n. 4;* Holz verarbeitend; Gut Holz! (Gruß der Kegler)
Holz|ap|fel *m. 6*
Holz|bau **1.** *m. Gen.* -(e)s *nur Sg.* Bauweise mit Holz; **2.** *m. Gen.* -(e)s *Pl.* -ten Gebäude aus Holz
Holz|bild|hau|er *m. 5*
Holz|bild|hau|e|rei *f. 10 nur Sg.*
Holz|blä|ser *m. 5*
Holz|blas|in|stru|ment *auch:* **Holz|blas|ins|tru|ment, Holz|blas|inst|ru|ment** *n. 1*
Holz|bock *m. 2* eine Zeckenart
Hölz|chen *n. 7*
hol|zen *intr. 1* **1.** Bäume fällen; **2.** *Sport:* regelwidrig spielen; **3.** *Mus.:* falsch spielen
Hol|zer *m. 5* **1.** Waldarbeiter; **2.** *Sport:* roher Spieler
Hol|ze|rei *f. 10 nur Sg.*
höl|zern **1.** aus Holz; **2.** *übertr.:* steif, ungewandt (Benehmen), trocken (Stil)
Holz|fäl|ler *m. 5*
holz|frei
Holz|fre|vel *m. 5* Holzdiebstahl (im Wald)
Holz|gas *n. 1 nur Sg.* durch Holzdestillation gewonnenes Gas
Holz|geist *m. 3 nur Sg., früher:* durch Holzdestillation gewonnener Methylalkohol
Holz|ge|rech|tig|keit *f. 10 nur Sg.* Recht, Bäume zu fällen, Holzungsrecht
Holz|ha|cker *m. 5, süddt., österr.:* Holzfäller
Holz|ham|mer|me|tho|de *f. 11, ugs.:* grob vereinfachte Methode
hol|zig
Holz|koh|le *f. 11* durch Verkohlung von Holz gewonnene Kohle
Holz|kopf *m. 2* Dummkopf
Hölz|lein *n. 7*
Holz|pan|tof|fel *m. 14*
Holz|plas|tik *f. 10*
Holz|scheit *n. 1*
Holz|schliff *m. 1* zu Fasern zerkleinertes Holz
Holz|schnei|der *m. 5*
Holz|schnitt *m. 1* **1.** *nur Sg.* die Kunst, aus einer (längs der Faser geschnittenen) Holzplatte mit dem Messer eine erhabene bildliche Darstellung herauszuschneiden; **2.** deren Abdruck auf Papier; vgl. Holzstich
Holz|schnit|zer *m. 5*
Holz|schnit|ze|rei *f. 10*
Holz|schuh *m. 1*
Holz|span *m. 2*
Holz|stich *m. 1* **1.** *nur Sg.* Kunst, aus einer (quer zur Faser geschnittenen) Holzplatte (Hirnholzplatte) mit dem Stichel eine erhabene bildliche Darstellung herauszuarbeiten; **2.** deren Abdruck auf Papier; vgl. Holzschnitt
Hol|zung *f. 10* das Fällen von Bäumen
Hol|zungs|recht *n. 1* Holzgerechtigkeit

Holz verarbeitend: Die Folge aus Substantiv und Verb/Partizip wird wegen der Selbständigkeit der Bestandteile getrennt geschrieben: *das Holz verarbeitende Gewerbe.*
Ebenso: *die Rat suchenden Eltern.* § 34 E3 (5), § 36 E1 (4)

Holz ver|ar|bei|tend (*alt:* holz|ver|ar|bei|tend)
holz|ver|klei|det
Holz|weg *m. 1, in der ugs. Wendung* auf dem H. sein: im Irrtum sein
Holz|wol|le *f. 11 nur Sg.*
Holz|wurm *m. 4*
Holz|zu|cker *m. 5 nur Sg.* durch Aufspaltung der Zellulose des Holzes gewonnener Zucker
Hom|burg *m. 9* steifer Herrenhut
Home|ban|king [houmbæŋkıŋ, engl.] *n. 1 nur Sg.* Abwickeln von Bankgeschäften per Computer von zu Hause aus
Home|land [houmlænd, engl. »Heimatland«] *n. 9, ehemals in der Republik Südafrika:* der schwarzen Bevölkerung eingeräumtes Siedlungsgebiet (mit innerer Autonomie)
Home|page [houmpeıdʒ, engl.] *f. Gen.* - *Pl.* -s
Ho|mer altgriech. Dichter
Ho|me|ri|de *m. 11* **1.** *urspr.:* Angehöriger eines altgriech. Sängergeschlechts; **2.** *dann:* Sänger der Gedichte Homers
ho|me|risch; homerisches Gelächter: lautes, anhaltendes Gelächter

Home|rule [houmru:l, engl.] *f. Gen. - nur Sg.* Schlagwort für die Forderung nach Selbstregierung (bes. in Irland bis zum 1. Weltkrieg)
Home|spun [houmspʌn, engl.] *n. 9* (urspr. in Heimindustrie hergestellter) grober Wollstoff
Home|trai|ner [houmtre:nə(r), engl.] *m. 5* Sportgerät für das Training daheim, Heimtrainer (1)
Ho|mi|let [griech.] *m. 10* **1.** Kenner der Homiletik; **2.** Kanzelredner, Prediger
Ho|mi|le|tik *f. 10 nur Sg.* Lehre von der Predigt und ihrer Geschichte
ho|mi|le|tisch
Ho|mi|li|ar, Ho|mi|li|a|rum *n. Gen.* -s *Pl.* -ri|en, *MA:* Predigtsammlung
Ho|mi|lie *f. 11* erbauliche Auslegung eines Bibeltextes
Ho|mi|ni|de [lat. + griech.] *m. 11 meist Pl.* Vertreter jeder ausgestorbenen oder heute noch lebenden Menschenrasse, Menschenartiger
Hom|ma|ge [ɔmaʒ(ə), frz.] *f. 11* Huldigung
homo..., Homo... [griech.] *in Zus.:* gleich..., Gleich...
Ho|mo [lat.] **1.** *m. Gen.* -s *oder* Ho|mi|nis *Pl.* Ho|mi|nes *biol.:* Mensch **2.** *m. 9, ugs. Kurzwort für* Homosexueller
Ho|mo|e|ro|tik [griech.] *f. 10 nur Sg.* Homosexualität
ho|mo|e|ro|tisch homosexuell
Ho|mo Fa|ber (*alt:* Ho|mo fa|ber) *m. Gen. - - nur Sg.* technisch begabter Mensch
ho|mo|fon s. **ho|mo|phon**
Ho|mo|fon *n. 1* s. **Ho|mo|phon**
Ho|mo|fo|nie *f. 11 nur Sg.* s. **Ho|mo|pho|nie**
ho|mo|gen gleich, gleichartig, übereinstimmend, in Einklang stehend, einheitlich; *Ggs.:* heterogen, inhomogen
ho|mo|ge|ni|sie|ren *tr. 3* gleich machen, gut vermischen, gleichmäßig verteilen
Ho|mo|ge|ni|tät *f. 10* Gleichartigkeit, Einheitlichkeit; *Ggs.:* Heterogenität, Inhomogenität
Ho|mo|go|nie *f. 11 nur Sg.* Entstehung aus Gleichartigem; *Ggs.:* Heterogonie
Ho|mo|gramm *n. 1,* **Ho|mo|graph** *auch:* **Ho|mo|graf** *n. 1* Wort von gleicher Schreibung, aber verschiedener Aussprache und Bedeutung, z. B. Tenor und Tenor
ho|moi|o..., Ho|moi|o... *griech. Form von* homöo..., Homöo...
ho|mo|log [griech.] stammesgeschichtlich übereinstimmend, entsprechend, analog; homologe Organe: Organe mit gleicher Entwicklungsgeschichte, z. B. Arm und Vogelflügel, Schwimmblase und Lunge; homologe Reihe: Gruppe chem. Verbindungen, bei denen sich jede von der vorangehenden durch eine zusätzliche CH_2-Gruppe unterscheidet
hom|o|nym *auch:* **ho|mo|nym** gleich lautend, aber etwas anderes bedeutend
Hom|o|nym *auch:* **Ho|mo|nym** *n. 1* Wort von gleicher Lautung, aber verschiedener Herkunft und Bedeutung, z. B. der Heide, die Heide; vgl. Homophon
Hom|o|ny|mie *auch:* **Ho|mo|ny|mie** *f. 11* Gleichlautung bei verschiedener Bedeutung und Herkunft
homöo..., Homöo... [griech.] *in Zus.:* gleichartig, ähnlich
Ho|mö|o|nym [griech.] *n. 1* ähnlich lautendes Wort, z. B. heimelig und heimlich
Ho|mö|o|path *m. 10* nach den Regeln der Homöopathie behandelnder Arzt; *Ggs.:* Allopath
Ho|mö|o|pa|thie *f. 11 nur Sg.* Heilbehandlung mit kleinsten Dosen der angewendeten Heilmittel; *Ggs.:* Allopathie
ho|mö|o|pa|thisch; *Ggs.:* allopathisch
Ho|mö|o|plas|tik, Ho|mo|plas|tik *f. 10* Ersatz verletzten oder verloren gegangenen Gewebes durch artgleiches; *Ggs.:* Heteroplastik
ho|mö|o|therm warmblütig, gleich bleibend warm; *Ggs.:* poikilotherm
Ho|mö|o|ther|me *Pl.* Warmblüter; *Ggs.:* Poikilotherme
ho|mo|phil [griech.] homosexuell
Ho|mo|phi|lie *f. 11 nur Sg.* Homosexualität
ho|mo|phon *auch:* **ho|mo|fon** gleichstimmig, die Melodie betonend
Ho|mo|phon *auch:* **Ho|mo|fon** *n. 1* Wort, das wie ein anderes gesprochen wird, aber eine andere Schreibung und Bedeutung hat, z. B. Lied und Lid
Ho|mo|pho|nie *auch:* **Ho|mo|fo|nie** *f. 11 nur Sg.* Kompositionsart, bei der die Melodiestimme im Vordergrund steht und die übrigen Stimmen sie nur unterstützen, Monodie; vgl. Heterophonie, Polyphonie
Ho|mo|plas|tik *f. 10* s. **Ho|mö|o|plas|tik**
Ho|mo sa|pi|ens [lat.] *m. Gen. - - nur Sg.* Art der Gattung Homo, der alle heute lebenden Menschen angehören
Ho|mo|seis|te *f. 11, Kartographie:* Linie, die Orte gleicher Erschütterung bei Erdbeben verbindet
Ho|mo|se|xu|a|li|tät *f. 10 nur Sg.* auf Partner des gleichen Geschlechts gerichtete geschlechtliche Liebe, Homoerotik, Homophilie; *Ggs.:* Heterosexualität
ho|mo|se|xu|ell gleichgeschlechtlich, zu Partnern des gleichen Geschlechts hinneigend, homoerotisch, homophil; *Ggs.:* heterosexuell
Ho|mo|se|xu|el|le(r) *m. 18 (17) bzw. f. 17 oder 18*
ho|mo|zen|trisch *auch:* **ho|mo|zent|risch** den gleichen Mittelpunkt habend
ho|mo|zy|got reinerbig, mit gleichen Erbanlagen; *Ggs.:* heterozygot
Ho|mo|zy|go|tie *f. 11 nur Sg.* Reinerbigkeit; *Ggs.:* Heterozygotie
Ho|mun|ku|lus [lat. »Menschlein«] *m. Gen. - Pl.* -li künstlich erzeugter Mensch
Ho|nan|sei|de [nach der chin. Provinz Honan] *f. 11* handgewebter chin. Seidenstoff
Hon|du|ra|ner *m. 5* Einwohner von Honduras
hon|du|ra|nisch
Hon|du|ras mittelamerik. Staat
ho|nen [engl.] *tr. 1* fein schleifen
ho|nett [frz.] anständig, ehrenhaft
Hong|kong chin. Hafenstadt
Ho|nig *m. 1*
Ho|nig|bie|ne *f. 11*
ho|nig|far|ben
ho|nig|gelb
Ho|nig|ku|chen *m. 7*
Ho|nig|ku|chen|pferd *n. 1, in der ugs. Wendung* strahlen, grinsen wie ein H.
Ho|nig|mond *m. 1* Flitterwochen
Ho|nig|pilz *m. 1* Hallimasch
Ho|nig|sau|ger *Pl.* Nektariniiden
Ho|nig|seim *m. 1, poet. für* Honig

ho|nig|süß
Ho|nig|tau *m. 1 nur Sg.* zuckerhaltige Ausscheidung von Blattläusen, oft als Überzug auf Blättern
Ho|nig|wa|be *f. 11*
Ho|nig|wein *m. 1* Met
Hon|neurs [ɔnœrs, frz.] *nur Pl.* **1.** Ehrenbezeigung; die H. machen: Gäste begrüßen und vorstellen; **2.** *Lomber und Whist:* die vier bzw. fünf höchsten Karten
Ho|no|lu|lu Hauptstadt von Hawaii
ho|no|ra|bel [frz.] *veraltend:* ehrbar, ehrenwert, ehrenvoll
Ho|no|rant [lat.] *m. 10* jmd., der anstelle des Bezogenen einen Wechsel annimmt oder honoriert
Ho|no|rar *n. 1, bes. in freien Berufen:* Vergütung, Entgelt, Bezahlung
Ho|no|rar|pro|fes|sor *m. Gen.* -s *Pl.* -so|ren nicht im Beamtenverhältnis stehender Hochschulprofessor, der aufgrund bes. Leistungen einen Lehrauftrag bekommen hat
Ho|no|ra|ti|o|ren [-tsjo-] *nur Pl., bes. in kleinen Städten:* die angesehensten Bürger
ho|no|rie|ren *tr. 3* **1.** bezahlen (Wechsel; *bei freien Berufen:* Arbeit); **2.** *übertr.:* anerkennen (Bemühung)
Ho|no|rie|rung *f. 10*
ho|no|rig *Stud.:* ehrenhaft, freigebig
ho|no|ris cau|sa (*Abk.:* h. c.) ehrenhalber; vgl. Dr. h. c.
Hook [hʊk, engl.] *m. 9, Boxen, engl. Bez. für* Haken
Hoo|li|gan [hulıgən, engl. »Lümmel«] *m. 9* gewaltbereiter, randalierender Eishockey-, Fußballfan, Rowdy
Hoo|li|ga|nis|mus [hulıgə-] *m. Gen. - nur Sg.* Rowdytum, ungesetzliches Verhalten
hop|fen *tr. 1* mit Hopfen versetzen (Bier)
Hop|fen *m. 7* eine Kletterpflanze, liefert Rohstoff zur Bierherstellung; da ist H. und Malz verloren: da nützen alle Bemühungen nichts
Hop|fen|stan|ge *f. 11; auch scherzh.:* lang aufgeschossene weibliche Person
Ho|plit *auch:* **Hop|lit** [griech.] *m. 10, im alten Griechenland:* schwer bewaffneter Fußsoldat
Ho|pli|tes *auch:* **Hop|li|tes** *m. Gen. - Pl.* -ten, *Geol.:* ein Leitfossil der Kreidezeit
hop|peln *intr. 1*
Hop|pel|pop|pel *m. 5* **1.** Bauernfrühstück aus Bratkartoffeln mit Rührei und Schinken; **2.** heißes Getränk aus Rum, Eiern, Zucker
hopp|hopp; es geht alles ein bisschen h. *ugs.:* zu schnell und flüchtig
hopp|la!
hops *ugs.:* kaputt, verloren; das Geld ist hops
Hops *m. 1*
hop|sa!
hop|sa|la!
hop|sa|sa!
hop|sen *intr. 1*
Hop|ser *m. 5*
hops|ge|hen *intr. 47, ugs.:* kaputtgehen, verloren gehen
hops|neh|men *tr. 88, ugs.:* verhaften
ho|ra [griech.] Stunde; *im Dt. nur als Zeichen* h *oder* ^{h}, z. B. kWh: Kilowattstunde; 5^{h}: fünf Uhr
Ho|ra, Ho|re *f. Gen. - Pl.* -ren, *kath. Kirche:* Zeit des Stundengebets sowie dieses selbst
Hör|ap|pa|rat *m. 1*
Ho|raz röm. Schriftsteller
hör|bar
Hör|bar|keit *f. 10 nur Sg.*
Hör|be|reich *m. 1*
Hör|bild *n. 3, Rundfunk:* dramatisierter Bericht
horch!
hor|chen *intr. 1*
Hor|cher *m. 5*
Horch|ge|rät *n. 1*
Horch|pos|ten *m. 7*
Hor|de *f. 11* **1.** ungezügelte Schar, Kriegsschar; **2.** Lattengestell zum Aufbewahren von Obst oder Kartoffeln
Ho|re *f. 11* s. **Ho|ra**
Ho|ren **1.** *Pl. von* Hora; **2.** *nur Pl., griech. Myth.:* die Göttinnen der Jahreszeiten; **3.** *nur Pl.* Titel einer von Schiller 1795/97 herausgegebenen literarischen Zeitschrift
hö|ren **1.** *tr. 1;* ich habe ihn, es gehört; *aber:* ich habe ihn lachen, sprechen, gehen, kommen hören; etwas, nichts von sich hören lassen; **2.** *intr. 1, ugs.:* gehorchen
Hö|ren|sa|gen *n., nur in der Wendung* etwas vom H. kennen oder wissen: nicht aus eigener Anschauung oder Erfahrung
Hö|rer *m. 5*
Hö|rer|brief *m. 1*
Hö|re|rin *f. 10*
Hö|rer|schaft *f. 10 nur Sg.*
Hör|fä|hig|keit *f. 10 nur Sg.*
Hör|feh|ler *m. 5*
Hör|fol|ge *f. 11, Rundfunk:* Folge von zusammengehörigen Wort- oder Musiksendungen
Hör|funk *m. 1 nur Sg.* Rundfunk, im Unterschied zum Fernsehfunk
Hör|ge|rät *n. 1*
hö|rig **1.** vom Grundherrn abhängig, unfrei; **2.** *übertr.:* von einem Menschen psychisch abhängig bis zur Selbstaufgabe
Hö|ri|ge(r) *m. 18 (17)* höriger Bauer
Hö|rig|keit *f. 10 nur Sg.*
Ho|ri|zont [griech.] *m. 1* **1.** scheinbare Linie, die den Himmel von der Meeres- oder Landoberfläche trennt, Gesichtskreis, Sehkreis; **2.** *Geol.:* durch bestimmte Versteinerungen gekennzeichnete Schicht; diese Schicht umfassender Zeitabschnitt; **3.** *übertr.:* Umfang der geistigen Interessen und Bildung; einen engen, weiten H. haben
ho|ri|zon|tal waagerecht; *Ggs.:* vertikal
Ho|ri|zon|ta|le *f. 11 oder f. 17* waagerechte Gerade, waagerechte Lage; *Ggs.:* Vertikale
ho|ri|zon|tie|ren *tr. 3, Geol.:* zeitlich in Beziehung zueinander bringen (Gesteinsschichten)
Hor|mon [griech.] *n. 1* von den Drüsen mit innerer Sekretion gebildeter, bestimmte körperliche Funktionen regelnder Wirkstoff
hor|mo|nal, hor|mo|nell auf Hormonen beruhend
Hor|mon|prä|pa|rat *n. 1*
Hor|mon|spie|gel *m. 5*
Horn *n. 4;* seinem Ehemann Hörner aufsetzen: ihn betrügen
Horn|ber|ger Schie|ßen; das geht aus wie's H. Sch.: das führt zu keinem Ergebnis
Horn|blen|de *f. 11* ein Mineral
Horn|bril|le *f. 11*
Hörn|chen *n. 7* **1.** ein Gebäck; **2.** *Pl.* Gruppe von Nagetieren
Hörndl|bau|er *m. 11, österr.:* Bauer, der Hornvieh züchtet; *Ggs.:* Körndlbauer
hor|nen *veraltet, noch poet. für* hörnern
hör|nen **1.** *refl. 1* das Gehörn abwerfen; **2.** *tr. 1* mit Hörnern ausstatten; vgl. gehörnt

H

hör|nern 1. aus Horn; 2. mit Hornhaut überzogen
Hör|ner|schall *m. 1 nur Sg.*
Hör|ner|schlit|ten *m. 7*
Hör|nerv *m. 12, fachsprachl.: m. 10*
Horn|haut *f. 2*
Horn|haut|ent|zün|dung *f. 10*
hor|nig aus Hornhaut; wie Hornhaut
Hor|nis|se [auch: hɔr-] *f. 11* eine Wespenart
Hor|nist *m. 10* Hornbläser (im Orchester)
Horn|klee *m. Gen.* -s *nur Sg.* Lotus
Hörn|lein *n. 7*
Horn|och|se [-ks-] *m. 11, vulg.:* Dummkopf
Horn|pipe [hɔrnpaɪp, engl.] *f. 9, bis 18. Jh.:* engl. Volkstanz
Horn|si|gnal *auch:* **Horn|sig|nal** *n. 1*
Hor|nung *m. 1, alter Name für* Februar
Hor|nuss, *standarddt.* Hor|nuß [-nu:s] *m. 1, schweiz.:* ovale Hartgummischeibe für das Hornußen
Hor|nus|sen, *standarddt.* Hor|nu|ßen *n. Gen.* -s *nur Sg., schweiz.:* dem Schlagball ähnliches Spiel
Horn|vieh 1. *n. Gen.* -s *nur Sg.* Hörner tragende Haustiere; 2. *n. Gen.* -s *Pl.* -vie|cher, *derb:* Trottel, Dummkopf
Horn|wa|ren *Pl.*
Ho|ro|log [griech.] *n. 1,* **Ho|ro|lo|gi|um** *n. Gen.* -s *Pl.* -gi|en, *veraltet:* Stundenanzeiger, Uhr
Ho|ro|skop *auch:* **Ho|ros|kop** [griech.] *n. 1, Astrol.:* Aufzeichnung der Stellung der Gestirne bei der Geburt eines Menschen zur Charakterdeutung und (angebl.) Zukunftsvorhersage
hor|rend [lat.] 1. schrecklich; 2. ungeheuer, übermäßig; horrende Forderungen, Preise
hor|ri|bel *veraltet:* schrecklich, grauenhaft; horribile dictu: schrecklich zu sagen (als Einleitung zu einer Schilderung)
Hor|ri|bi|li|tät *f. 10 nur Sg., veraltet:* Schrecklichkeit
hor|ri|do!
Hor|ri|do *n. 9* Jagdruf; Hochruf für einen erfolgreichen Jäger
Hör|rohr *n. 1, veraltet für* Stethoskop
Hor|ror [lat.] 1. *m. Gen.* -s *nur Sg.* Abscheu, Grauen; einen H. vor etwas haben; Horror vacui: Scheu vor dem Leeren; 2. *kurz für* Horrortrip
Hor|ror|film *m. 1*
Hor|ror|trip [lat.-engl.] *m. 9* Rauschzustand nach Drogengenuss mit Schreckensvorstellungen
Hör|saal *m. Gen.* -(e)s *Pl.* -sä|le
hors con|cours [ɔrkɔ̃kur, frz.] außer Wettbewerb; bei einem Rennen h. c. laufen
Hors|d'œu|vre *auch:* **Hors|d'œuv|re** [ɔ:rdœvrə, frz.] *n. 9* Vorspeise
Hör|spiel *n. 1*
Hör|spiel|au|tor *m. 13*
Horst männl. Vorname
Horst *m. 1* 1. Knüppelnest (von Greifvögeln, Reihern, Störchen); 2. *Geol.:* über ihre Umgebung hinausgehobene Erdscholle
hors|ten *intr. 2* nisten (von Greifvögeln)
Hör|sturz *m. 2 nur Sg.* plötzl. Ausfall des Gehörs, meist mit Störung des Gleichgewichtssinnes verbunden
Hort *m. 1*
hor|ten *tr. 2* anhäufen, speichern
Hor|ten|sie [-sjə] *f. 11* ein Zierstrauch
hört, hört!
Hört|hört|ruf *m. 1*
Hort|ne|rin *f. 10* Kindergärtnerin
Hor|tung *f. 10 nur Sg.* das Horten
ho ruck!, hau ruck!
Hor|váth [hɔrva:t], *Ödön von* österr. Schriftsteller
Hör|ver|mö|gen *n. 7 nur Sg.*
Hör|wei|te *f. 11 nur Sg.;* in H. bleiben
ho|san|na s. **ho|si|an|na**
Hös|chen *n. 7; auch:* Blütenstaubpäckchen an den Hinterbeinen der Bienen
Ho|se *f. 11, häufig wird statt des Sg. der Pl. gebraucht:* wo sind meine Hosen?; sie hat die Hosen an *ugs.:* sie gibt zu Hause den Ton an
Ho|sen|band|or|den *m. 7* höchster engl. Orden
Ho|sen|bo|den *m. 8*
Ho|sen|bund *m. 2*
Ho|sen|knopf *m. 2*
Ho|sen|latz *m. 2*
Ho|sen|lupf *m. 2, schweiz.:* Ringkampf
Ho|sen|matz *m. 2* nur mit einem Höschen bekleidetes Kind; *auch:* kleines, drolliges Kind
Ho|sen|naht *f. 2*
Ho|sen|rock *m. 2*
Ho|sen|rol|le *f. 11* von einer Schauspielerin dargestellte Männerrolle
Ho|sen|schlitz *m. 1*
Ho|sen|span|ner *m. 5*
Ho|sen|stall *m. 2* Hosenschlitz
Ho|sen|ta|sche *f. 11*
Ho|sen|trä|ger *m. 5 meist Pl.;* ein Paar H.
Ho|sen|tür|chen *n. 7,* **Ho|sen|türl** *n. 7, bair.:* Hosenschlitz
ho|si|an|na!, ho|san|na! Freudenruf, urspr. beim Einzug Jesu in Jerusalem
Ho|si|an|na, Ho|san|na *n. 9* Bittruf in der christlichen Liturgie; das H. singen
Hös|lein *n. 7*
Hos|pi|tal [lat.] *n. 4 oder n. 1, veraltet, noch schweiz.:* Krankenhaus, Altenpflegeheim
Hos|pi|ta|lis|mus *m. Gen. - nur Sg.* 1. *Sammelbez. für* körperliche, geistige und seelische Schäden durch längeren Krankenhaus- oder (bei Kindern) Heimaufenthalt; 2. zusätzl. Erkrankung eines Patienten im Krankenhaus durch Infektion
Hos|pi|ta|li|tät *f. 10 nur Sg., veraltet:* Gastfreundschaft
Hos|pi|tant *m. 10* 1. Gasthörer (an einer Hochschule oder in der Fraktionssitzung einer anderen Partei); 2. Studienreferendar als Zuhörer bei einer Unterrichtsstunde
hos|pi|tie|ren *intr. 3* als Gast zuhören
Hos|piz *n. 1* (urspr. von Mönchen errichtetes) Übernachtungsheim, christliches Gasthaus
Hos|po|dar, Gos|po|dar *m. 1 oder m. 10, früher:* Titel slawischer Fürsten in der Moldau und Walachei
Hos|tess (*alt:* Ho|steß) [auch: hɔs-, engl.] *f. Gen. - Pl.* -en 1. Fremdenführerin, Betreuerin von Gästen (bei großen Veranstaltungen, in Ausstellungen usw.); 2. städt. Angestellte, die Fremden Auskünfte erteilt; 3. *in den USA:* Bardame
Hos|tie [-tjə, lat. »Opfer(tier)«] *f. 11* geweihtes, ungesäuertes Abendmahlsbrot in Form einer Oblate
Hos|ti|en|kelch *m. 1* Ziborium (1)
Hos|ti|en|schrein *m. 1* Tabernakel (1)
hos|til [lat.] feindlich, feindselig
Hos|ti|li|tät *f. 10 nur Sg.* Feindseligkeit
Hot *m. 9, kurz für* Hotjazz, Impro-

visation und scharfe Synkopierung einer Melodie im Jazz, im Unterschied zum Blues und Sweet

Hotdog/Hot Dog: Die ins Deutsche integrierte Form *Hotdog* ist die Hauptvariante, als Nebenvariante ist *Hot Dog* zulässig. Ebenso: *Hotjazz/Hot Jazz, Hotpants/Hot Pants.* § 37 (1), § 37 E1

Hot|dog *auch:* **Hot Dog** (*alt:* Hot dog) [engl. »heißer Hund«] *m. Gen.* (-) -(s) *Pl.* (-) -(s) mit Ketschup gewürztes heißes Würstchen in einem Brötchen

Ho|tel [frz.] *n. 9*

Ho|tel gar|ni *n. Gen.* - - *Pl.* -s -s Hotel, in dem man nur übernachten und frühstücken kann

Ho|te|lier [-lje] *m. 9* Besitzer oder Leiter eines Hotels

Ho|tel|le|rie *f. 11 nur Sg.* Hotel-, Gaststättengewerbe

Hot Jazz *Nv.* **Hot|jazz** *Hv.* [hɔtdʒæs, engl.] *m. Gen.* (-) - *nur Sg.* scharf akzentuierender Improvisationsstil des Jazz in seiner Blütezeit zw. 1920 und 1930

Hot|line [hɔtlaın, engl.] *f. Gen.* - *Pl.* -s schnelle, direkte Telefonverbindung

Hot|pants *auch:* **Hot Pants** (*alt:* Hot pants) [hɔtpænts, engl. »heiße Höschen«] *Pl.* sehr kurze Damenshorts

hott! Zuruf an Zugpferde; hüh und hott; mit Hüh und Hott

hot|ten *intr. 2* Hot tanzen

Hot|ten|tot|te [kapholländ.] *m. 11* Angehöriger eines süd- und südwestafrik. Volkes

hot|ten|tot|tisch

Hot|ten|tot|tisch *n. Gen.* -(s) zu den Khoisansprachen gehörende Sprache der Hottentotten

House [haʊs, engl.] *m. Gen.* - *nur Sg., Mus.:* Musikstil, der Funk- und Soulelemente mit harten Rhythmen verbindet

House of Com|mons [haʊs ɔv kɔmənz, engl.] *n. Gen.* - - - *nur Sg.* das Unterhaus im englischen Parlament

House of Lords [haʊs ɔv lɔdz] *n. Gen.* - - - *nur Sg.* das Oberhaus im engl. Parlament

Ho|va|wart [hofa-] *m. 9 oder m. 1* eine Hunderasse

Ho|ver|craft [hɔvə(r)kra:ft, engl.] *n. Gen.* -(s) *Pl.* -s Fahrzeug, das unmittelbar über dem Wasser wie auf einem Luftkissen schwebt, Luftkissenfahrzeug

h. p. *Abk. für* horsepower: Pferdestärke (PS)

Hr. *Abk. für* Herr *(selten)*

HR **1.** *Abk. für* Hessischer Rundfunk; **2.** *Kfz-Kennzeichen für* Kroatien

Hrad|schin *m. Gen.* -s Stadtteil von Prag mit Burg (Regierungssitz)

hrsg., hg. *Abk. für* herausgegeben

Hrsg., Hg. *Abk. für* Herausgeber

Hs. *Abk. für* Handschrift

Hss. *Abk. für* Handschriften

Hst. *Abk. für* Hauptstadt

HTL *Abk. für* Höhere Techn. Lehranstalt (Schweiz, Österr.)

hü! s. **hüh!**

Hub *m. 2* Hebebewegung; Weg der Hin- bzw. Herbewegung eines Kolbens

Hu|be *f. 11, österr. für* Hufe

hü|ben auf dieser Seite; h. und drüben

Hu|ber, Hüb|ner *m. 5, süddt., österr., schweiz. für* Hufner

Hu|bert, Hu|ber|tus männl. Vorname

Hu|ber|tus|man|tel *m. 6, österr.:* Lodenmantel

Hu|ber|tus|tag *m. 1* der 3. November, der dem hl. Hubertus, dem Schutzherrn der Jäger, geweihte Tag

Hub|hö|he *f. 11*

Hub|kraft *f. 2*

Hub|län|ge *f. 11*

Hüb|ner, Hu|ber *m. 5, süddt., österr., schweiz. für* Hufner

Hub|raum *m. 2*

hübsch

Hübsch|heit *f. 10 nur Sg.*

Hub|schrau|ber *m. 5*

Hub|vo|lu|men [-vo-] *n. 7* Hubraum

Hu|chen *m. 7* ein Lachsfisch

Hu|cke *f. 11* **1.** auf dem Rücken getragene Last; eine H. Holz; **2.** *ugs.:* Rücken; ich hau dir die H. voll; jmdm. die H. volllügen

hu|cke|pack auf dem *oder:* den Rücken; jmdn. h. tragen, nehmen

Hu|cke|pack|ver|kehr *m. 1 nur Sg.* Transport eines Fahrzeugs mit Ladung auf einem Eisenbahnwagen

Hu|de *m. 11, nddt.:* Viehweide

Hu|del *m. 5* Lappen, Fetzen

Hu|de|lei *f. 10* **1.** Hast; **2.** schlampige Arbeit

Hu|de|ler, Hud|ler *m. 5*

hu|de|lig, hud|lig

hu|deln *intr. 1* hastig, unsorgfältig arbeiten

hu|dern *bei Vögeln* **1.** *tr. 1* unter die Flügel nehmen (die Jungen); **2.** *refl. 1* im Sand baden

Hud|ler, Hu|de|ler *m. 5;* jmd., der hudelt

hud|lig, hu|de|lig

Hu|er|ta [ue̯rta, span.] *f. 9, in Süd- und Ostspanien:* künstlich bewässertes Ackerland

Huf *m. 1*

Huf|be|schlag *m. 2*

Hu|fe *f. 11* **1.** *urspr.:* Anteil einer Bauernfamilie an der Gemeindeflur; **2.** altes Feldmaß, *im MA:* 12-24 ha

Huf|ei|sen *n. 7*

Huf|lat|tich *m. 1* eine Heilpflanze

Huf|na|gel *m. 6*

Huf|ner, Hüf|ner *m. 5* Besitzer einer Hufe (1)

Huf|schlag *m. 2*

Huf|schmied *m. 1*

Huf|schmie|de *f. 11*

Hüft|bein *n. 1*

Hüf|te *f. 11*

Hüft|ge|lenk *n. 1*

Hüft|ge|lenk|ent|zün|dung *f. 10*

Hüft|gür|tel *m. 5*

Hüft|hal|ter *m. 5*

Huf|tier *n. 1*

Hüft|kno|chen *m. 7*

hüft|lahm

Hüft|weh *n. 1 nur Sg., volkstüml. für* Ischias

Hü|gel *m. 5*

hü|gel|ab

hü|gel|an

hü|gel|auf

hü|ge|lig, hüg|lig

Hü|gel|land *n. 4*

Hu|ge|not|te [frz.] *m. 11, im alten Frankreich:* Protestant

Hu|ge|not|ten|krie|ge *Pl.*

hu|ge|not|tisch

hüg|lig, hü|ge|lig

Hu|go männl. Vorname

Hu|go [ygo], *Victor* frz. Schriftsteller

hüh!, hü! Zuruf an Zugpferde; hüh und hott; mit Hüh und Hott; mal sagt er hüh, mal hott *ugs.:* er weiß nicht, was er will

Huhn *n. 4*

Hühn|chen *n. 7*

Hüh|ner|au|ge *n. 14*

Hüh|ner|au|gen|pflas|ter *n. 5*

Hüh|ner|brü|he *f. 11*

Hüh|ner|brust *f. 2, ugs.:* Brustkorb

H

mit stark vorgewölbtem Brustbein
Hüh|ner|ei *n. 3*
Hüh|ner|farm *f. 10*
Hüh|ner|fri|kas|see *n. 9*
Hüh|ner|ha|bicht *m. 1*
Hüh|ner|hof *m. 2*
Hüh|ner|hund *m. 1* Vorstehhund
Hüh|ner|pest *f. Gen. - nur Sg.*
Hüh|ner|vo|gel *m. 6*
Hühn|lein *n. 7*
hui!; im Hui, in einem Hui: blitzschnell
Hu|ka [arab.] *f. 9* indische Wasserpfeife
Huk|boot [engl.] *n. 1*, **Hu|ker** *m. 5* größeres Fischerboot mit umlegbarem Mast

H

Hu|la [hawaiisch] *f. 9 oder m. 9* (urspr. kultischer) Tanz der Eingeborenen von Hawaii
Hu|la-Hoop [-hup], **Hu|la-Hopp** *m. oder n. Gen. - -s nur Sg.*
Huld *f. Gen. - nur Sg.*
Hul|de *f. 11* Holde
hul|di|gen *intr. 1*
Hul|di|gung *f. 10*
Hul|din *f. 10* Holde
huld|reich
huld|voll
Hulk *m. 1 oder m. 12 oder f. 1 oder f. 10* s. **Holk**
Hüll|blatt *n. 4*
Hül|le *f. 11*
hül|len *tr. 1*
hül|len|los
Hüls|chen *n. 7*
Hül|se *f. 11*
Hül|sen|frucht *f. 2*
hül|sig
hu|man [lat.] menschlich, menschenfreundlich, menschenwürdig; *Ggs.:* inhuman
Hu|ma|ni|o|ra *Pl., veraltet* **1.** klassische Bildung, Studium des klassischen Altertums; **2.** Schrifttum des klassischen Altertums, die klassischen Fächer *oder:* Prüfung darin
hu|ma|ni|sie|ren *tr. 3* menschlich, human machen
Hu|ma|nis|mus *m. Gen. - nur Sg.* **1.** Menschlichkeit, Achtung vor der Menschenwürde; **2.** *im 13.-16. Jh.:* europäische geistige Strömung, die nach Wiederbelebung der Kulturwerte des griech.-röm. Altertums strebte; *im 18. Jh.:* neue Blüte dieser Strömung: Neuhumanismus
Hu|ma|nist *m. 10* **1.** Vertreter des Humanismus; **2.** Kenner des griech.-röm. Altertums, bes. seiner Sprachen; **3.** jmd., der ein humanistisches Gymnasium besucht hat
hu|ma|nis|tisch auf dem Humanismus (2) beruhend, von ihm ausgehend; humanistisches Gymnasium: Gymnasium mit Griechisch und Latein
hu|ma|ni|tär menschenfreundlich, wohltätig
Hu|ma|ni|tät *f. 10 nur Sg.* edle Menschlichkeit, Gesinnung und Verhaltensweise, die sich der Würde des Menschen verpflichtet fühlt; *Ggs.:* Inhumanität
Hu|man|me|di|zin *f. 10 nur Sg.* Bereich der Medizin, der sich mit dem Menschen befasst, im Unterschied zur Tiermedizin
hu|man|me|di|zi|nisch
Hum|boldt dt. Gelehrte: **1.** *Alexander von* H.; **2.** *Wilhelm von* H.
Hum|bug [engl.] *m. Gen. -s nur Sg.* Täuschung, Blendwerk
Hume [hjum], *David* schott. Philosoph
Hu|me|ra|le [lat.] *n. Gen. -s Pl.* -lia *oder* -li|en Schultertuch des kath. Priesters
hu|mid [lat.], **hu|mi|de** feucht, niederschlagsreich (Klima, Gebiet)
Hu|mi|di|tät *f. 10 nur Sg.*
Hu|mi|fi|ka|ti|on *f. 10 nur Sg.* Vermoderung, Humusbildung
hu|mi|fi|zie|ren *tr. 3* vermodern lassen, zu Humus werden lassen
Hu|mi|fi|zie|rung *f. 10 nur Sg.*
hu|mil [lat.] *veraltet* **1.** niedrig; **2.** demütig
hu|mi|li|ant *veraltet:* demütigend
Hu|mi|li|a|ti|on *f. 10, veraltet:* Demütigung
Hu|mi|li|tät *f. 10 nur Sg., veraltet:* Demut
Hu|min|säu|re [lat.] *f. 11 nur Sg.* aus Resten abgestorbener Lebewesen im Boden sich bildende Säure
Hu|mit *m. 1*, Hu|mo|lith *m. 1 oder m. 10* Humusgestein, Humuskohle
Hum|mel *f. 11* Pelzbiene
Hum|mer *m. 5* ein Krebs
Hu|mo|lith [lat. + griech.] *m. 1 oder m. 10* s. **Hu|mit**
Hu|mor [lat.] *m. Gen. -s nur Sg.* geistig überlegene Heiterkeit, heitere seelische Gelassenheit
Hu|mor *m. Gen. -s Pl.* -mo|res [-re:s], *Med.:* Körperflüssigkeit, Körpersaft
hu|mo|ral auf den Körpersäften beruhend, durch sie bewirkt
Hu|mo|ral|pa|tho|lo|gie *f. 11 nur Sg.* antike Lehre, dass alle Krankheiten durch fehlerhafte Zusammensetzung der Körpersäfte verursacht würden
Hu|mo|res|ke *f. 11* kurze, humorvolle Erzählung, kurzes, heiteres Musikstück
hu|mo|rig voller Humor, launig
Hu|mo|rist *m. 10* Verfasser oder Rezitator humorvoller Erzählungen oder Verse
hu|mo|ris|tisch mit, voller Humor
hu|mor|voll
hu|mos humusreich
Hum|pe|lei *f. 10 nur Sg.*
hum|peln *intr. 1;* ich humpele, humple
Hum|pen *m. 7* großes, meist zylindrisches, metallenes Trinkgefäß
Hum|per|dinck, *Engelbert* dt. Komponist
Hu|mus [lat.] *m. Gen. - nur Sg.* die oberste, fruchtbare Schicht des Erdbodens
hu|mus|reich
Hund *m. 1* **1.** der Große, der Kleine Hund: zwei Sternbilder; **2.** *Bgb., auch:* Hunt, Förderwagen
Hünd|chen *n. 7*
Hun|de|ar|beit *f. 10, ugs.:* schwierige, mühselige Arbeit
hun|de|e|lend
Hun|de|hüt|te *f. 11*
hun|de|kalt
Hun|de|käl|te *f. Gen. - nur Sg.*
Hun|de|ku|chen *m. 7*
Hun|de|le|ben *n. 7*
hun|de|mü|de, hunds|mü|de
Hun|de|ras|se *f. 11*

hundert/Hundert, hunderte/Hunderte: Kardinalzahlen unter einer Million werden kleingeschrieben: *Es waren hundert Leute da.* § 58 (6)
Als Zahlsubstantiv mit Artikel wird großgeschrieben: *das Hundert.* § 55 E5
Drücken *hundert* bzw. *tausend* eine unbestimmte Menge aus, können die Wörter groß- oder kleingeschrieben werden: *Es waren hunderte/Hunderte (von) Menschen im Stadion.* § 58 (E5)
Die Ordnungszahl wird mit großem Anfangsbuchstaben geschrieben: *der/die/das Hundertste; vom Hundertsten ins Tausendste kommen.* § 57 (1)

Weiterhin: *Hundertmeterlauf/ Hundert-Meter-Lauf* oder *100-Meter-Lauf/100-m-Lauf.* § 55 (1), § 55 (2)
Die Wiederholungszahl *hundertfach* wird kleingeschrieben: *Er war hundertfach besser.* Die Substantivierung wird großgeschrieben: *das Hundertfache, um das Hundertfache.* § 57 (1)
Zusammengesetzte Zahlwörter schreibt man zusammen: *einhundert Menschen, (ein)hunderteins Kilo, vierhundert Eier, (ein)hundert(und)vierundzwanzig Euro, der (ein)hundert(und)-erste Geburtstag, (ein)hunderttausendfünfhundert(und)achtundvierzig Menschen, eine Million achthunderttausend Pesos.*

hun|dert *in Ziffern:* 100; drei von hundert; einige, mehrere, viele hundert/Hundert Menschen; ein paar hundert/Hundert; einige, viele hunderte/Hunderte; viele hundert/Hundert Mal(e); sie kamen zu hunderten/Hunderten; vgl. Hundert; da war ich auf hundert *ugs.:* ich kochte, war wütend; an die hundert Stück; *in Verbindung mit anderen Zahlen Zusammenschreibung,* z. B.: einhundert, zweihundert, hunderteins, hundertundeins, hundertachtzig, hundertundachtzig, einhunderteins, einhundertundachtzig
Hun|dert *n. 1 Pl. auch:* - (*Abk.:* Hdt.) die Zahl 100, Menge von hundert Stück oder Lebewesen; vgl. hundert; ein halbes H.; einige, mehrere H.: einige, mehrere Packungen oder Gruppen von je 100 Stück; drei vom H. (*Abk.:* v. H.): drei Prozent; Hunderte und Aberhunderte *oder:* hunderte und aberhunderte; der Schaden geht in die H.; vgl. acht, Acht
hun|dert|eins, hun|dert|und|eins
Hun|der|tel *n. 5, österr. neben* Hundertstel
Hun|der|ter *m. 5* **1.** *in mehrstelligen Zahlen:* die dritte Ziffer von rechts bzw. vor dem Komma; **2.** *ugs.:* Hundertmarkschein
hun|der|ter|lei unzählige verschiedene Dinge; ich muss an hunderterlei denken
Hun|der|ter|pack *m. 9*; ein H. Anstecknadeln
hun|dert|fach; das Hundertfache; um das Hundertfache größer; hundertfach größer
hun|dert|fäl|tig
Hun|dert|jahr|fei|er *f. 11, in Ziffern:* 100-Jahr-Feier: Feier der 100. Wiederkehr eines Ereignisses oder zum 100-jährigen Bestehen, Säkularfeier, Zentenarfeier; vgl. Jahrhundertfeier
hun|dert|jäh|rig, 100-jährig; 100 Jahre alt, 100 Jahre während; der hundertjährige Kalender (Gattungsbezeichnung); *aber:* der Hundertjährige Kalender (Werktitel)
hun|dert|jähr|lich alle 100 Jahre
hun|dert|mal; *aber:* viele hundert/ Hundert Mal(e)
hun|dert|ma|lig
Hun|dert|me|ter|lauf, Hun|dert-Me|ter-Lauf *m. 2, in Ziffern:* 100-Meter-Lauf, 100-m-Lauf
hun|dert|pro|zen|tig, 100-prozentig, 100%ig
Hun|dert|satz *m. 2* Prozentsatz
Hun|dert|schaft *f. 10* militär. Einheit aus 100 Mann
hun|derts|te; der, die, das Hundertste; sie kommt vom Hundertsten ins Tausendste
hun|derts|tel; eine h. Sekunde, 100stel Sekunde *oder:* Hundertstelsekunde; vgl. achtel
Hun|derts|tel *n. 5, schweiz.: m. 5;* ein H. vom Ganzen; vgl. Achtel
hun|dert|tau|send, *in Ziffern:* 100000
hun|dert|tau|sends|tel; eine h. Sekunde *oder:* Hunderttausendstelsekunde; vgl. achtel
Hun|dert|tau|sends|tel *n. 5, schweiz.: m. 5* vgl. Achtel
hun|dert|und|eins, hun|dert|eins
Hun|de|schlit|ten *m. 7*
Hun|de|schnau|ze *f. 11;* kalt wie eine H. *ugs.:* gefühllos, gleichgültig
Hun|de|steu|er *f. 11*
Hun|de|wet|ter *n. 5 nur Sg., ugs.*
Hün|din *f. 10*
hün|disch
Hünd|lein *n. 7*
Hunds|fisch *m. 1* kleiner, hechtartiger Fisch
Hunds|fott *m. 2* Schuft
Hunds|föt|te|rei *f. 10* Schurkerei
hunds|föt|tisch
hunds|ge|mein
Hunds|ge|mein|heit *f. 10*
hunds|mi|se|ra|bel
hunds|mü|de, hun|de|mü|de
Hunds|ro|se *f. 11* Heckenrose
Hunds|stern *m. 1 nur Sg.* ein Fixstern, Sirius
Hunds|ta|ge [nach dem Sternbild des Großen Hundes] *Pl.* die heißesten Tage des Jahres
Hunds|wut *f. Gen. - nur Sg., veraltet für* Tollwut
hunds|wü|tig
Hunds|zun|ge *f. 11* **1.** Raublattgewächs; **2.** ein Plattfisch
Hü|ne *m. 11* **1.** Angehöriger eines myth. Riesengeschlechts; **2.** *übertr.:* sehr großer, breitschultriger Mann
Hü|nen|ge|stalt *f. 10*
Hü|nen|grab *n. 4* Großsteingrab
hü|nen|haft
Hun|ga|ri|ka *Pl.* Bücher, Bilder, Dokumente über Ungarn

hungers sterben: Der erste Bestandteil der Fügung wird als ein Adverb mit der Endung *-s* aufgefasst und deshalb kleingeschrieben: *hungers sterben.* Ebenso: *anfangs, abends, seitens* usw. § 56 (3)

Hun|ger *m. 5 nur Sg.;* vor Hunger sterben; *aber:* hungers sterben
Hun|ger|ge|fühl *n. 1*
Hun|ger|künst|ler *m. 5*
Hun|ger|kur *f. 10*
Hun|ger|lei|der *m. 5* jmd., der einen Beruf ausübt, in dem er nur wenig verdient, armer Schlucker
Hun|ger|lohn *m. 2* sehr geringer Lohn
hun|gern *intr. 1;* ich hungere, hungre
Hun|ger|ö|dem [-de:m] *n. 1*
Hun|gers|not *f. 2*
Hun|ger|streik *m. 9*
Hun|ger|tod *m. 1 nur Sg.*
Hun|ger|tuch *n. 4* Tuch, das in der Fastenzeit vor den Altar gehängt wurde, Fastentuch; am H. nagen (*eigtl.:* nähen) *ugs.:* Hunger leiden
hung|rig
Hun|ne *m. 11* Angehöriger eines asiat. Reitervolkes
hun|nisch
Huns|rück *m. Gen.* -(s) Teil des Rheinischen Schiefergebirges
Hunt, Hund *m. 1, Bgb.:* Förderwagen
Hun|ter [hʌn-, engl.] *m. 5* engl. Jagdpferd, engl. Jagdhund
hun|zen *tr. 1, veraltet:* schlecht behandeln, beschimpfen

H

Hu|pe *f. 11*
hu|pen *intr. 1*
Hupf *m. 1,* Hup|fer *m. 5, südd., österr. für* Hüpfer
hup|fen *intr. 1, südd., österr. für* hüpfen; das ist gehupft wie gesprungen *ugs.:* das bleibt sich gleich, ist dasselbe
hüp|fen *intr. 1*
Hup|fer *m. 5, südd., österr. für* Hüpfer
Hüp|fer *m. 5* kleiner Sprung
Hüp|fer|ling *m. 1* Ruderfußkrebs
Hür|chen *n. 7* junge Hure
Hur|de *f. 11* **1.** Vorrichtung aus Pfählen und verflochtenen Zweigen; **2.** *schweiz.:* Lattengestell für Obst, Horde

H

Hür|de *f. 11* **1.** eingefriedetes Stück Land, Pferch, z. B. Schafhürde; **2.** Hindernis beim Wettlauf
Hür|den|lauf *m. 2*
Hür|den|ren|nen *n. 7*
Hu|re *f. 11*
hu|ren *intr. 1*
Hu|ren|kind *n. 3, Typografie:* letzte Zeile eines Absatzes auf der neuen Seite; vgl. Schusterjunge
Hu|ren|wei|bel *m. 5, im Landsknechtsheer:* Aufseher über den Tross
Hu|re|rei *f. 10*
Hu|ri [arab.] *f. 9, im Islam:* schöne Paradiesjungfrau
hür|nen *veraltet für* hörnern, mit Hornhaut überzogen; der hürnen Siegfried (im Nibelungenlied)
Hu|ro|ne *m. 11* Angehöriger eines nordamerik. Indianerstammes, Wyandot
hu|ro|nisch
hur|ra! [auch: hur-]; Hurra *oder:* hurra rufen
Hur|ra *n. 9*
Hur|ra|pa|tri|o|tis|mus *auch:* **Hur|ra|pat|ri|o|tis|mus** *m. Gen. - nur Sg.*
Hur|ra|ruf *m. 1*
Hur|ri|kan [engl.: hʌrɪkən, indian.] *m. 1* Wirbelsturm in Mittelamerika
hur|tig
Hur|tig|keit *f. 10 nur Sg.*
Hu|sar [ung.] *m. 10* **1.** *urspr.:* berittener ung. Soldat; **2.** *dann allg.:* Angehöriger der leichten Kavallerie
Hu|sa|ren|streich *m. 1*
Hu|sa|ren|stück *n. 1,* **Hu|sa|ren|stück|chen** *n. 7* tollkühne Tat
husch!; husch, husch!
Husch *m. 1 nur Sg.;* in einem H. verschwinden: rasch und geräuschlos; auf einen H. vorbeikommen: für einen kurzen Besuch
Hu|sche *f. 11, ostmitteldt.:* Regenschauer
hu|sche|lig, husch|lig **1.** oberflächlich, unsorgfältig; **2.** gemütlich warm
hu|scheln **1.** *intr. 1* unsorgfältig arbeiten; **2.** *refl. 1* sich in etwas h.: sich in etwas warm einhüllen oder hineinschmiegen; ich huschele, huschle mich in das Kissen
hu|schen *intr. 1*
Hus|ky [hʌs-, engl.] *m. 9* Polarhund
huss! (*alt:* huß!) Aufforderung an das Pferd, einen Fuß zu heben
hus|sa!
hus|sas|sa!
hus|sen *tr. 1, österr.:* hetzen
Hus|serl, *Edmund* dt. Philosoph
Hus|sit *m. 10* Anhänger, Vertreter des Hussitismus
Hus|si|ten|krie|ge *Pl.*
hüs|teln *intr. 1;* ich hüstele, hüstle
hus|ten [auch: hu-] **1.** *intr. 2;* **2.** *tr. 2, ugs.:* ich werd dir was h.!: das könnte dir so passen!
Hus|ten *m. 7*
Hus|ten|an|fall *m. 2*
hus|ten|stil|lend; *aber:* den Husten stillend
Hut **1.** *m. 2;* **2.** *f. Gen. - nur Sg.* Obhut, Schutz; in meiner Hut
Hüt|chen *n. 7*
Hü|te|jun|ge *m. 11*
hü|ten **1.** *tr. 2;* **2.** *refl. 2;* ich werde mich h., das zu tun; sich vor jmdm. oder etwas h.
Hü|ter *m. 5*
Hüt|lein *n. 7*
Hut|ma|che|rin *f. 10*
Hut|na|del *f. 11*
Hut|schach|tel *f. 11*
Hut|sche *f. 11* **1.** s. **Hit|sche; 2.** *österr.:* Schaukel
hut|schen *intr. 1, österr.:* schaukeln
Hut|schnur *f. 2;* das geht mir über die H. *ugs.:* das geht mir zu weit
Hut|stum|pen *m. 7*
Hut|te *f. 11, schweiz.* Rückentragkorb
Hüt|te *f. 11; Tech.:* Anlage zur Metallgewinnung, Hüttenwerk
Hüt|ten|in|dus|trie *auch:* **Hüt|ten|in|dust|rie** *f. 11* die Industrie der Metallgewinnung
Hüt|ten|kun|de *f. 11 nur Sg.* Wissenschaft von der Metallgewinnung
Hüt|ten|werk *n. 1, Tech.* Hütte
Hüt|ten|we|sen *n. 7 nur Sg.*
Hütt|ner *m. 5, veraltet für* Häusler
Hu|tung *f. 10,* **Hut|wei|de** *f. 11* geringwertige Weide, bes. Schafweide
Hut|zel *f. 11* **1.** kleines Stück Dörrobst, bes. Dörrbirne; **2.** runzliges altes Weiblein
Hut|zel|brot, Hut|zen|brot *n. 1* Brot mit eingebackenen Hutzeln (1)
hut|ze|lig, hutz|lig
Hut|zel|männ|chen *n. 7* Heinzelmännchen
hut|zeln *intr. 1* schrumpfen
Hut|zen|brot *n. 1* s. **Hut|zel|brot**
hutz|lig, hut|ze|lig
Hut|zu|cker *m. Gen. -s nur Sg.* in Kegelform gepresster Zucker
Hux|ley [hʌksli], *Aldous* brit. Schriftsteller
huy|gens|sches Prin|zip *auch:* **Huy|gens'|sches Prin|zip** (*alt:* Huy|gens|sches Prin|zip) [hɔy-, ndrl. hœyxəns, nach dem ndrl. Physiker Christian Huygens] *n. Gen.* des -schen -s *nur Sg.* ein Lehrsatz aus der theoret. Optik
Hu|zu|le *m. 11* Angehöriger eines ukrain. Volksstammes
HV *Abk. für* Vickershärte
Hwang|ho, Ho|ang|ho [»gelber Fluss«] *m. Gen. -(s)* chin. Fluss
Hy|a|den *Pl.* **1.** *griech. Myth.:* Wassernymphen; **2.** *Astron.:* ein Sternbild
hy|a|lin [griech.] glasartig, glasig durchsichtig
Hy|a|lin *n. 1* **1.** glasige Eiweißmasse; **2.** glasiges Vulkangestein
Hy|a|lit *m. 1* ein Mineral, Glasopal
Hy|a|li|tis *f. Gen. - Pl. -ti|den* Entzündung des Glaskörpers im Auge
Hy|a|lo|gra|phie *auch:* **Hy|a|lo|gra|fie** *f. 11* Glasradierung
hy|a|lo|id glasartig
Hy|a|lo|phan *n. 1* ein Mineral, Kalifeldspat
Hy|ä|ne [griech.] *f. 11* ein Raubtier
Hy|a|zinth [griech.] **1.** *m. 1* ein Edelstein; **2.** *griech. Myth.:* Liebling Apollos
Hy|a|zin|the *f. 11* eine Zierpflanze

♦ Die Buchstabenfolge **hy|br...** kann in Fremdwörtern auch **hyb|r...** getrennt werden.

♦ **hy|brid** [lat.] **1.** von zweierlei Abkunft, zwitterartig; hybride Bildung *auch:* Wortbildung aus

Bestandteilen, die aus zwei verschiedenen Sprachen stammen, z. B. Soziologie; **2.** *auch übertr.:* hochmütig, überheblich
♦**Hy|bri|de** *m. 11 oder f. 11* aus einer Kreuzung hervorgegangener Bastard
♦**Hy|bri|di|sa|ti|on** *f. 10* Kreuzung, Bastardierung
♦**hy|bri|di|sie|ren** *tr. 3* kreuzen
♦**Hy|bri|di|sie|rung** *f. 10* s. **Hy|bri|di|sa|ti|on**
♦**Hy|brid|rech|ner** *m. 5, EDV:* aus Analog- und Digitalrechner bestehende Datenverarbeitungsanlage
♦**Hy|bris** [griech.] *f. Gen. - nur Sg., in der Antike:* frevelhafte Selbstüberhebung, bes. den Göttern gegenüber
Hyd|ar|thro|se *auch:* **Hy|darth|ro|se** *f. 11* s. **Hy|drar|thro|se**
Hy|da|ti|de *f. 11* Finne des Blasenwurms
hy|da|to|gen aus wässriger Lösung oder unter Mitwirkung von Wasser entstanden (Mineral, Ablagerung)
hydr..., Hydr... vgl. hydro..., Hydro...

♦Die Buchstabenfolge **hy|dr...** kann in Fremdwörtern auch **hyd|r...** getrennt werden.

♦**Hy|dra** [griech.] **1.** *f. Gen. - nur Sg. griech. Myth.:* die von Herakles getötete Wasserschlange; **2.** *f. Gen. - nur Sg.* ein Sternbild; **3.** *f. Gen. - Pl.* -dren ein Süßwasserpolyp
♦**hy|dra|go|gisch** *Med.:* die Wasserausscheidung anregend
♦**Hy|drä|mie** *f. 11* erhöhter Wassergehalt des Blutes
♦**Hy|drant** *m. 10* Wasserzapfstelle auf der Straße
♦**Hy|drar|gy|rum** *n. Gen. -s nur Sg.* (*chem. Zeichen:* Hg) Quecksilber
♦**Hy|drar|thro|se** *auch:* **Hy|drarth|ro|se,** Hyd|ar|thro|se *f. 11* Gelenkwassersucht
♦**Hy|drat** *n. 1* Wasser enthaltende organische oder anorganische Verbindung
♦**Hy|dra|ta|ti|on, Hy|dra|ti|on** *f. 10* Bildung von Hydraten
♦**hy|dra|ti|sie|ren** *tr. 3* in Hydrat verwandeln
♦**Hy|drau|lik** *f. 10 nur Sg.* Lehre von der Bewegung von Flüssigkeiten, von der Wasserkraft
♦**hy|drau|lisch** auf Flüssigkeitsdruck beruhend, dadurch betrieben, mit Wasserantrieb; hydraulische Bremse; hydraulisches Getriebe; hydraulische Förderung; hydraulische Presse
♦**Hy|dra|zin** *n. 1* chem. Verbindung aus Stickstoff und Wasserstoff
♦**Hy|dria** *f. Gen. - Pl.* -dri|en altgriech. Wasserkrug mit zwei waagerechten und einem senkrechten Henkel
♦**Hy|drid** *n. 1* chem. Verbindung aus Wasserstoff und einem anderen Element
♦**hy|drie|ren** *tr. 3;* eine chem. Verbindung h.: Wasserstoff unter Mitwirkung von Katalysatoren an eine chem. Verbindung anlagern
♦**Hy|drie|rung** *f. 10*
♦**hy|dro..., Hy|dro...** [griech.] *in Zus.:* wasser..., Wasser...
♦**Hy|dro|bi|o|lo|gie** *f. 11 nur Sg.* Lehre von den im Wasser lebenden Lebewesen
♦**Hy|dro|chi|non** *n. 1 nur Sg.* eine chem. Verbindung
♦**Hy|dro|dy|na|mik** *f. 10 nur Sg.* Lehre von den strömenden Flüssigkeiten
♦**hy|dro|dy|na|misch** auf Hydrodynamik und ihren Gesetzen beruhend
♦**hy|dro|gam** im Wasser befruchtend
♦**hy|dro|gen** aus Wasser abgeschieden
♦**Hy|dro|gen** *n. 1 nur Sg., kurz für* Hydrogenium
♦**Hy|dro|ge|ni|um** *n. Gen. -s nur Sg.* (*Zeichen:* H) Wasserstoff
♦**Hy|dro|ge|o|lo|gie** *f. 11 nur Sg.* Bereich der Geologie, der sich mit dem Wasserhaushalt des Bodens befasst, Grundwassergeologie
♦**Hy|dro|gra|phie** *auch:* **Hy|dro|gra|fie** *f. 11* **1.** Lehre vom Kreislauf des Wassers; **2.** Gewässerkunde des Festlandes
♦**hy|dro|gra|phisch** *auch:* **hy|dro|gra|fisch**
♦**Hy|dro|ke|pha|le** *m. 11* s. **Hy|dro|ze|pha|le**
♦**Hy|dro|kul|tur** *f. 10* Hydroponik
♦**Hy|dro|la|se** *f. 11 meist Pl.* Enzym, das unter Wasseraufnahme chem. Verbindungen spaltet
♦**Hy|dro|lo|ge** *m. 11*
♦**Hy|dro|lo|gie** *f. 11 nur Sg.* Lehre vom Wasser auf und unter der Erde; vgl. Hydrographie
♦**hy|dro|lo|gisch**
♦**Hy|dro|ly|se** *f. 11* Spaltung chem. Verbindungen unter Mitwirkung von Wasser
♦**hy|dro|ly|tisch** durch Hydrolyse bewirkt, auf ihr beruhend
♦**Hy|dro|me|cha|nik** *f. 10 nur Sg.* techn. Anwendung von Flüssigkeiten
♦**hy|dro|me|cha|nisch**
♦**Hy|dro|me|te|o|re** *Pl.* Niederschlag aus der Atmosphäre, z. B. Regen
♦**Hy|dro|me|ter** *n. 5* Gerät zum Messen der Geschwindigkeit strömenden Wassers, Wassermesser
♦**Hy|dro|me|trie** *auch:* **Hy|dro|met|rie** *f. 11 nur Sg.* alle Messarbeiten an Wasser
♦**hy|dro|me|trisch** *auch:* **hy|dro|met|risch**
♦**Hy|dro|na|li|um**® *n. Gen. -s nur Sg.* Aluminium-Magnesium-Legierung
♦**Hy|dro|ne|phro|se** *auch:* **Hy|dro|neph|ro|se** *f. 11* Sackniere
♦**Hy|dro|path** *m. 10*
♦**Hy|dro|pa|thie** *f. 11 nur Sg.* Anwendung von Wasser zu Heilzwecken, Wasserheilkunde
♦**hy|dro|pa|thisch**
♦**hy|dro|phil** **1.** Wasser aufnehmend, Wasser anziehend; **2.** Wasser liebend (von Tieren und Pflanzen)
♦**hy|dro|phob** **1.** Wasser abstoßend, nicht in Wasser löslich; **2.** Wasser meidend, wasserscheu (von Menschen, Tieren und Pflanzen)
♦**Hy|dro|phor**® *m. 1* Saugfeuerspritze, die der Feuerspritze Wasser zuführt
♦**Hy|dro|pho|re** *f. 11, altgriech. Kunst:* Wasserträgerin
♦**Hy|dro|phthal|mus** *auch:* **Hy|droph|thal|mus** *m. Gen. - nur Sg.* Augapfelvergrößerung
♦**Hy|dro|phyt** *m. 10* Wasserpflanze
♦**hy|dro|pisch** an Hydropsie leidend, wassersüchtig
♦**Hy|dro|plan** *m. 1* **1.** Wasserflugzeug; **2.** Gleitboot
♦**hy|dro|pneu|ma|tisch** durch Wasser und Luft angetrieben
♦**Hy|dro|po|nik** *f. 10 nur Sg.* Pflanzenaufzucht ohne Erde in Nährlösung, Wasserkultur, Hydrokultur
♦**Hy|drop|sie** *f. 11* Wassersucht
♦**Hy|dro|sphä|re** *auch:* **Hy|dros-**

H

phä|re *f. 11 nur Sg.* Wasserhülle der Erde
♦ **Hy|dro|sta|tik** *f. 10 nur Sg.* Lehre von den unbewegten Flüssigkeiten und ihren im Gleichgewicht befindlichen Kräften
♦ **hy|dro|sta|tisch;** hydrostatischer Druck: Druck einer unbewegten Flüssigkeit auf eine Fläche
♦ **Hy|dro|tech|nik** *f. 10 nur Sg.* Wasserbautechnik
♦ **hy|dro|tech|nisch**
♦ **hy|dro|the|ra|peu|tisch**
♦ **Hy|dro|the|ra|pie** *f. 11* Behandlung mit Wasser zu Heilzwecken, Wasserheilverfahren
♦ **Hy|dro|tho|rax** *m. Gen. - nur Sg.* Wasseransammlung im Brustfellraum, Brustwassersucht
♦ **Hy|dro|xid** *n. 1* chem. Verbindung, die eine oder mehrere Hydroxylgruppen enthält
♦ **Hy|dro|xyl|grup|pe** *f. 11* Wasserstoff-Sauerstoff-Gruppe
♦ **Hy|dro|ze|le** *f. 11* entzündl. Flüssigkeitsansammlung, bes. am Hoden
♦ **Hy|dro|ze|pha|le** *m. 11,* Hy|dro|ke|pha|le *m. 11,* **Hy|dro|ze|pha|lus** *m. Gen. - Pl.* -pha|len Wasserkopf
♦ **Hy|dro|zo|on** *n. Gen. -s Pl.* -zo|en Hohltier
Hy|gi|e|ne [griech.] *f. 11 nur Sg.* **1.** Lehre von der Gesundheit **2.** Sauberkeit
Hy|gi|e|ni|ker *m. 5* **1.** Wissenschaftler der Hygiene; **2.** Fachmann in der öffentlichen Gesundheitsfürsorge
hy|gi|e|nisch

♦ Die Buchstabenfolge **hy|gr...** kann in Fremdwörtern auch **hyg|r...** getrennt werden.

♦ **Hy|gro|gramm** [griech.] *n. 1* Aufzeichnung eines Hygrometers
♦ **Hy|gro|me|ter** *n. 5* Gerät zum Messen der Luftfeuchtigkeit, Feuchtigkeits-, Feuchtemesser
♦ **Hy|gro|me|trie** *auch:* **Hy|gro|met|rie** *f. 11 nur Sg.*
♦ **hy|gro|phil** Feuchtigkeit liebend (von Pflanzen)
♦ **Hy|gro|phyt** *m. 10* Pflanze mit feuchtem Standort
♦ **Hy|gro|skop** *auch:* **Hy|gros|kop** *n. 1* Gerät zum Schätzen der Luftfeuchtigkeit nach dem Augenschein
♦ **hy|gro|sko|pisch** *auch:* **hy|gros|ko|pisch** Wasser anziehend
Hy|le [griech.] *f. 11 nur Sg., altgriech. Naturphilosophie:* Stoff, Materie, Substanz, Urstoff
hy|lo|trop bei gleicher chem. Zusammensetzung in eine andere Form umwandelbar
Hy|lo|zo|is|mus *m. Gen. - nur Sg.* Lehre von der urspr. Beseeltheit der Materie
hy|lo|zo|is|tisch
Hy|men [griech.] **1.** *n. 7* Jungfernhäutchen; **2.** *m. 7* altgriech. Hochzeitsgesang; **3.** Hy|me|nae|us [-neus] griech. Hochzeitsgott
hy|me|nal zum Hymen (1) gehörig
Hy|me|no|pte|re *auch:* **Hy|me|nop|te|re** *m. 11 meist Pl.* Hautflügler
Hym|ne *f. 11* **1.** geistlicher Lobgesang; **2.** preisendes weltl. Gedicht
Hym|nik *f. 10 nur Sg.* hymnische Art, Kunstform der Hymne
hym|nisch
Hym|no|de *m. 11* altgriech. Hymnendichter
Hym|no|lo|gie *f. 11 nur Sg.* Wissenschaft von den (bes. christlichen) Hymnen
hym|no|lo|gisch
Hym|nos *m. Gen. - Pl.* -nen, *griech. Form von* Hymnus, Hymne
Hym|nus *m. Gen. - Pl.* -nen, *lat. Form von* Hymne
Hy|os|cy|a|min [griech.], **Hy|os|zy|a|min** *n. 1* Alkaloid mancher Nachtschattengewächse, Heilmittel gegen Augenkrankheiten
hyp..., Hyp... vgl. hypo..., Hypo...
Hyp|al|ge|sie [griech.] *f. 11* herabgesetzte Schmerzempfindlichkeit; *Ggs.:* Hyperalgesie
hyp|al|ge|tisch
Hyp|al|la|ge *f. 11* Vertauschung von Satzteilen und Veränderung ihrer Beziehungen zueinander, z. B. »schulische Angelegenheiten« statt »Angelegenheiten der Schule«
Hyp|äs|the|sie *f. 11 nur Sg.* herabgesetzte Berührungsempfindlichkeit (der Haut); *Ggs.:* Hyperästhesie
hyp|äs|the|tisch
hy|per..., Hy|per... [griech.] *in Zus.:* über..., übermäßig, Über...; *Ggs.:* hypo..., Hypo...
Hy|per|al|ge|sie [griech.] *f. 11 nur Sg.* gesteigerte Schmerzempfindlichkeit; *Ggs.:* Hypalgesie
hy|per|al|ge|tisch
Hy|per|ä|mie *f. 11* gesteigerte Durchblutung eines Körperbezirks
hy|per|ä|misch
Hy|per|äs|the|sie *f. 11 nur Sg.* gesteigerte Berührungsempfindlichkeit
hy|per|äs|the|tisch
Hy|per|bel [griech.] *f. 11 nur Sg.* **1.** *Math.:* ein Kegelschnitt; **2.** *Rhetorik:* Übertreibung
hy|per|bo|lisch in der Art einer Hyperbel, übertreibend
Hy|per|bo|lo|id *m. 1* Fläche, die durch Drehung einer Hyperbel um ihre Achse entsteht
Hy|per|bo|re|er *m. 5, bei den alten Griechen:* Angehöriger eines im hohen Norden vermuteten Volkes
hy|per|bo|re|isch
Hy|per|chro|ma|to|se *f. 11* gesteigerte Pigmentbildung
Hy|per|chro|mie *f. 11 nur Sg.* erhöhter Farbstoffgehalt der roten Blutzellen; *Ggs.:* Hypochromie
Hy|per|dak|ty|lie *f. 11* Bildung von überzähligen Fingern oder Zehen; *Ggs.:* Hypodaktylie
Hy|per|funk|ti|on *f. 10, Med.:* Überfunktion eines Organs
Hy|per|glyk|ä|mie *auch:* **Hy|per|gly|kä|mie** *f. 11 nur Sg.* erhöhter Blutzuckergehalt; *Ggs.:* Hypoglykämie
Hy|per|hi|dro|se *auch:* **Hy|per|hid|ro|se, Hy|per|i|dro|se** *auch:* **Hy|per|id|ro|se** *f. Gen. - nur Sg.* krankhaft gesteigerte Schweißabsonderung
hy|per|ka|ta|lek|tisch; hyperkatalektischer Vers: Vers mit überzähliger Schlusssilbe
hy|per|kor|rekt überkorrekt
hy|per|kri|tisch übertrieben kritisch
Hy|per|kul|tur *f. 10 nur Sg.* übermäßige Verfeinerung, Überfeinerung
Hy|per|link [haı-, engl.] *m. 9, EDV:* Verknüpfungselement innerhalb elektronischer Daten, Link
Hy|per|me|tro|pie *auch:* **Hy|per|met|ro|pie** *f. 11 nur Sg.* Weitsichtigkeit
hy|per|me|tro|pisch *auch:* **hy|per|met|ro|pisch**
hy|per|mo|dern übertrieben modern
Hy|per|on *auch:* **Hy|pe|ron** *n. 13* Elementarteilchen aus der Gruppe der Baryonen
Hy|per|pla|sie *f. 11 nur Sg.* gestei-

gertes Wachstum von Gewebe; *Ggs.:* Hypoplasie
hy|per|sen|si|bel
Hy|per|so|mie *f. 11* übermäßiges Wachstum, Riesenwuchs; *Ggs.:* Hyposomie
Hy|per|sthen *auch:* **Hy|pers|then** *m. 1* ein Mineral
Hy|per|te|lie *f. 11 nur Sg.* gesteigertes Wachstum eines Körperteils
Hy|per|ten|si|on *f. 10 nur Sg.*, **Hy|per|to|nie** *f. 11 nur Sg.* **1.** gesteigerte Muskelspannung; **2.** erhöhter Blutdruck; *Ggs.:* Hypotonie
Hy|per|to|ni|ker *m. 5* jmd., der an Hypertonie leidet
hy|per|to|nisch
hy|per|troph übermäßig vergrößert
Hy|per|tro|phie *f. 11* übermäßige Vergrößerung, gesteigertes Wachstum (von Geweben, Organen); *Ggs.:* Hypotrophie
Hy|per|vit|a|mi|no|se *auch:* **Hy|per|vi|ta|mi|no|se** [-vit-] *f. 11* Erkrankung, Schädigung infolge lang andauernder übermäßiger Vitaminzufuhr; *Ggs.:* Hypovitaminose
Hy|phe [griech.] *f. 11, Bot.:* Pilzfaden; vgl. Myzel
Hy|phen *auch:* **Hyph|en** *n. 7, antike Grammatik:* **1.** Zusammenfügung zweier Wörter zu einem Kompositum; **2.** der dazu verwendete Bindestrich
Hyp|no|pä|die [griech.] *f. 11 nur Sg.* Schlaflernmethode
Hyp|nos [nach dem griech. Gott des Schlafes] *m. Gen. - nur Sg.* Schlaf
Hyp|no|se *f. 11* durch Suggestion herbeigeführter, schlafähnlicher Zustand der seelischen Abhängigkeit vom Hypnotiseur
Hyp|no|sie *f. 11* Schlafkrankheit
Hyp|no|ti|kum *n. Gen. -s Pl. -ka* Schlafmittel
hyp|no|tisch auf Hypnose beruhend, durch sie bewirkt
Hyp|no|ti|seur [-sør] *m. 1* jmd., der einen anderen in Hypnose versetzt
hyp|no|ti|sie|ren *tr. 3*
Hyp|no|tis|mus *m. Gen. - nur Sg.* **1.** Lehre von der Hypnose; **2.** Beeinflussung
hy|po..., Hy|po... [griech.] *in Zus.:* unter..., Unter...; *Ggs.:* hyper..., Hyper...
Hy|po|chon|der [-xɔn-, griech.] *m. 5* missmutiger, schwermütiger, oft an eingebildeten Krankheiten leidender Mensch
Hy|po|chon|drie *auch:* **Hy|po|chond|rie** [-xɔn-] *f. 11* Schwermut, Missmut, die Einbildung, krank zu sein
hy|po|chon|drisch *auch:* **hy|po|chond|risch** [-xɔn-]
Hy|po|chro|mie [-kro-] *f. 11 nur Sg.* verminderter Farbstoffgehalt des Blutes; *Ggs.:* Hyperchromie
Hy|po|dak|ty|lie *f. 11* angeborenes Fehlen von Fingern oder Zehen; *Ggs.:* Hyperdaktylie
Hy|po|derm *n. 1* Unterhaut
hy|po|der|ma|tisch unter der Haut (liegend)
Hy|po|gas|tri|um *auch:* **Hy|po|gast|ri|um** *n. Gen. -s Pl. -tri|en* Unterleib
Hy|po|gä|um *n. Gen. -s Pl. -gä|en* unterirdischer Kultraum
Hy|po|glyk|ä|mie *auch:* **Hy|po|gly|kä|mie** *f. 11 nur Sg.* verminderter Blutzuckergehalt; *Ggs.:* Hyperglykämie
hy|po|gyn *Bot.:* unterständig (von Blüten) mit oberständigem Fruchtknoten
hy|po|kaus|tisch durch Hypokaustum (beheizt)
Hy|po|kaus|tum *n. Gen. -s Pl. -kaus|ten, im Altertum und MA:* Heizanlage unter dem Fußboden
Hy|po|ko|tyl *n. 11* Keimstängel
Hy|po|kri|sie *f. 11 nur Sg.* Heuchelei, Scheinheiligkeit
Hy|po|krit *m. 10* Heuchler
hy|po|kri|tisch
Hy|po|phy|se *f. 11* **1.** Hirnanhangsdrüse; **2.** *bei Blütenpflanzen:* Zelle, die im Samen den Keimling mit dem Keimträger verbindet
Hy|po|pla|sie *f. 11 nur Sg.* vermindertes Wachstum von Gewebe oder Organen; *Ggs.:* Hyperplasie
hy|po|som von zu kleinem Wuchs
Hy|po|so|mie *f. 11* zu geringes Wachstum, Kleinwuchs; *Ggs.:* Hypersomie
Hy|po|sta|se *auch:* **Hy|pos|ta|se** *f. 11* **1.** Grundlage, Substanz; **2.** Stoff, Gegenstand (einer Abhandlung); **3.** Personifizierung einer göttlichen Eigenschaft (z. B. Gerechtigkeit) und ihre Verwandlung in ein göttliches oder halbgöttliches Wesen; **4.** Übergang eines unflektierbaren Wortes oder eines Wortkomplexes in ein flektierbares, z. B. barfuß - barfüßig, über Nacht - übernachten, weh - ein weher Finger
hy|po|sta|sie|ren *tr. 3* vergegenständlichen, verselbständigen, personifizieren
Hy|po|sta|sie|rung *f. 10*
hy|po|sta|tisch
Hy|po|sty|lon *auch:* **Hy|pos|ty|lon** *n. Gen. -s Pl. -la*, **Hy|po|sty|los** *auch:* **Hy|pos|ty|los** *m. Gen. - Pl. -loi* überdeckter Säulengang, Säulenhalle
hy|po|tak|tisch in der Art der Hypotaxe; *Ggs.:* parataktisch
Hy|po|ta|xe *f. 11* **1.** mittlerer Grad der Hypnose; **2.** Unterordnung eines Satzes oder Satzteils unter einen anderen, Satzgefüge; *Ggs.:* Parataxe
Hy|po|ta|xis *f. Gen. - Pl. -xen veraltet für* Hypotaxe
Hy|po|ten|si|on *f. 10* Hypotonie
Hy|po|te|nu|se *f. 11, im rechtwinkligen Dreieck:* die dem rechten Winkel gegenüberliegende Seite
Hy|po|tha|la|mus *m. Gen. - Pl. -mi, Med.:* unter dem Thalamus liegender Teil des Zwischenhirns
Hy|po|thek *f. 10* durch eine Zahlung erworbenes Recht an einem Grundstück
Hy|po|the|kar *m. 1* Hypothekengläubiger
hy|po|the|ka|risch auf einer Hypothek beruhend
Hy|po|the|ken|brief *m. 1*
Hy|po|the|ken|zin|sen *Pl.*
Hy|po|the|se *f. 11* unbewiesene (wissenschaftliche) Voraussetzung, Annahme
hy|po|the|tisch auf bloßer Annahme beruhend, bedingt; *Ggs.:* kategorisch
Hy|po|to|nie *f. 11 nur Sg.*, Hy|po|ten|si|on *f. 10* **1.** verminderte Muskelspannung; **2.** verminderter Blutdruck; *Ggs.:* Hypertonie
hy|po|to|nisch
Hy|po|tra|che|li|on [-xe-] *n. Gen. -s Pl. -li|en* Teil der Säule unter dem Kapitell, Säulenhals
Hy|po|tro|phie *f. 11* mangelhafte Ernährung, mangelhafte Entwicklung (von Geweben, Organen); *Ggs.:* Hypertrophie
Hy|po|vit|a|mi|no|se *auch:* **Hy|po|vi|ta|mi|no|se** [-vit-] *f. 11* Vitaminmangelkrankheit; *Ggs.:* Hypervitaminose
Hy|po|zen|trum *auch:* **Hy|po|zent|rum** *n. Gen. -s Pl. -zen|tren* Erdbebenherd

H

Hyp|si|pho|bie [griech.] *f. 11* Höhenangst
Hyp|so|me|ter *n. 5* Gerät, das aufgrund des mit zunehmender Höhe sinkenden Siedepunkts des Wassers die Höhe eines Ortes misst, Siedethermometer
Hyp|so|me|trie *auch:* **Hyp|so|met|rie** *f. 11 nur Sg.* Höhenmessung mit dem Hypsometer
hyp|so|me|trisch *auch:* **hyp|so|met|risch**
Hys|ter|al|gie *auch:* **Hys|te|ral|gie** [griech.] *f. 11* Gebärmutterschmerz
Hys|ter|ek|to|mie *auch:* **Hys|te|rek|to|mie** *f. 11* operative Entfernung der Gebärmutter
Hys|te|re|se [griech.] *f. 11,* **Hys|te|re|sis** *f. Gen. - nur Sg.* Zurückbleiben der Magnetisierung eines ferromagnetischen Materials gegenüber dem die Magnetisierung verursachenden äußeren Feld
Hys|te|rie [griech.] *f. 11* eine Gruppe seel. und/oder seelisch-körperlicher Störungen, z. B. Angstzustände, Lähmung, Migräne
Hys|te|ri|ker *m. 5* jmd., der an Hysterie leidet
Hys|te|ri|ke|rin *f. 10*
hys|te|risch **1.** auf Hysterie beruhend; **2.** übertrieben leicht erregbar, übertrieben erregt
hys|te|ro|id hysterieähnlich
Hys|te|ron-Pro|te|ron [griech. »das Spätere (ist) das Frühere«] *n. Gen.* -s *Pl.* Hys|te|ra-Pro|te|ra **1.** Scheinbeweis, Beweis aus einem Satz, der selbst erst noch bewiesen werden muss; **2.** Redefigur, bei der ein zeitlich späterer Gedanke an erster Stelle steht
Hys|te|ro|pto|se *auch:* **Hys|te|rop|to|se** [griech.] *f. 11* Gebärmuttervorfall
Hys|te|ro|sko|pie *auch:* **Hys|te|ros|ko|pie** *f. 11* Untersuchung der Gebärmutter mit einem Gebärmutterspiegel
Hys|te|ro|to|mie *f. 11* operative Öffnung der Gebärmutter, Gebärmutterschnitt
Hz *Abk. für* Hertz

i I

I: Die so genannte Majuskelschreibung, d. h. die Schreibung mit einem großen Anfangsbuchstaben im Wortinneren, z. B. dem *I* zur Kennzeichnung weiblicher Berufsbezeichnungen wie in **LehrerInnen,* ist nicht zulässig. Um der Gleichberechtigung beider Geschlechter auch sprachlich gerecht zu werden, werden die folgenden Formen empfohlen: *Lehrer und Lehrerinnen, Lehrende* (Partizip I), *Lehrpersonal, Lehrer/-innen, Lehrer(innen).* Ebenso: *Kolleg(inn)en.*

i **1.** das Tüpfelchen auf dem i; der i-Punkt; i!, ih!; i wo! **2.** *Math.: Zeichen für die* Einheit der imaginären Zahlen (= Quadratwurzel aus minus eins)

I **1.** *röm. Zahlzeichen für* eins; **2.** *Kfz-Kennzeichen für* Italien **3.** *auf Schildern* Information

i. *in geograph. Namen Abk. für* in, im, z. B. Freiburg i. Breisgau

i. A., I. A. *Abk. für* im Auftrag, Im Auftrag *(Kleinschreibung, wenn davor der Behörden- oder Firmenname steht)*

IA *Abk. für* Iowa

IAAF *Abk. für* International Amateur Athletic Federation: Internationaler Amateur-Leichtathletik-Verband

i|ah! *Schallwort für den* Schrei des Esels

i|a|hen *intr. 1* »iah!« schreien; der Esel iaht, hat iaht

i. Allg. (*alt:* i. allg.) *Abk. für* im Allgemeinen

Iam|bus *m. Gen. - Pl.* -ben, *lat. Schreibung von* Jambus

IATA *Abk. für* International Air Transport Association: internationaler Luftverkehrsverband

I|a|trik *auch:* **I|at|rik** [griech.] *f. Gen. - nur Sg.* Heilkunst, Heilkunde

i|a|trisch *auch:* **i|at|risch**

I|a|tro|che|mie *auch:* **I|at|ro|che|mie** *f. 11 nur Sg.* die von Paracelsus begründete medizin. Lehre, dass alle Lebens- und durch Medikamente bewirkten Heilungsvorgänge auf chem. Prozessen beruhen

i|a|tro|gen *auch:* **i|at|ro|gen** durch ärztliche Behandlung entstanden

I|a|tro|mu|sik *auch:* **I|at|ro|mu|sik** *f. 10 nur Sg., im 17./18. Jh.:* Heilmusik

IAU *Abk. für* International Astronomical Union: Internationale Astronomische Union

ib., ibd. *Abk. für* ibidem

I|be|rer **1.** [nach Iberus, dem lat. Namen für Ebro] *m. 5* Angehöriger eines vorindogerman. Volkes auf der Pyrenäenhalbinsel, Vorfahr der Basken; **2.** Angehöriger eines ausgestorbenen Volkes südlich des Kaukasus

I|be|ris [griech.] *f. Gen. - Pl.* -ren Schleifenblume

i|be|risch zu den Iberern gehörig, von ihnen stammend; die iberische Geschichte; *aber:* die Iberische Halbinsel: Spanien und Portugal

I|be|ro|a|me|ri|ka das von der Iberischen Halbinsel aus kolonisierte und kulturell beeinflusste Amerika, Lateinamerika

I|be|ro|a|me|ri|ka|ner *m. 5*

i|be|ro|a|me|ri|ka|nisch

i|bid. *Abk. für* ibidem

i|bi|dem [lat.] (*Abk.:* ib., ibd., ibid.) am angeführten Ort, ebenda

I|bis [ägypt.] *m. 1* ein Schreitvogel mit sichelförmig nach unten gebogenem Schnabel

Ibn [arab.] *in arab. Eigennamen:* Sohn (des …), z. B. Ibn Saud

I|bo **1.** *m. 9 oder Gen. - Pl. -* Angehöriger eines Volkes in Nigeria; **2.** *n. Gen.* -(s) *nur Sg.* dessen Sprache

Ib|sen, *Henrik* norweg. Schriftsteller

IC *Abk. für* Intercityzug

ICE *Abk. für* Intercityexpresszug

ich — Ich: Das Personalpronomen wird mit kleinem Anfangsbuchstaben geschrieben: *Den habe ich zuerst gesehen.* Das substantivierte Pronomen wird großgeschrieben: *Das Ich ist entscheidend!* § 57 (3)

Bei Zusammensetzungen aus Personalpronomen und Substantiv sind Zusammenschreibung und Bindestrichschreibung möglich. Die Schreibenden können selbst entscheiden: *der Icherzähler/Ich-Erzähler, die Ichform/Ich-Form, der Ichlaut/Ich-Laut, die Ichsucht/Ich-Sucht.* § 37 (1), § 45 (1)

ich

Ich *n. 9 oder Gen. - Pl.* -; mein anderes, zweites, besseres Ich: mein Gewissen

ich|be|zo|gen

Ich-Er|zäh|lung = **Ich|er|zäh|lung** *f. 10* Erzählung in der Ich-Form

Ich-Form = **Ich|form** *f. 10 nur Sg.*

Ich-Laut = **Ich|laut** *m. 1* der am vorderen Gaumen gesprochene Laut ch z. B. nach i wie in ich; vgl. Ach-Laut

Ich|neu|mon [griech.] *n. 9 oder n. 1 bzw. m. 9 oder m. 1* eine nordafrikanisch-kleinasiatische Schleichkatze, Manguste

Ich|neu|mo|ni|den [griech.] *Pl.* Schlupfwespen

Ichor [içor, griech.] *n. Gen.* -s *nur Sg.* **1.** *bei Homer:* Lebenssaft der Götter (statt des Blutes); **2.** aus Geschwüren sich absondernde Flüssigkeit; **3.** grobkörnige magmatische Schmelze

Ich-Ro|man = **Ich|ro|man** *m. 1* Roman in Ich-Form

Ich-Sucht = **Ich|sucht** *f. Gen. - nur Sg.* Egoismus

Ich|thy|o|dont [griech.] *m. 10* versteinerter Fischzahn

Ich|thy|ol [griech.] *n. 1 nur Sg.* aus bituminösem Schiefer gewonnene, ölige Flüssigkeit zur Behandlung von Hauterkrankungen

Ich|thy|o|lith *m. 10* versteinerter Fischrest

Ich|thy|o|lo|ge *m. 11*

Ich|thy|o|lo|gie *f. 11 nur Sg.* Fischkunde

ich|thy|o|lo|gisch

Ich|thy|o|pha|ge *m. 11* Angehöriger eines Volkes, das sich überwiegend von Fisch ernährt

Ich|thy|o|sau|ri|er *m. 5,* **Ich|thy|o|sau|rus** *m. Gen. - Pl.* -ri|er ausgestorbenes Meeresreptil

Ich|thy|o|se *f. 11,* **Ich|thy|o|sis** *f. Gen. - Pl.* -sen eine Hautkrankheit, Fischschuppenkrankheit

Id [griech.] *n. 1* Erbeinheit, das lebendige Ganze des Idioplasmas

ID *Abk. für* Idaho

I|da weibl. Vorname
I|da **1.** *n. Gen.* -(s) Gebirge auf Kreta; **2.** *m. Gen.* -(s), *antiker Name für den* Kaz Dagi, ein Gebirge in Kleinasien südöstlich von Troja
I|da|ho [aɪdəhoʊ] (*Abk.:* ID) Staat der USA
i|dä|isch zum Gebirge Ida gehörig
ide. *Abk. für* indoeuropäisch
i|de|al [griech.] **1.** nur in der Vorstellung existierend; **2.** mustergültig, vollkommen
I|de|al *n. 1* vollkommenes Vorbild, Richtschnur, Leitgedanke
i|de|a|lisch *veraltet für* ideal
i|de|a|li|sie|ren *tr. 3* einem Ideal angleichen, verklären
I|de|a|li|sie|rung *f. 10*
I|de|a|lis|mus *m. Gen.* - *nur Sg.* **1.** Glauben an Ideale, Streben nach Idealen; **2.** von Idealen bestimmte Weltanschauung und Lebensführung; **3.** philos. Anschauung, dass es die Wirklichkeit nur im Geistigen gebe und alles Materielle nur ihre äußere Erscheinungsform sei
I|de|a|list *m. 10* **1.** jmd., der nach Idealen strebt; **2.** Anhänger des philos. Idealismus
i|de|a|lis|tisch
I|de|a|li|tät *f. 10 nur Sg.* **1.** ideale Beschaffenheit; **2.** das Sein nur als Idee, als Vorstellung
I|de|al|kon|kur|renz *f. 10* Verletzung mehrerer Strafgesetze durch dieselbe Handlung, Tateinheit; *Ggs.:* Realkonkurrenz
I|de|a|ti|on *f. 10* Bildung einer Idee, einer Vorstellung, eines Begriffs
I|dee [griech.] *f. 11* **1.** Urform, Urbild; **2.** Begriff; **3.** geistiger Gehalt, einem Kunstwerk oder Plan o. Ä. zugrunde liegender Gedanke; **4.** Einfall, Gedanke; **5.** *ugs.:* sehr kleine Menge
i|de|ell nur gedacht, geistig
I|de|en|as|so|zi|a|ti|on *f. 10* Verbindung, Verknüpfung von Vorstellungen
I|de|en|flucht *f. 10 nur Sg.* krankhaft sprunghaftes Denken, Gedankenflucht
i|de|en|reich
I|de|en|reich|tum *m. Gen.* -s *nur Sg.*
i|dem [lat.] (*Abk.:* id.) der-, dasselbe
I|den [lat.] *Pl.; Sg.:* I|dus *im altröm. Kalender:* die Mitte des Monats, 13. oder 15. Tag des Monats

I|den|ti|fi|ka|ti|on [lat.] *f. 10* **1.** Feststellung der Identität; **2.** Gleichsetzung
i|den|ti|fi|zie|ren *tr. 3;* jmdn. i.: jmds. Identität feststellen, jmdn. wiedererkennen; etwas als Tatwaffe, als Werk Mozarts i.: erkennen
I|den|ti|fi|zie|rung *f. 10*
i|den|tisch ein und dasselbe, ein und dieselbe Person; A. ist mit B. identisch
I|den|ti|tät [lat.] *f. 10 nur Sg.* völlige Gleichheit, Übereinstimmung
I|den|ti|täts|aus|weis *m. 1,* **I|den|ti|täts|kar|te** *f. 11, österr.:* Personalausweis
I|de|o|gra|fie *f. 11* s. **I|de|o|gra|phie**
i|de|o|gra|fisch s. **i|de|o|gra|phisch**
I|de|o|gramm [griech.] *n. 1* Schriftzeichen, das einen ganzen Begriff ausdrückt, z. B. die Zeichen der chines. Schrift, die Hieroglyphen
I|de|o|gra|phie *auch:* **I|de|o|gra|fie** *f. 11* Begriffsschrift
i|de|o|gra|phisch *auch:* **i|de|o|gra|fisch**
I|de|o|lo|ge *m. 11* Vertreter einer Ideologie
I|de|o|lo|gie *f. 11* Gesamtheit der Auffassungen und Denkvorstellungen einer Gesellschaftsgruppe oder -schicht
i|de|o|lo|gisch
I|de|o|mo|to|rik *f. 10 nur Sg.* Bewegungen, die durch Vorstellungen bewirkt, aber unbewusst ausgeführt werden
i|de|o|mo|to|risch
id est [lat.] (*Abk.:* i. e.) das ist, das heißt
idg. *Abk. für* indogermanisch
I|di|o|blast [griech.] *m. 10, Bot.:* abweichende Zelle in einem Gewebeverband
i|di|o|chro|ma|tisch eigenfarbig, nicht gefärbt, farblich der Substanz entsprechend; *Ggs.:* allochromatisch
I|di|o|fon *n. 1* s. **I|di|o|phon**
i|di|o|gra|fisch s. **i|di|o|gra|phisch**
I|di|o|gramm *n. 1* **1.** eigenhändige Unterschrift; **2.** *Biol.:* schemat. Darstellung eines Chromosomensatzes
i|di|o|gra|phisch *auch:* **i|di|o|gra|fisch** **1.** eigenhändig; **2.** das Einmalige, Besondere beschreibend (von Wissenschaften)
I|di|o|kra|sie *f. 11* s. **I|di|o|syn|kra|sie**

I|di|o|la|trie *auch:* **I|di|o|lat|rie** *f. 11 nur Sg.* Selbstvergötterung, Selbstanbetung
I|di|o|lekt *m. 1* bes. Ausdrucksweise, Spracheigentümlichkeit eines Einzelnen
I|di|om *n. 1* einer bestimmten Sprache oder Mundart (*oder:* einem Menschen) eigentüml. Redewendung oder Ausdrucksweise, Spracheigentümlichkeit, Idiotismus
I|di|o|ma|tik *f. 10* **1.** Lehre von den Idiomen; **2.** Gesamtheit der Idiome (einer Sprache oder Mundart)
i|di|o|ma|tisch nur in einer bestimmten Sprache oder Mundart vorkommend
i|di|o|morph in einer eigenen, für Minerale typischen Form ausgebildet (von Kristallen), automorph
i|di|o|pa|thisch von selbst entstanden (von Krankheiten); *Ggs.:* traumatisch
I|di|o|phon *auch:* **I|di|o|fon** *n. 1* Musikinstrument, das nach Schlagen, Zupfen oder Streichen selbst weiterklingt, z. B. Gong, Glasharmonika
I|di|o|plas|ma *n. Gen.* -s *nur Sg.* Keimplasma
I|di|o|som *n. 12* vgl. Chromosom
I|di|o|syn|kra|sie, I|di|o|kra|sie *f. 11* **1.** Überempfindlichkeit gegen bestimmte Stoffe; **2.** Abneigung, Widerwille (bes. gegen bestimmte Nahrungsmittel)
i|di|o|syn|kra|tisch **1.** überempfindlich; **2.** von Widerwillen erfüllt
I|di|ot [griech.] *m. 10* **1.** geisig zurückgebliebener Mensch; **2.** *ugs.:* Dummkopf, Trottel
I|di|o|ten|hang *m. 2,* **I|di|o|ten|hü|gel** *m. 5, ugs., scherzh.:* Übungshang für Anfänger im Skisport
i|di|o|ten|si|cher *ugs., scherzh.:* auch für Anfänger leicht zu handhaben (Gerät), leicht zu verstehen (Anleitung)
I|di|o|tie *f. 11 nur Sg.* **1.** *Med.:* schwerste Form des angeborenen Schwachsinns; **2.** *ugs.:* Unsinn, Unüberlegtheit
I|di|o|ti|kon *n. Gen.* -s *Pl.* -ka *oder* -ken Mundartenwörterbuch
i|di|o|tisch
I|di|o|tis|mus **1.** *m. Gen.* - *nur Sg.* = Idiotie (1); **2.** *m. Gen.* - *Pl.* -men Äußerung der Idiotie; **3.** *m. Gen.* - *Pl.* -men = Idiom

I|di|o|typ *m. 12,* I|di|o|ty|pus *m. Gen. - Pl.* -pen Gesamtheit der Erbanlagen, Erbgut; vgl. Genotyp, Phänotyp
i|di|o|ty|pisch erblich, von den Erbanlagen bedingt
I|do *n. Gen.* -(s) *nur Sg.* aus dem Esperanto weiterentwickelte Kunstsprache
I|do|kras [griech.] *m. 1* ein Mineral
I|dol [griech.] *n. 1* **1.** Götzenbild; **2.** *übertr.:* Abgott, verehrter, vergötterter Mensch; er ist ein Idol
I|do|la|trie *auch:* **I|do|lat|rie, Ido|lo|la|trie** *f. 11 nur Sg.* Verehrung von Götterbildern, Götzendienst, Ikonodulie, Ikonolatrie
i|do|li|sie|ren *tr. 3* zum Idol erheben
I|do|lo|la|trie *auch:* **I|do|lo|lat|rie** *f. 11 nur Sg.* s. **I|do|la|trie**
I|dyll [griech.] *n. 1* **1.** Bild oder Zustand friedlich-beschaulichen Lebens (meist in ländlicher Umgebung); **2.** *übertr., scherzh.:* komisch-beschauliches Bild oder ebensolche Szene
I|dyl|le *f. 11* Schilderung eines Idylls (1) in Versen oder Prosa, Hirten-, Schäferdichtung
i|dyl|lisch
i. e. *Abk. für* id est
I. E., IE *Abk. für* internationale Einheit
i. f. *Abk. für* ipse fecit
I|for [ifɔ(r), engl.] *f. Gen. - nur Sg. Kurzform für* Implementation Force: internationale militärische Truppe unter NATO-Führung in Bosnien-Herzegowina
I-för|mig in Form eines I
IG *Abk. für* Industriegewerkschaft, Interessengemeinschaft
I|gel *m. 5*
I|gel|kak|tus *m. Gen. - Pl.* -te|en
I|gel|kopf *m. 2* eine Wiesenpflanze
I Ging, Yi|jing [-dʒiŋ] *n. Gen. - nur Sg.* chin. Orakelspiel
Ig|lu *auch:* **I|glu** *m. 9 oder n. 9* runde Schneehütte der Eskimos
Ig|naz männl. Vorname
Ig|no|rant *auch:* **Ig|no|rant** [lat.] *m. 10* Unwissender, jmd., der sich nicht um Wissen und Erkenntnis bemüht
Ig|no|ranz *auch:* **Ig|no|ranz** *f. 10* Unwissenheit aus mangelndem Erkenntnisdrang
i|gno|rie|ren *auch:* **ig|no|rie|ren** *tr. 3* nicht wissen wollen, absichtlich nicht beachten, keine Kenntnis nehmen wollen

I|gor männl. Vorname
I|gu|an|o|don *auch:* **I|gu|a|no|don** [span. + griech.] *n. 9* halb aufrechtes Landreptil der europ. Kreidezeit
i. H. *in Briefanschriften Abk. für* im Hause
IHK *Abk. für* Industrie- und Handelskammer
Ih|le *f. 11* magerer Hering, der abgelaicht hat, »Hohlhering«
ihm, ihn, ih|nen; sie gratuliert ihm; sie holt ihn; sie kommt ihnen entgegen; *in der Anrede Sg. u. Pl.:* Ihnen

ihr, euer, euch: Das Personalpronomen *ihr* und seine deklinierten Formen *euer, euch* werden kleingeschrieben, auch in Briefen: *Kommt ihr alle mit?* § 66
Das Anredepronomen *Sie* und das entsprechende Possessivpronomen *Ihr* samt den dazugehörigen deklinierten Formen schreibt man dagegen groß: *Würden Sie mir den Zucker geben? Ist das Ihr Mantel?*
Die substantivierten Formen können je nach Interpretation als Possessivpronomen kleingeschrieben oder als substantivische possessive Adjektive großgeschrieben werden: *Sie steuerte das ihre/Ihre (das ihrige/Ihrige) zum Erfolg bei.*
Ebenso: *die ihren/Ihren* bzw. *die ihrigen/Ihrigen.* § 58 E3

ihr, ih|re; ihr Haus; ihre Kinder; *in der Anrede:* Ihr, Ihre; ich danke Ihnen für Ihren Brief; geben Sie mir Ihr Wort; *aber:* kommt ihr mit?; jetzt kommen die Ihren *oder:* die ihren; sie muss nun auch das Ihre *oder:* ihre dazu tun: das, was ihr zukommt, sie muss auch etwas dazu tun
ih|rer|seits; *in der Anrede:* Ihrerseits
ih|res|glei|chen; *in der Anrede:* Ihresgleichen
ih|ret|hal|ben, ih|ret|we|gen, ih|ret|wil|len; *in der Anrede:* Ihret…
ih|ri|ge; *in der Anrede:* Ihrige; sie muss nun auch das Ihrige *oder:* das ihrige dazu tun: sie muss ihren Beitrag dazu leisten
Ih|ro *nur in der veralteten Wendung* Ihro Gnaden
ihr|zen *tr. 1, ugs.:* mit »ihr« anreden

I H S *in Handschriften und auf frühchristlichen Bildern: latinisierte Abk. der griech. Form des Namens* »Jesus«, Christusmonogramm, vgl. I. H. S.
I. H. S. *Abk. für* in hoc salus *oder:* in hoc signo
i. J. *Abk. für* im Jahre
Ijs|sel, *ndrl.* IJs|sel [aisəl, ndrl.] *f. Gen. -* Name eines ndrl. Flusses sowie zweier Mündungsarme des Rheins
Ijs|sel|meer [aisəl-, ndrl.] *n. 1 nur Sg.* durch künstl. Damm vom Meer abgetrenntes Gewässer in den Niederlanden
I|ka|ros *griech.*Form von Ikarus
I|ka|rus griech. Sagengestalt
I|ke|ba|na [jap.] *n. Gen. - nur Sg.* die jap. Kunst des symbolhaften Blumenordnens
I|ko|ne [griech.] *f. 11* **1.** Heiligenbild (auf Holz) der Ostkirche **2.** Idol
I|ko|nen|ma|le|rei *f. 10*
I|ko|no|du|le *m. 11* Bilderanbeter
I|ko|no|du|lie *f. 11 nur Sg.* Verehrung von Götterbildern, Idolatrie
I|ko|no|graf *m. 10* s. **I|ko|no|graph**
I|ko|no|gra|fie *f. 11 nur Sg.* s. **I|ko|no|gra|phie**
I|ko|no|graph *auch:* **I|ko|no|graf** *m. 10* **1.** Wissenschaftler auf dem Gebiet der Ikonographie; **2.** *Lithographie:* Instrument zum Übertragen von Zeichnungen auf Stein
I|ko|no|gra|phie *auch:* **I|ko|no|gra|fie** *f. 11 nur Sg.* **1.** Wissenschaft der Beschreibung und Bestimmung von antiken Bildnissen; **2.** Lehre von den Darstellungsinhalten und der Bedeutung von alten, bes. christlichen Bildern, Ikonologie
I|ko|no|klas|mus *m. Gen. - nur Sg.* Zerstörung von Heiligenbildern, bes. im 8. Jh. und in der Reformation, Bildersturm
I|ko|no|klast *m. 10* Anhänger des Ikonoklasmus, Bilderstürmer
i|ko|no|klas|tisch
I|ko|no|la|trie *auch:* **I|ko|no|lat|rie** *f. 11 nur Sg.* Verehrung von Götterbildern, Idolatrie
I|ko|no|lo|ge *m. 11*
I|ko|no|lo|gie *f. 11 nur Sg.* = Ikonographie (2)
i|ko|no|lo|gisch
I|ko|no|me|ter *n. 5* Rahmensucher (an der Kamera)

I

I|ko|no|skop *auch:* **I|ko|nos|kop** *n. 1* Fernsehaufnahmeröhre
I|ko|no|stas *auch:* **I|ko|nos|tas** *m. 1,* **I|ko|no|sta|se** *auch:* **I|ko|nos|ta|se** *f. 11,* **I|ko|no|sta|sis** *auch:* **I|ko|nos|ta|sis** *f. Gen. - Pl.* -sen, *in griech.-orthodoxen Kirchen:* den Altarraum vom Gemeinderaum trennende, dreitürige, mit Ikonen bedeckte Wand
I|ko|sa|e|der [griech.] *m. 5* von 20 gleichseitigen Dreiecken begrenzter Körper
ikr *Abk. für* isländische Krone
ik|te|risch [griech.] an Ikterus erkrankt
Ik|te|rus *m. Gen. - nur Sg.* Gelbsucht
Ik|tus [lat.] *m. Gen. - Pl. - oder* -ten **1.** starke Betonung einer Hebung im Vers; **2.** plötzlich auftretendes, schweres Krankheitsbild
Il *chem. Zeichen für* Illinium
il..., Il... [lat.] *in Zus.:* nicht..., Nicht..., un..., Un..., z. B. illegal
IL *Abk. für* Illinois
I|le|i|tis [lat.] *f. Gen. - Pl.* -ti|den Entzündung des Ileums
I|le|um *n. Gen.* -s *nur Sg.* unterer Teil des Dünndarms, Krummdarm
I|le|us *m. Gen. - Pl.* I|le|en Darmverschluss
I|lex [lat.] *f. Gen. - nur Sg.* Stechpalme
Il|ja männl. Vorname, *russ. Form von* Elias
I|li|as, I|li|a|de *f. Gen. - nur Sg.* Homers Epos über den Kampf der Griechen gegen Troja (Ilion)
I|li|on *griech. Name für* Troja
ill. *Abk. für* illustriert
il|le|gal [lat.] ungesetzlich, gesetzwidrig, ohne rechtl. Grundlage; *Ggs.:* legal
Il|le|ga|li|tät *f. 10 nur Sg.* Ungesetzlichkeit
il|le|gi|tim **1.** ungesetzlich; **2.** unehelich; *Ggs.:* legitim
Il|le|gi|ti|mi|tät *f. 10 nur Sg.*
il|li|be|ral [lat.] engherzig, kleinlich; *Ggs.:* liberal
Il|li|be|ra|li|tät *f. 10 nur Sg.* Engherzigkeit
il|li|mi|tiert [lat.] *Börse:* unbeschränkt, unbegrenzt
Il|li|ni|um [nach dem US-amerik. Staat Illinois] *n. Gen.* -s *nur Sg.* (*Zeichen:* Il), *ältere Bez. für* Promethium
Il|li|nois (*Abk.:* IL) Staat der USA
il|li|quid [lat.] zahlungsunfähig; *Ggs.:* liquid
Il|li|qui|di|tät *f. 10 nur Sg.* Zahlungsunfähigkeit; *Ggs.:* Liquidität
Il|li|te|rat [lat.] *m. 10* nicht wissenschaftlich gebildeter Mensch
il|loy|al *auch:* **il|lo|yal** [-loaja:l, *ugs.:* -lɔɪa:l, lat.] untreu, treulos, unredlich, hinterhältig; *Ggs.:* loyal
Il|loy|a|li|tät *auch:* **Il|lo|ya|li|tät** [auch: il-] *f. 10 nur Sg.*
Il|lu|mi|nat [lat.] *m. 10, 16. bis 19. Jh.:* Angehöriger eines Geheimbundes, bes. des Illuminatenordens
Il|lu|mi|na|ten|or|den *m. 7 nur Sg., Ende des 18. Jh.:* aufklärerisch-freimaurerischer Geheimbund
Il|lu|mi|na|ti|on *f. 10* **1.** Festbeleuchtung (mit vielen kleinen Lämpchen); **2.** *Buchmalerei:* Ausmalung, Verzierung alter Handschriften; **3.** *Relig.:* Erleuchtung, Erkenntnis ewiger Wahrheiten
Il|lu|mi|na|tor *m. 13* **1.** *auch:* Il|lu|mi|nist *m. 10* Künstler der Buchmalerei; Buchmaler; **2.** Beleuchtungsvorrichtung an optischen Geräten
il|lu|mi|nie|ren *tr. 3* **1.** festlich erleuchten; **2.** deutlich, einsichtig, erkennbar machen; **3.** *Buchmalerei:* ausmalen, farbig verzieren
Il|lu|mi|nie|rung *f. 10* Illumination (1) und (2)
Il|lu|mi|nist *m. 10* = Illuminator (1)
Il|lu|si|on [lat.] *f. 10* **1.** Selbsttäuschung, trügerische Hoffnung oder Vorstellung; **2.** trügerische Wahrnehmung; **3.** Vortäuschung eines Wirklichkeitseindrucks, z. B. Raumillusion
il|lu|si|o|när, il|lu|si|o|nis|tisch auf einer Illusion beruhend
il|lu|si|o|nie|ren *tr. 3;* jmdn. illusionieren: jmdm. etwas vortäuschen, in jmdm. eine Illusion wecken
Il|lu|si|o|nis|mus *m. Gen. - nur Sg.* **1.** einen Raumeindruck vortäuschende Wirkung; **2.** Auffassung, dass Wahrheit, Sittlichkeit, Schönheit nur Illusionen seien
Il|lu|si|o|nist *m. 10* **1.** Anhänger des Illusionismus; **2.** jmd., der Illusionen hat, Schwärmer; **3.** Zauberkünstler
il|lu|si|o|nis|tisch **1.** = illusionär; **2.** auf dem Illusionismus beruhend
il|lu|so|risch **1.** nur als Illusion existierend; **2.** sich erübrigend, überflüssig
il|lus|ter [lat.] **1.** glänzend, vortrefflich; **2.** vornehm, berühmt; illustre Gäste

♦ Die Buchstabenfolge **il|lus|tr...** kann in Fremdwörtern auch **il|lust|r...** getrennt werden.

♦ **Il|lus|tra|ti|on** [lat.] *f. 10* **1.** Erläuterung; **2.** Abbildung (zu einem Text); **3.** Bebilderung (eines Buches)
♦ **il|lus|tra|tiv** durch Illustrationen erläuternd, veranschaulichend
♦ **Il|lus|tra|tor** *m. 13* Maler, Zeichner, der ein Buch illustriert (hat)
♦ **il|lus|trie|ren** *tr. 3* **1.** (durch Beispiele, Bilder) erläutern; **2.** mit Abbildungen ausschmücken
♦ **Il|lus|trier|te** *f. 17 oder 18* illustrierte Zeitschrift
♦ **Il|lus|trie|rung** *f. 10*
il|lu|vi|al [-vi-, lat.] im Boden angereichert, eingeschwemmt
Il|lu|vi|al|ho|ri|zont [-vi-, lat.] *m. 1* Bodenschicht, in der sich durch Einschwemmen aus einer anderen Schicht Stoffe angereichert haben
Il|ly|rer *m. 5* Angehöriger einer idg. Völkergruppe auf dem nordwestlichen Balkan
Il|ly|ri|en **1.** *bis etwa zum 7. Jh.:* von den Illyrern beherrschtes Gebiet, das Bosnien und Dalmatien und zeitweise auch Griechenland umfasste; **2.** *1809 bis 1849:* Königreich an der nordöstl. Adria
il|ly|risch
Il|me|nit [nach dem Ilmengebirge im südl. Ural] *m. 1* ein Titaneisenerz
Il|se weibl. Vorname
Il|tis *m. 1* **1.** ein Marder; **2.** dessen Pelz

im (Allgemeinen, Argen usw.): Substantivierte Adjektive und adjektivisch gebrauchte Partizipien nach *im* (ebenso: *alles, etwas, nichts, viel, wenig*) werden mit großem Anfangsbuchstaben geschrieben: *Im Allgemeinen gab es nichts Neues. Das liegt seit langem im Argen. Sie schieden im Guten. Im Großen und Ganzen hat er Fortschritte gemacht. Im Folgenden diskutieren wir Punkt 5 der Tagesordnung. Im Übrigen* *bleibt alles beim Alten. Alles lag im Ungewissen. Im oben Stehenden/Obenstehenden hatten wir vereinbart, dass … Er hat seine Schäfchen im Trockenen.* § 57 (1)

im in dem; *in geograph. Namen* (*Abk.:* i.), z. B. Freiburg im (i.) Breisgau; im Allgemeinen (*Abk.:* i. Allg.); im Argen liegen; im Auftrag (*Abk.:* i. A., I. A.); im Besonderen; im Einzelnen; im Hause (*Abk.:* i. H.); im Jahre (*Abk.:* i. J.); im Nachhinein; im Ruhestand (*Abk.:* i. R.); im Stande *oder:* imstande sein; im Übrigen; im Voraus; im Vorhinein

im…, Im… vgl. in…, In…

i. m. *Abk. für* intramuskulär

IM *Abk. für* Inoffizieller Mitarbeiter (der Staatssicherheit in der DDR)

I. M. *Abk. für* Innere Mission; Ihre Majestät

I|mage [ɪmɪdʒ, engl.] *n. 9* Vorstellung, die die Öffentlichkeit von einer Persönlichkeit, Firma usw. hat, Charakterbild

i|mage|schä|di|gend [ɪmɪdʒ-]; eine besonders imageschädigende Äußerung

i|ma|gi|na|bel [lat.] vorstellbar, denkbar

i|ma|gi|nal [lat.] voll ausgebildet (von Insekten)

I|ma|gi|nal|sta|di|um *n. Gen.* -s *Pl.* -di|en, *bei Insekten:* Stadium nach vollendeter Entwicklung

i|ma|gi|när **1.** nur in der Einbildung, der Vorstellung vorhanden, eingebildet; **2.** imaginäre Einheit *Math.:* die Größe i = $\sqrt{-1}$; **3.** imaginäre Zahl *Math.:* Zahl, die ein Vielfaches von i beträgt

I|ma|gi|na|ti|on *f. 11* Einbildung, Einbildungskraft, anschauliches Denken

i|ma|gi|na|tiv nur in der Einbildung vorhanden

i|ma|gi|nie|ren *tr. 3* sich einbilden, sich vorstellen, ausdenken, ersinnen

I|ma|go *f. Gen.* - *Pl.* -gi|nes [-ne:s] **1.** das geschlechtsreife Insekt; **2.** *Psych.:* aus dem idealisierten Bild einer in der Kindheit bes. geliebten Person entstandenes Leitbild

I|mam [arab.] *m. 9 oder m. 1* **1.** Vorbeter (in einer Moschee); **2.** relig. Oberhaupt der Schiiten, als Nachkomme Mohammeds verstanden; **3.** Ehrentitel für islamische Gelehrte; **4.** Titel der Herrscher von Jemen

im|be|zil, im|be|zill [lat.] leicht geistig behindert

Im|be|zil|li|tät *f. 10 nur Sg.*

Im|biss (*alt:* Im|biß) *m. 1* kleine Mahlzeit

Im|biss|raum (*alt:* Im|biß|raum) *m. 2*

Im|biss|stu|be (*alt:* Im|biß|stu|be) *f. 11*

Im|bro|glio *auch:* **Im|brog|lio** [-brɔljo, ital.] *n. Gen.* -s *Pl.* -s *oder* -gli [-lji], *Mus.:* rhythmische Verwirrung durch Vermischung oder Überlagerung verschiedener Taktarten

I|mi|ta|ti|on *f. 10* **1.** (naturgetreue) Nachahmung; **2.** Nachbildung von wertvollem Schmuck aus geringwertigem Material; **3.** *Mus.:* Wiederholung eines Themas, z. B. im Kanon oder in der Fuge

i|mi|ta|tiv nachahmend

I|mi|ta|tor *m. 13* Nachahmer, z. B. Tierstimmenimitator

i|mi|ta|to|risch in der Art einer Imitation

i|mi|tie|ren *tr. 3* nachahmen, nachbilden

Im|ker *m. 5* Bienenzüchter

Im|ke|rei *f. 10 nur Sg.* Bienenzucht

im|kern *intr. 1* Bienenzucht betreiben; ich imkere

Im|ma|cu|la|ta [lat.] *f. Gen.* - *nur Sg.* die Unbefleckte (d. h. die unbefleckt von ihrer Mutter Anna Empfangene; Beiname Marias in der kath. Kirche)

im|ma|nent [lat.] innewohnend, (darin) enthalten

Im|ma|nenz *f. 10 nur Sg.* das Innewohnen, Enthaltensein

im|ma|nie|ren *intr. 3* enthalten sein, innewohnen

Im|ma|te|ri|a|lis|mus [lat.] *m. Gen.* - *nur Sg.* philosoph. Lehre, dass nur das Geistige wirklich und die Materie keine selbständige Substanz sei; vgl. Materialismus

Im|ma|te|ri|a|li|tät *f. 10 nur Sg.* unkörperliche, rein geistige Beschaffenheit

im|ma|te|ri|ell unkörperlich, rein geistig

Im|ma|tri|ku|la|ti|on *auch:* **Im|mat|ri|ku|la|ti|on** [lat.] *f. 10* Einschreibung, Aufnahme in die Matrikel einer Hochschule; *Ggs.:* Exmatrikulation

im|ma|tri|ku|lie|ren *auch:* **im|mat|ri|ku|lie|ren** *tr. 3* **1.** in die Matrikel einschreiben; *Ggs.:* exmatrikulieren **2.** *schweiz. auch:* anmelden (Kraftfahrzeug);

Im|me *f. 11* Biene

im|me|di|at [lat.] ohne Vermittlung, unmittelbar (dem Landesherrn oder der obersten Behörde unterstellt)

Im|me|di|at|ge|such *n. 1* Gesuch unmittelbar an die höchste Instanz

im|me|di|a|ti|sie|ren *tr. 3, früher:* reichsunmittelbar machen, dem König unmittelbar unterstellen (z. B. Städte)

im|mens [lat.] unermesslich (groß); immenser Reichtum

Im|men|si|tät *f. 10 nur Sg.* Unermesslichkeit

im|men|su|ra|bel unmessbar

Im|men|su|ra|bi|li|tät *f. 10 nur Sg.* Unmessbarkeit

im|mer; für, auf immer; immer mehr; nur immer zu!: nur voran, vorwärts!; *aber:* immerzu; ein immer währender Kalender

im|mer|dar

im|mer|fort

im|mer|grün; immergrüne Pflanze; *aber:* die Blätter bleiben immer grün

Im|mer|grün *n. 1* **1.** eine Zierpflanze; **2.** *auch:* Efeu

im|mer|hin

Im|mer|si|on [lat.] *f. 10* **1.** Ein-, Untertauchen; **2.** *Geol.:* Überflutung von Festland durch das Meer; **3.** *Astron.:* Eintauchen eines Himmelskörpers, bes. des Mondes, in den Schatten eines anderen; **4.** *Med.:* Dauerbad; **5.** *Phys., bei mikroskop. Untersuchungen:* Einbettung eines Objekts in eine Flüssigkeit mit besonderen opt. Eigenschaften

im|mer wäh|rend (*alt:* im|mer|wäh|rend)

im|mer|zu fortwährend, ständig

Im|mi|grant *auch:* **Im|mig|rant** [lat.] *m. 10* Einwanderer; *Ggs.:* Emigrant

Im|mi|gra|ti|on *auch:* **Im|mig|ra|ti|on** *f. 10* Einwanderung (aus einem anderen Staat); *Ggs.:* Emigration

im|mi|grie|ren *auch:* **im|mig|rie|ren** *intr. 3* (aus einem anderen Staat) einwandern; *Ggs.:* emigrieren

im|mi|nent [lat.] drohend, nahe bevorstehend

Im|mis|si|on [lat.] *f. 10* **1.** Amtseinsetzung; **2.** Einwirkung (auf ein

I

benachbartes Grundstück z. B. durch Gase); **3.** Umweltverschmutzung
im|mo|bil [lat.] unbeweglich; *Ggs.:* mobil
Im|mo|bi|li|ar|ver|mö|gen *n. 7 nur Sg.* Grundbesitz
Im|mo|bi|li|ar|ver|si|che|rung *f. 10* Feuerversicherung von Gebäuden
Im|mo|bi|li|en *nur Pl.* Grundstücke, Häuser
Im|mo|bi|li|en|han|del *m. Gen. -s nur Sg.*
Im|mo|bi|li|en|händ|ler *m. 5*
Im|mo|bi|li|en|markt *m. 2*
Im|mo|bi|li|sa|ti|on *f. 10* das Immobilisieren
im|mo|bi|li|sie|ren *tr. 3* **1.** ruhig stellen, unbeweglich machen (Körperglied, durch Verband); **2.** rechtlich wie Immobilien behandeln (bewegliche Güter)
Im|mo|bi|li|sie|rung *f. 10*
Im|mo|bi|li|tät *f. 10 nur Sg.* Unbeweglichkeit
im|mo|ra|lisch [lat.] unmoralisch, unsittlich, gegen die Moralgesetze verstoßend; vgl. amoralisch
Im|mo|ra|lis|mus *m. Gen. - nur Sg.* Ablehnung der geltenden Moralgesetze; vgl. Amoralismus
Im|mo|ra|list *m. 10* jmd., der die herrschenden Moralgesetze ablehnt
Im|mo|ra|li|tät *f. 10 nur Sg.* Unsittlichkeit; vgl. Amoralität
Im|mor|ta|li|tät [lat.] *f. 10 nur Sg.* Unsterblichkeit; *Ggs.:* Mortalität
Im|mor|tel|le *f. 11* Strohblume
im|mun [lat.] **1.** unempfindl. (gegen bestimmte Krankheiten); **2.** rechtlich unantastbar (Parlamentsmitglieder); **3.** *ugs.:* nicht zu beeindrucken
im|mu|ni|sie|ren *tr. 3* (durch Impfung) immun (1) machen
Im|mu|ni|tät *f. 10 nur Sg.* **1.** Unempfindlichkeit (gegen bestimmte Krankheiten); **2.** Schutz vor strafrechtlicher Verfolgung (bei Parlamentsmitgliedern)
Im|mun|kör|per *m. 5* Antikörper
Im|mu|no|lo|gie *f. 11 nur Sg.* Lehre von der Immunität (1)
im|mu|no|lo|gisch
Im|mun|sys|tem *n. 1, Med.:* Abwehrsystem des Körpers
imp., impr. *Abk. für* imprimatur
Imp. *Abk. für* Imperator
Im|pact [-pækt, engl.] *m. 9, Werbung:* Eindrucksstärke
Im|pa|ri|tät [lat.] *f. 10 nur Sg.* Ungleichheit; *Ggs.:* Parität (1)
Im|pas|to [ital.] *n. Gen. -s Pl. -ti, Malerei:* dicker, ungleicher Farbauftrag
Im|pe|danz [lat.] *f. 10, beim Wechselstrom:* Scheinwiderstand
im|pe|ne|tra|bel *auch:* **im|pe|net|rabel** [lat.] *veraltet:* undurchdringbar
im|pe|ra|tiv [lat.] befehlend, zwingend, bindend
Im|pe|ra|tiv *m. 1* **1.** Befehlsform, z. B. komm!, kommt!; **2.** Pflichtgebot; kategorischer Imperativ
im|pe|ra|ti|visch [-viʃ, auch: -ti-]
Im|pe|ra|tiv|satz [auch: -tif-] *m. 2* Satz, in dem das Verb im Imperativ steht, Befehlssatz
Im|pe|ra|tor [lat.] *m. 13* (*Abk.:* Imp.) *im alten Rom* Oberbefehlshaber, Kaiser
im|pe|ra|to|risch **1.** wie ein Imperator; **2.** *übertr.:* gebieterisch
Im|pe|ra|tor Rex (*Abk.:* I. R.) Kaiser (und) König
Im|per|fekt [lat.] *n. 1, Gramm.:* Präteritum, z. B. ich ging
im|per|fek|tiv **1.** im Imperfekt stehend **2.** unvollendet
im|per|fo|ra|bel [lat.] nicht durchbohrbar
Im|per|fo|ra|ti|on *f. 10* angeborene Verwachsung einer Körperöffnung
im|pe|ri|al [lat.] zum Imperium, zum Imperator gehörig, auf ihnen beruhend, von ihnen ausgehend, kaiserlich
Im|pe|ri|al *n. 1* **1.** veraltetes Papierformat, 57 × 78 cm; **2.** veralteter Schriftgrad, 9 Cicero; **3.** alte russische Goldmünze, 15 Rubel
Im|pe|ri|a|lis|mus *m. Gen. - nur Sg.* Streben (eines Staates) nach Vergrößerung seiner Macht und seines Besitzes
Im|pe|ri|a|list *m. 10* Vertreter des Imperialismus
im|pe|ri|a|lis|tisch
Im|pe|ri|um *n. Gen. -s Pl. -ri|en* Weltreich, bes. das römische
im|per|me|a|bel [lat.] undurchlässig
Im|per|me|a|bi|li|tät *f. 10 nur Sg.*
Im|per|so|na|le [lat.] *n. Gen. -s Pl. -li|en oder -lia* Verb, von dem nur unpersönliche Formen gebildet werden können, z. B. regnen: es regnet
im|per|ti|nent [lat.] unverschämt, frech
Im|per|ti|nenz *f. 10 nur Sg.*
im|per|zep|ti|bel [lat.] *Philos.:* nicht wahrnehmbar
im|pe|ti|gi|nös [lat.] eitrig, grindig
Im|pe|ti|go *f. Gen. - nur Sg.* eine Hautkrankheit, Eiterflechte
im|pe|tu|o|so [ital.] *Mus.:* stürmisch, ungestüm
Im|pe|tus [lat.] *m. Gen. - nur Sg.* **1.** Ungestüm; **2.** Antrieb, Drang
imp|fen *tr. 1*
Impf|ling *m. 1*
Impf|po|cken *Pl.*
Impf|schein *m. 1*
Impf|stoff *m. 1*
Imp|fung *f. 10*
Impf|zwang *m. 2 nur Sg.*
Im|pi|e|tät [-piə-, lat.] *f. 10 nur Sg., veraltet:* Pietätlosigkeit
Im|plan|tat [lat.] *n. 1* implantiertes Gewebsstück
Im|plan|ta|ti|on *f. 10* **1.** Einpflanzung eines körperfremden Gewebsstücks oder Stoffes in den Körper; **2.** Einnistung eines befruchteten Eies in die Gebärmutterschleimhaut
im|plan|tie|ren *tr. 3*
im|ple|men|tie|ren *tr. 3* durchführen
Im|pli|ka|ti|on [lat.] *f. 10* Einbeziehung einer Sache in eine andere, »wenn … so«-Beziehung
im|pli|zie|ren *tr. 3* einbeziehen
im|pli|zit inbegriffen, einbezogen; *Ggs.:* explizit
im|pli|zi|te [-te:] einschließlich
Im|plo|si|on [lat.] *f. 10* Zertrümmerung eines Gefäßes durch (stärkeren) Luftdruck von außen; *Ggs.:* Explosion
Im|plu|vi|um *auch:* **Imp|lu|vi|um** [-vi-, lat.] *n. Gen. -s Pl. -vi|en oder -via, im altröm. Haus:* Becken im Atrium zum Auffangen des Regenwassers
im|pon|de|ra|bel [lat.] unberechenbar
Im|pon|de|ra|bi|li|en *nur Pl.* unberechenbare Einflüsse, z. B. Gefühle, Stimmungen, Reaktionen anderer
Im|pon|de|ra|bi|li|tät *f. 10 nur Sg.* Unberechenbarkeit
im|po|nie|ren [lat.] *intr. 3;* jmdm. i.: großen Eindruck auf jmdn. machen; es imponiert mir sehr, wie …
Im|po|nier|ge|ha|be *n. 7 nur Sg.*
Im|port [lat.] *m. 1* Einfuhr aus dem Ausland (von Waren); *Ggs.:* Export

Im|por|te *f. 11* **1.** *meist Pl.:* Einfuhrware; **2.** importierte Zigarre
Im|por|teur [-tør] *m. 1* Kaufmann oder Firma, der bzw. die aus dem Ausland Waren einführt; *Ggs.:* Exporteur
Im|port|ge|schäft *n. 1*
Im|port|han|del *m. 5 nur Sg.*
im|por|tie|ren *tr. 3* aus dem Ausland einführen (Waren); *Ggs.:* exportieren
im|por|tun [lat.] *veraltet für* inopportun
im|po|sant [lat.] großartig, eindrucksvoll, stattlich
im|po|tent [lat.] unfähig zum Geschlechtsverkehr (vom Mann), zeugungsunfähig
Im|po|tenz [lat.] *f. 10 nur Sg.*
impr., imp. *Abk. für* imprimatur
Im|prä|gna|ti|on *auch:* **Im|präg|na|ti|on** [lat.] *f. 10* **1.** *Geol.:* das Eindringen von mineralhaltigen Lösungen in Gestein; **2.** *Biol.:* das Eindringen der Samenzelle in das Ei, Befruchtung
im|prä|gnie|ren *auch:* **im|präg|nie|ren** *tr. 3* mit einem Schutzmittel (gegen Feuchtigkeit o. Ä.) tränken
Im|prä|gnie|rung *auch:* **Im|präg|nie|rung** *f. 10*
im|prak|ti|ka|bel undurchführbar, nicht anwendbar
Im|pre|sa|rio [ital.] *m. Gen.* -s *Pl.* -s *oder* -rii jmd., der für einen Künstler Gastspiele arrangiert
Im|pres|si|on [lat.] *f. 10* Eindruck, Sinneswahrnehmung
im|pres|si|o|na|bel eindrucksfähig, beeindruckbar
Im|pres|si|o|nis|mus *m. Gen. - nur Sg.* Eindruckskunst, Kunstrichtung Ende des 19. Jh.
Im|pres|si|o|nist *m. 10* Vertreter des Impressionismus
im|pres|si|o|nis|tisch
Im|pres|sum [lat.] *n. Gen.* -s *Pl.* -sen, *in Zeitungen, Zeitschriften und Büchern:* Vermerk (meist auf der zweiten Seite) über Copyright, Verlagsort und -jahr, Druckerei u. a.
im|pri|ma|tur [lat.] (*Abk.:* imp., impr.) »es werde gedruckt« (Vermerk des Autors oder Verlages auf den letzten Korrekturbogen)
Im|pri|ma|tur *n. Gen.* -s *nur Sg.* Druckerlaubnis; das Imprimatur erteilen
Im|pri|mé [ɛ̃prime, frz.] *m. 9* bedruckter Seidenstoff
im|pri|mie|ren [lat.] *tr. 3* das Imprimatur für einen Text, Druckbogen erteilen
Im|promp|tu [ɛ̃prɔ̃ty, frz.] *n. 9* **1.** *urspr.:* frz. Stegreifgedicht; **2.** aus einem augenblicklichen Einfall heraus frei gestaltetes Musikstück, bes. für Klavier
Im|pro|vi|sa|ti|on [-vi-, lat.] *f. 10* Handlung oder Vortrag unvorbereitet aus einem augenblicklichen Einfall heraus
Im|pro|vi|sa|tor [-vi-] *m. 13* jmd., der improvisieren kann
im|pro|vi|sa|to|risch [-vi-] in der Art einer Improvisation
im|pro|vi|sie|ren [-vi-] *tr. 3* unvorbereitet, aus dem Augenblick heraus tun oder vortragen; sie musste den Vortrag schnell i.
Im|puls [lat.] *m. 1* **1.** Antrieb, Anregung, Anreiz; **2.** *Phys.:* Kraftstoß, Anstoß
im|pul|siv **1.** durch einen Impuls bewirkt; **2.** rasch, lebhaft, aus plötzl. Einfällen heraus handelnd
Im|pul|si|vi|tät [-vi-] *f. 10 nur Sg.* impulsives Wesen oder Handeln
Im|puls|kauf *m. 2* durch Produktreiz ausgelöster Kauf ohne rationale Steuerung
Im|pu|ta|ti|on [lat.] *f. 10, veraltet:* ungerechtfertigte Beschuldigung
im|pu|ta|tiv *veraltet:* ungerechtfertigt beschuldigend
im|pu|tie|ren *tr. 3, veraltet:* ungerecht beschuldigen

imstande/im Stande sein: Bei einigen festen Fügungen zu einer Präposition ist es den Schreibenden überlassen, ob sie diese wie eine Zusammensetzung in einem Wort (*imstande*) oder wie eine Wortgruppe getrennt (*im Stande sein*) schreiben: *Sie sind imstande/im Stande(,) das Haus anzuzünden.* § 39 E3 (1)

im|stan|de = **im Stan|de;** imstande sein *oder:* im Stande sein

in Anbetracht/Bezug: Substantive in festen Gefügen, die nicht mit anderen Teilen des Gefüges zusammengeschrieben werden, schreibt man groß: *In Anbetracht der Tatsache, dass er … In Bezug auf seine Teilnahme habe ich keine Bedenken.*
§ 55 (4)

in **1.** *Präp.mit Dat. oder Akk.; in geograph. Namen* (*Abk.:* i.), z. B. Münster in (i.) Westfalen; in Anbetracht ihres Erfolges; in Bezug auf seine Forderung; **2.** in sein *ugs.:* modern sein, über alles Aktuelle, Modische (innerhalb einer bestimmten Gesellschaftsgruppe) Bescheid wissen, tonangebend, in Mode sein; *Ggs.:* out (2)
In *chem. Zeichen für* Indium
IN *Abk. für* Indiana
in. *Abk. für* Inch
in…, In… [lat.] *in Zus.* **1.** ein…, Ein…, hinein…, z. B. induzieren; **2.** nicht…, Nicht…, z. B. inkonsequent
I|na weibl. Vorname
in ab|sen|tia [-tsja, lat.] in Abwesenheit; einen Angeklagten in a. verurteilen
in ab|strac|to *auch:* **in abs|trac|to, in abst|rac|to** [lat.] im Allgemeinen, ohne Berücksichtigung des Besonderen, der Wirklichkeit; *Ggs.:* in concreto
in|ad|ä|quat *auch:* **in|a|dä|quat** [lat.] nicht passend, ungleichwertig, unangemessen
in ae|ter|num [- ɛtɛr-, lat.] auf ewig, für ewig
in|ak|ku|rat [lat.] nicht gleichmäßig, ungenau, nachlässig
in|ak|tiv [lat.] **1.** untätig; **2.** im Ruhestand, beurlaubt; **3.** nicht zur Teilnahme an Versammlungen verpflichtet (bei Mitgliedern von Vereinen oder Studentenverbindungen)
in|ak|ti|vie|ren [-vi-] *tr. 3* **1.** unwirksam machen; **2.** in den Ruhestand versetzen
In|ak|ti|vie|rung [-vi-] *f. 10*
In|ak|ti|vi|tät [-vi-, auch: -tɛt] *f. 10 nur Sg.* **1.** Unwirksamkeit, Untätigkeit; **2.** Ruhestand
in|ak|tu|ell [lat.] nicht aktuell
in|ak|zep|ta|bel [auch: -ta-, lat.] nicht akzeptabel, unannehmbar
in|a|li|e|na|bel [-liə-, auch: -na-, lat.] unveräußerlich
in|an *auch:* **i|nan** [lat.] nichtig, leer
In|an|griff|nah|me *f. 11 nur Sg.*
In|a|ni|tät *auch:* **I|na|ni|tät** [lat.] *f. 10 nur Sg.* Nichtigkeit, Leere
In|an|spruch|nah|me *f. 11 nur Sg.*
in|ap|pel|la|bel [lat.] nicht durch Berufung anfechtbar; inappellables Urteil
in|ar|ti|ku|liert [lat.] nicht artikuliert, undeutlich (ausgesprochen)

I

In|au|gen|schein|nah|me *f. 11 nur Sg.*
In|au|gu|ral|dis|ser|ta|ti|on [lat.] *f. 10* wissenschaftliche Arbeit, um die Doktorwürde zu erlangen, Doktorarbeit
In|au|gu|ra|ti|on *f. 10* feierliche Einsetzung in ein Amt oder eine Würde
in|au|gu|rie|ren *tr. 3* **1.** einsetzen, einweihen; **2.** beginnen, einleiten
In|be|griff *m. 1* Gesamtheit, Summe, das Höchste
in|be|grif|fen
In|be|sitz|nah|me *f. 11 nur Sg.*
In|be|trieb|nah|me *f. 11 nur Sg.*
in bre|vi [-vi, lat.] *veraltet:* in kurzem, binnen kurzem, bald
In|brunst *f. Gen. - nur Sg.*
in|brüns|tig
In|bus|schlüs|sel, In|bus|schrau|ben|schlüs|sel *m. 5* rechtwinklig abgebogene Sechskant- oder Vierkant-Stahlstange, mit der Inbusschrauben ein- und ausgedreht werden können
In|bus|schrau|be *f. 11* Schraube mit eingesenktem Kantloch
inc. *Abk. für* incidit
Inc. *Abk. für* incorporated: eingetragen (von Vereinen, Gesellschaften)
I. N. C. *Abk. für* in nomine Christi
Inch [intʃ, engl.] *m. oder n. Gen. - Pl. -* (*Abk.:* in., *Zeichen:* "), engl. Längenmaß, Zoll, 2,54 cm
In|cho|a|tiv [-ko-, lat.] *n. 1,* **In|cho|a|ti|vum** [-vum] *n. Gen. -s Pl. -va* [-va] **1.** Aktionsart des Verbs, die den Beginn einer Handlung ausdrückt; **2.** Verb, das diese Aktionsart ausdrückt, z. B. erblühen
in|chro|mie|ren [-kro-, lat.] *tr. 3* mit Chrom behandeln (zum Schutz gegen Korrosion)
in|ci|dit [lat.] (*Abk.:* inc.) »hat (es) geschnitten« (Vermerk auf Kupferstichen vor dem Namen des Künstlers)
in|ci|pit [lat.] »es beginnt« (Vermerk am Anfang alter Handschriften oder Drucke); *Ggs.:* explicit
In|ci|pit *n. 9* die Anfangswörter einer alten Handschrift oder eines Frühdruckes
incl. *Abk. für* inclusive; vgl. inklusive
in con|cre|to [lat.] in Wirklichkeit, konkret gesprochen; *Ggs.:* in abstracto
in cor|po|re [lat.] insgesamt, alle
In|cu|bus *m. Gen. - Pl. -cu|ben, ältere Schreibung von* Inkubus
I. N. D. *Abk. für* in nomine Dei, in nomine Domini
Ind|an|thren® *auch:* **In|danth|ren** [Kunstwort aus Indigo und Anthracen] *n. 1, Sammelbez. für* licht- und waschechte Farbstoffe
in|de|fi|ni|bel [lat.] nicht definierbar, nicht begrifflich abzugrenzen
in|de|fi|nit unbestimmt
In|de|fi|nit|pro|no|men *n. 7,* **In|de|fi|ni|tum** *n. Gen. -s Pl. -ta* unbestimmtes Fürwort, z. B. jeder, einige
in|de|kli|na|bel [lat.] nicht deklinierbar, nicht beugbar
In|de|kli|na|bi|le *n. Gen. - Pl. -bi|lia* undeklinierbares Wort, z. B. lila, sehr
in|de|li|kat [lat.] unfein, unzart; *Ggs.:* delikat (2)
in|dem **1.** dadurch, dass; du kannst ihm helfen, indem du …; **2.** während; indem ich das sagte, kam er zur Tür herein
In|dem|ni|sa|ti|on [lat.] *f. 10* Entschädigung, Vergütung
in|dem|ni|sie|ren *tr. 3*
In|dem|ni|tät *f. 10 nur Sg.* nachträgliche Zustimmung (des Parlaments) zu einer anfangs nicht gebilligten Maßnahme (der Regierung)
in|de|mons|tra|bel *auch:* **in|de|monst|ra|bel** [lat.] nicht beweisbar
In|de|pen|dence Day [ındıpendəns dɛı, engl.] *m. Gen. - - nur Sg.* US-amerik. Nationalfeiertag, 4. Juli
In|de|pen|den|ten [lat.] *nur Pl., in England im 17. Jh.:* die Angehörigen einer puritan. Strömung, die die Unabhängigkeit der Einzelgemeinden erstrebte, Kongregationalisten
In|de|pen|denz *f. 10 nur Sg.* Unabhängigkeit
In|der *m. 5* Einwohner Indiens
in|des, in|des|sen
in|de|ter|mi|na|bel [lat.] unbestimmbar; indeterminabler Begriff
In|de|ter|mi|na|ti|on *f. 10 nur Sg.* **1.** *Philos.:* Unbestimmtheit **2.** Unentschlossenheit
in|de|ter|mi|niert unbestimmt
In|de|ter|mi|nis|mus *m. Gen. - nur Sg.* Lehre, dass der Mensch in seinen Handlungen nicht zwingend von Ursache und Wirkung abhänge, sondern ein gewisses Maß an Willensfreiheit besitze; *Ggs.:* Determinismus
In|dex [lat.] *m. 1 oder Gen. - Pl. -di|zes oder -di|ces* [-tse:s] **1.** Verzeichnis (von Namen, Begriffen, Stichwörtern o. Ä., auch von (verbotenen) Büchern); **2.** *Math.:* Kenn-, Unterscheidungsziffer, tiefgestellt nach dem Buchstaben, z. B. a_1, an_1, F_2; **3.** *Anthropologie:* Prozentzahl, die das Verhältnis zweier Maße zueinander ausdrückt, beim Schädelindex z. B. das von Länge und Breite
In|dex|wäh|rung *f. 10* Währung, der bestimmte Indexziffern (meist der Lebenshaltungskosten) zugrunde liegen
In|dex|zif|fer *f. 11* = Verhältniszahl
in|de|zent [lat.] unanständig, unschicklich
In|de|zenz *f. 10 nur Sg.*
In|di|a|ca [-ka, span.] *n. Gen. -s nur Sg.* dem Volleyball ähnliches Spiel
In|di|an *m. 1 österr.:* Truthahn
In|di|a|na (*Abk.:* IN) Staat in den USA
In|di|a|ner *m. 5* Ureinwohner von Amerika
In|di|a|ner|krap|fen *m. 7, österr.:* Schokokuss
In|di|a|ner|som|mer *m. 5, in Nordamerika:* Altweibersommer
in|di|a|nisch
In|di|a|nist *m. 10*
In|di|a|nis|tik *f. 10 nur Sg.* Lehre von den Indianersprachen und -kulturen
In|di|ces [-tse:s] s. **In|di|zes**
In|di|en Staat in Südasien
In|dienst|nah|me *f. 11 nur Sg.*
In|dienst|stel|lung *f. 10 nur Sg.*
in|dif|fe|rent [lat.] **1.** unbestimmt; **2.** gleichgültig
In|dif|fe|ren|tis|mus *m. Gen. - nur Sg.* gleichgültiges, teilnahmsloses Verhalten, Mangel an eigener Meinung
In|dif|fe|renz *f. 10 nur Sg.* **1.** Unbestimmtheit; **2.** Gleichgültigkeit
In|di|ges|ti|on [lat.] *f. 10* Verdauungsstörung
In|di|gna|ti|on *auch:* **In|dig|na|ti|on** [lat.] *f. 10 nur Sg.* Unwille, Entrüstung
in|di|gniert *auch:* **in|dig|niert** unwillig, peinlich berührt
In|di|gni|tät *auch:* **In|dig|ni|tät** *f. 10*

nur Sg. **1.** *veraltet:* Unwürdigkeit; **2.** *Rechtsw.:* Erbunwürdigkeit
In|di|go [griech.-span.] *m. 9 oder n. 9* ältester pflanzlicher, blauer Farbstoff (heute synthetisch hergestellt)
In|di|go|blau *n. Gen. -s nur Sg.*
In|di|go|lith *m. 1 oder m. 10* ein Mineral, blauer Turmalin
In|di|go|tin *n. 1 nur Sg.* aus Indigo gewonnener, blauer Farbstoff
In|dik *m. Gen. -s nur Sg., Kurzwort für* Indischer Ozean
In|di|ka|ti|on [lat.] *f. 10* **1.** Merkmal; **2.** Heilanzeige, Veranlassung, ein bestimmtes Heilmittel oder -verfahren anzuwenden
In|di|ka|tiv *m. 1* Form des Verbs, die einen Sachverhalt als wirklich darstellt, z. B. ich laufe, ich habe geschrieben; vgl. Konjunktiv
in|di|ka|ti|visch [-viʃ]
In|di|ka|tor *m. 13* **1.** *Chem.:* Stoff, der durch Veränderung seiner Farbe anzeigt, wie die auf ihn einwirkende Lösung reagiert; **2.** *Tech.:* Gerät zur Aufzeichnung der Arbeitsleistung einer Maschine
In|di|ka|trix *auch:* **In|di|kat|rix** *f. Gen. - nur Sg., Kartographie:* Maß zur Feststellung der Verzerrung bei der Abbildung einer gekrümmten Fläche
In|dik|ti|on [lat.] *f. 10* **1.** Ankündigung; **2.** kirchl. Aufgebot; **3.** *im alten Rom:* Zeitraum von 15 Jahren (zur Berechnung von Steuern), Römerzinszahl
In|dio *m. 9, span. Bez. für* Indianer Süd- u. Mittelamerikas
in|di|rekt [lat.] mittelbar, auf Umwegen, nicht direkt; indirekte Rede: abhängige Rede, z. B. er sagte, er habe angerufen; indirekte Beleuchtung: Beleuchtung durch unsichtbare Lichtquellen; indirekte Steuern: Steuern, die überwälzt werden können; indirekte Wahl: Wahl von Abgeordneten durch Wahlmänner, die von den Urwählern gewählt wurden
in|disch; *aber:* der Indische Ozean
In|disch|rot *n. Gen. -(s) nur Sg.*
in|dis|kret [lat.] nicht verschwiegen, taktlos-neugierig; *Ggs.:* diskret
In|dis|kre|ti|on *f. 10* Mangel an Verschwiegenheit; *Ggs.:* Diskretion (1)
in|dis|ku|ta|bel [auch: -ta-, lat.] nicht der Erörterung wert; indiskutabler Vorschlag
in|dis|pen|sa|bel [auch: -sa-, lat.] unerlässlich, unumgänglich; indispensable Entscheidung
in|dis|po|ni|bel [auch: -ni-, lat.] nicht verfügbar, festgelegt; indisponible Gelder
in|dis|po|niert in schlechter Verfassung, unpässlich
In|dis|po|si|ti|on *f. 10 nur Sg.* Unpässlichkeit
in|dis|pu|ta|bel [auch: -ta-, lat.] *veraltet:* unbestreitbar, unstreitig
In|dis|zi|plin *auch:* **In|dis|zip|lin** [lat.] *f. Gen. - nur Sg.* Mangel an Disziplin
in|dis|zi|pli|niert *auch:* **in|dis|zip|li|niert** unzuverlässiges Verhalten
In|di|um (*Zeichen:* In) chem. Element, Metall
In|di|vi|du|a|li|sa|ti|on [-vi-, lat.] *f. 10* Vereinzelung, Betrachtung, Hervorhebung des Einzelnen, Besonderen
in|di|vi|du|a|li|sie|ren [-vi-] *tr. 3* in Einzelnes sondern, das Besondere, Einzelne (von etwas) hervorheben
In|di|vi|du|a|li|sie|rung [-vi-] *f. 10*
In|di|vi|du|a|lis|mus [-vi-] *m. Gen. - nur Sg.* **1.** das Einzelwesen, den Einzelmenschen hervorhebende Auffassung, Überordnung des Einzelmenschen über die Gemeinschaft; **2.** Vertretung der eigenen Interessen, Zurückhaltung gegenüber der Gemeinschaft
In|di|vi|du|a|list [-vi-] *m. 10*
in|di|vi|du|a|lis|tisch [-vi-]
In|di|vi|du|a|li|tät [-vi-] *f. 10* **1.** Einzigartigkeit; **2.** Gesamtheit der Eigenarten eines Einzelwesens; **3.** das Einzelwesen in seiner Eigenart
In|di|vi|du|al|recht [-vi-] *n. 1* Recht des Einzelmenschen, Menschenrecht
In|di|vi|du|a|ti|on [-vi-] *f. 10* Entwicklung der Einzelpersönlichkeit, Herausbildung der Besonderheiten, Eigenarten des Einzelmenschen
in|di|vi|du|ell [-vi-] den Einzelmenschen betreffend, zu ihm gehörig, ihm eigentümlich; je nach Art des Einzelnen
In|di|vi|du|um [-vi-] *n. Gen. -s Pl.* -du|en **1.** Einzelwesen; **2.** *ugs. abfällig:* Kerl, unbekannte Person
in|di|vi|si|bel [-vi-] [lat.] unteilbar
In|diz [lat.] *n. Gen. -es Pl.* -di|zi|en verdächtiger Umstand, Tatsache, die auf einen bestimmten Sachverhalt schließen lässt
In|di|zes *auch:* **In|di|ces** [-tse:s] *Pl. von* Index
In|di|zi|en *Pl. von* Indiz
In|di|zi|en|be|weis *m. 1* Beweis aufgrund von Tatsachen, die auf einen Tatbestand schließen lassen
In|di|zi|en|pro|zess (*alt:* In|di|zi|en-pro|zeß) *m. 1*
in|di|zie|ren *tr. 3* hinweisen auf, ratsam erscheinen lassen
in|di|ziert ratsam
In|di|zi|um *n. Gen. -s Pl.* -zi|en, *veraltet für* Indiz
In|do|a|ri|er *m. 5* Angehöriger eines der um 1500 v. Chr. in Indien eingewanderten arischen Völker
in|do|a|risch; indoarische Sprachen
In|do|chi|na das ehemals frz. Gebiet in Hinterindien
In|do|eu|ro|pä|er *m. 5* Indogermane
in|do|eu|ro|pä|isch (*Abk.:* ide.)
In|do|ger|ma|ne *m. 11 meist Pl.* Angehöriger eines der zur idg. Sprachfamilie gehörenden Völker
in|do|ger|ma|nisch (*Abk.:* idg.); indogermanische Sprachen: die von Indien bis Europa verbreiteten Sprachen
In|do|ger|ma|nist *m. 10*
In|do|ger|ma|nis|tik *f. 10 nur Sg.* die vergleichende Wissenschaft von den idg. Sprachen
in|do|ger|ma|nis|tisch
in|dok|tri|nie|ren *auch:* **in|dokt|ri|nie|ren** [lat.] *tr. 3*
in|do|lent [auch: in-, lat.] **1.** unempfänglich für Eindrücke, gleichgültig; **2.** unempfindlich gegenüber Schmerzen
In|do|lenz *f. 10 nur Sg.*
In|do|lo|ge [lat. + griech.] *m. 11*
In|do|lo|gie *f. 11 nur Sg.* Wissenschaft von den indischen Sprachen und Kulturen
in|do|lo|gisch
In|do|ne|si|en Inselstaat in Südostasien
In|do|ne|si|er *m. 5*
in|do|pa|zi|fisch zum Indischen und Pazifischen Ozean gehörend
in|dos|sa|bel, in|dos|sier|bar [lat.] durch Indossament übertragbar
In|dos|sa|ment, In|dos|so *n. 1* Übertragung des Rechtes (an einem Wechsel) an einen andern, Wechselübertragung, Indosso
In|dos|sant, In|dos|sent *m. 10* jmd.,

der ein Idossament weitergibt, Girant
In|dos|sat *m. 10,* **In|dos|sa|tar** *m. 1* jmd., auf den durch Indossament ein Wechsel übertragen wird
In|dos|sent *m. 10* Indossant
in|dos|sier|bar indossabel
in|dos|sie|ren *tr. 3* (durch Indossament) übertragen
In|dos|sie|rung *f. 10*
In|dos|so *n. Gen.* -s *Pl.* -s *oder* -si Indossament
in du|bio [lat.] im Zweifelsfall; in dubio pro reo: im Zweifelsfall (soll) für den Angeklagten (entschieden werden) (Rechtsgrundsatz)
In|duk|tanz [lat.] *f. 10 nur Sg., bei Wechselstrom:* induktiver Widerstand
In|duk|ti|on *f. 10* **1.** *Philos.:* Schlussfolgerung vom Besonderen auf das Allgemeine, Epagoge; *Ggs.:* Deduktion; **2.** *Phys.:* Erzeugung einer elektr. Spannung in einem Leiter durch Änderung des ihn umgebenden Magnetfeldes; **3.** eine Form des mathematischen Beweises
In|duk|ti|ons|ap|pa|rat, In|duk|tor *m. 1* Hochspannungstransformator, der mit pulsierendem Gleichstrom betrieben wird
In|duk|ti|ons|krank|heit *f. 10* seelisch übertragene, krankhafte Störung
In|duk|ti|ons|o|fen *m. 8* induktiv beheizter Schmelzofen
In|duk|ti|ons|strom *m. 2* durch Induktion erzeugter Strom
in|duk|tiv auf Induktion beruhend, epagogisch
In|duk|ti|vi|tät [-vi-] *f. 10, Phys.: Maßbez. für* die Größe einer Induktion
In|duk|tor *m. 13* Induktionsapparat
in dul|ci ju|bi|lo [lat. »in süßem Jubel«] Anfang eines alten Weihnachtsliedes
in|dul|gent [lat.] nachsichtig, milde
In|dul|genz *f. 10 nur Sg.* **1.** Nachsicht, Milde; **2.** Straferlass; **3.** Ablass
In|dult [lat.] *m. 1 oder n. 1* **1.** Nachsicht; **2.** Vergünstigung (bei Verbindlichkeiten); **3.** Frist, Stundung
in du|plo *auch:* **in dup|lo** [lat.] *veraltet:* in zweifacher Ausfertigung
In|du|ra|ti|on [lat.] *f. 10, Med.:* Verhärtung (von Gewebe oder Organen)
in|du|rie|ren *intr. 3* verhärten
In|dus *m. Gen.* - Strom in Vorderindien
In|du|si [Kurzwort aus induktive Zugsicherung] *f. Gen. - nur Sg.* elektromagnet. Sicherheitseinrichtung an Gleisen und Zügen
In|du|si|um [lat.] *n. Gen.* -s *Pl.* -sien Hüllorgan, das bei vielen Farnen die Sporangien bedeckt

♦ Die Buchstabenfolge **in|dus|tr...** kann in Fremdwörtern auch **in|dust|r...** getrennt werden.

♦ **in|dus|tri|a|li|sie|ren** [lat.] *tr. 3;* ein Land i.: in einem Land eine Industrie aufbauen
♦ **In|dus|tri|a|li|sie|rung** *f. 10 nur Sg.*
♦ **In|dus|tri|a|lis|mus** *m. Gen. - nur Sg.* Vorherrschen der Industrie (in einem Land)
♦ **In|dus|trie** *f. 11* Massenherstellung von Waren auf mechanischem Wege
♦ **In|dus|trie|ar|bei|ter** *m. 5*
♦ **In|dus|trie|be|trieb** *m. 1*
♦ **In|dus|trie|ge|werk|schaft** *f. 10* (*Abk.:* IG)
♦ **In|dus|trie|ka|pi|tän** *m. 1, ugs.:* führende Persönlichkeit in der Industrie
♦ **In|dus|trie|land** *n. 4 meist Pl.*
♦ **in|dus|tri|ell** auf der Industrie beruhend, zu ihr gehörig
♦ **In|dus|tri|el|le(r)** *m. 18 (17) bzw. f. 18 oder 17* Inhaber(in) oder Leiter(in) eines Industriebetriebes, Unternehmer(in)
♦ **In|dus|trie|ma|gnat** *auch:* **In|dus|trie|mag|nat** *m. 10* Inhaber von in der Industrie investierten Vermögenswerten
♦ **In|dus|trie|pflan|ze** *f. 11* in großen Mengen angebaute, in der Industrie verwendete Pflanze, z. B. Zuckerrübe
♦ **In|dus|trie|pro|dukt** *n. 1*
♦ **In|dus|trie|staat** *m. 12*
♦ **In|dus|trie|stadt** *f. 2*
♦ **In|dus|trie- und Han|dels|kam|mer** *f. 11* (*Abk.:* IHK) (Schreibung abweichend von den orthograph. Regeln)
in|du|zie|ren [lat.] *tr. 3* **1.** vom Einzelnen auf das Allgemeine schließen; **2.** durch Induktion erzeugen (Strom)
in|ef|fek|tiv [lat.] unwirksam
in ef|fi|gie [-gie:, lat. »im Abbild«] bildlich; jmdn. in e. hängen oder verbrennen *früher:* das Bild des entflohenen Verbrechers statt seiner selbst hängen oder verbrennen
in|ef|fi|zi|ent [lat.] unwirksam
In|ef|fi|zi|enz *f. 10 nur Sg.*
in|e|gal [lat.] ungleich; *Ggs.:* egal (1)

ineinander: Fügungen aus dem mehrgliedrigen Adverb *ineinander* und einem Verb/Partizip schreibt man im Infinitiv, Partizip und am Ende eines Nebensatzes getrennt: *ineinander bauen, ineinander fließen, ineinander greifen, ineinander gepasste Ringe.* § 34 E3 (2)
Die substantivierte Form wird jedoch zusammengeschrieben: *das Ineinanderfließen der Bäche.* § 37 (2)

in|ein|an|der *auch:* **in|ei|nan|der;** ineinander aufgehen; ineinander fließen; ineinander fügen; ineinander greifen; ineinander greifende Zahnräder; ineinander fließende Bäche; aber: das Ineinanderfließen
in|ein|an|der flie|ßen *auch:* **in|ei|nan|der flie|ßen** (*alt:* in|ein|an|der|flie|ßen) *intr. 40*
in|ein|an|der fü|gen *auch:* **in|ei|nan|der fü|gen** (*alt:* in|ein|an|der|fü|gen) *tr. 1*
in|ein|an|der grei|fen *auch:* **in|ei|nan|der grei|fen** (*alt:* in|ein|an|der|grei|fen) *intr. 59*
in|ert *auch:* **i|nert** [lat.] untätig, träge; inerte Stoffe: reaktionsträge oder -unfähige Stoffe
I|nes weibl. Vorname, *span. Form von* Agnes
in|es|sen|ti|ell *Nv.* **in|es|sen|zi|ell** *Hv.* [-tsjel, lat.] unwesentlich
in|ex|akt *auch:* **in|e|xakt** [lat.] ungenau
in|ex|is|tent *auch:* **in|e|xis|tent** [lat.] nicht existierend, nicht vorhanden
In|ex|is|tenz *auch:* **In|e|xis|tenz** [lat.] *f. 10 nur Sg.* **1.** Nichtvorhandensein; **2.** *Philos.:* Vorhandensein in etwas anderem
in|ex|plo|si|bel [lat.] nicht explodieren könnend, nicht zur Explosion fähig; inexplosibler Stoff
in ex|ten|so [lat.] ausführlich, vollständig
in ex|tre|mis *auch:* **in ext|re|mis**

[lat.] *Med.:* in den letzten Zügen (liegend)
Inf. *Abk. für* Infanterie
in fac|to [lat.] in Wirklichkeit, wirklich
in|fal|li|bel [lat.] unfehlbar, unwiderruflich; infallible Entscheidung
In|fal|li|bi|li|tät *f. 10 nur Sg.* Unfehlbarkeit (des Papstes)
in|fam [lat.] **1.** niederträchtig, gemein; **2.** *ugs.:* abscheulich; infame Schmerzen
In|fa|mie *f. 11* Niederträchtigkeit, Gemeinheit
In|fant [lat.] *m. 10, früher in Spanien und Portugal Titel für* königlicher Prinz
In|fan|te|rie [auch: in-, lat.] *f. 11* (*Abk.:* Inf.) für den Kampf zu Fuß ausgebildete Soldaten, Fußtruppe
In|fan|te|rist [auch: in-] *m. 10* Soldat der Infanterie
in|fan|te|ris|tisch
in|fan|til kindisch, zurückgeblieben
In|fan|ti|lis|mus *m. Gen. - nur Sg.* Zurückgebliebensein auf kindlicher Entwicklungsstufe
In|fan|ti|li|tät *f. 10 nur Sg.* kindisches Wesen, Unreife
In|fan|tin *f. 10, früher in Spanien und Portugal Titel für* königliche Prinzessin
In|farkt [lat.] *m. 1* Absterben eines Organs oder Organteils infolge Verschlusses einer Arterie
in|far|zie|ren *tr. 3* ein Organ(teil) i.: zum Absterben bringen, einen Infarkt darin herbeiführen
In|fekt [lat.] *m. 1 oder n. 1* ansteckende Krankheit, z. B. grippaler Infekt
In|fek|ti|on *f. 10* Ansteckung, Übertragung von Krankheitserregern
In|fek|ti|ons|krank|heit *f. 10*
in|fek|ti|ös ansteckend
In|fek|ti|o|si|tät *f. 10 nur Sg.* Ansteckungsfähigkeit (eines Erregers)
In|fel *f. 11* s. **In|ful**
in|fe|ri|or [lat.] untergeordnet, minderwertig
In|fe|ri|o|ri|tät *f. 10 nur Sg.* untergeordnete Stellung, Minderwertigkeit
in|fer|na|lisch [lat.] **1.** höllisch, teuflisch; infernalisches Gelächter; **2.** *übertr.:* unerträglich; infernalischer Gestank
In|fer|no *n. 9 nur Sg.* Hölle, Unterwelt
in|fer|til [lat.] unfruchtbar
In|fer|ti|li|tät *f. 10 nur Sg.* Unfruchtbarkeit
In|fight [ɪnfaɪt, engl.] *m. 9,* **In|fighting** [ɪnfaɪtɪŋ] *n. 9, Boxen:* Nahkampf
In|fil|trat *auch:* **In|filt|rat** [lat.] *n. 1* **1.** von fremden Zellen oder fremder Flüssigkeit durchsetztes Gewebe; **2.** in ein Gewebe eingedrungene Substanz
In|fil|tra|ti|on *auch:* **In|filt|ra|ti|on** *f. 10* **1.** das Eindringen von Zellen oder Flüssigkeit in Gewebe; **2.** *übertr.:* Eindringen fremden Gedankengutes in eine Gemeinschaft, ideologische Unterwanderung
in|fil|trie|ren *auch:* **in|filt|rie|ren** *tr. u. intr. 3* eindringen, einflößen, durchtränken
in|fi|nit [auch: -nit, lat.] unbestimmt, unbegrenzt; infinite Formen *Gramm.:* nicht durch Person und Numerus bestimmte, nicht konjugierte Formen des Verbs, z. B. Infinitiv (laufen), Partizip (laufend, gelaufen); *Ggs.:* finit
in|fi|ni|te|si|mal ins unendlich Kleine gehend
In|fi|ni|te|si|mal|rech|nung *f. 10 nur Sg.* Differential- und Integralrechnung
In|fi|ni|tiv *m. 1* Ausgangsform des Verbs, aus der alle anderen Formen abgeleitet werden können, Grundform, Nennform, z. B. laufen, lachen
In|fi|ni|tiv|satz [auch: -tif-] *m. 2* Nebensatz mit einem Infinitiv mit »zu«
In|fir|mi|tät [lat.] *f. 10 nur Sg., Med.:* Gebrechlichkeit
In|fix [lat.] *n. 1* in den Wortstamm oder bei zusammengesetzten Wörtern zwischen die beiden Wortteile eingefügtes Bildungselement, z. B. das n in ital. prendo »ich nehme« gegenüber presi, preso »ich nahm, genommen« oder das s in Rindsleder
in|fi|zie|ren [lat.] *tr. 3* anstecken, mit Krankheitserregern verseuchen
in fla|gran|ti *auch:* **in flag|ran|ti** [lat. »brennend«] auf frischer Tat; jmdn. in flagranti ertappen
in|flam|ma|bel [lat.] entzündbar; inflammabler Stoff
In|flam|ma|bi|li|tät *f. 10 nur Sg.*
in|flam|mie|ren *tr. 3* entflammen *(auch übertr.)*
in|fla|tie|ren [lat.], in|fla|ti|o|nie|ren *tr. 3* zur Inflation treiben
In|fla|ti|on *f. 10* Geldentwertung; *Ggs.:* Deflation (1)
in|fla|ti|o|när inflationistisch
in|fla|ti|o|nie|ren *tr. 3* inflatieren
In|fla|ti|o|nis|mus *m. Gen. - nur Sg.* Beeinflussung der Wirtschaft durch Erhöhung des Geldumlaufs
in|fla|ti|o|nis|tisch, in|fla|to|risch, in|fla|ti|o|när auf Inflation beruhend, durch sie bewirkt oder sie bewirkend
In|fla|ti|ons|ra|te *f. 11* Prozentsatz, um den eine Währung durch Inflation entwertet wird
in|fle|xi|bel [lat.] **1.** nicht biegbar, starr; *Ggs.:* flexibel; **2.** *Gramm.:* nicht flektierbar, nicht beugbar; inflexibles Wort
In|fle|xi|bi|li|tät *f. 10 nur Sg.* Starrheit
In|flo|res|zenz [lat.] *f. 10* Blütenstand
in flo|ri|bus [lat.] in Blüte, im Wohlstand
In|flu|enz [lat.] *f. 10* **1.** Einfluss, Einwirkung; **2.** *Phys.:* Trennung elektr. Ladungen auf der Oberfläche eines Körpers durch den Einfluss eines äußeren elektr. Feldes
In|flu|en|za *f. Gen. - nur Sg., veraltend:* Grippe
In|flu|enz|ma|schi|ne *f. 11* Maschine zum Erzeugen hoher Spannungen, Elektrisiermaschine
In|fo *n. Gen. -s Pl. -s kurz für* Information
in|fol|ge; infolge eines Unfalls
in|fol|ge|des|sen
In|fo|line [-laɪn, engl.] *f. 11*
In|for|mand [lat.] *m. 10* jmd., der informiert wird oder der sich informiert
In|for|mant, In|for|ma|tor *m. 10* jmd., der jmdn. informiert
In|for|ma|tik *f. 10 nur Sg.* Wissenschaft von den Grundlagen der elektron. Datenverarbeitung und ihrer Anwendung
In|for|ma|ti|on *f. 10* **1.** Nachricht, Mitteilung, Aufklärung; **2.** *Kybernetik:* Folge, Anordnung von physikalischen Signalen
in|for|ma|tiv Auskunft gebend
In|for|ma|tor *m. 13* Informant
in|for|ma|to|risch einen ersten vorläufigen Überblick verschaffend

I

in|for|mell **1.** nicht formell, ohne Formalitäten; **2.** [-mɛl] informatorisch; **3.** informelle Kunst: Richtung der modernen Malerei, die frei von geometr. Regeln und Kompositionsprinzipien arbeitet
in|for|mie|ren **1.** *tr. 3;* jmdn. i.: jmdm. Nachricht geben, jmdn. in Kenntnis setzen; **2.** *refl. 3* sich Einblick, Kenntnis verschaffen
In|fo|tain|ment [-tɛɪnmənt, engl.] *n. Gen.* -s *nur Sg.* Mischung aus Unterhaltung und Information

infrage/in Frage kommen/stellen: Bei einigen festen Fügungen zu einer Präposition ist es den Schreibenden überlassen, ob sie diese wie eine Zusammensetzung in einem Wort (*infrage*) oder wie eine Wortgruppe getrennt (*in Frage*) schreiben: *Sie stellte die Entscheidung infrage/in Frage.* § 39 E3
Die substantivierte Form wird zusammengeschrieben: *Das Infragestellen bedeutet …* § 37 (2)

in|fra|ge = **in Fra|ge;** infrage *oder:* in Frage kommen, stellen

♦ Die Buchstabenfolge **in|fra…** kann in Fremdwörtern auch **inf|ra…** getrennt werden. Davon ausgenommen sind Zusammensetzungen, in denen die fremdsprachigen bzw. sprachhistorischen Bestandteile deutlich als solche erkennbar sind, z. B. *-fraktion* (vgl. *Refraktion*).

♦ **In|fra|grill®** *m. 9* durch Infrarot heizbarer Grill
♦ **in|fra|krus|tal** unterhalb der Erdkruste (gelegen)
In|frak|ti|on [lat.] *f. 10* Bruch, bei dem der Knochen nur angebrochen ist
♦ **in|fra|rot** zum Bereich des Infrarots gehörend, ultrarot
♦ **In|fra|rot** *n. Gen.* -(s) *nur Sg.* die nicht sichtbaren Wärmestrahlen, die im Spektrum jenseits des roten Endes liegen, Ultrarot
♦ **In|fra|rot|film** *m. 1* für infrarote Strahlen empfänglicher Film
♦ **In|fra|rot|strah|ler** *m. 5*
♦ **In|fra|schall** *m. Gen.* -(e)s *nur Sg.* die nicht hörbaren Schallwellen unter 20 Hz; vgl. Ultraschall
♦ **In|fra|struk|tur** *f. 10* alle institutionellen und materiellen Einrichtungen für Daseinsfürsorge und ökonom. Entwicklung (z. B. Krankenhäuser, Energieversorgung, Verkehrsanlagen)
In|ful [lat.], In|fel *f. 11* **1.** *im alten Rom:* weiße Stirnbinde; **2.** *kath. Kirche:* die Mitra mit den herabhängenden Bändern
in|fu|lie|ren *tr. 3* zum Tragen der Inful (2) berechtigen
in|fun|die|ren [lat.] *tr. 3* (durch Hohlnadeln in den Körper) eindringen, einfließen lassen
In|fus *n. 1,* In|fu|sum *n. Gen.* -s *Pl.* -sa Aufguss
In|fu|si|on *f. 10* Eingießen, Einfließenlassen größerer Flüssigkeitsmengen in den Körper
In|fu|si|ons|tier|chen *n. 7,* **In|fu|so|ri|um** *n. Gen.* -s *Pl.* -ri|en Einzeller im Heuaufguss, Aufgusstierchen
In|fu|sum *n. Gen.* -s *Pl.* -sa Infus
Ing. *Abk. für* Ingenieur
In|gang|hal|tung, In|gang|set|zung *f. 10 nur Sg.*
In|ge, In|ga weibl. Vorname
In|ge|borg weibl. Vorname
in ge|ne|re [lat.] im Allgemeinen
in|ge|ne|riert [lat.] angeboren
In|ge|ni|eur [inʒənjø̱r, frz.] *m. 1* (*Abk.:* Ing.) an einer Hochschule (Diplom-I.) oder Fachschule ausgebildeter Techniker
In|ge|ni|eur|schu|le *f. 11*
in|ge|ni|ös [lat.-frz.] **1.** sinnreich; kunstvoll (erdacht); **2.** erfinderisch, scharfsinnig
In|ge|ni|o|si|tät *f. 10 nur Sg.* Erfindergabe, Scharfsinn
In|ge|ni|um *n. Gen.* -s *Pl.* -ni|en Erfindungskraft, Geistesbegabung
In|ge|nu|i|tät *f. 10 nur Sg.* Freimut, Offenheit
In|ge|sin|de *n. 5 nur Sg., früher:* das zum Haus gehörende Gesinde
In|ges|ta [lat.] *Pl.* die aufgenommene Nahrung
In|ges|ti|on *f. 10 nur Sg.* Nahrungsaufnahme
In|ges|ti|ons|al|ler|gie *auch:* **In|ges|ti|ons|al|ler|gie** *f. 11* Allergie gegen Stoffe in der Nahrung
in|ge|züch|tet durch Inzucht entstanden
Ing. (grad.) *Abk. für* graduierter Ingenieur (Ingenieur mit staatlicher Prüfung an einer Ingenieurschule)
In|go männl. Vorname
In|got [iŋgɔt, engl.] *m. 9* Metallbarren oder -block
In|grain|fär|bung [-grɛɪn-, engl.] *f. 10* Färbung in der Wollflocke
In|grain|pa|pier [-grɛɪn-] *n. 1* mit Wollfasern durchsetztes, raues Zeichenpapier
In|gre|di|ens [lat.] *n. Gen.* - *Pl.* -di|en|zi|en, **In|gre|di|enz** *f. 10 meist Pl.* **1.** Bestandteil (einer Mischung); **2.** Zutat
In|gres [ɛ̃grə], *Jean Auguste Dominique* frz. Maler
In|gress (*alt:* In|greß) [lat.] *m. 1, veraltet* Zugang, Zutritt
In|gres|si|on *f. 10* Überflutung eines durch Senkung entstandenen Festlandsbeckens, z. B. Haff
In|gres|si|ons|meer *n. 1* Nebenmeer
Ing|rid weibl. Vorname
In|grimm *m. Gen.* -s *nur Sg.*
in|grim|mig
in|gu|i|nal [lat.] zur Leistengegend gehörig
Ing|wer [Sanskrit] *m. 5 nur Sg.* eine Gewürzpflanze
Inh. *Abk. für* Inhaber
In|ha|ber *m. 5*
in|haf|tie|ren *tr. 3* verhaften
In|haf|tie|rung *f. 10*
In|ha|la|ti|on [lat.] *f. 10* Einatmen von heilenden Dämpfen
In|ha|la|ti|ons|ap|pa|rat *m. 1*
In|ha|la|to|ri|um *n. Gen.* -s *Pl.* -ri|en Raum mit Inhalationsapparaten
in|ha|lie|ren *tr. u. intr. 3* **1.** Heilmittel in Form von Dämpfen einatmen; **2.** in Lungenzügen rauchen
In|halt *m. 1*
in|halt|lich
in|halts *mit Gen., Amtsdeutsch:* nach dem Inhalt, gemäß des Inhalts; i. Ihres Briefes
In|halts|an|ga|be *f. 11*
in|halts|arm
In|halts|ar|mut *f. Gen.* - *nur Sg.*
in|halts|los, in|halt|los
in|halts|reich, in|halt|reich
In|halts|reich|tum *m. Gen.* -s *nur Sg.*
in|halts|schwer, in|halt|schwer
In|halts|schwe|re *f. 11 nur Sg.*
In|halts|ü|ber|sicht *f. 10*
In|halts|ver|zeich|nis *n. 1*
in|halts|voll, in|halt|voll
in|hä|rent [lat.] (einer Sache) anhaftend, innewohnend
In|hä|renz *f. 10 nur Sg.* **1.** das Innewohnen; **2.** *Philos.:* Verknüpfung von Eigenschaften mit ihrem Träger
in|hä|rie|ren *intr. 3* anhaften, innewohnen

in|hi|bie|ren [lat.] *tr. 3, veraltet:* verbieten, verhindern
In|hi|bi|ti|on *f. 10* Verbot
In|hi|bi|tor *m. 13* Stoff, der chem. Vorgänge hemmt oder verhindert, Hemmstoff
in|hi|bi|to|risch hemmend, hindernd
in hoc sa|lus [lat.] (*Abk.:* I. H. S.) in diesem (ist) Heil (eine Deutung des Christusmonogramms), vgl. IHS
in hoc si|gno (vin|ces) *auch:* **in hoc sig|no (vin|ces)** (*Abk.:* I. H. S.) in diesem Zeichen (wirst du siegen) (Inschrift eines Kreuzes, das Kaiser Konstantin im Traum am Himmel erschienen sein soll); vgl. IHS
in|ho|mo|gen [griech.] nicht homogen, heterogen
In|ho|mo|ge|ni|tät [auch: in-] *f. 10 nur Sg.* Ungleichartigkeit, Heterogenität
in ho|no|rem [lat.] zu Ehren
in|hu|man [lat.] nicht human, unmenschlich
In|hu|ma|ni|tät [auch: in-] *f. 10 nur Sg.*
in in|fi|ni|tum s. **ad in|fi|ni|tum**
in in|te|grum *auch:* **in in|teg|rum** [lat.] *in der Wendung* i. i. restituieren: in den früheren Rechtsstand wiedereinsetzen

> ♦ Die Buchstabenfolge **in|i|t...** kann in Fremdwörtern auch **i|ni|t...** getrennt werden.

♦ **in|i|ti|al** [-tsjal, lat.] beginnend, erst..., Erst..., Anfangs...
♦ **In|i|ti|al** [-tsjal, lat.] *n. 1,* **In|i|ti|al-buch|sta|be** [-tsjal-] *m. 15* In|i|ti|a|le [-tsja-] *f. 11* großer, meist verzierter Anfangsbuchstabe (in Büchern)
♦ **In|i|ti|al|spreng|stoff** [-tsjal-] *m. 1* ein Sprengstoff, der durch seine Zündung die übrige Ladung zum Explodieren bringt
♦ **In|i|ti|al|wort** [-tsjal-] *n. 4* = Akronym
♦ **In|i|ti|al|zün|dung** [-tsjal-] *f. 10, auch übertr.:* erster Anstoß (zu einer neuen Entwicklung)
♦ **In|i|ti|and** [-tsjand] *m. 10* jmd., der eingeweiht werden soll, Anwärter auf eine Initiation
♦ **In|i|ti|ant** *m. 10* jmd., der die Initiative ergreift
♦ **In|i|ti|a|ti|on** *f. 10* Aufnahme in einen Geheimbund oder *(bei Naturvölkern)* in die Gemeinschaft der Erwachsenen
♦ **In|i|ti|a|ti|ons|ri|ten** *Pl.*
♦ **in|i|ti|a|tiv** Anregung, den Anstoß gebend, Initiative besitzend
♦ **In|i|ti|a|ti|ve** [-və] *f. 11* **1.** *nur Sg.* Entschlusskraft, Fähigkeit, etwas zu beginnen oder anzuregen; **2.** der erste Anstoß zu einer Handlung; die I. ergreifen; **3.** *schweiz. auch:* Volksbegehren; **4.** Gruppe von Personen, die sich zusammenschließen, um Forderungen durchzusetzen, z. B. Bürger-, Elterninitiative
♦ **In|i|ti|a|tor** *m. 13* jmd., der den ersten Anstoß zu etwas gibt, Anreger
♦ **In|i|ti|en** [-tsjən] *nur Pl.* Anfänge, Anfangsgründe
♦ **in|i|ti|ie|ren** [-tsi-] *tr. 3;* etwas i.: zu etwas den Anstoß geben
In|jek|ti|on [lat.] *f. 10* **1.** Einspritzung (von Heilmitteln in den Körper oder von Zement in Risse von Gebäuden bzw. in den Boden zum Verfestigen des Bauuntergrundes); **2.** Eindringen (von Magma in die Spalten der Erdkruste)
In|jek|ti|ons|sprit|ze *f. 11*
In|jek|tor *m. 13* Pumpe, die Wasser in Dampfkessel oder Pressluft in Saugpumpen einführt
in|ji|zie|ren *tr. 3* einspritzen
In|ju|ri|ant [lat.] *m. 10, veraltet:* Beleidiger
In|ju|ri|at *m. 10, veraltet:* Beleidigter
In|ju|rie [-riə] *f. 11* Beleidigung
In|ju|ri|en|kla|ge *f. 11*
in|ju|ri|ös beleidigend
In|ka [indian. »Herr«] *m. 9 oder Gen. - Pl. -* **1.** *urspr.:* Angehöriger eines alten peruan. Volksstammes; **2.** *dann:* Angehöriger der altperuan. Adelsschicht; **3.** Herrscher des Inkareiches
in|kal|ku|la|bel [auch: in-, lat.] unberechenbar, unmessbar; inkalkulable Größen
In|kar|di|na|ti|on [lat.] *f. 10, kath. Kirche:* Übergabe einer Diözese an einen Geistlichen
in|kar|nat [lat.] fleischfarben
In|kar|nat, In|kar|nat|rot *n. 1 nur Sg.* Fleischfarbe, Fleischton (auf Gemälden), Karnation
In|kar|na|ti|on *f. 10* **1.** Fleischwerdung, Menschwerdung (eines göttlichen Wesens); **2.** Verkörperung (von etwas Geistigem)
In|kar|nat|rot *n. Gen. - nur Sg.* Inkarnat
in|kar|niert **1.** Fleisch, Mensch geworden; **2.** verkörpert
In|kar|ze|ra|ti|on [lat.] *f. 10* Einklemmung (z. B. von Eingeweidebrüchen)
in|kar|ze|rie|ren *tr. 3* einklemmen
In|kas|sant [lat.] *m. 10, österr.:* Kassierer
In|kas|so *n. Gen. -s Pl. -s oder -si* Einkassieren, Einziehen (von Geldforderungen)
inkl., incl. *Abk. für* inklusive
In|kli|na|ti|on [lat.] *f. 10* **1.** Neigung, Vorliebe, Hang; **2.** Neigung einer frei hängenden Magnetnadel zur Waagerechten; **3.** Neigung der Ebene einer Planetenbahn zur Ebene der Erdbahn
in|kli|nie|ren *intr. 3* neigen (zu etwas), eine Vorliebe haben (für etwas)

> **inklusive:** Die Präposition regiert den Genitiv: *inklusive des ICE-Zuschlags.* Steht das Substantiv ohne Artikelwort oder begleitendes Adjektiv, wird es nicht dekliniert: *inklusive Fahrrad, inklusive Rabatt.* Im Plural wird in der gesprochenen Sprache häufig der Dativ benutzt: *inklusive Schränken, inklusive Reihenhäusern.*

in|klu|si|ve [-və, auch: in-] (*Abk.:* inkl., incl.) einschließlich, inbegriffen; i. Trinkgeld, i. des Trinkgeldes; *Ggs.:* exklusive
in|ko|gni|to *auch:* **in|kog|ni|to** [lat.] unerkannt leben, reisen
In|ko|gni|to *auch:* **In|kog|ni|to** *n. 9* Geheimhaltung des wahren Namens; das I. lüften, wahren
in|ko|hä|rent [lat.] unzusammenhängend, zusammenhanglos
In|ko|hä|renz *f. 10 nur Sg.*
In|koh|lung *f. 10 nur Sg.* (Prozess der) Kohlebildung
in|kom|men|su|ra|bel [auch: in-, lat.] nicht vergleichbar; inkommensurable Begriffe, Größen
In|kom|men|su|ra|bi|li|tät *f. 10 nur Sg.* Unvergleichbarkeit
in|kom|mo|die|ren [lat.] *tr. 3, veraltet:* belästigen, Unbequemlichkeit bereiten; bitte i. Sie sich nicht!: bitte machen Sie sich keine Mühe!
In|kom|mo|di|tät *f. 10* Unbequemlichkeit

inkomparabel [auch: in-, lat.] **1.** nicht vergleichbar; **2.** *Gramm.:* nicht steigerungsfähig; inkomparables Adjektiv

Inkomparabile *n. Gen.* -s *Pl.* -bilien *oder* -bilia nicht steigerungsfähiges Adjektiv, z. B. leer

inkompatibel [auch: in-, lat.] unvereinbar, nicht zusammenpassend, unverträglich; inkompatible Vorschläge, Medikamente

Inkompatibilität *f. 10 nur Sg.* Unvereinbarkeit

inkompetent [lat.] **1.** nicht zuständig, nicht befugt (Auskünfte zu geben, Angelegenheiten zu behandeln); **2.** *ugs.:* nicht fachmännisch, nicht Bescheid wissend

Inkompetenz *f. 10*

inkomplett [lat.] nicht vollständig

inkompressibel [auch: in-, lat.] *Phys.:* nicht zusammenpressbar

Inkompressibilität *f. 10 nur Sg.*

inkongruent [auch: -ent, lat.] nicht übereinstimmend, sich nicht deckend; inkongruente Dreiecke

Inkongruenz [auch: -ents] *f. 10 nur Sg.*

inkonsequent [lat.] **1.** nicht folgerichtig; **2.** unbeständig, wankelmütig

Inkonsequenz [auch: -kvents] *f. 10*

inkonsistent [auch: -tent, lat.] nicht dauernd, nicht haltbar, unbeständig

Inkonsistenz [auch: -tents] *f. 10 nur Sg.*

inkonstant *auch:* **inkonstant** [lat.] nicht gleich bleibend, veränderlich

Inkonstanz *auch:* **Inkonstanz** *f. 10 nur Sg.*

Inkontinenz [lat.] *f. 10 nur Sg.* Unfähigkeit, Harn oder Stuhl zurückzuhalten

inkonvenient [-ve-, auch: -ent, lat.] *veraltet:* unpassend, unschicklich

inkonvertibel [-ver-, lat.] **1.** nicht bekehrbar, unwandelbar; **2.** nicht austauschbar (von Währungen)

inkonziliant [lat.] nicht verbindlich, nicht entgegenkommend

Inkonzilianz *f. 10 nur Sg.*

Inkoordination [lat.] *f. 10* Fehlen des harmonischen Zusammenwirkens der Muskeln bei Bewegungen

inkoordiniert nicht zusammenwirkend, nicht gleichgeordnet

inkorporal [lat.] im Körper befindlich

Inkorporation *f. 10* **1.** Aufnahme in eine Gemeinschaft, Körperschaft; **2.** Angliederung (eines Gebietsteils), Eingemeindung

inkorporieren *tr. 3* aufnehmen, angliedern, eingemeinden; inkorporierende Sprachen: polysynthetische Sprachen

inkorrekt [lat.] **1.** ungenau; **2.** nicht richtig, nicht einwandfrei (Benehmen)

Inkorrektheit *f. 10*

Inkraftsetzung *f. 10 nur Sg.*

Inkrafttreten = **In-Kraft-Treten** *n. Gen.* -s *nur Sg.;* das Inkrafttreten *oder:* In-Kraft-Treten des Gesetzes

Inkreis *m. 1* Kreis, der alle Seiten eines konvexen Polygons von innen berührt

Inkrement [lat.] *n. 1* Zunahme, Zuwachs (einer Größe)

Inkret [lat.] *n. 1* von den Drüsen mit innerer Sekretion ins Blut abgegebener Stoff, Hormon; *Ggs.:* Sekret

Inkretion *f. 10* Absonderung ins Innere des Körpers; vgl. Sekretion

inkretorisch ins Körperinnere absondernd, mit innerer Sekretion verbunden; *Ggs.:* sekretorisch

inkriminieren [lat.] *tr. 3* beschuldigen, verdächtigen

Inkrustation [lat.] *f. 10* **1.** Verzierung (von Bauwerken) durch andersfarbigen Stein; **2.** Überzug (eines Fossils) durch eine Kruste aus mineralischen Stoffen

inkrustieren *tr. 3* **1.** durch andersfarbige Einlagen verzieren; **2.** mit einer Kruste überziehen

Inkubant [lat.] *m. 10* jmd., der Inkubation (1) ausübt

Inkubation *f. 10* **1.** *Antike:* Schlaf an heiligen Stätten (um göttliche Offenbarungen oder Heilung von Krankheiten zu erlangen), Tempelschlaf; **2.** *Med.:* das Sichfestsetzen (von Krankheitserregern im Körper); **3.** *Biol.:* Bebrütung

Inkubationszeit *f. 10* Zeitraum von der Ansteckung bis zum Ausbruch der Krankheit

Inkubator *m. 13* Brutkasten

Inkubus *m. Gen.* - *Pl.* -kuben **1.** *bei den alten Römern:* Alpdruck, Alptraumdämon; **2.** *im Volksglauben des MA:* mit einer Frau buhlender Teufel, Buhlteufel; *Ggs.:* Sukkubus

inkulant [lat.] ungefällig (im Geschäftsverkehr)

Inkulanz *f. 10 nur Sg.*

Inkulpant [lat.] *m. 10, veraltet:* Ankläger

Inkulpat *m. 10, veraltet:* Angeschuldigter

Inkunabel [lat. »Wiege«] *f. 11* Buch aus der Frühzeit des Buchdrucks vor 1500, Wiegendruck; vgl. Frühdruck

Inkunabelist *auch:* **Inkunabulist** *m. 10* Wissenschaftler auf dem Gebiet der Inkunabeln

inkurabel [auch: in-, lat.] unheilbar; inkurable Krankheit

Inkurvation [-va-, lat.] *f. 10* Krümmung, Biegung

Inlaid [auch: -leɪd, engl.] *m. 1, schweiz.:* farbig gemustertes Linoleum

Inland *n. 4 nur Sg.*

Inlandeis *n. 1 nur Sg.*

Inländer *m. 5*

inländisch

Inlandsmarkt *m. 2*

Inlandsporto *n. Gen.* -s *Pl.* -ti

Inlandsprodukt *n. 1* Gesamtwert der im Inland erbrachten wirtschaftlichen Leistungen

Inlaut *m. 1*

inlautend

Inlay [ɪnleɪ, engl.] *n. Gen.* -s *Pl.* -s Zahnfüllung

Inlett *n. 9* Baumwollstoff (für Daunendecken, Federbetten)

inliegend

Inliner [ɪnlaɪnə(r), engl.] *m. 5,* **Inlineskates** [ɪnlaɪnskeɪts] *nur Pl.* Rollschuhe mit hintereinander angeordneten Rollen

in maiorem Dei gloriam [lat.] zur größeren Ehre Gottes; vgl. ad maiorem Dei gloriam

in medias res [lat. »mitten in die Dinge (hinein)«] unmittelbar zur Sache

in memoriam [lat.] zum Gedächtnis, zum Andenken

inmitten *mit Gen.;* inmitten der Stadt

Inn *m. Gen.* -s Nebenfluss der Donau

in natura [lat. »in natürlicher Gestalt«] **1.** leibhaftig, wirklich; **2.** in Naturalien, in Waren

innehaben, innewerden, inne sein: Fügungen aus Partikel (*inne-*) und Verb werden im Infinitiv, Partizip und am Ende des Nebensatzes zusammengeschrieben: *Sie mussten innewerden, dass ...* § 34 (1)
Fügungen mit *sein* werden dagegen immer getrennt geschrieben: *inne sein.* § 35

in|ne; inne sein; ich bin dessen inne; da wir dessen inne waren; wir sind dessen inne gewesen
in|ne|ha|ben *intr. 60;* ein Amt i.: ein Amt ausüben; ich habe das Amt inne, habe es innegehabt
in|ne|hal|ten *intr. 61* aufhören mit etwas, stocken; ich hielt im Singen inne, habe innegehalten
in|nen innen und außen; nach, von innen
In|nen|ar|chi|tekt [-çi-] *m. 1*
In|nen|ar|chi|tek|tur [-çi-] *f. 10*
In|nen|auf|nah|me *f. 11*
In|nen|de|ko|ra|ti|on *f. 10*
In|nen|dienst *m. 1 nur Sg.*
In|nen|ein|rich|tung *f. 10*
In|nen|hof *m. 2*
In|nen|le|ben *n. 7 nur Sg.*
In|nen|mi|nis|ter *m. 5*
In|nen|mi|nis|te|ri|um *n. Gen.* -s *Pl.* -ri|en
In|nen|po|li|tik *f. 10 nur Sg.*
in|nen|po|li|tisch, in|ner|po|li|tisch
In|nen|raum *m. 2*
In|nen|sei|te *f. 11*
In|nen|stadt *f. 2*
In|nen|welt *f. 10 nur Sg.*
In|ner|a|si|en [auch: -a-]
in|ner|be|trieb|lich
in|ner|deutsch

im Innern, Ministerium des Inner(e)n, innere Medizin: Die substantivierte Form des Adjektivs *inner-* schreibt man mit großem Anfangsbuchstaben: *das Innere, im Innern, im Innersten.* § 57 (1)
In substantivischen Wortgruppen, die zu festen Fügungen geworden sind, aber keine Eigennamen wie z. B. *Ministerium des Inner(e)n* darstellen, schreibt man das Adjektiv klein: *die innere Medizin, die inneren Angelegenheiten.* § 63

in|ne|re(r, -s); innere Angelegenheiten eines Staates; innerer Monolog; Facharzt für innere Krankheiten; innere Medizin; die Innere Mission; die Innere Mongolei
In|ne|re(s) *n. 18 (17);* mein Inneres; bis ins Innere; Minister, Ministerium des Inner(e)n
In|ne|rei *f. 10 meist Pl.* Herz, Magen, Lunge, Leber (von Tieren)
in|ner|halb *Präp.* **1.** *mit Gen.;* i. eines Jahres, dreier Tage **2.** *mit Dat., wenn der Gen. nicht erkennbar wäre;* i. fünf Tagen, von fünf Tagen
in|ner|lich
In|ner|lich|keit *f. 10 nur Sg.*
in|ner|orts
in|ner|par|tei|lich
in|ner|po|li|tisch s. **in|nen|po|li|tisch**
In|ners|te(s) *n. 18 (17);* bis ins Innerste
in|nert *schweiz.:* innerhalb
In|ner|va|ti|on [-va-, lat.] *f. 10 nur Sg.* **1.** Ausstattung (eines Körperteils) mit Nerven; **2.** Leitung von Reizen über die Nerven zu einem Organ
in|ner|vie|ren [-vi-] *tr. 3* **1.** mit Nerven ausstatten; **2.** mit Nervenreizen versorgen
in|ne sein (*alt:* in|ne|sein) *intr. 137 mit Gen.*
in|ne|wer|den *intr. 180 mit Gen.*
in|ne|woh|nen *intr. 1* dem wohnt ein besonderer Zauber inne; innegewohnt, innezuwohnen
in|nig
In|nig|keit *f. 10 nur Sg.*
in|nig|lich
in no|mi|ne Dei [lat.] (*Abk.:* I. N. D.) im Namen Gottes
in no|mi|ne Do|mi|ni (*Abk.:* I. N. D.) im Namen des Herrn
In|no|va|ti|on [-va-, lat.] *f. 10* Erneuerung, Verbesserung an techn. Produkten oder Verfahren
in|no|va|tiv [-va-, lat.]
Inns|bruck Hauptstadt von Tirol
Inns|bru|cker *m. 5*
in nu|ce [-tsə, lat. »in der Nuss«] **1.** im Kern; **2.** in Kürze
In|nung *f. 10*
In|nungs|meis|ter *m. 5*
in|of|fen|siv [auch: -sif] nicht angreiferisch, nicht angriffslustig
in|of|fi|zi|ell [lat.] nicht öffentlich, nicht amtlich, vertraulich
In|o|ku|la|ti|on [lat.] *f. 10* **1.** Impfung; **2.** *Bot.:* Aufpfropfung
in|o|ku|lie|ren *tr. 3*
in|o|pe|ra|bel [auch: in-, lat.] nicht zu operieren, durch Operation nicht heilbar; inoperable Geschwulst
in|op|por|tun [lat.] (augenblicklich) nicht günstig, nicht angebracht; *Ggs.:* opportun
In|op|por|tu|ni|tät *f. 10 nur Sg.*
I|no|sit [griech.] *m. 1 nur Sg.* zuckerartige Verbindung bes. in Muskeln, Muskelzucker
I|no|sit|u|rie *auch:* **I|no|si|tu|rie** *f. 11* Vorkommen von Inosit im Urin
in|o|xi|die|ren [griech.] *tr. 3* mit einer Rostschutzschicht aus Eisenoxiden überziehen
in per|so|na [lat.] in Person, persönlich, selbst
in pet|to [ital. »in der Brust«] bereit, in Bereitschaft; eine Neuigkeit in p. haben
in ple|no [lat. »in voller (Zahl)«] vollzählig
in pon|ti|fi|ca|li|bus [lat. »in priesterlichen (Gewändern)«] im Ornat
in pra|xi [griech.-lat.] in der Praxis, in Wirklichkeit
in punc|to [lat. »im Punkt«] hinsichtlich, was ... betrifft; in puncto puncti [»im Punkt des Punktes«] hinsichtlich des wichtigsten Punktes (nämlich der Keuschheit)
In|put [engl.] *m. 9 nur Sg.* **1.** in einen Computer eingegebene Daten; *Ggs.:* Output (3); **2.** *Wirtsch.:* Einsatzfaktor
In|put-Out|put-A|na|ly|se [-aut-] *f. 11* Analyse der Verflechtung aller Teilbereiche der Wirtschaft miteinander
In|qui|lin [lat.] *m. 10* Insekt, das seine Eier in Nester oder Gallen anderer Insekten legt
in|qui|rie|ren [lat.] *tr. 3* untersuchen, verhören
In|qui|sit *m. 10, veraltet:* Angeklagter
In|qui|si|ti|on *f. 10* **1.** *i. w. S.:* strenges, grausames Verhör; **2.** *i. e. S., 12./18. Jh.:* Gericht der kath. Kirche gegen Ketzer, besonders in Spanien
In|qui|si|ti|ons|ge|richt *n. 1* Inquisition
In|qui|si|tor *m. 13* **1.** strenger Untersuchungsrichter; **2.** Richter der Inquisition
in|qui|si|to|risch
I. N. R. I. *Abk. für* Jesus Nazarenus Rex Judaeorum: Jesus von Nazareth, König d. Juden (Inschrift auf dem Kreuz Christi)

ins Gleiche bringen: Substantivierte Adjektive werden auch in festen Fügungen mit großem Anfangsbuchstaben geschrieben: *Er brachte das ins Gleiche* (= in Ordnung). Ebenso: *Sie schrieb das Manuskript ins Reine. Sie hat ins Volle gegriffen.* § 57 (1)

ins *ugs.:* in das; etwas ins Gleiche bringen; ins Reine schreiben; ins Ungeheure steigern; ins Volle greifen
in sal|do [ital.] im Rückstand, schuldig; in s. sein, bleiben
In|sas|se [auch: in-] *m. 11*
In|sas|sin [auch: in-] *f. 10*
ins|be|son|de|re, ins|be|sond|re; i., wenn …
In|schrift *f. 10*
In|schrif|ten|kun|de *f. 11 nur Sg.*
in|schrift|lich
In|sekt [lat.] *n. 12* geflügelter Gliederfüßer, Kerbtier, Kerf; Insekten fressende Vögel
In|sek|ta|ri|um *n. Gen.* -s *Pl.* -ri|en Anlage zur Insektenaufzucht

Insekten fressend: Die Folge aus Substantiv und Verb/Partizip wird getrennt und das Substantiv mit großem Anfangsbuchstaben geschrieben, da beide Bestandteile auch in anderen Satzzusammenhängen als selbständige Wörter erkennbar sind: *ein Insekten fressendes Lebewesen.* § 34 E3 (5)

In|sek|ten fres|send (*alt:* in|sek|ten|fres|send)
In|sek|ten|kun|de *f. 11 nur Sg.* = Entomologie
In|sek|ten|staat *m. 12*
In|sek|ten|stich *m. 1*
In|sek|ti|vo|re [-vo-] *m. 11, meist Pl.* Insekten fressendes Tier, Insekten fangende Pflanze
in|sek|ti|zid Insekten vernichtend
In|sek|ti|zid *n. 1* Insekten vernichtendes Mittel
In|sek|to|lo|ge *m. 11*
In|sek|to|lo|gie *f. 11 nur Sg.* Wissenschaft von den Insekten
In|sel [lat.] *f. 11*
In|sel|grup|pe *f. 11*
In|sel|land *n. 4*
In|sel|volk *n. 4*
In|sel|welt *f. 10*
In|se|mi|na|ti|on [lat.] *f. 10* **1.** Eindringen des Samens in das Ei; **2.** künstl. Befruchtung
in|sen|si|bel [lat.] nicht empfindlich, nicht empfindsam
In|sen|si|bi|li|tät *f. 10 nur Sg.*
In|se|pa|ra|bles *auch:* **In|se|pa|rab|les** [ɛ̃separabl(ə), frz.] *Pl.* **1.** *veraltet:* unzertrennliche, enge Freunde oder Freundinnen; **2.** eine Papageienart
In|se|rat [lat.] *n. 1* Zeitungsanzeige
In|se|ra|ten|teil *m. 1*
In|se|rent *m. 10* jmd., der ein Inserat aufgegeben hat, der inseriert
in|se|rie|ren *intr. 3* ein Inserat aufgeben, annoncieren
In|sert [engl.: -sət] *n. 9* **1.** *Fernsehen:* in eine laufende Sendung eingeschaltete, kurze andere Sendung, z. B. Werbung **2.** *Buchw.:* (in ein Buch, eine Zeitschrift) eingefügter Sonderteil
In|ser|ti|on *f. 10* **1.** Aufgeben eines Inserats; **2.** Ansatz, Befestigungsart, z. B. der Sehnen am Knochen, des Blattes am Stängel
ins|ge|heim
ins|ge|mein zusammen
ins|ge|samt
In|side [-saɪd, engl.] *m. 9, schweiz., Fußball:* Innenstürmer
In|si|der [-saɪdə(r), engl.] *m. 5* jmd., der Einblick in etwas hat, Eingeweihter; *Ggs.:* Outsider
In|side|sto|ry [-saɪdstɔːrɪ, engl.] *f. 9* Bericht, der hinter die Kulissen einer Sache leuchtet
In|si|di|en [lat.] *nur Pl., veraltet:* Nachstellungen
in|si|di|ös schleichend, heimtückisch (Krankheit)
In|si|gni|en *auch:* **In|sig|ni|en** [lat.] *Pl.* Kennzeichen herrschaftlicher Macht oder ständischer Würde, z. B. Krone, Zepter, Mitra
In|si|mu|la|ti|on [lat.] *f. 10, veraltet:* (grundlose) Verdächtigung, Beschuldigung
in|si|mu|lie|ren *tr. 3, veraltet*
In|si|nu|a|ti|on *f. 10, veraltet* **1.** Zu-, Zwischenträgerei, Einflüsterung; **2.** Eingabe an ein Gericht
in|si|nu|ie|ren *veraltet* **1.** *tr. 3* jmdm. etwas i.: zutragen, vorlegen; **2.** *refl. 3* sich einschmeicheln
in|sis|tent [lat.] auf etwas bestehend, hartnäckig, beharrlich
In|sis|tenz *f. 10 nur Sg.*
in|sis|tie|ren *intr. 3* auf etwas bestehen, beharren
in si|tu [lat.] **1.** *Med.:* an der richtigen, ursprünglichen Stelle; **2.** *Archäologie:* an der Fundstelle
in|skri|bie|ren *auch:* **ins|kri|bie|ren, insk|ri|bie|ren** [lat.] *intr. 3* sich einschreiben, eintragen (in die Hörerliste einer Hochschule)
In|skrip|ti|on *auch:* **Ins|krip|ti|on, Insk|rip|ti|on** *f. 10* Eintragung, Einschreibung
in|so|fern **1.** [-so-] in diesem Punkt, bis zu diesem Punkt; i. hast du Recht; du hast i. Recht, als der Beamte wirklich seine Befugnis überschritten hat, aber …; **2.** [-fern] wenn, sofern; man kann dieses Buch als gut bezeichnen, i. man seinen Aufbau und seine Darstellung meint
In|so|la|ti|on [lat.] *f. 10 nur Sg.* **1.** Sonneneinstrahlung (auf die Erde); **2.** Sonnenstich
in|so|lent [auch: in-, lat.] ungebührlich, anmaßend, unverschämt, patzig
In|so|lenz *f. 10 nur Sg.*
in|so|lu|bel [lat.] *Chem.:* unlöslich
in|sol|vent [-vent, auch: in-] zahlungsunfähig
In|sol|venz [-vents, auch: in-] *f. 10 nur Sg.*
in|so|weit [auch: -vait] vgl. insofern
in spe [lat. »in der Hoffnung«] zukünftig; mein Schwiegersohn in spe

♦ Die Buchstabenfolge **in|sp…** kann in Fremdwörtern auch **ins|p…** getrennt werden.

♦ **In|spek|teur** [-tør, frz.] *m. 1* **1.** Leiter einer Inspektion; **2.** *Bundeswehr: Bez. für die* Dienststellung des ranghöchsten Offiziers einer Teilstreitkraft bzw. des Sanitäts- u. Gesundheitswesens
♦ **In|spek|ti|on** [lat.] *f. 10* **1.** Prüfung, Kontrolle, prüfende Besichtigung; **2.** Aufsicht führende Behörde
♦ **In|spek|ti|ons|rei|se** *f. 11*
♦ **In|spek|tor** *m. 13* Aufsicht führender Beamter, Verwaltungsbeamter
♦ **In|spi|ra|ti|on** [lat.] *f. 10* **1.** Eingebung, Erleuchtung, schöpferischer Einfall; **2.** Einatmung; *Ggs.:* Exspiration
♦ **In|spi|ra|tor** *m. 13* Anreger
♦ **in|spi|ra|to|risch** in der Art einer Inspiration (1), anregend, erleuchtend
♦ **in|spi|rie|ren** *tr. 3* erleuchten, anregen

♦**In|spi|zi|ent** [lat.] *m. 10* **1.** Aufsichtsbeamter (bei Behörden); **2.** *Theater, Film, Fernsehen, Funk:* Mitarbeiter, der für den ordnungsgemäßen Ablauf der Aufführungen zu sorgen hat
♦**in|spi|zie|ren** *tr. 3* prüfen, beaufsichtigen

♦Die Buchstabenfolge **in|sta...** kann in Fremdwörtern auch **ins|ta...** getrennt werden. Davon ausgenommen sind Zusammensetzungen, in denen die fremdsprachigen bzw. sprachhistorischen Bestandteile deutlich als solche erkennbar sind, z. B. *-stabil, -stand.*

in|sta|bil [auch: -bil, lat.] nicht fest, unsicher, schwankend; instabiles Atom: Atom, das durch radioaktiven Prozess zerfällt; instabile Schwingungen: Flatterschwingungen
In|sta|bi|li|tät [auch: in-] *f. 10 nur Sg.*
♦**In|stal|la|teur** [-tør, französisierende Bildung] *m. 1* Handwerker für Installationen
♦**In|stal|la|ti|on** [frz.] *f. 10* **1.** Einbau von technischen Anlagen (Gas- und Wasserleitungen, Heizung usw.); **2.** Einweisung in ein geistliches Amt
♦**in|stal|lie|ren** *tr. 3* **1.** einbauen, einrichten (techn. Anlagen); **2.** einweisen (in ein geistliches Amt); **3.** *refl. 3, ugs.:* sich häuslich, bequem einrichten
♦**In|stal|ment** [-stɔl-, engl.] *n. 9* Ratenzahlung

instand/in Stand setzen/halten: Bei einigen festen Fügungen zu einer Präposition bleibt es den Schreibenden überlassen, ob sie diese wie eine Zusammensetzung in einem Wort (*instand*) oder wie eine Wortgruppe getrennt (*in Stand*) schreiben. Beide Formen sind korrekt: *Sie wollten noch heute das Gerät instand/in Stand setzen.* § 39 E3 (1)

in|stand = **in Stand;** instand *oder:* in Stand halten, setzen; instand stellen *schweiz. für* instand setzen; *aber:* das Instandhalten; das Instandsetzen
In|stand|hal|tung *f. 10 nur Sg.*
In|stand|hal|tungs|kos|ten *nur Pl.*
in|stän|dig; jmdn. i. bitten
In|stän|dig|keit *f. 10 nur Sg.*
In|stand|set|zung *f. 10 nur Sg.*
In|stand|stel|lung *f. 10 nur Sg., schweiz. für* Instandsetzung
♦**In|stant|ge|tränk** [ɪnstənt-, engl.] *n. 1* Getränk aus pulveriger Substanz, das schnell zubereitet werden kann
♦**In|stanz** [lat.] *f. 10* zuständige Behörde, zuständiges Gericht
♦**In|stan|zen|weg** *m. 1*
♦**...in|stanz|lich** von einer bestimmten Instanz ausgehend, zu ihr gehörend, z. B. erstinstanzlich
in sta|tu nas|cen|di [lat.] im Zustand des Entstehens
in sta|tu quo [»im Zustand, in dem (sich eine Sache befindet)«] im gegenwärtigen Zustand; vgl. Status quo
in sta|tu quo an|te [»im Zustand, in dem vorher…«] im früheren Zustand; vgl. Status quo ante
Ins|te *m. 11, früher:* Landarbeiter, der (im Unterschied zum Tagelöhner) ständig auf einem Hof arbeitete, Instmann

♦Die Buchstabenfolge **in|sti...** kann in Fremdwörtern auch **ins|ti...** getrennt werden.

♦**In|stil|la|ti|on** [lat.] *f. 10, Med.:* Einträufelung
♦**in|stil|lie|ren** *tr. 3, Med.:* einträufeln
♦**In|stinkt** [lat.] *m. 1* **1.** angeborener Trieb zu bestimmten Verhaltensweisen (bes. bei Tieren); **2.** *übertr.:* sicheres Gefühl (für etwas)
♦**in|stink|tiv** auf einem Instinkt beruhend, unbewusst, trieb-, gefühlsmäßig
♦**in|sti|tu|ie|ren** [lat.] *tr. 3* ein-, errichten, einsetzen
♦**In|sti|tut** *n. 1* Anstalt zur Ausbildung, Erziehung, Forschung u. a. wissenschaftl. Arbeit
♦**In|sti|tu|ti|on** *f. 10* **1.** *nur Sg.* Einrichtung, Einsetzung, Einweisung; **2.** (meist staatl.) Einrichtung, Anstalt, z. B. Genossenschaft, Behörde, Stiftung
♦**in|sti|tu|ti|o|na|li|sie|ren** *tr. 3* zu einer Institution machen
♦**In|sti|tu|ti|o|na|lis|mus** *m. Gen. - nur Sg.* Richtung der Wirtschaftswissenschaft in den USA, die sich zur Erklärung wirtschaftl. Erscheinungen auch auf Analysen der wirtschaftl. Einrichtungen und Organisationsformen stützt
♦**in|sti|tu|ti|o|nell** auf einer Institution beruhend, in der Art einer Institution
Inst|mann *m. Gen.* -(e)s *Pl.* -leu|te vgl. Inste

♦Die Buchstabenfolge **in|stru...** kann in Fremdwörtern auch **ins|tru..., inst|ru...** getrennt werden.

♦**in|stru|ie|ren** [lat.] *tr. 3* unterrichten, in Kenntnis setzen, mit Anweisungen versehen
♦**In|struk|teur** [-tør, frz.] *m. 1* jmd., der anleitet, schult
♦**In|struk|ti|on** [lat.] *f. 10* Anleitung, Anweisung, Verhaltensmaßregel, Vorschrift
♦**in|struk|tiv** einprägsam, lehrreich
♦**In|struk|tor** *m. 13, veraltet:* Lehrer, Erzieher, bes. Prinzenerzieher
♦**In|stru|ment** [lat.] *n. 1* **1.** Gerät, feines Werkzeug (bes. für wissenschaftl. Zwecke); **2.** Musikgerät
♦**in|stru|men|tal** **1.** mit Hilfe eines Instruments; **2.** *Gramm.:* das Mittel oder Werkzeug bezeichnend
♦**In|stru|men|tal** *m. 1, Gramm.:* das Mittel, Werkzeug bezeichnender Kasus, in slaw. Sprachen noch erhalten, im Dt. durch Präpositionen ausgedrückt
♦**In|stru|men|tal|be|glei|tung** *f. 10* Begleitung (des Gesangs) durch ein oder mehrere Musikinstrumente
♦**In|stru|men|ta|lis** *m. Gen. - Pl.* -les [-le:s] vgl. Instrumental
♦**In|stru|men|ta|lis|mus** *m. Gen. - nur Sg.* Abart des Pragmatismus, nach der Denken und Begriffsbildung als Werkzeuge zur Beherrschung von Natur und Menschen dienen
♦**In|stru|men|ta|list** *m. 10* Spieler eines Musikinstruments
♦**In|stru|men|tal|mu|sik** *f. 10* Musik für Instrumente; *Ggs.:* Vokalmusik
♦**In|stru|men|tal|satz** *m. 2, Gramm.:* Nebensatz des Mittels, des Werkzeugs

♦**In|stru|men|tar** *n. 1,* **In|stru|men|ta|ri|um** *n. Gen.* -s *Pl.* -ri|en **1.** alle für eine bestimmte Tätigkeit notwendigen Instrumente; **2.** alle in einer bestimmten Epoche oder einem Bereich verwendeten Musikinstrumente

♦**In|stru|men|ta|ti|on** *f. 10 nur Sg.* das Einrichten (eines Musikstücks) für Instrumente

♦**In|stru|men|ta|tor** *m. 13* Musiker, der etwas instrumentiert hat

♦**in|stru|men|tie|ren** *tr. 3;* ein Musikstück instrumentieren: für Orchestermusik einrichten, orchestrieren

♦**In|stru|men|tie|rung** *f. 10 nur Sg.*

In|sub|or|di|na|ti|on [lat.] *f. 10, bes. Mil.:* Gehorsamsverweigerung gegenüber Vorgesetzten

in|suf|fi|zi|ent [auch: in-, lat.] ungenügend, mangelhaft, nicht leistungsfähig

In|suf|fi|zi|enz [auch: in-] *f. 10* **1.** *Med.:* mangelhafte Leistungsfähigkeit (eines Organs); **2.** *Rechtsw.:* Unfähigkeit, eine Geldforderung voll zu erfüllen

In|su|la|ner *m. 5* Inselbewohner

in|su|lar wie eine Insel, als Insel; insulare Lage

In|su|la|ri|tät *f. 10 nur Sg.* Abgeschlossenheit einer Insel oder wie auf einer Insel

In|su|lin [nach den Langerhans-Inseln] *n. 1 nur Sg.* in der Bauchspeicheldrüse gebildetes Hormon

In|su|lin|de *frühere Bez. für* Malaiischer Archipel

In|sult [lat.] *m. 1* **1.** Beleidigung, Beschimpfung, Insultation; **2.** *Med.:* Anfall

In|sul|ta|ti|on *f. 10* = Insult (1)

in|sul|tie|ren *tr. 3* beleidigen, beschimpfen

in sum|ma [lat.] insgesamt, im Ganzen

In|sur|gent [lat.] *m. 10* Aufrührer, Empörer

in|sur|gie|ren *tr. 3* zum Aufstand reizen, aufwiegeln

In|sur|rek|ti|on *f. 10* Aufstand, Aufruhr

in sus|pen|so [lat.] *veraltet:* in der Schwebe, unentschieden

in|sze|na|to|risch [lat.] die Inszenierung betreffend

in|sze|nie|ren *tr. 3* **1.** zur Aufführung vorbereiten; **2.** *übertr.:* hervorrufen; absichtlich entstehen lassen

In|sze|nie|rung *f. 10* techn. und künstler. Gestaltung (eines Bühnenwerkes)

In|ta|bu|la|ti|on [lat.] *f. 10, veraltet:* Einschreibung (in eine Tabelle, ins Grundbuch)

in|ta|bu|lie|ren [lat.] *tr. 3, veraltet*

In|ta|glio *auch:* **In|tag|lio** [-taljo, ital.] *n. Gen.* -s *Pl.* -gli|en [-jən] = Gemme

in|takt [lat.] unbeschädigt, ganz, heil

In|takt|heit *f. 10 nur Sg.*

In|tar|seur, In|tar|si|a|tor [-sør, frz.] *m. 1* Kunsttischler, der Intarsien herstellt

In|tar|sia, In|tar|si|a|tur [arab.-ital.], **In|tar|sie** [-sjə] *f. Gen.* - *Pl.* -si|en Einlegearbeit in Holz mit andersfarbigem Material, bes. Holz, Elfenbein oder Perlmutt, Marketerie

In|tar|si|a|tor *m. 13* = Intarseur

In|tar|si|a|tur *f. 10* = Intarsia

In|tar|si|en|ar|beit *f. 10*

in|tar|sie|ren *tr. 3* mit Intarsien verzieren

in|te|ger [lat.] ohne Makel, sauber, redlich; integrer Charakter

♦ Die Buchstabenfolge **in|te|gr...** kann in Fremdwörtern auch **in|teg|r...** getrennt werden.

♦**in|te|gral** [lat.] ein Ganzes bildend, vollständig

♦**In|te|gral** *n. 1* (*Zeichen:* ∫) Lösung einer Integralgleichung

♦**In|te|gral|rech|nung** *f. 10 nur Sg.*

♦**In|te|gra|ti|on** *f. 10* **1.** Zusammenschluss, Vereinigung; **2.** Berechnung eines Integrals

♦**In|te|gra|tor** *m. 13* eine Rechenmaschine

♦**In|te|grier|an|la|ge** *f. 11* elektronische Addiermaschine

♦**in|te|grier|bar** so beschaffen, dass man es integrieren (2) kann

♦**in|te|grie|ren** *tr. 3* **1.** das Integral berechnen; **2.** zusammenschließen, vereinigen

♦**in|te|grie|rend** zum Ganzen notwendig, unerlässlich; integrierender Bestandteil

♦**In|te|gri|tät** [lat.] *f. 10 nur Sg.* Makellosigkeit, Sauberkeit, Redlichkeit, Rechtschaffenheit

In|te|gu|ment [lat.] *n. 1* **1.** *bei Mensch und Tier:* die äußere Körperbedeckung (Haut, Haare, Federn u. Ä.); **2.** *bei Blütenpflanzen:* Hülle der Samenanlage

In|tel|lekt [lat.] *m. 1* Verstand, Denk-, Erkenntnisfähigkeit

In|tel|lek|tu|a|lis|mus *m. Gen.* - *nur Sg.* **1.** rein verstandesmäßiges Denken; **2.** philosoph. Anschauung, die den Intellekt gegenüber den Willens- und Gefühlskräften betont

In|tel|lek|tu|a|list *m. 10* Anhänger des Intellektualismus

in|tel|lek|tu|a|lis|tisch

in|tel|lek|tu|ell **1.** auf dem Intellekt beruhend; **2.** betont verstandesmäßig, betont geistig

In|tel|lek|tu|el|le(r) *m. 18 (17) bzw. f. 17 oder 18* Verstandesmensch, Geistesarbeiter(in), Wissenschaftler(in)

In|tel|li|gence Ser|vice [ıntɛlıdʒəns sœvıs, engl.] *m. Gen.* - - *nur Sg.* der britische Geheimdienst

in|tel|li|gent [lat.] klug, einsichtig, rasch auffassend, geistig begabt

In|tel|li|genz *f. 10 nur Sg.* **1.** Klugheit, Einsichtigkeit, Summe der geistigen Begabungen; **2.** Gesamtheit der Geistesschaffenden

In|tel|li|gen|zi|ja *f. Gen.* - *nur Sg., russ. Bez. für* Intelligenz (2)

In|tel|li|genz|ler *m. 5, abfällige Bez. für* Angehöriger der Intelligenz (2)

In|tel|li|genz|quo|ti|ent *m. 10* (*Abk.:* IQ) Zahl, die das Verhältnis zwischen Intelligenzgrad und Lebensalter ausdrückt

In|tel|li|genz|test *m. 1 oder m. 9*

in|tel|li|gi|bel nur gedanklich, geistig erfassbar, nicht sinnlich wahrnehmbar; die intelligible Welt: die Ideenwelt Platos

In|ten|dant [lat.] *m. 10* **1.** *im absolutist. Frankreich:* hoher Beamter; **2.** *bis 1945:* militär. Verwaltungsbeamter; **3.** künstler. und kaufmänn. Leiter z. B. einer Rundfunk- oder Fernsehanstalt

In|ten|dan|tur *f. 10* **1.** *bis 1945:* militärische Verwaltungsbehörde; **2.** *Theater, Funk, Fernsehen:* Amt eines Intendanten

In|ten|danz *f. 10* Amt und Verwaltungsräume eines Intendanten, Leitung eines Theaters, Rundfunk- oder Fernsehsenders

in|ten|die|ren [lat.], in|ten|ti|o|nie|ren *tr. 3* beabsichtigen, planen

In|ten|si|me|ter [lat. + griech.] *n. 5* Gerät zum Messen der Stärke von Strahlen (bes. Röntgenstrahlen)

In|ten|si|on [lat.] *f. 10* Anspannung (der inneren Kräfte)

In|ten|si|tät, In|ten|si|vi|tät *f. 10 nur Sg.* **1.** Anspannung, gespannte Kraft; **2.** Eindringlichkeit, große Wirksamkeit; **3.** Stärke, Größe, Grad einer Wirkkraft; **4.** Tiefe, Leuchtkraft, Sattheit (von Farben)

in|ten|siv **1.** angespannt, angestrengt; **2.** stark, eindringlich; intensive Wirtschaft: Bodennutzung mit hohem Einsatz und Ertrag bei relativ kleiner Nutzungsfläche; **3.** tief, satt, leuchtkräftig

in|ten|si|vie|ren [-vi-] *tr. 3* steigern, verstärken, erhöhen

In|ten|si|vie|rung [-vi-] *f. 10*

In|ten|si|vi|tät [-vi-] *f. 10 nur Sg.* = Intensität

In|ten|si|vum [-vum] *n. Gen. -s Pl. -va* [-va] die Verstärkung einer Tätigkeit ausdrückendes Verb, z. B. »schnitzen« zu »schneiden«, »nicken« zu »neigen«

In|ten|ti|on *f. 10* Absicht, Plan, Bestrebung

in|ten|ti|o|nal, in|ten|ti|o|nell, zweckbestimmt, zielgerichtet

In|ten|ti|o|na|lis|mus *m. Gen. - nur Sg.* philos. Anschauung, dass jede Handlung nur nach ihrer Absicht, nicht nach ihrer Wirkung zu beurteilen sei

In|ten|ti|o|na|li|tät *f. 10 nur Sg.* Zielstrebigkeit, Zielgerichtetheit

in|ten|ti|o|nell = intentional

in|ten|ti|o|nie|ren *tr. 3* = intendieren

In|ter|ak|ti|on [lat.] *f. 10* wechselweise Handlung, wechselweises Vorgehen (von miteinander in Beziehung stehenden Personen)

in|ter|ak|tiv auf Interaktion beruhend, wechselweise

in|ter|al|li|iert [lat.] mehrere Verbündete betreffend, mehreren Verbündeten gehörig, aus mehreren Verbündeten bestehend

In|ter|ci|ty|ex|press|zug (*alt:* In|ter|ci|ty|ex|preß|zug) [-sı-, engl.] *m. 2* (*Abk.:* ICE) Intercityzug mit besonders hoher Geschwindigkeit

In|ter|ci|ty|zug [-sı-, engl.] *m. 2* (*Abk.:* IC) Zug im Schnellverkehr zwischen größeren Städten

in|ter|den|tal [lat.] zwischen den Schneidezähnen gebildet

In|ter|den|tal *m. 1,* **In|ter|den|tal|laut** *m. 1* zwischen den Schneidezähnen gebildeter Laut, z. B. engl. th

in|ter|de|pen|dent [lat.] voneinander abhängig

In|ter|de|pen|denz *f. 10 nur Sg.* gegenseitige Abhängigkeit

In|ter|dikt [lat.] *n. 1* Kirchenstrafe, Verbot gottesdienstl. Handlungen

In|ter|dik|ti|on *f. 10* **1.** Verbot; **2.** Entmündigung

in|ter|dis|zi|pli|när *auch:* **in|ter|dis|zip|li|när** [lat.] mehrere (wissenschaftl.) Disziplinen umfassend

in|ter|di|zie|ren *tr. 3* verbieten, untersagen

in|ter|es|sant *auch:* **in|te|res|sant** [lat.] **1.** Aufmerksamkeit erregend, fesselnd, anziehend; **2.** lehrreich, aufschlussreich; **3.** eigenartig, ungewöhnlich; **4.** vorteilhaft, Gewinn bringend

In|ter|es|se *auch:* **In|te|res|se** *n. 14* **1.** Aufmerksamkeit, Beachtung; **2.** Neigung, Vorliebe, Hang; **3.** Vorteil, Nutzen; seine Interessen wahren, vertreten; **4.** Wichtigkeit; das ist für mich nicht von I.; das ist für mich von großem I.

in|ter|es|se|los *auch:* **in|te|res|se|los**

In|ter|es|se|lo|sig|keit *auch:* **In|te|res|se|lo|sig|keit** *f. 10 nur Sg.*

In|ter|es|sen|ge|mein|schaft *auch:* **In|te|res|sen|ge|mein|schaft** *f. 10* (*Abk.:* IG) Zusammenschluss zur Wahrung gemeinsamer Interessen (bes. von Wirtschaftsunternehmen)

In|ter|es|sen|sphä|re *auch:* **In|te|res|sen|sphä|re** *f. 11*

In|ter|es|sent *auch:* **In|te|res|sent** *m. 10* jmd., der sich für etwas interessiert, Bewerber, Kauflustiger

in|ter|es|sie|ren *auch:* **in|te|res|sie|ren** **1.** *tr. 3;* jmdn. für etwas i.: jmds. Interesse für etwas wecken; **2.** *refl. 3;* sich für etwas i.: für etwas Interesse haben

in|ter|es|siert *auch:* **in|te|res|siert** aufmerksam, wissbegierig; ich bin daran interessiert zu …

In|ter|face [-feıs, engl.] *n. Gen. - Pl. -s* Schnittstelle, Verbindungsstelle des Computers mit einem Zusatzgerät

In|ter|fe|renz [lat.] *f. 10* **1.** *Phys.:* Überlagerung zusammentreffender Schwingungen; **2.** *Biol.:* Wechseleinfluss benachbarter Chromosomenaustausche

in|ter|fe|rie|ren *intr. 3* einander überlagern, aufeinander einwirken

In|ter|fe|ro|me|ter [lat. + griech.] *n. 5* Gerät zum Messen von Wellenlängen, von sehr kleinen Winkelabständen *(Astron.),* zur Prüfung von Endmaßen u. a. mittels Interferenz

In|ter|fe|ro|me|trie *auch:* **In|ter|fe|ro|met|rie** *f. 11 nur Sg.* Messung mit Hilfe der Interferenz

in|ter|fe|ro|me|trisch *auch:* **in|ter|fe|ro|met|risch**

In|ter|fe|ron [lat.] *n. 1 nur Sg.* zur Abwehr des Virenbefalls gebildetes Zelleiweiß

in|ter|fo|li|ie|ren [lat.] *tr. 3;* ein Buch i.: mit unbedruckten Blättern »durchschießen« (zu Korrekturzwecken)

in|ter|frak|ti|o|nell [lat.] mehrere (Partei-)Fraktionen betreffend, ihnen gemeinsam

in|ter|ga|lak|tisch [lat. + griech.] zwischen mehreren Galaxien befindlich

in|ter|gla|zi|al [lat.] zwischeneiszeitlich

In|ter|gla|zi|al *n. 1,* **In|ter|gla|zi|al|zeit** *f. 10* = Warmzeit

In|te|ri|eur [ɛ̃teriœr, frz.] *n. 9 oder n. 1* **1.** Inneres, Innenraum; **2.** Ausstattung eines Innenraumes; **3.** *Malerei:* Darstellung eines Innenraumes

In|te|rim [lat.] *n. 9* Zwischenzeit, vorläufiger Zustand

in|te|ri|mis|tisch einstweilig, vorläufig

In|te|rims|lö|sung *f. 10*

In|te|rims|re|gie|rung *f. 10*

In|te|rims|schein *m. 1* Anteilschein am Grundkapital einer AG, der bis zur Ausgabe der eigentl. Aktienurkunde gilt

In|ter|jek|ti|on [lat.] *f. 10* Ausruf zum Ausdruck von Freude, Schreck, Schmerz o. Ä., Empfindungswort

in|ter|ka|lar [lat.] eingeschoben (von Schaltjahren)

In|ter|ka|la|ri|en *nur Pl.* Ertrag einer unbesetzten kath. Kirchenpfründe, Interkalarfrüchte

in|ter|kan|to|nal mehrere Kantone betreffend, mehreren Kantonen gemeinsam

In|ter|ko|lum|nie [-niə, lat.] *f. 11,* **In|ter|ko|lum|ni|um** *n. Gen. -s Pl. -ni|en* Abstand zwischen zwei Säulen

in|ter|kom|mu|nal [lat.] mehrere Städte betreffend, mehreren Städten gemeinsam

In|ter|kon|fes|si|o|na|lis|mus [lat.] *m. Gen. - nur Sg.* Bestreben, die Gegensätze zwischen den Konfessionen zu überbrücken
in|ter|kon|fes|si|o|nell mehrere Konfessionen betreffend, ihnen gemeinsam
in|ter|kon|ti|nen|tal [lat.] mehrere Kontinente betreffend, sie verbindend, zwischen ihnen bestehend
In|ter|kon|ti|nen|tal|ra|ke|te *f. 11*
in|ter|kos|tal [lat.] zwischen den Rippen liegend
In|ter|kos|tal|mus|kel *m. 11* Zwischenrippenmuskel
In|ter|kos|tal|neur|al|gie *auch:* **In|ter|kos|tal|neu|ral|gie** *f. 11*
in|ter|krus|tal [lat.] in der Erdkruste liegend oder gebildet
in|ter|kul|tu|rell mehrere Kulturen betreffend
in|ter|kur|rent [lat.] hinzutretend; interkurrente Krankheit: zu einer bereits vorhandenen Krankheit hinzukommende Krankheit
in|ter|li|ne|ar [lat.] zwischen den Zeilen, zwischen die Zeilen (eines fremdsprachigen Textes geschrieben)
In|ter|li|ne|ar|glos|se *f. 11, in alten Handschriften:* zwischen die Zeilen geschriebene Worte, Erklärung
In|ter|li|ne|ar|ver|si|on [-vɛr-] *f. 10* wörtliche Übersetzung (die in alten Handschriften zwischen die Zeilen des Textes geschrieben wurde), Interversion
In|ter|lin|gua [lat.] *f. Gen. - nur Sg.* eine Welthilfssprache
In|ter|lin|gue *f. Gen. - nur Sg.* = Occidental
In|ter|lin|gu|ist *m. 10*
In|ter|lin|gu|is|tik *f. 10 nur Sg.* Wissenschaft von den Welthilfssprachen
in|ter|lin|gu|is|tisch
In|ter|lock|wa|re [engl. + dt.] *f. 11* feine, elastische, rundgestrickte Wirkware für Unterwäsche
In|ter|lu|di|um [lat.] *n. Gen. -s Pl. -di|en* Zwischenspiel (in der Fuge, im Ballett, zwischen zwei Choralstrophen u. a.)
In|ter|lu|ni|um [lat.] *n. Gen. -s Pl. -ni|en* Zeit des Neumondes
In|ter|ma|xil|lar|kno|chen [lat.] *m. 7* Zwischenkieferknochen
in|ter|me|di|är [lat.] zwischen zwei Dingen befindlich, Zwischen...
In|ter|me|din *n. 1 nur Sg.* Hormon, das bei Fischen und Fröschen den Farbwechsel bewirkt
In|ter|me|dio, In|ter|me|di|um *n. Gen. -s Pl. -di|en, im 16. Jh. in Italien:* kleines, musikalisch-dramat. Zwischenspiel (bei Hoffesten)
In|ter|mez|zo *n. Gen. -s Pl. -s oder -zi* **1.** *im 17./18. Jh.:* heiteres Zwischenspiel (in Drama und Oper); **2.** kurzes, heiteres Musikstück; **3.** *übertr.:* erheiternder Zwischenfall
In|ter|mis|si|on [lat.] *f. 10* zeitweiliges Verschwinden von Krankheitserscheinungen
in|ter|mit|tie|rend zeitweilig aussetzend und wiederkehrend, mit Unterbrechungen; intermittierendes Fieber; intermittierender Strom
in|ter|mo|le|ku|lar [lat.] zwischen den Molekülen liegend oder stattfindend
in|tern [lat.] **1.** im Innern befindlich, innerlich; **2.** innerhalb einer Gemeinschaft bestehend, stattfindend, nicht für Außenstehende bestimmt; **3.** in einem Internat wohnend; *Ggs.:* extern (2)
In|ter|na *Pl. von* Internum
in|ter|na|li|sie|ren *tr. 3, Psych.:* in sich aufnehmen, für sich selbst als gültig annehmen, sich zu eigen machen
In|ter|nat *n. 1* Lehranstalt, in der die Schüler(innen) auch wohnen und verköstigt werden; *Ggs.:* Externat
in|ter|na|ti|o|nal [lat.] mehrere oder alle Staaten bzw. Völker betreffend, zwischen ihnen bestehend, mit Billigung mehrerer oder aller Staaten, überstaatlich, nicht national begrenzt; Internationale Einheit (*Abk.:* I. E., IE): international festgelegte Mengeneinheit für alle aus Pflanzen, Organen usw. gewonnenen Heilmittel; Internationales Olympisches Komitee (*Abk.:* IOK); Internationales Rotes Kreuz (*Abk.:* IRK)
In|ter|na|ti|o|na|le *f. 18* **1.** *Kurzwort für* Internationale Arbeiterassoziation (internationale Vereinigung sozialistischer Parteien); **2.** internationales Kampflied der sozialist. Arbeiterbewegung
in|ter|na|ti|o|na|li|sie|ren *tr. 3* den Angehörigen aller Staaten zugänglich machen
In|ter|na|ti|o|na|li|sie|rung *f. 10*
In|ter|na|ti|o|na|lis|mus **1.** *m. Gen. - nur Sg.* Streben nach internationalem Zusammenschluss; **2.** *m. Gen. - Pl.* -men, *Gramm.:* in allen Sprachen gebräuchliches und verständliches Wort, z. B. Radio, stop
In|ter|na|ti|o|na|list *m. 10* Anhänger des Internationalismus (1)
in|ter|na|ti|o|na|lis|tisch
In|ter|na|ti|o|na|li|tät *f. 10 nur Sg.* Überstaatlichkeit
In|ter|ne(r) [lat.] *m. 18 (17) bzw. f. 17 oder 18* in einem Internat wohnende(r) Schüler(in); *Ggs.:* Externe(r)
In|ter|net *n. 5 nur Sg.* ein globales Computernetzwerk
In|ter|net|a|dres|se *auch:* **In|ter|net|ad|res|se** *f. 11*
In|ter|net|an|schluss (*alt:* In|ter|net|an|schluß) *m. 2*
in|ter|net|ba|siert
In|ter|net|ca|fé *n. 9*
in|ter|net|ge|stützt
In|ter|net|nut|zer *m. 5*
In|ter|net|zu|gang *m. 2*
in|ter|nie|ren *tr. 3* **1.** in staatlichen Gewahrsam nehmen, in der Freiheit beschränken (während des Krieges Zivilpersonen eines feindlichen Staates); **2.** isolieren (Kranke)
In|ter|nie|rung *f. 10*
In|ter|nie|rungs|la|ger *n. 5*
In|ter|nist *m. 10* Facharzt für innere Krankheiten
in|ter|nis|tisch
In|ter|no|di|um [lat.] *n. Gen. -s Pl. -di|en* Abschnitt des Stängels zwischen zwei Blattansatzstellen (Knoten)
In|ter|num [lat.] *n. Gen. -s Pl. -na meist Pl.* nur eine Gemeinschaft angehende, nicht für Außenstehende bestimmte Angelegenheit
In|ter|nun|ti|us [-tsjus, lat.] *m. Gen. - Pl. -ti|en* [-tsjən] päpstlicher Nuntius im Range eines Gesandten
in|ter|o|ze|a|nisch mehrere Ozeane betreffend, sie verbindend
in|ter|par|la|men|ta|risch die Parlamente mehrerer Staaten betreffend, sie umfassend; Interparlamentarische Union (*Abk.:* IPU): 1888 gegründete Vereinigung von Parlamentariern verschiedener Länder
In|ter|pel|lant [lat.] *m. 10* jmd., der eine Interpellation (1) einbringt

In|ter|pel|la|ti|on *f. 10* **1.** Anfrage (im Parlament an die Regierung); **2.** *veraltet:* Einspruch, Mahnung (eines Gläubigers); **3.** *veraltet:* Unterbrechung, Zwischenrede

in|ter|pel|lie|ren *intr. 3* **1.** eine Interpellation (1) einbringen, anfragen; **2.** *veraltet:* unterbrechen, dazwischenreden

in|ter|pla|ne|tar, in|ter|pla|ne|ta|risch zwischen den Planeten befindlich; vgl. interstellar

In|ter|pol *f. Gen. - nur Sg.; Kurzwort für* Internationale kriminalpolizeiliche Kommission

In|ter|po|la|ti|on [lat.] *f. 10, Math.:* Schluss von zwei bekannten Funktionswerten auf Zwischenwerte; *Ggs.:* Extrapolation

in|ter|po|lie|ren *tr. 3* **1.** *Math.:* einen Zwischenwert feststellen; **2.** nachträglich einschieben (in einen Text)

In|ter|pret [lat.] *m. 10* **1.** Erklärer, Ausleger, Deuter (von Texten); **2.** Künstler, der durch Wiedergabe eines Musikwerkes dieses zugleich ausdeutet

In|ter|pre|ta|ti|on *f. 10* Auslegung, Ausdeutung

in|ter|pre|ta|tiv, in|ter|pre|ta|to|risch erklärend, deutend

in|ter|pre|tie|ren *tr. 3* auslegen, ausdeuten, erklären

in|ter|pun|gie|ren [lat.], **in|ter|punk|tie|ren** *tr. 3* mit Satzzeichen versehen

In|ter|punk|ti|on *f. 10* Anwendung von Satzzeichen, Zeichensetzung

In|ter|punk|ti|ons|zei|chen *n. 7* Satzzeichen

In|ter|rail|ti|cket [-rɛɪl-, engl.] *n. 9* Zeitfahrkarte für Jugendliche auf dem europ. Eisenbahnnetz

In|ter|re|gio *m. 9* (*Abk.:* IR) Eisenbahnzug zur Erschließung der Mittelzentren

In|ter|reg|num *auch:* **In|ter|reg|num** [lat.] *n. Gen.* -s *Pl.* -gnen *oder* -gna **1.** vorläufige Regierung, Zwischenregierung; **2.** Zeit ohne rechtmäßige Regierung

in|ter|ro|ga|tiv [lat.] fragend

In|ter|ro|ga|tiv|ad|verb [-vɛrb] *n. Gen.* -s *Pl.* -bi|en fragendes Umstandswort, Interrogativum, z. B. wie lange, warum, wohin

In|ter|ro|ga|tiv|pro|no|men *n. 7* fragendes Fürwort, Fragefürwort, Fragewort, z. B. wer, welcher, was (für)

In|ter|ro|ga|tiv|satz *m. 2* Satz in Form einer Frage, Fragesatz

In|ter|ro|ga|ti|vum [-vum] *n. Gen.* -s *Pl.* -va [-va] = Interrogativpronomen

In|ter|rup|tio [lat.] *f. Gen. - Pl.* -ti|o|nes [-tsjo̲ne:s] Schwangerschaftsabbruch

In|ter|rup|ti|on *f. 10* Unterbrechung

in|ter|sek|to|ral [lat.] zwischen den Sektoren befindlich, sie verbindend, ihnen gemeinsam

In|ter|sex [lat.] *n. 1, Biol.:* geschlechtl. Zwischenform mit männl. und weibl. Merkmalen

In|ter|se|xu|a|li|tät *f. 10 nur Sg.* Auftreten von Geschlechtsmerkmalen an einem Lebewesen, die normalerweise dem anderen Geschlecht zukommen

in|ter|se|xu|ell eine geschlechtliche Zwischenform bildend, zwischengeschlechtlich

In|ter|shop [-ʃɔp, engl.] *m. 9, DDR:* Geschäft mit hochwertigen, bes. westlichen Waren gegen konvertierbare Währung als Zahlungsmittel

in|ter|sta|di|al [lat.] zwischen zwei Stadien (z. B. zwei Eiszeiten) stehend

In|ter|sta|di|al *n. 1,* **In|ter|sta|di|al|zeit** *f. 10* Stadium zwischen zwei Eiszeiten

in|ter|stel|lar [lat.] zwischen den Fixsternen (befindlich); vgl. interplanetar

in|ter|sti|ti|ell [-tsjɛ̣l, lat.] in Zwischenräumen befindlich (z. B. Gewebe, Gewebsflüssigkeit)

In|ter|sti|ti|um [-tsjum] *n. Gen.* -s *Pl.* -ti|en [-tsjən] **1.** Zwischenraum (zwischen Organen); **2.** *kath. Kirche:* vorgeschriebene Zeit zwischen dem Empfang zweier geistlicher Weihen

in|ter|sub|jek|tiv [lat.] zwei oder mehreren Einzelwesen gemeinsam, sie umfassend

in|ter|ter|ri|to|ri|al [lat.] zwischen zwei oder mehreren Staaten bestehend, zwischenstaatlich (Abkommen u. Ä.)

In|ter|tri|go [lat.] *f. Gen. - Pl.* -gi|nes [-ne:s] Wundsein der Haut infolge Reibung von Hautstellen aneinander, »Wolf«

in|ter|ur|ban [lat.] *veraltet:* zwischen mehreren Städten befindlich, ihnen gemeinsam, Überland…

In|ter|vall [-vạl, lat.] *n. 1* **1.** Zwischenzeit, Zwischenraum, Abstand; **2.** *Math.:* Strecke zwischen zwei Punkten einer Skala; **3.** *Mus.:* Abstand zwischen zwei Tönen; **4.** *Med.:* symptom- oder schmerzfreie Zeit im Verlauf einer Krankheit; die Zeit zwischen zwei Menstruationen

In|ter|vall|trai|ning [-vạl-, lat.] *n. 9* Form des Trainings, bei der zwischen Belastung und Entspannung gewechselt wird

in|ter|va|lu|ta|risch [-va-, lat.] den Währungsaustausch betreffend; intervalutarischer Kurs: Wechsel-, Devisenkurs

In|ter|ve|ni|ent [-ve-, lat.] *m. 10* jmd., der interveniert (bes. bei Rechtsstreitigkeiten)

in|ter|ve|nie|ren [-ve-] *intr. 3* dazwischentreten, (vermittelnd) eingreifen, sich einmischen

In|ter|vent [-vɛ̣nt] *m. 10, DDR:* Staat, der sich gewaltsam in die Angelegenheiten eines anderen Staates einmischt

In|ter|ven|ti|on [-vɛn-] *f. 10* Dazwischentreten, (vermittelndes) Eingreifen, Einmischung

In|ter|ven|ti|o|nis|mus [-vɛn-] *m. Gen. - nur Sg.* wirtschaftspolit. System, das staatl. Eingriffe in die Marktwirtschaft vorsieht, um die Produktivität zu steigern

In|ter|ven|ti|o|nist [-vɛn-] *m. 10* Anhänger des Interventionismus

in|ter|ven|ti|o|nis|tisch [-vɛn-]

In|ter|ven|ti|ons|kla|ge [-vɛn-] *f. 11* Widerspruchsklage (gegen Zahlungsbefehle u. Ä.)

in|ter|ven|tiv [-vɛn-] eingreifend, vermittelnd

In|ter|ver|si|on [-vɛr-, lat.] *f. 10* = Interlinearversion

In|ter|view [-vju̲, engl.] *n. 9* Befragung bekannter Persönlichkeiten durch Reporter über berufliche, politische u. ähnliche Angelegenheiten

in|ter|view|en *auch:* **in|ter|vie|wen** [-vju̲ən, engl.] *tr. 1* befragen

In|ter|view|er *auch:* **In|ter|vie|wer** [-vju̲ər, engl.] *m. 5* jmd., der einen anderen interviewt, befragt

in|ter|ze|die|ren [lat.] *intr. 3* **1.** (für einen Schuldner) einspringen, eintreten, eine Schuld übernehmen, sich verbürgen; **2.** vermitteln

in|ter|zel|lu|lar, in|ter|zel|lu|lär [lat.] zwischen den Zellen (gelegen, befindlich)

In|ter|zel|lu|lar|raum *m. 2* Zwischenzellraum

In|ter|zes|si|on [lat.] *f. 10* Schuldübernahme

in|ter|zo|nal [lat. + griech.] zwischen den Zonen, mehreren Zonen gemeinsam, sie betreffend, Interzonen...

In|ter|zo|nen|han|del *m. Gen.* -s *nur Sg.*

In|ter|zo|nen|ver|kehr *m. Gen.* -s *nur Sg.*

In|ter|zo|nen|zug *m. 2*

in|tes|ta|bel [auch: -ta-, lat.] rechtlich unfähig, ein Testament zu machen oder als Zeuge vor Gericht aufzutreten; intestable Personen

In|tes|tat|er|be *m. 11* gesetzl. Erbe eines Erblassers, der kein Testament hinterlassen hat

I

in|tes|ti|nal [lat.] zum Darm gehörend

In|tes|ti|num *n. Gen.* -s *Pl.* -nen *oder* -na Darm, Eingeweide

In|thro|ni|sa|ti|on [lat. + griech.] *f. 10* Erhebung auf den Thron, feierliche Einsetzung

in|thro|ni|sie|ren *tr. 3* feierlich (in ein Amt) einsetzen; auf den Thron erheben

In|thro|ni|sie|rung *f. 10*

In|ti|fa|da [arab.] *f. Gen. - nur Sg.* Opposition der Palästinenser in den von Israel besetzten Gebieten

in|tim [lat.] **1.** vertraut, innig (Freund); **2.** gemütlich, heimelig (Raum)

In|ti|ma *f. Gen. -* **1.** *nur Sg., Biol.:* innerste Haut der Gefäße; **2.** *Pl.* -mae [-mɛː] enge, vertraute Freundin

In|ti|ma|ti|on *f. 10, veraltet:* gerichtliche Ankündigung, Vorladung

In|ti|mi|tät *f. 10* **1.** *nur Sg.* Vertrautheit, Gemütlichkeit; **2.** Vertraulichkeit, vertrauliche Beziehung

In|tim|sphä|re *auch:* **In|tims|phä|re** *f. 11* Bereich des persönl. Lebens, bes. des Geschlechtslebens

In|ti|mus *m. Gen. - Pl.* -mi vertrauter Freund

in|to|le|ra|bel [lat.] unerträglich, unduldbar

in|to|le|rant unduldsam (gegenüber anderen Meinungen oder Verhaltensweisen)

In|to|le|ranz *f. 10 nur Sg.* Unduldsamkeit

In|to|na|ti|on [lat.] *f. 10* **1.** *Sprachw.:* Tonansatz beim Sprechen von Vokalen; Tongebung, Veränderung der Tonhöhe und -stärke beim Sprechen, Satzmelodie; **2.** *Mus.:* Tonansatz, Treffen der Tonhöhe beim Singen, Spielen eines Instruments; **3.** *Gregorianik:* die ersten, vom Priester gesungenen Worte im liturgischen Gesang; **4.** Ein- oder Nachstimmen der Orgelpfeifen; **5.** präludierende Einleitung (eines Musikstücks); **6.** kurzes Orgelvorspiel

in|to|na|to|risch die Intonation betreffend, auf ihr beruhend

in|to|nie|ren *tr. 3*

in to|to [lat.] im Ganzen; etwas in t. ablehnen, annehmen

In|tou|rist [-tu-, russ.] *früher:* staatl. Reisebüro der Sowjetunion

In|to|xi|ka|ti|on [lat.] *f. 10* Vergiftung

♦ Die Buchstabenfolge **in|tr...** kann in Fremdwörtern auch **int|r...** getrennt werden. Davon ausgenommen sind Zusammensetzungen, in denen die fremdsprachigen bzw. sprachhistorischen Bestandteile deutlich als solche erkennbar sind, z. B. *-transigent, -transitiv*

♦**in|tra..., In|tra...** [lat.] *in Zus.:* innerhalb, z. B. intrakardial

♦**In|tra|bi|li|tät** [lat.] *f. 10 nur Sg.* Eintritt von Stoffen in das Zellplasma

♦**In|tra|da** [lat.], **In|tra|de,** En|trada *n. Gen. - Pl.* -den, *Mus., bes. in der Suite:* feierliches Einleitungs-, Eröffnungsstück

♦**in|tra|kar|di|al** [lat.] innerhalb des Herzens (gelegen)

♦**in|tra|ku|tan** [lat.] in der Haut

♦**in|tra|mo|le|ku|lar** [lat.] innerhalb eines Moleküls

♦**in|tra|mon|tan** [lat.] zwischen Gebirgen (gelegen)

♦**in|tra|mun|dan** [lat.] innerhalb dieser Welt; *Ggs.:* extramundan

♦**in|tra mu|ros** [-roːs, lat. »innerhalb der Mauern«] nicht öffentlich

♦**in|tra|mus|ku|lär** [lat.] **1.** innerhalb eines Muskels (gelegen); **2.** (*Abk.:* i. m.) in einen Muskel hinein

♦**In|tra|net** *n. 9* betriebsinternes Computernetzwerk

in|tran|si|gent [lat.] unversöhnlich, unnachgiebig, starr, Verhandlungen unzugänglich

In|tran|si|gent *m. 10* intransigenter Parteimann

In|tran|si|genz *f. 10 nur Sg.*

in|tran|si|tiv [lat.] nicht zielend; intransitives Verb: Verb, das kein Akkusativobjekt bei sich hat und von dem man kein persönliches Passiv bilden kann, z. B. schlafen; *Ggs.:* transitiv

In|tran|si|tiv *n. 1,* **In|tran|si|ti|vum** [-vum, auch: -ti-] *n. Gen.* -s *Pl.* -va [-va] intransitives Verb

♦**in|tra|o|ku|lar** [lat.] im Innern des Auges

♦**in|tra|o|ral** [lat.] innerhalb der Mundhöhle

♦**in|tra|u|te|rin** [lat.] innerhalb der Gebärmutter (des Uterus)

♦**in|tra|va|gi|nal** [-va-, lat.] innerhalb der Scheide (Vagina)

♦**in|tra|ve|nös** [-ve-, lat.] **1.** innerhalb einer Vene (liegend); **2.** (*Abk.:* i. v.) in eine Vene hinein

♦**in|tra|zel|lu|lar** [lat.], **in|tra|zel|lu|lär** innerhalb der Zelle

♦**in|tri|gant** [frz.] gern Intrigen spinnend, ränkesüchtig, hinterlistig

♦**In|tri|gant** *m. 10* jmd., der gern Intrigen spinnt

♦**In|tri|ganz** *f. 10 nur Sg.* intrigantes Verhalten, Hinterlist, Arglist

♦**In|tri|ge** *f. 11* hinterlistige Handlung, arglistige Verwicklung; Intrigen: Ränke

♦**In|tri|gen|spiel** *n. 1*

♦**in|tri|gie|ren** *intr. 3* Ränke spinnen, die eine Person gegen die andere ausspielen; hinterlistig vorgehen; gegen jmdn. i.

♦**in|tro..., In|tro...** [lat.] *in Zus.:* in ... hinein, nach innen, z. B. introvertiert, Introduktion

♦**In|tro|duk|ti|on** [lat.] *f. 10, bes. Mus.:* Einleitung, Einleitungssatz, Vorspiel

♦**in|tro|du|zie|ren** *tr. 3* einleiten, hineinführen

♦**In|tro|i|tus** *m. Gen. - Pl. -* **1.** *kath. Kirche:* Chorgesang beim Einzug des Priesters; **2.** *evang. Kirche:* Eingangslied, Einleitungsworte (zum Gottesdienst); **3.** *Mus.:* Einleitungssatz eines Orgelstückes; **4.** *Anat.:* Eingang (bes. der Scheide)

♦**in|trors** [lat.] nach innen gewendet (von den Staubbeuteln bezüglich der Blütenachse); *Ggs.:* extrors

♦**In|tro|spek|ti|on** *auch:* **In|tros-pek|ti|on** [lat.] *f. 10 nur Sg.* **1.** Selbstbeobachtung; **2.** *Med.:* Einsicht in das Körperinnere
♦**in|tro|spek|tiv** *auch:* **in|tros|pek-tiv** auf Introspektion beruhend
♦**In|tro|ver|si|on** [-vɛr-, lat.] *f. 10 nur Sg.* introvertiertes Verhalten; *Ggs.:* Extraversion
♦**in|tro|ver|tiert** [-vɛr-, lat.] nach innen gewendet, auf das eigene Seelenleben gerichtet; *Ggs.:* extravertiert
♦**In|tru|der** [engl. »Eindringling«] *m. 5* Aufklärungsflugzeug zur Unterstützung von Flugzeugträgern
♦**in|tru|die|ren** *intr. 3* (in die Erdkruste) eindringen
♦**In|tru|si|on** *f. 10* Eindringen von Magma in die Erdkruste
♦**in|tru|siv** durch Intrusion entstanden
♦**In|tru|siv|ge|stein** *n. 1* durch Intrusion entstandenes Gestein
In|tu|ba|ti|on [lat.] *f. 10* **1.** Einführung eines Rohrs in die Luftröhre; **2.** Einblasen (von Heilmitteln)
in|tu|bie|ren *tr. 3*
In|tu|i|ti|on [lat.] *f. 10* unmittelbares Erkennen, Erfassen von Vorgängen, Zusammenhängen ohne wissenschaftl. Erkenntnis, übersinnl. Schau, Eingebung
in|tu|i|tiv auf Intuition beruhend
In|tu|mes|zenz [lat.], **In|tur|ges-zenz** *f. 10 nur Sg.* Anschwellung (bes. der Geschlechtsorgane bei Erregung)
in|tus [lat.] innen, inwendig; etwas i. haben *ugs.:* etwas gegessen, getrunken haben, *oder:* etwas begriffen und sich gemerkt haben
in ty|ran|nos! [-no:s, lat.] gegen die Tyrannen!
I|nu|la [griech.] *f. Gen. - nur Sg., Sammelbez. für* mehrere Arten von Heilkräutern, Alant
I|nu|lin *n. 1 nur Sg.* aus Fruchtzucker aufgebautes Reservekohlenhydrat
In|un|da|ti|on *auch:* **I|nun|da|ti|on** [lat.] *f. 10* völlige Überflutung von Land durch Meer oder Fluss
In|unk|ti|on *auch:* **I|nunk|ti|on** [lat.] *f. 10, Med.:* Einreibung
in u|sum Del|phi|ni s. **ad u|sum Del|phi|ni**
In|va|gi|na|ti|on [-va-, lat.] *f. 10* Einstülpung eines Teils des Darms in den nächsten
in|va|lid, in|va|li|de [-va-, lat.] dauernd arbeitsunfähig
In|va|li|de(r) [-va-] *m. 18 (17) bzw. f. 17 oder 18*
In|va|li|den|ren|te [-va-] *f. 11*
In|va|li|den|ver|si|che|rung [-va-] *f. 10*
in|va|li|di|sie|ren [-va-] *tr. 3* invalid schreiben, zum Invaliden erklären und mit Invalidenrente versehen
In|va|li|di|sie|rung [-va-] *f. 10 nur Sg.*
In|va|li|di|tät [-va-] *f. 10 nur Sg.* dauernde Arbeitsunfähigkeit
in|va|ri|a|bel [-va-, auch: -a-, lat.] unveränderlich; invariable Größen
in|va|ri|ant [-va-, auch: -ant] bei bestimmten Vorgängen unverändert bleibend
In|va|ri|an|te [-va-, auch: -an-] *f. 17 oder 18* bei bestimmten Vorgängen unveränderliche Größe
In|va|ri|an|ten|the|o|rie [-va-] *f. 11 nur Sg., Math.*
In|va|ri|anz [-va-, auch: -ants] *f. 10 nur Sg.* Unveränderlichkeit
In|va|si|on [-va-, lat.] *f. 10* **1.** Einfall feindlicher Truppen; *Ggs.:* Evasion (1); **2.** Eindringen von Krankheitserregern in den Körper
in|va|siv[-va-] *Med.:* eindringend
In|va|sor [-va-] *m.Gen. -s Pl. -soren meist Pl.* einfallender Feind
In|vek|ti|ve [-vɛktivə, lat.] *f. 11* beleidigende, aggressive Äußerung, Schmähung
In|ven|tar [-vɛn-, lat.] *n. 1* Bestand, *auch:* Bestandsverzeichnis der zu einem Raum, Haus oder Betrieb gehörigen Gegenstände, Tiere, Vermögenswerte und Schulden; lebendes I.: Tiere; totes I.: Gegenstände, Werte
In|ven|ta|ri|sa|ti|on [-vɛn-] *f. 10* Bestandsaufnahme
in|ven|ta|ri|sie|ren [-vɛn-] *tr. 3* den Bestand (von etwas) aufnehmen
in|ven|tie|ren [-vɛn-, lat.] *tr. 3* erfinden, erdenken
In|ven|ti|on [-vɛn-] *f. 10* **1.** *veraltet:* Erfindung; **2.** *Mus.:* kleines Instrumentalstück ohne bestimmte Form
In|ven|tur [-vɛn-, lat.] *f. 10* Bestandsaufnahme; wegen Inventur geschlossen
In|ven|tur|aus|ver|kauf [-vɛn-] *m. 1* Verkauf sämtlicher Waren zu herabgesetzten Preisen nach einer Inventur, Räumungsverkauf
In|ver|kehr|brin|gen = **In-Ver-kehr-Brin|gen** *n. Gen. -s nur Sg.*
in|vers [-vɛrs, lat.] umgekehrt
In|ver|si|on [-vɛr-] *f. 10* Umkehrung, Gegenbewegung, *Gramm.:* Umstellung der normalen Wortfolge, z. B. schön wär's
In|ver|te|brat *auch:* **In|ver|teb|rat** [-vɛr-] *m. 10* s. **E|ver|te|brat**
in|ver|tie|ren [-vɛr-, lat.] *tr. 3* umkehren
in|ver|tiert [-vɛr-, lat.] geschlechtlich verkehrt empfindend, auf das eigene Geschlecht gerichtet
In|vert|zu|cker [-vɛrt-, lat.] *m. Gen. -s nur Sg.* Mischung von Frucht- und Traubenzucker
in|ves|tie|ren [-vɛs-, lat.] *tr. 3* **1.** in ein Amt einweisen; **2.** langfristig anlegen (Kapital)
In|ves|tie|rung [-vɛs-] *f. 10* Investition
In|ves|ti|ti|on [-vɛs-] *f. 10* langfristige Kapitalanlage
In|ves|ti|ti|ons|gü|ter [-vɛs-] *Pl.* Güter, die als Investition der Produktion dienen, also nicht für den unmittelbaren Verbrauch bestimmt sind
In|ves|ti|ti|ons|mit|tel [-vɛs-] *n. 5*
In|ves|ti|tur [-vɛs-] *f. 10* Einweisung, Einsetzung in ein Amt
In|ves|tiv|lohn [-vɛs-] *m. 2* als Sparanlage verwendeter, zwangsgebundener Teil des Arbeitslohns
In|vest|ment [-vɛstmənt, engl.] *n. 9* Investition
In|vest|ment|fonds [-vɛstməntfɔ̃, engl. + frz.] *m. Gen. - [-fɔ̃s] Pl. - [-fɔ̃s]* Bestand an Wertpapieren (von Kapitalgesellschaften)
In|vest|ment|trust [-vɛstməntrʌst, engl.] *m. 9* Gesellschaft zur Gewinn bringenden Anlage von Kapitalien, die sie sich durch Ausgabe eigener Effekten beschafft
In|ves|tor [-vɛs-, lat.] *m. 13* jmd., der langfristig Kapital anlegt
in vi|no ve|ri|tas [- vino ve-, lat.] im Wein (ist) Wahrheit
in|vi|si|bel [-vi-, lat.] unsichtbar
in vi|tro *auch:* **in vit|ro** [- vi-, lat. »im Glas«] im Reagenzglas, im Laboratorium durchgeführt
in vi|vo [- vi-, lat. »im lebendigen«] am lebenden Organismus beobachtet, durchgeführt
In|vo|ca|bit [-vo-, lat. »im lebendigen«] s. **In|vo|ka|vit**
In|vo|ka|ti|on [-vo-, lat.] *f. 10* Anrufung (Gottes und der Heiligen)

I

In|vo|ka|vit, In|vo|ca|bit [-vo-, lat. »im lebendigen«] erster Passionssonntag, sechster Sonntag vor Ostern
In|vo|lu|ti|on [-vo-, lat.] *f. 10* **1.** *Biol.:* normale Rückbildung (eines Organs, z. B. im Alter); **2.** *Math.:* besondere Form der projektiven Abbildung
in|vol|vie|ren [-vɔlvi̯-, lat.] *tr. 3* enthalten, in sich schließen
in|wen|dig; *ugs.:* etwas in- und auswendig können, kennen
in|wie|fern
in|wie|weit
In|woh|ner *m. 5* **1.** *veraltet, noch österr.:* Einwohner, Bewohner; **2.** *österr.:* Mieter
In|zens [lat.] *m. 1* = Inzensation
In|zen|sa|ri|um *n. Gen.* -s *Pl.* -ri|en = Inzensorium

I

In|zen|sa|ti|on *f. 10,* In|zens *m. 1, kath. Kirche:* das Verbrennen von Weihrauch
in|zen|sie|ren *tr. 3* mit Weihrauch beräuchern
In|zen|so|ri|um, In|zen|sa|ri|um *n. Gen.* -s *Pl.* -ri|en Weihrauchgefäß
In|zest [lat.] *m. 1* **1.** engste Inzucht; **2.** Geschlechtsverkehr zwischen Blutsverwandten, Blutschande
in|zes|tu|ös in der Art eines Inzests (2), blutschänderisch
In|zest|zucht *f. Gen.* - *nur Sg.*
in|zi|dent [lat.] *veraltet:* im Verlauf (einer Sache) nebenbei vorkommend oder entstehend, beiläufig
In|zi|dent *m. 1, veraltet* **1.** Nebenpunkt; **2.** (nebenbei zu erledigender) Zwischenfall
In|zi|denz *f. Gen.* - *Pl.* -zen *oder* -zi|en, *veraltet* **1.** Einfall; **2.** Verfall
in|zi|die|ren *tr. 3* einschneiden
In|zi|si|on *f. 10* das Einschneiden (in Gewebe), Einschnitt
In|zi|siv *m. 12,* **In|zi|si|vus** [-vus] *m. Gen.* - *Pl.* -vi [-vi], **In|zi|siv|zahn** *m. 2* Schneidezahn
In|zi|sur *f. 10* Einschnitt, Einbuchtung (an Knochen oder Organen)
In|zucht *f. Gen.* - *nur Sg.*
in|zwi|schen
Io *Zeichen für* Ionium
IOC [aɪ oʊ si̯, engl.] *Abk. für* International Olympic Committee
IOK *Abk. für* Internationales Olympisches Komitee
I|on [griech.] *n. 12* elektrisch geladenes Teilchen (Atom, Atomgruppe oder Molekül)
Io|nes|co, *Eugène* rumän.-frz. Schriftsteller
I|o|ni|en Landschaft in Kleinasien
I|o|ni|er *m. 5* Einwohner von Ionien
I|o|ni|sa|ti|on [lat.] *f. 10 nur Sg.* Übergang von Atomen oder Molekülen in elektrisch geladenen Zustand
I|o|ni|sa|tor *m. 13* Gerät zur Beseitigung elektrostat. Ladungen
i|o|nisch zu Ionien gehörend, aus ihm stammend; ionische Säule: Säule mit Volutenkapitell; ionische Tonart: eine Kirchentonart; *aber:* Ionische Inseln
i|o|ni|sie|ren [griech.] *tr. 3* elektr. aufladen
I|o|ni|sie|rung *f. 10 nur Sg.*
I|o|ni|um *n. Gen.* -s *nur Sg.* (*Zeichen:* Io) radioaktives Zerfallsprodukt des Urans
I|o|no|me|ter *n. 5* Gerät zum Messen der Ionisation
I|o|no|sphä|re *auch:* **I|o|nos|phä|re** *f. 11 nur Sg.* die ionisierte äußerste Schicht der Erdatmosphäre
I|o|ta *n. 9* s. **Jo|ta**
I|o|wa [aɪowə] (*Abk.:* IA) Staat der USA
I|pe|ca|cu|an|ha [-a̩nja, port.] *f. 10 nur Sg.* **1.** Brechwurz, Wurzel einer brasilian. Pflanze **2.** die Pflanze selbst
I|phi|ge|nie [-njə] *griech. Myth.:* Tochter Agamemnons
Ip|sa|ti|on [lat.] *f. 10 nur Sg.,* Ip|sis|mus *m. Gen.* - *nur Sg., veraltet für* Masturbation
ip|se fe|cit [lat.] (*Abk.:* i. f.) hat (es) selbst gemacht (Vermerk vor oder hinter dem Namen des Künstlers auf Bildern, Stichen u. a.)
Ip|sis|mus *m. Gen.* - *nur Sg.* = Ipsation
ip|sis|si|ma ver|ba [vɛr-, lat.] genau diese, seine eigenen Worte
ip|so fac|to [lat.] durch die Tat selbst, d. h. die Rechtsfolgen einer Tat treten von selbst ein
ip|so iu|re [lat.] durch das Recht selbst, ohne weiteres
IPU *Abk. für* Interparlamentarische Union
i-Punkt (*alt:* I-Punkt) *m. 1*
IQ *Abk. für* Intelligenzquotient
Ir *chem. Zeichen für* Iridium
IR *Abk. für* Interregio
i. R. *Abk. für* im Ruhestand
I. R. *Abk. für* Imperator Rex
IRA *Abk. für* Irish Republican Army: Irisch-Republikan. Armee
ir..., Ir... [lat.] *in Zus.:* nicht..., Nicht..., un..., Un..., z. B. irrational
I|ra|de [arab.] *m. 14 oder n. 14, früher:* Erlass des Sultans
I|rak [auch: i̱-] *m. Gen.* -(s), *auch ohne Artikel,* Staat in Vorderasien
I|ra|ker *m. 5*
I|ra|ki *m. Gen.* - *Pl.* - Einwohner des Iraks
i|ra|kisch
I|ran *m. Gen.* -s, *auch ohne Artikel,* Staat in Asien, *bis 1935:* Persien
I|ra|ner *m. 5*
i|ra|nisch
I|ra|nist *m. 10* Wissenschaftler der Iranistik
I|ra|nis|tik *f. 10 nur Sg.* Wissenschaft von der Sprache, Geschichte und Kultur Irans
i|ra|nis|tisch
Ir|bis [mongol.-russ.] *m. 1* Schneeleopard
ir|den **1.** aus (gebrannter) Erde **2.** aus (gebranntem) Ton
Ir|den|wa|re *f. 11* irdenes Geschirr
ir|disch
I|re *m. 11,* Ir|län|der *m. 5* Einwohner von Irland
I|re|ne weibl. Vorname
I|re|nik [griech.] *f. 10 nur Sg.,* I|re|nis|mus *m. Gen.* - *nur Sg.* **1.** theolog. Friedenslehre, die den ausschließl. Wahrheitsanspruch der kath. Kirche nicht akzeptiert; **2.** Streben nach Verständigung der Konfessionen; **3.** friedliche Haltung
i|re|nisch auf Irenik beruhend, friedlich, friedfertig
I|re|nis|mus *m. Gen.* - *nur Sg.* = Irenik
ir|gend; irgend so ein Bursche; wenn irgend möglich

irgendein, irgendetwas: Mehrteilige Adverbien und Pronomen schreibt man zusammen, wenn Wortform, Wortart oder die Bedeutung der einzelnen Bestandteile nicht mehr deutlich erkennbar sind: *Da war irgendein Mann vor der Tür. Es gab irgendetwas zu sehen.* Ebenso: *irgendjemand, irgendwann, irgendwas, irgendwelcher, irgendwer, irgendwie, irgendwo, irgendwohin.* § 39 (4)
Getrennt geschrieben werden die Erweiterungen mit *so: irgend so ein Mann, irgend so etwas.* § 39 E2 (1)

ir|gend|ein
ir|gend|ein|mal
ir|gend|et|was (*alt:* ir|gend et|was)
ir|gend|je|mand (*alt:* ir|gend je-mand)
ir|gend|wann
ir|gend|was *ugs.*
ir|gend|welch
ir|gend|wer
ir|gend|wie
ir|gend|wo; irgendwo anders
ir|gend|wo|her
ir|gend|wo|hin
I|rid|ek|to|mie *auch:* **I|ri|dek|to|mie** [griech.], I|ri|do|to|mie *f. 11* operative Entfernung der Regenbogenhaut oder eines Teils davon
I|ri|di|um *n. Gen.* -s *nur Sg.* (*Zeichen:* Ir) chem. Element, ein Edelmetall
I|ri|do|lo|ge *m. 11* Augendiagnostiker
I|ri|do|lo|gie *f. 11 nur Sg.* Verfahren, aus dem Zustand des Augenhintergrundes auf bestimmte Erkrankungen zu schließen, Augendiagnose
i|ri|do|lo|gisch
I|ri|do|to|mie *f. 11* = Iridektomie
I|rin, Ir|län|de|rin *f. 10* Einwohnerin von Irland
I|ris weibl. Vorname
I|ris [griech.] *f. Gen. - Pl. -* **1.** Regenbogen; **2.** Regenbogenhaut (des Auges); **3.** Schwertlilie **4.** *griech. Myth.:* Göttin des Regenbogens;
I|ris|blen|de *f. 11* Vorrichtung an Kameras zum Verstellen der Öffnung des Objektivs
i|risch, ir|län|disch; irisches Bad, irisch-röm. Bad: Heißluftbad mit Dampfbad, kalter Dusche und Massage; *aber:* Irische See
I|rish|cof|fee *auch:* **I|rish Cof|fee** [aırıʃkɔfı, engl.] *m. Gen.* -s *Pl.* -s Kaffee mit Schlagsahne und einem Schuss Whisky
I|rish|stew *auch:* **I|rish Stew** [aırıʃstju:, engl.] *n. Gen.* -(s) *nur Sg.* gekochtes Hammelfleisch mit Weißkraut und Kartoffeln
i|ri|sie|ren *intr. 3* in Regenbogenfarben schimmern
I|ri|tis *f. Gen. - Pl.* -ti|den Entzündung der Regenbogenhaut
IRK *Abk. für* Internationales Rotes Kreuz
Ir|land, *irisch:* Éire **1.** Insel in Nordwesteuropa; **2.** Staat in Nordwesteuropa
Ir|län|der *m. 5* = Ire
Ir|län|de|rin *f. 10* = Irin
ir|län|disch = irisch
Ir|län|di|sches Moos *n. Gen.* -es *nur Sg.*
Irm|gard weibl. Vorname
Ir|min|säu|le *f. 11,* **Ir|min|sul** *f. Gen. - nur Sg.* germanisches Heiligtum
Irm|traud weibl. Vorname
I|ro|ke|se *m. 11* Angehöriger eines nordamerik. Indianerstammes
i|ro|ke|sisch
I|ro|nie [griech.] *f. 11 nur Sg.* verhüllter Spott, bei dem das Gegenteil von dem gesagt wird, was gemeint ist
I|ro|ni|ker *m. 5* ironischer Mensch
i|ro|nisch verhüllt spöttelnd
i|ro|ni|sie|ren *tr. 3* ironisch darstellen
irr s. **ir|re**
Ir|ra|di|a|ti|on [lat.] *f. 10* **1.** *Med.:* Schmerzausstrahlung über die betroffene Körperstelle hinaus; **2.** *Fot.:* Überstrahlung, Lichthofbildung; **3.** *Psych.:* Ausstrahlung von Gefühlen auf andere Bereiche
ir|ra|di|ie|ren *intr. 3* ausstrahlen
ir|ra|ti|o|nal [auch: -nal, lat.] mit dem Verstand, der Vernunft nicht fassbar, nicht logisch erklärbar; irrationale Zahl: Zahl, die nicht als gemeiner Bruch dargestellt werden kann, Dezimalbruch mit unendlich vielen, nicht periodischen Stellen
Ir|ra|ti|o|na|lis|mus *m. Gen. - nur Sg.* **1.** philosoph. Lehre, nach der Wesen und Ursprung der Welt mit dem Verstand nicht fassbar sind; **2.** Anschauung, die dem Gefühl den Vorrang gegenüber dem Verstand gibt
Ir|ra|ti|o|na|li|tät *f. 10 nur Sg.* irrationale Beschaffenheit

irreführen, irrewerden: Fügungen aus dem verblasstem Substantiv *irre* (zu: *die Irre*) und einem Verb werden im Infinitiv, Partizip und am Ende eines Nebensatzes zusammengeschrieben: *Wir wollten sie irreführen. Er ist an der Geschichte irregeworden.* § 34 (3)

ir|re, irr; irre sein; *aber:* irreführen; irregehen; irreleiten; irrewerden
Ir|re *f. 11 nur Sg.;* in die Irre führen, gehen
ir|re|al [lat.] nicht real, nicht der Wirklichkeit entsprechend
Ir|re|al *m. 1,* **Ir|re|a|lis** *m. Gen. - Pl.* -les [-le:s], *Gramm.:* Modus der Unwirklichkeit
Ir|re|a|li|tät [auch: ir-] *f. 10 nur Sg.* Unwirklichkeit
Ir|re|den|ta *f. Gen. - nur Sg.* **1.** Irredenta Italia [ital. »unerlöstes Italien«] *bis 1918:* die in österr. Besitz befindlichen (teils italienischsprachigen) Gebiete Südtirol sowie Trient und Triest; **2.** *bis 1918:* italienische, dann allg. jede polit. Bewegung, die den Wiederanschluss eines abgetrennten Gebietes an den nach Sprache und Kultur als Mutterland betrachteten Staat erstrebt
Ir|re|den|tis|mus *m. Gen. - nur Sg.* geistige Einstellung im Sinne der Irredenta (2)
Ir|re|den|tist *m. 10*
ir|re|den|tis|tisch
ir|re|du|zi|bel [lat.] nicht zurückführbar, nicht wiederherstellbar; *Ggs.:* reduzibel
Ir|re|du|zi|bi|li|tät *f. 10 nur Sg.*
ir|re|füh|ren *tr. 1;* das führte mich irre, hat mich irregeführt; irrezuführen; irreführende Auskunft
Ir|re|füh|rung *f. 10*
ir|re|ge|hen *intr. 47;* ich ging irre, bin irregegangen; um nicht irrezugehen
ir|re|gu|lär [auch: -lɛr, lat.] nicht regulär, ungesetzmäßig; irreguläre Truppen: nicht zum Heer gehörende Truppenverbände, Freikorps, Partisanen
Ir|re|gu|la|ri|tät *f. 10 nur Sg.* Regelwidrigkeit, Ungesetzmäßigkeit
ir|re|lei|ten *tr. 2;* irregeleitet, irrezuleiten
ir|re|le|vant [auch: -vant, lat.] nicht relevant, unerheblich, nicht wichtig, unbedeutend; irrelevante Einwände
Ir|re|le|vanz [auch: -vants] *f. 10*
ir|re|li|gi|ös [auch: -øs, lat.] nicht religiös, religionslos
Ir|re|li|gi|o|si|tät [auch: ir-] *f. 10 nur Sg.*
ir|ren **1.** *intr. 1;* Irren ist menschlich; **2.** *refl. 1;* sich i.; sich in jmdm., sich in der Tür i.
Ir|ren|an|stalt *f. 10, veraltet für* Nervenheilanstalt
Ir|ren|arzt *m. 2, veraltet für* Nervenarzt
Ir|ren|haus *n. 4, veraltet für* Nervenheilanstalt

ir|re|pa|ra|bel [auch: ir-, lat.] nicht zu reparieren, nicht wiederherstellbar, nicht heilbar
ir|re|po|ni|bel [auch: ir-, lat.] nicht wiederherstellbar, nicht wieder einrenkbar
Ir|re(r) *m. 18 (17) bzw. f. 17 oder 18*
Ir|re|sein, Irr|sein *n. Gen. -s nur Sg.; aber:* irre sein
ir|re|so|lut [lat.] nicht energisch, nicht durchgreifend, nicht entschlusskräftig
ir|re|spi|ra|bel *auch:* **ir|res|pi|ra|bel** [auch: ir-, lat.] zum Einatmen untauglich; irrespirable Luft
ir|re|spon|sa|bel *auch:* **ir|res|pon|sa|bel** [auch: ir-, lat.] nicht verantwortbar
ir|re|ver|si|bel [-vɛr-, auch: ir-, lat.] nicht umkehrbar; irreversibler Vorgang
Ir|re|ver|si|bi|li|tät [-vɛr-] *f. 10 nur Sg.*
ir|re|vi|si|bel [-vi-, auch: ir-, lat.] nicht anfechtbar; irrevisibles Urteil
ir|re|wer|den (*alt:* ir|re wer|den) *intr. 180;* er wird irre, ist irregeworden; um irrezuwerden
Ir|re|wer|den, Irr|wer|den *n. Gen. -s nur Sg.*
Irr|fahrt *f. 10*
Irr|gar|ten *m. 8*
Irr|glau|be *m. 15,* **Irr|glau|ben** *m. 7*
irr|gläu|big
ir|rig
Ir|ri|ga|ti|on [lat.] *f. 10* Ausspülung (von Darm oder Scheide), Einlauf
Ir|ri|ga|tor *m. 13* Gerät zur Irrigation
ir|ri|ger|wei|se [auch: ir-]
ir|ri|ta|bel [lat.] reizbar, erregbar; irritabler Mensch
Ir|ri|ta|bi|li|tät *f. 10 nur Sg.*
Ir|ri|ta|ti|on *f. 10* Reizung, Erregung
ir|ri|tie|ren *tr. 3* **1.** reizen, erregen, stören; **2.** *ugs.:* unsicher machen, verwirren, ablenken
Irr|läu|fer *m. 5* falsch geleiteter Gegenstand
Irr|leh|re *f. 11*
Irr|licht *n. 3*
irr|lich|te|lie|ren *intr. 3*
irr|lich|tern *intr. 1* wie ein Irrlicht huschen
Irr|nis *f. 1,* **Irr|sal** *n. 1, poet. veraltet:* Menge von Irrtümern, Unklarheiten
Irr|sein, Ir|re|sein *n. Gen. -s nur Sg.; aber: irr sein*
Irr|sinn *m. 1 nur Sg.*
irr|sin|nig
Irr|tum *m. 4*
irr|tüm|lich
irr|tüm|li|cher|wei|se
Ir|rung *f. 10*
Irr|weg *m. 1*
Irr|wer|den, Ir|re|wer|den *n. Gen. -s nur Sg.*
Irr|wisch *m. 1* **1.** Irrlicht; **2.** *ugs.:* sehr lebhaftes Kind
Ir|vin|gi|a|ner [ɔ:vıŋja-, nach dem Gründer, dem schott. Prediger Edward Irving] *m. 5* Anhänger einer kath.-apostolischen Sekte
Ir|vin|gi|a|nis|mus [ɔ:vıŋja-] *m. Gen. - nur Sg.*
is..., Is... s. **i|so..., I|so...**
I|sa|bel|la, I|sa|bell weibl. Vorname
i|sa|bell|far|ben, i|sa|bell|far|big bräunlich gelb
Is|a|go|ge *auch:* **I|sa|go|ge** [-ge:, griech.] *f. 11* Einführung, Einleitung (in eineWissenschaft)
Is|a|go|gik *auch:* **I|sa|go|gik** *f. Gen. - nur Sg.* Einführungskunst, -wissenschaft
I|sa|i|as, Je|sa|ja Prophet des AT
Is|a|kus|te *auch:* **I|sa|kus|te** [griech.] *f. 11* Verbindungslinie zwischen Orten gleicher Schallstärke (bei Erdbeben)
Is|al|lo|ba|re *auch:* **I|sal|lo|ba|re** [griech.] *f. 11* Verbindungslinie zwischen Orten gleicher Luftdruckänderung in bestimmtem Zeitraum
Is|al|lo|ther|me *auch:* **I|sal|lo|ther|me** [griech.] *f. 11* Verbindungslinie zwischen Orten gleicher Temperaturänderung
Is|a|ne|mo|ne *auch:* **I|sa|ne|mo|ne** [griech.] *f. 11* Verbindungslinie zwischen Punkten gleicher Windstärke
I|sar *f. Gen. -* Nebenfluss der Donau
I|sa|tin [griech.] *n. 1 nur Sg.* eine organisch-chem. Verbindung, Grundlage für indigoartige Farbstoffe
I|sa|tis *f. Gen. - nur Sg.* ein Kreuzblütler, Waid, z. B. Färberwaid
ISBN *Abk. für* Internationale Standardbuchnummer

♦ Die Buchstabenfolge **is|ch...** kann in Fremdwörtern auch **i|sch...** getrennt werden.

♦ **Is|chä|mie** [isçɛ- oder iʃɛ-, griech.] *f. 11* Blutleere in einzelnen Organen oder Körperteilen
♦ **is|chä|misch** [isçɛ- oder iʃɛ-, griech.] blutleer
♦ **Is|cha|ri|ot** vgl. Judas Ischariot
Is|chia [-kja] ital. Insel
♦ **Is|chi|a|di|kus** [isçia- oder iʃia-, griech.] *m. Gen. - nur Sg., Kurzform für* Nervus ischiadicus: Ischiasnerv, Hüftnerv
♦ **is|chi|a|disch** zum Ischiadikus gehörend, von ihm ausgehend
♦ **Is|chi|al|gie** *f. 11* = Ischias
♦ **Is|chi|as** *f. oder ugs. n. oder m. Gen. - nur Sg.* Entzündung des Ischiadikus, Hüftweh, Ischialgie
♦ **Is|chi|as|nerv** *m. 12, fachsprachl. m. 10* = Ischiadikus
♦ **Is|chi|um** *n. Gen. -s Pl. -chia* Gesäß
♦ **Is|chu|rie** [isçu- oder iʃu-, griech.] *f. 11* Harnverhaltung, krankhafte Unfähigkeit, Harn zu lassen
ISDN *Abk. für* integrated services digital network: digitales Fernmeldenetz
I|se|grim **1.** *m. Gen. -s nur Sg., in der Tierfabel:* der Wolf; **2.** *m. 1* mürrischer, bärbeißiger Mensch
Is|fa|han Stadt im Iran
Is|lam [auch: is-, arab.] *m. Gen. -s nur Sg.* von Mohammed begründete, monotheist. Religion
is|la|misch auf dem Islam beruhend, muslimisch
Is|la|mis|mus *m. Gen. - nur Sg., selten für* Islam
Is|la|mist *m. 10* Anhänger des Islamismus
Is|la|mit *m. 10, selten für* Muslim
is|la|mi|tisch *selten für* islamisch
Is|land Inselstaat im nördl. Atlant. Ozean
Is|län|der *m. 5*
is|län|disch; Isländisches Moos
Is|ma|e|lit *m. 10* Angehöriger einer islam. Sekte
Is|me|ne *griech. Myth.:* Tochter des Ödipus
Is|mus [nach der häufig verwendeten Endung -ismus] *m. Gen. - Pl. -men, spött. Bez. für* (bloße) Theorie
ISO *seit 1946 Abk. für* International Organization for Standardization: internationaler Normenausschuss
i|so..., I|so..., vor Vokalen is..., Is... [griech.] *in Zus.:* gleich..., Gleich..., z. B. isotop
i|so|bar [griech.] die gleiche Anzahl Neutronen bei ungleicher Anzahl Protonen aufweisend

I|so|bar *n. 1* Atomkern, der im Vergleich zu andern isobare Eigenschaften aufweist
I|so|ba|re *f. 11* Verbindungslinie zwischen Orten gleichen Luftdrucks
I|so|ba|the [griech.] *f. 11* Verbindungslinie zwischen Punkten (in Gewässern) gleicher Wassertiefe
I|so|bu|tan *n. 1 nur Sg.* ein gesättigter Kohlenwasserstoff
I|so|chi|me|ne [-çi-, griech.] *f. 11* Verbindungslinie zwischen Orten gleicher mittlerer Wintertemperatur; vgl. Isothere
I|so|chi|o|ne [-çio-, griech.] *f. 11* Verbindungslinie zwischen Orten gleichen Schneefalls
i|so|chor [-kor, griech.] gleiches Volumen aufweisend; isochorer Vorgang: Vorgang ohne Volumenänderung
i|so|chrom [-krom, griech.] = isochromatisch
I|so|chro|ma|sie *f. 11 nur Sg., bei fotograf. Schichten:* gleiche Empfindlichkeit gegenüber den verschiedenen Wellenlängen des Lichts, Farbtonrichtigkeit
i|so|chro|ma|tisch, i|so|chrom gleich empfindlich gegenüber verschiedenen Lichtwellen, farbtonrichtig
i|so|chron [-kron, griech.] gleich lang dauernd; isochrone Übertragung
I|so|chro|ne *f. 11* **1.** Verbindungslinie zwischen Orten, an denen ein Naturereignis, z. B. Erdbeben, zur gleichen Zeit auftrat; **2.** *auf Verkehrskarten:* Verbindungslinie zwischen Orten, die man von einem Punkt aus in der gleichen Zeit erreichen kann
i|so|dy|nam [griech.] gleichen Kaloriengehalt aufweisend
I|so|dy|na|me *f. 11* Verbindungslinie zwischen Punkten gleicher magnetischer Feldstärke
I|so|dy|na|mie *f. 11* gleicher Kaloriengehalt bei ungleicher Menge (von Nährstoffen)
I|so|ga|me|ten [griech.] *Pl.* männl. und weibl. Geschlechtszellen von gleicher Gestalt
I|so|ga|mie *f. 11 nur Sg.* Vereinigung von Isogameten
i|so|gen [griech.] gleichen Ursprung und gleiche Erbanlagen aufweisend
I|so|ge|o|ther|me [griech.] *f. 11* Verbindungslinie zwischen Orten gleicher Erdbodentemperatur
I|so|glos|se [griech.] *f. 11, auf Sprach- oder Mundartenkarten:* Linie, die das Verbreitungsgebiet eines Wortes oder einer sprachl. Erscheinung begrenzt
I|so|gon [griech.] *n. 1* regelmäßiges Vieleck
i|so|go|nal gleichwinklig, winkelgetreu
I|so|go|na|li|tät *f. 10 nur Sg.* Gleichwinkligkeit, Winkeltreue
I|so|go|ne *f. 11* Verbindungslinie zwischen Orten gleicher magnetischer Deklination bzw. gleicher Windrichtung
I|so|he|lie [-liə, griech.] *f. 11* Verbindungslinie zwischen Orten gleicher mittlerer Sonnenbestrahlung
I|so|hy|e|te [griech.] *f. 11* Verbindungslinie zwischen Orten gleicher Niederschlagsmenge
I|so|hyp|se [griech.] *f. 11* Verbindungslinie zwischen Orten gleicher Höhe über dem Meeresspiegel
i|so|kli|nal [griech.] gleichen Neigungswinkel aufweisend
I|so|kli|na|le *f. 11,* **I|so|kli|nal|fal|te** *f. 11* Gesteinsfalte, deren Schenkel im gleichen Winkel einfallen
I|so|kli|ne *f. 11* Verbindungslinie zwischen Orten gleicher Neigung der Magnetnadel
I|so|kry|me *auch:* **I|sok|ry|me** [griech.] *f. 11* Verbindungslinie zwischen Orten mit gleichzeitiger Eisbildung auf Gewässern bzw. mit gleicher Niedrigsttemperatur
I|so|lar|plat|te *f. 11* fotograf. Platte, auf der sich keine Lichthöfe bilden können
I|so|la|ti|on [lat.] *f. 10* **1.** Vereinzelung, Vereinsamung, Absonderung; **2.** Getrennthaltung (von Infektionskranken, Häftlingen usw.); **3.** Abdichtung mittels nicht leitender Stoffe gegen Strom, Gas, Wärme, Licht, Schall usw.
I|so|la|ti|o|nis|mus *m. Gen. - nur Sg.* Bestreben, sich von polit. Auseinandersetzungen fernzuhalten, keine Bündnisse abzuschließen usw.
I|so|la|ti|o|nist *m. 10*
i|so|la|ti|o|nis|tisch
I|so|la|tor *m. 13* Stoff, der Strom, Schall, Wärme usw. schlecht oder gar nicht leitet
I|sol|de weibl. Vorname
I|so|lier|band *n. 4* Band zum Isolieren von elektr. Leitungen
i|so|lie|ren *tr. 3* **1.** gegen Strom, Wärme, Schall, Feuchtigkeit usw. abdichten; **2.** absondern, trennen, fern halten, getrennt halten (Kranke, Häftlinge); isolierende Sprachen: Sprachen, die keine Flexionsendungen bilden und die Beziehungen der Wörter untereinander nur durch die Wortstellung ausdrücken, z. B. das Chinesische; sich i.: sich von den anderen absondern, fernhalten, vereinsamen
I|so|lie|rung *f. 10*
I|so|li|ni|en *Pl.* alle Verbindungslinien zwischen Orten gleicher und gleichzeitiger meteorolog., physikal. oder anderer Werte oder zwischen Orten, in denen die gleichen Erscheinungen gleichzeitig auftreten
i|so|ma|gne|tisch *auch:* **i|so|mag|ne|tisch** [griech.] *in der Fügung* isomagnetische Kurve: Verbindungslinie zwischen Orten gleicher Werte einer erdmagnet. Größe, z. B. der Inklination
i|so|mer [griech.] von gleicher Zusammensetzung (hinsichtlich Art und Menge der einzelnen Elemente)
I|so|me|re *Pl.,* **I|so|me|ren** *Pl.* chem. Verbindungen, die bei gleicher Anzahl gleichartiger Atome verschiedene Struktur besitzen
I|so|me|rie *f. 11 nur Sg.* unterschiedl. chem. und physikal. Verhalten trotz gleicher Anzahl gleichartiger Atome
i|so|me|risch im gleichen Medium gebildet (Gestein); vgl. isotopisch
I|so|me|trie *auch:* **I|so|met|rie** [griech.] *f. 11 nur Sg.* Maßgleichheit, Längentreue, Gleichheit der Streckenverhältnisse (bei Landkarten, Abbildungen)
i|so|me|trisch *auch:* **i|so|met|risch** maßstabgerecht, längengetreu; isometrisches Training: Muskeltraining durch Anspannung ohne Bewegung
i|so|morph [griech.] von gleicher Gestalt, von gleicher Kristallform
I|so|mor|phie *f. 11 nur Sg.* isomorphe Beschaffenheit

I|so|mor|phi̩s|mus *m. Gen. - nur Sg.*
I|so|ne̲|phe [griech.] *f. 11* Verbindungslinie zwischen Orten gleicher Bewölkung
I|so|pa̲|ge [griech.] *f. 11* Verbindungslinie zwischen Orten gleich langer Eisbildung auf Gewässern; vgl. Isokryme
i|so|pe|ri|me̲|trisch *auch:* **i|so|pe|ri|me̲t|risch** [griech.] *Math.:* **1.** von gleichem Umfang (Flächen); **2.** von gleicher Oberfläche (Körper)
I|so|pha̲n [griech.] *n. 1* ein Kunststoff
I|so|pha̲|ne *f. 11* Verbindungslinie zwischen Orten mit gleichem Beginn einer Vegetationsperiode
I|so|pho̲|te [griech.] *f. 11* Verbindungslinie zwischen Orten gleich intensiver Erderschütterungen
I|so|po̲|de [griech.] *m. 11 meist Pl.* Assel
I|so|pre̲n *auch:* **I|sop|re̲n** [Kunstwort] *n. 1 nur Sg.* ein ungesättigter Kohlenwasserstoff
I|so̩p|te|ra *auch:* **Is|o̩p|te|ra** [griech.] *Pl.* Termiten
I|sor|rha̩|chie [-xjə, griech.] *f. 11* Verbindungslinie zwischen Orten mit gleichem Flutbeginn, Flutstundenlinie
I|so|sei̲s|te [griech.] *f. 11* Verbindungslinie zwischen Orten gleicher Erdbebenstärke
I|so|sko̲p *auch:* **I|sos|ko̲p** [griech.] *n. 1,* Bildabaströhre
is|os|mo̲|tisch *auch:* **i|sos|mo̲|tisch** [griech.] = isotonisch
I̩|so|spin [griech.-engl.] *m. 9* bei starker Wechselwirkung auftretende Eigenschaft (Drehimpuls von Elementarteilchen)
I|so|sta|si̲e *auch:* **I|sos|ta|si̲e** [griech.] *f. 11 nur Sg.* Gleichgewicht der Massen innerhalb der Erdkruste
i|so|sta̲|tisch *auch:* **i|sos|ta̲|tisch**
i|so|ta̩ch [griech.] von gleicher Strömungsgeschwindigkeit
I|so|ta̩|che [-xə] *f. 11* Verbindungslinie zwischen Punkten gleicher Strömungsgeschwindigkeit (bei Flüssen)
I|so|the̲|re [griech.] *f. 11* Verbindungslinie zwischen Orten gleicher mittlerer Sommertemperatur; vgl. Isochimene
i|so|the̩rm [griech.] von gleicher Temperatur; isothermer Vorgang: Vorgang ohne Temperaturveränderung
I|so|the̩r|me *f. 11* Verbindungslinie zwischen Orten gleicher Temperatur zur gleichen Zeit
I|so|ther|mi̲e *f. 11 nur Sg.* **1.** *Meteor.:* gleich bleibende Temperaturverteilung; **2.** *Med.:* gleich bleibende Körpertemperatur
I|so|to|mi̲e [griech.] *f. 11 nur Sg., Bot.:* gleichmäßige Weiterverzweigung nach beiden Seiten
I|so|to̲n [griech.] *n. 1* Atomkern, der im Vergleich zu andern die gleiche Anzahl von Neutronen enthält
i|so|to̲|nisch, is|os|mo̲|tisch den gleichen osmotischen Druck aufweisend (Stoffe, Mineralien)
i|so|to̲p [griech.] bei gleicher Kernladungszahl unterschiedliche Atommasse aufweisend
I|so|to̲p *n. 1* Atomsorte, die im Vergleich zu andern die gleiche Kernladung, aber unterschiedliche Masse aufweist
I|so|to|pi̲e *f. 11 nur Sg.* isotope Beschaffenheit
i|so|to̲|pisch im gleichen Raum gebildet (Gestein); vgl. isomerisch
I̲|so|tron *auch:* **I̲|sot|ron** [griech.] *n. Gen.* -s *Pl.* -s *oder* -tro̲|nen *oder n. 9* Gerät zum Trennen von Isotopen
i|so|tro̲p [griech.] nach allen Richtungen des Raumes hin die gleichen physikal. Eigenschaften aufweisend; *Ggs.:* anisotrop (2)
I|so|tro|pi̲e *f. 11 nur Sg.* isotrope Beschaffenheit; *Ggs.:* Anisotropie
i|so|zy̲|klisch *auch:* **i|so|zy̲k|lisch** [griech.] *Chem.*
I̩s|pa|han, I̩s|fa|han [nach dem früheren Namen der iran. Stadt Isfahan] *m. 9* handgeknüpfter Teppich mit Blüten- oder Rankenmuster
I̩s|ra|el **1.** *im AT* das Volk der Juden; **2.** Staat in Vorderasien
Is|ra|e̲|li *m. 9 oder Gen. - Pl. -* Angehöriger des Staates Israel
is|ra|e̲|lisch
Is|ra|e|li̲t *m. 10* Angehöriger eines der semit. Stämme im alten Palästina
is|ra|e|li̲|tisch
I̲s|tan|bul *auch:* **Is|tan|bul** *früher:* Konstantinopel, türk. Stadt
I̩st-Auf|kom|men = **I̩st|auf|kom|men** *n. 7* tatsächlicher Steuerertrag
I̩st-Be|stand = **I̩st|be|stand** *m. 2* tatsächlicher Bestand; *Ggs.:* Soll-Bestand
i̩sth|misch [griech.] zum Isthmus (bes. zum Isthmus von Korinth) gehörig, von ihm stammend; Isthmische Spiele *im Altertum:* sportl. und musikal. Wettkämpfe am Isthmus von Korinth
I̩sth|mos, I̩sth|mus *m. Gen. - Pl.* -men Landenge, bes. der I. von Korinth
I̩s|tri|en *auch:* **I̩st|ri|en** Halbinsel im Adriat. Meer
i̩s|trisch *auch:* **i̩st|risch**
I̩st-Stär|ke = **I̩st|stär|ke** *f. 11* tatsächliche zahlenmäßige Stärke (von Truppen- o. Ä. Einheiten); *Ggs.:* Soll-Stärke
it. *Abk. für* item
i. T. *Abk. für* in (der) Trockenmasse oder Trockensubstanz
I̲|ta|la *f. Gen. - nur Sg.* in Italien entstandene, älteste lat. Bibelübersetzung
I̲|ta|ler, I|ta̲|li|ker *m. 5, im Altertum:* idg. Einwohner der Apenninenhalbinsel
I|ta̲|lia *lat. und ital. Form von* Italien
i|ta|li|a|ni|si̲e|ren, i|ta|li|e|ni|si̲e|ren *tr. 3* nach ital. Vorbild gestalten
I|ta̲|li|en Staat in Europa
I|ta|li|e̲|ner *m. 5* Einwohner von Italien; vgl. Italer
i|ta|li|e̲|nisch vgl. italisch
I|ta|li|e̲|nisch *n. Gen.* -(s) *nur Sg.* ital. Sprache; vgl. Deutsch
i|ta|li|e|ni|si̲e|ren *tr. 3* italianisieren
I|ta|li|e̩n|ne [-ljɛn] *f. Gen. - nur Sg.* eine Druckschriftart
I|ta̲|li|ker *m. 5* = Italer
i|ta̲|lisch zum antiken Italien gehörig, aus ihm stammend
I|ta̲|lo|wes|tern *m. 7* von einem italien. Regisseur gedrehter Western mit bes. brutalen Szenen
I|ta|zi̩s|mus, Jo|ta|zi̩s|mus [griech.] *m. Gen. - nur Sg.* Aussprache des griech. Buchstabens Eta als i; *Ggs.:* Etazismus
i̲|tem [lat.] (*Abk.:* it.) *veraltet* **1.** desgleichen, ebenso; **2.** ferner; **3.** kurzum
I̲|tem [lat.] *n. 9, veraltet:* zu erörternde Sache, das Weitere, ein fraglicher Punkt
I|te|ra|ti|o̲n [lat.] *f. 10* **1.** Verdoppelung, Wiederholung eines Wortes oder einer Silbe, z. B. jaja; **2.** schrittweises Rechenverfahren zur Annäherung an die Lösung einer Gleichung

i|te|ra|ti̲v wiederholend, verdoppelnd

I|te|ra|ti̲v [auch: i̲te-] *n. 1,* **I|te|ra|ti̲-vum** [-vum] *n. Gen.* -s *Pl.* -va [-va] *Gramm.:* Verb, das die Wiederholung eines Vorgangs ausdrückt, Frequentativ(um), z. B. hüsteln: oft ein wenig husten, es kriselt: es droht immer wieder eine Krise

I̲|tha|ka griech. Insel

I|ti|ne|ra̲r [lat.] *n. 1,* **I|ti|ne|ra̲|ri|um** *n. Gen.* -s *Pl.* -ri|en **1.** altröm. Straßenverzeichnis; **2.** Karte mit den Routen der zurückgelegten Reisen, Kriegszüge u. Ä.; **3.** Wegeaufnahme in unerforschte, noch nicht vermessene Gebiete

i-Tüp|fel|chen (*alt:* I-Tüp|fel|chen) *n. 7;* bis aufs i-Tüpfelchen genau: ganz genau, ganz sorgfältig

i̩t|zo, i̩tzt *veraltet für* jetzt

i. v. *Abk. für* intravenös (2)

i. V., I. V.: Kurzform für *in Vertretung/Vollmacht von.*
Ebenso: *i. A., I. A.*: Kurzform für *im Auftrag von.* Beide Formen werden in offiziellen Schreiben verwendet:
Die Kleinschreibung von *i. V.* ist korrekt, wenn sie der Grußformel oder dem Firmennamen unmittelbar folgt:
Der Minister des Innern
i. V. Kramer
Die Kleinschreibung *i. A.* ist korrekt, wenn davor der Behörden- oder Firmenname steht:
Der Minister des Innern
i. A. Hauptmann
Beide großgeschriebenen *I*-Formen werden am Ende eines Briefes allein vor der Unterschrift verwendet:
Mit freundlichen Grüßen
I. A. Becker
Ihre Bewerbungsunterlagen reichen wir zurück.
I. V. Buchner

i. V., I. V. *Abk. für* in Vertretung *oder:* in Vollmacht; *Klein- bzw. Großschreibung* vgl. i. A.

Ives [a̲ıvz], *Charles* amerik. Komponist

I|vonne [ivɔ̲n] weibl. Vorname, *Nebenform von* Yvonne

I|vo|rer [-vo̲-] *m. 5* Einwohner der der Côte d'Ivoire (Republik Elfenbeinküste)

I̲wan, I̲van männl. Vorname

IWF *Abk. für* Internationaler Währungsfonds

i wo̲! keineswegs!

Iw|ri̲th *n. Gen.* -(s) *nur Sg.* Neuhebräisch, Amtssprache in Israel

Iz|mir [i̩s-] *früher:* Smyrna, türk. Stadt

I

J j

J **1.** *chem. Zeichen für* Jod; **2.** *Abk. für* Joule

> **das Ja, Ja/ja sagen:** Die Partikel *ja* wird mit kleinem, die substantivierte Form hingegen mit großem Anfangsbuchstaben geschrieben: *Die Antwort ist nein oder ja. Das ist ja nicht zu glauben.* Aber: *Das Ja/mein Ja ist ohne Einschränkung.* § 57 (5)
> Ebenso: *Ein Ja aussprechen; mit Ja stimmen.* § 55 (4).
> Die verbale Form kann man groß- oder kleinschreiben: *Er sagte Ja/ja.*

ja; jaja; ja, ja; ja und nein; ja oder nein; ja freilich; ja doch; aber ja; ach ja; naja, na ja; nun ja; ja *oder:* Ja sagen; zu allem ja und amen *oder:* Ja und Amen sagen
Ja *n. 9;* das Ja und das Nein; er antwortete mit (einem) Ja; mit Ja stimmen; Ja sagen
Jab [dʒæb, engl.] *m. 9, Boxen:* hakenartiger Schlag aus kürzester Distanz
Ja|bot [ʒabo, frz.] *n. 9, 18. Jh.:* Spitzenrüsche an Männerhemden, im Halsausschnitt von Männerwesten oder Frauenkleidern
Jacht, Yacht *f. 10* schnelles, elegantes (Segel-)Schiff
jäck *niederrhein.* s. **jeck**
Jäck|chen *n. 7*
Ja|cke *f. 11*
Ja|cken|kleid *n. 3*
Ja|cket|kro|ne [dʒɛkɪt-, engl.] *f. 11* Zahnkrone aus Porzellan
Ja|ckett [ʒakɛt] *n. 9* Anzugjacke

> **Jacketttasche:** Drei aufeinander folgende gleiche Konsonantenbuchstaben werden auch dann geschrieben, wenn ein Vokal folgt. Wegen der besseren Lesbarkeit wird empfohlen, die Zusammensetzung mit Bindestrich zu schreiben: *Jackett-Tasche.* § 45

Ja|ckett|ta|sche (*alt:* Jackettalsche (-tt|t-)) *f. 11*
Jäck|lein *n. 7*
Jack|pot [dʒæk-, engl.] *m. Gen.* -s *Pl.* -s Hauptgewinn bei Glücksspielen
Jack|stag [dʒæk-, engl.] *n. 1 oder n. 9 oder n. 12* Gleitschiene zum Befestigen des Segels
Ja|co|net, Ja|co|nett, Ja|con|net [dʒækənɪt, engl.], Ja|ko|nett *m. 9* weicher, feinfädiger, glänzender Baumwollstoff für Futter
Jac|quard [ʒakar, nach dem frz. Erfinder Joseph-Marie Jacquard] *m. 9* **1.** kompliziertes Webmuster; **2.** Stoff mit diesem Muster
Jac|quard|ma|schi|ne [ʒakar-] *f. 11*
Jacque|line [engl.: dʒæklɪn, frz.: ʒaklin] weibl. Vorname
Ja|cuz|zi® [auch: dʒɛkuzɪ, nach der engl. Herstellerfirma] *m. Gen.* -(s) *Pl.* -s spezielle Wanne für Entspannungsbäder
ja|de *unflektierbar* = jadegrün
Ja|de *m. Gen. - nur Sg., Sammelbez. für* Jadeit und Nephrit
ja|de|grün blassgrün
Ja|de|it *m. 1 nur Sg.* ein Mineral
Jaf|fa Hafenstadt in Israel, Ortsteil von Tel Aviv
Jaf|fa|ap|fel|si|ne *f. 11*
Jagd *f. 10*
jagd|bar *in der Fügung* jagdbare Tiere: Tiere, die (von Jagdberechtigten) gejagt werden dürfen
Jagd|bar|keit *f. 10 nur Sg.*
jagd|be|rech|tigt
Jagd|be|rech|ti|gung *f. 10*
Jagd|bom|ber *m. 5* kombiniertes Jagd- oder Bombenflugzeug
Jagd|flie|ger *m. 5*
Jagd|flug|zeug *n. 1*
Jagd|fre|vel *m. 6* = Jagdvergehen
Jagd|ge|wehr *n. 1*
Jagd|horn *n. 4*
Jagd|hund *m. 1*
jagd|lich
Jagd|mu|sik *f. 10*
Jagd|prü|fung *f. 10*
Jagd|ren|nen *n. 7* Hindernisrennen für Pferde, Jagdspringen
Jagd|re|vier *n. 1*
Jagd|scha|den *m. 8*
Jagd|schein *m. 1*
Jagd|sprin|gen *n. 7* = Jagdrennen
Jagd|stück *n. 1* **1.** Stillleben mit erlegtem Wild; **2.** gemalte Jagdszene
Jagd|ver|ge|hen *n. 7* Vergehen gegen das Jagdrecht, Jagdfrevel
Jagd|wurst *f. 2* eine Wurstsorte
Ja|gel|lo|ne *m. 11* s. **Ja|gi|el|lo|ne**
ja|gen *tr. u. intr. 1*
Ja|gen *n. 7* durch Schneisen abgegrenzter Forstbezirk
Jä|ger *m. 5*
Jä|ge|rei *f. 10 nur Sg.*
Jä|ger|horn *n. 4, volkstüml. für* Jagdhorn
Jä|ger|la|tein *n. Gen.* -s *nur Sg.* Erzählung von stark übertriebenen Jagdabenteuern
Jä|ger|meis|ter *m. 5*
Jä|gers|mann *m. Gen.* -(e)s *Pl.* -leu|te, *volkstüml. für* Jäger
Jä|ger|spra|che *f. 11*
Ja|gi|el|lo|ne, Ja|gel|lo|ne *m. 11, bis Ende 16. Jh.:* Angehöriger eines litauisch-poln. Königsgeschlechtes
Ja|go männl. Vorname
Ja|gu|ar [indian.] *m. 11* ein amerik. Raubtier
jäh
Jä|he *f. 11 nur Sg.,* **Jäh|heit** (*alt:* Jäheit) *f. 10 nur Sg.*
jäh|lings
Jahnn, *Hans Henny* dt. Schriftsteller

> **Jahr, jahrelang:** Bei Formen wie *im neuen Jahr* wird das Adjektiv kleingeschrieben, da es sich nicht um einen Eigennamen handelt. Der Dativ steht bei Altersangaben: *in drei Jahren, unter achtzehn Jahren, ab 14 Jahren* (auch mit Akkusativ: *ab 14 Jahre*); dagegen Akkusativ: *über 14 Jahre.*
> Das Attribut steht im Genitiv: *im Juni des laufenden/kommenden Jahres; im Januar dieses Jahres* (immer häufiger, aber nicht empfohlen: *diesen Jahres*).
> Zusammensetzungen, bei denen der erste Teil für eine Wortgruppe (*mehrere Jahre lang*) steht, schreibt man zusammen: *Er hat das jahrelang so gemacht.*
> § 36 (1), § 36 E1 (4)

Jahr *n. 1;* dieses Jahres (*Abk.:* d. J.); im Jahre (*Abk.:* i. J.); laufenden Jahres (*Abk.:* l. J.); nächsten Jahres (*Abk.:* n. J.); ohne Jahr (*Abk.:* o. J., *in bibliograf. Angaben*); vorigen Jahres (*Abk.:* v. J.); seit Jahr und Tag; heute übers Jahr; Jugendliche über 14 Jahre; Kinder unter 14 Jahren; Kinder ab 6 Jahre(n); Schüler bis zu 18 Jahren

jahr|aus, jahr|ein
Jahr|buch *n. 4*
Jähr|chen *n. 7*
jah|re|lang; *aber:* mehrere Jahre lang
jäh|ren *refl. 1;* der Tag jährte sich nun zum zehnten Male
Jah|res|a|bon|ne|ment [-mã] *n. 9*
Jah|res|be|richt *m. 1*
Jah|res|ein|kom|men *n. 7*
Jah|res|en|de *n. 14 nur Sg.*
Jah|res|frist *f. 10 nur Sg.;* binnen, innerhalb J.
Jah|res|plan *m. 2*
Jah|res|ring *m. 1*
Jah|res|tag *m. 1*
Jah|res|wech|sel [-ks-] *m. 5*
Jah|res|wen|de *f. 11*
Jah|res|zahl *f. 10*
Jah|res|zeit *f. 10*
jah|res|zeit|lich
Jahr|fünft *n. 1*
Jahr|gang *m. 2* (*Abk.:* Jg., *Pl.:* Jgg.)
Jahr|gän|ger *m. 5, schweiz.:* jmd., der dem gleichen Geburtsjahrgang angehört
Jahr|hun|dert *n. 1* (*Abk.:* Jh.)
jahr|hun|der|te|alt; *aber:* mehrere Jahrhunderte alt; ein jahrhundertealter Baum
jahr|hun|der|te|lang; *aber:* mehrere Jahrhunderte lang
Jahr|hun|dert|fei|er *f. 11* alle 100 Jahre stattfindende Feier zum Gedenken an ein Ereignis; vgl. Hundertjahrfeier
Jahr|hun|dert|wen|de *f. 11*
jäh|rig ein Jahr alt, ein Jahr her, ein Jahr dauernd
...jäh|rig *in Zus.:* eine bestimmte oder unbestimmte Zahl von Jahren alt oder dauernd; vierjähriges (4-jähriges) Kind; eine Achtzigjährige (80-Jährige); mehrjähriges Studium, langjährige Freundschaft; vgl. ...jährlich
Jähr|lein *n. 7*
jähr|lich jedes Jahr stattfindend, sich wiederholend; jährliche Mitgliederversammlung; jährlicher Beitrag; zweimal jährlich
...jähr|lich *in Zus.:* im Abstand einer bestimmten Zahl von Jahren oder Jahresteilen sich wiederholend, z. B.: die Versammlungen finden zweijährlich statt, die Zeitschrift erscheint vierteljährlich; vgl. ...jährig
Jähr|ling *m. 11* einjähriges Tier
Jahr|markt *m. 2*
Jahr|markts|bu|de *f. 11*
Jahr|tau|send *n. 1* (*Abk.:* Jt.)
jahr|tau|sen|de|alt; *aber:* drei Jahrtausende alt
jahr|tau|sen|de|lang; *aber:* drei Jahrtausende lang
Jahr|tau|send|fei|er *f. 11* alle 1000 Jahre stattfindende Feier; vgl. Tausendjahrfeier
Jahr|tau|send|wen|de *f. 11*
Jahr|wei|ser *m. 5* Kalender
Jahr|zehnt *n. 1*
jahr|zehn|te|alt; *aber:* mehrere Jahrzehnte alt
jahr|zehn|te|lang; *aber:* drei Jahrzehnte lang
Jah|ve, Jah|we *fälschlich auch:* Jeho|va, Name Gottes im AT
Jah|vist, Jah|wist [nach dem Gottesnamen Jahve, Jahwe] *m. 10* der unbekannte Verfasser des erzählenden Quellenwerks im Pentateuch
Jai|na [dʒaɪ-] *m. 9* s. **Dschai|na**
Jai|nis|mus *m. Gen. - nur Sg.* s. **Dschai|nis|mus**
Jak, Yak [tibet.] *m. 9* zentralasiat. Rind, Grunzochse
Ja|ka|ran|da|holz [indian.] *n. 4* brasilian. Palisander
Ja|ko [frz.] *m. 9* eine Papageienart, Graupapagei
Ja|kob männl. Vorname
Ja|kob-Creutz|feldt-Krank|heit *f. 10 nur Sg.* s. **Creutz|feldt-Ja|kob-Krank|heit**
Ja|ko|bi *ohne Artikel* Jakobstag, 25. Juli; an, zu Jakobi
Ja|ko|bi|ner *m. 5* Mitglied des Jakobinerklubs
Ja|ko|bi|ner|klub [nach seinem Tagungsort, dem Kloster des hl. Jakob in Paris] *m. 9 nur Sg.* der radikalste und entscheidende politische Klub während der Frz. Revolution
Ja|ko|bi|ner|müt|ze *f. 11* als Symbol der Freiheit getragene, kegelförmige, rote Wollmütze der Jakobiner
Ja|ko|bi|ten *Pl.* **1.** die Anhänger des nach der Revolution von 1688 vertriebenen engl. Königs Jakob II. und seiner Nachkommen; **2.** Angehöriger einer syrischen christl. Sekte
Ja|kobs|lei|ter *f. 11* Strickleiter mit Holzsprossen
Ja|kobs|stab *m. 2* altes Messinstrument zum Bestimmen der Höhe von Gestirnen und der Winkel zwischen ihnen, Kreuzstab
Ja|kobs|tag *m. 1* = Jakobi
Ja|ko|nett *m. 9* s. **Ja|co|net**
Jak|ta|ti|on [lat.] *f. 10 nur Sg.* Unruhe, das Sich-herum-Werfen Kranker, bes. Bettlägeriger
Ja|ku|te *m. 11* Angehöriger eines sibir. Turkvolkes
ja|ku|tisch
Ja|la|pe [span.] *f. 11* trop. Winde, aus deren Wurzel ein Abführmittel gewonnen wird
Ja|lon [ʒalɔ̃, frz.] *m. 9,* Absteckpfahl, Richtfähnchen (beim Vermessen)
Ja|lou|set|te [ʒaluzɛt(ə), Verkleinerungsform zu Jalousie, franz.] *f. 11* Jalousie aus Leichtmetall- oder Kunststofflamellen
Ja|lou|sie [ʒaluzi, franz.] *f. 11* äußerer Fenstervorhang, Rollladen aus Holz oder Kunststoff
Jal|ta Hafenstadt auf der Krim
Jal|ta|ab|kom|men *n. 7 nur Sg.*
Ja|mai|ka Insel der Großen Antillen
Ja|mai|ka|ner, Ja|mai|ker *m. 5*
ja|mai|ka|nisch, ja|mai|kisch
Ja|mai|ka|pfef|fer *m. Gen. -s nur Sg.* ein Gewürz, Piment
Ja|mai|ka|rum *n. Gen. -s nur Sg.*
Jam|be *f. 11, eindeutschend für* Jambus
jam|bisch in Jamben abgefasst
Jam|bo|ree [dʒæmbəri, engl.] *n. 9* **1.** internationales Pfadfindertreffen; **2.** Lustbarkeit
Jam|bus [griech.] *m. Gen. - Pl.* -ben Versfuß aus einer unbetonten und einer betonten Silbe
Jam|mer *m. 5 nur Sg.*
Jam|mer|bild *n. 3*
Jam|mer|ge|schrei *n. Gen. -s nur Sg.*
Jam|mer|ge|stalt *f. 10*
Jam|mer|lap|pen *m. 7* Feigling, jämmerlicher Mensch
jäm|mer|lich
Jäm|mer|lich|keit *f. 10 nur Sg.*
Jäm|mer|ling *m. 1*
jam|mern **1.** *intr. 1;* ich jammere, jammre; **2.** *tr. 1;* er jammert mich: er tut mir Leid; **3.** *refl. 1, unpers.;* es jammert mich
jam|mer|scha|de
Jam|mer|tal *n. 4 nur Sg.* die Erde, das irdische Leben
jam|mer|voll
Jams [port.] *n. Gen. - Pl.* trop. Kletterpflanze, deren Wurzel als Nahrungsmittel dient
Jam|ses|sion (*alt:* Jam Ses|sion) [dʒæmsɛʃən, engl.] Treffen von Jazzmusikern zum gemeinsamen Improvisieren

J

Jams|wur|zel *f. 11*
Jan, Jahn *nddt. Kurzform für* Johannes; Jan Maat *scherzh.:* Matrose
Jan. *Abk. für* Januar
Ja|ná|ček [jana:tʃɛk], *Leoš* tschech. Komponist
Ja|net [dʒænət] engl. weibl. Vorname
Ja|nett, Ja|net|te [ʒanɛt] weibl. Vorname, *eingedeutscht aus frz.* Jeannette
Jang|tse, Jang|tse|ki|ang [-kjaŋ] *m. Gen.* -(s) chin. Fluss
Jan|ha|gel [auch: -ha-] *m. Gen.* -s *nur Sg., veraltet:* Pöbel
Ja|ni|cu|lus, *ital.:* Gia|ni|co|lo [dʒa-] *m. Gen. - nur Sg.* einer der Hügel in Rom
Ja|ni|tschar *auch:* **Ja|nit|schar** [türk.] *m. 10, 1329–1826:* Angehöriger der ehemaligen osman., urspr. aus christl. Untertanen und ihren Nachkommen gebildeten Kerntruppe
Ja|ni|tscha|ren|mu|sik *f. 10* türk. Militärmusik mit Trommel, Triangel, Becken, Schellenbaum
Jan|ker *m. 5, bair.:* Trachten-, *auch:* Hausjacke
Jan|maat *m. Gen.* -s *nur Sg.* vgl. Jan
Jän|ner *m. Gen.* -(s) *nur Sg., österr. für* Januar
Jan|se|nis|mus [nach Cornelius Jansen, latinisiert: Jansenius] *m. Gen. - nur Sg., 17./18. Jh. in der kath. Kirche Frankreichs:* eine hinsichtlich der Prädestination von der Lehre der Jesuiten abweichende Richtung
Jan|se|nist *m. 10*
jan|se|nis|tisch
Ja|nu|ar *m. Gen.* -(s) *Pl.* -e (*Abk.:* Jan.)
Ja|nus *röm. Myth., urspr.:* Gott des Ein- und Ausgangs, *dann auch:* des Anfangs
Ja|nus|kopf *m. 2* Männerkopf mit Doppelgesicht
Ja|pan, *amtlich:* Nip|pon ostasiat. Kaiserreich
Ja|pa|ner *m. 5*
ja|pa|nisch; Japanische Kirsche; Japanisches Meer
Ja|pa|nisch *n. Gen.* -(s) *nur Sg.* japanische Sprache; vgl. Deutsch
Ja|pa|no|lo|ge *m. 11*
Ja|pa|no|lo|gie *f. 11 nur Sg.* Wissenschaft von der japan. Sprache und Kultur
ja|pa|no|lo|gisch

Ja|pan|pa|pier *n. 1* aus dem japan. Papiermaulbeerbaum hergestelltes, weiches, sehr festes, seidiges Papier
Ja|pon [ʒapɔ̃, frz.] *m. 9* frz. Rohseide
jap|pen *nddt.,* **jap|sen** *intr. 1, ugs.:* schnell und heftig atmen, nach Luft schnappen
Jar|di|ni|e|re [ʒardinjɛrə, frz.] *f. 11* **1.** Schale oder Korb für Pflanzen; **2.** Beilage oder Suppeneinlage aus frischem Gemüse
Jar|gon [ʒargɔ̃, frz.] *n. 9* (meist derbe) Ausdrucksweise einer sozialen oder berufl. Gruppe, z. B. Schülerjargon
Jarl [altnord.] *m. 1, im MA in nordischen Ländern:* vom König eingesetzter Statthalter
Ja|ro|wi|sa|ti|on [russ.] *f. 10* Kältebehandlung von keimenden Samen zur Beschleunigung des Wachstums, Vernalisation
ja|ro|wi|sie|ren *tr. 3*
Ja|sa|ger *m. 5*
Jas|min weibl. Vorname
Jas|min [pers.-span.] *m. 1* ein Zierstrauch mit stark duftenden Blüten
Jas|pers, *Karl* dt. Psychiater und Philosoph
Jas|per|wa|re *f. 11* weißes oder farbiges Steinzeug
jas|pie|ren *tr. 3* wie Jaspis mustern, marmorieren
Jas|pis [assyr.-griech.] *m. Gen. - Pl. - oder* -pis|se ein Quarz (Halbedelstein)
Jass (*alt:* Jaß) *m. 1 nur Sg.* ein süddt. und schweiz. Kartenspiel
jas|sen *intr. 1* Jass spielen; du jasst, du jasstest
Jas|ser *m. 5* Jassspieler
Jas|tik [türk.] *m. 9* kleinste Form der oriental. Teppiche
Ja|stim|me *f. 11*
Ja|ta|gan [auch: -gan, türk.] *m. 1* kurzer oriental. Krummsäbel der Janitscharen
jä|ten *tr. 2*
Jau|che *f. 11*
jau|chen **1.** *tr. 1* mit Jauche düngen; **2.** *intr. 1* übel riechende Flüssigkeit absondern (Wunde, Geschwür)
Jau|che|fass (*alt:* Jau|che|faß) *n. 4*
Jau|chen|gru|be *f. 11*
Jau|chen|wa|gen, Jau|che|wa|gen *m. 7*
Jau|chert *m. 1, schweiz.: f. 10* Juchart

jauch|zen, juch|zen *intr. 1*
Jauch|zer *m. 5*
jau|len *intr. 1*
Jau|se *f. 11, österr.:* Zwischenmahlzeit, bes. nachmittags
jau|sen *intr. 1,* **jaus|nen** *intr. 2* die Jause einnehmen
Jau|sen|kaf|fee *m. 9*
jaus|nen *intr. 2* = **jau|sen**
Ja|va [-va] eine der Großen Sundainseln
Ja|va|ner [-va-] *m. 5*
ja|va|nisch [-va-]
ja|wohl
Ja|wort *n. 1*
Jazz [dʒæz, engl.] *m. Gen. - nur Sg.* um 1900 aus religiösen, Tanz- und Arbeitsliedern der nordamerik. Schwarzen hervorgegangener, durch Improvisation und Synkopierung gekennzeichneter Musizierstil
Jazz|band [dʒæzbænd] *f. 9* Jazzkapelle
Jaz|zer [dʒæzə(r), auch: jatsə(r)] *m. 5* Jazzmusiker, Jazzkomponist
Jazz|fan [dʒæzfæn] *m. 9* begeisterter Anhänger des Jazz
Jb. *Abk. für* Jahrbuch

je: Die Partikel wird in verschiedenen Funktionen gebraucht: *je zwei, je länger, desto besser.*
Als Präposition regiert *je* den Akkusativ: *hundert Euro je Referenten/angestellten Mitarbeiter* (= für jeden). In der gesprochenen Sprache tritt auch die unflektierte Form auf: *je Referent/angestellter Mitarbeiter.*

je **1.** *Adv.:* jemals, irgendwann; immer; hast du je erlebt, dass ...?; je und je: immer; seit je; seit eh und je; **2.** *Präp. mit Akk.:* auf, für, pro; fünf Stück je Person; je zwei; je fünf zugleich; **3.** *Konj.:* im gleichen Maße wie ...; gemessen an ...; je eher, desto besser *oder:* umso besser; es ist mir umso lieber, je eher du kommst; je nach Angebot und Nachfrage; je nachdem; **4.** [zu: ja] *Konj.:* je nun; **5.** [verkürzt aus »Jesus«] ach je!
Jean [ʒã] männl. Vorname, *frz. Form von* Johannes
Jean|nette [ʒanɛt] weibl. Vorname
Jean Paul [ʒã] (eigtl. Johann Paul Friedrich Richter) dt. Schriftsteller

Jeans [dʒiːnz, engl.] *Pl., ugs. auch: f. Gen. - Pl. -, kurz für* Bluejeans
jeck, jäck *niederrhein.:* verrückt
Jeck *m. 10* Geck, Narr
je|den|falls
je|den|noch *veraltet für* jedoch

> **ein jeder, jedermann, jederzeit:** Pronomen als Stellvertreter von Substantiven schreibt man klein: *Das muss (ein) jeder mit sich selbst ausmachen. Das kann jedermann sagen.* § 58 (4)
> Ebenso mehrteilige Adverbien: *Das ist jederzeit möglich.* § 39 (1)
> Erweiterungen schreibt man getrennt und groß: *Das ist zu jeder Zeit möglich.* Ebenso: *eine Zeit lang.* § 39 E2 (1)

je|de(r, -s); ein jeder, alles und jedes; jeder von uns; jedes Mal; jeder Zweite; jeden Montag; Anfang jedes, *oder:* jeden Jahres; auf jeden Fall
je|der|lei
je|der|mann
je|der|zeit [auch: je-]; *aber:* zu jeder Zeit
je|des Mal (*alt:* je|des|mal)
je|des|ma|lig *Amtsdeutsch*
je|doch
jed|we|de(r, -s) *veraltend für* jede(r, -s)
Jeep® [dʒiːp, engl.] *m. 9* kleiner, geländegängiger amerik. Kraftwagen mit Vierradantrieb
jeg|li|che(r, -s) vgl. jede(r, -s)
je|her; seit, von jeher
Je|ho|va *Variante zu* Jahve; Zeugen Jehovas: eine christl. Religionsgemeinschaft
jein *ugs. scherzh.:* ja und nein
Je|län|ger|je|lie|ber *n. Gen.* -s *Pl.* - Geißblatt
je|mals
je|mand, *Gen.* -des, *Dat.* -dem, *Akk.* -den; *aber:* irgendjemand; jemand anders *oder:* jemand anderer; mit jemand anderem *oder:* mit jemand anders; ich meine jemand anderen *oder:* jemand anders; jemand Unbekanntes; ein gewisser Jemand; eines gewissen Jemand
Je|men, Ye|men *m. Gen.* -s Staat im Süden der Arab. Halbinsel
Je|me|nit *m. 10*
je|me|ni|tisch
je|mi|ne! [aus lat.: »Jesus domine«! o Herr Jesus!]; o jemine!, herrjemine!
Jen *m. Gen.* -(s) *Pl.* - s. **Yen**
Je|na Stadt in Thüringen; Jenaer Glas
Je|na|er *m. 5* Einwohner von Jena
je|na|isch
Je|nen|ser *m. 5* Jenaer
je|nen|sisch
je|ne(r, -s); dieser und jener
je|nisch zum fahrenden Volk gehörig; jenische Sprache: Sprache der Nichtsesshaften
Je|ni|sei, Je|nis|sej *m. Gen.* -(s) Fluss in Sibirien
Jens männl. Vorname, *dän. Form von* Johannes
jen|sei|tig
Jen|sei|tig|keit *f. 10 nur Sg.*

> **jenseits liegen, im Jenseits:** Gefüge aus zusammengesetzten Adverbien und Verben werden getrennt geschrieben: *Der Ort muss jenseits liegen.* § 34 E3 (2)
> Das substantivierte Adverb schreibt man groß: *Das Jenseits kann ihn wenig trösten.* § 57 (5)

jen|seits *Präp.mit Gen.;* jenseits des Flusses; das Jenseits, im Jenseits; jenseits von gut und böse; *Ggs.:* diesseits
Jen|seits *n. Gen. - nur Sg.*
Je|re|mi|a|de [nach dem bibl. Propheten Jeremias] *f. 11* Klagelied
Je|re|mia, Je|re|mi|as Prophet des AT
Je|re|wan, E|ri|wan Hauptstadt der Republik Armenien
Je|rez, Xe|res [xeːrɛθ, nach der span. Stadt Jerez de la Frontera] *m. Gen. - nur Sg.* ein span. Dessertwein, vgl. Sherry
Je|ri|cho [-ço] israel.-palästinens. Stadt im Westjordanland
Je|ri|cho|ro|se *f. 11* eine Wüstenpflanze
Jer|sey [dʒəːsı, nach der brit. Insel J.] *m. 9* **1.** weicher, gewirkter Wollstoff; **2.** farbiges Hemd aus diesem Stoff (zum Sportdress)
je|rum!; o jerum!
Je|ru|sa|lem alte Hauptstadt von Palästina, Hauptstadt von Israel
Je|ru|sa|le|mer *m. 5*
Je|ru|sa|lems|blu|me *f. 11* Feuernelke
Je|sa|ja, I|sa|i|as, Prophet des AT
Jes|si|ca [dʒɛsıka] weibl. Vorname
Je|su|it *m. 10* Mitglied des Jesuitenordens
Je|su|i|ten|or|den *m. 7 nur Sg.* von Ignatius von Loyola gegründeter Orden zur Ausbreitung der kath. Lehre, Gesellschaft Jesu
je|su|i|tisch
Je|sus [griech. von hebr. Josua »Gott hilft«]
Je|sus Chris|tus *Gen.* Jesu Christi, *Dat. - - oder:* Jesu Christo, *Akk.* Jesum Christum, *Anredefall:* Jesu Christe
Je|sus|kind *n. 3*
Je|sus Na|za|re|nus Rex Ju|dae|o|rum (*Abk.:* I. N. R. I.): Jesus von Nazareth, König der Juden
Jet [dʒɛt, engl.] *m. 9* Düsenflugzeug
Jet|lag (*alt:* Jet-lag) [dʒɛtlæg, engl. »Zeitverschiebung«] Beschwerden nach einer Flugreise durch mehrere Zeitzonen
Jet|li|ner [dʒɛtlainə(r), engl.] *m. Gen.* -s *Pl.* - Düsenverkehrsflugzeug
Je|ton [ʒətɔ̃, frz.] *m. 9* Spielpfennig, -marke beim Roulette u. Ä.

> **Jetset:** Die aus dem Englischen stammende Substantivzusammensetzung wird jetzt zusammengeschrieben. § 37 E1
> Die Bindestrichschreibung wird wegen der besseren Lesbarkeit als Alternative angeboten. § 45
> Ebenso: *Jetlag* neben *Jet-Lag.*

Jet|set (*alt:* Jet-set) [dʒɛt-, engl.] *m. 9 oder n. 9* Angehörige wohlhabender Gesellschaftsschichten, die in der Welt herumreisen
Jet|set|ter [dʒɛt-, engl.] *m. 5* Mitglied des Jetsets
Jett [engl.] *m. 9 nur Sg.* zu Schmuck verarbeitete, harte Braunkohle, Pechkohle, Gagat
jet|ten [dʒɛtən] *intr. 2* mit dem Jet fliegen
jet|zig
jet|zo *veraltet für* jetzt

> **jetzt, das Jetzt:** Das Temporaladverb *jetzt* schreibt man mit kleinem Anfangsbuchstaben: *Wir leben jetzt und hier.* Hingegen wird das substantivierte Adverb mit großem Anfangsbuchstaben geschrieben: *Das Jetzt (und Hier) interessiert uns, sonst nichts!* § 57 (5)

jetzt; bis jetzt; eben jetzt; jetzt erst, erst jetzt; von jetzt an; jetzt oder nie; das Jetzt: die Gegenwart

Jetzt|zeit *f. 10 nur Sg.*
jetz|und *veraltet für* jetzt
Jeu [ʒø, frz.] *n. 9* Glücksspiel, *auch:* Kartenspiel
Jeu|nesse do|rée [ʒœnɛs dore, frz. »goldene Jugend«] *f. Gen. - - nur Sg.* wohlhabende, elegante, leichtlebige Großstadtjugend
je|wei|len *veraltet:* dann und wann
je|wei|lig
je|weils
Jg. *Abk. für* Jahrgang
Jgg. *Abk. für* Jahrgänge
Jh. *Abk. für* Jahrhundert
jid|disch; jiddische Sprache: Sprache der Juden in Deutschland und Osteuropa
Jid|disch *n. Gen.* -(s) *nur Sg.* jidd. Sprache
Jid|dist *m. 10*
Jid|dis|tik *f. 10 nur Sg.* Wissenschaft von der jiddischen Sprache und Literatur

J

jid|dis|tisch
Jig|ger [dʒɪgə(r), engl.] *m. 5* **1.** eine Färbemaschine; **2.** *Seew.* kleines Segel am hintersten Mast; **3.** Fischerboot mit solchem Segel; **4.** *früher:* Kohlenwippe (auf Schiffen); **5.** Golfschläger für bestimmte Schläge; **6.** Flüssigkeitsmaß beim Mixen von Cocktails, 28 bis 43 g
Jig|ger|mast [dʒɪgə(r)-] *m. 12, auf Viermastern:* hinterster Mast
Ji|mé|nes [ximenɛθ, span.] *m. Gen. - nur Sg.* ein spanischer Likörwein
Jin|gle *auch:* **Jing|le** [dʒɪŋgl, engl.] *m. Gen.* -(s) *Pl.* -(s) effektvoller (gesungener) Werbespruch
Jin|go [dʒɪŋgo, engl.] *m. 9, engl. spött. Bez. für* Hurrapatriot, Chauvinist
Jin|go|is|mus [dʒɪŋgo-] *m. Gen. - nur Sg.* Hurrapatriotismus, Chauvinismus
Ji|nis|mus [dʒi-] *m. Gen. - nur Sg.* s. **Dschai|nis|mus**
Jin|rik|scha *f. 9* vgl. Rikscha
Jin und Jang, Yin und Yang *n. Gen. - - - nur Sg., in der altchines. Naturphilosophie:* die beiden Weltprinzipien, das helle, schöpferische männliche und das dunkle, empfangende weibliche
Jit|ter|bug [dʒɪtə(r)bʌg, engl.] *m. Gen.* -(s) *nur Sg.* amerik. Jazztanz
Jiu-Jit|su [dʒiudʒɪtsu, jap.] *n. Gen. - nur Sg.* altjap. Ringsport, waffen- und gewaltlose Selbstverteidigung
Jive [dʒaɪv, engl.] *m. Gen.* -(s) *nur Sg.* **1.** Fachsprache im Jazzjargon; **2.** schneller Swing; **3.** dem Boogie-Woogie ähnlicher Tanz
Jo|a|chim [auch: joa-] männl. Vorname
Job [dʒɔb, engl.] *m. 9* (bes. vorübergehende) Beschäftigung, Gelegenheit zum Geldverdienen
job|ben [dʒɔbən] *intr. 1, ugs.:* einem Job nachgehen
Job|ber [dʒɔb-] *m. 5* **1.** *Londoner Börse:* Händler, der nur für eigene Rechnung Geschäfte abschließen darf, *auch:* Dealer; **2.** *i. e. S.:* Börsenspekulant; *i. w. S.:* Händler, Manager, Spekulant; **3.** Gelegenheitsarbeiter
Job|kil|ler [dʒɔb-] *m. 6, ugs.:* Einrichtung o. Ä., die Arbeitsplätze überflüssig macht
Job|ro|ta|ti|on [dʒɔb-] *f. 10 auch:* **Job|ro|ta|tion** [dʒɔbroʊteɪʃən, engl.] *f. 9, Wirtsch.:* Durchlaufen verschiedener Aufgabenbereiche und Abteilungen innerhalb eines Unternehmens
Job|sha|ring (*alt:* Job-sha|ring) [dʒɔbʃæriŋ, engl.] *n. Gen.* -(s) *nur Sg.* Arbeitsplatzteilung
Joch *n. 1* **1.** Teil des Geschirrs für Ochsen; **2.** *nach Zahlenangaben: Pl.* - Ochsengespann; zwei Joch Ochsen; **3.** *nach Zahlenangaben: Pl.* - altes Feldmaß, so viel wie man mit einem Joch Ochsen an einem Tag umpflügen kann; vier Joch Land; **4.** Tragbalken, z. B. Glockenjoch; **5.** Teil der Brücke zwischen zwei Pfeilern; **6.** Teil des Kirchenraumes zwischen vier Pfeilern oder Säulen; **7.** Schultertraggestell für Eimer; **8.** Bergsattel; **9.** schwere Last, schwere Arbeit
Joch|bein *n. 1* ein Schädelknochen, Wangenbein
Joch|bo|gen *m. 7* Gewölbe über einem Joch (6)
Jo|ckei, Jo|ckey [dʒɔke, engl. dʒɔkɪ] *m. 9* berufsmäßiger Rennreiter
Jod [griech.] *n. Gen. - nur Sg.* (*Zeichen:* J) chem. Element
Jo|dat *n. 1* Salz der Jodsäure
Jo|del|lied *n. 3*
jo|deln *intr. 1;* ich jodele, jodle
Jo|dis|mus *m. Gen. - nur Sg.* Jodvergiftung
Jo|dit *n. 1* ein Mineral, Jodsilber
Jod|ler *m. 5* **1.** jmd., der jodelt; **2.** Jodelruf
Jo|do|form *n. 1 nur Sg.* Mittel zum Desinfizieren, bes. von Wunden
Jo|do|me|trie *auch:* **Jo|do|met|rie** *f. 11 nur Sg., in der chem. Maßanalyse:* Bestimmung von Stoffen mithilfe von Jod
Jod|sil|ber *n. 5 nur Sg.* = Jodit
Jod|tink|tur *f. 10* Mittel zur Wundbehandlung
Jo|el männl. Vorname
Jo|ga, Yo|ga [Sanskrit] *m. Gen.* -(s) *nur Sg.* **1.** altind. philosoph. System zur Selbsterlösung durch Askese u. Meditation; **2.** daraus entwickeltes Verfahren zur Konzentration und Körperbeherrschung; vgl. Jogi
jog|gen [dʒɔgən, engl.] *intr. 1* Jogging betreiben; er joggte durch den Park
Jog|ger [dʒɔgə(r), engl.] jmd., der Jogging betreibt
Jog|ging [dʒɔgɪŋ, engl.] *n. Gen.* -s *nur Sg.* langsamer Dauerlauf
Jo|ghurt *auch:* **Jo|gurt** [türk.] *m. 1 auch: n. 1* unter Einwirkung von Bakterien hergestellte, eingedickte Sauermilch
Jo|gi, Yo|gi [Sanskrit] *m. 9* Anhänger des Joga (1), Asket
Jo|gurt *m. 1 auch: n. 1* s. **Joghurt**
Jo|hann männl. Vorname
Jo|han|na weibl. Vorname
jo|han|ne|isch von Johannes, dem Evangelisten, herrührend
Jo|han|nes männl. Vorname
Jo|han|nes|e|van|ge|li|um [-vaŋ-] *n. Gen.* -s *nur Sg.*
Jo|han|nes|pas|si|on *f. 10 nur Sg.* Oratorium von J. S. Bach nach dem Johannesevangelium
Jo|han|ni *ohne Artikel* Johannistag; an, zu J.
Jo|han|nis|bee|re *f. 11*
Jo|han|nis|brot *n. Gen.* -(e)s *nur Sg.* getrocknete Frucht des Johannisbrotbaumes
Jo|han|nis|fest *n. 1* vgl. Johannistag
Jo|han|nis|feu|er *n. 5* Sonnwendfeuer in der Johannisnacht
Jo|han|nis|kä|fer *m. 5* Leuchtkäfer
Jo|han|nis|nacht *f. 2* Nacht vor dem Johannistag
Jo|han|nis|tag *m. 1* Johannes dem Täufer heiliger Tag, 24. Juni
Jo|han|nis|trieb *m. 1* **1.** zweiter Trieb mancher Bäume; **2.** *übertr.:* später Liebestrieb (bei Männern)

Jo|han|nis|würm|chen *n. 7* Johanniskäfer
Jo|han|ni|ter *m. 5* Angehöriger des Johanniterordens
Jo|han|ni|ter|kreuz *n. 1* = Malteserkreuz
Jo|han|ni|ter|or|den *m. 7 nur Sg.* ältester geistl. Ritterorden
joh|len *intr. 1*
Joint [dʒɔɪnt, engl.] *m. Gen.* -s *Pl.* -s mit Rauschgift versetzte Zigarette

> **Jointventure/Joint Venture:** Die Zusammensetzung aus Substantiv und Substantiv schreibt man zusammen: *Das Jointventure war ein Erfolg.* § 37 (1)
> In Anlehnung an die englische Herkunftssprache ist auch Getrenntschreibung möglich: *Ein Joint Venture stellt uns vor neue Herausforderungen.* § 37 E1

Joint|ven|ture *auch:* **Joint Ven|ture** (*alt:* Joint-ven|ture) [dʒɔɪntvɛntʃə(r), engl.] *n. 9* (wirtschaftlich-technische) Zusammenarbeit, gemeinsame Planung, Zusammenschluss
Jo-Jo, Yo-Yo *n. Gen.* -s *Pl.* -s Geschicklichkeitsspiel mit Spule und Faden
Jo|ker [auch: dʒo-, engl.] *m. 5, in manchen Kartenspielen:* Karte mit Narrenbild, die für jede Karte gelten kann; einen Joker setzen
jo|kos *veraltet:* spaßig, scherzhaft
Jo|kus *m. Gen. - nur Sg., ugs.:* Jux, Spaß, Scherz, Ulk
Jol|le *f. 11* **1.** kleines, einmastiges Segelboot; **2.** kleines, breites Ruderboot; bes. als Beiboot; **3.** *auch:* Jollentau
Jol|len|tau, Joll|tau *n. 1* Tau, das durch einen flachen Block geführt wird
Jom Kip|pur [hebr. »Tag der Buße«] *m. Gen. - - nur Sg.* hoher jüdischer Feiertag, Versöhnungsfest
Jo|mud [nach den Jomuden] *m. Gen.* -(s) *Pl.* -s turkmen. Teppich mit Rhombenmuster
Jo|na, Jo|nas Prophet des AT
Jo|nas männl. Vorname
Jo|na|than männl. Vorname
Jon|gleur *auch:* **Jong|leur** [ʒɔ̃glør, frz.] *m. 1* Geschicklichkeitskünstler, der Spiele mit mehreren Bällen, Tellern u. a. vorführt
jon|glie|ren [ʒɔ̃-] *intr. 3* **1.** mit mehreren Bällen, Tellern u. a. zugleich spielen; **2.** *übertr.:* etwas geschickt und flink handhaben
Jöpp|chen *n. 7*
Jop|pe *f. 11*
Jor|dan *m. Gen.* -(s) Fluss in Vorderasien
Jor|da|ni|en Staat in Vorderasien
Jor|da|ni|er *m. 5*
jor|da|nisch
Jörg männl. Vorname, *urspr. Kurzform von* Georg
Jörn männl. Vorname, *nddt. Kurzform von* Jürgen
Jo|ru|ri [dʒo-, jap.] *n. Gen.* -(s) *Pl.* -(s) jap. Puppenspiel mit Musik
Jo|sef, Jo|seph männl. Vorname
Jo|se|fa weibl. Vorname
Jo|se|fi|ne weibl. Vorname
jo|se|phi|nisch; *aber:* Josephinisches Zeitalter: das Zeitalter Josephs II. von Österreich
Jo|se|phi|nis|mus *m. Gen. - nur Sg.* **1.** *i. e. S.* die Kirchenpolitik Josephs II.; **2.** *i. w. S.* der durch Reformen gekennzeichnete, aufgeklärte Absolutismus Josephs II.
Jo|ta, Io|ta *n. 9* **1.** griech. Buchstabe, *Zeichen:* ι I; **2.** *übertr.:* Kleinigkeit; kein Jota davon abweichen: nicht das Geringste; um kein Jota besser: um nichts besser
Jo|ta|zis|mus *m. Gen. - nur Sg.* vgl. Itazismus
Joule [dʒul oder ʒaul, nach dem engl. Physiker James Prescott J.] *n. Gen.* -(s) *Pl.* - (*Abk.:* J) Maßeinheit der Energie, 1 J = 1 Wattsekunde
Jour [ʒur, frz.] *m. 9, früher:* Empfangs-, Dienstag; Jour haben; Jour fixe [- fiks]: festgesetzter Tag, an dem man sich regelmäßig trifft; vgl. à jour
Jour|nail|le [ʒurnaljə, frz.] *f. 11 nur Sg.* verantwortungslose, hetzerische Tagespresse
Jour|nal [ʒur-] *n. 1* **1.** Rechnungsbuch, buchhalterisches Tagebuch; **2.** Zeitschrift
Jour|na|lis|mus [ʒur-] *m. Gen. - nur Sg.* **1.** Pressewesen; **2.** schriftstellerische Tätigkeit für die Presse
Jour|na|list [ʒur-] *m. 10* **1.** für die Zeitung, den Rundfunk oder das Fernsehen tätiger Schriftsteller; **2.** Wissenschaftler der Journalistik
Jour|na|lis|tik [ʒur-] *f. 10 nur Sg.* Zeitungswissenschaft
jour|na|lis|tisch [ʒur-] die Journalistik, den Journalismus betreffend, darauf beruhend
jo|vi|al [lat.] leutselig, wohlwollend-herablassend
Jo|vi|a|li|tät *f. 10 nur Sg.* joviales Verhalten, Leutseligkeit
Joyce [dʒɔɪs], *James* irischer Schriftsteller
Joy|stick [dʒɔɪstɪk, engl.] *m. 9* Steuerhebel für Computerspiele
jr., jun. *Abk. für* junior
Jü|an *m. Gen. - Pl. -* s. **Yü|an**
Ju|bel *m. Gen.* -s *nur Sg.*
Ju|bel|braut *f. 2* Braut einer Jubelhochzeit
Ju|bel|fest *n. 1* Jubiläum
Ju|bel|greis *m. 1* alter Jubilar
Ju|bel|hoch|zeit *f. 10* silberne, goldene, diamantene oder eiserne Hochzeit
Ju|bel|jahr *n. 1* Jubiläumsjahr, *bei den Juden:* Halljahr, jedes 50. Jahr, *kath. Kirche:* Erlassjahr, jedes 25. Jahr; alle Jubeljahre *ugs.:* sehr selten
ju|beln *intr. 1;* ich jubele, juble
Ju|bel|paar *n. 1* Paar, das eine Jubelhochzeit feiert
Ju|bel|ruf *m. 1*
Ju|bi|lar *m. 1* jmd., zu dessen Ehren ein Jubiläum gefeiert wird
Ju|bi|la|rin *f. 10*
Ju|bi|la|te [»frohlocket, jubelt!«] dritter Sonntag nach Ostern
Ju|bi|lä|um *n. Gen.* -s *Pl.* -lä|en Jahrestag, Gedenktag, bes. nach einer runden Zahl von Jahren; 25., 50., 100. Jubiläum
Ju|bi|lä|ums|aus|ga|be *f. 11* (eines Buches)
ju|bi|lie|ren *intr. 3* jubeln
Ju|chart, Ju|chert, Jau|chert *m. 1, schweiz. f. 10, nach Zahlenangaben Pl.* - altes Feldmaß, Tagewerk, 34-47 ha
juch|he!
Juch|he *n. Gen.* -(s) *nur Sg.* laute Fröhlichkeit
juch|hei!
juch|hei|ras|sa!
juch|hei|ras|sas|sa!
juch|hei|sa!, juch|hei|ßa!
juch|ten aus Juchtenleder (hergestellt)
Juch|ten *n. Gen.* -s *nur Sg.* **1.** Juchtenleder; **2.** Parfüm mit Juchtenlederduft
Juch|ten|le|der *n. 5 nur Sg.* feines Kalbsleder (das früher mit Wei-

J

den- und Birkenrindenstoffen gegerbt wurde und daher seinen besonderen Duft erhielt)
juch|zen *intr. 1* = **jauch|zen**
Juch|zer *m. 5*
ju|cken *tr. u. intr. 1* **1.** *mit Akk. oder Dat.* a) *bei Körperteilen:* mir, mich juckt die Nase, der Rücken; b) *übertr.:* mir, mich jucken die Finger *oder:* es juckt mir, mich in den Fingern: es reizt mich, ich möchte gern; ihn, ihm juckt das Fell: er möchte es wagen; **2.** *nur mit Akk.* a) *bei Körperteilen, wenn das Verb unpersönlich gebildet wird:* es juckt mich in der Nase, am Rücken; b) *bei Gegenständen:* der Schal, die Wolle juckt mich; c) *übertr., bei unpersönl. Verbalform und ohne nähere Angabe:* es juckt mich: es reizt mich; wen es juckt, der kratze sich: wem etwas nicht passt, der sage es

J

Ju|cker *m. 5* leichtes Wagenpferd
Juck|flech|te *f. 11*
Juck|pul|ver *n. 5*
Juck|reiz *m. 1*
Ju|da|i|ka *Pl.* Bücher, Bilder, Dokumente über das Judentum
Ju|da|is|mus *m. Gen. - nur Sg.* **1.** die jüdische Religion; **2.** eine Richtung im Urchristentum, die am mosaischen Gesetz und an der Beschneidung festhielt und beides als heilsnotwendig betrachtete; vgl. Judenchrist
Ju|da|is|tik *f. 10 nur Sg.* Wissenschaft von der jüd. Geschichte und Kultur
Ju|das [nach Judas, dem Jünger Jesu] *m. Gen. - Pl.* -das|se heimtückischer Mensch, bezahlter Verräter
Ju|das Is|cha|ri|ot [- ça-] *auch:* **Ju|das I|scha|ri|ot** [- iʃa-] einer der zwölf Apostel, Verräter Jesu
Ju|das|kuss (*alt:* Ju|das|kuß) *m. 2* Freundlichkeit aus Heimtücke
Ju|das|lohn *m. 2* Bezahlung für Verrat
Ju|de *m. 11*
Ju|den|bart *m. 2 nur Sg.* eine Zierpflanze, rankender Steinbrech
Ju|den|christ *m. 10* **1.** zum Christentum bekehrter Jude; **2.** *im frühen Christentum:* Christ jüdischer Abstammung, der noch an jüdischen Gesetzen und Bräuchen festhielt, sie aber nicht als heilsnotwendig betrachtete; vgl. Heidenchrist, Judaismus
Ju|den|chris|ten|tum *n. Gen.* -s *nur Sg.*
Ju|den|kir|sche *f. 11* eine Zierpflanze, Blasenkirsche
Ju|den|stern *m. 1* David(s)stern
Ju|den|tum *n. Gen.* -s *nur Sg.*
Ju|den|ver|fol|gung *f. 10*
Ju|di|ka, Ju|di|ca *ohne Artikel* zweiter Sonntag vor Ostern; an, zu Judika
Ju|di|kat [lat.] *n. 1, veraltet:* Urteil
Ju|di|ka|ti|on *f. 10, veraltet:* Be-, Ver-, Aburteilung
Ju|di|ka|ti|ve [-və] *f. 11* richterliche Gewalt; vgl. Exekutive, Legislative
ju|di|ka|to|risch *veraltet:* richterlich
Ju|di|ka|tur *f. 10 nur Sg.* Rechtsprechung, richterliche Praxis
Jü|din *f. 10*
jü|disch
Ju|dith weibl. Vorname
ju|di|zie|ren [lat.] *tr. 3, veraltet:* Recht sprechen, richten
Ju|di|zi|um *n. Gen.* -s *Pl.* -zi|en **1.** Urteilsfähigkeit, Rechtsfindungsvermögen; **2.** Urteil
Ju|do [jap.] *n. Gen.* -(s) *nur Sg.* sportlich betriebenes Jiu-Jitsu
Ju|do|griff *m. 1*
Ju|do|ka *m. 9* Judosportler
Ju|gend *f. Gen. - nur Sg.*
Ju|gend|al|ter *n. 5 nur Sg.*
Ju|gend|amt *n. 4*
Ju|gend|ar|beit *f. 10 nur Sg.*
Ju|gend|ar|beits|lo|sig|keit *f. 10 nur Sg.*
Ju|gend|ar|rest *m. 1 nur Sg.*
Ju|gend|be|we|gung *f. 10*
ju|gend|frei für Jugendliche zugelassen (Film)
Ju|gend|freund *m. 1*
Ju|gend|freund|schaft *f. 10*
Ju|gend|funk *m. Gen.* -s *nur Sg.*
Ju|gend|für|sor|ge *f. Gen. - nur Sg.* staatl. Maßnahmen zur Erziehung gefährdeter Jugendlicher
ju|gend|ge|fähr|dend; jugendgefährdende Schriften
Ju|gend|her|ber|ge *f. 11;* vgl. DJH
Ju|gend|hil|fe *f. 11 nur Sg., Sammelbez. für* Jugendfürsorge, -pflege und -wohlfahrtspflege
Ju|gend|ir|re|sein *n. Gen.* -s *nur Sg.* Hebephrenie
Ju|gend|kri|mi|na|li|tät *f. 10 nur Sg.*
ju|gend|lich
Ju|gend|li|che(r) *m. 18 (17) bzw. f. 17 oder 18*
Ju|gend|lich|keit *f. 10 nur Sg.*
Ju|gend|lie|be *f. 11*
Ju|gend|mu|sik|schu|le *f. 11*
Ju|gend|pfle|ge *f. 11 nur Sg.* Bestrebungen von Staat, Parteien und Kirchen zur Freizeitgestaltung Jugendlicher in der Gemeinschaft
Ju|gend|pfle|ger *m. 5*
Ju|gend|schutz *m. Gen.* -es *nur Sg.*
Ju|gend|stil *m. 1 nur Sg.* nach der Zeitschrift »Jugend« benannte Kunstrichtung von 1895 bis 1910, bes. in Kunstgewerbe, Buchkunst und Malerei, die durch Betonung von Fläche und Linie und Ornamentalisierung der Natur gekennzeichnet ist
Ju|gend|stra|fe *f. 11*
Ju|gend|sün|de *f. 11*
Ju|gend|wei|he *f. 11 in der DDR und freireligiösen Gemeinden:* Feier für Jugendliche zum Eintritt ins Erwachsenenalter anstelle von Konfirmation und Kommunion
Ju|gend|wohl|fahrts|pfle|ge *f. 11 nur Sg.* Jugendfürsorge und Jugendpflege
Ju|gend|wohn|heim *n. 1*
Ju|go|sla|we *auch:* **Ju|gos|la|we** *m. 11*
Ju|go|sla|wi|en *auch:* **Ju|gos|la|wi|en** Staat in Südosteuropa
ju|go|sla|wisch *auch:* **ju|gos|la|wisch**
ju|gu|lar [lat.] zur Kehle, Drossel gehörig
Ju|gu|lar|a|der *f. 11* Kehl-, Drosselader
Ju|gu|lum *n. Gen.* -s *Pl.* -la Drosselgrube, Grube an der Vorderseite des Halses zwischen den Schlüsselbeinen
Juice [dʒuːs, engl.] *n. Gen. - Pl.* -s [-sɪz] Obstsaft aus frischen Früchten
Juist [jyst] eine ostfriesische Insel
Ju|ju|be *f. 11* **1.** ein Strauch, Judendorn; **2.** eine Beere, Brustbeere, Heilmittel gegen Brustkatarrh
Juke|box [dʒuːk-, engl.] Automat zum Abspielen von Schallplatten nach Münzeinwurf
Ju|lei *verdeutlichende Aussprache von* Juli
Jul|fest *n. 1, in Skandinavien:* Weihnachtsfest, Wintersonnwendfest
Ju|li *m. Gen.* -(s) *Pl.* -s
Ju|lia weibl. Vorname
Ju|li|an männl. Vorname
Ju|li|a|na, Ju|li|a|ne weibl. Vorname
ju|li|a|nisch; der julianische Kalender: von Julius Cäsar eingeführ-

ter Kalender von 365 Tagen mit einem Schaltjahr alle vier Jahre
Ju|lie [-lje] weibl. Vorname
Ju|li|enne [ʒyljɛn, frz.] *f. Gen. - nur Sg.* in Streifen geschnittenes Gemüse als Suppeneinlage
Ju|li|er *m. 5* Angehöriger eines altröm. Kaisergeschlechtes
Ju|li|kä|fer *m. 5* ein dem Maikäfer verwandter Käfer, Rosenlaubkäfer
Ju|li|re|vo|lu|ti|on [-vo-] *f. 10 nur Sg.* Revolution vom 27.-29. Juli 1830 in Paris
ju|lisch zu den Juliern gehörend, von ihnen stammend; *aber:* die Julischen Alpen
Ju|li|us männl. Vorname
Jul|klapp [schwed.] *m. Gen. -s nur Sg.* **1.** skandinav. Sitte, am Julfest unerkannt ein Geschenk ins Zimmer zu werfen; **2.** das Geschenk selbst
Jul|mond *m. 1, alter Name für* Dezember
Jul|nacht *f. 2* Nacht vom 24. zum 25. Dezember
Jum|bo *m. 9, Kurzwort für* Jumbojet
Jum|bo|jet (*alt:* Jum|bo-jet) [dʒumbodʒɛt, engl.] *m. 9* Großraumflugzeug
Jum|per [dʒʌm-, engl.] *m. 5, veraltet:* Strickbluse, Pullover für Damen
jun., jr. *Abk. für* junior
Jung, *Carl Gustav* schweiz. Psychiater

> **Jung und Alt, das Jüngste Gericht:** Das substantivierte Adjektiv schreibt man mit großem Anfangsbuchstaben: *Die Jungen/Junge und Alte waren da.* Ebenso: *Die Feier gefiel Jung und Alt. Unsere Jüngste ist zwölf.*
> § 57 (1), § 58 E2
> Bei Eigennamen wird das Adjektiv stets großgeschrieben: *die Junge Union, das Junge Deutschland.* In bestimmten substantivischen Wortgruppen werden Adjektive auch dann großgeschrieben, wenn kein Eigenname vorliegt: *das Jüngste Gericht.*
> § 64 (4)

jung **1.** *Kleinschreibung:* von jung auf; sie ist die jüngere von meinen Schwestern; **2.** *Großschreibung:* Jung und Alt: jedermann; Junge und Alte; Holbein der Jüngere (*Abk.:* d. J.); er ist der Jüngere von beiden; er ist der Jüngste von uns, von allen Söhnen; er ist unser Jüngster; er ist nicht mehr der Jüngste; Jung Siegfried; das Junge Deutschland: eine revolutionäre Dichtergruppe nach 1830; Junge Union: Vereinigung der jüngeren Mitglieder der CDU/CSU; das Jüngste Gericht; der Jüngste Tag
Jung|brun|nen *m. 7*
Jung|deut|sche *Pl.* Angehörige des Jungen Deutschlands
Jun|ge *m. 11, ugs. Pl. auch:* -ns
Jün|gel|chen *n. 7*
jun|gen *intr. 1* Junge werfen
jun|gen|haft
Jun|gen|haf|tig|keit *f. 10 nur Sg.*
Jun|gen|streich *m. 1*
Jün|ger *m. 5*
Jün|ge|rin *f. 10*
Jün|ger|schaft *f. 10 nur Sg.*
Jung|fer *f. 11*
jüng|fer|lich
Jüng|fer|lich|keit *f. 10 nur Sg.*
Jung|fern|fahrt *f. 10* erste Fahrt (bes. eines Schiffes)
Jung|fern|häut|chen *n. 7* ringförmiges Häutchen in der Scheide, das beim ersten Geschlechtsverkehr zerreißt, Hymen
Jung|fern|in|seln *Pl., dt. für* Virgin Islands
Jung|fern|re|de *f. 11* erste Rede (eines Abgeordneten)
Jung|fern|schaft *f. 10 nur Sg.*
Jung|fern|zeu|gung *f. 10* Entwicklung einer Eizelle ohne vorhergehende Befruchtung, Parthenogenese
Jung|frau *f. 10*
jung|fräu|lich
Jung|fräu|lich|keit *f. 10 nur Sg.*
Jung|ge|sel|le *m. 11*
Jung|ge|sel|len|bu|de *f. 11, ugs.*
Jung|ge|sel|len|wirt|schaft *f. 10 nur Sg.*
Jung|ge|sel|lin *f. 10*
Jung|gram|ma|ti|ker *m. 5 Pl.* eine sprachwissenschaftl. Richtung um 1900
jun|gie|ren [lat.] *tr. 3, veraltet:* verbinden, zusammenlegen; vgl. Junktim
Jüng|ling *m. 1*
Jüng|lings|al|ter *n. 5 nur Sg.*
jüng|lings|haft
Jung|mann *m. 4* **1.** *veraltet:* Jüngling; **2.** junger Sportler
Jung|mann|schaft *f. 10*
Jung|pa|lä|o|li|thi|kum *n. Gen. -s nur Sg.* jüngerer Abschnitt der Altsteinzeit
Jung|pi|o|nier *m. 1, DDR:* 6- bis 9-jähriges Mitglied (1. bis 3. Schulklasse) der Pionierorganisation »Ernst Thälmann« (Massenorganisation der 6- bis 14-jährigen Kinder)
Jung|so|zi|a|lis|ten *Pl.* (*Kurzwort:* Jusos) Vereinigung der jüngeren Mitglieder der SPD
jüngst **1.** *Adv.:* kürzlich; **2.** *Adj.:* vgl. jung; das Jüngste Gericht; der Jüngste Tag
Jung|stein|zeit *f. 10 nur Sg.* Neolithikum
jüngs|tens, jüngst|hin jüngst (1)
jüngst|ver|gan|gen; in jüngstvergangener Zeit
Jung|tier *n. 1*
Jung|tür|ken *Pl., 1876-1918:* eine polit.-liberale türk. Bewegung
jung|ver|mählt seit kurzer Zeit vermählt; *aber:* jung vermählt: als junge Menschen vermählt
Jung|vieh *n. Gen. -s nur Sg.*
Jung|wild *n. Gen. -(e)s nur Sg.*
Ju|ni *m. Gen. -(s) Pl. -s*
Ju|ni|kä|fer *m. 5* dem Maikäfer verwandter Käfer
ju|ni|or [lat.] (*Abk.:* jun., jr.) *nach Personennamen:* der Jüngere; Hans Meyer jun.; *Ggs.:* senior
Ju|ni|or *m. 13* **1.** der Jüngere, der Sohn; **2.** *Sport:* Jugendlicher; *Ggs.:* Senior
Ju|ni|o|rat *n. 1* = Minorat; *Ggs.:* Seniorat
Ju|ni|or|chef [-ʃɛf] *m. 9* der jüngere von zwei Chefs (eines Betriebes); *Ggs.:* Seniorchef
Ju|ni|o|ren|mann|schaft *f. 10*
Ju|ni|pe|rus [lat.] *m. Gen. - Pl. -* Wacholder
Jun|ker *m. 5*
jun|ker|lich
Jun|ker|tum *n. Gen. -s nur Sg.*
Jun|kie [dʒʌŋki, engl.] *m. 9* Rauschgiftsüchtiger
Junk|tim [lat.] *n. 9* Verbindung von Gesetzesvorlagen oder polit. bzw. wirtschaftl. Maßnahmen, die nur insgesamt behandelt werden können
junk|ti|mie|ren *tr. 3, auch österr.* verschiedene Gesetze oder Verträge verknüpfen, die nur gemeinsam behandelt werden können
Junk|tims|vor|la|ge *f. 11*
Junk|tur *f. 10* **1.** *veraltet:* Verbindung, Fuge; **2.** *Med.:* Gelenk

J

Ju|no **1.** *röm. Myth.:* Göttin der Geburt und der Ehe; **2.** *f. Gen.* - ein Planetoid; **3.** *verdeutlichende Aussprache von* Juni

ju|no|nisch der Juno (1) ähnlich, stolz, stattlich, üppig; junonische Gestalt

Jun|ta [span.: xun-] *f. Gen.* - *Pl.* -ten, *in Spanien und bes. Lateinamerika:* Regierungsausschuss

Jüp|chen *n. 7* Säuglingsjäckchen

Jupe [ʒyp, frz.] *schweiz.:* Frauenrock

Ju|pi|ter **1.** *röm. Myth.:* oberster Gott; **2.** *m. Gen.* - ein Planet

Ju|pi|ter|lam|pe *f. 11* sehr helle elektr. Lampe (bes. für Filmaufnahmen)

Ju|ra **1.** *Pl. von* Jus, die Rechte, Rechtswissenschaft; Jura studieren; **2.** *m. Gen.* -(s) *nur Sg.* mittlere Formation des Mesozoikums; **3.** *m. 9 Bez. für* Gebirge; Fränkischer, Schwäbischer, Schweizer Jura; **4.** [frz. ʒyra] *seit 1979:* schweiz. Kanton

J

Ju|ra|for|ma|ti|on *f. 10* vgl. Jura (2)

Ju|ras|si|er *m. 5* Bewohner eines Juras (3)

ju|ras|sisch zum Jura (2) gehörend, aus ihm stammend

Jür|gen männl. Vorname, *urspr. Variante von* Georg

ju|ri|disch [lat.] *veraltet, noch österr.:* rechtlich, zum Recht, zur Rechtswissenschaft gehörig, darauf beruhend; vgl. juristisch

ju|rie|ren *tr. 3* (als Preisgericht, als Jury) beurteilen

Ju|ris|dik|ti|on *f. 10* Rechtsprechung, Gerichtsbarkeit

Ju|ris|pru|denz *f. 10 nur Sg.* Rechtswissenschaft

Ju|rist *m. 10* jmd., der ein rechtswissenschaftl. Studium absolviert hat

Ju|ris|te|rei *f. 10 nur Sg., ugs.:* Rechtswissenschaft

ju|ris|tisch zum Recht, zur Rechtswissenschaft gehörig, darauf beruhend; juristische Person: Vereinigung von mehreren Personen (Verein, Körperschaft), Institutionen (Anstalt) oder Vermögensmassen (Betrieb, Stiftung), die wie eine einzige natürliche Person vom Staat als rechtsfähig anerkannt werden

Ju|ror *m. 13* Mitglied einer Jury

Jur|te [russ.-türk.] *f. 11* rundes Filzzelt mittelasiatischer Nomaden

Ju|ry [ʒyri, frz. auch: ʒyri, engl. dʒuri, dt. juri] *f. 9* **1.** *im angloamerik. Recht:* Schwurgericht; **2.** Preisrichterkollegium (bei Kunstausstellungen, sportl. Veranstaltungen)

ju|ry|frei nicht von Fachleuten zusammengestellt

Jus *n. Gen.* -*Pl.* Ju|ra Recht; J. studieren; J. ad rem »Recht an der Sache«: Eigentums-, Nutzungsrecht; J. divinum: göttl. Recht; J. gentium: Völkerrecht; J. naturale: Naturrecht; J. primae noctis *in der Feudalzeit:* Recht der ersten Nacht, Recht des Gutsherrn auf die Brautnacht einer Leibeigenen; J. privatum: Privatrecht; J. publicum: öffentl. Recht

Jus [ʒy, frz.] *f., süddt., schweiz. auch: n. Gen.* - *nur Sg.* **1.** starke Fleischbrühe; **2.** mit Fleischbrühe von der Pfanne gelöster Bratensatz; **3.** *schweiz. auch:* Gemüse-, Obstsaft, z. B. Tomatenjus

Ju|sos *Pl., Kurzwort für* Jungsozialisten

just [lat.] *veraltet, noch poet.:* eben, gerade; just, als er hereinkam; ich war just am Gehen, als ...; das ist just das Rechte

jus|ta|ment *veraltet* **1.** gerade, genau; das ist j. dasselbe; **2.** erst recht, nun gerade; er tat j. das Gegenteil

jus|tie|ren [lat.] *tr. 3* genau einstellen, auf das genaue Maß bringen, eichen

Jus|tie|rer *m. 5* jmd., der etwas justiert, Münzprüfer

Jus|tier|schrau|be *f. 11*

Jus|tie|rung *f. 10*

Jus|tier|waa|ge *f. 11* Münzwaage

Jus|ti|fi|ka|ti|on *f. 10* Genehmigung, Anerkennung als richtig

Jus|ti|fi|ka|tur *f. 10* Rechnungsprüfung und -genehmigung

jus|ti|fi|zie|ren *tr. 3*

just in time [dʒʌstıntaım, engl.] termingenau, (gerade) rechtzeitig; Just-in-Time-Produktion

Jus|ti|tia [-tsja] *röm. Myth.:* Göttin der Gerechtigkeit

jus|ti|ti|a|bel, jus|ti|zi|a|bel durch das Rechtswesen belangbar

Jus|ti|ti|ar, Jus|ti|zi|ar *m. 1,* **Jus|ti|ti|a|ri|us, Jus|ti|zi|a|ri|us** *n. Gen.* - *Pl.* -ri|en *veraltet:* Rechtsbeistand (eines Betriebes oder einer Behörde), Syndikus

Jus|ti|ti|um [-tsjum] *n. Gen.* -s *Pl.* -ti|en[-tsjən], **Jus|ti|zi|um** *n. Gen.* -s *Pl.* -zi|en vorübergehender Stillstand der Rechtspflege (infolge schwer wiegender Ereignisse)

Jus|tiz *f. 10 nur Sg.* **1.** Gerechtigkeit; **2.** Rechtspflege, Rechtswesen

jus|ti|zi|a|bel = **jus|ti|ti|a|bel**

Justiziar/Justitiar: Die ins Deutsche integrierte Form *Justiziar* ist die erste Variante, die alte Schreibweise *Justitiar* die zweite mögliche Variante. Ebenso: *justiziabel/justitiabel.*

Jus|ti|zi|ar *m. 1,* **Jus|ti|zi|a|ri|us** *m. Gen.* - *Pl.* -ri|en = **Jus|ti|ti|ar, Jus|ti|ti|a|ri|us**

Jus|tiz|irr|tum *m. 4* falsche Entscheidung des Gerichts

Jus|ti|zi|um *n. Gen.* -s *Pl.* -zi|en = **Jus|ti|ti|um**

Jus|tiz|mi|nis|ter *m. 5*

Jus|tiz|mi|nis|te|ri|um *n. Gen.* -s *Pl.* -ri|en

Jus|tiz|mord *m. 1* auf einem Justizirrtum beruhende Verurteilung eines Unschuldigen zum Tode

Jus|tiz|rat *m. 2* Titel für verdienten Juristen, der nicht im Beamtenverhältnis steht

Jus|tiz|voll|zugs|an|stalt *f. 10* (*Abk.:* JVA) amtl. Bezeichnung für Gefängnis

Jus|tus männl. Vorname

Ju|te [hindustan.-engl.] *f. 11* **1.** indische Bastfaserpflanze; **2.** *auch:* ähnliche Faser anderer Pflanzen

Jü|te *m. 11,* Jüt|län|der *m. 5* Einwohner Jütlands

Jü|tin *f. 10* Einwohnerin Jütlands

jü|tisch, jüt|län|disch

Jüt|land das dänische Festlandsgebiet

Jüt|län|der *m. 5* Jüte

jüt|län|disch jütisch

Jut|ta weibl. Vorname, *Kurzform von* Judith

ju|ve|nil [-ve-, lat.] jugendlich; *Ggs.:* senil; juveniles Wasser: aus dem Erdinnern kommendes, erstmals am atmosphärischen Kreislauf teilnehmendes Wasser; *Ggs.:* vadoses Wasser

Ju|ve|ni|lis|mus [-ve-, lat.] *m. Gen.* - *nur Sg.* leichte Form des → Infantilismus

ju|vi|val|le|ra! [-vival- oder -vifal-]

Ju|wel [frz.-ndrl.] *n. 12* **1.** geschliffener Edelstein; **2.** Kleinod, et-

was Kostbares; **3.** *ugs., scherzhaft:* sehr tüchtiger Mensch, der alles bestens erledigt
Ju|we|lier *m. 1* Goldschmied, Schmuckhändler
Ju|we|lier|wa|ren *Pl.* Schmuckwaren
Jux [lat.] *m. 1* Scherz, Spaß, Ulk
ju|xen *intr. 1* scherzen
Jux|ta [lat.], Jux|te *f. Gen. - Pl.* -ten Streifen am Rand von kleinen Wertpapieren (z. B. Losen, Eintrittskarten usw.), zumeist links, der zur Kontrolle abgetrennt und einbehalten werden kann
Jux|ta|po|si|ti|on *f. 10* **1.** *Gramm.:* Nebeneinanderstellung, Zusammenrückung zweier Wörter zu einem neuen Wort; **2.** *Mineralogie:* Anlagerung an der Oberfläche von wachsenden Kristallen
Jux|te *f. 11* s. **Jux|ta**
JVA *Abk. für* Justizvollzugsanstalt
jwd [jɔtve:de] *ugs., scherzh. Abk. für* janz weit draußen: sehr weit weg, sehr abgelegen; sie wohnen jwd; diese Ortschaft liegt irgendwo jwd; das Konzert findet jwd statt

J

k *Abk. für* Kilo…
K **1.** *chem. Zeichen für* Kalium; **2.** *Abk. für* Kelvin
°K *Abk. für* Grad Kelvin, auf den absoluten Nullpunkt bezogene Temperatur; 0° K = -273,16°C
Ka|a|ba [arab.] *f. Gen. - nur Sg.* Hauptheiligtum des Islams in Mekka
Ka|ba|le [neuhebr.-frz.] *f. 11, veraltet:* Ränke, Intrige
Ka|ba|rett [frz.] *n. 1 oder n. 9* Bühne für kurze, satirische, zeitkritische Darstellungen

Ka|ba|ret|tier [-tje] *m. 9* Besitzer, Leiter eines Kabaretts
Ka|ba|ret|tist *m. 10* Künstler in einem Kabarett
ka|ba|ret|tis|tisch
Ka|bäus|chen [zu norddt. Kabuse] *n. 7, ugs.:* kleines Haus oder Zimmer
Kab|ba|la [neuhebr.] *f. Gen. - nur Sg.* mittelalterl., mit Buchstaben- und Zahlensymbolik sowie allegor. Deutung der Bibel verbundene jüd. Geheimlehre
Kab|ba|list *m. 10* Kenner der Kabbala
Kab|ba|lis|tik *f. 10 nur Sg., allg.:* Geheimlehre
kab|ba|lis|tisch **1.** zur Kabbala gehörend, auf ihr beruhend; **2.** geheimwissenschaftlich
Kab|be|lei *f. 10, bes. norddt.:* lustiger Streit, Frotzelei
kab|be|lig *Seew.:* unruhig (Meer)
kab|beln *refl. 1, bes. norddt.:* sich lustig streiten, frotzeln
Kab|be|lung *f. 10 nur Sg., Seew.:* Kräuselbewegung des Meeres
Ka|bel [frz.] *n. 5* **1.** starkes Tau; **2.** isolierte elektrische Leitung; **3.** *veraltet:* Überseetelegramm
Ka|bel|an|schluss (*alt:* Ka|bel|an|schluß) *m. 2*
Ka|bel|fern|se|hen *n. Gen. -s nur Sg.* mittels Kabel übertragene Fernsehsendungen, Closed-Circuit-Television
Ka|bel|gatt *n. 9 oder n. 12, auf Schiffen:* Raum für Tauwerk
Ka|bel|jau [bask.] *m. 1 oder m. 9* ein Seefisch, Dorsch
ka|beln *tr. 1* durch Kabel (3) mitteilen
Ka|bel|schuh *m. 1* Klemme an elektr. Kabeln
Ka|bel-TV *n. Gen. -(s) nur Sg.*
Ka|bi|ne [engl.] *f. 11* **1.** *auf Schiffen:* Schlaf-Wohn-Raum für Passagiere; **2.** *in Bädern u. a.:* kleiner Umkleideraum
Ka|bi|nen|kof|fer *m. 5* großer Koffer mit Fächern, Schrankkoffer
Ka|bi|nett *n. 1* **1.** kleines Zimmer, Nebenraum; **2.** *österr.:* kleines, einfenstriges Zimmer; **3.** Raum mit Kunstsammlung, z. B. Kupferstichkabinett; **4.** *früher auch:* in Fächer geteilter Schrank mit Kunstgegenständen; **5.** *übertr.:* die Berater eines Staatsoberhauptes; **6.** Gesamtheit der Minister einer Regierung
Ka|bi|nett|for|mat *n. 1* fotograf. Bildformat von 10 × 14 cm
Ka|bi|netts|be|schluss (*alt:* Ka|bi|netts|be|schluß) *m. 2* vom Kabinett (6) gefasster Beschluss
Ka|bi|netts|fra|ge *f. 11* Vertrauensfrage des Kabinetts an das Parlament, von deren Beantwortung es abhängt, ob ein Minister bzw. die Regierung im Amt bleibt oder nicht
Ka|bi|netts|jus|tiz *f. Gen. - nur Sg.* verfassungswidriges Sicheinmischen der Regierung in die Rechtsprechung
Ka|bi|netts|kri|se *f. 11*
Ka|bi|netts|or|der *f. 11* Anordnung des Herrschers in einer Angelegenheit, die er allein zu entscheiden hat
Ka|bi|nett|stück *n. 1* **1.** bes. wertvoller Kunstgegenstand (der nicht in einer allg. Sammlung, sondern im Kabinett (3) aufbewahrt wird); **2.** *übertr.:* Meisterstück, bes. geschicktes Vorgehen
Ka|bis *m. Gen. - Pl. -, süddt., schweiz.:* Kohl; vgl. Kappes
Ka|bo|ta|ge [-ʒə, frz.] *f. 11* Küstenschifffahrt zwischen Häfen des gleichen Landes
ka|bo|tie|ren *intr. 3* Kabotage treiben
Ka|brio *auch:* **Kab|rio, Ca|brio** *n. Gen. -(s) Pl. -s, kurz für* Kabriolett, Cabriolet
Ka|bri|o|lett *auch:* **Kab|ri|o|lett, Ca|bri|o|let** [-le:, frz.] *n. 9* **1.** *früher:* leichter, zweirädriger Einspänner; **2.** Personenkraftwagen mit zurückklappbarem Verdeck; *Ggs.:* Limousine
Ka|bri|o|li|mou|si|ne *auch:* **Kab|ri|o|li|mou|si|ne, Ca|bri|o|li|mou|si|ne** [-mu-] *f. 11* Auto, Limousine mit Schiebedach
Ka|buff [zu: Kabuse] *n. 1, ugs.:* enger, dunkler Raum
Ka|bu|ki [jap.] *n. Gen. -(s) Pl. -(s)* jap. Schauspiel mit Musik und Tanz
Ka|bul Hauptstadt von Afghanistan
Ka|bu|se, Ka|bü|se *f. 11, norddt.* **1.** enger, dunkler Raum; **2.** Hütte, schlechte Wohnung; **3.** *Nebenform von* Kombüse
Ka|by|le *m. 11* Angehöriger eines Berberstammes
ka|by|lisch
Kach|ek|ti|ker *auch:* **Ka|chek|ti|ker** [griech.] *m. 5* von Kachexie befallener Mensch
kach|ek|tisch *auch:* **ka|chek|tisch**
Ka|chel *f. 11*
ka|cheln *tr. 1;* ich kachele, kachle das Bad
Ka|chel|o|fen *m. 8*
Kach|e|xie *auch:* **Ka|che|xie** [griech.] *f. 11* völliger Kräfteverfall
Ka|cke *f. 11 nur Sg., vulg.:* Kot
ka|cken *intr. 1, vulg.:* Kot ausscheiden
kack|fi|del *sächs.:* unbekümmert fidel
Ka|da|ver [-və(r), lat.] *m. 5* Tierleiche, Aas
Ka|da|ver|ge|hor|sam [-və(r)-] *m. Gen. -s nur Sg.* Gehorsam unter Ausschaltung des eigenen Willens und Urteils
Kad|disch *n. Gen. - nur Sg.* kurzes jüd. Gebet
Ka|denz [ital.] *f. 10* **1.** abschließende Akkordfolge; **2.** *im Instrumentalkonzert:* unbegleitete, verzierende, meist virtuose Wiederholung der Hauptthemen durch den Solisten; **3.** *Metrik:* die Art des Versschlusses, z. B. Reim
ka|den|zie|ren *intr. 3* eine Kadenz (2) spielen
Ka|der [frz.] *m. 5, schweiz. n. 5* **1.** erfahrene Kerngruppe (eines Heeres, einer Sportmannschaft); **2.** *DDR:* a) Bestand an Fachkräften und Funktionären in einem

bestimmten Bereich der Wirtschaft, Volksbildung usw.; b) Person, die zu a) gehört

Ka|der|ab|tei|lung *f. 10, ehemalige DDR:* Personalabteilung

Ka|der|ak|te *f. 11, DDR:* Personalakte

Ka|dett [frz.] *m. 10* **1.** *früher:* Zögling einer militär. Erziehungsanstalt für Offiziersanwärter; **2.** *Pl., Kurzwort für* konstitutionelle Demokraten, *im zarist. Russland:* eine liberal-monarchistische russische Partei

Ka|det|ten|an|stalt *f. 10*

Ka|det|ten|korps [-ko:r] *n. Gen.* - [-ko:rs] *Pl.* - [-ko:rs]

Ka|det|ten|schu|le *f. 11*

Ka|di [arab.] *m. 9, in islam. Ländern:* Richter; zum Kadi laufen *ugs.:* vor Gericht gehen, einen Prozess anfangen

kad|mie|ren [griech.] *tr. 3* mit einer Kadmiumschicht überziehen, verkadmen

Kad|mie|rung *f. 10*

Kad|mi|um, *fachsprachl.:* Cad|mium *n. Gen.* -s *nur Sg.* (*Zeichen:* Cd) chem. Element, ein Metall

Kad|mi|um|gelb, Kad|mi|um|rot *n. Gen.* -s *nur Sg.* Malerfarbe

ka|duk [lat.] **1.** hinfällig, gebrechlich, altersschwach; **2.** ungültig

ka|du|zie|ren *tr. 3* für ungültig, verfallen erklären

Ka|du|zie|rung *f. 10* Verfallserklärung

Kä|fer *m. 5*

Kaff *n. 9* **1.** *ugs. abfällig:* kleines, langweiliges Dorf; **2.** *nddt.:* Spreu; wertloses Zeug, Plunder

Kaf|fee [auch: kaf-, arab.-frz.] **1.** *m. 9 nur Sg.* Kaffeebohnen; **2.** *m. 9, nach Zahlen Pl. auch* - Getränk daraus

Kaf|fee|baum *m. 2*

Kaf|fee|boh|ne *f. 11*

Kaf|fee-Er|satz = **Kaf|fee|er|satz** *m. 2 nur Sg.*

Kaf|fee|haus [auch: kaf-] *n. 4*

Kaf|fee|klatsch *m. 1, ugs.*

Kaf|fee|ma|schi|ne *f. 11*

Kaf|fee|sie|der *m. 5, österr.:* Kaffeehausbesitzer

Kaf|fee|tan|te *f. 11 ugs.*

Kaf|fee|tisch [auch: kaf-] *m. 1*

Kaf|fer **1.** [zu Kafir] *m. 14* Angehöriger eines Bantuvolkes; **2.** [jidd.] *m. 5* dummer Kerl

Kaf|fern|büf|fel *m. 5* tropisch-afrik. Wildrind

Kä|fig *m. 1*

Ka|fir [arab.] *m. 14, islam. Bez. für* »Ungläubiger« oder Nichtmuslim

Kaf|ka, *Franz* deutschsprachiger Schriftsteller

Kaf|tan [pers.-arab.] *m. 1* aus dem Orient stammendes, langes Obergewand der orthodoxen Juden

Käf|ter|chen *n. 7, mitteldt.:* Kämmerchen

kahl; ein kahl gefressener Trieb; kahl geschorene Köpfe; ein kahl geschlagenes Waldstück

Kahl|fraß *m. Gen.* -es *nur Sg.*

kahl fres|sen (*alt:* kahl|fres|sen) *tr. 41*

Kahl|heit *f. 10 nur Sg.*

Kahl|hieb *m. 1* Fällen aller Bäume (eines Waldstücks) auf einmal

Kahl|kopf *m. 2*

kahl|köp|fig

Kahl|köp|fig|keit *f. 10 nur Sg.*

kahl sche|ren (*alt:* kahl|sche|ren) *tr. 111*

Kahl|schlag *m. 2* abgeholztes Waldstück

kahl schla|gen (*alt:* kahl|schlagen) *tr. 116*

Kahl|wild *n. Gen.* -(e)s *nur Sg.* die geweihlosen weiblichen Tiere und Kälber des geweihtragenden Wildes

Kahm *m. 1* von hefeähnl. Bakterien gebildeter Überzug auf Flüssigkeiten, Milch, Kahmhaut

kah|men *intr. 1* einen Kahm bekommen

Kahm|haut *f. 2* Kahm

Kahm|he|fe *f. 11* Hefe, die Kahm bilden kann

kah|mig von Kahm besetzt, schimmelig

Kahn *m. 2;* Kahn fahren

Kahn|bein *n. 1* einer der Hand- oder der Fußwurzelknochen, Schiffbein

Kähn|chen *n. 7*

Kahn|fahrt *f. 10*

Kai, Kaj, Kay männl. (selten auch weibl.) Vorname

Kai [ndrl.], **Quai** *m. 9 oder m. 1* **1.** befestigte Anlegestelle für Schiffe; **2.** Uferstraße

Kai|man [karib.] *m. 1* ein Krokodil des trop. Südamerika

Kai|man|fisch *m. 1* ein Raubfisch

Kai|nit [griech.] *m. 1* ein Mineral, ein Kalidüngemittel

Kains|mal [nach der bibl. Gestalt Kain] *n. 1,* **Kains|zei|chen** *n. 7, übertr.:* Brand-, Schandmal

Kai|ro Hauptstadt von Ägypten

Kai|ro|er *m. 5*

kai|ro|isch

Kai|ser *m. 5*

Kai|ser|haus *n. 4*

Kai|se|rin *f. 10*

Kai|se|rin|mut|ter *f. 6* Mutter eines regierenden Kaisers oder einer regierenden Kaiserin

kai|ser|lich

kai|ser|lich-kö|nig|lich (*Abk.:* k. k.), *in Titeln:* Kaiserlich-Königlich (*Abk.:* K. K.)

Kai|ser|ling *m. 1* ein Pilz

Kai|ser|man|tel *m. 6* ein Schmetterling

Kai|ser|reich *n. 1*

Kai|ser|schmar|ren *m. 7* Mehlspeise aus Eierteig (mit Rosinen)

Kai|ser|schnitt [mlat.] *m. 1* eine geburtshilfliche Operation

Kai|ser|schwamm *m. 2*

Kai|ser|stuhl *m. Gen.* -(e)s Gebirgszug im Breisgau

Kai|ser|tum *n. Gen.* -s *nur Sg.*

Kai|ser Wil|helm-Ge|sell|schaft *f. 10 nur Sg., so die amtliche, von den orthograph. Regeln abweichende Schreibung*

Kai|ser-Wil|helm-Ka|nal *m. 2 nur Sg., früherer Name für* Nord-Ostsee-Kanal

Ka|jak [eskimoisch] *m. 9, auch m. 1, österr. auch n. 1* **1.** einsitziges, bis auf den Rudersitz geschlossenes Paddelboot der Eskimos; **2.** Sportpaddelboot, Grönländer

Ka|jal|stift *m. 1* schwarzer Stift für den Lidstrich

Ka|je [ndrl.] *f. 11, nddt. für* Kai, Deich

Ka|je|deich *m. 1* Hilfsdeich

Ka|je|put|baum [mal.] *m. 2* ein austral. und hinterind. Myrtengewächs, Myrtenheide

Ka|jü|te *f. 11, auf Schiffen:* Wohn-Schlaf-Raum

Ka|ka|du [österr.: -du, mal.] *m. 9* ein Papagei

Ka|kao [auch: -kau, aztek.-span.] **1.** *m. 9 nur Sg.* Samen des Kakaobaumes; **2.** *m. 9* Getränk daraus

Ka|kao|baum *m. 2*

Ka|kao|boh|ne *f. 11*

Ka|kao|but|ter *f. Gen.* - *nur Sg.* aus Kakaobohnen hergestelltes Fett

ka|keln *intr. 1, ugs.* **1.** sich unterhalten, schwatzen; **2.** töricht daherreden

Ka|ke|mo|no [jap.] *n. 9* jap. hochformatiges Rollbild aus Seide oder Papier; vgl. Makimono

K

Kakerlak [span.-ndrl.] *m. 12 oder m. 10,* **Kakerlake** *f. 11* **1.** ein Insekt, Küchenschabe; **2.** *auch:* Albino
Kaki, Khaki [pers.-engl.] **1.** *n. 9 nur Sg.* erdbraune Farbe; **2.** *m. 9* gelbbrauner Stoff (für Tropenuniformen)
kakibraun, khakibraun
kakifarben, khakifarben
Kakipflaume, Khakipflaume *f. 11* ein in China und Japan kultiviertes Edelholzgewächs
Kakiuniform, Khakiuniform *f. 10*
kako..., Kako... [griech.] *in Zus.:* schlecht, übel
Kakodylverbindung [griech.] *f. 10* übel riechende Arsenverbindung
Kakophonie *auch:* **Kakofonie** [griech.] *f. 11* **1.** *Mus.:* Missklang, Dissonanz; **2.** schlecht klingende Laut- oder Wortfolge; *Ggs.:* Euphonie
kakophonisch *auch:* **kakofonisch**
Kakostomie *auch:* **Kakostomie** [griech.] *f. 11* schlechter Mundgeruch
Kaktazeen [griech.-lat.] *Pl.* Kaktusgewächse
Kaktee *f. 11,* **Kaktus** *m. Gen. - Pl.* -teen, *österr. auch m. 1* eine amerik. Wüstenpflanze, auch Zierpflanze
Kaktusfeige *f. 11* Frucht des Feigenkaktus
Kala-Azar [ind. »schwarze Krankheit«] *f. Gen. - nur Sg.* eine trop. Infektionskrankheit, die die inneren Organe und das Knochenmark befällt
Kalabasse *f. 11* s. **Kalebasse**
Kalabrese *auch:* **Kalabrese** *m. 1,* Kalabrier *m. 5* Einwohner von Kalabrien
Kalabreser *auch:* **Kalabreser** *m. 5* breitrandiger Filzhut
kalabresisch *auch:* **kalabresisch**
Kalabrien *auch:* **Kalabrien** ital. Landschaft
Kalabrier *auch:* **Kalabrier** *m. 5* Kalabrese
kalabrisch *auch:* **kalabrisch**
Kalahari *f. Gen. - nur Sg.* Savannenlandschaft im südl. Afrika
Kalamaika *f. Gen. - Pl.* -ken mit Gesang begleiteter, leidenschaftlich bewegter ukrainischer Tanz
Kalamarien *Pl.* Kalamiten
Kalamität [lat.] *f. 10* **1.** Übelstand, Notlage; **2.** Massenerkrankung von Waldbäumen mit wirtschaftl. Folgen
Kalamiten [griech.], Kalamarien *Pl.* fossile, baumhohe Schachtelhalme des Karbons
Kalander [ndrl.-frz.] *m. 5* Pressmaschine zum Glätten und Glänzendmachen von Papier, Textilien und Kunststoffen, Satiniermaschine, Satinierpresse
kalandern *tr. 1* mit dem Kalander bearbeiten
Kalaschnikow [-kof, nach dem sowjet. Waffenkonstrukteur Michail Kalaschnikow] *f. 9* ein Maschinengewehr
Kalathos [griech.] *m. Gen. - Pl.* -thoi **1.** altgriech., kelchförmiger Arbeitskorb der Frau; **2.** ebensolches Tongefäß
Kalauer [frz. calembour »Wortspiel«, in Dtld. auf die Stadt Calau bezogen] *m. 5* einfaches Wortspiel, Witzelei
kalauern *intr. 1* Kalauer machen
Kalb *n. 4*
Kälbchen *n. 7*
Kalbe *f. 11* Färse
kalben *intr. 1* ein Kalb werfen; der Gletscher kalbt: er stößt Eisschollen ins Meer ab
Kalberei *f. 10, ugs.:* Unfug, albernes Benehmen
kalbern *intr. 1* **1.** *schweiz. für* kalben; **2.** *ugs.:* Unfug treiben, albern sein
Kälberne(s) *n. 18 (17), bair., österr.:* Kalbfleisch
Kälberzähne *Pl., ugs., scherzh.:* Gericht aus großen Graupen
Kalbfleisch *n. Gen.* -(e)s *nur Sg.*
Kalbin *f. 10* Färse
Kalbleder, Kalbsleder *n. 5 nur Sg.*
Kälblein *n. 7*
Kalbsbraten *m. 7*
Kalbsbries *n. 1* Kalbsmilch
Kalbsfell *n. 1, früher:* Schlagfläche der Trommel sowie die Trommel selbst
Kalbshaxe *f. 11, bair.:* Kalbsschenkelbein
Kalbsleder, Kalbleder *n. 5 nur Sg.*
Kalbsmilch *f. Gen. - nur Sg.* die Thymusdrüse des Kalbes (als Speise), Kalbsbries
Kalbsnierenbraten *m. 7*
Kalbsnuss (*alt:* Kalbsnuß) *f. 2* Innenseite der Kalbskeule (als Speise)
Kalbsschnitzel *n. 5*
Kaldarium [lat.] *n. Gen.* -s *Pl.* -rien **1.** *im altröm. Bad:* Warmzelle; **2.** *veraltet:* warmes Gewächshaus
Kaldaunen [lat.] *Pl.* essbares Eingeweide vom Rind, Kutteln, Kuttelflecke
Kalebasse [arab.-frz.], Kalabasse *f. 11* aus einem Flaschenkürbis hergestelltes afrik. Trinkgefäß
Kaledoniden [nach Kaledonien] *Pl.* im älteren Paläozoikum entstandene Gebirge
Kaledonien, *lat.:* Caledonia *alter Name von* Schottland
kaledonisch zu den Kaledoniden gehörig, aus ihrer Entstehungszeit stammend
Kaleidoskop *auch:* **Kaleidoskop** [griech.] *n. 1* **1.** Guckkasten mit Winkelspiegeln und bunten Steinchen, die sich beim Drehen zu immer neuen Mustern ordnen; **2.** *übertr.:* bunte, wechselnde Bilderfolge
kaleidoskopisch *auch:* **kaleidoskopisch**
Kalendarium [lat.] *n. Gen.* -s *Pl.* -rien **1.** *im alten Rom:* Verzeichnis von Zinsen, die am Monatsersten fällig waren; **2.** Verzeichnis der kirchl. Fest- und Gedenktage; **3.** Terminkalender
Kalenden *Pl., im alten Rom:* der erste Tag im Monat; etwas bis zu den griech. K. aufschieben: etwas aufschieben, um es nie zu tun (da es bei den Griechen keine K. gab)
Kalender *m. 5;* gregorianischer Kalender; julianischer Kalender; hundertjähriger Kalender (Gattungsbez.); *aber:* der Hundertjährige Kalender (Werktitel)
Kalenderjahr *n. 1* das Jahr vom 1. Januar bis zum 31. Dezember, im Unterschied zum Kirchen-, Studien-, Lebensjahr
Kalendermonat *m. 1* Monat vom ersten bis zum letzten Tag
Kalesche [poln.] *f. 11* leichte, vierrädrige Kutsche
Kalevala, Kalewala *n. Gen. - nur Sg.* Titel des finn. Nationalepos
Kalfaktor [lat.] *m. 13,* Kalfakter *n. 5* **1.** Strafgefangener als Helfer des Gefangenenwärters; **2.** jmd., der alle möglichen Dienste verrichtet; **3.** Zwischenträger, Schmeichler
kalfatern [arab.-ital.] *tr. 1* (die Fugen der Schiffswände) abdichten

Kal|fa|te|rung *f. 10*
Kal|fat|ham|mer *m. 6*
Ka|li [arab.] *n. 9* **1.** *Sammelbez. für* Kaliumsalze; **2.** *auch:* Kaliumhydroxid
Ka|li|an [pers.], Ka|li|un *m. 1 oder n. 1* pers. Wasserpfeife
Ka|li|ban [nach der Gestalt in Shakespeares »Sturm«] *m. 1* hässliches Ungeheuer
Ka|li|ber [griech.-frz.] *n. 5* **1.** lichte Weite (von Rohren und Bohrschächten); **2.** Durchmesser (von Geschossen); **3.** Abstand der Walzen im Walzwerk; **4.** *übertr.:* Art, Sorte, Größe
Ka|li|ber|maß *n. 1* Gerät zum Messen von Kalibern
Ka|li|breur *auch:* **Ka|lib|reur** [-brø̤r] *m. 1* jmd., der kalibriert
ka|li|brie|ren *auch:* **ka|lib|rie|ren** *tr. 3* auf das richtige Kalibermaß bringen
...ka|li|brig *auch:* **...ka|lib|rig, ...ka|li|be|rig** *in Zus.:* mit einer bestimmten Art von Kaliber versehen, z. B. kleinkalibrig
Ka|lif [arab.] *m. 10* **1.** *früher:* Titel des Oberhauptes der Sunniten als Nachfolger Mohammeds; **2.** *dann:* türk. Sultan
Ka|li|fat *n. 1* Amt, Würde, Reich des Kalifen
Ka|li|fen|tum *n. Gen.* -s *nur Sg.*
Ka|li|for|ni|en, *amtl.:* Ca|li|for|nia (*Abk.:* CA) Staat der USA
Ka|li|for|ni|er *m. 5*
ka|li|for|nisch
Ka|li|ko [nach der ind. Stadt Kalikut] *m. 9* feines Baumwollgewebe (für Bucheinbände)
Ka|li|salz *n. 1* Kalium- oder Kalium-Magnesium-Verbindung (als Düngemittel u. a.)
Ka|li|um [arab.-lat.] *n. Gen.* -s *nur Sg.* (*Zeichen:* K) chem. Element
Ka|li|um|bro|mid *n. 1* als Beruhigungsmittel sowie als Verzögerer bei der fotograf. Entwicklung verwendete chem. Verbindung, Bromkali
Ka|li|um|per|man|ga|nat *n. 1 nur Sg.* übermangansaures Kali, ein Oxidationsmittel
Ka|li|un *m. 1 oder n. 1* s. **Ka|li|an**
Ka|lix|ti|ner [lat. calix »Kelch«] *m. 5* Angehöriger der gemäßigten Richtung der Hussiten, die den Laienkelch beim Abendmahl forderte, Utraquist
Kalk *m. 1;* Kalk brennen, löschen
Kalk|al|pen *Pl.*

Kal|kant [lat.] *m. 10, früher:* Blasebalgtreter (an der Orgel)
Kalk|bren|ner *m. 5*
Kalk|ei *n. 3* in Kalklösung, Wasserglas o. Ä. eingelegtes Ei
kal|ken *tr. 1*
Kalk|er|de *f. 11*
kal|kig
Kalk|lun|ge *f. 11* Erkrankung der Lunge durch ständiges Einatmen von Kalkstaub
Kalk|salz *n. 1* Salz des Kalziums
Kalk|sin|ter *m. 5* durch Ablagerungen aus kalkhaltigem Wasser entstandener Kalkstein
Kalk|spat *m. 1* ein Mineral
Kalk|stein *m. 1*
Kal|kül [frz.] *m. 1 oder n. 1* **1.** das Kalkulieren, Berechnung, Überschlag; **2.** *Math.:* System von Regeln und Zeichen für Berechnungen und Ableitungen
Kal|ku|la|ti|on [lat.] *f. 10* Berechnung, Kosten, Kostenvoranschlag
Kal|ku|la|tor *m. 13* Sachbearbeiter im betrieblichen Rechnungswesen, Rechnungsprüfer
kal|ku|la|to|risch mit Hilfe einer Kalkulation
kal|ku|lie|ren *tr. 3* **1.** berechnen, veranschlagen; **2.** erwägen, überlegen
Kal|kut|ta ind. Stadt
kal|kut|tisch
Kal|la [lat.], Cal|la *f. 9* eine Zierpflanze, Zantedeschia
Kal|li|graph *auch:* **Kal|li|graf** [griech.] *m. 10* Schönschreiber, Schreibkünstler
Kal|li|gra|phie *auch:* **Kal|li|gra|fie** *f. 11 nur Sg.* Schönschreibkunst
kal|li|gra|phisch *auch:* **kal|li|gra|fisch**
Kal|li|o|pe [-pe:] *griech. Myth.:* Muse der erzählenden Dichtkunst
kal|lös [lat.] durch einen Kallus entstanden, schwielig
Kal|lo|si|tät *f. 10 nur Sg.*
Kal|lus *m. Gen.* - *Pl.* -lus|se **1.** *Bot.:* an Wundrändern von Pflanzen neu gebildetes Gewebe, Überwallung, Wundholz; **2.** *Med.:* Schwiele an heilenden Knochenbrüchen
Kál|mán, *Emmerich* ungar. Komponist
Kal|mar [lat.] *m. 1* ein Kopffüßer, ein Tintenfisch
Kal|mäu|ser [jidd.] *m. 5* **1.** Stubenhocker, Stubengelehrter; **2.** Grübler, Kopfhänger

Kal|me [frz.] *f. 11* Windstille
Kal|men|gür|tel *m. 5*
Kal|men|zo|ne *f. 11* Doldrum
kal|mie|ren *tr. 3, veraltet:* besänftigen, beruhigen
Kal|muck [nach den Kalmücken] *intr. 1* ein beidseitig gerautes Baumwoll- oder Wollgewebe
Kal|mück *m. 10,* **Kal|mü|cke** *m. 11* Angehöriger eines westmongol. Volkes
Kal|mus [lat.] *m. Gen.* - *Pl.* -mus|se eine Heilpflanze
Kal|mus|öl *n. 1*
Ka|lo [ital.] *m. 9* Gewichtsverlust, Schwund (von Waren durch Eintrocknen oder Auslaufen)
Ka|lo|bi|o|tik [griech.] *f. Gen.* - *nur Sg., im antiken Griechenland:* die Kunst, ein harmonisches, schönes Leben zu führen
Ka|lo|ka|ga|thie *f. 11 nur Sg.* die Verbindung von Schönem und Gutem, körperl. und geistige Vollkommenheit (das altgriech. Erziehungsideal)
Ka|lo|rie [lat.] *f. 11* (*Zeichen:* cal) **1.** die Wärmemenge, die nötig ist, um 1 g Wasser von 14,5 auf 15,5°C zu erwärmen, Grammkalorie; **2.** *früher:* Maßeinheit für Energieumsatz des Körpers bzw. Energiewert der Nahrungsmittel; *heute ersetzt durch* Joule
ka|lo|ri|en|arm wenig Kalorien enthaltend; kalorienarme Lebensmittel
ka|lo|ri|en|be|wusst (*alt:* ka|lo|ri|en-be|wußt)
ka|lo|ri|en|re|du|ziert
Ka|lo|rik *f. 10 nur Sg.* Wärmelehre
Ka|lo|ri|me|ter [lat. + griech.] *n. 5* Gerät zum Messen von Kalorien
Ka|lo|ri|me|trie *auch:* **Ka|lo|ri|met-rie** *f. 11 nur Sg.* das Messen von Kalorien
ka|lo|ri|me|trisch *auch:* **ka|lo|ri|met-risch**
ka|lo|risch [lat.] auf Wärme beruhend
ka|lo|ri|sie|ren *tr. 3* mit einer Schutzschicht gegen Rost und Korrosion aus Aluminiumpulver überziehen
Ka|lot|te [frz.] *f. 11* **1.** Oberfläche eines Kugelabschnitts, Kugelhaube; **2.** Scheitelkäppchen (der kath. Geistlichen); **3.** Schädeldach; **4.** wattierte Kappe unter dem Helm
Kal|pak [türk.], Kol|pak *m. 9* **1.** hohe tatar. Lammfellmütze; **2.** ar-

K

men. Filzmütze; **3.** Husarenmütze; **4.** von dieser herabhängender Tuchzipfel

kalt: Das Adjektiv wird auch in feststehenden Fügungen kleingeschrieben: *kalte Ente, eine kalte Fährte, die kalte Miete* (= ohne Heizung); auch: *auf kalt und warm reagieren.* § 58 (3), § 63
In bestimmten substantivischen Wortgruppen aber wird das Adjektiv großgeschrieben, obwohl kein Eigenname vorliegt: *der Kalte Krieg.* § 64 (4)
Getrenntschreibung gilt bei Selbständigkeit der Bestandteile: *kalt lassen, kalt lächelnd, (ein Getränk) kalt stellen* (= kühlen). Zusammengeschrieben werden *(eine Person) kaltstellen* (= ihres Einflusses berauben), *kaltmachen* (= töten) und fachsprachliche Ausdrücke wie *kaltschweißen, kaltgeschleudert, kaltwalzen.*

K

kalt; kalter Blitz: nicht zündender Blitz; kaltes Blut bewahren; kalte Ente: Getränk aus Weiß- und Schaumwein mit Zitronenscheiben; kalte Fährte *Jägerspr.:* mehr als zwei Stunden alte Fährte; kaltes Fieber: Malaria; kalte Küche: nicht gekochte oder abgekühlte Speisen; kalte Miete *ugs.:* Miete ohne Heizkosten; auf kalt und warm reagieren; das kalte Büfett; der Kalte Krieg; Wein kalt stellen; *aber:* jmdn. kaltstellen: des Einflusses, der Wirksamkeit berauben; kalt bleiben; kalt lächelnd; kalt lassen
kalt blei|ben (*alt:* kalt|blei|ben) *intr. 17* kaltes Blut bewahren
Kalt|blut *n. Gen.* -(e)s *nur Sg.* eine Rasse schwerer, starker Arbeitspferde; vgl. Warmblut
Kalt|blü|ter *m. 5, nicht korrekt für* Wechselwarmblüter
kalt|blü|tig
Kalt|blü|tig|keit *f. 10 nur Sg.*
Käl|te *f. 11 nur Sg.*
käl|te|be|stän|dig
Käl|te|be|stän|dig|keit *f. 10 nur Sg.*
Käl|te|grad *m. 1*
Käl|te|ma|schi|ne *f. 11*
käl|ten *tr. 2* kalt machen
Käl|te|pol *m. 1* Punkt (auf der Erde) mit der niedrigsten Temperatur
Kal|ter *m. 5, österr.:* tragbarer Fischbehälter
Käl|te|star|re *f. 11 nur Sg.*
Käl|te|tech|nik *f. 10 nur Sg.*
Käl|te|tod *m. 1 nur Sg.*
Käl|te|wel|le *f. 11*
Kalt|front *f. 10*
Kalt|här|tung *f. 10*
Kalt|haus *n. 4* Gewächshaus mit einer Temperatur von 5 bis 10°C
kalt|her|zig
Kalt|her|zig|keit *f. 10 nur Sg.*
kalt lä|chelnd (*alt:* kalt|lä|chelnd)
kalt las|sen (*alt:* kalt|las|sen) *tr. 75* unbeeindruckt lassen
Kalt|leim *m. 1*
Kalt|luft *f. Gen. - nur Sg.*
kalt|ma|chen *tr. 1, ugs.:* töten, umbringen, ermorden
Kalt|na|del *f. 11* Radiernadel, Stahlnadel für Kaltnadelradierungen
Kalt|na|del|ra|die|rung *f. 10* eine Art Kupferstich, bei der in die blanke (nicht präparierte) Kupferplatte eingeritzt wird
Kalt|scha|le *f. 11* kalte, süße Suppe
kalt|schnäu|zig
Kalt|schnäu|zig|keit *f. 10 nur Sg.*
Kalt|sinn *m. 1 nur Sg.*
kalt|stel|len *tr. 1;* jmdn. kaltstellen *ugs.:* ihn des Einflusses, der Wirksamkeit berauben
kalt stel|len (*alt:* kalt|stel|len) *tr. 1;* Getränke kalt stellen
Kalt|was|ser|be|hand|lung *f. 10*
Kalt|was|ser|kur *f. 10*
Kalt|wel|le *f. 11* Dauerwelle
Ka|lum|bin [Bantuspr.] *n. 1 nur Sg.* Bitterstoff der Kolombowurzel
Ka|lu|met, Ca|lu|met [auch: -lymẹ, lat.-frz.] *n. 9* Friedenspfeife der nordamerik. Prärieindianer
Ka|lup|pe [tschech.] *f. 11, österr.:* baufälliges, verwahrlostes Haus
Kal|va|ri|en|berg [-va-, lat.] *m. 1* **1.** *urspr.:* Schädelstätte, Golgatha; **2.** *dann:* Berg mit Wallfahrtskirche und den 14 Stationen der Leidensgeschichte Christi
Kal|vill [-vil, frz.] *m. 12,* **Kal|vil|le** *f. 11* ein Edelapfel
Kal|vi|nis|mus *m. Gen. - nur Sg.* = **Cal|vi|nis|mus**
Kal|vi|nist *m. 10* = **Cal|vi|nist**
kal|vi|nis|tisch = **cal|vi|nis|tisch**
Ka|ly|kan|thus *auch:* **Ka|ly|kan|thus** [griech.] *m. Gen. - nur Sg.* ein Gartenzierstrauch, Gewürzstrauch
Ka|lyp|so *griech. Myth.:* eine Nymphe
Ka|lyp|tra *auch:* **Ka|lypt|ra** [griech.] *f. Gen. - Pl.* -tren **1.** Schutzhülle um die Wurzelspitze; **2.** Hülle der Sporenkapsel vieler Laubmoose
Kal|zi|na|ti|on, *fachsprachl.:* Cal|ci|na|ti|on [lat.] *f. 10* **1.** Entfernung von Wasser und Kohlendioxid aus Kristallen; **2.** Zersetzung einer chem. Verbindung durch Erhitzen
kal|zi|nie|ren, *fachsprachl.:* cal|ci|nie|ren *tr. 3*
Kal|zi|nie|rung, *fachsprachl.:* Cal|ci|nie|rung *f. 10*
Kal|zi|no|se, *fachsprachl.:* Cal|ci|no|se *f. 11 nur Sg.* Kalkreichtum
kal|zi|phil, *fachsprachl.:* cal|ci|phil kalkreichen Boden liebend
Kal|zit, *fachsprachl.:* Cal|cit *m. 1* ein Mineral, Kalkspat
Kal|zi|um, *fachsprachl.:* Cal|ci|um *n. Gen.* -s *nur Sg.* (*Zeichen:* Ca) chem. Element, ein Metall
Kal|zi|um|hy|dro|xid *auch:* **Kal|zi|um|hyd|ro|xid,** *fachsprachl.:* Cal|ci|um|hy|dro|xid *n. 1 nur Sg.* gelöschter Kalk
Kal|zi|um|kar|bo|nat, *fachsprachl.:* Cal|ci|um|car|bo|nat *n. 1 nur Sg.* kohlensaurer Kalk
Kal|zi|um|o|xid, *fachsprachl.:* Cal|ci|um|o|xid *n. 1 nur Sg.* gebrannter Kalk, Ätzkalk
Kal|zi|um|sul|fat, *fachsprachl.:* Cal|ci|um|sul|fat *n. 1 nur Sg.* schwefelsaurer Kalk
Ka|ma|res|va|se [-va-, nach dem Fundort] *f. 11* Typ kretischer Tonvasen mit farbigen Ornamenten auf schwarzem Grund
Ka|ma|ril|la [-rija, span.] *f. Gen. - nur Sg.* Günstlingspartei in der unmittelbaren Umgebung eines Herrschers mit unkontrollierbarem Einfluss
kam|bie|ren *intr. 3, veraltet:* Wechselgeschäfte betreiben
Kam|bio *m. Gen.* -s *Pl.* -bi, *veraltet:* Wechsel
Kam|bi|um [neulat.] *n. Gen.* -s *Pl.* -bi|en das Dickenwachstum der Pflanzen bewirkendes Gewebe
Kam|bo|dscha *auch:* **Kam|bod|scha** Staat in Südostasien
kam|bo|dscha|nisch *auch:* **kam|bod|scha|nisch**
Kam|brik *auch:* **Kamb|rik** [engl.] *m. Gen.* -s *nur Sg.*
Kam|brik|ba|tist *auch:* **Kamb|rik|ba|tist** *m. 1 nur Sg.* ein Baumwollgewebe
kam|brisch *auch:* **kamb|risch** [neulat.] zum Kambrium gehörend, aus ihm stammend

Kam|bri|um *auch:* **Kamb|ri|um** *n. Gen.* -s *nur Sg.* unterste Formation des Paläozoikums
Ka|mee [ital.-frz.] *f. 11* Halbedelstein mit herausgearbeiteter figürl. Darstellung; *Ggs.:* Gemme
Ka|mel [semit.-lat.] *n. 1*
Ka|mel|dorn *m. 1* Akazie

→ Chamäleon Obwohl das aus dem Griechischen stammende Fremdwort *Chamäleon* mit [ka-] anlautet, wird es entsprechend der Orthographie der Herkunftssprache mit *Cha-* geschrieben.

Kä|mel|garn, Käm|mel|garn *n. 1* Garn aus dem Haar der Angoraziege (früher der Kamelziege)
Ka|mel|haar *n. Gen.* -s *nur Sg.*
Ka|me|lie [-ljə, nach dem Jesuitenpater Kamel (Camelli)] *f. 11* zu den Teegewächsen gehörende Zierpflanze
Ka|mel|len [nddt. »Kamillenblüten«] *Pl.* olle Kamellen: überholte Nachrichten
Ka|me|lo|pard [griech.] *m. 1 oder m. 12* Giraffe
Ka|mel|lott [frz.] **1.** *m. 1* Angorawollgewebe, *auch:* Mischgewebe aus Wolle u. a. Garnen; **2.** *in Frankreich:* Straßenhändler
Ka|me|ra [lat.] *f. 9* Apparat für fotograf. Aufnahmen; vgl. Camera obscura
Ka|me|rad [lat.-frz.] *m. 10*
Ka|me|ra|de|rie *f. 11 nur Sg.* überbetonte Kameradschaft
Ka|me|ra|din *f. 10*
Ka|me|rad|schaft *f. 10 nur Sg.*
ka|me|rad|schaft|lich
Ka|me|rad|schaft|lich|keit *f. 10 nur Sg.*
Ka|me|ra|lia [lat.], **Ka|me|ra|li|en** *Pl.* Kameralwissenschaft
Ka|me|ra|list *m. 10* **1.** *früher:* Beamter einer fürstlichen Kammer; **2.** Wissenschaftler der Kameralistik (1)
Ka|me|ra|lis|tik *f. 10 nur Sg., veraltet* **1.** Staats-, Finanzwissenschaft; **2.** System des staatswirtsch. Rechnungswesens
Ka|me|ral|wis|sen|schaft *f. 10, veraltet:* Volkswirtschaftslehre
Ka|me|ra|mann *m. 4 Pl. auch:* -leute
Ka|me|ra|team [-tim] *n. 9*
Ka|me|ra|ver|schluss (*alt:* Ka|me|ra|ver|schluß) *m. 2*
Ka|me|run Staat in Westafrika
Ka|me|ru|ner **1.** *m. 5* Einwohner von Kamerun; **2.** *f. Gen. - Pl. -* Erdnuss
ka|me|ru|nisch
ka|mie|ren [ital.], ka|mi|nie|ren *intr. 3, Fechten:* die gegnerische Klinge umgehen
Ka|mi|ka|ze *m. Gen. - Pl. -* jap. Flugzeugpilot im II. Weltkrieg, der sich mit Flugzeug und Bombenladung auf ein feindliches Objekt stürzte
Ka|mil|le *f. 11* Korbblütler, Heilpflanze
Ka|mil|len|tee *m. 9*
Ka|min [griech.] *m. 1* **1.** Schornstein, Esse; **2.** offene Feuerstelle mit Rauchabzug im Raum; **3.** schmaler, senkrechter Felsspalt
Ka|min|fe|ger *m. 5,* Ka|min|keh|rer *m. 5*
ka|mi|nie|ren *tr. 3* **1.** kamieren; **2.** *Bergsport:* im Kamin emporklettern
Ka|min|keh|rer *m. 5,* **Ka|min|fe|ger** *m. 5*
Ka|mi|sol [frz.] *n. 1, früher:* Unterjacke, kurzes Wams
Kamm *m. 2*
Kämma|schi|ne (-mm|m-) (*alt für:* Kämm|ma|schi|ne) *f. 11*
Kämm|chen *n. 7*
Kamm|ei|dech|se [-ks-] *f. 11* Leguan
Käm|mel|garn *n. 1* s. **Kä|mel|garn**
käm|meln *tr. 1* fein kämmen (Wolle)
käm|men *tr. 1*
Kam|mer *f. 11*
Käm|mer|chen *n. 7*
Kam|mer|die|ner *m. 5*
Käm|me|rei *f. 10* **1.** Finanzverwaltung von Städten, großem Grundbesitz und Fürstenhöfen; **2.** Betrieb, in dem Wolle gekämmt wird
Käm|me|rei|ver|mö|gen *n. 7* Vermögen einer Stadt
Käm|me|rer *m. 5* **1.** Vorsteher einer Kämmerei (1); **2.** Aufseher einer Schatz- oder Kunstkammer; **3.** *bair., österr.:* Kammerherr
Kam|mer|frau *f. 10*
Kam|mer|ge|richt *n. 1* **1.** *urspr.:* persönl. Gericht des Königs; **2.** *heute:* Oberlandesgericht in Berlin
Kam|mer|ge|richts|rat *m. 2*
Kam|mer|gut *n. 4* fürstl. Domäne
Kam|mer|herr *m. Gen.* -n *Pl.* -en Beamter am Fürstenhof
Kam|mer|jä|ger *m. 5* **1.** *urspr.:* Leibjäger eines Fürsten; **2.** *später:* jmd., der beruflich Ungeziefer in Wohnungen beseitigt; **3.** *heute:* Desinfektor
Kam|mer|jung|fer *f. 11*
Kam|mer|jun|ker *m. 5*
Kam|mer|kon|zert *n. 1* Konzert für kleines Orchester
Käm|mer|lein *n. 7*
Kam|mer|ling *m. 1* eine Amöbe
Käm|mer|ling *m. 1* Kammerherr
Kam|mer|mu|sik *f. 10* Musik zur Darbietung in kleinem Raum für wenige Instrumente
Kam|mer|sän|ger *m. 5* Titel für einen verdienten Sänger
Kam|mer|spiel *n. 1* **1.** auf Wirkung in kleinem Raum berechnetes Schauspiel; **2.** *Pl.* Theater für solche Schauspiele
Kam|mer|ton *m. 2* das auf 440 Hz festgelegte, eingestrichene A als Stimmton zum Stimmen von Instrumenten, Normalton
Kam|mer|wa|gen *m. 7, früher:* Wagen, mit dem die Ausstattung der Braut ins Haus des Bräutigams gefahren wurde
Kam|mer|zo|fe *f. 11*
Kamm|garn *n. 1* Garn aus reiner gekämmter Wolle
Kamm|gras *n. 4* eine Grasart
Kamm|griff *m. 1, Turnen:* Griff mit nach außen gedrehten Unterarmen
Kamm|grind *m. 1* eine Hautkrankheit der Hühner
Kämm|ling *m. 1* Kammgarnabfall
Kämm|ma|schi|ne *f. 11*
Kamm|molch *m. 1* Art der Molche, deren Männchen zur Paarungszeit einen Kamm auf dem Rücken trägt
Kamm|mu|schel *f. 11* Meeresmuschel mit scharfkantig gerippten Schalen, Pilgermuschel, Pektenmuschel
Kammolch (-mm|m-) (*alt für:* Kamm|molch) *m. 1*
Kamm|rad *n. 4* Zahnrad mit Holzzähnen
Kammu|schel (-mm|m-) (*alt für:* Kamm|mu|schel) *f. 11*
Kamm|wol|le *f. 11 nur Sg.* Wolle zur Herstellung von Kammgarn
Ka|mor|ra, Ca|mor|ra *f. Gen. - nur Sg.* südital. Geheimbund
Kamp *m. 2, nddt.* **1.** eingefriedigtes Stück Land; **2.** Grasplatz am Bauernhaus; **3.** Pflanzgarten, Baumschule

Kam|pa|gne *auch:* **Kam|pag|ne,** Cam|pa|gne [-panjə, frz.] *f. 11* **1.** Feldzug; **2.** jährliche Stoßarbeit in der Wirtschaft, z. B. Zuckerkampagne; **3.** größere polit. Aktion, z. B. Wahlkampagne
Kam|pa|ni|en, *ital.:* Cam|pa|nia ital. Landschaft
Kam|pa|ni|le, Cam|pa|ni|le [ital.] *m. Gen.* -(s) *Pl.* - frei stehender Glockenturm
Kam|pa|nu|la [lat.] *f. 9* Glockenblume
Käm|pe *m. 11, veraltet, noch poet.:* Kämpfer, Streiter, Verteidiger einer guten Sache
kam|peln *refl. 1, mitteldt.:* sich raufen, sich balgen
Kam|pe|sche|holz, Cam|pe|che|holz [kampetʃə-, nach dem mexikan. Staat Campeche] *n. 4 nur Sg.* ein Farbholz, Blauholz
Käm|pe|vi|se [dän.] *f. Gen. - Pl.* -ser, *veraltet:* skandinav. Heldenballade
Kampf *m. 2*
Kampf|bahn *f. 10*
kampf|be|reit
Kampf|be|reit|schaft *f. 10 nur Sg.*
kämp|fen *intr. 1*
Kamp|fer [Sanskrit] *m. 5* aus dem Holz des ostasiat. Kampferbaums gewonnene, harzartige organ. Verbindung, Heil- und Desinfektionsmittel
Kämp|fer *m. 5, Baukunst:* **1.** oberste Platte einer Säule oder eines Pfeilers, Träger des Bogens od. Gewölbes; **2.** Querholz des Fensterrahmens zur Gliederung sehr hoher Fenster
kämp|fe|risch
Kämp|fer|na|tur *f. 10*
Kamp|fes|lust *f. Gen. - nur Sg.*
Kamp|fes|mut *m. Gen.* -es *nur Sg.*
kamp|fes|mu|tig
kampf|fä|hig
Kampf|fä|hig|keit *f. 10 nur Sg.*
Kampf|fisch *m. 1*
Kampf|flie|ger *m. 5*
Kampf|flug|zeug *n. 1*
Kampf|hahn *m. 2*
Kampf|hand|lung *f. 10*
Kampf|hund *m. 1*
Kampf|läu|fer *m. 5* ein Schnepfenvogel
Kampf|li|nie *f. 11*
kampf|los
Kampf|lust *f. Gen. - nur Sg.*
Kampf|platz *m. 2*
Kampf|rich|ter *m. 5*
Kampf|stoff *m. 1*
kampf|un|fä|hig
Kampf|un|fä|hig|keit *f. 10 nur Sg.*
Kampf|wa|gen *m. 7*
kam|pie|ren *intr. 3* **1.** im Freien übernachten; **2.** auf einem provisorischen Lager übernachten, campen
Kam|sin [arab.] *m. Gen.* -(s) *Pl.* -e heißer, trockener Wind in der Wüste Nordafrikas
Kam|tscha|da|le *auch:* **Kamt|scha|da|le** *m. 11* Einwohner von Kamtschatka
Kam|schat|ka *auch:* **Kamt|schat|ka** nordasiat. Halbinsel
Ka|muf|fel [wohl zu Kamel] *n. 5, ugs.:* Dummkopf
Ka|na|an *bibl. Name für* Palästina
Ka|na|a|nä|er *m. 5 Nebenform von* Kanaaniter
ka|na|a|nä|isch *Nebenform von* kanaanitisch
Ka|na|a|ni|ter, Ka|na|ni|ter, Ka|na|a|nä|er, Ka|na|nä|er *m. 5* Einwohner von Kanaan
ka|na|a|ni|tisch, ka|na|ni|tisch, ka|na|a|nä|isch, ka|na|nä|isch
Ka|na|da Staat in Nordamerika
Ka|na|da|bal|sam *m. Gen.* -s *nur Sg.* Harz verschiedener Nadelbäume zum Kitten von Linsensystemen und zur Herstellung biologischer Dauerpräparate
Ka|na|di|er *m. 5* **1.** Einwohner von Kanada; **2.** Kanu der kanad. Indianer; **3.** mit einem Paddel fortbewegtes Sportboot
ka|na|disch
Ka|nail|le, Ca|nail|le [-naljə, frz.] *f. 11* Schurke, Schuft
Ka|na|ke [polynes.] *m. 11* **1.** *früher:* Südseebewohner **2.** *abwertend:* Südländer
Ka|nal [lat.] *m. 2*
Ka|nal|bau *m. Gen.* -(e)s *Pl.* -bauten
Ka|näl|chen *n. 7*
Ka|nal|gas *n. 1* in unterird. Kanälen und Senkgruben entstehendes, übel riechendes Gasgemisch
Ka|na|li|sa|ti|on *f. 10 nur Sg.* **1.** das Anlegen von Kanälen; **2.** System von unterirdischen Kanälen zum Ableiten der Abwässer
ka|na|li|sie|ren *tr. 3* mit Kanalisation (2) versehen
Ka|na|li|sie|rung *f. 10* **1.** das Kanalisieren; **2.** das Schiffbarmachen (von Flüssen)
Ka|nal|schwim|men *n. Gen.* -s *nur Sg.* Durchschwimmen des Ärmelkanals
Ka|na|nä|er *Nebenform von* Kanaanäer
ka|na|nä|isch *Nebenform von* kanaanäisch
Ka|na|ni|ter *Nebenform von* Kanaaniter
ka|na|ni|tisch *Nebenform von* kanaanitisch
Ka|na|pee [österr.: -pe, frz.] *n. 9* **1.** *veraltet:* Sofa; **2.** geröstete, pikant belegte Weißbrotscheibe
Ka|na|ren *nur Pl., kurz für* Kanarische Inseln
Ka|na|ri|en|vo|gel *m. 6* von den Kanar. Inseln stammende Finkenart, Stubenvogel
Ka|na|ri|er *m. 5* Einwohner der Kanar. Inseln
Ka|na|ri|sche In|seln Inselgruppe an der Nordwestküste Afrikas
Ka|nas|ter *m. 5, veraltet für* Knaster
Kan|da|har [nach dem Gründer, dem Earl of K.] *n. 9,* **Kan|da|har-Ren|nen** *n. 7* alpines Skirennen
Kan|da|re [ung.] *f. 11* Art des Pferdezaums
Kan|del *m. 14 oder f. 11, landschaftl.:* Rinne, Dachrinne
Kan|de|la|ber [lat.-frz.] *m. 5* mehrarmiger, schmuckvoll gestalteter Kerzenleuchter
kan|deln *tr. 1* wie eine Kandel aushöhlen, auskehlen
Kan|del|zu|cker *m. 5 nur Sg.* Kandiszucker
Kan|di|dat [lat.] *m. 10* **1.** jmd., der sich um ein Amt bewirbt, Anwärter; **2.** jmd., der zur Wahl aufgestellt wird; **3.** (*Abk.:* cand.) jmd., der sich einer Prüfung, bes. an einer Hochschule, unterzieht; K. der Philosophie (*Abk.:* cand. phil.); K. der Medizin (*Abk.:* cand. med.)
Kan|di|da|ten|lis|te *f. 11*
Kan|di|da|tur *f. 10* Bewerbung (um ein Amt)
kan|di|die|ren *intr. 3* sich (um ein Amt) bewerben; für ein Amt k.
kan|die|ren [ital.] *tr. 3* **1.** mit Zucker überziehen und damit haltbar machen; kandierte Früchte; **2.** erhitzen und dadurch bräunen; kandierter Zucker
Kan|dins|ky, *Wassilij* russischer Maler
Kan|dis [arab.-ital.] *m. Gen. - nur Sg.*
Kan|dis|zu|cker, Kan|del|zu|cker *m. 5 nur Sg.* aus Rohrzuckerlö-

K

sung gebildete Zuckerkristalle, Zuckerkand
Kan|di|ten *Pl., österr.:* Zuckerwaren
Ka|neel [semit.-frz.], Ka|nell *m. 1 nur Sg.* weißer Zimt, die nach Zimt und Muskat riechende Rinde des mittelamerik. Weißen Kaneelbaumes
Ka|nell *m. 1 nur Sg.* s. **Ka|neel**
Ka|ne|pho|re [griech.] *f. 11, Altertum:* Jungfrau, die bei Festen Opfergeräte in einem Korb auf dem Kopf herbeitrug, Korbträgerin, in der Baukunst oft als Karyatide
Ka|ne|vas [-vas, mlat.-frz.] *m. Gen. - Pl. - oder m. 1* Gittergewebe, Stramin
ka|ne|vas|sen [-vas-] aus Kanevas

Känguru: Analog zu den Substantiven *Emu*, *Gnu* und *Kakadu* wird in Zukunft *Känguru* (statt bisher: Känguruh) geschrieben.

Kän|gu|ru (*alt:* Kän|gu|ruh) [austral. Eingeborenensprache] *n. 9* ein Springbeuteltier
Ka|ni|den [lat.] *Pl. Sammelbez. für* Hunde und hundeartige Tiere
Ka|nin [lat.] *n. 1 nur Sg.* Fell vom Kaninchen
Ka|nin|chen *n. 7*
Ka|nis|ter [sumer.-ital.] *m. 5* tragbarer Behälter für Flüssigkeiten
Kan|ker *m. 5* eine Spinnenart, Weberknecht
Kan|kro|id *auch:* **Kank|ro|id** [griech.] *n. 1, veraltet:* Hautkrebs
kan|krös *auch:* **kank|rös**
Kan|na [semit.-lat.], Can|na *f. 9* eine Zierpflanze, Blumenrohr
Kan|nä s. **Can|nae**
Kann-Be|stim|mung = **Kann|be|stim|mung** *f. 10*
Känn|chen *n. 7*
Kan|ne *f. 11*
Kan|ne|gie|ßer [nach der Titelgestalt von Ludvig Holbergs Lustspiel »Der polit. Kannegießer«] *m. 5* Bierbank-, Stammtischpolitiker, polit. Schwätzer
Kan|ne|gie|ße|rei *f. 10 nur Sg.*
kan|ne|gie|ßern *intr. 1*
Kän|nel *m. 5, schweiz.:* Rinne, Dachrinne; vgl. Kandel
kan|ne|lie|ren *tr. 3* rinnenartig aushöhlen, auskehlen
Kan|ne|lie|rung *f. 10*
Kän|nel|koh|le [kɛnəl-] *f. 11* eine Steinkohlenart
Kan|ne|lü|re [frz.] *f. 11* Hohlkehle, senkrechte Rille (an Säulen)
Kan|nen|pflan|ze *f. 11* eine Fleisch fressende trop. Kletterpflanze
kan|nen|sisch [zu Cannae] *in der Fügung* kannensische Niederlage: völlige Niederlage
kan|nen|wei|se
Kan|ni|ba|le [span., nach dem Indianerstamm der Kariben] *m. 11* **1.** Angehöriger eines Naturvolkes, das Kannibalismus betreibt; *ugs.:* Menschenfresser; **2.** *übertr.:* roher, ungesitteter Mensch
kan|ni|ba|lisch *übertr.* **1.** grausam, roh; **2.** *ugs., scherzhaft:* ungeheuer, sehr
Kan|ni|ba|lis|mus *m. Gen. - nur Sg., bei manchen Naturvölkern:* Sitte, Teile des getöteten Feindes rituell zu verzehren; *ugs.:* Menschenfresserei
Känn|lein *n. 7*
Kann-Vor|schrift = **Kann|vor|schrift** *f. 10*
Ka|non [griech.] *m. 9* **1.** Regel, Richtschnur; **2.** Gesamtheit der für ein Gebiet, z. B. die Logik, die bildende Kunst, geltenden Regeln und Grundsätze; **3.** *Altertum:* Verzeichnis der als vorbildlich geltenden Schriftsteller; **4.** mehrstimmiges Tonstück, bes. für Singstimmen, bei dem die Stimmen nacheinander mit der gleichen Melodie einsetzen; **5.** *nur Sg.* die als echt anerkannten Schriften einer Kirche, bes. die Bücher der Bibel, im Unterschied zu den Apokryphen; **6.** Teil der kath. Messe, stilles Gebet während der Wandlung von Brot und Wein; **7.** *Astron.:* Zeittafel, z. B. der Osterfeste, der Sonnen- und Mondfinsternisse; **8.** altgriech. Zupfinstrument, Messgerät zum Bestimmen der Intervalle, Monochord; **9.** *nur Sg.* Verzeichnis aller kath. Heiligen; **10.** *Pl.* -no|nes einzelne Rechtsbestimmung, bes. der kath. Kirche
Ka|no|na|de [frz.] *f. 11* anhaltendes Geschützfeuer
Ka|no|ne *f. 11* **1.** ein schweres Geschütz **2.** *übertr., ugs.:* bedeutender Könner (auf einem Gebiet), z. B. Sportskanone; **3.** das ist unter aller K. *ugs.:* sehr schlecht; vgl. Kanon (1)
Ka|no|nen|boot *n. 1*
Ka|no|nen|fut|ter *n. Gen. -s nur Sg., übertr.:* Soldaten, die sinnlos geopfert werden sollen
Ka|no|nen|o|fen *m. 8,* Ka|no|nen|öfchen *n. 7* kleiner, eiserner Kohlenofen
Ka|no|nier *m. 1* **1.** Soldat, der eine Kanone bedient; **2.** unterster Dienstgrad bei der Artillerie
ka|no|nie|ren **1.** *tr. 3, veraltet:* mit Kanonen beschießen; **2.** *intr. 3, Sport:* einen scharfen Schuss aufs Tor abgeben
Ka|no|nik [griech.] *f. 10 nur Sg.* **1.** *bei Epikur:* = Logik; **2.** *Mus.:* Lehre von den Tonverhältnissen, Klanglehre
Ka|no|ni|kat *n. 1* Amt, Würde eines Kanonikers
Ka|no|ni|ker *m. 5*
Ka|no|ni|kus *m. Gen. - Pl.* -ker Mitglied eines nach einem Kanon (1) lebenden geistlichen Kapitels, Chorherr
Ka|no|ni|sa|ti|on *f. 10* Heiligsprechung
ka|no|nisch dem Kanon entsprechend, auf ihm beruhend; kanonisches Alter: das zur Übernahme eines kath. kirchl. Amtes vorgeschriebene Alter; kanonisches Recht: kath. Kirchenrecht; kanonische Schriften
ka|no|ni|sie|ren *tr. 3* in den Kanon (9) aufnehmen, heilig sprechen
Ka|no|nis|se *f. 11,* **Ka|no|nis|sin** *f. 10* Angehörige eines nach einem Kanon (1) lebenden Stifts, Stiftsdame, Chorfrau
Ka|no|nist *m. 10* Kenner, Lehrer des kanonischen Rechts
Ka|no|pe [nach der ägypt. Stadt Kanopos] *f. 11* ägypt. Krug mit Deckel in Form eines Menschen- oder Tierkopfes zur Bestattung der Eingeweide eines einbalsamierten Toten
Ka|nos|sa, Ca|nos|sa [nach der Reise Heinrichs IV. zu Papst Gregor VII. nach Canossa] *n. Gen.* -(s) *nur Sg., übertr.:* Demütigung
Ka|nos|sa|gang, Ca|nos|sa|gang *m. 2* demütigender Bittgang
Kä|no|zo|i|kum [griech.] *n. Gen.* -s *nur Sg.* Neuzeit der Erdgeschichte, Tertiär und Quartär, Neozoikum
kä|no|zo|isch erdneuzeitlich, neozoisch
Kan|sas (*Abk.:* KS) Staat der USA
Kant, *Immanuel* dt. Philosoph
kan|ta|bel [ital.] sanglich, gut singbar

K

Kan|ta|bi|li|tät *f. 10* gute Singbarkeit

Kan|ta|brer *auch:* **Kan|tab|rer** *m. 5* Angehöriger eines iberischen Volkes

Kan|ta|bri|en *auch:* **Kan|tab|ri|en** *Name für* eine span. Landschaft zwischen dem Kantabrischen Gebirge, dem Golf von Biskaya und dem Ebro

kan|ta|brisch *auch:* **kan|tab|risch;** *aber:* Kantabrisches Gebirge

Kan|tar [arab.-ital.] *m. oder n. Gen.* -s *Pl.* -(s), *früher:* Gewichtseinheit in Italien und den östl. Mittelmeerländern, zwischen 45 und 100 kg

Kan|ta|te [lat. »singet!«] **1.** *ohne Artikel* vierter Sonntag nach Ostern; an, zu K.; **2.** *f. 11* mehrteiliges Musikstück für Singstimme(n) und Chor mit Instrumentalbegleitung

Kan|te *f. 11*

Kan|tel **1.** *m. 5 oder n. 5* vierkantiges Lineal; **2.** *f. 11* Holz mit quadrat. oder rechteckigem Querschnitt (für Stuhlbeine)

kan|teln *tr. 1* mit Schlingenstichen umstechen (Naht, Stoffrand); ich kantele, kantle es

kan|ten *tr. 2* **1.** auf die Kante stellen; **2.** fortbewegen, ziehen (Baumstämme)

Kan|ten *m. 7, norddt.:* Anschnitt oder Endstück (des Brotlaibs)

Kan|ter **1.** [engl. kæn-] *m. 5* leichter, kurzer Galopp; **2.** [frz.] *m. 5* Verschlag, Kellerlager; Gestell (für Fässer)

kan|tern *intr. 1* in kurzem Galopp reiten

Kan|ter|sieg *m. 1* müheloser Sieg

Kant|ha|ken *m. 7* Stange mit Haken an der Spitze zum Kanten von Baumstämmen; jmdn. beim K. kriegen *ugs.:* jmdm. die Meinung sagen

Kan|tha|ri|den [griech.] *Pl.* Käfer mit weichen Flügeldecken, Weichkäfer

Kan|tha|ri|din *nur Sg.* aus einer Drüsenabsonderung von Kanthariden gewonnenes, hautreizendes Heilmittel

Kan|tha|ros [griech.] *m. Gen.* - *Pl.* -roi altgriech. bauchiges Trinkgefäß mit zwei Henkeln

Kan|ti|a|ner *m. 5* Angehöriger der Philosophie Immanuel Kants

kan|tig eckig, spitz, scharf

Kan|ti|le|ne [ital.] *f. 11* getragene, gebunden zu singende oder zu spielende Melodie

Kan|til|le [-tilje, frz.] *f. 11* Schnur aus vergoldeten oder versilberten, spiralig zusammengedrehten Metallfäden

Kan|ti|ne [ital.] *f. 11, in Fabriken, Kasernen, Betrieben:* Speiseraum mit Küchenbetrieb, in dem oft auch Lebensmittel verkauft werden

Kan|ti|nen|wirt *m. 1*

Kan|ton *ohne Artikel* chin. Provinz, Guangzhou

Kan|ton [frz.] *m. 1* **1.** (*Abk.:* Kt.) *in der Schweiz:* Bundesland; **2.** *in Frankreich und Belgien:* Verwaltungsbezirk

kan|to|nal zu einem Kanton gehörig, aus ihm stammend

Kan|to|nie|re [-njɛ-] *f. 11, in den ital. Alpen:* Straßenwärterhaus

kan|to|nie|ren *tr. 3* in Quartiere legen (Truppen)

Kan|to|nist *m. 10, früher:* ausgehobener Rekrut; ein unsicherer K. *ugs., übertr.:* ein unzuverlässiger Mensch

Kan|tön|li|geist *m. 3 nur Sg.* engstirnige Denkweise

Kan|ton|ne|ment [-mã] *n. 9, schweiz.:* [-mɛnt] *n. 1, veraltet:* Bezirk, in dem Truppen kantoniert werden

Kan|tons|ge|richt *n. 1*

Kan|ton|sys|tem *n. 1,* **Kan|ton|ver|fas|sung** *f. 10* Aushebungsverfahren, bei dem das Land in Kantone geteilt ist, von denen jeder eine bestimmte Anzahl Rekruten zu stellen hat

Kan|tor [lat.] *m. 13* **1.** *urspr.:* Vorsänger im kath. Gottesdienst; **2.** *heute:* Leiter des Kirchenchors und Organist

Kan|to|rat *n. 1* Amt des Kantors

Kan|to|rei *f. 10* **1.** Wohnung des Kantors; **2.** Kirchenchor

Kan|tschu *auch:* **Kant|schu** [türk.] *m. 9* Peitsche aus geflochtenen Lederriemen

Kant|stein *m. 1* Stein, der das Anschlagen des Torflügels an die Mauer verhindert

Kan|tus [lat.] *m. Gen.* - *Pl.* -tus|se, *Stud.:* Gesang; vgl. Cantus firmus

Ka|nu [karib.-engl.] *n. 9* **1.** *bei Naturvölkern:* aus einem ausgehöhlten Baumstamm bestehendes Boot; **2.** *Sport:* Paddelboot, Kajak, Kanadier

Ka|nü|le [lat.] *f. 11* **1.** Röhrchen zum Zu- oder/und Ableiten von Luft oder Flüssigkeit; **2.** Hohlnadel der Injektionsspritze

Ka|nu|te *m. 11* Kanufahrer

Kan|zel [lat.] *f. 11*

Kan|zel|la|ri|at *n. 1, veraltet* **1.** Amt, Würde des Kanzlers; **2.** Kanzleistube

Kan|zel|le *f. 11* **1.** *in der altchristl. Basilika:* Chorschranke; **2.** *bei der Orgel und Harmonika:* Windkanal

kan|zel|lie|ren *tr. 3, veraltet:* mit sich kreuzenden Strichen durchstreichen

Kan|zel|re|de *f. 11*

Kan|zel|red|ner *m. 5*

kan|ze|ro|gen [lat.] Krebs erregend, karzinogen

Kanz|lei [lat.] *f. 10* **1.** Büro, Dienststelle, Amtsräume; **2.** dem Staatsoberhaupt oder Regierungschef unmittelbar unterstehende Verwaltungsbehörde, z. B. Bundeskanzlei

Kanz|lei|for|mat *n. 1* veraltetes Papierformat, 33×42 cm

Kanz|lei|spra|che *f. 11,* **Kanz|lei|stil** *m. 1* **1.** *seit dem 15. Jh.:* Sprache, Stil der dt. Kanzleien; **2.** *heute:* geschraubter Stil, unlebendige Sprache

Kanz|ler [lat.] *m. 5* **1.** *im MA:* Hofbeamter, der die Staatsurkunden beglaubigte und siegelte; **2.** *seit dem 15. Jh.:* Präsident des obersten Gerichtshofes; **3.** *heute:* Regierungschef; **4.** Kurator einer Universität

Kanz|ler|amt *n. 4*

Kanz|ler|kan|di|dat *m. 10*

Kanz|ler|schaft *f. 10 nur Sg.*

Kanz|list [lat.] *m. 10* Angestellter einer Kanzlei

Kan|zo|ne [ital.] *f. 11* **1.** frz. und ital. strophische Gedichtform; **2.** *16./17. Jh.:* heiteres, einfaches Lied; *in Frankreich:* A-cappella-Chorgesang; **3.** *17. Jh.:* sangl. Instrumentalstück; **4.** *seit dem 18. Jh.:* volkstüml. Lied mit Instrumentalbegleitung

Kan|zo|net|te *f. Gen.* - *Pl.* -ten **1.** kleine Kanzone; **2.** ital. Chorlied

Ka|o|lin [nach dem Fundort, dem Berg Gao Ling in China] *n. 1, fachsprachl.: m. 1 nur Sg.* weißes, weiches Tongestein für Porzellan und Steingut, Porzellanerde

ka|o|li|ni|sie|ren *intr. 3* Kaolin bilden

Ka|o|li|nit *m. 1* ein Mineral, Hauptbestandteil des Kaolins
Kap [lat.-ndrl.] *n. 9* vorspringender Teil einer Felsenküste, Vorgebirge; Kap der Guten Hoffnung: Südspitze Afrikas; Kap Hoorn: Südspitze Südamerikas; Kap Verde: Westspitze Afrikas
Kap. *Abk. für* Kapitel
Ka|paun [lat.-frz.] *m. 1* kastrierter, gemästeter Hahn, Kapphahn
ka|pau|nen *tr. 1,* **ka|pau|ni|sie|ren** *tr. 3* kastrieren (Hahn)
Ka|pa|zi|tät [lat.] **1.** *f. 10 nur Sg.* Fassungskraft, Aufnahmevermögen; **2.** Ausmaß, Umfang (einer Produktion); **3.** *f. 10* bedeutender Fachmann
ka|pa|zi|ta|tiv, ka|pa|zi|tiv die Kapazität betreffend
Kap Ca|na|ve|ral [kęp kənęvərəl] amerik. Raumfahrtgelände in Florida
Ka|pee [zu kapieren] *ugs. in der Wendung* schwer von K. sein: begriffsstutzig sein
Ka|pe|lan [frz.] *m. 1* ein Lachsfisch
Ka|pel|le [lat.] *f. 11* **1.** kleines Gotteshaus, kleiner gottesdienstl. Raum; **2.** *urspr.:* Kirchenchor; *heute:* kleines Orchester (für Unterhaltungs-, Militärmusik); **3.** Raum mit Abzug zur Untersuchung gesundheitsschädlicher Stoffe; **4.** *auch:* Ku|pel|le *f. 11* Schmelztiegel zum Trennen von edlen und unedlen Metallen
ka|pel|lie|ren *tr. 3* in der Kapelle (4) trennen
Ka|pell|meis|ter *m. 5*
Ka|per **1.** [griech.] *f. 11* in Essig eingelegte Blütenknospe des Kapernstrauchs; **2.** [lat.] *m. 5, früher:* privates bewaffnetes Schiff, das aufgrund des Kaperbriefes am Handelskrieg teilnehmen konnte
Ka|per|brief *m. 1 früher:* staatl. Ermächtigung zur Teilnahme am Handelskrieg
Ka|pe|rei *f. 10 nur Sg., früher:* Erbeuten von Handelsschiffen im Handelskrieg aufgrund des Kaperbriefes einer Krieg führenden Macht
ka|pern *tr. 1* als Kaper erbeuten; sich etwas k. *übertr., ugs.:* sich etwas aneignen; jmdn. k.: jmdn. für etwas gewinnen, jmdn. bewegen etwas zu tun
Ka|pern|strauch *m. 4*
Ka|per|schiff *n. 1* vgl. Kaper (2)
Ka|pe|rung *f. 10*
Ka|pe|tin|ger *m. 5* Angehöriger eines frz. Königsgeschlechts
Kap|hol|län|der *m. 5* Bure
kap|hol|län|disch
Kap|hol|län|disch *n. Gen.* -(s) Afrikaans
ka|pie|ren [lat.-ital.] *tr. 3, ugs.:* verstehen, begreifen
ka|pil|lar [lat.] **1.** haarfein; **2.** zu den Kapillaren gehörend, von ihnen ausgehend
Ka|pil|la|re *f. 11* **1.** kleinstes Blutgefäß, Haargefäß; **2.** feines Röhrchen
Ka|pil|la|ri|tät *f. 10 nur Sg.* Verhalten von Flüssigkeiten in sehr engen Röhren
Ka|pil|li|ti|um [-tsjum] *n. Gen.* -s *Pl.* -ti|en [-tsjən] röhren- oder fadenförmiges, Sporen bildendes Gewebe der Schleimpilze
ka|pi|tal [lat.] **1.** hauptsächlich, besonders, haupt…; **2.** stark, mit schönem Geweih (Hirsch, Rehbock)
Ka|pi|tal *n. Gen.* -s *Pl.* -li|en *auch:* -e **1.** Vermögen an Bargeld und Aktien; **2.** Geld (für Investitionen)
Ka|pi|tal… *in Zus.:* schwer (wiegend), groß, z. B. Kapitalverbrechen
Ka|pi|täl *n. 1* = **Ka|pi|tell**
Ka|pi|tal|band, Kap|tal|band *n. 4* buntes Zierband am oberen und unteren Ende des Buchrückens
Ka|pi|tal|buch|sta|be *m. 15* Großbuchstabe
Ka|pi|täl|chen *n. 7* Großbuchstabe in der Größe der Kleinbuchstaben: Kapitälchen; *Ggs.:* Versalie
Ka|pi|ta|le *f. 11* **1.** *veraltet:* Hauptstadt; **2.** vgl. Kapitalis
Ka|pi|tal|er|trag|steu|er *f. 11* Steuer auf Zinsen und Dividenden
Ka|pi|tal|feh|ler *m. 5* schwerwiegender Fehler
ka|pi|tal|in|ten|siv einen wesentlich höheren Einsatz an Kapital als an Arbeit erfordernd
Ka|pi|ta|lis, Ka|pi|ta|le *f. Gen. - nur Sg.* altrömische Schriftart in Kapitalbuchstaben
Ka|pi|ta|li|sa|ti|on *f. 10* Umrechnung von Sachwerten, einer Rente o. Ä. in Geldwert
ka|pi|ta|li|sie|ren *tr. 3* in Geld umrechnen, zu Geld machen
Ka|pi|ta|li|sie|rung *f. 10*
Ka|pi|ta|lis|mus *m. Gen. - nur Sg.* Wirtschafts- und Gesellschaftsordnung, der das Gewinnstreben des Einzelnen zugrunde liegt
Ka|pi|ta|list *m. 10* **1.** Anhänger, Vertreter des Kapitalismus; **2.** Kapitalbesitzer
ka|pi|ta|lis|tisch
Ka|pi|tal|kraft *f. 2*
ka|pi|tal|kräf|tig
Ka|pi|tal|markt *m. 2* Teil des Kreditmarkts, an dem langfristige Kredite und Beteiligungen gehandelt werden
Ka|pi|tal|schrift *f. 10* vgl. Kapitalis
Ka|pi|tal|ver|bre|chen *n. 7* schweres Verbrechen
Ka|pi|tal|zins *m. 12*
Ka|pi|tän [lat.] *m. 1* **1.** Kommandant eines Schiffes oder Flugzeugs; **2.** *Sport:* Anführer einer Mannschaft
Ka|pi|tän|leut|nant *m. 9 auch: m. 1* Seeoffizier im Rang eines Hauptmanns
Ka|pi|täns|pa|tent *n. 1* Befähigungszeugnis des Kapitäns
Ka|pi|tel [lat.] *n. 5* **1.** (*Abk.:* Kap.) größerer Abschnitt eines Schriftwerkes; **2.** Körperschaft der Geistlichen einer Dom- oder Stiftskirche; **3.** deren Versammlung; **4.** Versammlung eines geistlichen Ordens
ka|pi|tel|fest fest, sicher im Wissen, *auch:* bibelfest
Ka|pi|tell, Ka|pi|täl [lat.] *n. 1* oberer, unterschiedlich gestalteter Teil einer Säule oder eines Pfeilers, z. B. Würfel-, Knospenkapitell
Ka|pi|tel|saal *m. Gen.* -s *Pl.* -sä|le Versammlungssaal eines Kapitels (2)
Ka|pi|tol [lat.] *n. 1* **1.** *im alten Rom:* Stadtburg und Sitz des Senats; **2.** *in den USA:* Parlamentsgebäude in Washington
ka|pi|to|li|nisch; die kapitolinischen Gänse; *aber:* der Kapitolinische Hügel
Ka|pi|tu|lant [lat.] *m. 10* **1.** *früher:* Soldat, der sich durch Vertrag (Kapitulation) zu einer längeren als der gesetzlichen Dienstzeit verpflichtete; **2.** jmd., der aufgibt, kapituliert
Ka|pi|tu|lar **1.** *m. 1* Mitglied eines Kapitels (2); **2.** *n. Gen.* -s *Pl.* -ri|en *meist Pl.* die Gesetze und Verordnungen der karoling. Könige
Ka|pi|tu|la|ti|on *f. 10* **1.** *früher:* Vertrag, durch den sich ein Soldat zu einer längeren als der gesetz-

K

lichen Dienstzeit verpflichtete; **2.** Vertrag, in dem sich eine besiegte Truppe, Stadt, Festung dem Feind ergibt; **3.** die Ergebung, Unterwerfung selbst

ka|pi|tu|lie|ren *intr. 3* **1.** eine Kapitulation unterzeichnen; **2.** sich ergeben, sich geschlagen geben

Kap|la|ken, Kapp|la|ken [ndrl.] *n. 7, Seew.:* Sondervergütung für Kapitäne

Ka|plan *auch:* **Kap|lan** [lat.] *m. 2, kath. Kirche* **1.** Hilfsgeistlicher; **2.** Geistlicher mit bes. Aufgabenbereichen, z. B. im Heer; **3.** Hausgeistlicher (eines Fürsten)

Kap|land Region in Südafrika

kap|län|disch

Ka|plan|tur|bi|ne *auch:* **Kap|lan|tur|bi|ne** [nach dem österr. Ingenieur Viktor Kaplan] *f. 11* eine Überdruckwasserturbine

Ka|po [ital.] *m. 9* **1.** *Soldatenspr.:* Unteroffizier; **2.** Häftling im Konzentrationslager, der ein Arbeitskommando leitete **3.** *ugs.:* Anführer

K

Ka|po|das|ter [ital.] *m. 5,* Ca|po|tas|to *m. Gen.* -s *Pl.* -ti *oder* -s **1.** *bei Saiteninstrumenten:* oberes Ende des Griffbretts; **2.** *bei der Gitarre:* Klammer zum Verkürzen der Saiten

Ka|pok [javan.] *m. 9 nur Sg.* Fasern aus dem Fruchthaar des Kapokbaums, für Polster- und Kissenfüllungen

Ka|pok|baum *m. 2* ein trop. Baum, Baumwollbaum

ka|po|res [jidd.] *ugs.:* kaputt

Ka|po|si|sar|kom *auch:* **Ka|po|si-Sar|kom** *n. 1* ein Hautkrebs (häufig bei Aidspatienten)

Ka|pot|te [frz.] *f. 11,* **Ka|pott|hut** *m. 2, 19. Jh.:* kleiner, unter dem Kinn gebundener Damenhut

Kap|pa *n. Gen.* -(s) *Pl.* -s (*Zeichen:* κ, K) griech. Buchstabe

Kap|pa|do|ki|en, Kap|pa|do|zi|en Landschaft in der zentralen Türkei

Käpp|chen *n. 7*

Kap|pe *f. 11*

kap|pen *tr. 1* **1.** oben abschneiden, verkürzen; **2.** durchtrennen, -schneiden (Tau)

Kap|pes, Kap|pus *m. Gen. - nur Sg.* **1.** *westdt.:* Weißkohl; **2.** *ugs.:* Unsinn, törichtes Gerede

Kapp|hahn *m. 2* Kapaun

Käp|pi *n. 9* schmale, zweispitzige Soldatenmütze

Kapp|la|ken *n. 7* s. **Kap|la|ken**

Käpp|lein *n. 7, poet.*

Kapp|naht *f. 2* Doppelnaht

Kap|pung *f. 10*

Kap|pus *m. Gen. - nur Sg.* s. **Kap|pes**

Kapp|zaum *m. 2* Teil des Zaumes, Nasenriemen

Kapp|zie|gel *m. 5* Luftziegel, Ziegel, der Luft, aber keinen Regen durchlässt

♦Die Buchstabenfolge **ka|pr...** kann in Fremdwörtern auch **kap|r...** getrennt werden.

♦**Ka|pri|ce,** *österr.* **Ka|pri|ze** [-pri-sə], Ca|price [kapris, frz.] *f. 11* Laune, schnurriger Einfall

♦**Ka|pri|fi|ka|ti|on** [lat.] *f. 10, im Feigenanbau:* Verfahren zum Verbessern der Bestäubung

♦**Ka|pri|fo|li|a|ze|en** *Pl.* Geißblattgewächse, z. B. Schneeball, Holunder

♦**Ka|pri|o|le** [lat.-ital.] *f. 11* **1.** *eigtl.:* Luftsprung, *dann:* verrückter Streich; **2.** *hohe Schule* = Capriole

♦**ka|pri|o|len** *intr. 1* Kapriolen machen

♦**Ka|pri|ze** *f. 11, österr. für* Kaprice

♦**ka|pri|zie|ren** *refl. 3;* sich auf etwas k.: auf etwas bestehen, beharren, (eigensinnig) bei etwas bleiben

♦**ka|pri|zi|ös** launenhaft, eigenwillig

♦**Ka|priz|pols|ter** *n. 5, österr. auch n. 6*

♦**Ka|pro|lak|tam** *n. 1 nur Sg.* aus Kapronsäure gewonnener Ausgangsstoff für Kunstfasern, bes. Perlon

♦**Ka|pron|säu|re** *f. 11* eine Fettsäure

♦**Ka|prun** Kraftwerk in den Hohen Tauern

Kap|sel [lat.] *f. 11*

Käp|sel|chen *n. 7*

Kap|sel|frucht *f. 2*

Kap|si|kum *n. Gen.* -s *nur Sg.* aus Mittelamerika stammendes, scharfes Gewürz, span. Pfeffer, auch ein hautreizendes Arzneimittel

Kap|si|kum|pflas|ter *n. 5*

Kap|stadt Stadt in Südafrika

Kap|stein *m. 1, veraltet:* Diamant aus Südafrika

Kap|tal *n. 1,* **Kap|tal|band** *n. 4* s. **Ka|pi|tal|band**

Kap|ta|ti|on [lat.] *f. 10, veraltet:* Erschleichung, Erbschleicherei

kap|ta|to|risch *veraltet:* durch Erschleichen, erschleichend

Kap|ti|on *f. 10, veraltet* **1.** verfängliche Frage; **2.** Trugschluss

kap|ti|ös *veraltet:* verfänglich; kaptiöse Frage

kap|ti|vie|ren *tr. 3, veraltet:* gefangen nehmen, für sich gewinnen

Kap|tur *f. 10, veraltet:* Beschlagnahme (eines feindl. Schiffes)

Ka|put [mlat.] *m. 1, schweiz.:* Soldatenmantel

ka|putt [lat.-frz.] **1.** entzwei, zerbrochen, zerrissen; **2.** *ugs.:* müde

ka|putt|ge|hen *intr. 47*

ka|putt|la|chen *refl. 1, ugs.*

ka|putt|ma|chen *tr. 1*

Ka|pu|ze [lat.] *f. 11* (meist an Mantel oder Jacke befestigte) Kopf und Hals einhüllende Mütze

Ka|pu|zen|man|tel *m. 6*

Ka|pu|zi|na|de *f. 11, veraltet:* Kapuzinerpredigt, Strafpredigt

Ka|pu|zi|ner *m. 5* Angehöriger des Kapuzinerordens

Ka|pu|zi|ner|af|fe *m. 11*

Ka|pu|zi|ner|kres|se *f. 11*

Ka|pu|zi|ner|or|den *m. 7* Zweig des Franziskanerordens

Kap Ver|de [- vɛr-] Inselstaat auf den Kapverdischen Inseln

Kap|ver|di|er [-vɛr-] *m. 5* Einwohner von Kap Verde

kap|ver|disch [-vɛr-]

Kap|ver|di|sche In|seln [-vɛr- -] *Pl.,* Kap|ver|den *Pl.* Inselgruppe vor Kap Verde; vgl. Kap

Kap|wein *m. 1* südafrikan. Wein

Kar *n. 1* vom Gletscher geformte Mulde

Ka|ra|bi|ner [frz.] *m. 5* kurzes Gewehr mit geringer Schussweite

Ka|ra|bi|ner|ha|ken *m. 5* Haken mit federndem Verschluss

Ka|ra|bi|nier [-nje] *m. 9* **1.** *urspr.:* mit Karabiner bewaffneter Reiter; **2.** *später:* Jäger zu Fuß

Ka|ra|bi|nie|re [-njɛ-, ital.] *m. Gen.* -(s) *Pl.* -ri italienischer Polizist

Ka|ra|cho [span.], Ca|ra|cho *n. Gen.* -s *nur Sg., ugs., fast nur in der Fügung* mit K.: mit großer Geschwindigkeit, mit voller Wucht

Ka|raf|fe [arab.-frz.] *f. 11* geschliffene Glasflasche mit Stöpsel

Ka|ra|gös, Ka|ra|göz [türk.] *m. Gen. - nur Sg.* Hanswurst, Kasper des türk. Schattenspiels

Ka|ra|i|be *m. 11* Karibe

Ka|ra|kal [türk.] *m. 9* Wüstenluchs

Ka|ra|kal|pa|ke *m. 11* Angehöriger eines Turkvolkes

ka|ra|kal|pa|kisch
Ka|ra|ko|rum *m. Gen.* -(s) Hochgebirge im Himalaya
Ka|ra|kul|schaf *n. 1* Fettschwanzschaf, dessen Lämmer den Persianerpelz liefern
Ka|ram|bo|la|ge [-ʒə, frz.] *f. 11* **1.** *Billard:* Treffer, Anstoßen des Spielballes an die beiden andern Bälle; **2.** *übertr.:* Zusammenstoß
Ka|ram|bo|le *f. 11, Billard:* Spielball, roter Ball
ka|ram|bo|lie|ren *intr. 3*
Ka|ra|mel (*alt für:* Ka|ra|mell) [frz.] *m. 9 nur Sg., schweiz. auch: n. 9 nur Sg.*
ka|ra|me|lie|ren (*alt für:* ka|ra|mel|lie|ren) *intr. 3*
ka|ra|me|li|sie|ren (*alt für:* ka|ra|mel|li|sie|ren) *tr. 3*

Karamell: Das Fremdwort *Karamell* wird jetzt mit *-ll* geschrieben, da ein kurzer Vokal vorausgeht. Entsprechend: *Karamellpudding, karamellisieren.* § 2

Ka|ra|mell [frz.] *m. 9 nur Sg., schweiz. auch: n. 9 nur Sg.* erhitzter gebräunter Zucker
Ka|ra|mel|le *f. 11* Bonbon aus Milch und karamelliertem Zucker
ka|ra|mel|lie|ren *intr. 3* beim Erhitzen braun werden
ka|ra|mel|li|sie|ren *tr. 3* durch Erhitzen braun machen
Ka|ra|mell|zu|cker (*alt:* Ka|ra|mel|zucker) *m. 5 nur Sg.*

→ Quarantäne Obwohl das aus dem Französischen stammende Fremdwort *Quarantäne* mit [ka-] anlautet, wird es wie in der Herkunftssprache mit *Qua-* geschrieben.

Ka|ra|o|ke [jap.] *n. Gen.* -(s) *nur Sg.* musikal. Darbietung in Bars u. Ä., bei der Gäste zu bekannten Musiktiteln den fehlenden Gesang vortragen
Ka|rat [griech.-frz.] *n. 1, nach Zahlenangaben Pl.* - **1.** getrockneter Samen des Johannisbrotbaumes (der früher zum Wiegen von Gold und Edelsteinen benutzt wurde); **2.** Gewichtsmaß für Edelsteine, 1 Karat = 0,2 g; **3.** Maß für den Feingehalt von Gold, 24 Karat = 100% Gold
Ka|ra|te [jap.] *n. Gen.* -(s) *nur Sg.* ein japan. Nahkampfsport
...ka|rä|tig eine bestimmte Menge von Karat wiegend oder aufweisend, z. B. vierzehnkarätiges (*in Ziffern:* 14-karätiges) Gold
Ka|rau|sche *f. 11* ein karpfenartiger Fisch
Ka|ra|vel|le [-vẹl-, lat.-frz.] *f. 11, 14./16. Jh.:* dreimastiges Segelschiff mit hohem Heckaufbau
Ka|ra|wa|ne [pers.-ital.] *f. 11* Reisegesellschaft von Kaufleuten, bes. mit Kamelen, im Orient
Ka|ra|wa|nen|rou|te [-ru-] *f. 11*
Ka|ra|wa|nen|stra|ße *f. 11*
Ka|ra|wan|ken *nur Pl.* Berggruppe der südl. Kalkalpen zwischen Drau und Save
Ka|ra|wan|se|rei [pers.] *f. 10* Unterkunft für Karawanen
Kar|bat|sche [türk.-tschech.] *f. 11* Riemenpeitsche
kar|bat|schen *tr. 1* **1.** mit der Karbatsche schlagen; **2.** *übertr.:* mit Worten peitschen
Kar|bid [lat.] *n. 1 nur Sg., ugs. Bez. für* Verbindung von Kohlenstoff mit Calcium, gehört zur Gruppe der Carbide
kar|bi|disch
Kar|bol *n. 1 nur Sg.* ein Desinfektionsmittel, Karbolsäure
Kar|bo|li|ne|um *n. Gen.* -s *nur Sg.* ein Mittel zur Imprägnierung und Schädlingsbekämpfung
Kar|bon *n. Gen.* -s *nur Sg.* eine Formation des Paläozoikums, zwischen Devon und Perm, Steinkohlenzeit
Kar|bo|na|de *f. 11, österr. auch:* **Kar|bo|nadl** *n. 14* gebratenes Rippenstück (vom Rind, Hammel oder Schwein)
Kar|bo|na|do *m. 9,* Kar|bo|nat *m. 1* ein schwarzer Diamant (Schleif- und Bohrmittel)
Kar|bo|na|ro *m. Gen.* -s *Pl.* -ri, *1807-1848:* Angehöriger eines ital. Geheimbundes für nationale Einheit und Unabhängigkeit
Kar|bo|nat **1.** *m. 1* s. **Kar|bo|na|do;** **2.** *fachsprachl.:* Car|bo|nat *n. 1* Salz der Kohlensäure
Kar|bo|ni|sa|ti|on *f. 10* Verkohlung
kar|bo|nisch zum Karbon gehörend, aus ihm stammend
kar|bo|ni|sie|ren *tr. 3* **1.** verkohlen lassen; **2.** durch Schwefelsäure zerstören (Zellulosereste in Wolle); **3.** mit Kohlendioxid versetzen (Getränke)
Kar|bon|pa|pier *n. 1* Kohlepapier
Kar|bo|rund *n. 1 nur Sg.* Siliciumcarbid, als Schleifmittel für feuerfeste Steine und Heizwiderstände
Kar|bun|kel, Kar|fun|kel *m. 5* mehrere, einen gemeinsamen Entzündungsherd bildende Furunkel
Kar|bu|ra|tor *m. 13* Vorrichtung zum Karburieren, Vergaser
kar|bu|rie|ren *tr. 3* **1.** mit Kohlenstoff sättigen; **2.** Gas k.: durch Beimischen von hell brennenden Stoffen seine Leuchtkraft erhöhen
Kar|da|mom [Sanskrit-lat.] *m. 1 oder n. 1 auch: m. 12 oder n. 12* Frucht eines ind. Ingwergewächses, scharfes Gewürz
Kar|dan|an|trieb [nach dem ital. Mathematiker und Arzt Geronimo Cardano] *m. 1* Antrieb über ein Kardangelenk
Kar|dan|ge|lenk *n. 1* Verbindung zweier Wellen zur Kraftübertragung unter einem Winkel, Kreuzgelenk
kar|da|nisch; kardanische Aufhängung: Vorrichtung zur allseitig drehbaren Aufhängung in zwei senkrecht zueinander stehenden Achsen (für Kompasse, Messinstrumente)
Kar|dan|wel|le *f. 11* mit einem Kardangelenk versehene Antriebswelle (für Kraftfahrzeuge), Gelenkwelle
Kar|dät|sche [ital.] *f. 11* **1.** grobe Bürste zum Striegeln von Pferden u. a.; **2.** Bürste zum Aufrauen von Geweben; **3.** Brett mit Handgriff zum Auftragen von Putz
kar|dät|schen *tr. 1* bürsten, striegeln, rau machen
Kar|de [lat.] *f. 11* **1.** ein distelähnliches Kraut; **2.** *Spinnerei:* Gerät zum Auflösen von Faserbüscheln und Entfernen von kurzen Fasern, Krempel
Kar|deel [ndrl.] *f. 1, Seew.:* Einzelseil der Trosse
kar|den *tr. 2,* kar|die|ren *tr. 3* mit der Karde (2) bearbeiten
Kar|den|dis|tel *f. 11*
kar|di..., Kar|di... vgl. kar|di|o..., Kar|di|o...
Kar|dia [griech.] *f. Gen.* - *nur Sg., Med.:* **1.** Herz; **2.** Magenmund
Kar|di|a|kum [lat.] *n. Gen.* -s *Pl.* -ka herzstärkendes Arzneimittel
kar|di|al das Herz betreffend, zu ihm gehörig, von ihm ausgehend

K

Kar|di|al|gie *f. 11* **1.** Herzschmerz; **2.** Magenkrampf
kar|die|ren *tr. 3* s. **kar|den**
kar|di|nal [lat.] hauptsächlich, Haupt..., wichtigst
Kar|di|nal *m. 2* **1.** *kath. Kirche:* höchster Würdenträger nach dem Papst; **2.** eine amerikan. Finkenart; Roter K.; **3.** bowlenartiges Getränk mit Pomeranzen
kar|di|nal..., Kar|di|nal... *in Zus.:* Haupt..., Grund..., wichtigst; z. B. Kardinalfehler
Kar|di|nal|bi|schof *m. 2* Bischof im Rang eines Kardinals
Kar|di|na|le *f. 11* Kardinalzahl
Kar|di|nal|erz|bi|schof *m. 2* Erzbischof im Rang eines Kardinals
Kar|di|nal|feh|ler *m. 5*
Kar|di|nal|punkt *m. 1* Hauptpunkt, z. B. Hauptgegend des Horizonts, Nord, Süd, Ost oder West
Kar|di|nals|hut *m. 2*
Kar|di|nals|vo|gel *m. 6* vgl. Kardinal (2)
Kar|di|nal|tu|gend *f. 10, bei Sokrates, Plato und den Stoikern:* eine der vier Haupttugenden: Weisheit, Gerechtigkeit, Mäßigkeit, Tapferkeit
Kar|di|nal|vi|kar [-vi-] *m. 1* Stellvertreter des Papstes für das Bistum Rom
Kar|di|nal|zahl *f. 10* Grundzahl, ganze Zahl, Kardinale, z. B. zwei; vgl. Ordnungszahl
kar|di|o..., Kar|di|o..., *vor Vokalen:* kar|di..., Kar|di... *in Zus.:* herz..., Herz..., magen..., Magen...
Kar|di|o|graf *m. 10* s. **Kar|di|o|graph**
Kar|di|o|gramm [griech.] *n. 1* graf. Darstellung der Herzbewegungen
Kar|di|o|graph *auch:* **Kar|di|o|graf** *m. 10* Gerät zum Aufzeichnen von Kardiogrammen
Kar|di|o|i|de *f. 11, Math.:* herzförmige Kurve, Herzkurve
Kar|di|o|lo|gie *f. 11* Lehre vom Herzen und von seinen Krankheiten
kar|di|o|lo|gisch
Kar|di|o|pa|thie *f. 11* Herzleiden
Kar|di|o|ple|gie *f. 11* Herzschlag
Kar|di|o|spas|mus *m. Gen. - Pl.* -men Mageneingangskrampf
kar|di|o|vas|ku|lär [-vas-] Herz und Gefäße betreffend, zu ihnen gehörig
Kar|di|tis *f. Gen. - Pl.* -ti|den Herzentzündung
Ka|re|li|en Landschaft zwischen Finn. Meerbusen und Weißem Meer
Ka|re|li|er *m. 5* Angehöriger eines finn. Volksstammes
ka|re|lisch
Ka|renz [lat.] *f. 10* **1.** Wartezeit, Sperrfrist, Karenzfrist, Karenzzeit; **2.** *Med.:* Verzicht, Enthaltsamkeit
Ka|renz|frist *f. 10* = Karenz (1)
ka|ren|zie|ren *tr. 3, österr.;* jmdn. k.: bei Streichung der Bezüge weiterbeschäftigen
Ka|renz|jahr *n. 1* Jahr, während dessen der Inhaber einer neuen Pfründe ganz oder teilweise auf seine Einkünfte daraus verzichten muss
ka|res|sie|ren [frz.] *tr. 3, veraltet;* jmdn. k.: jmdm. schmeicheln, jmdn. liebkosen
Ka|ret|te [frz.] *f. 11,* **Ka|rett|schild|krö|te** *f. 11* Meeresschildkröte, deren Rücken- und Bauchpanzer das Schildpatt liefern
Kar|fi|ol [ital.] *m. 1 nur Sg., österr.:* Blumenkohl
Kar|frei|tag *m. 1* Tag der Kreuzigung Christi, Freitag vor Ostern
Kar|fun|kel [lat.] *m. 1* **1.** s. **Kar|bun|kel; 2.** Kar|fun|kel|stein *m. 1* ein Edelstein, roter Granat; *allg. auch:* feurig rot leuchtender Edelstein
karg karger, am kargsten, *auch:* kärger, am kärgsten
Kar|ga|deur [-dør, span.-frz.] *m. 1,* **Kar|ga|dor** [span.] *m. 1* jmd., der eine Schiffsladung (Kargo) zu begleiten und ihren Transport bis zur Übergabe zu überwachen hat
kar|gen *intr. 1;* er kargte nicht mit Lob
Karg|heit *f. 10 nur Sg.*
kärg|lich
Kärg|lich|keit *f. 10 nur Sg.*
Kar|go, Car|go [span.] *m. 9* Schiffsladung, Schiffsfracht
Ka|ri|be, Ka|ra|i|be *m. 11* Angehöriger eines Indianervolkes in Mittel- und im nördl. Südamerika
Ka|ri|ben|fisch *m. 1* ein Raubfisch
ka|ri|bisch, ka|ra|i|bisch; *aber:* Karibisches Meer
Ka|ri|bik *f. Gen. -* das Karibische Meer mit den Antillen
Ka|ri|bu [indian.] *m. 9* nordamerik. Ren
ka|rie|ren [frz.] *tr. 3* mit Karos, Quadraten, Rhomben mustern; kariert: gewürfelt, gekästelt, mit Karos gemustert; kariert schauen *ugs.:* töricht-staunend, verständnislos
Ka|ri|es [-e:s, lat.] *n. Gen. - nur Sg.* **1.** Knochenerkrankung, wobei die feste Knochensubstanz zerstört wird; **2.** Zahnkaries, Zerstörung der harten Zahnsubstanz, Zahnfäule
Ka|ri|ka|tur [ital.] *f. 10* stark übertreibende, verzerrende und dadurch lächerlich machende Darstellung, Spottbild
Ka|ri|ka|tu|rist *m. 10* Karikaturenzeichner
ka|ri|ka|tu|ris|tisch in der Art einer Karikatur
ka|ri|kie|ren *tr. 3* in der Art einer Karikatur darstellen, lächerlich machen
Ka|rin weibl. Vorname
ka|ri|o|gen [lat. + griech.] Karies hervorrufend
ka|ri|ös von Karies befallen
Ka|ri|tas [lat.] *f. Gen. - nur Sg.* Wohltätigkeit, Nächstenliebe
ka|ri|ta|tiv mild-, wohltätig
Kar|kas|se [frz.] *f. 11* **1.** *16. bis 19. Jh.:* Brandkugel mit eisernem Gerippe; **2.** *früher:* Drahtgestell für Frauenhüte; **3.** Gerippe (vom Geflügel); **4.** Unterbau (eines Gummireifens)
Karl, Carl männl. Vorname
Kar|la weibl. Vorname
Karl|heinz männl. Vorname
kar|lin|gisch karolingisch
Kar|list *m. 10, 18./19. Jh.:* Anhänger einer span. Partei, die die Ansprüche der beiden Thronanwärter mit Namen Carlos unterstützte
Kar|lis|ten|krie|ge *Pl.*
Karl-Marx-Stadt von 1953-90 amtl. Bez. für Chemnitz
Kar|lo|vy Va|ry [-lɔvi vari, tschech.], **Karls|bad** Kurort in der Tschechischen Republik; Karlsbader Salz, Karlsbader Oblaten
Karls|preis *m. 1* von der Stadt Aachen vergebener Preis für Verdienste um die europ. Einigung
Karls|sa|ge *f. 11* Sagenkreis um Karl den Großen
Kar|ma [Sanskrit], **Kar|man** *n. Gen. -s nur Sg., Buddhismus:* das Handeln des Menschen, von dem sein Schicksal im Lauf seiner Wiedergeburten abhängt
Kar|me|lit [nach dem Berg Karmel in Palästina] *m. 10,* **Kar|me|li|ter**

K

m. 5 Angehöriger des Karmeliterordens
Kar|me|li|ter|geist *m. Gen.* -(e)s *nur Sg.* Lösung aus Heilkräutern zum Einreiben, Melissengeist
Kar|me|li|te|rin, Kar|me|li|tin *f. 10*
Kar|me|li|ter|or|den *m. 7* ein Bettelorden mit strenger Regel
Kar|men [lat.] *n. Gen.* -s *Pl.* -mi|na Fest-, Gelegenheitsgedicht
Kar|me|sin [pers.-ital.], Kar|min *n. Gen.* -s *nur Sg.* aus der Koschenilleschildlaus gewonnener roter Farbstoff
kar|me|sin|rot, kar|min|rot
Kar|min *n. Gen.* -s *nur Sg.* s. **Kar|me|sin**
kar|min|rot
Kar|min|lack *m. 1 nur Sg.* aus Karmin hergestellte rote Farbe, Karmoisin
kar|min|rot, kar|me|sin|rot
Kar|min|säu|re *f. 11 nur Sg.* färbender Bestandteil der Koschenille
kar|moi|sie|ren [-moa-] *tr. 3* s. **kar|mo|sie|ren**
Kar|moi|sin [-moa-] *n. Gen.* -s *nur Sg.* s. **Kar|min|lack**
kar|mo|sie|ren, kar|moi|sie|ren [-moa-] *tr. 3* mit kleineren Edelsteinen einfassen
Kar|nal|lit [nach dem Bergingenieur Rudolf von Carnall] *m. 1 nur Sg.* ein Mineral
Kar|na|ti|on *f. 10 nur Sg.* s. **In|kar|nat**
Kar|nau|ba|wachs [-ks, indianisch-portug.] *n. 1 nur Sg.* aus der Karnaubapalme gewonnenes Wachs (für Bohnerwachs u. a.)
Kar|ne|ol [lat.] *m. 1* ein Mineral, Halbedelstein, Abart des Quarzes
Kar|ner, Ker|ner [lat.] *m. 5* **1.** Räucherkammer; **2.** (Friedhofskapelle mit) Beinhaus, in dem nach Anlegen neuer Gräber die alten Gebeine aufbewahrt werden
Kar|ne|val [-val, lat.-ital.] *m. 1 oder m. 9* Fastnachtszeit, -fest
Kar|ne|va|list [-va-] *m. 10* Teilnehmer am Karneval
kar|ne|va|lis|tisch [-va-]
Kar|ne|vals|zug [-vals-] *m. 2*
Kar|ni|ckel *n. 5* **1.** Kaninchen; **2.** *übertr. ugs.:* Sündenbock; Dummkopf, Einfaltspinsel
Kar|nies [griech.-frz.] *n. 1* Glockenleiste, Bauglied am Gesims mit s-förmigem Profil
Kar|nie|se, Kar|ni|sche *f. 11, österr.:* Vorhangstange
kar|ni|vor [-vor, lat.] Fleisch fressend (Tier, Pflanze)
Kar|ni|vo|re [-vo-] *m. 11 oder f. 11* Fleisch fressendes Tier bzw. Fleisch fressende Pflanze
Kärn|ten österr. Bundesland
Kärnt|ner, Kärn|te|ner *m. 5*
kärnt|ne|risch
Ka|ro [frz.] *n. 9* **1.** Rhombus oder auf der Spitze stehendes Quadrat; **2.** Farbe im frz. Kartenspiel
Ka|ro|ass (*alt:* Ka|ro-As) *n. 1*
Ka|ro|kö|nig *m. 1*
Ka|ro|la, Ca|ro|la weibl. Vorname
Ka|ro|li|na, Ka|ro|li|ne, Ca|ro|li|na, Ca|ro|li|ne, weibl. Vorname
Ka|ro|li|nen *Pl.* Inselgruppe im Pazif. Ozean
Ka|ro|lin|ger *m. 5* Angehöriger eines fränk. Hausmeier- und Herrschergeschlechts
ka|ro|lin|gisch, kar|lin|gisch karoling. Minuskel
Ka|ros|se [frz.] *f. 11* Pracht-, Staatskutsche
Ka|ros|se|rie *f. 11* Oberteil des Kraftwagens (über dem Fahrgestell)
Ka|ros|sier [-sje] *m. 9, veraltet:* Kutschpferd
ka|ros|sie|ren *tr. 3* mit Karosserie versehen
Ka|ro|ti|de *f. 11* s. **Ka|ro|tis**
Ka|ro|tin [griech.] *n. 1 nur Sg.* gelber, meist pflanzl. Farbstoff, Vorstufe des Vitamin A
Ka|ro|tis [griech.] *f. Gen.* - *Pl.* -ti|den, Ka|ro|ti|de *f. 11* Halsschlagader
Ka|rot|te [griech.] *f. 11* Möhre
Kar|pa|ten *nur Pl.* südosteurop. Mittelgebirgszug
kar|pa|tisch
Kar|pell [griech.] *n. 1,* **Kar|pel|lum** *n. Gen.* -s *Pl.* -la Fruchtblatt, die Samenanlage tragendes, weibl. Geschlechtsorgan der Blüte
Kar|pen|ter|brem|se [nach dem amerik. Ingenieur Jesse Fairfield Carpenter] *f. 11* Druckluftbremse für Eisenbahnzüge
Karp|fen *m. 7* Süßwasserfisch
Kar|po|lith [griech.] *m. 1* Versteinerung einer Frucht oder eines Samens
Kar|po|lo|gie *f. 11 nur Sg.* Lehre von den Pflanzenfrüchten
kar|po|lo|gisch
Kar|ra|geen, Kar|ra|gheen [nach dem irischen Ort Carraghen] *n. 1 nur Sg.* eine Algensubstanz, Irländisches Moos
Kar|re *f. 11,* **Kar|ren** *m. 7*
Kar|ree [frz.] *n. 9* **1.** Viereck, Quadrat, Rhombus; **2.** *bair., österr.:* Rippenstück, z. B. Kalbskarree
kar|ren *tr. 1* mit einer Karre, einem Karren befördern
Kar|ren **1.** *m. 7* = **Kar|re; 2.** *nur Pl., Geol.:* durch Schmelzwasser entstandene Rinnen und Furchen in Kalkgestein, Schratten
Kar|ren|feld *n. 3, Geol.*
Kar|ren|gaul *m. 2*
Kar|rer *m. 5, schweiz.:* Kärrner, Fuhrmann
Kar|re|te *f. 11, bes. ostmitteldt.:* Karre, schlechter, alter Wagen
Kar|ret|te *f. 11, schweiz.* **1.** Schubkarren; **2.** schmalspuriger Wagen der Gebirgstruppen; **3.** zweirädriges Einkaufswägelchen
Kar|ri|e|re [frz.] *f. 11* **1.** *nur Sg.* schnellste Gangart des Pferdes; **2.** (glänzende) Laufbahn, (rascher) Aufstieg im Beruf
Kar|ri|e|re|frau *f. 10*
Kar|ri|e|ris|mus *m. Gen.* - *nur Sg.* rücksichtsloses Streben, Karriere zu machen
Kar|ri|e|rist *m. 10*
kar|ri|e|ris|tisch
Kar|ri|ol [frz.] *n. 9,* **Kar|ri|o|le** *f. 11* **1.** leichter, zweirädriger Kastenwagen; **2.** *veraltet:* Postwagen
kar|ri|o|len *intr. 1, ugs.:* unsinnig (umher)fahren
Kärr|ner *m. 5, veraltet:* Fuhrmann
Kar|sams|tag *m. 1* Samstag vor Ostern
Karst *m. 1* **1.** Kalkgebirge in Slowenien und Kroatien; **2.** Gesamtheit der Landschaftsformen in Gebieten mit wasserlösl. Gesteinen; **3.** Hacke mit flachen Zinken
Kars|ten, Cars|ten männl. Vorname
kart. *Abk. für* kartoniert
Kar|tät|sche [lat.-ital.] *f. 11, früher:* mit Bleikugeln gefülltes Geschoss für kurze Entfernungen
kar|tät|schen *intr. 1* mit Kartätschen schießen
Kar|tau|ne [ital.] *f. 11, 15. Jh.:* schweres Geschütz
Kar|tau|se [lat.] *f. 11* Kloster der Kartäuser, Einsiedelei
Kar|täu|ser *m. 5* **1.** Angehöriger des Kartäuserordens; **2.** Chartreuse, ein Kräuterlikör
Kar|täu|ser|or|den *m. 7 nur Sg.* ein Mönchsorden (Einsiedlerorden) mit sehr strenger Regel

K

Kärt|chen *n. 7*
Kar|te *f. 11;* Karten spielen
Kar|tei *f. 10*
Kar|tei|kar|te *f. 11*
Kar|tei|kas|ten *m. 8*
Kar|tell [frz.] *n. 1* **1.** Schutzbündnis mehrerer Parteien; **2.** Zusammenschluss von gleichartigen Betrieben, die jedoch rechtlich und wirtschaftlich selbständig und unter ihrem Namen bestehen bleiben
Kar|tell|amt *n. 4* Behörde, die für die Einhaltung der Kartellgesetze zuständig ist (Verbot der Kartellbildung in Wirtschaft und Industrie)
kar|tel|lie|ren *tr. 3* zu einem Kartell zusammenfassen
Kar|ten|brief *m. 1*
Kar|ten|haus *n. 4*
Kar|ten|kunst|stück *n. 1*
Kar|ten|le|ge|rin, Kar|ten|le|se|rin *f. 10*
Kar|ten|netz|ent|wurf *m. 2,* **Kar|ten|pro|jek|ti|on** *f. 10* Darstellung der Erdoberfläche auf einer Landkarte
Kar|ten|schlä|ge|rin *f. 10* Kartenlegerin
Kar|ten|spiel *n. 1*
Kar|ten|spie|ler *m. 5*
Kar|ten|te|le|fon *n. 1*
kar|te|si|a|nisch, car|te|si|a|nisch von René Descartes stammend, seiner Lehre entsprechend, im Sinne des Kartesianismus
Kar|te|si|a|nis|mus *m. Gen. - nur Sg.* die Lehre des frz. Philosophen und Mathematikers René Descartes
Kar|tha|ger *m. 5* Einwohner von Karthago
kar|tha|gisch
Kar|tha|go antike Stadt nahe dem heutigen Tunis
Kar|tha|min [arab.] *n. 1 nur Sg.* roter Farbstoff aus den Blüten der Färberdistel
kar|tie|ren *tr. 3* vermessen und auf einer Landkarte darstellen (Gelände)
Kar|ting *n. Gen.* -s *nur Sg.* Sport mittels Gokart
Kar|tof|fel *f. 11*
Kar|töf|fel|chen *n. 7*
Kar|tof|fel|kä|fer *m. 5*
Kar|tof|fel|puf|fer *m. 5*
Kar|tof|fel|sa|lat *m. 1*
Kar|tof|fel|stock *m. Gen.* -(e)s *nur Sg., schweiz.:* Kartoffelbrei
Kar|to|graf *m. 10* s. **Kar|to|graph**

Kar|to|gra|fie *f. 11 nur Sg.* s. **Kar|to|gra|phie**
kar|to|gra|fisch s. **kar|to|gra|phisch**
Kar|to|gramm [ital. + griech.] *n. 1* graf. Darstellung statistischer Materialien auf Landkarten
Kar|to|graph *auch:* **Kar|to|graf** *m. 10* Zeichner, wissenschaftl. Bearbeiter von Landkarten

> **Kartographie/Kartografie:** Die fremdsprachige Schreibweise *Kartographie* ist die Hauptvariante, die ins Deutsche integrierte Form *Kartografie* die zulässige Nebenvariante. Die Schreibenden können selbst entscheiden, welche Form sie wählen.
> § 32 (2)

Kar|to|gra|phie *auch:* **Kar|to|gra|fie** *f. 11 nur Sg.* **1.** Anfertigung von Landkarten; **2.** Lehre, Geschichte davon
kar|to|gra|phisch *auch:* **kar|to|gra|fisch**
Kar|to|man|tie *f. 11* Wahrsagen aus Spielkarten, Kartenlegen
Kar|to|me|ter *n. 5* Kurvenmesser
Kar|to|me|trie *auch:* **Kar|to|met|rie** *f. 11 nur Sg.* Messen von Kurven, Längen, Flächen auf Landkarten
kar|to|me|trisch *auch:* **kar|to|met|risch**
Kar|ton [-tõ, ugs.: -tɔŋ, lat.-frz.] *m. 9* **1.** dünne Pappe, dickes, steifes Papier; **2.** Schachtel aus solchem Material; **3.** Entwurf für ein Wandgemälde; **4.** Ersatzblatt für ein fehlerhaftes Blatt in einem Buch
Kar|to|na|ge [-ʒə] *f. 11* **1.** Umhüllung aus Karton; **2.** Bucheinband aus Pappe
kar|to|nie|ren *tr. 3* **1.** in Kartons (2) verpacken; **2.** in Karton (1) einbinden (Buch)•
kar|to|niert (*Abk.:* kart.) *bei Büchern in bibliograf. Angaben:* in Karton (1) gebunden
Kar|to|thek [ital. + griech.] *f. 10* s. **Kar|tei**
Kar|tu|sche [frz.] *f. 11* **1.** *im Artilleriegeschoss:* Metallhülse, in der sich die Pulverladung befindet; **2.** *Baukunst, bes. im Barock:* Ornament aus halb aufgerollten Blättern; rechteckige Fläche (für Inschriften u. Ä.) mit Rahmen aus solchen Ornamenten
Ka|ru|be [arab.-lat.] *f. 11* einzelne Frucht des Johannisbrotbaumes

Ka|run|kel [lat.] *f. 11* kleine Fleischwarze
Ka|rus|sell [frz.] *n. 9 oder n. 1* sich drehende Rundfläche mit Sitzen (auf Jahrmärkten), Ringelspiel; mit jmdm. K. fahren *ugs.:* ihn energisch behandeln, *auch:* ihn schikanieren
Kar|wen|del|ge|bir|ge *n. 5 nur Sg.* Gruppe der Nordtiroler Kalkalpen
Kar|wo|che *f. 11* die Woche vor Ostern
Ka|ry|a|ti|de [griech.] *f. 11, Baukunst:* Gebälkträgerin, weibl. Statue anstelle einer Säule
Ka|ry|o|ga|mie [griech.] *f. 11* Verschmelzung von Ei- und Samenkern
Ka|ry|o|lo|gie *f. 11 nur Sg.* Lehre vom Zellkern
Ka|ry|o|lym|phe *f. 11 nur Sg.* Flüssigkeit im Zellkern
Ka|ry|o|plas|ma *n. 9 nur Sg.* Kernplasma
Ka|ry|op|se *f. 11* Schalfrucht, Schließfrucht als Fruchtform der Gräser
Kar|zer [lat.] *m. 5, früher in Schulen und Hochschulen:* Raum für Arreststrafen; *auch:* die Strafe selbst
kar|zi|no|gen [griech.] Krebs erregend
Kar|zi|no|id *n. 1* (meist gutartige) Schleimhautgeschwulst
Kar|zi|no|lo|gie *f. 11 nur Sg.* Lehre von den Krebserkrankungen
kar|zi|no|lo|gisch
Kar|zi|nom *n. 1* Krebsgeschwulst
kar|zi|no|ma|tös von Krebs befallen, krebsartig
Kar|zi|no|se *f. 11* Krebserkrankung mit Tochtergeschwülsten
Ka|sach *m. 9* s. **Ka|sak**
Ka|sa|che *m. 11* Angehöriger eines mongol. Turkvolkes
ka|sa|chisch
Ka|sach|stan *auch:* **Ka|sachs|tan** Staat in Mittelasien
Ka|sack [ital.] *m. 9* über dem Rock getragene Schlupfbluse für Frauen
Ka|sack, *Hermann* dt. Schriftsteller
Ka|sak, Ka|sach *m. 9* kaukasischer Teppich
Ka|sa|tschok *auch:* **Ka|sat|schok** [russ.] *m. 9* ein Tanz
Kas|ba(h) *f. Gen. - Pl.* -s *oder* Ksa|bi arabisches Viertel in nordafrikanischen Städten
Kasch *m. 9 nur Sg.* s. **Ka|scha**

Käsch [ind.] *n. Gen.* -(s) *Pl.* -(s) **1.** chinesisches Münzgewicht; **2.** durchlochte chin. Kupfermünze (zum Auffädeln)

Ka|scha [russ.] *f. 9 nur Sg.*, Kasch *m. 9 nur Sg.* russ. Buchweizengrütze

Ka|sche|lott [span.-frz.] *m. 1* Pottwal

Ka|schem|me [Zigeunerspr.] *f. 11* schlechte, *auch:* verrufene Kneipe

ka|schen *tr. 1, ugs.:* fangen, gefangen nehmen, erwischen, verhaften

Käs|chen *n. 7* kleiner Käse

Kä|scher *m. 5* s. **Ke|scher**

Ka|scheur [-ʃør, frz.] *m. 1* Handwerker, der Bühnenbildteile kaschiert (3)

ka|schie|ren *tr. 3* **1.** verbergen, verdecken, bemänteln; **2.** mit Papier, Folie u. Ä. beschichten, bekleben; **3.** mit Kaschiermasse überziehen

Ka|schier|mas|se *f. 11 nur Sg.* Masse aus Sägespänen, Gips, Leim zum Herstellen von Bühnenbildteilen

Kasch|mir **1.** Landschaft im Himalaya; **2.** *m. 1, kurz für* Kaschmirwolle

Kasch|mir|wol|le *f. 11 nur Sg.* Wolle sowie Kammgarnstoff in feiner, weicher Qualität (urspr. aus dem Haar der Kaschmirziege)

Kasch|mir|zie|ge *f. 11* Ziegenrasse mit weichem, seidigem Haar

Kasch|nitz, *Marie Luise* dt. Schriftstellerin

Ka|scho|long [kalmück.-frz.] *m. 9* ein Mineral, Abart des Opals

Ka|schu|be, Kas|su|be *m. 11* Angehöriger eines westslaw., in Nordostpommern und Pommerellen (Gebiet um Danzig) lebenden Volksstammes

Ka|schu|bei *f. Gen.* - Siedlungsgebiet der Kaschuben

Ka|schu|bin *f. 11*

ka|schu|bisch

Ka|schur|pa|pier *n. 1* Schmuckpapier zum Bekleben von Karton

Kä|se *m. 5*

Kä|se|blatt *n. 4, ugs., abfällig:* kleine Zeitung ohne Niveau, Provinzzeitung

Ka|se|in *n. 1 nur Sg.* Milcheiweiß, Rohstoff für Kunststoffe, Bindemittel für Malerfarben, Käsestoff

Kä|se|käul|chen *n. 7* Quarkkäulchen

Kä|se|ku|chen *m. 7* Quarkkuchen

Ka|sel [vulgärlat.] *f. 11, kath. Kirche:* Messgewand

Kä|se|ma|gen *m. 7* = Labmagen

Ka|se|mat|te [griech.-frz.] *f. 11* **1.** *früher in Festungen:* ummauerter, kugelsicherer Raum; **2.** *heute auf Kriegsschiffen:* gepanzerter Geschützraum

ka|se|mat|tie|ren *tr. 3, veraltet:* mit Kasematten versehen

kä|sen *intr. 1* Käse herstellen

Kä|ser *m. 5* Hersteller von Käse, Senn

Kä|se|rei *f. 10* Betrieb zur Herstellung von Käse

Ka|ser|ne [lat.-frz.] *f. 11* Gebäude zum dauernden Aufenthalt von Truppen

Ka|ser|nen|hof *m. 2*

Ka|ser|nen|hof|ton *m. 2 nur Sg.* barscher Befehlston

ka|ser|nie|ren *tr. 3* in Kasernen unterbringen

Ka|ser|nie|rung *f. 10 nur Sg.*

Kä|se|stoff *m. 1 nur Sg.* Kasein

kä|sig **1.** wie Käse; **2.** *übertr.:* bleich

Ka|si|no, Ca|si|no [ital.] *n. 9* **1.** Haus für gesellige Zusammenkünfte; **2.** Speiseraum für Offiziere; **3.** Unternehmen für Glücksspiele

Kas|ka|de [frz.] *f. 11* **1.** natürlich oder künstlich angelegter, stufenförmiger Wasserfall; **2.** wasserfallähnlich sprühender Feuerwerkskörper; **3.** *Artistik:* waghalsiger Sprung

Kas|ka|den|schal|tung *f. 10, Techn.:* Reihenanordnung gleichartiger Schaltungseinheiten

Kas|ka|deur [-dør] *m. 1* Artist, der Kaskaden (3) ausführt

Kas|kett [ital.] *n. 1* **1.** *früher:* leichter Visierhelm; **2.** Lederhelm

Kas|ko [span.] *m. 9* **1.** Schiffsrumpf, im Unterschied zur Ladung; **2.** Spielart des Lombers

Kas|ko|ver|si|che|rung *f. 10* Versicherung gegen Schäden an Schiffen, Fahr- und Flugzeugen

Kas|par, Cas|par männl. Vorname

Kas|per *m. 5* **1.** lustige Gestalt im Puppenspiel, *auch:* im Volksstück; **2.** *übertr.:* sich albern benehmender Mensch

Kas|perl *bair.-österr.: m. 14, auch n. 14* Kasper (1)

Kas|per|le *n. 5* = Kasper (1)

Kas|per|le|pup|pe *f. 11*

Kas|per|le|the|a|ter *n. 5*

Kas|perl|pup|pe *f. 11, österr.*

Kas|perl|the|a|ter *n. 5, österr.*

kas|pern *intr. 1* sich wie ein Kasper benehmen, lustigen Unsinn, Faxen machen, sich albern benehmen

Kas|pi|sches Meer *n. Gen.* -en -es Binnensee östlich des Kaukasus *auch:* Kaspisee

Kas|sa [ital.] *f. Gen.* - *Pl.* -sen, *österr. neben:* Kasse; etwas gegen K. kaufen, bar kaufen

Kas|sa|buch *n. 4* Kassenbuch

Kas|sa|ge|schäft *n. 1* (bes. Börsen-) Geschäft, bei dem Lieferung und Zahlung sofort erfolgen

Kas|san|dra *auch:* **Kas|sand|ra** *griech. Myth.:* Tochter des trojanischen Königs Priamus, die den Untergang ihrer Vaterstadt prophezeite

Kas|san|dra|ruf *auch:* **Kas|sand|raruf** *m. 1* Warnung vor Unheil

Kas|sa|ti|on [lat.] *f. 10* **1.** Ungültigkeitserklärung (von Urkunden); **2.** Aufhebung eines Gerichtsurteils durch die nächsthöhere Instanz; **3.** strafweise Entlassung aus dem Militärdienst; **4.** mehrsätziges Musikstück

Kas|sa|ti|ons|hof *m. 2* **1.** Berufungsgericht; **2.** *in manchen roman. Ländern:* oberstes Gericht

kas|sa|to|risch auf Kassation (1) beruhend, durch sie bewirkt; kassatorische Klausel: Verfallsklausel

Kas|sa|ve [-və, indian.] *f. 11,* **Kas|sa|wa** *f. 9* = Maniok

Kas|sa|zah|lung *f. 10* Barzahlung

Kas|se *f. 11* **1.** Geldkasten; **2.** Geldvorrat; **3.** Schalter, Raum für Ein- und Auszahlungen, für Verkauf von Fahr-, Eintrittskarten; **4.** *kurz für* Spar-, Krankenkasse

Kas|sel Stadt in Hessen

Kas|se|la|ner, Kas|se|ler, Kass|ler *m. 5*

Kas|sen|arzt *m. 2*

kas|sen|ärzt|lich

Kas|sen|be|stand *m. 2*

Kas|sen|bon [-bɔ̃] *m. 9* durch die Kasse registrierter Beleg

Kas|sen|bo|te *m. 11*

Kas|sen|buch *n. 4*

Kas|sen|er|folg *m. 1* mittelmäßiges Theaterstück (oder Film), das aber gute Einnahmen bringt

Kas|sen|sturz *m. 2* Feststellung des Kassenbestandes

Kas|sen|zet|tel *m. 5*

Kas|se|rol|le [frz.] *f. 11* runder oder ovaler Brattopf

Kas|set|te [frz.] *f. 11* **1.** Kästchen aus Metall, auch Holz; **2.** licht-

K

dichter Behälter für fotograf. Platten oder Filme; **3.** mehrere Bücher oder Schallplatten in einem Schmuckkarton; **4.** viereckiges, vertieftes Feld in der Decke eines Raumes; **5.** Magnettonband in einer rechteckigen Kunststoffhülle

Kas|set|ten|deck *n. 9* Teil einer Musikanlage, in dem die Abspielvorrichtungen für Kassetten (5) untergebracht sind

Kas|set|ten|de|cke *f. 11* in Kassetten (4) aufgeteilte Decke eines Raumes

Kas|set|ten|re|kor|der *m. 5*

Kas|sia [hebr.-lat.], Kas|sie [-sjə] *f. Gen. - Pl.* -si|en trop. krautige bis baumartige Pflanze, von der einige Arten die als Abführmittel verwendeten Sennesblätter liefern, Senna

Kas|si|a|öl *n. 1 nur Sg.* chin. Zimtöl

Kas|si|a|rin|de *f. 11* Rinde des chin. Zimtbaumes, ein Gewürz

Kas|si|ber [rotw.] *n. 5* aus dem Gefängnis an einen Außenstehenden (bzw. umgekehrt) oder von einem Gefangenen zum andern geschmuggelte schriftl. Mitteilung

Kas|sie [-sjə] *f. 11* s. **Kas|sia**

Kas|sier *m. 1, österr., auch süddt. für* Kassierer

kas|sie|ren *tr. 3* **1.** einnehmen, einziehen und verbuchen (Geld); **2.** für ungültig erklären, aufheben; **3.** entlassen; **4.** *ugs.:* verhaften

Kas|sie|rer *m. 5*, **Kas|sier** *m. 1 österr.:* Angestellter, der Geld einnimmt und auszahlt, Kasse verwaltet usw.

Kas|sie|re|rin *f. 10*

Kas|sie|rin *f. 10, österr.*

Kas|sie|rung *f. 10* s. **Kas|sa|ti|on** (1, 2, 3)

Kas|si|o|peia **1.** *griech. Myth.:* Mutter der Andromeda; **2.** ein Sternbild

Kas|si|te|rit [griech.] *m. 1* Zinnstein, ein Zinnerz

> **Kassler/Kasseler:** Nach kurzem Vokal wird jetzt nicht mehr *-ß*, sondern *-ss* geschrieben. Deshalb: *Kassler/Kasseler* (= gepökelte Schweinsrippe). § 2

Kass|ler (*alt:* Kaß|ler) **1.** *m. 5* s. **Kas|se|ler; 2.** *n. 5, ugs., kurz für* Kassler Ripp(en)speer: gepökelte Schweinsrippe

Kas|su|be *m. 11* s. **Ka|schu|be**

Kas|ta|gnet|te *auch:* **Kas|tag|net|te** [-njɛtə, span.] *f. 11* besonders in der spanischen Musik übliches Instrument aus zwei beweglich miteinander verbundenen Holzschalen, die mit den Fingern gegeneinander geschlagen werden

Kas|ta|nie [-njə, griech.] *f. 11* Laubbaum mit essbaren (Edelkastanie) bzw. für Viehfutter verwendeten Früchten (Rosskastanie)

Kas|ta|ni|en|baum *m. 2*

kas|ta|ni|en|braun

Kas|ta|ni|en|pilz *m. 1* ein Speisepilz, Maronenröhrling

Käst|chen *n. 7*

Kas|te [lat.] *f. 11* streng abgeschlossener gesellschaftlicher Stand mit bestimmten Normen, bes. im Hinduismus

kas|tei|en [lat.] *refl. 1* sich Entbehrungen oder Bußübungen auferlegen, enthaltsam leben

Kas|tei|ung *f. 10*

Kas|tell [lat.] *n. 1* **1.** *im alten Rom:* befestigtes Truppenlager; **2.** Burg, Festung; **3.** *früher:* Aufbau auf dem Vorder- oder Hinterdeck eines Schiffes

Kas|tel|lan *m. 1* Pförtner, Hausmeister (an Schulen, Universitäten); Schlossvogt

Kas|tel|la|nei *f. 10* Schlossverwaltung

käs|teln *tr. 1* karieren

Kas|ten *m. 8*

Kas|ten|geist *m. 3 nur Sg.* engstirnige, auf die eigene Kaste beschränkte Denkweise, Standesdünkel

Kas|ten|we|sen *n. 7 nur Sg.*

Kas|ti|ga|ti|on [lat.] *f. 10, veraltet:* Züchtigung

kas|ti|gie|ren *tr. 3, veraltet:* züchtigen

Kas|ti|li|en ehemaliges Königreich in Spanien

Kas|ti|li|er *m. 5*

kas|ti|lisch

Käst|lein *n. 7*

Kas|tor **1.** *griech. Myth.:* einer der Dioskuren; **2.** ein Stern; K. und Pollux: die beiden Hauptsterne des Sternbilds Zwillinge; *übertr.:* unzertrennliche Freunde

Kas|tor|öl *n. 1 nur Sg.* Rizinusöl

Kas|trat *auch:* **Kast|rat** [lat.] *m. 10* **1.** kastrierter Mann, Entmannter; **2.** *17./18. Jh.:* in der Jugend entmannter Bühnensänger mit Knabenstimme, aber großem Stimmumfang

Kas|tra|ti|on *auch:* **Kast|ra|ti|on** *f. 10* Verschneidung, Entmannung

kas|trie|ren *auch:* **kast|rie|ren** *tr. 3* durch Entfernung der Keimdrüsen zeugungsunfähig machen, verschneiden, entmannen

Kas|trie|rung *auch:* **Kast|rie|rung** *f. 10*

ka|su|al [lat.] *veraltet:* zufällig, nicht voraussehbar

Ka|su|a|li|en *Pl.* **1.** zufällige, nicht voraussehbare Ereignisse; **2.** (kirchl.) Amtshandlungen aus bes. Anlass, wie Taufen, Beerdigungen, sowie die Vergütung dafür

Ka|su|a|lis|mus *m. Gen. - nur Sg.* philosophische Lehre, dass alles Geschehen vom Zufall abhängig ist

Ka|su|ar [indones.] *m. 1* straußenähnl. Laufvogel aus Australien u. Neuguinea

Ka|su|a|ri|ne *f. 11* austral. Baum mit rutenförmigen Zweigen

ka|su|ell [lat.] bezüglich des Kasus, als Kasus

Ka|su|ist *m. 10* **1.** Vertreter der Kasuistik (2); **2.** *übertr.:* Haarspalter, Wortklauber

Ka|su|is|tik *f. 10 nur Sg.* **1.** Morallehre; **2.** *Med., Rechtsw.:* Betrachtung der Einzelfälle und ihre Beurteilung nach den bes. für sie zutreffenden Tatbeständen; **3.** *übertr.:* Spitzfindigkeit, Haarspalterei, Wortklauberei

ka|su|is|tisch

Ka|sus [lat.] *m. Gen. - Pl. -* **1.** Fall, Begebenheit, Vorkommnis; **2.** *Gramm.:* Beugungsfall der Deklination

Kat *m. 9, kurz für* Katalysator (2)

ka|ta|ba|tisch [griech.] *Meteor.:* fallend; katabatischer Wind: Fallwind

ka|ta|bol [griech.] auf dem Abbaustoffwechsel beruhend

Ka|ta|bo|lis|mus *m. Gen. - nur Sg.* Abbau der Stoffe im Körper durch Stoffwechsel

Ka|ta|chre|se [-çre-, griech.] *f. 11*, **Ka|ta|chre|sis** *f. Gen. - Pl.* -chresen Verbindung von nicht zusammenpassenden bildl. Ausdrücken, Stilblüte, Bildbruch, z. B.: der Zahn der Zeit wird auch über diese Wunde Gras wachsen lassen

ka|ta|chres|tisch [-çrɛs-]
Ka|ta|falk [griech.] *m. 1, bei Bestattungsfeiern:* schwarz verhängtes Gerüst für den Sarg
Ka|ta|ka|na [jap.] *f. Gen. - oder n. Gen.* -(s) *nur Sg.* vereinfachte Form der → Hiragana
Ka|ta|kaus|tik [griech.] *f. 10 nur Sg., Optik:* Brennlinie gespiegelter Strahlen in opt. Systemen
ka|ta|kaus|tisch
Ka|ta|kla|se [griech.] *f. 11* Zerreiben oder Zerbrechen der in einem Gestein enthaltenen Mineralien durch tekton. Kräfte; vgl. Protoklase
ka|ta|klas|tisch
Ka|ta|kom|be [griech.] *f. 11* frühchristl., unterirdische Begräbnisstätte
Ka|ta|la|ne *m. 11,* Ka|ta|lo|ni|er *m. 5* Einwohner von Katalonien
ka|ta|la|nisch
Ka|ta|la|nisch *n. Gen.* -(s) *nur Sg.* zu den roman. Sprachen gehörende Sprache der Katalanen
Ka|ta|la|se [griech.] *f. 11* ein Enzym, das das Zellgift Wasserstoffsuperoxid abbaut
Ka|ta|lek|ten [griech.] *Pl.* Bruchstücke, Fragmente (alter Werke)
ka|ta|lek|tisch unvollständig; katalektischer Vers: mit einem unvollständigen Versfuß endender Vers, z. B. der Hexameter; *Ggs.:* akatalektisch
Ka|ta|lep|sie [griech.] *f. 11 nur Sg.* krankhafter Spannungszustand von Muskeln, Starrsucht
ka|ta|lep|tisch
Ka|ta|le|xe [griech.] *f. 11,* **Ka|ta|le|xis** *f. Gen. - Pl.* -xen katalekt. Vers
Ka|ta|log [griech.] *m. 1* Verzeichnis (von Büchern, Bildern, Waren)
ka|ta|lo|gi|sie|ren *tr. 3* in einen Katalog aufnehmen, in einem Katalog zusammenfassen
Ka|ta|lo|gi|sie|rung *f. 10*
Ka|ta|lo|ni|en histor. Provinz in Spanien
Ka|ta|lo|ni|er *m. 5* Katalane
Ka|tal|pa [indian.], **Ka|tal|pe** *f. Gen. - Pl.* -pen Trompetenbaum, Zierstrauch oder -baum
Ka|ta|ly|sa|tor [griech.] *m. 13* **1.** Stoff, der durch seine Anwesenheit eine Katalyse herbeiführt; **2.** Vorrichtung, in der Autoabgase gereinigt werden
Ka|ta|ly|sa|tor|au|to *n. 9*
Ka|ta|ly|se *f. 11* Herbeiführung, Beschleunigung oder Verzögerung einer chem. Reaktion durch einen Katalysator
ka|ta|ly|sie|ren *tr. 3* eine Katalyse bewirken
ka|ta|ly|tisch mit Hilfe einer Katalyse
Ka|ta|ma|ran [drawid.] *n. 1* Segelboot mit Doppelrumpf
Ka|tam|ne|se *auch:* **Ka|tam|ne|se** [griech.] *f. 11* abschließender Bericht über das Befinden des Kranken nach der Behandlung; vgl. Anamnese
Ka|ta|pha|sie [griech.] *f. 11 nur Sg.* krankhaftes mechan. Wiederholen von Sätzen
Ka|ta|pho|re|se [griech.] *f. 11* Wanderung kleinster Teilchen in einer elektrisch nicht leitenden Flüssigkeit unter Einwirkung elektrischer Spannung
Ka|ta|pla|sie [griech.] *f. 11, Med.:* Rückbildung v. Gewebe
Ka|ta|plas|ma [griech.] *n. Gen.* -s *Pl.* -men heißer Breiumschlag zur Schmerzlinderung
ka|ta|plek|tisch [griech.] vor Schreck gelähmt, schreckensstarr
Ka|ta|ple|xie *f. 11* Schreckstarre
Ka|ta|pult [griech.] *n. 1 oder m. 1* **1.** *im Altertum:* Wurf-, Schleudermaschine; **2.** kleine Steinschleuder; **3.** Schleuder zum Starten von Flugzeugen
ka|ta|pul|tie|ren *tr. 3* mit einem Katapult wegschleudern, starten
Ka|ta|pult|start *m. 9* Start (eines Flugzeugs) mittels Katapults (3), Schleuderstart
Ka|tar, Qa|tar Staat am Persischen Golf
Ka|ta|rakt [griech.] **1.** *m. 1* niedriger Wasserfall, reißende Stelle im Fluss; **2.** *f. 2, Med.:* grauer Star
Ka|ta|rer, Qa|ta|rer *m. 5* Einwohner von Katar

> **Katarrh/Katarr:** Die fremdsprachige Schreibweise *Katarrh* ist die Hauptvariante, die integrierte Form *Katarr* die zulässige Nebenvariante. Die Schreibenden können selbst entscheiden, welche Form sie wählen. § 32 (2)

Ka|tarrh *auch:* **Ka|tarr** [griech.] *m. 1* Schleimhautentzündung mit vermehrter Absonderung
ka|tar|rha|lisch *auch:* **ka|tar|ra|lisch** mit einem Katarrh einhergehend
Ka|tas|ter [griech.-ital.] *m. 5 oder n. 5* **1.** amtl. Verzeichnis der Grundstücke eines Bezirks, Grundbuch; **2.** Personenverzeichnis für die Steuererhebung, Steuerregister
Ka|tas|ter|amt *n. 4*

> ♦ Die Buchstabenfolge **ka|ta|str...** kann in Fremdwörtern auch **ka|tas|tr...** oder **ka|tast|r...** getrennt werden.

♦ **Ka|ta|stral|ge|mein|de** *f. 11, österr.:* Steuergemeinde
♦ **Ka|ta|stral|joch** *n. 1* ein österr. Feldmaß
♦ **ka|ta|strie|ren** *tr. 3* in den Kataster eintragen
♦ **ka|ta|stro|phal** [griech.] in der Art einer Katastrophe, verhängnisvoll, fürchterlich; ein katastrophales Projekt
♦ **Ka|ta|stro|phe** *f. 11* **1.** *bes. im antiken Drama:* entscheidende Wende, die zur Lösung des Konflikts und zum Untergang des Helden führt; **2.** *allg.:* Verhängnis, Unheil, Zusammenbruch
♦ **ka|ta|stro|phisch**
Ka|ta|to|nie [griech.] *f. 11* mit Muskelspannungen einhergehende Geistesstörung, Spannungsirresein
Ka|ta|to|ni|ker *m. 5* jmd., der von Katatonie befallen ist
ka|ta|to|nisch
Ka|te *f. 11,* **Ka|ten** *m. 7 nddt.:* kleines Haus, Hütte, Kote
Ka|te|che|se [-çe-, griech.] *f. 11* Religionsunterricht
Ka|te|chet [-çet-, griech.] *m. 10* Religionslehrer (außerhalb der Schule)
Ka|te|che|tik [-çe-, griech.] *f. 10 nur Sg.* Lehre von der Katechese
Ka|te|che|tin [-çe-, griech.] *f. 10*
ka|te|che|tisch [-çe-, griech.]
ka|te|che|ti|sie|ren, ka|te|chi|sie|ren [-çe-, griech.] *tr. 3;* jmdn. k.: jmdm. Religionsunterricht geben
Ka|te|chi|sa|ti|on [-çi-, griech.] *f. 10, selten für* Katechese
ka|te|chi|sie|ren [-çi-, griech.] *tr. 3* s. **ka|te|che|ti|sie|ren**
Ka|te|chis|mus [-çi-, griech.] *m. Gen. - Pl.* -men kleines Lehrbuch (oft in Frage u. Antwort) für den Religionsunterricht
Ka|te|chist [-çist] *m. 10* Laienhelfer in der Mission

K

Ka|te|chu [-çu, auch: kạ-, mal.] *n. 9* eingedickter Saft aus dem Holz einer hinterind. Akazie, als Gerbstoff und zusammenziehendes Heilmittel

Ka|te|chu|me|nat [-çu-, griech.] *n. 1* Vorbereitungsunterricht für die Erwachsenentaufe (besonders in der Mission)

Ka|te|chu|me|ne [-çu-] *m. 11* erwachsener Anwärter für die Taufe während der Zeit des Taufunterrichts

ka|te|go|ri|al [griech.] in, nach Kategorien

Ka|te|go|rie *f. 11* **1.** *Philos.:* Aussage (über einen realen Gegenstand); **2.** *Logik:* Grundbegriff, von dem andere abgeleitet werden können; **3.** *allg.:* Begriffsgruppe, Klasse, in die etwas eingeordnet werden kann

ka|te|go|risch **1.** in der Art einer Kategorie (1), aussagend, behauptend, nicht an Bedingungen geknüpft; **2.** unbedingt gültig; *Ggs.:* hypothetisch; kategorischer Imperativ: ethisches Pflichtgebot; **3.** mit Nachdruck, keinen Widerspruch duldend

ka|te|go|ri|sie|ren *tr. 3* in Kategorien (3) einordnen

Ka|ten *m. 7* = **Ka|te**

Ka|te|ne [lat.] *f. 11* Kette, Reihe, *bes.:* erläuternde Bibelauslegung durch aneinander gereihte Aussprüche von Kirchenvätern und Theologen

Ka|ter *m. 5* **1.** männl. Katze; **2.** *ugs.:* schlechtes Befinden nach übermäßigem Alkoholgenuss

Ka|ter|bum|mel *m. 5, ugs.:* Spaziergang nach einer durchzechten Nacht

Ka|ter|i|dee *f. 11, ugs.:* verrückte Idee

kat|e|xo|chen [-ksoçen, griech.] im eigentlichen Sinne, schlechthin

Kạt|fisch *m. 1* ein Meeresfisch, Seewolf

Kạt|gut, Cat|gut [kætgʌt, engl.] *n. 9 nur Sg.* Faden (urspr. aus Katzen-, Schafs- oder Ziegendarm) zum Vernähen von Operationswunden

kath. *Abk. für* katholisch

Ka|tha|ri|na, Ka|tha|ri|ne, Ca|ta|ri|na weibl. Vorname

Ka|tha|rer [griech.] *m. 5* **1.** Angehöriger einer asket., süd- und westeurop. christl. Sekte; **2.** *in Frankreich:* Albigenser

Kạ|thar|sis [auch: -tạr-, griech.] *f. Gen. - nur Sg.* **1.** geistig-seelische Reinigung, Läuterung; **2.** *Psych.:* Selbstbefreiung von einem seel. Konflikt durch Abreagieren

ka|thạr|tisch auf Katharsis beruhend

Kä|the, Kä|te weibl. Vorname, *Kurzform von* Katharina

Ka|the|der [griech.] *n. 5* erhöhtes Pult, Kanzel

Ka|the|der|blü|te *f. 11* Stilblüte

Ka|the|dra|le *auch:* **Ka|thed|ra|le** [griech.] *f. 11, in Großbritannien, Frankreich und Spanien:* bischöfl. oder erzbischöfl. Kirche, *in Dtld.:* Dom, Münster

Ka|the|dral|ent|schei|dung *auch:* **Ka|thed|ral|ent|schei|dung** *f. 10* unwiderrufl. Entscheidung des Papstes ex cathedra

Ka|the|dral|glas *auch:* **Ka|thed|ral|glas** *n. 4* starkes, undurchsichtiges, oft farbiges Glas für Kirchenfenster

Ka|the|te [griech.] *f. 11, im rechtwinkligen Dreieck:* eine der beiden die Schenkel des rechten Winkels bildenden Seiten

Ka|the|ter *n. 5* Röhrchen zum Einführen in Körperhöhlen, bes. in die Harnblase

ka|the|te|ri|sie|ren *tr. 3,* **ka|the|tern** *tr. 1* ein Katheter (in etwas) einführen

Kath|mạn|du, Kat|mạn|du [auch: katmandu] Hauptstadt von Nepal

Ka|tho|de, Ka|to|de [griech.] *f. 11* negative Elektrode in Elektronenröhren und bei der Elektrolyse; *Ggs.:* Anode

ka|tho|disch, ka|to|disch an einer Kathode erfolgend; kathodische Reduktion

Ka|tho|lik [griech.] *m. 10* Angehöriger der röm.-kath. Kirche

Ka|tho|li|ken|tag *m. 1* Deutscher K.: zweijährlich stattfindende Versammlung der Vertreter der dt. kath. Kirche

Ka|tho|li|kos *m. Gen. - nur Sg.* Titel des Oberhauptes der von Rom getrennten armen. Kirche und anderer Ostkirchen

ka|tho|lisch (*Abk.:* kath.) allgemein, die Erde umfassend; katholische Kirche: die dem Papst unterstehende christl. Kirche

ka|tho|li|sie|ren *tr. 3* zum kath. Glauben bekehren, katholisch machen

Ka|tho|li|zịs|mus *m. Gen. - nur Sg.* Lehre der kath. Kirche

Ka|tho|li|zi|tät *f. 10 nur Sg.* das Katholischsein, Anschauung, Glaube im Sinne der kath. Lehre

Kạth|rin, Kạt|rin [auch: katrin] weibl. Vorname, *Kurzform von* Katharina

Kạt|i|on *auch:* **Kạ|ti|on** [griech.] *n. 12* positives Ion, bei der Elektrolyse zur Kathode wanderndes Ion; *Ggs.:* Anion

Kạt|ja weibl. Vorname, *Kurzform von* Katharina

Kät|ner *m. 5* Besitzer einer Kate, Kötner, Kotsass(e)

Ka|to|de *f. 11* s. **Ka|tho|de**

ka|to|disch s. **ka|tho|disch**

ka|to|gen [griech.] von oben her entstanden (Ablagerung, Gestein)

Kat|ọp|trik *auch:* **Ka|tọpt|rik** [griech.] *f. 10 nur Sg.* Lehre von der Reflexion des Lichtes an Spiegeln

kat|ọp|trisch *auch:* **ka|tọpt|risch**

Kạtt|an|ker *m. 5* Hilfsanker

Kạt|te|gat *n. 9 nur Sg.* Meerenge zwischen Schweden und Jütland

kạt|ten *tr. 2, Seew.:* heraufziehen (Anker)

Kat|tun [arab.-ndrl.] *m. 1* (bedruckter) Baumwollstoff in Leinwandbindung

kat|tu|nen aus Kattun

kạtz|bal|gen *refl. 1* sich balgen, einander necken, frotzeln; gekatzbalgt

Katz|bal|ge|rei *f. 10*

Katz|bu|ckel|lei *f. 10 nur Sg.* unterwürfiges Benehmen, Liebedienerei

kạtz|bu|ckeln *intr. 1* ich katzbuckele, katzbuckle; gekatzbuckelt

Kätz|chen *n. 7*

Kạt|ze *f. 11;* das ist für die Katz *ugs.:* umsonst, vergeblich

Kạt|zen|au|ge *n. 14* **1.** ein Mineral, z. B. Korund, Quarz; **2.** Rückstrahler (an Fahrzeugen)

Kạt|zen|bu|ckel *m. 5*

kạt|zen|freund|lich *ugs.:* scheinheilig-freundlich

Kạt|zen|hai *m. 1* kleine Haifischart

Kạt|zen|jam|mer *m. 5 nur Sg., ugs.*

Kạt|zen|kopf *m. 2, ugs.:* Schlag mit der Hand auf den Hinterkopf

Kạt|zen|kopf|pflas|ter *n. 5* grobes Pflaster

Kạt|zen|mu|sik *f. 10, ugs.*

Kạt|zen|pföt|chen *n. 7* **1.** ein Heilkraut; **2.** Edelweiß

K

Kat|zen|sprung *m. 2, ugs.:* kurzer Weg
Kat|zen|wä|sche *f. 11, ugs.:* flüchtige, kurze Körperwäsche
Kat|zen|zun|ge *f. 11 meist Pl.* flaches, längliches Schokoladenplätzchen
Kätz|lein *n. 7*
kau|dal [lat.] nach den Füßen, dem Schwanz zu gelegen (am Tierkörper)
Kau|de|rer *m. 5, süddt.:* Hausierer
kau|dern *intr. 1* **1.** kollern (wie der Truthahn); **2.** unverständlich sprechen; **3.** hausieren
Kau|der|welsch *n. Gen.* -s *nur Sg.* unverständliche oder gebrochene Sprache, Sprachmischmasch
kau|der|wel|schen *intr. 1*
kau|di|nisch [nach dem Ort Caudium bei Capua, wo die Römer eine Niederlage gegen die Samniten erlitten]; das Kaudinische Joch; *aber:* kaudinisches Joch: Zwangslage, aus der man sich nur durch eine Demütigung befreien kann
Kaue [lat.] *f. 11* Waschraum und Garderobe der Bergleute
kau|en *tr. 1*
kau|ern *intr. 1* hocken, auf den Fersen sitzen; ich kauere
Kauf *m. 2;* etwas in K. nehmen: sich mit etwas abfinden; das In-Kauf-Nehmen
kau|fen *tr. 1*
Käu|fer *m. 5*
Kauf|fah|rer *m. 5, veraltet*
Kauf|fahr|tei|schiff *n. 1, veraltet:* Handelsschiff
Kauf|frau *f. 10* (*Abk.:* Kffr.) weibl. Kaufmann
Kauf|haus *n. 4*
Kauf|kraft *f. 2 nur Sg.*
kauf|kräf|tig
käuf|lich
Käuf|lich|keit *f. 10 nur Sg.*
Kauf|lust *f. 2 nur Sg.*
kauf|lus|tig
Kauf|lus|ti|ger *m. 18 (17) bzw. f. 17 oder 18*
Kauf|mann *m. Gen.* -(e)s *Pl.* -leu|te (*Abk.:* Kfm.)
kauf|män|nisch
Kauf|manns|deutsch *n. Gen.* -(s) *nur Sg.* trockenes, geschäftliches Deutsch
Kauf|manns|spra|che *f. 11 nur Sg.* Berufssprache der Kaufleute
Kauf|preis *m. 1*
Kauf|ver|trag *m. 2*
Kauf|wert *m. 1*
Kauf|zwang *m. 2 nur Sg.*
Kau|gum|mi *m. 9*
Kau|kamm *m. 2, Bgb.:* leichte Axt
Kau|ka|si|en Land zwischen Schwarzem und Kaspischem Meer
Kau|ka|si|er *m. 5*
kau|ka|sisch
Kau|ka|sus *m. Gen.* - Gebirge zwischen Schwarzem und Kaspischem Meer
Kaul|barsch *m. 1* einheimische Art der Barschfische
Käul|chen *n. 7* kleine Kaule (1)
Kau|le *f. 11, mitteldt.* **1.** Kugel; **2.** Loch, Grube, Kuhle
kau|li|flor [lat.] am Stamm oder Ast ansetzend (Blüten)
Kau|li|flo|rie *f. 11 nur Sg.* das Hervorkommen der Blüten am Stamm oder Ast, nicht an besonderen Trieben
Kaul|kopf *m. 2* ein Fisch
Kaul|quap|pe *f. 11* Froschlarve
kaum; er ist kaum größer als ich; es ist kaum zu glauben; kaum hatte er das gesagt, als …; kaum(,) dass er guten Tag sagte
Kau|ma|zit [griech.] *m. 1 nur Sg.* Braunkohlenkoks
Kau|pe|lei *f. 10, ostmitteldt.:* (heimlicher, illegaler) Handel, *bes.:* Tauschhandel
kau|peln *intr. 1;* ich kaupele, kauple
Kau|ri [Hindi] *f. 9, kurz für* Kaurischnecke
Kau|ri|fich|te *f. 11* ein neuseeländ. Nadelbaum
Kau|ri|mu|schel *f. 11* Gehäuse der Kaurischnecke, als »Muschelgeld« bei Naturvölkern in Afrika und Ostasien üblich
Kau|ri|schne|cke *f. 11* eine Schneckenart des Indischen Ozeans, Porzellanschnecke
kau|sal [lat.] ursächlich zusammenhängend, auf Ursache und Wirkung beruhend; begründend
Kau|sal|ge|setz *n. 1*
Kaus|al|gie *auch:* **Kau|sal|gie** [lat. + griech.] *f. 11* durch Nervenverletzung hervorgerufener, heftiger Schmerz
Kau|sa|li|tät *f. 10* Zusammenhang von Ursache und Wirkung, Ursächlichkeit
Kau|sa|li|täts|prin|zip *n. 1 nur Sg.* auf dem Zusammenhang von Ursache und Wirkung beruhendes Prinzip
Kau|sal|satz *m. 2, Gramm.*
Kau|sal|zu|sam|men|hang *m. 2*
kau|sa|tiv verursachend, bewirkend, begründend
Kau|sa|tiv *n. 1,* **Kau|sa|ti|vum** [-vum] *n. Gen.* -s *Pl.* -va [-va] Verbum, das das Bewirken eines Vorgangs ausdrückt, Faktitivum, z. B. tränken = trinken machen
Kausch *f. 10,* **Kau|sche** *f. 11, Seew.:* gekehlter Ring, der zur Bildung einer Öse in das Ende eines Taus gespleißt wird
kaus|ti|fi|zie|ren [griech. + lat.] *tr. 3* (milde Alkalien) durch gelöschten Kalk in ätzende Alkalien umsetzen
Kaus|tik *f. 10* **1.** *Optik:* Brennfläche anstelle des Brennpunktes (bei nicht korrigierten Linsen); **2.** *Med.:* Gewebszerstörung durch Hitze, elektr. Strom oder chem. Mittel, Kauterisation
Kaus|ti|kum *n. Gen.* -s *Pl.* -ka Ätzmittel
kaus|tisch **1.** auf Kaustik beruhend, mit ihrer Hilfe; **2.** beißend, ätzend, scharf; kaustische Alkalien: Ätzalkalien; kaustischer Witz *übertr.*
Kau|ta|bak *m. 1*
Kau|tel [lat.] *f. 10* Vorbehalt, Vorsichtsmaßregel, Vorkehrung
Kau|ter [griech.] *m. 5* chirurg. Brenneisen
Kau|te|ri|sa|ti|on *f. 10* s. **Kaus|tik**
kau|te|ri|sie|ren *tr. 3* mit dem Kauter oder durch chem. Mittel zerstören
Kau|te|ri|um *n. Gen.* -s *Pl.* -ri|en **1.** s. **Kau|ter;** **2.** Ätzmittel
Kau|ti|on [lat.] *f. 10* Bürgschaft, Sicherheit, Pfand, Sicherheitsleistung, Hinterlegungssumme
kau|ti|ons|fä|hig bürgfähig
Kau|ti|ons|fä|hig|keit *f. 10 nur Sg.*
kau|tschie|ren *auch:* **kaut|schie|ren** *tr. 3* = kautschutieren
Kau|tschuk *auch:* **Kaut|schuk** [indian.] *m. 1* geronnener Milchsaft einiger trop. Pflanzen, Rohstoff für Gummi; künstliches Gummielastikum
Kau|tschuk|pa|ra|graph *auch:* **Kaut|schuk|pa|ra|graf** *m. 10* Gummiparagraph
kau|tschu|tie|ren *auch:* **kaut|schu|tie|ren** *tr. 3* mit Kautschuk überziehen, daraus herstellen, kautschieren
Kauz *m. 2* **1.** *Bez. für* verschiedene Eulen; **2.** *übertr.:* schnurriger

K

Mensch, Sonderling; **3.** *mitteldt.:* Haarknoten
Käuz|chen, Käuz|lein *n. 7*
Ka|va|lier [-va-] *m. 1* **1.** *früher:* Reiter, Ritter; **2.** Begleiter einer Dame; **3.** *übertr.:* höflicher, ritterlicher Mann
Ka|va|liers|haus [-va-] *n. 4, früher:* kleiner Nebenbau eines Schlosses, in dem die Hofleute wohnten
Ka|va|liers|pflicht [-va-] *f. 10*
Ka|val|ka|de [-val-] *f. 11* Reiterzug
Ka|val|le|rie [auch: kava-] *f. 11* Reitertruppe; leichte, schwere K.
Ka|val|le|rist [auch: kava-] *m. 10* Angehöriger der Kavallerie
Ka|va|ti|ne [-va-, ital.] *f. 11* Opernarie, Gesangs- oder Instrumentalstück in der Art eines Liedes
Ka|ve|ling [-və-, ndrl.] *f. 10, bei Versteigerungen:* kleinste zusammengefasste Warenmenge, z. B. Ballen, Dutzend
Ka|ver|ne [-vɛr-, lat.] *f. 11* durch Gewebszerstörung entstandener Hohlraum, bes. in der Lunge bei Lungen-Tbc
Ka|ver|nom [-vɛr-] *n. 1* Geschwulst aus Blutgefäßen, Blutschwamm
ka|ver|nös [-vɛr-] in der Art einer Kaverne, mit einer oder mehreren Kavernen behaftet
Ka|vi|ar [-vi-, türk.] *m. 1* konservierter Rogen von einigen russ. Störarten
Ka|vi|ta|ti|on [-vi-, lat.] *f. 10* Hohlraumbildung in schnell strömenden Flüssigkeiten
Ka|wa [maorisch] *f. Gen. - nur Sg.* berauschendes Getränk der Polynesier aus den Wurzeln des Kawastrauches
Ka|wass (*alt:* Ka|waß) [arab.] *m. Gen.* -was|sen, *Pl.* -was|sen *früher im Vorderen Orient:* **1.** Polizist; **2.** Ehrenwache (für Diplomaten)
Ka|wi [Sanskrit] *n. Gen.* -(s) *nur Sg.* alte javan., vom Sanskrit beeinflusste Schriftsprache
Kay männl. (selten auch weibl.) Vorname, *Nebenform von* Kai
Ka|zi|ke *m. 11* süd-, mittelamerik. Indianerhäuptling
KB *Abk. für* Kilobyte
kcal *Abk. für* Kilokalorie
Kč *Abk. für* tschech. Krone
Ke|bab [türk.] *m. Gen.* -(s) *Pl.* -s am Spieß gebratene Hammelfleischstückchen
Keb|se *f. 11,* **Kebs|weib** *n. 3, veraltet;* Nebenfrau, Geliebte
keck
ke|ckern *intr. 1* Laute der Erregung, des Zorns ausstoßen (von Fuchs, Marder, Iltis)
Keck|heit *f. 10*
Kee|per [ki-, engl.] *m. 5, Fußball, Eishockey u. a.:* Torwart, Goalkeeper
Keep|smi|ling (*alt:* Keep-smi|ling) [ki:psmaɪliŋ, engl. »hör nicht auf zu lächeln«] *n. Gen.* -(s) *nur Sg.* auch unter widrigen Umständen optimistische und gelassene Lebenshaltung
Kees *n. 1, bair., österr.:* Gletscher
Kees|was|ser *n. 5, bair., österr.:* Gletscherwasser, austretender Gletscherbach
Ke|fe *f. 11, schweiz.:* Zuckererbse
Ke|fir [türk.] *m. 1 nur Sg.* durch Zusatz von Hefe und Bakterien alkoholisch vergorene, säuerliche Milch

Kegel schieben: Die Fügung aus Substantiv und Verb wird getrennt geschrieben: *Sie haben gestern Kegel geschoben.*
§ 34 E3 (5), § 55 (4)

Ke|gel *m. 5; früher auch:* uneheliches Kind, *nur noch in der Wendung* mit Kind und Kegel: mit der ganzen Familie; Kegel schieben, *bair., österr.:* Kegel scheiben; ich schiebe, scheibe Kegel, habe Kegel geschoben
Ke|gel|bahn *f. 10*
Ke|gel|bru|der *m. 6*
ke|ge|lig, keg|lig
Ke|gel|ku|gel *f. 11*
Ke|gel|man|tel *m. 6, Geometrie:* Oberfläche eines Kegels ohne Grundfläche
ke|geln *intr. 1;* ich kegele, kegle
Ke|gel|statt *f. Gen. - Pl.* -stätten, *österr.:* Kegelbahn
Ke|gel|stumpf *m. 2* Kegel ohne Spitze
Keg|ler *m. 5*
keg|lig s. **ke|ge|lig**
Kehl|chen *n. 7*
Keh|le *f. 11*
keh|len *tr. 1* mit einer Hohlkehle versehen, auskehlen
keh|lig
Kehl|kopf *m. 2*
Kehl|kopf|spie|gel *m. 5* Gerät zur Untersuchung des Kehlkopfes, Pharyngoskop
Kehl|laut *m. 1* Hintergaumenlaut
Keh|lung *f. 10* Hohlkehle
Kehr|aus *m. Gen. - nur Sg.* Abschluss der Fastnacht, *auch:* letzter Tanz eines Festes
Kehr|be|sen *m. 7*
Keh|re *f. 11* **1.** Wendekurve an Bergstraßen; **2.** *Gerätturnen:* Wendung am Gerät
keh|ren **1.** *intr. 1* wenden, *meist:* umkehren; **2.** *tr. 1* fegen
Keh|richt *m. oder n. 1 nur Sg.*
Keh|richt|hau|fen *m. 7*
Keh|richt|schau|fel, Kehr|schau|fel *f. 11*
Kehr|reim *m. 1* regelmäßig wiederkehrende Worte oder Sätze am Ende einer Strophe im Lied oder Gedicht, Refrain
Kehr|sei|te *f. 11*
kehrt! (militär. Kommando); Abteilung kehrt!
kehrt|ma|chen *intr. 1;* ich mache kehrt, habe kehrtgemacht
Kehr|um *nur noch in der Wendung* im K.: im Handumdrehen
Kehrt|wen|de *f. 11,* **Kehrt|wen|dung** *f. 10* Umkehr, Umschwung
Kehr|wert *m. 1* reziproker Wert
Kehr|wisch *m. 1* Federbesen
kei|fen *intr. 1*
Kei|fe|rei *f. 10*
Keil *m. 1*
Keil|bein *n. 1* ein Schädelknochen
Kei|le *nur Pl., ugs.:* Prügel, Schläge
kei|len **1.** *tr. 1, Stud.:* für eine Verbindung anwerben; **2.** *refl. 1* sich prügeln
Kei|ler *m. 5* männl. Wildschwein
Kei|le|rei *f. 10, ugs.:* Prügelei
Keil|haue *f. 11, Bgb.:* spitzkeilförmige Hacke
Keil|kis|sen *n. 7*
Keil|schrift *f. 10* Schrift der Sumerer, Babylonier, Assyrer aus keilförmigen Zeichen
Keim *m. 1*
Keim|bla|se *f. 11* Blastula
Keim|drü|se *f. 11*
kei|men *intr. 1*
keim|fä|hig
Keim|fä|hig|keit *f. 10 nur Sg.*
keim|frei frei von Krankheitskeimen, steril
Keim|ling *m. 1, Bot.:* **1.** der Embryo im Samen; **2.** die daraus hervorgehende junge Pflanze
keim|tö|tend
Kei|mung *f. 10*
Keim|zel|le *f. 11*
kein; keiner von beiden; es gibt keinen, der …; kein anderer; keine Ursache!; keiner, keine, keines

kei|ner|lei
kei|ner|seits
kei|nes|falls; *aber:* in keinem Fall
kei|nes|wegs
kein|mal; *aber:* kein einziges Mal
Keks [engl.] *m. oder n. 1 oder m. Gen. - Pl. -, ugs. auch:* -e kleines, trockenes Gebäck
Kelch *m. 1*
Kelch|glas *n. 4*
Kelch|tier *n. 1*
Ke|lim [türk.], Ki|lim *m. 9* oriental., gewebter (nicht geknüpfter) Wandteppich, oft bestickt
Kel|le *f. 11*
Kel|ler, *Gottfried* schweiz. Schriftsteller
Kel|ler *m. 5*
Kel|le|rei *f. 10* Betrieb zur Weinherstellung
Kel|ler|hals *m. 2* Seidelbast
Kel|ler|meis|ter *m. 5*
Kel|li|on [lat.-neugriech.] *n. Gen. -s Pl.* -li|en, *orthodoxe Kirche:* kleines Kloster
Kell|ner *m. 5*
kell|nern *intr. 1*
Kelt [lat.] *m. 1* ein vorgeschichtl. Beil
Kel|te *m. 11* Angehöriger einer idg. Völkergruppe
Kel|ter *f. 11* Weinpresse
Kel|te|rei *f. 10*
Kel|te|rer *m. 5*
kel|tern *tr. 1*
Kelt|i|be|rer *m. 5* Angehöriger einer aus Kelten und Iberern gemischten Völkergruppe
kelt|i|be|risch
kel|tisch; keltische Sprachen: die gälischen (Irisch, Schottisch, Manx) und die britannischen Sprachen (Kymrisch, Kornisch, Bretonisch)
Kel|to|lo|ge *m. 11* Wissenschaftler auf dem Gebiet der Keltologie
Kel|to|lo|gie *f. 11 nur Sg.* Lehre von den keltischen Sprachen und Literaturen
Kel|vin [nach dem engl. Physiker William Thompson, Lord K.] *n. Gen. -s Pl. - (Zeichen:* K) Einheit der absoluten Temperaturskala
Kel|vin|ska|la *f. Gen. - nur Sg.* Skala, deren Nullpunkt der absolute Nullpunkt (-273,15° C) ist
Ke|ma|lis|mus *m. Gen. - nur Sg.* von Atatürk begründete polit. Bewegung
Ke|me|na|te *f. 11, urspr.:* Wohn-, *dann:* Frauengemach (einer Burg)

Kempff, *Wilhelm* dt. Pianist und Komponist
Ken [jap.] *n. Gen. - Pl. -* jap. Verwaltungsbezirk, Provinz
Ke|naf [pers.] *n. Gen. -s nur Sg.* eine juteähnliche Faser
Ken|do [jap.] *n. Gen. -(s) nur Sg.* **1.** *urspr.:* japanisches Schwertfechten der Samurai; **2.** *heute:* sportliches Fechten mit Bambusschwertern
Ke|nia Staat in Ostafrika
Ke|ni|a|ner *m. 5*
ke|ni|a|nisch
Ken|nel [lat.-engl.] *m. 5* Hundezwinger
ken|nen *tr. 67;* wir haben uns kennen gelernt

kennen lernen: Fügungen aus einem Verb (Infinitiv) und einem weiteren Verb schreibt man im Infinitiv, Partizip und am Ende eines Nebensatzes getrennt: *Er wollte sie unbedingt kennen lernen. Sie haben sich letztes Jahr kennen gelernt.*
§ 34 E3 (6), § 36 E1 (1.2)

ken|nen ler|nen (*alt:* ken|nen|ler|nen) *tr. 1*
Ken|ner *m. 5*
Ken|ner|blick *m. 1 nur Sg.*
ken|ne|risch
Kenn|num|mer *f. 11*
kennt|lich; etwas k. machen
Kennt|lich|ma|chung *f. 10 nur Sg.*
Kennt|nis *f. 1* von etwas (keine) K. nehmen; etwas zur K. nehmen; jmdn. von etwas in K. setzen
Kennt|nis|nah|me *f. 11 nur Sg.;* zur K. (weiterleiten)
kennt|nis|reich
Kennummer (-nn|n-) (*alt für:* Kenn|num|mer) *f. 11*
Ken|nung *f. 10* **1.** *allg.:* Merkmal, Kennzeichen; **2.** typ. Signal von Leucht- oder Funkfeuern o. Ä.
Kenn|wort *n. 4*
Kenn|zahl *f. 10*
Kenn|zei|chen *n. 7*
kenn|zeich|nen *tr. 2*
Kenn|zeich|nung *f. 10*
Kenn|zif|fer *f. 11*
Ke|no|taph [griech.] *n. 1* s. **Ze|no|taph**
Ken|taur *m. 10* = **Zen|taur**
ken|tern *intr. 1* umkippen (von Booten)
Ken|tu|cky [-tʌkı] (*Abk.:* KY) Staat der USA
Ken|tum|spra|chen *Pl., früher Bez. für* die idg. Sprachen, die das Wort »hundert« nach lat. »centum« bilden; vgl. Satemsprachen

Ke|pha|lo|gramm, Ce|pha|lo|gramm *n. 1* Aufzeichnung der Schädelform
Ke|pha|lo|me|trie *auch:* **Ke|pha|lo|met|rie,** Ce|pha|lo|me|trie *f. 11* Schädelmessung
Ke|pha|lo|po|de, Ce|pha|lo|po|de *m. 11* = Kopffüßer
kep|peln *intr., österr., ugs.* fortwährend schimpfen
Ke|ra|mik [griech.] *f. 10* **1.** *nur Sg.* Technik zur Herstellung von gebrannten Tonwaren; Tonwarenindustrie; alle Erzeugnisse aus Ton, Feinkeramik, Grobkeramik; **2.** einzelner Gegenstand aus gebranntem Ton
Ke|ra|mi|ker *m. 5* Hersteller von gebrannten Tonwaren, kunstgewerblicher Töpfer
ke|ra|misch
Ke|ra|tin [griech.] *n. 1 nur Sg.* Eiweißkörper in Haar, Haut und Nägeln, Hornstoff
Ke|ra|ti|tis *f. Gen. - Pl.* -ti|ti|den Hornhautentzündung
Ke|ra|tom *n. 1* Hornhautgeschwulst der Haut
Ke|ra|to|plas|tik *f. 10* Hornhautübertragung
Ke|ra|to|se *f. 11* krankhafte Hornhautbildung, Verhornung
Kerb *f. 10,* **Ker|we** *f. 11, hess.:* Kirchweih
Ker|be *f. 11* Einschnitt
Ker|bel *m. 5* eine Gewürzpflanze
ker|ben *tr. 1* mit einer Kerbe *oder:* mit Kerben versehen
Kerb|holz *n. 4;* etwas auf dem Kerbholz haben, *ugs.:* etwas Unrechtes getan haben
Kerb|schnitt *m. 1* Holzverzierung in Form von Kerben
Kerb|schnit|zer *m. 5*
Kerb|tier *n. 1* Insekt
Ker|bung *f. 10*
Ke|ren *Pl., griech. Myth.:* Schicksals-, Unheil-, Todesdämonen
Kerf *m. 1* Kerbtier, Insekt
Ker|ker *m. 5*
Ker|ker|meis|ter *m. 5, österr., früher:* oberer Zuchthauswärter
Ker|ky|ra *griech. Name für* Korfu
Kerl *m. 1, ugs. auch: m. 9*
Kerl|chen *n. 7*
Ker|man [nach der iran. Stadt Kerman], Kir|man *m. 9* ein pers.

K

Teppich mit Rauten- und Rankenmuster
Ker|mes [pers.] *m. Gen.* - *Pl.* - die mit rotem Saft gefüllten Eier und Bälge der auf der Kermeseiche lebenden Kermesschildlaus, früher zum Färben von Wolle verwendet
Ker|mes|bee|re *f. 11* **1.** s. **Ker|mes; 2.** die schwarzrote Frucht der Kermeseiche, früher zum Färben von Wein und Zuckerwaren verwendet
Ker|mes|ei|che *f. 11* Scharlacheiche, Eichenart des Mittelmeergebietes
Ker|mes|schild|laus *f. 2* eine Schildlaus, Lieferant des Kermes, Scharlachbeere
Kern *m. 1*
Kern|bei|ßer *m. 5* eine Finkenart
Kern|e|ner|gie *f. 11 nur Sg.* Atomenergie
Ker|ner *m. 5* s. **Kar|ner**
Kern|ex|plo|si|on *f. 10* Atomkernzertrümmerung
Kern|for|schung *f. 10* Atomforschung
Kern|fra|ge *f. 11*
Kern|frucht *f. 2*
kern|ge|sund
Kern|haus *n. 4*
Kern|kraft|geg|ner *m. 5*
Kern|kraft|werk *n. 1*
Kern|ling *m. 1* aus Samen gezogener Wildbaum oder -strauch zur Veredlung
kern|los
Kern|obst *n. Gen.* -(e)s *nur Sg.*
Kern|phy|sik *f. 10 nur Sg.* Teilgebiet der Physik, das sich mit dem Aufbau der Atome und ihren Eigenschaften befasst
kern|phy|si|ka|lisch
Kern|punkt *m. 1* wichtigster Punkt
Kern|re|ak|ti|on *f. 10*
Kern|schlei|fe *f. 11* s. **Chro|mo|som**
Kern|sei|fe *f. 11*
Kern|spal|tung *f. 10*
Kern|stück *n. 1*
Kern|tei|lung *f. 10*
Kern|waf|fen *Pl.*
Ke|ro|plas|tik *f. 10* = **Ze|ro|plas|tik**
Ke|ro|sin [griech.] *n. 1 nur Sg.* Flugzeugtreibstoff
Kerr|ef|fekt [nach dem engl. Physiker John Kerr] *m. 1* bei Einwirkung elektrischer Felder auftretende Doppelbrechung in normalerweise nicht doppelt brechenden Medien
Kers|tin weibl. Vorname

K

Ke|rub *m. Gen.* -s *Pl.* -ru|bim *oder* -ru|bi|nen s. **Che|rub**
ke|ru|bi|nisch s. **che|ru|bi|nisch**
Ker|we *f. 11* = **Kerb**
Ke|ryg|ma [griech.] *n. Gen.* -s *nur Sg.* Verkündigung, bes. der christl. Botschaft
ke|ryg|ma|tisch verkündigend, predigend
Ker|ze *f. 11*
ker|zen|ge|ra|de
Ker|zen|hal|ter *m. 5*
Ker|zen|leuch|ter *m. 5*
Ker|zen|licht *n. Gen.* -(e)s *nur Sg.*
Ker|zen|schein *m. 1 nur Sg.*
Ke|schan [nach der iran. Stadt K.] *m. 9* ein pers. Teppich
Ke|scher, Kä|scher *m. 5* Fangnetz mit Stiel
kess (*alt:* keß) *ugs.* **1.** hübsch und etwas dreist; ein kesses Mädchen; **2.** modisch und flott; eine kesse Mütze
Kes|sel *m. 5*
Kes|sel|pau|ke *f. 11*
Kes|sel|schmied *m. 1*
Kes|sel|stein *m. 1* an der Innenseite von Kesseln entstehende Kruste aus Karbonaten und Sulfaten von hartem Wasser
Kes|sel|trei|ben *n. 7 nur Sg.*
Kess|ler (*alt:* Keß|ler) *m. 5* Kesselschmied
Ketch|up *auch:* **Ket|chup** *Nv.* **Ketsch|up** *Hv.* [kɛtʃʌp, hind.-engl.] *m. 9 oder n. 9*
Ke|to|ne *Pl.* Gruppe organ. Verbindungen (z. B. Aceton)
Ketsch [engl.] *f. 10* ein zweimastiges Segelschiff
Ke|tschua *auch:* **Ket|schua,** Quechua **1.** *m. 9 oder Gen.* - *Pl.* - Angehöriger eines südamerik. Indianervolkes; **2.** *n. Gen.* -(s) *nur Sg.* dessen Sprache, zweite Amtssprache in Peru

Ketschup/Ketchup: Die ins Deutsche integrierte Schreibweise *Ketschup* ist die Hauptvariante, die fremdsprachige Form *Ketchup* die zulässige Nebenvariante. § 32 (2)

Ketsch|up *auch:* **Ket|schup,** Ketch|up [kɛtʃʌp, hind.-engl.] *m. 9 oder n. 9* Würzsoße aus Tomaten
Kett|baum, Ket|ten|baum *m. 2* Walze des Webstuhls, auf der die Kettfäden aufgewickelt sind
Kett|chen *n. 7*

Ket|te *f. 11* **1.** bandartig zusammenhängende Glieder aus Metall, Holz o. Ä.; **2.** *Weberei:* Gesamtheit der Kettfäden; *Ggs.:* Schuss; **3.** *Jägerspr.:* Schar, Reihe (von Hühnervögeln); **4.** *Mil.:* Formation (von Flugzeugen)
Ket|tel *m. 5 oder f. 11* = Krampe
Ket|tel|ma|schi|ne *f. 11* Maschine zum Ketteln
ket|teln *tr. 1* mit einer elastischen Naht zusammennähen (Wirkware)
ket|ten *tr. 2* mit Kette anbinden, fesseln
Ket|ten|baum *m. 2* s. **Kett|baum**
Ket|ten|brü|cke *f. 11*
Ket|ten|glied *n. 3*
Ket|ten|hemd *n. 12*
Ket|ten|hund *m. 1*
Ket|ten|pan|zer *m. 5*
Ket|ten|rau|chen *n. Gen.* -s *nur Sg.*
Ket|ten|rau|cher *m. 5*
Ket|ten|re|ak|ti|on *f. 10*
Kett|fa|den *m. 8, Weberei:* Längsfaden; *Ggs.:* Schussfaden
Kett|garn *n. 1* Garn für die Kettfäden
Ket|zer *m. 5* jmd., der vom allgemein gültigen Glauben, *auch:* von der herrschenden Meinung abweicht, Abtrünniger, Irrgläubiger
Ket|ze|rei *f. 10 nur Sg.*
ket|ze|risch
keu|chen *intr. 1*
Keuch|hus|ten *m. 7*
Keul|chen *n. 7* kleine Keule; vgl. Käulchen
Keu|le *f. 11*
keu|len *tr. 1* vom Tierschutzgesetz vorgeschriebene Tötungsart von Schlachttieren
Keu|len|schlag *m. 2*
Keu|len|schwin|gen *n. Gen.* -s *nur Sg.*
Keu|per *m. 5 nur Sg.* **1.** ein Buntsandstein; **2.** *danach:* oberste Stufe der Trias
keusch
Keusch|baum *m. 2* ein Baum und Strauch, Mönchspfeffer, Keuschlamm
Keu|sche *f. 11, österr.:* kleines Bauernhaus, Kate
Keusch|heit *f. 10 nur Sg.*
Keusch|heits|ge|lüb|de *n. 5*
Keusch|lamm *n. Gen.* -(e)s *nur Sg.* s. **Keusch|baum**
Keusch|ler *m. 5, österr.:* Bewohner einer Keusche, Kätner, Häusler
Ke|vin männl.Vorname

Key-Ac|count-Ma|na|ger [kiəkaʊntmænɪdʒə(r), engl.] *m. 5* erster Verkäufer eines Unternehmens, der Großkunden betreut
Key|board [kibɔ:d, engl.] *n. 9* **1.** *Mus.:* Tasteninstrument mit elektronischer Verstärkung; **2.** *EDV:* Tastatur zur Eingabe von Buchstaben und Ziffern
Kffr. *Abk. für* Kauffrau
kfm. *Abk. für* kaufmännisch
Kfm. *Abk. für* Kaufmann
Kfz *Abk. für* Kraftfahrzeug
Kfz-Schlos|ser *m. 5*
kg *Abk. für* Kilogramm; ein 5-kg-Paket
KG *Abk. für* Kommanditgesellschaft
KGaA *Abk. für* Kommanditgesellschaft auf Aktien
KGB *m. Gen.* -(s) *nur Sg.* Geheimdienst der ehem. Sowjetunion
kgl. *Abk. für* königlich (*im Titel:* Kgl.)
Kha|ki *n. 9 oder m. 9* s. **Ka|ki**
kha|ki|braun s. **ka|ki|braun**
kha|ki|far|ben s. **ka|ki|far|ben**
Kha|ki|u|ni|form *f. 10* s. **Ka|ki|u|ni|form**
Khan, Chan [turkspr. oder mongol.] *m. 1, mongol.-türk. Titel für* Fürst, hoher Beamter
Kha|nat, Cha|nat *n. 1* Herrschaftsbereich, Amt eines Khans
Khar|tum Hauptstadt und Provinz-Hauptstadt der Republik Sudan
Khart|we|li *m. 9 oder Gen. - Pl. -, Selbstbez. der* Georgier
khart|we|lisch
Khart|we|lisch *n. Gen.* -(s) *nur Sg.* Georgisch
Kha|si **1.** *m. 9 oder Gen. - Pl. -* Angehöriger eines Volksstammes in Assam; **2.** *n. Gen.* -(s) *nur Sg.* dessen Sprache
Khe|di|ve [-və, pers.] *m. 11 oder m. 14, früher Titel für* Vizekönig von Ägypten
Khmer **1.** *m. 9 oder Gen. - Pl. -* Staatsvolk Kambodschas; **2.** *n. Gen.* -(s) *nur Sg.* dessen Sprache, Kambodschanisch
Khoin|spra|chen, Khoi|san|spra|chen *Pl.* die Sprachen der Buschmänner und Hottentotten
kHz *Abk. für* Kilohertz
Kib|buz [hebr.] *m. Gen. - Pl.* -zim *oder* -ze Gemeinschaftssiedlung in Israel
Kib|buz|nik *m. 9* Mitglied eines Kibbuz

Ki|bit|ka [russ.] *f. 9*
Ki|bit|ke *f. 11* **1.** Filzzelt asiatischer Nomaden; **2.** leichter, ungefederter, überdachter russ. Wagen, *auch:* Schlitten
Ki|cher *f. 11*
Ki|cher|erb|se *f. 11,* **Ki|cher|ling** *m. 1* ein Schmetterlingsblütler, dessen Samen als Nahrungs- und Futtermittel dienen
ki|chern *intr. 1*
Kick [engl.] *m. 9* **1.** *Fußball:* Stoß, Tritt; **2.** Hochgefühl durch Drogen; Alkohol
Kick|board [-bɔ:(r)d, engl.] *n. 9* sportlicher Tretroller
Kick|bo|xen *n. 9 nur Sg.* thailändische Boxvariante mit Einsatz von Fußschlägen

Kick-down/Kickdown: Man setzt einen Bindestrich in substantivisch gebrauchten mehrteiligen Ausdrücken: *der/das Kick-down.* Ebenso: *das Make-up.* § 43 Zusammenschreibung ist möglich, da der letzte Bestandteil des Ausdrucks kein Substantiv ist: *der/das Kickdown.* Ebenso: *der Kick-off/Kickoff.* § 37 (2)

Kick|down *Nv.* **Kick-down** *Hv.* [-daʊn, engl.] *m. 9 oder n. 9, Kfz.:* schnelles Durchtreten des Gaspedals
ki|cken *tr. 1, Fußball:* mit dem Fuß stoßen (den Ball); *auch allg.:* jmdn. k.
Ki|cker *m. 5, ugs.:* Fußballer
Kick-off *auch:* **Kick|off** *m. 9, schweiz., Fußball:* Anstoß
Kicks *m. 1, Fußball, Billard:* Fehlstoß
kick|sen *intr. 1* s. **gick|sen**
Kick|star|ter *m. 5, beim Motorrad:* Anlasshebel
Kick|xia [kiksja, nach dem belg. Botaniker J. Kickx] *f. Gen. - Pl.* -xi|en eine Kautschuk liefernde, baumartige Pflanze
Kid [engl.] *n. 9 meist Pl., ugs.:* Kinder, Jugendliche
kid|nap|pen [-næpən, engl.] *tr. 1* entführen, rauben; kidnappte, gekidnappt
Kid|nap|per [-næpə(r)] *m. 5* Menschenentführer
Kid|nap|ping [-næpɪŋ] *n. 9 nur Sg.* Menschenraub, um Lösegeld oder die Erfüllung von Forderungen zu erpressen
Kids *Pl.* vgl. Kid

Kie|bitz *m. 1* **1.** ein Vogel; **2.** Zuschauer beim Kartenspiel, bes. Skat
kie|bit|zen *intr. 1* beim Kartenspiel zusehen
Kie|fer **1.** *f. 11* ein Nadelbaum, Föhre; **2.** *m. 5* ein Schädelknochen, Kauwerkzeug
kie|fern aus Kiefernholz
Kie|fern|eu|le *f. 11* ein Schmetterling, Forleule
Kie|fern|holz *n. 4*
Kie|fern|schwär|mer *m. 5* ein Nachtschmetterling
Kie|fern|span|ner *m. 5* ein Nachtschmetterling, Forstschädling
Kie|fern|wald *m. 4*
Kie|fern|zap|fen *m. 7*
Kie|fer|sper|re *f. 11* Mundsperre, Unfähigkeit, den Mund zu schließen (infolge Kieferverrenkung)
kie|ken *intr. 1, nddt.:* sehen, schauen
Kie|ker *m. 5, Seew., auch ugs.:* Fernglas; jmdn. auf dem K. haben: jmdn. nicht leiden können, einen Groll gegen jmdn. haben
Kiek|in|die|welt *auch:* **Kiek-in-die-Welt** *m. 9, norddt. für* Guckindiewelt
kiek|sen *tr. u. intr. 1* s. **giek|sen**
Kiel **1.** Hauptstadt von Schleswig-Holstein; Kieler Bucht; Kieler Förde; Kieler Woche; **2.** *m. 1* Schaft der Vogelfeder; **3.** *m. 1* unterstes mittleres Längsholz (auch Metallplatte) mancher Schiffe
Kiel|bo|gen *m. 8, Baukunst:* eine spätgot. Bogenform, spitz und leicht geschweift
Kiel|boot *n. 1*
Kiel|flü|gel *m. 5, dt. Bez. für* Cembalo
kiel|ho|len *tr. 1* **1.** ein Boot k.: zur Reparatur auf die Seite legen; **2.** jmdn. k.: (als Strafe) an einem Tau unter dem Kiel durchziehen
Kiel|kropf *m. 2, früher:* Missgeburt, Wechselbalg
kiel|o|ben *Seew.:* mit dem Kiel nach oben; k. treiben
Kiel|schwein *n. 1* verstärkender Längsbalken auf dem Kiel
Kiel|schwert *n. 3* Platte unter dem Kiel, die in den Schiffsboden eingezogen werden kann
Kiel|was|ser *n. 5* Wellenspur hinter einem fahrenden Schiff; in jmds. K. segeln: jmdm. unmittelbar folgen, *auch übertr.:* (unschöpferisch) geistig folgen

K

Kie|me *f. 11* Atmungsorgan der im Wasser lebenden Tiere
Kie|men|at|mer *m. 5*
Kien *m. 1,* Kie|ne *f. 11* Kiefer, (harzreiches) Kiefernholz
Kien|ap|fel *m. 6* Kiefernzapfen
Kie|ne *f. 11* s. **Kien**
Kien|fa|ckel *f. 11* Fackel aus Kiefernholz
Kien|holz *n. 4* Kiefernholz
kie|nig harzreich
Kien|span *m. 2*
Kie|pe *f. 11, norddt.:* Rückentragkorb
Kie|pen|hut *m. 2* dem Kapotthut ähnlicher Hut
Kier|ke|gaard [kɛrgəgɔ:r], *Sören* dän. Philosoph
Kies *m. 1 nur Sg.* **1.** kleine, zerbröckelte, glatt geschliffene Gesteinstrümmer, viele Kieselsteine; **2.** *ugs.:* Geld
Kie|sel *m. 5*
Kie|sel|al|ge *f. 11* einzellige Algenart
Kie|sel|er|de *f. 11* ein Mineral
Kie|sel|gur *f. Gen. - nur Sg.* aus den Panzern von Kieselalgen gewonnenes Pulver, zur Wärme- und Schallisolation verwendet
Kie|sel|säu|re *f. 11*
kie|sen *tr. 29, veraltet, noch poet.:* wählen, *meist:* erkiesen
Kie|se|rit [nach dem dt. Naturforscher D.G. Kieser] ein Mineral
kie|sig voller Kies, wie Kies
Kies|weg *m. 1*
Ki|ew [kiɛf] Hauptstadt der Ukraine
Ki|e|wer *m. 5*
Kif, Kiff *m. 9 nur Sg., ugs.:* Haschisch
kif|fen *intr. 1, ugs.:* Haschisch rauchen
Kif|fer *m. 5 ugs.:* jmd., der kifft
ki|ke|ri|ki
Ki|ke|ri|ki *n. 9* Ruf des Hahns
Kil|bi, Chil|bi *f. Gen. - Pl.* -be|nen, *schweiz.:* Kirchweih
Ki|li|an männl. Vorname
Ki|li|ki|en *heute amtl.:* Çukurova, Landschaft in der südöstlichen Türkei
Ki|li|ki|er *m. 5*
ki|li|kisch
Ki|lim *m. 9* s. **Ke|lim**
Ki|li|man|dscha|ro *auch:* **Ki|li|mandscha|ro** *m. Gen.* -(s) höchstes Bergmassiv in Afrika
kil|len [engl.] **1.** *tr. 1, ugs.:* ermorden, umbringen; **2.** *intr. 1, Seew.:* flattern, schlagen (Segel)

Kil|ler *m. 5, ugs.:* jmd., der gegen Bezahlung Menschen tötet
Kil|ler|sa|tel|lit *m. 10, ugs.:* Satellit, der Flugkörper im All zerstören soll
Kiln [engl.] *m. 1* schachtförmiger Ofen zur Metallgewinnung und Holzverkohlung
ki|lo..., Ki|lo... [griech.] *in Zus.:* tausend..., Tausend...
Ki|lo *n. Gen.* -(s) *Pl.* -, *Kurzwort für* Kilogramm
Ki|lo|byte [-bait oder ki-] *n. Gen.* -s *Pl.* - (*Abk.:* KB) Einheit von 1024 Byte
Ki|lo|gramm *n. Gen.* -s *Pl.* - (*Abk.:* kg) 1000 Gramm, Maßeinheit der Masse, *ugs., aber unkorrekt:* des Gewichts; vgl. Kilopond
Ki|lo|hertz *n. Gen. - Pl. -* (*Abk.:* kHz) 1000 Hertz, Maßeinheit der Frequenz
Ki|lo|joule [-dʃul oder -dʃaul] *n. Gen.* -(s) *Pl.* - (*Abk.:* kJ) 1000 Joule
Ki|lo|ka|lo|rie *f. 11* (*Abk.:* kcal) 1000 Kalorien
Ki|lo|li|ter *n. 5* (*Abk.:* kl) 1000 Liter
Ki|lo|me|ter *n. 5, ugs.: m. 5* (*Abk.:* km) 1000 Meter
Ki|lo|me|ter|fres|ser *m. 5, ugs., scherzh.:* jmd., der lange Strecken sehr schnell fährt
Ki|lo|me|ter|leis|tung *f. 10*
Ki|lo|me|ter|stein *m. 1*
ki|lo|me|ter|weit
Ki|lo|me|ter|zäh|ler *m. 5*
ki|lo|me|trie|ren *auch:* **ki|lo|met|rieren** *tr. 3* mit Kilometersteinen versehen (Straßen, Flüsse)
ki|lo|me|trisch *auch:* **ki|lo|met|risch**
Ki|lo|pond *n. Gen.* -(s) *Pl.* - (*Abk.:* kp), *ältere Maßeinheit für* Kraft und Gewicht, 1000 Pond
Ki|lo|pond|me|ter *n. Gen.* -s *Pl.* - (*Abk.:* kpm), *ältere Einheit für* Arbeit und Energie
Ki|lo|volt [-vɔlt] *n. Gen.* -(s) *Pl.* - (*Abk.:* kV) 1000 Volt
Ki|lo|volt|am|pere [-vɔlt-] *n. Gen.* -(s) *Pl.* - (*Abk.:* kVA) 1000 Voltampere
Ki|lo|watt *n. Gen.* -(s) *Pl.* - (*Abk.:* kW) 1000 Watt
Ki|lo|watt|stun|de *f. 11* (*Abk.:* kWh) 1000 Wattstunden
Kilt **1.** [engl.] *m. 9* karierter, kurzer Rock der Schotten; **2.** *m. 1* = Kiltgang
Kilt|gang *m. 2, alem.:* nächtl. Besuch eines Burschen bei einem Mädchen, Kilt (2)

Kim|ber, Zim|ber *m. 5* Angehöriger eines german. Volksstammes
Kim|ber|lit [nach der südafrik. Stadt Kimberley] *m. 1* diamanthaltiges Eruptivgestein
Kimm *f. Gen. - nur Sg.* **1.** Kimmung *f. Gen. - nur Sg.* Horizontlinie zwischen Meer und Himmel; **2.** Übergang des Schiffsbodens in die Bordwand
Kim|me *f. 11* Kerbe, Einschnitt; Teil der Visiereinrichtung von Handfeuerwaffen, der beim Zielen zusammen mit dem Korn und dem Zielpunkt eine Linie bilden muss
Kim|me|rer, Kim|me|ri|er *m. 5* Angehöriger eines idg. Volksstammes am Nordufer des Schwarzen Meeres, bei Homer eines sagenhaften Volkes, das im hohen Norden in ewiger Finsternis lebt
kim|me|risch; kimmerische Finsternis
Kim|mung *f. Gen. - nur Sg.* s. **Kimm** (1)
Ki|mo|no [auch: kim-, jap.] *m. 9* langes, mantelartiges jap. Gewand mit weiten, angeschnittenen Ärmeln
Ki|mo|no|är|mel *m. 5*
Ki|nä|de [griech.] *m. 11* **1.** = Päderast; **2.** weichlicher, lüsterner Mensch
Kin|äs|the|sie *auch:* **Ki|näs|the|sie** [griech.] *f. 11 nur Sg.* Bewegungs-, Muskelgefühl, Empfindung für Muskeln und Gelenke
Kin|äs|the|tik *auch:* **Ki|näs|the|tik** *f. 10 nur Sg.* Lehre von den Bewegungsempfindungen
kin|äs|the|tisch *auch:* **ki|näs|thetisch**; kinästhetischer Sinn: Muskelsinn

an Kindes statt: Gefüge dieser Art (vgl.: *an Eides statt*) werden getrennt, *statt* wird mit kleinem Anfangsbuchstaben geschrieben.

Kind *n. 3;* jmdn. an Kindes statt annehmen; sich bei jmdm. lieb Kind machen: sich bei ihm einschmeicheln
Kind|bett *n. 12* Zeit nach der Geburt, während der die Mutter im Bett liegen muss, Wochenbett
Kind|bet|te|rin *f. 10, veraltet:* Wöchnerin, junge Mutter im Kindbett
Kind|bett|fie|ber *n. 5 nur Sg.* durch Infektion der Geburtswege nach

der Entbindung entstandene Krankheit, Puerperalfieber
Kind|chen *n. 7 Pl. auch:* Kin|der|chen
Kin|del|bier *n. 1 nur Sg., landsch.:* Taufschmaus
Kin|der|ar|beit *f. 10 nur Sg.*
Kin|der|arzt *m. 2*
Kin|der|buch *n. 4*
Kin|der|chen *Pl. von* Kindchen
Kin|der|dorf *n. 4* Siedlung zur Erziehung elternloser Kinder und Jugendlicher, Jugenddorf
Kin|de|rei *f. 10*
Kin|der|freund *m. 1*
Kin|der|freund|schaft *f. 10*
Kin|der|funk *m. 1 nur Sg.*
Kin|der|gar|ten *m. 8*
Kin|der|gärt|ne|rin *f. 10*
Kin|der|geld *n. 3 nur Sg.*
Kin|der|got|tes|dienst *m. 1*
Kin|der|heil|kun|de *f. 11 nur Sg.* = Pädiatrie
Kin|der|heim *n. 1*
Kin|der|hort *m. 1*
Kin|der|jah|re *Pl.*
Kin|der|krank|heit *f. 10*
Kin|der|läh|mung *f. 10;* spinale K.: Poliomyelitis
kin|der|leicht
Kin|der|lein *Pl. von* Kindlein
kin|der|lieb
Kin|der|lie|be *f. 11* Liebe zwischen zwei Kindern; vgl. Kindesliebe
kin|der|los
Kin|der|lo|sig|keit *f. 10 nur Sg.*
Kin|der|mord *m. 1*
Kin|der|mör|der *m. 5* vgl. Kindsmörderin
Kin|der|mund *m. Gen. -s nur Sg.* kindliche, oft altkluge und daher erheiternde Ausdrucksweise
Kin|der|psy|cho|lo|gie *f. 11 nur Sg.*
kin|der|reich
Kin|der|reich|tum *m. 4 nur Sg.*
Kin|der|schuh *m. 1;* die Kinderschuhe ausgetreten haben: die Kindheit hinter sich haben
Kin|der|schutz *m. Gen. -es nur Sg.*
Kin|der|schwes|ter *f. 11*
Kin|der|se|gen *m. 7 nur Sg.*
Kin|der|spiel *n. 1*
Kin|der|spra|che *f. 11 nur Sg.*
Kin|der|ta|ges|stät|te *f. 11*
Kin|der|the|a|ter *n. 5*
kin|der|tüm|lich
Kin|des|al|ter *n. 5 nur Sg.*
Kin|des|aus|set|zung *f. 10*
Kin|des|bei|ne *Pl., nur in der Wendung* von Kindesbeinen an
Kin|des|ent|füh|rung *f. 10*
Kin|des|kind *n. 3* Enkel
Kin|des|lie|be *f. 11 nur Sg.* Liebe des Kindes zu den Eltern
Kin|des|miss|hand|lung (*alt:* Kin|des|miß|hand|lung) *f. 10*
Kin|des|mör|de|rin *f. 10* s. **Kinds|mör|de|rin**
Kin|des|nö|te, Kinds|nö|te *Pl., veraltet:* Wehen; in Kindesnöten liegen
Kin|des|pflicht *f. 10*
Kin|des|raub *m. 1*
Kin|des|un|ter|schie|bung *f. 10*
kind|haft
Kind|haf|tig|keit *f. 10 nur Sg.*
Kind|heit *f. 10 nur Sg.*
kin|disch wie ein Kind (Erwachsener), albern, töricht, lächerlich
Kind|lein *n. 7 Pl. auch:* Kin|der|lein
kind|lich
Kind|lich|keit *f. 10 nur Sg.*
Kind|schaft *f. 10 nur Sg.*
kind|schen *intr. 1, ugs.:* albern sein, Kindereien treiben
Kinds|kopf *m. 2*
Kinds|mör|de|rin, Kin|des|mör|de|rin *f. 10* Frau, die ihr Kind unmittelbar nach der Geburt getötet hat
Kinds|nö|te *Pl.* s. **Kin|des|nö|te**
Kinds|pech *n. Gen. -(e)s nur Sg.* schwärzl. Stuhlgang des Neugeborenen vor der ersten Nahrungsaufnahme, Mekonium
Kind|tau|fe *f. 11*
Ki|ne|ma|thek [griech.] *f. 10* Filmothek
Ki|ne|ma|tik *f. 10 nur Sg., Phys.:* Lehre von den Bewegungen
Ki|ne|ma|ti|ker *m. 5*
ki|ne|ma|tisch
Ki|ne|ma|to|graph *auch:* **Ki|ne|ma|to|graf** *m. 10* der erste Apparat zur Aufnahme und Wiedergabe bewegter Bilder
Ki|ne|ma|to|gra|phie *auch:* **Ki|ne|ma|to|gra|fie** *f. 11 nur Sg.* Filmtechnik, Filmwesen (in der Anfangszeit des Films)
ki|ne|ma|to|gra|phisch *auch:* **ki|ne|ma|to|gra|fisch**
Ki|ne|tik *f. 10 nur Sg.* Lehre von der Bewegung durch Kräfte
ki|ne|tisch; kinetische Energie: Bewegungsenergie
Ki|ne|to|se *f. 11* durch Überreizung des Gleichgewichtsorgans hervorgerufene Krankheit, z. B. See-, Luftkrankheit
King|size (*alt:* King-size) [-saɪz, engl.] *f., auch n. Gen. - nur Sg.* Großformat, Überlänge (z. B. von Zigaretten)
Kink *f. 10, Seew.:* Knoten im Tau, Knick in der Stahltrosse
Kin|ker|litz|chen *Pl., nord-, mitteldt.* **1.** Krimskrams, Tand, unnötiger Kram; **2.** Albernheiten, Unsinn
Kinn *n. 1*
Kinn|ba|cke *f. 11,* **Kinn|ba|cken** *m. 7*
Kinn|bart *m. 2*
Kinn|ha|ken *m. 7*
Kinn|la|de *f. 11*
Ki|no [Kurzwort aus: Kinematograph] *n. 9* Lichtspieltheater
Ki|no|film *m. 1* Film zur Vorführung im Kino, im Unterschied zum Schmal- oder Rollfilm bzw. zum Fernsehfilm
Ki|no|or|gel *f. 11*
Ki|no|pro|gramm *n. 1*
Ki|no|stück *n. 1, ugs.:* Film
Kin|sha|sa [-ʃa-] Hauptstadt der Demokratischen Republik Kongo
Kin|topp *n. 9 oder m. 9 auch: m. 2 oder n. 2, berlin.:* Kino
Kin|zi|git *m. 1 nur Sg.* eine Gneisart
Ki|osk [türk.] *m. 1* **1.** oriental. Gartenhäuschen; **2.** Erker an oriental. Palästen; **3.** Verkaufshäuschen oder -stand, z. B. Zeitungskiosk
Kip|fel *n. 5,* **Kip|ferl** *n. 14, österr.:* längliches Gebäck, Hörnchen
Kip|pa, Kip|pah [hebr. »Kuppel«] *f. Gen. - Pl.* Kip|pot Gebetskappe der jüdischen Männer
Kip|pe *f. 11* **1.** eine Turnübung am Reck; **2.** Augenblick, Punkt des Umstürzens; die Sache steht auf der Kippe: man weiß nicht, wie sie ausgeht; **3.** *ugs.:* Zigarettenstummel; **4.** *Bgb.:* Abraum; Lagerungsstelle für den Abraum
kip|pe|lig, kipp|lig
kip|peln *intr. 1* wackeln
kip|pen **1.** *intr. 1* sich zur Seite neigen, fast umstürzen; **2.** *tr. 1* auf eine Kante stellen; schütten; einen kippen *ugs.:* einen Schnaps trinken; kippen und wippen *früher:* von Münzen etwas abschneiden und sie so geschickt in die Waagschale werfen, dass diese trotzdem stärker sinkt
Kip|per *m. 5* **1.** Lastwagen, dessen Kasten gekippt werden kann; **2.** Vorrichtung zum Kippen von Güterwagen; **3.** Kipper und Wipper *früher:* Münzverschlechterer; vgl. kippen
Kipp|fens|ter *n. 5*
Kipp|kar|re *f. 11*

K

Kipp|kar|ren *m. 7* Schiebkarre(n)
kipp|lig kippelig
Kipp|lo|re *f. 11*
Kipp|pflug *m. 2* kippbarer Pflug, der nicht gewendet zu werden braucht
Kipp|wa|gen *m. 7*
Kips [engl.] *n. 1* getrocknete Haut des ind. Buckelrindes
Kir|be *f. 11, süddt.:* Kirchweih
Kirch|dorf *n. 4*
Kir|che *f. 11*
Kir|chen|a|syl *n. 1 nur Sg.* Unterstützung und Schutz von Asylbewerbern durch die Kirche
Kir|chen|buch *n. 4* vom Geistlichen geführtes Buch mit den Taufen, Eheschließungen, Bestattungen usw., Kirchenregister
Kir|chen|chor *m. 2*
Kir|chen|die|ner *m. 5*
Kir|chen|fürst *m. 10* Bischof, Erzbischof, Kardinal
Kir|chen|ge|mein|de, Kirch|ge|mein|de *f. 11*
Kir|chen|ge|schich|te *f. 11 nur Sg.*
Kir|chen|gut *n. 4*
Kir|chen|jahr *n. 1* das am ersten Advent beginnende Jahr mit allen Fest- und Feiertagen, im Unterschied zum Kalenderjahr
Kir|chen|kon|zert *n. 1*
Kir|chen|licht *n. 3, nur noch übertr. in Wendungen wie* er ist kein großes K.: er ist nicht sehr klug
Kir|chen|lied *n. 3*
Kir|chen|maus *f. 2, in der Wendung* arm wie eine K.
Kir|chen|mu|sik *f. 10*
Kir|chen|po|li|tik *f. 10 nur Sg.*
kir|chen|po|li|tisch
Kir|chen|pro|vinz *f. 10* Amtsbereich eines Erzbischofs
Kir|chen|rat *m. 2*
Kir|chen|raub *m. 1* Diebstahl von kirchlichen Gegenständen
Kir|chen|räu|ber *m. 5*
Kir|chen|recht *n. 1*
Kir|chen|recht|ler *m. 5* Wissenschaftler auf dem Gebiet des Kirchenrechts
kir|chen|recht|lich
Kir|chen|re|gis|ter *n. 5* s. **Kir|chen|buch**
Kir|chen|schatz *m. 2*
Kir|chen|schrift|stel|ler *m. 5* Schriftsteller der kath. Kirche
Kir|chen|sla|wisch *n. Gen.* -(s) *nur Sg.* Altbulgarisch
Kir|chen|spal|tung *f. 10* Schisma
Kir|chen|spren|gel *m. 5* Pfarrbezirk, Kirchspiel
Kir|chen|staat *m. 12 nur Sg.* dem Papst unterstehendes Territorium der Kirche, urspr. in Mittelitalien und zeitweise Sizilien, heute in einem Stadtteil Roms (Vatikanstadt)
Kir|chen|steu|er *f. 11*
Kir|chen|stra|fe *f. 11*
Kir|chen|tag *m. 1;* Deutscher Evangelischer Kirchentag: eine alle zwei Jahre stattfindende Versammlung deutscher evangel. Christen zur Beratung kirchlicher Probleme
Kir|chen|ton|art *f. 10* eine der urspr. acht, später zwölf im MA gebräuchlichen, auf der griech. Musik beruhenden Tonarten
Kir|chen|va|ter *m. 6* Kirchenschriftsteller des 2. bis 7. Jh. mit dem Titel »Pater ecclesiae«
Kir|chen|vor|stand *m. 2*
Kirch|gang *m. 2*
Kirch|gän|ger *m. 5*
Kirch|geld *n. 3* kleine, freiwillige Abgabe an die Kirche (außer der Kirchensteuer)
Kirch|ge|mein|de, Kir|chen|ge|mein|de *f. 11*
Kirch|hof *m. 2* Friedhof
Kirch|hofs|mau|er *f. 11*
Kirch|lein *n. 7*
kirch|lich
Kirch|lich|keit *f. 10 nur Sg.*
Kirch|spiel *n. 1* Pfarrbezirk
Kirch|turm *m. 2*
Kirch|turm|po|li|tik *f. 10 nur Sg.* engstirnige, auf einen engen Horizont beschränkte Politik
Kirch|weih *f. 10* jährliche Feier zum Gedenken an die Einweihung der Kirche, mit Jahrmarkt
Kir|gi|se *m. 11* Einwohner von Kirgisistan
kir|gi|sisch
Kir|gi|si|en, Kir|gi|si|stan *auch:* **Kir|gi|sis|tan, Kir|gi|stan** *auch:* **Kir|gis|tan** Staat in Mittelasien
Ki|ri|ba|ti Inselstaat im Pazifik
Ki|ri|ba|ti|er *m. 5* Einwohner von Kiribati
ki|ri|ba|tisch
Kir|ke s. **Cir|ce**
Kir|man *m. 9* s. **Ker|man**
Kir|mes *f. Gen.* - *Pl.* -mes|sen, *nddt., mitteldt.:* Kirchweih
Kir|ne *f. 11, rhein.:* Butterfass
kir|nen *intr. 1, rhein.:* buttern
kir|re *fast nur adverbial gebraucht* **1.** gezähmt (Tier); **2.** gefügig (Person); jmdn. kirre machen; kirre werden
kir|ren *tr. 1* kirre machen, zähmen
Kir roy|al *auch:* **Kir ro|yal** [-roajal] *m. Gen.* - -(s) *Pl.* -s alkoholisches Getränk
Kir|rung *f. 10, Jägerspr.:* Lockfutter
Kirsch *m. Gen.* -s *Pl.* -, *kurz für* Kirschwasser oder Kirschlikör
Kirsch|baum *m. 2*
Kir|sche *f. 11*
Kirsch|geist *m. 1 nur Sg.* Kirschwasser
Kirsch|li|kör *m. 1*
kirsch|rot
Kirsch|was|ser *n. 6* aus Kirschen hergestellter, klarer Branntwein, Kirschgeist
Kirs|ten männl. Vorname, *nddt. Kurzform von* Christian
Kirs|tin weibl. Vorname, *dän.-schwed. Kurzform von* Christine
Kir|tag, *bair., österr. auch:* **Kir|ta** *m. 1* Kirchweih
Kis|met [arab.-türk.] *n. Gen.* -s *nur Sg., im Islam:* das von Allah bestimmte, unabwendbare Schicksal
Kiss|chen (*alt:* Kiß|chen) *n. 7* kleines Kissen
Kis|sen *n. 7*
Kis|te *f. 11*
Ki|su|a|he|li *n. Gen.* -s *nur Sg.* vgl. Suaheli (2)
Ki|tha|ra [griech.] *f. Gen.* - *Pl.* -s *oder* -tha|ren altgriech. Zupfinstrument mit 7-18 Saiten
Ki|thar|ö|de *auch:* **Ki|tha|rö|de** *m. 11* Kitharaspieler, Sänger
Kitsch [engl.] *m. Gen.* -(e)s *nur Sg.* **1.** geschmacklose, süßlich-sentimentale Scheinkunst; **2.** Gegenstand oder Gegenstände in dieser Art
kit|schig
Kitt *m. 1* teigiger Stoff zum Dichten und Verkleben, z. B. Fenster-, Porzellankitt
Kitt|chen [rotwelsch] *n. 7, ugs.:* Gefängnis; ins Kittchen wandern
Kit|tel *m. 5* **1.** blusiges, über Rock oder Hose getragenes Kleidungsstück; **2.** Arbeits-, Berufsmantel
kit|ten *tr. 2* **1.** mit Kitt verkleben, dichten; **2.** *übertr.:* leimen, wieder zusammenfügen, wiederherstellen
Kitz *n. 1,* **Kit|ze** *f. 11* Junges von Reh, Gämse, Steinbock, Hausziege
Kitz|chen, Kitz|lein *n. 7*
Kit|zel *m. 5*
kit|ze|lig, kitz|lig

K

kit|zeln *tr. u. intr. 1;* ich kitzele, kitzle ihn
Kitz|ler *m. 5* Klitoris
kitz|lig, kit|ze|lig
Ki|wi **1.** [maorisch] *m. 9* ein fluguntähiger neuseeländ. Vogel; **2.** *f. 9* ovale, 7-10 cm lange Frucht, deren grünes Fruchtfleisch an die Stachelbeere erinnert
kJ *Abk. für* Kilojoule
k. k. *im ehemaligen Österreich-Ungarn Abk. für* kaiserlich-königlich (bei Behörden der österr. Reichshälfte); vgl. k. u. k.
K. K. *im ehemaligen Österreich-Ungarn Abk. für* Kaiserlich-Königlich (in Titeln)
kl *Abk. für* Kiloliter
Kl. *Abk. für* Klasse
Kl.-4° *Abk. für* Kleinquart
Kl.-8° *Abk. für* Kleinoktav
kla|bas|tern *intr. 1* polternd, trampelnd gehen
Kla|bau|ter|mann *m. 4 nur Sg.* Schiffskobold, dessen Erscheinen (oder Verschwinden) dem Schiff Unheil anzeigt
Klack *m. 2, alem.:* Hautriss, aufgesprungene Hautstelle
kla|cken *intr. 1* klatschend fallen oder tropfen
kla|ckern **1.** *intr. 1* klatschend tropfen; **2.** *intr. 1* kleckern, klecksen, tropfen lassen
klacks!
Klacks *m. 1* **1.** klatschend tropfendes Geräusch; **2.** kleine Menge (von etwas Brei), ein Löffel voll
Klad|de *f. 11* **1.** erste Niederschrift, Konzept; **2.** Geschäfts-, Tagebuch; **3.** Notiz-, Schreib-, Schulheft
klad|de|ra|datsch!
Klad|de|ra|datsch **1.** *m. 1* Krach, Geklirr; *übertr.:* Zusammenbruch, Skandal, Aufregung; **2.** *nur Sg.* Titel einer polit.-satir. Zeitschrift 1848-1944
Kla|do|nie [-njə, griech.] *f. 11* Rentierflechte
Kla|do|ze|re [griech.] *f. 11* Wasserfloh
klaf|fen *intr. 1*
kläf|fen *intr. 1*
Kläf|fer *m. 5*
Klaff|mu|schel *f. 11* eine essbare Meeresmuschel
Klaf|ter *n. 5* **1.** altes Längenmaß, etwa die Spannweite der ausgestreckten Arme umfassend; **2.** altes Raummaß für Holz, etwa 3 m³

Klaf|ter|holz *n. 4 nur Sg.* in Klaftern geschichtetes Holz
klaf|tern *tr. 1* in Klaftern aufschichten
klaf|ter|tief *übertr.:* sehr tief
klag|bar so beschaffen, dass man vor Gericht darauf klagen kann; die Sache ist klagbar geworden
Klag|bar|keit *f. 10 nur Sg.*
Kla|ge *f. 11*
Kla|ge|er|he|bung *f. 10, Rechtsw.*
Kla|ge|ge|schrei *n. 1 nur Sg.*
Kla|ge|laut *m. 1*
Kla|ge|lied *n. 3*
Kla|ge|mau|er *f. 11* Teil der alten Mauer des Tempels von Jerusalem
kla|gen *intr. u. tr. 1*
Klä|ger *m. 5*
Klä|ge|rin *f. 10*
klä|ge|risch
Kla|ge|ruf *m. 1*
Kla|ge|schrift *f. 10*
Kla|ge|weib *n. 3* zum Beweinen eines Toten angestellte Frau
kläg|lich
Kläg|lich|keit *f. 10 nur Sg.*
klag|los
Klag|lo|sig|keit *f. 10 nur Sg.*
Kla|mauk *m. 1 nur Sg.* **1.** Lärm, Geschrei, Aufregung, Skandal; **2.** lärmende Veranstaltung
klamm **1.** feuchtkalt; **2.** starr, steif (vor Kälte)
Klamm *f. 10* Felsenschlucht mit Wildbach
Klam|mer *f. 11*
Klam|mer|af|fe *m. 11* **1.** *ugs.* s. **at** (*Zeichen:* @) **2.** Affe mit Greifschwanz und langen Armen
klam|mern *tr. u. refl. 1;* ich klammere, klammre mich daran; eine Wunde k.: mit Wundklammer(n) verschließen
klamm|heim|lich *ugs.:* ganz heimlich
Kla|mot|te [rotwelsch] *f. 11* **1.** Stein- oder Ziegelbrocken; **2.** wertloser, alter Gegenstand, *bes.:* Kleidungsstück; **3.** *ugs.:* minderwertiges Theaterstück
Kla|mot|ten|kis|te *f. 11*
Klam|pe *f. 11* **1.** Stütze für das Beiboot auf dem Schiffsdeck; **2.** doppelarmiger Haken auf der Reling zur Taubefestigung
Klamp|fe *f. 11* Gitarre
Klan *m. 9* = **Clan**
Klang *m. 2*
Klang|blen|de *f. 11* (an Rundfunk- und Tonbandgeräten)
Klang|far|be *f. 11*

Klang|fül|le *f. 11 nur Sg.*
klang|lich
klang|los; sang- und klanglos
Klang|ma|le|rei *f. 10 nur Sg.* Lautmalerei
klang|rein
Klang|rein|heit *f. 10 nur Sg.*
klang|schön
Klang|schön|heit *f. 10*
klang|voll
Klapf *m. 2, süddt., schweiz.* **1.** Ohrfeige; **2.** leichter Knall
kläp|fen *intr. 1, süddt., schweiz.*
Klapp|be|cher *m. 5*
Klapp|brü|cke *f. 11*
Klap|pe *f. 11*
klap|pen *intr. u. tr. 1*
Klap|pen|horn *n. 4* trompetenartiges Signalhorn
Klap|pen|text *m. 1* informativer Text zu einem Buch auf der Klappe des Schutzumschlags
Klap|per *f. 11*
klap|per|dürr
klap|pe|rig, klapp|rig
Klap|pe|rig|keit, Klapp|rig|keit *f. 10 nur Sg.*
Klap|per|kas|ten *m. 8, ugs.:* altes Fahrzeug
klap|pern *intr. 1;* ich klappere, klappre
Klap|per|schlan|ge *f. 11* eine Giftschlange
Klap|per|storch *m. 2*
Klapp|horn *n. 4* s. **Klap|pen|horn**
klapp|rig, klap|pe|rig
Klapp|sitz *m. 1*
Klapp|stuhl *m. 2*
Klapp|tisch *m. 1*
Klapp|zy|lin|der *m. 5*
Klaps *m. 1*
Kläps|chen *n. 7*
klap|sen *tr. 1;* jmdn. k.: jmdm. einen Klaps geben

klar, im Klaren sein: Das Adjektiv *klar* schreibt man mit kleinem Anfangsbuchstaben: *Das Wetter ist klar.* Auch: *Sie denkt klar.* § 34 E3 (3)
Das substantivierte Adjektiv schreibt man dagegen groß: *Sie sind sich im Klaren, dass das Problem gelöst werden muss.*
Ebenso: *ins Klare kommen.*
Auch: *ein Klarer* (= Kornschnaps). § 57 (1)

klar; sich über etwas im Klaren sein; über etwas ins Klare kommen; ein klar blickender Mensch; ein klar denkender

K

Mensch; ein klar sehender Mensch; klar machen: erklären; vgl. klarmachen; klar werden
Klar *n. Gen.* -s *Pl.* -, *österr.:* das Klare im rohen Ei, Eiklar, Eiweiß
Kla|ra, Cla|ra weibl. Vorname
Klär|an|la|ge *f. 11*
klar bli|ckend (*alt:* klar|blickend)
klar den|kend (*alt:* klar|den|kend)
klä|ren **1.** *tr. 1* klar, durchsichtig machen; deutlich machen, von Zweifeln befreien; dieses Problem haben wir endgültig geklärt; **2.** *intr. 1, jidd.:* überlegen, nachdenken, logisch folgern
Kla|re(r) *m. 18 (17), ugs.:* klarer Schnaps, Korn
Kla|rett [engl.] *m. 9 oder m. 1* **1.** gewürzter, gesüßter Rotwein; **2.** *auch:* Clai|ret [klɛrɛ, frz.] *m. 9* junger, hellroter französischer Wein
klar|ge|hen *intr. 47, ugs.:* in Ordnung sein, klappen; diese Abmachung geht klar
Klar|heit *f. 10 nur Sg.*
kla|rie|ren [lat.] *tr. 3;* ein Schiff klarieren: vor dem Ein- bzw. Auslaufen seine Ladung verzollen
Kla|ri|net|te *f. 11* ein Holzblasinstrument
Kla|ri|net|tist *m. 10*
Kla|ris|se *f. 11,* Kla|ris|sin *f. 10* Angehörige des Klarissenordens
Kla|ris|sen|or|den [nach der hl. Clara] *m. 7 nur Sg.* von Franz von Assisi gegründeter Nonnenorden, Zweig des Franziskanerordens
Kla|ris|sin *f. 10* s. **Kla|ris|se**
klar|kom|men *intr. 71, ugs.;* mit etwas k.: etwas begreifen, mit etwas fertig werden

klarlegen, klar sehen: Fügungen aus Adjektiv und Verb/Partizip, in denen das Adjektiv steigerbar oder durch *sehr* erweiterbar ist, werden getrennt geschrieben: *klar sehen/denkend.*
§ 34 E3 (3)
Ist das Adjektiv jedoch weder steigerbar noch erweiterbar, wird zusammengeschrieben: *klarkommen, klarlegen, klarstellen.* § 34 (2.2)

klar|le|gen *tr. 1, ugs.:* deutlich, begreiflich machen
Klar|le|gung *f. 10 nur Sg.*
klär|lich *veraltet, noch scherzh.:* klar; etwas k. zeigen
klar|ma|chen *tr. 1* (ein Schiff) fahrbereit machen
klar ma|chen (*alt:* klar|ma|chen) *tr. 1* erklären
Klär|mit|tel *n. 5*
Klar|schiff *n. Gen.* -(e)s, *Seew.:* Gefechtsbereitschaft
Klar|schrift|le|ser *m. 5, EDV:* Lesegerät, das genormte Druck- oder Handschriften verarbeiten kann
klar se|hen (*alt:* klar|se|hen) *intr. 136*
Klar|sicht|pa|ckung *f. 10* Packung in durchsichtiger Hülle
klar|stel|len *tr. 1;* etwas k.: einen Irrtum über etwas beseitigen, klären
Klar|text *m. 1* entschlüsselter Text in normaler Schrift
Klä|rung *f. 10*
klar wer|den (*alt:* klar|wer|den) *intr. 180*
Klär|werk *n. 1*

Klasse sein: In Gefügen aus Substantiv und Verb schreibt man das Substantiv groß: *Er war bei seinem Auftritt gestern Klasse.*
§ 34 E3 (5)
Aber: *pleite sein.* § 35

Klas|se [lat.] *f. 11;* das ist Klasse; Klasse sein
klas|se *ugs. für* großartig; ein klasse Film
Klas|se|ment [-mã, frz.] *n. 9, schweiz.:* [-mɛnt] *n. 1* Einreihung, Einteilung, Ordnung
Klas|sen|ar|beit *f. 10*
klas|sen|be|wusst (*alt:* klas|sen|be|wußt)
Klas|sen|be|wusst|sein (*alt:* Klas|sen|be|wußt|sein) *n. 1 nur Sg.*
Klas|sen|er|halt *m. 1 nur Sg., Sport:* Verbleib in einer Leistungsklasse
Klas|sen|ge|sell|schaft *f. 10*
Klas|sen|kampf *m. 2*
Klas|sen|leh|rer *m. 5*
klas|sen|los
Klas|sen|spre|cher *m. 5*
Klas|sen|tref|fen *n. 7*
Klas|sen|ver|tre|ter *m. 5*
Klas|sen|zim|mer *n. 5*
klas|sie|ren *tr. 3* **1.** *Bgb.:* nach der Größe sortieren; **2.** klassifizieren
Klas|si|fi|ka|ti|on *f. 10* Einteilung in Klassen, Ordnung nach Klassen
klas|si|fi|zie|ren *tr. 3* in Klassen einteilen, nach Klassen ordnen
Klas|si|fi|zie|rung *f. 10*
...klas|sig mit einer bestimmten Anzahl von Klassen versehen, zu einer bestimmten Klasse gehörig: einklassige Volksschule, ein drittklassiges Lokal
Klas|sik [lat.] *f. 10 nur Sg.* **1.** *i. e. S.:* die Blütezeit des griech. und röm. Altertums, die dt. Literatur 1786-1805 und die österr. Musik 1770-1825 (Wiener Klassik); **2.** *i. w. S.:* Epoche kultureller Höchstleistungen, die auch in späteren Zeiten als mustergültig anerkannt bleiben
Klas|si|ker *m. 5* Vertreter der Klassik
klas|sisch **1.** zur Klassik (1) gehörend, aus ihr stammend; **2.** musterhaft, vorbildlich, allgemein gültig
Klas|si|zis|mus *m. Gen. - nur Sg.* die griech.-röm. Klassik nachahmender Kunststil, bes. in der europ. Baukunst im 16./17. Jh. und in der europ. Baukunst, Plastik, Malerei 1770-1830
Klas|si|zist *m. 10* Vertreter des Klassizismus
klas|si|zis|tisch
Klas|si|zi|tät *f. 10 nur Sg.* Mustergültigkeit, Vorbildlichkeit
klas|tisch [griech.] durch (mechan.) Zertrümmerung anderer Gesteine entstanden (Sediment)
Kla|ter *m. 14, nddt.* **1.** Schmutz, Unrat, Abfall; **2.** Lumpen, zerrissenes Kleid
kla|te|rig, klat|rig, **klä|te|rig,** klät|rig *nddt.:* armselig, heruntergekommen, schmutzig
kla|tern, klä|tern *intr. 1, nddt.:* herunterkommen
Klatsch **1.** *m. 1* **2.** *nur Sg.* Gerede, Geschwätz
Klatsch|ba|se *f. 11*
klat|schen *intr. 1*
klat|sche|nass (*alt:* klat|sche|naß) = klatschnass
Klat|scher *m. 5*
Klat|sche|rei *f. 10*
Klatsch|ge|schich|te *f. 11*
Klatsch|maul *n. 4, ugs.*
Klatsch|mohn *m. Gen.* -s *nur Sg.*
klatsch|nass (*alt:* klatsch|naß) klatschenass
Klatsch|nest *n. 3, ugs.:* Kleinstadt, in der viel geklatscht wird
Klatsch|sucht *f. Gen. - nur Sg.*
klatsch|süch|tig
Klatsch|weib *n. 3, ugs.*
klau|ben *tr. 1* **1.** mühsam sammeln, auflesen, *meist in Zus.:* aufklau-

ben, zusammenklauben; **2.** *österr.:* sammeln, pflücken

Klau|be|rei *f. 10 nur Sg.*

Klaue *f. 11*

klau|en *tr. 1, ugs.:* stehlen

Klau|en|seu|che *f. 11* Maul- und Klauenseuche

Klau|e|rei *f. 10*

Klaus, Claus männl. Vorname, *urspr. Kurzform von* Nikolaus

Klau|se [lat.] *f. 11* **1.** kleines Zimmer, in dem man ungestört ist; **2.** Zelle, Einsiedelei; **3.** Talenge, Engpass; **4.** Teilfrucht (von Raublattgewächsen u. a.)

Klau|sel [lat.] *f. 11* einschränkende, vorbehaltende Nebenbestimmung (in Verträgen)

Klau|si|lie [-ljə, lat.] *f. 11* kleine Gehäuseschnecke, Schließmundschnecke

Klaus|ner *m. 5* Einsiedler

Klaus|tro|phi|lie *auch:* **Klaust|ro|phi|lie** [lat. + griech.] *f. 11 nur Sg.* Neigung oder krankhaftes Bedürfnis, sich abzusondern und einzuschließen

Klaus|tro|pho|bie *auch:* **Klaust|ro|pho|bie** *f. 11 nur Sg.* krankhafte Furcht vor dem Aufenthalt in geschlossenen Räumen

klau|su|lie|ren [lat.] *tr. 3* durch eine Klausel einschränken, in einer Klausel formulieren

Klau|sur *f. 10* **1.** *nur Sg.* Einsamkeit, Abgeschlossenheit; in K. leben; **2.** Räume, deren Betreten Außenstehenden verboten ist; **3.** *kurz für* Klausurarbeit

Klau|sur|ar|beit *f. 10* Prüfungsarbeit in einem Raum allein oder zu mehreren unter Aufsicht

Kla|vi|a|tur [-vi-, lat.] *f. 10, bei Tasteninstrumenten:* Gesamtheit der Tasten, Tastatur

Kla|vi|chord [-vikərd] *n. 1* kleines Tasteninstrument, bei dem die Saiten durch Metallplättchen angeschlagen werden

Kla|vier [-vir, lat.] *n. 1* Tasteninstrument, bei dem die Saiten durch Filzhämmer angeschlagen werden; K. spielen

Kla|vier|aus|zug [-vir-, lat.] *m. 2* für Klavier umgesetzte Partitur eines Orchesterwerkes

kla|vi|e|ris|tisch [-viə-] die Spieltechnik des Klaviers betreffend

Kla|vier|kon|zert [-vir-] *n. 1*

Kla|vier|quar|tett [-vir-] *n. 1* **1.** Musikstück für Klavier und drei Streichinstrumente, meist Violine, Viola und Violoncello; **2.** dessen Spieler

Kla|vier|quin|tett [-vir-] *n. 1* **1.** Musikstück für Klavier und vier Streichinstrumente, meist zwei Violinen, Viola und Violoncello; **2.** dessen Spieler

Kla|vier|trio [-vir-] *n. 9* **1.** Musikstück für Klavier und zwei Streichinstrumente, meist Violine und Violoncello; **2.** dessen Spieler

Kla|vi|zim|bel [-vi-] *n. 5* Cembalo

kle|ben *tr. u. intr. 1;* er ist nicht kleben geblieben *ugs.:* sitzen bleiben (in der Schule)

kle|ben blei|ben (*alt:* kle|ben|blei|ben) *intr. 17*

Kle|ber *m. 5* Eiweißstoff im Getreidekorn, auf dem die Backfähigkeit des Mehls beruht, Gluten

kle|be|rig, kleb|rig

Kle|be|strei|fen, Kleb|strei|fen *m. 7*

kleb|rig, kle|be|rig

Kleb|rig|keit *f. 10 nur Sg.*

Kleb|stoff *m. 1*

Kleb|strei|fen, Kle|be|strei|fen *m. 7*

kle|ckern *intr. 1* **1.** mit einer Flüssigkeit oder etwas Breiigem Flecken machen; ich kleckere, kleckre; **2.** *ugs.:* langsam, stockend vonstatten gehen

kle|cker|wei|se *ugs.:* in kleinen Mengen, mit Unterbrechungen

Klecks *m. 1*

Kleck|ser *m. 5*

Kleck|se|rei *f. 10, auch:* schlechte Malerei, schlecht gemaltes Bild

kleck|sig

Kleck|so|gra|phie *auch:* **Kleck|so|gra|fie** *f. 11, bei psycholog. Tests:* ungegenständliches, klecksiges Bild, aus dem Gegenstände zu deuten sind

Kle|da|ge [-ʒə], **Kle|da|sche** *f. 11 nur Sg., nord-, mitteldt., ugs.:* Kleidung

Klee *m. 9 nur Sg.*

Klee|blatt *n. 4*

Klee|salz *n. 1 nur Sg.* in Rhabarber, Spinat, Sauerklee u. a. vorkommendes Kaliumoxalat, zum Entfernen von Tinten- und Rostflecken verwendet

Klee|säu|re *f. 11 nur Sg.* Oxalsäure

Klei *m. 1 nur Sg.* fetter, tonreicher Boden, Marschboden, Kleiboden

klei|ben *tr. u. intr. 1, südd.:* kleben, kleben bleiben

Klei|ber *m. 5* ein Singvogel, Spechtmeise

Klei|bo|den *m. 8* Klei

Kleid *n. 3*

Kleid|chen *n. 7 Pl. auch:* Klei|derchen

klei|den *tr. 2;* der Hut kleidet mich gut; sich gut k.

Klei|der|bad *n. 4*

Klei|der|bü|gel *m. 5*

Klei|der|bürs|te *f. 11*

Klei|der|ha|ken *m. 7*

Klei|der|schrank *m. 2*

Klei|der|stän|der *m. 5*

Klei|der|stoff *m. 1*

kleid|sam

Kleid|sam|keit *f. 10 nur Sg.*

Klei|dung *f. 10 nur Sg.*

Klei|dungs|stück *n. 1*

Klei|e *f. 11 nur Sg.* Getreidehüllen, die beim Mahlen zurückbleiben, Viehfutter

Klei|er|de *f. 11 nur Sg.* Tonerde

klei|ig aus Kleie bestehend

klein, das Kleine: Das Adjektiv wird kleingeschrieben, auch in bestimmten festen Fügungen: *Das wusste sie von klein auf.* § 58 (3)
Das substantivierte Adjektiv dagegen schreibt man mit großem Anfangsbuchstaben: *Das Kleine hat noch geschlafen.* Ebenso: *Große und Kleine; Groß und Klein; bis ins Kleinste; im Kleinen; ein Kleines; einen Kleinen sitzen haben* (= einen Schwips haben). In Eigennamen schreibt man ebenfalls groß: *Pippin der Kleine, Klein Roland, der Kleine Belt, der Kleine Wagen* (= Sternbild). § 57 (1), § 60 (1)
Fügungen mit Verb/Partizip werden getrennt geschrieben, wenn *klein* steigerbar oder erweiterbar ist: *klein machen, klein schlagen, klein hacken, klein schneiden, klein schreiben* (= in kleiner Schrift schreiben), *klein gedruckt, klein kariert* (= mit kleinen Karos versehen).
Dagegen gilt die Zusammenschreibung, wenn Steigerung oder Erweiterung nicht möglich sind: *kleinschreiben* (= mit kleinen Anfangsbuchstaben schreiben), *kleingewachsen, kleinkariert* (= engstirnig). § 34 (2.2)

klein **1.** *Kleinschreibung:* ein klein wenig; von klein auf: von Kindheit an; das sind kleine Fische *ugs.;* der kleine Grenzverkehr;

K

der kleine Mann; **2.** *Großschreibung:* Groß und Klein; Kleine und Große; die Großen und die Kleinen; im Kleinen; bis ins Kleinste; die lieben Kleinen: die Kinder; die Kleine: das kleine Mädchen, das junge Mädchen; mein Kleiner; das ist mir ein Kleines: das macht mir keine Schwierigkeiten; sie erwartet was Kleines *ugs.:* ein Kind; Pippin der Kleine; Klein Erna; der Kleine Bär, der Kleine Wagen; der Kleine Belt; das Kleine Walsertal; die Kleinen Antillen; im Kleinen wie im Großen; **3.** *in Verbindung mit Verben:* klein beigeben: nachgeben, sich fügen; klein denken: kleinlich, engstirnig denken; Kräuter klein hacken; sich klein machen; Zwiebeln klein schneiden; sehr klein schreiben; *aber:* ein Wort kleinschreiben; den Herd, die Flamme (auf) klein stellen; klein sein; klein werden; **4.** *in Verbindung mit Partizipien:* klein gemustert; klein karierte Stoffe; der klein gedruckte Absatz; das klein Gedruckte *oder:* Kleingedruckte beachten

Klein *n. Gen.* -s *nur Sg. kurz für* Gänseklein, Hasenklein

klein..., Klein... *in Zus.:* von geringer Größe oder geringer Bedeutung, z. B. kleinbürgerlich, kleinkaliberig, Kleinbus, Kleinkrieg

Klein|ak|ti|o|när *m. 1*

Klein|ar|beit *f. 10*

klein|a|si|a|tisch

Klein|a|si|en

Klein|bahn *f. 10*

Klein|bau|er *m. 11*

Klein|be|trieb *m. 1*

Klein|bild *n. 3*

Klein|bild|ka|me|ra *f. 9*

Klein|bür|ger *m. 5*

klein|bür|ger|lich

Klein|bür|ger|tum *n. Gen.* -s *nur Sg.*

Klein|bus *m. 1*

Klein|chen *n. 7 nur Sg., Koseform für* Kleiner, Kleine, kleines Kind

klein|den|kend

klein|deutsch

Klei|ne(r) *m. 18 (17) bzw. f. 17 oder 18*

Klein|emp|fän|ger *m. 5*

klei|ne|ren|teils, klei|nern|teils

Klein|for|mat *n. 1*

Klein|gärt|ner *m. 5*

klein ge|druckt (*alt:* klein|gedruckt); ein klein gedruckter Text

Klein|ge|druckte(s) *auch:* **klein Ge|druck|te(s)** *n. 18;* das Kleingedruckte im Vertrag

Klein|geld *n. Gen.* -(e)s *nur Sg.*

> **klein gemustert/kariert:** Fügungen aus Adjektiv und Partizip werden getrennt geschrieben: *Das Hemd war klein kariert.* § 36 E1 (4)
> Aber: Ist das Adjektiv in diesem Gefüge nicht steigerbar oder erweiterbar, schreibt man zusammen: *Seine Kritik war kleinkariert.*

klein ge|mus|tert (*alt:* klein|gemus|stert)

klein|gläu|big

Klein|gläu|big|keit *f. 10 nur Sg.*

klein ha|cken (*alt:* klein|hacken) *tr. 1*

Klein|han|del *m. Gen.* -s *nur Sg.*

Klein|händ|ler *m. 5*

Klein|heit *f. 10 nur Sg.*

Klein|hirn *n. 1*

Klein|holz *n. Gen.* -es *nur Sg.*

Klei|nig|keit *f. 10*

Klei|nig|keits|krä|mer *m. 5*

Klei|nig|keits|krä|me|rei *f. 10 nur Sg.*

Klein|in|dus|trie *auch:* **Klein|in|dust|rie** *f. 11* Industrie der kleinen Betriebe

Klein|ka|li|ber *n. 5, bei Gewehren und Pistolen:* Kaliber von 5,6 bis 6 mm

klein|ka|li|be|rig, klein|ka|lib|rig

Klein|ka|li|ber|schie|ßen *n. Gen.* -s *nur Sg.*

klein|ka|riert engstirnig; er ist ein kleinkarierter Mensch; *aber:* der Stoff ist klein kariert

Klein|kind *n. 3*

Klein|kli|ma *n. Gen.* -s *nur Sg.* Mikroklima

Klein|kram *m. Gen.* -s *nur Sg.*

Klein|krieg *m. 1*

klein|krie|gen *tr. 1, ugs.;* jmdn. k.: ihn sich gefügig machen, seinen Widerstand brechen; den habe ich kleingekriegt

Klein|kunst *f. 2*

Klein|kunst|büh|ne *f. 11* Kabarett

klein|laut

klein|lich; k. denken

Klein|lich|keit *f. 10 nur Sg.*

klein ma|chen (*alt:* klein|ma|chen) *tr. 1* zerkleinern; vgl. klein

Klein|ma|le|rei *f. 10 nur Sg., Malerei, Dichtung:* Darstellung von kleinen Dingen, von Einzelheiten

Klein|mut *m. Gen.* -(e)s *nur Sg.* Mangel an Mut

klein|mü|tig

Klein|mü|tig|keit *f. 10 nur Sg.*

Klein|od **1.** *n. Gen.* -s *Pl.* -o|di|en Juwel, Schmuckstück; **2.** *n. 11* Kostbarkeit, etwas Wertvolles

Klein|ok|tav *n. 1 nur Sg.* (*Abk.:* Kl.-8°) kleines Oktavformat

Klein|quart *n. 1 nur Sg.* (*Abk.:* Kl.-4°) kleines Quartformat

Klein|rent|ner *m. 5*

klein schnei|den (*alt:* klein-schnei|den) *tr. 125*

> **klein schreiben - kleinschreiben:** In der Bedeutung »in kleiner Schrift schreiben« oder »gering achten« schreibt man das Gefüge getrennt: *Er hat seinen Namen klein geschrieben.* § 34 E3 (3)
> Hingegen schreibt man das Gefüge im Infinitiv und den Partizipien zusammen, wenn dieses die Bedeutung »mit kleinem Anfangsbuchstaben« hat: *Das Wort wird kleingeschrieben.*

klein|schrei|ben (*alt:* klein schreiben) *tr. 127* mit kleinem Anfangsbuchstaben schreiben; vgl. klein

Klein|schrei|bung *f. 10*

Klein|staat *m. 12*

Klein|staa|te|rei *f. 10 nur Sg.*

Klein|stadt *f. 2*

Klein|städ|ter *m. 5*

klein|städ|tisch

Kleinst|kind *n. 3*

Kleinst|woh|nung *f. 10*

Klein|tier|zucht *f. 10 nur Sg.*

Klein|vieh *n. Gen.* -(e)s *nur Sg.*

Klein|wa|gen

klein|win|zig

Klein|woh|nung *f. 10*

Kleist, *Heinrich von* dt. Schriftsteller

Kleis|ter *m. 5*

kleis|te|rig, kleis|trig

kleis|tern *tr. 1*

Kleis|ter|pa|pier *n. 1*

kleis|to|gam [griech.] sich selbst befruchtend

Kleis|to|ga|mie *f. 11 nur Sg.* Selbstbefruchtung mancher zweigeschlechtiger Pflanzen bei noch geschlossener Blüte

K

kleist|rig, kleis|te|rig
Kle|ma|tis [meist: -ma-, griech.] *f. Gen. - Pl. -* Waldrebe, eine Kletterpflanze
Kle|mens, Cle|mens männl. Vorname
Kle|men|ti|ne, Cle|men|ti|ne *f. 11* eine kernlose Mandarinensorte
Klem|me *f. 11*
klem|men *tr. u. intr. 1*
Klem|mer *m. 5* Kneifer
Klemm|fut|ter *n. 5*
klem|mig *Bgb.:* fest (Gestein)
Klemm|schrau|be *f. 11*
Klemp|ner *m. 5* Handwerker für Blech-, Aluminium-, Kupfer- sowie Installationsarbeiten (Gas-, Wasserleitungen u. a.)
Klemp|ne|rei *f. 10*
klemp|nern *intr. 1* als Klempner arbeiten
Klemp|ner|wa|ren *Pl.* Blechwaren
Kleng|an|stalt *f. 10,* **Klen|ge** *f. 11* Vorrichtung zum Klengen (Entsamen) von Nadelholzzapfen
klen|gen *tr. 1;* Nadelholzzapfen k.: die Samen aus ihnen herauslösen
Kleph|ten|lie|der *Pl.*
Klep|per *m. 5* **1.** altes, dürres Pferd; **2.** *kurz für* Klepperboot
Klep|per|boot® [nach Johannes Klepper, dem Gründer der Fabrik] *n. 1* Faltboot
Klep|per|man|tel® *m. 6* Regenmantel aus Gummi
Klep|to|ma|ne [griech.] *m. 11* jmd., der an Kleptomanie leidet
Klep|to|ma|nie *f. 11 nur Sg.* krankhafter Trieb zum Stehlen
klep|to|ma|nisch
kle|ri|kal [lat.] die (kath.) Kirche betreffend, zu ihr gehörig
Kle|ri|ka|lis|mus *m. Gen. - nur Sg.* Bestreben, den Einfluss der kath. Kirche auf Staat und Gesellschaft zu stärken
kle|ri|ka|lis|tisch
Kle|ri|ker *m. 5* kath. Geistlicher
Kle|ri|sei *f. 10 nur Sg., veraltet, auch abfällig für* Klerus
Kle|rus *m. Gen. - nur Sg.* Gesamtheit der kath. Geistlichen, Priesterschaft
Klet|te *f. 11* Korbblütler mit Hüllhaken
Klet|ten|wur|zel|öl *n. 1 nur Sg.* ein Haarwuchsmittel
Klet|te|rei *f. 10*
Klet|te|rer *m. 5*
Klet|ter|gar|ten *m. 8*
klet|tern *intr. 1;* ich klettere, klettre
Klet|ter|pflan|ze *f. 11*
Klet|ter|stan|ge *f. 11*
Klet|ze *f. 11, süddt., österr.:* getrocknete Birne
Klet|zen|brot *n. 1* Brot mit eingebackenen Kletzen
kli|cken *intr. 1* kurz, hell und metallisch klingen
Kli|cker *m. 5* kleine Ton- oder Glaskugel, Murmel
kli|ckern *intr. 1* mit Klickern spielen
Klicks *m. 1* kurzes, helles, metallisches Geräusch
Kli|ent [lat.] *m. 10* Kunde (eines Rechtsanwalts)
Kli|en|tel *f. 10* Kundenkreis (eines Rechtsanwalts)
Klie|ter *m. 5, nddt.:* Erdklumpen
Kliff *n. 1* felsiger, steiler Hang (einer Küste)
Kli|ma [griech.] *n. Gen. -s Pl. -mata oder fachspr. -ma|te* der durchschnittl. Ablauf der Witterung in einem bestimmten Gebiet
Kli|ma|an|la|ge *f. 11* Anlage zum Erwärmen, Kühlen und Lüften (eines Raumes)
kli|mak|te|risch [griech.] zum Klimakterium gehörend
Kli|mak|te|ri|um *n. Gen. -s Pl. -ri|en* Zeit (bei der Frau), in der die Tätigkeit der Eierstöcke und die Menstruation aufhören, Wechseljahre
Kli|ma|schutz *m. 1 nur Sg.*
kli|ma|tisch [griech.] das Klima betreffend, zu ihm gehörend
kli|ma|ti|sie|ren *tr. 3;* einen Raum k.: durch Klimaanlage eine annähernd gleich bleibende Temperatur in ihm erzeugen
Kli|ma|to|gra|phie *auch:* **Kli|ma|to|gra|fie** *f. 11* Beschreibung der verschiedenen Klimata der Erde
kli|ma|to|gra|phisch *auch:* **kli|ma|to|gra|fisch**
Kli|ma|to|lo|gie *f. 11* Lehre vom Klima
kli|ma|to|lo|gisch
Kli|max [griech.] *f. 11* **1.** Höhepunkt, höchste Steigerung; *Ggs.:* Antiklimax; **2.** = Klimakterium; **3.** Endzustand der Entwicklung einer Pflanzengesellschaft an ihrem Standort
Klim|bim *m. Gen. -s nur Sg.* (unnötiges) Beiwerk, Drum und Dran
klim|men *intr. 68* steigen, klettern, *meist:* emporklimmen, erklimmen
Klimm|zug *m. 2* Hochziehen des hängenden Körpers mit der Muskelkraft der Arme
Klim|pe|rei *f. 10*
Klim|per|kas|ten *m. 8, ugs., scherzh.:* Klavier
klim|pern *intr. 1* **1.** schlecht oder gedankenlos Klavier oder ein Zupfinstrument spielen; ich klimpere, klimpre; **2.** metallisch klingen lassen, (mit etwas Metallischem) spielen; mit Geld in der Tasche k.
Klimt, *Gustav* österreichischer Maler
kling!; kling, klang!
Klin|ge *f. 11*
Klin|gel *f. 11*
Klin|gel|beu|tel *m. 5*
Klin|ge|lei *f. 10 nur Sg.*
Klin|gel|knopf *m. 2*
klin|geln *intr. 1;* ich klingele, klingle
Klin|gel|schnur *f. 2*
klin|gen *intr. 69*
Kling|klang *m. Gen. -s nur Sg.*
kling|ling!
Kling|sor *m. Gen. -s Pl. -so|ren* ein Zauberer (in mehreren dt. Dichtungen)
Kling|stein *m. 1* ein beim Anschlagen hell klingendes Ergussgestein, Phonolith
Kli|nik [griech.] *f. 10* **1.** Krankenhaus; **2.** Unterricht (der Medizinstudenten) am Krankenbett
Kli|ni|ker *m. 5* **1.** in einer Klinik tätiger Arzt; **2.** Student in der klinischen Ausbildung
Kli|ni|kum *n. Gen. -s Pl. -ken oder -ka* **1.** Hauptteil der ärztlichen Ausbildung im Krankenhaus; **2.** Großkrankenhaus, Komplex von mehreren Kliniken
kli|nisch zur Klinik gehörend, in der Klinik (stattfindend)
Klin|ke *f. 11*
klin|ken *intr. 1*
Klin|ker [ndrl.] *m. 5* sehr harter Ziegelstein
Klin|ker|bau *m. Gen. -(e)s Pl. -ten*
Klin|ker|boot *n. 1* Boot mit dachziegelartig übereinander greifenden Planken
Kli|no|chlor [-klor, griech.] *n. 1* ein Mineral, Chlorit
Kli|no|graph *auch:* **Kli|no|graf** *m. 10* Gerät zum Bestimmen der Neigungsvorgänge der Erdoberfläche, Neigungsschreiber
Kli|no|me|ter *n. 5* **1.** Gerät zum Messen der Neigung gegen den Horizont (für Schiffe und Flug-

K

zeuge); **2.** magnet. Gerät zum Feststellen von Gesteinsschichtungen

Kli|no|mo|bil *n. 1* Auto mit klinischer Ausrüstung

Kli|no|stat *auch:* **Kli|nos|tat** *m. 12 oder m. 10* Gerät zum Untersuchen des Geotropismus von Pflanzen

Klin|se, Klin|ze, Klun|se *f. 11, landschaftl.:* Ritze, Spalte

Klio *griech. Myth.:* Muse der Geschichte

klipp!; klipp, klapp!; etwas klipp und klar sagen: eindeutig, sehr deutlich

Klipp, Klips, Clip [engl.] *m. 9* **1.** Klemme, z. B. am Füllfederhalter; **2.** anklemmbarer Ohrschmuck, Ohrklipp

Klip|pe *f. 11*

Klip|pen|fisch *m. 1* s. **Klipp|fisch**

klip|pen|reich

Klip|per [engl.] *m. 5* **1.** schnelles Segelschiff; **2.** ein Langstrecken-Verkehrsflugzeug, z. B. Düsenklipper

Klipp|fisch, Klip|pen|fisch *m. 1* entgräteter, gesalzener und an der Luft getrockneter Kabeljau

klip|pig voller Klippen

Klipp|schlie|fer *m. 5* ein kleines Säugetier (Huftier) im Nahen Osten und in Afrika

Klipp|schu|le *f. 11, meist abfällig:* (bes. private) Elementarschule

Klips *m. 1* = **Klipp**

klir|ren *intr. 1*

Klirr|fak|tor *m. 13* Maß für die Verzerrung von Tönen (Klirren) bei akustischen Übertragungen

Kli|schee [frz.] *n. 9* **1.** Druckstock, Druckplatte; **2.** *übertr.:* Abklatsch, unschöpferische Nachahmung; zu oft gebrauchtes, abgegriffenes Wort oder ebensolche Redensart; in Klischees reden

kli|schee|be|la|den; eine klischeebeladene Darstellung

kli|schie|ren *tr. 3* auf die Druckplatte übertragen (Bild)

Klis|tier [griech.-lat.] *n. 1* Darmeinlauf, Darmspülung

klis|tie|ren *tr. 3;* jmdn. k.: jmdm. ein Klistier geben

Klis|tier|sprit|ze *f. 11*

Kli|to|ris [griech.] *f. Gen. - Pl. - oder* -to|ri|des [-de:s] schwellfähiger Teil des weibl. Geschlechtsorgans am oberen Ende der kleinen Schamlippen, Kitzler

K

klitsch!; klitsch, klatsch!

Klitsch *m. 1* **1.** *nur Sg., mitteldt.:* breiige Masse; nicht aufgegangenes Gebäck; **2.** Schlag mit der flachen Hand auf den nackten Körper

Klit|sche [poln.] *f. 11* kleines, ärmliches Landgut

klit|schen *tr. 1;* jmdn. k.: jmdm. einen Klitsch (2) oder Klitsche geben

klit|sche|nass (*alt:* klit|sche|naß)

klit|schig *mitteldt.* **1.** breiig; **2.** nicht aufgegangen (Gebäck, Teig)

klitsch|nass (*alt:* klitsch|naß) ganz nass, durchnässt

klit|tern *tr. 1, veraltet* **1.** spalten; **2.** schmieren, klecksen; **3.** (unschöpferisch) zusammentragen, aneinander reihen

Klit|te|rung *f. 10* aus aneinander gereihten, nicht weiter verarbeiteten Einzelheiten zusammengesetztes Schriftwerk

klit|ze|klein *ugs.:* sehr klein

Kli|vie [-vjə] *f. 11, fachsprachl.:* **Cli|via** [-vi-] *f. Gen. - Pl.* -vi|en [-vi-] eine Zimmerpflanze

Klo *n. 9, ugs. kurz für* Klosett

Klo|a|ke [lat.] *f. 11* **1.** unterirdischer Abwasserkanal; **2.** *bei manchen Tieren:* gemeinsamer Ausgang von Darm, Harnblase und Geschlechtsorgan

Klo|a|ken|tie|re *Pl.* Eier legende Säugetiere mit Kloake, heute nur noch Schnabeltier und Ameisenigel

Klo|bas|se [slaw.] *f. 11, österr.:* eine Wurstsorte

Klo|ben *m. 7* **1.** dickes Holzscheit, Holzklotz; **2.** Schraubstock

Klö|ben *m. 7, nddt.:* ein Hefegebäck, Hörnchen

klo|big plump, von massiger Form

Klo|frau *f. 10, ugs.:* Toilettenfrau

Klon [griech.] *m. 1* durch ungeschlechtl. Fortpflanzung gezogene Nachkommenschaft eines Individuums; genetisch identisches Lebewesen

klo|nen *intr. 1* sich ungeschlechtlich (durch Senker, Stecklinge) fortpflanzen; genetisch identische Lebewesen im Labor herstellen

klö|nen *intr. 1, norddt.:* sich gemütlich unterhalten, plaudern

Klön|schnack *m. Gen. -s nur Sg., norddt.* gemütliche Unterhaltung; einen K. halten

klo|nisch [griech.] krampfhaft zuckend

Klo|nus *m. Gen. - Pl.* -nus|se rasche, krampfhafte Zuckungen

Kloot *m. 12, nddt.:* Kugel, Kloß

Kloot|schie|ßen *n. Gen. -s nur Sg.* eine Art Eisschießen

Klöp|fel *m. 5* Fäustel (der Steinmetzen)

klop|fen *tr. u. intr. 1;* (bei jmdm.) auf den Busch k. *übertr.:* (jmdn.) in Andeutungen nach etwas fragen

klopf|fest

Klopf|fes|tig|keit *f. 10 nur Sg.*

Klopf|geist *m. 3, im Volksglauben:* sich durch Klopfen bemerkbar machender Geist eines Verstorbenen, Poltergeist

Klopf|zei|chen *n. 7*

Klöp|pel *m. 5*

Klöp|pe|lei *f. 10*

klöp|peln *tr. 1;* ich klöppele, klöpple

Klöp|pel|spit|ze *f. 11*

Klöpp|le|rin *f. 10*

Klops *m. 1* (gebratener oder gekochter) Hackfleischkloß

Klops|bra|ten *m. 7* Wiegebraten, Falscher Hase

Klo|sett [engl.] *n. 9*

Klo|sett|frau *f. 10*

Klo|sett|pa|pier *n. 1*

Kloß *m. 2*

Klöß|chen *n. 7*

Klos|ter *n. 6*

Klos|ter|bru|der *m. 6*

Klös|ter|chen *n. 7*

Klos|ter|frau *f. 10*

Klos|ter|kir|che *f. 11*

klös|ter|lich

Klos|ter|schu|le *f. 11*

Klos|ter|schwes|ter *f. 11*

Klö|ten *nur Pl., norddt. für:* Hoden

Klotz *m. 2*

Klotz|beu|te *f. 11* Bienenkorb

Klötz|chen *n. 7*

klot|zen *intr. 2* **1.** Textilien mit der Klotzmaschine färben; **2.** *ugs.* etwas mit großem Einsatz betreiben; nicht kleckern, sondern klotzen

klot|zig überaus luxuriös, angeberisch

Klub, Club [engl.] *m. 9* **1.** Vereinigung, z. B. Sportklub, Kegelklub; **2.** deren Räume

Klub|gar|ni|tur *f. 10* zusammenpassende Gruppe von Polstermöbeln: Couch und mehrere Sessel

Klub|haus *n. 4*

Klub|ses|sel *m. 5*

Kluft **1.** *f. 2* tiefe Spalte, Abgrund; *übertr.:* unüberbrückbarer Gegensatz; **2.** *f. 10* Uniform, Kleidung
klüftig voller Klüfte, zerklüftet
klug; es wäre das Klügste, wenn …; *aber:* am klügsten; das ist das Klügste, was du machen kannst; der Klügere gibt nach; klug sein; klug werden; klug reden; *aber:* klugreden
Klü|ge|lei *f. 10* **1.** Spitzfindigkeit; **2.** Grübelei
klu|ger|wei|se; *aber:* in (sehr) kluger Weise
Klug|heit *f. 10 nur Sg.*
Klüg|ler *m. 5* Grübler
klüg|lich *nur noch adverbial;* das würde ich k. bleiben lassen
klug|re|den *intr. 2* es besser wissen wollen
klug re|den (*alt:* klug|re|den) *intr. 2*
Klug|red|ner *m. 5*
Klug|schei|ßer *m. 5, vulg.:* Klugredner
Klug|schna|cker *m. 5, norddt.* Klugredner
Klump *m. 1 oder m. 2, derb:* Klumpen; er hat den Wagen zu Klump gefahren; mach's nicht zu Klump!
Klum|patsch *m. 1, derb* **1.** Klumpen, breiige, formlose Masse, Haufen; **2.** Zeug; was soll ich mit dem ganzen K. machen?
Klümp|chen *n. 7*
klum|pen *intr. 1* Klumpen bilden, sich zusammenballen
Klum|pen *m. 7*
klüm|pe|rig, klümp|rig
Klump|fuß *m. 2*
klump|fü|ßig
klum|pig
klümp|rig, klüm|pe|rig
Klün|gel *m. 5* Gruppe von Personen, die sich gegenseitig zum Nachteil anderer unterstützen, Sippschaft, Vetternwirtschaft, Clique
Klun|ker *f. 11* kleine Kugel, Klümpchen, Troddel
klun|ke|rig, klunk|rig
Klun|se *f. 11* = **Klin|se**
Klup|pe *f. 11* **1.** Werkzeug zum Gewindeschneiden; **2.** Werkzeug zum Messen des Durchmessers von Nutzhölzern, Schieb-, Schublehre; **3.** zangenähnliches Werkzeug mit Backen zum Einspannen von Werkstücken; **4.** *österr.:* Wäscheklammer
klup|pie|ren *tr. 3* den Durchmesser (von etwas) feststellen
Klus [mlat.] *f. 10,* **Klu|se** *f. 11, schweiz.:* Engpass, enges Quertal
Klü|se *f. 11, Seew.:* Loch in der Schiffswand für Ketten (Ankerklüse) oder Taue
Klut *f. 10, nddt.:* Klumpen, Ballen
klü|ten *intr. 1, nddt.:* basteln, bosseln
Klü|ver [-vər, ndrl.] *m. 5* dreieckiges Segel am Bugspriet
Klü|ver|baum [-vər-] *m. 2* Verlängerung des Bugspriets zum Befestigen des Klüvers
Klys|ma [griech.] *n. Gen.* -s *Pl.* -men Darmeinlauf, Klistier
Klys|tron *auch:* **Klyst|ron** [griech.] *n. Gen.* -s *Pl.* -tro|ne spezielle Form der Elektronenröhre zur Erzeugung und Verstärkung elektromagnet. Mikrowellen
km *Abk. für* Kilometer
km² *Abk. für* Quadratkilometer
km³ *Abk. für* Kubikkilometer
km/h *Abk. für* Kilometer je Stunde, Stundenkilometer
kn *Seew. Abk. für* Knoten
knab|bern *tr. u. intr. 1;* ich knabbere, knabbre (es)
Kna|be *m. 11*
kna|ben|haft
Kna|ben|haf|tig|keit *f. 10 nur Sg.*
Kna|ben|kraut *n. 4 nur Sg.* eine einheimische Orchidee
Kna|ben|lie|be *f. 11 nur Sg.* = Päderastie
Knäb|lein *n. 7, poet.*
Knack, Knacks *m. 1* kurzes Knacken
Knä|cke|brot [schwed.] *n. 1* dünnes Dauerbrot
kna|cken **1.** *intr. 1;* **2.** *tr. 1* aufbrechen, mit Gewalt öffnen (Nüsse, Geldschrank); mit den Fingernägeln zerquetschen (Läuse)
Knäck|en|te, Knäk|en|te *f. 11* kleine Wildente, Zugvogel
Kna|cker *m. 5* **1.** Knackwurst; **2.** *ugs., abfällig:* alter Mann
Knack|man|del *f. 11* getrocknete Mandel in der Schale
Knack|punkt *m. 1, ugs.* kritischer Punkt, das, worauf es ankommt
Knacks *m. 1* **1.** s. **Knack;** **2.** *ugs.:* gesundheitl. Schaden; einen Knacks abbekommen
knack|sen *intr. 1* knacken (und kaputtgehen)
Knack|wurst *f. 2*
Knag|ge *f. 11,* **Knag|gen** *m. 7* **1.** stützender hölzerner Bauteil; **2.** Widerlager zum Biegen von Blechen; **3.** Spannbacken (an der Drehbank); **4.** Vorsprung, Anschlag (einer Welle)
Knäk|en|te *f. 11* s. **Knäck|en|te**
Knall *m. 1;* (auf) Knall und Fall: unerwartet, plötzlich, sofort
knall|blau
Knall|bon|bon [-bɔŋbɔŋ] *n. 9*
Knall|ef|fekt *m. 1, ugs.:* verblüffender Höhepunkt
knal|len *intr. 1*
Knall|erb|se *f. 11* ein Zierstrauch, Schneebeere
Knal|le|rei *f. 10 nur Sg.*
Knall|gas *n. 1* Mischung aus Wasser- und Sauerstoff (oder Luft), die bei Zündung explodiert
knall|gelb
knall|hart *ugs.:* sehr hart
Knall|hit|ze *f. 11 nur Sg., ugs.*
knal|lig *ugs.:* grell, aufdringlich (Farbe)
Knall|kopf *m. 2, ugs., derb* Dummkopf
knall|rot
knapp; knapp sein, werden; jmdn. knapp halten; jmdm. wenig geben (Geld, Essen); ein knapp sitzendes Kleid
Knap|pe *m. 11* **1.** junger Edelmann im Dienst eines Ritters; **2.** Bergmann nach abgeschlossener Lehre, Bergknappe
knap|pern *tr. u. intr. 1, Nebenform von* knabbern
knapp hal|ten (*alt:* knapp|hal|ten) *tr. 61*
Knapp|heit *f. 10 nur Sg.*
Knapp|sack *m. 2, veraltet:* Reisetasche
Knapp|schaft *f. 10* zunftartige Vereinigung der Bergleute eines Bergwerks oder -reviers
Knapp|schafts|kas|se *f. 11*
knap|sen *intr. 1* knausern, sehr sparsam sein; mit dem Geld knapsen müssen
Knar|re *f. 11* **1.** Instrument, das beim Drehen ein knarrendes Geräusch gibt; **2.** scherzhaft: Gewehr
knar|ren *intr. 1*
Knast **1.** *m. 1, nddt.:* knorriges Stück Holz; Buckel; **2.** [jiddisch-rotwelsch] *m. Gen.* -(e)s *nur Sg.* Gefängnis; Gefängnisstrafe; Knast schieben
Knas|ter [griech.-span.] *m. 5* **1.** (schlechter) Tabak; **2.** brummiger alter Mann
Knas|ter|bart *m. 2*

K

Knas|te|rer *m. 5* s. **Knas|ter** (2)
knas|tern *intr. 1, landsch.:* brummig, knurrig sein
Knatsch *m. 1 nur Sg., mitteldt.* **1.** Klatsch; **2.** aufgeregtes Gerede, Streit
knat|schen *intr. 1, mitteldt.:* weinerlich reden, quengeln, nörgeln
knat|schig weinerlich, quengelig, nörgelig (bes. von kleinen Kindern)
knat|tern *intr. 1*
Knäu|el *m. 5 oder n. 5*
Knäu|el|gras, Knaul|gras *n. 4* eine Grasgattung
knäu|eln *tr. 1* zum Knäuel wickeln; ich knäuele, knäule es
Knauf *m. 2* **1.** kugelförmiger Griff, z. B. am Schwert, Schirm, Stock; **2.** Kapitell
Knaul *m. 1 oder m. 2, mitteldt.* Knäuel
knäu|len *tr. 1, ugs.:* zusammendrücken
Knaul|gras *n. 4* s. **Knäu|el|gras**
Knau|pe|lei *f. 10 nur Sg.*
knau|pe|lig, knaup|lig mühsam, schwierig
knau|peln *intr. 1, mitteldt.:* an etwas k. **1.** etwas mühsam zu öffnen, zu lösen versuchen; **2.** sich mit etwas geistig abmühen; **3.** etwas nur langsam überwinden können; **4.** an etwas herumnagen, kauen (Knochen, Fingernägel)
knaup|lig s. **knau|pe|lig**
Knau|ser *m. 5* knauseriger Mensch
Knau|se|rei *f. 10 nur Sg.*
knau|se|rig, knaus|rig übertrieben sparsam
Knau|se|rig|keit, Knaus|rig|keit *f. 10 nur Sg.* übertriebene Sparsamkeit
knau|sern *intr. 1* übertrieben sparsam sein; mit etwas knausern; ich knausere, knausre nicht mit Geld
knaus|rig s. **knau|se|rig**
Knau|tia [-tsja, nach dem Botaniker Chr. Knaut], **Knau|tie** [-tsjə] *f. Gen. - Pl.* -ti|en eine Wiesenblume
knaut|schen *tr. u. intr. 1* knittern, (sich) zerdrücken; der Stoff knautscht nicht
knaut|schig **1.** leicht knitternd; **2.** knatschig
Knautsch|lack *m. 1 nur Sg.*
Knautsch|zo|ne *f. 11* Pufferzone im Vorderteil eines Kfz
Kne|bel *m. 5*
Kne|bel|bart *m. 2*

Kne|bel|holz *n. 4*
kne|beln *tr. 1*
Kne|be|lung, Kneb|lung *f. 10 nur Sg.*
Knecht *m. 1;* Knecht Ruprecht
knech|ten *tr. 2*
knech|tisch
Knecht|schaft *f. 10 nur Sg.*
Knechts|ge|stalt *f. 10 nur Sg.*
Knech|tung *f. 10 nur Sg.*
Kneif, Kneip *m. 1* Messer (des Schusters, Sattlers, Gärtners)
knei|fen **1.** *tr. 70* zwicken; **2.** *intr. 70* zu eng sein (Kleid, Gummizug); **3.** *intr. 70, ugs.:* sich drücken, nicht mitmachen
Knei|fer *m. 5* Brille ohne Bügel, die mit der federnden Brücke auf die Nase geklemmt wird, Klemmer, Zwicker
Kneif|zan|ge, Kneip|zan|ge *f. 11* Zange mit zwei scharfen Schneiden, Beißzange
Kneip *m. 1* s. **Kneif**
Kneip|a|bend *m. 1*
Kneip|bru|der *m. 6*
Knei|pe *f. 11* **1.** sehr einfaches Lokal, Gaststätte (Bier-, Weinkneipe); **2.** Kneipabend der Korpsstudenten
knei|pen *intr. 1* **1.** trinken, zechen; **2.** *mitteldt., nur Präsens:* kneifen, zu eng sein
kneip|pen *intr. 1* sich einer Kneippkur unterziehen
Kneipp|kur [nach dem Pfarrer und Naturheilkundigen Sebastian Kneipp] *f. 10* Heilbehandlung mit Bädern, Licht, Luft, Bewegung und Diät
Kneip|wirt *m. 1*
Kneip|zan|ge *f. 11* s. **Kneif|zan|ge**
Knes|set(h) [hebr.] *f. Gen. - nur Sg., in Israel:* das Parlament
knet|bar
Knet|bar|keit *f. 10 nur Sg.*
Kne|te *f. 11 nur Sg.* **1.** Knetmasse; **2.** *ugs.:* Geld
kne|ten *tr. 2*
Knet|gum|mi *m. 9*
Knet|ma|schi|ne *f. 11*
Knet|wen|del *m. 14* spiralförmiger Teil der Handknetmaschine
Knick *m. 1* **1.** scharfe Biegung, gefaltete Stelle, angebrochene oder angeschlagene Stelle; **2.** *norddt.:* Hecke
Kni|cke|bein *n. Gen. -(e)s nur Sg., in Pralinen:* leicht alkohol. Kremfüllung
Knick|ei *n. 3* angeschlagenes Ei
kni|cken *tr. u. intr. 1*

Kni|cker *m. 5* **1.** kleines Jagdmesser; **2.** *ugs.:* Geizhals
Kni|cker|bo|cker [nikə(r)-, engl.] *m. 5* ein alkohol. Getränk; vgl. Knickerbockers
Kni|cker|bo|ckers [nikə(r)-, nach dem Spitznamen der holländ. Siedler in New York und der Romangestalt von Washington Irving] *Pl.* knielange Überfallhose
Kni|cke|rei *f. 10 nur Sg., ugs.:* Knauserei, Geiz
kni|cke|rig, knick|rig *ugs.:* übertrieben sparsam, geizig
Kni|cke|rig|keit, Knick|rig|keit *f. 10 nur Sg., ugs.*
kni|ckern *intr. 1;* ich knickere, knickre
knick|rig , kni|cke|rig
Kni|ck|rig|keit, Kni|cke|rig|keit *f. 10 nur Sg., ugs.*
Knicks *m. 1*
Knicks|chen *n. 7*
knick|sen *intr. 1*
Kni|ckung *f. 10*
Knie *n. Gen. -s Pl. -* [kni(ə)]
Knie|beu|ge *f. 11*
Knie|fall *m. 2*
knie|fäl|lig *nur in den Wendungen* jmdn. k. bitten; vor jmdm. k. werden
knie|frei
Knie|gei|ge *f. 11* Gambe
Knie|hang *m. 2* eine Turnübung am Reck
knie|hoch; kniehoher Schnee
Knie|holz *n. 4* niedrige Bäume in der Tundra und im Hochgebirge
Knie|ho|se *f. 11*
Knie|keh|le *f. 11*
knie|lang
knien [kni(ə)n] *intr. 1*
Knie|riem; Meister K. *veraltet, scherzh.:* Schuster
Knie|rie|men *m. 7* Riemen, mit dem der Schuster den Schuh auf sein Knie spannt
Knie|rohr *n. 1* rechtwinkliges Rohr
Knies *m. 1 nur Sg., nddt.* **1.** Dreck, Schmutz; **2.** Streit, Zank
Knie|schei|be *f. 11*
Knie|seh|nen|re|flex *m. 1* Patellarreflex
Knie|strumpf *m. 2*
knie|tief
kniet|schen *tr. 1, mitteldt.:* quetschen, drücken, *meist:* ausknietschen
Knie|wär|mer *m. 5*
knie|weich ängstlich, erschöpft
Kniff *m. 1* **1.** scharfe Falte, Knick (im Papier); **2.** Kunstgriff, Trick

K

Kniffelei *f. 10* schwierige Arbeit
kniffelig, knifflig schwierig, Mühe und Geduld erfordernd
Kniffeligkeit, Kniffligkeit *f. 10 nur Sg.*
Knigge [nach dem Verfasser des bekanntesten Werkes dieser Art, Adolf von Knigge] *m. Gen.* -s *Pl.* - Buch über gute Umgangsformen
Knilch *m. 1* s. **Knülch**
knipsen *tr. 1*
Knipser *m. 5*
Knipszange *f. 11*
Knirps *m. 1* **1.** kleiner Junge; **2.** ® zusammenschiebbarer Schirm, Taschenschirm
knirschen *intr. 1*
knistern *intr. 1;* das Papier knistert; ich knistere mit dem Papier
Knittel *m. 5* s. **Knüttel**
Knittelvers, Knüttelvers *m. 1* paarweise gereimter Vers mit vier Hebungen und meist unregelmäßigen Senkungen
Knitter *Pl.* Drückfalten
knitterarm
knitterfrei
knitterig, knittrig
knittern *intr. u. tr. 1;* ich knittere es
Knobel *m. 5, mitteldt.* **1.** Fingerknöchel; **2.** Würfel
Knobelbecher *m. 5* **1.** Würfelbecher; **2.** *ugs. scherzh.:* kurzer, plumper Militärschaftstiefel
knobeln *intr. 1* **1.** würfeln; **2.** nach einer bestimmten Methode losen; **3.** scharf nachdenken, genau überlegen; ich knobele, knoble
Knoblauch *m. 1 nur Sg.* eine Gewürz- und Heilpflanze
Knöchel *m. 5*
Knöchelchen *n. 7*
Knochen *m. 7*
Knochenbau *m. Gen.* -(e)s *nur Sg.*
Knochenbruch *m. 2*
knochendürr
Knochenfisch *m. 1* ein Fisch mit knöchernem Skelett, Grätenfisch
Knochenfraß *m. Gen.* -es *nur Sg.* Eiterbildung im Knochen, Knochenabszess
Knochengerüst *n. 1*
Knochenhaut *f. 2*
Knochenmann *m. 4 nur Sg., volkstüml.:* der (als Gerippe dargestellte) Tod
Knochenmark *n. Gen.* -s *nur Sg.*
knochentrocken *ugs.:* völlig, zu trocken
knöcherig, knöchrig
knöchern aus Knochen
knochig mit starken oder stark hervortretenden Knochen
Knöchlein *n. 7, poet.*
knockout *Nv.* **knock-out** *Hv.* [nɔkaut, engl.] (*Abk.:* k. o.) *Boxen:* kampfunfähig

> **Knock-out/Knockout:** Die Hauptvariante wird als substantivisch gebrauchte Zusammensetzung mit Bindestrich geschrieben: *Knock-out*; als Nebenvariante ist die Schreibung in einem Wort zulässig: *Knockout*. § 37 (2), § 43

Knockout *Nv.* **Knock-out** *Hv.* [nɔkaut, engl.] *n. Gen.* -(s) *Pl.* -s (*Abk.:* K. o.) völlige Niederlage, Kampfunfähigkeit
Knockoutschlag *Nv.* **Knock-out-Schlag** *Hv.* [nɔkaut-] *m. 2* (*Abk.:* K.-o.-Schlag)
Knödel *m. 5, bair., österr.:* Kloß
Knöllchen *n. 7*
Knolle *f. 11,* **Knollen** *m. 7*
Knollenblätterpilz *m. 1*
Knollenfrucht *f. 2*
knollig rund und dick
Knopf *m. 2; bair., österr. auch:* Knoten
Knöpfchen *n. 7*
knöpfen *tr. 1*
Knopfloch *n. 4*
Knopper *f. 11* Pflanzengalle an Eicheln, Gerbmittel
Knorpel *m. 5*
knorpelig s. **knorplig**
Knorpelkirsche *f. 11* eine Kirschensorte
knorplig, knorpelig
Knorren *m. 7* **1.** astreicher Teil eines Baumstammes; **2.** Baumstumpf
knorrig astreich; mit Verdickungen, Unregelmäßigkeiten auf der Oberfläche; knorzig
Knorz *m. 1* **1.** Knorren; **2.** *schweiz.:* Mühe
knorzen *intr. 1* **1.** *schweiz.:* sich abmühen; **2.** knausern
knorzig s. **knorrig**
Knöspchen *n. 7*
Knospe *f. 11*
knospen *intr. 1*
Knospenkapitell *n. 1* Kapitell mit Ornamenten in Form von Blattknospen
knospig
Knospung *f. 10* eine Form ungeschlechtlicher Fortpflanzung
Knötchen *n. 7*
Knote *m. 11, nordostdt.:* grober, ungebildeter Kerl
knöteln *tr. 1* verknoten, Knoten machen
knoten *tr. 2*
Knoten *m. 7; auch Seew.* (*Abk.:* kn) Seemeile pro Stunde
Knotenpunkt *m. 1*
Knotenschnüre *Pl., bei den Inkas:* mit Knoten versehene Fäden verschiedener Farbe und Länge, Verständigungs- oder Merkzeichen, Quipu
Knotenstock *m. 2* knorriger Stock
Knöterich *m. 1* ein Unkraut
knotig
Knottenerz *n. 1* Sandstein mit Bleiglanzkörnern
Know-how [nouhau, engl.] *n. Gen.* -(s) *nur Sg.* »Gewusst wie«, das Wissen, wie man eine Sache verwirklichen kann
Knubbe *f. 11, norddt.,* **Knubben** *m. 7, süddt. für* Knorren
Knubbel *m. 5* Erhöhung, Buckel, kleiner Hügel, Geschwulst
Knuff *m. 2* Stoß mit der Faust, Puff
knuffen *tr. 1*
Knülch, Knilch *m. 1* (unangenehmer) Kerl
knülle *ugs.* **1.** betrunken; **2.** erschöpft, zerschlagen; **3.** herrlich, großartig
knüllen *tr. u. intr. 1* knittern
Knüller [jidd.] *m. 5* erfolgreiche Sache, z. B. eine Ware, ein Schlager
Knüpfarbeit *f. 10*
knüpfen *tr. 1*
Knüpfung *f. 10*
Knüpfwerk *n. 1*
Knüppel *m. 5*
Knüppelbrücke *f. 11*
Knüppeldamm *m. 2* Brücke, Damm aus Holzknüppeln
knüppeldick *ugs.:* sehr schlimm, alles auf einmal; und dann kommt's gleich k.; knüppeldicke voll: zum Bersten voll
knüppelhart
Knüppelschaltung *f. 10, im Kraftwagen:* Gangschaltung mittels am Boden (nicht am Lenkrad) angebrachten Hebels
knuppern *tr. 1, Nebenform von* knabbern
knurren *intr. 1*
Knurrhahn *m. 2* **1.** ein Meeresfisch; **2.** *übertr.:* gutmütig-knurriger Mensch

K

knur|rig
Knur|rig|keit *f. 10 nur Sg.*
knü|se|lig *norddt.* **1.** unsauber; **2.** zerknittert
knü|seln *tr. 1, norddt.* **1.** beschmutzen; **2.** zerknittern; ich knüsele, knüsle das Papier
Knus|per|häus|chen *n. 7*
knus|pe|rig s. **knusp|rig**
knus|pern *tr. 1* knabbern; ich knuspere, knuspre (es)
knusp|rig, knus|pe|rig
Knust *m. 1, norddt.:* Anschnitt, Ende (vom Brot), Kanten
Knut männl. Vorname
Knu|te [russ.] *f. 11* **1.** Lederpeitsche; **2.** *übertr.:* Gewaltherrschaft, strenge Herrschaft; unter jmds. K. stehen, seufzen; jmdn. unter seine K. bringen
knu|ten *tr. 2* knechten
knut|schen *tr. 1, ugs.:* anhaltend küssen
Knut|sche|rei *f. 10*
Knüt|tel, Knit|tel *m. 5* derber Stock
Knüt|tel|vers *m. 1* s. **Knit|tel|vers**
ko..., Ko... vgl. kon..., Kon...
k. o. *Abk. für* knock-out; k. o. sein *ugs.:* erschöpft, müde, kampfunfähig sein
K. o. *Abk. für* Knock-out
Ko|ad|ju|tor [lat.] *m. 13* Gehilfe eines kath. Geistlichen
Ko|a|gu|lans [lat.] *n. Gen. - Pl.* -lan|tia [-tsja] *oder* -lan|zi|en die Blutgerinnung förderndes Mittel
Ko|a|gu|lat *n. 1* Stoff, der bei der Koagulation einer fein verteilten Lösung ausgeflockt wird
Ko|a|gu|la|ti|on *f. 10* Gerinnung, Ausflockung
ko|a|gu|lie|ren *intr. 3* gerinnen, ausflocken
Ko|a|la [austral.] *m. 9* kleiner Beutelbär Australiens
ko|a|lie|ren, ko|a|li|sie|ren [lat.] *intr. 3* eine Koalition bilden, sich verbünden
Ko|a|li|ti|on *f. 10* Bündnis (von Staaten oder Parteien zu einem bestimmten Zweck)
Ko|a|li|ti|ons|par|tei *f. 10*
Ko|a|li|ti|ons|part|ner *m. 5*
Ko|a|li|ti|ons|re|gie|rung *f. 10* aus den Vertretern mehrerer Parteien gebildete Regierung
Ko|a|li|ti|ons|ver|ein|ba|rung *f. 10*
Ko|a|li|ti|ons|ver|hand|lung *f. 10*
Ko|a|li|ti|ons|ver|trag *m. 2*
ko|a|xi|al [lat.], con|a|xi|al eine gemeinsame Achse besitzend
Ko|a|xi|al|ka|bel *n. 5* gegen Störfelder unempfindl. Kabel, bei dem ein Mittelleiter von einem hohlen Außenleiter umschlossen ist
Ko|balt *n. 1 nur Sg.* (*Zeichen:* Co) chem. Element, ein Metall; vgl. Kobold
ko|balt|blau
Ko|balt|blü|te *f. 11* ein Mineral, Erythrin
Ko|balt|glanz *m. Gen.* -es *nur Sg.*
Ko|bal|tin *n. 1 nur Sg.* ein Kobalterz, diente früher zur Gewinnung blauer Farbe
Ko|bel *m. 5, österr.,* **Ko|ben,** Ko|fen *m. 7* Verschlag, kleiner Stall, bes. für Schweine, Schweinekoben
Ko|ber *m. 5, ostmitteldt.:* Korb (für Esswaren)
Ko|bold *m. 1* guter, lustiger Hausgeist, Erdgeist, Wichtel
Ko|bold|ma|ki *m. 9* ein Halbaffe
Ko|bolz *m. 1* Purzelbaum; K. schlagen, schießen
ko|bol|zen *intr. 1*
Ko|bra *auch:* **Kob|ra** [port.] *f. 9* eine Giftschlange
Koch 1. *m. 2;* **2.** *n. Gen.* -s *nur Sg., österr.:* Brei, Mus
Koch|buch *n. 4*
Kö|chel|ver|zeich|nis *n. 1* (*Abk.:* KV) von dem österr. Musikwissenschaftler Ludwig von Köchel (1800-1877) zusammengestelltes chronolog. Verzeichnis der Werke Mozarts
ko|chen *tr. u. intr. 1*

kochend heiß: Fügungen, deren erster Bestandteil ein adjektivisch gebrauchtes Partizip (*kochend*) ist, werden getrennt geschrieben: *Im kochend heißen Wasser schwammen einzelne Fleischstücke.* § 36 E1 (3)

ko|chend heiß (*alt:* ko|chend-heiß)
Ko|chend|was|ser|au|to|mat *m. 10*
Ko|cher *m. 5*
Kö|cher *m. 5* Behälter für Pfeile
Kö|cher|flie|ge *f. 11* ein schmetterlingsähnl. Insekt
koch|fest
Koch|fes|tig|keit *f. 10 nur Sg.*
Koch|frau *f. 10*
Kö|chin *f. 10*
Koch|kä|se *m. 5*
Koch|kis|te *f. 11*
Koch|kunst *f. 2*
Koch|ni|sche *f. 11*
Koch|plat|te *f. 11*
Koch|salz *n. 1 nur Sg.*
Ko|da, Co|da [lat.] *f. 9* kurzer Schlussteil (eines Musikstückes, bes. des ersten Sonatensatzes)
Ko|dály [koda:j], *Zoltán* ungar. Komponist
Kod|der *m. 5, norddt.:* alter Lappen, Lumpen
kod|de|rig, kodd|rig *norddt.* **1.** abgerissen, schäbig, schmutzig; **2.** zum Erbrechen übel
kod|dern *intr. 1, norddt.* **1.** kleine Wäsche waschen; **2.** sich erbrechen
kodd|rig s. **kod|de|rig**
Kode, *techn.-fachsprachl. meist:* Code [ko:d] *m. 9* Schlüssel (zum Entziffern von verschlüsselten Mitteilungen, z. B. einer Geheimschrift, bzw. zum Verschlüsseln von normaler Schrift); Telegrafenschlüssel
Ko|de|in, Co|de|in [griech.] *n. 1 nur Sg.* zu den Alkaloiden gehörende Stickstoffverbindung des Opiums, ein Beruhigungsmittel
Kö|der *m. 5*
kö|dern *tr. 1;* ich ködere, ködre ihn
Ko|dex [lat.] *m. Gen.* (-es) *Pl.* -e *oder* -di|zes [tse:s], Co|dex *m. Gen. - Pl.* -di|ces [-tse:s] (*Abk.:* Cod.) **1.** zwischen Holzdeckel gebundene Pergament- oder Papyrusblätter (Vorläufer des Buches); **2.** Sammlung alter Handschriften; vgl. Codex; **3.** Gesetzessammlung; vgl. Code; **4.** Gesamtheit aller in einer Gesellschaft oder Gesellschaftsschicht maßgebenden Vorschriften
ko|die|ren, *fachsprachl. meist:* co|die|ren *tr. 3* nach einem Kode umsetzen, verschlüsseln
Ko|di|fi|ka|ti|on *f. 10* Zusammenfassung in einem Kodex
Ko|di|fi|ka|tor *m. 13* jmd., der etwas kodifiziert
ko|di|fi|zie|ren *tr. 3* in einem Gesetzbuch zusammenfassen
Ko|di|fi|zie|rung *f. 10*
Ko|di|zill *n. 1, früher:* letztwillige Verfügung
Ko|e|du|ka|ti|on [lat.] *f. 10 nur Sg.* Erziehung von Jungen und Mädchen gemeinsam (in Schulen und Internaten)
Ko|ef|fi|zi|ent [lat.] *m. 10* **1.** *Math.:* Vorzahl, Beizahl vor veränderlichen Größen einer Funktion; **2.** *Phys.:* Zahl, die eine bestimmte physikal. oder technische Verhaltensweise angibt, z. B. Reibungs-, Ausdehnungskoeffizient

Ko|en|zym [lat. + griech.] *n. 1* Teil eines Enzyms, das mit anderen zusammen die Wirkung des ganzen Enzyms ermöglicht, Koferment
ko|er|zi|bel [lat.] **1.** verdichtbar, verflüssigbar; koerzible Luft, koerzibles Gas; **2.** fähig, eine Koerzitivkraft auszuüben
Ko|er|zi|tiv|kraft *f. 2* Fähigkeit eines Stoffes, einen in ihm erregten Magnetismus beizubehalten oder der Magnetisierung zu widerstehen
Ko|e|xis|tenz [lat.] *f. 10 nur Sg.* **1.** gleichzeitiges Vorhandensein (mehrerer Dinge); **2.** friedliches Nebeneinanderbestehen (von Staaten mit verschiedenen Gesellschafts-, Regierungs- oder Wirtschaftsformen)
ko|e|xis|tie|ren *intr. 3*
Ko|fel *m. 5, bair. für* Kogel
Ko|fen *m. 7* s. **Ko|ben**
Ko|fer|ment [lat.] *n. 1* = Koenzym
Kof|fe|in, Cof|fe|in [engl.] *n. 1 nur Sg.* in Kaffee, Tee, der Kolanuss u. a. enthaltenes, anregendes Alkaloid
kof|fe|in|frei
kof|fe|in|hal|tig
Kof|fer *m. 5*
Köf|fer|chen *n. 7*
Kof|fer|ku|li *m. 9, auf Bahnhöfen:* kleiner Wagen zum Selbstbefördern von Koffern
Kof|fer|ra|dio *n. 9*
Kof|fer|raum *m. 2*
Kof|fer|schreib|ma|schine *f. 11*
Kog *m. 2* s. **Koog**
Ko|gel *m. 5* **1.** Bergkuppe (häufig in geograph. Namen); **2.** s. **Gu|gel**
Kog|ge [nddt.] *f. 11* zwei- bis dreimastiges Segelschiff des 13.-14. Jh. mit mehrstöckigen Aufbauten auf Bug und Heck

Kognak/Cognac: Das Getränk wird in eingedeutschter Schreibweise *Kognak* geschrieben; als eingetragenes Warenzeichen bleibt die französische Schreibweise erhalten: *Cognac.* § 32 (2)

♦ Die Buchstabenfolge **ko|gn...** kann in Fremdwörtern auch **kog|n...** getrennt werden.

♦ **Ko|gnak** [kɔnjak, frz.] *m. 9* in der frz. Stadt Cognac hergestellter Weinbrand; vgl. Cognac®
♦ **Ko|gnat** [lat.] *m. 10, im alten Rom:* Blutsverwandter, der nicht Agnat ist
♦ **Ko|gna|ti|on** *f. 10 nur Sg.* Blutsverwandtschaft, die nicht Agnation ist
♦ **Ko|gni|ti|on** [lat.] *f. 10, veraltet:* (richterl.) Erkenntnis, Untersuchung
♦ **ko|gni|tiv** auf Erkenntnis beruhend
♦ **Ko|gno|men** [lat.] *m. Gen.* -s *Pl. - oder* -mi|na, *im alten Rom:* Beiname
Ko|ha|bi|ta|ti|on [lat.] *f. 10* **1.** Beischlaf **2.** *Politik:* (in Frankreich) Zusammenarbeit des Präsidenten mit der Regierung anderer polit. Richtung
ko|ha|bi|tie|ren *intr. 3*
ko|hä|rent [lat.] zusammenhängend; *Ggs.:* inkohärent
Ko|hä|renz *f. 10 nur Sg.* Zusammenhang; *Ggs.:* Inkohärenz
ko|hä|rie|ren *intr. 3* zusammenhängen, der Kohäsion unterliegen
Ko|hä|si|on *f. 10 nur Sg.* durch Anziehung bewirkter Zusammenhang der Moleküle
ko|hä|siv zusammenhaltend
Ko|hi|noor [-nur, pers. »Berg des Lichts«], **Ko|hi|nur** *m. Gen.* -s *nur Sg.* Name eines großen Diamanten im engl. Kronschatz
Kohl *m. 1 nur Sg.* **1.** *Sammelbez. für* verschiedene Gemüsepflanzen; **2.** [jidd.] Unsinn, dummes Gerede
Kohl|dampf *m. Gen.* -s *nur Sg., Soldatensprache:* Hunger; K. schieben
Koh|le *f. 11;* Kohle führendes Flöz
Koh|le füh|rend (*alt:* koh|le|füh|rend)
Koh|le|hy|drat *auch:* **Koh|le|hyd|rat** *n. 1* s. **Koh|len|hy|drat**
Koh|le|kraft|werk *n. 1*
koh|len *intr. 1* **1.** verkohlen, ohne Flamme brennen, schwelen; **2.** *Seew.:* Kohle als Ladung übernehmen; **3.** [jidd.] Unsinn reden, flunkern
Koh|len|ba|ron *m. 1, ugs.:* Eigentümer eines Bergwerks
Koh|len|bren|ner *m. 5* Köhler
Koh|len|di|o|xid *n. 1 nur Sg.* ein nicht brennbares Gas
Koh|len|gas *n. 1* bei der Verschwelung von Kohle zu Koks entstehendes Gas
Koh|len|hy|drat *auch:* **Koh|len|hyd|rat,** Koh|le|hy|drat *n. 1* chem. Verbindung aus Kohlen-, Wasser- und Sauerstoff
Koh|len|hy|drie|rung *auch:* **Koh|len|hyd|rie|rung** *f. 10 nur Sg.* s. **Koh|le|ver|flüs|si|gung**
Koh|len|in|dus|trie *auch:* **Koh|len|in|dust|rie** *f. 11*
Koh|len|kel|ler *m. 5*
Koh|len|mei|ler *m. 5* mit Erde bedeckter Holzstoß, in dem Holz zu Holzkohle verschwelt
Koh|len|mo|no|xid *auch:* **Koh|len|mo|no|xid, Koh|len|o|xid** *n. 1 nur Sg.* ein giftiges Gas
Koh|len|o|xid|ver|gif|tung *f. 10*
koh|len|sau|er
Koh|len|säu|re *f. 11 nur Sg.*
Koh|len|staub *m. Gen.* -(e)s *nur Sg.*
Koh|len|stoff *m. 1 nur Sg.* (*Zeichen:* C) chem. Element, Carboneum
Koh|len|trim|mer *m. 5* Arbeiter (bes. in Häfen), der Kohle verlädt
Koh|len|was|ser|stoff *m. 1 nur Sg.* chem. Verbindung, die ausschließlich aus Kohlen- und Wasserstoff aufgebaut ist
Koh|len|zan|ge *f. 11*
Koh|le|pa|pier *n. 1* einseitig (meist schwarz) gefärbtes Papier zum Durchschreiben
Köh|ler *m. 5* **1.** Handwerker, der Holz zu Holzkohle verschwelt; **2.** = Seelachs
Köh|le|rei *f. 10* Kohlenbrennerei
Koh|le|stift *m. 1* Zeichenstift aus Holzkohle
Koh|le|ver|flüs|si|gung *f. 10 nur Sg.* Anlagerung von Wasserstoff an Kohle zur Gewinnung von Kohlenwasserstoff, Kohlenhydrierung
Koh|le|zeich|nung *f. 10* Zeichnung mit Holzkohlestift
Kohl|fisch *m. 1* = Seelachs
Kohl|her|nie [-njə, lat.] *f. 11* eine Kohlkrankheit, durch Pilze hervorgerufene Verdickungen an der Wurzel
Kohl|kopf *m. 2*
Kohl|mei|se *f. 11* ein Singvogel
kohl|pech|ra|ben|schwarz
Kohl|ra|be *m. 11* = Kolkrabe
kohl|ra|ben|schwarz
Kohl|ra|bi *m. 9 oder Gen. - Pl. -* eine Gemüsepflanze
Kohl|rü|be *f. 11*
kohl|schwarz
Kohl|weiß|ling *m. 1* ein Schmetterling
Ko|hor|te [lat.] *f. 11* altrömische

Truppeneinheit, 10. Teil einer Legion, drei Manipel

Koi|ne [kɔı-, griech.] *f. Gen. - nur Sg.* aus den altgriech. Dialekten entstandene griech. Umgangssprache, Vorstufe des Neugriechischen

ko|in|zi|dent [lat.] zusammentreffend, einander deckend

Ko|in|zi|denz *f. 10 nur Sg.* Zusammentreffen (zweier Ereignisse oder Vorgänge)

ko|in|zi|die|ren *intr. 3* zusammenfallen (mit), sich decken (mit)

ko|i|tie|ren [lat.] *intr. u. tr. 3* den Beischlaf ausüben, Geschlechtsverkehr haben; jmdn. k.: mit jmdm. den Geschlechtsverkehr vollziehen

Ko|i|tus, *fachsprachl.:* Co|i|tus *m. Gen. - Pl. -* Beischlaf, Geschlechtsverkehr

Ko|je [lat.-nddt.] *f. 11* **1.** *auf Schiffen:* Bett; **2.** Ausstellungsstand

Ko|jo|te [span.-mexikan.], Co|yo|te *m. 11* nordamerik. Präriewolf

K

Ko|ka [span.] *f. Gen. - Pl. -* in Bolivien und Peru heimische Pflanze, aus deren Blättern Kokain gewonnen wird, Kokastrauch

Ko|ka|in *n. 1 nur Sg.* aus der Koka gewonnenes, anregendes Alkaloid, Rauschgift

Ko|ka|i|nis|mus *m. Gen. - nur Sg.* Kokainsucht

Ko|ka|in|sucht *f. Gen. - nur Sg.*

ko|ka|in|süch|tig

Ko|kar|de [frz.] *f. 11, an Uniformmützen:* nationales Abzeichen; Hoheitszeichen

Ko|kar|den|blu|me *f. 11* eine Zierpflanze

Ko|ka|strauch *m. 4* Koka

ko|keln *intr. 1* mit Feuer spielen; ich kokele, kokle

ko|ken [engl.] *intr. 1* Koks herstellen

Ko|ker *m. 5* **1.** Arbeiter in der Kokerei; **2.** *Seew.:* Öffnung am Schiffsheck für das Ruder, Hennegatt

Ko|ke|rei *f. 10* **1.** *nur Sg.* Herstellung von Koks (Brennstoff); **2.** die Anlage dafür

ko|kett [frz.] gefallsüchtig

Ko|ket|te *f. 11* kokette Frau

Ko|ket|te|rie *f. 11 nur Sg.* Gefallsucht

ko|ket|tie|ren *intr. 3* Gefallen zu erregen suchen, seine Reize spielen lassen; mit jmdm. k.: jmdn. erotisch zu reizen versuchen

Ko|kil|le [frz.] *f. 11* metallene, mehrmals verwendbare Gießform

Ko|kil|len|guss (*alt:* Ko|kil|len|guß) *m. 2*

Kok|ke *f. 11* s. **Kok|kus**

Kok|kels|kör|ner *Pl.* (in Südasien) zum Fischfang verwendete, ein Betäubungsmittel enthaltende Körner

Kok|ko|lith [griech.] *m. 10* aus Kalkalgen entstandenes Tiefseegestein

Kok|kus [griech.] *m. Gen. - Pl.* -ken, Kok|ke *n. 1* kugelförmiges Bakterium

Ko|kon [-kɔ̃, österr.: -kon, frz.] *m. 9* bei der Verpuppung gesponnene Hülle mancher Insektenlarven, bes. der Seidenraupe

Ko|kos [span.] *f. Gen. - Pl. -, kurz für* Kokospalme, Fruchtfleisch der Kokosnuss

Ko|kosch|ka, *Oskar* österr. Maler

Ko|kos|fa|ser *f. 11* Faser der Kokosnuss

Ko|kos|fett *n. 1* aus der Kokosnuss gewonnenes Fett

Ko|kos|läu|fer *m. 5*

Ko|kos|mat|te *f. 11* Läufer, Matte aus Kokosfasern

Ko|kos|milch *f. 10 nur Sg.* süßliche, wasserklare Flüssigkeit in der Kokosnuss

Ko|kos|nuss (*alt:* Ko|kos|nuß) *f. 2*

Ko|kos|pal|me *f. 11*

Ko|kot|te [frz.] *f. 11* Halbweltdame, leichtes Mädchen

Koks [engl.] *m. 1* **1.** durch Verschwelen von Stein- und Braunkohle gewonnener Brennstoff; **2.** *ugs. für* Kokain

kok|sen *intr. 1 ugs.* **1.** schlafen; **2.** Kokain schnupfen

Kok|ser *m. 5 ugs.:* Kokainsüchtiger

Kok|zi|die [-djə, griech.-lat.] *f. 11* krankheitserregendes Sporentierchen

Kok|zi|di|o|se *f. 11* durch Kokzidien hervorgerufene Erkrankung, z. B. Leberkokzidiose

kol..., Kol... vgl. kon..., Kon...

Ko|la [afrik. Spr.] *f. Gen. - nur Sg.*

Ko|la|nuss (*alt:* Ko|la|nuß) *f. 2* koffeinhaltiger Samen des westafrik. Kolabaumes

Ko|lat|sche [tschech.], Go|lat|sche *f. 11, österr.:* kleiner, mit Rosinen oder Marmelade gefüllter Hefekuchen

Ko|la|tur [lat.] *f. 10* durch ein Tuch geseihte Flüssigkeit

Kölb|chen *n. 7*

Kol|ben *m. 7*

Kol|ben|hir|se *f. 11 nur Sg.* eine Hirsenart

Kol|ben|su|mach *m. 1* Essigbaum, ein Zierstrauch oder -baum

kol|big

Kol|chis histor. Landschaft am Schwarzen Meer

Kol|chos [russ.] *m. Gen. - Pl.* -chosen, **Kol|cho|se** *f. 11, UdSSR:* landwirtschaftliche Produktionsgenossenschaft

Ko|le|o|pte|re *auch:* **Ko|le|op|te|re** [griech.] *f. 11, Sammelbez. für* Käfer

Ko|le|o|pte|ro|lo|gie *f. 11 nur Sg.* Wissenschaft von den Käfern

Ko|li|bak|te|ri|en [griech.] *Pl.* Dickdarmbakterien

Ko|li|bri *auch:* **Ko|lib|ri** [indian.] *m. 9* winziger südamerik. Vogel, Schwirrvogel

ko|lie|ren [lat.] *tr. 3* durch ein Tuch seihen; vgl. Kolatur

Ko|lier|tuch *n. 4*

Ko|lik [griech.] *f. 10* krampfartiger Schmerz in den inneren Organen, z. B. Nierenkolik

Ko|li|tis *f. Gen. - Pl.* -ti|den infektiöse Dickdarmentzündung

Kolk *m. 1, nddt.:* Wasserloch

kol|ken *intr. 1, nddt.:* gurgelnde Laute ausstoßen, rülpsen

Kol|ko|thar [griech.-arab.] *m. 1* rotes Eisenoxid, Malerfarbe

Kolk|ra|be *m. 11* ein Rabenvogel, Kohlrabe

kol|la|bes|zie|ren [lat.] *intr. 3* hinfällig werden, verfallen

kol|la|bie|ren [lat.] *intr. 3* einen Kollaps erleiden, zusammenbrechen

Kol|la|bo|ra|teur [-tør, frz.] *m. 1* jmd., der mit dem Feind oder der Besatzungsmacht zusammenarbeitet

Kol|la|bo|ra|ti|on *f. 10* Zusammenarbeit mit dem Feind oder der Besatzungsmacht

kol|la|bo|rie|ren *intr. 3* mit dem Feind oder der Besatzungsmacht zusammenarbeiten

Kol|la|gen [griech.] *n. 1* leimartiger Eiweißstoff in Knochen, Knorpeln und im Bindegewebe der Haut

Kol|laps [auch: -laps] *m. 1* Zusammenbruch durch plötzliches Versagen des Blutkreislaufs, Schwächeanfall

kol|la|te|ral [lat.] **1.** auf der gleichen Körperseite; **2.** seitlich, nebenher laufend

Kol|la|te|ral|scha|den *m. 8* **1.** schädliche Nebenwirkung; **2.** *im Kriegszustand verhüllend für* Opfer unter der Zivilbevölkerung

Kol|la|te|ral|ver|wand|te(r) *m. 18 (17) bzw. f. 17 oder 18* Verwandte(r) einer Nebenlinie, entfernte(r) Verwandte(r)

Kol|la|ti|on [lat.] *f. 10* **1.** Vergleich zwischen Urschrift und Abschrift; **2.** Zusammentragen der Bogen eines Buches und Prüfung auf ihre Vollzähligkeit; **3.** *auch:* Übertragen von Korrekturen aus mehreren Fahnen in ein Exemplar; **4.** Ausgleich zwischen Erben, wenn einer schon vor dem Tod des Erblassers Zuwendungen erhalten hat; **5.** *kath. Kirche:* kleine, leichte Erfrischung an Fasttagen

kol|la|ti|o|nie|ren *tr. 3* zusammentragen, ausgleichen

Kol|la|ti|ons|pflicht *f. 10* Ausgleichspflicht (von Erben)

Kol|la|tur *f. 10* Recht zur Besetzung eines geistl. Amtes

Kol|lau|da|ti|on [lat.] *f. 10, schweiz. neben* Kollaudierung

kol|lau|die|ren *tr. 3 österr., schweiz.:* abschließend prüfen und genehmigen

Kol|lau|die|rung *f. 10, österr., schweiz.:* amtl. Prüfung u. abschließende Genehmigung eines Baues

Kol|leg [lat.] *n. 9* **1.** Vorlesung an einer Hochschule; **2.** kath. Studienanstalt, z. B. Jesuitenkolleg

Kol|le|ge *m. 11* Amtsbruder, Berufsgenosse, Mitarbeiter

Kol|le|gen|schaft *f. 10 nur Sg.*

Kol|leg|geld *n. 3*

Kol|leg|heft *n. 1*

kol|le|gi|al wie ein Kollege, wie unter Kollegen, kameradschaftlich, freundlich vertraut; kollegiales Verhältnis, sich kollegial verhalten

Kol|le|gi|al|ge|richt *n. 1* Gericht, bei dem mehrere Richter gemeinsam das Urteil fällen

Kol|le|gi|a|li|tät *f. 10 nur Sg.* Verbundenheit der Kollegen untereinander, Berufskameradschaft, kollegiales Verhältnis oder Verhalten

Kol|le|gi|at *m. 10* Stiftsgenosse; Gymnasiast in der Kollegstufe

Kol|le|gin *f. 10*

Kol|le|gi|um *n. Gen.* -s *Pl.* -gi|en **1.** Gemeinschaft von Personen des gleichen Berufs, z. B. Lehrer-, Ärztekollegium; **2.** Ausschuss, Körperschaft

Kol|leg|map|pe *f. 11* flache Aktenmappe

Kol|leg|stu|fe *f. 11 nur Sg.* Oberstufe des Gymnasiums

Kol|lek|ta|nea [lat.], **Kol|lek|ta|ne|en** *Pl.* gesammelte Auszüge aus literar. oder wissenschaftl. Werken, Lesefrüchte, Sammelhefte

Kol|lek|te *f. 11* kirchliche Geld-, Spendensammlung

Kol|lek|teur [-tør, frz.] *m. 1, veraltet* **1.** Lotterieeinnehmer; **2.** Sammler von Spenden für wohltätige Zwecke

Kol|lek|ti|on *f. 10* **1.** Geldsammlung; **2.** Mustersammlung (von Waren), Auswahl

kol|lek|tiv **1.** gemeinsam, gemeinschaftlich (erarbeitet); **2.** umfassend

Kol|lek|tiv *n. 1* Arbeitsgemeinschaft

Kol|lek|tiv|ar|beit *f. 10*

Kol|lek|tiv|be|wusst|sein (*alt:* Kol|lek|tiv|be|wußt|sein) *n. 1 nur Sg.*

Kol|lek|tiv|ei|gen|tum *n. Gen.* -s *nur Sg.*

kol|lek|ti|vie|ren [-vi-] *tr. 3* **1.** in Kollektive zusammenfassen; **2.** *früher, in kommunist. Staaten:* in Kollektiveigentum überführen

Kol|lek|ti|vie|rung [-vi-] *f. 10 nur Sg.*

Kol|lek|ti|vis|mus [-vis-] *m. Gen.* - *nur Sg.* Auffassung, dass die Gemeinschaft den Vorrang vor dem Einzelnen und dieser kein Eigenrecht habe

Kol|lek|ti|vist [-vist] *m. 10*

kol|lek|ti|vis|tisch [-vis-]

Kol|lek|tiv|suf|fix *n. 1* für ein Kollektivum charakteristisches Suffix, z. B. -schaft

Kol|lek|ti|vum [-vum] *n. Gen.* -s *Pl.* -va [-va] *oder* -ven [-vən] eine Gruppe gleichartiger Wesen oder Dinge zusammenfassender Begriff, Sammelbegriff, Sammelname, z. B. Vieh, Gebirge, Gemeinde, Lehrerschaft; vgl. Appellativum

Kol|lek|tiv|ver|trag *m. 2*

Kol|lek|tiv|wirt|schaft *f. 10, früher, in sozialist. Staaten:* genossenschaftlich bewirtschafteter landwirtschaftl. Betrieb

Kol|lek|tor *m. 13* **1.** *Phys.:* Sammler (von Licht, Energie, Schall usw.); **2.** *bei elektr. Maschinen:* als Stromwender wirkender Schleifkontakt, Kommutator

Kol|len|chym *auch:* **Kol|len|chym** [-çym, griech.] *n. 1* dehnungsfähiges Festigungsgewebe wachsender Pflanzen

Kol|ler *m. 5* **1.** lederner Brustharnisch; **2.** Schulterpasse, breiter Kragen; **3.** *ugs.:* Wutanfall; **4.** eine Gehirnerkrankung der Pferde, Dummkoller

Kol|ler|gang *m. 2* Mahlwerk, Zerkleinerungsmaschine, Kollermühle

kol|le|rig, koll|rig leicht einen Koller (3) bekommend, einem Koller nahe, wütend

Kol|ler|müh|le *f. 11* Kollergang

kol|lern *intr. 1* **1.** rollen, kullern; **2.** einen Koller haben, wüten; **3.** glucksend schreien, rufen (vom Truthahn); **4.** glucksen, glucksende Geräusche von sich geben; es kollert im Magen, der Magen kollert

Kol|lett [lat.-frz.] *n. 1, veraltet* **1.** Reitjacke, Wams; **2.** breiter Umhängekragen

Kol|li **1.** *Pl. von* Kollo; **2.** *n. Gen.* -s *Pl.* -, *österr.:* Fracht-, Gepäckstück

kol|li|die|ren [lat.] *intr. 3* **1.** sich überschneiden, (zeitlich) zusammenfallen; **2.** zusammenstoßen (Fahrzeuge); **3.** in Streit geraten, aneinander geraten; vgl. Kollision

Kol|lier, Col|lier [-lje, frz.] *n. 9* **1.** (wertvoller) Halsschmuck; **2.** um Hals und Schulter zu tragender, schmaler Pelz

Kol|li|ma|ti|on [lat.] *f. 10* **1.** das Zusammenfallen zweier Linien, z. B. beim Einstellen eines Fernrohrs; **2.** Übereinstimmung eines Winkels mit dem darauf eingestellten Messgerät

Kol|li|ma|tor *m. 13* Anordnung, die die Strahlen einer Lichtquelle parallel richtet

kol|li|ne|ar [lat.] *bei der projektiven Abbildung:* einander entsprechend (Punkte und Geraden)

Kol|li|ne|a|ti|on *f. 10* bes. Form der projektiven Abbildung eines Raumes

Kol|li|si|on [lat.] *f. 10* **1.** Überschneidung; (zeitliches) Zusammenfallen; **2.** Zusammenstoß; **3.** Streit; **4.** Widerstreit, Gegen-

K

satz; mit dem Gesetz in K. kommen oder geraten
Kol|lo [ital.] *n. Gen.* -s *Pl.* -s *oder* -li Frachtstück, Warenballen
Kol|lo|din [griech.] *n. 1* verdünnter Pflanzenleim, als Klebemittel und zum Appretieren
Kol|lo|di|um *n. Gen.* -s *nur Sg.* Lösung aus Kollodiumwolle und einem Alkohol-Äther-Gemisch, zum Verschließen von Wunden; auch in der Technik
Kol|lo|di|um|wol|le *f. 11 nur Sg.* eine nitrierte Zellulose
kol|lo|id [griech.], kol|lo|i|dal fein verteilt
Kol|lo|id *n. 1* in Lösung befindl. Molekülaggregat, das zwischen 10^3 und 10^9 Atome pro Raumeinheit enthält
kol|lo|i|dal s. **kol|lo|id**
Kol|lo|ka|ti|on [lat.] *f. 10, veraltet:* Ordnung nach bestimmter Reihenfolge
Kol|lo|qui|um [auch: -lɔ-, lat.] *n. Gen.* -s *Pl.* -qui|en wissenschaftl. Gespräch (zu Lehrzwecken)
kol|lrig s. **kol|le|rig**
kol|lu|die|ren [lat.] *intr. 3* sich zu jmds. Nachteil mit einem Dritten verständigen
Kol|lu|si|on *f. 10* geheime, betrügerische Verabredung zu jmds. Nachteil, Verdunkelung, Verschleierung
Köln dt. Stadt am Rhein
köl|nisch; kölnisches Wasser
Köl|nisch|was|ser *n. Gen.* -s *nur Sg.*
Ko|lo|fo|ni|um *n. Gen.* -s *nur Sg.* s. **Ko|lo|pho|ni|um**
Ko|lom|bi|ne [ital. »Täubchen«], Ko|lum|bi|ne *f. 11* Gestalt der Commedia dell'Arte, Geliebte des Arlecchino
Ko|lom|bo|wur|zel *f. 11* Wurzel einer ostafrik. Schlingpflanze, gegen Verdauungsstörungen verwendet
Ko|lon [griech.] *n. Gen.* -s *Pl.* -s *oder* Ko|la **1.** Grimm-, Dickdarm; **2.** Doppelpunkt; **3.** *Metrik:* als Einheit aufzufassende Wortgruppe
Ko|lo|nat [lat.] *n. 1* **1.** *in der röm. Kaiserzeit:* Grundhörigkeit (des Bauern); **2.** *später:* Erbpachtgut; **3.** Ansiedlung Kriegsgefangener, vor allem von Germanen
Ko|lo|ne *m. 11* **1.** *röm. Kaiserzeit:* persönlich freier, aber an seinen Landbesitz gebundener Bauer; **2.** *später:* Erbzinsbauer
Ko|lo|nel [frz.] *f. Gen.* - *nur Sg.* ein Schriftgrad (7 Punkt)
ko|lo|ni|al [lat.] die Kolonien betreffend, zu ihnen gehörig, aus ihnen stammend
Ko|lo|ni|a|lis|mus *m. Gen.* - *nur Sg.* auf Erwerb und Nutzung von Kolonien gerichtete Politik
Ko|lo|ni|a|list *m. 10* Anhänger des Kolonialismus
ko|lo|ni|a|lis|tisch
Ko|lo|ni|al|po|li|tik *f. 10 nur Sg.*
Ko|lo|ni|al|wa|ren *f. 11, veraltet*
Ko|lo|nie *f. 11* **1.** Siedlung von Menschen außerhalb ihres Mutterlandes; **2.** ausländischer, meist überseeischer Besitz (eines Staates); **3.** Lager, z. B. Ferienkolonie; **4.** Gruppe gleichartiger, gesellig lebender Tiere, Tierverband; **5.** Verband niederer Lebewesen, Zellverband
Ko|lo|ni|sa|ti|on *f. 10 nur Sg.* **1.** Urbarmachung und Besiedlung von Land (im In- oder Ausland); **2.** Erwerb, Eroberung von Kolonien
Ko|lo|ni|sa|tor *m. 13* jmd., der eine Kolonie (2) erobert oder erwirbt
ko|lo|ni|sa|to|risch
ko|lo|ni|sie|ren *tr. 3* **1.** urbar machen und besiedeln; **2.** als Kolonie erwerben oder erobern
Ko|lo|ni|sie|rung *f. 10 nur Sg.*
Ko|lo|nist *m. 10* Siedler in einer Kolonie (1)
Ko|lon|na|de [frz.] *f. 11* Säulengang
Ko|lon|ne *f. 11* **1.** geordnete Schar, Zug; **2.** Transport- oder Arbeitstrupp; **3.** Reihe, z. B. von Zahlen; **4.** Trennungssäule (beim Destillieren)
Ko|lon|nen|ap|pa|rat *m. 1* Destillierapparat
Ko|lon|nen|sprin|ger *m. 5, ugs.:* Autofahrer, der andere Autos gewagt überholt
Ko|lo|phon [griech.] *m. 1, in alten Handschriften u. Frühdrucken:* Schlussvermerk über Verfasser, Schreiber, Ort, Jahr
Ko|lo|pho|ni|um *auch:* **Ko|lo|fo|ni|um** [nach der altgriech. Stadt Kolophon in Kleinasien] *n. Gen.* -s *nur Sg.* ein Harzprodukt, für Lacke, Kitte, Leime und zum Bestreichen des Geigenbogens
Ko|lo|quin|te [griech.-ital.] *f. 11* Kürbispflanze, Abführmittel
Ko|lo|ra|do|kä|fer [nach dem US-amerik. Staat Colorado] *m. 5* Kartoffelkäfer
Ko|lo|ra|tur [lat.] *f. 10* virtuose Verzierung des Gesangs in hoher Lage
Ko|lo|ra|tur|a|rie [-riə] *f. 11*
Ko|lo|ra|tur|sän|ge|rin *f. 10*
Ko|lo|ra|tur|so|pran *auch:* **Ko|lo|ra|tur|sop|ran** *m. 1*
ko|lo|rie|ren *tr. 3* färben, farbig ausmalen; kolorierter Kupferstich
Ko|lo|rie|rung *f. 10*
Ko|lo|ri|me|ter *n. 5* Gerät zum Bestimmen der Farbintensität von Lösungen
Ko|lo|ri|me|trie *auch:* **Ko|lo|ri|met|rie** *f. 11 nur Sg.*
ko|lo|ri|me|trisch *auch:* **ko|lo|ri|met|risch**
Ko|lo|ris|mus *m. Gen.* - *nur Sg., Malerei:* Hervorhebung der Farbe
Ko|lo|rist *m. 10* **1.** Anhänger des Kolorismus; **2.** jmd., der Stiche usw. koloriert
ko|lo|ris|tisch die Farbgebung betreffend
Ko|lo|rit *n. 1* **1.** Farbgebung, Farbwirkung, farbl. Gestaltung; **2.** Klangfarbe, Klangwirkung; **3.** *in der Literatur:* Stimmung, detaillierte Darstellung, z. B. Lokalkolorit
Ko|loss (*alt:* Ko|loß) [griech.] *m. 1* **1.** riesiges Standbild; **2.** riesiges Gebilde, massiger, riesiger Gegenstand; **3.** sehr großer, dicker, schwerfälliger Mensch
ko|los|sal **1.** riesig und massig; **2.** *ugs.:* sehr, ungeheuer
Ko|los|sal|sta|tue *f. 11*
Ko|los|ser *m. 5* Einwohner der phryg. Stadt Kolossae
Ko|los|ser|brief *m. 1* Brief des Apostels Paulus an die Kolosser
Ko|los|se|um [lat.] *n. Gen.* -s *nur Sg.* großes Amphitheater in Rom aus dem 1. Jh. n. Chr.
Ko|los|tral|milch *auch:* **Kol|lost|ral|milch** *f. Gen.* - *nur Sg.*
Ko|los|trum *auch:* **Kol|lost|rum** [lat.] *n. Gen.* -s *nur Sg.* in den ersten Tagen nach der Entbindung von den Brustdrüsen abgesonderte, milchartige Flüssigkeit
Ko|lo|to|mie [griech.] *f. 11* operative Öffnung des Dickdarms zum Anlegen eines künstlichen Afters
Kol|pak *m. 9* s. **Kal|pak**
Kol|ping|werk [nach dem Gründer, dem kath. Priester Adolf Kolping] *f. 11* internationale kath. Laienorganisation

Kol|pi|tis [griech.] *f. Gen. - Pl.* -ti-den Scheidenentzündung
Kol|por|ta|ge [-ʒə, frz.] *f. 11* **1.** *früher:* Hausierhandel mit billigen Büchern; **2.** Verbreitung von Gerüchten
Kol|por|ta|ge|ro|man [-ʒə-] *m. 1,* billiger, wertloser Roman, Hintertreppenroman
Kol|por|teur [-tør] *m. 1* **1.** *früher:* Hausierer, der Bücher verkauft; **2.** jmd., der Gerüchte verbreitet
kol|por|tie|ren *tr. 3* **1.** hausieren mit, feilbieten; **2.** verbreiten, weitererzählen (Gerücht, Nachrichten)
Kol|po|skop *auch:* **Kol|pos|kop** [griech.] *n. 1* Gerät mit Spiegel zur Untersuchung der Scheide
Kol|po|sko|pie *auch:* **Kol|pos|kopie** *f. 11* Untersuchung mit dem Kolposkop
Kölsch [»aus Köln, kölnisch«] **1.** *m. 1 nur Sg., schweiz.:* grober Baumwollstoff; **2.** *n. 1 nur Sg.* kölnisches obergäriges Bier
Kol|ter [lat.-afrz.] *m. 5* **1.** Messer an der Pflugschar; **2.** *süddt.:* Steppdecke, Wolldecke
Ko|lum|ba|ri|um [lat.] *n. Gen.* -s *Pl.* -ri|en **1.** *im alten Rom:* Grabkammer mit Wandnischen für die Urnen; **2.** *heute:* Urnenhalle (im Krematorium)
Ko|lum|bi|a|ner, Ko|lum|bi|er *m. 5* Einwohner von Kolumbien
ko|lum|bi|a|nisch, ko|lum|bisch zu Kolumbien gehörig, von dort stammend
Ko|lum|bi|en Staat in Südamerika
Ko|lum|bi|er *m. 5* s. **Ko|lum|bi|a|ner**
Ko|lum|bi|ne *f. 11* s. **Ko|lom|bi|ne**
ko|lum|bisch s. **ko|lum|bi|a|nisch**
Ko|lum|bit [nach dem US-amerik. Staat Columbia] *n. 1 nur Sg.* ein Mineral
Ko|lum|ne [lat.] *f. 11* **1.** senkrechte Reihe (von Zahlen u. a.); **2.** Spalte (einer Zeitungs- oder Buchseite); **3.** Druckseite
Ko|lum|nen|ti|tel *m. 5* Titel, Überschrift einer Buchseite
Ko|lum|nist *m. 10* Journalist, der regelmäßig für eine bestimmte Spalte oder Seite einer Zeitung oder Zeitschrift Artikel schreibt
kom…, Kom… vgl. kon…, Kon…
Ko|ma [griech.] **1.** *f. 9, Astron.:* durch die Sonne zum Leuchten gebrachte Nebelhülle um den Kopf eines Kometen; **2.** *f. 9, Optik:* Linsenfehler, durch den auf dem Bild ein kometenschweifähnl. Gebilde statt eines Punktes entsteht; **3.** *n. 9, Med.:* tiefe Bewusstlosigkeit
ko|ma|tös auf einem Koma (3) beruhend, in der Art eines Komas
Kom|bat|tant [frz.] *m. 10* kriegsrechtlich anerkannter Angehöriger einer Kampftruppe
Kom|bi *m. 9,* Kom|bi|wa|gen *m. 7 Kurzwort aus* kombinierter Liefer- und Personenwagen
Kom|bi|nat [lat.] *n. 1, in kommunist. Staaten:* Vereinigung verschiedener Industriebetriebe, z. B. Eisenhüttenkombinat
Kom|bi|na|ti|on *f. 10* **1.** Verbindung, Verknüpfung, gedankl. Herstellen von Zusammenhängen; **2.** Verbindung mehrerer sportl. Disziplinen, z. B. alpine K.; **3.** mehrere zusammengehörige, farblich und stofflich verschiedene Kleidungsstücke (Jacke und Hose u. Ä.); **4.** Arbeits-, Fliegeranzug aus einem Stück, Overall
Kom|bi|na|ti|ons|ga|be *f. 11 nur Sg.* Fähigkeit zu kombinieren
Kom|bi|na|ti|ons|schloss (*alt:* Kom|bi|na|ti|ons|schloß) *n. 4* Schloss aus verschiebbaren, mit Buchstaben oder Zahlen versehenen Ringen, die nur in bestimmter Kombination die Öffnung ermöglichen
Kom|bi|na|ti|ons|spiel *n. 1, Sport:* planmäßiges Zusammenspiel (innerhalb einer Mannschaft)
Kom|bi|na|to|rik *f. 10 nur Sg.* **1.** *Logik:* Kunst, Begriffe in ein System zu bringen; **2.** *Math.:* Lehre von den Möglichkeiten der Anordnung einzelner Elemente
kom|bi|na|to|risch auf Kombinatorik beruhend, verknüpfend, verbindend
kom|bi|nie|ren *tr. 3* (gedanklich) verbinden, verknüpfen
Kom|bi|wa|gen *m. 7* Kombi
Kom|bü|se *f. 11* Schiffsküche
Ko|me|do *auch:* **Ko|me|do** [lat.] *m. Gen.* -s *Pl.* -do|nen Mitesser in der Haut
ko|mes|ti|bel [frz.] *veraltet:* essbar, genießbar
Ko|met [griech.] *m. 10* kleiner Himmelskörper mit Schweif, der sich in einer Ellipse oder Parabel um die Sonne bewegt, Schweifstern
Ko|me|ten|bahn *f. 10*
ko|me|ten|haft
Ko|me|ten|schweif *m. 1*
Kom|fort [-for od. schweiz.: -fort, engl.] *m. Gen.* -s *nur Sg.* Bequemlichkeit, Annehmlichkeit
kom|for|ta|bel; komfortables Bad
Ko|mik [griech.] *f. 10 nur Sg.* **1.** komische Beschaffenheit, komische Wirkung; **2.** Kunst, etwas komisch darzustellen
Ko|mi|ker *m. 5* Darsteller komischer Rollen, Künstler, der komische Darbietungen vorführt
Kom|in|form *auch:* **Ko|min|form** *n. Gen.* -s *nur Sg., Kurzwort für* Kommunistisches Informationsbüro, 1947-56 Organisation mehrerer europäischer kommunist. Parteien
Kom|in|tern *auch:* **Ko|min|tern** *f. Gen. - nur Sg., Kurzwort für* Kommunistische Internationale, 1919 bis 1943 Vereinigung der kommunist. Parteien der Welt, 1947 durch das Kominform ersetzt
ko|misch **1.** erheiternd, Lachen erregend, drollig, spaßig, putzig; **2.** *ugs.:* sonderbar, merkwürdig
Ko|mi|tat [lat.] *n. 1 oder m. 1, früher:* **1.** feierliches Geleit; **2.** ungar. Verwaltungsbezirk
Ko|mi|tee [frz.] *n. 9* Ausschuss, z. B. Festkomitee
Ko|mi|ti|en [-tsjən, lat.] *Pl., im alten Rom:* Volksversammlung
Kom|ma [griech.] *n. Gen.* -s *Pl.* -s *oder* -ma|ta **1.** *Gramm.:* ein Satzzeichen, Beistrich; **2.** *Math., bei Dezimalbrüchen:* Trennungszeichenzwischen den ganzen und den Bruchzahlen; **3.** *Mus.:* kleinstes Intervall; Absetz-, Atemzeichen, kleiner, senkrechter Strich über der obersten Notenlinie
Kom|ma|ba|zil|lus *m. Gen. - Pl.* -len Erreger der Cholera
Kom|man|dant [lat.] *m. 10* Befehlshaber (einer Festung, Stadt, eines Flugplatzes oder Schiffes)
Kom|man|dan|tur *f. 10* Dienstgebäude eines Stadtkommandanten
Kom|man|deur [-dør] *m. 1* Befehlshaber (einer Truppeneinheit)
kom|man|die|ren **1.** *tr. 3* den Befehl haben über, befehligen; **2.** *intr. 3* bestimmen, im Befehlston sprechen
Kom|man|die|rung *f. 10* Versetzung (z. B. zu einer anderen Truppeneinheit)

K

Kom|man|di|tär [frz.] *m. 1, schweiz. für* Kommanditist
Kom|man|di|te *f. 11* **1.** Handelsgesellschaft mit stillen Teilhabern; **2.** Zweiggeschäft, Zweigniederlassung
Kom|man|dit|ge|sell|schaft *f. 10* (*Abk.:* KG) Handelsgesellschaft, bei der ein oder mehrere Teilhaber persönlich, einer oder mehrere nur mit ihrer Einlage haften
Kom|man|di|tist *m. 10* nur mit seiner Einlage haftender Teilhaber einer Kommanditgesellschaft; vgl. Komplementär
Kom|man|do [lat.-ital.] *n. Gen.* -s *Pl.* -s, *österr. auch:* -den **1.** Befehl, Befehlswort(e), Befehlsgewalt; **2.** kleine Truppenabteilung mit bestimmter Aufgabe, z. B. Wachkommando
Kom|man|do|brü|cke *f. 11, auf Schiffen:* brückenartiger Deckaufbau für den Kommandanten, Lotsen und Wachoffizier
Kom|man|do|stim|me *f. 11*
Kom|man|do|turm *m. 2, auf Kriegsschiffen:* gepanzerter Turm auf der Kommandobrücke
Kom|mas|sa|ti|on [lat.] *f. 10, österr.:* Zusammenlegung (von Grundstücken), Flurbereinigung
kom|mas|sie|ren *tr. 3* zusammenlegen
Kom|mas|sie|rung *f. 10*
Kom|me|mo|ra|ti|on [lat.] *f. 10, veraltet* **1.** Erinnerung, Andenken; **2.** kirchl. Gedächtnisfeier
kom|me|mo|rie|ren *tr. 3, veraltet;* jmdn. k.: sich an jmdn. erinnern, jmds. gedenken; vgl. memorieren
kom|men *intr. 71*
Kom|men|de [lat.] *f. 11* **1.** kirchl. Pfründe ohne amtl. Pflichten; **2.** Komturei
kom|men|sal [lat.] *Biol.:* mit anderen gemeinsam von der gleichen Nahrung lebend
Kom|men|sa|le *m. 11, Biol.:* Nahrungsnutznießer, der von seinem Wirt lebt, ohne ihm zu schaden
Kom|men|sa|lis|mus *m. Gen. - nur Sg.* Ernährungsgemeinschaft (von Tieren oder Pflanzen), Nahrungsnutznießertum
kom|men|su|ra|bel [lat.] mit dem gleichen Maß messbar, vergleichbar; *Ggs.:* inkommensurabel
Kom|men|su|ra|bi|li|tät *f. 10 nur Sg.* Vergleichbarkeit, Messbarkeit mit gleichem Maß; *Ggs.:* Inkommensurabilität
Kom|ment [-mã, frz.] *m. 9* Brauch, Regel (des Lebens in einer Studentenverbindung)
Kom|men|tar [lat.] *m. 1* **1.** Erklärung, Erläuterung; **2.** *ugs.:* (überflüssige) Bemerkung
Kom|men|ta|ti|on *f. 10* **1.** erläuternde Abhandlung; **2.** *veraltet:* Sammlung von wissenschaftlichen, meist kritischen Schriften
Kom|men|ta|tor *m. 13* jmd., der einen Kommentar zu etwas gibt, Erläuterer
kom|men|tie|ren *tr. 3* erläutern, (wissenschaftlich) erklären
Kom|mers [lat.-frz.] *m. 1, Stud.:* feierl. Kneipe (2)
Kom|mers|buch *n. 4* Buch mit Studentenliedern
Kom|merz [lat.-frz.] *m. 1 nur Sg., veraltet:* Handel und Verkehr
Kom|merz|fern|se|hen *n. Gen.* -s *nur Sg.*
kom|mer|zi|a|li|sie|ren *tr. 3* **1.** öffentl. Schulden k.: in privatwirtschaftl. Schulden umwandeln; **2.** dem Geschäft, Handel, der Geschäftemacherei preisgeben
Kom|mer|zi|a|li|sie|rung *f. 10 nur Sg.*
Kom|mer|zi|al|rat *m. 2, österr. für* Kommerzienrat
kom|mer|zi|ell auf Handel und Gewerbe beruhend, dazu gehörig
Kom|mer|zi|en|rat *m. 2* Titel für verdienten Großkaufmann oder Industriellen
Kom|mi|li|to|ne [lat.] *m. 11* Mitstudent, Studiengenosse
Kom|mi|li|to|nin *f. 10*
Kom|miss (*alt:* Kom|miß) *m. Gen.* -mis|ses *nur Sg., ugs.:* Militär, Militärdienst
Kom|mis|sar *m. 1,* **Kom|mis|sär** *m. 1 österr., schweiz.* **1.** jmd., der im Auftrag des Staates handelt und mit Vollmachten ausgerüstet ist; **2.** Dienstbez. für manche Beamte, z. B. Polizei-, Kriminalkommissar
Kom|mis|sa|ri|at *n. 1* Amt, Amtsräume eines Kommissars
kom|mis|sa|risch einstweilig, einstweilen beauftragt; kommissarischer Leiter
Kom|miss|brot (*alt:* Kom|miß|brot) *n. 1* rechteckiges Vollkornbrot
Kom|mis|si|on *f. 10* **1.** Ausschuss (von Beauftragten); **2.** Auftrag zum Verkauf einer Ware; etwas in K. geben, nehmen
Kom|mis|si|o|när *m. 1* jmd., der unter eigenem Namen, aber im Auftrag und auf Rechnung eines anderen Geschäfte ausführt
kom|mis|si|o|nell auf Kommission beruhend
Kom|mis|si|ons|buch|han|del *m. Gen.* -s *nur Sg.* Vermittler (zwischen Verlag und Sortimentsbuchhandel)
Kom|mis|si|ons|ge|schäft *n. 1* Geschäft unter eigenem Namen im Auftrag und auf Rechnung eines anderen
Kom|mis|si|ons|sen|dung *f. 10* Warensendung unter bestimmten Bedingungen
Kom|mis|si|ons|wa|re *f. 11* in Kommission gegebene bzw. genommene Ware
kom|mis|so|risch als Kommissorium (1)
Kom|mis|so|ri|um *n. Gen.* -s *Pl.* -ri|en, *veraltet* **1.** Sonderauftrag; **2.** Vollmacht für einen Kommissar (1)
Kom|miss|stie|fel (*alt:* Kom|miß-stie|fel) *m. 5* grober Soldatenstiefel
Kom|mit|tent *m. 10* Auftraggeber eines Kommissionärs
kom|mit|tie|ren *tr. 3* (einen Kommissionär) beauftragen
Kom|mit|tiv *n. 1, veraltet:* schriftl. Vollmacht
komm|lich *schweiz.:* bequem, dienlich, passend
kom|mod [frz.] *veraltet, noch österr.:* bequem, angenehm
Kom|mo|de *f. 11*
Kom|mo|di|tät *f. 10, veraltet:* Bequemlichkeit
Kom|mo|do|re [engl.] *m. 9 oder m. 14* **1.** Kapitän im Admiralsrang; **2.** Geschwaderführer; **3.** Titel für verdienten Kapitän oder den ältesten Kapitän einer Handelsreederei
kom|mun [lat.] gemeinschaftlich, gemeinsam
kom|mu|nal eine Gemeinde betreffend, zu ihr gehörend
Kom|mu|nal|be|hör|de *f. 11*
kom|mu|na|li|sie|ren *tr. 3* der Gemeindeverwaltung übergeben
Kom|mu|na|li|sie|rung *f. 10 nur Sg.*
Kom|mu|nal|po|li|tik *f. 10 nur Sg.*
Kom|mu|nal|ver|wal|tung *f. 10*
Kom|mu|nal|wahl *f. 10* die Wahl der Gemeindevertretung

Kom|mu|nar|de *m. 11* Angehöriger der Pariser Kommune

Kom|mu|ne *f. 11* **1.** *MA:* Stadtstaat mit republikan. Verfassung; **2.** *allg.:* Gemeinde; **3.** Pariser K. [kɔmyn] *in der Frz. Revolution:* revolutionäre Regierung 1792-94; *März bis Mai 1871:* der Pariser Stadtrat, bildete eine revolutionäre Gegenregierung, die jedoch wieder beseitigt wurde; **4.** Wohngemeinschaft, bes. von Studenten, Gemeinschaft

Kom|mu|ni|kant *m. 10, kath. Kirche:* Teilnehmer an der hl. Kommunion

Kom|mu|ni|ka|ti|on *f. 10* **1.** Verbindung, Zusammenhang; **2.** Verkehr, Verständigung (zwischen Menschen)

Kom|mu|ni|ka|ti|ons|mit|tel *n. 5* Verständigungsmittel

Kom|mu|ni|ka|ti|ons|sys|tem *n. 1*

Kom|mu|ni|kee *n. 9* s. **Kom|mu|ni|qué**

Kom|mu|ni|on *f. 10, kath. Kirche:* Abendmahl

Kommuniqué/Kommunikee: Die fremdsprachige Schreibweise *Kommuniqué* ist die Hauptvariante, die eingedeutschte Form *Kommunikee* die Nebenvariante. § 32 (2)

Kom|mu|ni|qué *auch:* **Kom|mu|ni|kee** [kɔmynike, frz.] *n. 9* amtliche Mitteilung, Bekanntmachung (besonders von Regierungen)

Kom|mu|nis|mus *m. Gen. - nur Sg., nach marxist. Auffassung:* die dem Sozialismus folgende Gesellschafts- und Wirtschaftsordnung, in der das Privateigentum beseitigt und die Klassengegensätze aufgehoben sein sollen

Kom|mu|nist *m. 10*

kom|mu|nis|tisch; *aber:* Kommunistisches Manifest

Kom|mu|ni|tät *f. 10* **1.** Gemeinschaft, Gemeinsamkeit; **2.** *veraltet:* Gemeingut

kom|mu|ni|zie|ren *intr. 3* **1.** zusammenhängen, in Verbindung stehen; kommunizierende Röhren: zwei unten miteinander verbundene Röhren, in denen eine Flüssigkeit gleich hoch steht; **2.** *kath. Kirche:* das Abendmahl empfangen; **3.** sich miteinander verständigen, miteinander sprechen

kom|mu|ta|bel [lat.] vertauschbar, veränderbar

Kom|mu|ta|ti|on *f. 10* **1.** Vertauschbarkeit; **2.** der Winkel zwischen zwei Geraden von der Erde zur Sonne und zu einem Planeten

kom|mu|ta|tiv **1.** vertauschbar; **2.** auf Kommutation beruhend

Kom|mu|ta|tor *m. 13* s. **Kol|lek|tor** (2)

kom|mu|tie|ren *tr. 3* verändern, vertauschen

Ko|mö|di|ant [griech.] *m. 10* **1.** *auch abfällig:* Schauspieler; **2.** *übertr.:* jmd., der etwas vortäuscht, Heuchler

ko|mö|di|an|ten|haft

Ko|mö|di|an|ten|tum *n. Gen.* -s *nur Sg.*

ko|mö|di|an|tisch

Ko|mö|die [-djə] *f. 11* **1.** heiteres Schauspiel; **2.** Theater für heitere Schauspiele; **3.** *übertr.:* erheiternder Vorfall, lustiges Ereignis

Ko|mo|ren *Pl.* Inselstaat vor der Ostküste Afrikas

Ko|mo|rer Einwohner der Komoren

ko|mo|risch

Kom|pa|gnon *auch:* **Kom|pag|non** [-njɔ̃, auch: kɔm-] *m. 9* Teilhaber, Mitinhaber

kom|pakt [frz.] **1.** dicht, massiv, fest (Masse); **2.** gedrungen, stämmig

Kom|pakt|heit *f. 10 nur Sg.*

Kom|pa|nie [lat.-frz.] *f. 11* **1.** (*Abk.:* Komp.) Truppeneinheit der Infanterie, 100-250 Mann; **2.** (*Abk.:* Co, Co., Cie.) Handelsgesellschaft

Kom|pa|nie|chef *m. 9, Mil.*

Kom|pa|nie|füh|rer *m. 5, Mil.*

Kom|pa|nie|ge|schäft *n. 1*

kom|pa|ra|bel [lat.] **1.** vergleichbar; **2.** *Gramm.:* steigerungsfähig; *Ggs.:* inkomparabel

Kom|pa|ra|ti|on *f. 10, Gramm.:* Steigerung

kom|pa|ra|tiv **1.** auf Vergleich beruhend, vergleichend; **2.** *Gramm.:* steigernd

Kom|pa|ra|tiv *m. 1, Gramm.:* erste Steigerungsstufe, Vergleichsstufe, Mehrstufe, z. B. mehr, größer, besser; vgl. Positiv, Superlativ

Kom|pa|ra|tiv|satz *m. 2* Nebensatz, der einen Vergleich enthält

Kom|pa|ra|tor *m. 13* **1.** Gerät zum Bestimmen von Stellungs- und Helligkeitsveränderungen von Himmelskörpern; **2.** Gerät zum Vergleichen von Längenmaßen

Kom|par|se [lat.-ital.] *m. 11* Darsteller einer sehr kleinen oder stummen Rolle

Kom|par|se|rie *f. 11 nur Sg.* Gesamtheit der Komparsen

Kom|par|ti|ment [lat.-frz.] *n. 1, veraltet:* abgeteiltes Feld, Abteil, Fach

Kom|pass (*alt:* Kom|paß) [ital.] *m. 1* Gerät zum Bestimmen der Himmelsrichtung mittels Magnetnadel

Kom|pass|na|del (*alt:* Kom|paß|nadel) *f. 11* Magnetnadel des Kompasses

kom|pa|ti|bel [frz.] vereinbar, zusammenpassend, verträglich; *Ggs.:* inkompatibel

Kom|pa|ti|bi|li|tät *f. 10 nur Sg.* **1.** Vereinbarkeit, Verträglichkeit; **2.** *Fernsehtechnik:* die Eigenschaft, sowohl Schwarzweiß- als auch Farbbilder empfangen zu können; *Ggs.:* Inkompatibilität; **3.** *EDV:* Austauschbarkeit bzw. Kombinierbarkeit von Computerhardware und -software

K

Kom|pa|tri|ot *auch:* **Kom|pat|ri|ot** [lat.-frz.] *m. 10, veraltet:* Landsmann

kom|pen|di|a|risch [lat.] *selten für* kompendiös

kom|pen|di|ös in der Art eines Kompendiums; wiederholend zusammengedrängt, kurz gefasst

Kom|pen|di|um *n. Gen.* -s *Pl.* -di|en **1.** kurz gefasstes Lehrbuch, Handbuch; **2.** *Fot.:* ausziehbare Sonnenblende

Kom|pen|sa|ti|on [lat.] *f. 10* **1.** Ausgleich, Aufwiegen; **2.** Erstattung, Vergütung, Verrechnung

Kom|pen|sa|ti|ons|ge|schäft *n. 1* Geschäft, bei dem Ware gegen Ware gehandelt wird

Kom|pen|sa|tor *m. 13* **1.** Gerät zum Messen elektrischer Spannungen; **2.** Zwischenglied von Rohrleitungen zum Ausgleich der Längenänderung bei Temperaturschwankungen

kom|pen|sa|to|risch ausgleichend

kom|pen|sie|ren *tr. 3* **1.** ausgleichen, aufwiegen; **2.** verrechnen, vergüten, erstatten

kom|pe|tent [lat.] zuständig, maßgebend, urteilsfähig; *Ggs.:* inkompetent

Kom|pe|tenz *f. 10*

Kom|pe|tenz|kom|pe|tenz *f. 10* Befugnis zur Beurteilung der Kompetenz (eines Dritten)

Kom|pe|tenz|kon|flikt *m. 1,* **Kom|pe|tenz|strei|tig|keit** *f. 10*

kom|pe|tie|ren *intr. 3, veraltet* **1.** sich um etwas bewerben; **2.** jmdm. zustehen, gebühren

Kom|pi|la|ti|on [lat.] *f. 10* **1.** Sammlung, Zusammentragen; **2.** aus anderen Schriften zusammengetragenes, eher zusammengestoppeltes Machwerk

Kom|pi|la|tor *m. 13* jmd., der etwas kompiliert

kom|pi|lie|ren *tr. 3* zusammentragen, sammeln

Kom|ple|ment [lat.] *n. 1* Ergänzung, Ergänzungsstück

kom|ple|men|tär ergänzend

Kom|ple|men|tär *m. 1* persönlich haftender Teilhaber einer Kommanditgesellschaft; vgl. Kommanditist

Kom|ple|men|tär|far|ben *Pl.* Farben, die, miteinander gemischt, Weiß ergeben

K

kom|ple|men|tie|ren *tr. 3* ergänzen, vervollständigen

Kom|ple|ment|win|kel *m. 5* Winkel, der einen anderen zu 90° ergänzt; vgl. Supplementwinkel

Kom|plet **1.** [lat.] *f. 1* Kom|ple|to|rium *n. Gen.* -s *Pl.* -ri|en, *katholische Kirche:* Schlussgebet (des Stundengebets); **2.** [-ple, frz.] *n. 9* Kleid und ein etwas kürzerer Mantel aus dem gleichen Stoff

kom|ple|tiv ergänzend

Kom|ple|to|ri|um *n. Gen.* -s *Pl.* -rien **1.** s. **Kom|plet** (1); **2.** *veraltet:* Ergänzungsvorschrift

kom|plett vollständig, abgeschlossen

kom|plet|tie|ren *tr. 3* vervollständigen

Kom|plet|tie|rung *f. 10*

kom|plex [lat.] **1.** umfassend, aus vielem zusammengesetzt und doch eine Einheit bildend; **2.** komplexe Zahl: aus einem reellen und einem imaginären Teil bestehende Zahl

Kom|plex *m. 1* **1.** Gesamtheit, Zusammengefasstes; **2.** zusammenhängende Gruppe, z. B. Gebäudekomplex; **3.** *Chemie:* aus mehreren Atomen aufgebaute Gruppe, die als Ganzes an chem. Reaktionen teilnimmt; **4.** *Psych.:* Gruppe von Vorstellungen oder Erlebnissen, die ins Unterbewusstsein verdrängt worden ist und ständige Beunruhigung verursacht

Kom|ple|xi|on *f. 10* **1.** Zusammenfassung (verschiedener Dinge); **2.** Aussehen, Haut-, Haar- und Augenfarbe (beim Menschen)

Kom|ple|xi|tät *f. 10 nur Sg.* das Zusammengesetztsein, komplexer Zustand

Kom|pli|ce [-tsə oder -sə] *m. 11* s. **Kom|pli|ze**

Kom|pli|ka|ti|on [lat.] *f. 10* **1.** Verwicklung, Schwierigkeit, Erschwerung; **2.** Hinzutreten einer Erkrankung zu einer schon bestehenden

Kom|pli|ment [lat.-frz.] *n. 1* galante, schmeichelhafte Bemerkung; jmdm. Komplimente, ein K. machen; nach Komplimenten angeln, fischen

kom|pli|men|tie|ren *tr. 3, veraltet;* jmdn. k.: jmdm. Komplimente machen

Kom|pli|ze, Kom|pli|ce *m. 11* Mittäter, Mitbeteiligter

kom|pli|zie|ren [lat.] *tr. 3* erschweren, schwierig(er) machen

kom|pli|ziert schwierig, verwickelt

Kom|pli|ziert|heit *f. 10 nur Sg.*

Kom|plott [frz.] *n. 1 oder m. 1* Verschwörung, Verabredung zu einer Straftat oder Intrige

kom|plot|tie|ren *intr. 3* ein Komplott schmieden, sich verschwören

Kom|po|nen|te [lat.] *f. 11* Bestandteil (eines Ganzen), Teilkraft

kom|po|nie|ren *tr. 3* **1.** zusammensetzen, kunstvoll anordnen; **2.** nach bestimmten Formgesetzen aufbauen (Bild); **3.** in Töne setzen, vertonen

Kom|po|nist *m. 10* Schöpfer eines Musikstücks, Tonsetzer

Kom|po|si|te *f. 11 meist Pl.* Korbblütler

Kom|po|si|teur [-tør, frz.] *m. 1, veraltet für* Komponist

Kom|po|si|ti|on *f. 10* **1.** Zusammensetzung, Anordnung; **2.** Aufbau (eines Bildes, eines literar. Werkes); **3.** Musikstück

kom|po|si|ti|o|nell s. **kom|po|si|to|risch**

Kom|po|sit|ka|pi|tell *n. 1* aus den Voluten des ionischen und den Akanthusornamenten des korinth. Kapitells zusammengesetztes Kapitell

kom|po|si|to|risch, kom|po|si|ti|o|nell eine Komposition betreffend

Kom|po|si|tum *n. Gen.* -s *Pl.* -ta zusammengesetztes Wort, z. B. Schulkind; *Ggs.:* Simplex

kom|pos|si|bel zusammensetzbar, vereinbar

Kom|pos|si|bi|li|tät *f. 10 nur Sg.*

Kom|post [lat.] *m. 1* Dünger aus Pflanzenresten, Erde (und Jauche)

Kom|post|hau|fen *m. 7*

kom|pos|tie|ren *tr. 3* zu Kompost werden lassen

Kom|pott [lat.-frz.] *n. 1* mit Zucker gekochtes Obst

kom|pre|hen|si|bel [lat.] begreifbar, begreiflich

Kom|pre|hen|si|on *f. 10* das Begreifen von Mannigfaltigem als Ganzes

kom|press (*alt:* kom|preß) [lat.] **1.** dicht, gedrängt; **2.** *Buchw.:* ohne Durchschuss (Schriftsatz)

Kom|pres|se *f. 11* Stück Mull für Verbände und feuchte Umschläge; heiße, kalte K.

kom|pres|si|bel zusammendrückbar; *Ggs.:* inkompressibel

Kom|pres|si|bi|li|tät *f. 10 nur Sg.*

Kom|pres|si|on *f. 10 nur Sg.* Zusammenpressung

Kom|pres|si|ons|pum|pe *f. 11* Druckpumpe

Kom|pres|si|ons|ver|band *m. 2* Druckverband

Kom|pres|sor *m. Gen.* -s *Pl.* -so|ren, *Tech.:* Verdichter

Kom|pres|so|ri|um *n. Gen.* -s *Pl.* -ri|en Gerät zum Zusammenpressen von Adern (zur Blutstillung)

kom|pri|mie|ren [lat.] *tr. 3* **1.** (Gase, technische Stoffe) zusammendrücken, verdichten, zusammendrängen **2.** das Wesentliche zusammenfassen

Kom|pro|miss (*alt:* Kom|pro|miß) [lat.] *m. 1 oder n. 1* Ausgleich, Verständigung, Übereinkunft; einen K. schließen

Kom|pro|miss|ler (*alt:* Kom|pro-miß|ler) *m. 5, abwertend:* jmd, der zu häufig Kompromisse schließt

kom|pro|miss|los (*alt:* kom|pro-miß|los)

Kom|pro|miss|lö|sung (*alt:* Kom-pro|miß|lö|sung) *f. 10*

kom|pro|mit|tie|ren [lat.] *tr. 3* bloßstellen

Komp|ta|bi|li|tät [lat.] *f. 10 nur Sg.* Pflicht zur Rechenschaftslegung, Verantwortlichkeit

Kom|pul|si|on [lat.] *f. 10, veraltet:* Nötigung, Zwang
kom|pul|siv *veraltet:* nötigend
Kom|so|mol [russ.] *m. Gen. - nur Sg., Kurzwort für den* kommunist. Jugendverband der ehem. UdSSR
Kom|so|mol|ze *m. 11* Angehöriger des Komsomol
Kom|so|mol|zin *f. 10*
Kom|tess (*alt:* Kom|teß) [frz.] *f. Gen. - Pl.* -tes|sen, **Kom|tes|se** *f. 11* unverheiratete Tochter eines Grafen
Kom|tur [lat.] *m. 1* **1.** Ordensritter und Inhaber einer Komturei; **2.** Inhaber eines Ordens höherer Klasse
Kom|tu|rei *f. 10* einem Komtur zur Verwaltung übertragenes Gebiet, Kommende
kon..., Kon..., kom..., Kom..., kol..., Kol... [lat.] *in Zus.:* mit..., Mit..., z. B. kollaborieren, Konrektor
Ko|nak [türk.] *m. 1 in der Türkei:* Amtsgebäude, Palast
Kon|cha [griech.-lat.] *f. Gen. - Pl.* -chen, Con|cha *Pl.* -s *oder* -chen **1.** = **Kon|che; 2.** *Med.:* muschelähnlicher Teil eines Organs
Kon|che, Con|che *f. 11* **1.** die Halbkuppel der Apsis; **2.** Apsis; **3.** Muschelschale
Kon|chi|fe|re [lat.] *f. 1* Weichtier mit Schale
kon|chi|form muschelförmig
Kon|cho|i|de *f. 11* Muschellinie, aus zwei Zweigen bestehende mathemat. Kurve
Kon|cho|skop *auch:* **Kon|chos|kop** [lat. + griech.] *n. 1* Gerät mit Spiegel zur Untersuchung des Naseninnern
Kon|chy|lie [-ljə] *f. 11* Schale der Weichtiere
Kon|chy|li|o|lo|gie *f. 11 nur Sg.* Weichtierkunde
Kon|dem|na|ti|on [lat.] *f. 10* **1.** *veraltet:* Verurteilung, Verdammung; **2.** vom Ortsgericht festgestellte Notwendigkeit, ein auf Fahrt befindl. Schiff zu verkaufen, da es seeuntüchtig oder reparaturbedürftig ist
kon|dem|nie|ren *tr. 3*
Kon|den|sat [lat.] *n. 1* aus dem Dampfzustand in flüssigen Zustand übergehender und sich so niederschlagender Stoff
Kon|den|sa|ti|on *f. 10* **1.** *Phys.:* Übergang vom gas- oder dampfförmigen in flüssigen Zustand, Verdichtung; **2.** *Chem.:* Zusammentritt mehrerer Moleküle zu einem einzigen unter Abspaltung kleinerer Moleküle
Kon|den|sa|ti|ons|dampf|ma|schi|ne *f. 11*
Kon|den|sa|ti|ons|kern *m. 1* kleinstes Teilchen in der Atmosphäre, an dem sich bei Verdichtung von Wasserdampf zu Nebel und Wolken die Feuchtigkeit niederzuschlagen beginnt
Kon|den|sa|ti|ons|punkt *m. 1* Punkt, an dem ein Stoff vom gas- oder dampfförmigen in den flüssigen Zustand übergeht
Kon|den|sa|tor *m. 13* **1.** Gerät zum Verflüssigen von Dampf; **2.** Gerät zum Speichern kleiner Elektrizitätsmengen
kon|den|sie|ren **1.** *tr. 3* verflüssigen, verdichten; **2.** *intr. 3* flüssig werden
Kon|dens|milch *f. Gen. - nur Sg.* kondensierte Milch, eingedickte und sterilisierte Milch
Kon|den|sor *m. Gen.* -s *Pl.* -so|ren **1.** Sammellinse; **2.** Verdichter, Verstärker
Kon|dens|strei|fen *m. 7* durch Abgase eines Flugzeugs entstehender Streifen kondensierten Wasserdampfes am Himmel
Kon|dens|was|ser *n. Gen.* -s *nur Sg.* bei Kondensation entstehendes Wasser
kon|di|tern [lat.] *intr. 1* **1.** als Konditor arbeiten; **2.** *ugs.:* in einer Konditorei einkehren
Kon|di|ti|on [lat.] *f. 10* **1.** Bedingung; **2.** Beschaffenheit, Zustand, körperl. Verfassung (eines Sportlers); in guter, schlechter K. sein
kon|di|ti|o|nal bedingend, bedingungsweise (geltend)
Kon|di|ti|o|nal *m. 1,* **Kon|di|ti|o|na|lis** *m. Gen. - Pl.* -les [-le:s] Form des Verbs, die eine Bedingung ausdrückt, Bedingungsform (im Deutschen durch den Konjunktiv ersetzt)
Kon|di|ti|o|na|lis|mus, Kon|di|ti|o|nis|mus *m. Gen. - nur Sg.* philosoph. Lehre, die an die Stelle der Ursache die Bedingung setzt
Kon|di|ti|o|na|list *m. 10*
kon|di|ti|o|na|lis|tisch
Kon|di|ti|o|nal|satz *m. 2* Nebensatz, der eine Bedingung enthält, Bedingungssatz
kon|di|ti|o|nie|ren **1.** *tr. 3* den Feuchtigkeitsgehalt ermitteln (von Textilien) bzw. verringern (von Getreide); **2.** (einen Reflex, eine Reaktion) bewirken; **3.** *intr. 3, veraltet:* in Diensten stehen
Kon|di|ti|o|nis|mus *m. Gen. - nur Sg.* s. **Kon|di|ti|o|na|lis|mus**
Kon|di|ti|ons|trai|ning [-tre:-] *n. 9* allgemeines Training zur Erhaltung und Steigerung der körperl. Leistungsfähigkeit
Kon|di|tor [lat.] *m. 13* Feinbäcker, Zuckerbäcker
Kon|di|to|rei *f. 10* Feinbäckerei, meist zugleich Café
Kon|di|tor|wa|ren *Pl.*
Kon|do|lenz [lat.] *f. 10 nur Sg.* Beileid, Beileidsbezeigung
Kon|do|lenz|be|such *m. 1*
Kon|do|lenz|brief *m. 1*
kon|do|lie|ren *intr. 3* sein Beileid aussprechen
Kon|dom [frz.] *n. 1* Empfängnis oder Ansteckung verhütende Gummihülle für das männl. Glied
Kon|do|mi|nat [lat.] *n. 1,* **Kon|do|mi|ni|um** *n. Gen.* -s *Pl.* -ni|en **1.** Herrschaft mehrerer Staaten über dasselbe Gebiet; **2.** dieses selbst
Kon|dor [peruan.] *m. 1* riesiger Geier Südamerikas
Kon|dot|tie|re [-tjɛrə, ital.] *m. Gen.* -s *Pl.* -ri, *14./15. Jh.:* ital. Söldnerführer
Kon|du|ite [-dyit, frz.] *f. 11 nur Sg., veraltet:* Betragen, Führung
Kon|dukt [lat.] *n. 1* feierliches Geleit (bes. bei Leichenzügen)
Kon|duk|tanz *f. 10 nur Sg., Elektr.:* Wirkleitwert
Kon|duk|teur [-tør, frz.] *m. 1, veraltet, noch schweiz..:* Schaffner
Kon|duk|to|me|trie *auch:* **Kon|duk|to|met|rie** *f. 11 nur Sg.* ein Verfahren der elektrochem. Analyse
Kon|duk|tor *m. 13* **1.** Hauptleiter der Elektrisiermaschine; **2.** Überträger einer Erbkrankheit, der selbst gesund ist
Kon|du|ran|go [indian.] *f. 9* Rinde eines südamerik. Kletterstrauchs, liefert ein Magenheilmittel
Kon|dy|lom [griech.] *n. 1* Wucherung besonders an feuchten Hautstellen, z. B. an After u. Geschlechtsteilen, Feigwarze
Kon|fekt [lat.] *n. 1 nur Sg.* Süßigkeiten, Pralinen

K

Kon|fek|ti|on *f. 10* **1.** industrielle Herstellung von Oberbekleidung, auch Wäsche; **2.** Bekleidungsindustrie

Kon|fek|ti|o|när *m. 1* Leiter oder leitender Angestellter eines Konfektionsbetriebes

kon|fek|ti|o|nie|ren *tr. 3* fabrikmäßig herstellen

Kon|fek|ti|ons|ge|schäft *n. 1*

Kon|fek|ti|ons|klei|dung *f. 10 nur Sg.* Fertigkleidung

Kon|fe|renz [lat.] *f. 10* Beratung, Besprechung, Sitzung; *aber:* Conférencier

Kon|fe|renz|schal|tung *f. 10* Fernmeldeeinrichtung, die den gleichzeitigen Kontakt von mehr als zwei Teilnehmern ermöglicht

kon|fe|rie|ren *intr. 3* sich beraten, eine Konferenz (über etwas) abhalten; über etwas k.: etwas beraten, besprechen

Kon|fes|si|on [lat.] *f. 10* **1.** Glaubensbekenntnis; **2.** Bekenntnisschrift; Augsburger K.; **3.** Glaubensgemeinschaft mit eigenem Glaubensbekenntnis

Kon|fes|si|o|na|li|sie|rung *f. 10 nur Sg.* Durchsetzung einer bestimmten Konfession

Kon|fes|si|o|na|lis|mus *m. Gen. - nur Sg.* **1.** Festhalten an, Beharren auf einem Glaubensbekenntnis; **2.** theolog. Richtung, die dies für unerlässlich hält

Kon|fes|si|o|na|list *m. 10*

kon|fes|si|o|na|lis|tisch

kon|fes|si|o|nell eine Konfession betreffend, zu ihr gehörig

kon|fes|si|ons|los

Kon|fes|si|ons|lo|sig|keit *f. 10 nur Sg.*

Kon|fes|si|ons|schu|le *f. 11* Bekenntnisschule

Kon|fet|ti [ital.] *n. 9 nur Sg.* **1.** bunte Papierblättchen, die an Fasching und Silvester geworfen werden; **2.** *österr. auch:* Zuckerwaren

Kon|fi|dent [lat.] *m. 10 veraltet:* Vertrauter, enger Freund

Kon|fi|denz *f. 10 nur Sg., veraltet* **1.** Vertrauen, Zutrauen, Zuversicht; **2.** Vertraulichkeit, Vertrautheit

Kon|fi|gu|ra|ti|on [lat.] *f. 10* **1.** *veraltet:* Gestaltung; **2.** Stellung (von Gestirnen); **3.** Gruppierung (von Atomen im Molekül); **4.** gesamte Hardware eines Computers, einschließlich der Peripheriegeräte; **5.** Verformung (des kindl. Schädels bei der Geburt)

kon|fi|gu|rie|ren *tr. 3* **1.** gestalten; **2.** verformen

Kon|fir|mand [lat.] *m. 10, evang. Kirche:* Jugendlicher, der konfirmiert werden soll

Kon|fir|man|den|stun|de *f. 11,* **Kon|fir|man|den|un|ter|richt** *m. 1*

Kon|fir|man|din *f. 10*

Kon|fir|ma|ti|on *f. 10, evang. Kirche:* Aufnahme des Jugendlichen in die Gemeinschaft der Erwachsenen, verbunden mit der Zulassung zum Empfang des Abendmahls und der Berechtigung, Patenschaften zu übernehmen

kon|fir|mie|ren *tr. 3;* jmdn. k.: jmdm. die Konfirmation erteilen, ihn einsegnen

Kon|fi|se|rie, Con|fi|se|rie [frz.] *f. 11, schweiz.* **1.** Konditorei; **2.** feines Backwerk

Kon|fi|seur, Con|fi|seur [-sør] *m. 1, schweiz.:* Konditor

Kon|fis|ka|ti|on [lat.] *f. 10* Beschlagnahme, entschädigungslose Enteignung (durch Staat oder Behörde)

kon|fis|zie|ren *tr. 3* beschlagnahmen

Kon|fi|tent [lat.] *m. 10, veraltet:* Beichtkind, Beichtender

Kon|fi|te|or *n. Gen. -s nur Sg.* Sündenbekenntnis (Teil des kath. Messgebets)

Kon|fi|tü|re [lat.-frz.] *f. 11* Fruchtmus mit Fruchtstücken

kon|fli|gie|ren [lat.] *intr. 3, veraltet:* in Konflikt geraten

Kon|flikt *m. 1* Streit, Auseinandersetzung; bewaffneter, innerer K.

Kon|flikt|si|tu|a|ti|on *f. 10*

Kon|flikt|stoff *m. 1*

Kon|flu|enz [lat.] *f. 10,* Kon|flux *m. 1* Zusammenfluss (zweier Ströme)

kon|flu|ie|ren *intr. 3* zusammenfließen

Kon|flux *m. 1* s. **Kon|flu|enz**

Kon|fö|de|ra|ti|on [lat.] *f. 10* Bündnis, Staatenbund

kon|fö|de|rie|ren *intr. 3* sich zusammenschließen, sich verbünden

kon|fo|kal [lat.] den gleichen Brennpunkt besitzend, mit gleichem Brennpunkt

kon|form [lat.] übereinstimmend, einig, gleich gesinnt; k. gehen *ugs.:* sich einig sein, übereinstimmen

kon|for|mie|ren *tr. 3* konform machen, in Übereinstimmung bringen

Kon|for|mis|mus *m. Gen. - nur Sg.* Streben nach Gleichförmigkeit, Streben, sich stets (an die gegebenen Verhältnisse) anzupassen

Kon|for|mist *m. 10*

kon|for|mis|tisch

Kon|for|mi|tät *f. 10 nur Sg.* **1.** Gleichförmigkeit, Übereinstimmung; **2.** Winkel- und Maßstabtreue

Kon|fra|ter, Con|fra|ter [lat.] *m. Gen. -s Pl. -tres* Amtsbruder, Mitbruder

Kon|fra|ter|ni|tät *f. 10 nur Sg.* Amts-, Mitbruderschaft

Kon|fron|ta|ti|on [lat.] *f. 10* Gegenüberstellung (von Beschuldigten und/oder Zeugen)

kon|fron|tie|ren *tr. 3* gegenüberstellen; jmdn. mit jmdm. k.

Kon|fron|tie|rung *f. 10*

kon|fun|die|ren [lat.] *tr. 3* verwirren, verwechseln

kon|fus verwirrt (Person), verworren, unklar (Sache, Gerede)

Kon|fu|si|on *f. 10* Verwirrung, Durcheinander

Kon|fu|zi|a|ner *m. 5* Anhänger der Lehre des Konfuzius

kon|fu|zi|a|nisch

Kon|fu|zi|a|nis|mus *m. Gen. - nur Sg.* die Sozial- und Morallehre des Konfuzius

Kon|fu|zi|us, *Kong Fu|zi* chin. Philosoph

kon|ge|ni|al [lat.] geistesverwandt, geistig ebenbürtig

Kon|ge|ni|a|li|tät *f. 10 nur Sg.*

Kon|ges|ti|on [lat.] *f. 10* Blutandrang

kon|ges|tiv auf Kongestion beruhend, damit verbunden

Kon|glo|me|rat [lat.] *n. 1* **1.** Gemenge, Zusammengewürfeltes, unsystematisch Zusammengetragenes; **2.** aus Geröllen, die durch ein Bindemittel miteinander verschmolzen sind, bestehendes Sedimentgestein, z. B. Nagelfluh; *Ggs.:* Agglomerat

Kon|go *m. Gen. -(s)* **1.** Strom in Zentralafrika; **2.** afrikanischer Staat: Demokratische Republik K. (ehem. Zaire); **3.** afrikanischer Staat: Republik K.

Kon|go|le|se *m. 11* Einwohner der Demokratischen Republik Kongo bzw. der Republik Kongo

kon|go|le|sisch

K

Kon|gre|ga|ti|on [lat.] *f. 10* **1.** *allg.:* Vereinigung; **2.** *kath. Kirche:* Vereinigung mit einfacher oder keiner Mönchsregel; Verband mehrerer Klöster innerhalb eines Ordens
Kon|gre|ga|ti|o|na|list *m. 10* = Independent
Kon|gre|ga|ti|o|nist *m. 10* Angehöriger einer Kongregation
Kon|gress (*alt:* Kon|greß) [lat.] *m. 1* **1.** polit. oder fachl. Versammlung, Tagung, Gipfeltreffen; **2.** *in den USA:* Volksvertretung im Parlament (in Washington)
Kon|gress|hal|le (*alt:* Kon|greß|halle) *f. 11*
Kon|gress|saal (*alt:* Kon|greß|saal) *m. Gen.* -(e)s *Pl.* -sä|le
kon|gru|ent [lat.] **1.** übereinstimmend (Ansichten); **2.** *Math.:* deckungsgleich (bes. Dreiecke); *Ggs.:* inkongruent; **3.** *Math.:* bei Teilung durch dieselbe Zahl den gleichen Rest ergebend
Kon|gru|enz *f. 10 nur Sg.* **1.** Übereinstimmung; **2.** *Math.:* Deckungsgleichheit; *Ggs.:* Inkongruenz; **3.** *Gramm.:* Übereinstimmung zusammengehöriger Satzteile in Numerus, Genus oder Kasus
Kon|gru|enz|satz *m. 2* Lehrsatz, der definiert, wann zwei Dreiecke kongruent sind
kon|gru|ie|ren *intr. 3* **1.** übereinstimmen; **2.** *Math.:* sich decken
Ko|ni|die [-djə, griech.] *f. 11* Spore, Fortpflanzungszelle vieler Pilze
Ko|ni|fe|re [lat.], Co|ni|fe|re *f. 11* Nadelbaum
Kö|nig *m. 1;* die Heiligen Drei Könige
Kö|ni|gin *f. 10*
Kö|ni|gin|mut|ter *f. 6* Mutter eines Königs oder einer Königin
kö|nig|lich; *Großschreibung in Titeln,* z. B. Königliche Hoheit
Kö|nig|reich *n. 1*
Kö|nigs|ad|ler *m. 5*
kö|nigs|blau kobaltblau
Kö|nigs|hof *m. 2*
Kö|nigs|ker|ze *f. 11* eine Zier- und Heilpflanze (Hustenmittel)
Kö|nigs|kind *n. 3*
Kö|nigs|ko|bra *auch:* **Kö|nigs|kob|ra** *f. 9* größte Giftschlange
Kö|nigs|kro|ne *f. 11*
Kö|nigs|ku|chen *m. 7*
Kö|nigs|schlan|ge *f. 11* Abgottschlange
Kö|nigs|schloss (*alt:* Kö|nigs|schloß) *n. 4*
Kö|nigs|sohn *m. 2*
Kö|nigs|thron *m. 1*
Kö|nigs|ti|ger *m. 5*
Kö|nigs|toch|ter *f. 6*
kö|nigs|treu
Kö|nigs|was|ser *n. Gen.* -s *nur Sg.* Mischung aus Salzsäure und Salpetersäure, löst Edelmetalle
Kö|nigs|wür|de *f. 11*
Kö|nig|tum *n. Gen.* -s *nur Sg.* Herrschaftsform
Ko|ni|in [griech.] *n. 1 nur Sg.* ein giftiges Alkaloid aus dem Schierling
ko|nisch [lat.] kegelförmig
Ko|ni|zi|tät *f. 10 nur Sg.* Kegelform
Konj. *Abk. für* Konjunktiv
Kon|jek|ta|ne|en [auch: -ta-, lat.] *Pl.* Sammlung von Bemerkungen, Einfällen
Kon|jek|tur *f. 10* **1.** *veraltet:* Mutmaßung, Vermutung; **2.** vermutlich richtige Lesart oder Verbesserung (eines unvollständig überlieferten Textes)
kon|jek|tu|ral auf Konjektur beruhend
kon|ji|zie|ren *tr. 3* **1.** *veraltet:* vermuten; **2.** mit Konjekturen versehen
kon|ju|gal [lat.] *veraltet:* ehelich
Kon|ju|ga|ten *Pl.* Jochalgen, Grünalgen
Kon|ju|ga|ti|on *f. 10* **1.** Abwandlung (der Verben), Beugung; **2.** vorübergehende Vereinigung zweier Einzeller zwecks Kernaustausch (Fortpflanzung)
kon|ju|gie|ren *tr. 3* **1.** *veraltet:* verbinden; **2.** *Gramm.:* beugen, abwandeln (Verb)
kon|jun|gie|ren *tr. 3, veraltet:* verbinden, vereinigen
Kon|junk|ti|on *f. 10* **1.** *Gramm.:* Wort, das zwei Sätze oder Satzteile miteinander verknüpft, Bindewort, z. B. und, weil; **2.** Einheit zweier durch »und« verbundener Begriffe; *Ggs.:* Disjunktion (3); **3.** *Astron.:* Stellung zweier Planeten oder eines Planeten und der Sonne im gleichen Längengrad
kon|junk|ti|o|nal durch eine Konjunktion (1) ausgedrückt
Kon|junk|ti|o|nal|satz *m. 2* durch eine Konjunktion (1) eingeleiteter Satz
kon|junk|tiv [auch: -tif] verbindend; *Ggs.:* disjunktiv
Kon|junk|tiv *m. 1* Form des Verbs, die einen Sachverhalt als möglich oder erwünscht darstellt, Möglichkeitsform, z. B. ich liefe, ich sei, ich wäre gelaufen, ich hätte geschlafen; vgl. Indikativ
Kon|junk|ti|va [-va] *f. Gen. - nur Sg.* Bindehaut (des Auges)
kon|junk|ti|visch [-viʃ] im Konjunktiv (gebraucht)
Kon|junk|ti|vi|tis [-vi-] *f. Gen. - Pl.* -ti|den Bindehautentzündung
Kon|junk|tur *f. 10* Wirtschaftslage mit bestimmter Tendenz, z. B. steigende, fallende K., Hochkonjunktur
kon|junk|tur|be|dingt; konjunkturbedingte Umsatzschwankung
kon|junk|tu|rell die Konjunktur betreffend, auf ihr beruhend
Kon|junk|tur|po|li|tik *f. 10 nur Sg.*
Kon|junk|tur|rit|ter *m. 5, ugs.:* jmd., der sich dem jeweils Mächtigsten anschließt
Kon|ju|ra|ti|on *f. 10, veraltet:* Verschwörung
kon|kav [lat.] nach innen gewölbt (Linse); *Ggs.:* konvex
Kon|ka|vi|tät [-vi-] *f. 10 nur Sg.* konkave Beschaffenheit, Krümmung nach innen
Kon|kav|lin|se *f. 11*
Kon|kav|spie|gel *m. 5* Hohlspiegel
Kon|kla|ve [-və, lat.] *n. 14* **1.** von der Außenwelt streng abgeschlossener Versammlungsraum der Kardinäle zur Papstwahl (im Vatikan); **2.** die Versammlung selbst
kon|klu|dent [lat.] eine bestimmte Schlussfolgerung zulassend, schlüssig
kon|klu|die|ren *tr. 3* schließen, folgern
Kon|klu|si|on *f. 10* Schlussfolgerung
kon|klu|siv auf einer Konklusion beruhend, folgernd, schließend, herleitend
kon|kor|dant [lat.] **1.** übereinstimmend; **2.** *Geol.:* gleich gelagert; *Ggs.:* diskordant
Kon|kor|danz *f. 10* **1.** Übereinstimmung; *Ggs.:* Diskordanz; **2.** alphabet. Zusammenstellung der in einem Buch vorkommenden Wörter (mit Belegstellen, Verbalkonkordanz) oder der inhaltlich übereinstimmenden Stellen (Realkonkordanz), z. B. Bibelkonkordanz; **3.** übereinstimmendes Merkmal; **4.** Lagerung von Gesteinsschichten ohne Stö-

rungen oder Verwerfungen; **5.** *Buchw.:* Maßeinheit von 4 Cicero = 48 Punkt

Kon|kor|dat *n. 1* **1.** Übereinkunft; **2.** Abkommen zwischen einem Staat und dem Papst; **3.** *schweiz.:* Abkommen zwischen Kantonen

Kon|kor|dia *f. Gen. - nur Sg.* Eintracht (Vereinsname)

Kon|kor|di|en|buch *n. 4* Sammlung der Bekenntnisschriften der luther. Kirche

Kon|kor|di|en|for|mel *f. 11* letzte Bekenntnisschrift der luther. Kirche 1577

Kon|kre|ment [lat.] *n. 1* körnige, sich aus Körperflüssigkeit abscheidende Substanz in Hohlorganen, z. B. Nierenstein oder Harngrieß

Kon|kres|zenz [lat.] *f. 10 nur Sg., veraltet:* das Zusammenwachsen

kon|kret [lat.] wirklich, gegenständlich, anschaulich, sinnlich wahrnehmbar; *Ggs.:* abstrakt

Kon|kre|ti|on *f. 10* **1.** Verdichtung, Vergegenständlichung; **2.** *Med.:* Verwachsung; Steinbildung; **3.** kugelige Zusammenballung mineralischer Substanzen im Gestein

kon|kre|ti|sie|ren *tr. 3* anschaulich, gegenständlich machen

Kon|kre|ti|sie|rung *f. 10 nur Sg.* Veranschaulichung, Vergegenständlichung

Kon|kre|tum *n. Gen. -s Pl. -ta* Substantiv, das etwas sinnlich Wahrnehmbares bezeichnet, Sachdingwort; *Ggs.:* Abstraktum

Kon|ku|bi|nat [lat.] *n. 1, veraltet:* eheähnliches Zusammenleben ohne gesetzliche Eheschließung, wilde Ehe

Kon|ku|bi|ne *f. 11* Geliebte, Mätresse, Nebenfrau

Kon|ku|pis|zenz [lat.] *f. 10* Verlangen, Begierde, Begehrlichkeit

Kon|kur|rent [lat.] *m. 10* Mitbewerber, jmd., der mit jmdm. im Wettbewerb steht

Kon|kur|renz *f. 10* **1.** Wettstreit, (bes. wirtschaftlicher) Wettbewerb; **2.** Zusammentreffen zweier strafbarer Handlungen

kon|kur|renz|fä|hig

Kon|kur|renz|fä|hig|keit *f. 10 nur Sg.*

kon|kur|ren|zie|ren *intr. 3, schweiz. neben:* konkurrieren

Kon|kur|renz|kampf *m. 2*

kon|kur|renz|los

Kon|kur|renz|un|ter|neh|men *n. 7*

kon|kur|rie|ren *intr. 3* **1.** mit jmdm. k.: jmdm. Konkurrenz machen, mit jmdm. im Wettbewerb stehen; **2.** mit etwas k.: mit etwas zusammentreffen (Straftaten)

Kon|kurs [lat.] *m. 1* **1.** Einstellung der Zahlungen; Zahlungsunfähigkeit; in K. gehen; K. anmelden; **2.** Konkursverfahren; den K. eröffnen

Kon|kurs|er|öff|nung *f. 10*

Kon|kurs|gläu|bi|ger *m. 5*

Kon|kur|sit *m. 10, schweiz.:* jmd., der in Konkurs gegangen ist

Kon|kurs|mas|se *f. 11* das Vermögen der zahlungsunfähigen Firma

Kon|kurs|ver|fah|ren *n. 7* Verfahren zur Befriedigung der Gläubiger

Kon|kurs|ver|wal|ter *m. 5*

kön|nen *tr. 72;* ich habe es gekonnt; *aber:* ich habe es nicht sagen können

Kön|ner *m. 5*

Kon|ne|ta|bel [lat.-frz.] *m. 9, in Frankr.* **1.** *urspr.:* Stallmeister, Befehlshaber der Reiterei; **2.** *bis Anfang des 17. Jh.:* Oberbefehlshaber des Heeres unter dem König

Kon|nex [lat.] *m. 1* **1.** Verbindung, Zusammenhang; **2.** *ugs.:* Kontakt (mit Personen); ich habe wenig, keinen K. mit ihnen

Kon|ne|xi|on *f. 10* einflussreiche Bekanntschaft, förderliche Verbindung

kon|ni|vent [-vent, lat.] nachsichtig, duldsam (bes. gegenüber strafbaren Handlungen von Untergebenen)

Kon|ni|venz [-vents, lat.] *f. 10 nur Sg.* Nachsicht, Duldsamkeit

kon|ni|vie|ren [-vi-] *tr. 3* dulden, übersehen

Kon|nos|se|ment [frz.] *n. 1, Seew.:* Frachtbrief, Ladeschein

Kon|no|ta|ti|on [lat.] *f. 10, Sprachw.:* assoziative Begleitvorstellung eines Wortes

kon|no|ta|tiv

kon|nu|bi|al [lat.] die Ehe betreffend, auf ihr beruhend

Kon|nu|bi|um *n. Gen. -s Pl. -bi|en* Ehe, Ehegemeinschaft

Ko|no|id [lat.] *m. 1* kegelähnlicher Körper

Kon|quis|ta|dor [-ki-, span.] *m. 12* span. Eroberer Mittel- und Südamerikas im 16. Jh.

Kon|rad, Con|rad männl. Vorname

Kon|rek|tor [lat.] *m. 13* Vertreter des Rektors

Kon|san|gu|i|ni|tät [lat.] *f. 10, veraltet:* Blutsverwandtschaft

Kon|se|kra|ti|on *auch:* **Kon|sek|ra|ti|on** [lat.] *f. 10, kath. Kirche* **1.** Weihe (von Personen oder Sachen); **2.** Wandlung (von Brot und Wein beim Messopfer)

kon|se|krie|ren *auch:* **kon|sek|rie|ren** *tr. 3* weihen

kon|se|ku|tiv [lat.] folgend, Folge…

Kon|se|ku|tiv|satz *m. 2* Nebensatz, der die Folge des im Hauptsatz genannten Vorgangs ausdrückt, Folgesatz

Kon|sens [lat.] *m. 1* Genehmigung, Bewilligung, Einwilligung, Zustimmung

kon|sen|su|ell übereinstimmend

kon|sen|tie|ren *tr. 3;* etwas k.: in etwas einwilligen, seine Zustimmung zu etwas geben

kon|se|quent [lat.] **1.** folgerichtig, grundsatztreu; **2.** beständig, beharrlich; *Ggs.:* inkonsequent

Kon|se|quenz **1.** *f. 10* Folge; seine Konsequenzen aus etwas ziehen; die Konsequenzen von etwas tragen; **2.** *nur Sg.* Folgerichtigkeit; Beharrlichkeit; *Ggs.:* Inkonsequenz

Kon|ser|va|tis|mus, Kon|ser|va|ti|vis|mus [-va-, lat.] *m. Gen. - nur Sg.* Einstellung, Haltung, die am Bestehenden, am Hergebrachten festhält

kon|ser|va|tiv [-va-] am Bestehenden, Hergebrachten festhaltend, es bejahend

Kon|ser|va|ti|ve(r) [-va-] *m. 18 (17) bzw. f. 18 (17)* Anhänger, Mitglied einer konservativen Partei

Kon|ser|va|ti|vis|mus [-va-] *m. Gen. - nur Sg.* s. **Kon|ser|va|tis|mus**

Kon|ser|va|tor [-va-] *m. 13, in Museen und Denkmalspflege:* Beamter, der für die Instandhaltung von Kunstwerken und Ausstellungsstücken zu sorgen hat

kon|ser|va|to|risch [-va-] **1.** pfleglich; **2.** durch einen Konservator

Kon|ser|va|to|rist [-va-] *m. 10* Schüler an einem Konservatorium

kon|ser|va|to|ris|tisch [-va-] (auf dem Studium) an einem Konservatorium (beruhend); konservatoristisch ausgebildet, konservatoristische Ausbildung

Kon|ser|va|to|ri|um [-va-] *n. Gen.*

-s *Pl.* -ri|en hochschulartige Akademie für Musik (heute oft einer Musikhochschule angegliedert)
Kon|ser|ve [-və] *f. 11* durch Sterilisation haltbar gemachtes Obst, Gemüse, Fleisch usw. in Glas oder Blechdose
Kon|ser|ven|büch|se [-vənbyksə] *f. 11*
Kon|ser|ven|do|se [-vən-] *f. 11*
Kon|ser|ven|ver|gif|tung [-vən-] *f. 10*
kon|ser|vie|ren [-vi-] *tr. 3* **1.** haltbar machen, sterilisieren; **2.** pflegen, instand halten (Kunstwerke)
Kon|ser|vie|rung [-vi-] *f. 10*

♦ Die Buchstabenfolge **kon|si|gn...** kann in Fremdwörtern auch **kon|sig|n...** getrennt werden.

♦ **Kon|si|gnant** [lat.] *m. 10, bes. im Überseehandel:* jmd., der eine Ware in Kommission gibt
♦ **Kon|si|gna|tar, Kon|si|gna|tär** *m. 1, bes. im Überseehandel:* jmd., der eine Ware zum Weiterverkauf in Kommission nimmt
♦ **Kon|si|gna|ti|on** *f. 10* **1.** Anweisung zu einem bestimmten Zweck, Bestimmung; **2.** *bes. im Überseehandel:* Kommissionsgeschäft, Übergabe einer Ware zum Weiterverkauf
♦ **Kon|si|gna|ti|ons|gut** *n. 4*
♦ **Kon|si|gna|ti|ons|wa|re** *f. 11*
♦ **kon|si|gnie|ren** *tr. 3* **1.** schriftlich beglaubigen, schriftlich niederlegen; **2.** *bes. im Überseehandel:* zum Weiterverkauf übergeben; **3.** mit bes. Auftrag absenden (Truppen, Schiff)
Kon|si|li|ar|arzt *m. 2,* **Kon|si|li|a|ri|us** [lat.] *m. Gen. - Pl.* -rii zur Beratung zugezogener Arzt
Kon|si|li|um *n. Gen.* -s *Pl.* -li|en Beratung (bes. mehrerer Ärzte über einen Krankheitsfall)
kon|sis|tent [lat.] dicht, zusammenhängend, fest, dickflüssig; *Ggs.:* inkonsistent
Kon|sis|tenz *f. 10 nur Sg.* **1.** Beschaffenheit (eines Stoffes) hinsichtlich der Struktur; **2.** Verhalten (eines Stoffes) gegenüber Formveränderungen, Beständigkeit, Festigkeit, Dauerhaftigkeit; *Ggs.:* Inkonsistenz; **3.** Dichte, Dickflüssigkeit, Zähigkeit
Kon|sis|to|ri|al|rat [lat.] *m. 2, Titel für* Mitglied eines Konsistoriums
Kon|sis|to|ri|al|ver|fas|sung *f. 10, evang. Kirche früher:* Verfassung, nach der die Verwaltung beim Konsistorium liegt; vgl. Synodalverfassung
Kon|sis|to|ri|um *n. Gen.* -s *Pl.* -ri|en **1.** *evang. Kirche:* Verwaltungsbehörde (mit Ausschluss der Laien); vgl. Synode (1); **2.** *kath. Kirche:* vom Papst geleitete Versammlung der Kardinäle
kon|skri|bie|ren *auch:* **kons|kri|bie|ren, konsk|ri|bie|ren** [lat.] *tr. 3, früher:* zum Heeresdienst ausheben, einschreiben
Kon|skrip|ti|on *auch:* **Kons|krip|ti|on, Konsk|rip|ti|on** *f. 10, früher:* Aushebung zum Heeresdienst (mit der Möglichkeit des Loskaufs)
Kon|sol [lat.-engl.] *m. 9* Anteilschein an einer Staatsanleihe
Kon|so|le [lat.] *f. 11* **1.** Mauervorsprung als Stütze für Bogen, Statuen u. a., Krage, Kragstein; **2.** Wandbrett
Kon|so|li|da|ti|on *f. 10* **1.** Sicherung, Festigung; **2.** Umwandlung von kurzfristigen Staatsschulden in langfristige; **3.** Zusammenlegung mehrerer Staatsanleihen; **4.** Zusammenlegung von Grundstücken; **5.** Verfestigung der Erdkruste durch Zusammenpressen und Faltung sowie das Eindringen von Magma
kon|so|li|die|ren *tr. 3* **1.** verfestigen, sichern; **2.** zusammenlegen
Kon|so|li|die|rung *f. 10*
kon|so|nant [lat.] zusammenstimmend, gut zusammenklingend; *Ggs.:* dissonant
Kon|so|nant *m. 10* Laut, der nicht selbst klingt, sondern nur mit Hilfe eines anderen ausgesprochen werden kann, z. B. b(e), (e)f, Mitlaut; vgl. Vokal
kon|so|nan|tisch Konsonanten betreffend, auf ihnen beruhend, mit, durch Konsonant(en)
Kon|so|nan|tis|mus *m. Gen. - nur Sg.* **1.** Bestand an Konsonanten (einer Sprache); **2.** Bildung und histor. Entwicklung der Konsonanten
Kon|so|nanz *f. 10* **1.** Häufung von Konsonanten; **2.** harmonisches Zusammenklingen; *Ggs.:* Dissonanz
Kon|sor|te [lat.] *m. 11* **1.** Mitglied eines Konsortiums; **2.** *Pl., abfällig für* Mitbeteiligte, -schuldige
Kon|sor|ti|um [-tsjum] *n. Gen.* -s *Pl.* -ti|en [-tsjən] vorübergehender Zusammenschluss von Unternehmen zur Finanzierung größerer Geschäfte

♦ Die Buchstabenfolge **kon|sp...** kann in Fremdwörtern auch **kons|p...** getrennt werden.

♦ **Kon|spekt** [lat.] *m. 1, veraltet* **1.** Übersicht, Überblick; **2.** Aufzeichnung über etwas Gelesenes oder Gehörtes
♦ **Kon|spi|rant** [lat.] *m. 10* Verschwörer
♦ **Kon|spi|ra|ti|on** *f. 10* Verschwörung
♦ **kon|spi|ra|tiv** [lat.] verschwörerisch, eine Verschwörung planend
♦ **kon|spi|rie|ren** *intr. 3* sich verschwören, eine Verschwörung anzetteln

♦ Die Buchstabenfolge **kon|st...** kann in Fremdwörtern auch **kons|t...** getrennt werden.

♦ **Kon|sta|bler** [engl.] *m. 5* **1.** *früher:* Geschützmeister im Rang eines Unteroffiziers; **2.** *in Großbritannien u. den USA:* Polizist
♦ **kon|stant** [lat.] gleich bleibend, beständig, unveränderlich, unverändert; *Ggs.:* inkonstant
♦ **Kon|stan|te** *f. 11* unveränderliche Größe, feststehender Wert; *Ggs.:* Veränderliche
♦ **Kon|stan|tin,** Con|stan|tin männl. Vorname
♦ **kon|stan|ti|nisch;** Konstantinische Schenkung
♦ **Kon|stan|ti|no|pel** *früherer Name von* Istanbul
♦ **Kon|stan|ti|no|po|li|ta|ner** *m. 5* Einwohner von Konstantinopel
♦ **kon|stan|ti|no|po|li|ta|nisch**
♦ **Kon|stanz** [lat.] *f. 10 nur Sg.* Unveränderlichkeit, Beständigkeit
♦ **Kon|stanz** Kreisstadt am Südufer des Bodensees
♦ **Kon|stan|ze,** Con|stan|ze weibl. Vorname
♦ **kon|sta|tie|ren** [lat.] *tr. 3* feststellen
♦ **Kon|stel|la|ti|on** [lat.] *f. 10* **1.** Zusammentreffen (von Umständen), bestimmte Lage, Situation; **2.** Gruppierung von Gestirnen, ihre Stellung zueinander, zur Erde u. zur Sonne

K

♦**Kon|ster|na|ti|on** [lat.] *f. 10 nur Sg.* Bestürzung, Betroffenheit
♦**kon|ster|nie|ren** *tr. 3*
♦**kon|ster|niert** betroffen, bestürzt
♦**Kon|sti|pa|ti|on** [lat.] *f. 10* Darmverstopfung
♦**kon|sti|tu|ie|ren** [lat.] *tr. 3* bilden, gründen, einsetzen, festsetzen; konstituierende Versammlung: verfassunggebende V.; sich k.: zusammentreten
♦**Kon|sti|tut** *n. 1* fortgesetzter, wiederholter Vertrag
♦**Kon|sti|tu|ti|on** *f. 10* **1.** Anordnung, Zusammensetzung; **2.** Körperverfassung, Körperbeschaffenheit, Widerstandsfähigkeit; kräftige, zarte, schwache K.; **3.** Anordnung der Atome im Molekül; **4.** Rechtsbestimmung, Verordnung, Satzung; **5.** Verfassung (eines Staates), Staatsgrundgesetz; **6.** Konzilsbeschluss; **7.** Erlass (des Papstes)
♦**Kon|sti|tu|ti|o|na|lis|mus** *m. Gen. - nur Sg.* Regierungsform, in der die Gewalt des Staatsoberhauptes durch eine Verfassung beschränkt ist
♦**kon|sti|tu|ti|o|nell** **1.** auf einer Konstitution beruhend, die Konstitution betreffend; **2.** durch eine Konstitution beschränkt; konstitutionelle Monarchie
♦**Kon|sti|tu|ti|ons|typ** *m. 12* Grundform des menschlichen Körperbaus; leptosomer, pyknischer, athlet. K. (nach E. Kretzschmer)
♦**kon|sti|tu|tiv** grundlegend, bestimmend, zum Wesen (einer Sache) gehörend, ein Recht entstehen lassend

♦Die Buchstabenfolge **kon|str...** kann in Fremdwörtern auch **kons|tr...** oder **konst|r...** getrennt werden.

♦**Kon|strik|ti|on** [lat.] *f. 10* Abschnürung (von Blutgefäßen), Zusammenpressen, Zusammenziehung
♦**Kon|strik|tor** *m. 13* Schließmuskel
♦**kon|strin|gie|ren** **1.** *tr. 3* zusammenpressen, abschnüren; **2.** *intr. 3* sich zusammenziehen
♦**kon|stru|ie|ren** [lat.] *tr. 3* **1.** entwerfen; **2.** bauen, zusammensetzen; **3.** nach gegebenen Größen zeichnerisch darstellen; **4.** einseitig darstellen (zu einem bestimmten Zweck)
♦**Kon|struk|teur** [-tør] *m. 1* Erbauer, Gestalter; technischer Zeichner
♦**Kon|struk|ti|on** *f. 10* **1.** Bauart, Gefüge, Aufbau; **2.** Entwurf, Gestaltung; **3.** *Geometrie:* zeichnerische Darstellung einer Figur mit gegebenen Größen; **4.** *Philos.:* Aufbau eines Begriffssystems, Gedankengebäude; **5.** einseitige Darstellung (zu einem bestimmten Zweck)
♦**Kon|struk|ti|ons|bü|ro** *n. 9* Büro, in dem techn. Entwürfe angefertigt werden
♦**kon|struk|tiv** (richtig) aufbauend, zusammensetzend, (folgerichtig) entwickelnd
♦**Kon|struk|ti|vis|mus** [-vis-] *m. Gen. - nur Sg.* **1.** *Malerei und Plastik:* die Konstruktionselemente (von Körpern) betonende Richtung; **2.** *Musik:* den formalen Aufbau der Komposition betonende Richtung
♦**Kon|struk|ti|vist** [-vist] *m. 10* Anhänger des Konstruktivismus
♦**kon|struk|ti|vis|tisch** [-vis-]
Kon|sul [lat.] *m. 14* **1.** *im Röm. Reich und napoleon. Frankreich:* höchster Staatsbeamter; **2.** *heute:* ständiger Vertreter eines Staates in einem anderen Staat
Kon|su|lar|a|gent *m. 10* Beauftragter eines Konsuls
kon|su|la|risch zum Konsul oder Konsulat gehörig, von ihnen ausgehend
Kon|su|lat *n. 1* Amt und Amtsgebäude eines Konsuls
Kon|su|lent *m. 10, veraltet, noch schweiz.:* Rechtsberater
Kon|sult *n. 1, veraltet:* Beschluss
Kon|sul|tant *m. 10* fachmänn. Berater, Anleiter
Kon|sul|ta|ti|on *f. 10* **1.** Beratung (durch einen Wissenschaftler), z. B. ärztl. K.; **2.** gemeinsame Beratung (der Partner von Bündnissen)
kon|sul|ta|tiv beratend
kon|sul|tie|ren *tr. 3;* jmdn. k.: jmds. fachmänn. Rat einholen, jmdn. (einen Fachmann) um Rat fragen
Kon|sul|tor *m. 13* Geistlicher als Berater eines Bischofs
Kon|sum [lat.] *m. 1 nur Sg.* **1.** Verbrauch (von Bedarfsgütern, z. B. Lebensmitteln); **2.** [meist: kon-] Konsumgenossenschaft sowie deren Verkaufsstelle
Kon|su|ma|ti|on *f. 10, schweiz.:* Verzehr, Zeche
Kon|su|ment *m. 10* Verbraucher
kon|su|men|ten|freund|lich
Kon|sum|ge|nos|sen|schaft *f. 10* Verbrauchergenossenschaft; genossenschaftl. Vereinigung, die den Ein- und Verkauf von Bedarfsgütern mit gewissen Vergünstigungen für ihre Mitglieder betreibt, Konsumverein
Kon|sum|ge|sell|schaft *f. 10*
Kon|sum|gü|ter *Pl.* Verbrauchsgüter
kon|su|mie|ren *tr. 3* verbrauchen
Kon|su|mie|rung *f. 10 nur Sg.*
Kon|sump|ti|bi|li|en *Pl.* Verbrauchsgüter
Kon|sump|ti|on *f. 10* s. **Kon|sum|ti|on**
kon|sump|tiv s. **kon|sum|tiv**
Kon|sum|ti|on *f. 10* **1.** Konsum, Verbrauch; **2.** *Med.:* Auszehrung; **3.** Aufgehen einer Straftat in einer umfassenderen, z. B. Diebstahl in Raub
kon|sum|tiv für den Verbrauch bestimmt
Kon|sum|ver|ein *m. 1* eine Konsumgenossenschaft
Kon|szi|en|ti|a|lis|mus *auch:* **Kons|zi|en|ti|a|lis|mus** [lat.] *m. Gen. - nur Sg.* Lehre, dass die Wirklichkeit nur im Bewusstsein vorhanden sei
kon|szi|en|ti|a|lis|tisch *auch:* **kons|zi|en|ti|a|lis|tisch**
Kon|ta|gi|on [lat.] *f. 10* Ansteckung
kon|ta|gi|ös ansteckend
Kon|ta|gi|o|si|tät *f. 10 nur Sg.* Ansteckungsmöglichkeit
Kon|ta|gi|um *n. Gen. -s Pl. -gi|en, veraltet:* Ansteckungsstoff
Kon|takt [lat.] *m. 1* Berührung, Verbindung
kon|takt|arm
Kon|takt|ar|mut *f. 10 nur Sg.*
kon|tak|ten *intr. 2,* kon|tak|tie|ren *intr. 3* Kontakte aufnehmen, neue Geschäftsverbindungen anknüpfen, als Kontakter tätig sein
Kon|tak|ter *m. 5* Werbefachmann in einem Betrieb oder einer Werbeagentur
kon|takt|freu|dig
Kon|takt|freu|dig|keit *f. 10 nur Sg.*
kon|takt|ge|stört
Kon|takt|gift *n. 1* durch Berührung wirkendes Gift
Kon|takt|glä|ser *Pl.* Haftschalen
kon|tak|tie|ren *intr. 3* s. **kon|tak|ten**

K

Kon|takt|in|fek|ti|on *f. 10* Infektion durch Berührung
Kon|takt|lin|sen *Pl.* Haftschalen
Kon|takt|mann *m. 4* Verbindungsmann, der Erkundigungen einzieht und neue Kontakte knüpft
Kon|takt|me|ta|mor|pho|se *f. 11* Umwandlung des Nachbargesteins durch eindringendes geschmolzenes Tiefengestein
Kon|takt|mi|ne|ral *n. Gen.* -s *Pl.* -e *oder* -li|en durch Kontaktmetamorphose entstandenes Mineral
Kon|takt|per|son *f. 10* jmd., der mit einer an einer Infektionskrankheit leidenden Person in Berührung gekommen und daher ansteckungsverdächtig ist
Kon|takt|scha|len *Pl.* Haftschalen
kon|takt|schwach
Kon|takt|schwä|che *f. 11 nur Sg.* eine psychische Störung
Kon|ta|mi|na|ti|on [lat.] *f. 10* **1.** Verschmelzung zweier Wörter oder Wortteile zu einem neuen Wort, z. B. »abnorm« und »anomal« zu »anormal«, »Laterne« und »Leuchte« zu »Latüchte«; **2.** *Kerntechnik:* Verunreinigung durch radioaktive Stoffe; **3.** *Med.:* Kontakt mit schädigenden Stoffen der Umwelt oder mit Krankheitserregern; **4.** *Geol.:* Aufnahme von Fremdgestein durch das Magma
kon|ta|mi|nie|ren *intr. 2*
kon|tant [ital.] bar, gegen Barzahlung; per k.: in bar
Kon|tan|ten *Pl.* **1.** bares Geld; **2.** Geldsorten; **3.** Münzen, die nicht als Zahlungsmittel dienen
Kon|tant|ge|schäft *n. 1* Geschäft mit Barzahlung bei Lieferung
Kon|tem|pla|ti|on *auch:* **Kon|temp|la|ti|on** [lat.] *f. 10* **1.** *Mystik:* Versenkung in das Wort und Werk Gottes, betrachtendes Erkennen; **2.** *allg.:* reine Anschauung, beschauliche Betrachtung, Beschaulichkeit
kon|tem|pla|tiv *auch:* **kon|temp|la|tiv** betrachtend, anschauend, beschaulich
kon|tem|po|rär [lat.] gleichzeitig, zeitgenössisch
Kon|ten *Pl. von* Konto
Kon|ten|plan *m. 2* systemat. Ordnung der Konten eines Betriebes in mehreren Klassen
Kon|ten|rah|men *m. 7* Schema zur systemat. Ordnung der Konten in verschiedenen Klassen
Kon|ten|ten [lat.] *Pl., Seew.:* Ladeverzeichnisse (von Schiffen)
kon|ten|tie|ren [lat.] *tr. 3* zufrieden stellen, befriedigen (Ansprüche); bezahlen
Kon|ten|tiv|ver|band *m. 2* ruhig stellender Verband (bei Knochenbrüchen u. Ä.)
Kon|ter [lat.-engl.] *m. 5, Boxen u. a.:* aus der Verteidigung geführter Gegenschlag
Kon|ter|ad|mi|ral [frz.] *m. 1 oder m. 2* Seeoffizier im Rang eines Generalmajors
Kon|ter|ban|de *f. 11 nur Sg.* Schmuggelware
Kon|ter|fei *n. 1 oder 9, nur noch scherzh.:* Bild, Fotografie, Abbild, Porträt
kon|ter|fei|en *tr. 1* abbilden, ein Bild (von jmdm.) machen
Kon|ter|ge|wicht *n. 1* Gegengewicht
kon|ter|ka|rie|ren *tr. 3* behindern, hemmen, abblocken
Kon|ter|mar|ke *f. 11* Gegenstempel
Kon|ter|mi|ne *f. 11* **1.** *Festungswesen:* Gegenmine; **2.** *Börse:* mit Fallen der Kurse rechnende Spekulation; Maßnahme einer Börsenpartei gegen eine andere
kon|ter|mi|nie|ren **1.** *tr. 3* mit einer Gegenmine versehen; **2.** *intr. 3, Börse:* auf Baisse spekulieren; **3.** *tr. 3, Börse:* Maßnahmen (gegen jmdn.) ergreifen
kon|tern **1.** *tr. 1, Sport:* nach geglückter Abwehr einen Gegenschlag versetzen; **2.** umdrehen, richtig stellen (seitenverkehrtes Bild); **3.** *intr. 1* (im Gespräch) zurückschlagen, den Spieß umdrehen
Kon|ter|re|vo|lu|ti|on [-vo-] *f. 10* Gegenrevolution
Kon|ter|re|vo|lu|ti|o|när [-vo-] *m. 1* Gegenrevolutionär
Kon|ter|tanz, Kon|tre|tanz [kɔ̃trə-] *m. 2,* Kon|tre *m. 9, 18. Jh.:* Tanz zu je zwei oder vier einander gegenüberstehenden Paaren
Kon|text [lat.] *m. 1* der ein Wort umgebende Text, durch den oft die Bedeutung erst klar wird, Zusammenhang
kon|tex|tu|ell den Kontext betreffend
Kon|ti *Pl. von* Konto
kon|tie|ren *tr. 3* in ein Konto eintragen, verbuchen
Kon|tie|rung *f. 10*
Kon|ti|gu|i|tät [lat.] *f. 10* Berührung (zeitl.) Zusammentreffen (von Erlebnissen)
Kon|ti|nent [lat.] *m. 1* **1.** Festland; **2.** Erdteil
kon|ti|nen|tal zu einem Kontinent gehörig, auf ihm vorkommend
Kon|ti|nen|tal|kli|ma *n. Gen.* -s *nur Sg.* Land-, Festlandsklima, Binnenklima; *Ggs.:* Seeklima
Kon|ti|nen|tal|schelf *m. 1 oder n. 1,* **Kon|ti|nen|tal|so|ckel** *m. 5* der Meeresboden um einen Kontinent in einer Tiefe bis zu 200 m, Festlandssockel, Schelf
Kon|ti|nen|tal|sper|re *f. 11 nur Sg.* die wirtschaftl. Absperrung Englands vom europ. Kontinent durch Napoleon I.
Kon|ti|nen|tal|ver|schie|bung *f. 10* in großen Zeiträumen ablaufende gegenseitige Verschiebung der Kontinente im Laufe der Erdgeschichte
Kon|ti|nenz [lat.] *f. 10 nur Sg.* Fähigkeit, Stuhlgang und Harn zurückzuhalten
Kon|tin|gent [lat.] *n. 1* **1.** festgelegte, begrenzte, zugeteilte Warenmenge; **2.** Pflichtanteil, -beitrag (zu bestimmten Aufträgen); **3.** Truppenstärke (eines Staates innerhalb einer Verteidigungsgemeinschaft) als Anteil am Gesamtheer
kon|tin|gen|tie|ren *tr. 3;* Waren k.: das Kontingent für Waren festsetzen
Kon|tin|gen|tie|rung *f. 10*
Kon|ti|nu|a|ti|on [lat.] *f. 10, veraltet:* Fortsetzung
kon|ti|nu|ie|ren *tr. 3, veraltet:* fortsetzen
kon|ti|nu|ier|lich stetig, ununterbrochen, fortdauernd; *Ggs.:* diskontinuierlich
Kon|ti|nu|i|tät *f. 10 nur Sg.* Stetigkeit, Fortdauer; *Ggs.:* Diskontinuität
Kon|ti|nu|um *n. Gen.* -s *Pl.* -nua *oder* -nu|en etwas lückenlos Zusammenhängendes, z. B. Linie
Kon|to [ital.] *n. Gen.* -s *Pl.* -s *oder* -ten *oder* -ti Gegenüberstellung von Einnahmen und Ausgaben, Forderungen und Schulden; ein Konto eröffnen
Kon|to|aus|zug *m. 2* Mitteilung des Geldinstituts über den Stand des Kontos an dessen Inhaber
Kon|to|buch *n. 4*
Kon|to|in|ha|ber *m. 5*
Kon|to|kor|rent *n. 1* Verbindung

K

zweier Geschäftspartner, bei der die beiderseitigen Leistungen und Forderungen in Form eines Kontos einander gegenübergestellt und regelmäßig abgerechnet werden

Kọn|to|num|mer *f. 11*

Kon|tor [frz.] *n. 1* Geschäftszimmer (eines Kaufmanns), Büro

Kon|to|rịst *m. 10* Angestellter eines kaufmänn. Betriebes, der Büroarbeiten erledigt

Kon|to|rịs|tin *f. 10*

Kon|tor|si|on [lat.] *f. 10* Verrenkung, gewaltsame Verdrehung (eines Gliedes)

Kon|tor|si|o|nịst *m. 10* als Schlangenmensch auftretender Artist, der sich kunstvoll verbiegen kann

Kọn|to|stand *m. 2*

♦ Die Buchstabenfolge **kon|tr...** kann in Fremdwörtern auch **kont|r...** getrennt werden. Davon ausgenommen sind Zusammensetzungen, in denen die fremdsprachigen bzw. sprachhistorischen Bestandteile deutlich als solche erkennbar sind, z. B. *-trahieren* (vgl. *subtrahieren*).

♦ **kọn|tra,** cọn|tra [lat.] gegen

♦ **Kọn|tra** *n. 9* **1.** Entgegengesetztes; *Ggs.:* Pro; das Pro und das K.: das Für und das Wider; jmdm. K. geben: ihm energisch widersprechen; **2.** *Kartenspiel:* Gegenansage; K. ansagen

♦ **kon|tra..., Kon|tra...** [lat.] *in Zus.:* gegen..., Gegen...

♦ **Kọn|tra|bass** (*alt:* Kọn|tra|baß) *m. 2* Bassgeige

♦ **Kọn|tra|bas|sist** *m. 10*

♦ **Kon|tra|dik|ti|on** [lat.] *f. 10* **1.** Widerspruch; **2.** *Logik:* Gegensatz zweier Begriffe oder Urteile

♦ **kon|tra|dik|to|risch** gegensätzlich, widersprüchlich; kontradiktorische Urteile: Urteile, von denen jedes das andere verneint

Kon|tra|ha|ge [-ʒə, frz.] *f. 11* Forderung zum Duell

Kon|tra|hẹnt [lat.] *m. 10* **1.** Vertragspartner; **2.** Gegner (beim Duell)

kon|tra|hie|ren *tr. 3* **1.** zusammenziehen; **2.** zum Duell fordern; **3.** vereinbaren

Kon|tra|hie|rungs|zwang *m. 2 nur Sg.* gesetzliche Verpflichtung zum Abschluss eines Vertrages (besonders für öffentliche Verkehrs- u. Versorgungsunternehmen)

♦ **Kọn|tra|in|di|ka|ti|on** [lat.] *f. 10* Gegenanzeige, Umstand, der eine an sich richtige Behandlung als nicht zweckmäßig erscheinen lässt

♦ **kọn|tra|in|di|ziert** nicht anwendbar, nicht zweckmäßig

kon|trạkt [lat.] zusammengezogen, eng, verkrümmt, gelähmt

Kon|trạkt *m. 1* Vertrag, Abkommen

kon|trạkt|brü|chig

kon|trak|til zusammenziehbar

Kon|trak|ti|li|tät *f. 10 nur Sg.* Fähigkeit (eines Muskels), sich zusammenzuziehen

Kon|trak|ti|on *f. 10* **1.** Zusammenziehung (von Muskeln), Schrumpfung; **2.** Zusammenziehung zweier Laute zu einem neuen Laut, z. B. »Drittteil« zu »Drittel«

kon|trạkt|lich vertraglich, vertragsgemäß

Kon|trak|tur *f. 10* (dauernde) Verkürzung (eines Muskels), die die Beweglichkeit des Gelenks mindert

♦ **Kọn|tra|post** [lat.] *m. 1, bildende Kunst:* die unterschiedliche Gestaltung der beiden Körperhälften in Ruhe und Bewegung, bes. ausgedrückt im Ausgleich von Standbein und Spielbein

♦ **kọn|tra|pro|duk|tiv**

♦ **Kọn|tra|punkt** [lat.] *m. 1* das Nebeneinanderherführen mehrerer selbständiger Melodielinien

♦ **Kon|tra|pụnk|tik** *f. 10 nur Sg.* Lehre vom Kontrapunkt

♦ **kon|tra|pụnk|tisch** auf dem Kontrapunkt beruhend, mit seiner Hilfe

♦ **kon|trär** [lat.] gegensätzlich

♦ **Kon|tra|ri|e|tät** *f. 10 nur Sg., veraltet* **1.** Gegensätzlichkeit; **2.** Hindernis

♦ **Kọn|tra|se|lek|ti|on** [lat.] *f. 10* Gegenauslese

♦ **Kọn|tra|si|gna|tur** *auch:* **Kọn|tra|sig|na|tur** [lat.] *f. 10* Gegenzeichnung, Mitunterschrift

♦ **kon|tra|si|gnie|ren** *auch:* **kon|tra|sig|nie|ren** *tr. 3*

♦ **Kon|trạst** [lat.] *m. 1* Gegensatz, starker Unterschied, z. B. Farbkontrast

♦ **kon|trạst|arm**

♦ **Kon|trạst|brei** *m. 1* ein Kontrastmittel in Form von Brei

♦ **Kon|trạst|fil|ter** *m. 5* fotograf. Filter zum Verstärken von Farbkontrasten

♦ **kon|tras|tie|ren** *intr. 3;* mit etwas k.: in Gegensatz zu etwas stehen, sich stark von etwas abheben

♦ **Kon|trạst|mit|tel** *n. 5* diagnostisches Hilfsmittel aus für Röntgenstrahlen undurchlässigem Stoff, das vor der Durchleuchtung eingenommen oder eingespritzt wird

♦ **kon|trạst|reich**

♦ **Kon|trạst|reich|tum** *m. Gen.* -s *nur Sg.*

♦ **Kon|tra|zep|ti|on** [lat.] *f. 10* Empfängnisverhütung

♦ **kọn|tra|zep|tiv** empfängnisverhütend

♦ **Kon|tre** [kɔ̃trə, frz.] *m. 9* Kontertanz

Kon|trek|ta|ti|ons|trieb [lat.] *m. 1 nur Sg., Med.:* Trieb zur körperlichen Berührung des Partners

♦ **Kon|tre|tanz** [-kɔ̃trə-] *m. 2* s. **Kọn|ter|tanz**

Kon|tri|bu|ẹnt [lat.] *m. 10, veraltet:* Steuerpflichtiger

kon|tri|bu|ie|ren *tr. 3, veraltet:* beitragen, beisteuern

Kon|tri|bu|ti|on *f. 10* Beitrag (besonders zum Unterhalt von Besatzungstruppen)

♦ **kon|trie|ren** [lat.] *intr. 3, Kartenspiel:* Kontra ansagen

♦ **Kon|tri|ti|on** [lat.] *f. 10, kath. Kirche:* vollkommene Reue (aufgrund deren die Absolution erteilt wird); *Ggs.:* Attrition

♦ **Kon|trọll|ab|schnitt** *m. 1*

Kon|trọllam|pe (-ll|l-) (*alt für:* Kon|trọll|lam|pe) *f. 11*

♦ **Kon|trọl|le** *f. 11* **1.** Überwachung, Aufsicht; **2.** Prüfung, Probe, z. B. Fahrscheinkontrolle

♦ **Kon|trọl|ler** *m. 5, bei Elektromotoren:* Anlasser

♦ **Kon|trol|leur** [-lø̱r, frz.] *m. 1* jmd., der eine Kontrolle durchführt, Aufsichtsbeamter

♦ **kon|trol|lie|ren** *tr. 3* überwachen, nachprüfen

Kon|trọlli|ste (-ll|l-) (*alt für:* Kon|trọll|lis|te) *f. 11*

♦ **Kon|trọll|grup|pe** *f. 11*

♦ **Kon|trọll|kom|mis|si|on** *f. 10*

♦ **Kon|trọll|lam|pe** *f. 11*

♦ **Kon|trọll|lis|te** *f. 11*

♦ **Kon|trol|lör** *m. 1, österr. für* Kontrolleur

♦**Kon|trọll|or|gan** *n. 1*
♦**Kon|trọll|rat** *m. 2 nur Sg.;* Alliierter K. *1945–1948:* oberstes Besatzungsorgan in Dtld.
♦**kon|tro|vers** [-vẹrs, lat.] **1.** gegeneinander gerichtet; **2.** strittig, bestreitbar
♦**Kon|tro|ver|se** [-vẹr-] *f. 11* **1.** wissenschaftl. Auseinandersetzung; **2.** Streit, Meinungsverschiedenheit
♦**kon|tro|ver|si|ell** [-vɛr-] *österr.:* umstritten; kontroversielle Meinungen
Kon|tu|maz [lat.] *f. Gen. - nur Sg.* **1.** *veraltet:* Nichterscheinen vor Gericht; **2.** *österr.:* Verkehrssperre (um die Ausbreitung von Seuchen zu verhindern)
Kon|tu|ma|zi|al|ver|fah|ren *n. 7* Verfahren in Abwesenheit des Angeklagten
kon|tu|ma|zie|ren *intr. 3, veraltet:* gegen jmdn. ein Kontumazurteil fällen
Kon|tu|maz|ur|teil *n. 1* Urteil in Abwesenheit des Angeklagten
kon|tun|die|ren [lat.] *Med.:* quetschen; vgl. Kontusion
Kon|tur [frz.] *f. 10, in der Kunst auch: m. 12* Umriss, Umrisslinie
kon|tu|rie|ren *tr. 3* **1.** mit Konturen umgeben (die Figuren einer Zeichnung); **2.** in Umrissen zeichnen, mit Umrissen andeuten
Kon|tu|si|on *f. 10* Quetschung
Ko|nus [lat.] *m. Gen. - Pl.* -nus|se *oder* -nen **1.** Kegel, Kegelstumpf; **2.** kegelförmiger Körper, Zapfen; **3.** der leicht konisch verlaufende, obere Teil der Druckletter, der das Schriftbild trägt
Kon|va|les|zẹnz [-va-, lat.] *f. 10 nur Sg.* **1.** Genesung, Gesundung, Rekonvaleszenz; **2.** Gültigwerden (eines Rechtsgeschäfts)
Kon|vek|ti|on [-vɛk-, lat.] *f. 10* **1.** *Meteor.:* auf- oder abwärts gerichtete Luftströmung; *Ggs.:* Advektion; **2.** *Phys.:* Transport von Energie oder elektr. Ladung durch bewegte kleinste Teilchen
kon|vek|tiv [-vɛk-] auf Konvektion beruhend
Kon|vek|tor [-vẹk-] *m. 13* Heizkörper, der die Luft überwiegend durch Berührung erwärmt; *Ggs.:* Radiator
kon|ve|na|bel [-ve-, lat.] *veraltet* **1.** schicklich, passend, wie es sich gehört; **2.** annehmbar, bequem
Kon|ve|ni|ẹnz [-ve-] *f. 10 nur Sg.* **1.** Schicklichkeit; **2.** Bequemlichkeit
kon|ve|nie|ren [-ve-] *tr. 3* **1.** sich schicken, passen, so sein, wie es sich gehört; **2.** bequem sein, zusagen
Kon|vent [-vẹnt] *m. 1* **1.** Versammlung, Zusammenkunft (bes. von den Mitgliedern eines Klosters oder einer Studentenverbindung); **2.** Kloster, Stift
Kon|ven|ti|kel [-vɛn-] *n. 5* **1.** geheime Zusammenkunft; **2.** außerkirchl. religiöse Versammlung
Kon|ven|ti|on [-vɛn-] *f. 10* **1.** Vereinbarung, Übereinkunft; **2.** völkerrechtlicher Vertrag; **3.** Herkommen, Brauch
kon|ven|ti|o|nal [-vɛn-] auf einer Konvention (1) beruhend
Kon|ven|ti|o|nal|stra|fe [-vɛn-] *f. 11* Strafe wegen Nichteinhaltung eines Vertrages
kon|ven|ti|o|nẹll [-vɛn-] **1.** herkömmlich, üblich, gebräuchlich; konventionelle Waffen: alle Waffen außer Kern-, biolog. und chem. Waffen; **2.** gesellschaftlich-förmlich; konventionelle Redensarten; sich k. benehmen
Kon|ven|tu|a|le [-vɛn-] *m. 11* stimmberechtigtes Mitglied einer Klostergemeinschaft
kon|ver|gẹnt [-vɛr-, lat.] **1.** aufeinander zustrebend, zulaufend (Linien); **2.** übereinstimmend; *Ggs.:* divergent
Kon|ver|gẹnz [-vɛr-, lat.] *f. 10* **1.** Annäherung; **2.** Übereinstimmung; *Ggs.:* Divergenz
kon|ver|gie|ren [-vɛr-, lat.] *intr. 3* **1.** aufeinander zustreben, sich annähern; **2.** übereinstimmen; *Ggs.:* divergieren
Kon|ver|sa|ti|on [-vɛr-, lat.] *f. 10* gewandte, gepflegte, etwas förmliche Unterhaltung, geselliges Gespräch
Kon|ver|sa|ti|ons|le|xi|kon [-vɛr-] *n. Gen. -s Pl. -ka* umfangreiches, alphabetisch geordnetes Nachschlagewerk über alle Wissensgebiete
Kon|ver|sa|ti|ons|stück [-vɛr-] *n. 1* unterhaltendes Theaterstück mit geistreich-witzigen Dialogen, meist mit Themen aus der höheren Gesellschaft
kon|ver|sie|ren [-vɛr-] *intr. 3* Konversation machen, sich gewandt unterhalten
Kon|ver|si|on [-vɛr-] *f. 10* **1.** Umwandlung (z. B. eines Schuldverhältnisses in ein anderes); **2.** Glaubenswechsel, Übertritt zu einer anderen Konfession (bes. zur katholischen); **3.** Wechsel der Wortart, z. B. »Kraft« zu »kraft«
Kon|ver|ter [-vẹr-] *m. 5* um die senkrechte Achse drehbarer Industrieofen zur Gewinnung von Stahl
kon|ver|ti|bel [-vɛr-] umwandelbar, austauschbar, konvertierbar; *Ggs.:* inkonvertibel
Kon|ver|ti|bi|li|tät [-vɛr-] *f. 10 nur Sg.* Möglichkeit, Geld der einen Währung in solches einer anderen umzutauschen
kon|ver|tier|bar [-vɛr-] konvertibel
Kon|ver|tier|bar|keit [-vɛr-] *f. 10 nur Sg.* Konvertibilität
kon|ver|tie|ren [-vɛr-] **1.** *tr. 3* austauschen, umwandeln; **2.** *intr. 3* zu einer anderen Konfession (bes. zur kath.) übertreten
Kon|ver|tit [-vɛr-] *m. 10* jmd., der zu einer anderen Konfession übergetreten ist, den Glauben gewechselt hat
kon|vex [-vẹks, lat.] erhaben, nach außen gekrümmt; *Ggs.:* konkav
Kon|ve|xi|tät [-vɛks-] *f. 10 nur Sg.* konvexe Beschaffenheit, Krümmung nach außen
Kon|vex|lin|se [-vẹks-] *f. 11*
Kon|vikt [-vịkt, lat.] *n. 1* **1.** Wohnheim bes. für Theologiestudenten; **2.** *österr.:* Internat
Kon|vik|tu|a|le [-vik-] *m. 11* Bewohner eines Konvikts
Kon|vi|vi|um [-vi-, lat.], Con|vi|vi|um *n. Gen. -s Pl. -vi|en, veraltet:* Gastmahl, Fest, Festgelage
Kon|voi [-vɔı, lat.-frz.] *m. 9* **1.** Geleitzug, mehrere, unter dem Schutz von Fahrzeugen bzw. See- oder Luftstreitkräften fahrende Fahrzeuge bzw. Schiffe; **2.** die beigegebenen Streitkräfte selbst; im oder unter K. fahren
Kon|vo|ka|ti|on [-vo-, lat.] *f. 10* **1.** Einberufung, Zusammenrufung (von Körperschaften); **2.** *an brit. und US-amerik. Universitäten:* Gremium, das über die Verleihung der Ehrendoktorwürde entscheidet
Kon|vo|lut [-vo-, lat.] *n. 1* **1.** Bündel (von Schriftstücken); Sammelmappe; **2.** *Med.:* Knäuel (z. B. von Darmschlingen)

K

Kon|vo|lu|te [-vo-] *f. 11* Volute
Kon|vul|si|on [-vul-, lat.] *f. 10* Schüttel-, Zuckungskrampf
kon|vul|si|visch [-vul-] krampfhaft (zuckend)
kon|ze|die|ren [lat.] *tr. 3* zugestehen, einräumen, erlauben

♦ Die Buchstabenfolge **kon|zen-tr...** kann in Fremdwörtern auch **kon|zent|r...** getrennt werden.

♦ **Kon|zen|trat** [lat.] *n. 1* hochprozentige Lösung, Mischung, in der ein Stoff angereichert enthalten ist
♦ **Kon|zen|tra|ti|on** *f. 10* **1.** Zusammendrängung (um einen Mittelpunkt), Zusammenballung (von wirtschaftl. oder ähnlichen Kräften); **2.** Sammlung, Anspannung (der geistigen Kräfte), gespannte Aufmerksamkeit; **3.** Gehalt einer Lösung an gelöstem, angereichertem Stoff
♦ **Kon|zen|tra|ti|ons|fä|hig|keit** *f. 10 nur Sg.*
♦ **Kon|zen|tra|ti|ons|la|ger** *n. 5* (*Abk.:* KZ) *1933–1945:* Arbeits- und Vernichtungslager für Juden und dem Nationalsozialismus missliebige Personen
♦ **kon|zen|trie|ren** *tr. 3* **1.** zusammenballen, zusammendrängen, -ziehen; **2.** anreichern, sättigen, verdichten (Lösung); **3.** sich k.: sich sammeln, seine Aufmerksamkeit anspannen
♦ **kon|zen|trisch** einen gemeinsamen Mittelpunkt habend; konzentrische Kreise; *Ggs.:* exzentrisch (1)
♦ **Kon|zen|tri|zi|tät** *f. 10 nur Sg.* konzentrische Beschaffenheit
Kon|zept [lat.] *n. 1* **1.** Entwurf, erste, unausgefeilte Niederschrift; jmdn. aus dem K. bringen: in Verwirrung bringen; aus dem K. geraten, kommen: verwirrt werden; **2.** Plan, Vorstellungen
Kon|zep|ti|on *f. 10* **1.** Empfängnis; **2.** schöpferischer Einfall; **3.** Entwurf, Plan (eines Werkes)
kon|zep|ti|o|nell auf Konzeption beruhend
Kon|zern [lat.] *m. 1* Zusammenschluss gleichartiger Unternehmen, die wirtschaftlich eine Einheit bilden, aber rechtlich selbständig sind
kon|zer|nie|ren *intr. 3* einen Konzern bilden
Kon|zer|nie|rung *f. 10*
Kon|zert [lat.-ital.] *n. 1* **1.** (meist öffentliche) Aufführung von Musikwerken; **2.** Musikstück für ein oder mehrere Soloinstrumente und Orchester
kon|zer|tant in der Art eines Konzerts
Kon|zert|di|rek|ti|on *f. 10* Unternehmen, das öffentliche Konzerte veranstaltet
Kon|zert|haus *n. 4*
kon|zer|tie|ren *intr. 3* ein Konzert geben, aufführen; konzertierte Aktion *übertr.:* zwischen den Sozialpartnern und der Regierung abgestimmtes wirtschaftl. Verhalten
Kon|zer|ti|na *f. 9* sechseckige Handharmonika
Kon|zert|meis|ter *m. 5* der Stimmführer der ersten Geigen
Kon|zert|rei|se *f. 11*
Kon|zert|saal *m. Gen.* -(e)s *Pl.* -sä|le
Kon|zert|sän|ger *m. 5*
Kon|zes|si|on [lat.] *f. 10* **1.** Zugeständnis; Konzessionen machen; **2.** Erlaubnis, behördliche Genehmigung (z. B. ein Gewerbe auszuüben); **3.** staatlich bewilligtes Recht, ein Gebiet in gewissem Umfang in Besitz zu nehmen
Kon|zes|si|o|när *m. 1* Inhaber einer Konzession
kon|zes|si|o|nie|ren *tr. 3;* etwas k.: eine Konzession für etwas erteilen, genehmigen
kon|zes|siv einräumend
Kon|zes|siv|satz *m. 2* Nebensatz, der ein Zugeständnis enthält, Einräumungssatz
Kon|zil [lat.] *n. Gen.* -s *Pl.* -e *oder* -li|en **1.** *kath. Kirche:* Versammlung hoher Würdenträger zur Beratung kirchlicher Fragen; **2.** Versammlung von gewählten Vertretern einer Hochschule
kon|zi|li|ant umgänglich, verbindlich, versöhnlich; *Ggs.:* inkonziliant
Kon|zi|li|anz *f. 10 nur Sg.*
kon|zi|li|ar auf dem Konzil beruhend, dazu gehörend
Kon|zi|li|a|ris|mus *m. Gen.* - *nur Sg.* kirchenrechtl. Theorie, nach der das Konzil dem Papst übergeordnet sein sollte
kon|zinn [lat.] *veraltet:* harmonisch zusammengefügt, ebenmäßig, abgerundet
Kon|zin|ni|tät *f. 10 nur Sg.*
Kon|zi|pi|ent [lat.] *m. 10*, Kon|zi-pist *m. 10* **1.** *veraltet:* Verfasser eines Konzepts; **2.** *österr.:* Anwaltsassessor
kon|zi|pie|ren *tr. 3* **1.** entwerfen, ins Konzept schreiben; **2.** *Med.:* empfangen
Kon|zi|pist *m. 10* s. **Kon|zi|pi|ent**
kon|zis [lat.] bündig, kurz, kurz gefasst (Ausdrucksweise)
Koog, Kog *m. 1* eingedeichtes Marschland, Polder
Ko|o|pe|ra|ti|on [lat.] *f. 10* Zusammenarbeit
ko|o|pe|ra|tiv zusammenwirkend, durch Kooperation
Ko|o|pe|ra|tor *m. 13* kath. Hilfsgeistlicher
ko|o|pe|rie|ren *intr. 3* zusammenarbeiten
Ko|op|ta|ti|on [lat.] *f. 10* Ergänzungswahl, Wahl neuer Mitglieder (durch die alten)
ko|op|tie|ren *tr. 3* hinzuwählen
Ko|or|di|na|te [lat.] *f. 11* **1.** Zahl, die die Lage eines Punktes auf einer Fläche oder im Raum bestimmt; **2.** *Pl.* Abszisse und Ordinate
Ko|or|di|na|ten|sys|tem *n. 1* System zum Bestimmen der Lage eines Punktes mit Hilfe von Koordinaten
Ko|or|di|na|ti|on *f. 10 nur Sg.* **1.** Abstimmen von Vorgängen aufeinander zwecks reibungslosen Ablaufs; **2.** Zusammenspiel (der Muskeln zu geordneten Bewegungen); **3.** Neben-, Beiordnen (von Satzteilen)
Ko|or|di|na|tor *m. 13*
ko|or|di|nie|ren *tr. 3* **1.** aufeinander abstimmen; **2.** neben-, beiordnen; koordinierende Konjunktion: Konjunktion, die zwei Hauptsätze miteinander verbindet, z. B. »und«
Ko|or|di|nie|rung *f. 10 nur Sg.*
Ko|pa|i|va|bal|sam [-va-, brasilian. Spr.] *m. Gen.* -s *nur Sg.* Harz des südamerik. Kopaivabaumes, für Lacke und als Heilmittel verwendet
Ko|pal [indianisch] *m. 1* Harz verschiedener trop. Bäume
Ko|pal|harz *n. 1*, **Ko|pal|lack** *m. 1*
Ko|pe|ke [russ.] *f. 11* kleine russ. Münze, 1/100 Rubel
Ko|pen|ha|gen Hauptstadt von Dänemark
Ko|pen|ha|ge|ner *m. 5*
Kö|pe|ni|cki|a|de *f. 11* Gaunerstreich

wie der des Hauptmanns von Köpenick
Ko|pe|po|de [griech.] *m. 11* Ruderfüßer, ein Krebstier
Kö|per [ndrl.] *m. 5* Gewebe in Köperbindung
Kö|per|bin|dung *f. 10* Bindungsart von Geweben mit schräg verlaufender Fadenführung
kö|pern *tr. 1* in Köperbindung weben
ko|per|ni|ka|nisch von Kopernikus stammend, auf seiner Lehre beruhend
Kopf *m. 2;* jmdm. den Kopf waschen *übertr., ugs.:* ihm energisch die Meinung sagen; Kopf stehen; ich habe/bin Kopf gestanden *übertr.:* ich war außer mir (vor Freude, Empörung o. Ä.); Kopf an Kopf stehen; pro Kopf fünf Stück: für jede Person; von Kopf bis Fuß; sein Erfolg ist ihm zu Kopf gestiegen *ugs.:* er bildet sich zu viel darauf ein
Kopf|ar|beit *f. 10* geistige Arbeit
Kopf|ar|bei|ter *m. 5*
Kopf|bahn|hof *m. 2* Sackbahnhof
Kopf|ball *m. 2* Weitergeben, Zurückschlagen des Balles mit dem Kopf
kopf|ball|stark
Köpf|chen *n. 7*
Kopf|dre|her *m. 5* Kopfnicker
köp|feln *intr. 1, österr., schweiz.:* einen Kopfsprung machen
köp|fen **1.** *tr. 1;* **2.** *intr. 1, Fußball:* den Ball mit dem Kopf zurückschlagen oder weitergeben
Kopf|en|de *n. 14*
Kopf|fü|ßer *m. 5, Sammelbez. für* Tintenfische, Kraken u. a. Weichtiere, Kephalopoden, Zephalopoden
Kopf|geld *n. 3* Belohnung für die Ergreifung eines Flüchtlings, Verbrechers usw.
Kopf|grip|pe *f. 11*
Kopf|haar *n. 1*
Kopf|hän|ger *m. 5*
kopf|hän|ge|risch
Kopf|haut *f. 2*
Kopf|hö|rer *m. 5*
köp|fig *schweiz.:* dickköpfig, eigensinnig
...köp|fig eine bestimmte oder unbestimmte Zahl von Köpfen aufweisend, z. B. fünfköpfig, vielköpfig
Kopf|jagd *f. 10*
Kopf|jä|ger *m. 5*
Kopf|kis|sen *n. 7*
kopf|las|tig vorn zu sehr belastet, vorderlastig; *Ggs.:* hinterlastig; *ugs., übertr.:* zu theoretisch
Köpf|lein *n. 7*
kopf|los verwirrt, bestürzt, ohne Überlegung (Person, Handlung)
Kopf|ni|cken *n. Gen.* -s *nur Sg.*
Kopf|ni|cker *m. 5* Halsmuskel, der die Bewegungen des Kopfes bewirkt, Kopfdreher
Kopf|nuss (*alt:* Kopf|nuß) *f. 2* leichter Schlag mit den Fingerknöcheln an den Kopf
Kopf|putz *m. 1* Kopfschmuck

kopfrechnen: Eine Reihe von Bildungen aus Substantiv und Verb wird fast nur im Infinitiv, gelegentlich auch als Partizip, gebraucht. Sie werden immer zusammen und mit kleinem Anfangsbuchstaben geschrieben: *Er wollte immer kopfrechnen.* Ebenso: *bauchreden, bruchrechnen, notlanden, zwangsräumen* usw. § 33 E1

kopf|rech|nen *nur im Infinitiv:* er kann gut k.
Kopf|rech|nen *n. Gen.* -s *nur Sg.;* K. schwach! *ugs. scherzh.*
Kopf|sa|lat *m. 1*
kopf|scheu **1.** leicht scheuend bei Bewegungen mit der Hand in der Nähe des Kopfes (Pferd); **2.** ängstlich, scheu; jmdn. k. machen
Kopf|schmerz *m. 12*
Kopf|schuss (*alt:* Kopf|schuß) *m. 2*
Kopf|schüt|teln *n. Gen.* -s *nur Sg.*
kopf|schüt|telnd **1.** *übertr.:* erstaunt, verwundert; **2.** ablehnend
Kopf|sprung *m. 2*
Kopf|stand *m. Gen.* -(e)s *nur Sg.*

Kopf stehen: Fügungen aus Substantiv und Verb schreibt man im Infinitiv, Partizip und am Ende eines Nebensatzes getrennt: ... *um Kopf zu stehen, ...; sie haben Kopf gestanden.* § 34 E3 (5)

Kopf ste|hen (*alt:* kopf|ste|hen) *intr. 151* vgl. Kopf
Kopf|stein|pflas|ter *m. 5*
Kopf|steu|er *f. 11* gleicher Steuerbetrag für jede Person
Kopf|stim|me *f. 11*
Kopf|tuch *n. 4*
kopf|ü|ber
Kopf|zahl *f. 10* Personenzahl
Kopf|zer|bre|chen *n. Gen.* -s *nur Sg.;* das macht mir kein, viel, wenig K.; *aber:* sich den Kopf zerbrechen
Koph|ta *m. 9* sagenhafter ägypt. Weiser
koph|tisch vom Kophta stammend
Ko|pi|al|buch *n. 4* Buch mit Abschriften von Urkunden
Ko|pi|a|li|en *Pl., veraltet:* Abschreibegebühren
Ko|pi|a|tur *f. 10, veraltet:* Abschreiben
Ko|pie, *österr.:* **Ko|pie** [-pjə] *f. 11* **1.** Abschrift; **2.** *Fot.:* Abzug; **3.** Nachbildung (eines Kunstwerks durch einen anderen Künstler); vgl. Replik (2)
ko|pie|ren *tr. 3* **1.** abschreiben; **2.** *Fot.:* abziehen; **3.** nachbilden; **4.** nachahmen (Person)
Ko|pie|rer *m. 5*
Ko|pier|stift *m. 1* Tintenstift
Ko|pi|lot *m. 10* **1.** zweiter Flugzeugführer; **2.** zweiter Fahrer (beim Autorennen)
ko|pi|ös [lat.-frz.] *Med.:* reichlich
Ko|pist [lat.] *f. 10* jmd., der etwas kopiert, Abschreiber, Nachbilder
Kop|pe *f. 11* Kuppe, Gipfel (oft in Namen von Bergen)
Kop|pel **1.** *f. 11* eingezäuntes Stück Weideland; **2.** *f. 11* Gruppe zusammengebundener Tiere, bes. Jagdhunde; **3.** *n. 5* starker Ledergürtel, Wehrgehenk
kop|pel|gän|gig gut in der Koppel gehend (Hund)
kop|peln *tr. 1* **1.** beweglich verbinden, aneinander binden; ich koppele, kopple sie; **2.** durch Bindestrich verbinden (Wörter)
Kop|pe|lung *f. 10* s. **Kopp|lung**
kop|pen *intr. 1* Luft schlucken (vom Pferd)
kopp|heis|ter *nddt.:* kopfüber
Kopp|lung, Kop|pe|lung *f. 10*
Kopp|lungs|ma|nö|ver [-vər] *n. 5*

♦ Die Buchstabenfolge **ko|pr...** kann in Fremdwörtern auch **kop|r...** getrennt werden. Davon ausgenommen sind Zusammensetzungen, in denen die fremdsprachigen bzw. sprachhistorischen Bestandteile deutlich als solche erkennbar sind, z. B. *-produktion* (vgl. *Reproduktion*).

♦ **Ko|pra** [hind.] *f. 9 nur Sg.* getrocknetes, zerkleinertes Kokosnussfleisch

Ko|pro|duk|ti|on *f. 10* Gemeinschaftsproduktion (bes. von Filmen)
♦**ko|pro|gen** [griech.] vom Kot stammend
♦**Ko|pro|lith** *m. 10 oder m. 12* versteinerter Kot (urweltlicher Tiere)
♦**Ko|prom** *n. 1* Kotgeschwulst
♦**ko|pro|phag** Mist fressend, skatophag
♦**Ko|pro|pha|ge** *m. 11* sich von Mist ernährendes Tier, Kotfresser, Skatophage
♦**Ko|pro|pha|gie** *f. 11 nur Sg.* Kotfressen (bei manchen Tieren), krankhaftes Kotessen (bei Geisteskranken)
Kops [engl.] *m. 1* aufgewickeltes Garn, Garnkörper
Kop|te [arab.] *m. 11* christl. Nachkomme der alten Ägypter mit arab. Sprache und eigener Kirche
kop|tisch
Ko|pu|la [lat.] *f. Gen. - Pl.* -s *oder* -lae [-lɛː] **1.** *Gramm.:* Teil des zusammengesetzten Prädikats, mit den Verben sein, scheinen, bleiben oder werden gebildet, z. B. das Wetter »ist« schön; Satzband; **2.** *Biol.:* Begattung (der Tiere)
Ko|pu|la|ti|on *f. 10* **1.** Befruchtung, Begattung; **2.** Veredelung von Pflanzen
ko|pu|la|tiv anreihend, verbindend
ko|pu|lie|ren **1.** *tr. 3* verbinden; veredeln (Pflanzen); **2.** *intr. 3* den Geschlechtsakt ausführen
kor…, Kor… vgl. kon…, Kon…
Ko|rach, Ko|rah [nach einer Gestalt des AT] *in der Wendung* eine Rotte K.: eine wilde Bande
Ko|ral|le *f. 11* **1.** ein Hohltier, Meerestier; **2.** Schmuckstück aus dessen Skelett
Ko|ral|len|bank *f. 2* Ansammlung zahlreicher Korallen
Ko|ral|len|fi|scher *m. 5*
Ko|ral|len|in|sel *f. 11* ringförmige Insel aus Korallen
Ko|ral|len|riff *n. 1*
ko|ral|len|rot
Ko|ral|lin *n. 1 nur Sg.* roter Farbstoff für Lacke
ko|ram [lat.] vor aller Augen, öffentlich; jmdn. k. nehmen: jmdn. zur Rede stellen, zurechtweisen
Ko|ran [auch: ko-, arab.] *m. Gen.* -s *nur Sg.* heilige Schrift des Islams

K

Korb *m. 2*
Korb|ball *m. 2 nur Sg.* Ballspiel zwischen zwei Mannschaften
Korb|blüt|ler *Pl.* eine Pflanzenfamilie
Körb|chen *n. 7*
Kor|ber *m. 5, schweiz.:* Korbmacher
Korb|fla|sche *f. 11*
Körb|lein *n. 7*
Korb|ma|cher *m. 5*
Korb|ses|sel *m. 5*
Korb|stuhl *m. 2*
Korb|wa|gen *m. 7*
Korb|wa|ren *Pl.*
Korb|wei|de *f. 11* eine Weidenart mit biegsamen Zweigen
Kord *m. 9* s. **Cord**
Kor|de *f. 11*, **Kor|del** [frz.] *f. 11* Schnur aus zusammengedrehten Seiden- oder Kunstseidenfäden
kor|di|al [lat.] herzlich, umgänglich, vertraut
Kor|di|a|li|tät *f. 10 nur Sg.* Herzlichkeit, Umgänglichkeit
kor|die|ren [frz.] *tr. 3* **1.** aufrauen (Griffe an Werkzeugen); **2.** Gold- oder Silberdraht k.: schnurartige Linien einritzen
Kor|di|e|rit [-dje-, nach dem frz. Geologen L. A. Cordier] *m. 1 nur Sg.* ein Mineral
Kor|dier|ma|schi|ne *f. 11*
Kor|dil|le|ren [-dilje-] *Pl.* Gebirgszug an der Westküste Nord- und Südamerikas; *in Südamerika:* Anden
Kor|dit [frz.] *m. 1 nur Sg.* ein fadenförmiges, rauchschwarzes Schießpulver
Kor|don [-dõ, frz.] *m. 9, österr.:* [-don] *m. 1* **1.** Band, Schnur; **2.** kleiner Obstbaum, bei dem einige Äste an Schnüren gezogen werden, Schnurbaum; **3.** Postenkette, Absperrung
Kor|do|nett|sei|de *f. 11* aus mehreren Fäden gedrehtes Seidengarn, Schnurseide
Kor|do|nett|stich, Kor|do|nier|stich *m. 1* einen Faden umschnürender Stich
Kor|du|an [nach der span. Stadt Córdoba] *n. Gen.* -s *nur Sg.*
Kor|du|an|le|der *n. 5 nur Sg.* weiches Ziegen- oder Schafsleder
Kor|du|la, Cor|du|la weibl. Vorname
Ko|re [griech.] *f. 11* weibl. Statue, sowohl frei stehend als auch Gebälk tragend anstelle einer Säule
Ko|rea Halbinsel in Ostasien mit den Staaten Nord- und Südkorea

Ko|re|a|ner *m. 5*
ko|re|a|nisch
Ko|re|fe|rat *n. 1, österr.* = **Kor|re|fe|rat**
Ko|re|fe|rent *f. 10, österr.* = **Kor|re|fe|rent**
ko|re|fe|rie|ren *intr. 3, österr.* = **kor|re|fe|rie|ren**
kö|ren *tr. 1* zur Zucht auswählen (männl. Tier)
Kor|fi|ot *m. 10*, **Kor|fi|o|te** *m. 11* Einwohner von Korfu
kor|fi|o|tisch
Kor|fu griech. Insel
Kör|hengst *m. 1* Zuchthengst
Ko|ri|an|der [lat.] *m. 5* eine Gewürzpflanze
Ko|ri|an|do|li *n. Gen.* -(s) *Pl.* -, *österr. für* Konfetti
Ko|rin|na, Co|rin|na weibl. Vorname
Ko|rinth griech. Stadt
Ko|rin|the *f. 11* kleine, schwarze, getrocknete Weinbeere
Ko|rin|ther *m. 5*
Ko|rin|ther|brief *m. 1* (des Apostels Paulus)
ko|rin|thisch; *aber:* Korinthischer Golf
Kork *m. 1* **1.** *allg.:* Teil der Borke, *bes.:* Rinde der Korkeiche; **2.** = **Kor|ken**
Kork|ei|che *f. 11, Sammelbez. für* spanische und algerische Eichen, aus deren Rinde Kork gewonnen wird
kor|ken aus Kork
Kor|ken *m. 7*, **Kork** *m. 1* Pfropfen aus Kork als Flaschenverschluss
Kor|ken|zie|her, Kork|zie|her *m. 5*
Kork|zie|her|ho|se *f. 11, ugs. scherzh.:* lange, Falten schlagende, ungebügelte Hose
Kork|zie|her|lo|cke *f. 11*
Kor|mo|phyt [griech.] *m. 10* aus Wurzel, Stängel und Blättern bestehende Pflanze, Sprosspflanze; *Ggs.:* Thallophyt
Kor|mo|ran [lat.-frz.] *m. 1* ein Schwimmvogel
Kor|mus [griech.] *m. Gen. - nur Sg.* in Wurzel und Spross samt Blättern gegliederter Pflanzenkörper
Korn **1.** *n. 4;* **2.** *n. 1 Pl. selten,* Teil der Visiereinrichtung von Handfeuerwaffen, der beim Zielen zusammen mit der Kimme und dem Zielpunkt eine Linie bilden muss; **3.** *m. Gen.* -s *Pl.* - Kornbranntwein
Korn|äh|re *f. 11*

Kor|nak [Sanskrit] *m. 9* Elefantenführer
Korn|blu|me *f. 11*
korn|blu|men|blau
Korn|brannt|wein *m. 1* aus Getreide hergestellter Branntwein
Körn|chen *n. 7*
Körndl|bau|er *m. 11, österr.:* Bauer, der überwiegend Getreide anbaut; *Ggs.:* Hörndlbauer
Kor|nea [lat.] *f. Gen. - nur Sg.* s. **Cor|nea**
Kor|ne|lia, Cor|ne|lia weibl. Vorname
Kor|ne|li|us, Cor|ne|li|us männl. Vorname
Kor|nel|kir|sche [lat.] *f. 11* ein Zierstrauch, der bereits im März blüht
kör|nen *tr. 1* **1.** zu Körnern zerkleinern; **2.** aufrauen, mit einer körnigen Oberfläche versehen; **3.** mit kleinen, körnigen Vertiefungen versehen; **4.** *Jägerspr.:* (mit Körnerfutter) anlocken, kirren
Kor|ner, Cor|ner [kɔr-, engl.] *m. 5, Börse:* Vereinigung von Kaufleuten zu Ankäufen zwecks Preissteigerung
Kör|ner *m. 5* Werkzeug zum Körnen
Kör|ner|früch|te *f. 2 Pl., Sammelbez. für* Getreide, Hülsen- und Ölfrüchte
Kör|ner|fut|ter *n. Gen. -s nur Sg.* **1.** Futter aus Getreidekörnern;
2. *auch:* Futterplatz mit Körnerfutter
Kor|nu|tin *n. 1 nur Sg.* Gift des Mutterkorns
Ko|rol|la [lat.] *f. Gen. - Pl.* -len, Ko|rol|le *f. 11* **1.** Blumenkrone; **2.** alle Blütenblätter einer Blüte
Ko|rol|lar *n. 1,* **Ko|rol|la|ri|um** *n. Gen.* -s *Pl.* -ri|en **1.** Zusatz, Zugabe, Ergänzung; **2.** aus einem Satz gefolgerter Satz
Ko|rol|le *f. 11* s. **Ko|rol|la**
Ko|ro|man|del|holz [nach der Koromandelküste in Vorderindien] *n. 4* ebenholzartiges Holz der Dattelpflaume
Ko|ro|na [lat.] *f. Gen. - Pl.* -nen **1.** Strahlenkranz (der Sonne); **2.** Sprühentladung an Hochspannungsleitungen sowie hohen Spitzen; **3.** Heiligenschein; **4.** *ugs.:* fröhliche Runde
Ko|ro|nar|ge|fä|ße *Pl.* Herzkranzgefäße
Ko|ro|nar|in|suf|fi|zi|enz *f. 10* ungenügende Blutversorgung des Herzmuskels durch die Herzkranzgefäße
Ko|ro|nar|skle|ro|se *f. 11* Verkalkung der Herzkranzgefäße
Ko|ro|nis *f. Gen. - Pl.* -ni|des [-de:s] (*Zeichen:* ') Häkchen, Zeichen für die Krasis
Kör|ord|nung *f. 10* alle Vorschriften über das Kören von Zuchttieren
Kör|per *m. 5*
Kör|per|bau *m. Gen.* -(e)s *nur Sg.*
kör|per|be|hin|dert
Kör|per|be|hin|der|te(r) *m. 18 (17) bzw. f. 17 oder 18*
Kör|per|chen *n. 7*
Kör|per|er|zie|hung *f. 10 nur Sg.*
Kör|per|far|be *f. 11* Deckfarbe
Kör|per|ge|wicht *n. 1*
Kör|per|grö|ße *f. 11*
Kör|per|hal|tung *f. 10*
Kör|per|kraft *f. 2*
Kör|per|kul|tur *f. 10 nur Sg.*
kör|per|lich
Kör|per|lich|keit *f. 10 nur Sg.*
Kör|per|pfle|ge *f. 11 nur Sg.*
Kör|per|schaft *f. 10* Vereinigung von Personen zu einem bestimmten Zweck mit den Rechten einer jurist. Person, z. B. Verein oder Aktiengesellschaft
kör|per|schaft|lich
Kör|per|schafts|steu|er *f. 11*
Kör|per|schlag|a|der *f. 11* Aorta
Kör|per|schwä|che *f. 11 nur Sg.*
Kör|per|stra|fe *f. 11* Prügel
Kör|per|teil *m. 1*
Kör|per|ver|let|zung *f. 10*
Kör|per|wär|me *f. 11 nur Sg.*
Kor|po|ra *Pl. von* Korpus
Kor|po|ral [ital.] *m. 2 oder m. 1, früher:* Unteroffizier
Kor|po|ra|le *n. 5* Leinentuch als Unterlage für Hostie und Kelch
Kor|po|ral|schaft *f. 10* einem Korporal unterstellte Truppeneinheit, kleinste Abteilung der Kompanie
Kor|po|ra|ti|on *f. 10* **1.** Körperschaft; **2.** Studentenverbindung
kor|po|ra|tiv zu einer Korporation gehörend, körperschaftlich
kor|po|riert einer Korporation (2) angehörend
Korps [kor, lat.-frz.] *n. Gen.* - [kors] *Pl.* - [kors], Corps [kɔr] **1.** Truppenverband aus mehreren Waffengattungen, Armeekorps; **2.** Studentenverbindung; **3.** Gemeinschaft von Personen gleichen Standes, z. B. Offizierskorps, Diplomatisches Korps
Korps|bru|der [kor-] *m. 6*
Korps|stu|dent [kor-] *m. 10*
kor|pu|lent [lat.] beleibt
Kor|pu|lenz *f. 10 nur Sg.* Körperfülle, Beleibtheit
Kor|pus **1.** *m. Gen. - Pl.* -se, *ugs., scherzh.:* Körper; **2.** *n. Gen. - Pl.* -po|ra Sammelwerk (bes. aus Antike und MA); **3.** *m. Gen. - nur Sg.* Schallkörper (von Musikinstrumenten, bes. von Saiteninstrumenten); **4.** *f. Gen. - nur Sg.* ein Schriftgrad (10 Punkt); vgl. Corpus
Kor|pus|a|na|ly|se *f. 11, Sprachw.:* Methode der Sprachanalyse
Kor|pus|kel *n. 14 oder f. 11* kleinstes Teilchen der Materie, Elementarteilchen, z. B. Atom, Ion
kor|pus|ku|lar aus Korpuskeln bestehend, sie betreffend
Kor|pus|ku|lar|strah|len *Pl.* aus elektrisch geladenen Teilchen bestehende Strahlen
Kor|ral [span.] *m. 1* Gehege, Pferch für wilde Tiere, die gezähmt werden sollen, bes. für Elefanten
Kor|ra|si|on [lat.] *f. 10* Abschleifung von Gestein durch Flugsand
Kor|re|fe|rat, *österr.:* **Ko|re|fe|rat** [lat.] *n. 1* zweites Referat über dasselbe Thema
Kor|re|fe|rent, *österr.:* **Ko|re|fe|rent** *f. 10* jmd., der das Korreferat hält, zweiter Referent

K

kor|re|fe|rie|ren, *österr.:* **ko|re|fe|rie|ren** *intr. 3* das Korreferat halten
kor|rekt [lat.] richtig, fehlerfrei
Kor|rekt|heit *f. 10 nur Sg.*
Kor|rek|ti|on *f. 10, veraltet:* Verbesserung
Kor|rek|ti|ons|an|stalt *f. 10, schweiz.:* Besserungsanstalt
kor|rek|tiv verbessernd, ausgleichend
Kor|rek|tiv *n. 1* Mittel zum Ausgleich
Kor|rek|tor *m. 13, in Verlag oder Druckerei:* Angestellter, der Schriftsätze auf ihre formale Richtigkeit prüft
Kor|rek|to|rat *n. 1, in Verlag oder Druckerei:* Abteilung der Korrektoren
Kor|rek|tur *f. 10* **1.** Verbesserung, Berichtigung; **2.** Prüfung von Schriftsatz auf Richtigkeit; K. lesen
Kor|rek|tur|ab|zug *m. 2* Abzug des Schriftsatzes (Fahne oder Bogen), auf dem Korrekturen angebracht werden können
Kor|rek|tur|bo|gen *m. 7*
Kor|rek|tur|fah|ne
Kor|rek|tur|le|sen *n. Gen. -s nur Sg.*
Kor|rek|tur|vor|schrif|ten *Pl.*
Kor|rek|tur|zei|chen *n. 7*
kor|re|lat, kor|re|la|tiv [lat.] wechselseitig, einander wechselseitig bedingend
Kor|re|lat *n. 1* **1.** Ergänzung, ergänzender Begriff; **2.** Wort, das mit einem anderen in wechselseitiger Beziehung steht
Kor|re|la|ti|on *f. 10* Wechselbeziehung
kor|re|la|tiv s. **kor|re|lat**
kor|re|lie|ren *intr. 3* in wechselseitiger Beziehung stehen
kor|re|pe|tie|ren [lat.] *tr. 3* mit jmdm. einüben; eine Gesangsrolle mit jmdm. k.: sie am Klavier begleitend mit jmdm. einüben
Kor|re|pe|ti|ti|on *f. 10*
Kor|re|pe|ti|tor *m. 13* jmd., der am Klavier mit Opernsängern die Gesangspartie einstudiert

♦Die Buchstabenfolge **kor|re|sp...** kann in Fremdwörtern auch **kor|res|p...** getrennt werden.

♦**kor|re|spek|tiv** [lat.] gemeinschaftlich, wechselseitig bedingt
♦**Kor|re|spek|ti|vi|tät** *f. 10 nur Sg.*
♦**Kor|re|spon|dent** [lat.] *m. 10* **1.** auswärtiger Berichterstatter (einer Zeitung); **2.** Angestellter in einem kaufmänn. Betrieb, der (bes. ausländische) Korrespondenz führt
♦**Kor|re|spon|denz** *f. 10* **1.** Briefwechsel, Briefverkehr; **2.** Übereinstimmung
♦**Kor|re|spon|denz|kar|te** *f. 11, österr.:* Postkarte
♦**kor|re|spon|die|ren** *intr. 3* **1.** übereinstimmen; **2.** in Briefverkehr stehen, Briefe wechseln; mit jmdm. k.; korrespondierendes Mitglied (einer Gesellschaft, Akademie)
Kor|ri|dor [lat.-frz.] *m. 1* **1.** Flur, Gang (einer Wohnung); **2.** schmaler, durch fremdes Hoheitsgebiet führender Landstreifen; *früher:* Poln. Korridor
Kor|ri|gen|da [lat.] *Pl.* zu Verbesserndes, Druckfehler
Kor|ri|gens *n. Gen. - Pl.* -gen|tia [-tsja] *oder* -gen|zi|en Geschmack verbessernder Zusatz zu einer Arznei
kor|ri|gie|ren *tr. 3* verbessern, berichtigen
kor|ro|die|ren [lat.] *tr. 3* **1.** zerstören, angreifen; **2.** *intr. 3* der Korrosion unterliegen, zerstört werden
Kor|ro|si|on *f. 10* **1.** Zerstörung oder Veränderung durch Wasser, Chemikalien oder Ätzmittel; **2.** Zerstörung (von Körpergewebe) durch Entzündung
kor|ro|si|ons|be|stän|dig
Kor|ro|si|ons|be|stän|dig|keit *f. 10 nur Sg.*
kor|ro|siv Korrosion bewirkend, zernagend, ätzend, zerfressend, zerstörend
kor|rum|pie|ren [lat.] *tr. 3* bestechen, moralisch verderben
kor|rupt bestechlich, moralisch verdorben
Kor|rup|ti|on *f. 10 nur Sg.* Bestechlichkeit, moral. Verfall
Kor|sa|ge [-ʒə, frz.] *f. 11* **1.** versteiftes, trägerloses, auf Figur gearbeitetes Oberteil eines Kleides; **2.** *auch:* Mieder und Korsett in einem Stück
Kor|sak [russ.] *m. 9* zentralasiat. Steppenfuchs
Kor|sar [ital.] *m. 10* **1.** Seeräuberschiff; **2.** Seeräuber, Freibeuter **3.** sportl. Zweimannjolle
Kor|se *m. 11* Einwohner von Korsika
Kor|se|lett [frz.] *n. 9* leichtes, kleines Korsett
Kor|sett *n. 9* die Figur formender Hüftgürtel mit Stäbchen und/oder Gummizug
Kor|si|ka frz. Insel im Mittelmeer
kor|sisch zu Korsika gehörend, von dort stammend
Kor|so [ital.] *m. 9* **1.** *früher:* Wettrennen von reiterlosen Pferden; **2.** *heute:* festlicher Aufzug geschmückter Wagen, Schaufahrt; **3.** breite, baumbestandene Straße, Prachtstraße
Kor|te|ge [-tɛʒə, frz.] *f. 11, veraltet:* Ehrengeleit, Gefolge
Kor|tex [lat.] *m. 1* Rinde
kor|ti|kal zur Rinde (von Gehirn oder Organen) gehörig
Kor|ti|ne *Pl., Sammelbez. für* die in der Nebennierenrinde gebildeten Hormone
Kor|ti|son, *fachsprachl.:* Cor|ti|son *n. Gen. -s nur Sg.* ein Hormon der Nebennierenrinde
Ko|rund [Sanskrit] *m. 1* ein Mineral, ein Edelstein
Kö|rung *f. 10* Zuchtauswahl (männl. Tiere)
Kor|vet|te [-vɛt-, frz.] *f. 11* **1.** kleines Kriegsschiff; **2.** *Turnen:* Sprung in den Handstand
Kor|vet|ten|ka|pi|tän [-vɛt-] *m. 1* Seeoffizier im Majorsrang
Ko|ry|bant [griech.] *m. 10* Priester der kleinasiatischen Göttin Kybele
ko|ry|ban|tisch ausgelassen, lärmend
Ko|ry|phäe [griech.] **1.** *m. 11, im altgriech. Drama:* Chorführer; **2.** *f. 11* hervorragender Fachmann, Kenner
Ko|sak [russ.] *m. 10* **1.** Angehöriger einer der Leibeigenschaft entflohenen, im südl. und südöstl. Russland angesiedelten, militärisch organisierten russ. Bevölkerungsgruppe; **2.** *früher in Russland:* leichter Reiter
Ko|sche|nil|le, Co|che|nil|le [-niljə, frz.] *f. 11 nur Sg.* aus der Koschenilleschildlaus gewonnener, roter Farbstoff
ko|sche|nil|le|rot [-niljə-]
Ko|sche|nil|le|schild|laus [-niljə-] *f. 2* zur Farbstoffgewinnung gezüchtete Schildlaus
ko|scher [hebr.] **1.** (nach den jüdischen Speisevorschriften) rein; *Ggs.:* treife; koschere Speisen; **2.** *übertr.:* sauber, korrekt, unbe-

denklich; die Sache ist nicht ganz koscher
K.-o.-Schlag *m. 2, Boxen:* Knockout-Schlag
Ko|se|kans [lat.] *m. Gen. - Pl. - (Abk.:* cosec) eine Winkelfunktion, Verhältnis der Hypotenuse zur Gegenkathete
ko|sen *intr. 1*
Ko|se|na|me *m. 15*
Ko|se|wort *n. 4*
Ko|si|nus [lat.] *m. Gen. - Pl. - (Abk.:* cos) eine Winkelfunktion, Verhältnis der Ankathete zur Hypotenuse
Kos|me|tik [griech.-frz.] *f. 10* Schönheitspflege
Kos|me|ti|ke|rin *f. 10*
Kos|me|ti|kum *n. Gen.* -s *Pl.* -ka Mittel zur Kosmetik
kos|me|tisch
kos|misch [griech.] den Kosmos betreffend, zum Kosmos gehörend, aus ihm stammend
Kos|mo|bi|o|lo|gie *f. 11 nur Sg.* Wissenschaft vom Einfluss des Kosmos auf die Lebewesen der Erde und von der Existenz lebender Organismen auf anderen Sternen
Kos|mo|drom [griech.-russ.] *n. 1* Startplatz für Raumfahrzeuge
Kos|mo|go|nie *f. 11 nur Sg.* Lehre von der Entstehung des Kosmos
Kos|mo|graph *auch:* **Kos|mo|graf** *m. 10* Verfasser einer Kosmographie
Kos|mo|gra|phie *auch:* **Kos|mo|gra|fie** *f. 11* **1.** *früher:* Weltbeschreibung; **2.** *im MA:* Geographie
kos|mo|gra|phisch *auch:* **kos|mo|gra|fisch**
Kos|mo|lo|ge *m. 11*
Kos|mo|lo|gie *f. 11* Wissenschaft vom Kosmos
kos|mo|lo|gisch
Kos|mo|naut *m. 10, russ. Bez. für* Astronaut
Kos|mo|po|lit *m. 10* **1.** jmd., der sich mehr den Völkern der ganzen Erde als seinem eigenen Volk verpflichtet fühlt, Weltbürger; **2.** über die ganze Erde verbreitete Pflanzen- oder Tierart
kos|mo|po|li|tisch
Kos|mo|po|li|tis|mus *m. Gen. - nur Sg.* Einstellung, Haltung eines Kosmopoliten, Weltbürgertum
Kos|mos *m. Gen. - nur Sg.* Weltall
Kos|mo|so|phie *f. 11 nur Sg.* Weltweisheit, Streben, mithilfe mystischer Spekulation Wesen und Sinn der Welt zu erkennen
Kos|mo|the|is|mus *m. Gen. - nur Sg.* Lehre von der Einheit von Gott und Welt
kos|mo|the|is|tisch
Kos|sat [eigtl.: Kotsasse] *m. 10,* **Kos|sä|te** *m. 11, nddt.:* Kätner, Häusler
Kost *f. Gen. - nur Sg.*
kos|tal [lat.] zu den Rippen gehörend, von ihnen ausgehend
Kos|ta|ri|ka *integrierte Schreibung von* Costa Rica
kost|bar
Kost|bar|keit *f. 10*
kos|ten *tr. 2* **1.** auf den Geschmack prüfen (Speise), versuchen, probieren; **2.** wert sein; **3.** Kosten verursachen; das kostet mich 100 Euro, viel Mühe; das wird ihn den Kopf kosten; koste es, was es wolle
Kos|ten *nur Pl.;* das geht auf meine K.; auf K. seiner Gesundheit; sich auf K. anderer Leute amüsieren; kostendeckend *oder:* Kosten deckend; kostensparend *oder:* Kosten sparend
Kos|ten|an|schlag *m. 2*
Kos|ten|auf|wand *m. Gen.* -(e)s *nur Sg.*
kos|ten|de|ckend = **Kos|ten de|ckend**; eine kostendeckende *oder:* Kosten deckende Planung; *aber nur:* ein perfekt kostendeckendes Budget *(bei Steigerung und mit Attribut)*
Kos|ten|fra|ge *f. 11;* das ist eine reine K.
kos|ten|frei
kos|ten|güns|tig
kos|ten|los
Kos|ten|punkt *m. 1*
kos|ten|spa|rend = **Kos|ten spa|rend**; ein kostensparendes *oder:* Kosten sparendes Lay-out; *aber nur:* kostensparendere Strukturen; eine sehr kostensparende Verfahrensweise *(bei Steigerung und mit Attribut)*
Kos|ten|stel|le *f. 11* zum Zweck der Zwischenkostenerfassung und Gemeinkostenverteilung abgegrenzter Ort betrieblicher Kostenentstehung
Kos|ten|vor|an|schlag *m. 2*
Kost|fracht *f. 10, Kaufmannsspr.:* Kosten einschließlich Fracht
Kost|gän|ger *m. 5* jmd., der gegen Entgelt verköstigt wird
Kost|geld *n. 3* Geld für regelmäßige Verköstigung
köst|lich
Köst|lich|keit *f. 10*
Kost|pro|be *f. 11*
kost|spie|lig
Kost|spie|lig|keit *f. 10 nur Sg.*
Kos|tüm [frz.] *n. 1*
Kos|tüm|ball *m. 2*
Kos|tüm|fest *n. 1*
Kos|tü|mier [-mje] *m. 9, Theater, Film:* Gewandmeister, Aufseher über den Kostümfundus
kos|tü|mie|ren *tr. 3;* jmdn. oder sich k.: verkleiden, ein Kostüm anziehen
Kos|tüm|pro|be *f. 11* Theaterprobe in Kostümen
Kost|ver|äch|ter *m. 5; in der Wendung* er ist kein K.: er ist ein Genießer
K.-o.-Sys|tem *n. 1 nur Sg.* Austragungsmodus bei Spielen und Wettkämpfen (der Unterlegene scheidet ganz aus)
Kot *m. 1 nur Sg.*
Ko|tan|gens [lat.] *m. Gen. - Pl. - (Abk.:* cot) eine Winkelfunktion, Verhältnis der Ankathete zur Gegenkathete
Ko|tau [chin.] *m. 9* tiefe Verbeugung (der Chinesen), Kniefall, wobei die Stirn die Erde berührt; vor jmdm. K. machen *übertr.:* sich vor jmdm. demütigen
Ko|te *f. 11* **1.** *nddt.* = **Ka|te; 2.** durch Höhenmessung auf der Karte festgelegter Geländepunkt; **3.** [schwed.] kegelförmiges Zelt der Lappen
Ko|te|lett [frz.] *n. 9* gebratenes Rippenstück mit Knochen (vom Kalb, Schwein oder Hammel)
Ko|te|let|ten *Pl.* sehr kleiner, kurzer Backenbart
Ko|ten|ta|fel *f. 11* Höhentafel; vgl. Kote (2)
Kö|ter *m. 5, abfällig:* Hund
Kö|te|rei *f. 10, nddt.:* kleines Landgut; vgl. Kote (2)
Ko|te|rie [frz.] *f. 11, veraltet:* Sippschaft, Klüngel
Kot|flü|gel *m. 5*
Kot|fres|ser *m. 5* = Koprophage
Ko|thurn [griech.] *m. 1, in der altgriech. Tragödie:* Schuh mit sehr dicker Sohle (Teil des Kostüms der Schauspieler); auf Kothurnen schreiten *übertr.:* erhaben tun, pathetisch sein
ko|tie|ren [frz.] *tr. 3* **1.** zum Handeln an der Börse zulassen (Wertpapier); **2.** einen Punkt im Gelände k.: seine Höhe bestimmen; vgl. Kote (2)

K

Ko|tie|rung *f. 10* Zulassung (eines Wertpapiers zum Handel an der Börse)
ko|tig voller Kot, schmutzig
Ko|til|lon [-tiljɔ̃ *oder*-tijɔ̃, frz.] *m. 9* Tanzspiel, bei dem Geschenke verlost werden
Kot|kä|fer *m. 5* ein Käfer, Kotfresser
Köt|ner *m. 5* = **Kät|ner**
Ko|to [jap.] *n. 9 oder f. 9* ein jap. Saiteninstrument
Ko|ton [-tɔ̃, arab.-frz.] *m. 9, selten für* Baumwolle
ko|to|ni|sie|ren *tr. 3;* Flachs-, Hanfabfälle k.: zu baumwollähnlichen, verspinnbaren Fasern, so genannter Flachsbaumwolle, verarbeiten
Ko|trai|ner *m. 5* Assistenztrainer
Kot|sass (*alt:* Kot|saß) *m. Gen.* -sas|sen *Pl.* -sas|sen, **Kot|sas|se** *m. 11* = Kätner; vgl. Kote (1)
Ko|tschin|chi|na *auch:* **Kot|schin|chi|na** *früherer Name für den* Südteil von Vietnam
Ko|tschin|chi|na|huhn *auch:* **Kot|schin|chi|na|huhn** *n. 4* bes. in Großbritannien gezüchtetes, schweres, massiges chines. Huhn
Kot|stein *m. 1* im Dickdarm hart eingedickter Kot
Kot|ten *m. 7, nddt. für* Kate
Kot|ter *m. 5* **1.** elende Hütte; **2.** Hundehütte; **3.** *österr.:* Arrest
Köt|ter *m. 5, nddt. für* Kätner
Ko|ty|le|do|ne [griech.] *f. 11* **1.** *bei Samenpflanzen:* Keimblatt; **2.** *bei Säugetieren:* Zotte der Embryohülle
Kot|ze *f. 11* **1.** *bair., österr.:* wollene Decke, Umhang aus Lodenstoff; **2.** *nur Sg., derb:* Erbrochenes
Köt|ze *f. 11, nddt.:* Rückentragkorb
Kot|ze|bue [-bu:], *August von* dt. Schriftsteller
kot|zen *intr. 1, derb:* sich erbrechen
Kot|zen *m. 7, Nebenform von* Kotze (1)
kot|zen|grob *österr.:* sehr grob
kot|ze|rig übel zum Erbrechen
Kox|al|gie *auch:* **Ko|xal|gie** [lat. + griech.] *f. 11* Hüft(gelenk)-schmerz
Kox|i|tis *auch:* **Ko|xi|tis** *f. Gen. - Pl.* -i|ti|den Hüftgelenkentzündung, Arthritis des Hüftgelenks
kp *Abk. für* Kilopond
KPD *Abk. für* Kommunistische Partei Deutschlands
kpm *Abk. für* Kilopondmeter

K

Kr *chem. Zeichen für* Krypton
Kr., Krs. *Abk. für* Kreis
Kra|be *f. 11* **1.** breit-rundl. Krebstier; **2.** *got. Baukunst:* kleines Blatt- oder Blumenornament, Kriechblume; **3.** *ugs.:* kleines Kind, junges Mädchen
Kra|be|lei *f. 10 nur Sg., ugs.*
kra|be|lig, krabb|lig
kra|beln *tr. u. intr. 1*
krab|ben *tr. 1* glatt und glänzend machen (Gewebe)
krabb|lig s. **kra|be|lig**

Krach schlagen, mit Ach und Krach: Gefüge aus Substantiv und Verb werden getrennt geschrieben: *Sie wollten gleich Krach schlagen.*
§ 34 E3 (5)
Als Bestandteil fester Gefüge schreibt man *Krach* ebenfalls groß: *mit Ach und Krach.*
§ 57 (5), § 55 (4)

Krach *m. 2;* mit Ach und Krach *ugs.:* mit Müh und Not; Krach schlagen
kra|chen **1.** *intr. 1;* **2.** *refl. 1* sich heftig streiten; sie haben sich gekracht
Kra|chen *m. 7, schweizerisch:* Schlucht, unwirtliches, abgelegenes Tal
Kra|cherl *n. 14, österr.:* Selterswasser, Limonade
Krach|man|del *f. 11, bair., österr.:* Knackmandel
kräch|zen *intr. 1*
Kräch|zer *m. 5* krächzender Ton
Kra|cke *f. 11, nddt.:* altes, verbrauchtes Pferd
kra|cken [engl.] *tr. 1;* Moleküle schwer siedender Kohlenwasserstoffe k.: durch Hitze in solche leicht siedender Kohlenwasserstoffe aufspalten
Krack|ver|fah|ren *n. 7*
Krad *n. 9, Kurzwort für* Kraftrad
Krad|schüt|ze *m. 11*
kraft *Präp. mit Gen.* durch, aufgrund von; kraft seines Amtes, seiner Autorität
Kraft *f. 2;* außer K. setzen; in K. treten, sein; nach Kräften, wieder zu Kräften kommen; kraftraubend *oder:* Kraft raubend; kraftsparend *oder:* Kraft sparend
Kraft|akt *m. 1* auf großer Körperkraft beruhende Leistung
Kraft|an|stren|gung *f. 10*
Kraft|arm *m. 1* Teil des Hebels, auf den eine Kraft einwirkt; *Ggs.:* Lastarm
Kraft|auf|wand *m. Gen.* -(e)s *nur Sg.*
Kraft|aus|druck *m. 2* derbes oder vulgäres Wort
Kraft|brü|he *f. 11*
Kraft|drosch|ke *f. 11, veraltet:* Mietauto, Taxi
Kräf|te|par|al|le|lo|gramm *auch:* **Kräf|te|pa|ral|le|lo|gramm** *n. 1* Parallelogramm aus zwei vom selben Punkt aus in verschiedenen Richtungen wirkenden Kräften, zur zeichnerischen Ermittlung der daraus resultierenden Gesamtkraft (Diagonale des Parallelogramms) zweier Einzelkräfte
Kräf|te|spiel *n. 1*
Kräf|te|ver|fall *m. 2 nur Sg.*
Kraft|fah|rer *m. 5*
Kraft|fahr|ver|si|che|rung *f. 10*
Kraft|fahr|zeug *n. 1*
Kraft|fahr|zeug|ver|si|che|rung *f. 10*
Kraft|feld *n. 3*
Kraft|fut|ter *n. 5 nur Sg.*
kräf|tig
kräf|ti|gen *tr. 1*
Kräf|tig|keit *f. 10 nur Sg.*
Kräf|ti|gung *f. 10 nur Sg.*
Kräf|ti|gungs|mit|tel *n. 5*
Kraft|li|ni|en *Pl.* Feldlinien, Linien gleicher Kraftwirkung in elektr. und magnet. Feldern
kraft|los
Kraft|los|er|klä|rung *f. 10, Rechtsw.:* Ungültigkeitserklärung
Kraft|lo|sig|keit *f. 10 nur Sg.*
Kraft|ma|schi|ne *f. 11*
Kraft|mei|er *m. 5, ugs.:* jmd., der seine Körperkraft gern zur Schau stellt
Kraft|mensch *m. 10* Mensch mit großer Körperkraft
Kraft|post *f. Gen. - nur Sg.* Beförderung von Personen und Post durch Kraftwagen
Kraft|pro|be *f. 11*
Kraft|protz *m. 1, ugs.*
Kraft|rad *n. 4* Motorrad
kraft|rau|bend = **Kraft rau|bend;** eine kraftraubende *oder:* Kraft raubende Sportart; *aber nur:* dieses Projekt war sehr kraftraubend *(bei Steigerung und mit Attribut)*
kraft|spa|rend = **Kraft spa|rend;** eine kraftsparende *oder:* Kraft sparende Methode; *aber nur:* die einfachste und kraftsparendste Methode *(bei Steigerung und mit Attribut)*

Kraft|stoff *m. 1*
kraft|strot|zend
Kraft|ver|kehr *m. Gen.* -s *nur Sg.* Verkehr mit Kraftfahrzeugen
kraft|voll
Kraft|wa|gen *m. 7*
Kraft|werk *n. 1*
Kraft|wort *n. 4* Kraftausdruck
Kra|ge *f. 11* = Konsole
Krä|gel|chen *n. 7*
Kra|gen *m. 7*
Kra|gen|bär *m. 10*
Kra|gen|wei|te *f. 11*
Krag|stein *m. 1* = Konsole
Krä|he *f. 11*
krä|hen *intr. 1*
Krä|hen|fü|ße *Pl.* **1.** unleserlich Geschriebenes; **2.** Fältchen an den äußeren Augenwinkeln
Krä|hen|nest *n. 3; auch:* Beobachtungssitz auf dem Schiffsmast
Krähl *m. 1 m. 5, Bgb.:* Hacke, Kräuel
kräh|len *tr. 1* hacken
Kräh|win|kel [nach dem von August von Kotzebue in seinem Lustspiel »Die deutschen Kleinstädter« (1803) verwendeten Ortsnamen] spießbürgerliche Kleinstadt
Kräh|win|ke|lei *f. 10 nur Sg.* Spießbürgerlichkeit, spießbürgerl. Verhalten
Kräh|win|ke|ler, Kräh|wink|ler *m. 5*
Kra|ke [norw.] *m. 11* **1.** Kopffüßer; **2.** *nord. Myth.:* ein Meeresungeheuer
Kra|keel *m. 1, ugs.:* Lärm, Streit, Unruhe
kra|kee|len *intr. 1*
Kra|kee|ler *m. 5* jmd., der oft Streit sucht und Lärm macht
Kra|kel *m. 5* unleserlicher Schriftzug oder ungeschickter Schnörkel
Kra|ke|lee *m. 9 oder n. 9* s. **Cra|que|lé**
Kra|ke|lei *f. 10*
Kra|kel|fuß *m. 2* Krakel
kra|ke|lig, krak|lig
kra|keln *intr. 1* unleserlich, ungeschickt schreiben
Kra|ko|wi|ak [n. d. Stadt Krakau] *m. 9* poln. Nationaltanz
krak|lig, kra|ke|lig
Kral [port.-ndrl.] *m. 1* afrik. Runddorf
Kral|le *f. 11*
kral|len *tr. 1*
kral|lig
Kram *m. Gen.* -s *nur Sg.*
Kram|bam|bu|li *m. Gen.* -s *Pl.* -(s) **1.** *urspr.:* Danziger Wacholderbranntwein; **2.** *danach Stud.:* Wein, Alkohol; **3.** Getränk aus Rum, Weißwein, Gewürzen und Zucker; **4.** *auch:* mit Heidelbeersaft gefärbter Likör
Kräm|chen *n. 7 nur Sg.* Siebensachen; mein ganzes K.
kra|men *intr. 1*
Krä|mer *m. 5, veraltet, noch landsch.:* Kleinhändler; *übertr.:* kleinlicher, engstirniger Mensch
Krä|mer|geist *m. 3 nur Sg.*
Krä|mer|see|le *f. 11, übertr.*
Kram|la|den *m. 8*
Kram|mets|bee|re *f. 11* Wacholderbeere
Kram|mets|vo|gel *m. 6* Wacholderdrossel
Kram|pe *f. 11,* **Kram|pen** *m. 7* U-förmiger Haken
kram|pen *tr. 1* mit Krampen befestigen
Krampf **1.** *m. 2;* **2.** *nur Sg., ugs., übertr.:* gewaltsame, übertriebene Bemühung
Krampf|a|der *f. 11*
kramp|fen *tr. 1*
krampf|haft
kramp|fig, krämp|fig
krampf|lö|send; *aber:* den Krampf lösend
krampf|stil|lend; *aber:* den Krampf stillend
Kram|pus **1.** *m. Gen.* - *Pl.* -pi Muskelkrampf; **2.** *m. Gen.* - *Pl.* -pusse, *bair., österr.:* Begleiter des hl. Nikolaus
Kran *m. 2*
Kran|bee|re, Krän|bee|re *f. 11* Preiselbeere
Kra|ne|wit(t), Kra|na|wett *m. Gen.* -s *nur Sg., österr.:* Wacholder
Kra|ne|wit|ter *m. 5, österr.:* Wacholderschnaps
Kran|füh|rer *m. 5*
krän|gen, kren|gen *intr. 1, Seew.:* sich auf die Seite neigen (vom Schiff)
Krän|gung *f. 10 nur Sg.*
kra|ni|al [lat.] zum Schädel gehörig, zum Schädel zu (gelegen), kopfwärts
Kra|nich *m. 1* ein Sumpfvogel
Kra|ni|o|klast [lat. + griech.] *m. 10* zangenartiges Instrument zum Umfassen des Kopfes des Kindes bei Geburtshindernis
Kra|ni|o|lo|gie *f. 11 nur Sg.* Beschreibung des menschlichen Schädels, Schädellehre, Phrenologie
kra|ni|o|lo|gisch
Kra|ni|o|me|ter *n. 5* Gerät zur Schädelmessung
Kra|ni|o|me|trie *auch:* **Kra|ni|o|met|rie** *f. 11 nur Sg.* Schädelmessung
kra|ni|o|me|trisch *auch:* **kra|ni|o|met|risch**
Kra|ni|o|te *m. 11, Biol.:* Wirbeltier mit Schädel
Kra|ni|o|to|mie *f. 11* Schädelöffnung, Schädelschnitt (bei Geburtshindernis am toten Kind)
krank; k. sein, bleiben, werden; sich k. fühlen; krank machen; k. liegen; sich krank stellen; *aber:* krankfeiern; krankmachen; sich krankmelden; krankschießen; krankschreiben
Krän|ke|lei *f. 10 nur Sg.*
krän|keln *intr. 1;* ich kränkele, kränkle viel
kran|ken *intr. 1;* an etwas k.
krän|ken *tr. 1;* jmdn. k.
Kran|ken|be|richt *m. 1*
Kran|ken|be|such *m. 1*
Kran|ken|bett *n. 12*
Kran|ken|geld *n. 3*
Kran|ken|ge|schich|te *f. 11*
Kran|ken|gym|nas|tik *f. 10 nur Sg.*
Kran|ken|haus *n. 4*
Kran|ken|kas|se *f. 11*
Kran|ken|la|ger *n. 5*
Kran|ken|pfle|ge *f. 11 nur Sg.*
Kran|ken|schein *m. 1*
Kran|ken|schwes|ter *f. 11*
kran|ken|ver|si|chert
Kran|ken|ver|si|che|rung *f. 10*
kran|ken|ver|si|che|rungs|pflich|tig
Kran|ken|wa|gen *m. 7*
Kran|ken|zim|mer *n. 5*
Kran|ke(r) *m. 18 (17) bzw. f. 17 oder 18*
krank|fei|ern *intr. 1, ugs.:* der Arbeit fernbleiben, unter dem Vorwand krank zu sein
krank|haft
Krank|haf|tig|keit *f. 10 nur Sg.*
Krank|heit *f. 10*
krank|heits|be|dingt
Krank|heits|bild *n. 3*
Krank|heits|er|re|ger *m. 5*
krank|heits|hal|ber
Krank|heits|zei|chen *n. 7*
krank|la|chen *refl. 1;* ich lache mich krank, habe mich krankgelacht
kränk|lich
Kränk|lich|keit *f. 10 nur Sg.*
krank|ma|chen *intr. 1;* sie hat gestern krankgemacht; *aber:* der Lärm hat sie ganz krank gemacht

K

krank|mel|den (*alt:* krank melden) *refl. 2;* er hat sich krankgemeldet
Krank|mel|dung *f. 10*
krank|schie|ßen *tr. 113;* Wild k.: durch einen Schuss verletzen; ein krankgeschossenes Reh

krankschreiben, krank werden: Fügungen aus Adjektiv/Adverb und Verb, in denen das Adjektiv weder steigerbar noch erweiterbar ist, werden zusammengeschrieben: *Er wurde krankgeschrieben.* Ebenso: *(sich) kranklachen, krankmelden.* § 34 (2.2)
Dagegen schreibt man Gefüge aus Adjektiv/Adverb und Verb, bei denen Steigerung oder Erweiterung möglich ist, getrennt: *Sie ist (sehr) krank geworden.* § 34 E3 (3)
Ebenso: *krank sein.* § 35

K

krank|schrei|ben (*alt:* krank schrei|ben) *tr. 127;* jmdn. krankschreiben: jmdm. Krankheit und Arbeitsunfähigkeit schriftlich bestätigen; der Arzt hat mich krankgeschrieben
Krank|schrei|bung *f. 10*
Krän|kung *f. 10*
Kranz *m. 2*
Kranz|a|der *f. 11* s. **Kranz|ge|fäß**
Kränz|chen *n. 7*
Kränz|chen|schwes|ter *f. 11*
krän|zen *tr. 1*
Kranz|ge|fäß *n. 1* Blutgefäß des Herzens, Herzkranzgefäß, Kranzader
Kranz|ge|sims *n. 1* waagerecht der Wand vorgelegter, meist profilierter Streifen als Abschluss zum Dach hin
Kranz|jung|fer *f. 11* Brautjungfer
Kranz|ku|chen *m. 7*
Kränz|lein *n. 7*
Kranz|nie|der|le|gung *f. 10*
Kräp|fel *m. 5, landschaftl.*
Krap|fen *m. 7* kugelförmiges, mit Marmelade gefülltes Schmalzgebäck, Berliner Pfannkuchen, Berliner
Krapp *m. Gen. -s nur Sg.* = Färberröte
Kräp|pel|chen *n. 7, sächsisch:* kleiner Krapfen
krap|pen *tr. 1* festigen (Gewebe)
Krapp|lack *m. 1 nur Sg.* roter Lack, früher aus den Wurzeln des Krapps hergestellt
Kra|sis [griech.] *f. Gen. - Pl.* -sen, *altgriech. Gramm.:* Zusammenziehung des auslautenden Vokals eines Wortes mit dem anlautenden Vokal des nächsten
krass (*alt:* kraß) [lat.] sehr stark, sehr groß, ungewöhnlich; krasser Gegensatz; in krassem Widerspruch zueinander stehen; ich würde das nicht so krass ausdrücken
Krass|heit (*alt:* Kraß|heit) *f. 10 nur Sg.*
Kras|su|la|zee [lat.] *f. Gen. - Pl.* -ze|en Dickblattgewächs
Kra|ter [griech.] **1.** *m. 5* Öffnung eines Vulkans; **2.** [-ter] *m. 1* altgriech. Gefäß mit Fuß und zwei Henkeln
kra|ti|ku|lie|ren [lat.] *tr. 3* mithilfe eines aufgelegten Gitters maßstabgetreu vergrößernd oder verkleinernd zeichnen
kra|to|gen [griech.] *Geol.:* starr, verfestigt, nicht mehr zur Faltung fähig
Kra|to|gen, Kra|ton *n. Gen. -s nur Sg.* starrer Teil der Erdkruste, der nicht mehr durch Faltung, sondern nur durch Bruch- oder Bruchfaltentektonik verformt werden kann
Kratt *n. 1, nddt.:* Eichengestrüpp
Krat|te *f. 11,* **Krat|ten, Krät|ten** *m. 7, süddt.:* kleiner, enger, tiefer Korb
Kratz|bürs|te *f. 11*
kratz|bürs|tig
Kratz|bürs|tig|keit *f. 10 nur Sg.*
Krätz|chen *n. 7, Soldatenspr.:* schirmlose Feldmütze mit Längsfalte
Krat|ze *f. 11* Werkzeug zum Kratzen
Krät|ze *f. 11* **1.** *süddt.:* Rückentragkorb, Traggestell; **2.** *nur Sg., Med.* durch die Krätzmilbe hervorgerufene, juckende Hautkrankheit, Skabies, Milbenräude; **3.** *nur Sg., Hüttenwesen:* Gemisch aus Metallen und Metalloxiden auf der Oberfläche von Metallschmelzen
Kratz|ei|sen *n. 7*
krat|zen *tr. u. intr. 1*
Krat|zer *m. 5; auch:* Schlauchwurm, Darmparasit (bei Wirbeltieren), Kratzwurm
Krät|zer *m. 5* **1.** noch nicht vergorener oder eben gärender Wein, Sauser; **2.** saurer Wein; **3.** milder Südtiroler Rotwein; **4.** *Bgb., früher:* Werkzeug zum Säubern von Sprenglöchern
Kratz|fuß *m. 2* tiefe Verbeugung
krat|zig
krät|zig mit Krätze behaftet
Krätz|mil|be *f. 11* die Krätze (2) hervorrufende Milbe
Kratz|putz *m. Gen. -es nur Sg.* **1.** Putz aus verschiedenfarbigen Schichten, die in verschiedenen Tiefen ausgekratzt werden und Dekorationen ermöglichen; **2.** Einkratzen von Mustern in den noch feuchten Putz
Kratz|wun|de *f. 11*
Kratz|wurm *m. 4* = Kratzer
krau|chen [-xən] *intr. 1, mitteldt. für* kriechen
Kräu|el *m. 5* = Krähl
krau|en *tr. 1* streicheln, kraulen
kraul *Seew.:* glatt
Kraul [engl.] *n. Gen. -s nur Sg.,* Crawl [krɔːl] *n. Gen. -(s) nur Sg.* ein Schwimmstil
krau|len **1.** *intr. 1* im Kraulstil schwimmen, crawlen; **2.** *tr. 1* = krauen
Krau|ler *m. 5* jmd., der im Kraulstil schwimmt
Kraul|stil *m. 1 nur Sg.* schnellste Art des Schwimmens
Krau|rit [griech.] *m. 1 nur Sg.* Grüneisenerz, ein Mineral
Kraus, *Karl* österr. Schriftsteller
kraus
Krau|se *f. 11*
kräu|seln *tr. 1;* ich kräusele, kräusle es
Kräu|se|lung *f. 10 nur Sg.*
Krau|se|min|ze *f. 11* Art der Pfefferminze
krau|sen *tr. 1* kraus machen
Kraus|haar *n. Gen. -s nur Sg.*
kraus|haa|rig
Kraus|kohl *m. Gen. -s nur Sg.* Grünkohl
Kraus|kopf *m. 2*
kraus|köp|fig
Kraut **1.** *n. 4, kurz für* Heil-, Würzkraut; **2.** *n. 4 nur Sg.* Kohl, z. B. Rot-, Weißkraut; **3.** *m. Gen. -s nur Sg., nddt. Sammelbez. für* Garnelen und Krabben
Kräut|chen *n. 7*
krau|ten *intr. 2, süddt.:* Unkraut jäten
Krau|ter, Krau|te|rer *m. 5, süddt., scherzh.:* (alter) Sonderling
Kräu|ter|buch *n. 4*
Kräu|ter|frau *f. 10*
Kräu|ter|gar|ten *m. 8*
Kräu|ter|kä|se *m. 5*

Kräu|ter|li|kör *m. 1*
Kräu|ter|tee *m. 9*
Kraut|fäu|le *f. 11 nur Sg.* eine Kartoffel- und Tomatenkrankheit
Kraut|fi|scher *m. 5, nddt.:* Krabbenfischer
Kraut|ho|bel *m. 5*
Kräu|ticht, Kräu|tig *n. 1 nur Sg.* Krautblätter als Abfall, z. B. Kartoffelkraut nach der Ernte
krau|tig
Kräu|tig *n. 1 nur Sg.* s. **Kräu|ticht**
Kraut|jun|ker *m. 5, abfällig:* adliger, ungeschliffener Landbesitzer
Kraut|kopf *m. 2*
Kräut|lein *n. 7;* K. Rührmichnichtan: das Springkraut
Kräut|ler *m. 5, österr.:* Gemüsehändler
Kraut|wurm *m. 4, österr.:* Raupe des Kohlweißlings
Kra|wall *m. 1* Lärm, lauter Streit, Aufruhr
Kra|wat|te [frz.] *f. 11* **1.** Schlips, Halsbinde; **2.** ein Griff beim Ringen
Kra|wat|ten|na|del *f. 11*
Kra|weel *f. 10, veraltet:* Lastschiff; vgl. Karavelle
Kra|weel|bau *m. Gen.* -(e)s *nur Sg.* Art des Bootsbaus, bei der die Planken aneinander stoßen und meist in zwei Schichten diagonal übereinander liegen
Kra|weel|boot *n. 1*
Kra|xe *f. 11, österr.:* Rückentragkorb, Krätze
Kra|xe|lei *f. 10*
kra|xeln *intr. 1, südd., österr.:* klettern
Krax|ler *m. 5*
Kra|yon *auch:* **Kray|on** [krɛjɔ̃, frz.] *m. 9, veraltet* **1.** Bleistift, Drehbleistift; **2.** Kreidestift
Kra|yon|ma|nier *auch:* **Kray|on|manier** *f. 10 nur Sg.* Radierung, bei der die Linien aus feinen Punkten bestehen, sodass das Bild wie eine Kreidezeichnung wirkt
Kre|as [span.] *n. Gen. - nur Sg.* ungebleichtes Leinen
Kre|a|ti|a|nis|mus [-tsja-, lat.] *m. Gen. - nur Sg.* relig. Lehre, dass aus der Zeugung nur der Leib hervorgehe und die Seele jeweils unmittelbar von Gott geschaffen werde
Kre|a|tin [griech.] *n. 1 nur Sg.* ein Stoffwechselprodukt in der Muskulatur
Kre|a|ti|on [lat.] *f. 10* **1.** Schöpfung, Schaffung; **2.** Modeschöpfung, Modell
kre|a|tiv schöpferisch
Kre|a|ti|vi|tät [-vi-] *f. 10 nur Sg.* schöpferische Kraft
Kre|a|tur *f. 10* **1.** Geschöpf, Lebewesen; **2.** willenloser Mensch als Werkzeug in der Hand eines anderen; **3.** verachtenswerter Mensch
kre|a|tür|lich geschöpflich
Krebs *m. 1* **1.** ein Gliederfüßer; **2.** *nur Sg.* ein Sternbild; **3.** *nur Sg.* bösartige Geschwulst; Krebs erregend
kreb|sen *intr. 1* **1.** Krebse fangen; **2.** mühsam kriechen, sich mühsam bewegen; **3.** rückwärts gehen; **4.** *schweiz.:* eine Behauptung widerrufen

krebserregend/Krebs erregend: Die Folge aus Substantiv und Verb/Partizip wird getrennt geschrieben, das Substantiv mit großem Anfangsbuchstaben: *die Krebs erregende UV-Strahlung.* Da man den mehrteiligen Ausdruck auch als adjektivische Zusammensetzung auffassen kann, ist die Zusammenschreibung als Variante korrekt: *eine krebserregende Substanz.* Bei Erweiterungen oder Steigerungen gilt nur die Zusammenschreibung: *eine äußerst krebserregende Substanz.* § 34 E3 (5), § 36 E1 (1.2)

kreb|s|er|re|gend = **Krebs er|regend;** eine krebserregende *oder:* Krebs erregende Substanz; *aber nur:* krebserregendere, äußerst krebserregende Substanzen *(bei Steigerung und mit Attribut)*
Krebs|gang *m. 2 nur Sg.* Rückwärtsgang
Krebs|ge|schwulst *f. 2*
krebs|rot
Krebs|scha|den *m. 8*
Krebs|tier *n. 1*
Kre|denz [ital.] *f. 10* Anrichte
kre|den|zen *tr. 1, poet.:* darreichen, feierlich anbieten
Kre|dit [lat.] *m. 1* **1.** befristete Überlassung von Naturalien oder Geld gegen Zins, Darlehen; einen K. aufnehmen; jmdm. K. geben; **2.** *nur Sg.* Vertrauen in die Fähigkeit und Bereitschaft eines anderen, seine Verbindlichkeiten vereinbarungsgemäß zu erfüllen; bei jmdm. (unbeschränkten) K. haben; **3.** [kre-] *Buchführung:* Habenseite (des Kontos); *Ggs.:* Debet
Kre|dit|an|stalt *f. 10,* **Kre|dit|bank** *f. 10* Bank, die langfristige Kredite gibt
kre|di|tie|ren *tr. 3* als Darlehen vorschießen; jmdm. eine Summe k.
Kre|dit|in|sti|tut *auch:* **Kre|dit|ins|titut** *n. 1*
Kre|dit|kar|te *f. 11* zur Bezahlung von Rechnungen bestimmter Geschäfte ohne Bargeld oder Schecks berechtigende Ausweiskarte
Kre|di|tor *m. 13* Gläubiger; *Ggs.:* Debitor
kre|dit|un|wür|dig
Kre|dit|un|wür|dig|keit *f. 10 nur Sg.*
kre|dit|wür|dig
Kre|dit|wür|dig|keit *f. 10 nur Sg.*
Kre|do, Cre|do [lat.] *n. 9* **1.** das Apostolische Glaubensbekenntnis; **2.** Teil der kath. Messe; **3.** *allg.:* Glaubensbekenntnis
kre|gel munter, beweglich
Krei|de *f. 11* **1.** weicher, abfärbender Kalkstein; (bei jmdm.) in der K. stehen *ugs.:* (bei jmdm.) Schulden haben; **2.** *nur Sg.* oberste Formation des Mesozoikums, Kreidezeit
krei|de|bleich
krei|den *tr. 2* mit Kreide versetzen oder bestreichen
krei|de|weiß
Krei|de|zeich|nung *f. 10*
Krei|de|zeit *f. 10 nur Sg.* vgl. Kreide (2)
krei|dig
kre|ie|ren [lat.-frz.] *tr. 3* schaffen, gestalten; eine Rolle (auf der Bühne) kreieren
Kreis *m. 1* (*Abk.:* Kr., Krs.)
Kreis|amt *n. 4*
Kreis|arzt *m. 2*
Kreis|bahn *f. 10*
Kreis|bo|gen *m. 7 oder m. 8*
krei|schen *intr. 1*
Krei|sel *m. 5*
Krei|sel|kom|pass (*alt:* Krei|sel|kom|paß) *m. 1*
krei|seln *intr. 1*
krei|sen *intr. 1;* um etwas k.
kreis|frei; kreisfreie Stadt: Stadt, die als Stadtkreis organisiert ist, also zu keinem Landkreis gehört
Kreis|lauf *m. 2*
Kreis|lauf|kol|laps *m. 1*
Kreis|lauf|schwä|che *f. 11*
kreis|rund
Kreis|sä|ge *f. 11*

K

kreißen *intr. 1* in Geburtswehen liegen
Kreißsaal *m. Gen.* -(e)s *Pl.* -säle
Kreisstadt *f. 2*
Kreistag *m. 1* Gesamtheit der von einem Landkreis gewählten Volksvertreter
Kreisverkehr *m. Gen.* -s *nur Sg.*
Krem [frz.] *f. 9, ugs. auch: m. 9,* **Kreme** *f. 9* s. **Creme**
Kremation [lat.] *f. 10* Verbrennung, Einäscherung (von Leichen)
Krematorium *n. Gen.* -s *Pl.* -rien Verbrennungsanlage (für Leichen)
Kreme *f. 9* s. **Creme**
kremieren *tr. 3* einäschern
kremig
Kreml [russ.] *m. 9 oder m. 5* **1.** *i. w. S.:* Burg, Zitadelle; **2.** *i. e. S.:* Stadtburg von Moskau und Regierungssitz der UdSSR; *heute:* Sitz des russ. Präsidenten; *früher auch:* die sowjet. Regierung
Krempe *f. 11* Hutrand
Krempel **1.** *m. 5 nur Sg.* Kram, wertloses Zeug; **2.** *f. 11* vgl. Karde (2)
krempeln *tr. 1* mit der Krempel auflockern
Krempling *m. 1* ein Pilz
Kremser [nach dem Berliner Fuhrunternehmer Kremser] *m. 5* offener Miet-Pferdewagen mit Verdeck
Kremser Weiß [nach der österr. Stadt Krems] *n. Gen.* - - *oder* - -es *nur Sg.* Bleiweiß, weiße Malerfarbe
Kren [tschech.] *m. Gen.* -(s) *nur Sg., süddt., bes. österr.:* Meerrettich
Krenfleisch *n. 1* gekochtes Schweinefleisch mit Meerrettich
krenelieren [frz.] *tr. 3, früher:* mit Zinnen versehen
Krengel *m. 5; Nebenform von* Kringel
krengeln *intr. 1, landsch.* **1.** sich winden, herumdrücken; **2.** umherschlendern
krengen *intr. 1* s. **krängen**
Kreole [port.-frz.] *m. 11* **1.** Nachkomme europäischer (bes. romanischer) Einwanderer in Mittel- und Südamerika; **2.** *in Brasilien auch früher:* dort geborener Schwarzer; **3.** *in manchen schwarzafrik. Staaten:* einheimischer Angehöriger der gehobenen Schichten
Kreolin *f. 10*
kreolisch zu den Kreolen gehörend, von ihnen stammend
Kreophage [griech.] *m. 11* Fleisch fressendes Tier; vgl. Karnivore
Kreosot [griech.] *n. 1 nur Sg.* Bestandteil des Teers mit keimtötender Wirkung
Krepeline [krɛplin, frz.] *f. 9* leichtes Kreppgewebe
krepieren [lat.] *intr. 3* **1.** bersten, platzen (Sprengkörper); **2.** verenden, sterben (von Tieren)
Krepitation [lat.] *f. 10* Geräusch beim Aneinanderreiben rauer Flächen, z. B. bei gebrochenen Knochen; Atemgeräusch, z. B. bei Lungenentzündung
Krepp, Crêpe [krɛp, frz.] **1.** *m. 9 oder m. 1* [krɛp] Gewebe mit gekräuselter Oberfläche; **2.** *f. 9 oder f. 1* dünner Pfannkuchen
Kreppapier (-pp|p-) (*alt für:* Krepppapier) *n. 1*
kreppen *tr. 1* kräuseln (Papier)
kreppig
Krepppapier *n. 1* Papier mit gekräuselter oder in unregelmäßige Querfältchen gepresster Oberfläche
Kreppsohle *f. 11* Schuhsohle aus gerautem, porigem Kautschuk
Kresol [griech.] *n. 1 nur Sg.* ein aromat. Kohlenwasserstoff, zum Imprägnieren und Desinfizieren
kress (*alt:* kreß) [nach der Kapuzinerkresse] orange(farben)
Kress (*alt:* Kreß) *n. Gen.* - *nur Sg.* Orangefarbe
Kresse *f. 11, Sammelbez. für* verschiedene Salat- und Gewürzpflanzen
Kressling (*alt:* Kreßling) *m. 1* ein Karpfenfisch, Gründling
Kreszenz [lat.] *f. 10 nur Sg.* Wachstum, Herkunft (bes. vom Wein)
Kreta griech. Insel
kretazeisch, kretazisch zur Kreideformation gehörig
Kreter *m. 5* Einwohner von Kreta
Krethi und Plethi [wahrscheinl. nach den Kretern und Philistern in König Davids Leibwache] *abfällig:* alle möglichen Leute; dort trifft sich K. und P.
Kretikus [griech.] *m. Gen.* - *Pl.* -tizi drei- oder fünffüßiger antiker Versfuß (— ∪ —), dessen Längen in Kürzen aufgelöst werden können (∪̲ ∪̲ ∪ ∪̲ ∪̲)
Kretin [-tɛ̃, frz.] *m. 9,* **Kretine** *m. 11* in seiner körperl. und geistigen Entwicklung zurückgebliebener Mensch
Kretinismus *m. Gen.* - *nur Sg.* schwere allgemeine Entwicklungshemmung der körperl. und geistigen Fähigkeiten
kretisch zu Kreta gehörend, von dort stammend
Kreton [frz.] *m. 1, österr. für* Cretonne
kreucht *poet.:* kriecht, *nur noch in der Wendung* alles, was da kreucht und fleucht
Kreuz *n. 1;* das Eiserne Kreuz; das Deutsche Rote Kreuz; in die Kreuz und (in die) Quere laufen; *aber:* kreuz und quer; zwei Streifen über(s) Kreuz legen; mit jmdm. über Kreuz sein: sich mit ihm zerstritten haben; zu Kreuze kriechen: reumütig um Verzeihung bitten
Kreuzabnahme, Kreuzesabnahme *f. 11*
Kreuzass (*alt:* Kreuz-As) *n. 1*
Kreuzbein *n. 1*
Kreuzblume *f. 11* **1.** eine Heilpflanze; **2.** *Baukunst:* Ornament als Abschluss von Türmen, Fialen u. a. in Form von kreuzartig angeordneten Blättern
Kreuzblütler *m. 5*
kreuzbrav sehr brav
Kreuzdonnerwetter!
Kreuzdorn *m. 1* eine Pflanze
kreuzen **1.** *tr. 1;* **2.** *intr. 1, Seew.:* im Zickzack fahren
Kreuzer *m. 5* **1.** *früher in Dtld. und Österr.-Ungarn:* kleine Münze; **2.** schnelles Kriegsschiff
Kreuzerhöhung, Kreuzeserhöhung *f. 10 nur Sg.* Fest der Ostkirche, 14. Sept.
Kreuzesabnahme, Kreuzabnahme *f. 11*
Kreuzeserhöhung *f. 10 nur Sg.* Kreuzerhöhung
Kreuzestod *m. 1 nur Sg.;* den K. sterben
Kreuzesweg *m. 1 nur Sg.* Weg Christi zur Kreuzigungsstätte
Kreuzeszeichen, Kreuzzeichen *n. 7*
Kreuzfahne *f. 11*
Kreuzfahrer *m. 5*
Kreuzfahrt *f. 10*
Kreuzfeuer *n. 5 nur Sg.*
kreuzfidel
Kreuzgang *m. 2* im Viereck um den Klosterhof führender Bogengang

Kreuz|ge|wöl|be *n. 5* Gewölbe aus zwei sich rechtwinklig durchdringenden Tonnengewölben
Kreuz|her|ren *Pl.* Chorherren vom Heiligen Kreuz, Name mehrerer katholischer Orden und Kongregationen
kreu|zi|gen *tr. 1*
Kreu|zi|gung *f. 10*
Kreu|zi|gungs|stät|te *f. 11*
Kreuzkö|nig *m. 1*
Kreuz|kup|pel|kir|che *f. 11* byzantinischer Kirchentyp mit Kuppel und einem griech. Kreuz als Grundriss
kreuz|lahm
Kreuz|ot|ter *f. 11* eine Giftschlange
Kreuz|rip|pen|ge|wöl|be *n. 5* Kreuzgewölbe, bei dem sich diagonal von einer Stütze zur anderen ein Verstärkungsbogen (Rippe) spannt
Kreuz|rit|ter *m. 5* **1.** an einem Kreuzzug teilnehmender Ritter; **2.** Mitglied des Deutschen Ordens
Kreuz|schna|bel *m. 8* ein Singvogel
Kreuz|spin|ne *f. 11*
kreuz|stän|dig in Form eines Kreuzes angeordnet
Kreu|zung *f. 10*
kreuz|un|glück|lich
Kreu|zungs|punkt *m. 1*
Kreuz|ver|hör *n. 1*
Kreuz|weg *m. 1*
kreuz|wei|se
Kreuz|wort|rät|sel *n. 5*
Kreuz|zei|chen, Kreu|zes|zei|chen *n. 7*
Kreuz|zug *m. 2* **1.** *i. e. S.:* Kriegszug zur Eroberung Jerusalems; **2.** *i. w. S.:* von der Kirche geförderter Kriegszug gegen Ungläubige und Ketzer
Kre|vet|te, Cre|vet|te [-vɛt-, frz.] *f. 11* Garnele
kri|bbe|lig, kribb|lig
Kri|bbe|lig|keit, Kribb|lig|keit *f. 10 nur Sg.*
Kri|bbel|krank|heit, Krie|bel|krankheit *f. 10 nur Sg.* Mutterkornvergiftung, Ergotismus
kri|bbeln *intr. 1*
kribb|lig, kri|bbe|lig
Kribb|lig|keit *f. 10 nur Sg.*, Kri|bbe|lig|keit
Krick *m. 1* s. **Kriek**
Kri|ckel *Pl.* Gehörn der Gämse, Krucken
Kri|ckel|kra|kel *n. 5* unleserlich Geschriebenes
kri|ckeln *tr. 1* unleserlich schreiben
Kri|ckel|wild *n. Gen. -(e)s nur Sg.* Gamswild
Krick|en|te *f. 11* eine Wildente
Kri|cket [engl.] *n. Gen. -s nur Sg.* Schlagballspiel zwischen zwei Mannschaften
Kri|da [mlat.] *f. Gen. - nur Sg., österr.:* betrügerischer Konkurs
Kri|dar, Kri|da|tar *m. 1, österr.:* Konkursschuldner
Krie|bel|krank|heit *f. 10 nur Sg.* s. **Kri|bbel|krank|heit**
Kriech|blu|me *f. 11, Baukunst:* Krabbe
Krie|che *f. 11* eine kleine Pflaumensorte, Haferpflaume
krie|chen *intr. 73*
Krie|cher *m. 5*
Krie|che|rei *f. 10 nur Sg.*
krie|che|risch
Kriech|pflan|ze *f. 11*
Kriech|spur *f. 10* Fahrspur zum Langsamfahren
Kriech|tier *n. 1*
Krieg *m. 1;* ein Krieg führender Staat
krie|gen *tr. 1*
Krie|ger *m. 5*
krie|ge|risch
Krie|ger|wit|we *f. 11*

> **Krieg führend:** Die Folge aus Substantiv und Verb wird getrennt geschrieben, da beide Wörter auch in anderen Satzzusammenhängen selbständig verwendet werden können: *die Krieg führenden Staaten; die Staaten führen Krieg.*
> § 36 E1 (1.2)

Krieg füh|rend (*alt:* krieg|führend)
Krieg|füh|rung, Kriegs|füh|rung *f. 10 nur Sg.*
Kriegs|an|lei|he *f. 11*
Kriegs|be|richt *m. 1*
Kriegs|be|rich|ter, Kriegs|be|richt|er|stat|ter *m. 5*
kriegs|be|schä|digt
Kriegs|be|schä|dig|te(r) *m. 18 (17) bzw. f. 17 oder 18*
Kriegs|be|schä|dig|ten|für|sor|ge *f. 11 nur Sg.*
Kriegs|be|schä|di|gung *f. 10*
kriegs|blind
Kriegs|blin|de(r) *m. 18 (17) bzw. f. 17 oder 18*
Kriegs|dienst *m. 1*
Kriegs|dienst|ver|wei|ge|rer *m. 5*
Kriegs|dienst|ver|wei|ge|rung *f. 10*
Kriegs|er|klä|rung *f. 10*
Kriegs|frei|wil|li|ge(r) *m. 18 (17) bzw. f. 17 oder 18*
Kriegs|füh|rung, Krieg|füh|rung *f. 10 nur Sg.*
Kriegs|fuß *m., nur in der Wendung* mit jmdm. auf (dem) K. stehen: in ständigem leichten Streit mit jmdm. leben
kriegs|ge|fan|gen
Kriegs|ge|fan|ge|ne(r) *m. 18 (17) bzw. f. 17 oder 18*
Kriegs|ge|fan|gen|schaft *f. 10 nur Sg.*
Kriegs|geg|ner *m. 5*
Kriegs|ge|richt *n. 1*
Kriegs|ge|winn|ler *m. 5*
Kriegs|grä|ber|für|sor|ge *f. 11 nur Sg.*
Kriegs|het|ze *f. 11 nur Sg.*
Kriegs|ka|me|rad *m. 10*
Kriegs|list *f. 10*
kriegs|lus|tig
Kriegs|ma|ri|ne *f. 11 nur Sg.*
Kriegs|pfad *m. 1*
Kriegs|rat *m. 2 nur Sg.*
Kriegs|recht *n. 1 nur Sg.*
Kriegs|scha|den *m. 8*
Kriegs|schau|platz *m. 2*
Kriegs|schuld *f. 10 nur Sg.*
Kriegs|schu|le *f. 11*
Kriegs|spiel *n. 1*
kriegs|taug|lich
Kriegs|taug|lich|keit *f. 10 nur Sg.*
Kriegs|teil|neh|mer *m. 5*
Kriegs|ver|bre|chen *n. 7*
Kriegs|ver|bre|cher *m. 5*
kriegs|ver|letzt
Kriegs|ver|let|zung *f. 10*
kriegs|ver|sehrt
Kriegs|ver|sehr|te(r) *m. 18 (17) bzw. f. 17 oder 18*
kriegs|ver|wen|dungs|fä|hig (*Abk.:* k. v.)
kriegs|wich|tig
Kriegs|zug *m. 2*
Kriek, Krick [engl.] *m. 1* **1.** kleiner Wasserlauf; **2.** kleiner, unbedeutender Hafen
Kries *n. 1 nur Sg., schweiz.:* trockene Äste, Reisig von Nadelbäumen
Krie|sel|wind *m. 1* Wasserhose (auf der Ostsee)
Kri|ko|to|mie [griech.] *f. 11* Luftröhrenschnitt
Krill *m. Gen. -s nur Sg.* Kleinkrebs der Antarktis
Krim *f. Gen. -* Halbinsel am Schwarzen Meer
Kri|mi *m. 9, Kurzwort für* Kriminalroman, -stück, -film, -hörspiel

K

kri|mi|nal [lat.] zum Strafrecht, Strafverfahren, Verbrechen usw. gehörend
Kri|mi|nal|be|am|te(r) *m. 18 (17) bzw. f. 17 oder 18*
Kri|mi|na|le(r) *m. 18 (17), ugs. Kurzwort für* Kriminalbeamter
Kri|mi|nal|film *m. 1*
Kri|mi|nal|hör|spiel *n. 1*
kri|mi|na|li|sie|ren *tr. 3* kriminell machen, zum Verbrecher machen
Kri|mi|na|li|sie|rung *f. 10 nur Sg.*
Kri|mi|na|list *m. 10* **1.** Kriminalbeamter; **2.** Kriminalwissenschaftler
Kri|mi|na|lis|tik *f. 10 nur Sg.* **1.** Lehre von den Verbrechen, ihrer Aufdeckung, Verhütung und Ursachen; **2.** Erforschung des Lebens der Verbrecher; **3.** Kriminalwissenschaft
kri|mi|na|lis|tisch
Kri|mi|na|li|tät *f. 10 nur Sg.* **1.** Straffälligkeit; **2.** Ausmaß, in dem Angehörige eines Standes, Volkes oder einer Gruppe straffällig werden; Jugendkriminalität, Wirtschaftskriminalität
Kri|mi|nal|kom|mis|sar *m. 1*
Kri|mi|nal|mu|se|um *n. Gen. -s Pl.* -se|en
Kri|mi|nal|po|li|zei *f. 10 nur Sg.* (*Kurzwort:* Kripo)
Kri|mi|nal|po|li|zist *m. 10*
Kri|mi|nal|pro|zess (*alt:* Kri|mi|nal|pro|zeß) *m. 1, veraltet:* Strafprozess
Kri|mi|nal|psy|cho|lo|gie *f. 11 nur Sg.*
Kri|mi|nal|recht *n. 1, veraltet:* Strafrecht
Kri|mi|nal|ro|man *m. 1*
Kri|mi|nal|wis|sen|schaft *f. 10 nur Sg.* Kriminalistik
kri|mi|nell **1.** verbrecherisch (Handlung); **2.** straffällig (Person)
Kri|mi|no|lo|gie *f. 11 nur Sg.* Wissenschaft vom Verbrechen, seinen Ursachen usw.
kri|mi|no|lo|gisch
krim|meln *intr. 1, norddt.:* kribbeln, *nur in der Wendung* es krimmelt und wimmelt
Krim|mer [nach der ukrain. Halbinsel Krim] *m. 5* **1.** ein Lammfell; **2.** ein Wollgewebe, Imitation dieses Fells
krim|pen **1.** *intr. 1, Perfekt auch:* gekrumpen, *nddt.:* einschrumpfen; von West nach Ost drehen (vom Wind); **2.** *tr. 1* einschrumpfen lassen
Krims|krams *m. Gen. - nur Sg.* Kram, Sachen, Zeug
Krin|gel *m. 5* **1.** kleiner gezeichneter Kreis oder Schnörkel; **2.** ringförmiges Gebäck oder Zuckerwerk
krin|ge|lig
krin|geln *tr. u. refl. 1* ich kringele, kringle mich vor Lachen *ugs.*
Kri|no|i|den [lat. + griech.] *Pl., Sammelbez. für* Stachelhäuter (Haarsterne und Seelilien)
Kri|no|li|ne [frz.] *f. 11* Reifrock als Unterrock
Kri|po *f. Gen. - nur Sg., ugs. Kurzwort für* Kriminalpolizei
Krip|pe *f. 11*
krip|pen *tr. 1;* einen Deich k.: mit Flechtwerk (Krippe) sichern, festigen
Krip|pen|bei|ßer, Krip|pen|set|zer *m. 5* Pferd, das (aus schlechter Gewohnheit) in den Rand der Futterkrippe beißt und dabei Luft schluckt
Krip|pen|spiel *n. 1*
Kris **1.** [mal.] *m. 1* malaiischer Dolch mit (meist gewundener) doppelschneidiger Klinge; **2.** *n. 1 nur Sg., schweiz. für* Kries
Kri|se [griech.] *f. 11* **1.** schwierige Zeit, Störung; **2.** = Krisis
kri|seln *intr. 1, nur unpersönlich;* es kriselt: es droht eine Krise
kri|sen|fest
Kri|sen|ma|nage|ment [-mænɪdʒmənt] *n. Gen. - nur Sg.* Gesamtheit politischer Maßnahmen, um internationale Spannungen zu verringern
kri|sen|si|cher
Kri|sen|stab *m. 2* in einer Notsituation gebildetes Team von Sachverständigen
Kri|sen|zeit *f. 10*
Kri|sis *f. Gen. - Pl.* -sen, *Med.:* Höhepunkt (einer Krankheit), Krise
kris|peln *tr. 1, Gerberei:* mit Narben versehen, narben, geschmeidig machen
Kris|tall [griech.] **1.** *m. 1* fester, von geometrisch gesetzmäßig angeordneten Flächen begrenzter Körper; **2.** *n. 1 nur Sg.* Blei-, Kristallglas; **3.** *n. 1 nur Sg.* Kristallwaren
Kris|tall|eis *n. 1 nur Sg.* klares Kunsteis
kris|tal|len **1.** aus Kristall; **2.** klar wie Kristall
Kri|stall|euch|ter (-ll|l-) (*alt für:* Kris|tall|leuch|ter) *m. 5*
Kris|tall|git|ter *n. 5* raumgitterartige Anordnung der Bausteine der Kristalle
Kris|tall|glas *n. 4* **1.** *nur Sg.* Bleiglas für Kristallwaren; **2.** ein Trinkglas aus diesem Material
kris|tall|hell
kris|tal|lin, kris|tal|li|nisch aus Kristallen bestehend
Kris|tal|li|sa|ti|on *f. 10 nur Sg.* Kristallbildung
kris|tal|lisch wie Kristall
kris|tal|li|sie|ren **1.** *intr. 3* Kristalle bilden; **2.** *refl. 3* sich zu Kristallen umformen
Kris|tal|li|sie|rung *f. 10 nur Sg.*
Kris|tal|lit *m. 10* winziger Kristall ohne deutlich ausgeprägte Oberflächenform, Anfangsstadium der Kristallisation
kris|tall|klar
Kris|tall|leuch|ter *m. 5*
Kris|tall|lüs|ter *m. 5*
Kris|tall|nacht *f. 2 nur Sg.* Reichskristallnacht
Kris|tal|lo|gra|phie *auch:* **Kris|tal|lo|gra|fie** *f. 11 nur Sg.* Lehre von den Kristallen
kris|tal|lo|gra|phisch *auch:* **kris|tal|lo|gra|fisch**
Kris|tal|lo|id *n. 1* kristallähnlicher Körper
Kri|stal|lüs|ter (-ll|l-) (*alt für:* Kris|tall|lüs|ter) *m. 5*
Kris|tall|wa|ren *Pl.* Gebrauchsgegenstände aus Kristallglas (1)
Kris|tall|zu|cker *m. 5* gereinigter weißer Zucker
Kris|ti|a|nia *bis 1925 Name für* Oslo
Kri|te|ri|um [griech.] *n. Gen. -s Pl.* -ri|en **1.** Kennzeichen, unterscheidendes Merkmal; **2.** *Radsport:* Rundenrennen
Kri|tik [auch: -tik, griech.] *f. 10* **1.** *nur Sg.* Urteilsfähigkeit; **2.** Beurteilung, Wertung; Besprechung (von Büchern, Theaterstücken, Konzerten, Filmen u. a.); **3.** Tadel, Beanstandung
Kri|ti|kas|ter *m. 5* kleinlicher Tadler, Nörgler
Kri|ti|ker *m. 5*
kri|tik|fä|hig
Kri|tik|fä|hig|keit *f. 10 nur Sg.*
kri|tik|los
Kri|tik|lo|sig|keit *f. 10 nur Sg.*
kri|tisch **1.** beurteilend, unterscheidend, prüfend; kritische Ausgabe: Ausgabe eines Literaturwerkes mit Angabe der Les-

arten; kritischer Apparat: Gesamtheit der Anmerkungen zu einem Literaturwerk bezüglich der Lesarten, Textgeschichte usw.; etwas k. prüfen; k. an eine Sache herangehen; **2.** gefährlich, bedenklich, eine Wende ankündigend

kri|ti|sie|ren *tr. 3* **1.** beurteilen, werten, besprechen; **2.** beanstanden, tadeln

Kri|ti|zis|mus *m. Gen. - nur Sg.* von Kant eingeführtes Verfahren, vor der Aufstellung eines philosoph. Systems die Möglichkeiten und Grenzen der menschl. Erkenntnis festzustellen

Krit|te|lei *f. 10* kleinliches Tadeln

krit|te|lig s. **kritt|lig**

krit|teln *intr. 1* nörgeln, kleinl. Kritik üben

Kritt|ler *m. 5* kleinl. Tadler, Nörgler

kritt|lig, krit|te|lig nörgelig, kleinlich tadelnd, tadelsüchtig

Krit|ze|lei *f. 10*

krit|ze|lig, kritz|lig

krit|zeln *tr. 1;* ich kritzele, kritzle

Kro|a|te *m. 11* Angehöriger eines südslaw. Volkes

Kro|a|ti|en [-tsjən] Staat in Südosteuropa

kro|a|tisch vgl. deutsch

Kro|atz|bee|re *f. 11, süddt.:* Brombeere, Kratzbeere

Kro|cket [engl.] *n. 9 nur Sg.* ein Rasenkugelspiel zwischen zwei Mannschaften

kro|ckie|ren *tr. u. intr. 3* (die gegnerische Kugel) wegschlagen

Kro|kant [frz.] *m. 1 nur Sg.* mit karamellisiertem Zucker vermischte Mandel- oder Nussstückchen

Kro|ket|te, Cro|quet|te [frz.] [-ket] *f. 11* in Fett gebackenes Klößchen aus Kartoffeln, Fleisch u. a.

Kro|ki *n. 9,* Cro|quis [-ki, frz.] *n. Gen. -* [-kis] *Pl.* -[-kis] einfache Geländezeichnung, Entwurf, Kartenskizze

kro|kie|ren *tr. 3* skizzieren (Gelände)

Kro|ko *n. 9, kurz für* Krokodilleder

Kro|ko|dil [griech.] *n. 1* ein Reptil, Raubtier

Kro|ko|dils|trä|nen *Pl.* geheuchelte Tränen

Kro|ko|dil|wäch|ter *m. 5* ein Watvogel

Kro|kus [griech.] *m. Gen. - Pl. - oder* -kus|se eine Gartenblume

kroll *rhein.:* kraus

Krol|le *f. 11, rhein.:* Locke

krol|len *tr. 1, rhein.:* kräuseln, locken

Krom|lech, Crom|lech [kelt.] *m. 1 oder m. 9* Grab- und Kultstätte der Jungsteinzeit aus hoch aufgerichteten, kreisförmig aufgestellten Steinen

Krön|chen *n. 7*

Kro|ne *f. 11; auch:* Währungseinheit verschiedener Länder: dän. K. (*Abk.:* dkr), 100 Øre; estn. K. (*Abk.:* ekr), 100 Senti; isländ. K. (*Abk.:* ikr), 100 Aurar; norweg. K. (*Abk.:* nkr), 100 Øre; schwed. K. (*Abk.:* skr), 100 Öre; tschech. K. (*Abk.:* Kč), 100 Heller

krö|nen *tr. 1*

Kron|er|be *m. 11* Thronerbe

Kron|glas *n. 4* Glas für Linsen u. a.

Kron|gut *n. 4* der Krone (dem Landesherrn) gehöriges Gut

Kro|ni|de *m. 11, griech. Myth.* **1.** Nachkomme des Kronos; **2.** der K.: Beiname des Zeus

Kron|ko|lo|nie *f. 11* brit. Kolonie mit einem von der Krone eingesetzten Gouverneur

Krön|lein *n. 7*

Kron|leuch|ter *m. 5*

Kro|nos *griech. Myth.:* Vater des Zeus

Kron|prä|ten|dent *m. 10* Thronbewerber

Kron|prinz *m. 10* Thronfolger

Kron|prin|zes|sin *f. 10*

Kronrat *m. 2* Versammlung aller Minister unter Vorsitz des Monarchen

Krons|bee|re *f. 11, nddt.:* Preiselbeere

Kron|schatz *m. 2*

Krönung *f. 10*

Kron|zeu|ge *m. 11* **1.** Hauptzeuge; **2.** *in Großbritannien und den USA:* Mittäter als Belastungszeuge, dem Straflosigkeit zugesichert wird

Kropf *m. 2*

Kröpf|chen *n. 7*

kröp|fen **1.** *tr. 1;* Gesims k.: um einen Mauervorsprung herumführen; Holzleisten k.: rechtwinklig zusammenfügen; Stäbe, Wellen k.: doppelwinklig abbiegen; **2.** *intr. 1* fressen (von Raubvögeln)

krop|fig, kröp|fig **1.** mit Kropf behaftet; **2.** *Bot.:* verkümmert, zurückgeblieben

Kropf|tau|be *f. 11* eine Haustaube

Kröp|fung *f. 10*

Kropp|zeug *n. Gen.* -s *nur Sg., ugs.* **1.** Kleinvieh; **2.** kleine Kinder; **3.** Gesindel; **4.** wertloser Kram

Krö|se *f. 11* Nut der Fassdaube

Krö|sel|ei|sen *n. 7* Werkzeug zum Krösen

krö|sen *tr. 1* mit einer Kröse versehen (Fass)

kross (*alt:* kroß) *nordwestdt.* **1.** knusprig; **2.** spröde, brüchig

Krö|sus **1.** König von Lydien; **2.** *m. Gen. - Pl.* -sus|se sehr reicher Mann

Kro|ta|lin [griech.] *n. 1 nur Sg.* Gift der Klapperschlange

Krö|te *f. 11*

Krö|ten|frosch *m. 2*

Krö|ten|test *m. 1 oder m. 9* Test zur Feststellung der Schwangerschaft

Kro|ton [griech.] *m. 1* ein Wolfsmilchgewächs, eine Heilpflanze

Kro|ton|öl *n. 1 nur Sg.* ein Abführmittel

Kro|ze|tin [griech.] *n. 1 nur Sg.* ein roter Farbstoff

Kro|zin *n. 1 nur Sg.* aus Safran gewonnener, gelber Farbstoff

Krs., Kr. *Abk. für* Kreis

Kru|cke *f. 11* Horn der Gämse, Krickel

Krü|cke *f. 11*

Kru|cken|kreuz, Krü|cken|kreuz *n. 1* Kreuz, dessen Balken an den Enden Querbalken haben

Krück|stock *m. 2*

krud [lat.] **1.** unverdaulich (von Nahrungsmitteln), roh; **2.** grausam, roh

Kru|de|li|tät *f. 10 nur Sg., veraltet:* Grausamkeit, Rohheit

Kru|di|tät *f. 10 nur Sg.* **1.** Unverdaulichkeit; **2.** Rohheit, Grausamkeit

Krug *m. 2* **1.** Gefäß mit Henkel; **2.** *norddt.:* Schenke, Wirtshaus

Krü|gel *n. 5, österr.:* Bierglas mit Henkel

Krü|gel|chen *n. 7*

Krü|ger *m. 5, norddt.:* Wirt

Krüg|lein *n. 7*

Kru|ke *f. 11, norddt.* **1.** großer Krug, Tonflasche; **2.** komische, putzige, sonderbare Person, Kauz; komische Kruke

Krul|le *f. 11, norddt.:* Halskrause

Krull|farn *m. 1* ein moosähnlicher Farn, Haarfarn

Krüll|haar *n. Gen.* -s *nur Sg.* gekräuseltes Rosshaar zum Polstern

Krüll|schnitt *m. 1* mittelfeiner bis grober Tabakschnitt

K

Krüll|ta|bak *m. 1*
Krüm|chen *n. 7*
Krume *f. 11* **1.** kleines Bröckchen; **2.** das weiche Innere des Brotes; **3.** oberste, fruchtbare Schicht des Erdbodens, Ackerkrume
Krü|mel *m. 5*
Krü|mel|chen *n. 7*
krü|me|lig, krüm|lig
krü|meln *tr. u. intr. 1;* ich krümele, krümle es; das Brot krümelt
Krü|mel|struk|tur *f. 10 nur Sg.* (des Ackerbodens)
Krüm|lein *n. 7*
krumm krummer, am krummsten, *landsch. auch:* krümmer, am krümmsten; Draht krumm biegen; sich krumm halten; sich für etwas krumm legen: hart dafür arbeiten; krumm sitzen; etwas krumm nehmen: etwas übel nehmen
krumm|bei|nig
Krumm|bei|nig|keit *f. 10 nur Sg.*
Krüm|me *f. 11, selten für* Krümmung
krüm|men *tr. 1*
Krum|me(r) *m. 18 (17), norddt.:* Feldhase
Krüm|mer *m. 5* **1.** gebogenes Rohrstück; **2.** = Grubber
Krummes|ser (-mm|m-) (*alt für:* Krumm|mes|ser) *n. 5*
Krumm|holz *n. 4* Latschen(kiefern)
Krumm|horn *n. 4* altes Holzblasinstrument mit unten gekrümmtem Rohr
krumm|la|chen *refl. 1, ugs.:* sehr lachen
krumm le|gen (*alt:* krumm|le|gen) *tr. 1*
Krumm|mes|ser *n. 5* Messer mit gebogener Klinge

> **krumm nehmen:** Gefüge aus Adjektiv/Adverb und Verb schreibt man im Infinitiv, Partizip und am Ende eines Nebensatzes getrennt, wenn das Adjektiv erweiterbar oder steigerbar ist: *Sie könnten den Scherz (sehr) krumm nehmen.* Ebenso: *krumm legen.* Dagegen: *sich krummlachen.* § 34 E3 (3)

krumm neh|men (*alt:* krumm|neh|men) *tr. 88, ugs.*
Krumm|sä|bel *m. 5*
Krumm|sche|re *f. 11*
krumm|schlie|ßen *tr. 113*
Krumm|stab *m. 2* Stab mit gekrümmter Krücke, Hirten-, Bischofsstab
Krüm|mung *f. 10*
Krum|pel, Krüm|pel *f. 11 meist Pl., ugs.:* Knitterfalte
krum|pe|lig, krump|lig
krum|peln, krüm|peln *intr. u. tr. 1, ugs.:* knittern
Krüm|per *m. 5, 1808-12 in Preußen:* nur kurze Zeit dienender Soldat
Krüm|per|sys|tem *n. 1 nur Sg.*
Krüm|per|wa|gen *m. 7* militär. Kutschwagen
krumpf|echt beim Waschen nicht einlaufend (Gewebe)
krump|fen *intr. 1* beim Waschen einlaufen, schrumpfen (Gewebe)
Krumpf|maß *n. 1* Schwund, Verlust (beim Speichern von Getreide u. Ä.)
krump|lig, krum|pe|lig
Krupp [engl.] *m. Gen.* -s *nur Sg.* diphtherieartige Entzündung der Kehlkopfschleimhaut, gefährliche Kinderkrankheit
Krup|pa|de, Crou|pa|de [kru-, frz.] *f. 11, hohe Schule:* Sprung, bei dem das Pferd beide Hinterbeine an den Bauch zieht
Krup|pe *f. 11* Kreuz (des Pferdes), Pferderücken zwischen Niere und Schwanzwurzel
Krüp|pel *m. 5*
krüp|pe|lig, krüpp|lig verkrüppelt, schief gewachsen
krüp|peln *intr. 1* **1.** *schweiz. ugs. scherzh.:* hart arbeiten; **2.** *bair.:* knittern
krup|pös kruppartig, mit Krupp einhergehend
kru|ral [lat.] zum Schenkel gehörend, schenkel…
Krus|pel *m. 14, österr.:* knuspriges Bratenstück, Griebe, Schwarte
Krus|ta|zee [lat.] *f. 11* Krebstier
Krus|te *f. 11*
Krus|ten|ech|se [-ks-] *f. 11* eine Giftechse
Krus|ten|tier *n. 1* Krebstier
krus|tig
Krux, Crux [lat.] *f. Gen. - nur Sg.* Last, Kummer, »Kreuz«
Kru|zi|a|ner [lat.] *m. 5* Angehöriger des Knabenchors der Dresdener Kreuzkirche
Kru|zi|fe|re *f. 11* Kreuzblütler
Kru|zi|fix [auch: -fiks] *n. 1* plast. oder gemalte Darstellung Christi am Kreuz
Kru|zi|fi|xus *m. Gen. - nur Sg.* der gekreuzigte Christus
Kru|zi|tür|ken! ein Fluch
Kry|o|chir|ur|gie *auch:* **Kry|o|chi|rur|gie** [griech.] *f. 11 nur Sg.* Kältechirurgie
Kry|o|lith [griech.] *m. 1* ein Mineral
Kry|o|me|ter *n. 5* Thermometer für sehr tiefe Temperaturen
Kry|o|sko|pie *auch:* **Kry|os|ko|pie** *f. 11 nur Sg.* Bestimmung des Molekulargewichts durch Messung der Gefrierpunkterniedrigung
krypt…, Krypt… vgl. krypto…, Krypto…
Kryp|ta [griech.] *f. Gen. - Pl.* -ten **1.** *urspr.:* Grabkammer von Märtyrern in Katakomben; **2.** unterird. Raum unter dem Chor bes. romanischer Kirchen, meist mit Grabkammern oder zum Aufbewahren von Särgen; **3.** verborgene Einbuchtung in den Rachenmandeln
kryp|tisch
kryp|to…, Kryp|to… [griech.] *in Zus.:* geheim, verborgen
Kryp|to|ga|me [griech.] *f. 11* blütenlose Pflanze, Sporenpflanze; *Ggs.:* Phanerogame
kryp|to|gen, kryp|to|ge|ne|tisch *Biol.:* von unbekannter Entstehung
Kryp|to|graf *m. 10* s. **Kryp|to|graph**
Kryp|to|gra|fie *f. 11* s. **Kryp|to|gra|phie**
Kryp|to|gramm *n. 1* **1.** Verse (eines Gedichts oder Liedes), deren Anfangsbuchstaben oder -wörter ein Wort oder einen Satz ergeben; **2.** *veraltet:* Geheimtext, Text mit geheimer Nebenbedeutung
Kryp|to|graph *auch:* **Kryp|to|graf** *m. 10, veraltet:* Geheimschriftmaschine
Kryp|to|gra|phie *auch:* **Kryp|to|gra|fie** *f. 11* **1.** *veraltet:* Geheimschrift; **2.** *Psych.:* absichtslos (z. B. beim Telefonieren oder Zuhören) entstandene Kritzelei oder Musterzeichnung
kryp|to|kris|tal|lin, kryp|to|kris|tal|li|nisch erst bei Vergrößerung als kristallinisch erkennbar
kryp|to|mer ohne Mikroskop nicht erkennbar (bes. von Gesteinsbestandteilen)
Kryp|to|me|rie *f. 11* das Verborgenbleiben einer Erbanlage
Kryp|to|me|rie [-riə] *f. 11* japan. Zeder
Kryp|ton *n. Gen.* -s *nur Sg.* (*Zeichen:* Kr) chem. Element, ein Edelgas

Kryp|ton|lam|pe *f. 11*
Krypt|or|chis|mus *auch:* **Kryp|tor|chis|mus** *m. Gen. - nur Sg.* Zurückbleiben eines oder beider Hoden in der Bauchhöhle oder im Leistenkanal (anstelle der normalen Verlagerung in den Hodensack während der Embryonalentwicklung)
Kryp|to|skop *auch:* **Kryp|tos|kop** *n. 1* mit Krypton gefülltes Gerät zum Nachweis von Röntgenstrahlen bei Tages- oder Kunstlicht
KS *Abk. für* Kansas
KSZE *Abk. für* Konferenz über Sicherheit und Zusammenarbeit in Europa; vgl. OSZE
KSZE-Schluss|ak|te (*alt:* KSZE-Schluß|ak|te) *f. 11*
Kt. *Abk. für* Kanton
Kte|ni|di|um [griech.] *n. Gen.* -s *Pl.* -di|en Kammkieme, Kieme der Schnecken und anderer Weichtiere
kte|no|id kammartig
Kte|no|id|schup|pe *f. 11* kammartig gezähnte Fischschuppe
Kte|no|pho|re *f. 11* Hohltier mit erhabenen Längsrippen, Rippenqualle
Kto. *Abk. für* Konto
Ku|a|la Lum|pur Hauptstadt von Malaysia
Ku|ba, *amtl.:* Cu|ba Inselstaat in Mittelamerika
Ku|ba|ner *m. 5*
ku|ba|nisch
Ku|ba|tur [lat.] *f. 10* Erhebung in die dritte Potenz; Berechnung des Rauminhalts; Kubierung
Ku|b|ba [arab.] *m. Gen. - Pl.* -ben, *islam. Baukunst:* **1.** Kuppel; **2.** Grabbau mit Kuppel, Gewölbe
Ku|be|be [arab.-span.] *f. 11* scharf schmeckende Frucht eines indones. Pfeffergewächses
Ku|be|be|pfef|fer *m. Gen.* -s *nur Sg.*
Kü|bel *m. 5*
Kü|bel|wa|gen *m. 7* einfacher Jeep
Ku|ben *Pl. von* Kubus
ku|bie|ren [lat.] *tr. 3* **1.** in die dritte Potenz erheben; **2.** einen Baumstamm k.: die Festmeter eines Baumstamms aus Länge und mittlerem Durchmesser errechnen
Ku|bie|rung *f. 10* = Kubatur
ku|bik…, Ku|bik…, *in Zus.:* in die dritte Potenz erhoben, Raum…
Ku|bik|de|zi|me|ter *n. 5, ugs.: m. 5* (*Abk.:* dm^3)
Ku|bik|in|halt *m. 1* Rauminhalt
Ku|bik|ki|lo|me|ter *n. 5, ugs.: m. 5* (*Abk.:* km^3)
Ku|bik|maß *n. 1* Raumkörpermaß
Ku|bik|me|ter *n. 5, ugs.: m. 5* (*Abk.:* m^3); *als Holzmaß:* Festmeter
Ku|bik|mil|li|me|ter *n. 5, ugs.: m. 5* (*Abk.:* mm^3)
Ku|bik|wur|zel *f. 11* dritte Wurzel aus einer Zahl
Ku|bik|zahl *f. 10* dritte Potenz einer Zahl
Ku|bik|zen|ti|me|ter *n. 5, ugs.: m. 5* (*Abk.:* cm^3)
ku|bisch **1.** würfelförmig; **2.** in die dritte Potenz erhoben
Ku|bis|mus *m. Gen. - nur Sg.* Richtung in der Malerei, in der die stereometr. Grundformen der Natur (Kugel, Würfel, Zylinder, Kegel) bes. betont werden
Ku|bist *m. 10* Vertreter des Kubismus
ku|bis|tisch
ku|bi|tal zum Ellbogen gehörend
Ku|bus *m. Gen. - Pl.* -ben **1.** Würfel; **2.** dritte Potenz
Kü|che *f. 11; auch:* Kochkunst, die Art, wie man kocht; feine, gute, französische, kalte, warme K.; *bair., österr.:* Küchenherd
Kü|chel *m. 14, bair.:* Schmalzgebäck, eine Art Krapfen
kü|cheln *intr. 1, schweiz.:* kleine Kuchen, Schmalzgebackenes zubereiten
Ku|chen *m. 7*
Kü|chen|chef *m. 9*
Kü|chen|fee *f. 11, scherzh.:* Köchin
Kü|chen|gar|ten *m. 8* Gemüse- und Gewürzgarten
Kü|chen|la|tein *n. Gen.* -s *nur Sg., scherzh.:* schlechtes Latein des MA (wie es in den Klosterküchen gesprochen wurde), Mönchslatein
Kü|chen|lied *n. 3* Bänkellied
Kü|chen|ma|schi|ne *f. 11* elektr. Mehrzweckgerät zum Zerkleinern, Rühren usw.
Kü|chen|scha|be *f. 11* ein Hausinsekt, Kakerlak
Kü|chen|schel|le *f. 11* eine Anemone, *auch:* Kuhschelle
Kü|chen|schwal|be *f. 11* Rauchschwalbe
Kü|chen|waa|ge *f. 11*
Kü|chen|wa|gen *m. 7* Eisenbahnwagen mit Küche, Feldküche
Kü|chen|zet|tel *m. 5* Aufstellung der Speisen, die gekocht werden sollen
Küch|lein *n. 7* **1.** Küken; **2.** kleines Schmalzgebäck, kleiner Krapfen
ku|cken, gu|cken *intr. 1*
Kü|cken *n. 7, österr. für* Küken
ku|ckuck!
Ku|ckuck *m. 1* **1.** ein Singvogel; hol's der K.!; weiß der K., wo das ist; zum K.!; jmdn. zum K. wünschen; **2.** *ugs.:* Pfändungsmarke des Gerichtsvollziehers
Ku|ckucks|blu|me *f. 11* Knabenkraut
Ku|ckucks|ei *n. 3* etwas, das einem andern zugeschoben wird und wofür dieser nun sorgen soll, zweifelhaftes Geschenk
Ku|ckucks|uhr *f. 10*
Ku'|damm *m. 2, ugs.: kurz für* Kurfürstendamm
Ku|d|del|mud|del *m. 5 oder n. 5 nur Sg., ugs.:* Durcheinander, Wirrwarr
Ku|der *m. 5* **1.** männl. Wildkatze; **2.** *schweiz.:* Werg
Ku|du [afrik.] *m. 9* eine afrik. Antilope
Ku|fe *f. 11* **1.** Laufschiene (des Schlittens); **2.** Kübel, Bottich; **3.** altes dt. Biermaß, 450-700 Liter
Kü|fer *m. 5* **1.** Kellermeister; **2.** *südwestdt. für* Böttcher
Kuff *f. 1* breites, flaches Küstensegelschiff (für Frachten)
ku|fisch aus der ehemaligen Stadt Kufa bei Bagdad stammend; kufische Schrift: altarabische Schrift (z. B. im Koran)
Ku|gel *f. 11*
Ku|gel|blitz *m. 1*
Ku|gel|blu|me *f. 11* eine Alpenblume
Kü|gel|chen *n. 7*
Ku|gel|fang *m. 2* Erdwall hinter Schießständen
ku|gel|fest
Ku|gel|fes|tig|keit *f. 10 nur Sg.*
ku|ge|lig, kug|lig
Ku|gel|la|ger *n. 5*
ku|geln *tr. 1;* ich kugele, kugle es
Ku|gel|re|gen *m. 7*
ku|gel|rund
Ku|gel|schrei|ber *m. 5*
ku|gel|si|cher
Ku|gel|spiel *n. 1*
Ku|gel|sto|ßen *n. Gen.* -s *nur Sg.*
Küg|lein *n. 7*
kug|lig, ku|ge|lig
Ku|gu|ar [südamerik. Indianerspr.] *m. 1* = Puma
Kuh *f. 2*
Ku|h|an|ti|lo|pe *f. 11*

K

Kuh|dorf *n. 4, ugs.:* kleines, langweiliges Dorf, Kuhkaff
Kü|her *m. 5, schweiz.:* Kuhhirt, Senn
Kuh|han|del *m. Gen. -s nur Sg., ugs.:* fragwürdiger Tauschhandel zum Nachteil Dritter, bes. in der Politik
Kuh|haut *f. 2, nur in der Wendung* das geht auf keine K.: das ist unglaublich
Kuh|kaff *n. 9, ugs.* Kuhdorf
kühl
Kühl|an|la|ge *f. 11*
Kuh|le *f. 11, norddt.:* Mulde, Grube, flaches Loch
Küh|le *f. 11 nur Sg.*
küh|len *tr. 1*
Küh|ler *m. 5*
Küh|ler|hau|be *f. 11*
Kühl|haus *n. 4*
Kühl|ket|te *f. 11* Serie verschiedener Kühlanlagen (z. B. vom Schiff über Eisenbahn und Kühlhaus bis zur Kühltruhe) für den Transport von Lebensmitteln über weite Strecken
Kühl|schiff *n. 1*
Kühl|schrank *m. 2*
Kühl|te *f. 11, Seew.:* leichter bis mäßiger Wind
Kühl|tru|he *f. 11*
Küh|lung *f. 10*
Kühl|wa|gen *m. 7*
Kühl|was|ser *n. Gen. -s nur Sg.*
Kuh|magd *f. 2*
Kuh|milch *f. 10 nur Sg.*
kühn
Kühn|heit *f. 10 nur Sg.*
kühn|lich *veraltet, noch in Wendungen wie* man kann k. behaupten, dass …
Kuh|pilz *m. 1*
Kuh|po|cken *Pl.* Viruserkrankung der Kühe (auf der die Pockenschutzimpfung basiert)
Kuh|rei|gen, Kuh|rei|hen *m. 7* aus den Lockrufen der Hirten beim Abtrieb von der Alm entstandenes stroph. Lied
Kuh|rei|her *m. 5* ein Stelzvogel
Kuh|schel|le *f. 11* Küchenschelle
Ku|jon [frz.] *m. 1, veraltet:* Quäler
ku|jo|nie|ren *tr. 3, veraltet:* quälen, peinigen
k. u. k. *Abk. für* kaiserlich und königlich (im früheren Österreich-Ungarn vor den Namen von Dienststellen, Einheiten u. a.)
Kü|ken, *österr.:* **Kü|cken** *n. 7* **1.** Junges vom Huhn, **2.** *übertr.:* kleines Mädchen, Jüngste(r)

Ku-Klux-Klan [engl. Ausspr. selten: kju:klʌksklæn] *m. Gen. -(s) nur Sg., in den USA:* terrorist. Geheimbund
Ku|kum|ber, Ku|ku|mer [lat.] *f. 11, südwestdt.:* Gurke
Ku|ku|ruz [rumän.] *m. Gen. -es nur Sg., österr.:* Mais
Ku|lak [russ.] *m. 10, im zarist. Russland:* Großbauer
ku|lant [frz.] großzügig, entgegenkommend; *Ggs.:* inkulant
Ku|lanz *f. 10 nur Sg.*
Ku|li [Hindi] *m. 9* **1.** ostasiat. Tagelöhner, Lastträger, Plantagenarbeiter; **2.** *abwertend:* billige Arbeitskraft
Ku|lier|wa|re *f. 11* Wirkware, gewirkter Stoff, Maschenware
ku|li|na|risch [lat.] auf feiner Kochkunst beruhend, fein, erlesen; kulinarische Genüsse
Ku|lis|se [frz.] *f. 11* **1.** *Theater:* bemalte, verschiebbare Wand oder Dekorationsteil als seitlicher und hinterer Abschluss der Bühne; **2.** *Börse:* freier Markt, Gesamtheit der Personen, die auf eigene Rechnung an der Börse spekulieren; **3.** *Tech.:* Hebel mit verschiebbarem Drehpunkt
Ku|lis|sen|büh|ne *f. 11*
Ku|lis|sen|schie|ber *m. 5, leicht abwertend:* Bühnenarbeiter
Kul|ler|au|gen *Pl.*
kul|lern *intr. u. tr. 1*
Kulm [lat.] *m. 1* **1.** runder Berggipfel, Bergkuppel; **2.** Stufe des unteren Karbons
Kul|mi|na|ti|on [lat.] *f. 10* **1.** Durchgang eines Gestirns durch den höchsten bzw. niedrigsten Punkt seiner Bahn am Himmelsgewölbe; **2.** *übertr.:* Erreichen der größten Höhe, des Höhepunktes
Kul|mi|na|ti|ons|punkt *m. 1* Höhe-, Gipfelpunkt
kul|mi|nie|ren *intr. 3* den Höhepunkt erreichen
kul|misch zum Kulm (2) gehörend, aus ihm stammend
Kult [lat.] *m. 1* **1.** *m. Gen. - Pl. -te* äußere Form des Gottesdienstes, Kultus; **2.** *übertr.:* übertriebene Verehrung oder Pflege; einen Kult mit etwas treiben
Kult|fi|gur *f. 10*
Kult|film *m. 1*
kul|tisch zu einem Kult gehörend, auf ihm beruhend, in der Art eines Kultes; kultische Verehrung; kultische Gegenstände

Kul|ti|va|tor [-va-, lat.] *m. 13* = Grubber
kul|ti|vie|ren [-vi-] *tr. 3* **1.** anbaufähig machen (Land, Boden); **2.** verfeinern, veredeln; **3.** sorgfältig pflegen
kul|ti|viert [-virt] verfeinert, gebildet, sehr gepflegt
Kul|tur *f. 10* **1.** Gesamtheit der geistigen und künstlerischen Errungenschaften einer Gesellschaft; **2.** Anbau und Aufzucht von Pflanzen; **3.** Züchtung von Bakterien auf künstl. Nährböden; **4.** Bebauung des Bodens; **5.** *nur Sg.* geistige und seelische Bildung, verfeinerte Lebensweise, Lebensart
Kul|tur|aus|tausch *m. 1 nur Sg.*
Kul|tur|ba|nau|se *m. 11, ugs.*
Kul|tur|beu|tel *m. 5* Behälter für Toilettenartikel
Kul|tur|denk|mal *n. 4*
kul|tu|rell die Kultur betreffend, dazu gehörend, darauf beruhend
Kul|tur|er|be *n. Gen. -s nur Sg.*
Kul|tur|film *m. 1*
Kul|tur|flüch|ter *Pl.* Tiere oder Pflanzen, die durch Eingriffe des Menschen in die Landschaft aus ihrer ursprüngl. Umgebung verdrängt werden
Kul|tur|fol|ger *Pl.* Pflanzen oder Tiere, die durch Eingriffe des Menschen in die Landschaft günstigere Lebensbedingungen erhalten und sich deshalb in der Nähe menschlicher Siedlungen aufhalten
Kul|tur|ge|schich|te *f. 11 nur Sg.*
kul|tur|ge|schicht|lich
Kul|tur|haus *n. 4*
kul|tur|his|to|risch
Kul|tur|land|schaft *f. 10* durch den Menschen umgestaltete Landschaft
kul|tur|los
Kul|tur|mi|nis|ter *m. 5*
Kul|tur|mi|nis|te|ri|um *n. Gen. -s nur Sg., bes. österr.*
Kul|tur|po|li|tik *f. 10 nur Sg.*
kul|tur|po|li|tisch
Kul|tur|re|vo|lu|ti|on *f. 10*
Kul|tur|schaf|fen|de(r) *auch:* **Kul|tur Schaf|fen|de(r)** *m. 18 (17) bzw. f. 17 oder 18* jmd., der im kulturellen Bereich (professionell) tätig ist
Kul|tur|volk *n. 4*
Kul|tur|zen|trum *auch:* **Kul|tur|zent|rum** *n. Gen. -s Pl. -tren*
Kul|tus *m. Gen. - Pl. -te* = **Kult** (1)

K

Kul|tus|mi|nis|te|ri|um *n. Gen.* -s *Pl.* -ri|en
Ku|ma|rin [frz.] *m. 1 nur Sg.* ein in Waldmeister u. a. Pflanzen vorkommender Duftstoff
Ku|ma|ron *n. 1 nur Sg.* im Steinkohlenteer enthaltenes Schweröl
Kumm *m. 1,* **Kum|me** *f. 11, norddt.:* Schüssel
Küm|mel *m. 5* **1.** ein Gewürzkraut; **2.** dessen Frucht; **3.** *kurz für* Kümmelbranntwein
Küm|mel|blätt|chen *n. 7 nur Sg.* ein Kartenglücksspiel
Küm|mel|brannt|wein *m. 1* Branntwein mit Zusatz von Kümmel
küm|meln *tr. 1, ugs.:* (Alkohol) trinken; ich kümmele, kümmle einen
Küm|mel|tür|ke *m. 11* **1.** *veraltet:* Prahlhans; **2.** *abwertend für* Türke
Kum|mer *m. 5 nur Sg.*
Küm|me|rer *m. 5* **1.** *Jägerspr.:* männl. Tier mit zurückgebliebenem Geweih oder Gehörn; **2.** *übertr., ugs.:* grämlicher Mensch
küm|mer|lich
Küm|mer|ling *m. 1* schwächliches Lebewesen
küm|mern **1.** *intr. 1* in der Entwicklung zurückbleiben und schwächlich dahinleben; **2.** *tr. 1* angehen, Sorge machen; das kümmert mich nicht; was kümmert's mich?; das soll mich nicht k.; **3.** *refl. 1;* sich um jmdn. oder etwas k.; darum kümmere, kümmre ich mich nicht
Küm|mer|nis *f. 1*
Kum|mer|speck *m. Gen.* -s *nur Sg., ugs., scherzh.*
kum|mer|voll
Kum|met, Kumt *n. 1* der um den Hals des Pferdes liegende Teil des Zuggeschirrs
Kump, Kumpf *m. 1* **1.** Form zum Wölben von Blechplatten; **2.** kleine, tiefe Schüssel
Kum|pan [lat.] *m. 1* Genosse, Kamerad, Geselle, z. B. Zechkumpan
Kum|pa|nei *f. 10*
Kum|pel *m. 5* **1.** Bergmann; **2.** Gefährte, Kamerad
küm|peln *tr. 1* mit dem Kump (1) wölben
Kum|pen *m. 7, norddt.:* Schüssel
Kumpf *m. 1* **1.** *österr.:* Behälter für den Wetzstein; **2.** s. **Kump**
Kum|ran [auch: -ran] s. **Qum|ran**
Kumt *n. 1* = **Kum|met**
Ku|mu|la|ti|on [lat.] *f. 10* **1.** Häufung, Anhäufung, **2.** sich steigernde, vergiftende Wirkung von kleinen, ständig gegebenen Dosen von Arzneien
ku|mu|la|tiv sich anhäufend
ku|mu|lie|ren *intr. 3* sich anhäufen; kumulierende Bibliografie: regelmäßig erscheinende B., die außer den neuen Titeln auch die alten immer wieder mit aufführt
Ku|mu|lie|rung *f. 10 nur Sg.*
Ku|mu|lo|nim|bus *m. Gen. - Pl.* -bus|se (*Abk.:* Cb) dunkle Haufenwolke, Gewitterwolke
Ku|mu|lus *m. Gen. - Pl.* -li (*Abk.:* Cu), **Ku|mu|lus|wol|ke** *f. 11* Haufenwolke
Ku|mys = **Ku|myss** [russ.] *m. Gen. - nur Sg., in Innerasien:* alkohol. Getränk aus gegorener Stutenmilch
Ku|na *f. Gen. - Pl.* Ku|ni, *nach Zahlenangaben Pl. -* (*Abk.:* K) Währungseinheit in Kroatien, 100 Lipa
kund *nur noch in der Wendung* jmdm. etwas k. und zu wissen tun: jmdm. etwas mitteilen, bekannt geben
künd|bar
Künd|bar|keit *f. 10 nur Sg.*
Kun|de **1.** *m. 11* Käufer; **2.** *m. 11, Gaunerspr.:* Landstreicher; **3.** *m. 11, ugs., abfällig:* Mensch, Kerl; **4.** *f. 11* Nachricht; **5.** *f. 11* Vertiefung an den Schneidezähnen des Pferdes, Kennzeichen zur Altersbestimmung, Bohne
...kun|de *f. 11 nur Sg., in Zus.:* Lehre, Wissenschaft von ..., z. B. Heilkunde, Tierkunde, Pilzkunde
kün|den *tr. 2, poet.:* feierlich mitteilen
kun|den|be|zo|gen
Kun|den|dienst *m. 1*
Kun|den|fang *m. Gen.* -s *nur Sg.*
Kun|den|kre|dit *m. 1*
kun|den|o|ri|en|tiert
kun|den|spe|zi|fisch
Kun|den|spra|che *f. 11* Gaunersprache
Kün|der *m. 5*
Kund|ga|be *f. 11 nur Sg.*
kund|ge|ben *tr. 45*
Kund|ge|bung *f. 10*
kun|dig
kün|di|gen *tr. u. intr. 1*
Kün|di|gung *f. 10*
Kün|di|gungs|frist *f. 10*
Kün|di|gungs|schutz *m. Gen.* -es *nur Sg.*
kund|ma|chen *tr. 1, poet.*
Kund|schaft *f. 10* **1.** Erkundung; jmdn. auf K. aussenden; **2.** Gesamtheit der Kunden; **3.** *ugs. auch:* Kunde, Kundin
kund|schaf|ten *intr. 2* auf Kundschaft (1) ausgehen
Kund|schaf|ter *m. 5*
kund|tun *tr. 167*
kund|wer|den *intr. 180, poet.*
ku|ne|i|form [-ne|i-, lat.] keilförmig
Kü|net|te [lat.-frz.] *f. 11* Abflussgraben
künf|tig
künf|tig|hin künftig, in Zukunft
Kung-Fu [chin.-engl.] *n. Gen. - oder* -s *nur Sg.* chin. Form der Selbstverteidigung
kun|geln *intr. 1, ugs.:* Vetternwirtschaft treiben
Kun|kel *f. 11* Spinnrocken, Spindel
Kun|kel|le|hen *n. 7, früher:* auch auf Frauen vererbbares Lehen, Spindellehen
Kun|kel|stu|be *f. 11* Spinnstube
Kunk|ta|tor [lat.] *m. 13* Zauderer, zögerliche Person
Ku|no männl. Vorname, *urspr. Kurzform von* Konrad
Kunst *f. 2*
Kunst|a|ka|de|mie *f. 11*
kunst|be|geis|tert
Kunst|denk|mal *n. 4*
Kunst|druck *m. 1*
Kunst|dün|ger *m. 5*
Kunst|eis *n. 1 nur Sg.*
Küns|te|lei *f. 10 nur Sg.* gekünsteltes Wesen, Geziertheit
Kunst|er|zie|hung *f. 10 nur Sg.* Zeichnen und Kunstgeschichte (als Schulfach)
Kunst|fa|ser *f. 11*
Kunst|feh|ler *m. 5* falsche Maßnahme eines Arztes, Apothekers oder einer Hebamme
kunst|fer|tig
Kunst|fer|tig|keit *f. 10*
Kunst|flie|ger *m. 5*
Kunst|flug *m. 2*
kunst|ge|recht
Kunst|ge|schich|te *f. 11 nur Sg.*
kunst|ge|schicht|lich
Kunst|ge|wer|be *n. 5 nur Sg.*
Kunst|ge|werb|ler *m. 5*
kunst|ge|werb|lich
Kunst|griff *m. 1*
Kunst|hal|le *f. 11*
Kunst|han|del *m. Gen.* -s *nur Sg.*
Kunst|händ|ler *m. 5*

K

Kunst|hand|werk *n. 1 nur Sg.*
Kunst|hand|wer|ker *m. 5*
kunst|hand|werk|lich
Kunst|his|to|rie [-riə] *f. 11 nur Sg.*
kunst|his|to|risch
Kunst|kri|tik *f. 10*
Kunst|kri|ti|ker *m. 5*
Künst|ler *m. 5*
künst|le|risch
Künst|ler|na|me *m. 15* Name, den sich ein Künstler zugelegt hat, Pseudonym
Künst|ler|tum *n. Gen. -s nur Sg.*
künst|lich; künstliche Intelligenz; künstliches Herz
Künst|lich|keit *f. 10 nur Sg.*
Kunst|lied *n. 3* von einem Komponisten vertontes Lied, im Unterschied zum Volkslied
kunst|los
Kunst|lo|sig|keit *f. 10 nur Sg.*
Kunst|ma|ler *m. 5*
Kunst|mär|chen *n. 7* von einem Dichter verfasstes Märchen, im Unterschied zum Volksmärchen
Kunst|pau|se *f. 11*
kunst|reich
Kunst|rei|ter *m. 5*
Kunst|rich|ter *m. 5*
Kunst|samm|lung *f. 10*
Kunst|schaf|fen|de(r) *auch:* **Kunst Schaf|fen|de(r)** *m. 18 (17) bzw. f. 17 oder 18* jmd., der künstlerisch tätig ist
Kunst|sei|de *f. 11*
Kunst|sinn *m. 1 nur Sg.*
kunst|sin|nig
Kunst|spra|che *f. 11* Welthilfssprache
Kunst|sprin|gen *n. Gen. -s nur Sg.*
Kunst|sprin|ger *m. 5*
Kunst|stoff *m. 1*
kunst|stoff|be|schich|tet
Kunst|stoff|fla|sche (*alt:* Kunststoffla|sche (-ff|f-)) *f. 11*
Kunst|stoff|fo|lie (*alt:* Kunst|stoffolie (-ff|f-)) [-ljə] *f. 11*
kunst|stop|fen *tr. 1, nur im Infinitiv und Partizip II:* eine Hose k. lassen; die Hose muss kunstgestopft werden
Kunst|stop|fe|rei *f. 10*
Kunst|stück *n. 1*
Kunst|tisch|ler *m. 5*
Kunst|tur|nen *n. Gen. -s nur Sg.*
Kunst|ver|ein *m. 1*
Kunst|ver|stand *m. Gen. -(e)s nur Sg.*
kunst|ver|stän|dig
kunst|voll
Kunst|werk *n. 1*
Kunst|wis|sen|schaft *f. 10 nur Sg.*

Kunst|wort *n. 4* künstlich gebildetes Wort, z. B. Perlon
kun|ter|bunt
Ku|o|min|tang [chin. »Staatsvolkspartei«] *f. Gen. - nur Sg.* demokratisch-nationale Partei Chinas, seit 1949 Regierungspartei Taiwans
Kü|pe *f. 11* **1.** Farbstofflösung, Färbebad; **2.** Färbebottich
Ku|pee *n. 9* s. **Cou|pé**
Ku|pel|le *f. 11* s. **Ka|pel|le** (4)
ku|pel|lie|ren *tr. 3* von unedlen Metallen trennen (Edelmetall)
Kü|pen|farb|stoff *m. 1* wasch- und lichtechter Farbstoff
Kü|per *m. 5, norddt. für* Küfer
Kup|fer, Cu|prum *n. 5 nur Sg.* (*Zeichen:* Cu) chem. Element
Kup|fer|erz *n. 1* kupferhaltiges Mineral
kup|fer|far|ben, kup|fer|far|big
Kup|fer|glanz *m. Gen. -es nur Sg.* ein Mineral
kup|fe|rig, kupf|rig wie Kupfer
Kup|fer|kies *m. 1 nur Sg.* ein Mineral
kup|fern aus Kupfer
kup|fer|rot
Kup|fer|ste|cher *m. 5*
Kup|fer|stich *m. 1*
Kup|fer|tief|druck *m. 1* ein Druckverfahren
Kup|fer|vi|tri|ol *auch:* **Kup|fer|vit|ri|ol** *n. 1 nur Sg.* Kupfersulfat
kupf|rig s. **kup|fe|rig**
ku|pie|ren [frz.] *tr. 3* **1.** abschneiden, stutzen (Ohren und Schwanz beim Hund, Flugfedern); **2.** lochen, knipsen; **3.** aufhalten, mildern (Krankheit); **4.** verschneiden (Wein)
Ku|pol|o|fen [lat.] *m. 8* Schachtofen zum Schmelzen von Roheisen und Schrott
Ku|pon [-põ, frz.], Cou|pon *m. 9* **1.** Abschnitt; **2.** Zinsabschnitt (an Wertpapieren)
Kup|pe *f. 11*
Kup|pel *f. 11* halbkugelförmige Überwölbung (eines Raumes)
Kup|pe|lei *f. 10* Begünstigung von Unzucht
kup|peln **1.** *tr. 1* verbinden, beweglich zusammenfügen, koppeln; **2.** *intr. 1* die Kupplung betätigen; ich kuppele, kupple
Kup|pel|o|fen *m. 8*
Kup|pel|pelz *m. 1, nur in der Wendung* sich einen K. verdienen: sich eine Belohnung für das Verkuppeln eines Paares verdienen

kup|pen *tr. 1;* einen Baum k.: seine Spitze oder Zweige abschneiden
Kupp|ler *m. 5*
kupp|le|risch
Kupp|lung *f. 10*
Ku|pris|mus *auch:* **Kup|ris|mus** [lat.] *m. Gen. - nur Sg.* Kupfervergiftung
Kur *f. 10* **1.** Heilverfahren; **2.** *früher:* Wahl (z. B. des Königs)
Kür *f. 10, bei sportl. Wettkämpfen:* nach eigener Wahl zusammengestellte Übung; Kür laufen; sie sind schon Kür gelaufen
ku|ra|bel [lat.] heilbar; *Ggs.:* inkurabel
ku|rant [frz.] (*Abk.:* crt.) *veraltet:* gängig, umlaufend; zwei Mark crt.
Ku|rant [lat.] **1.** *m. 10, schweiz.:* Kurgast; **2.** *n. 1, veraltet:* Münze, deren Wert dem ihres Materials entspricht
Ku|ra|re, Cu|ra|re [südamerik. Indianerspr.] *n. Gen. -s nur Sg.* indian. Pfeilgift, führt zu Lähmungen, medizinisch als Narkosemittel verwendet
Kü|rass (*alt:* Kü|raß) [frz.] *m. 1* Brust- und Rückenharnisch
Kü|ras|sier *m. 1, urspr.:* Reiter mit Kürass; *später:* schwerer Reiter
Ku|rat [lat.] *m. 10, i. w. S.:* Geistlicher als Seelsorger; *i. e. S.:* Hilfsgeistlicher mit eigenem Seelsorgebezirk
Ku|ra|tel [auch: -tel] *f. 10* Vormundschaft; unter K. stehen; jmdn. unter K. stellen
Ku|ra|tie *f. 11* Amt und Amtsbereich eines Kuraten
ku|ra|tiv heilend
Ku|ra|tor *m. 13* **1.** Vormund, Pfleger; **2.** Verwalter einer Stiftung; **3.** Vertreter des Staates in der Universitätsverwaltung
Ku|ra|to|ri|um *n. Gen. -s Pl. -ri|en* Aufsichtsgremium
Kur|bel *f. 11*
kur|beln *intr. 1;* ich kurbele, kurble
Kur|bel|wel|le *f. 11*
Kür|bis *m. 1* **1.** eine Kriechpflanze mit großen, dickschaligen Früchten; **2.** *ugs. scherzh.:* großer Kopf
Kür|bis|fla|sche *f. 11*
Kür|bis|kern *m. 1*
Kur|de *m. 11* Angehöriger eines iran. Volkes
kur|disch
Kur|di|stan *auch:* **Kur|dis|tan** Gebirgslandschaft in Vorderasien

zwischen dem Euphrat und dem iranischen Hochland
ku|ren *intr. 1* eine Kur machen
kü|ren *tr. 1 oder 29, veraltet:* wählen
Kü|ret|ta|ge [-ʒə, frz.] *f. 11, Med.:* Ausschabung (der Gebärmutter)
Kü|ret|te *f. 11, Med.:* Löffel zum Ausschaben (der Gebärmutter)
kü|ret|tie|ren *tr. 3*
Kur|fürst *m. 10* Fürst mit dem Recht, den dt. König mitzuwählen; der Große K.: Friedrich Wilhelm von Brandenburg
Kur|fürs|ten|damm *m. 2* eine Straße in Berlin
kur|fürst|lich
Kur|gast *m. 2*
Kur|haus *n. 4*
ku|ri|al [lat.] die Kurie, die fürstl. Kanzlei, das Rathaus betreffend, dazu gehörig, davon ausgehend, dort üblich
Ku|ri|a|len *Pl.* die geistl. und weltl. Beamten der päpstl. Kurie
Ku|ri|a|li|en *Pl.* die früher in den Kanzleien üblichen Förmlichkeiten (im Briefverkehr usw.)
Ku|ri|al|stil *m. 1, veraltet:* Kanzleistil
Ku|ri|at|stim|me *f. 11* Gesamtstimme mehrerer Stimmberechtigter; *Ggs.:* Virilstimme
Ku|rie [-riə] *f. 11* **1.** *im alten Rom: urspr.* Einheit von Familienverbänden der patriz. Geschlechter mit eigenem Versammlungsort; *dann:* Versammlungsort des Senats; **2.** *heute:* die päpstlichen Behörden sowie deren Sitz; der päpstliche Hofstaat
Ku|rier [frz.] *m. 1* (Eil-)Bote, Überbringer wichtiger Meldungen
ku|rie|ren [lat.] *tr. 3* heilen, gesund machen
Ku|ri|len *Pl.* Inselkette im Pazif. Ozean
ku|ri|os [lat.] **1.** merkwürdig, sonderbar, wunderlich; **2.** spaßig, komisch
Ku|ri|o|si|tät *f. 10* **1.** *nur Sg.* Sonderbarkeit, Merkwürdigkeit; **2.** merkwürdiger Gegenstand, kuriose Sehenswürdigkeit
Ku|ri|o|si|tä|ten|ka|bi|nett *n. 1*
Ku|ri|o|sum *n. Gen.* -s *Pl.* -sa etwas Kurioses, Merkwürdiges
ku|risch zu Kurland gehörig; *aber:* Kurische Nehrung, Kurisches Haff
Kur|ka|pel|le *f. 11*
Kur|kon|zert *n. 1*
Kur|ku|ma [arab.] *f. Gen. - Pl.* -men Gelbwurz, ein südasiat. Ingwergewächs
Kur|ku|min *n. 1 nur Sg.* aus der Kurkuma gewonnener, gelber Farbstoff
Kur|land histor. Landschaft in Westlettland
Kur|lan|de *Pl.* die Teile der Territorien der Kurfürsten, mit denen die Kurwürde verbunden war
kur|län|disch zu Kurland gehörig, aus ihm stammend
Kür|lauf *m. 2* Kür
Kür lau|fen (*alt:* kür|lau|fen) *intr. 76*
Kur|ort *m. 1*
Kur|park *m. 9*
Kur|pfalz das ehemalige Kurfürstentum Pfalz
Kur|pfäl|zer *m. 5*
kur|pfäl|zisch
kur|pfu|schen *intr. 1* als Kurpfuscher tätig sein; gekurpfuscht
Kur|pfu|scher *m. 5* **1.** jmd., der ohne ärztl. Ausbildung Kranke behandelt; **2.** *übertr.:* schlechter Arzt
Kur|pfu|sche|rei *f. 10 nur Sg.*
Kur|prinz *m. 10* Sohn oder Enkel des Kurfürsten, Erbe der Kurwürde
kur|prinz|lich
Kur|pro|me|na|de *f. 11*
Kur|re *f. 11* **1.** mit Metallkugeln beschwertes Fischer-Schleppnetz; **2.** *nddt.:* Truthenne
Kur|ren|da|ner [lat.] *m. 5* Kurrendesänger
Kur|ren|de *f. 11* **1.** *früher:* Schülerchor, der gegen kleine Gaben vor den Häusern geistl. Lieder sang; **2.** *heute:* evang. kirchl. Jugendchor
kur|rent *österr. für* in dt. Schreibschrift
Kur|rent|schrift *f. 10* **1.** Schreibschrift, im Unterschied zur Druckschrift **2.** *österr. für* dt. Schreibschrift
Kurs [lat.] *m. 1* **1.** Fahrt-, Flugrichtung; *übertr. auch:* Richtung der Politik; **2.** Lehrgang, z. B. Fachkurs; **3.** Preis von Wertpapieren und Währungen, z. B. Dollarkurs
Kur|saal *m. Gen.* -(e)s *Pl.* -sä|le
Kurs|buch *n. 4*
Kürsch *n. Gen.* -(e)s *nur Sg., auf Wappen:* Pelzwerk
Kürsch|ner *m. 5* Handwerker, der Pelze verarbeitet
Kürsch|ne|rei *f. 10*
Kurs|ge|winn *m. 1, Börse*
kur|sie|ren [lat.] *intr. 3* in Umlauf sein, umlaufen (z. B. Gerücht)
kur|siv schräg (Druckschrift)
Kur|siv|schrift *f. 10* schräge Druckschrift
kur|so|risch **1.** fortlaufend, nicht unterbrochen; **2.** rasch, flüchtig; etwas k. durchsehen
Kur|sus *m. Gen. - Pl.* Kur|se **1.** Lehrgang; **2.** *auch:* Gesamtheit der Teilnehmer an einem Lehrgang
Kurs|ver|lust *m. 1, Börse*
Kurs|wa|gen *m. 7* Eisenbahnwagen, der vom Ausgangs- bis zum Bestimmungsbahnhof von verschiedenen Zügen befördert wird, sodass kein Umsteigen nötig ist
Kurs|wert *m. 1, Börse:* augenblicklicher Handelswert (eines Wertpapiers); *Ggs.:* Nominalwert, Nennwert
Kurs|zet|tel *m. 5, Börse:* Zettel oder Zeitungsteil mit den Börsenkursen
Kurt, Curt, Curd männl. Vorname, *urspr. Kurzform von* Konrad
Kur|ta|ge [-ʒə] *f. 11* s. **Cour|ta|ge**
Kur|ta|xe *f. 11* Steuer für Kurgäste
Kur|ti|sa|ne *f. 11* **1.** *urspr.:* Geliebte (eines Fürsten); **2.** *dann:* vornehme Dirne
Kür|tur|nen *n. Gen.* -s *nur Sg.* Turnen mit Übungen nach eigener Wahl
Kür|ü|bung *f. 10* selbst gewählte Turnübung
ku|ru|lisch [lat.] *in den Fügungen* kurulischer Beamter: *im alten Rom* höchster Beamter, kurulischer Stuhl: Amtssessel der höchsten altröm. Beamten
Kur|va|tur [-va-, lat.] *f. 10* Krümmung, Wölbung
Kur|ve [-və] *f. 11* **1.** gekrümmte Linie, Krümmung, Biegung; **2.** *Math.:* (auch gerade) Linie
kur|ven [-vən] *intr. 1, ugs.:* in Kurven fahren
Kur|ven|li|ne|al [-vən-] *n. 1*
Kur|ven|mes|ser [-vən-] *m. 5*
kur|vig [-viç] kurvenförmig, kurvenartig
Kur|vi|me|ter [-vi-] *n. 5* Kurvenmesser
Kur|vi|me|trie *auch:* **Kur|vi|met|rie** [-vi-] *f. 11 nur Sg.* Kurvenmessung (auf Landkarten)
kur|vi|me|trisch *auch:* **kur|vi|met|risch** [-vi-]

K

Kur|wür|de *f. 11 nur Sg.* Würde eines Kurfürsten

kurz, den Kürzeren ziehen: Das Adjektiv schreibt man klein: *Die Strecke ist sehr kurz.* Ebenso (weil der Artikel fehlt): *über kurz oder lang, binnen kurzem, vor kurzem, seit kurzem.* § 58 (3)
Die substantivierte Form schreibt man groß: *Er zog den Kürzeren.* Ebenso: *etwas des Kürzeren erklären* (= kurz erklären). § 57 (1)

kurz; binnen, in, seit, vor kurzem; über kurz oder lang: in absehbarer Zeit; sich kurz fassen; jmdn. kurz halten (Geld, Essen); kurz treten; kurz gefasst; kurz geschnitten; kurz gebratenes Fleisch; den Kürzeren ziehen: den Nachteil (von einer Sache) haben

Kurz|ar|beit *f. 10 nur Sg.*

K

kurzarbeiten — kürzer arbeiten: Ist das Adjektiv in einer Fügung aus Adjektiv und Verb weder steigerbar noch erweiterbar, wird im Infinitiv, Partizip und am Ende eines Nebensatzes zusammengeschrieben: *Sie mussten zwei Wochen kurzarbeiten.* § 34 (2.2)
Bei *kurz/kürzer arbeiten/treten* ist diese Steigerbarkeit gegeben, deshalb schreibt man immer getrennt: *Wegen seiner Krankheit muss er kürzer treten. Sie können jetzt kürzer arbeiten als letztes Jahr.* § 34 E3 (3)

kurz|ar|bei|ten *intr. 2* weniger als die normale Stundenzahl arbeiten; wir arbeiten kurz, haben kurzgearbeitet; *aber:* kurz arbeiten

Kurz|ar|bei|ter *m. 5*

kurz|är|me|lig, kurz|ärm|lig

kurz|at|mig

Kurz|at|mig|keit *f. 10 nur Sg.*

Kür|ze *f. 11*

Kür|zel *n. 5, Stenografie:* stark abgekürztes Schriftzeichen

kür|zen *tr. 1*

kur|zer|hand

Kurz|film *m. 1*

kurz|flü|ge|lig, kurz|flüg|lig

Kurz|flüg|ler *m. 5* Käfer mit verkürzten Flügeldecken

kurz|flüg|lig, kurz|flü|ge|lig

kurz|fris|tig

kurz ge|bra|ten (*alt:* kurz|ge|braten)

kurz ge|fasst (*alt:* kurz|ge|faßt)

Kurz|ge|schich|te *f. 11*

kurz ge|schnit|ten (*alt:* kurz|geschnit|ten)

kurz hal|ten (*alt:* kurz|hal|ten) *tr. 61*

kurz|le|big

Kurz|le|big|keit *f. 10 nur Sg.*

kürz|lich

kurz|schlie|ßen *tr. 120;* einen Stromkreis k.: seine beiden entgegengesetzt geladenen Pole widerstandsfrei miteinander verbinden

Kurz|schluss (*alt:* Kurz|schluß) *m. 2*

Kurz|schluss|hand|lung (*alt:* Kurzschluß|hand|lung) *f. 10* unüberlegte Handlung

Kurz|schnäb|ler *m. 5*

Kurz|schrift *f. 10* = Stenografie

kurz|schrift|lich

kurz|sich|tig

Kurz|sich|tig|keit *f. 10 nur Sg.*

kurz|stäm|mig

Kurz|stre|cken|lauf *m. 2*

Kurz|stre|cken|läu|fer *m. 5*

Kurz|stun|de *f. 11* Unterrichtsstunde von 40-45 Minuten

kurz tre|ten (*alt:* kurz|tre|ten) *intr. 163, übertr.:* sich zurückhalten, sich nicht zu sehr anstrengen, sparsam sein

kurz|um

Kür|zung *f. 10*

Kurz|wa|ren *Pl.* kleine Gegenstände für die Schneiderei

kurz|weg

Kurz|weil *f. 10 nur Sg.*

kurz|wei|lig

Kurz|wel|le *f. 11, Rundfunk*

Kurz|wel|len|sen|der *m. 5*

Kurz|wo|che *f. 11* Arbeitswoche von 5 Tagen

Kurz|wort *n. 4* durch Weglassen von Wortteilen entstandenes Wort, z. B. »Kripo« aus »Kriminalpolizei«

kusch!, kusch dich! (Befehl an den Hund)

ku|scheln *tr. 1;* ich kuschele, kuschle mich in das Kissen

ku|schen *intr. 1* **1.** sich hinlegen (vom Hund); **2.** *übertr.:* sich fügen, sich unterordnen

Ku|sel, Kus|sel *f. 11, bair.:* Kiefernzapfen

Ku|sin|chen *n. 7*

Ku|si|ne, Cou|si|ne *f. 11* Base

Kus|kus, Cous|cous [arab.] *m. Gen. - nur Sg.* nordafrikan. Speise

Kuss (*alt:* Kuß) *m. 2*

Küss|chen (*alt:* Küß|chen) *n. 7*

kuss|echt (*alt:* kuß|echt) (von Lippenstiften)

Kus|sel *f. 11* s. **Ku|sel**

küs|sen *tr. 1*

kuss|fest (*alt:* kuß|fest) kussecht

Kuss|hand (*alt:* Kuß|hand) *f. 2;* jmdm. eine K., Kusshände zuwerfen

Kuss|händ|chen (*alt:* Kuß|händchen) *n. 7*

Küss|lein (*alt:* Küß|lein) *n. 7*

Küs|te *f. 11*

Küs|ten|be|feu|e|rung *f. 10*

Küs|ten|fi|sche|rei *f. 10 nur Sg.*

Küs|ten|ge|wäs|ser *n. 5*

Küs|ten|schiff|fahrt (*alt:* Kü|stenschiffahrt (-ff|f-))

Küs|ter *m. 5* Kirchendiener; *bair.-österr.:* Mesner

Küs|te|rei *f. 10* Amtszimmer, Wohnung des Küsters

Kus|to|de [lat.] **1.** *f. 11, früher:* Kennzeichen für die einzelne Lage einer Handschrift; Zahl oder Wort am Anfang bzw. Ende einer Buchseite als Hinweis auf die folgende oder vorhergehende Seite; **2.** *m. 11*

Kus|tos *m. Gen. - Pl.* -to|den wissenschaftlicher Betreuer (einer Bibliothek, Sammlung, eines Museums)

ku|tan [lat.] zur Haut gehörig, die Haut betreffend

Ku|tan|re|ak|ti|on *f. 10* Reaktion der Haut (Rötung oder Schwellung) auf einen Reiz, z. B. Einspritzung oder Einreibung

Ku|ti|ku|la *f. Gen. - Pl.* -s *oder* -lae, *bei manchen Pflanzen und Tieren:* zellfreie Hautschicht aus organischem Stoff (Wachs, Chitin), die für Wasser und Gase fast undurchlässig ist, z. B. der Panzer von Krebstieren

Ku|tis *f. Gen. - nur Sg.* **1.** Lederhaut (der Wirbeltiere); **2.** verkorkte, abschließende Zellschicht (an Wurzeln)

Kutsch|bock *m. 2*

Kut|sche *f. 11*

kut|schen *intr. 1, ugs.:* fahren; durch die Gegend k.

Kut|scher *m. 5*

kut|schie|ren *intr. 3*

Kutsch|pferd *n. 1*

Kutsch|wa|gen *m. 7*

Kutte *f. 11* langer, weiter Mantel bes. der Mönche
Kuttelflecke *Pl.*, **Kutteln** *Pl.* Kaldaunen
Kutter *m. 5* **1.** ein einmastiges Segelschiff; **2.** Fischereischiff mit Motorantrieb; **3.** *auch:* Beiboot auf Kriegsschiffen
Küvelage [-vəlaʒə, frz.] *f. 11* Ausbau (eines Schachtes) mit eisernen Ringen
küvelieren [-və-] *tr. 3* mit eisernen Ringen ausbauen
Küvelierung [-və-] *f. 10*
Kuvert [-vert, -ver, frz.] *n. 9* **1.** Briefumschlag; **2.** Gedeck (bei Tisch) für eine Person
kuvertieren [-ver-] *tr. 3* in ein Kuvert (1) stecken
Kuvertüre [-ver-] *f. 11* eine Überzugsmasse, die aus Kakao, Kakaobutter und Zucker besteht
Küvette [-vet-, frz.] *f. 11* **1.** flache Glasschale; **2.** *früher, bei Taschenuhren:* Innen-, Staubdeckel; **3.** Abzugsgraben für Regenwasser in den Festungsgräben
kuvrieren *auch:* **kuvrieren** [-vri-, frz.] *tr. 3, veraltet:* bedecken, verbergen
Kuwait [auch: -vait] Scheichtum am Pers. Golf
Kuwaiter [auch: -vai-] *m. 5*
kuwaitisch [auch: -vai-]
Kux [tschech.] *m. 1* **1.** Anteil am Gesamtvermögen einer bergrechtlichen Gewerkschaft; **2.** der Anteilschein dafür
kV *Abk. für* Kilovolt
KV *Abk. für* Köchelverzeichnis
k. v. *Abk. für* kriegsverwendungsfähig
kVA *Abk. für* Kilovoltampere
kW *Abk. für* Kilowatt
Kwass (*alt:* Kwaß) [russ.] *m. Gen.* - *nur Sg.* schwach alkoholisches, bierähnliches russ. Getränk
kWh *Abk. für* Kilowattstunde
KY *Abk. für* Kentucky
Kyanisation [nach dem engl. Erfinder J.H. Kyan] *f. 10 nur Sg.* Imprägnierung von Holz mit Quecksilberchloridlösung
Kybele kleinasiat. Naturgöttin
Kybernetik [griech.] *f. 10 nur Sg.* Wissenschaftszweig, der die Gesetzmäßigkeiten von techn. und biolog. Regelungs- und Steuerungsvorgängen erforscht und anwendet
kybernetisch
Kyffhäuser *m. Gen.* -s *nur Sg.* Bergrücken in Thüringen
Kykladen *auch:* **Kykladen** *Pl.* griech. Inselgruppe im Ägäischen Meer
Kykliker *auch:* **Kykliker** *m. 5* s. **Zykliker**
Kyklop *auch:* **Kyklop** *m. 10, selten für* Zyklop
Kyma [griech.] *n. 9*, **Kymation** *n. Gen.* -s *Pl.* -tien, *bes. an griech. Tempeln:* Zierleiste aus stilisierten Blattformen
Kymogramm *n. 1* Röntgenbild eines sich bewegenden Organs
Kymographie *auch:* **Kymografie** *f. 11 nur Sg.* Röntgenverfahren zur Darstellung sich bewegender Organe
Kymre [walis.] *m. 11* kelt. Bewohner von Wales
kymrisch
Kymrisch *n. Gen.* -(s) *nur Sg.* zu den kelt. Sprachen gehörende Sprache der Kymren
Kyniker [griech.] *m. 5* Angehöriger einer altgriech. Philosophenschule, die den Verzicht auf alle Kulturgüter und völlige Bedürfnislosigkeit erstrebte; vgl. Zyniker
Kynologe [griech.] *m. 11*
Kynologie *f. 11 nur Sg.* Lehre vom Hund, seiner Züchtung und Dressur
Kyphose [griech.] *f. 11* Wirbelsäulenverkrümmung nach hinten, Buckel
Kyrenaika s. **Cyrenaika**
Kyrie [-rie:, griech.] *n. Gen.* - *nur Sg., kurz für* Kyrieeleison; das K. singen
Kyrieleis [-rie:-] *kurz für* Kyrieeleison
Kyrie eleison [-rie: -] Herr, erbarme dich (Bittruf am Anfang der kath. Messe bzw. evang. Liturgie)
Kyrieeleison [-rie:-] *n. 9;* das K. singen
kyrillisch; kyrillische Buchstaben, kyrillische Schrift: nach dem Slawenapostel Kyrillos benannte, aus der griech. Majuskel entwickelte Schrift der griechisch-orthodoxen Slawen
Kyrilliza *f. Gen.* - *nur Sg.* kyrillische Schrift
KZ *Abk. für* Konzentrationslager

K

L l

l *Abk. für* **1.** Liter; **2.** lävogyr
L **1.** *röm. Zahlzeichen für* 50; **2.** *Kfz-Kennzeichen für* Luxemburg
£ *Zeichen für* Pfund (Livre) Sterling
La *chem. Zeichen für* Lanthan
LA *Abk. für* Louisiana
Lab *n. 1* Ferment im Magen von Kalb und Schaf, bringt Milch zum Gerinnen
lab|be|rig, labb|rig **1.** weichlich, breiig, dünn; **2.** fade
lab|bern *intr. 1* **1.** schlaff hängen (vom Segel); **2.** *ugs.:* schlürfen, schmatzen
La|be *f. 11 nur Sg., poet.:* Labsal
La|bel [lɛɪb(ə)l, engl.] *n. 5* Marken-, Firmenbezeichnung
la|ben *tr. 1* erquicken, erfrischen, beleben; sich an etwas laben; jmdn. mit etwas l.
La|ber|dan [frz.] *m. 1* gepökelter Kabeljau
la|bern *intr. 1* **1.** langatmig reden; **2.** plaudern
La|be|trank *m. 2,* **La|be|trunk** *m. 2, poet.*
La|bia *Pl. von* Labium
la|bi|al [lat.] zu den Lippen gehörend, mit den Lippen gebildet
La|bi|al *m. 1,* **La|bi|al|laut** *m. 1* Lippenlaut: f, v, p, b, m
La|bi|al|pfei|fe *f. 11* Orgelpfeife mit Labium
La|bi|a|te *f. 11 meist Pl.* Lippenblütler
La|bi|en *Pl. von* Labium
la|bil [lat.] **1.** schwankend, anfällig (Gesundheit); **2.** nicht fest, unsicher, leicht störbar (Gleichgewicht); **3.** nicht zuverlässig, veränderlich (Charakter)
La|bi|li|tät *f. 10 nur Sg.*
la|bi|o|den|tal [lat.] mit Unterlippe und Oberzähnen gebildet
La|bi|o|den|tal *m. 1,* **La|bi|o|den|tal|laut** *m. 1* Lippenzahnlaut: f, v, w
la|bi|o|ve|lar [-ve-] mit Lippen und Gaumen gebildet
La|bi|o|ve|lar [-ve-] *m. 1,* **La|bi|o|ve|lar|laut** *m. 1* Lippengaumenlaut, z. B. in afrik. Sprachen
La|bi|um *n. Gen.* -s *Pl.* -bia *oder* -bi|en **1.** Lippe, Schamlippe; **2.** Unterlippe der Insekten; **3.** Kante, Schneide am Aufschnitt (schräge Kerbe an der Vorderseite) der Blockflöte und Labialpfeife der Orgel
Lab|kraut *n. Gen.* -(e)s *nur Sg.* Gattung der Rötegewächse
Lab|ma|gen *m. 7* Teil des Magens der Wiederkäuer, in dem das Lab gebildet wird, Käsemagen
La|bor [österr. auch: labor, lat.] *n. 9 oder n. 1, Kurzwort für* Laboratorium
La|bo|rant *m. 10* medizin.-technische oder chem.-technische Hilfskraft im Labor
La|bo|ra|to|ri|um *n. Gen.* -s *Pl.* -rien Arbeits- und Forschungsstätte für biolog., bakteriolog., chem. und physikal. Zwecke
la|bo|rie|ren *intr. 3* an etwas l.: sich mit etwas herumplagen, abmühen; an einer Krankheit l.: sie lange nicht loswerden
La|bour Par|ty [lɛɪbə(r) pa(r)tɪ] *f. Gen.* - - *nur Sg.* die engl. Arbeiterpartei
La|bra|dor *auch:* **Lab|ra|dor** **1.** nordamerik. Halbinsel am Atlantik; **2.** *n. 1* Art des Feldspats; **3.** *m. 1* eine Hunderasse
La|bra|do|rit *auch:* **Lab|ra|do|rit** *m. 1* s. **La|bra|dor** (2)
La|brum *auch:* **Lab|rum** [lat.] *n. Gen.* -s *Pl.* -bren Oberlippe der Insekten
Lab|sal *n. 1* Wohltat, Erquickung, Erholung
lab|sal|ben *tr. 1, Seew.:* zum Schutz gegen Witterungseinflüsse teeren (Tauwerk)
Labs|kaus [norw.] *n. 1 nur Sg.* (urspr. seemänn.) Gericht aus Fleisch oder Fisch, Kartoffelbrei und sauren Gurken
La|bung *f. 10*
La|by|rinth [griech.] *n. 1* **1.** Irrgarten; **2.** *übertr.:* Wirrnis, Durcheinander
la|by|rin|thisch
La|by|rinth|o|don *auch:* **La|by|rin|tho|don** *n. Gen.* -s *Pl.* -don|ten ausgestorbenes Kriechtier
La|che *f. 11* **1.** Lach|te Einschnitt in die Baumrinde beim Abzapfen von Harz; **2.** [auch: laxə] Pfütze; **3.** Art zu lachen
lä|cheln *intr. 1;* ich lächele, lächle
la|chen *intr. 1;* du hast gut l.!; wir haben bei ihm nichts zu l.: er ist sehr streng mit uns; es ist zum Lachen; das Lachen
La|cher *m. 5;* er hatte die L. auf seiner Seite
lä|cher|lich; ins Lächerliche ziehen
Lä|cher|lich|keit *f. 10 nur Sg.*
Lach|gas *n. 1* ein Rauschgift, zur Narkose verwendet
lach|haft
Lach|krampf *m. 2*
Lach|lust *f. 2 nur Sg.*
Lachs [-ks] *m. 1* ein Raubfisch, Salm
Lach|sal|ve [-və] *f. 11*
lachs|far|ben [-ks-] gelblich rosa
Lachs|schin|ken [-ks-] *m. 7* zarter, roher, leicht geräucherter Schweineschinken
Lach|tau|be *f. 11*
Lach|te *f. 11* s. **La|che** (1)
Lach|ter *f. 11 oder n. 5, Bgb.:* altes Längenmaß, Klafter, etwa 2 m
la|cie|ren [-si-, frz.] *tr. 3* mit Zierband durchflechten
Lack [ital.] *m. 1* Lösung als Veredelungs- oder Schutzschicht für Oberflächen
Lack|af|fe *m. 11, ugs.:* geschniegelter, geckenhafter Mann
Lack|ar|beit *f. 10* Gegenstand der Lackkunst
La|cke *f. 11, österr. für* Lache
la|cken *tr. 1,* **la|ckie|ren** *tr. 1* mit Lack oder Lackfarbe bestreichen; dann bist du der Lackierte *ugs.:* dann bist du der Hereingefallene
La|ckie|rer *m. 5*
La|ckie|re|rei *f. 10*
Lack|kunst *f. 2 nur Sg.* Kunst, Gegenstände zu lackieren und danach durch Einritzen oder Aufmalen von Mustern zu verzieren, bes. in China und Japan üblich
Lackl *m. 14, bair.:* grober, ungeschliffener Mensch
lack|mei|ern *Infinitiv nicht gebräuchlich;* vgl. gelackmeiert
Lack|mus [ndrl.] *n. Gen.* - *nur Sg.* aus einer Flechte gewonnener, blauer Farbstoff, als chem. Reagens verwendet, färbt sich in Säuren rot, in Basen blau
Lack|mus|pa|pier *n. 1* mit Lackmus gefärbtes Papier
La|cri|mae Chris|ti *auch:* **Lac|ri|mae Chris|ti** [-mɛ: -, lat. »Tränen Christi«] *Pl.* Wein vom Vesuv und dessen Umgebung

la|cri|mo|so *auch:* **lac|ri|mo|so** s. **la|gri|mo|so**
La|crosse *auch:* **Lac|rosse** [-krɔs, frz.] *n. Gen. - nur Sg.* kanad. Ballspiel zweier Mannschaften
Lact|al|bu|min *auch:* **Lac|tal|bu|min** *n. 1* Milcheiweiß
Lac|tam, Lak|tam [lat.] *n. Gen.* -s *Pl.* -ta|me inneres Anhydrid einer Aminosäure
Lac|ta|se, Lak|ta|se *f. 11* im Darmsaft enthaltenes Enzym
Lac|to|se, Lak|to|se *f. 11 nur Sg.* Milchzucker
La|da|num [hebr.-griech.] *n. Gen.* -s *nur Sg.* Harz aus Mittelmeerpflanzen für Räucherpulver
Läd|chen *n. 7* kleiner Laden
La|de *f. 11*
La|de|baum *m. 2* Vorrichtung zum Heben und Versetzen von Lasten
La|de|büh|ne *f. 11* Laderampe
La|de|hem|mung *f. 10* **1.** *bei Schusswaffen:* augenblickliche Unmöglichkeit, geladen zu werden oder sich selbst zu laden; **2.** *übertr., ugs.;* L. haben: starke Hemmungen haben, etwas Bestimmtes im Augenblick zu sagen oder zu tun

laden: Standardsprachlich korrekt bei der Konjugation ist die umgelautete Form: *ich lade, du lädst, er lädt.* Die nicht umgelautete Form *(er ladet)* ist veraltet, in Dialekten aber noch erhalten. Entsprechend lautet das Präteritum: *sie lud* (nicht korrekt: *sie ladete*), und das Partizip II: *geladen* (nicht: *geladet*).

la|den *tr. 74*
La|den *m. 8*
La|den|hü|ter *m. 5* Ware, die sich schwer verkaufen lässt
La|den|preis *m. 1*
La|den|schluss (*alt:* La|den|schluß) *m. 2*
La|den|schwen|gel *m. 5, veraltet:* junger, stutzerhaft gekleideter Verkäufer
La|den|tisch *m. 1*
La|den|toch|ter *f. 6, schweiz.:* Verkäuferin
La|der *m. 5* Lademaschine
La|de|ram|pe *f. 11* schräge Auffahrt, auf der Güter zu dem Wagen oder Platz gefahren werden, auf dem sie geladen oder von dem sie weiterbefördert werden sollen, Ladebühne
La|de|schein *m. 1*
La|de|stock *m. 2* **1.** *früher bei Vorderladern:* Stock, mit dem die Munition in den Lauf geschoben wurde; **2.** Holzstock zum Einschieben der Sprengladung ins Bohrloch; **3.** *übertr. in der Wendung* er saß da, als hätte er einen L. verschluckt: steif und kerzengerade
lä|die|ren [lat.] *tr. 3* verletzen, beschädigen
Lä|die|rung *f. 10* vgl. Läsion
La|di|ner *m. 5* Rätoromane in Südtirol
la|di|nisch rätoromanisch
La|di|no **1.** *m. 9, in Mexiko und Mittelamerika:* Mischling aus einem weißen und einem indian. Elternteil; **2.** *n. nur Sg., im Mittelmeerraum:* jüd.-span. Dialekt
Lad|ne|rin *f. 10, süddt., österr.:* Verkäuferin
La|dung *f. 10*

Ladys: Fremdwörter aus dem Englischen, die im Singular auf *-y* enden, erhalten im Plural ein *-s: Ladys;* ebenso: *Babys, Partys.* § 21

La|dy [lɛɪdı, engl.] *f. 9* **1.** *in Großbritannien Titel für* adlige Frau; **2.** *allg.:* Dame
la|dy|like [lɛɪdılaık] wie eine Dame, damenhaft
La|fet|te [frz.] *f. 11* (fahrbares) Gestell eines Geschützes
Laf|fe *m. 11, ugs.:* oberflächlicher oder unreifer, eitler junger Mann
La|ge *f. 11*
La|ge|be|richt *m. 1*
Lä|gel *n. 5* **1.** Fass zum Tragen auf dem Rücken oder zum Transport auf Lasttieren; **2.** altes hess. und schweiz. Weinmaß, 50 bzw. 45 Liter; **3.** altes österr. Gewichtsmaß für Stahl, etwa 70 kg
La|gen|schwim|men *n. 7 nur Sg.* Wettkampf im Schwimmen mit vorgeschriebenem Wechsel der Schwimmart
La|gen|staf|fel *f. 11* Staffelschwimmen mit vorgeschriebenem Wechsel der Schwimmart
la|gen|wei|se
La|ge|plan *m. 2*
La|ger *n. 5, Kaufmannsspr. auch n. 6;* etwas auf L. haben; die Ware ist nicht mehr am L.
Lä|ger *n. 5, schweiz.:* Strohlager (für Vieh)
La|ger|bier *n. 1* untergäriges Gerstenmalzbier
la|ger|fä|hig, la|ger|fest
La|ger|fä|hig|keit, La|ger|fes|tig|keit *f. 10 nur Sg.*
La|ger|hal|ter *m. 5* Aufseher in einem Warenlager
La|ge|rist *m. 10* Arbeiter in einem Warenlager
La|ger|löf, *Selma* schwed. Schriftstellerin
la|gern *tr.,intr. u. refl. 1*
La|ger|obst *n. Gen.* -(e)s *nur Sg.*
La|ger|pflan|ze *f. 11*
La|ger|platz *m. 2*
La|ger|raum *m. 2*
La|ger|statt *f. Gen. - Pl.* -stät|ten, **La|ger|stät|te** *f. 11*
La|ge|rung *f. 10 nur Sg.*
La|ger|ver|wal|ter *m. 5*
La|ger|wa|che *f. 11* Wachdienst zur Bewachung eines Lagers
La|ger|zaun *m. 2*
La|ger|zeit *f. 10* Zeit, Dauer der Lagerung
La|go Mag|gio|re [- madʒorə] *m. Gen. - -*
La|gos größte Stadt Nigerias
la|gri|mo|so *auch:* **lag|ri|mo|so** [ital.], la|cri|mo|so *Mus.:* klagend, traurig
Lag|ting *n. Gen.* -s *nur Sg.* das norwegische Oberhaus im Unterschied zum Storting
La|gu|ne [ital.] *f. 11* vom offenen Meer durch einen Landstreifen getrennter, flacher Meeresteil, Strandsee
La|gu|nen|stadt *f. 2* auf einer Insel in einer Lagune liegende Stadt
lahm; *ugs. auch:* langweilig; lahm gehen; lahm legen; lahm machen; lahm gelegt
Läh|me *f. 11 nur Sg., bes. Tiermed.:* Lähmung
lah|men *intr. 1* hinken
läh|men *tr. 1*
Lahm|heit *f. 10 nur Sg.*

lahm legen: Die Fügung von Adjektiv und Verb/Partizip wird dann getrennt geschrieben, wenn das Adjektiv erweitert werden kann. Deshalb: *Der Verkehr war für Stunden (ganz/vollständig) lahm gelegt.* § 34 E3 (3)

lahm le|gen (*alt:* lahm|le|gen) *tr. 1* unwirksam machen
Lahm|le|gung *f. 10 nur Sg.*
lahm ma|chen (*alt:* lahm|ma|chen) *tr. 1*

Läh|mung *f. 10*
Läh|mungs|er|schei|nung *f. 10*
Lahn **1.** *m. 1* zu Bändern ausgewalzter Metalldraht; **2.** *f. 10* Lawine
Läh|ne *f. 11, bair., österr., schweiz.:* Lawine
Lai [frz.: lɛ] *n. Gen.* -(s) *Pl.* -s, Lais *n. Gen. - Pl. -* **1.** *urspr.:* zu Saiteninstrumenten gesungenes breton. Lied; **2.** *dann:* altfrz. und provenzal. Verserzählung
Laib *m. 1* runde Form (von Brot oder Käse); ein Laib Brot
Lai|bach vgl. Ljubljana
Lai|bung, Lei|bung *f. 10* Wölbfläche
Laich *m. 1* die im Wasser abgelegten Eier von Fischen, Weichtieren und Amphibien
lai|chen *intr. 1* Laich ablegen
Laich|kraut *n. 4 nur Sg.* Wasserpflanze mit herausragenden Blütenähren
Laich|platz *m. 2*
Laich|zeit *f. 10*
Laie [griech.] *m. 11* **1.** Nichtgeistlicher; **2.** Nichtfachmann, jmd., der von einem bestimmten Wissensgebiet nichts versteht
Lai|en|bru|der *m. 6* dienender Mönch im Kloster, der nicht die Weihen empfangen, sondern nur die einfachen Gelübde abgelegt hat
Lai|en|büh|ne *f. 11*
lai|en|haft nicht fachmännisch
Lai|en|pries|ter *m. 5* kath. Priester, der nicht zu einem Orden gehört, Weltpriester
Lai|en|rich|ter *m. 5* (juristisch nicht ausgebildeter) Schöffe, Geschworener
Lai|en|spiel *n. 1* Theateraufführung von nicht ausgebildeten Schauspielern
Lais [frz.] *n. Gen. - Pl. -* s. **Lai**
la|i|sie|ren *tr. 3* in den Laienstand zurückführen (Geistlichen); laisiert werden
La|i|sie|rung *f. 10*
Lais|sez-faire [lɛse:fɛr, frz. »lassen Sie machen«] *n. Gen. - nur Sg.* **1.** *Schlagwort der Wirtschaftspolitik des 19. Jh. für* Nichteinmischung (des Staates in die Wirtschaft); **2.** Gewähren-, Dahintreibenlassen, Ungezwungenheit
La|i|zis|mus *m. Gen. -* polit. Richtung (bes. in Frankreich), die die Freiheit von relig. Bindungen im öffentl. Leben sowie die Trennung von Kirche und Staat fordert
La|i|zist *m. 10*
la|i|zis|tisch
La|kai [türk.-frz.] *m. 10* **1.** *früher:* herrschaftl. oder fürstl. Diener in Livree; **2.** *übertr.:* willfähriger, unterwürfiger Mensch
la|kai|en|haft
La|ke *f. 11* Salzbrühe zum Einlegen von Fleisch und Fisch, ein Konservierungsmittel
La|ken *n. 7* Betttuch
Lak|ko|lith [griech.] *m. 10 oder m. 1* Tiefengesteinskörper
la|ko|nisch [nach der altgriech. Landschaft Lakonien] kurz und bündig
La|ko|nis|mus *m. Gen. - nur Sg.* kurze, bündige Ausdrucksweise
La|kritz *auch:* **Lak|ritz, La|krit|ze** *auch:* **Lak|rit|ze** [griech.] *f. 11* schwarze Masse aus eingedicktem Süßholzsaft (in Rollen- oder Stangenform)
La|krit|zen|saft *auch:* **Lak|rit|zen|saft** *m. 2* Süßholzsaft als Heilmittel gegen Magen- und Gallenkrankheiten
La|krit|zen|stan|ge, La|kritz|stan|ge *auch:* **Lak|rit|zen|stan|ge, Lak|ritz|stan|ge** *f. 11*
Lak|tam *n. 1* s. **Lac|tam**
Lak|ta|se *f. 11* s. **Lac|ta|se**
Lak|ta|ti|on [lat.] *f. 10* **1.** Milchabsonderung der Brustdrüsen; **2.** Zeit des Stillens; **3.** das Stillen selbst
Lak|ta|ti|ons|pe|ri|o|de *f. 11*
lak|tie|ren **1.** *intr. 3* Milch absondern; **2.** *tr. 3* stillen
Lak|to|den|si|me|ter, Lak|to|me|ter [lat. + griech.] *n. 5* Gerät zur Bestimmung des spezif. Gewichts der Milch
Lak|to|se [lat.] *f. 11 nur Sg.* s. **Lac|to|se**
Lak|to|skop *auch:* **Lak|tos|kop** [lat. + griech.] *n. 1* Gerät zur Prüfung der Durchsichtigkeit der Milch
Lak|tos|u|rie *auch:* **Lak|to|su|rie** *f. 11 nur Sg.* Vorkommen von Milchzucker im Harn
lak|to|trop Milchabsonderung bewirkend; laktotropes Hormon
la|ku|när [lat.] **1.** hohlraumartig; **2.** aushöhlend, Lücken bildend, schwammartig
La|ku|ne *f. 11* **1.** Hohlraum, Spalte (in Körpergeweben); **2.** Lücke (im Text)
la|kus|trisch *auch:* **la|kust|risch** [lat.] in Seen vorkommend (Gesteine, Lebewesen)
La|lem [griech.] *n. 1, Lautlehre:* durch die Artikulation bestimmte Sprecheinheit, unter dem Gesichtspunkt der Artikulation betrachteter Laut, z. B. Verschluss-, Nasallaut
lal|len *intr. 1* unartikuliert, mit schwerer Zunge sprechen
L. A. M. *Abk. für* Liberalium Artium Magister
La|ma **1.** [peruan.] *n. 9* eine südamerik. Kamelart; **2.** flanellartiges Wollgewebe; **3.** [tibet.] *m. 9* tibet. buddhist. Priester
La|ma|is|mus *m. Gen. - nur Sg.* Form des tibet. Buddhismus
La|ma|ist *m. 10* Anhänger des Lamaismus
la|ma|is|tisch
La|man|tin [karib.] *m. 1* amerik. Seekuh
Lamb|da *n. Gen.* -(s) *Pl.* -s (*Zeichen:* λ, Λ) griech. Buchstabe
Lamb|da|naht [nach der Form des griech. Buchstabens Lambda] *f. 2* Naht zwischen den Scheitelbeinen und dem Hinterhaupt(s)bein des menschlichen Schädels
Lamb|da|zis|mus *m. Gen. - nur Sg.* **1.** fehlerhafte Aussprache des R als L in griech. Wörtern; **2.** *Med.:* Unfähigkeit, den Buchstaben L auszusprechen (z. B. infolge Gaumenspalte)
Lam|bre|quin *auch:* **Lamb|re|quin** [lãbrəkɛ̃, frz.] *m. 9* **1.** Querbehang mit Fransen an Fenstern und Türen; **2.** diesem ähnl. Ornament aus Stein oder Stuck
Lam|bris *auch:* **Lamb|ris** [lãbri, frz.] *m. Gen. -* [-bris] *Pl. -* [-bris], *österr.: f. Gen. - Pl.* -bri|en Wandtäfelung
Lam|brus|co *auch:* **Lamb|rus|co** [ital.] *m. Gen.* -(s) *Pl. -* süßer, perlender Rotwein aus Italien
Lamb|skin [læm-, engl.] *n. 9* eine Lammfellimitation aus Plüsch
Lambs|wool [læmzwu:l] *n. Gen.* -s *nur Sg.* Lammwolle
la|mé *auch:* **la|mee** [frz.] *unflektierbar* aus Lamé
La|mé *auch:* **La|mee** *m. 9* mit Metallfäden durchwirktes Seidengewebe
la|mel|lar [lat.] wie Lamellen, streifig, geschichtet
La|mel|le *f. 11* **1.** Blättchen, dünne Scheibe aus Papier, Metall,

Kunststoff; **2.** Sporenträger unter dem Hut der Blätterpilze
la|men|ta|bel [lat.] *veraltet:* beklagenswert
La|men|ta|ti|on *f. 10* Klagelied, Wehklagen
la|men|tie|ren *intr. 3* jammern, klagen
La|men|to *n. 9* **1.** Klage, Gejammer; **2.** *Mus.:* Klagelied
La|met|ta [ital.] *n. Gen.* -s *nur Sg.* **1.** langer, schmaler Streifen aus gold- oder silberfarbenem Zinn oder Aluminium (als Christbaumschmuck); **2.** *ugs. spött.:* Ordensschmuck
La|mia [griech.] *f. Gen.* - *Pl.* -mi|en, **La|mie** [-miə] *f. 11, griech. Myth.:* weibl. Spukgeist
La|mi|na [lat.] *f. Gen.* - *Pl.* -nae [-nɛ:] **1.** dünne Gewebeschicht, blattförmiges Organteil; **2.** dünnes Metallplättchen; **3.** Fläche des Laubblattes, Blattspreite; **4.** innere und äußere Platte des Schädeldaches
la|mi|nar langsam und daher wirbelfrei, parallel fließend
La|mi|na|ria *f. Gen.* - *Pl.* -ri|en eine Braunalge
La|mi|nat *n. 1 nur Sg.* aus Kunststoffen und -harzen aufgebauter Schichtpressstoff für chemikalien- und witterungsbeständige Beschichtungen, z. B. von Fußböden
la|mi|nie|ren *tr. 3* **1.** Spinnmaterial l.: strecken, damit sich die Fasern längs richten; **2.** Buchdeckel l.: mit Glanzfolie überziehen; **3.** Glas l.: durch Mischen und Zusammenschmelzen verschiedenfarbiger Gläser färben
Lamm *n. 4*
Lämm|chen *n. 7*
lam|men *intr. 1* ein Lamm werfen, Junges bekommen (Schaf)
Läm|mer|gei|er *m. 5, veraltete Bez. für* Bartgeier
Läm|mer|wol|ke *f. 11* Schäfchenwolke
Lamm|fell *n. 1*
lamm|fromm gehorsam, ruhig (Pferd)
Lämm|lein *n. 7*
Lamms|ge|duld *f. Gen.* - *nur Sg.*
Lam|pas [frz.] *m. Gen.* - *Pl.* - schweres Damastgewebe (als Möbelbezug)
Lam|pas|sen *Pl.* breite Streifen an Uniformhosen
Lämp|chen *n. 7*
Lam|pe **1.** *f. 11;* **2.** Meister Lampe [nach dem männl. Vornamen Lampert, Lamprecht] Name des Hasen in der Tierfabel
Lam|pen|fie|ber *n. 5 nur Sg.* Erregung, Spannung, Angst (des Künstlers) vor dem Auftreten
Lam|pi|on [lãpjɔ̃, österr.: lampjon, ugs.: lampjɔŋ, frz.] *m. 9 oder n. 9* Laterne aus buntem Papier
Lämp|lein *n. 7*
Lam|pre|te *auch:* **Lamp|re|te** *f. 11* ein Meeresfisch, Meerneunauge
Lan|ça|de [lãsad(ə), frz.] *f. 11, hohe Schule:* Bogensprung
Lan|cier [lãsje, frz.] *m. 9* **1.** *früher:* Reiter mit Lanze, Ulan; **2.** dem Kontertanz ähnlicher Tanz
lan|cie|ren [lãsi-] *tr. 3* **1.** in Gang bringen; **2.** geschickt an einen günstigen Platz, in eine vorteilhafte Position bringen

hierzulande/hier zu Lande, landauf: Es bleibt den Schreibenden überlassen, ob sie das adverbiale Gefüge als Zusammensetzung (zusammengeschrieben) oder als Wortgruppe (getrennt geschrieben) auffassen. Beide Varianten sind korrekt: *hierzulande/hier zu Lande.* In einem Wort werden die Lokaladverbien geschrieben: *landab, landauf, landaus, landein.*
§ 39 (1)

Land *n. 4, poet.: n. 1;* an Land gehen; aus aller Herren Länder(n); außer Landes gehen; zu Wasser, zu Lande und in der Luft; hier zu Lande *oder:* hierzulande
land|ab *in der Wendung* landauf, landab
Land|am|mann *m. 4, in einigen Schweizer Kantonen:* Regierungspräsident
Land|ar|beit *f. 10*
Land|ar|bei|ter *m. 5*
Land|au|er *auch:* **Lan|dau|er** [nach der Stadt Landau] *m. 5* viersitziger Pferdewagen mit zusammenklappbarem Verdeck
land|auf *in der Wendung* landauf, landab
land|aus *in der Wendung* landaus, landein
Land|be|völ|ke|rung *f. 10*
Länd|chen *n. 7*
Län|de *f. 11, landschaftl.:* Landungsplatz
Lan|de|bahn *f. 10*
Lan|de|er|laub|nis *f. 1*
land|ein *in der Wendung* landein, landaus
land|ein|wärts
Lan|de|klap|pe *f. 11* (bei Flugzeugen) ausgefahrene Klappe an den Tragflächen
lan|den **1.** *intr. 2;* **2.** *tr. 2* an Land, auf den Erdboden bringen (Truppen vom Schiff oder vom Flugzeug); **3.** *Boxen:* anbringen (Schlag)
Land|en|ge *f. 11*
Län|de|rei|en *Pl.*
Län|der|kampf *m. 2*
Län|der|kun|de *f. 11 nur Sg.* Geographie
län|der|kund|lich
Län|der|na|me *m. 15*
Län|der|re|gie|rung *f. 10*
Län|der|spiel *n. 1*
Land|er|zie|hungs|heim *n. 1*
Lan|des|auf|nah|me *f. 11* (staatl.) Vermessung und kartograph. Darstellung eines Landes
Lan|des|bank *f. 10*
Lan|des|bi|schof *m. 2*
Lan|des|e|be|ne *f. Gen.* - *nur Sg., meist in der Wendung* auf L.: nur für ein Bundesland (verbindlich), von einem Bundesland (beschlossen); *Ggs.:* Bundesebene
Lan|des|far|ben *Pl.* die Farben der Fahne, Ordensbänder, Schlagbäume usw. eines Landes
Lan|des|ge|schich|te *f. 11 nur Sg.*
Lan|des|haupt|stadt *f. 2*
Lan|des|herr *m. Gen.* -(e)n *Pl.* -en
lan|des|herr|lich
Lan|des|ho|heit *f. 10 nur Sg.*
Lan|des|in|ne|re *n. 18*
Lan|des|kir|che *f. 11*
Lan|des|kri|mi|nal|amt *n. 4*
Lan|des|kun|de *f. 11 nur Sg.* Lehre von einem bestimmten Land, im Unterschied zur Länderkunde
lan|des|kund|lich
Lan|des|mut|ter *f. 6*
Lan|des|re|gie|rung *f. 10* Regierung eines (bestimmten) Landes
Lan|des|spra|che *f. 11*
Lan|des|trau|er *f. 11 nur Sg.*
lan|des|üb|lich
Lan|des|va|ter *m. 6*
Lan|des|ver|rat *m. Gen.* -(e)s *nur Sg.* Angriff auf die äußere Sicherheit des eigenen Landes, Verrat von Staatsgeheimnissen usw.; vgl. Hochverrat
Lan|des|ver|rä|ter *m. 5*
Lan|des|ver|si|che|rungs|an|stalt *f. 10* (*Abk.:* LVA)

Lạn|des|ver|wei|sung *f. 10*
lạn|des|ver|wie|sen
lạn|des|weit
Lạn|des|zen|tral|bank *auch:* **Lạn|des|zent|ral|bank** *f. 10 (Abk.:* LZB)
Lạnd|fah|rer *m. 5* Landstreicher
Lạnd|flucht *f. Gen. - nur Sg.* Abwanderung der bäuerl. Bevölkerung in die Städte
lạnd|fremd
Lạnd|frie|de *m. 15*, **Lạnd|frie|den** *m. 7*
Lạnd|frie|dens|bruch *m. 2*
Lạnd|funk *m. 1*
Lạnd|ge|mein|de *f. 11*
Lạnd|ge|richt *n. 1 (Abk.:* LG)
Lạnd|ge|richts|rat *m. 2*
Lạnd|graf *m. 10, bis 1806:* an der Spitze einer Landgrafschaft stehender, reichsunmittelbarer Amtsträger
Lạnd|gut *n. 4*
Lạnd|haus *n. 4*
Lạnd|jä|ger *m. 5* **1.** *früher:* Polizist auf dem Lande, Gendarm; **2.** eine Dauerwurst
Lạnd|kärt|chen *n. 7* ein Schmetterling

L

Lạnd|kar|te *f. 11*
Lạnd|kli|ma *n. Gen.* -s *nur Sg.* Binnenklima, Kontinentalklima
Lạnd|kreis *m. 1*
lạnd|läu|fig
Lạnd|le|ben *n. 7 nur Sg.*
Lạnd|ler, Lạ̈nd|ler *m. 5* süddt., schweiz. und österr. Volkstanz
Lạnd|leu|te *Pl.*
lạ̈nd|lich
Lạ̈nd|lich|keit *f. 10 nur Sg.*
Lạnd|macht *f. 2*
Lạnd|mann *m. Gen.* -(e)s *Pl.* -leu|te Bauer
Lạnd|mar|ke *f. 11* hervorgehobener Punkt im Gelände
Lạnd|nah|me *f. 11* das Inbesitznehmen, Besiedeln von Land (durch ein Volk)
Lạnd|par|tie *f. 11*
Lạnd|pfle|ger *m. 5, in Luthers Bibelübersetzung:* Statthalter
Lạnd|pla|ge *f. 11*
Lạnd|po|me|ran|ze *f. 11, ugs.:* linkisches, einfaches Mädchen vom Land
Lạnd|rat *m. 2* oberster Beamter eines Landkreises
Lạnd|rats|amt *n. 4*
Lạnd|rat|te *f. 11, Bez. der Seeleute für* Nichtseemann
Lạnd|re|gen *m. 7* anhaltender Regen

Lạnd|ro|ver® [lændrouvə(r), engl.] *m. 5* geländegängiger Pkw mit Allradantrieb
Lạnd|sas|se *m. 11, früher:* Untertan eines Landesherrn, der seinerseits dem König unterstand
lạnd|säs|sig dem Landesherrn untertan
Lạnd|schaft *f. 10*
lạnd|schaft|lich
Lạnd|schafts|ma|ler *m. 5*
Lạnd|schafts|schutz *m. Gen.* -es *nur Sg.*
Lạnd|schafts|schutz|ge|biet *n. 1 (Abk.:* LSG)
Lạnd|schul|heim *n. 1* Landerziehungsheim
Lạnd|ser *m. 5, ugs.:* Soldat (im Mannschaftsstand)
Lạnds|ge|mein|de *f. 11, in einigen Schweizer Kantonen:* Versammlung der wahlberechtigten Bürger
Lạnd|sitz *m. 1*
Lạnds|knecht *m. 1*
Lạnds|knechts|lied *n. 3*
Lạnds|mål [-mɔ:l, norw.] *n. Gen. - nur Sg.* die norw. Landessprache auf westnorw. Grundlage; vgl. Bokmål
Lạnds|mann *m. Gen.* -(e)s *Pl.* -leute Einwohner des gleichen Landes
Lạnds|män|nin *f. 10*
lạnds|män|nisch
Lạnds|mann|schaft *f. 10* **1.** *seit dem 16. Jh.:* Zusammenschluss von Studenten einer Universität nach ihrer landschaftl. Herkunft; **2.** *nach dem 2. Weltkrieg auch:* Zusammenschluss von Heimatvertriebenen je nach ihren Heimatländern
Lạnd|stadt *f. 2* einem Landesherrn unterstehende Stadt, im Unterschied zur Reichsstadt
Lạnd|stän|de *m. 2 Pl., früher:* Vertretungen der privilegierten Stände auf dem Landtag
lạnd|stän|disch
Lạnd|stör|zer, Lạnd|stört|zer *m. 5, veraltet:* Landstreicher
Lạnd|strei|cher *m. 5*
Lạnd|strich *m. 1*
Lạnd|sturm *m. 2* **1.** *urspr.:* das letzte Aufgebot aller Wehrpflichtigen und vom Wehrdienst Zurückgestellten; **2.** *dann:* die älteren Jahrgänge der Wehrpflichtigen; **3.** *schweiz.:* (bis 1995) dritte und oberste Altersklasse der schweiz. Wehrdienstpflichtigen

Lạnd|sturm|mann *m. 4*
Lạnd|tag *m. 1* **1.** *früher:* Versammlung der Landstände; **2.** *heute:* Volksvertretung der Länder
Lạnd|tags|ab|ge|ord|ne|te(r) *m. 18 (17) bzw. f. 17 oder 18*
Lạnd|tags|wahl *f. 10*
Lạnd|tier *n. 1*
Lạn|dung *f. 10*
Lạn|dungs|brü|cke *f. 11*
Lạn|dungs|steg *m. 1*
Lạnd|ver|mes|sung *f. 10*
Lạnd|vogt *m. 2, früher:* im Heiligen Römischen Reich vom König eingesetzter Verwalter eines reichsunmittelbaren Gebietes
Lạnd|vog|tei *f. 10* Verwaltungsbezirk eines Landvogtes
lạnd|wärts
Lạnd|weg *m. 1*
Lạnd|wehr *f. 10* **1.** *MA:* Grenzbefestigung (Graben, Wall und Buschwerk); **2.** *später:* alle Wehrpflichtigen bis zum 39., dann vom 35. bis 45. Jahr; **3.** *schweiz.:* (bis 1995) zweite Altersklasse der schweiz. Wehrdienstpflichtigen
Lạnd|wehr|mann *m. 4*
Lạnd|wein *m. 1*
Lạnd|wind *m. 1* vom Land her wehender Wind; *Ggs.:* Seewind
Lạnd|wirt *m. 1*
Lạnd|wirt|schaft *f. 10*
lạnd|wirt|schaft|lich
Lạnd|wirt|schafts|mi|nis|ter *m. 5*
Lạnd|wirt|schafts|mi|nis|te|ri|um *n. Gen.* -s *Pl.* -ri|en
Lạnd|wirt|schafts|wis|sen|schaft *f. 10*
Lạnd|zun|ge *f. 11*

lang gehegt, des Langen und Breiten, seit langem: Gefüge aus Adjektiv und Verb werden getrennt geschrieben, wenn das Adjektiv gesteigert oder erweitert werden kann: *Das war ein (sehr) lang gehegter Wunsch.* § 34 E3 (3)
Substantivierte Adjektive schreibt man groß: *des Langen und Breiten, ein Langes und Breites, des Längeren, der Lange.* § 57 (1)
Bestimmte Fügungen aus Präposition und Adjektiv ohne Artikel schreibt man klein, obwohl sie Merkmale der Substantivierung aufweisen: *Seit langem will er studieren.* Ebenso: *über kurz oder lang, seit längerem, vor längerem.* § 58 (3)

Ungenaue Zeit- oder Längenangaben mit *lang* als zweitem Bestandteil einer Zusammensetzung werden kleingeschrieben: *meterlang, tagelang, wochenlang, jahrelang.*
Genaue Zeitangaben schreibt man jedoch getrennt: *Die Schlange war über zwei Meter lang.* Ebenso: *Drei Wochen lang, vier Jahre lang.*

lang; lang und breit; seit langem; über kurz oder lang; lang gestreckt; lang gehegt; das Band lang ziehen; jmdm. die Ohren lang ziehen *ugs.;* lang gezogen; des Langen und Breiten; sich des Längeren über etwas auslassen; vgl. lange
lang|at|mig weitschweifig, allzu ausführlich
Lang|at|mig|keit *f. 10 nur Sg.*
Lang|bein *n. 1;* Meister L. *volkstüml.:* der Storch
lang|bei|nig
lan|ge, lang; lange brauchen, lange schlafen; lange, lang anhaltendes Regenwetter; nicht lange danach; schon lange; es ist lange her; lang, lang ist's her
Län|ge *f. 11;* der L. lang, der L. nach hinfallen
lan|gen 1. *intr. 1* genügen, ausreichen; das langt jetzt aber; **2.** *intr. 1* greifen; nach etwas l.; **3.** *tr. 1;* jmdm. eine l. *ugs.:* jmdn. ohrfeigen
län|gen *tr. 1* länger machen, verlängern
Län|gen|grad *m. 1*
Län|gen|kreis *m. 1*
Län|gen|maß *n. 1*
län|ger|fris|tig
Lan|get|te [frz.] *f. 11,* **Lan|get|ten|stich** *m. 1* Schlingenstich zum Befestigen von Stoffrändern
lan|get|tie|ren *tr. 3* mit Langetten einfassen
Lan|get|tie|rung *f. 10 nur Sg.*
Lan|ge|wei|le, Lang|wei|le *f. Gen.* der Langeweile *oder:* Langenweile *nur Sg.;* aus L. *oder:* Langerweile
Lan|ge|zeit *f. 10 nur Sg., schweiz.:* Sehnsucht, Heimweh
Lang|fin|ger *m. 5, ugs.:* Dieb
lang|fin|ge|rig, lang|fing|rig
lang|fris|tig
lang ge|hegt (*alt:* lang|ge|hegt)
lang ge|streckt (*alt:* lang|gestreckt)
lang ge|zo|gen (*alt:* lang|ge|zogen)
lang|haa|rig
lang|hin
Lang|holz *n. 4*
lang|jäh|rig
lang|köp|fig
Lang|lauf *m. 2* Skilauf in ebenem Gelände
lang|le|big
Lang|le|big|keit *f. 10 nur Sg.*
lang|le|gen *tr. 1, ugs.:* sich l.
läng|lich; länglich rund
läng|lich rund (*alt:* läng|lich|rund)
Lang|mut *f. Gen. - nur Sg.*
lang|mü|tig
Lang|mü|tig|keit *f. 10 nur Sg.*
Lan|go|bar|de *m. 11* Angehöriger eines ostgerman. Volkes
lan|go|bar|disch
Lang|ohr *n. 12, scherzh.:* Hase, Esel
lang|oh|rig
längs 1. der Länge nach; längs gestreift; **2.** *Präp. mit Gen. oder Dat.;* längs des Flusses, dem Fluss
Längs|ach|se [-ks-] *f. 11*
lang|sam; langsamer Walzer; langsam fahren, gehen, sein
Lang|sam|keit *f. 10 nur Sg.*
lang|schä|de|lig, lang|schäd|lig
Lang|schäf|ter *m. 5, ugs.:* Stiefel mit langem Schaft
lang|schäf|tig
Lang|schlä|fer *m. 5*
Lang|schnäb|ler *m. 5*
Lang|schrift *f. 10* nicht gekürzte Schrift, im Unterschied zur Kurzschrift

längs gestreift: Die Folge aus Adverb und Partizip wird wegen der Eigenständigkeit der Bestandteile getrennt geschrieben: *Der Stoff ist längs gestreift.* Ebenso: *quadratisch gemustert.* § 34 E3 (2)

längs ge|streift (*alt:* längs|gestreift)
Lang|spiel|plat|te *f. 11* (*Abk.:* LP)
Längs|rich|tung *f. 10*
längs|schiffs
Längs|schnitt *m. 1*
längs|seit *Seemannsspr. für* längsseits
längs|seits *mit Gen.* an der langen Seite (des Schiffes), in der Längsrichtung (des Schiffes), l. gehen, l. liegen
längst schon lange, seit langem
Längs|tal *n. 4*
lang|stän|ge|lig (*alt:* lang|sten|gelig)
lang|stäng|lig (*alt:* lang|steng|lig)
längs|tens *ugs.:* spätestens
lang|stie|lig; *auch ugs.:* langweilig, weitschweifig
Lang|stie|lig|keit *f. 10 nur Sg., ugs.*
Lang|stre|cken|flug *m. 2*
Lang|stre|cken|lauf *m. 2*
Lang|stre|cken|läu|fer *m. 5*
Langue|doc [lãgdɔk] *n. oder f. Gen. -* frz. Landschaft
Langue|doc|wein [lãgdɔk-] *m. 1*
Lan|gus|te [frz.] *f. 11* ein Speisekrebs
Lang|wei|le *f. Gen. - nur Sg.* s. **Lan|ge|wei|le**
lang|wei|len *tr. 1*
Lang|wei|ler *m. 5* langweiliger Mensch
lang|wei|lig
Lang|wei|lig|keit *f. 10 nur Sg.*
Lang|wel|le *f. 11* Rundfunkwelle mit einer Länge von 1000-10 000 m
Lang|wied *f. 10,* **Lang|wie|de** *f. 11, an Leiterwagen:* langes Rundholz, das Vorder- und Hintergestell miteinander verbindet
lang|wie|rig

lang ziehen: Ist in einer Fügung aus Adjektiv und Verb/Partizip das Adjektiv steigerbar (*lang - länger - am längsten*), wird getrennt geschrieben: *Sie wollen die Faser lang ziehen. Eine lang gezogene Kurve.* § 34 E3 (3)

lang zie|hen (*alt:* lang|zie|hen) *tr. 187*
Lang|zeit|ar|beits|lo|se(r) *m. 18 (17) bzw. f. 17 oder 18*
La|ni|tal|fa|ser [ital.] *f. 11* aus Kasein hergestellter, wollähnlicher Faserstoff
La|no|lin *n. 1 nur Sg.* Mischung aus Wollfett, Paraffin und Wasser, Ausgangsstoff für Salben
Lan|than [griech.] *n. 1 nur Sg.* (*Zeichen:* La) chem. Element
Lan|tha|nit *n. 1* ein Mineral
La|nu|go [lat.] *f. Gen. - Pl.* -gi|nes [-ne:s] Wollhaar, Flaum, Haarkleid des Embryos
Lan|za|ro|te eine der Kanarischen Inseln
Lan|ze *f. 11;* eine L. für jmdn. brechen: für jmdn. eintreten
Lan|zett|bo|gen *m. 7* schmaler Spitzbogen (bes. in der engl. Gotik)

Lan|zet|te *f. 11* kleines, zweischneidiges Operationsmesser
Lan|zett|fens|ter *n. 5* langes, schmales, frühgotisches Fenster
Lan|zett|fisch|chen *n. 7* einfaches, fischähnl. Rückenmarktier, Amphioxus
lan|zi|nie|ren *intr. 3* blitzartig schmerzen
La|o|ko|on griech. Sagengestalt
La|os Staat in Hinterindien
La|o|te *m. 11* Einwohner von Laos
la|o|tisch
La Pal|ma eine der Kanarischen Inseln
La|pa|ro|skop *auch:* **La|pa|ros|kop** [griech.] *n. 1* Instrument zur Untersuchung der Bauchhöhle
La|pa|ro|sko|pie *auch:* **La|pa|ros|ko|pie** *f. 11*
La|pa|ro|to|mie *f. 11* operative Öffnung der Bauchhöhle
La Paz [- paθ] Hauptstadt von Bolivien
la|pi|dar [lat.] **1.** kraftvoll, wuchtig; **2.** kurz, einfach, bündig und treffend; ein paar lapidare Bemerkungen machen
La|pi|där *m. 1* Schleif- und Poliergerät der Uhrmacher
La|pi|da|ri|tät *f. 10 nur Sg.*
La|pi|da|ri|um *n. Gen. -s Pl. -ri|en* **1.** Sammlung von Steindenkmälern und -inschriften; **2.** Steinsammlung
La|pi|dar|schrift *f. 10* Schrift in Großbuchstaben ohne Verzierung, bes. für Steininschriften
La|pil|li [ital.], Ra|pil|li *Pl.* kleine, bei Vulkanausbrüchen ausgeworfene Lavastückchen
La|pis|la|zu|li *m. Gen. - Pl. -* blauer Halbedelstein, Lasurstein
Lap|pa|lie [-ljə] *f. 11* Kleinigkeit, Nichtigkeit
Läpp|chen *n. 7*
Lap|pe *m. 11*, Lapp|län|der *m. 5* Einwohner von Lappland, Same
Lap|pen *m. 7*
läp|pen *tr. 1* sehr glatt schleifen, reibschleifen (Werkstücke)
Lap|pen|tau|cher *m. 5* ein Tauchvogel
Läp|pe|rei *f. 10* läppische Sache, Nichtigkeit
läp|pern *tr. 1, nur unpersönlich, ugs.;* es läppert mich nach …: es gelüstet mich nach …; *bair.:* etwas läppert: etwas ist langweilig, sinnlos; *in der Wendung* sich (zusammen-)läppern: immer mehr werden

lap|pig **1.** wie ein Lappen geformt (z. B. Organ); **2.** schlaff, weich; **3.** gering, wertlos, lächerlich wenig; lappige zehn Euro
lap|pisch, lapp|län|disch
läp|pisch töricht, lächerlich
Lapp|län|der *m. 5* s. **Lap|pe**
lapp|län|disch, lap|pisch
Lap|sus [lat.] *m. Gen. - Pl. -* (geringfügiger) Fehler, kleiner Verstoß, Versehen
Lap|sus Ca|la|mi (*alt:* Lap|sus ca|la|mi) *m. Gen. - Pl. -* Schreibfehler
Lap|sus Lin|gu|ae (*alt:* Lap|sus lin|gu|ae) [-guɛ:] *m. Gen. - Pl. -* Sprechfehler, Sichversprechen
Lap|sus Me|mo|ri|ae (*alt:* Lap|sus me|mo|ri|ae) [-riɛ:] *m. Gen. - Pl. -* Gedächtnisfehler
Lap|top [læptɔp, engl. etwa »auf dem Schoß«] *m. 9* tragbarer, netzunabhängiger Personalcomputer
Lär|che *f. 11* ein Nadelbaum
La|ren [lat.] *Pl., röm. Myth.:* Schutzgeister des Hauses und der Familie
large [la:rʒ, frz.] *schweiz. für* großzügig
lar|ghet|to [ital.] *Mus.:* etwas getragen, etwas breit
Lar|ghet|to *n. Gen. -s Pl. -s oder -ti* larghetto zu spielendes Musikstück
lar|go *Mus.:* getragen, langsam und singend
Lar|go *n. Gen. -s Pl. -s oder -ghi* langsames, getragenes Musikstück
La|ri *m. Gen. - Pl.* La|re|bi, *nach Zahlenangaben Pl. -* (*Abk.:* GEL) Währungseinheit in Georgien, 100 Tetri
la|ri|fa|ri [Bildung aus den ital. Solmisationssilben la, re, fa, re] nichts da!, Unsinn!
La|ri|fa|ri *n. Gen. -(s) nur Sg.* Geschwätz, Unsinn
Lärm *m. 1 nur Sg.*
lärm|emp|find|lich
lär|men *intr. 1*
lär|mig
lar|moy|ant *auch:* **lar|mo|yant** [larmoajant, frz.] rührselig, weinerlich
Lar|moy|anz *auch:* **Lar|mo|yanz** *f. 10 nur Sg.*
Lärm|schutz *m. Gen. -es nur Sg.*
L'art pour l'art [larpurlar, frz. »die Kunst für die Kunst«] Schlagwort für die Auffassung, dass die Kunst nur nach rein künstler. Maßstäben zu beurteilen sei
lar|val [-val, lat.] zur Larve gehörig
Lärv|chen *n. 7* kleine Larve
Lar|ve *f. 11* **1.** Jugendform mancher Tiere; **2.** Gesichtsmaske
lar|vie|ren [-vi-] *tr. 3* verbergen, verstecken
lar|viert [-virt] *Med.:* verborgen, ohne typ. Merkmale
La|ryn|gal [griech.] *m. 1*, **La|ryn|ga|lis** *f. Gen. - Pl. -les[-le:s]* Kehlkopflaut
la|ryn|ge|al zum Kehlkopf gehörig; von ihm ausgehend
La|ryn|gi|tis *f. Gen. - Pl. -ti|den* Kehlkopfentzündung
La|ryn|go|fis|sur *f. 10*
La|ryn|go|lo|ge *m. 11*
La|ryn|go|lo|gie *f. 11 nur Sg.* Lehre vom Kehlkopf und seinen Erkrankungen
la|ryn|go|lo|gisch
La|ryn|go|skop *auch:* **La|ryn|gos|kop** *n. 1* Kehlkopfspiegel
La|ryn|go|sko|pie *auch:* **La|ryn|gos|ko|pie** *f. 11* Untersuchung des Kehlkopfes mit dem Laryngoskop
La|ryn|go|to|mie *f. 11* Kehlkopfschnitt
La|rynx *m. Gen. - Pl. -ryn|gen* Kehlkopf
La|sa|gne *auch:* **La|sag|ne** [lasanje, ital.] *nur Pl.* geschichtete, überbackene Nudelblätter
lasch träge, energielos
La|sche *f. 11* **1.** Verbindungsstück zweier stumpf aneinander stoßender Konstruktionsteile; **2.** Papier-, Stoff-, Lederstück als Verschluss, Schmuck oder Schutz
La|se *f. 11, mitteldt.:* Henkelkrug
La|ser [lɛɪzə(r), Kurzwort aus light amplification by stimulated emission of radiation »Lichtverstärkung durch angeregte Aussendung von Strahlung«] *m. 5* Gerät zum Erzeugen stark gebündelter Lichtstrahlen
La|ser|chir|ur|gie *auch:* **La|ser|chi|rur|gie** [lɛɪzə(r)çir-] *f. 11 nur Sg.* Teilgebiet der Chirurgie
La|ser|disc [lɛɪzə(r)-, engl.] *f. 9* Bildplatte, deren elektron. Daten mittels eines Lasers gelesen werden können
La|ser|dru|cker [lɛɪzə(r)-] *m. 5*

L

La|ser|strah|len [lɛɪzə(r)-] *Pl.*
la|sie|ren *tr. 3* mit Lasur oder Lasurfarbe bestreichen
Lä|si|on [zu: lädieren] *f. 10* Verletzung
Las|kar [pers.] *m. 12, früher:* ind. Matrose
Las|ker-Schü|ler, *Else* dt. Schriftstellerin
lass (*alt:* laß) **1.** schlapp, müde, kraftlos; **2.** lässig, nachlässig
Las|salle [lasal], *Ferdinand* dt. Politiker

lassen: Fügungen aus Verb (Infinitiv) und Verb werden getrennt geschrieben: *Max hat den Brief liegen lassen. Sie hat ihn links liegen lassen.* § 34 E3 (6)
Die flektierten Formen von *lassen* sowie der Imperativ werden mit *-ss-* geschrieben, da ein kurzer Vokal vorausgeht: *er/sie/es lässt, lass! lasst!*

las|sen *tr. 75;* er lässt es bleiben; ich habe es lieber gelassen; *aber:* ich habe es sein lassen; ich habe ihn in dem Glauben gelassen; *aber:* ich habe ihn rufen, gehen lassen; einen Gegenstand fallen lassen; jmdn. fallen lassen; jmdn. (nicht) gehen lassen; sich gehen lassen; einen (fahren) lassen *ugs.:* einen Darmwind entweichen lassen; die letzte S-Bahn fahren lassen; sein Tun und Lassen
läs|sig
Läs|sig|keit *f. 10 nur Sg.*
läss|lich (*alt:* läßlich) geringfügig; lässliche Sünde
Las|so [span.] *n. 9* Wurfschlinge zum Einfangen von Tieren
Last *f. 10* **1.** Gewicht, Fracht, Bürde, Beschwernis; **2.** *Pl.* Schulden, Steuern, Verbindlichkeiten; das geht zu meinen Lasten; zu Lasten *oder:* zulasten von XY; **3.** *auf Schiffen:* Vorrats-, Frachtraum unter dem Deck; **4.** *veraltet:* Maßeinheit für die Schiffsfracht, auch für die Tragfähigkeit eines Schiffes
Last|arm *m. 1* Teil des Hebels, der die Last bewegt; *Ggs.:* Kraftarm
Last|au|to *n. 9*
las|ten *intr. 2*
Las|ten|auf|zug *m. 2*
las|ten|frei
Las|ten|seg|ler *m. 5* großes Segelflugzeug zum Transport von Lasten
Las|ter **1.** *m. 5, ugs.:* Lastkraftwagen; **2.** *n. 5* schlechte oder sittlich nicht einwandfreie Gewohnheit
Läs|te|rer *m. 5*
las|ter|haft
Läs|te|rin *f. 10*
Las|ter|le|ben *n. 7 nur Sg.*
läs|ter|lich
Läs|ter|maul *n. 4*
läs|tern *tr. u. intr. 1;* ich lästere, lästre
Läs|te|rung *f. 10*
Läs|ter|zun|ge *f. 11*
Las|tex *n. Gen. - nur Sg.* Gewebe aus mit Kunstseide umsponnenen Gummifäden
...las|tig mit Übergewicht im genannten Bereich, z. B. oberlastig, kopflastig, linkslastig
läs|tig; jmdm. lästig fallen
Las|tig|keit *f. 10 nur Sg.* höchste Belastbarkeit (eines Schiffes)
Läs|tig|keit *f. 10 nur Sg.*
Las|ting [engl.] *m. 9* ein Kammgarngewebe
Last|kahn *m. 2*
Last|kraft|wa|gen *m. 7* (*Abk.:* Lkw, LKW)
last, (but) not least [last (bʌt) nɔt list, engl.] an letzter Stelle genannt, aber deswegen nicht weniger wichtig
Last|schiff *n. 1*
Last|schrift *f. 10; Ggs.:* Gutschrift
Last|tier *n. 1*
Last|trä|ger *m. 5*
Last|wa|gen *m. 7*
Last|zug *m. 2*
La|sur [pers.] *f. 10* durchsichtige Lack- oder Farbschicht
La|sur|far|be *f. 11* durchsichtige Farbe
La|sur|stein *m. 1* Lapislazuli
las|ziv [lat.] zweideutig, schlüpfrig
Las|zi|vi|tät [-vi-] *f. 10 nur Sg.*
Lä|ta|re [lat. »freue dich«] *ohne Artikel* dritter Sonntag vor Ostern
La|tein *n. Gen. -s nur Sg.*
La|tein|a|me|ri|ka die Spanisch oder Portugiesisch sprechenden Staaten Südamerikas
La|tein|a|me|ri|ka|ner *m. 5*
la|tein|a|me|ri|ka|nisch
La|tei|ner *m. 5* jmd., der Latein kann
la|tei|nisch
La|tei|nisch *n. Gen. -(s) nur Sg.* Sprache der alten Römer, urspr. der Latiner, Grundlage der roman. Sprachen
La|tein|schrift *f. 10 nur Sg.*
La|tein|schu|le *f. 11, früher:* Schule mit Latein als Hauptunterrichtsfach
La|tein|se|gel *n. 5* dreieckiges Segel an schräger Rah
La-Tène-Kul|tur [latɛn-, nach dem Fundort La Tène in der Schweiz] *f. 10 nur Sg.* kelt. Kultur der La-Tène-Zeit
La-Tène-Zeit [latɛn-] *f. 10 nur Sg.* zweite Stufe der mitteleurop. Eisenzeit
La-Tène-zeit|lich (*alt:* la|tène|zeit|lich) [latɛn-]
la|tent [lat.] vorhanden, aber nicht in Erscheinung tretend
La|tenz *f. 10 nur Sg.*
La|tenz|pe|ri|o|de *f. 11* **1.** Entwicklungsperiode, während der kein Stoffwechsel stattfindet, z. B. bei Gliedertieren, Diapause; **2.** relativ ruhige, stetige Entwicklung des Kindes etwa vom 6. bis zum 10. Lebensjahr
La|tenz|zeit *f. 10* **1.** Inkubationszeit; **2.** Zeitraum zwischen Reiz (eines Nervs) und Reaktion (des Muskels)
la|te|ral [lat.] **1.** seitlich, von der Seite; **2.** von der Mittellinie eines Organs abgewandt
La|te|ran [nach der Familie Laterani, der früheren Eigentümerin des Palastes] *m. Gen. -s nur Sg.* der päpstliche Palast in Rom außerhalb der Vatikanstadt
La|te|rit [lat.] *m. 1, in den Tropen und Subtropen:* roter Verwitterungsboden
La|te|rit|bo|den *m. 8*
La|ter|na ma|gi|ca [lat.] *f. Gen. - - Pl. -nae -cae* [-nɛ: -kɛ:] erster Projektionsapparat für Glasdiapositive
La|ter|ne *f. 11; auch Baukunst:* Türmchen mit Fenstern auf der Scheitelöffnung einer Kuppel oder als Zwischenglied unter einem Zwiebelturm
La|tex [lat.] *m. Gen. - Pl. -ti|zes* **1.** Milchsaft tropischer Pflanzen, aus dem Kautschuk hergestellt wird; **2.** Schaumgummi
La|ti|fun|di|en|wirt|schaft *f. 10 nur Sg.* Bewirtschaftung mehrerer zusammengefasster Latifundien
La|ti|fun|di|um [lat.] *n. Gen. -s Pl. -di|en meist Pl.* **1.** *im alten Rom:* großes, von Sklaven bewirtschaftetes Landgut; **2.** *später:* von Pächtern bewirtschafteter Land- oder Waldbesitz

La|ti|ner *m. 5* Angehöriger eines idg. Volksstammes in der ital. Landschaft Latium
la|ti|nisch
la|ti|ni|sie|ren *tr. 3* den latein. Sprachformen angleichen, z. B. »Descartes« zu »Cartesius«
La|ti|ni|sie|rung *f. 10*
La|ti|nis|mus *m. Gen. - Pl.* -men in eine nichtlat. Sprache übernommene lat. Spracheigentümlichkeit
La|ti|nist *m. 10* Kenner, Erforscher, Student der lat. Sprache und Literatur
La|ti|ni|tät *f. 10 nur Sg.* **1.** mustergültige lat. Ausdrucksweise; **2.** auf lateinischer (d. h. römischer) Herkunft beruhende Eigenart
La|tin|lo|ver *auch:* **Latin Lo|ver** [lætɪnlɔvə(r), engl.] *m. 9, scherzhaft:* feuriger, südländischer Liebhaber
La|ti|no *m. 6* Hispanic
La|ti|num *n. Gen.* -s *nur Sg.* Schul- oder Ergänzungsprüfung an der Univ. in der lat. Sprache; kleines, großes Latinum
La|ti|um *n. Gen.* -s Landschaft in Italien
La|trie *auch:* **Lat|rie** [griech.] *f. 11* Verehrung, Anbetung
La|tri|ne *auch:* **Lat|ri|ne** [lat.] *f. 11* Abort; Senkgrube
La|tri|nen|pa|ro|le *auch:* **Lat|ri|nen|pa|ro|le** *f. 11, Soldatenspr.:* Gerücht
Lats *m. Gen. - Pl.* La|ti, *nach Zahlenangaben Pl.* - (*Abk.:* Ls) Währungseinheit in Lettland, 100 Santims
Latsch *m. 12, ugs.:* Hausschuh, alter Schuh; aus den Latschen kippen *ugs.:* die Beherrschung verlieren
Lat|sche *f. 11,* Lat|schen|kie|fer *f. 11* niedrig wachsende Gebirgskiefer, Krummholzkiefer, Legföhre
lat|schen *intr. 1, ugs.:* schlurfend, achtlos gehen
Lat|schen|kie|fer *f. 11* s. **Lat|sche**
lat|schig schlurfend, achtlos (Gang)
Lat|te *f. 11*
Lat|ten|kis|te *f. 11*
Lat|ten|rost *m. 1*
Lat|ten|zaun *m. 2*
Lat|tich *m. 1* eine Zierpflanze
Lat|wer|ge [griech.] *f. 11* **1.** in Breiform, mit Sirup oder Mus verrührt einzunehmende Arznei; **2.** *auch:* Fruchtmus

Latz *m. 2, österr. auch m. 1* **1.** *an Kleid, Schürze, Hose:* Bruststück; **2.** *an Trachtenhosen:* herunterklappbares Vorderteil
Lätz|chen *n. 7*
Latz|ho|se *f. 11* Hose mit Brustlatz
lau; ein laues Lüftchen, ein lauer Mensch *übertr.:* ohne eigene Meinung

> **Laub tragen/tragend:** Gefüge aus Substantiv und Verb/Partizip werden wegen der Selbständigkeit der Bestandteile getrennt geschrieben: *Laub tragen, ein Laub tragender Baum.* Ebenso: *Angst haben, Angst habend; Rad fahren, Rad fahrend; Ski laufen, Ski laufend* usw. § 34 E3 (5)

Laub *n. 1 nur Sg.;* Laub tragend
Laub|baum *m. 2*
Lau|be **1.** *f. 11* Gartenhäuschen; **2.** *m. 11* ein Karpfenfisch
Lau|ben|gang *m. 2*
Laub|fall *m. 2*
Laub|frosch *m. 2*
Laub|heu|schre|cke *f. 11*
Laub|höl|zer *Pl.* Laub tragende Bäume; *Ggs.:* Nadelhölzer
Laub|hüt|ten|fest *n. 1* mehrtägiges jüd. Erntedankfest
lau|big
Laub|sä|ge *f. 11*
Laub|sä|ge|ar|beit *f. 10*
Laub tra|gend (*alt:* laub|tra|gend)
Laub|sän|ger *m. 5* ein Singvogel
Laub|wald *m. 4*
Laub|wech|sel [-ks-] *m. 5*
Laub|werk *n. 1; auch Baukunst:* laubähnl. Verzierung
Lauch *m. 1* ein Liliengewächs, z. B. Zwiebel, Knoblauch, Porree
Lau|da [lat.] *f. Gen. - Pl.* -de, *13.-19. Jh.:* volkstüml. geistl. ital. (selten auch lat.) Lobgesang
lau|da|bel *veraltet:* lobenswert, löblich
Lau|da|num [griech.-lat.] *n. Gen.* -s *nur Sg.* schmerzstillendes Mittel, z. B. Opium
Lau|da|tio [lat.] *f. Gen. - Pl.* -ti|o|nes, **Lau|da|ti|on** *f. 10* Lobrede (auf Preisträger oder Tote)
Lau|da|tor *m. 13, veraltet:* Lobredner
Lau|des *Pl.* Lobpreisung innerhalb der kath. Stundengebete
Laue, Lau|e|ne *f. Gen. - Pl.* Lau|e|nen, *schweiz.:* Lawine
Lau|er **1.** *m. 5* aus Trestern gewonnener Wein; **2.** *f. Gen. - nur Sg.* Hinterhalt, das Lauern, *nur in den Wendungen* sich auf die L. legen, auf der L. liegen
lau|ern *intr. 1;* ich lauere, laure auf ihn
Lauf *m. 2; auch Jägerspr.:* Bein (vom Hund und Haarwild außer Dachs, Marder, Bär); im Lauf(e) der Zeit, des Gesprächs
Lauf|bahn *f. 10*
Lauf|bur|sche *m. 11*
Läuf|chen *n. 7* kleiner Lauf (vom Wild als Speise)
lau|fen *intr. u. refl. 76;* sich heiß, müde l.; sich die Füße wund l.; sich eine Blase l.; jmdn. laufen lassen; sie hat ihn laufen lassen *ugs.:* ihn freigegeben; Eis laufen; Gefahr laufen; Ski laufen; es ist zum Auf-und-davon-Laufen

> **auf dem Laufenden sein, Ski laufen:** Das substantivierte Verb/Partizip schreibt man groß: *Er war nie auf dem Laufenden* (= nicht informiert). § 57 (1)
> Fügungen mit einem Substantiv schreibt man im Infinitiv, Partizip und am Ende eines Nebensatzes getrennt: *Er wollte Ski laufen.* Ebenso: *Eis laufen, (auf/mit) Stelzen laufen.* § 34 E3 (5)

lau|fend ständig, regelmäßig; am laufenden Band; (des) laufenden Jahres, Monats (*Abk.:* lfd. J., lfd. M.): des jetzigen Jahres, Monats; laufendes Meter, (des) laufenden Meters (*Abk.:* lfd. m): Maß für eine Ware (z. B. Stoff); laufende Nummer (*Abk.:* lfd. Nr.): einzelne Nummer in einer Reihe oder Liste; auf dem Laufenden sein: Bescheid wissen über das, was vorgeht; jmdn. auf dem Laufenden halten: ihn über alle Vorkommnisse unterrichten
lau|fen las|sen (*alt:* lau|fen|las|sen) *tr. 75*
Läu|fer *m. 5*
Lau|fe|rei *f. 10*
Lauf|feu|er *n. 5* sich ausbreitendes Bodenfeuer; die Nachricht verbreitete sich wie ein L.
Lauf|ge|wicht *n. 1*
Lauf|ge|wichts|waa|ge *f. 11*
Lauf|git|ter *n. 5*
Lauf|gra|ben *m. 8*
läu|fig brünstig (Hündin)
Läu|fig|keit *f. 10 nur Sg.* Zeit der Brunst

Lauf|kä|fer *m. 5* ein Raubkäfer
Lauf|kat|ze *f. 11* Fahrwerk auf Schiene mit Vorrichtung zum Heben und Befördern von Lasten
Lauf|kund|schaft *f. 10 nur Sg.* nicht regelmäßig (in einem Geschäft) kaufende Kundschaft; *Ggs.:* Stammkundschaft
Lauf|ma|sche *f. 11*
Lauf|me|ter *n. 5, schweiz.:* laufendes Meter
Lauf|pass (*alt:* Lauf|paß) *m. 2, urspr.:* Entlassungsschein, *heute nur noch in der Wendung* jmdm. den L. geben: ihn wegschicken, die Beziehung zu ihm lösen
Lauf|rad *n. 4* Rad ohne Antrieb
Lauf|rich|tung *f. 10*
Lauf|schritt *m. 1 nur Sg.;* im L.; sich in L. setzen
Lauf|stall *m. 2,* **Lauf|ställ|chen** *n. 7*
Lauf|steg *m. 1*
Lauf|vo|gel *m. 6, veraltete Bez. für* flugunfähiger Vogel, z. B. Strauß, Kiwi
Lauf|werk *n. 1*
Lauf|zeit *f. 10*
Lauf|zet|tel *m. 5*
Lau|ge *f. 11* **1.** *i. w. S.:* Lösung (der verschiedensten Stoffe); **2.** *i. e. S.:* wässrige Lösung von Basen
lau|gen *tr. 1* mit Lauge behandeln
Lau|gen|bad *n. 4*
Lau|heit *f. 10 nur Sg.*
lau|lich lau
Laum *m. Gen.* -(e)s *nur Sg., alem.:* Wasserdampf
Launch [lɔ̱ntʃ, engl. »Start, Stapellauf«] *m. Gen.* -(e)s *Pl.* -(e)s, *Wirtsch.:* erstmalige (Produkt-)Einführung
laun|chen [lɔ̱ntʃən, engl.] *tr. 1* (ein Produkt) auf den Markt bringen, einführen
Lau|ne *f. 11*
lau|nen|haft
Lau|nen|haf|tig|keit *f. 10 nur Sg.*
lau|nig humorvoll-heiter, witzig; eine launige Rede
lau|nisch launenhaft
Lau|re|at [lat.] *m. 10, früher:* mit dem Lorbeerkranz gekrönter, gefeierter Dichter: vgl. Poeta laureatus
lau|re|ta|nisch zu dem ital. Wallfahrtsort Loreto gehörig, von dort ausgehend; Lauretanische Litanei: Marienlitanei
Lau|rin Tiroler Sagengestalt, Zwergenkönig
Lau|rin|säu|re *f. 11* eine Fettsäure
Lau|rus [lat.] *m. Gen.* - *Pl.* - Lorbeerbaum
Laus *f. 2;* jmdm. eine L. in den Pelz setzen *übertr.:* ihm Schwierigkeiten bereiten
Lau|sanne [lozạn, *schweiz. auch:* lo̱zan] Hauptstadt des Schweizer Kantons Vaud (Waadt)
Lau|sạn|ner *m. 5*
Laus|bub *m. 10,* **Laus|bu|be** *m. 11*
Laus|bü|be|rei *f. 10*
Lausch|an|griff *m. 1* heimliches Abhören (in einer Wohnung)
lau|schen *intr. 1*
Läus|chen *n. 7*
Lau|scher *m. 5; auch Jägerspr.:* Ohr (beim Schalenwild)
lau|schig; ein lauschiges Plätzchen
Lau|se|ben|gel *m. 5*
Lau|se|jun|ge *m. 11*
Lau|se|kerl *m. 1 auch: m. 9*
Läu|se|kraut *n. 4* eine Pflanze, deren Absud früher gegen Läuse verwendet wurde
lau|sen *tr. 1* nach Läusen absuchen
Lau|ser *m. 5* Lausbub
Lau|se|rei *f. 10* Lausbüberei
lau|sig **1.** schlecht; lausige Zeiten; **2.** sehr; lausig kalt, lausig viel Geld
Lau|sitz *f. Gen.* - Landschaft in Ostsachsen und Südbrandenburg
Lau|sit|zer *m. 5*
lau|sit|zisch
Läus|lein *n. 7*

laut: Die Präposition regiert den Genitiv, in der gesprochenen Sprache immer häufiger auch den Dativ: *laut seines Befehls/seinem Befehl; laut offiziellen Vertrags/offiziellem Vertrag.*
Steht das Substantiv ohne Artikelwort oder begleitendes Adjektiv, wird es nicht dekliniert, im Plural steht es zumeist im Dativ: *laut Regierungsbeschluss, laut Verträgen.*

laut **1.** laut sein; laut werden: sich herumsprechen, bekannt werden; laut/lauter reden/redend; **2.** *Präp. mit Gen. (bei allein stehenden männl. Substantiven fällt die Genitivendung häufig weg), auch mit Dat.:* laut amtlichen Beschlusses; laut Vertrag; laut diesem Bericht
Laut *m. 1;* Laut geben: bellen, anschlagen
laut|bar; es ist l. geworden, dass ...: es ist bekannt geworden
Lau|te *f. 11* ein Zupfinstrument mit bauchigem Resonanzkörper
lau|ten *intr. 2* einen bestimmten Wortlaut haben, heißen; die Antwort lautet: Ja; die Stelle lautet wörtlich so; das Urteil lautet auf Zuchthaus
läu|ten *intr. u. tr. 2;* es läutet; er läutet die Glocken; ich habe etwas läuten hören, dass ... *übertr.:* ich habe gerüchtweise gehört, dass ...
Lau|te|nịst *m. 10* Lautenspieler
Lau|ten|schlä|ger *m. 5* Lautenspieler
lau|ter **1.** rein, klar, unverfälscht, unvermischt; aufrichtig, ehrlich, rechtschaffen, ohne Falsch (Charakter); es ist die lautere Wahrheit; lauteres Gold; **2.** *unflektiert:* nichts anderes als, nur; das sind ja lauter Steine; er konnte vor lauter Angst kein Wort sagen
Lau|ter|keit *f. 10 nur Sg.* Aufrichtigkeit, Ehrlichkeit, Rechtschaffenheit
läu|tern *tr. 1*
Läu|te|rung *f. 10 nur Sg.*
Läu|te|werk, Läut|werk *n. 1*
laut|ge|treu
laut|hals aus voller Kehle, laut; l. schreien
lau|tie|ren *tr. 3* Laut für Laut aussprechen
Laut|leh|re *f. 11* Phonetik
laut|lich
laut|los
Laut|lo|sig|keit *f. 10 nur Sg.*
laut|ma|lend
Laut|ma|le|rei *f. 10* Nachahmung von Naturlauten, Geräuschen u. Ä. durch entsprechende sprachliche Laute (z. B. hui, patsch, knistern), Onomatopoesie, Onomatopöie
Laut|schrift *f. 10* Schrift, die die einzelnen Laute einer Sprache wiedergibt, Buchstabenschrift; vgl. Silbenschrift, Bilderschrift
Laut|spre|cher *m. 5*
Laut|spre|cher|box *f. 10* Behälter des Lautsprechers
laut|stark
Laut|stär|ke *f. 11*
Lau|tung *f. 10*
Laut|ver|schie|bung *f. 10*
Laut|wan|del *m. 5*
Läut|werk, Läu|te|werk *n. 1*
lau|warm
La|va [-va, ital.] *f. Gen.* - *Pl.* -ven [-vən] von Vulkanen ausgewor-

L

fene, glühende Schmelzmasse sowie das daraus entstandene Gestein

La|va|bel [-va-, frz.] *m. 5* waschbares, gekrepptes Seiden- oder Kunstseidengewebe

La|va|bo [-va-, lat.] *n. 9* **1.** Handwaschung des Priesters während der Messe; **2.** die dafür verwendeten Gefäße: Becken und Kanne

La|ven [-vən] *Pl. von* Lava

La|ven|del [-vẹn-, ital.] *m. 5* eine Heil- und Gewürzpflanze, aus deren Blüten ein äther. Öl gewonnen wird

la|vie|ren *intr. 3* **1.** [-vi-, ndrl.] gegen den Wind kreuzen; *übertr.:* geschickt vorgehen, Schwierigkeiten geschickt umgehen; **2.** [lat.] Farben ineinander übergehen lassen, sie verwischen; lavierte Zeichnung

lä|vo|gyr [-vo-, lat. + griech.] (*Abk.:* l) *Phys.:* die Ebene des polarisierten Lichts nach links drehend; *Ggs.:* dextrogyr

La|voir [-voar, frz.], **La|vor** [-vor] *n. 9, veraltet, noch österr.:* Waschbecken

L

Lä|vu|lo|se [-vu-, lat.] *f. 11 nur Sg.* Fruchtzucker

La|wi|ne *f. 11*

La|wi|nen|ga|le|rie *f. 11* Überdachung (einer Straße) als Schutz gegen Lawinen

La|wi|nen|ge|fahr *f. 10*

Lawn|ten|nis (*alt:* Lawn ten|nis) [lɔn-, engl.] *n. Gen. - nur Sg.* Rasentennis

Law|rẹn|ci|um [lɔ:-, nach dem US-amerik. Physiker E.O. Lawrence] *n. Gen. -s nur Sg.* (*Zeichen:* Lr) ein künstlich hergestelltes chem. Element

lạx [lat.] schlaff, locker, lässig (Benehmen, Disziplin)

Lạ|xans *n. Gen. - Pl.* -xạn|tia [-tsja] *oder:* -xạn|zi|en, **La|xa|tiv** *n. 1,* **La|xa|ti|vum** [-vum] *n. Gen. -s Pl.* -va [-va] Abführmittel, Purgans

Lạx|heit *f. 10 nur Sg.*

la|xie|ren *intr. u. tr. 3* abführen

Lay|out *Nv.* **Lay-out** *Hv.* [lɛɪaut, engl.] *n. 9* Skizze, Entwurf für Text- und Bildgestaltung (eines Buches, einer Zeitschrift)

Lay|ou|ter [lɛɪautə(r)] *m. 5* Grafiker, der Lay-outs herstellt

La|za|rẹtt [ital.] *n. 1* Militärkrankenhaus

La|za|rẹtt|schiff *n. 1*

La|za|rẹtt|zug *m. 2*

La|za|rịst *m. 10* Angehöriger einer kath. Kongregation von Priestern der äußeren und inneren Mission

La|za|rus [nach der Gestalt des NT] *m. Gen. - Pl.* -rus|se, *ugs.:* kranker, leidender, geplagter Mensch

La|ze|ra|ti|on [lat.] *f. 10, Med.:* Einriss, Zerreißung

la|ze|rie|ren *intr. 3* ein-, zerreißen

La|zu|lith [pers. + griech.] *m. 1* ein Mineral

l. c. *Abk. für* loco citato

Ld. *Abk. für* limited

Lead [lid, engl.] *n. 9 nur Sg., Jazz:* Führungsstimme in einer Band

Lea|der [lidə(r)] *m. 5* Tabellenführer; *kurz für* Bandleader

Lean|pro|duc|tion *auch:* **Lean Pro|duc|tion** (*alt:* Lean pro|duc|tion) [li:nprɔdʌktʃən, engl.] *f. Gen. - nur Sg., Wirtsch.:* kostengünstige Produktion durch Reduzierung der Lohn-, Material- und Herstellungskosten

lea|sen [li-, engl.] mieten, pachten

Lea|sing [li-] *n. Gen. -s nur Sg.* mietweises Überlassen von Investitionsgütern (z. B. Industrieanlagen), Kraftfahrzeugen u. a.

Le|be|hoch *n. 9* der Ruf »Lebe hoch!«; ein L. auf jmdn. ausbringen

Le|be|mann *m. 4*

le|be|män|nisch

le|ben *intr. 1;* leb wohl!, leben Sie wohl!; das In-den-Tag-hinein-Leben

Le|ben *n. 7;* am L. sein, bleiben; ein Kampf auf L. und Tod; Leben gebärend; Leben spendend; Leben zerstörend

le|bend ge|bä|rend (*alt:* le|bend-ge|bä|rend)

Le|bend|ge|wicht *n. 1; Ggs.:* Schlachtgewicht

le|bẹn|dig

Le|bẹn|dig|keit *f. 10 nur Sg.*

Le|bens|a|bend *m. 1*

Le|bens|al|ter *n. 5*

Le|bens|angst *f. 2 nur Sg.*

Le|bens|ar|beits|zeit *f. 10 nur Sg.* Dauer der Erwerbstätigkeit eines Menschen

Le|bens|art *f. 10 nur Sg.* **1.** kultivierte Umgangsformen; **2.** Kunst, sich das Leben mit kleinen Dingen schön zu gestalten

Le|bens|auf|fas|sung *f. 10*

Le|bens|auf|ga|be *f. 11*

Le|bens|baum *m. 2* ein immergrüner Strauch, Thuja

Le|bens|be|din|gung *f. 10*

le|bens|be|dro|hend

le|bens|be|ja|hend

Le|bens|be|ja|hung *f. 10 nur Sg.*

Le|bens|be|schrei|bung *f. 10*

Le|bens|bild *n. 3*

Le|bens|dau|er *f. 11 nur Sg.*

le|bens|echt

Le|bens|echt|heit *f. 10 nur Sg.*

Le|bens|e|li|xier *n. 1* Lebenswasser

Le|bens|en|de *n. 14 nur Sg.*

Le|bens|er|fah|rung *f. 10*

Le|bens|er|in|ne|run|gen *Pl.*

Le|bens|er|war|tung *f. 10 nur Sg.* Alter, das ein Mensch wahrscheinlich erreichen wird; eine hohe, niedrige L. haben

Le|bens|fa|den *m. 8;* jmdm. den L. abschneiden: jmdn. töten

le|bens|fä|hig

Le|bens|fä|hig|keit *f. 10 nur Sg.*

Le|bens|form *f. 10*

Le|bens|freu|de *f. 11 nur Sg.*

le|bens|froh

Le|bens|ge|fahr *f. 10*

le|bens|ge|fähr|lich

Le|bens|ge|fähr|te *m. 11*

Le|bens|ge|fühl *n. 1 nur Sg.*

Le|bens|geis|ter *m. 3, übertr.*

Le|bens|ge|mein|schaft *f. 10*

Le|bens|ge|schich|te *f. 11*

le|bens|groß

Le|bens|grö|ße *f. 11 nur Sg.*

Le|bens|hal|tung *f. 10 nur Sg.*

Le|bens|hal|tungs|kos|ten *nur Pl.*

Le|bens|jahr *n. 1*

Le|bens|kampf *m. 2 nur Sg.*

le|bens|klug

Le|bens|klug|heit *f. 10 nur Sg.*

Le|bens|kraft *f. 2*

le|bens|kräf|tig

Le|bens|künst|ler *m. 5*

le|bens|lang; eine lebenslange Freundschaft

le|bens|läng|lich; lebenslängliche Freiheitsstrafe

Le|bens|lauf *m. 2*

Le|bens|licht *n. Gen. -(e)s nur Sg.;* jmdm. das L. ausblasen: jmdn. töten

Le|bens|lust *f. Gen. - nur Sg.*

le|bens|lus|tig

Le|bens|mit|tel *n. 5 meist Pl.*

Le|bens|mit|tel|punkt *m. 1* **1.** Ort, an dem man sich dauerhaft aufhält, Hauptwohnsitz; **2.** Bereich, auf den sich die persönl. Lebensführung besonders konzentriert, z. B. Familie, Arbeit usw.

le|bens|mü|de

Le|bens|mut *m. Gen.* -(e)s *nur Sg.*
le|bens|nah
le|bens|not|wen|dig
Le|bens|not|wen|dig|keit *f. 10*
Le|bens|qua|li|tät *f. 10 nur Sg.*
Le|ben spen|dend (*alt:* le|ben-spen|dend)
le|ben(s)|sprü|hend
Le|bens|raum *m. 2*
Le|bens|ret|ter *m. 5*
Le|bens|ret|tungs|me|dail|le [-daljə] *f. 11*
Le|bens|stan|dard *m. 9 nur Sg.*
Le|bens|stel|lung *f. 10*
Le|bens|stil *m. 1*
le|bens|tüch|tig
Le|bens|tüch|tig|keit *f. 10 nur Sg.*
Le|bens|ü|ber|druss (*alt:* Le|bens-über|druß) *m. Gen.* -drus|ses *nur Sg.*
le|bens|ü|ber|drüs|sig
Le|bens|un|ter|halt *m. 1 nur Sg.*
le|bens|ver|nei|nend
Le|bens|ver|si|che|rung *f. 10*
Le|bens|ver|si|che|rungs|gesell-schaft *f. 10*
le|bens|voll
le|bens|wahr
Le|bens|wahr|heit *f. 10*
Le|bens|wan|del *m. 5 nur Sg.*
Le|bens|was|ser *n. 6, im Volksglauben:* das Leben verlängernder oder wiederbringender Wundertrank, Lebenselixier
Le|bens|weg *m. 1*
Le|bens|wei|se *f. 11*
Le|bens|werk *n. 1*
le|bens|wich|tig
Le|bens|wil|le *m. 15 nur Sg.*
Le|bens|zei|chen *n. 7*
Le|bens|zeit *f. 10 nur Sg.;* jmdm. etwas auf L. überlassen
Le|bens|zweck *m. 1*
Le|ben zer|stö|rend (*alt:* le|ben-zer|stö|rend)
Le|ber *f. 11*
Le|ber|blüm|chen *n. 7* eine Anemone
Le|ber|e|gel *m. 5* ein in der Leber von Säugetieren schmarotzender Saugwurm
Le|ber|fleck *m. 1 oder m. 12*
Le|ber|käs *m. Gen.* -(e)s *nur Sg., in Bayern, Württemberg und Österr.:* ein gebackenes, kalt oder warm gegessenes Fleischgericht
Le|ber|knö|del *m. 5*
Le|ber|pas|te|te *f. 11*
Le|ber|tran *m. 1 nur Sg.*
Le|ber|wurst *f. 2*
Le|ber|zir|rho|se *f. 11* Leberschrumpfung
Le|be|welt *f. 10 nur Sg.*
Le|be|we|sen *n. 7*
Le|be|wohl *n. 1 nur Sg.;* jmdm. ein L. zurufen; jmdm. L. sagen
leb|haft
Leb|haf|tig|keit *f. 10 nur Sg.*
Leb|ku|chen *m. 7*
Leb|küch|ler, Leb|küch|ner *m. 5* Hersteller von Lebkuchen
leb|los
Leb|lo|sig|keit *f. 10 nur Sg.*
Leb|tag *m. 1, süddt., in den Wendungen* mein, sein, ihr L.; das werde ich mein L. nicht vergessen *oder:* meiner Lebtage: solange ich lebe
Leb|zei|ten *f. 10 Pl.;* zu meinen, seinen L.; bei L.; zu L. meines Vaters
Leb|zel|ten *m. 7, österr.:* Lebkuchen
Leb|zel|ter *m. 5, österr.:* Lebkuchenbäcker
lech|zen *intr. 1;* du lechzt nach Wasser, er lechzte
Le|ci|thin *n. 1* s. **Le|zi|thin**
leck *Seew.:* undicht, wasserdurchlässig
Leck *n. 1, Seew.:* undichte, defekte Stelle, Loch
Le|cka|ge [-ʒə] *f. 11* **1.** s. **Leck; 2.** *bei flüssigen Frachtgütern:* Gewichtsverlust (durch Verdunsten u. a.)
Le|cke *f. 11* Stelle, an der Salz zum Lecken für Wild oder Vieh ausgelegt ist
le|cken 1. *intr. 1, Seew.:* undicht sein, Wasser hindurchlassen; **2.** *tr. 1;* leck mich! *vulg.* (*erg.:* am Arsch)
le|cker appetitanregend, appetitlich
Le|cker *m. 5, Jägerspr.:* Zunge (des Schalenwildes außer Schwarzwild)
Le|cker|bis|sen *m. 7*
Le|cke|rei *f. 10*
le|cke|rig, leck|rig naschhaft
Le|cker|li *n. Gen.* -s *Pl.* -, *schweiz.:* kleiner Lebkuchen
Le|cker|maul *n. 4*
Le|cker|mäul|chen *n. 7*
leck|rig s. **le|cke|rig**
leck|schla|gen *tr. 116*
Le|da *griech. Myth.:* Geliebte des Zeus, der sich ihr in Gestalt eines Schwans näherte
Le|der *n. 5;* Leder verarbeitend
Le|der|band *m. 2* in Leder gebundenes Buch
Le|de|rer *m. 5, veraltet:* Gerber
Le|der|haut *f. 2, bei Mensch und Tier:* Hautschicht unter der Oberhaut
Le|der|ho|se *f. 11*
le|de|rig, le|drig wie Leder
le|dern 1. *tr. 1* gerben; **2.** *Adj.:* aus, wie Leder; **3.** *übertr.:* zäh
Le|de|rol *n. Gen.* -s *nur Sg.* gummiertes Baumwollgewebe für Regenmäntel
Le|der|rie|men *m. 7*
Le|der|schnitt *m. 1* in Leder eingeschnittene Verzierung (z. B. bei Bucheinbänden)
Le|der|strumpf *ohne Artikel* Gestalt der Indianerromane von James Fenimore Cooper
Le|der ver|ar|bei|tend (*alt:* le|der-ver|ar|bei|tend)
le|dig
Le|di|gen|heim *n. 1*
le|dig|lich nur, bloß
led|rig s. **le|de|rig**
Lee *f. Gen.* - *nur Sg., Seew.:* die dem Wind abgekehrte Seite, Leeseite; *Ggs.:* Luv
leeg *nddt.* **1.** falsch, schlecht; **2.** niedrig (vom Wasserstand); **3.** leer, ohne Ladung
leer; ein Glas leer trinken; leer laufen; das Fass läuft leer; *aber:* die Maschine läuft leer: läuft, ohne Arbeit zu leisten; leer machen; leer stehen(d)
Lee|re *f. 11 nur Sg.*
lee|ren *tr. 1*
Leer|gut *n. 4* leere Behälter
Leer|ki|lo|me|ter *n. 5* von einem Nutzfahrzeug ohne Ladung zurückgelegte Strecke von 1 km; *Ggs.:* Nutzkilometer
Leer|lauf *m. 2* **1.** Lauf (einer Maschine) ohne Arbeitsleistung; **2.** *auch übertr.:* nutzlos verbrachte Arbeitszeit

leer laufen/stehend/trinken, ins Leere starren: Fügungen aus Adjektiv und Verb/Partizip, in denen das Adjektiv steigerbar oder erweiterbar ist, werden getrennt geschrieben: *Er hat die Flasche ganz leer getrunken. Das Haus ist seit langem leer stehend.* § 34 E3 (3)
Ebenso: *leer laufen.*
Das substantivierte Adjektiv wird großgeschrieben: *ins Leere starren.* § 57 (1)

leer lau|fen (*alt:* leer|lau|fen) *intr. 76* auslaufen

L

leer ste|hend (*alt:* leer|ste|hend)
Leer|tas|te *f. 11* Taste für den Wortzwischenraum
Lee|rung *f. 10*
Leer|zim|mer *n. 5* Zimmer, das leer (nicht möbliert) zu vermieten ist
Lee|sei|te *f. 11* Lee
Lef|ze *f. 11* Lippe (des Raubwilds, Hundes u. a. Haustiere)
leg. *Abk. für* legato
le|gal [lat.] gesetzlich; legal einreisen; *Ggs.:* illegal
Le|ga|li|sa|ti|on *f. 10* Beglaubigung, amtl. Bestätigung
le|ga|li|sie|ren *tr. 3* legal machen, amtlich bestätigen
Le|ga|li|sie|rung *f. 10*
Le|ga|lis|mus *m. Gen. - nur Sg.* starres Festhalten an Gesetzen, an Paragraphen
Le|ga|li|tät *f. 10 nur Sg.* Gesetzlichkeit, Bindung an Recht und Gesetz; sich an der Grenze der Legalität bewegen
leg|as|then *auch:* **le|gas|then** an Legasthenie leidend; legasthene Kinder
Leg|as|the|nie *auch:* **Le|gas|the|nie** [griech.] *f. 11 nur Sg., Med.:* Schwäche beim Erlernen des Lesens und der Rechtschreibung
Leg|as|the|ni|ker *auch:* **Le|gas|the|ni|ker** *m. 5*
Le|gat [lat.] **1.** *n. 1* Vermächtnis, Zuwendung durch Testament; **2.** *m. 10* altröm. Gesandter; päpstl. Gesandter für bes. Anlässe, *auch:* Nuntius
Le|ga|tar *m. 1* jmd., der ein Legat erhält
Le|ga|ti|on *f. 10* Gesandtschaft
Le|ga|ti|ons|rat *m. 2* Rat im auswärtigen Dienst
le|ga|tis|si|mo [lat.] *Mus.:* sehr legato
le|ga|to (*Abk.:* leg.) *Mus.:* gebunden
Le|ga|to *n. 9* **1.** legato zu spielender Teil eines Musikstücks; **2.** gebundenes Spiel
Le|ge|hen|ne, Leg|hen|ne *f. 11*
Le|gel *m. 5* Ring zum bewegl. Festmachen eines Segels
le|gen *tr. 1* vgl. gelegen
le|gen|dar *veraltet für* legendär
Le|gen|dar *n. 1,* Le|gen|da|ri|um *n. Gen. -s Pl. -ri|en* Sammlung von Heiligenlegenden
le|gen|där **1.** legendenhaft, sagenhaft; **2.** *übertr.:* unwahrscheinlich
le|gen|da|risch legendär
Le|gen|da|ri|um *n. Gen. -s Pl. -ri|en* s. **Le|gen|dar**
Le|gen|de *f. 11* **1.** Heiligenerzählung; **2.** weit zurückliegendes, nicht mehr nachweisbares histor. Ereignis; **3.** erläuternder Text zu Abbildungen oder Landkarten; **4.** Inschrift auf Münzen oder Siegeln
le|gen|den|haft
le|ger [-ʒɛr, frz.] ungezwungen, lässig, bequem
Le|ger *m. 5* **1.** *kurz für* Fliesen-, Linoleum-, Parkettleger; **2.** *kurz für* Legehenne
Le|ges [-ge:s] *Pl. von* Lex
Leg|föh|re *f. 11* Latsche
Leg|gings, Leg|gins [amerik.] *nur Pl.* eng anliegende, knöchel- oder wadenlange Frauenhose
Leg|hen|ne, Le|ge|hen|ne *f. 11*
Leg|horn [nach der engl. Bez. für die ital. Stadt Livorno] *n. 9 oder n. 4* eine Hühnerrasse mit hoher Legeleistung
le|gie|ren [lat.] *tr. 3* **1.** schmelzen und mischen (Metalle); **2.** mit Mehl und Ei binden, geschmeidig und dick machen (Suppe, Soße)
Le|gie|rung *f. 10* **1.** durch Schmelzen und Mischen mehrerer Metalle entstandenes Mischmetall; **2.** der Prozess des Legierens
le|gi|fe|rie|ren *tr. 3, schweiz.:* gesetzlich erlassen, festlegen
Le|gi|on [lat.] *f. 10* **1.** altröm. Truppeneinheit; **2.** *heute:* Freiwilligen-, Söldnertruppe; **3.** *übertr.:* sehr große Menge, riesige Anzahl
Le|gi|o|nar *m. 1* Soldat einer altröm. Legion
Le|gi|o|när *m. 1* Soldat einer Legion (2)
Le|gis|la|ti|on [lat.] *f. 10* Gesetzgebung
le|gis|la|tiv gesetzgebend
Le|gis|la|ti|ve [-və] *f. 11* gesetzgebende Gewalt, gesetzgebende Versammlung; vgl. Exekutive, Judikative
le|gis|la|to|risch gesetzgeberisch
Le|gis|la|tur *f. 10* **1.** *früher:* gesetzgebende Versammlung; **2.** Gesetzgebung
Le|gis|la|tur|pe|ri|o|de *f. 11* Amtszeit einer gesetzgebenden Volksvertretung
Le|gis|mus *m. Gen. - nur Sg.* starres Festhalten am Gesetz, am Wortlaut der Gesetze
le|gis|tisch *österr.:* auf die Ausarbeitung von Gesetzen bezogen
le|gi|tim gesetzlich (anerkannt), rechtmäßig, rechtlich, gesetzlich begründet; *Ggs.:* illegitim
Le|gi|ti|ma|ti|on *f. 10* **1.** Beglaubigung, Echtheitserklärung; **2.** Befugnis, Berechtigung; **3.** Ausweis, Berechtigungsnachweis; **4.** Ehelichkeitserklärung (eines vor- oder unehelichen Kindes); **5.** *österr.:* Personalausweis
Le|gi|ti|ma|ti|ons|pa|pier *n. 1* Urkunde, die als Ausweis (zur Forderung einer Leistung) gelten kann
le|gi|ti|mie|ren *tr. 3* **1.** beglaubigen, berechtigen; **2.** für ehelich erklären; **3.** sich l.: sich ausweisen
Le|gi|ti|mie|rung *f. 10*
Le|gi|ti|mis|mus *m. Gen. - nur Sg.* Lehre von der Rechtmäßigkeit eines Herrschers
Le|gi|ti|mist *m. 10* Anhänger des Legitimismus
le|gi|ti|mis|tisch
Le|gi|ti|mi|tät *f. 10 nur Sg.* Rechtmäßigkeit, Gesetzlichkeit
Le|gu|an [hait.-span.] *m. 1* tropische Baumeidechse mit gezacktem Rückenkamm
Le|gu|men [lat.] *n. 7* Hülsenfrucht
Le|gu|min *n. 1* Eiweiß der Hülsenfrüchte
Le|gu|mi|no|se *f. 11 meist Pl.* Hülsenfrüchtler
Le|hár, *Franz* ungar. Komponist
Leh|de *f. 11, nddt.:* brachliegendes Land
Le|hen *n. 7* **1.** gegen Verpflichtung zu Gefolgstreue und Kriegsdienst (anfangs lebenslänglich, später auch erblich) verliehenes Nutzungsrecht an einem Landgut; **2.** dieses Gut selbst; jmdm. ein Gut zu Lehen geben
Lehm *m. 1*
Lehm|bo|den *m. 8*
lehm|far|ben, lehm|far|big
lehm|gelb
Lehm|hüt|te *f. 11*
leh|mig
Lehm|zie|gel *m. 5*
Leh|ne *f. 11*
leh|nen *intr. u. tr. 1*
Lehns|brief *m. 1* Urkunde über die Belehnung
Lehns|dienst *m. 1*
Lehns|eid *m. 1*
Lehns|herr *m. Gen. -(e)n Pl. -en* Eigentümer eines an den Lehnsmann vergebenen Landgutes

L

lehns|herr|lich zum Lehnsherrn gehörig; lehnsherrliche Strukturen im Mittelalter
Lehns|herr|schaft *f. 10 nur Sg.*
Lehns|mann *m. 4 Pl. auch:* -leu|te jmd., der ein Gut zu Lehen bekommen hat
Lehns|pflicht *f. 10* **1.** Pflicht des Lehnsmannes zu Gefolgstreue und Kriegsdienst gegenüber dem Lehnsherrn; **2.** Pflicht des Lehnsherrn zum Schutz des Lehnsmannes
Lehns|recht *n. 1*
lehns|recht|lich
Lehns|staat *m. 12* Feudalstaat
Lehns|we|sen *n. 7 nur Sg.*
Lehn|über|set|zung *f. 10* wörtliche Übersetzung eines anderssprachigen Wortes nach seinen einzelnen Bestandteilen, z. B. lat. »compassio«, dt. »Mitleid«
Lehn|wort *n. 4* aus einer fremden Sprache übernommenes Wort, das sich der neuen Sprache angepasst hat, im Unterschied zum Fremdwort, z. B. lat. »camera«, dt. »Kammer«
Lehr|amt *n. 4*
Lehr|amts|an|wär|ter *m. 5*
Lehr|amts|kan|di|dat *m. 10*
Lehr|an|stalt *f. 10*
Lehr|auf|trag *m. 2*
Lehr|be|ruf *m. 1* **1.** Beruf des Lehrers; **2.** Beruf, für dessen Ausübung eine Lehrzeit notwendig ist; *neuere Bez.:* Ausbildungsberuf
Lehr|brief *m. 1* Urkunde über die abgeschlossene Lehrzeit
Lehr|buch *n. 4*
Leh|re *f. 11; auch:* Messwerkzeug

lehren: Beim Verb *lehren* stehen zwei Ergänzungen im Akkusativ: *Sie lehrt ihn das Schwimmen. Er lehrt sie sprechen.* (Unzulässig ist der Dativ: *Er lehrt ihr das Lesen.**) Beim Infinitivsatz steht die Kommasetzung frei: *Sie lehrt ihn(,) im Leben voran zu kommen.* Perfekt: *Sie hat ihn lesen gelehrt* (selten: *lesen lehren*).

leh|ren *tr. 1;* jmdn. etwas lehren (*auch, aber nicht korrekt:* jmdm. etwas lehren); er hat mich das Schwimmen gelehrt; er hat mich schwimmen gelehrt; er lehrt an der Universität Literaturgeschichte: er hält Vorlesungen über L.
Leh|rer *m. 5*
Leh|rer|bil|dungs|an|stalt *f. 10*
Leh|re|rin *f. 10*
Leh|rer|kol|le|gi|um *n. Gen.* -s *Pl.* -gi|en
Leh|rer|schaft *f. 10 nur Sg.* Gesamtheit der Lehrer (einer Schule)
Lehr|fach *n. 4*
Lehr|film *m. 1*
Lehr|frei|heit *f. 10 nur Sg.*
Lehr|gang *m. 2;* an einem Lehrgang teilnehmen
Lehr|gangs|teil|neh|mer *m. 5*
Lehr|ge|dicht *n. 1*
Lehr|geld *n. 3 nur Sg.;* Lehrgeld zahlen müssen *übertr.:* leidvolle Erfahrungen machen müssen
Lehr|ge|rüst *n. 1* Baugerüst für Gewölbe und Bogen
lehr|haft
Lehr|haf|tig|keit *f. 10 nur Sg.*
Lehr|herr *m. Gen.* -n *oder* -en *Pl.* -en
Lehr|jahr *n. 1*
Lehr|jun|ge *m. 11*
Lehr|kör|per *m. 5* Gesamtheit der Lehrer einer Schule
Lehr|kraft *f. 2*
Lehr|ling *m. 1, neuere Bez.:* Auszubildender
Lehr|lings|heim *n. 1*
Lehr|mäd|chen *n. 7*
Lehr|meis|ter *m. 5*
Lehr|mit|tel *n. 5*
Lehr|plan *m. 2*
Lehr|pro|be *f. 11*
lehr|reich
Lehr|satz *m. 2*
Lehr|stel|le *f. 11* Ausbildungsplatz
Lehr|stoff *m. 1*
Lehr|stuhl *m. 2* planmäßige Stelle eines Hochschullehrers, Professur
Lehr|toch|ter *f. 6, schweiz.:* Lehrmädchen
Lehr|ver|trag *m. 2*
Lehr|werk|statt *f. Gen.* - *Pl.* -stät|ten
Lehr|wirt|schaft *f. 10*
Lehr|zeit *f. 10*
Lei *Pl. von* Leu
Lei *f. 10, rhein.:* Fels, Schiefer
Leib *m. 3;* Gefahr für Leib und Leben; Leib und Seele; gut bei Leibe sein: wohlbeleibt; *aber:* beileibe nicht; bleib mir vom Leibe; sich jmdn. vom Leibe halten; jmdm. oder einer Sache zu Leibe rücken, gehen
Leib|arzt *m. 2*
Leib|bin|de *f. 11*
Leib|bursch *m. 10,* **Leib|bur|sche** *m. 11, in Studentenverbindungen:* Berater eines jungen Studenten
Leib|chen *n. 7* ärmelloses Unterhemd
leib|ei|gen
Leib|ei|ge|ne(r) *m. 18 (17) bzw. f. 17 oder 18*
Leib|ei|gen|schaft *f. 10 nur Sg.;* die Leibeigenschaft abschaffen
lei|ben **1.** *tr. 1;* Fenster, Türen leiben: eine Öffnung dafür lassen; **2.** *intr. 1* leben; *nur noch in der Wendung* wie er (sie) leibt und lebt
Lei|bes|er|be *m. 11*
Lei|bes|frucht *f. 2*
Lei|bes|kraft *f. 2, nur in der Wendung* aus Leibeskräften schreien, brüllen
Lei|bes|ü|bung *f. 10 meist Pl.*
Lei|bes|vi|si|ta|ti|on [-vi-] *f. 10;* eine Leibesvisitation durchführen
Leib|gar|de *f. 11*
Leib|gar|dist *m. 10*
Leib|ge|din|ge *n. 5* Altenteil
Leib|ge|richt *n. 1*
leib|haf|tig
Leib|haf|ti|ge(r) *m. 18 (17)* der Teufel
Leib|jä|ger *m. 5, früher:* Bediensteter (Jäger), der das Gewehr seines Herrn zu tragen hatte
leib|lich
Leib|lich|keit *f. 10 nur Sg.*
Leib|niz, *Gottfried Wilhelm Frhr. von* dt. Philosoph
Leib|ren|te *f. 11* Lebensrente
Leib|rock *m. 2* **1.** *urspr.:* auf dem Leib getragenes Gewand; **2.** *später:* Gehrock
Leib|schnei|den *n. Gen.* -s *nur Sg.* Leibschmerzen
Leib|spei|se *f. 11*
Lei|bung *f. 10* s. **Lai|bung**
Leib|wa|che *f. 11*
Leib|wäch|ter *m. 5*
Leib|wä|sche *f. 11 nur Sg.*
Leib|weh *n. Gen.* -s *nur Sg.*
Leich *m. 1* **1.** *urspr.:* Tanzlied, Melodie, Musik; **2.** mhd. Lied mit unregelmäßigen, durchkomponierten Strophen
Leich|dorn *m. 1 oder m. 4* Hühnerauge
Lei|che *f. 11*
Lei|chen|be|gäng|nis *n. 1*
Lei|chen|be|schau|er *m. 5* der die Leichenschau vornehmende Arzt
Lei|chen|bit|ter *m. 5, früher:* jmd., der bei einem Todesfall im Dorf zur Beerdigung einlud

Lei|chen|bit|ter|mie|ne *f. 11, übertr.:* kummervolles Gesicht; eine L. aufsetzen
lei|chen|blass (*alt:* lei|chen|blaß)
Lei|chen|fle|cke *Pl.* = Totenflecke
Lei|chen|fled|de|rer *m. 5* jmd., der Tote oder Bewusstlose bestiehlt
Lei|chen|frau *f. 10*
Lei|chen|hal|le *f. 11*
Lei|chen|öff|nung *f. 10* = Obduktion
Lei|chen|schän|der *m. 5*
Lei|chen|schän|dung *f. 10* Unzucht an Leichen
Lei|chen|schau *f. 10* ärztl. Untersuchung eines Toten vor der Bestattung
Lei|chen|schmaus *m. 2*
Lei|chen|star|re *f. 11 nur Sg.*
Leich|nam *m. 1*

> **leicht verletzt/machen:** Gefüge aus Adjektiv und Verb/Partizip werden getrennt geschrieben, wenn das Adjektiv steigerbar oder erweiterbar ist: *Sie ist nur leicht verletzt. Das wollten wir ihm etwas leichter machen.* § 34 E3 (3)
> Ebenso: *leicht verdaulich.*
> Das substantivierte Adjektiv schreibt man groß: *das Leichte; es ist (k)ein Leichtes; es ist nichts Leichtes.* § 57 (1)
> Die substantivierten Formen werden, wenn das Adjektiv steigerbar ist, ebenfalls getrennt, jedoch groß geschrieben: *die leicht Verwundeten; zwei leicht und drei schwer Verletzte.* Zusammenschreibung ist als Variante möglich: *die Leichtverwundeten; zwei Leicht- und drei Schwerverletzte.*

leicht 1. *Kleinschreibung:* leicht/leichter fallen; leicht machen; leicht nehmen; leicht bekleidete Mädchen; leicht beschwingte Musik; leicht bewaffnete Soldaten; leicht entzündliches Benzin; die Arbeit ist mir leicht gefallen; das ist mir leicht gefallen; sich leicht tun; eine leicht verdauliche Speise; ein Buch in leicht verständlicher Sprache; leicht verletzte Touristen; leicht verwundete Soldaten; 2. *Großschreibung:* das ist mir ein Leichtes; Leichtes und Schweres; etwas Leichtes essen
Leicht|ath|let *m. 10*
Leicht|ath|le|tik *f. 10 nur Sg., Sammelbez. für* sportl. Laufen, Springen, Werfen, Gehen und verwandte Übungen
leicht|ath|le|tisch; eine leichtathletische Disziplin
Leicht|bau *m. Gen.* -(e)s *nur Sg.*, **Leicht|bau|wei|se** *f. 11 nur Sg.* Bauweise mit leichtem Baumaterial
leicht be|schwingt (*alt:* leicht|beschwingt)
leicht bewaff|net (*alt:* leicht|bewaff|net)
leicht|blü|tig
Leicht|blü|tig|keit *f. 10 nur Sg.*
Leich|te *f. 11* Tragriemen am Schubkarren
leicht ent|zünd|lich (*alt:* leicht-ent|zünd|lich) leicht entzündliche und ätzende Stoffe
Leich|ter, Lich|ter *m. 5* kleines, flach gebautes Schiff zum Leichtern
leich|tern, lich|tern *tr. 1, Seew.:* (ein größeres Schiff) durch kleinere Schiffe entladen
leicht fal|len (*alt:* leicht|fal|len) *intr. 33;* Mathematik wird ihm leicht fallen
leicht|fer|tig sorglos, flüchtig; *aber:* damit werde ich leicht fertig
Leicht|fer|tig|keit *f. 10 nur Sg.*
leicht|flüs|sig; *aber:* das Wachs wird leicht flüssig
Leicht|fuß *m. 2;* Bruder L.: leichtsinniger Mensch
leicht|fü|ßig
Leicht|fü|ßig|keit *f. 10 nur Sg.*
Leicht|ge|wicht *n. 1, früher:* Gewichtsklasse in der Schwerathletik
leicht|gläu|big
Leicht|gläu|big|keit *f. 10 nur Sg.*
Leicht|heit *f. 10 nur Sg.*
leicht|her|zig
Leicht|her|zig|keit *f. 10 nur Sg.*
leicht|hin; etwas l. sagen
Leich|tig|keit *f. 10 nur Sg.*
Leicht|in|dus|trie *auch:* **Leicht|in|dust|rie** *f. 11, DDR:* Konsumgüterindustrie
leicht|le|big
Leicht|le|big|keit *f. 10 nur Sg.*
leicht|lich ohne Mühe, leicht
Leicht|lohn *m. 2*
leicht ma|chen (*alt:* leicht|machen) *tr. 1;* du solltest dir das nicht zu leicht machen
Leicht|ma|tro|se *auch:* **Leicht|mat|ro|se** *m. 11* Matrose im Rang zwischen Schiffsjunge und Vollmatrose
Leicht|me|tall *n. 1* Metall mit spezif. Gewicht unter 5
leicht neh|men (*alt:* leicht|nehmen) *tr. 88*
Leicht|öl *n. 1* durch fraktionierte Destillation aus Steinkohlenteer gewonnenes Öl
Leicht|sinn *m. 1 nur Sg.*
leicht|sin|nig
leicht tun (*alt:* leicht|tun) *refl. 167*
leicht ver|dau|lich (*alt:* leicht|ver-dau|lich)
leicht ver|letzt (*alt:* leicht|ver-letzt)
leicht ver|ständ|lich (*alt:* leicht-ver|ständ|lich)
leicht ver|wun|det (*alt:* leicht|ver-wun|det)

> **leid sein:** Fügungen mit *sein* werden immer getrennt geschrieben: *leid sein. Ich bin es leid.* § 35

leid *nur in Wendungen wie* es ist mir leid
Leid *n. 1 nur Sg.;* jmdm. ein Leid antun; Leid tun; es tut mir Leid; zu Leide *oder:* zuleide tun
Lei|de|form *f. 10* Passiv; *Ggs.:* Tatform
lei|den *intr. u. tr. 77;* an etwas l.; er leidet es nicht, dass …
Lei|den *n. 7*

> **Leid tun, zu Leide/zuleide tun:** Gefüge aus Substantiv und Verb werden getrennt geschrieben: *Das hat ihm Leid getan.* § 34 E3 (5)
> Substantive, die Bestandteile fester Gefüge sind, schreibt man groß: *Er tat ihm nichts zu Leide* (auch: *zuleide*). § 55 (4)
> Die substantivierte Form wird entweder klein- oder großgeschrieben: *die Leid tragende/leidtragende Frau, die Leidtragenden/die Leid Tragenden.*

Lei|de|ner Fla|sche [nach der ndrl. Stadt Leiden] *f. 11* mit Metall überzogene Flasche, dient als Kondensator
Lei|den|schaft *f. 10*
lei|den|schaft|lich
Lei|den|schaft|lich|keit *f. 10 nur Sg.*
lei|den|schafts|los
Lei|dens|ge|fähr|te *m. 11*
Lei|dens|ge|nos|se *m. 11*
Lei|dens|ge|schich|te *f. 11*

Lei|dens|weg *m. 1*
lei|der; l. Gottes; l. ja; ja, leider!; l. nein, l. nicht
lei|dig
Leid|kar|te *f. 11, schweiz.:* Trauerkarte
leid|lich
Leid|tra|gen|de(r) *auch:* **Leid Tra|gen|de(r)** *m. 18 (17) bzw. f. 17 oder 18*
Leid tun (*alt:* leid tun) *tr. 167*
leid|voll
Leid|we|sen *n. Gen. -s nur Sg.* Bedauern; *nur in der Wendung* zu meinem, seinem, ihrem (größten) L.
Lei|er *f. 11*
Lei|er|kas|ten *m. 8*
lei|ern *tr. 1*
Lei|er|schwanz *m. 2* ein austral. Vogel
Leih|amt *n. 4*
Leih|bi|bli|o|thek *auch:* **Leih|bib|li|o|thek** *f. 10*
Leih|bü|che|rei *f. 10*
Lei|he *f. 11* unentgeltliches zeitweises Überlassen
lei|hen *tr. 78*
Leih|ga|be *f. 11*
Leih|ge|bühr *f. 10*
Leih|haus *n. 4*
Leih|mut|ter *f. 6* Frau, die (gegen Bezahlung) für eine andere ein Kind austrägt
Leih-Pacht-Sys|tem *n. 1*
Leih|schein *m. 1*
leih|weise
Leik *n. 12* s. **Liek**
Lei|kauf *m. 2* Umtrunk als Bekräftigung eines Vertragsabschlusses
Lei|lach, Lei|lak *n. 12*, **Lei|la|chen, Lei|la|ken** *n. 7* Leintuch, Betttuch
Leim *m. 1*
lei|men *tr. 1*
Leim|far|be *f. 11*
lei|mig
Leim|kraut *n. 4* ein Nelkengewächs
Leim|ru|te *f. 11*
Lein *m. 1* Flachs
Lei|ne *f. 11*
lei|nen aus Leinen
Lei|nen *n. 7* Gewebe aus Flachs oder Baumwolle in Leinwandbindung
Lei|nen|band *m. 2* in Leinen gebundenes Buch
Lei|nen|bin|dung *f. 10* Leinwandbindung
Lei|nen|zeug *n. 1*
Lei|ne|we|ber, Lein|we|ber *m. 5*
Lein|kraut *n. 4* eine Pflanze
Lein|ku|chen *m. 7* eiweißhaltiger Rückstand bei der Leinölgewinnung, als Kraftfutter
Lein|öl *n. 1* aus Leinsamen gewonnenes Öl
Lein|pfad *m. 1* Treidelpfad
Lein|sa|men *m. 7* ölhaltiger Samen des Flachses
Lein|tuch *n. 4* Betttuch
Lein|wand *f. 2 nur Sg.* **1.** Gewebe aus Flachs oder Baumwolle in Leinwandbindung; **2.** Wand, Fläche zum Vorführen von Filmen
Lein|wand|bin|dung *f. 10* einfache Bindungsart beim Weben, wobei abwechselnd die geradzahligen und ungeradzahligen Kettfäden oben liegen, Leinenbindung
Lein|we|ber, Lei|ne|we|ber *m. 5*
Lein|zeug, Lei|nen|zeug *n. 1* Gewebe, Bett- und Tischwäsche aus Leinen
Leip|zig Stadt in Sachsen; Leipziger Allerlei
leis = **lei|se**
Leis [nach dem griech. Gebetsruf »Kyrie eleison«: »Herr, erbarme dich«] *n. Gen. -(es) Pl. -e(n), MA:* geistl. Volkslied
lei|se, leis; ich zweifle nicht im Leisesten daran: überhaupt nicht
Lei|se|tre|ter *m. 5* Schmeichler, Heuchler, Duckmäuser
Lei|se|tre|te|rei *f. 10 nur Sg.*
Leist *m. Gen. -(e)s nur Sg.* chron. Fußgelenkerkrankung der Pferde
Leis|te *f. 11* **1.** schmaler Holzstreifen, Randeinfassung aus Holz; **2.** Übergang zwischen Bauch und Oberschenkel
leis|ten *tr. 2*
Leis|ten *m. 7* Holz- oder Metallform zum Arbeiten oder Spannen des Schuhs; alles über einen L. schlagen *übertr.:* alles unterschiedslos behandeln oder beurteilen
Leis|ten|beu|ge *f. 11*
Leis|ten|bruch *m. 2*
Leis|ten|ge|gend *f. 10*
Leis|tung *f. 10*
leis|tungs|fä|hig
Leis|tungs|fä|hig|keit *f. 10 nur Sg.*
Leis|tungs|ge|sell|schaft *f. 10 nur Sg.* vom Leistungsprinzip geprägte Gesellschaft
Leis|tungs|kon|trol|le *auch:* **Leis|tungs|kont|rol|le** *f. 11*
Leis|tungs|lohn *m. 2 nur Sg.* nach Leistung berechneter Lohn, z. B. Stücklohn; vgl. Zeitlohn
leis|tungs|o|ri|en|tiert
Leis|tungs|prü|fung *f. 10*
Leis|tungs|sport *m. 1*
leis|tungs|stark
Leis|tungs|stei|ge|rung *f. 10*
Leis|tungs|ver|mö|gen *n. 7 nur Sg.*
Leit|ar|ti|kel *m. 5* Aufsatz auf einer der ersten Seiten einer Zeitung, meist über ein aktuelles Thema
Leit|ar|tik|ler *m. 5, ugs.:* jmd., der regelmäßig Leitartikel schreibt
Leit|bild *n. 3*
Leit|bün|del *n. 5, bei Samenpflanzen:* Gefäßbündel des Leitgewebes
Lei|te *f. 11, süddt., österr.:* Berghang
lei|ten *tr. 2*
Lei|ter **1.** *f. 11;* **2.** *m. 5*
Leit|fa|den *m. 8* Lehrbuch (als Titel)
leit|fä|hig
Leit|fä|hig|keit *f. 10 nur Sg.*
Leit|fos|sil *n. Gen. -s Pl. -li|en* ein für eine best. Schicht der Erdkruste charakteristisches Fossil
Leit|ge|dan|ke *m. 15*
Leit|ge|we|be *n. 5, bei Samenpflanzen:* röhrenförmiges Transportgewebe
Leit|ham|mel *m. 5*
Leit|hund *m. 1*
Leit|li|nie *f. 11* auf der Straße aufgezeichnete, gestrichelte Linie
Leit|mo|tiv *n. 1*
Leit|plan|ke *f. 11*
Leit|satz *m. 2*
Leit|tier *n. 1*
Leit|ton *m. 2, Mus.*
Lei|tung *f. 10*
Lei|tungs|rohr *n. 1*
Lei|tungs|was|ser *n. Gen. -s nur Sg.*
Leit|werk *n. 1* der Steuerung dienende Flugzeugteile
Leit|zahl *f. 10* die Leistungsfähigkeit einer Blitzlampe angebende Zahl
Leit|zins *m. 12, Wirtsch.:* von der Zentralnotenbank festgesetzter Zinssatz, an dem sich die übrigen Zinssätze orientieren
Lek *m. Gen. - Pl. -* alban. Währungseinheit, 100 Qindarka
Lek|ti|on [lat.] *f. 10* **1.** Abschnitt im Lehrbuch, Aufgabe; **2.** Lehrstunde; jmdm. eine L. erteilen: jmdn. scharf zurechtweisen; er hat seine L. gelernt *übertr.:* er hat eine Lehre daraus gezogen
Lek|ti|o|nar *n. 1*, **Lek|ti|o|na|ri|um** *n. Gen. -s Pl. -ri|en* Sammlung von Bibelstellen für den Gottesdienst

L

Lek|tor *m. 13* **1.** Hochschullehrer für Einführungskurse, Seminare u. Ä.; **2.** Verlagsangestellter, der eingegangene Manuskripte prüft (und bearbeitet)
Lek|to|rat *n. 1* **1.** Amt, Stelle eines Lektors; **2.** Verlagsabteilung der Lektoren
lek|to|rie|ren *tr. 3* als Lektor prüfen (Manuskript)
Lek|to|rin *f. 10*
Lek|tü|re *f. 11* **1.** das Lesen; **2.** Lesestoff
Le|ky|thos [griech.] *m. Gen. - Pl.* -ky|then altgriech. Salben- und Ölgefäß mit Fuß, Ausguss und Henkel
Lem|ma [griech.] *n. Gen.* -s *Pl.* -ma|ta **1.** *veraltet:* als Überschrift oder Motto ausgedrückter Inhalt eines Werkes; **2.** Hilfssatz, Annahme, Vordersatz eines Schlusses; **3.** Stichwort (in einem Lexikon oder Wörterbuch)
Lem|ming [dän.] *m. 1* skandinav. Wühlmaus
Lem|nis|ka|te [griech.] *f. 11* math. Kurve in Form einer liegenden Acht

L

Le|mur [lat.] *m. 10,* **Le|mu|re** *m. 11* **1.** *röm. Myth.:* Geist eines Verstorbenen, Gespenst; **2.** ein Halbaffe, Maki
le|mu|ren|haft gespenstisch
Le|nä|en [nach Lenäus, dem Beinamen des Dionysos] *Pl.* altröm. Fest des Bacchus oder (griech.) Dionysos, Kelterfest
Len|de *f. 11*
len|den|lahm
Len|den|schurz *m. 1*
Len|den|wir|bel *m. 5*
Leng *m. 1,* **Leng|fisch** *m. 1* eine Dorschart
Le|nin (eigtl. Wladimir Iljitsch Uljanow), russ. Revolutionär und Politiker
Le|nin|grad 1925-91 Name von St. Petersburg
Le|nin|gra|der *m. 5*
Le|ni|nis|mus *m. Gen. - nur Sg.* der von Lenin weiterentwickelte Marxismus
Le|ni|nist *m. 10* Anhänger des Leninismus
le|ni|nis|tisch
lenk|bar
Lenk|bar|keit *f. 10 nur Sg.*
len|ken *tr. 1*
Len|ker *m. 5*
Lenk|kufe *f. 11 meist Pl.* bewegl. Kufe zum Lenken des Schlittens
Lenk|rad *n. 4*
lenk|sam
Lenk|sam|keit *f. 10 nur Sg.*
Len|kung *f. 10 nur Sg.*
len|ta|men|te [ital.] *Mus.:* langsam
len|tan|do *Mus.:* langsamer werdend
len|ti|ku|lar [lat.] linsenförmig
Len|ti|zel|le *f. 11* porige Rindenöffnung (bei Pflanzen)
len|to [ital.] *Mus.:* langsam
Len|to *n. Gen.* -(s) *Pl.* -s *oder* -ti langsamer Teil eines Musikstücks
lenz *Seew.:* leer, trocken
Lenz *m. 1, poet.* **1.** Frühling; **2.** *Pl.* Lenze *poet. oder iron.:* Lebensjahre; sie zählt 17 Lenze
len|zen **1.** *intr. 1, poet., unpersönl.;* es lenzt: es wird Lenz; **2.** *tr. 1, Seew.:* leer pumpen
Len|zing *m. 1, alter Name für* März, Lenzmond
lenz|lich
Lenz|mond *m. 1* Lenzing
Leo männl. Vorname
Le|o|nar|do da Vin|ci [- - vintʃi] ital. Maler, Bildhauer, Architekt
Le|on|hard, Le|o|nard männl. Vorname
Le|o|ni|den [zu lat. leo »Löwe«] *Pl.* im November auftretender, scheinbar aus dem Sternbild des Löwen kommender Sternschnuppenschwarm
le|o|ni|nisch **1.** [nach einem mittelalterl. Dichter Leo oder nach Papst Leo II.]; leoninische Verse: mittelalterl. Verse aus Hexametern oder Pentametern, die in der Mitte und am Schluss reimen; **2.** [nach dem Löwen (lat. leo) in einer Fabel des Äsop] leoninischer Vertrag: Vertrag, bei dem ein Partner den Löwenanteil erhält
le|o|nisch [nach der span. Stadt León] leonische Waren: Gespinste, Gewebe aus Seidenfäden, die mit Gold- oder Silber- oder anderen Metallfäden umsponnen sind
Le|o|pard [lat.] *m. 10* eine Großkatze Asiens und Afrikas, Panther, Pardel
Le|o|par|den|fell *n. 1*
Le|o|pold männl. Vorname
Le|po|rel|lo|buch [nach dem Diener des Don Giovanni in Mozarts Oper] *n. 4* Buch mit ungebundenen, harmonikaartig gefalteten Seiten
Le|pra *auch:* **Lep|ra** [griech.] *f. Gen. - nur Sg.* eine Infektionskrankheit, die Haut, Schleimhäute und innere Organe befällt, Aussatz
Le|prom *auch:* **Lep|rom** *n. 1* Lepraknoten
le|pros *auch:* **lep|ros, le|prös** *auch:* **lep|rös** lepraartig, aussätzig
lep|to..., Lep|to... [griech.] *in Zus.:* schmal..., Schmal...
lep|to|ke|phal s. **lep|to|ze|phal**
Lep|to|ke|pha|lie s. **Lep|to|ze|pha|lie**
Lep|ton *n. Gen.* -s *Pl.* -ta **1.** altgriech. Gewicht, 10 mg; **2.** neugriechische Währungseinheit, $^1/_{100}$ Drachme
Lep|ton *n. 13* Elementarteilchen, das leichter ist als ein Proton
lep|to|som [griech.] schmalwüchsig, schlank
Lep|to|spi|ren *auch:* **Lep|tos|pi|ren** *Pl.* Schraubenbakterien
Lep|to|spi|ro|se *auch:* **Lep|tos|pi|ro|se** *f. 11* meist mit Gelbsucht einhergehende Infektionskrankheit, z. B. Feldfieber, Siebentagefieber
lep|to|ze|phal, lep|to|ke|phal schmalköpfig
Lep|to|ze|pha|lie, Lep|to|ke|pha|lie *f. 11 nur Sg.* schmale Kopfform
Ler|che *f. 11* ein Singvogel
lern|bar
Lern|bar|keit *f. 10 nur Sg.*
Lern|be|gier, Lern|be|gier|de *f. Gen. - nur Sg.*
lern|be|gie|rig
lern|be|hin|dert
Lern|ei|fer *m. 5 nur Sg.*
lern|eif|rig

> **lernen:** Beim Verb *lernen* stehen der Akkusativ oder der Infinitiv: *Ich lerne die englische Sprache. Sie lernt schwimmen/das Schwimmen.*
> Geht ein Verb im Infinitiv voraus, schreibt man getrennt: *kennen lernen, schreiben lernen. Sie haben sich vor zwei Jahren kennen gelernt.* § 34 E3 (6)
> Der Infinitiv mit *zu* wird getrennt, die Kommasetzung steht frei: *Sie hatte sich entschieden(,) ihn näher kennen zu lernen.*

ler|nen *tr. 1;* laufen, lesen lernen; *aber:* Auto fahren lernen; er ist gelernter Schlosser; kennen lernen; lieben lernen; schätzen lernen

Lern|mit|tel *n. 5*
Lern|mit|tel|frei|heit *f. 10 nur Sg.*
Lern|pro|zess (*alt:* Lern|pro|zeß) *m. 1*
Les|art *f. 10* **1.** vom urspr. Text abweichende Fassung; **2.** Auslegung, Deutung
les|bar
Les|bar|keit *f. 10 nur Sg.*
Les|be *f. 11, ugs.*
Les|bi|e|rin [-biə-, nach der griech. Insel Lesbos] *f. 10* homosexuelle Frau
les|bisch homosexuell (bei Frauen); lesbische Liebe: Homosexualität unter Frauen
Le|se *f. 11* Ernte, Weinernte
Le|se|blind|heit *f. Gen. - nur Sg.*
Le|se|buch *n. 4*
Le|se|früch|te *Pl.* durch Lesen erworbenes Wissen
Le|se|ge|rät *n. 1* Gerät zum Lesen von Texten auf Mikrofilmen
le|sen *tr. 79*
le|sens|wert
Le|se|pro|be *f. 11*
Le|ser *m. 5*
Le|se|rat|te *f. 11*
Le|ser|brief *m. 1*
Le|se|ring *m. 1*
le|ser|lich
Le|ser|lich|keit *f. 10 nur Sg.*
Le|ser|schaft *f. 10 nur Sg.*
Le|se|saal *m. Gen.* -(e)s *Pl.* -sä|le
Le|se|stoff *m. 1*
Le|se|stück *n. 1*
Le|se|wut *f. Gen. - nur Sg.*
Le|se|zei|chen *n. 7*
Le|se|zir|kel *m. 5*
Le|so|tho Staat im südl. Afrika
Les|sing, *Gotthold Ephraim* dt. Schriftsteller
Le|sung *f. 10*
le|tal [lat.] zum Tode führend, tödlich
Le|ta|li|tät *f. 10 nur Sg.* Sterblichkeit im Verhältnis zur Zahl der Erkrankten
l'état c'est moi [letasɛmoa, frz. »der Staat bin ich«] Schlagwort des Absolutismus nach einem angebl. Ausspruch Ludwigs XIV.
Le|thar|gie [griech.] *f. 11 nur Sg.* **1.** Schlafsucht; **2.** *übertr.:* Teilnahmslosigkeit, Trägheit
le|thar|gisch
Le|the *f. Gen. - nur Sg.* **1.** *griech. Myth.:* Strom der Unterwelt, aus dem die Toten Vergessenheit trinken; **2.** *übertr.:* Vergessenheit
Let|scho *m. 9 oder n. 9 nur Sg.* Paprikagemüse (als kalte Beilage)

Let|te *m. 11* Einwohner von Lettland
Let|ten *m. 7* Töpferton, Lehm
Let|ter [frz.] *f. 11* Druckbuchstabe, Type
Let|tern|me|tall *n. 1*
let|tig [zu: Letten] tonhaltig, lehmhaltig
Let|tin *f. 10* Einwohnerin von Lettland
let|tisch
Let|tisch *n. Gen.* -(s) zu den balt. Sprachen gehörende Sprache
Lett|land einer der drei balt. Staaten
Lett|ner *m. 5, in mittelalterl. Kirchen:* (oft verzierte) Schranke oder Trennwand zwischen Chor und Mittelschiff
letz *alem.:* verkehrt (herum)

letzte, das Letzte, bis zum Letzten: Das Zahladjektiv schreibt man klein: *Er ist der letzte Schüler.*
Die substantivierte Form wird großgeschrieben: *der/die/das Letzte, als Letztes, sein Letztes hergeben, bis ins Letzte, bis zum Letzten, fürs Letzte, am Letzten, Letzterer, Letzteres, der/die/das Letztere.* § 57 (1)
Ebenso in Eigennamen: *das Letzte Gericht, die Letzte Ölung.* § 64 (3)
Dagegen gilt Kleinschreibung in festen Fügungen, die keine Eigennamen sind: *der letzte Wille, (die Ausgabe) letzter Hand, letzten Endes.* § 63

letz|te(r, -s) **1.** *Kleinschreibung:* jmdm. die letzte Ehre erweisen; letzten Endes; letzter Hand; das letzte Mal; zum letzten Mal; der letzte Wille; die letzten Dinge; immer das letzte Wort haben wollen; **2.** *Großschreibung:* als Letzte das Ziel erreichen; der, die, das Letzte (der Reihe nach); er ist der Letzte, den ich darum bitten würde; das ist das Letzte, was ich tun würde; der Letzte seines Stammes; den Letzten beißen die Hunde; er hat sein Letztes hergegeben: seine letzte Kraft; die Ersten werden die Letzten sein; das ist das Letzte!: das Schlechteste, Schlimmste, das ist unglaublich; der Letzte des Monats; es geht ums Letzte: um alles; etwas bis ins Letzte erklären; bis zum Letzten ausnutzen, gehen; zum Dritten und Letzten (bei Versteigerungen); das Letzte Gericht; die Letzte Ölung; zu guter Letzt
letz|tens **1.** zum Schluss; drittens und l.; **2.** letzthin, kürzlich, neulich
letz|te|re(r, -s); die letztere Variante ...; der, die, das Letztere; Ersterer ..., Letzterer
letzt|ge|nannt zuletzt genannt
letzt|hin [auch: -hịn] kürzlich, neulich
letzt|jäh|rig
letzt|lich im letzten Grunde, im eigentlichen Sinne, schließlich; l. ist es gut ausgegangen; sie hat l. einen guten Kern
letzt|ma|lig
letzt|mals
letzt|mög|lich
Letzt|ver|brau|cher *m. 5*
letzt|wil|lig testamentarisch, als letzter Wille; etwas letztwillig verfügen
Leu *m. 10, poet.:* Löwe
Leu *m. Gen. - Pl.* Lei Währungseinheit in Rumänien und Moldawien, 100 Bani
Leucht|bo|je *f. 11*
Leucht|bom|be *f. 11*
Leuch|te *f. 11*
leuch|ten *intr. 2*
leuch|tend rot (*alt:* leuch|tend-rot)
Leuch|ter *m. 5*
Leucht|far|be *f. 11*
Leucht|feu|er *n. 5*
Leucht|gas *n. 1*
Leucht|kä|fer *m. 5*
Leucht|kraft *f. 2 nur Sg.*
Leucht|ku|gel *f. 11*
Leucht|pis|to|le *f. 11*
Leucht|ra|ke|te *f. 11*
Leucht|schirm *m. 1* fluoreszierender Teil des Röntgenapparates
Leucht|si|gnal *auch:* **Leucht|sig|nal** *n. 1*
Leucht|spur|mu|ni|ti|on *f. 10*
Leucht|stoff *m. 1*
Leucht|turm *m. 2*
Leucht|turm|wäch|ter, Leucht|turm|wär|ter *m. 5*
Leucht|uhr *f. 10*
Leucht|zei|ger *m. 5*
Leucht|zif|fer *f. 11*
leug|nen *tr. 2*
Leug|ner *m. 5;* ein hartnäckiger L. sein
leuk..., Leuk... vgl. leuko..., Leuko...

L

Leuk|ä|mie *auch:* **Leu|kä|mie** [griech.] *f. 11* krankhafte Vermehrung der weißen Blutzellen, Weißblütigkeit

leuk|ä|misch *auch:* **leu|kä|misch** an Leukämie leidend

leu|ko..., Leu|ko... [griech.] *in Zus.:* weiß..., Weiß...

Leu|ko|blas|ten [griech.] *Pl.* weiße Blutzellen bildende Zellen

leu|ko|derm weißhäutig

Leu|ko|der|ma *n. Gen.* -s *Pl.* -men stellenweiser Farbstoffmangel der Haut

Leu|ko|der|mie *f. 11* Albinismus

Leu|ko|ly|se *f. 11* Zerfall der weißen Blutzellen

Leu|kom *n. 1* weißer Fleck auf der Hornhaut des Auges (Narbe eines Hornhautgeschwürs)

Leu|ko|pa|thie *f. 11* Bildung weißer Flecken auf der Haut

Leu|ko|plast **1.** *m. 10* (meist Stärke bildendes) farbloses Körperchen der Pflanzenzelle; **2.** ® *n. 1* ein Heftpflaster

Leu|kor|rhö *f. 10* Weißfluss, weißl. Ausfluss bei Gebärmutterentzündung

L

Leu|ko|to|mie *f. 11* chirurg. Eingriff in die weiße Gehirnsubstanz bei gewissen chron. Geisteskrankheiten, Lobotomie

Leu|ko|zy|ten *Pl.* weiße Blutzellen

Leu|ko|zy|to|se *f. 11* Vermehrung der weißen Blutzellen als Abwehrreaktion gegen entzündl. und infektiöse Vorgänge im Körper

Leu|mund *m. Gen.* -(e)s *nur Sg.* Ruf, Nachrede; einen guten, schlechten, üblen L. haben

Leu|munds|zeug|nis *n. 1*

Leut|chen *nur Pl.*

Leu|te *nur Pl.;* meine, deine Leute: meine, deine Verwandten; *früher auch:* Gesinde

Leut|nant [frz.] *m. 9 auch: m. 1* (*Abk.:* Lt.) **1.** unterster Offiziersrang; **2.** Offizier in diesem Rang

Leut|pries|ter *m. 5, veraltet:* Weltgeistlicher

leut|se|lig

Leut|se|lig|keit *f. 10 nur Sg.*

Leu|zit *m. 1* ein Mineral, ein Feldspat

Le|va|de [-va-, frz.] *f. 11, hohe Schule:* Aufrichten des Pferdes auf der Hinterhand, Pesade

Le|van|te [-van-, ital.] *f. Gen. - nur Sg.* die Länder um das östliche Mittelmeer

Le|van|ti|ne [-van-] *f. 11 nur Sg.* ein Seiden-, Halbseiden- oder Kunstfasergewebe

Le|van|ti|ner [-van-] *m. 1* **1.** Einwohner eines der Länder der Levante; **2.** in der Levante geborener Mischling aus einem europiden und einem oriental. Elternteil

le|van|ti|nisch [-van-] zur Levante gehörig, aus ihr stammend

Le|vee [-ve, frz.] *f. 9, früher:* Aushebung (von Rekruten)

Le|vel [-vel, engl.] *n. 9 nur Sg.* Stufe, Stand; auf gleichem Level sein

Le|ver [ləve] *n. 9* Morgenempfang bei einem Fürsten

Le|vi|a|than [-vi-, hebr.] *m. Gen.* -s *nur Sg.* **1.** *im AT:* Meerungeheuer, Drache; **2.** *allg.:* Ungeheuer, Riesenschlange; **3.** Maschine zum Waschen von Rohwolle

Le|vi|rat [-vi-, lat.] *n. 1,* **Le|vi|rats|e|he** *f. 11, im AT und bei Naturvölkern:* Ehe mit der Frau des kinderlos gestorbenen Bruders

Le|vit [-vit, hebr.] *m. 10,* **Le|vi|te** *m. 11* **1.** Angehöriger eines israelit. Stammes; **2.** jüd. Tempeldiener; **3.** Diakon bzw. Subdiakon als Helfer des Priesters beim Hochamt

Le|vi|ten [-vi-] *Pl.* [nach dem Levitikus] *in der Wendung* jmdm. die L. lesen: ihn energisch zurechtweisen

Le|vi|ti|kus [-vi-] *m. Gen. - nur Sg.* das dritte Buch Mose

Lev|ko|je [griech.] *f. 11* eine Zierpflanze, Kreuzblütler

Lew [lɛf] *m. Gen.* -s *Pl.* Le|wa (*Abk.:* Lw) bulgar. Währungseinheit, 100 Stótinki

Lex [lat.] *f. Gen. - Pl.* Le|ges [-ge:s] Gesetz, Gesetzesantrag

Lex.-8° *Abk. für* Lexikonoktav

Le|xem [griech.] *n. 1* lexikal. Einheit, Wortschatzeinheit

Le|xe|ma|tik *f. 10 nur Sg.* Lehre von den Lexemen

Le|xik *f. 10* Wortschatz (einer Sprache oder Fachsprache)

Le|xi|ka *Pl. von* Lexikon

le|xi|ka|lisch in der Art eines Lexikons

Le|xi|ko|graph *auch:* **Le|xi|ko|graf** *m. 10* Verfasser, Bearbeiter eines Lexikons

Le|xi|ko|gra|phie *auch:* **Le|xi|ko|gra|fie** *f. 11* Lehre von den Lexika, Erarbeitung von Lexika

le|xi|ko|gra|phisch *auch:* **le|xi|ko|gra|fisch** die Lexikographie betreffend, auf ihr beruhend

Le|xi|ko|lo|ge *m. 11*

Le|xi|ko|lo|gie *f. 11 nur Sg.* **1.** Lehre von der Erarbeitung von Lexika, Lexikonkunde; **2.** *auch:* Wortlehre; *zusammenfassende Bez. für* Etymologie, Semantik und Wortbildungslehre

le|xi|ko|lo|gisch

Le|xi|kon *n. Gen.* -s *Pl.* -ka *oder* -ken **1.** alphabetisch geordnetes Nachschlagewerk; **2.** *auch:* Wörterbuch

Le|xi|kon|ok|tav *n. 1 nur Sg.* (*Abk.:* Lex.-8°) ein Buchformat, Großoktav

le|xisch die Lexik betreffend

Le|zi|thin, *fachsprachl.:* Le|ci|thin [griech.] *n. 1* in pflanzlichen und tierischen Zellen enthaltene, phosphorreiche Verbindung, Nervenstärkungsmittel

lfd. *Abk. für* laufend

lfd. J. *Abk. für* (des) laufenden Jahres

lfd. m *Abk. für* laufendes Meter, (des) laufenden Meters

lfd. M. *Abk. für* (des) laufenden Monats

lfd. Nr. *Abk. für* laufende Nummer

lfm., lfd. m

lfr *Abk. für* Luxemburgischer Franc

LG *Abk. für* Landgericht

Lha|sa Hauptstadt von Tibet

Li *chem. Zeichen für* Lithium

Li *n. Gen. - Pl. -* altes chin. Längenmaß, 644,4 m

Li|ai|son [liɛzɔ̃, frz.] *f. 9* **1.** Bindung, Liebesverhältnis; **2.** Aussprache eines sonst stummen Auslautes bei enger Verbindung zum folgenden Wort, z. B. des n in frz. un homme [œ̃nɔm]

Li|a|na, Li|a|ne weibl. Vorname, *Kurzform von* Juliana

Li|a|ne [frz.] *f. 11* eine Schlingpflanze

Li|as [frz.] *m. oder f. Gen. - nur Sg.* untere Abteilung des Juras, schwarzer Jura

li|as|sisch zum Lias gehörend

Li|ba|ne|se *m. 11* Einwohner des Libanons

li|ba|ne|sisch

Li|ba|non *m. Gen.* -s, *auch ohne Artikel* Staat im Vorderen Orient

Li|ba|ti|on [lat.] *f. 10* altröm. Trankopfer für Götter oder Verstorbene

Li|bell [lat. »Büchlein«] *n. 1* **1.** *im alten Rom:* Klageschrift; **2.** eine Schmähschrift
Li|bel|le [lat.] *f. 11* **1.** ein Insekt, Wasserjungfer; **2.** Glasröhrchen der Wasserwaage; **3.** eine gebogene Haarspange
Li|bel|list [lat.] *m. 10* Verfasser eines Libells
Li|ber *n. 5, schweiz.:* Fünffrankenstück
li|be|ral [lat.] freiheitlich gesinnt, vorurteilsfrei, nach freier Gestaltung des Lebens strebend
Li|be|ra|le(r) *m. 18 (17) bzw. f. 17 oder 18* Anhänger(in), Mitglied einer liberalen Partei, Anhänger(in) des Liberalismus
li|be|ra|li|sie|ren *tr. 3* freiheitlich, großzügig gestalten (bes. wirtschaftlich)
Li|be|ra|li|sie|rung *f. 10 nur Sg.*
Li|be|ra|lis|mus *m. Gen. - nur Sg.* Welt-, Staats- und Wirtschaftsanschauung, die die freie Entfaltung der Persönlichkeit, das freie Spiel der Kräfte und die Lösung des Einzelnen aus relig., polit. u. a. Bindungen erstrebt
li|be|ra|lis|tisch
Li|be|ra|li|tät *f. 10 nur Sg.* Freiheitlichkeit, Vorurteilslosigkeit
Li|be|ra|li|um Ar|ti|um Ma|gis|ter *m. Gen. - - - nur Sg. (Abk.:* L. A. M.) *MA:* Magister der freien Künste (akadem. Titel)
Li|be|ria Staat in Westafrika
Li|be|ri|er, Li|be|ri|a|ner *m. 5*
li|be|risch, li|be|ri|a|nisch
Li|be|ro [ital.] *m. 9, Fußball:* Verteidiger, der je nach Situation auch im Angriff spielen kann
Li|ber|tät [lat.] *f. 10 nur Sg.* Freiheit, *früher bes.:* ständische Freiheit
Li|ber|té, É|ga|li|té, Fra|ter|ni|té [-te -te -te, frz.] Freiheit, Gleichheit, Brüderlichkeit (Schlagwort der Frz. Revolution)
Li|ber|tin [-tẽ, frz.] *m. 9, veraltet* **1.** Freigeist; **2.** ausschweifender, zügelloser Mensch
Li|ber|ti|na|ge [-ʒə] *f. 11 nur Sg.* Leichtfertigkeit, Zügellosigkeit
Li|ber|ti|ner *m. 5* **1.** *im 1. Jh.:* Angehöriger einer aus röm. Freigelassenen bestehenden Synagogengemeinde in Jerusalem; **2.** *Reformationszeit:* Anhänger einer freien Geistesrichtung, Freigeist
Li|ber|ti|nis|mus *m. Gen. - nur Sg.* Zügellosigkeit, Liederlichkeit
Li|bi|di|nist [lat.] *m. 10* sexuell triebhafter Mensch
li|bi|di|nös triebhaft, auf Libido beruhend
Li|bi|do [auch: -bi-] *f. Gen. - nur Sg.* Geschlechtstrieb, Lust
Li|bra *auch:* **Lib|ra** [lat.] **1.** altröm. Gewicht; **2.** *früher in Spanisch sprechenden Ländern:* Gewichtseinheit, Pfund, 460 g
Li|bra|ti|on *auch:* **Lib|ra|ti|on** [lat.] *f. 10* scheinbare Schwankung der von der Erde aus sichtbaren Oberfläche des Mondes
Li|bret|tist *auch:* **Lib|ret|tist** [ital.] *m. 10* Verfasser eines Librettos
Li|bret|to *auch:* **Lib|ret|to** *n. 9* Text zu einer Oper oder Operette
Li|bus|sa tschech. Sagengestalt, Gründerin von Prag
Li|by|en Staat in Nordafrika
Li|by|er *m. 5*
li|bysch
Lic. *Abk. für* Licentiat; vgl. Lizenziat
li|cet [lat.] es ist erlaubt, es steht frei
Li|chen [griech.] *m. 7* **1.** stark juckende Hautkrankheit, Knötchenflechte; **2.** *Bot.:* Flechte
li|che|no|id *Med.:* flechtenartig
Li|che|no|lo|ge *m. 11*
Li|che|no|lo|gie *f. 11 nur Sg., Bot.:* Flechtenkunde
licht; lichte Höhe, lichte Weite: Abstände zwischen den inneren Begrenzungen eines Raumes, Tores, Rohres usw., lichter werden: dünner, weniger werden
Licht **1.** *n. 3, Jägerspr.:* Auge (beim Schalenwild); **2.** *auch: n. 1* Kerze, Lampe; jmdn. hinters L. führen *übertr.:* jmdn. überlisten; ins rechte L. rücken
licht|be|stän|dig
Licht|be|stän|dig|keit *f. 10 nur Sg.*
Licht|bild *n. 3*
Licht|bil|der|vor|trag *m. 2*
Licht|bild|ner *m. 5* Fotograf
licht|blau
Licht|blick *m. 1*
Licht|bo|gen *m. 7* mit Lichtabstrahlung verbundene elektr. Entladung
licht|bre|chend dioptrisch; lichtbrechende Schichten
Licht|bre|chung *f. 10*
Licht|bün|del *n. 5*
Licht|chen *n. 7 Pl. auch:* Lich|terchen
licht|dicht
Licht|druck *m. 1*
licht|durch|läs|sig
Licht|durch|läs|sig|keit *f. 10 nur Sg.*
Lich|te *f. 11* lichte Weite
licht|echt
Licht|ef|fekt *m. 1*
licht|e|lek|trisch *auch:* **licht|e|lekt|risch**
licht|emp|find|lich
Licht|emp|find|lich|keit *f. 10 nur Sg.*
Licht|emp|fin|dung *f. 10*
lich|ten **1.** *tr. 2* heller machen; **2.** *refl. 2* heller werden; **3.** *tr. 2, Seew.:* heben; die Anker lichten
Lich|ten|berg, *Georg Christoph* dt. Schriftsteller und Physiker
Lich|ter *m. 5* s. **Leich|ter**
Lich|ter|baum *m. 2*
Lich|ter|fest *n. 1* achttägiges jüd. Fest im Dezember
Lich|ter|glanz *m. Gen. -es nur Sg.*
lich|ter|loh *unflektierbar;* l. brennen
Lich|ter|meer *n. 1*
lich|tern *tr. 1* s. **leich|tern**
Licht|ga|den *m. 7* Fensterwand im Mittelschiff der Basilika
Licht|gar|be *f. 11*
Licht|ge|schwin|dig|keit *f. 10*
licht|grün
Licht|hof *m. 2* **1.** Lichtschacht; **2.** Lichtschein um Sonne und Mond; **3.** überbelichtete Stelle (einer Fotografie)
Licht|hu|pe *f. 11* Scheinwerfersignal (des Kraftfahrers)
Licht|jahr *n. 1* astronom. Entfernungseinheit, Strecke, die das Licht in einem Jahr zurücklegt
Licht|leh|re *f. 11 nur Sg.* Optik
Licht|lein *n. 7 Pl. auch:* Lich|ter|lein
Licht|mast *m. 10*
Licht|mess (*alt:* Licht|meß) *ohne Artikel;* Mariä L.: kath. Fest, 2. Februar; an, zu L.
Licht|mes|ser *m. 5* Belichtungsmesser
Licht|pau|se *f. 11* Kopie auf fotograf. Wege
Licht|quant *n. 12* Photon
Licht|re|kla|me *auch:* **Licht|rek|la|me** *f. 11*
Licht|satz *m. 2 nur Sg.* Fotosatz
licht|scheu
Licht|schran|ke *f. 11* mit einem Lichtstrahl arbeitende Sperr- oder Öffnungsvorrichtung
Licht|schutz|fak|tor *m. 13* Zahl, die anzeigt, wie stark ein Sonnenschutzmittel die Haut vor UV-Strahlen schützt
Licht|si|gnal *auch:* **Licht|sig|nal** *n. 1*

L

Licht|spiel *n. 1, veraltet:* Kinofilm
Licht|spiel|haus *n. 4*
Licht|spiel|the|a|ter *n. 5*
licht|stark
Licht|stär|ke *f. 11*
Licht|stock *m. 2* lange, dünne Kerze
Licht|strahl *m. 12*
Licht|tech|nik *f. 10*
licht|tech|nisch
Licht|the|ra|pie *f. 11* Heilverfahren mittels Licht
licht|un|durch|läs|sig
Licht|un|durch|läs|sig|keit *f. 10 nur Sg.*
Lich|tung *f. 10*
licht|voll
licht|wen|dig fototropisch
Licht|wen|dig|keit *f. 10 nur Sg.* Fototropismus
Lic. theol. *Abk. für* Licentiatus theologiae; vgl. Lizenziat
Lid *n. 3* Augenlid
Li|do *m. 9* Nehrung (bes. bei Venedig)
Lid|schat|ten *m. 7*
lieb; sich bei jmdm. lieb Kind machen: sich einschmeicheln; lieb sein, lieb werden; lieb behalten; lieb gewinnen; lieb haben; lieb geworden; *Großschreibung:* er ist mir der Liebste von allen; es wäre mir das Liebste, wenn ...; viel, wenig Liebes; jmdm. etwas Liebes tun; meine Liebe, mein Lieber, meine Lieben; meine Liebste, mein Liebster; sie hat einen Liebsten; sie ist mir das Liebste, was ich habe
Lieb *n. Gen. -s nur Sg., poet.:* Geliebte, Geliebter; mein Lieb; feins Lieb
lieb|äu|geln *intr. 1;* mit jmdm. oder etwas l.; ich liebäugele, liebäugle
lieb be|hal|ten (*alt:* lieb|be|hal|ten) *tr. 61*
Lieb|chen *n. 7*
Lieb|den *veraltet:* ehrende Anrede; Euer L.
Lie|be *f. 11, Pl. nur im Sinne von* Liebschaft
lie|be|be|dürf|tig
Lie|be|be|dürf|tig|keit *f. 10 nur Sg.*
Lie|be|die|ner *m. 5* Schmeichler
Lie|be|die|ne|rei *f. 10*
lie|be|die|ne|risch
lie|be|die|nern *intr. 1*
lie|be|leer; liebeleeres Leben
Lie|be|lei *f. 10*
lie|beln *intr. 1*
lie|ben *tr. 1;* jmdn. lieben lernen
lie|ben ler|nen (*alt:* lie|ben|ler|nen) *tr. 1*
lie|bens|wert
lie|bens|wür|dig
lie|bens|wür|di|ger|wei|se
Lie|bens|wür|dig|keit *f. 10*
lie|ber **1.** *Komparativ von* lieb; es ist mir lieber, wenn ...; ich habe, ich sehe es viel lieber, wenn ...; **2.** besser; etwas lieber tun (als ...); ich gehe lieber zu Fuß; komm lieber heute
Lie|bes|a|ben|teu|er *n. 5*
Lie|bes|be|zei|gung *f. 10*
Lie|bes|be|zie|hung *f. 10*
Lie|bes|dienst *m. 1*
Lie|bes|ga|be *f. 11*
Lie|bes|ge|dicht *n. 1*
Lie|bes|ge|schich|te *f. 11*
Lie|bes|hei|rat *f. 10*
Lie|bes|kno|chen *m. 7* ein Gebäck, Éclair
Lie|bes|kum|mer *m. 5 nur Sg.*
Lie|bes|le|ben *n. Gen. -s nur Sg.*
Lie|bes|lied *n. 3*
Lie|bes|mahl *n. 4*
Lie|bes|mü|he *f. 11 nur Sg.;* das ist vergebliche, verlorene L.: das lohnt sich nicht, das ist umsonst
Lie|bes|sze|ne *f. 11*
lie|bes|toll
Lie|bes|trank *m. 2*
lie|bes|trun|ken
Lie|bes|ver|hält|nis *n. 1*
Lie|bes|werk *n. 1*
lie|be|voll
Lieb|frau|en|kir|che *f. 11* der Jungfrau Maria geweihte Kirche
Lieb|frau|en|milch® *f. Gen. - nur Sg.* eine Rheinweinsorte

> **lieb gewinnen/gewonnen:** Gefüge aus Adjektiv und Verb/Partizip werden getrennt geschrieben, wenn das Adjektiv steigerbar oder erweiterbar ist: *Man musste sie einfach lieb gewinnen. Ich habe sie lieb gewonnen.* Ebenso: *Sie haben sich lieb gehabt.* § 34 E3 (3)

lieb ge|win|nen (*alt:* lieb|ge|win|nen) *tr. 53*
lieb ge|wor|den (*alt:* lieb|ge|wor|den)
lieb ha|ben (*alt:* lieb|ha|ben) *tr. 60*
Lieb|ha|ber *m. 5*
Lieb|ha|ber|büh|ne *f. 11*
Lieb|ha|be|rei *f. 10*
Lieb|ha|ber|the|a|ter *n. 5*
Lieb|ha|ber|wert *m. 1* Wert, den ein Liebhaber für ein Kunstwerk zu zahlen bereit ist, im Unterschied zum Gebrauchswert
Lieb|knecht, *Karl* dt. Politiker
lieb|ko|sen [auch: lib-] *tr. 1;* er hat sie geliebkost *oder:* liebkost
Lieb|ko|sung [auch: lib-] *f. 10*
lieb|lich
Lieb|lich|keit *f. 10 nur Sg.*
Lieb|ling *m. 1*
Lieb|lings|spei|se *f. 11*
lieb|los
Lieb|lo|sig|keit *f. 10*
lieb|reich
Lieb|reiz *m. 1 nur Sg.*
lieb|rei|zend
Lieb|schaft *f. 10*
Liebs|te *f. 17 oder 18*
Liebs|te(r) *m. 18 (17)*
Lieb|stö|ckel *m. 5 oder n. 5* eine Gewürzpflanze
lieb|wert *veraltet, noch leicht iron. in der Anrede:* liebwertes Mädchen, liebwerter Herr
Liech|ten|stein Staat zwischen Österreich und der Schweiz
Liech|ten|stei|ner *m. 5*
liech|ten|stei|nisch
Lied *n. 3*
Lied|chen *n. 7 Pl. auch:* Lie|derchen
Lie|der|a|bend *m. 1*
Lie|der|buch *n. 4*
Lie|der|jan, Lied|ri|an *m. 1* liederlicher Mensch
lie|der|lich
Lie|der|lich|keit *f. 10 nur Sg.*
Lie|der|ma|cher *m. 5* jmd., der Lieder (oft zeitkrit. Inhalts) komponiert und selbst vorträgt
Lie|der|ta|fel *f. 11* früher häufig Name von Gesangsvereinen
lied|haft
Lied|lohn *m. 2, veraltet:* Arbeitslohn
Lied|löh|ner *m. 5, veraltet:* Dienstbote
Lied|ri|an *m. 1* s. **Lie|der|jan**
Lie|fe|rant *m. 10*
lie|fer|bar
Lie|fer|frist *f. 10*
lie|fern *tr. 1;* ich liefere, liefre es; Nachschub liefern; dann bin ich geliefert *ugs.:* dann ergeht es mir schlecht, dann bin ich am Ende
Lie|fe|rung *f. 10*
lie|fe|rungs|wei|se in (einzelnen) Lieferungen
Lie|fer|zeit *f. 10*
Lie|ge *f. 11*
Lie|ge|kur *f. 10*

lie|gen *intr. 80;* liegen bleiben; etwas an seinem Platz liegen lassen; die Kirche links liegen lassen: rechts an ihr vorbeifahren; jmdn. links liegen lassen: ihn nicht beachten
lie|gen blei|ben (*alt:* lie|gen|blei-ben) *intr. 17*
Lie|gen|de(s) *n. 18 (17)* Gesteinsschicht unter einer Lagerstätte; *Ggs.:* Hangendes

liegen lassen/bleiben, das Liegenlassen: Gefüge aus einem Verb (Infinitiv) und einem weiteren Verb werden getrennt geschrieben: *Gisela hat das Buch liegen lassen.* § 34 E3 (6)
Substantivisch gebrauchte Zusammensetzungen, bei denen der letzte Bestandteil kein Substantiv ist, werden zusammengeschrieben: *das Liegenlassen.* Ebenso: *das Autofahren, das Unrechttun, der Spätgeborene.* § 37 (2)

lie|gen las|sen (*alt:* lie|gen|las|sen) *tr. 75*
Lie|gen|schaft *f. 10* Grundstück, Grundbesitz; eine Liegenschaft verkaufen
Lie|ger *m. 5* **1.** nicht mehr in Gebrauch befindl. Schiff; **2.** Wächter auf einem solchen Schiff; **3.** Notvorrat (an Wasserfässern)
Lie|ge|statt *f. Gen. - Pl.* -stät|ten, **Lie|ge|stät|te** *f. 11*
Lie|ge|zeit *f. 10* **1.** Zeit, in der ein Schiff im Hafen liegt; **2.** die zum Löschen und Laden festgesetzte Zeit
Liek, Leik *n. 12, Seew.:* Tauwerk, mit dem die Segel eingefasst werden, um sie zu versteifen
Li|en [lat.] *m. Gen.* -s *Pl.* Lie|nes Milz
li|e|nal zur Milz gehörend
Li|e|ni|tis *f. Gen. - Pl.* -ti|den Milzentzündung
Lies, Lie|sa, Lie|se, Li|sa weibl. Vorname, *meist Kurzform von* Elisabeth
Liesch *n. 1 nur Sg.,* **Lie|sche** *f. 11 nur Sg., volkstüml. Bez. für* verschiedene Pflanzen, z. B. Binse, Riedgras
Lie|se **1.** *f. 11, Bgb.:* enge Kluft; **2.** *f. 11, ugs.:* Mädchen, Frau; dumme Liese, Heulliese
Lie|sen *Pl., norddt.:* Bauchfett von Schwein und Schaf
Li|eue [liø, frz.] *f. 9* altes frz. Längenmaß, Meile
Life|style [laıfstaıl, engl.] *m. Gen.* -s *nur Sg.* Leben mit Komfort und Freizeitaktivitäten, *auch:* schönes Wohnen, Fortgehen, Urlaub u. Ä.
Lift [engl.] **1.** *m. 1 oder m. 9* Fahrstuhl; **2.** *m. 9 oder n. 9* Lif|ting *n. 9* kosmet. Operation zur Straffung der Gesichtshaut oder Hebung des Busens; **3.** *m. 9, ugs.:* Mitfahrgelegenheit beim Trampen
Lift|boy [-bɔı] *m. 9*
lif|ten *tr. 2, Kosmetik:* straffen
Lif|ting *n. 9* s. **Lift** (2)
Li|ga [span.] *f. Gen. - Pl.* -gen **1.** Bund, Bündnis; **2.** *Sport:* eine Wettkampfklasse, Sonderklasse
Li|ga|de *f. 11, Fechten:* Binden (Zurseitedrücken) der Klinge des Gegners
Li|ga|ment *n. 1,* **Li|ga|men|tum** *n. Gen.* -s *Pl.* -ta Strang aus Bindegewebe
Li|ga|tur *f. 10* **1.** *Buchw.:* Verbindung zweier Buchstaben zu einer Letter; **2.** *Mus.:* Verbindung zweier gleicher Noten durch einen Bogen zu einem Ton; **3.** *Med.:* Unterbindung eines Blutgefäßes
Li|ge|ti, *György* ungar.-österr. Komponist
light [laıt, engl.] mit reduzierten Inhaltsstoffen (Zucker, Koffein, Nikotin, Alkohol)
Light|pro|dukt [laıt-] *n. 1*
Light|show (*alt:* Light show) [laıtʃoʊ] *f. 9* Lichteffekte (in einer Diskothek)
li|gie|ren *intr. 3, Fechten:* die Klinge des Gegners binden (zur Seite drücken)
Li|gist *m. 10* Angehöriger einer Liga
li|gis|tisch
Li|gnin *auch:* **Lig|nin** *n. 1* Holzstoff, ein Hauptbestandteil des Holzes
Li|gnit *auch:* **Lig|nit** *m. 1* Braunkohle mit noch sichtbarer holziger Struktur
Li|gno|se *auch:* **Lig|no|se** *f. 11 selten* **1.** Zellulose; **2.** *früher:* ein Sprengstoff
Li|gno|stone® *auch:* **Lig|no|stone** [-stoun, engl.] *n. Gen.* -s *nur Sg.* mit Phenolharz getränktes, sehr hartes Pressholz
Li|gro|in *auch:* **Lig|ro|in** *n. 1 nur Sg.* Leichtöl, Bestandteil des Erdöls
Li|gu|rer *m. 5* Angehöriger eines vorindogerman. Volkes in Südfrankreich und Norditalien
Li|gu|ri|en ital. Landschaft am Golf von Genua
li|gu|risch; *aber:* Ligurisches Meer
Li|gus|ter *m. 5* Heckenpflanze, Rainweide
Li|gus|ter|schwär|mer *m. 5* ein Schmetterling
li|ie|ren [frz.] *tr. 3* eng verbinden; sich mit jmdm. l.: eine Liaison (1) mit jmdm. beginnen; mit jmdm. liiert sein
Li|ie|rung *f. 10, selten*
Li|kör [frz.] *m. 1* süßer Branntwein
Lik|tor [lat.] *m. 13, im alten Rom:* Diener höherer Beamter
Lik|to|ren|bün|del *n. 5* vgl. Faszes
Li|kud|block [zu hebr. likud »Zusammenschluss«] *m. 2 nur Sg.* bürgerliches Parteienbündnis in Israel
li|la [Sanskrit] *unflektierbar* **1.** fliederfarben; ein l. Kleid; **2.** mir geht es so l. *ugs.:* mittelmäßig
Li|la *n. Gen. - Pl.* - lila Farbe; vgl. Blau
Li|lak *m. 9* span. Flieder
Li|li|a|ne, Li|li|a|na, Li|li|an weibl. Vorname
Li|li|a|ze|en *Pl., Sammelbez. für* Liliengewächse
Li|lie [-ljə, lat.] *f. 11* eine Zierpflanze
Li|li|en|cron [-ljən-], *Detlev von* dt. Schriftsteller
li|li|en|weiß [-ljən-]
Li|li|put Märchenland mit winzigen Menschen in Jonathan Swifts Roman »Gullivers Reisen«
Li|li|put... *in Zus.:* sehr klein, z. B. Liliputeisenbahn, Liliputformat
Li|li|pu|ta|ner *m. 5* **1.** Einwohner von Liliput; **2.** zwerghaft kleiner Mensch infolge embryonaler Rachitis
lim *Abk. für* Limes (2)
lim. *Abk. für* limited
Li|ma Hauptstadt von Peru
Li|ma|ko|lo|ge [griech.] *m. 11*
Li|ma|ko|lo|gie *f. 11 nur Sg.* Schneckenkunde
li|ma|ko|lo|gisch
Lim|ba *n. Gen.* -s *nur Sg.* ein trop. Furnierholz
Lim|bi *Pl. von* Limbus (2)
Lim|bo *m. 9* karib. Tanz
Lim|bus [lat.] **1.** *m. Gen. - nur Sg., im kath. Glauben:* Vorhölle (ohne Pein), Aufenthaltsort der rechtschaffenen Heiden und unge-

L

tauft gestorbenen Kinder; **2.** *m. Gen. - Pl.* -bi, *an Winkelmessgeräten:* Ring mit Gradeinteilung, auf dem die Größe des Winkels abgelesen wird

Li|me|rick [nach der irischen Grafschaft L. und deren Hauptstadt] *m. 9* fünfzeiliges komisch-groteskes Gedicht

Li|mes [lat.] *m. Gen. - nur Sg.* **1.** altröm. Grenzwall; **2.** (*Abk.:* lim) *Math.:* Grenzwert

Li|met|ta, Li|met|te [pers.-frz.] *f. Gen. - Pl.* -ten eine dünnschalige Zitronenart

Li|met|ten|baum *m. 2*

Li|mit [lat.-engl.] *n. 9* Grenze, äußerster Preis, äußerster Umfang

Li|mi|ta|ti|on [lat.] *f. 10* Begrenzung, Beschränkung

li|mi|ta|tiv begrenzend, beschränkend

li|mi|ted [-tɪd] (*Abk.:* lim., Ld., Ltd.) *hinter engl. und amerik. Firmennamen:* mit beschränkter Haftung

li|mi|tie|ren *tr. 3* begrenzen, beschränken

L

Lim|ni|graph *auch:* **Lim|ni|graf** [griech.], Lim|no|graph *m. 10*

Lim|ni|me|ter *n. 5* Pegel zum Messen und selbsttätigen Aufzeichnen des Wasserstandes von Seen

lim|nisch im Süßwasser lebend, im Süßwasser abgelagert

Lim|no|graph *auch:* **Lim|no|graf** *m. 10* s. **Lim|ni|graph**

Lim|no|lo|ge *m. 11*

Lim|no|lo|gie *f. 11 nur Sg.* Süßwasser-, Seenkunde

lim|no|lo|gisch

Lim|no|plank|ton *n. Gen.* -s *nur Sg.* das → Plankton des Süßwassers

Li|mo *f. 9, ugs. kurz für* Limonade

Li|mo|na|de [ital.] *f. 11*

Li|mo|ne *f. 11* eine dickschalige Zitronenart

Li|mo|nen *n. 1* ein nach Zitrone riechender Kohlenwasserstoff

Li|mo|nit [frz.] *m. 1* ein Mineral, Brauneisenstein

li|mos, li|mös schlammig, sumpfig

Li|mou|si|ne [-mu-, frz.] *f. 11* geschlossener Personenkraftwagen; *Ggs.:* Kabriolett (2)

Lin|coln [lɪŋkən], *Abraham* amerik. Politiker

lind sanft, zart, weich

Lin|de *f. 11*

lin|den aus Lindenholz

Lin|den|baum *m. 2*

Lin|den|blü|ten|tee *m. 9*

lin|dern *tr. 1;* ich lindere es

Lin|de|rung *f. 10*

Lind|heit *f. 10 nur Sg.*

Lind|wurm *m. 4* Drache

Li|ne|al [lat.] *n. 1*

Li|ne|a|ment *n. 1* Linie (z. B. in der Hand, im Gesicht)

li|ne|ar linienförmig, von Linien gebildet, zeichnerisch; lineare Gleichung: Gleichung ersten Grades; linearer Kontrapunkt, linearer Satz: streng kontrapunktische Kompositionsweise

Li|ne|ar|be|schleu|ni|ger *m. 5, Kernphys.:* Gerät zur Beschleunigung elektr. geladener Elementarteilchen auf gerader Bahn

Li|ne|ar|zeich|nung *f. 10* Umrisszeichnung

Li|ne|a|tur *f. 10* s. **Li|ni|a|tur**

Li|net|te [-nɛt, frz.] *f. 11 nur Sg.* ein Gewebe, eine Art Linon

Lin|ga, Lin|gam [Sanskrit] *n. 9* Phallus (ind. Sinnbild der Zeugungskraft)

Linge [lɛ̃ʒ, frz.] *f. Gen. - nur Sg., im schweiz. Hotelgewerbe:* Wäsche

Lin|ge|rie [lɛ̃ʒə-] *f. 11, schweiz.:* Wäschekammer

lin|gu|al [lat.] zur Zunge gehörig, mit der Zunge gebildet

Lin|gu|ist *m. 10*

Lin|gu|is|tik *f. 10 nur Sg.* Sprachwissenschaft

lin|gu|is|tisch

Li|ni|a|tur, Li|ne|a|tur [lat.] *f. 10* Linierung, Liniensystem

Li|nie [-njə] *f. 11;* die Buchstaben halten nicht Linie *Buchw.:* stehen nicht auf gleicher Höhe

Li|ni|en|blatt *n. 4*

Li|ni|en|füh|rung *f. 10 nur Sg.*

Li|ni|en|rich|ter *m. 5, bei Ballspielen:* Helfer des Schiedsrichters

Li|ni|en|schiff *n. 1* ein Schiff in der Linienschifffahrt

Li|ni|en|schiff|fahrt (*alt:* Li|ni|en-schiffahrt (-ff|f-)) *f. 10 nur Sg.* Schifffahrt mit bestimmten, regelmäßig befahrenen Verbindungen

Li|ni|en|spek|trum *auch:* **Li|ni|en-spekt|rum** *n. Gen.* -s *Pl.* -tren aus einer Folge einzelner Spektrallinien bestehendes Spektrum

li|ni|en|treu blind der Parteiideologie folgend

Li|ni|en|ver|kehr *m. 1*

li|nie|ren, li|ni|ie|ren *tr. 3* mit geraden Linien versehen; liniertes Papier

Li|nier|ma|schi|ne *f. 11*

Li|nie|rung *f. 10* das Linieren; Gesamtheit der Linien

li|ni|ie|ren *tr. 3* = **li|nie|ren**

Li|ni|ment [lat.] *n. 1* ein hautreizendes Einreibemittel aus Seife, Fett, Öl oder Alkohol

Link [engl.] *m. Gen.* -(s) *Pl.* -s, *EDV.:* **1.** Datenverbindung zwischen zwei Computern; **2.** *kurz für* Hyperlink

lin|ke(r, -s); linker Hand: links; Ehe zur linken Hand *bis 1918 im Hochadel:* nicht standesgemäße Ehe, bei der Frau und Kinder nicht die gleichen Rechte hatten wie der Mann

Lin|ke *f. 18* linke Hand, linke Seite, er gab mir die L.; er saß an meiner Linken, mir zur Linken; die radikale L.

lin|ker|seits

lin|kisch unbeholfen, ungeschickt

links abbiegen/abbiegend, linksgerichtet, links außen:
Gefüge aus Adjektiv/Adverb und Verb/Partizip werden getrennt geschrieben: *Man konnte nur links abbiegen.* § 34 E3 (2)
Bestimmte feste Gefüge aus Präposition und Adjektiv/Adverb ohne Artikel werden kleingeschrieben, obwohl sie Merkmale der Substantivierung aufweisen: *Er erledigte die Aufgabe mit links.* § 58 (3)
Bestimmte Gefüge mit einem Adjektiv/Partizip als zweitem Bestandteil schreibt man zusammen: *linksgerichtet, linkshändig, linksradikal.* § 36 (1)
Aber Getrenntschreibung wegen der Erweiterbarkeit: *der politisch (ganz) links stehende Abgeordnete.* § 34 E3 (3)
Ebenso: *links außen spielen* (beim Fußball), aber: *der Linksaußen spielte sehr gut.*

links; links außen; links des Baumes; links von mir; nach links; von links; sich links halten; links gehen; er verwechselt jedes Mal rechts und links; etwas mit links erledigen: mühelos; links stehend

links au|ßen (*alt:* links|au|ßen)

Links|au|ßen *m. Gen. - Pl. -, Fußball, Hockey u. a.:* linker Flügelstürmer

links|dre|hend lävogyr

Link|ser *m. 5, ugs. für* Linkshänder; *Ggs.:* Rechtser
links|ex|trem *auch:* **links|ext|rem** äußerst links stehend
Links|ex|tre|mis|mus *auch:* **Links-ext|re|mis|mus** *m. Gen. - nur Sg.*
links|ge|rich|tet
Links|hän|der *m. 5* jmd., der mit der linken Hand geschickter ist als mit der rechten
links|hän|dig
Links|hän|dig|keit *f. 10 nur Sg.*
links|her vgl. rechtsher
links|her|um *auch:* **links|he|rum**
Links|in|tel|lek|tu|el|le(r) *m. 18 (17) bzw. f. 17 oder 18*
Links|kur|ve [-və] *f. 11*
links|las|tig **1.** mit dem Schwerpunkt auf der linken Seite; **2.** politisch links orientiert
links|läu|fig von rechts nach links zu lesen (Schrift)
Links|par|tei *f. 10*
links|ra|di|kal
Links|ra|di|ka|le(r) *m. 18 (17) bzw. f. 17 oder 18* jmd., der politisch extrem links steht
Links|re|gie|rung *f. 10* politisch links stehende Regierung
links|sei|tig
links ste|hend (*alt:* links|ste|hend)
links|um!; l. kehrt!
Links|ver|kehr *m. Gen. -s nur Sg.*
Links|wen|dung *f. 10*
lin|nen *poet. für* leinen
Lin|nen *n. 7, poet. für* Leinen
Lin|o|le|um *auch:* **Li|no|le|um** [lat.] *n. Gen. -s nur Sg.* ein Fußbodenbelag
Lin|ol|schnitt *auch:* **Li|nol|schnitt** *m. 1* **1.** *nur Sg.* eine dem Holzschnitt ähnliche Kunst, wobei statt der Holz- eine Linoleumplatte verwendet wird; **2.** nach diesem Verfahren hergestellter Abzug
Li|non [-nɔ̃, frz.] *m. 9* feines Leinen- oder Baumwollgewebe in Leinwandbindung
Li|no|type® [laınotaıp, engl.] *f. 9* eine Zeilensetz- und -gießmaschine
Lin|se *f. 11*
lin|sen *intr. 1, ugs.:* scharf, genau hinsehen
Lin|sen|ge|richt *n. 1*
Linz Hauptstadt von Oberösterreich; Linzer Torte
Lin|zer *m. 5*
Li|ons Club [laıənzklʌb, engl.] *m. 9* internationale Vereinigung von Clubs mit karitativen Zielen

Lip|ä|mie *auch:* **Li|pä|mie** [griech.] *f. 11* erhöhter Fettgehalt des Blutes
lip|ä|misch *auch:* **li|pä|misch** an Lipämie leidend
Li|pa|ri|sche In|seln ital. Inselgruppe im Mittelmeer
Li|pa|rit *m. 1* ein Ergussgestein
Li|pa|sen *Pl.* Gruppe Fett spaltender Enzyme
Lip|gloss (*alt:* Lip|gloß) [engl.] *n. 9 nur Sg.* Kosmetikum, das die Lippen glänzen lässt
Li|pi|de *n. 11 Pl., Sammelbez. für* Fette und fettähnl. Stoffe
Li|pi|do|se *f. 11* Störung des Fettstoffwechsels
Li|piz|za|ner [nach dem Ort Lipizza bei Triest] *m. 5* eine Pferderasse, Schimmel
li|po|id [griech.] fettartig
Li|po|id *n. 1* fettähnl. Substanz
Li|po|ly|se *f. 11* Fettverdauung, Fettspaltung
Li|pom *n. 1,* **Li|po|ma** *n. Gen. -s Pl.* -po|ma|ta Fettgeschwulst
Li|po|ma|to|se *f. 11* Fettanhäufung
Lip|pe *f. 11;* eine L. riskieren *ugs.:* einen Widerspruch, ein offenes Wort wagen
Lip|pen|be|kennt|nis *n. 1* nur gesprochenes, nicht wirklich ernst gemeintes Bekenntnis
Lip|pen|blüt|ler *Pl.* eine Pflanzenfamilie
Lip|pen|laut *m. 1* Labial, Labiallaut
Lip|pen|stift *m. 1*
Lipp|fisch *m. 1* ein Meeresfisch
...lip|pig mit einer bestimmten Art von Lippen versehen, z. B. schmallippig
Lip|u|rie *auch:* **Li|pu|rie** [griech.] *f. 11* Auftreten von Fett im Urin
Liq. *Abk. für* Liquor
Li|que|fak|ti|on [lat.] *f. 10* Verflüssigung
li|ques|zie|ren *intr. 3* flüssig werden, schmelzen
li|quid, li|qui|de **1.** flüssig; **2.** *übertr.:* zahlungsfähig; *Ggs.:* illiquid
Li|qui|da *f. Gen. - Pl.* -dä *oder* -qui|den Laut, bei dem die Zunge die Mitte des Gaumens so berührt, dass die Luft kontinuierlich entweichen kann (z. B. l, r), Fließlaut, Schmelz-, Schwinglaut
Li|qui|da|ti|on *f. 10* **1.** Abwicklung der Geschäfte eines aufgelösten Unternehmens; **2.** Auflösung (eines Geschäftes, Vereins); **3.** Rechnung, Honorarforderung

Li|qui|da|tor *m. 13* jmd., der eine Liquidation (1, 2) durchführt, Vermittler bei Geschäftsauflösungen
li|qui|de = **li|quid**
Li|qui|den *Pl. von* Liquida
li|qui|die|ren *tr. 3* **1.** auflösen (Unternehmen, Verein); **2.** abwickeln (Geschäfte); **3.** in Rechnung stellen, fordern (Kosten für Leistungen); **4.** *übertr.:* beseitigen, umbringen
Li|qui|die|rung *f. 10*
Li|qui|di|tät *f. 10* Zahlungsfähigkeit
Li|quor *m. Gen. -s nur Sg.* (*Abk.:* Liq.) Flüssigkeit, flüssiges Arzneimittel
Li|ra **1.** [griech.] *f. Gen. -s Pl.* -ren mittelalterl. einsaitige Geige; **2.** [ital.] (*Abk.:* Lit) *f. Gen. - Pl.* -re ital. Währungseinheit
Lis|boa *port. Name für* Lissabon
Li|se|ne [frz.] *f. 11* flach erhabener, senkrechter Mauerstreifen (zur Gliederung einer Wandfläche)
lis|peln *intr. 1* **1.** beim Sprechen mit der Zunge anstoßen; **2.** flüstern; **3.** *poet.:* leise rauschen
Lis|sa|bon Hauptstadt von Portugal
Lis|sa|bon|ner *m. 5*
List *f. 10*
Lis|te *f. 11*
Lis|ten|füh|rer *m. 5*
lis|ten|reich
Lis|ten|wahl *f. 10* Wahl, bei der keine Einzelpersonen, sondern in Listen zusammengefasste Personengruppen gewählt werden
lis|tig
lis|ti|ger|wei|se
Lis|tig|keit *f. 10 nur Sg.*
Liszt [list], *Franz* österr.-ungar. Komponist
Lit *Abk. für* ital. Lira und Lire
Lit. **1.** *Abk. für* Litera (Buchstabe); z. B. Absatz 2, Lit. 5; **2.** Bez. für den Kennbuchstaben auf Banknoten und Wertpapieren, z. B. Lit. A, Lit. B
Li|ta|nei [griech.] *f. 10* **1.** Wechselgebet zwischen Geistlichem und Gemeinde; **2.** *übertr.:* langweiliges Gerede, lange, eintönige Aufzählung
Li|tas *m. Gen. - Pl.* Li|tai, *nach Zahlenangaben Pl. -* (*Abk.:* LTL) Währungseinheit in Litauen, 100 Centas
Li|tau|en einer der drei balt. Staaten
Li|tau|er *m. 5*

li|tau|isch
Li|tau|isch *n. Gen.* -(s) zu den balt. Sprachen gehörende Sprache der Litauer
Li|ter [griech.] *n. 5 oder m. 5* ein Hohlmaß, 1 dm³, 1 kg; ein halbes, halber Liter, ein Viertelliter
Li|te|rar|his|to|ri|ker, Li|te|ra|tur|his|to|ri|ker *m. 5* Wissenschaftler auf dem Gebiet der Literaturgeschichte
li|te|rar|his|to|risch, li|te|ra|tur|his|to|risch die Literaturgeschichte betreffend, zu ihr gehörig
li|te|ra|risch **1.** zur (schönen) Literatur gehörend; **2.** schriftstellerisch
Li|te|rat *m. 10* **1.** Schriftsteller; **2.** *auch abfällig:* gewandt, aber oberflächlich schreibender Schriftsteller
Li|te|ra|tur *f. 10*
Li|te|ra|tur|ge|schich|te *f. 11*
Li|te|ra|tur|haus *n. 4*
Li|te|ra|tur|his|to|ri|ker *m. 5* s. **Li|te|rar|his|to|ri|ker**
li|te|ra|tur|his|to|risch s. **li|te|rar|his|to|risch**
Li|te|ra|tur|kri|tik *f. 10*
li|te|ra|tur|kri|tisch
Li|te|ra|tur|preis *m. 1*
Li|te|ra|tur|spra|che *f. 11 vgl.* Schriftsprache
Li|te|ra|tur|ver|zeich|nis *n. 1*
Li|te|ra|tur|wis|sen|schaft *f. 10*
Li|te|ra|tur|zeit|schrift *f. 10*
li|ter|wei|se
Li|tew|ka [poln.] *f. Gen. - Pl.* -ken, *früher:* bequemer Uniformrock
Lit|faß|säu|le [nach ihrem Erfinder, dem Buchdrucker Ernst Litfaß] *f. 11* Anschlagsäule
lith..., Lith... vgl. litho..., Litho...
Li|thi|um *n. Gen.* -s *nur Sg.* (*Zeichen:* Li) chem. Element, Metall
Li|tho *n. 9, kurz für* Lithographie (3)
li|tho..., Li|tho... *in Zus.:* Stein..., Gesteins...
li|tho|gen aus Gesteinen entstanden
Li|tho|graph *auch:* **Li|tho|graf** *m. 10* Steinzeichner, Steindrucker
Li|tho|gra|phie *auch:* **Li|tho|gra|fie** *f. 11* **1.** Steinzeichnung; **2.** Steindruckverfahren; **3.** Steindruck
li|tho|gra|phie|ren *auch:* **li|tho|gra|fie|ren** *tr. 3* **1.** auf Stein zeichnen; **2.** mittels Steindrucks herstellen
li|tho|gra|phisch *auch:* **li|tho|gra|fisch**
Li|tho|lo|ge *m. 11*
Li|tho|lo|gie *f. 11 nur Sg.* Lehre von den Gesteinen, Gesteinskunde
li|tho|lo|gisch
Li|tho|ly|se *f. 11* Auflösung von Steinen in inneren Organen durch Medikamente
li|tho|phag sich in Gesteine einbohrend, Gestein auflösend (Tier, z. B. Bohrmuschel)
Li|tho|pon *n. 1,* **Li|tho|po|ne** *f. 11* gut deckende, weiße Anstrichfarbe
Li|tho|sphä|re *auch:* **Li|thos|phä|re** *f. 11 nur Sg.* Gesteinshülle der Erde, Erdkruste
Li|tho|to|mie *f. 11* operative Entfernung von Steinen aus inneren Organen
Lith|ur|gik *auch:* **Li|thur|gik** *f. 10* Lehre von der Verwendung und Bearbeitung der Gesteine und Mineralien
li|to|ral [lat.] zur Küste, zum Ufer, zum Strand gehörend, dort vorkommend, küsten-, ufernah
Li|to|ra|le *n. 9* Küstenland
Li|to|ral|fau|na *f. Gen. - nur Sg.* Tierwelt der Küstengewässer
Li|to|ral|flo|ra *f. Gen. - nur Sg.* Pflanzenwelt der Küstengewässer
Li|to|ri|na *f. Gen. - Pl.* -nen eine Strandschnecke
Li|to|ri|nel|len|kalk *m. 1 nur Sg.* Kalkstein mit versteinerten Wasserschnecken
Li|to|tes [-te:s, griech.] *f. Gen. - nur Sg.* Stilfigur: Verneinung des Gegenteils und dadurch vorsichtige Hervorhebung des Gemeinten, z. B. »nicht übel« anstatt »recht gut«
Lit|schi, Lit|schi|pflau|me [chin.] *f. 11* weiße, süßliche Tropenfrucht in einer Schalenhülle
Li|turg [griech.] *m. 10* Geistlicher, der die Liturgie (2) ausführt, im Unterschied zum Prediger
Li|tur|gie *f. 11* **1.** *im alten Athen:* Abgabe der Bürger an den Staat, eine Stiftung; **2.** gottesdienstliche Handlung, Altargottesdienst, im Unterschied zur Predigt; **3.** *evang. Kirche:* Wechselgesang des Geistlichen mit der Gemeinde
Li|tur|gik *f. 10 nur Sg.* Lehre von der christl. Liturgie
li|tur|gisch zur Liturgie gehörend; liturgische Gefäße, Gewänder, Formeln
Lit|ze *f. 11*
Li|u|dol|fin|ger *m. 5* s. **Lu|dol|fin|ger**
live [laɪf, engl. »lebendig«] *Funk, Fernsehen;* l. senden: direkt übertragen
Li|ve [-və] *m. 11* Angehöriger eines finn., heute in den Letten und Esten aufgegangenen Volksstammes
Live|auf|zeich|nung [laɪf-] *f. 10* Aufzeichnung einer Veranstaltung (Funk, Fernsehen), die zu einem späteren Zeitpunkt gesendet wird
Live|mit|schnitt [laɪf-] *m. 1*
Live|mu|sik [laɪf-] *f. 10*
Live|sen|dung [laɪf-] *f. 10, Radio, Fernsehen:* Direktübertragung, Direktsendung

> **Liveshow:** Folgen aus Adjektiv, Partikel oder Pronomen und einem Substantiv oder von zwei Substantiven (auch fremdsprachigen) schreibt man zusammen: *die Liveshow.*
> Ebenso: *Bypassoperation, Swimmingpool.* § 37 (1)

Live|show [laɪfʃoʊ, engl.] *f. 9* Sendung, die direkt ausgestrahlt wird
li|visch [-viʃ] zu Livland gehörend
Liv|land histor. Landschaft zwischen Rigaer Meerbusen und Peipussee
Liv|län|der *m. 5*
liv|län|disch
Li|vre *auch:* **Liv|re** [-vrə, frz. »Pfund«] *m. oder n. Gen.* -s *Pl.* - **1.** alte frz. Münze; **2.** alte frz. Gewichtseinheit (500 g)
Li|vree *auch:* **Liv|ree** [-vre, frz.] *f. 11* uniformartige Kleidung für Bedienstete; ein Chauffeur in L.
li|vriert *auch:* **liv|riert**
Li|zen|ti|at [-tsjat] *Nv.* **Li|zen|zi|at** *Hv. m. 10*
Li|zenz *f. 10* Erlaubnis, Genehmigung zur Ausübung eines Gewerbes, zur Benutzung eines Patents, zum Druck eines in einem anderen Verlag erschienenen Buches u. a.
Li|zenz|aus|ga|be *f. 11*
Li|zenz|ge|ber *m. 5*
Li|zenz|ge|bühr *f. 10*
Li|zen|zi|at, Li|zen|ti|at [lat.] *m. 10* *(Abk.: Lic.)* **1.** *veraltet, noch österr.:* Hochschulgrad der evang. Theologie und einiger kath. theolog. Fakultäten; *heute ersetzt*

durch Dr. theol.; **2.** *schweiz.:* Hochschulgrad auch außerhalb der theolog. Fakultät

li|zen|zie|ren *tr. 3;* etwas l.: für etwas die Lizenzierung erteilen

Li|zen|zie|rung *f. 10*

Li|zenz|in|ha|ber *m. 5*

li|zi|tie|ren *tr. 3, österr.;* er lizitierte (mit): er bot bei der Versteigerung (mit)

l. J. *Abk. für* laufenden Jahres

Ljubl|ja|na, *dt.:* Lai|bach Hauptstadt von Slowenien

Lkw, LKW *m. Gen.* -(s) *Pl.* -s *Abk. für* Lastkraftwagen

Lla|no [lja-, span.] *m. 9, in den südl. USA und in Südamerika:* baumarme Steppe

Lloyd [lɔɪd, engl.] *m. Gen.* -(s) *Pl.* -s Seeversicherungsgesellschaft, Schifffahrtsunternehmen; Norddeutscher Lloyd *jetzt:* (Hapag Lloyd)

Lloyd Web|ber [lɔɪd wɛbə(r)], *Andrew* brit. Komponist

lm *Abk. für* Lumen

Lob *n. 1 nur Sg.*

Lob *m. 9,* **Lob|ball** *m. 2, Tennis:* über den vorgelaufenen Gegner hinweggeschlagener Ball

lob|ben *intr. 1* einen Lobball schlagen; ich lobbte, habe gelobbt

> **Lobbys:** Fremdwörter aus dem Englischen, die im Singular auf *-y* enden, erhalten im Plural ein *-s: Lobby - Lobbys.* § 21

Lob|by [engl.] *f. 9* **1.** *in Großbritannien und den USA:* Vorhalle in einem Parlamentsgebäude; **2.** Gesamtheit der Angehörigen von Interessengruppen, die (dort) die Abgeordneten zu beeinflussen suchen

Lob|by|is|mus *m. Gen. - nur Sg.* Beeinflussung von Parlamentsmitgliedern durch Interessengruppen

Lob|by|ist *m. 10* Angehöriger der Lobby (2)

Lo|be|lie [-ljə, nach dem Botaniker M. Lobelius] *f. 11* eine Zierpflanze

Lo|be|lin *n. 1 nur Sg.* ein aus manchen Lobelienarten gewonnenes Alkaloid, ein Heilmittel

lo|ben *tr. 1*

lo|bens|wert

lo|be|sam *poet., veraltet:* tüchtig

Lo|bes|er|he|bung *f. 10*

Lob|ge|sang *m. 2*

Lob|hu|de|lei *f. 10* übertriebenes Lob; die vielen Lobhudeleien ließen ihn kalt

Lob|hu|de|ler, Lob|hud|ler *m. 5*

lob|hu|deln *intr. 1;* er lobhudelt, hat gelobhudelt

löb|lich

Lob|lied *n. 3;* ein L. auf jmdn. singen

Lo|bo|to|mie [griech.] *f. 11* Leukotomie

Lob|preis *m. 1*

lob|prei|sen *tr. 92;* ich lobpreise, habe lobgepriesen

Lob|prei|sung *f. 10*

Lob|re|de *f. 11*

Lob|red|ner *m. 5*

lob|red|ne|risch

lob|sin|gen *intr. 140;* ich lobsinge, habe lobgesungen

Lo|bus *m. Gen. - Pl.* -bi Lappen (eines Organs)

Lo|ca|tion [loʊkɛɪʃən, engl.] *f. 9* **1.** Örtlichkeit; **2.** *Film:* Drehort im Freien

Loch **1.** *n. 4;* ein Loch graben; **2.** [lɔx, schott.] *m. Gen.* -(s) *Pl.* -s, *in Schottland:* See

Löchel|chen *n. 7*

lo|chen *tr. 1*

Lo|cher *m. 5*

lö|che|rig, löch|rig

lö|chern *tr. 1, ugs.:* ständig bitten oder ausfragen

Lo|chi|en [-xiən, griech.] *Pl.* Ausfluss aus der Scheide nach der Entbindung, Wochenfluss

Loch|kar|te *f. 11*

Loch|kar|ten|ma|schi|ne *f. 11*

Löch|lein *n. 7*

löch|rig, lö|che|rig

Loch|sti cke|rei *f. 10*

Loch|strei|fen *m. 7*

Lo|chung *f. 10*

Loch|zan|ge *f. 11*

Löck|chen *n. 7*

Lo cke *f. 11; auch Jägerspr.:* Pfeife oder Tier zum Anlocken von Wild

Locke [lɔk], *John* engl. Philosoph

lo cken *tr. 1*

lö cken *intr. 1, urspr.:* mit den Füßen stoßen, ausschlagen; *nur noch in der Wendung* gegen, wider den Stachel l.: sich widersetzen

Lo cken|haar *n. Gen.* -s *nur Sg.*

Lo cken|kopf *m. 2* Kopf oder Person mit sehr lockigem Haar, Lockenschopf

Lo cken|wi ckel *m. 5,* **Lo cken|wickler** *m. 5*

> **locker machen/sitzen, lockerlassen:** Fügungen aus Adjektiv und Verb, in denen das Adjektiv steigerbar oder erweiterbar ist, werden getrennt geschrieben: *Er wollte das Tau locker machen.* § 34 E3 (3)
>
> Kann hingegen das Adjektiv weder gesteigert noch erweitert werden, schreibt man das Gefüge zusammen: *Sie wollte nicht lockerlassen* (= nicht nachgeben). § 34 (2.2)

lo cker; eine Schnur locker lassen, locker machen; *aber:* → lockerlassen, Geld → lockermachen

Lo cker|heit *f. 10 nur Sg.*

lo cker|las|sen *intr. 75;* nicht l.: nicht nachgeben; vgl. locker

lo cker|ma|chen *tr. 1* hergeben; Geld, ein paar Mark l.; vgl. locker

lo ckern *tr. 1;* ich lockere, lockre es

Lo cke|rung *f. 10*

Lo cke|rungs|ü bung *f. 10*

lo ckig

Lock|mit|tel *n. 5*

Lock|pfei|fe *f. 11*

Lock|ruf *m. 1*

Lock|spei|se *f. 11*

Lock|spit|zel *m. 5*

Lo ckung *f. 10*

Lock|vo|gel *m. 6*

lo|co [lat.] *Kaufmannsspr.:* am Ort, hier, greifbar, vorrätig; loco Berlin: in Berlin zu liefern

lo|co ci|ta|to (*Abk.:* l. c.) *bei Zitaten:* am angeführten Ort, aus derselben Quelle

lod|de|rig *Nebenform von* lotterig

Lo|de, Loh|de *f. 11* Schössling (eines Laubbaums)

Lo|den *m. 7* ein gewalktes, haariges Wollgewebe für Regen- und Trachtenkleidung

Lo|den|jop|pe *f. 11*

Lo|den|kot|ze *f. 11*

Lo|den|man|tel *m. 6*

lo|dern *intr. 1*

Löf|fel *m. 5*

Löf|fel|bag|ger *m. 5*

Löf|fel|en|te *f. 11* eine Ente mit löffelartigem Schnabel

löf|feln *tr. 1; auch ugs.:* verstehen, begreifen

löf|fel|wei|se

Löff|ler *m. 5* Schreitvogel mit löffelartig verbreitertem Schnabel

Lo|fo|ten [auch: lo-], **Lo|fot|in|seln** *Pl.* Inselgruppe vor der Nordwestküste Norwegens

L

Loft *m. 9, Golf:* **1.** Schlag für Hochbälle; **2.** Neigungsgrad des Golfschlägers
log *Abk. für* Logarithmus
Log [engl.] *n. 1,* Log|ge *f. 11* Gerät zum Messen der Fahrgeschwindigkeit (eines Schiffes)
Log|a|rith|men|ta|fel *auch:* **Lo|ga|rith|men|ta|fel** *f. 11*
log|a|rith|mie|ren *auch:* **lo|ga|rith|mie|ren** *tr. 3* den Logarithmus feststellen (von)
log|a|rith|misch *auch:* **lo|ga|rith|misch**
Log|a|rith|mus *auch:* **Lo|ga|rith|mus** *m. Gen. - Pl.* -men Exponent x, mit dem eine bestimmte Basiszahl multipliziert werden muss, um einen bestimmten Zahlenwert zu erhalten; dekadischer L. (*Abk.:* log): L. mit der Basiszahl 10
Log|buch *n. 4, auf Schiffen:* Buch, in das alle nautischen Beobachtungen und Ereignisse an Bord eingetragen werden, Schiffsjournal, Schiffstagebuch
...lo|ge [griech.], *österr.:* **...log** *in Zus.:* Kenner, Forscher, Wissenschaftler, z. B. Psychologe

L

Lo|ge *german. Myth.* s. **Lo|ki**
Lo|ge [-ʒə, frz.] *f. 11* **1.** kleiner Seitenraum, z. B. Pförtnerloge; **2.** kleiner, abgeteilter Raum mit wenigen Sitzplätzen im Zuschauerraum eines Theaters; **3.** Vereinigung von Freimaurern
Lo|gen|bru|der [-ʒən-] *m. 6* Mitglied einer Loge (3)
Lo|gen|schlie|ßer [-ʒən-] *m. 5, im Theater:* Platzanweiser
Log|gast *m. 12* Matrose, der das Log zu bedienen hat
Log|ge *f. 11* s. **Log**
log|gen *tr. 1* mit dem Log messen
Log|ger *m. 5* kleines Fischereifahrzeug mit Motor und Hilfssegel
Log|gia [lɔdʒa, ital. »Laube«] *f. Gen. - Pl.* -gi|en [lɔdʒən] **1.** offene Bogenhalle, Säulenhalle; **2.** eingezogener (nicht vorspringender) Balkon
Log|glas *n. 4* Sanduhr zum Loggen
...lo|gie [griech.] *in Zus.:* Lehre, Wissenschaft von ..., z. B. Psychologie
Lo|gier|be|such [-ʒiːr-] *m. 1* Besuch zum Übernachten
lo|gie|ren [-ʒiː-, frz.] **1.** *tr. 3, veraltet, noch schweiz.:* beherbergen, unterbringen; jmdn. bei sich, im Hotel l.; **2.** *intr. 3* vorübergehend wohnen; im Hotel, bei Verwandten l.
Lo|gier|gast [-ʒiːr-] *m. 2*
Lo|gier|zim|mer [-ʒiːr-] *n. 5, veraltet:* Gastzimmer
Lo|gik [griech.] *f. 10* **1.** Lehre vom richtigen Denken und Folgern; **2.** folgerichtiges Denken, Folgerichtigkeit
Lo|gi|ker *m. 5* **1.** Lehrer der Logik; **2.** jmd., der logisch zu denken versteht
Lo|gis [-ʒiː, frz.] *n. Gen. - Pl. -* [-ʒiːs] **1.** Unterkunft; **2.** *auf Schiffen:* Mannschaftsraum
lo|gisch folgerichtig, denkrichtig, den Gesetzen der Logik entsprechend
lo|gi|scher|wei|se
Lo|gis|mus **1.** *m. Gen. - nur Sg.* Auffassung, dass die Welt logisch aufgebaut sei; **2.** *m. Gen. - Pl.* -men Vernunftschluss
Lo|gis|tik *f. 10 nur Sg.* **1.** *Mil.:* Gesamtheit der Maßnahmen für Nachschub und Infrastruktur; **2.** mathemat. Logik
Lo|gis|ti|ker *m. 5* **1.** jmd., der in der Logistik (1) tätig ist; **2.** Anhänger der Logistik (2)
lo|gis|tisch
Lo|gi|zis|mus *m. Gen. - nur Sg.* **1.** Lehre, die die gesamte Mathematik auf Logik zurückführt; **2.** formales log. Schließen ohne Rücksicht auf den Denkinhalt
lo|gi|zis|tisch
Lo|gi|zi|tät *f. 10 nur Sg.* logische Beschaffenheit; *Ggs.:* Faktizität
Log|lei|ne *f. 11* Messschnur zum Loggen
lo|go..., Lo|go... [griech.] *in Zus.:* Wort..., Rede..., Vernunft...
lo|go *ugs.:* logisch
Lo|go *n. 9* Schriftzug eines Marken-, Firmenzeichens
Lo|goi *Pl. von* Logos
Lo|go|pä|de *m. 11*
Lo|go|pä|die *f. 11 nur Sg.* **1.** Sprachheilkunde; **2.** Spracherziehung von sprach- und stimmgestörten Personen, bes. Kindern
Lo|gos *m. Gen. - Pl.* -goi **1.** *urspr.:* Wort, Rede, Kunde, Lehre; **2.** Begriff, Sinn, logisches Urteil; **3.** Vernunft, Weltvernunft, göttl. Vernunft; **4.** *Christentum:* Mensch gewordenes Wort Gottes
Loh|blü|te *f. 11* ein Schleimpilz
Loh|brü|he *f. 11* Brühe aus Lohe zum Gerben
Loh|de *f. 11* s. **Lo|de**
Lo|he *f. 11* **1.** lodernde Flammen; **2.** gemahlene Baumrinde zum Gerben
lo|hen **1.** *intr. 1* lodernd brennen, hoch aufflammen; **2.** *tr. 1* gerben
Lo|hen|grin dt. Sagengestalt, Sohn Parzivals
Loh|ger|ber *m. 5*
Loh|ger|be|rei, Loh|ger|bung *f. 10 nur Sg.* Gerberei, bei der die Felle in der Lohe in einer Grube liegen, Grubengerbung
Loh|mül|ler *m. 5* Lohgerber
Lohn *m. 2*
Lohn|ar|beit *f. 10*
Lohn|ar|bei|ter *m. 5*
Lohn|buch|hal|ter *m. 5*
Lohn|buch|hal|tung *f. 10*
Lohn|bü|ro *n. 9*
Lohn|die|ner *m. 5* Aushilfsdiener (bei Festen u. a.)
Lohn|emp|fän|ger *m. 5*
loh|nen *tr. 1;* es lohnt den Einsatz, die Mühe nicht; der Einsatz, die Mühe lohnt sich nicht; es lohnt (sich) nicht, hinzugehen
löh|nen *tr. 1;* jmdn. l.: jmdm. Lohn auszahlen
Lohn|fort|zah|lung *f. 10*
Lohn|ne|ben|kos|ten *nur Pl.* Geld- u. Naturalleistungen der Arbeitgeber an die Arbeitnehmer über die eigentlichen Löhne und Gehälter hinaus
Lohn-Preis-Spi|ra|le *f. 11*
Lohn|steu|er|aus|gleich, Lohn|steu|er|jah|res|aus|gleich *m. 1*
Lohn|stopp *m. 9* Aufhören von Lohnerhöhungen
Löh|nung *f. 10*
Loi|pe [lɔɪpə, skand.] *f. 11, Skisport:* maschinell angelegte Langlaufspur
Loire [loaːr] *f. Gen. -* Fluss in Frankreich
Lok *f. 9, Kurzwort für* Lokomotive
lo|kal [lat.] örtlich, örtlich begrenzt
Lo|kal *n. 1* **1.** Ort, Raum, z. B. Wahllokal; **2.** Gastwirtschaft, Restaurant
Lo|kal|an|äs|the|sie *auch:* **Lo|kal|a|näs|the|sie** *f. 11* örtl. Betäubung
Lo|kal|bahn *f. 10* Kleinbahn
Lo|kal|be|richt *m. 1* Zeitungsbericht über örtl. Ereignisse
Lo|kal|der|by [-dɛrbɪ] *n. 9, Sport:* Spiel zwischen zwei Mannschaften, die aus dem gleichen Ort oder der gleichen Region stammen

Lo|ka|li|sa|ti|on *f. 10* **1.** Beschränkung auf einen Ort, eine Stelle; **2.** Festlegung, Bestimmung eines Ortes
lo|ka|li|sie|ren *tr. 3* **1.** auf einen Ort beschränken; eine Krankheit auf ihren Herd l.; **2.** örtlich festlegen, den Standort bestimmen (von etwas)
Lo|ka|li|sie|rung *f. 10*
Lo|ka|li|tät *f. 10* **1.** Raum, Örtlichkeit; **2.** *Pl.* die Lokalitäten *ugs.:* Toilette, Waschraum
Lo|kal|ko|lo|rit *n. 1 nur Sg., in literar. Werken:* anschaul. Schilderung der Landschaft, des Milieus, der Sitten und Gebräuche eines Schauplatzes
Lo|kal|nach|rich|ten *Pl.* Nachrichten aus dem örtl. Bereich
Lo|kal|pa|tri|o|tis|mus *auch:* **Lo|kal|pat|ri|o|tis|mus** *m. Gen. - nur Sg.* betonte Liebe zur engeren Heimat
Lo|kal|po|li|tik *f. 10 nur Sg.* politisches Geschehen in einer Stadt
Lo|kal|pos|se *f. 11*
Lo|kal|pres|se *f. 11 nur Sg.* Gesamtheit der lokalen Tageszeitungen
Lo|kal|satz *m. 2, Gramm.:* Umstandssatz des Ortes
Lo|kal|stück *n. 1* volkstüml., humorvolles, an eine bestimmte Landschaft oder Stadt gebundenes, häufig in Mundart geschriebenes Theaterstück, Lokalposse
Lo|kal|teil *m. 1* Teil der Zeitung, der Nachrichten aus dem örtl. Bereich bringt
Lo|kal|ter|min *m. 1* gerichtl. Termin am Tatort des Rechtsfalles
Lo|kal|ver|kehr *m. Gen. -s nur Sg.* Vorortverkehr
Lo|ka|tar [lat.] *m. 1, veraltet:* Pächter
Lo|ka|ti|on *f. 10* **1.** *veraltet:* Platz-, Rangbestimmung, Einordnung; **2.** *veraltet:* Anweisung eines Platzes oder Ranges; **3.** *Erdölförderung:* Bohrstelle
Lo|ka|tiv *m. 1* den Ort bestimmender Kasus, z. B. im Latein. u. Griech.
Lo|ka|tor *m. 13* **1.** *MA:* Ritter, der im Auftrag des Landesherrn Kolonialland verteidigte; **2.** *veraltet:* Verpächter
Lok|füh|rer *m. 5, Kurzwort für* Lokomotivführer
Lo|ki, Lo|ge *german. Myth.:* Unheil bringender Gott des Feuers
Lo|ko|ge|schäft *n. 1* Geschäft über sofort verfügbare Ware; *Ggs.:* Termingeschäft
Lo|ko|mo|ti|on *f. 10, Biol., Med.:* Ortsveränderung
Lo|ko|mo|ti|ve [-və] *f. 11* (*Kurzwort:* Lok) auf Schienen fahrende Zugmaschine
Lo|ko|mo|tiv|füh|rer *m. 5* (*Kurzwort:* Lokführer)
lo|ko|mo|to|risch auf Fortbewegung, Gang, Lauf beruhend, sie bewirkend
Lo|ko|wa|re *f. 11* sofort verfügbare, am Ort befindl. Ware
Lo|kus *m. Gen. - Pl. -kus|se, ugs.:* Toilette, WC
Lo|ku|ti|on [lat.] *f. 10, veraltet:* Rede-, Ausdrucksweise
Lolch *m. 1* Süßgras, Raigras
Lol|lo ros|so [ital.] *m. 9 nur Sg.* krauser Blattsalat
Lom|bard [nach der Lombardei] *m. 1 oder n. 1* Kredit gegen Pfand
Lom|bar|de *m. 11* **1.** Einwohner der Lombardei; **2.** *MA:* oberital. Geldleiher oder Geldwechsler
Lom|bar|dei *f. Gen. -* nordital. Landschaft
lom|bar|die|ren *tr. 3* beleihen
lom|bar|disch zur Lombardei gehörend, aus ihr stammend
Lom|ber, *frz.:* **Lom|bre** *auch:* **Lomb|re** [lɔ̃brə] *n. Gen. -(s) nur Sg.* ein frz. Kartenspiel
Lon|don Hauptstadt von Großbritannien
Lon|do|ner *m. 5*
Long|drink [engl.] *m. 9* mit Sodawasser o. Ä. verdünntes Getränk; *Ggs.:* Shortdrink
Lon|ge [lɔ̃ʒ(ə), frz.] *f. 11* **1.** Laufleine für Pferde bei der Dressur; **2.** Hilfsleine für Schwimmschüler
lon|gie|ren [lɔʒi-] *tr. 3* an der Longe laufen lassen (Pferd)
Lon|gi|me|trie *auch:* **Lon|gi|met|rie** [lat. + griech.] *f. 11 nur Sg.* Längenmessung
lon|gi|tu|di|nal **1.** in der Längsrichtung; **2.** der geograph. Länge nach, den Längengrad betreffend
Lon|gi|tu|di|nal|wel|le *f. 11* Längswelle, in Ausbreitungsrichtung schwingende Welle
Long|sel|ler [engl.] *m. 5* Ware (bes. Buch, Schallplatte), die sich lange Zeit gut verkauft
Löns, *Hermann* dt. Schriftsteller
Look [luk, engl.] *m. 9* Aussehen, Äußeres, *meist in Zus. wie* Afrolook (Haarfrisur), Partnerlook
Loo|ping [lu-, engl.] *n. 9 oder m. 9* Überschlag mit dem Flugzeug
Lor|beer *m. 12* immergrüner Baum, dessen Blätter als Gewürz und als Kranz für Sieger-, Dichterehrungen verwendet werden; Sinnbild des Ruhms; sich auf seinen Lorbeeren ausruhen *ugs.:* nach anfänglich großen Leistungen nachlassen; damit kannst du keine Lorbeeren ernten, gewinnen: keinen Ruhm
Lor|beer|baum *m. 2*
Lor|beer|blatt *n. 4* ein Gewürz
Lor|bee|re *f. 11*
Lor|beer|kranz *m. 2*
Lorch *m. 1,* **Lor|che** *f. 11, mitteldt.:* Kröte
Lor|chel *f. 11* ein Schlauchpilz
Lord [engl.] *m. 9* engl. Adelstitel
Lord|kanz|ler *m. 5* höchster engl. Staatsbeamter
Lord May|or *auch:* **Lord Ma|yor** (*alt:* Lord-May|or) [lɔ(r)dmɛə(r)] *m. 9, in London und einigen anderen brit. Großstädten:* Erster Bürgermeister
Lor|do|se [griech.] *f. 11,* **Lor|do|sis** *f. Gen. - Pl. -sen* Wirbelsäulenverkrümmung nach vorn
Lo|re *f. 11* **1.** offener Eisenbahngüterwagen; **2.** *auch:* Lo|ri *n. 9* kleiner, auf Schienen laufender Lastwagen mit dreieckigem Längsschnitt, Kipplore
Lo|re|lei, Lo|re|ley *f. Gen. -* **1.** Felsen am Rheinufer nahe St. Goarshausen; **2.** *dt. Myth.:* Nixe, Zauberin, die die vorbeifahrenden Rheinschiffer ins Verderben lockt
Lo|renz männl. Vorname
Lor|gnet|te *auch:* **Lorg|net|te** [lɔrnjɛtə, frz.] *f. 11, früher:* Stielbrille
Lor|gnon *auch:* **Lorg|non** [lɔrnjɔ̃] *n. 9* Einglas mit Stiel, *auch:* Stielbrille
Lo|ri **1.** *n. 9* s. **Lo|re** (2); **2.** *m. 9* ein Halbaffe; **3.** *m. 9* ein Papagei
Lork *m. 1 oder m. 2, nddt.:* Kröte
Lor|ke *f. 11 nur Sg., sächs.:* dünner Kaffee, Malzkaffee
Lo|ro|kon|to [ital.] *n. Gen. -s Pl. -ten* bei einer Bank für eine andere Bank geführtes Konto
Lort|zing, *Albert* dt. Komponist
los(e) **1.** etwas los haben *ugs.:* Geschick (für etwas) besitzen, intelligent sein; jmdn. los sein wollen; mit ihm muss etwas los sein; einer Sache los und ledig sein:

von einer Sache befreit sein; **2.** die Schnur los(e) lassen; *aber:* → loslassen, → loslegen, → losmachen, → lossagen
Los *n. 1;* das große Los
Los An|ge|les [lɔsændʒələs] Stadt in Kalifornien (USA)
lös|bar
Lös|bar|keit *f. 10 nur Sg.*

> **losbinden, los sein:** Fügungen aus der Partikel *los* und einem Verb schreibt man im Infinitiv, Partizip und am Ende eines Nebensatzes zusammen: *Er hat die Kuh losgebunden.* § 34 (1) Fügungen mit *sein* werden immer getrennt geschrieben: *Sie wollte die Sorgen los sein.* § 35

los|bin|den *tr. 14*
Lösch|blatt *n. 4*
lö|schen *tr. 1; auch Seew.:* ausladen (Ladung)
Lö|scher *m. 5*
Lösch|kalk *m. 1* gelöschter Kalk
Lösch|pa|pier *n. 1*
Lö|schung *f. 10*
los|don|nern *intr. 1*
los|drü|cken *intr. 1*
lo|se 1. nicht fest, locker; **2.** keck, schelmisch; ein loses Mädchen; einen losen Mund haben: keck, vorwitzig, vorlaut sein
Lo|se *n. 5, Seew.:* schlaffer Teil eines Taus
Lo|se|blatt|aus|ga|be *f. 11* auf einzelnen Blättern in Fortsetzungen erscheinende Druckschrift
Lo|se|blatt|buch|hal|tung *f. 10*
Lö|se|geld *n. 3*
los|ei|sen *tr. 1, ugs.:* mit Mühe frei machen; sich von jmdm. oder einer Verpflichtung l.
lo|sen *intr. 1* **1.** das Los ziehen, werfen; **2.** *österr.:* horchen
lö|sen *tr. 1*
Lo|ser, Lu|ser *m. 5, Jägerspr. landsch. für* Lauscher
los|fah|ren *intr. 32*
los|ge|ben *tr. 45* freigeben
los|ge|hen *intr. 47*
Los|kauf *m. 2*
los|kau|fen *tr. 1* freikaufen, durch Lösegeld befreien
los|kom|men *intr. 71*
los|kop|peln *tr. 1*
los|las|sen *tr. 75*
los|lau|fen *intr. 76*
los|le|gen *intr. 1, ugs.:* schwungvoll beginnen
lös|lich
Lös|lich|keit *f. 10 nur Sg.*
los|lö|sen *tr. 1*
Los|lö|sung *f. 10*
los|ma|chen *tr. 1*
los|mar|schie|ren *intr. 1*
los|plat|zen *intr. 1* plötzlich zu lachen, zu sprechen anfangen
los|rei|ßen *tr. 96*
los|ren|nen *intr. 98*
Löss (*alt:* Löß) *auch:* **Löß** *m. 1* kalkreiche Ablagerung von Flugstaub
los|sa|gen *refl. 1;* sich von jmdm. oder etwas l.
Los|sa|gung *f. 10 nur Sg.*
los|schie|ßen *intr. 113, ugs.:* plötzlich zu schießen, zu laufen, zu sprechen beginnen; schieß los!: sprich, erzähle!
los|schla|gen *intr. u. tr. 116*
lös|sig (*alt:* lö|ßig) *auch:* **lö|ßig** wie Löss
Löss|kin|del (*alt:* Löß|kin|del) *auch:* **Löß|kin|del** *n. 5,* **Löss|männ|chen** (*alt:* Löß|männ|chen) *auch:* **Löß|männ|chen** *n. 7* Figuren bildende, lehmige Verfestigung im Löss
los|spre|chen *tr. 146* freisprechen; jmdn. von einer Schuld, einer Verpflichtung l.
los|sprin|gen *intr. 148*
los|steu|ern *intr. 1;* auf jmdn. oder etwas l.
los|stür|men *intr. 1*
los|stür|zen *intr. 1;* auf jmdn. oder etwas l.
Lost *m. Gen.* -(e)s *nur Sg.* Senfgas
Los|ta|ge *Pl.* **1.** die zwölf Nächte zwischen Weihnachten und Dreikönige; **2.** Lur|ta|ge *nach alter Bauernregel:* die für das Wetter bedeutsamen Tage, z. B. die Eisheiligen
Lo|sung *f. 10* **1.** Kennwort, Erkennungswort; **2.** Wahlspruch; **3.** *in der Herrnhuter Brüdergemeine:* Bibelspruch für jeweils einen Tag; **4.** *österr.:* Erlös, Tageseinnahme; **5.** *Jägerspr.:* Kot (des Wildes und Hundes)
Lö|sung *f. 10*
Lö|sungs|mit|tel *n. 5*
Lo|sungs|wort *n. 1*
Los|ver|käu|fer *m. 5*
Los-von-Rom-Be|we|gung *f. 10 nur Sg., 1897 bis um 1925 in Österreich:* gegen die kath. Kirche gerichtete Bewegung
los|wer|den *tr. 180;* sieh zu, dass du ihn loswirst; ich bin ihn nicht losgeworden
los|zie|hen *intr. 187; auch ugs.:* gegen jmdn. l.: jmdn. beschimpfen
Lot *n. 1* **1.** senkrecht auf einer Geraden (oder Kurve) stehende Gerade (oder Kurve); **2.** an einer Schnur hängendes Metallstück zum Messen der Wassertiefe (Bleilot, Senkblei) und Bestimmen der Senkrechten (Senklot); **3.** alte Gewichtseinheit, urspr. 15-16 g, später 50 g; **4.** altes Edelmetallgewicht, 18 Grän; **5.** Lötmetall, z. B. Silberlot
lo|ten *tr. 2* mit dem Lot messen, bestimmen
lö|ten *tr. 2* durch geschmolzenes Lötmetall verbinden
Löt|fu|ge *f. 11* Lötstelle
Lo|thar, Lo|tar männl. Vorname
Loth|rin|gen Landschaft im Osten von Frankreich an der Grenze zu Deutschland
Loth|rin|ger *m. 5*
loth|rin|gisch
...lö|tig *früher:* eine bestimmte Menge Edelmetall enthaltend, z. B. sechzehnlötig
Lö|tig|keit *f. 10 nur Sg., früher:* Edelmetallgehalt
Lo|ti|on [auch lɔʊʃn, engl.] *f. 9* kosmet. Mittel zur Gesichtsreinigung
Löt|kol|ben *m. 7* Gerät zum Schmelzen des Lots (5) beim Löten
Löt|lam|pe *f. 11*
Löt|me|tall *n. 1* Metalllegierung zum Löten
Löt|naht *f. 2* Lötstelle
Lo|tos, Lo|tus *m. Gen. - Pl. -* Lotosblume, ein Seerosengewächs, im alten Orient Sinnbild der Reinheit und Schönheit *oder:* der Religion; vgl. Lotus
lot|recht senkrecht
Lot|rech|te *f. 11* senkrechte Linie
Löt|rohr *n. 1* in der chem. Analyse verwendetes Gerät zur Reduktion der Analysensubstanz
Lot|se *m. 11* **1.** ausgebildeter Seemann, der Schiffe durch schwieriges Gewässer leitet, bes. in den Hafen; **2.** *übertr.:* Führer durch schwieriges oder gefährliches Gelände, z. B. Schülerlotse im Verkehr
lot|sen *tr. 1* **1.** als Lotse führen; **2.** *ugs.:* überreden, verleiten mitzugehen
Lot|sen|boot *n. 1* Boot, das den Lotsen an Bord bringt

Lot|sen|fisch *m. 1* ein Stachelflosser, Pilot(fisch)
Lot|sen|sta|ti|on *f. 10* Standort, von dem Lotsen (1) angefordert werden
Lot|te weibl. Vorname, *Kurzform von* Charlotte
Lot|ter|bett *n. 12* **1.** Faulenzerbett; auf dem L. liegen: faulenzen; **2.** *veraltet:* Couch, Sofa
Lot|ter|bu|be *m. 11* Faulenzer
Lot|te|rie [ndrl.] *f. 11* staatliche oder private Verlosung von nummerierten Losen
Lot|te|rie|los *n. 1*
lot|te|rig, lott|rig unordentlich
Lot|te|rig|keit, Lott|rig|keit *f. 10 nur Sg.*
Lot|ter|le|ben *n. 7 nur Sg.* Faulenzerleben
lot|tern *intr. 1* liederlich, faul leben, sich herumtreiben
Lot|ter|wirt|schaft *f. 10*
Lot|to [ital.] *n. 9* **1.** Glücksspiel, eine Art Lotterie, bei der auf Zahlen gesetzt wird; **2.** ein Kindergesellschaftsspiel
lott|rig s. **lot|te|rig**
Lo|tung *f. 10*
Lö|tung *f. 10*
Lo|tus [griech.] *m. Gen. - Pl. -* ein Schmetterlingsblütler, Hornklee; vgl. Lotos
Louis [lui:, frz.] *m. Gen. -* [lui:s] *Pl. -* [lui:s] Zuhälter
Louis|dor [luidor] *m. 9, bei Zahlenangaben Pl. -* alte frz. Goldmünze, 20 Franc
Lou|i|se [lu-], Lou|i|sa, Lu|i|se, Lu|i|sa weibl. Vorname
Lou|i|si|a|na [amerik.: luiziænə] (*Abk.:* LA) Staat der USA
Louis-qua|torze [luikatɔrz] *n. Gen. - nur Sg.* unter Ludwig XIV. von Frankreich beliebter (barocker) Kunst-, bes. Möbelstil
Louis-quinze [luikɛ̃z] *n. Gen. - nur Sg.* in der Zeit von Ludwig XV. von Frankreich beliebter Kunst-, bes. Möbelstil, Rokokostil
Louis-seize [luisɛz] *n. Gen. - nur Sg.* unter Ludwig XVI. von Frankreich beliebter Kunst-, bes. Möbelstil, Übergang zum Klassizismus
Lounge [laʊndʒ, engl.] *f. 10* Gesellschaftsraum im Hotel
Lourdes [lurd] frz. Wallfahrtsort
Lou|vre *auch:* **Louv|re** [luvrə] *m. Gen. -(s) nur Sg.* Palast in Paris mit Museum

Lo|ver [lʌvə(r), engl.] *m. Gen. -s Pl. -* Geliebter, Liebhaber
Love|pa|rade (*alt:* Love pa|rade) [lʌvpəreɪd] *f. Gen. - Pl. -s* einmal im Jahr in Berlin stattfindende Großveranstaltung der Technoszene
Love|sto|ry (*alt:* Love sto|ry) [lʌvstɔ:ri] *f. Gen. - Pl. -s* Liebesgeschichte
Lö|we *m. 11*
Lö|wen|an|teil *m. 1* größerer Anteil, Hauptanteil
Lö|wen|maul *n. 4* Zierpflanze
lö|wen|stark
Lö|wen|zahn *m. 2 nur Sg.* Wiesenblume, Pusteblume
Lö|win *f. 10*
lo|xo|drom [griech.] die Längenkreise der Erde im gleichen Winkel schneidend
Lo|xo|dro|me *f. 11* Verbindungslinie zwischen zwei Punkten der Erdoberfläche, die alle Längenkreise im gleichen Winkel schneidet
lo|xo|go|nal schiefwinklig
loy|al *auch:* **lo|yal** [frz.: loajal, *ugs.:* lɔial] **1.** regierungstreu, treu dem Vorgesetzten gegenüber; *Ggs.:* illoyal; **2.** *allg.:* redlich, anständig
Loy|a|li|tät *auch:* **Lo|ya|li|tät** *f. 10 nur Sg.*
LPG *DDR: Abk. für* Landwirtschaftliche Produktionsgenossenschaft
Lr *Abk. für* Lawrencium
LSD *Abk. für* Lysergsäurediäthylamid, ein Rauschgift
LSG *Abk. für* Landschaftsschutzgebiet
lt. *Abk. für* laut; lt. Anweisung, lt. Vorschrift
Lt. *Abk. für* Leutnant
Ltd. *Abk. für* limited
Lu *chem. Zeichen für* Lutetium
Luch *n. 1 oder f. 2* Sumpf, Moorland, Bruch
Luchs [-ks] *m. 1* ein Raubtier
Luchs|au|gen [-ks-] *n. 14 Pl., übertr.:* sehr scharfe Augen
luchs|äu|gig [-ks-]
luch|sen [-ks-] *intr. 1, ugs.:* scharf hinsehen
Lucht *f. 10, nddt.* **1.** Dachboden, Bodenraum; **2.** Öffnung, Loch
Lu|cia, Lu|cie, Lu|zia weibl. Vorname
Lü|cke *f. 11*
Lü|cken|bü|ßer *m. 5* jmd., der für jmdn. einspringen muss, aber weniger willkommen ist
lü|cken|haft

Lü|cken|haf|tig|keit *f. 10 nur Sg.*
lü|cken|los
Lu|cre|ti|us *auch:* **Luc|re|ti|us** vgl. Lukrez
Lu|de [zu: Ludwig] *m. 11* Zuhälter
Lu|der *n. 5* **1.** *Jägerspr.:* Kadaver, Aas als Köder für Raubwild; **2.** *ugs.:* Gauner, gemeiner Kerl; **3.** leichtfertige weibl. Person; **4.** armes Luder: armer Kerl, armes Ding
Lu|de|rer *m. 5, ugs., veraltet:* Lump, liederlicher Kerl
Lu|der|jan *m. 1, Nebenform von* Liederjan
Lu|der|le|ben *n. 7 nur Sg.* Lotterleben, liederliches, faules Leben
lu|dern *intr. 1* liederlich, faul leben; ein paar Nächte ludern
Lu|dol|fin|ger [nach Liudolf, dem Großvater Heinrichs I.], Li|u|dol|fin|ger *m. 5* Angehöriger eines dt. Herrschergeschlechts
lu|dolf|sche Zahl *auch:* **Lu|dolf'|sche Zahl** (*alt:* Lu|dolf|sche Zahl) [nach dem ndrl. Mathematiker Ludolf van Ceulen] *f. 10 nur Sg.* die Zahl π (Pi)
Lu|dus [lat.] *m. Gen. - Pl. -di* **1.** *im alten Rom:* Schauspiel, Festspiel; **2.** *MA:* geistliches Drama
Lud|wig männl. Vorname
Lu|es [lat. »Seuche«] *f. Gen. - nur Sg.* Syphilis
lu|e|tisch, lu|isch an Lues erkrankt, syphilitisch
Luf|fa [arab.-engl.] *f. 9* ein trop. Kürbisgewächs, aus dessen Fruchtfasern Schwämme, Einlagen für Tropenhelme u. Ä. hergestellt werden
Luf|fa|schwamm *m. 2*
Luft *f. 2*
Luft|an|griff *m. 1*
Luft|auf|nah|me *f. 11*
Luft|bad *n. 4*
Luft|bal|lon [-lɔ̃, *ugs.:* -lɔŋ] *m. 9*
Luft|be|rei|fung *f. 10 nur Sg.*
Luft|bild *n. 3*
Luft|brü|cke *f. 11* Verbindung durch Flugzeuge über gesperrte Zufahrtswege hinweg
Luft|büch|se [-ks-] *f. 11* Luftgewehr
Lüft|chen *n. 7*
luft|dicht
Luft|dich|te *f. 11 nur Sg.* spezif. Gewicht der Luft
Luft|druck *m. Gen. -(e)s nur Sg.*
lüf|ten *tr. u. intr. 2*
Lüf|ter *m. 5*
Luft|fahrt *f. 10 nur Sg.*

L

Luft|fahr|zeug *n. 1*
Luft|fracht *f. 10*
Luft|geist *m. 3, Myth.*
luft|ge|kühlt; luftgekühlter Motor; *aber:* der Motor wird durch Luft gekühlt
Luft|ge|wehr *n. 1* sportl. Gewehr, bei dem das Geschoss durch Druckluft angetrieben wird
Luft|han|sa *f. Gen. - nur Sg., kurz für* Deutsche Lufthansa AG
Luft|hun|ger *m. Gen.* -s *nur Sg.*
luft|hung|rig
luf|tig
Luf|tig|keit *f. 10 nur Sg.*
Luf|ti|kus *m. Gen. - Pl.* -kus|se, *ugs.:* leichtsinniger Mensch
Luft|kis|sen *n. 7*
Luft|kis|sen|fahr|zeug *n. 1* s. **Ho|ver|craft**
Luft|kor|ri|dor *m. 1* erlaubter, vorgeschriebener Luftweg über das Hoheitsgebiet eines fremden Staates hinweg
Luft|krank|heit *f. 10*
Luft|kur|ort *m. 1*
Luft|lan|de|trup|pe *f. 11*
luft|leer
Luft|lee|re *f. 11 nur Sg.*
Luft|li|nie *f. 11*
Luft|ma|trat|ze *auch:* **Luft|mat|rat|ze** *f. 11*
Luft|mi|ne *f. 11* von einem Flugzeug abgeworfene Sprengbombe
Luft|post *f. Gen. - nur Sg.*
Luft|raum *m. 2*
Luft|röh|re *f. 11*
Luft|röh|ren|schnitt *m. 1*
Luft|schiff *n. 1*
Luft|schiff|fahrt (*alt:* Luftschiffahrt (-ff|f-)) *f. 10 nur Sg.*
Luft|schloss (*alt:* Luft|schloß) *n. 4*
Luft|schutz *m. Gen.* -es *nur Sg.*
Luft|streit|kräf|te *f. 2 Pl.*
Lüf|tung *f. 10*
Luft|ver|kehr *m. Gen.* -s *nur Sg.*
Luft|ver|schmut|zung *f. 10 nur Sg.*
Luft|waf|fe *f. 11*
Luft|weg *m. 1;* auf dem L.
Luft|wi|der|stand *m. 2 nur Sg.*
Luft|wur|zel *f. 11*
Luft|zug *m. 2*
Lug *m. Gen.* -s *nur Sg.* Lüge; *nur noch in der Wendung* Lug und Trug
Lu|ga|ner *m. 5* Einwohner von Lugano
Lu|ga|ner See *m. Gen.* - -s
lu|ga|ne|sisch
Lu|ga|no Stadt in der Schweiz
Lug|aus *m. Gen. - Pl.* - Wacht-, Warttum
Lü|ge *f. 11;* jmdn. Lügen strafen: ihn bei einer Lüge ertappen, ihm eine Lüge nachweisen
lu|gen *intr. 1* scharf, aber vorsichtig (nach etwas) schauen, spähen; um die Hausecke lugen
lü|gen *intr. 81*
Lü|gen|de|tek|tor *m. 13* Gerät zur Feststellung unterdrückter innerer Erregung (beschleunigte Atmung, Herzklopfen, Schweißausbruch u. a.), mit dem angeblich Schlüsse auf die Wahrhaftigkeit von Aussagen gezogen werden können, *fälschl. Bez. für* Polygraph
Lü|gen|dich|tung *f. 10*
Lü|gen|ge|spinst *n. 1*
Lü|gen|ge|we|be *n. 5*
lü|gen|haft
Lü|gen|haf|tig|keit *f. 10 nur Sg.*
Lü|gen|maul *n. 4, ugs.*
Lü|gen|pro|pa|gan|da *f. Gen. - nur Sg.*
Lug|ins|land = **Lug-ins-Land** *m. Gen.* -(s) *Pl.* - Wacht-, Wartturm, Aussichtsturm
Lüg|ner *m. 5*
lüg|ne|risch
Lu|i|ker *m. 5* jmd., der an Lues erkrankt ist
lu|isch auf Lues beruhend, an Lues erkrankt
Lu|i|se weibl. Vorname, *Nebenform von* Louise
Luk *n. 1, Nebenform von* Luke
Lu|kar|ne *f. 11, nddt.:* Dachfenster
Lu|kas männl. Vorname
Lu|kas|evan|ge|li|um [-vaŋ-] *n. Gen.* -s *nur Sg.*
Lu|ke *f. 11*
lu|kra|tiv *auch:* **luk|ra|tiv** [lat.] Gewinn bringend, einträglich; ein lukratives Geschäft
Lu|krez *auch:* **Luk|rez**, Lu|cre|ti|us röm. Schriftsteller
lu|krie|ren *auch:* **luk|rie|ren** *tr. 3, österr.:* gewinnen, einen Gewinn erzielen; eine Provision l.
lu|kul|lisch [nach dem altröm. Feldherrn Lukullus, der in seinem Haus berühmt gewordene Gastmähler gab] üppig, schwelgerisch, schmackhaft, schlemmerhaft; lukullisches Mahl, lukullische Genüsse
Lu|latsch *m. 1, mitteldt.:* langer, schlaksiger Bursche
lul|len *tr. 1* leise, wiegend singen; ein Kind in Schlaf l.
Lul|ler *m. 5, österr., schweiz. für* Schnuller
Lum|ba|go [lat.] *f. Gen. - nur Sg.* **1.** Schmerz in der Lendengegend, Hexenschuss; **2.** eine Pferdekrankheit, Schwarze Harnwinde
lum|bal zu den Lenden gehörend, von ihnen ausgehend, auf sie einwirkend
Lum|bal|an|äs|the|sie *auch:* **Lum|bal|a|näs|the|sie** *f. 11* örtl. Betäubung durch Einspritzung in den Lendenwirbelkanal
Lum|bal|punk|ti|on *f. 10* Punktion des Lendenwirbelkanals, Lendenstich
lum|be|cken [nach dem dt. Erfinder E. Lumbeck] *tr. 1* im Lumbeckverfahren kleben
Lum|beck|ver|fah|ren *n. 7 nur Sg.* Verfahren (für Broschüren, Taschenbücher u. Ä.), den Buchblock ohne Fadenheftung mit Kunstharzemulsion zu kleben
Lum|ber|jack [lʌmbə(r)dʒæk, engl.] *n. 9* Tuch- oder Lederjacke mit gestrickten Bünden
Lu|men [lat.] *n. Gen.* -s *Pl. - oder:* -mi|na **1.** Hohlraum (von Organen); **2.** (*Abk.:* lm) Maßeinheit für den Lichtstrom; **3.** *übertr., veraltet:* Leuchte, Licht, Könner; er ist kein großes L.
Lu|mie [-mjə, ital.] *f. 11* kleine, süße Zitronenart
Lu|mi|nes|zenz [lat.] *f. 10* Lichterscheinung, die nicht durch erhöhte Temperatur bewirkt wird
lu|mi|nes|zie|ren *intr. 3* kalt leuchten
Lu|mi|no|gra|phie *auch:* **Lu|mi|no|gra|fie** [lat. + griech.] *f. 11 nur Sg.* Verfahren zur Herstellung von fotograf. Kopien mittels Leuchtstoffplatten als Lichtquelle
Lu|mi|no|phor *m. 1* Stoff, der nach Bestrahlen mit Licht noch längere Zeit im Dunkeln leuchtet, Leuchtstoff
lu|mi|nös, lu|mi|nos [lat.] leuchtend, lichtvoll, hell
Lum|me *f. 11* ein arktischer Seevogel
Lüm|mel *m. 5*
Lüm|me|lei *f. 10*
lüm|meln *intr. u. refl. 1*
Lump *m. 10*
Lum|pa|zi|us *m. Gen. - Pl.* -us|se, *scherzh.:* Lump, Landstreicher
Lum|pa|zi|va|ga|bun|dus *m. Gen. - Pl.* -di *oder* -dus|se, *scherzh.:* Landstreicher

lum|pen *intr. 1, ugs.:* liederlich leben, die Nacht durchzechen; sich nicht l. lassen: großzügig, freigebig sein
Lum|pen **1.** *m. 7, süddt.:* Scheuerlappen; **2.** *nur Pl.* Fetzen, zerrissene Kleidung; jmdn. aus den L. schütteln: ihn energisch zurechtweisen
Lum|pen|ge|sin|del *n. 5 nur Sg.*
Lum|pen|pack *n. Gen.* -s *nur Sg.*
Lum|pen|pro|le|ta|ri|at *n. 1 nur Sg.* Proletariat ohne Klassenbewusstsein
Lum|pen|samm|ler *m. 5; auch ugs. scherzh.:* letzte Straßenbahn, letzter Bus bei Nacht
Lum|pe|rei *f. 10* gemeine Tat
Lump|fisch *m. 1* ein Meeresfisch
lum|pig **1.** wie ein Lump, gemein; **2.** geringfügig, nichts wert; er gab ihm lumpige fünf Mark
Lump|sum [lʌmpsʌm, engl. »runde Summe«] *f. 9* Pauschale, Pauschalsumme, runde Summe
Lu|na [lat.] **1.** *röm. Myth.:* Mondgöttin; **2.** *f. Gen.* - *nur Sg., poet.:* der Mond
lu|nar zum Mond gehörig, Mond...
lu|na|risch *veraltet für* lunar
Lu|na|ri|um *n. Gen.* -s *Pl.* -ri|en Gerät zum Veranschaulichen der Mondbewegung
lu|na|tisch mondsüchtig
Lu|na|tis|mus *m. Gen.* - *nur Sg.* Mondsüchtigkeit
Lunch [lʌntʃ, engl.] *m. 9, in England:* kleine Mittagsmahlzeit
lun|chen [lʌntʃən] *intr. 1* den Lunch einnehmen, zu Mittag essen
Lü|net|te [frz.] *f. 11* **1.** *früher:* kleines, vorspringendes Festungswerk; **2.** *Baukunst:* halbkreisförmiges, oft mit Malerei oder Reliefs verziertes Feld über Fenstern, Türen oder Rechtecken; **3.** *an Drehbänken:* Vorrichtung zum Unterstützen von langen Werkstücken
Lun|ge *f. 11;* eiserne Lunge: Gerät zur künstl. Atmung
Lun|gen|ent|zün|dung *f. 10*
Lun|gen|fisch *m. 1* Fisch, der zeitweilig die Schwimmblase als Lunge benutzen und Sauerstoff direkt aus der Luft atmen kann, Lurchfisch
Lun|gen|flü|gel *m. 5*
Lun|gen|heil|stät|te *f. 11*
lun|gen|krank
Lun|gen|krank|heit *f. 10*
Lun|gen|schwind|sucht *f. 10 nur Sg.*
Lun|gen|spit|zen|ka|tarrh *auch:* **Lun|gen|spit|zen|ka|tarr** *m. 1*
Lun|gen-Tbc *f. Gen.* - *nur Sg.*
Lun|gen|tu|ber|ku|lo|se *f. 11 nur Sg.*
Lun|gen|zug *m. 2* (beim Rauchen)
lun|gern *intr. 1* herumlungern
Lu|nik [lat.] *m. 9* Bez. für die ersten sowjet. Mondsonden
Lü|ning *m. 1,* **Lünk** *m. 1, nddt.:* Sperling
Lun|ker *m. 5* fehlerhafter Hohlraum in Gussstücken
Lun|te *f. 11* **1.** Zündschnur; **2.** *Jägerspr.:* Schwanz (bei Fuchs und Marder); **3.** Lunte riechen *ugs.:* eine Gefahr spüren
Lu|pe [frz.] *f. 11* Vergrößerungsglas
lu|pen|rein **1.** bei Betrachtung durch die Lupe keinen Fehler aufweisend (Edelstein); **2.** *übertr.:* von höchster Reinheit
Lu|per|ka|li|en [lat. »Wolfsfest«] *Pl.* altröm. Fest zu Ehren des Wölfe abwehrenden Hirtengottes Faunus
lup|fen *tr. 1, bair., österr.,* **lüp|fen** *schwäb., schweiz.:* hochheben, anheben; den Hut lüpfen
Lu|pi|ne [lat.] *f. 11* eine Futterpflanze, Schmetterlingsblütler
Lu|pi|no|se *f. 11* Vergiftung von Wiederkäuern infolge Fütterung mit bitteren Lupinen
lu|pös [lat.] an Lupus erkrankt, von Lupus befallen
Lup|pe *f. 11* roher, schlackehaltiger Eisenklumpen, Rohmaterial zur Stahlerzeugung
Lu|pu|lin [lat.] *n. 1 nur Sg.* Bitterstoff des Hopfens, Bierwürze und Beruhigungsmittel
Lu|pus [lat.] *m. Gen.* - *Pl.* - *oder* -pus|se **1.** fressende Hautflechte, »Wolf«; **2.** L. in fabula: der Wolf in der Fabel, d. h. jmd., der gerade dazukommt, wenn man von ihm spricht
Lurch *m. 1* Amphibie
Lurch|fisch *m. 1* Lungenfisch
Lu|re *f. 11* **1.** bronzezeitl. nord. Blasinstrument, s-förmig mit verzierter Scheibe am Ende; **2.** Elfe
Lu|rex® *n. Gen.* - *nur Sg.*
Lur|ta|ge *Pl.* s. **Los|ta|ge**
Lu|sche *f. 11* **1.** *mitteldt.:* Spielkarte ohne Zählwert; **2.** *nddt.:* Pfütze; **3.** *ugs.:* liederlicher Mensch, *bes.:* schlampige Frau
lu|schig *ugs.:* liederlich, flüchtig; er spielte gestern ausgesprochen luschig
Lu|ser *m. 5* s. **Lo|ser**
Lust *f. 2;* eitel L. und Freude; je nach L. und Laune
Lust|bar|keit *f. 10*
Lust|bar|keits|steu|er *f. 11*
Lus|ter, *österr.* **Lüs|ter** *m. 5* **1.** Kronleuchter; **2.** glänzendes Halbwollgewebe; **3.** glänzender Überzug auf Keramiken
lüs|tern geschlechtlich gereizt, erregt, begierig
Lüs|tern|heit *f. 10 nur Sg.*
Lust|fahrt *f. 10*
Lust|gar|ten *m. 8*
Lust|ge|fühl *n. 1*
Lust|ge|winn *m. 1 nur Sg., Tiefenpsych.:* Erreichen (vermehrter) sinnlicher Befriedigung
Lust|häus|chen *n. 7* kleines Gartenhaus zu geselligem Aufenthalt
lus|tig; Bruder Lustig; lustige Person *früher im dt. Theater:* Hanswurst
Lus|tig|keit *f. 10 nur Sg.*
Lüst|ling *m. 1* lüsterner Mann
lust|los
Lust|lo|sig|keit *f. 10 nur Sg.*
Lust|molch *m. 1, ugs.* Lüstling
Lust|mord *m. 1* Mord aus geschlechtlicher Begierde
Lust|mör|der *m. 5*

♦ Die Buchstabenfolge **lus|tr...** kann in Fremdwörtern auch **lust|r...** getrennt werden.

♦**Lus|tra|ti|on** [lat.] *f. 10* feierliche kultische Reinigung (durch Sühneopfer)
♦**lus|tra|tiv** (kultisch) reinigend
♦**Lus|tren** *Pl. von* Lustrum
♦**lus|trie|ren** *tr. 3* (kultisch) reinigen
♦**lüs|trie|ren** *tr. 3* fest und glänzend machen (Gewebe)
♦**Lus|trum** [lat.] *n. Gen.* -s *Pl.* -tra *oder* -tren **1.** altröm., alle fünf Jahre stattfindendes Reinigungs- und Sühneopfer; **2.** Zeitraum von fünf Jahren, Jahrfünft
Lust|schloss (*alt:* Lust|schloß) *n. 4*
Lust|seu|che *f. 11 nur Sg., ugs.:* Syphilis
Lust|spiel *n. 1*
Lust|wäld|chen *n. 7*
lust|wan|deln *intr. 1;* ich lustwandele, lustwandle, bin gelustwandelt

Lu|te|in [lat.] *n. 1 nur Sg.* gelber Farbstoff (in Pflanzenblättern und im Eidotter)
Lu|te|ti|um [-tsjum, nach Lutetia, dem lat. Namen von Paris] *n. Gen.* -s *nur Sg.* (*Zeichen:* Lu) chem. Element
Lu|the|ra|ner *m. 5* **1.** Anhänger der Lehre Martin Luthers; **2.** Angehöriger der luther. Kirche
lu|the|risch [auch: -te-]
Lu|ther|rock *m. 2* hochgeschlossener Gehrock der lutherischen Geistlichen
Lu|ther|tum *n. Gen.* -s *nur Sg.*
lut|schen [norddt. lu-] *intr. u. tr. 1*
Lut|scher *m. 5* Stielbonbon
lütt *nddt.:* klein
Lut|te *f. 11, Bgb.:* Röhre zum Ableiten von Wasser
Lutz männl. Vorname
Lüt|zel|burg *alter dt. Name von* Luxemburg
Luv *f. Gen. - nur Sg., Seew.:* die dem Wind zugekehrte Seite, Luvseite; *Ggs.:* Lee
lu|ven *intr. 1, Seew.:* das Schiff nach Luv drehen
Luv|sei|te *f. 11 nur Sg.* Luv
Lux [lat.] *n. Gen. - Pl. -* (*Abk.:* lx) Maßeinheit für die Beleuchtungsstärke
Lu|xa|ti|on [lat.] *f. 10* Verrenkung
Lu|xem|burg, *Rosa* dt. Politikerin
Lu|xem|burg **1.** belg. Provinz; **2.** westeurop. Großherzogtum; **3.** Hauptstadt von L. (2)
Lu|xem|bur|ger *m. 5*
lu|xem|bur|gisch
lu|xie|ren [zu: Luxation] *tr. 3* verrenken
lu|xu|rie|ren [lat.] *intr. 3* **1.** *Bot.:* üppig wachsen, sich im Wachstum steigern; **2.** ein übermäßig großes Geweih oder Gebiss ausbilden; **3.** reichlich vorhanden sein; **4.** *veraltet:* schwelgen
lu|xu|ri|ös üppig, verschwenderisch
Lu|xus *m. Gen. - nur Sg.* üppiger Aufwand, Prunk, Verschwendung; L. treiben
Lu|xus|ar|ti|kel *m. 5*
Lu|xus|ho|tel *n. 9*
Lu|zern **1.** Hauptstadt des Kantons L.; **2.** schweiz. Kanton
Lu|zern|biet *n. Gen.* -s *nur Sg.*
Lu|zer|ne [lat.-frz.] *f. 11* eine Futterpflanze, Schmetterlingsblütler
Lu|zer|ner *m. 5*
lu|zid [lat.] hell, durchsichtig
Lu|zi|di|tät *f. 10 nur Sg.* Durchsichtigkeit
Lu|zi|fer [lat. »Lichtbringer«] **1.** *m. Gen.* -s *nur Sg.* Morgenstern; **2.** *ohne Artikel* ein gestürzter Engel, der Teufel, Satan
lu|zi|fe|risch teuflisch
LVA *Abk. für* Landesversicherungsanstalt
Lw *Abk. für* Lew
lx *Abk. für* Lux
ly *Abk. für* Lichtjahr
Lyd|dit [nach der engl. Stadt Lydd] *m. 1 nur Sg.* ein Sprengstoff
Ly|der, Ly|di|er *m. 5* Einwohner von Lydien
Ly|dia weibl. Vorname
Ly|di|en antikes Königreich in Kleinasien
Ly|di|er *m. 5* s. **Ly|der**
ly|disch
Ly|ki|en antike Landschaft in Kleinasien
Ly|ki|er *m. 5*
ly|kisch
Ly|ko|po|di|um [griech.] *n. Gen.* -s *Pl.* -di|en **1.** Bärlapp; **2.** dessen Sporen
Lymph|a|de|ni|tis [lat. + griech.] *f. Gen. - Pl.* -ti|den Lymphknotenentzündung
Lymph|a|de|nom *n. 1* Lymphknotengeschwulst, Lymphom
Lymph|an|gi|om *n. 1* eine gutartige Lymphgefäßgeschwulst
Lymph|an|gi|tis *f. Gen. - Pl.* -ti|den Lymphgefäßentzündung
lym|pha|tisch zur Lymphe, zu den Lymphknoten gehörig, von ihnen ausgehend
Lymph|drä|na|ge, Lymph|drai|na|ge [-drɛnaʒə] *f. 11*
Lym|phe *f. 11* **1.** eiweißhaltige, dem Stofftransport dienende Gewebsflüssigkeit; **2.** Impfstoff zur Pockenimpfung
Lymph|ge|fäß *n. 1*
Lymph|kno|ten *m. 7* kleines Organ innerhalb des Lymphgefäßsystems, produziert die Lymphozyten
Lym|pho|gra|nu|lo|ma|to|se *f. 11* bösartige Erkrankung des lymphat. Gewebes mit Geschwulstbildung
Lym|phom *n. 1,* **Lym|pho|ma** *n. Gen.* -s *Pl.* -ma|ta s. **Lymph|a|de|nom**
Lym|pho|zyt *m. 10 meist Pl.* im Lymphgewebe entstehende Zelle, die ins Blut wandert (dort als Leukozyt bezeichnet)
Lym|pho|zy|to|se *f. 11* krankhafte Vermehrung der Lymphozyten
lyn|chen [Herkunft umstritten] *tr. 1* ungesetzl. verurteilen und töten
Lynch|jus|tiz *f. Gen. - nur Sg.* ungesetzl. Volksjustiz
Lynch|mord *m. 1*
Ly|on [lyɔ̃] frz. Stadt; Lyoner Wurst
Ly|o|ner [lyɔ-] *m. 5* Einwohner von Lyon
Ly|ra [griech.] *f. Gen. - Pl.* -ren **1.** altgriech. Zupfinstrument, Leier; **2.** Handglockenspiel der Militärmusik; **3.** *15./16. Jh.:* aus der Fidel entwickeltes Streichinstrument, Lira da braccio; **4.** *auch:* Drehleier; **5.** *nur Sg.* ein Sternbild, Leier
Ly|rik [griech.] *f. 10 nur Sg.* Dichtungsart in Reimen und/oder Rhythmus, häufig strophisch gegliedert, die Stimmungen, Gedanken, Erlebnisse ausdrückt
Ly|ri|ker *m. 5* Dichter, der Lyrik schreibt
ly|risch **1.** in der Art der Lyrik; **2.** stimmungsvoll, gefühlvoll, gefühlsbetont
Ly|sen *Pl. von* Lysis
ly|si|gen durch Auflösung entstanden (Gewebslücke)
Ly|sin *n. 1* Stoff, der Bakterien auflösen kann
Ly|sis *f. Gen. - Pl.* -sen **1.** allmähl. Fieberrückgang; **2.** Auflösung der Zellwand von Bakterien; **3.** *Psych.:* Persönlichkeitszerfall
Ly|sol® *n. 1 nur Sg.* als Desinfektionsmittel verwendete Seifenlösung
Lys|sa [griech.] *f. Gen. - nur Sg.* Tollwut
ly|tisch [zu: Lysis] allmählich sinkend, zurückgehend (Fieber)
Ly|ze|um [griech.] *n. Gen.* -s *Pl.* -ze|en, *früher:* **1.** höhere Mädchenschule; **2.** theolog.-philosoph. Hochschule
LZB *Abk. für* Landeszentralbank

m **1.** *Abk. für* Meter; **2.** *Abk. für* Milli…; **3.** *Astron.: Zeichen für* Minute (^{m})

µ *Zeichen für* Mikron, Mikro…, My

M **1.** *röm. Zahlzeichen für* 1000 (Mille); **2.** *Abk. für* Mega…

M. *Abk. für* Monsieur

M', Mc *Abk. für* Mac

m² *Abk. für* Quadratmeter

m³ *Abk. für* Kubikmeter

mA *Abk. für* Milliampere

Ma kleinasiatische Mutter- und Kriegsgöttin

MA **1.** *Abk. für* Mittelalter; **2.** *Abk. für* Massachusetts

M. A. *Abk. für* **1.** Magister Artium; **2.** Master of Arts

Mä|an|der [nach dem vielfach gewundenen Fluss Maiandros (heute Menderes) in Kleinasien] *m. 5* **1.** regelmäßige Flusswindungen; **2.** Ornament in wellenförmigen oder rechtwinklig gebrochenen Linien

mä|an|dern **1.** *tr. 1* mit Mäandern verzieren; **2.** *intr. 1* sich wellenförmig schlängeln

mä|an|drie|ren *auch:* **mä|and|rie|ren** *intr. u. tr. 3* s. **mä|an|dern**

mä|an|drisch *auch:* **mä|and|risch**

Maar, Mar *n. 1* kraterartige, meist runde und mit Wasser gefüllte Bodenvertiefung vulkanischen Ursprungs

Maas *f. Gen. -* Fluss in Frankreich, Belgien und den Niederlanden

Maas|tricht *auch:* **Maast|richt** [auch: mas-] ndrl. Stadt

Maat *m. 1* **1.** Unteroffizier der Marine; **2.** *Seemannsspr.:* Kamerad, Gehilfe

Mac (*Abk.:* M', Mc) *vor schott. Familiennamen:* Sohn des …, z. B. McCormick, Mackenzie

Ma|cau [-kau], Ma|cao Territorium unter portug. Verwaltung (bis 1999) an der Küste Südchinas

Mac|chia [makja, ital.], **Mac|chie** [makjə, ital.] *f. Gen. - Pl.* -chi|en **1.** ein mittelmeerischer immergrüner Strauch; **2.** danach benannt: Mittelmeer-Buschwald aus Hartlaubgewächsen

Mach [nach dem österr. Physiker Ernst M.] *n. Gen. - Pl. -* Verhältnis der Geschwindigkeit zur Schallgeschwindigkeit; 1 Mach: einfache, 3 Mach: dreifache Schallgeschwindigkeit

Ma|chan|del *m. 5, nddt.:* Wacholder, Wacholderschnaps

Ma|chan|del|baum *m. 2*

Mach|art *f. 10*

mach|bar

Ma|che *f. Gen. - nur Sg., ugs.* **1.** Schein, Vortäuschung; das ist alles nur M.; **2.** etwas in der Mache haben *ugs.:* etwas in Arbeit haben, an etwas arbeiten

Ma|che|ein|heit *auch:* **Ma|che-Ein|heit** [nach dem österr. Physiker Heinrich Mache] *f. 10* (*Abk.:* ME) veraltete Maßeinheit für den Radiumgehalt von Luft und Wasser (bei Heilquellen)

ma|chen **1.** *tr. 1;* das hat mich lachen, weinen gemacht *oder:* machen; das habe ich mir machen lassen; gemacht! *ugs.:* in Ordnung, abgemacht!; **2.** *refl. 1, ugs.;* das macht sich gut, schlecht: das sieht gut, schlecht aus *oder:* das geht gut, schlecht

Ma|chen|schaf|ten *Pl.* Intrige, geheime Abmachungen; dunkle, üble M.

Ma|cher *m. 5, ugs.:* Anstifter, Antreiber

Ma|cher|lohn *m. 2* Lohn für geleistete Schneiderarbeit

Ma|che|te *f. 11*

Ma|chi|a|vel|li [makjavẹli], *Niccolò* ital. Staatstheoretiker

Ma|chi|a|vel|lis|mus [makjavɛ-, ital.] *m. Gen. - nur Sg.* polit. Einstellung, die Zweckmäßigkeit und Macht über die Moral stellt

ma|chi|a|vel|lis|tisch [makjavɛ-, ital.]

Ma|chi|na|ti|on [-xi-, lat.] *f. 10* heimtück. Anschlag, Machenschaft, Winkelzug

Ma|chis|mo [matʃịsmo, span.] *m. Gen.* -(s) *nur Sg.* Männlichkeitswahn

Ma|cho [-tʃo, span.] *m. 9*

Ma|chor|ka [-xọr-, russ.] *m. 9 oder f. 9* russ. Tabak

Macht *f. 2*

Macht|ha|ber *m. 5*

Macht|hun|ger *m. Gen. -s nur Sg.*

mäch|tig

Mäch|tig|keit *f. 10 nur Sg.*

Macht|kampf *m. 2*

macht|los

Macht|lo|sig|keit *f. 10 nur Sg.*

Macht|po|li|tik *f. Gen. - nur Sg.*

Macht|stel|lung *f. 10*

macht|voll

Macht|voll|kom|men|heit *f. 10 nur Sg.;* etwas aus eigener M. tun

Macht|wech|sel [-ks-] *m. 5*

Macht|wort *n. 1;* ein M. sprechen

ma|chul|le *ugs.* **1.** müde, erschöpft; **2.** bankrott; **3.** verrückt

Mach|werk *n. 1* schlechte Arbeit

Mach|zahl *auch:* **Mach-Zahl** *f. 10* s. **Mach**

Ma|cke, *August* dt. Maler

Ma|cke *f. 11, ugs.:* Spleen, Verrücktheit; er hat eine M.: er ist ein bisschen verrückt

MAD *Abk. für* Militärischer Abschirmdienst in Dtld.

Ma|da|gas|kar Inselstaat vor der Südostküste Afrikas

Ma|da|gas|se *m. 11* Einwohner von Madagaskar

ma|da|gas|sisch

Ma|dam **1.** [frz.] *f. 9 oder f. 10, ugs.:* Hausherrin; *übertr.:* dicke, behäbige Frau; **2.** [mædəm, engl.] *f. 9 engl. Anrede (ohne Namen):* gnädige Frau, meine Dame

Ma|dam|chen *n. 7, ugs. scherzh.:* junge Frau

Ma|dame [-dạm, frz.] *f. Gen. - Pl.* Mes|dames [medạm] (*Abk.:* Mme., *Pl.:* Mmes., *schweiz. ohne Punkte) frz. Anrede (allein stehend oder vor dem Namen):* gnädige Frau, meine Dame, Frau …

Mäd|chen *n. 7*

mäd|chen|haft

Mäd|chen|haf|tig|keit *f. 10 nur Sg.*

Mäd|chen|han|del *m. Gen. -s nur Sg.*

Mäd|chen|na|me *m. 15*

Ma|de *f. 11* Insektenlarve

made in … [mɛɪd ɪn, engl.] hergestellt in … (Aufdruck auf Waren), z. B. made in China

Ma|dei|ra [-de-] **1.** portug. Insel im Atlant. Ozean, westlich von Marokko; **2.** *m. 9* Süßwein aus Madeira

Mä|del *n. 5, nord- u. mitteldt.: n. 9, süddt. auch: n. 14* = Mädchen

Mä|del|chen *n. 7*

Made|leine [madlɛn] weibl. Vorname, *frz. Form von* Magdalena

Ma|de|moi|selle [mad(ə)moazẹl, frz.] *f. Gen. - Pl.* Mes|de|moiselles [medmoazɛl] (*Abk.:* Mlle., *Pl.:* Mlles., *schweiz. ohne Punkte*) *frz. Anrede (allein stehend oder vor dem Namen):* (mein, gnädiges) Fräulein

Ma|den|wurm *m. 4* im menschlichen Dickdarm schmarotzender Fadenwurm

Mä|de|süß *n. Gen. - Pl.* - ein Rosengewächs

ma|dig; jmdn. m. machen *ugs.:* schlecht machen, sich über jmdn. lustig machen; jmdm. etwas m. machen: jmdm. etwas verleiden

Ma|di|son [mædisn, engl.] *m. 9* ein Modetanz

Ma|djar *auch:* **Mad|jar,** *ung.:* Magyar *m. 10* Ungar

ma|dja|risch *auch:* **mad|ja|risch** ungarisch

ma|dja|ri|sie|ren *auch:* **mad|ja|ri|sie|ren** *tr. 3* ungarisch machen, nach ungar. Muster gestalten

Ma|don|na [lat.-ital.] **1.** *f. Gen. - nur Sg.* die Jungfrau Maria, die Gottesmutter; **2.** *f. Gen. - Pl.* -nen Muttergottesdarstellung, -bild

Ma|don|nen|bild *n. 3*

ma|don|nen|haft

Ma|don|nen|schei|tel *m. 5* Mittelscheitel

M

♦ Die Buchstabenfolge **ma|dr...** kann in Fremdwörtern auch **mad|r...** getrennt werden.

♦ **Ma|dras** [nach der ind. Stadt M.] *n. Gen. - Pl.* - gitterartiger Gardinenstoff mit eingewebten, bunten Mustern

♦ **Ma|dre|po|re** [lat. + griech.] *f. 11* Steinkoralle, Löcherkoralle

♦ **Ma|drid** Hauptstadt von Spanien: vgl. Madrilene

♦ **Ma|dri|gal** [ital.] *n. 1* **1.** *urspr.:* Hirtenlied; **2.** *bes. im 14. und 16. Jh.:* zwei- bis fünfstimmiges ital. Kunstlied; **3.** lyr. Gedichtform

♦ **Ma|dri|ga|list** *m. 10* Komponist von Madrigalen

♦ **ma|dri|ga|lis|tisch** in der Art eines Madrigals

♦ **Ma|dri|le|ne** *m. 11* Einwohner von Madrid

Ma|es|tà [maɛstạ, ital.] *f. Gen. - nur Sg.* bildl. Darstellung der thronenden Madonna

ma|es|to|so [maɛs-] *Mus.:* majestätisch, würdevoll, erhaben

Ma|es|tra|le *auch:* **Ma|est|ra|le** [maɛs-] *m. Gen. -(s) nur Sg., ital. Bez. für* Mistral

Ma|es|tro *auch:* **Ma|est|ro** [maẹs-] *m. Gen.* -(s) *Pl.* -tri **1.** Meister, Künstler, *bes.:* Komponist; **2.** *ital. Bez. für* Dirigent

Mä|eu|tik [griech. »Hebammenkunst«], Mai|eu|tik *f. Gen. - nur Sg.* die Methode des Sokrates, durch geschicktes Fragen den Schüler zur Erkenntnis und zum richtigen Antworten zu führen

mä|eu|tisch, mai|eu|tisch

Ma|fia, Maf|fia *f. Gen. - nur Sg.* verbrecherische Geheimorganisation, bes. auf Sizilien

Ma|fi|o|so *m. Gen. - Pl.* -si, **Ma|fi|o|te** *m. 11* Angehöriger der Mafia

Mag. *Abk. für* Magister

Ma|gal|hães [magaljãɪʃ], Ma|gel|lan Ma|gal|la|nes, *Fernão de* portugiesischer Seefahrer

Ma|gal|hães|stra|ße [magaljãɪʃ-, port.] *f. 11 nur Sg.* Meeresstraße zwischen der Südspitze des festländischen Südamerika und der Insel Feuerland

Ma|ga|zin [arab.-ital.] *n. 1* **1.** Vorratsraum, Lagerhaus; **2.** *in Bibliotheken:* Aufbewahrungsraum für Bücher; **3.** *in automat. Handfeuerwaffen:* Patronenkammer; **4.** unterhaltende Zeitschrift (meist auf niedrigem Niveau); **5.** *Rundfunk, Fernsehen:* über Tagesereignisse informierende, oft musikalisch aufgelockerte Sendung

Ma|ga|zi|ner *m. 5, schweiz.:* Magazinarbeiter

Ma|ga|zi|neur [-nør] *m. 1, österr.:* Lagerverwalter

ma|ga|zi|nie|ren *tr. 3* im Magazin (1, 2) unterbringen, lagern, aufbewahren

Magd *f. 2*

Mag|da|le|na, Mag|da|le|ne weibl. Vorname

Mag|da|lé|ni|en [-njɛ̃, nach dem Fundort, der Höhle La Madeleine im frz. Departement Dordogne] *n. Gen. -(s) nur Sg.* eine Stufe der Altsteinzeit

Mag|de|burg Hauptstadt von Sachsen-Anhalt

Mäg|de|lein, Mägd|lein *n. 7, poet. veraltet:* Mädchen

Ma|gel|lan s. **Ma|gal|hães**

Ma|gen *m. 8*

Ma|gen|bit|ter *m. 5*

Ma|gen|darm|ka|nal, Ma|gen-Darm-Ka|nal *m. 2*

Ma|gen|darm|ka|tarrh, Ma|gen-Darm-Ka|tarrh *auch:* **Ma|gen|darm|ka|tarr, Ma|gen-Darm-Ka|tarr** *m. 1*

Ma|gen|drü|cken *n. Gen. -s nur Sg.*

Ma|gen|ge|schwür *n. 1*

Ma|gen|gru|be *f. 11*

Ma|gen|knur|ren *n. Gen. -s nur Sg.*

Ma|gen|pfört|ner *m. 5*

Ma|gen|saft *m. 2*

Ma|gen|säu|re *f. 11*

Ma|gen|schleim|haut *f. 2*

ma|gen|stär|kend

ma|ger

Ma|ger|keit *f. 10 nur Sg.*

Ma|ger|milch *f. 10 nur Sg.*

Mag|gi® [schweiz.: mạdʒi]

Ma|ghreb *auch:* **Magh|reb** [arab.] *m. Gen. -s nur Sg.* das muslim. Gebiet westlich von Ägypten

ma|ghre|bi|nisch *auch:* **magh|re|bi|nisch**

Ma|gie [griech.] *f. 11* Zauber, Zauberkunst, Beschwörung von übersinnlichen Kräften; schwarze Magie: Beschwörung böser, mit dem Teufel in Verbindung stehender Kräfte; weiße Magie: die Beschwörung guter Kräfte

Ma|gi|er *m. 5* jmd., der sich auf Magie versteht, Zauberer

ma|gisch; magisches Auge: Abstimmanzeiger am Radioapparat; magisches Quadrat: schachbrettartig in Felder unterteiltes Quadrat, in dem die Zahlen, mit denen die Felder bezeichnet sind, waagerecht, senkrecht und diagonal die gleiche Summe ergeben

Ma|gis|ter [lat.] (*Abk.:* Mag.) *m. 5* **1.** *urspr.:* höchster akadem. Grad, Hochschullehrer; **2.** *dann: Berufsbez. für* Lehrer; **3.** *in Großbritannien und den USA:* akadem. Grad nach dem Bakkalaureus; vgl. Master of Arts; **4.** *heute:* ein akadem. Grad; **5.** *österr. auch Titel für* Apotheker: Magister pharmaciae (*Abk.:* Mag. pharm.), der Philosophie (*Abk.:* Mag. phil.), der Naturwissenschaften (*Abk.:* Mag. rer. nat.), der Theologie (*Abk.:* Mag. theol.), der Rechte (*Abk.:* Mag. jur.), der Sozial- und Wirtschaftswissenschaften (*Abk.:* Mag. rer. soc. oec.); **6.** Magister Artium (*Abk.:* M. A.) *im MA:* Magister der freien Künste, *heute:* Magister (4)

Ma|gis|tra|le *auch:* **Ma|gist|ra|le** *f. 11* Hauptverkehrsstraße

Ma|gis|trat *auch:* **Ma|gist|rat** *m. 1* **1.** *im alten Rom:* hoher Beamter, z. B. Konsul; **2.** *heute:* Stadtverwaltungsbehörde; **3.** *schweiz.:* Regierungsmitglied
Ma|gis|tra|tur *auch:* **Ma|gist|ra|tur** *f. 10, veraltet:* behördl. Amt, behördl. Würde
Mag|ma [griech.] *n. Gen.* -s *Pl.* -men geschmolzenes Gestein im Erdinnern
mag|ma|tisch
Mag|ma|tit *m. 1* Erstarrungsgestein

♦ Die Buchstabenfolge **ma|gn...** kann in Fremdwörtern auch **mag|n...** getrennt werden.

♦**Ma|gna Char|ta** [- kar-, engl. »große Urkunde«] *f. Gen.* - - *nur Sg.* das engl. Grundgesetz von 1215, mit dem sich der Adel gewisse Vorrechte erzwang und die Macht des Königs einschränkte
♦**ma|gna cum lau|de** [lat.] mit großem Lob; ein Examen m. c. l. bestehen; vgl. summa cum laude
♦**Ma|gnat** [auch: maŋnat, lat.] *m. 10* **1.** *früher in Polen und Ungarn:* hoher Adliger; **2.** Großgrundbesitzer; **3.** Großindustrieller, z. B. Industrie-, Stahlmagnat
♦**Ma|gne|sia** [auch: maŋne-, nach der altgriech. Landschaft M.] *f. Gen.* - *nur Sg.* ein Neutralisationsmittel bei Säurevergiftungen
♦**Ma|gne|sit** *m. 1* ein Mineral
♦**Ma|gne|si|um** *n. Gen.* -s *nur Sg.* (*Zeichen:* Mg) chem. Element, Metall
♦**Ma|gne|si|um|sul|fat** *n. 1* Bittersalz
♦**Ma|gnet** [auch: maŋnet, griech.] *m. 1* Eisen anziehender Körper
♦**Ma|gnet|band** *n. 4*
♦**Ma|gnet|feld** *n. 3*
♦**ma|gne|tisch** **1.** Eisen anziehend; **2.** wie ein Magnet
♦**Ma|gne|ti|seur** [-zør] *m. 1* Heilkundiger, der mit Magnetismus behandelt, Magnetopath
♦**ma|gne|ti|sie|ren** *tr. 3* **1.** magnetisch machen; **2.** mit Magnetismus behandeln
♦**Ma|gne|tis|mus** *m. Gen.* - *nur Sg.* **1.** Gesamtheit aller magnetischen Erscheinungen; **2.** Fähigkeit, Heilkräfte auszustrahlen und auf andere Menschen wirken zu lassen; **3.** darauf beruhendes Heilverfahren
♦**Ma|gne|tit** *m. 1 nur Sg.* Eisenerz
♦**Ma|gnet|na|del** *f. 11* Kompassnadel
♦**Ma|gne|to|graph** *auch:* **Ma|gne|to|graf** *m. 10* Gerät zum selbsttätigen Aufzeichnen erdmagnetischer Schwankungen
♦**ma|gne|to|gra|phisch** *auch:* **ma|gne|to|gra|fisch**
♦**Ma|gne|to|me|ter** *n. 5* Gerät zum Messen magnetischer Feldstärke und des Erdmagnetismus
♦**Ma|gne|ton** *n. Gen.* - *Pl.* - Einheit der magnet. Stärke eines Elementarteilchens
♦**Ma|gne|to|path** *m. 10* Magnetiseur
♦**Ma|gne|to|pa|thie** *f. 11 nur Sg.* Heilwirkung durch Magnetismus
♦**Ma|gnet|pol** *m. 1 nur Sg.* der nicht mit dem geograph. Pol übereinstimmende magnet. Pol der Erde
♦**Ma|gne|tron** *auch:* **Ma|gnet|ron** *n. Gen.* -s *Pl.* -s *oder* -tro|ne spezielle Elektronenröhre zur Erzeugung und Verstärkung von Mikrowellen
♦**Ma|gnet|ton|ge|rät** *n. 1* Tonbandgerät
♦**Ma|gnet|ton|ver|fah|ren** *n. 7*
♦**ma|gni|fik** [lat.-frz.] *veraltet:* prächtig, großartig
♦**Ma|gni|fi|kat** *n. 1* Lobgesang Marias, Teil der kath. Vesper
♦**Ma|gni|fi|kus** *m. Gen.* - *Pl.* -fi|zi, *veraltet:* Rektor einer Hochschule
♦**Ma|gni|fi|zenz** *f. 10, Titel, Anrede für den* Rektor einer Hochschule
♦**Ma|gno|lie** [-ljə, auch: maŋnoljə, nach dem frz. Botaniker Pierre Magnol] *f. 11* ein Zierbaum
♦**Ma|gnus** männl. Vorname
Ma|gyar *auch:* **Mag|yar** [madjar] *m. 10* s. **Ma|djar**
Ma|ha|bha|ra|ta *auch:* **Ma|hab|ha|ra|ta** [Sanskrit] *n. Gen.* -(s) *nur Sg.* altind. Nationalepos
Ma|ha|go|ni [Eingeborenenspr. Jamaikas] *n. Gen.* -s *nur Sg.* Holz des Mahagonibaums
Ma|ha|go|ni|baum *m. 2* mittelamerikanischer Baum mit wertvollem, rötl. Holz
Ma|ha|ja|na, Ma|ha|ya|na [Sanskrit »großes Fahrzeug«] *n. Gen.* -(s) *nur Sg.* die jüngere, nördliche, freie Richtung des Buddhismus; vgl. Hinajana
Ma|ha|rad|scha *auch:* **Ma|ha|rad|scha** [Sanskrit] *m. 9* ind. Großfürst
Ma|ha|ra|ni *f. 9* Frau eines Maharadschas
Ma|hat|ma *m. 9, ind. Ehrentitel für* einen geistig hoch stehenden Menschen
Ma|haut, Ma|hut [Sanskrit] *m. 9* ind. Elefantenführer
Ma|ha|ya|na [Sanskrit] *n. Gen.* -(s) *nur Sg.* s. **Ma|ha|ja|na**
Mäh|bin|der *m. 5*
Mahd *f. 10* **1.** das Mähen; das Gemähte; **2.** *schweiz.:* Bergwiese
Mäh|der *m. 5, landschaftlich für* Mäher
Mah|di [maxdi, arab.] *m. 9* der von den Muslimen erwartete, von Allah gesandte Welterneuerer, der das Werk Mohammeds vollenden wird
Mäh|dre|scher *m. 5*
mä|hen **1.** *tr. 1* abschneiden (Gras, Getreide, Klee); **2.** *intr. 1* »mäh« schreien
Mä|her *m. 5*
Mah-Jongg, Ma-Jongg [-dʒɔŋ, chin.] *n. Gen.* -(s) *nur Sg.* ein chin. Gesellschaftsspiel mit gemusterten Steinen, aus denen Bilder zusammengesetzt werden müssen
Mahl **1.** *n. 4 oder n. 1* Mahlzeit, Essen; **2.** *n. 1* german. Gerichtsverhandlung
mah|len *tr.*, mahlte, gemahlen
Mah|ler, *Gustav* österr. Komponist
mäh|lich *selten für* allmählich
Mahl|statt *f. Gen.* - *Pl.* -stät|ten, **Mahl|stät|te** *f. 11* german. Gerichtsstätte
Mahl|strom *m. 2* s. **Mal|strom**
Mahl|zahn *m. 2, bei Pflanzenfressern:* Backenzahn
Mahl|zeit *f. 10*
Mäh|ne *f. 11*
mah|nen *tr. 1*
Mah|ner *m. 5*
Mahn|mal *n. 1*
Mah|nung *f. 10*
Mahn|ver|fah|ren *n. 7*
Ma|ho|nie [-njə, nach dem amerik. Botaniker B. MacMahon] *f. 11* ein Zierstrauch
Mahr *m. 1* Nachtgespenst, Alb
Mäh|re **1.** *f. 11* altes, schlechtes Pferd; **2.** *m. 11,* Mäh|rer *m. 5* Einwohner von Mähren
Mäh|ren, *tschech.:* Mo|ra|va Teil der Tschechischen Republik
Mäh|rer *m. 5* s. **Mäh|re** (2)
Mäh|re|rin, Mäh|rin *f. 10* Einwohnerin von Mähren
mäh|risch; *aber:* Mährische Pforte

M

Ma|hut [Sanskrit] *m. 9* s. **Ma|haut**
Mai *m. Gen.* -(s) *Pl.* -e fünfter Monat des Jahres
Mai|baum *m. 2*
Mai|blu|me *f. 11* = Maiglöckchen
Mai|bow|le [-bo:lə] *f. 11* Waldmeisterbowle
Maid *f. 10, veraltet poet., heute noch iron.:* Mädchen
Mai|den [mεɪdən, engl.] *n. 7* junges, bei Rennen noch nicht erprobtes Pferd
Maie *f. 11* junge Birke, Birkenzweige
Mai|en *m. 1* **1.** *schweiz.:* Blumenstrauß; **2.** Maibaum
Mai|en|säß *n. 1, schweiz.:* Bergweide
Mai|eu|tik *f. Gen. - nur Sg.* s. **Mä|eu|tik**
Mai|fei|er *f. 11*
Mai|fei|er|tag *m. 1* der 1. Mai
Mai|glöck|chen *n. 7* Maiblume
Mai|kä|fer *m. 5*
Mai|kö|nig *m. 1*
Mai|kö|ni|gin *f. 10*
Mai|land, *ital.:* Mi|la|no oberitalienische Stadt
Mai|län|der *m. 5, ital.:* Mi|la|ne|se *m. 11*
mai|län|disch
Mail|box [mεɪl-, engl.] *f. Gen. - Pl.* -en elektronischer Briefkasten
Mai|ling [mεɪ-] *n. Gen.* -s *nur Sg.* Verschicken von Werbematerial durch die Post
Mail|or|der [mεɪl-] *f. Gen. - nur Sg.* Verkauf von Waren durch Prospektversand u. Ä., wobei der Empfänger zur Bestellung per Post veranlasst werden soll
Mai|lüft|chen *n. 7*
Main *m. Gen.* -s dt. Nebenfluss des Rheins
Main|au *auch:* **Mai|nau** Insel im Bodensee
Maine [mεɪn] (*Abk.:* ME) Staat der USA
Main|fran|ken Landschaft am mittleren Main, Unterfranken
main|frän|kisch
Main|li|nie [-njə] *f. 11 nur Sg.* gedachte Trennungslinie zwischen Nord- und Süddeutschland
Main|stream [mεɪnstri:m, engl.] *m. 1* **1.** Hauptströmung, Hauptrichtung, v. a. in Kunst und Film; **2.** Form des Jazz, die nicht eindeutig einer Stilrichtung zuzuordnen ist
Mainz Hauptstadt von Rheinland-Pfalz

M

Mais [Indianerspr.] *m. 1* eine Getreidepflanze, Türkischer Weizen, Welschkorn
Mais|bir|ne *f. 11, Boxen:* Trainingsgerät, Punchingball
Maisch *m. 1* s. **Mai|sche**
Maisch|bot|tich *m. 1*
Mai|sche, Maisch *f. 11* **1.** in Wasser aufgesetztes Darrmalz zur Bierherstellung; **2.** gekelterte Weintrauben; **3.** mit Wasser und Stärkerohstoff gemischtes Grünmalz zur Spiritusgewinnung
mai|schen *intr. u. tr. 1* zu Maische anrühren, Malzbrei ansetzen
Mais|kol|ben *m. 7*
Mai|so|net|te [mεzɔnεt(ə)] *f. 11 oder f. 9* zweistöckige Wohnung innerhalb eines größeren Hauses
Maiß *m. 1, österr.* **1.** Jungwald; **2.** Holzschlag
Maî|tre de Plai|sir *auch:* **Maît|re de Plai|sir** (*alt:* Maî|tre de plaisir) [mεtrə də plεzir, frz.] *m. Gen. - - - Pl.* -s - - [mεtrə - -] *veraltet, noch scherzh.:* jmd., der ein Festprogramm leitet
Ma|ja weibl. Vorname, *Kurzform von* Maria
Ma|jes|tas Do|mi|ni [lat. »Erhabenheit des Herrn«] *f. Gen. - - nur Sg.* Bildnis des thronenden Christus
Ma|jes|tät *f. 10* **1.** *nur Sg.* Hoheit, Erhabenheit; *Titel und Anrede für* Kaiser, König; Euer, Eure M. (*Abk.:* Ew. M.); Ihre M. (*Abk.:* I. M.); Seine M. (*Abk.:* S(e). M.); **2.** Kaiser, König; die Majestäten: Kaiser und Kaiserin bzw. König und Königin
ma|jes|tä|tisch
Ma|jes|täts|be|lei|di|gung *f. 10*
Ma|jes|täts|ver|bre|chen *n. 7* **1.** *in Monarchien:* Hoch-, Landesverrat; **2.** *übertr.:* schweres Verbrechen
Ma|jo|li|ka [nach der Insel Mallorca] *f. Gen. - Pl.* -ken, *Bez. für* Fayence (und deren Nachahmungen)
Ma-Jongg [-dʒɔŋ, chin.] *n. Gen.* -(s) *nur Sg.* s. **Mah-Jongg**
Ma|jo|nä|se, Ma|yon|nai|se [nach der Stadt Mahon auf Menorca] *f. 11* kalte, gewürzte Tunke aus Eidotter und Öl
ma|jor [mεɪdʒə(r), engl.] *engl. Bez. für* Dur; *Ggs.:* minor
Ma|jor [lat.] *m. 1* Offizier(sgrad) zwischen Hauptmann und Oberstleutnant

Ma|jo|ran [auch: -ran, griech.], **Mei|ran** *m. 1 nur Sg.* eine Gewürzpflanze
Ma|jo|rat [lat.] *n. 1* **1.** Recht des ältesten Sohnes auf das Erbgut; **2.** das Erbgut selbst; *auch:* Seniorat; *Ggs.:* Minorat
Ma|jo|rats|herr *m. Gen.* -(e)n *Pl.* -en
Ma|jor|do|mus *m. Gen. - Pl., im Frankenreich* **1.** Hausmeier; **2.** Befehlshaber des Heeres
ma|jo|renn *veraltet:* volljährig, mündig; Ggs.: minorenn
Ma|jo|ren|ni|tät *f. 10 nur Sg., veraltet:* Volljährigkeit, Mündigkeit
ma|jo|ri|sie|ren *tr. 3* überstimmen, durch Stimmenmehrheit besiegen
Ma|jo|ri|tät *f. 10 nur Sg.* Mehrheit, Stimmenmehrheit; *Ggs.:* Minorität
Ma|jo|ri|täts|be|schluss (*alt:* Ma|jo|ri|täts|be|schluß) *m. 2*
Ma|jo|ri|täts|prin|zip *n. Gen.* -s *nur Sg.*
Ma|jus|kel [lat.] *f. 11* Großbuchstabe; *Ggs.:* Minuskel
ma|ka|ber [arab.-frz.] grausig-düster, mit dem Gedanken an den Tod spielend, mit dem Schrecklichen spaßend
Ma|ka|dam [nach dem schott. Straßenbauer J.L. MacAdam] *m. 1 oder n. 1* ein Belag von Straßendecken aus Schotter, Splitt und Sand
ma|ka|da|mi|sie|ren *tr. 3* mit Makadam belegen
Ma|kak [Bantu-port.] *m. 12 oder m. 10* ein meerkatzenartiger Affe, z. B. Schopfmakak
Ma|ka|me *f. 11* altarab. Stegreifdichtung
Ma|kao **1.** [Hindi] *m. 9* eine Papageienart; **2.** [nach der portug. Kolonie Macao] *n. Gen.* -s *nur Sg.* ein Glücksspiel mit Würfeln und Karten
Ma|ka|ris|mus [griech.] *m. Gen. - Pl.* -men Seligpreisung, bes. in der Bergpredigt
Ma|kart, *Hans* österr. Maler
Ma|kart|bu|kett *n. 1* Strauß aus getrockneten Blumen und Gräsern
Ma|ke|do|ni|en s. **Ma|ze|do|ni|en**
Ma|kel *m. 5* Mangel, Fehler, Schandfleck
Mä|ke|lei *f. 10*
mä|ke|lig, mäk|lig
ma|kel|los
Ma|kel|lo|sig|keit *f. 10 nur Sg.*

ma|keln *tr. 1*
mä|keln *intr. 1* etwas auszusetzen haben; ich mäkele, mäkle

Make-up: Man setzt einen Bindestrich in substantivisch gebrauchten Zusammensetzungen und mehrteiligen Ausdrücken: *das Make-up, Make-up-frei.* § 43, § 44

Make-up [meıkʌp, engl.] *n. 9* **1.** Verschönerung, Verjüngung des Gesichts mit kosmet. Mitteln; **2.** Creme zum Glätten oder Bräunen der Gesichtshaut
Ma|ki [port.] *m. 9* ein Halbaffe, Lemure
Ma|ki|mo|no [jap.] *n. 9* japanisches querformatiges Rollbild aus Seide oder Papier; vgl. Kakemono
Ma|king of *auch:* **Ma|king-of** [meıkıŋɔv, engl.] *n. Gen.* (-) - *Pl.* (-) -s Bericht über die Entstehung eines Films
Mak|ka|bä|er [hebr.] *m. 5* Angehöriger eines jüdischen Priester- und Herrschergeschlechtes in Judäa
mak|ka|bä|isch
Mak|ka|ro|ni [griech.-ital.] *f. Gen.* - *Pl.* - röhrenförmige Nudel
mak|ka|ro|nisch in schlechtem Latein abgefasst; makkaronische Dichtung: Scherzgedichte aus lateinischen und latinisierten, aus anderen Sprachen stammenden Wörtern; *auch:* Gedichte aus Wörtern von zweierlei Sprachen
Mak|ler *m. 5* Vermittler für den Kauf und Verkauf von Grundstücken, Häusern, Wohnungen, Wertpapieren
Mäk|ler *m. 5* jmd., der ständig mäkelt
mäk|lig, mä|ke|lig
Ma|ko *m., f. oder n. Gen.* -(s) *nur Sg.*, **Ma|ko|baum|wol|le** *f. 11 nur Sg.* ägypt. Baumwolle
Ma|ko|ré [-re, frz.] *n. 9 nur Sg.* ein Hartholz, Afrikanischer Birnbaum
makr…, Makr… vgl. makro…, Makro…

♦ Die Buchstabenfolge **ma|kr…** kann in Fremdwörtern auch **mak|r…** getrennt werden.

♦ **Ma|kra|mee** [arab.-türk.] *n. 9* Knüpfarbeit, geknüpfte Franse
♦ **Ma|kre|le** [mlat.] *f. 11* ein Meeresfisch, Speisefisch
♦ **ma|kro…, Ma|kro…** [griech.] *in Zus.:* lang…, groß…, Lang…, Groß…
♦ **Ma|kro|be|fehl** *m. 1, EDV:* Befehl zum Abrufen von standardisierten Unterprogrammen, die häufig genutzt werden
♦ **Ma|kro|bi|o|se** [griech.] *f. 11 nur Sg., Med.:* Langlebigkeit
♦ **Ma|kro|bi|o|tik** *f. 10 nur Sg.* **1.** Kunst, das Leben zu verlängern; **2.** Ernährung hauptsächlich von Körnern und Gemüse
♦ **ma|kro|bi|o|tisch**
♦ **ma|kro|ke|phal** s. **ma|kro|ze|phal**
♦ **Ma|kro|ke|pha|lie** *f. 11 nur Sg.* s. **Ma|kro|ze|pha|lie**
♦ **Ma|kro|kli|ma** *n. Gen.* -s *nur Sg.* Klima in größeren Gebieten, Großklima; *Ggs.:* Mikroklima
♦ **ma|kro|kos|misch**
♦ **Ma|kro|kos|mos** *m. Gen.* - *nur Sg.* Weltall; *Ggs.:* Mikrokosmos
♦ **Ma|kro|me|lie** *f. 11 nur Sg.* Riesenwuchs
♦ **Ma|kro|mo|le|kül** *n. 1* Riesenmolekül aus Tausenden oder Millionen von Atomen
♦ **ma|kro|mo|le|ku|lar** aus Makromolekülen bestehend
♦ **Ma|kro|ne** [frz.] *f. 11* kleines, rundes Gebäck aus Mandeln, Eiern, Zucker, Mehl u. a.
♦ **Ma|kro|po|de** [griech.] *m. 11 meist Pl.* ein Labyrinthfisch (für Aquarien), z. B. der Paradiesfisch
♦ **ma|kro|sko|pisch** *auch:* **ma|kros|ko|pisch** mit bloßem Auge wahrnehmbar
♦ **Ma|kro|so|mie** *f. 11 nur Sg.* = Riesenwuchs
♦ **ma|kro|ze|phal,** ma|kro|ke|phal großköpfig; *Ggs.:* mikrozephal
♦ **Ma|kro|ze|pha|lie,** Ma|kro|ke|pha|lie *f. 11 nur Sg.* abnorm große Kopfform; *Ggs.:* Mikrozephalie
♦ **Ma|kro|zyt** *m. 10* große (jugendliche) Form der roten Blutkörperchen
Ma|ku|la|tur [lat.] *f. 10 nur Sg.* **1.** schadhafte oder fehlerhafte, nicht verwendete Druckbogen, Altpapier; **2.** Abfall in der Papierindustrie; **3.** Makulatur reden *übertr.:* Unsinn, dummes Zeug reden
ma|ku|lie|ren *tr. 3* zu Makulatur machen, einstampfen; die gesamte, bereits gedruckte Auflage musste makuliert werden

mal, Mal: Mehrteilige Adverbien, Konjunktionen, Präpositionen oder Pronomen schreibt man zusammen, wenn Wortart, Wortform oder Bedeutung der einzelnen Bestandteile nicht mehr erkennbar ist: *diesmal, dutzendmal, einmal, keinmal, manchmal, zweimal.* § 39 (1)
Bei besonderer Betonung ist auch Getrenntschreibung möglich: *acht Mal, ein Mal.*
Die substantivierte und erweiterte Form wird großgeschrieben: *das erste Mal, das letzte Mal, ein einziges Mal, zum achten Mal(e), einige Mal(e), etliche Mal(e), manches Mal, mehrere Mal(e), Dutzend Mal(e), viele Mal(e), Millionen Mal(e), von Mal zu Mal.* § 39 E2 (1), § 55 (4)

mal 1. (*Zeichen:* ×, ·); zwei mal zwei ist (macht, gibt) vier; *aber:* zweimal, fünfmal; **2.** *ugs. kurz für:* einmal; dort bin ich schon mal gewesen; das ist mal was anderes; komm mal her!
…mal; z. B. zweimal, zehnmal, hundertmal; *in Ziffern:* 2-mal, 10-mal, 100-mal, vieltausendmal; drei- bis viermal, 3-4-mal; dieses eine Mal; *aber:* einmal; *bei bes. Betonung auch:* ein Mal; mindestens hundert Mal; keinmal; diesmal; *aber:* dieses Mal; viele Mal(e); *aber:* vielmal
Mal 1. *n. 1;* das erste, letzte, zweite, einzige, nächste, vorige Mal; das eine Mal, das andere Mal; zum ersten, letzten Mal; beim nächsten Mal; ein letztes Mal; ein anderes Mal; ein ums andere Mal; dieses, manches Mal; manch liebes Mal, manches liebe Mal; mehrere Mal(e); beim soundsovielten, x-ten Mal; zu wiederholten Malen; von Mal zu Mal; viele Dutzend Mal(e); Millionen Mal; **2.** *n. 1 oder n. 4* Zeichen, Fleck; Grenzstein, Grenzpfahl; Denkmal, Mahnmal
Ma|la|chi|as [-xi-] s. **Ma|le|a|chi**
Ma|la|chit [-xit, griech.] *m. 1* smaragdgrünes Mineral
ma|la|chit|grün [-xit-]
ma|lad, ma|la|de [frz.] *ugs.:* krank, erschöpft, müde
ma|la fi|de [lat.] *Rechtsw.:* im bösen Glauben, wissentlich unberechtigt
Ma|la|ga 1. span. Hafenstadt und

M

Provinz; **2.** *m. 9* Süßwein aus Malaga

Ma|laie *m. 11* Angehöriger einer Völkergruppe in Süd- und Hinterindien und Westindonesien

Ma|lai|in *f. 10*

ma|lai|isch; *aber:* Malaiischer Archipel; Malaiischer Bund

Ma|lai|isch *n. Gen.* -(s) *nur Sg.* zu den indonesischen Sprachen gehörende Sprache der Malaien

> **Malaise/Maläse:** Die fremdsprachige Form *Malaise* ist die Hauptvariante, die ins Deutsche integrierte Form *Maläse* die zulässige Nebenvariante. § 20 (2)

Ma|lai|se [-lɛz(ə), frz.] *auch:* **Ma|lä|se** *f. 11, österr.: n. 14, schweiz.: n. 5* **1.** Übelkeit; **2.** Missstimmung, moral. oder polit. Unbehagen

Ma|lak|ka Halbinsel in Südostasien

Ma|la|ko|lo|ge [griech.] *m. 11*

Ma|la|ko|lo|gie *f. 11 nur Sg.* Lehre von den Weichtieren

ma|la|ko|lo|gisch

Ma|la|ko|zo|on *n. Gen.* -s *Pl.* -zo|en, *veraltet:* Weichtier

Ma|la|ria [ital.] *f. Gen.* - *nur Sg.* Infektionskrankheit in den Tropen und Teilen Europas, Sumpf-, Wechselfieber

Ma|lä|se *f. 11* s. **Ma|lai|se**

Ma|la|wi, *früher:* Nyassaland, Njassaland, Staat in Ostafrika

Ma|la|wi|er *m. 5*

ma|la|wisch

Ma|laya **1.** die Halbinsel Malakka; **2.** Malaiischer Bund, *heute:* Teil von Malaysia

Ma|la|ya|lam *n. Gen.* -(s) *nur Sg.* eine drawidische Sprache

Ma|lay|er *m. 5*

ma|lay|isch

Ma|lay|sia Staat in Südostasien

Ma|lay|si|er *m. 5*

ma|lay|sisch

Ma|la|zie [griech.] *f. 11, Med.:* Erweichung

Ma|le|a|chi [-xi], Ma|la|chi|as [-xi-] Prophet des AT

Ma|le|dik|ti|on [lat.] *f. 10, veraltet:* Verwünschung

Ma|le|di|ven [-vən] *Pl.* Inselstaat im Indischen Ozean

Ma|le|di|ver [-vər] *m. 5*

ma|le|di|visch [-viʃ]

ma|le|di|zie|ren *tr. 3, veraltet:* verwünschen

Ma|le|fi|kant *m. 10,* **Ma|le|fi|kus** *m. Gen.* - *Pl.* -zi, *veraltet:* Übeltäter

Ma|le|fiz *n. 1, veraltet:* Übeltat

Ma|le|fiz|kerl *m. 1* Draufgänger, Teufelskerl

ma|len *tr. 1*

Ma|le|par|tus *m. Gen.* - *nur Sg., in der Tierfabel:* Wohnung des Fuchses

Ma|ler *m. 5*

Ma|le|rei *f. 10*

ma|le|risch

Ma|le|sche [frz.] *f. 11* Unannehmlichkeit, Schererei

Mal|heur [malør, frz.] *n. 9* kleines Unglück, Missgeschick

Ma|li Staat in Westafrika

Ma|li|ce [-lis(ə), frz.] *f. 11* Bosheit, boshafte Bemerkung

Ma|li|er *m. 5* Einwohner von Mali

...ma|lig; ein-, dreimalig, *in Ziffern:* 3-malig

ma|li|gne *auch:* **ma|lig|ne** [lat.] *Med.:* bösartig (Verhalten von Geschwülsten); *Ggs.:* benigne

Ma|li|gni|tät *auch:* **Ma|lig|ni|tät** *f. 10 nur Sg., Med.:* Bösartigkeit; *Ggs.:* Benignität

Ma|li|gnom *auch:* **Ma|lig|nom** *n. 1*

ma|li|zi|ös [frz.] boshaft, hämisch

mall **1.** *Seew.:* gedreht (Wind); **2.** *übertr.:* verrückt, von Sinnen

Mall *n. 1* Modell, Schablone für Schiffsteile

mal|len **1.** *tr. 1* nach dem Mall bearbeiten; **2.** *intr. 1* sich drehen, umspringen; der Wind mallt

Mal|lor|ca [majɔrka] span. Insel im Mittelmeer

Mal|lor|qui|ner [majɔrki-, span.] *m. 5* Einwohner Mallorcas

Mal|lung *f. 10 nur Sg.* Umspringen, Drehen (des Windes)

Malm [engl.] *m. Gen.* -(e)s *nur Sg.* obere Abteilung des Juras

mal|neh|men *tr. 88;* 8 mit 4 malnehmen

Mal|oc|chio *auch:* **Ma|loc|chio** [malɔkjo, ital.] *m. Gen.* -s *Pl.* -s *oder* -oc|chi [-ɔki] böser Blick

ma|lo|chen [jidd.] *ugs.:* schwer arbeiten

Ma|lo|ja *m. Gen.* -(s) *nur Sg.,* **Ma|lo|ja|pass** (*alt:* Ma|lo|ja|paß) *m. 2 nur Sg.* schweiz. Alpenpass

Mal|strom, Mahl|strom *m. 2 nur Sg.* **1.** Meeresstrom zwischen den Lofoten mit starker Wirbelbildung; **2.** *übertr.:* Strudel, Sog

Mal|ta **1.** Inselstaat (Maltesische Inseln) südlich von Sizilien; **2.** Hauptinsel von (1)

Mal|ta|fie|ber *n. Gen.* -s *nur Sg.* eine Infektionskrankheit

Mal|ta|se *f. 11 nur Sg.* Malzzucker spaltendes Ferment

Mal|ter *m. 5 oder n. 5* **1.** altes Getreidemaß, 100-700 l; **2.** *früher:* Mahllohn

Mal|te|ser *m. 5* Einwohner von Malta

Mal|te|ser|kreuz *n. 1* **1.** Kreuz, dessen Balken sich zur Mitte hin verjüngen und außen in je zwei Spitzen enden, Abzeichen der Malteserritter bzw. Johanniter; **2.** dem M. ähnliche Transportvorrichtung in Filmapparaten

Mal|te|ser|or|den *m. 7; seit 1530 Name für* Johanniterorden

Mal|te|ser|rit|ter *m. 5*

mal|te|sisch; *aber:* Maltesische Inseln

Mal|to|se *f. 11 nur Sg.* Malzzucker

mal|trä|tie|ren *auch:* **malt|rä|tie|ren** [frz.] *tr. 3* misshandeln, quälen

Ma|lus [lat.] *m. 1, Gen.* - *Pl.* - **1.** Prämienzuschlag bei Versicherungen; **2.** verschlechternder Abschlag auf Zeugnisnoten u. Ä.; *Ggs.:* Bonus (2)

Mal|va|sier [-va-] *m. 1 nur Sg.* Süßwein aus dem Gebiet um die griech. Stadt Monemvasía (ital.: Malvasía)

Mal|ve [-və] *f. 11* eine Zier- und Heilpflanze

mal|ven|far|ben, mal|ven|far|big [-vən-] rosenrot

Mal|ven|tee [-vən-] *m. 9*

Malz *n. 1 nur Sg.* angekeimtes Getreide

Malz|bier *n. 1 nur Sg.*

mal|zen, mäl|zen *tr. 1* Malz herstellen

Mäl|zer *m. 5* Arbeiter, der Malz herstellt

Mäl|ze|rei *f. 10*

Malz|kaf|fee *m. 9*

Malz|zu|cker *m. Gen.* -s *nur Sg.* Maltose

Ma|ma [ugs. und Kinderspr.: mama] *f. 9*

Ma|ma|chen *n. 7*

Mam|ba [afrik. Eingeborenenspr.] *f. 9* eine afrik. Giftschlange

Mam|bo *m. 9* ein kuban. Tanz

Ma|me|luck, Ma|me|luk [arab.] *m. 10* **1.** *urspr.:* türk. Sklave, Leibwächter am pers. und ägypt. Hof; **2.** *1250-1517:* Angehöriger eines ägyptischen Herrschergeschlechts

ma|me|lu|ckisch

Ma|mi, Mam|mi *f. 9, Koseform von* Mama

M

Ma|mil|la [lat.] *m. Gen. - Pl.* -len Brustwarze
Ma|mil|la|ria, Mam|mil|la|ria *f. Gen. - Pl.* -ri|en ein mexikan. Kaktus, Warzenkaktus
Mam|ma [lat.] *f. Gen. - Pl.* -mae [-mɛː] **1.** Brustdrüse; **2.** *bei Säugetieren:* Zitze
Mam|ma|lia *Pl., Sammelbez. für* Säugetiere
Mam|mi *f. 9* s. **Ma|mi**
Mam|mil|la|ria *f. Gen. - Pl.* -ri|en s. **Ma|mil|la|ria**
Mam|mo|gra|phie *auch:* **Mam|mo|gra|fie** [lat. + griech.] *f. 11* Röntgenuntersuchung der weibl. Brust
Mam|mon [aram.] *m. Gen.* -s *nur Sg., abwertend:* Geld, Reichtum; der schnöde M.
Mam|mo|nis|mus *m. Gen. - nur Sg.* **1.** Geldgier; **2.** Geldherrschaft
Mam|mons|die|ner *m. 5*
Mam|mut [jakut.-frz.] *n. 1 oder n. 9* ausgestorbene Elefantenart, Wollhaarelefant
Mam|mut... *in Zus.:* riesig, Riesen..., z. B. Mammutunternehmen
Mam|mut|baum *m. 2* ein Nadelbaum
mamp|fen *tr. 1, süddt.:* mit vollen Backen kauen, schmausen
Mam|sell [frz.] *f. 10 oder f. 9* **1.** *veraltet, noch scherzh.:* Fräulein; **2.** für die Küche verantwortl. Angestellte in Gaststätten, auf Gütern u. a.; kalte M. *ugs.:* Angestellte in Restaurants, die kalte Speisen anrichtet
Mam|sell|chen *n. 7, veraltet:* kleines Fräulein
man **1.** jedermann, jeder, jemand, die Leute; man erzählt sich, dass ...; man kann nie wissen; das sieht man dir an; hat man sowas schon gehört?; **2.** *norddt., ugs.:* mal, nur; denn man los!; geh man bloß weg hier!
Man **1.** [mæn] brit. Insel in der Irischen See; **2.** [man, pers.] *n. Gen. - Pl.* - altes pers. Gewicht, 2 kg und mehr
Ma|na [melanes.-polynes.] *n. Gen.* -(s) *nur Sg., im magischen Denken:* eine Menschen, Tieren oder Dingen innewohnende, übernatürl. Kraft
Mä|na|de [griech.] *f. 11* **1.** verzückte, rasende Begleiterin des griechischen Weingottes Dionysos; **2.** *allg.:* rasendes Weib
Ma|nage|ment [mænɪdʒmənt, engl.] *n. 9* **1.** Leitung (eines Betriebes) auf betriebswirtschaftl. Grundlage; **2.** Gesamtheit der leitenden Angestellten
Ma|nage|ment-Buy-out [mænɪdʒmənt baɪaut, engl.] *m. Gen. - nur Sg.* Kauf eines Unternehmens durch sein Management
ma|na|gen [mænɪdʒən, engl.] *tr. 1, ugs.* **1.** etwas m.: zuwege bringen, bewerkstelligen; ich manage, managte es, habe es gemanagt; **2.** jmdn. m.: betreuen, um ihn in den Vordergrund zu rücken
Ma|na|ger [mænɪdʒə(r), engl.] *m. 5* **1.** Leiter (eines Unternehmens); **2.** Betreuer (eines Berufssportlers oder Künstlers)
Ma|na|ger|krank|heit [mænɪdʒə(r)-] *f. 10 nur Sg.* Erkrankung mit Kreislaufstörungen und Erschöpfung infolge übermäßiger beruflicher Beanspruchung
Ma|nat [türk.] *m. Gen.* -(s) *Pl.* Ma|nat|lar, *nach Zahlenangaben Pl.* - eine Währungseinheit in Aserbaidschan (*Abk.:* AM, 100 Gepik) und in Turkmenistan (*Abk.:* TMM, 100 Tenge)
manch(e, -er, -es) **1.** *immer Kleinschreibung:* manche sagen ...; ich kann dir darüber manches erzählen; mancher hat schon geglaubt, er könnte ...; manche von uns; **2.** *Flexion: a) Nominativ:* manch einer; manch Gutes, manches Gute; manch kluger Mann, mancher kluge Mann, manche kluge (klugen) Männer; *b) Genitiv:* manch eines; manches Guten; manch klugen Mannes, manches klugen Mannes, mancher kluger (klugen) Männer; *c) Dativ:* mit manch einem; mit manchem Guten; mit manch klugem Mann, mit manchem klugen Mann, mit manchen klugen Männern; *d) Akkusativ:* für manch einen; für manch Gutes, für manches Gute; für manch klugen Mann, für manchen klugen Mann, für manche kluge (klugen) Männer
Man|cha [-tʃa] *f. Gen. - nur Sg.* Landschaft in Spanien
man|chen|orts, man|cher|lei
man|cher|or|ten
man|cher|orts
Man|ches|ter [mæntʃɛstə(r)] engl. Stadt
Man|ches|ter|schu|le [mæntʃɛstə(r)-] *f. 11 nur Sg.*, **Man|ches|ter|tum** [mæntʃɛstə(r)-] *n. Gen.* -s *nur Sg.* extreme Form des Wirtschaftsliberalismus, die jede Einmischung des Staates in die Wirtschaft ablehnt

manchmal, manches Mal: Mehrteilige Adverbien schreibt man zusammen: *Er hat sie manchmal gesehen.* § 39 (1)
Ebenso: *einmal, diesmal* usw.
Die substantivierte und erweiterte Form wird getrennt geschrieben: *Manches Mal war er unerträglich.* § 39 E2 (1)
Das nachfolgende Adjektiv wird stark: *manch gutes Gespräch* oder schwach flektiert: *manches gute Gespräch.*
Dativ: *mit manch gutem Gespräch* oder: *mit manchem guten Gespräch.*
Plural: *manche Abgeordnete* (auch: *Abgeordneten*).

manch|mal [auch: -mal]; *aber:* manches Mal
Man|da|la [Sanskrit] *n. Gen.* -(s) *Pl.* -s, *Buddhismus:* magische Kreis- oder Vieleckfigur als Meditationsmittel
Man|dant [lat.] *m. 10* Auftrag-, Vollmachtgeber (bes. eines Rechtsanwalts), Klient
Man|dan|tin *f. 10*
Man|da|rin [Sanskrit] *m. 1* **1.** *ursprünglich portugiesische Bez. für* einheimischer Würdenträger in Hinterindien; **2.** *dann europäische Bez. für* hoher chinesischer Beamter
Man|da|ri|ne *f. 11* kleine apfelsinenähnliche Frucht
Man|da|ri|nen|baum *m. 2*
Man|da|rin|en|te *f. 11* kleine ostasiatische Ente
Man|dat [lat.] *n. 1* **1.** Auftrag, Vollmacht; **2.** Auftrag (der Wähler) für einen Abgeordneten, *auch:* das Amt des Abgeordneten; **3.** von einem Staat in Treuhand verwaltetes Gebiet
Man|da|tar *m. 1* **1.** jmd., der im Auftrag eines anderen handelt; **2.** *österr.:* gewählter Volksvertreter
Man|da|tar|staat *m. 12* Staat, der ein Mandat (3) verwaltet
Man|del *f. 11* **1.** altes Mengenmaß, 15 (kleine M.) bzw. 16 (große M.)

M

Stück; **2.** Frucht des Mandelbaums; **3.** mandelförmiges paariges Organ am Gaumen (Gaumenmandeln) und im Rachen (Rachenmandeln), Tonsille
Man|del|baum *m. 2*
Man|del|kleie *f. 11 nur Sg.* aus Mandeln gewonnenes Körperwaschmittel
Man|del|milch *f. 10 nur Sg.* ein Hautpflegemittel
Man|derl|steh|auf *n. Gen. - Pl. -, österr.:* Stehaufmännchen
Man|di|bel [lat.] *f. 11* **1.** *bei Wirbeltieren und Menschen:* Unterkieferknochen; **2.** *bei Insekten und Krebsen:* Teil der Mundwerkzeuge
man|di|bu|lar zu den Mandibeln gehörig
Man|di|o|ka [indian.-span.] *f. Gen. - nur Sg.* s. **Ma|ni|ok**
Mandl *n. 14, bair., österr.* **1.** Männchen; **2.** Vogelscheuche
Man|do|la [griech.] *f. Gen. - Pl.* -len Man|do|ra *f. Gen. - Pl.* -ren ein Zupfinstrument, eine Oktave tiefer als die Mandoline
Man|do|li|ne *f. 11* ein Zupfinstrument
Man|do|ra *f. Gen. - Pl.* -ren s. **Man|do|la**
Man|dor|la [ugs.: -dɔr-, ital.] *f. Gen. - Pl.* -len mandelförmiger Heiligenschein um die ganze Gestalt
Man|dra|go|ra *auch:* **Mand|ra|go|ra** [pers.] *f. Gen. - Pl.* -go|ren, **Man|dra|go|re** *auch:* **Mand|ra|go|re** *f. 11* ein Nachtschattengewächs (seine angeblich zauberkräftige Wurzel: Alraun)
Man|drill *auch:* **Mand|rill** [afrik.] *m. 1* sehr bunt gefärbte Art der Paviane, Hundskopfaffe
Man|dschu *auch:* **Mand|schu** *m. 9 oder Gen. - Pl. -* **1.** Man|dschu|re *m. 11* Angehöriger eines tungus. Volksstammes; **2.** *n. Gen. - nur Sg.* dessen altaische Sprache
Man|dschu|kuo *auch:* **Mand|schu|kuo** *1934-1945:* Name der Mandschurei
Man|dschu|re *auch:* **Mand|schu|re** *m. 11* s. **Man|dschu** (1)
Man|dschu|rei *auch:* **Mand|schu|rei** *f. Gen.* - Gebiet in Nordostchina
man|dschu|risch *auch:* **mand|schu|risch**
Ma|ne|ge [-ʒə, frz.] *f. 11* **1.** kreisförmiger Platz für die Vorführungen im Zirkus; **2.** Reitbahn

M

Ma|nen [lat.] *Pl., röm. Myth.:* die guten Geister der Verstorbenen
Ma|net [mane], *Édouard* frz. Maler
Man|fred männl. Vorname
mang *berlinerisch, norddt.:* mitten unter, zwischen
Man|ga|be [afrik.] *f. 11* ein afrik. Affe, Meerkatze
Man|gan [griech.] *n. 1 nur Sg.* (*Zeichen:* Mn) chem. Element, ein Metall
Man|ga|nat *n. 1* Salz der Mangansäure
Man|ga|nit *m. 1 nur Sg.* ein Mineral
man|gan|sau|er
Man|ge *f. 11, bair., schwäb. für* Mangel (2)
Man|gel **1.** *m. 6* Fehlen (von etwas); Armut, Not, Entbehrung; **2.** *f. 11* Bügelmaschine, Heiß-, Wäschemangel
Man|gel|er|schei|nung *f. 10*
man|gel|haft
Män|gel|haf|tung *f. 10 nur Sg.*
Man|gel|krank|heit *f. 10*
man|geln **1.** *intr. 1* fehlen; ihm mangelt das Können, es mangelt ihm an Können; **2.** *tr. 1* mit der Mangel bügeln, glätten
Män|gel|rü|ge *f. 11* Klage über mangelhafte Waren oder Ausführung
man|gels *Präp. mit Gen.:* aus Mangel an, wegen Fehlens von; m. eines besseren Gerätes; m. Beweises
Man|gel|wa|re *f. 11*
man|gen *tr. 1, bair., schwäb. für* mangeln (2)
Man|go [mal.] *f. Gen. - Pl.* -go|nen Frucht des Mangobaums, Mangofrucht, Mangopflaume
Man|go|baum *m. 2* ein trop. Sumachgewächs
Man|gold *m. 1* eine Gemüsepflanze
Man|go|pflau|me *f. 11* Mango
Man|gro|ve *auch:* **Mang|ro|ve** [-və, mal. oder drawid.] *f. 11* an Flussmündungen, in Meeresbuchten tropischer Gebiete wachsender Laubbaum
Man|gro|ve(n)|baum [-və(n)-] *m. 2*
Man|gus|te [drawid.] *f. 11* Ichneumon, Mungo
Man|hat|tan [mænhæt(ə)n] **1.** Stadt in Kansas (USA); **2.** Stadtteil von New York
Ma|ni|chä|er *m. 5* **1.** Anhänger des Manichäismus; **2.** *Studentenspr.:* lästiger, drängender Gläubiger

Ma|ni|chä|is|mus *m. Gen. - nur Sg.* von dem Perser Mani gestiftete, aus altpers. und christl. Elementen gemischte Religion
Ma|nie [griech.] *f. 11* **1.** krankhafte Gemütsänderung mit gesteigertem Selbstgefühl, Erregungszuständen; **2.** leidenschaftl. Liebhaberei, Besessenheit, Sucht
Ma|nier [frz.] **1.** *f. 10 nur Sg.* Art, Eigenart, Stil; **2.** *f. 10 meist Pl.* Umgangsformen, (gutes) Benehmen; (keine) Manieren haben; gute, schlechte Manieren
ma|nie|riert übertrieben, gekünstelt, unnatürlich
Ma|nie|riert|heit *f. 10 nur Sg.*
Ma|nie|ris|mus *m. Gen. - nur Sg.* **1.** Stilrichtung der Malerei zwischen Renaissance und Barock mit lang gestreckten Formen und unruhigen Farben; **2.** *allg.:* übertreibender, gekünstelter Stil
Ma|nie|rist *m. 10* Vertreter des Manierismus
ma|nie|ris|tisch
ma|nier|lich wohlerzogen, mit guten Manieren
ma|ni|fest [lat.] handgreiflich, deutlich, offenkundig
Ma|ni|fest *n. 1* **1.** öffentliche Erklärung; Darlegung eines Programms; **2.** das Programm selbst; **3.** *Seew.:* Verzeichnis der Schiffsladung
Ma|ni|fes|ta|ti|on *f. 10* **1.** Offenbar-, Erkennbarwerden; **2.** öffentl. Erklärung; **3.** *schweiz.:* Demonstration
ma|ni|fes|tie|ren **1.** *tr. 3* öffentlich erklären, kundgeben; **2.** *refl. 3* sichtbar, erkennbar werden
Ma|ni|hot [indian.] *m. 9* s. **Ma|ni|ok**
Ma|ni|kü|re [frz.] *f. 11* **1.** Pflege der Hände und bes. der Fingernägel; vgl. Pediküre; **2.** Angestellte in Frisiersalons u. a., die Maniküre betreibt
ma|ni|kü|ren *tr. 1;* jmdn. m., jmdm. die Hände m.; manikürte Hände, Fingernägel
Ma|ni|la **1.** Hauptstadt der Philippinen; **2.** *m. 9, kurz für* Manilatabak
Ma|ni|la|hanf *m. Gen. -s nur Sg.* Bastfaser einer philippinischen Faserbanane
Ma|ni|la|ta|bak *m. 1* philippinischer Tabak
Ma|nil|le [-niljə, span.] *f. 11* **1.** hufeisenförmiger Armring; **2.** *Lomber:* Trumpfkarte

Ma|ni|ok [indian.] *m. 9* eine trop. Nutzpflanze mit essbaren Knollen, Kassave, Mandioka, Manihot
Ma|ni|pel 1. [lat.] *m. 5, im alten Rom:* Unterabteilung einer Kohorte; 2. [ital.] *f. 11, kath. Kirche:* am linken Unterarm des Messgewandes getragenes, farbiges Band
Ma|ni|pu|lant [lat.] *m. 10* Sortierer, Zurichter von Fellen
Ma|ni|pu|la|ti|on *f. 10* 1. *Pl.* Zurichtung von Fellen; 2. (geschickter) Handgriff, Kunstgriff; 3. *Pl.* Machenschaften; 4. Beeinflussung, Steuerung anderer
Ma|ni|pu|la|tor *m. 13* Gerät, das die Bewegungen von Hand und Fingern auf entfernte Gegenstände überträgt (zum Hantieren mit radioaktiven Substanzen hinter Strahlenschutzwänden)
ma|ni|pu|la|to|risch
ma|ni|pu|lier|bar
Ma|ni|pu|lier|bar|keit *f. 10 nur Sg.*
ma|ni|pu|lie|ren 1. *intr. 3* (geschickte) Handgriffe, Kunstgriffe anwenden; 2. *tr. 3* zurichten (Felle); 3. *tr. 3* beeinflussen, steuern; er hat die Fernsehzuschauer deutlich manipuliert
ma|nisch an Manie leidend, zur Manie (1) gehörend
ma|nisch-de|pres|siv abwechselnd manisch und depressiv
Ma|nis|mus [lat.] *m. Gen. - nur Sg.* Ahnen-, Totenverehrung
Ma|ni|tu [indian.] *bei den nordamerik. Indianern:* »großer Geist«, übersinnl., gottähnl. Macht
Man|ko *n. 9* 1. Mangel; 2. Fehlbetrag, Ausfall
Mann, dt. Schriftsteller 1. *Heinrich* M.; 2. *Thomas* M.
Mann 1. *m. 4;* 2. *m. Gen.* -es *Pl.* - Person; alle Mann an Deck!; vier Mann (hoch); hundert Mann; pro Mann fünf Mark; 3. Man|nen *Pl. früher:* Dienst-, Gefolgs-, Heeres-, Lehnsmann
Man|na [hebr.] *n. Gen.* -s *oder f. Gen. - nur Sg.* 1. *im AT:* Himmelsbrot, bibl. Wundernahrung, mit der Gott die Juden in der Wüste speiste; 2. aus der Rinde mancher Bäume austretender, süßer Saft; 3. Ausscheidungen der Mannaschildlaus
Man|na|flech|te *f. 11* essbare, vorder- und zentralasiat. Flechte
Man|na|schild|laus *f. 2* eine Zuckersaft ausscheidende Schildlaus der Mittelmeergebiete
Man|na|zu|cker *m. Gen.* -s *nur Sg.* Mannit
mann|bar
Mann|bar|keit *f. 10 nur Sg.*
Männ|chen *n. 7 Pl. auch:* Män|nerchen
Män|ne *m. 1 nur Sg., scherzh.:* Gatte
Män|ne|ken *n. 7, norddt. für* Männchen
man|nen *tr. 1, Seew.:* von Mann zu Mann weiterreichen
Man|nen|treue *f. 11 nur Sg.*
Man|ne|quin [-kɛ̃, frz.] *n. 9* 1. *früher:* Gliederpuppe (für Maler und Bildhauer), Schaufensterpuppe; 2. *heute:* Vorführdame für Kleidung auf Modenschauen
Män|ner|treu *f. Gen. - nur Sg.* Ehrenpreis
Man|nes|al|ter *n. Gen.* -s *nur Sg.*
Man|nes|kraft *f. 2 nur Sg.*
Man|nes|schwä|che *f. 11 nur Sg.* Impotenz
Man|nes|stamm *m. 2 nur Sg.* männl. Linie in der Geschlechterfolge; sich im M. vererben; das Geschlecht ist im M. ausgestorben
Man|nes|wort *n. 1*
mann|haft
Mann|haf|tig|keit *f. 10 nur Sg.*
Mann|heit *f. 10 nur Sg.*
man|nig|fach
man|nig|fal|tig
Man|nig|fal|tig|keit *f. 10 nur Sg.*
män|nig|lich *veraltet* 1. männlich; 2. jeder, jedermann
Män|nin *f. 10*
Man|nit [hebr.] *m. 1* ein fester, kristallinischer, süßlich schmeckender Alkohol, in Manna, Algen, Sellerie u. a., Mannazucker
Männ|lein *n. 7*
männ|lich
Männ|lich|keit *f. 10 nur Sg.*
Mann|loch *n. 4* Öffnung zum Einsteigen in große Gefäße, z. B. Dampfkessel
Manns|bild *n. 3, ugs., meist scherzh. oder abwertend, auch anerkennend:* Mann
Mann|schaft *f. 10*
Mann|schafts|sport *m. 1*
manns|dick
manns|hoch
Manns|hö|he *f. 11 nur Sg.;* etwa in M.; ein Baum von M.
Manns|leu|te *nur Pl., ugs., abwertend:* Männer
Manns|per|son *f. 10, ugs., abwertend*
manns|toll = nymphoman
Manns|toll|heit *f. 10 nur Sg.* = Nymphomanie
Manns|volk *n. 4 nur Sg., ugs.:* Männer
Manns|zucht *f. Gen. - nur Sg.* Disziplin
Mann|weib *n. 3* 1. Zwitter; 2. sehr männliche, betont männlich auftretende Frau
ma|no des|tra *auch:* **ma|no dest|ra** [ital.] (*Abk.:* m. d.) *Mus.:* mit der rechten Hand (zu spielen)
Ma|no|me|ter [griech.] *n. 5* Druckmesser (für Gase und Flüssigkeiten)
ma|no|me|trisch *auch:* **ma|no|met|risch** mithilfe des Manometers
ma non trop|po [ital.] *Mus.:* aber nicht zu sehr
ma|no si|nis|tra *auch:* **ma|no si|nist|ra** [ital.] (*Abk.:* m. s.) *Mus.:* mit der linken Hand (zu spielen)
Ma|nö|ver [-vər, frz.] *n. 5* 1. Truppen-, Flottenübung; 2. Schwenkung (des Schiffes); 3. *übertr.:* Scheinmaßnahme, Kunstgriff
ma|nö|vrie|ren *auch:* **ma|növ|rie|ren** [-vri-] *intr. 3*
ma|nö|vrier|fä|hig *auch:* **ma|növ|rier|fä|hig** [-vrir-] (Schiff)
Ma|nö|vrier|fä|hig|keit *auch:* **Ma|növ|rier|fä|hig|keit** [-vrir-] *f. 10 nur Sg.*
ma|nö|vrier|un|fä|hig *auch:* **ma|növ|rier|un|fä|hig** [-vrir-]
Ma|nö|vrier|un|fä|hig|keit *auch:* **Ma|növ|rier|un|fä|hig|keit** [-vrir-] *f. 10 nur Sg.*
Man|po|wer *auch:* **Man|pow|er** [mænpauə(r), engl.] *f. Gen. - nur Sg.* Arbeitskräfte, Arbeitspotenzial
Man|sar|de [nach dem frz. Architekten F. Mansard] *f. 11* Dachzimmer, ausgebauter Dachstuhl
Man|sar|den|woh|nung *f. 10*
Mansch, Mantsch *m. 1 nur Sg., mittel-, norddt.:* dickflüssige Substanz, Brei, wässeriges Essen, nasser Schmutz
man|schen, mant|schen *intr. 1* mit Wasser spielen
Man|sche|rei *f. 10 nur Sg.*
Man|schet|te [frz.] *f. 11* 1. Ärmelaufschlag; 2. Zierhülle aus Krepppapier um Blumentöpfe; 3. *Ringen:* ein verbotener Würgegriff; 4. *Pl., Gaunerspr.:* Handschellen; 5. Dichtungsring für

M

Kolben; **6.** Manschetten haben *ugs.:* Angst haben
Man|schet|ten|knopf *m. 2*
Man|tel *m. 6*
Män|tel|chen *n. 7;* einer Sache ein M. umhängen *ugs.:* sie verschleiern, beschönigen
Man|tel|ge|setz *n. 1* Rahmengesetz
Man|tel|kro|ne *f. 11, Zahnmed.:* Jacketkrone
Man|tel|pa|vi|an [-vi-] *m. 1*
Man|tel|sack *m. 2, veraltet:* Reisetasche
Man|tel|ta|rif|ver|trag *m. 2* grundsätzl. Tarifvertrag
Man|tel|tier *n. 1* sackförmiges, festsitzendes Meerestier, ältestes Wirbeltier, Tunikate
Man|tik [griech.] *f. 10 nur Sg.* Seher-, Wahrsagekunst
Man|til|le [-tiljə, span.] *f. 11, früher:* **1.** Schulterumhang für Frauen; **2.** Spitzenschleier für Kopf und Schultern
Man|tis|se [lat.] *f. 11, bei Logarithmen:* die hinter dem Komma stehende Zahl
Mänt|lein, Män|te|lein *n. 7, poet.*
Mantsch *m. 1 nur Sg.* s. **Mansch**
mant|schen *intr. 1* s. **man|schen**
Ma|nu|al [lat.] *n. 1* **1.** *veraltet:* Tagebuch, Notizbuch für tägl. Eintragungen; **2.** mit den Händen zu spielende Tastenreihe (bei Orgel, Harmonium, Cembalo); *Ggs.:* Pedal (3)
Ma|nu|el männl. Vorname, *Kurzform von* Emanuel
Ma|nu|e|la weibl. Vorname, *Kurzform von* Emanuela
ma|nu|ell mit der Hand, hand…, Hand…; manuelle Tätigkeit
Ma|nu|fakt *n. 1* Erzeugnis der Handarbeit
Ma|nu|fak|tur *f. 10* **1.** Herstellung mit der Hand; **2.** mit der Hand hergestelltes Erzeugnis der Industrie; **3.** Betrieb, in dem Waren mit der Hand hergestellt werden
ma|nu|fak|tu|rie|ren *tr. 3* mit der Hand herstellen
Ma|nu|fak|tu|rist *m. 10* **1.** Leiter einer Manufaktur (3); **2.** Händler mit Manufakturwaren (1)
Ma|nu|fak|tur|wa|re *f. 11* **1.** mit der Hand hergestellte Industrieware; **2.** Textilware, die nach Wunsch abgemessen und vom Ballen abgeschnitten wird, Meterware
Ma|nul|druck [nach dem Erfinder Max Ullmann] *m. 1* ein fotochemisches Flachdruckverfahren (zum Nachdruck alter Bücher)
ma|nu pro|pria *auch:* **ma|nu prop|ria** [lat.] (*Abk.:* m. p.) *veraltet:* eigenhändig
Ma|nu|skript *auch:* **Ma|nus|kript, Ma|nusk|ript** *n. 1* (*Abk.:* Ms., *Pl.:* Mss., *oder Sg. und Pl.:* Mskr.) Vorlage für den Druck
Manx *n. Gen. - nur Sg.* zu den kelt. Sprachen gehörender Dialekt der Insel Man
Man|za|nil|la [manθanilja, span.] *m. Gen.* -(s) *nur Sg.* ein Süßwein
Man|za|nil|lo|baum [manθaniljo-], **Man|zi|nel|la|baum** [manθinɛlja-] *m. 2* ein mittelamerikanisches Wolfsmilchgewächs, aus dessen Früchten Pfeilgift gewonnen wurde
Ma|o|is|mus *m. Gen. - nur Sg.* von Mao Ze-dong geprägte Form des Kommunismus
Ma|o|ist *m. 10*
ma|o|is|tisch
Ma|o|ri **1.** *m. 9 oder Gen. - Pl. -* Eingeborener Neuseelands; **2.** *n. Gen.* -(s) *nur Sg.* dessen Sprache
Mao Ze-dong, Mao Tse-tung chin. Politiker
Mäpp|chen *n. 7*
Map|pe *f. 11*
Ma|quet|te [-kɛt(ə), frz.] *f. 11* Entwurf, Skizze
Ma|quis [-ki, frz.] *m. Gen. - nur Sg.* **1.** *eigtl.:* Buschwald, Unterholz; **2.** *frz. Bez. für* Macchia; **3.** *im 2. Weltkrieg* Name der frz. Widerstandsbewegung
Ma|qui|sard [makizar, frz.] *m. 9* Angehöriger des Maquis (3)
Mar *n. 1* s. **Maar**
Mär *f. 10,* **Mä|re** *f. 11* **1.** *veraltet:* Märchen, Sage; **2.** *heute nur noch scherzh.:* Geschichte, unverbürgte Nachricht
Ma|ra|bu [arab.] *m. 9* afrik. Storchenvogel mit Kehlsack
Ma|ra|but *m. Gen.* -(s) *Pl. -* islam. Einsiedler, Heiliger, auch dessen Grabstätte
Ma|ra|cu|ja [indian.-brasil.] *f. 9* Frucht der Passionsblume (zur Herstellung von Säften)
Ma|ra|ne *m. 11* s. **Mar|ra|ne**
Ma|rä|ne [slaw.] *f. 11* ein Lachsfisch, *norddt. für:* Felchen, Renke
ma|ran|tisch, ma|ras|tisch [griech.] abgezehrt, schwach; vgl. Marasmus
Ma|ras|chi|no [-ki-, lat.] *m. 9* aus dalmatin. Sauerkirschen hergestellter Likör
Ma|ras|mus [griech.] *m. Gen. - nur Sg.* geistig-körperl. Kräfteverfall
ma|ras|tisch s. **ma|ran|tisch**
Ma|ra|thon|lauf [nach dem Lauf des Boten, der die Nachricht vom Sieg der Griechen über die Perser bei Marathon nach Athen brachte] *m. 2* Langstreckenlauf über 42,2 km, der u. a. bei den Olymp. Spielen ausgetragen wird
Ma|ra|thon|läu|fer *m. 5*
Mar|bel **1.** *f. 11* eine grasartige Pflanze, Simse; **2.** *f. 11* Mär|bel Murmel; **3.** *m. 5 oder n. 5* hölzernes Formgerät der Glasbläser; **4.** *m. 5 oder n. 5, alem.:* Marmor
Mär|bel *f. 11* s. **Mar|bel** (2)
Marc, Mark männl. Vorname, *Kurzform von* Markus
mar|ca|to [ital.] *Mus.:* markant, deutlich hervorgehoben
March *f. 10, schweiz.:* Flurgrenze, Grenzstein
Mär|chen *n. 7*
Mär|chen|buch *n. 4*
mär|chen|haft
Mar|che|sa [-ke-, ital.] *f. Gen. - Pl.* -sen weibl. Marchese
Mar|che|se [-ke-, ital.] *m. 11* ital. Adelstitel zwischen Graf und Herzog
Mar|co männl. Vorname, *ital. und span. Form von* Markus
Mar|der *m. 5*
Ma|re [lat. »Meer«] *n. Gen. - Pl. - oder* -ria *meist Pl.* große, dunkle Ebene auf der Oberfläche von Mond und Mars
Mä|re *f. 11* = **Mär**
Ma|rel|le *f. 11* **1.** = Marille; **2.** = Morelle
Ma|ren|da [ital.], **Ma|ren|de** *f. Gen. - Pl.* -den, *in Südtirol:* Nachmittagsmahlzeit, Vesper, Jause
ma|ren|go [nach der ital. Stadt Marengo] *unflektierbar:* grau oder braun mit weißen Punkten
Ma|ren|go *m. 9* schwarz-weiß oder grau melierter Kammgarnstoff für Mäntel und Kostüme
Mar|ga|ret, Mar|ga|re|ta, Mar|ga|re|te, Mar|ga|re|tha, Mar|ga|re|the weibl. Vorname
Mar|ga|ri|ne [griech.] *f. 11* aus pflanzlichem (oder tier. und pflanzl.) Fett hergestelltes, butterähnl. Speisefett
Mar|ge [marʒ(ə), frz.] *f. 11* **1.** Abstand, Spielraum; **2.** Preis-, Verdienstspanne

Mar|ge|ri|te *f. 11* eine Wiesenblume
mar|gi|nal [lat.] **1.** auf dem Rand stehend; **2.** *Bot.:* randständig (Samenanlage)
Mar|gi|na|lie [-ljə] *f. 11* **1.** (geschriebene oder gedruckte) Randbemerkung; **2.** Glosse, Kurzkommentar
mar|gi|na|li|sie|ren *tr. 3* an den Rand, ins (politische) Abseits drängen
Mar|git, Mar|git|ta weibl. Vorname
Mar|got weibl. Vorname
Mar|gret *auch:* **Marg|ret,** Mar|grit weibl. Vorname, *Kurzform von* Margaret
Ma|ria weibl. Vorname
Ma|ri|a|ge [-ʒ(ə), frz.] *f. 11* **1.** *veraltet:* Heirat, Ehe; **2.** *Kartenspiel:* Zusammentreffen von König und Dame
Ma|riä-Him|mel|fahrts-Fest *n. 1*
Ma|ri|an männl. Vorname
Ma|ri|a|nen *Pl.* Inselgruppe im Pazif. Ozean
ma|ri|a|nisch zur Jungfrau Maria gehörend; Marianische Kongregationen: kath. Vereinigungen zur Verehrung der Jungfrau Maria, oft getrennt nach Geschlecht, Alter und Berufsart
Ma|ri|an|ne weibl. Vorname
ma|ria-the|re|si|a|nisch zur Kaiserin Maria Theresia gehörend
Ma|ria|the|re|si|en|ta|ler, Ma|ria-The|re|si|en-Ta|ler *m. 5, 18. Jh.:* österr. Silbertaler
Ma|rie weibl. Vorname
Ma|ri|en|bild *n. 3*
Ma|ri|en|dich|tung *f. 10*
Ma|ri|en|kä|fer *m. 5*
Ma|ri|en|kir|che *f. 11*
Ma|ri|en|le|ben *n. 7, Kunst:* Bilderfolge mit Darstellungen aus dem Leben der Jungfrau Maria
Ma|ri|en|würm|chen *n. 7* Marienkäfer
Ma|ri|hu|a|na [span.] *n. Gen.* -(s) *nur Sg.* ein Rauschgift, Blütentriebe der Hanfpflanze
Ma|ri|ka weibl. Vorname
Ma|ril|le, Ma|rel|le [ital.] *f. 11, bes. österr.:* Aprikose
Ma|ril|len|knö|del *m. 5, österr.:* gekochter Kloß mit einer Marille und einem Stück Zucker darin
Ma|ri|lyn [mɛrilın] weibl. Vorname
Ma|rim|ba [afrik.-span.] *f. 9* xylophonartiges Schlaginstrument afrik. Herkunft
ma|rin [lat.-frz.] zum Meer gehörend
Ma|ri|na weibl. Vorname
Ma|ri|na|de [frz.] *f. 11* **1.** saure Würztunke zum Einlegen von Fisch und Fleisch; **2.** das darin Eingelegte selbst
Ma|ri|ne [lat.] *f. 11 nur Sg.* Gesamtheit der Seeschiffe eines Staates und ihrer Besatzungen, Flotte
ma|ri|ne|blau dunkelblau
Ma|ri|ne|of|fi|zier *m. 1*
Ma|ri|ner *m. 5, ugs. scherzh.:* Marinesoldat, Matrose, blauer Junge
ma|ri|nie|ren *tr. 3* in Marinade einlegen
Ma|ri|nis|mus *m. Gen. - nur Sg.* **1.** Streben, eine starke Marinemacht aufzubauen; **2.** [nach dem ital. Dichter Giambattista Marini] ital. Form des überladenen literarischen Barockstils
Ma|ri|nist *m. 10* Vertreter des Marinismus (2)
ma|ri|nis|tisch zum Marinismus (2) gehörend, in der Art des Marinismus
Ma|rio männl. Vorname
Ma|ri|o|la|trie *auch:* **Ma|ri|o|lat|rie** [griech.] *f. 11 nur Sg.* Marienverehrung
Ma|ri|o|lo|gie *f. 11 nur Sg.* Lehre von der Gottesmutter
ma|ri|o|lo|gisch
Ma|ri|on weibl. Vorname
Ma|ri|o|net|te [ital. »Mariechen«] *f. 11* **1.** an Fäden bewegliche Gliederpuppe; **2.** willensschwacher Mensch, der andern als Werkzeug dient
Ma|ri|o|net|ten|re|gie|rung *f. 10* unselbständige, von einem anderen Staat bevormundete Regierung
Ma|ri|o|net|ten|spie|ler *m. 5* Puppenspieler eines Marionettentheaters
Ma|ri|o|net|ten|the|a|ter *n. 5* Puppentheater mit Marionetten
Ma|rist *m. 10* Angehöriger der kath. Gesellschaft Marias
Ma|ri|ta weibl. Vorname
ma|ri|tim [lat.] zum Meer, zum Seewesen gehörig, Meeres…, See…; maritimes Klima
Ma|ri|us männl. Vorname
Mar|jell [lit.] *f. 10, ostpreuß.:* Mädchen
Mar|jell|chen *n. 7*
Mark männl. Vorname
Mark 1. *f. Gen. - Pl. - oder berlin.-brandenburg.:* Mär|ker, *bis zum 31. 12. 2001:* Währungseinheit in Deutschland (*Abk.: in der DDR:* M); Deutsche Mark (*Abk.:* DM); **2.** *f. 10, urspr.:* Grenze, *später:* umgrenztes Gebiet, *dann:* Grenzgebiet, Grenzland, z. B. die Mark Brandenburg, Ostmark; **3.** *f. Gen. - nur Sg., kurz für* Mark Brandenburg; **4.** *n. Gen.* -s *nur Sg.* innerste Gewebeteile (z. B. Knochenmark, Stängelmark), *auch:* das Innere von weißen Nervenfasern; **5.** *n. Gen.* -s *nur Sg., übertr.:* Innerstes, Kern
mar|kant [frz.] deutlich ausgeprägt, auffallend, hervorstechend, prägnant (von Gesichtszügen)
Mar|ka|sit [arab.] *m. 1* ein gelbes Mineral
Mar|ke *f. 11; auch ugs.:* drollige, originelle Person; das ist eine M.!
Mär|ke *f. 11, österr.:* Namenszeichen, z. B. in der Wäsche
mär|ken *tr. 1, österr.:* mit einer Marke versehen
Mar|ken|ar|ti|kel *m. 5*
Mar|ken|schutz *m. Gen.* -es *nur Sg.*
Mar|ken|wa|re *f. 11*
Mar|ken|zei|chen *n. 7*
Mär|ker *m. 5* Einwohner einer Mark, bes. der Mark Brandenburg
mark|er|schüt|ternd
Mar|ke|ten|der *m. 5, früher:* eine Feldtruppe begleitender Händler
Mar|ke|ten|de|rei *f. 10* Geschäfte des Marketenders
Mar|ke|ten|de|rin *f. 10*
Mar|ke|ten|der|wa|re *f. 11*
Mar|ke|te|rie [frz.] *f. 11* = Intarsia
Mar|ke|ting [engl.] *n. Gen.* -s *nur Sg.* markt- oder verbraucherbezogene Unternehmenspolitik, Absatzförderungsmaßnahmen
Mar|ke|ting|mix [engl.] *m. Gen. - Pl.* -e, *Wirtsch.:* Kombination mehrerer Maßnahmen zur Steigerung des Produktabsatzes
Mark|graf *m. 10, früher:* Verwalter einer Grenzmark, Landesfürst (in Baden)
Mark|grä|fin *f. 10* Gemahlin eines Markgrafen
Mark|gräf|ler *m. 5* ein südbadischer Wein
mark|gräf|lich
Mark|graf|schaft *f. 10*
mar|kie|ren [frz.] *tr. 3* **1.** bezeichnen, kennzeichnen; **2.** *österr.:* lochen (Fahrkarte); **3.** vortäuschen; den starken Mann m.
Mar|kie|rung *f. 10*
mar|kig kraftstrotzend (Rede)

M

Mar|kig|keit *f. 10 nur Sg.*
mär|kisch zur Mark (Brandenburg) gehörend, daher stammend; *aber:* Märkisches Museum
Mar|ki|se [frz.] *f. 11* **1.** leinenes Sonnendach, Sonnenvorhang; **2.** ein Edelsteinschliff
Mar|ki|sette [-zɛt, frz.] *m. 9 oder f. 9* ein gazeartiges Gewebe für Gardinen
Mark|ka *f. Gen. - Pl. - (Abk.:* mk) finn. Währungseinheit (100 Penni), Finnmark
Mark|kno|chen *m. 7*
Mar|ko|man|ne *m. 11* Angehöriger eines german. Volksstammes
Mar|kör [frz.] *m. 1* **1.** *Billard:* Schiedsrichter, Punktezähler; **2.** *Landw.:* Gerät zum Kennzeichnen der Reihen, in denen gesät oder gepflanzt werden soll, Furchenzieher
Mark|schei|de *f. 11* **1.** Grenzlinie, Grenze; **2.** *Bgb.:* Grubenfeldgrenze
Mark|schei|de|kun|de *f. 11 nur Sg.*, **Mark|schei|de|kunst** *f. 2 nur Sg.* Vermessungslehre für Berechnungen und Messungen über und unter Tage
Mark|schei|der *m. 5, Bgb.:* Vermesser
Mark|stein *m. 1* hervorstechendes Ereignis
Mark|stück *n. 1*
mark|stück|groß
Markt *m. 2;* seine Haut zu Markte tragen: sich in Gefahr begeben
Markt|a|na|ly|se *f. 11*
Markt|an|teil *m. 1* Kennzahl zur Messung der Bedeutung eines Unternehmens oder Produktes auf dem Markt
Markt|durch|drin|gung *f. 10* erreichter oder erwarteter Marktanteil eines neuen Produkts
mark|ten *intr. 2* feilschen; um etwas m.
markt|fä|hig absatzfähig
Markt|fä|hig|keit *f. 10 nur Sg.*
Markt|fle|cken *m. 7*
Markt|for|schung *f. 10*
Markt|frau *f. 10*
Markt|füh|rer *m. 5* Unternehmen, das mit einem Produkt oder einer Dienstleistung auf dem Markt am erfolgreichsten ist
markt|gän|gig
Markt|gän|gig|keit *f. 10 nur Sg.*
Markt|hal|le *f. 11*
Markt|hel|fer *m. 5, Buchhandel:* Gehilfe im Lager und beim Versand
Markt|ni|sche *f. 11* ein von den üblichen Produkten des Gesamtmarktes nicht erreichter Teilmarkt
Markt|platz *m. 2*
Markt|po|ten|ti|al *Nv.* **Markt|po|ten|zi|al** *Hv. n. 1* Aufnahmefähigkeit eines Marktes
Markt|preis *f. 1*
Markt|recht *n. 1 nur Sg.*
markt|re|gu|lie|rend
Markt|schrei|er *m. 5*
Markt|schrei|e|rei *f. 10 nur Sg.*
markt|schrei|e|risch
Markt|tag *m. 1*
Mark Twain [- twɛɪn] amerik. Schriftsteller
Markt|wert *m. 1* dem augenblickl. Verhältnis von Angebot und Nachfrage entsprechender Wert (einer Ware)
Markt|wirt|schaft *f. 10*
markt|wirt|schaft|lich
Mar|kung *f. 10, veraltet:* Grenze; vgl. Gemarkung
Mar|kus männl. Vorname
Mar|kus|e|van|ge|li|um [-vaŋ-] *n. Gen. -s nur Sg.*
Mar|leen, Mar|len, Mar|le|ne weibl. Vorname
mar|len *tr. 1, Seew.:* am Mast befestigen (Segel)
Marl|lei|ne *f. 11, Seew.:* Leine z. Marlen
Mar|ma|ra|meer *n. 1 nur Sg.* Binnenmeer zwischen Bosporus und Dardanellen
Mar|mel **1.** *f. 11, landsch. für* Murmel; **2.** *m. 5, veraltet für* Marmor
Mar|me|la|de [griech.-span.] *f. 11*
Mar|me|la|de(n)|glas *n. 4*
mar|meln *intr. 1* mit Marmeln spielen
Mar|mel|stein *m. 1, poet.:* Marmor
Mar|mor *m. 1* ein Kalkstein
mar|mo|rie|ren *tr. 3* mit einem feinen Muster wie beim Marmor versehen, ädern
Mar|mo|rie|rung *f. 10*
mar|morn aus Marmor
Ma|ro|cain [-kɛ̃, frz.] *m. 9* kreppartiges Gewebe
ma|rod [frz.] *österr.:* ein wenig krank
ma|ro|de **1.** *urspr.:* marschunfähig; **2.** *ugs.:* erschöpft, müde
Ma|ro|deur [-dø̱r] *m. 1* plündernder Nachzügler (einer Truppe)
ma|ro|die|ren *intr. 3* plündernd umherziehen
Ma|rok|ka|ner *m. 5*
ma|rok|ka|nisch
Ma|rok|ko Staat in Nordwestafrika
Ma|ro|ne [griech.] *f. 11* **1.** *Pl. bair.-österr.* Ma|ro|ni, *schweiz.* Mar|ro|ni essbare Frucht der Edelkastanie; **2.** Maronenpilz
Ma|ro|nen|pilz *m. 1,* **Ma|ro|nen|röhr|ling** *m. 1* ein Speisepilz, Kastanienpilz
Ma|ro|ni *bair.-österr. Pl. für* Maronen (1)
Ma|ro|nit [nach dem Mönch Johannes Maro] *m. 10* Angehöriger der syrisch-christlichen Kirche im Libanon
ma|ro|ni|tisch
Ma|ro|quin [-kɛ̃, frz.] *n. Gen. -s nur Sg.* weiches marokkanisches Schafs- oder Ziegenleder
Ma|rot|te [frz.] *f. 11* Schrulle, Laune, wunderliche Vorliebe
Mar|quess *(alt:* Mar|queß) [markwɪs, engl.] *m. Gen. - Pl. -* engl. Adelstitel zwischen Graf und Herzog
Mar|quis [-ki, frz.] *m. Gen. - Pl. -* frz. Adelstitel zwischen Graf und Herzog, Markgraf
Mar|qui|sat [-ki-] *n. 1* Würde, Herrschaftsgebiet eines Marquis
Mar|qui|se [-kizə] *f. 11* Gemahlin oder Tochter eines Marquis
Mar|ra|ne [hebr. oder span.], Mara|ne *m. 11* span. oder port. Jude, der sich unter dem Zwang der Inquisition taufen ließ
Mar|ro|ni *schweiz. Pl. für* Maronen (1)
Mars **1.** *röm. Myth.:* Gott des Krieges; **2.** *m. Gen. -* ein Planet; **3.** *m. 1 oder f. 10, Seew.:* Plattform am Topp des Untermastes zum Befestigen der Marsstänge; Ausguck am Mast
Mar|sa|la [nach der sizilian. Stadt M.] *m. 9* ein Süßwein
marsch!; marsch, marsch!
Marsch **1.** *m. 2;* jmdm. den M. blasen *übertr. ugs.:* jmdm. energ. die Meinung sagen; **2.** *f. 10* angeschwemmtes, durch Deiche geschütztes Land an der Küste, liegt bei Flut unter dem Meeresspiegel; *Ggs.:* Geest
Mar|schall *m. 2* **1.** *urspr.:* Pferdeknecht; **2.** *dann:* hoher Hofbeamter; **3.** *seit dem 16./17. Jh.:* höchster militär. Dienstgrad
Mar|schall(s)|stab *m. 2*
Marsch|be|fehl *m. 1*
marsch|be|reit
Marsch|be|reit|schaft *f. 10 nur Sg.*
Marsch|bo|den *m. 8*

M

Mar|schen|dorf *n. 4*
Marsch|flug|kör|per *m. 5* s. **Cruise-mis|sile**
Marsch|ge|päck *n. 1*
mar|schie|ren *intr. 3*
Marsch|ko|lon|ne *f. 11*
Marsch|land *n. 4*
Marsch|mu|sik *f. 10*
Marsch|rou|te [-ru:-] *f. 11*
Marsch|ver|pfle|gung *f. 10 nur Sg.*
Mar|seil|lai|se [marsɛjɛz(ə), frz.] *f. 11 nur Sg.* **1.** *urspr.:* Revolutionslied; **2.** *dann:* frz. Nationalhymne
Mar|seille [marsɛj] Stadt in Südfrankreich
Mar|seil|ler [marsɛjər] *m. 5* Einwohner von Marseille
Mars|feld *n. 3 nur Sg.* **1.** *im alten Rom:* Platz für militär. Übungen und Versammlungen; **2.** militär. Übungsplatz in Paris, *ab 1867:* Ausstellungsgelände, Champ-de-Mars
Mar|shall|in|seln [ma(r)ʃəl-] *Pl.* Inselgruppe im Pazifischen Ozean
Mar|shall|plan [marʃal-] *m. 2 nur Sg., nach dem 2. Weltkrieg:* von dem US-amerik. Außenminister George C. Marshall begründetes Hilfsprogramm für Westeuropa
Mars|se|gel *n. 5* an der Marsstänge befestigtes Segel
Mars|son|de *f. 11*
Mar|stall *m. 2, an Fürstenhöfen* **1.** Gebäude für Pferde und Wagen; **2.** Gesamtheit der Pferde (eines Fürsten)
Mar|su|pi|a|li|er [lat.] *Pl., wissenschaftl. für* Beuteltiere
Mär|te *f. 11, norddt.* **1.** Mischmasch; **2.** Kaltschale
Mar|ter *f. 11*
Mar|ter|bank *f. 2* Folterbank
Mar|terl *n. 14, süddt., österr.* **1.** Gedenkzeichen (Kreuz oder Tafel mit Bild) als Erinnerung an einen Unglücksfall; **2.** Steinpfeiler mit Nische oder Holztafel mit Dach und Kruzifix oder Heiligenbild
mar|tern *tr. 1* quälen, foltern, peinigen
Mar|ter|pfahl *m. 2*
Mar|ter|tod *m. 1 nur Sg.*
Mar|ter|werk|zeug *n. 1*
Mar|tha, Mar|ta weibl. Vorname
mar|ti|a|lisch [-tsja-, nach dem röm. Kriegsgott Mars] kriegerisch, grimmig, verwegen
Mar|tin männl. Vorname
Mar|ti|na weibl. Vorname
Mar|ti|ni *ohne Artikel* Martinstag; an, zu M.
Mar|tins|gans *f. 2* am Martinstag verzehrte Gans
Mar|tins|horn® *n. 4* akustisches Warnsignal von Krankenwagen usw.
Mar|tins|tag *m. 1* Gedenktag des hl. Martin von Tours, 11. November
Mär|ty|rer [griech.] *m. 5* **1.** *auch:* Mar|ty|rer Christ, der für seinen Glauben gestorben ist; **2.** *allg.:* jmd., der für seine Überzeugung verfolgt wird oder gestorben ist, Blutzeuge
Mär|ty|re|rin, Mar|ty|re|rin, Mär|ty|rin *f. 10*
Mär|ty|rer|tod *m. 1 nur Sg.*
Mär|ty|rer|tum *n. Gen. -s nur Sg.*
Mär|ty|rin *f. 10* s. **Mär|ty|re|rin**
Mar|ty|ri|um *n. Gen. -s Pl. -ri|en* **1.** Opfertod; **2.** schweres Leiden, insbes. um des Glaubens oder der Überzeugung willen
Marx, *Karl* dt. Philosoph
Mar|xis|mus *m. Gen. - nur Sg.* die von Marx und Engels begründete Weltanschauungs- und Wirtschaftstheorie
Mar|xis|mus-Le|ni|nis|mus *m. Gen. - nur Sg., im kommunist. Sprachgebrauch:* die von Marx begründete und von Lenin weitergeführte kommunist. Staats-, Gesellschafts- und Wirtschaftslehre
Mar|xist *m. 10*
mar|xis|tisch
mar|xis|tisch-le|ni|nis|tisch
Mar|xist-Le|ni|nist *m. 10*
marx|sche Phi|lo|so|phie *auch:* **Marx'|sche Phi|lo|so|phie** (*alt:* Marx|sche Phi|lo|so|phie) *f. 11*
Ma|ry|land [mærılənd] (*Abk.:* MD) Staat der USA
März *m. Gen. - oder -es Pl. -e* dritter Monat des Jahres
März|be|cher, Mär|zen|be|cher *m. 5* eine Frühlingsblume
März|bier, Mär|zen|bier *n. 1* eine Biersorte, ursprünglich im März gebraut
März|ge|fal|le|ne(r) *m. 18 (17)* am 18. März 1848 in Berlin Gefallener
Mar|zi|pan [auch: -pan, arab.] *n. 1, österr. m. 1* eine Süßware aus Mandeln und Zucker
märz|lich
März|veil|chen *n. 7*
Ma|sai *m. 9 oder Gen. - Pl. -* s. **Mas|sai**
Mas|ca|ra **1.** *f. 9* Wimperntusche; **2.** *m. 9* Bürste zum Auftragen von M.
Mas|car|po|ne *m. Gen. -s nur Sg.* ital. Frischkäse
Ma|sche *f. 11; auch ugs.:* Lösung, Ausweg, günstige Gelegenheit; das ist *die* M.!; die M. raushaben: wissen, wie man zu etwas kommt; das ist eine neue M. von ihm: eine neue Gewohnheit, neue Vorliebe
Ma|schen|draht *m. 2*
...ma|schig; z. B. weit-, engmaschig
Ma|schi|ne [griech.-frz.] *f. 11;* Maschine schreiben; er hat Maschine geschrieben; *aber:* ein maschine(n)geschriebener Brief
ma|schi|nell
Ma|schi|nen|bau *m. Gen. -(e)s nur Sg.*
Ma|schi|nen|bau|er *m. 5*
Ma|schi|nen|fa|brik *f. 10*
ma|schi|ne(n)|ge|schrie|ben
ma|schin|ge|schrie|ben *österr. für* maschine(n)geschrieben
Ma|schi|nen|ge|wehr *n. 1 (Abk.:* MG)
ma|schi|nen|les|bar
Ma|schi|nen|meis|ter *m. 5*
Ma|schi|nen|pa|pier *n. 1 nur Sg.* Schreibmaschinenpapier
Ma|schi|nen|pis|to|le *f. 11 (Abk.:* MP, MPi)
Ma|schi|nen|satz *m. 2 nur Sg., Buchw.:* mit der Setzmaschine hergestellter Satz, im Unterschied zum Handsatz
Ma|schi|nen|scha|den *m. 8*
Ma|schi|nen|schrift *f. 10*
ma|schi|nen|schrift|lich
Ma|schi|nen|spra|che *f. 11, EDV:* Programmiersprache eines Computers
Ma|schi|ne|rie *f. 11*

> **Maschine schreiben:** Die Fügung aus Substantiv und Verb wird getrennt geschrieben: *Sie kann jetzt Maschine schreiben. Er besteht darauf, weiterhin Maschine zu schreiben.* § 34 E3 (5)
> In Österreich gilt Zusammenschreibung: *maschinschreiben.* § 33 (1)

Ma|schi|ne schrei|ben (*alt:* ma|schi|ne|schrei|ben) *tr. 127*
Ma|schi|nist *m. 10*
ma|schin|nä|hen *tr. 1, österr. für* Maschine nähen

M

ma|schin|schrei|ben *tr. 127, österr. für* Maschine schreiben
Ma|ser **1.** *f. 11* wellige Zeichnung, Jahresring (im Holz), Flader; **2.** [mɛɪzə(r), engl.] *m. 5* Verstärker für Mikrowellen, der elektromagnetische Wellen gleicher Frequenz und Phasenlage aussendet
Ma|ser|holz *n. 4*
ma|se|rig gemasert, fladerig
ma|sern *tr. 1* mit Masern versehen; gemasertes Holz
Ma|sern *nur Pl.* eine fieberhafte Infektionskrankheit mit hohem Fieber und Hautausschlag
Ma|se|rung *f. 10*
Mas|ka|rill [span.] *m. 1* komische Figur des klass. Lustspiels
Mas|ka|ron [-rɔ̃, frz.] *m. 9 auch:* [-ron] *m. 1, Baukunst:* fratzenhafte Maske
Mas|kat Hauptstadt des Sultanats Oman (Arabien)
Mas|ke [arab.-frz.] *f. 11* **1.** hohle Gesichtsform; **2.** Haube zum Schutz des Gesichts, z. B. Gasmaske; **3.** Verkleidung; **4.** verkleidete Person; **5.** *übertr.:* trügerischer Schein, Deckmantel
Mas|ken|ball *m. 2* Tanzfest, bei dem die Besucher verkleidet und mit Masken erscheinen
Mas|ken|bild|ner *m. 5*
Mas|ken|bild|ne|rei *f. 10*
Mas|ke|ra|de *f. 11* **1.** Verkleidung; **2.** Maskenfest, Mummenschanz
mas|kie|ren *tr. 3* **1.** mit einer Maske bedecken, verkleiden; **2.** *übertr.:* verdecken, verbergen
Mas|kie|rung *f. 10*
Mas|kott|chen [provenzal.] *n. 7*, **Mas|kot|te** *f. 11* kleines Püppchen, Anhänger o. Ä. als Glück bringender Talisman
mas|ku|lin [auch: mas-, lat.] männlich
Mas|ku|li|num [auch: mas-] *n. Gen.* -s *Pl.* -na, *Gramm.:* männl. Substantiv, männl. Geschlecht
Ma|so|chis|mus [-xis-, nach dem österr. Schriftsteller Leopold von Sacher-Masoch] *m. Gen.* - *nur Sg.* Streben nach Steigerung der geschlechtlichen Erregung durch Erdulden körperlicher oder seelischer Misshandlungen; vgl. Sadismus
Ma|so|chist [-xist] *m. 10*
ma|so|chis|tisch [-xis-]
Ma|so|ra *f. Gen.* - *nur Sg.* s. **Massora**

Maß **1.** *n. 1;* Maßnehmen; Maß halten; er hat nicht Maß gehalten; Anzug nach Maß; vgl. Maße; **2.** Maß, *bes. bair. auch:* Mass *f. Gen.* - *Pl.* -en, *nach Zahlenangaben Pl.* -, *bair., österr., schweiz.:* ein Flüssigkeitsmaß, 1 Liter; eine halbe Mass; zwei Mass Bier
Mas|sa|chu|setts [mæsətʃusɪts] (*Abk.:* MA) Staat der USA
Mas|sa|ge [-ʒə, frz.] *f. 11* Heil- oder Lockerungsbehandlung des Körpers durch Kneten, Klopfen
Mas|sai, Ma|sai *m. 9 oder Gen.* - *Pl.* - Angehöriger eines ostafrik. Volksstammes
Mas|sa|ker [frz.] *n. 5* Gemetzel
mas|sa|krie|ren *auch:* **mas|sak|rie|ren** *tr. 3* niedermetzeln
Maß|a|na|ly|se *f. 11* ein Verfahren der quantitativen chem. Analyse, Bestimmung einer gelösten Stoffmenge, Titrieranalyse, Titrimetrie
maß|a|na|ly|tisch
Maß|an|zug *m. 2*
Maß|ar|beit *f. 10*
Ma|ße *f. 11, veraltet:* Maß, Mäßigkeit; *nur noch in Wendungen wie* in, mit Maßen; ohne Maßen; über die, über alle Maßen
Mas|se *f. 11*
Maß|ein|heit *f. 10*
Mas|sel **1.** [hebr.] *m. Gen.* -s *nur Sg., bair., schwäb., österr.:* Glück; da hast du aber M. gehabt; **2.** *f. 11* gegossener Roheisenbarren
ma|ßen *veraltet:* weil, da
Mas|sen|ar|beits|lo|sig|keit *f. 10 nur Sg.*
Mas|sen|ar|ti|kel *m. 5*
Mas|sen|be|darfs|ar|ti|kel *m. 5*
Mas|sen|fa|bri|ka|ti|on *auch:* **Mas|sen|fab|ri|ka|ti|on** *f. 10 nur Sg.*
mas|sen|haft
Mas|sen|hyp|no|se *f. 11 nur Sg.*
Mas|sen|hys|te|rie *f. 11 nur Sg.*
Mas|sen|me|di|um *n. Gen.* -s *Pl.* -di|en
Mas|sen|mord *m. 1*
Mas|sen|mör|der *m. 5*
Mas|sen|or|ga|ni|sa|ti|on *f. 10*
Mas|sen|pro|duk|ti|on *f. 10 nur Sg.*
Mas|sen|psy|cho|lo|gie *f. 11 nur Sg.*
Mas|sen|psy|cho|se *f. 11 nur Sg.*
Mas|sen|sport *m. 1*
Mas|sen|ster|ben *n. Gen.* -s *nur Sg.*
Mas|sen|streik *m. 9*
Mas|sen|sug|ges|ti|on *f. 10 nur Sg.*
Mas|sen|sze|ne *f. 11*
Mas|sen|ver|kehrs|mit|tel *n. 5*

mas|sen|wei|se
Mas|set|te *f. 11, österr. für* Eintrittskartenblock
Mas|seur [-sør, frz.] *m. 1* jmd., der berufsmäßig andere massiert
Mas|seu|rin [-sø-] *f. 10* weibl. Masseur
Mas|seu|se [-søzə] *f. 11, heute meist verhüllend:* Prostituierte, die vorgebl. Massage anbietet
Maß|ga|be *f. 11;* nach M. dieser Vorschriften: diesen V. entsprechend
maß|ge|bend
maß|geb|lich

> **Maß halten:** Im Gegensatz zur bisherigen Schreibung (*maßhalten, er hält maß* = sich mäßigen) wird das Gefüge auch im Infinitiv, Partizip und am Ende des Nebensatzes getrennt und mit großem Anfangsbuchstaben geschrieben, da das Substantiv in seiner Bedeutung noch erhalten ist: *Er konnte noch immer nicht Maß halten.* § 34 E3 (5)

Maß hal|ten (*alt:* maß|hal|ten) *intr. 61*
maß|hal|tig
Maß|hol|der *m. 5* Feldahorn
mas|sie|ren *tr. 3* **1.** mit Massage behandeln; **2.** an einer Stelle zusammenziehen (Truppen); massierter Angriff: A. unter Zusammenfassung aller Kräfte
mas|sig
mä|ßig
...mä|ßig; z. B. ordnungsmäßig: nach einer gewissen Ordnung, in gewisser O.; *aber:* ordnungsgemäß: in vorgeschriebener Ordnung; taktmäßig: in einem bestimmten Takt, im Takt; taktmäßiges Händeklatschen; *aber:* taktgemäß: nach dem, im vorgeschriebenen Takt; die Noten taktgemäß spielen; vgl. gewohnheitsmäßig, gewohnheitsgemäß
mä|ßi|gen *tr. 1;* sich m.
Mä|ßig|keit *f. 10 nur Sg.*
Mas|sig|keit *f. 10 nur Sg.*
Mä|ßi|gung *f. 10 nur Sg.*
mas|siv [frz.] fest, dicht, geschlossen, voll (nicht hohl), dauerhaft; massives Gold, Eisen; massiv werden *ugs.:* energisch werden
Mas|siv *n. 1* **1.** Grundgebirge, durch Abtragung freigelegte, alte Gesteine; **2.** Gebirgsstock, Bergkette

Mas|si̲v|bau|wei|se *f. 11* Bauweise aus Stein oder Beton
Mas|si|vi|tät [-vi-] *f. 10 nur Sg.*
Ma̲ß|krug, Mas̲s|krug *m. 2*
ma̲ß|lei|dig *südwestdt.:* verdrossen
Ma̲ß|lieb *n. 1,* **Maß|lie̲b|chen** *n. 7* Gänseblümchen, Tausendschön
maß|los
Maß|lo|sig|keit *f. 10 nur Sg.*
Ma̲ß|nah|me *f. 11*
Ma̲ß|nah|men|ka|ta|log *m. 1 nur Sg.*
Ma̲ß|neh|men *n. 7 nur Sg.*
Mas|so̲|ra, Ma|so̲|ra [hebr.] *f. Gen. - nur Sg.* seit dem 6. Jh. von jüd. Schriftgelehrten aufgezeichnete, textkrit. Anmerkungen zum AT
Mas|so|re̲t *m. 10* mit der Massora beschäftigter jüd. Schriftgelehrter
mas|so|re̲|tisch; massoretischer Text
Ma̲ß|re|gel *f. 11*
ma̲ß|re|geln *tr. 1;* ich maßregele, maßregle ihn, habe ihn gemaßregelt
Ma̲ß|re|ge|lung *f. 10*
Ma̲ß|schnei|der *m. 5*
ma̲ß|schnei|dern *tr. 1, nur im Infinitiv und Partizip II;* ich habe mir einen Anzug maßschneidern lassen
Ma̲ß|stab *m. 2*
ma̲ß|stab|ge|recht, ma̲ß|stabs|gerecht
ma̲ß|stab|ge|treu, ma̲ß|stabs|getreu
ma̲ß|stäb|lich
ma̲ß|voll
Ma̲ß|werk *n. 1* geometr. got. Bauornament
Ma̲ß|zahl *f. 10*
Ma̩st **1.** *m. 12* Mastbaum; **2.** *f. 10* das Mästen (von Tieren), Mästung
Ma̩s|ta|ba [arab.] *f. 9* altägypt. rechteckiger Grabbau
Ma̩st|darm *m. 2* letzter Abschnitt des Darms
Ma̩st|darm|spie|gel *m. 5* Instrument zur Untersuchung des Mastdarms, Rektoskop
Ma̩st|darm|spie|ge|lung *f. 10* Rektoskopie
mä̩s|ten *tr. 2*
Ma̩st|en|te *f. 11*
Ma̲s|ter [engl.] *m. 9* **1.** *in Großbritannien und den USA:* akadem. Grad, Magister, z. B. M. of Arts; **2.** *früher in Großbritannien:* Anrede für Knaben und junge Männer; **3.** Leiter einer Parforcejagd; **4.** *allg.:* Leiter (nur in Zusammensetzungen wie Quizmaster, Showmaster)
Ma̩st|fut|ter *n. 5*
Ma̩st|gans *f. 2*
Ma̩st|häh|nchen *n. 7*
Ma̩st|huhn *n. 4* Poularde
Ma̩s|tiff [engl.] *m. 9* engl. Dogge
Ma̩s|tix [griech.] *m. Gen. -(es) nur Sg.* aus dem Mastixstrauch gewonnenes Harz für Lack, Kitt, Pflaster u. a.
Ma̩s|tix|strauch *m. 4*
Ma̩st|korb *m. 2*
Ma̩st|kur *f. 10*
Ma̩st|och|se [-ks-] *m. 11*
Ma̩st|o|don *auch:* **Ma̩s|to|don** [griech.] *n. Gen. -s Pl. -s oder* -do̩n|ten ausgestorbenes Rüsseltier
Mas|to|pa|thi̲e [griech.] *f. 11 nur Sg.* krankhafte Veränderungen an den Brüsten
Ma̩st|schwein *n. 1*
Mä̩s|tung *f. 10* Mast (2)
Mas|tur|ba|ti|o̲n [lat.] *f. 10 nur Sg.* geschlechtl. Selbstbefriedigung, Onanie
mas|tur|bi̲e|ren *intr. 3* sich geschlechtlich selbst befriedigen, onanieren
Ma̩st|vieh *n. Gen. -(e)s nur Sg.*
Ma|su̲|re *m. 11* Einwohner Masurens
Ma|su̲|ren Landschaft in Ostpreußen
ma|su̲|risch; *aber:* Masurische Seen
Ma|su̩r|ka, Ma|zu̩r|ka *f. Gen. - Pl. -s oder* -ken polnischer Nationaltanz
Ma|su̲t [russ.] *n. 1 nur Sg.* dunkler, zähflüssiger Rückstand bei der Destillation russ. Erdöls
Ma|ta|do̲r [span.] *m. 1* **1.** Hauptkämpfer im Stierkampf, der dem Stier den Todesstoß gibt; **2.** *übertr.:* hervorragender Mann, Sieger
Match [mæt∫, engl.] *n. 9 oder m. 1* Wettkampf, Wettspiel
Match|ball [mæt∫-] *m. 2, Tennis:* das Spiel entscheidender Ball
Match|win|ner [mæt∫-] *m. 5* **1.** Spieler einer Mannschaft, der entscheidend zu deren Sieg beiträgt; **2.** Spielzug, der den weiteren Spielverlauf entscheidend beeinflusst
Ma̲|te [indian.] *m. Gen. - nur Sg.,* Ma̲|te|tee *m. 9 nur Sg.* ein aus Blättern des Matestrauches gewonnenes Getränk
Ma̲|ter [lat.] *f. 11* **1.** Papptafel mit der negativ eingeprägten Form des zu druckenden Bildes oder Schriftsatzes; **2.** Schraubenmutter
Ma̲|ter do|lo|ro̲|sa *f. Gen. - - nur Sg.* schmerzensreiche Mutter, Darstellung der trauernden Gottesmutter
ma|te|ri|a̲l [lat.] stofflich, körperlich, wirklich vorhanden
Ma|te|ri|a̲l *n. Gen. -s Pl. -li|en* **1.** Rohstoff, Baustoff; **2.** Zutaten; **3.** Hilfsmittel; **4.** Unterlagen, Belege, Sammlungen
Ma|te|ri|a|li|sa|ti|o̲n *f. 10* **1.** Verkörperung, Verstofflichung; **2.** *Okkultismus:* angebliche Sichtbarmachen von Körpern, Geistererscheinung
ma|te|ri|a|li|si̲e|ren *tr. 3* gegenständlich machen
Ma|te|ri|a|li̩s|mus *m. Gen. - nur Sg.* philosoph. Lehre, dass das rein Stoffliche, die Materie, das allein Wirkliche sei und Geist, Bewusstsein, Seele nur dessen Wirkung und Eigenschaft; vgl. Immaterialismus
Ma|te|ri|a|li̩st *m. 10* **1.** Anhänger des Materialismus; **2.** jmd., der überwiegend auf Besitz und Geld Wert legt
ma|te|ri|a|li̩s|tisch
Ma|te|ri|a|li|tät *f. 10 nur Sg.* Stofflichkeit, Stofflichsein
Ma|te|ri|a̲l|samm|lung *f. 10*
Ma|te|ri|a̲l|schlacht *f. 10* Schlacht mit Einsatz vieler und schwerer Waffen
ma|te|ri|a̲l|scho|nend; ein materialschonendes Verfahren
Ma|te̲|rie [-riə] *f. 11 nur Sg.* **1.** Urstoff, Ungeformtes, Stoff; **2.** *Philos.:* die außerhalb des Bewusstseins bestehende Wirklichkeit; **3.** Gegenstand, Thema (einer Untersuchung)
ma|te|ri|e̩ll **1.** zur Materie gehörend, stofflich; vgl. immateriell; **2.** *übertr.:* auf Besitz, Gewinn, Genuss bedacht
ma̲|tern [lat.] *tr. 1;* einen Schriftsatz, ein Klischee m.: eine Mater davon herstellen
ma|te̩rn [lat.] die Mutter, Mutterschaft betreffend, mütterlich
Ma|ter|ni|tät *f. 10 nur Sg.* Mutterschaft
Ma̲|te|strauch *m. 4* ein Stechpalmengewächs
Ma̲|te|tee *m. 9 nur Sg.* s. **Ma̲|te**

M

Ma|the|ma|tik [auch, bes. österreich.: -ma|tik, griech.] *f. 10 nur Sg.* Lehre v. den Zahlen, den ebenen und räuml. Figuren
Ma|the|ma|ti|ker *m. 5*
ma|the|ma|tisch
Ma|thil|da, Ma|thil|de weibl. Vorname
Ma|ti|nee [frz.] *f. 11* künstlerische Veranstaltung am Vormittag
Mat|jes|he|ring [ndrl.] *m. 1* junger, gesalzener Hering

♦ Die Buchstabenfolge **ma|tr...** kann in Fremdwörtern auch **mat|r...** getrennt werden.

♦ **Ma|trat|ze** *f. 11*
♦ **Mä|tres|se** [frz.] *f. 11* vom Mann unterhaltene Geliebte (bes. eines Fürsten)
♦ **ma|tri|ar|cha|lisch** auf dem Matriarchat beruhend
♦ **Ma|tri|ar|chat** [lat. + griech.] *n. 1* Mutterrecht, Mutterherrschaft; *Ggs.:* Patriarchat
♦ **Ma|tri|kel** [lat.] *f. 11* **1.** Verzeichnis (z. B. der Studenten einer Universität, der Gemeindemitglieder eines Pfarrbezirks); **2.** *österr.:* Personenstandsregister
♦ **Ma|trix** [lat.] *f. Gen. - Pl.* -tri|zen, -tri|zes *oder* -tri|ces **1.** Grundsubstanz, in die ein anderer Stoff eingebettet ist; **2.** Mutterboden; **3.** Hülle der Chromosomen; **4.** *bei Wirbeltieren:* Nagel-, Krallenbett; **5.** Zahlen oder Rechengrößen, die zu einer rechteckigen Anordnung in Spalten und Zeilen zusammengestellt sind
♦ **Ma|tri|ze** *f. 11* Metall-, Papp- oder Wachsform mit eingeprägtem Bild oder Schriftzeichen; *Ggs.:* Patrize
♦ **Ma|tro|ne** [lat.] *f. 11* ältere, ehrwürdige Frau
♦ **ma|tro|nen|haft**
♦ **Ma|tro|se** [ndrl.] *m. 11* Seemann (unter dem Bootsmann), Marinesoldat
♦ **Ma|trosch|ka** [russ.] *f. 9* Holzpuppe mit mehreren ineinander gesetzten Figuren
matsch *ugs.* **1.** faul, verdorben (Obst); **2.** erschöpft, erledigt, sehr müde
Matsch *m. Gen.* -(e)s *nur Sg.* **1.** halb getauter (schmutziger) Schnee, dickflüssiger Schmutz; **2.** *Kartenspiel:* völliger Verlust eines Spiels
mat|schen *intr. 1* mit Wasser, nassem Sand u. a. spielen
mat|schig wie Matsch, voller Matsch, breiig-schmutzig
matt [arab.-frz.] *Schach:* besiegt; jmdn. m. setzen: besiegen, *übertr.:* handlungsunfähig machen
Matt *n. Gen.* -s *nur Sg., Schach:* Bewegungsunfähigkeit des Königs und damit Ende des Spiels
Mat|te *f. 11* **1.** geflochtener oder gewebter Fußbodenbelag; **2.** Almwiese
Matt|gold *n. Gen.* -(e)s *nur Sg.*
matt|gol|den
Mat|thä|us männl. Vorname
Mat|thä|us|e|van|ge|li|um [-vaŋ-] *n. Gen.* -s *nur Sg.*
Mat|thä|us|pas|si|on *f. 10 nur Sg.* Oratorium von J. S. Bach nach dem Matthäusevangelium
Matt|heit *f. 10 nur Sg.*
matt|her|zig
Matt|her|zig|keit *f. 10 nur Sg.*
Mat|thi|as männl. Vorname
mat|tie|ren *tr. 3* matt, glanzlos machen
Mat|tig|keit *f. 10 nur Sg.*
Matt|schei|be *f. 11, auch ugs.:* Benommenheit, Begriffsstutzigkeit; (eine) M. haben
Ma|tur [lat.] *n. 1 nur Sg.,* **Ma|tu|ra** *f. Gen. - nur Sg., veraltet, noch österr. u. schweiz.:* Reifeprüfung, Abitur
Ma|tu|rand *schweiz.,* **Ma|tu|rant** *m. 10, österr.:* jmd., der die Reifeprüfung ablegen will, Abiturient
ma|tu|rie|ren *intr. 3, österr., sonst veraltet:* die Reifeprüfung ablegen
Ma|tu|ri|tas prae|cox *f. Gen. - - nur Sg.* Frühreife
Ma|tu|ri|tät *f. 10 nur Sg.* **1.** *veraltet:* Reife; **2.** *schweiz.:* Hochschulreife
Ma|tu|ri|täts|ex|a|men *auch:* **Ma|tu|ri|täts|e|xa|men** *n. Gen.* -s *Pl.* - *oder* -mi|na Reifeprüfung, Abitur
Ma|tu|rum *n. Gen.* -s *nur Sg.* s. **Matur**
Ma|tu|tin [lat.] *f. 1 oder f. 10* nächtl. Stundengebet
Matz *m. 2, ugs., scherzh.:* kleiner Kerl, Kerlchen, *meist in Zus. wie* Hosen-, Hemdenmatz
Mätz|chen **1.** *n. 7, Verkleinerungsform von* Matz; **2.** *Pl.* Unfug, Possen; Kunstgriffe, kleine Gesten, um Staunen oder Bewunderung zu erregen
Mat|ze [hebr.] *f. 11,* **Mat|zen** *m. 7* ungesäuertes Osterbrot der Juden
mau *unflektierbar, ugs. in Wendungen wie* mir ist m.: nicht wohl, schlecht; das ist m.: dürftig; das Geschäft geht m.
Mau|er *f. 11*
Mau|er|blüm|chen *n. 7, übertr.:* Mädchen, das generell wenig Aufmerksamkeit auf sich zieht
Mau|er|fall *m. 2 nur Sg.*
Mau|er|fraß *m. Gen.* -es *nur Sg.* Zersetzung des Mauerwerks durch Mauersalpeter
Mau|er|ha|ken *m. 7*
Mau|er|kro|ne *f. 11*
mau|ern **1.** *tr. 1;* ich mauere es; **2.** *intr. 1, Kartenspiel:* Karten zurückhalten, nicht ausspielen; **3.** *intr. 1, Fußball:* das eigene Tor mit allen Spielern verteidigen
Mau|er|pfef|fer *m. 5 nur Sg.* eine Art der Fetthenne
Mau|er|rit|ze *f. 11*
Mau|er|sal|pe|ter *m. 5 nur Sg.* weißl. Ausblühung an Mauern, Calciumnitrat
Mau|er|schwal|be *f. 11*
Mau|er|seg|ler *m. 5*
Mau|er|specht *m. 1, ugs.:* jmd., der Stücke aus der Berliner Mauer (als Souvenir) nach ihrem Fall heraushackte
Mau|er|speis *m. 1 nur Sg., süddt.* Mörtel
Mau|e|rung *f. 10 nur Sg.*
Mau|er|werk *n. 1 nur Sg.*
Maugham [mɔːm], *William Somerset* engl. Schriftsteller
Mau|ke *f. 11 nur Sg.* **1.** *bei Huf- und Klauentieren:* Hautentzündung an den Füßen; **2.** *sächs.:* Lust, Laune
Maul *n. 4*
Maul|af|fen *nur Pl., ugs. in der Wendung* M. feilhalten: (mit offenem Mund) untätig herumstehen und gaffen
Maul|beer|baum *m. 2*
Maul|bee|re *f. 11*
Maul|beer|keim *m. 1* Morula
Maul|beer|spin|ner *m. 5* ein Seidenspinner (Schmetterling)
Mäul|chen *n. 7*
mau|len *intr. 1, ugs.:* murren, mürrisch, murmelnd widersprechen
Maul|e|sel *m. 5* Kreuzung von Pferdehengst und Eselstute; vgl. Maultier
maul|faul *ugs.:* zu faul, zu träge zum Reden

Maul|held *m. 10, ugs.:* Prahler, Wichtigtuer
Maul|korb *m. 2*
Maul|schel|le *f. 11, ugs.:* Ohrfeige
Maul|tier *n. 1* Kreuzung zwischen Eselhengst und Pferdestute; vgl. Maulesel
Maul|trom|mel *f. 11* ein Musikinstrument, Brummeisen
Maul- und Klau|en|seu|che *f. 11* eine Infektionskrankheit der Klauentiere
Maul|werk *n. 1 nur Sg., derb:* Mundwerk
Maul|wurf *m. 2*
Maul|wurfs|gril|le *f. 11* große, braune Grille, Werre
Maul|wurfs|hü|gel *m. 5*
Mau-Mau **1.** *Pl.* Geheimbund in Kenia **2.** *n. Gen.* -(s) *nur Sg.* ein Kartenspiel
maun|zen, mau|zen *intr. 1* **1.** miauen; **2.** weinerlich klagen, wimmern (von kleinen Kindern)
Mau|re *m. 11* **1.** *in der Antike Bez. für* Berber; **2.** *MA:* Berber-Araber; **3.** Angehöriger eines nordafrik. Mischvolkes
Mau|rer *m. 5*
Mau|rer|ar|beit *f. 10*
Mau|re|rei *f. 10 nur Sg.*
Mau|rer|meis|ter *m. 5*
Mau|rer|po|lier *m. 1*
Mau|res|ke [frz.], Mo|res|ke *f. 11* Ornament aus stilisierten, verschlungenen Blättern und Ranken
Mau|re|ta|ni|en **1.** *Antike:* Gebiet in Nordwestafrika, etwa das heutige Marokko; **2.** *heute:* Staat in Westafrika, Islamische Republik Mauretanien
Mau|re|ta|ni|er *m. 5*
mau|re|ta|nisch
Mau|rice [moris] männl. Vorname
Mau|rin *f. 10* weibl. Maure
mau|risch zu den Mauren gehörig, von ihnen stammend
Mau|ri|ti|us [-tsjus] Inselstaat im Ind. Ozean; blaue M.: eine Briefmarke aus M. von 1874
Maus *f. 2* **1.** ein Nagetier; **2.** *auch:* Mouse [maus, engl.] *f. Gen. - nur Sg.* auf Rollen gelagertes Eingabegerät für den Computer, dessen Bewegung unmittelbar in die Bewegung des Cursors auf einem Bildschirm umgesetzt wird
Mau|schel *m. 5, Spottname für* Jude
mau|scheln *intr. 1* **1.** jiddisch reden; **2.** unverständlich reden; **3.** Mauscheln spielen; **4.** *ugs.:* sich (heimlich) absprechen
Mau|scheln *n. Gen.* -s *nur Sg.* ein Kartenspiel
Mäus|chen *n. 7*
mäus|chen|still
Mäu|se|bus|sard *m. 1*
Mäu|se|dorn *m. Gen.* -s *nur Sg.* ein Liliengewächs
Mau|se|fal|le, Mäu|se|fal|le *f. 11*
Mäu|se|fraß *m. Gen.* -es *nur Sg.*
mau|seln, mäu|seln *intr. 1, Jägerspr.:* den Pfiff der Maus nachahmen (um Füchse anzulocken)
Mau|se|loch, Maus|loch *n. 4*
mau|sen **1.** *intr. 1* Mäuse fangen (Katze); **2.** *intr. 1, ugs.:* stehlen
Mäu|se|pla|ge *f. 11*
Mau|ser *f. Gen. - nur Sg., bei Vögeln:* Federwechsel
Mau|ser|ge|wehr *auch:* **Mau|ser-Ge|wehr** [nach den Waffenkonstrukteuren Paul und Wilhelm Mauser] *n. 1*
Mäu|se|rich *m. 1*
mau|se|rig *schweiz.:* verdrießlich
Mau|se|rin *f. 10* mausende Katze
mau|sern *refl. 1* **1.** die Federn verlieren, den jährl. Gefiederwechsel durchmachen; **2.** *ugs. übertr.:* sich vorteilhaft verändern
Mau|ser|pis|to|le *auch:* **Mau|ser-Pis|to|le** [nach den Waffenkonstrukteuren Paul und Wilhelm Mauser] *f. 11*
mau|se|tot *ugs.:* ganz tot
Mäu|se|turm *m. 2 nur Sg.* Turm auf einer Felseninsel im Rhein bei Bingen
Mäu|se|zähn|chen *Pl.* gezackte Kante an Strick- und Häkelarbeiten
Maus|fal|le *f. 11, österr.*
maus|far|ben, maus|far|big
maus|grau
mau|sig *nur in der Wendung* sich m. machen: keck, vorlaut sein, aufmucken; vgl. Mauser
Mäus|lein *n. 7*
Maus|klick, Mouse|click [maus-] *m. 9* Anklicken der Maus (2)
Maus|loch, Mau|se|loch *n. 4*
Mau|so|le|um [nach dem Grabmal des Königs Mausolos in Halikarnassos (Kleinasien)] *n. Gen.* -s *Pl.* -le|en monumentales Grabmal
Maus|pad [-pæd, engl.], Mousepad [mauspæd, engl.] *n. 9* aus Schaumstoff oder Hartkunststoff gefertigte Unterlage für die Maus (2)
maus|tot *österr.*
Maut *f. 10* **1.** *veraltet:* Zoll; **2.** *österr.:* Gebühr für die Benützung einer Straße oder Brücke
mauve [mov, frz.] malvenfarben, violett
Mau|ve|in [move-] *n. Gen.* -s *nur Sg.* ein violetter Anilinfarbstoff, erster synthet. Farbstoff
mau|zen *intr. 1* s. **maun|zen**
m. a. W. *Abk. für* mit anderen Worten
Max männl. Vorname, *Kurzform von* Maximilian
ma|xi; das Kleid ist maxi
Ma|xi *ohne Artikel, ugs.:* knöchellange Rock- und Mantelmode
Ma|xil|la [lat.] *f. Gen. - Pl.* -lae [-lɛ:] **1.** *bei Gliedertieren:* Teil der Mundwerkzeuge; **2.** *bei Wirbeltieren und beim Menschen:* der Oberkieferknochen
ma|xil|lar zur Maxilla gehörend, sie betreffend
Ma|xi|ma *Pl. von* Maximum

maximal: *maximale Leistung, maximaler Anteil.* Da *maximal* bereits die Höchststufe darstellt, ist eine Steigerung des Adjektivs nicht möglich. Unzulässig sind daher: **maximalster Nikotinanteil, maximalste Ergebnisse.* Ebenso: *minimal, optimal* usw.

ma|xi|mal [lat.] größt…, höchst…; maximaler Preis, Gewinn
Ma|xi|mal… *in Zus.:* Höchst…, z. B. Maximalgeschwindigkeit, Maximaldosis
Ma|xi|me *f. 11* Grundsatz, Lebensregel
ma|xi|mie|ren *tr. 3;* etwas (z. B. Gewinn, Leistung, Produktivität) m.: auf den höchstmöglichen Stand bringen
Ma|xi|mi|li|an männl. Vorname
Ma|xi|mum *n. Gen.* -s *Pl.* -ma das Höchste, Höchstwert
Ma|xi|mum-Mi|ni|mum-Ther|mo|me|ter *n. 5* Thermometer, das die an einem Tag gemessene höchste und niedrigste Temperatur anzeigt
Max-Planck-Ge|sell|schaft *f. 10 nur Sg., früher:* Kaiser-Wilhelm-Gesellschaft
Max-Planck-In|sti|tut *auch:* **Max-Planck-Ins|ti|tut** *n. 1 nur Sg.*
Max|well [mækswəl], *James Clerk* schott. Physiker

M

Max|well|glei|chun|gen *auch:* **Max-well-Glei|chun|gen, max|well-sche Glei|chun|gen** *auch:* **Max-well'|sche Glei|chun|gen** (*alt:* Max|well|sche Glei|chun|gen) [mækswəl-, engl.] *Pl.*
May, *Karl* dt. Schriftsteller
Ma|ya *m. 9 oder Gen. - Pl. -* **1.** Angehöriger eines vorkolumbian. Indianervolkes in Mittelamerika mit hoher Kultur; **2.** *n. Gen. - nur Sg.* dessen Sprache
May|day [mɛɪdɛɪ, engl.] *n. Gen. -s nur Sg.* (im internationalen Funkverkehr) Notsignal
Ma|yon|nai|se [majonezə] *f. 11* s. **Ma|jo|nä|se**
May|or *auch:* **Ma|yor** [mɛə(r), engl.] *m. 9, in Großbritannien und den USA:* Bürgermeister
MAZ *f. Gen. - nur Sg., Fernsehtechnik: Abk. für* magnetische Bildaufzeichnung
Ma|ze|do|ni|en, Ma|ke|do|ni|en **1.** histor. Landschaft am Nordrand des Ägäischen Meeres; **2.** Staat in Südosteuropa
Ma|ze|do|ni|er, Ma|ke|do|ni|er *m. 5*
ma|ze|do|nisch, ma|ke|do|nisch
Mä|zen [nach dem Römer Maecenas] *m. 1* reicher Förderer von Künstlern, Gönner
Mä|ze|na|tin *f. 10* weibl. Mäzen
mä|ze|na|tisch
Ma|ze|ra|ti|on [lat.] *f. 10* Verfahren zur Auflösung von organ. Gewebe (für Extrakte, Fasergewinnung, mikroskop. Präparate)
ma|ze|rie|ren *tr. 3*
Ma|zis [frz.] *m. Gen. - nur Sg.,* **Ma-zis|blü|te** *f. 11* getrocknete Samenhülle der Muskatnuss, Gewürz und Heilmittel, Muskatblüte
Ma|zur|ka [-sur-, poln.] *f. Gen. - Pl. -s oder* -ken s. **Ma|sur|ka**
mb *Abk. für* Millibar
MB, Mbyte, MByte *Abk. für* Megabyte
μb *veraltet,* **μbar** *Abk. für* Mikrobar, ein Millionstel Bar
mbar *Abk. für* Millibar
mbH *Abk. für* mit beschränkter Haftung
Mc, M' *Abk. für* Mac
m. c. *Abk. für* mensis currentis
McCar|thy|is|mus [məka:θɪ-, nach dem US-amerik. Politiker Joseph McCarthy] *m. Gen. - nur Sg.* antikommunist. Bewegung
Md *chem. Zeichen für* Mendelevium
MD 1. *Abk. für* Maximaldosis; **2.** *Abk. für* Musikdirektor; **3.** *Abk. für* Maryland
Md. *Abk. für* Milliarde(n)
m. d. *Abk. für* mano destra
MdB, M. d. B. *Abk. für* Mitglied des Bundestages
MdL, M. d. L. *Abk. für* Mitglied des Landtages
MDR *Abk. für* Mitteldeutscher Rundfunk
ME *Abk. für* **1.** Macheeinheit; **2.** Maine
m. E. *Abk. für* meines Erachtens
mea cul|pa [lat.] (es ist) meine Schuld
Me|cha|nik [lat.] *f. 10* **1.** Lehre vom Gleichgewicht und den Bewegungen der Körper unter dem Einfluss von Kräften; **2.** Getriebe, Triebwerk
Me|cha|ni|ker *m. 5* **1.** Fachmann, der Maschinen zusammenbaut, repariert und bedient; **2.** Metallfacharbeiter, Feinschlosser
me|cha|nisch 1. von einer Maschine angetrieben; **2.** *übertr.:* ohne nachzudenken, unwillkürlich, gewohnheitsmäßig
me|cha|ni|sie|ren *tr. 3* auf Maschinenbetrieb umstellen
Me|cha|ni|sie|rung *f. 10 nur Sg.*
Me|cha|nis|mus *m. Gen. - Pl.* -men **1.** Getriebe, Triebwerk; **2.** gewohnheitsmäßiger Ablauf (z. B. von Vorgängen in Behörden und Verwaltungen, auch von geistig-seel. Vorgängen und Verhaltensweisen)
me|cha|nis|tisch nur mechanische Ursachen anerkennend; mechanistische Naturauffassung: Auffassung, dass alles Naturgeschehen nur auf mechanischen Vorgängen von Masse und Bewegung beruhe
Mecht|hild, Mecht|hil|de weibl. Vorname
Me|cke|rer *m. 5*
me|ckern *intr. 1;* ich meckere, meckre
Meck|len|burg-Vor|pom|mern Land der BR Dtld.
meck|len|burg-vor|pom|me|risch; *aber:* die Mecklenburgische Seenplatte
Me|dail|le [-daljə, frz.] *f. 11* **1.** Gedenk-, Schaumünze ohne Geldwert; **2.** Ehrenzeichen, z. B. Rettungsmedaille; die Kehrseite der M.: die unangenehme Seite der Sache
Me|dail|len|ge|win|ner [-daljən-] *m. 5*
Me|dail|len|spie|gel [-daljən-] *m. 5* tabellarische Übersicht der gewonnenen Medaillen der Länder bei Großveranstaltungen
Me|dail|lon [-daljɔ̃] *n. 9* **1.** rundes oder ovales, gerahmtes Bildchen; **2.** runde oder ovale Kapsel für Bild oder Andenken (als Anhänger); **3.** rundes oder ovales Ornament; **4.** runde Fleischschnitte (meist Filetstück)
Me|dia [lat.] *f. Gen. - Pl. -diae oder* -di|en **1.** stimmhafter Verschlusslaut: b, d, g; **2.** mittlere Schicht der Gefäßwand (von Blut und Lymphgefäßen); **3.** *Pl. von* Medium
Me|di|a|a|na|ly|se *f. 11* Untersuchung von Werbeträgern nach Verbreitung, Leserschaft u. a.
me|di|al 1. zur Mitte hin, in der Mitte; **2.** *Okkultismus:* die Eigenschaften eines Mediums besitzend
me|di|an nach der Mittellinie des Körpers zu gelegen
Me|di|a|ne, Me|di|an|e|be|ne *f. 11* Symmetrieebene (eines Körpers)
Me|di|an|te *f. 11* **1.** dritte Stufe, Mittelton der Tonleiter; **2.** der darauf errichtete Dreiklang
Me|di|an|wert *m. 1* Mittelwert
me|di|at 1. mittelbar; **2.** *altes Dt. Reich:* einem Reichsstand (nicht dem Reich direkt) unterstehend
Me|di|a|ti|on *f. 10* Vermittlung, vermittelndes Dazwischentreten
me|di|a|ti|sie|ren *tr. 3* aus der reichsunmittelbaren Stellung entfernen u. der Landeshoheit unterwerfen (z. B. die Reichsstädte)
Me|di|a|ti|sie|rung *f. 10*
Me|di|a|tor *m. 13* Vermittler
me|di|a|to|risch vermittelnd
me|di|ä|val [-val] mittelalterlich
Me|di|ä|val [-val, fachsprachlich: -diɛvəl] *f. Gen. - nur Sg.* eine Antiqua-Druckschrift
Me|di|ä|vist [-vist] *m. 10*
Me|di|ä|vis|tik [-vis-] *f. 10 nur Sg.* Erforschung des Mittelalters
Me|di|ce|er [-tʃe-] *m. 5* Angehöriger des Geschlechts der Medici
me|di|ce|isch [-tʃe-] zu den Medici gehörend, von ihnen stammend
Me|di|ci [-tʃi] *m. Gen. - Pl. -* Angehöriger eines florentin. Adelsgeschlechts
Me|di|en *Pl. von* Media, Medium

M

Me|di|en|kon|zern *m. 1* Konzern, der mit Filmen, Tonträgern usw. handelt oder diese herstellt
Me|di|en|päd|a|go|gik *auch:* **Me|di|en|pä|da|go|gik** *f. 10 nur Sg.* Lehre von den Kommunikationsmitteln
Me|di|en|ver|bund *m. 1 nur Sg.* Verbindung verschiedener Kommunikationsmittel
Me|di|ka|ment [lat.] *n. 1* Arznei-, Heilmittel
me|di|ka|men|tös mit Hilfe von Medikamenten
Me|di|ka|ti|on *f. 10* Verabreichung von Medikamenten
Me|di|kus *m. Gen. - Pl.* -di|zi, *scherzh.:* Arzt
Me|di|na 1. Stadt in Saudi-Arabien; **2.** *f. 9, in islam. Städten:* die (von Einheimischen bewohnte) Altstadt
me|dio, Me|dio [lat.], *Kaufmannsspr.:* Mitte, 15. (bzw. 14.) eines Monats; medio Mai, Medio Mai
me|di|o|ker mittelmäßig
Me|di|o|kri|tät *auch:* **Me|di|ok|ri|tät** *f. 10 nur Sg.* Mittelmäßigkeit
Me|di|o|wech|sel [-ks-] *m. 5* Mitte eines Monats fälliger Wechsel
Me|di|ta|ti|on [lat.] *f. 10* relig. Versenkung, tiefes Nachsinnen
me|di|ta|tiv mittels Meditation, auf Meditation beruhend
me|di|ter|ran [lat.] zum Mittelmeer und den angrenzenden Ländern gehörend, mittelmeerisch
Me|di|ter|ran|flo|ra *f. Gen. - nur Sg.* die Pflanzenwelt der Mittelmeerländer
me|di|tie|ren [lat.] *intr. 3* sich in Nachdenken, sinnende Betrachtung versenken; über etwas m.
Me|di|um [lat.] *n. Gen.* -s *Pl.* -di|en **1.** *allg.:* Mittel, Mittelglied; **2.** Vermittler von Informationen, Lehr-, Lernmittel, Werbeträger, z. B. Zeitung, Rundfunk, Tonband, Buch, Schaufenster; **3.** *Phys.:* Stoff, in dem sich ein physikalischer Vorgang abspielt; **4.** *Gramm.:* Handlungsrichtung des Verbs, bei der sich das Geschehen auf das Subjekt bezieht, z. B. im Griech., etwa der reflexiven Form entsprechend; **5.** *Pharmazie:* Lösungsmittel; **6.** *Okkultismus:* Person, die angeblich zur Vermittlung von Geistererscheinungen veranlagt ist
Me|di|zi *Pl. von* Medikus
Me|di|zin *f. 10* **1.** *nur Sg.* Heilkunde; **2.** Heilmittel, Arznei
Me|di|zi|nal|rat *m. 2*
Me|di|zin|ball *m. 2* 2-5 kg schwerer Lederball
Me|di|zi|ner *m. 5* Arzt, Medizinstudent
me|di|zi|nisch auf der Medizin beruhend, zu ihr gehörend; Medizinische Fakultät (der Universität); medizinisch-technische Assistentin (*Abk.:* MTA)
Me|di|zin|mann *m. 4, bei Naturvölkern:* Priester, Heilkundiger
Med|ley [mẹdlı, engl.] *n. 9* Melodienfolge, Potpourri
Mé|doc [medɔk, nach der südwestfrz. Landschaft Médoc] *m. 9* ein frz. Rotwein
Me|dre|se *auch:* **Med|re|se** [arab.], **Me|dres|se** *auch:* **Med|res|se** *f. 11* **1.** islamische Hochschule für Theologen und Juristen; **2.** Koranschule einer Moschee
Me|dul|la [lat.] *f. Gen. - nur Sg.* Mark, z. B. Knochenmark
me|dul|lär zum Mark gehörig
Me|du|sa, Me|du|se [griech.] *f. Gen. - nur Sg., griech. Myth.:* weibl. Ungeheuer mit versteinerndem Blick, eine der Gorgonen
Me|du|se [griech.] *f. 11* **1.** eine Qualle **2.** s. **Me|du|sa**
Me|du|sen|blick *m. 1* versteinernder Blick
Me|du|sen|haupt *n. 4*
Meer *n. 1*
Meer|bu|sen *m. 7*
Meer|en|ge *f. 11*
Mee|res|arm *m. 1*
Mee|res|bo|den *m. 8 nur Sg.*
Mee|res|grund *m. 2 nur Sg.*
Mee|res|hö|he *f. 11*
Mee|res|kun|de *f. 11 nur Sg.* = Ozeanographie
Mee|res|leuch|ten *n. Gen.* -s *nur Sg.* durch phosphoreszierende Meerestiere hervorgerufene Lichterscheinung im Meer, bes. in den Tropen
Mee|res|spie|gel *m. 5 nur Sg.;* über dem M. (*Abk.:* ü. d. M.); unter dem M. (*Abk.:* u. d. M.); 1500 m ü. d. M.
Mee|res|stil|le *f. 11 nur Sg.*
Mee|res|strand *m. 2*
Mee|res|stra|ße *f. 11*
Mee|res|strö|mung *f. 10*
Mee|res|u|fer *n. 5*
Meer|frau *f. 10, Myth.:* im Meer lebender weibl. Wassergeist
Meer|gott *m. 4, Myth.*
meer|grün
Meer|jung|frau *f. 10* junge Meerfrau
Meer|kat|ze *f. 11* ein afrikan. Affe, Mangabe
Meer|ret|tich *m. 1* eine Gewürzpflanze
Meer|salz *n. 1 nur Sg.* aus Meerwasser gewonnenes Salz
Meers|burg Stadt am Bodensee
Meers|bur|ger *m. 5*
meers|bur|gisch
Meer|schaum *m. 2* ein Mineral, Sepiolith
Meer|schwein *n. 1* ein Wal, Schweins- oder Braunfisch
Meer|schwein|chen *n. 7* Nager
meer|um|schlun|gen
meer|um|spült
meer|wärts
Meer|was|ser *n. 5 nur Sg.*
Mee|ting [mi-, engl.] *n. 9* Zusammenkunft, Treffen, *bes.:* politische, wissenschaftl. oder sportl. Veranstaltung
meg…, Meg…, me|ga…, Me|ga… [griech.] **1.** groß…, Groß…, z. B. Megalith; **2.** (*Abk.:* M) *vor Maßeinheiten:* eine Million, z. B. Megawatt
Me|ga|byte [-bait oder mẹ-] *n. Gen.* -s *Pl.* - (*Abk.:* MB, Mbyte, MByte) 1 Million Byte
Me|ga|fon *n. 1* s. **Me|ga|phon**
Me|ga|hertz *n. Gen. - Pl.* - (*Abk.:* MHz) eine Million Hertz
Me|ga|lith [griech.] *m. 10* großer, unbehauener vorgeschichtl. Steinblock als Denkmal
Me|ga|lith|grab *n. 4* = Großsteingrab
me|ga|li|thisch aus Megalith bestehend
Me|ga|lith|kul|tur *f. 10 nur Sg.* durch Megalithgräber gekennzeichnete Kultur der Jungsteinzeit
me|ga|lo|man größenwahnsinnig
Me|ga|lo|ma|nie *f. 11 nur Sg.* Größenwahn
Me|ga|ohm, Mẹg|ohm *n. Gen.* -s *Pl.* - (*Abk.:* MΩ) eine Million Ohm
Me|ga|phon *auch:* **Me|ga|fon** [griech.] *n. 1* Schalltrichter, Sprachrohr
Me|ga|pond *n. Gen.* -s *Pl.* - (*Abk.:* MP) eine Million Pond
Me|gä|re [griech.] *f. 11* **1.** *nur Sg., griech. Myth.:* eine der Erinnyen; **2.** *übertr.:* böses Weib

M

Me|ga|ron [griech.] *n. Gen.* -s *Pl.* -ra **1.** *urspr.:* einräumiges, ältestes griech. Haus; **2.** *dann:* Hauptraum griechischer Wohnhäuser oder Tempel
Me|ga|the|ri|um [griech.] *n. Gen.* -s *Pl.* -ri|en ausgestorbenes Riesenfaultier
Me|ga|ton|ne *f. 11* (*Abk.:* Mt) eine Million Tonnen
Me|ga|volt [-vɔlt] *n. Gen.* -(s) *Pl.* - (*Abk.:* MV) 1 Mio. Volt
Me|ga|watt *n. Gen.* -s *Pl.* - (*Abk.:* MW) eine Million Watt
Meg|ohm *n. Gen.* -s *Pl.* - s. **Me|gaohm**
Mehl *n. 1*
meh|lig
Mehl|schwit|ze *f. 11* gebräuntes Mehl, Einbrenne
Mehl|spei|se *f. 11*
Mehl|tau *m. 1 nur Sg.* durch den Mehltaupilz hervorgerufener, schimmelartiger Überzug auf Pflanzenblättern
Mehl|wurm *m. 4* Larve des Mehlkäfers
mehr; m. Knaben als Mädchen; m. denn je; umso m., desto m.; m. oder minder, m. oder weniger; es ist seit gestern keiner, niemand m. da
Mehr *n. Gen.* - *nur Sg.* Überschuss, größere Menge; ein M. an Kosten; ein M. von 10 Stimmen; das M. oder Weniger
Mehr|ar|beit *f. 10*
mehr|ar|mig; mehrarmiger Leuchter
Mehr|auf|wand *m. Gen.* -(e)s *nur Sg.*
Mehr|be|las|tung *f. 10*
mehr|deu|tig
Mehr|deu|tig|keit *f. 10*
mehr|di|men|si|o|nal
Mehr|di|men|si|o|na|li|tät *f. 10 nur Sg.*
meh|ren *tr. 1*
meh|re|re; m. Angestellte, mehrerer Angestellter *oder:* Angestellten; *Flexion mit folgendem Adjektiv* vgl. manch
meh|re|res; ich habe m. davon schon gesehen
meh|rer|lei
Mehr|er|trag *m. 2*
mehr|fach
Mehr|fa|che(s) *n. 18 (17);* um das Mehrfache größer
Mehr|fa|mi|li|en|haus *n. 4*
Mehr|far|ben|druck *m. 1*
mehr|far|big
Mehr|ge|bot *n. 1* (bei Versteigerungen)
mehr|glie|de|rig, mehr|glied|rig
Mehr|glied|rig|keit *f. 10 nur Sg.*
Mehr|heit *f. 10*
mehr|heit|lich
Mehr|heits|be|schluss (*alt:* Mehr|heits|be|schluß) *m. 2*
Mehr|heits|prin|zip *n. Gen.* -s *nur Sg.*
Mehr|heits|wahl|recht *n. 1 nur Sg.*
mehr|jäh|rig mehrere Jahre dauernd
Mehr|kampf *m. 2*
mehr|klas|sig
Mehr|kos|ten *nur Pl.*
Mehr|la|der *m. 5* Gewehr, das mit mehreren Patronen auf einmal geladen werden kann
Mehr|ling *m. 1* eins von mehreren am gleichen Tag geborenen Geschwistern, z. B. Drilling
mehr|ma|lig
mehr|mals; *aber:* mehrere Mal(e)
Mehr|par|tei|en|sys|tem *n. 1*
Mehr|pha|sen|strom *m. 2*
Mehr|preis *m. 1*
mehr|sil|big
mehr|spra|chig
mehr|stim|mig
Mehr|stim|mig|keit *f. 10*
Mehr|stu|fe *f. 11* = Komparativ
Mehr|stu|fen|ra|ke|te *f. 11*
mehr|tä|gig
mehr|tei|lig
Meh|rung *f. 10 nur Sg.*
Mehr|völ|ker|staat *m. 12* Nationalitätenstaat
Mehr|wert *m. 1*
Mehr|wert|steu|er
Mehr|zahl *f. 10 nur Sg.* **1.** größere Anzahl aus einer Gesamtheit; **2.** *Gramm.:* Plural; *Ggs.:* Einzahl
mehr|zei|lig
mehr|zel|lig
Mehr|zweck|ge|rät *n. 1*
Mehr|zy|lin|der|mo|tor *m. 12*
mei|den *tr. 82*
Mei|er *m. 5* **1.** *urspr.:* vom Grundherrn eingesetzter Gutsverwalter; **2.** *später:* Pächter (eines Gutshofes); **3.** *südd., österr.:* Milchwirt
Mei|e|rei *f. 10* **1.** Landgut, Pachthof; **2.** Milchwirtschaft, Meierhof
Mei|er|gut *n. 4*
Mei|er|hof *m. 2* = Meierei (2)
Mei|le *f. 11* Längenmaß verschiedener Größe; englische M.: 1,609 km; geographische M.: 7,42 km; Seemeile: 1,852 km
mei|len|lang; *aber:* drei Meilen lang
Mei|len|stein *m. 1*
mei|len|weit
Mei|ler *m. 5, kurz für* Kohlenmeiler, Atommeiler

mein, Mein und Dein, das Meine/meine: Das Possessivpronomen wird mit kleinem Anfangsbuchstaben geschrieben: *Das ist mein Buch.* Die substantivierte Form wird im Regelfall großgeschrieben: *Er konnte Mein und Dein nicht unterscheiden; ein Streit über Mein und Dein.* § 57 (3)
Entsprechend können Possessivpronomen als substantivische possessive Adjektive verstanden und großgeschrieben werden, doch ist auch Kleinschreibung möglich. Dies bleibt der Entscheidung der Schreibenden überlassen. Daher: *das Meine/meine, das Meinige/meinige, die Meinen/meinen, die Meinigen/meinigen.* § 57 (1), § 58 (4)

mein **1.** *Possessivpronomen;* das ist mein: das gehört mir; klein, aber mein; meiner Ansicht, meiner Meinung nach; meines Erachtens (*Abk.:* m. E.); meines Wissens (*Abk.:* m. W.); dieses Buch ist das meine *oder:* meinige; *aber:* das Meine/meine: das, was mir gehört, was mir zukommt; ich habe das Meine/meine dazu getan; er kann Mein und Dein nicht unterscheiden *scherzh.:* er stiehlt gelegentlich; das Mein und (das) Dein; die Meinen/meinen: meine Angehörigen; **2.** *Personalpronomen im Genitiv:* gedenke mein, meiner!; er konnte sich meiner erinnern
Mein|eid *m. 1* vorsätzlich falscher Eid
mein|ei|dig; m. werden
Mein|ei|di|ge(r) *m. 18 (17) bzw. f. 17 oder 18* jmd., der einen Meineid geschworen hat
mei|nen *tr. 1;* es gut mit jmdm. m.; es war nicht böse gemeint
mei|ner vgl. mein (2)
mei|ner|seits
mei|nes|glei|chen
mei|net|hal|ben
mei|net|we|gen
mei|net|wil|len; er tat es um meinetwillen

M

mei|ni|ge; dieses Buch ist das meinige: es gehört mir; *aber:* ich habe das Meinige/meinige (*oder:* das Meine/meine) dazu getan: meinen Beitrag dazu geleistet; die Meinigen/meinigen: meine Angehörigen; der Meinige/meinige *scherzh.:* mein Mann
Mei|nung *f. 10*
Mei|nungs|aus|tausch *m. 1*
Mei|nungs|äu|ße|rung *f. 10*
Mei|nungs|for|schung *f. 10*
Mei|nungs|frei|heit *f. 10 nur Sg.*
Mei|nungs|um|fra|ge *f. 11*
Mei|nungs|ver|schie|den|heit *f. 10*
Mei|ran *m. 1 nur Sg.* = **Ma|jo|ran**
Mei|se *f. 11* ein Singvogel; er hat eine M. (unterm Pony) *ugs.:* er ist verrückt
Mei|ßel *m. 5*
mei|ßeln *tr. 1;* ich meißele, meißle es
Mei|ßen Stadt in Sachsen; *aber:* Meiss(e)ner Porzellan®
Mei|ße|ner *m. 5* s. **Meiß|ner** (2)
mei|ße|nisch, meiß|nisch
Meiß|ner *m. 5* **1.** *nur Sg.;* Hoher M.: Berg im hess. Bergland; **2.** *auch:* Mei|ße|ner Einwohner von Meißen
meiß|nisch, mei|ße|nisch

> **am meisten, das meiste:** Superlativformen mit *am,* die mit *Wie?* erfragt werden können, schreibt man klein: *Er verdient am meisten.* § 58 (2)
> Auch einige Zahladjektive mit allen ihren Flexionsformen schreibt man klein: *Die meisten haben die Prüfung bereits bestanden.* Ebenso: *die vielen, noch weniges, die einen - die anderen.* § 58 (5)

meist **1.** *Superlativ von* viel, die meisten sagen ...; das meiste habe ich getan; am meisten; die meisten Leute; in den meisten Fällen; die meiste Zeit *ugs.;* **2.** *Adv.* s. **meis|tens;** er war m. nicht dabei
meist|be|güns|tigt
Meist|be|güns|ti|gungs|klau|sel *f. 11*
meist|be|tei|ligt
meist|bie|tend; etwas m. versteigern: an den Meistbietenden versteigern
Meist|bie|ten|de(r) *m. 18 (17) bzw. f. 17 oder 18* (bei Versteigerungen)
meis|tens, meist
meis|ten|teils
Meis|ter *m. 5*
Meis|ter|brief *m. 1*
Meis|ter|ge|sang *m. 2 nur Sg., 14./16. Jh.:* die vor allem von den Handwerksmeistern schulmäßig gepflegte, nach strengen Regeln aufgebaute Lieddichtung
meis|ter|haft
Meis|ter|hand *f. 2 nur Sg.;* ein von M. geschaffenes Kunstwerk
Meis|te|rin *f. 10* **1.** weibl. Meister; **2.** Frau des Meisters
Meis|ter|leis|tung *f. 10*
meis|ter|lich
meis|tern *tr. 1;* ich meistere es
Meis|ter|prü|fung *f. 10*
Meis|ter|sän|ger *m. 5* s. **Meis|ter|sin|ger**
Meis|ter|schaft *f. 10*
Meis|ter|schafts|spiel *n. 1*
Meis|ter|schafts|ti|tel *m. 5*
Meis|ter|sin|ger *m. 5* Dichter und Sänger des Meistergesangs
Meis|ters|leu|te *nur Pl.* Meister und Meisterin (2)
Meis|ter|stück *n. 1*
Meis|ter|ti|tel *m. 5*
Meis|ter|werk *n. 1*
Meist|ge|bot *n. 1*
meist|ge|bräuch|lich
meist|ge|kauft
meist|ge|le|sen
meist|ge|nannt
Meist|stu|fe *f. 11, selten eindeutschend für:* Superlativ
Mek|ka Stadt in Saudi-Arabien, Geburtsort Mohammeds und Wallfahrtsort der Muslime
Me|ko|ni|um [griech.] *n. Gen. -s nur Sg.* = Kindspech
Me|la|min *n. 1 nur Sg.,* **Me|la|min|harz** *n. 1 nur Sg.* ein Kunstharz
Me|lan|cho|lie [-ko-, griech.] *f. 11 nur Sg.* Trübsinn, Schwermut
Me|lan|cho|li|ker [-ko-, griech.] *m. 5* melancholischer Mensch
me|lan|cho|lisch [-ko-, griech.]
Me|la|ne|si|en [griech. »Schwarzinselland«] Inselgruppen im Stillen Ozean nordöstlich von Australien
Me|la|ne|si|er *m. 5*
me|la|ne|sisch
Me|lan|ge [-lãʒ(ə), frz.] *f. 11* **1.** Mischung, Gemisch; **2.** aus verschiedenfarbigen Fasern hergestelltes Woll- oder Baumwollgarn; **3.** *österr. auch:* Milchkaffee
Me|la|nie weibl. Vorname
Me|la|nin [griech.] *n. 1* roter bis schwarzer, bei Menschen und Tieren vorkommender Farbstoff, der die schwarze oder braune Färbung von Haut und Haaren bewirkt
Me|la|nis|mus *m. Gen. - nur Sg.,* Me|la|no|se *f. 11 nur Sg.* krankhafte Dunkelfärbung der Haut durch vermehrte Ablagerung von Melanin
Me|la|nit *n. 1* ein Mineral
me|la|no|derm dunkelhäutig, dunkle Flecken bildend
Me|la|no|der|mie *f. 11* Dunkelfärbung der Haut
Me|la|nom *n. 1* bösartige, melaninhaltige Geschwulst
Me|la|no|se *f. 11 nur Sg.* Melanismus
Me|lan|u|rie *auch:* **Me|la|nu|rie** *f. 11* = Schwarzwasserfieber
Me|la|phyr *m. 1* ein Ergussstein, schwarzes Porphyrgestein
Me|las|ma *n. Gen. -s Pl. -men oder -ma|ta* eine Hautkrankheit mit Bildung schwärzlicher Flecken
Me|las|se [griech.] *f. 11* Rückstand bei der Zuckergewinnung, Futtermittel
Mel|bourne [mɛlbə(r)n] austral. Stadt
Mel|ch|ter *f. 11, schweiz.:* hölzernes Milchgefäß
Mel|de *f. 11* ein Gänsefußgewächs
Mel|de|amt *n. 4*
mel|den *tr. 2*
Mel|de|pflicht *f. 10*
mel|de|pflich|tig; meldepflichtige Krankheit
Mel|der *m. 5*
Mel|de|stel|le *f. 11*
Mel|dung *f. 10*
me|lie|ren [frz.] *tr. 3* mischen, sprenkeln; meliertes Garn; grau meliertes Haar
Me|li|o|ra|ti|on [lat.] *f. 10* Verbesserung, bes. des Bodens (z. B. durch Be- oder Entwässerung)
me|li|o|rie|ren *tr. 3* verbessern (Boden)
Me|li|o|rie|rung *f. 10*
me|lisch [griech.] liedhaft
Me|lis|ma *n. Gen. -s Pl. -men* Verzierung des Gesangs durch Aufteilung einer Silbe auf mehrere Noten
Me|lis|ma|tik *f. 10 nur Sg.* melod. Verzierungskunst
me|lis|ma|tisch melodisch verziert; melismatischer Gesang: G., bei dem auf mehrere Noten nur eine Silbe gesungen wird

M

Me|lis|se [griech.] *f. 11* Pflanze mit nach Zitrone duftenden Blüten, Zitronenkraut
Me|lis|sen|geist *m. 1 nur Sg.* = Karmelitergeist
melk *veraltet:* Milch gebend, melkbar; melke Kuh
Melk|ei|mer *m. 5*
mel|ken *tr. 83*
Mel|ker *m. 5*
Mel|ke|rei *f. 10* Molkerei, Milchwirtschaft
Melk|ma|schi|ne *f. 11*
Me|lo|die [griech.] *f. 11* **1.** sangbare, in sich geschlossene Folge von Tönen; **2.** *übertr.:* Wohlklang
Me|lo|dik *f. 10 nur Sg.* **1.** Lehre von der Gestaltung einer Melodie; **2.** melodische Eigenart, melodischer Charakter (eines Musikstücks, Themas usw.)
me|lo|di|ös melodisch schön, harmonisch
me|lo|disch **1.** die Melodie betreffend; **2.** melodiös
Me|lo|dram, Me|lo|dra|ma *n. Gen.* -s *Pl.* -men Schauspiel mit Musikbegleitung
me|lo|dra|ma|tisch **1.** wie ein Melodram, auf einem Melodram beruhend; **2.** *übertr.:* theatralisch, leidenschaftlich-rührselig
Me|lo|ne [griech.] *f. 11* **1.** ein Kürbisgewächs; **2.** *übertr., ugs.:* runder, steifer (meist schwarzer) Hut
Me|los [griech.] *n. Gen. - nur Sg.* Melodielinie, melodischer Gehalt
Mel|po|me|ne *griech. Myth.:* Muse des Trauerspiels
Mel|tau *m. Gen.* -s *nur Sg.* Blattlaushonig; vgl. Mehltau
Mem|bra *auch:* **Mem|bra** *Pl. von* Membrum
Mem|bran *auch:* **Memb|ran** [lat.] *f. 10*, **Mem|bra|ne** *auch:* **Memb|ra|ne** *f. 11* **1.** dünnes, schwingungsfähiges Metallblech; **2.** *Biol.:* dünne Haut oder Grenzschicht von bestimmter Durchlässigkeit
Mem|brum *auch:* **Memb|rum** [lat.] *n. Gen.* -s *Pl.* -bra, *Med.:* Glied, Gliedmaße
Me|men|to [lat.] *n. 9* Erinnerung, Mahnung, Mahnruf
me|men|to mo|ri! gedenke des Todes!
Mem|me *f. 11* Feigling, Weichling, furchtsamer Mensch
mem|men|haft
Mem|non *griech. Myth.:* äthiop. König
Mem|nons|säu|len *Pl.* zwei monumentale, steinerne Sitzfiguren des ägypt. Königs Amenophis III. bei Theben (die früher als Darstellungen Memnons galten)
Me|moire [mɛmoa̱r, frz.] *n. 9* **1.** Denkschrift; **2.** Tagebuch
Me|moi|ren [-moa̱-] *nur Pl.* (denkwürdige, zeitgeschichtlich interessante) Lebenserinnerungen
me|mo|ra|bel *veraltet:* denkwürdig
Me|mo|ra|bi|li|en *Pl.* Denkwürdigkeiten
Me|mo|ran|dum *n. Gen.* -s *Pl.* -den *oder* -da **1.** Denkschrift; **2.** *veraltet:* Tagebuch, Merkbuch
Me|mo|ri|al *n. Gen.* -s *Pl.* -e *oder* -li|en **1.** Merk-, Tagebuch; **2.** Bittschrift; **3.** Festveranstaltung zu Ehren eines Verstorbenen; **4.** [mımɔrıəl, engl.] *n. 9, Sport:* Gedächtnis-, Gedenkveranstaltung
Me|mo|ri|a|le *n. Gen.* -s *Pl.* - *oder* -li|en s. **Me|mo|ri|al** (1-3)
me|mo|rie|ren *tr. 3* auswendig lernen; aus dem Gedächtnis hersagen
Me|mo|ry® [mɛmɔrı, engl.] *n. 9* Gesellschaftsspiel
Me|na|ge [-ʒə, frz.] *f. 11* **1.** kleines Gestell mit Gefäßen für Essig und Öl bzw. Salz und Pfeffer; **2.** Traggestell zum Essenholen; **3.** *veraltet:* Haushalt, (sparsame) Wirtschaft; **4.** *österr.:* (militär.) Verpflegung
Me|na|ge|rie [-ʒə-] *f. 11* Tierpark, Tiergarten, Tierschau
me|na|gie|ren [-ʒi̱-] *intr. 3, veraltet* **1.** sich (sparsam) verköstigen; **2.** *österr.:* Essen holen, Essen fassen
Men|ar|che *auch:* **Me|nar|che** [griech.] *f. Gen. - nur Sg.* Zeitpunkt der ersten Regelblutung
Men|de|le|vi|um [-vi-, nach dem russ. Chemiker Dimitrij Mendelejew] *n. Gen.* -s *nur Sg.* (*Zeichen:* Md) chem. Element
Men|de|lis|mus *m. Gen. - nur Sg.* die von Gregor Mendel begründete Vererbungslehre
Men|dels|sohn-Bar|thol|dy, *Felix* dt. Komponist
Men|di|kant [lat.] *m. 10* Bettelmönch
Men|di|kan|ten|or|den *m. 7* Bettelorden
Me|ne|te|kel [aram., nach der im AT überlieferten Geisterschrift, die dem babylon. König Belsazar seinen Untergang voraussagte: »mene tekel upharsin« (gezählt, gewogen, geteilt)] *n. 5* geheimnisvolles Warnungszeichen
Men|ge *f. 11*
men|gen *tr. 1*
Men|gen|leh|re *f. 11 nur Sg.*
men|gen|mä|ßig hinsichtlich der Menge, quantitativ
Men|gen|ra|batt *m. 1*
Meng|sel *n. 5 nur Sg.* Gemisch, Mischmasch
Men|hir [kelt.] *m. 1* unbehauene Steinsäule der Jungsteinzeit
Me|nin|gi|tis [griech.] *f. Gen. - Pl.* -ti|den Hirnhautentzündung
Me|nis|ken|glas *n. 4* sichelförmig geschliffenes Brillenglas
Me|nis|kus [griech.] *m. Gen. - Pl.* -ken **1.** Zwischenknorpel, bes. im Kniegelenk; **2.** gewölbte Oberfläche einer in engem Rohr stehenden Flüssigkeit; **3.** stark gekrümmte, sichelförmige Linse
Me|nis|kus|riss (*alt:* Me|nis|kus|riß) *m. 1*
Men|jou|bart [mãʒu̱-, frz., nach dem Filmschauspieler A. Menjou] *m. 2* gestutzter Schnurrbart
Men|ken|ke *f. Gen. - nur Sg., mitteldt.* **1.** Durcheinander; **2.** Umstände; mach keine M.!
Men|ni|ge [lat.] *f. Gen. - nur Sg.* rote Anstrichfarbe als Rostschutz
men|nig|rot
Men|no|nit [nach dem Gründer Menno Simons] *m. 10* Angehöriger einer im 16. Jh. gegründeten christl. Sekte, die u. a. Kindertaufe, Kriegsdienst, Eid ablehnt
men|no|ni|tisch
Me|no|pau|se [griech.] *f. 11* Aufhören der Menstruation in den Wechseljahren
Me|nor|rha|gie *f. 11* zu starke Menstruation
Me|nor|rhö *f. 10* Menstruation
me|nor|rhö|isch
Me|no|sta|se *auch:* **Me|nos|ta|se** *f. 11* Aussetzen der Menstruation
Men|sa [lat. »Tisch«] *f. Gen. - Pl.* -s *oder* -sen **1.** Deckplatte des Altartischs; **2.** *kurz für* Mensa academica
Mensch **1.** *m. 10;* **2.** *n. Gen.* -s *Pl.* -er, *abwertend:* liederliche Frau, Schlampe
men|scheln *intr. 1, nur unpersönlich, schweiz., ugs.;* es menschelt: es sind menschliche Unvollkommenheiten zu erkennen
Men|schen|af|fe *m. 11*

M

men|schen|ähn|lich
Men|schen|al|ter *n. 5*
Men|schen|feind *m. 1* = Misanthrop
men|schen|feind|lich
Men|schen|fres|ser *m. 5, volkstüml. für* Kannibale
Men|schen|freund *m. 1* = Philanthrop
men|schen|freund|lich
Men|schen|ge|den|ken *n., nur in der Wendung* seit M.: seit langem
Men|schen|ge|schlecht *n. 3*
Men|schen|ge|stalt *f. 10;* ein Engel, Teufel in M. *übertr.*
Men|schen|hand *f. 2;* von M. gemacht; das liegt nicht in M.
Men|schen|han|del *m. Gen.* -s *nur Sg.*
Men|schen|hass (*alt:* Men|schenhaß) *m. 1 nur Sg.*
Men|schen|has|ser *m. 5*
Men|schen|kennt|nis *f. 1 nur Sg.*
Men|schen|kind *n. 3* **1.** Kind; **2.** Mensch als Kind Gottes; vgl. Menschenskind
Men|schen|kun|de *f. 11 nur Sg.* = Anthropologie
Men|schen|le|ben *n. 7*
men|schen|leer
Men|schen|lie|be *f. 11 nur Sg.*

alles Menschenmögliche tun: Substantivierte Adjektive werden mit großem Anfangsbuchstaben geschrieben: *Sie haben das/alles Menschenmögliche getan, um die Tiere zu retten.* § 57 (1)

men|schen|mög|lich; tun, was m. ist; er hat das/alles Menschenmögliche getan
Men|schen|raub *m. 1*
Men|schen|recht *n. 1*
Men|schen|rechts|or|ga|ni|sa|ti|on *f. 10*
Men|schen|rechts|ver|let|zung *f. 10*
men|schen|scheu
Men|schen|scheu *f. Gen. - nur Sg.*
Men|schen|schlag *m. 2;* das ist ein anderer, heiterer, ruhiger M.
Men|schen|see|le *f. 11, in Wendungen wie* keine M. war zu sehen
Men|schens|kind! *ugs.* (erstaunter, überraschter oder vorwurfsvoller Ausruf); vgl. Menschenkind
Men|schen|sohn *m. 2 nur Sg.* Selbstbezeichnung Christi
men|schen|un|wür|dig
men|schen|ver|ach|tend = **Men|schen ver|ach|tend;** ein menschenverachtender *oder:* Menschen verachtender Zynismus; *aber nur:* das menschenverachtendste Verbrechen des Jahres *(bei Steigerung und mit Attribut)*
Men|schen|ver|stand *m. Gen.* -(e)s *nur Sg.;* der gesunde M.
Men|schen|werk *n. 1*
Men|schen|wür|de *f. 11 nur Sg.*
men|schen|wür|dig
Men|sche|wik [russ.] *m. Gen.* -en *Pl.* -en *oder* -ki Anhänger des Menschewismus
Men|sche|wis|mus *m. Gen. - nur Sg.* die gemäßigte Richtung der russ. sozialdemokrat. Arbeiterpartei; vgl. Bolschewismus
Men|sche|wist *m. 10*
men|sche|wis|tisch
Mensch|heit *f. 10 nur Sg.*
mensch|heit|lich
mensch|lich
Mensch|lich|keit *f. 10 nur Sg.*
Mensch|wer|dung *f. 10 nur Sg.*
Men|sis [lat.] *m. Gen. - Pl.* -ses Monatsblutung
men|sis cur|ren|tis (*Abk.:* m. c.) *veraltet:* (des) laufenden Monats
mens sa|na in cor|po|re sa|no [lat.] in einem gesunden Körper (wohne auch) ein gesunder Geist (Wort aus den Satiren des altröm. Dichters Juvenal)
mens|tru|al *auch:* **menst|ru|al** **1.** monatlich (wiederkehrend); **2.** zur Menstruation gehörend
Mens|tru|al|blu|tung *auch:* **Menst|ru|al|blu|tung** *f. 10,* **Mens|tru|a|ti|on** *auch:* **Menst|ru|a|ti|on** *f. 10* monatl. Blutung der Gebärmutterschleimhaut, Regel, Periode, Monatsblutung, Menorrhö
mens|tru|ie|ren *auch:* **menst|ru|ie|ren** *intr. 3* die Menstruation haben
men|su|al *veraltet:* monatlich
Men|sur [lat.] *f. 10* **1.** *allg.:* Maß, Maßverhältnis; **2.** *Mus.:* Verhältnis der Maße von Musikinstrumenten (Durchmesser, Länge, Saiten, Resonanzkörper, Grifflöcher usw.); Verhältnis der Notenwerte zueinander (seit dem 13. Jh. festgelegt); **3.** *Sport:* Abstand zweier Fechter voneinander; student. Zweikampf (Fechten); **4.** *Chem.:* mit Maßeinteilung versehenes Messglas
men|su|ra|bel messbar; mensurable Größen
Men|su|ra|bi|li|tät *f. 10 nur Sg.* Messbarkeit
men|su|ral zum Messen dienend
Men|su|ral|mu|sik *f. 10 nur Sg., 13./16. Jh.:* in der Mensuralnotation aufgezeichnete, mehrstimmige Musik
Men|su|ral|no|ta|ti|on *f. 10 nur Sg.* die Notenschrift des 13./16. Jh., in der die Dauer der Töne festgelegt ist; vgl. Choralnotation, Modalnotation
men|su|riert bestimmte Maßverhältnisse besitzend (Musikinstrumente)
men|tal [lat.] zum Geist gehörend, den Geist betreffend, geistig, (nur) in Gedanken
Men|ta|li|tät *f. 10* Geistigkeit, Geistesart, Denk-, Anschauungsweise
Men|tal|re|ser|va|ti|on [-va-] *f. 10, Rechtsw.:* stiller Vorbehalt
Men|thol [lat.] *n. 1 nur Sg.* Bestandteil des Pfefferminzöls
Men|tor [griech.] *m. 13* **1.** *bei Homer:* Name des Erziehers des Telemach; **2.** *übertr.:* Erzieher, Berater, väterl. Freund und Ratgeber
Me|nu [-ny, frz.] *n. 9, schweiz. für* Menü
Me|nü *n. 9* **1.** aus mehreren Gängen bestehende Mahlzeit, Speisenfolge; **2.** auf dem Computerbildschirm angebotene Programmauswahl
Me|nu|ett [frz.] *n. 1* **1.** altfrz. Volkstanz; **2.** höf. Gesellschaftstanz; **3.** Satz der Suite, Sonate, Sinfonie und Kammermusik
Me|phis|to, Me|phis|to|phe|les Name des Teufels in mittelalterl. Volksbüchern und in Goethes »Faust«
me|phis|to|phe|lisch teuflisch
Mer|ca|tor|pro|jek|ti|on *auch:* **Mer|ca|tor-Pro|jek|ti|on** [nach dem dt. Geographen Mercator] *f. 10* eine winkeltreue zylindr. Kartenprojektion
Mer|ce|rie [-sə-, frz.] *f. 11, schweiz.:* Kurzwarenhandlung
Mer|ce|ri|sa|ti|on [-sə-] *f. 10* s. **Mer|ze|ri|sa|ti|on**
Mer|chan|di|ser [mətʃəndaɪzə(r), engl.] *m. 5* im Auftrag der Herstellerfirma arbeitender Fachmann für Warengestaltung im Einzelhandel
Mer|chan|di|sing [mətʃəndaɪzɪŋ, engl.] *n. Gen.* -s *nur Sg.* Verkaufspolitik, Warengestaltung
Mer|gel *m. 5* ein Ablagerungsgestein aus Ton, Sand und reichlich Kalk

M

mer|ge|lig, merg|lig mit Mergel vermischt
mer|geln *tr. 1* mit Mergel vermischen
Me|ri|di|an [lat.] *m. 1* Längenkreis auf der Erdkugel, der durch beide Pole geht
Me|ri|di|an|kreis *m. 1* ein astronom. Messinstrument
me|ri|di|o|nal den Meridian betreffend, in der Richtung des Meridians, nordsüdlich
Me|rin|ge [frz.] *f. 11,* **Me|rin|gel** *n. 5,* **Me|ringue** [mẹrɛŋ, frz.] *f. 9* Kleingebäck aus Eischnee und Zucker
Me|ri|no [span.] *m. 9* eine dickwollige Schafsrasse
Me|ri|no|wol|le *f. 11*
Me|ris|tem [griech.] *n. 1* (noch) undifferenziertes pflanzl. Gewebe
me|ris|te|ma|tisch teilungsfähig
Me|ri|ten [lat.] *Pl. von* Meritum: Verdienste; er hat gewiss seine Meriten
me|ri|to|risch *veraltet:* verdienstlich, verdienstvoll
Me|ri|tum *n. Gen.* -s *Pl.* -ri|ten Verdienst, bes. vor Gott durch gute Werke; vgl. Meriten
mer|kan|til [lat.-ital.] zum Handel gehörend, auf Handel beruhend
Mer|kan|ti|lis|mus *m. Gen. - nur Sg.* Wirtschaftssystem des Absolutismus (16./18. Jh.) mit dem Ziel, den Außenhandel und damit die Industrie zu fördern
Mer|kan|ti|list *m. 10* Vertreter des Merkantilismus
mer|kan|ti|lis|tisch
merk|bar
Merk|blatt *n. 4*
Merk|buch *n. 4*
mer|ken *tr. 1*
Mer|ker *m. 5, im Meistergesang:* der die Fehler des Sängers Aufschreibende
merk|lich; es hat sich um ein Merkliches, *besser:* merklich, abgekühlt
Merk|mal *n. 1*
Merk|spruch *m. 2*
Mer|kur **1.** *röm. Myth.:* Gott des Handels, Götterbote; **2.** *m. Gen.* -s *nur Sg.* ein Planet; **3.** *m. oder n. Gen.* -s *nur Sg., Alchimie:* Quecksilber
Mer|ku|ri|a|lis|mus *m. Gen. - nur Sg.* Quecksilbervergiftung
Mer|kur|stab *m. 2* schlangenumwundener Stab des Merkur, Heroldsstab
Merk|wort *n. 4*
merk|wür|dig
merk|wür|di|ger|wei|se
Merk|wür|dig|keit *f. 10*
Merk|zei|chen *n. 7*
Mer|lan [frz.] *m. 1* Art der Dorschfische
Mer|le *f. 11, niederrhein.:* Amsel, Schwarzdrossel
Mer|lin **1.** *im Artussagenkreis:* Zauberer; **2.** *m. 1* kleiner Falke
Me|ro|win|ger *m. 5* Angehöriger eines fränk. Herrschergeschlechts
me|ro|win|gisch
Mer|ze|ri|sa|ti|on [nach dem Engländer J. Mercer], Mer|ce|ri|sa|ti|on *f. 10 nur Sg.* Verfahren zum Veredeln von Baumwolle
mer|ze|ri|sie|ren *tr. 3*
Merz|vieh *n. Gen.* -s *nur Sg.* auszumerzendes, zur Zucht nicht geeignetes Vieh
Mes|al|li|ance *auch:* **Me|sal|li|ance** [mezaljãs, frz.] *f. 11* **1.** nicht standesgemäße Ehe, Missheirat; **2.** *übertr.:* unebenbürtige Liebschaft
me|schant [frz.] boshaft, niederträchtig, ungezogen
me|schug|ge [jidd.] *ugs.:* verrückt
Mes|dames [medam] *Pl. von* Madame *(als Anrede)*
Mes|de|moi|selles [medmoazẹl] *Pl. von* Mademoiselle *(als Anrede)*
Mes|en|chym *auch:* **Me|sen|chym** [griech.] *n. 1 nur Sg.* lockeres, embryonales Bindegewebe
Mes|ka|lin [indian.] *n. 1 nur Sg.* ein Rauschgift; vgl. Peyotl
Mes|mer *m. 5, schweiz. für* Mesner
Mes|me|ris|mus *m. Gen. - nur Sg.* von dem Arzt Franz Anton Mesmer begründetes Heilverfahren durch biologischen »animalischen« Magnetismus, z. B. durch einfaches Handauflegen
Mes|ner, Mes|mer, Mess|ner *m. 5* Kirchendiener, Küster
Mes|ne|rei *f. 10* Amt und Wohnung des Mesners
me|so..., Me|so... [griech.] *in Zus.:* mittel..., Mittel..., mittler...
Me|so|blast [griech.], **Me|so|derm** *n. 1* mittleres Keimblatt des sich entwickelnden Embryos
me|so|der|mal sich aus dem Mesoderm entwickelnd
Me|so|karp [griech.] *n. 1,* **Me|so|kar|pi|um** *n. Gen.* -s *Pl.* -pi|en mittlere Schicht der Fruchtwand
Me|so|li|thi|kum [griech.] *n. Gen.* -s *nur Sg.* Mittelsteinzeit, Epipaläolithikum
me|so|li|thisch mittelsteinzeitlich
Me|son [griech.] *n. 13* sehr kurzlebiges Elementarteilchen, Mesotron
Me|so|phyt [griech.] *m. 10* Pflanze, die an Böden mit mittlerem Feuchtigkeitsgrad angepasst ist
Me|so|po|ta|mi|en [griech. »Zwischenstromland«] zum Irak, zur Türkei und zu Syrien gehörige Landschaft zwischen Euphrat und Tigris
Me|so|po|ta|mi|er *m. 5*
me|so|po|ta|misch
Me|so|tho|ri|um [griech. + altnord.] *n. Gen.* -s *nur Sg., veraltete Bez. für* ein radioaktives Zerfallsprodukt der Thoriumreihe
Me|so|tron *auch:* **Me|sot|ron** *n. Gen.* -s *Pl.* -tro|nen s. **Meson**
Me|so|zo|i|kum [griech.] *n. Gen.* -s *nur Sg.* Mittelalter der Erdgeschichte
me|so|zo|isch
Mes|sage [mẹsidʒ, engl.] *f. 9* Nachricht
Mes|sa|li|na [nach M., der Gemahlin des röm. Kaisers Claudius] *f. Gen. - Pl.* -nen geschlechtlich unersättliche, sittenlose Frau
Mes|sa|li|ne [frz.] *f. 11 nur Sg.* weicher, glänzender Seiden- oder Kunstseidenstoff
Mess|band (*alt:* Meß|band) *n. 4*
mess|bar (*alt:* meß|bar)
Mess|bar|keit (*alt:* Meß|bar|keit) *f. 10 nur Sg.*
Mess|be|cher (*alt:* Meß|be|cher) *m. 5*
Mess|brief (*alt:* Meß|brief) *m. 1* Urkunde über die Vermessung eines Schiffes
Mess|buch (*alt:* Meß|buch) *n. 4* Buch mit Gebeten, Lesungen und Liedern zum Gebrauch in der Messe, Missale
Mess|die|ner (*alt:* Meß|die|ner) *m. 5* = Ministrant
Mes|se *f. 11* **1.** *kath. Kirche:* Hauptgottesdienst; **2.** Musikwerk für Gesangsstimmen und Orchester für die Messe (1); **3.** Ausstellung von Industriewaren, Markt; *auch:* Jahrmarkt; **4.** *auf Kriegsschiffen:* Aufenthalts- und Speiseraum für Offiziere; *auch:* die Tischgesellschaft selbst
Mes|se|ge|län|de *n. 5*
Mes|se|hal|le *f. 11*

mes|sen *tr. 84;* du misst, er/sie/es misst
Mes|ser **1.** *m. 5* jmd., der etwas misst; Messgerät; **2.** *n. 5* Schneidwerkzeug; die Sache stand auf Messers Schneide
Mes|ser|held *m. 10* gefährlicher Raufbold
mes|ser|rü|cken|dick
mes|ser|scharf
Mes|ser|schnei|de *f. 11* vgl. Messer (2)
Mes|ser|spit|ze *f. 11*
Mes|ser|ste|che|rei *f. 10*
Mes|se|stand *m. 2* Ausstellungsstand auf der Messe (3)
Mess|feh|ler (*alt:* Meß|feh|ler) *m. 5*
Mess|ge|fäß (*alt:* Meß|ge|fäß) *n. 1*
Mess|ge|rät (*alt:* Meß|ge|rät) *n. 1*
Mess|ge|wand (*alt:* Meß|ge|wand) *n. 4*
Mess|glas (*alt:* Meß|glas) *n. 4*
Mess|hemd (*alt:* Meß|hemd) *n. 12* = Alba (1)
Mes|si|a|de *f. 11* Dichtung, deren Held der Messias (Jesus Christus) ist
Mes|si|aen [mɛsjã], *Olivier* frz. Komponist
mes|si|a|nisch zum Messias gehörig, von ihm ausgehend
Mes|si|a|nis|mus *m. Gen. - nur Sg.* Lehre von der Erlösung durch den verheißenen Messias
Mes|si|as [hebr. »Gesalbter«] *m. Gen. - nur Sg.* Erlöser, *bes.:* Jesus Christus
Mes|sieurs [mesjø] (*Abk.:* MM.) *Pl. von* Monsieur *(als Anrede)*
Mes|sing *n. Gen. -s nur Sg.* Legierung aus Kupfer und Zink
mes|sin|gen aus Messing; eine messingne Schale
Mess|in|stru|ment *auch:* **Mess|ins|tru|ment, Mess|inst|ru|ment** (*alt:* Meß|in|stru|ment) *n. 1*
Mess|kelch (*alt:* Meß|kelch) *m. 1*
Mess|lat|te (*alt:* Meß|lat|te) *f. 11*
Mess|ner (*alt:* Meß|ner) *m. 5* s. **Mes|ner**
Mess|op|fer (*alt:* Meß|op|fer) *n. 5*
Mess|schnur (*alt:* Meß|schnur) *f. 2*
Mess|si|gnal *auch:* **Mess|sig|nal** (*alt:* Meß|si|gnal) *n. 1*
Mess|stel|le (*alt:* Meß|stel|le) *n. 11*
Mess|tech|nik (*alt:* Meß|tech|nik) *f. 10*
Mess|tisch (*alt:* Meß|tisch) *m. 1* heute kaum noch benutztes geodätisches Messgerät
Mess|tisch|blatt (*alt:* Meß|tisch|blatt) *n. 4* **1.** *urspr.:* mit Hilfe des Messtisches aufgenommene, großmaßstäbige Karte; **2.** *heute im allg. Sprachgebrauch Bez. für* topograph. Karte 1:25 000 mit eingezeichneten Oberflächenformen, Bodenbedeckungen, Verkehrswegen, Siedlungsflächen usw.
Mess|uhr (*alt:* Meß|uhr) *f. 10*
Mes|sung *f. 10*
Mess|ver|fah|ren (*alt:* Meß|ver|fah|ren) *n. 7*
Mess|wein (*alt:* Meß|wein) *m. 1*
Mess|wert (*alt:* Meß|wert) *m. 1*
Mess|zy|lin|der (*alt:* Meß|zy|lin|der) *m. 5*
Mes|te *f. 11, westfäl.:* altes Hohlmaß, Gefäß, Melkeimer
Mes|ti|ze [span.] *m. 11* Nachkomme eines weißen und eines indianischen Elternteils, Mischling
MESZ *Abk. für* mitteleuropäische Sommerzeit
Met *f. Gen. - nur Sg., Kurzwort für die* Metropolitan Opera (Opernhaus in New York)
Met *m. 1 nur Sg.* alkohol. Getränk aus vergorenem Honig und Wasser
me|ta..., Me|ta... [griech.] *in Zus.:* nach..., hinter..., Nach..., Hinter...
Me|ta|ba|sis [griech.] *f. Gen. - Pl.* -ba|sen Gedankensprung, Abschweifung
me|ta|bol s. **me|ta|bo|lisch**
Me|ta|bo|lie [griech.] *f. 11, Biol.:* Gestalt-, Formveränderung
me|ta|bo|lisch, me|ta|bol verändernd, veränderlich
Me|ta|bo|lis|mus *m. Gen. - nur Sg.* Stoffwechsel
Me|ta|ge|ne|se *f. 11* Wechsel zwischen einer geschlechtlichen und einer ungeschlechtlichen Generation, Generationswechsel
Me|ta|ge|schäft [ital.] *n. 1* Vereinbarung zweier Partner, Gewinn und Verlust aller von ihnen unternommenen Geschäfte zu teilen
Me|ta|kri|tik [griech.] *f. 10* Kritik einer Kritik
Me|tall [griech.] *n. 1;* Metall verarbeitend
Me|talle|gie|rung (-ll|l-) (*alt für:* Me|tall|le|gie|rung) *f. 10*
me|tal|len **1.** aus Metall **2.** wie Metall
me|tal|lic [-lik, engl.]
Me|tal|li|sa|ti|on *f. 10* Überziehen mit einer Metallschicht
Me|tal|li|sa|tor *m. 13* Spritzpistole zur Metallisation
me|tal|lisch
me|tal|li|sie|ren *tr. 3* mit einer Metallschicht überziehen
Me|tal|li|sie|rung *f. 10*
Me|tal|lis|mus *m. Gen. - nur Sg.* geldtheoret. Anschauung, dass der Wert des Geldes von seinem Metallwert abhängen müsse
Me|tall|le|gie|rung *f. 10*
Me|tal|lo|chro|mie [-kro-] *f. 11* Färben von Metalloberflächen mittels Elektrolyse
Me|tal|lo|ge *m. 11* Wissenschaftler auf dem Gebiet der Metallogie
Me|tal|lo|gie *f. 11 nur Sg.* Metallkunde
Me|tal|lo|graph *auch:* **Me|tal|lo|graf** *m. 10*
Me|tal|lo|gra|phie *auch:* **Me|tal|lo|gra|fie** *f. 11 nur Sg.* Untersuchung der Strukturen von Metallen und ihren Legierungen
Me|tal|lo|id *n. 1* nichtmetallischer chemischer Grundstoff, Nichtmetall
Me|tall|urg *auch:* **Me|tal|lurg** *m. 10*
Me|tall|ur|gie *auch:* **Me|tal|lur|gie** *f. 11 nur Sg.* = Hüttenkunde
me|tall|ur|gisch *auch:* **me|tal|lur|gisch**

> **Metall verarbeiten/verarbeitend:** Fügungen aus Substantiv und Verb/Partizip werden wegen der Selbständigkeit der Bestandteile getrennt geschrieben: *Das ist ein Metall verarbeitender Betrieb.* § 34 E3 (5)

Me|tall ver|ar|bei|tend (*alt:* me|tall|ver|ar|bei|tend)
Me|tall|wäh|rung *f. 10* durch Metall gedeckte Währung
Me|ta|me|rie [griech.] *f. 11 nur Sg.* besondere Art der Isomerie
me|ta|morph den Zustand, die Gestalt verändernd; metamorphe Gesteine
Me|ta|mor|pho|se *f. 11* Umwandlung in eine andere Gestalt, z. B. Blattanlage zum Dorn, Ei zu Kaulquappe und Frosch
me|ta|mor|pho|sie|ren *tr. 3* umwandeln, verwandeln
Me|ta|pher *f. 11* bildl. Ausdruck, z. B. Stimmungsbarometer, »aus der Taufe heben« statt »gründen«
Me|ta|pho|rik *f. 10 nur Sg.* (kunstvoller) Gebrauch von Metaphern

me|ta|pho|risch bildlich, in übertragenem Sinne
Me|ta|phra|se *f. 11* wörtliche Übertragung (eines Gedichts in Prosa)
me|ta|phras|tisch
Me|ta|phy|sik *f. 10 nur Sg.* Lehre von den letzten, nicht erkennbaren Zusammenhängen des Seins, vom Übersinnlichen
Me|ta|phy|si|ker *m. 5*
me|ta|phy|sisch
Me|ta|pla|sie *f. 11* eine Form der Gewebsumwandlung
Me|ta|plas|mus *m. Gen. - Pl.* -men sprachliche Doppelform, z. B. »begänne« und »begönne«
Me|ta|spra|che *f. 11* Sprache, die eine andere Sprache (Objektsprache) beschreibt
me|ta|sprach|lich
Me|ta|sta|se *auch:* **Me|tas|ta|se** *f. 11* Tochtergeschwulst
me|ta|sta|sie|ren *auch:* **me|tas|ta|sie|ren** *intr. 3* Metastasen bilden
Me|ta|the|se *f. 11,* **Me|ta|the|sis** *f. Gen. - Pl.* -the|sen Umstellung von Lauten, z. B. »Ross« und engl. »horse«, »Erle« und mundartl. »Eller«
me|ta|zen|trisch *auch:* **me|ta|zent|risch** [griech. + lat.] das Metazentrum betreffend
Me|ta|zen|trum *auch:* **Me|ta|zent|rum** *n. Gen.* -s *Pl.* -tren Schnittpunkt von Schiffsachse und Auftriebsrichtung, Schwankpunkt
Me|ta|zo|on [griech.] *n. Gen.* -s *Pl.* -zo|en vielzelliges Tier, Vielzeller
Met|em|psy|cho|se *auch:* **Me|tem|psy|cho|se** [griech.] *f. 11* Seelenwanderung
Me|te|or [griech.] *m. 1* Gesteinsbrocken aus dem Weltraum, der beim Eindringen in die Erdatmosphäre aufglüht und als Sternschnuppe sichtbar wird
me|te|o|risch die Lufterscheinungen und -verhältnisse betreffend, auf ihnen beruhend
Me|te|o|rit *m. 10* nicht verdampftes Bruchstück eines Meteors, Meteorstein
Me|te|o|ro|graph *auch:* **Me|te|o|ro|graf** *m. 10* Gerät, das Luftdruck, -temperatur und -feuchtigkeit gleichzeitig misst und selbsttätig aufzeichnet
Me|te|o|ro|lo|ge *m. 11*
Me|te|o|ro|lo|gie *f. 11 nur Sg.* Wissenschaft vom Klima und Wetter, Wetterkunde
me|te|o|ro|lo|gisch
me|te|o|ro|trop durch das Wetter, das Klima verursacht
Me|te|or|stein *m. 1* Meteorit

Meter: *Das Meter,* in Deutschland auch, in der Schweiz nur: *der Meter.* Längenangaben mit *von* stehen im Dativ: *eine Leiter von drei Metern Höhe* (falsch: **drei Meter*); *eine Strecke von zweihundert Metern Länge* (falsch: **zweihundert Meter*).
Ohne *von* gebraucht man den Akkusativ: *Der Ast war einen Meter lang.*

Me|ter [griech.] *n. 5, ugs. auch, schweiz. nur m. 5* (*Abk.:* m) Längenmaß; eine Entfernung von 100 Metern; von 100 Meter(n) an; laufendes Meter, laufenden Meters (*Abk.:* lfd. m); Hundertmeterlauf, 100-m-Lauf
...me|ter [griech.] *in Zus.* **1.** *n. 5* Längenmaßbezeichnung, z. B. Kilometer; **2.** *n. 5* Messgerät, z. B. Barometer; **3.** *m. 5* jmd., der Messungen ausführt, z. B. Geometer; **4.** *m. 5* Versfußbezeichnung, z. B. Hexameter, Pentameter
Me|ter|band *n. 4*

meterhoch/zwei Meter hoch: Zusammensetzungen aus Substantiv und Adjektiv, bei denen der erste Teil für eine Wortgruppe steht (= *einen oder mehrere Meter hoch*), werden zusammengeschrieben: *ein meterhohes Gerüst.* § 36 (1)
Die Erweiterung wird getrennt geschrieben: *ein zwei Meter hohes Gerüst.*

me|ter|hoch; der Schnee liegt m., meterhoher Schnee; *aber:* der Schnee liegt zwei Meter hoch
me|ter|lang; ein meterlanger Aal; *aber:* der Aal war einen Meter lang
Me|ter|lat|te *f. 11*
Me|ter|maß *n. 1*
Me|ter|wa|re *f. 11* = Manufakturware (2)
Me|ter|zent|ner *m. 5* (*Abk.:* q (Quintal)), *veraltet* Doppelzentner
Me|tha|don *n. Gen. - nur Sg.* morphiumhaltiges Medikament, das als Ersatzdroge bei der Behandlung Heroinabhängiger eingesetzt wird
Me|than [griech.] *n. 1 nur Sg.,* **Me|than|gas** *n. 1 nur Sg.* einfachster gesättigter Kohlenwasserstoff, brennbares Gas, Grubengas, Sumpfgas
Me|tha|nol *n. 1 nur Sg.* = Methylalkohol
Me|tho|de [griech.] *f. 11* **1.** Verfahren, Art und Weise, wie etwas getan wird, z. B. Unterrichts-, Färbemethode; **2.** planmäßiges Vorgehen, Planmäßigkeit
Me|tho|dik *f. 10 nur Sg.* Lehre von den Methoden, bes. vom richtigen, geschickten Unterrichten, Verfahrensweise
Me|tho|di|ker *m. 5*
me|tho|disch
Me|tho|dis|mus *m. Gen. - nur Sg.* im 18. Jh. aus der anglikan. Kirche hervorgegangene Erweckungsbewegung
Me|tho|dist *m. 10*
Me|tho|dis|ten|kir|che *f. 11*
me|tho|dis|tisch
Me|tho|do|lo|gie *f. 11 nur Sg.* Lehre von den wissenschaftlichen Methoden
me|tho|do|lo|gisch
Me|thu|sa|lem [nach dem Großvater Noahs, der 969 Jahre alt geworden sein soll] *m. 9* **1.** *ugs.:* sehr alter Mann; **2.** übergroße Wein- oder Sektflasche mit etwa 6 Liter Inhalt
Me|thyl [griech.] *n. 1 nur Sg.* einwertiger Rest des Methans, Grundkörper zahlreicher organischer Verbindungen
Me|thyl|al|ko|hol *m. 1 nur Sg.* einfachster aliphat., sehr giftiger Alkohol, Methanol
Me|thyl|a|min *auch:* **Me|thy|la|min** *n. 1 nur Sg.* chem. Verbindung aus Methan und Ammoniak, ein Lösungsmittel
Me|thy|len *n. 1 nur Sg.* zweiwertiger Rest des Methans, Grundkörper der homologen Reihen
Me|thy|len|blau *n. Gen.* -s ein synthetischer Farbstoff
Me|ti|er [-tje, frz.] *n. 9, ugs.:* Beruf, Handwerk, Geschäft; er versteht sein M.
Me|tist [ital.] *m. 10* Partner in einem Metageschäft
Met|ö|ke *auch:* **Me|tö|ke** [griech.] *m. 11, in altgriech. Städten:* zugewanderter Einwohner ohne polit. Rechte, jedoch freier Bürger

M

Met|o|no|ma|sie *auch:* **Me|to|no|ma|sie** [griech.] *f. 11* Veränderung des Namens durch Übersetzung in oder Angleichung an eine andere Sprache, z. B. »Bauer« in »Agricola« oder »Descartes« in »Cartesius«

Met|o|ny|mie *auch:* **Me|to|ny|mie** *f. 11* Vertauschung bedeutungsverwandter Begriffe, z. B. »Brot« für »Nahrung«

met|o|ny|misch *auch:* **me|to|ny|misch**

Met|o|pe *auch:* **Me|to|pe** [griech.] *f. 11, an dor. Tempeln:* Feld über dem Architrav zwischen den Triglyphen

♦ Die Buchstabenfolge **me|tr...** kann in Fremdwörtern auch **met|r...** getrennt werden.

♦ **Me|tra, Me|tren** *Pl. von* Metrum

♦ **Me|trik** [griech.] *f. 10* **1.** Lehre vom Vers und Versmaß, kunstgerechter Gebrauch der Versmaße; **2.** *Mus.:* Lehre vom Takt

♦ **Me|tri|ker** *m. 5* Kenner, Erforscher der Metrik

♦ **me|trisch** **1.** zur Metrik gehörend, auf ihr beruhend; **2.** auf dem Meter beruhend; metrisches System

♦ **Me|tro** [Kurzwort aus frz. métropolitain »hauptstädtisch«] *f. 9* Untergrundbahn (urspr. nur die Pariser, später allg.)

♦ **Me|tro|lo|gie** [griech.] *f. 11 nur Sg.* Maß- und Gewichtskunde

♦ **Me|tro|nom** *n. 1, Mus.:* durch Ticken den Takt angebendes Gerät, Taktmesser; vgl. M. M.

♦ **Me|tro|ny|mi|kon** [griech.] *n. Gen.* -s *Pl.* -ka vom Namen der Mutter abgeleiteter Name, z. B. »der Niobide«: Sohn der Niobe

♦ **me|tro|ny|misch**

♦ **Me|tro|po|le** [griech.] *f. 11* Hauptstadt, Knotenpunkt

♦ **Me|tro|po|lis** *f. Gen.* - *Pl.* -po|len, *ältere Form von* Metropole

♦ **Me|tro|po|lit** *m. 10* **1.** *kath. Kirche:* einer Kirchenprovinz vorstehender Erzbischof; **2.** *Ostkirche:* leitender Geistlicher

♦ **me|tro|po|li|tan** zum Metropoliten gehörig

♦ **Me|tro|po|li|tan|kir|che** *f. 11* Hauptkirche eines Metropoliten

♦ **Me|trum** [griech.-lat.] *n. Gen.* -s *Pl.* -tren, *früher auch* -tra **1.** Versmaß; **2.** *Mus.:* Taktmaß

Mett *n. Gen.* -s *nur Sg., nddt.:* gehacktes Rind- oder Schweinefleisch bzw. gehacktes Schweinefleisch und -fett

Met|ta|ge [-ʒə, frz.] *f. 11* **1.** Zusammenstellung (Umbruch) einer Zeitungs- oder Buchseite; **2.** Arbeitsplatz des Metteurs

Met|te [lat.] *f. 11* **1.** Nacht-, Frühgottesdienst; **2.** nächtl. Gebet des Breviers

Met|teur [-tør, frz.] *m. 1* Schriftsetzer, der den Schriftsatz zu Seiten zusammenstellt

Mett|wurst *f. 2* vgl. Mett

Met|ze *f. 11* **1.** altes dt. und österr.-ung. Getreidemaß unterschiedl. Umfangs; **2.** [urspr. Kurzform von Mechthild] Dirne, Hure

Met|ze|lei *f. 10*

met|zeln *tr. 1* **1.** schlachten; **2.** massenweise morden; *meist:* nieder-, hinmetzeln

Met|zel|sup|pe *f. 11* Wurstsuppe

Met|zel|tag *m. 1* Schlachtfest

Met|zen *m. 7, österreichisch für* Metze (1)

metz|gen *tr. 1, schweiz.:* schlachten

Metz|ger *m. 5, süddt., österr., schweiz.:* Fleischer

Metz|ge|rei *f. 10*

Metz|ger|gang, Metz|gers|gang *m. 2* ein erfolgloses Unternehmen

Metz|ler *m. 5, rhein.:* Fleischer

Meu|chel|mord *m. 1* heimtückischer Mord

Meu|chel|mör|der *m. 5*

meu|cheln *tr. 1, veraltet:* heimtückisch ermorden

meuch|le|risch

meuch|lings heimtückisch, hinterrücks; jmdn. m. ermorden

Meu|te *f. 11* **1.** *Jägersprache:* Gruppe Jagdhunde zur Hetzjagd; **2.** wilde, zügellose Schar (von Menschen), Horde, Bande

Meu|te|rei *f. 10* Empörung, Aufstand (von Soldaten oder Gefangenen gegen Vorgesetzte)

Meu|te|rer *m. 5*

meu|tern *intr. 1* **1.** sich auflehnen, sich empören; **2.** laut murren; ich meutere, meutre

MeV *Abk. für* Megaelektronenvolt, 1 Million Elektronenvolt

Me|xi|ka|ner *m. 5*

me|xi|ka|nisch

Me|xi|ko Staat in Mittelamerika

Me|xi|ko-Ci|ty Hauptstadt von Mexiko

Mey|er, *Conrad Ferdinand* schweiz. Schriftsteller

Mey|er|beer, *Giacomo* deutsch-französischer Opernkomponist

MEZ *Abk. für* mitteleuropäische Zeit

Mez|za|ma|jo|li|ka [ital.] *f. Gen.* - *Pl.* -s *oder* -ken mit weißer Erde bemalte und mit Bleiglasur überzogene Keramik, Halbfayence

Mez|za|nin [ital.] *n. 1, bes. in Renaissance- und Barockbauten, heute noch österr.:* Zwischengeschoss über dem Erdgeschoss, Halbstockwerk

mez|za vo|ce [- votʃə, ital.] (*Abk.:* m. v.) mit halber Stimme, halblaut (zu singen, zu spielen)

mez|zo|for|te (*Abk.:* mf) *Mus.:* mittelstark

Mez|zo|for|te *n. Gen.* -(s) *Pl.* -ti mittelstarkes, mittellautes Spiel

Mez|zo|gior|no [-dʒɔrno, ital. »Mittag«] *m. Gen.* -(s) *nur Sg.* Süditalien

mez|zo|pi|a|no (*Abk.:* mp) *Mus.:* halbleise

Mez|zo|pi|a|no *n. Gen.* -(s) *Pl.* -ni halbleises Spiel

Mez|zo|so|pran *auch:* **Mez|zo|sop|ran** [auch: -pran] *m. 1* **1.** dunkler, tiefer Sopran; **2.** Sängerin mit dieser Stimmlage

Mez|zo|so|pra|nis|tin *auch:* **Mez|zo|sop|ra|nis|tin** *f. 10* Sängerin mit Mezzosopranstimme

Mez|zo|tin|to *n. Gen.* -s *Pl.* -s *oder* -ti **1.** *nur Sg.* Schabkunst; **2.** Erzeugnis dieser Kunst, Schabkunstblatt

mf *Abk. für* mezzoforte

µF *Abk. für* Mikrofarad

MfS *DDR: Abk. für* Ministerium für Staatssicherheit

µg *Abk. für* Mikrogramm

Mg *chem. Zeichen für* das Element Magnesium

MG *Abk. für* Maschinengewehr

Mgr. **1.** *Abk. für* Monseigneur; **2.** *auch:* Msgr. *Abk. für* Monsignore

MHz *Abk. für* Megahertz

Mi *Abk. für* Mittwoch

MI *Abk. für* Michigan

Mi|as|ma [griech.] *n. Gen.* -s *Pl.* -men Ausdünstung des Bodens, von der man früher annahm, sie verursache Seuchen

mi|as|ma|tisch ansteckend, giftig

mi|au!

mi|au|en *intr. 1*

mich *Akk. von* ich

M

Mi|cha|el männl. Vorname
Mi|cha|e|la weibl. Vorname
Mi|cha|e|li, Mi|cha|e|lis *ohne Artikel:* Fest des Erzengels Michael, 29. 9.; an, zu M.
Mi|chel *Kurzform von* Michael; der deutsche M. *ugs.:* der gutmütige, schlafmützige Deutsche
Mi|chel|an|ge|lo [mıkəlandʒelo] (eigtl. M. Buonarroti) ital. Bildhauer, Maler, Baumeister
Mi|chi|gan [-tʃıgən] (*Abk.:* MI) Staat der USA
mi|cke|rig, mick|rig *ugs.* schwach, kränklich, unzufrieden
Mi|cky|maus *f. 2* von Walt Disney geschaffene, groteske Trickfilmfigur
Mi|cky|maus|film *m. 1*
Mid|gard *german. Myth.:* die von Menschen bewohnte Welt
Mid|gard|schlan|ge *f. 11, german. Myth.:* im Weltmeer lebendes Ungeheuer, das die (als Scheibe vorgestellte) Erde umschlingt
Mi|di *ohne Artikel, ugs.:* mittellange Rock- oder Mantelmode zwischen Mini und Maxi
Mi|di|net|te [-nɛt(ə), frz.] *f. 11* (leichtlebige) Pariser Modistin oder Näherin

M

Midlifecrisis: Fremdsprachige Substantive können Zusammensetzungen bilden, die zusammengeschrieben werden: *Midlifecrisis.* Bindestrichschreibung ist ebenfalls möglich: *Midlife-Crisis.* § 37 (1)

Mid|life|cri|sis *auch:* **Mid|life-Cri|sis** (*alt:* Mid|life-cri|sis) [mıdlaıfkraısiz, engl.] *f. Gen. - nur Sg.* (bei einigen Menschen auftretende) Entwicklungskrise zwischen dem 40. und 50. Lebensjahr
Mid|ship|man [-ʃıpmæn, engl.] *m. Gen. -s Pl.* -men [-men], *in Großbritannien und den USA:* Seeoffiziersanwärter
Mie|der *n. 5*
Mie|der|wa|ren *Pl.*
Mief *m. Gen. -s nur Sg., ugs.:* schlechte, verbrauchte Luft
mie|fen *intr. 1, ugs., nur in Wendungen wie* hier mieft es: hier ist schlechte Luft
Mie|ne *f. 11;* gute M. zum bösen Spiel machen
Mie|nen|spiel *n. 1*
Mie|re *f. 11* ein Nelkengewächs, z. B. Sternmiere

mies 1. *jidd.:* hässlich; **2.** *ugs.:* schlecht, übel, wertlos, minderwertig, abstoßend; mir ist mies; etwas oder jmdn. mies machen; mieser Charakter, er ist ein mieser Typ
Mies 1. *n. 1, süddt., schweiz.:* Moor, Sumpf; **2.** *f. 10, Nebenform von* Miez
Mie|se|pe|ter *m. 5, ugs.:* mürrischer, grämlicher, unzufriedener Mensch
mie|se|pe|te|rig, mie|se|pet|rig mürrisch, unzufrieden
mies ma|chen (*alt:* mies|ma|chen) *tr. 1*
Mies|ma|cher *m. 5*
Mies|ma|che|rei *f. 10 nur Sg.* Schwarzseherei
Mies|mu|schel *f. 11* eine essbare Meeresmuschel, Mytilus
Miet|au|to *n. 9*
Mie|te *f. 11; auch:* mit Stroh und Erde bedeckter Haufen von Feldfrüchten zur Überwinterung
mie|ten *tr. 2; auch:* in Mieten setzen (Feldfrüchte)
Mie|ter *m. 5*
Miet|er|hö|hung *f. 10*
Mie|ter|schutz *m. Gen. -es nur Sg.*
Miet|er|trag *m. 2*
Mie|ter|ver|ein *m. 1*
Miet|ge|setz *n. 1*
Miet|preis *m. 1*
Miet|recht *n. 1 nur Sg.*
Miets|haus *n. 4*
Miets|ka|ser|ne *f. 11*
Miet|spie|gel *m. 5* Verzeichnis ortsüblicher Mietpreise
Miet|stei|ge|rung *f. 10*
Miet|strei|tig|keit *f. 10*
Miet(s)|ver|hält|nis *n. 1*
Miet|ver|trag *m. 2*
Miet|wa|gen *m. 7*
miet|wei|se
Miet|woh|nung *f. 10*
Miet|wu|cher *m. Gen. -s nur Sg.*
Miet|zins *m. 12*
Miez *f. 10,* Mie|ze *f. 11, Kosewort für* Katze
Miez|chen *n. 7*
Mie|ze *f. 11* **1.** s. **Miez; 2.** *ugs., leicht abwertend:* Mädchen
Mie|ze|kat|ze *f. 11*
Mi|gnon *auch:* **Mig|non** [minjɔ̃, auch: minjɔ̃, frz.] *m. 9* **1.** *veraltet:* Günstling (eines Fürsten); **2.** ein frz. Schriftgrad, Kolonel
Mi|gno|net|te *auch:* **Mig|no|net|te** [minjɔnɛt(ə)] *f. 9* **1.** klein gemusterter Kattun; **2.** schmale Zwirnspitze

Mi|gnon|fas|sung *auch:* **Mig|non|fas|sung** [minjɔ̃-] *f. 10* Fassung für kleine Glühlampen
Mi|gnonne *auch:* **Mig|nonne** [minjɔn] *f. 11 nur Sg., veraltet:* Liebchen, Schätzchen

♦ Die Buchstabenfolge **mi|gr...** kann in Fremdwörtern auch **mig|r...** getrennt werden.

♦ **Mi|grä|ne** [griech.] *f. 11* anfallsweise auftretender, halbseitiger, oft mit Erbrechen einhergehender, heftiger Kopfschmerz
♦ **Mi|grant** [lat.] *m. 10* **1.** Auswanderer; **2.** Tier, das seinen Lebensraum wechselt
♦ **Mi|gra|ti|on** [lat.] *f. 10* Wanderung (z. B. von Zugvögeln, auch von Erdgas oder Erdöl)
♦ **Mi|gra|ti|ons|the|o|rie** *f. 11* **1.** Lehre von der Wanderung von Kulturerscheinungen; **2.** *Biol.:* exakte Beschreibung der Ausbreitung von Populationen
♦ **mi|gra|to|risch** umherziehend
♦ **mi|grie|ren** *intr. 3* wandern, den Wirt wechseln (von tierischen Parasiten)
Mijn|heer [məner, ndrl.] *m. 9* **1.** *auch:* Myn|heer *ndrl. Anrede (allein stehend oder vor dem Namen):* mein Herr; **2.** *ugs. scherzh.:* Holländer
Mi|ka [lat.] *f. oder m. Gen. - nur Sg.* Glimmer
Mi|ka|do [jap.] **1.** *m. 9, früher literar. Bez. für den* jap. Kaiser; **2.** *n. 9* Geschicklichkeitsspiel mit dünnen Holz- oder Elfenbeinstäbchen; **3.** *m. 9* Hauptstäbchen in diesem Spiel
mikr..., Mikr... vgl. mi|kro..., Mikro...

♦ Die Buchstabenfolge **mi|kr...** kann in Fremdwörtern auch **mik|r...** getrennt werden.

♦ **Mi|krat** *n. 1* **1.** Verkleinerungsverhältnis von 200:1; **2.** im Verhältnis 200:1 verkleinerte Fotomikrokopie
♦ **mi|kro..., Mi|kro...** [griech.] **1.** *in Zus.:* klein..., Klein...; **2.** (*Zeichen:* µ) *vor Maßeinheiten:* 1 Millionstel, z. B. Mikrometer
♦ **Mi|kro|a|na|ly|se** *f. 11* Analyse geringster Stoffmengen
♦ **Mi|kro|bar** *n. Gen. - Pl. -* (*Abk.:* µbar) 1 millionstel Bar

♦ **Mi|kro|be** *f. 11,* Mi|kro|bi|on *n. Gen.* -s *Pl.* -bi|en mikroskopisch kleines, meist einzelliges Lebewesen
♦ **Mi|kro|bi|o|lo|gie** *f. 11 nur Sg.* Lehre von den Kleinlebewesen
♦ **Mi|kro|bi|on** *n. Gen.* -s *Pl.* -bi|en s. **Mi|kro|be**
♦ **Mi|kro|che|mie** [-çe-] *f. 11 nur Sg.* mit kleinsten Stoffmengen arbeitende Chemie
♦ **Mi|kro|chip** [-tʃip] *n. 9* Plättchen mit Tausenden elektr. Bauelementen
♦ **mi|kro|e|lek|tro|nisch** *auch:* **mi|kro|e|lek|tro|nisch**
♦ **Mi|kro|fa|rad** *n. Gen.* - *Pl.* - (*Zeichen:* µF) 1 millionstel Farad
♦ **Mi|kro|fau|na** *f. Gen.* - *Pl.* -nen Kleintierwelt
♦ **Mi|kro|fiche** [-fiʃ, frz.] *m. 9* Mikrofilm in Postkartenformat
♦ **Mi|kro|film** *m. 1* Film, auf dem stark verkleinert Druckschriften aufgenommen sind
♦ **Mi|kro|fon,** Mi|kro|phon *n. 1* Gerät zur Umwandlung von Schallschwingungen in elektr. Schwingungen
♦ **Mi|kro|form** *f. 10* fotograf. Verkleinerung eines Schriftstücks
♦ **Mi|kro|gramm** *n. Gen.* -s *Pl.* - (*Abk.:* µg) 1 millionstel Gramm
♦ **mi|kro|ke|phal** s. **mi|kro|ze|phal**
♦ **Mi|kro|ke|pha|lie** *f. 11 nur Sg.* s. **Mi|kro|ze|pha|lie**
♦ **Mi|kro|kli|ma** *n. Gen.* -s *nur Sg.* Klima der bodennahen Luftschichten, Kleinklima; *Ggs.:* Makroklima
♦ **Mi|kro|ko|pie** *f. 11, Kurzwort für* Mikrofotokopie
♦ **Mi|kro|kos|mos** *m. Gen.* - *nur Sg.* **1.** die Welt der Kleinlebewesen; **2.** der Mensch und seine Umwelt; *Ggs.:* Makrokosmos
♦ **Mi|kro|me|ter** *n. 5* **1.** Feinmessgerät; **2.** (*Abk.:* µm) 1 millionstel Meter, 1 Mikron
♦ **Mi|kron** *n. Gen.* -s *Pl.* - (*Abk.:* µ) 1 millionstel Meter, My, Mikrometer
♦ **Mi|kro|ne|si|en** Inselstaat im Pazifik
♦ **Mi|kro|ne|si|er** *m. 5*
♦ **mi|kro|ne|sisch**
♦ **Mi|kro|ö|ko|no|mie** [griech.] *f. 11* einzelne Wirtschaftseinheiten bewertende ökonomische Analyse
♦ **Mi|kro|or|ga|nis|mus** *m. Gen.* - *Pl.* -men Kleinstlebewesen, Mikrobe
♦ **Mi|kro|phon** *n. 1* s. **Mi|kro|fon**
♦ **Mi|kro|pro|zes|sor** *m. Gen.* -s *Pl.* -so|ren Zentraleinheit eines Mikrocomputers
♦ **Mi|kro|phy|sik** *f. 10 nur Sg.* Atomphysik
♦ **Mi|kro|phy|ten** *Pl.* pflanzl. Mikroorganismen
♦ **Mi|kro|seis|mik** *f. 10 nur Sg.* Lehre von den feinsten Schwingungen der Erdkruste
♦ **Mi|kro|skop** *auch:* **Mi|kros|kop** *n. 1* optisches Vergrößerungsgerät
♦ **Mi|kro|sko|pie** *auch:* **Mi|kros|ko|pie** *f. 11 nur Sg.* Untersuchung mit dem Mikroskop
♦ **mi|kro|sko|pie|ren** *auch:* **mi|kros|ko|pie|ren** *tr. 3*
♦ **mi|kro|sko|pisch** *auch:* **mi|kros|ko|pisch;** m. klein
♦ **Mi|kro|tom** *n. 1* Gerät zur Herstellung feinster Schnitte für mikroskop. Untersuchungen
♦ **Mi|kro|wel|le** *f. 11* **1.** (*Abk.:* µW) elektromagnet. Welle mit Wellenlänge unter 10 cm **2.** *Kurzwort für* Mikrowellengerät
♦ **Mi|kro|wel|len|herd** *m. 1* Gerät, in dem Lebensmittel (sehr schnell) gegart werden, Mikrowelle (2)
♦ **mi|kro|ze|phal,** mi|kro|ke|phal kleinköpfig; *Ggs.:* makrozephal
♦ **Mi|kro|ze|pha|lie,** Mi|kro|ke|pha|lie *f. 11 nur Sg.* abnorm kleine Kopfform; *Ggs.:* Makrozephalie
Mik|ti|on [lat.] *f. 10* Harnlassen
Mi|lan [auch: mi-, frz.] *m. 1* ein Greifvogel mit gegabeltem Schwanz, Gabelweihe; der Rote Milan
Mi|la|ne|se *m. 11* **1.** Einwohner von Mailand (Milano); **2.** sehr feine, maschenfeste Wirkware
mi|la|ne|sisch
Mi|la|no *ital. Form von* Mailand
Mil|be *f. 11* ein Spinnentier, häufig Parasit
mil|big von Milben befallen
Milch *f. 10*
Milch|bar *f. 9*
Milch|bart *m. 2, ugs.:* unreifer Jüngling, Milchgesicht
Milch|bröt|chen *n. 7*
Milch|bru|der *m. 6, veraltet:* Knabe, der von der gleichen Amme genährt worden ist
Milch|ei|weiß *n. 1 nur Sg.*
mil|chen **1.** *Adj.:* aus Milch bestehend; **2.** *intr. 1* Milch geben (Kuh)
Mil|cher *m. 5* **1.** Melker; **2.** s. **Milch|ner**
Milch|ge|biss (*alt:* Milch|ge|biß) *n. 1* die Milchzähne
Milch|ge|sicht *n. 3, ugs.* s. **Milch|bart**
Milch|glas *n. Gen.* -es *nur Sg.* trübes, undurchsichtiges Glas
Milch|grind *m. 1* s. **Milch|schorf**
Milch|hof *m. 2* Sammel- und Prüfstelle für Milch
mil|chig wie Milch, weißlich; eine milchige Flüssigkeit
Milch|kaf|fee *m. 9*
Milch|kuh *f. 2* Milch gebende Kuh
Milch|ling *m. 1* ein Pilz, Reizker
Milch|mäd|chen|rech|nung *f. 10, ugs.:* auf einem Trugschluss beruhende Berechnung oder Erwartung
Milch|mann *m. 4*
Milch|mix|ge|tränk *n. 1*
Milch|nähr|scha|den *m. 8, bei Säuglingen:* chron. Ernährungsstörung infolge ausschließlicher Ernährung mit unverdünnter Kuhmilch
Milch|ner, Mil|cher *m. 5* männl. Fisch; vgl. Rogener
Milch|pul|ver [-vər-] *n. 5*
Milch|säu|re *f. 11 nur Sg.* durch bakterielle Zuckergärung entstehende organ. Säure
Milch|schorf *m. 1 nur Sg., bei Säuglingen:* Hautausschlag am Kopf, Milchgrind
Milch|stra|ße *f. 11* Sternsystem, zu dem Erde und Sonne gehören und dessen entfernte Teile als weißlicher Streifen am nächtl. Himmel erkennbar sind
Milch|wirt|schaft *f. 10* Betrieb zur Verarbeitung und zum Verkauf von Milch
Milch|zäh|ne *Pl.* die ersten Zähne beim Menschen, die zwischen dem 6. und 9. Lebensjahr durch die bleibenden Zähne ersetzt werden
Milch|zu|cker *m. Gen.* -s *nur Sg.* in der Milch vorkommende Zuckerart, Lactose
mild, mil|de
Mil|de *f. 11 nur Sg.*
mil|dern *tr. 1;* ich mildere es; mildernde Umstände (im Strafprozess)
Mil|de|rung *f. 10 nur Sg.*
mild|her|zig
Mild|her|zig|keit *f. 10 nur Sg.*
mild|tä|tig
Mild|tä|tig|keit *f. 10 nur Sg.*

M

Mi|le|si|er *m. 5* Einwohner von Milet
mi|le|sisch
Mi|let altgriech. Stadt in Kleinasien
Mil|haud [mijo], *Darius* frz. Komponist
mi|li|ar [lat.] hirsekorngroß
Mi|li|a|ria *f. Gen. - nur Sg.* Bläschenausschlag
Mi|li|ar|tu|ber|ku|lo|se *f. 11* bes. schwere Form der Lungen- und Allgemeintuberkulose
Mi|li|en *Pl.* Hautgrieß
Mi|li|eu [-ljø, frz.] *n. 9* **1.** Lebensverhältnisse, Umwelt, Umgebung; **2.** *österr.:* Tischdeckchen; **3.** *schweiz. auch:* Dirnenwelt
mi|li|eu|ge|schä|digt [-ljø-]
Mi|li|eu|the|o|rie [-ljø-] *f. 11 nur Sg.* Theorie, die dem Milieu den Vorrang gegenüber der Erbanlage für die Entwicklung und Eigenart eines Menschen gibt
mi|li|tant [lat.] angriffslustig
Mi|li|tär **1.** *n. 9 nur Sg.* Streitkräfte, Armee **2.** *m. 9* höherer Offizier
Mi|li|tär|arzt *m. 2*
Mi|li|tär|at|ta|ché [-ʃeː] *m. 9* einer diplomat. Vertretung zugeteilter Militärfachmann
Mi|li|tär|dik|ta|tur *f. 10*

M

Mi|li|ta|ria *Pl.* **1.** Bücher, Bilder, Dokumente über das Militärwesen; **2.** *veraltet:* alle das Militär betreffenden Angelegenheiten
mi|li|tä|risch
mi|li|ta|ri|sie|ren *tr. 3;* ein Land m.: mit Militär und militärischen Einrichtungen versehen; *auch:* das Heerwesen eines Landes organisieren
Mi|li|ta|ri|sie|rung *f. 10 nur Sg.*
Mi|li|ta|ris|mus *m. Gen. - nur Sg.* Vorherrschaft des Militärs, starker Einfluss des Militärs auf die Politik, Betonung alles Militärischen
Mi|li|ta|rist *m. 10* Vertreter, Anhänger des Militarismus
mi|li|ta|ris|tisch
Mi|li|tär|marsch *m. 2*
Mi|li|tär|mu|sik *f. 10*
Mi|li|tär|pflicht *f. 10 nur Sg.*
mi|li|tär|pflich|tig
Mi|li|tär|po|li|zei *f. 10 nur Sg.*
Mi|li|tär|re|gie|rung *f. 10*
Mi|li|ta|ry [mɪlɪtərɪ, engl.] *f. 9, Reitsport:* Vielseitigkeitsprüfung
Mi|li|ta|ry Po|lice [mɪlɪtərɪ pɔlis] *f. Gen. - - nur Sg.* (*Abk.:* MP) brit. bzw. US-amerik. Militärpolizei

Mi|liz [lat.] *f. 10* **1.** nur kurz ausgebildete Truppe, im Unterschied zum stehenden Heer; **2.** *in kommunist. und z.T. ehem. kommunist. Ländern:* Polizeiorganisation mit halbmilitär. Charakter
Mi|li|zi|o|när *m. 1* Angehöriger der Miliz
Mi|liz|sol|dat *m. 10*
Mill., Mio. *Abk. für* Million(en); vgl. Mrd.
Mil|le *n. Gen. - Pl. -, ugs.:* Tausend
Mil|le|fi|o|ri|glas *n. 4* aus den Scheiben gebündelter, farbiger Glasstäbe hergestelltes Glas
Mille|fleurs [milflœr, frz.] *Pl.* Stoff mit Streublumenmuster
Mil|le Mi|glia *auch:* **Mil|le Mig|lia** [-lja, ital. »tausend Meilen«] *Pl., in Italien:* größtes Langstreckenrennen für Sportwagen
Mil|len|ni|um *auch:* **Mil|len|ni|um** *n. Gen. -s Pl. -ni|en* Zeitraum von 1000 Jahren, Jahrtausend
Mil|len|ni|um(s)|fei|er *auch:* **Mil|len|ni|um(s)|fei|er** *f. 11* = Tausendjahrfeier
Mil|li... [lat.] *in Zus.:* ein Tausendstel; 0,001
Mil|li|am|pere [-ampɛr] *n. Gen. -(s)Pl. - (Abk.:* mA) Maßeinheit für Stromstärke; vgl. Ampere
Mil|li|am|pere|me|ter [-ampɛr-] *n. 5* Messgerät für kleine elektr. Stromstärken
Mil|li|ar|där *m. 1*
Mil|li|ar|de *f. 11* (*Abk.:* Md., Mrd.) 1000 Millionen
Mil|li|ar|den|an|lei|he *f. 11*
Mil|li|ar|den|hö|he *f. 11*
mil|li|ards|tel
Mil|li|ards|tel *n. 5* der milliardste Teil
Mil|li|bar [lat.] *n. Gen. -s Pl. - (Abk.:* mbar, *in der Meteor.:* mb) veraltete Maßeinheit für den Luftdruck
Mil|li|gramm [auch: mil-] *n. Gen. -s Pl. - (Abk.:* mg) ein tausendstel Gramm
Mil|li|li|ter *n. 5 oder m. 5 (Abk.:* ml) ein tausendstel Liter
Mil|li|me|ter *n. 5, ugs.: m. 5 (Abk.:* mm) ein tausendstel Meter
Mil|li|me|ter|pa|pier *n. 1* Papier mit rechtwinklig im Abstand von einem Millimeter sich kreuzenden Linien für grafische Darstellungen
Mil|li|on [ital.] *f. 10 (Abk.:* Mill., Mio.) 1 000 mal 1 000; Millionen Mal; viele Millionen Mal; Millionen Male; viele Millionen Male
Mil|li|o|när *m. 1* Besitzer von Werten über eine Million Mark
Mil|li|ön|chen *n. 7, ugs., scherzh.:* Million
Mil|li|o|nen|erb|schaft *f. 10*
mil|li|o|nen|fach
Mil|li|o|nen|hö|he *f. 11;* Beträge in Millionenhöhe
Mil|li|o|nen Mal (*alt:* mil|li|o|nen|mal)
mil|li|o|nen|schwer *ugs.*
Mil|li|o|nen|ver|mö|gen *n. 7 nur Sg.*
Mil|li|o|nen|wert *m. 1 nur Sg.*
mil|li|ons|te; das millionste Mal; zum millionsten Male
mil|li|ons|tel
Mil|li|ons|tel *n. 5* der millionste Teil
Mil|lö|cker, *Karl* österr. Komponist
Mil|reis [-rɛɪs, port.] *n. Gen. - Pl. -, früher:* Währungseinheit in Portugal und Brasilien, 1000 Reis
Milz *f. 10* ein lymphatisches Organ
Milz|brand *m. 2 nur Sg.* oft tödlich verlaufende, auf den Menschen übertragbare Infektionskrankheit bei größeren Haustieren
Mi|me [griech.] *m. 11, veraltet, noch scherzh.:* Schauspieler
mi|men *tr. 1* **1.** *veraltet:* (als Mime) darstellen, verkörpern; **2.** *übertr.:* vorgeben, vortäuschen, so tun, als ob; er mimt den Kranken
Mi|men *Pl. von* Mime, Mimus
Mi|me|se, Mi|me|sie *f. 11* schützende Ähnlichkeit mancher Tiere in Form oder/und Farbe mit Gegenständen ihrer Umgebung
Mi|me|sis *f. Gen. - Pl. -me|sen* Nachahmung (von Gebärden), spottende Wiederholung (von Worten, Sätzen eines anderen)
mi|me|tisch auf Mimesis beruhend, sie anwendend
Mi|mik *f. 10 nur Sg.* (ausdrucksvolles) Mienenspiel
Mi|mi|kry *auch:* **Mi|mik|ry** *f. Gen. - nur Sg.* **1.** schützende Ähnlichkeit wehrloser Tiere mit wehrhaften Tieren oder mit Gegenständen ihrer Umgebung; **2.** *übertr.:* Anpassung an die Umgebung
mi|misch auf Mimik beruhend, hinsichtlich der Mimik
Mi|mo|se [lat.] *f. 11* **1.** eine Pflanzengattung, deren bekannteste Vertreterin, die Sinnpflanze, ihre gefiederten Blätter bei Berüh-

rung zusammenlegt; **2.** *übertr.:* übertrieben empfindsamer Mensch
mi|mo|sen|haft
Mi|mus [lat.] *m. Gen.* - *Pl.* -men **1.** *Antike:* Schauspiel; **2.** *später:* Form der sizilian. Komödie, in der in kurzen, lebendigen Szenen Ereignisse des Alltagslebens dargestellt wurden; **3.** *danach:* derb-komisches Bühnenstück, Posse; **4.** darin auftretender Schauspieler, Possenreißer
min, Min. *Abk. für* Minute
Mi|na|rett [arab.] *n. 1* Turm der Moschee, von dem die Gebetsstunden ausgerufen werden
min|der weniger, geringer; das ist m. schön, von minderer Güte; sie ist lebhaft und er nicht m.
min|der|be|gabt
min|der|be|las|tet
min|der|be|mit|telt; minderbemittelte Schichten, Personengruppen; *auch ugs.:* geistig m.
Min|der|bru|der *m. 6 meist Pl.* Angehöriger eines kath. Bettelordens, Minorit
Min|der|heit *f. 10*
Min|der|heits|re|gie|rung *f. 10*
min|der|jäh|rig noch nicht das Alter für bestimmte Rechtshandlungen besitzend, unmündig; *Ggs.:* mündig, volljährig
Min|der|jäh|rig|keit *f. 10 nur Sg.*
min|dern *tr. 1;* ich mindere, mindre es
Min|de|rung *f. 10*
Min|der|wert *m. 1*
min|der|wer|tig
Min|der|wer|tig|keit *f. 10 nur Sg.*
Min|der|wer|tig|keits|ge|fühl *n. 1*
Min|der|wer|tig|keits|kom|plex *m. 1*
Min|der|zahl *f. 10;* in der M. sein
Min|dest|ab|stand *m. 2*

das Mindeste/mindeste: Die folgenden Zahladjektive mit allen ihren Flexionsformen werden mit kleinem Anfangsbuchstaben geschrieben: *viel, wenig; (der, die, das) eine, (der, die, das) andere* § 58 (5)
Wird das Adjektiv *wenig* in seiner Superlativform *mindest-* nicht als unbestimmtes Zahlwort verstanden, kann auch großgeschrieben werden. Die Entscheidung bleibt den Schreibenden überlassen: *(nicht) das Mindeste/mindeste, (nicht) im Mindesten/mindesten.* § 57 (1)

min|des|te; das ist das Mindeste/mindeste, was ich verlangen kann; nicht im Mindesten/mindesten
min|des|tens
Min|dest|for|de|rung *f. 10*
Min|dest|ge|bot *n. 1*
Min|dest|ge|schwin|dig|keit *f. 10*
Min|dest|lohn *m. 2*
Min|dest|maß *n. 1*
Min|dest|zahl *f. 10*
Min|dest|zeit *f. 10*
Mi|ne [frz.] *f. 11* **1.** unterird. Gang, Stollen; **2.** Metallvorkommen, Erzlagerstätte; **3.** Bergwerk; **4.** Sprengkörper; **5.** Einlage, Füllung (von Bleistiften, Kugelschreibern); **6.** [griech.] altgriechische Gewichtseinheit und Münze
Mi|nen|feld *n. 3*
Mi|nen|räum|boot *n. 1*
Mi|nen|sper|re *f. 11*
Mi|nen|such|boot *n. 1*
Mi|nen|wer|fer *m. 5*
Mi|ne|ral [lat.-frz.] *n. Gen.* -s *Pl.* -e *oder* -li|en anorgan. Stoff, Bestandteil der Erdkruste oder eines anderen Himmelskörpers
Mi|ne|ral|bad *n. 4* Heilbad mit Mineralwasser
Mi|ne|ra|li|sa|ti|on *f. 10* Mineralbildung
mi|ne|ra|lisch
mi|ne|ra|li|sie|ren *intr. 3* Mineral bilden
Mi|ne|ra|lo|ge *m. 11*
Mi|ne|ra|lo|gie *f. 11 nur Sg.* Lehre von den Mineralien
mi|ne|ra|lo|gisch
Mi|ne|ral|öl *n. 1* Erdöl
Mi|ne|ral|quel|le *f. 11* Heilquelle
Mi|ne|ral|salz *n. 1* anorgan. Salz
Mi|ne|ral|säu|re *f. 11, Sammelbez. für* Salz-, Salpeter-, Schwefelsäure
Mi|ne|ral|was|ser *n. 6* Wasser einer Heilquelle
Mi|ner|va [-va] *röm. Myth.:* Göttin des Handwerks
Mi|nes|tra *auch:* **Mi|nest|ra** [ital.] *f. Gen.* - *Pl.* -nes|tren, **Mi|nes|tro|ne** *auch:* **Mi|nest|ro|ne** *f. Gen.* - *Pl.* -ni ital. Gemüsesuppe mit Einlage aus Fleisch und Pilzen
Mi|net|te [kelt.-frz.] *f. 11* **1.** ein Ergussgestein; **2.** ein erbsenförmig strukturiertes Eisenerz in Lothringen und Luxemburg
Mi|neur [-nør, frz.] *m. 1* **1.** Arbeiter im Minenstollen; **2.** *früher:* für den Minenkrieg ausgebildeter Soldat; **3.** *Börse:* jmd., der auf Hausse spekuliert
mi|ni
Mi|ni **1.** *n. 9 kurz für* Minikleid; **2.** *m. 9 kurz für* Minirock; **3.** *m. 9 nur Sg., meist ohne Artikel* sehr kurze Rock- und Mantelmode
Mi|ni... *in Zus.:* Klein..., Miniatur..., z. B. Miniverlag
Mi|ni|a|tur [lat.] *f. 10* **1.** Malerei oder Zeichnung in alten Hand- oder Druckschriften; **2.** sehr kleines Bild
Mi|ni|a|tur... *in Zus.:* Klein...
Mi|ni|a|tur|aus|ga|be *f. 11* sehr kleine (Buch-)Ausgabe
Mi|ni|a|tur|ma|ler *m. 5* Maler von Miniaturen, Buchmaler
Mi|ni|a|tur|ma|le|rei *f. 10*
Mi|ni|bar *f. 9*
Mi|ni|car *m. 9* Kleintaxi
mi|nie|ren [lat.-frz.] *tr. 3* **1.** unterhöhlen, untergraben; **2.** mit Minen (4) durchsetzen
Mi|ni|golf *n. Gen.* -s *nur Sg.* Kleingolf, golfähnl. Geschicklichkeitsspiel auf kleiner Spielfläche
Mi|ni|kleid *n. 3* sehr kurzes Kleid, Mini (3)
Mi|ni|ma *Pl. von* Minimum
mi|ni|mal sehr klein, sehr gering; mit minimaler Anstrengung
Mi|ni|mal|art *auch:* **Mi|ni|mal Art** [-məl-, engl.] *f. Gen.* (-) - *nur Sg.* Kunstrichtung des 20. Jh., die mit einfachsten Grundformen arbeitet
Mi|ni|mal|mu|sic *auch:* **Minimal Music** [-mjuːzɪk] *f. Gen.* (-) - *nur Sg.* Musikrichtung des 20. Jh., die mit einfachsten Melodien und Rhythmen arbeitet
Mi|ni|max® *m. 1* ein Feuerlöschgerät
mi|ni|mie|ren *tr. 3;* Kosten m.
Mi|ni|mum *n. Gen.* -s *Pl.* -ma kleinster Wert, kleinste Menge, kleinste Größe; ein Minimum an Aufwand, Arbeit, Kosten; die Ausgaben auf ein Minimum beschränken
Mi|ni|rock *m. 2* sehr kurzer Rock, Mini (2)
Mi|ni|spi|on *m. 1* sehr kleines Abhörgerät
Mi|nis|ter [lat.] *m. 5* Leiter eines Ministeriums
Mi|nis|te|ri|al... *in Zus.:* zu einem Ministerium gehörig
Mi|nis|te|ri|al|di|rek|tor *m. 13* Abteilungsleiter in einem Ministerium

M

Mi|nis|te|ri|al|di|ri|gent *m. 10* Beamter zwischen Ministerialrat und Ministerialdirektor
Mi|nis|te|ri|a|le *m. 11* **1.** *MA:* unfreier Dienstmann bei Hofe, der auch zum Kriegsdienst herangezogen wurde; **2.** *14./15. Jh.:* Angehöriger des niederen Adels
Mi|nis|te|ri|al|rat *m. 2* Unterabteilungsleiter, Referatsleiter in einem Ministerium
mi|nis|te|ri|ell von einem Minister oder Ministerium ausgehend
Mi|nis|te|ri|um *n. Gen.* -s *Pl.* -ri|en eine oberste Verwaltungsbehörde eines Staates, Kabinett
Mi|nis|ter|prä|si|dent *m. 10* **1.** *Dtld.:* Leiter der Landesregierung; **2.** *in anderen Ländern:* Chef der Regierung
Mi|nis|ter|rat *m. 2* **1.** *in den meisten Ländern:* Gesamtheit der Minister; *auch:* Ministerausschuss; **2.** *früher, in kommunist. Ländern:* oberstes Vollzugsorgan des Staates; **3.** oberstes Gremium des Europarats
Mi|nis|trant *auch:* **Mi|nist|rant** *m. 10* Gehilfe des Priesters bei der Messe, Messdiener
mi|nis|trie|ren *auch:* **mi|nist|rie|ren** *intr. 3* bei der Messe dienen
Mi|ni|um [lat.] *n. Gen.* -s *nur Sg.* Mennige, rotes Bleioxid
Mink [engl.] *m. 1* amerik. Nerz
Min|ne *f. 11 nur Sg.* **1.** *MA:* ritterl. Frauendienst, Werben des Ritters um die geliebte Frau; **2.** *übertr., poet.:* Liebe
Min|ne|dienst *m. 1*
Min|ne|lied *n. 3* höfisches Liebeslied
min|nen *tr. 1, MA:* eine Frau m.: um die Liebe einer Frau werben, eine Frau lieben
Min|ne|sang *m. Gen.* -s *nur Sg., MA:* höf. Liebeslyrik
Min|ne|sän|ger, Min|ne|sin|ger *m. 5*
Min|ne|so|ta (*Abk.:* MN) Staat der USA
min|nig|lich *veraltet, poet.* **1.** lieblich, reizend, anmutig; **2.** liebevoll, liebend
mi|no|isch [nach dem sagenhaften König Minos auf Kreta]; minoische Kultur: kretische Kultur
Mi|no|rat [lat.] *n. 1* **1.** Recht des jüngsten Sohnes auf das Erbgut; **2.** das Erbgut selbst; *auch:* Juniorat; *Ggs.:* Majorat
mi|no|renn [lat.] *veraltet:* minderjährig; *Ggs.:* majorenn
Mi|no|ren|ni|tät *f. 10 nur Sg., veraltet:* Minderjährigkeit
Mi|no|rist *m. 10* kath. Geistlicher, der eine niedere Weihe empfangen hat
Mi|no|rit *m. 10* = Minderbruder
Mi|no|ri|tät *f. 10* Minderheit, Minderzahl; *Ggs.:* Majorität
Mi|no|taur, Mi|no|tau|rus [griech.] *m. Gen.* -(s) *nur Sg., griech. Myth.:* Menschen fressendes Ungeheuer mit Menschenleib und Stierkopf in Knossos auf Kreta
Minsk Hauptstadt von Weißrussland
Mins|trel *auch:* **Minst|rel** [altfrz.-engl.] *m. 9* **1.** *in Großbritannien im MA:* Spielmann im Dienst eines Fürsten; **2.** *in den USA:* fahrender Spielmann oder Schauspieler
Mi|nu|end [lat.] *m. 10* Zahl, von der eine andere abgezogen werden soll; *Ggs.:* Subtrahend
mi|nus (*Zeichen:* -) weniger, abzüglich; *Ggs.:* plus; 10 m. 3 ist, macht 7; 5 Grad m., m. 5 Grad: 5 Grad unter Null
Mi|nus *n. Gen.* - *nur Sg.* **1.** Fehlbetrag, Verlust, Defizit; **2.** *übertr.:* Nachteil; *Ggs.:* Plus
Mi|nus|kel *f. 11* Kleinbuchstabe; *Ggs.:* Majuskel
Mi|nus|pol *m. 1* negativer Pol; *Ggs.:* Pluspol
Mi|nus|punkt *m. 1* Fehler, Mangel; Einheit zur Bewertung von Fehlern (z. B. im Spiel); *Ggs.:* Pluspunkt
Mi|nus|zei|chen *n. 7* (*Zeichen:* -) Subtraktionszeichen, Vorzeichen einer negativen Zahl; *Ggs.:* Pluszeichen
Mi|nu|te [lat.] *f. 11* **1.** (*Abk.:* Min., min, *Astron.:* ⁿ) 60. Teil einer Stunde; **2.** *Math.* (*Zeichen:* ′), *auch:* Altminute, 60. Teil eines Grades
mi|nu|ten|lang; eine minutenlange Pause; *aber:* die Pause dauerte mehrere Minuten lang
Mi|nu|ten|zei|ger *m. 5*
...mi|nu|tig, ...mi|nü|tig eine bestimmte Anzahl von Minuten dauernd, z. B. fünfminutige (5-minütige) Pause
mi|nu|ti|ös [-tsjøs], mi|nu|zi|ös ganz genau, peinlich genau, bis ins kleinste Detail
mi|nüt|lich, mi|nut|lich jede Minute
...mi|nüt|lich, ...mi|nut|lich alle ... Minuten eintretend oder stattfindend; in fünfminütlichem (5-minütlichem) Abstand oder Wechsel
Mi|nu|zi|en [lat.] *Pl., veraltet:* Kleinigkeiten, Nichtigkeiten
mi|nu|zi|ös s. **mi|nu|ti|ös**
Min|ze *f. 11* ein Lippenblütler, reich an äther. Ölen
Mio. *Abk. für* Million(en)
mi|o|zän [griech.] zum Miozän gehörend, aus ihm stammend
Mi|o|zän *n. 1 nur Sg.* eine Abteilung des Tertiärs
mir *Dativ von* ich; vgl. dir
Mir **1.** [russ.] *m. 1 nur Sg., im zarist. Russland:* Dorfgemeinschaft mit gemeinsamem Besitz, der regelmäßig zur Einzelnutzung verteilt wurde; **2.** [russ.] Name der ehem. sowjet.-russ. Raumstation (1986-2001) **3.** [pers.] *m. 9* westpersischer Teppich
Mi|ra|bel|le [lat.] *f. 11* kleine, gelbe, runde Pflaume
Mi|ra|beau [-bo], *Honoré Gabriel de Riqueti, Graf von M.* frz. Politiker
Mi|ra|bi|li|en [lat.] *Pl., veraltet:* Wunderdinge, Merkwürdigkeiten
Mi|ra|ge [-ʒ(ə), frz.] *f. 11* **1.** Luftspiegelung; **2.** *veraltet:* Selbstbetrug, Selbsttäuschung; **3.** ein frz. Kampfflugzeug
Mi|ra|kel [lat.] *n. 5* **1.** Wunder, Wunderwerk, Wundertat; **2.** *kurz für* Mirakelspiel
Mi|ra|kel|spiel *n. 1* mittelalterl. Legendenspiel mit Darstellung der Wundertaten von Heiligen und der Muttergottes
mi|ra|ku|lös *veraltet:* wunderbar
Mi|re *f. 11* Meridianmarke zum Einstellen des astronom. Fernrohrs in Meridianrichtung
Mi|ri|am, Mir|jam weibl. Vorname
Mi|ró, *Joan* span. Maler
Mir|za [arab.] *m. 9, im Iran* **1.** *vor dem Namen:* Herr (*eigtl.:* Gebildeter, Gelehrter, Angesehener); **2.** *nach dem Namen:* Prinz; **3.** *ohne Namen:* Schreiber
Mis|an|drie *auch:* **Mi|sand|rie** [griech.] *f. 11 nur Sg.* Männerscheu, Männerhass
Mis|an|throp *auch:* **Mi|santh|rop** *m. 10* Menschenfeind; *Ggs.:* Philanthrop
Mis|an|thro|pie *auch:* **Mi|santh|ro|pie** *f. 11 nur Sg.* Menschenhass; *Ggs.:* Philanthropie

M

mis|an|thro|pisch *auch:* **mi|santh-ro|pisch**
Mis|cel|la|nea *Pl., lat. Form von* Miszellaneen
misch|bar
Misch|bat|te|rie *f. 11, an Waschbecken u. Ä.:* Vorrichtung zum Mischen von Kalt- und Warmwasser
Misch|blut *n. Gen.* -(e)s *nur Sg.* Mischling
Misch|e|he *f. 11*
mi|schen *tr. 1;* gemischter Chor: Chor aus Männer- und Frauenstimmen; gemischtes Doppel *bes. Tennis:* = Mixed
Misch|far|be *f. 11*
Misch|fut|ter *n. 5*
Misch|kal|ku|la|ti|on *f. 10*
Misch|krug *m. 2*
Misch|kul|tur *f. 10* Anbau zweier oder mehrerer Kulturpflanzen zusammen
Misch|ling *m. 1*
Misch|masch *m. 1* Durcheinander
Misch|na [hebr.] *f. Gen. - nur Sg.* erster und grundlegender Teil des Talmuds, Sammlung von Lehrsätzen vom Ende des 2. Jh. aufgrund der bis dahin entwickelten Gesetzesüberlieferungen
Misch|po|che, Misch|po|ke [jidd.] *f. 11 nur Sg., abwertend:* Verwandtschaft, Gesellschaft
Misch|pult *n. 1, Film, Funk, Fernsehen:* Gerät, mit dem die Tonspuren von gesprochenem Text, Musik und Geräuschen sowie die Bildspur auf einem Band vereinigt werden
Misch|ras|se *f. 11*
Mi|schung *f. 10*
Mi|schungs|ver|hält|nis *n. 1*
Misch|volk *n. 4*
Misch|wald *m. 4*
Mi|se [mizə, frz.] *f. 11* **1.** *beim Spiel:* Einlage, Einsatz; **2.** *Lebensversicherung:* Zahlung der Versicherungsprämie auf einmal, Einmalprämie
Mi|sel|sucht [arab.] *f. Gen. - nur Sg.* Aussatz
mi|se|ra|bel [frz.] sehr schlecht, erbärmlich; eine miserable Arbeit
Mi|se|re *f. 11* Not, Elend
Mi|se|re|or [lat.] *n. Gen.* -s *nur Sg.* kath. Hilfswerk für die Entwicklungsländer
Mi|se|re|re [»erbarme dich«, Anfangswort des 51. Psalms] *n. Gen.* -s *nur Sg.* **1.** *kath. Kirche:* Bußpsalm und Gebet bei Begräbnissen; **2.** *Med.:* Kotbrechen (bei Darmverschluss)
Mi|se|ri|cor|di|as Do|mi|ni [»die Barmherzigkeit des Herrn«, Anfangsworte von Psalm 89,2] Name des zweiten Sonntags nach Ostern
Mi|se|ri|kor|die [-djə] *f. 11* kleiner Vorsprung an der Unterseite der Klappsitze im Chorgestühl (als Stütze beim Stehen)
Mi|se|ri|kor|di|en|bild *n. 3* Bild Christi als Schmerzensmann, Erbärmdebild
mi|so..., Mi|so... [griech.] *in Zus.:* hassend, feindlich, Hass gegen ..., Scheu vor ...
Mi|so|gam [griech.] *m. 12 oder m. 10* Eheverächter, Hagestolz
Mi|so|ga|mie *f. 11 nur Sg.* Ehescheu
Mi|so|gyn *m. 12 oder m. 10* Frauenfeind
Mi|so|gy|nie *f. 11 nur Sg.* Frauenhass, (krankhafte) Scheu vor Frauen
Mis|pel [lat.] *f. 11* ein Kernobstbaum mit birnenförmigen Früchten; vgl. Mistel
Miss [engl.] *f. Gen. - Pl.* Mis|ses [mɪsɪz] **1.** *in Englisch sprechenden Ländern Anrede (vor dem Namen):* Fräulein; **2.** *in Verbindung mit einem Ländernamen:* Schönheitskönigin, z. B. Miss Germany
Mis|sa [lat.] *f. Gen. - nur Sg., lat. Bez. für* Messe, Hochamt; M. solemnis: feierliches Hochamt
miss|ach|ten (*alt:* miß|ach|ten) *tr. 2;* er missachtet es, hat es missachtet
Miss|ach|tung (*alt:* Miß|ach|tung) *f. 10 nur Sg.*
Mis|sal [lat.] *n. 1,* **Mis|sa|le** *n. 5* = Messbuch
miss|ar|ten (*alt:* miß|ar|ten) *intr. 2*
miss|be|ha|gen (*alt:* miß|be|ha|gen) *intr. 1;* es missbehagt mir, hat mir missbehagt
Miss|be|ha|gen (*alt:* Miß|be|ha|gen) *n. Gen.* -s *nur Sg.*
Miss|bil|dung (*alt:* Miß|bil|dung) *f. 10*
miss|bil|li|gen (*alt:* miß|bil|li|gen) *tr. 1;* ich missbillige es, habe es missbilligt
Miss|bil|li|gung (*alt:* Miß|bil|li|gung) *f. 10*
Miss|brauch (*alt:* Miß|brauch) *m. 2*
miss|brau|chen (*alt:* miß|brau|chen) *tr. 1;* ich missbrauche es, habe es missbraucht
miss|bräuch|lich (*alt:* miß|bräuch|lich)
miss|deu|ten (*alt:* miß|deu|ten) *tr. 2;* ich missdeute es, habe es missdeutet
Miss|deu|tung (*alt:* Miß|deu|tung) *f. 10*
mis|sen *tr. 1*
Miss|er|folg (*alt:* Miß|er|folg) *m. 1*
Miss|ern|te (*alt:* Miß|ern|te) *f. 11*
Mis|se|tat *f. 10*
Mis|se|tä|ter *m. 5*
miss|fal|len (*alt:* miß|fal|len) *intr. 33;* es missfällt, missfiel mir, hat mir missfallen
Miss|fal|len (*alt:* Miß|fal|len) *n. Gen.* -s *nur Sg.*
Miss|fal|lens|äu|ße|rung (*alt:* Miß|fal|lens|äu|ße|rung) *f. 10*
miss|fäl|lig (*alt:* miß|fäl|lig); sich missfällig äußern
Miss|far|be (*alt:* Miß|far|be) *f. 11*
miss|far|ben (*alt:* miß|far|ben), **miss|far|big** (*alt:* miß|far|big)
Miss|form (*alt:* Miß|form) *f. 10*
miss|för|mig (*alt:* miß|för|mig)
miss|ge|bil|det (*alt:* miß|ge|bil|det)
Miss|ge|burt (*alt:* Miß|ge|burt) *f. 10*
miss|ge|launt (*alt:* miß|ge|launt)
Miss|ge|schick (*alt:* Miß|ge|schick) *n. 1*
Miss|ge|stalt (*alt:* Miß|ge|stalt) *f. 10*
miss|ge|stal|tet (*alt:* miß|ge|stal|tet)
miss|ge|stimmt (*alt:* miß|ge-stimmt)
miss|glü|cken (*alt:* miß|glü|cken) *intr. 1;* es ist mir missglückt
miss|gön|nen (*alt:* miß|gön|nen) *tr. 1;* ich missgönne es ihm, habe es ihm missgönnt
Miss|griff (*alt:* Miß|griff) *m. 1*
Miss|gunst (*alt:* Miß|gunst) *f. Gen. - nur Sg.*
miss|güns|tig (*alt:* miß|gün|stig)
miss|han|deln (*alt:* miß|han|deln) *tr. 1*
Miss|hand|lung (*alt:* Miß|hand|lung) *f. 10*
Miss|hei|rat (*alt:* Miß|hei|rat) *f. 10*
miss|hel|lig (*alt:* miß|hel|lig) uneinig
Miss|hel|lig|keit (*alt:* Miß|hel|lig|keit) *f. 10 meist Pl.* Uneinigkeit, Unstimmigkeit, leichter Streit
Mis|sing|link *auch:* **Mis|sing Link** (*alt:* Mis|sing link) [engl.] *n. Gen.* (-) -s *Pl.* -s fehlendes Glied (in der Entwicklung vom Affen zum Menschen)
mis|singsch *unflektierbar:* halb platt-, halb hochdeutsch
Mis|singsch *n. Gen. - nur Sg.* mit

M

plattdeutschen Elementen durchsetzte hochdt. Sprache in Norddeutschland

mis|s|in|ter|pre|tie|ren (*alt:* miß|in|ter|pre|tie|ren) *tr. 3* eine Sache falsch auslegen

Mis|sio ca|no|ni|ca [lat.] *f. Gen. - - nur Sg., kath. Kirche:* Erteilung einer Rechts- oder Lehrbefugnis

Mis|si|on *f. 10* **1.** ernster Auftrag, Sendung; **2.** mit besonderen Aufgaben ins Ausland entsandte Gruppe von Bevollmächtigten einer Regierung; **3.** Heidenbekehrung, Verbreitung des christl. Glaubens, Äußere Mission; *allg.:* Verbreitung einer relig. Lehre; Innere M.: Organisation der evang. Kirche zugunsten Bedürftiger und zur Festigung der Gemeinden

Mis|si|o|nar, *österr.:* **Mis|si|o|när** *m. 1* in der Mission (3) tätiger Geistlicher

mis|si|o|nie|ren **1.** *intr. 3* Mission treiben; **2.** *tr. 3* zum Christentum bekehren

Mis|si|ons|schu|le *f. 11*

Mis|sis|sip|pi **1.** *m. Gen.* -(s) Strom in den USA; **2.** (*Abk.:* MS) Staat der USA

Miss|jahr (*alt:* Miß|jahr) *n. 1*

Miss|klang (*alt:* Miß|klang) *m. 2*

Miss|kre|dit (*alt:* Miß|kre|dit) *m. 1 nur Sg.* schlechter Ruf, mangelnde Vertrauenswürdigkeit; jmdn. in M. bringen

miss|lau|nig (*alt:* miß|lau|nig)

miss|lei|ten (*alt:* miß|lei|ten) *tr. 2;* ich habe ihn missleitet *oder:* missgeleitet

Miss|lei|tung (*alt:* Miß|lei|tung) *f. 10*

miss|lich (*alt:* miß|lich)

Miss|lich|keit (*alt:* Miß|lich|keit) *f. 10*

miss|lie|big (*alt:* miß|lie|big)

Miss|lie|big|keit (*alt:* Miß|lie|big|keit) *f. 10 nur Sg.*

miss|lin|gen (*alt:* miß|lin|gen) *intr. 48*

Miss|ma|nage|ment (*alt:* Miß|ma|nage|ment) [-mænɪdʒmənt, engl.] *n. 9*

Miss|mut (*alt:* Miß|mut) *m. Gen.* -(e)s *nur Sg.*

miss|mu|tig (*alt:* miß|mu|tig)

Mis|sou|ri [-su-] **1.** *m. Gen.* -(s) Fluss in den USA; **2.** (*Abk.:* MO) Staat der USA

Miss|pi|ckel (*alt:* Miß|pickel) *m. 5 nur Sg.* Mineral, Arsenkies

miss|ra|ten (*alt:* miß|ra|ten) *intr. 94*

Miss|stand (*alt:* Miß|stand) *m. 2*

Miss|stim|mung (*alt:* Miß|stim|mung) *f. 10*

Miss|ton (*alt:* Miß|ton) *m. 2*

miss|tö|nend (*alt:* miß|tö|nend)

miss|tö|nig (*alt:* miß|tö|nig)

miss|trau|en (*alt:* miß|trau|en) *intr. 1*

Miss|trau|en (*alt:* Miß|trau|en) *n. 7 nur Sg.*

Miss|trau|ens|an|trag (*alt:* Miß|trau|ens|an|trag) *m. 2*

Miss|trau|ens|vo|tum (*alt:* Miß|trau|ens|vo|tum) [-vo:-] *n. Gen.* -s *Pl.* -ten *oder* -ta

miss|trau|isch (*alt:* miß|trau|isch)

miss|ver|gnügt (*alt:* miß|ver|gnügt)

Miss|ver|hält|nis (*alt:* Miß|ver|hält|nis) *n. 1*

miss|ver|ständ|lich (*alt:* miß|ver|ständ|lich)

Miss|ver|ständ|lich|keit (*alt:* Miß|ver|ständ|lich|keit) *f. 10 nur Sg.*

Miss|ver|ständ|nis (*alt:* Miß|ver|ständ|nis) *n. 1*

miss|ver|ste|hen (*alt:* miß|ver|ste|hen) *tr. 151;* bitte missverstehen Sie mich nicht

Miss|wachs (*alt:* Miß|wachs) [-ks] *m. Gen.* -es *nur Sg.* schlechtes Wachstum (von Obst)

Miss|wei|sung (*alt:* Miß|wei|sung) *f. 10* Abweichung der Magnetnadel von der Nordrichtung

Miss|wirt|schaft (*alt:* Miß|wirt|schaft) *f. 10*

Miss|wuchs (*alt:* Miß|wuchs) [-ks] *m. Gen.* -es *nur Sg.* Missbildung (an Pflanzen)

Mist *m. 1 nur Sg.* **1.** mit Streu vermengter Tierkot; **2.** *ugs.:* Unsinn, Pfusch; M. machen; M. bauen; **3.** [engl.] *Seew.:* leichter Nebel

Mist|beet *n. 1*

Mist|bie|ne *f. 11* eine Fliegenart

Mis|tel *f. 11* ein parasitisch auf Bäumen lebender, immergrüner Strauch, Heilmittel gegen zu hohen Blutdruck

mis|ten **1.** *tr. 2* von Mist säubern (Stall); **2.** [engl.] *intr. 2, Seew.:* leicht neblig sein; es mistet

Mis|ter [engl.] *m. 5* (*Abk.:* Mr), *in Englisch sprechenden Ländern Anrede (vor dem Namen):* Herr

Mist|fink *m. 10, ugs.* **1.** unsauberer Mensch; **2.** jmd., der schmutzige Reden führt

Mist|ga|bel *f. 11*

Mist|hau|fen *m. 7*

mis|tig **1.** voll Mist; **2.** *übertr.:* schlecht, unangenehm; **3.** *Seew.:* leicht neblig

Mist|kä|fer *m. 5*

Mist|kerl *m. 1*

Mis|tral *auch:* **Mist|ral** [frz.] *m. 1* kalter Nord- oder Nordwestwind in Südfrankreich, bes. im Rhônetal

Mis|tress *auch:* **Mist|ress** [-trɪs, engl.] *f. Gen. - Pl.* -es [-trɪsɪz], *in Englisch sprechenden Ländern:* **1.** Hausfrau, Herrin; **2.** [mɪsɪz] (*Abk.:* Mrs) *Anrede (vor dem Namen):* Frau

Mist|stock *m. 2, schweiz.:* Misthaufen

Mist|stück *n. 1, derb*

Mist|vieh *n. Gen.* -s *Pl.* -vie|cher *derb*

Mist|wa|gen *m. 7*

Mis|zel|la|ne|en, Mis|zel|len [lat.] *Pl.* kleine Aufsätze, Artikel verschiedenen Inhalts (bes. in wissenschaftl. Zeitschriften)

mit *Präp. mit Dat.;* mit dem Wagen, mit den Kindern; mithilfe *oder:* mit Hilfe eines Freundes; kannst du bitte mit anfassen?

Mit|ar|beit *f. 10*

mit|ar|bei|ten *intr. 2*

Mit|ar|bei|ter *m. 5*

mit|be|kom|men *tr. 71, ugs.* **1.** beim Weggehen geschenkt bekommen; **2.** verstehen, begreifen

mit|be|nut|zen *tr. 1*

Mit|be|nut|zung *f. 10 nur Sg.*

mit|be|stim|men *tr. 1*

Mit|be|stim|mung *f. 10 nur Sg.*

Mit|be|stim|mungs|recht *n. 1*

mit|be|tei|ligt

Mit|be|wer|ber *m. 5*

mit|be|woh|nen *tr. 1*

Mit|be|woh|ner *m. 5*

mit|brin|gen *tr. 21*

Mit|bring|sel *n. 5*

Mit|bru|der *m. 6*

Mit|bür|ger *m. 5*

mit|dür|fen *intr. 26, ugs.:* er hat nicht mitgedurft, *bair., österr.:* er hat nicht mitdürfen

Mit|ei|gen|tum *n. Gen.* -s *nur Sg.*

Mit|ei|gen|tü|mer *m. 5*

mit|ein|an|der *auch:* **mit|ei|nan|der;** miteinander auskommen, gehen

mit|ein|be|zie|hen

mit|eins *schweizer.:* plötzlich

mit|emp|fin|den *tr. 36*

Mit|er|be *m. 11*

mit|er|le|ben *tr. 1*

mit|es|sen *tr. 31*

Mit|es|ser *m. 5* kleiner Pfropf aus Horn und Talg in der Haut

M

mịt|fah|ren *intr. 32*
Mịt|fah|rer *m. 5*
Mịt|fah|rer|zen|tra|le *auch:* **Mịt|fah|rer|zent|ra|le,** Mịt|fahr|zen|tra|le *f. 11* Vermittlungsstelle für Mitfahrgelegenheiten
Mịt|fahr|ge|le|gen|heit *f. 10*
Mịt|fahrt *f. 10*
mịt|fi|nan|zie|ren *tr. 3;* ein Projekt mitfinanzieren
Mịt|freu|de *f. 11 nur Sg.*
mịt|freu|en *refl. 1*
mịt|füh|len *tr. 1*
mịt|füh|ren *tr. 1*
Mịt|ge|fühl *n. 1 nur Sg.*
mịt|ge|hen *intr. 47;* etwas m. lassen *ugs.:* etwas stehlen
mịt|ge|stal|ten *tr. 2*
Mịt|gift *f. 10* Aussteuer, Heiratsgut (der Braut)
Mịt|gift|jä|ger *m. 5* jmd., der nur wegen der Mitgift um ein Mädchen wirbt
Mịt|glied *n. 3;* M. des Bundestags (*Abk.:* M. d. B. *oder:* MdB); M. des Landtags (*Abk.:* M. d. L. *oder:* MdL)
Mịt|glie|der|ver|samm|lung *f. 10*
Mịt|glied|kar|te *f. 11, schweiz. für* Mitgliedskarte
Mịt|glieds|bei|trag *m. 2*
Mịt|glied|schaft *f. 10 nur Sg.*
Mịt|glieds|kar|te *f. 11*
Mịt|glieds|land *n. 4;* Dänemark ist ein M. der EU
Mịt|glied(s)|staat *m. 12*
mịt|hal|ten *intr. 61, ugs.:* mitessen, mitmachen
mịt|hel|fen *intr. 66*
Mịt|her|aus|ge|ber *auch:* **Mit|he|raus|ge|ber** *m. 5*
Mịt|herr|schaft *f. 10 nur Sg.*

> **mithilfe/mit Hilfe:** Den mehrteiligen Ausdruck schreibt man zusammen, als Variante ist auch die Getrenntschreibung möglich: *Wir konnten mithilfe/mit Hilfe eines neuen Motors die Fahrt fortsetzen.* § 39 E3 (3)

mit|hịl|fe; er schrieb mithilfe *oder:* mit Hilfe seines Bleistifts
Mịt|hil|fe *f. 11 nur Sg.;* mit seiner, unter seiner M.
mit|hịn somit, demnach
mịt|hö|ren *tr. 1*
Mịt|hö|rer *m. 5*
Mịt|in|ha|ber *m. 5*
mịt|kämp|fen *intr. 1*
Mịt|kämp|fer *m. 5* Mitstreiter
Mịt|klä|ger *m. 5*
mịt|kom|men *intr. 71*
mịt|kön|nen *intr. 72, ugs.*
mịt|krie|gen *tr. 1, ugs.:* mitbekommen
mịt|las|sen *tr. 75, ugs.*
mịt|lau|fen *intr. 76*
Mịt|läu|fer *m. 5*
Mịt|laut *m. 1* = Konsonant; vgl. Selbstlaut
Mịt|leid *n. 1 nur Sg.;* mitleiderregend *oder:* Mitleid erregend
mịt|lei|den *tr. 77*
Mịt|lei|den|schaft *f., nur in der Wendung* in M. ziehen: mit schädigen
mịt|leid|er|re|gend = **Mịt|leid er|re|gend;** *aber nur:* mitleiderregender, sehr mitleiderregend *(bei Steigerung und mit Attribut)*
mịt|lei|dig
mịt|leid(s)|los
Mịt|leid(s)|lo|sig|keit *f. Gen. - nur Sg.*
mịt|leid(s)|voll
mịt|ma|chen *tr. 1*
Mịt|mensch *m. 10* Nächster
mịt|mensch|lich
mịt|mi|schen *intr. 1, ugs.:* sich aktiv beteiligen
mịt|müs|sen *intr. 87, ugs.;* er hat mitgemusst
Mịt|nah|me *f. 11 nur Sg.*
mịt|neh|men *tr. 88*
Mịt|neh|mer *m. 5* Maschinenteil, das beim Drehen ein anderes oder ein Werkstück ebenfalls in Drehbewegung versetzt
mit|nịch|ten keineswegs, durchaus nicht, überhaupt
Mi|to|se [griech.] *f. 11* Teilung des Zellkerns unter Wahrung der Chromosomenzahlen; *Ggs.:* Amitose
mi|to|tisch
Mi|tra *auch:* **Mit|ra** [lat.] *f. Gen. - Pl.* -tren **1.** altgriechische Stirnbinde; **2.** Kopfbedeckung altorientalischer Herrscher; **3.** *kath. Kirche:* Bischofsmütze
Mi|trail|leu|se *auch:* **Mit|rail|leu|se** [mitrajøz(ə), frz.] *f. 11* frz. Salvengeschütz
mịt|re|den *intr. 2*
mịt|rei|sen *intr. 1*
Mịt|rei|sen|de(r) *m. 18 (17) bzw. f. 17 oder 18* jmd., der mitreist, Passagier
mịt|rei|ßen *tr. 96*
Mit|ro|pa *auch:* **Mi|tro|pa** *f. Gen. - nur Sg., Kurzwort für* Mitteleuropäische Schlaf- und Speisewagen-AG
mit|sạm|men *ugs.:* zusammen, gemeinsam
mit|sạmt *mit Dat.;* m. seiner Familie; m. Zubehör
mịt|schi|cken *tr. 1*
mịt|schlep|pen *tr. 1*
mịt|schnei|den *tr. 125* (von einem Mediengerät, bei einer Aufführung) auf ein Ton- oder Videoband aufnehmen
Mịt|schnitt *m. 1* ein unerlaubter Mitschnitt
mịt|schrei|ben *tr. 127*
Mịt|schuld *f. 10 nur Sg.*
mịt|schul|dig
Mịt|schü|ler *m. 5*
mịt|sol|len *intr. 1, ugs.;* soll das auch mit?
mịt|spie|len *tr. 1*
Mịt|spie|ler *m. 5*
Mịt|spra|che *f. 11 nur Sg.*
Mịt|spra|che|recht *n. 1 nur Sg.*
mịt|spre|chen *intr. 146*
mịt|ste|no|gra|phie|ren *Nv.* **mịt|ste|no|gra|fie|ren** *Hv. tr. 3*
Mịt|strei|ter *m. 5*

> **Mittag:** In Verbindung mit einem Zeitadverb wird *Mittag* großgeschrieben: *heute/morgen Mittag.* Zusammensetzungen mit einem Wochentag werden in einem Wort geschrieben: *Mittwochmittag.*
> Fügungen werden getrennt geschrieben: *über Mittag weggehen, am Mittag, des Mittags.*
> Das Adverb wird kleingeschrieben: *mittags, 12 Uhr mittags, dienstags mittags.*

Mịt|tag *m. 1* **1.** heute, gestern, morgen Mittag; **2.** *veraltet:* Süden; die Sonne steht hoch im M.; gen M. fahren; **3.** Mittagszeit, Mittagessen, Mittagspause; des Mittags; M. machen *ugs.:* zu M. essen, Mittagspause machen; am, gegen M.; es war lange nach M.; zu M.; vgl. Abend
Mịt|tag|brot *n. 1 nur Sg.*
Mịt|tag|es|sen *n. 7*
mịt|tä|gig *selten:* am Mittag, in der Mittagszeit; die mittägige Glut der Sonne
mịt|täg|lich jeden Mittag (stattfindend); die mittägliche Pause
mịt|tags; dienstags mittags; dienstagmittags; vgl. abends
Mịt|tags|blu|me *f. 11* eine Pflanze, deren Blätter sich nur bei Sonnenschein öffnen

Mit|tags|gast *m. 2* Gast zum Mittagessen
Mit|tags|glut *f. 10 nur Sg.*
Mit|tags|hit|ze *f. 11 nur Sg.*
Mit|tags|kreis *m. 1,* **Mit|tags|li|nie** *f. 11* Meridian
Mit|tags|mahl *n. 4*
Mit|tags|mahl|zeit *f. 10*
Mit|tags|pau|se *f. 11*
Mit|tags|ru|he *f. 11*
Mit|tags|schlaf *m. Gen.* -(e)s *nur Sg.*
Mit|tags|son|ne *f. 11 nur Sg.*
Mit|tags|stun|de *f. 11*
Mit|tags|tisch *m. 1*
Mit|tags|zeit *f. 10 nur Sg.*
Mit|tä|ter *m. 5*
Mit|tä|ter|schaft *f. 10 nur Sg.*

Mitte, inmitten, mitten: Folgt auf *Mitte* eine Monatsangabe, wird getrennt geschrieben: *Mitte Januar kommt er aus Paris zurück.* Die Präposition *inmitten* wird zusammengeschrieben: *Inmitten der Touristen war sie zu erkennen.* Aber: *Der Tisch stand mitten im Zimmer.* § 39 (3)

Mit|te *f. 11 nur Sg.;* M. Mai; M. der Woche, des Monats; er ist M. (der) zwanzig
mit|tei|len *tr. 1*
mit|teil|sam
Mit|teil|sam|keit *f. 10 nur Sg.*
Mit|tei|lung *f. 10*
Mit|tei|lungs|be|dürf|nis *n. 1 nur Sg.*
mit|tel *ugs.:* nicht bes. gut und nicht bes. schlecht; er ist in der Schule nur m.; es geht mir m.
Mit|tel *n. 5;* sich (für jmdn.) ins M. legen: (zu jmds. Gunsten) eingreifen, vermitteln
Mit|tel|al|ter *n. 5 nur Sg.* (*Abk.:* MA)
mit|tel|al|ter|lich
Mit|tel|a|me|ri|ka
mit|tel|a|me|ri|ka|nisch
mit|tel|bar
Mit|tel|bau *m. 1 nur Sg.; übertr.:* Mittelstufe (einer Hierarchie, z. B. im akadem. Lehrkörper)
Mit|tel|chen *n. 7, ugs., abwertend:* laienhaft angewendetes oder nicht den ärztl. Vorschriften entsprechendes Arzneimittel
mit|tel|deutsch
Mit|tel|deutsch|land
Mit|tel|ding *n. 1, ugs.*
Mit|tel|eu|ro|pa
Mit|tel|eu|ro|pä|er *m. 5*
mit|tel|eu|ro|pä|isch; mitteleuropäische Zeit (*Abk.:* MEZ)
mit|tel|fein
Mit|tel|feld *n. 3 nur Sg.*
Mit|tel|feld|spie|ler *m. 5, Sport*
Mit|tel|fin|ger *m. 5*
mit|tel|fris|tig; mittelfristige Finanzplanung
Mit|tel|fuß *m. 2*
Mit|tel|ge|bir|ge *n. 5*
Mit|tel|ge|wicht *n. 1* eine Gewichtsklasse in der Schwerathletik
Mit|tel|glied *n. 3*
mit|tel|groß
Mit|tel|grö|ße *f. 11*
Mit|tel|hand *f. 2*
mit|tel|hoch|deutsch
Mit|tel|klas|se *f. 11*
mit|tel|län|disch; *aber:* Mittelländisches Meer
Mit|tel|land|ka|nal *m. 2 nur Sg.* Kanalsystem zwischen Rhein und Elbe
Mit|tel|läu|fer *m. 5, Sport*
Mit|tel|li|nie *f. 11*
mit|tel|los
Mit|tel|lo|sig|keit *f. 10 nur Sg.*
Mit|tel|maß *n. 1*
mit|tel|mä|ßig
Mit|tel|mä|ßig|keit *f. Gen. - nur Sg.*
Mit|tel|meer *n. 1 nur Sg.*
mit|tel|mee|risch
Mit|tel|meer|län|der *Pl.*
Mit|tel|meer|raum *m. 2 nur Sg.*
Mit|tel|ohr *n. 12*
mit|tel|präch|tig *ugs.*
Mit|tel|punkt *m. 1*
Mit|tel|punkt|schu|le *f. 11* voll ausgebaute Schule anstelle mehrerer Kleinschulen
mit|tels *Präp. mit Gen.;* m. (eines) Drahtes; *auch mit Dat., wenn der Gen. nicht erkennbar wäre:* m. Drähten
Mit|tel|schicht *f. 10*
Mit|tel|schiff *n. 1* mittleres (und meist auch größtes) Schiff einer mehrschiffigen Kirche
Mit|tel|schu|le *f. 11* **1.** *früher Bez. für* Realschule; **2.** *schweiz.:* Gymnasium
Mit|tels|mann *m. 4, Pl. auch:* -leu|te
Mit|tels|per|son *f. 10*
mit|telst *veraltet für* mittels
Mit|tel|stadt *f. 2* Stadt mit 20 000-100 000 Einwohnern
Mit|tel|stand *m. 2*
Mit|tel|stän|der *m. 5* zweibeiniger Ständer an Fahr- oder Motorrädern
mit|tel|stän|dig in gleicher Höhe wie die übrigen Blütenorgane (Fruchtknoten)
mit|tel|stän|disch zum (gewerbetreibenden) Mittelstand gehörend
Mit|tel|stein|zeit *f. 10 nur Sg.*
mit|tel|stein|zeit|lich
Mit|tel|stre|cken|flug|zeug *n. 1*
Mit|tel|stre|cken|lauf *m. 2*
Mit|tel|stre|cken|ra|ke|te *f. 11*
Mit|tel|stück *n. 1*
Mit|tel|stür|mer *m. 5, Sport*
Mit|tel|wel|le *f. 11* Rundfunkwelle mit einer Länge von 100 bis 1000 m
Mit|tel|wert *m. 1* nach bestimmten Bedingungen errechneter Wert einer Reihe von Messwerten
Mit|tel|wort *n. 4* = Partizip
mit|ten; m. darin; *aber:* mittendrin; m. darunter; *aber:* mittendrunter; m. durch das Haus führt ein Torweg; *aber:* der Weg führt mittendurch; m. entzwei; m. hinein
mit|ten|drin
mit|ten|drun|ter
mit|ten|durch
mit|ten|in|ne *ugs.:* mittendrin
mit|ten|mang *berlin.:* mitten unter, inmitten

Mitternacht, heute Mitternacht: Substantive werden mit großem Anfangsbuchstaben geschrieben: *Um Mitternacht läuft das Ultimatum ab.*
Großschreibung gilt auch für Ausdrücke, die als Bezeichnung von Tageszeiten nach den Adverbien *(vor)gestern, heute, morgen, übermorgen* auftreten: *heute Mitternacht, morgen Mittag, gestern Abend;* aber: *(am) Dienstagabend, Mittwochmorgen.* § 55 (6)

Mit|ter|nacht *f. 2 nur Sg.* **1.** *veraltet:* Norden; gen M. fahren; **2.** zwölf Uhr nachts; um Mitternacht; heute Mitternacht
mit|ter|näch|tig, mit|ter|nächt|lich; zu mitternächtiger *oder:* mitternächtlicher Stunde
mit|ter|nachts
Mit|ter|nachts|son|ne *f. 11* nachts sichtbare Sonne (in Polnähe)
Mit|ter|nachts|stun|de *f. 11*
Mitt|fas|ten *n. Gen.* -s *nur Sg.* **1.** Mitte der Fastenzeit, Mittwoch vor dem Sonntag Lätare; **2.** *auch:* dieser selbst

mit|tig in der Mitte liegend
Mitt|ler *m. 5* Vermittler
mitt|le|re(r, -s); mittlere Reife; *aber:* der Mittlere Osten
Mitt|ler|rol|le *f. 11;* eine M. spielen
mitt|ler|wei|le
mit|tö|nen *intr. 1*
mit|tra|gen *tr. 160*
mit|trin|ken *tr. 165*
mitt|schiffs in der Mitte des Schiffs, zur Mitte des Schiffs hin
Mitt|som|mer *m. 5*
Mitt|som|mer|nacht *f. 2*
mitt|som|mers
mit|tun *intr. 167*
Mitt|win|ter *m. 5*
mitt|win|ters
Mitt|woch *m. 1* (*Abk.:* Mi); vgl. Dienstag
mitt|wochs
mit|un|ter zuweilen, manchmal
mit|un|ter|schrei|ben *tr. 127*
mit|un|ter|zeich|nen *tr. 2*
mit|ver|ant|wort|lich
Mit|ver|ant|wort|lich|keit *f. 10 nur Sg.*
Mit|ver|ant|wor|tung *f. 10 nur Sg.*
Mit|ver|fas|ser *m. 5*
Mit|ver|wal|tung *f. 10 nur Sg.*
Mit|welt *f. 10 nur Sg.*
mit|wir|ken *intr. 1*
Mit|wir|ken|de(r) *m. 18 (17) bzw. f. 17 oder 18*
Mit|wir|kung *f. 10 nur Sg.*
Mit|wis|sen *n. Gen.* -s *nur Sg.;* ohne mein M.
Mit|wis|ser *m. 5*
Mit|wis|ser|schaft *f. 10 nur Sg.*
mit|wol|len *intr. 1;* er hat nicht mitgewollt, *bair., österr.:* er hat nicht m.
mit|zäh|len *tr. u. intr. 1*
mit|zie|hen *intr. u. tr. 187*
Mix|be|cher *m. 5*
Mixed [mɪkst, engl.] *n. Gen.* - *oder* -s *Pl.* - *oder* -s gemischtes Doppel, bes. im Tennis
Mixed|grill *auch:* **Mixed Grill** (*alt:* Mixed grill) [mɪkst-, engl.] *m. Gen.* (-) -(s) *Pl.* (-) -s Gericht aus Grillfleisch und -würstchen
Mixed|pick|les *auch:* **Mixed Pickles** [mɪkstpɪkəlz, engl.], **Mix|pick|les** [-pɪkəlz, engl.] *Pl.* in Essig eingelegtes, pikant gewürztes kleines Gemüse
mi|xen *tr. 1* mischen
Mi|xer *m. 5* **1.** jmd., der Getränke mischt, z. B. Barmixer; **2.** elektr. Küchengerät, das zerkleinert und zugleich mischt; **3.** *Film, Funk, Fernsehen:* Tonmischer

Mix|ge|tränk *n. 1* Mischgetränk
Mix|pick|les *auch:* **Mix|pi|ckles** [-pɪkəlz, engl.] *Pl.* s. **Mixed|pick|les**
Mix|tum com|po|si|tum *n. Gen.* - - *Pl.* -ta -ta Durcheinander, Gemisch
Mix|tur *f. 10* **1.** Gemisch, *bes.:* Arzneimischung; **2.** ein Orgelregister, das einen Ton durch Oktave, Quinte, Terz, auch Septime verstärkt
Mi|zell [lat.] *n. 1,* **Mi|zel|le** *f. 11* dichte Molekülgruppe als kleinster Baustein pflanzl. Strukturen (bes. Zellwänden)
mk *Abk. für* finn. Markka
MKS-Sys|tem *n. 1 nur Sg.* auf den Einheiten Meter, Kilogramm, Sekunde beruhendes, internationales Maßsystem; vgl. CGS-System
ml *Abk. für* Milliliter
Mlle. *Abk. für* Mademoiselle
Mlles. *Abk. für* Mesdemoiselles
mm *Abk. für* Millimeter
µm *Abk. für* Mikrometer
mm² *Abk. für* Quadratmillimeter
mm³ *Abk. für* Kubikmillimeter
MM. *Abk. für* Messieurs
m. m. *Abk. für* mutatis mutandis
M. M. *Abk. für* Mälzels Metronom (Zusatz hinter den Metronomzahlen zur Angabe der Geschwindigkeit in Musikstücken, nach Johann Nepomuk Mälzel)
Mme. *Abk. für* Madame
Mmes. *Abk. für* Mesdames
Mn *chem. Zeichen für* Mangan
MN *Abk. für* Minnesota
Mne|me [griech.] *f. 11 nur Sg.* Erinnerung, Gedächtnis
Mne|mo|nik *f. 10 nur Sg.* = **Mne|mo|tech|nik**
mne|mo|nisch = **mne|mo|tech|nisch**
Mne|mo|tech|nik, Mne|mo|nik *f. 10 nur Sg.* Kunst, das Gedächtnis durch Lern- oder Gedächtnishilfen zu stärken, Gedächtniskunst
Mne|mo|tech|ni|ker, Mne|mo|ti|ker *m. 5* jmd., der die Mnemotechnik beherrscht
mne|mo|tech|nisch, mne|mo|nisch
Mne|mo|ti|ker *m. 5* = **Mne|mo|tech|ni|ker**
Mo **1.** *chem. Zeichen für* Molybdän; **2.** *Abk. für* Montag
MO *Abk. für* Missouri (2)
MΩ *Abk. für* Megaohm
Mob [engl.] *m. 9 nur Sg.* Pöbel, Gesindel

mob|ben *intr. 3*
Mob|bing *n. Gen.* -s *nur Sg.* das Schlechtmachen eines Kollegen durch Kollegen mit dem Ziel, ihn zur Kündigung seines Arbeitsplatzes zu bewegen
Mö|bel [lat.-frz.] *n. 5*
Mö|bel|stück *n. 1*
Mö|bel|wa|gen *m. 7*
mo|bil [lat.] **1.** beweglich; *Ggs.:* immobil; **2.** *ugs.:* gesund und munter, behände; **3.** jmdn. (wieder) mobil machen: ihn mobilisieren, *auch:* beim Gesundwerden unterstützen
Mo|bi|le [frz.] *n. 9* Gebilde aus an Fäden frei schwebend aufgehängten, bei Luftzug in leichte Bewegung geratenden, zarten kunstgewerbl. Gegenständen
Mo|bil|funk *m. 1*
Mo|bi|li|ar [lat.] *n. 1 nur Sg.* Möbel, Hausrat
Mo|bi|li|en *Pl.* bewegl. Güter, bewegl. Besitz
Mo|bi|li|sa|ti|on *f. 10 nur Sg.* **1.** Mobilmachung; **2.** Beweglichmachen (von Gelenken)
mo|bi|li|sie|ren *tr. 3* **1.** in Bewegung setzen, beweglich machen; **2.** kriegs-, einsatzbereit machen (Truppen, Kräfte); **3.** flüssig, zu Bargeld machen
Mo|bi|li|sie|rung *f. 10 nur Sg.*
Mo|bi|li|tät *f. 10 nur Sg.* **1.** Beweglichkeit; **2.** *Bevölkerungsstatistik:* Häufigkeit des Wohnsitzwechsels
mo|bil|ma|chen *tr. 1, fachsprachl.:* einsatz-, kriegsbereit machen, in Kriegszustand versetzen
mo|bil ma|chen (*alt:* mo|bil|ma|chen) *tr. 1* vgl. mobil (3)
Mo|bil|ma|chung *f. 10*
Mo|bil|ma|chungs|be|fehl *m. 1*
Mo|bil|te|le|fon *n. 1*
mö|blie|ren *auch:* **möb|lie|ren** [frz.] *tr. 3* mit Möbeln ausstatten, einrichten; möbliertes Zimmer
Mö|blie|rung *auch:* **Möb|lie|rung** *f. 10 nur Sg.* Ausstattung mit Möbeln
Mo|çam|bique [-sambi̱k, frz.: mosãbi̱k, port.: musambi̱kə] = **Mo|sam|bik**
Moc|ca *m. 9, österr. für* Mokka (2)
Mo|cha [nach der arab. Hafenstadt am Roten Meer, *heute:* Mokka] *m. Gen.* - *nur Sg.* ein Mineral, Moosachat
Möch|te|gern *m. 1* jmd., der etwas

M

dar-, vorstellen möchte, was er nicht kann, Gernegroß
Mocken *m. 7, schweiz.:* Brocken
Mockturtlesuppe *auch:* **Mockturtlesuppe** [-tɔ:tl-, engl.] *f. 11* falsche Schildkrötensuppe aus Kalbskopf
mod. *Abk. für* moderato
modal [lat.] **1.** *Gramm.:* die Art und Weise bezeichnend; **2.** *allg.:* durch die Verhältnisse bedingt
Modalität *f. 10 nur Sg.* Art und Weise (eines Geschehens), Seinsweise, Wahrheitswert
Modalnotation *f. 10* Notenschrift des 13. Jh. mit Festlegung des Rhythmus; vgl. Mensuralnotation, Choralnotation
Modalsatz *m. 2* Nebensatz, der ausdrückt, wie etwas geschieht, Umstandssatz der Art und Weise
Modalverb [-vɛrb] *n. 12* Verb, das ein durch ein anderes Verb ausgedrücktes Geschehen näher bestimmt, z. B. können, dürfen, wollen, sollen, müssen, mögen
Modder *m. 5 nur Sg., norddt.:* Morast
modderig, moddrig
Mode [frz.] *f. 11* **1.** Sitte, Brauch, Geschmack (einer Epoche); **2.** die Art sich zu kleiden; etwas ist, kommt in M.; etwas ist, kommt aus der M.; das ist (große) M.; **3.** *Pl.* Kleidung
modebewusst (*alt:* modebewußt)
Modecenter [-sɛn-] *n. 5*
Modefarbe *f. 11*
Modegeschäft, Modengeschäft *n. 1*
Modehaus, Modenhaus *n. 4*
Modejournal [-ʒur-] *n. 1*
Model [lat.] *m. 14* **1. Modul** *m. 14* Verhältniszahl math. oder techn. Größen; **2.** geschnitzte Hohlform für Gebäck, Knetwaren u. a.; **3.** geschnitzte, erhabene Form für Tapeten-, Textildruck u. a.
Model [mɔdəl, engl.] *n. Gen.* -s *Pl.* -s Fotomodell
Modelbuch *n. 4* Buch mit Vorlagen für Strick-, Stick- und Webmuster
Modeldruck *m. 1*
Modell [ital.] *n. 1* **1.** Vorbild, Muster, Urform; **2.** Entwurf oder verkleinerte Nachbildung (eines Bauwerks, einer Plastik u. a.); **3.** Form aus Holz, Gips oder Metall zur Herstellung der Gussform; **4.** vereinfachende, nur die wesentl. Züge enthaltende Vorstellung, z. B. Denkmodell, Atommodell; **5.** nur einmal hergestelltes Kleidungsstück, z. B. Modellkleid; **6.** Person oder Gegenstand als Vorbild für Maler, Bildhauer oder Fotografen; **7.** Mannequin, Vorführdame für Moden
Modellbauer *m. 5*
Modelleisenbahn *f. 10*
Modelleur [-lør, frz.] *m. 1,* Modellierer *m. 5* Fachmann, der Modelle entwirft, Musterformer
Modellflugzeug *n. 1*
modellieren *tr. 3* in Ton oder Wachs o. Ä. formen, bilden
Modellierer *m. 5* s. **Modelleur**
Modellierung *f. 10*
Modellkleid *n. 3* nur einmal angefertigtes Kleid
Modellschutz *m. Gen.* -es *nur Sg.*
Modelltischler *m. 5* Tischler, der Modelle (3) anfertigt
Modellversuch *m. 1*
Modellzeichner *m. 5*
modeln *tr. 1* formen, bilden
Modeltuch *n. 4* Mustertuch zum Sticken
Modem [Kurzwort aus Modulation + Demodulation] *n. 9* Gerät, das die Übertragung digitaler Daten über analoge (Fernsprech-)Leitungen ermöglicht
Modengeschäft, Modegeschäft *n. 1*
Modenhaus, Modehaus *n. 4*
Modenschau *f. 10*
Modenzeitschrift, Modezeitschrift *f. 10*
Modepuppe *f. 11*
Moder *m. 5 nur Sg.* **1.** Fäulnis, Verwesung; **2.** Faulboden
moderat [lat.] gemäßigt; eine moderate Politik betreiben
Moderation *f. 10* Tätigkeit des Moderators (2)
moderato [ital.] (*Abk.:* mod.) *Mus.:* mäßig bewegt
Moderator [lat.] *m. 13* **1.** Stoff zum Bremsen der Geschwindigkeit von atomspaltenden Neutronen im Kernreaktor; **2.** Diskussionsleiter, z. B. im Fernsehen; **3.** Leiter einer kirchl. Behörde oder eines beratenden Gremiums
moderieren **1.** *tr. 3* mäßigen; **2.** *intr. 3* als Moderator (2) tätigsein
moderig, modrig; das Wasser riecht sehr m.
Moderlieschen *n. 7* ein Karpfenfisch
modern *intr. 1* verwesen, faulen
modern der Mode, dem Zeitgeschmack, dem Zeitgeist entsprechend; *Sport:* moderner Fünfkampf: Springreiten, Degenfechten, Geländelauf, Pistolenschießen, Schwimmen
Moderne *f. 11 nur Sg.* **1.** *urspr. Bez. für den* Naturalismus; **2.** *allg.:* die heutige Zeit
modernisieren *tr. 3* der Mode, dem Zeitgeschmack entsprechend ändern
Modernisierung *f. 10* Anpassung an den neuesten Stand von Wissenschaft u. Technik
Modernismus *m. Gen. - nur Sg.* **1.** Streben nach dem Modernen, Bejahung des Modernen; **2.** liberale, wissenschaftlich-kritische, von Papst Pius X. verurteilte Richtung innerhalb der katholischen Kirche
modernistisch zum Modernismus gehörend
Modernität *f. 10 nur Sg.* moderne Beschaffenheit
Modern Jazz *Nv.* **Modernjazz** *Hv.* [mɔdəndʒæz, engl.] *m. Gen.* (-) - *nur Sg.*
Modersohn-Becker, *Paula* dt. Malerin
Modesalon [-lɔ̃] *m. 9*
Modeschaffen *n. Gen.* -s *nur Sg.*
Modeschmuck *m. Gen.* -(e)s *nur Sg.* modischer Schmuck aus wenig wertvollem Material
Modeschöpfer *m. 5*
modest [lat.] *veraltet:* bescheiden, maßvoll
Modetorheit *f. 10*
Modewaren *Pl.* modisches Zubehör zur Kleidung
Modewort *n. 4*
Modezeichner *m. 5*
Modezeitschrift, Modenzeitschrift *f. 10*
Modi *Pl. von* Modus
Modifikation [lat.] *f. 10* **1.** Veränderung, Umgestaltung; **2.** *Biol.:* durch äußere Einflüsse hervorgerufene, nicht erbliche Veränderung von Lebewesen; **3.** *Pl., Chem.:* Erscheinungsformen eines Stoffes mit gleichen chem., aber unterschiedlichen physikal. Eigenschaften
modifizieren *tr. 3* verändern, abwandeln
Modifizierung *f. 10*
Modigliani *auch:* **Modigliani** [modiljani], *Amedeo* ital. Maler

M

modisch
Modist *m. 10, veraltet:* Modewarenhändler
Modistin *f. 10* = Putzmacherin
modrig, moderig
Modul [lat.] *m. 14* **1.** = **Model** (1); **2.** eine Materialkonstante; **3.** Absolutbetrag einer komplexen Zahl; **4.** *bei Zahnrädern:* Divisor aus Durchmesser und Zähnezahl
Modul [lat.-engl.] *n. 1* als ganzes austauschbares Bauelement eines elektronischen Geräts
Modulation *f. 10* **1.** *Mus.:* Übergang in eine andere Tonart; Abstufung des Tons und der Klangfarbe; **2.** *Physik:* Veränderung der Merkmale (Phase, Frequenz) einer hochfrequenten Trägerschwingung durch eine niederfrequente Schwingung (in der Nachrichtentechnik zur Übertragung elektromagnet. Wellen angewandt)
Modulationsfähigkeit *f. 10 nur Sg.* Wandlungsfähigkeit, Biegsamkeit (bes. der Stimme)
modulieren **1.** *intr. 3* von einer Tonart in die andere überleiten; **2.** *tr. 3* abwandeln, wechseln; **3.** *tr. 3* einer Modulation (2) unterwerfen
Modus [lat.] *m. Gen. - Pl.* -di **1.** Art und Weise, Form (eines Geschehens); **2.** Aussageweise des Verbs (Indikativ, Konjunktiv, Imperativ); **3.** Weise, nach der verschiedene Lieder gesungen werden können; **4.** Kirchentonart
Modus Procedendi (*alt:* Modus procedendi) *m. Gen. - - Pl.* -di -di Verfahrensweise
Modus Vivendi (*alt:* Modus vivendi) [- viven-] *m. Gen. - - Pl.* -di -di erträgliche Form des Zusammenlebens (auch auf Staaten angewandt)
Mofa *Kurzwort für* Motorfahrrad (Fahrrad mit Hilfsmotor)
Mofette [ital.] *f. 11* Ausströmungsstelle von Kohlendioxid in vulkan. Gebiet
Mogelei *f. 10* kleine Betrügerei; sie war bei ihrer M. aufgefallen
mogeln *intr. 1* ein wenig betrügen, ein wenig falsch spielen; ich mogele, mogle
Mogeln *n. Gen.* -s Kartenspiel
mögen *tr. 86;* ich habe ihn gern gemocht; *aber:* das hätte ich sehen m.

möglich, alles Mögliche: Das Adjektiv *möglich* wird mit kleinem Anfangsbuchstaben geschrieben (*ein möglicher Vorschlag*).
Groß schreibt man die substantivierte Form: *Er tat alles Mögliche.* Ebenso: *das Mögliche; sein Möglichstes tun; Mögliches und Unmögliches verlangen.* § 57 (1)

möglich; etwas m. machen; so bald, so schnell wie m. (*ugs., aber nicht korrekt, auch:* so bald als m.); möglichst bald; das Mögliche; alles Mögliche; ich habe mein Möglichstes getan; im Rahmen des Möglichen; Mögliches und Unmögliches
möglichenfalls
möglicherweise
Möglichkeit *f. 10;* nach M.
Möglichkeitsform *f. 10* = Konjunktiv
Mogul [pers.] *m. 14* Angehöriger eines islam. Herrscherhauses in Indien
Mohair [-hɛr, arab.-engl.] *n. 9* s. **Mohär**
Mohammedaner *m. 5, ugs., aber unkorrekt für* Muslim
Mohär, Mohair [-hɛr, arab.-engl.] *n. 9* **1.** Haar der Angoraziege; **2.** daraus hergestellter, haariger Wollstoff
Mohikaner *m. 5* Angehöriger eines ausgestorbenen nordamerik. Indianerstammes; der letzte M. *ugs. scherzh.:* der Letzte
Mohn *m. 1* eine Pflanze sowie deren Samen
Mohnblume *f. 11*
Mohnkuchen *m. 7*
Mohr *m. 10* **1.** *früher fälschl. Bez. für* Maure; **2.** *veraltet, rassistisch:* Schwarzer; einen Mohren weißwaschen *übertr.:* das Unmögliche versuchen
Möhre *f. 11* eine Gemüsepflanze, Mohrrübe
Mohrenhirse *f. 11* eine Hirseart
Mohrenkopf *m. 2* = Schokokuss
Mohrenmaki *m. 9* ein Halbaffe
Mohrenwäsche *f. 11, übertr.:* Versuch, einen Schuldigen reinzuwaschen
Mohrrübe *f. 11* Möhre
Moira [mɔɪ-] *f. Gen. - Pl.* -ren **1.** *griech. Myth.:* Schicksalsgöttin; **2.** Schicksal
Moiré [moare, frz.] **1.** *m. 9 oder n. 9* Seiden- oder Kunstseidengewebe mit wellenförmiger Musterung; **2.** *n. 9* wellenförmiges Muster auf Pelzen; **3.** *n. 9* störende Musterung auf reproduzierten Bildern; **4.** *n. 9, Fernsehen:* flimmernde Bildmusterung auf dem Bildschirm
moirieren *tr. 3* mit Moiré (2) versehen
Moisturizer [mɔɪstəraɪzə(r), engl.] Feuchtigkeitscreme
mokant [frz.] spöttisch
Mokassin [indian.] *m. 9* **1.** *urspr.:* weicher, bestickter Wildlederschuh der nordamerik. Indianer; **2.** weicher Lederschuh
Mokick *n. 9, Kurzwort für* Moped mit Kickstarter
mokieren [frz.] *refl. 3;* sich über etwas oder jmdn. m.: sich lustig machen
Mokka [nach der Stadt M. im Jemen] *m. 9* **1.** eine Kaffeesorte; **2.** sehr starker Kaffee; *österr. auch:* Mocca
Mol *n. 1* Grammmolekül
molar auf 1 Mol bezogen; molare Lösung: Lösung, die 1 Mol eines Stoffes in 1 Liter enthält
Molar [lat.] *m. 12,* Molarzahn *m. 2* Mahlzahn
Molarität *f. 10 nur Sg.* Gehalt (einer Lösung) an chem. wirksamer Substanz von 1 Mol je Liter
Molarlösung *f. 10* = molare Lösung
Molarzahn *m. 2* s. **Molar**
Molasse [frz.] *f. 11 nur Sg.* tertiäre Ablagerungen im nördl. Alpenvorland
Molch *m. 1* Schwanzlurch, z.B. Kammmolch, Teichmolch
Moldau **1.** *amtl. für* Moldawien; **2.** *m. Gen. - nur Sg.* Fluss in Tschechien
Moldawien Staat im südl. Osteuropa
Mole, *österr.:* **Molo** *f. 11* **1.** Hafendamm; **2.** = Windei (2)
Molekül [frz.] *n. 1* kleinste, aus zwei oder mehr Atomen bestehende Einheit einer chem. Verbindung
molekular die Moleküle betreffend
Molekulargewicht *n. 1*
Moleskin [moul-, engl. »Maulwurfsfell«] *m. 9 oder n. 9* dichtes, aufgerautes Baumwollgewebe, Englischleder
Molesten [lat.] *nur Pl., veraltet:* Unannehmlichkeiten

M

mo|les|tie|ren *tr. 3, veraltet:* belästigen, Beschwerden bereiten
Mo|let|te [frz.] *f. 11* **1.** Prägewalze; **2.** Stößel (des Mörsers); **3.** gezähntes Rädchen zum Eindrücken von Punkten in Metall
Mo|lière [moljɛ(r)] (eigtl. Jean Baptiste Poquelin) frz. Schriftsteller
Mol|ke *f. 11 nur Sg.*, **Mol|ken** *m. 7 nur Sg.* wässerige Flüssigkeit, die sich aus geronnener Milch, Joghurt und Quark absetzt, Milchserum, Käsewasser
Mol|ke|rei *f. 10* **1.** *nur Sg.* Verarbeitung von Milch; **2.** Betrieb dafür, Meierei
mol|kig aus Molke, wie Molke
Moll [zu lat. mollis »weich«] **1.** *n. Gen.* -s *nur Sg., Mus.:* eins der beiden Tongeschlechter mit kleiner Terz im Dreiklang auf dem Grundton; vgl. Dur; das Stück ist in Moll komponiert; a-Moll; **2.** *m. 9* = **Mol|ton**
Mol|la [arab.], Mul|la, Mul|lah *m. 9, Titel für* muslim. Geistlicher oder Richter
Mol|le *f. 11* **1.** *norddt.:* Backtrog; **2.** *berlin.:* Glas Bier
Möl|ler *m. 5, Hüttenwesen:* Gemisch von Erz- und Zuschlagstoffen
möl|lern *tr. 1* mischen
mol|lig **1.** dicklich, rundlich (von Personen, bes. Frauen); **2.** behaglich warm
Moll|ton|art *f. 10*
Moll|ton|lei|ter *f. 11*
Mol|lus|ke *f. 11* = Weichtier
Mo|lo *m. 9, österr. für* Mole
Mo|loch [auch: mɔ-, nach einem durch Menschenopfer verehrten altsemit. Gott] *m. 1* **1.** Macht, die alles verschlingt, unersättliche Macht; **2.** Dornteufel, eine austral. Echse
Mo|lo|tow|cock|tail *auch:* **Mo|lo|tow-Cock|tail** [-tɔfkɔktɛil, nach dem früheren sowjet. Außenminister V.M. Molotow] *m. 9* **1.** *urspr.:* mit Benzin und Phosphor gefüllte Flasche zur Bekämpfung von Panzern; **2.** *heute:* selbst gebastelte Bombe
mol|to [ital.] *Mus.:* sehr, z. B. m. vivace: sehr lebhaft
Mol|ton [frz.], **Moll** *m. 9* ein weiches, beidseitig angerautes Baumwollgewebe
Mol|to|pren® *auch:* **Mol|top|ren** *n. 1* ein leichter Schaumstoff
Mo|luk|ken *Pl.* indones. Inselgruppe, Gewürzinseln
Mo|lyb|dän [griech.] *n. Gen.* -s *nur Sg.* (*Zeichen:* Mo) chem. Element, ein Metall
Mo|ment [lat.] **1.** *m. 1* Augenblick, Zeitpunkt, sehr kurze Zeitspanne; **2.** *n. 1* Wirkung einer Kraft; **3.** *n. 1* Umstand, Gesichtspunkt, Merkmal
mo|men|tan augenblicklich
Mo|ment|auf|nah|me *f. 11*
mon..., Mon... vgl. mono..., Mono...
Mo|na|co **1.** Hauptstadt von Monaco (2); **2.** Fürstentum an der frz. Riviera; vgl. Monegasse
Mo|na|de [griech.] *f. 11, Philos.:* **1.** in sich geschlossene, unteilbare, vollendete Einheit; **2.** *bei Leibniz:* Ureinheit der Weltsubstanz
Mon|arch *auch:* **Mo|narch** [griech.] *m. 10* (Allein-)Herrscher (Kaiser, König oder Fürst)
Mon|ar|chie *auch:* **Mo|nar|chie** *f. 11* Staatsform mit einem Monarchen an der Spitze
mon|ar|chisch *auch:* **mo|nar|chisch** zu einem Monarchen gehörend
Mon|ar|chis|mus *auch:* **Mo|nar|chis|mus** *m. Gen. - nur Sg.* Streben, die Monarchie zu erhalten oder durchzusetzen
Mon|ar|chist *auch:* **Mo|nar|chist** *m. 10* Anhänger des Monarchismus
mon|ar|chis|tisch *auch:* **mo|nar|chis|tisch**
Mo|nas|te|ri|um [lat.] *n. Gen.* -s *Pl.* -ri|en Kloster
mo|nas|tisch mönchisch
Mo|nat *m. 1;* dieses Monats (*Abk.:* d. M.); laufenden Monats (*Abk.:* lfd. M.); nächsten Monats (*Abk.:* n. M.); vorigen Monats (*Abk.:* v. M.)
mo|na|te|lang; *aber:* mehrere Monate lang
...mo|na|tig; z. B. dreimonatig, 3-monatig: drei Monate alt, dauernd, anhaltend; ein dreimonatiges Baby
mo|nat|lich jeden Monat
...mo|nat|lich; z. B. dreimonatlich: alle drei Monate; die Zeitschrift erscheint dreimonatlich, 3-monatlich
Mo|nats|blu|tung *f. 10* = Menstruation
Mo|nats|ers|te(r) *m. 18 (17)*
Mo|nats|frist *f. 10, in der Wendung* binnen *oder:* innerhalb M.
Mo|nats|ge|halt *n. 4*
Mo|nats|heft *n. 1*
Mo|nats|lohn *m. 2*
Mo|nats|ra|te *f. 11*
Mo|nats|ro|se *f. 11*
Mo|nats|schrift *f. 10*
mon|au|ral *auch:* **mo|nau|ral** [griech. + lat.] einkanalig; *Ggs.:* stereophon
Mon|a|zit *auch:* **Mo|na|zit** [griech.] *m. 1* ein Mineral
Mönch *m. 1* **1.** Angehöriger eines Mönchsordens oder -klosters; **2.** nach oben gewölbter Dachziegel; **3.** *Jägersprache:* Hirsch ohne Geweih; **4.** *nur Sg.* ein Alpengipfel (Jungfraugruppe); **5.** Vorrichtung zum Regulieren des Pegels (in Weihern)
Mön|chen|glad|bach Stadt in Nordrhein-Westfalen
mön|chisch
Mönch|lein *n. 7*
Mönchs|klos|ter *n. 6*
Mönchs|kut|te *f. 11*
Mönchs|la|tein *n. Gen.* -s *nur Sg.* = Küchenlatein
Mönchs|or|den *m. 7*
Mönch(s)|tum *n. Gen.* -s *nur Sg.*
Mond *m. 1; auch veraltet für* Monat
mon|dän [frz.] im Stil der großen Welt, auffällig elegant
Mond|au|to *n. 9*
Mond|bein *n. 1* einer der Handwurzelknochen
Mönd|chen *n. 7*
Mon|den|schein *m. 1 nur Sg., poet.*
Mon|des|fins|ter|nis *f. 1, österr.*
Mon|des|glanz *m. Gen.* -es *nur Sg., poet.*
Mon|des|licht *n. Gen.* -(e)s *nur Sg., poet.*
Mond|fäh|re *f. 11*
Mond|fins|ter|nis *f. 1*
mond|hell
Mond|jahr *n. 1, vor Einführung des julian. Kalenders:* Jahr von 355 Tagen
Mond|kalb *n. 4* **1.** Windei, Mole; **2.** *ugs.:* Dummkopf
Mond|land|schaft *f. 10*
Mond|lan|dung *f. 10*
Mond|licht *n. Gen.* -(e)s *nur Sg.*
Mond|mo|bil *n. 1*
Mond|nacht *f. 2*
Mond|pha|se *f. 11*
Mond|ra|ke|te *f. 11*
Mond|schein *m. 1 nur Sg.*
Mond|si|chel *f. 11*
Mond|son|de *f. 11* Mondrakete
Mond|stein *m. 1* ein Mineral
Mond|sucht *f. Gen. - nur Sg.*

M

mond|süch|tig an Mondsüchtigkeit leidend, lunatisch, somnambul
Mond|süch|tig|keit *f. Gen. - nur Sg.* Nacht-, Schlafwandeln, Noktambulismus, Somnambulismus, Lunatismus
Mond|wech|sel [-ks-] *m. 5*
Mo|ne|gas|se *m. 11* Einwohner von Monaco
mo|ne|gas|sisch
mo|ne|tär [lat.] geldlich
Mo|net [mɔne], *Claude* frz. Maler
Mo|ne|ten *nur Pl.* **1.** *urspr.:* Bargeld, Münzen; **2.** *ugs.:* Geld
mo|ne|ti|sie|ren *tr. 3* in Geld verwandeln
Mo|ne|ti|sie|rung *f. 10 nur Sg.*
Mo|ney|ma|ker [mʌnımeıkə(r), engl. »Geldmacher«] *m. 5, ugs.:* Geschäftsmann, der überall Geld herauszuschlagen sucht
Mon|go|le *m. 11* **1.** *i. w. S.:* Angehöriger der mongolischen Rasse; **2.** *i. e. S.:* Einwohner der Mongolei
Mon|go|lei *f. Gen. -* **1.** östl. Teil Zentralasiens; **2.** Staat in dieser Region
Mon|go|len|fal|te *f. 11* s. **E|pi|kan|thus**
mon|go|lid zu den Mongoliden gehörig, in der Art der Mongoliden
Mon|go|li|de(r) *m. 18 (17) bzw. f. 17 oder 18* Angehöriger der mongolischen Rasse
mon|go|lisch
Mon|go|lis|mus *m. Gen. - nur Sg., veraltete Bez. für* eine chromosomale Störung, Down-Syndrom
Mon|go|lis|tik *f. 10 nur Sg.* Wissenschaft von den mongol. Sprachen und Kulturen
mon|go|lis|tisch
mon|go|lo|id **1.** zu den Mongoloiden gehörig, in der Art der Mongoloiden; **2.** *veraltet für* am Down-Syndrom leidend
Mon|go|lo|i|de(r) *m. 18 (17) bzw. f. 17 oder 18* **1.** Angehöriger einer nicht rein mongolischen Rasse mit mongolischen Merkmalen; **2.** *veraltet für* am Down-Syndrom Leidende(r)
Mo|nier|ei|sen *auch:* **Mo|nier-Ei|sen** [-nje-, nach dem frz. Gärtner Joseph Monier] *n. 7* Stahlstab zur Verstärkung des Betons
mo|nie|ren [lat.] *tr. 3* beanstanden, bemängeln, rügen, tadeln; eine gekaufte Ware monieren
Mo|ni|ka weibl. Vorname
Mo|ni|lia [lat.] *f. Gen. - nur Sg.* ein Schlauchpilz, Erreger mancher Pflanzenkrankheiten
Mo|nis|mus [griech.] *m. Gen. - nur Sg.* Lehre, dass allem Sein ein einheitl. Grundprinzip zugrunde liege; *Ggs.:* Dualismus, Pluralismus
Mo|nist *m. 10* Vertreter des Monismus
mo|nis|tisch
Mo|ni|tor [lat.] *m. 13* **1.** *veraltet:* Aufseher; **2.** *veraltet:* kleines Kriegsschiff für Fluss- und Küstenschifffahrt; **3.** *Fernsehen:* Kontrollgerät, auf dem das gesendete Bild zu sehen ist; **4.** *Kerntechnik:* Kontrollgerät für Strahlung und Temperatur; **5.** Computerbildschirm
Mo|ni|to|ring [mɔ-, engl.] *n. 9* sorgfältiges Überwachen einer Situation oder Begebenheit mit techn. Geräten
Mo|ni|tum *n. Gen. -s Pl. -ta* Beanstandung, Tadel, Rüge
mo|no..., Mo|no... [griech.] *in Zus.:* allein..., Allein..., einzel..., Einzel...
Mo|no|chord [-kɔrd, griech.] *n. 1* s. **Ka|non** (8)
mo|no|chrom [-krom, griech.] einfarbig
Mo|no|chro|ma|sie [-kro-] *f. 11* völlige Farbenblindheit
mo|no|chro|ma|tisch [-kro-] einfarbig, spektralrein
Mo|no|chro|mie [-kro-] *f. 11 nur Sg.* Einfarbigkeit
Mon|o|die *auch:* **Mo|no|die** [griech.] *f. 11* **1.** *urspr.:* einstimmiger, unbegleiteter Gesang; **2.** *nach 1600:* einstimmiger Gesang mit Akkordbegleitung; **3.** s. **Ho|mo|pho|nie**
Mon|o|dik *auch:* **Mo|no|dik** *f. 10 nur Sg.* Kunst der Monodie
mon|o|disch *auch:* **mo|no|disch**
Mo|no|dra|ma [griech.], Mo|no|dram *n. Gen. -s Pl. -men* Drama mit nur einer Person
mo|no|fon s. **mo|no|phon**
mo|no|gam [griech.] auf Monogamie beruhend; *Ggs.:* polygam
Mo|no|ga|mie *f. 11* Ehe mit nur einem Partner, Einehe (auch bei Tieren)
Mo|no|ga|ta|ri [jap.] *n. 9* altjapan. Erzählung
Mo|no|ge|ne|se [griech.], **Mo|no|ge|ne|sis** *f. Gen. - nur Sg.*, Mo|no|go|nie *f. 11 nur Sg.* ungeschlechtl. Fortpflanzung; *Ggs.:* Amphigonie
mo|no|ge|ne|tisch
Mo|no|ge|nis|mus *m. Gen. - nur Sg.* Ableitung einer Gruppe von Organismen, z. B. der Menschenrassen, aus einer einzigen Stammform, Monophyletismus
Mo|no|go|nie *f. 11 nur Sg.* s. **Mo|no|ge|ne|se**
Mo|no|gra|fie *f. 11* s. **Mo|no|gra|phie**
mo|no|gra|fisch s. **mo|no|gra|phisch**
Mo|no|gramm [griech.] *n. 1* die (oft ineinander verschlungenen) Anfangsbuchstaben des Namens, Namenszeichen
Mo|no|gram|mis|ten *Pl.* Gruppe früher Grafiker, von denen nicht der volle Name, sondern nur das Monogramm bekannt ist
Mo|no|gra|phie *auch:* **Mo|no|gra|fie** *f. 11* Abhandlung über einen einzelnen Gegenstand oder Menschen, Einzeldarstellung, z. B. Künstlermonographie
mo|no|gra|phisch *auch:* **mo|no|gra|fisch**
mo|no|kau|sal [griech. + lat.] auf nur einer Ursache beruhend
Mon|o|kel *auch:* **Mo|no|kel** [griech. + lat.] *n. 5* Brille für nur ein Auge, Einglas
mo|no|klin [griech.] **1.** zwei sich schiefwinklig kreuzende Achsen und eine rechtwinklig darauf stehende Achse aufweisend (Kristallsystem); **2.** *Bot.:* zwitterig, zweigeschlechtig (Blüte)
Mo|no|ko|ty|le|do|ne [griech.] *f. 11* einkeimblättrige Pflanze
mon|o|ku|lar *auch:* **mo|no|ku|lar** [griech. + lat.] für nur ein Auge, mit nur einem Auge
Mo|no|kul|tur [griech. + lat.] *f. 10* Anbau nur einer Pflanzenart auf einer Fläche
mo|no|la|te|ral [griech. + lat.] einseitig
Mo|no|la|trie *auch:* **Mo|no|lat|rie** [griech.] *f. 11* Anbeten eines Gottes (ohne andere zu leugnen)
Mo|no|lith [griech.] *m. 10* **1.** Steinblock; **2.** aus einem einzigen Stein gehauenes Bildwerk
mo|no|li|thisch
Mo|no|log [griech.] *m. 1* Selbstgespräch
mo|no|lo|gisch
mo|no|lo|gi|sie|ren *intr. 3* einen Monolog führen

M

Mo|nom [griech.], Mo|no|nom *n. 1, Math.:* aus nur einem Glied bestehende Größe

mo|no|man [griech.] von einer fixen Idee besessen, von einem einzigen Trieb beherrscht

Mo|no|ma|ne *m. 11* jmd., der an Monomanie leidet

Mo|no|ma|nie *f. 11 nur Sg.* Besessenheit von einer fixen Idee, von einem einzigen Trieb

mo|no|ma|nisch s. **mo|no|man**

mo|no|mer [griech.] in einzelnen kleinen Molekülen vorliegend; *Ggs.:* polymer

Mo|no|mer *n. 1* Baustein hochmolekularer Stoffe

mo|no|misch [griech.] *Math.:* aus einem einzigen Glied bestehend, eingliedrig

Mo|no|nom *n. 1* s. **Mo|nom**

mo|no|phag [griech.] auf eine bestimmte Nahrung angewiesen (Tier)

Mo|no|pha|ge *m. 11* Tier, das auf eine bestimmte Nahrung angewiesen ist

Mo|no|pha|gie *f. 11 nur Sg.* auf eine bestimmte Nahrung eingestellte Ernährungsweise; vgl. Polyphagie, Pantophagie

Mo|no|pho|bie [griech.] *f. 11* krankhafte Angst vor dem Alleinsein

mo|no|phon *auch:* **mo|no|fon** [griech.] einkanalig; *Ggs.:* stereophon

Mo|no|phthong *auch:* **Mo|noph|thong** [griech.] *m. 1* einfacher Vokal; *Ggs.:* Diphthong

mo|no|phthon|gie|ren *auch:* **mo|noph|thon|gie|ren** *tr. u. intr. 3* vom Diphthong zum Monophthong übergehen (lassen), z. B. ei zu e in »Dritteil« und »Drittel«

mo|no|phthon|gisch *auch:* **mo|noph|thon|gisch**

Mo|no|phy|le|tis|mus [griech.] *m. Gen. - nur Sg.*, **Mo|no|phy|lie** *f. 11 nur Sg.* s. **Mo|no|ge|nis|mus**

Mo|no|ple|gie [griech.] *f. 11* Lähmung nur eines Gliedes oder Gliedteiles

Mo|no|pol [griech.] *n. 1* alleiniger Anspruch, alleiniges Vorrecht (z. B. eine Ware zu produzieren oder zu verkaufen)

mo|no|po|li|sie|ren *tr. 3* zu einem Monopol zusammenschließen, zum Monopol machen, das Monopol gewinnen (über etwas)

Mo|no|po|lis|mus *m. Gen. - nur Sg.* auf Beherrschung des Marktes durch Monopole gerichtetes Streben

Mo|no|po|list *m. 10* **1.** Inhaber eines Monopols; **2.** Vertreter des Monopolismus

mo|no|po|lis|tisch

Mo|no|pol|ka|pi|tal *n. Gen. -s nur Sg., im marxist. Sprachgebrauch:* **1.** das in Monopolen wirkende Kapital; **2.** Gesamtheit monopolistischer Unternehmen

Mo|no|pol|ka|pi|ta|lis|mus *m. Gen. - nur Sg., nach Lenin:* höchste Stufe des Kapitalismus, gekennzeichnet durch starke Konzentration wirtschaftlicher, auf Monopolen beruhender Macht

Mo|no|pol|ka|pi|ta|list *m. 10*

Mo|no|pte|ros *auch:* **Mo|nop|te|ros** [griech.] *m. Gen. - Pl.* -ren *oder* -pte|ren *oder* -roi **1.** kleiner, überdachter, antiker Säulenrundbau; **2.** *heute:* ähnlich gebauter Pavillon in Parks

Mo|no|sac|cha|rid [-saxa-, griech.] *n. 1* einfacher Zucker

mo|no|syl|la|bisch [griech.] nur aus einer Silbe bestehend, einsilbig

Mo|no|syl|la|bum *n. Gen. -s Pl.* -ba einsilbiges Wort

Mo|no|the|is|mus [griech.] *m. Gen. - nur Sg.* Glaube an einen einzigen Gott; *Ggs.:* Polytheismus

Mo|no|the|ist *m. 10* Anhänger des Monotheismus

mo|no|the|is|tisch

mo|no|ton [griech.] eintönig, einförmig

Mo|no|to|nie *f. 11 nur Sg.*

Mo|no|tre|men *auch:* **Mo|not|re|men** [griech.] *Pl.* Kloakentiere

Mo|no|type® [-taɪp, griech. + engl.] *f. 9* Setz- und Gießmaschine für Einzelbuchstaben

Mon|o|xid *auch:* **Mo|no|xid,** Mon|o|xyd [griech.] *n. 1* Oxid mit einem Sauerstoffatom

Mon|ö|zie *auch:* **Mo|nö|zie** [griech.] *f. 11 nur Sg., Bot.:* = Einhäusigkeit; *Ggs.:* Diözie

mon|ö|zisch *auch:* **mo|nö|zisch** = einhäusig; *Ggs.:* diözisch

Mo|no|zy|ten [griech.] *Pl.* größte weiße Blutzellen

Mon|roe [mɔnroʊ], *Marilyn* amerikan. Filmschauspielerin

Mon|roe|dok|trin *auch:* **Mon|roe-Dokt|rin** [mɔnroʊ-] *f. 10 nur Sg.* von dem US-amerik. Präsidenten J. Monroe 1823 aufgestellter Grundsatz der gegenseitigen Nichteinmischung (»Amerika den Amerikanern, Europa den Europäern«)

Mon|sei|gneur *auch:* **Mon|seig|neur** [mɔ̃sɛnjœr, frz.] *m. 1 oder m. 9 (Abk.:* Mgr.), *in Frankreich Titel urspr. für* Ritter, *dann für* Prinz, hoher Geistlicher

Mon|sieur [məsjø] *m. Gen. -s Pl.* Mes|sieurs [mesjø] (*Abk.:* M., *Pl.:* MM.), *frz. Anrede (allein stehend oder vor dem Namen):* (mein) Herr

Mon|si|gno|re *auch:* **Mon|sig|no|re** [mɔnsinjorə, ital.] *m. Gen. -s Pl.* -ri (*Abk.:* Mgr., Msgr.), *Titel für* hoher geistlicher Würdenträger

Mons|ter... [lat.] *in Zus.:* riesig, Riesen...

Mons|te|ra *f. Gen. - Pl.* -rae [-rɛː] ein Aronstabgewächs, eine Kletterpflanze

Mons|ter|film *m. 1* Film mit Überlänge und riesigem Aufgebot an Menschen und Ausstattung

♦ Die Buchstabenfolge **mons|tr...** kann in Fremdwörtern auch **monst|r...** getrennt werden.

♦ **Mons|tra** *Pl. von* Monstrum

♦ **Mons|tranz** [lat.] *f. 10* Gefäß für die geweihte Hostie

♦ **mons|trös** **1.** unförmig, missgestaltet, vom normalen Bau abweichend (z. B. Geweih); **2.** *übertr.:* ungeheuerlich

♦ **Mons|tro|si|tät** *f. 10 nur Sg.*

♦ **Mons|trum** *n. Gen. -s Pl.* -tren *oder* -tra missgebildetes Wesen, Ungeheuer

Mon|sun [arab.] *m. 1, in Südasien, bes. Indien:* halbjährlich wechselnder Wind (Sommer-, Wintermonsun)

Mon|tag *m. 1* (*Abk.:* Mo); vgl. Dienstag

Mon|ta|ge [-ʒə, frz.] *f. 11* **1.** Aufstellen und Zusammenbauen (von Maschinen, techn. Anlagen); **2.** künstler. Gestaltung (eines Films) durch Schnitt, Auswahl und Zusammenstellen der einzelnen Handlungseinheiten

Mon|ta|ge|bau [-ʒə-] *m. Gen.* -(e)s *Pl.* -bau|ten Bau, Bauweise mit größeren Fertigteilen

Mon|ta|ge|hal|le [-ʒə-] *f. 11*

Mon|ta|gnard *auch:* **Mon|tag|nard** [mɔ̃tanjar, frz.] *m. 9, während der Frz. Revolution:* Angehöriger der »Bergpartei« (der äußersten Linken, nach ihren hoch gelege-

nen Sitzen in der verfassunggebenden Versammlung)
Mon|tai|gne *auch:* **Mon|taig|ne** [mɔ̃tɛnjə], *Michel de* frz. Schriftsteller und Philosoph
mon|tan [lat.], **mon|ta|nis|tisch** zum Bergbau und Hüttenwesen gehörig
Mon|ta|na (*Abk.:* MT) Staat der USA
Mon|tan|an|stalt *f. 10* Hochschule für Bergbau und Hüttenwesen
Mon|tan|ge|sell|schaft *f. 10* Bergbau und Hütten betreibende Gesellschaft
Mon|tan|in|dus|trie *auch:* **Mon|tan|in|dust|rie** *f. 11 nur Sg.*
Mon|ta|nis|mus [nach dem Begründer, dem in Kleinasien geborenen Propheten Montanus] *m. Gen. - nur Sg.* Lehre der Sekte der Montanisten (2./3. Jh.) von dem baldigen Ende der Welt
Mon|ta|nist *m. 10* **1.** Anhänger des Montanismus; **2.** Fachmann in Bergbau und Hüttenwesen
mon|ta|nis|tisch **1.** zum Montanismus gehörig, auf ihm beruhend; **2.** = **mon|tan**
Mon|tan|u|ni|on *f. 10 nur Sg.* Europ. Gemeinschaft für Kohle und Stahl
Mont|blanc [mɔ̃blɑ̃, frz. »weißer Berg«] *m. Gen. -s* höchster Berg Europas
Mont|bre|tie [mɔ̃brɛtsjə, nach dem frz. Naturforscher C. de Montbret] *f. 11* ein südafrik. Schwertliliengewächs
Mon|te|ne|gri|ner *auch:* **Mon|te|neg|ri|ner** *m. 5* Einwohner von Montenegro
mon|te|ne|gri|nisch *auch:* **mon|te|neg|ri|nisch**
Mon|te|ne|gro *auch:* **Mon|te|neg|ro** Teilrepublik der Bundesrepublik Jugoslawien
Mon|tes|quieu [mɔ̃tɛskjøː], *Charles de* frz. Schriftsteller und Philosoph
Mon|teur [mɔntøːr, frz.] *m. 1* Facharbeiter für die Montage von Maschinen und techn. Anlagen
Mon|te|ver|di [-vɛr-], *Claudio* ital. Komponist
Mon|te|vi|deo [-vi-] Hauptstadt von Uruguay
Mont|gol|fie|re [mɔ̃gɔlfjɛrə, nach den frz. Erfindern, den Brüdern Montgolfier] *f. 11* mit Warmluft gefüllter Ballon
mon|tie|ren [frz.] *tr. 3* aufstellen, auf-, zusammenbauen (Maschine, techn. Anlage)
Mont|mar|tre *auch:* **Mont|mart|re** [mɔ̃martrə, frz.] *m. Gen. -(s)* Stadtteil von Paris, Künstler- und Vergnügungsviertel
Mont|par|nasse [mɔ̃parnas, frz.] *m. Gen. - nur Sg.* Stadtteil von Paris, Vergnügungsviertel
Mon|tre|al *auch:* **Mont|re|al** Stadt in Kanada
Mon|tur *f. 10* **1.** *veraltet:* Uniform; **2.** *noch ugs., scherzh.:* Anzug, Arbeitsanzug
Mo|nu|ment [lat.] *n. 1* (großes) Denkmal; Monumenta Germaniae historica (*Abk.:* MGH): Historische Denkmäler Deutschlands (wichtigste Sammlung mittelalterl. Quellen zur dt. Geschichte)
mo|nu|men|tal **1.** in der Art eines Monuments, denkmalartig; **2.** *übertr.:* gewaltig, riesig groß; ein monumentales Ereignis
Mo|nu|men|tal|bau *m. Gen. -(e)s Pl.* -bau|ten
Mo|nu|men|ta|li|tät *f. 10 nur Sg.* gewaltige, eindrucksvolle Größe
Moon|boots [muːnbuːts, engl.] *Pl.* gefütterte Stiefel aus Kunststoff
Moor *n. 1*
Moor|bad *n. 4*
Moore [mur], *Henry* engl. Bildhauer
moo|rig
Moor|ko|lo|nie *f. 11*
Moor|kul|tur *f. 10* Gewinnung von Nutzland aus Moor
Moor|lei|che *f. 11* im Moor mumienhaft konservierte Leiche aus vor- oder frühgeschichtl. Zeit
Moor|schnee|huhn *n. 4* ein Raufußhuhn
Moos *n. 1* **1.** eine Sporenpflanze; vgl. Moospflanzen; **2.** *süddt., österr.:* Moor; **3.** [hebr.-jidd.] *nur Sg., ugs.:* Geld
Moos|bee|re *f. 11* ein Heidekrautgewächs
moos|grün
moo|sig
Moos|pflan|zen *Pl.* eine Gruppe niederer blütenloser Pflanzen
Moos|tier|chen *Pl.* eine Klasse der Tentakeltiere
Mop (*alt für:* Mopp) *m. 9*
Mo|ped [Kurzwort aus Motor und Veloziped oder Pedal] *n. 9* leichtes Motor(fahr)rad
Mopp [engl.] *m. 9* Staubbesen mit Fransen statt der Borsten

> **Mopp:** Das Wort wird, weil ein kurzer Vokal vorliegt, mit *pp* geschrieben: *der Mopp* (alt: *Mop*).

Mop|pel *m. 5, scherzh.:* Mops
mop|pen *tr. u. intr. 1* mit dem Mopp fegen
Mops *m. 2* eine Hunderasse mit stumpfer Schnauze
Möps|chen *n. 7*
Möp|se [rotwelsch] *nur Pl.* **1.** *ugs.:* Geld **2.** *derb:* Brüste
mop|sen **1.** *tr. 1, ugs.:* stehlen; **2.** *refl. 1* sich langweilen
mops|fi|del *ugs.*
mop|sig *ugs.* **1.** langweilig; **2.** dick (Person, Gesicht)
Mo|ra **1.** [lat.], **Mo|re** *f. Gen. - Pl.* -ren kleinste Zeiteinheit im Vers, Dauer einer kurzen Silbe; *veraltet:* Verzug, Verzögerung (einer Zahlung); **2.** [ital.] *f. Gen. - Pl. -* ein ital. Fingerspiel
Mo|ral [lat.] *f. Gen. - nur Sg.* **1.** Sittlichkeit; **2.** Sittenlehre; **3.** sittl. Nutzanwendung; und die M. von der Geschicht' …
Mo|ral|ge|setz *n. 1*
Mo|ra|lin *n. Gen. -s nur Sg.* moral. Heuchelei
mo|ra|lin|sau|er *ugs.:* übertrieben moralisch
mo|ra|lisch auf Moral beruhend, ihr entsprechend, sittlich
mo|ra|li|sie|ren *intr. 3* Moral predigen, moral. Betrachtungen anstellen
Mo|ra|lis|mus *m. Gen. - nur Sg.* **1.** Anerkennung verbindl. Moralgesetze; vgl. Amoralismus, Immoralismus; **2.** Überbetonung der Moral
Mo|ra|list *m. 10* **1.** moral. Mensch; **2.** *bes. in Frankreich im 16./18. Jh.:* moralisierender Schriftsteller; **3.** Sittenlehrer; **4.** Sittenprediger
Mo|ra|li|tät *f. 10* **1.** *nur Sg.* Sittlichkeit, sittliches Bewusstsein; vgl. Amoralität, Immoralität; **2.** *Ende des MA:* lehrhaftes moral. Schauspiel
Mo|ral|leh|re *f. 11*
Mo|ral|leh|rer *m. 5* Moralphilosoph
Mo|ral|pau|ke *f. 11* Moralpredigt
Mo|ral|phi|lo|soph *m. 10*
Mo|ral|phi|lo|so|phie *f. 11*
Mo|ral|pre|di|ger *m. 5*
Mo|ral|pre|digt *f. 10*
Mo|ral|the|o|lo|gie *f. 11*
Mo|rä|ne [frz.] *f. 11* von Gletschern mitgeführter und abgelagerter Gesteinsschutt

M

Mo|rä|nen|land|schaft *f. 10*
Mo|rạst *m. 1* sumpfiger Boden, Schlamm
mo|rạs|tig
Mo|ra|to|ri|um [lat.] *n. Gen. -s Pl.* -ri|en Zahlungsaufschub
mor|bid [lat.] **1.** kränklich, angekränkelt; **2.** *übertr.:* morsch, brüchig
Mor|bi|di|tät *f. 10 nur Sg.*
Mọr|bus *m. Gen. - Pl.* -bi Krankheit
Mọr|chel *f. 11* ein Pilz
Mọrd *m. 1*
Mọrd|an|schlag *m. 2*
Mọrd|be|gier|de *f. 11 nur Sg.*
mọrd|be|gie|rig
Mọrd|bren|ner *m. 5, veraltet:* Mörder und Brandstifter
Mọrd|bren|ne|rei *f. 10 nur Sg.*
Mọrd|bu|be *m. 11, veraltet:* Mörder
mọr|den *tr. 2*
Mor|dẹnt [ital.] *m. 1 (Zeichen:* ꟿ*) Mus.:* Pralltriller, einmaliger, nach unten ausgeführter Wechselschlag
Mọ̈r|der *m. 5*
Mọ̈r|der|gru|be *f. 11, nur noch in der Wendung* aus seinem Herzen keine M. machen: seine Meinung nicht zurückhalten, freiheraus reden
Mọ̈r|der|hand *f. 2, nur in Wendungen wie* durch M. sterben
mọ̈r|de|risch *ugs.:* furchtbar, sehr groß; mörderische Hitze
mọ̈r|der|lich *ugs.:* sehr, tüchtig; jmdn. m. verhauen; m. schreien
Mọrd|ge|schich|te *f. 11*
Mọrd|ge|sel|le *m. 11, veraltet:* Mörder
Mọrd|gier *f. Gen. - nur Sg.*
mọrd|gie|rig
Mọrd|in|stru|ment *auch:* **Mọrd|ins|tru|ment, Mọrd|inst|ru|ment** *n. 1*
mor|dio! *veraltet:* Hilfe, Mord!
Mọrd|kom|mis|si|on *f. 10*
Mọrd|lust *f. 2 nur Sg.*
mọrd|lus|tig
Mọrds... *in Zus.:* groß, z. B. Mordsglück, Mordskrach, Mordshunger, tüchtig, z. B. Mordskerl
mọrds|mä|ßig *ugs.:* sehr; sich m. freuen; m. schimpfen, schreien
Mọrd|tat *f. 10*
Mọrd|ver|such *m. 1*
Mọrd|waf|fe *f. 11*
Mo|re *f. 11* s. **Mo|ra** (1)
Mo|rẹl|le, Ma|rẹl|le [ital.] *f. 11* eine Sauerkirschenart
Mo|ren *Pl. von* Mora (1)
mo|rẹn|do [ital.] *Mus.:* immer leiser werdend, ersterbend, verhauchend
Mo|res [lat.] *Pl.* Anstand, gute Sitten; *nur in den Wendungen* jmdn. Mores lehren, ich will dich Mores lehren
Mo|rẹs|ca, Mo|rịs|ca, Mo|rịs|ke *f. Gen. - nur Sg.* europ. pantomim. Tanz
Mo|rẹs|ke *f. 11* s. **Mau|rẹs|ke**
mor|ga|na|tisch [mlat.] ungesetzlich; morganatische Ehe: Ehe zur linken Hand
mọr|gen; m. Abend; m. Mittag; m. Nachmittag; m. Früh *oder:* früh; bis m.!; der Mensch von m.
Mọr|gen *m. 7* **1.** Tagesbeginn; am M.; des Morgens; *aber:* morgens; jmdm. (einen) guten *oder:* Guten M. wünschen; sie ging heute Morgen sehr früh aus dem Haus; das Heute und das M.; vgl. Abend; **2.** *veraltet:* Osten; gen M. fahren; **3.** Feldmaß unterschiedlicher Größe (25-35 a), so viel Land, wie man mit einem Gespann an einem M. umpflügen kann; fünf M. Land
mọr|gend *veraltet:* morgig
mọr|gend|lich
Mọr|gen|frü|he *f. Gen. - nur Sg.*
Mọr|gen|ga|be *f. 11, früher:* Geschenk des Ehemanns für die Frau am Morgen nach der Hochzeit
Mọr|gen|grau|en *n. Gen. -s nur Sg.*
Mọr|gen|land *n. Gen. -(e)s nur Sg.* der Nahe, Mittlere und Ferne Osten, der Orient; *Ggs.:* Abendland
mọr|gen|län|disch
Mọr|gen|luft *f. 2;* M. wittern *ugs.:* einen Vorteil für sich ahnen
Mọr|gen|rock *m. 2*
Mọr|gen|rot *n. Gen. -s nur Sg.*
Mọr|gen|rö|te *f. Gen. - nur Sg.*
mọr|gens; *aber:* des Morgens; vgl. abends
Mọr|gen|son|ne *f. 11 nur Sg.*
Mọr|gen|stun|de *f. 11*
Mọr|gen|thau|plan *auch:* **Mọr|gen-thau-Plan** [nach dem US-amerik. Finanzminister Henry Morgenthau] *m. 2 nur Sg.* Plan zur Vernichtung der dt. Industrie nach 1945
mọr|gen|wärts
Mọr|gen|wei|te *f. 11* Winkelabstand eines Gestirns bei seinem Aufgang vom Ostpunkt; *Ggs.:* Abendweite
mọr|gig; am morgigen Vormittag um 11 Uhr
Mo|ria [griech.] *f. Gen. - nur Sg.* leichte Geistesstörung mit übertriebener Heiterkeit
mo|ri|bụnd [lat.] dem Tod geweiht; *Med.:* im Sterben liegend
Mö|ri|ke, *Eduard* dt. Schriftsteller
Mo|ri|nẹll [span.] *m. 1,* Mor|nẹl|le *f. 11* ein Regenpfeifervogel, *heute:* Mornellregenpfeifer
Mo|rịs|ca *f. Gen. - nur Sg.* s. **Mo|rẹs|ca**
Mo|rịs|ke **1.** *f. 11* s. **Mo|rẹs|ca; 2.** *m. 11* in Spanien nach Ende der Maurenherrschaft zurückgebliebener, zum Christentum übergetretener Maure
Mo|ri|tat *f. 10* **1.** *veraltet:* Mordtat, schrecklicher Unglücksfall; **2.** einen solchen Fall schilderndes Bänkelsängerlied, Schauerballade
Mo|ritz, Mo|riz männl. Vorname
Mor|mo|ne [nach dem Buch »Mormon« des Begründers Joseph Smith] *m. 11* Angehöriger einer nordamerik. christl. Sekte
Mor|nẹl|le *f. 11* s. **Mo|ri|nẹll**
mo|ros [lat.] *veraltet:* mürrisch, verdrießlich
Mo|ro|si|tät *f. 10 nur Sg., veraltet*
Mor|phe [griech.] *f. Gen. - nur Sg.* Gestalt, Form, Aussehen
Mor|phem *n. 1, Linguistik:* kleinste Bedeutung tragende sprachliche Einheit, z. B. -te in lieb(te)
Mor|phe|ma|tik *f. 10 nur Sg.* Lehre von den Morphemen
Mọr|pheus *griech. Myth.:* Gott des Schlafes und der Träume
Mor|phin, Mọr|phi|um *n. Gen. -s nur Sg.* ein aus Opium gewonnenes, schmerzlinderndes Alkaloid, ein Rauschgift
Mor|phi|nịs|mus *m. Gen. - nur Sg.* Morphiumsucht
Mor|phi|nịst *m. 10*
Mọr|phi|um *n. Gen. -s nur Sg.* s. **Mor|phin**
Mọr|phi|um|sucht *f. Gen. - nur Sg.*
mọr|phi|um|süch|tig
Mor|pho|ge|ne|se [griech.] *f. 11,* **Mor|pho|ge|ne|sis** *f. Gen. - Pl.* -ne|sen, Mor|pho|ge|nie *f. 11* Entwicklung von Gestalt und Form eines Lebewesens
mor|pho|ge|ne|tisch gestaltbildend
Mor|pho|ge|nie *f. 11* s. **Mor|pho|ge-ne|se**
Mor|pho|lo|gie *f. 11 nur Sg.* Lehre von der Gestalt- und Formbil-

dung (der Lebewesen sowie der Wörter), Formenlehre
mor|pho|lo|gisch
morsch verfault, spröde, hinfällig
Morsch|heit *f. 10 nur Sg.*
Mor|se|al|pha|bet *auch:* **Mor|se-Al|pha|bet** [nach dem nordamerik. Erfinder Samuel Morse] *n. 1 nur Sg.* aus Punkten und Strichen bestehendes Alphabet zur Nachrichtenübermittlung durch Ton- oder Lichtsignale
Mor|se|ap|pa|rat *auch:* **Mor|se-Ap|pa|rat** *m. 1*
mor|sen *tr. 1* Zeichen des Morsealphabets übermitteln
Mör|ser *m. 5* **1.** Gefäß zum Zerkleinern harter Stoffe mit dem Stößel; **2.** ein Steilfeuergeschütz; **3.** Granatwerfer
Mör|ser|bat|te|rie *f. 11*
mör|sern *tr. 1* im Mörser (1) zerkleinern
Mor|se|zei|chen *n. 7*
Mor|ta|del|la [ital.] *f. Gen. - nur Sg.* eine Wurstsorte
Mor|ta|li|tät [lat.] *f. 10 nur Sg.* **1.** Sterblichkeit; *Ggs.:* Immortalität; **2.** Sterblichkeitsziffer; *Ggs.:* Natalität
Mör|tel *m. 5* Bindemittel für Mauerwerk
Mör|tel|kalk *m. 1*
mör|teln *tr. 1* mit Mörtel verbinden
Mo|ru|la [lat.] *f. Gen. - nur Sg.* erstes Entwicklungsstadium des Keims von Tieren und Menschen, Maulbeerkeim
Mo|sa|ik [lat.] *n. 12* **1.** Einlegearbeit aus farbigen Steinchen, Stiften oder Glasstückchen in Mauern oder Fußböden; **2.** *übertr.:* aus vielen Einzelteilen zusammengesetztes Bild
Mo|sa|ik|stein *m. 1*
mo|sa|isch von Moses herrührend; die mosaischen Gesetze
Mo|sa|is|mus *m. Gen. - nur Sg., veraltet:* Judentum
Mo|sam|bik, Mo|çam|bique [mosambık] **1.** Staat in Südostafrika; **2.** Hafenstadt in Mosambik (1)
Mosch *m. Gen. -s nur Sg., mitteldt.:* Abfälle (bes. von Papier, Holz usw.), Überbleibsel, Ausschuss
Mo|schaw [hebr.] *m. Gen. -s Pl.* -wim (in Israel) Genossenschaft von Kleinbauern
Mo|schee [arab.-frz.] *f. 11* muslim. Gotteshaus
Mo|schus [Sanskrit] *m. Gen. - nur Sg.* aus der Drüsenabsonderung des Moschustiers gewonnener Riechstoff
Mo|schus|bock *m. 2* ein Bockkäfer, riecht nach Moschus
Mo|schus|och|se [-ks-] *m. 11* ein arktischer, rindähnlicher Hornträger, dessen Fleisch nach Moschus riecht, Bisamochse
Mo|schus|tier *n. 1* kleiner, zentralasiatischer geweihloser Hirsch, aus dessen Geschlechtsdrüsenabsonderung Moschus gewonnen wird
Mö|se *f. 11, vulg.:* weibl. Scheide
Mo|sel **1.** *f. Gen. -* Nebenfluss des Rheins; **2.** *m. 5, kurz für* Moselwein
Mo|se|la|ner, Mo|sel|la|ner *m. 5* Einwohner des Mosellandes
Mo|sel|land *n. Gen. -(e)s nur Sg.*
Mo|sel|wein *m. 1*
Mo|ses **1.** Führer der Israeliten und Gesetzgeber im AT; **2.** *m. Gen. - Pl.* -ses|se jüngstes Mitglied der Schiffsmannschaft, Schiffsjunge; **3.** kleinstes Beiboot
Mos|kau Hauptstadt Russlands
Mos|kau|er *m. 5*
mos|kau|isch
Mos|kau-Wol|ga-Ka|nal *m. 2*
Mos|ki|to [span.] *m. 9* eine tropische Stechmücke
Mos|ki|to|netz *n. 1*
Mos|ko|wi|ter *m. 5* Einwohner des ehemaligen russ. Gouvernements Moskau
mos|ko|wi|tisch
Mos|lem [arab.] *m. 9* s. **Mus|lim**
Mos|lem|bru|der|schaft *f. 10* (in Ägypten) extreme islam. Vereinigung
mos|le|misch s. **mus|li|misch**
mos|so [ital.] *Mus.:* bewegt, lebhaft
Most *m. 1* **1.** unvergorener Fruchtsaft; **2.** *süddt., schweiz.:* Obstwein
mos|ten *intr. 2* Most herstellen
Mos|te|rei *f. 10*
Mos|tert *m. Gen. -s nur Sg., nordwestdt.:* Senf
Most|rich *m. 1 nur Sg., nordostdt.:* Senf
Mo|tel [Kurzwort aus engl. motorist's hotel »Hotel für Reisende mit Motorfahrzeug«] *n. 9* Hotel mit Appartements und Garagen an Autostraßen
Mo|tet|te [ital.] *f. 11* mehrstimmiges, meist unbegleitetes (heute nur noch geistl.) Chorgesangsstück
Mo|ther|board [mʌðə(r)bɔ:(r)d, engl.] *n. 9, EDV:* Grundplatine eines Computers
Mo|ti|li|tät [lat.] *f. 10 nur Sg.* Bewegungsvermögen, Beweglichkeit (bes. von Muskeln)
Mo|ti|on *f. 10* **1.** Bewegung; **2.** *schweiz.:* schriftl. Antrag (im Parlament); **3.** Bildung der Genusformen beim Adjektiv, Movierung
Mo|ti|o|när *m. 1, schweiz.:* jmd., der eine Motion (2) einreicht
Mo|tiv [mlat.-frz.] *n. 1* **1.** Leitgedanke; **2.** Beweggrund, Antrieb (für eine Handlung); **3.** kennzeichnender inhaltlicher Bestandteil einer Dichtung, z. B. Märchenmotiv (M. der feindl. Brüder); **4.** kleinste charakterist. Tonfigur einer Melodie oder eines musikal. Themas; **5.** *bildende Kunst und Malerei:* Gegenstand der Darstellung, z. B. Rankenmotiv
Mo|ti|va|ti|on [-va-] *f. 10* Hintergrund, Ursache für ein Motiv (2)
Mo|tiv|for|schung *f. 10* Erforschung von Motiven und Motivationen der Teilnehmer am Wirtschaftsgeschehen
mo|ti|vie|ren [-vi-] *tr. 3;* eine Handlung m.: aus den Motiven, die zu ihr führten, begründen; jmdn. m.: jmdm. ein Motiv geben, etwas zu tun
Mo|ti|vie|rung [-vi-] *f. 10 nur Sg.*
Mo|ti|vik [-vik] *f. 10 nur Sg.* Kunst der Verarbeitung von Motiven
mo|ti|visch [-viʃ] auf ein Motiv bezüglich, ein Motiv, die Motive betreffend
Mo|to-Cross *Nv.* **Mo|to|cross** *Hv.* [engl.] *n. Gen. - nur Sg., Motorradsport:* Geschicklichkeitsprüfung beim Geländefahren
Mo|to|drom *n. 1* Rundkurs für Motorräder oder Autos, bei dem die Zuschauer im Innenraum sitzen
Mo|tor [auch: -tor, lat.] *m. 13 bzw. 12* **1.** Maschine zum Erzeugen von mechan. Arbeitskraft; **2.** *übertr.:* Triebkraft
Mo|tor|boot *n. 1*
Mo|tor|fahr|zeug *n. 1*
...mo|to|rig mit einer bestimmten Anzahl von Motoren versehen, z. B. zweimotorig, 2-motorig
Mo|to|rik *f. 10 nur Sg.* **1.** Gesamtheit der Bewegungsabläufe des

M

Körpers; **2.** Bewegungslehre; **3.** Bewegungsart

mo|to|risch

mo|to|ri|sie|ren *tr. 3* mit Kraftmaschinen oder -fahrzeugen ausstatten; motorisiert sein *ugs., scherzh.:* ein Auto haben

Mo|to|ri|sie|rung *f. 10 nur Sg.*

Mo|tor|pflug [auch: -tor-] *m. 2*

Mo|tor|rad *n. 4*

Mo|tor|rol|ler *m. 5*

Mo|tor|sä|ge *f. 11*

Mo|tor|schiff *n. 1*

Mo|tor|schlit|ten *m. 7*

Mo|tor|seg|ler *m. 5* Segelboot oder -flugzeug mit Hilfsmotor

Mo|tor|sport *m. 1 nur Sg.*

Mot|te *f. 11*

mot|ten|fest

Mot|ten|fraß *m. Gen.* -es *nur Sg.*

Mot|ten|kis|te *f. 11*

mot|ten|si|cher

Mot|to [ital.] *n. 9* Leit-, Wahlspruch, Devise, Parole, Slogan

Mo|tu|pro|prio *auch:* **Mo|tu|prop|rio** [lat. »aus eigenem Antrieb«] *n. 9* nicht auf Eingaben beruhender Erlass des Papstes

mot|zen *intr. 1, ugs.:* nörgelnd schimpfen

mouil|lie|ren [muji-, frz.] *tr. 3* einen Konsonanten m.: erweichen, ein j sprechen oder nachklingen lassen, z. B. brillant [briljant], Señor [sɛnjor], *frz.* fille [fijə], palatalisieren

Mouil|lie|rung [muji-] *f. 10*

Mou|la|ge [mulaʒə, frz.] *f. 11* **1.** Abdruck, Abguss; **2.** farbiges Wachsmodell (des Körpers oder von Körperteilen)

Mou|li|né [mu-, frz.] *m. 9* **1.** Zwirn aus zwei verschiedenfarbigen Garnen; **2.** Gewebe daraus

mou|li|nie|ren [mu-] *tr. 3* zwirnen

Moun|tain|bike [mauntənbaik, engl.] *n. 9* Fahrrad mit gebirgstauglichen Übersetzungen und Bremsen

Mount E|ve|rest [maunt ɛvə-] *m. Gen.* - - höchster Berg der Erde im Himalaya

Mouse [maus, engl.] *f. Gen.* - *Pl.* Mice [mais] = **Maus** (2)

Mouse|click [maus-, engl.] *m. 9* = **Maus|klick**

Mouse|pad [mauspæd] *n. 9* = **Maus|pad**

Mousse [mus, frz.] *f. Gen.* - *Pl.* -s schaumige Vor- oder Nachspeise

mous|sie|ren [mus-] *intr. 3* schäumen, prickeln (von Sekt)

Mous|té|ri|en [musterĩɛ̃, nach dem frz. Fundort Le Moustier] *n. Gen.* -s *nur Sg.* Stufe der älteren Altsteinzeit

Mo|vens [-vɛns, lat.] *n. Gen.* - *nur Sg.* treibende Kraft, Beweggrund

mo|vie|ren [-vi-] *tr. 3;* ein Wort, bes. ein Adjektiv m.: seine Genusformen bilden

Mo|vie|rung [-vi-] *f. 10* = Motion (3)

Mö|we *f. 11*

Moz|a|ra|ber [arab.] *m. 5* Christ in Spanien während der arab. Herrschaft, der die arab. Sprache und Kultur angenommen hatte

moz|a|ra|bisch

Mo|zart, *Wolfgang Amadeus* österr. Komponist

Mo|zart|zopf *m. 2* am Hinterkopf angeflochtener Zopf

Moz|za|rel|la [ital.] *m. 9* Käse aus Büffel- oder Kuhmilch

mp **1.** *Abk. für* mezzopiano; **2.** *Abk. für* Millipond

MP **1.** *Abk. für* Military Police (die US-amerik. Militärpolizei); **2.** *Abk. für* Maschinenpistole

m. p. *Abk. für* manu propria

MP3 *n. 1 Abk. für* MPEG-Audio-Layer 3: Format zur Komprimierung von Klangdateien

MPEG *Abk. für* Moving Pictures Experts Group (Expertengruppe für bewegte Bilder): Oberbegriff für Formate, die zur Komprimierung von audiovisuellen Daten dienen

MPi *Abk. für* Maschinenpistole

MP3-Pla|yer *auch:* **MP3-Play|er** [-plɛɪə(r), engl.], **MP3-Spie|ler** *m. 5* Abspielgerät für Musik im MP3-Format

Mr *Abk. für* Mister

Mrd., Md. *Abk. für* Milliarde(n)

Mrs *Abk. für* Mistress

Ms [mɪz, engl.] *Mischform aus* Miss und Mrs, v.a. in Briefen

MS **1.** *Abk. für* Mississippi (2); **2.** *Abk. für* Motorschiff

Ms. *Abk. für* Manuskript

m. s. *Abk. für* mano sinistra

m/s *Abk. für* Meter pro Sekunde

Msgr., Mgr. *Abk. für* Monsignore

Mskr. *Abk. für* Manuskript(e)

Mss. *Abk. für* Manuskripte

MsTh *Abk. für* Mesothorium

Mt *Abk. für* Megatonne

MT *Abk. für* Montana

Mt. *Abk. für* Mount

MTA *Abk. für* medizinisch-technische Assistentin

Much|tar, Muh|tar [türk.] *m. 9, in der Türkei:* Gemeindevorsteher

Mu|cke *f. 11, ugs.* **1.** Laune, Grille, Unart (von Personen); **2.** kleiner Defekt, Störung (bei Maschinen, Geräten) **3.** Musik

Mü|cke *f. 11*

Mu|cke|fuck *m. Gen.* -s *nur Sg., ugs.:* Malzkaffee, Kaffeeersatz

mu|cken *intr. 1* s. **muck|sen**

Mü|cken|schwarm *m. 2*

Mü|cken|stich *m. 1*

Mu|cker *m. 5, ugs.:* mürrischer oder scheinheiliger Mensch, Duckmäuser

mu|cke|risch *ugs.*

Mucks *m. 1,* Muck|ser *m. 5, ugs.:* halb unterdrückter Laut, schwache Bewegung; keinen M. von sich geben; er hat den ganzen Abend nicht M. gesagt

mucksch *sächsisch:* verdrossen, trotzig schweigend

muck|schen *intr. 1, sächs.:* längere Zeit eingeschnappt sein, trotzig schweigen

muck|sen, mu|cken *intr. 1, ugs., meist in der Wendung* sich nicht m.: sich nicht rühren, keinen Laut von sich geben

Muck|ser *m. 5* s. **Mucks**

mucks|mäus|chen|still ganz still

Mud *m. Gen.* -s *nur Sg., nddt.:* wässriger Schlamm, Morast

müd s. **mü|de**

Mud|del *m. Gen.* -s *nur Sg., mitteldt., norddt.:* planlose, liederliche Arbeit

mud|deln *intr. 1, mitteldt.:* planlos, liederlich, lustlos arbeiten; ich muddele, muddle

mud|dig *nddt.:* schlammig

mü|de, müd; sich m. arbeiten, sich m. weinen; ich bin dessen m.; ich bin es m., immer wieder zu mahnen

Mu|de|jar|stil *auch:* **Mu|de|jar-Stil** [-xar-, nach den Mudejaren, den »zum Bleiben (in Spanien) ermächtigten« muslim. Arabern] *m. 1 nur Sg.* span. Kunststil bes. im 14. Jh. mit maurischen Elementen

Mü|dig|keit *f. Gen.* - *nur Sg.*

Mu|dir [arab.-türk.] *m. 1* **1.** Vorsteher einer ägypt. Provinz; **2.** *Titel für:* türk. Beamter

Mu|dscha|hed *auch:* **Mud|scha|hed** [arab.] *m. Gen.* -s *Pl.* -he|din Angehöriger islam. Widerstandsgruppen

Mü|es|li *n. 9, schweiz. für* Müsli

M

Mu|ez|zin [arab.-türk.] *m. 9, im Islam:* Gebetsrufer
Muff 1. [ndrl.] *m. 1 nur Sg., nddt.:* Schimmel(pilz), Moder, fauliger Geruch; **2.** [frz.] *m. 1* Handwärmer (für beide Hände) aus Pelz
Müff|chen *n. 7* kleiner Muff (2)
Muf|fe *f. 11* **1.** Verbindungsstück für Rohre, erweitertes Rohrende; **2.** wasserdichtes Verbindungsstück für Kabel
Muf|fel 1. *f. 11* feuerfestes, verschließbares Gefäß zum Brennen von empfindl. Töpferwaren als Schutz vor den Feuergasen; **2.** *n. 5* = **Muff|lon; 3.** *m. 5, ugs.:* mürrischer, verdrießl. Mensch
...muf|fel *m. 5, in Zus., ugs. scherzh.:* jmd., der für etwas Bestimmtes nichts übrig hat, z. B. Fernseh-, Morgen-, Sexmuffel
muf|fe|lig, muff|lig *ugs.:* mürrisch, verdrießlich
Muf|fe|lig|keit, Muff|lig|keit *f. 10 nur Sg., ugs.:* muffeliges Wesen, Verdrießlichkeit
muf|feln *intr. 1, ugs.* **1.** mürrisch, verdrießlich sein; **2.** anhaltend kauen; **3.** moderig, schimmlig riechen
Muf|fel|wild *n. Gen.* -(e)s *nur Sg., Sammelbez. für* männl. und weibl. Mufflon und die Jungen
muf|fig 1. schimmelig, moderig; **2.** *ugs.:* muffelig
muff|lig *ugs.* s. **muf|fe|lig**
Muff|lig|keit *f. 10 nur Sg., ugs.* s. **Muf|fe|lig|keit**
Muff|lon *auch:* **Muf|flon** [frz.] *n. 9,* **Muf|fel** *n. 5* Wildschaf
Muf|ti [arab.] *m. 9* muslim. Rechtsgelehrter, der Gutachten nach relig. Recht abgibt
mu|ge|lig, mug|lig mit nach oben gewölbter Oberfläche geschliffen (Edelstein)
Mü|he *f. 11;* das ist nicht der M. wert; sich redlich M. geben; mit Müh(e) und Not
mü|he|los
Mü|he|lo|sig|keit *f. Gen. - nur Sg.*
mu|hen *intr. 1* brüllen (Kuh)
mü|hen *refl. 1*
mü|he|voll
Mü|he|wal|tung *f. 10* Mühe
Mühl|bach *m. 2*
Müh|le *f. 11*
Müh|le|spiel *n. 1*
Mühl|gra|ben *m. 8*
Mühl|knap|pe *m. 11* Müllergeselle
Mühl|rad *n. 4*
Mühl|stein *m. 1*
Müh|m|chen *n. 7*
Muh|me *f. 11, veraltet:* Tante
Müh|sal *f. 1*
müh|sam
müh|se|lig
Müh|se|lig|keit *f. Gen. - nur Sg.*
Muh|tar [türk.] s. **Much|tar**
Mu|ko|i|de [lat.] *Pl.* die (meist schleimigen) Eiweißstoffe der Pilze
mu|kös schleimig
Mu|ko|sa *f. Gen. - Pl.* -sen Schleimhaut
Mu|ko|vis|zi|do|se [-vis-, lat.] *f. 11, Med.:* angeborene Stoffwechselkrankheit
Mu|lat|te [span.] *m. 11* Nachkomme eines schwarzen und eines weißen Elternteils
Mu|lat|tin *f. 10*
Mulch *m. 1, Gartenbau:* Deckschicht aus Stroh, Torf oder Gras
Mul|che *f. 11, alem.:* Milch (für die Käserei)
mul|chen *tr. 1* mit Mulch bedecken (Boden)
Mul|chen *n. 7 nur Sg., schweiz.:* Ertrag an Milcherzeugnissen
Mul|de *f. 11*
Mu|li [lat.] *n. 9, süddt., österr. für* Mulus (1)
Mull *m. 1 nur Sg.* **1.** *kurz für* Torfmull; **2.** feines, lockeres Baumwollgewebe, Verbandmull; **3.** *volkstüml.:* Maulwurf
Müll *m. 1 nur Sg.*
Mul|la *m. 9* s. **Mol|la**
Müll|ab|fuhr *f. 10*
Müll|au|to *n. 9*
Mul|lah *m. 9* s. **Mol|la**
Mull|bin|de *f. 11*
Müll|con|tai|ner [-kɔntɛınə(r)] *m. 5*
Müll|de|po|nie *f. 10* Platz, an dem Müll abgeladen werden darf
Müll|ei|mer *m. 5* Eimer mit Haushaltsmüll
Mül|ler *m. 5*
Mül|ler|bur|sche *m. 11*
Mül|le|rei *f. 10 nur Sg.*
Mül|le|rin *f. 10, früher:* Frau oder Tochter eines Müllers
Müll|kip|pe *f. 11*
Müll|kut|scher *m. 5*
Müll|mann *m. 4*
Müll|schlu|cker *m. 5*
Müll|ton|ne *f. 11*
Mulm *m. 1 nur Sg.* lockere Erde, verwittertes Gestein oder verfaultes Holz
mul|men 1. *tr. 1* zu Mulm machen; **2.** *intr. 1* zu Mulm zerfallen
mul|mig 1. wie Mulm, aus Mulm; **2.** *ugs. übertr.:* gefährlich, bedenklich; die Sache sieht m. aus; **3.** *ugs. übertr.:* schlecht, übel, unwohl; mir ist, wird m.
mul|ti..., Mul|ti... [lat.] *in Zus.:* viel, mehrfach, vielfach, z. B. Multimillionär
Mul|ti *n. 9, meist Pl., kurz für* multinationales Unternehmen
mul|ti|di|men|si|o|nal *Psych.:* vielschichtig
Mul|ti|di|men|si|o|na|li|tät *f. 10 nur Sg.*
mul|ti|kul|tu|rell
mul|ti|la|te|ral mehr-, vielseitig, mehrere Personen oder Staaten umfassend; multilaterale Verträge
mul|ti|li|ne|ar verzweigt, in vielen Richtungen verlaufend
Mul|ti|me|dia *nur Pl.* **1.** die parallele Verwendung von Text, Bild, Ton und Film in Computerprogrammen; **2.** Medienverbund
mul|ti|me|di|al aus mehreren Medien bestehend, für viele Medien bestimmt
Mul|ti|mil|li|o|när *m. 1* mehr-, vielfacher Millionär
mul|ti|na|ti|o|nal mehrere Staaten betreffend
mul|ti|pel vielfach; multiple Sklerose: Erkrankung des Zentralnervensystems

Multiplechoiceverfahren: Die englisch-deutsche Zusammensetzung wird in einem Wort geschrieben. Als Variante ist die Bindestrichschreibung möglich und sinnvoll: *Multiple-Choice-Verfahren.* § 37 (1)

Mul|ti|ple|choice|ver|fah|ren *auch:* **Mul|tip|le-Choice-Ver|fah|ren** (*alt:* Mul|tiple-choice-Ver|fah|ren) [mʌltipəltʃɔıs-, lat. + engl.] *n. 14* Testverfahren, bei dem aus mehreren vorgegebenen Antworten die richtige auszuwählen ist
mul|ti|plex vielfältig
Mul|ti|pli|er [-plaıə(r), lat. + engl.] *m. 5* Elektronenvervielfacher
Mul|ti|pli|kand [lat.] *m. 10* Zahl, die multipliziert werden soll, z. B. die 5 in 4 × 5; vgl. Multiplikator
Mul|ti|pli|ka|ti|on *f. 10* Vervielfachung, das Malnehmen
mul|ti|pli|ka|tiv auf Multiplikation beruhend

M

Mul|ti|pli|ka|ti̲v|zahl *f. 10* Vervielfältigungszahl, z. B. zweimal, dreifach
Mul|ti|pli|ka̲|tor *m. 13* multiplizierende Zahl, z. B. die 4 in 4 × 5; vgl. Multiplikand
mul|ti|pli|zie̲|ren *tr. 3* malnehmen, vervielfachen
Mụl|ti|plum *n. Gen.* -s *Pl.* -pla, *veraltet:* Vielfaches
mul|ti|va|lẹnt [-va-] mehrere Lösungen zulassend
Mul|ti|va|lẹnz [-va-] *f. 10 nur Sg.*
Mul|ti|vi|bra̲|tor *auch:* **Mul|ti|vib|ra̲|tor** [-vi-] *m. 13* elektr. Schaltung mit zwei steuerbaren Elementen
mụl|tum, non mụl|ta viel, nicht vielerlei, d. h. ein Ganzes, nicht viele Einzelheiten, *übertr.:* Tiefe, Gründlichkeit, nicht Breite und Oberflächlichkeit
Mu̲|lus [lat.] *m. Gen.* - *Pl.* -li Maulesel
Mụm|bai, *früher:* Bombay, ind. Stadt
Mu̲|mie [-mjə, pers.-arab.] *f. 11* durch Einbalsamieren oder natürliche Austrocknung vor Verwesung geschützte Leiche
mu̲|mi|en|haft
Mu|mi|fi|ka|ti|o̲n [arab. + lat.] *f. 10* das Mumifizieren
mu|mi|fi|zie̲|ren *tr. 3* **1.** eintrocknen lassen (Gewebe); **2.** einbalsamieren
Mu|mi|fi|zie̲|rung *f. 10*
Mụmm [lat.] *m. Gen.* -s *nur Sg., ugs.:* Mut, Kraft, Unternehmungsgeist; *meist in den Wendungen* Mumm *oder:* keinen M. in den Knochen haben
Mụm|me *f. 11* **1.** Maske, Larve, vermummte Person; **2.** [wahrscheinlich nach dem Erfinder Christian Mumme] dickes Braunschweiger Malzbier
Mụm|mel *f. 11* Teichrose
Mụm|mel|greis *m. 1, ugs.:* gebrechlicher, zahnloser alter Mann
Mụ̈m|mel|mann *m. 4, scherzh.:* Hase
mụm|meln *tr. 1, ugs.:* einhüllen; sich in etwas m., *meist:* einmummeln
mụ̈m|meln *intr. 1* mit raschen Bewegungen und ausdauernd kauen
mụm|men *tr. 1* einhüllen; jmdn. oder sich in etwas m.
Mụm|men|schanz *m. 1 nur Sg.* Maskenfest, Maskenscherz
Mụm|pitz *m. 1 nur Sg., ugs.:* Unsinn, dummes Zeug, dummes Gerede, wertlose Sachen
Mụmps [engl.] *m. 1 nur Sg.* Infektionskrankheit mit Entzündung und Anschwellen der Ohrspeicheldrüsen, Ziegenpeter, Parotitis
Munch [mụnk], *Edvard* norw. Maler
Mụ̈n|chen Hauptstadt von Bayern
Mụ̈n|che|ner, Mụ̈nch|ner *m. 5*
Münch|hau|se|ni|a̲|de, Münch|hau|si|a̲|de *f. 11* unglaubhafte, heitere Abenteuergeschichte nach Art der Geschichten des Barons von Münchhausen, des »Lügenbarons«
münch|hau̲|sisch
Münch|ner *m. 5* s. **Mụ̈n|che|ner**
münch|ne|risch
Mụnd *m. 4;* den M. voll nehmen *ugs.:* aufschneiden, prahlen; den großen M. haben *ugs.:* vorlaut sein; nicht auf den M. gefallen sein *ugs.:* schlagfertig sein; die Neuigkeit war bereits in aller Munde; jmdm. über den M. fahren *übertr.:* jmdm. unhöflich, vorlaut ins Wort fallen; zwei Mund voll Brot
mun|da̲n [lat.] *veraltet:* weltlich
Mụnd|art *f. 10* Dialekt
Mụnd|art|dich|tung *f. 10*
Mụnd|art|for|schung, Mụnd|ar|ten|for|schung *f. 10 nur Sg.*
mụnd|art|lich
Mụnd|bröt|chen *n. 7* Milchbrötchen
Mụ̈nd|chen *n. 7*
Mụ̈n|del *n. 7* unter Vormundschaft stehende Person
Mụ̈n|del|geld *n. 3* vom Vormund verwaltetes Vermögen eines Mündels
mụ̈n|del|si|cher; mündelsichere Papiere: Papiere, die so sicher sind, dass man Mündelgeld verzinslich darin anlegen kann
Mụ̈n|del|si|cher|heit *f. 10 nur Sg.*
mụn|den *intr. 2* schmecken
mụ̈n|den *intr. 2*
mụnd|faul redefaul, zu träge zum Reden
Mụnd|fäu|le *f. 11 nur Sg.* Infektionskrankheit mit Bildung von Eiterbläschen auf der Mundschleimhaut
Mụnd|faul|heit *f. 10 nur Sg.*
mụnd|ge|recht
Mụnd|ge|ruch *m. 2*
Mụnd|har|mo|ni|ka *f. 9*
Mụnd|höh|le *f. 11*

> **mündig sein/werden/sprechen:**
> Fügungen mit *sein* schreibt man immer getrennt: *noch nicht mündig sein.* § 35
> Da das Adjektiv die Endung *-ig* hat, wird auch in Fügungen mit anderen Verben getrennt geschrieben: *Sie wurden mündig gesprochen.* Ebenso: *mündig werden.* § 34 E3 (3)

mụ̈n|dig das vorgeschriebene Alter für bestimmte Rechtshandlungen habend, voll-, großjährig; m. sein; m. werden; mündig sprechen; eine mündig gesprochene Person; *Ggs.:* minderjährig, unmündig
Mụ̈n|dig|keit *f. 10 nur Sg.*
Mụ̈n|dig|keits|er|klä|rung *f. 10*
mụ̈n|dig spre|chen (*alt:* mụ̈n|dig|spre|chen) *tr. 146*
Mụ̈n|dig|spre|chung *f. 10*
Mụn|di|um [lat.] *n. Gen.* -s *Pl.* -dien, *im alten dt. Recht:* Schutzpflicht
Mụ̈nd|lein *n. 7*
mụ̈nd|lich
Mụnd|or|gel *f. 11* ein chinesisches Blasinstrument, Schen, Scheng, Sheng
Mụnd|pfle|ge *f. 11 nur Sg.*
Mụnd|raub *m. 1 nur Sg.* Diebstahl von Lebensmitteln in kleiner Menge zum sofortigen Verbrauch
Mụnd|schaft *f. 10, im alten dt. Recht:* Schutzverhältnis
Mụnd|schenk *m. 1, im alten Dt. Reich:* Hofbeamter, dem die Getränke anvertraut waren
Mụnd|schutz *m. Gen.* -es *nur Sg.*
M-und-S-Rei|fen, M+S-Rei|fen *m. 7* Autoreifen mit einem für Matsch und Schnee geeigneten Profil
Mụnd|stück *n. 1*
mụnd|tot zum Schweigen gebracht, unfähig zu widersprechen; jmdn. m. machen: zum Schweigen bringen
Mụnd|tuch *n. 4* Serviette
Mụ̈n|dung *f. 10*
Mụ̈n|dungs|feu|er *n. 5 nur Sg.*
Mụ̈n|dungs|trich|ter *m. 5* trichterförmige Flussmündung
Mụnd voll (*alt:* Mụnd|voll) Bissen, Schluck; vgl. Mund
Mụnd|vor|rat *m. 2*
Mụnd|was|ser *n. 6*
Mụnd|werk *n. 1 nur Sg., in Wendungen wie* ein flinkes, loses,

M

großes M. haben: viel und rasch, schlagfertig, ein bisschen frech reden können
Mund|werk|zeug *n. 1*
Mund|win|kel *m. 5*
Mund-zu-Mund-Be|at|mung *f. 10 nur Sg.* (bei Wiederbelebungsversuchen)
Mun|go [ind.] *m. 9* **1.** eine ind. Schleichkatze, Art der Mangusten; **2.** Wolle aus Tuchlumpen
Mu|ni *m. Gen.* -s *Pl.* -, *schweiz.:* Zuchtstier
Mu|ni|ti|on [lat.] *f. 10 nur Sg.* Vorrat an Geschossen für Feuerwaffen
Mu|ni|ti|ons|de|pot [-po:] *n. 9*
Mu|ni|ti|ons|ko|lon|ne *f. 11*
mu|ni|zi|pal [lat.] *veraltet:* städtisch, zur Gemeinde gehörend
mu|ni|zi|pa|li|sie|ren *tr. 3* in Gemeindeeigentum überführen
Mu|ni|zi|pa|li|tät *f. 10 nur Sg., veraltet:* Gesamtheit der städt. Beamten, Stadtobrigkeit
Mu|ni|zi|pi|um *n. Gen.* -s *Pl.* -pi|en **1.** altröm. Landstadt; **2.** *veraltet:* Stadtgemeinde, Stadtverwaltung
Mun|ke|lei *f. 10*
mun|keln *intr. 1, fast nur unpersönlich:* heimlich weitererzählen, Gerüchte verbreiten (über etwas); man munkelt, es wird gemunkelt, dass …
Mün|ster *n. 5, urspr.:* Klosterkirche, *dann in West- und Südwestdtld.:* große Kirche
Mün|ter, *Gabriele* dt. Malerin
mun|ter
Mun|ter|keit *f. Gen. - nur Sg.*
Münz|an|stalt *f. 10*
Münz|au|to|mat *m. 10*
Mün|ze *f. 11* **1.** Geldstück aus Metall; **2.** Münzprägestätte
mün|zen **1.** *intr. 1* Münzen prägen; **2.** *tr. 1* zu Münzen machen (Silber, Gold); **3.** *tr. 1, übertr.;* eine Bemerkung, Anspielung auf jmdn. m.: jmdn. meinen; das ist auf dich gemünzt!
Mün|zen|samm|lung, Münz|sammlung *f. 10*
Mün|zer *m. 5*
Münz|fäl|scher *m. 5*
Münz|fäl|schung *f. 10*
Münz|fern|spre|cher *m. 5*
Münz|fuß *m. 2* Verhältnis zwischen dem Geldwert einer Münze und ihrem Edelmetallgehalt
Münz|ho|heit *f. 10 nur Sg.*
Münz|kun|de *f. 11 nur Sg.* = Numismatik
Münz|meis|ter *m. 5* Leiter einer Münze (2)
Münz|prä|gung *f. 10*
Münz|pro|be *f. 11*
Münz|recht *n. 1*
Münz|samm|lung, Mün|zen|sammlung *f. 10*
Münz|stät|te *f. 11* Münzprägestätte
Münz|ver|ge|hen *n. 7* Münzfälschung
Münz|war|dein *m. 1* Beamter, der die Metalllegierungen für Münzen zu prüfen hat
Münz|zäh|ler *m. 5* Elektrizitäts- oder Gaszähler, der nach Einwurf einer Münze eine bestimmte Menge Strom oder Gas abgibt
Münz|zei|chen *n. 7* auf Münzen eingeprägtes Zeichen der betreffenden Münzstätte
Mu|rä|ne [lat.] *f. 11* ein aalähnl. Speisefisch
mürb, mür|be; jmdn. m. machen *übertr.:* jmds. Widerstand brechen, jmdm. die Lebenskraft nehmen
Mür|be *f. 11 nur Sg., selten für* Mürbheit
Mür|be|bra|ten *m. 7* Lendenbraten
Mür|be|teig *m. 1* s. **Mürb|teig**
Mürb|heit *f. 10 nur Sg.*
Mürb|teig, Mür|be|teig *m. 1* Teig, der trockenes, mürbes Gebäck ergibt
Mu|re *f. 11* Gesteins- oder Schlammstrom im Gebirge
mu|ri|a|tisch [lat.] kochsalzhaltig (Heilquelle)
Mu|ril|lo [-rıjo], *Bartolomé Estéban* span. Maler
Mu|ring *f. 1* Vorrichtung zum Auswerfen von zwei Ankern
Mur|kel *m. 5 oder n. 5, norddt., berlin.:* kleines Kind
Murks *m. 1 nur Sg., ugs.* **1.** schlechte oder misslungene Arbeit; **2.** etwas Unangenehmes; so ein M.!
murk|sen *intr. 1, ugs.:* schlecht, unordentlich arbeiten
Mur|mel *f. 11* Spielkugel
mur|meln *intr. 1* **1.** undeutlich sprechen; **2.** mit Murmeln spielen
Mur|mel|tier *n. 1* ein Nagetier des Hochgebirges
mur|ren *intr. 1*
mür|risch
Murr|kopf *m. 2*
murr|köp|fig
Murr|köp|fig|keit *f. 10 nur Sg.*
Mus *n. 1 Pl. selten*
Mu|schel *f. 11*
Mü|schel|chen *n. 7*
Mu|schel|geld *n. 3 nur Sg.*
mu|sche|lig, musch|lig **1.** muschelförmig; **2.** weich und warm
Mu|schel|kalk *m. 1* mittlere Stufe der Trias
Mu|schel|werk *n. 1 nur Sg., Baukunst:* aus muschelähnl. Formen gebildetes Ornament, Rocaille
Mu|schik [russ.] *m. 9, früher:* russ. Bauer
musch|lig s. **mu|sche|lig**
Mu|se [griech.] *f. 11, griech. Myth.:* jede der neun Göttinnen der Künste und Wissenschaften
mu|se|al zum Museum gehörend, Museums…
Mu|sel|man [arab.] *m. 10, veraltet, entstellt aus* Muslim
mu|sel|ma|nisch *veraltet, entstellt aus* muslimisch
Mu|sel|mann *m. 4, veraltet, entstellt aus* Muslim
Mu|sen|al|ma|nach *m. 1, Ende des 18. Jh.:* Name mehrerer periodisch erscheinender Gedichtsammlungen
Mu|sen|sohn *m. 2, veraltet poet.:* Dichter
Mu|sen|tem|pel *m. 5, veraltet poet.:* Theater
Mu|sette [myzɛt, frz.] *f. 9 oder f. 11* **1.** frz. Form des Dudelsacks; **2.** langsamer ländlicher Tanz im Dreivierteltakt mit dudelsackähnlichem Bass; **3.** Satz der Suite
Mu|se|um [griech.] *n. Gen.* -s *Pl.* -se|en **1.** öffentl. Sammlung von Gegenständen aus Kunst und Wissenschaft; **2.** das Gebäude dafür
Mu|se|ums|die|ner *m. 5*
mu|se|ums|reif überholt, altertümlich
Mu|se|ums|stück *n. 1*
Mu|si|ca *lat. Bez. für* Musik; M. antiqua: alte Musik; M. sacra: Kirchenmusik; M. nova: neue Musik; M. viva: moderne (lebende) Musik
Mu|si|cal [mjuzıkəl, engl.] *n. 9* heiteres Singspiel, moderne Form der Operette
mu|siert s. **mu|si|visch**
Mu|sik [griech.-lat.] *f. 10*
Mu|sik|a|ka|de|mie *f. 11*
Mu|si|ka|li|en *Pl.* Notenbücher und -hefte
Mu|si|ka|li|en|hand|lung *f. 10*
mu|si|ka|lisch
Mu|si|ka|li|tät *f. 10 nur Sg.* Musikbegabung, -empfinden, musikal.

M

Wirkung, musikal. Beschaffenheit

Mu|si|kant *m. 10* **1.** Spielmann, Unterhaltungsmusiker *(auch abfällig);* **2.** bes. musikalischer, musikbesessener Musiker

Mu|si|kan|ten|kno|chen *m. 7, ugs.:* Knochen am Ende des unteren Oberarmgelenks, »Mäuschen«

mu|si|kan|tisch musikbesessen, musizierfreudig

Mu|sik|au|to|mat *m. 10*

Mu|sik|bi|bli|o|thek *auch:* **Mu|sik|bib|li|o|thek** *f. 10*

Mu|sik|box *f. 10* Musikautomat, der nach Münzeinwurf Schallplatten spielt, bes. in Gaststätten

Mu|sik|di|rek|tor *m. 13* (*Abk.:* MD) staatl. oder städt. angestellter Leiter eines Orchesters oder Chores

Mu|sik|dra|ma *n. Gen.* -s *Pl.* -men **1.** *i. w. S.:* Oper; **2.** *i. e. S.:* durchkomponierte Oper mit dramat. Charakter im Sinne R. Wagners

Mu|si|ker *m. 5*

Mu|sik|er|zie|hung *f. 10 nur Sg.*

Mu|sik|ge|schich|te *f. 11 nur Sg.*

Mu|sik|hoch|schu|le *f. 11*

Mu|sik|in|stru|ment *auch:* **Mu|sik|ins|tru|ment, Mu|sik|inst|ru|ment** *n. 1*

Mu|sik|ka|pel|le *f. 11*

Mu|sik|kas|set|te *f. 11* mit Musik bespielte Kassette für den Kassettenrekorder

Mu|sik|kon|ser|ve [-və] *f. 11* Schallplatte, bespieltes Tonband

Mu|sik|korps [-ko:r] *n. Gen.* - [-ko:rs] *Pl.* - [-ko:rs] Militärmusikkapelle

Mu|sik|kri|tik *f. 10*

Mu|sik|kri|ti|ker *m. 5*

Mu|sik|leh|rer *m. 5*

Mu|sik|meis|ter *m. 5, veraltet* **1.** Musiklehrer; **2.** Leiter einer Militärmusikkapelle

Mu|sik|schu|le *f. 11*

Mu|sik|stück *n. 1*

Mu|sik|the|ra|peut *m. 10*

Mu|sik|the|ra|pie *f. 11* Heilmethode für Nervenkranke mithilfe der Musik

Mu|sik|tru|he *f. 11* Möbelstück mit eingebautem Radio, Plattenspieler und Kassettenrekorder

Mu|si|kus *m. Gen.* - *Pl.* -si|zi, *veraltet, noch scherzh.:* Musiker

Mu|sik|ver|lag *m. 1*

mu|sik|ver|stän|dig

Mu|sik|werk *n. 1*

Mu|sik|wis|sen|schaft *f. 10 nur Sg.*

Mu|sik|wis|sen|schaft|ler *m. 5*

Mu|sil, *Robert Edler von* österr. Schriftsteller

mu|sisch **1.** zu den Musen gehörig, von ihnen stammend; **2.** aufgeschlossen, empfänglich für die Kunst, kunstliebend; **3.** kunstbegabt; musisches Gymnasium: Gymnasium, in dem die musischen Fächer im Vordergrund stehen

mu|siv [lat.] s. **mu|si|visch**

Mu|siv|ar|beit *f. 10* eingelegte Arbeit, Mosaik

Mu|siv|gold *n. Gen.* -(e)s *nur Sg.* goldfarbiges Zinndisulfid, unechtes Gold

mu|si|visch [-viʃ], mu|siv, mu|siert eingelegt, mosaikartig

Mu|siv|sil|ber *n. 3 nur Sg.* Zinn-Wismut-Quecksilber-Legierung, unechtes Silber

mu|si|zie|ren *intr. 3*

mu|si|zier|freu|dig

Mus|kat *m. 1* ein Gewürz

Mus|kat|blü|te *f. 11* Samenmäntel der Muskatnuss, Gewürz

Mus|ka|tel|ler *m. 5* **1.** eine Rebensorte mit muskatartigem Geschmack; **2.** der daraus gewonnene Wein, Muskatwein

Mus|kat|fink *m. 10* ein ind. Prachtfink

Mus|kat|nuss (*alt:* Mus|kat|nuß) *f. 2* Samen des Muskatnussbaums, Gewürz

Mus|kat|wein *m. 1* = Muskateller (2)

Mus|kel *m. 14*

Mus|kel|a|tro|phie *f. 11* Muskelschwund infolge Untätigkeit

Mus|kel|fa|ser *f. 11*

mus|ke|lig

Mus|kel|ka|ter *m. 5 nur Sg.* Muskelschmerz nach ungewohnter körperl. Anstrengung

Mus|kel|kraft *f. 2*

Mus|kel|protz *m. 1*

Mus|kel|riss (*alt:* Mus|kel|riß) *m. 1*

Mus|kel|to|nus *m. Gen.* - *nur Sg.* Muskelspannung

Mus|kel|zer|rung *f. 10*

Mus|ke|te [frz.] *f. 11, früher:* großkalibriges Gewehr

Mus|ke|tier *m. 1, früher:* Soldat mit Muskete

Mus|ko|vit [-vit, nach dem lat. Namen Muscovia für Moskau], **Mus|ko|wit** *m. 1* ein Mineral, heller Kaliglimmer

mus|ku|lär zu den Muskeln gehörig, von ihnen ausgehend

Mus|ku|la|tur *f. 10 nur Sg.* Gesamtheit der Muskeln

mus|ku|lös mit vielen oder starken Muskeln versehen

Müs|li, *schweiz.:* Mü|es|li *n. 9* Gericht aus rohen Haferflocken, Milch, Zucker, Obst oder Obstsaft, Nüssen, auch Rosinen

Mus|lim *m. 9* Anhänger des Islam

mus|li|misch

Mus|pel|heim *ohne Artikel, german. Myth.:* Welt des Feuers

Muss (*alt:* Muß) *n. Gen.* - *nur Sg.* Notwendigkeit, Zwang; ein bitteres, hartes Muss

Muss-Be|stim|mung = Muss|be|stim|mung (*alt:* Muß|be|stim|mung) *f. 10*

Mu|ße *f. 11 nur Sg.* Zeit und Ruhe

Mus|se|lin [nach der Stadt Mosul] *m. 1* leichtes, feines Woll- oder Baumwollgewebe

mus|se|li|nen aus Musselin

müs|sen *tr. 87;* ich muss, du musst, er/sie/es muss, wir mussten, ich habe gemusst; ich habe es tun m.; es hat so kommen m.; es ist ein unbedingtes Muss

Mus|se|ron [-rɔ̃, lat.-frz.] *m. 9* ein nach Knoblauch riechender Würzpilz

Mu|ße|stun|de *f. 11*

mü|ßig **1.** arbeitsfrei, untätig; m. sein; m. herumstehen; müßig gehen: nicht arbeiten, faulenzen; **2.** überflüssig; eine müßige Frage; es ist m., das zu versuchen

Mü|ßig|gang *m. 2 nur Sg.* Untätigkeit, Nichtstun

Mü|ßig|gän|ger *m. 5*

> **müßig gehen:** Fügungen aus einem Adjektiv mit der Endung *-ig* (oder *-isch* bzw. *-lich*) und einem Verb schreibt man getrennt: *Sie ist lange müßig gegangen* (= hat gefaulenzt).
> Das zugehörige Substantiv lautet *der Müßiggang.* § 34 E3 (3).

mü|ßig ge|hen (*alt:* mü|ßig|ge|hen) *intr. 47*

Mus|sorgs|kij, Mus|sorgs|ki, *Modest* russ. Komponist

Mus|tang [span.] *m. 9* Wildpferd oder verwildertes Hauspferd der Prärie

Mus|ter *n. 5*

Mus|ter|bei|spiel *n. 1*

Mus|ter|ex|em|plar *auch:* **Mus|ter|e|xemp|lar** *n. 1*

mus|ter|gül|tig

M

Mus|ter|gül|tig|keit *f. 10 nur Sg.*
mus|ter|haft
Mus|ter|kna|be *m. 11, iron.*
Mus|ter|mes|se *f. 11* Messe, auf der nur (nicht verkäufliche) Warenmuster ausgestellt werden
mus|tern *tr. 1* **1.** mit Muster versehen; gemusterter Stoff; **2.** genau anschauen; ich mustere, mustre ihn
Mus|ter|schü|ler *m. 5*
Mus|ter|schutz *m. Gen.* -es *nur Sg.*
Mus|ter|stück *n. 1*
Mus|te|rung *f. 10*
Mus|ter|zeich|ner *m. 5*
Mus|ter|zeich|nung *f. 10*

> **zu Mute/zumute sein:** Die feste Fügung kann getrennt geschrieben werden oder zusammen; die Entscheidung bleibt den Schreibenden überlassen: *Ihm war übel zu Mute/zumute.* § 39 E3 (1)

Mut *m. Gen.* -(e)s *nur Sg.;* guten Muts, Mutes sein; M. fassen; zumute *oder:* zu Mute sein
Mu|ta [lat.] *f. Gen. - Pl.* -tae [-tɛ:] Explosivlaut, Verschlusslaut
mu|ta|bel [lat.] veränderlich, wandelbar
Mu|ta|bi|li|tät *f. 10 nur Sg.*
mu|ta|gen erbl. Veränderungen erzeugend
Mu|ta|gen *n. 1* Faktor, der erbl. Veränderungen auslöst
Mu|tant *m. 10* Individuum mit veränderten Erbeigenschaften
Mu|ta|ti|on *f. 10* **1.** plötzlich auftretende Veränderung des Erbgutes; **2.** Stimmwechsel, Stimmbruch
mu|ta|tis mu|tan|dis (*Abk.:* m. m.) mit den nötigen Abänderungen (bei Vergleichen)
mu|ta|tiv sich plötzlich ändernd
Mu|ta|zis|mus *m. Gen. - nur Sg.* s. **Mu|tis|mus**
Müt|chen *n., nur in der Wendung* sein M. an jmdm. kühlen: seinen Zorn an jmdm. auslassen
mu|ten *tr. 2* **1.** *Bgb.:* eine Grube m.: die Abbaugenehmigung für eine Grube beantragen; **2.** *veraltet* das Meisterrecht m.: den Antrag stellen, das Meisterrecht erwerben zu dürfen
Mu|ter *m. 5, Bgb.:* jmd., der etwas mutet
Mut|geld *n. 3 nur Sg., veraltet:* Abgabe für das Meisterstück
mu|tie|ren [lat.] *intr. 3* **1.** sich plötzlich erblich verändern; **2.** im Stimmbruch sein
mu|tig
Mu|ti|la|ti|on [lat.] *f. 10* Verstümmelung
mu|ti|lie|ren *tr. 3* verstümmeln
Mu|tis|mus [lat.], Mu|ta|zis|mus *m. Gen. - nur Sg.* seelisch bedingte Stummheit
mut|los
Mut|lo|sig|keit *f. 10 nur Sg.*
mut|ma|ßen *tr. 1;* ich mutmaße es, habe es gemutmaßt
mut|maß|lich
Mut|ma|ßung *f. 10*
Mut|pro|be *f. 11*
Mut|schein *m. 1, Bgb.:* Abbaugenehmigung; vgl. muten
Mutt|chen *n. 7, Koseform von* Mutter
Mut|ter **1.** *f. 6;* M. Erde; bei M. Grün übernachten *scherzh.:* im Freien; M. Natur; **2.** *f. 11* das Gewinde der Schraube drehbar umschließender Teil, Schraubenmutter
Müt|ter|be|ra|tungs|stel|le *f. 11*
Mut|ter|bo|den *m. 8* fruchtbare Erde, Muttererde
Müt|ter|chen *n. 7*
Mut|ter|er|de *f. 11 nur Sg.* Mutterboden
Mut|ter|freu|den *Pl., nur in Wendungen wie* M. entgegen sehen: ein Kind erwarten
Müt|ter-Ge|ne|sungs|werk *n. 1*
Mut|ter|got|tes *f. Gen. - nur Sg.* die heilige Jungfrau Maria
Mut|ter|got|tes|bild *n. 3*
Mut|ter|haus *n. 4* Stamm- und Versorgungshaus von Schwesternverbänden (auch des Roten Kreuzes) oder Orden
Mut|ter|korn *n. 1* Schmarotzerpilz am Getreide, in der Frauenheilkunde verwendet
Mut|ter|ku|chen *m. 7, beim Menschen und höheren Säugetieren:* während der Schwangerschaft in der Gebärmutter sich bildendes Organ, das der Ernährung des Embryos dient
Mut|ter|land *n. 4* **1.** Herstellungsland von Produkten; **2.** Staat im Verhältnis zu seinen Kolonien
Mut|ter|leib *m. 3*
Müt|ter|lein *n. 7*
müt|ter|lich
müt|ter|li|cher|seits
Müt|ter|lich|keit *f. 10 nur Sg.*
Mut|ter|lie|be *f. 11 nur Sg.*
mut|ter|los
Mut|ter|mal *n. 1* angeborene, örtlich begrenzte Veränderung der Haut
Mut|ter|milch *f. Gen. - nur Sg.*
Mut|ter|mund *m. 4* Öffnung des Gebärmutterhalses
Mut|ter|recht *n. 1 nur Sg., bei manchen Naturvölkern:* Erbfolge nach der mütterl. Linie, Matriarchat; *Ggs.:* Vaterrecht
Mut|ter|rol|le *f. 11* Verzeichnis der Grundstücke einer Gemeinde
Mut|ter|schaft *f. 10 nur Sg.*
Mut|ter|schiff *n. 1* Schiff, das kleineren Schiffen zur Versorgung, Reparatur usw. dient
Mut|ter|schutz *m. Gen.* -es *nur Sg.*
mut|ter|see|len|al|lein
Mut|ter|söhn|chen *n. 7* verhätschelter Knabe oder Jugendlicher
Mut|ter|spra|che *f. 11*
Mut|ter|stel|le *f., nur in der Wendung* an jmdm. M. vertreten: jmdm. die Mutter ersetzen
Mut|ter|tag *m. 1*
Mut|ter|tier *n. 1*
Mut|ter|witz *m. 1 nur Sg.* angeborene Fähigkeit, etwas einfach und witzig auszudrücken
mu|tu|al, mu|tu|ell [lat.] wechsel-, gegenseitig
Mu|tu|a|lis|mus *m. Gen. - nur Sg.* **1.** gegenseitige Anerkennung, Duldung, einräumende Gegenseitigkeit; **2.** *Biol.:* fördernde, aber nicht lebensnotwendige Wechselbeziehung zwischen zwei verschiedenen Lebewesen
Mu|tu|a|li|tät *f. 10 nur Sg.* Wechselseitigkeit, Gegenseitigkeit
mu|tu|ell s. **mu|tu|al**
Mu|tung *f. 10, Bgb.:* Antrag auf Abbaugenehmigung
Mut|wil|le *m. Gen.* -ns *nur Sg.*
mut|wil|lig
Mut|wil|lig|keit *f. 10 nur Sg.*
Mütz|chen *n. 7*
Müt|ze *f. 11*
Müt|zen|schild *n. 3*
Müt|zen|schirm *m. 1*
Mütz|lein *n. 7*
m. v. *Abk. für* mezza voce
µW *Abk. für* Mikrowelle
MW *Abk. für* Megawatt
m. W. *Abk. für* meines Wissens
MwSt. *Abk. für* Mehrwertsteuer
My **1.** *n. Gen.* -(s) *Pl.* -s griech. Buchstabe (*Zeichen:* µ, M); **2.** *n. Gen.* -s *Pl.* -, *Kurzwort für* Mikron
my…, My… vgl. myo…, Myo…

M

My|al|gie [griech.] *f. 11* Muskelschmerz
My|an|mar *früher:* Birma, Staat in Südostasien
My|a|sthe|nie *auch:* **My|as|the|nie** *f. 11* krankhafte Muskelermüdung
My|e|li|tis [griech.] *f. Gen. - Pl.* -ti|den Rückenmarkentzündung
My|ke|nä, My|ke|nai, My|ke|ne antike Festung in Griechenland
My|ko|lo|ge [griech.] *m. 11*
My|ko|lo|gie *f. 11 nur Sg.* Lehre von den Pilzen
my|ko|lo|gisch
My|kor|rhi|za *f. Gen. - Pl.* -zen Lebensgemeinschaft zwischen Pilzen und den Wurzeln von höheren Pflanzen
My|ko|se *f. 11* durch niedere Pilze verursachte Krankheit
My|la|dy [mılɛıdı, engl.] *f., engl. Anrede (ohne Namen) für eine Lady:* meine Dame, gnädige Frau
My|lo|nit [griech.] *m. 1* durch gebirgsbildende Vorgänge zerriebenes und wieder fest gewordenes Gestein
My|lord [mılɔd, engl.] *m., engl. Anrede (ohne Namen) für einen Lord:* mein Herr, gnädiger Herr
Myn|heer [mənər, ndrl.] *m. 9* s. **Mijn|heer**

M

my|o..., My|o... [griech.] *in Zus.:* muskel..., Muskel...
My|o|dy|nie *f. 11* Muskelschmerz
my|o|gen vom Muskel ausgehend, herrührend
My|o|glo|bin *n. 1 nur Sg.* Muskelfarbstoff
My|o|kard *n. 9,* My|o|car|di|um *n. Gen. -s Pl.* -di|en Herzmuskel
My|o|kar|die, My|o|kar|do|se *f. 11* Kreislaufstörung mit Beteiligung des Herzmuskels
My|o|kard|in|farkt *m. 1* Herzinfarkt
My|o|kar|di|tis *f. Gen. - Pl.* -ti|den Herzmuskelentzündung
My|o|kar|do|se *f. 11* s. **My|o|kar|die**
My|o|lo|gie *f. 11 nur Sg.* Lehre von den Muskeln
My|om *n. 1* Muskelgeschwulst
my|op [griech.] kurzsichtig
My|o|pie *f. 11* Kurzsichtigkeit
my|o|pisch s. **my|op**
My|or|rhe|xis [griech.] *f. Gen. - nur Sg.* Muskelriss
My|o|sin *n. 1 nur Sg.* Muskeleiweiß
My|o|spas|mus *m. Gen. - Pl.* -men Muskelkrampf, Myotonie
My|o|to|mie *f. 11* operative Durchtrennung von Muskeln
My|o|to|nie *f. 11* Myospasmus
My|ri|a..., My|ri|o... [griech.] *in Zus.:* zehntausendmal, das Zehntausendfache
My|ri|a|de *f. 11* **1.** Anzahl von 10 000; **2.** *übertr.:* große Menge, Unzahl
My|ri|a|gramm *n. Gen. - Pl.* - 10 000 g
My|ri|a|me|ter *n. 5* 10 000 m
My|ri|a|po|de *m. 11* s. **My|ri|o|po|de**
My|ri|o... s. **My|ri|a...**
My|ri|o|phyl|lum *n. Gen. -s Pl.* -len Tausendblatt, eine Wasserpflanze, Aquarienpflanze
My|ri|o|po|de, My|ri|a|po|de *m. 11* Tausendfüßer
Myr|me|ko|lo|gie [griech.] *f. 11 nur Sg.* Lehre von den Ameisen, Ameisenkunde
Myr|rhe *auch:* **Myr|re** [griech.] *f. 11* wohlriechendes, aus einem ostafrikan. Baum gewonnenes Gummiharz, als Räuchermittel sowie zusammenziehendes Arzneimittel verwendet
Myr|rhen|öl *auch:* **Myr|ren|öl** *n. 1*
Myr|rhen|tink|tur *auch:* **Myr|ren|tink|tur** *f. 10*
My|r|te [altsemit.-griech.] *f. 11* ein immergrüner Strauch der Mittelmeerländer
Myst|a|go|ge *auch:* **Mys|ta|go|ge** [griech.] *m. 11, Antike:* in die Mysterien eingeweihter und einführender Priester
Mys|te|ri|en|spiel *n. 1, MA:* Drama mit bibl. Stoffen, geistl. Drama
mys|te|ri|ös geheimnisvoll, rätselhaft
Mys|te|ri|um *n. Gen. -s Pl.* -ri|en **1.** *urspr.:* Geheimkult, Geheimlehre, *bes.:* griech.-röm. Götterkult, an dem nur Eingeweihte teilnehmen durften; **2.** *allg.:* Geheimnis
Mys|ti|fi|ka|ti|on *f. 10* **1.** das Mystifizieren; **2.** Vorspiegelung
mys|ti|fi|zie|ren *tr. 3* **1.** geheimnisvoll machen, mit myst. Gepräge versehen; **2.** vorspiegeln
Mys|tik *f. 10 nur Sg.* Form des relig. Erlebens, bei der durch Versenkung schon im jetzigen Dasein die Vereinigung mit dem Göttlichen gesucht wird
Mys|ti|ker *m. 5* Vertreter der Mystik
mys|tisch zur Mystik gehörend, geheimnisvoll, dunkel
Mys|ti|zis|mus *m. Gen. - nur Sg.* **1.** schwärmerisches relig. Denken, Wunderglaube; **2.** schwärmerisches, unklares, unreales Denken
My|the [griech.] *f. 11* s. **My|thos**
my|thisch zum Mythos, zu den Mythen gehörig, daraus stammend, von ihnen überliefert, sagenhaft
My|tho|lo|gie *f. 11* **1.** Lehre von den Mythen; **2.** Gesamtheit der Mythen (eines Volkes)
my|tho|lo|gisch
my|tho|lo|gi|sie|ren *tr. 3* als Mythos, in myth. Form darstellen
My|thos [griech.], **My|thus** [lat.] *m. Gen. - Pl.* -then, My|the [griech.] *f. 11* **1.** Überlieferung aus vorgeschichtl. Zeit, Sage (von Göttern, Helden, Dämonen, Weltentstehung usw.); **2.** Legende über eine geschichtlich bedeutende Person oder Begebenheit
My|ti|lus [griech.-lat.] *f. Gen. - Pl. - oder* -li|den Miesmuschel
myx..., Myx..., my|xo..., My|xo... [griech.] *in Zus.:* schleim..., Schleim...
Myx|ö|dem *n. 1* körperl. und geistige Erkrankung mit Hautschwellungen u. a. infolge Unterfunktion der Schilddrüse
myx|ö|de|ma|tös auf Myxödem beruhend
My|xom *n. 1* gutartige Geschwulst aus Schleimgewebe
my|xo|ma|tös schleimig
My|xo|my|zet *m. 10* Schleimpilz
My|xo|sar|kom *n. 1* bösartige Geschwulst aus Schleimgewebe
My|zel [griech.], **My|ze|li|um** *n. Gen. -s Pl.* -li|en der in oder auf dem Nährboden wachsende, aus einzelnen Fäden (Hyphen) bestehende Teil höherer Pilze, Gesamtheit der Pilzfäden, Pilzgeflecht
My|zet *m. 10, selten:* Pilz
My|ze|tis|mus *m. Gen. - Pl.* -men Pilzvergiftung

n *Abk. für* **1.** Nano… **2.** Neutron
N **1.** *Abk. für* Nord(en); **2.** *Abk. für* Newton; **3.** *chem. Zeichen für* Stickstoff (Nitrogen); **4.** *Kfz-Kennzeichen für* Norwegen
'n *ugs. kurz für* ein
Na *chem. Zeichen für* Natrium
na!; na na!; na ja!; na und?
Na|be *f. 11* Mittelteil des Rades
Na|bel *m. 5*
Na|bel|bin|de *f. 11*
Na|bel|bruch *m. 2*
Na|bel|schnur *f. 2*
Na|bob [arab.] *m. 9* **1.** *urspr.:* muslimische Provinzstatthalter in Indien; **2.** *später:* in Indien reich gewordener Engländer oder Niederländer; **3.** *übertr.:* ein sehr reicher Mann
nach *Präp. mit Dat.;* nach und nach; nach wie vor; nach hinten, nach vorn
nach|äf|fen *tr. 1*
Nach|äf|fe|rei *f. 10*
nach|ah|men *tr. 1;* ich ahme ihn nach
nach|ah|mens|wert
Nach|ah|mer *m. 5*
Nach|ah|mung *f. 10*
nach|ah|mungs|wür|dig
nach|ar|bei|ten *tr. 2*
Nach|bar *m. 11*
Nach|bar|dorf *n. 4*
Nach|bar|haus *n. 4*
nach|bar|lich
Nach|bar|schaft *f. 10*
Nach|bars|kind *n. 3*
Nach|bars|leu|te *Pl.*
nach|be|han|deln *tr. 1*
Nach|be|hand|lung *f. 10*
nach|be|rech|nen *tr. 2*
Nach|be|rech|nung *f. 10*
nach|be|rei|ten *tr. 2*
Nach|be|rei|tung *f. 10*
nach|bes|sern *tr. 1*
Nach|bes|se|rung *f. 10*
nach|be|stel|len *tr. 1*
Nach|be|stel|lung *f. 10*
nach|be|ten *tr. 2*
nach|be|zah|len *tr. 1*
nach|bil|den *tr. 2*
Nach|bil|dung *f. 10*
nach|blei|ben *intr. 17*
Nach|blü|te *f. 11*
nach|blu|ten *intr. 2*
Nach|blu|tung *f. 10*
Nach|bör|se *f. 11 nur Sg.* Börsenhandel nach der amtl. festgesetzten Zeit
nach|börs|lich
nach Chris|tus (*Abk.:* n. Chr.)
nach|christ|lich; im ersten nachchristlichen Jh.
nach|da|tie|ren *tr. 3* mit einem zurückliegenden Datum versehen
Nach|da|tie|rung *f. 10*
nach|dem; nachdem er gegangen war, …; je nachdem, ob …
nach|den|ken *intr. 22*
nach|denk|lich
Nach|denk|lich|keit *f. 10 nur Sg.*
nach|dich|ten *tr. 2*
Nach|dich|tung *f. 10*
Nach|druck *m. 1*
nach|dru|cken *tr. 1*
nach|drück|lich
Nach|drück|lich|keit *f. 10 nur Sg.*
nach|dun|keln *intr. 1*
nach|ei|fern *intr. 1;* ich eifere, eifre ihm nach
Nach|ei|fe|rung *f. 10 nur Sg.*
nach|ein|an|der *auch:* **nach|ei|nan|der;** nacheinander gehen
nach|emp|fin|den *tr. 36*
Nach|emp|fin|dung *f. 10 nur Sg.*
Na|chen *m. 7, poet.:* Kahn, Boot
Nach|er|be *m. 11* jmd., der laut Testament Erbe eines Erben nach dessen Tod wird
nach|er|zäh|len *tr. 1*
Nach|er|zäh|lung *f. 10*
nach|ex|er|zie|ren *auch:* **nach|e|xer|zie|ren** *intr. 3*
Nachf. *Abk. für* Nachfolger
Nach|fahr *m. 10*
Nach|fah|re *m. 11, veraltet:* Nachkomme
Nach|fei|er *f. 11*
nach|fei|ern *tr. 1*
Nach|fol|ge *f. 11*
nach|fol|gen *intr. 1*

> **nachfolgend, das Nachfolgende:** Das Partizip schreibt man klein: *Wir geben nachfolgend die Ergebnisse bekannt.* Die substantivierte Form schreibt man groß: *Das Nachfolgende ist noch wichtiger.*
> Ebenso: *Nachfolgendes/im Nachfolgenden.* § 57 (1)
> Auch: *Im Nachhinein ist man klüger.* § 57 (5)

nach|fol|gend; das Nachfolgende; Nachfolgendes; im Nachfolgenden
Nach|fol|ger *m. 5* (*Abk.:* Nachf., Nchf.)
nach|for|dern *tr. 1*
Nach|for|de|rung *f. 10*
nach|for|schen *intr. 10*
Nach|for|schung *f. 10*
Nach|fra|ge *f. 11*
nach|fra|gen *intr. 1*
nach|füh|len *tr. 1;* jmdm. etwas n. können
nach|fül|len *tr. 1*
Nach|fül|lung *f. 10*
nach|gä|ren *intr. 43*
Nach|gä|rung *f. 10*
nach|ge|ben *intr. u. tr. 45*
nach|ge|bo|ren; die Nachgeborenen
Nach|ge|bühr *f. 10* vom Empfänger zu zahlende Gebühr für eine nicht vorschriftsmäßig freigemachte Postsendung
Nach|ge|burt *f. 10* **1.** die Ausstoßung des Mutterkuchens nach der Geburt; **2.** Mutterkuchen
nach|ge|hen *intr. 47;* die Uhr geht nach; einer Sache n.: sie untersuchen; einer Arbeit, Beschäftigung n.; seine Worte sind mir lange nachgegangen
nach|ge|ord|net; jmdm. nachgeordnet sein
nach|ge|ra|de **1.** schließlich; dann wurde es mir n. zu viel; **2.** geradezu; das ist ja n. lächerlich
nach|ge|ra|ten *intr. 94*
Nach|ge|schmack *m. 2 nur Sg.*
nach|ge|wie|se|ner|ma|ßen
nach|gie|big
Nach|gie|big|keit *f. 10 nur Sg.*
nach|grü|beln *intr. 1;* ich grübele, grüble (darüber) nach
nach|gu|cken *intr. 1*
Nach|hall *m. 1*
nach|hal|len *intr. 1*
nach|hal|tig
Nach|hal|tig|keit *f. 10 nur Sg.*
nach|hän|gen *intr. 62;* seinen Gedanken n.
nach|hau|se *österr., schweiz. auch:* **nach Hau|se** vgl. Haus
Nach|hau|se|weg *m. 1*
nach|hel|fen *intr. 66*
nach|her [auch: nach-]
Nach|hil|fe *f. 11*
Nach|hil|fe|stun|de *f. 11*
nach|hin|ein *auch:* **nach|hi|nein;** im Nachhinein: nachträglich
nach|hin|ken *intr. 1*

N

Nach|hol|be|darf *m. Gen.* -s *nur Sg.*
nach|ho|len *tr. 1*
Nach|hut *f. 10*
nach|imp|fen *tr. 1*
Nach|imp|fung *f. 10*
nach|ja|gen *intr. 1*
Nach|klang *m. 2*
nach|klin|gen *intr. 69*
Nach|kom|me *m. 11*
nach|kom|men *intr. 71*
Nach|kom|men|schaft *f. 10*
Nach|kömm|ling *m. 1*
Nach|kriegs|zeit *f. 10*
Nach|kur *f. 10*
Nach|lass (*alt:* Nach|laß) *m. 1 oder m. 2*
nach|las|sen *tr. u. intr. 75*
Nach|las|sen|schaft *f. 10*
Nach|las|ser *m. 5* Erblasser
Nach|lass|ge|richt (*alt:* Nach|laß|ge|richt) *n. 1*
Nach|lass|gläu|bi|ger (*alt:* Nach|laß|gläu|bi|ger) *m. 5*
nach|läs|sig
nach|läs|si|ger|wei|se
Nach|läs|sig|keit *f. 10*
Nach|lass|pfle|ger (*alt:* Nach|laß|pfle|ger) *m. 5*
Nach|lass|ver|wal|tung (*alt:* Nach|laß|ver|wal|tung) *f. 10 nur Sg.*
nach|lau|fen *intr. 76;* jmdm. nachlaufen *auch übertr.:* sich eifrig um jmdn. bemühen
Nach|läu|fer *m. 5, Billard:* der dem bespielten Ball nachrollende Ball
nach|le|ben *intr. 1;* jmdm. n.
nach|le|gen *tr. 1;* Kohlen n.
nach|ler|nen *tr. 1*
Nach|le|se *f. 11*
nach|le|sen **1.** *intr. 79* Nachlese halten; **2.** *tr. 79;* in einem Buch etwas nachlesen
nach|lie|fern *tr. 1*
Nach|lie|fe|rung *f. 10*
nach|lö|sen *tr. 1*
Nach|lö|se|schal|ter *m. 5*
nachm. *Abk. für* nachmittags
Nachm. *Abk. für* Nachmittag
Nach|mahd *f. 10* zweite Mahd
nach|ma|lig
nach|mals
nach|mes|sen *tr. 84*
Nach|mes|sung *f. 10*
Nach|mit|tag *m. 1* (*Abk.:* Nachm.); heute Nachmittag; vgl. Abend, Dienstag
nach|mit|tä|gig am Nachmittag
nach|mit|täg|lich jeden Nachmittag
nach|mit|tags (*Abk.:* nachm.); *aber:* des Nachmittags

N

Nach|mit|tags|schlaf *m. Gen.* -s *nur Sg.*
Nach|mit|tags|vor|stel|lung *f. 10*
Nach|nah|me *f. 11*
Nach|nah|me|ge|bühr *f. 10*
Nach|nah|me|sen|dung *f. 10*
Nach|na|me *m. 15* Familienname
nach|plap|pern *tr. 1;* ich plappere das nicht nach
Nach|por|to *n. Gen.* -s *Pl.* -ti
nach|prü|fen *tr. 1*
Nach|prü|fung *f. 10*
Nach|raum *m. Gen.* -(e)s *nur Sg., Forstwirtsch.:* Ausschuss
nach|rech|nen *tr. 2*
Nach|rech|nung *f. 10*
Nach|re|de *f. 11;* üble N.
nach|re|den *tr. 2;* etwas nur n.; jmdm. etwas n.
Nach|rei|fe *f. 11 nur Sg.*
nach|rei|fen *intr. 1*
nach|ren|nen *intr. 98*
Nach|richt *f. 10*
Nach|rich|ten|a|gen|tur *f. 10*
Nach|rich|ten|bü|ro *n. 9*
Nach|rich|ten|dienst *m. 1*
Nach|rich|ten|ma|ga|zin *n. 1* **1.** Nachrichtensendung im Radio oder Fernsehen; **2.** Zeitschrift
Nach|rich|ten|sa|tel|lit *m. 10*
Nach|rich|ten|tech|nik *f. 10 nur Sg.*
nach|richt|lich
nach|rü|cken *intr. u. tr. 1*
Nach|ruf *m. 1*
nach|ru|fen *tr. 102*
Nach|ruhm *m. Gen.* -(e)s *nur Sg.*
nach|rüh|men *tr. 1;* jmdm. etwas n.
nach|rüs|ten *intr. 2* die Rüstung verstärken
Nach|rüs|tung *f. Gen.* - *nur Sg.*
nach|sa|gen *tr. 1;* jmdm. etwas n.; ich lasse es mir nicht n., dass …
Nach|sai|son [-sɛzɔ̃] *f. 9*
Nach|satz *m. 2* angefügter Satz; *Gramm.:* nachgestellter Satz; *Ggs.:* Vordersatz
nach|schaf|fen *tr. 105*
nach|schau|en *intr. u. tr. 1*
nach|schi|cken *tr. 1*
Nach|schlag *m. 2* **1.** *Mus.:* Abschluss eines Trillers; **2.** *ugs.:* zusätzl. Portion Essen
nach|schla|gen **1.** *tr. 116;* ein Wort im Wörterbuch n.; **2.** *intr. 116;* jmdm. n.: so werden wie jmd., jmds. Veranlagung geerbt haben
Nach|schla|ge|werk *n. 1*
nach|schlei|chen *tr. 117*
Nach|schlüs|sel *m. 5*
nach|schmei|ßen *tr. 122;* jmdm. etwas n. *übertr. ugs.:* jmdm. etwas unverlangt dazugeben

nach|schrei|ben *tr. 127*
Nach|schrift *f. 10*
Nach|schub *m. 2*
Nach|schur *f. 10* zweite Schur
Nach|schuss (*alt:* Nach|schuß) *m. 2* Einzahlung über die Stammeinlage hinaus
nach|se|hen *tr. 136;* jmdm. etwas n.: es ihm nicht verübeln; das Nachsehen haben: nichts mehr bekommen, leer ausgehen
Nach|sen|de|auf|trag *m. 2*
nach|sen|den *tr. 138*
Nach|sen|dung *f. 10*
nach|set|zen *tr. u. intr. 1;* jmdm. n.: jmdn. verfolgen
Nach|sicht *f. 10 nur Sg.;* N. haben, üben
nach|sich|tig
Nach|sicht|wech|sel [-ks-] *m. 5* an einem bestimmten Tag nach der Präsentation (Sicht) fälliger Wechsel
Nach|sil|be *f. 11* einem Wort angefügte Silbe, Suffix, z. B. -lich, -er; *Ggs.:* Vorsilbe
nach|sin|gen *tr. 140*
nach|sin|nen *intr. 142*
nach|sit|zen *intr. 143;* er musste nachsitzen (in der Schule); er hat nachgesessen
Nach|som|mer *m. 5*
nach|som|mer|lich
Nach|sor|ge *f. 11 nur Sg.* Betreuung nach einer Erkrankung
Nach|spann *m. 1, Film, Fernsehen:* dem Vorspann entsprechende Angaben am Schluss eines Films
Nach|spei|se *f. 11*
Nach|spiel *n. 1*
nach|spie|len *tr. 1*
nach|spi|o|nie|ren *intr. 3*
nach|spre|chen *tr. 146*
nach|sprin|gen *intr. 148*

nächst, nächste: Die Präposition *nächst* mit Dativ schreibt man klein. Das substantivierte Adjektiv (Superlativ von *nahe*) wird mit großem Anfangsbuchstaben geschrieben: *der Nächste, bitte!* Ebenso: *als Nächstes; das Nächste wäre …; liebe deinen Nächsten; fürs Nächste ist es genug; der Nächstbeste.* § 57 (1)
Aber: Superlative mit *am,* nach denen mit *Wie?* gefragt werden kann, schreibt man klein: *Er wohnt am nächsten.* § 58 E1

nächst **1.** *Superlativ von* nahe; *a) Kleinschreibung:* nächste Woche;

nächsten Monats (*Abk.:* n. M.); nächsten Jahres (*Abk.:* n. J.); das nächste Mal; beim nächsten Mal(e); *b) Großschreibung:* das Nächste, was zu tun ist; als Nächstes bringen wir …; der, die Nächste, bitte!; **2.** *Präp. mit Dat.:* gleich bei, gleich nach, gleich neben; nächst der Kirche; nächst seinen Eltern

nächst|bes|te; bei nächstbester Gelegenheit

Nächst|bes|te *m., f. oder n. 18*

Näch|ste(r) *m. 18 (17) bzw. f. 18 (17);* der Nächste: der Mitmensch; mein Nächster

nach|ste|hen *intr. 151;* ich möchte ihm nicht n.: ich möchte genauso viel tun wie er; er steht ihm an Klugheit nicht nach: er ist genauso klug; er steht ihr in nichts nach: er kommt ihr gleich; nachstehend wird erläutert, wie …; im Nachstehenden; Nachstehendes ist wichtig; vgl. folgend

nach|stel|len **1.** *tr. 1;* die Uhr n.; **2.** *intr. 1;* jmdm. n.: jmdn. verfolgen

Nach|stel|lung *f. 10*

Näch|ten|lie|be *f. 11 nur Sg.*

näch|tens bald

nächst|fol|gend

Nächst|fol|gende *m., f. oder n. 18*

nächst|ge|le|gen

nächst|hö|her

nächst|lie|gend; das Nächstliegende wäre, sofort hinzugehen (*nicht:* das Naheliegendste)

nach|su|chen *intr. 1;* um etwas n.: förmlich um etwas bitten

heute Nacht: Das Substantiv nach den Adverbien *(vor)gestern, gestern, heute* und *morgen* wird mit großem Anfangsbuchstaben geschrieben: *Heute Nacht wird es passieren. Wir treffen uns morgen Nacht.* § 55 (6)

Nacht *f. 2;* bei Nacht; des Nachts; eines Nachts; über Nacht; die Nacht über; heute Nacht; vgl. Abend, Dienstag

Nacht|an|griff *m. 1*

Nacht|ar|beit *f. 10*

nacht|blau

nacht|blind

Nacht|blind|heit *f. 10 nur Sg.*

Nacht|dienst *m. 1*

Nach|teil *m. 1*

nach|tei|lig

näch|te|lang; *aber:* mehrere Nächte lang

nach|ten *intr. 2, poet., schweiz.:* Nacht werden; es nachtet

näch|tens *poet., ugs.:* nachts

Nacht|es|sen *n. 7* Abendessen

Nacht|eu|le *f. 11; auch übertr. ugs.:* jmd., der bis spät in die Nacht aufbleibt

Nacht|fal|ter *m. 5*

nacht|far|ben

Nacht|flug *m. 2*

Nacht|frost *m. 2*

Nacht|glei|che *f. 11* s. **Tag|und|nacht|glei|che**

Nacht|hemd *n. 12*

Nacht|him|mel *m. 5*

näch|tig dunkel; nächtige Fährte *Jägerspr.:* in der (vergangenen) Nacht getretene Fährte

Nach|ti|gall *f. 10*

Nach|ti|gal|len|schlag *m. 2 nur Sg.*

näch|ti|gen *intr. 1* übernachten

Nach|tisch *m. 1* Nachspeise

Nacht|käst|chen *n. 7, bair., österr.:* Nachttisch

Nacht|klub *m. 9*

Nacht|la|ger *n. 5*

Nacht|le|ben *n. Gen. -s nur Sg.*

nächt|lich

nächt|li|cher|wei|le nachts, in der Nacht

Nacht|lo|kal *n. 1*

Nacht|mahl *n. 4 oder n. 1, bes. österr.:* Abendessen

nacht|mah|len *intr. 1, bes. österr.:* zu Abend essen; ich nachtmahle, habe genachtmahlt

Nacht|mahr *m. 1* Nachtgespenst, Albdruck

Nacht|marsch *m. 2*

Nacht|quar|tier *n. 1*

Nach|trab *m. 1, veraltet:* berittene Nachhut

Nach|trag *m. 2*

nach|tra|gen *tr. 160;* jmdm. etwas nachtragen *übertr.:* längere Zeit verübeln

nach|tra|gend; n. sein

nach|träg|lich

nach|trau|ern *intr. 1*

Nacht|ru|he *f. 11 nur Sg.*

nachts; *aber:* des Nachts, eines Nachts

Nacht|schat|ten *m. 7* eine Pflanzengattung

Nacht|schat|ten|ge|wächs [-ks] *n. 1*

Nacht|schicht *f. 10; Ggs.:* Tagschicht

nacht|schla|fend *nur in der Wendung* zu, bei nachtschlafender Zeit *oder:* Stunde

Nacht|schränk|chen *n. 7*

Nacht|schwär|mer *m. 5* **1.** Nachtfalter; **2.** *übertr. ugs.:* jmd., der nachts oft spät nach Hause kommt

Nacht|schwär|me|rei *f. 10 nur Sg.*

Nacht|schweiß *m. Gen. -es nur Sg.*

Nacht|schwes|ter *f. 11*

Nacht|se|hen *n. Gen. -s nur Sg.* Nachtsichtigkeit

Nacht|sei|te *f. 11, poet.:* dunkle, negative Seite; die N. des Lebens

nacht|sich|tig bei Nacht besser als am Tag sehen könnend, tagblind

Nacht|sich|tig|keit *f. 10 nur Sg.* bei Tag herabgesetztes, bei Nacht jedoch relativ gutes Sehvermögen, Tagblindheit

Nacht|strom *m. 2 nur Sg.* während der Nacht verbilligter Strom

Nacht|stück *n. 1* **1.** Gemälde, das einen Gegenstand bei Nacht zeigt; **2.** *Mus:* Notturno

Nacht|stuhl *m. 2* tragbares Zimmerklosett (für Kranke)

nachts|ü|ber; *aber:* die Nacht über

Nacht|ta|rif *m. 1*

Nacht|tier *n. 1*

Nacht|tisch *m. 1*

Nacht|ü|bung *f. 10*

nach|tun *intr. 167;* es jmdm. n.: jmdm. nacheifern; keiner kann es ihm n.: keiner kommt ihm gleich; das tut ihm keiner nach: das kann kein anderer

Nacht|vi|o|le [-vi-] *f. 11* ein Kreuzblütler

Nacht|vo|gel *m. 6*

Nacht|wa|che *f. 11*

Nacht|wäch|ter *m. 5*

nacht|wan|deln *intr. 1;* ich bin, habe genachtwandelt

Nacht|wan|deln *n. Gen. -s nur Sg.* nächtliches Umhergehen in einem schlafähnlichen Zustand; vgl. Mondsüchtigkeit

Nacht|wand|ler *m. 5*

nacht|wand|le|risch; mit nachtwandlerischer Sicherheit

Nacht|zeit *f. 10 nur Sg.;* zur N.

Nacht|zeug *n. 1* alle Gegenstände, die man zum Übernachten braucht

Nacht|zug *m. 2*

Nacht|zu|schlag *m. 2*

nach|ver|lan|gen *tr. 1*

Nach|ver|mächt|nis *n. 1*

Nach|ver|mächt|nis|neh|mer *m. 5*

nach|voll|zieh|bar

nach|voll|zie|hen *tr. 187;* etwas n.: etwas, das geschehen ist, verstehen, als ob man es selbst getan hätte

N

nach|wach|sen [-ks-] *intr. 172*
Nach|wahl *f. 10*
Nach|währ|schaft *f. 10 nur Sg., schweiz.:* Gewähr für erst nach dem Kauf z. B. eines Hauses oder Haustieres entdeckte Mängel
Nach|we|hen *Pl.*
nach|wei|nen *intr. 1;* jmdm. oder einer Sache n.
Nach|weis *m. 1*
nach|weis|bar
nach|wei|sen *tr. 177;* jmdm. etwas nachweisen
nach|weis|lich
Nach|welt *f. 10 nur Sg.*
nach|wer|fen *tr. 181* vgl. nachschmeißen
nach|wie|gen *tr. 182*
Nach|win|ter *m. 5*
nach|win|ter|lich
nach|wir|ken *intr. 1*
Nach|wir|kung *f. 10*
nach|wol|len *intr. 1, ugs.*
Nach|wort *n. 1*
Nach|wuchs [-ks] *m. 1 nur Sg.*
Nach|wuchs|kraft [-ks-] *f. 2*
Nach|wuchs|schau|spie|ler [-ks-] *m. 5*
nach|zah|len *tr. 1*
nach|zäh|len *tr. 1*
Nach|zah|lung *f. 10*
Nach|zäh|lung *f. 10*
nach|zeich|nen *tr. 2*
Nach|zei|tig|keit *f. 10 nur Sg.* die Zeitenfolge im Satzgefüge: die Handlung des Nebensatzes folgt der des Hauptsatzes; *Ggs.:* Vorzeitigkeit
nach|zie|hen *tr. u. intr. 187*
Nach|züg|ler *m. 5*
Na|cke|dei *m. 9*
Na|cken *m. 7*
na|ckend
Na|cken|he|bel *m. 5* Griff beim Ringen
Na|cken|schlag *m. 2*
Na|cken|stüt|ze *f. 11*
Nack|frosch *m. 2, ugs. für* Nacktfrosch
na|ckig nackt
...na|ckig, z. B. stiernackig
nackt
Nackt|frosch *m. 2, scherzh.:* nacktes kleines Kind
Nackt|heit *f. 10 nur Sg.*
Nackt|kul|tur *f. 10 nur Sg.*
Nackt|sa|mer *m. 5* Pflanze, deren Samen nicht von einem Fruchtknoten umschlossen sind, Gymnosperme; *Ggs.:* Bedecktsamer
nackt|sa|mig
Nackt|schne|cke *f. 11* Schnecke, die kein Haus trägt
Na|del *f. 11*
Na|del|ar|beit *f. 10*
Na|del|baum *m. 2* Baum mit nadelförmigen Blättern, Konifere; *Ggs.:* Laubbaum
Nä|del|chen *n. 7*
Na|del|geld *n. 3* **1.** *früher:* Taschengeld für die Hausfrau; **2.** staatl. Unterhalt für unverheiratete Prinzessinnen
Na|del|höl|zer *Pl.* Nadelbäume und -sträucher; *Ggs.:* Laubhölzer
na|deln *intr. 1* Nadeln verlieren (von Nadelhölzern)
Na|del|öhr *n. 1*
Na|del|wald *m. 4*
Na|dir [auch: na-, arab.] *m. 1 nur Sg.* der dem Zenit gegenüberliegende Punkt auf der Himmelskugel, Fußpunkt
NAFTA *Abk. für* North American Free Trade Agreement: Nordamerikanische Freihandelszone
Na|gai|ka [russ.] *f. 9* Peitsche aus geflochtenen Lederriemen
Na|gel *m. 6*
Na|gel|bett *n. 12*
Na|gel|bürs|te *f. 11*
Nä|gel|chen *n. 7*
Na|gel|fei|le *f. 11*
Na|gel|lack *m. 1*
na|geln *tr. 1;* ich nagele, nagle es
na|gel|neu
Na|gel|pro|be *f. 11;* die N. machen: das Glas auf dem linken Daumennagel umkehren zum Zeichen, dass man ausgetrunken hat
Na|gel|rei|ni|ger *m. 5*
Na|gel|sche|re *f. 11*
Na|ge|lung *f. 10 nur Sg.*
na|gen *intr. 1*
Na|ger *m. 5*
Na|ge|tier *n. 1*
Näg|lein *n. 7, veraltet für* Nelke
nah s. **na|he;** nah(e) verwandt
Nah|auf|nah|me *f. 11*

> **nah, des Näheren:** Mit kleinem Anfangsbuchstaben wird geschrieben: *von nah und fern, von nahem.* § 58 (3)
> Das substantivierte Adjektiv schreibt man groß: *(sich) des Näheren entsinnen, des Näheren (erläutern).* § 57 (1)

na|he, nah **1.** nahe daran sein, etwas zu tun; von nahem; nahe bringen; nahe gehen; es geht mir nahe: es erregt meine Teilnahme; sie sind einander (*ugs.:* sich) nahe gekommen: sie sind miteinander vertraut geworden; der Wahrheit nahe kommen; jmdm. etwas nahe legen: raten, empfehlen; es liegt nahe, zu glauben, dass ...; sie gehen im nahe gelegenen Park spazieren; es ist nahe liegend, das zu tun; jmdm. nahe stehen: mit jmdm. vertraut, befreundet sein; er hat mir sehr nahe gestanden; ein mir nahe stehender Mensch; jmdm. nahe treten: mit jmdm. vertraut werden, sich mit ihm befreunden; jmdm. zu nahe treten: jmdn. verletzen, kränken; **2.** *Präp. mit Dat.:* nahe dem Wald
Nä|he *f. Gen. - nur Sg.*
na|he|bei in der Nähe; er wohnt n.; *aber:* er wohnt nahe bei der Schule

> **nahe bringen/stehen/treten:** Eine Fügung aus Adjektiv und Verb wird getrennt geschrieben, wenn das Adjektiv steigerbar ist. § 34 E3 (3)

na|he brin|gen (*alt:* na|he|brin|gen) *tr. 21*
na|he ge|hen (*alt:* na|he|ge|hen) *intr. 47*
na|he ge|le|gen (*alt:* na|he|ge|le|gen)
na|he kom|men (*alt:* na|he|kom|men) *intr. 71*
na|he le|gen (*alt:* na|he|le|gen) *tr. 1*
na|he lie|gen (*alt:* na|he|lie|gen) *intr. 80*
na|hen *intr. 1*
nä|hen *tr. 1*
nä|her *Komp. von* nah(e); das werde ich des Näheren erklären: näher, genauer; Näheres folgt; alles Nähere bald; jmdm. etwas näher bringen: erklären, vertrauter machen; dieses Erlebnis hat uns einander näher gebracht; du musst etwas näher kommen; sie sind sich näher gekommen; der Tisch müsste näher stehen; bitte treten Sie näher!; nichts konnte näher liegen als das; das näher Liegende wäre, sofort hinzugehen (*nicht:* das Naheliegendere); er hat mir näher gestanden als sie: mit ihm war ich vertrauter; jmdm. näher treten: mit jmdm. in Verbindung kommen; einer Sache näher treten: anfangen sich mit ihr zu beschäftigen

N

nä|her brin|gen (*alt:* nä|her|brin-gen) *tr. 21*
Nä|he|rei *f. 10*
Nä|he|rin *f. 10*
Nah|er|ho|lungs|ge|biet *n. 1* Erholungsgebiet in der Nähe einer Großstadt
nä|her kom|men (*alt:* nä|her|kom-men) *intr. 71*
nä|her lie|gen (*alt:* nä|her|lie|gen) *intr. 80*
nä|hern *refl. 1*
nä|her ste|hen (*alt:* nä|her|ste|hen) *intr. 151*
nä|her tre|ten (*alt:* nä|her|tre|ten) *intr. 163*
Nä|he|rung *f. 10*
Nä|he|rungs|wert *m. 1* dem wirklichen Wert angenäherter Wert
na|he ste|hen (*alt:* na|he|ste|hen) *intr. 151*
na|he tre|ten (*alt:* na|he|tre|ten) *intr. 163*
na|he|zu
Näh|garn *n. 1*
Nah|kampf *m. 2*
Näh|kas|ten *m. 8*
Näh|korb *m. 2*
Näh|ma|schi|ne *f. 11*
Näh|ma|schi|nen|na|del *f. 11*
Näh|na|del *f. 11*
Nah|ost Naher Osten; die Länder in Nahost
Nähr|bo|den *m. 8*
näh|ren *tr. 1*
Näh|re|rin *f. 10, veraltet, poet.*
Nähr|ge|halt *m. 1 nur Sg.*
nahr|haft
Nahr|haf|tig|keit *f. 10 nur Sg.*
Nähr|he|fe *f. 11 nur Sg.*
Nähr|krem, Nähr|kre|me *f. 9*
Nähr|mit|tel *n. 5 meist Pl.*
Nähr|mut|ter *f. 6* **1.** *veraltet:* Pflegemutter, Amme; **2.** *poet.:* Ernährerin; die N. Erde
Nähr|scha|den *m. 5* durch mangelhafte oder falsche Ernährung entstandener Schaden
Nähr|stoff *m. 1*
Nah|rung *f. 10 nur Sg.*
Nah|rungs|auf|nah|me *f. 11*
Nah|rungs|ket|te *f. 11, Biol.*
Nah|rungs|mit|tel *n. 5*
Nah|rungs|mit|tel|che|mie *f. 11 nur Sg.*
Nah|rungs|mit|tel|ver|gif|tung *f. 10*
nah|rungs|su|chend; gründelnde, nahrungssuchende Enten
Nah|rungs|trieb *m. 1 nur Sg.*
Nah|rungs|ver|wei|ge|rung *f. 10 nur Sg.*
Nah|rungs|zu|fuhr *f. 10 nur Sg.*
Nähr|va|ter *m. 6, veraltet:* Pflegevater
Nähr|wert *m. 1 nur Sg.* Energiegehalt eines Nahrungsmittels; ein hoher Nährwert
Nah|schnell|ver|kehr *m. Gen.* -s *nur Sg.*
Nah|schnell|ver|kehrs|zug *m. 2*
Näh|sei|de *f. 11*
Naht *f. 2*
Näh|te|rin *f. 10, veraltet für* Näherin
Näh|tisch *m. 1*
naht|los
Naht|stel|le *f. 11*
Nah|ver|kehr *m. Gen.* -s *nur Sg.*
Nah|ver|kehrs|zug *m. 2, kurz für* Nahschnellverkehrszug
Näh|zeug *n. 1 nur Sg.*
Nai|ro|bi Hauptstadt von Kenia
na|iv [frz.] kindlich, einfältig, treuherzig
Na|i|ve [-və] *f. 18;* jugendliche N. *Theater:* Rollenfach der jugendl. Liebhaberin
Na|i|vi|tät [-vi-] *f. 10 nur Sg.*
Na|iv|ling *m. 1, ugs.:* törichter, allzu vertrauensseliger Mensch
na ja!
Na|ja|de [griech.] *f. 11* **1.** *griech. Myth.:* Quell-, Flussnymphe; **2.** eine Süßwassermuschel
Na|me *m. 15, veraltet:* Na|men *m. 5;* im Namen meiner Mutter; in Gottes Namen *ugs. auch:* meinetwegen; ein Mann mit Namen XY
Na|men|for|schung *f. 10*
Na|men|ge|bung, Na|mens|ge|bung *f. 10*
Na|men|ge|dächt|nis, Na|mens|ge-dächt|nis *n. 1 nur Sg.*
Na|men-Je|su-Fest *n. 1* Fest am zweiten Sonntag nach Epiphanias
Na|men|kun|de *f. 11 nur Sg.*
na|men|kund|lich
na|men|los **1.** anonym; er wurde n. beigesetzt; **2.** *übertr.:* sehr groß, unsagbar, unendlich; namenloses Leid
Na|men|nen|nung, Na|mens|nen-nung *f. 10*
na|mens **1.** mit Namen; ein Mann n. XY; **2.** *mit Gen.:* im Namen von, im Auftrag von; n. des Gerichts
Na|mens|ak|tie *f. 11* auf den Namen des Inhabers ausgestellte Aktie
Na|mens|än|de|rung *f. 10*
Na|mens|ge|bung *f. 10*
Na|mens|ge|dächt|nis *n. 1 nur Sg.*
Na|mens|nen|nung *f. 10*
Na|mens|pa|tron *auch:* **Na|mens-pat|ron** *m. 1* Heiliger, nach dessen Namen jmd. benannt ist
Na|mens|schild *n. 3*
Na|mens|schwes|ter *f. 11* Frau, Mädchen mit dem gleichen Vornamen; vgl. Namensvetter
Na|mens|stem|pel *m. 5*
Na|mens|tag *m. 1*
Na|mens|ver|zeich|nis *n. 1*
Na|mens|vet|ter *m. 14* Mann, Knabe mit dem gleichen Vornamen
Na|mens|wech|sel [-ks-] *m. 5*
Na|mens|zei|chen *n. 7*
Na|mens|zug *m. 2*
na|ment|lich **1.** mit, beim Namen; jmdn. n. aufrufen, nennen; **2.** vor allem, besonders; n. er hat viel dafür getan
Na|men|ver|zeich|nis, Na|mens|ver-zeich|nis *n. 1*
nam|haft bekannt, angesehen; namhafte Persönlichkeit; jmdn. n. machen: jmds. Namen herausfinden, nennen
Nam|haft|ma|chung *f. 10 nur Sg.*
Na|mi|bia Staat im südl. Afrika
näm|lich **1.** *Konj.;* er hat nämlich erklärt, dass ...; **2.** *Adj.;* es war der nämliche Wagen, den ich gestern gesehen habe; *aber:* er ist der Nämliche, sie ist die Nämliche, es ist das Nämliche
Nan|du [brasil. Indianerspr.] *m. 9* ein südamerik. Laufvogel
Nan|ga Par|bat *m. Gen.* - - Berg im Himalaya
Nä|nie [-njə, lat.] *f. 11* altröm. Totenklage
Na|nis|mus [lat.] *m. Gen.* - *nur Sg.* Zwergwuchs, Nanosomie
Nan|king **1.** Stadt in China; **2.** *m. 9 oder m. 1* ein gelbl. Baumwollgewebe
Na|no... [lat.] (*Abk.:* n) *vor Maßeinheiten:* ein Milliardstel
Na|no|fa|rad *n. Gen.* - *Pl.* - (*Abk.:* nF)
Na|no|me|ter *n. Gen.* -s *Pl.* - (*Abk.:* nm)
Na|no|se|kun|de *f. 11* (*Abk.:* ns)
Na|no|so|mie [lat. + griech.] *f. 11 nur Sg.* s. **Na|nis|mus**
Nan|sen|pass *auch:* **Nan|sen-Pass** (*alt:* Nan|sen-Paß) *m. 2* auf Anregung von Fridtjof Nansen geschaffener Pass für staatenlose Personen
na|nu! Ausruf des Erstaunens oder der Verwunderung
Na|palm [auch: -palm, amerik. Kunstwort] *n. 1 nur Sg.* schwer

N

löschbarer Stoff (Benzin, Benzol und Dieselöl) für Brandbomben
Na|palm|bom|be *f. 11*
Napf *m. 2*
Näpf|chen *n. 7*
Napf|ku|chen *m. 7*
Naph|tha [pers.-griech.] *n. Gen. -s oder f. Gen. - nur Sg.* eine Sorte Roherdöl
Naph|tha|lin *n. 1 nur Sg.* ein aromat. Kohlenwasserstoff, dient zur Herstellung von Farbstoffen, keimtötenden Mitteln, Mottenpulver u. a.
Naph|then *n. 1* s. **Cy|clo|he|xan**
Naph|tho|le *Pl.* Hydroxylabkömmlinge des Naphthalins
Na|po|le|on|dor *m. Gen. -s Pl. - oder: -e* frz. Goldmünze
na|po|le|on|freund|lich *auch:* **Na-po|le|on-freund|lich**
Na|po|le|o|ni|de *m. 11* Abkömmling der Familie Napoleons
na|po|le|o|nisch; die napoleonischen Kriege (die Kriege von Napoleon); *aber:* die Napoleonischen Kriege (als Epoche)
Na|po|li|taine [-tɛn, nach der ital. Stadt Neapel] *f. Gen. - nur Sg.* ein weiches, flanellähnl. Wollgewebe
Nap|pa [nach der kaliforn. Stadt Napa] *n. Gen. -s nur Sg.*
Nap|pa|le|der *n. 5 nur Sg.* ein abwaschbares Glacéleder
Nar|be *f. 11*
nar|ben *tr. 1* mit Narben versehen (Leder)
Nar|ben *m. 7* Vertiefung auf der Haarseite des Fells, Musterung des Leders
nar|big voller Narben
Nar|bung *f. 10*
Nar|de [griech.] *f. 11, Sammelbez. für* verschiedene wohlriechende Pflanzen, die für Salben, Salböl u. Ä. verwendet werden
Nar|den|öl *n. 1*
Nar|gi|leh [türk.] *f. 9 oder n. 9* oriental. Wasserpfeife
Nar|ko|ma|nie *f. 11* Rauschgiftsucht
Nar|ko|se *f. 11* Betäubung, künstlich herbeigeführter Schlafzustand mit Schmerzunempfindlichkeit
Nar|ko|ti|kum *n. Gen. -s Pl. -ka* Betäubungsmittel, Rauschgift
nar|ko|tisch
nar|ko|ti|sie|ren *tr. 3* in Narkose versetzen
Nar|ko|tis|mus *m. Gen. - nur Sg.* Sucht nach Narkotika
Narr *m. 10*
Närr|chen *n. 7*
nar|ren *tr. 1*
Nar|ren|fest *n. 1*
Nar|ren|frei|heit *f. 10 nur Sg.*
Nar|ren|haus *n. 4*
Nar|ren|kap|pe *f. 11*
Nar|ren|pos|se, Nar|rens|pos|se *f. 11*
Nar|ren|seil *n. 1, nur in der Wendung* jmdn. am N. führen: ihn an der Nase herumführen, immer wieder vertrösten
nar|ren|si|cher *ugs.* idiotensicher
Nar|rens|pos|se *f. 11 meist Pl.;* Narrenspossen treiben
Nar|ren|streich *m. 1*
Nar|ren|zep|ter *n. 5*
Nar|re|tei *f. 10* Dummheit, Unsinn, Narrheit
Narr|heit *f. 10*
När|rin *f. 10*
när|risch
Närr|lein *n. 7*
Nar|thex [griech.] *m. Gen. - Pl. -thi|zes* [-tse:s] **1.** Vorhalle der frühchristl. und byzantin. Basilika; **2.** eine im Mittelmeerraum vorkommende Doldenpflanze
Nar|wal [dän.] *m. 1* zu den Delphinen gehörender Zahnwal, Einhornwal

Narziss: Der nach dem schönen, in sein eigenes Spiegelbild verliebten Jüngling der griechischen Sage *Narcissus* benannte Menschentyp wird mit *-ss-* geschrieben, weil das vorausgehende *i* kurz ist: *Er ist ein wahrer Narziss.* Ebenso: *der Narzissmus, narzisstisch.* § 2

Nar|ziss (*alt:* Nar|ziß) [nach Narcissus, dem schönen Jüngling der griech. Sage, der in sein eigenes Spiegelbild verliebt war] *m. Gen. - oder -zis|ses Pl. -zis|se* bes. eitler, sich selbst bewundernder Mensch
Nar|zis|se *f. 11* ein stark duftendes Amaryllisgewächs
Nar|ziss|mus (*alt:* Nar|ziß|mus) *m. Gen. - nur Sg.* krankhafte Verliebtheit in sich selbst, erot. Hinwendung zum eigenen Körper
Nar|zisst (*alt:* Nar|zißt) *m. 10* jmd., der an Narzissmus leidet
nar|ziss|tisch (*alt:* nar|ziß|tisch)
NASA *Kurzwort für* National Aeronautics and Space Administration (US-amerik. Weltraumbehörde)
na|sal **1.** zur Nase gehörend, von der Nase ausgehend; **2.** durch die Nase gesprochen
Na|sal *m. 1* durch die Nase gesprochener Laut, z. B. m, n, ng, Nasallaut, Nasenlaut; vgl. Nasalvokal
na|sa|lie|ren *tr. 3* durch die Nase sprechen, nasal klingen lassen; nasalierte Laute
Na|sa|lie|rung *f. 10*
Na|sal|laut *m. 1*
Na|sal|vo|kal [-vo-] *m. 1* durch die Nase gesprochener Vokal, z. B. das e und i in frz. enfin [ãfɛ̃]
na|schen *tr. u. intr. 1*
Näs|chen *n. 7*
Na|scher, Nä|scher *m. 5* naschhafter Mensch
Na|sche|rei *f. 10 nur Sg.* häufiges Naschen
Nä|sche|rei *f. 10* Süßigkeit
nasch|haft
Nasch|haf|tig|keit *f. 10 nur Sg.*
Nasch|kat|ze *f. 11*
Nasch|maul *n. 4*
Nasch|sucht *f. Gen. - nur Sg.*
nasch|süch|tig
Nasch|werk *n. 1 nur Sg.* Süßigkeiten
NASDAQ, Nas|daq [næsdɛk, engl.] *m. 9 Abk. für* National Association of Securities Dealers Automated Quotations: Name der US-amerikanischen Börse für Technologiewerte
Na|se *f. 11*
na|se|lang s. **na|sen|lang**
nä|seln *intr. 1* durch die Nase sprechen
Na|sen|bär *m. 10* ein brasilian. Kleinbär
Na|sen|bein *n. 1*
Na|sen|blu|ten *n. Gen. -s nur Sg.*
Na|sen|flü|gel *m. 5*
Na|sen|höh|le *f. 11*
Na|sen|klam|mer *f. 11* = Akkolade
Na|sen|kor|rek|tur *f. 10*
na|sen|lang, na|se|lang, nas|lang *nur in der ugs. Wendung* alle n.: sehr oft, in kurzen Abständen immer wieder
Na|sen|län|ge *f. 11, ugs.;* jmdm. um eine N. voraus sein; jmdn. um eine N. schlagen
Na|sen|loch *n. 4*
Na|sen-Ra|chen-Raum *m. 2*
Na|sen|ring *m. 1* ein dem Stier, auch dem Tanzbären durch die Nase gezogener Ring zum Führen
Na|sen|rü|cken *m. 7*

N

Na|sen|schleim|haut *f. 2*
Na|sen|schmuck *m. Gen.* -(e)s *nur Sg.*
Na|sen|spie|gel *m. 5*
Na|sen|stü|ber *m. 5*
na|se|weis
Na|se|weis *m. 1*
nas|füh|ren *tr. 1* an der Nase herumführen, zum Besten haben; er hat mich genasführt
Nas|horn *n. 4*
Nas|horn|kä|fer *m. 5*
Nas|horn|vo|gel *m. 6*
...na|sig; z. B. breit-, schmalnasig
Na|si|go|reng (*alt:* Na|si-go|reng) *n. Gen.* -(s) *nur Sg.* scharf gewürztes indonesisches Reisgericht
nas|lang s. **na|sen|lang**
Näs|lein *n. 7*

nass: Nach kurzem Vokal wird *-ss* geschrieben: *nass, nasse Kälte, nassfest, du nässt, nassforsch, das Nassrasieren, Nasszelle, Nass-in-Nass-Druck.* § 2

nass (*alt:* naß) nässer, am nässesten; für nass *ugs.:* umsonst, unentgeltlich; nass geschwitzt
Nass (*alt:* Naß) *n. Gen.* -, *selten auch:* Nas|ses *nur Sg., poet.:* Wasser, Wein; ins kühle Nass; das edle Nass
Nas|sau|er *m. 5, ugs.:* jmd., der Hilfe in Anspruch nimmt, ohne dafür zu bezahlen, oder der sich auf Kosten anderer einen Genuss verschafft
nas|sau|ern *intr. 1;* ich nassauere
Näs|se *f. 11 nur Sg.*
näs|sen **1.** *tr. 1* nass machen, befeuchten; **2.** *intr. 1* Flüssigkeit absondern (Wunde, Ausschlag)
nass|fest (*alt:* naß|fest) in nassem Zustand belastbar (Faser)
Nass|fes|tig|keit (*alt:* Naß|fe|stig|keit) *f. 10 nur Sg.*
nass|forsch (*alt:* naß|forsch) *ugs.:* unverfroren
nass ge|schwitzt (*alt:* naß|ge|schwitzt)
nass|kalt (*alt:* naß|kalt)
näss|lich (*alt:* näß|lich)
Nass|schnee (*alt:* Naß|schnee) *m. Gen.* -s *nur Sg.*
Nas|tie [griech.] *f. 11* durch Reiz ausgelöste Bewegung von Organen festgewachsener Pflanzen, wobei die Richtung des Reizes nicht ausschlaggebend ist
Nas|tuch *n. 4, südd., schweiz.:* Taschentuch

nas|zie|rend [lat.] entstehend, werdend, im Entstehen begriffen
Na|ta|lia, Na|ta|lie, Na|tha|lie weibl. Vorname
Na|ta|li|tät [lat.] *f. 10 nur Sg.* Geburtenhäufigkeit; *Ggs.:* Mortalität
Na|tan, Na|than Prophet des AT

Natio-: Die Trennung nach einer Silbe, die nur aus einem Vokal besteht, hier *-o-*, ist erlaubt, wird aber aus ästhetischen Gründen nicht empfohlen.

Na|ti|on [lat.] *f. 10* durch gemeinsame Herkunft, Sprache, Kultur und polit. Entwicklung gekennzeichnete Menschengemeinschaft, Staatsvolk
na|ti|o|nal **1.** zu einer Nation gehörig; **2.** die Selbständigkeit, die Eigeninteressen einer Nation betonend; national gesinnt sein; Nationales Olympisches Komitee (*Abk.:* NOK)
na|ti|o|nal|be|wusst (*alt:* na|tio|nal|be|wußt)
Na|ti|o|nal|be|wusst|sein (*alt:* Na|tio|nal|be|wußt|sein) *n. Gen.* -s *nur Sg.*
Na|ti|o|nal|bi|bli|o|thek *auch:* **Na|ti|o|nal|bib|li|o|thek** *f. 11*
Na|ti|o|nal|cha|rak|ter *m. Gen.* -s *Pl.* -te|re die einer Nation eigentümliche Wesensart, Volkscharakter
na|ti|o|nal|de|mo|kra|tisch
Na|ti|o|nal|denk|mal *n. 4*
Na|ti|o|na|le *n. 5, österr.:* Personalangaben, Name, Geburtsdatum, Wohnort usw.
Na|ti|o|nal|ein|kom|men *n. 7* Sozialprodukt
Na|ti|o|nal|elf *f. 10* Fußballmannschaft eines Landes für internationale Wettkämpfe
Na|ti|o|nal|e|pos *n. Gen.* - *Pl.* -e|pen für ein Volk bes. charakterist. Epos
Na|ti|o|nal|far|ben *Pl.* Landesfarben (auf Fahnen, Kokarden, Emblemen)
Na|ti|o|nal|fei|er|tag *m. 1* gesetzl. Feiertag zur Erinnerung an ein für eine Nation bedeutsames polit. Ereignis
Na|ti|o|nal|flag|ge *f. 11* Staatsflagge mit den Nationalfarben
Na|ti|o|nal|ga|le|rie *f. 11, Name für* bes. hervorragende staatl. Kunstsammlung

Na|ti|o|nal|gar|de *f. 11, 1789-1871:* frz. Bürgerwehr
Na|ti|o|nal|ge|fühl *n. 1 nur Sg.*
Na|ti|o|nal|ge|richt *n. 1* Speise, die in einem Land bes. gern gegessen wird
Na|ti|o|nal|hym|ne *f. 11* bei feierlichen Anlässen gespieltes oder/ und gesungenes Lied einer Nation als Ausdruck ihres Nationalgefühls
na|ti|o|na|li|sie|ren *tr. 3* **1.** *Wirtschaft:* verstaatlichen; **2.** jmdn. n.: jmdm. die Staatsbürgerschaft verleihen
Na|ti|o|na|li|sie|rung *f. 10*
Na|ti|o|na|lis|mus *m. Gen.* - *nur Sg.* übersteigertes Nationalbewusstsein
Na|ti|o|na|list *m. 10*
na|ti|o|na|lis|tisch
Na|ti|o|na|li|tät *f. 10* **1.** Staatsangehörigkeit; **2.** völk. Minderheit (in einem Staat)
Na|ti|o|na|li|tä|ten|staat *m. 12* Staat, der mehrere, weitgehend eigenständige Nationalitäten umfasst, Mehrvölkerstaat; *Ggs.:* Nationalstaat
Na|ti|o|na|li|täts|prin|zip *n. Gen.* -s *nur Sg.*
Na|ti|o|nal|kir|che *f. 11* eine Nation umfassende und auf diese beschränkte, selbständige Kirchenorganisation
Na|ti|o|nal|kon|vent [-vɛnt] *m. 1* **1.** *1792-1795:* die frz. Nationalversammlung; **2.** *USA:* Versammlung von Delegierten einer Partei, die den Präsidentschaftskandidaten nominieren
na|ti|o|nal|li|be|ral
Na|ti|o|nal|li|te|ra|tur *f. 10* die gesamte Literatur eines Volkes
Na|ti|o|nal|mann|schaft *f. 10* Auswahlmannschaft eines Landes für internationale Wettkämpfe
Na|ti|o|nal|ö|ko|nom *m. 10* Volkswirtschaftler
Na|ti|o|nal|ö|ko|no|mie *f. 11 nur Sg.* Volkswirtschaftslehre
na|ti|o|nal|ö|ko|no|misch
Na|ti|o|nal|park *m. 9* vom Staat eingerichtetes Naturschutzgebiet
Na|ti|o|nal|preis *m. 1*
Na|ti|o|nal|rat *m. 2, Österreich u. Schweiz* **1.** die gewählte Volksvertretung; **2.** deren Mitglied
Na|ti|o|nal|so|zi|a|lis|mus *m. Gen.* - *nur Sg.*
Na|ti|o|nal|so|zi|a|list *m. 10*
na|ti|o|nal|so|zi|a|lis|tisch

N

Na|ti|o|nal|spie|ler *m. 5* Spieler, der in einer Nationalmannschaft spielt
Na|ti|o|nal|staat *m. 12* hauptsächlich von einer einzigen Nation gebildeter Staat; *Ggs.:* Nationalitätenstaat
Na|ti|o|nal|tanz *m. 2* für eine Nation bes. charakterist. Tanz
Na|ti|o|nal|the|a|ter *n. 5* **1.** Theater, in dem vor allem die Schauspiele der betreffenden Nation aufgeführt werden; **2.** *auch:* repräsentatives Theater eines Landes oder einer Stadt
Na|ti|o|nal|tracht *f. 10*
Na|ti|o|nal|ver|samm|lung *f. 10* zu einem bes. Zweck (meist dem Ausarbeiten einer Verfassung) einberufene, gewählte Volksvertretung
na|tiv [lat.] angeboren, natürlich
Na|ti|vis|mus [-vis-] *m. Gen. - nur Sg.* **1.** Lehre, dass bestimmte Denk- und Verhaltensweisen dem Menschen angeboren sind; **2.** fremdenfeindl. Bewegung
Na|ti|vist [-vist] *m. 10*
na|ti|vis|tisch [-vis-]
Na|ti|vi|tät [-vi-] *f. 10* **1.** *veraltet:* Geburt, Geburtsstunde; **2.** *Astrol.:* Stand der Gestirne bei der Geburt
NATO, Na|to *f. Gen. - nur Sg., Kurzwort für* North Atlantic Treaty Organization (Nordatlantikpakt)
NATO-Ge|ne|ral|se|kre|tär, Na|to-Ge|ne|ral|se|kre|tär *m. 1*

♦ Die Buchstabenfolge **na|tr...** kann in Fremdwörtern auch **nat|r...** getrennt werden.

♦ **Na|tri|um** [neulat.] *n. Gen. -s nur Sg.* (*Zeichen:* Na) chem. Element, ein Metall
♦ **Na|tri|um|car|bo|nat** *n. 1 nur Sg.* s. **Na|tri|um|kar|bo|nat**
♦ **Na|tri|um|chlo|rat** *n. 1 nur Sg.* chlorsaures Natrium
♦ **Na|tri|um|chlo|rid** *n. 1 nur Sg.* Chlornatrium, Kochsalz
♦ **Na|tri|um|dampf|lam|pe** *f. 11* mit Natriumdampf gefüllte Lampe, gelb leuchtend
♦ **Na|tri|um|kar|bo|nat,** *fachsprachl.:* Na|tri|um|car|bo|nat *n. 1 nur Sg.* kohlensaures Natrium, Soda
♦ **Na|tri|um|sul|fat** *n. 1 nur Sg.* schwefelsaures Natrium, Glaubersalz
♦ **Na|tron** *n. Gen. -s nur Sg.* doppeltkohlensaures Natrium
Nat|té [-te, frz.] *m. 9* Gewebe in Würfelbindung, bei der Kett- und Schussfäden Gruppen bilden
Nat|ter *f. 11* **1.** eine Schlangenart; **2.** *volkstüml.:* Giftschlange; er hat eine N. an seinem Busen genährt *übertr.:* er hat jmdm. vertraut, jmdn. gefördert, der ihm nun schadet
Nat|tern|brut *f. Gen. - nur Sg.,* **Nat|tern|ge|zücht** *n. 1 nur Sg., übertr.:* falsche, böse Menschen
Nat|tern|hemd *n. 12* die von der Schlange beim Häuten abgestreifte Haut
Na|tur [lat.] *f. 10*
Na|tu|ral... *in Zus.* **1.** auf die Natur bezüglich; **2.** Sach..., in Sachwerten
Na|tu|ral|be|zü|ge *Pl.* Naturallohn
Na|tu|ra|li|en *Pl.* **1.** Naturprodukte, Lebensmittel; **2.** Gegenstände einer naturkundl. Sammlung
Na|tu|ra|li|en|ka|bi|nett *n. 1* naturkundl. Sammlung
Na|tu|ra|li|sa|ti|on *f. 10* **1.** Einbürgerung, Verleihung der Staatsbürgerschaft; *Ggs.:* Denaturalisation; **2.** Anpassung von Tieren und Pflanzen (auch Menschen) an einen neuen Lebensraum
na|tu|ra|li|sie|ren *tr. 3* **1.** jmdn. n.: jmdm. die Staatsbürgerschaft verleihen; **2.** sich n.: sich einem neuen Lebensraum anpassen (Tier, Pflanze, auch Mensch); **3.** Tierbälge n.: ausstopfen
Na|tu|ra|li|sie|rung *f. 10*
Na|tu|ra|lis|mus *m. Gen. - nur Sg.* **1.** Wirklichkeitstreue; **2.** Kunstrichtung (bes. Ende des 19. Jh.), die eine genaue, nicht beschönigende Darstellung der Wirklichkeit anstrebt; **3.** *Pl.* -men naturalist. Zug (eines Kunstwerks)
Na|tu|ra|list *m. 10* Vertreter des Naturalismus (2)
na|tu|ra|lis|tisch auf dem Naturalismus beruhend, wirklichkeitsgetreu
Na|tu|ral|leis|tung *f. 10* Bezahlung in Naturalien oder Dienstleistungen
Na|tu|ral|lohn *m. 2* ganz oder zum Teil in Naturalien gezahlter Lohn
Na|tu|ral|ob|li|ga|ti|on *f. 10* nicht einklagbare Schuld, z. B. Spielschuld
Na|tu|ral|wirt|schaft *f. 10* **1.** Wirtschaftsform, in der die Produkte getauscht und nicht in Geld bezahlt werden, Tauschwirtschaft; **2.** Produktion nur für den eigenen Bedarf
Na|tur|an|la|ge *f. 11*
Na|tur|a|po|stel *auch:* **Na|tur|a|pos|tel** *m. 5* jmd., der eine äußerst einfache, natürl. Lebensweise vertritt
Na|tur|bur|sche *m. 11* urwüchsiger Mensch
Na|tur|denk|mal *n. 4* schönes und meist auch altes Gebilde der Natur, der Landschaft
na|ture [-tyr, frz.] natürlich, rein, ohne Zusatz; Tee nature
Na|tur|eis *n. Gen. -es nur Sg.* (im Unterschied zum Speiseeis)
na|tu|rell [frz.] natürlich, ohne Zusatz, z. B. Zitronenwasser naturell
Na|tu|rell *n. 1* Naturanlage, Wesensart, z. B. fröhliches, sonniges Naturell
Na|tur|er|eig|nis *n. 1*
Na|tur|er|schei|nung *f. 10*
Na|tur|er|zeug|nis *n. 1*
na|tur|far|ben nicht gefärbt (z. B. Holz)
Na|tur|fa|ser *f. 11*
Na|tur|for|scher *m. 5*
Na|tur|for|schung *f. 10*
Na|tur|freund *m. 1*
Na|tur|ge|fühl *n. 1 nur Sg.*
na|tur|ge|ge|ben
na|tur|ge|mäß
Na|tur|ge|schich|te *f. 11*
na|tur|ge|schicht|lich
Na|tur|ge|setz *n. 1*
na|tur|ge|treu
na|tur|haft
Na|tur|heil|kun|de *f. 11 nur Sg.*
Na|tur|heil|kun|di|ge(r) *m. 18 (17) bzw. f. 17 oder 18*
Na|tur|heil|ver|fah|ren *n. 7*
na|tur|his|to|risch naturgeschichtlich
Na|tu|ris|mus *m. Gen. - nur Sg.* Freikörperkultur
Na|tu|rist *m. 10*
Na|tur|kind *n. 3* urwüchsiger, unverdorbener junger Mensch
Na|tur|kraft *f. 2*
Na|tur|kun|de *f. 11 nur Sg.*
na|tur|kund|lich
Na|tur|leh|re *f. 11 nur Sg., veraltet für* Naturkunde
Na|tur|lehr|pfad *m. 1* Wanderweg mit Hinweisschildern auf dort vorkommende Tiere u. Pflanzen

na|tür|lich, natürliche Kinder: **1.** leibliche (nicht adoptierte) Kinder; **2.** uneheliche Kinder; **3.** natürliche Zahlen: die ganzen, positiven Zahlen, z. B. 1, 2, 3, 4
na|tür|li|cher|wei|se
Na|tür|lich|keit *f. 10 nur Sg.*
Na|tur|mensch *m. 10* **1.** urwüchsiger, unverbildeter Mensch; **2.** Angehöriger eines Naturvolkes; **3.** *ugs.:* Naturliebhaber
na|tur|not|wen|dig
Na|tur|phi|lo|so|phie *f. 11*
Na|tur|pro|dukt *n. 1*
Na|tur|recht *n. 1* im Wesen des Menschen begründetes, von Zeit und Ort sowie menschlicher Rechtsprechung unabhängiges Recht, im Unterschied zum staatlich gesetzten, veränderl. Recht
Na|tur|reich *n. 1;* die drei Naturreiche: Tier-, Pflanzen-, Mineralreich
na|tur|rein unvermischt, ungesüßt (bes. Wein)
Na|tur|re|li|gi|on *f. 10* Verehrung von Naturgegenständen und -kräften als göttl. Wesen
Na|tur|schät|ze *Pl.*
Na|tur|schau|spiel *n. 1*
Na|tur|schön|heit *f. 10*
Na|tur|schutz *m. Gen.* -es *nur Sg.*
Na|tur|schüt|zer *m. 5*
Na|tur|schutz|ge|biet *n. 1*
Na|tur|spiel *n. 1* **1.** abnorme Bildung, Missbildung; **2.** merkwürdige, an andere Gegenstände erinnernde Bildung, z. B. Eisblumen
Na|tur|the|a|ter *n. 5* Freilichttheater
Na|tur|treue *f. 11 nur Sg.*
Na|tur|trieb *m. 1* Instinkt
na|tur|ver|bun|den
Na|tur|volk *n. 4*
Na|tur|wein *m. 1* naturreiner Wein
na|tur|wid|rig
Na|tur|wis|sen|schaft *f. 10*
Na|tur|wis|sen|schaft|ler *m. 5*
na|tur|wis|sen|schaft|lich
na|tur|wüch|sig [-ks-]
Na|tur|wun|der *n. 5*
Na|tur|zu|stand *m. 2 nur Sg.*
Nau|arch [griech.] *m. 10, im alten Griechenland:* Schiffsbefehlshaber, Flottenführer
Naue *f. 11,* **Nau|en** *m. 7, süddt., schweiz.:* Kahn, Boot
'nauf *süddt. kurz für* hinauf
Nau|pli|us *auch:* **Naup|li|us** [griech.] *m. Gen.* - *Pl.* -pli|en, Larvenform verschiedener niederer Krebstiere
Na|u|ru Inselstaat im Pazifik
'naus *süddt. kurz für* hinaus
Nau|sea [griech.] *f. Gen.* - *nur Sg.* Übelkeit
Nau|si|kaa [-ka|a] griech. Sagengestalt
Nau|tik [griech.] *f. 10 nur Sg.* Lehre von der Führung eines Schiffes, von der Schiffsstandortbestimmung sowie den Wind-, Wasser- und Wetterverhältnissen usw., Schifffahrtskunde
Nau|ti|ker *m. 5* Kenner der Nautik
Nau|ti|lus *m. Gen.* - *Pl.* - *oder* -lusse ein Kopffüßer, Schiffsboot, Perlboot
nau|tisch zur Nautik gehörend, mit ihrer Hilfe
Na|va|ho, Na|va|jo [beide: nɛvəho oder navaxo] *m. 9 oder Gen.* - *Pl.* - Angehöriger eines nordamerik. Indianerstammes
Na|var|ra [-var-] histor. Provinz beiderseits der Pyrenäen
Na|var|re|se [-var-] *m. 11* Einwohner von Navarra
na|var|re|sisch [-var-]
Na|vel|o|ran|ge [navɛlɔrãʒə] *f. 11* eine Apfelsinensorte
Na|vi|cu|la [-vi-, lat.] *n. Gen.* -s *Pl.* -lae [-lɛ:] **1.** *kath. Kirche:* Gefäß zum Aufbewahren von Weihrauch; **2.** eine Alge
Na|vi|ga|ti|on [-vi-, lat.] *f. 10 nur Sg.* Orts- und Kursbestimmung (von Schiffen, Raumschiffen und Flugzeugen)
Na|vi|ga|ti|ons|raum [-vi-, lat.] *m. 2* Raum zum Aufbewahren der Navigationsinstrumente
Na|vi|ga|ti|ons|schu|le [-vi-, lat.] *f. 11*
na|vi|ga|to|risch [-vi-, lat.] zur Navigation gehörig, auf ihr beruhend
na|vi|gie|ren [-vi-, lat.] *intr. 3* **1.** den Standort und Kurs eines Schiffes, Raumschiffes oder Flugzeugs bestimmen; **2.** im Internet navigieren
Na|za|rä|er *m. 5* **1.** *nur Sg., Bez. für* Jesus Christus; **2.** Angehöriger der ersten Christengemeinden, Urchrist
Na|za|re|ner *m. 5* **1.** *nur Sg., Bez. für* Jesus Christus; **2.** Angehöriger einer Malergruppe der Romantik, die eine Erneuerung der Kunst auf relig. Grundlage erstrebte
Na|za|ret, Na|za|reth Stadt in Israel
Na|zi *m. 9, abfälliges Kurzwort für* Nationalsozialist
Na|zis|mus *m. Gen.* - *nur Sg., abfälliges Kurzwort für* Nationalsozialismus
na|zis|tisch
Na|zi|zeit *f. 10 nur Sg., ugs.*
Nb *chem. Zeichen für* Niob
NB *Abk. für* notabene
NBC [ɛnbisi, engl.] *Abk. für* National Broadcasting Company (eine Rundfunkgesellschaft der USA)
n. Br. *Abk. für* nördlicher Breite
NC *Abk. für* North Carolina; vgl. Nordkarolina
Nchf., Nachf. *Abk. für* Nachfolger
n. Chr. *Abk. für* nach Christus
Nd *chem. Zeichen für* Neodym
ND *Abk. für* North Dakota
NDB *Abk. für* Neue Deutsche Biographie; vgl. ADB
NDR *Abk. für* Norddeutscher Rundfunk
Ne *chem. Zeichen für* Neon
NE *Abk. für* Nebraska
'ne *ugs. kurz für* eine
Ne|an|der|ta|ler [nach dem Fundort Neandertal bei Düsseldorf] *m. 5* vorgeschichtl. Mensch
Ne|a|pel Stadt in Italien
Ne|a|pe|ler *m. 5, ugs.:* Einwohner von Neapel
Ne|a|po|li|ta|ner *m. 5* Einwohner von Neapel
ne|a|po|li|ta|nisch
ne|ark|tisch *in der Fügung* nearktische Region: tier- und pflanzengeographischer Bereich von Nordamerika (bis Nordmexiko), Nearktis; vgl. paläarktisch
Ne|ar|thro|se *auch:* **Ne|arth|ro|se** [griech.] *f. 11* künstl. Ersatzgelenk
neb|bich! [jidd.] leider!, schade!
Neb|bich *m. 1, ugs.:* unbedeutender Mensch, *auch:* Nichtsnutz
Ne|bel *m. 5*
ne|bel|grau
ne|bel|haft *übertr.:* unklar, undeutlich
Ne|bel|hau|fen *m. 7* Ansammlung von Sternsystemen
Ne|bel|horn *n. 4* **1.** Signalhorn auf Schiffen oder an der Küste bei Nebel, Typhon; **2.** *nur Sg.* Berg der Allgäuer Alpen
ne|be|lig, neb|lig
Ne|bel|kap|pe *f. 11* Tarnkappe
Ne|bel|mo|nat *m. 1,* **Ne|bel|mond** *m. 1* s. **Neb|lung**

N

ne|beln *intr. 1* neblig werden
Ne|bel|schein|wer|fer *m. 5*
Ne|bel|schlei|er *m. 5*
Ne|bel|schluss|leuch|te (*alt:* Ne|bel|schluß|leuch|te) *f. 11*
Ne|bel|schwa|den *m. 7*
Ne|be|lung *m. 1* s. **Neb|lung**
Ne|bel|wand *f. 2*
Ne|bel|wer|fer *m. 5* Geschütz
ne|ben *Präp. mit Dat. oder Akk.;* neben dem Bett stehen; etwas neben das Bett stellen
Ne|ben|an|schluss (*alt:* Ne|ben|an|schluß) *m. 2*
Ne|ben|ab|sicht *f. 10*
Ne|ben|amt *n. 4*
ne|ben|an
Ne|ben|be|deu|tung *f. 10*
ne|ben|bei
Ne|ben|be|ruf *m. 1*
ne|ben|be|ruf|lich
Ne|ben|be|schäf|ti|gung *f. 10*
Ne|ben|buh|ler *m. 5*
ne|ben|ein|an|der *auch:* **ne|ben|ei|nan|der;** nebeneinander hinaufsteigen, gehen; nebeneinander legen; nebeneinander liegen; nebeneinander schalten; nebeneinander setzen, nebeneinander sitzen; nebeneinander stellen
ne|ben|ein|an|der|her *auch:* **ne|ben|ei|nan|der|her**

nebeneinander legen/liegen/sitzen/stellen: Fügungen aus dem mehrgliedrigen Adverb *nebeneinander* und einem Verb werden im Infinitiv, Partizip und am Ende eines Nebensatzes getrennt geschrieben: *Er hat die Bücher nebeneinander gelegt.* § 34 E3 (2)

ne|ben|ein|an|der le|gen *auch:* **ne|ben|ei|nan|der le|gen** (*alt:* ne|ben|ein|an|der|le|gen) *tr. 1*
ne|ben|ein|an|der lie|gen *auch:* **ne|ben|ei|nan|der lie|gen** (*alt:* ne|ben|ein|an|der|lie|gen) *intr. 80*
ne|ben|ein|an|der schal|ten *auch:* **ne|ben|ei|nan|der schal|ten** (*alt:* ne|ben|ein|an|der|schal|ten) *tr. 2*
Ne|ben|ein|an|der|schal|tung *auch:* **Ne|ben|ei|nan|der|schal|tung** *f. 10*
ne|ben|ein|an|der set|zen *auch:* **ne|ben|ei|nan|der set|zen** (*alt:* ne|ben|ein|an|der|set|zen) *tr. 1*
ne|ben|ein|an|der sit|zen *auch:* **ne|ben|ei|nan|der sit|zen** (*alt:* ne|ben|ein|an|der|sit|zen) *intr. 143*
ne|ben|ein|an|der stel|len *auch:* **ne|ben|ei|nan|der stel|len** (*alt:* ne|ben|ein|an|der|stel|len) *tr. 1*
Ne|ben|ein|gang *m. 2*
Ne|ben|ein|nah|me *f. 11*
Ne|ben|er|schei|nung *f. 10*
Ne|ben|er|werb *m. 1*
Ne|ben|er|zeug|nis *n. 1*
Ne|ben|fach *n. 4*
Ne|ben|fi|gur *f. 10*
Ne|ben|fluss (*alt:* Ne|ben|fluß) *m. 2*
Ne|ben|frau *f. 10*
Ne|ben|ge|lass (*alt:* Ne|ben|ge|laß) *n. 1*
Ne|ben|ge|räusch *n. 1*
Ne|ben|ge|schmack *m. 2*
Ne|ben|gleis *n. 1;* jmdn. auf ein N. abschieben *übertr.:* jmds. Wirkungsbereich einschränken
Ne|ben|hand|lung *f. 10*
Ne|ben|haus *n. 4*
ne|ben|her
ne|ben|her|ge|hen = **ne|ben|her ge|hen** *intr. 47*
ne|ben|hin
Ne|ben|ho|den *m. 7* Teil des Hodens, in dem die reifen Samen gespeichert werden
Ne|ben|höh|le *f. 11*
Ne|ben|kla|ge *f. 11*
Ne|ben|klä|ger *m. 5*
Ne|ben|kos|ten *nur Pl.*
Ne|ben|li|nie *f. 11*
Ne|ben|mann *m. 4*
Ne|ben|nie|re *f. 11*
ne|ben|ord|nen *tr. 2*
Ne|ben|per|son *f. 10*
Ne|ben|pro|dukt *n. 1*
Ne|ben|raum *m. 2*
Ne|ben|rol|le *f. 11*
Ne|ben|sa|che *f. 11*
ne|ben|säch|lich
Ne|ben|säch|lich|keit *f. 10*
Ne|ben|satz *m. 2* Satz, der an Stelle eines Satzteils steht, abhängiger Satz, Gliedsatz; *Ggs.:* Hauptsatz
Ne|ben|schal|tung *f. 10*
Ne|ben|schild|drü|se *f. 11*
Ne|ben|sinn *m. 1*
Ne|ben|son|ne *f. 11* Sonnenspiegelung in den Wolken

nebenstehend: Der mehrgliedrige Ausdruck wird zusammengeschrieben: *Das Gesetz wird nebenstehend erläutert.* § 36 (1) Die substantivierte Form schreibt man groß: *der/die/das Nebenstehende, im Nebenstehenden, Nebenstehendes.* § 57 (1)

ne|ben|ste|hend; der, die, das Nebenstehende; im Nebenstehenden finden sich Erläuterungen; Nebenstehendes gilt ohne Ausnahme
Ne|ben|stel|le *f. 11*
Ne|ben|stra|ße *f. 11*
Ne|ben|tisch *m. 1*
Ne|ben|ton *m. 2* zweite Betonung neben dem Hauptton
ne|ben|to|nig
Ne|ben|tür *f. 10*
Ne|ben|ver|dienst *m. 1*
Ne|ben|wir|kung *f. 10*
Ne|ben|zim|mer *n. 5*
Ne|ben|zweck *m. 1*
neb|lig, ne|be|lig
Neb|lung, Ne|be|lung *m. 1 alter Name für* November, *auch:* Nebelmond, Nebelmonat
Ne|bras|ka *auch:* **Neb|ras|ka** (*Abk.:* NE) Staat der USA
nebst *Präp. mit Dat.:* zusammen mit; Herr X nebst Tochter
nebst|bei nebenbei
ne|bu|los, ne|bu|lös nebelhaft, unklar, verschwommen, z. B. nebulöse Vorstellungen, Ideen

Necessaire/Nessessär: Die fremdsprachige Form *Necessaire* ist die Hauptvariante, die ins Deutsche integrierte Form *Nessessär* ist die zulässige Nebenvariante. § 20 (2)

Ne|ces|saire [nɛsɛsɛːr, frz.] *auch:* **Nes|ses|sär** *n. 9* Behältnis für Utensilien, z. B. Toilettengegenstände (Reisenecessaire) oder Nähzeug
Neck *m. 10* = Nöck
n-Eck *n. 1*
Ne|ckar *m. Gen.* -s Fluss in Süddtld.
ne|cken *tr. 1*
Ne|cke|rei *f. 10*
Ne|cking [engl.] *n. Gen.* -(s) *nur Sg.* Schmuserei
ne|ckisch
nee *ugs., bes. mittel-, norddt.:* nein
Neer *f. 10, nddt.:* Wasserstrudel, Wirbel
Neer|strom *m. 2*
Nef|fe *m. 11*
Ne|ga|ti|on [lat.] *f. 10* **1.** Verneinung; *Ggs.:* Position (5); **2.** Verneinungswort
ne|ga|tiv [auch: ne-] **1.** verneinend; *Ggs.:* positiv; negative Antwort; **2.** ergebnislos; die Sache ist n. verlaufen; **3.** *Math.:* kleiner als Null; negative Zahl; **4.** *Elektr., in der Fügung* negative

Ladung: den Elektronen eigene Ladung, im Unterschied zur positiven Ladung der Protonen; negativer Pol: Minuspol; **5.** *Fot.:* in den Farben vertauscht; **6.** *Med.:* vermutete Krankheitserreger o. Ä. nicht aufweisend; negativer Befund

Ne|ga|tiv [auch: ne-] *n. 1* fotograf. Bild nach dem Entwickeln mit vertauschten Farben; *Ggs.:* Positiv (3)

Ne|ga|ti|vis|mus [-vis-] *m. Gen. - nur Sg.* verneinende, ablehnende Haltung

ne|ga|ti|vis|tisch [-vis-] auf Negativismus beruhend

Ne|ga|ti|vi|tät [-vi-] *f. 10 nur Sg.* negatives Denken, Verhalten

Ne|ger *m. 5, abwertend für* Farbiger, Negride, Schwarzer

ne|ge|risch

Ne|ger|skla|ve [-və] *m. 11*

ne|gie|ren [lat.] *tr. 3* verneinen, ablehnen

Ne|gie|rung *f. 10 nur Sg.*

Ne|gli|gé *Nv.* **Ne|gli|gee** *Hv. auch:* **Neg|li|gee** [-ʒe, frz.] *n. 9*

ne|go|zi|a|bel [lat.] *veraltet:* handelsfähig (Ware, Wertpapier)

Ne|go|zi|a|ti|on *f. 10*

ne|go|zi|ie|ren *intr. 3, veraltet:* Handel treiben

♦ Die Buchstabenfolge **ne|gr...** kann in Fremdwörtern auch **neg|r...** getrennt werden.

♦ **ne|grid** zu den Negriden gehörend; Rassenmerkmale der Negriden aufweisend

♦ **Ne|gri|de** *Pl., Sammelbez. für* alle dunkelhäutigen und kraushaarigen Menschen Afrikas und Ozeaniens

♦ **Ne|gri|to** *m. 9* Angehöriger einer negriden Rasse auf den Philippinen, Andamanen und auf Malakka

♦ **Né|gri|tude** [-tyd, frz.] *f. 11 nur Sg.* Gesamtheit der kulturellen Werte der Schwarzen

♦ **ne|gro|id** den Negriden ähnlich; vgl. negrid

♦ **Ne|gro|i|de(r)** *m. 18 (17) bzw. f. 17 oder 18* Angehörige(r) einer den Negriden ähnl. Rasse

♦ **Ne|gro|spi|ri|tu|al** (*alt:* Ne|gro Spi|ri|tu|al) [nigroʊspɪrɪtjuəl] *m. oder n. Gen. -s Pl. -s* geistliches Volkslied der Schwarzen in den südlichen USA

Ne|gus *m. Gen. - Pl. - oder* -gus|se, *früher: Titel für den* Kaiser von Äthiopien

neh|men *tr. 88;* er nahm ein Taxi; sie hat ihm das sehr übel genommen; Geben ist seliger denn Nehmen; er ist hart im Nehmen *urspr. beim Boxen, heute auch ugs. übertr.:* er kann Schläge einstecken; fürlieb nehmen

Neh|mer *m. 5*

Neh|rung *f. 10* schmaler Landstreifen vor einem Haff

Neid *m. Gen. -(e)s nur Sg.*

nei|den *tr. 2;* jmdm. etwas n.: ihm etwas missgönnen; er neidete ihr den Erfolg

Nei|der *m. 5*

Neid|ham|mel *m. 5, ugs.:* neidischer Mensch

nei|dig *veraltet:* neidisch

nei|disch

Neid|kopf *m. 2* fratzenhafter Tier- oder Menschenkopf an Haustüren, -giebeln oder Mauern (nach altem Volksglauben, um Unheil abzuwehren)

neid|los

Neid|lo|sig|keit *f. 10 nur Sg.*

Neid|na|gel *m. 6* = **Nied|na|gel**

Nei|ge *f. 11* Rest, Ende; ein Glas bis zur N. leeren; der Vorrat geht zur N.

nei|gen *tr. 1*

Nei|gung *f. 10*

Nei|gungs|e|he *f. 11* aus Zuneigung und harmonischer Übereinstimmung geschlossene Ehe

Nei|gungs|win|kel *m. 5*

nein/Nein sagen: Das Wort für die Antwort *nein* wird kleingeschrieben. Die substantivierte Form schreibt man groß: *das Nein; ein Nein aussprechen; mit Nein stimmen; Nein sagen.* Als Variante ist auch *nein sagen* möglich. § 57 (5), § 55 (4)

nein; aber nein!; ach nein!; o nein!; nein doch!; er kann nie nein *oder:* Nein sagen; nein, das darf nicht wahr sein

Nein *n. Gen. -s nur Sg.;* das Ja und das Nein; ein energisches Nein; mit (einem) Nein antworten, stimmen; die Folge seines Neins; ein Nein zur rechten Zeit erspart viel Widerwärtigkeit

'nein *südd. kurz für* hinein

Nein|sa|ger *m. 5*

Nein|stim|me *f. 11*

♦ Die Buchstabenfolge **ne|kr...** kann in Fremdwörtern auch **nek|r...** getrennt werden.

♦ **ne|kro..., Ne|kro...** [griech.] *in Zus.:* tot..., toten...; Toten..., Leichen...

♦ **Ne|kro|bi|o|se** [griech.] *f. 11* langsames Absterben einzelner Zellen im Gewebsverband

♦ **Ne|kro|log** *m. 1* **1.** Nachruf auf einen Verstorbenen; **2.** = Nekrologium

♦ **Ne|kro|lo|gi|um** *n. Gen. -s Pl. -gi|en* Totenverzeichnis in kirchl. Gemeinschaften, Nekrolog

♦ **Ne|kro|mant** *m. 10, bes. im Altertum:* Toten-, Geisterbeschwörer

♦ **Ne|kro|man|tie** *f. 11* Weissagung mit Hilfe der Totenbeschwörung, Psychomantie

♦ **Ne|kro|po|le** *f. 11* weiträumige vorgeschichtl. oder antike Begräbnisstätte, Totenstadt

♦ **Ne|krop|sie** *f. 11* Leichenöffnung (zum Zweck der Sektion)

♦ **Ne|kro|se** *f. 11* Absterben von Organen, Organteilen oder Geweben, Gewebstod

♦ **Ne|kro|sper|mie** *f. 11 nur Sg.* Zeugungsunfähigkeit infolge Absterbens der Samenzellen

♦ **ne|kro|tisch** auf Nekrose beruhend, abgestorben

Nek|tar [griech.] *m. Gen. -s nur Sg.* **1.** *griech. Myth.:* Unsterblichkeit verleihender Trank der Götter; vgl. Ambrosia (1); **2.** zuckerhaltige, duftstoffreiche Absonderung der Blüten; **3.** Getränk aus Apfelscheiben, Weißwein und Sekt

Nek|ta|ri|ne *f. 11* Kreuzung aus Pflaume und Pfirsich

Nek|ta|ri|ni|en, Nek|ta|ri|ni|i|den *Pl. Sammelbez. für* kolibriähnl. Singvögel Afrikas und Asiens, deren Zunge zum Saugorgan umgebildet ist, Honigsauger

nek|ta|risch, nek|tarn süß wie Nektar

Nek|ta|ri|um *n. Gen. -s Pl. -ri|en* Nektar absondernde Drüse der Blüten

nek|tarn s. **nek|ta|risch**

Nek|ton [griech.] *n. Gen. -s nur Sg., Sammelbez. für* alle sich im Wasser aktiv fortbewegenden Tiere; *Ggs.:* Plankton

nek|to|nisch zum Nekton gehörend

Nel|ke *f. 11*

N

Nel|ken|pfef|fer *m. Gen.* -s *nur Sg.* ein Gewürz, Piment
Nel|son [-sən] *m. 9 oder Gen.* - *Pl.* - Griff beim Ringen, Nackenhebel
Ne|ma|to|den [griech.] *Pl., Sammelbez. für* Fadenwürmer
NEMAX, Ne|max *m. Gen.* - *nur Sg. Abk. für* Neuer Markt Index
Ne|me|sis [nach N., der griech. Göttin der Rache und Vergeltung] *f. Gen.* - *nur Sg.* strafende Gerechtigkeit; von der N. ereilt werden
NE-Me|tall *n. 1, Abk. für* Nichteisenmetall
'nen *ugs. kurz für* einen
nen|nen *tr. 89*
nen|nens|wert
Nen|ner *m. 5, bei Bruchzahlen:* die unter dem Bruchstrich stehende Zahl; *Ggs.:* Zähler; mehrere Dinge auf einen N. bringen: sie in gleicher Weise berücksichtigen
Nenn|form *f. 10* Infinitiv
Nenn|on|kel *m. 5*
Nenn|tan|te *f. 11*
Nen|nung *f. 10*
Nenn|wert *m. 1* der einer Münze oder einem Wertpapier aufgeprägte bzw. -gedruckte Wert, Nominalwert; *Ggs.:* Kurswert
Nenn|wort *n. 4* Substantiv
Nen|ze *m. 11* = Samojede
ne|o..., Ne|o... [griech.] *in Zus.:* neu..., Neu...
Ne|o|dym [griech.] *n. Gen.* -s *nur Sg.* (*Zeichen:* Nd) chem. Element, Metall
Ne|o|fa|schis|mus *m. Gen.* - *nur Sg.* faschist. Strömungen nach dem 2. Weltkrieg
Ne|o|fa|schist *m. 10*
ne|o|fa|schis|tisch
ne|o|gen zum Neogen gehörend, aus ihm stammend
Ne|o|gen *n. Gen.* -s *nur Sg.* Jungtertiär (Miozän und Pliozän)
Ne|o|im|pres|si|o|nis|mus *m. Gen.* - *nur Sg.* = Pointillismus
Ne|o|klas|si|zis|mus *m. Gen.* - *nur Sg.* Kunstform, die an den Klassizismus anknüpft
Ne|o|klas|si|zist *m. 10*
ne|o|klas|si|zis|tisch
Ne|o|li|thi|kum *n. Gen.* -s *nur Sg.* Jungsteinzeit
ne|o|li|thisch
Ne|o|lo|gis|mus *m. Gen.* - *Pl.* -men neue sprachliche Bildung
Ne|on *n. Gen.* -s *nur Sg.* (*Zeichen:* Ne) chem. Element, ein Edelgas
Ne|o|na|zi *m. 9, abwertend für* Neofaschist
Ne|on|licht *n. 3*
Ne|on|röh|re *f. 11*
Ne|o|phyt *m. 10, im Urchristentum:* Neugetaufter
Ne|o|plas|ma *n. Gen.* -s *Pl.* -men abnorme Gewebsneubildung, Geschwulst, Tumor
Ne|o|pren *auch:* **Ne|op|ren** *n. 1 nur Sg.* künstlicher Kautschuk; ein wasserdichter Anzug aus N.
ne|o|tro|pisch zu den Tropen der Neuen Welt gehörend
Ne|o|ve|ris|mus [-və-] *m. Gen.* - *nur Sg.* Erneuerung des Verismus nach dem 2. Weltkrieg
Ne|o|ve|rist [-və-] *m. 10*
ne|o|ve|ris|tisch [-və-]
Ne|o|zo|i|kum *n. Gen.* -s *nur Sg.* = Känozoikum
ne|o|zo|isch = känozoisch
Ne|pal Staat im Himalaya
Ne|pa|ler *m. 5,* **Ne|pa|le|se** *m. 11*
ne|pa|le|sisch, ne|pa|lisch
Ne|per [nach dem schott. Mathematiker John Napier] *n. Gen.* -s *Pl.* - (*Abk.:* Np) Maßeinheit für die Dämpfung oder Verstärkung elektrischer oder akustischer Schwingungen
Ne|phe|lin [griech.] *m. 1* ein Mineral
Ne|phe|lo|me|trie *auch:* **Ne|phe|lo|met|rie** *f. 11 nur Sg.* Trübungsmessung
Ne|pho|skop *auch:* **Ne|phos|kop** *n. 1* Gerät zum Bestimmen der Zugrichtung und -geschwindigkeit der Wolken

♦ Die Buchstabenfolge **ne|phr...** kann in Fremdwörtern auch **neph|r...** getrennt werden.

♦ **Ne|phral|gie** [griech.] *f. 11* Nierenschmerz
♦ **Ne|phrek|to|mie** *f. 11* operative Entfernung einer Niere
♦ **Ne|phrit** *m. 1* ein Mineral, Jade, Beilstein
♦ **Ne|phri|tis** *f. Gen.* - *Pl.* -ti|den Nierenentzündung
♦ **Ne|phrom** *n. 1* bösartige Nierengeschwulst
♦ **Ne|phro|pa|thie** *f. 11* Nierenleiden
♦ **Ne|phro|py|e|li|tis** *f. Gen.* - *Pl.* -ti|den Nierenbeckenentzündung
♦ **Ne|phro|se** *f. 11* nichtentzündl. Nierenerkrankung mit Entartung des Gewebes
♦ **Ne|phro|skle|ro|se** *f. 11* Schrumpfniere
Ne|po|muk männl. Vorname
Ne|po|tis|mus [lat.] *m. Gen.* - *nur Sg.* Vetternwirtschaft, Begünstigung von Verwandten (beim Verleihen von Ämtern)
Nepp [rotw.] *m. Gen.* -s *nur Sg.* zu hohe Preisforderung, Übervorteilung, Gaunerei
nep|pen *tr. 1* preislich übervorteilen
Nep|per *m. 5* jmd., der andere neppt
Nepp|lo|kal *n. 1* übermäßig teures Lokal
Nep|tun **1.** *röm. Myth.:* Gott des Meeres; **2.** *m. Gen.* -(s) ein Planet
nep|tu|nisch zum Neptunismus gehörend
Nep|tu|nis|mus *m. Gen.* - *nur Sg.* überholte Lehre, dass alle Gesteine (mit Ausnahme der vulkanischen) aus dem Wasser entstanden seien; *Ggs.:* Vulkanismus
Nep|tu|nist *m. 10* Vertreter des Neptunismus
nep|tu|nis|tisch
Nep|tu|ni|um *n. Gen.* -s *nur Sg.* (*Zeichen:* Np) ein chem. Element
Ne|re|i|de *f. 11* **1.** *griech. Myth.:* Meerjungfrau, eine der Töchter des Meergottes Nereus; **2.** *Biol.:* ein Borstenwurm des Meeres
Nerf|ling *m. 1* ein karpfenähnl. Süßwasserfisch, Aland
ne|ri|tisch [griech.] zur Flachsee, zum Küstenmeer, zu Flachmeerablagerungen gehörend
Nernst|lam|pe [nach dem dt. Physiker und Chemiker Walter Nernst] *f. 11* elektrische Glühlampe mit fast weißem Licht
Ne|ro|li|öl *n. 1 nur Sg.* aus den Blüten der Nerolipomeranze gewonnenes, für Parfüm verwendetes äther. Öl
Nerv [lat.] *m. 12, med. Fachspr.: m. 10* **1.** faser- oder strangartiges Gebilde zur Weiterleitung von Reizen im Körper; **2.** Ader, Rippe des Blattes; **3.** Ader im Flügel der Insekten
Ner|va|tur [-va-] *f. 10* Gesamtheit der Nerven des Blattes
ner|ven *tr. 1, ugs.:* nervös machen; er nervt mich mit seinen vielen Fragen
Ner|ven|arzt *m. 2, ugs.:* Facharzt für Nervenkrankheiten, Neurologe

ner|ven|auf|rei|bend
Ner|ven|bahn *f. 10*
Ner|ven|bün|del *n. 5;* er ist nur noch ein Nervenbündel *übertr.:* er ist übernervös
Ner|ven|ent|zün|dung *f. 10*
Ner|ven|fie|ber *n. 5, veraltet:* Typhus
Ner|ven|gift *n. 1* die Nerven schädigendes Gift, z. B. Nikotin, Alkohol
Ner|ven|heil|an|stalt *f. 10*
Ner|ven|heil|kun|de *f. 11 nur Sg.* Neurologie
Ner|ven|kit|zel *m. 5*
Ner|ven|kli|nik *f. 10*
Ner|ven|kraft *f. 2*
ner|ven|krank
Ner|ven|krank|heit *f. 10*
Ner|ven|krieg *m. 1* anhaltende, seelisch belastende Auseinandersetzung
Ner|ven|pro|be *f. 11* starke Belastung der Nerven, starke seelische Belastung
Ner|ven|sä|ge *f. 11, ugs., scherzh.:* jmd. oder etwas, der bzw. das einen sehr nervös macht, aufregt
Ner|ven|schock *m. 9*
ner|ven|scho|nend
ner|ven|schwach
Ner|ven|schwä|che *f. 11 nur Sg.* = Neurasthenie
Ner|ven|sys|tem *n. 1*
ner|vig kräftig
nerv|lich hinsichtlich der Nerven; nervlich sehr überlastet sein; nervliche Belastung
ner|vös [-vøs] **1.** auf den Nerven beruhend, zum Nervensystem gehörend; nervöse Erschöpfung; **2.** unruhig, erregt, leicht reizbar, sehr empfindlich; jmdn. n. machen: reizen
Ner|vo|si|tät [-vo-] *f. 10 nur Sg.* starke Reizbarkeit, Überempfindlichkeit
nerv|tö|tend; unerträglich nervös machend
Ner|vus Pro|ban|di [-vus -] (*alt:* Ner|vus pro|ban|di) *m. Gen. - nur Sg.* der eigentl. entscheidende Beweisgrund
Ner|vus Re|rum [-vus -] (*alt:* Nervus re|rum) *m. Gen. - nur Sg.* **1.** Triebkraft; Triebfeder, Hauptsache; **2.** *übertr., scherzh.:* das Geld
Nerz *m. 1* **1.** ein Pelztier, Sumpfotter; **2.** dessen Pelz
Nes|ca|fé® [nach der Schweizer Firma Nestlé] *m. 9* löslicher Pulverkaffee
Nes|sel *f. 11* Brennnessel
Nes|sel|aus|schlag *m. 2 nur Sg.,* **Nes|sel|fie|ber** *n. 5,* **Nes|sel|sucht** *f. Gen. - nur Sg.* juckender Hautausschlag mit Bläschen oder Quaddeln
Nes|sel|tier *n. 1* ein Hohltier
Nes|ses|sär *n. 9* s. **Ne|ces|saire**
Nes|sus|ge|wand *n. 4,* **Nes|sus|hemd** *n. 12* **1.** *nur Sg. griech. Myth.:* durch das Blut des Zentauren Nessus vergiftetes Gewand; **2.** *übertr.:* Verderben bringendes Geschenk
Nest *n. 3*
Nest|bau *m. Gen.* -(e)s *nur Sg.*
Nest|ei *n. 3* künstliches Ei, das der Henne ins Nest gelegt wird, um sie zum Brüten anzuregen
Nes|tel *f. 11, veraltet, noch süddt.:* Band, Schnur, Schnürsenkel
nes|teln *intr. 1* knüpfen; an etwas n.: etwas zu öffnen versuchen (Kleidungsstück)
Nest|flüch|ter *m. 5* Vogeljunges, das sich sehr bald seine Nahrung selbst sucht; *Ggs.:* Nesthocker
Nest|häk|chen *n. 7* jüngstes Kind der Familie
Nest|ho|cker *m. 5* Vogeljunges, das sehr lange im Nest gefüttert wird; *Ggs.:* Nestflüchter
Nest|ling *m. 1* **1.** Vogel, der noch nicht flügge ist; **2.** kleines Kind
Nes|tor [nach N., dem alten König von Pylos im Trojan. Krieg] *m. Gen.* -s *Pl.* -to|ren Ältester in einer Gemeinschaft (bes. in einer Wissenschaft); alter, weiser Berater
Nes|to|ri|a|ner *m. 5*
Nes|to|ri|a|nis|mus [nach dem Patriarchen Nestorius von Konstantinopel] *m. Gen. - nur Sg.* Lehre, dass in Christus das Menschliche und Göttliche getrennt seien
Nes|troy *auch:* **Nest|roy,** *Johann* österr. Schriftsteller
nest|warm; nestwarmes Ei
Nest|wär|me *f. 11; übertr.:* Wärme und Geborgenheit im Elternhaus
net|sur|fen [nɛtsə:(r)fən, engl.] *intr. 1* im Internet nach Informationen suchen, surfen (2)
nett
net|ter|wei|se
Net|tig|keit *f. 10*
net|to [ital.] rein, nach Abzug der Unkosten, Verpackung oder Abgaben; *Ggs.:* brutto
Net|to|ein|kom|men *n. 7*
Net|to|er|trag *m. 2*
Net|to|ge|wicht *n. 1*
Net|to|ge|winn *m. 1*
Net|to|lohn *m. 2*
Net|to|preis *m. 1*
Net|to|raum|ge|halt *m. 1, bei Schiffen:* Nutzraumgehalt ohne Mannschaftsräume usw.
Net|to|re|gis|ter|ton|ne *f. 11* (*Abk.:* NRT) Maßeinheit für den Nettoraumgehalt eines Schiffes
Net|to|ver|dienst *m. 1*
Net|work [-wə:k] *n. Gen. - Pl. -, engl. für* Netzwerk, Sendenetz
Netz *n. 1*
Netz|an|schluss (*alt:* Netz|anschluß) *m. 2* Anschluss an das Stromnetz
Netz|au|ge *n. 14* aus mehreren einzelnen Augen zusammengesetztes Auge mancher Insekten, Facettenauge
net|zen *tr. 1* befeuchten, nass machen
Netz|flüg|ler *Pl.* eine Ordnung der Insekten, Neuropteren
Netz|ge|rät *n. 1* Gerät mit Anschluss an das Stromnetz
Netz|gleich|rich|ter *m. 5* Gleichrichter zum Anschluss an das Wechselstromnetz
Netz|haut *f. 2* innerste, lichtempfindl. Schicht des Augapfels
Netz|haut|ab|lö|sung *f. 10* Augenkrankheit
Netz|hemd *n. 12*
Netz|kar|te *f. 11* Fahrkarte für beliebig viele Fahrten in einem bestimmten Gebiet und Zeitraum
Netz|ma|gen *m. 7* zweiter Magen im Magensystem der Wiederkäuer
Netz|plan|tech|nik *f. 10 nur Sg.* Verfahren zur Planung und Überwachung von Terminen
Netz|span|nung *f. 10, Elektr.*
Netz|ste|cker *m. 5*
Netz|werk *n. 1*
neu **1.** *Kleinschreibung:* auf neu herrichten *ugs.;* von neuem; viel Glück zum neuen Jahr; neue (*auch:* neuere) Sprachen: die heute gesprochenen Sprachen im Unterschied zu den Sprachen des Altertums; seit neuestem; **2.** *Großschreibung:* aufs Neue; auf ein Neues; das Alte und das Neue; alles Neue; nichts, viel Neues; das Neueste vom Neuen; Neue Musik: verschiedengestaltige Richtung der Musik im

N

20. Jh., z. B. die Zwölftonmusik; Neue Sachlichkeit: Kunstrichtung in Malerei, Baukunst und Literatur nach 1920; das Neue Testament; die Neue Welt: Amerika; **3.** *in Verbindung mit Verben bzw. Partizipien:* ein Geschäft neu eröffnen; zweite, völlig neu bearbeitete Auflage; das neu einstudierte Stück; ein neu gegründetes Kinderheim; das neu geschaffene Bauwerk; ein neu gestaltetes Kunstwerk; das neu vermählte Paar

Neu|an|fang *m. 2*

Neu|an|kömm|ling *m. 1*

Neu|an|schaf|fung *f. 10*

neu|a|po|sto|lisch *auch:* **neu|a|pos|to|lisch;** *aber:* Neuapostolische Kirche

neu|ar|tig

Neu|ar|tig|keit *f. 10 nur Sg.*

Neu|auf|la|ge *f. 11*

Neu|bau *m. Gen.* -(e)s *Pl.* -bau|ten

Neu|bau|ge|biet *n. 1*

Neu|bau|woh|nung *f. 10*

neu be|ar|bei|tet (*alt:* neu|be|ar|bei|tet)

Neu|bil|dung *f. 10*

Neu-De|lhi Teil von Delhi, Regierungssitz der Ind. Union

Neu|druck *m. 1*

neu ein|stu|diert (*alt:* neu|ein|stu|diert)

Neu|e|mis|si|on *f. 10, Börse:* neuer Börsenwert, der vorher für allgemeine Anleger nicht zugänglich war

Neu|en|burg, *amtl.:* Neu|châ|tel [nøʃatɛl, frz.] **1.** Hauptstadt des Kantons Neuenburg; **2.** schweiz. Kanton; Neuenburger See

Neu|eng|land der nordöstl. Teil der USA

neu|er|dings

Neu|e|rer *m. 5*

neu|er|lich von neuem

neu eröffnet, von neuem, das Neue: Die Fügung aus Adjektiv und Partizip wird getrennt geschrieben: *Das Geschäft wird morgen neu eröffnet; ein neu eröffnetes Café.* § 36 E1 (1.2)
Mit kleinem Anfangsbuchstaben werden feste Fügungen aus Präposition und Adjektiv ohne vorausgehenden Artikel geschrieben: *von neuem; seit neuestem.* § 58 (3)
Ebenso in substantivischen Wortgruppen, die zu festen Fügungen geworden sind, aber keine Eigennamen darstellen: *die neue Armut, die neuen Bundesländer, das neue Jahr, die neue Linke.* § 63
Mit großem Anfangsbuchstaben geschrieben werden die substantivierten Formen: *das Neue, auf ein Neues, aufs Neue.* § 57 (1)
Ebenso die Eigennamen: *das Neue Testament, die Neue Welt.* § 60 (3.3), § 60 (5)

neu er|öff|net (*alt:* neu|er|öff|net)

Neu|er|schei|nung *f. 10*

Neu|e|rung *f. 10*

neu|es|tens *ugs.:* neuerdings

Neu|fund|land Provinz in Kanada

Neu|fund|län|der *m. 5* **1.** Einwohner von Neufundland; **2.** eine große, schwere Hunderasse

neu|fund|län|disch

neu|ge|bo|ren; neugeborene Kinder; ich fühle mich wie n.

Neu|ge|bo|re|ne(s) *n. 18 (17)*

neu ge|grün|det (*alt:* neu|ge|grün|det)

neu ge|schaf|fen (*alt:* neu|ge|schaf|fen)

neu ge|stal|ten (*alt:* neu|ge|stal|ten) *tr. 2*

Neu|ge|stal|tung *f. 10*

Neu|gier, Neu|gier|de *f. Gen. - nur Sg.*

neu|gie|rig

Neu|go|tik *f. Gen. - nur Sg., seit dem 18. Jh.:* an die Gotik anknüpfender Baustil

neu|go|tisch

Neu|grad *m. 1* (*Zeichen:* ^{g}) 100. Teil eines rechten Winkels, Gon

Neu|grie|che *m. 11* Grieche der Neuzeit

neu|grie|chisch

Neu|grie|chisch *n. Gen.* -(s) *nur Sg.* die heute gesprochene griech. Sprache

Neu|gui|nea [-gi-] Insel nördlich von Australien

Neu|he|brä|isch *auch:* **Neu|heb|rä|isch** *n. Gen.* -(s) *nur Sg.* das heute gesprochene Hebräisch im Unterschied zu dem des AT, Iwrith

Neu|heit *f. 10*

neu|hoch|deutsch

Neu|hoch|deutsch *n. Gen.* -(s) *nur Sg.* Periode der dt. Sprache vom 15. Jh. bis zur Gegenwart

Neu|hu|ma|nis|mus *m. Gen. - nur Sg., seit 1750:* an den Humanismus anknüpfende geistige Strömung in Dtld.

Neu|ig|keit *f. 10*

Neu|jahr [auch: -jar] *n. Gen.* -s *nur Sg.*

Neu|jahrs|fest *n. 1*

Neu|jahrs|gruß *m. 2*

Neu|kan|ti|a|ner *m. 5*

Neu|kan|ti|a|nis|mus *m. Gen. - nur Sg.* die Erneuerung der Lehren Kants im 19. Jh.

Neu|land *n. Gen.* -(e)s *nur Sg.;* das ist N. für mich; N. betreten

Neu|la|tei|nisch *n. Gen.* -(s) *nur Sg.* die von den Humanisten entwickelte Form der latein. Sprache

neu|lich *nur adverbial;* ich war n. dort (*nicht:* unsere neuliche Verabredung)

Neu|ling *m. 1*

Neu|me [griech.] *f. 11, MA:* Notenzeichen, das nur die ungefähre Tonhöhe angibt

neu|miert in Neumen geschrieben (Melodie), mit Neumen versehen (Text)

neu|mo|disch

Neu|mond *m. 1 nur Sg.* Zeitabschnitt, währenddessen der Mond zwischen Sonne und Erde steht und dieser seine unbeleuchtete Seite zuwendet

neun 9; vgl. acht; alle neune

Neun *f. 10* vgl. Acht

Neun|au|ge *n. 14* ein fischähnl. Wirbeltier

Neun|eck *n. 1* Nonagon

Neu|ner *m. 5;* vgl. Achter

neun|mal|klug *ugs.:* sich für klüger haltend, als man ist

neun|mal|wei|se neunmalklug

neun|schwän|zig *nur in der Fügung* neunschwänzige Katze: Lederpeitsche aus neun Riemen

Neun|tel *n. 5* vgl. Achtel

Neun|tö|ter *m. 5* ein Singvogel, Rotrückenwürger

Neu|ord|nung *f. 10*

Neu|o|ri|en|tie|rung *f. 10*

Neu|phi|lo|lo|gie *f. 11 nur Sg.* Sprach- und Literaturwissenschaft auf dem Gebiet der neuen Sprachen, bes. der german., roman. und slaw. Sprachen

neu|phi|lo|lo|gisch

Neu|pla|to|ni|ker *m. 5* Vertreter des Neuplatonismus

neu|pla|to|nisch

Neu|pla|to|nis|mus *m. Gen. - nur Sg.* an die Philosophie Platons anknüpfende philosoph. Lehre

neur…, Neur… vgl. neuro…, Neuro…
Neur|al|gie *auch:* **Neu|ral|gie** [griech.] *f. 11* anfallsweise auftretender Nervenschmerz
Neur|al|gi|ker *auch:* **Neu|ral|gi|ker** *m. 5* jmd., der an einer Neuralgie leidet
neur|al|gisch *auch:* **neu|ral|gisch**
Neu|ra|sthe|nie *auch:* **Neur|as|the|nie** *f. 11* Übererregbarkeit der Nerven, Nervenschwäche
Neu|ra|sthe|ni|ker *auch:* **Neur|as|the|ni|ker** *m. 5* jmd., der an Neurasthenie leidet
neu|ra|sthe|nisch *auch:* **neur|as|the|nisch**
Neu|re|ge|lung, Neu|reg|lung *f. 10*
neu|reich rasch und erst vor kurzem reich geworden
Neur|ek|to|mie *auch:* **Neu|rek|to|mie** [griech.] *f. 11* operative Entfernung eines Nervenstücks
Neu|ries *n. 1* ein Papiermaß, 1 000 Bogen
Neu|rin [griech.] *n. 1 nur Sg.* bei der Fleischfäulnis entstehende, sehr giftige organ. Verbindung
Neu|ri|tis *f. Gen. - Pl.* -ti|den Nervenentzündung
neu|ri|tisch
neu|ro…, Neu|ro… [griech.] *in Zus.:* nerven…, Nerven…
Neu|ro|blast *m. 10 meist Pl.* junge Nervenzelle
Neu|ro|chir|urg *auch:* **Neu|ro|chi|rurg** *m. 10*
Neu|ro|chir|ur|gie *auch:* **Neu|ro|chi|rur|gie** *f. 11 nur Sg.* Nervenchirurgie, Chirurgie der Nerven-, Gehirn- und Rückenmarkserkrankungen
neu|ro|chir|ur|gisch *auch:* **neu|ro|chi|rur|gisch**
Neu|ro|der|ma|to|se *f. 11* nervöse Hautkrankheit
Neu|ro|der|mi|tis *f. Gen. - Pl.* -ti|den Juckflechte
neu|ro|gen von den Nerven ausgehend
Neu|ro|gli|a *auch:* **Neu|rog|li|a** *f. Gen. - nur Sg.* bindegewebige Stützsubstanz des Zentralnervensystems, Gliazelle
Neu|ro|lo|ge *m. 11*
Neu|ro|lo|gie *f. 11 nur Sg.* Lehre von den Nerven und ihren Krankheiten
neu|ro|lo|gisch
Neu|rom *n. 1* Geschwulst aus Nervenfasern, Nervenzellen und Bindegewebe
Neu|ro|man|tik *f. 10 nur Sg., um 1900:* an die Romantik anknüpfender Kunststil, Gegenbewegung zum Naturalismus
Neu|ro|man|ti|ker *m. 5*
neu|ro|man|tisch
Neu|ron *n. Gen.* -s *Pl.* -ren *oder* -ro|nen Einheit des Nervensystems, Nervenzelle mit ihren Fortsätzen
Neu|ro|path *m. 10*
Neu|ro|pa|thie *f. 11* **1.** angeborene Neigung zu Erkrankungen bes. des vegetativen Nervensystems; **2.** Nervenkrankheit
neu|ro|pa|thisch
Neu|ro|pa|tho|lo|ge *m. 11*
Neu|ro|pa|tho|lo|gie *f. 11 nur Sg.* Lehre von den Nervenkrankheiten
neu|ro|pa|tho|lo|gisch
Neu|ro|pte|ren *auch:* **Neu|rop|te|ren** *Pl.* Netzflügler
Neu|ro|se *f. 11* meist umweltbedingte psych. Störung, auch mit körperl. Symptomen
Neu|ro|ti|ker *m. 5*
neu|ro|tisch
Neu|ro|to|mie *f. 11* operative Durchtrennung von Nerven (bei Neuralgie)
neu|ro|trop das Nervensystem beeinflussend
Neu|satz *m. 2* neu gesetzter Schriftsatz
Neu|schnee *m. Gen.* -s *nur Sg.* frisch gefallener Schnee
Neu|see|land Inselgruppe und Staat im Pazif. Ozean
Neu|see|län|der *m. 5*
neu|see|län|disch
Neu|se|kun|de *f. 11 (Zeichen:* [cc]*)* 100. Teil einer Neuminute
Neu|sied|ler See *m. Gen.* - -s österr.-ungar. See
Neu|sil|ber *n. 5 nur Sg.* Legierung aus Kupfer, Nickel und Zink, Alpaka
neu|sil|bern
Neu|sprach|ler *m. 5* Neuphilologe
Neus|tri|en *auch:* **Neust|ri|en** *unter den Merowingern Bez. für* das westl. Frankenreich
neus|trisch *auch:* **neust|risch**
Neu|süd|wales [-wɛılz] Staat in Australien
Neu|tes|ta|ment|ler *m. 5* Kenner des NT
neu|tes|ta|ment|lich zum NT gehörend
Neu|tö|ner *m. 5* Vertreter der Neuen Musik

♦ Die Buchstabenfolge **neu|tr…** kann in Fremdwörtern auch **neut|r…** getrennt werden.

♦ **Neu|tra** [österr. auch: ne|utra] *Pl. von* Neutrum
♦ **neu|tral** [lat.] **1.** unbeteiligt, ohne Stellungnahme, unparteiisch; sich n. verhalten; **2.** keinem Staatenbündnis angehörend; **3.** *Chem.:* weder sauer noch basisch reagierend; **4.** *Gramm.:* sächlich
♦ **Neu|tra|li|sa|ti|on** *f. 10* das Neutralisieren
♦ **neu|tra|li|sie|ren** *tr. 3* **1.** die Wirkung aufheben, auslöschen; **2.** *Sport:* einen Wettkampf n.: die Wertung (bei gleichzeitiger Fortführung des Wettkampfes) zeitweilig unterbrechen; **3.** ein Gebiet n.: Truppen daraus abziehen und Befestigungen abbauen
♦ **Neu|tra|li|sie|rung** *f. 10*
♦ **Neu|tra|lis|mus** *m. Gen. - nur Sg.* Grundsatz der Nichteinmischung (bes. in polit. Angelegenheiten)
♦ **Neu|tra|list** *m. 10*
♦ **neu|tra|lis|tisch**
♦ **Neu|tra|li|tät** *f. 10 nur Sg.* unbeteiligt sein, Nichteinmischung, neutrales Verhalten
♦ **Neu|tra|li|täts|er|klä|rung** *f. 10*
♦ **Neu|tra|li|täts|prin|zip** *n. Gen.* -s *nur Sg.*
♦ **Neu|tren** *Pl. von* Neutrum
♦ **Neu|tri|no** *n. 9* elektrisch neutrales, im Ruhestand masseloses Elementarteilchen
♦ **Neu|tron** *n. Gen.* -s *Pl.* -tro|nen (*Abk.:* n) elektrisch neutrales Elementarteilchen, Baustein des Atomkerns
♦ **Neu|tro|nen|bom|be** *f. 11*
♦ **Neu|trum** *n. Gen.* -s *Pl.* -tra *oder* -tren sächl. Geschlecht, sächl. Substantiv
neu ver|mählt (*alt:* neu|ver|mählt)
Neu|ver|schul|dung *f. 10*
Neu|wahl *f. 10*
neu|welt|lich zur Neuen Welt gehörend, aus ihr stammend
Neu|wert *m. 1 nur Sg.*
Neu|wort *n. 4* neu gebildetes Wort
Neu|zeit *f. 10 nur Sg.* Zeitalter ab etwa 1500
neu|zeit|lich
Neu|zu|gang *m. 2* neu hinzukommende Person oder Sache
Ne|va|da (*Abk.:* NV) Staat der USA
New Age *Nv.* **New|age** *Hv.* [nju:ɛıdʒ, engl.] *n. Gen. - nur Sg.* neu-

N

es Zeitalter, das von einer spirituellen, ganzheitlichen Weltsicht geprägt ist

Newcomer, Newlook: Mehrteilige Ausdrücke aus Substantiv, Adjektiv, Verbstamm, Pronomen oder Partikel und Substantiv schreibt man auch im Fall von Entlehnungen zusammen: *Newcomer, Newlook.* § 37 (1) Besteht die Bildung aus fremdsprachigen Adjektiven und Substantiven, ist auch Getrenntschreibung möglich: *New Look.* § 37 E1

New|co|mer [njukʌmə(r), engl.] *m. 5* Neuling, Aufsteiger
New Hamp|shire [nju: hæmpʃə] (*Abk.:* NH) Staat der USA
New Jer|sey [nju: dʒəːzɪ] (*Abk.:* NJ) Staat der USA
New Look *Nv.* **New|look** *Hv.* [nju:lʊk, engl.] *m. Gen.* -(s) *Pl.* -s neuer Stil, neue Linie (bes. in der Mode)
New Me|xi|co [nju: -ko] (*Abk.:* NM) Staat der USA
New Or|leans [nju:ɔrlinz]
New-Or|leans-Jazz [nju:ɔrlinz-dʒæs, engl.] *m. Gen.* - *nur Sg.* erste Stilform des Jazz
News [njuz, engl.] *Pl.* Nachrichten, Neuigkeiten
News|group [njuzgru:p, engl.] *f. 9, EDV:* thematisch gegliederte Internetseite für Neuigkeiten und Informationen
News|let|ter [njuz-, engl.] *m. Gen.* -(s) *Pl.* -s, *EDV:* (per E-Mail verschickter) Nachrichtenbrief, Rundschreiben
News|ti|cker [njuz-, engl.] *m. 5* **1.** kontinuierliches Informationsangebot aktueller (Kurz-)Nachrichten z. B. in Form einer Bildschirmlaufzeile; **2.** Nachrichten empfangender Fernschreiber
New|ton [njutən, nach dem engl. Physiker und Mathematiker Isaac N.] *n. Gen.* - *Pl.* - (*Abk.:* N) Maßeinheit der Kraft, *neuere Bez. für* Dyn
New York [nju: jɔrk] **1.** (*Abk.:* NY) Staat der USA; **2.** Stadt im Staat New York
New Yor|ker = **New-Yor|ker** [nju: jɔrkə(r)] *m. 5*
Ne|xus [lat.] *m. Gen.* - *Pl.* - Zusammenhang, Verbindung
nF *Abk. für* Nanofarad

N

NF *Abk. für* Niederfrequenz
NH *Abk. für* New Hampshire
N. H. *Abk. für* Normalhöhenpunkt
nhd. neuhochdeutsch
Ni *chem. Zeichen für* Nickel
Ni|be|lun|gen *Pl., dt. Myth.* **1.** Zwergengeschlecht und Hüter eines Goldschatzes; **2.** Geschlecht des Burgunderkönigs Gunther
Ni|be|lun|gen|hort *m. 1 nur Sg.*
Ni|be|lun|gen|lied *n. 3 nur Sg.* ein mhd. Heldenepos
Ni|be|lun|gen|sa|ge *f. 11*
Ni|cäa s. **Ni|zäa**
ni|cä|isch s. **ni|zä|isch**
Ni|ca|ra|gua Staat in Mittelamerika
Ni|ca|ra|gu|a|ner *m. 5*
ni|ca|ra|gu|a|nisch
nicht **1.** schön, nicht?; bitte nicht!; nur das nicht; ich nicht!; nicht doch!; heute nicht; noch nicht; nicht nur, sondern auch; nicht wahr? **2.** *Verbindungen von »nicht« mit einem Adjektiv oder Partizip können in der Regel getrennt oder zusammengeschrieben werden:* eine nicht amtliche *oder:* nichtamtliche Mitteilung; eine nicht christliche *oder:* nichtchristliche Vereinigung; die nicht Krieg führenden *oder:* nichtkriegführenden Mächte; nicht leitende *oder:* nichtleitende Stoffe; eine nicht öffentliche *oder:* nichtöffentliche Versammlung; nicht rostende *oder fachspr.* nichtrostende Werkstoffe; nicht Zutreffende(s) *oder:* Nichtzutreffende(s)
Nicht|ach|tung *f. 10 nur Sg.*
nicht|amt|lich = **nicht amt|lich**
Nicht|an|griffs|pakt *m. 1*
Nicht|be|ach|tung *f. 10 nur Sg.*
Nicht|be|fol|gung *f. 10 nur Sg.*
Nicht|christ *m. 10*
nicht|christ|lich = **nicht christ|lich**
Nicht|deut|sche(r) *m. 18 (17) bzw. f. 17 oder 18*
Nich|te *f. 11*
Nicht|ein|hal|tung *f. 10 nur Sg.*
Nicht|ein|mi|schung *f. 10 nur Sg.*
Nicht|ei|sen|me|tall *n. 1* (*Abk.:* NE-Metall) Buntmetall
Nicht|er|schei|nen *n. Gen.* -s *nur Sg.*
Nicht|fach|mann *m. Gen.* -(e)s *Pl.* -leu|te
Nicht|ge|fal|len *n. Gen.* -s *nur Sg.*
Nicht|ge|wünsch|te(s) *n. 18 (17)*
Nicht-Ich *n. Gen.* -s *Pl.* -(s), *Philos.:* alles, was außerhalb des eigenen Ichs existiert
nich|tig; etwas für null und n. erklären
Nich|tig|keit *f. 10*
Nich|tig|keits|kla|ge *f. 11*
Nicht|ka|tho|lik *m. 10*
nicht|krieg|füh|rend = **nicht Krieg füh|rend**
nicht|lei|tend = **nicht lei|tend**
Nicht|lei|ter *m. 5* Stoff, der Wärme und Elektrizität nicht weiterleitet
nicht|li|ne|ar = **nicht li|ne|ar**
Nicht|me|tall *n. 1*
Nicht|mit|glied *n. 3*

nichtöffentlich/nicht öffentlich: Die Aufeinanderfolge von einem Partikel/einem Adjektiv und einem weiteren Adjektiv oder Partizip ist oft nicht eindeutig interpretierbar. Daher bleibt es den Schreibenden überlassen, ob sie den Ausdruck als Wortgruppe getrennt (*nicht öffentlich*) oder als Zusammensetzung zusammenschreiben (*nichtöffentlich*). § 36 E2

nicht|öf|fent|lich = **nicht öf|fent|lich**
Nicht|rau|cher *m. 5*
Nicht|rau|cher|ab|teil *n. 1*
nicht|ros|tend **1.** *fachsprachl.;* **2.** = **nicht ros|tend**
nichts; mir nichts, dir nichts: ohne Umstände; gar nichts; sie streiten sich um nichts; nichts weniger als schön: gar nicht schön; nichts ahnend *oder:* nichtsahnend; nichts als (*ugs. auch:* wie) Ärger; nichts bedeutende *oder:* nichtsbedeutende Vorkommnisse; eine nichts sagende *oder:* nichtssagende Floskel
Nichts *n. 1* **1.** *nur Sg.* Fehlen von Materie, Leere; **2.** Geringfügigkeit, Wertloses; sich um ein N. streiten; du bist ein N. gegen ihn; **3.** *nur Sg.* vor dem N. stehen: finanziell am Ende sein
nichts|ah|nend = **nichts ah|nend**
nichts|be|deu|tend = **nichts be|deu|tend**
Nichts|chen *n., nur in Wendungen wie* ein goldenes N. in einem silbernen Büchschen: gar nichts (Antwort auf eine neugierige Frage)
Nicht|schwim|mer *m. 5*

nichts|des|to|min|der
nichts|des|to|trotz, nichts|des|to-we|ni|ger trotzdem
Nicht|sess|haf|te(r) (*alt:* Nicht|seß-haf|te(r)) *m. 18 (17) bzw. f. 17 oder 18*
Nicht|sein *n. Gen. -s nur Sg.*
Nichts|kön|ner *m. 5*
Nichts|nutz *m. 1*
nichts|nut|zig
Nichts|nut|zig|keit *f. 10 nur Sg.*
nichts|sa|gend = **nichts sa|gend**
Nichts|tu|er *m. 5*
Nichts|tu|e|rei *f. 10 nur Sg.*
nichts|tu|e|risch
Nichts|tun *n. Gen. -s nur Sg.*
nichts|wür|dig
Nichts|wür|dig|keit *f. 10 nur Sg.*
Nicht|über|ein|stim|mung *f. 10 nur Sg.*
Nicht|wis|sen *n. Gen. -s nur Sg.*
nicht|zie|lend *auch:* **nicht zie|lend** *fachsprachl.:* = intransitiv
Nicht|zu|tref|fen|de(s) = **nicht Zu-tref|fen|de(s)** *n. 18 (17)*
Ni|ckel **1.** *n. Gen. -s nur Sg.* (*Zeichen:* Ni) chem. Element; **2.** *m. 5, früher:* das Zehnpfennigstück; **3.** *m. 5, kurz für* Nickelmann
Ni|ckel|blü|te *f. 11* ein Mineral, grüner Beschlag auf Nickelerzen
Ni|ckel|mann *m. 4* Wassergeist, Nöck
ni|cken *intr. 1*
Ni|cker|chen *n. 7, ugs.:* kurzer, oberflächlicher Schlaf
Nick|haut *f. 2, bei fast allen Wirbeltieren:* drittes Augenlid
Ni|co männl. Vorname, *Kurzform von* Nikolaus
Ni|co|la männl. (ital.) und weibl. Vorname, zu Nikolaus
Ni|cole [nɪkɔl] weibl. Vorname, zu Nikolaus
ni|col|sches Pris|ma *auch:* **Ni|col'-sches Pris|ma** (*alt:* Ni|col|sches Pris|ma) [nach dem engl. Physiker William Nicol] *n. Gen. -en -s nur Sg.* Prismenanordnung zur Erzeugung u. Analyse polarisierten Lichts
Ni|co|tin *n. 1 nur Sg.* s. **Ni|ko|tin**
nid *mit Dat., schweiz.:* unterhalb; nid dem Berg
Ni|da|ti|on [lat.] *f. 10* Einnistung des befruchteten Eies in die Gebärmutterschleimhaut
Nid|wal|den schweiz. Halbkanton
nie; nie mehr; nie und nimmer; nie wieder; jetzt oder nie
nie|der; der niedere Adel; die niedere Jagd: Jagd auf Niederwild; niedere Tiere; Hoch und Nieder: alle; die Niedere Tatra; die Niederen Tauern
nie|der|beu|gen *tr. 1*
nie|der|bren|nen *tr. u. intr. 20*
nie|der|brin|gen *tr. 21, Bgb.:* einen Schacht n.: herstellen
nie|der|deutsch; niederdeutsche Mundarten: die Mundarten, die von der zweiten oder hochdeutschen Lautverschiebung nicht betroffen wurden (Niederfränkisch und Niedersächsisch)
Nie|der|deutsch *n. Gen. -(s) nur Sg.*
Nie|der|druck *m. 2*
nie|der|drü|ckend
nie|der|fal|len *intr. 33*
nie|der|fre|quent
Nie|der|fre|quenz *f. 10* (*Abk.:* NF) Bereich der elektromagnet. Wellen zwischen 0 und 20 kHz
Nie|der|gang *m. 2 nur Sg.*
nie|der|ge|drückt
Nie|der|ge|drückt|heit *f. 10 nur Sg.*
nie|der|ge|hen *intr. 47*
nie|der|ge|schla|gen
Nie|der|ge|schla|gen|heit *f. 10 nur Sg.*
nie|der|hal|ten *tr. 61*
nie|der|ho|len *tr. 1* (Flagge)
Nie|der|holz *n. Gen. -es nur Sg.* Unter-, Buschholz
Nie|der|jagd *f. Gen. - nur Sg.* Jagd auf Niederwild
nie|der|kämp|fen *tr. 1*
nie|der|knien *intr. 1*
nie|der|knüp|peln *tr. 1*
nie|der|kom|men *intr. 71* gebären, entbunden werden
Nie|der|kunft *f. 2* Entbindung
Nie|der|la|ge *f. 11*
Nie|der|lan|de *nur Pl.* Staat in Europa
Nie|der|län|der *m. 5*
nie|der|län|disch
Nie|der|län|disch *n. Gen. -(s) nur Sg.* zu den westgerman. Sprachen gehörende Sprache der Niederländer
nie|der|las|sen *tr. u. refl. 75*
Nie|der|las|sung *f. 10*
Nie|der|las|sungs|recht *n. 1*
nie|der|le|gen *tr. 1*
Nie|der|le|gung *f. 10*
nie|der|ma|chen *tr. 1*
nie|der|met|zeln *tr. 1* brutal und massenweise töten
Nie|der|ös|ter|reich österr. Bundesland
nie|der|rei|ßen *tr. 96*
nie|der|rin|gen *tr. 100*
Nie|der|sach|sen [-ks-] dt. Bundesland
nie|der|schie|ßen *tr. 113*
Nie|der|schlag *m. 2*
nie|der|schla|gen *tr. 116*
nie|der|schlags|arm
Nie|der|schlags|men|ge *f. 11*
nie|der|schlags|reich
Nie|der|schla|gung *f. 10*
nie|der|schmet|tern *tr. 1;* eine niederschmetternde Nachricht
nie|der|schrei|ben *tr. 127*
nie|der|schrei|en *tr. 128;* jmdn. n.: durch Schreien zum Schweigen bringen
Nie|der|schrift *f. 10*
nie|der|set|zen *tr. 1*
nie|der|sin|ken *intr. 141*
Nie|der|span|nung *f. 10* elektr. Spannung bis 250 Volt; *Ggs.:* Hochspannung
nie|der|ste|chen *tr. 149*
nie|der|sto|ßen *tr. 157*
nie|der|stre|cken *tr. 1*
nie|der|tou|rig [-tu:-] mit relativ geringer Umdrehungszahl; *Ggs.:* hochtourig
Nie|der|tracht *f. 10 nur Sg.*
nie|der|träch|tig
Nie|der|träch|tig|keit *f. 10*
nie|der|tre|ten *tr. 163*
Nie|de|rung *f. 10*
nie|der|wärts
nie|der|wer|fen *tr. 181*
Nie|der|wer|fung *f. 10*
Nie|der|wild *n. Gen. -(e)s nur Sg.* kleines, weniger edles Wild, z. B. Reh, Hase, Fuchs, Dachs, Marder; *Ggs.:* Hochwild
nie|der|zwin|gen *tr. 188*
nied|lich
Nied|na|gel, Neid|na|gel *m. 6* kleines, vom Fingernagel losgelöstes Hornstückchen; *aber:* Nietnagel

niedrig, Hoch und Niedrig: Das Adjektiv wird kleingeschrieben: *Die Decke ist niedrig.* Die substantivierte Form wird großgeschrieben: *Hohe und Niedrige; die Hohen und die Niederen/Niedrigen; Hoch und Niedrig/Hoch und Nieder.* § 57 (1)
Das Gefüge aus Adjektiv und Verb/Partizip wird getrennt geschrieben, weil das Adjektiv auf *-ig* endet: *niedrig halten, etwas niedriger hängen, die niedrig gesteckten Ziele.*

nied|rig; niedrig denken; niedrig denkende Menschen; niedrig gesinnt; niedrig stehend; Hoch und Niedrig: alle; Hohe und Niedrige

niedrig gesinnt/stehend: Fügungen, deren erster Bestandteil ein auf *-ig* lautendes Adjektiv ist (*nieder - niedrig*), schreibt man getrennt: *der niedrig gesinnte Parteifreund; die niedrig stehenden sozialen Gruppen.* § 36 E1 (2)

nie|drig ge|sinnt (*alt:* nie|drig|gesinnt)
nie|drig ste|hend (*alt:* nie|drig|ste|hend)
Nie|drig|was|ser *n. 6*
ni|el|lie|ren [ital.] *tr. 3* mit Niello verzieren (Edelmetall)
Ni|el|lo *n. Gen.* -s *Pl.* -s *oder* -li *oder* -len in Gold oder Silber eingeritzte, mit schwarzer Schmelzmasse ausgefüllte Zeichnung
Niels, Nils männl. Vorname
nie|mals
nie|mand *Gen.* -es, *Dat.* -em (*auch:* -), *Akk.* -en (*auch:* -), niemand anders; niemand anderem, niemand anderen
Nie|mand *m. 1 nur Sg.*
Nie|mands|land *n. Gen.* -(e)s *nur Sg.*
Nie|re *f. 11*
Nie|ren|be|cken *n. 7*
nie|ren|krank
nie|ren|lei|dend
Nie|ren|stein *m. 1*
Nie|ren|trans|plan|ta|ti|on *f. 10*
nie|seln *intr. 1* fein regnen; es nieselt
Nie|sel|re|gen *m. 7*
nie|sen *intr. 1*
Nies|pul|ver *n. 5*
Nies|reiz *m. 1*
Nieß|brauch *m. 2 nur Sg.* Nutzungsrecht, Nießnutz
nieß|brau|chen *tr. 1, selten:* nutzen, nießnutzen
Nieß|brau|cher *m. 5*
Nieß|nutz *m. 1 nur Sg.* Nießbrauch
nieß|nut|zen *tr. 1* nießbrauchen
Nieß|nut|zer *m. 5*
Nies|wurz *f. 10* Hahnenfußgewächs, aus dessen Wurzeln Niespulver gewonnen wird
Niet *m. 1 ugs., nicht fachsprachl. für* Niete (4)
Niet|bol|zen *m. 7*
Nie|te *f. 11* **1.** Los ohne Gewinn; **2.** Mensch, der zu nichts zu gebrauchen ist; **3.** Metallbolzen mit Kopf, Nietnagel, Niet
nie|ten *tr. 2* mit Nieten verbinden
Niet|ham|mer *m. 6*
Niet|ho|se, Nie|ten|ho|se *f. 11*
Niet|na|gel *m. 6* = Niete (4); *aber:* Niednagel
niet- und na|gel|fest
Nie|tung *f. 10*
Nietz|sche, *Friedrich* dt. Philosoph
Ni|fe [-fe:, Kurzwort aus Nickel und Ferrum = Eisen] *n. Gen. - nur Sg.* der v. a. aus Nickel und Eisen bestehende Erdkern
Nifl|heim [»Nebelheim«] *german. Myth.:* Reich der Kälte, Totenreich
ni|gel|na|gel|neu ganz neu
Ni|ger *m. Gen.* -(s) **1.** Fluss in Afrika; **2.** westafrik. Staat
Ni|ge|ria westafrik. Staat
Ni|ge|ri|a|ner *m. 5* Einwohner von Nigeria
ni|ge|ri|a|nisch
Nig|ger [engl.] *m. 5, abfällig:* Schwarzer
Night|club [naɪtklʌb, engl.] *m. 9*
Ni|grer *auch:* **Nig|rer** *m. 5* Einwohner von Niger
ni|grisch *auch:* **nig|risch**
Ni|gro|sin *auch:* **Nig|ro|sin** [lat.] *n. 1* schwarzer Teerfarbstoff
Ni|hi|lis|mus [lat.] *m. Gen. - nur Sg.* Verneinung aller Werte, Auffassung, dass alles Sein sinnlos und nichtig sei
Ni|hi|list *m. 10*
ni|hi|lis|tisch
Ni|ka|ra|gua s. **Ni|ca|ra|gua**
Ni|ke griech. Göttin des Sieges
Nik|kei-In|dex *m. Gen. - nur Sg.* jap. Aktienindex
Ni|ko|ba|ren *Pl.* ind. Inselgruppe im Ind. Ozean
Ni|ko|laus **1.** Heiliger der Schiffer, Kaufleute, Bäcker und Schüler; **2.** *m. 1, ugs. scherzh. auch: m. 2* als hl. Nikolaus verkleidete Person, die am Nikolaustag Kindern Geschenke bringt oder sie auch straft; **3.** männlicher Vorname
Ni|ko|laus|tag *m. 1* der dem hl. Nikolaus geweihte Tag, 6. Dezember
Ni|ko|lo *m. 9, österr.:* der hl. Nikolaus
Ni|ko|lo|a|bend *m. 1*
Ni|ko|tin, *fachsprachl.:* Ni|co|tin [nach dem frz. Gesandten Jean Nicot, der den Tabak in Frankreich einführte] *n. 1 nur Sg.* giftiges Alkaloid im Tabak
ni|ko|tin|arm
ni|ko|tin|frei
Ni|ko|ti|nis|mus *m. Gen. - nur Sg.* Nikotinvergiftung
Nil *m. Gen.* -s Fluss in Afrika
Ni|lo|te *m. 11* Angehöriger einer Gruppe von Völkern am oberen Nil
ni|lo|tisch
Nil|pferd *n. 1*
Nils männl. Vorname
Nim|bus *m. Gen. - Pl.* -bus|se **1.** Heiligenschein; **2.** Ansehen, Ruhmesglanz (einer Person oder Sache)
nim|mer **1.** niemals; nie und n.; nun und n.; **2.** *süddt.:* nicht mehr, nicht wieder; ich kann n.
Nim|mer|leins|tag *m. 1, nur in den Wendungen* am Sankt N.: niemals; etwas bis zum Sankt N. aufschieben: etwas aufschieben, um es nie zu tun
nim|mer|mehr; nun und n.
Nim|mer|mehrs|tag *m. 1* Nimmerleinstag
nim|mer|mü|de
Nim|mer|satt *m. 1*
Nim|mer|wie|der|se|hen *n., nur in der Wendung* auf N.; er verschwand auf N.
Nim|rod [nach N., dem sagenhaften Gründer von Babylon] *m. 9* großer Jäger
Nim|we|gen, *ndrl.:* Nij|me|gen Stadt in den Niederlanden
Ni|ni|ve [-fe:] Hauptstadt von Assyrien
Ni|ni|vit [-vi:t] *m. 10* Einwohner von Ninive
ni|ni|vi|tisch [-vi-]
Ni|ob [griech.] *n. Gen. - nur Sg.,* Ni|o|bi|um *n. Gen.* -s *nur Sg.* (*Zeichen:* Nb) chem. Element
Ni|o|be [-be:] griech. Sagengestalt
Ni|o|bi|de *m. 11* Nachkomme der Niobe
Ni|o|bi|um *n. Gen.* -s *nur Sg.* s. **Niob**
Nip|pel *m. 5* kurzes Rohrstück mit Gewinde
nip|pen *intr. 1;* von, an etwas n.: einen sehr kleinen Schluck von etwas trinken
Nip|pes [frz.] *nur Pl.* Ziergegenstände aus Porzellan oder Glas, Nippsachen
Nipp|flut *f. 10* flache Flut
Nip|pon *jap. Name für* Japan
Nipp|sa|chen *Pl.* = Nippes
nir|gend
nir|gend|her
nir|gends
nir|gends|her

N

nịr|gends|wo
nịr|gend|wo
Ni|rọs|ta® *Kurzwort aus* nicht rostender Stahl
Nir|wa̲|na, Nir|va̲|na [Sanskrit] *n. Gen.* -(s) *nur Sg., Buddhismus, Dschainismus:* Erlöschen aller Lebenstriebe, selige Ruhe nach dem Tode (von den Heiligen schon im Diesseits erreicht); ins N. eingehen
Ni̲|sche *f. 11*
Ni̲|schel *m. 5, mitteldt.:* Kopf
Nịss (*alt:* Niß) *f. 1,* **Nịs|se** *f. 11* **1.** Ei der Laus; **2.** verfilzte oder verknotete Fasern
Nịs|sen|hüt|te [nach dem engl. Konstrukteur Peter Norman Nissen] *f. 11* halbrunde Wellblechbaracke
nịs|sig **1.** voller Nissen; **2.** verfilzt
nịs|ten *intr. 2*
Nịst|kas|ten *m. 8*
Nịst|platz *m. 2*
Ni|to̲n [lat.] *n. 1 nur Sg.* (*Zeichen:* Nt), *veraltet für* Radon

♦ Die Buchstabenfolge **ni|tr...** kann in Fremdwörtern auch **nit|r...** getrennt werden.

♦ **Ni|tra̲t** [griech.] *n. 1* Salz der Salpetersäure
♦ **Ni|tri̲d** *n. 1* Verbindung von Stickstoff mit einem anderen Element (meist Metall)
♦ **ni|tri̲e̲|ren** *tr. 3* mit Nitriersäure behandeln; vgl. nitrifizieren
♦ **Ni|tri̲er|säu|re** *f. 11* Gemisch aus Salpetersäure, Schwefelsäure und Wasser
♦ **Ni|tri|fi|ka|ti|o̲n** *f. 10* Oxidation von Ammoniak durch Bodenbakterien
♦ **ni|tri|fi|zi̲e̲|ren** *tr. 3;* nitrifizierende Bakterien: Nitrate bildende B.
♦ **Ni|tri̲t** *n. 1* **1.** Salz der salpetrigen Säure; **2.** organ.-chem. Cyanverbindung
♦ **Ni|tro|ge|la|ti̲|ne** [-ʒe-] *f. 11 nur Sg.* ein Sprengstoff
♦ **Ni|tro|ge̲n, Ni|tro|ge̲|ni|um** *n. Gen.* -s *nur Sg.* (*Zeichen:* N) chem. Element, Stickstoff
♦ **Ni̲|tro|gly|ze|rin,** *fachsprachl.:* Ni̲|tro|gly|ce|rin *n. 1 nur Sg.* ein hochexplosiver Sprengstoff
♦ **Ni̲|tro|grup|pe** *f. 11* die Atomgruppe -NO_2 (in organ. Verbindungen)
♦ **Ni|tro|phos|pha̲t** *n. 1* ein Düngemittel

Nịt|schel *f. 11, Textilindustrie:* Vorrichtung zur Erzeugung von zylindr. Garnen aus Flor
ni|tsche|wo̲! *auch:* **nit|sche|wo̲!** [russ.: -vọ] *scherzh.:* macht nichts!
ni|val [-va̲l, lat.] vom Schnee beeinflusst, schneeig, Schnee…
Ni|va̲l|or|ga|nis|mus [-va̲l-] *m. Gen.* - *Pl.* -men im Bereich des ewigen Schnees lebender Organismus
Ni|veau [-vo̲, frz.] *n. 9* **1.** waagerechte Fläche; **2.** Höhe, Höhenlage, Höhenstufe; **3.** Rang, Stufe, (Bildungs-)Stand; kein N. haben: auf niedriger geistiger Höhe stehen, geistig anspruchslos sein
ni|veau|frei [-vo̲-] auf ungleichen Ebenen; niveaufreie Kreuzung
Ni|veau|li|nie [-vo̲-] *f. 11* Höhenlinie
ni|veau|los [-vo̲-]
Ni|vel|le|ment [-vɛl(ə)mã̲, frz.] *n. 9* das Nivellieren
ni|vel|li̲e̲|ren [-vɛl-] *tr. 3* **1.** gleichmachen, einebnen, auf gleiche Höhe bringen; **2.** *Vermessungswesen:* die Höhenunterschiede (von etwas) messen
Ni|vel|li̲er|lat|te [-vɛl-] *f. 11*
Ni|vel|li̲e̲|rung [-vɛl-] *f. 10*
Ni|vel|li̲er|waa|ge [-vɛl-] *f. 11*
nịx *ugs. für* nichts
Nịx *m. 1, dt. Myth.:* Wassergeist, Nöck, Neck
Nị|xe *f. 11, dt. Myth.:* Wasserjungfrau
nị|xen|haft
Ni|zä̲a, Ni|cä̲a antike Stadt in Phrygien
ni|zä̲|isch, ni|cä̲|isch; *aber:* Nizäisches Glaubensbekenntnis
ni|zä̲|nisch = nizäisch
Ni|zä̲|num, Ni|zä̲|um *n. Gen.* -s *nur Sg.* Nizäisches Glaubensbekenntnis
n. J. *Abk. für* nächsten Jahres
NJ *Abk. für* New Jersey

→ Gnocchi Obwohl das aus dem Italienischen stammende Fremdwort *Gnocchi* mit [njɔ-] anlautet, wird es wie in der Herkunftssprache mit *Gno-* geschrieben. Ebenso wird der Auslaut [-ki] wie in der italienischen Orthographie mit *-cchi* wiedergegeben.

nkr *Abk. für* norweg. Krone
NKWD *1934-1946: Abk. für* das sowjet. Volkskommissariat für innere Angelegenheiten
NL *Kfz-Kennzeichen für* Niederlande
nm *Abk. für* Nanometer
n. M. *Abk. für* nächsten Monats
NM *Abk. für* New Mexico
NN, N. N. *Abk. für* Normalnull
N. N. [Abk. für lat. nomen nescio »den Namen weiß ich nicht«] *Abk. für* Name unbekannt
NNO *Abk. für* Nordnordost(en)
NNW *Abk. für* Nordnordwest(en)
No **1.** *chem. Zeichen für* Nobelium; **2.** *n. Gen.* -(s) *Pl.* -(s) = No-Spiel
NO *Abk. für* Nordost(en)
No., N° *veraltet, Abk. für* Numero
No|a|chi|de [-xi̲-] *m. 11* Nachkomme Noahs
No̲|ah, No̲|ach *Gen.* (*wenn ohne Artikel gebraucht*) -s *oder* No̲ä Gestalt des AT; die Arche Noah
no̲|bel [frz.] edel, vornehm, großzügig; nobler Charakter
No|be̲|li|um *n. Gen.* -s *nur Sg.* (*Zeichen:* No) chem. Element
No|bẹl|preis [nach dem schwed. Chemiker und Industriellen Alfred Nobel] *m. 1*
No|bẹl|preis|trä|ger *m. 5*
No|bi|li|tä̲t [lat.] *f. 10 nur Sg.* **1.** Adel; **2.** Berühmtheit
No|bi|li|ta|ti|o̲n *f. 10, früher:* Erhebung in den Adelsstand
no|bi|li|ti̲e̲|ren *tr. 3, früher:* adeln
No|bi|li|ti̲e̲|rung *f. 10*
No|bles|se *auch:* **Nob|les|se** [-blẹs(ə), frz.] **1.** *f. 11, veraltet:* Adel; **2.** Vornehmheit, vornehmes Verhalten; noblesse oblige [noblẹs ɔbli̲ʒ]: Adel verpflichtet (edel zu handeln)
No|bo|dy [no̲u-, engl.] *m. 9* unbedeutende Person, ein Niemand; er ging als Nobody an den Start
nọch; noch einmal, *ugs.:* nochmal/noch mal; noch einmal so viel; noch nicht; noch und noch *ugs.:* sehr viel, immer wieder, ohne Ende
nọch|mal *auch:* **nọch mal** *ugs.*
nọch|ma|lig
nọch|mals
Nọck **1.** *n. 1 oder f. 10* über das Segel hinausragendes Ende eines Rundholzes; **2.** *m. 1, süddt., österr.:* Berg, Felskuppe
Nọ̈ck [schwed.] *m. 10, dt. Myth.:* Wassergeist, Wassermann, Neck
Nọ|cken *m. 7* Vorsprung auf einer Welle oder Scheibe zur Steuerung bei Ventilen

Nọ|cken|wel|le *f. 11*
Nọ|ckerl *n. 14, österr.:* Klößchen als Suppeneinlage, z. B. Grießnockerln
Noc|turne [nɔktyrn, frz.] *n. 9 oder f. 9 n. Gen.* -s *Pl.* -s *oder* -ni schwermütiges Musikstück, Notturno
No|e|ma [griech.] *n. Gen.* -s *Pl.* -ma|ta geistig Wahrgenommenes, Denkinhalt, Gedanke
No|e|ma|tik *f. 10 nur Sg.* Lehre von den Denkinhalten (eines Werkes)
No|e|sis *f. Gen. - nur Sg.* Denkvorgang, Denken
No|e|tik *f. 10 nur Sg.* Denklehre, Erkenntnislehre
no|e|tisch auf der Noesis bzw. Noetik beruhend

Nofuturegeneration: Der Begriff kann zusammengeschrieben werden, die Bindestrichschreibung ist aber ebenfalls möglich und sinnvoll: *No-Future-Generation.* § 37 (1)

No|fu|ture|ge|ne|ra|ti|on *auch:* **No-Fu|ture-Ge|ne|ra|ti|on** (*alt:* No-fu|ture-Ge|ne|ra|ti|on) [noʊfjuːtʃə-] *f. 10*
no i|ron [noʊ aɪən, engl.] bügelfrei (Hinweis in Textilien aus Kunstfasern)
Noi|sette [noazɛt, frz.] *f. 9* Masse aus gemahlenen Haselnüssen
NOK *Abk. für* Nationales Olympisches Komitee
Nokt|am|bu|lis|mus *auch:* **Nok|tam|bu|lis|mus** [lat.] *m. Gen. - nur Sg.* nächtliches Umhergehen in einem schlafähnlichen Zustand; vgl. Mondsüchtigkeit
nö|len *intr. 1* **1.** *norddt.:* langsam sein, trödeln; **2.** nörgeln, quengeln
no|lens vo|lens [- voː-, lat. »nicht wollend wollend«] halb wider Willen, wohl oder übel
No|li|me|tan|ge|re [lat. »rühr mich nicht an«] *n. Gen. - Pl. -* **1.** *Bot.:* Springkraut; **2.** Darstellung des auferstandenen Christus
Nom. *Abk. für* Nominativ
No|ma|de [griech.] *m. 11* Angehöriger eines nicht sesshaften Volkes
No|ma|den|le|ben *n. 7 nur Sg.; auch übertr.:* ruheloses Leben
no|ma|disch **1.** wie ein Nomade umherziehend, nicht sesshaft; **2.** *übertr.:* ruhelos, unstet
no|ma|di|sie|ren *intr. 3* als Nomade leben, umherziehen; an der Küste nomadisierende Stämme
No|men [lat.] *n. Gen.* -s *Pl.* -mi|na **1.** Name; **2.** *Gramm.:* deklinierbares Wort
no|men est o|men [lat.] der Name sagt alles, der Name deutet darauf hin
no|men|kla|to|risch in der Art einer Nomenklatur
No|men|kla|tur *f. 10* **1.** Verzeichnis der Fachausdrücke eines Wissensgebietes; **2.** *DDR:* Führungsschicht
No|men pro|pri|um *auch:* **No|men prop|ri|um** *n. Gen. - Pl.* -mi|na -pria Eigenname
No|mi|na *Pl. von* Nomen
no|mi|nal **1.** zu einem Nomen gehörend, als Nomen; **2.** *Wirtsch.:* zum Nennwert
No|mi|nal|be|trag *m. 2* Nennbetrag
No|mi|nal|ein|kom|men *n. 7* Einkommen ohne Berücksichtigung der Kaufkraft; *Ggs.:* Realeinkommen
No|mi|na|lis|mus *m. Gen. - nur Sg.* **1.** Lehre, dass die Begriffe nur Namen sind und nichts Wirkliches bedeuten; **2.** Lehre, dass das Geld nur Symbolcharakter habe
No|mi|na|list *m. 10*
no|mi|na|lis|tisch
No|mi|nal|ka|ta|log *m. 1* = Verfasserkatalog; *Ggs.:* Realkatalog
No|mi|nal|lohn *m. 2* vgl. Nominaleinkommen; *Ggs.:* Reallohn
No|mi|nal|stil *m. 1 nur Sg.* Nomen (Substantive) bevorzugender Stil
No|mi|nal|wert *m. 1* = Nennwert
No|mi|na|ti|on *f. 10* Ernennung, Benennung
No|mi|na|tiv *m. 1* erster Fall der Deklination, Werfall
no|mi|nell **1.** zum Nomen gehörig; **2.** (nur) dem Namen nach, nicht wirklich
no|mi|nie|ren *tr. 3* (be-, er-)nennen
No|mi|nie|rung *f. 10*
No|mo|gra|fie *f. 11* s. **No|mo|gra|phie**
no|mo|gra|fisch s. **no|mo|gra|phisch**
No|mo|gramm [griech.] *n. 1* Schaubild, Zeichnung zum zeichnerischen Rechnen
No|mo|gra|phie *auch:* **No|mo|gra|fie** *f. 11* Verfahren, mit Nomogrammen rechnerische Probleme zeichnerisch zu lösen
no|mo|gra|phisch *auch:* **no|mo|gra|fisch**
No|mo|kra|tie *f. 11* Herrschaft aufgrund von Gesetzen, im Unterschied zur Autokratie
no|mo|kra|tisch
Nọ|mos *m. Gen. - Pl.* -moi Gesetz, Ordnung
Non [lat.] *f. 10* s. **No|ne** (1, 2)
No|na *f. Gen. - Pl.* -nen s. **No|ne** (3)
No|na|gon [lat. + griech.] *n. 1* Neuneck
No-Name-Pro|dukt (*alt:* No-name-Pro|dukt) [noʊneɪm-, engl.] *n. 1* Produkt ohne Warenzeichen
Non|cha|lance [nɔ̃ʃalɑ̃s, frz.] *f. Gen. - nur Sg.* liebenswürdige Lässigkeit, Ungezwungenheit
non|cha|lant [nɔ̃ʃalɑ̃] liebenswürdig-lässig, ungezwungen; seine nonchalante [nɔ̃ʃalạnte] Art
No|ne [lat.] *f. 11* **1.** neunter Ton der diaton. Tonleiter; **2.** Intervall von neun Tonstufen; **3.** Teil des kath. Stundengebets zur neunten Tagesstunde (3 Uhr nachm.); **4.** *Pl., im altröm. Kalender:* der neunte Tag vor den Iden
No|nen|ak|kord *m. 1* Akkord aus Grundton, Terz, Quinte und None
Non-Es|sen|tials [nɔnɪsẹnʃəlz, engl.] *Pl., Wirtsch.:* nicht lebensnotwendige Güter
No|nẹtt *n. 1* Komposition für neun Instrumente sowie die Ausführenden
non|fi|gu|ra|tiv [lat.] *Malerei:* ungegenständlich
Non|food (*alt:* Non-food) [nɔnfuːd, engl.] *n. 9, Wirtsch.:* Waren, die nicht zu den Lebensmitteln gehören
Non-Food-Ab|tei|lung (*alt:* Non-food-Ab|tei|lung) [nɔnfuːd-, engl.] *f. 10*
No|ni|us [nach dem latinisierten Namen des port. Mathematikers P. Nuñez] *m. Gen. - Pl.* -ni|en *oder* -nus|se, *an Messgeräten:* verschiebbarer Hilfsmaßstab zum Ablesen von Zehntelgrößen
Non|kon|for|mis|mus [lat.] *m. Gen. - nur Sg.* Nichtübereinstimmung mit den herrschenden Ansichten, individualist. Einstellung
Non|kon|for|mist *m. 10* **1.** jmd., der mit den herrschenden Ansichten nicht übereinstimmt; **2.** vgl. Dissenters

non|kon|for|mis|tisch
Non|kon|for|mi|tät *f. 10 nur Sg.* Nichtübereinstimmung
non li|cet [-tsɛt, lat.] es ist nicht erlaubt, es gehört sich nicht
non li|quet [lat. »es ist nicht klar«] *Rechtsw.:* der Sachverhalt ist nicht geklärt, die Sache ist nicht zu entscheiden
Nönn|chen *n. 7*
Non|ne *f. 11* **1.** Angehörige eines Frauenordens; **2.** nach unten gewölbter Dachziegel, Nonnenziegel; **3.** ein Schmetterling
Non|nen|klos|ter *n. 6*
Non|o|de *auch:* **No|no|de** [lat. + griech.] *f. 11* Elektronenröhre mit neun Elektroden, Neunpolröhre
Non|pa|reille [nɔ̃parɛj, frz.] *f. Gen. - nur Sg.* **1.** kleine gefärbte Zuckerperlen **2.** ein Schriftgrad
Non|plus|ul|tra *auch:* **Non|plus|ult|ra** [lat. »nicht darüber hinaus«] *n. Gen. -(s) nur Sg.* Unübertreffbares, das Höchste
Non|pro|li|fe|ra|ti|on [nɔnprəlıfəreıʃn, engl.] *f. Gen. - nur Sg.* Nichtweitergabe (von Atomwaffen)
non scho|lae, sed vi|tae dis|ci|mus [lat., nach Seneca] »nicht für die Schule, sondern für das Leben lernen wir«
Non|sens [lat.] *m. Gen. - nur Sg.* Unsinn, törichtes Gerede

> **nonstop fliegen, Nonstopflug:**
> Mehrteilige Ausdrücke aus zusammengesetztem Adverb (*nonstop*) und Verb schreibt man getrennt: *Er musste nonstop fliegen.* § 34 E3 (2)
> In einem Wort geschrieben wird das zusammengesetzte Substantiv: *Nonstopflug.* § 37 (1)
> Aber auch: *Nonstop-Flug* oder *Non-Stop-Flug.* § 45 (2), § 44

non|stop... [-stɔp, engl.] *in Zus.:* fortlaufend, ununterbrochen; nonstop fliegen
Non|stop|flug *auch:* **Nonstop-Flug, Non-Stop-Flug** *m. 2* Flug ohne Zwischenlandung
non trop|po *Mus.:* nicht zu viel
Non|va|leur [nɔ̃valœr, frz.] *m. 9* **1.** entwertetes oder wertlos scheinendes Wertpapier; **2.** Investition, die keine Rendite abwirft; **3.** unverkäufl. Ware
No|o|lo|gie [no:ɔ-, griech.] *f. 11 nur Sg.* (von R. Eucken begründete) Lehre, die sich mit dem Eigenleben des Geistes befasst
no|o|lo|gisch [no:ɔ-]
Nop|pe *f. 11* Knoten oder Zierschlinge in Garnen und Geweben
Nopp|ei|sen *n. 7* Gerät zum Entfernen von Noppen, Noppzange
nop|pen *tr. 1* **1.** von Noppen befreien; **2.** mit Noppen (zur Zierde) versehen
Nop|pen|stoff *m. 1*
Nopp|zan|ge *f. 11* Noppeisen
No|ra weibl. Vorname
Nor|bert männl. Vorname
Nord 1. (*Abk.:* N) *in postal. und geograph. Angaben:* Norden; Stuttgart Nord; heute kommt der Wind aus *oder:* von Nord; **2.** *m. 1, poet.:* Nordwind; es wehte ein eisiger Nord
Nord|a|me|ri|ka
Nord|a|me|ri|ka|ner *m. 5*
nord|a|me|ri|ka|nisch
Nord|at|lan|tik|pakt *m. 1 nur Sg.* (*Kurzwort:* NATO)
nord|deutsch; die Norddeutsche Tiefebene; der Norddeutsche Bund; Norddeutscher Rundfunk (*Abk.:* NDR)
nor|den *tr. 2* nach Norden ausrichten
Nor|den *m. Gen. -s nur Sg.* **1.** (*Abk.:* N) Himmelsrichtung; nach, von Norden; **2.** die im Norden der Erde gelegenen Länder; **3.** nördl. Teil, nördl. Gebiet; im N. der Stadt
Nord|ir|land der zu Großbritannien gehörende Teil von Irland
nor|disch zum Norden (der Erde) gehörend, von dort stammend; die nordischen Länder; nordische Kombination *Skisport:* Verbindung von Lang- und Sprunglauf
Nor|dist *m. 10*
Nor|dis|tik *f. 10 nur Sg.* Wissenschaft von den nord. Sprachen und Literaturen
nor|dis|tisch
Nord|kap *n. 9 nur Sg.* nördlichster Punkt Europas
Nord|ko|rea Staat in Ostasien
Nord|land *n. 4*
Nord|län|der *m. 5*
nord|län|disch
nörd|lich; 10 Grad nördlicher Breite (*Abk.:* n. Br.): auf dem 10. Breitengrad nördlich des Äquators liegend; nördlich der Stadt; nördlich Berlins, nördlich von Berlin; die nördlichen Länder; das Nördliche Eismeer
Nord|licht *n. 3* Polarlicht
Nord|nord|ost 1. (*Abk.:* NNO) *in geograph. Angaben:* Nordnordosten; **2.** *m. 1* Nordnordostwind
Nord|nord|os|ten *m. Gen. -s nur Sg.* (*Abk.:* NNO) Himmelsrichtung zwischen Norden und Nordosten
Nord|nord|west 1. (*Abk.:* NNW) *in geograph. Angaben:* Nordnordwesten; **2.** *m. 1* Nordnordwestwind
Nord|nord|wes|ten *m. Gen. -s nur Sg.* (*Abk.:* NNW) Himmelsrichtung zwischen Norden und Nordwesten
Nord|ost 1. (*Abk.:* NO) *in geograph. Angaben:* Nordosten; **2.** *m. 1, poet.:* Nordostwind
Nord|os|ten *m. Gen. -s nur Sg.* **1.** (*Abk.:* NO) Himmelsrichtung zwischen Norden und Osten; **2.** nordöstlich gelegener Teil; im Nordosten der Stadt
nord|öst|lich; nordöstlich Berlins *oder:* von Berlin
Nord-Ost|see-Ka|nal *m. 2 nur Sg.*
Nord|ost|wind *m. 1*
Nord|pol *m. 1 nur Sg.*
Nord|po|lar|ge|biet *n. 1*
Nord|rhein-West|fa|len Land der BR Dtld.
nord|rhein-west|fä|lisch
Nord|see *f. 11 nur Sg.*
Nord|stern *m. 1 nur Sg.* Polarstern
Nord-Süd-Ge|fäl|le *n. 5 nur Sg.*
Nor|dung *f. 10 nur Sg.* Ausrichtung nach Norden
nord|wärts
Nord|west 1. (*Abk.:* NW) *in postal. u. geograph. Angaben:* Nordwesten; **2.** *m. 1, poet.:* Nordwestwind
Nord|wes|ten *m. Gen. -s nur Sg.* **1.** (*Abk.:* NW) Himmelsrichtung zwischen Norden und Westen; **2.** nordwestlich gelegener Teil; im N. der Stadt
nord|west|lich
Nord|west|wind *m. 1*
Nord|wind *m. 1*
Nor|ge *norweg. Name für* Norwegen
Nör|ge|lei *f. 10*
nör|ge|lig, nörg|lig
nör|geln *intr. 1;* an etwas n.
Nörg|ler *m. 5*
nörg|lig, nör|ge|lig
No|ri|cum *im Altertum:* Gebiet zwischen Rätien und Pannonien
No|ri|ker *m. 5* Angehöriger eines

urspr. illyr., aber schon in vorröm. Zeit mit den Kelten vermischten Volksstammes
no|risch
Norm [lat.] *f. 10* **1.** Richtschnur, Regel, Vorbild; **2.** Vorschrift für Größen (z. B. DIN-Norm); **3.** Leistungssoll; **4.** *Buchw.:* auf der ersten Seite eines Druckbogens unten links stehende Ziffer mit Namen des Autors und abgekürztem Titel des Buches
nor|mal **1.** der Norm entsprechend, vorschriftsmäßig, regelrecht, üblich, landläufig, herkömmlich; **2.** geistig gesund
nor|mal..., Nor|mal... *in Zus.:* der Norm, der Regel entsprechend
Nor|ma|le *f. 11* **1.** Richtmaß, Richtgröße; **2.** *Math.:* Senkrechte auf der Tangente
nor|ma|ler|wei|se
Nor|mal|ge|wicht *n. 1*
Nor|mal|grö|ße *f. 11*
Nor|mal|hö|he *f. 11*
Nor|mal|hö|hen|punkt *m. 1* (*Abk.:* N.H.) Höhe eines Punktes der Erdoberfläche über dem Meeresspiegel
Nor|ma|li|en *Pl.* Regeln, Vorschriften, Grundformen
nor|ma|li|sie|ren *tr. 3* der Norm angleichen, normal gestalten, auf ein normales Maß zurückführen
Nor|ma|li|sie|rung *f. 10 nur Sg.*
Nor|ma|li|tät *f. 10 nur Sg.* normale Beschaffenheit
Nor|mal|lö|sung *f. 10, Chem.:* Lösung, die in 1 Liter Flüssigkeit 1 Mol des betreffenden Stoffes enthält
Nor|mal|maß *n. 1*
Nor|mal|null (*Abk.:* NN *oder* N.N.) *bei Höhenmessungen:* die vom mittleren Meeresniveau abgeleitete Ausgangsfläche, für Dtld. die Höhe des mittleren Wasserstandes des Amsterdamer Pegels
Nor|mal|pro|fil *n. 1* **1.** genormter Querschnitt (von Baustoffen, z. B. Walzeisen); **2.** genormte lichte Höhe und Weite (von Brücken, Durchfahrten u. a.); **3.** genormter Ladequerschnitt (z. B. von Eisenbahnwagen)
nor|mal|sich|tig weder weit- noch kurzsichtig
Nor|mal|sich|tig|keit *f. 10 nur Sg.*
Nor|mal|spur *f. 10* Spurweite der Eisenbahnschienen von 1,435 m, im Unterschied zur Breit- und Schmalspur
nor|mal|spu|rig
Nor|mal|ton *m. 2 nur Sg.* Kammerton
Nor|mal|uhr *f. 10* **1.** *in Sternwarten:* astronomische Hauptuhr; **2.** *bei elektr. Uhranlagen:* Mutteruhr, von der aus die übrigen Uhren betrieben werden; **3.** öffentl. Uhr auf Straßen und Plätzen
Nor|mal|ver|brau|cher *m. 5* **1.** Person mit durchschnittlichem Verbrauch an Lebensmitteln und anderem alltäglichen Bedarf; **2.** *scherzh. in der Wendung* Otto Normalverbraucher: Durchschnittsmensch
Nor|mal|zeit *f. 10* für ein größeres Gebiet festgelegte Zeit, Zonenzeit; *Ggs.:* Ortszeit
Nor|mal|zu|stand *m. 2*
Nor|man|die *f. Gen.* - Landschaft in Nordwestfrankreich
Nor|man|ne *m. 11* Angehöriger eines nordgerman., nach England, ins Frankenreich und nach Unteritalien vorgedrungenen Volkes, Wikinger
nor|man|nisch
nor|ma|tiv [lat.] als Norm, Richtschnur dienend, maßgebend
Nor|ma|ti|ve [-və] *f. 11* grundlegende Bestimmung
Norm|blatt *n. 4*
nor|men *tr. 1* nach einer Norm oder als Norm festlegen, einheitlich festlegen; genormte Ersatzteile
Nor|men|aus|schuss (*alt:* Nor|menaus|schuß) *m. 2*
Nor|men|kon|trol|le *auch:* **Nor|men|kont|rol|le** *f. 11* gerichtl. Überprüfung der Vereinbarkeit von Rechtsnormen, bes. mit dem Grundgesetz
nor|mie|ren *tr. 3* normen
Nor|mie|rung, Nor|mung *f. 10* Festlegung von Maßen
Nor|mo|zyt *m. 10 meist Pl.* rote Blutzelle
Nor|mung *f. 10* Normierung
norm|wid|rig
Norm|wid|rig|keit *f. 10 nur Sg.*
Nor|ne *f. 11, german. Myth.:* jede der drei Schicksalsgöttinnen
North Ca|ro|li|na [nɔ:θ kærəlaɪnə] (*Abk.:* NC) Staat der USA
North Da|ko|ta [nɔ:θ dəkoutə] (*Abk.:* ND) Staat der USA
Nor|we|gen Staat in Europa
Nor|we|ger *m. 5*
nor|we|gisch
Nor|we|gisch *n. Gen.* -(s) *nur Sg.* zu den nordgerm. Sprachen gehörende Sprache der Norweger
No|so|gra|phie *auch:* **No|so|gra|fie** [griech.] *f. 11* Krankheitsbeschreibung
no|so|gra|phisch *auch:* **no|so|gra|fisch**
No|so|lo|gie *f. 11* Lehre von den Krankheiten, systematische Beschreibung der Krankheiten
no|so|lo|gisch
No-Spiel *n. 1* altjapan. Singspiel mit histor. oder myth. Stoffen
Nost|al|gie *auch:* **Nos|tal|gie** [griech.] *f. 11 nur Sg.* Heimweh, Sehnsucht nach der (als besser erscheinenden) Vergangenheit
nost|al|gisch *auch:* **nos|tal|gisch**
Nos|tri|fi|ka|ti|on *auch:* **Nost|ri|fi|ka|ti|on** [lat.] *f. 10* **1.** Einbürgerung; **2.** Anerkennung eines ausländ. Diploms
nos|tri|fi|zie|ren *auch:* **nost|ri|fi|zie|ren** *tr. 3* **1.** einbürgern; **2.** staatlich anerkennen
Nos|tro|kon|to *auch:* **Nost|ro|kon|to** *n. Gen.* -s *Pl.* -ten Konto eines Geldinstitutes bei einem anderen
Not *f. 2;* Not sein; Not tun; schnelle Hilfe hat uns Not getan, tut Not; Not werden; Eile ist, tut Not; hier tut schnellste Hilfe Not; damit hat es keine Not; hier ist Not am Mann; seine liebe Not mit jmdm. haben; Not leiden; die Not leidende Bevölkerung; in Not sein; in Nöten sein; in tausend, in höchsten Nöten schweben; zur Not geht auch das
No|ta [lat.] *f. 9* **1.** Aufzeichnung, An-, Vormerkung; vgl. ad notam; **2.** kleine Rechnung
No|ta|beln [frz.] *Pl., in Frankreich vom 14. Jh. bis 1789:* die gebildete, führende Oberschicht, Mitglieder der königl. Ratsversammlungen
no|ta|be|ne [lat.] (*Abk.:* NB) **1.** wohlgemerkt; **2.** übrigens, was ich noch sagen wollte
No|ta|be|ne *n. 9 oder Gen.* - *Pl.* - Merkzeichen, Merkzettel
No|ta|bi|li|tät *f. 10 nur Sg., veraltet:* Berühmtheit, Ansehen
Not|an|ker *m. 5*
No|tar [lat.] *m. 1* staatlich bestellter Jurist, der Rechtsgeschäfte beurkundet, Unterschriften beglaubigt usw.
No|ta|ri|at *n. 1* Amt, Büro eines Notars

N

no|ta|ri|ell von einem Notar (ausgeführt); notarielle Beglaubigung; notariell beglaubigt
no|ta|risch *selten für* notariell
Not|arzt *m. 2* Bereitschaftsarzt
Not|arzt|wa|gen *m. 7*
No|ta|ti|on [lat.] *f. 10* **1.** Aufzeichnung eines Musikstücks in Notenschrift, Notierung; **2.** Aufzeichnung einer Schachpartie
Not|auf|nah|me *f. 11, früher:* Genehmigung zur Aufnahme in die BR Dtld. für Deutsche aus der DDR; dringende Aufnahme in ein Krankenhaus
Not|auf|nah|me|ver|fah|ren *n. 7*
Not|aus|gang *m. 2*
Not|be|helf *m. 1*
Not|be|leuch|tung *f. 10*
Not|brem|se *f. 11*
Not|dienst *m. 1*
Not|durft *f. Gen. - nur Sg.* Entleerung von Darm und Harnblase; seine N. verrichten; des Leibes N. *veraltet:* das zum Leben Notwendige
not|dürf|tig knapp ausreichend
No|te [lat.] *f. 11* **1.** Beurteilung, Zensur; gute, schlechte Noten; **2.** Bemerkung, Anmerkung, *meist:* Fußnote; **3.** musikal. Schriftzeichen; **4.** Mitteilung (einer Regierung an eine andere); diplomatische N.; **5.** Banknote, Geldschein; **6.** *übertr.:* Prägung, Besonderheit; eine besondere, seine persönliche N. haben
Note|book [noutbuk, engl. »Notizbuch«] *n. 9* leichter, mobiler Personalcomputer im A4-Format
No|ten|aus|tausch *m. 1* = Notenwechsel
No|ten|bank *f. 10*
No|ten|blatt *n. 4*
No|ten|buch *n. 4*
No|ten|heft *n. 1*
No|ten|li|nie *f. 11*
No|ten|pa|pier *n. 1 nur Sg.*
No|ten|pult *n. 1*
No|ten|schlüs|sel *m. 5*
No|ten|schrift *f. 10*
No|ten|stän|der *m. 5*
No|ten|wech|sel [-ks-] *m. 5* Wechsel von diplomat. Noten, Notenaustausch
Not|er|be *m. 11, veraltet:* Erbe, der Anspruch auf das Pflichtteil hat
Not|fall *m. 2;* für den N.; im N.
not|falls
Not|feu|er *n. 5*
not|ge|drun|gen
Not|geld *n. 3*
Not|ge|mein|schaft *f. 10*
Not|gro|schen *m. 7*
Not|hel|fer *m. 5;* die vierzehn N.: 14 kath. Heilige, die man in bestimmten Notfällen um Beistand anruft
Not|hil|fe *f. 11 nur Sg.*
no|tie|ren [lat.] *tr. 3* **1.** aufschreiben, vormerken; **2.** den Kurswert n.: festsetzen und veröffentlichen; **3.** *Mus.:* in Notenschrift niederschreiben
No|tie|rung *f. 10* **1.** Aufzeichnung, Vormerkung; **2.** Festsetzung und Veröffentlichung (von Kursen); **3.** *Mus.* = Notation (1)

nötig, das Nötigste: Das Adjektiv schreibt man klein: *Es ist nötig, dass …;* ebenso die Superlativform mit *am,* die mit *Wie?* erfragt wird: *Es ist am nötigsten, dass …* § 58 (2)
Mit großem Anfangsbuchstaben wird die substantivierte Form geschrieben: *Es fehlte ihnen am Nötigsten; das Nötigste.* § 57 (1)

nö|tig; etwas n. haben; etwas für n. halten; nur das Nötigste mitnehmen; es fehlt am Nötigsten; *aber:* es, das ist am nötigsten
nö|ti|gen *tr. 1*
nö|ti|gen|falls
Nö|ti|gung *f. 10*
No|ti|on [lat.] *f. 10* Begriff, Gedanke
No|tiz [lat.] *f. 10;* von jmdm. oder etwas keine N. nehmen; sich Notizen machen
No|tiz|block *m. 9*
No|tiz|buch *n. 4*
Not|jahr *n. 1*
Not|la|ge *f. 11*
not|lan|den *intr. 2, nur im Infinitiv und Perfekt üblich;* ich muss, musste n.; ich bin notgelandet
Not|lan|dung *f. 10*

Not leiden, der Not Leidende/Notleidende: Die Fügung aus Substantiv und Verb/Partizip wird wegen der Selbständigkeit der Bestandteile getrennt geschrieben: *Not leiden/leidend, Not lindern/lindernd. Sie litten Not. Wir haben Not gelindert.* § 34 E3 (5)
Entsprechend schreibt man die substantivierte Form: *der Not Leidende.* Daneben ist die Zusammenschreibung der Substantivierung weiterhin möglich: *der Notleidende.*
Großschreibung gilt auch für *Not sein/tun/werden: Es tut Not(,) Abhilfe zu schaffen.* § 34 E3 (5), § 55 (4)
In festen Gefügen werden Substantive ebenfalls großgeschrieben: *zur Not, in Nöten sein.* § 55 (4)
Aber: *vonnöten sein.* § 35

Not lei|dend (*alt:* not|lei|dend)
Not|lei|ne *f. 11*
Not|lö|sung *f. 10*
Not|lü|ge *f. 11*
Not|na|gel *m. 6* Ersatz, Behelf
Not|o|pe|ra|ti|on *f. 10*
no|to|risch [lat.] *leicht abwertend:* allbekannt; gewohnheitsmäßig; ein notorischer Lügner
No|tre-Dame *auch:* **Not|re-Dame** [nɔtrədam, frz.] *f. Gen. - nur Sg.* **1.** *frz. Bez. für* die Jungfrau Maria; **2.** Name frz. Kirchen
not|reif vorzeitig reif (Getreide)
Not|rei|fe *f. 11 nur Sg.*
Not|ruf *m. 1*
not|schlach|ten *tr. 2, nur im Infinitiv und Partizip II üblich;* wir müssen, mussten die Kuh n., haben sie notgeschlachtet
Not|schlach|tung *f. 10*
Not|schrei *m. 1*
Not|si|gnal *auch:* **Not|sig|nal** *n. 1*
Not|sitz *m. 1*
Not|stand *m. 2*
Not|stands|ge|biet *n. 1*
Not|stands|ge|setz *n. 1*
Not|tau|fe *f. 11*
not|tau|fen *tr. 1, nur im Infinitiv und Partizip II üblich;* ich muss, werde das Kind n., habe es notgetauft
Not tun (*alt:* not|tun) *intr. 167*
Not|tur|no [ital.] *n. Gen. -s Pl. -s oder -ni* = Nocturne
Not|un|ter|kunft *f. 2*
Not|ver|band *m. 2*
Not|ver|ord|nung *f. 10*
not|was|sern *intr. 1, nur im Infinitiv und Partizip II üblich;* wir müssen n., sind notgewassert
Not|was|se|rung *f. 10*
Not|wehr *f. 10 nur Sg.*
not|wen|dig; sich auf das Notwendigste beschränken; es fehlt am Notwendigsten
not|wen|di|ger|wei|se
Not|wen|dig|keit [auch: -vɛn-] *f. 10*
Not|woh|nung *f. 10*
Not|zei|chen *n. 7*

N

Notlzeit *f. 10;* etwas für Notzeiten aufheben; in Notzeiten
Notlzucht *f. Gen. - nur Sg.* Vergewaltigung
notlzüchltilgen *tr. 1*
Noulgat [nu-, frz.] *n. 9 oder m. 9* s. **Nulgat**
Noulveau Rolman (*alt:* Noulveau rolman) [nuvorɔmã, frz.] *m. Gen. - nur Sg.* in Frankreich entwickelte Richtung des modernen Romans
Noulveaulté [nuvote, frz.] *f. 9* Neuheit
Noulvelle Cuilsine *auch:* **Noulvelle Culilsine** (*alt:* Noulvelle cuilsine) [nuvɛlkyizin, frz.] *f. Gen. - - nur Sg.* Richtung der zeitgenöss. Kochkunst
Nolva [-va, lat.] **1.** *f. Gen. - Pl.* -vä neuer Stern; *auch:* Fixstern, dessen Helligkeit plötzlich stark zunimmt; **2.** [auch: nɔ-] *Pl. von* Novum
Nolvallis [-va-] (eigtl. Friedrich Frhr. von Hardenberg) dt. Schriftsteller
Nolvaltilon [-va-] *f. 10* **1.** Erneuerung; **2.** Umwandlung einer Schuld
Nolvellfood *auch:* **Nolvel Food** [nɔvəlfu:d, frz.-engl] *n. Gen. - nur Sg.* gentechnisch verändertes Nahrungsmittel; Genfood

N

Nolvellle [-vɛl-, ital.] *f. 11* **1.** Nachtrag zu einem Gesetz; **2.** in sich geschlossene Prosaerzählung
Nolvelllendichlter [-vɛl-] *m. 5*
Nolvellletlte [-vɛl-] *f. 11* kleine Novelle
nolvelllielren [-vɛl-] *tr. 3* ergänzen oder neu formulieren (Gesetz)
Nolvelllist [-vɛl-] *m. 10* Novellendichter
Nolvelllisltik [-vɛl-] *f. 10 nur Sg.* Novellendichtung
nolvelllisltisch [-vɛl-]
Nolvemlber [-vɛm-, lat.] *m. 5* (*Abk.:* Nov.)
Nolvelne [-ve-, lat.] *f. 11, kath. Kirche:* neuntägige Andacht
Nolvilal [-vi-] *n. Gen. -s nur Sg.* eine Welthilfssprache
Nolviltät [-vi-] *f. 10* Neuheit, Neuigkeit, Neuerscheinung
Nolvilze [-vi-] *m. 11* junger Mönch während der Probezeit
Nolvizilat [-vi-] *n. 1* Probezeit (im Kloster)
Nolvilzin [-vi-] *f. 10* Nonne in der Probezeit
Nolvum [auch: novum] *n. Gen. -s Pl.* -va Neuheit, Neuerung, neue Tatsache, neuer Gesichtspunkt
Nolwalja Semllja *auch:* **Nolwalja Semllja** russ. Inselgruppe im Nordpolarmeer
Nolxe [lat.] *f. 11* krankheitserregende Ursache, Schädlichkeit
Nolxin *n. 1* aus abgestorbenem Körpereiweiß stammender Giftstoff
Np **1.** *chem. Zeichen für* Neptunium; **2.** *Abk. für* Neper
NPD *Abk. für* Nationaldemokratische Partei Deutschlands
Nr. *Abk. für* Nummer
NRT *Abk. für* Nettoregistertonne
ns *Abk. für* Nanosekunde
NS **1.** *Abk. für* Nachschrift; **2.** *Abk. für* Nationalsozialismus
NSDAP *Abk. für* Nationalsozialistische Deutsche Arbeiterpartei
NSG *Abk. für* Naturschutzgebiet
Nt *chem. Zeichen für* Niton
Nu *nur in den Wendungen* im Nu, in einem Nu: blitzschnell
Nulanlce [nyãsə, österr.: nyãs, frz.] *f. 11* feine Tönung, feine Abstufung, winzige Kleinigkeit, Spur; eine N. heller, dunkler usw.
nulanlcenlreich [nyã-]
nulanlcielren [nyã-] *tr. 3* fein abstufen, kaum merklich verändern
Nulanlcielrung [nyã-] *f. 10*
'nülber *süddt. kurz für* hinüber
Nulbilen Landschaft in Nordostafrika
Nulbiler *m. 5*
nulbisch; *aber:* Nubische Wüste
Nulbuk [engl.] *n. Gen. -s nur Sg.* wildlederähnliches Rinds- oder Kalbsleder
nüchltern
Nüchlternlheit *f. 10 nur Sg.*
Nulcke, Nülcke *f. 11, nddt.:* Laune, Grille; seine Nücken haben; Nücken und Tücken
nulckeln *intr. 1* saugen, lutschen; an etwas n.
Nulckellpinlne *f. 11, ugs.:* kleines, langsames (altes) Motorfahrzeug
nulckisch, nülckisch *nddt.:* launisch, eigensinnig
Nuldel *f. 11*
nuldelldick
Nuldellholz *n. 4*
nuldeln *tr. 1* **1.** *früher:* (zur Mast) mit Nudeln füttern (Gans, Ente); **2.** *übertr.:* überfüttern; wie genudelt sein: sehr satt sein
Nuldislmus [lat.] *m. Gen. - nur Sg.* Freikörper-, Nacktkultur
Nuldist *m. 10*
nuldisltisch
Nuldiltät *f. 10* **1.** *nur Sg.* Nacktheit, Schlüpfrigkeit; **2.** Darstellung von nackten Körpern
Nulgat, Noulgat [nu-, frz.] *n. 9 oder m. 9* Süßware aus Kakao, Zucker, fein zerriebenen Mandeln oder Nüssen
Nuglget [nʌgɪt, engl.] *n. 9* natürl. Goldklümpchen

♦ Die Buchstabenfolge **nulkl...** kann in Fremdwörtern auch **nukll...** getrennt werden.

♦ **nulklelar** [lat.] zum Atomkern gehörend, von ihm ausgehend; nukleare Waffen: Kernwaffen
♦ **Nulklelarlmeldilzin** *f. 10 nur Sg.* Teilgebiet der Strahlenmedizin
♦ **Nulklelarlwaflfe** *f. 11* Kernwaffe
♦ **Nulklelin** *n. 1,* **Nulklelinlsäulre** *f. 11* hochmolekulare organ. Verbindung (Träger der Erbinformation)
♦ **Nulklelolid** *n. 1,* dem Zellkern höherer Organismen äquivalente Zellstruktur der Bakterien
♦ **Nulklelon** *n. Gen. -s Pl.* -klelolnen Baustein eines Atomkerns, Proton bzw. Neutron
♦ **Nulklelolprolteid** *n. 1* Verbindung von Nukleinsäuren mit Eiweiß
♦ **Nulklelotid** *n. 1* eine organ. Basenverbindung, Baustein der Nukleinsäuren
♦ **Nulklelus** *m. Gen. - Pl.* -klei [-klɛɪ] *fachspr. für:* (innerster, unteilbarer) Kern, z. B. Zellkern

null, die Null: Das Zahlwort (Kardinalzahl) schreibt man klein: *auf null stehen, gleich null sein, eins zu null, durch null teilen, null Komma sechs, in null Komma nichts, die Temperatur sank unter null.* § 58 (6). Lediglich das substantivierte Zahlwort wird mit großem Anfangsbuchstaben geschrieben: *die Null* (= Ziffer), auch: *Das wird mit drei Nullen geschrieben.* § 57 (4)

null [lat.] kein, nichts; null Fehler; null Grad; das Thermometer steht auf null; die Temperatur sank unter null; drei Grad unter null, über null; null Uhr zwei; das Spiel steht eins zu null; das

geht in null Komma nichts *ugs. scherzh.:* sehr schnell
Null *f. 10* **1.** die Zahl 0; **2.** *übertr.:* bedeutungsloser Mensch; **3.** *beim Skat, kurz für* Nullspiel
null|acht|fünf|zehn *ugs.:* nach allzu bekanntem Schema
Nulla|ge (-ll|l-) (*alt für:* Null|la|ge) *f. 11*

Nullbockgeneration: Die Bildung kann auch mit Bindestrich geschrieben werden: *Null-Bock-Generation.* § 45

Null|bock|ge|ne|ra|ti|on, Null-Bock-Ge|ne|ra|ti|on *n. Gen. - nur Sg., ugs.:* junge Generation, die allgemein Unlust und Desinteresse zeigt
Nullei|ter (-ll|l-) (*alt für:* Null|lei|ter) *m. 5*
nul|len 1. *tr. 1* mit dem Nullleiter verbinden (elektr. Maschine); **2.** *refl. 1, ugs. scherzh.:* ein Lebensjahr mit der Zahl 0 erreichen; er hat sich zum dritten Mal genullt: er ist 30 Jahre alt geworden
Nul|li|fi|ka|ti|on *f. 10* Ungültigkeitserklärung, Nichtigmachung
nul|li|fi|zie|ren *tr. 3*
Nulli|nie (-ll|l-) (*alt für:* Null|li|nie) *f. 11*
Null|in|stru|ment *auch:* **Null|ins|tru|ment, Null|inst|ru|ment** *n. 1* sehr empfindl. Messinstrument, das bei der Nullmethode verwendet wird
Nul|li|tät *f. 10* **1.** Nichtigkeit; **2.** Ungültigkeit; **3.** bedeutungslose Sache oder Person
Null|la|ge *f. 11, bei Messgeräten:* Nullstellung (des Zeigers)
Null|lei|ter *m. 5, in elektr. Stromkreisen mit mehreren Leitern:* der spannungslose, geerdete, mittlere Leiter
Null|li|nie *f. 11* Anfangsstrich

Nulllösung: Treffen drei gleiche Konsonanten aufeinander, werden sie auch dann geschrieben, wenn ein Vokal folgt. Als Variante wird wegen der besseren Lesbarkeit die Schreibung mit Bindestrich empfohlen: *die Null-Lösung.* Ebenso: *Nullleiter* neben *Null-Leiter, Nulllinie* neben *Null-Linie.* § 45

Null|lö|sung *f. 10*
Null|me|ri|di|an *m. 1* Meridian von Greenwich
Null|me|tho|de *f. 11* Messmethode, bei der die Wirkung der zu messenden Größe durch die einer bekannten Größe kompensiert wird
Null|o|pe|ra|ti|on *f. 10* Eingabe einer Information in einen Computer
Nullö|sung (-ll|l-) (*alt für:* Null|lö|sung) *f. 10*
Null|ou|vert [-uvɛr] *m. 9, Skat:* Nullspiel, bei dem der Spieler seine Karten nach dem ersten Stich offen hinlegen muss
Null|punkt *m. 1*
Null|run|de *f. 11 nur Sg., ugs.:* Tarifrunde ohne reale Lohnerhöhung
Null|se|rie *f. 11* Versuchsserie vor der Serienproduktion
Null|spiel *n. 1, Skat:* Spiel, bei dem der Spieler keinen Stich machen darf, um zu gewinnen
Null|stel|lung *f. 10*
Null|ta|rif *m. 1*
Nul|pe *f. 11, ugs.:* Dummkopf
Nu|me|ra|le [lat.] *n. Gen.* -s *Pl.* -lia *oder* -li|en Zahlwort, z. B. eins, zehn, zweiter, dreifach
Nu|me|ri *Pl. von* Numerus
nu|me|rie|ren (*alt für:* num|me|rie|ren) *tr. 3*
Nu|me|rie|rung (*alt für:* Num|me|rie|rung) *f. 10*
nu|me|risch der Zahl nach, hinsichtlich der Zahl
Nu|me|ro (*Abk.:* No., N°) *nur mit nachfolgender Zahlenangabe, veraltet:* Nummer; Numero vier
Nu|me|rus *m. Gen. - Pl.* -ri **1.** Zahl; **2.** Zahlform, *Sammelbez. für* Singular und Plural
Nu|me|rus clau|sus *m. Gen. - - nur Sg.* begrenzte Zahl (für die Zulassung zu einem Studium, einem Beruf)
Nu|mi|der, Nu|mi|di|er *m. 5* Einwohner von Numidien
Nu|mi|di|en *im Altertum:* Reich in Nordwestafrika
Nu|mi|di|er *m. 5* s. **Nu|mi|der**
nu|mi|disch
Nu|mis|ma|tik [lat.] *f. 10 nur Sg.* Lehre von den Münzen, Münzkunde
Nu|mis|ma|ti|ker *m. 5* Kenner, Sammler von Münzen
nu|mis|ma|tisch
Num|mer [lat.] *f. 11* (*Abk.:* Nr.) **1.** Zahl, Kennzahl; auf N. Sicher *oder:* sicher gehen *ugs. scherzh.;* bei jmdm. eine N. haben *ugs.:* bei jmdm. etwas gelten; laufende N. (*Abk.:* lfd. Nr.) → laufend; **2.** einzelnes Exemplar (einer Zeitschrift); **3.** einzelne Darbietung (im Kabarett, Varietee, Zirkus); **4.** *ugs. scherzh.:* Person, z. B. komische, ulkige N.

nummerieren: Dem Stammprinzip entsprechend wird das *-m-* in *nummerieren* wie in *Nummer* verdoppelt (alt: *numerieren*). § 2

num|me|rie|ren *tr. 3* mit Nummern versehen, beziffern
Num|me|rie|rung *f. 10*
num|mern *tr. 1, selten für* nummerieren
Num|mern|kon|to *n. 9*
Num|mern|schei|be *f. 11* (z. B. am Telefon)
Num|mern|schild *n. 3*
Num|mern|stem|pel *m. 5*
Num|me|rung *f. 10, selten für* Nummerierung
Num|mu|lit [lat.] *m. 10* versteinerter Wurzelfüßer aus dem Teritär
nun 1. *Adv.:* jetzt; also; nun, nun! (Ausdruck zur Beschwichtigung); nun, wie geht's?; nun gut; nun ja; nun und nimmer; von nun an; **2.** *Konj. veraltet, noch poet.:* weil, da; nun du gekommen bist, so …
nun|mehr
nun|meh|rig
'nun|ter *süddt. kurz für* hinunter
Nun|ti|a|tur [-tsja-, lat.] *f. 10* Amt und Büro eines Nuntius
Nun|ti|us [-tsjus] *m. Gen. - Pl.* -ti|en [-tsjən] päpstl. Botschafter bei einer weltl. Regierung
nup|ti|al [-tsjal, lat.] *veraltet:* ehelich, Ehe…, hochzeitlich, Hochzeits…
nur; nur ich; nur Schönes; nur das nicht; nicht nur, sondern auch
nur|mehr *ugs.:* nur noch
Nürn|berg Stadt in Mittelfranken
Nurse [nəs, engl.] *f. 9, engl. Bez. für* Kindermädchen
nu|scheln *intr. 1, ugs.:* undeutlich reden; ich nuschele, nuschle
Nuss (*alt:* Nuß) *f. 2*
Nuss|baum (*alt:* Nuß|baum) *m. 2*
nuss|braun (*alt:* nuß|braun)
Nüss|chen (*alt:* Nüß|chen) *n. 7*
Nuss|kern (*alt:* Nuß|kern) *m. 1*
Nuss|kna|cker (*alt:* Nuß|knacker) *m. 5*
Nuss|scha|le (*alt:* Nuß|scha|le) *f. 11*

N

Nuss|scho|ko|la|de (*alt:* Nuß|scho|ko|la|de) *f. 11*
Nüs|ter *f. 11 meist Pl.* Nasenloch (bes. vom Pferd)
Nut *f. 10,* **Nu|te** *f. 11* längl. Vertiefung (in die ein Stift, Keil, Zapfen o. Ä. eingesetzt wird)
Nu|ta|ti|on [lat.] *f. 10* **1.** Schwankung (z. B. der Erdachse gegen den Himmelspol); **2.** spiralförmige Bewegung (von Pflanzen infolge ungleichen Wachstums)
Nu|te *f. 11, ugs.* = **Nut**
nu|ten *tr. 2* mit einer Nut versehen

♦ Die Buchstabenfolge **nu|tr...** kann in Fremdwörtern auch **nut|r...** getrennt werden.

♦**Nu|tria** [lat.-span.] *f. 9* Biberratte, Sumpfbiber
♦**nu|trie|ren** [lat.] *tr. 3, veraltet:* ernähren
♦**Nu|tri|ment** *n. 1, Med.:* Nahrungsmittel
♦**Nu|tri|ti|on** *f. 10 nur Sg.* Ernährung
♦**nu|tri|tiv** nahrhaft
Nut|sche *f. 11* Filtriervorrichtung
nut|schen *tr. 1* **1.** *Chem.:* mit der Nutsche filtrieren; **2.** *ugs.:* lutschen
Nut|te *f. 11* Dirne, Prostituierte
nut|ten|haft

N

zu Nutze/zunutze machen:
Substantive in festen Gefügen schreibt man groß und getrennt: *Er machte sich das zu Nutze.* Zusammenschreibung ist aber ebenfalls möglich: *(sich) zunutze machen.* § 55 (4), § 39 E3 (1)
Großschreibung: *der Nutz/Nutzen, zu Nutz und Frommen, von Nutzen sein.* § 55 (4)
Kleinschreibung gilt in der Fügung mit *sein: (zu nichts) nutz/nütze sein, unnütz sein.* § 35

nutz, nüt|ze; das ist zu nichts nutz, nütze
Nutz *m. Gen.* -es *nur Sg.,* Nut|zen *m. 7 nur Sg., veraltet: nur noch in der Wendung* zu Nutz und Frommen des, der ...; zu Nutze *oder:* zunutze machen; von Nutzen sein
Nutz|an|wen|dung *f. 10*
nutz|bar
nutz|brin|gend; Nutzen bringend
nüt|ze = **nutz**
Nutz|ef|fekt *m. 1*
nut|zen, nüt|zen **1.** *tr. 1 (meist:* nutzen) ausnutzen, Ertrag erzielen aus; Boden nutzen; **2.** *tr. 1 (meist:* nützen) gebrauchen, Vorteil haben von; die Gelegenheit, die Zeit nützen; **3.** *intr. 1* Vorteil bringen; das nutzt, nützt (mir) nichts; das hat mir viel, wenig genützt
Nut|zen *m. 7 nur Sg.*
Nut|zer *m. 5*
Nutz|fahr|zeug *n. 1*
Nutz|fisch *m. 1*
Nutz|flä|che *f. 11*
Nutz|gar|ten *m. 8*
Nutz|holz *n. 4*
Nutz|ki|lo|me|ter *n. 5* von einem Nutzfahrzeug mit Ladung zurückgelegte Strecke von 1 km; *Ggs.:* Leerkilometer
Nutz|last *f. 10* **1.** Last, die ein Bauwerk außer dem Eigengewicht tragen kann; **2.** Last, die ein Transportfahrzeug aufnehmen kann; **3.** beförderte Last
Nutz|leis|tung *f. 10*
nütz|lich
Nütz|lich|keits|prin|zip *n. Gen.* -s *nur Sg.*
Nütz|ling *m. 1* dem Menschen nützliches Lebewesen (Pflanze oder Tier); *Ggs.:* Schädling
nutz|los
Nutz|lo|sig|keit *f. 10 nur Sg.*
nutz|nie|ßen *intr., nur im Präsens üblich:* Nutzen haben; ich nutznieße davon, kann davon (mit) nutznießen
Nutz|nie|ßer *m. 5* jmd., der von etwas den Nutzen hat
nutz|nie|ße|risch
Nutz|nie|ßung *f. 10 nur Sg.* Recht zur Nutzung
Nutz|pflan|ze *f. 11*
Nutz|tier *n. 1*
Nut|zung *f. 10 nur Sg.*
nut|zungs|fä|hig
Nut|zungs|recht *n. 1*
Nutz|was|ser *n. 5*
Nutz|wild *n. Gen.* -(e)s *nur Sg.*
n. u. Z. *Abk. für* nach unserer Zeitrechnung
NV *Abk. für* Nevada
NW *Abk. für* Nordwest(en)
Ny *n. Gen.* -(s) *Pl.* -s (*Zeichen:* ν, N) griech. Buchstabe
NY *Abk. für* New York (1)
Nyk|ti|nas|tie [griech.], **Nyk|ti|tro|pie** *f. 11,* **Nyk|ti|tro|pis|mus** *m. Gen.* - *Pl.* -men Schlafbewegung der Pflanzen, z. B. Senken, Zusammenlegen der (Blüten-)Blätter
Nykt|u|rie *auch:* **Nyk|tu|rie** *f. 11* verstärkter nächtl. Harndrang
Ny|lon® [naɪ-] *n. Gen.* -s *nur Sg.* eine Kunstfaser
Ny|lon|hemd [naɪ-] *n. 12*
Nym|pha [griech.] *f. Gen.* - *Pl.* -phä *oder* -phen kleine Schamlippe
Nym|phäa, Nym|phäe *f. Gen.* - *Pl.* -phä|en Seerose, Wasserrose
Nym|phä|um *n. Gen.* -s *Pl.* -phä|en **1.** *urspr.:* Heiligtum einer Nymphe, einer Nymphe geweihter Brunnen; **2.** *dann:* mit Figuren, Säulen, Nischen verzierte Brunnenanlage
Nym|phe *f. 11* **1.** *griech. Myth.:* weibl. Naturgottheit, z. B. Quell-, Baumnymphe; **2.** Entwicklungsstadium mancher Insekten zwischen Larve und Puppe
nym|phen|haft
nym|pho|man an Nymphomanie leidend, mannstoll
Nym|pho|ma|nie *f. 11 nur Sg.* krankhaft gesteigerter Geschlechtstrieb (bei Frauen), Mannstollheit
Nym|pho|ma|nin *f. 10* an Nymphomanie leidende Frau
nym|pho|ma|nisch
Ny|norsk *n. Gen.* - *nur Sg., neuere Bezeichnung für* Landsmål
Nys|tag|mus [griech.] *m. Gen.* - *nur Sg.* Zittern der Augäpfel
Nyx griech. Göttin der Nacht

o; o ja!; o nein!; o je!; o weh!; o Mutter!; vgl. oh

O 1. das A und O; vgl. A; **2.** *chem. Zeichen für* Sauerstoff (Oxygenium); **3.** *Abk. für* Ost(en)

Ω *Zeichen für* Ohm (3)

O' *vor irischen Namen Abk. für* Sohn des, z. B. O'Connor

o. Ä. (*alt:* o. ä.) *Abk. für* oder Ähnliche(s)

ÖAMTC *Abk. für* Österr. Automobil-, Motorrad- und Touring-Club

OAS *Abk. für* Organization of American States: Organisation amerik. Staaten

O|a|se [ägypt.] *f. 11, in Trockenzonen:* Gebiet reichen Pflanzenwuchses an Quelle oder Wasserlauf; eine Oase des Friedens, der Stille *übertr.*

OAU *Abk. für* Organization of African Unity: Organisation für Afrikanische Einheit

ob 1. *Konj.;* ich fragte ihn, ob er dort gewesen sei; ob er wohl noch kommt?; so tun, als ob; und ob!; **2.** *Präp. mit Dat., veraltet, noch schweiz.:* oberhalb; ob dem Wasserfall; Rothenburg ob der Tauber; **3.** *Präp. mit Gen.:* wegen; er war ob dieses Zufalls sehr überrascht

OB *ugs. Abk. für* Oberbürgermeister

o. B. *Abk. für* ohne Befund

Ob|acht *auch:* **O|bacht** *f. Gen. - nur Sg.* O. geben; auf jmdn. oder etwas O. geben

ÖBB *Abk. für* Österreichische Bundesbahnen

Ob|dach *n. Gen.* -(e)s *nur Sg.* Unterkunft; jmdm. O. gewähren

ob|dach|los

Ob|dach|lo|sen|für|sor|ge *f. 11 nur Sg.*

Ob|dach|lo|sig|keit *f. 10 nur Sg.*

Ob|duk|ti|on [lat.] *f. 10, Med.:* (gerichtlich angeordnete) Leichenöffnung

ob|du|zie|ren *tr. 3*

Ob|e|di|enz *auch:* **O|be|di|enz** [lat.] *f. 10 nur Sg.* **1.** Gehorsam der Kleriker gegenüber ihren Vorgesetzten; **2.** *früher bei Papst- und Bischofswahlen:* Anhängerschaft des Kandidaten

O-Bei|ne *Pl.*

O-beinig/o-beinig: Man setzt einen Bindestrich in Zusammensetzungen mit Einzelbuchstaben, Abkürzungen oder Ziffern: *O-beinig, o-beinig* (Groß- und Kleinschreibung des Einzelbuchstabens ist möglich). Ebenso: *O-förmig/o-förmig.* § 40 (1)

O-bei|nig = **o-bei|nig**

O|be|lisk [griech.] *m. 10* frei stehender, vierkantiger, sich nach oben verjüngender Pfeiler mit pyramidenförmiger Spitze

o|ben; bis, dort, nach, von oben; nach oben hin *oder:* zu; von oben her; oben herum; oben und unten; oben erwähnt; das oben Erwähnte *oder:* Obenerwähnte; oben genannt; das oben Genannte *oder:* Obengenannte; oben gesagt; das oben Gesagte *oder:* Obengesagte; oben stehend; das oben Stehende *oder:* Obenstehende

o|ben|an; obenan stehen

o|ben|auf; obenauf liegen; obenauf sein: unbeschwert, vergnügt sein

o|ben|aus

o|ben|drauf

o|ben|drein

oben erwähnt/stehend, das Obenstehende/das oben Stehende: Die Fügung aus Adverb und Verb/Partizip wird getrennt geschrieben: *Wie oben erwähnt, ...; der oben stehende Abschnitt.* Werden solche Fügungen substantiviert, wird zusammengeschrieben: *das Obenerwähnte, das Obenstehende, im Obenstehenden.* Daneben ist Getrenntschreibung möglich: *das oben Erwähnte, im oben Erwähnten, das oben Stehende, im oben Stehenden, oben Stehendes.* § 37 (2)

o|ben er|wähnt (*alt:* oben|erwähnt)

o|ben ge|nannt (*alt:* oben|genannt)

o|ben ge|sagt (*alt:* oben|ge|sagt)

o|ben|hin flüchtig, oberflächlich; *aber:* nach oben hin

o|ben ste|hend (*alt:* oben|stehend)

o|ber *österr. ugs. für* über; er wohnt ober uns

O|ber *m. 5* **1.** deutsche Spielkarte; **2.** *kurz für* Oberkellner, Kellner; Herr Ober!

O|ber|bau *m. Gen.* -(e)s *Pl.* -bauten

O|ber|bauch *m. 2*

O|ber|be|fehl *m. 1*

O|ber|be|fehls|ha|ber *m. 5*

O|ber|be|griff *m. 1*

O|ber|be|klei|dung *f. 10*

O|ber|berg|amt *n. 4, Bgb.:* Aufsicht führende Behörde

O|ber|bür|ger|meis|ter *m. 5* (*Abk.:* OB)

O|ber|deck *n. 1*

o|ber|deutsch; oberdeutsche Mundarten: Bayrisch-Österreichisch, Alemannisch, Fränkisch; vgl. niederdeutsch

o|be|re(r, -s)

O|be|re(r) *m. 18 (17)* Vorgesetzter

O|ber|flä|che *f. 11*

O|ber|flä|chen|span|nung *f. 10*

o|ber|fläch|lich

O|ber|fläch|lich|keit *f. 10 nur Sg.*

o|ber|gä|rig

O|ber|gä|rung *f. 10* Gärung mit obenauf schwimmender Hefe

O|ber|ge|schoss (*alt:* Ober|geschoß) *n. 1* vgl. Geschoss

o|ber|halb *Präp. mit Gen.;* o. des Hauses

O|ber|hand *f. Gen. - nur Sg.* Überlegenheit; *nur in den Wendungen* die O. haben, behalten

O|ber|haupt *n. 4*

O|ber|haus *n. 4, bes. in Großbritannien:* erste Kammer (des Parlaments)

O|ber|ho|heit *f. 10 nur Sg.*

O|be|rin *f. 10* Leiterin, Vorsteherin (der Schwesternschaft eines Mutterhauses u. a.)

o|ber|ir|disch über dem Erdboden; *Ggs.:* unterirdisch

O|ber|kell|ner *m. 5*

O|ber|kie|fer *m. 5*

O|ber|kom|man|do *n. Gen.* -s *nur Sg.*

O|ber|land *n. 4 nur Sg.*

O|ber|län|der *m. 5*

O|ber|lan|des|ge|richt *n. 1*

o|ber|län|disch

o|ber|las|tig zu hoch beladen, mit zu hoch liegendem Schwerpunkt

O|ber|lauf *m. 2* (eines Flusses)

O

O|ber|lei|tung *f. 10*
O|ber|lei|tungs|om|ni|bus *m. 1* (*Kurzwort:* Obus)
O|ber|licht *n. 3*
O|ber|lich|te *f. 11, österr.:* oberer Fensterflügel, Fenster über der Tür
O|ber|li|ga *f. Gen. - Pl.* -gen, *Sport:* eine Spielklasse
O|ber|lip|pe *f. 11*
O|ber|ös|ter|reich österr. Bundesland
O|ber|pri|ma [auch: -pri-] *f. Gen. - Pl.* -men 9. Klasse des Gymnasiums
O|ber|pri|ma|ner [auch: -ma-] *m. 5*
O|bers *n. Gen. - nur Sg.* süßer Rahm, Schlagobers
O|ber|schen|kel *m. 5*
O|ber|schicht *f. 10*
o|ber|schläch|tig durch Wasser von oben her betrieben (Mühlrad)
O|ber|schu|le *f. 11*
O|ber|schwes|ter *f. 11*
O|ber|se|kun|da [auch: -kun-] *f. Gen. - Pl.* -den die 7. Klasse des Gymnasiums
O|ber|se|kun|da|ner [auch: -da-] *m. 5*
O|berst *m. 10 oder m. 12*
O|ber|staats|an|walt *m. 2*
o|bers|te(r, -s); *aber:* der, die, das Oberste
O|berst|leut|nant [auch: -lɔɪt-] *m. 1*
O|ber|stüb|chen *n. 7, nur in Wendungen wie* bei dir stimmt's wohl nicht im O.?: du bist wohl verrückt?
O|ber|stu|fe *f. 11*
O|ber|ter|tia [-tsja, auch: ter-] *f. Gen. - Pl.* -ti|en [-tsjən] die 5. Klasse des Gymnasiums
O|ber|ter|ti|a|ner [auch: -tsja-] *m. 5*
O|ber|ver|wal|tungs|ge|richt *n. 1*
O|ber|vol|ta [-vol-] *frühere Bez. für* Burkina Faso
O|ber|was|ser *n. 5* oberhalb eines Wehres gestautes Wasser; *Ggs.:* Unterwasser; wieder O. haben, O. bekommen *übertr.:* im Vorteil sein, überlegen sein
ob|gleich
Ob|hut *f. Gen. - nur Sg.*

im Obigen: Im Gegensatz zur bisherigen Schreibweise werden substantivierte Adjektive großgeschrieben: *Obiges war nur ein Witz.* Auch in festen Fügungen: *Im Obigen haben wir mitgeteilt, dass …* § 57 (1)

Da Formen wie *im Obigen* usw. charakteristisch für steifes Amtsdeutsch sind, sollten sie nur im Ausnahmefall gebraucht werden.

o|big oben genannt; der, die Obige (*Abk.* d. O.; unter Nachschriften in Briefen); im Obigen; Obiges gilt auch hier
Ob|jekt [lat.] *n. 1* **1.** Sache, Gegenstand (der Verhandlung, Betrachtung, des Wahrnehmens); *Ggs.:* Subjekt (1); **2.** *Gramm.:* Satzteil, der das durch das Verb ausgedrückte Geschehen ergänzt, Satzergänzung, z. B. Dativobjekt
Ob|jekt|e|ro|tik *f. 10 nur Sg.* sexuelle Befriedigung an einem Objekt
ob|jek|tiv **1.** gegenständlich, tatsächlich, sachlich; **2.** unparteiisch, vorurteilslos; *Ggs.:* subjektiv
Ob|jek|tiv *n. 1, bei opt. Geräten:* dem Beobachtungsgegenstand zugewendete Linse; *Ggs.:* Okular
Ob|jek|ti|va|ti|on [-va-] *f. 10* Vergegenständlichung
ob|jek|ti|vie|ren [-vi-] *tr. 3* zum Objekt machen, vergegenständlichen
Ob|jek|ti|vie|rung [-vi-] *f. 10*
Ob|jek|ti|vis|mus [-vis-] *m. Gen. - nur Sg.* Lehre, dass es vom Subjekt unabhängige Wahrheit und Werte gibt; *Ggs.:* Subjektivismus
Ob|jek|ti|vist [-vist] *m. 10*
ob|jek|ti|vis|tisch [-vis-]
Ob|jek|ti|vi|tät [-vi-] *f. 10 nur Sg.* Sachlichkeit, Vorurteilslosigkeit; *Ggs.:* Subjektivität
Ob|jekt|kunst *f. 2 nur Sg.* Stilrichtung der modernen Kunst, die Produkte des Alltags künstler. verarbeitet
Ob|jekt|satz *m. 2* Nebensatz, der ein Objekt vertritt
Ob|jekt|trä|ger *m. 5* Glasplättchen für das unter dem Mikroskop zu untersuchende Objekt

♦ Die Buchstabenfolge **ob|l…** kann in Fremdwörtern auch **o|bl…** getrennt werden.

♦ **Ob|la|te** [lat.] *f. 11* **1.** noch nicht geweihte Hostie; **2.** dünnes, aus Weizenmehl (als Kleingebäckunterlage) gebackenes Scheibchen; **3.** eine Art Waffel; **4.** *m. 11, MA:* für das Kloster bestimmtes und dort erzogenes Kind
♦ **Ob|la|ti|on** *f. 10* **1.** Offertorium; **2.** freiwillige Gabe (der Gemeinde an die Kirche)
ob|lie|gen *intr. 80, veraltend;* einer Aufgabe o.: eine Aufgabe ausführen, sich mit ihr beschäftigen; es liegt mir ob *oder:* es obliegt mir, das Kind zu beaufsichtigen; es oblag mir, hat mir obgelegen
Ob|lie|gen|heit *f. 10* Aufgabe, Pflicht, Amt
♦ **ob|li|gat** [lat.] **1.** erforderlich, unentbehrlich; **2.** *Mus.:* als Begleitstimme selbständig geführt
♦ **Ob|li|ga|ti|on** *f. 10* **1.** Verbindlichkeit, Verpflichtung; **2.** Schuldverschreibung, festverzinsliches Wertpapier
♦ **Ob|li|ga|ti|o|när** *m. 1, schweiz.:* Inhaber von Obligationen (2)
♦ **ob|li|ga|to|risch** vorgeschrieben, verbindlich; der Besuch dieses Kurses ist o.; *Ggs.:* fakultativ
♦ **Ob|li|ga|to|ri|um** *n. Gen.* -s *Pl.* -ri|en, *schweiz.:* verbindliche Geltung; Verpflichtung; Pflichtfach
♦ **Ob|li|go** [ital.] *n. 9* Verpflichtung, Haftung, Gewähr; ohne Obligo (*Abk.:* o. O.): unverbindlich, ohne Gewähr
♦ **Ob|li|te|ra|ti|on** [lat.] *f. 10* **1.** Tilgung, Löschung; **2.** *Med.:* Ausfüllung von Hohlräumen durch krankhaft dort einwachsendes Gewebe
♦ **ob|li|te|rie|ren** *tr. 3* **1.** tilgen, löschen; **2.** verstopfen, ausfüllen
Ob|mann *m. 4* Vertrauensmann (von Parteien, Vereinen)
Ob|män|nin *f. 10*
O|boe [mlat.-frz.] *f. 11* ein Holzblasinstrument
O|bo|ist *m. 10* Oboenspieler
O|bo|lus [griech.] *m. Gen. - Pl. - oder* -lus|se **1.** kleine altgriech. Münze; **2.** kleiner Beitrag, Scherflein; seinen O. entrichten; **3.** versteinerter Armfüßer des Kambriums
Ob|rig|keit *f. 10*
ob|rig|keit|lich
Ob|rig|keits|staat *m. 12*
Ob|rist *auch:* **O|brist** *m. 10, veraltet für* Oberst
ob|schon obgleich
Ob|se|qui|en [lat.] *Pl.* = Exequien
Ob|ser|vant [-vant, lat.] *m. 10* der strengeren Richtung eines Mönchsordens angehörender Mönch, z. B. bei den Franziskanern

Ob|ser|vanz [-vạnts] *f. 10* **1.** die strengere von zwei Richtungen eines Mönchsordens; **2.** Gewohnheitsrecht

Ob|ser|va|ti|on [-va-] *f. 10* wissenschaftliche Beobachtung

Ob|ser|va|tor [-va-] *m. 13* wissenschaftl. Beobachter an einer Sternwarte

Ob|ser|va|to|ri|um [-va-] *n. Gen.* -s *Pl.* -ri|en astronomische, meteorologische oder geophysikalische Beobachtungsstation, Stern-, Wetterwarte

ob|ser|vie|ren [-vi-] *tr. 3* (unauffällig) beobachten, beschatten

Ob|ses|si|on [lat.] *f. 10* Zwangsvorstellung, Zwangshandlung

Ob|si|di|an [lat.] *m. 1* kieselsäurereiches, glasiges, vulkanisches Gestein, Lavaglas

ob|sie|gen *intr. 1, veraltet;* jmdm., einer Sache o.: jmdn. oder etwas besiegen; ich siege ihm ob, obsiege ihm, habe ihm obgesiegt *oder:* obsiegt

ob|skur *auch:* **obs|kur** [lat.] dunkel, unklar, verdächtig

Ob|sku|ran|tis|mus *auch:* **Obs|ku|ran|tis|mus** *m. Gen. - nur Sg.* Feindseligkeit gegenüber Aufklärung und Fortschritt

Ob|sku|ri|tät *auch:* **Obs|ku|ri|tät** *f. 10 nur Sg.* Dunkelheit, Unklarheit

ob|so|let [lat.] ungebräuchlich, veraltet

Ob|sor|ge *f. 11 nur Sg.* Pflege, Sorge, sorgende Aufsicht (bes. amtlich)

♦ Die Buchstabenfolge **ob|st...** kann in Fremdwörtern auch **obs|t...** getrennt werden.

Obst *n. Gen.* -(e)s *nur Sg.*

Obst|baum *m. 2*

obs|ten *intr. 2* Obst ernten

Obst|ern|te *f. 11*

♦ **Ob|ste|trik** [lat.] *f. 10 nur Sg.* (Lehre von der) Geburtshilfe

♦ **ob|sti|nat** [lat.] halsstarrig, eigensinnig, widerspenstig

♦ **Ob|sti|na|ti|on** *f. 10* Eigensinn, Widerspenstigkeit

♦ **Ob|sti|pa|ti|on** [lat.] *f. 10, Med.:* Verstopfung

♦ **ob|sti|pie|ren** *intr. 3* stopfen, Verstopfung bewirken

Obst|ler *m. 5* Obstschnaps

obst|reich

Obst|reich|tum *m. Gen.* -s *nur Sg.*

♦ Die Buchstabenfolge **ob|stru...** kann in Fremdwörtern auch **obs|tru...** oder **obst|ru...** getrennt werden.

♦ **Ob|stru|ent** [lat.] *m. 10, Sprachw.* Konsonant, der durch einen Verschluss oder eine Verengung im Mund- oder Rachenraum gebildet wird; Geräuschlaut

♦ **ob|stru|ie|ren** [lat.] *tr. 3* hindern

♦ **Ob|struk|ti|on** *f. 10* Verzögerung, Verschleppung (von Parlamentsbeschlüssen)

♦ **ob|struk|tiv** hindernd, hemmend

ob|szön *auch:* **obs|zön** [lat.] unanständig, schamlos

Ob|szö|ni|tät *auch:* **Obs|zö|ni|tät** *f. 10* **1.** *nur Sg.* Schamlosigkeit, Unanständigkeit; **2.** obszöne Bemerkung oder Darstellung

O|bus *m. 1, Kurzwort für* Oberleitungsomnibus

Ob|wal|den schweiz. Kanton

ob|wal|ten *intr. 2* vorhanden sein, gegeben sein; *nur noch in der Wendung* unter den obwaltenden Umständen

ob|wohl

ob|zwar

Oc|ca|mis|mus *m. Gen. - nur Sg.* s. **Ock|ha|mis|mus**

Oc|ci|den|tal [ɔktsi-] *n. Gen.* -s *nur Sg.* eine Welthilfssprache, Interlingue

Och|lo|kra|tie [griech.] *f. 11* Pöbelherrschaft, entartete Demokratie

och|lo|kra|tisch

Ochs [-ks] *m. 10 regional für* Ochse

Öchs|chen [-ks-] *n. 7*

Och|se [-ks-] *m. 11*

och|sen [-ks-] *intr. 1, ugs.:* angestrengt lernen

Och|sen|au|ge [-ks-] *n. 14* **1.** ein Schmetterling; **2.** ein Korbblütler; **3.** ein Gebäck; **4.** kreisrundes Fenster; **5.** Spiegelei

Och|sen|fie|sel [-ks-] *m. 5* Ochsenziemer

Och|sen|frosch [-ks-] *m. 2* ein nordamerik. Froschlurch

Och|sen|schlepp [-ks-] *m. 1, österr.:* Ochsenschwanz

Och|sen|zie|mer [-ks-] *m. 5* das getrocknete Glied des Ochsen als Prügelstock, Ochsenfiesel

Och|se|rei [-ks-] *f. 10 nur Sg.*

Öchs|le|grad [-ks-] [nach dem Physiker Ferdinand Öchsle] *m. Gen.* -(e)s *Pl.* - Maßeinheit für das spezifische Gewicht des Mostes

Öchs|lein [-ks-] *n. 7*

O|cker *m. 5 oder n. 5* **1.** eisenoxidreiche Tonerde, zur Herstellung von Farben verwendet; **2.** gelbbraune Farbe

o|cker|gelb

Ock|ha|mis|mus, Oc|ca|mis|mus *m. Gen. - nur Sg.* der von dem engl. scholast. Theologen Wilhelm von Ockham begründete spätmittelalterl. Nominalismus

OCR *f. Gen. - nur Sg., EDV: Abk. für* optical character recognition: optische Zeichenerkennung; Computerprogramm zur automatischen Erfassung von Buchstaben, Ziffern und Zeichen

öd, ö|de

O|dal *n. 1, im german. Recht:* Sippeneigentum an Grund und Boden

O|da|lis|ke [türk.] *f. 11, früher:* weiße türk. Haremssklavin

Odd Fel|lows, Odd|fel|lows [ɔdfε-louz, engl.] *Pl.* (eigtl.: Independent Order of Odd Fellows) im 18. Jh. engl. freimaurerähnliche Vereinigung zur Unterstützung arbeitsloser Handwerker

Odds [engl. »Ungerade«] *nur Pl.* **1.** Wette mit ungleichen Einsätzen; **2.** *Sport:* Vorgaben

O|de [griech.] *f. 11* feierliches lyrisches Gedicht in freien Rhythmen

ö|de = **öd**

Ö|de *f. Gen. - nur Sg.*

O|dem *m. Gen.* -s *nur Sg., poet.:* Atem

Ö|dem [griech.] *n. 1* Wasseransammlung im Zellgewebe

ö|de|ma|tös ödemartig, mit Ödemen einhergehend

O|de|on [griech.] *n. 9, Name für* Musik-, Theatersaal, Kino, Vergnügungsstätte

o|der; oder Ähnliche(s) (*Abk.:* o. Ä.); das Entweder - oder

O|der *f. Gen.* - Fluss in Mitteleuropa

O|der|men|nig *m. 1* ein Heilkraut, Ackermennig

O|der-Nei|ße-Gren|ze *f. 11 nur Sg.*

O|der-Nei|ße-Li|nie *f. 11 nur Sg.*

O|des|sa Stadt in der Ukraine

O|des|sit *m. 10* Einwohner von Odessa

O|deur [odœr, frz.] *n. 9 oder n. 1* **1.** wohlriechender Stoff; **2.** Duft, Geruch

Ö|dig|keit *f. 10 nur Sg.* Öde, Langweiligkeit

O

O|din *nord. Form von* Wodan, Wotan

o|di|ös, o|di|os [lat.] **1.** widerwärtig, verhasst; **2.** unausstehlich, gehässig

Ö|di|pus altgriech. König von Theben, der unwissentlich seinen Vater tötete und seine Mutter heiratete

Ö|di|pus|kom|plex *m. 1 nur Sg.* in früher Kindheit sich entwickelnde, übersteigerte Bindung an den andersgeschlechtigen Elternteil

O|di|um [lat.] *n. Gen.* -s *nur Sg.* **1.** Makel; **2.** Hass, Feindschaft

Öd|land *n. 4, Pl.* auch -län|de|rei|en

O|don|to|lo|gie *f. 11 nur Sg.* Zahn(heil)kunde

o|don|to|lo|gisch

O|dor [lat.] *n. Gen.* -s *Pl.* O|do|res [-re:s], *Med.:* Geruch

O|dys|see **1.** Heldenepos Homers über die Irrfahrt und Heimkehr des Odysseus; **2.** *übertr.:* Irrfahrt

o|dys|se|isch in der Art einer Odyssee

O|dys|seus *griech. Myth.:* König von Ithaka

OECD *Abk. für* Organization for Economic Cooperation and Development: Organisation für wirtschaftliche Zusammenarbeit und Entwicklung

Œu|vre *auch:* **Œuv|re** [œvr(ə), frz.] *n. 9, frz. Bez. für* Opus, Werk; das Œuvre eines Komponisten: sein Gesamtwerk, alle seine Werke

O

OEZ *Abk. für* Osteuropäische Zeit

Öf|chen *n. 7*

O|fen *m. 8*

off [engl.] *Film, Fernsehen:* außerhalb des Bildes, nicht sichtbar

Off *n. 9* Bereich, aus dem die Stimme des unsichtbaren Sprechers kommt; *Ggs.:* On

> **offen:** Das Adjektiv wird vor einem Substantiv wie üblich kleingeschrieben: *das offene Meer, eine offene Frage, Tag der offenen Tür.* Auch im prädikativen Gebrauch: *Die Tür ist offen.*
> In Fügungen mit Verb/Partizip gilt Getrenntschreibung: *offen bleiben, offen legen, offen gesagt, offen stehen, offen gestanden.*
> § 34 E3 (3)

of|fen; offen sprechen, sein; offen gestanden: ehrlich gesagt; offen bleiben *auch übertr.:* unentschieden, ungeklärt bleiben (Frage, Problem); offen halten; sich einen Weg, den Rückzug offen halten; offen lassen *auch übertr.:* unentschieden, ungeklärt lassen; offen legen: aufdecken, mitteilen; offen stehen *auch übertr.:* erlaubt sein, frei stehen; offener Brief; eine offene Hand haben *übertr.:* freigebig sein; mit offenen Karten spielen *übertr.:* ehrlich handeln; Beifall auf offener Szene; ein offenes Ohr für jmdn. haben *übertr.:* Verständnis; Tag der offenen Tür; Offene Handelsgesellschaft (*Abk.:* OHG)

Of|fen|bach, *Jacques* dt.-frz. Komponist

of|fen|bar [auch: ɔf-]

of|fen|ba|ren *tr. 1*

Of|fen|ba|rung *f. 10*

Of|fen|ba|rungs|eid *m. 1* eidliche Versicherung eines Schuldners, dass er seinen Vermögensstand richtig angegeben hat

of|fen blei|ben (*alt:* of|fen|blei|ben) *intr. 17*

of|fen hal|ten (*alt:* of|fen|hal|ten) *tr. 61*

Of|fen|heit *f. 10 nur Sg.*

of|fen|her|zig

Of|fen|her|zig|keit *f. 10 nur Sg.*

of|fen|kun|dig [auch: -kun-]

of|fen las|sen (*alt:* of|fen|las|sen) *tr. 75*

of|fen le|gen (*alt:* of|fen|le|gen) *tr. 1*

Of|fen|markt|po|li|tik *f. 10 nur Sg.*

of|fen|sicht|lich [auch: ɔf-]

of|fen|siv [lat.] angreifend, angriffslustig; *Ggs.:* defensiv

Of|fen|si|ve [-və] *f. 11* Angriff, Angriffsschlacht; *Ggs.:* Defensive

Of|fen|siv|krieg *m. 1* Angriffskrieg

of|fen ste|hen (*alt:* of|fen|ste|hen) *intr. 151*

öf|fent|lich; öffentliches Ärgernis erregen; öffentlicher Dienst: Dienst bei Staat und Gemeinde; die öffentliche Hand: Staat und Gemeinde; die öffentliche Meinung

Öf|fent|lich|keit *f. 10 nur Sg.;* etwas in aller Ö. tun

Öf|fent|lich|keits|ar|beit *f. 10 nur Sg.* = Publicrelations

Öf|fent|lich|keits|be|tei|li|gung *f. 10 nur Sg.*

öf|fent|lich-recht|lich; die öffentlich-rechtlichen Rundfunkanstalten

Of|fe|rent [lat.] *m. 10* jmd., der etwas anbietet, Anbieter

of|fe|rie|ren *tr. 3* anbieten

Of|fert *n. 1, österr.,* **Of|fer|te** *f. 11* schriftl. Angebot

Of|fer|to|ri|um *n. Gen.* -s *Pl.* -ri|en Teil der kirchl. Liturgie, Darbringung von Brot und Wein, Oblation

Of|fice **1.** [ɔfis, engl.] *n. Gen.* - *Pl.* -s [ɔfisiz] Büro, Dienststelle; **2.** [ɔfi̱s, frz.] *n. Gen.* - *Pl.* -s [ɔfi̱s], *schweiz.:* Anrichteraum (in Gaststätten)

Of|fi|zi|al *m. 1* **1.** *kath. Kirche:* bischöflicher Vertreter bei der Ausübung der Gerichtsbarkeit; **2.** *österr.:* ein Beamtentitel, z. B. Postoffizial

Of|fi|zi|a|lat *n. 1, kath. Kirche:* bischöfl. Gerichtsbarkeit

Of|fi|zi|al|de|likt *n. 1,* **Of|fi|zi|al|ver|ge|hen** *n. 7* Vergehen, das von Amts wegen verfolgt wird

Of|fi|zi|al|ver|tei|di|ger *m. 5* amtlich bestellter Verteidiger

Of|fi|zi|ant *m. 10* **1.** *kath. Kirche:* den Gottesdienst durchführender Geistlicher; **2.** unterer Beamter; **3.** *süddt.:* Schulhausmeister

of|fi|zi|ell **1.** öffentlich (bekannt); *Ggs.:* inoffiziell; **2.** amtlich, verbürgt; **3.** feierlich, förmlich

Of|fi|zier [frz.] *m. 1*

Of|fi|ziers|an|wär|ter *m. 5*

Of|fi|ziers|ka|si|no *n. 9* Speise- und Gesellschaftsraum der Offiziere

Of|fi|ziers|korps [-ko:r] *n. Gen.* - [-ko:rs] *Pl.* - [-ko:rs]

Of|fi|ziers|pa|tent *n. 1*

Of|fi|ziers|schu|le *f. 11*

Of|fi|zin [lat.] *f. 10, veraltet* **1.** Arbeitsraum in einer Apotheke; **2.** Druckerei

of|fi|zi|nal, of|fi|zi|nell als Heilmittel anerkannt, arzneilich

of|fi|zi|ös [frz.] halbamtlich, nicht verbürgt

Of|fi|zi|um [lat.] *n. Gen.* -s *Pl.* -zi|en, *veraltet:* Amtsverpflichtung, Dienstpflicht

off li|mits [engl.] Zutritt verboten

off|line (*alt:* off line) [ɔflaın, engl.] *EDV:* nicht mit einem Server verbunden, nicht in einem Netzwerk arbeitend; *Ggs.:* online

Off|line|be|trieb (*alt:* Off-line-Betrieb) [ɔflaın-] *m. 1*

öff|nen *tr. 2*

Öff|ner *m. 5*

Öff|nung *f. 10*

Öff|nungs|zei|ten *Pl.*

Off|set [engl.] *m. 9, Funk, Fernsehen:* Frequenzversetzung
Off|set|druck *m. 1* **1.** *nur Sg.* ein indirektes Flachdruckverfahren; **2.** dessen Erzeugnis
Off|set|re|pro|duk|ti|on *f. 10* Reproduktionstechnik für den Offsetdruck
Off|shore... (*alt:* Off-shore...) [-ʃɔ(r), engl.] *in Zus.:* abseits der Küste, z. B. Offshorebohrung
Off|spre|cher (*alt:* Off-Spre|cher) [engl.] *m. 5* unsichtbarer Kommentator im Film und Fernsehen
Off|stim|me (*alt:* Off-Stim|me) *f. 11 Film, Fernsehen:* Stimme eines unsichtbaren Sprechers; *Ggs.:* Onstimme
O-för|mig = **o-för|mig**

oft, öfters, des Öft(e)ren: Das Adjektiv *oft* und das Adverb *öfters* schreibt man mit kleinem Anfangsbuchstaben. Das substantivierte Adjektiv wird – im Gegensatz zur bisherigen Schreibweise – großgeschrieben: *Des Öfteren verlangte er nach Wasser.* § 57 (1)

oft öfter, am öftesten *besser:* am häufigsten, am meisten; des Öfteren; ich war so oft dort; *aber:* sooft ich dort war, hat niemand geöffnet; so und so oft
öf|ters *ugs.:* manchmal, ab und zu
oft|ma|lig
oft|mals
ÖGB *Abk. für* Österreichischer Gewerkschaftsbund
OH *Abk. für* Ohio
oh!; oh, Verzeihung!; oh, wie schön!; sein (freudiges) Oh; vgl. o
o|ha! [auch: oha]
O|heim *m. 1, veraltet für* Onkel
OHG *Abk. für* Offene Handelsgesellschaft
O|hio [ohaɪo] **1.** (*Abk.:* OH) Staat der USA; **2.** *m. Gen.* -(s) Nebenfluss des Mississippi
Ohm **1.** *m. 1, veraltet, poet. für* Onkel; **2.** *n. Gen.* -s *Pl.* - altes Flüssigkeitsmaß; **3.** [nach dem dt. Physiker Georg Simon Ohm] *n. Gen.* -s *Pl.* - (*Zeichen:* Ω) Maßeinheit des elektr. Widerstandes
Öhmd *n. Gen.* -s *nur Sg., südwestdt.:* zweite Grasmahd, Grummet
öhm|den, öh|men *tr. 1* nachmähen
Ohm|me|ter *n. 5* Gerät zum Messen des elektr. Widerstandes in Ohm

ohmscher Widerstand: Das von einem Eigennamen abgeleitete Adjektiv wird mit kleinem Anfangsbuchstaben geschrieben: *der ohmsche Widerstand.* Als Variante ist die Großschreibung mit Apostroph korrekt: *der Ohm'sche Widerstand.* § 62

ohm|scher Wi|der|stand *auch:* **Ohm'|scher Wi|der|stand** (*alt:* Ohm|scher Wi|der|stand) *m. Gen.* des -schen -es
oh|ne *Präp.mit Akk.;* ohne seine Zustimmung; ohne weiteres; oben ohne *ugs. scherzh.:* mit nacktem Oberkörper (bei Frauen); das ist nicht ohne *ugs.:* nicht schlecht, das hat seine Vorzüge; die Sache ist nicht (ganz) ohne *ugs.:* die Sache ist bedenklich, nicht ganz harmlos; ohne dass; ohne Befund (*Abk.:* o. B.); ohne Jahr (*Abk.:* o. J., in bibliograf. Angaben); ohne Ort (*Abk.:* o. O., in bibliograf. Angaben); ohne Ort und Jahr (*Abk.:* o. O. u. J.); vgl. Obligo
oh|ne|dies [auch: -dis] sowieso
oh|ne|ein|an|der *auch:* **oh|ne|ei|n-an|der**
oh|ne|glei|chen
oh|ne|hin [auch: -hin] sowieso
Ohn|macht *f. 10*
ohn|mäch|tig
Ohn|machts|an|fall *m. 2*
o|ho!; klein, aber oho *ugs.:* klein, aber tüchtig oder klug
Ohr *n. 12;* ich bin ganz Ohr: ich höre genau, aufmerksam zu, ich bin bereit, zuzuhören; jmdn. übers Ohr hauen *ugs. übertr.:* jmdn. übervorteilen
Öhr *n. 1* kleines Loch, z. B. Nadelöhr
Öhr|chen *n. 7*
Oh|ren|arzt *m. 2, ugs.:* Facharzt für Hals-, Nasen- und Ohrenkrankheiten, Otologe, Otiater
Oh|ren|beich|te *f. 11*
oh|ren|be|täu|bend
Oh|ren|blä|ser *m. 5* Zuträger, heimlicher Verleumder, Aufhetzer
Oh|ren|heil|kun|de *f. 11 nur Sg.* Otologie
Oh|ren|krie|cher *m. 5, volkstüml. für* Ohrwurm
Oh|ren|sau|sen *n. Gen.* -s *nur Sg.*
Oh|ren|schmalz *n. Gen.* -es *nur Sg.*
Oh|ren|schmaus *m. 2, ugs.:* etwas, das man mit Genuss anhört
Oh|ren|schüt|zer *m. 5*
Oh|ren|ses|sel *m. 5* Lehnsessel
Oh|ren|spie|gel *m. 5* Gerät zur Untersuchung des Innenohrs, Otoskop
Oh|ren|zeu|ge *m. 11* jmd., der etwas mit anhört, der bezeugen kann, dass er es mit angehört hat
Ohr|fei|ge *f. 11*
ohr|fei|gen *tr. 1*
Ohr|fei|gen|ge|sicht *n. 3, ugs.:* freches Gesicht
Ohr|ge|hän|ge *n. 5*
...oh|rig *in Zus.* z. B. groß-, langohrig
Ohr|klipp *m. 9*
Ohr|läpp|chen *n. 7*
Öhr|lein *n. 7*
Ohr|mu|schel *f. 11*
Ohr|ring *m. 1*
Ohr|wa|schel *n. 14 meist Pl., bair., österr.:* Ohr
Ohr|wurm *m. 4* **1.** ein Insekt; **2.** *ugs. scherzh.:* leicht ins Ohr gehende, einschmeichelnde Melodie
o. J. *Abk. für* ohne Jahr (in bibliograf. Angaben)
o|je!, o je!
o|je|mi|ne!, o je|mi|ne!
OK *Abk. für* Oklahoma
o. k., O. K. [ɔke] *Abk. für* okay
O|ka|pi [afrik.] *n. 9* eine westafrik. Giraffe
O|ka|ri|na [ital. »Gänschen«] *f. Gen.* - *Pl.* -nen kleines, flötenartiges Musikinstrument aus Ton oder Porzellan in Form eines spitz zulaufenden Gänseeis mit Mundstück
o|kay [ɔke, engl. Herkunft unsicher] (*Abk.:* o. k., O. K.) in Ordnung
O|ke|a|ni|de *f. 11* s. **O|ze|a|ni|de**
O|ke|a|nos **1.** *m. Gen.* - *nur Sg., griech. Myth.:* der Weltstrom, das Weltmeer; **2.** ein Titan
Ok|ka|si|on [lat.] *f. 10, veraltet:* Gelegenheit
Ok|ka|si|o|na|lis|mus *m. Gen.* - *nur Sg.* Lehre, die die Wechselwirkung von Leib und Seele verneint und die Übereinstimmung zwischen beiden auf Gott zurückführt
Ok|ka|si|o|na|list *m. 10*
ok|ka|si|o|na|lis|tisch auf dem Okkasionalismus beruhend

O

ok|ka|si|o|nell *veraltet:* gelegentlich
Ok|ki|ar|beit [zu ital. occhio »Auge«] *f. 10*, **Ok|ki|spit|ze** *f. 11* mit einem schiffchenförmigen Werkzeug hergestellte Knüpfspitze, Schiffchenarbeit, Frivolitäten
ok|klu|die|ren [lat.] *tr. 3* hemmen, schließen, versperren
Ok|klu|si|on *f. 10* **1.** Verschluss, Sperre, Hemmung; **2.** normale Bissstellung der Zähne; **3.** Zusammentreffen von Warm- und Kaltluftfront
ok|klu|siv hemmend, sperrend
ok|kult [lat.] geheim, verborgen, übersinnlich
Ok|kul|tis|mus *m. Gen. - nur Sg.* Lehre von übersinnl. Wahrnehmungen (z. B. Telepathie) oder übernatürl. Kräften
Ok|kul|tist *m. 10*
Ok|ku|pant [lat.] *m. 10* jmd., der etwas okkupiert
Ok|ku|pa|ti|on *f. 10* **1.** Besetzung (fremden Staatsgebietes); **2.** Aneignung (herrenlosen Gutes)
ok|ku|pie|ren *tr. 3* besetzen, sich aneignen; sehr okkupiert sein *ugs.:* sehr beschäftigt sein
O|kla|ho|ma *auch:* **Ok|la|ho|ma** (*Abk.:* OK) Staat der USA
Ö|ko|lo|gie [griech.] *f. 11 nur Sg.* Lehre von den Beziehungen der Lebewesen zu ihrer Umwelt
ö|ko|lo|gisch den Naturhaushalt, die Umwelt der Lebewesen betreffend
Ö|ko|nom [griech.] *m. 10, veraltet:* Landwirt, Gutsverwalter
Ö|ko|no|mie *f. 11 nur Sg.* **1.** *veraltet:* Landwirtschaftsbetrieb; **2.** Wirtschaft; politische Ö.; **3.** Wirtschaftlichkeit, Sparsamkeit
Ö|ko|no|mik *f. 10 nur Sg.* Wirtschaftswissenschaft
ö|ko|no|misch **1.** zur Ökonomie gehörend; **2.** wirtschaftlich, sparsam
Ö|ko|no|mis|mus *m. Gen. - nur Sg.* Betrachtungsweise nur vom wirtschaftl. Standpunkt aus
ö|ko|no|mis|tisch
Ö|ko|steu|er *f. 11, ugs.:* Steuer auf umweltbelastende Produkte und Dienstleistungen
Ö|ko|sys|tem *n. 1, kurz für* ökologisches System
Ö|ko|tro|pho|lo|ge [griech.] *m. 11*
Ö|ko|tro|pho|lo|gie *f. 11 nur Sg.* Haushalts- und Ernährungswissenschaften

O|kra *auch:* **Ok|ra** *f. 9* [griech. *ochros* »gelb«] Schotenfrucht, Gemüse
Ok|ta|chord [-kɔrd, griech.] *n. 1* Musikinstrument mit acht Saiten
Ok|ta|e|der *m. 5 oder n. 5* von acht ebenen Flächen begrenzter Körper, Achtflach, Achtflächner
ok|ta|ed|risch *auch:* **ok|ta|e|drisch** achtflächig
Ok|ta|gon *n. 1* s. **Ok|to|gon**
Ok|tan [lat.] *n. 1* ein Kohlenwasserstoff
Ok|tant *m. 10* **1.** Achtelkreis; **2.** nautisches Winkelmessgerät
Ok|tan|zahl *f. 10* (*Abk.:* OZ) Maßzahl für die Klopffestigkeit von Treibstoffen
Ok|tav *n. 1* **1.** (*Zeichen:* 8°) *kurz für* Oktavformat; **2.** = **Ok|ta|ve**
Ok|tav|band *m. 2*
Ok|ta|ve [-və] *f. 11*, **Ok|tav** *n. 1* **1.** achter Ton der diatonischen Tonleiter; **2.** Intervall von acht Tönen
Ok|tav|for|mat *n. 1* ein Buchformat in der Größe eines Achtelbogens
ok|ta|vie|ren [-vi-] *intr. 3* eine Oktave höher spielen als angegeben
Ok|tett *n. 1* Musikstück für acht Instrumente oder Singstimmen sowie die Ausführenden
Ok|to|ber *m. 5* (*Abk.:* Okt.)
Ok|to|ber|fest *n. 1*
Ok|to|ber|re|vo|lu|ti|on [-vo-] *f. 10 nur Sg.* die Revolution vom 25./26. Oktober 1917 in Russland
Ok|to|de *auch:* **Okt|o|de** [griech.] *f. 11* Elektronenröhre mit acht Elektroden
Ok|to|de|ka|gon *n. 1* Achtzehneck
Ok|to|gon, Ok|ta|gon *n. 1* Achteck
ok|to|go|nal achteckig
Ok|to|po|de *m. 11* = Achtfüßer
Ok|to|pus [lat.] *m. Gen. - nur Sg.* ein achtarmiger Kopffüßer
ok|troy|ie|ren *auch:* **okt|ro|yie|ren** [-tro-] *tr. 3* auferlegen, aufzwingen; jmdm. etwas o.
o|ku|lar [lat.] das Auge betreffend
O|ku|lar *n. 1, bei optischen Geräten:* die dem Auge zugewendete Linse; *Ggs.:* Objektiv
O|ku|la|ti|on *f. 10* das Okulieren
O|ku|li *ohne Artikel:* vierter Sonntag vor Ostern; an, zu O.
o|ku|lie|ren *tr. 3* durch Einsetzen von Knospen (Augen) veredeln (Pflanzen)
O|ku|lier|reis *n. 1* Pfropfreis
Ö|ku|me|ne [griech.] *f. 11 nur Sg.* **1.** die bewohnte Erde; **2.** ökumenische Bewegung

ö|ku|me|nisch; ökumenische Bewegung: Bestreben aller Christen zur Einigung in relig. Fragen; ökumenisches Konzil: Versammlung der Vertreter aller kath. Kirchen; *aber:* Ökumenischer Rat der Kirchen: Gemeinschaft christlicher Kirchen zur gemeinsamen Beratung kirchlicher Fragen; ökumenische Trauung: Trauung eines Brautpaares verschiedener Konfession durch zwei Geistliche der betreffenden Konfessionen
Ok|zi|dent [auch: -dent, lat.] *m. 1 nur Sg.* Westen, Abendland; *Ggs.:* Orient
ok|zi|den|tal, ok|zi|den|ta|lisch abendländisch; *Ggs.:* orientalisch
ok|zi|pi|tal [lat.] zum Hinterhaupt gehörig, Hinterhaupt(s)...
Öl *n. 1*
ö. L. *Abk. für* östlicher Länge
O|laf, O|lof männl. Vorname
Öl|baum *m. 2*
Öl|berg *m. 1 nur Sg.* Berg bei Jerusalem
Öl|bild *n. 3* Ölgemälde
Ol|die [ouldi, engl.] *m. Gen. -s Pl. -s* alter Schlager
Old|ti|mer [oultaı-, engl.] *m. 5* **1.** Automodell aus der Anfangszeit des Automobils; **2.** *scherzh.:* langjähriges Mitglied eines Vereins
O|lea *Pl. von* Oleum
O|le|an|der [lat.-ital.] *m. 5* ein Zierstrauch
O|le|at [lat.] *n. 1* Salz der Ölsäure
O|le|fin *n. 1* geradkettiger Kohlenwasserstoff mit einer Doppelbindung
O|le|in *n. 1* Ölsäure
ö|len *tr. 1*
O|le|um *n. Gen. -s Pl.* O|lea **1.** Öl; **2.** rauchende Schwefelsäure
ol|fak|to|risch [lat.] zum Riechnerv gehörend, von ihm ausgehend
Ol|fak|to|ri|um *n. Gen. -s Pl.* -ri|en Riechmittel
Ol|fak|to|ri|us *m. Gen. - nur Sg.* Riechnerv
Öl|far|be *f. 11*
Öl|film *m. 1* dünne Schicht Öl (auf einer Wasseroberfläche)
OLG *Abk. für* Oberlandesgericht
Ol|ga weibl. Vorname
Öl|ge|mäl|de *n. 11*
Öl|göt|ze *m. 11, ugs., nur in Wendungen wie* dastehen, dasitzen wie ein Ö.: steif und stumm
Öl|haut *f. 2* wasserdichter Umhang

O

öl|höf|fig Ausbeute an Öl versprechend
O|li|fant [altfrz.] *m. 1* mittelalterl. Jagd- und Trinkhorn
ö|lig
o|lig…, O|lig… vgl. oligo…, Oligo…
O|lig|ä|mie *auch:* **O|li|gä|mie** [griech.] *f. 11* akute Blutarmut (z. B. durch Blutverlust)
O|lig|arch *auch:* **O|li|garch** *m. 10* Mitglied einer Oligarchie
O|lig|ar|chie *auch:* **O|li|gar|chie** *f. 11* Herrschaft nur einer kleinen aristokrat. Schicht
o|li|go…, O|li|go… [griech.] *in Zus.:* wenig, gering
o|li|go|phag sich nur von einigen bestimmten Futterpflanzen oder Beutetieren ernährend
O|li|go|pha|gie *f. 11 nur Sg.* auf bestimmte Futterpflanzen und Beutetiere eingestellte Ernährungsweise
O|li|go|phre|nie *f. 11 nur Sg.* erblicher oder früh erworbener Schwachsinn
O|li|go|pol *n. 1* Marktbeherrschung durch wenige Anbieter
o|li|go|troph humus-, nährstoffarm (Boden)
O|li|go|tro|phie *f. 11* Humus-, Nährstoffarmut
o|li|go|zän zum Oligozän gehörend, aus ihm stammend
O|li|go|zän *n. 1 nur Sg.* mittlere Abteilung des Tertiärs
O|lig|u|rie *auch:* **O|li|gu|rie** *f. 11* Verminderung der Harnabsonderung
O|lim [lat. olim »einst«] *nur in den Wendungen* seit Olims Zeiten: seit jeher; zu Olims Zeiten: vor langer Zeit
o|liv [lat.] *unflektierbar:* olivfarben, olivgrün
O|li|ve [-və] *f. 11* **1.** Olivenbaum, Ölbaum; **2.** Frucht des Ölbaums
O|li|ven|baum [-vən-] *m. 2*
O|li|ver [-vər] männl. Vorname
o|liv|far|ben, o|liv|far|big, o|liv|grün bräunlich grün
O|li|via [-vja-] weibl. Vorname
O|li|vin [-vin] *n. 1* ein olivgrünes Mineral, Peridot
Öl|ku|chen *m. 7* Rückstand beim Gewinnen von Pflanzenöl
oll *berlin., norddt.* **1.** alt, hässlich; olle → Kamellen; **2.** unangenehm, lästig
Olm *m. 1* ein Schwanzlurch
Öl|ma|le|rei *f. 10*
Öl|mo|tor *m. 13* Dieselmotor
Öl|müh|le *f. 11*
Öl|pal|me *f. 11*
Öl|pa|pier *n. 1* wasserdichtes Packpapier
Öl|pest *f. Gen. - nur Sg.* große Verschmutzung von Meerwasser und Stränden durch Öl
Öl|preis *m. 1*
Öl|sar|di|ne *f. 11*
Öl|säu|re *f. 11 nur Sg.*
Öl|süß *n. Gen. - nur Sg.* Glyzerin
Öl|tep|pich *m. 1*
Ö|lung *f. 10;* Letzte Ölung
O|lymp *m. Gen. -s nur Sg.* **1.** Berg in Nordgriechenland; **2.** *griech. Myth.:* Sitz der Götter; **3.** *ugs. scherzh.:* oberster Rang im Theater
O|lym|pia *im alten Griechenland:* Kultstätte des Zeus und der Hera, Schauplatz der Olympischen Spiele
O|lym|pi|a|de *f. 11* **1.** im alten Griechenland Zeitraum von vier Jahren zwischen zwei Olympischen Spielen; **2.** Olympische Spiele
O|lym|pi|a|sie|ger *m. 5*
O|lym|pi|a|sta|di|on *n. Gen. -s Pl.* -di|en
O|lym|pi|er *m. 5* **1.** *griech. Myth.:* Bewohner des Olymps, ein Gott; **2.** *übertr.:* Mann von majestätischer Ruhe und Überlegenheit
O|lym|pi|o|ni|ke *m. 11* Teilnehmer bei den Olympischen Spielen
O|lym|pi|o|ni|kin *f. 10*

olympisch — Olympisch: In substantivischen Wortgruppen, die zwar feste Fügungen, aber keine Eigennamen sind, wird *olympisch* mit kleinem Anfangsbuchstaben geschrieben: *das olympische Feuer, das olympische Dorf.* § 63
Hingegen wird das Adjektiv in Eigennamen mit großem Anfangsbuchstaben geschrieben: *die Olympischen Spiele, Internationales Olympisches Komitee* (*IOC*). § 60 (4.1)

o|lym|pisch **1.** zum Olymp gehörend; **2.** zu den Olympischen Spielen gehörend; olympischer Eid; olympisches Dorf; *aber:* die Olympischen Spiele; **3.** *übertr.:* majestätisch ruhig
Öl|zeug *n. Gen. -s nur Sg.* wasserdichte Oberbekleidung für Seeleute
Öl|zweig *m. 1* Zweig des Ölbaums, Sinnbild des Friedens
O|ma *f. 9* **1.** O|ma|ma *Kinderspr.:* Großmutter **2.** *ugs.* alte Frau
O|man Staat in Vorderasien

♦ Die Buchstabenfolge **om|br...** kann in Fremdwörtern auch **omb|r...** getrennt werden.

♦ **Om|bro|graph** *auch:* **Om|bro|graf** [griech.] *m. 10* = Pluviograph
♦ **Om|bro|me|ter** *n. 5* Regenmesser
♦ **om|bro|phil** Feuchtigkeit liebend
♦ **om|bro|phob** Regen meidend
Om|buds|frau [schwed.] *f. 4,* **Om|buds|mann** *m. 4* Beauftragter zum Schutz der Bürger gegen Behördenwillkür; *auch allg.:* unabhängige Beschwerdeinstanz
O|me|ga *n. Gen. -(s) Pl. -s* (*Zeichen:* ω, Ω) letzter Buchstabe des griech. Alphabets; vgl. Alpha
O|me|lett [ɔm-, frz.] *n. 9,* **O|me|lette** [-lɛt] *f. 9* gebackener Eierkuchen
O|men [lat.] *n. Gen. -s Pl.* O|mina Vorzeichen; vgl. Nomen (1)
O|mi *f. 9 Koseform von* Oma
O|mi|kron *auch:* **O|mik|ron** *n. Gen.* -(s) *Pl.* -s (*Zeichen:* ο, Ο) griech. Buchstabe
o|mi|nös **1.** *urspr.:* von schlimmer Vorbedeutung; **2.** bedenklich, verdächtig

→ Hommage Der Buchstabe *h* am Anfang des französischen Fremdwortes *Hommage* wird, wie in der Herkunftssprache, zwar geschrieben, aber nicht gesprochen. Deshalb wird auch der Doppelkonsonant *mm* geschrieben, obwohl er in der Aussprache [ɔmaʒ(ə)] nicht hörbar ist.

Om|ni|bus [lat.] *m. 1* vielsitziger Verkehrskraftwagen, Autobus
om|ni|po|tent allmächtig
Om|ni|po|tenz *f. 10 nur Sg.* Allmacht
Om|ni|prä|senz *f. 10 nur Sg.* Allgegenwart (Gottes)
Om|ni|um *n. Gen. -s Pl.* -ni|en **1.** *Radsport:* aus mehreren Wettbewerben zusammengesetzter Wettkampf im Bahnrennen; **2.** *Reitsport:* Rennen, an dem jedes Pferd teilnehmen kann
om|ni|vor [-vor] = pantophag
Om|ni|vo|re [-vo-] *m. 11* = Pantophage

O

on [engl.] *Film, Fernsehen:* innerhalb des Bildes; *Ggs.:* off

On *n. Gen.* -s *nur Sg.;* Sprecher im On

O|na|ger [griech.] *m. 5* **1.** altröm. Wurfmaschine; **2.** asiat. Halbesel

O|na|nie [nach Onan, einer Gestalt des AT] *f. 11 nur Sg.* = Masturbation

o|na|nie|ren *intr. 3* = masturbieren

O|na|nist *m. 10* jmd., der (gewohnheitsmäßig) onaniert

On|dit [ɔ̃di, frz. »man sagt«] *n. 9* Gerücht

On|du|la|ti|on [lat.] *f. 10* das Ondulieren

on|du|lie|ren *tr. 3* wellen (Haar)

O'Neill [onil], *Eugene* amerik. Schriftsteller

One-Man-Show (*alt:* One-man-Show) [wʌnmænʃoʊ, engl.] *f. 9* Show, die von einer Person bestritten wird

One-Night-Stand (*alt:* One-night-Stand) [wʌnaɪtstænd, engl.] *m. Gen.* -s *Pl.* -s sexuelle Beziehung für eine Nacht

One|stepp (*alt:* One|step) [wʌnstɛp, engl.] *m. 9* ein Gesellschaftstanz

On|kel **1.** *m. 5, ugs. auch: m. 9* Bruder des Vaters bzw. der Mutter; **2.** *m. 5* Fußknöchel, Enkel; *nur in der Wendung* über den Onkel gehen, laufen: mit nach innen gerichteten Füßen

On|kel|e|he *f. 11, ugs. scherzh.:* Zusammenleben einer Witwe mit einem Mann, den sie nicht heiraten will, um ihre Rente nicht zu verlieren

on|kel|haft

On|ko|lo|ge [griech.] *m. 11*

On|ko|lo|gie *f. 11 nur Sg.* Lehre von den Geschwulstkrankheiten

on|ko|lo|gisch

on|line (*alt:* on line) [ɔnlaɪn, engl.] mit einem Server verbunden, in einem Netzwerk arbeitend; *Ggs.:* offline

On|line|ban|king [ɔnlaɪnbæŋkɪŋ, engl.] *n. 1 nur Sg.* Erledigung der Bankgeschäfte per Internet

On|line|be|trieb [ɔnlaɪn-] *m. 1*

On|line|hil|fe [ɔnlaɪn-] *f. 11* elektron verfügbare Dokumentation eines Computerprogramms

On|line|ser|vice [ɔnlaɪnsə:vɪs, engl.] *m. Gen.* - *Pl.* -vi|ces [-vɪsɪz] im Internet angebotene Dienstleistung

ONO *Abk. für* Ostnordost(en)

Ö|no|lo|ge [griech.] *m. 11*

Ö|no|lo|gie *f. 11 nur Sg.* Weinbaukunde

ö|no|lo|gisch

O|no|ma|si|o|lo|gie [griech.] *f. 11 nur Sg.* Bezeichnungslehre, Lehre von den Wörtern, die für einen Begriff verwendet werden

o|no|ma|si|o|lo|gisch

O|no|mas|tik *f. 10 nur Sg.* Namenkunde, Onomatologie

O|no|mas|ti|kon *n. Gen.* -s *Pl.* -ka **1.** Namensverzeichnis; **2.** Namenstags- oder Geburtstagsgedicht

O|no|ma|to|lo|gie *f. 11 nur Sg.* = Onomastik

o|no|ma|to|lo|gisch

O|no|ma|to|po|e|se *f. 11* = Lautmalerei

o|no|ma|to|po|e|tisch lautmalend; onomatopoetische Wörter: laut-, schallnachahmende Wörter, z. B. surren, klirren, rattern, kikeriki, tschingbum

O|no|ma|to|pö|ie *f. 11 nur Sg.* = Lautmalerei

Ö|no|me|ter [griech.] *n. 5* Gerät zum Messen des Alkoholgehalts des Weins

Ö|norm *Kurzwort für* Österreichische Norm (dem dt. DIN entsprechend)

on parle fran|çais [ɔ̃parlfrãsɛ, frz.] hier wird Französisch gesprochen

On|spre|cher (*alt:* On-Spre|cher) [engl.] *m. 5* Kommentator im Film und Fernsehen

On|stim|me (*alt:* On-Stim|me) *f. 11, Film, Fernsehen:* Stimme eines sichtbaren Sprechers; *Ggs.:* Offstimme

on the rocks [ɔn ðə -, engl.] auf Eiswürfel gegossen (Getränk)

on|tisch [griech.] dem Sein gemäß, seiend, Seins…

On|to|ge|ne|se *f. 11 nur Sg.* Entwicklung des Lebewesens von der befruchteten Eizelle bis zum geschlechtsreifen Zustand, Ontogenie

on|to|ge|ne|tisch

On|to|ge|nie *f. 11 nur Sg.* s. **On|to|ge|ne|se**

On|to|lo|ge *m. 11*

On|to|lo|gie *f. 11 nur Sg.* Lehre vom Sein

on|to|lo|gisch

O|nyx [griech.] *m. 1* ein Mineral, ein Quarz

O|nyx|glas *n. 4* geädertes, farbiges Kunstglas

o. O. **1.** *Abk. für* ohne → Obligo; **2.** *Abk. für* ohne Ort (in bibliograf. Angaben)

O|o|ge|ne|se [griech.] *f. 11 nur Sg.* Entwicklung, Bildung der Eizelle, Ovogenese

o|o|ge|ne|tisch auf Oogenese beruhend, aus dem Ei entstanden

O|o|lith *m. 10* aus fischrogenähnlichen Kügelchen aufgebautes Gestein, Rogenstein, Erbsenstein

O|o|lo|gie *f. 11 nur Sg.* Lehre vom Vogelei

o. O. u. J. *Abk. für* ohne Ort und Jahr (in bibliograf. Angaben)

OP *Abk. für* Operationssaal

op. *Abk. für* Opus

o. P. *Abk. für* ordentlicher Professor

O. P., O. Pr. *Abk. für* Ordinis Praedicatorum: vom Orden der Prediger; vgl. Dominikanerorden

O|pa *m. 9* **1.** O|pa|pa *Kinderspr.:* Großvater **2.** *ugs., abwertend:* alter Mann

o|pak [lat.] undurchsichtig, aber durchscheinend, trübe

O|pak|glas *n. 4* undurchsichtiges Glas

O|pal [Sanskrit] *m. 1* **1.** ein Mineral, Halbedelstein; **2.** feines Baumwollgewebe

o|pa|len aus Opal, wie Opal

O|pa|les|zenz *f. 10 nur Sg.* Schimmern, Schillern infolge Lichtbeugung wie beim Opal

o|pa|les|zie|ren, o|pa|li|sie|ren *intr. 3* wie Opal schimmern

O|pal|glas *n. 4* schwach trübes Milchglas

o|pa|li|sie|ren *intr. 3* s. **o|pa|les|zie|ren**

O|pan|ke [serb.] *f. 11* südosteurop. absatzloser Schuh mit aufgebogener Spitze

Op-Art (*alt:* Op-art) [Kurzwort aus engl. optical art] *f. Gen.* - *nur Sg.* Kunstrichtung, bei der optische Effekte (durch nach physikal. Gesetzen kalkulierte Farbsetzung) erstrebt werden

O|pa|zi|tät [lat.] *f. 10 nur Sg.* Undurchsichtigkeit, Lichtundurchlässigkeit; *Ggs.:* Transparenz

OPEC [engl.] *f. Gen.* - *nur Sg., Abk. für* Organization of Petroleum Exporting Countries: Organisation der Erdöl exportierenden Länder

Openair, Openairfestival: Mehrteilige Ausdrücke aus Substantiv, Adjektiv, Verbstamm, Pronomen oder Partikel und Substantiv schreibt man zusammen: *Openair.* Diese Regel gilt auch für daraus gebildete Ausdrücke: *Das Openairfestival war ein toller Erfolg.* Man kann aber auch Bindestriche setzen. § 37 (1)

O|pen|air *auch:* **O|pen Air** (*alt:* Open air) [oupənɛ(r), engl.] *n. 9, kurz für* Openairfestival oder -veranstaltung

O|pen|air|fes|ti|val *auch:* **O|pen-Air-Fes|ti|val** (*alt:* Open-air-Fe|sti|val) [oupənɛ(r)festɪvəl, engl.] *n. 9* Fest oder Konzert, das im Freien stattfindet

O|pen|end|dis|kus|si|on *auch:* **O|pen-End-Dis|kus|si|on** (*alt:* Open-end-Dis|kus|si|on) [oupən-ɛnd-, engl.] *f. 10* Diskussion, deren Ende zeitlich nicht festgelegt, offen ist

O|per [ital.] *f. 11*

O|pe|ra **1.** *ital. Form von* Oper; **2.** *Pl. von* Opus

o|pe|ra|bel [lat.] so beschaffen, dass man es operieren kann

O|pe|ra|bi|li|tät *f. 10 nur Sg.* Operierbarkeit

O|pe|ra buf|fa *f. Gen. - - Pl.* -re -fe komische Oper

O|pe|ra se|ria *f. Gen. - - Pl.* -re -rie [-rie:] ernste Oper

O|pe|ra|teur [-tør] *m. 1* Arzt, der operiert

O|pe|ra|ti|on *f. 10* **1.** chirurg. Eingriff; **2.** Verfahren, Arbeitsvorgang; **3.** militär. Unternehmen

O|pe|ra|ti|ons|ba|sis *f. Gen. - Pl.* -ba|sen Ausgangsgebiet einer (militär.) Operation

O|pe|ra|ti|ons|saal *m. Gen.* -(e)s *Pl.* -sä|le (*Abk.:* OP)

O|pe|ra|ti|ons|schwes|ter *f. 11* (*Kurzwort:* OP-Schwester)

O|pe|ra|ti|ons|tisch *m. 1*

o|pe|ra|tiv **1.** chirurgisch, mit Hilfe einer Operation; operativer Eingriff; **2.** *Mil.:* strategisch

O|pe|ra|tor *m. Gen.* -s *Pl.* -tor|nen **1.** ein Zeichen der math. Logik; **2.** jmd., der eine elektron. Datenverarbeitungsanlage bedient

O|pe|ret|te [ital.] *f. 11* unterhaltsames, heiteres Bühnenstück mit Musik und zum Teil gesprochenen Dialogen

O|pe|ret|ten|sän|ger *m. 5*

o|pe|rie|ren [lat.] **1.** *tr. 3;* jmdn. o.: einen chirurg. Eingriff an jmdm. vornehmen; **2.** *intr. 3* eine militär. Operation durchführen; **3.** *intr. 3* handeln, verfahren

O|pern|ball *m. 2*

O|pern|glas *n. 4*

O|pern|kom|po|nist *m. 10*

O|pern|sän|ger *m. 5*

Op|fer *n. 5*

op|fer|be|reit

Op|fer|be|reit|schaft *f. 10 nur Sg.*

op|fer|freu|dig

Op|fer|freu|dig|keit *f. 10 nur Sg.*

Op|fer|mut *m. Gen.* -(e)s *nur Sg.*

op|fern *tr. 1;* ich opfere, opfre es

Op|fer|stock *m. 2* Behälter für Spenden in der Kirche

Op|fer|tier *n. 1*

Op|fer|tod *m. 1 nur Sg.*

Op|fe|rung *f. 10*

Op|fer|wil|le *m. 15*

op|fer|wil|lig

Op|fer|wil|lig|keit *f. 10 nur Sg.*

O|phi|o|la|trie *auch:* **O|phi|o|lat|rie** [griech.] *f. 11 nur Sg.* relig. Verehrung der Schlange, Schlangenanbetung; vgl. Ophit

O|phir *n. Gen.* -s *nur Sg., meist ohne Artikel, im AT:* sagenhaftes Goldland

O|phit [griech.] **1.** *m. 10* Schlangenanbeter; vgl. Ophiolatrie; **2.** *m. 1* ein Mineral

Oph|thal|mi|a|trie *auch:* **Oph|thal|mi|at|rie** [griech.] *f. 11 nur Sg.*, **Oph|thal|mi|a|trik** *auch:* **Oph|thal|mi|at|rik** *f. 10 nur Sg.* Augenheilkunde

Oph|thal|mie *f. 11* Augenentzündung

oph|thal|misch zum Auge gehörig, von ihm ausgehend

Oph|thal|mo|lo|ge *m. 11* Augenarzt

Oph|thal|mo|lo|gie *f. 11 nur Sg.* Augenheilkunde

oph|thal|mo|lo|gisch die Augenheilkunde betreffend

Oph|thal|mo|skop *auch:* **Oph|thal|mos|kop** *n. 1* Augenspiegel

Oph|thal|mo|sko|pie *auch:* **Oph|thal|mos|ko|pie** *f. 11* Untersuchung des Augenhintergrundes

O|pi *m. 9 Koseform von* Opa

O|pi|at [lat.] *n. 1* opiumhaltiges Arzneimittel

O|pi|ni|on|lea|der [ɔpɪnjənli:dər, engl.] *m. 5* Meinungsbildner, z. B. Publizist

O|pi|um *n. Gen.* -s *nur Sg.* aus Mohn gewonnenes Rauschgift

O|pi|um|sucht *f. Gen. - nur Sg.*

ÖPNV *Abk. für* öffentlicher Personennahverkehr

O|pos|sum [nordamerik. Indianerspr.] *n. 9* nordamerik. Beutelratte

Op|po|nent [lat.] *m. 10* Gegner (im Redestreit)

op|po|nie|ren *intr. 3* eine gegenteilige Meinung vertreten, widersprechen

op|por|tun [lat.] (augenblicklich) günstig, angebracht, vorteilhaft; *Ggs.:* inopportun

Op|por|tu|nis|mus *m. Gen. - nur Sg.* Handeln allein unter dem Gesichtspunkt, was im Augenblick das Günstigste, Vorteilhafteste ist, Anpassung an die jeweilige Lage

Op|por|tu|nist *m. 10*

op|por|tu|nis|tisch

Op|por|tu|ni|tät *f. 10* günstige, passende Gelegenheit, Vorteil

Op|po|si|ti|on [lat.] *f. 10* **1.** Gegensatz, Widerstand; O. machen *ugs:* opponieren, widersprechen; **2.** Gesamtheit der zur Regierung in Gegensatz stehenden Parteien; **3.** Stellung eines Gestirns zur Sonne und zur Erde, so dass alle drei in einer Geraden liegen; **4.** Stellung gegenüber, z. B. des Daumens zu den anderen Fingern, (im Schach) der beiden Könige

op|po|si|ti|o|nell gegensätzlich, der Opposition angehörend, widersetzlich

Op|po|si|ti|o|nel|le(r) *m. 18 (17) bzw. f. 17 oder 18* Angehörige(r) der Opposition

Op|po|si|ti|ons|füh|rer *m. 5*

Op|po|si|ti|ons|geist *m. 3 nur Sg.*

Op|po|si|ti|ons|par|tei *f. 10*

O. Pr. s. **O. P.**

OP-Schwes|ter *f. 11, Kurzwort für* Operationsschwester

Op|tant [lat.] *m. 10* jmd., der optiert

op|ta|tiv *Gramm.:* einen Wunsch ausdrückend, im Optativ stehend

Op|ta|tiv *m. 1* Wunschform des Verbums, im Dt. durch den Konjunktiv wiedergegeben

op|tie|ren *intr. 3;* für jmdn. oder einen Staat o.: sich für jmdn. oder für die Zugehörigkeitzu einem Staat entscheiden

Op|tik [griech.] *f. 10* **1.** *nur Sg.* Lehre vom Licht; **2.** *an optischen Geräten:* Linsensystem; **3.** opti-

O

scher Eindruck, optische Wirkung

Op|ti|ker *m. 5* Fachmann für Herstellung und Verkauf optischer Geräte

Op|ti|ma *Pl. von* Optimum

op|ti|ma fi|de [lat.] im besten Glauben

op|ti|mal best, bestmöglich

Op|ti|mat *m. 10, im alten Rom:* Angehöriger der führenden Geschlechter und Senatsmitglied

op|ti|mie|ren *tr. 3* verbessern, das Beste herausholen

Op|ti|mis|mus *m. Gen. - nur Sg.* positive Lebenseinstellung, Lebensbejahung, Zuversichtlichkeit; *Ggs.:* Pessimismus

Op|ti|mist *m. 10*

op|ti|mis|tisch

Op|ti|mum *n. Gen.* -s *Pl.* -ma das Beste, Wirksamste, Höchstmaß, günstigste Bedingungen; *Ggs.:* Pessimum

Op|ti|on [lat.] *f. 10* **1.** Wahl, Entscheidung (für jmdn. oder die Zugehörigkeit zu einem Staat); **2.** Wunsch nach Verlängerung eines Vertrages

op|ti|o|nal wahlfrei, fakultativ

Op|ti|ons|recht *n. 1*

op|tisch [lat.] zur Optik, zum Sehen, zum Licht gehörend, darauf beruhend, vom äußeren Eindruck her

o|pu|lent [lat.] reichlich, reichhaltig, üppig; *Ggs.:* frugal; ein opulentes Mahl, Frühstück

O|pu|lenz *f. 10 nur Sg.*

O|pun|tie [-tsjə, griech.] *f. 11* Feigenkaktus

O|pus [auch: ɔpus, lat.] *n. Gen. - Pl.* O|pe|ra (*Abk.:* op.) Werk, Kunstwerk, einzelnes Werk aus dem Gesamtschaffen eines Künstlers, bes. Komponisten; Streichquartett a-Moll, op. 125

OR *Abk. für* Oregon

Ör *m. 1* s. **Öre**

O|ra [ital.] *f. Gen. - nur Sg.* Seewind am nördl. Gardasee

o|ra et la|bo|ra [lat.] bete und arbeite (alte Mönchsregel)

O|ra|kel [lat.] *n. 5* **1.** *im alten Griechenland:* Stätte, an der Götter Weissagungen erteilten; **2.** Weissagung, Zukunftsdeutung; **3.** rätselhafter Ausspruch; **4.** *nach altem Volksbrauch:* Versuch, Zukünftiges, Unbekanntes durch bestimmte Vorgänge (z. B. Bleigießen) zu erforschen

o|ra|kel|haft

o|ra|keln *intr. 1* in rätselhaften Andeutungen sprechen

o|ral [lat.] zum Mund gehörig, mit dem Mund, durch den Mund

o|range [ɔrãʒ, frz.] rötlich gelb, apfelsinenfarbig; das Sommerkleid ist o.

O|range **1.** [ɔrãʒ] *n. Gen.* -(s) *nur Sg.* orangene Farbe; **2.** [ɔrãʒə] *f. 11* Apfelsine

O|ran|gea|de [ɔrãʒadə] *f. 11* Orangenlimonade

O|ran|geat [ɔrãʒat] *n. 1* kandierte Orangenschale

o|range|far|ben, o|ran|gen|far|ben [ɔrãʒən-]

O|ran|ge|rie [ɔrãʒə-] *f. 11* **1.** Gewächshaus mit Orangen; **2.** Orangengarten (in Parks)

O|rang-U|tan [mal.] *m. 9* eine Gattung der Menschenaffen

O|ra|ni|er *m. 5* Angehöriger des ndrl. Fürstengeschlechts von Oranien

O|ran|je *m. Gen.* -(s) Fluss in Südafrika

O|ran|je|frei|staat *m. 12 nur Sg.* ehem. Bezeichnung für die südafrikanische Provinz Freistaat

O|rant [lat.] *m. 10, bildende Kunst:* betende Gestalt

O|ran|ten|stel|lung *f. 10* Stellung mit vor der Brust gekreuzten Armen oder betend zusammengelegten Händen

o|ra pro no|bis [lat.] *im kath. Gottesdienst bei Anrufung eines Heiligen:* bitte für uns

O|ra|tio o|bli|qua *auch:* **O|ra|tio ob|li|qua** [lat.] *f. Gen. - - nur Sg., Gramm.:* indirekte Rede

O|ra|tio rec|ta *f. Gen. - - nur Sg., Gramm.:* direkte Rede

O|ra|to|ri|a|ner [lat., nach dem Oratorium des Gründers, Filippo Neri] *m. 5* Angehöriger einer kath. Kongregation von Weltpriestern und Laien, Philippiner, Priester vom Oratorium

o|ra|to|risch rednerisch, rednerisch-schwungvoll, mitreißend

O|ra|to|ri|um *n. Gen.* -s *Pl.* -ri|en **1.** Betraum, kleine Kapelle für den Gottesdienst, Hauskapelle (in Klöstern u. a.); **2.** geistliches, episch-dramatisches Musikwerk für Chor, Soli und Orchester

ORB *Abk. für* Ostdeutscher Rundfunk Brandenburg

or|bi|ku|lar [lat.] *Med.:* kreis-, ringförmig

Or|bis *m. Gen. - nur Sg.* Kreis, Erdkreis

Or|bis pic|tus *m. Gen. - - nur Sg.* von Johann Amos Comenius herausgegebenes, bebildertes Sprachlehrbuch, Bilderfibel

Or|bit *m. 1* Kreisbahn eines Satelliten

Or|bi|ta *f. Gen. - Pl.* -tae [-tɛ:] Augenhöhle

or|bi|tal **1.** zur Orbita gehörend; **2.** im Orbit befindlich

Or|ches|ter [-kɛs-, österr. auch: -çɛs-, griech.] *n. 5* **1.** *Theater:* vertiefter Raum für die Musiker vor der Bühne; vgl. Orchestra; **2.** unter einem Dirigenten zusammen spielende größere Gruppe von Musikern mit verschiedenen Instrumenten

♦ Die Buchstabenfolge **or|ches|tr...** kann in Fremdwörtern auch **or|chest|r...** getrennt werden.

♦ **Or|ches|tra** [-kɛs-] *f. Gen. - Pl.* -tren, *im altgriech. Theater:* Spielfläche für den Chor

♦ **or|ches|tral** [-kɛs-] zum Orchester gehörend, wie von einem Orchester gespielt

♦ **Or|ches|tra|ti|on** [-kɛs-] *f. 10* Bearbeitung für Orchester

♦ **or|ches|trie|ren** [-kɛs-] *tr. 3* für Orchester bearbeiten (Musikstück), instrumentieren

♦ **Or|ches|trie|rung** [-kɛs-] *f. 10*

♦ **Or|ches|tri|on** [-kɛs-] *n. Gen.* -s *Pl.* -tri|en ein automat. Musikinstrument

Or|chi|dee [-çideə, griech.-frz.] *f. 11* Blütenpflanze aus einer artenreichen, den Liliengewächsen nahe stehenden Pflanzenfamilie

Or|chis [-çis] **1.** *m. Gen. - Pl.* - Hoden; **2.** *f. Gen. - Pl.* - Knabenkraut

Or|chi|tis [-çi-] *f. Gen. - Pl.* -ti|den Hodenentzündung

Or|chi|to|mie [-çi-] *f. 11* Verschneidung, Kastration

Or|dal [angelsächs.-mlat.] *n. Gen.* -s *Pl.* -e *oder* -li|en, *mittelalterl. Recht:* Gottesurteil

Or|den [lat.] *m. 7* **1.** weltl. Gemeinschaft mit bestimmter, weltanschaulich begründeter Lebensform; **2.** Klostergenossenschaft, die nach bestimmter Regel lebt und bestimmte Gelübde abgelegt hat; **3.** Auszeichnung, Ehrenzeichen

or|den|ge|schmückt; die ordengeschmückte Brust; *aber:* mit vielen Orden geschmückt
Or|dens|band *n. 4*
Or|dens|bru|der *m. 6*
Or|dens|burg *f. 10*
Or|dens|frau *f. 10*
Or|dens|geist|li|cher *m. 5*
Or|dens|kleid *n. 3*
Or|dens|meis|ter *m. 5* Vorsteher eines Ritterordens
Or|dens|re|gel *f. 11*
Or|dens|rit|ter *m. 5*
Or|dens|schwes|ter *f. 11*
Or|dens|stern *m. 1* **1.** Orden in der Form eines Sterns; **2.** Stapelie
Or|dens|tracht *f. 10*
or|dent|lich; ordentlicher Professor (*Abk.:* o. P.): Professor, der einen Lehrstuhl innehat
Or|dent|lich|keit *f. 10 nur Sg.*
Or|der *f. 11* [lat.] *f. 9* **1.** *kaufmänn.:* Auftrag, Bestellung; **2.** *veraltet:* Verfügung, Befehl, Ordre; **3.** O. parieren: gehorchen
or|dern *tr. 1* bestellen (Ware); ich ordere es
Or|der|pa|pier *n. 1* Wertpapier, das durch → Indossament an eine andere Person übertragen werden kann
Or|di|na|le *f. 11,* **Or|di|nal|zahl** *f. 10* Ordnungszahl, z. B. erster; vgl. Kardinalzahl
or|di|när [lat.] **1.** alltäglich, gewöhnlich; **2.** unanständig (Witz)
Or|di|na|ri|at [lat.] *n. 1* **1.** Amt eines ordentl. Professors, Lehrstuhl; **2.** Verwaltungsbehörde des Bischofs, Generalvikariat
Or|di|na|ri|um *n. Gen.* -s *Pl.* -ri|en **1.** ordentl. Staatshaushalt; **2.** kath. Gottesdienstordnung
Or|di|na|ri|us *m. Gen.* - *Pl.* -ri|en **1.** ordentl. Professor; **2.** Klassenlehrer (an einer höheren Schule); **3.** Träger der kirchl. Rechtsprechung, z. B. Papst
Or|di|när|preis *m. 1* Ladenpreis (eines Buches)
Or|di|na|te *f. 11, Math.:* parallel zur Ordinatenachse abgemessener Linienabschnitt; *Ggs.:* Abszisse
Or|di|na|ten|ach|se [-ks-] *f. 11* senkrechte Achse im Koordinatensystem, y-Achse; *Ggs.:* Abszissenachse
Or|di|na|ti|on *f. 10* **1.** Weihe zum Priester, Einsetzung eines Pfarrers; **2.** ärztl. Verordnung, Sprechstunde; **3.** *österr. auch:* ärztl. Behandlungsraum
Or|di|na|ti|ons|zim|mer *n. 5* Sprechzimmer (des Arztes)
or|di|nie|ren **1.** *tr. 3* weihen, ins Amt einsetzen (Priester, Pfarrer); **2.** *intr. 3* Sprechstunde halten
ord|nen *tr. 2*
Ord|ner *m. 5*
Ord|nung *f. 10*
ord|nungs|ge|mäß nach einer bestimmten Ordnung, wie es die Ordnung verlangt; vgl. ordnungsmäßig
ord|nungs|hal|ber; *aber:* der Ordnung halber
Ord|nungs|lie|be *f. 11 nur Sg.*
ord|nungs|lie|bend
ord|nungs|mä|ßig in gewisser Ordnung; Pflanzen, Tiere, Gegenstände o. einteilen, sortieren; vgl. ordnungsgemäß
Ord|nungs|sinn *m. 1 nur Sg.*
Ord|nungs|stra|fe *f. 11*
ord|nungs|wid|rig
Ord|nungs|wid|rig|keit *f. 10 nur Sg.*
Ord|nungs|zahl *f. 10* **1.** Ordinalzahl; vgl. Grundzahl; **2.** Stellenzahl eines chem. Elements im System der Elemente
Or|don|nanz *auch:* **Or|do|nanz** [frz.] *f. 10* Soldat, der einem Offizier für bestimmte Aufgaben zugeteilt ist
Or|don|nanz|of|fi|zier *auch:* **Or|do|nanz|of|fi|zier** *m. 1* den Stabsoffizieren zugeteilter Offizier
Or|do|vi|zi|um [-vi-, lat.] *n. Gen.* -s *nur Sg.* Formation des Paläozoikums

→ Horsd'œuvre Obwohl das *h* am Anfang des französischen Fremdworts *Horsd'œuvre* nicht gesprochen wird, wird es, wie in der Herkunftssprache, dennoch geschrieben. Dasselbe gilt für das *s*. Eine weitere Besonderheit der Schreibung dieses Wortes stellt das Schriftzeichen *œ* dar, das es im Deutschen nicht gibt, in diesem Fall aber mitsamt dem Wort übernommen und nicht durch einen entsprechenden Buchstaben des deutschen Alphabets ersetzt wurde.

Or|dre *auch:* **Ord|re** *f. 9* = Order (1)
Ö|re *f. Gen.* - *Pl.* -, **Ör** *m. 1* Währungseinheit in Norwegen, Schweden und Dänemark, 1/100 Krone
O|re|a|de [griech.] *f. 11, griech. Myth.:* Bergnymphe
O|re|ga|no *m. Gen.* -(s) *nur Sg.* = **O|ri|ga|no**
O|re|gon [ɔrɪgən] (*Abk.:* OR) Staat der USA
O|rest, O|res|tes *griech. Myth.:* Sohn des Agamemnon und der Klytämnestra
O|res|tie *f. 11 nur Sg.* Trilogie um Orest von Äschylus
ORF *Abk. für* Österr. Rundfunk
Or|fe *f. 11* ein Karpfenfisch, Nerfling
Orff, *Carl* dt. Komponist
Or|gan [griech. »Werkzeug«] *n. 1* **1.** Sinneswerkzeug, Körperteil mit bestimmter Funktion, z. B. Nase, Leber; ich habe dafür kein O. *übertr. ugs.:* keinen Sinn; **2.** Stimme; ein lautes, angenehmes O. haben; **3.** Zeitung oder Zeitschrift, die im Sinne einer Partei, für einen Verein, ein Fachgebiet schreibt; **4.** Person oder Personengruppe in Staat, Gemeinde usw. mit bestimmten Aufgaben; ausführendes O.: Beauftragter; beratendes O.: Beirat
Or|gan|bank *f. 10* Sammelstelle für Organkonserven
Or|gan|dy [frz.] *m. 9* feines, steifes, durchscheinendes Baumwollgewebe
Or|ga|nell [griech.-lat.] *n. 12,* **Or|ga|nel|le** *f. 11, bei Einzellern:* organartige Plasmabildung
Or|gan|han|del *m. Gen.* -s *nur Sg.*
Or|ga|ni|sa|ti|on [frz.] *f. 10* **1.** *nur Sg.* planmäßiger Aufbau, Gliederung; **2.** Gruppe, Verband mit bestimmtem Zweck
Or|ga|ni|sa|ti|ons|ta|lent *n. 1*
Or|ga|ni|sa|tor *m. 13* jmd., der etwas organisiert (hat) oder (gut) organisieren kann; Gestalter
or|ga|ni|sa|to|risch die Organisation betreffend
or|ga|nisch **1.** zu einem Organ gehörig, ein Organ betreffend; **2.** zur belebten Natur gehörend, tierisch und pflanzlich; *Ggs.:* anorganisch; organ. Chemie: Ch. der Kohlenstoffverbindungen
or|ga|ni|sie|ren *tr. 3* **1.** planen, gestalten; er hat die Reise toll organisiert; **2.** *ugs.:* beschaffen
or|ga|ni|siert einer polit. oder gewerkschaftl. Organisation angehörend
Or|ga|ni|sie|rung *f. 10*
or|ga|nis|misch zu einem Organismus gehörend, wie ein Organismus

O

Or|ga|nis|mus *m. Gen. - Pl.* -men **1.** einheitliches, gegliedertes Ganzes, Gefüge; **2.** Lebewesen
Or|ga|nist [lat.] *m. 10* Orgelspieler
Or|gan|kon|ser|ve [-və] *f. 11* konserviertes Organ (zur Verpflanzung)
or|ga|no|gen [griech.] **1.** organischen Ursprungs; **2.** *Biol.:* Organe bildend
Or|ga|no|gra|phie *auch:* **Or|ga|no|gra|fie** *f. 11* Beschreibung der Organe
or|ga|no|gra|phisch *auch:* **or|ga|no|gra|fisch**
or|ga|no|id *Med.:* organähnlich
Or|ga|no|lo|gie *f. 11 nur Sg.* Lehre von den Organen
or|ga|no|lo|gisch
Or|ga|non [griech.] *n. Gen.* -s *nur Sg.* **1.** *urspr.:* Bez. der logischen Schriften des Aristoteles, die als Werkzeug zur Erkenntnis der Wahrheit betrachtet wurden; **2.** *danach allg.:* logische Schrift
Or|ga|no|the|ra|pie, Or|gan|the|ra|pie *f. 11* Verwendung von Heilmitteln, die aus menschl. oder tier. Organen oder deren Sekreten gewonnen wurden
Or|gan|spen|de *f. 11*
Or|gan|ver|pflan|zung *f. 10*
Or|gan|za [ital.] *f. Gen.* -s *nur Sg.* feinstes Gewebe aus Naturseide
Or|gas|mus [griech.] *m. Gen. - Pl.* -men Höhepunkt der Erregung beim Geschlechtsakt
or|gas|tisch zum Orgasmus gehörend, wollüstig
Or|gel [griech.-lat.] *f. 11; schweiz. auch:* Handharmonika
Or|gel|bau|er *m. 11*
or|geln *intr. 1* **1.** Orgel spielen **2.** tief tönend sausen, brausen (Wind); **3.** Brunstlaute ausstoßen (Hirsch)
Or|gel|pfei|fe *f. 11;* wie die Orgelpfeifen *ugs. scherzh.:* der Größe nach, einer immer größer (kleiner) als der andere
Or|gel|punkt *m. 1* lang ausgehaltener Basston, über dem sich die andern Stimmen bewegen
Or|gel|trio *n. 9* dreistimmige Komposition für Orgel allein
Or|gi|as|mus [griech.] *m. Gen. - nur Sg.* ausschweifendes Feiern der Orgien im altgriech. Dionysoskult
Or|gi|ast *m. 10* ausgelassener, zügelloser Schwärmer
or|gi|as|tisch
Or|gie [-gjə] *f. 11* **1.** *im alten Griechenland:* mit wilder Trunkenheit gefeiertes kultisches Fest; **2.** *übertr.:* zügelloses Gelage, wilde Ausschweifung
O|ri|ent [lat.] *m. 1 nur Sg.* Osten, Morgenland; *Ggs.:* Okzident; der Vordere, Mittlere Orient
O|ri|en|ta|le *m. 11* Bewohner des Orients
O|ri|en|ta|lia *Pl.* Bücher, Bilder, Dokumente über den Orient
o|ri|en|ta|lisch zum Orient gehörig, morgenländisch; *Ggs.:* okzidental(isch)
O|ri|en|ta|list *m. 10* Kenner der Orientalistik
O|ri|en|ta|lis|tik *f. 10 nur Sg.* Wissenschaft von den orientalischen Sprachen und Kulturen
o|ri|en|ta|lis|tisch zur Orientalistik gehörend
O|ri|ent|ex|press (*alt:* Ori|ent|ex|preß) *m. 1*
o|ri|en|tie|ren *tr. u. refl. 3* **1.** nach einer Himmelsrichtung einstellen, ausrichten; **2.** sich o.: sich zurechtfinden, den Standort bestimmen; **3.** jmdn. o.: jmdn. unterrichten, benachrichtigen, in Kenntnis setzen
O|ri|en|tie|rung *f. 10 nur Sg.*
O|ri|en|tie|rungs|sinn *m. 1 nur Sg.*
O|ri|en|tie|rungs|stu|fe *f. 11* Förderstufe
O|ri|ga|mi [jap.] *n. Gen.* -(s) *nur Sg.* kunstvolles Falten von Papierstücken zu Figuren
O|ri|ga|no, O|re|ga|no [ital.] *m. Gen.* -(s) *nur Sg.*, O|ri|ga|num *n. Gen.* -s *nur Sg.* wilder Majoran
o|ri|gi|nal [lat.] **1.** ursprünglich, urschriftlich, eigenhändig, echt; **2.** eigen, schöpferisch
O|ri|gi|nal *n. 1* **1.** Urschrift, erste Niederschrift; **2.** Urtext, fremdsprachiger Text, der übersetzt worden ist oder werden soll; **3.** Urbild, vom Künstler geschaffenes Bild oder Standbild; **4.** eigenartiger, meist auch witziger Mensch, Sonderling, Kauz
O|ri|gi|nal|aus|ga|be *f. 11* erste Ausgabe
o|ri|gi|nal|ge|treu
O|ri|gi|na|li|tät *f. 10 nur Sg.* **1.** Ursprünglichkeit, Echtheit; **2.** Besonderheit, Eigenart, Eigentümlichkeit
O|ri|gi|nal|text *m. 1*
o|ri|gi|när ursprünglich, nicht abgeleitet
o|ri|gi|nell **1.** ursprünglich, echt, schöpferisch, *meist dafür:* original; **2.** neu, neuartig und treffend; **3.** eigenartig, merkwürdig und oft auch komisch oder heiter
O|ri|no|ko *m. Gen.* -(s) Fluss in Südamerika
O|ri|on **1.** griech. Sagenheld; **2.** *m. Gen.* -s ein Sternbild
Or|kan [mittelamerik. Indianerspr.] *m. 1* Sturm der höchsten Windstärke
Or|kus [lat.] *m. Gen. - nur Sg., röm. Myth.:* Unterwelt, Totenreich
Or|le|an *m. 1* orangegelber bis roter Farbstoff
Or|le|a|ner *m. 5* Einwohner der frz. Stadt Orléans
Or|le|a|nist *m. 10* Anhänger des Hauses Orléans
Or|lé|ans [ɔrleã] **1.** frz. Stadt; **2.** *m. Gen. - Pl.* - Angehöriger einer Seitenlinie des frz. Königshauses
Or|log [ndrl.] *m. 1 oder m. 9, veraltet:* Krieg
Or|log|schiff *n. 1, veraltet:* Kriegsschiff
Or|muzd *pers. Name für* altiran. Lichtgott und Weltschöpfer Ahura Masda(h)
Or|na|ment [lat.] *n. 1* Verzierung, Schmuckform
or|na|men|tal in der Art eines Ornaments, schmückend
or|na|men|tie|ren *tr. 3* verzieren, schmücken
Or|na|men|tik *f. 10 nur Sg.* **1.** Kunst des Verzierens; **2.** alle Ornamente (eines Bauwerks o. Ä.)
Or|nat [lat.] *n. 1* feierliche Amtstracht
Or|nis [griech.] *f. Gen. - nur Sg.* Vogelwelt (einer Landschaft)
Or|ni|tho|lo|ge *m. 11*
Or|ni|tho|lo|gie *f. 11 nur Sg.* Vogelkunde
or|ni|tho|lo|gisch
o|ro..., O|ro... [griech.] *in Zus.:* berg..., Berg...
o|ro|gen [griech.], o|ro|ge|ne|tisch gebirgsbildend
O|ro|ge|ne|se *f. 11* Gebirgsbildung
o|ro|ge|ne|tisch s. **o|ro|gen**
O|ro|ge|nie *f. 11 nur Sg., veraltet:* Lehre von der Gebirgsbildung
O|ro|gra|phie *auch:* **O|ro|gra|fie** *f. 11 nur Sg., veraltet:* Beschreibung der Geländeformen der Erdoberfläche
o|ro|gra|phisch *auch:* **o|ro|gra|fisch**

O

O|ro|me|trie *auch:* **O|ro|met|rie** *f. 11 nur Sg.* Vermessung der Geländeformen
o|ro|me|trisch *auch:* **o|ro|met|risch**
Or|pheus [-fɔɪs] *griech. Myth.:* Sänger und Saitenspieler, Sohn des Apoll
Or|phik *f. 10 nur Sg.* griech. relig. Bewegung seit dem 6. Jh. v. Chr. sowie deren Geheimlehre über die Entstehung der Welt und das Schicksal des Menschen nach dem Tode
Or|phi|ker *m. 5* Anhänger der Orphik
or|phisch **1.** zur Orphik gehörend, auf ihr beruhend; **2.** dunkel, geheimnisvoll
Or|ping|ton [nach der engl. Stadt O.] *n. 9* eine Hühnerrasse
Or|plid *auch:* **Orp|lid** von Eduard Mörike erfundener Name für eine märchenhafte Insel
Ort **1.** *m. 1* Siedlung, Dorf; Platz, Stelle; am angeführten *oder:* angegebenen Ort (*Abk.:* a. a. O., bei Zitaten); ich werde das höheren Orts melden: an höherer Stelle; **2.** *m. 4, Math., Astron., Seew.;* geometrische Örter, Sternörter; **3.** *n. 4, Bgb.:* Ende einer Strecke; vor Ort arbeiten; **4.** *m. 1 oder n. 1* Schusterwerkzeug, Ahle; **5.** *m. 1 oder n. 1, veraltet, aber noch in geograph. Namen:* Spitze (einer Halbinsel)
Ört|chen *n. 7, ugs.:* Toilette
or|ten *tr. 2* lokalisieren; ein Schiff o.: seinen Standort bestimmen
ör|tern *intr. 1, Bgb.:* sich treffen (von zwei Strecken)
orth..., Orth..., or|tho..., Or|tho... [griech.] *in Zus.:* gerade, aufrecht, richtig..., recht..., Recht...
Or|tho|chro|ma|sie [-kro-, griech.] *f. 11 nur Sg.* richtige Wiedergabe aller Farben (außer Rot; von fotografischen Schichten)
or|tho|chro|ma|tisch
or|tho|dox recht-, strenggläubig; orthodoxe Kirche, griechisch-orthodoxe Kirche: die von Rom getrennte kath. Kirche, Ostkirche
Or|tho|do|xie *f. 11 nur Sg.* Recht-, Strenggläubigkeit
or|tho|drom in der Art der Orthodrome, geradläufig
Or|tho|dro|me *f. 11* kürzeste Verbindung zweier Punkte auf der Erdoberfläche
Or|tho|ge|ne|se *f. 11 nur Sg.* gerichtete, nicht umkehrbare stammesgeschichtl. Entwicklung der Lebewesen
Or|tho|ge|stein *n. 1* durch Umwandlung entstandenes Gestein magmat. Herkunft; *Ggs.:* Paragestein
Or|tho|gna|thie *auch:* **Or|thog|na|thie** *f. 11* gerader, senkrechter Stand der Zähne; vgl. Prognathie
Or|tho|gon *n. 1* Rechteck
or|tho|go|nal rechtwinklig

> **Orthographie/Orthografie:** Die Hauptvariante ist die fremdsprachige Schreibweise *Orthographie,* die zulässige Nebenvariante ist die ins Deutsche integrierte Schreibung *Orthografie.*
> § 32 (2)

Or|tho|gra|phie *auch:* **Or|tho|gra|fie** *f. 11* richtige Schreibung der Wörter, Rechtschreibung
or|tho|gra|phisch *auch:* **or|tho|gra|fisch**
Or|tho|klas *m. 1* Kalifeldspat
orth|o|nym *auch:* **or|tho|nym** unter dem richtigen Namen; vgl. anonym, pseudonym; o. erschienenes Buch
Or|tho|pä|de *m. 11*
Or|tho|pä|die *f. 11* Heilkunde der Bewegungsorgane (Knochen, Gelenke, Muskeln)
or|tho|pä|disch
Or|tho|pä|dist *m. 10* Hersteller orthopädischer Geräte
Or|tho|pte|re *auch:* **Or|thop|te|re** *m. 11,* **Or|tho|pte|ron** *auch:* **Or|thop|te|ron** *n. Gen.* -s *Pl.* -pte|ren Geradflügler
Orth|op|tis|tin *auch:* **Or|thop|tis|tin** *f. 10* Helferin des Augenarztes
Or|tho|skop *auch:* **Or|thos|kop** *n. 1* Gerät zum Untersuchen von Kristallen
Or|tho|sko|pie *f. 11* richtige Wiedergabe (ohne Verzerrung) durch Linsen
or|tho|sko|pisch *auch:* **or|thos|ko|pisch**
Or|tho|sta|se *auch:* **Or|thos|ta|se** *f. 11* aufrechte Körperhaltung
or|tho|sta|tisch *auch:* **or|thos|ta|tisch**
Or|tho|stig|mat *auch:* **Or|thos|tig|mat** *m. 10* winkelgetreu abbildendes Objektiv
Or|tho|to|nie *f. 11 nur Sg., Mus.:* richtige Betonung
Or|tho|ver|bin|dung *f. 10* **1.** vollständig hydratisierte Säure; **2.** Benzolabkömmling
ört|lich
Ört|lich|keit *f. 10*
Or|to|lan [lat.-ital.] *m. 1* ein Finkenvogel, Gartenammer
orts|an|säs|sig
Orts|be|stim|mung *f. 10*
orts|be|weg|lich; *Ggs.:* ortsfest
Ort|schaft *f. 10* Dorf
Ort|scheit *n. 1* Querholz zum Befestigen der Geschirrstränge, Zugscheit
orts|fest eingebaut (Maschine); *Ggs.:* ortsbeweglich
orts|fremd
Orts|ge|spräch *n. 1*
Orts|kennt|nis *f. 1*
Orts|klas|se *f. 11*
Orts|kran|ken|kas|se *f. 11;* Allgemeine O. (*Abk.:* AOK)
orts|kun|dig
Orts|na|me *m. 15*
Orts|netz *n. 1;* Telefonnetz innerhalb eines Ortes oder einer Gruppe von Orten
Orts|netz|kenn|zahl *f. 10*
Orts|sinn *m. 1 nur Sg.*
Ort|stein *m. 1* **1.** Eckstein; **2.** eine wasserundurchlässige Bodenschicht
Orts|teil *m. 1*
orts|üb|lich
Orts|ver|kehr *m. 1 nur Sg.*
Orts|ver|zeich|nis *n. 1*
Orts|zeit *f. 10* die wirkliche Sonnenzeit eines Ortes; *Ggs.:* Normalzeit
Orts|zu|la|ge *f. 11*
Or|tung *f. 10* Orts-, Standortbestimmung, das Orten
Or|well [ɔwəl], *George* engl. Schriftsteller
Os *chem. Zeichen für* Osmium
öS *Abk. für* österr. Schilling
Os|car *m. 9, ugs. für* die Statuette des → Academy Award
Os|car-no|mi|niert für den Academy Award vorgeschlagen
Öse *f. 11*
O|si|ris *ägypt. Myth.:* Gott des Totenreiches
Os|kar, Os|car männl. Vorname
Os|ku|la|ti|on [lat.] *f. 10* Berührung zweiter Ordnung (von Kurven)
os|ku|lie|ren *intr. 3* sich berühren (Kurven)
Os|lo Hauptstadt von Norwegen
Os|lo|er *m. 5*
os|lo|isch
Os|ma|ne [nach dem türk. Sultan

Osman I., dem Gründer des Osman. Reiches] *m. 11* türk. Bewohner des Osmanischen Reiches
os|ma|nisch türkisch; *aber:* Osmanisches Reich
Os|mi|um [griech.] *n. Gen.* -s *nur Sg.* (*Zeichen:* Os) chem. Element, ein Metall
Os|mo|lo|gie *f. 11 nur Sg.* Lehre von den Riechstoffen
Os|mo|se [griech.] *f. 11* Ausgleich von Lösungskonzentrationen an halb durchlässigen Wänden
os|mo|tisch auf Osmose beruhend; osmotischer Druck
OSO *Abk. für* Ostsüdost(en)
Ö|so|pha|gus, *fachsprachl.:* **Oe|so|pha|gus** *m. Gen.* - *Pl.* -gi Speiseröhre
Os|sa|ri|um [lat.], Os|su|a|ri|um *n. Gen.* -s *Pl.* -ri|en **1.** *Altertum:* Urne zum Aufbewahren von Gebeinen; **2.** Beinhaus
Os|se|in *n. 1* Gerüsteiweiß der Knochen, zur Herstellung von Leim und Gelatine verwendet
Os|se|ti|en [tsjən] Gebiet im Großen Kaukasus: Nordossetien (russ.), Südossetien (georg.)
Os|si *m. 9, ugs.:* Bewohner der neuen Bundesländer; *Ggs.:* Wessi
Os|si|an sagenhafter kelt. Sänger
Os|si|fi|ka|ti|on [lat.] *f. 10* Knochenbildung, Verknöcherung
os|si|fi|zie|ren *intr. 3* verknöchern
Os|su|a|ri|um *n. Gen.* -s *Pl.* -ri|en s. **Os|sa|ri|um**
Ost **1.** (*Abk.:* O) *in postal. und geograph. Angaben:* = Osten; der Wind kommt aus *oder:* von Ost; **2.** *m. 1, poet.:* Ostwind; es weht ein scharfer Ost
ost|a|si|a|tisch
Ost|a|si|en
Ost|ber|lin
Ost|block *m. Gen.* -s *nur Sg.*
Ost|block|län|der *Pl.*
ost|deutsch
Os|te|al|gie [griech.] *f. 11* Knochenschmerz
Ost|el|bi|er *m. 5, früher Bez. für* Großgrundbesitzer östl. der Elbe
ost|el|bisch
os|ten *tr. 2* nach Osten ausrichten
Os|ten *m. Gen.* -s *nur Sg.* **1.** (*Abk.:* O) Himmelsrichtung; nach, von O.; **2.** die im Osten Europas *oder:* die in Osteuropa gelegenen Länder; der Nahe O.: Vorderasien, Ägypten; der Mittlere O.: Iran, Afghanistan, Pakistan, Indien, Bangladesch, Sri Lanka und Myanmar; der Ferne O.: Südost- und Ostasien, *bes.:* China und Japan; **3.** östl. Teil, östl. Gebiet; im O. der Stadt
os|ten|ta|tiv [lat.] augenfällig, betont, herausfordernd; jmdm. o. aus dem Wege gehen
Os|te|o|ek|to|mie [griech.] *f. 11* Herausmeißelung eines Knochenstücks
os|te|o|gen aus Knochen entstanden, Knochen bildend
Os|te|o|ge|ne|se *f. 11* Knochenbildung
Os|te|o|ly|se *f. 11* Auflösung des Knochengewebes
Os|te|om *n. 1* Geschwulst des Knochengewebes
Os|te|o|ma|la|zie *f. 11* Knochenerweichung
Os|te|o|plas|tik *f. 10* operative Schließung von Knochenlücken durch Knochenersatz
os|te|o|plas|tisch Knochenlücken schließend
Os|te|o|po|ro|se *f. 11* krankhaftes Poröswerden des Knochens, Knochenschwund
Os|ter|fest *n. 1*
Os|te|ria [ital.] *f. Gen.* - *Pl.* -ri|en, *ital. Bez. für* größere Gaststätte
Os|ter|in|sel *f. 11 nur Sg.* eine Insel im Pazifischen Ozean
Os|ter|lamm *n. 4*
ös|ter|lich
Os|ter|lu|zei [auch: -tsaɪ] *f. 10* eine Kletterpflanze
Os|ter|mo|nat, Os|ter|mond *m. 1, alte Bez. für* April
Os|ter|mon|tag *m. 1*

Ostern: Das Osterfest wird im Norddeutschen bevorzugt mit der Präposition *zu* verbunden, im Süddeutschen häufig mit *an:* *Zu Ostern schneite es. An Ostern gab es Ferien.*
In der Schweiz, gelegentlich in Österreich, ist die Pluralform üblich: *Nach den Ostern* (= die Osterfeiertage) *schien die Sonne wieder.*

Os|tern *n. Gen.* - *Pl.* -; an, zu, vor, nach O.; die O. fallen heuer früh *österr.;* frohe *oder:* frohes Ostern!
Ös|ter|reich
Ös|ter|rei|cher *m. 5*
Ös|ter|reich|fens|ter *n. 5* nur in Österreich ausgestrahlte Beiträge von deutschen Fernsehsendern
ös|ter|rei|chisch; die österreichische Nation, Flagge; die österreichisch-ungarische Monarchie: die Doppelmonarchie Österreich-Ungarn (1867-1918)
Ös|ter|rei|chi|sche Bun|des|bahnen *nur Pl.* (*Abk.:* ÖBB)
Ös|ter|rei|chi|sche Volks|par|tei *f. Gen.* -n - *nur Sg.* (*Abk.:* ÖVP)
ös|ter|rei|chisch-un|ga|risch
Ös|ter|reich-Un|garn
Os|ter|sams|tag, Os|ter|sonn|a|bend *m. 1*
Os|ter|sonn|tag *m. 1*
Os|ter|spiel *n. 1* älteste Form des geistl. Dramas
Os|ter|wo|che *f. 11*
Ost|eu|ro|pa [auch: -ro-]
ost|eu|ro|pä|isch; osteuropäische Zeit (*Abk.:* OEZ)
ost|frie|sisch; *aber:* die Ostfriesischen Inseln
Ost|fries|land
Ost|ger|ma|ne *m. 11*
ost|ger|ma|nisch
Ost|go|te *m. 11* Angehöriger eines der beiden gotischen Volksstämme
ost|go|tisch
os|ti|nat *auch:* **o|sti|nat** [lat.] ständig wiederkehrend, ständig wiederholt; ostinater Bass; vgl. Basso
Ost|in|di|en *verdeutlichende Bez. für* Indien, im Unterschied zu Westindien (= Mittelamerika)
ost|in|disch; *aber:* Ostindische Kompanie
os|tisch; ostische Rasse: alpine Rasse
Os|ti|tis [griech.] *f. Gen.* - *Pl.* -ti|ti|den Knochenentzündung
Ost|ja|ke *m. 11, frühere Bez. für* Chante
ost|ja|kisch
Ost|kir|che *f. 11* (griechisch-)orthodoxe Kirche
Ost|ler *m. 5, ugs.:* jmd., der aus den neuen Bundesländern stammt
öst|lich *mit Gen.:* östlich der Stadt; östlich Berlins, östlich von Berlin; 10 Grad östlicher Länge (*Abk.:* ö. L.): auf dem 10. Längengrad östl. des Nullmeridians von Greenwich liegend
Ost|mark *f. 10* **1.** *urspr.:* die Grenzländer im Osten des Dt. Reiches: Ostpreußen, Posen, Oberschlesien; **2.** *nur Sg.*, 1938-1945 *Bez. für* Österreich; **3.** *f. Gen.* - *Pl.* -, *früher ugs.:* Mark der DDR
Ost|nord|ost **1.** (*Abk.:* ONO) *in geograph. Angaben:* Ostnordos-

ten; **2.** *m. 1* Wind aus Ostnordost
Ost|nord|os|ten *m. Gen.* -s *nur Sg.* (*Abk.:* ONO) Himmelsrichtung zwischen Osten und Nordosten
Ost|po|li|tik *f. 10 nur Sg.*
Ost|punkt *m. 1* östl. Schnittpunkt des Meridians mit dem Horizont; *Ggs.:* Westpunkt

♦ Die Buchstabenfolge **os|tr...** kann in Fremdwörtern auch **ost|r...** getrennt werden.

♦ **Os|tra|ka** *Pl. von* Ostrakon
♦ **Os|tra|ko|de** [griech.] *m. 11* ein Muschelkrebs mit zweiklappiger Schale
♦ **Os|tra|kon** *n. Gen.* -s *Pl.* -ka Scherbe eines Tongefäßes, in Ägypten und im alten Griechenland als Schreibmaterial verwendet
♦ **Os|tra|zis|mus** *m. Gen. - nur Sg.* Volksgericht im alten Athen, aufgrund dessen ein Bürger verbannt werden konnte, Scherbengericht (als »Stimmzettel« wurden Ostraka verwendet)
♦ **Ös|tro|gen** *n. 1 nur Sg.* ein weibl. Geschlechtshormon
Ost|rom
ost|rö|misch; *aber:* Oströmisches Reich
Ost|see *f. 11 nur Sg.*
Ost|see|in|sel *f. 11*
Ost|süd|ost **1.** (*Abk.:* OSO) *in geograph. Angaben:* = Ostsüdosten; **2.** *m. 1* Wind aus Ostsüdost
Ost|süd|os|ten *m. Gen.* -s *nur Sg.* (*Abk.:* OSO) Himmelsrichtung zwischen Osten und Südosten
Ost|teil *m. 1;* der O. einer Stadt
O-Ton *m. 1 nur Sg., kurz für* Originalton
Os|tung *f. 10 nur Sg.* Ausrichtung nach Osten
ost|wärts
Ost|wind *m. 1*
OSZE *Abk. für* Organisation für Sicherheit und Zusammenarbeit in Europa
Os|zil|la|ti|on [lat.] *f. 10* Schwingung
Os|zil|la|tor *m. 13* **1.** Gerät zum Erzeugen von Schwingungen; **2.** um seine Ruhelage schwingendes Teilchen
Os|zil|la|to|rie [-riə] *f. 11* Blaualge
os|zil|la|to|risch schwingend
os|zil|lie|ren *intr. 3* schwingen, pendeln
Os|zil|lo|gramm *n. 1* aufgezeichnete Schwingung, Schwingungsbild
Os|zil|lo|graph *auch:* **Os|zil|lo|graf** *m. 10* Gerät zum Aufzeichnen von Schwingungen, Schwingungsschreiber
ot..., Ot... vgl. oto..., Oto...
Ot|al|gie *auch:* **O|tal|gie** [griech.] *f. 11* Ohrenschmerz
Oth|mar, Ot|mar, Ott|mar männl. Vorname
Ot|i|a|ter *auch:* **O|ti|a|ter** [griech.] *m. 5* s. **O|to|lo|ge**
Ot|i|a|trie *auch:* **Ot|i|at|rie** *f. 11 nur Sg.* s. **O|to|lo|gie**
ot|i|a|trisch = otologisch
O|ti|tis [griech.] *f. Gen. - Pl.* O|ti|ti|den Ohrenentzündung; O. media: Mittelohrentzündung
o|to..., O|to... [griech.] *in Zus.:* ohr..., ohren..., Ohren...
o|to|gen vom Ohr ausgehend, zum Ohr gehörend
O|to|lith *m. 10* Steinchen im Gleichgewichtsorgan des Ohres
O|to|lo|ge *m. 11* Facharzt für Ohrenerkrankungen, Otiater
O|to|lo|gie *f. 11 nur Sg.* Lehre von den Ohrenerkrakungen, Otiatrie
o|to|lo|gisch
O|to|phon *n. 1* Hörrohr für Schwerhörige
O|to|rhi|no|la|ryn|go|lo|gie *f. 11 nur Sg.* (*Abk.* ORL) Hals-Nasen-Ohren-Heilkunde
O|to|skle|ro|se *f. 11* zur Schwerhörigkeit führende Verknöcherung des Mittelohres
o|to|skle|ro|tisch
O|to|skop *auch:* **O|tos|kop** *n. 1* Ohrenspiegel
O|to|sko|pie *auch:* **O|tos|ko|pie** *f. 11* Untersuchung des Innenohres mit dem Otoskop
ot|ta|va [-va, ital.] (*Abk.:* 8..., 8va...) in der Oktave zu spielen; o. alta, o. sopra: eine Oktave höher; o. bassa, o. sotto: eine Oktave tiefer
Ot|ta|ve|ri|me [-və-, ital.] *f. 11* ital. Stanze mit paarigem Reim in der 7. und 8. Zeile
Ot|ta|wa [engl.: ɔtəwə] **1.** Hauptstadt von Kanada; **2.** Ot|ta|wa River [- rɪvə(r)] *m. Gen.* -s Fluss in Kanada; **3.** *m. 9 oder Gen. - Pl. -* nordamerik. Indianerstamm
Ot|ter **1.** *m. 5* eine Marderart mit Schwimmhäuten; **2.** *f. 11* eine Giftschlange, Viper
Ot|tern|brut *f. Gen. nur Sg.,* **Ot|tern|ge|zücht** *n. Gen.* -s *nur Sg., übertr.:* böse, schlechte Menschen
Ot|tern|zun|ge, Ot|ter|zun|ge *f. 11* versteinerter Fischzahn
Ot|ti|lia, Ot|ti|lie weibl. Vorname
Ot|to männl. Vorname
Ot|to|man [türk.] *m. 1* ein geripptes Mischgewebe
Ot|to|ma|ne **1.** *f. 11, veraltet:* breites Ruhebett ohne Rückenlehne; **2.** *m. 11, selten für* Osmane
ot|to|ma|nisch osmanisch
Ot|to|mo|tor [nach dem dt. Ingenieur Nikolaus August Otto] *m. 12* Explosionsmotor mit Fremdzündung, der im Viertaktverfahren arbeitet
Ot|to|nen *Pl., Bez. für* die drei römisch-deutschen Kaiser Otto I., II. und III.
ot|to|nisch
Ounce [auns, lat.-engl.] *f. Gen. - Pl.* -s [aunsız] (*Abk.:* oz.) engl. Gewichtseinheit, Unze, 28,35 g
out [aut, engl.] **1.** *veraltet, noch österr. und schweiz., bei Ballspielen:* aus, draußen; **2.** out sein *ugs.:* nicht modern sein, nicht auf der Höhe der Zeit sein, nicht Bescheid wissen (innerhalb einer bestimmten Gesellschaftsgruppe); *Ggs.:* in (2)
Out [aut, engl.] *n. 9* Raum außerhalb des Spielfeldes
Out|cast [autka:st] *m. 9, engl. Bez. für* Paria, Ausgestoßener
Out|door... [autdɔ:(r), engl. »draußen«] *nur in Zus.* modische Aktivität außerhalb des Hauses
ou|ten [autən] *tr. 2* jmdn. öffentlich bloßstellen
Out|fit [aut-, engl.] *n. 9* modische äußere Erscheinung (Ausstattung, Kleidung usw.)
Ou|ting [au-, engl.] *n. Gen.* -s *nur Sg.* das Sichouten, Bekennen in der Öffentlichkeit
Out|law [autlɔ:] *m. 9* Gesetzesbrecher, Geächteter
Out|place|ment [autpleɪsmənt] *n.* -(s), *nur Sg.* Entlassung eines (einer) leitenden Angestellten mit gleichzeitiger Hilfestellung bei der Suche nach einem neuen Arbeitsplatz
Out|put [autput] *m. 9* **1.** Ausgangsleistung einer Antenne oder eines Verstärkers; **2.** die von einem Industriebetrieb hergestellten Güter, Warenausstoß; **3.** die von einem Computer gelieferten Daten; *Ggs.:* Input

ou|trie|ren *auch:* **out|rie|ren** [u-, lat.-frz.] *tr. 3, veraltet:* übertreiben
ou|triert *auch:* **out|riert** [u-] übertrieben
out|side [autsaɪd, engl.] *schweiz., Fußball:* aus, außerhalb (des Spielfeldes)
Out|side [autsaɪd] *m. 9, schweiz., Fußball:* Außenstürmer
Out|si|der [autsaɪdə(r)] *m. 5* Außenseiter; *Ggs.:* Insider
out|sour|cen [autsɔːsən, engl.] *tr. 1, Wirtsch.:* ausgliedern; die Abteilung wurde outgesourct
Out|sour|cing [autsɔːsɪŋ, engl.] *n. Gen. -s nur Sg., Wirtsch.:* Verlagerung der Produktion eines Unternehmens nach draußen bzw. ins Ausland
Ou|ver|tü|re [uvɛr-, frz.] *f. 11* **1.** Vorspiel zu einer Oper oder Operette; **2.** Einleitungssatz der Orchestersuite; **3.** *auch:* Suite, bes. bei Bach
Ou|vrée *auch:* **Ouv|rée** [uvre, frz.] *f. Gen. - nur Sg.* gezwirnte Rohseide
Ou|zo [uzo, griech.] *m. 9* ein Anisschnaps
O|va [-va] *Pl. von* Ovum
o|val [-val, frz.] eirund
O|val [-val] *n. 1* ovale Form, ovale Fläche
o|va|ri|al [-va-] zum Ovarium gehörend
O|va|ri|ek|to|mie, O|va|ri|o|to|mie [-va-] *f. 11* operative Entfernung eines oder beider Eierstöcke
O|va|ri|um [-va-] *n. Gen. -s Pl. -ri-en* Eierstock
O|va|ti|on [-va-] [lat.] *f. 10* Beifallssturm
O|ver|all *auch:* **O|ve|rall** [ouvərɔːl, österr.: overal, engl.] *m. 9* Arbeitsanzug aus einem Stück
o|ver|dressed [ouvə(r)drɛsd, engl.] zu fein angezogen
O|ver|drive [ouvə(r)draɪv, engl.] *m. 9* Schnellgang, Schongang (bes. beim Auto)
O|ver|head|pro|jek|tor [ouvə(r)-hɛd-, engl.] *m. 13* Gerät, das Bild und Text von einer beleuchteten Folie über einen Spiegel an die Wand hinter dem Vortragenden wirft, Tageslichtprojektor
O|ver|kill [ouvə(r)kɪl, engl.] *m. 9 nur Sg.* höheres Rüstungspotenzial als zur Vernichtung mögl. Gegner erforderlich
O|ver|state|ment [ouvə(r)stɛɪt-mənt, engl.] *n. 9* Übertreibung, übertreibende Ausdrucksweise; *Ggs.:* Understatement

→ Ouvertüre Der Anlaut des französischen Fremdworts *Ouvertüre* wird im Deutschen oft [ov-] ausgesprochen. Korrekt ist die Aussprache [uv-]. Der Laut [u] wird, wie in der Herkunftssprache auch, durch die Buchstabenkombination *ou* wiedergegeben.

O|vi|dukt [-vi-, lat.] *m. 1* Eileiter
o|vi|par [-vi-] Eier legend; *Ggs.:* vivipar
O|vi|pa|rie [-vi-] *f. 11 nur Sg.* Fortpflanzung durch Eiablage
O|vi|zid [-vi-] *n. 1* Mittel zur Abtötung von Insekteneiern
O|vo|ge|ne|se [-vo-, lat.] *f. 11* s. **O|o-ge|ne|se**
o|vo|id [-vo-] eiförmig
o|vo|vi|vi|par [-vovivi-] Eier mit entwickelten Embryonen ablegend
ÖVP *Abk. für* Österreichische Volkspartei
O|vu|la|ti|on [-vu-, lat.] *f. 10* Eisprung
O|vu|la|ti|ons|hem|mer [-vu-] *m. 5* den Eisprung hemmendes Mittel
O|vu|lum [-vu-] *n. Gen. -s Pl. -la* = Ovum
O|vum [-vum] *n. Gen. -s Pl.* O|va Ei, Eizelle
O|xa|lat [lat.] *n. 1* Salz der Oxalsäure
O|xa|lit *m. 1* ein gelbes Mineral
O|xal|säu|re *f. 11 nur Sg.* Kleesäure, Carbonsäure
O|xer [engl.] *m. 5* **1.** Zaun zwischen Viehweiden; **2.** *beim Springreiten:* Hindernis aus zwei hintereinander stehenden Barrieren, die aus waagerecht übereinander liegenden Stangen bestehen
O|x|ford **1.** engl. Universitätsstadt; **2.** *n. 9* gestreifter oder karierter Baumwollhemdenstoff
O|x|ford|be|we|gung *f. 10* zum Katholizismus neigende Richtung in der anglikan. Kirche
O|xid, O|xyd [griech.] *n. 1* Sauerstoffverbindung
O|xi|da|ti|on, O|xy|da|ti|on *f. 10* Aufnahme von, Verbindung mit Sauerstoff
o|xi|die|ren, o|xy|die|ren *intr. 3* Sauerstoff aufnehmen, sich mit Sauerstoff verbinden
O|xi|die|rung, O|xy|die|rung *f. 10*
O|xyd *n. 1* s. **O|xid**
O|xy|da|ti|on *f. 10* s. **O|xi|da|ti|on**
o|xy|die|ren *intr. 3* s. **o|xi|die|ren**
O|xy|die|rung *f. 10* s. **O|xi|die|rung**
O|xy|gen *n. Gen. -s nur Sg.,* **O|xy-ge|ni|um** *n. Gen. -s nur Sg.* (*Zeichen:* O) chem. Element, Sauerstoff
O|xy|hä|mo|glo|bin *n. 1 nur Sg.* sauerstoffhaltiger Blutfarbstoff
O|xy|mo|ron *n. Gen. -s Pl. -ra* Stilfigur, Verbindung zweier sich eigtl. ausschließender Begriffe, z. B. alter Knabe, beredtes Schweigen
oz. *Abk. für* Ounce
OZ *Abk. für* Oktanzahl
O|ze|an [griech., zu Okeanos] *m. 1* Weltmeer
O|ze|a|na|ri|um *n. Gen. -s Pl. -ri|en* großes Meerwasseraquarium
O|ze|an|dampf|er *m. 5*
O|ze|a|ni|de *f. 11, griech. Myth.:* Meernymphe, Tochter des Okeanos
O|ze|a|ni|en Gesamtheit der Inseln im südwestl. Pazifischen Ozean, die Südseeinseln
o|ze|a|nisch zum Ozean, zu Ozeanien gehörend, aus ihnen stammend
O|ze|a|no|graph *auch:* **O|ze|a|no-graf** *m. 10* Meereskundler
O|ze|a|no|gra|phie *auch:* **O|ze|a|no-gra|fie** *f. 11 nur Sg.* Meereskunde
O|ze|a|no|lo|gie *f. 11 nur Sg., veraltet für* Ozeanographie
O|ze|an|rie|se *m. 11* großer Ozeandampfer
O|zel|le [lat.] *f. 11* Lichtsinnesorgan niederer Tiere
O|ze|lot [aztek.] *m. 9 oder m. 1* eine amerikanische Raubkatze, Pantherkatze
O|zo|ke|rit [griech.] *m. 1 nur Sg.* mineralisches Wachs, Erdwachs, Zeresin
O|zon [griech.] *n., ugs.: m. Gen. -s nur Sg.* unstabile, giftige Form des Sauerstoffs
O|zon|a|larm *m. 1*
o|zon|hal|tig
o|zo|ni|sie|ren *tr. 3* mit Ozon behandeln
O|zon|loch *n. 4* Stelle, an der die Ozonosphäre merklich ausgedünnt ist
O|zo|no|sphä|re *auch:* **O|zo|nos-phä|re** *f. 11 nur Sg.* ozonreiche Schicht der Erdatmosphäre
O|zon|schicht *f. 10 nur Sg.*

O

P p

p *Abk. für* **1.** piano; **2.** (typograf.) Punkt; **3.** Penny, Penni; **4.** Pico…; **5.** Proton

P **1.** *Abk. für* Papier (auf Kurszetteln); **2.** *Kfz-Kennzeichen für* Portugal; **3.** *chem. Zeichen für* Phosphor; **4.** *Abk. für* Poise

p. *Abk. für* **1.** Pagina; **2.** pinxit

p- *chem. Zeichen für* para

P. *Abk. für* **1.** Pastor; **2.** Pater; **3.** Papa (2)

Pa **1.** *chem. Zeichen für* Protactinium; **2.** *Zeichen für* die Druckeinheit Pascal

PA *Abk. für* Pennsylvania

p. a. *Abk. für* pro anno, per annum

p. A. *Abk. für* per Adresse

Pä|an [griech.] *m. 1* **1.** *urspr.:* altgriech. feierl. Dank-, Bitt- und Preisgesang an Apollon; **2.** *später:* Kampf-, Siegeslied

> **paar — Paar:** Das unbestimmte Zahlwort *ein paar* (= einige) wird, ebenso wie *ein bisschen,* kleingeschrieben, weil es seine substantivischen Merkmale eingebüßt hat: *ein paar Leute, diese paar (Euro).* § 56 (5)
> Das Zahlsubstantiv *ein Paar* (= zwei) schreibt man groß: *ein Paar Schuhe; das Paar kostet 100,- €.* § 55 (5)

paar **1.** *unflektierbar;* ein paar: mehrere, einige; vgl. Paar; ein paarmal *oder:* ein paar Mal; diese paar Mal; welche paar Mal; ein paar Dutzend/dutzend Mal; alle paar Tage, Minuten usw.; **2.** *Adj.:* paarig, zu zweien zueinander passend; *Ggs.:* unpaar; paare Blätter, Flossen

Paar **1.** *n. 1* zwei zusammengehörige Personen oder Dinge; ein Paar Socken; ein Paar neue *oder:* neuer Socken; mit einem Paar neuen Socken *oder:* neuer Socken; sie sind heute ein Paar geworden: sie haben heute geheiratet; **2.** [zu mhd. bar(en) »Schranke, Barriere, Jagdnetz«] *nur in der Wendung* zu Paaren treiben (*eigtl.:* zu den baren): in die Enge treiben, in die Flucht schlagen

paa|ren *tr. u. refl. 1*

paa|rig paarweise, zu zweien; paarig gefiederte Blätter

Paa|rig|keit *f. 10 nur Sg.*

Paar|lauf *m. 2*

paar|mal = **paar Mal**

Paar|reim *m. 1* Reim in zwei aufeinander folgenden Zeilen

Paa|rung *f. 10*

paar|wei|se

Pace [pɛɪs, engl.] *f. Gen. - nur Sg.* Gangart des Pferdes, Schritttempo

Pace|ma|ker [pɛɪsmɛɪkə(r)] *m. 5* = Schrittmacher (2)

Pa|cer [pɛɪsə(r)] *m. 5* im Passgang gehendes Pferd

Pacht *f. 10*

pach|ten *tr. 2*

Päch|ter *m. 5*

Pacht|ver|trag *m. 2*

pacht|wei|se

Pa|chul|ke [-xul-, tschech.] *m. 11* ungehobelter Mensch

Pack **1.** *m. 1 oder m. 2* = **Pa|cken;** **2.** *n. Gen. -s nur Sg., ugs.:* Gesindel, Pöbel

Pa|ckage|tour [pækidʒtu:r, engl.] durch ein Reisebüro organisierte Reise (z. B. Flug, Hotel, Halbpension)

Päck|chen *n. 7*

Pack|eis *n. 1 nur Sg.* übereinander geschobene Eisschollen

pa|ckeln *intr. 1, österr.:* paktieren; mit jmdm. p.: mit ihm heimlich vereinbaren, aushandeln

pa|cken *tr. 1*

Pa|cken *m. 7,* **Pack** *m. 1 oder m. 2* Gepacktes, Bündel

Pa|cker *m. 5*

Pa|cke|rei *f. 10 nur Sg.*

Pack|e|sel *m. 5*

Pack|lei|nen *n. 7*

Pack|lein|wand *f. Gen. - nur Sg.*

Pack|pa|pier *n. 1*

Pack|pferd *n. 1*

Pa|ckung *f. 10*

Päd|a|go|ge *auch:* **Pä|da|go|ge** [griech.] *m. 11* Erzieher, Lehrer, Erziehungswissenschaftler

Päd|a|go|gik *auch:* **Pä|da|go|gik** *f. 10 nur Sg.* Erziehungswissenschaft, Kunst des Erziehens

päd|a|go|gisch *auch:* **pä|da|go|gisch** erzieherisch, lehrhaft; Pädagogische Hochschule (*Abk.:* PH)

Pad|del [engl.] *n. 5* frei zu führendes Ruder oder Doppelruder

Pad|del|boot *n. 1*

pad|deln *intr. 1;* ich paddele, paddle

Padd|ler *m. 5*

Pad|dock [pædɔk, engl.] *m. 9* Gehege, Laufgarten für Pferde

Pad|dy [pædı, mal.-engl.] **1.** *m. 9 nur Sg.* ungeschälter Reis; **2.** [nach der Koseform für Patrick, dem Schutzheiligen Irlands] *m. 9 Pl. engl.: -dies, scherzh.:* Ire, Irländer

Päd|e|rast *auch:* **Pä|de|rast** [griech.] *m. 10* jmd., der Päderastie betreibt, Kinäde

Päd|e|ras|tie *auch:* **Pä|de|ras|tie** *f. Gen. - nur Sg.* geschlechtl. Beziehung zwischen Männern und Knaben

Päd|i|a|ter *auch:* **Pä|di|a|ter** *m. 5* Facharzt für Pädiatrie

Päd|i|a|trie *auch:* **Pä|di|at|rie** *f. Gen. - nur Sg.* Kinderheilkunde

päd|i|a|trisch *auch:* **pä|di|a|trisch**

Pa|di|schah [pers.] *m. 9, früher:* islam. Fürst

Pä|do|ge|ne|se, Pä|do|ge|ne|sis *f. Gen. - nur Sg.* Fortpflanzung im Jugend-, Larvenstadium

pä|do|ge|ne|tisch

Pä|do|phi|lie *f. 11 nur Sg.* Unzucht mit Kindern

Pa|dre *auch:* **Pad|re** [ital.] *m. 9, Anrede für* ital. Ordenspriester

Pa|dro|na *auch:* **Pad|ro|na** *f. Gen. - Pl. -ne, ital. Bez. für* Wirtin, Hausherrin

Pa|dro|ne *auch:* **Pad|ro|ne** [ital.] *m. Gen. -s Pl. -ni* Wirt, Hausherr

Pa|du|a|ne *f. 11* s. **Pa|va|ne**

Pa|el|la [-ɛlja, span.] *f. 9* ein span. Nationalgericht

Pa|fe|se [ital.], Po|fe|se *f. 11, österr.:* in Milch eingeweichte, in Fett gebackene Weißbrotscheibe (mit Pflaumenmus)

paff!; piff, paff!

paf|fen **1.** *tr. 1, ugs.:* schnell und in großen Wolken rauchen; **2.** *intr. 1* rauchen, ohne zu inhalieren

pag., p. *Abk. für* Pagina

Pa|gaie [mal.-span.] *f. 11* Stechpaddel für den Kanadier

Pa|ga|nis|mus [lat.] **1.** *m. Gen. - nur Sg.* Heidentum; **2.** *Pl. -men* heidnische Elemente im christl. Brauchtum

P

Pa|gat [ital.] *m. 1, Tarock:* Trumpfkarte
Pa|ge [-ʒə, frz.] *m. 11* **1.** *früher:* Edelknabe, junger Adliger im fürstlichen Dienst; **2.** *heute:* livrierter junger Hoteldiener, Bote u. Ä.
Pa|gen|fri|sur [-ʒən-] *f. 10 nur Sg.*
Pa|gen|kopf [-ʒən-] *m. 2 nur Sg.*
Pa|gi|na [lat.] *f. Gen. - Pl.* -nae [-nɛ:] (*Abk.:* p., pag.), *veraltet:* Buchseite, Seitenzahl
pa|gi|nie|ren *tr. 3* mit Seitenzahlen versehen
Pa|go|de [Sanskrit] **1.** *f. 11, europ. Bez. für* (buddhist.) Tempel in Indien und Ostasien; **2.** *m. 11 oder f. 11, fälschl. Bez. für* kleine, sitzende ostasiat. Götterfigur mit bewegl. Kopf
pah! bah! Ausruf des Erstaunens
Pah|le|wi [auch: pax-] *n. Gen.* -(s) *nur Sg.* s. **Peh|le|wi**
paille [paj, frz.] *veraltet:* strohfarben, gelb
Pail|let|te [pajɛtə] *f. 11* kleines, rundes, aufnähbares Metallplättchen (für Abendkleider u. Ä.)
Pair [pɛr, frz.] *m. 9, früher in Frankreich:* Mitglied des Hochadels
Pai|rie [pɛ:-] *f. 11 nur Sg.* Pairswürde
Pak *f. 9, Kurzwort für* Panzerabwehrkanone
Pa|ket *n. 1*
Pa|ket|ad|res|se *auch:* **Pa|ket-a|dres|se** *f. 11*
pa|ke|tie|ren *tr. 3* zum Paket verschnüren, verpacken
Pa|ket|kar|te *f. 11*
Pa|ki|stan *auch:* **Pa|kis|tan** Staat in Vorderindien
Pa|ki|sta|ner *auch:* **Pa|kis|ta|ner** *m. 5,* **Pa|ki|sta|ni** *auch:* **Pa|kis|ta|ni** *m. 9 oder Gen. - Pl.* - Einwohner von Pakistan
pa|ki|sta|nisch *auch:* **pa|kis|ta|nisch**
Pakt *m. 1* Bündnis, Vertrag
pak|tie|ren *intr. 3* einen Pakt abschließen; *auch:* etwas im Geheimen vereinbaren, gemeinsame Sache mit jmdm. machen
Pa|lä|an|thro|po|lo|gie *auch:* **Pa|lä-anth|ro|po|lo|gie,** Pa|lä|o|an|thro-po|lo|gie [griech.] *n. 1 nur Sg.* Wissenschaft vom vorgeschichtl. Menschen
pa|lä|ark|tisch, pa|lä|o|ark|tisch *Tiergeographie:* altarktisch; vgl. nearktisch
Pa|la|din [lat.] *m. 1* **1.** *urspr.:* einer der zwölf Begleiter Karls des Großen; **2.** *danach:* treuer Gefolgsmann
Pa|lais [-lɛ, frz.] *n. Gen.* - [-lɛs] *Pl.* - [-lɛs] Palast, Schloss
Pa|lan|kin [Hindi] *m. 1 oder m. 9* indische Sänfte
pa|lä|o..., **Pa|lä|o...** [griech.] *in Zus.:* alt..., Alt..., früh..., Früh..., ur..., Ur...
Pa|lä|o|an|thro|po|lo|gie *auch:* **Pa-lä|o|anth|ro|po|lo|gie** *f. 11 nur Sg.* s. **Pa|lä|an|thro|po|lo|gie**
pa|lä|o|ark|tisch s. **pa|lä|ark|tisch**
Pa|lä|o|bi|o|lo|gie *f. 11 nur Sg.* Paläontologie
Pa|lä|o|bo|ta|nik *f. 10 nur Sg.* Lehre von den Pflanzen in vergangenen Erdzeitaltern
Pa|lä|o|ge|o|gra|phie *auch:* **Pa|lä|o-ge|o|gra|fie** *f. 11 nur Sg.* Lehre von der geograph. Gestalt der Erde in vergangenen Erdzeitaltern
Pa|lä|o|gra|phie *auch:* **Pa|lä|o|gra|fie** *f. 11 nur Sg.* Lehre von den Schriften und Schreibmaterialien des Altertums und des MA
pa|lä|o|gra|phisch *auch:* **pa|lä|o|gra-fisch**
Pa|lä|o|lith *m. 10* Steinwerkzeug des Paläolithikums
Pa|lä|o|li|thi|ker *m. 5* Mensch des Paläolithikums
Pa|lä|o|li|thi|kum *n. Gen.* -s *nur Sg.* Altsteinzeit
pa|lä|o|li|thisch
Pa|lä|on|to|lo|ge *m. 11*
Pa|lä|on|to|lo|gie *f. 11 nur Sg.* Lehre von den Tieren und Pflanzen vergangener Erdzeitalter, Paläobiologie
pa|lä|on|to|lo|gisch
pa|lä|o|zän zum Paläozän gehörend
Pa|lä|o|zän *n. 1 nur Sg.* unterste Abteilung des Tertiärs
Pa|lä|o|zo|i|kum *n. Gen.* -s *nur Sg.* Altertum der Erdgeschichte
pa|lä|o|zo|isch
Pa|lä|o|zo|o|lo|gie *f. 11 nur Sg.* Lehre von den ausgestorbenen Tieren
Pa|las [lat.] *m. Gen. - Pl.* -las|se Hauptgebäude der mittelalterlichen Burg
Pa|last *m. 2* Schloss, schlossartiges Gebäude
Pa|läs|ti|na Landschaft zwischen dem östl. Mittelmeer und dem Jordan
Pa|läs|ti|nen|ser *m. 5*
pa|läs|ti|nen|sisch
pa|läs|ti|nisch
Pa|läs|tra *auch:* **Pa|läst|ra** [griech.] *f. Gen. - Pl.* -tren, *im alten Griechenland:* Schule für Ringen, Fechten und Leibesübungen
pa|la|tal [lat.] zum Gaumen gehörend, am Gaumen gebildet, Gaumen...
Pa|la|tal *m. 1* Vordergaumenlaut
pa|la|ta|li|sie|ren *tr. 3* mouillieren
Pa|la|ta|li|sie|rung *f. 10*
Pa|la|tin **1.** *m. Gen.* -(s) *nur Sg.* einer der Hügel in Rom; **2.** *m. 1* Pfalzgraf
Pa|la|ti|nat *n. 1* Pfalzgrafschaft
pa|la|ti|nisch pfalzgräflich; *aber:* der Palatinische Hügel in Rom
Pa|la|tschin|ke *auch:* **Pa|lat|schin-ke** [rumän.] *f. 11 meist Pl., österr.:* gefüllter Eierkuchen, z. B. Nusspalatschinken
Pa|la|tum [lat.] *n. Gen.* -s *Pl.* -ta Gaumen
Pa|lau Inselstaat im Pazifik
Pa|la|ver [-vər, port.] *n. 5* **1.** *urspr.:* Ratsversammlung westafrikanischer Stämme; **2.** *übertr.:* endloses Gerede, endlose Verhandlung
pa|la|vern [-vərn] *intr. 1* **1.** endlos verhandeln; **2.** sich angeregt unterhalten
Pa|laz|zo [ital.] *m. Gen.* -s *Pl.* -zi Palast, großes Wohnhaus in der Stadt
Pa|le *f. 11, nddt.:* Schote
pa|len *tr. 1, nddt.:* enthülsen
Pa|ler|mer *m. 5* Einwohner von Palermo
pa|ler|misch
Pa|ler|mo Stadt auf Sizilien
Pa|le|tot [-to:, frz.] *m. 9, veraltet:* zweireihiger, kurzer Herrenmantel
Pa|let|te [lat.-frz.] *f. 11* **1.** runde Holz- oder Metallscheibe mit Loch für den Daumen zum Mischen der Farben beim Malen; **2.** Untersatz für Versandgüter, der dem Transport mit Gabelstaplern dient
pa|let|ti *in der ugs. Wendung* alles p.: alles in Ordnung
pa|let|tie|ren *tr. 3* auf der Palette (2) stapeln und von da aus verladen
Pa|li [Sanskrit] *n. Gen.* -(s) *nur Sg.* mittelindische Sprache, relig. Sprache auf Sri Lanka, in Birma und Thailand
Pa|lim|psest *auch:* **Pa|limp|sest** [griech.] *n. 1, Altertum:* beschrie-

P

benes, dann abgeschabtes und wieder neu beschriebenes Pergament

Pa|lin|drom [griech.] *n. 1* Wort oder Satz, das bzw. der vorwärts und rückwärts sinnvoll gelesen werden kann, z. B. Gras - Sarg, Reittier, leg in eine so helle Hose nie'n Igel

Pa|lin|ge|ne|se [griech.] **1.** *im Buddhismus u. a.:* Wiedergeburt (durch die Seelenwanderung); **2.** Wiederholung von Entwicklungsstufen der Stammesgeschichte während der Embryonalentwicklung (z. B. Kiemen beim Embryo); **3.** Mischgesteinsbildung beim nochmaligen Schmelzen und Emporsteigen von Eruptivgesteinen

Pa|li|sa|de [lat.-frz.] *f. 11* **1.** Befestigungspfahl; **2.** Hindernis aus Pfählen

Pa|li|san|der [südamerik. Indianerspr.] *m. 5* sehr hartes, duftendes und schön gemasertes südamerik. Edelholz

Pa|li|san|derholz *n. 4*

Pal|la [lat.] *f. Gen. - nur Sg.* **1.** *im alten Rom:* weiter Frauenmantel; **2.** *kath. Kirche:* Leinentuch über dem Messkelch

Pal|la|di|um [lat.] *n. Gen. -s Pl. -di|en* **1.** kultisches Bild der griechischen Göttin Pallas Athene; **2.** Schutzbild, schützendes Heiligtum; **3.** (*Zeichen:* Pd) chem. Element

Pal|las [griech.] Beiname der griech. Göttin Athene

Pal|lasch [türk.-ung.] *m. 1* schwerer Degen

Pal|la|watsch *m. 1 nur Sg.* s. **Bal|la|watsch**

Pal|li|a|tiv *n. 1,* **Pal|li|a|ti|vum** [-vum] *n. Gen. -s Pl. -va* [-va] schmerzlinderndes Mittel

Pal|li|um *n. Gen. -s Pl. -li|en* **1.** *im alten Rom:* mantelartiger Umhang; **2.** *MA:* (Krönungs-)Mantel der Kaiser; **3.** *kath. Kirche:* lange, weiße, mit Kreuzen verzierte Binde um Schultern, Brust und Rücken, Abzeichen der Päpste und Erzbischöfe

Pal|lot|ti|ner *m. 5* Angehöriger des von dem ital. Priester Vincenzo Pallotti gegründeten kath. Ordens

Pal|lot|ti|ner|or|den *m. 7*

Pall|mall [pelmel, ital.-engl.] *n. 9* Ballspiel

Pall Mall [pɔ:l mɔl, engl.] *f. Gen. - nur Sg.* Straße im Westen Londons (wo früher Pallmall gespielt wurde)

Pal|ma|rum [lat.] *ohne Artikel* Sonntag vor Ostern, Palmsonntag; zu P.

Palm|blatt, Pal|men|blatt *n. 4*

Pal|me *f. 11*

Pal|men|zweig, Palm|zweig *m. 1*

Palm|e|sel *m. 5* holzgeschnitzte Darstellung des auf einem Esel reitenden Christus

Pal|met|te *f. 11* dem Palmenblatt ähnliche Verzierung

Palm|farn *m. 1* dickstämmiger Farn mit großen Fiederblättern

Palm|fett *n. 1 nur Sg.* aus den Früchten der Ölpalme gewonnenes (meist gebleichtes) Fett, Palmbutter

Pal|min® *n. 1 nur Sg.* aus der Kokosnuss gewonnenes Fett

Pal|mi|tin *n. 1 nur Sg.* Fett der Palmitinsäure

Palm|kätz|chen *Pl.* Weidenkätzchen, Blüten der Salweide

Palm|öl *n. 1 nur Sg.*

Palm|son|tag *m. 1* Palmarum

Palm|we|del *m. 5* Blatt der Palme oder des Palmfarns

Palm|wein *m. 1*

Palm|zweig, Pal|men|zweig *m. 1*

pal|pa|bel [ital.] *Med.:* tastbar, fühlbar

Pal|pa|ti|on *f. 10* Untersuchung durch Palpieren

Pal|pe *f. 11, bei Insekten:* fühlerartiger Anhang der Mundwerkzeuge, Taster

pal|pie|ren *tr. 3, Med.:* tasten, klopfen

Pal|pi|ta|ti|on *f. 10* beschleunigter Pulsschlag, Herzklopfen

pal|pi|tie|ren *intr. 3* beschleunigt schlagen (Herz, Puls)

Pa|mir [auch: pa-] Hochgebirge in Zentralasien

Pam|pa [indian.] *f. 9* südamerik. Grassteppe; in der Pampa *scherzh.:* weitab

Pam|pa(s)|gras *n. 4* Silbergras

Pam|pe *f. 11 nur Sg., mitteldt.:* dicker Schmutz, nasser Sand

Pam|pel|mu|se [ndrl.] *f. 11* dickschalige, große Grapefruit

Pam|pe|ro [span.] *m. 9* kalter Südsturm in Argentinien und Uruguay

Pampf *m. 1 nur Sg.* s. **Pamps**

Pam|phlet *auch:* **Pamph|let** [lat.-engl.] *n. 1* Streitschrift

Pam|phle|tist *auch:* **Pamph|le|tist** *m. 10* Verfasser eines Pamphlets

pam|pig **1.** breiig, dickflüssig; **2.** *übertr., ugs.:* anmaßend frech, unverschämt

Pamps, Pampf *m. 1 nur Sg.* dicker Brei

Pam|pu|sche *f. 11* s. **Ba|bu|sche**

Pan **1.** *griech. Myth.:* Hirten-, Weidegott mit Bocksfüßen, -hörnern und -ohren, der mit seinem plötzlichen Erscheinen Schrecken erregt; vgl. Panik, panisch; **2.** [poln.] *m. Gen. -s Pl. -s* Herr

pan…, Pan… [griech.] *in Zus.:* all…, All…, ganz…, Ganz…

Pa|na|ché [-ʃe] *n. 9, frz. Schreibung von* Panaschee

Pa|na|de [ital.] *f. 11* Mischung aus Semmelbröseln und Ei für Füllungen und Suppeneinlagen, zum Panieren

Pa|na|del|sup|pe *f. 11, österr.*

pan|af|ri|ka|nisch *auch:* **pan|a|fri|ka|nisch**

Pan|af|ri|ka|nis|mus *auch:* **Pan|a|fri|ka|nis|mus** Bestrebung zur Zusammenarbeit aller afrik. Staaten

Pa|na|ma **1.** Staat in Mittelamerika; **2.** *amtl.:* Panamá, Hauptstadt von Panama (1); **3.** *m. 9* ein poröses Gewebe für Sporthemden, Sportanzüge u. a.; **4.** Strohhut mit breiter Krempe

Pa|na|ma|ka|nal *m. 2 nur Sg.*

pan|a|me|ri|ka|nisch; panamerikanische Bewegung

Pan|a|me|ri|ka|nis|mus *m. Gen. - nur Sg.* Bestrebung zur Zusammenarbeit aller amerikanischen Staaten

Pa|na|ri|ti|um [-tsjum, lat.] *n. Gen. -s nur Sg.* Fingerentzündung, Nagelgeschwür

Pa|nasch [frz.] *m. 1* Federbusch, Helmzier

Pa|na|schee *n. 9* **1.** *veraltet für* gemischtes Kompott oder Eis; **2.** s. **Pa|na|schie|rung**

pa|na|schie|ren **1.** *tr. 3* buntstreifig mustern; **2.** *intr. 3* Kandidaten verschiedener Listen bei einem Wahlvorgang wählen

Pa|na|schier|sys|tem *n. 1*

Pa|na|schie|rung *f. 10* **1.** Weißfleckigkeit (von Blättern) infolge Mangels an Blattgrün; **2.** Panaschee

Pan|a|the|nä|en [griech.] *Gen. -nur Pl.* im antiken Athen gefeiertes Hauptfest zu Ehren der Göttin Athene

P

Pan|a|zee *auch:* **Pa|na|zee** [griech.] *f. Gen. - Pl.* -n ein Allheilmittel
pan|chro|ma|tisch [-kro-, griech.] für alle Farben gleich empfindlich (Film)
Pan|da [nepales.] *m. 9* asiat. Vorbär, Großer und Kleiner Panda
Pan|dai|mo|ni|on [griech.], **Pan|dä|mo|ni|um** [lat.] *n. Gen.* -s *Pl.* -ni|en, *griech.-röm. Myth.:* Versammlungsort aller bösen Geister, aller Dämonen
Pan|da|ne [mal.] *f. 11* eine Zimmerpflanze, Schraubenbaum
Pan|dang *m. Gen.* -s *nur Sg.* Schraubenpalme
Pan|dek|ten [griech.] *Pl.* Sammlung altröm. Rechtsgrundsätze als Grundlage für das Corpus Juris
Pan|de|mie [griech.] *f. 11* Epidemie von großem Ausmaß
pan|de|misch
Pan|dit [Sanskrit] *m. 1, ind. Titel für* Gelehrter
Pan|do|ra *griech. Myth.:* Frau, die in einer Büchse alle Übel auf die Erde brachte; Büchse der Pandora *übertr.:* die Quelle allen Übels
Pan|dschab *auch:* **Pand|schab** [Sanskrit »fünf Ströme«] *n. Gen.* -s *nur Sg.* Landschaft in Vorderindien
Pan|dscha|bi *auch:* **Pand|scha|bi** **1.** *m. Gen. - Pl.* - Einwohner des Pandschabs; **2.** *n. Gen.* -(s) *nur Sg.* im Pandschab gesprochene neuindische Sprache
Pan|dur [ung.] *m. 10* **1.** *früher:* bewaffneter ung. Diener; **2.** *17./18. Jh.:* ung. Fußsoldat
Pa|neel [frz.] *n. 1* **1.** Holztäfelung; **2.** einzelnes Feld der Täfelung
pa|neel|lie|ren *tr. 3* mit Paneel versehen, täfeln
Pan|e|gy|ri|ker *auch:* **Pa|ne|gy|ri|ker** [griech.] *m. 5* Verfasser eines Panegyrikus, Lobredner
Pan|e|gy|ri|kos *auch:* **Pa|ne|gy|ri|kos** *m. Gen. - Pl.* -koi, **Pan|e|gy|ri|kus** *auch:* **Pa|ne|gy|ri|kus** *m. Gen. - Pl.* -ken, *Antike:* Fest-, Lobrede
pan|e|gy|risch *auch:* **pa|ne|gy|risch**
Pa|nel [pænəl, engl.] *n. 9* **1.** *Sozial-, Meinungsforschung:* für eine bestimmte Aufgabe ausgewählte Gruppe, z. B. Diskussionsrunde; **2.** isolierter, typografisch umgrenzter Teil eines Werbemittels
pa|nem et cir|cen|ses [lat.] »Brot und (Zirkus-)Spiele« (Forderung der röm. Bevölkerung in der Zeit des wirtschaftl. Verfalls während der Kaiserzeit)
Pan|en|the|is|mus [griech.] *m. Gen. - nur Sg.* Lehre, dass das Weltall in Gott eingeschlossen sei; vgl. Pantheismus
pan|en|the|is|tisch
Pa|net|to|ne *m. Gen. - Pl.* -to|ni [ital.] ital. Weihnachtskuchen
Pan|eu|ro|pa-Be|we|gung *f. 10 nur Sg.* Streben nach polit., wirtschaftl. und kultureller Einigung Europas
pan|eu|ro|pä|isch
Pan|flö|te, Pans|flö|te *f. 11* antike Hirtenflöte aus fünf bis sieben nebeneinander liegenden Pfeifen
Pan|ger|ma|nis|mus *m. Gen. - nur Sg., früher:* Bestrebung, alle Deutschen in einem Staat zu vereinigen
pan|ger|ma|nis|tisch
Pan|has [nddt.] *m. Gen. - nur Sg.* westfäl. Gericht aus in Scheiben geschnittener, gebratener Buchweizengrütze
Pan|hel|le|nis|mus *m. Gen. - nur Sg., früher:* Bestrebung, alle Griechen in einem Staat zu vereinigen
pan|hel|le|nis|tisch; p. Bewegung
Pa|ni **1.** *Pl. von* Pan (2); **2.** *m. 9 oder Gen. - Pl.* - Angehöriger eines nordamerik. Indianerstammes
Pa|nier [frz.] *n. 1, veraltet* **1.** Banner; **2.** Wahlspruch; **3.** *f. Gen. - nur Sg., österr.:* Mischung zum Panieren
pa|nie|ren *tr. 3* in einer Mischung aus Ei, Mehl und geriebener Semmel wälzen; paniertes Schnitzel
Pa|nier|mehl *n. 1*
Pa|nik [nach dem griech. Hirtengott Pan] *f. 10* plötzliches, die Vernunft ausschaltendes Erschrecken, allgemeine Verwirrung (bes. bei Menschenansammlungen)
Pa|nik|ma|che *f. 11 nur Sg.*
Pa|nik|re|ak|ti|on *f. 10*
Pa|nik|stim|mung *f. 10 nur Sg.*
pa|nisch alles, das ganze Innere erfüllend, alle ergreifend, sinnlos, wild; panische Angst, panisches Entsetzen
Pan|is|la|mis|mus *m. Gen. - nur Sg.* Bestrebung, alle islam. Völker zu vereinigen
Pan|je [poln.] *m. 9, scherzhaft oder abfällig:* russischer Bauer
Pan|je|pferd *n. 1* kleines russisches Pferd
Pan|je|wa|gen *m. 7*
Pan|kar|di|tis [griech.] *f. Gen. - Pl.* -ti|den Herzentzündung
Pan|kra|ti|on *auch:* **Pank|ra|ti|on** [-tsjɔn, griech.] *n. Gen.* -s *nur Sg.* Allkampf, Zweikampf mit allen Mitteln
Pan|kre|as *auch:* **Pank|re|as** [griech.], *fachsprachl.:* Pan|cre|as *f. Gen. - Pl.* -a|ten Bauchspeicheldrüse
Pan|kre|a|ti|tis *auch:* **Pank|re|a|ti|tis** *f. Gen. - Pl.* -ti|ti|den Pankreasentzündung
Pan|lo|gis|mus *m. Gen. - nur Sg.* Lehre, dass das ganze Weltall von logischer, vernünftiger Natur sei
pan|lo|gis|tisch
Pan|mi|xie [griech.] *f. 11* wahllose Vermischung von Erbanlagen bei unbehinderter Kreuzung von Tieren oder Pflanzen einer Population
Pan|ne [frz.] *f. 11*
Pan|nen|dienst *m. 1*
Pan|no|ni|en röm. Provinz zwischen Ostalpen, Donau und Save
pan|no|nisch
Pan|op|ti|kum *auch:* **Pa|nop|ti|kum** [griech.] *n. Gen.* -s *Pl.* -ken Wachsfigurenkabinett, Sammlung von Kuriositäten
Pan|o|ra|ma *auch:* **Pa|no|ra|ma** [griech.] *n. Gen.* -s *Pl.* -men **1.** Rundblick oder Ausblick; **2.** Rundgemälde; **3.** Rundbild als hinterer Abschluss der Bühne zur Vortäuschung einer Landschaft
Pan|o|ra|ma|auf|nah|me *auch:* **Pa|no|ra|ma|auf|nah|me** *f. 11* aus mehreren, genau aneinander passenden fotograf. Aufnahmen zusammengesetzte Aufnahme
Pan|o|ra|ma|bus *auch:* **Pa|no|ra|ma|bus** *m. 1*
Pan|o|ra|ma|fens|ter *auch:* **Pa|no|ra|ma|fens|ter** *n. 5*
Pan|o|ra|ma|rück|spie|gel *auch:* **Pa|no|ra|ma|rück|spie|gel** *m. 5*
Pan|psy|chis|mus *m. Gen. - nur Sg.* Lehre, dass die gesamte Natur, auch die unbelebte, beseelt sei
pan|schen, pant|schen **1.** *tr. 1* mit Wasser mischen, verfälschen (Wein, Milch); **2.** *intr. 1* mit Wasser spielen, planschen
Pan|scher, Pant|scher *m. 5* jmd., der Wein oder Milch panscht

P

Pan|sen *m. 7* erster Magen der Wiederkäuer
Pans|flö|te *f. 11* = **Pan|flö|te**
Pan|sla|wis|mus *m. Gen. - nur Sg.* Bestrebung, alle slawischen Völker zu vereinigen
Pan|sla|wist *m. 10*
pan|sla|wis|tisch
Pan|so|phie [griech.] *f. 11 nur Sg.* Gesamt-, Allweisheit, *bes. im 16./17. Jh.:* Versuch, alle Wissenschaften und die Religion zu vereinigen
Pan|sper|mie [griech.] *f. 11 nur Sg.* Lehre, dass Lebenskeime von einem Himmelskörper zum andern übertragen würden und dadurch das Leben auf der Erde entstanden sei
Pan|ta|le|on Heiliger, einer der 14 Nothelfer
Pan|ta|lo|ne [ital.] *m. Gen.* -s *Pl.* -ni Figur der Commedia dell'Arte, komischer Alter
Pan|ta|lons [pãtalɔ̃s, frz.] *Pl.* während der Frz. Revolution in Mode gekommene lange Hosen
pan|ta rhei [griech.] alles fließt, ist in Bewegung (angeblicher Ausspruch Heraklits: alles Sein beruht auf ständigem Werden und Vergehen)
Pan|ter *m. 5* s. **Pan|ther**
Pan|ter|kat|ze *f. 11* s. **Pan|ther|kat|ze**
Pan|the|is|mus *m. Gen. - nur Sg.* Lehre, dass Gott überall in der Natur sei, dass Gott und die Welt eine Einheit seien; vgl. Panentheismus
Pan|the|ist *m. 10*
pan|the|is|tisch
Pan|the|on *n. 9* **1.** *Antike:* Tempel für alle Götter; **2.** Gesamtheit aller Götter eines Volkes; **3.** Ehrentempel
Pan|ther *auch:* **Pan|ter** [griech.] *m. 5* = Leopard
Pan|ther|kat|ze *auch:* **Pan|ter|kat|ze** *f. 11* = Ozelot
Pan|ti|ne [frz.] *f. 11, meist Pl.* Holzpantoffel
Pan|tof|fel *m. 14, meist Pl.* Hausschuh ohne Ferse; unter dem P. stehen *ugs., scherzh.:* zu Hause nichts zu sagen haben, unter dem Regiment der Ehefrau stehen
Pan|tof|fel|blu|me *f. 11* = Kalzeolarie
Pan|töf|fel|chen *n. 7*
Pan|tof|fel|held *m. 10, ugs., scherzh.:* Ehemann, der nichts zu sagen hat; vgl. Pantoffel
Pan|tof|fel|schne|cke *f. 11* eine Meeresschnecke
Pan|tof|fel|tier|chen *n. 7* ein Einzeller
Pan|to|graph *auch:* **Pan|to|graf** [griech.] *m. 10* Storchschnabel (2)
Pan|to|gra|phie *auch:* **Pan|to|gra|fie** *f. 11* mit dem Pantographen hergestellte Zeichnung
Pan|to|let|te *f. 11* leichter Sommerschuh ohne Ferse
Pan|to|me|ter [griech.] *n. 5* Gerät zum Messen von Längen und Winkeln
Pan|to|mi|me [griech.] **1.** *f. 11* Darstellung von Szenen ohne Worte, nur mit Gebärden, Mienenspiel, Bewegungen; **2.** *m. 11* Künstler, der Pantomimen darstellt
Pan|to|mi|mik *f. 10 nur Sg.* Kunst der Pantomime, Gebärden- und Mienenspiel
pan|to|mi|misch in der Art einer Pantomime
pan|to|phag [griech.] sich von Pflanzen und Tieren ernährend, omnivor
Pan|to|pha|ge *m. 11* Tier, das sich pantophag ernährt, Allesfresser, Omnivore
Pan|to|pha|gie *f. 11 nur Sg.* auf pflanzliche und tierische Nahrung eingestellte Ernährungsweise; vgl. Monophagie, Polyphagie
Pan|try *auch:* **Pant|ry** [pæntrı, engl.] *f. 9, auf Schiffen und in Flugzeugen:* Speisekammer, Anrichteraum
pant|schen *tr. u. intr. 1* = **pan|schen**
Pan|tschen-La|ma *auch:* **Pant|schen-La|ma** [tibet.] *m. Gen.* -(s) *Pl.* -s zweites Oberhaupt des Lamaismus nach dem Dalai-Lama
Pant|scher *m. 5* = **Pan|scher**
Pan|ty [pæntı, engl.] *f. 9* Miederhose
Pän|ul|ti|ma *auch:* **Pä|nul|ti|ma** [lat.] *f. Gen. - Pl.* -mae *oder* -men vorletzte Silbe (eines Wortes)
Pan|zen *m. 7, süddt.:* Wanst, Bauch, Schmerbauch
Pan|zer *m. 5* **1.** *MA:* Rüstung; **2.** *bei Tieren:* Schutzhülle aus Horn o. Ä.; **3.** Stahlschutzhülle; **4.** *kurz für* Panzerkampfwagen
Pan|zer|ab|wehr|ka|no|ne *f. 11* (*Kurzwort:* Pak)
Pan|zer|di|vi|si|on [-vi-] *f. 10*
Pan|zer|ech|se [-ks-] *f. 11* Krokodil
Pan|zer|faust *f. 2* Handfeuerwaffe
Pan|zer|glas *n. 4* schusssicheres Glas
Pan|zer|hemd *n. 12, MA:* Panzer aus kleinen Einzelteilen, Schuppenpanzer, Kettenpanzer
pan|zern *tr. 1*
Pan|zer|späh|wa|gen *m. 7*
Pan|ze|rung *f. 10* Armierung
Pä|o|nie [-njə, griech. paionios »heilend«] *f. 11* Pfingstrose
Pa|pa [lat.] *m. 9 nur Sg.* **1.** *kath. Kirche: Bez. für* Papst; **2.** (*Abk.:* P.) *Ostkirche:* Titel für höheren Geistlichen
Pa|pa [ugs. und Kinderspr.: papa] *m. 9* Vater
Pa|pa|bi|le [-le:] *m. Gen.* -s *Pl.* -li Kardinal, der Aussicht hat, zum Papst gewählt zu werden
Pa|pa|gal|lo [ital. »Papagei«] *m. Gen.* -s *Pl.* -li, *in Mittelmeerländern:* einheimischer, zu Liebesabenteuern mit Touristinnen aufgelegter junger Mann
Pa|pa|gei *m. 12* ein trop. Klettervogel
Pa|pa|gei|en|krank|heit *f. 10 nur Sg.* auf den Menschen übertragbare Infektionskrankheit der Papageien
Pa|pa|ge|no *m. Gen.* -s *nur Sg.* der Vogelsteller aus Mozarts »Zauberflöte«
pa|pal [lat.] päpstlich
Pa|pa|lis|mus *m. Gen. - nur Sg.* kirchliches System, in dem der Papst die oberste Gewalt ausübt; *Ggs.:* Episkopalismus
Pa|pal|sys|tem *n. 1 nur Sg.*
Pa|pa|raz|zo [ital.] *m. Gen.* -s *Pl.* -zi aufdringlicher Pressefotograf
Pa|pas *m. Gen. - Pl. -, Ostkirche:* Weltgeistlicher
Pa|pat *m. 1 oder n. 1 nur Sg.* Amt, Würde des Papstes
Pa|pa|ve|rin [-ve-, lat.] *n. nur Sg.* im Opium enthaltenes Alkaloid
Pa|pa|ya [karib.] *f. 9* eine süße, enzymreiche Südfrucht
Pa|pel [lat.] *f. 11* entzündliche Hauterhebung, Bläschen, Knötchen
Pa|per [peıpə(r), engl.] Schriftstück
Pa|per|back [peıpə(r)bæk, engl.] *n. 9* kartoniertes Buch
Pa|pe|te|rie [frz.] *f. 11* Schreibwarenhandlung
Pa|pi, Pap|pi *m. 9, Kinderspr.*

P

Pa|pier *n. 1; Börse (Abk.:* P.): Wertpapier; Papiere: Ausweise; Papier verarbeitende Industrie
Pa|pier|boot *n. 1* ein Kopffüßer
Pa|pier|deutsch *n. Gen.* -(s) *nur Sg.* unlebendige, trockene Ausdrucksweise
pa|pie|ren aus, wie Papier
Pa|pier|geld *n. 3 nur Sg.*
Pa|pier|krieg *m. 1 nur Sg.* lästiger Briefwechsel, Ausfüllen zu vieler Formulare
Pa|pier|ma|ché [-ʃe:] *Nv.* **Pa|pier-ma|schee** *Hv. n. 9* formbare Masse aus feuchtem Papier, Leim u. a., Pappmaschee

Papier verarbeitend: Die Folge aus Substantiv und Partizip wird getrennt geschrieben, da beide Wörter auch in anderen Satzzusammenhängen eigenständig sind: *die Papier verarbeitende Industrie.* § 34 E3 (5)

Pa|pier ver|ar|bei|tend (*alt:* pa-pier|ver|ar|bei|tend)
pa|pil|lar [lat.] warzenartig
Pa|pil|lar|li|ni|en *Pl.* die feinen linearen Hauterhebungen der Handflächen (bes. Fingerkuppen) und Fußsohlen
Pa|pil|le *f. 11* Warze, warzenförmige Hauterhebung
pa|pil|li|form warzenförmig
Pa|pil|lom *n. 1* warzenartige Geschwulst
Pa|pil|lo|te [papijɔtə, auch: papilɔtə, frz.] *f. 11* dünner Lockenwickel; en papillote [ã papijɔt]: Zubereitung (von Fleisch, Fisch) in Folie

P

Pa|pis|mus [lat.] *m. Gen. - nur Sg., abwertend* **1.** Papsttum; **2.** engherzige Papsttreue
Pa|pist *m. 10, abwertend:* Anhänger des Papsttums
pa|pis|tisch
Papp *m. 1 nur Sg.* **1.** dicker Brei, Pamps; **2.** Klebstoff
Pap|pa|ta|ci|fie|ber [-tschi-, ital.] *n. 5 nur Sg.* Dreitagefieber
Papp|band *m. 2*
Papp|de|ckel, Pap|pen|de|ckel *m. 5* Stück Pappe
Pap|pe *f. 11*
Pap|pel *f. 11* säulenförmig wachsender Laubbaum
päp|peln *tr. 1, ugs.:* sorgsam, gut füttern; *meist:* auf-, hochpäppeln; ich päppele, päpple ihn
pap|pen *tr. u. intr. 1, ugs.:* kleben
Pap|pen|de|ckel *m. 5*
Pap|pen|hei|mer *m. 5* Angehöriger eines Reiterregiments unter Wallenstein; *nur in der Wendung* ich kenne meine P.!: ich kenne diese Leute, ich weiß Bescheid
Pap|pen|stiel *m. 1, übertr.:* etwas Wertloses, Geringfügigkeit; das ist schließlich kein P.!; etwas für einen, um einen P. hergeben
pap|per|la|papp!
pap|pig
Papp|kas|ten *m. 8*

Pappmaschee/Pappmaché: Die ins Deutsche integrierte Schreibweise *Pappmaschee* ist die Hauptvariante, die fremdsprachige Form *Pappmaché* die zulässige Nebenvariante. § 20 (2)

Papp|ma|ché [-maʃe:] *Nv.* **Papp-ma|schee** *Hv. n. 9*
Papp|schach|tel *f. 11*
Papps *m. 1* dicker Brei, Pamps
Papp|schnee *m. Gen.* -s *nur Sg.* klebender, nasser Schnee
Pap|pus [griech.] *m. Gen. - Pl. - oder* -pus|se Haarkrone der Korbblütlerfrüchte
Pap|ri|ka *auch:* **Pap|ri|ka** [serb.-ung.] *m. 9* eine Gemüse- und Gewürzpflanze
Paps *m. Gen. - nur Sg., Kindersprache für* Papa
Papst *m. 2*
päpst|lich
Papst|tum *n. Gen.* -s *nur Sg.*
Pa|pua *m. 9 oder Gen. - Pl. -* Ureinwohner von Neuguinea
Pa|pua-Neu|gui|nea [-gi-] Staat auf Neuguinea
pa|pu|a|nisch
Pa|py|ri *Pl. von* Papyrus
Pa|py|rin [griech.] *n. 1* Pergamentpapier
Pa|py|ro|lo|ge *m. 11*
Pa|py|ro|lo|gie *f. 11 nur Sg.* Lehre von den Papyri
Pa|py|rus *m. Gen. - Pl.* -ri **1.** antikes, aus Papyrusstaude gewonnenes Schreibblatt; **2.** Schriftstück daraus
Pa|py|rus|rol|le *f. 11*
Pa|py|rus|stau|de *f. 11* Schilfgewächs in Afrika und Südwestasien
Par *n. Gen. - Pl.* -s festgesetzte Anzahl von Schlägen für ein Loch im Golfspiel
par..., Par... vgl. para..., Para..., z. B. Parenchym, Parese
pa|ra... (*Zeichen:* p-) *Chem.:* Vorsilbe zur Kennzeichnung einer isomeren Form von Benzolderivaten
pa|ra..., Pa|ra... [griech.] *in Zus.:* bei..., Bei..., neben..., Neben..., gegen..., Gegen...
Pa|ra|bel [griech.] *f. 11* **1.** *Math.:* ebene, symmetrische, ins Unendliche laufende, offene Kurve; **2.** lehrhafte Erzählung, Gleichnis
Pa|ra|bel|lum *f. 9,* **Pa|ra|bel|lum-pis|to|le**® *f. 11* Selbstladepistole
Pa|ra|bi|ont *m. 10* Lebewesen, das mit einem andern der gleichen Art zusammengewachsen ist, z. B. siames. Zwilling
Pa|ra|bi|o|se [griech.] *f. 11* Zusammenleben zweier miteinander verwachsener Lebewesen, z. B. bei Anglerfischen
Pa|ra|bol|an|ten|ne *f. 11* Antenne in Form eines Parabolspiegels
pa|ra|bo|lisch in der Art einer Parabel, gleichnishaft
pa|ra|bo|li|sie|ren *tr. 3* in der Art einer Parabel darstellen
Pa|ra|bo|lo|id *m. 1* durch Rotation einer Parabel entstehender Körper
Pa|ra|bol|spie|gel *m. 5* Hohlspiegel, Parabolreflektor
Pa|ra|cel|sus dt. Arzt und Philosoph
pa|ra|cel|sisch
Pa|ra|de [frz.] *f. 11* **1.** Vorbeimarsch von Truppen; **2.** *Boxen, Fechten:* Abwehr eines Angriffs; **3.** Verkürzen der Gangart oder Anhalten des Pferdes
Pa|ra|deis|ap|fel *m. 6,* **Pa|ra|dei|ser** *m. 5, österr.:* Tomate
Pa|ra|deis|mark *n. Gen.* -s *nur Sg., österr.:* Tomatenmark
Pa|ra|de|marsch *m. 2*
Pa|ra|den|ti|tis [griech. + lat.] *f. Gen. - Pl.* -ti|ti|den s. **Par|o|don-ti|tis**
Pa|ra|den|to|se *f. 11* s. **Par|o|don-to|se**
Pa|ra|de|schritt *m. 1*
pa|ra|die|ren *intr. 3* vorbeimarschieren; mit etwas p.: sich mit etwas brüsten
Pa|ra|dies [griech.] *n. 1* **1.** Garten Eden, Himmel; **2.** *in der altchristl. Basilika:* Vorhof mit Brunnen; **3.** *übertr.:* Ort der Glückseligkeit, bes. schöner Ort
Pa|ra|dies|ap|fel *m. 6* **1.** Zwergapfel; **2.** *auch poet.:* Tomate
pa|ra|die|sisch

Pa|ra|dies|vo|gel *m. 6* Vertreter einer farbenprächtigen Vogelfamilie Neuguineas
Pa|ra|dig|ma [griech.] *n. Gen.* -s *Pl.* -men **1.** Musterbeispiel; **2.** *Gramm.:* Flexionsmuster
pa|ra|dig|ma|tisch beispielhaft
pa|ra|dox [griech.] widersinnig, widersprüchlich
Pa|ra|dox *n. 1* s. **Pa|ra|do|xon**
Pa|ra|do|xie *f. 11* Widersinnigkeit
Pa|ra|do|xon *n. Gen.* -s *Pl.* -xa widersinnige Folgerung oder Äußerung, die dem so genannten gesunden Menschenverstand zuwiderläuft
Par|af|fin *auch:* **Pa|raf|fin** [lat.] *n. 1* **1.** Gemisch gesättigter Kohlenwasserstoffe; **2.** *Pl.* homologe Reihe der gesättigten Kohlenwasserstoffe
Pa|ra|gli|der [-glaide(r), engl.] *m. 5* Gleitsegel
Pa|ra|gli|ding [-glaidiŋ] *n. Gen.* -s *nur Sg.*

Paragraph/Paragraf: Die fremdsprachige Schreibweise *Paragraph* ist die Hauptvariante, die ins Deutsche integrierte Form *Paragraf* die zulässige Nebenvariante. § 32 (2)

Pa|ra|graph *auch:* **Pa|ra|graf** [griech.] *m. 10* (*Zeichen:* §, *Pl.:* §§) Abschnitt, Absatz
Pa|ra|gra|phen|rei|ter *auch:* **Pa|ra|gra|fen|rei|ter** *m. 5* jmd., der sich sklavisch an die Vorschriften hält
Pa|ra|gra|phen|rei|te|rei *auch:* **Pa|ra|gra|fen|rei|te|rei** *f. 10 nur Sg.*
Pa|ra|gra|phie *auch:* **Pa|ra|gra|fie** *f. 11 nur Sg.* Störung der Schreibfähigkeit, Verwechslung von Buchstaben oder ganzen Wörtern
pa|ra|gra|phie|ren *auch:* **pa|ra|gra|fie|ren** *tr. 3* in Paragraphen einteilen
Pa|ra|graph|zei|chen *auch:* **Pa|ra|graf|zei|chen** *n. 7* das Zeichen §
Pa|ra|gu|ay [auch: -gwai] **1.** Staat in Südamerika; **2.** *m. Gen.* -s Nebenfluss des Paraná
Pa|ra|gu|ay|er *auch:* **Pa|ra|gu|a|yer** *m. 5*
pa|ra|gu|ay|isch *auch:* **pa|ra|gu|a|yisch**
Pa|ra|ki|ne|se [griech.] *f. 11* Störung im koordinierten Bewegungsablauf
Pa|ra|kla|se [griech.] *f. 11* durch Verwerfung entstandene Spalte
Pa|ra|klet *auch:* **Pa|rak|let** [griech.] *m. 10 oder m. 1* Helfer, Fürsprecher, Titel des Heiligen Geistes
Pa|ra|li|po|me|non [griech.] *n. Gen.* -s *meist Pl.* -me|na Ergänzung, Nachtragung (zu einem literar. Werk)

♦Die Buchstabenfolge **par|al|l...** kann in Fremdwörtern auch **pa|ral|l...** getrennt werden.

♦**par|al|lak|tisch** [griech.] auf Parallaxe beruhend
♦**Par|al|la|xe** *f. 11* **1.** Winkel zwischen zwei Sehstrahlen, der entsteht, wenn ein Punkt von zwei verschiedenen Punkten auf einer Geraden betrachtet wird; **2.** *Fotografie:* Unterschied zwischen dem Bildausschnitt im Sucher und dem, der dann auf dem Film erscheint
♦**par|al|lel** [griech.] **1.** *Math.:* in gleich bleibendem Abstand nebeneinander (verlaufend); parallel laufende Linien; parallel schalten; **2.** *übertr.:* gleichzeitig
♦**Par|al|le|le** *f. 11* **1.** Gerade, die mit einer anderen Geraden in gleich bleibendem Abstand verläuft; **2.** *übertr.:* etwas Ähnliches, ähnlicher Fall, ähnliches Ereignis
♦**Par|al|le|le|pi|ped** *n. 1*, **Par|al|le|le|pi|pe|don** *n. Gen.* -s *Pl.* -da *oder* -pe|den s. **Par|al|lel|flach**
♦**Par|al|lel|fall** *m. 2* ähnlicher Fall
♦**Par|al|lel|flach** *n. 1* von drei Paaren paralleler Ebenen begrenzter Körper, Parallelepipedon
♦**par|al|le|li|sie|ren** *tr. 3* (vergleichend) nebeneinander stellen
♦**Par|al|le|li|sie|rung** *f. 10 nur Sg.*
♦**Par|al|le|lis|mus** *m. Gen.* - *Pl.* -men Übereinstimmung, Ähnlichkeit; gleicher Bau (von Sätzen oder Satzteilen)
♦**Par|al|le|li|tät** *f. 10 nur Sg.* parallele Beschaffenheit
♦**Par|al|lel|kreis** *m. 1* Breitenkreis
♦**par|al|lel lau|fend** (*alt:* par|al|lel|lau|fend)
♦**Par|al|le|lo|gramm** *n. 1* Viereck mit zwei Paar paralleler Seiten
♦**Par|al|lel|pro|jek|ti|on** *f. 10* Darstellung eines räumlichen Gebildes auf einer Ebene durch parallele Strahlen
♦**par|al|lel schal|ten** (*alt:* par|al|lel|schal|ten) *tr. 2*
♦**Par|al|lel|schal|tung** *f. 10* Verbindung der Aus- und Eingänge zweier Schaltelemente
♦**Par|al|lel|schwung** *m. 2, Skisport*
♦**Par|al|lel|ton|art** *f. 10* Tonart mit den gleichen Vorzeichen
♦**par|al|lel|ver|wandt** = affin
Pa|ra|lo|gie [griech.] *f. 11* **1.** Vernunftwidrigkeit; **2.** krankhaftes Vertauschen von Wörtern und Begriffen
Pa|ra|lo|gis|mus *m. Gen.* - *Pl.* -men Fehlschluss, unlogische Folgerung
Pa|ra|ly|se [griech.] *f. 11* völlige Lähmung; progressive P.: Gehirnschwund durch Syphilis
pa|ra|ly|sie|ren *tr. 3* **1.** lähmen; **2.** *übertr.:* unwirksam machen
Pa|ra|ly|ti|ker *m. 5* jmd., der an Paralyse erkrankt ist
pa|ra|ly|tisch
Pa|ra|ment [lat.] *n. 1 meist Pl.* Stoffgegenstand (Fahne, Decke, Gewand) für gottesdienstliche Zwecke
Pa|ra|me|ter [griech.] *m. 5, Math.:* Hilfsveränderliche, die jedoch während der Rechnung als konstant angesehen wird
Pa|ra|mi|li|tär **1.** *n. 9 nur Sg.* militärähnliche Gruppe; **2.** *m. 9 meist Pl.* Mitglied einer militärischen Gruppe
pa|ra|mi|li|tä|risch [griech.] halbmilitärisch, militärähnlich; paramilitärische Verbände
Pa|ra|ná [-na] **1.** *m. Gen.* -(s) Fluss in Südamerika; **2.** Stadt in Argentinien
Pa|ra|noia [griech.] *f. Gen.* - *nur Sg.* mit Wahnvorstellungen verbundene seelische Störung
pa|ra|no|id an Paranoia leidend
Pa|ra|no|i|ker *m. 5* jmd., der an Paranoia leidet
pa|ra|no|isch
Pa|ra|nuss (*alt:* Pa|ra|nuß) *f. 2* Samen des Paranussbaumes, Brasilnuss
Pa|ra|pha|sie [griech.] *f. 11* Sprachstörung mit Verwechslung von Buchstaben, Silben, Wörtern
Pa|ra|phe [griech.] *f. 11* Namenszug, Stempel mit dem Namenszug
pa|ra|phie|ren *tr. 3* unterzeichnen
Pa|ra|phra|se [griech.] *f. 11* **1.** verdeutlichende Umschreibung (eines Textes, Sachverhalts); *auch:* freie Übertragung; **2.** *Mus.:* Verzierung (einer Melodie)

P

pa|ra|phra|sie|ren *tr. 3* **1.** mit anderen Worten ausdrücken, umschreiben; **2.** *Mus.:* verzieren
pa|ra|phras|tisch in der Art einer Paraphrase, umschreibend
Pa|ra|pla|sie [griech.] *f. 11, Med.:* Missbildung
Pa|ra|ple|gie [griech.] *f. 11* doppelseitige Lähmung
Pa|ra|pluie *auch:* **Pa|rap|luie** [-ply, frz.] *m. 9 oder n. 9, veraltet für:* Regenschirm
Pa|ra|psy|cho|lo|gie *f. 11 nur Sg.* Teilgebiet der Psychologie, das sich mit den außersinnlichen (okkulten) Erscheinungen befasst
pa|ra|psy|cho|lo|gisch
Pa|ra|sit [griech.] *m. 10* Schmarotzer
pa|ra|si|tär, pa|ra|si|tisch in der Art eines Parasiten
Pa|ra|si|tis|mus *m. Gen. - nur Sg.* Schmarotzertum
Pa|ra|si|to|lo|gie *f. 11 nur Sg.* Lehre von den Parasiten, bes. den Krankheitserregern
pa|ra|si|to|lo|gisch
Pa|ra|ski *m. Gen.* -s *Pl.* -ski|er
Pa|ra|sol [lat.-frz.] *m. 9* **1.** *veraltet:* Sonnenschirm; **2.** Parasolpilz
Pa|ra|sol|pilz *m. 1* essbarer Pilz, Schirmpilz, Parasol
Par|äs|the|sie *auch:* **Pa|räs|the|sie** [griech.] *f. 11* unangenehme, anomale Körperempfindung, z. B. Kribbeln
Pa|ra|sym|pa|thi|kus *m. Gen. - nur Sg.* dem Sympathikus entgegengesetzt wirkender Teil des Nervensystems
pa|ra|sym|pa|thisch
pa|rat [lat.] bereit, gebrauchsfertig, vorgefertigt; eine Antwort parat haben
pa|ra|tak|tisch [griech.] in der Art einer Parataxe, nebenordnend; *Ggs.:* hypotaktisch
Pa|ra|ta|xe *f. 11* Nebenordnung, Nebeneinander (von Sätzen oder Satzteilen); *Ggs.:* Hypotaxe
Pa|ra|ta|xis *f. Gen. - Pl.* -xen, *ältere Form von* Parataxe
Pa|ra|ty|phus *m. Gen. - nur Sg.* dem Typhus ähnliche Infektionskrankheit
pa|ra|ty|pisch nicht erblich
Pa|ra|vent [-vã, frz.] *m. 9* Wand-, Ofenschirm
par a|vi|on [- avjɔ̃, frz.] durch Luftpost (Vermerk auf Postsendungen)

P

Pa|ra|zen|te|se [griech.] *f. 11* Einstich, Durchstechung (bes. des Trommelfells)
pa|ra|zen|trisch *auch:* **pa|ra|zent|risch** mit Hilfe der Parazentese
par|bleu! [-blø, frz.] *veraltet:* Donnerwetter!
par|boiled [pa(r)bɔɪld, engl.] vorbehandelt (beim Reis)
Pär|chen *n. 7*
Par|cours [-kur, frz.] *m. Gen.* - [-kurs] *Pl.* - [-kurs] Streckenverlauf; Reit-, Trimmparcours
Pard *m. 1* = Leopard
par|dauz! (alter) Ruf des Erstaunens
Par|del *m. 5,* **Par|der** *m. 5* = Leopard
par dis|tance [- distãs, frz.] aus der Entfernung; ich verkehre mit ihm nur p. d.: nicht persönlich, nicht freundschaftlich
par|don! [-dɔ̃, frz.] Verzeihung!, Entschuldigung!
Par|don [-dɔ̃] *m. oder n. Gen.* -s *nur Sg., veraltet:* Verzeihung, Gnade; *nur noch in den Wendungen* kein(en) Pardon geben; da gibt's keinen *oder:* kein Pardon!: da hilft keine Entschuldigung, keine Ausrede
par|do|nie|ren *tr. 3;* jmdn. p.: jmdm. Pardon geben, jmdn. begnadigen
Par|dun [ndrl.] *n. 9,* **Par|du|ne** *f. 11* Tau, das Masten abstützt
Par|en|chym *auch:* **Pa|ren|chym** [griech.] *n. 1* **1.** dünnwandiges, großräumiges, saftreiches Pflanzengewebe, das bes. dem Stoffaustausch dient, Grundgewebe; **2.** Funktionsgewebe der Organe, im Unterschied z. B. zum Fettgewebe
pa|ren|tal [lat.] zur Elterngeneration gehörend, von ihr herrührend
Pa|ren|tal|ge|ne|ra|ti|on *f. 10* Elterngeneration
Pa|ren|ta|li|en *Pl.* altröm. Totenfest
Pa|ren|tel *f. 10* der Stammvater und alle seine Nachkommen
par|en|te|ral *auch:* **pa|ren|te|ral** [griech.] nicht über den Verdauungsweg; parenterale Ernährung, Aufnahme: Ernährung, Aufnahme (von Stoffen) durch Injektion oder Infusion
Par|en|the|se *auch:* **Pa|ren|the|se** [griech.] *f. 11* **1.** Klammer; **2.** eingeschobener Satz oder Satzteil, Schaltsatz

par|en|the|tisch *auch:* **pa|ren|the|tisch** eingeschoben, nebenbei
Par|er|ga *auch:* **Pa|rer|ga** *Pl. von* Parergon
Par|er|gon *auch:* **Pa|rer|gon** [griech.] *n. Gen.* -s *Pl.* -ga, *veraltet:* **1.** Anhang, Nachtrag; **2.** gesammelte kleine Schriften
Pa|re|se [griech.] *f. 11* unvollständige Lähmung, Erschlaffung, Schwäche
pa|re|tisch
par ex|cel|lence [- ɛksəlãs, frz.] schlechthin, beispielhaft
Par|fait [-fɛ, frz.] *n. 9* halb gefrorenes Speiseeis
par force [- fɔrs, frz.] *veraltet:* mit Gewalt
Par|force|jagd [-fɔrs-] *f. 10* Hetzjagd zu Pferde mit Hunden
Par|force|ritt [-fɔrs-] *m. 1* Gewaltritt
Par|fum [-fœ̃, frz.] *n. 9,* **Par|füm** *n. 9 oder n. 1* wohlriechende, wässrige Flüssigkeit, Duftstoff
Par|fü|me|rie *f. 11* Geschäft für Parfüms, Seifen, Kosmetika u. Ä.
par|fü|mie|ren *tr. 3* mit Parfüm versetzen oder einstäuben
pa|ri vgl. al pari
Pa|ri *m. Gen.* -(s) *nur Sg.* Nennwert, Parikurs, Pariwert; über, unter P. stehen
Pa|ria [tamil.] *m. 9* **1.** *europ. Bez. für* Angehöriger einer niederen Kaste in Indien; **2.** *übertr.:* Ausgestoßener, Entrechteter
pa|rie|ren [frz.] **1.** *tr. 3* abwehren, auffangen; einen Hieb, Angriff p.; **2.** *tr. 3* zum Stehen bringen (Pferd); **3.** *tr. 3, veraltet:* zurechtschneiden, von Haut, Sehnen und Fett befreien (Fleisch); **4.** *intr. 3* gehorchen
pa|ri|e|tal [lat.] **1.** *Bot.:* wandständig, seitlich; **2.** zum Scheitelbein gehörend
Pa|ri|e|tal|au|ge *n. 14,* **Pa|ri|e|tal|or|gan** *n. 1* Lichtsinnesorgan niederer Wirbeltiere; *auch:* Scheitelauge (der Brückenechse)
Pa|ri|kurs *m. 1* s. **Pa|ri**
Pa|ris Hauptstadt von Frankreich
Pa|ris *griech. Myth.:* Sohn des trojan. Königs Priamos
Pa|ri|ser *m. 5* **1.** Einwohner von Paris; **2.** *ugs.:* Präservativ
pa|ri|se|risch
Pa|ri|si|enne [-sjɛn, frz.] *f. Gen. - nur Sg.* **1.** mit Metallfäden durchzogenes Seidengewebe;

2. frz. Freiheitslied nach der Julirevolution von 1830

pa|ri|syl|la|bisch [lat.] in allen Kasus gleichsilbig

Pa|ri|syl|la|bum *n. Gen.* -s *Pl.* -ba Substantiv, das in allen Kasus die gleiche Silbenzahl aufweist, z. B. Adler

Pa|ri|tät [lat.] *f. 10* **1.** gleiche Stellung, Gleichberechtigung; *Ggs.:* Imparität; **2.** Tauschverhältnis zwischen zwei Währungen

pa|ri|tä|tisch gleichberechtigt, gleichgestellt

Pa|ri|wert *m. 1* s. **Pa|ri**

Park *m. 9* **1.** großer Garten; **2.** Gesamtbestand an Fahrzeugen, *meist in Zus.:* Wagenpark, Fuhrpark

Par|ka [eskimoisch] *m. 9* (wattierter) gesteppter Anorak mit Kapuze; olivgrüne Schulterklappenjacke

Park-and-ride-Sys|tem [pa:kəndraɪd-, engl.] *n. 1* Verkehrssystem, bei dem Kraftfahrer ihre Fahrzeuge am Stadtrand parken und mit öffentlichen Verkehrsmitteln in die Stadt fahren

Park|an|la|ge *f. 11*

Park|bank *f. 2*

par|ken *intr. u. tr. 1*

Par|kett [frz.] *n. 1* **1.** Fußbodentäfelung; **2.** *Theater:* die vorderen Sitzreihen im Zuschauerraum; **3.** *Pariser Börse:* Raum zum Abwickeln der Geschäfte; *auch:* Börsenverkehr

Par|kett|bo|den *m. 8*

Par|ket|te *f. 11, österr.:* einzelnes Brettchen des Parkettbodens; Parketten legen

par|ket|tie|ren *tr. 3* mit Parkett belegen

Park|haus *n. 4*

par|kie|ren *tr. 3, schweiz. für* parken

Parkinsonkrankheit: Zusammensetzungen mit Eigennamen werden zusammengeschrieben. Die Bindestrichschreibung ist als Variante zulässig: *Parkinsonkrankheit/Parkinson-Krankheit.* Korrekt sind auch: die *parkinsonsche Krankheit bzw. die Parkinson'sche Krankheit* (mit Apostroph und Großschreibung). § 62

Par|kin|son|krank|heit *auch:* **Par|kin|son-Krank|heit, par|kin|son|sche Krank|heit** *auch:* **Par|kin|son'|sche Krank|heit** (*alt:* Par|kin|son|sche Krank|heit) [nach dem engl. Arzt James Parkinson] *f. 10 nur Sg.* Altersschüttellähmung

par|kin|son|sches Ge|setz *auch:* **Par|kin|son'|sches Ge|setz** (*alt:* Par|kin|son|sches Ge|setz) *n. Gen.* des -schen -es *nur Sg.* (ironisierend gemeintes) Gesetz vom Wachstum der Bürokratie unabhängig von der tatsächlich zu erledigenden Arbeit

Park|kral|le *f. 11* Vorrichtung zum Blockieren der Räder falsch parkender Autos

Par|ko|me|ter *n. 5* Parkuhr

Park|pi|ckerl *n. Gen.* -s *Pl.* -n, *österr., ugs.:* aufklebbarer Parkausweis

Park|platz *m. 2*

Park|schei|be *f. 11*

Park|sün|der *m. 5*

Park|uhr *f. 10*

Park|ver|bot *n. 1*

Par|la|ment [engl.] *n. 1* gewählte Volksvertretung mit beratender und gesetzgebender Funktion, Abgeordnetenhaus

Par|la|men|tär *m. 1* Unterhändler (zwischen feindl. Heeren)

Par|la|men|ta|ri|er *m. 5* Angehöriger eines Parlaments

par|la|men|ta|risch; *aber:* Parlamentarischer Rat

Par|la|men|ta|ris|mus *m. Gen.* - *nur Sg.* Form der Demokratie, in der das Parlament an der Regierung teilhat

Par|la|ments|mit|glied *n. 3*

Par|la|ments|wahl *f. 10*

par|lan|do [ital.] *komische Oper:* im Sprechgesang, mehr sprechend als singend

Par|lan|do *n. Gen.* -s *Pl.* -s *oder* -di

par|lie|ren [frz.] *intr. 3* angeregt sprechen, fließend Konversation machen

Par|ma|er *m. 5* Einwohner der ital. Stadt Parma

Par|mä|ne [engl.] *f. 11* eine Apfelsorte, Goldparmäne

Par|me|ni|des altgriechischer Philosoph

Par|me|san *m. Gen.* -s *nur Sg., kurz für* Parmesankäse

Par|me|san|kä|se *m. Gen.* -s *nur Sg.* ein ital. Hartkäse

Par|nass (*alt:* Par|naß) [nach dem Parnassos, einem Berg in Griechenland] *m. Gen.* -nas|ses *nur Sg.* Reich der Dichtkunst, Sitz des Apoll und der Musen

par|nas|sisch

♦ Die Buchstabenfolge **par|o...** kann in Fremdwörtern auch **pa|ro...** getrennt werden. Davon ausgenommen sind Zusammensetzungen, in denen *par...* sprachhistorisch nicht auf die aus dem Griechischen stammende Vorsilbe *para...* zurückgeht, z. B. bei *Parole, Paroli.*

♦ **par|o|chi|al** [-ɔxja̲l] zur Parochie gehörend

♦ **Par|o|chi|al|kir|che** *f. 11* Gemeinde-, Pfarrkirche

♦ **Par|o|chie** [griech.] *f. 11* Pfarrbezirk, Kirchspiel

♦ **Par|o|die** [griech.-frz.] *f. 11* **1.** komische, übertreibende Nachahmung eines literar. Werkes in der gleichen Form, aber anderem, lächerlichem Inhalt; vgl. Travestie; **2.** Unterlegung von Musik mit anderem Text oder umgekehrt; **3.** Austausch von Kompositionen innerhalb des eigenen Gesamtwerkes

♦ **par|o|die|ren** *tr. 3* mit einer Parodie verspotten

♦ **Par|o|dist** *m. 10* Verfasser von Parodien

♦ **par|o|dis|tisch**

♦ **Par|o|don|ti|tis,** Pa|ra|den|ti|tis [griech.] *f. Gen.* - *Pl.* -ti|ti|den Entzündung des Zahnfleisches

♦ **Par|o|don|to|se,** Pa|ra|den|to|se *f. 11* Zurückweichen des Zahnfleisches und Lockerung der Zähne

Pa|ro|le [frz.] *f. 11* **1.** Kennwort, Losung; **2.** Leit-, Wahlspruch

Pa|ro|li [ital.] *n. 9, beim Pharaospiel:* Verdoppelung des Einsatzes; jmdm. P. bieten *übertr.:* jmdm. etwas doppelt heimzahlen, Widerstand leisten, etwas entgegensetzen

♦ **Par|ö|mie** [griech.] *f. 11* altgriech. Sprichwort

♦ **Par|ö|mi|o|lo|gie** *f. 11 nur Sg.* Sprichwortkunde

♦ **Par|o|tis** [griech.] *f. Gen.* - *Pl.* -ti|den Ohrspeicheldrüse

♦ **Par|o|ti|tis** *f. Gen.* - *Pl.* -ti|ti|den Mumps

♦ **Par|o|xys|mus** [griech.] *m. Gen.* - *Pl.* -men **1.** höchste Steigerung einer Krankheit, Anfall; **2.** gesteigerte vulkan. Tätigkeit

P

Par|se *m. 11* Anhänger des Parsismus
Par|si|fal *bei Richard Wagner Schreibung von* Parzival
par|sisch zu den Parsen, zum Parsismus gehörend, von ihnen ausgehend
Par|sis|mus *m. Gen. - nur Sg.* auf der Lehre Zarathustras beruhende Religion (urspr. in Persien)
Pars pro To|to (*alt:* Pars pro toto) [lat. »ein Teil für das Ganze«] *n. Gen. - - - nur Sg.* Stilfigur, bei der ein Teilbegriff für einen Gesamtbegriff verwendet wird, z. B. »Herd« statt »Haus«
Part [lat.] *m. 1* **1.** Teil, Anteil; **2.** Stimme (eines Gesangs- oder Instrumentalstücks); **3.** Rolle (in einem Theaterstück)
Part. *Abk. für* Parterre
Par|te [ital.] *f. Gen. - Pl.* -n **1.** *österr. für* Todesanzeige; **2.** *ugs. für* Mietpartei
Par|tei [frz.] *f. 10;* für jmdn. P. ergreifen *oder:* nehmen
Par|tei|ap|pa|rat *m. 1*
Par|tei|chef [-ʃɛf] *m. 9*
Par|tei|chi|ne|sisch *n. Gen. - nur Sg., ugs. spöttisch:* der in einer Partei gesprochene, für Außenstehende unverständliche Jargon
Par|tei|en|staat *m. 12*
Par|tei|en|ver|kehr *m. 1 nur Sg., österr.:* Amtsstunden
Par|tei|füh|rung *f. 10*
Par|tei|gän|ger *m. 5*
par|tei|in|tern
par|tei|isch für eine von mehreren streitenden Parteien eingenommen, nicht objektiv, voreingenommen, befangen
par|tei|lich eine polit. Partei vertretend, in ihrem Sinne
Par|tei|lich|keit *f. 10 nur Sg.*
par|tei|los
Par|tei|nah|me *f. 11 nur Sg.*
par|tei|po|li|tisch
Par|tei|se|kre|tär *m. 1*
Par|tei|spit|ze *f. 11* Parteiführung
Par|tei|tag *m. 1*
Par|tei|ung *f. 10* Zerfall in Parteien
Par|tei|ver|samm|lung *f. 10*
Par|tei|vor|sit|zen|de(r) *m. 18 (17) bzw. f. 17 oder 18*
par|terre [-tɛr, frz.] im Erdgeschoss
Par|terre [-tɛr] *n. 9* **1.** (*Abk.:* Part.) Erdgeschoss; **2.** *Theater, veraltet:* mittlere und hintere Reihen des Zuschauerraums; **3.** kunstvoll angelegte Blumenbeete
Par|terre|a|kro|ba|tik *auch:* **Par|terre|ak|ro|ba|tik** [-tɛr-] *f. 10 nur Sg.* Bodenakrobatik, Akrobatik ohne Geräte
Par|terre|woh|nung [-tɛr-] *f. 10*
Par|the|no|ge|ne|se [griech.] *f. 11* Jungfernzeugung
par|the|no|ge|ne|tisch
Par|the|non [griech.] *m. Gen.* -s *nur Sg.* Tempel der Athene auf der Akropolis in Athen
Par|ther *m. 5* Angehöriger eines altiranischen Volksstammes
Par|thi|en antike Landschaft im Nordosten Irans
par|thisch
par|ti|al [-tsjal, lat.] *veraltet für* partiell
Par|ti|al... [-tsjal] Teil...
Par|ti|al|ob|li|ga|ti|on *auch:* **Par|ti|al|o|bli|ga|ti|on** [-tsjal-] *f. 10* Teilschuldverschreibung
Par|ti|al|ton [-tsjal-] *m. 2, Mus.:* Oberton
Par|tie [frz.] *f. 11* **1.** Ausschnitt, Stück, Teil; **2.** einzelne Gesangsrolle (in Opern, Oratorien usw.); **3.** Heirat, Heiratsmöglichkeit; **4.** Ausflug; **5.** Einzelspiel; eine P. Schach; **6.** Restposten (von Waren); **7.** *Buchhandel:* Anzahl von Büchern, von denen eines gratis geliefert wird
Par|tie|füh|rer *m. 5, österr.:* Vorarbeiter
par|ti|ell [-tsjɛl] teilweise
Par|ti|kel [auch: -ti-] *f. 11* **1.** Teilchen, kleinster Bestandteil, Stück; **2.** *Gramm.:* nicht flektierbares Wort, z. B. Präposition
par|ti|ku|lar, par|ti|ku|lär nur als Teil vorhanden, einzeln
Par|ti|ku|la|ris|mus *m. Gen. - nur Sg.* **1.** Bestrebung (von staatl. Teilgebieten oder kleinen Ländern), die eigenen Interessen gegenüber dem Ganzen durchzusetzen; **2.** Klein-, Vielstaaterei
Par|ti|ku|la|rist *m. 10*
par|ti|ku|la|ris|tisch
Par|ti|ku|lar|recht *n. 1* Recht des Einzel- oder Gliedstaates, Sonderrecht
Par|ti|ku|lier *m. 1, in der Binnenschifffahrt:* Schiffseigentümer, der sein Schiff selbst fährt
Par|ti|san [frz.] *m. 12 oder m. 10* bewaffneter Widerstandskämpfer im Hinterland
Par|ti|sa|ne *f. 11, 15.-18. Jh.:* Stoßwaffe mit zweischneidiger Klinge
Par|ti|sa|nen|krieg *m. 1*
Par|ti|ta [ital.] *f. Gen. - Pl.* -ten Suite (2)
Par|ti|te *f. 11* Waren-, Rechnungsposten, Teilgeldsumme
Par|ti|ti|on *f. 10* **1.** Teilung, Einteilung; **2.** *Logik:* Zerlegung eines Begriffs in seine Merkmale
par|ti|tiv eine Teilung ausdrückend, teilend; partitiver Genitiv
Par|ti|tiv|zahl *f. 10* Teilungs-, Bruchzahl, z. B. drei Viertel
Par|ti|tur *f. 10* Aufzeichnung sämtlicher Stimmgruppen eines Orchester- oder Chorwerkes Takt für Takt untereinander
Par|ti|zip [lat.] *n. 1* Abwandlungsform des Verbs, Mittelwort; P. Präsens, z. B. gehend, P. Perfekt, z. B. gegangen
Par|ti|zi|pa|ti|on *f. 10* das Partizipieren, Teilnahme
Par|ti|zi|pa|ti|ons|ge|schäft *n. 1*
par|ti|zi|pi|al mit Hilfe eines, in der Art eines Partizips
Par|ti|zi|pi|ent *m. 10* jmd., der an etwas partizipiert
par|ti|zi|pie|ren *intr. 3* teilhaben, etwas abbekommen; an etwas partizipieren
Part|ner [engl.] *m. 5* Teilhaber, Teilnehmer, Mitspieler
Part|ner|look [-luk] *m. 9 nur Sg.* dem Partner gleichendes Aussehen; im P. gekleidet
Part|ner|schaft *f. 10*
Part|ner|stadt *f. 2*
Part|ner|tausch *m. Gen.* -(e)s *nur Sg.*
Part|ner|wahl *f. 10*
par|tout [-tu, frz.] unbedingt, um jeden Preis
Par|tus [lat.] *m. Gen. - Pl. -* Geburt, Entbindung

> **Partys:** Fremdwörter aus dem Englischen, die auf *-y* enden, erhalten im Plural ein *-s: die Partys* (alt: *Parties*). Ebenso: *Babys, Ladys* usw. § 21

Par|ty [pa(r)tɪ] *f. 9* zwangloses Fest, geselliges Beisammensein
Par|ty|lö|we [pa(r)tɪ-] *m. 11;* jmd., der auf Partys umschwärmt wird
Par|ty|ser|vice [pa(r)tɪsəvis] *m. Gen. - Pl.* -s
Par|u|sie *auch:* **Pa|ru|sie** [griech.] *f. 11 nur Sg.* **1.** Wiederkunft Christi beim Jüngsten Gericht; **2.** *bei Plato:* die Anwesenheit der Ideen in den Dingen

P

Par|ve|nü [-və-, frz.] *m. 9* Emporkömmling
Par|zel|le [frz.] *f. 11* kleines, vermessenes Stück Bau- oder Gartenland, Grundstück
par|zel|lie|ren *tr. 3* in Parzellen aufteilen
Par|zel|lie|rung *f. 10*
Par|zen [griech.] *Pl., röm. und griech. Myth.:* die drei Schicksalsgöttinnen
Par|zi|val [-tsifal] Rittergestalt der Artussage
Pas [pa, frz.] *m. Gen. - Pl. -* Tanzschritt
Pas|cal männl. Vorname
Pas|cal [nach dem frz. Mathematiker Pascal] *n. Gen. -s Pl. - (Zeichen:* Pa) Einheit des Drucks
PASCAL [in Anlehnung an den frz. Mathematiker Pascal] eine Programmiersprache
Pas|cale [-kal] weibl. Vorname
Pasch [frz.] *m. 1 oder m. 2* **1.** Wurf mit der gleichen Augenzahl auf mehreren Würfeln, z. B. Dreierpasch; **2.** Dominostein mit gleicher Punktzahl auf beiden Hälften
Pa|scha [türk.] *m. 9* **1.** *früher in der Türkei:* Titel für höheren Offizier oder Beamten; **2.** *übertr.:* herrischer Mann, der sich gern bedienen lässt
Pas|cha [pasxa, hebr.] *n. Gen. -s nur Sg., Nebenform von* Passah
Pas|chal|jahr [pasxal-] *n. 1* mit Ostern beginnendes Kirchenjahr
pa|schen **1.** *intr. 1* würfeln; vgl. Pasch (1) **2.** [rotwelsch] *tr. 1* schmuggeln
Pa|scher *m. 5* Schmuggler
Pa|sche|rei *f. 10*
Pasch|tu *n. Gen. -s nur Sg.* Amtssprache in Afghanistan
Pas de deux [pa də dø, frz.] *m. Gen. - - - Pl. - - -, Ballett:* Tanz zu zweit
Pa|so do|ble *auch:* **Pa|so dob|le** [span.] *m. Gen. - - Pl. - -* schneller Gesellschaftstanz
Pas|pel [frz.] *f. 11* schmaler Zierstreifen (an Nähten), Vorstoß
pas|pe|lie|ren *tr. 3,* **pas|peln** *tr. 1* mit einer Paspel verzieren
Pas|quill [ital.] *n. 1* Schmäh-, Spottschrift
Pas|quil|lant *m. 10* Verfasser eines Pasquills
Pass (*alt:* Paß) [lat.-frz.] *m. 2* **1.** schmaler Einschnitt im Gebirge, der als Übergang dient; **2.** Personalausweis für Reisen ins Ausland; **3.** *Jägerspr.:* Wechsel (mancher Wildarten); **4.** gotische Maßwerkfigur aus mehreren Dreiviertelkreisen; **5.** *bes. Fußball:* (weites) Zuspiel; er spielte einen Pass in die Tiefe des Raumes
pas|sa|bel [frz.] annehmbar, leidlich; ein passabler Vorschlag
Pas|sa|ca|glia *auch:* **Pas|sa|cag|lia** [-kalja, ital.] *f. Gen. - Pl.* -gli|en [-kaljən] **1.** *urspr.:* feierlicher span.-ital. Tanz; **2.** *dann:* langsames Instrumentalstück mit ostinatem Bass
Pas|sa|de [frz.] *f. 11* **1.** leichter Galopp über eine kurze Strecke und zurück mit Fußwechsel bei der Wendung; **2.** *hohe Schule:* sehr langsamer, fast springender Trab mit kräftig gehobenen Vorderbeinen
Pas|sa|ge [-ʒə, frz.] *f. 11* **1.** Durchgang, Durchfahrt; **2.** Überfahrt, Reise mit Schiff oder Flugzeug übers Meer; **3.** *Mus.:* Lauf, rasche Tonfolge; **4.** *hohe Schule:* langsamer Trab mit steil gehobenen Vorderbeinen; **5.** Passus (2)
pas|sa|ger [-ʒe] *Med.:* nur vorübergehend auftretend
Pas|sa|gier [-ʒir] *m. 1* Fahrgast, Schiffs-, Fluggast
Pas|sa|gier|flug|zeug [-ʒir-] *n. 1*
Pas|sa|gier|gut [-ʒir-] *n. 4*
Pas|sah, Pes|sach [hebräisch-griech.] *n. Gen. -s nur Sg.* siebentägiges jüd. Fest in Erinnerung an die Befreiung aus Ägypten
Pas|sah|fest, Pes|sach|fest *n. 1*
Pas|sant [frz.] *m. 10* Fußgänger, Vorübergehender
Pas|sat [ndrl.] *m. 1* gleichmäßiger trop. Wind, wechselnd zwischen Nordost und Südost
Pass|bild (*alt:* Paß|bild) *n. 3*
Pas|se [frz.] *f. 11, an Kleidungsstücken:* auf- oder eingesetzter Stoffstreifen

> **passee/passé sein:** Die ins Deutsche integrierte Schreibweise *passee* (= vergangen) ist die Hauptvariante, die fremdsprachige Form *passé* die zulässige Nebenvariante. § 20 (2)

pas|sé [-se, frz.] *Nv.* **pas|see** *Hv.* vergangen, vorbei, nicht mehr modern

> **passen, passt auf:** Nach kurzem Vokal wird konsequent *-ss-* geschrieben: *er passte auf; wir haben aufgepasst.* § 25 E1

pas|sen *intr. 1* **1.** sich eignen, gefallen, recht sein; **2.** sitzen (Kleidungsstück); **3.** *Kartenspiel:* nicht reizen können; **4.** *übertr.:* nicht mitmachen, verzichten
Passe|par|tout [paspartu, frz.] **1.** *n. 9* Bilderrahmen aus Karton; **2.** *auch m. 9* Hauptschlüssel
Passe|pied [paspje] *m. 9* altfrz. Rundtanz
Passe|poil [paspoal] *m. 9, österr. für* Paspel
Pass|form (*alt:* Paß|form) *f. 10*
Pass|gang (*alt:* Paß|gang) *m. 2 nur Sg.* Gangart mancher Säugetiere, bei der beide Beine einer Seite gleichzeitig gehoben und vorgesetzt werden
Pass|gän|ger (*alt:* Paß|gän|ger) *m. 5*
pas|sier|bar
pas|sie|ren **1.** *tr. 3* überschreiten, -fliegen, vorübergehen an, durchfahren, -laufen; eine Brücke, die Zensur p.; **2.** *tr. 3* durchseihen, durchs Sieb rühren; **3.** *intr. 3* geschehen, sich ereignen
Pas|sier|schein *m. 1*
Pas|si|flo|ra [lat.] *f. Gen. - Pl.* -ren Passionsblume
pas|sim [lat.] hier und da, verstreut (bei Zitaten)
Pas|si|on [lat.] *f. 10* **1.** starke Vorliebe, Leidenschaft; **2.** *nur Sg.* Leidensgeschichte Christi; **3.** Darstellung der Leidensgeschichte Christi in bildender Kunst und Musik
pas|si|o|na|to *Mus.:* leidenschaftlich
pas|si|o|niert begeistert, leidenschaftlich; passionierter Bergsteiger sein
Pas|si|ons|blu|me *f. 11* Rankengewächs mit essbaren Früchten (Grenadillen), Passiflora
Pas|si|ons|sonn|tag *m. 1* zweiter Sonntag vor Ostern, Judika
Pas|si|ons|spiel *n. 1* geistliches Drama über die Passion Christi
Pas|si|ons|zeit *f. 10* Zeit zwischen Aschermittwoch und Ostern
pas|siv [auch: pas-, lat.] untätig, teilnahmslos, (still) duldend; *Ggs.:* aktiv (1); passives Wahlrecht: das Recht, gewählt zu werden; *Ggs.:* aktives Wahlrecht; passiver Widerstand

Pas|siv *n. 1* Aktionsform des Verbums, die ausdrückt, dass mit dem Subjekt des Satzes etwas geschieht; *Ggs.:* Aktiv
Pas|si|va [-va] *Pl.* Schulden; *Ggs.:* Aktiva
Pas|siv|bür|ger *m. 5, in Staaten mit Wahlbeschränkungen:* Bürger ohne aktives und passives Wahlrecht; *Ggs.:* Aktivbürger
Pas|siv|ge|schäft *n. 1* Bankgeschäft, bei dem die Bank (in der Regel durch Annahme verzinslicher Einlagen) bei ihren Kunden zum Schuldner wird
pas|si|vie|ren [-vi-] *tr. 3;* Verbindlichkeiten p.: in der Bilanz erfassen; unedle Metalle p.: mit einer gegen chem. Einflüsse widerstandsfähigen Schutzhaut überziehen
Pas|si|vi|tät [-vi-] *f. 10 nur Sg.* **1.** Untätigkeit, Teilnahmslosigkeit; **2.** Widerstandsfähigkeit unedler Metalle gegen chem. Einflüsse
Pas|siv|rau|chen *n. 7 nur Sg.*
Pass|kon|trol|le *auch:* **Pass|kont|rol|le** (*alt:* Paß|kon|trol|le) *f. 11*
Pass|stra|ße (*alt:* Paß|stra|ße) *f. 11*
Pas|sung *f. 10* die Art, wie Maschinenteile, Werkstücke zusammengesetzt sind
Pas|sus [lat.] *m. Gen. - Pl. -* **1.** altröm. Längenmaß, Doppelschritt; **2.** Abschnitt (aus einem Schriftwerk oder Schriftstück), Passage
Pass|wort (*alt:* Paß|wort) *n. 4* Losung, Kennwort
Pas|ta [ital.] **1.** *f. Gen. - Pl.* Pas|ten Pas|te *f. 11* streichbare Masse, z. B. Zahnpasta; **2.** *f. Gen. - Pl.* -te ital. Nudelgericht
Pas|ta a|sciut|ta [pasta ʃuta] *f. Gen. - - Pl.* -te -te [paste ʃute] ital. Nudelgericht
Pas|te *f. 11* = Pasta (1)
Pas|tell [ital.] *n. 1, kurz für* Pastellzeichnung
Pas|tell|far|be *f. 11* mit Bindemittel versetzte Farbe aus Kreide und Ton von zarter, samtiger Tönung
Pas|tell|zeich|nung *f. 10* Zeichnung mit Pastellfarben
Pas|ten *Pl. von* Pasta (1)
Pas|ter|nak, *Boris* russischer Schriftsteller
Pas|ter|ze *f. Gen. -* längster Gletscher Österreichs (nordöstl. des Großglockners)
Pas|tet|chen *n. 7*
Pas|te|te [mlat.] *f. 11*
Pas|teu|ri|sa|ti|on [-tø-] *f. 10*
pas|teu|ri|sie|ren [-tø-] [nach dem frz. Biologen und Chemiker Louis Pasteur] *tr. 3* durch Erhitzen entkeimen und haltbar machen (Milch, Fruchtsaft)
Pas|teu|ri|sie|rung [-tø-] *f. 10*
Pas|tic|cio [-titʃo, ital.] *n. Gen.* -(s) *Pl.* -s *oder* -tic|ci [-titʃi] **1.** in betrügerischer Absicht in der Manier eines Künstlers gemaltes Bild; **2.** *Barockzeit:* aus Teilen der Werke eines oder mehrerer Komponisten zusammengesetzte Oper mit neuem Libretto, Flickoper
Pas|tiche [-tiʃ, frz.] *f. 11, frz. Bez. für* Pasticcio
Pas|til|le [lat.] *f. 11* Kügelchen, Pille, Plätzchen
Pas|ti|nak [lat.] *m. 1,* **Pas|ti|na|ke** *f. 11* eine Gemüsepflanze
Past|milch *f. 10, schweiz. Kurzform für* pasteurisierte Milch
Pas|tor [auch: -tor, lat.] *m. 13 oder m. 12* (*Abk.:* P.) Geistlicher, Pfarrer
pas|to|ral ländlich, in der Art der Hirten
Pas|to|ra|le *f. 11* **1.** Hirtenmusik, ländlich-idyllisches Musikstück; **2.** *Barockzeit:* musikal. Schäferspiel; **3.** *Malerei:* Darstellung einer Hirtenszene; **4.** *n. 5* Bischofsstab
Pas|to|ral|the|o|lo|gie *f. 11, kath. Kirche:* praktische Theologie, Seelsorge
Pas|to|rat *n. 1* Amt, Amtsräume, Wohnung eines Pfarrers, Pfarramt, Pfarrhaus
Pas|to|rel|le *f. 11* Hirtenliedchen, Zwiegesang zwischen Schäfer und Schäferin
Pas|to|rin *f. 10*
pas|tos [ital.] dick aufgetragen (Ölfarbe); dickflüssig, breiig
pas|tös *Med.:* aufgedunsen, aufgeschwemmt
Pas|to|si|tät *f. 10 nur Sg.* Teigigkeit, Dickflüssigkeit (der Schrift)
Pa|ta|go|ni|en südlichste südamerik. Landschaft
Patch|work [pεtʃwɔ:k, engl.] *n. Gen.* -s *Pl.* -s »Flickwerk«, aus bunten Flicken zusammengesetzter Stoff
Pa|te **1.** *m. 11* Zeuge bei der Taufe bzw. Firmung, Patenonkel; **2.** *f. 11* Patin
Pa|tel|la [lat.] *f. Gen. - Pl.* -len Kniescheibe
pa|tel|lar zur Patella gehörig, von ihr ausgehend
Pa|tel|lar|re|flex *m. 1* Reflex beim Schlag gegen die Kniescheibe, hochschnellender Kniesehnenreflex
Pa|te|ne [lat.] *f. 11* Teller zur Darreichung der Hostie
Pa|ten|kind *n. 3*
Pa|ten|on|kel *m. 5* Pate (1)
Pa|ten|schaft *f. 10*
Pa|ten|stel|le *f. 11*
pa|tent [lat.] **1.** geschickt, tüchtig; **2.** praktisch, brauchbar
Pa|tent *n. 1* **1.** Urkunde über die Erwerbung eines Berufsgrades, z. B. Offizierspatent; **2.** Urkunde über das Recht zur alleinigen Benutzung und gewerbl. Verwertung einer Erfindung
Pa|tent|amt *n. 4*
pa|tent|amt|lich
Pa|ten|tan|te *f. 11* Patin
Pa|tent|an|walt *m. 2*
pa|tent|fä|hig
Pa|tent|fä|hig|keit *f. 10 nur Sg.*
pa|ten|tie|ren *tr. 3* **1.** eine Erfindung p.: ihr durch Patent Schutz vor Nachahmung und Auswertung gewähren; **2.** Metalloberflächen p.: sie durch Tauchen in Salz- oder Bleibäder vergüten
Pa|tent|schutz *m. Gen.* -es *nur Sg.*
Pa|ter [lat.] *m. Gen.* -s *Pl. - oder* Pa|tres (*Abk.:* P., *Pl.* PP.) Vater (Anrede für Ordenspriester)
Pa|ter|fa|mi|li|as *m. Gen. - Pl. -, altröm. Bez. für* Familien-, Hausvater
Pa|ter|na|lis|mus *m. Gen. - nur Sg., Soziologie:* väterliche Bevormundung (bes. durch den Arbeitgeber oder Staat)
pa|ter|na|lis|tisch
Pa|ter|ni|tät *f. 10 nur Sg., veraltet:* Vaterschaft
Pa|ter|nos|ter **1.** *n. 5* Vaterunser; **2.** *m. 5* offener Aufzug, der dauernd fährt, Becherwerk, Wasserhebewerk
Pa|ter|pec|ca|vi [-pekavi, »Vater, ich habe gesündigt«] *n. Gen. - Pl.* - reuiges Geständnis
pa|the|tisch [griech.] erhaben, feierlich, voller Pathos
pa|tho..., Pa|tho... [griech.] *in Zus.:* krankhaft, krankheits..., Krankheits...
pa|tho|gen krankheitserregend
Pa|tho|ge|ne|se *f. 11* Entstehung und Entwicklung einer Krankheit

P

pa|tho|ge|ne|tisch
Pa|tho|ge|ni|tät *f. 10 nur Sg.* pathogene Beschaffenheit, Fähigkeit, Krankheit hervorzurufen
Pa|tho|lo|ge *m. 11*
Pa|tho|lo|gie *f. 11 nur Sg.* Lehre von den Krankheiten
pa|tho|lo|gisch **1.** zur Pathologie gehörend, auf ihr beruhend; **2.** krankhaft
Pa|tho|pho|bie *f. 11* Furcht vor Krankheiten
Pa|tho|psy|cho|lo|gie, Psy|cho|pa|tho|lo|gie *f. 11 nur Sg.* Lehre von den krankhaft verlaufenden Erscheinungen im Seelenleben
Pa|thos [griech.] *n. Gen. - nur Sg.* **1.** Feierlichkeit, erhabene Leidenschaftlichkeit; **2.** übertriebener Gefühlsausdruck
Pa|ti|ence [pasjãs, frz.] *f. 11* Kartengeduldsspiel
Pa|ti|ens [-tsjens, lat.] *n. Gen. - nur Sg.* Ziel des Geschehens in einem Satz, Akkusativobjekt; *Ggs.:* Agens (3)
Pa|ti|ent [patsjent, lat.] *m. 10* Kranker in ärztl. Behandlung
pa|ti|en|ten|be|zo|gen [patsjen-]
Pa|tin *f. 10* Zeugin bei der Taufe bzw. Firmung, Patentante, Pate (2)
Pa|ti|na [ital.] *f. Gen. - nur Sg.* **1.** grüner Überzug auf Kupfer und Kupferlegierungen, Edelrost; **2.** *übertr.:* Spuren häufigen Gebrauchs
pa|ti|nie|ren *tr. 3* mit künstlicher Patina versehen
Pa|tio [-tjo, lat.-span.] *m. 9* Innenhof des südspan. Hauses
Pa|tis|se|rie [frz.] *f. 11* **1.** *veraltet, noch schweiz.:* feines Backwerk; **2.** *in Hotels:* Raum zur Herstellung von Backwerk; **3.** *veraltet, noch schweiz.:* Feinbäckerei
Pa|tis|sier [-sje] *m. 9* Konditor (bes. in Hotels)
Pa|tois [-toa, frz.] *n. Gen. - nur Sg.* **1.** auf dem Land gesprochene französische Mundart; **2.** *allg.:* Mundart, Provinzsprache, provinzielle Ausdrucksweise

> ♦ Die Buchstabenfolge **pa|tr...** kann in Fremdwörtern auch **pat|r...** getrennt werden.

♦ **Pa|tres** (*Abk.:* PP.) *Pl. von* Pater
♦ **Pa|tri|arch** [griech.] *m. 10* **1.** *AT:* Stammvater, Erzvater, z. B. Abraham; **2.** Vorsteher mehrerer Kirchenprovinzen, z. B. der Bischof von Rom; P. des Abendlandes; **3.** *in der Ostkirche sowie vielen Einzelkirchen Titel für* oberster Bischof
♦ **pa|tri|ar|cha|lisch** [-ça-] **1.** zu den Patriarchen gehörig, von ihnen ausgehend; **2.** vaterrechtlich; **3.** altväterlich, ehrwürdig; **4.** *übertr.:* väterlich-bevormundend, Ehrfurcht und Gehorsam fordernd
♦ **Pa|tri|ar|chat** [-çat] *n. 1* **1.** Vaterrecht; *Ggs.:* Matriarchat; **2.** Amt, Würde eines kirchl. Patriarchen
♦ **pa|tri|ar|chisch** einem Patriarchen entsprechend, ehrwürdig
♦ **Pa|trick** männl. Vorname
♦ **pa|tri|mo|ni|al** zum Patrimonium gehörig, erbherrlich
♦ **Pa|tri|mo|ni|al|ge|richts|bar|keit** *f. 10 nur Sg., früher:* Gerichtsbarkeit des Gutsherrn über seine Untergebenen
♦ **Pa|tri|mo|ni|um** [lat.] *n. Gen.* -s *Pl.* -ni|en **1.** *röm. Recht:* väterl. Erbgut; **2.** P. Petri: *urspr.:* der Grundbesitz der röm. Kirche, *dann:* der Kirchenstaat
♦ **Pa|tri|ot** *m. 10* **1.** jmd., der sein Vaterland liebt; **2.** [pætriɔt, engl.] eine amerik. Flugabwehrrakete
♦ **pa|tri|o|tisch** vaterländisch gesinnt, vaterlandsliebend
♦ **Pa|tri|o|tis|mus** *m. Gen. - nur Sg.* Vaterlandsliebe
♦ **Pa|tris|tik** *f. 10 nur Sg.* Lehre von den Schriften der Kirchenväter, Patrologie
♦ **Pa|tris|ti|ker** *m. 5* Kenner der Patristik, Patrologe
♦ **Pa|tri|ze** *f. 11* Stempel mit erhaben herausgearbeitetem Relief, Prägestock; *Ggs.:* Matrize
♦ **Pa|tri|zia,** Pa|tri|cia weibl. Vorname
♦ **Pa|tri|zi|at** *n. 1 nur Sg.* Gesamtheit der Patrizier
♦ **Pa|tri|zi|er** *m. 5* **1.** *im alten Rom:* Angehöriger des Adels; **2.** *MA:* wohlhabender Bürger
♦ **pa|tri|zisch**
♦ **Pa|tro|lo|ge** [griech.] *m. 11* Patristiker
♦ **Pa|tro|lo|gie** *f. 11 nur Sg.* Patristik
♦ **Pa|tron** [lat.] *m. 1* **1.** *im alten Rom:* Herr (seiner freigelassenen Sklaven); **2.** *kath. Kirche:* Schutzheiliger (einer Kirche oder eines Berufsstandes); Stifter (einer Kirche); **3.** *allg.:* Schirmherr, Schutzherr, Pate, Gönner; **4.** Schiffseigentümer; **5.** *abfällig:* Kerl; ein unverschämter, ungehobelter Patron
♦ **Pa|tro|na** *f. Gen. - Pl.* -nae Schutzheilige
♦ **Pa|tro|na|ge** [-ʒə] *f. 11* Günstlingswirtschaft
♦ **Pa|tro|nanz** *f. 10, bes. österr.:* Schirmherrschaft
♦ **Pa|tro|nat** *n. 1* **1.** *im alten Rom:* Amt, Würde eines Patrons; **2.** Rechtsstellung eines Kirchenstifters; **3.** Schirmherrschaft
♦ **Pa|tro|nats|fest** *n. 1* Patrozinium (4)
♦ **Pa|tro|ne** [frz.] *f. 11* **1.** mit Sprengstoff gefüllte und mit Zündvorrichtung versehene Metallhülse; **2.** lichtundurchlässiger Behälter für einen Kleinbildfilm; **3.** *in der Jacquardweberei:* auf kariertem Papier aufgezeichnetes Muster
♦ **Pa|tro|nen|gurt** *m. 1*
♦ **pa|tro|nie|ren** *tr. 3, österr.:* mit Hilfe von Schablonen bemalen (z. B. Zimmerwände)
♦ **Pa|tro|nin** [lat.] *f. 10* Schutzheilige, Schutzherrin
♦ **Pa|tro|ny|mi|kon, Pa|tro|ny|mi|kum** *n. Gen.* -s *Pl.* -ka vom Namen des Vaters abgeleiteter Name, z. B. Hansen, Petrowitsch, Macmillan
♦ **pa|tro|ny|misch**
♦ **Pa|trouil|le** [patrulјə, frz.] *f. 11* Wachtrupp, Streife; P. gehen
♦ **pa|trouil|lie|ren** [-trulji-] *intr. 3* als Wachposten auf Streife gehen
♦ **Pa|tro|zi|ni|um** [lat.] *n. Gen.* -s *Pl.* -ni|en **1.** *im alten Rom:* Vertretung durch einen Patron vor Gericht; **2.** *MA:* Rechtsschutz des Gutsherrn für seine Untergebenen; **3.** Schutzherrschaft eines Heiligen über eine Kirche; **4.** Fest des Schutzheiligen, Patronatsfest
patsch!; pitsch(e), patsch(e)!
Patsch *m. 1* klatschender Schlag
Pat|sche *f. 11* **1.** Händchen, Patschhand; **2.** unangenehme Lage; in der P. sitzen; jmdm. aus der P. helfen
pat|schen *intr. 1*
patsch|nass (*alt:* patsch|naß)
Pat|schu|li [ind.-engl.] *n. 9* ostasiat. Lippenblütler
Pat|schu|li|öl *n. 1 nur Sg.* in der Parfümerie verwendetes Öl

P

patt [frz.] *Schach-, Damespiel:* zugunfähig
Patt *n. 9, Schach-, Damespiel:* zugunfähige Stellung, unentschiedener Ausgang; *auch übertr.,* z. B. parlamentarisches Patt
Pat|te *f. 11, an Kleidungsstücken:* Taschenklappe
Pat|tern [pætə(r)n, engl.] *n. 9* Muster, Modell, Denkschema
pat|tie|ren *tr. 3* mit Raster, mit Notenlinien versehen
pat|zen *intr. 1* **1.** ungeschickt arbeiten; **2.** schlecht malen; **3.** fehlerhaft (auf einem Musikinstrument) spielen, einen Fehler machen
Pat|zen *m. 7, österr.:* Klecks
Pat|zer *m. 5* **1.** jmd., der patzt; **2.** Fehler
Pat|ze|rei *f. 10 nur Sg.*
pat|zig derb-frech, grob, unfreundlich
Pat|zig|keit *f. 10 nur Sg.*
Pau|kant *m. 10, Stud.:* Fechter (bei einer Mensur)
Pauk|arzt *m. 2, Stud.:* Arzt bei der Mensur
Pauk|bo|den *m. 8, Stud.:* Fechtboden
Pau|ke *f. 11* kesselförmiges Schlaginstrument; auf die P. hauen *ugs.:* fröhlich, ausgelassen, leichtsinnig sein
pau|ken *intr. 1* **1.** *Stud.:* fechten; **2.** *Schülerspr.:* angestrengt lernen
Pau|ken|höh|le *f. 11, bei Wirbeltieren und Menschen:* Teil des Mittelohrs
Pau|ker *m. 5* **1.** Musiker, der die Pauke schlägt; **2.** *Schülerspr.:* Lehrer
Pau|ke|rei *f. 10 nur Sg.*
Paul männl. Vorname
Pau|la weibl. Vorname
Pau|li|ne weibl. Vorname
pau|li|nisch vom Apostel Paulus stammend
Pau|pe|ris|mus [lat.] *m. Gen. - nur Sg.* Massenarmut, allgemeine Verelendung
Paus|back *m. 1* Mensch mit Pausbacken
Paus|ba|cken *Pl.* dicke Backen
paus|ba|ckig, paus|bä|ckig
pau|schal alles zusammen (gerechnet)
Pau|scha|le *f. 11* einmalige, ab- oder aufgerundete Bezahlung (statt einzelnen Zahlungen)
Pau|schal|be|steu|e|rung *f. 10 nur Sg.*
pau|scha|lie|ren *tr. 3* zu einer Pauschalsumme zusammenrechnen, auf-, abrunden
pau|scha|li|sie|ren *tr. 3* verallgemeinern
Pau|schal|preis *m. 1*
Pau|schal|rei|se *f. 11* Gesellschaftsreise, bei der Fahrt, Unterbringung, Verpflegung, Besichtigungen pauschal bezahlt werden
Pau|schal|ur|teil *n. 1*
Pau|schal|ver|si|che|rung *f. 10*
Pausch|be|trag *m. 2*
Pau|sche *f. 11* **1.** Wulst (am Sattel); **2.** Bügel (am Turnpferd)
Pau|schen|pferd *n. 1*
Pau|se **1.** [griech.] *f. 11* Unterbrechung, Rast; **2.** [frz.] *f. 11* Durchzeichnung, Kopie mittels durchsichtigen Papiers
pau|sen *tr. 1* durchzeichnen, *meist:* ab-, durchpausen
Pau|sen|brot *n. 1*
pau|sen|los
Pau|sen|zei|chen *n. 7*
pau|sie|ren *intr. 3* eine Pause machen
Paus|pa|pier *n. 1*
Pa|va|ne [-va-, ital.], Pa|du|a|ne *f. 11* **1.** *urspr.:* Schreittanz, Reigentanz; **2.** *dann:* Satz der Suite
Pa|vi|an [-vi-, frz.] ein Affe mit langer Schnauze und Gesäßschwielen
Pa|vil|lon [-vijɔ̃, auch: -viljɔ̃, frz.] *m. 9* **1.** kleines, frei stehendes Gartenhaus; **2.** Ausstellungskiosk; **3.** *bes. an Barockbauten:* kleiner Vorbau; **4.** Festzelt
Pa|vil|lon|bau|wei|se [-vijɔ̃-, auch: -viljɔ̃-] *f. 11 nur Sg.* lockere, in Einzelgebäude aufgelöste Bauweise
Paw|lat|sche [tschech.] *f. 11, österr. für* Bretterbühne, baufälliges Haus
Pax [lat.] *m. Gen. - nur Sg.* Friede; Pax vobiscum!: Friede sei mit euch! (Gruß des kath. Bischofs)
Pay|ing|guest *auch:* **Pa|ying Guest** (*alt:* Pay|ing guest) [pɛɪɪŋgɛst, engl.] *m. Gen. - Pl. -s* Gast, der in einer Familie aufgenommen wird, aber für Unterkunft und Verpflegung etwas bezahlt
Pay-per-View [pɛɪpəvju, engl.] *n. Gen. -s nur Sg.* Fernsehen, bei dem die Gebühr ausschließlich pro empfangenen Beitrag berechnet wird
Pay-TV [pɛɪti:vi:, engl.] *n. 9* Finanzierungssystem eines Fernsehsenders über Einzelgebühren pro empfangenen Beitrag oder genutzten Kanal
Pa|zi|fik [lat.-engl.] *m. Gen. -s, Kurzwort für* Pazifischer Ozean
Pa|zi|fi|ka|ti|on *f. 10 nur Sg., veraltet:* Befriedung
pa|zi|fisch zum Pazifischen Ozean gehörend
Pa|zi|fis|mus *m. Gen. - nur Sg.* Ablehnung des Krieges, Bestreben, den Frieden um jeden Preis zu erhalten
Pa|zi|fist *m. 10*
pa|zi|fis|tisch
pa|zi|fi|zie|ren *tr. 3* befrieden
Pb *chem. Zeichen für* Blei (Plumbum)
PC *Abk. für* Personalcomputer
p. c. *Abk. für* per centum, pro centum; vgl. Prozent
p. Chr. (n.) *Abk. für* post Christum (natum): nach Christus bzw. nach Christi Geburt
PC-Nut|zer *m. 5*
Pd *chem. Zeichen für* Palladium
PDS *Abk. für* Partei des Demokratischen Sozialismus, politische Partei in Deutschland
Pea|nuts [pinʌts, engl. »Erdnüsse«] *Pl., ugs.:* Kleinigkeiten
Pe-Ce-Fa|ser [Kurzwort aus Polyvinylchlorid] *f. 11* eine dehnbare Kunstfaser
p. e. *Abk. für* per exemplum
Pech **1.** *n. 1* schwarzer, klebriger Rückstand bei Destillation von Stein- und Braunkohlenteer und Erdöl; **2.** *n. 1 nur Sg., übertr.:* Unglück, Missgeschick
Pech|blen|de *f. 11* Uranpecherz, Uraninit
Pech|draht *m. 2* Schusterdraht
pe|chig
Pech|koh|le *f. 11* Jett
Pech|na|se *f. 11, an Festungen:* Vorsprung, aus dem heißes Pech auf Angreifer gegossen wurde
Pech|nel|ke *f. 11* eine wild wachsende Nelke
pech|ra|ben|schwarz, pech|schwarz
Pech|sträh|ne *f. 11* Reihe von unglücklichen Zufällen, Zeit, in der man oft Pech hat
Pech|vo|gel *m. 6* jmd., der (oft) Pech hat, Unglücksrabe
Pe|dal [lat.] *n. 1* **1.** Fußhebel, z. B. Gas-, Bremspedal, am Klavier zum Nachschwingenlassen, Dämpfen der Töne, an der Harfe zum Umstimmen der Saiten;

P

2. *am Fahrrad:* Tretkurbel; 3. *an der Orgel:* mit den Füßen zu spielende Tastenreihe; *Ggs.:* Manual (2)
pe|dant *österr.* = **pe|dan|tisch**
Pe|dant [griech.] *m. 10* übertrieben genauer Mensch, Kleinkrämer
Pe|dan|te|rie *f. 11 nur Sg.:* übertriebene Genauigkeit
pe|dan|tisch, pe|dant übergenau
Ped|dig|rohr *n. 1* Rohr aus dem Stamm der Rotangpalme, spanisches Rohr, zum Flechten von Körben, Stühlen u. a., Rattan
Pe|dell [mlat.] *m. 1, veraltet:* Hausmeister (an Schulen, Hochschulen)
Pe|di|gree *auch:* **Pe|dig|ree** [pedıgri:, engl.] *m. Gen.* -s *Pl.* -s Stammbaum von Tieren, bes. von Pferden
Pe|di|kü|re [lat.] *f. 11* 1. *nur Sg.* Fußpflege; 2. Fußpflegerin
pe|di|kü|ren *tr. 1;* jmdn. p. oder jmdm. die Füße p.: jmdm. die Füße pflegen
Pe|di|skript *auch:* **Pe|dis|kript** *n. 1* mit den Füßen geschriebener Text, z. B. von Armamputierten
Pe|do|me|ter *n. 5* Schrittzähler
Pee|ling [pi-, engl.] *n. Gen.* -s *Pl.* -s kosmetische Schälung der Gesichtshaut
Peep|show [pipʃou] *f. 9* Stripteasedarstellung einer Frau, die durch das Fenster einer Kabine gegen Entgelt beobachtet werden kann
Peer [pir, engl.] *m. 9* 1. Angehöriger des engl. Hochadels; 2. Mitglied des Oberhauses im engl. Parlament
Pee|rage [pirıdʒ] *f. Gen. - nur Sg.* 1. Peerswürde; 2. Gesamtheit der Peers
Pe|ga|sos, Pe|ga|sus [griech.] *m. Gen. - nur Sg.* 1. geflügeltes Ross als Sinnbild der Dichtkunst; den P. besteigen *veraltet, noch iron.:* dichten; 2. ein Sternbild
Pe|gel *m. 5* 1. Gerät, Latte zum Messen des Wasserstandes; 2. Wasserstand
Pe|gel|hö|he *f. 11,* **Pe|gel|stand** *m. 2* Wasserstand
Peg|ma|tit [griech.] *m. 1* aus Magma entstandenes, grobkörniges Gestein
Peh|le|wi [auch: pɛx-], Pah|le|wi [auch: pax-] *n. Gen.* -(s) *nur Sg.* mittelpersische Sprache und Schrift

Pei|es [hebr.] *Pl.* Schläfenlocken (der orthodoxen Juden)
pei|len *intr. u. tr. 1* 1. die Richtung, die Wassertiefe bestimmen; 2. die Lage p. *ugs.:* auskundschaften
Pei|ler *m. 5* 1. Peilgerät; 2. jmd., der peilt
Peil|li|nie *f. 11*
Pei|lung *f. 10, ugs.:* keine Peilung: keine Ahnung
Pein *f. Gen. - nur Sg.*
pei|ni|gen *tr. 1*
Pei|ni|ger *m. 5*
Pei|ni|gung *f. 10*
pein|lich *früher:* an Leib und Leben gehend, hochnotpeinlich; peinliche Befragung: Verhör mit Folter; peinliches Gericht
Pein|lich|keit *f. 10 nur Sg.*
pein|sam *ugs.:* peinlich
Peit|sche *f. 11*
peit|schen *tr. 1*
Peit|schen|hieb *m. 1*
Pe|jo|ra|ti|on [lat.] *f. 10* Verschlechterung der Bedeutung eines Wortes, z. B. bei Weib
pe|jo|ra|tiv bedeutungsverschlechternd
Pe|jo|ra|ti|vum [-vum] *n. Gen.* -s *Pl.* -va [-va] Wort mit bedeutungsverschlechterndem Bildungselement, z. B. frömmeln, kindisch
Pe|ka|ri [indian.] *n. 9* amerik. Wildschwein, Nabelschwein
Pe|ke|sche [poln.] *f. 11* 1. mit Pelz und Schnüren verzierter poln. Mantelrock; 2. mit Schnüren verzierte Festjacke der Verbindungsstudenten
Pe|ki|ne|se *m. 11* 1. *früher:* Pekinger; 2. kleine, langhaarige Hunderasse mit stumpfer Schnauze
pe|ki|ne|sisch
Pe|king, *amtl.:* Bei|jing Hauptstadt von China
Pe|king|mensch *m. 10* = Sinanthropus
Pe|koe [pikou, chin.-engl.] *m. Gen.* -s *nur Sg.* Teesorte aus dünnen, feinen Blättern oder aus Blattspitzen
pekt|an|gi|nös *auch:* **pek|tan|gi|nös** [lat.] herzbeklemmend
Pek|ten|mu|schel [lat.] *f. 11* Kammmuschel
Pek|tin [griech.] *n. 1* quellfähiger, leicht gelierender Stoff in Pflanzen, z. B. Apfelpektin
pek|to|ral [lat.] zur Brust gehörend, brust...

Pek|to|ra|le *n. Gen.* -s *Pl. - oder* -lien 1. *Antike, MA:* Brustschmuck; 2. verziertes Brustkreuz für Bischöfe und Äbte; 3. Schließe am Bischofsmantel
pe|ku|ni|är [lat.] geldlich
pek|zie|ren [lat.] *tr. 3;* etwas p.: einen Fehler, eine Dummheit machen, etwas Böses begehen
pe|la|gi|al [griech.] s. **pe|la|gisch**
Pe|la|gi|al *n. Gen.* -s *nur Sg.* 1. der Lebensraum des Meeres und großer Binnenseen; 2. Gesamtheit der Organismen im Meer und in großen Binnenseen
Pe|la|gi|a|ner *m. 5* Anhänger des Pelagianismus
Pe|la|gi|a|nis|mus *m. Gen. - nur Sg.* Lehre des irischen Mönchs Pelagius (5. Jh.), der entgegen der Gnadenlehre Augustins die Erbsünde ablehnte und die Willensfreiheit vertrat
pe|la|gisch [griech.], pe|la|gi|al im Meer und in großen Binnenseen lebend
Pe|lar|go|nie [-njə] *f. 11* eine Zierpflanze
Pe|las|ger *m. 5* Angehöriger der sagenhaften Urbevölkerung Griechenlands
pe|las|gisch
pêle-mêle [pɛlmɛl, frz.] durcheinander
Pele|mele [pɛlmɛl] *n. Gen.* -(s) *nur Sg.* 1. Durcheinander, Mischmasch; 2. Süßspeise aus Vanillecreme und Früchten
Pe|le|ri|ne [frz.] *f. 11* ärmelloser (Regen-)Umhang
Pe|li|kan [mlat.] *m. 1* ein trop. und subtrop. Vogel mit Kehlsack, Ruderfüßer
Pel|la|gra *auch:* **Pel|lag|ra** [ital.] *f. Gen. - nur Sg.* eine Hautkrankheit infolge Mangels an Vitamin B_2
Pel|le *f. 11* Haut, dünne, weiche Schale; jmdm. auf der P. hocken, nicht von der P. gehen *ugs.:* jmdm. lästig fallen, sich jmdm. aufdrängen
pel|len *tr. 1* schälen
Pel|let *n. Gen.* -s *Pl.* -s *meist Pl.* 1. in kleine Stücke gepresstes Tierfutter; 2. scheibchenförmiges Füllmaterial (für Verpackungen)
Pell|kar|tof|fel *f. 11*
Pe|lo|pon|nes *f. Gen.* -, *ugs. auch: m. Gen.* - südgriech. Halbinsel
pe|lo|pon|ne|sisch; *aber:* der Peloponnesische Krieg

P

Pe|lo|ta [lat.-span.] *f. Gen. - nur Sg.* baskisches Ballspiel
Pe|lot|te [frz.] *f. 11* Knäuel, Ball, Druckpolster (z. B. gegen Spreizfuß)
Pelz *m. 1;* jmdm. auf den P. rücken *ugs.:* jmdn. bedrängen; einem Tier eins auf den P. brennen: auf dieses schießen
pel|zen **1.** den Pelz abziehen; **2.** *ugs.:* faulenzen
pel|zig
Pelz|mot|te *f. 11*
Pelz|tier *n. 1*
Pelz|werk *n. 1 nur Sg.*
Pem|mi|kan [Algonkin] *m. Gen. -s nur Sg.* **1.** *bei nordamerik. Indianern:* klein geschnittenes, getrocknetes Fleisch, Dauerfleisch; **2.** *danach:* Fleischpulverkonserve
Pem|phi|gus [griech.] *m. Gen. - nur Sg., Sammelbegriff für* eine Gruppe von Hautkrankheiten mit Blasenbildung, Schälblattern, Schälblasen
PEN, P.E.N. [pɛn] s. **PEN-Club**
Pe|nal|ty [pɛnəltı, engl.] *m. 9, bes. Eishockey:* Strafschuss im Einzelangriff
Pe|na|ten [lat.] *Pl.* **1.** *röm. Myth.:* Götter von Haus und Herd; **2.** *übertr.:* Heim, Wohnung; zu den Penaten zurückkehren: heimkehren
Pence [pɛns, engl.] *Pl. von* Penny (*Abk.:* p)
PEN-Club, P.E.N.-Club, Pen-Club [pɛn-] *m. 9 nur Sg., Kurzwort aus* poets, essayists, novelists (die internationale Schriftstellervereinigung)
Pen|dant [pãdã, frz.] *n. 9* Gegenstück, Ergänzung
Pen|del [lat.] *n. 5* frei hängender, um einen Punkt schwingender Körper
pen|deln *intr. 1* **1.** hin- und herschwingen; **2.** sich regelmäßig zwischen zwei Orten hin- und zurückbewegen; **3.** mit einem Handpendel Ja-/Nein-Antworten ausschwingen; er hat gependelt
Pen|del|tür *f. 10* Tür mit Schwingflügeln
Pen|del|uhr *f. 10*
Pen|del|ver|kehr *m. Gen. -s nur Sg.* regelmäßig zwischen zwei Orten stattfindender Verkehr (von öffentlichen Verkehrsmitteln)
pen|dent [ital.] *schweiz.:* in der Schwebe, unerledigt
Pen|den|tif [pãdã-, frz.] *n. 9, Baukunst:* Eckzwickel zwischen dem quadratischem Unterbau und der Kuppel
Pen|de|rec|ki [pɛndɛrɛtski], *Krzysztof* poln. Komponist
Pend|ler *m. 5*
Pen|dü|le [pã-] *f. 11* Tischpendeluhr, Stutzuhr
Pe|ne|lo|pe [-pe:] *in der griech. Myth.:* Gemahlin des Odysseus (Sinnbild der Treue)

♦ Die Buchstabenfolge **pe|ne|tr...** kann in Fremdwörtern auch **pe|net|r...** getrennt werden.

♦ **pe|ne|tra|bel** [lat.] *veraltet:* durchdringbar
♦ **pe|ne|trant** **1.** durchdringend (Geruch, Geschmack); **2.** *übertr.:* aufdringlich
♦ **Pe|ne|tranz** *f. 10 nur Sg.*
♦ **Pe|ne|tra|ti|on** *f. 10* **1.** Durchdringung, Durchsetzung; **2.** das Eindringen
♦ **pe|ne|trie|ren** *tr. 3* durchdringen, durchsetzen
pe|ni|bel [frz.] sehr sorgfältig, peinlich genau
Pe|ni|bi|li|tät *f. 10 nur Sg.* Genauigkeit, Sorgfalt
Pe|ni|cil|lin [lat.] *n. 1 nur Sg.* s. **Pe|ni|zil|lin**
Pen|in|su|la [lat.] *f. Gen. - Pl.* -lae [-lɛ:] Halbinsel
pen|in|su|lar, pen|in|su|la|risch zu einer Halbinsel gehörend, wie eine Halbinsel
Pe|nis [lat.] *m. Gen. - Pl.* -nes *oder* -nis|se Begattungsorgan vieler Tiere und des Menschen, männl. Glied
Pe|ni|zil|lin, *fachsprachl.:* Pe|ni|cil|lin *n. 1 nur Sg.* ein Antibiotikum
Pen|nal [lat.] *n. 1, österr.:* Etui für Stifte, Federpennal
Pen|nä|ler *m. 5, Schülerspr.:* Schüler einer höheren Schule, Gymnasiast
Penn|bru|der *m. 6, ugs.:* Landstreicher, Penner
Pen|ne **1.** [lat.] *f. 11, Schülerspr.:* Schule; **2.** [rotw.] *f. 11* Kneipe, einfache Herberge
pen|nen *intr. 1, ugs.:* schlafen
Pen|ner *m. 5* s. **Penn|bru|der**
Pen|ni *m. Gen.* -(s) *Pl.* -(s) (*Abk.:* p) finn. Währungseinheit, $^{1}/_{100}$ Markka
Penn|syl|va|nia [-vɛınjə] (*Abk.:* PA) Staat der USA
penn|syl|va|nisch [-vɛı-]
Pen|ny *m. Gen. -s Pl.* Pence *oder (bei wenigen Stücken)* -s (*Abk.:* p) englische Währungseinheit
Pen|ny|weight [-wɛıt] *n. Gen. - Pl. -* (*Abk.:* dwt., pwt.) engl. Gewichtseinheit für Edelmetalle, Edelsteine und Münzen, 1,5552 g
Pen|sa *Pl. von* Pensum
pen|see [pãse, frz.] *unflektierbar:* dunkellila
Pen|see [pãse] *n. 9* Stiefmütterchen
Pen|si|on [pãsjon, bair., österr., schweiz.: pɛnsjon, frz.] *f. 10* **1.** Ruhestand; in P. gehen; **2.** Ruhegehalt; P. beziehen; **3.** Fremdenheim; **4.** Unterkunft und Verköstigung; **5.** *veraltet:* Mädchenpensionat
Pen|si|o|när [pã-, bair., österr., schweiz.: pɛn-] *m. 1* **1.** jmd., der im Ruhestand lebt; **2.** Gast in einer Pension; **3.** Zögling eines Pensionats
Pen|si|o|nat [pã-, bair., österr., schweiz.: pɛn-] *n. 1* Internat
pen|si|o|nie|ren [pã-, bair., österr., schweiz.: pɛn-] *tr. 3* in Ruhestand versetzen
Pen|si|o|nie|rung [pã-, bair., österr., schweiz.: pɛn-] *f. 10*
Pen|si|o|nist *m. 10, österr., schweiz.:* jmd., der Pension bezieht, Ruheständler
Pen|si|o|nis|ten|heim *n. 1*
pen|si|ons|be|rech|tigt [pã-, bair., österr., schweiz.: pɛn-]
Pen|sum [lat.] *n. Gen. -s Pl.* -sa *oder* -sen in einer bestimmten Zeit zu erledigende Arbeit von bestimmtem Umfang
pent..., Pent..., pen|ta..., Pen|ta... [griech.] *in Zus.:* fünf..., Fünf...
Pen|ta|chord [-kɔrd] *n. 1* Streich-, Zupfinstrument mit fünf Saiten
Pen|ta|de *f. 11* Zeitraum von fünf Tagen
Pen|ta|e|der *m. 5 oder n. 5* von fünf ebenen Flächen begrenzter Körper, Fünfflach, Fünfflächner
Pen|ta|gon *n. 1* Fünfeck
Pen|ta|gon *n. 1 nur Sg.* das auf fünfeckigem Grundriss errichtete Verteidigungsministerium der USA in Washington
pen|ta|go|nal fünfeckig
Pen|ta|gramm *n. 1* fünfzackiger Stern, der in einem Zug gezeichnet werden kann, Drudenfuß
pen|ta|mer fünfteilig, fünfgliedrig

Pent|a|me|ron *auch:* **Pen|ta|me|ron, Pent|a|me|ro|ne** *auch:* **Pen|ta|me|ro|ne** *n. Gen.* -(s) *nur Sg.* Sammlung neapolitanischer Märchen, die an fünf Tagen erzählt werden

Pen|ta|me|ter *m. 5* fünffüßiger daktylischer Vers, der zusammen mit einem Hexameter ein Distichon bildet

Pen|tan *n. 1* ein gesättigter alipathischer Kohlenwasserstoff

Pent|ar|chie *auch:* **Pen|tar|chie** *f. 11* Herrschaft von fünf Großmächten

Pen|ta|teuch *m. Gen.* -(s) *nur Sg.* die fünf Bücher Mose im AT

Pent|ath|lon *auch:* **Pen|tath|lon** *n. Gen.* -s *nur Sg.* antiker Fünfkampf: Ringen, Lauf, Weitsprung, Diskus- und Speerwerfen

Pen|ta|to|nik *f. 10* auf einer Tonleiter von fünf Tönen beruhendes System der mittelalterl. und bes. japanischen Musik sowie der Musik vieler Naturvölker

pen|ta|to|nisch auf Pentatonik beruhend

Pen|the|si|lea *griech. Myth.:* Königin der Amazonen

Pent|haus *n.4,* Pent|house [-haʊs, engl.] *n. Gen.* - *Pl.* -s [-sɪz] bungalowartige Wohnanlage auf einem Flachdach

Pent|lan|dit [nach dem Entdecker, dem engl. Naturforscher J. B. Pentland] *n. Gen.* -s *nur Sg.* ein Mineral, Eisennickelkies

Pent|o|de *auch:* **Pen|to|de** [griech.] *f. 11* Fünfpolröhre

Pen|to|se *f. 11* einfacher Zucker mit fünf Sauerstoffatomen im Molekül

Pe|nun|ze [poln.] *f. 11 nur Sg.* Geld

pen|zen *intr. 1, österr. für* bitten, betteln; unablässig ermahnen

Pe|on [port.] *m. 10* lateinamerik. eingeborener Tagelöhner

Pe|o|na|ge [-ʒə, auch engl.: piənɪdʒ] *f. 11 nur Sg.* Lohnsystem in Lateinamerika, das durch Lohnvorschüsse häufig zur Verschuldung und Leibeigenschaft der Peonen führte

Pep [engl.] *m. Gen.* -s *nur Sg., ugs.:* Schwung, Temperament

Pe|pe|ro|ne *m. Gen.* - *Pl.* -ro|ni, **Pe|pe|ro|ni** *f. Gen.* - *Pl.* - [ital.], **Pfef|fe|ro|ni** *m. Gen.* - *Pl.* - in Essig eingelegte kleine Sorte der Paprikaschote

Pe|pi|ta [nach einer spanischen Tänzerin der Biedermeierzeit] **1.** *n. Gen.* -(s) *nur Sg.* kleines Hahnentrittmuster; **2.** *m. 9* Stoff mit diesem Muster

Pe|plon *auch:* **Pep|lon** [griech.] *n. Gen.* -s *Pl.* -s *oder* -plen, **Pe|plos** *auch:* **Pep|los** *m. Gen.* - *Pl.* - *oder* -plen altgriech. Frauengewand

pep|pig mit Pep

Pep-Pill [engl.] *f. Gen.* - *Pl.* -s, **Pep|pil|le** *f. 11* Weckmittel (Suchtstoff)

Pep|sin [griech.] *n. 1* ein Enzym des Magensaftes

Pep|sin|wein *m. 1*

pep|tisch verdauungsfördernd

pep|ti|sie|ren *tr. 3, Chem.:* einen ausgeflockten Niederschlag p.: wieder auflösen

Pep|ton *n. 1* bei der Verdauung entstehendes Spaltprodukt von Eiweiß

per [lat.] *Präp. mit Akk.;* durch, mit; per Adresse (*Abk.:* p. A.): bei; z. B. Herrn XY, p. A. Familie Z; per Bahn, Post, Luftpost *besser:* mit der Bahn, Post, Luftpost; per Eilboten *besser:* durch Eilboten; ich liefere per 1. März *besser:* am, bis zum 1. März; vgl. per annum, per cassa, per centum, per conto, per pedes, per procura, per saldo, per ultimo

per..., Per... [lat.] *in Zus.:* durch ... hindurch, während

per an|num (*Abk.:* p. a.) *veraltet:* jährlich

Per|bo|rat *n. 1* chem. Verbindung aus Wasserstoffsuperoxid und Borat, Wasch- und Bleichmittel

per cas|sa [ital.] in bar

per cen|tum [lat.] vom Hundert; vgl. pro centum, Prozent

Per|chlo|rat *n. 1* Salz der Überchlorsäure

Perch|ta, Frau Perchta, eine bair.-österr. Sagengestalt, entsprechend der Frau Holle

Perch|ten, Berch|ten *Pl., im bayr.-österr. Volksglauben:* die in den Raunächten umherziehenden Geister der Toten

Perch|ten|lauf *m. 2, bayr.-österr. Volksbrauch:* Umherziehen vermummter Gestalten, um die Perchten zu vertreiben

Perch|ten|mas|ke *f. 11*

Perch|ten|tanz *m. 2* ein alpenländischer Springtanz maskierter Tänzer

per con|to [ital.] auf Rechnung

Per|cus|sion [pəkʌʃn, engl.] *f. Gen.* - *nur Sg.* = **Per|kus|si|on** (4)

per|du [-dy, frz.] *ugs.:* verloren, weg; das ist perdu

Per|em(p)|ti|on *auch:* **Pe|rem(p)|ti|on** [lat.] *f. 10, Rechtswesen, veraltet:* Verfall, Verjährung

per|em(p)|to|risch *auch:* **pe|rem(p)|to|risch** *Rechtsw.:* aufhebend, vernichtend; *Ggs.:* dilatorisch

per|en|nie|rend *auch:* **pe|ren|nie|rend** [lat.] überwinternd, wiederkommend (Pflanzen)

Pe|res|tro|i|ka *auch:* **Pe|rest|ro|i|ka** [russ.] *f. Gen.* - *nur Sg.* Umgestaltung, Bez. für die 1985 vom sowjet. Staatspräsidenten Gorbatschow eingeleitete Reformpolitik

per ex|em|plum *auch:* **per e|xemp|lum** [lat.] (*Abk.:* p. e.) *veraltet:* zum Beispiel

per|fekt [lat.] **1.** vollkommen (ausgebildet); sie ist im Maschinenschreiben p.; perfekter Koch; **2.** fließend; p. Englisch sprechen; **3.** abgemacht, abgeschlossen, gültig; der Vertrag ist p.

Per|fekt [auch: pɛr-] *n. 1, Gramm.:* eine Zeitform des Verbs

per|fek|ti|bel fähig zur Vervollkommnung

Per|fek|ti|on *f. 10* Vollkommenheit, Vollendung

per|fek|ti|o|nie|ren *tr. 3* vervollkommnen

Per|fek|ti|o|nie|rung *f. 10 nur Sg.*

Per|fek|ti|o|nis|mus *m. Gen.* - *nur Sg.* **1.** Lehre von der Vervollkommnung des Menschen als Sinn der Geschichte und Ziel der Menschheitsentwicklung; **2.** *allg.:* übertriebenes Streben nach Vervollkommnung

Per|fek|ti|o|nist *m. 10* **1.** Anhänger des Perfektionismus; **2.** Angehöriger der methodist. Sekte der Perfektionisten, die nach Sündlosigkeit durch innere Wiedergeburt streben

per|fek|ti|o|nis|tisch

per|fek|tisch auf dem Perfekt beruhend, im Perfekt

per|fek|tiv eine zeitl. Begrenzung des Geschehens ausdrückend

Per|fek|tiv *n. 1,* **Per|fek|ti|vum** [-vum] *n. Gen.* -s *Pl.* -va [-va], *in slaw. Sprachen:* Aspekt des Verbums, der das Ende eines Geschehens bezeichnet, z. B. vergehen

P

per|fid [frz.], **per|fi|de** treulos, heimtückisch
Per|fi|die *f. 11* Treulosigkeit, List, Heimtücke
Per|fi|di|tät *f. 10 nur Sg.* perfides Verhalten; die P. dieser Tat, dieses Verhaltens
Per|fo|ra|ti|on [lat.] *f. 10* **1.** Durchlöcherung, Durchbohrung; **2.** durchlochte Linie, Reißlinie
Per|fo|ra|tor *m. Gen.* -s *Pl.* -to|ren Schreibmaschine zum Übertragen von Manuskripttexten auf Lochstreifen
per|fo|rie|ren *tr. 3*
Per|for|mance [pəfɔ̱məns, engl.] *f. Gen. - nur Sg., zeitgenöss. Kunst:* gestisch-theatralische Aktion
Per|for|manz *f. 11 nur Sg.* Sprachverwendung, Wortauswahl
per|for|ma|tiv
per|for|ma|to|risch
per|ga|me|nisch aus Pergamon stammend; *aber:* das Pergamenische Reich
Per|ga|ment *n. 1* **1.** zu Schreibpapier verarbeitete (Schweins-)Haut; **2.** Schriftstück auf solcher Haut
Per|ga|ment|band *m. 2* in Pergament gebundenes Buch
per|ga|men|ten aus Pergament
Per|ga|ment|pa|pier *n. 1* fettdichtes Papier, Butterbrotpapier
Per|ga|min *n. 1 nur Sg.* pergamentähnliches, durchsichtiges Papier
Per|ga|mon antike Stadt in Kleinasien
Per|ga|mon|al|tar *m. 2 nur Sg.*
Per|go|la [ital.] *f. Gen. - Pl.* -go|len Laube oder Laubengang aus Säulen, meist mit Rankengewächsen umwachsen
Pe|ri [pers.] *m. 9 oder f. 9, pers. Myth.:* feenhaftes Wesen
pe|ri..., Pe|ri... [griech.] *in Zus.:* um ... herum, über ... hin oder hinaus
Pe|ri|anth [griech.] *n. 1* Blütenhülle aus Kelch und Blütenblättern
Pe|ri|car|di|um *n. Gen.* -s *Pl.* -di|en, *fachsprachl. Schreibung von* Perikard
Pe|ri|chon|dri|um *auch:* **Pe|ri|chond|ri|um** [-çɔn-] *n. Gen.* -s *Pl.* -dri|en Knorpelhaut
pe|ri|cu|lum in mo|ra [lat.] Gefahr ist im Verzug (= liegt im Zögern), es muss schnell gehandelt werden
Pe|ri|derm [griech.] *n. 1* sekundäres pflanzl. Abschlussgewebe

P

Pe|ri|dot [griech.] *m. Gen.* -s *nur Sg.* Olivin
Pe|ri|do|tit *m. 1* ein Tiefengestein
Pe|ri|gä|um [griech.] *n. Gen.* -s *Pl.* -gä|en Punkt der geringsten Entfernung eines Planeten von der Erde; *Ggs.:* Apogäum
Pe|ri|gon [griech.] *n. 1,* **Pe|ri|go|ni|um** *n. Gen.* -s *Pl.* -ni|en Blütenhülle mit gleich gestalteten Blättern
Pe|ri|hel [griech.] *n. 1,* **Pe|ri|he|li|um** *n. Gen.* -s *Pl.* -li|en Punkt der geringsten Entfernung eines Planeten von der Sonne; *Ggs.:* Aphel
Pe|ri|kard [griech.] *n. 1, fachsprachl.:* Pe|ri|car|di|um *n. Gen.* -s *Pl.* -di|en Herzbeutel
Pe|ri|kar|di|tis *f. Gen. - Pl.* -ti|den Herzbeutelentzündung
Pe|ri|karp [griech.] *n. 1* Fruchtwand, Fruchtschale
Pe|ri|klas *m. 1* ein Mineral
Pe|rik|les Staatsmann im antiken Athen
pe|ri|klin [griech.] parallel zur Organoberfläche (verlaufend)
Pe|ri|klin *m. 1* ein Mineral, ein Feldspat
Pe|ri|ko|pe [griech.] *f. 11* **1.** zum Vorlesen im Gottesdienst vorgeschriebener Abschnitt der Bibel; **2.** größerer metrischer Abschnitt; **3.** zusammenhängende Strophengruppe
Pe|ri|me|ter [griech.] *n. 5* Gerät zum Bestimmen des Umfangs des Gesichtsfeldes
pe|ri|na|tal [griech. + lat.] um die Zeit der Geburt
Pe|ri|o|de [griech.] *f. 11* **1.** Zeitraum, Zeitabschnitt; **2.** Umlaufszeit (eines Gestirns); **3.** Menstruation; **4.** mehrgliedriger Satz
Pe|ri|o|den|sys|tem *n. 1, in der Fügung* P. der chem. Elemente: Tabelle, in der die Elemente nach Zahl der Protonen im Kern und gleichen chem. Eigenschaften zusammengefasst sind
...pe|ri|o|dig *in Zus.,* z. B. mehr-, zweiperiodig
Pe|ri|o|di|kum *n. Gen.* -s *Pl.* -ka *meist Pl.* mehr oder weniger regelmäßig erscheinende Zeitschrift
pe|ri|o|disch regelmäßig (wiederkehrend), in gleichen Abständen
pe|ri|o|di|sie|ren *tr. 3* in Perioden, in Zeitabschnitte einteilen
Pe|ri|o|di|sie|rung *f. 10*

Pe|ri|o|di|zi|tät *f. 10 nur Sg.* periodische Wiederkehr
Pe|ri|o|don|ti|tis [griech.] *f. Gen. - Pl.* -ti|ti|den Entzündung der Zahnwurzelhaut
Pe|ri|ö|ke [griech.] *m. 11* freier, aber politisch rechtloser Einwohner Spartas; vgl. Spartiat
Pe|ri|ost [griech.] *n. 1* Knochenhaut
Pe|ri|os|ti|tis *f. Gen. - Pl.* -ti|den Entzündung der Knochenhaut
Pe|ri|pa|te|ti|ker [nach dem Peripatos, dem Wandelgang, in dem Aristoteles auf- und abgehend lehrte] *m. 5* Schüler des Aristoteles
pe|ri|pa|te|tisch
Pe|ri|pe|tie [griech.] *f. 11* Umschwung, Wendung (im Drama)
pe|ri|pher [griech.] **1.** am Rande liegend; **2.** *übertr.:* im Augenblick nicht so wichtig (Frage, Problem)
Pe|ri|phe|rie *f. 11* **1.** Umfangslinie; **2.** Rand (bes. einer Stadt)
Pe|ri|phra|se [griech.] *f. 11* Umschreibung (eines Begriffes)
pe|ri|phra|sie|ren *tr. 3* umschreiben
pe|ri|phras|tisch umschreibend
Pe|ri|pte|ros *auch:* **Pe|rip|te|ros** [griech.] *m. Gen. - Pl.* -pte|ren griech. Tempel mit ihn umgebender Säulenhalle
Pe|ri|skop *auch:* **Pe|ris|kop** [griech.] *n. 1* Rundblickfernrohr, Fernrohr mit geknicktem Strahlengang (für U-Boote), Sehrohr
Pe|ri|stal|tik *auch:* **Pe|ris|tal|tik** [griech.] *f. 10 nur Sg.* fortschreitende, wellenförmige Bewegung von muskulösen Hohlorganen, z. B. der Speiseröhre
pe|ri|stal|tisch *auch:* **pe|ris|tal|tisch** wellenförmig fortschreitend
Pe|ri|sta|se *auch:* **Pe|ris|ta|se** [griech.] *f. 11* Gesamtheit der Umwelteinflüsse, die auf ein Lebewesen vor (seitens der Mutter) und nach der Geburt (Ernährung, Lebensweise) einwirken
pe|ri|sta|tisch *auch:* **pe|ris|ta|tisch**
Pe|ri|styl *auch:* **Pe|ris|tyl** [griech.] *n. 1,* **Pe|ri|sty|li|um** *auch:* **Pe|ris|ty|li|um** *n. Gen.* -s *Pl.* -li|en, *in altgriech. Häusern:* von Säulen umgebener Innenhof
pe|ri|to|ne|al [griech.] zum Peritoneum gehörend, von ihm ausgehend
Pe|ri|to|ne|um *n. Gen.* -s *Pl.* -ne|en Bauchfell

Pe|ri|to|ni|tis *f. Gen. - Pl.* -ti|den Bauchfellentzündung
Per|kal [pers.-türk.] *m. 1* feinfädiges, dichtes Baumwollgewebe
Per|ka|lin *n. 1* appretierter Perkal (für Bucheinbände)
Per|ko|lat [lat.] *n. 1, Pharmazie:* mittels Perkolation hergestellter Auszug
Per|ko|la|ti|on *f. 10* Seihen, Lösungsverfahren zur Gewinnung pflanzlicher Wirkstoffe
per|ko|lie|ren *tr. 3*
Per|kus|si|on [lat.] *f. 10* **1.** Erschütterung, Stoß; **2.** Zündung (eines Explosivstoffes) durch Stoß oder Schlag; **3.** Vorrichtung am Harmonium, bei der zur präziseren Tongebung ein Hämmerchen an die Metallzunge schlägt; **4.** alle Schlaginstrumente, ausgenommen das Schlagzeug, Percussion; **5.** *Med.:* Untersuchung innerer Organe durch Beklopfen der Körperoberfläche
Per|kus|si|ons|ham|mer *m. 5, Med.:* kleiner Hammer zur Perkussion
Per|kus|si|ons|in|stru|ment *auch:* **Per|kus|si|ons|ins|tru|ment, Per|kus|si|ons|inst|ru|ment** *n. 1* Schlaginstrument
per|kus|so|risch, per|ku|to|risch mittels Perkussion (5)
per|ku|tan [lat.] *Med.:* durch die Haut hindurch
per|ku|tie|ren [lat.] *tr. 3, Med.:* abklopfen
per|ku|to|risch s. **per|kus|so|risch**
Perl *f. Gen. - nur Sg.* ein Schriftgrad, 5 Punkt
Perl|boot *n. 1* ein Kopffüßer, Schiffsboot, Nautilus
Per|le *f. 11*
per|len *intr. 1*
Per|len|fi|scher *m. 5*
Per|len|ket|te *f. 11*
Per|len|tau|cher *m. 5*
Perl|garn *n. 1* glänzendes, sehr fest gedrehtes Baumwollgarn
perl|grau
Perl|huhn *n. 4* ein Fasanenvogel mit blaugrauem, perlig gemustertem Gefieder
per|lig
Per|lit *m. 1* **1.** ein Ergussgestein; **2.** Kristallisationsform des Stahls
Perl|mu|schel *f. 11* Muschel, die Perlen bildet
Perl|mutt *n. Gen. -s nur Sg.*
Perl|mut|ter *f. Gen. - nur Sg.* **1.** von manchen Muscheln und Schnecken abgesonderter Stoff, aus dem die Innenschicht der Schale und die Perle gebildet werden; **2.** Innenschicht der Schale einer Perlmuschel
perl|mut|tern aus Perlmutter
Per|lon® [Kunstwort] *n. Gen. -s nur Sg.* eine Kunstfaser
Per|lon|strumpf *m. 2*
per|lon|ver|stärkt; Socken mit perlonverstärkter Ferse; *aber:* das Garn ist mit Perlon verstärkt
Perl|schrift *f. 10* eine Schriftart
Perl|sucht *f. Gen. - nur Sg.* Rindertuberkulose
Per|lus|tra|ti|on *auch:* **Per|lust|ra|ti|on** [lat.] *f. 10, österr.:* genaue Untersuchung (eines Verdächtigen)
per|lus|trie|ren *auch:* **per|lust|rie|ren** *tr. 3, österr.:* genau untersuchen (Verdächtigen)
Per|lus|trie|rung *auch:* **Per|lust|rie|rung** *f. 10*
Perl|wein *m. 1* Kohlendioxid enthaltender Wein
Perl|zwie|bel *f. 11* kleine Essigzwiebel
Perm [nach der russ. Stadt Perm] *n. Gen. -s nur Sg.* oberste, jüngste Formation des Paläozoikums
per|ma|nent [lat.] dauernd, ständig, anhaltend, ununterbrochen
Per|ma|nent|farb|stoff *m. 1* lichtechter Farbstoff
Per|ma|nenz *f. 10 nur Sg.* Dauerhaftigkeit
Per|man|ga|nat [lat.] *n. 1* Salz der Übermangansäure
per|me|a|bel [lat.] durchdringbar, durchlässig; *Ggs.:* impermeabel
Per|me|a|bi|li|tät *f. 10 nur Sg.*
per|misch zum Perm, oberen Erdmittelalter gehörend
Per|mis|si|on [lat.] *m. 10, veraltet:* Erlaubnis, Erlaubnisschein
per|mis|siv vieles erlaubend, freizügig, Freizügigkeit gewährend
Per|mis|si|vi|tät [-vi-] *f. 10 nur Sg.*
per|mu|ta|bel [lat.] ver-, austauschbar
Per|mu|ta|ti|on *f. 10* Umstellung der Reihenfolge, Vertauschung
per|mu|tie|ren *tr. 3* vertauschen, in der Reihenfolge verändern
Per|mu|tit *n. 1, Chem.:* anorgan. Ionenaustauscher
Per|nam|buk|holz [nach dem brasilian. Staat Pernambuco], Fernam|buk|holz *n. 4* brasilianisches Rotholz
Per|ni|o|nen [lat.] *Pl.* Frostbeulen
Per|ni|o|sis *f. Gen. - nur Sg.* Frostschaden (der Haut)
per|ni|zi|ös [frz.] bösartig, z. B. perniziöse Anämie
Per|nod® [-no, frz.] *m. 9* ein Anislikör
Pe|ro|no|spo|ra *auch:* **Pe|ro|nos|po|ra** [griech.] *Pl.* Gattung der Algenpilze, Erreger von Pflanzenkrankheiten
per|o|ral [lat.] *Med.:* durch den Mund
Per|o|xid *n. 1* sauerstoffreiche chem. Verbindung, Superoxid
per pe|des [lat.] *ugs., scherzh.:* zu Fuß
Per|pen|di|kel [lat.] *n. 5* **1.** Uhrpendel; **2.** Abstand zwischen den (gedachten) Senkrechten durch Vorder- und Hintersteven des Schiffes, gibt dessen Länge an
per|pen|di|ku|lar, per|pen|di|ku|lär senkrecht, lotrecht
Per|pen|di|ku|lar|stil *m. 1 nur Sg., Baukunst:* engl. Spielart der Gotik
Per|pe|tu|um mo|bi|le *n. Gen. - - Pl. - - oder* -tua -bi|lia **1.** etwas ständig Bewegliches; **2.** eine nur theoretisch denkbare Maschine, die sich ständig ohne Energiezufuhr bewegt; **3.** virtuoses, gleichmäßig schnelles Musikstück
per|plex [lat.] *ugs.:* verblüfft, überrascht
Per|ple|xi|tät *f. 10 nur Sg.*
per pro|cu|ra [lat.] (*Abk.:* pp., ppa.) in Vollmacht (vor Unterschriften)
Per|ron [-rɔ̃, frz.] *m. 9, österr., schweiz.:* [-ron] *m. 1* **1.** *veraltet:* Bahnsteig; **2.** Plattform (der Straßenbahn)
per sal|do [ital.] durch Ausgleich (der beiden Seiten eines Kontos; Bez. für den Restbestand eines Kontos)
per se [lat.] an sich, für sich, durch sich selbst
Per|sen|ning [ndrl.], Pre|sen|ning *f. 1 oder f. 10* wasserdichtes Segeltuch
Per|ser *m. 5* **1.** Einwohner des Iran; **2.** *ugs., kurz für* Perserteppich
Per|ser|tep|pich *m. 1* in Persien hergestellter (geknüpfter) Teppich
Per|seus **1.** griech. Sagenheld; **2.** *m. Gen. -* ein Sternbild
Per|se|ve|ranz [-və-, lat.] *f. 10 nur Sg., veraltet:* Ausdauer, Beharrlichkeit
Per|se|ve|ra|ti|on [-və-] *f. 10* Behar-

P

ren oder Wiederkehr von Geschehenem oder Gehörtem im Bewusstsein
per|se|ve|rie|ren [-və-] *intr. 3*
Per|shing [pə(r)ʃiŋ] *f. 9* Bodenrakete mittlerer Reichweite der USA mit Atomsprengkopf
Per|si|a|ner *m. 5* **1.** Fell des neugeborenen Karakulschafes; **2.** *ugs.:* Mantel aus diesem Fell
Per|si|en *bis 1935 und 1949 - 1951 Name des* Iran
Per|si|fla|ge *auch:* **Per|sif|la|ge** [-ʒə, frz.] *f. 11* (bes. literar.) Verspottung
per|si|flie|ren *auch:* **per|sif|lie|ren** *tr. 3* verspotten
Per|sil|schein *m. 1, ugs.:* entlastende Bescheinigung (nach dem Waschmittel Persil benannt)
Per|si|pan *n. 1* Marzipanersatz aus Pfirsich- oder Aprikosenkernen
per|sis|tent [lat.] anhaltend, dauernd
Per|sis|tenz *f. 10 nur Sg.*
per|sis|tie|ren *intr. 3, veraltet:* (auf etwas) beharren
Per|son [lat.] *f. 10;* ich für meine Person *ugs., besser:* ich selbst, was mich betrifft
Per|so|na gra|ta *f. Gen. - - nur Sg.* **1.** gern gesehener Mensch; **2.** zum Dienst in einem fremden Staat zugelassener Diplomat
Per|so|na in|gra|ta, Per|so|na non gra|ta *f. Gen.* (-) *- - nur Sg.* **1.** nicht (mehr) gern gesehener Mensch; **2.** in einem fremden Staat nicht (mehr) erwünschter Diplomat

P

per|so|nal persönlich, die Persönlichkeit betreffend; vgl. personell
Per|so|nal *n. Gen.* -s *nur Sg.* Gesamtheit der Diener, Angestellten usw., Belegschaft
per|so|nal..., Per|so|nal... *in Zus.:* zur Person gehörend, die Person(en) betreffend, Personen..., Persönlichkeits...
Per|so|nal|ab|bau *m. 1 nur Sg.* Entlassen von Arbeitskräften
Per|so|nal Com|pu|ter *Nv.* **Per|so|nal|com|pu|ter** *Hv.* [pə(r)sənɛlkɔmpjutə(r), engl. »persönlicher Computer«] *m. 5* (*Abk.:* PC)
Per|so|nal|form *f. 10* durch eine Person bestimmte (finite) Form eines Verbums, z. B. ich gehe, wir essen
Per|so|na|li|en *Pl.* Angaben über Name, Wohnung, Beruf, Personenstand einer Person; jmds. P. aufnehmen
Per|so|na|li|tät *f. 10* Gesamtheit der das Wesen einer Person ausmachenden Eigenschaften, das Personsein
Per|so|na|li|täts|prin|zip *n. Gen.* -s *nur Sg.* Grundsatz, dass eine Straftat nach den im Heimatstaat des Täters geltenden Gesetzen bestraft wird; *Ggs.:* Territorialitätsprinzip
per|so|na|li|ter *veraltet:* persönlich

Personalityshow: Substantive (oder Adjektive, Pronomen und Partikeln) bilden mit anderen Substantiven Zusammensetzungen, die zusammengeschrieben werden. Diese Regel gilt auch für fremdsprachige Substantive: *die Personalityshow.* § 37 (1)

Per|so|na|li|ty|show (*alt:* Per|so|na|li|ty-show) [pə(r)sənælıtiʃou] *f. 9* ganz auf einen Star ausgerichtete Sendung
Per|so|nal|kos|ten *nur Pl.* für das Personal aufgewendete Kosten
Per|so|nal|pro|no|men *n. 7* eine Person oder Sache vertretendes Fürwort, persönl. Fürwort, z. B. ich, du
Per|so|nal|re|fe|rat *n. 1*
Per|so|nal|re|fe|rent *m. 10*
Per|so|nal|u|ni|on *f. 10* **1.** Vereinigung zweier selbständiger Staaten unter einem Monarchen; **2.** Vereinigung mehrerer Ämter in der Hand einer Person
Per|sön|chen *n. 7*
per|so|nell **1.** persönlich; **2.** das Personal betreffend
Per|so|nen|kult *m. 1*
per|so|nen|spe|zi|fisch
Per|so|nen|stand *m. 2* Familienstand, Stellung zur Familie (ledig, verheiratet usw.)
Per|so|nen|stands|re|gis|ter *n. 5* im Standesamt geführtes Register über die Einwohner und ihren Personen-, Familienstand
Per|so|ni|fi|ka|ti|on *f. 10* Vermenschlichung (von Göttern, leblosen Dingen, Begriffen)
per|so|ni|fi|zie|ren *tr. 3* vermenschlichen
Per|so|ni|fi|zie|rung *f. 10*
per|sön|lich; persönliches Fürwort: Personalpronomen
Per|sön|lich|keit *f. 10* **1.** *nur Sg.* Gesamtheit aller Eigenschaften, Verhaltensweisen, Äußerungen eines Menschen; **2.** bedeutender, sich aus den übrigen heraushebender Mensch
Per|sön|lich|keits|spal|tung *f. 10*
Per|sons|be|schrei|bung *f. 10, österr.:* Personen-, Personalbeschreibung

♦ Die Buchstabenfolge **per|sp...** kann in Fremdwörtern auch **pers|p...** getrennt werden.

♦ **Per|spek|tiv** [lat.] *n. 1* kleines Fernrohr
♦ **Per|spek|ti|ve** [-və] *f. 11* **1.** scheinbares Zusammentreffen paralleler Linien in einem entfernten Punkt (Fluchtpunkt); **2.** Darstellung eines Raumes oder räumlichen Körpers auf einer ebenen Fläche mit räumlicher Wirkung; **3.** *übertr.:* Zukunftsaussicht; **4.** Blickwinkel, z. B. Frosch-, Vogelperspektive
♦ **per|spek|ti|visch** [-viʃ] die Perspektive betreffend, räumlich
♦ **Per|spek|ti|vis|mus** [-vis-] *m. Gen. - nur Sg.* Lehre, dass Erkenntnis nur unter dem Blickwinkel des Erkennenden möglich sei, dass es keine standpunktfreie Erkenntnis gebe
♦ **Per|spek|tiv|pla|nung** *f. 10* langfristige Planung mit Hinblick auf Zukünftiges
♦ **Per|spi|ra|ti|on** [lat.] *f. 10 nur Sg.* Hautatmung
♦ **per|spi|ra|to|risch** die Ausdünstung fördernd
Per|tu|ba|ti|on [lat.] *f. 10, Med.:* Durchblasung des Eileiters
Per|tur|ba|ti|on [lat.] *f. 10, Astron.:* Verwirrung, Störung (der Bewegung eines Gestirns)
Per|tus|sis [lat.] *f. Gen. - nur Sg.* Keuchhusten
Pe|ru Staat in Südamerika
Pe|ru|a|ner *m. 5*
pe|ru|a|nisch
Pe|ru|bal|sam *m. Gen.* -s *nur Sg.* aus einem mittelamerik. Baum gewonnener Balsam
Pe|rü|cke [frz.] *f. 11* **1.** Haarersatz; **2.** *Jägerspr.:* krankhafte Wucherung am Gehörn von Rehen u. a.
per ul|ti|mo [lat. »am letzten«] am Monatsletzten (zu liefern, zu zahlen)
per|vers [-vɛrs, lat.] widernatürlich, geschlechtlich unnormal empfindend

Per|ver|si|on [-vɛr-] *f. 10* krankhafte, widernatürliche Triebrichtung
Per|ver|si|tät [-vɛr-] *f. 10* perverses Wesen, perverse Beschaffenheit, Widernatürlichkeit
per|ver|tie|ren [-vɛr-] *intr. u. tr. 3* **1.** vom Normalen abweichen (lassen); **2.** verfälschen, falsch, unheilvoll anwenden oder verstehen
Per|zent *n. 1, österr. Nebenform von* Prozent
per|zen|tu|ell *österr. Nebenform von* prozentuell
per|zep|ti|bel [lat.] wahrnehmbar, erfassbar
Per|zep|ti|bi|li|tät *f. 10 nur Sg.* Wahrnehmbarkeit, Wahrnehmungsfähigkeit
Per|zep|ti|on *f. 10* Wahrnehmung (als erste Stufe der Erkenntnis)
per|zep|tiv, per|zep|to|risch auf Perzeption beruhend, mit Hilfe der Perzeption
per|zi|pie|ren *tr. 3* wahrnehmen
Pe|sa|de [ital.-frz.] *f. 11, hohe Schule:* Levade
Pe|sel *m. 5, im nordwestdt. Bauernhaus:* Prachtstube
pe|sen *intr. 1, mitteldt.:* rennen, eilen
Pe|se|ta [span.] *f. Gen. - Pl.* -tas (*Abk.:* Pta, Ptas), **Pe|se|te** *f. Gen. - Pl.* -ten span. Währungseinheit, 100 Centimos
Pe|so *m. Gen.* -(s) *Pl.* -(s) südamerikan. Währungseinheit
Pes|sach *n. Gen.* -s *nur Sg.* s. **Pas|sach**
Pes|sar [lat.] *n. 1* **1.** Stützring für die Gebärmutter bei Gebärmuttervorfall; **2.** Verschlussring zur Empfängnisverhütung
Pes|si|mis|mus [lat.] *m. Gen. - nur Sg.* Neigung, bes. die Schattenseiten der Welt und des Lebens zu sehen, gallige Denkweise, Schwarzseherei; *Ggs.:* Optimismus
Pes|si|mist *m. 10*
pes|si|mis|tisch
Pes|si|mum *n. Gen.* -s *Pl.* -ma schlechteste Bedingungen, das Ungünstigste; *Ggs.:* Optimum
Pest **1.** [lat.] *f. 10 nur Sg.* schwere, epidemisch auftretende Infektionskrankheit; **2.** Stadtteil von Budapest
Pest|beu|le *f. 11*
Pest|hauch *m. 1 nur Sg.* giftiger Hauch, böser Einfluss
Pes|ti|lenz *f. 10* **1.** *veraltet für* Pest; **2.** *allg.:* schwere Seuche
pes|ti|len|zi|a|lisch verpestet, stinkend
Pes|ti|zid *n. 1* Schädlingsvertilgungsmittel; ein zugelassenes Pestizid
Pes|to [ital.] *n. Gen.* -s *nur Sg.* grüne Sauce aus Öl, gehackten Kräutern und Gewürzen
Pest|säu|le *f. 11* plastisch gestaltete Votivsäule zur Erinnerung an eine Pest
Pe|tar|de [frz.] *f. 11* mit Sprengladung gefülltes Gefäß, früher zum Sprengen von Festungstoren, heute für Knalleffekte verwendet
Pe|te|chi|en [-çiən, lat.-ital.] *Pl.* punktförmige Hautblutungen
Pe|ter männl. Vorname
Pe|ter|männ|chen *n. 7* ein giftiger Drachenfisch
Pe|ter|sil *m. Gen.* -s *nur Sg., österr.,* **Pe|ter|si|lie** [-ljə] *f. 11 nur Sg.* ein Gewürzkraut
Pe|ters|pfen|nig *m. 1* freiwillige Abgabe der Katholiken an den Papst
Pe|ter-und-Pauls-Tag *m. 1* kath. Fest am 29. Juni; *auch:* Petrus und Paulus
Pe|tit [pəti, frz.] *f. Gen. - nur Sg.* ein Schriftgrad, 8 Punkt
Pe|ti|tes|se [pətitɛs(ə)] *f. 11* Geringfügigkeit, Nichtigkeit, Bagatelle; das ist nur eine P.
Pe|ti|ti|on [lat.] *f. 10* Bittschrift, Eingabe
pe|ti|ti|o|nie|ren *intr. 3* in Form einer Petition einreichen; um etwas p.
Pe|ti|ti|ons|recht *n. 1*
Pe|tits Fours (*alt:* Pe|tits fours) [pəti fur, frz.] *Pl.* feines, mit bunter Zuckerglasur überzogenes Gebäck

♦ Die Buchstabenfolge **pe|tr...** kann in Fremdwörtern auch **pet|r...** getrennt werden.

♦ **Pe|tra** weibl. Vorname
♦ **Pe|trar|ca,** *Francesco* ital. Schriftsteller
♦ **Pe|trar|kis|mus** *m. Gen. - nur Sg., 14./15. Jh.:* lyr. Stil in der Art der Gedichte des ital. Dichters Petrarca
♦ **Pe|trar|kist** *m. 10* Vertreter des Petrarkismus, virtuoser Liebeslyriker
♦ **Pe|tre|fakt** [lat.] *n. 1 oder n. 12* Versteinerung
♦ **Pe|tri** vgl. Petrus
♦ **Pe|tri|fi|ka|ti|on** *f. 10* Vorgang des Versteinerns
♦ **pe|tri|fi|zie|ren** *tr. 3* versteinern
♦ **pe|tri|nisch** von Petrus stammend
♦ **Pe|tro|che|mie** [-çe-] *f. 11 nur Sg.* Untersuchung von Gesteinen mit chem. Mitteln
♦ **pe|tro|che|misch** [-çe-]
♦ **Pe|tro|dol|lar** *m. Gen.* -s *Pl.* -(s)
♦ **Pe|tro|ge|ne|se** *f. 11* Entstehung der Gesteine
♦ **Pe|tro|gly|phe** *f. 11* vorgeschichtl. Felszeichnung
♦ **Pe|tro|graph** *auch:* **Pe|tro|graf** *m. 10*
♦ **Pe|tro|gra|phie** *auch:* **Pe|tro|gra|fie** *f. 11 nur Sg.* Lehre von den Gesteinen, ihrem Vorkommen, ihrer Zusammensetzung, Gesteinskunde
♦ **pe|tro|gra|phisch** *auch:* **pe|tro|gra|fisch**
♦ **Pe|trol** [griech.] *n. Gen.* -s *nur Sg., schweiz. Nebenform von* Petroleum
♦ **Pe|tro|le|um** *n. Gen.* -s *nur Sg.* **1.** Erdöl; **2.** Destillationsprodukt des Erdöls
♦ **Pe|tro|lo|gie** *f. 11 nur Sg.* Zweig der Petrographie, der sich bes. mit der Gesteinsbildung befasst
♦ **Pe|trus** ein Apostel; Petri Heil! (Anglergruß)
Pet|schaft [tschech.] *n. 1* kleiner Stempel zum Siegeln
pet|schie|ren *tr. 3* mit Petschaft siegeln
Pet|ti|coat [-kout, engl.] *m. 9* versteifter Halbunterrock
Pet|ting [engl.] *n. 9* erotisch-sexuelles Spiel, jedoch ohne Koitus
pet|to [ital.] *nur in der Wendung* etwas in p. haben: etwas bereithalten, z. B. eine Überraschung in p. haben
Pe|tu|nie [-njə, indian.] *f. 11* eine Zierpflanze, Balkonblume
Petz *m. 1, scherzh. Bez. für* Bär; Meister Petz
Pet|ze *f. 11* **1.** Hündin; **2.** *Schülerspr.:* jmd., der petzt
pet|zen *intr. 1, Schülerspr.:* jmdn. angeben, etwas verraten
peu à peu [pø a pø, frz.] nach und nach, allmählich
pe|xie|ren *tr. 3, Nebenform von* pekzieren
Pey|otl *auch:* **Pe|yotl** [pɛj-, aztek.]

P

1. *f. 11* ein Kaktus, liefert Meskalin; 2. *n. Gen.* -(s) *nur Sg.* aus dem Kaktus gewonnenes, berauschendes Getränk
pF *Abk. für* Picofarad
Pf *Abk. für* Pfennig
Pfad *m. 1*
Pfa|der *m. 5, schweiz. Nebenform von* Pfadfinder
Pfad|fin|der *m. 5*
Pfaf|fe *m. 11, abwertend:* Geistlicher
Pfaf|fen|hüt|chen *n. 7* ein Zierstrauch mit giftigen, einem Priesterbarett ähnl. Früchten
pfäf|fisch
Pfahl *m. 2*
Pfahl|bau *m. Gen.* -(e)s *Pl.* -bauten
Pfahl|bau|er *m. 11*
Pfahl|bür|ger *m. 5* 1. *urspr.:* außerhalb der Grenzpfähle einer Stadt wohnender Bürger mit Bürgerrecht; 2. *übertr.:* engstirniger Mensch, Spießbürger
Pfahl|dorf *n. 4*
pfäh|len *tr. 1* 1. mit Pfahl oder Pfählen stützen; 2. jmdn. p.: mit einem Pfahl durchbohren
Pfahl|mu|schel *f. 11* an Pfählen haftende Bohrmuschel
Pfahl|wur|zel *f. 11*
Pfalz *f. 10* 1. befestigte Wohnstätte eines Kaisers oder Königs, in der er sich auf seinen Reisen durch das Reich aufhielt; 2. *kurz für* Pfalzstadt; 3. das eine Pfalz umgebende Gebiet; 4. Regierungsbezirk in Rheinland-Pfalz
Pfäl|zer *m. 5* 1. Einwohner der Pfalz (4); 2. Wein aus der Pfalz (4)
Pfalz|graf *m. 10, MA* 1. hoher königl. Beamter; 2. Vorsitzender des Hofgerichts
pfalz|gräf|lich
pfäl|zisch zur Pfalz (4) gehörend, aus ihr stammend
Pfalz|stadt *f. 2* aus einer Pfalz (1) hervorgegangene Stadt
Pfand *n. 4*
pfänd|bar
Pfänd|bar|keit *f. 10 nur Sg.*
Pfand|brief *m. 1* eine festverzinsl. Schuldverschreibung
pfän|den *tr. 2*
Pfän|der *m. 5, veraltet:* Gerichtsvollzieher
Pfand|gläu|bi|ger *m. 5*
Pfand|haus *n. 4*
Pfand|lei|he *f. 11*
Pfand|schein *m. 1*
Pfand|schuld|ner *m. 5*
Pfän|dung *f. 10*
Pfänn|chen *n. 7*
Pfan|ne *f. 11;* jmdn. in die P. hauen *ugs.:* jmdn. demütigen, vernichten, erledigen
Pfän|ner *m. 5, früher:* Eigentümer eines Anteils an einem Salzbergwerk
Pfann|ku|chen *m. 7*
Pfarr|amt *n. 4*
Pfarr|be|zirk *m. 1*
Pfar|re *f. 11* Pfarrbezirk
Pfar|rei *f. 10* Pfarrbezirk
Pfar|rer *m. 5*
Pfar|re|rin *f. 10* 1. *evang.-reformierte Kirche:* weibl. Pfarrer; 2. Ehefrau eines evang. Pfarrers
Pfarr|haus *n. 4*
Pfarr|hel|fer *m. 5* noch nicht voll ausgebildeter Theologe als Helfer eines Pfarrers, Hilfsprediger, Pfarrvikar
Pfarr|kir|che *f. 11* Hauptkirche eines Pfarrbezirks
Pfarr|stel|le *f. 11*
Pfarr|vi|kar [-vi-] *m. 1* 1. *kath. Kirche:* Stellvertreter oder Helfer eines Pfarrers; 2. *evang. Kirche:* Pfarrhelfer
Pfau *m. 12* 1. ein großer Fasanenvogel; 2. *übertr.:* eitler Mann
pfau|chen *österr.* = **fau|chen**
Pfau|en|au|ge *n. 14, Sammelbez. für* Tag- und Nachtpfauenauge
Pfau|hahn *m. 2*
Pfau|hen|ne *f. 11*
Pfd. *Abk. für* Pfund
Pfef|fer *m. 5* 1. eine Gewürzpflanze; P. und Salz; schwarzer P., weißer P.: reife bzw. unreife Früchte des Pfefferstrauchs; spanischer P.: Paprika; da liegt der Hase im P.: das ist die Wurzel des Übels; jmdm. P. geben: jmdn. reizen, herausfordern; 2. *Soldatensprache:* Schießpulver
Pfef|fer|fres|ser *m. 5* Tukan
Pfef|fer|gur|ke *f. 11* in Salz, Pfeffer und Essig eingelegte Gurke
pfef|fe|rig, pfeff|rig
Pfef|fer|korn *n. 4*
Pfef|fer|ku|chen *m. 7* gewürztes, süßes Weihnachtsgebäck, Lebkuchen
Pfef|fer|min|ze [auch: -min-] *f. 11* ein Heilkraut
Pfef|fer|müh|le *f. 11*
pfef|fern *tr. 1* 1. mit Pfeffer würzen; ich pfeffere, pfeffre es; gepfefferter Witz: unanständiger, derber Witz; gepfefferte Preise, gepfefferte Rechnung: sehr hohe Preise, Rechnung; 2. heftig werfen
Pfef|fer|nuss (*alt:* Pfef|fer|nuß) *f. 2*
Pfef|fe|ro|ni *m. Gen.* - *Pl.* -, *österr.:* = **Pe|pe|ro|ne, Pe|pe|ro|ni**
Pfef|fer|sack *m. 2, ugs.:* reicher Kaufmann
Pfef|fer|schwamm *m. 2* Pfifferling
Pfef|fer|strauch *m. 4*
pfeff|rig, pfef|fe|rig
Pfei|fe *f. 11*
pfei|fen *tr. u. intr. 90;* ich pfeife darauf *ugs.:* das ist mir ganz egal, darum kümmere ich mich nicht
Pfei|fen|strauch *m. 4* ein Steinbrechgewächs
Pfei|fer *m. 5*
Pfeil *m. 1*
Pfei|ler *m. 5* frei stehende oder aus der Wand heraustretende Stütze für Gewölbe, Dach oder Brücke
pfeil|ge|ra|de
pfeil|ge|schwind
Pfeil|gift *n. 1*
pfeil|schnell
Pfen|nig *m. Gen.* -s *Pl.* - *oder* -e (*Abk.:* Pf), *bis zum 31. 12. 2001:* deutsche Währungseinheit, $^1/_{100}$ Mark
Pfen|nig|fuch|ser [-ks-] *m. 5, ugs.:* geiziger, übertrieben genau rechnender Mensch
Pfen|nig|fuch|se|rei [-ks-] *f. 10 nur Sg., ugs.*
pfen|nig|groß
Pfen|nig|stück *n. 1*
pfen|nig|wei|se; bei ihm fällt der Groschen p. *ugs.:* er ist sehr langsam von Begriff
Pferch *m. 1* eingezäuntes Feldstück für Tiere
pfer|chen *tr. 1* zwängen, drängen; Personen, Tiere in einen engen Raum p.
Pferd *n. 1*
Pfer|de|ap|fel *m. 6*
Pfer|de|boh|ne *f. 11* Saubohne
Pfer|de|de|cke *f. 11* grobe Decke
Pfer|de|drosch|ke *f. 11*
Pfer|de|fuß *m. 2, übertr.:* Nachteil, Haken; die Sache hat einen P.
Pfer|de|ge|biss (*alt:* Pfer|de|ge|biß) *n. 1*
Pfer|de|kur *f. 10* Rosskur
Pfer|de|län|ge *f. 11;* den andern um eine P. voraus sein (beim Rennen)
Pfer|de|ren|nen *n. 7*
Pfer|de|schwamm *m. 2* rauer Badeschwamm
Pfer|de|schwanz *m. 2; übertr.:* im

P

Nacken, am Hinterkopf zusammengebundener, langer Haarschopf
Pfer|de|stär|ke *f. 11 (Abk.:* PS) frühere Maßeinheit der Leistung
Pfer|de|zucht *f. Gen. - nur Sg.*
Pfet|te *f. 11* waagerechter, die Sparren tragender Balken im Dachstuhl
Pfiff *m. 1; auch ugs.:* besonderer Reiz (einer Sache), besonderer Schick
Pfif|fer|ling *m. 1* ein Speisepilz, Eier-, Pfefferschwamm, Gelbling, Rehling, *bairisch:* Reherl; das ist keinen P. wert *ugs.:* nichts wert
pfif|fig findig, gewitzt, aufgeweckt, schnell begreifend
Pfif|fig|keit *f. 10 nur Sg.*
Pfif|fi|kus *m. Gen. - oder* -kus|ses *Pl.* -kus|se pfiffiger Kerl

Pfingsten: Die aus dem Griechischen entlehnte Bezeichnung des christlichen Feiertages (50. Tag nach Ostern) wird im Norddeutschen eher mit *zu*, im Süddeutschen eher mit *an* verbunden: *Zu Pfingsten fahren wir nach Paris. An Pfingsten regnete es.*
In der Schweiz und häufig auch in Österreich ist die Pluralform üblich: *Die Pfingsten bieten Gelegenheit zu einem großen Familientreffen.*

Pfings|ten [griech.] *n. Gen. - Pl. -* Fest der Ausgießung des Hl. Geistes über die Jünger Jesu; an, zu, vor, nach P.; frohes *oder:* frohe P.!
Pfingst|fest *n. 1*
pfingst|lich
Pfingst|ro|se *f. 11* Päonie
Pfir|sich *m. 1*
Pfir|sich|baum *m. 2*
Pfir|sich|haut *f. 2 nur Sg.*
Pfis|ter *m. 5, veraltet:* Brotbäcker
Pfis|te|rei *f. 10*
Pfitz|ner, *Hans* dt. Komponist
Pflanz *m. Gen. - nur Sg., österr. für* Schwindel, Fopperei
Pflänz|chen *n. 7*
Pflan|ze *f. 11*
pflan|zen *tr. 1*
Pflan|zen|ge|o|gra|phie *auch:* **Pflan|zen|ge|o|gra|fie** *f. 11 nur Sg.*
Pflan|zen|kun|de *f. 11 nur Sg.* Botanik
Pflan|zer *m. 5*
Pflanz|gar|ten *m. 8* Landstück zum Aufziehen von Waldpflanzen, forstl. Garten, Baumschule
Pflanz|holz *n. 4*
Pflänz|lein *n. 7*
pflanz|lich
Pflanz|ling *m. 1* junge, zum Auspflanzen bestimmte Pflanze
Pflan|zung *f. 10* **1.** das Pflanzen; **2.** Plantage
Pflas|ter *n. 5*
Pfläs|ter|chen *n. 7*
Pflas|te|rer, *schweiz. auch:* **Pfläs|te|rer** *m. 5*
pflas|ter|mü|de
pflas|tern, *schweiz. auch:* **pfläs|tern** *tr. 1;* ich pflastere, pflastre den Weg
Pflas|ter|stein *m. 1*
Pflas|te|rung, *schweiz. auch:* **Pfläs|te|rung** *f. 10 nur Sg.*
Pflatsch *m. 1, mitteldt.:* Fleck, Pfütze
pflat|schen *intr. 1* klatschend aufschlagen
Pflat|schen *m. 7, süddt.:* breiter Kothaufen (bes. von Kühen)
Pfläum|chen *n. 7*
Pflau|me *f. 11; auch übertr., ugs.:* anzügl., neckende Bemerkung
pflau|men *intr. 1, ugs.:* anzügl. Bemerkung machen, necken
Pflau|men|mus *n. 1 nur Sg.*
pflau|men|weich, pflaum|weich
Pfle|ge *f. 11 nur Sg.*
pfle|ge|be|dürf|tig
Pfle|ge|be|dürf|tig|keit *f. 10 nur Sg.*
Pfle|ge|be|foh|le|ne(r) *m. 18 (17) bzw. f. 17 oder 18*
Pfle|ge|el|tern *Pl.* Zieheltern
Pfle|ge|kind *n. 3* Ziehkind
pfle|ge|leicht leicht zu pflegen
Pfle|ge|mut|ter *f. 6*
pfle|gen *tr. 1* **1.** jmdn. p.: fürsorgl. betreuen, für jmds. Wohl sorgen; **2.** etwas zu tun p.: etwas gewohnheitsmäßig tun; Geselligkeit p.; der Ruhe p.: ruhen
Pfle|ge|per|so|nal *n. Gen. -s nur Sg.*
Pfle|ger *m. 5* **1.** Krankenpfleger; **2.** vom Gericht bestellter Bevollmächtigter
pfle|ge|risch
Pfle|ge|va|ter *m. 6* Ziehvater
Pfle|ge|ver|si|che|rung *f. 10*
pfleg|lich sorgsam; etwas p. behandeln; p. mit etwas umgehen
Pfleg|ling *m. 1*
Pfleg|schaft *f. 10* gerichtlich angeordnete Fürsorge für einzelne Angelegenheiten einer Person oder für ein Vermögen
Pflicht *f. 10*
pflicht|be|wusst *(alt:* pflicht|bewußt)
Pflicht|be|wusst|sein *(alt:* Pflicht-be|wußt|sein) *n. Gen. -s nur Sg.*
Pflicht|ei|fer *m. 5 nur Sg.*
pflicht|eif|rig
Pflicht|ex|em|plar *auch:* **Pflicht|e-xemp|lar** *n. 1* Exemplar (eines Buches), das jmdm. (z. B. Bibliotheken) zugesandt werden muss
pflicht|ge|mäß
...pflich|tig *in Zus.,* z. B. melde-, schulpflichtig
pflicht|schul|dig wie es sich gehört, der Pflicht entsprechend
Pflicht|teil *m. 1 oder n. 1* Erbteil, das einem Erbberechtigten stets zusteht
pflicht|treu
Pflicht|treue *f. Gen. - nur Sg.*

pflichtvergessen: Wie bisher wird der mehrteilige Ausdruck aus Substantiv und Adjektiv/ Partizip in einem Wort geschrieben: *der pflichtvergessene Student.* § 36 (1)

pflicht|ver|ges|sen
Pflicht|ver|let|zung *f. 10*
pflicht|ver|si|chert
Pflicht|ver|si|che|rung *f. 10*
Pflock *m. 2*
Pflöck|chen *n. 7*
pflö|cken *tr. 1* an, mit Pflöcken befestigen
Pflü|cke *f. 11 nur Sg., schwäb.:* Ernte (des Obstes, Hopfens)
pflü|cken *tr. 1*
Pflü|cker *m. 5*
Pflug *m. 2*
pflü|gen *tr. 1*
Pflü|ger *m. 5*
Pflug|schar *f. 10 oder n. 1* waagerecht angeordnetes Eisen am Pflug
Pflug|sterz *m. 1,* **Pflug|ster|zen** *m. 7* Führungsgriff des Pfluges
Pfort|a|der *f. 11, bei Wirbeltieren und beim Menschen:* Vene, die das Blut von Magen und Darm, Bauchspeicheldrüse, Galle und Milz zur Leber führt
Pfört|chen *n. 7*
Pfor|te *f. 11;* Hohe P.: *bis 1918 Bez. für die* osman. Regierung
Pfört|ner *m. 5*
Pfört|ner|krampf *m. 2* krampfhafte Verengung des Magenpförtners (Magenausgangs), Pylorospasmus

P

Pfos|ten *m. 7*
Pföt|chen *n. 7*
Pfo|te *f. 11*
Pfrel|le, Pfril|le *f. 11* Elritze
Pfriem *m. 1* Werkzeug zum Löcherstechen in Leder oder Pappe, Ahle
Pfriem|kraut *n. 4* ein Ginster
Pfropf *m. 1* s. **Pfrop|fen**
Pfröpf|chen *n. 7*
pfrop|fen *tr. 1* **1.** hineindrücken; Kleider in einen Koffer p.; gepfropft voll; **2.** mit dem Pfropfreis veredeln (Baum)
Pfrop|fen *m. 7,* **Pfropf** *m. 1* Korken, Stöpsel
Pfröpf|ling *m. 1,* **Pfropf|reis** *n. 2* Reis zum Veredeln
Pfrop|fung *f. 10*
Pfrün|de *f. 11* **1.** *kath. Kirche:* Einnahmen aus einem Kirchenamt; das Amt selbst; **2.** *allg.:* Amt, das etwas einbringt, ohne entsprechende Gegenleistung zu fordern; fette P.
Pfründ|ner *m. 5* Inhaber einer Pfründe
Pfuhl *m. 1* **1.** schlammiger Teich; **2.** *übertr.:* Sumpf, z. B. Sündenpfuhl
Pfühl *m. 1, veraltet:* Kissen, weiches Lager
pfui!; pfui Teufel, pfui Deibel!; pfui, schäm dich!
Pfui *n. 9*
Pful|men *m. 7, schweiz.:* Kopfkissen
Pfund *n. Gen.* -(e)s *Pl.* - **1.** *ugs. gelegentl. Pl.* -e (*Zeichen:* ℔) Gewichtseinheit, 500 g, ½ kg; zwei P. Mehl; seine überschüssigen Pfunde loswerden wollen; mit seinem P. wuchern: eine Fähigkeit oder Wissen nutzbringend anwenden; **2.** (*Zeichen:* £) brit. Währungseinheit, ein Pfund Sterling
Pfünd|chen *n. 7*
...pfün|der *m. 5, in Zus.,* z. B. Vierpfünder (4-Pfünder)
pfun|dig *ugs.:* prächtig, großartig
...pfün|dig *in Zus.,* z. B. dreipfündig (3-pfündig)
Pfund|no|te *f. 11*
Pfunds... *ugs.:* Mords..., großartig, z. B. Pfundswetter
Pfusch *m. Gen.* -s *nur Sg., ugs.:* schlechte, flüchtige Arbeit
pfu|schen *intr. 1* flüchtig, schlecht arbeiten
Pfu|scher *m. 5*
Pfu|sche|rei *f. 10*
pfu|scher|haft
pfutsch *österr. für* futsch
Pfütz|chen *n. 7*
Pfüt|ze *f. 11*
ph *Abk. für* Phot
PH *Abk. für* Pädagogische Hochschule
Phä|a|ke [griech.] *m. 11, bei Homer:* Angehöriger eines glücklichen, genussfreudigen Volkes auf einer griech. Insel
Pha|e|ton [fae-, nach dem Sohn des griech. Sonnengottes] *m. 9* leichte, offene Kutsche
...phag [griech.] *in Zus.:* fressend, z. B. pantophag
Pha|go|zyt *m. 10* Fresszelle, Zelle, die Fremdkörper, z. B. Bakterien, vernichtet
Pha|lanx [griech.] *f. Gen.* - *Pl.* -lan|gen **1.** *Antike:* lange, geschlossene, mehrere Glieder tiefe Schlachtreihe; **2.** Finger- und Zehenknochen; **3.** *übertr.:* geschlossene, Widerstand leistende Front
phal|lisch in der Art eines Phallus, zum Phalluskult gehörig
Phal|lo|kra|tie *f. 11, abwertend:* Männerherrschaft
Phal|lus *m. Gen.* - *Pl.* -li *oder* -len (erigierter) Penis
Phal|lus|kult *m. 1, bei manchen Völkern:* Verehrung des Phallus als Symbol der Fruchtbarkeit
Pha|ne|ro|ga|me [griech.] *f. 11* Blütenpflanze, Samenpflanze; *Ggs.:* Kryptogame
Phä|no|lo|gie [griech.] *f. 11 nur Sg.* Lehre von den Lebensvorgängen bei Tieren und Pflanzen im Hinblick auf den Jahresablauf
Phä|no|men *n. 1* **1.** mit den Sinnen wahrnehmbare Erscheinung, z. B. Naturphänomen; **2.** einzigartiges Ereignis, Wunder; **3.** hochbegabter, genialer Mensch; er ist ein P.
phä|no|me|nal unglaublich, erstaunlich, einzigartig
Phä|no|me|na|lis|mus *m. Gen.* - *nur Sg.* Lehre, dass alle Dinge nur Erscheinungsformen eines unerkennbaren Dinges »an sich« seien
Phä|no|me|no|lo|gie *f. 11 nur Sg.* **1.** Beschreibung von sinnlich wahrnehmbaren Gegebenheiten; **2.** Lehre von den Erscheinungen des Dinges »an sich« (bei Kant), von den Erscheinungen des sich dialektisch aufwärts bewegenden Bewusstseins (bei Hegel), von der »Wesenheit« der Dinge (bei Husserl)
phä|no|me|no|lo|gisch
Phä|no|typ *m. 12,* Phä|no|ty|pus *m. Gen.* - *Pl.* -pen das von Erbanlagen und Umwelt geprägte Erscheinungsbild eines Lebewesens; vgl. Genotyp, Idiotyp
phä|no|ty|pisch
Phan|ta|sie *f. 11 nur Sg.* s. **Fan|ta|sie**
phan|ta|sie|los s. **fan|ta|sie|los**
Phan|ta|sie|lo|sig|keit *f. 10 nur Sg.* s. **Fan|ta|sie|lo|sig|keit**
phan|ta|sie|ren *intr. 3* s. **fan|ta|sie|ren**
phan|ta|sie|voll s. **fan|ta|sie|voll**
Phan|tas|ma *n. Gen.* -s *Pl.* -men Sinnestäuschung, Trugbild
Phan|tas|ma|go|rie *f. 11* optische Vorspiegelung von Scheinbildern, Darstellung von Fantasie-, Gespenstererscheinungen, Trugbildern auf der Bühne
phan|tas|ma|go|risch
Phan|tast *m. 10* s. **Fan|tast**
Phan|tas|te|rei *f. 10* s. **Fan|tas|te|rei**
phan|tas|tisch s. **fan|tas|tisch**
Phan|tom *n. 1* **1.** Trugbild; **2.** *Med.:* Nachbildung von Körperteilen (für den Unterricht)
Phan|tom|bild *n. 3* nach Zeugenaussagen konstruiertes Bild eines gesuchten Täters
Phan|tom|schmerz *m. 12* nur scheinbarer Schmerz in einem amputierten Glied
Phä|o|phy|zee [griech.] *f. 11* Braunalge, Tang
Pha|rao [altägypt.-griech.] **1.** *m. Gen.* -s *Pl.* -ra|o|nen altägypt. König; **2.** *n. 9 nur Sg.* ein frz. Kartenglücksspiel
pha|ra|o|nisch
Pha|ri|sä|er [aram.-lat.] *m. 5* **1.** Angehöriger der altjüd. gesetzesstrengen, relig.-polit. Partei; **2.** *übertr.:* selbstgerechter, engstirniger Mensch
pha|ri|sä|er|haft
Pha|ri|sä|er|tum *n. Gen.* -s *nur Sg.*
pha|ri|sä|isch
Pha|ri|sä|is|mus *m. Gen.* - *nur Sg.* **1.** Lehre der Pharisäer; **2.** Selbstgerechtigkeit
Phar|ma|in|dus|trie *auch:* **Phar|ma|in|dust|rie** *f. 11 nur Sg.*
Phar|ma|ko|lo|gie *f. 11 nur Sg.* Lehre von den Arzneimitteln
phar|ma|ko|lo|gisch

Phar|ma|kon *n. Gen.* -s *Pl.* -ka **1.** Arzneimittel; **2.** Gift

Phar|ma|zeut *m. 10* Arzneikundiger, Apotheker

Phar|ma|zeu|tik *f. 10 nur Sg.* s. **Phar|ma|zie**

phar|ma|zeu|tisch

Phar|ma|zie *f. 11 nur Sg.* Lehre von der Zubereitung und Anwendung der Arzneimittel, Pharmazeutik

Pha|rus [nach der Insel Pharos vor Alexandria] *m. Gen.* - *Pl.* -, *veraltet:* Leuchtturm

Pha|ryn|gi|tis [griech.] *f. Gen.* - *Pl.* -ti|den Rachenentzündung, Rachenkatarrh

Pha|ryn|go|lo|gie *f. 11 nur Sg.* Lehre von den Krankheiten des Rachens

Pha|ryn|go|skop *auch:* **Pha|ryn|gos|kop** *n. 1* Kehlkopfspiegel

Pha|ryn|go|sko|pie *auch:* **Pha|ryn|gos|ko|pie** *f. 11* Untersuchung mit dem Pharyngoskop

Pha|rynx *m. Gen.* - *Pl.* -ryn|gen Rachen

Pha|se [griech.] *f. 11* **1.** Abschnitt, Stufe (einer Entwicklung); **2.** Zeitraum, in dem ein nicht selbst leuchtender Himmelskörper zum Teil beleuchtet ist, z. B. Mondphase; **3.** *Phys.:* Zustand eines schwingenden Körpers, bezogen auf den Anfangszustand

Pha|sen|ver|schie|bung *f. 10* zeitliche (oder örtliche) Verschiebung zweier Schwingungen oder Wellen gleicher Frequenz gegeneinander

...pha|sig in Phasen verlaufend, z. B. zwei-, mehrphasig

pha|sisch in Phasen

Phe|nol [griech.] *n. 1* mit einer Hydroxylgruppe substituiertes Benzol

Phe|nol|harz *n. 1, Sammelbez. für* durch Polymerisation von Phenolen gewonnene Kunststoffe, Phenoplast

Phe|nol|phtha|le|in *auch:* **Phe|nolph|tha|le|in** *n. 1 nur Sg.* organ. Farbstoff (als Indikator für den pH-Wert verwendet)

Phe|no|plast *m. 1* Phenolharz

Phe|nyl *n. 1 nur Sg.* einwertiger Rest des Phenols

Phi *n. Gen.* -(s) *Pl.* -s (*Zeichen:* ϕ, Φ) griech. Buchstabe

Phi|a|le [griech.] *f. 11* altgriech. fuß- und henkellose, flache Opfer- oder Trinkschale

phil..., Phil... vgl. philo..., Philo...

♦ Die Buchstabenfolge **phil|a...** kann in Fremdwörtern auch **phi|la...** getrennt werden.

♦ **Phil|a|del|phia** Stadt in Pennsylvania (USA)

♦ **phil|a|del|phisch**

♦ **Phil|an|throp** *auch:* **Phil|anth|rop** *m. 10* Menschenfreund; *Ggs.:* Misanthrop

♦ **Phil|an|thro|pie** *auch:* **Phil|anth|ro|pie** *f. 11 nur Sg.* Menschenfreundlichkeit; *Ggs.:* Misanthropie

♦ **Phil|an|thro|pi|nis|mus** *auch:* **Phil|anth|ro|pi|nis|mus,** Phil|an|thro|pis|mus *m. Gen.* - *nur Sg., im 18. Jh.:* pädagog. Bewegung, die eine auf der Lehre Rousseaus beruhende, menschenfreundliche und naturgemäße Erziehung anstrebte

♦ **phil|an|thro|pisch** *auch:* **phil|anth|ro|pisch** menschenfreundlich

♦ **Phil|a|te|lie** *f. 11 nur Sg.* Briefmarkenkunde

♦ **Phil|a|te|list** *m. 10* Briefmarkenkundiger, Briefmarkensammler

Phi|le|mon griech. Sagengestalt; P. und Baucis: altes, harmonisch lebendes, gastfreundl. Ehepaar

Phil|har|mo|nie [griech.] *f. 11 Name für* **1.** Gesellschaft zur Pflege des Musiklebens; **2.** Spitzenorchester; **3.** *auch:* Konzertsaal

Phil|har|mo|ni|ker *m. 5* Angehöriger eines philharmon. Orchesters

phil|har|mo|nisch; philharmonisches Orchester: *Name für* Spitzenorchester

Phil|hel|le|ne *m. 11* Freund der Griechen

Phil|hel|le|nis|mus *m. Gen.* - *nur Sg.* Bewegung zur Unterstützung der Griechen in ihrem Freiheitskampf gegen die Türken

Phi|lipp *auch:* **Phi|lipp,** Phi|lip *männl. Vorname

Phi|lip|per|brief *auch:* **Phi|lip|per|brief** *m. 1* Brief des Apostels Paulus an die Einwohner der mazedon. Stadt Philippi

Phi|lip|pi|ka *auch:* **Phi|lip|pi|ka** *f. Gen.* - *Pl.* -ken **1.** Rede des Demosthenes gegen König Philipp von Mazedonien; **2.** *übertr.:* Strafrede

Phi|lip|pi|nen *auch:* **Phi|lip|pi|nen** *Pl.* Inselgruppe und Staat im westl. Pazifik; vgl. Filipino

phi|lip|pi|nisch *auch:* **phi|lip|pi|nisch**

Phi|lis|ter *m. 5* **1.** *Altertum:* Angehöriger eines nichtsemit. Volkes in Palästina; **2.** *übertr.:* engstirniger Mensch

phi|lis|ter|haft

Phi|lis|ter|tum *n. Gen.* -s *nur Sg.*

phi|lis|trös *auch:* **phi|list|rös** engstirnig, spießbürgerlich

Phil|lu|me|nie [griech.-lat.] *f. 11* das Sammeln von Streichholzschachteln

phi|lo..., Phi|lo... [griech.] *in Zus.:* freundlich (gesinnt), ...liebend, ... gern mögend

Phi|lo|den|dron *auch:* **Phi|lo|dend|ron** [griech.] *m. Gen.* -s *Pl.* -dren eine trop. Kletterpflanze, auch Zimmerpflanze

Phi|lo|lo|ge [griech.] *m. 11*

Phi|lo|lo|gie *f. 11 nur Sg.* Wissenschaft von Sprache und Literatur

phi|lo|lo|gisch **1.** zur Philologie gehörend; **2.** *übertr.:* allzu wissenschaftlich genau, wissenschaftlich-trocken

Phi|lo|se|mit *m. 10* Freund der Juden

Phi|lo|soph *m. 10* jmd., der nach Erkenntnis und Wahrheit strebt, der nach dem letzten Sinn des Seins fragt

Phi|lo|so|phem *n. 1* Ergebnis der philosoph. Forschung, philosoph. Ausspruch

Phi|lo|so|phie *f. 11* Lehre vom Sein, Ursprung und Wesen der Dinge, vom Denken, Streben nach Erkenntnis und Wahrheit

phi|lo|so|phie|ren *intr. 3* Philosophie betreiben

phi|lo|so|phisch

Phi|mo|se [griech.] *f. 11* Verengung der Vorhaut

Phi|o|le [griech.] *f. 11* kleine, bauchige Glasflasche

Phle|bi|tis [griech.] *f. Gen.* - *Pl.* -ti|den Venenentzündung

Phleg|ma [griech.] *n. Gen.* -s *nur Sg.* Mangel an Erregbarkeit, unerschütterl. Ruhe, Trägheit

Phleg|ma|ti|ker *m. 5* schwer erregbarer, träger Mensch

Phleg|ma|ti|kus *m. Gen.* - *Pl.* -kus|se, *ugs., scherzh.:* Phlegmatiker

phleg|ma|tisch

Phleg|mo|ne *f. 11* Zellgewebsentzündung

Phlox [griech.] *m. 1 oder f. 1* eine Zierpflanze
Phlo|xin *n. 1 nur Sg.* ein organ. Farbstoff
Pho|bie [griech.] *f. 11* krankhafte Furcht (vor etwas)
Phö|bos, Phö|bus Strahlender, Beiname Apollos
Pho|ko|me|lie *f. 11* Missbildung der Extremitäten

Phon/Fon: Die fremdsprachige Schreibweise *Phon* ist die Hauptvariante, die ins Deutsche integrierte Form *Fon* die zulässige Nebenvariante. Ebenso: *Phonogramm/Fonogramm, phonographisch/fonografisch, Phonometrie/Fonometrie.* § 32 (2)

Phon *auch:* **Fon** [griech.] *n. Gen.* -s *Pl.* - Maßeinheit der Lautstärke
phon..., Phon... *auch:* **fon..., Fon...** vgl. phono..., Phono...
Pho|nem *auch:* **Fo|nem** *n. 1, Phonologie:* kleinste sprachliche Einheit, die bedeutungsunterscheidend wirkt, z. B. das a und u in »Hand« und »Hund«
Pho|ne|tik *auch:* **Fo|ne|tik** *f. 10 nur Sg.* Lehre von der Art und Erzeugung der Laute, Lautlehre; vgl. aber Phonologie
Pho|ne|ti|ker *auch:* **Fo|ne|ti|ker** *m. 5* Wissenschaftler auf dem Gebiet der Phonetik
pho|ne|tisch *auch:* **fo|ne|tisch** lautlich
Pho|ni|a|trie *auch:* **Pho|ni|at|rie** *auch:* **Fo|ni|a|trie** *f. 11 nur Sg.* Lehre von den Hör-, Stimm- und Sprechkrankheiten
Phö|ni|ker, Phö|ni|ki|er *m. 5* s. **Phö|ni|zi|er**
pho|nisch *auch:* **fo|nisch** [griech.] zur Stimme gehörend, auf ihr beruhend
Phö|nix [griech.] *m. 1, griech. Myth.:* Vogel, der sich im Feuer verjüngt, Sinnbild der Unsterblichkeit; wie ein P. aus der Asche steigen
Phö|ni|zi|en *im Altertum:* Landstrich an der syr. Mittelmeerküste
Phö|ni|zi|er, Phö|ni|ker, Phö|ni|ki|er *m. 5* Angehöriger eines altsemit. Seefahrervolkes
phö|ni|zisch
pho|no..., Pho|no... *auch:* **fo|no..., Fo|no...** [griech.] *in Wortzus.:* ton..., Ton..., schall..., Schall...
Pho|no|gramm *auch:* **Fo|no|gramm** *n. 1* Aufzeichnung von Schall, Tönen auf Schallplatte oder Tonband
Pho|no|graph *auch:* **Fo|no|graf** *m. 10* erstes Schallaufzeichnungsgerät
Pho|no|gra|phie *auch:* **Fo|no|gra|fie** *f. 11 nur Sg.* techn. Schallaufzeichnung
pho|no|gra|phisch *auch:* **fo|no|gra|fisch**
Pho|no|kof|fer *auch:* **Fo|no|kof|fer** *m. 5* tragbarer Plattenspieler
Pho|no|lith *m. 10* ein Gestein, Klingstein
Pho|no|lo|ge *auch:* **Fo|no|lo|ge** *m. 11*
Pho|no|lo|gie *auch:* **Fo|no|lo|gie** *f. 11* Lehre von den Lauten und Lautgruppen (Phonemen) hinsichtlich ihrer Funktion für die Bedeutung der Wörter; vgl. Phonetik
pho|no|lo|gisch *auch:* **fo|no|lo|gisch**
Pho|no|me|ter *auch:* **Fo|no|me|ter** *n. 5* **1.** Schallmesser; **2.** Gerät zum Messen der Hörschärfe
Pho|no|tech|nik *auch:* **Fo|no|tech|nik** *f. 10*
Pho|no|thek *auch:* **Fo|no|thek** *f. 10* Sammlung von Tonbandaufnahmen
Pho|no|ty|pis|tin *auch:* **Fo|no|ty|pis|tin** *f. 10* Maschinenschreiberin, die nach Ansage vom Diktiergerät schreibt
Phon|zahl *auch:* **Fon|zahl** *f. 10* Phon angebende Zahl
Phos|gen [griech.] *n. 1 nur Sg.* ein giftiges Gas (Kampfstoff)
Phos|phat *n. 1* Salz der Phosphorsäure
Phos|phid *n. 1* Verbindung eines Metalls mit Phosphor
Phos|phit *n. 1* Salz der phosphorigen Säure
Phos|phor *m. Gen.* -s *nur Sg.* (*Zeichen:* P) chem. Element
Phos|pho|res|zenz *f. 10 nur Sg.* Leuchten (von Stoffen) nach vorherigem Bestrahlen mit Lichtwellen
phos|pho|res|zie|ren *intr. 3* nach Bestrahlen mit Licht leuchten
phos|pho|rig Phosphor enthaltend
Phos|pho|ris|mus *m. Gen.* - *Pl.* -men Phosphorvergiftung
Phos|pho|rit *m. 1* ein Mineral, Sedimentgestein
phos|phor|sau|er
Phos|phor|säu|re *f. 11 nur Sg.* dreibasische schwache Mineralsäure
Phos|phor|ver|gif|tung *f. 10*
Phot [griech.] *n. Gen.* - *Pl.* - (*Abk.:* ph), *veraltet:* Einheit der Leuchtstärke, 10 000 Lux
pho|to..., Pho|to... s. **fo|to..., Fo|to...**
Pho|to|che|mie *f. 11 nur Sg.* s. **Fo|to|che|mie**
Pho|to|che|mi|gra|phie *f. 11 nur Sg.* s. **Fo|to|che|mi|gra|fie**
Pho|to|ef|fekt *m. 1* s. **Fo|to|ef|fekt**
Pho|to|e|lek|tri|zi|tät *auch:* **Pho|to|e|lekt|ri|zi|tät** *f. 10 nur Sg.* s. **Fo|to|e|lek|tri|zi|tät**
Pho|to|e|le|ment *n. 1* s. **Fo|to|e|le|ment**
pho|to|gen s. **fo|to|gen**
Pho|to|gramm *n. 1* s. **Fo|to|gramm**
Pho|to|gram|me|trie *auch:* **Pho|to|gram|met|rie** *f. 11 nur Sg.* s. **Fo|to|gram|me|trie**
Pho|to|graph *m. 10* s. **Fo|to|graf**
Pho|to|gra|phie *f. 11* s. **Fo|to|gra|fie**
pho|to|gra|phie|ren *tr. 3*
pho|to|gra|phisch s. **fo|to|gra|fisch**
Pho|to|ko|pie *f. 11* s. **Fo|to|ko|pie**
pho|to|ko|pie|ren *tr. 3* s. **fo|to|ko|pie|ren**
pho|to|me|cha|nisch s. **fo|to|me|cha|nisch**
Pho|to|me|ter *n. 5* s. **Fo|to|me|ter**
Pho|ton *n. Gen.* -s *Pl.* -to|nen s. **Fo|ton**
Pho|to|satz *m. 2 nur Sg.* s. **Fo|to|satz**
Pho|to|sphä|re *auch:* **Pho|tos|phä|re** *f. 11* s. **Fo|to|sphä|re**
Pho|to|syn|the|se *f. 11* s. **Fo|to|syn|the|se**
pho|to|tak|tisch s. **fo|to|tak|tisch**
Pho|to|ta|xis *f. Gen.* - *Pl.* -xen s. **Fo|to|ta|xis**
Pho|to|thek *f. 10* s. **Fo|to|thek**
Pho|to|the|ra|pie *f. 11 nur Sg.* s. **Fo|to|the|ra|pie**
pho|to|trop, pho|to|tro|pisch s. **fo|to|trop**
Pho|to|tro|pis|mus *m. Gen.* - *nur Sg.* s. **Fo|to|tro|pis|mus**
Pho|to|vol|ta|ik *f. Gen.* - *nur Sg.* s. **Fo|to|vol|ta|ik**
Pho|to|zel|le *f. 11* s. **Fo|to|zel|le**
Phra|se [griech.] *f. 11* **1.** kleinster selbständiger Abschnitt (eines Musikstücks), Tongruppe; **2.** *Gramm.:* Satz, Teilsatz; **3.** Redewendung; **4.** *übertr.:* leere, abgegriffene Redensart; Phrasen dreschen *ugs.:* leere Redensarten sagen, nichts sagend reden

P

Phra|sen|dre|scher *m. 5*
phra|sen|haft
Phra|se|o|lo|gie *f. 11* **1.** Lehre von den für eine Sprache charakterist. Redewendungen; **2.** Sammlung solcher Redewendungen
phra|se|o|lo|gisch auf Phraseologie (1) beruhend; in der Art einer Phraseologie (2); phraseologisches Wörterbuch: Wörterbuch für Redensarten und Redewendungen
phra|sie|ren *tr. 3;* ein Musikstück ph.: in melodisch-rhythmische Abschnitte einteilen
Phra|sie|rung *f. 10* melodisch-rhythmische Gliederung (eines Musikstückes)
Phre|ne|sie [griech.] *f. 11* Wahnsinn
phre|ne|tisch wahnsinnig; *aber:* frenetisch
Phre|no|lo|ge *m. 11*
Phre|no|lo|gie *f. 11 nur Sg.* **1.** Kraniologie; **2.** umstrittene Lehre vom Zusammenhang der Schädelformen mit Charaktereigenschaften
phre|no|lo|gisch
Phry|gi|en antike Landschaft in Kleinasien
Phry|gi|er, Phry|ger *m. 5* Einwohner von Phrygien
phry|gisch; phrygische Mütze: Jakobinermütze
Phtha|le|in [griech.] *n. 1 nur Sg.* ein synthet. Farbstoff
Phthal|säu|re *f. 11 nur Sg.* dreibasische, starke, niedermolekulare Karbonsäure
Phthi|si|ker [griech.] *m. 5* jmd., der an Phthisis leidet
Phthi|sis *f. Gen. - Pl.* -sen Lungentuberkulose
phthi|tisch an Phthisis leidend, auf ihr beruhend
pH-Wert, *fachsprachlich:* pH-Wert *m. 1* Maßzahl zur Bestimmung der Wasserstoffionenkonzentration in einer Lösung, Wasserstoffexponent
Phy|ko|my|zet *m. 10 meist Pl.* niederer Pilz, Algenpilz
Phy|le [griech.] *f. 11, im alten Griechenland* **1.** *urspr.:* Geschlechterverband; **2.** *dann:* Untergliederung der Gemeinden und Stadtstaaten
phy|le|tisch hinsichtlich der Abstammung
Phyl|lit [griech.] *m. 1* dünnblättriger, kristalliner Schiefer
phyl|li|tisch *Geol.:* feinblättrig (Gestein)
phyl|lo..., Phyl|lo... [griech.] *in Zus.:* blatt..., Blatt...
Phyl|lo|kak|tus [griech.] *m. Gen. - Pl.* -te|en Blattkaktus
Phyl|lo|kla|di|um *n. Gen.* -s *Pl.* -di|en blattartiger Pflanzenspross, Flachspross
Phyl|lo|po|de *m. 11* Blattfußkrebs, z. B. Wasserfloh
Phyl|lo|ta|xis *f. Gen. - Pl.* -xen, *Bot.:* Blattstellung
Phyl|lo|xe|ra *f. Gen. - Pl.* -ren Reblaus
Phy|lo|ge|ne|se [griech.] *f. 11,* Phy|lo|ge|nie *f. 11* Stammesgeschichte der Lebewesen
phy|lo|ge|ne|tisch *Biol.:* stammesgeschichtlich
Phy|lo|ge|nie *f. 11* s. **Phy|lo|ge|ne|se**
Phys|i|a|ter *auch:* **Phy|si|a|ter** [griech.] *m. 5* Naturheilkundiger
Phys|i|a|trie *auch:* **Phy|si|a|trie** *f. 11 nur Sg.* Naturheilkunde
phys|i|a|trisch *auch:* **phy|si|a|trisch**
Phy|sik *f. 10 nur Sg.* Wissenschaft von den Gesetzmäßigkeiten der unbelebten Natur
phy|si|ka|lisch zur Physik gehörend, auf ihr beruhend; physikal. Chemie: Untersuchung der chem. Erscheinungen mit physikal. Methoden
Phy|si|ker *m. 5*
Phy|si|ko|che|mi|ker *m. 5* Wissenschaftler auf dem Gebiet der physikal. Chemie
phy|si|ko|che|misch
Phy|si|kum *n. Gen.* -s *Pl.* -ka medizinische Vorprüfung nach dem 4. Semester
Phy|si|kus *m. Gen. - Pl.* -kus|se, *veraltet:* Arzt
Phy|si|o|gno|mie *auch:* **Phy|si|og|no|mie** [griech.] *f. 11* äußere Erscheinung (eines Menschen oder Tieres), *bes.:* Gesichtsausdruck
Phy|si|o|gno|mik *auch:* **Phy|si|og|no|mik** *f. 10 nur Sg.* Deutung der Physiognomie
Phy|si|o|gno|mi|ker *auch:* **Phy|si|og|no|mi|ker** *m. 5*
phy|si|o|gno|misch *auch:* **phy|si|og|no|misch**
Phy|si|o|lo|ge *m. 11*
Phy|si|o|lo|gie *f. 11 nur Sg.* Lehre von den Lebensvorgängen
phy|si|o|lo|gisch
phy|si|o|the|ra|peu|tisch
Phy|si|o|the|ra|pie *f. 11 nur Sg.* physikalische Therapie
Phy|sis [griech.] *f. Gen. - nur Sg.* **1.** Natur; **2.** natürl. Körperbeschaffenheit
phy|sisch **1.** natürlich, in der Natur begründet; **2.** körperlich
phy|to..., Phy|to... [griech.] *in Zus.:* pflanzen..., Pflanzen...
phy|to|gen aus Pflanzen entstanden
Phy|to|ge|o|gra|phie *auch:* **Phy|to|ge|o|gra|fie** *f. 11 nur Sg.* Geobotanik
Phy|to|lo|gie *f. 11 nur Sg.* Pflanzenkunde
phy|to|lo|gisch
Phy|to|pa|tho|lo|gie *f. 11 nur Sg.* Lehre von den Pflanzenkrankheiten
phy|to|pa|tho|lo|gisch
phy|to|phag Pflanzen fressend
Phy|to|pha|ge *m. 11* Pflanzenfresser
Phy|to|plank|ton *n. Gen.* -s *nur Sg.* Gesamtheit der im Wasser schwebenden pflanzl. Organismen
Phy|to|the|ra|pie *f. 11 nur Sg.* Pflanzenheilkunde
Pi *n. Gen.* -(s) *Pl.* -s (*Zeichen:* π, Π) **1.** griech. Buchstabe; **2.** *nur Sg.* ludolfsche Zahl, Zahl, die das Verhältnis vom Umfang zum Durchmesser des Kreises angibt
Pia weibl. Vorname
Pi|af|fe [frz.] *f. 11, hohe Schule:* Trab auf der Stelle
pi|af|fie|ren *tr. 3* eine Piaffe ausführen
Pi|a|ni|no [ital.] *n. 9* kleines Klavier
pi|a|nis|si|mo (*Abk.:* pp) *Mus.:* sehr leise
pi|a|nis|sis|si|mo (*Abk.:* ppp) *Mus.:* äußerst leise
Pi|a|nist *m. 10* Musiker, der berufsmäßig Klavier spielt, Klaviervirtuose
pi|a|nis|tisch zum Klavierspiel gehörend, hinsichtlich des Klavierspiels; pianistisches Können
pi|a|no (*Abk.:* p) *Mus.:* leise
Pi|a|no *n. 9* **1.** leises Spiel, leises Singen, leise zu spielende oder zu singende Stelle; **2.** Klavier
Pi|a|no|for|te *n. Gen.* -s *Pl.* -(s), *ältere Bez. für* Piano (2)
Pi|a|no|la *n. 9* automatisch spielendes Klavier
Pi|as|sa|va [-va, indian.-port.] *f. Gen. - Pl.* -ven [-vən] Palmenart, die Piassavefasern liefert
Pi|as|sa|ve|fa|ser [-və-] *f. 11* grobe Palmenfaser für Taue, Matten
Pi|as|ter [ital.] *m. 5* **1.** Währungs-

P

einheit in Indochina, 100 Centimes; **2.** Währungseinheit in Ägypten, Syrien, im Libanon und im Sudan, 1/100 Pfund

Pi|at|ti [ital.] *Pl., Mus.:* türk. Becken (Schlaginstrument)

Pi|az|za [ital.] *f. Gen. - Pl. -ze, ital. Bez. für* Marktplatz, Rathausplatz

Pi|az|zet|ta *f. Gen. - Pl.* -te kleine Piazza

Pi|ca|dor *m. 1* s. **Pi|ka|dor**

Pi|ca|ro [span.] *m. 9, span. Bez. für* Schelm; vgl. pikaresk

Pi|cas|so, *Pablo* span. Maler

Pic|co|lo, Pik|ko|lo [ital.] *m. 9* **1.** Kellnerlehrling; **2.** kleine Flasche Schaumwein (0,2 l)

pi|cheln *tr. 1, ugs.:* trinken

Pi|chel|stei|ner *n. Gen. -s nur Sg.,* **Pi|chel|stei|ner Fleisch** *n. Gen. - -(e)s nur Sg.,* **Pi|chel|stei|ner Topf** *m. Gen. -(e)s nur Sg.* Gericht aus Gemüse, Kartoffeln und Fleischstückchen

pi|chen **1.** *tr. 1* mit Pech dichten, überziehen; **2.** *intr. 1, landschaftl.:* kleben, klebrig sein

Pick *m. Gen. -s nur Sg., österr.:* Klebstoff

Pi|cke *f. 11* Spitzhacke

Pi|ckel *m. 5* **1.** Spitzhacke; **2.** Hautbläschen, Pustel

Pi|ckel|hau|be *f. 11* Helm der Ritterrüstung ohne Visier, *auch:* Lederhelm mit Spitze

Pi|ckel|he|ring *m. 1* **1.** gepökelter Hering; **2.** komische Bühnenfigur bei den engl. Komödianten, Vorläufer des dt. Hanswursts

pi|cke|lig, pick|lig voller Pickel

pi|cken *intr. 1; österr. auch für* kleben

Pi|ckerl *n. Gen. -s Pl. -n, österr.:* Klebeetikett

pi|ckern *tr. 1, sächs.:* (gut) essen, schmausen

Pi|ckles *auch:* **Pick|les** [pikəlz] *Pl.* = Mixedpickles

pick|lig s. **pi|cke|lig**

Pick|nick *n. 9 oder n. 1* Mahlzeit im Freien

pick|ni|cken *intr. 1*

pick|süß *österr., ugs.:* besonders süß

Pick-up [-ap] *m. 9* **1.** Tonabnehmer; **2.** kleiner Lieferwagen mit offener Ladefläche

Pi|co... (*Abk.:* p) Billionstel einer Maßeinheit, z. B. Picofarad, Picometer

pi|co|bel|lo [ndrl. + ital.] *unflektierbar, ugs.:* sehr fein, ausgezeichnet

Pi|co|fa|rad *n. Gen. -(s) Pl. - (Abk.:* pF) ein Billionstel Farad, 10^{12} Farad

Pi|cot [-ko, frz.] *m. 9* **1.** kleine Zacke, Fadenöse am Rand von Spitzen; **2.** Spitzkeil

Pi|co|ta|ge [-ʒə] *f. 11, Bergbau:* Schachtausbau mit Picots

Pid|gin|eng|lisch (*alt:* Pid|gin Eng|lisch) [pidʒın-, nach der chin. Aussprache von engl. »business«] *n. Gen. - nur Sg.* **1.** Mischsprache mit sprachlichen und lautlichen Elementen aus Englisch und Chinesisch; **2.** vereinfachtes Englisch

Pi|ece [pjεs, frz.] *f. 11, veraltet:* Musik- oder Theaterstück

Pi|e|des|tal [pje-, frz.] *n. 1* Sockel, kleines Podest

Piek [engl.] *f. 10, Seew.:* spitzes Ende, *auch:* vorderster und hinterster Teil des Schiffsraumes; *aber:* Pik

pie|ken *tr. 1, ugs.:* stechen

piek|fein *ugs.:* sehr fein

piek|sau|ber *ugs.:* sehr sauber

piek|sen *tr. 1, ugs. für* pieken

Pi|e|mont [pje-] Landschaft in Oberitalien

Pi|e|mon|te|se [pje-] *m. 11* Einwohner von Piemont

pi|e|mon|te|sisch [pje-]

piep!

Piep *m. 1, Pl. nicht üblich* **1.** hoher, feiner Ton; keinen P. von sich geben; **2.** Klaps, Spleen; du hast wohl einen P.?

pie|pe *ugs.:* gleichgültig, egal; das ist mir p.

piep|e|gal *ugs.:* ganz, völlig egal; das ist mir p.

pie|pen *intr. 1;* bei dir piept's wohl? *ugs.:* du bist wohl verrückt?; es ist zum Piepen *ugs.:* zum Lachen, sehr komisch

Pie|per *m. 5* ein Singvogel

Piep|matz *m. 2, Kinderspr.:* kleiner Vogel

Pieps *m. 1, Nebenform von* Piep

piep|sen *intr. 1* einen feinen, hohen Ton von sich geben, piepen

piep|sig

Pier **1.** *m. 1 oder m. 9, seemänn. Fachspr.: f. 9 oder f. 10* senkrecht zum Ufer verlaufender Hafendamm, Landungsbrücke; **2.** *m. 1* ein Ringelwurm, als Angelköder verwendet

pier|cen [engl.] *tr. 1* Lippe, Zunge usw. zum Anbringen von Schmuck durchstechen; sie ist am Bauchnabel gepierct

Pier|cing [-sıŋ, engl.] *n. Gen. -s Pl. -s* Durchstechen der Haut (Ohren, Nase), um Schmuck anzubringen

Pi|er|ret|te [pjεr-, frz.] *f. 11* weiblicher Gegenstück zum Pierrot

Pi|er|rot [pjεro] *m. 9, in der frz. Pantomime:* eine komische, melancholische Figur mit weiß geschminktem Gesicht

pie|sa|cken *tr. 1, ugs.:* quälen, peinigen, ärgern

Pi|e|ta, Pi|e|tà [pi|əta, ital.] *f. 9* Darstellung Marias mit dem Leichnam Christi auf dem Schoß

Pi|e|tät *f. 10 nur Sg.* Ehrfurcht vor den Toten, vor der Religion und dem relig. Empfinden anderer

pi|e|tät|los

Pi|e|tät|lo|sig|keit *f. 10 nur Sg.*

pi|e|tät|voll

Pi|e|tis|mus *m. Gen. - nur Sg., seit dem 17. Jh.:* eine evang. Bewegung zur Erneuerung der Kirche und des relig. Lebens im Sinne einer gefühlsbetonten Frömmigkeit und der Nächstenliebe

Pi|e|tist *m. 10*

pi|e|zo|e|lek|trisch *auch:* **pi|e|zo|e|lekt|risch** [griech. + lat.]

Pi|e|zo|e|lek|tri|zi|tät *auch:* **Pi|e|zo|e|lekt|ri|zi|tät** *f. 10 nur Sg.* Eigenschaft gewisser Kristalle (z. B. des Quarzes), bei Kompression oder Dehnung längs bestimmter Richtungen an den Enden eine Spannung zu erzeugen

Pi|e|zo|me|ter *n. 5* Gerät zum Messen der Kompressibilität von Flüssigkeiten

Pi|e|zo|quarz *m. 1* speziell gezüchteter Quarzkristall mit bes. guten piezoelektr. Eigenschaften

Pig|ment [lat.] *n. 1* **1.** Farbstoff im menschl., tier. und pflanzl. Körper; **2.** mit Bindemittel versetzter, unlösl. Farbstoff

Pig|men|ta|ti|on *f. 10 nur Sg.* Färbung durch Pigment

Pig|ment|druck *m. 1* ein Färbeverfahren mit Pigmenten (für Gewebe)

pig|men|tie|ren **1.** *tr. 3* in kleinste Teilchen zerteilen (Farbstoff); **2.** *intr. 3* sich durch Pigment färben

Pig|men|tie|rung *f. 10 nur Sg.*

Pi|gno|le *auch:* **Pig|no|le** [pinjo-, ital.] *f. 11, österr.:* Pi|gno|lie [pin-

P

joljə] *f. 11* essbarer Samenkern der Pinie

Pik **1.** [engl.] *m. 1 oder m. 9* Bergspitze (bes. in Namen); **2.** [frz.] *n. 9* Farbe im frz. Kartenspiel; **3.** *m. 9 nur Sg., ugs.:* heimlicher Groll, *nur in der Wendung* einen Pik auf jmdn. haben

Pi|ka|dor [span.], Pi|ca|dor *m. 1* berittener Stierkämpfer, der den Stier durch Lanzenstiche reizt

pi|kant [frz.] **1.** scharf gewürzt; **2.** schlüpfrig, anzüglich (Bemerkung, Witz)

Pi|kan|te|rie *f. 11* **1.** *nur Sg.* Anzüglichkeit; **2.** pikante Bemerkung

pi|ka|resk vom Picaro handelnd, in der Art des Picaros; pikaresker Roman: Schelmenroman

Pik|ass (*alt:* Pik-As) *n. 1*

Pik|da|me *f. 11*

Pi|ke [frz.] *f. 11* Spieß (des Landsknechts); von der P. auf dienen: von Anfang, von der untersten Stufe an

pi|ken, pik|sen *tr. 1 ugs.:* stechen

Pi|kee [frz.] *m. 9, österr. auch n. 9* Baumwollgewebe mit leicht erhabenem Muster

Pi|kett [frz.] *n. 1* **1.** *veraltet:* Vorposten; **2.** *schweiz.:* einsatzbereite Mannschaft (z. B. der Feuerwehr); **3.** *nur Sg.* ein frz. Kartenspiel; vgl. Pik (1)

pi|kie|ren [frz.] *tr. 3* auf größere Abstände verpflanzen (junge Pflanzen)

Pi|kier|holz *n. 4*

pi|kiert *ugs.:* beleidigt, gereizt

Pik|ko|lo [ital.] *m. 9* = **Pic|co|lo**

Pik|ko|lo|flö|te *f. 11* kleine (Diskant-)Querflöte

Pi|kör [frz., zu piquer »stechen«] *m. 1* Vorreiter bei der Parforcejagd

Pi|krat *auch:* **Pik|rat** [griech.] *n. 1* Salz der Pikrinsäure

Pi|krin|säu|re *auch:* **Pik|rin|säu|re** *f. 11* eine sehr explosive aromat. Säure

Pi|kro|pe|ge *auch:* **Pik|ro|pe|ge** *f. 11* Quelle mit Bitterwasser

Pi|kro|to|xin *auch:* **Pik|ro|to|xin** *n. 1 nur Sg.* in Kockelskörnern enthaltenes, in der Medizin verwendetes Gift

pik|sen *tr. 1 ugs.* = **pi|ken**

Pik|to|gramm [lat. + griech.] *n. 1* bildliches Zeichen mit festgelegter, international verständlicher Bedeutung, z. B. Verkehrszeichen

Pik|to|gra|phie *auch:* **Pik|to|gra|fie** *f. 11 nur Sg.* **1.** bildliche Darstellung eines Begriffs; **2.** Bilderschrift

Pi|las|ter [ital.] *m. 5* Wandpfeiler mit Basis und Kapitell

Pi|lau [pers.-türk.], **Pi|law** [-laf] *m. Gen.* -s *nur Sg.* oriental. Reisgericht

Pil|chard [pıltʃəd, engl.] *m. 9* Sardine

Pile [paıl, engl. »Säule«] *n. 9* Inneres eines Kernreaktors

Pil|ger *m. 5* jmd., der nach einem heiligen Ort wandert, Wallfahrer, z. B. Mekka-, Rompilger

Pil|ger|fahrt *f. 10*

Pil|ger|mu|schel *f. 11* Kammmuschel

pil|gern *intr. 1; auch ugs.:* geruhsam wandern; ich pilgere, pilgre

Pil|ger|schaft *f. 10 nur Sg.*

Pil|ger|stab *m. 2*

Pil|grim *auch:* **Pilg|rim** *m. 1, veraltet poetisch für* Pilger

pi|lie|ren [lat.] *tr. 3* zerstampfen, zerstoßen (Rohseife zur Weiterverarbeitung)

Pil|le *f. 11*

Pil|len|dre|her *m. 5* **1.** ein Käfer; **2.** *früher scherzh.:* Apotheker

Pil|len|knick *m. 1 nur Sg., ugs.:* deutlicher Geburtenrückgang infolge des Gebrauchs einer empfängnisverhütenden Pille

Pi|lot *m. 10* **1.** Flugzeugführer; **2.** Autorennfahrer; **3.** *früher:* Lotse; **4.** = Lotsenfisch; **5.** ein Baumwollgewebe für Berufskleidung

Pi|lot|an|la|ge *f. 11* techn. Versuchsanlage

Pi|lot|bal|lon *m. 9* kleiner, unbemannter Ballon zum Feststellen des Höhenwindes

Pi|lo|te [frz.] *f. 11* Rammpfahl

pi|lo|tie|ren *tr. 3* einrammen

Pi|lot|pro|jekt *n. 1* Versuchsprojekt

Pi|lot|sen|dung *f. 10* Fernsehsendung, mit der die Reaktion des Publikums getestet werden soll, bevor eine Serie gedreht wird

Pi|lot|ver|such *m. 1*

Pils *n. Gen. - Pl. -, kurz für* Pilsener (Bier)

Pil|se|ner, Pils|ner *n. Gen.* -s *Pl.* - Bier, wie es in der tschech. Stadt Pilsen gebraut wird

Pilz *m. 1*

Pilz|kopf *m. 2 in den 60er Jahren:* Frisur nach Art der Beatles

Pilz|kun|de *f. 11 nur Sg.* Mykologie

Pilz|ver|gif|tung *f. 10* Myzetismus

Pi|ment [lat.-span.] *m. 1 oder n. 1* ein Gewürz, Jamaikapfeffer, Nelkenpfeffer

Pim|mel *m. 5, ugs.:* Penis

pim|pe|lig, pimp|lig *ugs.:* zimperlich

pim|peln *intr. 1* wehleidig, zimperlich sein

pim|pern *intr. 1* **1.** *bair.:* klimpern, klappern; **2.** *vulg.:* den Geschlechtsverkehr ausüben

Pim|per|nell *m. 1, Nebenform von* Pimpinelle

Pim|per|nuss (*alt:* Pim|per|nuß) *f. 2* Zierstrauch, Klappernuss

Pimpf *m. 1* **1.** *ugs.:* kleiner Junge; **2.** *1933–1945:* Angehöriger des nat.-soz. »Jungvolks«

Pim|pi|nel|le *f. 11* eine Wiesenpflanze, Bibernelle

Pin *m. 9* **1.** Stift; **2.** getroffener Kegel beim Bowling

PIN *Abk. für* personal identification number: persönliche Geheimzahl für Geldautomaten

Pi|na|ko|thek [griech.] *f. 10, Name für* Gemäldesammlung

Pi|nas|se [lat. + frz.] *f. 11* **1.** *früher:* dreimastiges Segelschiff; **2.** *heute:* Beiboot (auf Kriegsschiffen)

Pin|ce|nez [pɛ̃s(ə)ne, frz.] *n. Gen.* - [-nes] *Pl.* - [-nes], *veraltet:* bügellose Brille, Zwicker

Pin|cio [-tʃɔ] *m. Gen. - nur Sg.* einer der Hügel Roms

Pin|ge *f. 11* s. **Bin|ge**

pin|ge|lig *ugs.:* sehr genau, pedantisch

Ping|pong [österr.: -pɔŋ, engl.] *n. 9 nur Sg.* Tischtennis

Pin|gu|in [frz.] *m. 1* ein flugunfähiger Schwimmvogel der Antarktis

Pi|nie [-njə, lat.] *f. 11* Kiefer der Mittelmeerländer

Pi|ni|en|zap|fen [-njən-] *m. 7*

pink [engl.] *unflektierbar* rosa

Pink [engl.] *f. 10*, **Pin|ke** *f. 11* dreimastiges Segelboot

Pin|ke [rotw.], Pin|ke|pin|ke *f. Gen. - nur Sg., ugs.:* Geld

Pin|kel *m. 5* **1.** *ugs.:* Geck, *nur in den Wendungen* feiner P., vornehmer P.; **2.** [nddt.] Wurstsorte; Grünkohl mit Pinkel

pin|keln *intr. 1, ugs.:* Wasser lassen, urinieren

pin|ken *intr. 1* hämmern

Pin|ke|pin|ke *f. Gen. - nur Sg.* s. **Pin|ke**

Pin|ne *f. 11* **1.** kleiner Nagel, Stift; **2.** Hebelarm des Steuerruders,

P

Ruderpinne; **3.** flache Seite des Hammers
pin|nen *tr. 1* mit Pinnen (1) befestigen
Pinn|wand *f. 2*
Pi|noc|chio [-nɔkjo, ital.] Märchenfigur
Pi|no|le [ital.] *f. 11* Teil der Spitzendrehbank zur Aufnahme der Spitze
Pin|scher [engl.] *m. 5* eine kleine, zierliche Hunderasse
Pin|sel *m. 5; auch ugs.:* einfältiger Mensch
Pin|sel|äff|chen *n. 7* ein südamerik. Affe, Seidenäffchen
Pin|se|lei *f. 10*
pin|seln *tr. 1*
Pin|se|lung *f. 10* Auftragen einer med. Lösung
Pint [paɪnt, engl.] *n. Gen.* -s *Pl.* - (*Abk.:* pt) engl. und nordamerik. Flüssigkeitsmaß, 0,5 Liter
Pin|te *f. 11* **1.** altes Flüssigkeitsmaß, 0,9 Liter; **2.** *schweiz. auch:* Blechkanne; **3.** *ugs.:* Kneipe, einfaches Wirtshaus
Pin-up-Girl [pinʌpgəːl, engl.] *n. 9* **1.** Bild eines leicht bekleideten Mädchens (meist Foto zum Anheften); **2.** Mädchen, das einem solchen Bild gleicht
pinx., p. *Abk. für* pinxit
pin|xit [lat.] (*Abk.:* pinx. *oder* p.) hat (es) gemalt (Vermerk auf Bildern vor oder nach dem Namen des Malers)
Pin|zet|te [frz.] *f. 11* kleines Greifinstrument mit geraden, federnden Schenkeln
pin|zie|ren *tr. 3;* Formobstbäume p.: die jungen Triebspitzen abschneiden
Pi|o|nier [frz.] *m. 1* **1.** für techn. Aufgaben (z. B. Brückenbau, Sprengungen) ausgebildeter Soldat; **2.** *übertr.:* Bahnbrecher, Wegbereiter; **3.** *DDR:* Mitglied der Pionierorganisation »Ernst Thälmann«
Pi|o|nier|or|ga|ni|sa|ti|on *f. 10 nur Sg., DDR:* P. »Ernst Thälmann«, Massenorganisation für Kinder der 1.-7. Klasse (6-14 Jahre)
Pi|pa [chin.] *f. 9* viersaitige chin. Laute
Pipe [paɪp, engl.] *f. 9 oder n. 9* engl. und nordamerik. Maß für Wein und Spirituosen, 400 bis 570 Liter
Pipe|line [paɪplaɪn] *f. 9* Rohrleitung, bes. für Erdöl
Pi|pet|te [frz.] *f. 11* Saugröhrchen, Stechheber
pi|pet|tie|ren *tr. 3* mit einer Pipette entnehmen
Pi|pi *m. 9 nur Sg., Kinderspr.:* Urin; P. machen
Pips *m. 1 nur Sg., volkstüml. Bez. für* eine Geflügelkrankheit, Entzündung der Schnabelhöhle, Zungenbelag, Pockendiphtherie
pip|sig
Pi|ran|del|lo, *Luigi* ital. Schriftsteller
Pi|ran|ha [-ranja, Tupi], **Pi|ra|ya** *m. 9* ein südamerik. Raubfisch
Pi|rat [griech.-lat.] *m. 10* Seeräuber
Pi|ra|ten|schiff *n. 1*
Pi|ra|ten|sen|der *m. 5* Rundfunksender ohne amtl. Zulassung
Pi|ra|te|rie *f. 11 nur Sg.* Seeräuberei
Pi|ra|ya [-ja] *m. 9* = **Pi|ran|ha**
Pi|ro|ge [karib.] *f. 11* Boot (Einbaum) der südamerik. Indianer und Südseeinsulaner
Pi|rog|ge [russ.] *f. 11* mit Fleisch, Fisch, Reis oder Kraut gefüllte Pastete
Pi|rol *m. 1* ein Singvogel
Pi|rou|et|te [-ru-, frz.] *f. 11* **1.** *Eiskunstlauf, Ballett:* rasche, mehrmalige Drehung um die eigene Achse; **2.** *hohe Schule:* Drehung im Galopp um einen Hinterfuß
pi|rou|et|tie|ren [-ru-] *intr. 3* Pirouetten ausführen
Pirsch, Pürsch, Birsch *f. Gen. - nur Sg.* Anschleichen (des Jägers) an das Wild; auf die P. gehen
pir|schen, pür|schen *intr. 1*
Pirsch|gang *m. 2*
Pi|sang [mal.] *m. 1* Banane
Pi|sang|fa|ser *f. 11* aus Bananenfasern hergestellte Textilfaser
Pis|ci|na [lat.] *f. Gen. - Pl.* -nen **1.** Taufbecken im Baptisterium; **2.** Ausgussbecken im Chor neben dem Altar für das zur liturgischen Handwaschung und Reinigung der Gefäße verwendete Wasser
Piss (*alt:* Piß) *m. 1 nur Sg.,* **Pis|se** *f. 11 nur Sg., vulg.:* Urin
pis|sen *intr. 1, vulg.:* Wasser lassen, urinieren
Pis|soir [-soar, frz.] *n. 9, veraltend:* Bedürfnisanstalt für Männer
Pis|ta|zie [-tsjə, pers.-lat.] *f. 11* **1.** ein Sumachgewächs; **2.** dessen Frucht
Pis|ta|zi|en|nuss (*alt:* Pi|sta|zi|ennuß) *f. 2* Samen der Echten Pistazie, Pistazienmandel
Pis|te [frz.] *f. 11* **1.** präparierter Hang zum Skifahren; **2.** Radrennbahn; **3.** Rollbahn (auf dem Flugplatz); **4.** Einfassung der Manege
Pis|till [lat.] *n. 1* **1.** Mörserstößel, Stampfer; **2.** *Bot.:* Stempel
Pis|to|le [tschech.] *f. 11* **1.** eine Handfeuerwaffe; jmdm. die P. auf die Brust setzen *übertr.:* ihn zu einer Entscheidung zwingen; **2.** alte span. und frz. Goldmünze
Pis|to|len|ku|gel *f. 11*
Pis|to|len|schuss (*alt:* Pi|sto|lenschuß) *m. 2*
Pis|ton [-stɔ̃, frz.] *n. 9* **1.** Pumpkolben; **2.** Ventil der Blechblasinstrumente; **3.** Kornett (2); **4.** *bei Gewehren:* Zündkegel, Zündstift
Pi|ta|val [-val, nach dem frz. Rechtsgelehrten François Gayot de P.] *m. 9* Sammlung von Kriminalfällen
Pitch|pine [pitʃpaɪn, engl.] *f. 9* Holz der nordamerik. Sumpf- oder Pechkiefer
Pi|thek|an|thro|pus *auch:* **Pi|the|kan|thro|pus** [griech.] *m. Gen. - Pl.* -pi in China und auf Java gefundener Frühmensch
pi|the|ko|id dem Pithekanthropus ähnlich
pit|sche|pat|sche|nass (*alt:* pitsche|pat|sche|naß)
pitsch|nass (*alt:* pitsch|naß) ganz nass
pitsch, patsch!
pit|to|resk [ital.] malerisch, auffällig schön (Landschaft)
più [pju, ital.] *Mus.:* mehr, z. B. p. vivace
Pi|us männl. Vorname
Pi|vot [-vo, frz.] *m. 9* Schwenkzapfen (an Drehkränen, Geschützen u. a.)
Pi|xel *m. 5* kleinster Bildpunkt (im Rasterbild auf dem Monitor); eine Grafik aus Pixeln aufbauen
pi|xeln *intr. 1* in Pixel zerlegen, aus Pixeln zusammensetzen
Piz [rätoroman.] *m. 1* Spitze (in Namen von Bergen, z. B. Piz Palü)
pizz. *Abk. für* pizzicato
Piz|za [ital.] *f. Gen. - Pl.* -ze(n) *oder* -s ital. Gericht aus Hefeteig mit gewürztem Belag aus Tomaten, Käse, Wurst, Sardellen, Paprika u. a.
Piz|ze|ria *f. Gen. - Pl.* -ri|en Gaststätte, in der es v. a. Pizza gibt

P

piz|zi|ca|to [ital.] (*Abk.:* pizz.) *Mus., bei Streichinstrumenten:* gezupft (zu spielen)
Piz|zi|ka|to *n. Gen.* -(s) *Pl.* -ti Spiel mit gezupften Saiten
Pkt. *Abk. für* Punkt
Pkw, PKW *m. 9 oder Gen.* - *Pl.* -, *Abk. für* Personenkraftwagen
PL *Kfz-Kennzeichen für* Polen
Pl. *Abk. für* Plural
Pla|ce|bo [lat.] *n. 9* Leerpräparat, Medikament ohne Wirkstoff für Versuche und als Arzneimittelersatz
Pla|ce|bo|ef|fekt *m. 1* Wirkung eines Placebos, die nur auf Grund der erwarteten Wirkung des Medikaments eintritt
Place|ment [plasmã, frz.] *n. 9* **1.** Unterbringung, Anlage (von Kapital), Absatz (von Waren); **2.** Sitzordnung (bei Tisch); Modell einer Sitzordnung
Pla|che *f. 11* = **Bla|he**
pla|cken *refl. 1* sich abmühen, abrackern, schwer arbeiten
Pla|cke|rei *f. 10 nur Sg.*
pla|dern *intr. 1, norddt.:* in großen Tropfen regnen
plä|die|ren [frz.] *intr. 3* **1.** ein Plädoyer halten; **2.** sich (mit Worten) für etwas einsetzen; auf Freispruch p.; für etwas p.
Plä|doy|er *auch:* **Plä|do|yer** [-doaje] *n. 9* Schlussrede (des Staatsanwalts oder Verteidigers)
Pla|fond [-fɔ̃, frz.] *m. 9* (bes. künstlerisch gestaltete) Zimmerdecke
pla|fo|nie|ren *tr. 3, schweiz.:* nach oben begrenzen
Pla|ge *f. 11*
Pla|ge|geist *m. 3*
pla|gen *tr. 1*
Pla|ge *f. 11, nddt.:* abgestochenes Rasen- oder Moorstück
Pla|gi|at [lat.] *n. 1* Veröffentlichung des geistigen Werkes eines anderen oder von Teilen davon als eigenes Werk oder im eigenen Werk
Pla|gi|a|tor *m. Gen.* -s *Pl.* -to|ren jmd., der ein Plagiat begangen hat
pla|gi|a|to|risch in der Art eines Plagiats
pla|gi|ie|ren *intr. 3* ein Plagiat begehen, geistiges Eigentum stehlen, kopieren
Pla|gi|o|klas *m. 1* Kalknatronfeldspat
Plaid [plɛɪd, engl.] *n. 9* **1.** (meist karierte) Reisedecke; **2.** Umschlagtuch
Pla|kat [ndrl.] *n. 1* öffentlicher Aushang in großem Format
pla|ka|tie|ren *tr. 3* durch Plakat bekannt machen
pla|ka|tiv **1.** in der Art eines Plakats; **2.** *übertr.:* betont, demonstrativ
Pla|ket|te *f. 11* **1.** kleine Platte mit bildl. Darstellung (auch Relief); **2.** Gedenk-, Schaumünze
Pla|ko|der|men [griech.] *Pl.* eine Fischgruppe des Erdaltertums, Panzerfische
plan [lat.] eben, flach
Plan **1.** *m. 1, veraltet, noch poet. und in bestimmten Wendungen* ebene Fläche, freier Platz, z. B. Wiesenplan; auf dem Plan erscheinen: in Erscheinung treten; **2.** *m. 2* Vorhaben, Absicht, Entwurf; **3.** *m. 2* kartograph. Zeichnung, z. B. Stadtplan
Pla|na|rie [-riə, lat.] *f. 11* ein Strudelwurm
Planche [plãʃ, frz.] *f. 9* Fechtbahn
Planck, *Max* dt. Physiker
Pla|ne *f. 11* Schutzdach oder -decke aus wasserdichtem Stoff
pla|nen *tr. 1*
Pla|ner *m. 5*
Pla|net [griech.] *m. 10* sich auf elliptischer Bahn um die Sonne bewegender, nicht selbst leuchtender Himmelskörper, Wandelstern
pla|ne|ta|risch zu den Planeten gehörend; *aber:* Planetarischer Nebel
Pla|ne|ta|ri|um *n. Gen.* -s *Pl.* -ri|en **1.** Gerät zum Darstellen der Lage, Größe und Bewegungen der Himmelskörper; **2.** Halle mit kuppelförmiger Decke, an der mittels Projektors die Erscheinungen am Sternhimmel gezeigt werden
Pla|ne|ten|bahn *f. 10*
Pla|ne|ten|ge|trie|be *n. 5* Bauform eines Getriebes, bei der sich ein oder mehrere Zahnräder um zwei verschiedene Achsen drehen
Pla|ne|ten|sys|tem *n. 1*
Pla|ne|to|id *m. 10* Kleinplanet, Asteroid
Plan|film *m. 1* flach gelagerter Film; *Ggs.:* Rollfilm
plan|ge|mäß nach einem bestimmten Plan, wie geplant; p. ankommen; vgl. planmäßig
pla|nie|ren *tr. 3* einebnen, flach machen
Pla|nier|rau|pe *f. 11* Fahrzeuge zum Planieren
Pla|ni|glob *n. 12,* **Pla|ni|glo|bi|um** *n. Gen.* -s *Pl.* -bi|en Darstellung einer Erdhalbkugel auf ebener Fläche
Pla|ni|me|ter *n. 5* Gerät zum Messen des Flächeninhalts ebener Figuren, Flächenmesser
Pla|ni|me|trie *auch:* **Pla|ni|met|rie** *f. 11 nur Sg.* Geometrie der Fläche
pla|ni|me|trisch *auch:* **pla|ni|met-risch**
Plan|ke *f. 11* breites Brett
Plän|ke|lei *f. 10* **1.** leichtes Gefecht; **2.** lustiges Wortgefecht, Neckerei mit Worten
plän|keln *intr. 1*
plan|kon|kav auf einer Seite plan, auf der andern konkav (Linse)
plan|kon|vex [-vɛks] auf einer Seite plan, auf der andern konvex (Linse)
Plank|ter [griech.] *m. 1* s. **Plank-tont**
Plank|ton *n. Gen.* -s *nur Sg.* Gesamtheit der frei im Wasser schwebenden Pflanzen und Tiere ohne Eigenbewegung; *Ggs.:* Nekton
plank|to|nisch zum Plankton gehörend; planktonische Lebewesen
Plank|tont *m. 10* einzelnes Lebewesen des Planktons, Plankter
plan|los ohne Plan, auf Geratewohl; p. umherirren
Plan|lo|sig|keit *f. 10 nur Sg.*
plan|mä|ßig nach einem Plan, planvoll; planmäßige Ankunft *eigtl.:* plangemäße A.; planmäßig vorgehen; vgl. plangemäß
pla|no [lat.] flach, glatt, ungefalzt (Druckbogen)
plan|par|al|lel *auch:* **plan|pa|ral|lel** in parallelen Ebenen
Plan|qua|drat *auch:* **Plan|quad|rat** *n. 1, auf einer Landkarte:* durch parallele Längs- und Querlinien begrenztes Quadrat
Plansch|be|cken, Plantsch|be|cken *n. 7*
plan|schen, plant|schen *intr. 1*
Plan|sche|rei, Plant|sche|rei *f. 10 nur Sg.*
Plan|skiz|ze *f. 11*
Plan|spiel *n. 1*
Plan|stel|le *f. 11*
Plan|ta|ge [-ʒə, frz.] *f. 11* große

P

Anpflanzung, z. B. Baumwoll-, Erdbeerplantage
plan|tar [lat.] zur Fußsohle gehörend, von ihr ausgehend
Plantsch|be|cken *n. 7* = **Plansch|be|cken**
plant|schen *intr. 2* = **plan|schen**
Plant|sche|rei *f. 10 nur Sg.* = **Plan|sche|rei**
Pla|num [lat.] *n. Gen. -s nur Sg.* eingeebnete Fläche für die Bettung des Eisen- oder Straßenbahnkörpers
Pla|nung *f. 10*
Plan|wa|gen *m. 7* Pferdewagen mit Plane als Schutzdach
Plan|wirt|schaft *f. 10*
plan|zeich|nen *intr. 2, nur im Infinitiv üblich;* ein Gelände im Grundriss darstellen
Plan|zeich|ner *m. 5*
Plap|per|maul *n. 4*
plap|pern *intr. 1*
Plaque [plak, frz.] *f. 9* **1.** Zahnbelag; **2.** erhöhter Fleck auf der Haut
plär|ren *intr. 1*
Plä|san|te|rie [frz.] *f. 11, veraltet:* Scherz
Plä|sier *n. 1, veraltet:* Vergnügen, Spaß
Plä|sier|chen *n. 7, nur in der Wendung* jedem Tierchen sein P.: jeder soll das Vergnügen haben, das er möchte (auch wenn man es selbst nicht versteht)
plä|sier|lich *veraltet:* vergnüglich, heiter
Plas|ma [griech.] *n. Gen. -s Pl.* -men **1.** *kurz für* Protoplasma; **2.** flüssiger Bestandteil des Blutes, Blutplasma; **3.** grüner Chalzedon, Halbedelstein; **4.** teilweise oder vollständig ionisiertes Gas
Plas|ma|bren|ner *m. 5* Gerät zur Erzeugung eines sehr heißen Strahls von Plasma (4)
Plas|mo|chin [-çin] *n. 1 nur Sg.* Mittel zur Malariatherapie
Plas|mo|di|um *n. Gen. -s Pl.* -di|en **1.** ein Einzeller (Sporentierchen), Malariaerreger; **2.** vielkerniges Stadium der Schleimpilze
Plas|mo|go|nie *f. 11 nur Sg.* (Theorie von der) Urzeugung aus toten organ. Stoffen
Plas|mon *n. 1 nur Sg.* Gesamtheit der Erbfaktoren im Zytoplasma
Plast *m. 1,* **Plas|te** *f. 11, DDR:* nicht elastischer Kunststoff; P. und Elaste
Plas|ti|den [griech.] *Pl.* Körperchen in Tierzellen und in den meisten Pflanzenzellen (bes. mit grünen Farbstoffen)
Plas|tik *f. 10* **1.** *nur Sg.* Bildhauerkunst; **2.** Werk der Bildhauerkunst, Skulptur; **3.** *Med.:* Ersatz von zerstörten Geweben oder Organteilen; **4.** *n. 9 oder f. 10* Kunststoff(gegenstand)
Plas|tik... *in Zus.:* Kunststoff...
Plas|ti|lin® *n. 1,* **Plas|ti|li|na®** *f. Gen. - nur Sg.* Knetmasse (zum Modellieren)
plas|tisch **1.** zur Plastik (1) gehörend, in der Art der Plastik, körperlich, dreidimensional; **2.** knetbar, formbar; **3.** *übertr.:* anschaulich, bildhaft
Plas|ti|zi|tät *f. 10 nur Sg.* **1.** Formbarkeit; **2.** *übertr.:* Anschaulichkeit
Plas|tron *auch:* **Plast|ron** [-trɔ̃, frz.] *n. 9* **1.** Brustplatte am Ringpanzer; **2.** *Fechten:* Arm- oder Brustschutz; **3.** breite Krawatte; **4.** *früher:* Zierlatz an Frauenkleidern
Pla|ta|ne [griech.] *f. 11* ein Laubbaum
Pla|teau [-to, frz.] *n. 9* **1.** Hochebene; **2.** obere ebene Fläche eines Felsens
Pla|teau|wa|gen [-to-] *m. 7, österr.:* Tafelwagen
pla|te|resk [span.] wunderlich verziert; plateresker Stil: stark ornamentaler Stil der span. Spätgotik und Frührenaissance
Pla|tin *n. Gen. -s nur Sg.* (*Zeichen:* Pt) chem. Element, ein helles Edelmetall
pla|tin|blond weiß- oder silberblond gefärbt
pla|ti|nie|ren *tr. 3* mit Platin überziehen
Pla|ti|nit *n. 1 nur Sg.* Eisen-Nickel-Legierung als Ersatz für Platin
Pla|ti|no|id *n. 1* Legierung aus Kupfer, Nickel, Zink und Wolfram für elektr. Widerstände
Pla|ti|tu|de [-tydə, frz.] *Nv.* **Plat|ti|tü|de** *Hv. f. 11*
Pla|ton, Pla|to altgriech. Philosoph
Pla|to|ni|ker *m. 5* Vertreter der Lehre Platons
pla|to|nisch von Platon stammend, der Lehre Platons entsprechend; platonische Liebe: nicht sinnl. Liebe
Pla|to|nis|mus *m. Gen. - nur Sg.* Weiterentwicklung der Lehre Platons
plat|schen *intr. 1*
plät|schern *intr. 1;* der Brunnen plätschert
platt; auf dem platten Land; sich die Nase am Fenster p. drücken; eine p. gedrückte Nase; da bin ich p.! *ugs.:* sprachlos, verblüfft
Platt *n. Gen. -s nur Sg., Sammelbez. für* niederdeutsche Mundarten
Plätt|brett *n. 3*
Plätt|chen *n. 7*
platt|deutsch niederdeutsch
Platt|deutsch *n. Gen. -(s) nur Sg.*
Plat|te *f. 11*
Plät|te *f. 11* **1.** *nord-, mitteldt.:* Bügeleisen; **2.** *österr.:* flaches Schiff
Plätt|ei|sen *n. 7* Bügeleisen
plät|ten *tr. 2, nord-, mitteldt.:* bügeln
Plat|ten|bau *m. Gen. -(e)s Pl.* -bau|ten Fertigbauweise, Fertigbauhaus
Plat|ten|fir|ma *f. Gen. - Pl.* -men Unternehmen der Musikindustrie
Plat|ten|see *m. Gen. -, ungar.:* Ba|la|ton ungarischer See
Plat|ten|spie|ler *m. 5*
plat|ter|dings schlechterdings; das ist p. unmöglich: völlig unmöglich
Plät|te|rei *f. 10*
Platt|fisch *m. 1*
Platt|form *f. 10* **1.** erhöhter, flacher, offener Platz; **2.** *übertr.:* Basis als Ausgangspunkt des Handelns
Platt|fuß *m. 2*
platt|fü|ßig
Platt|heit *f. 10; auch übertr.:* nichts sagende, geistlose Redensart
plat|tie|ren *tr. 3* **1.** mit edlerem Metall überziehen (unedles Metall); **2.** mit einem andern Faden umspinnen (Faden)

Plattitüde/Platitude: Die ins Deutsche integrierte Schreibweise *Plattitüde* ist die Hauptvariante, die fremdsprachige Form *Platitude* die zulässige Nebenvariante. § 32 (2)

Plat|ti|tü|de, Pla|ti|tu|de [frz.] *f. 11* nichts sagende geistlose Redensart, Plattheit
Platt|ler *m. 5* Volkstanz in den oberbayer. Alpen
Platt|stich *m. 1* Zierstich, bei dem ein Faden unmittelbar neben dem andern liegt

P

Plạtt|wurm *m. 4* Wurm mit platt gedrücktem Körper, meist Schmarotzer

Platz machen/finden: Die Fügung aus Substantiv und Verb (Infinitiv oder Partizip) wird getrennt geschrieben: *Er wollte für seine Nachbarin Platz machen.* § 34 E3 (5)

Plạtz *m. 2;* Platz finden, machen, nehmen, sparen; Platz sparende *oder:* platzsparende Möbel

Plạtz|angst *f. Gen. - nur Sg.* krankhafte Angst, einen größeren Platz zu überqueren; *ugs.:* Beklemmung

Plätz|chen *n. 7; auch:* kleines Gebäck

Plạt|ze *f., nur in der ugs. Wendung* da kann man ja die P. kriegen: da könnte man platzen (vor Wut)

plạt|zen *intr. 1*

plạ̈t|zen *intr. 1* den Boden mit Vorderläufen aufkratzen (Reh)

...plät|zer *m. 5; in Zus., schweiz.:* ...sitzer, Fahrzeug mit einer bestimmten Anzahl von Plätzen, z. B. Vierplätzer

Plạtz|hahn *m. 2* stärkster Auer- oder Birkhahn auf dem Balzplatz

Plạtz|hirsch *m. 1* stärkster Hirsch auf dem Brunftplatz

platzieren: Entsprechend dem Stammprinzip wird in Analogie zu *Platz* auch *platzieren* mit *-tz-* geschrieben.

plat|zie|ren *tr. 3* **1.** an einen bestimmten Platz stellen oder legen; **2.** anlegen, unterbringen (Kapital); **3.** einen Ball p.: so schlagen, dass er an einer bestimmten Stelle auftrifft; einen Hieb, Schlag p.: mit einem Hieb, Schlag genau treffen; sich p. *Sport:* einen der vorderen Plätze erreichen

Plat|zie|rung *f. 10* **1.** das Platzieren; **2.** Einlauf (beim Wett-, bes. Pferderennen)

...plät|zig *in Zus., schweiz.:* ...sitzig, z. B. vierplätziger Wagen

Plạtz|mie|te *f. 11* Miete für einen regelmäßig zu benutzenden Platz im Theater oder Konzert, Abonnement

Plạtz|pa|tro|ne *auch:* **Plạtz|pat|ro|ne** *f. 11*

Plạtz|re|gen *m. 7*

plạtz|spa|rend = **Plạtz spa|rend;** platzsparende *oder:* Platz sparende Möbel; *aber nur:* die platzsparendere Variante *(bei Steigerung und mit Attribut)*

Plạtz|ver|weis *m. 1, Fußball u. a.:* Ausschluss vom Spiel wegen regelwidrigen Verhaltens

Plạtz|wet|te *f. 11,* Wette um die Platzierung beim Pferderennen

Plạtz|zif|fer *f. 11, bes. Sport:* Rang

Plau|de|rei *f. 10*

Plau|de|rer *m. 5*

plau|dern *intr. 1*

Plausch *m. 1* gemütl. Unterhaltung

plau|schen *intr. 1* plaudern

plau|si|bel [lat.-frz.] einleuchtend, sitchhaltig; eine plausible Erklärung; jmdm. etwas p. machen: erklären

plau|si|bi|lie|ren, plau|si|bi|li|sie|ren *tr. 3* plausibel machen, erklären

plauz!

Plauz *m. 1, ugs.:* Fall, Sturz, Krach

Plau|ze *f. 11, ugs.:* Lunge; es auf der P. haben: einen starken oder fest sitzenden Husten haben; auf der P. liegen: krank sein

plau|zen *intr. 1, ugs.* **1.** fallen, stürzen; **2.** krachend schlagen; mit den Türen p.

Play-back/Playback: Die Schreibung mit Bindestrich *Play-back* ist die Hauptvariante, die eingedeutschte Schreibung *Playback* die zulässige Nebenvariante. Ebenso mit Bindestrichschreibung: *Play-off.* § 43, § 37 (2)

Play|back *Nv.* **Play-back** *Hv.* [plɛɪbæ̣k, engl.] *n. 9, Film, Fernsehen:* nachträgliches Abstimmen der Bildaufnahme mit der bereits vorliegenden Tonaufzeichnung

Play|back|ver|fah|ren *Nv.* **Play-back-Ver|fah|ren** *Hv.* [plɛɪbæ̣k-] *n. 7*

Play|boy [plɛɪbɔɪ] *m. 9* reicher junger Mann, der nur seinen Vergnügungen nachgeht

Play|girl [plɛɪgəːl] *n. 9* reiches, junges Mädchen, das nur seinen Vergnügen nachgeht

Play-ọff [plɛɪ-] *n. 9* Folge von Ausscheidungsspielen (z. B. im Eishockey)

Play-ọff-Rụn|de [plɛɪ-] *f. 11* Endrunde

Play|sta|tion® [plɛɪstɛɪʃən, engl.] *f. 9* Spielekonsole, die an den Fernseher angeschlossen wird

→ Placebo Das aus dem Lateinischen stammende Wort *Placebo* wird im Gegensatz zu dem bereits an die deutsche Rechtschreibung angepassten, ebenfalls lateinischen Fremdwort *Plazenta* (aus lat. *placenta*) wie in der Herkunftssprache nach wie vor mit *c* geschrieben.

Pla|zẹn|ta [lat.] *f. Gen. - Pl. -s oder* -ten **1.** Mutterkuchen; **2.** Verdickung des Fruchtblatts, auf der die Samenanlage entsteht

pla|zen|tal, pla|zen|tar zur Plazenta gehörend

Pla|zet [lat.] *n. 9* Einwilligung

pla|zie|ren *(alt für:* plat|zie|ren*)* *tr. 3*

Pla|zie|rung *(alt für:* Plat|zie|rung*)* *f. 10*

Ple|be|jer [lat.] *m. 5* **1.** *im alten Rom:* Angehöriger der Plebs; **2.** *übertr.:* ungebildeter, ungehobelter Mensch

ple|be|jisch

Ple|bis|zit *n. 1* Volksabstimmung

ple|bis|zi|tär durch ein Plebiszit

Plẹbs **1.** *f. Gen. - nur Sg., im alten Rom:* die niederen Volksschichten, das Volk; **2.** *m. Gen. -es nur Sg., übertr.:* das ungebildete Volk, Pöbel

Plein|air|ma|le|rei [plɛːnɛr-] *f. 10 nur Sg.* Freilichtmalerei

pleis|to|zän [griech.] zum Pleistozän gehörend, eiszeitlich

Pleis|to|zän *n. 1 nur Sg.* untere Abteilung des Quartärs, Eiszeitalter

pleite sein, Pleite machen/gehen: Fügungen mit *sein* werden immer getrennt geschrieben: *Sie sind pleite gewesen.* § 35, § 56 (1) Die Fügung aus dem Substantiv *Pleite* und einem Verb wird ebenfalls getrennt geschrieben, jedoch groß: *Sie haben Pleite gemacht.* § 34 E3 (5)

plei|te [jidd.] *ugs.:* zahlungsunfähig, bankrott; pleite gehen, sein; ich bin p.: ich habe kein Geld mehr

Plei|te *f. 11* **1.** Zahlungsunfähigkeit; P. machen; Pleite gehen; er ist Pleite gegangen; **2.** Misserfolg, Reinfall

P

Plei|te|gei|er *m. 5, Sinnbild für* drohende Pleite; der P. schwebt über ihm
Ple|ja|den [griech.] *Pl.* **1.** die sieben Töchter der Pleione und des Atlas, die von Zeus als »Siebengestirn« an den Himmel versetzt wurden; **2.** ein Sternbild
Plek|tron *auch:* **Plekt|ron** [griech.], **Plek|trum** *auch:* **Plekt|rum** *n. Gen.* -s *Pl.* -tren Plättchen, mit dem die Saiten von Zupfinstrumenten angerissen werden
Plem|pe *f. 11* **1.** *Soldatenspr.:* Seitengewehr, Säbel; **2.** *ugs. derb:* schlechtes, dünnes Getränk
plem|pern *intr. 1, ugs.* **1.** planschen, spritzen; **2.** herumlungern, müßig gehen
plem|plem *nur prädikativ, ugs.:* verrückt, beschränkt; du bist ja p.!; er ist ein bisschen p.
Ple|na|ri|um [lat.] *n. Gen.* -s *Pl.* -rien liturg. Buch mit dem vollständigen Text der Evangelien
Ple|nar|saal *m. Gen.* -(e)s *Pl.* -sä|le
Ple|nar|sit|zung *f. 10* Sitzung aller Mitglieder
Ple|nar|ver|samm|lung *f. 10* Versammlung aller Mitglieder, Vollversammlung
Ple|ni|po|tenz *f. 10 nur Sg.* unbeschränkte Vollmacht
Ple|num *n. Gen.* -s *nur Sg.* Vollversammlung
Ple|o|chro|is|mus [-kro-, griech.] *m. Gen.* - *nur Sg.* die Eigenschaft mancher Kristalle, in verschiedenen Richtungen verschiedene Farben zu zeigen
ple|o|morph vielgestaltig, polymorph
Ple|o|nas|mus *m. Gen.* - *Pl.* -men Häufung sinnverwandter Ausdrücke, z. B. pechrabenschwarz
ple|o|nas|tisch
Ple|si|o|sau|rier *m. 5,* Ple|si|o|sau|rus *m. Gen.* - *Pl.* -ri|er ausgestorbenes Kriechtier der Jura- und Kreidezeit
Ple|thi vgl. Krethi
Ple|tho|ra [griech.] *f. Gen.* - *Pl.* -ren, *Med.:* Überfülle, übermäßiger Gehalt (an Flüssigkeit, z. B. an Blut)
Pleu|el *m. 5,* **Pleu|el|stan|ge** *f. 11* Kurbelstange, Schubstange zum Umwandeln einer kreisförmigen Bewegung in eine hin- und hergehende und umgekehrt
Pleu|ra [griech.] *f. Gen.* - *Pl.* -ren Brust-, Rippenfell

P

pleu|ral zur Pleura gehörig, von ihr ausgehend
Pleu|reu|se [plørøzə, frz.] *f. 11* **1.** *urspr.:* Trauerflor; **2.** *seit 1900:* lange Straußenfeder am Hut
Pleu|ri|tis [griech.] *f. Gen.* - *Pl.* -ti|den Brust-, Rippenfellentzündung
Pleu|ro|pneu|mo|nie *f. 11* kombinierte Rippenfell- und Lungenentzündung, besonders bei Grippe
Pleus|ton [griech.] *n. Gen.* -s *nur Sg.* Gesamtheit der an der Wasseroberfläche lebenden Tiere und Pflanzen
ple|xi|form [lat.] *Med.:* geflechtartig
Ple|xi|glas® *n. 4 nur Sg.* ein glasartiger, splitterfreier Kunststoff
Ple|xus *m. Gen.* - *Pl.* - Blut- bzw. Lymphgefäßgeflecht, Nervengeflecht
Plicht *f. 10* Cockpit
plie|ren *intr. 3, norddt.* **1.** starren; **2.** schmutzig, nass sein
plie|rig *norddt.:* schmutzig, nass, verweint
plin|kern *intr. 1, ugs.:* blinzeln
Plin|se, Plin|ze *f. 11* Eierkuchen, häufig mit Hefe, Kartoffelpuffer
plin|sen *intr. 1, norddt.:* heulen, weinen
Plin|the [griech.] *f. 11* Sockel, Fußplatte (unter Säulen, Pfeilern, Statuen)
Plin|ze *f. 11* s. **Plin|se**
pli|o|zän [griech.] zum Pliozän gehörend
Pli|o|zän *n. Gen.* -s *nur Sg.* oberste Abteilung des Tertiärs
Plis|see [frz.] *n. 9* gepresste, schmale Falten (im Stoff)
plis|sie|ren *tr. 3* in Plissee, enge Falten legen und pressen
plitz, platz *ugs.:* sehr schnell; das ging p., p.
PLO *f. Gen.* - *nur Sg., Abk. für* Palestine Liberation Organization: Palästinensische Befreiungsorganisation
Plock|wurst *f. 2* eine Zervelatwurst
Plom|be [frz.] *f. 11* **1.** Metallsiegel (zur Verschlusssicherung von Behältern, Wagentüren u. a.); **2.** Zahnfüllung
plom|bie|ren *tr. 3* mit einer Plombe versehen
Plör|re *f. 11, norddt.:* dünner Kaffee oder Tee, dünne Suppe
Plot [engl.] *n. 9* Handlung (eines Dramas, Films, Romans)

Plot|ter *m. 5* Gerät zur automatischen Erstellung von Zeichnungen
Plöt|ze *f. 11* ein Fisch, Rotauge
plötz|lich
Plu|der|ho|se *f. 11* weite, unterm Knie geschlossene Hose
plu|dern *intr. 1* sich bauschen
Plug-and-play [plʌgəndplɛɪ, engl. »einstecken und spielen«] *n. Gen.* - *nur Sg., EDV:* Technologie, die die Installation und Konfiguration neuer Hardware automatisch ausführt
Plum|bat [lat.] *n. 1* Salz der Bleisäure
Plum|bum *n. Gen.* -s *nur Sg.* (*Zeichen:* Pb) chem. Element, Blei
Plu|meau [plymo, frz.] *n. 9, veraltet:* Federbett
plump
Plum|pe *f. 11, ostmitteldt. für* Pumpe
plum|pen *tr. 1, ostmitteldt. für* pumpen
Plumps *m. 1, ugs.* **1.** Fall, schwerfälliger Sturz; **2.** dumpf klatschendes Geräusch
Plump|sack *m. 2* dicker, schwerfälliger Mensch
plump|sen *intr. 1, ugs.*
Plumps|klo *n. 9, ugs.*
Plum|pud|ding [plʌm-, engl.] *m. 9* gewürzter Rosinenpudding, Weihnachtsspeise
Plun|der *m. 5 nur Sg.* wertloses, billiges oder unbrauchbar gewordenes Zeug, Kram
Plün|de|rei *f. 10 nur Sg.*
Plün|de|rer *m. 5*
Plun|der|ge|bäck *n. 1 nur Sg.*
plün|dern *tr. 1*
Plun|der|teig *m. 1 nur Sg.* Blätterteig mit Hefe
Plun|ge(r) [plʌndʒə(r), engl.], **Plun|scher** *m. 5* Maschinenteil mit regelmäßigen Taktbewegungen (meist Kolben)
Plun|ze *f. 11, ostmitteldt.:* Blutwurst
Plun|zen *f. Gen.* - *Pl.* -, *bair., schwäb.* **1.** Blutwurst; **2.** dicke und schwerfällige Frau
Plu|ral [lat.] *m. 1* Flexionsform des Nomens und Verbs, Mehrzahl; *Ggs.:* Singular; vgl. Dual
Plu|ra|le|tan|tum *n. 9, Pl. auch:* Plu|ra|li|a|tan|tum nur im Plural vorkommendes Wort, z. B. Leute
plu|ra|lisch im Plural (gebraucht)
Plu|ra|lis Ma|jes|ta|tis (*alt:* Plu|ra|lis ma|je|sta|tis) *m. Gen.* - - *nur Sg.* Plural der Erhabenheit, die

Form »wir« statt »ich« (Bez. von Fürsten oder von Autoren im eigenen Werk für sich selbst)

Plu|ra|lis|mus *m. Gen. - nur Sg.* **1.** *Philos.:* Lehre, dass die Wirklichkeit aus vielen selbständigen Wesenheiten bestehe; *Ggs.:* Singularismus; **2.** *Gesellschaftslehre:* Nebeneinanderbestehen verschiedener Ordnungsprinzipien und Wertsysteme

Plu|ra|list *m. 10*

plu|ra|lis|tisch auf dem Pluralismus beruhend, pluralistische Gesellschaft

Plu|ra|li|tät *f. 10 nur Sg.* Mehrheit

plus [lat.] (*Zeichen:* +) und, dazu, dazuzurechnen; *Ggs.:* minus; zwei plus zwei ist *oder:* macht vier; plus 10 Grad, 10 Grad plus: 10 Grad über Null

Plus *n. Gen. - Pl. -* **1.** Überschuss, Gewinn, Mehrbetrag; *Ggs.:* Minus; **2.** *ugs.:* Vorteil

Plüsch [frz.] *m. 1* Baumwollgewebe mit hohem Flor

Plus|pol *m. 1* positiver Pol; *Ggs.:* Minuspol

Plus|punkt *m. 1* **1.** Punkt, der bei einem Fehler des einen Spielers dem anderen als Plus angerechnet wird; **2.** Vorteil; *Ggs.:* Minuspunkt

Plus|quam|per|fekt *n. 1* Zeitform des Verbums, z. B. ich hatte gesehen, ich war gekommen

plus|tern *tr. 1; nur in den Wendungen* die Federn p.: sträuben, aufrichten; sich p.: die Federn sträuben

Plus|zei|chen *n. 7* das Zeichen +; *Ggs.:* Minuszeichen

Plu|to **1.** *griech. Myth.:* Gott der Unterwelt, *auch:* des Reichtums; **2.** *m. Gen. - nur Sg.* ein Planet

Plu|to|krat *m. 10* **1.** Angehöriger der Plutokratie; **2.** *ugs.:* reicher Mann

Plu|to|kra|tie *f. 11* **1.** Herrschaftsform, bei der die Macht von der reichen Oberschicht ausgeübt wird; **2.** Staat, Gemeinwesen, in dem eine Plutokratie besteht

plu|to|kra|tisch

plu|to|nisch **1.** *griech. Myth.:* zur Unterwelt gehörend; **2.** *Geol.:* auf Plutonismus beruhend; plutonisches Gestein: ein Tiefengestein, Plutonit

Plu|to|nis|mus *m. Gen. - nur Sg.* Vulkanismus

Plu|to|nist *m. 10*

Plu|to|nit *n. 1* plutonisches Gestein

Plu|to|ni|um *n. Gen. -s nur Sg.* (*Zeichen:* Pu) chem. Element, ein Transuran

Plu|to|ni|um|bom|be *f. 11*

Plu|vi|a|le [-vi-, lat.] *n. 5* **1.** mantelähnliches, vorn offenes liturg. Gewand der kath. Priester; **2.** *früher:* Krönungsmantel der dt. Kaiser und Könige

Plu|vi|al|zeit [-vi-] *f. 10* Regenzeit in den tropischen und subtropischen Gebieten während der Eiszeit

Plu|vi|o|graph *auch:* **Plu|vi|o|graf** [-vi-] *m. 10* Gerät zum Aufzeichnen der Niederschlagsmenge, selbst schreibender Regenmesser, Ombrograph

Plu|vi|o|me|ter [-vi-] *n. 5* Regenmesser

PLZ *Abk. für* Postleitzahl

Pm *chem. Zeichen für* Promethium

p. m. *Abk. für* **1.** post meridiem; **2.** pro mille; **3.** pro memoria

Pneu *m. 9* **1.** *Kurzwort für* Pneumothorax; **2.** = Pneumatik (1)

Pneu|ma [griech.] *n. Gen. -s nur Sg.* **1.** luftartige Substanz, Hauch, Atem; **2.** *Philos.:* Seele, Lebenskraft

Pneu|ma|tik *f. 10* **1.** *österr.:* Luftreifen, Pneu (2); **2.** *nur Sg.* Lehre von der Luft und ihren Bewegungen; **3.** Luftdruckmechanik der Orgel

Pneu|ma|ti|ker *m. 5* **1.** Vertreter einer altröm. Ärzteschule, die alle Lebenserscheinungen auf den Atem (das Pneuma) zurückführte; **2.** *Gnosis:* vom Gottesgeist Erleuchteter

pneu|ma|tisch **1.** zum Pneuma gehörig, darauf beruhend; **2.** *Gnosis:* vom Gottesgeist erleuchtet

Pneu|ma|to|me|ter *n. 5* Gerät zum Messen des Atmungsdrucks und -zuges

Pneu|ma|to|me|trie *auch:* **Pneu|ma|to|met|rie** *f. 11 nur Sg.*

Pneu|mo|graph *auch:* **Pneu|mo|graf** *m. 10* Gerät zum Aufzeichnen der Ausdehnung und Verengung des Brustkorbs beim Ein- und Ausatmen

Pneu|mo|kok|kus *m. Gen. - Pl. -ken* ein Kugelbakterium, Erreger der Lungenentzündung

Pneu|mo|ko|ni|o|se *f. 11; Med.:* Staublunge

Pneu|mo|ly|se *f. 11* operative Ablösung der Lunge von der Brustwand (zur Ruhigstellung eines Lungenflügels)

Pneu|mo|nie *f. 11* Lungenentzündung

Pneu|mo|tho|rax *m. 1* Luftansammlung im Brustfellraum, Pneu (1)

Po *chem. Zeichen für* Polonium;

Po **1.** *m. Gen. -(s)* Fluss in Italien; **2.** *m. 9, ugs.* = Popo

Pö|bel *m. Gen. -s nur Sg.* rohe Volksmasse, Gesindel

pö|bel|haft

Poch *n. oder m. Gen. -s nur Sg.* ein Kartenglücksspiel

Poch|brett *n. 3* runde Scheibe mit Vertiefungen am Rand für die gewonnenen Geldstücke oder Marken, in der Mitte die Karten, um die gewettet wird

po|chen *intr. 1;* auf etwas p. *übertr.:* auf etwas bestehen

Poch|erz *n. 1* zerkleinertes Erz

po|chie|ren [-ʃi-, frz.] *tr. 3;* Eier p.: aufgeschlagen in kochendes Essigwasser gleiten lassen und gar ziehen lassen

Poch|müh|le *f. 11* Pochwerk

Poch|stem|pel *m. 5* Balken zum Zerkleinern von Erz

Poch|werk *n. 1* Anlage zum Zerkleinern von Erzen

Po|cke *f. 11* mit Eiter gefülltes Bläschen oder Knötchen

Po|cken *Pl.* sehr ansteckende Infektionskrankheit, Blattern, Variola

Po|cken|schutz|imp|fung *f. 10*

Po|cket|book [pɔkɛtbuk, engl.] *n. 9* Taschenbuch

Po|cket|ka|me|ra [pɔkɛt-, engl.; lat.] *f. 9* kleine Fotokamera, Taschenkamera

po|co [ital.] *Mus.:* wenig, z. B. poco adagio; poco a poco (*Abk.:* p. a p.): nach und nach

Pod|a|gra *auch:* **Po|dag|ra** [griech.] *n. Gen. -s nur Sg.* Fußgicht

Po|dest [lat.] *n. 1* **1.** erhöhter Tritt, größere Stufe, kleines Podium; **2.** Treppenabsatz

Po|dex *m. 1, ugs. scherzh.:* Gesäß

Po|di|um [lat.] *n. Gen. -s Pl. -di|en* Erhöhung des Fußbodens, erhöhter Teil des Raumes, kleine Bühne

Po|di|ums|dis|kus|si|on *f. 10*

Po|di|um(s)|ge|spräch *n. 1* Diskussion mehrerer Redner vor den Zuhörern

Po|do|me|ter [griech.] *n. 5* Schrittzähler

P

Pod|sọl [russ.] *m. Gen.* -s *nur Sg.* Grau-, Bleicherde
Pod|sọl|bo|den *m. 8* ausgebleichter, unfruchtbar gewordener Boden
Po|em [griech.] *n. 1, gelegentlich abwertend:* Gedicht
Po|e|sie [griech.] *f. 11* **1.** Dichtkunst; **2.** Dichtung in Versen oder gebundener Rede; *Ggs.:* Prosa; *übertr.:* Stimmungsgehalt, Zauber
Po|e|sie|al|bum *n. Gen.* -s *Pl.* -ben
po|e|sie|los
Po|et *m. 10* Dichter
Po|e|ta lau|re|a|tus *m. Gen.* - - *Pl.* -tae [-tɛ:] -ti **1.** *Antike:* mit dem Lorbeerkranz gekrönter Dichter; **2.** *im MA und in Großbritannien:* mit bestimmten Rechten verbundener Titel für den größten Dichter
Po|e|tạs|ter *m. 5* schlechter Dichter, Verseschmied
Po|e|tik *f. 10 nur Sg.* Lehre von der Poesie, Poetologie
po|e|tisch in der Art der Poesie, dichterisch
po|e|ti|sie|ren *tr. 3* dichterisch gestalten oder verklären
Po|e|to|lo|gie *f. 11 nur Sg.* s. **Po|e|tik**
po|e|to|lo|gisch
Po|fel *m. 5 nur Sg., süddt., österr. für* Bafel
Po|fe|se *f. 11* s. **Pa|fe|se**
Po|grom *auch:* **Pog|rom** [russ.] *m. 1* Hetze, Ausschreitungen gegen relig. oder ethn. Gruppen, z. B. Judenpogrom
po|i|ki|lo|thẹrm [griech.] wechselwarm; *Ggs.:* homöotherm
Po|i|ki|lo|thẹr|me *Pl.* Wechselwarmblüter; z. B. Amphibie; *Ggs.:* Homöotherme
Point [poɛ̃, frz.] *m. 9* **1.** *Kartenspiel:* Stich; **2.** *Würfelspiel:* Auge
Poin|te [poɛ̃tə] *f. 11* Schlusseffekt (des Witzes), Witz (einer Sache), Hauptsache
Poin|ter [pɔıntə(r), engl.] *m. 5* engl. Vorstehhund
poin|tie|ren [poɛ̃-, frz.] *tr. 3* betonen, hervorheben; pointiert: das Wesentliche betonend
Poin|til|lịs|mus [poɛ̃-] *m. Gen.* - *nur Sg.* spätimpressionist. Richtung der Malerei, die durch das dichte Nebeneinandersetzen von Farbpunkten gekennzeichnet ist, Neoimpressionismus
Poin|til|lịst [poɛ̃-] *m. 10*
poin|til|lịs|tisch [poɛ̃-]
Poise [poaz, nach dem frz. Physiker Jean-Louis-Marie Poiseville] *n. Gen.* - *Pl.* - (*Zeichen:* P) Maßeinheit für die Viskosität von Flüssigkeiten
Po|jatz *m. Gen.* - *Pl.* -e, *süddt. für* Bajazzo, Hanswurst
Po|kal [griech.-ital.] *m. 1* Trinkgefäß aus Kristall oder Edelmetall mit Fuß und oft mit Deckel, auch als Preis bei sportl. Wettkämpfen
Po|kal|sie|ger *m. 5*
Po|kal|wett|be|werb *m. 1*
Pö|kel *m. 5* Salzbrühe
Pö|kel|fleisch *n. 1 nur Sg.*
Pö|kel|he|ring *m. 1*
pö|keln *tr. 1* in Salzbrühe legen, einsalzen
Po|ker [engl.] *n. Gen.* -s *nur Sg.* ein Kartenglücksspiel
Po|ker|face [-fɛıs, engl.]
po|kern *intr. 1* Poker spielen
po|ku|lie|ren [lat.] *intr. 3* trinken, zechen, bechern
Pol [griech.] *m. 1* **1.** Drehpunkt, Mittel-, Zielpunkt; **2.** Endpunkt der Erdachse, Nord- bzw. Südpol; **3.** *Math.:* Unendlichkeitsstelle einer komplexen Funktion; **4.** *Phys.:* Aus- bzw. Eintrittsstelle von statischen Feldern, z. B. an Magneten oder Spulen; *bei elektr. Stromquellen:* Aus- bzw. Eintrittsstelle des Stromes, Plus- bzw. Minuspol; **5.** Flordecke von Samt und Plüsch
po|lar einen Pol oder die Pole (der Erde) betreffend, um einen Pol gelegen
Po|lar|for|scher *m. 5*
Po|lar|fuchs [-ks] *m. 2* Fuchs mit im Sommer grauem, im Winter weißem Fell, Eisfuchs
Po|lar|ge|biet *n. 1*
Po|la|ri|me|ter [griech.] *n. 5* Gerät zum Messen des Drehwinkels bei der optischen Aktivität von Flüssigkeiten
Po|la|ri|sa|ti|on *f. 10* Ausrichtung von Transversalwellen in einer Vorzugsrichtung
po|la|ri|sie|ren *tr. 3*
Po|la|ri|tät *f. 10 nur Sg.* Vorhandensein, Ausbildung zweier Pole, Gegensätzlichkeit
Po|lar|kreis *m. 1* Breitenkreis von 66,5° nördl. bzw. südl. Breite
Po|lar|land *n. 4 meist Pl.*
Po|lar|licht *n. 3* bes. in den Polargegenden auftretende Lichterscheinung der höheren Atmosphäre, Nordlicht, Südlicht
Po|lar|meer *n. 1*
Po|lar|nacht *f. 2* in Polargegenden der Zeitraum, in dem ständig die Sonne unter dem Horizont bleibt

Polaroidkamera: Mehrteilige Ausdrücke aus Substantiv (oder Adjektiv, Pronomen und Partikeln) mit einem Substantiv werden zusammengeschrieben: *Polaroidkamera.* § 37 (1)

Po|la|ro|id|ka|me|ra® [auch: -rɔid-] *f. 9* Sofortbildkamera
Po|lar|rou|te [-ru:-] *f. 11 nur Sg.* kürzeste Verbindung zwischen Europa und Kalifornien über den Nordpol
Po|lar|stern *m. 1* Stern im Sternbild des Kleinen Bären nahe dem Himmelsnordpol
Pọl|der *m. 5* eingedeichtes Marschland, Koog
Po|le *m. 11* Einwohner von Polen
Po|lei *m. 1* eine Heil- und Gewürzpflanze, Art der Minze
Po|le|mik [griech.-frz.] *f. 10* bes. wissenschaftl., literar., meist in der Öffentlichkeit ausgetragener Streit
po|le|misch **1.** in der Art einer Polemik; **2.** streitbar, feindselig, unsachlich
po|le|mi|sie|ren *intr. 3* **1.** in der Art einer Polemik Kritik üben; **2.** feindselig mit jmdm. streiten; gegen jmdn. p.
po|len *tr. 1* an einen elektr. Pol anschließen
Po|len Staat in Europa
Po|lẹn|ta [ital.] *f. Gen.* - *nur Sg.* bes. in Italien beliebtes Gericht aus Maismehl
Po|lẹn|te [jidd.] *f. Gen.* - *nur Sg., abwertend:* Polizei

Poleposition: Das aus dem Englischen entlehnte Substantiv wird zusammengeschrieben. Die Bindestrichschreibung ist die zulässige Variante: *Poleposition* oder *Pole-Position.* § 37 (1)

Pole|po|si|tion (*alt:* Pole-po|si|tion) [poulpɔzıʃən, engl.] *f. 9* beste Startposition bei Autorennen
Pol|hö|he *f. 11* Winkelabstand zwischen Horizont und Himmelspol
Po|li|ce [-sə, frz.], *österr.:* **Po|lị|ze** *f. 11* Urkunde über eine abgeschlossene Versicherung

P

Po|li|ci|nel|lo [-tʃi-] *m. Gen.* -s *Pl.* -li s. **Pul|ci|nel|la**
Po|lier [frz.] *m. 1* Vorarbeiter der Maurer und Zimmerleute
po|lie|ren [lat.] *tr. 3* glänzend machen, glätten, schleifen
Po|lier|stahl *m. 2*
Po|li|kli|nik [auch: pɔ-, griech.] *f. 10* städtisches Krankenhaus oder Krankenhausabteilung zur ambulanten Behandlung
Po|lio *f. Gen. - nur Sg., kurz für* Poliomyelitis
Po|li|o|en|ze|pha|li|tis [griech.] *f. Gen. - Pl.* -ti|den Entzündung der grauen Hirnsubstanz
Po|li|o|imp|fung *f. 10*
Po|li|o|my|e|li|tis *f. Gen. - Pl.* -ti|den Kinderlähmung
Po|lis [griech.] *f. Gen. - Pl.* Po|le|is altgriech. Stadtstaat
Po|lit|bü|ro *n. 9, Kurzwort für* Politisches Büro (Zentralausschuss einer kommunistischen Partei)
Po|li|tes|se [aus Polizei und Hostess] *f. 11* Hilfspolizistin
Po|li|ti|cal Cor|rect|ness [-kəl -, engl.] *f. Gen. - - nur Sg.* Beachtung geltender Wertungsnormen in der Öffentlichkeit
po|li|tie|ren *tr. 3, österr.:* mit einem Poliermittel einreiben, polieren
Po|li|tik [auch: -tik, griech.] *f. 10 nur Sg.* **1.** Führung und Erhaltung eines Gemeinwesens, Staatskunst; **2.** *übertr.:* Berechnung, berechnendes Verhalten
Po|li|ti|kas|ter *m. 5* jmd., der über Politik redet, ohne viel davon zu verstehen, Biertischpolitiker
Po|li|ti|ker *m. 5*
Po|li|ti|kum *n. Gen.* -s *Pl.* -ka Ereignis oder Tatsache von polit. Bedeutung
Po|li|ti|kus *m. Gen. - Pl.* -kus|se, *ugs., scherzh.:* jmd., der sich mit Politik beschäftigt
po|li|tisch; politische Karte: Landkarte mit eingezeichneten Staatsgrenzen; politische Geographie
po|li|ti|sie|ren **1.** *intr. 3* über Politik sprechen; **2.** *tr. 3* in den Bereich der Politik bringen, politisch behandeln
Po|lit|öko|no|mie *f. 11 nur Sg., Kurzwort für* Politische Ökonomie (Volkswirtschaftslehre)
Po|li|to|lo|ge *m. 11*
Po|li|to|lo|gie *f. 11 nur Sg.* Lehre von der Politik
Po|li|tur [lat.] *f. 10* **1.** durch Polieren erzeugter Glanz; **2.** Poliermittel
Po|li|zei [griech.] *f. 10 nur Sg.*
Po|li|zei|ak|ti|on *f. 10*
Po|li|zei|be|am|te(r) *m. 18 (17)*
Po|li|zei|ein|satz *m. 2*
Po|li|zei|funk *m. 1 nur Sg.*
Po|li|zei|hund *m. 1*
Po|li|zei|kom|mis|sar *m. 1*
Po|li|zei|kon|trol|le *auch:* **Po|li|zei-kont|rol|le** *f. 11*
po|li|zei|lich
Po|li|zei|prä|si|di|um *n. Gen.* -s *Pl.* -di|en
Po|li|zei|re|vier [-vi:r] *n. 1*
Po|li|zei|schutz *m. Gen.* -es *nur Sg.*
Po|li|zei|staat *m. 12*
Po|li|zei|stun|de *f. 11* polizeilich festgelegter Zeitpunkt, zu dem Restaurants und Vergnügungsstätten nachts geschlossen werden müssen, Sperrstunde
Po|li|zei|wa|che *f. 11*
Po|li|zist *m. 10*
Po|liz|ze *f. 11, österr.* = **Po|li|ce**
Polk *m. 1* s. **Pulk** (1)
Pölk *m. 1, nddt.:* kastriertes Schwein
Pol|ka [tschech.] *f. 9* böhm. Rundtanz im Wechselschritt
Pol|lack *m. 10* ein Meeresfisch
Pol|len *m. 7* Blütenstaub
Pol|ler *m. 5* Haltevorrichtung auf Schiffen bzw. Kaimauern zum Festmachen der Schiffstaue und Trossen
Pol|lu|ti|on [lat.] *f. 10* unwillkürl. (nächtl.) Samenerguss
Pol|lux **1.** griech. Sagenheld; vgl. Kastor; **2.** *m. Gen. - nur Sg.* ein Stern
pol|nisch; *aber:* Polnischer Erbfolgekrieg
Pol|nisch *n. Gen.* -(s) *nur Sg.* zu den slaw. Sprachen gehörende Sprache der Polen
Po|lo [engl.] *n. Gen.* -s *nur Sg.* hockeyähnl. Ballspiel zu Pferd
Po|lo|hemd *n. 12* kurzärmeliges Trikothemd

> **Polonäse/Polonaise:** Die ins Deutsche integrierte Schreibweise *Polonäse* ist die Hauptvariante, die fremdsprachige Form *Polonaise* die zulässige Nebenvariante. § 20 (2)

Po|lo|nä|se, Po|lo|nai|se [-nɛ-, frz.] *f. 11* **1.** Schreittanz zur Eröffnung eines Festes; **2.** *Fasching:* Reihentanz
Po|lo|nia *lat. Name für* Polen
Po|lo|ni|um *n. Gen.* -s *nur Sg.* (*Zeichen:* Po) chem. Element
Pol|stär|ke *f. 11* Kraft, die von einem Magnetpol ausgeht
Pols|ter *n. 5, österr. auch n. 6*
Pols|te|rer *m. 5*
Pols|ter|mö|bel *n. 5*
pols|tern *tr. 1;* ich polstere, polstre es
Pols|ter|tür *f. 10*
Pols|te|rung *f. 10*
Pol|ter|a|bend *m. 1* Abend vor der Hochzeit
Pol|te|rer *m. 5* jmd., der oft poltert
Pol|ter|geist *m. 3* Klopfgeist
pol|te|rig, polt|rig
pol|tern *intr. 1;* ich poltere, poltre
po|ly…, Po|ly… [griech.] *in Zus.:* viel…, Viel…
Po|ly|a|mid® [griech.] *n. 1* ein elastischer, fadenbildender Kunststoff, z. B. Perlon
Po|ly|an|drie *auch:* **Po|ly|and|rie** *f. 11 nur Sg.* Ehegemeinschaft einer Frau mit mehreren Männern, Vielmännerei; vgl. Polygynie
Po|ly|ar|chie *f. 11* Herrschaft mehrerer (Personen)
Po|ly|ar|thri|tis *auch:* **Po|ly|arth|ri|tis** *f. Gen. - Pl.* -ti|den Entzündung mehrerer Gelenke
Po|ly|ä|thy|len, *fachsprachl.:* Po|ly|e-thy|len *n. 1* durch Polymerisation von Äthylen entstehender Kunststoff
po|ly|chrom [-krom] vielfarbig, bunt
Po|ly|chro|mie [-kro-] *f. 11 nur Sg.* Vielfarbigkeit
po|ly|chro|mie|ren [-kro-] *tr. 3* bunt ausstatten, z. B. mit Mosaik
Po|ly|dak|ty|lie *f. 11* Ausbildung von mehr als fünf Fingern an einer Hand, Mehrfingrigkeit
Po|ly|e|der *m. 5 oder n. 5* von mindestens drei ebenen Flächen begrenzter Körper, Vielflach, Vielflächner, z. B. Würfel
po|ly|e|drisch *auch:* **po|ly|ed|risch** vielflächig
Po|ly|es|ter *m. 5* aus mehrbasischen Karbonsäuren durch Veresterung mit mehrwertigen Alkoholen entstehender Kunststoff
Po|ly|e|thy|len *n. 1* s. **Po|ly|ä|thy|len**
po|ly|fon s. **po|ly|phon**
Po|ly|fo|nie *f. 11 nur Sg.* s. **Po|ly-pho|nie**
po|ly|gam **1.** in Vielehe lebend, sich zu mehreren Frauen zugleich hingezogen fühlend; *Ggs.:*

monogam; **2.** zwittrige und eingeschlechtige Blüten (auf einer Pflanze) aufweisend

Po|ly|ga|mie *f. 11 nur Sg.* Ehegemeinschaft mit mehreren Frauen bzw. Männern, Polyandrie, Polygynie; *Ggs.:* Monogamie

Po|ly|ga|mist *m. 10* in Polygamie lebender Mann

po|ly|gen **1.** durch mehrere Erbfaktoren bestimmt; **2.** durch mehrere Ursachen hervorgerufen

po|ly|glott **1.** vielsprachig (Buchausgabe); **2.** viele Sprachen sprechend

Po|ly|glot|te **1.** *f. 11* mehrsprachiges Wörterbuch, Buch (z. B. Bibel) mit Text in mehreren Sprachen; **2.** *m. 11 bzw. f. 11* jmd., der viele Sprachen spricht

Po|ly|gon *n. 1* Vieleck

po|ly|go|nal vieleckig

Po|ly|graph *auch:* **Po|ly|graf** *m. 10* **1.** Mehrfachschreiber; **2.** *fälschlich:* Lügendetektor

Po|ly|gra|phie *auch:* **Po|ly|gra|fie** *f. 11*

Po|ly|gy|nie *f. 11 nur Sg.* Ehegemeinschaft eines Mannes mit mehreren Frauen

Po|ly|his|tor *m. Gen.* -s *Pl.* -to|ren jmd., der auf vielen Gebieten bewandert ist

po|ly|hy|brid *auch:* **po|ly|hyb|rid** sich in mehreren Erbmerkmalen unterscheidend

Po|ly|hym|nia, Po|lym|nia *griech. Myth.:* Muse des ernsten Gesanges

P

po|ly|mer aus vielen niedermolekularen Einheiten bestehend; *Ggs.:* monomer

Po|ly|mer *n. 1* hochgradig verketteter, einheitlich aufgebauter Stoff

Po|ly|me|rie *f. 11* additives Zusammenwirken von Erbfaktoren bei der Ausbildung eines Merkmals

Po|ly|me|ri|sat *n. 1* durch Polymerisation entstandener Stoff

Po|ly|me|ri|sa|ti|on *f. 10* Vereinigung von Molekülen zu einem neuen Stoff

po|ly|me|ri|sie|ren *tr. 3* zu größeren Molekülen vereinigen

Po|ly|me|ter *n. 5, Meteor.:* Gerät zum Messen von Temperatur, Luftfeuchtigkeit u. a.

Po|lym|nia s. **Po|ly|hym|nia**

po|ly|morph vielgestaltig

Po|ly|mor|phie *f. 11 nur Sg.,* **Po|ly|mor|phis|mus** *m. Gen. - nur Sg.* Vielgestaltigkeit

Po|ly|ne|si|en die Inselgruppen des östl. Ozeaniens

Po|ly|ne|si|er *m. 5*

po|ly|ne|sisch

Po|ly|nom *n. 1, Math.:* aus mehreren, zu addierenden oder subtrahierenden Gliedern zusammengesetzter Ausdruck

po|ly|no|misch

po|ly|nu|kle|ar *auch:* **po|ly|nuk|le|ar** vielkernig

Po|ly|o|pie *f. 11 nur Sg.* Mehrfachsehen

Po|lyp *m. 12* **1.** gutartige Geschwulst der Schleimhaut; **2.** *volkstüml. Bez. für* verschiedene Kopffüßer, bes. Kraken; **3.** die festsitzende Form der Nesseltiere

po|ly|phag sich von verschiedenen Pflanzen oder Tieren ernährend

Po|ly|pha|ge *m. 11* Tier, das sich von verschiedenen Pflanzen und Tieren ernährt

Po|ly|pha|gie *f. 11 nur Sg.* auf unterschiedl. Pflanzen oder Tiere eingestellte Ernährungsweise; vgl. Monophagie, Pantophagie

Po|ly|phem einäugiger Zyklop in der Odyssee

> **polyphon/polyfon:** Die ältere fremdsprachige Schreibweise *polyphon* ist die Hauptvariante, die integrierte Form *polyfon* die Nebenvariante. § 32 (2)

po|ly|phon *auch:* **po|ly|fon** mehr-, vielstimmig

Po|ly|pho|nie *auch:* **Po|ly|fo|nie** *f. 11 nur Sg.* Vielstimmigkeit, Musik mit mehreren, mehr oder minder selbständig geführten Stimmen; vgl. Heterophonie, Homophonie

po|ly|po|id polypähnlich

Po|ly|pty|chon *auch:* **Po|lyp|ty|chon** [-çɔn] *n. Gen.* -s *Pl.* -chen *oder* -cha Altar mit mehr als zwei Flügeln

Po|ly|rhyth|mik *f. Gen. - nur Sg.* Nebeneinander verschiedener Rhythmen in den Stimmen eines Musikstücks

po|ly|rhyth|misch

Po|ly|sac|cha|rid, Po|ly|sa|cha|rid [-zaxa-] *n. 1* aus einfachen Zuckermolekülen aufgebaute Verbindung, z. B. Stärke

Po|ly|sper|mie *f. 11* Eindringen mehrerer Samenzellen in eine Eizelle bei der Befruchtung

po|ly|syl|la|bisch vielsilbig

Po|ly|syl|la|bum *n. Gen.* -s *Pl.* -ba vielsilbiges Wort

po|ly|syn|de|tisch in der Art eines Polysyndetons

Po|ly|syn|de|ton *n. Gen.* -s *Pl.* -ta durch ein Bindewort verbundene Wort- oder Satzreihe, z. B.: Und es wallet und siedet und brauset und zischt; *Ggs.:* Asyndeton

Po|ly|syn|the|se, Po|ly|syn|the|sis *f. Gen. - Pl.* -the|sen Zusammenfassung vieler Teile

po|ly|syn|the|tisch vielfach zusammengesetzt; polysynthetische Sprachen

Po|ly|syn|the|tis|mus *m. Gen. - nur Sg.* polysynthet., reihender Sprachbau

Po|ly|tech|ni|kum *n. Gen.* -s *Pl.* -ka höhere techn. Fachschule

po|ly|tech|ni|sche O|ber|schu|le (*Abk.:* POS), *DDR:* 10-Klassen-Schule

Po|ly|the|is|mus *m. Gen. - nur Sg.* Glaube an mehrere Götter, Vielgötterei; *Ggs.:* Monotheismus

Po|ly|the|ist *m. 10*

po|ly|the|is|tisch

po|ly|to|nal in mehreren Tonarten zugleich

Po|ly|to|na|li|tät *f. 10 nur Sg.* Nebeneinander mehrerer Tonarten zugleich in den Stimmen eines Musikstücks

po|ly|trop *Biol.:* sehr anpassungsfähig

Po|ly|tro|pis|mus *m. Gen. - nur Sg., Biol.:* große Anpassungsfähigkeit

Po|ly|vi|nyl|chlo|rid [-vi-] *n. 1 nur Sg.* (*Abk.:* PVC) ein Kunststoff, z. B. für Fußböden

po|ly|zy|klisch *auch:* **po|ly|zyk|lisch** aus mehreren Molekülringen bestehend

pöl|zen *tr. 1, österr.:* stützen (Mauer)

Po|ma|de [lat.-ital.] *f. 11* wohlriechendes Fett, z. B. Haar-, bzw. Lippenpomade

po|ma|dig *ugs.:* träge, langsam; eine pomadige Gangart

po|ma|di|sie|ren *tr.* mit Pomade einreiben

Po|me|ran|ze [lat.-ital.] *f. 11* eine Zitrusfrucht, Gewürz- und Heilpflanze, Bitterorange

Pom|mer *m. 5* **1.** Einwohner von Pommern; **2.** [griech.-frz.] ein altes Holzblasinstrument

Pom|mern Vor- und Hinterpommern

Pom|mes *Pl., ugs.:* Pommes frites
Pommes Cro|quettes (*alt:* Pommes cro|quettes) [pɔm krokẹt, frz.] *Pl.* aus Kartoffelbrei hergestellte Kroketten
Pommes frites [pɔm frịt] *Pl.* roh in Fett gebackene Kartoffelstäbchen
Po|mo|lo|gie [lat. + griech.] *f. 11 nur Sg.* Obstkunde
Pomp [griech.-frz.] *m. 9 nur Sg.* übertriebene Pracht, übertriebener Aufwand, Prunk
Pom|pa|dour [-du:r, nach der Marquise de P.] *m. 1 oder m. 9, früher:* beutelförmige Damenhandtasche
Pom|pe|ja|ner *m. 5* Einwohner von Pompeji
pom|pe|ja|nisch
Pom|pe|ji Stadt in Unteritalien am Fuß des Vesuvs mit römischen Ausgrabungen
pomp|haft
Pomp|haf|tig|keit *f. 10 nur Sg.*
Pom|pon [pɔ̃pɔ̃, frz.] *m. 9* dicke Quaste, Troddel
pom|pös übertrieben prunkvoll
Pö|na|le *n. Gen.* -s *Pl.* -li|en, *österr. für* Strafe, Buße
pon|ceau [pɔ̃so, frz.] hochrot
Pon|ceau [pɔ̃so] *n. 9* hochroter Farbstoff
Pon|cho [-tʃo, span.] *m. 9* **1.** viereckiger Umhang der mittel- und südamerik. Indianer mit einem Loch in der Mitte für den Kopf; **2.** ärmelloser Umhang
Pond [lat.] *n. Gen.* -s *Pl.* - (*Abk.:* p) frühere Maßeinheit für die Kraft, entspricht dem Gewicht von einem Gramm (auf der Erde)
Pö|ni|tent [lat.] *m. 10, kath. Kirche:* Beichtender, Büßender
Pö|ni|ten|ti|ar [-tsjar] *m. 1* Beichtvater
Pö|ni|tenz *f. 10* Buße, Bußübung

Pontifex, Pontifizes/Pontifices: Die Pluralform von *Pontifex* (= Priester) lautet entweder eingedeutscht *Pontifizes* oder fremdsprachig *Pontifices.*

Pon|ti|fex [lat.] *m. Gen.* - *Pl.* -ti|fi|zes *oder* -ti|fi|ces [-tse:s], *antikes Rom:* Oberpriester; P. maximus: Titel des röm. Kaisers und dann des Papstes
Pon|ti|fi|ces *Pl. von* Pontifex
pon|ti|fi|kal bischöflich
Pon|ti|fi|kal|amt *n. 4* vom Bischof gehaltene, feierl. Messe, Pontifikalmesse
Pon|ti|fi|ka|le *n. Gen.* -s *Pl.* -li|en liturg. Buch für die Amtshandlungen eines Bischofs
Pon|ti|fi|ka|li|en *Pl.* **1.** die dem Bischof vorbehaltenen Amtshandlungen, z. B. Firmung, Ordination; **2.** die dabei getragenen Gewänder und Abzeichen
Pon|ti|fi|kal|mes|se *f. 11* Pontifikalamt
Pon|ti|fi|kat *n. 1* Amt, Amtszeit, Würde eines Bischofs oder des Papstes
Pon|ti|fi|zes *Pl. von* Pontifex
pon|tisch [griech.] aus der Steppe des Schwarzmeergebiets stammend, steppenähnlich
Pon|ti|us Pi|la|tus röm. Landpfleger in Palästina zur Zeit von Christi Geburt; von Pontius zu Pilatus laufen *ugs.:* von einer Stelle zur andern laufen (um etwas zu bekommen, erreichen)
Pon|ton [auch: pɔ̃tɔ̃, frz.] *m. 9* **1.** geschlossener Schwimmkörper (in Docks); **2.** flaches Boot als Teil einer schwimmenden Brücke
Pon|ton|brü|cke [auch: pɔ̃tɔ̃-] *f. 11*
Po|ny [engl.] **1.** *n. 9* kleine Pferderasse; **2.** *m. 9* kurz geschnittene, die Stirn bedeckende Haare
Pool [pul, engl.] *m. 9* **1.** Vereinigung von Firmen zur Gewinnverteilung, Interessengemeinschaft; **2.** Spieleinsatz; **3.** *Kurzwort für* Swimmingpool
Pool|bil|lard [pulbiljard] *n. 9* Art des Billards, bei der 15 farbige nummerierte Kugeln mit einer weißen Spielkugel in Bandenlöcher gestoßen werden
Pop *m. Gen.* -s *nur Sg., Kurzwort für* Popmusik, Pop-Art
Pop... [entweder von engl. pop »knallen, klatschen« oder popular »volkstümlich«] *in Zus.:* modern, auffallend, bes. Jugendliche ansprechend
Po|panz [tschech.] *m. 1* **1.** Schreckgestalt; **2.** Strohpuppe, Vogelscheuche; **3.** vom Willen anderer abhängiger Mensch
Pop-Art (*alt:* Pop-art) [engl.] *f. Gen.* - *nur Sg.* bevorzugte Kunstrichtung der 60er Jahre, die besonders Gegenstände aus Alltag und Technik darstellt oder montiert
Pop|corn [-kɔ:n, engl.] *n. 9* gerösteter Mais, Puffmais
Po|pe [griech.-russ.] *m. 11, russ. und griech.-orthodoxe Kirche:* niederer Geistlicher
Po|pel *m. 5, ugs.* **1.** verhärteter Nasenschleim; **2.** schmutziger kleiner Junge
po|pe|lig, pop|lig *ugs.:* dürftig, armselig
Po|pe|lin [frz.] *m. 1,* **Po|pe|li|ne** *f. 11* fester Baumwollstoff für Hemden, Mäntel u. a.
po|peln *intr. 1, ugs.:* in der Nase bohren
Pop|far|be *f. 11* auffallende, grelle Farbe
pop|lig s. **po|pe|lig**
Pop|mu|sik *f. 10 nur Sg.* eine in Großbritannien und den USA entstandene Unterhaltungsmusik, von Beat und Rock nicht eindeutig abzugrenzen
Po|po, Po *m. 9, ugs.:* Gesäß, Hintern
Po|po|ca|te|petl *m. Gen.* -(s) vulkan. Berg in Mexiko
Pop|per *m. 5* in den 80er Jahren unpolitischer, angepasster, elegant gekleideter Jugendlicher
pop|pig in der Art der Popfarben, auffallend, bunt
Pop|star *m. 9*
Pop|sze|ne *f. 11*
po|pu|lär [lat.] **1.** volkstümlich, allgemein verständlich; **2.** volksfreundlich, beim Volk beliebt
po|pu|la|ri|sie|ren *tr. 3* volkstümlich, allgemein verständlich machen, (unter dem Volk) verbreiten
Po|pu|la|ri|tät *f. 10 nur Sg.* Volkstümlichkeit, Beliebtheit beim Volk
po|pu|lär|wis|sen|schaft|lich allgemein verständlich, aber wissenschaftlich fundiert
Po|pu|la|ti|on *f. 10* **1.** Bevölkerung; **2.** *Biol.:* Gesamtheit der Lebewesen einer Art oder Rasse in einem bestimmten Gebiet; **3.** *Astron.:* Gesamtheit der jungen, heißen Sterne (P. I) bzw. der älteren Sterne späterer Spektralklassen (P. II)
Po|pu|lis|mus *m. Gen.* - *nur Sg.* **1.** *frz. Lit.:* Strömung seit 1929, die das Leben des einf. Volkes wirklichkeitsnah darstellte; **2.** opportunist. Politik, die die Massen für sich gewinnen will
Po|pu|list *m. 10*

P

po|pu|lis|tisch
Po|re [griech.] *f. 11* feine Öffnung bes. der Haut
po|rig porös
...po|rig *in Zus.,* z.B. groß-, klein-, feinporig
Pör|költ [ung.] *n. Gen.* -s *nur Sg.* gulaschähnliches, mit Paprika gewürztes Gericht mit wenig Flüssigkeit
Por|no *m. 9 oder n. 9, Kurzwort für* pornograf. Film, Roman usw.
Por|no|graph *Nv.* **Por|no|graf** *Hv.* [griech.] *m. 10* Verfasser pornografischer Schriften, Hersteller pornografischer Bilder

Pornografie/Pornographie: Die ins Deutsche integrierte Schreibweise *Pornografie* ist die Hauptvariante, die fremdsprachige Form *Pornographie* die zulässige Nebenvariante. Ebenso: *pornografisch/pornographisch.*
§ 32 (2)

Por|no|gra|phie *Nv.* **Por|no|gra|fie** *Hv. f. 11 nur Sg.* pornograf. Schriften und Bilder
por|no|gra|phisch *Nv.* **por|no|gra|fisch** *Hv.* die geschlechtl. Begierden mit einfachen Mitteln anreizend
po|rös [griech.-frz.] durchlässig, undicht
Po|ro|si|tät *f. 10 nur Sg.*
Por|phyr [griech.] *m. 1* ein Ergussgestein
Por|phy|rit *m. 1* ein Ergussgestein
Por|ree [lat.-frz.] *m. 9* eine Gemüsepflanze
Por|ridge [-rɪdʒ, engl.] *m. Gen.* -s *nur Sg.* als Frühstück beliebter Haferbrei
Porst *m. 1* ein Heidekrautgewächs, immergrüner Strauch
Port [lat.] *m. 1* **1.** Hafen; **2.** *übertr.:* Zufluchtsort; im sicheren Port (angekommen) sein
Por|ta|ble *auch:* **Por|tab|le** [pɔ(r)təbl, engl.] *n. 9* tragbares Fernsehgerät
Por|tal [lat.] *n. 1* Tor, architektonisch verzierter Eingang
Por|ta|men|to [ital.] *n. Gen.* -s *Pl.* -ti, *Mus.:* das gleitende Verbinden der Gesangstöne, *eigtl.:* das Tragen des Tons
Por|ta|tiv [frz.] *n. 1* kleine, tragbare Orgel
por|ta|to [ital.] *Mus.:* getragen, breit, aber nicht gebunden
Porte|chaise [pɔrtʃɛz, frz.] *f. 11, veraltet:* Sänfte
Porte|feuille [pɔrtfœj, frz.] *n. 9* **1.** *veraltet:* Brieftasche, Aktentasche; **2.** Amtsbereich (eines Ministers); Minister ohne P.; **3.** Wertpapierbestand einer Bank
Porte|mon|naie [pɔrtmɔne, frz.] *Nv.* **Port|mo|nee** *Hv. n. 9*
Port|e|pee *auch:* **Por|te|pee** *n. 9* Quaste am Degen oder Säbel (des Offiziers)
Por|ter [pɔr-, engl.] *m. 5, österr.: n. 5* starkes engl. Bier
Port|fo|lio [ital.] **1.** *m. 9* der Bestand an Wertpapieren (Portefeuille); **2.** *n. 9* Mappe mit einer Serie von Druckgrafiken oder künstlerischen Fotos
Por|ti *Pl. von* Porto
Por|tier [-tje, frz.] *m. 9* Pförtner, Hauswart
Por|tie|re [-tjɛrə] *f. 11* schwerer Türvorhang
por|tie|ren [frz.] *tr. 3, schweiz.:* zur Wahl vorschlagen
Por|tier|lo|ge [-tjelo:ʒə] *f. 11* Dienstraum des Portiers
Por|tiers|frau [-tjes-] *f. 10* weibl. Portier
Por|ti|kus [lat.] *m. Gen.* - *Pl.* - Säulenvorbau
Por|ti|on [lat.] *f. 10* abgemessene Menge (einer Speise); eine P. Kartoffeln, Eis; er ist nur eine halbe P. *ugs., scherzh.:* er ist sehr klein und dünn
por|ti|o|nen|wei|se, por|ti|ons|wei|se

Portmonee/Portemonnaie: Die ins Deutsche integrierte Schreibweise *Portmonee* ist die Hauptvariante, die französische Form *Portemonnaie* die zulässige Nebenvariante. § 20 (2)

Port|mo|nee, Porte|mon|naie *n. 9* Geldtasche
Por|to [ital.] *n. Gen.* -s *Pl.* -s *oder* -ti Gebühr für die Beförderung von Postsendungen
por|to|frei
Por|to|kas|se *f. 11*
por|to|pflich|tig
Por|trait *auch:* **Port|rait** [-trɛ, frz.] *n. 9, frz. Schreibung von* Porträt
Por|trät *auch:* **Port|rät** [-trɛ] *n. 9* Bildnis
por|trä|tie|ren *auch:* **port|rä|tie|ren** *tr. 3;* jmdn. p.: jmds. Bildnis malen
Por|trä|tist *auch:* **Port|rä|tist** *m. 10* Maler von Porträts
Por|tu|gal Staat in Europa
Por|tu|gie|se *m. 11* Einwohner von Portugal
Por|tu|gie|ser *m. 5* eine Traubensorte
por|tu|gie|sisch
Por|tu|gie|sisch *n. Gen.* -(s) *nur Sg.* zu den roman. Sprachen gehörende, in Portugal, Brasilien und Kap Verde gesprochene Sprache
Por|tu|lak [lat.] *m. 1 oder m. 9* eine Zier-, auch Gemüsepflanze
Port|wein [nach der portugies. Stadt Porto] *m. 1* süßer portugies. Wein
Por|zel|lan [ital.] *n. 1* **1.** dichte, weiße, feine Tonware; **2.** Tafelgeschirr daraus
por|zel|la|nen aus Porzellan
Por|zel|lan|la|den *m. 8, nur in der Wendung* wie ein Elefant im P.: tollpatschig
Por|zel|lan|schne|cke *f. 11* Kaurischnecke
Pos. *Abk. für* Position (4)
Po|sa|men|ten [frz.] *Pl., Sammelbez. für* Waren, die als Besatz für Kleidungsstücke dienen, z.B. Borten, Bänder, Schnüre, Quasten
Po|sa|men|te|rie *f. 11* Geschäft für Posamenten
po|sa|men|tie|ren *tr. 3* mit Posamenten besetzen
Po|sau|ne [lat.-frz.] *f. 1* ein Blechblasinstrument
po|sau|nen **1.** *intr. 1* Posaune blasen; **2.** *tr. 1, übertr., ugs.:* laut verkünden, *meist:* hinausposaunen
Po|sau|nen|en|gel *m. 5* **1.** *bildende Kunst, Malerei:* Posaune blasender Engel; **2.** *übertr. scherzh.:* pausbäckiges Kind
Po|sau|nist *m. 10* Posaunenbläser
Po|se **1.** [frz.] *f. 11, Kunst:* Haltung, Stellung; *allg.:* gekünstelte, gezierte Haltung; **2.** [nddt.] Schwimmer der Angel
Po|sei|don *griech. Myth.:* Gott des Meeres
Po|seur [-zør, frz.] *m. 1* jmd., der posiert
po|sie|ren *intr. 3* **1.** eine Pose einnehmen; **2.** sich gekünstelt, geziert benehmen
Po|si|ti|on [lat.-frz.] *f. 10* **1.** Stellung (im Beruf), Lage (in der sich jmd. befindet); **2.** *Math.:* Lage, Stelle (einer Figur oder Zahl); **3.** Standort (eines Schiffes

P

oder Flugzeugs, eines Gestirns); **4.** Einzelposten (in einer Warenliste (*Abk.:* Pos.)); **5.** Bejahung; *Ggs.:* Negation (1)
po|si|ti|o|nell durch die Position bedingt, hinsichtlich der Position, z. B. positioneller Vorteil
po|si|ti|o|nie|ren *tr. 3* in eine bestimmte (günstige) Position bringen; Waren p.
Po|si|ti|ons|lam|pe *f. 11* Lampe (eines Schiffes, Flugzeugs) zur Kennzeichnung der Fahrt- bzw. Flugrichtung, Positionslicht
po|si|ti|ons|lang; positionslange Silbe: kurze Silbe, die in der Metrik als lang gilt, wenn sie mit zwei oder mehr Konsonanten endet
Po|si|ti|ons|län|ge *f. 11 nur Sg.* metrische (nicht phonet.) Länge
Po|si|ti|ons|licht *n. 3* = Positionslampe
Po|si|ti|ons|pa|pier *n. 1*
po|si|tiv [lat.] **1.** bejahend; *Ggs.:* negativ; **2.** *Math.:* größer als Null; **3.** *Elektr., in der Fügung* positive Ladung: den Protonen eigene Ladung, im Unterschied zur negativen Ladung der Elektronen, positiver Pol: Pluspol; **4.** *Fot.:* Licht und Schatten der Wirklichkeit entsprechend wiedergebend; **5.** *Med.:* Krankheitserreger aufweisend; positiver Befund; **6.** *Philos.:* wirklich, tatsächlich (da, vorhanden), gegeben; **7.** [auch: -tif] *ugs.:* genau, bestimmt; das weiß ich p.
Po|si|tiv **1.** *m. 1, Gramm.:* die nicht gesteigerte Form der Adjektive, Grundstufe; vgl. Komparativ, Superlativ; **2.** [auch: -tif] *n. 1* kleine Standorgel ohne Pedal; vgl. Portativ; **3.** *n. 1* Lichtbild in der wirklichkeitsgetreuen Wiedergabe von Licht und Schatten; *Ggs.:* Negativ
Po|si|ti|vis|mus [-vis-] *m. Gen. - nur Sg.* Lehre, dass nur das Wirkliche, Tatsächliche, »Positive« die Erfahrung zur Erkenntnis führe und alle Metaphysik nutzlos sei
Po|si|ti|vist [-vist] *m. 10*
po|si|ti|vis|tisch [-vis-]
Po|si|tron *auch:* **Po|sit|ron** *n. Gen. -s Pl.* -tro|nen (*Zeichen:* e^{+}) Elementarteilchen mit elektrisch positiver Ladung
Po|si|tur [lat.] *f. 10* auf bestimmte Wirkung berechnete Haltung
Pos|se *f. 11* derb-komisches Bühnenstück
Pos|sen *m. 7* **1.** Streich, Schabernack; jmdm. einen P. spielen; **2.** *Pl.* Spaß; Possen reißen; (allerlei) Possen treiben
Pos|sen|rei|ßer *m. 5*
pos|ses|siv [lat.] *Grammatik:* besitzanzeigend
Pos|ses|siv *n. 1,* **Pos|ses|siv|pro|no|men** *n. 7*
Pos|ses|si|vum [-vum] *n. Gen. -s Pl.* -va [-va] besitzanzeigendes Fürwort, z. B. mein, dein, sein, unser
pos|ses|so|risch *Rechtsw.:* den Besitz betreffend
pos|sier|lich klein und lustig, drollig; vgl. Posse
Pos|sier|lich|keit *f. 10 nur Sg.*
Post *f. 10 nur Sg.* **1.** Einrichtung zur Beförderung von Briefen, Paketen, Zahlungsanweisungen usw.; **2.** Postgebäude; **3.** Postdienst; **4.** Briefe und Pakete, Postsendungen
post…, Post… [lat.] *in Zus.:* nach…, Nach…, hinter…, Hinter…, z. B. postembryonal
Post|a|gen|tur *f. 10* Filialtyp der Deutschen Post AG
pos|ta|lisch die Post betreffend, zur Post gehörig
Pos|ta|ment *n. 1* Unterbau, Sockel
Post|amt *n. 4*
Post|an|wei|sung *f. 10*
Post|ar|beit *f. 10, österr. ugs.:* Terminarbeit
Post|au|to|bus *m. 1*
Post|bank *f. 10*
Post|boot *n. 1*
Post|bo|te *m. 11, süddt. für* Briefträger
Pöst|chen *n. 7* kleiner, angenehmer Posten (3)
post Chris|tum (na|tum) [lat.] *Abk.:* p. Chr. (n.): nach Christus, nach Christi Geburt; *Ggs.:* ante Christum (natum)
post|da|tie|ren [lat.] *tr. 3, veraltet für* nachdatieren; *Ggs.:* antedatieren
Post|dienst *m. 1*
post|dienst|lich
Post|ein|gangs|stel|le *f. 11;* die P. einer Firma
post|em|bry|o|nal *auch:* **post|emb|ry|o|nal** [lat. + griech.] nach der Geburt (eintretend, eingetreten)
pos|ten *intr. 2, schweiz.:* Botengänge machen
Pos|ten [lat.-ital.] *m. 7* **1.** Wache, Wachtposten; (auf) P. stehen; auf dem P. sein *ugs.:* gesund und munter sein; wachsam, aufmerksam sein; **2.** Stelle, Ort; **3.** Stellung, Amt; **4.** Anzahl gleichartiger Waren; ein P. Handtücher; **5.** Einzelbetrag (in einer Rechnung)
Pos|ten|jä|ger *m. 5, abwertend*
Pos|ter [engl. »Plakat«] *m. 5 oder n. 5 oder n. 9* für Dekorationszwecke entworfenes oder verwendetes Plakat
Pos|te|ri|o|ra [lat.] *Pl.* Nachfolgendes
Pos|te|ri|o|ri|tät *f. 10 nur Sg.* **1.** späteres Erscheinen, Auftreten; **2.** Nachfolgen, Nachstehen (im Amt, Rang)
Pos|te|ri|tät *f. 10 nur Sg., veraltet:* die Nachkommenschaft, Nachwelt
Post|fach *n. 4, kurz für* gemietetes Schließfach bei der Post
post|fer|tig
post fes|tum [lat. »nach dem Fest«] hinterher, zu spät
Post|fi|li|a|le *f. 11*
post|frisch noch nicht gebraucht (Briefmarke)
Post|ge|bühr *f. 10*
Post|ge|heim|nis *n. 1*
post|gla|zi|al [lat.] nach der Eiszeit (aufgetreten), nacheiszeitlich; *Ggs.:* präglazial
Post|gut *n. 4*
Post|hal|ter *m. 5, früher*
Post|hal|te|rei *f. 10, früher*
Post|horn *n. 4* Signalhorn des Postillions
post|hum [lat.] = **pos|tum**
pos|tie|ren *tr. 3* (an einer bestimmten Stelle) aufstellen; sich oder jmdn. vor dem Haus postieren
Pos|til|le [lat.] *f. 11* Erbauungs-, Andachts-, Predigtbuch
Pos|til|li|on [auch: -tiljon, ital.-frz.] *m. 1, früher:* Postkutscher
Pos|til|lon d'A|mour (*alt:* Po|stil|lon d'amour) [-jõ damur] *m. Gen. - - Pl. -s -* [-jõ -] Überbringer einer Liebesbotschaft
post|kar|bo|nisch nach dem Karbon (liegend, aufgetreten); *Ggs.:* präkarbonisch
Post|kar|te *f. 11*
Post|kas|ten *m. 8* Briefkasten
Post|kut|sche *f. 11, früher*
post|la|gernd
Post|leit|zahl *f. 10* (*Abk.:* PLZ)
Post|ler *m. 5, süddt., österr. für* bei der Post Beschäftigter

P

Post|lu|di|um [lat.] *n. Gen.* -s *Pl.* -di|en musikal. Nachspiel; *Ggs.:* Präludium

post me|ri|di|em [lat. »nach Mittag«] (*Abk.:* p. m.) nachmittags; um 5 Uhr p. m.; *Ggs.:* ante meridiem

post|mo|dern

Post|mo|der|ne *f. Gen. - nur Sg.* Richtung der Architektur, die sich von der Rechteckbauweise, dem Funktionalismus abwendet

post|mor|tal [lat.] *Med.:* nach dem Tode (eingetreten, eintretend); *Ggs.:* prämortal

post mor|tem nach dem Tode

post|na|tal nach der Geburt (eingetreten, eintretend); *Ggs.:* pränatal

post|nu|me|ran|do nach Empfang, nachträglich; p. bezahlen; *Ggs.:* pränumerando

Post|nu|me|ra|ti|on *f. 10* Nachzahlung; *Ggs.:* Pränumeration

Pos|to [ital.] *m.* Stand, Stellung; *nur in der veralteten Wendung* Posto fassen: sich aufstellen

post|o|pe|ra|tiv nach der Operation (eintretend, eingetreten), z. B. postoperative Narben

Post|schließ|fach *n. 4*

Post|skript [lat.] *n. 1,* **Post|skrip|tum** *n. Gen.* -s *Pl.* -ta *oder* -te (*Abk.:* PS) Nachschrift (unter Briefen)

Post|spar|buch *n. 4*

Post|stel|le *f. 11*

Post|stem|pel *m. 5*

Post|sze|ni|um [lat.] *n. Gen.* -s *Pl.* -ni|en, *früher:* Raum hinter der Bühne zum Umkleiden für die Schauspieler

post|ter|ti|är [-tsjer, lat.] nach dem Tertiär (liegend, aufgetreten)

post|trau|ma|tisch nach einer Verletzung auftretend

Pos|tu|lant [lat.] *m. 10* **1.** Bewerber, Kandidat; **2.** Mitglied eines kath. Ordens während der Probezeit

Pos|tu|lat *n. 1* **1.** (sittl.) Forderung; **2.** nicht beweisbare, aber glaubhafte, einleuchtende Annahme; **3.** Probezeit bei der Aufnahme in einen kath. Orden

pos|tu|lie|ren *tr. 3* **1.** fordern; **2.** ein Postulat (über etwas) aufstellen

pos|tum, post|hum [lat.] nach dem Tode des Verfassers oder des Komponisten veröffentlicht, nachgelassen

Pos|tu|mus *m. Gen. - Pl.* -mi Spät-, Nachgeborener

post ur|bem con|di|tam [lat.] (*Abk.:* p. u. c.) nach der Gründung der Stadt (Rom; in der altröm. Jahreszählung)

Post|ver|ein *m. 1*

post|wen|dend sofort, unverzüglich; p. antworten

Post|wert|zei|chen *n. 7*

Post|wurf|sen|dung *f. 10* Sendung von Massendrucksachen durch die Post

Pot *n. 9* **1.** *ugs. für* Marihuana; **2.** Summe aller Gewinneinsätze (Glücksspiel)

po|tem|kin|sche Dör|fer *auch:* **Po|tem|kin'|sche Dör|fer** (*alt:* Po|tem|kin|sche Dör|fer) [korrekt patjɔm-, ugs.: pɔt(j)ɛm-, nach dem russ. Staatsmann G. A. Potemkin, der Dörfer errichten ließ, um Katharina II. Wohlstand vorzutäuschen] *Pl.* Täuschung, Vorspiegelung

po|tent [lat.] **1.** mächtig, leistungsfähig, vermögend; **2.** beischlaf-, zeugungsfähig

Po|ten|tat *m. 10* regierender Fürst, Machthaber

po|ten|ti|al *Nv.* **po|ten|zi|al** *Hv.*

Po|ten|ti|al *Nv.* **Po|ten|zi|al** *Hv. n. 1*

Po|ten|ti|al|dif|fe|renz *Nv.* **Po|ten|zi|al|dif|fe|renz** *Hv. f. 10*

Po|ten|ti|al|ge|fäl|le *Nv.* **Po|ten|zi|al|ge|fäl|le** *Hv. n. 5*

Po|ten|ti|a|lis *m. Gen. - Pl.* -les, *Gramm.:* Aussageweise des Verbums, die eine Möglichkeit ausdrückt

Po|ten|ti|a|li|tät *Nv.* **Po|ten|zi|a|li|tät** *Hv. f. 10*

po|ten|ti|ell *Nv.* **po|ten|zi|ell** *Hv.*

Po|ten|ti|o|me|ter *Nv.* **Po|ten|zi|o|me|ter** *Hv. n. 5*

Po|ten|ti|o|me|trie *auch:* **Po|ten|ti|o|met|rie** *Nv.* **Po|ten|zi|o|me|trie** *Hv. f. 10 nur Sg.*

po|ten|ti|o|me|trisch *auch:* **po|ten|ti|o|met|risch** *Nv.* **po|ten|zi|o|me|trisch** *Hv.*

Po|tenz *f. 10* **1.** *nur Sg.* Leistungsfähigkeit, Kraft, Macht; **2.** *nur Sg.* Fähigkeit zum Beischlaf bzw. zur Zeugung (beim Mann); **3.** *Math.:* das Produkt mehrerer gleichartiger Faktoren; eine Zahl in die dritte P. erheben: sie dreimal mit sich selbst multiplizieren; **4.** *nur Sg., Homöopathie:* Verdünnungsgrad (eines Medikaments)

Po|tenz|ex|po|nent *m. 10* Hochzahl einer Potenz

po|ten|zi|al, po|ten|ti|al eine Möglichkeit enthaltend, als Möglichkeit vorhanden

> **Potenzial/Potential:** Die ins Deutsche integrierte Schreibweise *Potenzial* ist die Hauptvariante, die fremdsprachige Form *Potential* die zulässige Nebenvariante. Ebenso: *potenziell/potentiell.* Auch hier wird *potenziell* nach dem Stammprinzip auf *Potenz* bezogen. § 32 (2)

Po|ten|zi|al, Po|ten|ti|al *n. 1* **1.** Leistungsfähigkeit; **2.** *Phys.:* Maß für die Stärke eines Kraftfeldes an einem Punkt im Raum

Po|ten|zi|al|dif|fe|renz, Po|ten|ti|al|dif|fe|renz *f. 10*

Po|ten|zi|al|ge|fäl|le, Po|ten|ti|al|ge|fäl|le *n. 5* Unterschied der elektr. Kräfte bei aufgeladenen Körpern

Po|ten|zi|a|li|tät, Po|ten|ti|a|li|tät *f. 10* Möglichkeit, die zur Wirklichkeit werden kann

po|ten|zi|ell, po|ten|ti|ell möglich, denkbar

po|ten|zie|ren *tr. 3* **1.** steigern, erhöhen; **2.** *Math.:* in die Potenz erheben, mit sich selbst multiplizieren (Zahl)

Po|ten|zi|o|me|ter, Po|ten|ti|o|me|ter *n. 5* Gerät zum Messen von Potenzialdifferenzen, Spannungsteiler

Po|ten|zi|o|me|trie *auch:* **Po|ten|zi|o|met|rie, Po|ten|ti|o|me|trie** *f. 11 nur Sg.* ein chemisches Analysenverfahren

po|ten|zi|o|me|trisch *auch:* **po|ten|zi|o|met|risch, po|ten|ti|o|me|trisch**

Pot|pour|ri [-pur-, span.-frz.] *n. 9* **1.** durch Übergänge verbundene Zusammenstellung mehrerer Musikstücke oder Melodien zu einem Musikwerk; **2.** *übertr.:* buntes Allerlei

Pots|dam Hauptstadt von Brandenburg

Pott *m. 2* **1.** *norddt.:* Topf; **2.** altes Schiff; **3.** *ugs.:* Gebiet, z. B. Kohlenpott; **4.** *Jägerspr.:* Lager (des Hasen), Sasse

Pott|a|sche *f. 11 nur Sg.* Kaliumkarbonat

Pott|harst *m. Gen.* -(e)s, *Pl.* -e s. **Pott|hast**

pott|häss|lich (*alt:* pott|häß|lich) *ugs.:* sehr hässlich

Pott|hast *m. Gen.* -(e)s, *Pl.* -e

P

westfäl. Schmorgericht mit Rindfleisch und Gemüse
Pott|wal *m. 1* ein Zahnwal
potz Blitz!
potz Kuckuck!
potz|tau|send!
Pou|lard *n. 9,* **Pou|lar|de** [pu-, frz.] *f. 11* junges Masthuhn
Poule [pul, frz.] *f. 11* Spieleinsatz
Pou|lenc [pulɛ̃k], *Francis* frz. Komponist
Pou|let [pule, frz.] *n. 9* sehr junges Masthuhn
Pound [paund, engl.] *n. Gen.* -s *Pl.* - *oder* -s (*Abk.:* lb., lbs.) brit. und nordamerik. Gewichtseinheit, 453 g
Pour le mé|rite [pur lə merit, frz. »für das Verdienst«] *m. Gen.* - - - *nur Sg.* **1.** *1740-1918:* hoher preuß. Verdienstorden **2.** *seit 1952:* hoher dt. Orden für Verdienste in Wissenschaft und Künsten
Pous|sa|ge [pusaʒə, frz.] *f. 11, ugs.:* Liebschaft, Liebesverhältnis
pous|sie|ren **1.** *tr. 3* umwerben, umschmeicheln; **2.** *intr. 3* ein Liebesverhältnis beginnen, haben; mit jmdm. p.
po|wer [frz.] armselig, dürftig
Pow|er *auch:* **Po|wer** [pauə(r), engl.] *f. Gen.* - *nur Sg., ugs.:* Kraft, Stärke, Wucht
Pow|er|frau *auch:* **Po|wer|frau** [pauə(r)-] *f. 10, ugs.:* energiegeladene Frau
pow|ern *auch:* **po|wern** [pauə(r)n] *intr. 1, ugs.:* sich durchsetzen, Macht zeigen
Pow|er|play *auch:* **Po|wer|play** [pauə(r)plɛɪ, engl.] Druck, größter Einsatz (einer Sportmannschaft)
Po|widl [tschech.] *m. Gen.* -(s) *nur Sg.* Pflaumenmus
Po|widl|knö|del *m. 5*
pp *Abk. für* pianissimo
pp., ppa. *Abk. für* per procura
PP. *Abk. für* Patres (→ Pater)
P. P. *Abk. für* praemissis praemittendis
Pr *chemisches Zeichen für* Praseodym
PR *Abk. für* Publicrelations
Prä [lat. »vor«] *n. 9* Vorrang, Vorteil; das Prä (vor jmdm.) haben; ein Prä jmdm. gegenüber haben
prä…, Prä… *in Zus.:* vor…, Vor…
Prä|am|bel *f. 11* **1.** Einleitung (zu Staatsverträgen, Urkunden); **2.** *in der alten Lauten- und Orgelliteratur:* Vorspiel
Pra|cher [slaw.] *m. 5* zudringl. Bettler
pra|chern *intr. 1* zudringlich betteln
Pracht *f. 10 oder f. 2, Pl. nur poet.*
Pracht|ex|em|plar *auch:* **Pracht|e-xemp|lar** *n. 1*
Pracht|fink *m. 10* ein Singvogel
präch|tig
Pracht|stück *n. 1*
pracht|voll
pra|cken *tr. 1, österr. ugs. für* Teppich klopfen; schlagen
Prä|de|sti|na|ti|on *auch:* **Prä|des|ti-na|ti|on** [lat.] *f. 10 nur Sg.* Vorbestimmung; *nach Augustinus und Calvin:* Bestimmtsein des Menschen zur Gnade oder Verdammnis durch Gott
prä|de|sti|nie|ren *auch:* **prä|des|ti-nie|ren** *tr. 3* vorbestimmen; für etwas prädestiniert sein *ugs.:* für etwas besonders geeignet sein
Prä|de|ter|mi|na|ti|on [lat.] *f. 10 nur Sg., Biol.:* Vorherfestgelegtsein (von Entwicklungsvorgängen)
prä|de|ter|mi|niert vorbestimmt
Prä|di|kant [lat.] *m. 10* Hilfsprediger
Prä|di|kat [lat.] *n. 1* **1.** Titel, Rang, z. B. Adelsprädikat; **2.** Bewertung (Wein), Zensur; **3.** *Gramm.:* Satzteil, der etwas über das Subjekt aussagt, Satzaussage
prä|di|ka|tiv als Prädikat gebraucht, zum Prädikat gehörend
Prä|di|ka|tiv *n. 1*
Prä|di|ka|tiv|satz, Prä|di|kat|satz *m. 2* Nebensatz anstelle eines substantiv. Prädikats
Prä|di|kats|no|men *n. 7* aus einem Nomen (Substantiv, Adjektiv) bestehendes Prädikativ, z. B. er war »Flieger«
prä|dis|po|nie|ren [lat.] *tr. 3* vorausbestimmen, empfänglich machen; für eine Krankheit prädisponiert sein
Prä|dis|po|si|ti|on *f. 10* Anlage, Empfänglichkeit (für eine Krankheit)
Prä|do|mi|na|ti|on [lat.] *f. 10* das Vorherrschen
prä|do|mi|nie|ren *intr. 3* vorherrschen
prae|cox [prɛ-, lat.] *Med.:* vorzeitig (auftretend)
prae|mis|sis prae|mit|ten|dis [-si:s -di:s, lat. »nach Vorausschickung des Vorauszuschickenden«] (*Abk.:* P. P.) *veraltet:* man nehme an, der Titel sei vorausgeschickt (in Rundschreiben statt Namen und Titel der einzelnen Empfänger)
Prä|e|xis|tenz [lat.] *f. 10* **1.** das Vorherdasein (z. B. der Seele vor dem Eintritt in den Körper, Christi bei Gott vor seiner Menschwerdung); **2.** Existenz in einem früheren Leben
prä|e|xis|tie|ren *intr. 3* vorher existieren
Prä|fa|ti|on [lat.] *f. 10, kath. Messe:* Gesang des Priesters vor der Wandlung
Prä|fekt [lat.] *m. 10* **1.** *im alten Rom:* hoher Verwaltungsbeamter; **2.** oberster Verwaltungsbeamter eines Departements (in Frankreich) oder einer Provinz (in Italien); **3.** *in Deutschland:* Schüler eines Schulchores, der den Kantor als Dirigent vertritt; **4.** *kath. Kirche:* leitender Geistlicher (in bestimmten Ämtern)
Prä|fek|tur *f. 10* Amt, Amtsräume eines Präfekten (1, 2)
prä|fe|ren|ti|ell *Nv.* **prä|fe|ren|zi|ell** *Hv.*
Prä|fe|renz [lat.] *f. 10* **1.** Vorliebe, Vorrang, Vorzug; **2.** *Kartenspiel:* Trumpfkarte

> **präferenziell/präferentiell:** Nach dem Stammprinzip wird *präferenziell* auf *Präferenz* bezogen und mit *z* statt mit *t* geschrieben. Diese Schreibweise wird als Hauptvariante empfohlen, die Schreibweise *präferentiell* ist die zulässige Nebenvariante.
> § 32 (2)

prä|fe|ren|zi|ell, prä|fe|ren|ti|ell
Prä|fix [lat.] *n. 1* Vorsilbe, z. B. ent-, ver-
Prä|for|ma|ti|on [lat.] *f. 10 nur Sg.* angenommenes Vorgebildetsein des Organismus im Keim
prä|for|miert
Prag, *amtl.:* Pra|ha Hauptstadt von Tschechien
Prä|ge|druck *m. 1* Druck mit stark vertieft eingeschnittenem Stempel, sodass das Druckbild reliefartig hervortritt, z. B. bei Bucheinbänden
prä|gen *tr. 1*
prä|gla|zi|al [lat.] vor der Eiszeit (eingetreten), voreiszeitlich; *Ggs.:* postglazial

Prag|ma|ti|ker [griech.] *m. 5* **1.** Vertreter des Pragmatismus; **2.** jmd., für den der prakt. Nutzen allen Handelns und Denkens im Vordergrund steht

prag|ma|tisch **1.** den Tatsachen, Erfahrungen entsprechend; **2.** dem prakt. Nutzen dienend; pragmatische Geschichtsschreibung; *aber:* Pragmatische Sanktion

Prag|ma|tis|mus *m. Gen. - nur Sg.* Lehre, dass nur das Handeln des Menschen und seine prakt. Konsequenzen die Grundlage der Erkenntnis seien und dass Handeln und Denken einen prakt. Nutzen haben müssten

Prag|ma|tist *m. 10*

prä|gnant *auch:* **präg|nant** [lat.] kurz und treffend, knapp und genau

Prä|gnanz *auch:* **Präg|nanz** *f. 10 nur Sg.* Eindringlichkeit

Prä|his|to|rie [-riə, lat.] *f. 11 nur Sg.* Vorgeschichte

prä|his|to|risch vorgeschichtlich

prah|len *intr. 1*

Prah|le|rei *f. 10*

prah|le|risch

Prahl|hans *m. 2* Angeber

Prahm *m. 1* flacher Lastkahn

Prä|ju|diz [lat.] *n. 1* **1.** richterl. Entscheidung, die bei folgenden ähnl. Fällen herangezogen wird; **2.** Vorwegnahme einer Entscheidung durch zwingendes Verhalten; **3.** vorgefasste Meinung, Vorentscheidung

prä|ju|di|zi|al, prä|ju|di|zi|ell wichtig für spätere Entscheidungen in ähnl. Fällen

prä|ju|di|zie|ren *tr. 3;* eine Sache p.: der Entscheidung über eine Sache vorgreifen

prä|kam|brisch *auch:* **prä|kamb|risch** vor dem Kambrium (liegend, aufgetreten), zum Präkambrium gehörend, aus ihm stammend

Prä|kam|bri|um *auch:* **Prä|kamb|ri|um** *n. Gen. -s nur Sg., Sammelbez. für* Archaikum und Algonkium

prä|kar|bo|nisch [lat.] vor dem Karbon (liegend, aufgetreten); *Ggs.:* postkarbonisch

prä|kar|di|al [lat.], prä|kor|di|al vor dem Herzen, in der Herzgegend (liegend)

prä|klu|die|ren [lat.] *tr. 3, Rechtsw.:* ausschließen, verweigern (wegen Versäumnis einer gesetzlichen Frist)

Prä|klu|si|on *f. 10* Verweigerung

Prä|klu|siv|frist *f. 10* Frist, nach deren Ablauf ein Recht nicht mehr geltend gemacht werden kann

prä|ko|lum|bisch vor der Entdeckung durch Kolumbus; das präkolumbische Amerika

prä|kor|di|al s. **prä|kar|di|al**

Prä|kor|di|al|angst *f. 2 nur Sg.* Herzangst, Angstzustand infolge von Herzbeklemmung

Pra|krit *auch:* **Prak|rit** [Sanskrit] *n. Gen. -s nur Sg., Sammelbez. für* mittelind. Mundarten zwischen 500 v. Chr. und 1000 n. Chr., die neben dem Sanskrit in Literatur und Religion in Gebrauch waren

prak|ti|fi|zie|ren *tr. 3* in die Praxis umsetzen

Prak|tik [lat.] *f. 10* **1.** Ausübung; **2.** Handhabung, Verfahren; **3.** Kniff, Kunstgriff; **4.** *Pl.* Machenschaften; dunkle, üble Praktiken

Prak|ti|ka *Pl. von* Praktikum

prak|ti|ka|bel **1.** brauchbar, benützbar, zweckmäßig; **2.** *Theat.:* fest, echt, begehbar (nicht markiert oder gemalt)

Prak|ti|kant *m. 10* jmd., der in der prakt. Ausbildung steht, gerade sein Praktikum macht

Prak|ti|ker *m. 5* Mensch mit prakt. Erfahrung und Arbeitsweise; *Ggs.:* Theoretiker

Prak|ti|kum *n. Gen. -s Pl. -ka oder* -ken **1.** Ausbildung in der prakt. Arbeit als Teil eines Studiums; **2.** Kurs mit prakt. Übungen (bes. an Hochschulen)

Prak|ti|kus *m. Gen. - Pl. -kus|se, ugs., scherzh.:* praktischer (geschickter, findiger) Mensch

prak|tisch **1.** in der Praxis, in Wirklichkeit, tatsächlich; *Ggs.:* theoretisch; praktischer Arzt: nicht spezialisierter Arzt; **2.** brauchbar, gut zu handhaben; *Ggs.:* unpraktisch; **3.** zu einem Praktikum gehörig; praktisches Jahr; **4.** geschickt, findig (Person)

prak|ti|zie|ren **1.** *tr. 3* in der Praxis anwenden, ins Werk setzen (Methode, Idee); **2.** *intr. 3* als Arzt tätig sein; praktizierender Arzt: in der Praxis tätiger Arzt

Prä|lat [lat.] *m. 10* kath. Würdenträger

Prä|la|tur *f. 10* Amt, Amtsräume eines Prälaten

Prä|li|mi|nar|frie|den *m. 7* vorläufiger Frieden

Prä|li|mi|na|ri|en [lat.] *Pl.* diplomatische Vorverhandlungen, vorläufige Vereinbarungen

prä|li|mi|nie|ren *tr. 3* vorläufig vereinbaren

Pra|li|ne [frz.] *f. 11* mit Schokolade überzogene Süßigkeit

Pra|li|né [-ne:] *n. 9, frz. Schreibung von* Praline

Pra|li|nee *n. 9, österr. und schweiz. für* Praline

prall **1.** voll und fest, dick und fest; in der prallen Sonne: unmittelbar in der heißen Sonne; **2.** stramm, gespannt; die Hose liegt prall an

Prall *m. 1* kräftiger Stoß

pral|len *intr. 1;* auf oder gegen etwas oder jmdn. p.

Pral|ler *m. 5,* **Prall|tril|ler** *m. 5, Mus.:* einmaliger, schneller Wechsel eines Tons mit der darüber liegenden Sekunde

prall|voll völlig gefüllt; der Kinosaal war p.

prä|lu|die|ren [lat.] *intr. 3, Mus.:* einleitend und frei gestaltend spielen

Prä|lu|di|um *n. Gen. -s Pl. -di|en* Vorspiel; *Ggs.:* Postludium

Prä|mie [-mjə, lat.] *f. 11* **1.** Preis, Belohnung, Entgelt für Sonderleistung; **2.** regelmäßig für eine Versicherung zu zahlende Gebühr

prä|mi|en|be|güns|tigt; das prämienbegünstigte Sparen

Prä|mi|en|ge|schäft *n. 1* Geschäft, von dem man gegen Zahlung einer Prämie zurücktreten kann

Prä|mi|en|spa|ren *n. Gen. -s nur Sg.* mit einer Bank vertragl. festgelegtes Sparen, bei dem als Anreiz dem Sparer Prämien gezahlt werden

Prä|mi|en|spar|ver|trag *m. 2*

prä|mie|ren, prä|mi|ie|ren *tr. 3* mit einer Prämie belohnen, auszeichnen

Prä|mie|rung, Prä|mi|ie|rung *f. 10*

prä|mi|ie|ren *tr. 3* s. **prä|mie|ren**

Prä|mi|ie|rung *f. 10* s. **Prä|mie|rung**

Prä|mis|se [lat.] *f. 11* Voraussetzung, Vordersatz eines Schlusses

Prä|mons|tra|ten|ser *auch:* **Prä|monst|ra|ten|ser** [nach dem frz. Ort Prémontré] *m. 5* Angehöriger eines kath. Ordens (in Deutschland bes. zur Missionierung der Ostgebiete)

prä|mor|tal [lat.] *Med.:* vor dem Tode (eintretend, eingetreten); *Ggs.:* postmortal
prä|na|tal [lat.] vor der Geburt (eintretend, eingetreten); *Ggs.:* postnatal
pran|gen *intr. 1*
Pran|ger *m. 5, früher:* Pfahl auf einem öffentl. Platz, an dem Missetäter zur Schau gestellt wurden, Schandpfahl; jmdn. an den P. stellen *übertr.:* öffentlich bloßstellen, der öffentl. Schande preisgeben
Pran|ke *f. 11* **1.** Tatze (von großen Raubtieren); **2.** *übertr., scherzh.:* große, derbe Hand
Prä|no|men [lat.] *n. Gen.* -s *Pl.* -mi|na Vorname
prä|nu|me|ran|do [lat.] im Voraus (zu zahlen); *Ggs.:* postnumerando
Prä|nu|me|ra|ti|on *f. 10* Vorauszahlung; *Ggs.:* Postnumeration
Pranz *m., Gen. und Pl. nicht üblich, nord-, mittel-, ostdt.:* Angeberei, Prahlerei; das ist doch alles nur Pranz
pran|zen *intr. 1, nord-, mittel-, ostdt.:* angeben, prahlen
Prä|ok|ku|pa|ti|on [lat.] *f. 10 nur Sg., veraltet* **1.** Vorwegnahme; **2.** Voreingenommenheit
prä|ok|ku|pie|ren *tr. 3, veraltet:* jmdn. p.: **1.** jmdm. zuvorkommen; **2.** jmdn. befangen machen
Prä|pa|rat [lat.] *n. 1* etwas kunstgerecht Zubereitetes, z. B. Medikament, getrocknete Pflanze, ausgestopftes Tier, Gewebsschnitt
Prä|pa|ra|ti|on *f. 10* **1.** *veraltet:* Vorbereitung (für den Unterricht), Lernen der Hausaufgaben; **2.** Herstellung eines Präparates
Prä|pa|ra|tor *m. Gen.* -s *Pl.* -to|ren Hersteller von naturwissenschaftl. Präparaten, Tierausstopfer
prä|pa|rie|ren *tr. 3* **1.** dauerhaft, haltbar machen; **2.** zu Studienzwecken zerlegen, zerschneiden; **3.** ein Lesestück p.: vorbereitend lesen und übersetzen; **4.** *refl. 3;* sich p.: sich (auf eine Prüfung, den Unterricht) vorbereiten
Prä|pon|de|ranz [lat.] *f. 10 nur Sg., veraltet:* Übergewicht, Vorherrschaft
Prä|po|si|ti|on [lat.] *f. 10* Wort, das ein räumliches, zeitliches oder logisches Verhältnis zu einem anderen Satzteil angibt, Verhältniswort, z. B. für, bei, unter
prä|po|si|ti|o|nal an eine Präposition gebunden, z. B. präpositionales Objekt
Prä|po|si|tur *f. 10* Stelle eines Präpositus
Prä|po|si|tus *m. Gen. - Pl. - oder* -ti Vorgesetzter, Vorsteher, Propst
prä|po|tent [lat.] **1.** übermächtig; **2.** *österr.:* überheblich
Prä|pu|ti|um [-tsjum, lat.] *n. Gen.* -s *Pl.* -ti|en [-tsjən] Vorhaut (des männl. Gliedes)
Prä|raf|fa|e|lit *m. 10* Angehöriger einer Gruppe von engl. Malerdichtern, die nach dem Vorbild der Maler vor Raffael der Kunst einen neuen Sinn zu geben suchten
prä|raf|fa|e|li|tisch
Prä|rie [frz.] *f. 11* Grassteppe im Mittelwesten Nordamerikas
Prä|rie|hund *m. 1* ein Nagetier
Prä|rie|wolf *m. 2* Kojote
Prä|ro|ga|tiv [lat.] *n. 1,* **Prä|ro|ga|ti|ve** [-və] *f. 11* Vorrecht (des Herrschers)
Prä|sens [lat.] *n. Gen. - Pl.* -sen|tia [-tsja] *oder* -sen|zi|en Zeitform des Verbs
prä|sent anwesend, gegenwärtig; etwas präsent haben; *Ggs.:* absent
Prä|sent *n. 1* Geschenk
Prä|sen|tant *m. 10* jmd. der etwas (Urkunde, fälligen Wechsel) vorlegt (präsentiert)
Prä|sen|ta|ti|on *f. 10* Vorlage, Vorzeigen
Prä|sen|ta|ti|ons|recht *n. 1* Vorschlagsrecht (z. B. für die Besetzung einer frei gewordenen Stelle)
prä|sen|tie|ren *tr. 3* vorlegen, vorzeigen, darreichen; sich p.: sich zur Schau stellen, sich zeigen; das Gewehr p.: senkrecht vor den Körper halten (als Ehrenbezeigung)
Prä|sen|tier|tel|ler *m. 5* Teller, auf dem Visitenkarten u. Ä. hereingebracht werden; wie auf dem P. sitzen *übertr., ugs.:* auf einem auffälligen, allen sichtbaren Platz sitzen
prä|sen|tisch im Präsens
Prä|senz *f. 10 nur Sg.* **1.** Anwesenheit; *Ggs.:* Absenz; **2.** Zahl der Anwesenden
Prä|senz|bi|bli|o|thek *auch:* **Prä|senz|bib|li|o|thek** *f. 10* Bibliothek, deren Bücher nicht ausgeliehen werden, sondern nur im Lesesaal benutzt werden dürfen; *Ggs.:* Ausleihbibliothek
Prä|senz|lis|te *f. 11* Anwesenheitsliste
Prä|senz|pflicht *f. 10 nur Sg.*
Prä|senz|stär|ke *f. 11 nur Sg.* Stärke der sofort verfügbaren Streitkräfte
Pra|se|o|dym [griech.] *n. Gen.* -s *nur Sg.* (*Zeichen:* Pr) chem. Element, Metall der Seltenen Erden
Prä|ser *ugs. Kurzform für* Präservativ
prä|ser|va|tiv [-va-, lat.] vorbeugend, verhütend
Prä|ser|va|tiv [-va-] *n. 1* Kondom
Prä|ser|ve [-və] *f. 11* nicht völlig keimfreie Konserve, Halbkonserve
prä|ser|vie|ren [-vi-] *tr. 3* (vor einem Übel) schützen, bewahren
Prä|ses [lat.] *m. Gen. - Pl.* -si|des *oder* -si|den **1.** Vorstand eines kath. kirchl. Vereins; **2.** Vorsitzender einer evang. Synode, Kirchenpräsident
Prä|si|de *m. 11, Stud.:* Leiter des Kommerses
Prä|si|dent *m. 10* **1.** Vorsitzender (einer Versammlung), Leiter (einer Behörde), Oberhaupt (eines Staates); **2.** *schweiz. auch:* Gemeindevorsteher
Prä|si|dent|schaft *f. 10*
Prä|si|dent|schafts|wahl *f. 10*
prä|si|di|al zum Präsidenten, Präsidium gehörend, von ihm ausgehend
Prä|si|di|al|de|mo|kra|tie *f. 11*
Prä|si|di|al|ge|walt *f. 10*
Prä|si|di|al|sys|tem *n. 1* Regierungsform, in der der Präsident weitgehende Vollmachten besitzt und zugleich Chef der Regierung ist
prä|si|die|ren **1.** *intr. 3* das Präsidium (1) innehaben; **2.** *schweiz. tr. 3;* eine Versammlung p.: eine V. leiten, ihr vorsitzen
Prä|si|di|um *n. Gen.* -s *Pl.* -di|en **1.** Leitung, Vorsitz; **2.** leitendes Gremium; **3.** obere Behörde (z. B. Regierungs-, Polizeipräsidium); *auch:* deren Gebäude
prä|skrip|tiv *auch:* **präs|krip|tiv, präsk|rip|tiv** [lat.] auf Vorschriften beruhend
pras|seln *intr. 1*
pras|sen *intr. 1* üppig, verschwenderisch leben, schlemmen

P

Pras|se|rei *f. 10*
prä|sta|bi|li|e|ren [lat.] *tr. 3, veraltet:* vorher festsetzen, festlegen: prästabilierte Harmonie: bei Leibniz die von Gott im Voraus festgelegte, harmon. Ordnung der Welt, bes. die Übereinstimmung von Körper und Seele
prä|su|mie|ren [lat.] *tr. 3* **1.** annehmen, vermuten, voraussetzen; **2.** argwöhnen
Prä|sum|ti|on *f. 10*
prä|sum|tiv
Prä|ten|dent [lat.] *m. 10* jmd., der Ansprüche auf etwas (Krone, Amt) erhebt, Bewerber
prä|ten|die|ren *tr. 3* fordern, beanspruchen
Prä|ten|ti|on *f. 10* Anspruch, Forderung
prä|ten|ti|ös [-tsjøs] anmaßend, anspruchsvoll
Pra|ter *m. 5 nur Sg.* Vergnügungsgelände und große Parkanlage in Wien
Prä|ter|i|tum *auch:* **Prä|te|ri|tum** [lat.] *n. Gen.* -s *Pl.* -ta **1.** *i. w. S.:* Zeitform des Verbums; **2.** *i. e. S.* Imperfekt
prä|ter|prop|ter [lat.] ungefähr
Prä|tor [lat.] *m. Gen.* -s *Pl.* -to|ren, *im alten Rom:* hoher Justizbeamter
Prä|to|ri|a|ner *m. 5, im alten Rom:* Angehöriger der Leibwache der Kaiser und Feldherren
Prä|tur *f. 10* Amt, Amtszeit des Prätors
Prat|ze *f. 11, ugs.:* große, derbe Hand
Prau [mal.-engl.] *f. 1* malaiisches Segelboot mit Auslegern
prä|va|lent [-va-, lat.] **1.** vorherrschend, überwiegend; **2.** überlegen
Prä|ven|ti|on [-vɛn-, lat.] *f. 10* **1.** Zuvorkommen; **2.** *Rechtsw.:* Vorbeugung
prä|ven|tiv [-vɛn-] vorbeugend
Prä|ven|tiv|be|hand|lung [-vɛn-] *f. 10*
Prä|ven|tiv|krieg [-vɛn-] *m. 1*
Prä|ven|tiv|maß|nah|me [-vɛn-] *f. 11*
Prä|ven|tiv|mit|tel [-vɛn-] *n. 5*
Prä|ven|tiv|schlag [-vɛn-] *m. 2*
Pra|xis [griech.] **1.** *f. Gen.* - *nur Sg.* Tätigkeit, Ausübung (des Berufs), prakt. Anwendung; *Ggs.:* Theorie; prakt. Erfahrung, Berufserfahrung; *ugs. auch:* Sprechstunde; P. halten; **2.** *Pl.* -xen Räume für die Tätigkeit (bes. der Ärzte und Rechtsanwälte); Tätigkeitsbereich
pra|xis|fern
pra|xis|nah
Prä|ze|dens [lat.] *n. Gen.* - *Pl.* -den|zi|en früherer Fall, früheres Beispiel, Musterfall, beispielgebender Fall, Präzedenzfall
Prä|ze|denz|fall *m. 2*
Prä|zep|tor [lat.] *m. Gen.* -s *Pl.* -to|ren, *veraltet:* Lehrer, Erzieher
Prä|zes|si|on [lat.] *f. 10, Phys.:* Schwanken der Achse eines rotierenden Körpers, z. B. eines Kreisels, der Erdkugel
Prä|zi|pi|tat [lat.] *n. 1* **1.** Bodensatz, chem. Niederschlag; **2.** quecksilber- und chlorhaltige Verbindung (zur Herstellung von Salben)
Prä|zi|pi|ta|ti|on *f. 10, Chem.:* Ausfällung
prä|zi|pi|tie|ren *tr. 3, Chem.:* ausfällen
Prä|zi|pi|tin *n. 1* Antikörper, der Fremdstoffe im Blut ausfällt
prä|zis [lat.], **prä|zi|se** genau, exakt, treffend
prä|zi|sie|ren *tr. 3* genauer ausdrücken
Prä|zi|si|on *f. 10 nur Sg.* Genauigkeit, Exaktheit
Prä|zi|si|ons|ar|beit *f. 10*
Prä|zi|si|ons|in|stru|ment *auch:* **Prä|zi|si|ons|ins|tru|ment, Prä|zi|si|ons|instr|u|ment** *n. 1*
Prä|zi|si|ons|waa|ge *f. 11*
Prä|zi|si|ons|waf|fe *f. 11*
PR-Be|ra|ter *m. 5* Berater für Öffentlichkeitsarbeit
Pre|del|la [ital.] *f. Gen.* - *Pl.* -s *oder* -len (meist verzierter) Sockel des Flügelaltars
pre|di|gen *tr. 1*
Pre|di|ger *m. 5*
Pre|di|ger|or|den *m. 7 nur Sg.* der Dominikanerorden
Pre|di|ger|se|mi|nar *n. 1*
Pre|digt *f. 10*
prei|en [ndrl.] *tr. 1;* ein Schiff p.: anrufen
Preis *m. 1;* hohe Preise (*nicht:* teure Preise); um jeden, um keinen P.; erster, zweiter P.; der P. beträgt 500 €; einen P. ausschreiben
Preis|an|stieg *m. 1*
Preis|aus|schrei|ben *n. 7*
preis|be|wusst (*alt:* preis|be|wußt)
Preis|bin|dung *f. 10*
Prei|se|las|ti|zi|tät *f. Gen.* - *nur Sg.* Maß der Reaktionsfähigkeit von Preisen auf Nachfrageänderungen
Prei|sel|bee|re *f. 11*
prei|sen *tr. 92*
Preis|er|hö|hung *f. 10*
Preis|fra|ge *f. 11*
Preis|ga|be *f. 11*

> **preisgeben:** Fügungen aus teilweise verblasstem Substantiv und Verb (*heimgehen, irreführen, preisgeben, standhalten, stattfinden, teilnehmen, wundernehmen*) schreibt man im Infinitiv, Partizip sowie am Ende eines Nebensatzes zusammen: *Sie haben das Geheimnis preisgegeben.* Aber: *Ich gebe das Geheimnis preis.* § 34 (3)

preis|ge|ben *tr. 45* **1.** ausliefern, nicht mehr schützen (Person); **2.** verraten (Geheimnis)
preis|ge|krönt
Preis|geld *n. 3* Belohnung für einen Sieg, eine besondere Leistung
Preis|ge|richt *n. 1*
preis|güns|tig
Preis|la|ge *f. 11*
Preis-Leis|tungs-Ver|hält|nis *n. 1*
preis|lich; das ist p. günstiger
Preis|lis|te *f. 11*
Preis-Lohn-Spi|ra|le *f. 11*
Preis|sen|kung *f. 10*
Preis|stopp *m. 9*
Preis|trä|ger *m. 5*
Preis|trei|be|rei *f. 10 nur Sg.*
Preis|ver|fall *m. 2 nur Sg.*
preis|wert
preis|wür|dig
pre|kär [lat.-frz.] peinlich, schwierig; prekäre Situation
Prell|ball *m. 2* ein Ballspiel
Prell|bock *m. 2* **1.** Klotz am Ende von Gleisen; **2.** *übertr.:* jmd., der Zusammenstöße auffangen, der für alles geradestehen muss
prel|len *tr. 1; auch ugs.:* betrügen; die Zeche p.: in betrüger. Absicht nicht bezahlen
Prell|schuss (*alt:* Prell|schuß) *m. 2* Schuss, bei dem das Geschoss aufschlägt, abprallt und dann erst trifft
Prell|stein *m. 1* Schutzstein an Toren und Hausecken
Prel|lung *f. 10* stumpfe Verletzung
Pré|lude [prelyd, frz.] *n. 9* **1.** *frz. Form von* Präludium; **2.** der Fantasie ähnl. Musikstück für Klavier oder Orchester

P

Pre|mier [prəmje, frz.] *m. 9, kurz für* Premierminister
Pre|mie|re [prəmjere] *f. 11* Ur- oder Erstaufführung
Pre|mier|mi|nis|ter [prəmje-] *m. 5* Ministerpräsident
pre|mi|um [lat.-engl.] von ausgezeichneter Qualität
Pren|o|nym *auch:* **Pre|no|nym** [lat. + griech.] *n. 1* aus den eigenen Vornamen gebildeter Deckname, z. B. »Jean Paul« aus »Jean Paul Friedrich Richter«
Pres|by|ter [griech.] *m. 5* **1.** *Urchristentum:* Gemeindeältester; **2.** *kath. Kirche:* Priester; **3.** *evang.-reformierte Kiche:* Angehöriger des von der Gemeinde gewählten Kirchenvorstands
Pres|by|te|ri|al|ver|fas|sung *f. 10, evang.-reformierte Kirche:* Kirchenverfassung, nach der die Kirche durch Geistliche und das Presbyterium verwaltet wird
Pres|by|te|ri|a|ner *m. 5* Angehöriger der evang.-reformierten Kirche mit Presbyterialverfassung in Großbritannien und Amerika
pres|by|te|ri|a|nisch
Pres|by|te|ri|a|nis|mus *m. Gen. - nur Sg.* Kirchenverwaltung durch Presbyterialverfassung
Pres|by|te|ri|um *n. Gen. -s Pl.* -ri|en **1.** Chor(raum) der Kirche; **2.** *kath. Kirche:* Priesterkollegium; **3.** *evang.-reformierte Kirche:* von der Gemeinde gewählter Kirchenvorstand
pre|schen *intr. 1* rennen, jagen, schnell reiten oder fahren
Pre|sen|ning *f. 1 oder f. 10* s. **Persen|ning**
Pre|shave (*alt:* Pre-shave) [priʃɛɪv, engl.] *n. Gen.* -(s) *Pl.* -s, *kurz für:* **Pre|shave|lo|tion** *auch:* **Pre-Shave-Lo|tion** (*alt:* Pre-shave-Lo|tion) [priʃɛɪvloʊʃn, engl.] *f. 10* Lotion zur Hautpflege vor der Rasur
pres|sant [frz.] eilig, dringlich
Press|ball (*alt:* Preß|ball) *m. 2*
Press|burg (*alt:* Preß|burg) vgl. Bratislava
Pres|se *f. 11* **1.** Maschine zum Formen durch Druck; **2.** Gerät zum Auspressen von Obst; **3.** *ugs.:* Privatschule für lernschwache Schüler; **4.** *nur Sg.* Gesamtheit aller Zeitungen
Pres|se|a|gen|tur *f. 10* Büro, das Nachrichten an die Presse liefert, Nachrichtenagentur, Pressebüro
Pres|se|amt *n. 4* die Presse informierende Behörde
Pres|se|aus|weis *m. 1*
Pres|se|be|richt *m. 1*
Pres|se|er|klä|rung *f. 10* Erklärung, die zur Veröffentlichung vor der Presse abgegeben wird
Pres|se|fo|to|gra|fie, Pres|se|pho|to|gra|phie *f. 11*
Pres|se|frei|heit, *selten:* Press|freiheit *f. 10 nur Sg.*
Pres|se|kon|fe|renz *f. 10*
Pres|se|mit|tei|lung *f. 10*
pres|sen *tr. 1;* du presst, er/sie/es presst, du presstest, er/sie/es hat gepresst
Pres|se|spre|cher *m. 5*
Pres|se|zen|sur *f. 10 nur Sg.*
Press|form (*alt:* Preß|form) *f. 10*
Press|glas (*alt:* Preß|glas) *n. 4 nur Sg.*
pres|sie|ren [frz.] *intr. 3* eilen, drängen, dringend sein; es pressiert; mir pressierts *ugs.:* ich habe es eilig
Pres|si|on *f. 10* Druck, Zwang, Nötigung; Pressionen ausgesetzt sein
Press|koh|le (*alt:* Preß|koh|le) *f. 11*
Press|kopf (*alt:* Preß|kopf) *m. 2 nur Sg.* Presssack
Press|ku|chen (*alt:* Preß|ku|chen) *m. 7* Rückstand beim Auspressen von Ölfrüchten
Press|ling (*alt:* Preß|ling) *m. 1* **1.** Brikett; **2.** etwas Ausgepresstes, Pressrückstand; **3.** gepresstes Metallstück

> **Pressluft:** Nach kurzem Vokal wird *-ss-* geschrieben: *Pressluft.* Ebenso: *Presskohle, Presskopf, Presssack* (auch *Press-Sack*), *Pressschlag* (auch *Press-Schlag*), *Pressstoff* (auch: *Press-Stoff*). § 25 E1

Press|luft (*alt:* Preß|luft) *f. 2 nur Sg.* Druckluft
Press|luft|ham|mer (*alt:* Preß|luft|ham|mer) *m. 6*
Press|sack (*alt:* Preß|sack) *m. 2 nur Sg.* Wurstsorte, Art Sülzwurst, Presskopf
Pres|sung *f. 10*
Pres|sure|group (*alt:* Pres|sure-group) [prɛʃəgru:p, engl.] *f. 9* Interessengruppe, die durch Propaganda oder eine Lobby Einfluss zu gewinnen sucht, bes. auf Regierung und Gesetzgebung
Press|we|he (*alt:* Preß|we|he) *f. 11 meist Pl.*
Press|wurst (*alt:* Preß|wurst) *f. 2* Presssack
Pres|tige [-tiʒ, frz.] *n. Gen.* -s *nur Sg.* Ansehen, Geltung
pres|tis|si|mo [ital.] *Mus.:* sehr schnell
pres|to *Mus.:* schnell
Pres|to *n. Gen.* -(s) *Pl.* -s *oder* -ti **1.** schnell zu spielender Teil eines Musikstücks; **2.** Vortrag in schnellem Tempo
pre|ti|ös s. **pre|zi|ös**
Pre|ti|o|sen [-tsjo-] *Pl., veraltet* s. **Pre|zi|o|sen**
Pre|to|ria Hauptstadt von Transvaal, Regierungssitz der Rep. Südafrika
Preu|ße *m. 11* Einwohner von Preußen
Preu|ßen *bis 1945:* Land des Deutschen Reiches
preu|ßisch
Preu|ßisch|blau *n. Gen.* -(s) *nur Sg.* Berliner Blau
pre|zi|ös *auch:* **pre|ti|ös** [frz.] *veraltet* **1.** kostbar; **2.** geziert, unnatürlich

> **Preziosen/Pretiosen:** Die ins Deutsche integrierte Form *Preziosen* (= Kostbarkeiten) ist die Hauptvariante, die fremdsprachige Schreibweise *Pretiosen* die zulässige Nebenvariante. § 32 (2)

Pre|zi|o|sen, Pre|ti|o|sen [lat.] *Pl., veraltet:* kostbarer Schmuck, Juwelen
Pri|a|mel [lat.] *f. 11 oder n. 5* scherzhaftes mittelalterliches Spruchgedicht
Pri|a|mos, Pri|a|mus *griech. Myth.:* König von Troja
Pri|cke *f. 11* **1.** Pri|cken *m. 7* Seezeichen zum Markieren von Untiefen; **2.** Neunauge
Pri|ckel *m. 5*
pri|cke|lig, prick|lig
pri|ckeln *intr. 1* **1.** erregen, jucken; **2.** perlen; Sekt prickelt im Glas
pri|cken *tr. 1* mit Pricken markieren
Priel *m. 1* schmaler Wasserlauf im Watt
Priem *m. 1* Stück Kautabak
prie|men *intr. 1* Tabak kauen
Priem|ta|bak *m. 1*
Prieß|nitz|um|schlag [nach dem Landwirt Vincenz Prießnitz] *m. 2* Kaltwasserumschlag mit Wolltuch darüber
Pries|ter *m. 5*

P

prie|ster|lich
Prie|ster|schaft *f. 10 nur Sg.*
Prie|ster|se|mi|nar *n. 1*
Prie|ster|tum *n. Gen. -s nur Sg.*
Prim [lat.] *f. 10* **1.** *kath. Kirche:* erste Hore, Morgengebet des Breviers; **2.** *Fechten:* eine bestimmte Haltung der Klinge; **3.** = **Pri|me** (1, 2)
Prim. *Abk. für* Primararzt
pri|ma [lat.] **1.** (*Abk.:* Ia) erster Güte, erster Qualität, erstklassig; **2.** *ugs.:* hervorragend, großartig; sehr tüchtig
Pri|ma *f. Gen. - Pl.* -men die beiden obersten Klassen des Gymnasiums, Ober- und Unterprima
Pri|ma|bal|le|ri|na *f. Gen. - Pl.* -nen erste Tänzerin (eines Balletts)
Pri|ma|don|na *f. Gen. - Pl.* -nen, *veraltet:* erste Sängerin (bes. der Barockoper)
Pri|ma|ge [-ʒ(ə), frz., zu: Prämie] *f. 11* Primgeld
Pri|ma|ner [lat.] *m. 5* Schüler der Prima
pri|mär die Grundlage, Voraussetzung bildend, erst…, Anfangs…, zuerst eingetreten; vgl. sekundär
Pri|mär|af|fekt *m. 1* erstes Stadium oder Symptom einer Infektionskrankheit (bes. bei Lungen-Tbc und Syphilis)
Pri|mar|arzt *m. 2,* Pri|mar *m. 1,* Pri|ma|ri|us *m. Gen. - Pl.* -ri|en (*Abk.:* Prim.), *österr.:* leitender Arzt einer Krankenhausabteilung; vgl. Sekundararzt
Pri|ma|ri|us *m. Gen. - Pl.* -ri|en **1.** Primararzt; **2.** Primgeiger
Pri|mär|li|te|ra|tur *f. 10 nur Sg.* die Werke oder die Quellen selbst; vgl. Sekundärliteratur
Pri|mar|schu|le *f. 11, schweiz.:* Volksschule
Pri|mar|stu|fe *f. 11* Grundschule
Pri|mas *m. 1 Pl. auch:* -ma|ten **1.** *kath. Kirche:* Ehrentitel mancher Bischöfe, bes. des Papstes; **2.** erster Geiger einer (Zigeuner-)Kapelle
Pri|mat **1.** *m. 1 oder n. 1* Vorrang, bevorzugte Stellung, Erstgeburtsrecht; **2.** *m. 10, Biol:* Angehöriger der höchst entwickelten Säuger (Affe, Mensch), Herrentier
pri|ma vis|ta [ital. »beim ersten Blick«] *Mus.:* vom Blatt; ein Stück p. v. spielen
Pri|ma|wech|sel [-ks-] *m. 5* erste Ausfertigung eines Wechsels
Pri|me *f. 11* **1.** Prim *f. 10* erster Ton der diation. Tonleiter; **2.** Prim *f. 10* Intervall im Einklang; **3.** *Buchw.:* Kurzfassung des Buchtitels auf der ersten Seite des Bogens links unten; vgl. Sekunde (4)
Pri|mel [lat.] *f. 11* eine perennierende Pflanze; *i. e. S.:* Schlüsselblume, Himmel(s)schlüssel
Pri|mel|krank|heit *f. 10 nur Sg.* eine durch die Becherprimel hervorgerufene Hautentzündung
Prime|time *Nv.* **Prime Time** *Hv.* (*alt:* Prime time) [praɪmtaɪm, engl.] *f. Gen. - Pl.* -s beim Fernsehen die Zeit mit der durchschnittlich höchsten Einschaltquote; Hauptsendezeit am Abend
Prim|gei|ger *m. 5* erster Geiger (in der Kammermusik), Primarius
Prim|geld *n. 3* Prämie, die dem Kapitän für bes. Leistungen vom Verlader gewährt wird, Frachtzuschlag, Primage
pri|mis|si|ma *unflektierbar, ugs.:* sehr fein, ganz vorzüglich
pri|mi|tiv [lat.-frz.] **1.** ursprünglich, im Urzustand, urwüchsig; **2.** einfach, dürftig, behelfsmäßig; **3.** geistig wenig entwickelt
Pri|mi|ti|vis|mus [-vis-] *m. Gen. - nur Sg.* Kunstrichtung, die von der Kunst der primitiven Völker angeregt wird
pri|mi|ti|vis|tisch [-vis-]
Pri|mi|ti|vi|tät [-vi-] *f. 10 nur Sg.*
Pri|mi|tiv|ling *m. 1, ugs.:* primitiver Mensch
Pri|miz [lat.] *f. 10, kath. Kirche:* erste Messe eines neu geweihten Priesters
Pri|mi|zi|ant *m. 10* neu geweihter kath. Priester
Pri|mi|zi|en *Pl., im alten Rom:* die den Göttern dargebrachten ersten Früchte des Jahres
pri|mo [ital.] *Mus.:* der oder das erste, z. B. p. tempo: erstes (ursprüngl.) Tempo; violino primo: erste Geige
Pri|mo *n. Gen. -s nur Sg.* (*Abk.:* I^{mo}), *beim vierhändigen Klavierspiel:* erste, obere Stimme; *Ggs.:* Secondo
Pri|mo|ge|ni|tur *f. 10* Erstgeburtsrecht, Erbfolge des Erstgeborenen; vgl. Sekundogenitur
Pri|mus *m. Gen. - Pl.* -mus|se *oder* -mi Klassenbester
Pri|mus in|ter Pa|res (*alt:* Primus in|ter pa|res) *m. Gen. - - - Pl.* -mus|se *oder* -mi - - Erster unter Ranggleichen
Prim|zahl *f. 10* Zahl, die nur durch 1 und sich selbst geteilt werden kann, z. B. 7, 13
Prince of Wales [prɪns ɔv weɪlz, engl.] *m. Gen. - - - nur Sg.* Titel des brit. Kronprinzen
Prin|te [ndrl.] *f. 11* stark gewürzter, harter Pfefferkuchen
Prin|ted in Ger|ma|ny [prɪntɪd ɪn dʒəːmənɪ, engl.] in Deutschland gedruckt (Vermerk in Büchern)
Prin|ter [engl.] *m. 5* Drucker
Prin|ting-on-De|mand [prɪntɪŋ-ɔndɪma:nd, engl.], **Print-on-Demand** [prɪntɔndɪma:nd, engl.] *n. Gen. - nur Sg.* kurzfristige Anfertigung von Druckerzeugnissen auf Bestellung
Print|me|di|um *n. Gen. -s Pl.* -di|en Druckerzeugnis
Prinz [lat.-frz.] *m. 10* nicht regierendes Mitglied eines Fürstenhauses
Prin|zeps [lat.] *m. Gen. - Pl.* -zi|pes, *im alten Rom* **1.** Senator, der bei Abstimmungen zuerst stimmte; **2.** *seit Augustus:* Titel des röm. Kaisers
Prin|zess (*alt:* Prin|zeß) [frz.] *f. 10,* **Prin|zes|sin** *f. 10*
Prinz|ge|mahl *m. 1* Gemahl einer regierenden Fürstin
Prin|zip [lat.] *n. Gen. -s Pl.* -pi|en *oder* -e **1.** Anfang, Ursprung, Grundlage; **2.** Grund
Prin|zi|pal *m. 1* **1.** *veraltet:* Lehrherr, Geschäftsinhaber; **2.** Orgelregister, tiefste Stimme eines Manuals
Prin|zi|pal|gläu|bi|ger *m. 5* Hauptgläubiger
prin|zi|pa|li|ter *veraltet:* vor allem, in erster Linie
Prin|zi|pat *n. 1* **1.** *veraltet:* Vorrang; **2.** *Bez. für die* Verfassungsform der älteren römischen Kaiserzeit
prin|zi|pi|ell **1.** grundsätzlich, im Prinzip; **2.** aus Prinzip
Prin|zi|pi|en|rei|ter *m. 5* jmd., der unnachgiebig auf seinen Prinzipien beharrt
Prin|zi|pi|en|rei|te|rei *f. 10 nur Sg.*
prin|zi|pi|en|treu
Prin|zi|pi|en|treue *f. 11 nur Sg.*
prinz|lich
Prinz|re|gent *m. 10* Vertreter eines Monarchen

Pri|or [lat.] *m. Gen.* -s *Pl.* -o|ren Vorsteher eines Klosters, Stellvertreter eines Abtes

Pri|o|rat *n. 1* Amt, Würde eines Priors

pri|o|ri|sie|ren *tr. 3*

Pri|o|ri|tät *f. 10* Vorrang, Erst-, Vorzugsrecht

Pri|o|ri|täts|prin|zip *n. Gen.* -s *nur Sg.*

Pri|se *f. 11* **1.** Menge (eines Pulvers), die man mit drei Fingern fassen kann; eine P. Salz, Schnupftabak; **2.** von einem Krieg führenden Staat weggenommenes feindliches oder Konterbande führendes neutrales Schiff; **3.** die Ladung eines solchen Schiffes

Pri|sen|ge|richt *n. 1*

Pri|sen|recht *n. 1 nur Sg.* das Recht, Prisen (2) zu nehmen

Pris|ma [griech.] *n. Gen.* -s *Pl.* -men **1.** *Math.:* Körper, dessen Grund- und Deckfläche parallele und kongruente Vielecke sind und dessen Seitenflächen sämtlich Parallelogramme aufweisen; **2.** *Optik:* Körper aus einer brechenden Substanz (z. B. Glas), dient zur spektralen Zerlegung von Licht

pris|ma|tisch wie ein Prisma

Pris|ma|to|id *n. 1* prismaähnlicher Körper

pris|ma|to|i|disch

Pris|men|fern|rohr *n. 1*

Prit|sche *f. 11* **1.** flaches Holz zum Schlagen; **2.** Schlag- und Klapperinstrument des Hanswursts; **3.** Ladefläche der Lastautos mit herabklappbaren Seitenwänden; **4.** Liegestatt aus Holzbrettern

prit|schen *tr. 1* mit der Pritsche schlagen

> **privat:** Das Synonym für »nicht öffentlich« wird vor einem Substantiv kleingeschrieben: *seine private Meinung, die private Wirtschaft.* Ebenso das Adverb: *Ich sage Ihnen das ganz privat.* Die substantivierte Form wird großgeschrieben: *Im Privaten ist er faszinierend.* § 57 E1 (1)
> In Fügungen mit einem Verb/Partizip schreibt man getrennt: *privat versichert, eine privat versicherte Frau.* § 34 E3 (3)

pri|vat [-vat, lat.] **1.** persönlich, nicht öffentlich, nicht offiziell, nicht amtlich; von privat; **2.** häuslich, vertraut

Pri|vat|au|di|enz [-vat-] *f. 10* persönlicher Empfang, z. B. beim Papst

Pri|vat|be|sitz [-vat-] *m. Gen.* -es *nur Sg.*

Pri|vat|de|tek|tiv [-vat-] *m. 1*

Pri|vat|do|zent [-vat-] *m. 10* Hochschullehrer ohne Beamtenstelle

Pri|vate|ban|king *auch:* **Pri|vate Ban|king** [praıvıtbæŋkıŋ, engl.] *n. 1 nur Sg.* privates Bankkundengeschäft

Pri|vat|ei|gen|tum [-vat-] *n. 4 nur Sg.*

Pri|vat|ge|lehr|te(r) [-vat-] *m. 18 (17) bzw. f. 17 oder 18, veraltet:* nicht angestellte(r) Gelehrte(r)

Pri|va|tier [-vatje] *m. 9, veraltet:* jmd., der privatisiert

pri|va|tim [-va-] **1.** persönlich, vertraulich; **2.** nicht amtlich

Pri|vat|in|i|ti|a|ti|ve *auch:* **Pri|vat|i|ni|ti|a|ti|ve** [-vat-] *f. 11* Handeln aus eigenem Antrieb

Pri|vat|in|ter|es|se *auch:* **Pri|vat|in|te|res|se** [-vat-] *n. 14*

Pri|va|ti|on [-va-] *f. 10, Logik:* negative Aussage, bei der das Prädikat das dem Subjekt Wesentliche nimmt, z. B. der Vogel kann nicht fliegen

pri|va|ti|sie|ren [-va-] *intr. 3* vom eigenen Vermögen leben, ohne beruflich zu arbeiten

Pri|va|ti|sie|rung [-va-] *f. 10* Überführung staatlicher Unternehmen in Privateigentum

pri|va|tis|si|me [-va-] streng vertraulich, im engsten Kreis, unter vier Augen

Pri|va|tis|si|mum [-va-] *n. Gen.* -s *Pl.* -mi **1.** Vorlesung für einen kleinen, ausgewählten Hörerkreis; **2.** unter vier Augen erteilte Ermahnung

Pri|vat|kli|nik [-vat-] *f. 10*

Pri|vat|le|ben [-vat-] *n. 7 nur Sg.*

Pri|vat|leh|rer [-vat-] *m. 5*

Pri|vat|mann [-vat-] *m. 4, Pl. auch* -leu|te

Pri|vat|pa|ti|ent [-vat-] *m. 10* Patient, der die Arzt- und/oder Krankenhauskosten selbst bezahlt

Pri|vat|per|son [-vat-] *f. 10*

Pri|vat|quar|tier [-vat-] *n. 1*

Pri|vat|recht [-vat-] *n. 1 nur Sg., zusammenfassende Bez. für* die Rechtsgebiete, die die Beziehungen privater Personen, Verbände und Gesellschaften untereinander regeln

Pri|vat|se|kre|tär [-vat-] *m. 1*

Pri|vat|sen|der [-vat-] *m. 5*

Pri|vat|sta|ti|on [-vat-] *f. 10* Krankenhausabteilung für Privatpatienten

Pri|vat|stun|de [-vat-] *f. 11*

Pri|vat|wirt|schaft [-vat-] *f. 10 nur Sg.*

Pri|vi|leg [-vi-, lat.] *n. Gen.* -s *Pl.* -gi|en *oder n. 1* alleiniges Recht, Vorrecht, Sonderrecht

pri|vi|le|gie|ren [-vi-] *tr. 3;* jmdn. p.: jmdm. ein Privileg gewähren, jmdn. mit Privilegien ausstatten; privilegierte Stände

Prix [pri, frz.] *m. Gen.* - *Pl.* -, *frz. Bez. für* Preis; Grand Prix: Großer Preis

pro *Präp. mit Akk.* [lat.] für, je; 5 Euro pro Stück, pro Kopf; der Preis gilt pro Person und Tag

Pro *n. Gen.* - *nur Sg.* das Für, das, was für eine Sache spricht; *Ggs.:* Kontra; das Pro und Kontra: das Für und Wider (einer Sache)

pro…, Pro… *in Zus.* **1.** für, zugunsten von …, z. B. progriechisch; **2.** vor…, vorwärts…, hervor…, z. B. Progenie; **3.** für, an Stelle von, vertretend, z. B. Prodekan

pro an|no (*Abk.:* p. a.) jährlich

pro|ba|bel [lat.] wahrscheinlich, glaubhaft, annehmbar; probable Gründe

Pro|ba|bi|lis|mus *m. Gen.* - *nur Sg.* Lehre, dass wahre Erkenntnis nicht möglich sei und alles Wissen daher nur Wahrscheinlichkeitswert habe

Pro|ba|bi|li|tät *f. 10 nur Sg.* Wahrscheinlichkeit, Glaubwürdigkeit

Pro|band [lat.] *m. 10* **1.** *Genealogie:* jmd., für den eine Ahnentafel aufgestellt werden soll; **2.** jmd., der in einer Anstalt untersucht und beobachtet wird; **3.** *Psych.:* Versuchs-, Testperson

pro|bat bewährt, erprobt; probates Mittel

Pröb|chen *n. 7*

Pro|be *f. 11* ein Auto Probe fahren; wir sind Probe gefahren; die Maschine Probe laufen lassen; Probe singen

Pro|be|a|larm *m. 1*

Pro|be|ar|beit *f. 10* zur Probe anzufertigende oder angefertigte Arbeit; vgl. Probenarbeit

Pro|be|boh|rung *f. 10*

Pro|be|ex|em|plar *auch:* **Pro|be|e-xemp|lar** *n. 1*

Probe fahren: Die Fügung aus Substantiv und Verb/Partizip wird getrennt geschrieben: *Er wollte morgen Probe fahren. Sie hatte den Wagen gestern Probe gefahren.* § 34 E3 (5)
Aber: *Das Probefahren.* § 37 E1 (2)
Ebenso: *Probe sprechen, Probe singen, Probe gelaufen.*
Auch der Infinitiv wird getrennt geschrieben: *Sie beschloss(,) den Wagen Probe zu fahren.*

Pro|be fah|ren (*alt:* pro|be|fah|ren) *intr. 32, nur Infinitiv und Partizip II üblich*
Pro|be|fahrt *f. 10*
Pro|be|jahr *n. 1*
Pro|be lau|fen (*alt:* pro|be|lau|fen) *intr. 76, nur im Infinitiv und Partizip II üblich*
pro|ben *tr. 1*
Pro|ben|ar|beit *f. 10* Arbeit bei den Proben für ein Theaterstück; vgl. Probearbeit
Pro|be|num|mer *f. 11* (einer Zeitung, Zeitschrift)
Pro|be sin|gen (*alt:* pro|be|sin|gen) *intr. 140, nur im Infinitiv und Partizip II üblich*
pro|be|wei|se
Pro|be|zeit *f. 10*
pro|bie|ren *tr. 3* **1.** kosten, versuchen, prüfen; **2.** *Theater:* proben
Pro|bier|glas *n. 4* Reagenzglas
pro|bi|o|tisch angereichert mit besonderen Bakterien zur gesünderen Verdauung

♦ Die Buchstabenfolge **pro|bl...** kann in Fremdwörtern auch **prob|l...** getrennt werden.

♦ **Pro|blem** [griech.] *n. 1* schwierige, ungelöste Frage oder Aufgabe
♦ **Pro|ble|ma|tik** *f. 10 nur Sg.* **1.** Schwierigkeit (einer Frage oder Aufgabe); **2.** Komplex von Fragen oder Aufgaben
♦ **pro|ble|ma|tisch** schwierig, fragwürdig, zweifelhaft
♦ **pro|ble|ma|ti|sie|ren** *tr. 3* schwierig machen, zum Problem machen
♦ **pro|blem|los**
Pro|ce|de|re, Pro|ze|de|re [lat.] *n. Gen.* -(s) *nur Sg.* Vorgehens-, Verfahrensweise
pro cen|tum [lat.] (*Abk.:* p. c.) pro Hundert; vgl. Prozent
Pro|de|kan [lat.] *m. 1* Vertreter des Dekans (einer Hochschule)
pro do|mo [lat. »für das eigene Haus«] für sich selbst, zum eigenen Nutzen; p. d. sprechen
Pro|drom [griech. »Vorläufer«] *n. 1* eine Krankheit vorher anzeigende Erscheinung, Prodromalsymptom
pro|dro|mal ankündigend; prodromales Kopfweh
Pro|dro|mal|sym|ptom *auch:* **Pro-dro|mal|symp|tom** *n. 1*
Pro|du|cer [prodjusə(r), engl.] *m. 5,* Hersteller, Produzent, z. B. von Filmen
Pro|duct|ma|na|ger (*alt:* Pro|duct Ma|na|ger) [prɔdʌktmænɪdʒə(r), engl.] *m. 5* Produktleiter, jmd., der ein Produkt oder eine Produktgruppe eines Unternehmens in der Planung, Werbung, Verkaufsförderung usw. betreut
Pro|duct|place|ment (*alt:* Product place|ment) [prɔdʌktplɛɪsmənt] *n. Gen. - nur Sg.* kaufanregende Positionierung von Gütern in nicht der Werbung dienenden Filmen oder Fernsehproduktionen
Pro|dukt [lat.] *n. 1* **1.** Erzeugnis, Ertrag; **2.** Ergebnis des Malnehmens
pro|dukt|be|zo|gen
Pro|dukten|han|del *m. Gen.* -s *nur Sg.* Handel mit landwirtschaftl. und Rohprodukten
Pro|duk|ti|on *f. 10* Herstellung, Erzeugung
Pro|duk|ti|ons|an|la|ge *f. 11*
Pro|duk|ti|ons|ge|nos|sen|schaft *f. 10*
Pro|duk|ti|ons|ka|pa|zi|tät *f. 10* Menge produzierter Güter in einem bestimmten Zeitraum
Pro|duk|ti|ons|kos|ten *nur Pl.*
Pro|duk|ti|ons|mit|tel *Pl.* Maschinen und Anlagen für die Produktion
Pro|duk|ti|ons|pro|zess (*alt:* Pro-duk|ti|ons|pro|zeß) *m. 1*
Pro|duk|ti|ons|zweig *m. 1*
pro|duk|tiv **1.** Produkte erzeugend, fruchtbar; **2.** schöpferisch
Pro|duk|ti|vi|tät [-vi-] *f. 10 nur Sg.* **1.** Ergiebigkeit, Fruchtbarkeit; **2.** schöpferische Kraft
pro|dukt|spe|zi|fisch
Pro|du|zent *m. 10* Hersteller, Erzeuger
pro|du|zie|ren *tr. 3* hervorbringen, herstellen, erzeugen; sich p.: (vor andern) zeigen, was man kann
Prof. *Abk. für* Professor
pro|fan [lat.] ungeweiht, weltlich, nicht kirchlich; *Ggs.:* sakral
Pro|fa|na|ti|on *f. 10* Entweihung, Herabziehen ins Alltägliche, Profanierung
Pro|fan|bau *m. Gen.* -s *Pl.* -bau|ten Bau für weltliche Zwecke; *Ggs.:* Sakralbau
pro|fa|nie|ren *tr. 3* entweihen, ins Alltägliche herabziehen
Pro|fa|nie|rung *f. 10* Profanation
Pro|fa|ni|tät *f. 10 nur Sg.* Unheiligkeit, Weltlichkeit
pro|fa|schis|tisch
Pro|fess (*alt:* Pro|feß) [lat.] **1.** *f. 1* Ablegung der Ordensgelübde; **2.** *m. 10* Ordensmitglied nach deren Ablegung
Pro|fes|si|on *f. 10, veraltet:* Beruf
Pro|fes|si|o|nal [-fɛʃənəl, engl.] *m. 9* (*Kurzwort:* Profi) Berufssportler
pro|fes|si|o|na|li|sie|ren *tr. 3* zur Erwerbsquelle, zum Beruf machen
Pro|fes|si|o|na|lis|mus *m. Gen. - nur Sg.* Berufssportlertum, berufl. Ausübung des Sports
pro|fes|si|o|nell beruflich
pro|fes|si|o|niert berufs-, gewerbsmäßig
Pro|fes|si|o|nist *m. 10, österr.:* ausgebildeter Handwerker
Pro|fes|sor *m. Gen.* -s *Pl.* -so|ren (*Abk.:* Prof.) **1.** Hochschullehrer in Beamtenstellung; außerordentlicher P. (*Abk.:* a. o. Prof., ao. Prof.); ordentlicher P. (*Abk.:* o. P.); emeritierter P. (*Abk.:* Prof. em.); **2.** Titel für verdienten Gelehrten, Künstler u. a.; **3.** *österr.:* Titel für Lehrer an einer höheren Schule
pro|fes|so|ral in der Art eines Professors, gemessen und würdevoll
Pro|fes|so|ren|schaft *f. 10 nur Sg.*
Pro|fes|so|ren|ti|tel, Pro|fes|sor|ti|tel *m. 5*
Pro|fes|so|rin *f. 10*
Pro|fes|sor|ti|tel *m. 5*
Pro|fes|sur *f. 10* Amt eines Professors, Lehrstuhl
Pro|fi *m. 9, Kurzwort für* Professional
Pro|fil [frz.] *n. 1* **1.** Seitenansicht (bes. des Gesichts); **2.** senkrechter Schnitt durch die Erdkruste; **3.** Längsschnitt; **4.** Kerbung (von

P

Gummireifen, Schuhsohlen); **5.** Höhe und/oder Breite (eines Torbogens o. Ä.); **6.** *übertr.:* Eigenart, klare Haltung oder Richtung
pro|fi|lie|ren *tr. 3* mit Profil versehen; profilierte Persönlichkeit *übertr.*
Pro|fi|lie|rung *f. 10*
Pro|fil|neu|ro|se *f. 11* Störung des Selbstgefühls infolge geschmälerten Prestiges
Pro|fi|sport *m. 1 nur Sg.*
Pro|fit [auch: -fit, frz.] *m. 1* Gewinn, Nutzen; ein Profit bringendes Geschäft
pro|fi|ta|bel Gewinn bringend
Pro|fit brin|gend (*alt:* pro|fit|bringend)
Pro|fit|cen|ter [-sɛn-, engl.] *n. 5* Teilbereich eines Unternehmens mit eigener Erfolgsermittlung
Pro|fit|chen *n. 7* kleiner, meist nicht ganz ehrlicher Profit
pro|fi|tie|ren *intr. 3;* von etwas oder jmdm. p.: von jmdm. oder etwas Nutzen haben, Gewinn aus etwas ziehen
pro|fit|o|ri|en|tiert auf Gewinn ausgerichtet
pro for|ma [lat.] (nur) der Form wegen, zum Schein
Pro|fos [lat.] *m. 1 oder m. 10, in Landsknechtsheeren des MA:* Leiter des Militärgerichts, Feldrichter
pro|fund [lat.] tief, gründlich (Wissen, Kenntnisse)
Pro|ge|nie [griech.] *f. 11* Vorspringen des Unterkiefers, des Kinns; vgl. Prognathie
Pro|ge|ni|tur [lat.] *f. 10* Nachkommenschaft
Pro|ges|te|ron [lat. + griech.] *n. 1 nur Sg.* den Zyklus auslösendes Gelbkörperhormon
Pro|gno|se *auch:* **Prog|no|se** [griech.] *f. 11* Voraus-, Vorhersage
Pro|gnos|ti|kon *auch:* **Prog|nos|ti|kon, Pro|gnos|ti|kum** *auch:* **Prog|nos|ti|kum** *n. Gen.* -s *Pl.* -ka Vorzeichen (eines künftigen Geschehens oder einer Krankheit)
pro|gnos|tisch *auch:* **prog|nos|tisch** vorhersagend
pro|gnos|ti|zie|ren *auch:* **prog|nos|ti|zie|ren** *tr. 3* voraussagen (etwas Künftiges), vorher erkennen (Krankheit)
Pro|gramm [griech.] *n. 1* **1.** Plan, Vorhaben; **2.** Darlegung der Ziele und Grundsätze (einer künstlerischen Bewegung, einer Partei); **3.** Folge von Darbietungen (im Rundfunk, Varietee usw.); **4.** Blatt oder Heft mit der Darbietungsfolge; **5.** Gesamtheit der aufeinander folgenden Szenen (z. B. des Lebens Christi) in einer künstlerischen Darstellung; **6.** Angebot mehrerer zusammengehöriger oder bes. zusammengestellter Waren, z. B. Möbel; **7.** einem Computer eingegebene Anweisung für Rechenvorgänge; **8.** *bei automat. Maschinen:* Aufeinanderfolge von Schaltvorgängen
Pro|gram|ma|tik *f. Gen. - nur Sg.* Zielvorstellung
Pro|gram|ma|ti|ker *m. 5* jmd., der ein Programm (2) aufstellt oder entwickelt
pro|gram|ma|tisch in der Art eines Programms
Pro|gramm|ge|stal|tung *f. 10*
Pro|gramm|heft *n. 1*
pro|gram|mie|ren *tr. 3;* einen Computer p.: einem Computer ein Programm eingeben
Pro|gram|mie|rer *m. 5* jmd., der Computer programmiert
Pro|gram|mier|spra|che *f. 11*
Pro|gramm|mu|sik (*alt:* Pro|grammu|sik (-mm|m-)) *f. 10 nur Sg.* Musik, die außermusikal. Motive und Geräusche durch musikal. Mittel wiederzugeben versucht; *Ggs.:* absolute Musik
Pro|gre|di|enz [lat.] *f. Gen. - nur Sg.* das Fortschreiten, die zunehmende Verschlimmerung einer Krankheit
Pro|gress (*alt:* Pro|greß) [lat.] *m. 1* Fortschritt, Fortgang
Pro|gres|si|on *f. 10* Steigerung, Zunahme
Pro|gres|sist *m. 10* Anhänger einer Fortschrittspartei
pro|gres|siv **1.** fortschreitend, sich entwickelnd; *Ggs.:* degressiv; vgl. Paralyse; **2.** fortschrittlich
Pro|gres|sive Jazz *Nv.* **Pro|gres|sive|jazz** *Hv.* [-sɪv dʒæs, engl.] *m. Gen. - nur Sg.* Richtung des Jazz seit 1940
Pro|gym|na|si|um *n. Gen.* -s *Pl.* -sien *selten für* sechsklassiges Gymnasium ohne Oberstufe
pro|hi|bie|ren [lat.] *tr. 3, veraltet:* verhindern, verbieten
Pro|hi|bi|ti|on *f. 10* Verbot, bes. der Herstellung von Alkohol
Pro|hi|bi|ti|o|nist *m. 10* Anhänger der Prohibition
pro|hi|bi|tiv verhindernd, vorbeugend
Pro|hi|bi|tiv|sys|tem *n. 1* System der Ein- u. Ausfuhrbeschränkung durch Verbote oder hohe Zölle
Pro|hi|bi|tiv|zoll *m. 2* Schutzzoll
pro|hi|bi|to|risch verhindernd, vorbeugend
Pro|jekt [lat.] *n. 1* **1.** Plan, Vorhaben; **2.** Entwurf
pro|jekt|be|zo|gen
Pro|jek|teur [-tøːr] *m. 1* Planer, Vorplaner
pro|jek|tie|ren *tr. 3* planen, vorhaben, entwerfen
Pro|jek|til *n. 1* Geschoss
Pro|jek|ti|on *f. 10* **1.** zeichnerische Darstellung von Körpern oder der gekrümmten Erdoberfläche auf einer Ebene; **2.** Abbildung durchsichtiger oder undurchsichtiger Bilder mittels Lichtstrahlen auf einer Wand
Pro|jek|ti|ons|ap|pa|rat *m. 1* = Projektor
pro|jek|tiv mit Hilfe der Projektion
Pro|jekt|lei|ter *m. 5* jmd., der ein Projekt plant und koordiniert
Pro|jek|tor *m. Gen.* -s *Pl.* -to|ren Gerät zur Projektion von Bildern, Projektionsapparat, Bildwerfer
pro|ji|zie|ren *tr. 3* **1.** auf einer ebenen Fläche zeichnerisch darstellen; **2.** mittels Lichtstrahlen auf einer Bildwand abbilden
Pro|kla|ma|ti|on [lat.] *f. 10* öffentliche Bekanntmachung, Aufruf
pro|kla|mie|ren *tr. 3*
Pro|kla|mie|rung *f. 10*
Pro|kli|se [griech.] *f. 11,* **Pro|kli|sis** *f. Gen. - Pl.* -sen Verkürzung eines unbetonten Wortes durch Anlehnung an das folgende, stärker betonte, z. B. »'s geht« statt »es geht«; *Ggs.:* Enklise
Pro|kli|ti|kon *n. Gen.* -s *Pl.* -ka unbetontes Wort, das sich an das folgende, stärker betonte anlehnt; *Ggs.:* Enklitikon
pro|kli|tisch; *Ggs.:* enklitisch
Pro|kof|jew, Pro|ko|fi|eff, *Sergej* russ. Komponist
pro|kom|mu|nis|tisch
Pro|kon|sul [lat.] *m. 11, im alten Rom:* Statthalter einer Provinz, der Konsul war
Pro|kon|su|lat *n. 1* Amt eines Prokonsuls

P

Pro-Kopf-An|teil *m. 1*
Pro-Kopf-Ver|brauch *m. Gen.* -(e)s *nur Sg.*
Pro|krus|tes *auch:* **Prok|rus|tes** *griech. Myth.:* Unhold, der vorbeikommende Wanderer in ein Bett legt und entweder mit Gewalt auseinander zieht oder die Füße abschlägt, bis sie hineinpassen
Pro|krus|tes|bett *auch:* **Prok|rus|tes|bett** *n. 12 nur Sg.* unangenehme Lage, in die jmd. hineingezwungen, oder Schema, in das etwas hineingepresst werden soll
Prok|ti|tis [griech.] *f. Gen.* - *Pl.* -ti|ti|den Mastdarmentzündung
Prok|to|lo|ge *m. 11*
Prok|to|lo|gie *f. 11 nur Sg.* Lehre von Mastdarm und After und deren Erkrankungen
Pro|ku|ra [lat.] *f. Gen.* - *Pl.* -ren im Handelsregister eingetragene Vollmacht zur Vertretung eines Unternehmers oder Unternehmens
Pro|ku|ra|ti|on *f. 10* **1.** Stellvertretung durch einen Bevollmächtigten; **2.** Vollmacht
Pro|ku|ra|tor *m. Gen.* -s *Pl.* -to|ren **1.** *altes Rom:* Provinzstatthalter; **2.** *Republik Venedig:* einer der neun höchsten Staatsbeamten, unter denen der Doge gewählt wurde; **3.** *in Klöstern:* Vermögens-, Wirtschaftsverwalter; **4.** *allg.:* Bevollmächtigter, Vertreter
Pro|ku|rist *m. 10* kaufmänn. Angestellter mit Prokura
Pro|laps [lat.] *m. 1,* **Pro|lap|sus** *m. Gen.* - *Pl.* - Hervortreten eines inneren Organs, Vorfall
Pro|le|go|me|non [griech.] *n. Gen.* -s *Pl.* -na, *veraltet:* Vorwort, Einleitung
Pro|let *m. 10* **1.** *abwertend für* Proletarier; **2.** *übertr.:* ungehobelter, ungebildeter Mensch
Pro|le|ta|ri|at *n. 1* Gesellschaftsklasse der Lohnempfänger, die keine Produktionsmittel besitzen, Arbeiterklasse
Pro|le|ta|ri|er *m. 5* Angehöriger des Proletariats
pro|le|ta|risch
pro|le|ta|ri|sie|ren *tr. 3* zum Proletarier machen
pro|le|ten|haft
Pro|li|fe|ra|ti|on [lat.] *f. 10* Sprossung, Gewebsvermehrung, -wucherung
pro|li|fe|ra|tiv in der Art einer Proliferation
pro|li|fe|rie|ren *intr. 3* sprossen, wuchern
Pro|log [griech.] *m. 1* Einleitung, Vorrede, Vorspiel; *Ggs.:* Epilog
Pro|lon|ga|ti|on [lat.] *f. 10* Verlängerung (einer Frist), Stundung
pro|lon|gie|ren *tr. 3*
pro me|mo|ria [lat.] (*Abk.:* p. m.) zur Erinnerung (an), zum Gedächtnis (von)
Pro|me|na|de [frz.] *f. 11* **1.** Spaziergang; **2.** bequemer, ebener, oft mit Grünanlagen versehener Spazierweg
Pro|me|na|den|deck *n. 9, auf Passagierschiffen:* Deck über dem Hauptdeck
Pro|me|na|den|mi|schung *f. 10, ugs. scherzh.:* nicht reinrassiger Hund
pro|me|nie|ren *intr. 3* geruhsam spazieren gehen
Pro|mes|se [lat.] *f. 11* **1.** schriftliches Versprechen, schriftl. Zusage; **2.** Schuldverschreibung
pro|me|the|isch in der Art des Prometheus, titanenhaft
Pro|me|theus *griech. Myth.:* ein Titan, Schöpfer des Menschen
Pro|me|thi|um *n. Gen.* -s *nur Sg.* (*Zeichen:* Pm) radioaktives Element
pro mil|le [lat.] (*Abk.:* p. m., *Zeichen:* ‰) für, auf tausend (Stück), vom Tausend
Pro|mil|le *n. Gen.* -s *Pl.* - ein Tausendstel
Pro|mil|le|gren|ze *f. 11* auf den Blutalkoholgehalt bezogene Grenze der Fahrtüchtigkeit
pro|mi|nent [lat.] bedeutend, hervorragend, allg. bekannt; eine prominente Persönlichkeit
Pro|mi|nenz *f. 10* Gesamtheit prominenter Persönlichkeiten
Pro|mis|ku|i|tät [lat.] *f. 10 nur Sg.* ungeregelter Geschlechtsverkehr mit verschiedenen Partnern
Pro|mo|ter [lat.] *m. 5* Veranstalter von Sportwettkämpfen
Pro|mo|ti|on **1.** *f. 10* Verleihung der Doktorwürde; **2.** **Pro|mo|tion** [-moʊʃn, engl.] *f. Gen.* - *nur Sg.* Verkaufsförderung durch gezielte Werbe- und absatzpolitische Maßnahmen
Pro|mo|tor *m. Gen.* -s *Pl.* -to|ren Förderer, Manager
Pro|mo|vend [-vend] *m. 10*
pro|mo|vie|ren [-vi-] **1.** *intr. 3* die Doktorwürde erwerben; zum Dr. med. p.; **2.** *intr. 3* die Doktorarbeit schreiben; über Th. Mann p.; **3.** *tr. 3* jmdn. p.: jmdm. die Doktorwürde verleihen
prompt [lat.] sofort, unverzüglich, rasch
Prompt|heit *f. 10 nur Sg.* promptes Handeln, Raschheit
Pro|mul|ga|ti|on [lat.] *f. 10* Verbreitung, Veröffentlichung, Bekanntgabe, (z. B. eines Gesetzes)
pro|mul|gie|ren *tr. 3* veröffentlichen, bekanntgeben, kundtun
Pro|no|men [lat.] *n. 7 oder Pl.* -mi|na Wort, das für ein Nomen steht, Fürwort, z. B. er, mein
pro|no|mi|nal als Fürwort (gebraucht)
Pro|no|mi|nal|ad|verb [-vɛrb] *n. Gen.* -s *Pl.* -bi|en Adverb, das anstelle einer Fügung aus Präposition und Pronomen steht, z. B. »damit« statt »mit dem, mit welchem«
pro|non|ciert [-nɔ̃si̱rt, frz.] deutlich, nachdrücklich; ein Wort p. aussprechen
Pro|nun|ci|a|mi|en|to [-θia-, span.] *n. 9, fälschl. auch:* Pro|nun|zi|a|men|to **1.** *in Spanien und Lateinamerika:* polit. Demonstration; **2.** Aufruf zum Staatsumsturz
Pro|ö|mi|on [griech.], **Pro|ö|mi|um** *n. Gen.* -s *Pl.* -mi|en, *Antike* **1.** Einleitung, Vorrede; **2.** kleine Hymne vor dem Vortrag eines Epos durch den Rhapsoden
Pro|pä|deu|tik [griech.] *f. 10 nur Sg.* Einführung in eine Wissenschaft
pro|pä|deu|tisch einführend
Pro|pa|gan|da [lat.] *f. Gen.* - *nur Sg.* (bes. polit.) Werbung, Verbreitung von Ideen, Zielen, Theorien
Pro|pa|gan|da|ma|te|ri|al *n. Gen.* -s *Pl.* -li|en
Pro|pa|gan|dist *m. 10* jmd., der Propaganda treibt
pro|pa|gan|dis|tisch mit Hilfe von Propaganda
pro|pa|gie|ren *tr. 3;* etwas p.: für etwas Propaganda machen, für etwas werben
Pro|pan [griech.] *n. 1 nur Sg.* ein Brenn- und Treibstoff
Pro|pan|gas *n. Gen.* -es *nur Sg.*
Pro|pel|ler [lat.] *m. 5* Antriebsschraube für Flugzeuge und Schiffe, Luft-, Schiffsschraube
Pro|pel|ler|flug|zeug *n. 1* (im Unterschied zum Düsenflugzeug)

P

pro|pel|ler|ge|trie|ben
Pro|pel|ler|tur|bi|ne *f. 11* mit Propeller verbundenes Strahltriebwerk
Pro|pen [griech.] *n. 1 nur Sg.* ungesättigter, aliphat. Kohlenwasserstoff
pro|per [frz.] sauber und ordentlich
Pro|per|han|del *m. Gen.* -s *nur Sg.* Handel auf eigene Rechnung und Gefahr, Eigenhandel
Pro|phet [griech.] *m. 10* Weissager, Seher, Verkündiger
Pro|phe|tie *f. 11* Weissagung
pro|phe|tisch
pro|phe|zei|en *tr. 1* vorhersagen, weissagen
Pro|phe|zei|ung *f. 10* Vorhersage, Weissagung
Pro|phy|lak|ti|kum [griech.] *n. Gen.* -s *Pl.* -ka vorbeugendes Mittel
pro|phy|lak|tisch vorbeugend
Pro|phy|la|xe *f. 11* Vorbeugung, Verhütung (bes. von Krankheiten)
Pro|po|lis [griech.] *n. Gen.* - *nur Sg.* von Bienen erzeugtes, antibakterielles Kittharz
Pro|por|ti|on [lat.] *f. 10* **1.** Maß-, Größenverhältnis; *Ggs.:* Disproportion; **2.** *Math.:* Verhältnisgleichung
pro|por|ti|o|nal hinsichtlich der Proportionen, im gleichen Verhältnis
Pro|por|ti|o|na|le *f. 11, Math.:* Glied einer Proportion
Pro|por|ti|o|na|li|tät *f. 10 nur Sg.* Beschaffenheit hinsichtlich der Proportionen, Verhältnismäßigkeit
Pro|por|ti|o|nal|wahl *f. 10* Verhältniswahl
pro|por|ti|o|niert im Größen-, Maßverhältnis; gut, schlecht, richtig p.
Pro|por|ti|ons|gleich|chung *f. 10* Verhältnisgleichung
Pro|por|ti|ons|leh|re *f. 11 nur Sg.*
Pro|porz *m. 1* **1.** *schweiz., österr.:* Verteilung der Mandate nach dem Verhältnis der abgegebenen Stimmen; **2.** *österr.:* Besetzung von Ämtern je nach der Stärke der Parteien
Pro|porz|wahl *f. 10, schweiz., österr.:* Verhältniswahl
Pro|po|si|ti|on [lat.] *f. 10* **1.** *veraltet:* Vorschlag, Angebot; **2.** Gesamtheit der für ein Pferderennen vorgesehenen Bedingungen, Ausschreibung
Prop|pen *m. 7, nddt. für* Pfropfen
prop|pen|voll *ugs.:* ganz voll
Pro|prä|tor [lat.] *m. Gen.* -s *Pl.* -toren, *im alten Rom:* Provinzstatthalter, der vorher Prätor war
pro|pre *auch:* **prop|re** *frz. Schreibung von* proper
Pro|pre|tät *auch:* **Prop|re|tät** *f. 10, veraltet:* Ordnung und Sauberkeit
Pro|pri|um *auch:* **Prop|ri|um** [lat.] *n. Gen.* -s *Pl.* -pria Eigenname
Propst [lat.] *m. 2* **1.** *kath. Kirche:* Vorsteher eines Kapitels oder Stifts; **2.** *in einigen evang. Landeskirchen:* der Vorsteher mehrerer Superintendenturen
Props|tei *f. 10* Amt, Amtsräume eines Propstes
Pro|pusk [russ.] *m. 1* Passierschein, Ausweis
Pro|py|lä|en [griech.] *Pl.* **1.** Säulenvorhalle; **2.** Ein- oder Durchgang aus Säulen
Pro|py|len *n. 1 nur Sg., veraltet für* Propen
Pro|rek|tor [lat.] *m. Gen.* -s *Pl.* -toren Stellvertreter des Rektors
Pro|rek|to|rat *n. 1* Amt des Prorektors
Pro|ro|ga|ti|on [lat.] *f. 10* Verlängerung, Amtsverlängerung, Vertagung, Aufschub
pro|ro|ga|tiv aufschiebend, vertagend
pro|ro|gie|ren *tr. 3* verlängern, aufschieben
Pro|sa [lat.] *f. Gen.* - *nur Sg.* erzählende oder rednerische, nicht durch Rhythmus oder Reim gebundene Sprachform; *Ggs.:* Poesie (2)
Pro|sa|i|ker *m. 5* **1.** Prosaist; **2.** nüchterner, prosaischer Mensch
pro|sa|isch **1.** in Prosa (geschrieben); **2.** *übertr.:* nüchtern, alltäglich
Pro|sa|ist *m. 10* Prosa schreibender Schriftsteller
Pro|sec|co [-sęko, ital.] *m. 9* Schaumwein
Pro|sek|tor [lat.] *m. Gen.* -s *Pl.* -toren Leiter einer Prosektur
Pro|sek|tur *f. 10* Abteilung eines Krankenhauses, in der Sektionen durchgeführt werden
Pro|se|ku|ti|on [lat.] *f. 10* gerichtl. Verfolgung
Pro|se|ku|tor *m. Gen.* -s *Pl.* -to|ren Verfolger, Ankläger
Pro|se|lyt [griech.] *m. 10* jmd., der zu einer anderen Religion übergetreten ist, Neubekehrter
Pro|se|ly|ten|ma|cher *m. 5* jmd., der eifrig und eilig andere bekehrt
Pro|se|ly|ten|ma|che|rei *f. 10 nur Sg.* Bekehrung ohne rechte Überzeugungskraft
Pro|se|mi|nar [lat.] *n. 1* einführendes Seminar (an einer Hochschule), Vorseminar
Pros|en|chym *auch:* **Pro|sen|chym** [-çym, griech.] *n. 1* Zellen im Parenchym zur Festigung und zum Stoffaustausch
pro|sit!, prost [lat. »es möge (dir) nützen«] wohl bekomm's!; prosit Neujahr!
Pro|sit, Prost *n. 9* Zutrunk; ein P. auf jmdn. ausbringen
pro|skri|bie|ren *auch:* **pros|kri|bie|ren, prosk|ri|bie|ren** [lat.] *tr. 3* (urspr. durch öffentl. Anschlag) ächten, für vogelfrei erklären
Pro|skrip|ti|on *auch:* **Pros|krip|ti|on, Prosk|rip|ti|on** *f. 10* Ächtung
Pros|o|die *auch:* **Pro|so|die** [griech.] *f. 11 nur Sg.,* **Pros|o|dik** *auch:* **Pro|so|dik** *f. 10 nur Sg.* Lehre von der Behandlung der Sprache und Messung der Silben im Vers
pros|o|disch *auch:* **pro|so|disch**
Pro|spekt *auch:* **Pros|pekt** [lat.] *m. 1* **1.** Ansicht (eines Gebäudes, Platzes, einer Straße); **2.** *Theater:* Rundhorizont; **3.** Schauseite (Orgel, Platz, Gebäude); **4.** (meist bebilderte) Werbeschrift
pro|spek|tiv *auch:* **pros|pek|tiv** der Aussicht, Möglichkeit nach, vorausschauend
pro|spe|rie|ren *auch:* **pros|pe|rie|ren** [lat.] *intr. 3* gedeihen, blühen, vorankommen
Pro|spe|ri|tät *auch:* **Pros|pe|ri|tät** *f. 10 nur Sg.* (bes. wirtschaftl.) Aufschwung, Blüte
Pro|sper|mie [griech.] *f. 11* vorzeitiger Samenerguss
prost! s. **pro|sit**

♦ Die Buchstabenfolge **pro|st...** kann in Fremdwörtern auch **pros|t...** getrennt werden.

♦ **Pro|sta|ta** [griech.] *f. Gen.* - *Pl.* -tae [-tɛː], *beim Mann und männl. Säugetier:* am Anfang der Harnröhre liegende Drüse, deren Sekret die Samenflüssigkeit bildet, Vorsteherdrüse

P

♦**Pro|sta|ti|tis** *f. Gen. - Pl.* -ti|ti|den Entzündung der Prostata

prös|ter|chen! *ugs. scherzh. für* prosit!

♦**pro|sti|tu|ie|ren** [lat.] *tr. 3, veraltet:* bloßstellen, preisgeben

♦**Pro|sti|tu|ier|te** *f. 17 oder 18* Frau, die sich gewerbsmäßig zum Geschlechtsverkehr anbietet, Dirne, Hure, Freudenmädchen

♦**Pro|sti|tu|ti|on** *f. Gen. - nur Sg.*

♦**Pro|stra|ti|on** *auch:* **Prost|ra|ti|on** [lat.] *f. 10* **1.** Fußfall, Sichniederwerfen (z. B. bei den kath. höheren Weihen); **2.** Entkräftung, Erschöpfung

Pro|sze|ni|um [griech.] *n. Gen.* -s *Pl.* -ni|en Teil der Bühne zwischen Vorhang und Orchester

Pro|sze|ni|ums|lo|ge [-ʒə] *f. 11* Loge im Zuschauerraum zu beiden Seiten des Proszeniums

prot. *Abk. für* protestantisch

prot..., Prot... vgl. proto..., Proto...

Prot|ac|ti|ni|um *auch:* **Pro|tac|ti|ni|um** [griech.] *n. Gen.* -s *nur Sg.* (*Zeichen:* Pa) radioaktives chem. Element, ein Metall

Prot|a|go|nist *auch:* **Pro|ta|go|nist** [griech.] *m. 10* **1.** *altgriech. Theater:* erster Schauspieler; **2.** *übertr.:* Vorkämpfer

Pro|te|gé [-ʒe, frz.] *m. 9* Schützling, Günstling

pro|te|gie|ren [-ʒi-] *tr. 3* **1.** schützen; **2.** begünstigen, fördern

Pro|te|id [griech.] *n. 1* Protein, das neben dem Proteinanteil noch niedermolekulare Molekülgruppen enthält

Pro|te|in *n. 1* hochmolekulare Verbindung, Kondensationsprodukt von Aminosäuren

pro|te|isch in der Art des Proteus wandelbar, unzuverlässig

Pro|tek|ti|on [lat.] *f. 10* **1.** Schutz; **2.** Vorzug, Begünstigung

Pro|tek|ti|o|nis|mus *m. Gen. - nur Sg.* Schutz der einheim. Produktion gegen ausländ. Konkurrenz

pro|tek|ti|o|nis|tisch

Pro|tek|tor *m. Gen.* -s *Pl.* -to|ren **1.** Schützer; **2.** Förderer, jmd., der einen anderen protegiert

Pro|tek|to|rat *n. 1* **1.** Schutzherrschaft; **2.** Schutzgebiet

pro tem|po|re [lat.] (*Abk.:* p. t.) für jetzt, vorläufig

Pro|te|o|ly|se [griech.] *f. 11* hydrolyt. Aufspaltung von Eiweißkörpern durch Enzyme oder Säuren

pro|te|o|ly|tisch zur Proteolyse befähigt (Enzym)

Pro|te|ro|zo|i|kum *n. Gen.* -s *nur Sg.* Archäozoikum

Pro|test [lat.] *m. 1* **1.** Einspruch, Widerspruch; P. erheben; **2.** Beurkundung der vergeblichen Präsentation eines Wechsels

Pro|test|ak|ti|on *f. 10*

Pro|tes|tant *m. 10* Angehöriger der protestant. Kirche

pro|tes|tan|tisch (*Abk.:* prot.); protestantische Kirche: die aus der Reformation hervorgegangene evang. (luther. und reformierte) Kirche

Pro|tes|tan|tis|mus *m. Gen. - nur Sg.* die protestant. Kirche, protestant. Konfession

pro|tes|tie|ren *intr. 3* Protest, Einspruch erheben, widersprechen

Pro|test|kund|ge|bung *f. 10*

Pro|teus *griech. Myth.:* Meergreis, der sich in viele Gestalten verwandeln kann

Pro|teus|na|tur *f. 10* wetterwendischer, schnell die Gesinnung wechselnder Mensch

Pro|the|se [griech] *f. 11* **1.** künstl. Glied, Ersatzglied; **2.** künstl. Zähne, Zahnersatz; **3.** Hinzufügung eines Lautes am Wortanfang zur Erleichterung der Aussprache, z. B. span. estado »Staat«

Pro|the|tik *f. 10 nur Sg.* Herstellung von techn. Hilfen, Prothesen

pro|the|tisch mittels Prothese

Pro|tist [griech.] *m. 10* einzelliges Lebewesen, Einzeller

pro|to..., Pro|to... [griech.] *in Zus.:* erst..., Erst..., wichtigst, ur..., Ur..., z. B. Prototyp

pro|to|gen am Fundort entstanden (Erzlagerstätte)

Pro|to|kla|se [griech.] *f. 11* Zertrümmerung von Gestein infolge Pressungen innerhalb noch nicht verfestigten Magmas; vgl. Kataklase

Pro|to|koll [griech.-mlat.] *n. 1* **1.** (gleichzeitige) Niederschrift des Verlaufs oder Ergebnisses einer Versammlung, Verhandlung o. Ä.; das P. führen; etwas zu P. nehmen; **2.** Gesamtheit der im diplomat. Verkehr übl. äußeren Formen

Pro|to|kol|lant *m. 10* Protokollführer

pro|to|kol|la|risch mittels Protokolls, als Protokoll; etwas p. festhalten

pro|to|kol|lie|ren **1.** *tr. 3* zu Protokoll nehmen, mitschreiben; **2.** *intr. 3* das Protokoll führen, schreiben

Pro|ton [griech.] *n. Gen.* -s *Pl.* -to|nen positiv geladenes Elementarteilchen aus der Gruppe der Baryonen

Pro|to|nen|be|schleu|ni|ger *m. 5*

Pro|to|nen|syn|chro|tron *auch:* **Pro|to|nen|syn|chrot|ron** *n. 1* Protonenbeschleuniger

Pro|to|phyt [griech.] *m. 10,* **Pro|to|phy|ton** *n. Gen.* -s *Pl.* -phy|ten einzellige Pflanze

Pro|to|plas|ma [griech.] *n. Gen.* -s *nur Sg.* Lebenssubstanz der pflanzl., tier. und menschl. Zelle

pro|to|plas|ma|tisch

Pro|to|typ [griech.] *m. 12* **1.** Urbild, Vorbild, Muster; **2.** erste Ausführung eines Fahrzeugs oder einer Maschine, die dann in Serie geht

pro|to|ty|pisch

Pro|to|zo|on [griech.] *n. Gen.* -s *meist Pl.* -zo|en einzelliges Tier, Einzeller

pro|tra|hie|ren [lat.] *tr. 3, Med.:* verzögern

Pro|tu|be|ranz [lat.] *f. 10* **1.** Gaseruption (auf der Sonne); **2.** Vorsprung, bes. an Knochen

Protz *m. 1, ugs.:* Angeber, Prahler

Prot|ze *f. 11* zweirädriger Vorderwagen für ein Geschütz

prot|zen *intr. 1, ugs.:* prahlen, angeben; mit etwas p.

Prot|ze|rei *f. 10*

prot|zig

Proust [prust], *Marcel* frz. Schriftsteller

Prov. *Abk. für* Provinz

Pro|vence [-vãs] *f. Gen. -* Landschaft in Südfrankreich

Pro|ve|ni|enz [-ve-, lat.] *f. 10* Herkunft, Ursprung (von Waren u. a.)

Pro|ven|za|le [-vã-] *m. 11* Einwohner der Provence

pro|ven|za|lisch [-vã-]

Pro|verb [-vɛrb] *n. Gen.* -s *Pl.* -bi|en Sprichwort

pro|ver|bi|al, pro|ver|bi|ell [-vɛr-] sprichwörtlich

Pro|vi|ant [-vi-, lat.-ndrl.] *m. 1 nur Sg.* Verpflegung für einen begrenzten (kurzen) Zeitraum, Wegzehrung, Mundvorrat

Pro|vi|ant|meis|ter [-vi-] *m. 5, Mil.:* Verwalter des Proviants

P

Pro|vi|der [prɔvaɪdə(r), engl.] *m. 5* Anbieter (besonders von Onlinediensten)
Pro|vinz [-vints, lat.] *f. 10* **1.** (*Abk.:* Prov.) Landesteil, (staatl. oder kirchl.) Verwaltungsgebiet; **2.** Hinterland (einer Stadt), ländl. Gebiet; **3.** *ugs.:* kulturell rückständige Gegend
Pro|vinz|büh|ne [-vints-] *f. 11*
pro|vin|zi|al [-vin-] zu einer Provinz gehörend
Pro|vin|zi|al [-vin-] *m. 1* Vorsteher einer Ordensprovinz
Pro|vin|zi|a|lis|mus [-vin-] **1.** *m. Gen. - Pl.* -men mundartlicher Ausdruck, z. B. bair., österr.: Schmarrn, köln.-niederrhein.: jeck; **2.** *nur Sg.* Kleinbürgerlichkeit, Beschränktheit
pro|vin|zi|ell [-vin-] engstirnig, kleinbürgerlich, kulturell rückständig
Pro|vinz|ler [-vints-] *m. 5, ugs., abwertend:* Bewohner der Provinz, Kleinbürger, Mensch mit engem Horizont
pro|vinz|le|risch [-vints-]
Pro|vinz|stadt [-vints-] *f. 2*
Pro|vi|si|on [-vi-, lat.] *f. 10* Vergütung durch prozentualen Anteil am Umsatz, Vermittlungsgebühr
Pro|vi|sor [-vi-] *m. Gen.* -s *Pl.* -soren Verwalter einer Apotheke
pro|vi|so|risch [-vi-] vorläufig, behelfsmäßig
Pro|vi|so|ri|um [-vi-] *n. Gen.* -s *Pl.* -ri|en vorläufiger Zustand, vorläufige Lösung
Pro|vit|a|min *auch:* **Pro|vi|ta|min** [-vit-, lat.] *n. 1* Vorstufe eines Vitamins
Pro|vo [-vo, Kurzwort zu Provokateur] *m. 9* junger Mensch, der sich bewusst in Gegensatz zu seiner Umwelt stellt, sich aber zur Umgestaltung der Gesellschaft bürgerlicher Methoden bedient
pro|vo|kant [-vo-, lat.] herausfordernd, aufreizend
Pro|vo|ka|teur [-vokatør] *m. 1* jmd., der andere provoziert, Aufwiegler
Pro|vo|ka|ti|on [-vo-] *f. 10* **1.** Herausforderung, Aufreizung; **2.** *Med.:* künstliches Hervorrufen von Krankheitserscheinungen
pro|vo|ka|tiv [-vo-]
pro|vo|ka|to|risch [-vo-] in der Art einer Provokation (1)

pro|vo|zie|ren [-vo-] *tr. 3* herausfordern, aufreizen
pro|xi|mal [lat.] zur Körpermitte, zum Rumpf zu gelegen
Pro|ze|de|re *n. Gen.* -(s) *nur Sg.* s. **Pro|ce|de|re**
Pro|ze|dur [lat.] *f. 10* Verfahren, (schwierige oder unangenehme) Behandlung
Pro|zent [lat.] *n. 1, nach Mengenangaben Pl.* - (*Abk.:* p. c., *Zeichen:* %) vom Hundert, Hundertstel; 5-Prozent-Klausel, Fünfprozentklausel
...pro|zen|tig *in Zus.*, z. B. zehnprozentig (10-prozentig), 10%ig
Pro|zent|punkt *m. 1* Differenzwert in Prozent beim Vergleich zweier Prozentzahlen
Pro|zent|rech|nung *f. 10*
Pro|zent|satz *m. 2* Anzahl von Prozenten, Hundertsatz
pro|zen|tu|al in Prozenten gerechnet, im Verhältnis zum Hundert ausgedrückt, verhältnismäßig
pro|zen|tu|ell, per|zen|tu|ell *österr. für* prozentual

Prozess: Nach kurzem Vokal wird konsequent *-ss-* geschrieben: *der Prozess.* Bisher schon: *die Prozesse.* § 25 E1

Pro|zess (*alt:* Pro|zeß) [lat.] *m. 1* **1.** Gerichtsverfahren; **2.** Ablauf, Verlauf, Vorgang
pro|zess|be|voll|mäch|tigt (*alt:* pro|zeß|be|voll|mäch|tigt)
Pro|zess|be|voll|mäch|tig|te(r) (*alt:* Pro|zeß|be|voll|mäch|tig|te(r)) *m. 18 (17) bzw. f. 17 oder 18*
pro|zess|fä|hig (*alt:* pro|zeß|fä|hig)
Pro|zess|geg|ner (*alt:* Pro|zeß|gegner) *m. 5*
pro|zes|sie|ren *intr. 3* einen Prozess führen; gegen jmdn. p.
Pro|zes|si|on *f. 10* **1.** *kath. Kirche:* feierlicher Umzug; Bitt- oder Dankgang; **2.** *allg.:* feierlicher Aufzug
Pro|zess|kos|ten (*alt:* Pro|zeß|kosten) *nur Pl.*
Pro|zes|sor *m. Gen.* -s *Pl.* -so|ren Steuerungsteil eines Computers
pro|zess|un|fä|hig (*alt:* pro|zeß|unfä|hig)
Pro|zess|un|fä|hig|keit (*alt:* Pro|zeß|un|fä|hig|keit) *f. 10 nur Sg.*
pro|zy|klisch *auch:* **pro|zyk|lisch** einem (bestehenden) Zyklus gemäß, sich in einen Zyklus eingliedernd; *Ggs.:* antizyklisch

prü|de [frz.] (in sexuellen Dingen) übertrieben empfindlich, sittsam, zimperlich
Pru|de|lei *f. 10, schles.:* Pfuscherei
pru|de|lig, prud|lig *schles.:* gepfuscht, schlecht (gearbeitet)
pru|deln *intr. 1* **1.** *schles.:* pfuschen; **2.** *Jägerspr.:* sich suhlen (Schwarzwild)
Prü|de|rie [frz.] *f. 11 nur Sg.* (in sexuellen Dingen) übertriebene Empfindlichkeit, Zimperlichkeit
prü|fen *tr. 1*
Prü|fer *m. 5*
Prüf|feld *n. 3* Anlage, in der Geräte und Werkstücke unter Bedingungen geprüft werden, die denen des täglichen Gebrauchs entsprechen
Prüf|ling *m. 1*
Prüf|stand *m. 2* dem Prüffeld ähnl. Anlage für die Prüfung von Maschinen
Prüf|stein *m. 1* etwas, das als Probe dienen kann
Prü|fung *f. 10*
Prü|fungs|angst *f. 2*
Prü|fungs|ar|beit *f. 10*
Prü|fungs|auf|ga|be *f. 11*
Prü|fungs|kan|di|dat *m. 10*
Prü|fungs|kom|mis|si|on *f. 10*
Prü|gel *m. 5* **1.** derber Stock, Knüppel; **2.** *nur Pl.* Schläge
Prü|ge|lei *f. 10*
Prü|gel|kna|be *m. 11* jmd. der statt des Schuldigen bestraft wird
prü|geln *tr. 1*
Prü|gel|stra|fe *f. 11*
Prü|nel|le [lat.-frz.] *f. 11* entsteinte, getrocknete Pflaume
Prunk *m. Gen.* -(e)s *nur Sg.*
prun|ken *intr. 1;* mit etwas p.
Prunk|sit|zung *f. 10, Karneval*
Prunk|sucht *f. Gen. - nur Sg.*
prunk|süch|tig
prunk|voll
Pru|ri|go *m. 9 oder f. 9 nur Sg.* juckende Hautflechte
Pru|ri|tus *m. Gen. - nur Sg.* Hautjucken
prus|ten *intr. 2*
Pru|ze *m. 11* Angehöriger eines balt.-litauischen Volksstammes
PS **1.** *Abk. für* Pferdestärke; **2.** *Abk. für* Postskriptum
Psa|li|gra|phie *auch:* **Psa|li|gra|fie** [griech.] *f. 11 nur Sg.* Kunst des Scherenschnittes
psa|li|gra|phisch *auch:* **psa|li|gra|fisch**
Psalm [griech.] *m. 12* geistl. Lied aus dem AT

P

Psal|mist *m. 10* Psalmendichter, Psalmensänger
Psalm|o|die *auch:* **Psal|mo|die** *f. 11* Psalmengesang überwiegend auf einem Ton im Wechsel zwischen Chor und Vorsänger
psalm|o|die|ren *auch:* **psal|mo|die|ren** *intr. 3* in der Art der Psalmodie singen
psalm|o|disch *auch:* **psal|mo|disch** in der Art der Psalmodie, psalmartig
Psal|ter *m. 5* **1.** *nur Sg.* Buch der Psalmen im AT; **2.** *im Magensystem der Wiederkäuer:* Blättermagen
Psal|te|ri|um *n. Gen.* -s *Pl.* -ri|en dreieckiges Zupfinstrument
pseud..., Pseud... vgl. pseudo..., Pseudo...
Pseud|an|dro|nym *auch:* **Pseu|dand|ro|nym** *n. 1* männl. Deckname anstelle des eigentl. weiblichen Namens, z. B. »George Sand« statt »Lucile-Aurore Dupin«; vgl. Pseudogynym
Pseud|an|thi|um *auch:* **Pseu|dan|thi|um** *n. Gen.* -s *Pl.* -thi|en Scheinblüte, wie eine Einzelblüte aussehender Blütenstand
Pseud|ar|thro|se *auch:* **Pseu|darth|ro|se** *f. 11* an schlecht verheilten Knochenbruchstellen entstehendes »falsches« Gelenk, Scheingelenk
Pseud|e|pi|gra|phen *auch:* **Pseu|de|pi|gra|fen** *Pl.* einem Schriftsteller fälschlich zugeschriebene Schriften
pseud|e|pi|gra|phisch *auch:* **pseu|de|pi|gra|fisch** fälschlich zugeschrieben, untergeschoben
pseu|do..., Pseu|do... *in Zus.:* falsch, unecht, Schein..., z. B. pseudowissenschaftlich, Pseudonym
Pseu|do|ar|thro|se *auch:* **Pseu|do|arth|ro|se** *f. 11* s. **Pseud|ar|thro|se**
Pseu|do|gy|nym *n. 1* weibl. Deckname anstelle des eigentlichen männl. Namens; vgl. Pseudandronym
Pseu|do|krupp *m. Gen.* -(s) *nur Sg.* äußerlich dem Krupp gleichende Erkrankung
Pseu|do|lo|gie *f. 11 nur Sg.* krankhaftes Lügen
pseud|o|nym *auch:* **pseu|do|nym** unter einem Decknamen (verfasst, erschienen); vgl. orthonym
Pseud|o|nym *auch:* **Pseu|do|nym** *n. 1* Deckname

P

Pseu|do|po|di|en *Pl., bei Wurzelfüßern:* vorübergehend gebildete, der Fortbewegung dienende Fortsätze aus Plasma, Scheinfüßchen
PSF *Abk. für* Postschließfach
Psi *n. Gen.* -(s) *Pl.* -s (*Zeichen:* ψ, Ψ) griech. Buchstabe
Psi|lo|me|lan [griech.] *n. 1 nur Sg.* Mineral, Hartmanganerz
Psit|ta|ko|se [griech.] *f. 11* Papageienkrankheit
Pso|ri|a|sis [griech. »Räude«] *f. Gen.* - *Pl.* -ri|a|sen eine Hautkrankheit, Schuppenflechte
PS-stark mit hoher Leistungsfähigkeit bei Motoren
pst! Ausrufewort: sei, seid leise!
psych..., Psych... vgl. psycho..., Psycho...
Psych|a|go|ge *auch:* **Psy|cha|go|ge** [griech.] *m. 11* jmd., der auf dem Gebiet der Psychagogik tätig ist
Psych|a|go|gik *auch:* **Psy|cha|go|gik** *f. 10 nur Sg.* »seelische Führung«, pädagog. und psycholog. Einwirkung auf Gesunde und Kranke
Psy|che *f. 11* **1.** Seele, Seelenleben **2.** *österr. auch:* Frisiertoilette
psy|che|de|lisch bewusstseinserweiternd (Droge)
Psych|i|a|ter *auch:* **Psy|chi|a|ter** *m. 5* Facharzt für psych. Krankheiten
Psych|i|a|trie *auch:* **Psych|i|at|rie** *f. 11 nur Sg.* Lehre von den psych. Krankheiten und ihrer Behandlung
psych|i|a|trie|ren *auch:* **psych|i|at|rie|ren** *tr. 3* auf den Geisteszustand hin untersuchen lassen (z. B. Angeklagten)
psych|i|a|trisch *auch:* **psych|i|at|risch** zur Psychiatrie gehörend
psy|chisch seelisch, hinsichtlich des Seelen-, Gemütszustandes
psy|cho..., Psy|cho... *in Zus.:* seelen..., Seelen...
Psy|cho|a|na|ly|se *f. 11* Methode zur Erkennung und Heilung seelischer Störungen
Psy|cho|a|na|ly|ti|ker *m. 5*
psy|cho|a|na|ly|tisch
Psy|cho|dra|ma *n. Gen.* -s *Pl.* -men **1.** Monodrama, das die seelischen Konflikte der handelnden Personen darstellt; **2.** *Psychotherapie:* schauspielerische Darstellung der eigenen Konflikte durch den Patienten selbst
psy|cho|gen seelisch bedingt, seelisch verursacht
Psy|cho|ge|ne|se, Psy|cho|ge|ne|sis *f. Gen.* - *nur Sg.* Entstehung und Entwicklung der Seele und des Seelenlebens
Psy|cho|gramm *n. 1* durch Psychographie gewonnenes Bild der Persönlichkeit
Psy|cho|gra|phie *auch:* **Psy|cho|gra|fie** *f. 11* psycholog. Beschreibung einer Person aufgrund von mündlichen und schriftlichen Äußerungen
psy|cho|gra|phisch *auch:* **psy|cho|gra|fisch**
psy|cho|id seelenähnlich
Psy|cho|id *n. 1* seelenähnl. Kraft (bei niederen Organismen)
Psy|cho|ki|ne|se *f. 11, Parapsych.:* physikalisch nicht erklärbare mechan. Einwirkung des Menschen auf Gegenstände
Psy|cho|lo|ge *m. 11*
Psy|cho|lo|gie *f. 11 nur Sg.* Wissenschaft von der Seele, vom Seelenleben
psy|cho|lo|gisch
Psy|cho|lo|gis|mus *m. Gen.* - *nur Sg.* Überbewertung der Psychologie
psy|cho|lo|gis|tisch
Psy|cho|man|tie *f. 11* Nekromantie
Psy|cho|me|trie *auch:* **Psy|cho|met|rie** *f. 11 nur Sg.* Messung der Dauer psychischer Vorgänge
psy|cho|me|trisch *auch:* **psy|cho|met|risch**
Psy|cho|mo|to|rik *f. 10 nur Sg.* Gesamtheit der durch Seele und Willen beeinflussbaren Bewegungen
psy|cho|mo|to|risch
Psy|cho|path *m. 10* seelisch und charakterlich gestörter Mensch
Psy|cho|pa|thie *f. 11 nur Sg.* seelisch-charakterliche Störung
psy|cho|pa|thisch
Psy|cho|pa|tho|lo|gie *f. 11 nur Sg.* Pathopsychologie
Psy|cho|phar|ma|kon *n. Gen.* -s *Pl.* -ka auf den seelischen Zustand wirkende Arznei
Psy|cho|phy|sik *f. 10 nur Sg.* Lehre von den Wechselbeziehungen zwischen physischen Reizen und den Sinnesempfindungen
psy|cho|phy|sisch
Psy|cho|se *f. 11* geistig-seelische Störung
Psy|cho|so|ma|tik *f. 10 nur Sg.* auf der Einheit von Seele und Körper fußende Lehre von der Einwirkung seelischer Einflüsse auf körperl. Vorgänge

psy|cho|so|ma|tisch auf der Einheit von Seele und Körper beruhend, von seelischen Vorgängen beeinflusst
Psy|cho|ter|ror *m. Gen.* -s *nur Sg.* Bedrohung mit psychologisch wirksamen Mitteln
Psy|cho|the|ra|peut *m. 10* Arzt oder Psychologe auf dem Gebiet der Psychotherapie
psy|cho|the|ra|peu|tisch
Psy|cho|the|ra|pie *f. 11 nur Sg.* Behandlung seelisch Gestörter durch seel. Einwirkung
Psy|cho|thril|ler [-θril-, engl.] *m. 5*
Psy|cho|ti|ker *m. 5* jmd., der an einer Psychose leidet, geistig Gestörter, Geisteskranker
psy|cho|tisch geistig gestört
Psy|chro|me|ter [-kro-, griech.] *n. 5* Gerät zum Messen der Luftfeuchtigkeit
pt *Abk. für* Pint
Pt *chem. Zeichen für* Platin
p. t. *Abk. für* pro tempore
Ptas *Abk. für* Pesetas (Peseten)
PTA *Abk. für* pharmazeutisch-technische Assistentin, Apothekenhelferin
Ptah ägypt. Gott, Schutzherr der Handwerker und Künstler
Pter|an|o|don *auch:* **Pte|ra|no|don** [griech.] *n. Gen.* -s *Pl.* -do|n|ten amerik. Flugsaurier der Kreidezeit
Pte|ri|do|phy|ten *Pl., Sammelbez. für* Farnpflanzen
Pte|ro|dak|ty|lus *m. Gen.* - *Pl.* -ty|len Flugsaurier der Jura- und Kreidezeit
Pte|ro|po|de *f. 11* Meeresschnecke mit ruderartigen Verbreiterungen am Schwimmfuß, Ruder-, Flügelschnecke
Pte|ro|sau|ri|er *m. 5* Angehöriger einer ausgestorbenen Ordnung der Reptilien, Flugsaurier
Pte|ry|gi|um *n. Gen.* -s *Pl.* -gi|en anomale Hautfalte, z. B. zwischen Fingern oder den Zehen (»Schwimmhaut«)
pte|ry|got geflügelt (Insekt)
Pto|le|mä|er *m. 5* Angehöriger eines ägyptischen Herrschergeschlechts
pto|le|mä|isch; ptolemäisches System: Weltbild des Ptolemäos mit der Erde als Mittelpunkt
Pto|le|mä|os, Pto|le|mä|us, *Claudius* ägyptischer Geograph, Astronom und Mathematiker in Alexandria
Pto|ma|in [griech.] *n. 1 nur Sg.* bei der Verwesung von Leichen entstehendes Gift, Leichengift
Pty|a|lin [griech.] *n. 1 nur Sg.* im Speichel enthaltenes die Verdauung förderndes Enzym
Pu *chem. Zeichen für* Plutonium
Pub [pʌb, engl. Kurzwort von public house] *n. 9* Gastwirtschaft, Kneipe
pu|ber|tär [lat.] zur Pubertät gehörig, mit ihr zusammenhängend
Pu|ber|tät *f. 10 nur Sg.* Zeit der beginnenden Geschlechtsreife
Pu|ber|täts|stö|rung *f. 10*
pu|ber|tie|ren *intr. 3* sich in der Pubertät befinden, in die Pubertät eintreten
Pu|bes [-be:s] *Pl.* Schamhaare, Schamgegend
pu|bes|zent mannbar, geschlechtsreif
Pu|bes|zenz *f. 10 nur Sg.* Geschlechtsreifung

♦ Die Buchstabenfolge **pu|bl...** kann in Fremdwörtern auch **pub|l...** getrennt werden.

♦ **pu|bli|ce** [-tse:, lat.] *veraltet:* öffentlich
♦ **Pu|bli|ci|ty** [pʌblɪsɪtɪ, engl.] *f. Gen.* - *nur Sg.* **1.** Öffentlichkeit; **2.** Bekanntsein in der Öffentlichkeit; Aufsehen in der Öffentlichkeit

Publicrelations/Public Relations: Die Zusammenschreibung wie bei deutschen Zusammensetzungen gilt als Hauptvariante: *die Publicrelations.* Die Getrenntschreibung ist, da es sich um eine Bildung aus fremdsprachigem Adjektiv und Substantiv handelt, ebenso möglich: *Public Relations.* § 37 (1), § 37 E1

♦ **Pu|blic Re|la|tions** *Nv.* **Pu|blic|re|la|tions** *Hv.* [pʌblɪkrɪleɪʃnz] *Pl.* (*Abk.:* PR) Arbeit mit der Öffentlichkeit, Bemühung um Vertrauen in der Öffentlichkeit, Öffentlichkeitsarbeit
♦ **pu|blik** [lat.] öffentlich, allgemein bekannt; eine Sache p. machen; p. werden
♦ **Pu|bli|ka|ti|on** *f. 10* **1.** Veröffentlichung; **2.** veröffentlichtes Druckwerk
♦ **Pu|bli|ka|ti|ons|ver|bot** *n. 1*
♦ **Pu|bli|kum** *n. Gen.* -s *nur Sg.* **1.** Öffentlichkeit, Allgemeinheit; **2.** Gesamtheit der Zuschauer, Zuhörer, Besucher oder Leser
♦ **Pu|bli|kums|er|folg** *m. 1*
♦ **pu|bli|kums|wirk|sam**
♦ **pu|bli|zie|ren** *tr. 3* veröffentlichen
♦ **Pu|bli|zie|rung** *f. 10* Veröffentlichung
♦ **Pu|bli|zist** *m. 10* **1.** Zeitungswissenschaftler; **2.** Zeitungs-, Tagesschriftsteller
♦ **Pu|bli|zis|tik** *f. 10 nur Sg.* **1.** Zeitungswissenschaft; **2.** Zeitungs-, Tagesschriftstellerei
♦ **Pu|bli|zi|tät** *f. 10 nur Sg.* Bekanntsein in der Öffentlichkeit
p. u. c. *Abk. für* post urbem conditam
Puc|ci|ni [putʃini], *Giacomo* ital. Komponist
Puck **1.** Gestalt in Shakespeares »Ein Sommernachtstraum«; **2.** *m. 9* Kobold, kleiner Dämon; **3.** *Eishockey:* Hartgummischeibe (als Spielball)
pu|ckern *intr. 1* schlagen, klopfen, pulsieren
Pud [russ.] *n. Gen.* -s *Pl.* - altes russ. Gewicht, 16,38 kg
Pud|del|ei|sen *n. 7* Gerät zum Puddeln
Pud|deln *n. Gen.* -s *nur Sg.* Verfahren zur Herstellung von Stahl aus Roheisen
Pud|del|o|fen *m. 8*
Pud|del|stahl *m. 2* durch Puddeln gewonnener Stahl
Pud|ding [engl.] *m. 9* **1.** im Wasserbad im verschlossenen Behälter gekochte Speise; **2.** *auch:* Flammeri
Pu|del *m. 5* **1.** eine Hunderasse; **2.** *Kegeln:* Fehlwurf
pu|deln *intr. 1, Kegeln:* einen Pudel schießen, machen
pu|del|nass (*alt:* pu|del|naß) *ugs.*
pu|del|wohl *ugs.*
Pu|der [lat.-frz.] *m. 5* feines Pulver
pu|de|rig, pud|rig
pu|dern *tr. 1;* ich pudere, pudre es
Pu|der|zu|cker *m. 5 nur Sg.*
Pu|du [indian.] *m. 9* südamerik. Zwerghirsch
Pu|e|blo *auch:* **Pu|eb|lo** **1.** *m. 9 oder Gen.* - *Pl.* - Angehöriger eines Indianervolkes im südwestlichen Teil der USA; **2.** *n. 9* Dorfanlage der Pueblos mit rechteckigen, zellenartig übereinander gebauten Steinhäusern
pu|e|ril [puə-, lat.] kindlich (geblieben), zurückgeblieben

P

Pu|e|ri|lis|mus [puə-] *m. Gen. - nur Sg.* kindisches Wesen
Pu|e|ri|li|tät [puə-] *f. 10 nur Sg.* Kindlichkeit, kindliches Wesen
Pu|er|pe|ra [puər-] *f. Gen. - Pl.* -rae [-rɛ:] Wöchnerin
pu|er|pe|ral [puər-] zum Wochenbett gehörig, im Wochenbett
Pu|er|pe|ral|fie|ber [puər-] *n. 5 nur Sg.* Kindbettfieber
Pu|er|pe|ri|um [puər-] *n. Gen.* -s *Pl.* -ri|en Kindbett, Wochenbett
Pu|er|to-Ri|ca|ner (*alt:* Pu|er|to|ri|ca-ner) *m. 5*
pu|er|to-ri|ca|nisch (*alt:* pu|er|to|ri-ca|nisch)
Pu|er|to Ri|co Insel der Großen Antillen
Puff **1.** *m. 2* Stoß; **2.** *m. 1 auch:* **Puf-fe** *f. 11* gebauschter Stoff, Bausch (an der Kleidung); **3.** *m. 1* festes Sitzkissen, niedriger Polstersitz ohne Lehne; **4.** *n. Gen.* -s *nur Sg., kurz für* Puffspiel; **5.** *n. 9* Bordell
Puff|är|mel *m. 5*
Puff|boh|ne *f. 11* Saubohne
Püff|chen *n. 7*
Puf|fe *f. 11* s. **Puff** (2)
puf|fen **1.** *tr. 1* stoßen; **2.** *intr. 1* knallend zischen
Puf|fer *m. 5* **1.** Stoßdämpfer (an Eisenbahnwagen); **2.** Kartoffelpuffer
Puf|fer|staat *m. 12* kleiner, zwischen zwei größeren Staaten liegender Staat, der Reibungen und Streitigkeiten verhindert, die sich ohne sein Vorhandensein ergeben würden
Puf|fer|zo|ne *f. 11* entmilitarisierte Zone zwischen zwei Staaten
puf|fig gebauscht
Puff|mais *m. Gen.* -es *nur Sg.* gerösteter Mais, Popcorn
Puff|mut|ter *f. 6* Bordellwirtin
Puff|reis *m. Gen.* -es *nur Sg.* unter hohem Druck gedämpfter, aufgequollener Reis
Puff|spiel *n. 1* ein Würfelbrettspiel
puh|len *tr. u. intr. 1* s. **pu|len**
Pul|ci|nel|la [-tʃi-, ital.], Po|li|ci|nel-lo *m. Gen.* -(s) *Pl.* -li, *Figur der Commedia dell'Arte:* Hanswurst
pu|len, puh|len *tr. u. intr. 1, ugs.:* mit dem Finger bohren; ein Loch in etwas p.
Pulk [poln., russ.] **1.** Polk *m. 1, Mil.:* Verband von Truppen, Kampfflugzeugen oder Fahrzeugen; **2.** *m. 9,* Pul|ka *m. 9* bootförmiger Lastschlitten der Lappen

Pul|ka *m. 9* s. **Pulk** (2)
Pul|le *f. 11, ugs., derb:* Flasche
pul|len *intr. 1* **1.** rudern; **2.** vorwärts drängen, sich aufs Gebiss legen (Pferd); **3.** *ugs., derb:* Wasser lassen, harnen
Pul|li *m. 9, kurz für* Pullover
Pull|man|wa|gen *m. 7* nach dem amerik. Konstrukteur Pullman benannter Fahrgastwaggon
Pull|o|ver *auch:* **Pul|lo|ver** [-vər, engl.] *m. 5*
Pull|un|der *auch:* **Pul|lun|der** [engl.] *m. 5* ärmelloser Pullover
pul|mo|nal [lat.] zur Lunge gehörend, von ihr ausgehend, Lungen…
Pulp [lat.] *m. 12,* Pul|pe, Pül|pe *f. 11* Fruchtmark, Fruchtmus
Pul|pa *f. Gen. - Pl.* -pae [-pɛ:] weiche, gefäßreiche Masse in der Zahnhöhle, Zahnmark
Pul|pa|höh|le *f. 11* Zahnhöhle
Pul|pe, Pül|pe *f. 11* s. **Pulp**
Pul|pi|tis *f. Gen. - Pl.* -ti|den Entzündung der Pulpa
pul|pös fleischig, markig
Pul|que [-kə, span.] *m. Gen.* -s *nur Sg.* mexikan. Getränk aus gegorenem Agavensaft
Puls [lat.] *m. 1* an der Innenseite des Handgelenks fühlbarer Herzschlag, Pulsschlag
Puls|a|der *f. 11* Arterie
Pul|sar *m. 1* Himmelskörper, der periodisch kurze Stöße von Radiostrahlung abgibt
Pul|sa|ti|on *f. 10 nur Sg.* **1.** rhythm. Zusammenziehung des Herzens und dadurch ausgelöste Druckwelle in den Blutgefäßen, Puls; **2.** period. Veränderung des Durchmessers eines Sternes
Pul|sa|tor *m. Gen.* -s *Pl.* -to|ren Melkmaschine
pul|sen *intr. 1* schlagen, klopfen, in Wellen strömen
pul|sie|ren *intr. 3* **1.** pulsen; **2.** *übertr.:* lebhaft strömen; pulsierendes Leben (in einer Stadt)
Pul|si|on *f. 10* Stoß, Schlag, Schwungbewegung
Pul|so|me|ter *n. 5* Dampfpumpe ohne Kolben mit Dampfkondensatoren
Puls|schlag *m. 2; auch übertr.:* sichtbares, fühlbares Leben; der P. der Zeit
Puls|wär|mer *m. 5*
Pult [lat.] *n. 1* Tisch mit schräger Fläche
Pult|dach *n. 4*

Pul|ver [-vər, lat.] *n. 5* fein zerteilter fester Stoff; Medikament in dieser Form; er hat sein P. zu früh verschossen *übertr.:* er hat seine Einwände, Argumente verfrüht angebracht; er ist keinen Schuss P. wert *übertr.:* gar nichts wert
Pül|ver|chen [-vər-] *n. 7, iron.:* Medikament in Pulverform
Pul|ver|fass (*alt:* Pul|ver|faß) [-vər-] *n. 4;* (wie) auf einem P. sitzen *übertr.:* sich in einer gefährl. Lage befinden
pul|ve|rig [-və-], pulv|rig
Pul|ve|ri|sa|tor [-və-] *m. Gen.* -s *Pl.* -to|ren Maschine zum Herstellen von Pulver
pul|ve|ri|sie|ren [-və-] *tr. 3* zu Pulver zermahlen oder zerstampfen
Pul|ver|kam|mer [-vər-] *f. 11* **1.** *bei Geschützen:* Ladeloch; **2.** *auf Schiffen:* Raum für Munition
pul|vern [-vərn] *tr. 1* schießen
Pul|ver|schnee [-vər-] *m. Gen.* -s *nur Sg.*
Pul|ver|turm [-vər-] *m. 2, früher:* Munitionslager
Pu|ma [peruan. Indianerspr.] *m. 9* eine Raubkatze, Silberlöwe, Kuguar
Pum|mel *m. 5, ugs., scherzh.:* rundliche, dickliche Person
pum|me|lig, pumm|lig
Pump *m. 1* **1.** Bausch, bauschige Falten; **2.** *nur Sg., ugs.:* Borg, Leihen; einen P. bei jmdm. aufnehmen; etwas auf P. bekommen: geliehen bekommen
Pum|pe *f. 11*
pum|pen *tr. 1; auch ugs.:* leihen
Pum|pen|haus *n. 4*
pum|pern *intr. 1, ugs.:* klopfen, schlagen
Pum|per|ni|ckel *m. 5* schwarzbraunes, süßl. Roggenbrot
Pump|ho|se *f. 11* weite, unter dem Knie gebundene Hose
Pumps [pœmps, brit.] *Pl.* ausgeschnittene Damenschuhe ohne Verschluss
Punch [pʌntʃ, engl.] *m. 9* **1.** *im brit. Puppenspiel und in der brit. Komödie:* Kasperle, Hanswurst; vgl. Pulcinella **2.** *nur Sg.* Name einer brit. humorist. Zeitung; **3.** Boxhieb; **4.** *nur Sg.* Training am Punchingball
Pun|cher [pʌntʃə(r)] *m. 5* **1.** Boxer beim Training am Punchingball; **2.** Boxer mit bes. großer Schlagkraft

P

Pun|ching|ball [pʌntʃɪŋ-] *m. 2* an einer Leine frei hängender, birnenförmiger Ball zum Training für Boxer, Punktball
Pun|ching|bir|ne [pʌntʃɪŋ-] *f. 11* Plattformball, Plattformbirne
Pụnc|tum Pụnc|ti (*alt:* Pụnctum pụnc|ti) [lat. »Punkt des Punktes«] *n. Gen. - - nur Sg.* Hauptpunkt, Hauptsache
Pụnc|tum sa|li|ens *m. Gen. - - nur Sg.* »springender Punkt«, Kernpunkt, Hauptsache
Pu|ni|er *m. 5, altröm. Name für* Karthager
pu|nisch; *aber:* die Punischen Kriege
pu|ni|tiv [lat.] strafend; punitives Erziehungsverhalten
Punk [pʌŋk, engl.] *m. Gen. -s nur Sg.* bewusst aggressiv-zynische Richtung der Rockmusik
Pun|ker [pʌŋkə(r)] *m. 5* Angehöriger einer Protestbewegung Jugendlicher mit auffälligem, brutalem Äußeren
Punk|fri|sur [pʌŋk-] *f. 10*

> **Punkt acht Uhr:** Substantive, die Bestandteile fester Gefüge sind, schreibt man groß: *Sie kamen Punkt acht Uhr an.* § 55 (4)

Pụnkt [lat.] *m. 1* **1.** sehr kleiner Fleck; **2.** *Math.:* geometr. Gebilde ohne Ausdehnung, Stelle, an der sich zwei Linien schneiden; **3.** ein Satzzeichen; **4.** *Mus.:* Zeichen hinter einer Note, das diese um die Hälfte ihres Zeitwertes verlängert; **5.** bestimmte Stelle, bestimmter Ort; **6.** *übertr.:* Sache, Angelegenheit; Absatz, Abschnitt; **7.** *Sport, Spiel:* Bewertungseinheit; **8.** Zeitpunkt; P. 8 Uhr; **9.** *Pl.* - (*Abk.:* p) Maßeinheit für den Schriftsatz, typograf. P.; eine Schrift von 7 P.
Punk|tal|glas® *n. 4* in bestimmter Weise geschliffenes Brillenglas, das optische Verzerrungen auch bei schrägem Durchblick aufhebt
Punk|tat *n. 1* mittels Punktion entnommene Körperflüssigkeit
Punk|ta|ti|on *f. 10* **1.** Vorvertrag, vorläufige Festlegung der wichtigsten Punkte; **2.** Kennzeichnung der Vokale in der hebr. und arab. Schrift durch Punkte unter (oder über) den Konsonanten
Pụnkt|au|ge *n. 14* Einzelauge der Gliederfüßer, Ozelle
Pụnkt|ball *m. 2* = Punchingball
Pụ̈nkt|chen *n. 7*
pụnk|ten **1.** *tr. 2* mit Punkten versehen, tüpfeln; gepunktetes Kleid; vgl. punktieren; **2.** *intr. 2, Sport:* Punkte sammeln
Pụnkt|feu|er *n. 5 nur Sg.* auf einen Punkt konzentriertes Geschützfeuer
pụnkt|gleich *Sp.*
punk|tie|ren *tr. 3* **1.** mit Punkten versehen, durch Punkte andeuten; punktierte Linie; **2.** jmdn. p.: an jmdm. eine Punktion vornehmen
Punk|tier|na|del *f. 11* Hohlnadel für die Punktion
Punk|ti|on, Punk|tur *f. 10* Entnahme von Flüssigkeit aus einer Körperhöhle mittels Punktiernadel zu diagnost. Zwecken
Pụnkt|lan|dung *f. 10* sehr präzise Landung eines Luftfahrzeugs innerhalb eines vorgegebenen Bereichs
pụ̈nkt|lich
Pụ̈nkt|lich|keit *f. 10 nur Sg.*
Pụnkt|licht *n. 3* gebündeltes, gezielt auf einen Gegenstand gerichtetes Licht, z. B. in Ausstellungsvitrinen, auch Spotlight
Pụnkt|nie|der|la|ge *f. 11, Boxen, Ringen u. a.:* Niederlage nach Punkten
pụnk|to vgl. in puncto
Pụnkt|rich|ter *m. 5, in manchen Sportarten:* Richter, der nach Punkten wertet
Pụnkt|schrift *f. 10 nur Sg.* Blindenschrift
pụnkt|schwei|ßen *tr. 1, nur im Infinitiv und Partizip II:* durch starke elektr. Ströme punktweise aneinander schmelzen (Metallbleche); punktgeschweißt
Pụnkt|sieg *m. 1, Sport:* Sieg nach Punkten
Pụnkt|sys|tem *n. 1* **1.** von François Ambroise Didot entwickeltes typograf. Maßsystem, Didotsystem; **2.** *Sport:* eine Form der Austragung von Meisterschaften
punk|tu|ell punktweise, auf einen oder mehrere Punkte bezogen
Pụnk|tum! Schluss!; und damit P.!
Punk|tur *f. 10* s. **Punk|ti|on**
Pụnkt|ver|lust *m. 1*
Pụnkt|wer|tung *f. 10, Sport:* Wertung nach Punkten
Pụnsch [Hindi] *m. 1* heißes Getränk aus Rum, Wasser oder Tee, Zucker und verschiedenen Zutaten
Punt [pʌnt] *n. Gen. - Pl. -* Irisches Pfund, Währungseinheit in der Rep. Irland, 100 Pence
Pụn|ze *f. 11* **1.** meißelähnl. Werkzeug zum Treiben erhabener Muster auf Metall; **2.** Stahlstift zur Lederbearbeitung; **3.** *österr.:* Prüf-, Erkennungszeichen für den Gehalt an Edelmetall
pụn|zen *tr. 1,* **pun|zie|ren** *tr. 3* **1.** mit der Punze bearbeiten (Metall, Leder); **2.** mit dem Prüfzeichen stempeln (Edelmetall)
Pup, Pups, Pup|ser *m. 1, ugs.:* Blähung, Darmwind
pu|pen, pup|sen *intr. 1, ugs.:* einen Darmwind entweichen lassen
pu|pil|lar [lat.] **1.** zur Pupille gehörig; **2.** s. **pup|pil|la|risch**
pu|pil|la|risch zum Mündel gehörig, das Mündel betreffend; p. sicher: mündelsicher
Pu|pil|le *f. 11* Sehloch im Auge
pu|pil|len|er|wei|ternd
Pu|pil|len|re|ak|ti|on *f. 10*
pu|pil|len|ver|en|gend
Pu|pin|spu|le [nach dem amerik. Physiker M. I. Pupin] *f. 11* Spezialspule für den Bau von Nachrichtenkabeln niederer Frequenzen
pu|pi|par [lat.] Larven gebärend, die sich sofort verpuppen; pupipare Insekten
Pụ̈pp|chen *n. 7*
Pụp|pe *f. 11*
pụp|pen|haft
Pụp|pen|räu|ber *m. 5* ein Laufkäfer
Pụp|pen|spiel *n. 1*
Pụp|pen|spie|ler *m. 5*
Pụp|pen|the|a|ter *n. 5*
Pụp|pen|wa|gen *m. 7*
pụp|pern *intr. 1, ugs.:* klopfen, schlagen, zittern; mein Herz pupperte (vor Angst)
pụp|pig wie eine Puppe, klein und niedlich
Pups *m. 1,* **Pup|ser** *m. 5, ugs.* = **Pup**
pup|sen *intr. 1, ugs.* = **pu|pen**
pur [lat.] rein, unverfälscht, lauter, unverdünnt; pures Gold; der pure Neid; Saft pur trinken
Pur|cell [pəsl], *Henry* brit. Komponist
Pü|ree [frz.] *n. 9* Mus, Brei
Pụr|gans [lat.] *n. Gen. - Pl.* -gan|tia [-tsja] *oder* -gan|zi|en, **Pur|ga|tiv** *n. 1* Abführmittel, Purgiermittel, Laxans

P

Pur|ga|ti|on *f. 10, veraltet:* Reinigung, (gerichtliche) Rechtfertigung
pur|ga|tiv abführend
Pur|ga|tiv *n. 1* Purgans
Pur|ga|to|ri|um *n. Gen.* -s *nur Sg.* Fegefeuer
pur|gie|ren *intr. 3* abführen
Pur|gier|mit|tel *n. 5* Purgans
Pu|ri|fi|ka|ti|on [lat.] *f. 10* liturg. Reinigung (bes. der Altargefäße während der Messe)
Pu|ri|fi|ka|to|ri|um *n. Gen.* -s *Pl.* -rien Tuch zum Trocknen des Kelchs bei der Purifikation
pu|ri|fi|zie|ren *tr. 3, veraltet:* reinigen
Pu|rim *n. Gen.* -s *nur Sg.* jüd. Fest zur Erinnerung an die Rettung der pers. Juden durch Esther
Pu|rin [lat.] *n. 1* eine chem. Verbindung, Stammsubstanz z. B. von Koffein
Pu|ris|mus [lat.] *m. Gen.* - *nur Sg.* übertriebenes Bestreben, die Sprache von Fremdwörtern und Verwilderungen oder ein Kunstwerk von stilfremden Elementen zu reinigen
Pu|rist *m. 10* Anhänger des Purismus
pu|ris|tisch
Pu|ri|ta|ner *m. 5* **1.** Anhänger des Puritanismus; **2.** übertrieben sittenstrenger Mensch
pu|ri|ta|nisch
Pu|ri|ta|nis|mus *m. Gen.* - *nur Sg.* streng calvinistische Richtung der engl. prot. Kirche, die eine Presbyterialverfassung erstrebte und für den Einzelnen ein sittenstrenges Leben forderte
Pu|ri|tät *f. 10 nur Sg., veraltet:* Reinheit, Sittenstrenge
Pur|pur [griech.] *m. Gen.* -s *nur Sg.* **1.** bläulich roter Farbstoff; **2.** feierliches Gewand in dieser Farbe; P. anlegen
pur|pur|far|ben
Pur|pu|rin *n. 1 nur Sg.* ein in der Krappwurzel vorkommender Farbstoff
pur|purn purpurrot
pur|pur|rot bläulich rot
Pur|pur|schne|cke *f. 11* eine Meeresschnecke, die einen Purpur enthaltenden Schleim absondert
pur|ren **1.** *intr. 1* stochern, stöbern; **2.** *tr. 1, Seew.:* wecken
Pürsch *f. Gen.* - *nur Sg.* s. **Pirsch**
pür|schen *intr. 1* s. **pir|schen**
pu|ru|lent [lat.] eitrig
Pu|ru|lenz *f. 10 nur Sg.* Eiterung
Pur|zel *m. 5, ugs.:* niedliches kleines Kind, Kerlchen
Pur|zel|baum *m. 2*
pur|zeln *intr. 1*
Pu|schel, Pü|schel *m. 5, norddt.:* Quaste, Troddel
pu|schen *intr. 1* s. **pu|shen**
Pu|scher *m. 5* s. **Pu|sher**
Pusch|kin, *Alexander* russ. Schriftsteller
Push|ball [pʊʃbɔːl, engl.] *m. Gen.* -s *nur Sg.* ein amerik. Mannschaftsballspiel

> **pushen/puschen:** Die fremdsprachige Schreibweise *pushen* (= mit harten Drogen handeln; vorantreiben) ist Hauptvariante, die ins Deutsche integrierte Form *puschen* die zulässige Nebenvariante. § 32 (2)

pu|shen [engl.] *auch:* **pu|schen** *intr. 1* **1.** antreiben, vorantreiben; **2.** *ugs., nicht mehr übliche Bez. für* mit Rauschgift (»harten« Drogen) handeln; vgl. dealen
Pu|sher *auch:* **Pu|scher** *m. 5* **1.** Antreiber; **2.** *ugs., nicht mehr übliche Bez. für* Rauschgifthändler, Händler mit »harten« Drogen; vgl. Dealer
pus|se|lig, puss|lig übertrieben genau, übertrieben eifrig (in Kleinigkeiten)
pus|seln *intr. 1* herumbasteln, sich mit Kleinigkeiten aufhalten, übertrieben genau sein
puss|lig (*alt:* puß|lig) s. **pus|se|lig**
Puß|ta (*alt für:* Pusz|ta) *f. Gen.* - *Pl.* -ten
Pus|te *f. 11 nur Sg., ugs.:* Atem; außer P. kommen, sein; keine P. mehr haben
Pus|te|blu|me *f. 11* Löwenzahn
Pus|te|ku|chen *ugs.:* Ausdruck der Ablehnung; P.!, ja, P.!: ich denke ja überhaupt nicht daran!
Pus|tel [lat.] *f. 11* Bläschen, Pickel, Eiterbläschen
pus|ten *intr. 2, ugs.:* blasen
Pus|te|rohr *n. 1* Blasrohr
pus|tu|lös [lat.] voller Pusteln, mit Pusteln einhergehend
Pusz|ta [pusta, ung.] *f. Gen.* - *Pl.* -ten Grassteppe in Ungarn
pu|ta|tiv [lat.] vermeintlich, irrtümlich für gültig gehalten
Pu|ta|tiv|e|he *f. 11* ungültige, aber von den Partnern für gültig gehaltene Ehe
Pu|ta|tiv|not|wehr *f. 10 nur Sg.* Notwehr bei vermeintl. Angriff
Pu|te *f. 11* **1.** Truthenne; **2.** *ugs., abwertend:* Frau, Mädchen; dumme P., eingebildete P.
Pu|ter *m. 5* Truthahn
pu|ter|rot rot (wie der Fleischlappen am Hals des Puters)
Pu|tre|fak|ti|on *auch:* **Put|re|fak|ti|on** [lat.] *f. 10,* **Pu|tres|zenz** *auch:* **Put|res|zenz** *f. 10* Fäulnis, Verwesung
pu|tres|zie|ren *auch:* **put|res|zie|ren** *intr. 3* verfaulen, verwesen
pu|trid *auch:* **put|rid** *Med.:* faulig riechend
Putsch *m. 1* **1.** polit. Umsturz, Umsturzversuch; **2.** *schweiz.:* Stoß
put|schen *intr. 1* einen Putsch verüben oder versuchen
Put|schist *m. 10* jmd., der an einem Putsch beteiligt ist oder war
Put|te [ital.] *f. 11,* Put|to *m. Gen.* -s *Pl.* -ten *oder* -ti, *Malerei und bildende Kunst:* kleine Engelsfigur
put|ten [engl.] *intr. 2, Golf:* den Ball mit dem Putter so schlagen, dass er möglichst ins Loch rollt
Put|ter *m. 5* besonderer Golfschläger zum Putten
Put|to *m. Gen.* -s *Pl.* -ten *oder* -ti s. **Put|te**
Putz *m. 1 nur Sg.* **1.** schmucke, hübsche (weibl.) Kleidung; **2.** mod. Zubehör zur (weibl.) Kleidung; **3.** Mauerbewurf
Pütz *f. 10,* **Püt|ze** *f. 11, Seew.:* Eimer
put|zen **1.** *tr. 1* säubern, reinigen; das Putzen; das Fensterputzen; **2.** *tr. u. refl. 1, landschaftl.:* hübsch anziehen und frisieren; als Schmuck dienen, als Schmuck hübsch aussehen; die Schleife putzt
Put|zer *m. 5; auch Mil.:* Bursche (eines Offiziers oder Unteroffiziers)
Put|ze|rei *f. 10, auch österr.:* Reinigungsanstalt
Putz|frau *f. 10*
put|zig drollig, komisch, erheiternd
Putz|ma|che|rin *f. 10* Herstellerin von Damenhüten, Modistin
Putz|sucht *f. Gen.* - *nur Sg.*
putz|süch|tig
Putz|wol|le *f. 11 nur Sg.*
puz|zeln [pʌz-, auch: puz-] ein Puzzle zusammensetzen
Puz|zle *auch:* **Puzz|le** [pʌzl, auch: puzl, engl.] *n. 9,* **Puz|zle|spiel** *n. 1*

P

Geduldsspiel, bei dem aus vielen ausgeschnittenen Stücken Bilder zusammengesetzt werden müssen

Puz|zo|lan [nach dem ital. Fundort Pozzuoli] *n. 1,* **Puz|zo|lan|er|de** *f. 11* ein Bindemittel für Zement und Beton

PVC *Abk. für* Polyvinylchlorid

Py|ä|mie [griech.] *f. 11* Blutvergiftung durch Eitererreger in der Blutbahn

Py|ar|thro|se *auch:* **Py|arth|ro|se** *f. 11* eitrige Gelenkentzündung

Py|e|li|tis [griech.] *f. Gen. - Pl.* -ti|den Nierenbeckenentzündung

Py|e|lo|gramm *n. 1* Röntgenaufnahme von Nierenbecken und Harnwegen

Pyg|mäe [griech.] *m. 11* Angehöriger eines afrik. Zwergvolkes

pyg|mä|isch zu den Pygmäen gehörend, zwergwüchsig

Py|ja|ma [pydʒama, Hindi] *m. 9, österr., schweiz.: n. 9* Schlafanzug

Py|kni|ker *auch:* **Pyk|ni|ker** [griech.] *m. 5* Mensch mit pyknischem Körperbau

py|knisch *auch:* **pyk|nisch** gedrungen, untersetzt und zu Fettansatz neigend

Py|kno|me|ter *auch:* **Pyk|no|me|ter** *n. 5* Gerät zum Messen der Dichte von Flüssigkeiten

Py|lon [griech.] *m. 10,* **Py|lo|ne** *f. 11, ägypt. Baukunst:* von zwei wuchtigen Türmen flankiertes Eingangstor

Py|lo|ro|spas|mus *m. Gen. - Pl.* -men Pförtnerkrampf

Py|lo|rus *m. Gen. - Pl.* -ren Schließmuskel am Ausgang des Magens, Magenpförtner

py|o|gen [griech.] Eiterung hervorrufend

Py|o|kok|kus *m. Gen. - Pl.* -ken

Py|or|rhö *f. 10* Eiterfluss

py|or|rho|isch mit Eiterfluss einhergehend

pyr..., Pyr... vgl. pyro..., Pyro...

py|ra|mi|dal [griech.] pyramidenartig

Py|ra|mi|de *f. 11* **1.** Körper mit einem Vieleck als Grundfläche und dreieckigen, oben in einer Spitze zusammenlaufenden Seitenflächen; **2.** Grabbau der ägypt. Könige in dieser Form

Py|ra|mi|den|bahn *f. 11* Nervenbahn im Rückenmark für die Nerven der willkürlich bewegten Muskeln

Pyr|a|no|me|ter *auch:* **Py|ra|no|me|ter** [griech.] *n. 5* Gerät zum Messen der Sonnen- und Himmelsstrahlung

Py|re|nä|en *Pl.* Gebirge zwischen Frankreich und Spanien

Py|re|nä|en|halb|in|sel *f. 11 nur Sg.* Spanien und Portugal, Iberische Halbinsel

py|re|nä|isch

Py|re|thrum *auch:* **Py|reth|rum** [griech.] *n. Gen.* -s *Pl.* -thra Untergattung der Chrysanthemen, von der einige Arten Insektengift liefern

Py|re|ti|kum [griech.] *n. Gen.* -s *Pl.* -ka Fiebermittel

py|re|tisch fiebernd

Pyr|e|xie *auch:* **Py|re|xie** *f. 11* Fieber

Py|rit [griech.] *m. 1* ein Mineral, Eisenkies, Schwefelkies

py|ro..., Py|ro... [griech.] *in Zus.:* feuer..., Feuer..., durch Feuer, durch Hitze hervorgerufen

py|ro|gen [griech.] **1.** Fieber hervorrufend; **2.** *Geol.:* aus einem Schmelzfluss entstanden

Py|ro|ly|se *f. 11* Zersetzung von chemischen Verbindungen durch Hitze

Py|ro|ma|ne *m. 11* jmd., der an Pyromanie leidet

Py|ro|ma|nie *f. 11* krankhafter Trieb zur Brandstiftung

Py|ro|me|ter *n. 5* Gerät zum Messen hoher Temperaturen

Py|ro|me|trie *auch:* **Py|ro|met|rie** *f. 11 nur Sg.* Messung im Bereich hoher Temperaturen

py|ro|phor bei relativ geringer Temperatur in feinster Verteilung an der Luft aufglühend

Pyr|o|sis *auch:* **Py|ro|sis** *f. Gen. - nur Sg.* Sodbrennen

Py|ro|tech|nik *f. 10 nur Sg.* Herstellung und Gebrauch von Feuerwerks- und Sprengkörpern

Py|ro|tech|ni|ker *m. 5* Fachmann in der Pyrotechnik

py|ro|tech|nisch

Pyr|rhus|sieg [nach dem verlustreichen Sieg des Königs Pyrrhus von Epirus über die Römer 279 v. Chr.] *m. 1* mit großen Opfern erkaufter Sieg

Pyr|rol [griech.] *n. 1 nur Sg.* chem. Ringverbindung aus vier Kohlenstoffatomen und einem Stickstoffatom

Py|tha|go|ras altgriech. Philosoph

Py|tha|go|re|er *m. 5* Anhänger der Lehre des Pythagoras

py|tha|go|re|isch

Py|thia [nach P., der weissagenden griech. Priesterin in Delphi] *f. Gen. - Pl.* -s *oder* -thi|en gern geheimnisvolle Andeutungen machende Frau

py|thisch orakel-, rätselhaft

Py|thon [griech.] *m. Gen.* -s *Pl.* -s *oder* -tho|nen, **Py|thon|schlan|ge** *f. 11* eine südasiat. und afrik. Riesenschlange

Py|xis [griech.] *f. Gen. - Pl.* -xi|den *oder* -xi|des [-de:s] Hostienbehälter im Tabernakel

P

q *Abk. für* Quintal
Q *Abk. für* Quetzal
qcm *früher Abk. für* Quadratzentimeter; vgl. cm^2
qdm *früher Abk. für* Quadratdezimeter; vgl. dm^2
q. e. d. *Abk. für* quod erat demonstrandum
Qi Gong [dʒi gʊŋ, chin.] *ohne Artikel* Lebensenergie; Übungsmethode
Qin|dar [kin-] *m. Gen.* -(s) *Pl.* -ka alban. Währungseinheit
qkm *früher Abk. für* Quadratkilometer; vgl. km^2
qm *früher Abk. für* Quadratmeter; vgl. m^2
qmm *früher Abk. für* Quadratmillimeter; vgl. mm^2
qr., qrs. *Abk. für* Quarter(s)
qua [lat.] (in der Eigenschaft) als; q. Theologe
Quab|be *f. 11, nddt.:* Fettwulst
Quab|bel *m. 5 nur Sg., ugs.:* schwammige Masse, Gallert
quab|be|lig, quab|big, quabb|lig schwammig, weich, gallertartig
quab|beln *intr. 1* zittern, rasch wackeln (Pudding u. a.)
quab|big, quabb|lig s. **quab|be|lig**
Qua|bi *m. 9, Lehrerjargon:* qualifizierender Bildungsabschluss (Quali plus Lehre)
Qua|li *m. 9, Lehrerjargon:* qualifizierender Hauptschulabschluss
Qua|cke|lei *f. 10* törichtes Gerede, Geschwätz
qua|ckeln *intr. 1* törichtes Zeug reden, schwatzen
Quack|sal|ber *m. 5* angebl. Arzt, Kurpfuscher
Quack|sal|be|rei *f. 10 nur Sg.* unsachgemäße Anwendung von Medikamenten oder Behandlungsmethoden, Kurpfuscherei
quack|sal|be|risch
quack|sal|bern *intr. 1*
Quad|del *f. 11* juckende Anschwellung der Haut (bes. nach Stich von Ungeziefer)
Qua|der [lat.] *m. 5* **1.** von gleichen, rechteckigen, parallelen Flächen begrenzter Körper **2.** behauener Steinblock

♦ Die Buchstabenfolge **qua|dr...** kann in Fremdwörtern auch **quad|r...** getrennt werden.

♦**Qua|dra|ge|si|ma** *f. Gen. - nur Sg.* vierzigtägige Fastenzeit vor Ostern
♦**Qua|dran|gel** *n. 5* Viereck
♦**qua|dran|gu|lär** viereckig
♦**Qua|drant** *m. 10* **1.** Viertelkreis; **2.** *früher:* Gerät zum Messen des Höhenwinkels und zum Bestimmen der Gestirnhöhe über dem Horizont; **3.** Viertel eines Meridians oder des Äquators
♦**Qua|drat** *n. 1* **1.** Viereck mit rechtwinklig aufeinander stehenden gleichen Seiten; **2.** zweite Potenz (einer Zahl); eine Zahl ins Q. erheben; **3.** *Buchw.:* Metallstück zum Ausschließen, z. B. zum Füllen von Schlusszeilen
♦**Qua|drat...** *in Zus.* in die zweite Potenz erhoben, Flächen..., z. B. Quadratmeter
♦**Qua|drat|de|zi|me|ter** *n. 5, ugs.: m. 5 (Abk.:* dm^2, *früher:* qdm)
♦**Qua|drat|fuß** *m. Gen. - Pl. -*
♦**qua|dra|tisch** **1.** mit vier gleichen, senkrecht aufeinander stehenden Seiten versehen; **2.** in die zweite Potenz erhoben; quadratische Gleichung: Gleichung zweiten Grades
♦**Qua|drat|ki|lo|me|ter** *n. 5, ugs.: m. 5 (Abk.:* km^2, *früher:* qkm)
♦**Qua|drat|lat|schen** *Pl., ugs.:* große, derbe Schuhe
♦**Qua|drat|mei|le** *f. 11*
♦**Qua|drat|me|ter** *n. 5, ugs.: m. 5 (Abk.:* m^2, *früher:* qm)
♦**Qua|drat|mil|li|me|ter** *n. 5, ugs.: m. 5 (Abk.:* mm^2, *früher:* qmm)
♦**Qua|drat|schä|del** *m. 5, ugs.:* großer, knochiger, eckiger Kopf
♦**Qua|dra|tur** *f. 10* **1.** Berechnung des Inhalts einer Fläche durch Integralrechnung; **2.** Umwandlung einer krummlinig begrenzten Fläche in ein Quadrat mit gleichem Flächeninhalt; Q. des Kreises *übertr.:* unlösbare Aufgabe (da ein Kreis nicht mit geometr. Mitteln in ein Quadrat verwandelt werden kann); **3.** *Astron.:* Geviertschein
♦**Qua|drat|wur|zel** *f. 11* zweite Wurzel
♦**Qua|drat|zahl** *f. 10* zweite Potenz einer Zahl, z. B. 9 (3^2)
♦**Qua|drat|zen|ti|me|ter** *n. 5, ugs.: m. 5 (Abk.:* cm^2, *früher:* qcm)
♦**Qua|drat|zoll** *m. Gen.* -s *Pl. -*
♦**Qua|dri|en|ni|um** *n. Gen.* -s *Pl.* -ni|en, *veraltet:* Zeitraum von vier Jahren
♦**qua|drie|ren** *tr. 3* ins Quadrat erheben, mit sich selbst multiplizieren
♦**Qua|dri|ga** *f. Gen. - Pl.* -gen, *Antike:* zweirädriger, mit vier Pferden bespannter Wagen
♦**Qua|dril|le** [kadrilje, österr.: kadril] *f. 11* Tanz zu vieren oder vier Paaren
♦**Qua|dril|li|on** *f. 10* **1.** Million in der vierten Potenz, 10^{24}; vgl. Quintillion; **2.** *USA:* Billiarde, 10^{15}
♦**Qua|dri|nom** *n. 1, Math.:* viergliedrige Größe
♦**Qua|dri|vi|um** [-vi-] *n. Gen.* -s *Sg., MA:* die letzten (höheren) vier der sieben freien Künste: Arithmetik, Geometrie, Astronomie, Musik; vgl. Trivium

quadrophon/quadrofon: Die fremdsprachige Schreibweise *quadrophon* ist die Hauptvariante, die ins Deutsche integrierte Form *quadrofon* die zulässige Nebenvariante. Ebenso: *die Quadrophonie/Quadrofonie.* § 32 (2)

♦**qua|dro|phon** *auch:* **qua|dro|fon**
♦**Qua|dro|pho|nie** *auch:* **Qua|dro|fo|nie** [lat. + griech.] *f. 11 nur Sg.* Tonwiedergabe, die mittels vier Kanälen und Lautsprechern noch vollkommeneres räuml. Hören ermöglicht als Stereophonie
♦**qua|dro|pho|nisch** *auch:* **qua|dro|fo|nisch** mit Hilfe der Quadrophonie
♦**Qua|dru|pe|de** *m. 11* Vierfüßer
♦**Qua|dru|pel** *n. 5 oder m. 5, Math.:* vier zusammengehörige Größen
♦**Qua|dru|pel|al|li|anz** *f. 10* Bündnis aus vier Staaten
Quaes|tio [kvɛs-, lat.] *f. Gen. - Pl.* -ti|o|nes [-ne:s] jurist. Frage; vgl. Quästion
Quag|ga [hottentott.] *n. 9* ausgerottetes afrik. Wildpferd
Quai [kɛ, frz.] *m. 9* = **Kai**
Quai d'Or|say [kɛdɔrsɛ] *m. Gen. - - nur Sg.* **1.** eine Straße in Paris; **2.** das (dort befindliche) frz. Außenministerium

quak!
Quäke *f. 11* Pfeife zum Nachahmen des Klagelauts des Hasen, um kleines Raubwild anzulocken
qua|ken *intr. 1*
quä|ken *intr. 1*
Quä|ker [engl. »Zitterer«, urspr. Spottname] *m. 5* Angehöriger der »Gesellschaft der Freunde«, einer engl.-amerik. relig. Gemeinschaft
Quä|ker|tum *n. Gen.* -s *nur Sg.*
Qual *f. 10*
quä|len *tr. 1*
Quä|le|rei *f. 10*
quä|le|risch
Quäl|geist *m. 3*
Qua|li|fi|ka|ti|on [lat.] *f. 10* **1.** Beurteilung; **2.** Befähigung, Eignung; **3.** Befähigungsnachweis; **4.** Ausbildung
Qua|li|fi|ka|ti|ons|ren|nen *n. 7*
Qua|li|fi|ka|ti|ons|run|de *f. 11*
Qua|li|fi|ka|ti|ons|spiel *n. 1*
qua|li|fi|zie|ren *tr. 3* **1.** kennzeichnen, beurteilen; **2.** befähigen, fähig machen, ausbilden, weiterbilden, (durch Übung, Training) weiterentwickeln; qualifizierte Arbeit: bes. gute Arbeit; qualifizierte Mehrheit: für bestimmte Parlamentsbeschlüsse vorgeschriebene Mehrheit, z. B. Zweidrittelmehrheit; qualifizierte Straftat: Straftat unter erschwerenden Umständen
Qua|li|fi|zie|rung *f. 10*
Qua|li|tät *f. 10* **1.** Beschaffenheit, Güte, Sorte; **2.** Vokalfärbung; vgl. Quantität
qua|li|ta|tiv hinsichtlich der Qualität; q. gute Ware
Qua|li|täts|ar|beit *f. 10* sehr gute Arbeit, Wertarbeit
qua|li|täts|be|wusst (*alt:* qua|li|täts|be|wußt)
Qua|li|täts|kon|trol|le *auch:* **Qua|li|täts|kont|rol|le** *f. 11*
Qua|li|täts|norm *f. 10*
Qua|li|täts|wein *m. 1* Wein einer bestimmten Güte
Qual|le *f. 11* die frei schwimmende Form der Nesseltiere
qual|lig weich, schleimig wie eine Qualle
Qualm *m. 1 nur Sg.*
qual|men *intr. 1*
qual|mig
Quals|ter *m. 5, norddt.:* Schleim, Auswurf
quals|tern *auch:* **qual|stern** *intr. 1, norddt.:* Schleim ausspucken
qual|voll
Quant [lat.] *n. 12* Teilchen (bes. im Zusammenhang mit Energiemengen, Lichtstrahlen und Drehimpulsen gebraucht)

> **Quäntchen:** Entsprechend der landläufigen Zuordnung zu *Quantum* wird das Wort mit *-ä-* geschrieben: *das Quäntchen* (alt: *Quentchen*). § 13

Quänt|chen *n. 7, übertr.:* kleine Menge, ein wenig
Quan|ten|che|mie *f. 11 nur Sg.* Teilgebiet der theoret. Chemie
Quan|ten|me|cha|nik *f. 10 nur Sg.*
Quan|ten|sprung *m. 2*
Quan|ten|the|o|rie *f. 11* Theorie zur Beschreibung von submikroskop. Vorgängen (z. B. innerhalb eines Atoms oder Atomkerns)
quan|ti|fi|zie|ren *tr. 3* der zahlenmäßigen Erfassung zugänglich machen
Quan|ti|tät *f. 10* **1.** Menge, Masse, Anzahl, Größe; **2.** Vokaldauer; vgl. Qualität
quan|ti|ta|tiv hinsichtlich der Quantität
Quan|ti|té né|gli|gea|ble *auch:* **Quan|ti|té nég|li|geab|le** [kãtite negliʒabl, frz.] *f. Gen.* - - *nur Sg.* wegen ihrer Geringfügigkeit außer Acht zu lassende Menge oder Größe
quan|ti|tie|ren *tr. 3;* Silben q.: Silben nach ihrer Länge (nicht: Betonung) messen
Quan|tum *n. Gen.* -s *Pl.* -ten (abgemessene) Menge, Anzahl
Quantz, *Johann Joachim* dt. Komponist
Quap|pe *f. 11* **1.** *kurz für* Kaulquappe; **2.** ein Speisefisch
Qua|ran|tä|ne [ka-, frz.] *f. 11 nur Sg.* Absonderung, Isolierung (ansteckungsverdächtiger Personen)
Qua|ran|tä|ne|sta|ti|on [ka-] *f. 10*
Quar|gel *n. 5, österr.:* kleiner, runder Käse
Quark *m. 1 nur Sg.* **1.** beim Sauerwerden der Milch ausgefällter Käsestoff; **2.** aus diesem Käsestoff hergestellter Weichkäse, Topfen; **3.** *ugs.:* Unsinn, dummes Zeug, Nichtigkeit
Quarks [kwɔːks, nach einem von James Joyce geprägten Wort] *nur Pl.* hypothetische Elementarteilchen
quar|kig
Quark|käul|chen *n. 7* in Fett gebackenes, flaches Klößchen aus Quark, Milch, Mehl, Eiern und Zucker, Käsekäulchen; vgl. Kaule (1)
Quar|re *f. 11, nddt.:* weinerliches Kind, zänkische Frau
quar|ren *intr. 1* **1.** quaken; **2.** quäkend schreien, weinerlich nörgeln
quar|rig
Quart [lat.] **1.** *n. Gen.* -s *Pl.* - altes dt. Flüssigkeitsmaß, bis etwa 1 Liter; **2.** *n. Gen.* -s *nur Sg., kurz für* Quartformat; **3.** *f. 10, Mus.* = **Quar|te;** **4.** *f. 10, Fechten:* eine bestimmte Haltung der Klinge
Quar|ta *f. Gen.* - *Pl.* -ten dritte Klasse des Gymnasiums
Quar|tal *n. 1* Vierteljahr
Quar|tal(s)|ab|schluss (*alt:* Quar|tal(s)|ab|schluß) *m. 2*
Quar|tal(s)|en|de *n. 14;* am, zu Quartal(s)ende
Quar|tal(s)|säu|fer *m. 5, ugs.*
quar|tal(s)|wei|se
Quar|ta|na *f. Gen.* - *Pl.* -nen
Quar|ta|na|fie|ber, Quar|tan|fie|ber *n. 5* Art der Malaria mit Fieberanfällen an jedem vierten Tag, Viertagefieber
Quar|ta|ner *m. 5* Schüler der Quarta
Quar|tan|fie|ber *n. 5* s. **Quar|ta|na|fie|ber**
quar|tär zum Quartär gehörend, aus ihm stammend
Quar|tär *n. 1 nur Sg.* obere Formation des Känozoikums
Quart|band *m. 2* Buch in Quartformat
Quart|bo|gen *m. 7, Buchw.:* Viertelbogen
Quar|te *f. 11,* **Quart** *f. 10* **1.** vierte Stufe der diaton. Tonleiter; **2.** Intervall von vier Tönen
Quar|tel *n. 5, bair.:* Biermaß, Quart
Quar|ter [kwɔtə, engl.] *m. 9* (*Abk.:* qr., *Pl.:* qrs.) engl. Hohlmaß, 2 Pint
Quar|ter|deck *n. 9* hinteres Deck (eines Schiffes)
Quar|ter|meis|ter *m. 5* Steuermann (eines Handelsschiffes)
Quar|tett *n. 1* **1.** Musikstück für vier Singstimmen oder Instrumente sowie die Ausführenden; **2.** Kartenspiel für Kinder
Quart|for|mat *n. 1* (*Zeichen:* 4°) altes Buchformat in der Größe eines Viertelbogens
Quar|tier *n. 1* **1.** Unterkunft, Woh-

nung; **2.** *österr., schweiz.:* Wohnviertel

Quar|tier la|tin [kartje latɛ̃, frz.] *n. Gen. - - nur Sg.* Hochschul-, Studentenviertel von Paris

Quar|tier|ma|cher *m. 5* Soldat, der neue Quartiere sucht

Quar|to|le [lat.] *f. 11, Mus.:* Figur aus vier Noten im Taktwert von drei oder sechs Noten; vgl. Quintole

Quart|sext|ak|kord *m. 1* Umkehrung eines Dreiklangs aus der Grundstellung mit der Quinte als Grundton und darüber liegender Quarte und Sexte

Quarz *m. 1* ein Mineral

Quarz|glas *n. 4*

quar|zig

Quar|zit *m. 1* ein Gestein

Quarz|lam|pe *f. 11* Quecksilberdampflampe

Quarz|uhr *f. 10* Zeitmesser, der die piezoelektr. Eigenschaften eines Quarzkristalls verwendet

Qua|sar [Kurzwort aus quasistellare Radioquelle] *m. 1* Objekt am Sternhimmel mit (meist) starker Radiostrahlung und großer Rotverschiebung

qua|si [lat.] gleichsam, gewissermaßen

Quas|se|lei *f. 10, ugs.*

quas|seln *intr. 1*

Quas|sel|strip|pe *f. 11, ugs., scherzh.* **1.** Telefon; **2.** jmd., der sehr viel, unaufhörlich redet

Quas|sie [-sjə, angeblich nach dem Entdecker, dem schwarzen Sklaven Quassi] *f. 11* südamerik. Bitterholzbaum, liefert Bitterstoff (Heilmittel)

Quast *m. 1* Büschel, breiter Pinsel

Quas|te *f. 11* Faden-, Schnurbüschel, Troddel

Quas|ten|flos|ser *m. 5* urtümlicher Fisch

Quäs|ti|on [lat.] *f. 10* wissenschaftl. Streitfrage, die in der Diskussion entwickelt und gelöst wird

Quäs|tor *m. 13* **1.** *im alten Rom:* hoher Finanzbeamter; **2.** *an Hochschulen:* oberster Kassenbeamter; **3.** *schweiz.:* Kassenwart (eines Vereins); **4.** hoher Beamter im Europ. Parlament mit beratender Stimme im Präsidium

Quäs|tur *f. 10* **1.** *im alten Rom:* Amt des Quästors; **2.** *an Hochschulen:* Kassenstelle

Qua|tem|ber [kirchenlat.] *m. 5* **1.** erster Tag eines Vierteljahres; **2.** *kath. Kirche:* jeder der drei Buß- und Fastentage (Mittwoch, Freitag, Samstag) zu Beginn eines Vierteljahres (vom 3. Advent an gerechnet)

Qua|tem|ber|fas|ten *n. Gen. -s nur Sg.*

qua|ter|när *Chem.:* aus vier Teilen bestehend

Qua|ter|ne *f. 11, Lotto:* vier Gewinnzahlen, Vierergewinn; vgl. Quinterne

Qua|ter|nio *f. Gen. - Pl.* -ni|o|nen Zahl, Ganzes aus vier Einheiten

Qua|ter|ni|on *f. 10* mathemat. Rechengröße (ähnlich den komplexen Zahlen)

Quatsch *m. Gen. -(e)s nur Sg., ugs.* **1.** Unsinn, dummes Gerede, dummer Spaß; **2.** Fehler; **3.** *österr. auch:* nasser Straßenschmutz oder Schneematsch

quat|schen *intr. 1*

Quatsch|kopf *m. 2, ugs.* jmd., der viel Quatsch redet

quatsch|nass (*alt:* quatsch|naß) triefend nass

Quat|tro|cen|tist *auch:* **Quatt|ro|cen|tist** [-tʃɛn-, ital.] *m. 10* Künstler des Quattrocento

Quat|tro|cen|to *auch:* **Quatt|ro|cen|to** [-tʃɛn-, ital. »vierhundert« (nach 1000)] *n. Gen. -(s) nur Sg.* die künstlerische Stilepoche des 15. Jh. in Italien

Que|bra|cho *auch:* **Queb|ra|cho** [kɛbratʃo, span.] *m. 9 nur Sg.* sehr hartes, gerbstoffreiches Holz des südamerik. Quebrachobaumes

Que|chua [kɛtʃua] *m. 9 oder Gen. - Pl. -* s. **Ke|tschua**

Que|cke *f. 11* ein Süßgras mit langen, kriechenden Wurzelstöcken

Queck|sil|ber *n. 5 nur Sg.* **1.** (*Zeichen:* Hg) ein chemisches Element, ein Metall, Hydrargyrum; **2.** *übertr., scherzh.:* ein unruhiger, übermäßig lebhafter Mensch

Queck|sil|ber|dampf|gleich|rich|ter *m. 5* ein Gerät, das mit Hilfe der Eigenschaften von Quecksilberdampf Wechselstrom in Gleichstrom verwandelt

Queck|sil|ber|dampf|lam|pe *f. 11* elektr. Lampe, in der die Entladung durch Quecksilberdampf hindurch erfolgt

queck|sil|ber|hal|tig

queck|sil|be|rig, queck|silb|rig *ugs.:* sehr lebhaft, zu unruhig

queck|sil|bern aus Quecksilber

Queck|sil|ber|säu|le *f. 11 nur Sg.* (*Zeichen:* Hg) Maßeinheit für den Luftdruck

Queens|land [kwinzlənd] Staat von Australien

Quell *m. 1, poet. für* Quelle

Quell|chen *n. 7*

Quell|code [-ko:d] *m. 9, fachsprachl.:* s. **Quell|kode**

Quel|le *f. 11* **1.** Ursprung eines Flusses, aus der Erde fließendes Wasser; **2.** Person, Zeitung u. a., von der man eine Nachricht oder Ware erhalten hat; etwas aus sicherer Q. wissen; **3.** *Pl.* Urkunden, literar. Werke, schriftl. Zeugnisse (zur Forschung)

quel|len **1.** *intr. 93* herausfließen, hervordringen; sich voll Wasser saugen; **2.** *tr. 1* voll Wasser saugen lassen, im Wasser weich werden lassen

Quel|len|for|schung *f. 10 nur Sg.*

Quel|len|kri|tik *f. 10* eine histor. Hilfswissenschaft, die die Zuverlässigkeit geschichtl. Quellen beurteilt

Quel|len|kun|de *f. 11 nur Sg.* eine historische Hilfswissenschaft

Quel|len|steu|er *f. 11 nur Sg.* Steuer, die in dem Land erhoben wird, in dem die Einnahme erwirtschaftet wurde

Quel|len|stu|di|um *n. Gen. -s Pl.* -di|en

Quel|len|werk *n. 1* Sammlung historischer oder literarischer Quellen

Quell|fluss (*alt:* Quell|fluß) *m. 2*

Quell|ge|biet *n. 1*

Quell|kode, *fachsprachl.:* **Quell|code** [-ko:d] *m. 9, EDV:* einer Software zugrunde liegender Programmtext

Quell|nym|phe *f. 11, griech. Myth.*

Quel|lung *f. 10*

Quell|was|ser *n. 5 nur Sg.*

Quell|wol|ken *nur Pl.*

Quen|del *m. 5* echter Thymian, eine Gewürz- und Heilpflanze

Quen|ge|lei *f. 10*

quen|ge|lig, queng|lig

quen|geln *intr. 1, ugs.:* nörgeln, weinerlich etwas verlangen

Quen|gel|sucht *f. 2*

Queng|ler *m. 5*

queng|lig s. **quen|ge|lig**

Quent [lat.] *n. Gen. -s Pl. -* altes dt. Gewicht: 1,67 g

Quent|chen (*alt für:* Quänt|chen) *n. 7*

quer gestreift/gehen/legen, in die Quere kommen: Die Folge aus Adjektiv und Verb/ Partizip wird getrennt geschrieben: *ein quer gestreiftes Hemd; das ist quer gegangen* (= es hat nicht geklappt); *er hat sich quer gelegt* (= er war dagegen). § 34 E3 (2), § 36 E1 (1.2)
Die substantivierte Form wird großgeschrieben: *in die Quere kommen; in die Quere laufen.* § 55 (4)
Aber Kleinschreibung: *kreuz und quer laufen.*

quer; kreuz und quer; quer über die Straße gehen; diesmal ist alles quer gegangen: misslungen; den Stoff quer legen; sie haben sich wieder quer gelegt *ugs.:* sich wiedersetzt; musst du immer quer schießen *übertr.:* Pläne anderer durchkreuzen; er rannte quer durch die Wiese; er schnitt den Stoff quer (nicht längs) durch; *aber:* → querdurch; ein quer gestreiftes Kleid; das Kleid ist quer gestreift (nicht längs)
Quer|bahn|steig *m. 1*
Quer|bal|ken *m. 7*
quer|durch mitten hindurch; er rannte einfach q.; er schnitt den Stoff q.: mittendurch; vgl. quer
Que|re *f. 11 nur Sg.* Querrichtung; die Kreuz und die Quere durch den Wald laufen; er kam mir in die Quere; das kommt mir (sehr) der Quere *ugs.:* (sehr) ungelegen
Que|re|le [lat.] *f. 11 meist Pl., veraltend:* Klage, Streit
que|ren *tr. 1, veraltend:* überqueren, kreuzen

querfeldein laufen: Mehrteilige Adverbien schreibt man zusammen: *querfeldein.* § 39
Fügungen aus dem mehrgliedrigen Adverb *querfeldein* und einem Verb schreibt man im Infinitiv, Partizip und am Ende eines Nebensatzes getrennt: *Er ist zehn Kilometer querfeldein gelaufen.* § 34 E3 (2)

quer|feld|ein
Quer|feld|ein|lauf *m. 2*
Quer|feld|ein|ritt *m. 1*
Quer|flö|te *f. 11*
Quer|for|mat *n. 1*
quer ge|hen (*alt:* quer|ge|hen) *intr. 47, übertr.:* misslingen
quer ge|streift (*alt:* quer|gestreift)
Quer|kopf *m. 2, ugs.:* jmd., der sich nicht unterordnen kann, der häufig etwas anderes will als seine Umgebung
quer|köp|fig
Quer|köp|fig|keit *f. 10 nur Sg.*
quer le|gen (*alt:* quer|le|gen) *tr. u. refl. 1* sich widersetzen
quer lie|gen (*alt:* quer|lie|gen) *intr. 80*
Quer|pfei|fe *f. 11* kleine Querflöte
quer schie|ßen (*alt:* quer|schießen) *intr. 113, übertr.:* die Pläne anderer durchkreuzen oder behindern
Quer|schiff *n. 1* das Längsschiff kreuzender und zu beiden Seiten darüber hinausragender Teil der Kirche
Quer|schlä|ger *m. 5* Geschoss, das einen Gegenstand streift und sich dadurch quer stellt (verursacht schwere Wunden)
Quer|schnitt *m. 1* Schnitt durch einen Körper quer zu dessen Längsachse
Quer|schnitts|läh|mung *f. 10* Lähmung der Körperteile unterhalb der Stelle, an der das Rückenmark verletzt und die Nervenbahnen unterbrochen wurden
Quer|schuss (*alt:* Quer|schuß) *m. 2, übertr.:* Durchkreuzung oder Behinderung der Pläne anderer
Quer|stra|ße *f. 11*
Quer|sum|me *f. 11* Summe der Ziffern einer mehrstelligen Zahl
Quer|tal *n. 4* Tal quer zur Richtung des Gebirgsverlaufs
Quer|trei|ber *m. 5* jmd., der ständig die Pläne anderer zu durchkreuzen oder behindern sucht
Quer|trei|be|rei *f. 10*
quer|über *veraltet:* schräg gegenüber; q. dem Haus; *aber:* er ging quer über die Straße
Que|ru|lant [lat.] *m. 10* Nörgler, Quengler
que|ru|lie|ren *intr. 3* nörgeln, quengeln, ein eingebildetes Recht verteidigen
Quer|ver|bin|dung *f. 10*
Quer|ver|weis *m. 1*
Quer|ze|tin [lat. + frz.] *n. 1 nur Sg.* gelber Farbstoff in der Rinde der nordamerik. Färbereiche und in einigen Blütenpflanzen
Quer|zit [lat.] *m. 1 nur Sg.* in Eicheln enthaltener, süßer Alkohol, Eichelzucker
Quer|zi|tron *auch:* **Quer|zit|ron** [lat. + frz.] *n. 1* gemahlene Rinde der nordamerikanischen Färbereiche
Que|sal [kɛ-] *m. 9* s. **Quet|zal** (1)
Que|se *f. 11, norddt.* **1.** Blase unter der Haut, Schwiele; **2.** Drehwurm
que|sen *intr. 1, norddt., übertr.:* nörgeln, quengeln
Que|sen|kopf *m. 2* an der Drehkrankheit leidendes Schaf
que|sig *norddt.* **1.** quengelig, nörgelig; **2.** an der Drehkrankheit leidend
Quet|sche *f. 11, ugs.* **1.** Presse, z. B. Kartoffelquetsche; **2.** kleine Gastwirtschaft, kleines Gut, kleiner Ort; **3.** Akkordeon
quet|schen *tr. 1*
Quetsch|kar|tof|feln *Pl.* Kartoffelbrei
Quetsch|kom|mo|de *f. 11, ugs., scherzh.:* Ziehharmonika, Akkordeon
Quet|schung *f. 10*
Quetsch|wun|de *f. 11*
Quet|zal [kɛt-, mexikan. Indianerspr.] **1.** Que|sal, Que|zal *m. 9* mittelamerik. Vogel mit langen, grünen Schwanzfedern; **2.** *m. Gen.* -s *Pl.* - (*Abk.:* Q) Währungseinheit in Guatemala, 100 Centavos
Queue [kø, frz. »Schwanz«] **1.** *n. 9, österr.: m. 9* Billardstock; **2.** *f. 9* Ende einer Marschkolonne, lange Reihe, Schlange (von Menschen)
Que|zal [kɛ-] *m. 9* s. **Quet|zal** (1)
Quiche [kiʃ, frz.] *f. Gen.* - *Pl.* -s Speckkuchen aus Mürb- oder Blätterteig
Qui|chotte [kiʃɔt] vgl. Don Quichotte
quick *ugs.:* lebhaft, lebendig, munter, flink
Quick|born *m. 1, veraltet:* Jungbrunnen
qui|cken *intr. 1, veraltet:* mit Quecksilber vermischen
Quick|heit *f. 10 nur Sg.* quickes Wesen, Lebendigkeit
quick|le|ben|dig
Quick|stepp (*alt:* Quick|step) *m. 9* eine Tanzart, schnell getanzter Foxtrott
Quick|test *auch:* **Quick-Test** [nach dem amerik. Arzt A.J. Quick] *m. 1 oder m. 9* Methode zur Bestimmung der Gerinnungszeit des Blutes

Q

Qui|dam [lat.] *m. Gen. - nur Sg.* ein gewisser ...
Quid|di|tät *f. 10 nur Sg.* das Was-Sein, das Wesen (eines Dinges)
Quid|pro|quo *n. 9* Missverständnis, Verwechslung (zweier Dinge); vgl. Quiproquo
quie|ken *intr. 1,* **quiek|sen** *intr. 1, ugs.*
Quiek|ser *m. 5, ugs.:* hoher, quiekender Laut
Qui|e|tis|mus [lat.] *m. Gen. - nur Sg.* **1.** Lehre, die das Einswerden mit Gott durch willen- und leidenschaftsloses Sichergeben in seinen Willen erstrebt; **2.** Streben nach völliger Ruhe des Gemüts, Verzicht auf aktives Handeln
Qui|e|tist *m. 10* Anhänger des Quietismus
qui|e|tis|tisch
Qui|e|tiv *n. 1,* **Qui|e|ti|vum** [-vum] *n. Gen. -s Pl. -va* [-va] Beruhigungsmittel
qui|e|to [ital.] *Mus.:* ruhig
quiet|schen *intr. 1*
Quiet|scher *m. 5, ugs.*
quietsch|ver|gnügt
Qui|jo|te [kixɔ̣tə] vgl. Don Quichotte
Quil|la|ja [indian.] *f. 9* Seifenbaum
Quil|la|ja|rin|de *f. 11 nur Sg.* Rinde der Quillaja, aus der Reinigungsmittel gewonnen werden
quil|len *tr. 1, veraltet für* quellen
Qui|nar [lat.] *m. 1* altröm. Silbermünze
quin|ke|lie|ren *intr. 3* s. **quin|que|lie|ren**
Quin|qua|ge|si|ma [lat.] 50. Tag vor Ostern, Fastnachtssonntag
quin|que|lie|ren, quin|ke|lie|ren, quin|qui|lie|ren [lat.] *intr. 3* trällern, vor sich hin singen
Quin|quen|ni|um *n. Gen. -s Pl. -ni|en* Zeitraum von fünf Jahren, Jahrfünft
quin|qui|lie|ren *intr. 3* s. **quin|que|lie|ren**
Quin|quil|li|on *f. 10* s. **Quin|til|li|on**
Quint *f. 10* **1.** *Mus.* = **Quin|te; 2.** *Fechten:* eine bestimmte Haltung der Klinge
Quin|ta *Gen. - Pl. -ten* zweite Klasse des Gymnasiums
Quin|tal [frz.: kẽtal, span. und port.: kintal] *m. Gen. -s Pl. - (Abk.:* q), *früher:* frz., span., mittel- und südamerik. Gewicht, 1 Zentner
Quin|ta|na *f. Gen. - nur Sg.*
Quin|ta|na|fie|ber *n. Gen. -s nur Sg.* Fünftagefieber
Quin|ta|ner *m. 5* Schüler der Quinta
Quin|te *f. 11,* **Quint** *f. 11* **1.** fünfter Ton der diatonischen Tonleiter; **2.** Intervall von fünf Tönen
Quin|ten|zir|kel *m. 5* Aufzeichnung sämtlicher Tonarten in Kreisform, jeweils in Quinten fortschreitend
Quin|ter|ne *f. 11* fünf Gewinnzahlen, Fünfergewinn; vgl. Quaterne
Quint|es|senz *f. 10* Ergebnis, Hauptinhalt, Hauptgedanke, Wesen, Kern (einer Sache)
Quin|tett *n. 1* Musikstück für fünf Singstimmen oder Instrumente sowie die Ausführenden
Quin|til|li|on, Quin|quil|li|on *f. 10* fünfte Potenz einer Million, 10^{30}; vgl. Quadrillion
Quin|to|le *f. 11* Figur aus fünf Noten im Taktwert von drei, vier oder sechs Noten; vgl. Quartole
Quint|sext|ak|kord *m. 1* Umkehrung eines Dreiklangs aus der Grundstellung mit der Terz als Grundton und darüber liegender Quinte und Sexte
Qui|pro|quo [lat.] *n. 9* Verwechslung (zweier Personen); vgl. Quidproquo
Qui|pu [ki-, peruan. Indianerspr.] *n. 9 oder Gen. - Pl. -* Knotenschnüre
Qui|rin, Qui|ri|nus röm. Gott
Qui|ri|nal *m. Gen. -s nur Sg.* einer der Hügel in Rom
Qui|ri|te [lat.] *m. 11, im alten Rom Ehrentitel für* Vollbürger
Quirl *m. 1* **1.** Küchengerät zum Mischen; **2.** *Bot.:* = Wirtel; **3.** *übertr., scherzh.:* sehr lebhafter, unruhiger Mensch
quir|len *tr. 1*
quir|lig *übertr., scherzh.:* lebhaft
Quis|ling [nach dem norweg. Faschistenführer Vidkun Q.] *m. 1* Verräter, Kollaborateur
Quis|qui|li|en [lat.] *nur Pl.* Kleinigkeiten, Nichtigkeiten
Qui|to [ki-] Hauptstadt von Ecuador
quitt [lat.] *unflektierbar, nur prädikativ:* ausgeglichen, frei von Verbindlichkeiten; wir sind q.
Quit|te [griech.] *f. 11* **1.** südosteuropäischer und oriental. Kernobststrauch oder -baum; **2.** dessen apfel- bis birnenförmige Frucht, Quittenapfel
quit|te|gelb
Quit|ten|ap|fel *m. 6* = Quitte (2)
Quit|ten|brot *n. 1 nur Sg.* in Stücke geschnittene, feste Quittenmarmelade
Quit|ten|ge|lee *n. 9 oder m. 9*
Quit|ten|kä|se *m. Gen. -s nur Sg., österr. für* Quittenmarmelade
Quit|ten|mar|me|la|de *f. 11*
quit|tie|ren [frz.] *tr. 3;* einen Betrag q.: den Empfang bescheinigen, eine Quittung über den empfangenen Betrag ausstellen; eine Rechnung q.: den Empfang des Betrages auf der Rechnung bescheinigen; den Dienst q.: aus dem Dienst ausscheiden, in den Ruhestand treten; eine Bemerkung mit einem Lächeln, einer Handbewegung q.: beantworten
Quit|tung *f. 10* **1.** Empfangsbescheinigung; **2.** *übertr.:* Antwort, Strafe (für ein Verhalten)
Qui|vive [kivif, frz.] *n., nur in der Wendung* auf dem Q. sein: auf der Hut, aufmerksam sein
Quiz [kvis, engl.] *n. Gen. - Pl. -* Frage- und Antwort-Spiel
Quiz|mas|ter *m. 5* Fragesteller, Conférencier bei einer Quizveranstaltung
Quiz|sen|dung *f. 10*
quiz|zen [kvisən] **1.** *intr. 1* ein Quiz spielen; **2.** *tr. 1;* jmdn. q.: mit jmdm. ein Quiz veranstalten
Qum|ran [kum- oder -ran], Kumran am Ufer des Toten Meeres gelegene Fundstätte von Schriftrollen mit Texten aus dem AT
quod erat demonstrandum *auch:* **quod erat de|monst|ran|dum** [lat. »was zu beweisen war«] *(Abk.:* q. e. d.) Redensart am Schluss eines math. oder log. Beweises
Quod|li|bet [lat. »was beliebt, was gefällt«] *n. 9* **1.** buntes Durcheinander; **2.** mehrstimmiges Gesangsstück mit lustigen Texten
quod li|cet Jo|vi, non li|cet bo|vi [lat. »was Jupiter erlaubt ist, ist (noch lange) nicht dem Ochsen erlaubt«]: dasselbe schickt sich nicht für alle, nicht jeder darf dasselbe tun
Quo|rum [lat.] *n. Gen. -s nur Sg.* **1.** die zur Beschlussfassung notwendige Anzahl von Mitgliedern **2.** *schweiz. auch:* die zur Wahl eines Vertreters erforderliche Zahl von Wählern
Quo|ta|ti|on [lat.] *f. 10* **1.** *Börse:*

Q

Kursnotierung; **2.** Berechnung eines Anteils
Quo|te *f. 11* **1.** auf den Einzelnen entfallender Anteil, verhältnismäßiger (z. B. Gewinn-)Anteil; **2.** Beteiligungszahl
Quo|ten|frau *f. 10, ugs.:* Frau, die eine bestimmte Position aufgrund einer Quotenregelung erhält
Quo|ten|re|ge|lung *f. 10* Festsetzung eines angemessenen Anteils (z. B. von Frauen) in politischen Gremien
Quo|ti|di|a|na *f. Gen. - Pl.* -nen Form der Malaria mit tägl. Fieberanfällen
Quo|ti|ent [-tsjɛnt] *m. 10* **1.** zweigliedriger, durch Bruchstrich oder Teilungszeichen verbundener Zahlenausdruck, z. B. $^2/_3$, 2:3; **2.** Ergebnis einer Division
quo|tie|ren *tr. 3;* den Kurs, Preis q.: mitteilen, angeben
quo|ti|sie|ren *tr. 3;* eine Summe quotisieren: in Quoten, anteilgemäß aufteilen
quo va|dis? [- va-, lat., eigtl. Domine, quo vadis? »Herr, wohin gehst du?« (Frage des aus dem Gefängnis entflohenen Petrus an den ihm erscheinenden Christus)] wohin gehst du?

Q

r *Abk. für* Radius
R *Abk. für* **1.** Republik **2.** Rundfunk **3.** Réaumur, Einheit beim in 80 Grade eingeteilten Thermometer **4.** Röntgen; **5.** Radius; **6.** *auf Münzen:* Rex (König); **7.** Roma, Romanus; **8.** rarus [lat. »selten«], z. B. in Münzkatalogen; **9.** Rand: Währungseinheit der Republik Südafrika
® *Zeichen für* registered: eingetragenes Warenzeichen
Ra *chem. Zeichen für* Radium
Ra s. **Re** (1)
Raa *f. 10* s. **Rah**
Raa|be, *Wilhelm* dt. Schriftsteller
Ra|bat *amtl.* Ribat el-Fath *oder* Er Rabat, Hauptstadt von Marokko
Ra|batt [ital.] *m. 1* Preisnachlass
Ra|bat|te [frz.] *f. 11* **1.** schmales Pflanzenbeet; **2.** Aufschlag an einem Kragen oder Ärmel
ra|bat|tie|ren [ital.] *tr. 3;* eine Ware r.: auf eine Ware Rabatt gewähren
Ra|batz *m. Gen.* -es *nur Sg., ugs.:* lautes Treiben, Unfug, Tumult
ra|bat|zen *intr. 1, ugs.:* Allotria treiben
Ra|bau|ke *m. 11, ugs.:* rüpelhafter (junger) Mensch
ra|bau|ken *intr. 1, ugs.:* sich rüpelhaft betragen
Rab|bi [hebr. »mein Herr, mein Meister«] *m. Gen.* -(s) *Pl.* -s *oder* -bi|nen Ehrentitel jüd. Gesetzeslehrer und Träger dieses Titels; Schriftgelehrter
Rab|bi|nat *n. 1* Amt eines Rabbiners
Rab|bi|ner *m. 5* jüdischer Schriftgelehrter und Geistlicher
rab|bi|nisch
Ra|be *m. 11;* ein weißer R. *ugs.:* große Seltenheit; stehlen wie ein R., wie die Raben *ugs.:* gewohnheitsmäßig stehlen
Ra|be|lais [rabəlɛ], *François* frz. Schriftsteller
Ra|ben|aas *n. Gen.* -es *Pl.* -ä|ser, *Schimpfw.*
Ra|ben|el|tern *nur Pl., ugs.:* schlechte Eltern
Ra|ben|schlacht *f. 10* mhd. Epos, das die Schlacht bei Ravenna (Raben) schildert
ra|ben|schwarz
ra|bi|at [lat.] jähzornig, wütend
Ra|bi|es [lat.] *f. Gen.* - *nur Sg.* Tollwut
Ra|bitz|de|cke [nach ihrem Erfinder, Karl Rabitz] *f. 11,* **Ra|bitz|wand** *f. 2* Decke bzw. Wand mit Drahtgeflechteinlage
Ra|bu|list [lat.] *m. 10* Haarspalter, Wort-, Rechtsverdreher
Ra|bu|lis|tik *f. 10 nur Sg.* Haarspalterei, Wort-, Rechtsverdrehung
ra|bu|lis|tisch
Race [rɛɪs, engl.] *n. Gen.* - *Pl.* -s [-sɪz] Wettfahrt, Wettrennen
Ra|che *f. 11 nur Sg.*
Ra|che|akt *m. 1* Tat der Rache, Vergeltungstat
Ra|che|durst *m. Gen.* -(e)s *nur Sg.*
ra|che|durs|tig
Ra|che|en|gel *m. 5*
Ra|che|ge|lüs|te *n. 5 meist Pl.*
Ra|chen *m. 7* **1.** Teil der oberen Luftwege; **2.** Maul großer Raubtiere; **3.** *vulg.* Mund
rä|chen *tr. 1*
Ra|chen|ab|strich *m. 1* Probeentnahme von Absonderungen der Rachenschleimhaut
Ra|chen|blüt|ler *Pl.* eine Pflanzengattung
Ra|chen|bräu|ne *f. 11* Diphtherie
Ra|chen|man|del *f. 11*
Ra|chen|put|zer *m. 5, ugs.:* scharfes alkohol. Getränk
Rä|cher *m. 5*
Ra|chi|tis [-xi-, griech.] *f. Gen.* - *Pl.* -ti|den *Med.* auf Mangel an Vitamin D beruhende Erweichung der Knochen, englische Krankheit
ra|chi|tisch [-xi-, griech.]
Rach|lust *f. Gen.* - *nur Sg.*
rach|lüs|tern
Rach|ma|ni|now [-nɔf], *Sergej* russ.-amerik. Komponist
rach|süch|tig
Ra|cine [rasin], *Jean* frz. Schriftsteller
Ra|cing|team *auch:* **Ra|cing Team** (*alt:* Ra|cing-Team) [rɛɪsɪŋti:m, engl.] *n. 9* Renngemeinschaft
Rack [ræk, engl.] *n. Gen.* -s *Pl.* -s Regal für eine Stereoanlage
Ra|cke, Ra|ke *f. 11* Saatkrähe
ra|ckeln *intr. 1* balzen (vom Rackelhahn)
Ra|ckel|wild *n. Gen.* -es *nur Sg., Sammelbez. für* Rackelhahn und Rackelhuhn, Kreuzung aus Auerhenne und Birkhahn (selten auch umgekehrt)
Ra|cker *m. 5, ugs. scherzh.:* kleines Kind
Ra|cke|rei *f. 10* schwere Arbeit (unter Zeitdruck)
ra|ckern *refl. 1* schwer arbeiten, sich abschinden
Ra|cket [rækɪt, engl.], **Ra|kett** *n. 9* **1.** Tennisschläger; **2.** *in den USA:* Erpresserbande
Ra|cke|teer [rækəti:r] *m. 9* Mitglied einer Erpresserbande
Ra|clette *auch:* **Rac|lette** [-klɛt, frz.] *f. oder n. 11* **1.** schweiz. Käse; **2.** Gericht aus heißem R. mit Tomaten oder Weinbeeren auf Toast oder gerösteter Kartoffel; **3.** kleiner Grill zum Zubereiten dieses Gerichts
rad **1.** *Abk. für* Radiant (2); **2.** [Kurzwort aus engl. radiation] *n. Gen.* - *Pl.* - Maßeinheit für Strahlungsmenge
Rad *n. 4;* Rad fahren, *ugs. übertr. auch:* einem Vorgesetzten liebedienern und dabei Untergebene schikanieren; Rad fahrend; *aber Zusammenschreibung des Substantivs:* die Vorzüge des Radfahrens; Rad schlagen; ein Rad schlagen; fünftes Rad am Wagen sein *ugs. übertr.:* überflüssig sein; ins Rad *oder:* in die Räder greifen *ugs. übertr.:* einen Vorgang, eine Entwicklung behindern, bremsen; unter die Räder kommen *ugs. übertr.:* zugrunde gehen
Ra|dar [auch: ra-, Kurzwort aus engl. radio detecting and ranging »durch Funkwellen auffinden und die Entfernung bestimmen«] *m. oder n. Gen.* -s *nur Sg.* ein Funkmessverfahren
Ra|dar|bug *m. 1*
Ra|dar|fal|le, Ra|dar|na|se *f. 11* Rumpfspitze eines Flugzeugs mit Radargeräten
Ra|dar|schirm *m. 1* Bildleuchtscheibe eines Radargeräts
Ra|dau *m. 1 nur Sg.*
Ra|dau|bru|der *m. 6* jmd., der gern Krach schlägt oder Streit anfängt
ra|dau|en *intr. 1, ugs.:* Radau machen
Rad|ball *m. 2 nur Sg.* Ballspiel auf Fahrrädern
Räd|chen *n. 7, Pl. auch:* Rä|derchen; bei ihm ist ein R. locker

ugs. übertr.: er ist ein bisschen verrückt
Rad|damp|fer *m. 5*
ra|de|bre|chen *tr. 1;* eine Sprache r.: sie sehr fehlerhaft sprechen; ich radebreche Spanisch, habe es nur geradebrecht
ra|deln *intr. 1, ugs.:* mit dem Fahrrad fahren; ich radele, radle
rä|deln *tr. 1* mit einem (gezackten) Rädchen ausschneiden (z. B. Teig), *meist:* ausrädeln
Rä|dels|füh|rer *m. 5* Haupt, Anführer einer Verschwörung, einer Rebellion
Rä|der|chen *Pl. von* Rädchen
...rä|de|rig, ...räd|rig *in Zus.:* ein sechsräd(e)riges, 6-räd(e)riges Fahrzeug
rä|dern *tr. 1* mit einem Rad hinrichten, auf ein Rad binden; wie gerädert sein *ugs.:* sehr erschöpft sein
Rä|der|tier *n. 1,* **Rä|der|tier|chen** *n. 7* ein Hohlwurm

Rad fahren/fahrend/schlagen: Die Fügung aus Substantiv und Verb wird getrennt und großgeschrieben: *Sie fährt Rad. Rad fahrend kam sie uns entgegen. Gestern sind wir Rad gefahren.* Ebenso: *Ein Rad schlagender Pfau. Sie kann ein Rad schlagen.* § 34 E3 (5), § 36 E1 (1.2)

Rad fahren (*alt:* rad|fah|ren) *tr. 32*
Rad|fah|rer *m. 5; auch übertr.*
Rad|fahr|weg *m. 1*
Ra|di *m. 9, bair. für* Rettich
ra|di|al [lat.] von einem Punkt strahlenförmig ausgehend
Ra|di|al|li|nie *f. 11, österr.:* durchgehende Verkehrsverbindung zwischen Stadtmitte und Stadtrand
Ra|di|al|rei|fen *m. 7*
Ra|di|al|sym|me|trie *auch:* **Ra|di|al|sym|met|rie** *f. 11*
ra|di|al|sym|me|trisch *auch:* **ra|di|al|sym|met|risch**
Ra|di|ant *m. 10* **1.** *Astron.:* Punkt des Himmels, von dem her ein Sternschnuppenschwarm zu kommen scheint; **2.** (*Abk.:* rad) *Math.:* in Grad gemessener Winkel, dessen Bogenmaß 1 ist
ra|di|är strahlenförmig angeordnet (z. B. Blüten)
Ra|di|a|ti|on *f. 10* Strahlung
Ra|di|a|tor *m. 13* Heizkörper, der die Luft überwiegend durch Strahlung erwärmt; *Ggs.:* Konvektor
Ra|dic|chio [radịkjo, ital.] *m. Gen. - Pl.* -s ital. Zichorienart
ra|die|ren [lat.] **1.** *tr. 3* mit der Radiernadel in eine Kupferplatte ritzen; **2.** *intr. 3* Schreibfehler o. Ä. auslöschen; **3.** *intr. 3* sich abwetzen (Reifen)
Ra|die|rer *m. 5* **1.** jmd., der Radierungen herstellt; **2.** *ugs.:* Radiergummi
Ra|dier|gum|mi *m. 9*
Ra|dier|mes|ser *n. 5*
Ra|die|rung *f. 10* **1.** dem Kupferstich ähnl. Verfahren, bei dem man mit einer Radiernadel eine Zeichnung in eine präparierte Kupferplatte ritzt und diese ätzt; **2.** Abdruck davon
Ra|dies|chen *n. 7*
ra|di|kal [lat.] **1.** aufs Äußerste gehend, kompromisslos; **2.** *Math.:* auf die Wurzel bezogen
Ra|di|kal *n. 1* **1.** *Math.:* Zeichen für das Wurzelziehen ($\sqrt{}$); **2.** *Chem.:* eine Atomgruppe
Ra|di|ka|len|er|lass (*alt:* Ra|di|ka|len|er|laß) *m. 1*
Ra|di|ka|le(r) *m. 18 (17) bzw. f. 17 oder 18* jmd. mit kompromisslosen (polit.) Ansichten
Ra|di|ka|lins|ki *m. 9, ugs. verächtl.:* politisch extremer, zu Gewaltlösungen neigender Mensch
ra|di|ka|li|sie|ren *tr. 3* zum Radikalismus aufstacheln
Ra|di|ka|lis|mus *m. Gen. - nur Sg.* **1.** radikale polit. Richtung; **2.** radikale Anschauungen, radikales Denken
Ra|di|ka|list *m. 10*
Ra|di|kal|o|pe|ra|ti|on *f. 10* völlige operative Entfernung eines kranken Organs
Ra|di|kand *m. 10* Zahl, deren Wurzel zu ziehen ist
ra|dio..., Ra|dio... [lat.] *in Zus.* **1.** strahlen..., Strahlen..., Strahlungs..., z. B. Radioastronomie; **2.** Rundfunk...
Ra|dio *n. 9, schweiz.: m. 9, Kurzwort für* Rundfunkgerät, Rundfunksender
ra|di|o|ak|tiv Strahlung aussendend
Ra|di|o|ak|ti|vi|tät [-vi-] *f. 10 nur Sg.*
Ra|di|o|a|ma|teur [-tør] *m. 1*
Ra|di|o|che|mie *f. 11*
Ra|di|o|e|le|ment *n. 1* durch seinen radioaktiven Zerfall Strahlung aussendendes chem. Element
ra|di|o|gen *ugs.:* für den Rundfunk geeignet, z. B. radiogene Stimme
Ra|di|o|gen *n. 1* aus radioaktivem Zerfall entstandenes chem. Element
Ra|di|o|ge|rät *n. 1*
Ra|di|o|gramm *n. 1* Röntgenogramm
Ra|di|o|gra|phie *auch:* **Ra|di|o|gra|fie** *f. 11* Röntgenographie
Ra|di|o|in|di|ka|tor *m. 13, Med.:* Isotop in einem Untersuchungsverfahren
Ra|di|o|kar|bon|me|tho|de *f. 11* Methode zur Altersbestimmung von organ. Stoffen durch Feststellen des Gehalts an radioaktivem Kohlenstoff
Ra|di|o|la|rie [-riə] *f. 11* Strahlentierchen
Ra|di|o|lo|ge *m. 11*
Ra|di|o|lo|gie *f. 11 nur Sg.* Lehre von der Anwendung der Röntgenstrahlen
Ra|di|o|ly|se *f. 11* durch Ionenstrahlung bewirkte Veränderung in chem. Systemen
Ra|di|o|me|ter *n. 5* ein Strahlungsmessgerät
Ra|di|o|me|trie *auch:* **Ra|di|o|met|rie** *f. 11 nur Sg.* Verfahren zur Untersuchung der Radioaktivität von Gesteinen
Ra|di|o|sen|der *m. 5*
Ra|di|o|sko|pie *auch:* **Ra|di|os|ko|pie** *f. 11* Röntgenoskopie
Ra|di|o|son|de *f. 11* meteorolog. Beobachtungsballon, der seine Messergebnisse zur Erde funkt
Ra|di|o|stern *m. 1* elektromagnet. Strahlen im Radiowellenbereich aussendender Stern
Ra|di|o|te|le|skop *auch:* **Ra|di|o|te|les|kop** *n. 1* Empfangsgerät für Radiostrahlungen aus dem Weltraum
Ra|di|o|the|ra|pie *f. 11* Heilbehandlung mit Strahlen
Ra|di|um [lat.] *n. Gen.* -s *nur Sg.* (*Zeichen:* Ra) chem. Element
Ra|di|um|e|ma|na|ti|on *f. 10 nur Sg.* ein radioaktives Gas
Ra|di|um|the|ra|pie *f. 11* Heilbehandlung mit Radiumstrahlen
Ra|di|us [lat.] *m. Gen. - Pl.* -di|en *oder* -dii (*Abk.:* r) halber Durchmesser
Ra|di|us|vek|tor [-vɛk-] *m. 13* vom Mittelpunkt eines Kreises oder einer Kugel ausgehender Vektor
Ra|dix [lat.] *f. Gen. - Pl.* -di|zes *oder* -di|ces Wurzel

R

ra|di|zie|ren *tr. 3;* eine Zahl r.: die Wurzel aus einer Zahl ziehen
Rad|ler **1.** *m. 5* Radfahrer; **2.** *n. Gen. - Pl. -, bair.:* Mischgetränk aus Bier und Limonade
Rad|ler|maß *f. Gen. - Pl. -*
Rad|man|tel *m. 6* **1.** ärmelloser Umhang für Radfahrer; **2.** Gummireifen über dem Luftschlauch eines Rades
Ra|dom [Kurzwort aus engl. radar dome »Radarkuppel«] *n. 9* Verkleidung von Radargeräten zum Schutz gegen Witterungseinflüsse
Ra|don [auch: -don, lat.] *n. Gen. -s nur Sg.* (*Zeichen:* Rn) chem. Element, ein Edelgas
Rad|renn|bahn *f. 10*
Rad|ren|nen *n. 7*
...räd|rig s. **...rä|de|rig**
Ra|dscha *auch:* **Rad|scha** [auch: ra-, Sanskrit] *m. 9* Titel indischer Herrscher
Rad schla|gen (*alt:* rad|schla|gen) *tr. 116*
Rad|schlep|per *m. 5* eine Zugmaschine
Rad|schuh *m. 1* Bremsklotz an Rädern
Rad|sport *m. Gen. -s nur Sg.*
Rad|stand *m. Gen. -(e)s nur Sg.* Abstand zwischen erster und letzter Achse eines Fahrzeugs
Rad|sturz *m. Gen. -es nur Sg.* = Achssturz
Rad|wan|de|rung *f. 10*
Rad|weg *m. 1*
Ra|du|la [lat.] *f. Gen. - Pl. -lae* [-lɛː] Reibzunge der Weichtiere
Räf *n. 1, schweiz.* s. **Reff** (2)
RAF *Abk. für* Rote-Armee-Fraktion
R. A. F. *Abk. für* Royal Air Force
Raf|fa|el (eigtl. Raffaello Santi) ital. Maler
Raf|fa|el, Ra|fa|el, Ra|pha|el männl. Vorname
Raf|fa|e|la, Ra|fa|e|la, Ra|pha|e|la weibl. Vorname
Raf|fel *f. 11, südd.* **1.** Reibeisen, Kamm, Klapper; **2.** großer, unschöner Mund; loses Mundwerk; klatschhafte Frau
raf|feln *südd.* **1.** *tr. 1* reiben; verleumden; **2.** *intr. 1* schaben, rasseln; zanken
raf|fen *tr. 1*
Raf|fer *m. 5, verächtl.:* habgieriger Mensch
Raff|gier *f. 10 nur Sg.*
raff|gie|rig
Raf|fi|a|bast *m. 1 nur Sg.* s. **Ra|phi|a|bast**
raf|fig habgierig
Raf|fi|na|de [frz.] *f. 11* zerkleinerter, gereinigter Zucker
Raf|fi|nat *n. 1* etwas, was raffiniert worden ist
Raf|fi|na|ti|on *f. 10* Reinigung, Verfeinerung
Raf|fi|ne|ment [-mã] *n. 9* **1.** Ausgesuchtheit, Überfeinerung; **2.** durchtriebene Schlauheit
Raf|fi|ne|rie *f. 11* Industrieanlage zur Raffination von Zucker, Öl, Kupfer u. a.
Raf|fi|nes|se *f. 11* **1.** Verfeinerung, Überfeinerung; mit allen Raffinessen: mit jedem nur erdenklichen Zubehör; **2.** Durchtriebenheit
Raf|fi|neur [-nøːr] *m. 1* eine Holzbearbeitungsmaschine
raf|fi|nie|ren *tr. 3* reinigen, verfeinern
raf|fi|niert *übertr.:* schlau, durchtrieben, gerissen
Raf|fi|no|se *f. 11* eine Zuckerart
Raff|ke *m. 9, ugs., verächtl.:* geldgieriger Mensch
Raff|zahn *m. 2* **1.** Eckzahn (bes. bei Raubtieren); **2.** Raffzähne *ugs.:* vorstehende Schneidezähne
Raft [engl. »Floß«] *n. 9* großes, wildwassertaugliches Schlauchboot
Raf|ting [engl.] *n. Gen. - nur Sg.* Freizeitsport mit einem Raft im Wildwasser
Rag [ræg, amerik.] *m. Gen. -(s) nur Sg., Kurzwort für* Ragtime
Ra|ge [-ʒə, frz.] *f. 11 nur Sg., ugs.:* Wut
ra|gen *intr. 1*
Ra|glan|är|mel *auch:* **Rag|lan|är|mel** [nach Lord Raglan] *m. 5* angeschnittener, am Halsausschnitt angesetzter Ärmel
Ra|glan|schnitt *auch:* **Rag|lan|schnitt** *m. 1 nur Sg.*
Rag|na|rök [altnord.] *f. Gen. - nur Sg., german. Myth.:* Weltuntergang
Ra|gout [-gu, frz.] *n. 9* Gericht aus klein geschnittenem Fleisch oder Fisch in gewürzter Soße
Ra|gout fin, Ra|goût fin [-gu fɛ̃] *n. Gen. - - Pl. -s -s* [-gu fɛ̃] feines Ragout (als Pastetenfüllung oder überbacken)
Rag|time [rægtaɪm, amerik.] *m. Gen. -(s) nur Sg.* stark synkopierter Vorläufer des Jazz
Rag|wurz *f. 10* eine Orchidee
Rah *f. 10,* **Ra|he** *f. 11,* Raa *f. 10* am Mast von Segelschiffen horizontal angebrachtes Rundholz für das Rahsegel
Ra|hel, Ra|chel weibl. Vorname
Rahm *m. 1 nur Sg.* Milchfett; den R. abschöpfen *ugs. übertr.:* das Beste wegnehmen
Rähm *m. 1* ein waagerechter Balken des Dachstuhls
Rähm|chen *n. 7*
rah|men *tr. 1* mit einem Rahmen versehen
Rah|men *m. 7;* aus dem R. fallen *ugs.:* auffallen, sich vom Herkömmlichen unterscheiden
Rah|men|be|din|gung *f. 10* allgemeine, grundlegende Bedingung
Rah|men|ge|setz *n. 1* Gesetz mit allgemeinen Vorschriften, das der Ergänzung durch Einzelgesetze bedarf
Rah|men|pro|gramm *n. 1* allgemeines, übergeordnetes Programm
Rah|ne *f. 11* = **Ran|de**
Rah|se|gel *n. 5* an der Rah befestigtes, trapezförmiges Segel
Raid [rɛɪd, engl.] *m. 9* (lokal begrenzter) Einfall in feindl. Gebiet, Überraschungsangriff
Rai|gras, Ray|gras *n. 4* ein Süßgras, Lolch
Rai|mund, *Ferdinand* österr. Schriftsteller
Rai|mund männl. Vorname
Rain *m. 1* Grenze zwischen Feldern
rai|nen **1.** *tr. 1* abgrenzen, mit einem Rain umgeben; **2.** *intr. 1, südd.:* angrenzen; an ein Grundstück rainen
Rai|ner, Rei|ner männl. Vorname
Rain|farn *m. 1* ein staudiger Korbblütler
Ra|ja [-dʒa] *m. 9, engl. Schreibung von* Radscha
ra|jo|len *tr. 1* rigolen
Ra|ke **1.** *f. 11* = **Ra|cke; 2.** *m. Gen. -(s) nur Sg.* Raki
Ra|kel *f. 11* **1.** *Siebdruck:* Gerät zum Quetschen der Druckfarbe durch das Sieb; **2.** *Tiefdruck:* Gerät zum Wegstreichen der überschüssigen Farbe von der Druckplatte
rä|keln *refl. 1* = **re|keln**
Ra|ke|te *f. 11* durch Rückstoß angetriebener Flug- oder Feuerwerkskörper
Ra|ke|ten|ab|schuss|ram|pe (*alt:* Ra|ke|ten|ab|schuß|ram|pe) *f. 11*
Ra|ke|ten|ab|wehr *f. 10 nur Sg.*

R

Ra|ke|ten|ba|sis *f. Gen. - Pl.* -sen Stützpunkt für Raketenwaffen
Ra|ke|ten|trieb|werk *n. 1*
Ra|kett *n. 9* = **Ra|cket**
Ra|ki [türk.], Ra|ke *m. Gen.* -(s) *nur Sg.* Branntwein aus Weintrauben und Anissamen
Ralf, Ralph männl. Vorname
rall. *Mus.: Abk. für* rallentando
Ral|le *f. 11* ein kranichartiger Vogel
ral|len|tan|do [ital.] (*Abk.:* rall.) *Mus.:* langsamer werdend
Ral|lye [rali, engl. ræli] *f. 9* = Sternfahrt
Ral|lye-Cross *Nv.* **Ral|lye|cross** *Hv.* [rali-, engl. ræli-] *n. Gen. - nur Sg.* Autorennen im Gelände
RAM *n. Gen. - Pl.* -s, *Kurzwort für* random access memory: Speicher mit freiem Zugriff, zusätzlicher Arbeitsspeicher neben der Festplatte des Computers
Ra|ma|dan [arab.] *m. Gen.* -(s) *nur Sg.* neunter Monat des Jahres und Fastenmonat des Islams
Ram|bo *m. 9, ugs.:* Gewaltmensch, Muskelmann
Ram|bouil|let|schaf [rãbuje-, frz.] feinwolliges Schaf (nach der frz. Stadt Rambouillet)
Ra|mes|si|de *m. 11* Herrscher aus dem Geschlecht des ägypt. Königs Ramses
Ra|mie [mal.-engl.] *f. 11* ein süd- und ostasiat. Nesselgewächs, Faserpflanze, Chinagras
Ra|mi|fi|ka|ti|on [lat.] *f. 10* Verästelung (bei Pflanzen)
ra|mi|fi|zie|ren *intr. 3* sich verästeln
Ramma|schi|ne (-mm|m-) (*alt für:* Ramm|ma|schi|ne) *f. 11*
Ramm|bär *m. 10,* **Ramm|bock** *m. 2* Fallgewicht an der Ramme
ramm|dö|sig
Ram|me *f. 11* **1.** Gerät zum Eintreiben von Pfählen u. Ä.; **2.** Stampfgerät zum Planieren von Erdreich
Ram|me|lei *f. 10* **1.** *ugs.:* rücksichtsloses Drängen, Stoßen; **2.** *vulg.:* Geschlechtsakt
ram|me|lig brünstig
ram|meln *tr. 1* **1.** stoßen, zusammendrängen; **2.** *Jägerspr.:* belegen, decken (von Hasen u. Kaninchen)
ram|men **1.** *tr. 1* (mit einer Ramme) in den Boden stoßen; gegen ein Hindernis prallen; **2.** *intr. 1* Kohlen (mit einer Rammmaschine fördern)
Ramm|ler *m. 5* **1.** Männchen von Hase und Kaninchen; **2.** eine Kaninchenrasse
Ramm|ma|schi|ne *f. 11*
Ram|pe *f. 11* **1.** schiefe Ebene zum Anfahren von Gütern beim Verladen; **2.** erhöhter Rand der Bühne, an dem innen Lampen angebracht sind
Ram|pen|licht *n. 3;* im R. stehen *ugs. übertr.:* im Mittelpunkt des öffentl. Interesses stehen
ram|po|nie|ren [ital.] *tr. 3, ugs.:* stark beschädigen
Ramsch **1.** *m. Gen.* -(e)s *nur Sg.* Warenreste, Ausschussware; **2.** *m. 1, Skat:* Spielgang, wenn niemand reizt
ram|schen **1.** *tr. 1, ugs.:* zu Schleuderpreisen kaufen (Ramschware); **2.** *intr. 1, Skat:* ohne Reizen spielen
Ram|scher *m. 5, ugs.:* Aufkäufer zu Schleuderpreisen
Ramsch|la|den *m. 8*
ran *ugs. für* heran
Ranch [ræntʃ, amerik.] *f. Gen. - Pl.* -es Viehfarm in Nordamerika
Ran|cher [ræntʃə(r)] *m. 5* nordamerikan. Viehzüchter
Ran|cho [-tʃo] *m. 9, im ehemals span. Amerika:* Hütte, Wohnplatz

zu Rande/zurande kommen:
Feste Fügungen zu einer Präposition können getrennt oder zusammengeschrieben werden. Die Entscheidung bleibt den Schreibenden überlassen: *Wir sind mit dem Problem nicht zu Rande/zurande gekommen* (= wir haben es nicht gemeistert).
§ 39 E3 (1), § 55 (4)

Rand *m. 4;* außer Rand und Band sein *ugs.:* ausgelassen, ohne Ordnung sein; den Rand halten *vulg.:* den Mund halten; mit etwas zu Rande *oder:* zurande kommen *ugs.:* etwas fertig bringen
Rand [rænd, engl.] *m. Gen. - Pl. -* (*Abk.:* R) Währungseinheit in der Republik Südafrika
Ran|da|le *f. Gen. - nur Sg., ugs.:* Lärm, Gejohle
Ran|da|leur [-lør] *m. 1* Randalierer
ran|da|lie|ren *intr. 3* zügellos lärmen, toben, mutwillig Sachen beschädigen
Ran|da|lie|rer *m. 5*
Rand|be|mer|kung *f. 10*
Ränd|chen *n. 7*
Ran|de *f. 11,* **Rah|ne** *f. 11, schweiz.:* rote Rübe
Rän|del *n. 5,* **Rän|del|ei|sen** *n. 7* Gerät zum Aufrauen von Metall
Rän|del|mut|ter *f. 11* Schraubenmutter mit geriffelter Außenfläche
rän|deln *tr. 1* riffeln, mit Rillen versehen
Rän|de|lung *f. 10*
...rän|de|rig, ...ränd|rig *in Zus.,* z. B. breitränd(e)rig
rän|dern *tr. 1* umranden
Rän|der|wa|re *f. 11* elastisch gewirkte Stoffe, z. B. für Ärmelränder
...ran|dig *in Zus.,* z. B. breitrandig
Rand|grup|pe *f. 11* soziale Gruppe am Rand der Gesellschaft
...ran|dig *in Zus.,* z. B. breitrandig
Rand|mo|rä|ne *f. 11* Gesteinsschutt am Rande von Gletschern
...ränd|rig s. **...rän|de|rig**
Ranft *m. 1,* **Ränft|chen** *n. 7* Anschnitt, Endstück (vom Brot)
Rang **1.** [frz.] *m. 2* Stellung, Stufe; *im Theater:* Stockwerk; jmdm. den Rang streitig machen: mit jmdm. wettstreiten, wetteifern; ein Künstler ersten, zweiten Ranges; **2.** *nur in der Wendung* jmdm. den Rang ablaufen: (*eigtl.:* den Weg abschneiden), jmdm. zuvorkommen, jmdn. übertreffen, vgl. Rank (1)
Ran|ge *f. 11, ugs.:* wildes, ungebärdiges Kind
ran|geln **1.** *intr. 1* sich balgen, sich raufen; **2.** *refl. 1* sich behaglich strecken, sich wohlig wälzen
Ran|ger [rɛındʒə(r), engl.] *m. 9* **1.** *USA:* Angehöriger bestimmter Polizeieinheiten, Aufseher im Nationalpark, Waldhüter; **2.** Soldat mit Ausbildung für den Guerillakrieg
ran|gie|ren [raŋʒi-, rãʒi-, frz.] **1.** *tr. 3* (Güterwagen) verschieben; **2.** *intr. 3* eine Rangstellung einnehmen
Ran|gie|rer [raŋʒi-, rãʒi-] *m. 5*
Ran|gier|gleis [raŋʒir-, rãʒir-] *n. 1*
...ran|gig *in Zus.,* z. B. drittrangig
Rang|lis|te *f. 11* **1.** *Sport:* Reihenfolge der Wettkampfsieger; **2.** *Mil.:* Offiziersverzeichnis
Rang|ord|nung *f. 10*
Rang|stu|fe *f. 11*
Ran|gun [raŋgun] *engl.:* Rangoon, *birman.:* Rangon, Hauptstadt von Myanmar

R

rạn|hal|ten *refl. u. intr. 61* sich ranhalten, nicht verpassen (eine Gelegenheit)
rạnk geschmeidig, biegsam; rank und schlank
Rạnk *m. 2* **1.** *süddt.:* Wegkrümmung; **2.** *schweiz. auch:* Dreh, Kniff; **3.** *nur Pl.* vgl. Ränke
Rạn|ke *f. 11* fadenförmiges Kletterorgan von Pflanzen
Rặn|ke *Pl.* üble Pläne, Machenschaften, Intrigen; Ränke schmieden
rạn|ken *refl. 1;* sich um etwas r.
Rạn|ken *m. 7, bair.:* dickes Stück (z. B. Brot)
Rạn|ken|fuß *m. 2* Nahrungsaufnahmeorgan von Rankenfüßern
Rạn|ken|fü|ßer *m. 5* ein Meereskrebs
Rạn|ken|werk *n. 1 nur Sg.* Verzierung, Beiwerk
Rặn|ke|schmied *m. 1*
Rặn|ke|spiel *n. 1*
rặn|ke|süch|tig
rạn|kig wie eine Ranke
Ran|king [ræŋkıŋ, engl.] *n. 9, Wirtsch.:* Bewertung, Rangliste
rạn|klot|zen *intr. 2, ugs.:* hart arbeiten
Ran|kü|ne [raŋ-, frz.] *f. 11, veraltet:* Groll, Rachsucht
rạn|las|sen *tr. 75, ugs.:* die Möglichkeit geben, etwas auszuprobieren, die eigenen Fähigkeiten unter Beweis zu stellen
rạn|müs|sen *tr. 87, ugs.:* mitarbeiten müssen
rạn|schmei|ßen *refl. 122, ugs. verächtl.:* sich anbiedern
rạn|schmei|ße|risch
Ra|nụn|kel [lat.] *f. 11* Hahnenfußgewächs
Rặnz|chen *n. 7,* **Rặn|zel** *n. 5* kleiner Ranzen
rạn|zen *intr. 1, Jägerspr.:* in der Brunft sein (vom Haarraubwild, außer Bär und Luchs)
Rạn|zen *m. 7* **1.** Schultornister; **2.** *ugs. übertr.:* Bauch; sich den R. vollschlagen (vollhauen): gierig und viel essen
rạn|zig **1.** alt, schlecht geworden (Öl, Fett); **2.** *Jägerspr.:* brünstig (Haarraubwild)
Rạnz|zeit *f. 10, Jägerspr.:* Brunftzeit (des Haarraubwildes, außer Bär und Luchs)
Raoul [raul] männl. Vorname
Rap [ræp, engl.] *m. Gen.* -(s) *Pl.* -s rhythmischer Sprechgesang in der Popmusik, Rapping

Ra|pha|el, Ra|fa|el ein Erzengel
Rạ|phia [madagass.-neulat.] *f. Gen. - Pl.* -phi|en eine afrikan. Palme
Rạ|phi|a|bast, Rạf|fi|a|bast *m. 1* Bastfaser aus den Blättern der Raphiapalmen
ra|pid [lat.], **ra|pi|de** sehr schnell, reißend, schlagartig
Ra|pi|di|tät *f. 10 nur Sg.*
Ra|pier [frz.] *n. 1* Fechtdegen
ra|pie|ren *tr. 3* **1.** zerreiben (Tabakblätter, für Schnupftabak); **2.** von Hautresten und Sehnen reinigen (Fleisch)
Ra|pịl|li *Pl.* Lapilli
Rạp|pe *m. 11* (raben)schwarzes Pferd; auf Schusters Rappen *ugs.:* zu Fuß
Rạp|pel *m. 5, ugs.:* fixe Idee, Anfall von Verrücktheit, Tobsucht
rạp|pe|lig, rạpp|lig
Rạp|pel|kopf *m. 2, ugs.:* jmd. mit fixen Ideen; leicht aufbrausender Mensch
rạp|pel|köp|fig
rạp|peln *intr. 1* **1.** klappern; **2.** *ugs., nur unpersönl.;* bei ihm rappelt es: er ist ein bisschen verrückt; *österr. auch persönl.:* du rappelst: du bist verrückt
rap|pen [ræpən, engl.] *intr. 1, ugs.:* nach Rapmusik tanzen, Rapmusik spielen
Rạp|pen *m. 7* (*Abk.:* Rp.) Währungseinheit in der Schweiz, 1/100 Franken
Rap|per [ræpə(r), engl.] *m. 5* Rapsänger
Rap|ping [ræpıŋ, engl.] *n. Gen.* -s *nur Sg.* vgl. Rap
rạpp|lig, rạp|pe|lig
Rap|pọrt [frz.] *m. 1* **1.** *Mil., veraltet:* Bericht, Meldung; **2.** *Psych.:* Kontakt zwischen Psychotherapeuten und Patienten, auch zwischen Hypnotiseur und hypnotisierter Person; **3.** Aufeinanderfolge gleichartiger Muster (z. B. auf Tapeten) oder Bindungen (bei Geweben)
rap|por|tie|ren *tr. 3* melden, berichten
Rạps *m. 1* eine Ölpflanze
Rạp|tus [lat.] *m. Gen. - Pl.* -tus|se **1.** stürmischer Krankheitsanfall, heftige Erregung, Koller; **2.** *ugs. scherzh. für* Rappel
Ra|pụnz|chen *n. 7,* **Ra|pụn|ze** *f. 11,* **Ra|pụn|zel** *f. 11* Feldsalat
rar [lat.] selten; sich rar machen *ugs.:* sich selten zeigen

Ra|ra *Pl., Bibliothekswesen:* seltene Bücher
Ra|re|fi|ka|ti|on [lat.] *f. 10, Med.:* Gewebsschwund
ra|re|fi|zie|ren **1.** *tr. 3* verdünnen; **2.** *intr. 3* schwinden (Körpergewebe)
Ra|re|fi|zie|rung *f. 10*
Ra|ri|tät *f. 10* Seltenheit, Kostbarkeit, wertvolles Sammlungsstück
Ra|ri|tä|ten|ka|bi|nett *n. 1*
ra|sạnt [frz.] **1.** flach verlaufend (Geschossbahn); **2.** *ugs.:* äußerst schnell; **3.** *ugs.:* schwungvoll und begeisternd; **4.** *ugs.:* modisch, extravagant, attraktiv
Ra|sạnz *f. 10 nur Sg.* **1.** flache Verlaufsbahn; **2.** *ugs.:* sehr hohes Tempo
ra|sau|nen *intr. 1, ugs.:* poltern, lärmen
Ra|sau|ner *m. 5, ugs.:* Polterer
rạsch
Rạsch [nach der frz. Stadt Arras] *m. 1* ein Kammgarnstoff
rạ|scheln *intr. 1;* ich raschele, raschle mit dem Papier
Rạsch|heit *f. 10 nur Sg.*
rạsch|le|big
ra|sen *intr. 1* **1.** wüten, toben; **2.** *ugs.:* sehr schnell gehen oder fahren
Ra|sen *m. 7* gepflegte Grasfläche
ra|sen|be|deckt
ra|sen|be|wach|sen [-ks-]; *aber:* mit Rasen bewachsen
ra|send **1.** *Adj.:* heftig, schnell; außer sich (vor Schmerz, Wut); **2.** *Adv., ugs.:* sehr; rasend schnell
Ra|sen|spren|ger *m. 5*
Ra|ser *m. 5, ugs.:* jmd., der überschnell und rücksichtslos (mit dem Auto) fährt
Ra|se|rei *f. 10* **1.** Tobsuchtsanfall; **2.** *ugs.:* überschnelle Fahrweise
Ra|sier|ap|pa|rat *m. 1*
Ra|sier|creme, Ra|sier|krem, Ra|sier|kre|me *f. 9, ugs. auch: m. 9*
ra|sie|ren [frz.] *tr. 3*
Ra|sier|klin|ge *f. 11*
Ra|sier|was|ser *n. 6*
Ra|sier|zeug *n. 1 nur Sg.*
ra|sig mit Rasen bedeckt
Rä|son [rɛzɔ̃, auch: rɛzɔŋ, frz.] *f. Gen. - nur Sg., veraltet:* Vernunft, Einsicht, Gehorsam; *noch in der Wendung* jmdn. zur R. bringen
Rä|so|neur [-nør] *m. 1* jmd., der ständig räsoniert, Nörgler
rä|so|nie|ren *intr. 3* viel und laut nörgeln, schimpfen

R

Ras|pa [span.] *f. 9* ein lateinamerikanischer Gesellschaftstanz
Ras|pel *f. 11* **1.** ein Werkzeug zum Glätten und zum Schneiden in kleine Blättchen; **2.** mit einer Raspel abgefeilte Stückchen, z. B. Schokoladenraspel
ras|peln *tr. 1;* ich raspele, rasple es; Süßholz raspeln
raß, räß, *bei Aussprache mit Kurzvokal:* **rass, räss** *süddt., schweiz.:* scharf gewürzt, beißend (im Geschmack); *schweiz. auch übertr.:* derb (Witz)
Ras|se *f. 11*
Ras|sel *f. 11* ein Lärminstrument
Ras|sel|ban|de *f. 11, ugs. scherzh.:* lärmende Kinderschar
ras|seln *intr. 1;* ich rassele, rassle; mit dem Säbel r. *übertr.:* mit kriegerischen Maßnahmen drohen; durch eine Prüfung r.: sie nicht bestehen
Ras|sen|dis|kri|mi|nie|rung *f. 10 nur Sg.*
Ras|sen|hass (*alt:* Ras|sen|haß) *m. Gen.* -has|ses *nur Sg.*
Ras|sen|merk|mal *n. 1*
Ras|sen|mi|schung *f. 10*
Ras|sen|tren|nung *f. 10*
Ras|sen|un|ru|hen *Pl.*
Ras|se|pferd *n. 1*
ras|se|rein
Ras|se|rein|heit *f. 10 nur Sg.*
ras|sig **1.** von edler Rasse; **2.** *übertr.:* ausgeprägt schön, temperamentvoll, feurig
ras|sisch auf eine Rasse bezogen, zu einer Rasse gehörend
Ras|sis|mus *m. Gen. - nur Sg.* übersteigertes Rassenbewusstsein
Ras|sist *m. 10*
ras|sis|tisch
Rast *f. 10* **1.** Unterbrechung, Ruhepause; **2.** *Hüttenwesen:* mittlerer Teil des Hochofens
Ras|te *f. 11* eine Abstellvorrichtung
ras|ten *intr. 2*
Ras|ter *m. 5* **1.** *Druck-, Fernsehtechnik:* aus Punkten, Linien oder Flächen gebildetes, netzähnliches Muster; **2.** genormte Einheit im Fertigbau
Ras|ter|ät|zung *f. 10* = Autotypie
Ras|ter|e|lek|tro|nen|mi|kro|skop *auch:* **Ras|ter|e|lekt|ro|nen|mik|ros|kop** *n. 1*
Ras|ter|fahn|dung *f. 10* polizeiliche Fahndung, bei der mithilfe eines Computers die Daten eines größeren Personenkreises überprüft werden
Ras|ter|mi|kro|skop *auch:* **Ras|ter|mik|ros|kop** *n. 1*
ras|tern *tr. 1* mit Raster versehen, in Rasterpunkte zerlegen
Ras|te|rung *f. 10 nur Sg.*
Rast|haus *n. 4*
rast|los
Rast|lo|sig|keit *f. 10 nur Sg.*
Rast|platz *m. 2*
Ras|tral *auch:* **Rast|ral** [lat.] *n. 1* fünfzinkiges Gerät zum Einritzen von Notenlinien auf einer Metallplatte
ras|trie|ren *auch:* **rast|rie|ren** *tr. 3* **1.** mittels Rastral mit Notenlinien versehen; **2.** *österr. auch:* karieren (Papier)
Ra|sur [lat.] *f. 10* **1.** Vorgang des Rasierens; rasierte Stelle; **2.** Vorgang des Radierens; ausradierte Stelle

> **Rat suchen, zu Rate/zurate ziehen:** Die Fügung aus Substantiv und Verb oder Partizip wird getrennt geschrieben: *Er wollte nur bei ihr Rat suchen.* § 34 E3 (5)
> Ebenso: *die Rat Suchenden,* auch: *die Ratsuchenden.* § 37 (2)
> Substantive in festen Gefügen schreibt man groß: *zu Rate ziehen.* Klein- und Zusammenschreibung ist daneben möglich: *zurate ziehen.* § 55 (4)

Rat *m. 2* **1.** *nur Sg.* Vorschlag (für ein bestimmtes Verhalten); jmdm. einen Rat geben; sich Rat holen; jmdn., ein Buch zu Rate ziehen *oder:* zurate ziehen; mit sich zurate *oder:* zu Rate gehen; Rat suchen, Rat suchend; die Rat Suchenden *oder:* die Ratsuchenden; **2.** Versammlung, Kollegium, Behörde zur Lenkung öffentlicher Angelegenheiten; der Große Rat: schweiz. Kantonsparlament; **3.** Mitglied eines Rats (2), z. B. Stadtrat; **4.** Amtstitel, z. B. Studienrat
Ra|ta|touille [-tuj, frz.] *f. Gen. - Pl.* -s *oder n. Gen.* -s *Pl.* -s Gemüsegericht aus Tomaten, Auberginen und Paprika
Ra|te *f. 11* verhältnismäßiger Anteil, Teilbetrag, Teilzahlung; etwas auf Raten kaufen
ra|ten *tr. 94;* jmdm. etwas r.; hin und her r.
Ra|ten|kauf *m. 2*
ra|ten|wei|se
Ra|ten|zah|lung *f. 10*
Ra|ter *m. 5* jmd., der etwas rät
Rä|ter, Rä|ti|er [-tsjər] *m. 5* Angehöriger eines Volksstammes in der altröm. Provinz Rätien
Rä|te|re|gie|rung *f. 10*
Rä|te|re|pu|blik *auch:* **Rä|te|pub|lik** *f. 10*
Rat|ge|ber *m. 5*
Rat|haus *n. 4*
Rä|ti|en [rɛtsjən] **1.** altröm. Provinz; **2.** *heute:* Kanton Graubünden mit Nachbargebieten
Rä|ti|er [-tsjər] *m. 5* s. **Räter**
Ra|ti|fi|ka|ti|on [lat.] *f. 10* Bestätigung, Genehmigung (bes. von Staatsverträgen durch das Parlament)
ra|ti|fi|zie|ren *tr. 3* bestätigen, genehmigen (Vertrag)
Ra|ti|fi|zie|rung *f. 10*
Rä|ti|kon, Rhä|ti|kon *m. Gen.* -s *nur Sg.* Alpengruppe im österr.-schweiz. Grenzgebiet
Rä|tin *f. 10* weibl. Rat (3, 4)
Ra|ti|né [-ne, frz.] *m. 9* flauschiger Stoff mit lockigem Flor
ra|ti|nie|ren *tr. 3* auf der Oberfläche kräuseln (Gewebe)
Rating [rɛɪtiŋ, engl. »Tadel«] *n. Gen. - nur Sg.* ungefähre Berechnung, Beurteilung von Personen oder Sachverhalten
Ra|tio **1.** [ratsjo, lat.] *f. Gen. - nur Sg.* Vernunft, Vernunftgrund; vgl. Ultima Ratio; **2.** [rɛɪʃoʊ, engl.] *f. 9, Wirtsch.:* das Verhältnis zweier Größen bezeichnende Kennziffer
Ra|ti|on *f. 10* **1.** zugeteilte Menge; **2.** tägl. Bedarf an Lebensmitteln; eiserne R.: Vorrat für den Notfall
ra|ti|o|nal auf Vernunft beruhend, vernunftgemäß
Ra|ti|o|na|le *n. Gen.* -s *Pl.* -lia liturg. Schultertuch einiger kath. Bischöfe
Ra|ti|o|na|li|sa|tor *m. 13* jmd., der etwas rationalisiert
ra|ti|o|na|li|sie|ren *tr. 3* **1.** zweckmäßig, wirtschaftlich einrichten; **2.** *Psych.:* nachträglich begründen
Ra|ti|o|na|li|sie|rung *f. 10*
Ra|ti|o|na|li|sie|rungs|maß|nah|me *f. 11*
Ra|ti|o|na|lis|mus *m. Gen. - nur Sg.* Lehre von der Vernunft als oberstem Prinzip der Welt und des Erkennens
Ra|ti|o|na|list *m. 10* **1.** Anhänger des Rationalismus; **2.** vernunft-

R

gemäß, nüchtern denkender Mensch
ra|ti|o|na|lis|tisch
Ra|ti|o|na|li|tät *f. 10 nur Sg.* Eigenschaft von Zahlen, sich als Bruch wiedergeben zu lassen
ra|ti|o|nell zweckmäßig, mit sparsamen Mitteln
ra|ti|o|nen|wei|se, ra|ti|ons|wei|se
ra|ti|o|nie|ren *tr. 3* planmäßig einteilen
Ra|ti|o|nie|rung *f. 10*
rä|tisch zu Rätien gehörig, aus ihm stammend
rät|lich *veraltet:* ratsam
rat|los
Rat|lo|sig|keit *f. 10 nur Sg.*
Rä|to|ro|ma|ne *m. 11* Nachkomme der rätischen Altbevölkerung in den Alpen
rä|to|ro|ma|nisch
Rä|to|ro|ma|nisch *n. Gen.* -(s) *nur Sg.* zu den roman. Sprachen gehörende Sprache der Rätoromanen mit den Mundarten Ladinisch, Bündnerromanisch und Friaulisch
rat|sam
Rats|be|schluss (*alt:* Rats|beschluß) *m. 2*
ratsch!; ritsch, ratsch!
Rat|sche *f. 11* **1.** *auch:* Rät|sche Knarre, Rassel; **2.** *süddt.:* schwatzhafte Frau, Frau, die gern ratscht
Rät|sche *f. 11* s. **Rat|sche** (1)
rat|schen *intr. 1* **1.** *auch:* rät|schen mit einer Ratsche lärmen; **2.** viel (und gedankenlos) reden; sich gemütlich unterhalten
rät|schen *intr. 1* s. **rat|schen** (1)
Rat|sche|rei *f. 10*
Rat|schlag *m. 2*
rat|schla|gen *intr. 1* sich beraten; er ratschlagt (mit ihr), hat geratschlagt
Rat|schluss (*alt:* Rat|schluß) *m. 2*
Rats|die|ner *m. 5* Bote eines Stadt- oder Gemeinderats
Rät|sel *n. 5*
Rät|se|lei *f. 10*
rät|sel|haft
rät|seln *intr. 1;* ich rätsele, rätsle
Rät|sel|ra|ten *n. Gen.* -s *nur Sg.*
Rats|herr *m. Gen.* -(e)n *Pl.* -en
Rats|kel|ler *m. 5*
Rats|sit|zung *f. 10*
Rat su|chend (*alt:* rat|su|chend)
Rats|ver|samm|lung *f. 10*
Rat|tan *n. Gen.* -s *nur Sg.* Peddigrohr
Rat|te *f. 11*
Rat|ten|fän|ger *m. 5* **1.** Hund, bes. Pinscher, der zum Fang von Ratten abgerichtet ist, Rattler; **2.** eine dt. Sagengestalt
Rat|ten|kö|nig *m. 1* **1.** Wurf junger Ratten, deren Schwänze ineinander verschlungen sind; **2.** *ugs. übertr.:* Durcheinander; ein R. von Schwierigkeiten
Rat|ten|schwanz *m. 2, ugs. übertr.:* nicht enden wollende Folge; ein R. von Fragen, Maßnahmen
Rät|ter *m. 5 oder f. 11* Sieb mit sich kreisförmig bewegendem Boden
rat|tern *intr. 1*
rät|tern *tr. 1* mit einem Rätter sieben
Rät|ter|wä|sche *f. 11* das Sieben von Erzen
Ratt|ler *m. 5* vgl. Rattenfänger (1)
Ratz *m. 1* **1.** *süddt.:* Ratte, Hamster; **2.** *Jägerspr.:* Iltis; schlafen wie ein R. *ugs.:* tief und lange schlafen
Rat|ze *f. 11, ugs.:* Ratte
rat|ze|kahl [volkstüml. Umbildung von radikal] völlig, ganz
Rät|zel, Rä|zel *n. 5* **1.** Haarbüschel zwischen den Augenbrauen; **2.** Person mit zusammengewachsenen Augenbrauen
rat|zen *intr. 1* **1.** *ugs.:* schlafen; **2.** *regional für* ritzen

rau: Analog zu den Adjektiven *blau, grau, genau* und *schlau* wird *rau* ohne *h* im Auslaut geschrieben (alt: *rauh*) geschrieben. Das gilt auch für Zusammensetzungen: *raubeinig, Raufaser, rauhaarig, Rauputz* usw.

rau
Raub *m. 1 nur Sg.*
Rau|bank *f. 2* ein Hobel
Rau|bauz *m. 1 ugs.:* grober Mensch
rau|bau|zig
Raub|bau *m. 1 nur Sg.;* Raubbau treiben
Raub|druck *m. 1* Druck unter Missachtung des Urheberrechts
Rau|bein *n. 1, ugs. übertr.:* gutmütiger Mensch mit rauem Umgangston
rau|bei|nig
rau|ben *tr. 1*
Räu|ber *m. 5*
Räu|be|rei *f. 10*
räu|be|risch
räu|bern *tr. 1*
Räu|ber|pis|to|le *f. 11, übertr.:* Schauermärchen
Räu|ber|zi|vil [-vil] *n. Gen.* -s *nur Sg., ugs., scherzh.:* saloppe Kleidung
Raub|gier *f. Gen.* - *nur Sg.*
raub|gie|rig
Raub|ko|pie *f. 11*
Raub|krieg *m. 1*
Raub|lust *f. Gen.* - *nur Sg.*
raub|lus|tig
Raub|mord *m. 1*
Raub|mör|der *m. 5*
Raub|pres|sung *f. 10* widerrechtliches Reproduzieren von Schallplatten u. a.
Raub|rit|ter *m. 5, MA:* von Straßenraub lebender Ritter
Raub|tier *n. 1*
Raub|ü|ber|fall *m. 1*
Raub|vo|gel *m. 6*
Raub|wild *n. Gen.* -(e)s *nur Sg., Jägerspr.:* alle räuberisch lebenden jagdbaren Tiere (Fuchs, Adler u. a.)
Raub|zeug *n. 1 nur Sg., Jägerspr.:* alle frei lebenden, jagdschädlichen Tiere (wildernde Hunde, Katzen u. a.)
Raub|zug *m. 2*
Rauch *m. 1 nur Sg.*
rauch|bar (Zigarette)
rau|chen *tr. u. intr. 1*
Rau|cher **1.** *m. 5* jmd., der (gewohnheitsmäßig) raucht; **2.** *n. 5 nur Sg., ugs. kurz für* Raucherabteil
Räu|cher|fass (*alt:* Räu|cher|faß) *n. 4*
Rau|cher|hus|ten *m. 7 nur Sg.*
räu|che|rig
Räu|cher|kam|mer *f. 11*
Räu|cher|ker|ze *f. 11*
räu|chern **1.** *tr. 1* in den Rauchfang hängen und dadurch haltbar machen; **2.** *intr. 1* Räuchermittel verbrennen
Räu|cher|speck *m. Gen.* -s *nur Sg.*
Räu|cher|stäb|chen *n. 7*
Räu|cher|wa|ren *Pl.* geräucherte Fleischwaren; vgl. Rauchwaren
Rauch|fah|ne *f. 11*
Rauch|fang *m. 2* Zwischenstück zwischen Herd und Schornstein
Rauch|fleisch *n. Gen.* -s *nur Sg.*
Rauch|glas *n. 4 nur Sg.* leicht bräunliches Glas
rau|chig
rauch|los; rauchlos verbrennen
Rauch|mel|der *m. 5*
Rauch|op|fer *n. 5*
Rauch|säu|le *f. 11*
Rauch|ta|bak *m. 1*
Rauch|ver|bot *n. 1*

R

Rauch|ver|gif|tung *f. 10*
Rauch|wa|ren *Pl.* **1.** Pelzwaren; **2.** Tabakwaren
Rauch|werk *n. 1 nur Sg.* Pelzwaren
Räu|de *f. 11* eine Hautkrankheit bei Tieren; *bei Menschen:* Krätze
räu|dig
Räu|dig|keit *f. 10 nur Sg.*
rau|en *tr. 1* rau machen
rauf *ugs. für* herauf; *oft für* hinauf; ich gehe rauf *statt:* hinauf
Rau|fa|ser|ta|pe|te *f. 11*
Rauf|bold *m. 1* Mensch, der gern rauft
Rau|fe *f. 11* Futterkrippe
rau|fen **1.** *tr. 1* abreißen, ausreißen; **2.** *intr. 1* sich balgen, sich prügeln
Rau|fe|rei *f. 10*
Rauf|han|del *m. 6* Rauferei, Schlägerei
Rauf|lust *f. Gen. - nur Sg.*
rauf|lus|tig
Rau|frost *m. 2* = Raureif
Rau|fut|ter *n. Gen. -s nur Sg.* Heu, Stroh u. Ä.
Rau|graf *m. 10, MA:* Titel einiger Grafengeschlechter
rauh (*alt für:* rau)
Rau|haar|da|ckel *m. 5* Drahthaardackel
rau|haa|rig; die Rauhaarige Alpenrose
Rauh|bank (*alt für:* Rau|bank) *f. 2*
Rauh|bauz (*alt für:* Rau|bauz) *m. 1*
rauh|bau|zig (*alt für:* rau|bau|zig)
Rauh|bein (*alt für:* Rau|bein) *n. 1*
rauh|bei|nig (*alt für:* rau|bei|nig)
Rau|heit *f. 10 nur Sg.*
rau|hen (*alt für:* rau|en) *tr. 1*
Rauh|fa|ser|ta|pe|te (*alt für:* Rau|fa|ser|ta|pe|te) *f. 11*
Rauh|frost (*alt für:* Rau|frost) *m. 2* = Raureif
Rauh|fut|ter (*alt für:* Rau|fut|ter) *n. Gen. -s nur Sg.*
Rauh|haar|dackel (*alt für:* Rau|haar|da|ckel) *m. 5*
rauh|haa|rig (*alt für:* rau|haa|rig)
Rauh|näch|te (*alt für:* Rau|näch|te) *Pl.*
Rau|putz (*alt für:* Rauh|putz) *m. Gen. -es nur Sg.*
Rauh|reif (*alt für:* Rau|reif) *m. 1*
Rauh|wacke (*alt für:* Rau|wa|cke) *f. 11*
Rauh|wa|ren (*alt für:* Rau|wa|ren) *Pl.*
raum **1.** *Seew.:* schräg von hinten kommend (Wind); weit; raume See: hohe See; **2.** *Forstw.:* licht, offen (Wald)

Raum *m. 2;* Raum sparend
Raum|an|zug *m. 2*
Raum|bild *n. 3* einen Raumeindruck vermittelndes, stereofotografisch aufgenommenes Bild
Räum|boot *n. 1* Minenräumboot
Räum|chen *n. 7*
räu|men *tr. 1*
Raum|ent|we|ser *m. 5* vgl. Kammerjäger (2)
Raum|ent|we|sung *f. 10 nur Sg.* Ungezieferbekämpfung im Haus
Raum|fäh|re *f. 11* wiederverwendbares Raumschiff, z. B. das Spaceshuttle der USA
Raum|fahrt *f. 10*
Raum|fahrt|me|di|zin *f. 10 nur Sg.* med. Teilgebiet, das sich mit den med. Aspekten der Raumfahrt beschäftigt
Raum|fahrt|pro|gramm *n. 1* Gesamtheit der Vorhaben von Raumfahrt und Raumforschung
Raum|fahr|zeug *n. 1*
Räum|fahr|zeug *n. 1* Fahrzeug, das vor allem zum Schneeräumen eingesetzt wird
Raum|film *m. 1* stereoskop. Film
Raum|glei|ter *m. 5* Raumfahrzeug, das auch in der Erdatmosphäre flugfähig ist
räu|mig *nddt.:* geräumig
Räu|mig|keit *f. 10 nur Sg.*
Raum|in|halt *m. 1*
Raum|kap|sel *f. 11* kleines Raumfahrzeug
Raum|kunst *f. Gen. - nur Sg.* Kunst der Gestaltung von Innenräumen
Raum|leh|re *f. 11 nur Sg.* Geometrie
räum|lich
Räum|lich|keit *f. 10*
Raum|maß *n. 1* Hohlmaß
Raum|me|ter *n. 5, ugs.: m. 5* (*Abk.:* Rm) Raummaß für geschichtetes Holz mit Zwischenräumen (1 m^3); vgl. Festmeter
Raum|ord|nung *f. 10 nur Sg.* Gesamtheit der Vorschriften über die Nutzung von Grund und Boden
Raum|pfle|ge|rin *f. 10* Putzfrau
Raum|schiff *n. 1*
Raum|son|de *f. 11* unbemanntes Raumfahrzeug
raum|spa|rend = **Raum spa|rend;** eine raumsparende *oder:* Raum sparende Variante; *aber nur:* das ist in jedem Fall die raumsparendste Lösung *(bei Steigerung und mit Attribut)*

Raum|sta|ti|on *f. 10*
Räum|te *f. 11, Seew.* **1.** offenes Meer; **2.** Schiffsladeraum
Raum|ton *m. 2 nur Sg.* als räumlich empfundener Ton, Stereoton
Räu|mung *f. 10*
Räu|mungs|kla|ge *f. 11*
Räu|mungs|ver|kauf *m. 2*
Rau|näch|te *Pl.* die zwölf Nächte zwischen Weihnachten und Dreikönige
rau|nen *intr. 1* **1.** leise, murmelnd sprechen; **2.** *übertr.:* leise rauschen
raun|zen *intr. 1, süddt., österr.* **1.** polterig, ruppig nörgeln; **2.** weinerlich klagen
Raun|ze|rei *f. 10*
Räup|chen *n. 7*
Rau|pe *f. 11* **1.** Larve des Schmetterlings; **2.** Gleiskette; **3.** *kurz für* Raupenfahrzeug
rau|pen *tr. 1* von Raupen befreien (Pflanzen)
Rau|pen|fahr|zeug *n. 1* ein Gleiskettenfahrzeug
Rau|pen|helm *m. 1* Helm mit raupenförmigem Kamm
Rau|putz *m. Gen. -es nur Sg.*
Rau|reif *m. 1* gefrorener Tau, Raufrost
raus *ugs. für* heraus; *oft für* hinaus; ich gehe raus *statt:* hinaus
Rausch *m. 2*
rausch|arm *Nachrichtentech.:* mit geringen störenden Nebeneffekten
Rau|sche *f. 11 nur Sg.* Brunst (von Wild- und Hausschwein)
Rau|sche|bart *m. 2, ugs. scherzh.:* Mann mit Vollbart
rau|schen *intr. 1; auch Jägerspr.:* brünstig sein (Wild- und Hausschwein)
rau|schend prächtig; ein rauschendes Fest
Rau|scher *m. 5* gärender Most
Rausch|gift *n. 1*
Rausch|gift|händ|ler *m. 5*
rausch|gift|süch|tig
Rausch|gold *n. Gen. -(e)s nur Sg.* dünn ausgewalztes Messingblech, das bei Bewegungen knistert, Flittergold
rausch|haft
Räusch|lein *n. 7*
Rausch|sil|ber *n. Gen. -s nur Sg.* dünn ausgewalztes Neusilberblech, das bei Bewegungen knistert
Rausch|zeit *f. 10* Brunstzeit (von Wild- und Hausschwein)

R

raus|kom|men *intr. 71, ugs.;* aus einer Sache r.: einer unangenehmen Lage entrinnen
Räus|pe|rer *m. 5* kurzes Räuspern
räus|pern *refl. 1;* ich räuspere, räuspre mich
Raus|schmei|ßer *m. 5* **1.** *ugs.:* jmd., der unliebsam gewordene Gäste aus einem Nachtlokal o. Ä. hinauswirft; **2.** *ugs. übertr.:* letzter Tanz (vor dem Ende einer Veranstaltung)
Raus|schmiss (*alt:* Raus|schmiß) *m. 1, ugs.:* Hinauswurf, sofortige Entlassung
Rau|te [lat.] *f. 11* **1.** eine Pflanzengattung; **2.** *Math.* Rhombus; **3.** eine Diamantschliffart; **4.** Spielkartenfarbe, Karo
Rau|ten|mus|ter *n. 5*
Rau|wa|cke *f. 11* eine Gesteinsart
Rau|wa|ren *Pl.* Pelzwaren
Rave [rɛɪv, engl.] *m. Gen. - nur Sg., Mus.:* Hardcoretechno
Ra|vel [-vɛl], *Maurice* frz. Komponist
ra|ven [rɛɪvən, engl.] *intr. 1;* er hat die ganze Nacht in der Disko geravt
Ra|ver [rɛɪvə(r), engl.] *m. 5* Teilnehmer einer Technoparty
Ra|vi|o|li [-vi-, ital.] *Pl.* zumeist fleischgefüllte Nudelteigtaschen
Ray|gras *n. 4* s. **Rai|gras**
Ray|on *auch:* **Ra|yon** [rɛjɔ̃, frz.] *m. 9* **1.** Abteilung (eines Kaufhauses); **2.** *österr.:* Dienstbereich (z. B. eines Polizisten), Verwaltungsbezirk; **3.** [rɛɪən, engl.] *m. 9 nur Sg., angelsächs. Schreibung von* Reyon
Ray|on|chef *auch:* **Ra|yon|chef** [rɛjɔ̃ʃɛf] *m. 9* Abteilungsleiter (im Kaufhaus)
rayo|nie|ren *auch:* **ra|yo|nie|ren** [rɛjo-] *tr. 3, österr.:* in Bezirke einteilen
Ray|ons|in|spek|tor *auch:* **Ra|yons|ins|pek|tor** [rɛjɔ̃s-] *m. 13, österr.*
Rä|zel *n. 5* s. **Rät|zel**
ra|ze|mos, ra|ze|mös [lat.] traubenförmig
Raz|zia [arab.-frz.] *f. Gen. - Pl. -s oder* -zi|en Durchsuchungs- und Festnahmeaktion der Polizei
Rb *chem. Zeichen für* Rubidium
RB *Abk. für* Radio Bremen
Rbl *Abk. für* Rubel
rd. *Abk. für* rund; rd. 10 Euro
Re *chem. Zeichen für* Rhenium
Re **1.** *auch:* Ra ägypt. Sonnengott; **2.** [lat.] *n. 9, Kartenspiel:* Erwiderung auf ein Kontra; Re bieten, ansagen
re..., Re... [lat.] *in Zus.:* zurück..., Zurück..., wieder..., Wieder...
Rea|der [ridə(r), engl.] *m. Gen. -s Pl. -* Schrift mit Auszügen aus umfangreicheren (wissenschaftl.) Texten
Rea|der's Di|gest [ridəz daɪʒɪst, engl. »Zusammenfassung für den Leser«] *n. Gen. - - nur Sg.* eine amerik. Monatszeitschrift
Re|a|gens [lat.] *n. Gen. - Pl.* -gen|zi|en, **Re|a|genz** *n. Gen. -es Pl.* -zi|en, *Chem.:* Stoff, der bei Berührung mit einem anderen Stoff auf bestimmte Weise reagiert und daher zum Nachweis oder zur Mengenbestimmung von Substanzen dient
Re|a|genz|glas *n. 4* Probierglas für chem. Versuche
re|a|gi|bel reaktionsfähig
Re|a|gi|bi|li|tät *f. 10 nur Sg.* Reaktionsfähigkeit
re|a|gie|ren *intr. 3* **1.** zurückwirken, auf etwas ansprechen; sauer reagieren *ugs.:* auf etwas hin missmutig, böse werden, etwas ablehnen; **2.** *Chem.:* eine Reaktion eingehen
Re|akt *m. 1 Psych.:* Handlung, die als Antwort auf bestimmte mitmenschl. Verhaltensweisen zustande kommt
Re|ak|tanz *f. 10* Blindwiderstand
Re|ak|tanz|röh|re *f. 11*
Re|ak|ti|on *f. 10* **1.** Rückwirkung; **2.** *Chem.:* Vorgang, der eine stoffliche Veränderung der beteiligten Substanzen zur Folge hat; **3.** *nur Sg.* Versuch, an veralteten (polit., kirchl. o. Ä.) Institutionen festzuhalten oder sie wieder zu errichten; **4.** Gesamtheit der Reaktionäre
re|ak|ti|o|när (geistig) rückschrittlich
Re|ak|ti|o|när *m. 1* jmd., der am Veralteten festhält u. fortschrittl. Entwicklungen bekämpft
Re|ak|ti|ons|ge|schwin|dig|keit *f. 10*
Re|ak|ti|ons|ver|mö|gen *n. 7 nur Sg.*
re|ak|tiv auf etwas zurückwirkend
Re|ak|tiv *n. 1* durch Reizerlebnisse bedingtes psychisches Verhalten
re|ak|ti|vie|ren [-vi-] *tr. 3* **1.** wiederbeleben, wieder in Tätigkeit setzen; **2.** *Chem.:* wieder wirksam machen
Re|ak|ti|vie|rung [-vi-] *f. 10*
Re|ak|tor *m. 13* Anlage zur Umwandlung von Kernenergie in Wärmeenergie und schließlich in Elektrizität, Atomreaktor
Re|ak|tor|block *m. 9* Teil des Kernkraftwerks, in dem sich der Reaktor befindet
Re|ak|tor|phy|sik *f. 10 nur Sg.*
Re|ak|tor|si|cher|heit *f. 10 nur Sg.*
Re|ak|tor|un|fall *m. 2*
re|al [lat.] wirklich, sachlich, dinglich, der Realität entsprechend
Re|al [lat.-span. bzw. port.] *m. Gen. -s Pl. span.* -les, *port.* Re|is alte span., portugies., mexikan. und brasilian. Silbermünze
Re|al|akt [lat.] *m. 1, Rechtsw.* **1.** tatsächl. Handlung; **2.** *österr.:* ein Grundstück betreffende Gerichtshandlung
Re|al|ein|kom|men *n. 7* tatsächliches Einkommen im Hinblick auf die Kaufkraft des Geldes; *Ggs.:* Nominaleinkommen
Re|al|en|zy|klo|pä|die *auch:* **Re|al|en|zyk|lo|pä|die** *f. 11* = Reallexikon
Re|al|gar [arab.-frz.] *m. 1* ein durchscheinendes, rotes bis orangefarbenes Arsen-Schwefel-Mineral, Rauschrot
Re|al|gym|na|si|um [lat. + griech.] *n. Gen. -s Pl.* -si|en, *früher:* höhere Schule, in der entweder neue Sprachen oder Mathematik und Naturwissenschaften stärker betont wurden; *heutige Bez.:* neusprachl. Gymnasium
Re|a|li|en [lat.] *Pl.* **1.** Tatsachen, wirkliche Dinge; **2.** Sachkenntnisse; **3.** neusprachl. und naturwissenschaftl. Fächer
Re|al|in|ju|rie [-riə] *f. 11, Rechtsw.:* Beleidigung durch Tätlichkeit
Re|a|li|sa|ti|on *f. 10 nur Sg.*
Re|a|li|sa|ti|ons|wert *m. 1* Verkaufswert
Re|a|li|sa|tor *m. 13* geschlechtsbestimmender Zellfaktor
re|a|li|sier|bar
Re|a|li|sier|bar|keit *f. 10 nur Sg.*
re|a|li|sie|ren *tr. 3* **1.** verwirklichen; **2.** zu Geld machen, gegen Bargeld verkaufen; **3.** *tr. 3* verstehen, sich klar machen, einsehen
Re|a|li|sie|rung *f. 10*
Re|a|lis|mus *m. Gen. - nur Sg.* **1.** Wirklichkeits-, Tatsachensinn; **2.** Lehre von einer Wirklichkeit außerhalb des menschlichen Bewusstseins; **3.** *Kunst:* wirklichkeitsgetreue Darstellungsweise

R

Re|a|list *m. 10* **1.** Tatsachenmensch; **2.** Vertreter des künstler. Realismus
Re|a|lis|tik *f. 10 nur Sg.* Wirklichkeitstreue
re|a|lis|tisch
Re|a|li|tät *f. 10* **1.** Gegebenheit, Wirklichkeit; **2.** *Pl.* Grundstücke
re|a|li|ter in Wirklichkeit
Re|a|li|ty-TV [riælıti:tivi, engl.] *n. Gen.* -(s) *nur Sg.* Fernsehprogramm, in dem reale Begebenheiten live gezeigt oder nachgestellt werden
Re|al|ka|pi|tal *n. Gen.* -s *Pl.* -li|en angelegtes Kapital, Sachkapital
Re|al|ka|ta|log *m. 1* = Sachkatalog; *Ggs.:* Nominalkatalog
Re|al|kauf *m. 2* Kauf, bei dem Vertragsabschluss und Übergabe des Kaufgegenstandes zusammenfallen
Re|al|kon|kur|renz *f. 10 nur Sg.* Tatmehrheit; *Ggs.:* Idealkonkurrenz
Re|al|kre|dit *m. 1* durch dingliche Sicherheitsleistung gedeckter Kredit
Re|al|last *f. 10* Belastung eines Grundstücks durch regelmäßige Sach- oder Geldleistungen
Re|al|le|xi|kon *n. Gen.* -s *Pl.* -ka *oder* -ken Lexikon der Sachbegriffe eines Wissensgebietes, Realenzyklopädie
Re|al|lohn *m. 2* Realeinkommen
Re|al|ob|li|ga|ti|on *auch:* **Re|al|o|bli|ga|ti|on** *f. 10* Pfandbrief, Grundstückshaftung (bei der Hypothek)
Re|al|po|li|tik *f. 10* Politik, die sich an die Gegebenheiten hält und das erreichbare Mögliche anstrebt
Re|al|po|li|ti|ker *m. 5*
re|al|po|li|tisch
Re|al|prä|senz *f. 10 nur Sg., luther. Lehre:* wirkliche Anwesenheit Christi in Brot und Wein beim Abendmahl
Re|al|schu|le *f. 11* Lehranstalt, die zum mittleren Bildungsabschluss führt
Re|al|schü|ler *m. 5*
Re|al|steu|er *f. 11* auf einzelnen Vermögensgegenständen lastende Steuer
Real-Time-Ver|fah|ren *Nv.* **Real|time|ver|fah|ren** *Hv.* [rıəltaım-, engl.] *n. 7* eine Arbeitsmethode in der Datenverarbeitung
Re|al|u|ni|on *f. 10* Vereinigung selbständiger Staaten zu einer völkerrechtl. Einheit
Re|al|wert *m. 1* wirkl. Wert
re|a|ma|teu|ri|sie|ren *tr. 3*
Re|a|ni|ma|ti|on [lat.] *f. 10* Wiederbelebung, z. B. durch künstl. Beatmung
Re|as|se|ku|ranz [lat.] *f. 10* Rückversicherung
Ré|au|mur [re:omyr, nach dem frz. Physiker R.-A. Ferchault de Réaumur] (*Abk.:* R) Maßeinheit des (veralteten) in 80 Grad eingeteilten Thermometers
Reb|bach [jidd.] *m. Gen.* -s *nur Sg.* s. **Rei|bach**
Re|be *f. 11*
Re|bec|ca, Re|bek|ka weibl. Vorname
Re|bell [frz.] *m. 10* Aufrührer, Empörer
re|bel|lie|ren *intr. 3* sich empören, sich auflehnen
Re|bel|li|on *f. 10* Empörung, Aufstand
re|bel|lisch
re|beln *tr. 1, bair., österr.:* (Trauben) abbeeren
Re|ben|saft *m. 2, poet.:* Wein
Re|ben|ste|cher, Reb|stich|ler *m. 5* ein Rüsselkäfer
Reb|huhn *n. 4* ein Fasanenvogel
Reb|laus *f. 2*
Reb|ling *m. 1* Rebenschössling
Re|bound [ri:baʊnd, engl. »Rückschlag«] *m. 9 Basketball:* Ball, der vom Brett oder Korb abprallt
Re|bound|ef|fekt [ri:baʊnd-] *m. 1, Med.:* ein Regulationsmechanismus im Hormonhaushalt
Reb|schnur *f. 2, österr. für* Reepschnur
Reb|stich|ler *m. 5* Rebenstecher
Reb|stock *m. 2* Weinrebe
Re|bus [lat.] *m. oder n. Gen.* - *Pl.* -bus|se Bilderrätsel, bei dem aus aneinander gereihten Bildern ein Wort oder Satz zu erraten ist
Rec. *Abk. für* recipe!
Re|call [rıkɔl, engl.] *m. Gen.* -(s) *Pl.* -s, *in den USA:* Entlassung von Beamten durch öffentl. Abstimmung
Re|cei|ver [rısivə(r), engl.] *m. 5* Rundfunkempfänger mit Verstärker (für Hi-Fi-Wiedergabe)
Re|chaud [rəʃo, frz.] *m. 9 oder n. 9* **1.** Wärmeplatte; **2.** *österr.:* Gaskocher
re|chen *tr. 1* harken
Re|chen *m. 7* Harke
Re|chen|an|la|ge *f. 11*
Re|chen|buch *n. 4*
Re|chen|ex|em|pel *auch:* **Re|chen|e|xem|pel** *n. 5*
Re|chen|feh|ler *m. 5*
Re|chen|ma|schi|ne *f. 11*
Re|chen|schaft *f. 10 nur Sg.* Auskunft über die eigene Tätigkeit; R. über etwas ablegen
Re|chen|schafts|be|richt *m. 1*
Re|chen|schei|be *f. 11,* **Re|chen|schie|ber** *m. 5* Rechengerät mit mehreren verschiebbaren Skalen
Re|chen|un|ter|richt *m. 1*
Re|chen|zen|trum *auch:* **Re|chen|zent|rum** *n. Gen.* -s *Pl.* -tren mit elektron. Rechenmaschinen versehene zentrale Datenverarbeitungsstelle
Re|cher|che [rеʃɛrʃə, frz.] *f. 11* Nachforschung; Recherchen anstellen
Re|cher|cheur [reʃɛrʃør, auch: rə-] *m. 1* jmd., der recherchiert
re|cher|chie|ren [reʃɛrʃi-, auch: rə-] *tr. u. intr. 3* Ermittlungen anstellen, nachforschen
rech|nen *tr. u. intr. 2;* auf jmdn. oder etwas r.: erwarten, als sicher annehmen, dass jmd. etwas tut oder dass etwas eintritt; mit jmdm. r.: erwarten, dass jmd. etwas tut oder dass jmd. kommt; mit etwas r.: erwarten, darauf gefasst sein, dass etwas eintritt
Rech|ner *m. 5*
rech|ner|ba|siert
Rech|ne|rei *f. 10 ugs.*
rech|ner|ge|steu|ert
rech|ner|ge|stützt
rech|ne|risch
Rech|nung *f. 10;* auf seine Rechnung kommen *ugs., übertr.:* zufrieden sein; die Rechnung ohne den Wirt machen *ugs., übertr.:* sich irren; eine Sache in Rechnung ziehen, einer Sache Rechnung tragen *ugs., übertr.:* etwas berücksichtigen
Rech|nungs|art *f. 10* vgl. Grundrechenart
Rech|nungs|buch *n. 4, schweiz. neben* Rechenbuch
Rech|nungs|füh|rer *m. 5* Buchhalter
Rech|nungs|hof *m. 2* Stelle zur Überprüfung des Rechnungswesens der öffentl. Verwaltung
Rech|nungs|le|gung *f. 10* Darlegung von Einnahmen und Ausgaben
Rech|nungs|ma|schi|ne *f. 11, schweiz.:* Rechenmaschine

R

recht sein/tun, sich recht verhalten: Die Fügung mit *sein* wird auch im Infinitiv, Partizip und am Ende eines Nebensatzes getrennt geschrieben: *Das ist ihr recht gewesen.* Ebenso: *Er hat recht* (= richtig) *getan. Er hat sich recht* (= richtig) *verhalten.* § 35
Die Substantivierung schreibt man groß: *das Rechte tun, nach dem Rechten sehen.* § 57 (1)

recht **1.** richtig, wie es sich gehört, dem Recht entsprechend; der rechte Mann am rechten Ort; das Herz auf dem rechten Fleck haben; rechter Winkel; es ist recht so; das ist recht!; das ist mir recht; ich habe wohl nicht recht gehört?; jmdm. etwas recht machen; jmdm. nichts recht machen können; etwas recht tun; das ist nur recht und billig: das ist gerecht; nun erst recht; ganz recht!; aus ihm ist nichts Rechtes geworden; da bist du bei mir an den Rechten geraten! *iron.:* an den Falschen; nach dem Rechten sehen; **2.** *Adv.:* sehr, ganz, einigermaßen; recht gut, recht schön; ich bin recht froh; recht gern

Recht behalten/bekommen/erhalten/geben/haben/sprechen: Die Fügung aus Substantiv und Verb/Partizip wird getrennt geschrieben: *Sie hat Recht behalten. Ihm wird Recht gegeben. Er wollte immer Recht haben.* Ebenso: *Recht finden, Recht sprechen, das Recht anwenden/verletzen/beugen; sein Recht fordern, zu seinem Recht kommen, etwas für Recht erkennen, nach Recht und Gewissen, von Rechts wegen, mit Recht, zu Recht.* § 55 (4)
Zusammenschreibung ist daneben möglich bei *zurecht.*

Recht *n. 1;* Recht sprechen; jmdm. Recht geben; Recht haben; Recht behalten; Gnade vor Recht ergehen lassen; mit Recht; seine Forderung besteht zu Recht; von Rechts wegen
rech|te(r, -s) auf der rechten Seite (liegend); rechte Hand; jmds. rechte Hand sein *übertr.:* jmds. bester, engster Mitarbeiter; rechter Hand: rechts; auf der rechten Seite; ein Rechter *ugs.:* Angehöriger einer rechts stehenden Partei
Rech|te *f. 11* **1.** rechte Seite, rechte Hand; sie saß zu meiner Rechten; er streckte ihm die Rechte hin; **2.** rechts stehende Partei
Recht|eck *n. 1*
recht|e|ckig
Rech|te|hand|re|gel *f. 11 nur Sg.* Regel über den Richtungsverlauf elektromagnetischer Feldlinien um einen stromdurchflossenen Leiter (nach den Fingern der rechten Hand, wenn man den Leiter so umfasst, dass der Daumen in Stromrichtung weist)
rech|ten *intr. 2;* mit jmdm. r.: mit jmdm. um sein Recht streiten, sein Recht von jmdm. fordern

rechtens sein, etwas für rechtens erachten/halten: Die Fügungen mit *sein* werden immer getrennt geschrieben: *Das konnte niemals rechtens sein.* § 35
Auch in Fügungen mit *erachten/halten* wird kleingeschrieben, da die substantivischen Merkmale verblasst sind: *Sie hielt die Bestimmung für rechtens* (alt: *Rechtens*). § 56 (3)

rech|tens nach geltendem Recht; rechtmäßig; etwas rechtens machen; es ist rechtens (so), dass er …; für rechtens halten
rech|ter Hand
rech|ter|seits auf der rechten Seite

(sich) rechtfertigen: Mehrgliedrige Ausdrücke aus Adverb/Adjektiv und Verb, die nicht getrennt werden können (*er rechtfertigt sich,* nicht: *er fertigt sich recht*), werden in allen Satzzusammenhängen zusammengeschrieben: *Sie wollten sich noch rechtfertigen, aber …* § 34 (2.2)

recht|fer|ti|gen *tr. 1*
Recht|fer|ti|gung *f. 10*
recht|gläu|big
Recht|gläu|big|keit *f. 10 nur Sg.*
Recht|ha|ber *m. 5* jmd., der stets Recht behalten will
Recht|ha|be|rei *f. 10*
recht|ha|be|risch
Recht|kant *m. 1 oder n. 1* ein Viereck
recht|läu|fig *Astron.:* »richtig«, d. h. im Sinne der allg. Drehbewegung des Planetensystems verlaufend (von Norden aus gesehen dem Uhrzeiger entgegengesetzt); *Ggs.:* rückläufig
recht|lich **1.** dem Recht entsprechend; jmdn. rechtlich belangen; rechtliches Gehör: Anspruch auf Vorbringung einer Sache bei Gericht; **2.** ehrlich, redlich
Recht|lich|keit *f. 10 nur Sg.*
recht|los
Recht|lo|sig|keit *f. 10 nur Sg.*
recht|mä|ßig
Recht|mä|ßig|keit *f. 10 nur Sg.*

rechts, nach rechts, die Rechte, zur Rechten: Das Lokaladverb schreibt man klein: *Das Haus dort rechts; er geht nach rechts; Marsch gegen rechts; rechts sein.* Die substantivierte Form wird großgeschrieben: *die Rechte, auf der Rechten, zur Rechten, mit der Rechten, zu meiner Rechten* usw. § 57 (1)
Getrenntschreibung: *der politisch rechts stehende Mann; Holzer spielt heute rechts außen* (aber: *der Rechtsaußen*).

rechts auf der rechten Seite; rechts der Donau; sich rechts halten; rechts stehen; rechts stehend: auf der Seite einer konservativen Partei stehend; rechts abbiegen; nach rechts; gegen rechts
Rechts|an|spruch *m. 2*
Rechts|an|walt *m. 2*
Rechts|auf|fas|sung *f. 10*
Rechts|aus|kunft *f. 2*
Rechts|aus|la|ge *f. 11, Sport:* Körperhaltung, bei der rechtes Bein und rechte Hand nach vorn gekehrt werden (z. B. beim Boxen)
Rechts|au|ßen *m. Gen. - Pl. -, bei Ballspielen:* rechter Flügelstürmer
Rechts|bei|stand *m. 2*
Rechts|be|leh|rung *f. 10*
Rechts|be|ra|ter *m. 5*
Rechts|beu|gung *f. 10* missbräuchl. Anwendung des Rechts
Rechts|be|wusst|sein (*alt:* Rechts|be|wußt|sein) *n. 1 nur Sg.*
Rechts|bre|cher *m. 5*
Rechts|bruch *m. 2*
rechts|bün|dig
recht|schaf|fen
Recht|schaf|fen|heit *f. 10 nur Sg.*
Recht|schreib|buch, Recht|schrei|be|buch *n. 4*

R

rẹcht|schrei|ben *intr. 127, nur im Infinitiv:* richtig, fehlerfrei schreiben; vgl. schreiben
Rẹcht|schreib|feh|ler *m. 5*
rẹcht|schreib|lich orthographisch
Rẹcht|schreib|re|form *f. 10*
Rẹcht|schrei|bung *f. 10*
Rẹchts|drall *m. 1* **1.** Drehung nach rechts um die Längsachse (z. B. bei Geschossen); **2.** *nur Sg., ugs. scherzh.:* Neigung zu konservativen polit. Ansichten
rẹchts|dre|hend dextrogyr; *aber:* nach rechts drehend
Rẹchts|emp|fin|den *n. 7 nur Sg.*
Rẹcht|ser *m. 5, ugs. für* Rechtshänder; *Ggs.:* Linkser
rẹchts|er|fah|ren
rẹchts|ex|trem *auch:* **rẹchts|ext|rem** der äußersten Rechten angehörend
Rẹchts|ex|tre|mis|mus *auch:* **Rẹchts|ext|re|mis|mus** *m. Gen. - nur Sg.*
Rẹchts|ex|tre|mist *auch:* **Rẹchts|ext|re|mist** *m. 10*
rẹchts|fä|hig fähig, Rechte und Pflichten zu haben
Rẹchts|fä|hig|keit *f. 10 nur Sg.*
Rẹchts|fall *m. 2*
rẹchts|fäl|lig
Rẹchts|gang *m. 2* **1.** Gerichtsverfahren; **2.** Drehungsrichtung nach rechts (z. B. einer Maschine, eines Gewindes)
rẹchts|gän|gig *Tech.:* sich nach rechts drehend
Rẹchts|ge|fühl *n. 1*
rẹchts|ge|rich|tet Rechtsparteien nahe stehend
Rẹchts|grund|satz *m. 2*
rẹchts|gül|tig gültig aufgrund der Rechtsordnung
Rẹchts|ha|ken *m. 7, Boxen:* Schlag mit der rechten Hand
Rẹchts|hän|der *m. 5* jmd., der mit der rechten Hand geschickter ist als mit der linken
rẹchts|hän|dig
Rẹchts|hän|dig|keit *f. 10 nur Sg.*
rẹchts|her *veraltet für* von rechts; rechtsher kommen, *aber:* von rechts her kommen
rẹchts|her|um *auch:* **rẹchts|he|rum**; rechtsherum wenden, *aber:* nach rechts herum wenden
Rẹchts|hil|fe *f. 11*
rẹchts|hin *veraltet für* nach rechts; rechtshin fahren, *aber:* nach rechts hin fahren
Rẹchts|kraft *f. 2 nur Sg.*
rẹchts|kräf|tig
rẹchts|kun|dig
Rẹchts|kur|ve [-və] *f. 11*
Rẹchts|la|ge *f. 11*
rẹchts|las|tig **1.** mit dem Schwerpunkt auf der rechten Seite; **2.** politisch rechts orientiert
rẹchts|läu|fig von links nach rechts verlaufend (Schrift)
Rẹchts|miss|brauch (*alt:* Rẹchts|miß|brauch) *m. 2*
Rẹchts|mit|tel *n. 5* rechtlich zugelassenes Mittel zur Korrektur von Behörden- und Gerichtsentscheidungen, z. B. Berufung, Einspruch
Rẹchts|nach|fol|ger *m. 5* jmd., der Rechte (und Pflichten) eines andern übernimmt
Rẹchts|ord|nung *f. 10*
Rẹchts|par|tei *f. 10* politisch rechts stehende Partei
Rẹchts|pfle|ge *f. 11 nur Sg.* Ausübung der Gerichtsbarkeit
Rẹcht|spre|chung *f. 10 nur Sg.; aber:* Rechtsspruch
rẹchts|ra|di|kal
Rẹchts|ra|di|ka|le(r) *m. 18 (17) oder f. 17 oder 18* jmd., der politisch extrem rechts steht
Rẹchts|ra|di|ka|lis|mus *m. Gen. - nur Sg.*
Rẹchts|re|gie|rung *f. 10* politisch rechts stehende Regierung
Rẹchts|ruck *m. 1* (bei Wahlen) plötzl. hoher Stimmengewinn einer rechten Partei; *Ggs.:* Linksruck
Rẹchts|sa|che *f. 11* Rechtsstreit, Prozess
Rẹchts|schutz *m. 1 nur Sg.*
rẹchts|sei|tig
Rẹchts|spruch *m. 2*
Rẹchts|staat *m. 12*
rẹchts|staat|lich
Rẹchts|staat|lich|keit *f. 10 nur Sg.*
rẹchts ste|hend (*alt:* rẹchts|ste|hend)
Rẹchts|strei|tig|keit *f. 10*
Rẹchts|streit *m. 1*
Rẹchts|sub|jekt *n. 1* Träger von Rechten und Pflichten
Rẹchts|ti|tel *m. 5* Urkunde, die das Bestehen bzw. die Vollstreckbarkeit eines Rechtsanspruchs bescheinigt
rẹcht|su|chend
rechts|ụm! [auch: rẹçts-]; rechtsum kehrt!
rẹchts|un|gül|tig
rẹchts|ver|bind|lich
Rẹchts|ver|dre|her *m. 5*
Rẹchts|ver|dre|hung *f. 10*
Rẹchts|ver|fah|ren *n. 7*
Rẹchts|ver|kehr *m. 1 nur Sg.*
Rẹchts|ver|let|zung *f. 10*
Rẹchts|ver|tre|ter *m. 5*
Rẹchts|vor|be|halt *m. 1*
Rẹchts|vor|schlag *m. 2, schweiz.:* Widerspruch des Schuldners gegen die Zwangsvollstreckung
Rẹchts|weg *m. 1* Inanspruchnahme des Gerichts; den R. beschreiten
Rẹchts|wen|dung *f. 10*
rẹchts|wid|rig
Rẹchts|wid|rig|keit *f. 10*
Rẹchts|wis|sen|schaft *f. 10*
rẹcht|win|ke|lig, rẹcht|wink|lig
rẹcht|zei|tig
re|ci|pe! [retsipe:, lat. »nimm«] (*Abk.:* Rec., Rp.) *auf ärztl. Rezepten:* Formel vor der Anwendungsvorschrift
Re|ci|tal [rɪsaɪtəl, engl.], **Ré|ci|tal** [resitạl, frz.], Re|zi|tal *n. 9* Veranstaltung, die nur von einem einzigen Künstler oder nur mit den Werken eines einzigen Künstlers bestritten wird
re|ci|tạn|do [retʃi-, ital.], re|zi|tạn|do *Mus.:* sprechend, rezitierend, im Sprechgesang, ohne strenge Einhaltung des Taktes
Re|ci|ta|ti|vo [retʃitativo] *ital. Form von* Rezitativ
Rẹck *n. 1* ein Turngerät
Rẹ|cke *m. 11, poet.:* Kämpfer, Krieger, Held
re|cken *tr. 1*
rẹ|cken|haft
Rẹ|ckol|der *m. 5, alem. für* Wacholder
Rẹck|stan|ge *f. 11*
Re|con|quis|ta [rɛkɔŋkịsta, span.] *f. Gen. - nur Sg., MA:* Zurückgewinnung Spaniens von den Arabern durch die christl. Spanier
Re|cọr|der [engl.] *m. 5* s. **Re|kọr|der**
rec|te, rek|te [rẹkte:, lat.] recht, richtig, eigentlich
Rẹc|tor ma|gni|fi|cus *auch:* **Rẹc|tor mag|ni|fi|cus** [lat.] *m. Gen. -s - Pl. -to|res -fi|ci* [-tsi], *veraltet:* Titel eines Hochschulrektors
re|cy|celn [risaikəln] *tr. 1* dem Recycling zuführen
Re|cy|cling *auch:* **Re|cyc|ling** [risaɪklɪŋ] *n. Gen. - oder -s nur Sg.* Wiederverwertung von Abfällen
Re|cy|cling|ver|fah|ren *auch:* **Re|cyc|ling|ver|fah|ren** [risaɪklɪŋ-] *n. 7*

Re|dak|teur [-tør, frz.] *m. 1* Angestellter eines Verlages oder einer Zeitung, der Manuskripte beurteilt und für die Veröffentlichung bearbeitet
Re|dak|ti|on *f. 10* **1.** *nur Sg.* Manuskriptbearbeitung; **2.** Gesamtheit der Redakteure (eines Verlages oder einer Zeitung); **3.** Arbeitsräume der Redakteure
re|dak|ti|o|nell zu einer Redaktion (2) gehörig, in der Redaktion; durch Redigieren; einen Text r. bearbeiten
Re|dak|ti|ons|schluss (*alt:* Re|dak|ti|ons|schluß) *m. 2 nur Sg.* Abschluss der Manuskriptbearbeitung
Re|dak|ti|ons|sta|tut *n. 12* Satzung einer Redaktion
Re|dak|tor [neulat.] *m. 13* **1.** wissenschaftlicher Herausgeber; **2.** *schweiz. für* Redakteur
Re|dak|tri|ce *auch:* **Re|dakt|ri|ce** [-sə, frz.] *f. 11, österr. für* Redakteurin
re|da|tie|ren [lat.-frz.] *tr. 3* mit einem zurückliegenden Datum versehen, zurückdatieren (Brief)

Rede und Antwort stehen: Die Fügung aus zwei Substantiven und Verb schreibt man groß und getrennt: *Sie musste Rede und Antwort stehen.* § 55 (4)

Re|de *f. 11;* Rede stehen; Rede und Antwort stehen
Re|de|fluss (*alt:* Re|de|fluß) *m. 2 nur Sg.*
Re|de|frei|heit *f. 10 nur Sg.*
re|de|ge|wandt
Red|emp|to|rist *auch:* **Re|demp|to|rist** [lat.] *m. 10* Angehöriger der Congregatio Sanctissimi Redemptoris, eines katholischen Ordens
re|den *tr. u. intr. 2;* von sich r. machen; *aber:* von etwas viel Redens machen: etwas aufbauschen, übertreiben; du hast gut *oder:* leicht r.!
Re|dens|art *f. 10*
re|dens|art|lich
Re|de|rei *f. 10*
Re|de|schrift *f. 10* Eilschrift
Re|de|schwall *m. 1*
Re|de|strom *m. 2*
Re|de|ver|bot *n. 1*
Re|de|wen|dung *f. 10*
re|di|gie|ren [lat.-frz.] *tr. 3* bearbeiten (Manuskript)

R

Re|din|gote [redɛ̃gɔt, frz.] *f. 11* taillierter Mantel
Re|dis|fe|der® *f. 1* eine Schreibfeder (für Zierschrift)
Re|dis|kont [ital.] *m. 1* Weiterverkauf (eines diskontierten Wechsels)
re|dis|kon|tie|ren *tr. 3* weiterverkaufen (Wechsel)
Re|dis|kon|tie|rung *f. 10*
re|di|vi|vus [-vivus, lat.] *nicht flektierbar, immer nachgestellt:* wieder erstanden; Goethe redivivus!
red|lich
Red|lich|keit *f. 10 nur Sg.*
Red|ner *m. 5*
red|ne|risch
Red|ner|lis|te *f. 11*
Re|dou|te [-du-, frz. rədut] *f. 11* **1.** *früher:* Festungsschanze; **2.** *bair.-österr.:* Maskenball
Red|ox|sys|tem *auch:* **Re|dox|sys|tem** *n. 1, Chem., Kurzwort für* Reduktions-Oxidations-System
Re|dres|se|ment [-mã, frz.] *n. 9* **1.** Wiedereinrenkung oder Einrichtung (eines ausgerenkten oder gebrochenen Knochens); **2.** orthopäd. Behandlung (bes. von Missbildungen an Beinen und Füßen)
re|dres|sie|ren *tr. 3* **1.** wieder einrenken, einrichten (Knochen); **2.** korrigieren (Missbildungen)
red|se|lig
Red|se|lig|keit *f. 10 nur Sg.*
Re|duk|ti|on [lat.] *f. 10* Zurückführung, Verringerung; Herabsetzung
Re|duk|ti|ons|di|ät *f. 10*
Re|duk|ti|ons|mit|tel *n. 5, Chem.:* Stoff, der anderen Substanzen Sauerstoff entziehen kann
Re|duk|ti|ons|tei|lung *f. 10* Meiose
Re|duk|tor *m. 13* **1.** ein Transformator; **2.** Glimmlampe zur Verringerung der Netzspannung
red|un|dant *auch:* **re|dun|dant** [lat.-engl.] überreichlich, weitschweifig, überflüssig, zur Information nicht notwendig
Red|un|danz *auch:* **Re|dun|danz** *f. 10 nur Sg.* **1.** Überreichlichkeit, Überflüssiges; **2.** Überschuss (an Wörtern, Zeichen) über das zur Übermittlung einer Information notwendige Mindestmaß hinaus
Re|du|pli|ka|ti|on [lat.] *f. 10* Verdoppelung (einer Silbe oder eines Wortes) z. B. Mama
re|du|pli|zie|ren *tr. 3* verdoppeln (Silbe, Wörter)

re|du|zi|bel [lat.] zurückführbar, zerlegbar (eines mathemat. Ausdrucks); *Ggs.:* irreduzibel
re|du|zie|ren *tr. 3* zurückführen, verringern, herabsetzen
Re|du|zie|rung *f. 10*
Re|du|zier|ven|til [-vɛn-] *n. 1* Ventil zur Druckherabsetzung
Red|wood [rɛdwud, engl.] *n. 9* Rotholz (bes. der kaliforn. Mammutbäume)
Ree|de *f. 11* Ankerplatz für Schiffe
Ree|der *m. 5* Schifffahrtsunternehmer
Ree|de|rei *f. 10*
re|ell [frz.] **1.** ehrlich, anständig, zuverlässig; **2.** wirklich vorhanden, begründet
Re|el|li|tät *f. 10 nur Sg.* Ehrlichkeit (bes. im Geschäftsleben)
Re|en|try *auch:* **Re|ent|ry** [riɛntri, engl.] *m. oder f. Gen. - Pl.* -s Wiedereintritt (eines Weltraumfahrzeugs in die Erdatmosphäre)
Reep *n. 1, nddt.:* Seil, Tau
Ree|per *m. 5* Seiler
Ree|per|bahn *f. 10* **1.** *urspr.:* Platz, auf dem Seile hergestellt wurden, Seilerbahn; **2.** *nur Sg.* Vergnügungsstraße in St. Pauli (Hamburg)
Ree|pe|rei *f. 10* Seilerei
Reep|schlä|ger *m. 5, nddt.:* Seiler
Reep|schnur *f. 2* starke Schnur, Lawinenschnur; vgl. Rebschnur
Reet *n. 1, nddt.:* Ried, Rohr, Schilf
Reet|dach *n. 4*
Re|e|vo|lu|ti|on [-vo-, neulat.] *f. 10* Wiederkehr des Bewusstseins (nach einem epilept. Anfall)
Re|ex|port [lat.] *m. 1,* **Re|ex|por|ta|ti|on** *f. 10* Wiederausfuhr (importierter Güter)
re|ex|por|tie|ren *tr. 3*
ref. *Abk. für* reformiert
REFA *früher Abk. für* Reichsausschuss für Arbeitszeitermittlung (bzw. Arbeitsstudien); *heute:* Verband für Arbeitsstudien, REFA e. V.
REFA-Fach|mann *m. Gen.* -s *Pl.* -leu|te
Re|fait [rəfɛ, frz.] *n. 9, Kartenspiel:* Unentschieden
Re|fak|tie [-tsjə, lat.-ndrl.] *f. 11* **1.** Vergütung für beschädigte, fehlerhafte, unbrauchbar gewordene Ware; **2.** Rückvergütung von Frachtkosten
re|fak|tie|ren *intr. 3;* eine Ware r.: Preisnachlass auf eine Ware gewähren

Re|fek|to|ri|um [lat.] *n. Gen.* -s *Pl.* -ri|en Speisesaal im Kloster
Re|fe|rat [lat.] *n. 1* **1.** Vortrag, Bericht; **2.** Arbeitsgebiet eines Referenten
Re|fe|ren|da *Pl. von* Referendum
Re|fe|ren|dar *m. 1* Anwärter auf die Beamtenlaufbahn (nach der ersten Staatsprüfung)
Re|fe|ren|da|ri|at *n. 1* berufsvorbereitender Dienst für Referendare
Re|fe|ren|dum *n. Gen.* -s *Pl.* -da *oder* -den Volksabstimmung
Re|fe|rent *m. 10* Vortragender, Berichterstatter, Sachbearbeiter
Re|fe|renz *f. 10* Empfehlung, Auskunft über eine Person, jmd., der eine Auskunft oder Empfehlung geben kann
Re|fe|renz|kurs *m. 1, Börse:* Kurs, der als Vergleichswert für andere Kurse dient
re|fe|rie|ren [frz.] *intr. 3* vortragen, berichten, ein Referat halten; über etwas referieren
Reff *n. 1* **1.** Vorrichtung zum Verkleinern der Segelfläche; **2.** *schweiz. auch:* Räf, Rückentrage, Tragegestell; **3.** *verächtl.:* altes Weib
ref|fen *tr. 1* verkleinern (Segelfläche)
Re|fi|nan|zie|rung [lat.-frz.] *f. 10* Geldbeschaffung aus Fremdmitteln, um Kredit geben zu können
Re|fla|ti|on [lat.] *f. 10* Erhöhung der umlaufenden Geldmenge
re|fla|ti|o|när mittels Reflation
Re|flek|tant [lat.] *m. 10* Bewerber, Interessent
re|flek|tie|ren **1.** *tr. 3* zurückstrahlen, widerspiegeln; **2.** *intr. 3* nachdenken; **3.** *intr. 3;* auf etwas r.: etwas haben wollen oder anstreben, sich um etwas bewerben
Re|flek|tor *m. 13* **1.** Vorrichtung zur Rückstrahlung und Bündelung elektromagnetischer Wellen, bes. von Licht, z. B. Hohlspiegel; **2.** Hülle um spaltbares Material im Kernreaktor
re|flek|to|risch durch einen Reflex ausgelöst
Re|flex *m. 1* **1.** Rückstrahlung (von Licht); **2.** *Biol.:* unwillkürl. Reizbeantwortung
Re|flex|hand|lung *f. 10*
Re|fle|xi|on *f. 10* **1.** Zurückwerfen (von Teilchen oder Wellen, z. B. Licht) an Grenzflächen zwischen verschiedenen Medien, z. B. zwischen Luft und Glas; **2.** auf die eigenen Handlungen und Gedanken gerichtetes, prüfendes Nachdenken
Re|fle|xi|ons|win|kel *m. 5* Winkel zwischen zurückgeworfenem Strahl und Einfallslot
re|fle|xiv *Gramm.:* sich auf das Subjekt zurückbeziehend, rückbezüglich; reflexive Verben
Re|fle|xiv *n. 1,* Re|fle|xi|vum [-vum] *n. Gen.* -s *Pl.* -va [-va] **1.** Reflexivpronomen; **2.** reflexives Verb
Re|fle|xiv|pro|no|men *n. 7* rückbezügliches Fürwort: sich
Re|fle|xi|vum [-vum] *n. Gen.* -s *Pl.* -va [-va] Reflexiv
Re|fle|xo|lo|gie *f. 11 nur Sg.* Richtung der Psychologie, die das menschliche und tierische Verhalten auf die Reflexe zurückzuführen sucht
Re|flux [lat.] *m. Gen.* -es *nur Sg., Med.:* Rückfluss
Re|form [lat.-frz.] *f. 10* verbessernde Neu-, Umgestaltung
Re|for|ma|ti|on [lat.] *f. 10* **1.** Wiederherstellung (eines ursprüngl. Zustandes), Erneuerung; **2.** *nur Sg.* Glaubensbewegung des 16. Jh., die zur Entstehung des Protestantismus führte
Re|for|ma|ti|ons|fest *n. 1 nur Sg.* 31. Oktober
Re|for|ma|ti|ons|zeit *f. 10 nur Sg.*
Re|for|ma|tor *m. 13* **1.** Erneuerer, Neugestalter; **2.** Begründer der Reformation (2): Luther, Zwingli, Calvin
re|for|ma|to|risch
re|form|be|dürf|tig
Re|for|mer *m. 5* jmd., der eine Reform durchführt
Re|form|haus *n. 4* Fachgeschäft für naturgemäße Ernährung
re|for|mie|ren *tr. 3* verbessern, erneuern
re|for|miert (*Abk.:* ref., reform.) zur reformierten Kirche gehörend; reformierte Kirche: die durch die Reformation Zwinglis und Calvins entstandene Kirche, im Unterschied zur lutherischen Kirche
Re|for|mis|mus *m. Gen. - nur Sg.* **1.** Streben nach Veränderung sozialer oder politischer Zustände durch Reformen; **2.** gemäßigter Sozialismus
Re|for|mist *m. 10* Anhänger des Reformismus
re|for|mis|tisch
Re|form|ka|tho|li|zis|mus *m. Gen. - nur Sg.* Bestrebungen der röm.-kath. Kirche innerhalb des Modernismus nach 1900, die jedoch an der Bindung der Kirche festhielten
Re|frain *auch:* **Ref|rain** [rəfrɛ̃, frz.] *m. 9* Kehrreim
re|frak|tär [lat.] *Med.:* widerspenstig, unempfänglich; auf einen Reiz nicht reagierend
Re|frak|tär *m. 1, schweiz.:* jmd., der sich der Militärpflicht entzieht
Re|frak|tär|pha|se *f. 11* Ruhezeit von Muskel- und Nervenfasern unmittelbar nach Ablauf einer Erregungsphase
Re|frak|ti|on *f. 10* **1.** Brechung (von Lichtwellen, bes. des Sternenlichts beim Eintritt in die Erdatmosphäre); **2.** Brechungswert (der Augenlinse)
Re|frak|ti|ons|feh|ler *m. 5* Fehler in der Brechkraft der Augenlinse
Re|frak|to|me|ter [lat. + griech.] *n. 5* opt. Messgerät zur Refraktionsbestimmung
Re|frak|to|me|trie *auch:* **Re|frak|to|met|rie** *f. 11 nur Sg.* Lehre von der Refraktionsbestimmung
re|frak|to|me|trisch *auch:* **re|frak|to|met|risch**
Re|frak|tor [lat.] *m. 13* Linsenfernrohr
re|frak|tu|rie|ren *tr. 3, Med.;* einen gebrochenen, schlecht geheilten Knochen r.: operativ nochmals zerbrechen
Re|frak|tu|rie|rung *f. 10*
Re|fri|ge|rans *auch:* **Ref|ri|ge|rans** [lat.] *n. Gen. - Pl.* -ran|tia [-tsja] *oder* -zi|en, *Med.:* abkühlendes, fiebersenkendes Heilmittel
Re|fri|ge|ra|ti|on *f. 10* **1.** Erkältung; **2.** künstl. Unterkühlung (z. B. vor einem chirurg. Eingriff)
Re|fri|ge|ra|tor *m. 13* Gefriermaschine
Re|fu|gi|al|ge|biet [lat.] *n. 1* Rückzugsgebiet (für Tiere und Pflanzen, z. B. in den Eiszeiten)
Re|fu|gié [refyʒje, frz.] *m. 9* Flüchtling (aus Glaubensgründen, bes. Hugenotte)
Re|fu|gi|um *n. Gen.* -s *Pl.* -gi|en Zufluchtsort
re|fun|die|ren [lat.] *tr. 3 österr.* (Ausgaben, Spesen) zurückerstatten
Re|fus, Re|füs [rəfy(s), frz.] *m. Gen. - nur Sg., veraltet für* Ablehnung, Weigerung

R

re|fü|sie|ren *tr. u. intr. 3, schweiz.:* ablehnen, verweigern
reg. *Abk. für* registered
Reg. *Abk. für* Regiment (2)
re|gal [lat.] königlich
Re|gal *n. 1* **1.** Gestell (für Bücher, Waren u. Ä.); **2.** kleine Orgel mit Zungenpfeifen; **3.** Zungenpfeifenregister (von Orgeln); **4.** = Regale
Re|ga|le [lat.] *n. Gen.* -s *Pl.* -li|en wirtschaftlich nutzbares Hoheitsrecht (z. B. Münzrecht)
Re|ga|li|en *Pl. von* Regale
Re|ga|li|tät *f. 10 nur Sg., früher:* Anspruch (des Staates) auf Regalien
Re|gat|ta [ital.] *f. Gen.* - *Pl.* -ten Bootswettfahrt
Reg.-Bez. *Abk. für* Regierungsbezirk
re|ge munter, lebhaft, beweglich; körperlich, geistig rege sein
Re|gel *f. 11*
Re|gel|an|fra|ge *f. 11, Amtsspr.*
Re|gel|de|tri *auch:* **Re|gel|det|ri** *f. Gen.* - *nur Sg.* Dreisatzrechnung
Re|gel|fall *m. 2*
re|gel|los
Re|gel|lo|sig|keit *f. 10 nur Sg.*
re|gel|mä|ßig
Re|gel|mä|ßig|keit *f. 10 nur Sg.*
re|geln *tr. 1;* ich regele, regle es
re|gel|recht
Re|gel|satz *m. 2* Richtsatz für die Bemessung von Sozialleistungen
Re|gel|stu|di|en|zeit *f. 10 nur Sg.*
Re|ge|lung, Reg|lung *f. 10*
Re|gel|werk *n. 1* Sammlung von Vorschriften, Normen und Richtlinien
re|gel|wid|rig
Re|gel|wid|rig|keit *f. 10*
re|gen *tr. u. refl. 1*
Re|gen *m. 7 nur Sg.;* vom Regen in die Traufe kommen *übertr.:* aus einer Notlage in eine andere, noch schlimmere geraten
re|gen|arm
Re|gen|bo|gen *m. 7*
re|gen|bo|gen|far|ben, re|gen|bo|gen|far|big
Re|gen|bo|gen|far|ben *Pl.*
Re|gen|bo|gen|haut *f. 2* Iris (des Auges)
Re|gen|bo|gen|pres|se *f. 11* Zeitschriften mit Gesellschaftsklatsch
Re|gen|bo|gen|tri|kot [-ko:] *n. 9, Sport:* Trikot des Radweltmeisters
Ré|gence [reʒɑ̃s, frz.] *f. Gen.* - *nur Sg.* frz. Kunstrichtung zur Zeit der Regentschaft Philipps von Orléans
Re|gen|cy [ri̲dʒənsı, engl.] *n. Gen.* - *nur Sg.* engl. Kunstrichtung zur Zeit der Regentschaft von George IV.
Re|gen|dach *n. 4*
re|gen|dicht
Re|ge|ne|rat [lat.] *n. 1, Chem.:* Rohstoff, der durch Aufarbeitung gewonnen wird (z. B. Kautschuk aus Altgummi)
Re|ge|ne|ra|ti|on *f. 10* **1.** Wiederherstellung, Erneuerung; **2.** *Med.:* Heilungsprozess; **3.** *Biol.:* Neubildung zerstörter oder verlorener Zellen, Gewebe und Körperteile; *Ggs.:* Degeneration; **4.** *Phys., Chem.:* Wiederherstellung bestimmter Eigenschaften von Stoffen bzw. Rückgewinnung von Rohstoffen (z. B. Kautschuk aus Altgummi)
re|ge|ne|ra|tiv durch Regeneration entstanden, regeneratorisch
Re|ge|ne|ra|tor *m. 13* Luftvorwärmer bei Industriefeuerungen
re|ge|ne|ra|to|risch regenerativ
re|ge|ne|rie|ren *tr. 3* **1.** wiederherstellen, erneuern; **2.** *Biol.:* neu bilden (Zellen, Gewebe, Körperteile); *Ggs.:* degenerieren; **3.** *Chem.:* zurückgewinnen (Rohstoffe aus Altmaterial)
Re|gen|fall *m. 2*
Re|gen|fass (*alt:* Re|gen|faß) *n. 4*
Re|gen|guss (*alt:* Re|gen|guß) *m. 2*
Re|gen|haut *f. 2* wasserdichter Umhang oder Mantel
re|gen|nass (*alt:* re|gen|naß)
Re|gen|pfei|fer *m. 5* ein Watvogel
re|gen|reich
Re|gens [lat.] *m. Gen.* - *Pl.* -gen|tes *oder* -gen|ten Vorsteher (bes. eines kath. Priesterseminars)
Re|gen|schat|ten *m. 7* die niederschlagsarme Seite eines Gebirges
Re|gens Cho|ri (*alt:* Re|gens cho-ri) [- ko-, lat.] *m. Gen.* - *Pl.* -gen-tes Cho|ri Leiter eines katholischen Kirchenchores
Re|gent [lat.] *m. 10* regierender Fürst oder dessen Stellvertreter
Re|gen|tes *Pl. von* Regens
Re|gent|schaft *f. 10 nur Sg.* Amt bzw. Amtsdauer eines Regenten
Re|gen|wald *m. 4* immergrüner Tropenwald
Re|gen|wurm *m. 4* Angehöriger einer Familie der Ringelwürmer
Re|gen|zeit *f. 10* in trop. und subtrop. Ländern regelmäßig auftretende Periode mit anhaltenden Regenfällen
Re|ger, *Max* dt. Komponist
Re|ges *Pl. von* Rex
Re|gest [lat.] *n. 12* knappe Zusammenfassung des Rechtsinhalts einer Urkunde
Re|ges|ten|samm|lung *f. 10*
Re|ges|tum *n. Gen.* -s *Pl.* -ta, *ältere Form von* Regest
Reg|gae [rɛgɛı] *m. Gen.* -(s) *nur Sg.* musikalische Stilrichtung Jamaikas
Re|gie [-ʒi̲, lat.-frz.] *f. 11* **1.** Verwaltung öffentlicher Unternehmen durch Staat oder Gemeinde; **2.** *österr.:* staatl. Verkaufsmonopol (z. B. Tabakregie); **3.** künstler. Leitung (eines Theaterstücks, Films u. Ä.)
Re|gie|as|sis|tent [-ʒi̲-] *m. 10* Mitarbeiter eines Regisseurs
Re|gie|as|sis|tenz [-ʒi̲-] *f. 10*
Re|gie|be|trieb [-ʒi̲-] *m. 1* von einer öffentl. Körperschaft (z. B. dem Staat) geführter Betrieb
Re|gie|fens|ter [-ʒi̲-] *n. 5, Rundfunk:* Beobachtungsfenster im Senderaum
Re|gi|en [reʒi̲ən] *Pl., österr.:* Regiekosten, Unkosten
Re|gie|pult [-ʒi̲-] *n. 1, Rundfunk:* Tonmischpult
re|gie|ren [lat.] **1.** *tr. 3* beherrschen, lenken, leiten; *Gramm.:* nach sich ziehen, fordern; die Präposition »bei« regiert den Dativ; **2.** *intr. 3* herrschen; der regierende Bürgermeister von … (Großschreibung nur als Titel)
Re|gie|rung *f. 10*
Re|gie|rungs|be|zirk *m. 1* (*Abk.:* Reg.-Bez.)
Re|gie|rungs|bil|dung *f. 10*
Re|gie|rungs|chef [-ʃɛf] *m. 9*
Re|gie|rungs|di|rek|tor *m. 13, Amtsbez. für* Beamter des höheren Verwaltungsdienstes über dem Regierungsrat
Re|gie|rungs|er|klä|rung *f. 10* Erklärung, in der eine Regierung ihre Politik darlegt
re|gie|rungs|feind|lich
Re|gie|rungs|ko|a|li|ti|on *f. 10*
Re|gie|rungs|par|tei *f. 10*
Re|gie|rungs|rat *m. 2* **1.** (*Abk.:* Reg.-Rat) ein höherer Beamter; **2.** *schweiz.:* Mitglied einer Kantonsregierung
Re|gie|rungs|sitz *m. 1*
Re|gie|rungs|spre|cher *m. 5*
re|gie|rungs|treu

Re|gie|rungs|vor|la|ge *f. 11* von der Regierung ausgearbeiteter Gesetzentwurf
Re|gime [-ʒim, frz.] *n. Gen.* -(s) *Pl.* -s *oder* - [-ʒimə] Regierung, Regierungsform, Herrschaftssystem
Re|gime|kri|ti|ker [-ʒim-] *m. 5*
Re|gi|ment [lat.] **1.** *n. 1* Herrschaft, Leitung; das R. führen; **2.** *n. 3* (*Abk.:* Reg., Regt., Rgt.) Truppeneinheit
Re|gi|ments|kom|man|dant *m. 10, schweiz.*
Re|gi|ments|kom|man|deur [-dør] *m. 1*
Re|gi|na, Re|gi|ne weibl. Vorname
Re|gi|o|lekt [lat. + griech.] *m. 1* Spracheigentümlichkeit innerhalb einer geograph. Region
Re|gi|on [lat.] *f. 10* Bereich, Gegend; in höheren Regionen schweben *ugs. übertr.:* nicht in der Wirklichkeit leben
re|gi|o|nal zu einer Region gehörig, sie betreffend
Re|gi|o|na|lis|mus *m. Gen. - nur Sg.* **1.** Streben eines Landesteils nach (größerer) Eigenständigkeit im Staatsganzen; **2.** Zusammenarbeit mehrerer Staaten zur Lösung gemeinsamer Probleme ihres Gebietes (z.B. in der EU); **3.** Strömung in der deutschen Literatur um 1900, Heimatdichtung
Re|gi|o|na|list *m. 10* Vertreter des Regionalismus (1)
Re|gi|o|nal|li|ga *f. Gen. - Pl.* -gen, *Sport:* Spielklasse unter der ersten oder (insofern vorhanden) zweiten Bundesliga
Re|gi|o|nal|pro|gramm *n. 1, Funk, Fernsehen:* Programm für ein bestimmtes Gebiet eines Sendebereichs
re|gi|o|när zu einem bestimmten Abschnitt der Körperoberfläche gehörend
Re|gis|seur [-ʒisør, frz.] *m. 1, Theater, Film, Funk, Fernsehen:* jmd., der Regie führt, Spielleiter
Re|gis|ter [mlat.] *n. 5* **1.** Verzeichnis, Liste; **2.** eingeschnittene Abecestufen (z.B. am Rand von Telefonbüchern); **3.** alphabetisch geordnetes Personen- oder Sachverzeichnis (am Ende von Büchern); **4.** *Rechtsw.:* amtl. Verzeichnis über rechtlich wichtige Tatsachen (z.B. Handelsregister); **5.** *Buchw.:* Aufeinanderpassen der Druckzeilen von Vorder- und Rückseite; R. halten; **6.** *Mus.:* Tonbereich, der von einem Sänger mit gleicher Stimmbandeinstellung gesungen werden kann; **7.** *an der Orgel:* Pfeifenreihe mit gleichem Klangcharakter; alle Register ziehen, spielen lassen *ugs. übertr.:* etwas mit aller Energie betreiben
Re|gis|ter|brief *m. 1* Bescheinigung über die Eintragung eines Schiffs ins Schiffsregister
re|gis|tered [rẹdʒɪstəd, engl.] (*Abk.:* reg.), (*Zeichen:* ®) **1.** in ein Register eingetragen (Firma), gesetzlich geschützt; **2.** *Post: engl. Bez. für* eingeschrieben
Re|gis|ter|ton|ne *f. 11* (*Abk.:* RT) Raummaß für Schiffe; 2,8 m³

♦ Die Buchstabenfolge **re|gis|tr...** kann in Fremdwörtern auch **re-gist|r...** getrennt werden.

♦ **Re|gis|tra|tur** *f. 10* **1.** Abteilung für die Ablage des Schriftverkehrs; **2.** Aktenschrank; **3.** alle Registerzüge der Orgel
♦ **Re|gis|trier|ap|pa|rat** *m. 1* Gerät zum Aufzeichnen von Messwerten in ihrem zeitl. Ablauf
♦ **re|gis|trie|ren** **1.** *tr. 3* in ein Register eintragen, aufzeichnen, buchen; **2.** *tr. 3, übertr.:* bewusst wahrnehmen, feststellen; **3.** *intr. 1, Mus.:* Orgelregister ziehen, Registerstimmen mischen
♦ **Re|gis|trie|rung** *f. 10*

♦ Die Buchstabenfolge **re|gl...** kann in Fremdwörtern auch **reg|l...** getrennt werden.

♦ **Re|gle|ment** [regləmã, frz.] *n. 9, schweiz.:* [-mẹnt] *n. 1* Dienstvorschrift, Geschäftsordnung
♦ **re|gle|men|ta|risch** nach dem Reglement
♦ **re|gle|men|tie|ren** *tr. 3* durch Vorschrift regeln, behördlich anordnen, beaufsichtigen
♦ **Re|gle|men|tie|rung** *f. 10*
Reg|ler *m. 5*
♦ **Re|glet|te** [frz.] *f. 11, Buchw.:* nicht druckender Metallstreifen für den Durchschuss
♦ **Re|gleur** [-glør] *m. 1, in Uhren:* den Gang regelnde Spirale
reg|los
Reg|lo|sig|keit *f. 10 nur Sg.*
reg|nen *intr. 2*
Reg|ner *m. 5*
reg|ne|risch
Rẹgnum *auch:* **Rẹg|num** [lat.] *n. Gen.* -s *Pl.* -gna Herrschaft, König-, Kaiserreich
Reg.-Rat *Abk. für* Regierungsrat (1)
Re|gress (*alt:* Re|greß) [lat.] *m. 1* **1.** *Philosophie:* Zurückschreiten von der Wirkung zur Ursache; **2.** *Rechtsw.:* Ersatz, Entschädigung, Ersatzanspruch an den Hauptschuldner
Re|gress|an|spruch (*alt:* Re|greß-an|spruch) *m. 2*
Re|gres|sat *m. 10* jmd., auf den ein Regress genommen wird
Re|gres|si|on *f. 10* Rückbildung, Zurückbewegung
re|gres|siv zurückgreifend, zurückgehend, sich zurückbildend
Re|gress|kla|ge (*alt:* Re|greß|kla|ge) *f. 11*
Re|gress|pflicht (*alt:* Re|greß-pflicht) *f. 10*
re|gress|pflich|tig (*alt:* re|greß-pflich|tig)
reg|sam
Reg|sam|keit *f. 10 nur Sg.*
Regt. *Abk. für* Regiment (2)
Re|gu|lar [lat.] *m. 1,* Re|gu|la|re *m. 11* Mitglied einer Gemeinschaft, die nach festen Regeln lebt, z.B. einer Kongregation, eines Ordens
re|gu|lär **1.** der Regel entsprechend; *Ggs.:* irregulär; **2.** *Math.:* regelmäßig (Körper)
Re|gu|la|re *m. 11* s. **Re|gu|lar**
Re|gu|lar|geist|li|cher *m. 5* = Regularkleriker (2)
Re|gu|la|ri|en *Pl.* regelmäßig abzuwickelnde Angelegenheiten
Re|gu|la|ri|tät *f. 10 nur Sg.* Regelmäßigkeit, Richtigkeit; *Ggs.:* Irregularität
Re|gu|lar|kle|ri|ker *m. 5* **1.** *i. e. S.:* Mönch, der nicht in dem Kloster lebt, in das er eingetreten ist; **2.** *i. w. S.:* Ordensgeistlicher, regulierter Kleriker, Regulargeistlicher; **3.** den neuzeitl. Formen der Seelsorge angepasste Ordensgemeinschaft
Re|gu|la|ti|on *f. 10* Regelung, Regulierung, Anpassung, Ausgleich
re|gu|la|tiv regelnd, als Regel dienend
Re|gu|la|tiv *n. 1* regelnde Vorschrift, steuerndes Element
Re|gu|la|tor *m. 13* **1.** Pendeluhr mit regulierbarem Pendel; **2.** Gangregler (einer Maschine)

re|gu|lie|ren *tr. 3* **1.** regeln, ordnen, in gleichmäßigen Gang bringen; **2.** einer Ordensregel unterwerfen; **3.** begradigen (Flusslauf)
Re|gu|lie|rung *f. 10*
Re|gu|lie|rungs|be|hör|de *f. 11* Behörde für die Weiterentwicklung des Wettbewerbs auf dem Post- u. Telekommunikationsmarkt
re|gu|li|nisch [lat.] aus reinem Metall, gediegen
Re|gu|lus **1.** *m. Gen.* - ein Stern im Sternbild des Löwen; **2.** *m. Gen.* - *Pl.* -lus|se Metallklumpen unter der Schmelzofenschlacke; *auch:* gediegenes Metall; **3.** *Pl. auch* -li ein Vogel, Goldhähnchen
Re|gung *f. 10*
re|gungs|los
Re|gungs|lo|sig|keit *f. 10 nur Sg.*
Reh *n. 1*
Re|ha|bi|li|tand [lat.] *m. 10* jmd., der rehabilitiert wird
Re|ha|bi|li|ta|ti|on *f. 10* **1.** Wiederherstellung der ursprüngl. Lage, Wiedereinsetzung in frühere Rechte, Rechtfertigung, Ehrenrettung; **2.** Rückführung von Kranken, Verletzten, Süchtigen mit Dauerschäden in die Gesellschaft
Re|ha|bi|li|ta|ti|ons|sport *m. 1 nur Sg.*
Re|ha|bi|li|ta|ti|ons|zen|trum *auch:* **Re|ha|bi|li|ta|ti|ons|zent|rum** *n. Gen.* -s *Pl.* -tren
re|ha|bi|li|tie|ren *tr. 3* rechtfertigen, in die ursprüngl. Lage oder in frühere Rechte wieder einsetzen
Re|ha|bi|li|tie|rung *f. 10*
Re|ha|kli|nik *f. 10*
Re|haut [rəo, frz.] *m. 9* lichte Stelle (auf Gemälden)
Reh|bein *n. 1* Überbein (des Pferdes)
Reh|bock *m. 2* männl. Reh
reh|braun
Re|he *f. 11 nur Sg.*, **Re|he|huf** *m. 1 nur Sg.* eine Hufkrankheit (des Pferdes)
reh|far|ben, reh|far|big
Reh|geiß *f. 10* weibl. Reh
Reh|häu|tel *n. 5, österr.:* Rehleder
Reh|kitz *n. 1* Rehkalb
Reh|le|der *n. 5*
reh|le|dern
Reh|ling *m. 1* Pfifferling
Reh|pos|ten *m. 7* gröbster Schrot (Munition)
Reh|wild *n. Gen.* -(e)s *nur Sg., Sammelbez. für* Rehbock, Rehgeiß und Rehkitz

Rei|bach, Re|bach [jidd.] *m. Gen.* -s *nur Sg.* Gewinn, Vorteil (bes. aus Betrug); er hat seinen R. dabei gemacht
Rei|be *f. 11*, **Reib|ei|sen** *n. 7*
Rei|be|ku|chen *m. 7* Kartoffelpuffer
Rei|be|laut *m. 1* durch Verengung des Mundkanals hervorgebrachter Laut, z. B. f, v, w, s, sch, ch, Engelaut, Frikativlaut, Spirans, Spirant
rei|ben *tr. 95;* jmdm. etwas unter die Nase reiben *ugs. übertr.:* jmdm. etwas deutlich zu verstehen geben; sich an jmdm. reiben *ugs. übertr.:* sich mit jmdm. nicht vertragen, mit jmdm. oft kleine Auseinandersetzungen haben
Rei|ber *m. 5* **1.** Gerät zum Steindruck; **2.** *österr.:* Türriegel
Rei|ber|druck *m. 2* Steindruck mittels Handpresse
Rei|be|rei *f. 10, ugs. übertr.:* Streit, Zwist
Reib|flä|che *f. 11*
Rei|bung *f. 10*
Rei|bungs|ko|ef|fi|zi|ent *m. 10*
rei|bungs|los
Rei|bungs|lo|sig|keit *f. 10 nur Sg.*
Rei|bungs|wi|der|stand *m. 2*
reich; reich begütert; reich geschmückt; reich verziert; Arme und Reiche, Arm und Reich, die Armen und die Reichen
Reich *n. 1;* Deutsches Reich; Heiliges Römisches Reich deutscher Nation
reich be|gü|tert (*alt:* reich|be|gütert)
rei|chen *tr. u. intr. 1*

reich geschmückt, Arm und Reich: Gefüge aus Adjektiv und Verb/Partizip, in denen das Adjektiv steigerbar oder erweiterbar ist, schreibt man getrennt: *Das war ein (sehr) reich geschmückter/gedeckter Tisch.* § 34 E3 (3)
Das substantivierte Adjektiv schreibt man groß: *die Reichen, Arme und Reiche, die Armen und die Reichen.* § 57 (1)
Mit großem Anfangsbuchstaben schreibt man auch Substantivierungen ohne Artikel: *Arm und Reich waren versammelt.* Ebenso: *Jung und Alt.* § 58 E2

reich ge|schmückt (*alt:* reich|geschmückt)
reich|hal|tig

Reich|hal|tig|keit *f. 10 nur Sg.*
reich|lich
Reichs|acht *f. 10 nur Sg., im alten Dt. Reich bis 1806:* vom Kaiser ausgesprochene Acht
Reichs|a|del *m. 5 nur Sg.*
Reichs|ad|ler *m. 5* Wappentier des alten Dt. Reiches
Reichs|ap|fel *m. 6 nur Sg.* eines der Reichsinsignien
reichs|frei reichsunmittelbar
Reichs|frei|heit *f. 10 nur Sg.*
Reichs|ge|richt *n. 1 nur Sg., bis 1945:* oberstes dt. Gericht
Reichs|in|si|gni|en *auch:* **Reichs|in|sig|ni|en** *nur Pl., im alten Dt. Reich:* bei der Krönung getragene, die Herrschaft symbolisierende Gegenstände des Kaisers oder Königs, Reichskleinodien: Krone, Zepter, Reichsapfel, Schwert, Mantel, Kreuz u. a.
Reichs|kam|mer|ge|richt *n. 1 nur Sg., bis 1806:* oberstes deutsches Gericht
Reichs|kanz|lei *f. 10, bis 1945*
Reichs|kanz|ler *m. 5, bis 1945*
Reichs|klein|o|di|en *Pl.* Reichsinsignien
Reichs|kris|tall|nacht *f. 2* Pogrom gegen die Juden in der Nacht vom 9. zum 10. 11. 1938
Reichs|mark *f. Gen.* - *Pl.* - (*Abk.:* RM), *1924–1948:* dt. Währungseinheit
Reichs|prä|si|dent *m. 10, 1919–1934:* Staatsoberhaupt des Dt. Reiches
Reichs|re|gie|rung *f. 10*
Reichs|stadt *f. 2* reichsunmittelbare Stadt
Reichs|stän|de *Pl., im alten Dt. Reich bis 1806:* die reichsunmittelbaren Mitglieder des Reichs, die im Reichstag Sitz und Stimme hatten
Reichs|tag *m. 1* **1.** *im alten Dt. Reich bis 1806:* neben dem König stehende Ständevertretung; **2.** *im Dt. Reich bis 1945 sowie in Dänemark und Finnland:* Volksvertretung
Reichs|tags|brand *m. 2* Brand des Berliner Reichstags am 27.2.1933
reichs|un|mit|tel|bar *im alten Dt. Reich bis 1806:* nicht einem Landesherrn, sondern dem Kaiser unmittelbar unterstehend, reichsfrei
Reichs|un|mit|tel|bar|keit *f. 10 nur Sg.*
Reichs|ver|we|ser *m. 5* = Reichsvikar

Reichs|vi|kar [-vi-] *m. 1, im alten Dt. Reich bis 1806:* Vertreter des Kaisers
Reichs|wehr *f. 10 nur Sg., im Dt. Reich 1919-1935 Bez. für* die Armee
Reich|tum *m. 4*
reich verziert (*alt:* reich|ver|ziert)
Reich|wei|te *f. 11* Entfernung, bis zu der etwas reicht, fliegt
reif
Reif **1.** *m. 1 nur Sg.* gefrorener Tau; **2.** *m. 1, poet.:* Ring, Fingerring oder Stirnreif
Rei|fe *f. 11 nur Sg.;* mittlere Reife: Schulabschluss der Realschule oder nach sechs Jahren höherer Schule
Rei|fe|grad *m. 1*
Reif|ei|sen *n. 7* Bandeisen (für Fassreifen)
rei|feln *tr. 1, Nebenform von* riefeln
rei|fen **1.** *intr. 1* reif werden; **2.** *intr. 1 (nur unpersönlich)* es reift: es bildet sich Reif (1); es hat gereift; **3.** *tr. 1* mit Reifen versehen (Fässer)
Rei|fen *m. 7*
Rei|fen|druck *m. 2*
Rei|fen|pan|ne *f. 11*
Rei|fe|prü|fung *f. 10* Abitur
Rei|fe|zeug|nis *n. 1* Zeugnis über die bestandene Reifeprüfung
Reif|glät|te *f. 11 nur Sg.* durch Raureif entstehende Glätte
reif|lich *nur in den Wendungen* sich etwas reiflich überlegen, nach reiflicher Überlegung
Reif|rock *m. 2, 16.-18. Jh.:* durch ein Reifengestell gesteifter, weiter Frauenrock
Rei|fung *f. 10 nur Sg.*
Rei|fungs|pro|zess (*alt:* Rei|fungs-pro|zeß) *m. 1*
Rei|fungs|tei|lung *f. 10* Meiose
Rei|gen *m. 7* **1.** ein Schreittanz, Reihen(tanz); **2.** *übertr.:* Menge, Vielzahl
Rei|he *f. 11;* an die Reihe kommen; an der Reihe sein; aus der Reihe fallen, tanzen *ugs. übertr.:* sich unüblich verhalten; außer der Reihe; in der Reihe sein *ugs.:* gesund sein; in die Reihe kommen *ugs. übertr.:* in Ordnung kommen
rei|hen **1.** *tr. 1* in Reihen ordnen; **2.** *fachspr. auch unregelmäßig konjugiert:* rieh, geriehen; in großen Stichen nähen und zusammenziehen; gereihter *oder:* geriehener Rock; **3.** *intr. 1, Jägerspr.:* die Enten reihen: mehrere Erpel folgen einer Ente
Rei|hen *m. 7* vgl. Reigen (1)
Rei|hen|fer|ti|gung *f. 10* Serienherstellung
Rei|hen|fol|ge *f. 11*
Rei|hen|haus *n. 4* nicht frei stehendes Haus
Rei|hen|mo|tor *m. 13* Motor mit hintereinander angeordneten Zylindern
Rei|hen|spiel *n. 1, Schach:* Spiel eines Spielers gegen mehrere Gegner zugleich
Rei|hen|tanz *m. 2* vgl. Reigen (1)
Rei|hen|un|ter|su|chung *f. 10* ärztl. Untersuchung einer größeren Personengruppe (z. B. auf unerkannte Krankheiten)
rei|hen|wei|se
Rei|hen|zahl *f. 10, Math.:* Zahl in einer (arithmet. oder geometr.) Reihe
Rei|hen|zie|her *m. 3* Gartengerät
Rei|her *m. 5* ein Stelzvogel
Rei|her|bei|ze *f. 11* Beizjagd auf Reiher
Rei|her|busch *m. 2* Kopffedern des Reihers
rei|hern *intr. 1, ugs. derb:* sich übergeben
Rei|her|schna|bel *m. 6* ein Unkraut
...rei|hig *in Zus.,* z. B. zweireihig, 2-reihig
reih|um
Rei|hung *f. 10 nur Sg.*
Reih|zeit *f. 10, Jägerspr.:* Paarungszeit der Enten; vgl. reihen (3)
Reim *m. 1;* männlicher, stumpfer Reim: einsilbiger Reim; weiblicher, klingender Reim: zweisilbiger Reim; reicher Reim: drei- oder mehrsilbiger Reim; Reime drechseln, schmieden *meist abwertend:* (schlechte) Reime machen; sich auf etwas einen Reim machen können *ugs. übertr.:* sich etwas erklären können
Reim|chro|nik [-kro-] *f. 10* in gereimten Versen geschriebene Chronik
Reim|dich|tung *f. 10*
rei|men *tr. u. refl. 1*
Rei|me|rei *f. 10 meist Pl.*
Rei|me|schmied *m. 1, scherzh.*
reim|los
Reim|paar *n. 1*
Re|im|plan|ta|ti|on, Re|plan|ta|ti|on [neulat.] *f. 10, Med.:* Wiedereinpflanzung (bes. eines gezogenen Zahnes ins Zahnbett)
re|im|plan|tie|ren *tr. 3*
Re|im|port [auch: re-; neulat.] *m. 1,*
Re|im|por|ta|ti|on *f. 10* Wiedereinfuhr (ausgeführter Waren)
re|im|por|tie|ren *tr. 3*
Reims [rẽs, frz.] frz. Stadt

rein halten, rein seiden/reinseiden: Gefüge aus Adjektiv und Verb, in denen das Adjektiv steigerbar oder erweiterbar ist, werden getrennt geschrieben: *Sie musste die Wohnung rein halten.* § 34 E3 (3)
Zwei aufeinander folgende Adjektive, die sowohl als Wortgruppe als auch als Zusammensetzung aufgefasst werden können, können dementsprechend getrennt oder zusammengeschrieben werden: *Das ist ein rein seidenes/reinseidenes Kleid. Er trank aus einem rein goldenen/reingoldenen Becher.* § 36 E2

rein **1.** *Adj.:* reines Gold, aus reinem Gold; rein golden *oder:* reingolden; rein Leder, aus rein Leder; ein rein lederner *oder:* reinlederner Mantel; rein Seide, ein rein seidenes Tuch *oder:* ein reinseidenes Tuch; rein Leinen usw.; reinen Mund halten *ugs.:* den Mund halten, über etwas schweigen; reinen Tisch machen *ugs. übertr.:* durchgreifen, für Ordnung sorgen; jmdm. reinen Wein einschenken *übertr.:* jmdn. über die Wahrheit aufklären; eine reine Weste (reine Hände, ein reines Hemd) haben *ugs. übertr.:* frei von Schuld sein; die Luft ist rein *ugs. übertr.:* es besteht keine Gefahr mehr; etwas rein halten, rein machen, rein waschen; *aber:* reinwaschen; mit etwas oder jmdm. im Reinen sein; etwas ins Reine bringen; mit etwas oder jmdm. ins Reine kommen; etwas ins Reine schreiben; **2.** *Adv.:* gänzlich, vollkommen, völlig; eine rein katholische Gegend; rein weg sein *ugs.:* völlig begeistert sein; *aber:* → reinweg
rein *ugs. für* herein, *oft für* hinein; ich gehe rein *statt:* hinein
Rein *f. Gen. - Pl. -en, süddt. u. österr.:* länglicher flacher Kochtopf
Rein|an|ke *f. 11, österr.:* ein Fisch, Blaufelchen
Rein|del, Reindl *n. Gen. - Pl. -n, süddt. u. österr.: Verkleinerungsform von* Rein

R

ins Reine bringen/kommen/ schreiben, im Reinen sein: Die substantivierte Form wird mit großem Anfangsbuchstaben geschrieben: *Er brachte die Angelegenheit ins Reine. Morgen schreibt sie das Manuskript ins Reine. Gabriele war mit sich im Reinen.* § 57 (1)

Rei|ne 1. *f. 11 nur Sg., poet.:* Reinheit; 2. *f. 11, süddt., österr.:* Rein, länglicher flacher Topf
Rei|ne|clau|de [rɛ:nəklodə] *f. 11, frz. Schreibung von* Reneklode
Rei|ne|ke Fuchs [- -ks] *m. Gen. - - nur Sg.* Name des Fuchses in der Tierfabel
Rei|ne|ma|che|frau, Rein|ma|che-frau, Rein|mach|frau *f. 10*
rei|ne|ma|chen *tr. u. intr. 1*
rein|er|big = homozygot
Rein|er|big|keit *f. 10 nur Sg.* = Homozygotie
Rein|er|lös *m. 1*
Rein|er|trag *m. 2*
Rei|net|te [renɛtə, auch: rɛ-, frz.] *f. 11, österr. und schweiz. Nebenform von* Renette
Rein|fall *m. 2, ugs.*
rein|fal|len *intr. 33, ugs.:* hereinfallen
Re|in|farkt [lat.] *m. 1, Med.:* wiederholter Infarkt
Re|in|fek|ti|on [lat.] *f. 10* Wiederansteckung
re|in|fi|zie|ren *tr. 3* (sich) erneut anstecken
Re|in|fu|si|on [lat.] *f. 10* Übertragung eigenen Blutes, Retransfusion
Rein|ge|wicht *n. 1*
Rein|ge|winn *m. 1*
rein|gol|den = **rein gol|den;** ein reingoldener *oder:* rein goldener Ring; der Ring ist rein golden
Rein|hal|tung *f. 10 nur Sg.*
Rein|hard, Rein|hardt, Rein|hart männl. Vorname
Rein|heit *f. 10 nur Sg.*
Rein|heits|ge|bot *n. 1* Gesetz von 1487 in Deutschland, wonach zur Bierherstellung nur Gerste, Hopfen und Wasser verwendet werden dürfen
Rein|heits|grad *m. 1*
rei|ni|gen *tr. 1*
Rei|ni|gung *f. 10*
Rei|ni|gungs|mit|tel *n. 5*
Re|in|kar|na|ti|on [lat.] *f. 10* Wiederverkörperung, erneute Fleischwerdung
re|in|kar|nie|ren *refl. 3*
Rein|kul|tur *f. 10* Isolierung und Züchtung erbgleicher Mikroorganismen (z. B. Bakterien); in Reinkultur *ugs. übertr.:* unverfälscht
rein|lei|nen = **rein lei|nen;** eine reinleinene *oder:* rein leinene Tischdecke
rein|lich
Rein|lich|keit *f. 10 nur Sg.*
Rein|ma|che|frau, Rein|mach|frau, Rei|ne|ma|che|frau *f. 10*
rein ma|chen (*alt:* rein|ma|chen) *tr. u. intr. 1*
rein|ras|sig
Rein|ras|sig|keit *f. 10 nur Sg.*
rein|rei|ßen *tr. 96, ugs.*
rein|rei|ten *tr. 97, ugs.*
Rein|schiff *n. Gen. -(e)s nur Sg., Seew.:* gründl. Schiffssäuberung; R. machen
Rein|schrift *f. 10*
rein|schrift|lich
rein|sei|den = **rein sei|den;** ein reinseidenes *oder:* rein seidenes Kleid
re|in|stal|lie|ren *auch:* **re|ins|tal|lie|ren** [lat.] *tr. 3* wieder einsetzen (in ein Amt)
Re|in|te|gra|ti|on *auch:* **Re|in|teg|ra|ti|on** [lat.] *f. 10* Wiederherstellung (einer Ganzheit)
re|in|te|grie|ren *auch:* **re|in|teg|rie|ren** *tr. 3* wiederherstellen
re|in|ves|tie|ren [-vɛs-, lat.] *tr. 3* erneut investieren
Re|in|ves|ti|ti|on [-vɛs-] *f. 10*
rein|wa|schen *tr. 174;* jmdn. oder sich r. *übertr.:* jmds. oder die eigene Unschuld beweisen; *aber:* rein waschen: sauber waschen
rein|weg *ugs.:* ganz und gar, regelrecht; er hat sie reinweg an der Nase herumgeführt; vgl. rein (2)
rein|wol|len = **rein wol|len;** ein reinwollener *oder:* rein wollener Stoff
rein|zie|hen *tr. 187, ugs.;* sich etwas r.: sich mit einer Sache intensiv befassen
Reis 1. [altind.-lat.] *m. 1* ein Getreide der asiat. Tropen; 2. *n. 3* junger Trieb an einem Zweig; 3. [rɛɪs] *Pl. von* Real
Reis|be|sen, Rei|ser|be|sen *m. 7* Besen aus Reisig
Reis|chen *n. 7*
Rei|se *f. 11*
Rei|se|an|den|ken *n. 7*
Rei|se|a|po|the|ke *f. 11*
Rei|se|be|schrei|bung *f. 10*
Rei|se|buch|han|del *m. Gen. -s nur Sg.* Buchverkauf durch Vertreter
Rei|se|bü|ro *n. 9*
Rei|se|fie|ber *n. Gen. -s nur Sg.* leichter Erregungszustand vor einer Reise
Rei|se|füh|rer *m. 5* Handbuch für Reisende
Rei|se|ge|schwin|dig|keit *f. 10*
Rei|se|kos|ten *nur Pl.*
Rei|se|lust *f. Gen. - nur Sg.*
rei|se|lus|tig
Rei|se|mar|schall *m. 2* 1. *urspr.:* Reisebegleiter und -organisator eines Fürsten; 2. *scherzh.:* Reiseleiter
rei|se|mü|de
rei|sen *intr. 1; auch:* als Handlungsreisender arbeiten
Rei|sen|de(r) *m. 18 (17) bzw. f. 17 oder 18; auch:* Handlungsreisender; Reisender in Süßwaren
Rei|se|ne|ces|saire [-sɛsɛ:r] *auch:* **Rei|se|nes|ses|sär** *n. 9* Reisetasche für Toilettenartikel
Rei|se|pass (*alt:* Rei|se|paß) *m. 2*
Rei|ser|be|sen *m. 7* Reisbesen
Rei|se|rou|te [-ru:-] *f. 11*
Rei|se|scheck *m. 9*
Rei|se|ver|an|stal|ter *m. 5*
Rei|se|ver|kehr *m. Gen. -s nur Sg.*
Rei|se|wet|ter|be|richt *m. 1*
Reis|holz *n. 4 nur Sg.* Reisig
rei|sig *früher:* beritten, schwer bewaffnet, zum Kriegszug gerüstet
Rei|sig *n. 1 nur Sg.* dürre Zweige
Rei|sig|bün|del *n. 5*
Rei|si|ge(r) *m. 18 (17)* 1. *MA:* Ritter, Knappe als Begleiter eines Fürsten im Krieg; 2. *später:* Landsknecht
Reis|lauf *m. 2 nur Sg.,* **Reis|lau|fen** *n. Gen. -s nur Sg., früher in der Schweiz:* Söldnerdienst
Reis|läu|fer *m. 5* Söldner
Reiß|ah|le *f. 11* Werkzeug zum Linienziehen auf Holz oder Metall
Reiß|aus *nur in der Wendung* R. nehmen *ugs.:* fliehen, ausreißen
Reiß|bahn *f. 10* (abreißbarer) Ventilverschluss am Luftballon
Reiß|blei *n. 1 nur Sg.* Graphit
Reiß|brett *n. 3* Zeichenbrett
Reiß|brett|stift *m. 1* kurzer Nagel mit breitem Kopf, Reißzwecke, Reißnagel, Tapeziernagel
rei|ßen 1. *tr. 96; auch Jägerspr.:* totbeißen (Beutetier); *Gewichtheben:* stemmen, ohne innezuhalten; Witze r. *ugs.:* (nicht sehr gute) Witze machen; sich um etwas reißen *ugs.:* etwas un-

bedingt tun oder haben wollen; **2.** *intr. 96* entzweigehen (Stoff, Papier); *unpersönlich:* es reißt mir in den Gliedern: ich habe rheumat. Schmerzen
Rei|ßen *n. Gen.* -s *nur Sg., volkstümlich:* Rheumatismus
rei|ßend; reißende Tiere: Raubtiere; die Ware findet reißenden Absatz: sehr guten Absatz; reißender Fluss: F. mit starker Strömung
Rei|ßer *m. 5, ugs.* **1.** Ware, die guten Absatz findet; **2.** viel gelesenes, aber nicht bes. wertvolles Buch; **3.** erfolgreicher, aber nicht bes. guter Film oder ebensolches Theaterstück
rei|ße|risch marktschreierisch
reiß|fest
Reiß|fes|tig|keit *f. 10 nur Sg.*
Reiß|koh|le *f. 11* Zeichenkohle
Reiß|lei|ne *f. 11* Leine zum Öffnen des Fallschirms
Reiß|li|nie *f. 11* durchlochte Linie, Perforation
Reiß|na|gel *m. 6* Reißbrettstift
Reiß|schie|ne *f. 11* Lineal mit Querleiste am Ende
Reis|stroh *n. 1 nur Sg.*
Reiß|ver|schluss (*alt:* Reiß|verschluß) *m. 2*

Reißverschlusssystem: Drei gleiche Konsonanten werden auch dann geschrieben, wenn ein Vokal (hier als *y* geschrieben) folgt: *Reißverschlusssystem.* Als Alternative gibt es die Schreibung mit Bindestrich, die der besseren Lesbarkeit wegen empfohlen wird: *Reißverschluss-System.* § 45 (4)

Reiß|ver|schluss|sys|tem (*alt:* Reiß|ver|schluß|sy|stem) *n. 1*
Reiß|wolf *m. 2* Papierzerreißmaschine
Reiß|wol|le *f. 11* zerrissene Wollumpen als Spinnmaterial
Reiß|zahn *m. 2* Eckzahn im Raubtiergebiss
Reiß|zeug *n. 1* Gerät für techn. Zeichnen
Reiß|zir|kel *m. 5* Zirkel mit Reißfeder
Reiß|zwe|cke *f. 11* Reißbrettstift
Reis|te *f. 11, schweiz.:* Holzrutsche (im Gebirge), Riste
reis|ten *tr. 2, schweiz.:* auf einer Reiste zu Tal befördern (Holz)
Reis|wein *m. 1*
reit. *Abk. für* reiteretur
Reit|bahn *f. 10*
Reit|dress (*alt:* Reit|dreß) *m. 1, österr.: f. 10* Reitanzug
Rei|tel *m. 5, mitteldt.:* Knebel, Drehstange
Rei|tel|holz *n. 4* Reitel
rei|teln *tr. 1, mitteldt.:* mit einem Reitel fest anziehen (Strick)
rei|ten **1.** *intr. 97;* reitender Bote *früher:* Bote zu Pferde; reitende Artillerie: berittene A.; **2.** *tr. 97* zum Reiten benutzen; ein Pferd r.; der Stier reitet die Kuh: bespringt die Kuh; dich reitet wohl der Teufel?, dich hat wohl der Teufel geritten? *ugs.:* du bist wohl verrückt?
Rei|ter *m. 5* **1.** jmd., der reitet; **2.** Trockengestell, z. B. für Heu; **3.** *f. 11, süddt., österr.:* grobes Sieb
Rei|te|rei *f. 10*
re|i|te|re|tur [lat.] (*Abk.:* reit.) *veraltet:* es werde erneuert (ärztl. Anweisung auf Rezepten)
Rei|ter|lein *n. 7 nur Sg.* kleiner Stern auf dem mittleren Deichselstern des Großen Wagens
rei|ter|lich
rei|tern *tr. 1, süddt., österr.:* sieben; ich reitere, reitre es
Rei|ter|re|gi|ment *n. 3*
Rei|ter|sitz *m. 1 nur Sg.* Sitzhaltung mit gespreizten Beinen
Rei|ters|mann *m. 4, poet.*
Rei|ter|stand|bild *n. 3*
Rei|te|rung *f. 10, süddt., österr.:* Siebung (von Sand, Getreide)
Reit|ho|se *f. 11*
Reit|kleid *n. 3*
Reit|knecht *m. 1*
Reit|kno|chen *m. 7* eine Muskelerkrankung bei Reitern, Knochenbildung in den Schenkelmuskeln
Reit|kunst *f. 2 nur Sg.*
Reit|pferd *n. 1*
Reit|schu|le *f. 11; schweiz., südwestdt. auch für* Karussell
Reit|sport *m. 1 nur Sg.*
Reit|stall *m. 2*
Reit|stie|fel *m. 5*
Reit|tier *n. 1*
Reit|tur|nier *n. 1*
Reit- und Fahr|tur|nier *n. 1*
Reit|weg *m. 1*
Reiz *m. 1*
reiz|bar
Reiz|bar|keit *f. 10 nur Sg.*
reiz|emp|find|lich
Reiz|emp|find|lich|keit *f. 10 nur Sg.*
rei|zen **1.** *tr. 1; Jägerspr.:* durch nachgeahmte Tierlaute anlocken (Raubwild); **2.** *intr. 1, Skat:* Zahlenwerte nennen, um das höchste Spiel zu ermitteln
Reiz|füt|te|rung *f. 10* zusätzl. Fütterung (von Bienen)
Reiz|hus|ten *m. 7 nur Sg.*
Reiz|ker [tschech.] *m. 5* ein Pilz
Reiz|kli|ma *n. Gen.* -s *nur Sg.* Klima mit starker Reizwirkung auf den Organismus
Reiz|kör|per|the|ra|pie *f. 11* Behandlung mit Reizstoffen, z. B. artfremdem Eiweiß
Reiz|lei|tungs|sys|tem *n. 1 nur Sg.* erregungsleitende Verbindung zwischen Herzvorhöfen und -kammern
reiz|los
Reiz|lo|sig|keit *f. 10 nur Sg.*
Reiz|schwel|le *f. 11* Wahrnehmungsgrenze für einen Reiz
Reiz|ü|ber|flu|tung *f. 10 nur Sg.*
Rei|zung *f. 10*
reiz|voll
Reiz|wort *n. 4*
Re|jek|ti|on [lat.] *f. 10* **1.** *Rechtsw.:* Abweisung (von Anträgen oder Klagen); **2.** *Med.:* Abstoßung (bes. von transplantierten Organen)
Re|jek|to|ri|um *n. Gen.* -s *Pl.* -ri|en abweisendes Urteil eines übergeordneten Gerichts
re|ji|zie|ren *tr. 3* **1.** *Rechtsw.:* abweisen, verwerfen (Antrag, Klage); **2.** *Med.:* abstoßen; ein transplantiertes Organ r.
Re|ka|pi|tu|la|ti|on [lat.] *f. 10* Wiederholung, Zusammenfassung (der Hauptpunkte)
re|ka|pi|tu|lie|ren *tr. 3* zusammenfassend wiederholen
Re|kel *m. 5, nddt.:* grober Kerl
re|keln, rä|keln *refl. 1, ugs.:* sich wohlig dehnen; ich rekele, rekle mich
Re|kla|mant [lat.] *m. 10* jmd., der eine Beschwerde führt, Einspruch erhebt
Re|kla|ma|ti|on *f. 10* Beschwerde, Beanstandung (von Mängeln), Mahnung
Re|kla|me [lat.-frz.] *f. 11*
Re|kla|me|chef [-ʃɛf] *m. 9* Werbeleiter
Re|kla|me|gag [-gæg] *m. 9* witziger Werbeeinfall
Re|kla|me|zeich|ner *m. 5* Werbezeichner
re|kla|mie|ren **1.** *tr. 3* beanstanden,

R

zurückfordern; mahnend anfordern; **2.** *intr. 3* sich beschweren, Einspruch erheben; gegen etwas reklamieren
Re|kli|na|ti|on [lat.] *f. 10, Med.:* Zurückbiegung (gekrümmter Wirbelsäulen)
re|ko|gnos|zie|ren *auch:* **re|kog|nos|zie|ren** *tr. 3, Mil.:* auskundschaften, aufklären
Re|ko|gnos|zie|rung *auch:* **Re|kog|nos|zie|rung** *f. 10*
Re|kom|bi|na|ti|on [lat.] *f. 10* **1.** Neuzusammenstellung (von Erbfaktoren); **2.** Wiedervereinigung (verschiedener geladener Ionen zu neutralen Gebilden)
Re|kom|man|da|ti|on [lat.] *f. 10* **1.** *veraltet:* Empfehlung; **2.** *österr.:* Einschreiben (Post)
re|kom|man|die|ren *tr. 3* **1.** *veraltet:* empfehlen; **2.** *österr.:* einschreiben lassen; rekommandierter Brief: eingeschriebener Brief
Re|kom|pens [lat.] *f. 10,* **Re|kom|pen|sa|ti|on** *f. 10* Entschädigung
re|kom|pen|sie|ren *tr. 3* entschädigen
Re|kon|sti|tu|ti|on *auch:* **Re|kons|ti|tu|ti|on** [lat.] *f. 10* Wiederherstellung

♦ Die Buchstabenfolge **re|kon|str...** kann in Fremdwörtern auch **re|kons|tr...** oder **re|konst|r...** getrennt werden.

♦ **re|kon|stru|ier|bar**
♦ **re|kon|stru|ie|ren** [lat.] *tr. 3* nachbilden, wiederherstellen
♦ **Re|kon|stru|ie|rung** *f. 10*
♦ **Re|kon|struk|teur** [-tør] *m. 1*
♦ **Re|kon|struk|ti|on** *f. 10*
re|kon|va|les|zent [-va-, lat.] genesend
Re|kon|va|les|zent [-va-] *m. 10* Genesender
Re|kon|va|les|zenz [-va-] *f. 10 nur Sg.* Genesung
re|kon|va|les|zie|ren [-va-] *intr. 3*
Re|kon|zi|li|a|ti|on [lat.] *f. 10* **1.** Wiederheiligung einer Kirche durch Neuweihe; **2.** Wiederaufnahme (eines Büßers) in die Kirchengemeinschaft
Re|kord [lat.-engl.] *m. 1* Höchstleistung (eines Sportlers); einen Rekord einstellen: die Rekordleistung eines anderen wiederholen
Re|kord... *in Zus.:* höchste Steigerung, z. B. Rekordbesuch
Re|kor|der, Re|cor|der *m. 5* Gerät zum Aufzeichnen auf Tonträger, bes. auf Tonband
Re|kord|hal|ter *m. 5*
Re|kord|ler *m. 5* jmd., der einen Rekord aufstellt
Re|kord|ver|such *m. 1*

♦ Die Buchstabenfolge **re|kr...** kann in Fremdwörtern auch **rek|r...** getrennt werden. Davon ausgenommen sind Zusammensetzungen, in denen die fremdsprachigen bzw. sprachhistorischen Bestandteile deutlich als solche erkennbar sind, z. B. *-kreation, -kreieren* oder *-kristallisation.*

Re|kre|a|ti|on [lat.] *f. 10, veraltet:* Erholung, Erfrischung
re|kre|ie|ren *refl. 3, veraltet:* sich erfrischen, sich erholen
Re|kris|tal|li|sa|tion *f. 10 nur Sg.*
♦ **Re|kru|des|zenz** [lat.] *f. 10 nur Sg.* erneute Verschlimmerung (einer Krankheit)
♦ **Re|krut** [frz.] *m. 10* Soldat in der Grundausbildung
♦ **Re|kru|ten|aus|he|bung** *f. 10*
♦ **re|kru|tie|ren** **1.** *tr. 3* (als Rekrut) einberufen; **2.** *refl. 3, übertr.:* sich ergänzen, sich zusammensetzen
♦ **Re|kru|tie|rung** *f. 10*
Rek|ta *Pl. von* Rektum
Rek|ta|in|dos|sa|ment [lat.-ital.] *n. 1,* **Rek|ta|klau|sel** [lat.] *f. 11* Verbot der Übertragung durch Indossament (auf Orderpapieren)
rek|tal [lat.] zum Mastdarm gehörend, im, durch den Mastdarm; Temperatur r. messen
Rek|tal|tem|pe|ra|tur *f. 10* im Mastdarm gemessene Körpertemperatur
Rek|ta|pa|pier *n. 1* auf den Namen des Berechtigten lautendes (unübertragbares) Wertpapier
Rek|ta|scheck *m. 9 oder m. 1* Scheck mit Rektaklausel
Rekt|as|zen|si|on *auch:* **Rek|ta|szen|si|on** [lat.] *f. 10, in Sternkarten:* Koordinate eines Sterns
rek|te s. **rec|te**
Rek|ti|fi|kat *n. 1, Chem:* Fraktion (nach wiederholter Destillation)
Rek|ti|fi|ka|ti|on *f. 10* **1.** *veraltet:* Berichtigung, Reinigung; **2.** *Chem:* wiederholte Destillation; **3.** *Math.:* Längenbestimmung des Bogens einer gekrümmten Kurve
rek|ti|fi|zie|ren *tr. u. intr. 3*
Rek|ti|on [lat.] *f. 10* Fähigkeit eines Wortes, einen bestimmten Kasus eines von ihm abhängigen Wortes oder eine bestimmte Präposition zu fordern
Rek|to [lat.] *n. 9* Vorderseite (eines Blattes im Buch); *Ggs.:* Verso
Rek|tor [mlat.] *m. 13* **1.** Leiter (einer Hochschule oder Schule); **2.** leitender Geistlicher (einer Nebenkirche o. Ä.)
Rek|to|rat *n. 1* Amt, Amtszeit, Diensträume eines Rektors
Rek|to|rin *f. 10*
Rek|to|skop *auch:* **Rek|tos|kop** [lat. + griech.] *n. 1, Med.:* = Mastdarmspiegel
Rek|to|sko|pie *auch:* **Rek|tos|ko|pie** *f. 11* Mastdarmspiegelung
Rek|to|ze|le *f. 11* Mastdarmvorfall
Rek|tum [lat.] *n. Gen.* -s *Pl.* -ta Mastdarm
re|kul|ti|vie|ren [-vi-] *tr. 3* für die wirtschaftl. Nutzung wiedergewinnen
Re|ku|pe|ra|ti|on [lat.] *f. 10 nur Sg., bei Kokereiöfen:* Verfahren zur Luftvorwärmung durch heiße Abgase
Re|ku|pe|ra|tor *m. 13* Luftvorwärmer
Re|kur|rens|fie|ber [lat.] *n. 5* Rückfallfieber
re|kur|rie|ren *intr. 3, veraltet* **1.** (zu etwas) Zuflucht nehmen; **2.** *Rechtsw.:* Beschwerde, Berufung einlegen
Re|kurs *m. 1, Rechtsw. veraltet:* Beschwerde, Berufung; Rekurs anmelden, einbringen, einlegen
Re|kur|si|ons|for|mel *f. 11* mathematische Formel, durch deren immer wiederkehrende Anwendung ein Problem schließlich gelöst wird
re|kur|siv *Math.:* (auf bekannte Werte) zurückgehend
Re|lais [rəlɛ, frz.] *n. Gen.* - [rəlɛ(s)] *Pl.* - [rəlɛs] **1.** *früher:* Postenkette; **2.** *früher:* Station zum Wechseln der Postpferde; **3.** elektr. Gerät, das mit Hilfe von kleinen Energien große schaltet
Re|lais|sta|ti|on [rəlɛ-, frz.] *f. 10* Verstärkerstelle bei der Nachrichtenübertragung zur Auffrischung der durch Leitungsverluste geschwächten Signale
Re|la|ti|on [lat.] *f. 10* Beziehung, Verhältnis (mehrerer Dinge zueinander)

R

re|la|ti|o|nal in der Art einer Relation, in Beziehung (zu etwas) stehend
re|la|tiv 1. auf etwas bezogen; 2. eingeschränkt, verhältnismäßig; *Ggs.:* absolut; 3. *Gramm.:* auf ein vorher genanntes Wort bezüglich
Re|la|tiv *n. 1, kurz für* Relativpronomen
re|la|ti|vie|ren [-vi-] *tr. 3* 1. in Beziehung setzen; 2. einschränken, als bedingt ansehen
Re|la|ti|vis|mus [-vis-] *m. Gen. - nur Sg.* Lehre, dass nur relative, keine absolute Erkenntnis möglich sei, dass alle Dinge nur in ihren Beziehungen zueinander, aber nicht an sich erkennbar seien
Re|la|ti|vist [-vist] *m. 10*
re|la|ti|vis|tisch [-vis-] auf dem Relativismus beruhend
Re|la|ti|vi|tät [-vi-] *f. 10* 1. Bezüglichkeit; 2. Bedingtheit, eingeschränkte Gültigkeit
Re|la|ti|vi|täts|the|o|rie [-vi-] *f. 11 nur Sg.* von Albert Einstein aufgestellte Theorie über Raum, Zeit, Materie und Energie
Re|la|tiv|pro|no|men *n. 7* bezügl. Fürwort
Re|la|tiv|satz *m. 2* durch ein Relativpronomen eingeleiteter Nebensatz, Bezugssatz
Re|la|ti|vum [-vum] *n. Gen.* -s *Pl.* -va [-va] Relativpronomen
Re|la|tiv|zahl *f. 10* Verhältniszahl
Re|launch [rilɔntʃ, engl.] *m. oder n. Gen.* -(e)s *Pl.* -(e)s Wiedereinführung (eines Produktes)
re|laun|chen [rilɔntʃən, engl.] *tr. 1* (ein Produkt) wieder einführen
Re|la|xans [lat.] *n. Gen. - Pl.* -xantia [-tsja] *oder* -xan|zi|en Entspannung oder Erschlaffung bewirkendes Arzneimittel
Re|la|xa|ti|on *f. 10* 1. Erschlaffung, Entspannung (z. B. von Muskeln); 2. *Phys.:* physikal. Vorgang, bei dem eine plötzliche Erschlaffung stattfindet, z. B. eine Kippschwingung
re|la|xen [rɪlæksən, engl.] *tr. 1* sich entspannen
Re|la|xing [rɪlæksiŋ, engl. »entspannen«] *n. Gen. - nur Sg.*
Re|lease [rɪlis, engl.] *n. Gen. - Pl.* -s [-siz] Einrichtung zur Behandlung Süchtiger
Re|lease|cen|ter (*alt:* Re|lease-center) [rɪlis-] *n. 5*

Re|le|ga|ti|on [lat.] *f. 10, veraltet:* Verweisung (von einer Schule oder Hochschule)
re|le|gie|ren *tr. 3, veraltet:* (von der Schule oder Hochschule) verweisen
re|le|vant [-vant, lat.-frz.] von Belang, erheblich, wichtig; *Ggs.:* irrelevant
Re|le|vanz [-vanz] *f. 10* Wichtigkeit, Erheblichkeit; *Ggs.:* Irrelevanz
Re|li|a|bi|li|tät [lat.] *f. 10* Zuverlässigkeit, Messgenauigkeit (bei Testverfahren)
Re|li|ef [-ljɛf, frz.] *n. 9 oder n. 1* 1. Form der Erdoberfläche; 2. kartograph. Nachbildung der Erdoberfläche; 3. aus einer Fläche erhaben herausgearbeitete Plastik
re|li|e|fie|ren [-ljɛ-] *tr. 3* mit einem Relief versehen
Re|li|gi|on [lat.] *f. 10* 1. Glaube an eine oder mehrere überirdische Mächte sowie deren Kult; 2. Glaubensbekenntnis, z. B. christliche R.; 3. Religionsunterricht
Re|li|gi|ons|frei|heit *f. 10 nur Sg.*
Re|li|gi|ons|frie|de *m. 15*
Re|li|gi|ons|ge|mein|schaft *f. 10*
Re|li|gi|ons|krieg *m. 1*
re|li|gi|ons|los
Re|li|gi|ons|lo|sig|keit *f. 10 nur Sg.*
Re|li|gi|ons|phi|lo|so|phie *f. 11 nur Sg.*
Re|li|gi|ons|stif|ter *m. 5*
Re|li|gi|ons|un|ter|richt *m. 1*
Re|li|gi|ons|wis|sen|schaft *f. 10 nur Sg.*
re|li|gi|ös 1. zur Religion gehörend, auf ihr beruhend; 2. einer Religion verbunden, gläubig, fromm; *Ggs.:* irreligiös
Re|li|gi|o|se(r) *m. 18 (17) bzw. f. 17 oder 18* Mitglied einer relig. Genossenschaft mit einfachen Gelübden
Re|li|gi|o|si|tät *f. 10 nur Sg.*
re|likt [lat.] nur noch als Relikt vorkommend
Re|likt *n. 1* Überrest, Überbleibsel aus der Vergangenheit, z. B. Pflanze, Tier, Sprachform
Re|lik|ten *nur Pl., veraltet:* Hinterbliebene, Hinterlassenschaft
Re|lik|ten|fau|na, Re|likt|fau|na *f. Gen. - Pl.* -nen Reste ehemals weit verbreiteter Tierarten
Re|lik|ten|flo|ra, Re|likt|flo|ra *f. Gen. - Pl.* -ren Reste ehemals weit verbreiteter Pflanzenarten

Re|ling *f. 9 oder f. 1* Schiffsgeländer
Re|li|qui|ar [-kviar, mlat.] *n. 1* Reliquienbehälter
Re|li|quie [-kviə] *f. 11* kultisch verehrter Überrest (eines Heiligen), einem Heiligen einstmals gehörender Gegenstand
Re|li|qui|en|schrein [-kvi-] *m. 1*
Re|lish [rɛlɪʃ, engl.] *n. Gen. - Pl.* -es würzige Soße
Re|luk|tanz [lat.] *f. 10, Phys.:* magnet. Widerstand
Rem [engl. Kurzwort aus: roentgen equivalent man] *n. Gen. - Pl.* - nicht mehr zulässige Maßbez. für absorbierte Strahlung
Re|make [ri:mɛɪk, engl.] *n. 9* Wiederholung, Neufassung, Neuverfilmung
Re|ma|nenz *f. 10* 1. *nur Sg.* remanenter Magnetismus (Restmagnetismus in Stahl und Eisen nach Verschwinden des magnetisierenden Feldes); 2. verbleibende Dauererregung (in gewissen Hirnzentren)
Rem|bours [rãbur, frz.] *m. Gen. - Pl.* - 1. Erstattung (von Auslagen); 2. *Überseehandel:* Zahlung durch Vermittlung einer Bank
Rem|bours|ge|schäft [rãbur-] *n. 1* mit einem Rembourskredit durchgeführtes Importgeschäft
rem|bour|sie|ren [rãbur-] *tr. 3* 1. erstatten, vergüten; 2. durch Rembours (2) begleichen
Rem|brandt (eigtl. R. Harmensz van Rijn) ndrl. Maler
Re|me|dia, Re|me|di|en *Pl. von* Remedium
re|me|die|ren [lat.] *tr. 3* heilen
Re|me|di|um *n. Gen.* -s *Pl.* -dia *oder* -di|en 1. Heil-, Arzneimittel; 2. *bei Münzen:* zulässige Abweichung vom festgelegten Gewicht und Feingehalt
Re|mi|grant *auch:* **Re|mig|rant** [lat.] *m. 10* Rückwanderer; vgl. Emigrant
re|mi|grie|ren *auch:* **re|mig|rie|ren** *intr. 3*
re|mi|li|ta|ri|sie|ren [lat.-frz.] *tr. 3* wiederbewaffnen (Land)
Re|mi|li|ta|ri|sie|rung *f. 10 nur Sg.*
Re|mi|nis|zenz [lat.] *f. 10* Erinnerung, Anklang, Nachwirkung
Re|mi|nis|ze|re, Re|mi|nis|ce|re [lat., »gedenke!«] fünfter Sonntag vor Ostern
re|mis [rəmi, frz. »zurückgestellt«] *unflektierbar, bes. Schach:* unentschieden; die Partie endete remis

R

Re|mis [rəmi] *n. Gen. - Pl. - oder* -mi|sen unentschiedener Ausgang

Re|mi|se *f. 11* **1.** *veraltet:* Abstell-, Wagenschuppen; **2.** *Forstw.:* Schutzgehölz für Niederwild; **3.** unentschiedene Schachpartie

Re|mi|sier [rəmizje, frz.] *m. 9* Börsenmakler

re|mi|sie|ren *intr. 3* unentschiedenen Ausgang erzielen

Re|mis|si|on [lat.] *f. 10* **1.** Rückgabe, Rücksendung; **2.** vorübergehendes Nachlassen (von Krankheitserscheinungen); **3.** Zurückwerfen (von Licht an undurchsichtigen Flächen); **4.** *veraltet:* Milderung, Strafnachlass

Re|mis|si|ons|recht *n. 1* (*Abk.:* RR) Rückgaberecht

Re|mit|ten|de *f. 11* nicht verkauftes Druckwerk, das dem Verlag zurückgegeben wird

Re|mit|tent *m. 10* Wechselnehmer

re|mit|tie|ren *tr. 3* **1.** zurückgeben, zurücksenden; **2.** *intr. 3* zeitweilig nachlassen (von Krankheitserscheinungen); remittierendes Fieber

Rem|mi|dem|mi *n. Gen.* -(s) *nur Sg., ugs.:* lautes Durcheinander

re|mo|ne|ti|sie|ren [lat.] *tr. 3* wieder als Zahlungsmittel zulassen (Münzen)

Re|mon|ta|ge [-ʒə, frz.] *f. 11* **1.** Wiedereinrichtung (abgerissener Industrieanlagen); **2.** Zusammenbau einer Uhr

re|mon|tant [auch: remɔ̃tant] zweimal (im Jahr) blühend

Re|mon|te [auch: -mɔ̃tə] *f. 11* **1.** in Ausbildung befindliches Militärpferd; **2.** Remontierung

Re|mon|te|pferd *n. 1*

re|mon|tie|ren **1.** *tr. 3* wieder aufbauen; zusammensetzen; **2.** *intr. 3* zum zweiten Mal blühen; **3.** *intr. 3, Mil.:* Jungpferde ankaufen

Re|mon|tie|rung *f. 10, Mil.:* Auffrischung des Pferdebestandes, Remonte

Re|mor|queur [-kør, frz.] *m. 1, österr.:* (kleiner) Schleppdampfer

re|mor|quie|ren [-ki-] *tr. 3* mit einem Remorqueur schleppen

Re|mou|la|de [-mu-, frz.] *f. 11* pikante Soße aus Öl, Ei und Gewürzen

Rem|pe|lei *f. 10, ugs.*

rem|peln *tr. 1, ugs.:* mit dem Körper stoßen, *meist:* anrempeln

Remp|ler *m. 5, ugs.:* Stoß mit dem Körper

Remp|ter, Rem|ter *m. 5, in Burgen und Klöstern:* Speise-, Versammlungssaal

Re|mu|ne|ra|ti|on [lat.] *f. 10, veraltet, noch österr.:* Vergütung, Zahlung für besondere Leistung, Sonderzahlung, Belohnung, z. B. Weihnachtsremuneration

re|mu|ne|rie|ren *tr. 3* vergüten

Re|mus röm. Sagengestalt, Zwillingsbruder des Romulus

Ren [ren auch: ren, skand.] *n. 9 oder n. 1* eine Hirschart, Rentier;

Re|nais|sance [rənɛsɑ̃s, frz. »Wiedergeburt«] *f. 11* Wiederaufleben früherer Kulturformen, besonders der Antike, im 14. bis 16. Jh. in Europa

re|nal zu den Nieren gehörend, von ihnen ausgehend, vgl. Ren (2)

Re|na|te, Re|na|ta weibl. Vorname

re|na|tu|rie|ren *tr. 3* in einen natürlichen oder naturnahen Zustand zurückverwandeln

Ren|con|tre *auch:* **Ren|cont|re** [rãkɔ̃trə, frz.] *n. 9, veraltet:* Zusammenstoß, Feindberührung

Ren|dant [frz.] *m. 10, veraltet:* Kassenverwalter

Ren|dan|tur *f. 10, veraltet:* Kassenstelle

Ren|de|ment [rãdəmã, frz.] *n. 9* Ertrag, Ausbeute (von Produkten aus einem Rohstoff)

> **Rendezvous/Rendez-vous:** Die ins Deutsche integrierte Form *Rendezvous* ist die korrekte Schreibweise in Deutschland und Österreich, in der Schweiz wird die französische Form *Rendez-vous* bevorzugt.

Ren|dez|vous, *schweiz.:* **Ren|dez-vous** [rãdevu, frz.] *n. Gen.* - [-vus] *Pl.* - [-vus] **1.** Verabredung, Stelldichein; **2.** *übertr.:* Annäherung von Weltraumfahrzeugen aneinander (zur Kopplung); sich mit jmdm. ein Rendezvous geben: sich verabreden

Ren|dez|vous|tech|nik [rãdevu-] *f. 10* Technik der Annäherung von Weltraumfahrzeugen

Ren|di|te [ital.] *f. 11* Gewinn, Zinsertrag (aus Kapitalanlage)

Ren|di|ten|haus *n. 4, schweiz.:* Mietshaus

Re|ne|gat [lat.] *m. 10* Abtrünniger (eines Glaubens, *im kommunist. Sprachgebrauch auch:* einer polit. Überzeugung)

Re|ne|ga|ten|tum *n. Gen.* -s *nur Sg.*

Re|ne|klo|de *auch:* **Re|nek|lo|de** [frz. reine Claude »Königin Claudia«, Gemahlin Franz' I. von Frankreich] *f. 11* eine Pflaumenart mit grünen, runden Früchten; Reineclaude; Ringlotte

Re|net|te, Rei|net|te [frz.] *f. 11* eine Apfelsorte

Ren|for|cé [rãfɔrse, frz.] *m. 9 oder n. 9* ein Baumwollgewebe

re|ni|tent [lat.] widerspenstig, widersetzlich

Re|ni|tenz *f. 10 nur Sg.*

Ren|ke *f. 11,* **Ren|ken** *m. 5* ein Lachsfisch, Felchen

Ren|kon|tre *auch:* **Ren|kont|re** [rãkɔ̃trə] *n. 9* Rencontre

Renn|ar|beit *f. 10 nur Sg.* Art der Stahlgewinnung, bei der die Schlacke durch eine Vertiefung ab»rinnt«, Rennverfahren

Renn|bahn *f. 10* Platz oder Strecke für Wettrennen

ren|nen *intr. 98; schweiz. auch:* Rennen fahren; *auch Jägerspr.:* brünstig sein (Fuchs)

Ren|nen *n. 7;* das Rennen machen *ugs., übertr.:* im Wettbewerb siegen; totes Rennen *ugs., übertr.:* unentschiedener Ausgang; gut (schlecht) im Rennen liegen *ugs., übertr.:* gute (schlechte) Aussichten auf Erfolg haben

Ren|ner *m. 5* **1.** *ugs.:* Rennpferd, Rennauto u. Ä.; **2.** *ugs. übertr.:* Ware, die reißenden Absatz findet

Ren|ne|rei *f. 10, ugs.*

Renn|fah|rer *m. 5*

Renn|pferd *n. 1*

Renn|schlit|ten *m. 7*

Renn|stall *m. 2* **1.** Gesamtheit der Rennpferde (eines Besitzers); **2.** Zuchtbetrieb für Rennpferde

Renn|steig, Renn|stieg *m. 1* Wanderweg auf dem Kamm des Thüringer Waldes, Rennweg

Renn|stre|cke *f. 11* Rennbahn

Renn|ver|fah|ren *n. 7 nur Sg.* Rennarbeit

Renn|weg *m. 1* = Rennsteig

Renn|wolf *m. 2* Tretschlitten

Re|noir [rənoar], *Auguste* frz. Maler

Re|nom|mee [frz.] *n. 9* Ruf, Leumund, Ansehen

re|nom|mie|ren *intr. 3* prahlen, aufschneiden

re|nom|miert angesehen, namhaft
Re|nom|mist *m. 10* Prahler, Angeber
Re|nom|mis|te|rei *f. 10 nur Sg.*
Re|non|ce [rənɔ̃s(ə), frz.] *f. 11, Kartenspiel:* Fehlfarbe
re|non|cie|ren [rənɔ̃si-] *intr. 3, veraltet:* verzichten
Re|no|va|ti|on [-va-, lat.] *f. 10* Erneuerung, Wiederherstellung
re|no|vie|ren [-vi-] *tr. 3* instand setzen, erneuern
Re|no|vie|rung [-vi-] *f. 10*
ren|ta|bel [frz.] vorteilhaft, Gewinn bringend
Ren|ta|bi|li|tät *f. 10 nur Sg.* Wirtschaftlichkeit, Verzinsung
Ren|ta|bi|li|täts|rech|nung *f. 10*
Rent|amt *n. 4* Dienststelle für Finanz-, Kassenverwaltung, Rentei
Ren|te [frz.] *f. 11* regelmäßiges Einkommen, Vermögen o. Ä.
Ren|ten|emp|fän|ger *m. 5*
Ren|ten|mark *f. Gen. - Pl. -* dt. Übergangswährung 1923/24
Ren|ten|markt *m. 2* Börsenmarkt für Rentenpapiere
Ren|ten|pa|pier *n. 1* festverzinsl. Wertpapier
ren|ten|pflich|tig
Ren|ten|re|form *f. 10*
Ren|ten|ver|si|che|rung *f. 10*
Ren|tier [ren- auch: ren-] *n. 1 verdeutlichend für* Ren
Ren|ti|er [rɛntje, frz.] *m. 9* Mann, der von einer (privaten) Rente lebt; vgl. Rentner
Ren|ti|e|re [-tje-] *f. 11* Frau, die von einer (privaten) Rente lebt
ren|tie|ren *refl. 3* Zinsen tragen, Gewinn bringen; *übertr.:* sich lohnen
Ren|tier|flech|te *f. 11* eine Pflanze der Tundra
Rent|meis|ter *m. 5* Vorsteher eines Rentamtes
Rent|ner *m. 5* Bezieher einer (staatl.) Rente
Re|nu|me|ra|ti|on [lat.] *f. 10* Rückzahlung
re|nu|me|rie|ren *tr. 3* zurückzahlen
Ren|voi [rãvoa, frz.] *m. Gen. - nur Sg.* **1.** *Wirtsch.:* Rücksendung; **2.** *Rechtsw.:* Zurück-, Weiterverweisung
Re|ok|ku|pa|ti|on [lat.] *f. 10, Mil.:* Wiederbesetzung (eines Gebietes)
re|ok|ku|pie|ren *tr. 3* erneut besetzen
Re|or|ga|ni|sa|ti|on [lat.-frz.] *f. 10* **1.** Neuregelung, Umgestaltung; **2.** Genesung, Neubildung von Körpergeweben
re|or|ga|ni|sie|ren *tr. 3* neu ordnen, neu gestalten
rep. 1. *Abk. für* repartiert; **2.** *Abk. für* repetatur
re|pa|ra|bel [lat.] wiederherstellbar, wieder gutzumachen; *Ggs.:* irreparabel
Re|pa|ra|ti|on *f. 10* **1.** eine Form der Regeneration, Ersatz von Körpergewebe; **2.** *Pl.* Kriegsentschädigungen (zugunsten des Siegers)
re|pa|ra|ti|ons|pflich|tig
Re|pa|ra|ti|ons|zah|lung *f. 10*
Re|pa|ra|tur *f. 10*
Re|pa|ra|tur|werk|statt *f. Gen. - Pl.* -stät|ten, **Re|pa|ra|tur|werk|stät|te** *f. 11*
re|pa|rie|ren *tr. 3*
re|par|tie|ren [lat.-frz.] *tr. 3* **1.** (Kosten) umlegen; **2.** (Wertpapiere anteilsmäßig) zuteilen
re|par|tiert (*Abk.:* rep.) zugeteilt (Börsenwerte)
Re|par|ti|ti|on *f. 10*
re|pas|sie|ren [lat.] *tr. 3* **1.** *veraltet:* zurückweisen; **2.** aufnehmen (Laufmasche); **3.** nachbehandeln (Werkstück); **4.** nochmals prüfen, durchsehen
Re|pas|sie|re|rin *f. 10* Arbeiterin, die Laufmaschen repassiert
Re|pa|tri|ant *auch:* **Re|pat|ri|ant** [lat.] *m. 10* jmd., der repatriiert wird
re|pa|tri|ie|ren *auch:* **re|pat|ri|ie|ren** *tr. 3* **1.** in die Heimat entlassen (Gefangene); **2.** wieder einbürgern
Re|pa|tri|ie|rung *auch:* **Re|pat|ri|ie|rung** *f. 10*
Re|pel|lent [engl.] *n. 9, Chem.:* Wasser abstoßendes Mittel
Re|per|kus|si|on [lat.] *f. 10* **1.** Rückprall, Zurückwerfung; **2.** Sprechton (beim Psalmenvortrag); **3.** *Musik:* Durchführung des Themas durch alle Stimmen (bei der Fuge); *auch:* mehrfache Wiederholung des gleichen Tons
Re|per|kus|si|ons|ton *m. 2, im gregorianischen Gesang:* hervorgehobener Ton
Re|per|toire [-toar, lat.-frz.] *n. 9* Bestand an eingeübten Stücken bzw. Rollen (bei Bühnen, Orchestern, Schauspielern, Musikern)
Re|per|to|ri|sa|ti|on *f. 10* Krankengeschichte unter Berücksichtigung homöopath. Aspekte (phys. und psych. Einflüsse, z. B. Wetter, Ehestreit)
Re|per|to|ri|um [lat.] *n. Gen.* -s *Pl.* -ri|en Nachschlagewerk
re|pe|ta|tur [lat. »es werde erneuert«] (*Abk.:* rep.) *veraltet:* ärztl. Angabe auf Rezepten, dass die Verordnung wiederholt ausgeführt werden darf
Re|pe|tent *m. 10, veraltet* **1.** Repetitor; **2.** Schüler, der eine Klasse wiederholt
re|pe|tie|ren *tr. 3* wiederholen
Re|pe|tier|ge|wehr *n. 1* Mehrladegewehr
Re|pe|tier|uhr *f. 10* Taschenuhr mit Schlagwerk
Re|pe|ti|ti|on *f. 10* Wiederholung
Re|pe|ti|tor *m. 13* Akademiker, der Studenten (bes. der jurist. Fakultät) durch Stoffwiederholung auf die Prüfung vorbereitet, Einpauker
Re|pe|ti|to|ri|um *n. Gen.* -s *Pl.* -ri|en **1.** Wiederholungsunterricht; **2.** Wiederholungslehrbuch
Re|plan|ta|ti|on *f. 10* Reimplantation
Re|plik [lat.] *f. 10* **1.** Erwiderung, Einrede (vor Gericht); **2.** Nachbildung eines Kunstwerks durch den Künstler selbst; vgl. Kopie (3)
re|pli|zie|ren 1. *intr. 3* eine Replik anfertigen; **2.** *tr. 3;* etwas r.: auf etwas antworten, entgegnen
re|po|ni|bel [lat.] wiedereinrichtbar (Bruch, Verrenkung); *Ggs.:* irreponibel
re|po|nie|ren *tr. 3* wiedereinrichten
Re|port [lat.-frz.] *m. 1* **1.** Bericht; **2.** Vergütung dafür, dass eine Lieferung später als urspr. vereinbart erfolgt; *Ggs.:* Deport
Re|por|ta|ge [-ʒə] *f. 11* Bericht über ein aktuelles Ereignis unmittelbar vom Schauplatz
Re|por|ter *m. 5* Berichterstatter (für Presse, Funk, Fernsehen)
Re|po|si|ti|on [lat.] *f. 10* Wiedereinrichtung (von Brüchen oder Verrenkungen)
re|prä|sen|ta|bel [lat.-frz.] stattlich, wirkungsvoll
Re|prä|sen|tant *m. 10* Vertreter, Handelsvertreter; Volksvertreter, Abgeordneter
Re|prä|sen|tan|ten|haus *n. 4* zweite Kammer des US-amerikan. Parlaments
Re|prä|sen|tanz *f. 10*

R

Re|prä|sen|ta|ti|on *f. 10* **1.** würdiges Auftreten; gesellschaftl. Aufwand; **2.** Stellvertretung, *bes.:* Volksvertretung durch Abgeordnete

Re|prä|sen|ta|ti|ons|bau *m. Gen.* -(e)s *Pl.* -bau|ten Gebäude für Repräsentationszwecke

re|prä|sen|ta|tiv **1.** vertretend, *bes.:* eine Personenmenge nach ihren Merkmalen widerspiegelnd; repräsentativer Querschnitt; **2.** wirkungsvoll, würdig

Re|prä|sen|ta|tiv|er|he|bung *f. 10* Erhebung aufgrund einer Stichprobe, bei der das Ergebnis stellvertretend für das Ganze gewertet wird

Re|prä|sen|ta|tiv|sys|tem *n. 1* auf Volksvertretung durch Abgeordnete beruhendes polit. System

re|prä|sen|tie|ren **1.** *tr. 3* vertreten; einen Wert r.: darstellen; **2.** *intr. 3* würdig auftreten, einen der gesellschaftl. Stellung entsprechenden Aufwand treiben

Re|pres|sa|lie [-ljə, lat.] *f. 11* Vergeltung, Gegenmaßnahme, Druckmittel

Re|pres|si|on *f. 10* Hemmung, Unterdrückung

re|pres|siv unterdrückend, Druck ausübend, entgegenwirkend; repressive Maßnahmen fordernd

Re|print [riprınt, engl.] *n. 9, Buchw.:* (fotomechan.) Nach-, Neudruck

Re|pri|se [lat.-frz.] *f. 11* **1.** *allg.:* Wiederaufnahme, Zurücknahme; **2.** *Börse:* Steigen gefallener Kurse; **3.** *Mus.:* Wiederholung; **4.** *Theater, Film:* Wiederaufnahme eines Stückes, Films in den Spielplan; **5.** *Seerecht:* Zurückeroberung einer Prise

R

re|pri|va|ti|sie|ren [-va-] *tr. 3;* öffentl. Eigentum reprivatisieren: in Privatbesitz rücküberführen, entnationalisieren

Re|pro... *in Zus.: kurz für* Reproduktion, z. B. Reprokamera

Re|pro|duk|ti|on [lat.] *f. 10* **1.** Wiedergabe, Nachbildung (durch Fotografie oder Druck); **2.** Vervielfältigung; **3.** Fortpflanzung; **4.** Wiederbeschaffung oder Wiederherstellung (betrieblich genutzter Güter)

re|pro|duk|tiv **1.** nachschaffend; **2.** *Med.:* wiederersetzend

re|pro|du|zie|ren *tr. 3* **1.** (durch Fotografie oder Druck) wiedergeben; **2.** nachbilden, nachschaffen; **3.** wiederbeschaffen, wiederherstellen; **4.** *Psych.:* sprachlich äußern, als Vorstellung wieder gegenwärtig machen (Bewusstseinsinhalte)

Re|pro|gra|phie *auch:* **Re|pro|gra|fie** *f. 11, Sammelbez. für* Verfahren der Reproduktion von Dokumenten wie Fotokopie, Mikrokopie usw.; Produkt der Reprographie

Reps **1.** *m. 1 süddt.:* Raps; **2.** *Pl. kurz für* Republikaner, Mitglieder einer rechtsgerichteten Partei

Rep|til [lat.] *n. Gen.* -s *Pl.* -li|en Kriechtier

♦ Die Buchstabenfolge **re|pu|bl...** kann in Fremdwörtern auch **re|publ...** getrennt werden.

♦ **Re|pu|blik** [lat.-frz.] *f. 10* Staatsform, in der die Regierung auf bestimmte Zeit gewählt wird

♦ **Re|pu|bli|ka|ner** *m. 5* Anhänger der republikan. Staatsform oder einer republikan. Partei

♦ **re|pu|bli|ka|nisch**

♦ **Re|pu|bli|ka|nis|mus** *m. Gen. - nur Sg., veraltet:* Streben nach republikan. Staatsform

♦ **Re|pu|blik|flucht** *f. Gen. - nur Sg., DDR:* illegales Verlassen des Staatsgebiets

Re|pu|di|a|ti|on [lat.] *f. 10, veraltet:* Verschmähung, Zurückweisung (z. B. von Geld, das keine oder nur geringe Kaufkraft besitzt)

Re|puls [lat.] *m. 1, veraltet:* Ablehnung (eines Gesuchs)

Re|pul|si|on *f. 10, Tech.:* Abstoßung, Rückstoß

Re|pul|si|ons|mo|tor *m. 12* ein Wechselstrommotor

re|pul|siv zurück-, abstoßend

Re|pun|ze [lat.-ital.] *f. 11* Feingehaltsstempel (auf Waren aus Edelmetall)

re|pun|zie|ren *tr. 3* mit einer Repunze versehen

Re|pu|ta|ti|on [lat.-frz.] *f. 10 nur Sg.* Ansehen, Ruf

re|pu|tier|lich *veraltet:* ansehnlich

Re|qui|em [-kviεm, lat.] *n. 9, österr. Pl. auch:* -qui|en **1.** kath. Totenmesse; **2.** deren Vertonung; **3.** dem Oratorium ähnliche Komposition mit freiem Text

re|qui|es|cat in pa|ce [rekviẹskat - -, lat.] (*Abk.:* R. I. P.) er, sie ruhe in Frieden (Grabinschrift, nach der Schlussformel der kath. Totenmesse)

re|qui|rie|ren [lat.] *tr. 3* **1.** (für militär. Zwecke) beschlagnahmen; **2.** *ugs. scherzh.:* wegnehmen, entwenden; **3.** untersuchen, nachforschen; **4.** um Rechtshilfe ersuchen

Re|qui|sit *n. 12* **1.** Arbeitsgerät, Zubehör; **2.** *meist Pl.* Ausstattungsgegenstände (für Bühnenstücke oder Filme)

Re|qui|si|teur [-tør, lat.-frz.] *m. 1, Theater:* Verwalter der Requisiten

Re|qui|si|ti|on [lat.] *f. 10* **1.** Beschlagnahme (für militär. Zwecke); **2.** Ersuchen um Rechtshilfe

RES, R. E. S. *Med.: Abk. für* retikuloendotheliales System

resch *süddt., österr.:* knusprig; *übertr.:* lebhaft (Mädchen)

Re|search [rısə̱tʃ, engl.] *n. Gen.* -(s) *Pl.* -s Forschung; *in der Markt- und Meinungsforschung:* Ermittlung, Feststellung

Re|sear|cher [rısə̱tʃə(r)] *m. 5* Meinungsforscher

Re|se|da [lat.] *f. 9,* **Re|se|de** *f. 11* eine Pflanze mit ährenartigen Blütenständen, oft Gartenblume, Färberwau, Färberwaid

Re|sek|ti|on [lat.] *f. 10* chirurg. Entfernung (eines Organs oder Organteils)

Re|sen [griech.-lat.] *n. 1* ein Bestandteil des Harzes

Re|ser|va|ge [-vaʒə, lat.-frz.] *f. 11 nur Sg., beim Zeugdruck:* Schutzbeize für die nicht druckenden Stellen

Re|ser|vat [-vat, lat.] *n. 1,* Re|ser|va|ti|on *f. 10* **1.** Rechtsvorbehalt, Sonderrecht; **2.** Schutzgebiet für Volksgruppen (bes. die Indianer in Nordamerika), Tiere oder Pflanzen

Re|ser|vat|fall [-vat-] *m. 2, kath. Kirche:* Fall, der dem Papst oder einem Bischof zur Entscheidung vorbehalten ist

Re|ser|va|ti|on [-va-] *f. 10* Reservat

Re|ser|vat|recht [-vat-] *n. 1* Sonderrecht

Re|ser|ve [-və] *f. 11* **1.** *nur Sg.* Verschlossenheit, Zurückhaltung; **2.** Ersatz, Vorrat, Rücklage; etwas in Reserve haben: vorrätig haben; stille Reserven *Wirtsch.:* Kapitalrücklage; **3.** *Mil.:* Gesamtheit der Reservisten; *auch:* im

Krieg bereitgehaltene Ersatztruppe
Re|ser|ve|ka|nis|ter [-və-] *m. 5*
Re|ser|ve|of|fi|zier [-və-] *m. 1*
re|ser|vie|ren [-vi-] *tr. 3* freihalten, zurücklegen
re|ser|viert [-virt]; *auch:* abweisend, kühl, zurückhaltend
Re|ser|vie|rung [-vi-] *f. 10*
Re|ser|vist [-vist] *m. 10* aus dem aktiven Dienst ausgeschiedener Wehrpflichtiger
Re|ser|voir [-voar, frz.] *n. 1* **1.** Sammelbehälter, Speicher; **2.** *übertr.:* Bestand, Vorrat
Re|set [risɛt] *m. oder n. Gen.* -(s) *Pl.* -s Neustart eines Computers nach Beendigung einer Arbeitssitzung
Res ex|ten|sa [lat. »ausgedehntes Wesen«] *f. Gen.* - - *nur Sg., Philos.:* Materie, Stoff
re|se|zie|ren [lat.] *tr. 3* chirurgisch entfernen, herausschneiden; vgl. Resektion
Re|si|dent [lat.] *m. 10* **1.** Gesandter der dritten Rangklasse; **2.** Vertreter einer Kolonialmacht bei einem eingeborenen Fürsten; **3.** Statthalter
Re|si|dent|schaft *f. 10 nur Sg.,* Amt, Amtsräume eines Residenten
Re|si|denz *f. 10* Wohn-, Amtssitz eines weltl. oder geistl. Oberhauptes, Regierungssitz, Hauptstadt
Re|si|denz|pflicht *f. 10 nur Sg.* Pflicht, am Dienstort zu wohnen (bei Beamten, Rechtsanwälten u. a.)
Re|si|denz|stadt *f. 2*
re|si|die|ren *intr. 3* seinen Regierungs-, Amts- bzw. Wohnsitz haben
re|si|du|al [lat.] *Med.:* restlich, zurückbleibend
Re|si|du|um *n. Gen.* -s *Pl.* -du|en Rest, Rückstand, Bodensatz
Re|si|gna|ti|on *auch:* **Re|sig|na|ti|on** [rezigna- oder -ziŋna-, lat.] *f. 10 nur Sg.* **1.** Entsagung, Verzicht, Ergebung (in das Schicksal); **2.** *auch:* freiwillige Niederlegung eines öffentl. Amtes
re|si|gnie|ren *auch:* **re|sig|nie|ren** *intr. 3*
re|si|gniert *auch:* **re|sig|niert** in sein Schicksal ergeben, entsagungsvoll
Re|si|nat [lat.] *n. 1* ein Salz der Harzsäure
Re|si|nat|far|be *f. 11* ein Farblack
Ré|sis|tance [rezistãs, frz.] *f. Gen.* - *nur Sg.* frz. Widerstandsbewegung im Zweiten Weltkrieg
re|sis|tent [lat.] widerstandsfähig
Re|sis|tenz *f. 10* Widerstand (des Organismus gegen Krankheitserreger), Unempfindlichkeit (von Bakterien gegen bestimmte Arzneimittel)
re|sis|tie|ren *intr. 3* widerstehen, ausdauern, zählebig sein
re|sis|tiv widerstehend
Re|sis|ti|vi|tät [-vi-] *f. 10 nur Sg., Med.:* Widerstandsfähigkeit
re|so|lut [lat.-frz.] beherzt, entschlossen, tatkräftig; *Ggs.:* irresolut
Re|so|lut|heit *f. 10 nur Sg.*
Re|so|lu|ti|on [lat.] *f. 10* **1.** Entschließung, Beschluss; **2.** Rückgang (von Krankheitserscheinungen)
Re|sol|ven|te [-vɛn-] *f. 11* Hilfsgleichung (zur Lösung einer algebraischen Aufgabe)
re|sol|vie|ren [-vi-] **1.** *intr. 3* eine Resolution fassen; **2.** *Math.:* eine Hilfsgleichung zur Lösung einer algebraischen Aufgabe aufstellen; **3.** *tr. 3, veraltet:* beschließen; sich r.: sich entschließen
Re|so|nanz [lat.] *f. 10* **1.** Mittönen, Mitschwingen; **2.** *nur Sg., übertr.:* Anklang, Widerhall
Re|so|nanz|bo|den *m. 8, bei Saiteninstrumenten:* klangverstärkender Holzboden
Re|so|nanz|sai|te *f. 11* mitschwingende Saite
Re|so|na|tor *m. 13* mitschwingender Körper, z. B. das Holzgehäuse bei Saiteninstrumenten
re|so|na|to|risch durch Resonanz bewirkt
re|so|nie|ren *intr. 3* mitschwingen
Re|so|pal® *n. Gen.* -s *nur Sg.* ein Kunststoff
Re|sor|bens [lat.] *n. Gen.* - *Pl.* -ben|tia [-tsja] *oder* -ben|zi|en, *Med.:* Mittel zur Anregung der Resorption
re|sor|bie|ren *tr. 3* aufnehmen, einsaugen
Re|sorp|ti|on *f. 10* Aufnahme, Aufsaugen (eines gelösten Stoffes, z. B. in die Blutbahn)
re|so|zi|a|li|sie|ren *tr. 3* wieder in die Gemeinschaft eingliedern (ehemalige Strafgefangene)
Re|so|zi|a|li|sie|rung *f. 10 nur Sg.*
resp. *Abk. für* respektive

♦ Die Buchstabenfolge **re|sp...** kann in Fremdwörtern auch **res|p...** getrennt werden.

♦ **Re|spekt** [lat.-frz.] *m. 1 nur Sg.* **1.** Achtung, Ehrerbietung, Ehrfurcht; Respekt einflößend *oder:* respekteinflößend; **2.** *kurz für* Respektrand
♦ **re|spek|ta|bel** achtbar, Achtung gebietend, beachtlich; eine respektable Leistung
♦ **Re|spekt|blatt** *n. 4* leeres Blatt (am Anfang eines Buches oder eines mehrseitigen Schriftstückes)
♦ **re|spekt|ein|flö|ßend** = **Re|spekt ein|flö|ßend**
♦ **re|spek|tie|ren** *tr. 3* **1.** achten, anerkennen, ehren; **2.** *Wirtschaft:* bezahlen (Wechsel)
♦ **re|spek|tier|lich** *veraltet:* achtbar
♦ **re|spek|tiv** *veraltet:* jeweilig
♦ **re|spek|ti|ve** [-və] (*Abk.:* resp.) beziehungsweise
♦ **re|spekt|los**
♦ **Re|spekt|lo|sig|keit** *f. 10*
♦ **Re|spekt|rand** *m. 4* leerer Rand (z. B. auf Brief- oder Buchseiten)
♦ **Re|spekts|per|son** *f. 10*
♦ **Re|spekt|tag** *m. 1, veraltet:* Zahlungsfrist (nach dem Verfall eines Wechsels)
♦ **re|spekt|voll**
♦ **re|spi|ra|bel** [mlat.] *Med.:* atembar; *Ggs.:* irrespirabel
♦ **Re|spi|ra|ti|on** [lat.] *f. 10 nur Sg.* Atmung
♦ **Re|spi|ra|ti|ons|ap|pa|rat** *m. 1* = Respirator
♦ **Re|spi|ra|tor** *m. 13* Atemfilter, Atemgerät
♦ **re|spi|ra|to|risch** auf Atmung beruhend
♦ **re|spi|rie|ren** *intr. 3* atmen
♦ **Re|spi|ro** [ital.] *m. 9 nur Sg.* Aufschub, Zahlungsfrist
♦ **re|spon|die|ren** [lat.] *intr. 3, veraltet:* antworten
♦ **Re|spon|so|ri|um** *n. Gen.* -s *Pl.* -ri|en kirchl. Wechselgesang
Res pu|bli|ca *auch:* **Res pub|li|ca** [lat. »öffentliche Sache«] *f. Gen.* - - *Pl.* - -cae [-kɛ:] Gemeinwesen, Staat
Res|sen|ti|ment [rɛsãtimã, frz.] *n. 9* Ablehnung, meist aus früheren, teilweise nicht mehr bewussten Erfahrungen heraus; Ressentiments: negative Gefühle, z. B. Abneigung, Groll, Ärger
Res|sort [rɛsor, frz.] *n. 9* Amts-,

R

Geschäftsbereich, Aufgabengebiet
Res|sort|chef [-sɔrʃɛf] *m. 9*
res|sor|tie|ren *intr. 3, veraltet:* unterstehen, einem Ressort zugehören
Res|sour|ce [-surs(ə), lat.-frz.] *f. 11 meist Pl.* Hilfsquellen, Geldmittel
res|sour|cen|scho|nend [-sursən-]
Rest *m. 1 auch: m. 3, bes. bei Stoffen, schweiz.: m. 12*
Re|stant *auch:* **Res|tant** [lat.-ital.] *m. 10* **1.** Schuldner im Zahlungsrückstand; **2.** unverkäufl. Ware, Ladenhüter; **3.** nicht abgehobenes Wertpapier
Re|stan|ten|lis|te *auch:* **Res|tan|ten|lis|te** *f. 11*
Re|stanz *f. 10, schweiz.:* Restbetrag

♦ Die Buchstabenfolge **re|st...** kann in Fremdwörtern auch **res|t...** getrennt werden. Davon ausgenommen sind Zusammensetzungen, in denen die fremdsprachigen bzw. sprachhistorischen Bestandteile deutlich als solche erkennbar sind, z. B. *-strukturieren.*

♦ **Re|stau|rant** [rɛstorã, lat.-frz.] *n. 9* Gaststätte
♦ **Re|stau|ra|teur** [rɛstoratør] *m. 1 veraltet, noch österr.:* Gastwirt
♦ **Re|stau|ra|ti|on** *f. 10* **1.** [rɛsto-] *veraltet, noch österr.:* Gaststätte; **2.** [rɛstau-] Erhaltung, Ausbesserung (beschädigter Kunstwerke), Wiederherstellung (früherer politischer oder religiöser Zustände)
♦ **Re|stau|ra|ti|ons|be|trieb** [rɛsto-] *m. 1*
♦ **Re|stau|ra|ti|ons|po|li|tik** [rɛstau-] *f. 10 nur Sg.*
♦ **re|stau|ra|tiv** auf die Wiederherstellung alter Ordnungen gerichtet
♦ **Re|stau|ra|tor** [rɛstau-] *m. 13* Wiederhersteller von Kunstwerken
♦ **re|stau|rie|ren** [rɛstau-] **1.** *tr. 3* ausbessern (Kunstwerk), wiederherstellen (frühere polit. oder relig. Zustände); **2.** *refl. 3* sich erholen
♦ **Re|stau|rie|rung** [rɛstau-] *f. 10* Restauration (von Kunstwerken)
Rest|be|stand *m. 2*
Res|ten, Res|ter *Kaufmannsspr., Pl. von* Rest
Res|ter|ver|kauf, Res|te|ver|kauf *m. 2*
♦ **re|sti|tu|ie|ren** [lat.] *tr. 3* wiederherstellen
♦ **Re|sti|tu|ti|on** *f. 10* **1.** Rückgabe (entzogener Vermögensgegenstände), Wiedergutmachung (der einem anderen Staat zugefügten Rechtsverletzung); **2.** *Biol.:* Art der Regeneration
♦ **Re|sti|tu|ti|ons|kla|ge** *f. 11* Klage zur Wiederaufnahme eines rechtskräftig abgeschlossenen Verfahrens
Rest|lauf|zeit *f. 10;* die R. einer Versicherung
rest|lich
rest|los
Rest|müll *m. 1 nur Sg.*
Rest|pos|ten *m. 7*
♦ **Re|strik|ti|on** *auch:* **Rest|rik|ti|on** *f. 10* **1.** Beschränkung, Einschränkung; **2.** Vorbehalt
♦ **re|strik|tiv** *auch:* **rest|rik|tiv** einengend, einschränkend; *Ggs.:* extensiv (3)
♦ **re|strin|gie|ren** *auch:* **rest|rin|gie|ren** *tr. 3* **1.** einschränken; **2.** *Med.:* zusammenziehen
re|struk|tu|rie|ren *tr. 3* neu ordnen, neu gestalten
Re|sul|tan|te [lat.-frz.] *f. 11* **1.** *Math.:* aus den Koeffizienten von Gleichungen gebildete Determinante, Resultierende; **2.** *Phys.:* aus Überlagerung mehrerer Kräfte entstehende Kraft
Re|sul|tat *n. 1* Ergebnis
re|sul|ta|tiv ein Resultat bewirkend
re|sul|tat|los
re|sul|tie|ren *intr. 3* sich (als Resultat) ergeben, sich herleiten
Re|sul|tie|ren|de *f. 11* vgl. Resultante (1)
Re|sü|mee [lat.-frz.] *n. 9* Übersicht, (abschließende) Zusammenfassung
re|sü|mie|ren *tr. 3*
Re|sur|rek|ti|on [lat.] *f. 10* Auferstehung (der Toten)
Re|ta|bel [frz.] *n. 5* Altaraufsatz
re|ta|blie|ren *auch:* **re|tab|lie|ren** *tr. 3, veraltet, noch schweiz.:* wiederherstellen
Re|ta|blie|rung *auch:* **Re|tab|lie|rung** *f. 10, schweiz.*
Re|ta|blis|se|ment *auch:* **Re|tab|lis|se|ment** [-blis(ə)mã] *n. 9, veraltet:* Wiederherstellung
Re|take [ri:tɛɪk, engl.] *n. 9, Film:* Neuaufnahme (einer misslungenen Einstellung)
Re|tard [rətar, frz.] *(Abk.:* R) *an Uhren:* zurück, d. h. langsamer
Re|tar|da|ti|on [lat.] *f. 10* Verzögerung (bes. der körperl. oder geistigen Entwicklung); *Ggs.:* Akzeleration
re|tar|die|ren **1.** *tr. 3* hemmen, verlangsamen; retardierendes Moment: den Handlungsablauf von Drama oder Roman unterbrechender Einschub; **2.** *tr. 3, veraltet:* nachgehen (Uhren)
Re|tar|die|rung *f. 10*
Re|ten|ti|on [lat.] *f. 10* **1.** Zurückhaltung (auszuscheidender Körperflüssigkeiten), Zurückbleiben (der Organentwicklung); **2.** Erinnerungsvermögen; **3.** *veraltet:* Zurückbehaltung (einer Leistung)
Re|ten|ti|ons|recht *n. 1 nur Sg.*
Re|ti|kül *m. 1 oder n. 1* s. **Ri|di|kül**
re|ti|ku|lar, re|ti|ku|lär, re|ti|ku|liert [lat.] netzförmig
re|ti|ku|lo|en|do|the|li|al *in der Fügung* retikuloendotheliales System *(Abk.:* RES): System zusammenwirkender Zellen zur Abwehr von Krankheiten
Re|ti|ku|lum *n. Gen.* -s *Pl.* -la **1.** netzartiges Gewebe; **2.** Netzmagen (der Wiederkäuer)
Re|ti|na [mlat.] *f. Gen. - Pl.* -nae [-nɛ:] Netzhaut (des Auges)
Re|ti|ni|tis *f. Gen. - Pl.* -ti|den Netzhautentzündung
Re|ti|ra|de [frz.] *f. 11, veraltet* **1.** *in Adelshäusern* Abort, Nachtstuhl; **2.** Rückzug
re|ti|rie|ren *intr. 3* sich zurückziehen, sich in Sicherheit bringen
Re|tor|si|on [lat.] *f. 10* Gegenmaßnahme, Vergeltung (bes. eines Staates gegen die Maßnahme eines anderen Staates)
Re|tor|te [lat.] *f. 11* birnenförmiges, gläsernes Destilliergefäß; aus der Retorte *ugs.:* künstlich
Re|tor|ten|ba|by [-bebi] *n. 6, ugs.:* durch künstl. Befruchtung entstandenes Kind
re|tour [rətur, frz.] zurück
Re|tour|bil|lett [-turbiljɛt] *n. 9 oder n. 1, veraltet, noch schweiz.:* Rückfahrkarte
Re|tou|re [-turə] *f. 11 meist Pl.* Rücksendung
Re|tour|kar|te [-tur-] *f. 11, österr.:* Rückfahrkarte
Re|tour|kut|sche [-tur-] *f. 11, ugs.:* Zurückgeben einer Beleidigung mit ähnl. Worten

re|tour|nie|ren [-tur-] *tr. 3* zurücksenden (Waren)
Re|tour|sen|dung [-tur-] *f. 10*

♦ Die Buchstabenfolge **re|tr...** kann in Fremdwörtern auch **ret|r...** getrennt werden. Davon ausgenommen sind Zusammensetzungen, in denen die fremdsprachigen bzw. sprachhistorischen Bestandteile deutlich als solche erkennbar sind, z. B. *-traktion, -transfusion* oder *-tribution.*

Re|trai|te [rətrɛt(ə), frz.] *f. 11, Militär, veraltet* **1.** Rückzug; **2.** Zapfenstreich (der Kavallerie)
Re|trak|ti|on [lat.] *f. 10* Schrumpfung, Verkürzung
Re|trans|fu|si|on [lat.] *f. 10, Med.* Reinfusion
Re|tri|bu|ti|on [lat.] *f. 10* Rückgabe, Erstattung
♦ **Re|trie|val** [rɪtrivəl, engl. »ersetzen«] *n. Gen. -s nur Sg., EDV:* das Suchen und Wiederfinden elektronisch gespeicherter Daten
♦ **re|tro..., Re|tro...** [lat.] *in Zus.:* zurück..., rückwärts..., hinten liegend
♦ **re|tro|ak|tiv** [lat.] *Psych.:* zurückwirkend
♦ **re|tro|flek|tiert** *Med.:* nach hinten geknickt
♦ **Re|tro|flex** *m. 1* mit zurückgebogener Zunge gebildeter Laut
♦ **Re|tro|fle|xi|on** *f. 10* Knickung (von Organen) nach hinten
♦ **re|tro|grad** *Med.:* gegenläufig
♦ **Re|tro|gres|si|on** *f. 10 nur Sg.* Rückläufigkeit, Abklingen
♦ **re|tro|spek|tiv** *auch:* **re|tros|pek|tiv** rückblickend
♦ **Re|tro|spek|ti|ve** *auch:* **Re|tros-pek|ti|ve** [-və] *f. 11* Rückblick, Rückschau
♦ **Re|tro|ver|si|on** [-vɛr-] *f. 10* **1.** Rückwärtsneigung (eines Organs); **2.** Rückübersetzung (in die Originalsprache)
♦ **re|tro|ver|tie|ren** [-vɛr-] *tr. 3* **1.** rückwärts neigen; **2.** rückübersetzen
♦ **re|tro|ze|die|ren** **1.** *tr. 3* wieder abtreten; rückversichern; **2.** *intr. 3, veraltet:* zurückweichen
♦ **Re|tro|zes|si|on** *f. 10*
Ret|si|na *m. Gen. - nur Sg.* griech., urspr. in geharzten Fässern aufbewahrter, heute mit Harz versetzter Wein

ret|ten *tr. 2*
Ret|ter *m. 5*
Ret|tich [lat.] *m. 1*
rett|los *Seew.:* unrettbar
Ret|tung *f. 10; österr. auch kurz für* **1.** Rettungsdienst; **2.** Rettungswagen
Ret|tungs|an|ker *m. 5, ugs. scherzh.:* Hilfe in der Not
Ret|tungs|bo|je *f. 11*
Ret|tungs|boot *n. 1*
Ret|tungs|dienst *m. 1*
Ret|tungs|in|sel *f. 11*
ret|tungs|los
Ret|tungs|ring *m. 1*
Ret|tungs|sa|ni|tä|ter *m. 5*
Ret|tungs|schwim|men *n. Gen. -s nur Sg.*
Re|turn [rɪtən, engl.] *m. 9, Tennis:* zurückgeschlagener Ball
Re|tu|sche [frz.] *f. 11* Nachbesserung, Überarbeitung (bes. von Fotografien)
Re|tu|scheur [-ʃør] *m. 1*
re|tu|schie|ren *tr. 3; auch übertr.:* schönfärben
Reue *f. 11 nur Sg.*
reu|en *tr. 1 nur 3. Person Sg. oder Pl.:* es reut mich; die Anstrengungen reuen mich
reu|e|voll
Reu|geld *n. 3* Abstandssumme (die bei Rücktritt von einem Reukauf zu zahlen ist)
reu|ig reuevoll
Reu|kauf *m. 2* Kaufvertrag mit Rücktrittsrecht
reu|mü|tig
Re|u|ni|on **1.** [frz.] *f. 10, veraltet:* Vereinfachung, Wiedervereinigung; **2.** [reynjɔ̃] *f. 9, veraltet:* gesellige Veranstaltung
Ré|u|ni|on *amtl.:* La Réunion [reynjɔ̃] frz. Insel im Indischen Ozean
Re|u|ni|o|nen *Pl.* Gebietsaneignungen (»Wiedervereinigungen«) Ludwigs XIV.
Re|u|ni|ons|kam|mern *Pl.* Gerichte Ludwigs XIV. zur Begründung französischer Gebietsansprüche
Reu|se *f. 11* Korb oder Netz zum Fischfang
Reu|ße *m. 11, veraltet für* Russe
re|üs|sie|ren [frz.] *intr. 3, veraltet:* Erfolg haben
reu|ten *tr. 2, süddt.:* roden
Rev. *Abk. für* Reverend, Reverendus
Re|vak|zi|na|ti|on [-vak-, lat.] *f. 10* Wiederimpfung
re|vak|zi|nie|ren [-vak-] *tr. 3*

Re|val [-val], *amtl.:* Tal|lin Hauptstadt von Estland
re|va|li|die|ren [-va-, lat.] *intr. 3* wieder gültig werden
re|va|lie|ren [-va-] **1.** *tr. 3 Kaufmannsspr.:* decken (Schuld); **2.** *intr. 3* sich schadlos halten
Re|va|lie|rung [-va-] *f. 10* Deckung (einer Schuld)
re|va|lo|ri|sie|ren [-va-] *tr. 3* wieder auf den ursprüngl. Wert bringen (Währung)
Re|va|lo|ri|sie|rung [-va-] *f. 10*
Re|val|va|ti|on [-valva-] *f. 10*
re|val|vie|ren [-valvi-] *tr. 3* durch Wechselkursänderung aufwerten (Währung)
Re|van|che [rəvɑ̃ʃ(ə), frz.] *f. 11* **1.** Rache, Vergeltung; **2.** *Sport:* Sieg nach vorheriger Niederlage gegen denselben Gegner; jmdm. R. geben *Sport:* jmdm. die Möglichkeit geben, seine Niederlage wettzumachen
Re|van|che|krieg [rəvɑ̃ʃ-] *m. 1* Vergeltungskrieg
re|van|che|lus|tig [rəvɑ̃ʃ-]
Re|van|che|po|li|tik [rəvɑ̃ʃ-] *f. 10 nur Sg.*
re|van|chie|ren [rəvɑ̃ʃi-] *refl. 3* **1.** sich rächen; **2.** sich erkenntlich zeigen (durch Gegenleistung)
Re|van|chis|mus [rəvɑ̃ʃɪs-] *m. Gen. - nur Sg., kommunist. Bez. für* Vergeltungspolitik, Streben nach Rückeroberung
Re|van|chist [rəvɑ̃ʃɪst] *m. 10*
re|van|chis|tisch [rəvɑ̃ʃɪs-]
Re|veille [rəvɛj, frz.] *f. 11, veraltet:* militär. Signal zum Wecken
Re|ve|nue [rəvəny, frz.] *f. 11* Einkommen, Kapitalertrag
Re|ver|be|ra|ti|on [-vɛr-, lat.] *f. 10* Rückstrahlung
re|ver|be|rie|ren [-vɛr-] *tr. 3* zurückstrahlen
Re|ver|be|rier|o|fen [-vɛr-] *m. 8* Flammofen, in dem Metall durch zurückgestrahlte Wärme schmilzt
Re|ve|rend [rɛvərənd, engl.] *m. Gen. -s nur Sg. (Abk.:* Rev.), *in Großbritannien und den USA:* Hochwürden (Titel für evang. Geistlichen)
Re|ve|ren|dis|si|mus [-və-] *m. Gen. - nur Sg.* Hochwürdigster (Titel für kath. Prälaten)
Re|ve|ren|dus [-və-] *m. Gen. - nur Sg. (Abk.:* Rev.) Hochwürden (Titel für kath. Geistlichen)
Re|ve|renz [-və-] *f. 10* Ehrerbie-

R

tung; jmdm. seine R. erweisen; Ehrenbezeigung, Verbeugung; seine R. machen

Re|ve|rie [rɛvəri, frz.] *f. 11* Träumerei, träumerisches Musikstück

Re|vers **1.** [-vɛr, frz.] *n., österr.: m. Gen.* - [-vɛrs] *Pl.* - [vɛrs] Aufschlag (an der Kostüm- und Herrenjacke, am Mantel); **2.** [-vɛrs] *m. 1, veraltend, noch österr.:* Rückseite einer Münze; *Ggs.:* Avers; **3.** [-vɛrs] *m. 1* schriftl. Erklärung, Verpflichtung; einen R. unterschreiben

re|ver|si|bel [-vɛr-, lat.] umkehrbar; *Ggs.:* irreversibel; reversibler chem. Prozess

Re|ver|si|bi|li|tät [-vɛr-] *f. 10 nur Sg.*

Re|ver|si|ble *auch:* **Re|ver|sib|le** [-vɛrzib(ə)l, frz.] *m. 9* **1.** Gewebe mit einer matten und einer glänzenden Seite; **2.** beidseitig tragbarer Stoff

re|ver|sie|ren [-vɛr-, lat.] *tr. 3;* den Gang einer Maschine r.: umsteuern

Re|ver|sier|wal|ze [-vɛr-] *f. 11* Walze mit umkehrbarer Drehrichtung

Re|ver|si|on [-vɛr-] *f. 10* Umdrehung, Umkehrung

Re|ver|si|ons|pen|del [-vɛr-] *n. 5* Pendel zur Messung der Erdbeschleunigung

Re|vers|sys|tem [-vɛrs-] *n. 1* Verfahren zur Sicherstellung der Preisbindung

Re|vi|dent [-vi-, lat.] *m. 10* **1.** jmd., der Revision beantragt; **2.** *österr.:* ein Beamtentitel

re|vi|die|ren [-vi-] *tr. 3* durchsehen, überprüfen; seine Meinung r.: seine Meinung ändern; vgl. Revision

R

Re|vier [-vir, lat.-frz.] *n. 1* **1.** Bezirk, Gebiet, (Tätigkeits-) Bereich; **2.** *Bgb.:* Abbaugebiet; **3.** *Jägerspr.:* Wohn-, Brut- oder Jagdgebiet (eines Tieres); **4.** *Mil.:* Krankenstation; **5.** kleine Polizeistation, Meldestelle

re|vie|ren [-vi-] *intr. 3, Jägerspr.:* nach Wild suchen (Jagdhund)

Re|vier|förs|ter [-vir-] *m. 5*

Re|vier|in|spek|tor *auch:* **Re|vier|ins|pek|tor** [-vir-] *m. 13, österr.:* ein Polizeibeamter

Re|vier|wacht|meis|ter [-vir-] *m. 5*

Re|view [rɪvju, engl.] *f. 10, engl. Bez. für* Übersicht, Rundschau (oft Titel von Zeitschriften)

Re|vin|di|ka|ti|on [-vin-, lat.] *f. 10, veraltet:* Zurückforderung (einer Sache)

re|vin|di|zie|ren [-vin-] *tr. 3* zurückfordern

Re|vi|re|ment [rəvir(ə)mã, frz.] *n. 9* **1.** Umbesetzung (diplomat. oder militärischer Posten); **2.** Abrechnungsart zwischen Schuldner und Gläubiger

re|vi|si|bel [-vi-, lat.] *Rechtsw.:* durch Revision anfechtbar; *Ggs.:* irreversibel

Re|vi|si|bi|li|tät [-vi-] *f. 10 nur Sg.*

Re|vi|si|on [-vi-] *f. 10* **1.** Änderung (einer Meinung), Abänderung (eines Vertrags, einer Grenze); **2.** *Betriebswirtschaft:* Überprüfung, Kontrolle; **3.** *Buchw.:* letztes Korrekturlesen (vor Druckbeginn); **4.** Rechtsmittel zur Überprüfung der rechtl. Seite eines Urteils durch ein höheres Gericht; Revision einlegen

Re|vi|si|o|nis|mus [-vi-] *m. Gen. - nur Sg.* **1.** Streben nach Änderung eines polit. Zustandes oder Programms; **2.** reformerische Richtung in der Sozialdemokratie

Re|vi|si|o|nist [-vi-] *m. 10*

re|vi|si|o|nis|tisch [-vi-]

Re|vi|si|ons|ge|richt [-vi-] *n. 1* Berufungsgericht

Re|vi|sor [-vi-] *m. Gen.* -s *Pl.* -so|ren **1.** Korrektor, der Revision (3) liest; **2.** Buch-, Rechnungsprüfer

Re|vi|ta|li|sie|rung [-vi-] *f. 10* Erholung nach einer Krankheit

Re|vi|val [rɪvaɪvəl, engl.] Wiederbelebung, Erneuerung

Re|vo|ka|ti|on [-vo-, lat.] *f. 10* Widerruf, Rücknahme (eines Auftrags)

Re|voke [rɪvoʊk, engl.] *f. Gen. - Pl.* -s, *Kartenspiel:* falsches Bedienen

Re|vol|te [-vɔl-, frz.] *f. 11* Aufruhr, Aufstand

re|vol|tie|ren [-vɔl-] *intr. 3*

Re|vo|lu|ti|on [-vo-] *f. 10* **1.** Umsturz, Umwälzung; **2.** *Astron.:* Gestirnumlauf; **3.** Gebirgsbildung; **4.** *Skat:* Solospiel

re|vo|lu|ti|o|när [-vo-]

Re|vo|lu|ti|o|när [-vo-] *m. 1* jmd., der eine Revolution hervorruft oder an einer R. teilnimmt

re|vo|lu|ti|o|nie|ren [-vo-] *tr. 3* grundlegend umwandeln

Re|vo|lu|ti|ons|tri|bu|nal [-vo-] *n. 1, in der Frz. Revolution:* außerordentl. Gerichtshof

Re|vo|luz|zer [-vo-] *m. 5, abwertend für* Revolutionär

Re|vol|ver [-vɔlvər, lat.-engl.] *m. 5* **1.** Handfeuerwaffe mit Trommelmagazin; **2.** drehbare Einspannvorrichtung (für Werkzeuge, Optiken o. Ä.)

Re|vol|ver|blatt [-vɔlvər-] *n. 4, ugs.:* Sensationszeitung

Re|vol|ver|dreh|bank [-vɔlvər-] *f. 2* Drehbank mit Revolver (2)

Re|vol|ver|held [-vɔlvər-] *m. 10, ugs. abwertend:* jmd., der (mit einer Waffe) den Helden spielt

Re|vol|ver|pres|se [-vɔlvər-] *f. 11 nur Sg., ugs.:* Sensationspresse

Re|vol|ver|schnau|ze [-vɔlvər-] *f. 11, ugs.* **1.** freches Mundwerk; **2.** jmd., der unaufhörlich redet

re|vol|vie|ren [-vɔlvi-] *tr. 3, Tech.:* zurückdrehen

Re|vol|ving|kre|dit [-vɔlvɪŋ-] *m. 1* **1.** Kredit, der laufend erneuert wird; **2.** langfristiger Kredit, der durch aneinander anschließende kurzfristige Kredite gedeckt wird

re|vo|zie|ren [-vo-, lat.] *tr. 3* widerrufen; sein Wort r.: zurücknehmen; einen Antrag vor Gericht r.: zurückziehen

Re|vue [-vy, frz.] *f. 11* **1.** *frz. Bez. für* Überblick, Rundschau (oft Titel von Zeitschriften); **2.** Bühnenstück mit Musik, Tanz und großer Ausstattung; **3.** *veraltet:* Truppenschau; R. passieren lassen *übertr.:* (im Geist) an sich vorbeiziehen lassen

Re|vue|film [-vy-] *m. 1* Film in der Art einer Revue (2)

Re|vue|girl [-vygə:l] *n. 9* Tänzerin in einer Revue (2)

Rex [lat.] **1.** *m. Gen. - Pl.* Re|ges [-ge:s] König; **2.** *m. Gen. - Pl.* -e, *Schülerspr.:* Rektor

Reyk|ja|vik [raɪkjavi:k, amtl.: rɛɪk-] Hauptstadt von Island

Rey|on *auch:* **Re|yon** [rɛjɔ̃, engl.-frz.] *m. oder n. Gen. - nur Sg.* eine Kunstseide

Re|zen|sent [lat.] *m. 10* Verfasser einer Rezension

re|zen|sie|ren *tr. 3;* ein Buch, Theaterstück, einen Film r.: eine Kritik darüber schreiben

Re|zen|si|on *f. 10* **1.** krit. Besprechung (neuer Bücher, Theateraufführungen, Filme usw.); **2.** Bearbeitung eines Textes (zur Neuausgabe)

Re|zen|si|ons|ex|em|plar *auch:* **Re|zen|si|ons|e|xemp|lar** *n. 1* Buch,

das einem Kritiker gratis zur Besprechung überlassen wird
re|zent [lat.] **1.** *Biol., Ethnologie:* in der Gegenwart (noch) lebend; *Ggs.:* fossil; **2.** *Geol.:* in jüngerer Erdzeit entstanden (Gestein)
Re|zept [lat.] *n. 1* **1.** Kochanleitung; **2.** ärztliche Verordnung; **3.** *übertr.:* Vorschlag zum Vorgehen, zum Handeln
Re|zep|ta|ku|lum *n. Gen.* -s *Pl.* -la **1.** *Bot.:* Blütenboden; **2.** *Zool.:* sackförmiger Behälter (z. B. zur Aufnahme von Spermien)
Re|zept|block *m. 9*
re|zept|frei
re|zep|tie|ren *tr. 3;* ein Medikament r.: ein Rezept ausstellen
Re|zep|ti|on [lat.] *f. 10* **1.** Übernahme, Aufnahme, Empfang; **2.** Empfangsraum (im Hotel)
re|zep|tiv **1.** (nur) aufnehmend; **2.** empfänglich
Re|zep|ti|vi|tät [-vi-] *f. 10 nur Sg.* Empfänglichkeit (für Eindrücke)
Re|zep|tor *m. 13 meist Pl.* nervöses Organ zur Aufnahme von Reizen
re|zep|to|risch
re|zept|pflich|tig
Re|zep|tur *f. 10* **1.** Herstellung eines Medikaments nach Rezept; **2.** Vorschrift für das Zusammenstellen u. Mischen von Chemikalien; **3.** *in Apotheken:* Raum zur Arzneimittelherstellung
Re|zess (*alt:* Re|zeß) [lat.] *m. 1* Auseinandersetzung, Vergleich; Vertrag
Re|zes|si|on *f. 10* Rückgang (des wirtschaftl. Wachstums)
re|zes|siv von anderen Erbfaktoren (ganz oder teilweise) überdeckt; *Ggs.:* dominant
Re|zes|si|vi|tät [-vi-] *f. 10 nur Sg.; Ggs.:* Dominanz
re|zi|div [lat.] *Med.:* wiederkehrend, rückfällig
Re|zi|div *n. 1, Med.:* Rückfall
re|zi|di|vie|ren [-vi-] *intr. 3* wieder auftreten
Re|zi|pi|ent [lat.] *m. 10* **1.** Glasglocke, die luftleer gepumpt werden kann; **2.** Empfänger (einer Nachricht)
re|zi|pie|ren *tr. 3* auf-, übernehmen
re|zi|prok *auch:* **re|zip|rok** [lat.] **1.** aufeinander bezogen, wechselseitig; **2.** umgekehrt; reziproker Wert: Wert, der durch Vertauschen von Zähler und Nenner eines Bruches entstanden ist, Kehrwert
Re|zi|pro|zi|tät *auch:* **Re|zip|ro|zi|tät** *f. 10* Wechsel-, Gegenseitigkeit, Wechselbeziehung
Re|zi|tal *n. 9* s. **Re|ci|tal**
re|zi|tan|do s. **re|ci|tan|do**
Re|zi|ta|ti|on [lat.] *f. 10* künstlerischer Vortrag (von Gedichten u. Ä.)
Re|zi|ta|ti|ons|ton *m. 2 nur Sg.* Singweise nach Art des Rezitativs
Re|zi|ta|tiv *n. 1* Sprechgesang (in Oratorien, Opern u. a.)
re|zi|ta|ti|visch [-viʃ]
Re|zi|ta|tor *m. 13* Vortragskünstler
re|zi|ta|to|risch in der Art einer Rezitation
re|zi|tie|ren *tr. 3* künstlerisch vortragen
rf., rfz. *Abk. für* rinforzando
Rgt. *Abk. für* Regiment (2)
RGW *Abk. für* Rat für gegenseitige Wirtschaftshilfe (bis 1991); vgl. COMECON
rh *Abk. für* Rhesusfaktor (negativ)
Rh **1.** *Abk. für* Rhesusfaktor (positiv); **2.** *chem. Zeichen für* Rhodium
Rha|bar|ber [griech.-ital.] *m. 5* eine Heil- und Nutzpflanze
rhab|do|i|disch [griech.] stabförmig
Rhab|dom *n. 1* Sehstäbchen (im Auge)
Rhab|do|man|tie *f. 11 nur Sg.* Wahrsagerei mittels geworfener Stäbchen oder Wünschelrute
Rha|ga|de [griech.] *f. 11 meist Pl.* Riss, Schrunde (der Haut)
Rhap|so|de [griech.] *m. 11* altgriech. fahrender Sänger
Rhap|so|die *f. 11* **1.** erzählendes Gedicht bzw. Gedicht in freien Rhythmen; **2.** balladenhaftes Musikstück
rhap|so|disch **1.** in Form einer Rhapsodie; **2.** bruchstückhaft
Rhä|ti|kon *m. Gen.* -s *nur Sg.* s. **Rä|ti|kon**
Rhea *griech. Myth.:* Gemahlin des Kronos, Mutter des Zeus
Rhein *m. Gen.* -s Fluss in Europa
Rhein|fall *m. 2 nur Sg.*
Rhein-Her|ne-Ka|nal *m. 2 nur Sg.*
Rhein|hes|sen
rhein|hes|sisch
rhei|nisch; *aber:* das Rheinische Schiefergebirge
rhei|nisch-west|fä|lisch; *aber:* das Rheinisch-Westfälische Industriegebiet
Rhein|land *n. 1* (*Abk.:* Rhld.)
Rhein|län|der *m. 5; auch:* ein Gesellschaftstanz
rhein|län|disch
Rhein|land-Pfalz Land der BR Dtld.
rhein|land-pfäl|zisch
Rhein-Main-Do|nau-Ka|nal *m. 2 nur Sg.*
Rhein|wein *m. 1*
rhe|na|nisch *bildungssprachlich:* rheinisch
Rhe|ni|um *n. Gen.* -s *nur Sg.* (*Zeichen:* Re) chem. Element, ein Metall
Rhe|o|lo|gie [griech.] *f. 11 nur Sg.* Fließkunde, Lehre vom Verhalten fast fester oder zähflüssiger Körper
rhe|o|phil *Biol.:* strömendes Wasser bevorzugend
Rhe|o|stat *auch:* **Rhe|os|tat** *m. 1* regelbarer elektr. Widerstand
Rhe|o|ta|xis *f. Gen.* - *Pl.* -xen Fähigkeit (von Tieren), sich in strömendem Wasser in Richtung der Strömung zu stellen
Rhe|o|tro|pis|mus *m. Gen.* - *Pl.* -men Wachstum von Pflanzen in Richtung strömenden Wassers
Rhe|sus [neulat.] *m. Gen.* - *Pl.* -
Rhe|sus|af|fe *m. 11* meerkatzenartiger Affe, wichtiges Versuchstier der Medizin
Rhe|sus|fak|tor *m. 13* (*Abk.:* Rh-Faktor; rh: Rhesusfaktor negativ [Rh-negativ]; Rh: Rhesusfaktor positiv [Rh-positiv]) von der Blutgruppe unabhängiger Faktor des Blutes, der bei Blutübertragung und Schwangerschaft schwere Störungen hervorrufen kann (bei Rhesusaffen erstmalig festgestellt)
Rhe|tor [griech.] *m. 13, im alten Griechenland:* Redner, Lehrer der Beredsamkeit
Rhe|to|rik *f. Gen.* - *nur Sg.* Redekunst
Rhe|to|ri|ker *m. 5* Redekünstler, Lehrer der Rhetorik
rhe|to|risch auf Rhetorik beruhend, rednerisch; *übertr.:* schönrednerisch; rhetorische Frage: Frage, auf die keine Antwort erwartet wird
Rheu|ma *n. 9 nur Sg., kurz für* Rheumatismus
Rheum|ar|thri|tis *auch:* **Rheu|marth|ri|tis** [griech.] *f. Gen.* - *Pl.* -ti|den Gelenkrheumatismus
Rheu|ma|ti|ker *m. 5* jmd., der an Rheumatismus leidet

R

rheu|ma|tisch
Rheu|ma|tis|mus *m. Gen. - Pl.* -men Entzündung der Gelenke, Muskeln und Sehnen
Rheu|ma|to|lo|ge *m. 11* Facharzt für rheumat. Erkrankungen
Rheu|ma|wä|sche *f. 11 nur Sg.* wollhaltige Unterwäsche
Rh-Fak|tor *m. 13, Abk. für* Rhesusfaktor
Rhi|ni|tis [griech.] *f. Gen. - Pl.* -ti|den Nasenschleimhautentzündung
Rhi|no|lo|ge *m. 11*
Rhi|no|lo|gie *f. 11 nur Sg.* Nasenheilkunde
rhi|no|lo|gisch
Rhi|no|plas|tik *f. 10* künstl. Nasenersatz
Rhi|no|skop *auch:* **Rhi|nos|kop** *n. 1* Nasenspiegel
Rhi|no|sko|pie *auch:* **Rhi|nos|ko|pie** *f. 11* Nasenspiegelung
Rhi|no|ze|ros *n. Gen. - oder* -s|ses *Pl.* -s|se Nashorn
rhi|zo|id [griech.] wurzelartig
Rhi|zom *n. 1* Wurzelstock
Rhi|zo|pho|re *f. 11* Baum mit Luft- oder Stelzwurzeln
Rhi|zo|po|de *m. 11 meist Pl.* Wurzelfüßer
Rhi|zo|po|di|en *Pl.* Scheinfüßchen (der Rhizopoden)
Rhi|zo|sphä|re *auch:* **Rhi|zos|phä|re** *f. 11* mit Wurzeln durchsetzte Bodenschicht
Rhld. *Abk. für* Rheinland
Rho *n. Gen.* (-s) *Pl.* -s (*Zeichen:* ρ, P) griech. Buchstabe
Rhod|a|min *auch:* **Rho|da|min** [griech.] *n. 1 meist Pl.* ein roter, lichtechter Farbstoff
Rho|dan [griech.] *n. 1 nur Sg.* Schwefel-Kohlenstoff-Stickstoff-Gruppe
Rho|da|nid *n. 1* Rhodan enthaltendes Salz
Rhode Is|land [roʊd aɪlənd] (*Abk.:* RI) ein Staat der USA
Rho|de|län|der [nach Rhode Island] *m. 5* eine Haushuhnrasse
Rho|de|si|en [nach dem Engländer Cecil John Rhodes] *frühere Bez. für* Simbabwe
Rho|de|si|er *m. 5*
rho|de|sisch
rho|di|nie|ren [griech.] *tr. 3* mit Rhodium überziehen
rho|disch zu Rhodos gehörend
Rho|di|um *n. Gen. - nur Sg.* (*Zeichen:* Rh) chem. Element, ein Metall
Rho|do|den|dron *auch:* **Rho|do|dend|ron** [griech.] *n. oder m. Gen.* -s *Pl.* -dren ein Heidekrautgewächs, Zierpflanze
Rho|do|den|dron|strauch *auch:* **Rho|do|dend|ron|strauch** *m. 4*
Rho|do|nit [griech.] *m. 1* ein Mineral, ein Schmuckstein
Rho|do|pen *Pl.* Gebirge in Südosteuropa
Rho|do|phy|ze|en *Pl.* Rotalgen
Rho|dop|sin *n. 1 nur Sg.* Sehpurpur
Rho|dos [auch: ro-] griech. Insel
Rhom|ben *Pl. von* Rhombus
rhom|bisch [griech.] in Form eines Rhombus
Rhom|bo|e|der *n. 5* durch sechs Rhomben begrenzter Körper
Rhom|bo|id *n. 1* schiefwinkliges Parallelogramm mit ungleich langen Seitenpaaren, Drachenviereck
Rhom|bus *m. Gen. - Pl.* -ben gleichseitiges, schiefwinkliges Parallelogramm, Raute
Rhön *f. Gen. -* Teil des Hess. Berglandes
Rho|ne, *frz.:* Rhô|ne [ron] *f. Gen. -* Fluss in Europa
Rhön|rad *n. 4* ein Gymnastikgerät aus zwei Stahlrohrreifen
Rho|ta|zis|mus [griech.] *m. Gen. - Pl.* -men Wechsel eines stimmhaften s mit r in wurzelverwandten Wörtern, z. B. Öse - Ohr
Rhus [griech.] *m. Gen. - Pl. -* ein Zierstrauch oder -baum, Essigbaum
Rhyn|cho|te [-çotə, griech.] *m. 11 meist Pl.* Schnabelkerfe
Rhythm and Blues [rɪθm ənd bluz] *m. Gen. - - - nur Sg.* durch Elemente des Rock 'n' Roll weiterentwickelter Blues
Rhyth|men *Pl. von* Rhythmus
Rhyth|mik [griech.] *f. 10 nur Sg.* **1.** Lehre vom Rhythmus; **2.** rhythmische Gymnastik
Rhyth|mi|ker *m. 5* Komponist oder Musiker, der rhythmische Elemente stark betont
rhyth|misch
rhyth|mi|sie|ren *tr. 3* in einen Rhythmus bringen
Rhyth|mus *m. Gen. - Pl.* -men Gliederung eines Ton- oder Bewegungsablaufs in zeitlich oder inhaltlich gleiche bzw. ähnliche, periodisch wiederkehrende Abschnitte (z. B. in der Musik)
RI **1.** *Abk. für* Rhode Island; **2.** *Abk. für* Rial, Riyal
Ri|ad, *amtl.:* ar-Ri|ad *oder* Ri|yad Hauptstadt von Saudi-Arabien
Ri|al *m. Gen. - Pl. -* (*Abk.:* RI) Währungseinheit im Iran, im Jemen, in den Vereinigten Emiraten und Oman
Ri|as [span.] *f. Gen. - Pl. -* Küstenform mit überfluteten Tälern senkrecht zur Küstenlinie
RIAS *m. Gen. - nur Sg., Kurzwort für* Radio in the American Sector: Rundfunk im amerik. Sektor (von Berlin); seit 1994 Teil des Senders Deutschland-Radio
rib|bel|fest
rib|beln *tr. 1* zwischen Daumen und Zeigefinger reiben
Ri|bi|sel, Ri|bisl [arab.-ital.] *f. 11, österr.:* Johannisbeere
Ri|bo|fla|vin [-vin, Kunstwort aus Ribose und lat. flavus »gelb«] *n. Gen.* -s *nur Sg.* ein Vitamin (B_2)
Ri|bo|nu|kle|in|säu|re *auch:* **Ri|bo|nuk|le|in|säu|re** [Kunstwort aus Ribose und lat. nucleus »Kern«] *f. 11* (*Abk.:* RNS) ein hochmolekularer Stoff in den Zellen aller Lebewesen (wichtig für Eiweißsynthese)
Ri|bo|se *f. 11* Einfachzucker mit 5 O-Atomen
Ri|bo|som *n. 12* Körnchen im Zellplasma (Ort der Eiweißsynthese)
Ri|chard männl. Vorname
Ri|che|lieu [riʃəljø], *Armand Jean du Plessis, Herzog von R.* frz. Kardinal und Staatsmann
Ri|che|lieu|sti|cke|rei [riʃəljø-] [nach dem frz. Staatsmann] *f. 10* eine Weißstickerei
Richt|an|ten|ne *f. 11*
Richt|ba|ke *f. 11* ein Seezeichen
Richt|blei *n. 1 nur Sg.* Bleilot, Senkblei
Richt|block *m. 2*
Rich|te *f. 11 nur Sg.* gerade Richtung; in die Richte bringen
rich|ten *tr. 2;* Richt't euch! (militär. Kommando)
Rich|ter *m. 5*
Rich|ter|amt *n. 4*
rich|ter|lich
Rich|ter|spruch *m. 2*
Rich|ter|stuhl *m. 2;* auf dem R. sitzen: das Amt des Richters ausüben
Richt|fest *n. 1* Fest nach Fertigstellen des Dachstuhls auf einem Neubau
Richt|feu|er *n. 5* Leitsignal für Flugzeuge und Schiffe

Richt|funk|stre|cke *f. 11* Nachrichtenverbindung mit gebündelten Funkwellen zw. Relaisstationen

richtig gehen/gehend/liegen/stellen, der Richtige: Das Gefüge aus Adjektiv und Verb/Partizip wird getrennt geschrieben, wenn das Adjektiv die Ableitungsendung *-ig* aufweist: *Eine richtig gehende Uhr. Er hat mit seiner Beurteilung richtig gelegen. Er musste seine Aussage richtig stellen.* § 34 E3 (3)
Aber: *eine richtiggehende Verschwörung* (= eine wirkliche). Das substantivierte Adjektiv schreibt man groß: *der/die/das (einzig) Richtige (sein/tun); das Richtigste sein; (es) für das Richtigste halten.* § 57 (1)

rich|tig **1.** *Kleinschreibung:* die Uhr geht richtig; eine richtig gehende Uhr; das Kind kann noch nicht richtig gehen; der Teppich muss richtig liegen; ein richtig liegender Teppich; er hat mit seiner Einschätzung richtig gelegen; etwas richtig machen; einen Schrank richtig stellen; einen Irrtum richtig stellen; **2.** *Großschreibung:* an den Richtigen geraten; der, die, das Richtige (sein); etwas für das Richtige (= richtig) halten; das Richtige tun
rich|tig|ge|hend; das ist r. nett *ugs.:* wirklich nett, sehr nett; ich habe einen richtiggehenden Zorn auf ihn *ugs.:* wirklichen Zorn
Rich|tig|keit *f. 10 nur Sg.*
rich|tig lie|gen (*alt:* rich|tig|lie|gen) *intr. 80*
rich|tig ma|chen (*alt:* rich|tig|ma|chen) *tr. 1*
rich|tig stel|len (*alt:* rich|tig|stel|len) *tr. 1*
Rich|tig|stel|lung *f. 10*
Richt|kranz *m. 2* Kranz auf dem Dach beim Richtfest
Richt|lat|te *f. 11* Richtscheit
Richt|li|nie *f. 11* Vorschrift
Richt|maß *n. 1* Eichmaß
Richt|platz *m. 1, früher:* Platz für Hinrichtungen, Richtstätte
Richt|preis *m. 1* **1.** von Behörden oder Herstellern empfohlener Preis; **2.** vorläufig kalkulierter Preis
Richt|scheit *n. 1* Maurer- und Zimmermannswerkzeug zum Geraderichten von Mauern, Fußböden u. a., Richtlatte, Setzlatte
Richt|schnur *f. 2* **1.** Schnur (des Maurers und Gärtners) zum Bezeichnen einer geraden Linie; **2.** *nur Sg.* Grundsatz, Leitsatz
Richt|schwert *n. 3*
Richt|stät|te *f. 11* Richtplatz
Richt|strah|ler *m. 5* Richtantenne für Kurzwellen
Rich|tung *f. 10*
rich|tung|än|dernd
rich|tung|ge|bend
Rich|tungs|an|zei|ger *m. 5*
rich|tungs|los
Rich|tungs|sta|bi|li|tät *f. 10 nur Sg.*
Rich|tungs|wech|sel [-ks-] *m. 5*
rich|tung|wei|send
Richt|waa|ge *f. 11* Wasserwaage
Richt|wert *m. 1* günstiger Erfahrungswert
Richt|zahl *f. 10* einen ungefähren Wert angebende Zahl
Rick *n. 1, ugs.:* Latte, Gestell, Regal
Ri|cke *f. 11* weibl. Reh nach dem ersten Wurf
Ri|deau [rido, frz.] *m. 9, schweiz.:* Vorhang
ri|di|kül [frz.] lächerlich
Ri|di|kül, Re|ti|kül *m. 1 oder n. 1, veraltet:* Handarbeitstasche
Rieb|ei|sen *n. 7, österr. für* Reibeisen
rie|chen *tr. u. intr. 99;* jmdn. nicht riechen können *ugs. übertr.:* jmdn. nicht leiden können
Rie|cher *m. 5, ugs.:* Nase; für etwas einen R. haben *ugs. übertr.:* ein Ahnungsvermögen haben
Riech|nerv *m. 2, fachsprachl.: m. 10*
Riech|salz *n. 1*
Ried *n. 1* **1.** Schilf; **2.** Moor, Sumpf; **3.** *österr. auch:* eine Flurbezeichnung, z. B. für ein Weinbaugebiet
Rie|de *f. 11, österr. für* Ried (3)
Ried|gras *n. 4*
Rie|fe *f. 11* Furche, Längsrinne
rie|fe|lig s. **rie|fig**
rie|feln *tr. 1, Nebenform von* riefen
Rie|fe|lung, Rief|lung *f. 10*
rie|fen *tr. 1* furchen
rie|fig, rie|fe|lig, rief|lig, voller Riefen, mit Riefen versehen
Rie|ge *f. 11* Gruppe von Turnern mit Vorturner
Rie|gel *m. 5;* einer Sache einen Riegel vorschieben *übertr.:* eine Sache verhindern; hinter Schloss und Riegel *übertr.:* im Gefängnis
Rie|gel|bau *m. Gen.* -(e)s *Pl.* -ten, *schweiz.:* Fachwerkbau
rie|geln *tr. 1* ab-, verriegeln; *auch Jägerspr.:* mit wenigen Treibern jagen
Rie|gel|stel|lung *f. 10, Mil.:* befestigte, ausgebaute Verteidigungsstellung
Rie|gel|werk *n. 1* **1.** *nur Sg.* Fachwerk; **2.** Befestigung
Rie|gen|füh|rer *m. 5*
rie|gen|wei|se
Riem|chen *n. 7*
Rie|men *m. 7* **1.** Lederstreifen; Gürtel; den R. enger schnallen *ugs., übertr.:* sich einschränken; sich am R. reißen *ugs., übertr.:* sich zusammennehmen, sich anstrengen; **2.** *Seew.:* Ruder; sich in die Riemen legen *ugs., übertr.:* sich anstrengen
Rie|men|an|trieb *m. 1* Antrieb mittels Treibriemen
Rie|men|schei|be *f. 11* Rad mit Auflage für einen Treibriemen
Rie|men|schnei|der, *Tilman* dt. Bildhauer und Bildschnitzer
ri|en ne va plus [riẽnəvaply, frz.] es geht nichts mehr (Ansage beim Roulettespiel)
Ries **1.** [arab.] *n. Gen.* - *Pl.* - Mengeneinheit für Papier, 1000 Bogen; **2.** [lat.] *n. 1 nur Sg.* Landschaft zwischen Schwäbischer und Fränkischer Alb
Ries, *Adam* dt. Rechenmeister (1492–1559)
Rie|se **1.** *m. 11;* **2.** *f. 11, süddt., österr.:* Holzrutsche (im Gebirge); **3.** nach Adam Riese *ugs.:* genau gerechnet
Rie|sel|feld *n. 3* Feld zur Abwasserreinigung
rie|seln *intr. 1*
rie|sen *tr. 1, süddt., österr.:* auf einer Riese (2) zu Tal befördern (Holz)
rie|sen…, Rie|sen… *in Zus. oft ugs.:* sehr groß
Rie|sen|ar|beit *f. 10 nur Sg. ugs.*
rie|sen|groß
rie|sen|haft
Rie|sen|rad *n. 4*
Rie|sen|schlan|ge *f. 11*
Rie|sen|sla|lom *m. 9, Skisport:* Art des Slaloms
rie|sen|stark
Rie|sen|wel|le *f. 11* Schwung um das Reck mit ausgestrecktem Körper
Rie|sen|wuchs [-ks] *m. Gen.* -es *nur Sg.* abnormes Wachstum, Gigantismus, Hypersomie, Makromelie, Makrosomie

R

rie|sig sehr groß; riesig groß, *ugs.:* sehr
rie|sisch zu den Riesen gehörend
Ries|ling *m. 1* eine Traubensorte
Riet *n. 1,* **Riet|kamm** *m. 2* Vorrichtung am Webstuhl zum Führen der Kettfäden
Rịf *n. 1 nur Sg.,* **Rịf|at|las** *m. Gen. - nur Sg.* Bergland in Marokko
Rịff *n. 1* **1.** Felsklippe im Meer; **2.** [engl.] *im Jazz:* mehrmals wiederholtes, rhythmisch betontes Motiv
Rịf|fel *f. 11* Gerät zum Kämmen des Flachses
Rịf|fel|blech *n. 1* Wellblech
rịf|fe|lig furchig, geriffelt, gerieft
rịf|feln *tr. 1* **1.** kämmen (Flachs); **2.** rie|fen; ich riffele, riffle es
Rịff|ko|ral|le *f. 11* ein Riff bildende Koralle
Rịf|ka|by|le *m. 11* Bewohner des marokkan. Rifs
Ri|ga Hauptstadt von Lettland
Ri|ga|er *m. 5*
ri|ga|isch; *aber:* der Rigaische Meerbusen
Ri|ga|to|ni [ital.] *Pl.* gerillte Röhrennudeln
Ri|gau|don [-godõ, frz.] *m. Gen.* -(s) *Pl.* -s provenzal. Volkstanz des 16. Jh.
Ri|gel [arab.] *m. Gen. - nur Sg.* hellster Stern im Sternbild Orion
Rigg [engl.] *n. 9,* **Rig|gung** *f. 10, Seew.:* Masten und Takelung
ri|gid [lat.], **ri|gi|de** starr, steif
Ri|gi|di|tät *f. 10 nur Sg.* Starre, Versteifung
Ri|gips® *m. 1 nur Sg.* beidseitig mit Pappe beschichtete Gipsplatte
Ri|go|le [frz.] *f. 11* Rinne, Entwässerungsgraben
ri|go|len, ra|jo|len *tr. 1* tief pflügen oder umgraben
Ri|gol|pflug *m. 2*
Ri|gor [lat.] *m. Gen.* -s *nur Sg.* Muskelstarre
Ri|go|rịs|mus *m. Gen. - nur Sg.* übermäßige Strenge, starres Festhalten an Grundsätzen, Unerbittlichkeit
ri|go|rịs|tisch
ri|go|ros unerbittlich, rücksichtslos
Ri|go|ro|si|tät *f. 10 nur Sg.*
ri|go|ro|so [ital.] *Mus.:* genau im Takt
Ri|go|ro|sum [lat.] *n. Gen.* -s *Pl.* -sa mündl. Teil der Doktorprüfung
Rig|ve|da [-ve-, Sanskrit] *m. Gen.* -(s) *nur Sg.* altind. Hymnensammlung

Ri|kạm|bio [ital.] *m. Gen.* -s *Pl.* -bi|en, *Bankw.:* Rückwechsel, Ritratte
Ri|ke weibl. Vorname
Rịk|scha [jap.] *f. 9, in Ostasien:* zweirädriges, von einem Mann zu Fuß oder mit dem Fahrrad gezogenes Fahrzeug zur Personenbeförderung, Jinrikscha
Rịks|mål [-mɔ:l, norw.] *n. Gen.* (-s) *nur Sg., frühere Bez. für* Bokmål
Rịl|ke, *Rainer Maria* österr. Schriftsteller
Rịl|le *f. 11*
rịl|len *tr. 1*
Rịl|len|pro|fil *n. 1*
rịl|lig
Rịms|kij-Kọr|sa|kow, Rịms|ki-Kọr|sa|kow, *Nicolaj russ. Komponist*
Ri|mẹs|se [lat.-ital.] *f. 11* **1.** Begleichung einer Schuld durch Übersendung eines Wechsels; **2.** der übersandte Wechsel
Ri|na|sci|mẹn|to [-ʃi-, ital. »Wiedergeburt«] *n. Gen.* -s *nur Sg., ital. Bez. für* Renaissance
Rịnd *n. 3*
Rịn|de *f. 11*
Rịn|den|boot *n. 1*
Rịn|der|bra|ten *m. 7*
Rịn|der|brem|se *f. 11* eine Stechfliege
rịn|de|rig brünstig (Kuh)
rịn|dern *intr. 1* brünstig sein (Kuh)
Rịn|der|talg *m. 1 nur Sg.*
Rịn|der|wahn|sinn *m. 1 nur Sg.* übertragbare Rinderkrankheit, BSE
Rịnd|fleisch *m. 1 nur Sg.*
rịn|dig mit Rinde umgeben, wie Rinde
Rịnd|le|der, Rịnds|le|der *n. 5 nur Sg.*
Rịnds|bra|ten *m. 7, süddt. für* Rinderbraten
Rịnds|le|der *n. 5 nur Sg.*
rịnds|le|dern
Rịnds|len|de *f. 11*
Rịnd|sup|pe *f. 11, österr.:* Fleischbrühe
Rịnd|vieh **1.** *n. Gen.* -s *nur Sg.;* **2.** *n. Gen.* -s *Pl.* -vie|cher *Schimpfwort*
rin|for|zạn|do [ital.] (*Abk.:* rf., rfz.) *Mus.:* stärker werdend
rin|for|za|to *Mus.:* plötzlich verstärkt
rịng *süddt., schweiz.:* ohne Mühe
Rịng *m. 1*
Rịng|bahn *f. 10*
Rịn|gel *m. 5* etwas kreisförmig Gewundenes

Rịn|gel|chen *n. 7*
rịn|ge|lig, rịng|lig
Rịn|gel|lo|cke *f. 11*
rịn|geln *tr. 1;* ich ringele, ringle es
Rịn|gel|nat|ter *f. 11*
Rịn|gel|piez *m. 1, ugs., scherzh.:* volkstümliche Tanzveranstaltung
Rịn|gel|rei|gen, Rịn|gel|rei|hen *m. 7*
Rịn|gel|spiel *n. 1, österr. für* Karussell
Rịn|gel|ste|chen *n. 7 nur Sg.* ein Geschicklichkeitsspiel, bei dem vom Pferd aus mit der Lanze ein aufgehängter Ring herabgeholt werden muss, Rolandsreiten
Rịn|gel|tau|be *f. 11* eine Wild-, Holztaube
rịn|gen *intr. 100*
Rịn|ger *m. 5*
Rịn|ger|griff *m. 1*
rịn|ge|risch
Rịng|fahn|dung *f. 10* Großfahndung der Polizei in einem abgegrenzten Gebiet
Rịng|fin|ger *m. 5*
Rịng|kampf *m. 2*
Rịng|kämp|fer *m. 5*
Rịng|ka|na|li|sa|ti|on *f. 10 nur Sg.* techn. Einrichtung zur Sammlung und Reinigung aller um einen See anfallenden Abwässer
Rịng|lein *n. 7, poet.*
rịng|lig, rịn|ge|lig
Rin|glọt|te *auch:* **Ring|lọt|te** *f. 11, österr. für* Reneklode
Rịng|mus|kel *m. 14*
Rịng|pan|zer *m. 5* Panzer aus kleinen, verschlungenen Ringen, Kettenpanzer
Rịng|rich|ter *m. 5, Boxen:* Schiedsrichter
rịngs; rings um mich her; rings um die Insel; *aber:* ringsum
rings|her|ụm *auch:* **rings|he|rum**
rings|ụm auf allen Seiten; ringsum war nur das Meer; vgl. rings
rings|um|her
Rịng|tausch *m. 1 nur Sg.*
Rịng|ten|nis *n. Gen. - nur Sg.* Spiel mit Gummiringen über ein Netz hinweg
Rịnk *m. 10,* **Rịn|ke** *f. 11,* **Rịn|ken** *m. 7, alemann.:* Spange, Schnalle
Rịn|ne *f. 11*
rịn|nen *intr. 101*
Rịnn|sal *n. 1* kleiner Wasserlauf
Rịnn|stein *m. 1* Abflussrinne neben dem Fußweg
Rio [port.], **Río** [span.] *m., in geographischen Namen:* Fluss
Rio de Ja|nei|ro [- - ʒanero] Gliedstaat, Stadt in Brasilien

R

Rio de la Plata südamerik. Strom
Rio-de-la-Plata-Bucht *f. 10 nur Sg.*
Ri|o|ja [riɔxa, span.] *m. 9* weißer oder roter trockener Mischwein aus Spanien (nach der Landschaft La Rioja)
rip. *Mus.: Abk. für* ripieno
R. I. P. *Abk. für* requiescat in pace
ri|pie|no [-pjɛ-, ital.] *(Abk.:* rip.) *Mus.:* mit dem ganzen Orchester
Ri|pos|te [lat.-ital.] *f. 11, Fechten:* Gegenstoß nach einem parierten Hieb
ri|pos|tie|ren *intr. 3*
Ripp|chen *n. 7*
Rip|pe *f. 11*
Rip|pel|mar|ken *Pl.* Wellenfurchen (am Sandstrand)
rip|peln **1.** *refl. 1, nddt.:* sich beeilen; **2.** *tr. 1, Nebenform von* rippen
rip|pen *tr. 1* mit Rippen versehen, furchen
Rip|pen|fell *n. 1* Brustfell
Rip|pen|speer, Ripp|speer *m. 1 oder n. 1 nur Sg.* gepökeltes Rippenstück vom Schwein
Rip|pen|stoß *m. 2*
rips!; rips, raps!
Rips [engl.] *m. 1* geripptes Gewebe
ri|pu|a|risch rheinfränkisch
ri|ra|rutsch!
Ri|sa|lit [ital.] *m. 1* senkrecht in ganzer Höhe vorspringender Teil eines Gebäudes
Ri|si|ko [ital.] *n. Gen.* -s *Pl.* -s *oder* -ken, *österr. Pl. auch:* Ris|ken Gefahr, *bes.:* Verlustgefahr
Ri|si|ko|fak|tor *m. 13*
ri|si|ko|frei
ri|si|ko|freu|dig
ri|si|ko|los
Ri|si|ko|pa|ti|ent [-patsjɛnt] *m. 10* besonders gefährdeter Patient
Ri|si|ko|prä|mie *f. 11*
Ri|si|ko|vor|sor|ge *f. 11 nur Sg.*
Ri|si|pi|si [aus ital. riso con piselli »Reis mit Erbsen«] *n. Gen.* (-s) *Pl.* - ein Reisgericht
ris|kant [frz.]
ris|kie|ren *tr. 3* wagen; Kopf und Kragen r. *ugs.:* sein Leben wagen; eine Lippe r. *ugs.:* seine Meinung offen sagen
Ri|skon|tro *auch:* **Ris|kon|tro** [ital.] *n. 9 nur Sg.* Buch mit den Eintragungen der tägl. Zu- und Abgänge, Skontro
Ri|sor|gi|men|to [-dʒi-, ital. »Wiedererstehung«] *n. Gen.* -(s) *nur Sg.* ital. Einigungsbewegung zwischen 1815 und 1871
Ri|sot|to [-zɔto, ital.] *m. Gen.* -(s) *Pl.* -s, *österr. u. schweiz. ugs. auch n. Gen.* - *Pl.* -(s) dicker gekochter Reis
Ris|pe *f. 11*
Ris|pen|gras *n. 4* ein Süßgras
ris|pig in der Art von Rispen

Riss: Nach kurzem Vokal wird *-ss-* geschrieben: *der Riss; der Stoff ist rissfest; Risswunde.* § 25

Riss *(alt:* Riß) *m. 1; auch Jägerspr.:* Beute (des Großraubwildes)
riss|fest *(alt:* riß|fest)
ris|sig voller Risse
Riss|wun|de *(alt:* Riß|wun|de) *f. 11*
Rist *m. 1* **1.** Hand-, Fußrücken; **2.** *beim Pferd:* Übergang vom Hals zum Rücken
Ris|te *f. 11* **1.** Flachsbündel; **2.** = Reiste
Rist|griff *m. 1, Gerätturnen:* Griff von oben
ri|stor|nie|ren *tr. 3* **1.** stornieren; **2.** rückerstatten (Versicherungsprämie)
Ri|stor|no *m. 9 oder n. 9* **1.** Storno; **2.** Vergütung (einer Prämie)
rit. *Mus.: Abk. für* ritardando, ritenuto
ri|tar|dan|do [ital.] *(Abk.:* rit.) *Mus.:* langsamer werdend; *Ggs.:* accelerando
Ri|tar|dan|do *n. Gen.* -(s) *Pl.* -s *oder* -di ritardando zu spielender Teil eines Musikstücks
ri|te [-te:, lat.] **1.** richtig, ordnungsgemäß; **2.** genügend, gerade noch ausreichend (niedrigste Note bei der Doktorprüfung)
ri|ten. *Mus.: Abk. für* ritenuto
Ri|ten *Pl. von* Ritus
Ri|ten|kon|gre|ga|ti|on [lat.] *f. 10 nur Sg.* eine päpstl. Verwaltungsbehörde
ri|te|nu|to [ital.] *(Abk.:* rit., riten.) *Mus.:* zurückhaltend
Ri|tor|nell [ital.] *n. 1* **1.** ital. Volksliedform mit dreizeiligen Strophen; **2.** instrumentales Zwischenspiel zwischen den Strophen eines Liedes; **3.** *im Concerto grosso:* Spiel des gesamten Orchesters, Tutti
Ri|trat|te [ital.] *f. 11* Rikambio
ritsch!; ritsch, ratsch!
Rit|schert *n. Gen.* -s *nur Sg., österr.:* Speise aus Graupen und Hülsenfrüchten
Ritt *m. 1*
Ritt|ber|ger *m. Gen.* -s *Pl.* - nach dem Eiskunstläufer W. Rittberger benannter Drehsprung im Eiskunstlauf
Rit|ter *m. 5;* arme R.: Gericht aus in Milch eingeweichten, mit Ei und Zucker panierten, gebackenen Semmelscheiben; der R. von der traurigen Gestalt: Beiname des Don Quijote von Cervantes
Rit|ter|a|ka|de|mie *f. 11, 16.-18. Jh.:* Ausbildungsstätte für junge Adlige
Rit|ter|gut *n. 4*
Rit|ter|kreuz *n. 1* hohe Stufe des Ordens vom Eisernen Kreuz
rit|ter|lich
Rit|ter|lich|keit *f. 10 nur Sg.*
Rit|ter|or|den *m. 7*
Rit|ter|rüs|tung *f. 10*
Rit|ter|schaft *f. 10 nur Sg.*
Rit|ter|schlag *m. 2 nur Sg.;* den R. empfangen: in den Ritterstand aufgenommen werden
Rit|ters|mann *m. Gen.* -(e)s *Pl.* -leu|te, *veraltet, volkstüml. für* Ritter
Rit|ter|sporn *m. 1* eine Zierpflanze
Rit|ter|stern *m. 1* eine Zierpflanze
Rit|ter|tum *n. 4 nur Sg.*
rit|tig zugeritten
ritt|lings im Reitersitz
Ritt|meis|ter *m. 5, früher:* Hauptmann der Kavallerie
ri|tu|al *Nebenform von* rituell
Ri|tu|al [lat.] *n. Gen.* -s *Pl.* -e *oder* -li|en **1.** Gesamtheit der Riten; **2.** *auch:* (einzelner) Ritus
Ri|tu|a|le *n. Gen.* -(s) *nur Sg.* Buch mit Anweisungen für die kath. Liturgie
ri|tu|a|li|sie|ren *tr. 3* zum Ritus erheben, in ritueller Form durchführen
Ri|tu|a|li|sie|rung *f. 10*
Ri|tu|a|lis|mus *m. Gen.* - *nur Sg.* Bestrebung in der anglikan. Kirche, die kath. Riten wiedereinzuführen
Ri|tu|a|list *m. 10*
Ri|tu|al|mord *m. 1* Mord zu rituellem Zweck, Menschenopfer
ri|tu|ell auf einen Ritus beruhend, nach einem Ritus, in der Art eines Ritus
Ri|tus *m. Gen.* - *Pl.* -ten kult. Brauch, relig. Handlung, Ritual
Ritz *m. 1,* **Rit|ze** *f. 11*
Rit|zel *n. 5* kleines Zahnrad, das ein größeres antreibt
rit|zen *tr. 1*

R

Rit|zer *m. 5, ugs.:* kleine Schramme
Ri|va|le [-va-, lat.-frz.] *m. 11* Nebenbuhler, Mitbewerber
Ri|va|lin [-va-] *f. 10*
ri|va|li|sie|ren [-va-] *intr. 3* wetteifern
Ri|va|li|tät [-va-] *f. 10* Nebenbuhlerschaft, Wettbewerb
Ri|ver|boat|shuf|fle *auch:* **Ri|ver-boat|shuff|le** [rivəboutʃʌfl, engl.] *f. 9 Tourismus:* Vergnügungsfahrt mit Musik auf einem Dampfer
Ri|vie|ra [-vje-, ital.] *f. Gen. - Pl.* -ren Küstenstreifen am Mittelmeer, bes. zwischen La Spezia und Toulon
Ri|yal *auch:* **Riy|al** [rijal, arab.] *m. Gen. - Pl. - (Abk.:* RI, SRI) Währungseinheit in Saudi-Arabien
Ri|zi|nus [lat.] *m. Gen. - Pl. - oder* -nus|se eine Heilpflanze
Ri|zi|nus|öl *n. 1 nur Sg.* aus den Samen des Rizinus gewonnenes Abführmittel
r.-k. *österr. Abk. für* römisch-katholisch
RKW *Abk. für* Rationalisierungs-Kuratorium der Deutschen Wirtschaft
Rm *Abk. für* Raummeter
RM *früher: Abk. für* Reichsmark
Rn *chem. Zeichen für* Radon
RNS *Abk. für* Ribonukleinsäure
RO *Kfz-Kennzeichen für* Rumänien
Road|mo|vie (*alt:* Road Mo|vie) [roudmu:vi, engl.] *m. oder n. Gen.* -s *Pl.* -s Filmgenre, in dem die Hauptfiguren Abenteuer oder Konflikte während langer Autofahrten erleben
Roads|ter [roudstə(r), engl.] *m. 5* offener, zweisitziger Sportkraftwagen
Roast|beef [roustbi:f, *ugs. auch:* rɔst-, engl.] *n. 9* Rindslendenbraten
Rob|be *f. 11*
rob|ben *intr. 1* wie eine Robbe auf Knien und Ellenbogen kriechen
Rob|ben|schlag *m. 2* Art der Robbenjagd (mit Knüppeln)
Rob|ber, Rub|ber [rʌb-, engl.] *m. 5, Bridge, Whist:* Doppelpartie
Ro|be [frz.] *f. 11* **1.** Abendkleid; **2.** Amtstracht
Ro|bert männl. Vorname
Ro|bin männl. Vorname, *engl. und frz. Kurzform von* Robert
Ro|bi|nie [-njə, nach dem frz. Botaniker J. Robin] *f. 11* ein Zierbaum oder -strauch
Ro|bin|so|na|de *f. 11* **1.** [nach Robinson Crusoe, der Titelgestalt eines Romans von Daniel Defoe] Abenteuerroman eines Schiffbrüchigen; *auch:* abenteuerl. Erlebnis; **2.** [nach dem engl. Torhüter J. Robinson] *Fuß-, Handball:* Hechtsprung des Torwarts
Ro|bo|rans [lat.] *n. Gen. - Pl.* -ran-tia [-tsja] *oder* -ran|zi|en, *Med.:* Stärkungsmittel
ro|bo|ten [tschech.] *intr. 2, ugs.:* hart arbeiten
Ro|bo|ter *m. 5* **1.** *ugs.:* Schwerarbeiter; **2.** »Maschinenmensch«, elektronisch gesteuerter Automat
ro|bo|ter|haft
ro|bust [ital.] derb, stämmig und kräftig
Ro|bust|heit *f. 10 nur Sg.*
Ro|cail|le [rokaj(ə), frz.] *n. 9 oder f. 9* Muschelwerk
Roch, Rock [pers.-arab.] *m. Gen. - nur Sg.* Riesenvogel (in pers. und arab. Märchen)
Ro|cha|de [-xa- oder -ʃa-, pers.-frz.] *f. 11* **1.** *Schach:* Doppelzug mit König und Turm; **2.** *Sport:* Stellungswechsel (z. B. der Fußballspieler)
rö|cheln *intr. 1*
Ro|chen [-xən] *m. 7* ein Meeresfisch
Ro|chett [rɔʃɛt, frz.] *n. 9* Chorhemd (der kath. Geistlichen)
ro|chie|ren [-xi- oder -ʃi-, pers.-frz.] *intr. 3* eine Rochade (1 und 2) ausführen
Rock **1.** *m. 2;* der Heilige Rock (Christi): eine Reliquie in Trier; **2.** *m. Gen.* -s *nur Sg., kurz für* Rock 'n' Roll; **3.** *m. Gen. - nur Sg.* = Roch
Rock and Roll [rɔk (ə)n(d) roul, amerik.] *m. Gen. - - - nur Sg.* = **Rock 'n' Roll**
Rock-and-Roll-Mu|si|ker [rɔk (ə)n(d) roul-] *m. 5* = **Rock-'n'-Roll-Musiker**
Röck|chen *n. 7*
ro|cken *intr. 1, ugs.:* nach Rockmusik tanzen
Ro|cken *m. 7* **1.** *am Spinnrad:* Holzstab, um den die zu spinnenden Fasern gewickelt sind; **2.** Trockengestell für Heu
Ro|cken|bol|le *f. 11, norddt.:* Perlzwiebel
Ro|cken|stu|be *f. 11, früher:* Spinnstube
Ro|cker [engl.] *m. 5* motorisierter jugendl. Rowdy
Rock 'n' Roll, Rock and Roll [rɔk (ə)n(d) roul, amerik. »wiegen und rollen«] *m. Gen. - - - nur Sg.* **1.** ein amerik. Musikstil; **2.** ein amerik. Tanz
Rock-'n'-Roll-Mu|si|ker, Rock-and-Roll-Mu|si|ker [rɔk (ə)n(d) roul-] *m. 5*
Rock|saum *m. 2*
Rock|schoß *m. 2*
Rock|well|här|te [nach dem engl. Ingenieur S. P. Rockwell] *f. 11 nur Sg.* (*Abk.:* HR) Maß für die Härte von Werkstoffen
Ro|cky Moun|tains [rɔkı mauntınz, engl. »Felsengebirge«] *Pl.* Gebirge im westl. Nordamerika
Rock|zip|fel *m. 5;* an jmds. R. hängen *ugs., übertr.:* unselbständig sein
Ro|del *m. 5, bair., österr.:* Schlitten
Ro|del|bahn *f. 10*
ro|deln *intr. 1* **1.** Schlitten fahren; ich rodele, rodle; **2.** *Jägerspr.:* balzen (Auerhahn)
Ro|del|schlit|ten *m. 7*
ro|den *tr. 2* urbar, anbaufähig machen (Land)
Ro|deo [engl.] *m. 9* **1.** *in den USA:* Zusammentreiben von Vieh; **2.** Reiterschau der Cowboys
Ro|din [rɔdɛ̃], *Auguste* frz. Bildhauer
Rod|ler *m. 5* jmd., der rodelt
Ro|do|mon|ta|de [frz.] *f. 11 veraltet für* Großtuerei, Prahlerei
Ro|don|ku|chen [frz.] *m. 7* Napfkuchen
Ro|dung *f. 10*
Ro|ga|te [lat. »bittet!«, nach Joh. 16,24] fünfter Sonntag nach Ostern
Ro|gen *m. 7* Laich (Eier) der Fische
Ro|ge|ner, Rog|ner *m. 5* weibl. Fisch; vgl. Milchner
Ro|gen|stein *m. 1* Oolith
Ro|ger [frz. rɔʒe, engl. rɔdʒə(r)] männl. Vorname
Rog|gen *m. 7*
Rog|gen|brot *n. 1*
Rog|gen|brot *n. 1*
Rog|gen|muh|me *f. 11, dt. Myth.:* weibl. Dämon, Korngespenst
Rog|ner *m. 5* s. **Ro|ge|ner**

im/aus dem Rohen: Das substantivierte Adjektiv *roh* schreibt man mit großem Anfangsbuchstaben: *Das Haus ist im Rohen fertig. Sie wollten aus dem Rohen arbeiten.* § 57 (1)

R

roh; rohe Gewalt; roher Schinken; im Rohen fertig sein; aus dem Rohen arbeiten; rohe Pferde: nicht eingefahrene bzw. zugerittene Pferde
Roh|bau *m. Gen.* -(e)s *Pl.* -ten
Roh|ei|sen *n. 7 nur Sg.*
Ro|heit (*alt für:* Roh|heit) *f. 10*
ro|her|wei|se
Roh|ge|wicht *n. 1* Bruttogewicht

> **Rohheit:** Die bisherige Schreibweise *Roheit* wird verändert. Auch bei der Endung *-heit* soll ein vorausgehendes *-h-* erhalten bleiben. Entsprechend heißt es: *die Rohheit*. Ebenso: *die Zähheit*.

Roh|heit *f. 10*
Roh|kost *f. Gen. - nur Sg.*
Roh|köst|ler *m. 5* jmd., der sich nur von Rohkost ernährt
Roh|ling *m. 1* **1.** roher Mensch; **2.** unpoliertes Gussstück
Roh|ma|te|ri|al *n. Gen.* -s *Pl.* -li|en
Roh|öl *n. 1*
Roh|pro|dukt *n. 1* Rohstoff
Rohr *n. 1* **1.** langer, runder Hohlkörper, z. B. Pusterohr, Wasser(leitungs)rohr; **2.** *nur Sg.* Pflanze mit rohrartigem Stängel; **3.** *süddt., österr.:* Backröhre, Backrohr; einen Kuchen ins Rohr schieben
Rohr|blatt *n. 4* Blatt aus Schilf- oder Zuckerrohr im Mundstück mancher Holzblasinstrumente
Rohr|bruch *m. 2*
Röhr|chen *n. 7*
Rohr|dom|mel *f. 11* ein Reihervogel
Röh|re *f. 11;* in die Röhre gucken *übertr. ugs.* **1.** leer ausgehen, das Nachsehen haben; **2.** *scherzh.:* fernsehen
röh|ren *intr. 1, Jägerspr.:* schreien (Hirsch in der Brunft)
Röh|ren|kno|chen *m. 7*
Röh|ren|pilz *m. 1*
Rohr|flö|te *f. 11*
Röh|richt *n. 1* Dickicht aus Schilfrohr
röh|rig wie eine Röhre
Rohr|kol|ben *m. 7* Sumpfpflanze mit walzigem Blütenstand
Rohr|kre|pie|rer *m. 5* Geschoss, das noch im Lauf krepiert
Rohr|le|ger *m. 5*
Rohr|lei|tung *f. 10*
Röhr|ling *m. 1* Röhrenpilz, Röhrenschwamm
Rohr|mö|bel *Pl.* Möbel aus Bambusrohr
Rohr|nu|del *f. 11* süßer, im Rohr gebackener Hefekloß
Rohr|post *f. Gen. - nur Sg.* Anlage zur Postbeförderung, bei der die Post in verschlossenen Hülsen durch Rohre geblasen wird
Rohr|sän|ger *m. 5* ein Singvogel
Rohr|spatz *m. 12* Drosselrohrsänger; schimpfen wie ein Rohrspatz *ugs.*
Rohr|stock *m. 2*
Rohr|zu|cker *m. 5 nur Sg.*
Roh|sei|de *f. 11*
roh|sei|den
Roh|stahl *m. 2*
Roh|stoff *m. 1* Naturerzeugnis vor der Verarbeitung
Roh|wol|le *f. 11*
Roh|zu|cker *m. 5 nur Sg.* Zucker vor dem Raffinieren
Roh|zu|stand *m. 2 nur Sg.*
ro|jen *intr. 2, nddt.:* rudern
Ro|ko|ko [auch: rɔkɔko, österr.: rɔkɔko] *n. Gen.* -(s) *nur Sg., Anfang 18. Jh.:* Stilrichtung mit zierlichen, beschwingten Formen
Ro|land männl. Vorname
Ro|lands|lied *n. 3 nur Sg.* ein altfrz. Heldengedicht
Ro|lands|rei|ten *n. Gen.* -s *nur Sg.* Ringelstechen
Ro|land(s)|säu|le *f. 11* in nord- und nordmitteldt. Städten verbreitete, mittelalterliche Bildsäule auf Markt- u. a. Plätzen
Rolf männl. Vorname
Rolla|den (-ll|l-) (*alt für:* Roll|la|den) *m. 8*
Roll|back [roulbæk, engl.] *n. 9* Rückzug, Zurückweichen
Roll|bahn *f. 10*
Roll|ball *m. 2 nur Sg., Sport*
Roll|brett *n. 3* Skateboard
Röll|chen *n. 7*
Rol|le *f. 11*
rol|len *tr. u. intr. 1;* Wäsche rollen: mangeln
Rol|len|er|war|tung *f. 10 nur Sg.* Erwartung, dass sich eine Person aufgrund ihrer sozialen Stellung in bestimmter Weise verhält
Rol|len|fach *n. 4, Theater:* bestimmte Art von Rollen, z. B. jugendl. Liebhaber
Rol|ler *m. 5; auch:* Kanarienvogelart; *österr. auch für* Rollladen
Rol|ler|blades *auch:* **Rol|ler-Blades** [roulə(r)bleɪdz, engl.] *Pl.* kufenähnliche Rollen, die unter den Schuhen befestigt werden, um Laufstrecken auf der Straße schnell zu bewältigen
Rol|ler|skates [roulə(r)skeɪts, engl.] *Pl.* Rollschuh mit Kunststoffrollen und -kugellagern
rol|lern *intr. 1* mit dem Roller (Kinderfahrzeug) fahren
Roll|feld *n. 3*
Roll|film *m. 1*
Roll|fuhr|dienst *m. 1* Unternehmen zur Beförderung von Frachtgut vom und zum Bahnhof
Roll|geld *n. 3* Gebühr für die Beförderung durch den Rollfuhrdienst
Roll|gers|te *f. 11 nur Sg.* Gerstengraupen
Roll|gut *n. 4* mit Rollfuhrdienst zu beförderndes Frachtgut
Roll|hü|gel *m. 5* = Trochanter
Rol|ling Stones [rəulɪŋ stounz] *Pl.* brit. Rockgruppe
Roll|kom|man|do *n. 9* motorisierte Streife
Roll|kur *f. 10, Med.:* eine Kur bei leichter Magenerkrankung
Roll|kut|scher *m. 5* Kutscher eines Rollwagens
Roll|la|den *m. 8*
Roll|loch *n. 4, Bgb.:* senkrechter oder steil geneigter Grubenbau zum Befördern von Fördergut zur nächsten abwärts gelegenen Förderstrecke
Roll|mops *m. 2* gerollter halber Hering
Rol|lo [österr. -lo] *n. 9* aufrollbarer Vorhang, Rollvorhang
Rolloch (-ll|l-) (*alt für:* Roll|loch) *n. 4*
Roll|schin|ken *m. 7*
Roll|schlan|ge *f. 11*
Roll|schrank *m. 2*
Roll|schuh *m. 1;* R. laufen
Roll|schuh|bahn *f. 10*
Roll|sie|gel *n. 5, im alten Orient:* mit Schriftzeichen und bildl. Darstellungen in Relief versehener Zylinder, der auf Schrifttafeln abgerollt wurde, Siegelzylinder
Roll|sitz *m. 1, im Ruderboot:* Gleitsitz
Roll|stuhl *m. 2*
Roll|stuhl|fah|rer *m. 5*
Roll|trep|pe *f. 11*
Roll|vor|hang *m. 2* Rollo
Roll|wa|gen *m. 7* Lastkraftwagen mit großer Ladefläche ohne Seitenwände
Roll|werk *n. 1 nur Sg.* Ornament der Spätrenaissance
Rom Hauptstadt Italiens; es führen viele Wege nach Rom

R

übertr.: man kann das auf verschiedene Weise erledigen
Rom *m. Gen.* -(s) *Pl.* -a Selbstbez. der Zigeuner
ROM *Abk. für* read only memory (Nur-Lese-Speicher): ein EDV-Informationsspeicher
Ro|ma|dur [österr.: -dur, frz.] *m. 9* ein frz. Weichkäse
Ro|man männl. Vorname
Ro|man [lat.-frz.] *m. 1*
Ro|man|cier [-mãsje, frz.] *m. 9* Romanschriftsteller
Ro|mand [rɔmã, frz.] *m. Gen.* - *Pl.* -, *in der Schweiz für* Bewohner des französischsprachigen Teils der Schweiz
Ro|ma|ne *f. 11* Angehöriger eines Volkes mit roman. Sprache
Ro|ma|nia *f. Gen. - nur Sg., Sammelbez. für* alle Länder, in denen eine roman. Sprache gesprochen wird
Ro|ma|nik *f. Gen. - nur Sg.* europ. Kunststil von etwa 1000-1250
ro|ma|nisch **1.** zu den Romanen gehörig, von ihnen stammend; romanische Sprachen: idg., aus dem Vulgärlatein entstandene Sprachen, z. B. Französisch, Portugiesisch, Rumänisch; **2.** zur Romanik gehörig, in der Art der Romanik
ro|ma|ni|sie|ren *tr. 3* nach roman. Art gestalten, romanisch (1) machen
Ro|ma|nis|mus *m. Gen. - nur Sg.* **1.** römisch-kath. Einstellung; **2.** Richtung der ndrl. Malerei im 16. Jh., die sich bes. an die ital. Malerei anlehnte
Ro|ma|nist *m. 10* Wissenschaftler der Romanistik (1)
Ro|ma|nis|tik *f. Gen. - nur Sg.* **1.** Wissenschaft von den romanischen Sprachen und Literaturen; **2.** Lehre vom röm. Recht
ro|ma|nis|tisch
Ro|ma|now [-nɔf] *m. 9* Angehöriger eines russ. Herrschergeschlechts
Ro|man|tik *f. Gen. - nur Sg.* **1.** europ. geistig-künstler. Bewegung von etwa 1800-1830; **2.** Träumerei, Schwärmerei; geheimnisvolle, abenteuerl., fantast. Beschaffenheit
Ro|man|ti|ker *m. 5*
ro|man|tisch
ro|man|ti|sie|ren *tr. 3* romantisch machen, der Romantik entsprechend gestalten
Ro|man|ti|zis|mus *m. Gen. - nur Sg.* Nachahmung der Romantik
Ro|man|ze [span.] *f. 11* **1.** volkstüml. Verserzählung; **2.** *seit dem 18. Jh.:* liedartiges Gesangstück; *dann auch:* stimmungsvolles Instrumentalstück; **3.** *übertr.:* romant. Liebeserlebnis
Ro|man|ze|ro *m. 9* span. Romanzensammlung
Ro|maunsch *n. Gen.* -(s) *nur Sg.* Bündnerromanisch, vgl. Rätoromanisch
Rö|mer *m. 5* **1.** Einwohner von Rom; **2.** Bürger des Röm. Reiches; **3.** kunstvoll geschliffenes Weinglas; **4.** *nur Sg.* das alte Rathaus in Frankfurt am Main
Rö|mer|brief *m. 1* Brief des Apostels Paulus an die Römer
Rö|mer|reich *n. 1 nur Sg.*
Rö|mer|stra|ße *f. 11* von den Römern erbaute Straße
Rö|mer|zins|zahl *f. 10* vgl. Indiktion (3)
Rom|fah|rer *m. 5* Pilger auf einer Wallfahrt nach Rom
Rom|fahrt *f. 10* Pilgerfahrt nach Rom
rö|misch zu Rom, zum Römischen Reich gehörig, daraus stammend
rö|misch-ka|tho|lisch (*Abk.:* röm.-kath., *österr. auch:* r.-k.)

Rommee/Rommé: Die ins Deutsche integrierte Schreibweise *Rommee* ist die Hauptvariante, die französische Form *Rommé* die zulässige Nebenvariante. § 20 (2)

Rom|mé [-me:, frz.] *Nv.* **Rom|mee** *Hv. n. Gen.* -s *nur Sg.* Rummy, ein Kartenspiel
Ro|mu|ald männl. Vorname
Ro|mu|lus sagenhafter Gründer Roms, Zwillingsbruder des Remus
Ron|de [rɔ̃d(ə), frz.] *f. 11, früher* **1.** nächtl. Rundgang zur Überprüfung der Wachen; **2.** der diesen Rundgang ausführende Offizier mit seinen Leuten

Rondeau — Rondo: Die Schreibweise für die Gedichtform folgt der französischen Schreibweise: *das Rondeau.* Als Bezeichnung für das Musikstück mit mehrmals wiederkehrendem Hauptthema gilt die Schreibweise: *das Rondo.*

Ron|deau *n. 9* **1.** [rɔ̃do] aus dem zum Rundtanz gesungenen Lied entwickelte Gedichtform mit bestimmtem Kehrreim; **2.** [rɔndo] *österr.:* rundes Beet, runder Platz
Ron|dell, Run|dell *n. 1* rundes Beet, runder Platz, runder Festungsturm
Ron|do *n. 9* Musikstück mit mehrmals wiederkehrendem Hauptthema
rönt|gen [nach dem dt. Physiker Wilhelm Conrad Röntgen] *tr. 1, Präteritum nicht üblich:* mit Röntgenstrahlen durchleuchten; ich röntge ihn, habe ihn geröntgt
Rönt|gen *ohne Artikel* (*Abk.:* R) nicht mehr zulässige Maßeinheit für Strahlendosis
Rönt|gen|ap|pa|rat *m. 1*
Rönt|gen|auf|nah|me *f. 11*
Rönt|gen|di|a|gnos|tik *auch:* **Rönt|gen|di|ag|nos|tik** *f. 10 nur Sg.*
rönt|ge|ni|sie|ren *tr. 3, österr. für* röntgen
Rönt|ge|no|gra|fie *f. 11* s. **Rönt|ge|no|gra|phie**
rönt|ge|no|gra|fisch s. **rönt|ge|no|gra|phisch**
Rönt|ge|no|gramm *n. 1* Röntgenaufnahme
Rönt|ge|no|gra|phie *auch:* **Rönt|ge|no|gra|fie** *f. 11* Röntgenuntersuchung
rönt|ge|no|gra|phisch *auch:* **rönt|ge|no|gra|fisch**
Rönt|ge|no|lo|ge *m. 11* Facharzt für Röntgenologie
Rönt|ge|no|lo|gie *f. 11 nur Sg., Sammelbez. für* Röntgenuntersuchungen, -diagnostik und -therapie
rönt|ge|no|lo|gisch
Rönt|ge|no|sko|pie *auch:* **Rönt|ge|nos|ko|pie** *f. 11* Durchleuchtung mit Röntgenstrahlen
Rönt|gen|fo|to|gra|fie, Rönt|gen|pho|to|gra|fie *f. 11*
Rönt|gen|raum *m. 2*
Rönt|gen|schirm *m. 1*
Rönt|gen|schwes|ter *f. 11* für Röntgenuntersuchungen ausgebildete Krankenschwester
Rönt|gen|strah|len *Pl.* von C. W. Röntgen entdeckte, elektromagnet. Strahlen, X-Strahlen
Rönt|gen|tech|nik *f. 10 nur Sg.*
Rönt|gen|the|ra|pie *f. 11 nur Sg.*
Roof *n. 1 oder m. 1, auf Segelschiffen:* Raum, *bes.:* Schlafraum auf dem Deck

Roo|ming-in [ru:mɪŋ-, engl.] *n. Gen. - nur Sg.* gemeinsame Unterbringung von Mutter und Kind im Krankenhaus nach der Entbindung
Roo|ming-in-Sys|tem [ru:mɪŋ-] *n. 1*
Roque|fort [rɔkfo:r, nach dem südfrz. Ort R.] *m. 9* ein frz. Edelpilzkäse aus Schafsmilch
Ror|schach|test *m. 1 oder m. 9* psych. Testverfahren
ro|sa *unflektierbar;* vgl. blau
Ro|sa, Ro|se weibl. Vorname
Ro|sa *n. Gen.* -s *nur Sg.* rosa Farbe
Ro|sa|ri|um [lat.] *n. Gen.* -s *Pl.* -rien Rosenpflanzung, Rosengarten
ro|sa|rot
rösch **1.** *Bgb.:* grob(stückig); **2.** *südd.:* knusprig; vgl. resch
Rö|sche *f. 11, Bgb.:* Graben
Rös|chen *n. 7*
Ro|se *f. 11*
ro|sé [-ze, frz.] *unflektierbar:* rosa
Ro|sé [-ze] *m. 9, in Frankreich Bez. für* Weißherbst, Roséwein
Ro|seg|ger, *Peter* österr. Schriftsteller
ro|sen|far|ben, ro|sen|far|big
Ro|sen|gar|ten *m. 8; Myth.:* Reich des Königs Laurin; *auch:* Gebirgsmassiv der Alpen
Ro|sen|holz *n. 4* hell- bis dunkelrotes Holz, zum Teil mit rosenartigem Duft
Ro|sen|kä|fer *m. 5*
Ro|sen|kohl *m. Gen.* -s *nur Sg.*
Ro|sen|kranz *m. 2, kath. Kirche:* Gebetskette
Ro|sen|kreu|zer *m. 5* Name mehrerer geheimer Bruderschaften
Ro|sen|krie|ge [nach der Rose im Wappen] *Pl.* Thronkämpfe der engl. Häuser Lancaster und York im 15. Jh.
Ro|sen|laub|kä|fer *m. 5* Julikäfer
Ro|sen|mon|tag [zu: rasen, »tollen«] *m. 1* Montag vor Fastnacht
Ro|se|no|bel [auch: -no-, engl.] *m. 5* alte engl. Goldmünze
Ro|sen|öl *n. 1 nur Sg.* aus Rosenblüten gewonnenes Öl
Ro|sen|quarz *m. 1 nur Sg.*
ro|sen|rot
Ro|sen|stock *m. 2*
Ro|sen|strauch *m. 4*
Ro|sen|was|ser *n. 5 nur Sg.* bei der Herstellung von Rosenöl zurückbleibendes Wasser
Ro|se|o|la, Ro|se|o|le *f. Gen. - Pl.* -len rotfleckiger Hautausschlag, z. B. bei Typhus

Ro|set|te *f. 11* **1.** rosenartiges Ornament, oft als Fensteröffnung; **2.** kleine, runde Stoffschleife; **3.** Schliffform von Edelsteinen
Ro|sé|wein [-ze-] *m. 1* vgl. Rosé

rosig weiß: Gefüge, bei denen der erste Bestandteil eine Ableitung auf *-ig, -isch* oder *-lich* ist, schreibt man getrennt: *rosig weiße Haut.* § 36 E1 (2)

ro|sig **1.** zartrot; rosig weiß; **2.** *übertr.:* günstig; seine Lage ist nicht rosig; alles in rosigem Licht sehen
Ro|si|nan|te [nach dem Pferd des Don Quijote] *f. 11* altes Pferd, Klepper
Ro|si|ne [lat.-frz.] *f. 11* getrocknete Weinbeere; Rosinen im Kopf haben *ugs. übertr.:* unerfüllbare Wünsche haben, kaum erreichbare Ziele verfolgen; sich die Rosinen aus dem Kuchen klauben *oder:* picken *ugs. übertr.:* das Beste für sich nehmen
Ro|si|nen|ku|chen *m. 7*
Rös|lein *n. 7*
Ros|ma|rin *m. 1 nur Sg.* eine Gewürzpflanze
Ros|ma|rin|öl *n. 1 nur Sg.*

Ross: Nach kurzem Vokal wird *-ss-* geschrieben (alt: *-ß-*): *Das Ross war sehr schnell.* Ebenso: *das Rösslein, das Rösschen.* § 25 E1

Ross (*alt:* Roß) **1.** *n. 1, ugs.: n. 4* Pferd; **2.** *n. 4, ugs.:* Dummkopf, Idiot
Ross|ap|fel (*alt:* Roß|ap|fel) *m. 6*
Ross|arzt (*alt:* Roß|arzt) *m. 2* **1.** *früher im dt. Heer:* Tierarzt; **2.** *scherzh.:* Arzt, der Rosskuren anwendet
Ross|brei|ten (*alt:* Roß|brei|ten) *Pl., Seew.:* zwei Zonen mit nur schwachen Winden 25–35° nördl. und südl. Breite
Rös|sel *n. 5* **1.** *südd.:* Rösslein; **2.** *Schach:* Springer
Rös|sel|sprung *m. 2 nur Sg.* Rätselart, bei der in Feldern verteilte Wortteile in der Art des Sprungs vom Rössel im Schachspiel in der richtigen Reihenfolge zusammengesucht werden müssen
ros|sen *intr. 1, bei Pferden:* brünstig sein; die Stute rosst
Ross|haar (*alt:* Roß|haar) *n. 1 nur Sg.*

Ross|haar|ma|trat|ze *auch:* **Ross|haar|mat|rat|ze** (*alt:* Roß|haar|ma|trat|ze) *f. 11*
ros|sig brünstig (von der Stute)
Ros|si|ni, *Gioacchino* ital. Komponist
Ross|kamm (*alt:* Roß|kamm) *m. 2* **1.** Pferdestriegel; **2.** *früher auch:* Rosstäuscher
Ross|kas|ta|nie (*alt:* Roß|ka|sta|nie) *f. 11* ein südosteurop. Laubbaum
Ross|kur (*alt:* Roß|kur) *f. 10, ugs.:* Heilmethode mit derben, stark wirkenden Mitteln, Pferdekur
Röss|lein (*alt:* Röß|lein) *n. 7*
Röss|li|spiel (*alt:* Röß|li|spiel) *n. 1, schweiz.:* Karussell
Ross|täu|scher (*alt:* Roß|täu|scher) *m. 5, früher, abwertend:* Pferdehändler
Ross|täu|sche|rei (*alt:* Roß|täu|sche|rei) *f. 10* arglistige Betrügerei
Rost *m. 1* **1.** Gitter aus parallelen Stäben; **2.** *schwäb.:* Stahlmatratze; **3.** *nur Sg.* rötlich braune Oxidschicht auf Eisen u. a.; **4.** *nur Sg.* eine Pflanzenkrankheit
Rost|bra|ten *m. 7*
Rost|brat|wurst *f. 2*
rost|braun
Röst|brot *n. 1*
Rös|te *f. 11* **1.** Vorrichtung zum Rösten; **2.** Erhitzen von Erzen oder Hüttenprodukten durch Luftzutritt
ros|ten *intr. 2* Rost (3) ansetzen
rös|ten [auch: rø-] *tr. 2* **1.** braten; **2.** durch Erhitzen bräunen (Kaffee, Brot); **3.** unter Luftzutritt erhitzen (Erze); **4.** in fließendem Wasser wässern (Flachs)
Rös|ter [auch: rø-] *m. 5* **1.** Gerät zum Brotrösten; **2.** *österr.:* Zwetschgenkompott
Rös|te|rei *f. 10*
rost|far|ben, rost|far|big
rost|frei

röstfrisch: Zusammensetzungen aus einem Verbstamm und einem Adjektiv, bei denen der erste Teil für eine Wortgruppe steht (= *wie frisch geröstet*), werden zusammengeschrieben: *der röstfrische Kaffee.* § 36 (1) Ebenso: *denkfaul, fernsehmüde, lernbegierig, schreibgewandt, tropfnass,* auch: *selbstbewusst, selbstsicher.*

röst|frisch

R

Rös|ti *f. Gen. - nur Sg., schweiz.:* fein oder grob geraspelte Bratkartoffeln
Ros|tic|ce|ria [-titʃe-, ital.] *f. Gen. - Pl.* -rien *in Italien:* Garküche, kleines Restaurant
ros|tig
Röst|kar|tof|feln *Pl.* Bratkartoffeln
Rost|pilz *m. 1* Erreger des Rostes (4)
Ros|tra *auch:* **Rost|ra** [lat.] *f. Gen. - Pl.* -tren, *im alten Rom:* Rednertribüne
Ros|tro|po|witsch *auch:* **Rost|ro|po|witsch,** *Mstislaw* russischer Cellist
rost|rot
Rost|schutz|mit|tel *n. 5*
Ros|wi|tha, Ros|wi|ta weibl. Vorname
rot 1. *Kleinschreibung:* der rote Faden; die rote Fahne; rote Grütze; der rote Hahn: Feuer; keinen roten Heller besitzen; rote Liste (der vom Aussterben bedrohten Arten); rote Blutzellen; das wirkt auf ihn wie ein rotes Tuch (auf den Stier): das reizt ihn zum Zorn; rot gefleckt; rot geweint; rot glühend; *aber:* rotglühend; rot gestreift; **2.** *Großschreibung:* die Rote Armee: die Armee der ehem. UdSSR; Rote Be(e)te; die Rote Erde: Westfalen; die Rote Fahne: Zeitungstitel; das Rote Kreuz (*Abk.:* R. K.); das Rote Meer; der Rote Planet: Mars; vgl. blau
Rot *n. Gen.* -s *nur Sg.* **1.** rote Farbe; die Ampel steht auf Rot; bei Rot stehen bleiben; **2.** Farbe im dt. Kartenspiel; Rot anspielen, ausspielen
Ro|ta [lat.] *f. Gen. - nur Sg.,* Rota Ro|ma|na *f. Gen. - - nur Sg.* oberste Gerichtsbehörde der kath. Kirche
Rot|al|ge *f. 11* eine Meeresalge, Purpuralge
Ro|tang [mal.] *m. 1,* **Ro|tang|pal|me** *f. 11* eine Palmenart, liefert rotes, als Farbstoff verwendetes Harz
Ro|ta|ri|er *m. 5* Angehöriger des Rotary Clubs
Rot|ar|mist *m. 10, früher:* Angehöriger der Roten Armee
Ro|ta Ro|ma|na *f. Gen. - - nur Sg.* Rota
Ro|ta|ry Club [auch: -tari, engl.: routərı klʌb] *m. 9* internationale Vereinigung für Freundschaft, geistigen Austausch, Dienst am Nächsten
Rot|ass (*alt:* Rot-As) *n. 1*
Ro|ta|ti|on [lat.] *f. 10* Drehung, Umdrehung um eine Achse
Ro|ta|ti|ons|ach|se [-ks-] *f. 11*
Ro|ta|ti|ons|be|we|gung *f. 10*
Ro|ta|ti|ons|druck *m. 1* Druckverfahren mit rotierender Druckwalze
Ro|ta|ti|ons|el|lip|so|id *m. 1* durch Rotation einer Ellipse entstehender Körper, fast kugelförmiger Körper, Sphäroid
Ro|ta|ti|ons|ma|schi|ne *f. 11* Maschine für Rotationsdruck
Ro|ta|ti|ons|pa|ra|bo|lo|id *m. 1* durch Drehung einer Parabel oder Hyperbel um ihre Mittelachse erzeugter Körper
Ro|ta|ti|ons|pres|se *f. 11* Rotationsmaschine
Ro|ta|to|ri|en *Pl.* Rädertierchen
Rot|au|ge *n. 14* ein Süß- und Brackwasserfisch, Plötze
rot|ba|ckig, rot|bä|ckig
Rot|barsch *m. 1* ein Meeresfisch
Rot|bart 1. *m. 2* Mann mit rotem Bart; **2.** *nur Sg.* Beiname Kaiser Friedrichs I., *auch:* Barbarossa
rot|bär|tig

rotblau, das Rote Meer, die roten Blutzellen: Die Zusammensetzung zweier Adjektive schreibt man in einem Wort: *ein rotblaues Kleid; die Fahne ist rotschwarz.*
§ 36 (4)
In Eigennamen wird das Adjektiv großgeschrieben: *das Rote Meer, die Rote Armee, die Rote Fahne* (= Zeitungstitel), *der Rote Planet* (= Mars), *der Rote Milan, Rote Be(e)te.*
§ 60 (4.2, 4.4), § 64 (2)
In festen Gefügen hingegen, die keine Eigennamen sind, schreibt man das Farbadjektiv mit kleinem Anfangsbuchstaben: *die roten Blutzellen, die rote Fahne* (= Fahne der Arbeiterbewegung), *der rote Faden, die rote Grütze, der rote Hahn* (= Feuer), *keinen roten Heller besitzen, die rote Liste* (= Liste der vom Aussterben bedrohten Arten). § 63

rot|blau
Rot|blei|erz *n. 1* ein Mineral
rot|blond
rot|braun
Rot|bu|che *f. 11* Buche
Rot|dorn *m. 1* rot blühende Form des Weißdorns
Rö|te *f. Gen. - nur Sg.*
Ro|te-Ar|mee-Frak|ti|on *f. 10 nur Sg.* (*Abk.:* RAF) terroristische Vereinigung in der BR Dtld.
Rot|ei|sen|erz *n. 1 nur Sg.* ein Mineral, Blutstein
Rot|ei|sen|stein *m. 1 nur Sg.* = Roteisenerz
Ro|te-Kreuz-Schwes|ter *f. Gen.* Ro|te(n)-Kreuz-Schwes|ter *Pl.* Ro|te(n)-Kreuz-Schwes|tern vgl. Rotkreuzschwester *f. 11*
Rö|tel *m. 5* **1.** roter Mineralfarbstoff; **2.** Zeichenstift aus Rötel
Rö|teln *nur Pl.* Infektionskrankheit mit Hautausschlag
Rö|tel|zeich|nung *f. 10*
rö|ten *tr. 2*
Rot|er|de *f. 11 nur Sg.* eisenhaltiger Ton
Rot|fil|ter *m. 5*
rot|fle|ckig
Rot|fuchs [-ks] *m. 2* Pferd mit rotbraunem Haar, Fuchs
rot ge|fleckt (*alt:* rot|ge|fleckt)
rot ge|weint (*alt:* rot|ge|weint)
rot glü|hend; *fachsprachl.:* rotglühendes Metall; vgl. rot
Rot|glut *f. Gen. - nur Sg.*
rot|grün|blind
Rot|grün|blind|heit *f. Gen. - nur Sg.* Farbenblindheit für Rot und Grün
Roth, *Eugen* dt. Schriftsteller
Roth, *Joseph* österr. Schriftsteller
Rot|gül|dig|erz, *fachsprachl. auch:* **Rot|gül|tig|erz** *n. 1 nur Sg.* ein rotes Mineral
rot|haa|rig
Rot|haut *f. 2, ugs.:* nordamerik. Indianer
Rot|hirsch *m. 1* eine Hirschart
Rot|holz *n. 4* rotes Farbholz, Holz der Sequoie
ro|tie|ren [lat.] *intr. 3* sich (um eine Achse) drehen; ich bin nur noch rotiert *ugs. scherzh.:* ich wusste nicht mehr wohin vor Arbeit
Ro|tis|se|rie [frz.] *f. 11* Grillrestaurant
Rot|ka|bis *m. 1, schweiz.:* Rotkohl
Rot|käpp|chen *n. 7*
Rot|kehl|chen *n. 7* ein Singvogel
Rot|kohl *m. Gen.* -s *nur Sg.*
Rot|kö|nig *m. 1*
Rot|kopf *m. 2, ugs. scherzh.:* Mensch mit rotem Haar
Rot|kraut *n. Gen.* -(e)s *nur Sg.*

Rot|kreuz|schwes|ter *f. 11* vgl. Rote-Kreuz-Schwester
Rot|lauf *m. Gen.* -s *nur Sg.* eine Infektionskrankheit der Schweine mit Rotfärbung der Haut
röt|lich vgl. bläulich
Rot|licht *n. 3 nur Sg.*
Rot|lie|gen|de(s) *n. 18 (17) nur Sg.* untere Abteilung des Perms
Röt|ling *m. 1* ein Pilz
rot|na|sig
Ro|tor [lat.] *m. 13* **1.** umlaufendes Maschinen- oder Geräteteil; **2.** Drehflügel (des Hubschraubers)
Ro|tor|an|ten|ne *f. 11* drehbare Antenne
Rot|rü|cken|wür|ger *m. 5* ein Singvogel, Neuntöter
Rot|schim|mel *m. 5* Pferd mit rotem und überwiegend weißem Haar
Rot|schwanz *m. 2*, **Rot|schwänz|chen** *n. 7* ein Singvogel, Hausrotschwänzchen, Gartenrotschwänzchen
rot|se|hen *tr. 136* heftig reagieren, wütend werden; bei jeder Kleinigkeit r.
Rot|stift *m. 1*
Rot|tan|ne *f. 11* Fichte
Rot|te *f. 11*
rot|ten *tr. 2* rösten (Flachs)
Rot|ten|füh|rer *m. 5*
Rot|ter|dam [auch: rɔtər-] ndrl. Hafenstadt
Rot|tier *n. 1* Hirschkuh
Rott|meis|ter *m. 5, im Landsknechtsheer:* Rottenführer
Rott|wei|ler [nach der Stadt Rottweil] *m. 5* eine Hunderasse
Ro|tun|da *f. Gen. - nur Sg.* eine Schriftart
Ro|tun|de [lat.] *f. 11* kleiner Rundbau
Rö|tung *f. 10*
Rot|ver|schie|bung *f. 10* Verschiebung von Spektrallinien zum roten Ende des Spektrums
rot|wan|gig
Rot|wein *m. 1*
rot|welsch gaunersprachlich
Rot|welsch *n. Gen.* -(s) *nur Sg.* Gauner-, Vagabundensprache, Landstreicherjargon
Rot|wild *n. Gen.* -(e)s *nur Sg., Sammelbez. für* Edelhirsche
Rot|wurst *f. 2* Blutwurst
Rotz *m. Gen.* -es *nur Sg.* **1.** *vulg.:* Nasenschleim; **2.** eine Infektionskrankheit mancher Huftiere
Rotz|ben|gel *m. 5, vulg.:* unverschämter und unreifer Junge
rot|zen *intr. 1, vulg.:* sich die Nase schnäuzen
Rotz|fah|ne *f. 11, vulg.:* Taschentuch
rot|zig **1.** Nasenschleim absondernd **2.** *vulg.:* frech, schnodderig
Rotz|na|se *f. 11, ugs.* **1.** triefende Nase; **2.** freches, vorlautes Kind
Rot|zun|ge *f. 11* ein Plattfisch
Roué [rue, frz.] *m. 9* Wüstling mit äußerlich gesittetem Auftreten
Rouge [ruʒ, frz.] *n. Gen.* -(s) *nur Sg.* **1.** rote Schminke, Wangenrot; **2.** Farbe beim Roulette
Rouge et noir [ruʒ e: noar »rot und schwarz«, frz.] *n. Gen. - nur Sg.* ein Kartenglücksspiel
Rou|la|de [ru-, frz.] *f. 11* gefüllte Fleischrolle
Rou|leau [rulo] *n. 9, frz. Schreibung von* Rollo
Rou|lett [ru-] *n. 1 oder n. 9*, **Roulette** [rulɛt] *n. 9* ein Glücksspiel
rou|lie|ren [ru-] *intr. 3, veraltet:* umlaufen

Roundtable/Round Table: Mehrteilige Ausdrücke aus Adjektiv (ebenso: Substantiv, Pronomen oder Partikel) und einem Substantiv schreibt man zusammen. Diese Regel gilt auch für fremdsprachige Substantive: *Roundtable, Roundtablekonferenz.* § 37 (1) Bei Bildungen aus Adjektiv und Substantiv ist auch Getrennt- und Großschreibung zulässig: *Round Table.* Ebenso: *Big Band, Soft Drink.* § 37 E1

Round|ta|ble *auch:* **Round Tab|le** (*alt:* Round ta|ble) [raundtɛɪbl, engl. »runder Tisch«] *m. Gen. - - nur Sg.*
Round|ta|ble|kon|fe|renz *auch:* **Round-Tab|le-Kon|fe|renz** (*alt:* Round|ta|ble-Kon|fe|renz) [raundtɛɪbl-, engl. »runder Tisch«] *f. 10* Konferenz am runden Tisch, d. h. von Gleichberechtigten
Rous|seau [ruso], *Jean-Jacques* frz. Schriftsteller und Philosoph
Rou|te [ru-, frz.] *f. 11* (vorgeschriebener oder geplanter) Reiseweg, Marsch- oder Flugstrecke
Rou|ti|ne [ru-, frz.] *f. 11 nur Sg.* Übung, durch Übung und Erfahrung gewonnene Fertigkeit; R. in etwas haben
Rou|ti|ni|er [rutinje] *m. 9* jmd., der Routine in einer Tätigkeit besitzt (gelegentlich etwas abwertend im Unterschied zum schöpfer. Menschen)
rou|ti|niert [ru-] geübt

Rowdys: Fremdwörter aus dem Englischen, die auf *-y* enden und im Englischen im Plural auf *-ies* auslauten, erhalten im Gegensatz zur früheren Schreibweise ein *-s* im Plural: *die Rowdys* (alt: *Rowdies*). Ebenso: *Babys, Ladys, Partys.* § 21

Row|dy [raudi, engl.] *m. 9* roher Mensch, Raufbold
Row|dy|tum [raudi-] *n. Gen.* -s *nur Sg.*
roy|al *auch:* **ro|yal** [frz.: roajal, engl.: rɔɪəl] *frz. und engl. Bez. für* königlich
Roy|al Air Force *auch:* **Ro|yal Air Force** [rɔɪəl ɛr fɔ:s] *f. Gen. - - - nur Sg.* (*Abk.:* R. A. F.) die brit. Luftwaffe
Roy|a|lis|mus *auch:* **Ro|ya|lis|mus** [roaja-, ugs.: rɔɪa-] *m. Gen. - nur Sg.* Königstreue
Roy|a|list *auch:* **Ro|ya|list** [roaja-, ugs.: rɔɪa-] *m. 10*
Roy|al|ty *auch:* **Ro|yal|ty** [rɔɪəltı] *n. Gen. - Pl.* -s Lizenzhonorar, Tantieme
Rp *Abk. für* Rupiah
RP *Abk. für frz.* réponse payée: Antwort bezahlt (auf Telegrammen)
Rp. **1.** *Abk. für* Rappen; **2.** *Abk. für* recipe
RSFSR *früher Abk. für* Russische Sozialist. Föderative Sowjetrepublik
RT *Abk. für* Registertonne
RTL *Abk. für* Radio-Télé-Luxembourg
Ru *chem. Zeichen für* Ruthenium
Ru|an|da Staat in Ostafrika
Ru|an|der *m. 5*
ru|an|disch
ru|ba|to [ital.] *Mus.:* frei im Tempo
Ru|ba|to *n. Gen.* -(s) *Pl.* -ti, *Mus.:* im Tempo freier Vortrag
rub|be|lig *norddt.:* rau (Oberfläche)
rub|beln *tr. 1, norddt.:* kräftig reiben, trockenreiben; ich rubbele, rubble ihn
Rub|ber [rʌbə(r), engl.] **1.** *m. 5 nur Sg., engl. Bez. für* Gummi, Kautschuk; **2.** *m. 5* Robber
Rüb|chen *n. 7*

Rü|be *f. 11; auch ugs., scherzh.:* Kopf
Ru|bel *m. 5 (Abk.:* Rbl.) Währungseinheit in Russland, 100 Kopeken
Ru|bens, *Peter Paul* fläm. Maler
Rü|ben|zu|cker *m. 5 nur Sg.*
rü|ber *ugs. für* herüber; *oft für* hinüber; ich gehe rüber
Rü|be|zahl schlesische Sagengestalt, Berggeist des Riesengebirges
Ru|bi|di|um [lat. Neubildung] *n. Gen.* -s *nur Sg. (Zeichen:* Rb) chem. Element, ein Metall
Ru|bi|kon *m. Gen.* -s Fluss in Italien (den Cäsar 49 v. Chr. überschritt, womit er den Bürgerkrieg auslöste); den R. überschreiten *übertr.:* einen entscheidenden Schritt tun
Ru|bin [lat.] *m. 1* ein roter Edelstein
Ru|bin|glas *n. 4* rot gefärbtes Bleiglas
ru|bin|rot
Rüb|kohl *m. 1, schweiz.:* Kohlrabi
Rüb|öl *n. 1* aus Raps und Rüben gewonnenes Öl

♦ Die Buchstabenfolge **ru|br...** kann in Fremdwörtern auch **rub|r...** getrennt werden.

♦ **Ru|bra, Ru|bren** *Pl. von* Rubrum
♦ **Ru|brik** [lat.] *f. 10* **1.** Titel, Überschrift; **2.** Spalte, Abschnitt, Abteilung
♦ **ru|bri|zie|ren** *tr. 3* **1.** mit Überschriften versehen; **2.** in Rubriken (2) ordnen, einordnen
♦ **Ru|brum** *n. Gen.* -s *Pl.* -bra *oder* -bren, *veraltet:* Aktenaufschrift, kurze Inhaltsangabe
Rüb|sa|me *m. 11, österr.:* **Rüb|samen** *m. 7,* **Rüb|sen** *m. 7* eine Ölpflanze
Ruch [auch: rux] *m. 2, poet.:* Geruch
ruch|bar [auch: rux-] (durch Gerüchte) bekannt; es wurde r., dass …
Ruch|gras *n. 4* eine Grasgattung
Rüch|lein *n. 7, poet.:* feiner, schwacher Geruch
ruch|los [auch: rux-] ehrfurchtslos, gewissenlos, gemein, niederträchtig
Ruch|lo|sig|keit *f. 10*
ruck!; hau, ruck!; das geht ruck, zuck! *ugs.:* sehr schnell, im Handumdrehen
Ruck *m. 1*

Rück|an|sicht *f. 10*
Rück|ant|wort *f. 10*
ruck|ar|tig
Rück|äu|ße|rung *f. 10*
rück|be|züg|lich reflexiv
rück|bil|den *tr. 2, Präsens und Präteritum nicht üblich;* es hat sich rückgebildet; rückgebildete Organe
Rück|bil|dung *f. 10*
Rück|blen|de *f. 11, Film u. a.:* Einschieben einer Szene, die Vergangenes schildert, in die Handlung
Rück|blick *m. 1*
rück|bli|ckend
rück|da|tie|ren *tr. 3* mit einem zurückliegenden Datum versehen
ru|cke|di|gu Nachahmung des Rufs der Taube
ru|cken *intr. 1* **1.** einen Ruck machen; der Zug ruckte; **2.** gurren (Taube)
rü|cken *tr. u. intr. 1*
Rü|cken *m. 7*
Rü|cken|de|ckung *f. 10;* jmdm. R. geben
Rü|cken|mark *n. Gen.* -s *nur Sg.*
Rü|cken|mark(s)|ent|zün|dung *f. 10*
Rü|cken|mark(s)|punk|ti|on *f. 10*
Rü|cken|sai|te *f. 11*

rückenschwimmen: Die Bildung aus Substantiv und Verb wird zusammengeschrieben: *Sie sind rückengeschwommen.* § 33 (1)

rü|cken|schwim|men *intr. 132, nur im Infinitiv und Partizip II üblich*
Rü|cken|schwim|men *n. Gen.* -s *nur Sg.*
Rü|cken|stär|kung *f. 10, übertr.:* Ermunterung, moral. Beistand
Rü|cken|wind *m. 1*
rück|er|stat|ten *tr. 2, nur im Infinitiv und Partizip II;* ich habe ihm das Geld rückerstattet, werde es ihm r.
Rück|er|stat|tung *f. 10 nur Sg.*
Rück|fahr|kar|te *f. 11*
Rück|fahrt *f. 10*
Rück|fall *m. 2*
Rück|fall|fie|ber *n. 5* eine Infektionskrankheit, Rekurrensfieber
rück|fäl|lig
Rück|flug *m. 2*
Rück|fra|ge *f. 11*
rück|fra|gen *intr. 1, nur im Infinitiv und Partizip II üblich;* ich habe rückgefragt, werde, muss r.
Rück|füh|rung *f. 10 nur Sg.*

Rück|ga|be *f. 11*
Rück|gang *m. 2 nur Sg.*
rück|gän|gig **1.** *selten für* rückläufig (1); rückgängige Entwicklung; **2.** *in der Wendung* etwas r. machen
Rück|ge|win|nung *f. 10 nur Sg.*
Rück|grat *n. 1* Wirbelsäule; kein R. haben *übertr.:* nicht standhaft sein, einen schwachen Charakter haben
Rück|griff *m. 1*
Rück|halt *m. 1*
rück|halt|los; jmdm. r. vertrauen
Rück|hand *f. 2 nur Sg., Tennis:* Schlag, bei dem der Handrücken dem Gegner zugewandt ist; *Ggs.:* Vorhand
Rück|kampf *m. 2*
Rück|kauf *m. 2*
Rück|kaufs|recht *n. 1 nur Sg.*
Rück|kehr *f. Gen.* - *nur Sg.*
rück|kop|peln *tr. 1, nur im Infinitiv und Partizip II üblich:* rückzukoppeln, rückgekoppelt
Rück|kop|pe|lung, Rück|kopp|lung *f. 10 nur Sg.*
Rück|kunft *f. Gen.* - *nur Sg.*
Rück|la|ge *f. 11*
Rück|lauf *m. 2*
Rück|läu|fer *m. 5* zurückgesandte Postsendung
rück|läu|fig **1.** zurücklaufend, sich zurückbewegend; **2.** *Astron.:* entgegengesetzt der allg. Drehbewegung des Planetensystems verlaufend (von Norden aus gesehen im Uhrzeigersinn); *Ggs.:* rechtläufig
Rück|licht *n. 3*
rück|lings mit dem Rücken zuerst
Rück|marsch *m. 2*
Rück|mel|dung *f. 10*
Rück|nah|me *f. 11 nur Sg.*
Rück|pass (*alt:* Rück|paß) *m. 2, Sport*
Rück|por|to *n. Gen.* -s *Pl.* -s *oder* -ti
Rück|pro|jek|ti|on *f. 10, Theater, Film:* Darstellung des Hintergrundes durch Projektion von hinten auf eine lichtdurchlässige Wand
Rück|rei|se *f. 11*
Rück|ruf *m. 1*
Ruck|sack *m. 1*
Rück|schau *f. 10*
Rück|schlag *m. 2; schweiz. auch:* Mindereinnahme, Defizit
Rück|schluss (*alt:* Rück|schluß) *m. 2;* Rückschlüsse aus etwas auf etwas ziehen

rück|schrei|tend
Rück|schritt *m. 1*
rück|schritt|lich
Rück|schritt|lich|keit *f. 10 nur Sg.*
Rück|sei|te *f. 11*
rück|sei|tig
rück|seits
Rück|sen|dung *f. 10*
Rück|sicht *f. 10;* (keine) R. nehmen; mit R. auf ihn
rück|sicht|lich *mit Gen.; besser:* mit Rücksicht auf; r. seiner Behinderung
Rück|sicht|nah|me *f. 11 nur Sg.*
rück|sichts|los
Rück|sichts|lo|sig|keit *f. 10 nur Sg.*
rück|sichts|voll
Rück|sitz *m. 1*
Rück|spie|gel *m. 5*
Rück|spiel *n. 1*
Rück|spra|che *f. 11*
Rück|stand *m. 2;* im R. sein (mit etwas)
rück|stän|dig
Rück|stän|dig|keit *f. 10 nur Sg.*
Rück|stau *m. 1*
Rück|stel|lung *f. 10* Passivposten der Bilanz für künftige Aufwandszahlungen
Rück|stoß *m. 2*
rück|stoß|frei
Rück|strah|ler *m. 5*
Rück|tritt *m. 1*
Rück|tritt|brem|se *f. 11*
Rück|tritts|ge|such *n. 1*
rück|ü|ber|set|zen *tr. 1, nur im Infinitiv und Partizip II;* ich habe es rückübersetzt, muss es, werde es rückübersetzen
Rück|ü|ber|set|zung *f. 10*
rück|ver|gü|ten *tr. 2, nur im Infinitiv und Partizip II üblich;* ich habe ihm das Geld rückvergütet, werde es ihm r.
Rück|ver|gü|tung *f. 10*
rück|ver|si|chern *tr. 1;* ich rückversichere mich, habe mich rückversichert
Rück|ver|si|che|rung *f. 10*
Rück|wand *f. 2*
Rück|wan|de|rung *f. 10*
rück|wär|tig

> **rückwärts fallen/gehen:** Die Fügung aus einem zusammengesetzten Adverb und einem Verb/Partizip wird im Infinitiv, Partizip und am Ende des Nebensatzes getrennt geschrieben: *Er ist rückwärts gefallen. Mit dem Geschäft ist es rückwärts gegangen.* § 39 (1), § 34 E3 (2)

rück|wärts; er kann rückwärts gehen; mit dem Geschäft wird es rückwärts gehen; rückwärts fallen; rückwärts gewandt
Rück|wärts|gang *m. 2*
rück|wärts ge|hen (*alt:* rückwärts|ge|hen)
rück|wärts ge|wandt (*alt:* rückwärts|ge|wandt)
ruck|wei|se; bei dem kommt's r. *ugs.:* er begreift nur langsam
rück|wir|kend
Rück|wir|kung *f. 10*
rück|zahl|bar
Rück|zah|lung *f. 10*
Rück|zie|her *m. 5;* einen R. machen *ugs.:* einlenken, nachgeben
ruck, zuck!
Rück|zug *m. 2*
Rück|zugs|ge|fecht *n. 1*
Ru|co|la, Ru|ko|la [ital.] *f. Gen. - nur Sg.* Salatpflanze
Rud|be|ckie [-kjə, nach dem schwed. Botaniker Olof Rudbeck] *f. 11* eine Zierpflanze, Sonnenhut
rü|de grob, ungesittet, rücksichtslos; rüdes Benehmen
Rü|de *m. 1* männl. Hund
Ru|del *n. 5* Gruppe wild lebender Säugetiere der gleichen Art
ru|del|wei|se
Ru|der *n. 5* **1.** Riemen (2); **2.** Steuer; ans R. kommen *übertr.:* zur Macht kommen; **3.** *Jägerspr.:* Fuß (des Schwans)
Ru|de|ral|pflan|ze [lat.] *f. 11* Pflanze, die auf stickstoffreichen Schuttplätzen wächst
Ru|der|bank *f. 2*
Ru|der|boot *n. 1*
Ru|de|rer, Rud|rer *m. 5*
Ru|der|fü|ßer *m. 5* Wasservogel, der zwischen den Zehen Schwimmhäute hat
Ru|der|gän|ger *m. 5*
Ru|der|gast *m. 12, Seew.:* Matrose, der nach Anweisung das Ruder bedient
...ru|de|rig, ...rud|rig *in Zus.,* z. B. drei-, fünfruderiges Boot
Ru|de|rin *f. 10* weibl. Ruderer
ru|dern *intr. 1;* ich rudere, rudre
Ru|der|pin|ne *f. 11, Seew.:* Hebel, Griff des Ruders
Ru|der|re|gat|ta *f. Gen. - Pl.* -ten
Ru|der|schlag *m. 2*
Rüd|heit *f. 10 nur Sg.* rüdes Benehmen
Rü|di|ger männl. Vorname
Ru|di|ment [lat.] *n. 1* Rest, Überbleibsel
ru|di|men|tär nicht ausgebildet, verkümmert (Organ)
Ru|dolf, Ru|dolph männl. Vorname
Rud|rer, Ru|de|rer *m. 5*
...rud|rig s. **...ru|de|rig**
Rü|eb|li *Pl., schweiz. für* kleine Rübe
Ruf *m. 1;* einen guten, schlechten Ruf haben
Ru|fe, Rü|fe *f. 11, schweiz.:* Steinlawine, Erdrutsch
ru|fen *intr. u. tr. 102*
Ru|fer *m. 5*
Rüf|fel *m. 5, ugs.:* Verweis, Rüge, Tadel
rüf|feln *tr. 1* tadeln, rügen; ich rüffele, rüffle ihn
Rüff|ler *m. 5, Nebenform von* Rüffel
Ruf|mord *m. 1* schwere Verleumdung, durch die jmds. Ruf zerstört wird
Ruf|na|me *m. 15* Vorname
Ruf|num|mer *f. 11* Telefonnummer; wählen Sie die R. ...
Ruf|wei|te *f. 11 nur Sg.;* in R. bleiben
Ruf|zei|chen *n. 7* **1.** *Nachrichten-, bes. Funkverkehr:* Erkennungszeichen; **2.** *österr.:* Ausrufezeichen
Rug|by [rʌgbı, nach der gleichnamigen engl. Stadt] *n. Gen. -s nur Sg.* ein Kampfspiel zwischen zwei Mannschaften mit einem eiförmigen Ball
Rü|ge *f. 11*
Ru|gel *m. 5*
rü|gen *tr. 1*
Ru|gi|er *m. 5* Angehöriger eines ostgerman. Volksstammes
Ruh|bett *n. 12, schweiz. für* Ruhebett
Ru|he *f. Gen. - nur Sg.;* jmdn. zur R. bringen; jmdn. zur letzten R. betten: begraben; sich zur R. setzen
ru|he|be|dürf|tig
Ru|he|be|dürf|tig|keit *f. 10 nur Sg.*
Ru|he|bett *n. 12, veraltet:* Liegestatt, Sofa
Ru|he|ge|halt *n. 4* Pension
Ru|he|geld *n. 3* Altersrente
Ru|he|kis|sen *n. 7, veraltet, noch in dem Sprichwort* ein gutes Gewissen ist ein sanftes R.
Ru|he|la|ge *f. 11*
ru|he|los
Ru|he|lo|sig|keit *f. 10 nur Sg.*
ru|hen *intr. 1;* etwas ruhen lassen: vorläufig nicht bearbeiten; jmdn. ruhen lassen: ihm Ruhe gönnen

R

ruhen/liegen lassen: Fügungen aus einem Verb (Infinitiv) und einem weiteren Verb schreibt man im Infinitiv, Partizip und am Ende eines Nebensatzes getrennt: *Sie sollten den Streit ruhen lassen.*
Ebenso: *kennen lernen, sitzen bleiben, spazieren gehen.* § 34 E3 (6)

ru|hen las|sen (*alt:* ru|hen|las|sen) *tr. 75* vgl. ruhen
Ru|he|sitz *m. 1* Wohnsitz für die Zeit des Ruhestands
Ru|he|stand *m. 2 nur Sg.*
Ru|he|ständ|ler *m. 5*
Ru|he|statt *f. Gen. - Pl.* -stät|ten
Ru|he|stät|te *f. 11*
Ru|he|stö|rer *m. 5*
Ru|he|stö|rung *f. 10*
Ru|he|tag *m. 1*
ru|he|voll
Ru|he|zeit *f. 10*
ru|hig; ruhig bleiben, sein, werden; ein gebrochenes Glied ruhig stellen: es bewegungslos machen; sich ruhig verhalten
ru|hig stel|len (*alt:* ru|hig|stel|len) *tr. 1* vgl. ruhig
Ru|hig|stel|lung *f. 10 nur Sg.*
Ruhm *m. Gen.* -(e)s *nur Sg.*
ruhm|be|deckt
Ruhm|be|gier, Ruhm|be|gier|de *f. Gen. - nur Sg.*
ruhm|be|gie|rig
rüh|men **1.** *tr. 1* loben, preisen; **2.** *refl. 1;* sich einer Sache r.: stolz auf etwas sein und es laut verkünden; sich seiner Verdienste r.
rüh|mens|wert
Ruh|mes|blatt *n. 4* ruhmwürdige Tat oder Begebenheit
Ruh|mes|tag *m. 1*
Ruh|mes|tat *f. 10*
rühm|lich; eine rühmliche Ausnahme
ruhm|los
ruhm|re|dig prahlerisch
Ruhm|re|dig|keit *f. 10 nur Sg.*
ruhm|reich
Ruhm|sucht *f. Gen. - nur Sg.*
ruhm|süch|tig
ruhm|voll
Ruhr *f. Gen. - nur Sg.* **1.** eine durch Bakterien verursachte Infektionskrankheit des Darms; **2.** Nebenfluss des Rheins
Rühr|ei *n. 3*
rüh|ren *tr. 1;* die Soße glatt rühren
rüh|rig
Rüh|rig|keit *f. 10 nur Sg.*

rühr|se|lig
Rühr|se|lig|keit *f. 10 nur Sg.*
Rühr|stück *n. 1* rührseliges Theaterstück
Rüh|rung *f. 10 nur Sg.*
Rühr|werk *n. 1* Rührmaschine
Ru|in [lat.-frz.] *m. Gen.* -s *nur Sg.* Zusammenbruch, Verfall, Vermögensverlust
Ru|i|ne *f. 11* verfallenes Gebäude
ru|i|nie|ren *tr. 3* zugrunde richten, verderben, zerstören
ru|i|nös zum Ruin führend, verderblich, zerstörerisch
Ru|ko|la [ital.] *f. Gen. - nur Sg.* s. **Ru|co|la**
Ru|län|der *m. 5* eine Traubensorte
Rülps *m. 1, ugs.* **1.** Rülpser; **2.** Rüpel, Flegel
rülp|sen *intr. 1, ugs.:* laut aufstoßen
Rülp|ser *m. 5, ugs.:* lautes Aufstoßen
rum *ugs. für* herum
Rum [engl.] *m. 9* Branntwein aus Zuckerrohr
Ru|mä|ne *m. 11*
Ru|mä|ni|en Staat in Europa
ru|mä|nisch
Ru|mä|nisch *n. Gen.* -(s) *nur Sg.* zu den ostroman. Sprachen gehörende Sprache
Ru|mantsch grischun *n. Gen.* -(s) *nur Sg.* Schriftsprache des Rätoromanischen
Rum|ba [kuban.] *f. 9, ugs. auch: m. 9* ein Gesellschaftstanz kubanischen Ursprungs
Rum|mel *m. 5 nur Sg., ugs.:* lärmender Betrieb, lautes Treiben
rum|meln *intr. 1* lärmen, poltern
Rum|mel|platz *m. 2* Jahrmarkt, Vergnügungsplatz
Rum|my [rœmı, frz.-engl.] *n. Gen.* -s *nur Sg., österr. für* Rommee
Ru|mor [lat.] *m. Gen.* -s *nur Sg., veraltet:* Lärm, Tumult
ru|mo|ren *intr. 1*
Rum|pel **1.** *m. 5, süddt., mitteldt., veraltet:* Gerümpel; **2.** *f. 11, süddt., österr., früher:* Waschbrett
rum|pe|lig, rumplig *ugs.:* holprig
Rum|pel|kam|mer *f. 11*
rum|peln *intr. 1*
Rum|pel|stilz|chen *n. 7 nur Sg.* eine Märchengestalt
Rumpf *m. 2* Körper ohne Kopf und Gliedmaßen
rümp|fen *tr. 1* in Falten ziehen; die Nase r.; die Nase über etwas r. *übertr.:* etwas geringschätzig, verächtlich beurteilen

rump|lig s. **rum|pe|lig**
Rump|steak [rʌmpsteık; dt. meist rumpste:k, engl.] *n. 9* kurz angebratene Lendenschnitte vom Rind
Rum|topf *m. 2* Topf zum Einlegen von Obst in Rum und Zucker sowie dessen Inhalt
Run [rʌn, engl.] *m. 9* Ansturm (auf Banken, auf Mangelware)
rund **1.** kugel-, kreisförmig; rund um die Uhr: Tag und Nacht; **2.** (*Abk.:* rd.) etwa, ab-, aufgerundet; rund tausend Mark; **3.** *ugs.:* wohlgelungen; eine runde Sache; ein rundes Fest
Rund *n. Gen.* -s *nur Sg.*
Rund|bank *f. 2*
Rund|bau *m. Gen.* -(e)s *Pl.* -bauten
Rund|bild *n. 3*
Rund|blick *m. 1*
Rund|bo|gen *m. 7 oder m. 8*
Rund|brief *m. 1*
Rund|dorf *n. 4* Dorf, in dem die Häuser mit der Giebelseite zur Dorfmitte stehen, Rundling
Run|de *f. 11*
Rün|de *f. 11 nur Sg., veraltet:* das Rundsein
Run|dell *n. 9* s. **Ron|dell**
run|den *tr. 2*
rün|den *tr. 2, poet. für* runden
Run|den|zeit *f. 10, Sport*
Rund|er|lass (*alt:* Rund|er|laß) *m. 1*
rund|er|neu|ern *tr. 1*
Rund|fahrt *f. 10*
Rund|fra|ge *f. 11*
Rund|funk *m. 1 nur Sg.*
Rund|funk|emp|fän|ger *m. 5*
Rund|funk|ge|rät *n. 1*
Rund|funk|hö|rer *m. 5*
Rund|funk|pro|gramm *n. 1*
Rund|funk|re|por|ta|ge [-ʒə] *f. 11*
Rund|funk|sen|der *m. 5*
Rund|funk|tech|nik *f. 10 nur Sg.*
Rund|funk|ü|ber|tra|gung *f. 10*
Rund|funk|zeit|schrift *f. 10*
Rund|gang *m. 2*
Rund|ge|sang *m. 2*
Rund|heit *f. 10 nur Sg.*
rund|her|aus *auch:* **rund|he|raus** ohne Umschweife, offen; etwas r. sagen
rund|her|um *auch:* **rund|he|rum**
Rund|holz *n. 4*
Rund|ho|ri|zont *m. 1* halbrund gespannte Leinwand mit darauf gemalter oder projizierter Darstellung als Bühnenhintergrund, Prospekt
Rund|lauf *m. 2* ein Turngerät

R

rund|lich annähernd rund, dicklich; eine kleine, rundliche Frau
Rund|lich|keit *f. 10 nur Sg.*
Rund|ling *m. 1* Runddorf
Rund|rei|se *f. 11*
Rund|ruf *m. 1* Anruf an alle Mitglieder einer Gruppe
Rund|schau *f. 10* (oft Titel von Zeitschriften)
Rund|schrei|ben *n. 7*
Rund|spruch *m. 2 nur Sg.; schweiz. für* Rundfunk
Rund|stab *m. 2, Baukunst:* stabförmiges Ornament mit halbrundem Querschnitt
rund|stri|cken *tr. 1;* ich stricke den Pullover rund; rundgestrickter Pullover
Rund|strick|na|del *f. 11*
Rund|stück *n. 1, norddt.:* Brötchen, Semmel
Rund|tanz *m. 2* wechselnd paarweise im Kreis getanzter Tanz
rund|um
rund|um|her
Run|dung *f. 10*
Rund|ver|kehr *m. Gen. -s nur Sg.* Kreisverkehr
rund|weg ohne Umschweife, unmissverständlich; er hat mir meine Bitte r. abgeschlagen
Ru|ne *f. 11* german. Schriftzeichen
Ru|nen|al|pha|bet *n. 1 nur Sg.*
Ru|nen|schrift *f. 10 nur Sg.*
Ru|nen|stein *m. 1*
Run|ge *f. 11, an Leiterwagen:* Stange zwischen Radnabe und oberem Rand der Leiter
Run|kel, Run|kel|rü|be *f. 11* Futterrübe
Runks *m. 1, ugs.:* grober, rücksichtsloser Mensch, Rüpel, Flegel
runk|sen *intr. 1, Sport, bes. Fußball:* rücksichtslos spielen
Run|ning|gag (*alt:* Run|ning Gag) [rʌniŋgæg, engl.] *m. 9* Gag, der sich wiederholt
Ru|no|lo|ge *m. 11* Kenner, Erforscher der Runen
Runs *m. 1,* **Run|se** *f. 11, süddt., österr., schweiz.:* Rinne an Berghängen, Bachbett
run|ter *ugs. für* herunter; *oft für:* hinunter; ich gehe runter *statt:* hinunter
Run|zel *f. 11* kleine Falte, bes. im Gesicht
run|ze|lig, runz|lig
run|zeln *tr. 1* in Runzeln ziehen; die Stirne r.
runz|lig s. **run|ze|lig**

Rü|pel *m. 5* grober, rücksichtsloser, unhöfl. Mensch, Flegel
Rü|pe|lei *f. 10* rüpelhaftes Benehmen
rü|pel|haft
Rü|pel|haf|tig|keit *f. 10 nur Sg.*
Ru|pert, Rup|pert männl. Vorname
rup|fen **1.** *tr. 1;* **2.** *Adj.:* aus Rupfen
Rup|fen *m. 7* grobes Jutegewebe
Ru|pi|ah *f. Gen. - Pl. -* (*Abk.:* Rp) Währungseinheit in Indonesien, 100 Sen
Ru|pie [-pjə] *f. 11* Währungseinheit in Indien, Pakistan, Sri Lanka
rup|pig grob, unhöflich, barsch
Rup|pig|keit *f. 10 nur Sg.*
Rup|recht, Rupp|recht **1.** männl. Vorname; **2.** Knecht R.: Gestalt des Volksglaubens
Rup|tur [lat.] *f. 10, Med.:* Zerreißung
ru|ral [lat.] *veraltet:* ländlich, bäuerlich
Rus *f. Gen. - Pl. -* Bez. für die ostslaw. Stämme im 9./10. Jh.; die Kiewer Rus
RUS *Kfz-Kennzeichen für* Russische Föderation
Rü|sche *f. 11* gefältelter Besatz
Ru|schel *f. 5* unordentliche oder hastig arbeitende Person
ru|sche|lig
ru|scheln *intr. 1* **1.** unordentlich sein; **2.** hastig arbeiten
Rush [rʌʃ, engl.] *m. 9, Sport:* plötzl. Vorstoß (eines Läufers oder Pferdes)

> **Rushhour:** Mehrteilige Ausdrücke mit einem Substantiv als zweitem Bestandteil werden zusammengeschrieben. Die Regel gilt auch für fremdsprachige Substantive: *die Rushhour.* § 37 (1)

Rush|hour (*alt:* Rush-hour) [rʌʃaʊə(r)] *f. 9* Zeit der größten Verkehrsdichte zum Beginn und Ende der Arbeits- und Geschäftszeit, Hauptverkehrszeit
Ruß *m. 1 nur Sg.* bei unvollkommener Verbrennung entstehendes schwarzes Kohlenstoffpulver
Rus|se *m. 11* **1.** Einwohner Russlands; **2.** *volkstüml. für* Schabe
Rüs|sel *m. 5*
Rüs|sel|kä|fer *m. 5*
Rus|sell [rʌsl], *Bertrand* brit. Mathematiker und Philosoph
Rüs|sel|tier *n. 1* Angehöriger einer Ordnung der Säugetiere, z. B. der Elefant

ru|ßen **1.** *intr. 1* Ruß absondern; **2.** *tr. 1 schweiz.:* von Ruß reinigen (Ofen)
ru|ßig
Rus|sin *f. 10* weibl. Russe (1)
rus|sisch; russisches Bad; russisch-römisches Bad; russisches Brot; Russisch-Japanischer, Russisch-Türkischer Krieg
Rus|sisch *n. Gen. -(s) nur Sg.* zu den ostslaw. Sprachen gehörende Sprache der Russen
Rus|sisch|brot (*alt:* Rus|sisch Brot) *n. 1*
Rus|si|sche Fö|de|ra|ti|on *f. 10, offizielle Bez. für* Russland
Rus|sist *m. 10* Wissenschaftler auf dem Gebiet der Russistik
Rus|sis|tik *f. 10 nur Sg.* Lehre von der russ. Sprache und Literatur

> **Russland:** Nach einem kurzen Vokal wird *-ss-* geschrieben: *Russland, der Russlanddeutsche, Rüssler.*
> § 2

Russ|land (*alt:* Ruß|land) Staat in Osteuropa und Asien
Rüss|ler (*alt:* Rüß|ler) *m. 5* **1.** Rüsseltier; **2.** Rüsselkäfer
Rüst|bal|ken *m. 7,* **Rüst|baum** *m. 2* Rundholz für den Gerüstbau, Rüstholz
Rüs|te **1.** *f. 11 nur Sg., nddt.:* Rast, Ruhe; *veraltet:* die Sonne geht zur R.: geht unter; **2.** *f. 11, Seew.:* Planke an der Schiffswand zum Befestigen von Ketten u. a.
rüs|ten *tr. u. intr. 2*
Rüs|ter *f. 11* Ulme
Rüs|ter|holz, Rüs|tern|holz *n. 4 nur Sg.*
rüs|tern aus Rüster(holz)
Rüst|holz *n. 4* Rüstbalken
rüs|tig
Rüs|tig|keit *f. 10 nur Sg.*
Rus|ti|ka [lat.] *f. Gen. - nur Sg.* Mauerwerk aus roh behauenen Quadern
rus|ti|kal ländlich, bäuerlich; eine r. eingerichtete Wohnung
Rus|ti|zi|tät *f. 10 nur Sg., veraltet:* Plumpheit
Rüst|kam|mer *f. 11* Raum zum Aufbewahren von Waffen, Rüstungen usw.
Rüst|tag *m. 1* Vorabend eines kirchl. Festes
Rüs|tung *f. 10*
Rüs|tungs|in|dus|trie *auch:* **Rüs|tungs|in|dust|rie** *f. 11*

R

Rüs|tungs|kon|trol|le *auch:* **Rüs|tungs|kont|rol|le** *f. 11*
Rüst|zeit *f. 10, evang. Kirche:* Zusammenkunft mit Andachten, Gesprächen usw.
Rüst|zeug *n. 1 nur Sg.* für eine Tätigkeit nötige Werkzeuge oder Kenntnisse; er hat noch nicht das nötige R. für den Job
Ru|te *f. 11* **1.** langer, gerader, biegsamer Zweig, Gerte; **2.** altes dt. Längenmaß, 3,8m; **3.** *Jägerspr.:* Schwanz (vom Raubwild, Hund u. a.); **4.** *übertr.:* männl. Glied
Ru|ten|gän|ger *m. 5* jmd., der mit einer Wünschelrute Erz- oder Wasseradern sucht
Ruth weibl. Vorname
Ru|the|ne *m. 11, bis 1918 Bez. für* Angehörige eines in Ostgalizien, Nordostungarn und einem Teil der Bukowina lebenden Volksstammes
ru|the|nisch
Ru|the|ni|um *n. Gen.* -s *nur Sg.* (*Zeichen:* Ru) chem. Element, ein dem Platin ähnliches Edelmetall
Ru|til [lat.] *m. 1* ein Mineral, rötlicher Schmuckstein
Ru|ti|lis|mus *m. Gen.* - *nur Sg.* Rothaarigkeit
Rüt|li *n. 9 nur Sg.* Bergmatte am Vierwaldstätter See
Rüt|li|schwur *m. 2 nur Sg.* der Legende nach der Treueschwur auf dem Rütli zur Gründung der Schweizer Eidgenossenschaft
Rutsch *m. 1*
Rutsch|bahn *f. 10*
Rut|sche *f. 11* Rutschbahn; Förderanlage
rut|schen *intr. 1*
Rut|scher *Pl.* sehr kurze Kinderskier
Rut|sche|rei *f. 10 nur Sg., ugs.*
rutsch|fest
rut|schig *ugs.*
Rutsch|par|tie *f. 11*
rutsch|si|cher
Rut|te *f. 11* ein Fisch, Süßwasserdorsch
Rüt|te|lei *f. 10 nur Sg., ugs.*
rüt|teln **1.** *tr. 1;* ich rüttele, rüttle es; **2.** *intr. 1* stoßen, vibrieren; der Wagen, das Flugzeug rüttelt; **3.** *intr. 1* fliegen, ohne sich vorwärts zu bewegen, der Vogel rüttelt
Rüt|tel|sieb *n. 1*
Rütt|ler *m. 5* Maschine zum Rammen und Verdichten von Baumaterialien
Rütt|stroh *n. Gen.* -(e)s *nur Sg.* kurzes, geknicktes Stroh
Ru|wer **1.** *f. Gen.* - Nebenfluss der Mosel; **2.** *m. 5* Ruwerwein
RVO *Abk. für* Reichsversicherungsordnung
Rwan|da s. **Ru|an|da**
RWE *Abk. für* Rheinisch-Westfälische Elektrizitätswerke

S

's *kurz für* es; er ist's
s **1.** *Zeichen für* Sekunde **2.** *Abk. für* Shilling
S **1.** *Abk. für* Süd(en); **2.** *Abk. für* Schilling; **3.** *Zeichen für* Siemens; **4.** *chem. Zeichen für* Schwefel; **5.** *Kfz-Kennzeichen für* Schweden
$ *Zeichen für* Dollar
s. **1.** *Abk. für* siehe; **2.** *Abk. für* Segno
S. **1.** *Abk. für* San, Sant', Santa, Santo, São; **2.** *Abk. für* Seite
Sa *Abk. für* Samstag, Sonnabend
Sa. *Abk. für* Summa
s. a. **1.** *Abk. für* siehe auch; **2.** *Abk. für* sine anno
Saal *m. Gen.* -(e)s *Pl.* Sä|le
Saal|toch|ter *f. 6, schweiz.:* Bedienerin im Speisesaal
Saar *f. Gen.* - Nebenfluss der Mosel
Saar|brü|cken Hauptstadt des Saarlandes
Saar|land *n. Gen.* -(e)s *nur Sg.* Land der BR Dtld.
Saar|län|der *m. 5*
saar|län|disch; *aber:* Saarländischer Rundfunk (*Abk.:* SR)
Saat *f. 10*
Saa|ten|pfle|ge *f. 11 nur Sg.*
Saat|ge|trei|de *n. 5 nur Sg.*
Saat|gut *n. 4 nur Sg.*
Saat|kar|tof|fel *f. 11*
Saat|korn *n. 4*
Saat|zucht *f. 10 nur Sg.*
Sa|ba histor. Landschaft in Südarabien
Sa|bä|er *m. 5* Einwohner von Saba
Sab|bat [hebr.] *m. 1* der jüd. wöchentl. Ruhetag, Samstag
Sab|ba|ta|ri|er *m. 5*, **Sab|ba|tist** *m. 10* Angehöriger einer der christl. Sekten, die den Sabbat feiern
Sab|bat|jahr *n. 1, nach dem jüd. Kalender:* jedes siebente Jahr, in dem die Felder nicht bebaut werden, Ruhejahr
Sab|bel, Sab|ber *m. 5, nddt., ostmitteldt.:* ausfließender Speichel
Sab|be|rei *f. 10 nur Sg.*
sab|bern *intr. 1* Speichel oder (zerkaute) Speise ausfließen lassen
Sä|bel *m. 5;* mit dem S. rasseln *übertr.:* mit kriegerischen Maßnahmen drohen
Sä|bel|bei|ne *Pl., ugs.:* O-Beine
sä|bel|bei|nig
Sä|bel|fech|ten *n. Gen.* -s *nur Sg.*
Sä|bel|ge|ras|sel *n. Gen.* -s *nur Sg., übertr.:* Drohung mit kriegerischen Maßnahmen
sä|beln *intr. 1* ungeschickt oder grob schneiden
Sä|bel|rass|ler (*alt:* Sä|bel|raß|ler) *m. 5*
Sä|bel|schnäb|ler *m. 5* Vogel mit langem, säbelförmigem Schnabel
Sa|bi|na, Sa|bi|ne weibl. Vorname
Sa|bi|ner *m. 5* Angehöriger eines antiken Volksstammes in Mittelitalien
Sa|bi|ner Ber|ge *Pl.*
sa|bi|nisch
Sa|bo|ta|ge [-ʒə, frz.] *f. 11* Vereitelung der Ziele anderer durch passiven Widerstand, Beschädigung oder Zerstörung von Produktionsmitteln o. Ä.
Sa|bo|ta|ge|akt [-ʒə-] *m. 1*
Sa|bo|teur [-tør] *m. 1* jmd., der Sabotage verübt hat oder betreibt
sa|bo|tie|ren *tr. 3* durch Sabotage vereiteln, behindern
Sab|ri|na *auch:* **Sa|bri|na** weibl. Vorname
Sac|cha|ra|se [saxa-, griech.], *fachsprachl. für* Sa|cha|ra|se *f. 11* Rohrzucker spaltendes Enzym
Sac|cha|rid [saxa-], *fachsprachl. für* Sa|cha|rid *n. 1* Kohlenhydrat
Sac|cha|ri|me|ter [saxa-], *fachsprachl. für* Sa|cha|ri|me|ter *n. 5* Gerät zum Bestimmen der Konzentration von Rohrzuckerlösungen
Sac|cha|ri|me|trie *auch:* **Sac|cha|ri|met|rie** [saxa-], *fachsprachl. für* Sa|cha|ri|me|trie *f. 11 nur Sg.*
Sac|cha|rin [saxa-], *fachsprachl. für* Sa|cha|rin *n. 1 nur Sg.*
Sac|co di Ro|ma [-ko - -, ital.] *m. Gen.* - - - *nur Sg.* Plünderung Roms durch Söldner Karls V. 1527/28
Sach|an|la|gen *Pl.* aus Sachwerten bestehendes Betriebsvermögen
Sa|cha|ra|se [saxa-] *f. 11* s. **Sac|cha|ra|se**
Sa|cha|rid [saxa-] *n. 1* s. **Sac|cha|rid**
Sa|cha|ri|me|ter [saxa-] *n. 5* s. **Sac|cha|ri|me|ter**
Sa|cha|ri|me|trie *auch:* **Sa|cha|ri|met|rie** [saxa-] *f. 11* s. **Sac|cha|ri|me|trie**
Sa|cha|rin [saxa-] *n. 1 nur Sg.* s. **Sac|cha|rin**
Sach|be|ar|bei|ter *m. 5*
Sach|be|zü|ge *Pl.* Naturallohn
Sach|buch *n. 4*
sach|dien|lich einer Sache dienlich, nützlich
Sa|che *f. 11*
Sach|ein|la|gen *Pl.* bei der Gründung einer AG eingebrachte Sachwerte
Säch|el|chen *Pl.* kleine Sachen
Sa|cher|tor|te [nach dem Besitzer des Hotels Sacher in Wien] *f. 11* eine Schokoladentorte
Sach|fir|ma *f. Gen.* - *Pl.* -men Firma, deren Name auf den Gegenstand des Unternehmens hinweist, im Unterschied zur Personenfirma
Sach|ge|biet *n. 1*
sach|ge|mäß
Sach|ka|ta|log *m. 1* nach Sachgebieten geordneter Katalog, Realkatalog; *Ggs.:* Verfasserkatalog
Sach|kennt|nis *f. 1*
Sach|kun|de *f. 11 nur Sg.*
Sach|kun|de|un|ter|richt *m. 1*
sach|kun|dig
Sach|la|ge *f. 11 nur Sg.*
Sach|leis|tung *f. 10*
sach|lich
säch|lich
Sach|lich|keit *f. 10 nur Sg.*
Sach|re|gis|ter *n. 5*
Sachs [-ks] *m. 1* german. Kurzschwert, Sax
Sach|scha|den *m. 8*
Sach|se [-ks-] *m. 11*
säch|seln [-ks-] *intr. 1* Sächsisch sprechen
Sach|sen [-ks-] *n. Gen.* - *nur Sg.* Land der BR Dtld.
Sach|sen-An|halt [-ks-] *n. Gen.* - *nur Sg.* Land der BR Dtld.
Sach|sen-An|hal|ter [-ks-] *m. 5*
Sach|sen-an|hal|ti|nisch [-ks-]
Sach|sen|spie|gel [-ks-] *m. 5 nur Sg.* Rechtsbuch des MA
säch|sisch [-ks-]; *aber:* Sächsische Schweiz
Säch|sisch [-ks-] *n. Gen.* -en *nur Sg.*
Sach|spen|de *f. 11*
sacht, sach|te
Sach|ver|halt *m. 1*
Sach|ver|si|che|rung *f. 10*
Sach|ver|stand *m. Gen.* -(e)s *nur Sg.*

S

sach|ver|stän|dig
Sach|ver|stän|di|ge(r) *m. 18 (17) bzw. f. 17 oder 18*
Sach|ver|stän|di|gen|gut|ach|ten *n. 7*
Sach|ver|zeich|nis *n. 1*
Sach|wal|ter *m. 1* **1.** Verwalter einer Sache; **2.** *übertr.:* Fürsprecher
Sach|wert *m. 1*
Sach|wör|ter|buch *n. 4* Wörterbuch, das nur Erklärungen von Sachen und Begriffen, nicht von Personen enthält
Sack *m. 2, als Maßbez. Pl.* -; drei Sack Kaffee; mit Sack und Pack: mit allen Besitztümern
Sack|bahn|hof *m. 2* Kopfbahnhof
Säck|chen *n. 7*
Sä|ckel *m. 5, süddt., österr.* **1.** Hosentasche; **2.** Geldbeutel
sa|cken **1.** *tr. 1* in Säcke füllen; **2.** *intr. 1* sinken, sich senken
sa|cker|lot!, sap|per|lot! *ugs.:* Ausruf der Überraschung, des Zorns oder Unwillens
sa|cker|ment! *ugs.:* Ausruf der Überraschung, des Unwillens oder Zorns
Sack|gas|se *f. 11; auch übertr.:* ausweglose Situation
sack|grob *ugs.:* sehr grob
Sack|hüp|fen, Sack|lau|fen *n. Gen. -s nur Sg.* ein Wettspiel
Säck|lein *n. 7*
sack|lei|nen aus Sackleinen
Sack|lei|nen *n. Gen. -s nur Sg.*
Sack|lein|wand *f. Gen. - nur Sg.* grobes Leinen aus Hanf oder Jute
Sack|nie|re *f. 11* Hydronephrose
Sack|tuch *n. 4* **1.** grobes Tuch; **2.** *süddt., österr.:* Taschentuch
sack|wei|se
Sad|du|zä|er [hebr.] *m. 5* Angehöriger einer altjüd. Partei, Gegner der Pharisäer
Sa|dis|mus [nach dem frz. Schriftsteller D.-A.-F. Marquis de Sade] *m. Gen. - nur Sg.* **1.** Erregung der Geschlechtslust durch Zufügen von körperl. Schmerzen; vgl. Masochismus; **2.** *allg.:* Lust an Grausamkeiten
Sa|dist *m. 10*
sa|dis|tisch
Sa|do|ma|so|chis|mus *m. Gen. - nur Sg.* Triebbefriedigung durch Zufügen und Empfangen von Misshandlungen
sa|do|ma|so|chis|tisch
sä|en *tr. 1*
Sa|fa|ri [arab.] *f. 9* **1.** Karawanenreise in Afrika; **2.** Gesellschaftsreise in Afrika, z. B. Fotosafari
Safe [sɛɪf, engl.] *n. 9* **1.** Geldschrank aus Stahl; **2.** zu mietendes Sicherheitsfach in den Stahlkammern einer Bank

Safersex/Safer Sex: Bildungen aus Adjektiv und Substantiv werden zusammengeschrieben. Diese Regel gilt auch für fremdsprachige Ausdrücke: *Safersex.* § 37 (1)
Daneben ist auch Getrenntschreibung möglich: *Safer Sex.* Ebenso: *Bigband/Big Band, Softdrink/Soft Drink.* § 37 E1

Sa|fer Sex *Nv.* **Sa|fer|sex** *Hv.* [sɛɪfə(r)-, engl.] *m. Gen. -es nur Sg.* ein die Gefahr einer Aidsinfektion minderndes Sexualverhalten
Saf|fi|an [pers.-poln.] *m. 1 nur Sg.*
Saf|fi|an|le|der *n. 5 nur Sg.* feines Ziegenleder
Saf|flor *auch:* **Saff|lor** *m. 1* [arab.-ital.], Sa|flor *m. 1* Färberdistel
saf|flor|gelb *auch:* **saff|lor|gelb**
Sa|flor *auch:* **Saf|lor** *m. 1* s. **Saf|flor**
Sa|fran *auch:* **Saf|ran** [arab.] *m. 1* **1.** aus Krokussen gewonnener, gelber Farbstoff; **2.** aus Krokussen gewonnenes Gewürz
sa|fran|gelb *auch:* **saf|ran|gelb**
Saft *m. 2*
Säft|chen *n. 7*
saf|ten *intr. 2* Saft auspressen
saf|tig; *auch übertr. ugs.* **1.** derb (Witz); **2.** hoch (Rechnung)
Saft|kur *f. 10*
Saft|la|den *m. 8, ugs.:* schlecht geführtes Unternehmen
saft|los; saft- und kraftlos
saft|reich
Sa|ga [altnord.] *f. 9* isländische Prosaerzählung bes. des 11. bis 14. Jh.
sag|bar
Sa|ge *f. 11*
Sä|ge *f. 11*
Sä|ge|blatt *n. 4*
Sä|ge|dach *n. 4* Dachform (bes. von Industrieanlagen) aus mehreren Pult- oder Satteldächern nebeneinander
Sä|ge|fisch *m. 1* ein Rochen mit zahnbewehrtem Kopffortsatz
Sä|ge|mehl *n. 1 nur Sg.*
Sä|ge|mes|ser *n. 5*
Sä|ge|müh|le *f. 11*
sa|gen *tr. 1;* es hat sage und schreibe drei Stunden gedauert; das Sagen haben: zu bestimmen haben
sä|gen **1.** *tr. 1;* **2.** *intr. 1, übertr. ugs.:* schnarchen
Sa|gen|ge|stalt *f. 10*
sa|gen|haft
Sa|gen|kreis *m. 1*
sa|gen|um|wo|ben
Sä|ge|rei *f. 10*
Sä|ge|spä|ne *Pl.*
Sä|ge|werk *n. 1*
Sä|ge|zahn *m. 2* einzelne Zacke am Sägeblatt
sa|git|tal [lat.] *Biol.:* parallel zur Mittelachse (liegend)
Sa|go [mal.] *m. 9 nur Sg., süddt., österr. auch n. 9 nur Sg.* gekörnte Stärke
Sa|ha|ra [arab.] *f. Gen. -* größte Wüste der Erde in Nordafrika
Sa|hel|zo|ne *f. 11 nur Sg.* Landstrich am Südrand der Sahara
Sa|hib [arab.-Hindi] *m. 9* Herr (früher in Pakistan und Indien Anrede für Europäer)
Sah|ne *f. 11 nur Sg.*
Sah|ne|bon|bon [-bɔŋbɔŋ] *n. 9, auch m. 9*
Sah|ne|eis *n. Gen. -es nur Sg.*
Sah|ne(n)|quark *m. Gen. -s nur Sg.*
Sah|ne|tor|te *f. 11*
sah|nig
Saib|ling, Salb|ling *m. 1* ein Lachsfisch
saint [sɛ̃, frz.] *vor frz. männl. Heiligennamen:* der heilige, z. B. saint Paul; *aber vor Ortsnamen* → Saint (2)
Saint **1.** [sənt, engl.] (*Abk.:* St.) *vor engl. Heiligennamen und davon abgeleiteten Ortsnamen:* der, die heilige …, z. B. Saint Peter, St. Peter; **2.** [sɛ̃] (*Abk.:* St) *vor frz., von Heiligennamen abgeleiteten Ortsnamen,* z. B. Saint-Bernard, St-Bernard; vgl. saint
sainte [sɛ̃t, frz.] *vor frz. weibl. Heiligennamen,* z. B. sainte Marie; *aber vor Ortsnamen* → Sainte
Sainte [sɛ̃t] (*Abk.:* Ste) *vor frz., von weibl. Heiligennamen abgeleiteten Ortsnamen* z. B. Sainte-Marie, Ste-Marie
Saint-E|xu|pé|ry [sɛ̃teksyperi], *Antoine de* frz. Schriftsteller
Saint Kitts and Ne|vis [sənt kɪts ænd nevɪs] karib. Inselstaat
Saint Lu|cia [sənt luʃə] karib. Inselstaat
Saint-Saëns [sɛ̃-sɑ̃s], *Camille* frz. Komponist

Saint-Si|mo|nis|mus [sɛ̃-, nach Claude-Henri Graf von Saint-Simon] *m. Gen. - nur Sg.* frz. sozialist. Lehre
Saint Vin|cent and the Gre|na|dines [sənt vɪnsənt ænd ðə grɛnədaɪnz], Sankt Vin|cent und die Gre|na|di|nen karib. Inselstaat
Sai|son [sɛzɔ̃, frz.] *f. 9* Hauptbetriebs- oder -geschäftszeit, Hauptreisezeit, Theaterspielzeit
sai|so|nal [sɛzɔ-]
sai|son|be|dingt [sɛzɔ̃-]
Sai|son|ni|er *auch:* **Sai|so|ni|er** [sɛzɔnje] *m. 5, schweiz.:* Arbeitnehmer, der während der Saison beschäftigt wird
Sai|son|schluss (*alt:* Sai|son|schluß) [sɛzɔ̃-] *m. 2*
Sai|te *f. 11* Faden aus Tierdarm, Pflanzenfasern, Metall oder Kunststoff
Sai|ten|in|stru|ment *auch:* **Sai|ten|ins|tru|ment, Sai|ten|inst|ru|ment** *n. 1*
Sai|ten|spiel *n. 1 nur Sg.*
...sai|tig mit einer bestimmten Zahl von Saiten versehen, z. B. fünfsaitig, 5-saitig
Sait|ling *m. 1* Schafsdarm für Saiten
Sa|ke [jap.] *m. Gen. -(s) nur Sg.* leicht süßer Reiswein
Sak|ko [österr.: -ko] *m. 9, fachsprachl. sowie österr.: n. 9* Herrenjackett

♦ Die Buchstabenfolge **sa|kr...** kann in Fremdwörtern auch **sak|r...** getrennt werden.

♦ **sa|kra!** [verkürzt aus Sakrament] *ugs.:* verdammt!
♦ **sa|kral** [lat.] **1.** zum Gottesdienst, zur Kirche gehörend, heilig; *Ggs.:* profan; **2.** zum Kreuzbein gehörend, von ihm ausgehend
♦ **Sa|kral|bau** *m. Gen.* -(e)s *Pl.* -bau|ten kirchl. Bau, Kirche; *Ggs.:* Profanbau
♦ **Sa|kra|ment** *n. 1* **1.** Glaubensgeheimnis; **2.** göttliches Gnadenzeichen; **3.** gottesdienstliche Handlung, bei der göttliche Gnadengaben vermittelt werden, z. B. Taufe, Abendmahl
♦ **Sa|kra|ment!** *ugs.:* Donnerwetter!
♦ **sa|kra|men|tal** zum Sakrament gehörig, heilig
♦ **Sa|kra|men|ta|li|en** *Pl.* den Sakramenten ähnliche, gottesdienstl. Handlungen, z. B. Besprengung mit Weihwasser; *auch:* die geweihten Dinge, z. B. Weihwasser
♦ **Sa|kra|men|tar** *n. 1,* **Sa|kra|men|ta|ri|um** *n. Gen.* -s *Pl.* -ri|en, *MA:* Buch mit den Gebeten der Messe, Vorläufer des Messbuchs
♦ **Sa|kra|ments|häus|chen** *n. 7* Behälter mit dem Gefäß für die Hostie, oft turmartig und reich verziert
♦ **Sa|kri|fi|zi|um** *n. Gen.* -s *Pl.* -zi|en Opfer, *bes.:* kath. Messopfer
♦ **Sa|kri|leg** *n. 1,* Sa|kri|le|gi|um *n. Gen.* -s *Pl.* -gi|en Vergehen gegen Heiliges, z. B. Gotteslästerung, Kirchenraub
♦ **sa|kri|le|gisch**
♦ **sa|krisch** *bair.:* verdammt
♦ **Sa|kris|tan** *m. 1, kath. Kirche:* Küster, Messner
♦ **Sa|kris|tei** *f. 10* Nebenraum in der Kirche für den Geistlichen und die gottesdienstl. Geräte
♦ **sa|kro|sankt** geheiligt, unantastbar
Sä|ku|la *Pl. von* Säkulum
sä|ku|lar [lat.] **1.** alle hundert Jahre wiederkehrend; **2.** weltlich
Sä|ku|lar|fei|er *f. 11* Hundertjahrfeier
Sä|ku|la|ri|sa|ti|on *f. 10* Überführung kirchlichen Besitzes in weltliche Hand, Verweltlichung
sä|ku|la|ri|sie|ren *tr. 3* in weltlichen Besitz überführen, verweltlichen
Sä|ku|la|ri|sie|rung *f. 10*
Sä|ku|lar|kle|ri|ker *m. 5* Weltgeistlicher
Sä|ku|lum *n. Gen.* -s *Pl.* -la Jahrhundert
Sa|lam!, Sa|lem!, Se|lam! [arab.] Friede! (arab. Grußwort)
Sa|la|man|der [griech.] *m. 5* **1.** ein Schwanzlurch; **2.** ein student. Trinkbrauch; einen S. reiben
Sa|la|mi [ital.] *f. Gen. - Pl.* -(s) eine Wurstsorte
Sa|la|mi|tak|tik *f. 10 nur Sg.* Taktik, mit kleinen Forderungen und Übergriffen bestimmte polit. Ziele zu erreichen
Sa|lär [frz.] *n. 1, schweiz.:* Gehalt, Lohn
sa|la|rie|ren *tr. 3, schweiz.:* besolden, entlohnen
Sa|lat *m. 1*
Sa|lat|be|steck *n. 1*
Sal|ba|der *m. 5* frömmelnder Schwätzer
Sal|ba|de|rei *f. 10 nur Sg.*
sal|ba|dern *intr. 1* frömmelnd reden, langweilig, wichtigtuerisch schwätzen
Sal|band *n. 4* **1.** *Bgb.:* Berührungsfläche eines Ganges mit dem Nebengestein; **2.** Webkante
Sal|chow *m. 9* nach dem schwed. Eiskunstläufer U. Salchow benannter rückwärts eingeleiteter Kürsprung im Eis- und Rollkunstlauf
Sal|be *f. 11*
Sal|bei *m. Gen.* -s *oder f. Gen. - nur Sg.* eine Heil- und Gewürzpflanze
sal|ben *tr. 1* mit Salbe oder Salböl bestreichen
Sal|ben|büch|se [-ks-] *f. 11*
Salb|ling *m. 1* s. **Saib|ling**
Salb|öl *n. 1* geweihtes Öl zur Salbung
Sal|bung *f. 10* Bestreichen bestimmter Körperstellen mit Salböl zu kult. Zwecken
sal|bungs|voll übertrieben feierlich, süßlich-feierlich
Säl|chen *n. 7* kleiner Saal
sal|die|ren [ital.] *tr. 3;* ein Konto s.: den Saldo eines Kontos feststellen; eine Rechnung s.: ausgleichen; *österr.:* die Bezahlung einer Rechnung bestätigen
Sal|die|rung *f. 10*
Sal|do *m. Gen.* -s *Pl.* -s *oder* -den *oder* -di, *Buchführung:* Unterschiedsbetrag zwischen der Soll- und der Habenseite eines Kontos
Sal|do|ü|ber|trag, Sal|do|vor|trag *m. 2* Übertragung des Saldos auf die neue Rechnung
Sä|le *Pl. von* Saal
Sa|lem! s. **Sa|lam!;** S. aleikum: Friede sei mit euch! (arab. Gruß)
Sa|le|si|a|ner [nach dem Bischof Franz von Sales] *m. 5* Angehöriger einer kath. Priesterkongregation
Sales|ma|na|ger (*alt:* Sales-ma|nager) [sɛɪlzmænɪdʒə(r), engl.] *m. 5* Verkaufsleiter
Sales|man|ship [sɛɪlzmænʃip] *n. Gen.* -s *nur Sg. oder f. Gen. - nur Sg.* in den USA entwickelte Verkaufslehre
Sales|pro|mo|ter (*alt:* Sales-pro|mo|ter) [sɛɪlzprəmoʊtə(r)] *m. 5* Vertriebskaufmann mit den Aufgaben der Planung und Durchführung der Absatzsteigerung
Sales|pro|mo|tion (*alt:* Sales-pro|mo|tion) [sɛɪlzprəmoʊʃn] *f. Gen. - nur Sg.* Verkaufsförderung

S

Sa|lẹt|tel [ital.], **Sa|lẹttl** *n. 14, österr.:* Laube, Gartenhaus, Lusthäuschen, Loggia
Sä̲|li *n. 7, schweiz.:* zusätzl. Gastraum in Gaststätten
Sa|li|ci̲n, Sa|li|zi̲n [lat.] *n. 1 nur Sg.* aus Weidenrinde gewonnenes Fiebermittel
Sa|li|cy̲l|säu|re, Sa|li|zy̲l|säu|re *f. 11 nur Sg.* organ. Säure (als Konservierungsmittel, zur Fiebersenkung u. a.)
Sa̲|li|er *m. 5* **1.** Angehöriger eines fränk. Volksstammes; **2.** Angehöriger eines dt. Kaisergeschlechtes; **3.** *im alten Rom:* Angehöriger eines Priesterkollegiums, das kultische Tänze aufführte
Sa|li̲|ne [lat.] *f. 11* Anlage zur Gewinnung von Kochsalz durch Sieden oder Verdunstung
sa̲|lisch zu den Saliern (1) gehörend; die salischen Franken
Sa|li|zi̲n *n. 1* s. **Sa|li|ci̲n**
Sa|li|zy̲l|säu|re *f. 11 nur Sg.* s. **Sa|li|cy̲l|säu|re**
Sal|kan|te *f. 11* Webkante
Sạlk|imp|fung [engl.: sɔ̱k-, nach dem US-amerik. Bakteriologen J.E. Salk] *f. 10* Schutzimpfung gegen Kinderlähmung
Sa̲l|leis|te *f. 11* Webkante
Sạlm 1. [zu: Psalm] *m. 1* langweiliges Gerede; **2.** [lat.] *m. 1* ein Raubfisch, Lachs
Sal|mi|ạk [auch: sạl-, lat.] *m. Gen. -s nur Sg.* Ammoniumchlorid, eine salzige Verbindung aus Ammoniak und Chlorwasserstoff
Sal|mi|ạk|geist *m. Gen. -(e)s nur Sg.* wässrige Ammoniaklösung
Sạlm|ler *m. 5* ein Karpfenfisch
Sal|mo|nẹl|len [nach dem US-amerik. Bakteriologen D.E. Salmon] *Pl.* Darmkrankheiten, z. B. Paratyphus, Fleischvergiftung hervorrufende Bakterien
Sal|mo|ni̲|den [lat.] *Pl.* lachsartige Fische
Sa|lo|mo̲|nen, Sa̲|lo|mon|in|seln *Pl.* Inselgruppe im Pazif. Ozean
sa|lo|mo̲|nisch [nach Salomo(n), dem König von Israel und Juda]; salomonisches Urteil: weises Urteil; salomonische Schriften
Sa|lo|mon|loop *auch:* **Sa|lo|mon-Loop** [sæləmənlu̲p, nach dem engl. Physiker A. Salomon] *f. Gen. - nur Sg., Phys.:* Verfahren zur selbstreplikativen Energiegewinnung aus Antipoden

Sa|lon [-lɔ̲̃, ugs.: -lɔ̣ŋ, österr.: -lo̲n] *m. 9* **1.** Empfangs-, Besuchszimmer; **2.** Mode- oder Frisörgeschäft; **3.** *17./19. Jh.:* regelmäßig zusammentreffender Kreis literarisch oder künstlerisch interessierter Menschen
sa|lon|fä|hig [-lɔ̲̃-, ugs.: -lɔ̣ŋ-, österr.: -lo̲n-] für die feine Gesellschaft geeignet, schicklich
Sa|lon|lö|we [-lɔ̲̃-, ugs.: -lɔ̣ŋ-, österr.: -lo̲n-] *m. 11* eleganter, etwas oberflächl. Mann der Gesellschaft
Sa|lon|mu|sik [-lɔ̲̃-, ugs.: -lɔ̣ŋ-, österr.: -lo̲n-] *f. 10* gefällige Unterhaltungsmusik
Sa|lon|ti|ro|ler [-lɔ̲̃-, ugs.: -lɔ̣ŋ-, österr.: -lo̲n-] *m. 5* Stutzer in Gebirgstracht
Sa|lon|wa|gen [-lɔ̲̃-, ugs.: -lɔ̣ŋ-, österr.: -lo̲n-] *m. 7* luxuriös ausgestatteter Eisenbahnwagen
Sa|loon [səlu̲n, amerik.] *m. 9* Bar im Wildweststil
sa|lọpp [frz.] nachlässig, bequem (Kleidung), ungezwungen (Ausdrucksweise)
Sal|pe̲|ter [lat.] *m. 5 Sammelbez. für* natürlich vorkommende oder künstlich hergestellte Alkalimetallsalze der Salpetersäure
sal|pe̲|te|rig s. **sal|pe̲|trig**
Sal|pe̲|ter|säu|re *f. 11 nur Sg.* starke, einwertige Mineralsäure
sal|pe̲|trig *auch:* **sal|pe̲t|rig**; salpetrige Säure: schwache, einwertige Säure
Sal|pin|gi̲|tis [griech.] *f. Gen. - Pl. -ti̲|den* Eileiterentzündung
Sạl|pinx *f. Gen. - Pl. -pi̲n|gen* **1.** altgriech. Signaltrompete aus Bronze oder Eisen; **2.** trichterförmig erweiterte Röhre, z. B. Ohrtrompete, Eileiter
Sạl|sa [span.] *f. 11, nur Sg.*, lateinamerik. Rockmusik
Sạl|se [lat.] *f. 11* **1.** *veraltet:* salzige Soße; **2.** Schlammsprudel (in Erdölgebieten)
Sal|si̲z *n. 2* Wurstspezialität aus Graubünden
SALT [sɔ̱lt] *Abk. für* Strategic Arms Limitation Talks: *früher* Verhandlungen (zwischen den USA und der ehem. UdSSR) über die Begrenzung strateg. Waffen
Sạl|ta [ital.] *n. Gen. -s nur Sg.* ein Brettspiel
Sal|ta|rẹl|lo *m. Gen. -s Pl. -li* **1.** ital. Springtanz; **2.** Teil der Lautensuite

Sal|ta̲|to *n. Gen. -(s) Pl. -s oder -ti, Mus.:* Spiel mit springendem Bogen
Sạl|to *m. Gen. -s Pl. -s oder -ti* Überschlag in der Luft
Sạl|to mor|ta̲|le *m. Gen. - - Pl. - - oder -ti -li* »Todessprung«, mehrfacher Salto
sa̲|lü! [auch: -lü̲] *ugs. schweiz. Grußformel*
Sa|lu̲t [lat.] *m. 1* militär. Ehrengruß (durch Abfeuern einer Salve von Schüssen); Salut schießen
sa|lu|ti̲e̲|ren *intr. 3* militärisch grüßen
Sal|va|do|ri|a̲|ner [-va-] *m. 5* Einwohner von El Salvador
Sal|va|ti|o̲n [-va-, lat.] *f. 10, veraltet:* Rettung
Sal|va|tion Ar|my [sælve̲ɪʃn a̲rmi, engl.] *f. Gen. - - nur Sg., engl. Bez. für* Heilsarmee
Sal|va|tor [-va̲-] *m. 13 nur Sg.* Retter, Erlöser, Heiland
Sal|va|to|ri|a̲|ner [-va-] *m. 5* Angehöriger einer kath. Priesterkongregation
sạl|va ve|nia [-va ve̲-] (*Abk.:* s. v.) *veraltet:* mit Erlaubnis, mit Verlaub (zu sagen)
sạl|ve! [-ve:] sei gegrüßt!
Sạl|ve [-və] *f. 11* gleichzeitiges Abfeuern mehrerer Feuerwaffen
sal|vie|ren [-vi̲-] *tr. 3, veraltet:* retten, in Sicherheit bringen; sich s.
sạl|vo ti̲|tu|lo [-vo: -] (*Abk.:* S.T.) *veraltet:* mit Vorbehalt des richtigen Titels
Sa̲l|wei|de *f. 11* eine Weidenart
Sạlz *n. 1*
Sạlz|burg 1. Hauptstadt des Landes S.; **2.** Land in Österreich
Sạlz|bur|ger *m. 5*
sạlz|bur|gisch
sạl|zen *tr.*, salzte, gesalzen; gesalzene Rechnung *übertr., ugs.:* hohe Rechnung
Sạlz|ge|halt *m. 1*
Sạlz|he|ring *m. 1*
sạl|zig
Sạlz|kam|mer|gut *n. Gen. -s nur Sg.* Landschaft in Österreich
Sạlz|la|ke *f. 11*
Sạlz|le|cke *f. 11* Stelle im Wald, wo Salz für das Wild ausgestreut ist
sạlz|los
Sạlz|pfan|ne *f. 11, in Trockengebieten:* salzhaltige, nur bei Regen mit Wasser gefüllte Bodensenke
Sạlz|pflan|ze *f. 11* auf salzhaltigem Boden gedeihende Pflanze, Halophyt

Salz|säu|le *f. 11, in der Wendung* zur S. erstarren (vor Schreck o. Ä.)
Salz|säu|re *f. 11 nur Sg.*
Salz|see *m. 11*
Salz|sie|der *m. 2, veraltet:* Salzwerker
Salz|so|le *f. 11* salzhaltiges Wasser, aus dem Kochsalz gewonnen wird
Salz|step|pe *f. 11*
Salz|stra|ße *f. 11* alte Verkehrsstraße für den Salzhandel
Salz|wüs|te *f. 11*
Sä|mann *m. 4*
Sa|ma|ri|ta|ner *m. 5* Einwohner der Landschaft Samaria in Palästina
sa|ma|ri|ta|nisch
Sa|ma|ri|ter *m. 5* **1.** *in der lutherischen Bibelübersetzung für* Samaritaner; der barmherzige Samariter; **2.** *übertr.:* freiwilliger Krankenpfleger
Sa|ma|ri|ter|dienst *m. 1*
Sa|ma|ri|um [nach dem Mineral Samarskit] *n. Gen.* -s *nur Sg.* (*Zeichen:* Sm) chem. Element
Sa|mar|kand **1.** Stadt in Usbekistan; **2.** *m. 9* handgeknüpfter Teppich mit Medaillonmuster
Sa|mar|skit *auch:* **Sa|mars|kit** [nach dem russ. Mineralogen Samarski] *m. 1* ein Mineral
Sä|ma|schi|ne *f. 11*
Sam|ba [afrik.-port.] *f. 9, ugs. und österr.: m. 9* ein Gesellschaftstanz
Sam|bia, *engl. amtl.:* Zambia, Staat im südl. Afrika
Sam|bi|er *m. 5*
sam|bisch
Sam|bo *m. 9* s. **Zam|bo**
Sa|me *m. 15, poet. für* Samen
Sa|men *m. 7*
Sa|men|bank *f. 10*
Sa|men|er|guss (*alt:* Sa|men|er|guß) *m. 2* Ejakulation
Sa|men|fa|den *m. 8*
Sa|men|fluss (*alt:* Sa|men|fluß) *m. 2* unwillkürl. Abgang von Samen aus der Harnröhre ohne geschlechtl. Erregung
Sa|men|pflan|ze *f. 11* Blütenpflanze, Phanerogame
Sa|men|zel|le *f. 11*
Sä|me|rei *f. 10* Pflanzensamen, Saatgut
Sa|mi|el *m. Gen.* -s *nur Sg., dt. u. jüd. Myth.:* Teufel, böser Geist
...sa|mig *in Zus.*, z. B. nacktsamig, bedecktsamig
sä|mig dickflüssig
Sä|mig|keit *f. 10 nur Sg.*
sa|misch aus Samos stammend, zu Samos gehörig
sä|misch mit Öl, Fisch- oder Robbentran gegerbt
Sä|misch|ger|ber *m. 5*
Sä|misch|le|der *n. 5* sämisch gegerbtes, weiches Ziegen-, Gäms-, Schafs- oder Hirschleder
Sam|is|dat *auch:* **Sa|mis|dat** [russ. Kurzwort »Selbstverlag«] *m. Gen.* (-s) *nur Sg., Bez. für* Untergrundliteratur in der ehem. UdSSR
Sa|mi|sen [-sɛn, jap.], Scha|mi|sen *f. Gen.* - *Pl.* - jap. Gitarre mit drei Saiten, die mit einem Kiel angerissen werden
Sam|land *n. Gen.* -es *nur Sg.* Halbinsel zwischen Frischem und Kurischem Haff
Sam|län|der *m. 5*
sam|län|disch
Säm|ling *m. 1* aus Samen gezogene junge Pflanze
Sam|mel|an|schluss (*alt:* Sam|mel|an|schluß) *m. 2* gemeinsamer Telefonanschluss für mehrere Teilnehmer
Sam|mel|band *m. 2* Buch mit verschiedenen Beiträgen eines oder mehrerer Autoren
Sam|mel|be|cken *n. 7*
Sam|mel|be|griff *m. 1*
Sam|mel|de|pot [-po:] *n. 9* Depot einer Bank, in dem Wertpapiere verschiedener Besitzer aufbewahrt werden
Sam|mel|fahr|schein *m. 1* Fahrschein für eine Personengruppe
Sam|mel|lei|den|schaft *f. 10 nur Sg.*
Sam|mel|lin|se *f. 11* Konvexlinse; *Ggs.:* Zerstreuungslinse
Sam|mel|map|pe *f. 11*
sam|meln *tr. 1;* ich sammele, sammle es; sich s.: sich auf etwas konzentrieren, seine Gedanken zusammennehmen
Sam|mel|na|me *m. 15*
Sam|mel|num|mer *f. 11* Telefonnummer für mehrere Anschlüsse eines Teilnehmers
Sam|mel|platz *m. 2*
Sam|mel|schie|ne *f. 11, Elektr.:* Leiterstück zum Sammeln der über mehrere Leitungen zugeführten elektr. Energie für gemeinsamen Weitertransport
Sam|mel|stel|le *f. 11*
Sam|mel|su|ri|um *n. Gen.* -s *Pl.* -ri|en, *ugs.:* Menge der verschiedensten Dinge
Sam|mel|trans|port *m. 1* gemeinsamer Transport (Personen, Tiere, Güter)
Sam|mel|werk *n. 1* Buch mit Beiträgen versch. Autoren, meist über dasselbe Thema
Sam|met *m. 1, veraltet für* Samt; in Sammet und in Seide
Samm|ler *m. 5*
Samm|lung *f. 10*
Sa|moa Inselgruppe im Pazifik (Westsamoa und Amerik.-Samoa)
Sa|mo|a|ner *m. 5*
sa|mo|a|nisch
Sa|mo|je|de *m. 11* Angehöriger einer mongoloiden uralischen Völkergruppe, Nenze
Sa|mos **1.** griech. Insel; **2.** *m. Gen.* - *Pl.* - Wein von der Insel Samos
Sa|mo|war [auch: sa-, russ.] *m. 1* russ. Teemaschine aus Kupfer oder Messing
Sam|pan [chin.] *m. 9* chin. Wohnboot
sam|peln [samp(ə)ln, engl.] *tr. 1,* ich sample; opt. und akust. Material zu einem neuen Kunstwerk zusammenschneiden
Sam|ple *auch:* **Samp|le** [sampl̩ə] *n. 9, Statistik:* repräsentative Teilmenge, repräsentative Gruppe
Sam|pler [samplə(r)] *m. 5* Auswahl-CD, Zusammenstellung von Stücken, z. B. einer Musikrichtung
Sams|tag *m. 1* (*Abk.:* Sa) Sonnabend; vgl. Dienstag

Samstagabend: Die Bildung aus zwei Substantiven schreibt man zusammen: *am Samstagabend, an diesem/jedem Samstagabend, diesen/jeden Samstagabend, eines Samstagabends.* § 37 (1) Adverb: *samstagabends;* auch: *samstags abends.* § 56 (3)

Sams|tag|a|bend *m. 1*
sams|tags vgl. dienstags
samt *mit Dat.:* zusammen mit, einschließlich; das ganze Haus samt (seinem) Inventar; samt und sonders: alle(s) zusammen
Samt *m. 1* Gewebe mit dichter, feiner, weicher Flordecke
sam|ten aus Samt
Samt|ge|mein|de *f. 11, Kurzwort für* Gesamtgemeinde (Großgemeinde)
Samt|hand|schuh *m. 1, nur in der Wendung* jmdn. mit Samthand-

S

schuhen anfassen (müssen): jmdn. vorsichtig behandeln (müssen)
sam|tig wie Samt

sämtliche: Das Zahlwort wird vor einem folgenden Substantiv und in prädikativer Stellung kleingeschrieben: *sämtliche Gäste; sie waren sämtlich erschienen.* Ein folgendes Adjektiv wird, analog zu *der/die/das*, schwach flektiert: *sämtliches angesparte Geld, mit sämtlichem erarbeiteten Material.* Ebenso im Plural: *sämtliche guten Ergebnisse.*

sämt|lich alle; sämtliche, sämtliches; ich habe die Briefe s. aufgehoben, die Arbeiten s. erledigt; sämtliches vorhandene Geld; mit sämtlichem vorhandenen Geld; sämtliche neue Bücher; die Titel sämtlicher neuer *oder:* neuen Bücher; mit sämtlichen neuen Büchern; sämtliche Angestellte *oder:* Angestellten; die Namen sämtlicher Angestellter *oder:* Angestellten
Samt|pföt|chen *n. 7*
samt|weich
Sa|mu|el männl. Vorname
Sa|mum [arab.] *m. 1* heißer Wüstenwind in Nordafrika und Vorderasien
Sa|mu|rai [jap.] *m. 9 oder Gen. - Pl. -, früher:* schwerttragender Angehöriger des jap. Kriegeradels
San [ital., span.] (*Abk.:* S.) *vor ital. und span. männl. Heiligennamen und davon abgeleiteten Ortsnamen, die mit einem Konsonanten beginnen (ital. außer Sp und St, span. außer Do und To):* der heilige, z. B. San Pietro; vgl. Sant', Santa, Santo
Sa|na|to|ri|um [lat.] *n. Gen. -s Pl. -ri|en* Heilstätte, Genesungsheim
San|cho Pan|sa [-tʃo -, nach dem Knappen des Don Quichotte in Cervantes' gleichnamigem Roman] *m. Gen. - - Pl. - -s* derber, pfiffiger, wirklichkeitsnaher Mensch
Sanc|ta [lat.] *weibl. Form von* Sanctus
Sanc|ta Se|des *f. Gen. - - nur Sg.* **1.** *lat. Bez. für* Heiliger Stuhl; **2.** *übertr.:* Papst und päpstl. Gewalt
sanc|ta sim|pli|ci|tas! heilige Einfalt! (Ausruf angesichts einer von jmdm. begangenen Torheit)
Sanc|ti|tas *f. Gen. - nur Sg.* Heiligkeit (Titel des Papstes)
Sanc|tus **1.** *lat. Bez. für* Sankt; **2.** [nach dem Anfangswort des Lobgesangs] *n. Gen. - Pl. -* Lobgesang der kath. Messe
Sand *m. 1*
Sand|aal *m. 1* ein Fisch
San|da|le [pers.-lat.] *f. 11* leichter, durch Riemchen zusammengehaltener Schuh
San|da|let|te *f. 11* leichte Sommersandale für Damen
San|da|rak [Sanskrit-frz.] *m. 1 nur Sg.* Harz einer trop. Zypresse für Lack, Kitt u. a.
Sand|bahn|ren|nen *n. 7*
Sand|bank *f. 2*
Sand|blatt *n. 4* eine Sorte von Tabakblättern
Sand|dorn *m. 1* ein dorniger Strauch mit vitaminreichen Früchten, Stranddorn
San|del|baum [Sanskrit-ital.] *m. 2* ein indomalaiischer Laubbaum
San|del|holz *n. 4 nur Sg.* wohlriechendes Holz des Sandelbaumes (für Schnitzarbeiten und Räuchermittel)
San|del|holz|öl *n. 1* rosenartig duftendes Öl aus dem Kernholz des Sandelbaumes
san|deln *intr. 1* **1.** mit Sand spielen; **2.** *österr.:* faulenzen, bummeln
sand|far|ben beige
Sand|floh *m. 2* an Menschen und Tieren schmarotzender Floh
Sand|ho|se *f. 11* von einem Wirbelsturm trichterförmig hochgerissener Sand
san|dig
San|di|nist *m. 10* Angehöriger der sozialist. Partei Nicaraguas
Sand|ler *m. 9, österr.:* Landstreicher
Sand|mann *m. 4,* **Sand|männ|chen** *n. 7* eine Märchengestalt
Sand|pa|pier *n. 1* mit Leim bestrichenes und mit Sand bestreutes Papier zum Schleifen
San|dra *auch:* **Sand|ra** weibl. Vorname, *Kurzform von* Alexandra
San|dro *auch:* **Sand|ro** männl. Vorname, *Kurzform von* Alexander
Sand|sack *m. 2*
San|dschak *auch:* **Sand|schak** [türk.] *m. 9* **1.** *früher:* türk. Standarte als Hoheitszeichen; **2.** ehemaliger türkischer Verwaltungsbezirk
Sand|stein *m. 1*
sand|strah|len *tr. 1;* ein Werkstück s.: mit Sandstrahlgebläse bearbeiten; ich habe es gesandstrahlt
Sand|strahl|ge|blä|se *n. 5* Gerät zum Reinigen oder Entrosten harter Oberflächen, aus dem durch Druckluft Sand herausgeschleudert wird
Sand|sturm *m. 2*
Sand|uhr *f. 10*
Sand|wich [sændwitʃ, engl.: sænwɪtʃ] *n. Gen. -es Pl. -es* belegte doppelte Weißbrotschnitte
Sand|wüs|te *f. 11*
San Fran|cis|co, *Kurzwort:* Frisco, Stadt in den USA
sanft
Sänf|te *f. 11* von zwei Trägern getragener Tragstuhl
Sänf|ten|trä|ger *m. 5*
Sanft|heit *f. 10 nur Sg.*
sänf|tig|lich *veraltet, poet. für* sanft
Sanft|mut *f. Gen. - nur Sg.*
sanft|mü|tig
Sang *m. 2, nur noch in der Wendung* mit Sang und Klang; vgl. sanglos
sang|bar leicht, gut zu singen, sanglich
Sän|ger *m. 5*
San|ges|bru|der *m. 6* jemand, der dem gleichen Gesangverein angehört
San|ges|lust *f. Gen. - nur Sg.*
san|ges|lus|tig
sang|lich leicht, gut zu singen
Sang|lich|keit *f. 10 nur Sg.*
sang|los *nur in der Wendung* sang- und klanglos: ohne Aufhebens, unbemerkt
San|gria *auch:* **Sang|ria** *f. 9* span. Getränk
San|gu|i|ni|ker [lat.] *m. 5* Mensch mit heiterem Temperament
san|gu|i|nisch
San|he|drin *auch:* **San|hed|rin** *m. 1 nur Sg., hebr. Form von* Synedrium
sa|nie|ren [lat.] *tr. 3* **1.** gesund machen, heilen; **2.** alte Stadtteile s.: in alten Stadtteilen gesunde, hygienisch einwandfreie Lebensverhältnisse schaffen; **3.** einen Betrieb s.: wieder leistungsfähig machen, seine finanziellen Verhältnisse aufbessern oder ordnen; **4.** sich s.: seinen Gewinn (bei etwas) finden
Sa|nie|rung *f. 10*
sa|ni|tär der Gesundheit, Hygiene dienend; sanitäre Anlagen: Kanalisation, Toiletten usw.

sa|ni|ta|risch *schweiz. für* sanitär
Sa|ni|tät *f. 10 nur Sg., schweiz.:* Kriegssanitätswesen
Sa|ni|tä|ter *m. 5* in der ersten Hilfe ausgebildeter Krankenpfleger
Sa|ni|täts|au|to *n. 9* Krankenwagen, *ugs.:* Sank(r)a
Sa|ni|täts|be|hör|de *f. 11* Gesundheitsamt
Sa|ni|täts|dienst *m. 1* Krankendienst
Sa|ni|täts|hund *m. 1* Hund, der auf die Rettung Ertrinkender oder Verschütteter dressiert ist
Sa|ni|täts|kas|ten *m. 8* Verbandskasten, Haus-, Reiseapotheke
Sa|ni|täts|rat *m. 2* (*Abk.:* San.-Rat)
Sa|ni|täts|sol|dat *m. 10*
Sa|ni|täts|wa|gen *m. 7*
Sa|ni|täts|we|sen *n. 7 nur Sg.*
Sa|ni|täts|zug *m. 2* Lazarettzug
San|ka, San|kra *m. 7, Kurzwort für* Sanitätsauto, -wagen

Sankt/St.: Den in Bezeichnungen von Kirchen, Heiligen- oder Ortsnamen vorkommenden Bestandteil *Sankt* (*Sankt Augustinus*), abgekürzt *St.* (*St. Augustinus*), schreibt man nach den Regeln der Sprache, aus denen der Ausdruck übernommen wird: *Sankt Augustinus* (lat.), *San Giuseppe* (ital.), *Santo Spirito* (ital.), *San Bernardo* (span.), *Santo Domingo* (span.), *Saint Paul* (frz.), *Sao Francisco* (port.) usw.

Sankt [lat.] (*Abk.:* St.) *vor dt. männl. und weibl. Heiligennamen und davon abgeleiteten Ortsnamen:* der, die Heilige, *aber:* die heilige Ursula usw., z. B. Sankt Andreas, St. Andreas; Sankt Andreasberg, St. Andreasberg; Sankt-Lorenz-Strom; Sankt-Peters-Kirche, St.-Peters-Kirche
Sankt-Bern|hard-Pass (*alt:* Sankt-Bern|hard-Paß) *m. 2* Name zweier Alpenpässe: Kleiner, Großer St.-Bernhard-Pass
Sankt-Elms-Feu|er, St.-Elms-Feuer *n. 5* elektrische Entladung an spitzen, hohen Gegenständen (z. B. Masten, Turmspitzen), Büschellicht
Sankt Gal|len, St. Gal|len **1.** Hauptstadt des Kantons St. Gallen; **2.** schweiz. Kanton; Sankt-Galler *oder:* St.-Galler *oder:* Sankt Galler *oder:* Sankt Gallener Handschrift
Sankt-Gott|hard-Pass (*alt:* Sankt-Gott|hard-Paß) *m. Gen. - -(s) nur Sg.* ein Alpenpass
Sankt He|le|na, St. He|le|na Insel im Atlant. Ozean
Sank|ti|fi|ka|ti|on [lat.] *f. 10* Heiligsprechung
sank|ti|fi|zie|ren *tr. 3* heilig sprechen
Sank|ti|on *f. 10* **1.** Anerkennung, Erteilung der Gesetzeskraft; **2.** Zwangsstrafmaßnahmen
sank|ti|o|nie|ren *tr. 3* bestätigen, Gesetzeskraft erteilen
Sank|ti|o|nie|rung *f. 10*
Sank|tis|si|mum *n. Gen. -s nur Sg., kath. Kirche:* Allerheiligstes, geweihte Hostie
Sankt-Lo|renz-Strom *m. 2 nur Sg.* Fluss in Nordamerika
Sankt-Mi|cha|e|lis-Tag *m. 1* der 29. September
Sankt-Nim|mer|leins-Tag *m. 1*
Sankt Pau|li Stadtteil von Hamburg
Sankt Pe|ters|burg, St. Pe|tersburg, *seit 1991 wieder für* Leningrad, russ. Stadt
Sank|tu|ar *n. 1,* **Sank|tu|a|ri|um** *n. Gen. -s Pl. -ri|en* **1.** Heiligtum; **2.** *kath. Kirche:* Altarraum; **3.** Reliquienschrein
San Ma|ri|no **1.** Republik auf der Apenninenhalbinsel; **2.** deren Hauptstadt
San-Ma|ri|ne|se (*alt:* San|ma|ri|nese) *m. 11*
san-ma|ri|ne|sisch (*alt:* san|ma|rine|sisch)
San Sal|va|dor [-va-] Hauptstadt von El Salvador
Sans|cu|lot|te [sã(s)ky-, frz. »ohne (Knie-)Hose«] *m. 11* Spottname für die revolutionären Proletarier in der Frz. Revolution, da sie keine Kniehosen (Culottes) trugen wie die höheren Stände, sondern lange Hosen (Pantalons)
San|se|vi|e|ria [-vi-, nach dem Fürsten von San Severo (Süditalien)], **San|se|vi|e|rie** [-vieriə] *f. Gen. - Pl. -ri|en* ein Liliengewächs, Zierpflanze
Sans|krit *auch:* **Sansk|rit** [altind.] *n. Gen. -s nur Sg.* altind. Literatursprache
sans|kri|tisch *auch:* **sansk|ri|tisch**
Sans|kri|tist *auch:* **Sansk|ri|tist** *m. 10* Kenner des Sanskrits
Sans|sou|ci [sãsusi, frz. »ohne Sorge«] Name eines Rokokoschlosses in Potsdam
Sant' [ital.] (*Abk.:* S.) *vor ital. männl. und weibl. Heiligennamen und davon abgeleiteten Ortsnamen, die mit einem Vokal beginnen:* der, die Heilige; *aber:* der heilige Angelos usw., z. B. Sant' Angelo, Sant' Agata; vgl. San, Santa, Santo
San|ta (*Abk.* ital.: S., span., port.: Sta.) *vor ital., span. und port. weibl. Heiligennamen und manchen Ortsnamen, die mit einem Konsonanten beginnen:* die Heilige; *aber:* die heilige Clara usw., z. B. Santa Clara, Santa Cruz; vgl. Sant', Santo, San
San|te *Pl.* (*Abk.:* SS.) *vor ital. weiblichen Heiligennamen:* die Heiligen; *aber:* die heiligen Maria und Magdalena usw., z. B. Sante Maria e Maddalena
San|ti *Pl.* (*Abk.:* SS.) *vor ital. männlichen Heiligennamen:* die Heiligen; *aber:* die heiligen Peter und Paul usw., z. B. Santi Pietro e Paolo, Santi Apostoli
San|ti|a|go de Chi|le [- - tʃile] Hauptstadt von Chile
San|to (*Abk.:* S.) *vor ital., span. und port. männl. Heiligennamen und davon abgeleiteten Ortsnamen, die mit St oder Sp (ital.) bzw. mit Do oder To (span.) oder mit Vokal (portug.) beginnen:* der Heilige; *aber:* der heilige Stephan usw., z. B. Santo Stefano, Santo Spirito, Santo Domingo, Santo Tomàs, Santo André; vgl. San, Sant', Santa
São [sau, port.] (*Abk.:* S.) *vor port. männl. Heiligennamen und davon abgeleiteten Ortsnamen, die mit einem Konsonanten beginnen;* der Heilige; *aber:* der heilige Paul(us) usw., z. B. São Paolo; vgl. San, Santo, Santa
São Pau|lo [sau -] Stadt in Brasilien
São To|mé und Prín|ci|pe [sau tome - prınsıpə] Inselstaat vor der Westküste Afrikas
Sa|phir [auch: -fir, hebr.-lat.] *m. 1* ein Mineral, Edelstein
sa|pi|en|ti sat [lat. »dem Weisen (ist es) genug«] für den Eingeweihten ist keine weitere Erklärung nötig
Sa|pi|ne [frz.] *f. 11,* **Sap|pel** *m. 5, österr.:* Werkzeug zum Wegziehen gefällter Bäume
Sa|po|nin *n. 1* ein Glukosid, Reinigungs- und Arzneimittel

S

Sap|pe [frz.] *f. 11, früher:* Laufgraben im Stellungskrieg
sap|per|lot! *Nebenform von* sackerlot!
sap|per|ment! *Nebenform von* sackerment!
Sap|peur [-pør, frz.] *m. 1, früher:* Soldat für den Sappenbau
sap|phisch [zapfiʃ oder zafiʃ] von der altgriech. Dichterin Sappho stammend, in der Art der Sappho; sapphische Liebe: Homosexualität zwischen Frauen, lesbische Liebe; sapphische Strophe: Strophe aus drei elfsilbigen Versen und einem abschließenden fünfsilbigen Vers

♦ Die Buchstabenfolge **sa|pr...** kann in Fremdwörtern auch **sap|r...** getrennt werden.

♦ **Sa|pro|bie** [-bjə, griech.] *f. 11,* **Sa|pro|bi|ont** *m. 10* in faulenden Stoffen lebendes tierisches oder pflanzliches Lebewesen (Amöben, Infusion)
♦ **sa|pro|bisch** in der Art der Saprobien
♦ **sa|pro|gen** Fäulnis erregend
♦ **Sa|pro|pel** *n. 1* Faulschlamm
♦ **Sa|pro|pha|ge** *m. 11* von faulenden Stoffen lebendes Tier
♦ **sa|pro|phil** von faulenden Stoffen lebend
♦ **Sa|pro|phyt** *m. 10* von faulenden Stoffen lebende Pflanze
Sa|ra, Sa|rah weibl. Vorname
Sa|ra|ban|de [frz.: -bãd] *f. 11* **1.** *17./18. Jh.:* ernster, ruhiger frz. Gesellschaftstanz; **2.** Satz der Suite
Sa|ra|je|vo [-vo] Hauptstadt von Bosnien-Herzegowina
Sa|ra|ze|ne [arab.] *m. 11, MA* **1.** *Bez. für* Araber; **2.** *Bez. für* Muslim
Sar|de *m. 11* Einwohner von Sardinien, Sardinier
Sar|del|le [ital.] *f. 11* ein Heringsfisch
Sar|di|ne [griech.] *f. 11* ein Heringsfisch, Jugendform des Pilchards
Sar|di|nen|ga|bel *f. 11* kleine Gabel mit zwei Zinken
Sar|di|ni|en ital. Insel
Sar|di|ni|er *m. 5* Sarde
sar|di|nisch, sar|disch
sar|do|nisch [nach dem Giftkraut Sardonia] krampfhaft; sardonisches Lachen: krampfhaftes Lachen; *Med.:* scheinbares Lachen bei krankhafter Gesichtsverzerrung
Sard|o|nyx *auch:* **Sar|do|nyx** [griech.] *m. 1* ein Mineral, ein Onyx
Sarg *m. 2*
Sa|ri [Sanskrit] *m. 9* kunstvoll gewickeltes, auch den Kopf verhüllendes indisches Frauengewand
Sar|kas|mus [griech.] **1.** *m. Gen. - nur Sg.* bitterer Spott; **2.** *m. Gen. - Pl.* -men sarkast. Äußerung
sar|kas|tisch bitter spöttisch
Sar|kom [griech.] *n. 1,* **Sar|ko|ma** *n. Gen.* -s *Pl.* -ma|ta bösartige Bindegewebsgeschwulst
sar|ko|ma|tös in der Art eines Sarkoms
Sar|ko|phag *m. 1* prunkvoller Sarg, Steinsarg
Sa|rong [mal.] *m. 9* bunter, gewickelter indones. Frauenrock
Sar|rass (*alt:* Sar|raß) [poln.] *m. 1* Säbel mit schwerer Klinge
Sar|se|nett [mlat.-engl.] *m. 1* dichter Futterstoff aus Baumwolle
Sar|tre *auch:* **Sart|re** [satrə], *Jean-Paul* frz. Philosoph und Schriftsteller
Sa|scha männl. und weibl. Vorname, *Kurzform von* Alexander bzw. Alexandra
Sas|kia weibl. Vorname
Sass (*alt:* Saß) *m. Gen.* Sas|sen *Pl.* Sas|sen s. **Sas|se** (1)
Sa|sa|ni|de *m. 11* s. **Sas|sa|ni|de**
Sas|sa|fras *auch:* **Sas|saf|ras** [lat.-span.] *m. Gen. - Pl. -*
Sas|sa|fras|baum *auch:* **Sas|saf|ras|baum** *m. 2* nordamerik. Baum, aus dessen Wurzel ein äther. Öl gewonnen wird
Sas|sa|ni|de, Sa|sa|ni|de *m. 11* Angehöriger eines persischen Herrschergeschlechts
sas|sa|ni|disch
Sas|se **1.** *m. 11, veraltet:* Grundbesitzer, Sass; **2.** *f. 11, Jägerspr.:* Lager (des Hasen)
SAT 1 Name eines privaten Fernsehprogramms
Sa|tan [griech.] *m. 1* **1.** Teufel, Widersacher Gottes; **2.** *übertr.:* boshafter, grausamer Mensch
Sa|ta|nas *m. 1, kirchenlat. Form von* Satan (1)
sa|ta|nisch teuflisch
Sa|ta|nist *m. 10* Teufelsverehrer
Sa|tans|bra|ten *m. 7, ugs.:* durchtriebener Kerl, Schlingel, Teufelsbraten
Sa|tans|kerl *m. 1* **1.** böser, grausamer Mensch; **2.** Draufgänger, verwegener Mensch
Sa|tans|weib *n. 3, ugs.:* niederträchtiges, böses Weib, Teufelsweib
Sa|tel|lit [lat.] *m. 10* **1.** einen Planeten umkreisender Himmels- oder künstl. Raumkörper; **2.** *abwertend:* ständiger, bevormundeter Begleiter, ergebener Gefolgsmann, Trabant
Sa|tel|li|ten|bild *n. 3, Meteor.:* Satellitenfoto
Sa|tel|li|ten|fern|se|hen *n. Gen.* -s *nur Sg.*
Sa|tel|li|ten|staat *m. 12* formal selbständiger, in Wirklichkeit aber von einer Großmacht abhängiger Staat
Sa|tel|li|ten|stadt *f. 2* Trabantenstadt
Sa|tel|li|ten|ü|ber|tra|gung *f. 10* Fernsehübertragung über Satelliten
Sa|tem|spra|chen *Pl., früher Bez. für* die idg. Sprachen, die das Wort »hundert« nach iran. »satem« bilden; vgl. Kentumsprachen
Sa|ter|tag *m. 1, westfäl., ostfries.:* Sonnabend
Sa|tie [sati], *Erik* frz. Komponist
Sa|tin [-tɛ̃, arab.-frz.] *m. 9* atlasähnlicher Stoff
Sa|ti|na|ge [-ʒə] *f. 11* Glättung (von Papier, Stoff)
Sa|ti|né|pa|pier [-ne-], Sa|tin|papier *n. 1* Papier mit glänzender, glatter Oberfläche
sa|ti|nie|ren *tr. 3* glätten (Stoff, Papier)
Sa|ti|nier|ma|schi|ne *f. 11,* **Sa|ti|nier|pres|se** *f. 11*
Sa|tin|pa|pier [-tɛ̃-] *n. 1* s. **Sa|ti|né|pa|pier**
Sa|ti|re [lat.] *f. 11* mit Ironie und scharfem Spott menschl. Schwächen und Laster geißelnde Dichtung
Sa|ti|ri|ker *m. 5* **1.** Satirendichter; **2.** Spötter
sa|ti|risch
Sa|tis|fak|ti|on [lat.] *f. 10* Genugtuung (durch Ehrenerklärung oder Duell)
Sa|trap *auch:* **Sat|rap** [pers.] *m. 10, im alten Persien:* Provinzstatthalter
Sa|tra|pie *auch:* **Sat|ra|pie** *f. 11* von einem Satrapen verwaltete Provinz

S

Sat|su|ma [nach der früheren jap. Provinz Satsuma] *f. Gen. - Pl.* -s eine kernlose Mandarine
satt; satte Farben; etwas satt bekommen, haben; ich bin es satt, habe es satt; sich satt essen; sich (an etwas) satt sehen, hören; satt sein
satt|blau
Sat|te *f. 11, norddt.:* flache Schüssel (bes. für Milch)
Sat|tel *m. 6;* in allen Sätteln gerecht sein *übertr.:* auf allen Gebieten Bescheid wissen
Sat|tel|dach *n. 4*
sat|tel|fest *meist übertr.:* sicher, bewandert (auf einem Gebiet)
Sat|tel|kraft|fahr|zeug *n. 1*
sat|teln *tr. 1*
Sat|tel|pferd *n. 1* das im Gespann links gehende Pferd; *Ggs.:* Handpferd
Sat|tel|schlep|per *m. 5*
Sat|tel|zeug *n. 1 nur Sg.* Sattel und Zubehör
satt|gelb
satt|grün
Satt|heit *f. 10 nur Sg.*
sät|ti|gen *tr. 1;* gesättigte Lösung: chem. Lösung, der so viel von einer Substanz zugegeben worden ist, wie sie maximal lösen kann
Sät|ti|gung *f. 10 nur Sg.*
Sät|ti|gungs|grad *m. 1*
Satt|ler *m. 5*
Satt|le|rei *f. 10*
satt|rot
satt|sam genügend; es ist s. bekannt, dass …
Sa|tu|ra|ti|on [lat.] *f. 10* **1.** *Chem.:* Sättigung, Neutralisierung; **2.** Verfahren bei der Zuckerproduktion
sa|tu|rie|ren *tr. 3* **1.** *Chem.:* sättigen, neutralisieren; **2.** jmdn. s.: jmds. Ansprüche befriedigen, jmdn. wirtschaftl. befriedigen
sa|tu|riert *abwertend:* satt
Sa|turn **1.** Sa|tur|nus urspr. röm. Gott der Saat, später dem griech. Kronos gleichgesetzt; **2.** *m. Gen.* -s *nur Sg.* ein Planet
Sa|tur|na|li|en *Pl.* altrömisches Fest zu Ehren des Saturn
sa|tur|nisch
Sa|turn|ra|ke|te *f. 11* von der amerik. Raumfahrtbehörde für die bemannte Mondlandung entwickelte Rakete
Sa|tur|nis|mus *m. Gen. - nur Sg.* Bleivergiftung
Sa|tur|nus s. **Sa|turn** (1)

Sa|tyr [griech.] *m. Gen.* -s *oder* -n *Pl.* -n **1.** *griech. Myth.:* lüsterner Naturdämon im Gefolge des Dionysos, halb Bock, halb Mensch; **2.** *übertr.:* geiler, grob sinnl. Mensch
Sa|ty|ri|a|sis *f. Gen. - nur Sg.* krankhaft übersteigerter Geschlechtstrieb (beim Mann)
Sa|tyr|spiel *n. 1* altgriech. Posse, bei der Satyrn den Chor bilden
Satz *m. 2*
Satz|aus|sa|ge *f. 11* = Prädikat
Satz|ball *m. 2 nur Sg., Sport:* Punktvorteil, der es ermöglicht, den letzten, zum Gewinn eines Satzes notwendigen Punkt zu erzielen
Satz|bau *m. Gen.* -(e)s *nur Sg.* Bau des Satzes
Satz|bruch *m. 2* = Anakoluth
Sätz|chen *n. 7*
Satz|er|gän|zung *f. 10* = Objekt
Satz|ge|fü|ge *n. 5* aus Hauptsatz und einem oder mehreren Nebensätzen zusammengesetzter Satz
Satz|ge|gen|stand *m. 7* = Subjekt
Satz|glied *n. 3* Satzteil
...sät|zig *in Zus.:* mehrsätziges, viersätziges Musikstück
Satz|leh|re *f. 11 nur Sg.* = Syntax
Satz|spie|gel *m. 5* der bedruckte Teil einer Seite
Satz|teil *m. 1* Teil eines Satzes, z. B. Subjekt, Attribut
Sat|zung *f. 10* schriftlich niedergelegte Rechtsvorschrift, Regel, z. B. Vereinssatzung
sat|zungs|ge|mäß
Satz|ver|bin|dung *f. 10* aus zwei oder mehreren Hauptsätzen zusammengesetzter Satz
Satz|zei|chen *n. 7*
Sau *f. Gen. - Pl.* Säue, *bei Wildschweinen: f. 10*
Sau|ar|beit *f. 10, ugs. derb:* schwere, mühselige Arbeit
sau|ber; sauber sein *ugs.:* kein Rauschgift mehr nehmen; sauber schreiben; sauber halten; sauber machen

sauber halten/machen: Fügungen aus Adjektiv und Verb werden getrennt geschrieben, wenn das Adjektiv steigerbar oder erweiterbar ist: *Sie muss das Haus (peinlich) sauber halten. Sie haben die Wohnung wieder sauber gemacht.* § 34 E3 (3)
Ebenso: *sauber sein.* § 35

sau|ber hal|ten (*alt:* sau|ber|halten) *tr. 61*
Sau|ber|keit *f. 10 nur Sg.*
säu|ber|lich
sau|ber ma|chen (*alt:* sau|ber|machen) *tr. 1*
säu|bern *tr. 1*
Säu|be|rung *f. 10*
Säu|be|rungs|ak|ti|on *f. 10*
sau|blöd, sau|blö|de
Sau|boh|ne *f. 11* große Ackerbohne, Pferdebohne, Puffbohne
Sau|ce [zosə, frz.] *f. 11* s. **So|ße**
Sauce bé|ar|naise [zos bearnɛz] *f. Gen. - - nur Sg.* weiße dickflüssige Soße mit Kräutern
Sauce hol|lan|daise [zos ɔlãdɛz] *f. Gen. - - nur Sg.* weiße dickflüssige Soße
Sau|ci|e|re [zosjerə] *f. 11* Soßenschüssel
sau|cie|ren [zosi-] *tr. 3* mit einer Soße behandeln (Tabak)
Sau|di-A|ra|ber (*alt:* Sau|di|ara|ber) *m. 5*
Sau|di-A|ra|bi|en Staat in Vorderasien
sau|di-a|ra|bisch (*alt:* sau|di|arabisch)
sau|dumm *ugs., derb:* sehr dumm
sau|en *intr. 1* **1.** Junge werfen (vom Schwein); **2.** *ugs., derb:* Schmutz, Flecke machen; **3.** *ugs., derb:* Zoten reißen
sau|er; saure Milch, saurer Hering
Sau|er|amp|fer *m. 5* eine Ampferart, ein Wildgemüse, Säuerling
Sau|er|bra|ten *m. 7*
Sau|er|brun|nen *m. 7* kohlendioxidreiche Heilquelle, Säuerling, Sauerwasser
Sau|er|dorn *m. 1* ein Zierstrauch, Berberitze
Sau|e|rei *f. 10, ugs., derb*
Sau|er|gras *n. 4*
Sau|er|kir|sche *f. 11*
Sau|er|kohl *m. Gen.* -s *nur Sg.*
Sau|er|kraut *n. Gen.* -s *nur Sg.*
Sau|er|land *n. Gen.* -(e)s *nur Sg.* Landschaft in Westfalen
säu|er|lich
Säu|er|lich|keit *f. 10 nur Sg.*
Säu|er|ling *m. 1* **1.** Sauerbrunnen; **2.** Sauerampfer
Sau|er|milch *f. 10 nur Sg.*
säu|ern *tr. u. intr. 1* sauer machen, sauer werden
Sau|er|rahm *m. 1 nur Sg.*
Sau|er|stoff *m. Gen.* -(e)s *nur Sg.* (*Zeichen:* O) chem. Element
sau|er|stoff|arm
Sau|er|stoff|fla|sche *f. 11*

S

Sau|er|stoff|ge|rät *n. 1*
Sau|er|stoff|man|gel *m. 6 nur Sg.*
Sau|er|stoff|mas|ke *f. 11*
sau|er|stoff|reich
sau|er|süß
Sau|er|teig *m. 1* gegorener Hefeteig
Sau|er|topf *m. 2, übertr. ugs.:* mürrischer, verdrießlicher Mensch, Griesgram
sau|er|töp|fisch
Säu|e|rung *f. 10*
Sauf|aus *m. Gen. - Pl. -*, **Sauf|bold** *m. 1* Säufer
sau|fen *intr. u. tr. 103*
Säu|fer *m. 5*
Sau|fe|rei *f. 10*
Säu|fer|wahn|sinn *m. Gen. -s nur Sg.*
Saug|a|der *f. 11* Lymphgefäß
saug|boh|nern *tr. 1* Staub saugen und bohnern (mit demselben Gerät) zugleich
sau|gen **1.** *tr. 104 oder 1;* **2.** *tr. 1* Staub saugen, staubsaugen
säu|gen *tr. 1*
Sau|ger *m. 5*
Säu|ger *m. 5* Säugetier
Säu|ge|tier *n. 1*
saug|fä|hig (von Stoffen)
Saug|fä|hig|keit *f. 10 nur Sg.*
Saug|fla|sche *f. 11*
Saug|he|ber *m. 5*
Saug|kraft *f. 2 nur Sg.*
Säug|ling *m. 1*
Säug|lings|gym|nas|tik *f. 10*
Säug|lings|heim *n. 1*
Säug|lings|pfle|ge *f. 11 nur Sg.*
Säug|lings|schwes|ter *f. 11*
Säug|lings|sterb|lich|keit *f. 10 nur Sg.*
Sau|glück *n. Gen. -s nur Sg., ugs., derb:* großes Glück
Saug|napf *m. 2*
Saug|pum|pe *f. 11*
sau|grob *ugs., derb:* sehr grob
Saug|rohr *n. 1*
Saug|rüs|sel *m. 5*
Saug|wurm *m. 4* ein Plattwurm, Schmarotzer
Sau|hatz *f. 10* Saujagd
Sau|hau|fen *m. 7, ugs., derb:* undisziplinierte Gemeinschaft
Sau|i|gel *m. 5, ugs.:* jmd., der oft unanständige Witze erzählt
sau|i|geln *intr. 1*
säu|isch
Sau|jagd *f. 10*
Sau|käl|te *f. 11 nur Sg., ugs., derb:* große Kälte
Sau|kerl *m. 1* **1.** *vulg.:* gemeiner Kerl; **2.** *auch:* Sauigel

Saul, Sau|lus, urspr. Name des Apostels Paulus; vom Saulus zum Paulus werden *übertr.:* ein besserer Mensch werden
Säul|chen *n. 7*
Säu|le *f. 11*
Säu|len|gang *m. 2*
Säu|len|hal|le *f. 11*
Säu|len|hei|li|ge(r) *m. 18 (17), Altertum und MA:* auf einer Säule lebender christl. Asket
Säu|len|kak|tus *m. Gen. - Pl. -te|en*
Säu|len|ord|nung *f. 10* Eigenart, Stil hinsichtlich Proportionen, Verzierung usw. von Säulen einschließlich des darüber liegenden Gebälks
Sau|lus s. **Saul**
Saum *m. 2* **1.** *veraltet:* Traglast (eines Tieres); **2.** Rand, Einfassung
sau|mä|ßig *ugs., derb:* erbärmlich, sehr schlecht; sehr, ungeheuer
Säum|chen *n. 7*
säu|men **1.** *tr. 1* mit einem Saum versehen; **2.** *intr. 1* zögern
Säu|mer *m. 5* **1.** jmd., der säumt (zögert); **2.** kleines Einzelteil an der Nähmaschine zum Nähen von Säumen; **3.** Saumtier; **4.** Saumtiertreiber
säu|mig **1.** zögernd, langsam; **2.** nachlässig im Zahlen (Schuldner)
Säu|mig|keit *f. 10 nur Sg.*
Säum|nis *f. 1 oder n. 1* Säumen, Zögern, Verspätung
Saum|pfad *m. 1* Gebirgspfad
Saum|sat|tel *m. 6* Sattel für Traglasten
saum|se|lig säumig, nachlässig
Saum|se|lig|keit *f. 10 nur Sg.*
Saum|tier *n. 1* Last-, Tragtier
Sau|na [finn.] *f. 9* Heißluftbad
sau|nen *intr. 1*, **sau|nie|ren** *intr. 3* ein Bad in der Sauna nehmen
Säu|re *f. 11*
säu|re|be|stän|dig
säu|re|fest
säu|re|frei
Säu|re|ge|halt *m. 1 nur Sg.*
Sau|re|gur|ken|zeit *f. 10* = **Sau|re-Gur|ken-Zeit** *f. Gen.* Sau|ren-Gur|ken-Zeit *Pl.* Sau|ren-Gur|ken-Zei|ten, *ugs., scherzh.:* geschäftlich oder politisch ruhige Zeit, Flaute
Sau|ri|er [griech.] *m. 5* **1.** ausgestorbenes, meist riesenhaftes Reptil; **2.** Schuppen tragendes Reptil, Echse
säu|rig sauer, Säure enthaltend
Saus *m., nur noch in der Wendung* in Saus und Braus: herrlich und in Freuden, üppig und sorglos
säu|seln *intr. 1*
sau|sen *intr. 1;* sausen lassen
sau|sen las|sen (*alt:* sau|sen|las|sen) *tr. 75*
Sau|ser *m. 1* **1.** gärender Most; **2.** Rausch; **3.** Zechpartie, feuchtfröhlicher Abend
Sau|se|wind *m. 1, poet.; auch übertr.:* leichtsinniger junger Mensch, fröhl., lebhaftes Kind
Sau|ternes [so:tɛrn, nach dem frz. Herkunftsort S.] *m. Gen. - Pl. -* ein frz. Weißwein
sau|tie|ren [zo-, frz.] *tr. 3* in Fett schwenken
Sauve|garde [so:vgard, frz.] *f. 11, früher:* Schutzwache, Schutzbrief
Sa|van|ne [-van-, indian.-span.] *f. 11, in trop. Gebieten:* Grassteppe mit einzeln stehenden Bäumen oder Baumgruppen
Sa|ve [-və] *f. Gen. -* südosteurop. Nebenfluss der Donau
Sa|voir-vi|vre *auch:* **Sa|voir-viv|re** [savoar-vivrə, frz.] *n. Gen. - nur Sg.* kultivierte, vornehme Lebensart
Sa|vo|yar|de *auch:* **Sa|voy|ar|de** [zavojardə] *m. 11* Einwohner von Savoyen, Savoyer
Sa|voy|en *auch:* **Sa|vo|yen** [-vɔi-] historische Landschaft in den frz. Alpen
Sa|voy|er *auch:* **Sa|vo|yer** [-vɔijər] *m. 5* s. **Sa|vo|yar|de**
sa|voy|isch *auch:* **sa|vo|yisch** [-vɔi-jiʃ]
Sax *m. 1* s. **Sachs**
Sa|xi|fra|ga *auch:* **Sa|xif|ra|ga** [lat.] *f. Gen. - Pl. -gen* Steinbrech
Sa|xo|ne *m. 11* Sachse

Saxophon/Saxofon: Die fremdsprachige Schreibweise *Saxophon* ist die Hauptvariante, die ins Deutsche integrierte Form *Saxofon* die zulässige Nebenvariante. § 32 (2)

Sa|xo|phon *auch:* **Sa|xo|fon** [nach dem belg. Erfinder, Adolphe Sax + griech.] *n. 1* ein Holzblasinstrument
Sa|xo|pho|nist *auch:* **Sa|xo|fo|nist** *m. 10* Saxophonbläser
Sä|zeit *f. 10*
sa|zer|do|tal [lat.] priesterlich
Sa|zer|do|ti|um [-tsjum] *n. Gen. -s nur Sg.* Priesteramt, geistl. Gewalt des Papstes

S

sb *Abk. für* Stilb
Sb *chem. Zeichen für* Antimon (lat. stibium)
S-Bahn *f. 10, Kurzwort für* Stadtbahn, Schnellbahn
S-Bahn-Wa|gen *m. 7*
S-Bahn-Zug *m. 2*
SBB *Abk. für* Schweizerische Bundesbahnen
Sbir|re [ital.] *m. 11, früher:* ital. Polizei-, Gerichtsdiener
s. Br. *Abk. für* südlicher Breite
Sbrinz [nach der schweiz. Stadt Brienz] *m. Gen. - nur Sg.* schweiz. Reibkäse
Sc *chem. Zeichen für* Scandium
sc., scil. *Abk. für* scilicet
sc., sculps. *Abk. für* sculpsit
Sca|bi|es *f. Gen. - nur Sg.* s. **Ska|bi|es**
Sca|la [ital.] *f. Gen. - nur Sg.;* Mailänder Scala: berühmtes Mailänder Opernhaus
Sca|li|ger *m. 5* Angehöriger eines nordital. Adelsgeschlechts
Scam|pi [ital.] *Pl.* eine Krebsart
Scan [skæn, engl.] *m. 9 oder n. 9, kurz für* Scanning
Scan|di|um [lat.] *n. Gen. -s nur Sg.* (*Zeichen:* Sc) chem. Element, ein Metall
scan|nen [skænən, engl.] *tr. 1* mit dem Scanner abtasten
Scan|ner [skænə(r)] *m. 5* ein Lesegerät, mit dem Bilder und Texte abgetastet und in Dateien umgewandelt werden
Scan|ning [skænɪŋ] *n. 9* Bearbeiten mithilfe eines Scanners
Sca|ra|mouche [-muʃ, frz.] *m. 9, frz. Schreibung von* Skaramuz
Scar|lat|ti Familie ital. Komponisten **1.** *Alessandro* S.; **2.** *Domenico* S.
Scat [skæt, engl.] *m. Gen. -s nur Sg., Jazz:* ein Gesangsstil, bei dem mit einzelnen Silben improvisiert wird
Scene [sin, engl.] *f. Gen. - nur Sg., ugs.:* Milieu
Schab|bes *m. Gen. - Pl. -, jidd. Form von* Sabbat
Scha|be *f. 11* **1.** Schwa|be *m. 11* ein Insekt; **2.** Schabemesser
Schä|be *f. 11* Holzteilchen im Flachs
Scha|be|fleisch *n. Gen. -(e)s nur Sg.* geschabtes rohes Fleisch
Schab|ei|sen *n. 7*
Scha|be|mes|ser *n. 5*
scha|ben *tr. 1*
Scha|ber *m. 5* Schabemesser
Scha|ber|nack *m. 1* **1.** übermütiger Streich; **2.** *auch:* kleines, übermütiges Kind
schä|big
Schä|big|keit *f. 10 nur Sg.*
Schab|kunst *f. 2 nur Sg.* Art des Kupferstichs, Schabmanier, Schwarzkunst, Mezzotinto
Scha|blo|ne *auch:* **Schab|lo|ne** *f. 11* **1.** ausgeschnittene Vorlage, Muster; **2.** *übertr.:* übliche Form
scha|blo|nen|haft *auch:* **schab|lo|nen|haft**
scha|blo|nie|ren *auch:* **schab|lo|nie|ren, scha|blo|ni|sie|ren** *auch:* **schab|lo|ni|sie|ren** *tr. 3* nach einer Schablone gestalten
Schab|ma|nier *f. 10 nur Sg.* Schabkunst
Schab|mes|ser *n. 5*
Scha|bra|cke *auch:* **Schab|ra|cke** [türk.-ung.] *f. 11* **1.** *früher:* lange, verzierte Decke unter dem Sattel; **2.** *abwertend:* altes Pferd; **3.** *ugs. abwertend:* abgenutzter Gegenstand
Scha|bra|cken|hy|ä|ne *auch:* **Schab|ra|cken|hy|ä|ne** *f. 11*
Schach [pers.] **1.** *im Schachspiel:* Warnruf an den König; **2.** *n. Gen. -s nur Sg., kurz für* Schachspiel
Schach|brett *n. 3*
Scha|chen *m. 7* **1.** *süddt., österr.:* Waldstück, Waldgebiet; **2.** *schweiz.:* Niederung, Uferland
Scha|cher [jidd.] *m. 5 nur Sg.* **1.** Handel mit vielem Feilschen; **2.** gewinnsüchtiges Geschäftemachen
Schä|cher *m. 5, veraltet:* Räuber, Mörder
Scha|che|rei *f. 10*
scha|chern *intr. 1* Schacher treiben, feilschen: um etwas s.
Schach|fi|gur *f. 10*
schach|matt **1.** *Schachspiel:* matt gesetzt, zugunfähig; **2.** *übertr.:* erschöpft, sehr müde
Schach|meis|ter *m. 5*
Schach|meis|ter|schaft *f. 10*
Schach|par|tie *f. 11*
Schach|spiel *n. 1* altes, urspr. oriental. Brettspiel für zwei Spieler
Schach|spie|ler *m. 5*
Schacht *m. 2*
Schach|tel *f. 11; auch übertr. ugs. abwertend:* altjüngferliche Frau
Schäch|tel|chen *n. 7*
Schach|tel|ge|sell|schaft *f. 10* an anderen Gesellschaften finanziell beteiligte Kapitalgesellschaft
Schach|tel|halm *m. 1* eine verzweigte Farnpflanze
schach|teln *tr. 1* ineinander fügen
Schach|tel|satz *m. 2* verwickelt konstruiertes Satzgefüge
schach|ten *intr. 2* einen Schacht anlegen
schäch|ten *tr. 2* nach jüd. Ritus (ohne Betäubung) schlachten
Schäch|ter *m. 5* jmd., der Tiere schächtet
Schacht|meis|ter *m. 5* Vorarbeiter bei Erdarbeiten
Schacht|o|fen *m. 8* ein Schmelzofen
Schach|tur|nier *n. 1*
Schach|zug *m. 2; auch übertr.:* geschicktes Vorgehen, geschickte Maßnahme
scha|de *nur prädikativ* **1.** bedauerlich; es ist schade; wie schade!; **2.** wertvoll; das ist mir zu schade
Scha|de *m., nur in Wendungen wie* es soll dein Schade nicht sein
Schä|del *m. 5*
Schä|del|ba|sis *f. Gen. - Pl. -sen*
Schä|del|ba|sis|bruch *m. 2*
Schä|del|bruch *m. 2*
Schä|del|de|cke *f. 11*
...schä|de|lig, ...schäd|lig *in Zus.,* z. B. lang-, kurzschädelig
Schä|del|in|dex *m. 1*
Schä|del|leh|re *f. 11* Kraniologie
Schä|del|lo|se *Pl.* Akranier
Schä|del|mes|sung *f. 10*
Schä|del|naht *f. 2* Verbindungslinie zwischen Schädelknochen
Schä|del|stät|te *f. 11 nur Sg.* die Kreuzigungsstätte Christi, Golgatha
Schä|del|tier *n. 1* Wirbeltier
scha|den *intr. 2*

> **Schaden nehmen, zu Schaden kommen, schade sein:** Die Fügung aus Substantiv und Verb wird getrennt geschrieben: *Sie hat bei dem Unfall Schaden genommen.* § 34 E3 (5)
> Ebenso schreibt man das Substantiv in in festen Fügungen groß: *Sie kam zu Schaden. Bei dem Unfall sind wir zu Schaden gekommen.* § 55 (4)
> Fügungen mit *sein* werden ebenfalls immer getrennt, aber kleingeschrieben: *Das ist sehr schade gewesen.* § 35

Scha|den *m. 8;* zu Schaden kommen: verletzt werden, benachteiligt werden; Schaden nehmen

S

Schaden|er|satz, *im BGB:* Schadens|er|satz *m. 2 nur Sg.*
Schaden|er|satz|an|spruch *m. 2*
schaden|er|satz|pflich|tig
Schaden|fest|stel|lung, *im BGB:* Schadens|fest|stel|lung *f. 10*
Schaden|freu|de *f. 11 nur Sg.*
schaden|froh
Schadens|er|satz *m. 2 nur Sg.* s. **Schaden|er|satz**
Schadens|fest|stel|lung *f. 10* s. **Schaden|fest|stel|lung**
Schaden|ver|hü|tung *f. 10 nur Sg.*
Schaden|ver|si|che|rung *f. 10*
Schad|fraß *m. Gen.* -es *nur Sg.* Schaden durch tier. Schädlinge
schad|haft
Schad|haf|tig|keit *f. 10 nur Sg.*
schä|di|gen *tr. 1*
Schä|di|gung *f. 10*
Schad|in|sekt *n. 12*
schäd|lich
Schäd|lich|keit *f. 10 nur Sg.*
...schäd|lig s. **...schä|de|lig**
Schäd|ling *m. 1*
Schäd|lings|be|kämp|fung *f. 10 nur Sg.*
Schäd|lings|be|kämp|fungs|mit|tel *n. 5*
schad|los; sich an etwas oder jmdm. sch. halten: sich eigenmächtig und auf Kosten anderer einen Schaden ersetzen
Schad|stoff *m. 1*
Schaf *n. 1*
Schaf|bock *m. 2*
Schäf|chen *n. 7*
Schäf|chen|wol|ke *f. 11* Federwolke, kleine Haufenwolke
Schä|fer *m. 5*
Schä|fe|rei *f. 10*
Schä|fer|hund *m. 1*
Schä|fer|hüt|te *f. 11*
Schä|fer|kar|ren *m. 7*
Schä|fer|stünd|chen *n. 7* kurzes, zärtliches Beisammensein
Schaff *n. 1* **1.** *süddt., österr.:* Trog, Zuber, Waschfass; *auch:* Schrank; **2.** *Nebenform von* Scheffel
Schaf|fel *n. 14, österr.:* kleines Schaff
Schaf|fell *n. 1* vgl. Schafspelz

schaffen: Regelmäßige Flexion: *schaffen, schaffte, geschafft* (= erledigen, regionalsprachlich auch: arbeiten): *Er hat die Arbeit geschafft. Schaffe, schaffe, Häusle baue* ... (schwäb. Spruch). *Karla hat mit dem Verbrechen wirklich nichts zu schaffen* (= sie war nicht beteiligt).
Unregelmäßige Flexion: *schaffen, schuf, geschaffen* (= hervorbringen, schöpfen): *Mozart schuf den »Don Giovanni«. Der Bewerber ist für diese Aufgabe wie geschaffen. Die Männer haben endlich Ordnung/Platz geschaffen.*

schaf|fen **1.** *tr. 105* hervorbringen; **2.** *tr. 1* an einen andern Ort bringen; **3.** *intr. 1, schwäb., schweiz.:* arbeiten
Schaf|fens|drang *m. Gen.* -(e)s *nur Sg.*
Schaf|fens|freu|de *f. 11 nur Sg.* Arbeitslust
schaf|fens|freu|dig
Schaf|fens|kraft *f. 2 nur Sg.* Arbeitskraft, Tatkraft
Schaf|fens|lust *f. Gen. - nur Sg.*
Schaf|fer *m. 5, schwäb.:* Arbeiter
Schaf|fe|rei *f. 10, auf Schiffen:* Vorratskammer
Schaff|hau|sen **1.** schweiz. Kanton; **2.** Hauptstadt des Kantons S.
schaf|fig *schweiz.:* arbeitsam
Schäff|ler *m. 5, bair.:* Böttcher
Schäff|ler|tanz *m. 2* Reigentanz der Münchner Schäffler
Schaff|ner *m. 1* **1.** *veraltet:* Gutsverwalter; **2.** Angestellter der Eisenbahn und städt. Verkehrsbetriebe, der die Fahrkarten prüft
Schaff|ne|rin *f. 10* **1.** weibl. Schaffner; **2.** *früher auch:* Wirtschafterin
schaff|ner|los
Schaf|fung *f. 10 nur Sg.*
Schaf|gar|be *f. 11* eine Heilpflanze
Schaf|haut *f. 2* Amnion
Schaf|her|de *f. 11*
Schaf|hirt *m. 10,* **Schaf|hir|te** *m. 11*
Schaf|hür|de *f. 11* Gehege, Pferch für Schafe
Scha|fi|it *m. 10* Angehöriger einer islam. Rechtsschule
Schaf|käl|te, Schafs|käl|te *f. Gen. - nur Sg.* am Ende des Frühjahrs einbrechende, den frisch geschorenen Schafen schädl. Kälte
Schaf|ka|mel *n. 1* Lama
Schaf|kä|se, Schafs|kä|se *m. 5*
Schaf|kopf *m. 2 nur Sg.* ein Kartenspiel
schaf|kop|fen *intr., nur im Infinitiv:* Schafkopf spielen
Schaf|le|der, Schafs|le|der *n. 5*
schaf|le|dern, schafs|le|dern
Schäf|lein *n. 7*
Schaf|milch, Schafs|milch *f. 10 nur Sg.*
Scha|fott [ndrl.] *n. 1* erhöhte Hinrichtungsstätte, Blutgerüst
Schaf|pelz *m. 1* vgl. Schafspelz
Schaf|po|cken *Pl.* Windpocken
Schaf|rotz *m. Gen.* -es *nur Sg.* eine Infektionskrankheit des Schafes
Schaf|schur *f. 10*
Schafs|käl|te *f. Gen. - nur Sg.* s. **Schaf|käl|te**
Schafs|kä|se *m. 5* s. **Schaf|kä|se**
Schafs|kleid *n. 3 nur Sg.* vgl. Schafspelz
Schafs|kopf *m. 2* vgl. Schafkopf
Schafs|le|der *n. 5* s. **Schaf|le|der**
schafs|le|dern s. **schaf|le|dern**
Schafs|milch *f. 10 nur Sg.* s. **Schaf|milch**
Schafs|na|se *f. 11* Dummkopf, Dummerchen
Schafs|pelz *m. 1, in der Wendung* der Wolf im S.: sich freundlich stellender, aber heimtückischer, böser Mensch
Schaf|stall *m. 2*
Schaft *m. 2*
schäf|ten *tr. 1* **1.** mit einem Schaft versehen; **2.** veredeln (Pflanzen)
Schäf|ter *m. 5* Schaftstiefel
Schaft|stie|fel *m. 5*
Schaf|wei|de *f. 11*
Schaf|wol|le *f. 11*
Schaf|zucht *f. 10*
Schah [pers. »König«] *m. 9, im Iran früher Titel für* Herrscher
Schah-in-schah [pers. »König der Könige«] *m. 9, früher:* offizieller Titel des Herrschers im Iran
Scha|kal [Sanskrit-türk.] *m. 1*
Scha|ke *f. 11* Kettenglied (bes. vom Anker)
Schä|kel *m. 5* mit Bolzen verschließbarer, U-förmiger Haken zum Verbinden von Ketten
schä|keln *tr. 1* mittels Schäkels verbinden
Schä|ker [jidd.] *m. 5* jmd., der gern schäkert
Schä|ke|rei *f. 10*
schä|kern *intr. 1* neckischen Spaß treiben (mit dem andern Geschlecht), kokett scherzen
schal **1.** fad, abgestanden, ohne Geschmack; **2.** geistlos, fad (Witz)
Schal *m. 9 oder m. 1*
Schal|brett *n. 3* **1.** auf einer Seite noch nicht entrindetes Brett; **2.** Brett zum Verschalen
Schäl|chen *n. 7*
Scha|le *f. 11; auch Jägerspr.:* Huf (von Hirsch, Elch, Reh, Gämse, Wildschwein)

schä|len *tr. 1*
Scha|len|frucht, Schal|frucht *f. 2* Frucht mit harter Schale, z. B. Kastanie, Walnuss
Scha|len|kreuz *n. 1* Form des Windmessers (Anemometers)
Scha|len|tier, Schal|tier *n. 1* Schnecke, Muschel
Scha|len|wild, Schal|wild *n. Gen.* -(e)s *nur Sg., Sammelbez. für* Wild, das Schalen hat: Dam-, Rot-, Elch-, Reh-, Gams-, Schwarzwild
Schal|frucht *f. 2* s. **Scha|len|frucht**
Schal|heit *f. 10 nur Sg.*
Schäl|hengst *m. 1* Zuchthengst, Beschäler
...scha|lig *in Zus.,* z. B. glatt-, dickschalig
Schalk *m. 1 oder m. 2* **1.** *früher:* hinterlistiger Mensch; **2.** *heute:* lustiger, *auch:* spitzbübischer Mensch, Schelm; den Sch. im Nacken haben: immer zu Neckereien und Spaß aufgelegt sein
Schal|ke *f. 11, auf Schiffen:* wasserdichter Abschluss einer Luke
schal|ken *tr. 1, Seew.:* wasserdicht verschließen
schalk|haft
Schalk|haf|tig|keit *f. 10 nur Sg.*
Schalks|knecht *m. 1, veraltet:* nichtsnutziger, bösartiger Knecht
Schalks|narr *m. 10, veraltet:* Schalk
Schall *m. 1 oder m. 2;* Namen sind Schall und Rauch
Schall|be|cher *m. 5, bei Holzblasinstrumenten:* becherartiges unteres Ende
Schall|däm|mung *f. 10 nur Sg.* Maßnahme zur Begrenzung von Lärm
schall|dämp|fend
Schall|dämp|fer *m. 5*
Schall|de|ckel *m. 5* Dach der Kanzel
schall|dicht
Schalleh|re (-ll|l-) (*alt für:* Schall|leh|re) *f. 11 nur Sg.*
Schallei|ter (-ll|l-) (*alt für:* Schall|lei|ter) *m. 5*
schal|len *intr. 1 oder 106*
Schall|ge|schwin|dig|keit *f. 10 nur Sg.*
Schall|leh|re *f. 11 nur Sg.* Lehre vom Schall, Akustik
Schall|lei|ter *m. 5*
Schall|loch *n. 4*
Schall|mau|er *f. 11 nur Sg.* Zunahme des Luftwiderstandes, wenn sich ein Flugkörper der Schallgeschwindigkeit nähert; die S. durchbrechen: die Schallgeschwindigkeit überschreiten
Schalloch (-ll|l-) (*alt für:* Schall|loch) *n. 4*
Schall|öff|nung *f. 10*
schal|los ohne Schale
Schall|plat|te *f. 11*
Schall|plat|ten|ar|chiv *n. 1*
Schall|schutz *m. Gen.* -es *nur Sg.*
schall|si|cher
Schall|trich|ter *m. 5*
Schall|wel|le *f. 11 meist Pl.*
Schall|wir|kung *f. 10*
Schall|wort *n. 4* lautnachahmendes Wort, z. B. bäh, muh, peng
Schalm *m. 1, Forstw.:* mit der Axt in einen Baum gehauenes Zeichen
Schal|mei *f. 10* **1.** ein Holzblasinstrument, Vorläufer der Oboe; **2.** ein Orgelregister; **3.** Melodiepfeife des Dudelsacks
schal|men *tr. 1, Forstw.:* mit einem Schalm bezeichnen
Scha|lom hebr. Grußwort
Scha|lot|te [frz.] *f. 11* eine Lauchart, kleine Zwiebel
Schalt|bild *n. 3* schemat. Zeichnung des Aufbaus eines elektr. Gerätes, Schaltskizze
Schalt|brett *n. 3*
schal|ten *intr. 2; auch ugs.:* begreifen, verstehen, reagieren
Schal|ter *m. 5*
Schal|ter|be|am|te(r) *m. 18 (17)*
Schal|ter|hal|le *f. 11*
Schal|ter|stun|den *Pl.*
Schalt|ge|trie|be *n. 5*
Schalt|he|bel *m. 5*
Schal|tier *n. 1* s. **Scha|len|tier**
Schalt|jahr *n. 1* Jahr mit 366 Tagen, in das der 29. Februar eingeschaltet ist (alle vier Jahre)
Schalt|kas|ten *m. 8* Kasten, in dem sich eine Schalttafel befindet
Schalt|kreis *m. 1* planmäßige Verknüpfung von elektr. Bauelementen
Schalt|plan *m. 2*
Schalt|pult *n. 1*
Schalt|skiz|ze *f. 11* s. **Schalt|bild**
Schalt|ta|fel *f. 11*
Schalt|tag *m. 1* alle vier Jahre eingeschalteter Tag, 29. Februar
Schalt|tisch *m. 1*
Schalt|uhr *f. 10*
Schal|tung *f. 10* **1.** das Schalten; **2.** Vorrichtung zum Wechseln der Gänge im Auto
Scha|lup|pe [frz.] *f. 11* **1.** größeres Beiboot; **2.** Küstenfahrzeug
Schal|wild *n. Gen.* -(e)s *nur Sg.* s. **Scha|len|wild**
Scham *f. Gen. - nur Sg.* **1.** Gefühl des Bloßgestelltseins oder Furcht, bloßgestellt zu werden; **2.** *verhüllend:* Geschlechtsteil (beim Menschen)
Scha|ma|de [frz.] *f. 11, früher:* Signal zum Zeichen der Ergebung; S. schlagen *übertr.:* klein beigeben
Scha|ma|ne [Sanskrit-tungus.] *m. 11, bei Naturvölkern:* Zauberpriester
Scha|ma|nis|mus *m. Gen. - nur Sg., bei Naturvölkern:* Glaube an die Fähigkeit mancher Menschen, Geister zu beschwören, Heilkunst
Scham|bein *n. 1* unterer, vorderer Teil des Hüftbeins
Scham|berg *m. 1* Schamhügel, Venusberg
schä|men *refl. 1;* sich einer Sache *oder:* wegen einer Sache s.; er schämte sich (wegen) seiner Tat; sie schämte sich vor ihm; sie schämte sich für ihn
scham|fi|len *Seew.* **1.** *intr. 1* reiben, scheuern; **2.** *tr. 1* durch Reiben beschädigen
Scham|ge|fühl *n. 1*
Scham|ge|gend *f. 10* Körpergegend mit dem Geschlechtsteil
Scham|glied *n. 3* männl. Glied, Penis
Scham|haar *n. 1 meist Pl.*
scham|haft
Scham|haf|tig|keit *f. 10 nur Sg.*
Scham|hü|gel *m. 5* s. **Scham|berg**
schä|mig schamhaft
Schä|mig|keit *f. 10*
Scha|mi|sen *f. Gen. - Pl. -* s. **Sa|mi|sen**
Scham|lip|pen *Pl.* Teil des weiblichen Geschlechtsteils
scham|los
Scham|lo|sig|keit *f. 10*
Scha|mott [jidd.] *m. 1 nur Sg., ugs.:* unnütze, wertlose Dinge
Scha|mot|te [ital.] *f. 11 nur Sg.* feuerfester Ton (bes. für Öfen)
Scha|mot|te|stein *m. 1,* **Scha|mot|te|zie|gel** *m. 5*
scha|mot|tie|ren *tr. 3* mit Schamottesteinen auskleiden
Scham|pus *m. Gen. - nur Sg., ugs. scherzh.:* Champagner
Scham|rit|ze *f. 11* s. **Scham|spal|te**
scham|rot
Scham|rö|te *f. 11 nur Sg.*
Scham|spal|te *f. 11* Öffnung des

S

weibl. Geschlechtsteils, Schamritze
Scham|tei|le *Pl.* Geschlechtsteile (beim Menschen)
Scham|zweig *m. 1, auf Gemälden:* das Geschlechtsteil verdeckender Zweig
schand|bar schändlich, abscheulich
Schand|bu|be *m. 11, veraltet:* schändlicher Kerl

Schande machen, zu Schanden/zuschanden gehen/machen/werden: Die Fügung aus Substantiv und Verb wird im Infinitiv, Partizip und am Ende eines Nebensatzes getrennt, das Substantiv wird mit großem Anfangsbuchstaben geschrieben: *Das hat uns Schande gemacht/bereitet.* § 55 (4)
Mit einer Präposition eingeleitete Gefüge können daneben auch zusammengeschrieben werden: *Er hat die Firma zu Schanden/zuschanden gemacht.* § 55 (4)

Schan|de *f. 11 nur Sg.; zu* Schanden *oder:* zuschanden machen/werden
schän|den *tr. 2* **1.** eine Person oder eine Sache gewalttätig unter Herabsetzung ihrer Würde behandeln; **2.** jmdn. sexuell missbrauchen
Schand|fleck *m. 1 oder m. 12*
Schand|geld *n. 3 nur Sg., ugs.:* zu niedriger Preis
Schand|kerl *m. 1* nichtswürdiger Kerl, Lump
schänd|lich
Schänd|lich|keit *f. 10 nur Sg.*
Schand|mal *n. 1 oder n. 4*
Schand|maul *n. 4* **1.** unverschämtes Mundwerk; **2.** jmd., der unverschämte Reden führt
Schand|pfahl *m. 2* Pranger
Schand|preis *m. 1* zu niedriger Preis
Schand|tat *f. 10*
Schän|dung *f. 10*
Schang|hai, *amtl.:* Shang|hai [ʃaŋ-] Stadt in der Volksrepublik China
schang|hai|en [auch: -hai-] *tr. 1 bis in das 19. Jh.* gewaltsam anheuern (Matrosen)
Schank **1.** *m. 2, veraltet für* Ausschank; **2.** *f. 10, österr.:* Raum (der Gastwirtschaft), in dem die Getränke ausgeschenkt werden; *auch:* Schanktisch, Theke; vgl. Schänke, Schenke
Schän|ke, Schen|ke *f. 11* einfache Gastwirtschaft, Kneipe
Schan|ker [frz.] *m. 5* **1.** harter S.: Primäraffekt der Syphilis; **2.** weicher S.: infektiöses Geschwür am Geschlechtsteil
Schank|er|laub|nis *f. 1* behördl. Erlaubnis, Alkohol auszuschenken
Schank|ge|rech|tig|keit *f. 10 nur Sg.*
Schank|kon|zes|si|on *f. 10 nur Sg.* behördl. Genehmigung zum Ausschenken von alkohol. Getränken
Schank|steu|er *f. 11*
Schank|tisch, Schänk|tisch, Schenk|tisch *m. 1*
Schank|wirt, Schänk|wirt, Schenkwirt *m. 1*
Schank|wirt|schaft, Schänk|wirtschaft, Schenk|wirt|schaft *f. 10*
Schan|tung, *amtl.:* Shan|dong Provinz in Ostchina
Schanz|ar|beit *f. 10*
Schanz|bau, Schan|zen|bau *m. Gen.* -(e)s *nur Sg.*
Schan|ze **1.** [ital.] *f. 11* Befestigung; **2.** Gerüst mit Anlaufbahn zum Skispringen; **3.** [lat.-altfrz.] *f. 11, veraltet:* Glück, Glücksumstand, Glückswurf; *noch in der Wendung* sein Leben in die S. schlagen: aufs Spiel setzen
schan|zen *intr. 1* **1.** an einer Schanze bauen, eine Schanze anlegen; **2.** *ugs.:* schwer arbeiten
Schan|zen|bau *m. Gen.* -(e)s *nur Sg.* s. **Schanz|bau**
Schan|zer *m. 5*
Schanz|werk *n. 1*
Schanz|zeug *n. 1 nur Sg.* alle Werkzeuge zum Schanzen
Scha|pel, Schap|pel *m. 5* Blumenkranz als Kopfschmuck (bei Volkstrachten), Brautkrone
Schapf *m. 1,* **Schap|fe** *f. 11, süddt.:* Schöpfgerät
Schap|pe *f. 11* **1.** *Bgb.:* Tiefenbohrer; **2.** Abfall bei der Seidenverarbeitung; **3.** daraus hergestelltes Garn
Schap|pel *m. 5* s. **Scha|pel**
Schapp|sei|de *f. 11* s. **Schap|pe** (2, 3)
Schar **1.** *f. 10;* **2.** *f. 1 oder n. 1* Pflugschar
Scha|ra|de [frz.] *f. 11* **1.** Silbenrätsel; **2.** lebendes Bild, dargestellte kurze Szene, deren Inhalt erraten werden muss
Schär|baum, Scher|baum *m. 2* Garn- oder Kettenbaum des Webstuhls
Schar|be *f. 11* **1.** Kormoran; **2.** ein Plattfisch
Schar|bock *m. Gen.* -s *nur Sg., veraltet:* Skorbut
Schar|bocks|kraut *n. 4* ein Hahnenfußgewächs, Heilpflanze, Feigwurz
Schä|re *f. 11 meist Pl.* kleine Felseninsel vor der finn. und skandinavischen Küste
scha|ren *refl. 1;* sich um jmdn. oder etwas scharen
schä|ren *tr. 1* aufwinden, aufziehen; Kettfäden auf den Schärbaum schären
Schä|ren|kreu|zer *m. 5* bes. im Schärengebiet verwendete, schwere, schnelle Segeljacht
Schä|ren|küs|te *f. 11*
scha|ren|wei|se
scharf; jmdn. scharf anpacken; scharf denken; ein Messer scharf machen; jmdn. scharf machen *ugs.:* aufhetzen; scharf schießen: aufs Ziel, nicht in die Luft schießen; scharf zeichnend; scharf blickend; etwas aufs, auf das Schärfste *oder:* schärfste verurteilen
Scharf|blick *m. 1 nur Sg.*
scharf bli|ckend (*alt:* scharfblickend) scharfsinnig, die Dinge durchschauend
Schär|fe *f. 11 nur Sg.*
Scharf|ein|stel|lung *f. 10*
schär|fen *tr. 1*
Schär|fen|tie|fe *f. 11 nur Sg.* räuml. Bereich, innerhalb dessen ein fotograf. Objektiv Gegenstände scharf abbildet
scharf|kan|tig
scharf ma|chen (*alt:* scharf|machen) *tr. 1, ugs.:* aufhetzen; vgl. scharf
Scharf|ma|cher *m. 5* Hetzer
Scharf|rich|ter *m. 5* jmd., der die Todesstrafe vollstreckt
Scharf|schie|ßen *n. Gen.* -s *nur Sg.*
Scharf|schüt|ze *m. 11*
scharf|sich|tig
Scharf|sich|tig|keit *f. 10 nur Sg.*
Scharf|sinn *m. 1 nur Sg.*
scharf|sin|nig
Schär|fung *f. 10 nur Sg.*
scharf zeich|nend (*alt:* scharfzeich|nend)
Scha|ria *f. Gen.* - *nur Sg.* s. **Sche|ria**
Schar|lach *m. 1* **1.** leuchtendes Rot,

S

Scharlachfarbe; **2.** Infektionskrankheit
schar|la|chen, schar|lach|rot leuchtend rot
schar|lach|far|ben
Schar|la|tan [ital.] *m. 1* jmd., der von seinem Fach nichts versteht, *bes.:* Kurpfuscher, Quacksalber
Schar|la|ta|ne|rie *f. 11* Vorgehen, Verhalten eines Scharlatans
Scharm *m. Gen.* -s *nur Sg.* s. **Charme**
schar|mant s. **char|mant**
Schär|ma|schi|ne *f. 11* Maschine zum Schären der Kettfäden
Schar|müt|zel [ital.] *n. 5* kleines Gefecht, militärische Plänkelei
schar|müt|zeln *intr. 1*
schar|mut|zie|ren *intr. 3, veraltet:* schöntun, liebeln
Schar|nier [frz.] *n. 1* Drehgelenk (an Türen)
Schar|nier|ge|lenk *n. 1* Gelenk, das Bewegungen um eine Achse zulässt, z. B. Ellbogen
Schär|pe [frz.] *f. 11* breites, um die Taille oder schräg über Schulter und Brust getragenes Band
Schar|pie [frz.] *f. 11, früher:* zerzupfte Leinwand (anstelle von Watte)
Schar|re *f. 11,* **Scharr|ei|sen** *n. 7* Werkzeug zum Scharren, Kratzeisen
schar|ren *intr. 1*
Schar|rier|ei|sen *n. 7* Steinmetzwerkzeug zum Scharrieren
schar|rie|ren *tr. 3;* Stein s.: parallele Rillen in Stein schlagen
Schar|schmied *m. 1* Schmied, der Pflugscharen herstellt und repariert
Schar|te *f. 11* Einschnitt, Kerbe, Kratzer; Spalt, z. B. Schießscharte; eine S. wieder auswetzen *übertr.:* einen Fehler gutmachen
Schar|te|ke *f. 11* **1.** altes, wertloses Buch, Schmöker; **2.** *abwertend:* ältliche, altjüngferl. Frau
schar|tig voller Scharten
Schar|wen|zel *m. 5* **1.** *Kartenspiel:* Wenzel, Unter, Bube; **2.** *übertr.:* jmd., der scharwenzelt, Liebediener
schar|wen|zeln *intr. 1* liebedienern, übertrieben diensteifrig sein; *meist:* herumscharwenzeln
Schar|werk *n. 1, veraltet:* Frondienst, harte Arbeit
schar|wer|ken *intr. 1* harte Arbeit tun
Schar|wer|ker *m. 5*
Schasch|lik [russ.] *n. 9* am Spieß gebratene Fleisch-, Speck- und Zwiebelstückchen
schas|sen [frz.] *tr. 1, ugs.:* schimpflich entlassen; er ist geschasst worden
schat|ten *intr. 2, poet.:* Schatten spenden
Schat|ten *m. 7;* Schatten spendend
Schat|ten|bild *m. 3* Schattenriss
Schat|ten|bo|xen *n. 7 nur Sg.* Tai Chi Chuan
Schat|ten|da|sein *n. Gen.* -s *nur Sg.* unbeachtetes Dasein; ein S. führen
schat|ten|haft
Schat|ten|ka|bi|nett *n. 1* von der Opposition in Aussicht genommene Regierungsmannschaft
Schat|ten|kö|nig *m. 1* König ohne Macht
schat|ten|los
Schat|ten|mo|rel|le *f. 11* eine Sauerkirschenart
Schat|ten|reich *n. 1, Myth.:* Totenreich
Schat|ten|riss (*alt:* Schat|ten|riß) *m. 1* dem Schatten auf einer weißen Wand nachgezeichneter, schwarz ausgefüllter Umriss des Gesichtsprofils, Schattenbild, Silhouette
Schat|ten|sei|te *f. 11*
Schat|ten spen|dend (*alt:* schat|ten|spen|dend)
Schat|ten|spiel *n. 1* ostasiat. Form des Puppenspiels, bei dem die Schatten kunstvoll gearbeiteter Figuren auf einer lichtdurchlässigen, weißen Wand erscheinen
schat|tie|ren *tr. 3* mit Farbabstufungen versehen, tönen
Schat|tie|rung *f. 10*
schat|tig
Scha|tul|le [mlat.] *f. 11* **1.** *früher:* Privatkasse eines Fürsten; **2.** Geld-, Schmuckkasten
Schatz *m. 2*
Schatz|amt *n. 4* Finanzbehörde (eines Staates)
Schatz|an|wei|sung *f. 10* Schuldverschreibung öffentlicher Gebietskörperschaften
schätz|bar
Schätz|chen *n. 7*
schat|zen *tr. 1, veraltet:* besteuern

> **schätzen lernen:** Fügungen aus einem Verb (Infinitiv) und einem weiteren Verb werden getrennt geschrieben: *Er hat sie schätzen gelernt.* § 34 E3 (6)

schät|zen *tr. 1;* schätzen lernen; ich habe ihn schätzen gelernt
schät|zen ler|nen (*alt:* schät|zen-ler|nen) *tr. 1*
schät|zens|wert
Schät|zer *m. 5*
Schatz|grä|ber *m. 5*
Schatz|grä|be|rei *f. 10 nur Sg.*
Schatz|in|sel *f. 11*
Schatz|kam|mer *f. 11*
Schatz|käst|chen, Schatz|käst|lein *n. 7*
Schätz|lein *n. 7*
Schatz|meis|ter *m. 5* Kassenverwalter
Schätz|preis *m. 1*
Schatz|su|cher *m. 5*
Schat|zung *f. 10* **1.** *veraltet:* Besteuerung; **2.** *schweiz. für* Schätzung
Schät|zung *f. 10*
schät|zungs|wei|se ungefähr, etwa, vermutlich
Schatz|wech|sel [-ks-] *m. 5* unverzinsl. Schatzanweisung
Schätz|wert *m. 1*
Schau *f. 10* **1.** Ansicht, Blickwinkel; aus meiner Schau; **2.** Überblick; **3.** Ausstellung, z. B. Blumen-, Tierschau; **4.** Vorführung, Darbietung; etwas zur S. stellen; jmdm. die S. stehlen *ugs.:* jmdn. um die Wirkung bringen; eine S. abziehen *ugs.:* etwas wirkungsvoll darstellen, vorführen
Schaub *m. 1 oder m. 2 nach Zahlenangaben Pl.* - [-ben], *südd., österr., schweiz.:* Garbe, Strohbund
Schau|be *f. 11, MA:* offen getragener Mantel für Männer
Schau|bild *n. 3* Diagramm
Schau|brot *n. 1* jüd. Opferbrot
Schau|bu|de *f. 11*
Schau|büh|ne *f. 11, veraltet:* Theater
Schau|der *m. 5;* Schauder erregend *oder:* schaudererregend
schau|der|bar *ugs. scherzh. für* schauderhaft
schau|der|er|re|gend = **Schau|der er|re|gend;** *aber nur:* schaudererregender, sehr schaudererregend *(bei Steigerung und mit Attribut)*
schau|der|haft
schau|dern *intr. 1;* ich schaudere, schaudre bei dem Gedanken
schau|der|voll
schau|en **1.** *intr. 1;* **2.** *tr. 1, poet.:* sehen, anschauen
Schau|er *m. 5* **1.** *nddt.:* Hafenarbeiter; **2.** kurzer Regenfall; **3.** *auch*

n. 5 offener Schuppen, Scheune; **4.** Angstgefühl
Schau|er|leu|te *Pl. von* Schauermann
schau|er|lich
Schau|er|lich|keit *f. 10 nur Sg.*
Schau|er|mann *m. Gen.* -(e)s *Pl.* -leu|te Hafenarbeiter
schau|ern *intr. 1;* ich schauere, schaure *oder:* es schauert mich *oder:* mir, mich schauert: es gruselt mich, ich fühle einen Schauer
Schau|er|ro|man *m. 1*
Schau|fel *f. 11*
Schau|fel|bag|ger *m. 5*
schau|fe|lig, schauf|lig schaufelförmig
Schau|fel|la|der *m. 5*
schau|feln *tr. 1;* ich schaufele, schaufle es
Schau|fel|rad *n. 4* mit Schaufeln besetztes Antriebsrad
Schau|fens|ter *n. 5*
Schau|fens|ter|pup|pe *f. 11*
Schauf|ler *m. 5, Jägerspr.:* Elch- oder Damhirsch
schauf|lig s. **schau|fe|lig**
Schau|flug *m. 2*
Schau|ins|land *m. Gen.* -s Berg im Schwarzwald
Schau|kampf *m. 2*
Schau|kas|ten *m. 8*
Schau|kel *f. 11*
Schau|ke|lei *f. 10 nur Sg.*
schau|keln *tr. u. intr. 1;* ich schaukele, schaukle
Schau|kel|pferd *n. 1*
Schau|kel|po|li|tik *f. 10 nur Sg.*
Schau|kel|stuhl *m. 2*
Schau|lau|fen *n. 7 nur Sg.* Eiskunstlaufen als Vorführung
Schau|lust *f. Gen. - nur Sg.*
schau|lus|tig
Schaum *m. 2*
Schaum|bad *n. 4*
schaum|be|deckt; das schaumbedeckte Pferd; *aber:* von dichtem Schaum bedeckt
Schaum|burg-Lip|pe ehem. Fürstentum, heute Landkreis in Niedersachsen
schaum|burg-lip|pisch
schäu|men *intr. 1*
Schaum|ge|bäck *n. 1*
Schaum|ge|bo|re|ne *f. 18, Beiname für* Venus bzw. Aphrodite
schaum|ge|bremst wenig schäumend; schaumgebremstes Waschmittel
Schaum|gold *n. Gen.* -(e)s *nur Sg.* Blattgold
Schaum|gum|mi *m. 9* schwammartiger Stoff aus Latex (bes. für Polster)
schau|mig
Schaum|kraut *n. 4, kurz für* Wiesenschaumkraut
Schaum|kro|ne *f. 11*
Schaum|löf|fel *m. 5* Löffel zum Abschöpfen von Schaum
Schaum|lö|scher *m. 5* ein Feuerlöschgerät
Schaum|schlä|ger *m. 5* **1.** Schneebesen; **2.** *übertr.:* Angeber, Aufschneider, Prahler
Schaum|schlä|ge|rei *f. 10 nur Sg., übertr.*
Schaum|stoff *m. 1* leichter, poröser Kunststoff
Schaum|tep|pich *m. 1*
Schau|mün|ze *f. 11* Gedenkmünze ohne Geldwert
Schaum|wein *m. 1* mit Kohlensäure versetzter, schäumender Wein, Sekt
Schau|pa|ckung *f. 10*
Schau|platz *m. 2*
Schau|pro|zess (*alt:* Schau|pro|zeß) *m. 1*
schau|rig
Schau|rig|keit *f. 10 nur Sg.*
Schau|sei|te *f. 11*
Schau|spiel *n. 1*
Schau|spie|ler *m. 5*
Schau|spie|le|rei *f. 10 nur Sg.*
schau|spie|le|risch
schau|spie|lern *intr. 1*
Schau|spiel|haus *n. 4*
Schau|spiel|schu|le *f. 11*
Schau|spiel|un|ter|richt *m. 1 nur Sg.*
schau|stel|len *tr. 1, nur im Infinitiv:* zur Schau stellen, zeigen
Schau|stel|ler *m. 5*
Schau|stel|lung *f. 10*
Schau|stück *n. 1*
Schau|ta|fel *f. 11*
Schau|tur|nen *n. Gen.* -s *nur Sg.*
Schech *m. 1, Nebenform von* Scheich
Scheck **1.** *m. 10* männl. scheckiges Pferd, scheckiger Ochse, Schecke; **2.** *auch:* Check, Cheque [schweiz.] *m. 9 oder m. 1* eine Zahlungsanweisung an Bank oder Post
Scheck|be|trug *m. Gen.* -(e)s *nur Sg.*
Scheck|buch *n. 4*
Sche|cke *m. 11* s. **Scheck** (1)
Sche|cke *f. 11* scheckige Stute, scheckige Kuh
sche|ckig gefleckt; scheckig braun
sche|ckig braun (*alt:* scheckigbraun)
Scheck|kar|te *f. 11*
Scheck|vieh *n. Gen.* -s *nur Sg.* scheckiges Vieh
Sched|bau, Shed|bau [ʃɛd-, engl.] *m. Gen.* -(e)s *Pl.* -bau|ten einstöckige Halle mit Scheddach
Sched|dach, Shed|dach [ʃɛd-] *n. 4* Sägedach
scheel **1.** schielend, schief; **2.** *übertr.:* misstrauisch, neidisch; jmdn. scheel ansehen; scheel blicken; scheel blickend
scheel|äu|gig neidisch, misstrauisch dreinschauend

> **scheel blickend:** Die Fügung aus Adjektiv und Partizip schreibt man getrennt, wenn das Adjektiv steigerbar oder erweiterbar ist: *Sie haben (sehr) scheel geblickt.* § 34 E3 (3)

scheel bli|ckend (*alt:* scheelblickend)
Scheel|sucht *f. Gen. - nur Sg.* Neid
scheel|süch|tig
Schef|fel *m. 5* altes Hohlmaß schwankender Größe; sein Licht unter den S. stellen *übertr.:* seine Fähigkeiten verbergen
schef|feln *tr. 1* viel einnehmen; Geld scheffeln
schef|fel|wei|se in großen Mengen
Sche|he|ra|za|de, Sche|he|re|za|de [-za-] die Erzählerin in 1001 Nacht
Scheib|chen *n. 7*
scheib|chen|wei|se
Schei|be *f. 11*
schei|ben *tr. 112, bair., österr.:* schieben; Kegel scheiben
Schei|ben|brem|se *f. 11* Backenbremse
Schei|ben|gar|di|ne *f. 11*
Schei|ben|han|tel *f. 11, Gewichtheben*
Schei|ben|ho|nig *m. Gen.* -s *nur Sg.* **1.** Wabenhonig in Scheiben; **2.** *vulg., verhüllend:* Scheiße
Schei|ben|kleis|ter *m. 5 nur Sg.* **1.** Fensterkitt; **2.** *vulg., verhüllend:* Scheiße
Schei|ben|schie|ßen *n. Gen.* -s *nur Sg.*
Schei|ben|wi|scher *m. 5*
Scheib|tru|he *f. 11, österr.:* Schubkarren
Scheich [arab.] *m. 1 oder m. 9,* **1.** Scheik *m. 9 im arabischen bzw. islamischen Kulturkreis* Sippen-

S

ältester, Stammesführer, auch Ehrentitel; muslim. Prediger; **2.** *ugs.:* unangenehmer Kerl; **3.** *etwas abwertend:* Freund, Liebhaber
Scheich|tum *n. 4* Herrschaftsgebiet eines Beduinenscheichs
Schei|de *f. 11*
Schei|de|brief *m. 1, veraltet:* Scheidungsurkunde
Schei|de|gruß *m. 2*
Schei|de|kunst *f. Gen. - nur Sg., früher Bez. für* Chemie
Schei|de|mün|ze *f. 11* kleine Münze, die einen höheren Geldwert hat, als ihr nach ihrem Feinmetallgehalt zusteht
schei|den *intr. u. tr. 107*
Schei|de|stun|de *f. 11*
Schei|de|wand *f. 2*
Schei|de|was|ser *n. 6 nur Sg.* zum Trennen einer Gold-Silber-Legierung verwendete Salpetersäure
Schei|de|weg *m. 1*
Schei|ding *m. 1 nur Sg., alter Name für* September
Schei|dung *f. 10*
Schei|dungs|grund *m. 2*
Schei|dungs|kla|ge *f. 11*
Scheik *m. 9* s. **Scheich** (1)
Schein *m. 1*
Schein|an|griff *m. 1*
Schein|ar|gu|ment *n. 1*
schein|bar nur so scheinend, nicht wirklich; die Sonne dreht sich s. um die Erde; vgl. anscheinend
Schein|blü|te *f. 11*
Schein|e|he *f. 11*
schei|nen *intr. 108*
Schein|frucht *f. 2*
Schein|füß|chen *Pl.* = Pseudopodien
schein|hei|lig
Schein|hei|lig|keit *f. 10 nur Sg.*

> **scheinselbständig:** Neben der alten, immer noch zulässigen Schreibweise *scheinselbständig* werden in der neuen Schreibung beide *-st-* (von *selbst* und *ständig*) geschrieben. Ebenso: *die Scheinselbständigkeit, die Scheinselbstständigkeit.*

schein|selb|stän|dig = **schein-selbst|stän|dig**
Schein|selb|stän|dig|keit = **Schein|selbst|stän|dig|keit** *f. 10 nur Sg.* nur scheinbar selbständiges Arbeitsverhältnis
Schein|tod *m. 1 nur Sg.*
schein|tot
Schein|wer|fer *m. 5*
Scheiß|dreck *m. 1, vulg.*
Schei|ße *f. 11 nur Sg., vulg.*
scheiß|e|gal *vulg.*
schei|ßen *intr. 109, vulg.*
Schei|ßer *m. 5, vulg.*
Schei|ße|rei *f. 10 nur Sg., vulg.:* Durchfall
Schei|ßer|le *n. 5, schwäb.:* kleines Kind
scheiß|freund|lich *vulg.:* geheuchelt freundlich
Scheiß|kerl *m. 1, vulg.*
scheiß|vor|nehm *vulg.:* sehr vornehm
Scheit *n. 1, bair., österr.: n. 3, schweiz.: n. 1 oder n. 3* zugehauenes Stück Holz
Schei|tel **1.** *m. 5* höchster Punkt, Spitze; oberer mittlerer Teil des Kopfes; Trennungslinie der Frisur; **2.** *n. 5 oder n. 14, österr. für* Scheit
Schei|tel|au|ge *n. 14, bei einigen Reptilien:* rudimentäres drittes Auge auf dem Schädeldach, Parietalauge
Schei|tel|käpp|chen *n. 7* Käppchen der kath. Geistlichen und orthodoxen Juden
Schei|tel|kreis *m. 1* Kreis durch Zenith, Himmelskörper und Nadir
schei|teln *tr. 1;* das Haar s.: durch einen Scheitel teilen; ich scheitele, scheitle mir das Haar
Schei|tel|punkt *m. 1*
Schei|tel|win|kel *Pl.* einander gegenüberliegende Winkel bei zwei sich schneidenden Geraden
schei|ten *tr. 2, schweiz.:* spalten (Holz)
Schei|ter|hau|fen *m. 7* **1.** Holzstoß zum Verbrennen von Hexen, Ketzern, verbotenen Büchern; **2.** *ugs.:* Semmelauflauf
schei|tern *intr. 1* einen Misserfolg erleiden, nicht zum Ziel gelangen
Sche|kel *m. 5* s. **Se|kel**
Schelch *m. 1, rhein., ostfränk.:* größerer Kahn
Schelf *m. 1 oder n. 1* s. **Kon|ti|nen-tal|so|ckel**
Schel|fe, Schil|fe *f. 11* Fruchtschale, Hautschuppe
schel|fe|rig, schil|fe|rig, schelf|rig, schilf|rig schuppig
schel|fern, schil|fern *intr. 1* sich schuppen, sich in kleinen Blättchen ablösen
Schell *n. 10* s. **Schel|len**
Schel|lack *m. 1* harzige Ausscheidung von Schildläusen, für Lacke u. a. verwendet
Schell|ass (*alt:* Schell-As) *n. 1*
Schel|le *f. 11* **1.** Klingel, Glocke; **2.** *ugs.:* Ohrfeige; **3.** *Pl.* metallene Fesseln, Handschellen; **4.** Haltering für Rohre
schel|len *intr. 1* läuten, klingeln
Schel|len *n. 7,* Schell *n. 10* Farbe im dt. Kartenspiel
Schel|len|ass (*alt:* Schel|len-As) *n. 1*
Schel|len|baum *m. 2* ein Instrument der Militärmusik, Tragstange mit Querhölzern, an denen Glocken hängen
Schel|len|kap|pe *f. 11* Narrenkappe mit Schellen (1)
Schel|len|kö|nig *m. 1*
Schell|fisch *m. 1* ein Speisefisch
Schell|ham|mer *m. 6* Werkzeug zum Nieten, Döpper
Schel|ling, *Friedrich Wilhelm Joseph* dt. Philosoph
Schell|kraut, Schöll|kraut *n. 4* eine Heilpflanze
Schelm *m. 1* **1.** durchtriebener, vom Pech verfolgter Bursche, Held des Schelmenromans; **2.** immer zu Spaß und Neckerei aufgelegter junger Mensch, Schalk
Schel|men|ro|man *m. 1*
Schel|men|streich *m. 1*
Schel|men|stück *n. 1*
Schel|me|rei *f. 10*
Schel|min *f. 10* weibl. Schelm (2)
schel|misch
Schel|te *f. 11 nur Sg.* Vorwürfe, energ. Tadelworte
schel|ten *tr. 110*
Schelt|wort *n. 1*
Sche|ma [griech.] *n. Gen.* -s *Pl.* -s *oder* -ma|ta **1.** vereinfachte zeichnerische Darstellung; **2.** Muster, Vorbild; **3.** vorgeschriebenes Vorgehen, Verfahren; nach Schema F *ugs.:* immer auf dieselbe, übliche Art
sche|ma|tisch in der Art eines Schemas, vereinfacht
sche|ma|ti|sie|ren *tr. 3* in ein Schema bringen
Sche|ma|ti|sie|rung *f. 10*
Sche|ma|tis|mus **1.** *m. Gen. - nur Sg.* einseitig schematische, vereinfachte Behandlung oder Betrachtung; **2.** *Pl.* -men Rangliste von Amtspersonen
Schem|bart *m. 1* Maske mit Bart
Schem|bart|lau|fen *n. Gen.* -s *nur*

S

Sg. Fastnachtszug zur Austreibung des Winters
Sche|mel *m. 5* Sitzfläche, Stuhl ohne Rückenlehne
Sche|men *m. 7* **1.** Trugbild, Gespenst; **2.** *bair.:* Maske
sche|men|haft wie ein Schemen (1)
Schen, Scheng *n. Gen.* -(s) *Pl.* - Mundorgel
Schenk *m. 10* **1.** *urspr.:* Wein einschenkender Diener, Mundschenk; **2.** *MA:* Kellermeister; **3.** *heute:* Schankwirt

Schenke/Schänke: Dem Stammprinzip folgend schreibt man *Schenke* (in Anlehnung an *ausschenken*) oder *Schänke* (in Anlehnung an *Ausschank*). Entsprechend: *Schenkwirtschaft/Schänkwirtschaft* (neben *Schankwirtschaft*). § 13

Schen|ke **1.** *m. 11* s. **Schenk;** **2.** *f. 11* = **Schän|ke**
Schen|kel *m. 5*
Schen|kel|hals *m. 2*
...schen|ke|lig s. **...schenk|lig**
schen|ken *tr. 1* **1.** als Geschenk geben; **2.** einschenken, ausschenken
Schen|ker *m. 5* jmd., der jmdm. etwas geschenkt hat
...schenk|lig, ...schen|ke|lig *in Zus.,* z. B. gleichschenklig
Schenk|tisch *m. 1* s. **Schank|tisch**
Schen|kung *f. 10*
Schen|kungs|steu|er *f. 11*
Schen|kungs|ur|kun|de *f. 11*
Schenk|wirt *m. 1* s. **Schank|wirt**
Schenk|wirt|schaft *f. 10* s. **Schank|wirt|schaft**
schepp *mitteldt.:* schief
schep|pern *intr. 1, ugs.:* klappern, klirren
scheps *bair.:* schief
Scher *m. 1, süddt., österr. kurz für* Schermaus
Scher|baum *m. 1* **1.** Teil der zweiteiligen Gabeldeichsel; **2.** s. **Schär|baum**
Scher|be *f. 11* Bruchstück (eines gläsernen oder irdenen Gegenstands)
Scher|ben *m. 7* **1.** *Keramik:* der gebrannte Werkstoff unter der Glasur; **2.** *bair., österr.* s. **Scher|be**
Scher|ben|ge|richt *n. 1* = Ostrazismus
Scher|ben|hau|fen *m. 7*
Scher|bett *m. 9* s. **Sor|bet**
Sche|re *f. 11*
sche|ren **1.** *tr. 111* schneiden, abschneiden (Haar, Fell); **2.** *refl. 1* machen, dass man wegkommt; scher dich zum Teufel!; **3.** *tr. u. refl. 1, ugs.:* kümmern, angehen; was schert mich sein Gerede; ich schere mich nicht darum, ob ...; ich schere mich den Teufel *oder:* einen Dreck darum, ob ... *vulg.*
Sche|ren|fern|rohr *n. 1*
Sche|ren|git|ter *n. 5*
Sche|ren|schlei|fer *m. 5*
Sche|ren|schnitt *m. 1* künstlerische bildliche Darstellung durch in ein Blatt Papier geschnittene Umrisse
Sche|rer *m. 5* jmd., der etwas schert, z. B. Schafscherer, *früher:* Bartscherer
Sche|re|rei *f. 10 meist Pl.* (unnötige) Unannehmlichkeit, Schwierigkeit
Scherf *m. 1, MA:* halber Pfennig
Scherf|lein *n. 7, übertr.:* kleiner Beitrag; sein S. zu etwas beitragen
Scher|ge *m. 11* **1.** *früher:* Häscher, Büttel, Gerichtsdiener; **2.** *heute:* käufl. Verräter, jmd., der die Befehle eines Machthabers vollstreckt
Sche|ria [arab.], Scha|ria *f. Gen.* - *nur Sg.* das im Koran niedergelegte Rechtssystem des Islam
Sche|rif [arab.] *m. 1 oder m. 10* Titel der Nachkommen Mohammeds
Scher|kopf *m. 2* Schneidkopf (am elektr. Rasierapparat)
Scher|maus *f. 2* eine Wühlmaus, Wasserratte
Scher|wol|le *f. 11* Schurwolle
Scherz *m. 1*
scher|zan|do [skɛr-, ital.] *Mus.:* scherzend
scher|zen *intr. 1*
Scherz|fra|ge *f. 11*
scherz|haft
Scherzl [ital.] *n. 5, bair., österr.:* Anschnitt bzw. Ende vom Brot
Scher|zo [skɛr-, ital.] *n. Gen.* -s *Pl.* -s *oder* -zi **1.** kurzes, heiteres Musikstück, Scherzstück; **2.** Satz der Sonate
Scherz|wort *n. 1*
sche|sen *intr. 1, norddt., mitteldt.:* eilen, hastig laufen
scheu; scheu sein, werden; scheu machen
Scheu *f. Gen.* - *nur Sg.*
scheu|chen *tr. 1* jagen, vertreiben
scheu|en **1.** *intr. 1* scheu werden; das Pferd scheut; **2.** *refl. 1;* sich vor etwas scheuen; sich scheuen, etwas zu tun
Scheu|er|lap|pen *m. 7*
Scheu|er|leis|te *f. 11* **1.** Leiste an der Kante zwischen Fußboden und Wand; **2.** ein Schiff umgebende Leiste zum Schutz der Bordwände
scheu|ern *tr. 1;* ich scheuere, scheure es
Scheu|klap|pen *Pl.* Lederklappen am Zaumzeug der Pferde, die die Sicht zur Seite einschränken und damit verhindern sollen, dass die Pferde scheuen
Scheu|ne *f. 11*
Scheu|re|be *f. 11* hellfruchtige Rebsorte für Weißweine
Scheu|sal *n. 1, ugs. auch n. 4*
scheuß|lich
Scheuß|lich|keit *f. 10*
Schi *m. Gen.* -s *Pl.* Schi|er s. **Ski**
Schia [arab.] *f. Gen.* - *nur Sg.* eine der beiden Hauptrichtungen des Islam, die Partei Alis, des Schwiegersohns Mohammeds, und seiner Nachkommen; vgl. Schiiten
Schi|bob *m. 9* s. **Ski|bob**
Schicht *f. 10*
Schich|te *f. 11 österr. für* Schicht (Gestein, Sand)
schich|ten *tr. 2*
...schich|tig *in Zus.,* z. B. zwei-, mehr-, vielschichtig
Schich|tung *f. 10*
Schicht|wech|sel [-ks-] *m. 5*
schicht|wei|se

schick/chic: Die ins Deutsche integrierte Schreibweise *schick* ist die Hauptvariante, die französische Form *chic* die zulässige Nebenvariante.
Anmerkung: *Chic* ist nur unflektiert zu verwenden: *Das Kleid ist chic.* Aber: *das schicke Kleid; der schicke Pullover.* § 32 (2)

schick, chic [ʃɪk, frz.] **1.** modisch, elegant; **2.** *ugs. auch:* sehr schön, sehr gut, erfreulich, großartig
Schick, Chic [ʃɪk] *m. Gen.* -s *nur Sg.* **1.** Eleganz, modische Feinheit; **2.** *schweiz.:* vorteilhafter Handel; Glück, guter Fund
schi|cken **1.** *tr. 1;* **2.** *refl. 1* der guten Sitte entsprechen, sich gehören; eins schickt sich nicht für alle
Schi|cke|ria *f. Gen.* - *nur Sg.* reiche,

S

übertrieben schick gekleidete, sich extravagant gebärdende Gesellschaftsschicht

Schi|cki|mi|cki *m. 9 oder f. 9, ugs.:* oberflächlicher Modemensch

schick|lich

Schick|sal *n. 1*

schick|sal|haft

schick|sal(s)|er|ge|ben

Schick|sals|schlag *m. 2*

Schick|se [jidd.] *f. 11* **1.** *urspr.:* nichtjüd. Mädchen; **2.** *heute:* unangenehme weibl. Person

Schi|ckung *f. 10* Fügung, Schicksal

Schie|be|bock *m. 2* Schubkarre

Schie|be|dach *n. 4*

Schie|be|fens|ter *n. 5*

schie|ben **1.** *tr. 112;* **2.** *intr. 112, ugs. scherzh.:* vorgebeugt gehen; *auch:* unsaubere Geschäfte machen, bes. auf dem schwarzen Markt

Schie|ber *m. 5*

Schie|be|tür *f. 10*

Schie|be|wi|der|stand *m. 2*

Schieb|fach *n. 4* Schubfach

Schieb|kar|re *f. 11* Schubkarren

Schieb|leh|re *f. 11* ein Messgerät, Schublehre

Schie|bung *f. 10* **1.** Betrug, unsauberes Geschäft; **2.** ungerechte Bevorzugung

schied|lich ohne Streit, friedlich

Schieds|ge|richt *n. 1*

schieds|ge|richt|lich

Schieds|klau|sel *f. 11*

Schieds|mann *m. 4* Angehöriger des Schiedsgerichts, Unparteiischer

Schieds|rich|ter *m. 5*

schieds|rich|ter|lich

Schieds|spruch *m. 2*

schief, schief gelaufen, sich schieflachen: Das Adjektiv wird vor einem Substantiv kleingeschrieben: *die schiefe Ebene, ein schiefes Haus.*
In der Fügung mit einem Verb/Partizip wird im Infinitiv, Partizip und am Ende eines Nebensatzes getrennt geschrieben, wenn das Adjektiv steigerbar oder erweiterbar ist: *Die Sache ist (ganz) schief gelaufen.*
Ebenso: *schief liegen, schief urteilen, jmdn. schief ansehen, die Absätze schief treten, schief gewickelt sein.* § 34 E3 (3)
Dagegen (nicht steigerbar oder erweiterbar): *sich schieflachen: Die Kinder haben sich über den Clown schiefgelacht.*

schief; schiefe Ebene; auf die schiefe Bahn geraten *übertr.:* moralisch sinken; in ein schiefes Licht geraten *übertr.:* durch falsches Verhalten einen falschen Eindruck erwecken; schief (gekrümmt) gehen; die Sache musste schief gehen; der Plan ist schief gegangen *übertr. ugs.:* misslungen; schief gewickelt sein *übertr. ugs.:* sich täuschen; die Sache ist schief gelaufen *übertr. ugs.:* missglückt; schief (nicht gerade) liegen; schief liegen *übertr. ugs.:* eine falsche Meinung vertreten; da hast du schief gelegen *übertr. ugs.:* dich geirrt; die Absätze schief treten, sind schief getreten; *aber:* der Schiefe Turm (in Pisa)

Schie|fe *f. 11 nur Sg.*

Schie|fer *m. 5* **1.** ein blättriges Gestein; **2.** *bair., österr.:* Splitter

Schie|fer|bruch *m. 2*

Schie|fer|dach *n. 4*

schie|fer|grau

schie|fe|rig, schief|rig **1.** aus Schiefer; **2.** wie Schiefer

schie|fern *intr. 1* wie Schiefer abblättern, sich wie Schiefer spalten

Schie|fer|ta|fel *f. 11*

Schie|fe|rung *f. 10*

schief ge|hen (*alt:* schief|ge|hen) *intr. 47* misslingen

schief ge|wi|ckelt (*alt:* schief|gewickelt) *ugs.*

Schief|heit *f. 10*

schief|la|chen *refl. 1, ugs.:* sehr lachen; wir haben uns über das Theaterstück schiefgelacht

schief lau|fen (*alt:* schief|lau|fen) *intr. 76*

schief lie|gen (*alt:* schief|lie|gen) *intr. 80, ugs.*

schief|mäu|lig *übertr.:* neidisch, missgünstig

schief|rig, schie|fe|rig

schief tre|ten (*alt:* schief|tre|ten) *tr. 163*

schief|win|ke|lig, schief|wink|lig

Schiel|au|ge *n. 14;* Schielaugen machen *ugs. übertr.:* etwas mit begehrlichen Blicken betrachten, gerne haben wollen

Schie|le, *Egon* österr. Maler

schie|len *intr. 1*

Schien|bein *n. 1*

Schie|ne *f. 11*

schie|nen *tr. 1*

Schie|nen|bahn *f. 10*

Schie|nen|bus *m. 1*

Schie|nen|er|satz|ver|kehr *m. 1 nur Sg.*

Schie|nen|fahr|zeug *n. 1*

Schie|nen|netz *n. 1*

Schie|nen|stoß *m. 2* Stelle, an der zwei Schienen zusammengefügt sind

Schie|nen|strang *m. 2* Eisenbahnschienen über eine längere Strecke

Schie|nen|weg *m. 1;* auf dem S.: mit der Eisenbahn

schier **1.** *Adv.:* beinahe, fast; man möchte schier meinen …; das ist schier unmöglich; **2.** *Adj.:* rein, lauter, ohne Beimengung; schieres Fleisch: Fleisch ohne Knochen oder Fett

Schi|er *Pl.* s. **Ski|er**

Schier|ling *m. 1, Bez. für* einige Arten giftiger Doldengewächse

Schier|lings|be|cher *m. 5* Becher mit Gift

Schieß|be|fehl *m. 1*

Schieß|bu|de *f. 11*

Schieß|bu|den|fi|gur *f. 10, ugs.:* aussehen wie eine S.: lächerlich (in der äußeren Aufmachung)

schie|ßen er/sie/es schoss, er/sie/es hat geschossen **1.** *intr. 113* ein Geschoss abfeuern; rasch wachsen; rasch laufen oder fahren; **2.** *tr. 113* durch Schuss töten, erlegen; *Bgb.:* sprengen; schnell, scharf werfen; *ugs.:* Rauschgift einspritzen; es ist zum Schießen *ugs.:* sehr komisch, zum Lachen; die Zügel schießen lassen; einen Plan schießen lassen

schie|ßen las|sen (*alt:* schie|ßenlas|sen) *tr. 75, ugs.;* etwas aufgeben

Schie|ße|rei *f. 10*

Schieß|ge|wehr *n. 1*

Schieß|hund *m. 1, veraltet:* Hund, der angeschossenes Wild aufspürt; aufpassen wie ein Schießhund *übertr.*

Schieß|platz *m. 2*

Schieß|prü|gel *m. 5, ugs. scherzh.:* Gewehr

Schieß|pul|ver [-vər] *n. 5*

Schieß|schar|te *f. 11, in Befestigungsanlagen:* schmale Mauerspalte zum Schießen

Schieß|schei|be *f. 11*

Schieß|sport *m. Gen. -s nur Sg.*

Schieß|stand *m. 2*

Schiet *m. oder n. Gen. -(s) nur Sg., nddt.:* Scheiße, Dreck

Schie|ter *m. 5, nddt.:* Scheißer (auch als Kosename)

S

Schiet|kram *m. Gen.* -s *nur Sg.*
Schi|fah|rer *m. 5* s. **Ski|fah|rer**
Schiff *n. 1*
Schiffahrt (-ff|f-) (*alt für:* Schiff-fahrt) *f. 10 nur Sg.*
Schiffahrts|li|nie (-ff|f-) (*alt für:* Schiff|fahrts|li|nie) [-njə] *f. 11*
Schiffahrts|stra|ße (-ff|f-) (*alt für:* Schiff|fahrts|stra|ße) *f. 11*
Schiffahrts|weg (-ff|f-) (*alt für:* Schiff|fahrts|weg) *m. 1*
Schiffahrts|zei|chen (-ff|f-) (*alt für:* Schiff|fahrts|zei|chen) *n. 7*
schiff|bar
Schiff|bau [fachspr.] *m. Gen.* -(e)s *nur Sg.* Bau von Schiffen; vgl. Schiffsbau
Schiff|bein *n. 1* Kahnbein
Schiff|bruch *m. 2;* S. erleiden *übertr.:* einen Misserfolg haben, scheitern
schiff|brü|chig
Schiff|brü|cke *f. 11* Pontonbrücke
Schiff|chen *n. 7; auch:* schmale Militärmütze; kleines Werkzeug zum Herstellen von Okkispitze
Schiff|chen|ar|beit *f. 10* = Okkispitze
schif|feln *intr. 1, süddt.:* Kahn fahren
schif|fen *intr. 1* **1.** mit dem Schiff fahren; **2.** *ugs.:* harnen
Schif|fer *m. 5*
Schif|fer|kla|vier [-vi:r] *n. 1* Akkordeon
Schif|fer|kno|ten *m. 7* auf bestimmte Art geknüpfter, fester Knoten
Schif|fer|müt|ze *f. 11*
Schiff|fahrt *f. 10 nur Sg.*
Schiff|fahrts|li|nie [-njə] *f. 11*
Schiff|fahrts|stra|ße *f. 11*
Schiff|fahrts|weg *m. 1*
Schiff|fahrts|zei|chen *n. 7*
Schiffs|arzt *m. 2*
Schiffs|bau *m. Gen.* -(e)s *nur Sg.* Bau eines (einzelnen) Schiffes
Schiffs|bohr|wurm *m. 4* eine Muschel
Schiffs|boot *n. 1* ein Kopffüßer, Perlboot, Nautilus
Schiff|schau|kel *f. 11*
Schiffs|eig|ner *m. 5* Eigentümer eines Schiffes
Schiffs|fahrt *f. 10* Fahrt mit dem Schiff; vgl. Schifffahrt
Schiffs|hal|ter *m. 5* ein Fisch, der sich an Schiffen festsaugt
Schiffs|jour|nal [-ʒur-] *n. 1* Logbuch
Schiffs|jun|ge *m. 11* Matrosenlehrling
Schiffs|koch *m. 2*
Schiffs|schrau|be *f. 11*
Schiffs|ta|ge|buch *n. 4* Logbuch
Schiffs|tau|fe *f. 11*
Schiffs|zwie|back *m. 2* haltbarer Zwieback als eiserne Ration
Schi|flie|gen *n. 7* s. **Ski|flie|gen**
schif|ten **1.** *intr. 2* ein Segel vor dem Wind auf die andere Seite bringen; **2.** die Lage wechseln; **3.** verrutschen (Ladung); **4.** *tr. 2* zusammennageln (Dachsparren)
Schif|ter *m. 5* Dachsparren
Schi|gym|nas|tik *f. 10 nur Sg.* s. **Ski|gym|nas|tik**
Schi|ha|serl *n. 14* s. **Ski|ha|serl**
Schi|is|mus [arab.] *m. Gen.* - *nur Sg.* Lehre der Schia
Schi|it *m. 10* Anhänger der Schia; vgl. Sunnit
Schi|ka|ne [frz.] *f. 11* **1.** absichtlich bereitete Schwierigkeit; **2.** *ugs.:* Kniff, Feinheit; mit allen Schikanen
schi|ka|nie|ren *tr. 3;* jmdn. s.: jmdm. absichtlich Schwierigkeiten bereiten
schi|ka|nös *ugs.:* böswillig, Schikanen bereitend
Schi|kjö|ring [-jø:-, norw.] *n. 9* s. **Ski|kjö|ring**
Schi|ko|ree *f. 9 oder m. 9 nur Sg.* s. **Chi|co|rée**
Schi|lauf *m. 2* s. **Ski|lauf**
Schi|läu|fer *m. 5* s. **Ski|läu|fer**
Schil|cher *m. 5, österr. für* Schiller (2)
Schild **1.** *n. 3* Tafel, Platte, Blatt Papier als Erkennungszeichen, Warntafel o. Ä.; **2.** *m. 1* am Arm getragene Platte als Schutzwaffe
Schild|bür|ger *m. 5* töricht, unüberlegt handelnder Mensch, Spießbürger
Schild|bür|ger|streich *m. 1*
Schild|drü|se *f. 11*
Schil|der|haus *n. 4* schmales Schutzhäuschen für den Wache stehenden Soldaten
Schil|der|ma|ler *m. 5*
schil|dern *tr. 1* (anschaulich) beschreiben, erzählen; ich schildere, schildre es
Schil|de|rung *f. 10*
Schil|der|wald *m. 4, ugs. scherzh.:* große Menge von Verkehrsschildern
Schild|knap|pe *m. 11*
Schild|krot *n. Gen.* -s *nur Sg., österr. für* Schildpatt
Schild|krö|te *f. 11*
Schild|laus *f. 2*
Schild|patt *n. Gen.* -s *nur Sg.* getrocknete Hornplatten des Rückenpanzers einer Meeresschildkröte
Schild|wa|che *f. 11, veraltet:* militär. Wachtposten
Schi|leh|rer *m. 5* s. **Ski|leh|rer**
Schilf *n. 1* eine Grasart, Schilfrohr
Schilf|dach *n. 4*
Schil|fe *f. 11* s. **Schel|fe**
schil|fe|rig, schilf|rig s. **schel|fe|rig**
schil|fern *intr. 1* s. **schel|fern**
schilf|ge|deckt; schilfgedecktes Dach
schil|fig wie Schilf
schilf|rig s. **schel|fe|rig**
Schilf|rohr *n. 1* s. **Schilf**
Schi|leh|rer *m. 5* s. **Ski|leh|rer**
Schi|lift *m. 1* s. **Ski|lift**
Schill *m. 1, österr. für* Zander

> **Schiller:** Bei Eigennamen kann das Possessivverhältnis auf verschiedene Weise ausgedrückt werden: *die schillerschen Dramen* auch: *die Schiller'schen Dramen* (mit Apostroph und Großschreibung, wenn der Eigenname betont werden soll). § 62

Schiller, *Friedrich von* dt. Schriftsteller
Schil|ler *m. 5* **1.** *nur Sg.* Farbenspiel, wechselnder Farbenglanz; **2.** Mischung von Rot- und Weißwein
schil|le|rig schillernd
Schil|ler|kra|gen *m. 7* offener, über der Jacke getragener Hemdkragen
Schil|ler|lo|cke *f. 11* **1.** mit Schlagsahne gefüllte Gebäckrolle; **2.** dünnes, geräuchertes Stück vom Bauch des Dornhais
schil|lern *intr. 1* in wechselnden Farben glänzen
Schil|ler|wein *m. 1* s. **Schil|ler** (2)
Schil|ling *m. 1, nach Zahlenangaben Pl.* - (*Abk.:* S, öS) österr. Währungseinheit, 100 Groschen
schil|pen *intr. 1* = **tschil|pen**
Schi|mä|re, Chi|mä|re [çi-, griech.] *f. 11* Trugbild, Hirngespinst
Schim|mel **1.** *m. 5 nur Sg.* weißl. Überzug aus Schimmelpilzen auf Lebensmitteln; **2.** *m. 5* weißes Pferd
Schim|mel|bo|gen *m. 7* versehentl. nur einseitig bedruckter Bogen
schim|me|lig, schimm|lig
schim|meln *intr. 1* sich mit Schimmel überziehen

S

Schimmelpilze *Pl.* auf feuchten Lebensmitteln u. a. einen weißen Überzug (Schimmel) bildende Schlauchpilze
Schimmelreiter *m. 5 nur Sg.* geisterhafte dt. Sagengestalt
Schimmer *m. 5*
schimmern *intr. 1*
schimmlig s. **schimmelig**
Schimpanse [afrik.] *m. 11* ein Menschenaffe
Schimpf *m. 1* Schmach, Beleidigung; jmdm. einen Schimpf antun; mit Schimpf und Schande davongejagt werden
schimpfen *intr. u. tr. 1*
Schimpferei *f. 10*
schimpfieren *tr. 3, veraltet:* verunglimpfen, beschimpfen
schimpflich
Schimpfname *m. 15*
Schimpfwort *n. 4*
Schinakel [ung.] *n. 5, österr.:* kleines Boot
Schindaas *n. 1* dem Sterben nahes Vieh, Schindluder
Schindanger, Schindacker *m. 5* Platz zum Verscharren von Tierkadavern
Schindel *f. 11* Holzbrettchen zum Dachdecken
Schindeldach *n. 4*
schindeln *tr. 1* mit Schindeln decken
schinden *tr. 114* hart arbeiten lassen, ausbeuten, quälen; sich s.: sich abrackern, schwer arbeiten
Schinder *m. 5* **1.** Abdecker; **2.** jmd., der andere schindet
Schinderei *f. 10* **1.** Abdeckerei; **2.** *nur Sg.* schwere Arbeit, Plage
Schinderkarren *m. 7*
Schindluder *n. 5* Schindaas; mit jmdm. S. treiben: jmdn. schändlich behandeln
Schindmähre *f. 11* altes, dürres Pferd
Schinken *m. 7*
Schinne *f. 11 meist Pl., nddt.:* Kopfschuppe
Schintoismus [jap.], Shintoismus *m. Gen. - nur Sg.* die urspr. Religion der Japaner, Glaube an Naturgottheiten, verbunden mit Ahnenkult
Schintoist, Shintoist *m. 10*
schintoistisch, shintoistisch
Schipiste *f. 11* s. **Skipiste**
Schippchen *n. 7* **1.** kleine Schippe; **2.** *ugs., scherzh.:* Schmollmund (von Kindern); ein S. ziehen: die Lippen vorschieben
Schippe *f. 11* **1.** Schaufel; jmdn. auf die S. nehmen *ugs.:* jmdn. zum Besten haben, frotzeln; **2.** *ugs. scherzh.:* Schmollmund; eine Schippe ziehen, machen; **3.** s. **Schippen**
schippen *tr. 1*
Schippen *n. 7* Farbe im frz. Kartenspiel, Pik
Schirm *m. 1*
Schirmbild *n. 3* Röntgenbild
schirmen *tr. 1*
Schirmgitter *n. 5* ein Bauelement bei Elektronenröhren
Schirmherr *m. Gen.* -(e)n *Pl.* -en
Schirmherrschaft *f. 10*
Schirmling *m. 1* s. **Schirmpilz**
Schirmmütze *f. 11*
Schirmpilz *m. 1* ein Speisepilz
Schirokko [ital.] *m. 9* warmer, oft stürmischer Wind in den Mittelmeerländern
Schirrmeister *m. 5* **1.** Aufseher im Pferdestall; **2.** *Mil.:* Verwalter der Fahrzeuge einer Kompanie
Schirting *m. 1 oder m. 9* ein starkes Baumwollgewebe für Möbelbezüge, Bucheinbände
Schirwan [nach der Landschaft S. im Kaukasus] *m. 9* ein Teppich mit geometr. Muster
Schisma [auch: sçis-, griech.] *n. Gen.* -s *Pl.* -men Kirchenspaltung
Schismatiker *m. 5* jmd., der ein Schisma verursacht, jmd., der von der kirchl. Lehre abweicht
schismatisch auf einem Schisma beruhend, ein S. betreibend
Schisport *m. Gen.* -s *nur Sg.* s. **Skisport**
Schispringen *n. Gen.* -s *nur Sg.* s. **Skispringen**
Schispringer *m. 5* s. **Skispringer**
Schiss (*alt:* Schiß) *m. 1* **1.** *ugs. derb:* Kot, z. B. Fliegenschiss; **2.** *nur Sg., ugs. derb:* Angst
Schisser *m. 5, ugs., derb:* Angsthase, Feigling
Schistock *m. 2* s. **Skistock**
Schiwa, Shiva einer der Hauptgötter des Hinduismus
Schiwachs [-ks] *n. 1* s. **Skiwachs**
schizogen [griech.] *Biol.:* durch Spaltung entstanden
Schizogonie *f. 11* Form der ungeschlechtl. Fortpflanzung, wobei durch Zellteilung eine Vielzahl von Zellen entsteht
schizoid seelisch gespalten
schizophren **1.** an Schizophrenie leidend; **2.** *übertr.:* spaltsinnig, widersprüchlich im Denken und Handeln
Schizophrenie *f. 11 nur Sg.* Gruppe von Geisteskrankheiten mit gestörtem Zusammenhang zwischen Wollen, Denken und Fühlen
Schizophyt *m. 10* Spaltpflanze
schizothym zur Absonderung neigend, in sich gekehrt (Person, Charakter)
schlabberig, schlabbrig gallertartig, wässerig
schlabbern *intr. u. tr. 1* schmatzend trinken, schlürfen
Schlacht *f. 10*
Schlachta [poln.] *f. Gen. - nur Sg., früher: der poln. Adel; vgl. Schlachtschitz*
Schlachtbank *f. 2*
schlachten *tr. 2*
Schlachtenbummler *m. 5* **1.** *früher:* Zuschauer bei kriegerischen Kämpfen; **2.** *heute:* jmd., der häufig auswärtige sportliche Veranstaltungen besucht
Schlachter *m. 5, norddt. für* Fleischer
Schlächter *m. 5* **1.** Fleischer; **2.** Massenmörder
Schlachterei *f. 10* Fleischerei
Schlächterei *f. 10* **1.** Fleischerei; **2.** Gemetzel, Massenmord
Schlachtfeld *n. 3*
Schlachtfest *n. 1*
Schlachtgewicht *n. 1* Gewicht der verwertbaren Teile eines geschlachteten Tieres; *Ggs.:* Lebendgewicht
Schlachthof *m. 2*
Schlachtkreuzer *m. 5*
Schlachtopfer *n. 5* kultisches Opfer
Schlachtross (*alt:* Schlachtroß) *n. 1, ugs. n. 4*
Schlachtruf *m. 1*
Schlachtschitz *auch:* **Schlachtschitz** [poln.] *m. 10* Angehöriger der Schlachta
Schlachttag *m. 1*
Schlachtung *f. 10*
Schlachtvieh *n. Gen.* -s *nur Sg.*
Schlack *m. 1 nur Sg., nddt.:* breiige Masse, Schneematsch
Schlacke *f. 11* **1.** Rückstand beim Verbrennen und Schmelzen; **2.** Abfallprodukt des Stoffwechsels im Gewebe und Verdauungskanal; **3.** *übertr.:* Unreines
schlacken *intr. 1* Schlacke bilden
schlackenlos
schlackern *intr. 1* **1.** *nddt.:* regnen

S

und schneien zugleich; **2.** *ugs.:* wackeln; mir schlackerten die Knie; mit den Ohren s. *ugs.:* sehr überrascht, beeindruckt sein
Schla|cker|wet|ter *n. 5 nur Sg.* Schneeregen
schla|ckig **1.** voller Schlacken; **2.** breiig, matschig
Schlack|wurst *f. 2* eine Wurstsorte mit Fleisch und Speckstückchen
Schlaf *m. Gen.* -(e)s *nur Sg.;* Schlaf haben *süddt.:* schläfrig, müde sein
Schlaf|an|zug *m. 2*
Schlaf|baum *m. 2* Baum, auf dem ein Vogel regelmäßig schläft
Schläf|chen *n. 7;* ein S. halten
Schlaf|couch [-kautʃ] *f. 9*
Schlä|fe *f. 11* Teil des Kopfes
schla|fen *intr. 115;* schlafen gehen; ein Kind schlafen legen
Schlä|fen|bein *n. 1*
Schla|fen|ge|hen *n. Gen.* -s *nur Sg.;* vor dem S.
Schla|fens|zeit *f. 10*
Schlä|fer *m. 5*
...schlä|fe|rig s. **...schläf|rig**
schlä|fern *tr. 1, unpersönlich;* mich schläfert *oder:* es schläfert mich: ich bin schläfrig, müde
schlaff
Schlaff|heit *f. 10 nur Sg.*
Schlaf|gast *m. 2* Übernachtungsgast
Schlaf|ge|le|gen|heit *f. 10*
Schla|fitt|chen *n. 7, urspr.:* Schwungfeder, *auch:* Rockschoß; *nur noch in den Wendungen* jmdn. beim S. kriegen, packen: jmdn. zu fassen kriegen (um ihn zu strafen oder zurechtzuweisen)
Schlaf|krank|heit *f. 10 nur Sg.* eine Infektionskrankheit
schlaf|los
Schlaf|lo|sig|keit *f. 10 nur Sg.*
Schlaf|maus *f. 2* ein Nagetier, Bilch
Schlaf|mit|tel *n. 5*
Schlaf|müt|ze *f. 11, übertr.:* unaufmerksamer Mensch
schlaf|müt|zig
Schlaf|müt|zig|keit *f. 10 nur Sg.*
Schlaf|rat|te *f. 11,* **Schlaf|ratz** *m. 1, ugs. scherzh.:* jmd., der gern schläft
schläf|rig
...schläf|rig, ...schlä|fe|rig *bair., in Zus.,* z.B. ein-, zweischläfriges Bett
Schläf|rig|keit *f. 10 nur Sg.*
Schlaf|rock *m. 2*
Schlaf|saal *m. Gen.* -(e)s *Pl.* -sä|le

Schlaf|sack *m. 2*
Schlaf|stel|le *f. 11* kleines gemietetes Zimmer, das nur zum Schlafen (nicht zum Wohnen) benutzt wird
Schlaf|sucht *f. Gen. - nur Sg.*
schlaf|süch|tig
Schlaf|ta|blet|te *auch:* **Schlaf|tab|let|te** *f. 11*
schlaf|trun|ken
Schlaf|trun|ken|heit *f. 10 nur Sg.*
Schlaf|wa|gen *m. 7*
schlaf|wan|deln *intr. 1;* er schlafwandelt, hat, ist geschlafwandelt
Schlaf|wan|deln *n. Gen.* -s *nur Sg.* Mondsüchtigkeit
Schlaf|wand|ler *m. 5*
schlaf|wand|le|risch
Schlaf|zim|mer *n. 5*

Schlag (acht Uhr): Die Bezeichnung der genauen Uhrzeit folgt den Regeln, die für Substantive in festen Gefügen gelten: Großschreibung. Daher: *Es war Schlag acht Uhr.* § 55 (4)

Schlag *m. 2;* Schlag acht Uhr
Schla|ga|der *f. 11*
Schlag|an|fall *m. 2*
schlag|ar|tig
Schlag|ball *m. 2*
schlag|bar
Schlag|baum *m. 2* Schranke an Grenzübergängen
Schlag|bol|zen *m. 7*
Schlä|gel *m. 5* Hammer (des Bergmanns)
Schlä|gel *m. 5* Werkzeug zum Schlagen

schlagen (Alarm/Rad): Die Verbindung aus Verb und Substantiv wird getrennt geschrieben: *Sie hatten Alarm geschlagen. Sie begann ihr Übungsprogramm Rad schlagend.* § 34 E3 (5)

schla|gen *tr. 116;* schlagende Wetter *Bgb.:* explosives Gemisch aus Grubengas und Luft; er schlug ihn *oder:* ihm ins Gesicht; er schlug ihr *oder:* sie auf die Hand; Alarm schlagen; ein Rad schlagender Akrobat
Schla|ger *m. 5* **1.** eine Zeit lang bes. beliebtes Tanzlied; **2.** erfolgreiches Theaterstück; **3.** Ware, die reißend Absatz findet
Schlä|ger *m. 5*
Schlä|ge|rei *f. 10*
Schla|ger|fes|ti|val [-val] *n. 9*

schlä|gern *tr. 1, österr.:* fällen (Bäume)
Schla|ger|spiel *n. 1, ugs.:* Spiel zwischen zwei Mannschaften, das aus einem bestimmten Grund besondere Bedeutung hat
Schla|ger|star *m. 9*
Schlä|ge|rung *f. 10, österr.*
schlag|fer|tig einfallsreich im Antworten
Schlag|fer|tig|keit *f. 10 nur Sg.*
Schlag|fluss (*alt:* Schlag|fluß) *m. 2, veraltet:* Schlaganfall; vom S. getroffen werden
Schlag|holz *n. 4* Gerät für manche Ballspiele
Schlag|in|stru|ment *auch:* **Schlag|ins|tru|ment, Schlag|inst|ru|ment** *n. 1* ein Musikinstrument, das geschlagen wird, z.B. Trommel, Becken
Schlag|kraft *f. 2 nur Sg.*
schlag|kräf|tig
Schlag|licht *n. 3* Lichtstrahl; *bes. Fot.:* Licht, durch das ein Gegenstand hervorgehoben wird; ein S. auf etwas werfen: etwas hervorheben
Schlag|loch *n. 4* Loch in der Straßendecke
Schlag|mann *m. 4, Rudersport:* vorderster Ruderer, der den Schlag angibt
Schlag|o|bers *n. Gen. - nur Sg., österr.:* Schlagsahne
Schlag|rahm *m. Gen.* -s *nur Sg., bair.:* Schlagsahne
schlag|reif *Forstw.:* zum Fällen geeignet
Schlag|ring *m. 1* eine Schlagwaffe
Schlag|sah|ne *f. 11 nur Sg.*
Schlag|schat|ten *m. 7, Malerei, Fot.:* von einer Person oder einem Gegenstand geworfener Schatten
Schlag|sei|te *f. 11* Schräglage (des Schiffes); das Schiff hat S.; er hat (leichte) S. *ugs. scherzh.:* er hat einen Rausch
Schlag|uhr *f. 10*
Schlag|werk *n. 1*
Schlag|wet|ter *n. 5* schlagende Wetter
schlag|wet|ter|si|cher
Schlag|wort **1.** *n. 4 oder n. 1* Wort oder kurze Formulierung, das bzw. die eine Zeiterscheinung o.Ä. treffend charakterisiert; **2.** *n. 4, Bibliothekswesen:* (meist dem Titel entnommenes) Wort, das den Inhalt eines Buches kennzeichnet

S

Schlag|wort|ka|ta|log *m. 1* nach Schlagwörtern (2) geordneter Katalog
Schlag|zahl *f. 10* Zahl der in einer Minute mit Rudern ausgeführten Schläge im Boot
Schlag|zei|le *f. 11* in die Augen fallende Überschriftzeile einer Zeitung; die Sache hat Schlagzeilen gemacht: ist durch die Presse allgemein bekannt geworden
Schlag|zeug *n. 1* Gruppe von Schlaginstrumenten, die vom gleichen Spieler bedient werden
Schlag|zeu|ger *m. 5* Spieler des Schlagzeugs
Schlaks *m. 1, norddt., mitteldt.:* schlaksiger junger Mensch
schlak|sig lang, dünn und etwas ungeschickt in den Bewegungen
Schla|mas|sel [jidd.] *m. 5 oder n. 5* ärgerliche, verfahrene Angelegenheit
Schlamm *m. 1*
Schlammas|se (-mm|m-) (*alt für:* Schlamm|mas|se) *f. 11*
Schlamm|bad *n. 4*
Schlamm|bei|ßer *m. 5* ein aalartiger Süßwasserfisch
schlam|men *intr. 1* Schlamm absetzen
schläm|men *tr. 1* **1.** von Schlamm reinigen; **2.** Bestandteile aus einem Gemisch s.: sich absetzen lassen
Schlamm|er|de *f. 11 nur Sg.*
Schlamm|fie|ber *n. 5 nur Sg.* ein Feldfieber
schlam|mig
Schlämm|krei|de *f. 11* gereinigte Kreide (für Zahnpulver und Reinigungsmittel)

Schlammmasse: Beim Aufeinanderfolgen dreier gleicher Konsonanten werden im Gegensatz zur früheren Regelung auch vor nachfolgendem Vokal alle drei Konsonanten geschrieben.

Schlamm|mas|se *f. 11*
Schlamm|pa|ckung *f. 10* Packung mit warmem Heilschlamm
schlam|pam|pen *intr. 1, ugs.:* schlemmen, schwelgen
Schlam|pe *f. 11* **1.** unordentliche Frau; **2.** Frau, die ein liederliches Leben führt
schlam|pen *intr. 1* unordentlich sein, unordentlich arbeiten
Schlam|per *m. 5* unordentlicher Mensch
Schlam|pe|rei *f. 10*
schlam|pig
Schlam|pig|keit *f. 10 nur Sg.*

Schlange stehen: Die Fügung aus Substantiv und Verb wird im Infinitiv, Partizip und am Ende eines Nebensatzes getrennt geschrieben: *Sie haben gestern zwei Stunden Schlange gestanden.* § 34 E3 (5)

Schlan|ge *f. 11;* Schlange stehen
Schlän|gel|chen *n. 7*
schlän|ge|lig, schläng|lig geschlängelt
schlän|geln *refl. 1*
Schlan|gen|be|schwö|rung *f. 10*
Schlan|gen|biss (*alt:* Schlan|gen|biß) *m. 2*
Schlan|gen|fraß *m. Gen.* -es *nur Sg., ugs.:* schlechtes Essen
Schlan|gen|gift *n. 1*
schlan|gen|haft
Schlan|gen|li|nie *f. 11*
Schlan|gen|mensch *m. 10, volkstüml. für* Akrobat
Schläng|lein *n. 7*
schläng|lig s. **schlän|ge|lig**
schlank; schlank machende Ernährung
Schlank|heit *f. 10 nur Sg.*
Schlank|heits|kur *f. 10*
Schlank|heits|pil|le *f. 11*
schlank|weg ohne weiteres, ohne Bedenken, ohne Umstände; er behauptet s., er habe …
schlank|wüch|sig [-ks-]
Schlap|fen *m. 7 meist Pl., österr.:* Pantoffel
schlapp *ugs.:* müde, abgespannt; ich bin noch sehr s.
Schlap|pe *f. 11* Niederlage; eine S. einstecken müssen
schlap|pen **1.** *intr. 1* locker, lose sitzen (Schuh); *auch:* schlürfend gehen; **2.** *tr. 1* schmatzend trinken (Tier)
Schlap|pen *Pl.* Pantoffeln, Hausschuhe
schlap|pern *tr. 1* schlürfend trinken
Schlapp|hut *m. 2* weicher, breitkrempiger Hut
schlapp|ma|chen *intr. 1, ugs.:* vor Erschöpfung nicht weiter können; er hat schlappgemacht
Schlapp|ohr *n. 12* Hängeohr
Schlapp|schu|he *Pl.* Schlappen
Schlapp|schwanz *m. 2* schlapper, körperlich schwacher oder energieloser Mensch
Schla|raf|fen|land *n. Gen.* -(e)s *nur Sg.* märchenhaftes Land der Schlemmer
Schla|raf|fen|le|ben *n. 7 nur Sg.*
Schla|raf|fia *f. Gen.* - *nur Sg.* Schlaraffenland
schla|raf|fisch wie im Schlaraffenland, üppig, schlemmerhaft
schlau
Schlau|be *f. 11* Fruchthülle, Schale
schlau|ben *tr. 1* enthülsen
Schlau|ber|ger *m. 5* Schlaukopf
Schlauch *m. 2; auch ugs.:* große körperl. Anstrengung
Schlauch|boot *n. 1* aufblasbares Gummiboot
schlau|chen *tr. 1, ugs.:* körperlich sehr anstrengen
Schlauch|pilz *m. 1* höherer Pilz mit schlauchförmigen Sporenzellen
Schlauch|pum|pe *f. 11*
Schlauch|wa|gen *m. 7* Wagen für den Transport einer Schlauchrolle
Schläue *f. Gen.* - *nur Sg.* Schlauheit
schlau|er|wei|se
Schlau|fe *f. 11*
Schlau|heit *f. 10 nur Sg.*
Schlau|kopf *m. 2*
Schlau|mei|er *m. 5* Schlaukopf
Schla|wi|ner *m. 5* **1.** *süddt.:* pfiffiger, durchtriebener Bursche; **2.** *österr.* Nichtsnutz
schlecht; schlecht und recht *oder:* recht und schlecht *eigtl.:* schlicht (einfach) und recht; ein schlecht bezahlter Job; ich kann in den Schuhen schlecht gehen; es ist mir schlecht gegangen; das hat er schlecht gemacht; sie hat ihn schlecht gemacht: herabgesetzt; mir ist schlecht geworden; er ist schlecht gelaunt

schlecht beraten/machen: Die Fügung aus Adjektiv und Verb/Partizip schreibt man getrennt, wenn das Adjektiv steigerbar oder erweiterbar ist: *Sie ist (sehr) schlecht beraten gewesen. Das kann man nur noch schlechter machen.* § 34 E3 (3)
Ebenso: *schlecht bezahlt/gehen/gelaunt.*

schlecht be|ra|ten (*alt:* schlecht|be|ra|ten)
schlecht be|zahlt (*alt:* schlecht|be|zahlt)
schlech|ter|dings durchaus, geradezu, ganz und gar; das ist s. un-

S

möglich; noch schneller kann ich es s. nicht machen
schlẹcht ge|hen (*alt:* schlẹcht|gehen) *intr. 47*
schlẹcht ge|launt (*alt:* schlẹcht|ge|launt)
Schlẹcht|heit *f. 10 nur Sg.*
schlecht|hịn vollkommen, typisch
schlecht|hịn|nig uneingeschränkt, vollkommen, absolut
Schlẹch|tig|keit *f. 10*
schlẹcht ma|chen (*alt:* schlẹcht|ma|chen) *tr. 1;* Schlechtes, Nachteiliges über jmdn. oder etwas reden
schlẹcht|weg ohne weiteres, ohne Umstände
Schlecht|wẹt|ter|geld *n. 3, früher:* Ausfallvergütung des Arbeitgebers an die Arbeitnehmer
Schlẹck *m. 1, süddt.:* Leckerbissen, Näscherei
schlẹ|cken *tr. u. intr. 1* **1.** lecken; **2.** *süddt.:* naschen, Süßes essen
Schle|cke|rei *f. 10*
schlẹ|cke|rig, schlẹck|rig *ugs.:* gern Süßes essend
Schlẹ|cker|maul *n. 4, ugs.*
schlẹ|ckern *intr. u. tr. 1, ugs.:* genüsslich Süßes essen; ich schleckere, schleckre gern
Schle|gel *m. 5* Keule (vom Wild oder Schlachttier)
Schle|gel (*alt für:* Schlä|gel) *m. 5*
Schle|gel, *August Wilhelm* dt. Schriftsteller, Kritiker und Sprachforscher
Schle|gel, *Friedrich* dt. Schriftsteller und Philosoph
Schleh|dorn *m. 1* ein Strauch, Schwarzdorn
Schle|he *f. 11* Frucht des Schlehdorns
Schlei *m. 1* = **Schleie**
Schlei|che *f. 11* **1.** eine Echse, z. B. Blindschleiche; **2.** *ugs.:* falschfreundliche Frau
schlei|chen *intr. u. refl. 117;* schleich dich! *bair.:* verschwinde!
Schlei|cher *m. 5, ugs.:* jmd., der durch falsche Freundlichkeit etwas zu erlangen sucht
Schleich|han|del *m. Gen. -s nur Sg.* Schwarzhandel
Schleich|händ|ler *m. 5*
Schleich|kat|zen *Pl.* eine Familie marderähnlicher Raubtiere
Schleich|tem|po *n. 9*
Schleich|weg *m. 1*
Schleich|wer|bung *f. 10 nur Sg.* Werbung, deren Werbecharakter dem Adressaten verborgen bleiben soll
Schleie *f. 11,* **Schlei** *m. 1* ein Karpfenfisch
Schlei|er *m. 5*
Schlei|er|eu|le *f. 11*
schlei|er|haft *ugs.:* unerklärlich, rätselhaft; das ist mir (völlig) s.
Schlei|er|kraut *n. 4 nur Sg.* Zierpflanze
Schlei|er|ma|cher, *Friedrich Daniel Ernst* dt. Theologe und Philosoph
Schlei|er|schwanz *m. 2* Goldfisch
Schlei|fe *f. 11* **1.** Schlinge; **2.** Gleitbahn, Rutschbahn

schleifen: Regelmäßige Flexion: *schleifen, schleifte, hat geschleift* (= über den Boden ziehen bzw. niederreißen, zerstören): *Sie schleiften den Sack über den Boden. Der Mantel schleifte auf dem Boden. Die Festung wurde geschleift* (= zerstört).
Unregelmäßige Flexion: *schleifen, schliff, hat geschliffen* (= hart drillen, schärfen): *Der Mann hat die Messer geschliffen. Der Offizier schliff die Rekruten am Nachmittag. Das Parkett wurde geschliffen.*

schlei|fen *tr. 118* **1.** schärfen; er schliff die Messer; **2.** zerstören, niederreißen (Festung); **3.** *Mil.:* scharf exerzieren, hart drillen; geschliffen werden; **4.** *intr. 118* etwas in anhaltender Bewegung berühren; der Mantel schleift, schleifte auf dem Boden, am Rad
Schlei|fer *m. 5* **1.** jmd., der Werkzeuge schleift; **2.** *Mil.:* harter, rücksichtsloser Ausbilder; **3.** alter dt. Rundtanz
Schlei|fe|rei *f. 10*
Schleif|lack *m. 1*
Schleif|pa|pier *n. 1*
Schleif|stein *m. 1*
Schlei|fung *f. 10*
Schleim *m. 1*
Schleim|beu|tel *m. 5* kleiner, Schleim absondernder Beutel, der Reibung zwischen Knochen, Muskeln und Sehnen verhindert
Schleim|drü|se *f. 11*
schlei|men *intr. 1* **1.** Schleim absondern; **2.** *übertr. ugs.:* scheinheilig, kriecherisch reden
Schleim|haut *f. 2*
schlei|mig; *auch ugs.:* kriecherisch, scheinheilig
Schleim|pilz *m. 1* ein niederer pflanzlicher Organismus
Schleim|schei|ßer *m. 5, vulg.:* kriecherischer Mensch
Schleim|schei|ße|rei *f. 10 nur Sg., vulg.*
schlei|ßen **1.** *intr. 119, veraltet:* zerreißen, *noch in:* zerschlissen; **2.** *tr. 119* spalten; Tauenden spalten: vom Kiel abreißen
schlei|ßig abgenutzt
Schle|mihl [hebr.] *m. 1, ugs.:* vom Pech verfolgter Mensch, Pechvogel, Unglücksrabe
schlẹmm [engl.] *Bridge, Whist, in der Wendung* schlemm machen: alle Stiche bekommen
schlẹm|men *intr. 1* üppig essen und trinken
Schlẹm|mer *m. 5*
Schlem|me|rei *f. 10*
schlẹm|mer|haft
schlẹm|me|risch
Schlẹm|mer|mahl *n. 4*
Schlẹm|pe *f. 11* Rückstand bei der Herstellung von Spiritus
schlẹn|dern *intr. 1* langsam und gemächlich gehen
Schlẹnd|ri|an *m. 1* langsames, träges Arbeiten
Schlẹn|ge *f. 11, nddt.:* Reisigbündel, Flechtwerk (als Uferschutz)
Schlẹn|ker *m. 5*
schlẹn|ke|rig s. **schlẹnk|rig**
schlẹn|kern *tr. u. intr. 1* nachlässig oder gemächlich hin und her schwingen; ich schlenkere, schlenkre die Beine *oder:* mit den Beinen
Schlẹnk|rich *m. 1, sächs.* **1.** schlenkernde Bewegung; **2.** kleiner Umweg; **3.** Schnörkel
schlẹnk|rig, schlẹn|ke|rig schlenkernd (Bewegung)
schlẹn|zen *intr. 1, Hockey, Eishockey:* den Ball schlagen, ohne auszuholen
Schlẹp|pe *f. 11*
schlẹp|pen *tr. 1;* sich mit etwas s.
Schlẹp|per *m. 5*
Schlẹp|pe|rei *f. 10*
Schlẹpp|flug *m. 2* Flug (eines Segelflugzeugs) am Schlepptau hinter einem Flugzeug
Schlẹpp|jagd *f. 10* Parforcejagd nach einer Schleppe, die von den Hunden verfolgt wird
Schlẹpp|netz *n. 1*
Schlẹpp|schiff|fahrt (*alt:* Schlẹpp|schiffahrt (-ff|f-)) *f. 10 nur Sg.*
Schlẹpp|start *m. 9* Start durch Schleppflug

S

Schlepp|tau *n. 1;* jmdn. ins S. nehmen *ugs. übertr.:* jmdn. mitnehmen, ohne ihn ausdrücklich zu fragen
Schlepp|zug *m. 2* mehrere von einem Schlepper gezogene Lastkähne
Schle|si|en
Schle|si|er *m. 5*
schle|sisch
Schles|wig-Hol|stein Land der BR Dtld.
Schles|wig-Hol|stei|ner *m. 5*
schles|wig-hol|stei|nisch
schlet|zen *tr. 1, schweiz.:* (eine Tür) zuschlagen
Schleu|der *f. 11*
Schleu|der|ball *m. 2* Ball an einer langen Schlaufe, der vor dem Werfen kreisförmig geschwungen wird
Schleu|der|brett *n. 3* Trampolin
Schleu|der|ho|nig *m. Gen.* -s *nur Sg.*
schleu|dern *tr. 1;* ich schleudere, schleudre es
Schleu|der|preis *m. 1* zu niedriger Preis
Schleu|der|sitz *m. 1* Sitz, mit dem sich der Pilot im Notfall aus dem Flugzeug schleudern kann
Schleu|der|start *m. 9* Katapultstart
Schleu|der|wa|re *f. 11* zu Schleuderpreisen verkaufte Ware
schleu|nig bald, rasch; zur schleunigen Erledigung
schleu|nigst sehr bald, sofort; etwas s. tun
schleu|nigs|tens
Schleu|se *f. 11*
schleu|sen *tr. 1* **1.** durch eine Schleuse befördern; **2.** *übertr.:* bringen, führen; jmdn. (unbemerkt) durch eine Kontrolle s.
Schleu|sen|meis|ter *m. 5*
Schleu|sen|tor *n. 1*
Schleu|ser *m. 5, ugs.:* jmd., der illegal Menschen über eine Landesgrenze bringt
Schlich *m. 1* **1.** feinkörniges Erz; **2.** *meist Pl.:* heiml. Tun; er kennt alle Schliche; jmdm. auf die Schliche kommen
schlicht
Schlich|te *f. 11* klebrige Flüssigkeit zum Glätten und Verfestigen von Gewebe
schlich|ten *tr. 2* **1.** glätten; **2.** beilegen, beruhigen; Streit s.
Schlich|ter *m. 5* jmd., der zwischen zwei Parteien vermittelt
Schlicht|fei|le *f. 11*
Schlicht|heit *f. 10 nur Sg.*
Schlicht|ho|bel *m. 5*
Schlich|tung *f. 10*
Schlich|tungs|ver|fah|ren *n. 7*
schlicht|weg
Schlick *m. 1* abgelagerter See-, Fluss- oder Meerschlamm
schli|cken *intr. 1* sich mit Schlick füllen
schli|cke|rig, schlick|rig wie Schlick
Schli|cker|milch *f. 10 nur Sg.* Sauermilch
schli|ckern *intr. 1* auf dem Eis hin und her rutschen
schli|ckig voller Schlick, aus Schlick
schlick|rig s. **schli|cke|rig**
Schlick|watt *n. 12* Watt, dessen Boden hauptsächlich aus weichem Schlick besteht
Schlief *m. 1 nur Sg., Nebenform von* Schliff (3)
schlie|fen *intr. 1* in einen Fuchs- oder Dachsbau kriechen (Hund)
Schlie|fer *m. 5* Jagdhund, der Füchse und Dachse im Bau aufstöbert
Schlier *m. 1 nur Sg., bair., österr.:* Mergel
Schlie|re *f. 11* **1.** fadenförmige, streifige Stelle (in Gestein, Glas, Flüssigkeiten); **2.** *obersächs.:* schleimige Masse, Schleim
schlie|ren *intr. 1, Seew.:* rutschen, gleiten
schlie|rig
Schlie|ße *f. 11* Verschluss, Schnalle
schlie|ßen *tr. 120*
Schlie|ßer *m. 5*
Schließ|fach *n. 4* Postfach
Schließ|frucht *f. 2* Frucht, in der der Samen während der Verbreitung eingeschlossen bleibt
schließ|lich
Schließ|mus|kel *m. 14*
Schlie|ßung *f. 10*
Schliff *m. 1* **1.** Art des Geschliffenseins; **2.** *nur Sg.,* gutes Benehmen, gute Umgangsformen; **3.** *nur Sg.* fettige, nicht durchgebackene Stelle im Kuchen
Schliff|flä|che *f. 11*
schlif|fig nicht durchgebacken

das Schlimmste: Die substantivierte Form wird großgeschrieben: *das Schlimmste; es kam zum Schlimmsten; er war auf das Schlimmste gefasst.* § 57 (1)
In Anlehnung an Superlative nach *am* (*am schlimmsten*) kann man auch adverbiale Wendungen kleinschreiben: *auf das schlimmste zugerichtet werden.*
Daher: *Der Hund wurde bei der Beißerei auf das Schlimmste/schlimmste zugerichtet.*
Ebenso: *auf das Einfachste/einfachste.* § 58 E1

schlimm; er wurde auf das Schlimmste *oder:* schlimmste zugerichtet; wir wollen es nicht zum Schlimmsten kommen lassen; das Schlimmste ist, dass …; das Schlimmste fürchten
schlimms|ten|falls
Schling|be|schwer|den *Pl.* Beschwerden beim Schlucken
Schlin|ge *f. 11*
Schlin|gel *m. 5* **1.** durchtriebener Bursche, Tunichtgut; **2.** vergnügtes Kerlchen
schlin|gen **1.** *tr. 121;* **2.** *intr. 121, ugs.:* gierig essen
Schlin|gen|stoff *m. 1* Frotteestoff
Schlin|ger|kiel *m. 1* Seitenkiel zum Vermindern des Schlingerns
schlin|gern *intr. 1* von einer Seite auf die andere schwanken (Schiff bei Seegang)
Schlin|ger|tank *m. 9* Wassertank auf jeder Seite des Schiffes zur Verminderung des Schlingerns
Schling|ge|wächs [-ks] *n. 1,* **Schling|pflan|ze** *f. 11*
Schlipf *m. 1, schweiz.:* Erd-, Felsrutsch
Schlipp *m. 1, auf Werften:* schiefe Ebene, über die Schiffe aus dem Wasser gezogen werden, Slip
Schlip|pe *f. 11* **1.** *norddt.:* Rockzipfel; **2.** *mittel-, ostmitteldt.* schmales, winziges Gässchen, enger Durchgang
schlip|pen *tr. 1, Seew.:* lösen, loslassen, abwerfen; die Kette des Schleppers schlippen
schlip|pe|rig *ostmitteldt.:* sauer werdend
Schlip|per|milch *f. 10 nur Sg.* Sauermilch
Schlips *m. 1* Krawatte; jmdm. auf den Schlips treten *übertr. ugs.:* jmdm. zu nahe treten, jmdn. kränken
schlit|teln *intr. 1, schweiz.:* Schlitten fahren; ich schlittele, schlittle
schlit|ten *tr. 2, schweiz.:* glätten
Schlit|ten *m. 7; auch ugs.:* altes Kraftfahrzeug; Schlitten fahren
Schlit|ten|hund *m. 1*

S

Schlit|ter|bahn *f. 10* Rutschbahn auf dem Eis
schlit|tern *intr. 1* (auf Eis, Parkett o. Ä.) rutschen

Schlittschuh laufen: Die Fügung aus Substantiv und Verb wird im Infinitiv, Partizip und am Ende eines Nebensatzes getrennt geschrieben: *Sie sind gestern Nachmittag Schlittschuh gelaufen.* Ebenso: *Not leiden, Rad fahren.* § 34 E3 (5), § 55 (4)

Schlitt|schuh *m. 1;* Schlittschuh laufen
Schlitt|schuh|läu|fer *m. 5*
Schlitz *m. 1*
Schlitz|au|ge *n. 14*
schlitz|äu|gig
schlit|zen *tr. 1*
Schlitz|ohr *n. 12, ugs.:* gerissener Bursche, Gauner, Betrüger
schlitz|oh|rig
schloh|weiß ganz weiß, schneeweiß

Schloss: Nach kurzem Vokal wird *-ss-* (alt: *-ß-*) geschrieben: *das Schloss; das Schlösschen; er schloss die Tür auf.* § 25 E1

Schloss (*alt:* Schloß) *n. 4*
Schlöss|chen (*alt:* Schlöß|chen) *n. 7*
Schlo|ße *f. 11* großes Hagelkorn
schlo|ßen *intr. 1, unpersönlich:* in Schloßen hageln; es schloßt
Schlos|ser *m. 5*
Schlos|se|rei *f. 10*
schlos|sern *intr. 1* Schlosserarbeit tun
Schloss|gar|ten (*alt:* Schloß|garten) *m. 8*
Schloss|hof (*alt:* Schloß|hof) *m. 2*
Schloss|hund (*alt:* Schloß|hund) *m. 1* Kettenhund; heulen wie ein S.: sehr heftig heulen
Schloss|ka|pel|le (*alt:* Schloß|kapel|le) *f. 11*
Schloss|kir|che (*alt:* Schloß|kir|che) *f. 11*
Schlöss|lein (*alt:* Schlöß|lein) *n. 7*
Schloss|park (*alt:* Schloß|park) *m. 9*
Schloss|vogt (*alt:* Schloß|vogt) *m. 2* Schlossverwalter
Schloss|vog|tei (*alt:* Schloß|vog|tei) *f. 10* Schlossverwaltung
Schlot *m. 1* **1.** Schornstein; **2.** *ugs.:* oberflächlicher, leichtsinniger Mensch
Schlot|ba|ron *m. 1, ugs., leicht abwertend:* Großindustrieller
Schlot|fe|ger *m. 5* Schornsteinfeger
Schlot|te *f. 11* **1.** Zwiebelblatt; **2.** Hohlraum in wasserlöslichem Gestein
schlot|te|rig, schlott|rig *ugs.* **1.** locker, faltig, zu weit und ungebügelt; **2.** zitterig
Schlot|ter|milch *f. 10 nur Sg.* Sauermilch
schlot|tern *intr. 1* **1.** zu weit und ungebügelt hängen; die Hosen schlotterten ihm um die Beine; **2.** zittern; er schlotterte vor Angst
schlott|rig s. **schlot|te|rig**
Schlucht *f. 10, poet. veraltet auch: f. 2* enges, tiefes Tal
schluch|zen *intr. 1*
Schluch|zer *m. 5*
Schluck *m. 1*
Schluck|auf *m. 9 nur Sg.* wiederholtes, krampfartiges Einatmen infolge Zusammenziehung des Zwerchfells, Schlucken
Schlück|chen *n. 7*
schlu|cken *tr. 1*
Schlu|cken *m. 7 nur Sg.* s. **Schluckauf**
Schlu|cker *m. 5, nur in der Wendung* ein armer S.: armer Kerl
Schluck|imp|fung *f. 10*
Schlück|lein *n. 7*
schluck|sen *intr. 1, ugs.:* den Schluckauf haben
Schluck|ser *m. 5, ugs. für* Schluckauf
schluck|wei|se
Schlu|der|ar|beit *f. 10*
Schlu|de|rei *f. 10*
schlu|de|rig, schlud|rig unordentlich sein
schlu|dern *intr. 1* unordentlich, unsorgfältig arbeiten
schlud|rig s. **schlu|de|rig**
Schluff *m. 1 oder m. 2* feiner Gesteinssand
Schluft *f. 2, veraltet poet. für* Schlucht
Schlum|mer *m. 5 nur Sg.*
Schlum|mer|lied *n. 3*
schlum|mern *intr. 1*
Schlum|mer|rol|le *f. 11*
Schlum|pe *f. 11, Nebenform von* Schlampe
schlum|pen *intr. 1, Nebenform von* schlampen
Schlumpf *m. 2* eine Comicfigur
schlump|rig *Nebenform von* schlampig
Schlund *m. 2* **1.** Verbindung zwischen Mundhöhle und Speiseröhre; **2.** *Jägerspr.:* Speiseröhre (vom Schalenwild); **3.** *übertr.:* Abgrund
Schlun|ze *f. 11, nord-, westdt. für* Schlampe
schlun|zen *intr. 1, nord-, westdt. für* schlampen
schlun|zig *nord-, westdt. für* schlampig
Schlup, Sloop, Slup *f. 9 oder f. 10* kleines, kutterartiges Boot, *auch:* Polizeiboot
Schlupf *m. 2* **1.** *südd.:* Durchschlupf; **2.** das Zurückbleiben eines getriebenen Teils gegenüber dem antreibenden (z. B. bei einer Kupplung)
schlup|fen *intr. 1, südd.,* **schlüp|fen** *intr. 1*
Schlüp|fer *m. 5* Damen- oder Kinderunterhose
Schlupf|loch *n. 4*
schlüpf|rig *auch übertr.:* zweideutig, anstößig (Witz, Bemerkung, Lektüre)
Schlüpf|rig|keit *f. 10*
Schlupf|wes|pe *f. 11*
Schlupf|win|kel *m. 5* verborgener Zufluchtsort, Versteck
Schlup|pe *f. 11* **1.** *nddt.:* Schleife; **2.** *mitteldt., Nebenform von* Schlippe
schlur|fen *intr. 1* schleppend, mit schleifenden Füßen gehen; langsam durch das Zimmer s.
schlür|fen *tr. u. intr. 1* geräuschvoll trinken; *auch:* genießerisch trinken
Schlur|re *f. 11, norddt.:* Hausschuh, Pantoffel
schlur|ren *intr. 1, norddt.:* schlurfen

Schluss: Nach kurzem Vokal wird *-ss-* (alt: *-ß-*) geschrieben: *der Schluss, die Schlüsse, schlussfolgern.* § 25 E1

Schluss (*alt:* Schluß) *m. 2*
Schluss|ak|kord (*alt:* Schluß|akkord) *m. 1*
Schluss|akt (*alt:* Schluß|akt) *m. 1*
Schluss|be|mer|kung (*alt:* Schlußbe|mer|kung) *f. 10*
Schlüs|sel *m. 5*
Schlüs|sel|bart *m. 2*
Schlüs|sel|bein *n. 1* Knochen zwischen Brustbein und Schulterblatt
Schlüs|sel|blu|me *f. 11* Himmelschlüssel

S

Schlüs|sel|brett *n. 3*
Schlüs|sel|bund *m. 2*
Schlüs|sel|dienst *m. 1*
schlüs|sel|fer|tig *bei Neubauten:* bezugsfertig
Schlüs|sel|fi|gur *f. 10* wichtige, bedeutungsvolle Figur
Schlüs|sel|ge|walt *f. 10 nur Sg.* **1.** Recht der kath. Kirche, Sünden zu vergeben; **2.** Recht eines Ehegatten, zur Deckung des Lebensbedarfs der Familie Geschäfte auch für den anderen zu besorgen
Schlüs|sel|in|dus|trie *auch:* **Schlüs|sel|in|dust|rie** *f. 11* Industriezweig, von dem andere abhängen
Schlüs|sel|kind *n. 3* Kind berufstätiger Eltern, das tagsüber sich selbst überlassen ist (und den Wohnungsschlüssel bei sich trägt)
Schlüs|sel|loch *n. 4*
Schlüs|sel|po|si|ti|on *f. 10* leitende Position mit besonderer Entscheidungsgewalt
Schlüs|sel|ro|man *m. 1*
Schlüs|sel|stel|lung *f. 10* wichtige, beherrschende Stellung; sie bekleidet eine S.
Schlüs|sel|wort *n. 4* Kennwort zum Öffnen eines Kombinationsschlosses
Schlüs|sel|zahl *f. 10* Kennzahl zum Öffnen eines Kombinationsschlosses
schluss|end|lich (*alt:* schluß|end|lich) *ugs.:* schließlich, endlich, zum Schluss
schluss|fol|gern (*alt:* schluß|fol|gern) *tr. 1;* ich schlussfolgere, schlussfolgre, habe geschlussfolgert
Schluss|fol|ge|rung (*alt:* Schluß|fol|ge|rung) *f. 10*
schlüs|sig stichhaltig, folgerichtig; ein schlüssiger Beweis; sich über etwas s. sein: entschlossen, über etwas im Klaren sein
Schluss|läu|fer (*alt:* Schluß|läu|fer) *m. 5*
Schluss|licht (*alt:* Schluß|licht) *n. 1*
Schluss|mann (*alt:* Schluß|mann) *m. 4* **1.** *bei Staffelläufen:* letzter Läufer; **2.** *Rugby:* Verteidiger
Schluss|pfiff (*alt:* Schluß|pfiff) *m. 1*
Schluss|punkt (*alt:* Schluß|punkt) *m. 1;* einen S. unter eine Sache setzen: sie beenden
Schluss|rech|nung (*alt:* Schluß|rech|nung) *f. 10*

Schlusssatz: Drei aufeinander folgende gleiche Konsonanten werden in jedem Fall geschrieben, egal, ob ein weiterer Konsonant oder ein Vokal folgt: *Schlusssatz, Schlusssirene, Schlussspurt, Schlussstein, Schlussstrich.*
Als Alternative kann wegen der oftmals besseren Lesbarkeit die Bindestrichschreibung benutzt werden: *Schluss-Satz, Schluss-Sirene, Schluss-Spurt, Schluss-Stein, Schluss-Strich.* § 45 (4)

Schluss|satz (*alt:* Schluß|satz) *m. 2*
Schluss|si|re|ne (*alt:* Schluß|si|rene) *f. 11, Sport:* Sirene, die das Ende eines Spiels anzeigt
Schluss|spurt (*alt:* Schluß|spurt) *m. 9 oder m. 1*
Schluss|stein (*alt:* Schluß|stein) *m. 1* (häufig verzierter) Stein im Scheitel eines Bogens oder Kreuzrippengewölbes
Schluss|strich (*alt:* Schluß|strich) *m. 1;* einen S. unter eine Angelegenheit ziehen: sie beenden
Schluss|ver|kauf (*alt:* Schluß|ver|kauf) *m. 2, kurz für* Sommer- bzw. Winterschlussverkauf
Schluss|wort (*alt:* Schluß|wort) *n. 1*
Schmach *f. Gen. - nur Sg.* Schande, Demütigung
schmach|be|deckt
schmach|ten *intr. 2* **1.** hungern und dürsten; im Kerker s.; **2.** nach etwas oder jmdm. s.: sich heftig nach etwas oder jmdm. sehnen
Schmacht|fet|zen *m. 7, ugs., abwertend:* rührseliges Lied, Film o. Ä.
schmäch|tig
Schmäch|tig|keit *f. 10 nur Sg.*
Schmacht|lap|pen *m. 7, ugs.:* rührseliger Mensch, lächerlich-verliebter Jüngling
Schmacht|lo|cke *f. 11* in die Stirn fallende Haarlocke
Schmacht|rie|men *m. 7, ugs.:* Gürtel
schmach|voll
Schmack **1.** *m. 1* aus einem Gerberstrauch hergestelltes Pulver als Gerb- und Färbemittel; **2.** *f. 10* s. **Schma|cke**
Schma|cke *f. 11,* Schmack *f. 10* flaches Küstenfischerboot
schmack|haft
Schmack|haf|tig|keit *f. 10 nur Sg.*
Schmad|der *m. 5, nddt.:* Matsch, nasser Schmutz
schmad|dern *intr. 1, nddt.* **1.** nass schneien; **2.** sudeln, schmieren
Schmäh *m. 9, österr.:* Trick, Schwindelei, Ausflucht
schmä|hen *tr. 1* beleidigen, beschimpfen
schmäh|lich
Schmäh|re|de *f. 11*
Schmäh|schrift *f. 10*
Schmä|hung *f. 10*
Schmäh|wort *n. 1*
schmal
schmal|brüs|tig
Schmal|brüs|tig|keit *f. 10 nur Sg.*
schmä|len **1.** *tr. 1, veraltet:* schmähen, verunglimpfen; **2.** *intr. 1, Jägerspr.:* schrecken
schmä|lern *tr. 1* verkleinern; ein geschmälertes Einkommen
Schmä|le|rung *f. 10*
Schmal|film *m. 1* Film von 8 oder 16 mm Breite
Schmal|hans *m. 2, nur in der Wendung* dort ist S. Küchenmeister: dort muss sehr am Essen gespart werden
Schmal|heit *f. 10 nur Sg.*
schmal|lip|pig
Schmal|na|se *f. 11* Altweltaffe; *Ggs.:* Breitnase
Schmal|reh *n. 1* weibl. Reh vor der ersten Brunft
Schmal|spur *f. 10* Schienenspurweite der Eisenbahn unter 1,435 m
Schmal|spur|bahn *f. 10*
schmal|spu|rig
Schmalt [ital.] *m. 1* Email
Schmal|te, Smal|te *f. 11* Kobaltschmelze zum Blaufärben von Glasuren
Schmal|tier *n. 1* weibl. Tier vom Rot- und Damwild vor der ersten Brunft
Schmal|vieh *n. Gen. -s nur Sg.* Kleinvieh
Schmalz **1.** *n. 1 nur Sg.* ausgelassenes tier. Fett; **2.** *m. 1 nur Sg., ugs.:* Sentimentalität
Schmäl|ze *f. 11* Flüssigkeit zum Einfetten der Wolle vor dem Spinnen
schmal|zen *tr. 1* mit Schmalz versehen (Speise)
schmäl|zen *tr. 1* mit Schmälze einfetten
Schmalz|ge|ba|cke|ne(s) *n. 18 (17)*
schmal|zig; *auch übertr., ugs.:* rührselig, kitschig
Schman|kerl *n. 14, bair., österr.:* leckere Speise, leckere Kleinigkeit (zu essen)

S

Schmant *m. 1 nur Sg.* **1.** *regional für* saure Sahne; **2.** *ostmitteldt.:* Matsch, nasser Schmutz
schma|rot|zen *intr. 1* auf Kosten eines anderen leben
Schma|rot|zer *m. 5* **1.** Tier oder Pflanze, das bzw. die in oder auf einem anderen Lebewesen lebt und sich von diesem ernährt, Parasit; **2.** jmd., der auf Kosten anderer lebt
schma|rot|ze|risch
Schma|rot|zer|pflan|ze *f. 11*
Schma|rot|zer|tier *n. 1*
Schma|rot|zer|tum *n. Gen. -s nur Sg.*
Schmar|re *f. 11* **1.** Kratzer, Riss; **2.** Hiebwunde, Narbe
Schmar|ren, Schmarrn *m. Gen. -s nur Sg., bair., österr.* **1.** eierkuchenähnl. Mehlspeise; **2.** Unsinn, dummes Zeug; das geht dich einen Schmarren an *übertr. ugs.:* das geht dich überhaupt nichts an; **3.** *auch:* heiteres, oberflächl. Theaterstück oder ebensolcher Film
Schmatz *m. 2, ugs.:* Kuss
Schmätz|chen *n. 7*
schmat|zen **1.** *intr. 1* geräuschvoll essen; **2.** *tr. 1* laut küssen
Schmät|zer *m. 5* ein Singvogel
Schmauch *m. 1 nur Sg.* dicker Rauch, Qualm
schmau|chen *tr. u. intr. 1* behaglich rauchen, bes. Pfeife
Schmauch|spu|ren *Pl., Kriminalistik:* Reste unverbrannten Pulvers nach einem Schuss
Schmaus *m. 2* reichhaltige, leckere Mahlzeit
schmau|sen *tr. 1* viel und mit Genuss essen
Schmau|se|rei *f. 10*
schme|cken *intr. u. tr. 1*
Schmei|che|lei *f. 10*
schmei|chel|haft
Schmei|chel|kätz|chen *n. 7*
Schmei|chel|kat|ze *f. 11*
schmei|cheln *intr. 1;* jmdm. schmeicheln; es schmeichelt ihm, dass …; ich schmeichele, schmeichle mir, sagen zu können, dass …: ich darf mir wohl mit Recht etwas darauf einbilden, dass …
Schmeich|ler *m. 5*
schmeich|le|risch
schmei|ßen **1.** *tr. 122, ugs.:* werfen; eine Aufführung s.: misslingen lassen; eine Runde s.: ausgeben, spendieren; **2.** *intr. 122, Jägerspr.:* koten, Kot ausscheiden (Raubvögel)
Schmelz *m. 1*
schmelz|bar
Schmelz|bar|keit *f. 10 nur Sg.*
Schmelz|but|ter *f. Gen. - nur Sg.* Butterschmalz
Schmel|ze *f. 11* **1.** geschmolzener, verflüssigter Stoff, z. B. Glasschmelze; **2.** das Schmelzen, z. B. Schneeschmelze

schmelzen — schmälzen: Dem Stammprinzip folgend werden unterschieden: *schmälzen* (= mit Schmälze versehen, z. B. die Wolle vor dem Spinnen einfetten) sowie *schmelzen* (= flüssig werden bzw. flüssig machen): *Der Schnee schmilzt/schmolz* (= wird/wurde flüssig). *Sie schmilzt/schmelzt* bzw. *schmolz/schmelzte das Fett* (= macht/machte das Fett flüssig). § 13

schmel|zen **1.** *intr. 123* flüssig werden; **2.** *tr. 123* flüssig machen
Schmel|ze|rei *f. 10*
Schmelz|far|be *f. 11* Emailfarbe
Schmelz|glas *n. 4* Email
Schmelz|hüt|te *f. 11*
Schmelz|kä|se *m. 5*
Schmelz|laut *m. 1* Liquida
Schmelz|ma|le|rei *f. 10* Emailmalerei
Schmelz|o|fen *m. 8*
Schmelz|punkt *m. 1*
Schmelz|was|ser *n. 6*
Schmer *n. 1 nur Sg.* rohes Bauchfett vom Schwein
Schmer|bauch *m. 2, ugs.:* dicker Bauch
schmer|bäu|chig
Schmer|fluss (*alt:* Schmer|fluß) *m. 2 nur Sg.* Seborrhö
Schmer|le *f. 11* ein karpfenartiger Fisch
Schmer|ling *m. 1* ein Pilz, Röhrling
Schmerz *m. 12*
schmerz|emp|find|lich
Schmerz|emp|find|lich|keit *f. 10 nur Sg.*
schmer|zen *tr. 1;* mich *oder:* mir schmerzt der Kopf; *aber nur Akk.:* dieser Verlust schmerzt mich sehr
Schmer|zens|geld *n. 3*
Schmer|zens|kind *n. 3*
Schmer|zens|la|ger *n. 5*
Schmer|zens|mann *m. 4 nur Sg.* Darstellung des leidenden Christus
Schmer|zens|mut|ter *f. 6 nur Sg.* Darstellung der trauernden Muttergottes, Mater dolorosa
schmer|zens|reich
Schmer|zens|schrei *m. 1*
schmerz|er|füllt
schmerz|frei
schmerz|haft
Schmerz|haf|tig|keit *f. 10 nur Sg.*
schmerz|lich
schmerz|lin|dernd; *aber:* den Schmerz lindernd
schmerz|los
Schmerz|lo|sig|keit *f. 10 nur Sg.*
Schmerz|mit|tel *n. 5*

schmerzstillend — den Schmerz stillend: Die Fügung aus Substantiv und Verb wird als adjektivische Zusammensetzung zusammengeschrieben: *ein schmerzstillendes Mittel, ein schmerzempfindlicher Patient.* Die Zusammenschreibung erklärt sich daraus, dass die beiden Wörter nur mit einer Erweiterung in anderen Satzzusammenhängen verwendbar und damit nicht mehr eigenständig sind: *ein den Schmerz stillendes Mittel.* § 36 (1), § 36 E1 (4)

schmerz|stil|lend; schmerzstillendes Mittel; *aber:* den Schmerz stillend
schmerz|ver|zerrt
schmerz|voll
Schmet|ten *m. 7 nur Sg., österr., schles.:* Sahne, Rahm
Schmet|ten|kä|se *m. 5, österr., schles.:* Sahnequark
Schmet|ter|ball *m. 2*
Schmet|ter|ling *m. 1*
Schmet|ter|lings|blüt|ler *Pl.*
Schmet|ter|lings|netz *n. 1*
Schmet|ter|lings|stil *m. 1* ein Schwimmstil
schmet|tern *tr. 1*
Schmied *m. 1*
schmied|bar
Schmied|bar|keit *f. 10 nur Sg.*
Schmie|de *f. 11*
Schmie|de|ei|sen *n. 7 nur Sg.* geschmiedetes Eisen; *Ggs.:* Gusseisen
schmie|de|ei|sern
Schmie|de|ham|mer *m. 6*
schmie|den *tr. 2*
Schmie|ge *f. 11* **1.** zusammenklappbarer Zollstock; **2.** Winkelmaß mit bewegl. Schenkeln
schmie|gen *tr. und refl. 1*

S

schmieg|sam
Schmieg|sam|keit *f. 10 nur Sg.*
Schmie|le *f. 11*, **Schmiel|gras** *n. 4* eine Gräsergattung
Schmie|ra|ge [-ʒə] *f. 11, ugs.:* Schmiererei, Geschmier
Schmie|ra|kel *n. 5, ugs.:* schmierig Geschriebenes
Schmie|re *f. 11* **1.** Schmiermittel, Schmierfett; **2.** schlechtes, kleines Provinztheater, Wanderbühne; **3.** [jidd.] *nur Sg.* Wache (bei Streichen und Verbrechen), *nur in der Wendung* Schmiere stehen
schmie|ren **1.** *intr. 1* dick, unleserlich schreiben; **2.** *tr. 1* mit Fett einreiben (Werkzeug, Rad); mit Belag bestreichen (Brot); jmdn. s. *ugs.:* bestechen; jmdm. eine s. *ugs.:* jmdm. eine Ohrfeige geben
Schmie|re|rei *f. 10*
Schmier|fett *n. 1*
Schmier|film *m. 1, Tech.:* dünne Schmiermittelschicht zwischen bewegten Teilen
Schmier|fink *m. 10, ugs.*
Schmier|geld *n. 3* Bestechungsgeld
Schmier|heft *n. 1* Heft für Entwürfe, flüchtige Notizen
schmie|rig
Schmie|rig|keit *f. 10 nur Sg.*
Schmier|öl *n. 1*
Schmier|pa|pier *n. 1*
Schmier|sei|fe *f. 11*
Schmie|rung *f. 10 nur Sg.*
Schmin|ke *f. 11*
schmin|ken *tr. 1*
Schmir|gel *m. 5* ein Mineral, ein Poliermittel
schmir|geln *tr. 1* mit Schmirgel schleifen, glätten
Schmir|gel|pa|pier *n. 1*

Schmiss: Nach kurzem Vokal wird *-ss-* (alt: *-ß-*) geschrieben: *der Schmiss; er schmiss alles hin.* Bisher schon: *schmissig.* Infinitiv: *schmeißen* (*-ß-* nach Diphthong *ei*). § 25 E1

Schmiss (*alt:* Schmiß) *m. 1* **1.** Wunde von einem Säbelhieb sowie deren Narbe; **2.** *nur Sg., ugs.:* Schwung, lebhaftes Temperament
schmis|sig
Schmitz *m. 1* **1.** Hieb, Schlag; **2.** Narbe; **3.** unscharfer Druck am Rand einer Druckspalte
Schmit|ze *f. 11* **1.** *Bergbau:* dünne Erz- oder Kohlenschicht; **2.** s. **Schmi|cke**
schmit|zen **1.** *tr. 1* mit der Peitsche oder Rute schlagen; **2.** *intr. 1* am Rand unscharf drucken
Schmock [nach einer Gestalt in Gustav Freytags »Journalisten«] *m. 9 oder m. 1* gesinnungsloser Journalist
Schmok *m. 1 nur Sg., nddt.:* Rauch
schmö|ken *tr. 1* rauchen; eine Zigarette s.
Schmö|ker *m. 5* **1.** *nddt.:* Raucher; **2.** *ugs:* minderwertiges (altes) Buch
schmö|kern *intr. 1* **1.** leichte Unterhaltungsliteratur lesen; **2.** behaglich in einem Buch lesen
Schmol|le *f. 11, österr.:* das Weiche im Brot, Brotkrume
Schmol|l|e|cke *f. 11, meist in der Wendung* in der Schmollecke sitzen: schmollen
schmol|len *intr. 1* beleidigt sein, trotzen
Schmor|bra|ten *m. 7*
schmo|ren *tr. u. intr. 1*
Schmor|fleisch *n. Gen.* -(e)s *nur Sg.*
Schmor|pfan|ne *f. 11* Pfanne mit Deckel
Schmu [hebr.] *m. Gen.* -s *nur Sg., ugs.:* leichter Betrug (bes. beim Spiel); Schmu machen
schmuck sauber und nett, hübsch und zierlich
Schmuck *m. Gen.* -(e)s *Pl.* Schmuck|sa|chen
schmü|cken *tr. 1*
Schmuck|kas|ten *m. 8*
schmuck|los
Schmuck|lo|sig|keit *f. 10 nur Sg.*
Schmuck|stück *n. 1*
Schmud|del *m. 5 nur Sg., ugs.:* Unsauberkeit, Schmutz
Schmud|de|lei *f. 10 nur Sg.*
schmud|de|lig, schmudd|lig unsauber
schmud|deln *intr. 1* unsauber arbeiten
schmudd|lig s. **schmud|de|lig**
Schmug|gel *m. 5 nur Sg.* ungesetzliches Aus- und Einführen von Waren
schmug|geln *tr. 1;* ich schmuggele, schmuggle es
Schmugg|ler *m. 5*
schmun|zeln *intr. 1* versteckt (freundlich) lächeln, vergnügt lächeln; ich schmunzele, schmunzle
schmur|geln *tr. u. intr. 1* (langsam) in Fett braten; ich schmurgele, schmurgle etwas
Schmus [hebr.] *m. 1 nur Sg., ugs.:* schmeichlerisches, übertrieben liebenswürdiges Gerede
schmu|sen *intr. 1, ugs.:* zärtlich sein; mit jmdm. s.
Schmu|ser *m. 5, ugs.*
Schmu|se|rei *f. 10 nur Sg.*
Schmutz *m. 1 nur Sg.; alem. auch:* Fett; Schmutz abweisend *oder:* schmutzabweisend
schmutz|ab|wei|send = **Schmutz ab|wei|send**
Schmutz|blatt *n. 4* (in Büchern) Blatt mit dem Titel in Kurzform vor dem Titelblatt
schmut|zen *intr. 1* schmutzig werden, den Schmutz annehmen; der Stoff schmutzt leicht
Schmutz|fän|ger *m. 5* **1.** Vorrichtung an den Hinterrädern eines Fahrzeugs, um Nachkommende vor Schmutzspritzern zu schützen; **2.** *übertr.:* Gegenstand, der leicht schmutzt
Schmutz|fink *m. 10* unsauberer Mensch, schmutziges Kind
Schmutz|fleck *m. 1*
Schmut|zi|an *m. 1, österr.:* Geizhals

schmutzig gelb/grau: Adjektivgefüge, deren erster Teil eine Ableitung auf *-ig* (oder *-isch* bzw. *-lich*) ist, schreibt man getrennt: *ein schmutzig gelber Vorhang; das Gewebe war schmutzig grau.* § 36 E1 (2)

schmut|zig; schmutzig gelb; schmutzig grau; *auch übertr.:* unanständig (Witz), niedrig, gemein (Handlungsweise), unredlich (Geschäft)
schmut|zig gelb (*alt:* schmut|ziggelb)
schmut|zig grau (*alt:* schmut|ziggrau)
Schmutz|li|te|ra|tur *f. 10 nur Sg.* pornograf. Literatur
Schmutz|ti|tel *m. 5* Titel in Kurzform (auf eigenem Blatt) vor dem Titelblatt
Schmutz|was|ser *n. 6*
Schna|bel *m. 6*
Schnä|bel|chen *n. 7*
Schnä|be|lei *f. 10 nur Sg., ugs. scherzh.:* anhaltendes Küssen
Schna|bel|flö|te *f. 11* Blockflöte
...schnä|be|lig, ...schnäb|lig, *in Zus.:* lang-, kurz-, breitschnäbelig
schnä|beln *intr. 1* **1.** die Schnäbel aneinander reiben (Vögel, bes.

S

Tauben); **2.** *übertr. ugs.:* zärtlich sein, einander küssen
Schnabelschuh *m. 1, 13. bis 15. Jh.:* Schuh mit nach oben gebogener, oft stark verlängerter Spitze
Schnabeltasse *f. 11* Tasse mit Ausguss (zum Trinken im Liegen)
Schnabeltier *n. 1* ein Kloakentier mit breitem Schnabel
Schnäblein *n. 7*
...schnäblig s. **...schnäbelig**
schnabulieren *tr. 3* mit Genuss essen
Schnack *m. Gen. -s nur Sg., norddt.* **1.** gemütliche Unterhaltung, Plauderei; **2.** leeres Gerede, Unsinn
schnackeln *intr. 1, bair.:* (mit den Fingern) schnalzen; es hat geschnackelt *übertr.:* es hat geklappt; *auch:* man hat verstanden
schnacken *intr. 1, norddt.* **1.** sich gemütlich unterhalten, plaudern; **2.** schwätzen, Unsinn reden
Schnadahüpfl, Schnaderhüpferl *n. 14, bair., österr.:* neckendes, vierzeiliges Stegreifliedchen mit Jodler
Schnake *f. 11* **1.** *nddt.:* Ringelnatter; **2.** *norddt.:* lustige Geschichte, Schnurre, Scherz, verrückter Einfall; **3.** Stechmücke
schnakig *norddt.:* schnurrig
Schnällchen *n. 7*
Schnalle *f. 11* **1.** Vorrichtung zum Schließen (an Gürteln, Riemen); **2.** *österr.:* Klinke (Türschnalle); **3.** *ugs.:* leichtes Mädchen
schnallen *tr. 1*
Schnallenschuh *m. 1*
schnalzen *intr. 1*
Schnalzer *m. 5*
Schnalzlaut *m. 1*
Schnäppchen *n. 7, ugs.:* günstiger Kauf
schnappen *intr. u. tr. 1*
Schnapper *m. 5* Türdrücker, Springfeder
Schnäpper *m. 5* **1.** chirurgisches Instrument zur Blutentnahme; **2.** Schnepper ein Singvogel; **3.** Armbrust
schnappern *intr. 1, österr.:* zittern (vor Kälte)
schnäppern *tr. 1, Billard:* seitlich stoßen
Schnapphahn *m. 2, früher:* Wegelagerer, Raubritter
Schnappmesser *n. 5* Klappmesser
Schnappsack *m. 2, veraltet:* Ranzen, Rucksack
Schnappschloss (*alt:* Schnappschloß) *n. 4*
Schnappschuss (*alt:* Schnappschuß) *m. 2* charakterist. Momentaufnahme
Schnaps *m. 2* Branntwein
Schnapsbrennerei *f. 10*
Schnäpschen *n. 7*
schnäpseln *intr. 1, ugs.:* Schnaps trinken; ich schnäpsele, schnäpsle gern
schnapsen *intr. 1, ugs.:* Schnaps trinken
Schnapsglas *n. 4*
Schnapsidee *f. 11, ugs.:* verrückte, abwegige Idee
Schnapsnase *f. 11, ugs.:* vom vielen Alkoholtrinken rote, dicke Nase
schnarchen *intr. 1*
Schnarcher *m. 5*
Schnarre *f. 11* ein Lärminstrument (im Fasching verwendet)
schnarren *intr. 1*
Schnarrwerk *n. 1*
Schnat *f. 10*, **Schnate** *f. 11* **1.** abgeschnittenes junges Reis; **2.** Schneise
Schnätel *n. 5* Pfeifchen aus Weidenrinde
schnatterig, schnattrig *ugs.:* schwatzhaft
schnattern *intr. 1; auch ugs.* **1.** unaufhörlich reden, schwatzen; **2.** mit den Zähnen klappern, zittern (vor Kälte)
Schnatz *m. 2, hess.:* Kopfschmuck (der Braut oder der Taufpatin)
schnatzeln *tr. 1, landschaftl.:* putzen, hübsch zurechtmachen
schnatzen *tr. u. refl. 1, landschaftl.;* sich s.: sich das Haar aufstecken
schnauben **1.** *intr. 1, unregelmäßige Konjugation, veraltet;* **2.** *refl. 1* sich schnäuzen; sich die Nase schnauben
schnäubig *hess.:* wählerisch (im Essen)
schnaufen *intr. 1* **1.** heftig atmen, keuchen; **2.** *bair.:* atmen
Schnaufer *m. 5* (heftiger) Atemzug; keinen S. mehr tun *ugs.:* nicht mehr atmen, tot sein
Schnaupe *f. 11* Ausguss (an Gefäßen)
Schnauz *m. 2, bes. schweiz.:* Schnurrbart
Schnauzbart *m. 2* großer Schnurrbart
schnauzbärtig
Schnäuzchen *n. 7*
Schnauze *f. 11;* frei nach S. *ugs., derb:* nach Gutdünken, nach Ermessen, ohne Plan
schnauzen *intr. 1, ugs.:* barsch reden, schimpfen

> **schnäuzen:** Dem Stammprinzip folgend wird ausgehend von *Schnauze* nun auch *schnäuzen* mit *äu* (alt: *eu*) geschrieben. § 16

schnäuzen *refl. 1* sich die Nase putzen
Schnauzer *m. 5* **1.** eine Hunderasse; **2.** Schnauzbart
schnauzig barsch, oft schimpfend
Schneck *m. 12* **1.** *süddt., österr. für* Schnecke; **2.** Kosewort für Kinder
Schnecke *f. 11* **1.** ein Weichtier; jmdn. zur S. machen *ugs.:* ihn scharf zurechtweisen; etwas zur S. machen *ugs.:* kaputtmachen; **2.** spiralig geformtes Gebilde; **3.** *Tech.:* Welle mit Gewinde; **4.** Frisur mit auf den Ohren verschlungenen Zöpfen
Schneckengang *m. 2* Gewinde mit starker Steigung
Schneckengehäuse *n. 5*
Schneckengetriebe *n. 5* Schnecke (3) mit Schneckenrad
Schneckenhaus *n. 4*
Schneckenpost *f. Gen. - nur Sg., ugs., scherzh:* sehr langsames Verkehrsmittel
Schneckenrad *n. 4, Tech.:* in das Gewinde einer Schnecke (3) eingreifendes Zahnrad
Schneckentempo *n. Gen. -s nur Sg.* sehr langsames Tempo
Schnee *m. Gen. -s nur Sg.; auch übertr. ugs.:* weißes, pulveriges Rauschgift, *bes.:* Kokain
Schneeball *m. 2; auch:* ein Zierstrauch, Viburnum
schneeballen *intr. 1* mit Schneebällen werfen; er schneeballt, schneeballte, hat geschneeballt
Schneeballsystem *n. 1* in Dtld. verbotenes System des Warenabsatzes, bei dem der Käufer gewisse Vorteile gewährt bekommt, wenn er neue Kunden wirbt
schneebedeckt
Schneebeere *f. 11* ein Zierstrauch, Knallerbse
Schneebesen *m. 7* Gerät zum Schlagen von Eiweiß
schneeblind
Schneeblindheit *f. 10 nur Sg.*

Schnee|brett *n. 3* Lawinenart
Schnee|bril|le *f. 11*
Schnee|bruch *m. 2* Abbrechen von Baumästen infolge zu großer Schneelast
Schnee|brü|cke *f. 11* (über Gletscherspalten)

Schneeeule: Drei gleiche Vokale werden ohne Kürzung geschrieben. Wegen der besseren Lesbarkeit wird die Schreibung mit Bindestrich als Variante empfohlen: *die Schnee-Eule.* § 45 (4)

Schnee-Eu|le = **Schnee|eu|le** *f. 11* Eulenart
Schnee|fall *m. 2*
Schnee|flo|cke *f. 11*
Schnee|floh *m. 2* ein Insekt, ein Springschwanz
schnee|frei
Schnee|gans *f. 2; ugs.:* dumme, alberne Frau
Schnee|ge|stö|ber *n. 5*
Schnee|glöck|chen *n. 7* eine Frühjahrsblume
Schnee|gren|ze *f. 11*
Schnee|ha|se *m. 11* Hase, der im Winter ein weißes Fell bekommt
Schnee|huhn *n. 4* Hühnervogel mit im Winter weißem Federkleid
schnee|ig voller Schnee, wie Schnee
Schnee|ka|no|ne *f. 11* Gerät zum Erzeugen von künstl. Schnee
Schnee|ket|te *f. 11* über dem Autoreifen zu befestigende Kette zum besseren Fahren bei Schnee und Glätte
Schnee|kö|nig *m. 1, ostmitteldt.:* Zaunkönig; sich freuen wie ein S. *ugs.:* sich außerordentlich, kindlich freuen
Schnee|le|o|pard *m. 10* mittelasiat. Leopard mit weißlich grauem Fell
Schnee|mann *m. 4*
Schnee|mensch *m. 10* angebl. im Himalaya vorkommendes, menschenähnliches Lebewesen, Yeti
Schnee|pflug *m. 2*
Schnee|räu|mer *m. 5*
Schnee|ro|se *f. 11* Christrose
Schnee|ru|te *f. 11, österr.:* Schneebesen
Schnee|schlä|ger *m. 5* Schneebesen
Schnee|schmel|ze *f. 11*
Schnee|schuh *m. 1* Ski; S. laufen
Schnee|sturm *m. 2*
Schnee|trei|ben *n. 7*
Schnee|wech|te (*alt:* Schnee|wächte) *f. 11*
Schnee|we|he *f. 11* vom Wind angewehter Schneehaufen
schnee|weiß
Schnee|witt|chen *n. 7* Märchengestalt
Schne|gel *m. 5* Schnecke ohne Gehäuse, Egelschnecke
Schneid **1.** *m. Gen. -s, bair., österr.: f. Gen. - nur Sg.* Mut; **2.** *f. Gen. - nur Sg., bair. bes. in Namen:* Gebirgskamm
Schneid|boh|rer *m. 5* Bohrer, der gleichzeitig ein Gewinde schneidet
Schneid|bren|ner *m. 5* ein Schweißbrenner zum Schneiden von Stahl und Eisen
Schnei|de *f. 11;* die Sache steht auf (des) Messers Schneide
Schnei|del|holz *n. 4* abgeschnittene Zweige von Nadelbäumen
Schnei|de|müh|le *f. 11* Sägemühle
schnei|den *tr. u. intr. 125*
Schnei|der *m. 5*
Schnei|de|rei *f. 10*
Schnei|der|krei|de *f. 11* Kreide, mit der man auf Stoff zeichnen kann
Schnei|der|lein *n. 7*
Schnei|der|lei|nen *n. 7* steifer Leinenstoff für Einlagen in Mäntel, Kostüme u. a., Steifleinen
schnei|dern *tr. u. intr. 1;* ich schneidere, schneidre ein Kleid
Schnei|der|pup|pe *f. 11*
Schnei|de|zahn *m. 2*
schnei|dig forsch, mutig, draufgängerisch; *auch:* forsch und elegant
Schnei|dig|keit *f. 10 nur Sg.*
Schneid|klup|pe *f. 11* Werkzeug zum Schneiden von Außengewinden
schnei|en *intr. 1, nur unpersönlich;* es schneit
Schnei|se *f. 11* schmaler, von Bäumen freier oder frei gehauener Waldstreifen
schnei|teln *tr. 1* beschneiden, von Seitentrieben befreien (Bäume, Reben)

schnell laufen, der schnelle Brüter, auf die Schnelle: Fügungen aus Adjektiv und Verb schreibt man getrennt, wenn das Adjektiv steigerbar oder erweiterbar ist: *Sie sind (sehr) schnell/schneller gelaufen.* Aber: *der Schnellläufer* auch: *der Schnell-Läufer.* § 34 E3 (3), § 45 (4)

In substantivischen Wortgruppen, die zu festen Fügungen geworden, aber keine Eigennamen sind, schreibt man Adjektive klein: *der schnelle Brüter.* § 63 Substantivische Bestandteile fester Gefüge schreibt man groß: *Er machte das ganz auf die Schnelle.* § 55 (4)

schnell; schnell laufen; der schnelle Brüter; auf die Schnelle *ugs.*
Schnel|la|ster (-ll|l-) (*alt für:* Schnell|las|ter) *m. 5*
Schnel|last|wa|gen (-ll|l-) (*alt für:* Schnell|last|wa|gen) *m. 7*
Schnel|läu|fer (-ll|l-) (*alt für:* Schnell|läu|fer) *m. 5*
Schnell|bahn *f. 10* (*Kurzwort:* S-Bahn)
Schnell|boot *n. 1*
Schnell|dienst *m. 1* Einrichtung zur sofortigen Ausführung von Aufträgen, z. B. bei Wäschereien
Schnel|le *f. 11* **1.** *nur Sg.* Schnelligkeit; **2.** Stromschnelle
schnel|le|big (-ll|l-) (*alt für:* schnell|le|big)
schnel|len *tr. u. intr. 1;* in die Höhe schnellen
Schnell|feu|er|ge|schütz *n. 1*
schnell|fü|ßig
Schnell|gang *m. 2*
Schnell|gast|stät|te *f. 11*
Schnell|ge|richt *n. 1* **1.** Gericht für Schnellverfahren; **2.** schnell zubereitbare Speise
Schnell|hef|ter *m. 5*
Schnel|lig|keit *f. 10 nur Sg.*
Schnell|im|biss (*alt:* Schnell|imbiß) *m. 1*
Schnell|kraft *f. 2 nur Sg.* Elastizität
Schnell|las|ter *m. 5*
Schnell|last|wa|gen *m. 7*
Schnell|läu|fer *m. 5*
schnell|le|big sich schnell verändernd; in unserer schnelllebigen Zeit
Schnell|pa|ket *n. 1*
Schnell|rich|ter *m. 5* Richter im Schnellverfahren
Schnell|schuss (*alt:* Schnell|schuß) *m. 2, scherzh.:* außergewöhnlich rasch durchzuführender Auftrag
schnells|tens
schnellst|mög|lich
Schnell|stra|ße *f. 11* ausgebaute, kreuzungsfreie Straße
Schnell|ver|fah|ren *m. 7* verkürztes Strafverfahren
Schnell|waa|ge *f. 11*
Schnell|zug *m. 2*

S

Schnep|fe *f. 11* **1.** ein regenpfeiferartiger Vogel; **2.** *ugs.:* Prostituierte
Schnep|fen|strauß *m. 2* Kiwi
Schnep|fen|strich *m. 1* **1.** Balzflug der Schnepfe; **2.** *ugs.:* Bereich der Straßenprostitution
Schnep|fen|vo|gel *m. 6 nur Pl.* in Mooren lebender Vogel
Schnep|pe *f. 11, mitteldt.* **1.** Ausguss (an Kannen, Töpfen); **2.** Prostituierte
Schnep|per *m. 5* = **Schnäp|per**
Schner|fer *m. 5, österr.:* Rucksack
schnet|zeln *tr. 1, süddt., schweiz.:* in schmale Stückchen schneiden (Fleisch)
Schneuß *m. 1, got. Baukunst:* ein Ornament, Fischblase
schneu|zen (*alt für:* schnäu|zen) *refl. 1*
schni|cken *tr. 1* schnellen, zucken
Schnick|schnack *m. 1 nur Sg.* **1.** leeres Gerede, Geschwätz; ach, S.!: ach, Unsinn!; **2.** nette Kleinigkeit jeglicher Art
schnie|ben *intr.* (schnob, geschnoben) schnauben
schnie|fen *intr. 1* laut durch die Nase atmen
schnie|geln *tr. 1;* ein geschniegelter Bursche; geschniegelt und gebügelt
schnie|ke *berlin., norddt.:* fein, schick
Schnip|fel *m. 5, süddt. für* Schnipsel
schnip|feln *tr. 1, süddt. für* schnipseln
Schnip|fer *m. 5, österr.:* kleiner Spitzbub
schnipp!; schnipp, schnapp!
Schnipp|chen *n. 7, mittel-, norddt.:* Fingerschnalzer; jmdm. ein S. schlagen: jmds. Absichten durchkreuzen, jmdm. einen Streich spielen
Schnip|pel *m. 5 oder n. 5, mittel-, norddt. für* Schnipsel
Schnip|pel|chen *n. 7*
schnip|peln *intr. 1, mittel-, norddt. für* schnipseln; ich schnippele, schnipple es
schnip|pen, schnip|sen *intr. 1, in der Wendung* mit den Fingern s.: schnalzen
schnip|pisch naseweis, kurz angebunden und von oben herab (nur von Mädchen)
Schnipp|schnapp|schnurr *n. Gen.* -s *nur Sg.* ein Kartenspiel, bei dem man dem Ausspielenden möglichst eine Karte gleicher Farbe hinwirft
schnips!
Schnip|sel *m. 5 oder n. 5* kleines Stück (bes. Papier)
schnip|seln *tr. 1,* **schnip|peln** *intr. 1* klein schneiden (Papier, Bohnen); ich schnipsele, schnipsle es
schnip|sen **1.** *tr. 1* schnellen (Papierkugel, Gummiband); **2.** *intr. 1* = schnippen
Schnitt *m. 1*
Schnitt|chen *n. 7* kleine Schnitte
Schnit|te *f. 11*
Schnit|ter *m. 5*
schnitt|fest
Schnitt|holz *n. 4* zu Bohlen oder Brettern verarbeitetes Holz
schnit|tig **1.** schnittreif (Getreide); **2.** *ugs.:* elegant, gut geformt (Auto)
Schnitt|lauch *m. 1 nur Sg.*
Schnitt|mus|ter *n. 5*
Schnitt|punkt *m. 1*
Schnitt|wa|re *f. 11* Stoff, der nach gewünschtem Maß vom Ballen geschnitten und verkauft wird
Schnitt|wun|de *f. 11*
Schnitz *m. 1, bair.:* Stückchen (von getrocknetem Obst, z. B. Apfelschnitz)
Schnitz|ar|beit *f. 10*
Schnitz|bank *f. 2* Bank mit Klemmvorrichtung, für Stellmacher und Böttcher
Schnit|zel *n. 5* **1.** kleines, abgeschnittenes Stück; **2.** kurz gebratene Scheibe Fleisch; Wiener S.
Schnit|zel|bank *f. 2* Bänkelsängerverse (oft mit Bildern)
Schnit|ze|lei *f. 10*
Schnit|zel|jagd *f. 10*
schnit|zeln *tr. 1* **1.** in kleine Stückchen schneiden; **2.** spielerisch schnitzen; ich schnitzele, schnitzle (es)
schnit|zen *tr. 1*
Schnit|zer *m. 5*
Schnit|ze|rei *f. 10*
Schnitz|ler, *Arthur* österr. Schriftsteller
schno|bern *intr. 1* schnuppern, schnüffeln
schnöd = **schnö|de**
schnod|de|rig, schnodd|rig vorlaut, unhöflich
Schnod|de|rig|keit, Schnodd|rig|keit *f. 10 nur Sg.*
schnö|de, schnöd verächtlich, geringwertig, gemein; schnöder Undank; der schnöde Mammon *scherzh.;* jmdn. schnöde im Stich lassen
schnö|den *intr. 2, schweiz.:* schnöde reden
Schnöd|heit, Schnö|dig|keit *f. 10 nur Sg.*
schno|feln *intr. 1, österr.* **1.** durch die Nase sprechen; **2.** *auch:* schnüffeln
Schnor|chel *m. 5* **1.** Luftrohr am U-Boot sowie an Tauchgeräten; **2.** *auch:* kleines Atemgerät zum flachen Tauchen
schnor|cheln *intr. 1* mit dem Schnorchel unter Wasser schwimmen
Schnör|kel *m. 5*
schnör|ke|lig, schnörk|lig
schnör|keln *intr. 1*
schnor|ren *tr. 1* erbetteln; eine Zigarette (bei jmdm.) s.
Schnor|rer *m. 5* jmd., der oft schnorrt
Schnö|sel *m. 5* blasierter, dummfrecher Bursche
schnö|se|lig, schnös|lig
Schnu|cke *f. 11, kurz für* Heidschnucke
schnu|cke|lig, schnuck|lig *ugs.:* niedlich, süß
schnud|de|lig, schnudd|lig *mitteldt. für* schmuddelig
Schnüf|fe|lei *f. 10*
schnüf|feln *intr. 1; auch übertr.:* heimlich andere beobachten, sich heimlich bei andern umsehen
Schnüff|ler *m. 5*
schnul|len *tr. 1, süddt.:* lutschen
Schnul|ler *m. 5* Sauger
Schnul|ze *f. 11* rührseliges Lied, Theater-, Fernseh-, Kinostück
schnup|fen *tr. u. intr. 1* Schnupftabak nehmen
Schnup|fen *m. 7*
Schnup|fer *m. 5* jmd., der Tabak schnupft
Schnupf|ta|bak *m. 1*
Schnupf|tuch *n. 4, süddt., österr.:* Taschentuch
schnup|pe *ugs., nur prädikativ:* egal, gleichgültig
Schnup|pe *f. 11, nddt.:* verkohltes Ende vom Docht
schnup|pern *intr. 1* prüfend Luft durch die Nase einziehen; ich schnuppere, schnuppre
Schnur *f. 2 auch: f. 10*
Schnür|bo|den *m. 8, Theater:* Raum über der Bühne zum Hinablassen und Heraufziehen der Kulissen

S

Schnür|chen *n. 7;* das geht, läuft wie am S. *ugs.:* reibungslos
schnü|ren **1.** *tr. 1* mit Schnur zusammenbinden; **2.** *tr. 1* jmdn. s. *früher:* jmdm. das Korsett festziehen; **3.** *intr. 1, Jägerspr.:* laufen (von Fuchs, Wildkatze, Wolf, Luchs, da ihre Fährte im Schnee wie eine Schnur aussieht)
schnur|ge|ra|de
Schnur|ke|ra|mik *f. 10 nur Sg.* Kultur der Jungsteinzeit (nach der schnurförmigen Verzierung der Tongefäße)
Schnur|ke|ra|mi|ker *m. 5*
Schnür|leib *m. 3, veraltet:* Korsett zum Schnüren
schnur|los; ein schnurloses Telefon
Schnürl|re|gen *m. 7 nur Sg., österr.:* anhaltender, gleichmäßiger Regen
Schnürl|samt *m. 1, österr.:* Kordsamt
Schnurr|bart *m. 2*
schnurr|bär|tig
Schnur|re *f. 11* komische, possenhafte Erzählung
schnur|ren *intr. 1*
Schnurr|haa|re *Pl.* dicke, lange Haare an der Oberlippe mancher Säugetiere, Spürhaare
Schnür|rie|men *m. 7*
schnur|rig komisch, drollig
Schnurr|pfei|fe|rei *f. 10 meist Pl.* lustiger Einfall, närrische Sache
Schnür|schuh *m. 1*
Schnür|sen|kel *m. 5*
Schnür|stie|fel *m. 5*
schnur|stracks sofort, ohne zu zögern, auf kürzestem Wege
Schnü|rung *f. 10*
schnurz *ugs., nur prädikativ:* egal, gleichgültig; das ist mir (völlig) schnurz
schnurz|e|gal
Schnüt|chen *n. 7*
Schnu|te *f. 11*
Scho|ber *m. 5, bair., österr., schwäb.* **1.** Heuhaufen; **2.** überdachter Platz zum Aufbewahren von Heu
scho|bern, schö|bern *tr. 1;* Heu s.: zu Haufen schichten
Schock **1.** *n. Gen.* -s *Pl.* - altes Mengenmaß, 60 Stück; **2.** [engl.] *m. 9* plötzliche Nervenerschütterung
Schock|be|hand|lung *f. 10* künstlich hervorgerufener Schock zur Beeinflussung von Geisteskrankheiten, Schocktherapie
scho|cken *tr. 1* **1.** einen Schock versetzen; geschockt sein: einen Schock erlitten haben; **2.** mit künstlich hervorgerufenem Schock behandeln
Scho|cker *m. 5, ugs.:* Schauerfilm
scho|ckie|ren *tr. 3;* jmdn. s.: jmds. Gefühl für Anstand und gute Sitte, gutes Benehmen schwer verletzen
Schock|schwe|re|not! (veralteter Ausruf der Entrüstung, des Ärgers)
Schock|the|ra|pie *f. 11* s. **Schock|be|hand|lung**
Schof *m. 1* **1.** *nddt.:* Strohdecke; **2.** *Jägerspr.:* Kette (von Wildgänsen oder -enten)
Scho|far [hebr.] *m. Gen.* -(s) *Pl.* -fa|roth, *im jüd. Kult:* Widderhorn, das am Neujahrstag geblasen wird
scho|fel, scho|fe|lig, schof|lig [jidd.] *ugs.:* schäbig, geizig; erbärmlich
Scho|fel *m. 5, ugs.:* schlechte Ware
Schöf|fe *m. 11* ehrenamtl. Laienrichter eines Schöffengerichts oder einer Strafkammer
Schöf|fen|bank *f. 2* Platz der Schöffen
Schöf|fen|ge|richt *n. 1* Gericht aus einem Berufsrichter und mehreren Schöffen
schof|lig s. **scho|fel**
Scho|gun *m. 1* s. **Sho|gun**
Scho|ko|kuss (*alt:* Scho|ko|kuß) *m. 2* ein kugeliges, mit Schokolade überzogenes Gebäck, Mohrenkopf
Scho|ko|la|de *f. 11*
scho|ko|la|den aus Schokolade
scho|ko|la|den|braun
Scho|ko|la|den|guss (*alt:* Scho|ko|la|den|guß) *m. 2*
Scho|ko|la|den|ta|fel *f. 11*
Scho|ko|la|den|tor|te *f. 11*
Scho|lar [mlat.] *m. 10, MA:* fahrender Schüler, fahrender Student
Schol|arch *auch:* **Scho|larch** [lat. + griech.] *m. 10, MA:* Vorsteher, Aufseher an einer Klosterschule
Schol|ar|chat *auch:* **Scho|lar|chat** *n. 1, MA:* Amt eines Scholarchen
Scho|las|tik *f. 10 nur Sg.* **1.** die auf der antiken Philosophie beruhende christl. Philosophie und Wissenschaft des MA; **2.** *auch übertr.:* engstirnige Schulweisheit
Scho|las|ti|ker *m. 5* **1.** Vertreter der Scholastik; **2.** *bes. bei den Jesuiten:* junger Ordensgeistlicher während des Studiums; **3.** *übertr.:* Buchstabengelehrter
scho|las|tisch
Scho|las|ti|zis|mus *m. Gen.* - *nur Sg.* **1.** Überbewertung der Scholastik; **2.** *übertr.:* Haarspalterei, Spitzfindigkeit
Scho|li|ast [griech.] *m. 10* Verfasser von Scholien
Scho|lie [-ljə] *f. 11,* **Scho|li|on** *n. Gen.* -s *Pl.* -li|en erklärende, erläuternde Randbemerkung in antiken Literaturwerken
Schol|le *f. 11* **1.** Erdklumpen, Stück gepflügter Erde; **2.** von Verwerfungen umgebenes Stück der Erdrinde; **3.** *poet.:* Boden; heimatliche Scholle; **4.** großes, dickes Eisstück; **5.** ein Plattfisch
Schol|len|bre|cher *m. 5* ein Ackergerät
schol|lig
Schöll|kraut, Schell|kraut *n. 4* eine Heilpflanze
schon; ich komme schon; es ist schon spät; schon der Gedanke daran macht mich lachen
schön; die schönen Künste; die schöne Literatur; das schöne Geschlecht *scherzh.:* das weibl. Geschlecht; Schöne Madonnen: Gruppe von Schnitzwerken aus dem 15. Jh., die die stehende Jungfrau Maria mit dem Kind darstellen; es gelang alles aufs Schönste *oder:* schönste; etwas Schönes; Philipp der Schöne; er will es eben schön machen; sie hat sich schön gemacht; *aber:* → schönmachen; er kann schön schreiben; das Buch ist schön geschrieben; *aber:* → schönschreiben; er kann schön reden; *aber:* → schönreden; vgl. schönfärben, schöntun
Schön|berg, *Arnold* österr. Komponist
Schön|druck *m. 1* die zuerst bedruckte Seite eines Bogens; *auch:* der betreffende Druckvorgang; *Ggs.:* Widerdruck
Schö|ne *f. 11* **1.** *nur Sg., poet.:* Schönheit; **2.** schöne Frau, schönes Mädchen
scho|nen *tr. 1*
schö|nen *tr. 1* **1.** vertiefen, lebhafter machen (Farben von Stoffen); **2.** klären (Flüssigkeiten)
Scho|ner *m. 5* **1.** Schutzdeckchen, schützender Überzug; **2.** [engl.] zweimastiges Segelschiff

S

schön|fär|ben *tr. 1* günstiger, schöner darstellen, als es ist; vgl. schön
Schön|fär|ber *m. 5*
Schön|fär|be|rei *f. 10 nur Sg.*
Schön|geist *m. 3* Freund des Schönen, der schönen Künste
schön|geis|tig; schöngeistige Literatur: L., die nicht zur Fachliteratur gehört, z. B. Romane
Schön|heit *f. 10*
Schön|heits|chir|ur|gie *auch:* **Schön|heits|chi|rur|gie** *f. 11 nur Sg.* kosmetische Chirurgie
Schön|heits|farm *f. 10* Einrichtung für kosmet. Behandlungen
Schön|heits|feh|ler *m. 5*
Schön|heits|fleck *m. 1* Schönheitspflästerchen
Schön|heits|kon|kur|renz *f. 10*
Schön|heits|pfläs|ter|chen *n. 7* schwarzes Pflästerchen auf der Wange, Schönheitsfleck
Schön|heits|sa|lon *m. 9*
Schön|heits|sinn *m. 1 nur Sg.*
Schon|kost *f. Gen. - nur Sg.* Diät
schön|ma|chen *intr. 1* Männchen machen (Hund); mach schön!; er hat schöngemacht; vgl. schön
schön ma|chen (*alt:* schön|machen) *intr. 1* verschönen; er hat sich heute besonders schön gemacht; vgl. schön

> **schön reden/schreiben, schönfärben, schönreden:** Fügungen aus Adjektiv und Verb (Infinitiv), bei denen das Adjektiv steigerbar oder erweiterbar ist, schreibt man getrennt: *Sie konnte (sehr) schön reden. Sein neuestes Buch war schön geschrieben.*
> § 34 E3 (3)
> Ist diese Steigerung oder Erweiterung hingegen nicht möglich, schreibt man zusammen: *Auf der gestrigen Pressekonferenz wurde alles schöngefärbt. Die Politikerin hat die Dinge schöngeredet* (= beschönigt). § 34 (2.2)

S

schön|re|den *intr. 2* schöne Worte machen, schmeicheln; vgl. schön
Schön|re|de|rei, Schön|red|ne|rei *f. 10 nur Sg.*
Schön|red|ner *m. 5*
schön|red|ne|risch
schon|sam schonend, pfleglich; etwas s. behandeln
schön|schrei|ben *intr. 127* in Schönschrift schreiben; vgl. schön
Schön|schrift *f. 10 nur Sg.*
schöns|tens
Schön|tu|er *m. 5*
Schön|tu|e|rei *f. 10 nur Sg.*
schön|tu|e|risch
schön|tun *intr. 167* schmeicheln, schöne Worte machen
Scho|nung *f. 10* **1.** *nur Sg.;* **2.** *Forstw.:* Anpflanzung junger Bäume
scho|nungs|be|dürf|tig
Scho|nungs|be|dürf|tig|keit *f. 10 nur Sg.*
scho|nungs|los
Schön|wet|ter|la|ge *f. 11*
Schön|wet|ter|wol|ke *f. 11*
Schon|zeit *f. 10*
Scho|pen|hau|er, *Arthur* dt. Philosoph
Schopf *m. 2* **1.** Haarbüschel, Federbüschel auf dem Kopf; die Gelegenheit beim Schopf packen: sie ausnützen; **2.** *bair., schweiz.:* Schuppen, Wetterdach
Schöpf|chen *n. 7*
Schöpf|ei|mer *m. 5*
schöp|fen *tr. 1*
Schöp|fer *m. 5*
Schöp|fer|hand *f. 2*
schöp|fe|risch
Schöp|fer|kraft *f. 2*
Schöpf|kel|le *f. 11*
Schöpf|löf|fel *m. 5*
Schöp|fung *f. 10*
Schöp|fungs|be|richt *m. 1*
Schöp|fungs|ge|schich|te *f. 11*
Schöp|fungs|tag *m. 1;* am ersten S.
Schöp|fungs|werk *n. 1*
Schöpf|werk *n. 1* Vorrichtung zum Wasserschöpfen
Schöpp|chen *n. 7* kleiner Schoppen
schöp|peln **1.** *intr. 1* (öfters) einen Schoppen trinken; ich schöppele, schöpple gern; **2.** *tr. 1, schweiz.:* mit dem Schoppen (der Flasche) ernähren; einen Säugling s.
schop|pen *tr. 1, schweiz.:* nudeln
Schop|pen *m. 7* **1.** Flüssigkeitsmaß, ½ l; *im Hotelgewerbe:* ¼ l (Bier oder Wein); **2.** *schweiz.:* Saugflasche; **3.** *auch:* Schuppen
Schop|pen|wein *m. 1* in Schoppen (viertelliterweise) ausgeschenkter Wein
schop|pen|wei|se
Schöps *n. 1* **1.** *ostmitteldt., österr.:* Hammel; **2.** *Schimpfw.:* Schaf
Schöp|sen|bra|ten *m. 7* Hammelbraten
Schöp|ser|nes *n. 17, österr.:* Hammelfleisch
Schorf *m. 1* Kruste auf einer Wunde
schor|fig
Schörl *m. 1* schwarzer Turmalin
Schor|le, Schor|le|mor|le *f. 11 oder n. 9* Getränk aus Weißwein bzw. Apfelsaft (und Sprudel) mit Zitrone
Schorn|stein *m. 1*
Schorn|stein|fe|ger *m. 5*
Scho|se *f. 11* s. **Cho|se**
Schoß **1.** *m. 2* beim Sitzen von Unterkörper und Oberschenkeln gebildeter Winkel; ein Kind auf den Schoß nehmen; die Hände in den Schoß legen *übertr.:* nichts tun, untätig sein; **2.** *m. 2, poet.:* weibl. Geschlechtsteil, Mutterleib; **3.** *m. 2, bei manchen Kleidungsstücken:* Hüftteil, z. B. Rock-, Frackschoß; **4.** *f. 10, österr.:* Frauenrock; Jacke und Schoß: Kostüm; **5.** *f. 10, schweiz.:* Arbeitsschürze oder -mantel
Schoss (*alt:* Schoß) *m. 1* Pflanzentrieb
Schöß|chen *n. 7, an Frauenkleidern oder -jacken:* in der Taille angesetzter, schmaler, geriehener Streifen
Schö|ßel *m. 5, österr.* **1.** Schößchen; **2.** Frackschoß
Schoß|hund *m. 1*
Schoß|hünd|chen *n. 7*
Schoß|kind *n. 3*
Schöss|ling (*alt:* Schöß|ling) *m. 1*
Schos|ta|ko|witsch, *Dimitrij* russ. Komponist
Schot *f. 10, Nebenform von* Schote (2)
Schöt|chen *n. 7* kleine Schote (1)
Scho|te **1.** *f. 11* Fruchtform der Kreuzblütler; *auch:* Hülse der Hülsenfrüchte, z. B. von Erbse oder Paprika; **2.** *f. 11* Tau zum Spannen des Segels; **3.** *m. 11* Dummkopf, Narr
Schott **1.** *n. 1, auf Schiffen:* Trennwand zum wasser- und feuerdichten Abschließen von Räumen, Schotte (4); **2.** [arab.] *m. 9* Salzwüste in Nordafrika
Schot|te **1.** *m. 11* Einwohner von Schottland; **2.** *m. 11, nddt.:* junger Hering; **3.** *f. 11, süddt., schweiz.:* Molke; **4.** *f. 11* s. **Schott** (1)
Schot|ten **1.** *m. 7 nur Sg., österr.:* Quark, Topfen; **2.** *m. 7 meist Pl.* Schottenstoff
Schot|ten|rock *m. 2*
Schot|ten|stoff *m. 1* in schott. Muster karierter Kleiderstoff

Schotter *m. 5* **1.** von Flüssen abgelagertes Geröll; **2.** zerkleinerte Steine (zum Straßenbau)
schottern *tr. 1* mit Schotter belegen
Schotterstraße *f. 11*
Schotterung *f. 10 nur Sg.*
Schottin *f. 10* Einwohnerin von Schottland
schottisch
Schottland nördl. Teil der Insel Großbritannien
Schottländer *m. 5* Schotte
schottländisch schottisch
Schraffe *f. 11* Strich einer Schraffur
schraffen *tr. 1* = **schraffieren**
Schraffen *m. 7, süddt.:* Schramme, Hautriss
schraffieren [ital.] *tr. 3*, **schraffen** *tr. 1* dicht mit feinen, parallelen Strichen ausfüllen (Fläche)
Schraffierung, Schraffung, Schraffur *f. 10* schraffierte Fläche
schräg; schräg laufend; schräge Musik *ugs.*
Schräge *f. 11* **1.** *nur Sg.* Schrägheit; **2.** schräge Fläche
Schragen *m. 7* Gestell aus kreuzweise miteinander verbundenen oder schräg gegeneinander gestellten Stäben, *bes.:* Sägebock
schrägen *tr. 1*
Schrägheit *f. 10 nur Sg.*
Schräglage *f. 11*
schräg laufend (*alt:* schräglaufend)
Schrägschrift *f. 10*
Schrägstreifen *m. 7* schräg geschnittener Stoffstreifen
Schrägstrich *m. 1*
schrägüber schräg gegenüber
Schrägung *f. 10* schräge Fläche oder Kante
schral *Seew.:* schwach, ungünstig (Wind)
schralen *intr. 1;* der Wind schralt: ändert ständig die Richtung
Schram *m. 2, Bgb.:* waagerechter oder schräger Einschnitt ins abzubauende Gestein
Schrambohrer, Schrämbohrer *m. 5*
schrämen *tr. 1* einen Schram (in die Abbauschicht) bohren
Schrämmaschine *f. 11* Maschine zum Herausarbeiten eines Schrams
Schramme *f. 11*
Schrammelmusik *f. 10 nur Sg.* von einem Schrammelquartett gespielte, volkstüml. Wiener Musik
Schrammeln *Pl.;* Wiener S.: Schrammelquartett
schrammen *tr. 1*
schrammig
Schrank *m. 2*
Schränkchen *n. 7*
Schranke *f. 11*, **Schranken** *m. 7, österr.*
Schränkeisen *n. 7* Werkzeug zum Schränken
schränken **1.** *tr. 1;* eine Säge s.: die Zähne einer Säge wechselweise seitlich abbiegen; **2.** *intr. 1, Jägerspr.:* die Tritte etwas nach außen setzen
Schranken *m. 7* = **Schranke**
schrankenlos **1.** ohne Schranken, *meist:* unbeschrankt; **2.** *übertr.:* zügellos, unbeherrscht
Schrankenlosigkeit *f. 10 nur Sg., übertr.*
Schrankenwärter *m. 5*
Schrankkoffer *m. 5*
Schrankwand *f. 2*
Schranne *f. 11, oberdt. veraltend:* Getreidemarkt, Fleischbank oder Bäckerladen
Schranz *m. 2, schweiz.:* Riss (im Stoff)
Schranze *f. 11, abwertend:* Höfling, Hofschranze
Schrape *f. 11, nddt. für* Schrappeisen
schrapen *tr. 1, nddt. für* schrappen
Schrapnell [nach dem engl. Offizier Henry Shrapnel] *n. 1 oder n. 9* mit Kugeln gefülltes Geschoss, das kurz vor dem Ziel zerspringt
Schrappeisen *n. 7*, Schrapper *m. 5* Kratzeisen
schrappen *tr. 1* kratzen, abkratzen
Schrapper *m. 5* Schrappeisen
Schrapsel *n. 5* Abfall beim Schrappen
Schrat *m. 1*, **Schrätel** *m. 5*, **Schratt** *m. 1*, **Schrättel** *m. 5, Myth.:* Waldgeist, Waldschrat
Schratten *m. 7 nur Pl.* Karren (2)
Schrattenkalk *m. 1 nur Sg.* zerklüftetes Kalkgestein
Schräubchen *n. 7*
Schraube *f. 11*
Schraubel *f. 11* schraubenförmig angeordneter Blütenstand
schrauben *tr. 1* vgl. geschraubt
Schraubenbakterien *Pl.* schraubenförmige Bakterien, Leptospiren
Schraubendampfer *m. 5*
Schraubendreher *m. 5, fachspr. für* Schraubenzieher
schraubenförmig
Schraubengang *m. 2* einzelne Windung im Gewinde einer Schraube
Schraubenkopf *m. 2*
Schraubensalto *m. Gen.* -s *Pl.* -s *oder* -ti, *Sport:* Drehsalto
Schraubenschlüssel *m. 5*
Schraubenschnecke *f. 11* Meeresschnecke mit schraubenförmigem Gehäuse
Schraubenzieher, Schraubendreher *m. 5*
Schraubenzwinge *f. 11* Werkzeug zum Zusammenpressen
Schraubglas *n. 4*
Schraubstock *m. 2* Werkzeug zum Halten von Werkstücken
Schrebergarten [nach dem Arzt D.G.M. Schreber] *m. 8* Kleingarten einer Gartenkolonie
Schrebergärtner *m. 5*
Schreck *m. 1*, Schrecken *m. 7;* Schrecken erregend *oder:* schreckenerregend
Schreckbild *n. 3*
schrecken **1.** *tr. 1* in Schrecken versetzen; das schreckt mich nicht; *unregelmäßige Konjugation nur noch in Zus. wie* auf-, zurückschrecken; **2.** *intr. 1, Jägerspr.:* einen Schrecklaut ausstoßen (Rotwild), schmälen; das Reh schreckt
Schrecken *m. 7* s. **Schreck**

Schrecken erregend/schreckenerregend: Der mehrteilige Ausdruck aus Substantiv und Verb wird getrennt geschrieben: *ein Schrecken erregendes Ereignis.* Da man den mehrteiligen Ausdruck auch als adjektivische Zusammensetzung auffassen kann, ist die Zusammenschreibung die zulässige Variante: *schreckenerregend.*
Bei Erweiterungen oder Steigerungen ist jedoch nur die Zusammenschreibung korrekt: *ein äußerst schreckenerregender Zustand.*
§ 34 E3 (5), § 36 E1 (1.2)

schreckenerregend = **Schrecken erregend**; *aber nur:* schreckenerregender, sehr schreckenerregend *(bei Steigerung und mit Attribut)*

S

schre|ckens|blass (*alt:* schreckens-blaß)
schre|ckens|bleich
Schre|ckens|bot|schaft *f. 10*
Schre|ckens|herr|schaft *f. 10*
Schre|ckens|nach|richt *f. 10*
Schre|ckens|tat *f. 10*
Schre|ckens|zeit *f. 10*
schreck|er|füllt
Schreck|ge|spenst *n. 3*
schreck|haft
Schreck|haf|tig|keit *f. 10 nur Sg.*

auf das Schrecklichste/schrecklichste: Die substantivierte Form schreibt man groß: *Das Schrecklichste war passiert. Sie waren auf das Schrecklichste gefasst. Es wäre das Schrecklichste, wenn …* § 57 (1)
In Anlehnung an Superlativformen nach *am* (*am schrecklichsten*) kann man auch feste adverbiale Wendungen kleinschreiben: *Die Frau war nach dem Unfall auf das schrecklichste/Schrecklichste zugerichtet.* § 58 (1)

schreck|lich; auf das *oder:* aufs Schrecklichste gefasst sein; auf das *oder:* aufs schrecklichste *oder:* Schrecklichste zugerichtet sein
Schreck|lich|keit *f. 10*
Schreck|nis *n. 1*
Schreck|schrau|be *f. 11, ugs.:* unangenehme Frau
Schreck|schuss (*alt:* Schreck-schuß) *m. 2*
Schreck|schuss|pis|to|le (*alt:* Schreck|schuß|pi|sto|le) *f. 11*
Schreck|se|kun|de *f. 11* Zeitspanne, die vergeht, bis man auf einen Schrecken hin reagiert; eine lange, kurze S. haben
Schred|der, Shred|der *m. 5* Anlage zum Zertrümmern und Zusammenpressen von Schrott
S
Schrei *m. 1*
Schreib|block *m. 9*
Schrei|be *f. 11, ugs.* **1.** Geschriebenes; **2.** die Art zu schreiben, Stil
schrei|ben *tr. 127;* ich habe sage und schreibe drei Stunden gewartet; ich kann mit diesem Stift nicht recht schreiben; *aber:* → rechtschreiben
Schrei|ben *n. 7*
Schrei|ber *m. 5*
Schrei|be|rei *f. 10*
Schrei|ber|ling *m. 1, verächtl. oder iron.:* Schreiber, emsiger kleiner Büroangestellter
Schrei|ber|see|le *f. 11, übertr.:* kleinlich denkender Mensch
schreib|faul
schreib|ge|wandt
Schreib|kraft *f. 2* Büroangestellte, Stenotypistin
Schreib|krampf *m. 2*
Schreib|map|pe *f. 11*
Schreib|ma|schi|ne *f. 11*
Schreib|schrift *f. 10*
Schreib|stoff *m. 1* Material zum Schreiben, z. B. Papier, Papyrus
Schreib|stu|be *f. 11, Mil.:* Büro
Schreib|tisch *m. 1*
Schreib|tisch|tä|ter *m. 5* jmd., der ein Verbrechen nicht selbst begeht, sondern vom Schreibtisch aus befiehlt
Schrei|bung *f. 10*
Schreib|wa|ren *Pl.*
Schreib|wei|se *f. 11*
schrei|en *intr. 128*
Schrei|er *m. 5*
Schrei|e|rei *f. 10 nur Sg.*
Schrei|hals *m. 2*
Schrei|krampf *m. 2*
Schrein *m. 1* Schrank, Sarg, Reliquienbehälter
Schrei|ner *m. 5, südwestdt., österr., schweiz. für* Tischler
Schrei|ne|rei *f. 10*
schrei|nern *intr. u. tr. 1*
Schreit|bag|ger *m. 5*
schrei|ten *intr. 129*
Schreit|tanz *m. 2*
Schrieb *m. 1, ugs. scherzh.:* Brief
Schrift *f. 10;* die Heilige S.: die Bibel; Schriften *schweiz.:* Ausweispapiere
Schrift|bild *n. 3*
schrift|deutsch; vgl. deutsch
Schrift|deutsch *n. Gen.* -(s) *nur Sg.*
Schrift|fäl|schung *f. 10*
Schrift|füh|rer *m. 5* jmd., der den Verlauf einer Verhandlung o. Ä. schriftlich festhält
Schrift|ge|lehr|te(r) *m. 18 (17), Bibel:* jüd. Rechtsgelehrter
Schrift|gie|ßer *m. 5*
Schrift|gie|ße|rei *f. 10* Werkstatt zur Herstellung von Drucklettern
Schrift|grad *m. 1*
Schrift|lei|tung *f. 10* Redaktion (einer Zeitung)
schrift|lich
Schrift|lich|keit *f. 10 nur Sg.* Schriftform (im Prozess)
Schrift|rol|le *f. 11* Rolle aus beschriebenem Pergament, Papyrus od. Papier
Schrift|sach|ver|stän|di|ge(r) *m. 18 (17) bzw. f. 17 oder 18*
Schrift|satz *m. 2* **1.** schriftl. Antrag, schriftl. Erklärung; **2.** für den Druck zusammengestellte (gesetzte) Lettern
Schrift|set|zer *m. 5*
Schrift|spra|che *f. 11* dem schriftl. Ausdruck dienende, mundartfreie Form einer Sprache, Hochsprache
schrift|sprach|lich
Schrift|stel|ler *m. 5*
Schrift|stel|le|rei *f. 10 nur Sg.*
schrift|stel|le|risch
schrift|stel|lern *intr. 1* als Schriftsteller tätig sein; ich schriftstellere, schriftstellre, habe geschriftstellert
Schrift|stück *n. 1*
Schrift|tum *n. Gen.* -s *nur Sg.* Literatur
Schrift|ver|kehr *m. Gen.* -s *nur Sg.*
Schrift|wech|sel [-ks-] *m. 5*
Schrift|zei|chen *n. 7*
Schrift|zug *m. 2*
schrill
schril|len *intr. 1*

Schrimp: Die ins Deutsche integrierte Form ist die empfohlene Schreibweise, das englische Wort *Shrimp* die mögliche Variantenschreibung.

Schrimp *m. 9* = **Shrimp**
schrin|nen *intr. 1, nddt.:* schmerzen
Schrip|pe *f. 11, berlin.:* Brötchen, Semmel
Schritt *m. 1, als Maßangabe Pl. auch:* -; ein paar Schritte gehen; *aber:* der Raum ist fünf Schritt breit; Schritt fahren; mit jmdm., mit der Zeit Schritt halten; Schritt für Schritt vorankommen; auf Schritt und Tritt
Schrittem|po (-tt|t-) (*alt für:* Schritt|tem|po) *n. 9 nur Sg.*
Schritt|ma|cher *m. 5* **1.** *Med.:* Gerät zum Anregen und Inganghalten der Herztätigkeit; **2.** Motorradfahrer, der bei Radrennen (Steherrennen) vor dem Radfahrer herfährt, sodass dieser im Windschatten fahren kann; *auch:* Sportler, der bei Wettkämpfen ein bestimmtes Tempo anschlägt und die andern dadurch mitzieht, Pacemaker
Schritt|mes|ser *m. 5*
Schritt|tem|po *n. 9 nur Sg.*

schritt|wei|se Schritt für Schritt vorankommen
schroff
Schroff *m. 12 oder m. 10, Nebenform von* Schroffe, Schroffen
Schrof|fe *f. 11, süddt., österr.:* **Schrof|fen** *m. 7* Felsklippe, steil abfallender Fels
Schroff|heit *f. 10 nur Sg.*
schroh *fränk., hess.:* rau, grob
schröp|fen *tr. 1;* jmdn. s.: jmdm. mit dem Schröpfkopf Blut absaugen; *übertr.:* jmdm. Geld abnehmen
Schröpf|kopf *m. 2, Med.:* kugelförmiges Gerät aus Glas oder Metall zum Ableiten oder Absaugen von Blut
Schrot *m. 1* **1.** gemahlene Getreidekörner; **2.** mehrere Bleikügelchen, die in einem einzigen Geschoss abgefeuert werden
Schrot|brot *n. 1*
Schrot|büch|se [-ks-] *f. 11* Gewehr zum Schießen mit Schrot, Schrotflinte
schro|ten *tr. 2* grob mahlen
Schrö|ter *m. 5* ein Käfer
Schrot|flin|te *f. 11* s. **Schrot|büch|se**
Schroth|kur *f. 11* Diät zur Gewichtsabnahme, nach dem Naturheilkundigen Johann Schroth
Schrot|ku|gel *f. 11*
Schrot|mehl *n. 1*
Schrot|müh|le *f. 11*
Schrott *m. 1 nur Sg.* Metallabfälle, Altmetall
Schrot|waa|ge *f. 11* Gerät zum Prüfen waagerechter Flächen
schrub|ben *tr. 1* kräftig bürsten
Schrub|ber *m. 5*
Schrul|le *f. 11* **1.** wunderl. Angewohnheit, Laune, sonderbarer Einfall; **2.** *ugs.:* unangenehme Frau
schrul|len|haft sonderbar, wunderlich
schrul|lig
Schrul|lig|keit *f. 10 nur Sg.*
schrumm!
schrumm|di|bumm!
schrumm|fi|de|bumm!
Schrum|pel *f. 11* Falte, Runzel
schrum|pe|lig, schrump|lig
schrum|peln *intr. 1*
schrump|fen *intr. 1*
schrump|fig
Schrumpf|kopf *m. 2, bei südamerik. Indianern:* knochenlose, getrocknete, eingeschrumpfte Kopftrophäe, Tsantsa
Schrump|fung *f. 10*
schrump|lig s. **schrum|pe|lig**
Schrund *m. 2, süddt., österr.:* Spalt, Riss (im Fels oder Gletscher)
Schrun|de *f. 11* Hautriss
Schrun|den|sal|be *f. 11*
schrun|dig
schrup|pen *tr. 1* grob hobeln oder feilen
Schrupp|fei|le *f. 11*
Schrupp|ho|bel *m. 5*
Schtetl, Stetl [jidd.] *n. Gen.* -s *Pl.* -, *früher:* jüd. Kleinstadtgemeinden in Osteuropa
Schub *m. 2*
Schu|ber *m. 5* an einer Schmalseite offener Schutzkarton (für Bücher)
Schu|bert, *Franz* österr. Komponist
Schub|fach [auch: ʃub-] *n. 4*
Schu|bi|ack *m. 1 oder m. 9, norddt.* **1.** Bettler; **2.** Lump, Gauner
Schub|kar|re [auch: ʃub-] *f. 11,* **Schub|kar|ren** *m. 7*
Schub|kas|ten *m. 8*
Schub|kraft *f. 2*
Schub|la|de *f. 11*
Schub|leh|re *f. 11* Kluppe (2)
Schüb|lig, Schüb|ling *m. 1* Wurstsorte
Schubs, Schups *m. 1* leichter Stoß
schub|sen, schup|sen *tr. 1*
Schub|stan|ge *f. 11*
schub|wei|se nach und nach, in Schüben
schüch|tern
Schüch|tern|heit *f. 10 nur Sg.*
schu|ckeln *intr. 1* **1.** stoßen, rattern (Wagen); **2.** wackeln
SCHU|FA *Kurzwort für* Schutzgemeinschaft für Allgemeine Kreditsicherung
Schuft *m. 1*
schuf|ten *intr. 2, ugs.:* schwer arbeiten
Schuf|te|rei *f. 10 nur Sg., ugs.*
schuf|tig
Schuf|tig|keit *f. 10 nur Sg.*
Schuh *m. 1, als (veraltete) Maßangabe Pl.* -; fünf Schuh breit; so wird ein Schuh draus! *übertr.:* so ist es richtig; wo drückt der Schuh? *übertr.:* wo fehlt es, was stimmt nicht, klappt nicht?; jmdm. etwas in die Schuhe schieben *übertr.:* jmdm. etwas fälschlich zur Last legen
Schuh|an|zie|her *m. 5*
Schuh|band *n. 4*
Schuh|chen, *poet.:* **Schüh|chen, Schüh|lein** *n. 7*
Schuh|grö|ße *f. 11*
Schuh|löf|fel *m. 5* Schuhanzieher
Schuh|ma|cher *m. 5*
Schuh|ma|che|rei *f. 10*
Schuh|platt|ler *m. 5* oberbayrischer Volkstanz, bei dem sich die Tänzer auf Ober- und Unterschenkel und Absätze schlagen
Schuh|put|zer *m. 5*
Schuh|soh|le *f. 11;* das habe ich mir schon an den Schuhsohlen abgelaufen *übertr.:* das kenne ich, kann ich längst
Schu|hu *m. 9* Uhu
Schu|ko...® *in Zus.:* Schutzkontakt
Schu|ko|ste|cker *m. 5*
Schul|ab|schluss (*alt:* Schul|abschluß) *m. 2*
Schul|amt *n. 4* Schulaufsichtsbehörde
Schul|an|fän|ger *m. 5*
Schul|ar|beit *f. 10*
Schul|arzt *m. 2*
schul|ärzt|lich
Schul|auf|ga|be *f. 11*
Schul|bank *f. 2*
Schul|bei|spiel *n. 1* Musterbeispiel
Schul|bil|dung *f. 10 nur Sg.*
Schul|buch *n. 4*
Schul|bus *m. 1*
Schul|chor *m. 2*

Schuld geben/haben/tragen, zuschulden / zu Schulden kommen lassen, schuldig sprechen:
Die Fügung aus Substantiv und Verb schreibt man im Infinitv, Partizip und am Ende eines Nebensatzes getrennt: *Wir wollten ihr die Schuld geben. Sie hat Schuld gehabt.* § 34 E3 (5)
Bei einigen festen Fügungen zu einer Präposition bleibt es den Schreibenden überlassen, ob sie die Zusammen- oder die Getrenntschreibung wählen: *Er hat sich nichts zuschulden/zu Schulden kommen lassen.* § 39 E3 (1)
Die Fügung aus einem Adjektiv, das eine Ableitung auf *-ig* (oder *-isch* bzw. *-lich*) ist, und einem Verb schreibt man getrennt: *Sie wurde des Mordes schuldig gesprochen.* § 34 E3 (3)

schuld; er ist schuld
Schuld *f. 10;* daran Schuld haben; jmdm. Schuld geben; Schuld tragen; zu Schulden *oder:* zuschulden kommen lassen; Schulden haben

Schuld|be|kennt|nis *n. 1*
schuld|be|la|den
schuld|be|wusst (*alt:* schuld|be|wußt); *aber:* er ist sich keiner Schuld bewusst
Schuld|be|wusst|sein (*alt:* Schuld|be|wußt|sein) *n. Gen.* -s *nur Sg.*
Schuld|brief *m. 1*
Schuld|buch *n. 4* staatl. Register zur Eintragung von Staatsschuldverpflichtungen
schul|den *tr. 2;* jmdm. etwas schulden
Schul|den|er|lass (*alt:* Schul|den|er|laß) *m. 1, österr.: m. 2*
schul|den|frei
Schul|den|last *f. 10*
schuld|fä|hig
Schuld|fra|ge *f. 11*
schuld|haft
Schuld|haft *f. Gen. - nur Sg., früher:* Haft auf Grund von Schulden; jmdn. in S. nehmen
Schul|dienst *m. 1 nur Sg.*
schul|dig; jmdn. s. sprechen
Schul|di|ger *m. 5, altertüml.:* Schuldner
Schul|dig|keit *f. 10 nur Sg.*
Schuld|knecht|schaft *f. 10 nur Sg., MA:* Leibeigenschaft infolge Unfähigkeit, Schulden zu zahlen
schuld|los
Schuld|lo|sig|keit *f. 10 nur Sg.*
Schuld|ner *m. 5*
Schuld|schein *m. 1*
Schuld|spruch *m. 2*
Schuld|turm *m. 2, früher:* Gefängnis für Schuldner, die nicht zahlen konnten
Schuld|ver|schrei|bung *f. 10* ein festverzinsl. Wertpapier
Schu|le [griech.] *f. 11;* aus der Schule plaudern: etwas ausplaudern
Schul|eig|nung *f. 10 nur Sg.*
schu|len *tr. 1*
schul|ent|las|sen; die schulentlassenen Schüler
Schü|ler *m. 5*
Schü|ler|ar|beit *f. 10*
Schü|ler|aus|tausch *m. 1*
schü|ler|haft
Schü|ler|heim *n. 1*
Schü|ler|kar|te *f. 11*
Schü|ler|lot|se *m. 11* Schüler, der auf verkehrsreichen Straßen dafür sorgt, dass jüngere Schüler ungefährdet die Straße überqueren können
Schü|ler|mit|ver|ant|wor|tung *f. 10 nur Sg.* (*Abk.:* SMV)
Schü|ler|schaft *f. 10 nur Sg.*
Schü|ler|zei|tung *f. 10*
Schul|fach *n. 4*
Schul|fei|er *f. 11*
Schul|fe|ri|en *nur Pl.*
schul|frei
Schul|funk *m. Gen.* -s *nur Sg.*
Schul|geld *n. 3*
Schul|ge|lehr|sam|keit *f. 10 nur Sg.* einseitig theoret. Wissen ohne prakt. Erfahrung
Schul|hof *m. 2*
Schul|hort *m. 1*
Schul|hy|gi|e|ne [-gje:-] *f. 11 nur Sg.*
schu|lisch
Schul|jahr *n. 1*
Schul|kennt|nis|se *Pl.;* S. in Französisch haben
Schul|kind *n. 3*
Schul|klas|se *f. 11*
Schul|land|heim *n. 1*
Schul|lei|ter *m. 5*
Schul|lei|tung *f. 10*
Schul|mann *m. 4* jmd., der im Schulwesen tätig ist
Schul|map|pe *f. 11*
Schul|me|di|zin *f. 10 nur Sg.*
Schul|meis|ter *m. 5*
schul|meis|ter|lich
schul|meis|tern *tr. 1* kleinlich belehren; ich schulmeistere, schulmeistre ihn nicht, habe ihn nie geschulmeistert
Schul|mu|sik *f. 10 nur Sg.*
Schul|ord|nung *f. 10*
Schulp *m. 1* bei Kopffüßern rückgebildete Schale
Schul|pflicht *f. 10 nur Sg.*
schul|pflich|tig
Schul|po|li|tik *f. 10 nur Sg.*
Schul|ran|zen *m. 7*
Schul|rat *m. 2*
Schul|rei|fe *f. 11 nur Sg.*
Schul|schiff *n. 1*
Schul|schluss (*alt:* Schul|schluß) *m. 2 nur Sg.*
Schul|schwän|zer *m. 5*
Schul|spei|sung *f. 10*
Schul|sport *m. 1 nur Sg.*
Schul|stress (*alt:* Schul|streß) *m. 1*
Schul|sys|tem *n. 1*
Schul|ter *f. 11;* jmdm. die kalte S. zeigen *übertr.:* jmdn. absichtlich nicht beachten, jmdn. abweisen
Schul|ter|blatt *n. 4*
Schul|ter|ge|lenk *n. 1*
Schul|ter|gür|tel *m. 5* Schulterblatt und Schlüsselbein
Schul|ter|klap|pe *f. 11* = Achselklappe
schul|tern *tr. 1* **1.** auf die Schulter nehmen; **2.** *Ringen:* auf die Schultern zwingen (und dadurch besiegen)
Schul|ter|schluss (*alt:* Schul|ter|schluß) *m. 2 nur Sg.* das Zusammenhalten von Interessengruppen
Schul|ter|sieg *m. 1, Sport*
Schult|heiß *m. 10* **1.** *veraltet:* Gemeindevorsteher; **2.** *im schweizer. Kanton Luzern:* Präsident des Regierungsrates
Schult|hei|ßen|amt *n. 4*
Schu|lung *f. 10*
Schul|un|ter|richt *m. 1*
Schul|weg *m. 1*
Schul|weis|heit *f. 10 nur Sg.* einseitig theoret. Wissen ohne prakt. Erfahrung
Schul|we|sen *n. 7 nur Sg.*
Schul|ze *m. 11, veraltet:* Gemeindevorsteher, Schultheiß
Schul|zeit *f. 10 nur Sg.*
Schul|zeug|nis *n. 1*
Schu|mann, *Robert* dt. Komponist
Schum|me|lei *f. 10*
schum|meln *intr. 1* leicht betrügen; ich schummele, schummle
Schum|mer *m. 5 nur Sg., norddt.:* Dämmerung
schum|me|rig, schumm|rig dämmerig
schum|mern **1.** *intr. 1, unpersönl.:* dämmern; es schummert; **2.** *tr. 1;* das Relief einer Landkarte s.: schattieren
Schum|mer|stun|de *f. 11*
schumm|rig s. **schum|me|rig**
Schund *m. 1 nur Sg.* Wertloses, Minderwertiges
Schund|li|te|ra|tur *f. 10 nur Sg.*
Schund|wa|re *f. 11*
schun|keln *intr. 1* sich mit dem Oberkörper hin und her wiegen (bes. zu mehreren, indem man sich bei d. Nachbarn einhängt)
Schun|kel|wal|zer *m. 5*
Schupf *m. 1, süddt., österr.:* Stoß, Schubs, Schups, Wurf
schup|fen *tr. 1, süddt., österr.*
Schup|fen *m. 7, süddt., österr.* = **Schup|pen**
Schu|po **1.** *f. Gen. - nur Sg., Kurzwort für* Schutzpolizei; **2.** *m. 9, Kurzwort für* Schutzpolizist
Schüpp|chen *n. 7* **1.** *norddt. für* Schippchen; **2.** kleine Schuppe
Schup|pe *f. 11* **1.** Hornplättchen der Haut (bei Fischen, Schlangen, Echsen); **2.** Talgabsonderung der Kopfhaut, Hautplättchen
Schüp|pe *f. 11, norddt. für* Schippe

S

schụp|pen **1.** *tr. 1;* einen Fisch s.: ihm die Schuppen abkratzen; **2.** *refl. 1* sich in Schuppen ablösen; die Haut schuppt sich
Schụp|pen *m. 7,* **Schụp|fen** *m. 7, süddt., österr.:* Abstellraum (aus Brettern oder Wellblech)
Schụp|pen|flech|te *f. 11 nur Sg.* eine Hautkrankheit, Psoriasis
Schụp|pen|pan|zer *m. 5*
Schụp|pen|tier *n. 1* ein Säugetier, dessen Körper mit Hornschuppen bedeckt ist
Schụp|pung *f. 10 nur Sg.*
Schụps *m. 1* = **Schụbs**
schụp|sen *tr. 1* = **schụb|sen**
Schur **1.** *f. 10* Scheren (der Schafe); **2.** *m. 1, veraltet:* Plage, Ärger, *noch in der Wendung* jmdm. etwas zum Schure tun: etwas tun, um jmdn. zu ärgern
Schür|ei|sen *n. 7* Schürhaken
schü|ren *tr. 1* anfachen (Feuer), *auch übertr.* (Hass, Feindschaft, Groll, Neid)
Schü|rer *m. 5* Schürhaken
Schụrf *m. 2, Bgb., veraltet:* Suchen nach abbaufähigen Lagerstätten
schür|fen **1.** *intr. 1, Bgb.:* Lagerstätten suchen; **2.** *tr. 1* abbauen (Bodenschätze); **3.** *refl. 1* aufkratzen, oberflächlich verletzen (Haut), *meist:* abschürfen
Schür|fer *m. 5, Bgb.*
Schürf|recht *n. 1* Recht zum Schürfen nach Bodenschätzen
Schürf|wun|de *f. 11*
Schür|ha|ken *m. 7* Haken zum Schüren d. Feuers, Schüreisen
Schu|ri|ge|lei *f. 10*
schu|ri|geln *tr. 1* quälen, plagen, schikanieren
Schụr|ke *m. 11* gemeiner Mensch, Schuft, Verbrecher
Schụr|ken|streich *m. 1*
Schur|ke|rei *f. 10*
schụr|kisch
Schụr|re *f. 11, nordostdt.:* Gleit-, Rutschbahn
schụr|ren *intr. 1, nordostdt.:* gleiten, rutschen
Schurr|mụrr *n. Gen. -s nur Sg., norddt.* **1.** Durcheinander; **2.** Gerümpel
Schur|wol|le *f. 11* am lebenden Tier geschorene, ungebrauchte Wolle
Schụrz *m. 1* um die Hüften gebundenes Tuch
Schür|ze *f. 11*
schür|zen *tr. 1*
Schür|zen|jä|ger *m. 5, ugs.:* Mann, der Frauen nachläuft
Schụrz|fell *n. 1,* **Schụrz|le|der** *n. 5* lederner Schurz

in Schuss haben/halten: Bestimmte feste Fügungen zu einer Präposition schreibt man groß und getrennt: *in Schuss haben/halten.* § 39 E2 (2.1)
Das zusammengesetzte Substantiv behält alle drei *-s-*: *die Schussstärke des Stürmers.*

Schụss (*alt:* Schụß) *m. 2* **1.** *nach Zahlen Pl. auch:* -; drei Schuss abgeben; Zündstreifen für 100 Schuss; etwas in Schuss haben, halten *ugs.:* in Ordnung haben, halten: der Betrieb ist gut, tadellos in Schuss; **2.** *nur Sg., Weberei:* Gesamtheit der Querfäden; *Ggs.:* Kette
schụss|be|reit (*alt:* schụß|be|reit)
Schụs|sel *m. 5 oder f. 11, ugs.:* unkonzentrierter Mensch
Schüs|sel *f. 11*
schụs|se|lig, schụss|lig (*alt:* schụßlig) fahrig, gedankenlos, unkonzentriert
schụs|seln *intr. 1* **1.** fahrig, unkonzentriert arbeiten; **2.** *mitteldt.:* gleiten, rutschen (bes. auf Eis)
Schụs|ser *m. 5* Spielkugel, Murmel
schụs|sern *intr. 1* mit Schussern spielen
Schụss|fa|den (*alt:* Schụß|fa|den) *m. 8, Weberei:* Querfaden; *Ggs.:* Kettfaden
Schụss|fahrt (*alt:* Schụß|fahrt) *f. 10*
schụss|fest (*alt:* schụß|fest)
Schụss|fes|tig|keit (*alt:* Schụß|festig|keit) *f. 10 nur Sg.*
schụss|ge|recht (*alt:* schụß|gerecht), **schụss|recht** (*alt:* schụßrecht) *Jägerspr.:* ein gutes Ziel bildend; das Wild steht s.
Schụss|ge|rin|ne (*alt:* Schụß|ge|rinne) *n. 5* Kanal für schnell fließendes Wasser
Schụss|ka|nal (*alt:* Schụß|ka|nal) *m. 2, bei Schussverletzungen:* Weg des Geschosses durch den Körper
schụss|lig (*alt:* schụß|lig) s. **schụsse|lig**
Schụss|li|nie (*alt:* Schụß|li|nie) *f. 11*
schụss|recht (*alt:* schụß|recht) s. **schụss|ge|recht**
Schụss|schwä|che (*alt:* Schụßschwä|che) *f. 11*
schụss|si|cher (*alt:* schụß|si|cher)
Schụss|stär|ke (*alt:* Schụß|stär|ke) *f. 11*
Schụss|waf|fe (*alt:* Schụß|waf|fe) *f. 11*
Schụss|wech|sel [-ks-] (*alt:* Schụß|wech|sel) [-ks-] *m. 5 nur Sg.*
Schụss|wei|te (*alt:* Schụß|wei|te) *f. 11*
Schus|ter *m. 5*
Schus|ter|draht *m. 2* mit Pech getränkter Faden
Schus|te|rei *f. 10* Schuhmacherei
Schus|ter|jun|ge *m. 11; auch Buchwesen:* erste Zeile eines neuen Absatzes am Ende einer Seite; vgl. Hurenkind
Schus|ter|ku|gel *f. 11* wassergefüllte Glaskugel, die Licht sammelt
schus|tern *intr. 1* **1.** Schusterarbeit tun; **2.** *ugs.:* schlecht arbeiten, pfuschen
Schu|te *f. 11* **1.** flacher, breiter Schleppkahn; **2.** haubenartiger Frauenhut zum Binden unterm Kinn
Schụtt *m. Gen. -s nur Sg.*
Schụtt|ab|la|de|platz *m. 2*
Schụtt|berg *m. 1*
Schütt|bo|den *m. 8* Boden zum Lagern von Getreide und Stroh
Schüt|te *f. 11* **1.** Bund Stroh; **2.** *schweiz.:* Schüttboden; **3.** *süddt., österr.:* Bettstroh; *auch:* Bettfedern
Schüt|tel|frost *m. 2 nur Sg.* Muskelzittern bei hohem Fieber
Schüt|tel|läh|mung *f. 10* ständiges Zittern der Hände, parkinsonsche Krankheit
schüt|teln *tr. 1;* ich schüttele, schüttle es
Schüt|tel|reim *m. 1* Verspaar mit Konsonantenvertauschung, z. B. »Die ihr im Tanz euch lachend wiegt, denkt ihr an den, der wachend liegt?« (Kippenberg)
Schüt|tel|rut|sche *f. 11* ruckartig sich hin und her bewegende Gleitbahn zum Weiterbefördern von Schüttgut
schüt|ten **1.** *tr. 2;* **2.** *intr. 2, unpersönl. ugs.:* stark regnen; es schüttet
schüt|ter lose, gelichtet; schütteres Haar
schüt|tern *intr. 1* stoßen, rütteln, holpern (Wagen)
Schütt|gut *n. 4* lockeres, unverpacktes Gut, z. B. Körner, Sand, Kohle
Schụtt|hal|de *f. 11*
Schụtt|hau|fen *m. 7*
Schütt|o|fen *m. 8* Ofen, in den das

S

Heizmaterial von oben hineingeschüttet wird
Schutz *m. Gen.* -es *nur Sg.*
Schütz, *Heinrich* dt. Komponist
Schütz **1.** *m. 10, veraltet für* Schütze; **2.** *n. 1* automatisch wirkender Schalter; **3.** *n. 1 auch:* **Schüt|ze** *m. 11, an Wehren, Schleusen:* den Wasserlauf regelnde Vorrichtung
Schutz|an|zug *m. 2*
Schutz|auf|sicht *f. Gen. - nur Sg.*
schutz|be|dürf|tig
Schutz|be|foh|le|ne(r) *m. 18 (17) bzw. f. 17 oder 18*
Schutz|blech *n. 1*
Schutz|brief *m. 1* urkundl. Bekräftigung einer Zusage des Schutzes
Schutz|bril|le *f. 11*
Schutz|bünd|nis *n. 1*
Schutz|dach *n. 4*
Schüt|ze *m. 11* **1.** jmd., der schießt oder schießen kann; **2.** *Astron.:* ein Sternbild; **3.** *Weberei:* = Weberschiffchen ; **4.** *Wasserbau:* = Schütz (3)
schüt|zen *tr. 1*
Schüt|zen *m. 7, Weberei:* = Weberschiffchen
Schüt|zen|fest *n. 1*
Schutz|en|gel *m. 5*
Schüt|zen|gil|de *f. 11* Schützenverein
Schüt|zen|gra|ben *m. 8*
Schüt|zen|haus *n. 4* Treffpunkt des Schützenvereins
Schüt|zen|hil|fe *f. 11;* jmdm. S. leisten: jmdn. (bes. in der Diskussion) unterstützen
Schüt|zen|kö|nig *m. 1* der beste Schütze beim Schützenfest
Schüt|zen|steu|e|rung, Schützsteu|e|rung *f. 10* Steuerung durch Schütz (2)
Schüt|zer *m. 5*
Schutz|far|be *f. 11*
Schutz|fär|bung *f. 10*
Schutz|frist *f. 10*
Schutz|ge|biet *n. 1*
Schutz|ge|bühr *f. 10*
Schutz|geist *m. 3*
Schutz|geld *n. 3* bei Geschäftsinhabern erpresste Geldsumme
Schutz|haft *f. Gen. - nur Sg.;* jmdn. in S. nehmen
Schutz|hei|li|ge(r) *m. 18 (17) bzw. f. 17 oder 18*
Schutz|herr|schaft *f. 10*
Schutz|hül|le *f. 11*
Schutz|hüt|te *f. 11*
schutz|imp|fen *tr. 1;* ich schutzimpfe sie, habe sie schutzgeimpft
Schutz|imp|fung *f. 10*
Schütz|ling *m. 1*
schutz|los
Schutz|lo|sig|keit *f. 10 nur Sg.*
Schutz|macht *f. 2*
Schutz|mann *m. 4, Pl. auch:* -leute, *ugs.:* Schutzpolizei
Schutz|mar|ke *f. 11*
Schutz|mas|ke *f. 11*
Schutz|maß|nah|me *f. 11*
Schutz|mit|tel *n. 5*
Schutz|pa|tron *auch:* **Schutz|patron** *m. 1*
Schutz|pla|ne *f. 11*
Schutz|po|li|zei *f. Gen. - nur Sg.*
Schutz|po|li|zist *m. 10 (Kurzwort:* Schupo)
Schütz|steu|e|rung *f. 10* s. **Schützen|steu|e|rung**
Schutz|trup|pe *f. 11*
Schutz|um|schlag *m. 2*
Schutz-und-Trutz-Bünd|nis *n. 1*
Schutz|wall *m. 2*
Schutz|wehr *f. 10*
Schutz|zoll *m. 2*
Schutz|zo|ne *f. 11*
schwab|be|lig, schwabb|lig
schwab|beln, schwab|bern *intr. 1, ugs.* **1.** wackeln (weiche Masse, Pudding); **2.** Flüssigkeit verschütten
Schwab|ber *m. 5, Seew.:* eine Art Besen, Wischer
schwab|bern *intr. 1, ugs.* = **schwab|beln**
schwabb|lig = **schwab|be|lig**
Schwa|be *m. 11* **1.** Angehöriger eines deutschen Volksstammes; **2.** Einwohner von Schwaben; **3.** = Schabe (1)
schwä|beln *intr. 1* schwäb. Mundart sprechen
Schwa|ben Regierungsbezirk in Bayern
Schwa|ben|streich [nach dem Märchen von den sieben Schwaben] *m. 1* unüberlegte, lächerliche Handlung
Schwä|bin *f. 10*
schwä|bisch; *aber:* Schwäbische Alb

> **schwach betont/bewegt:** Fügungen aus Adjektiv und Verb (oder auch Adjektiv), deren erster Bestandteil steigerbar oder erweiterbar ist, werden getrennt geschrieben: *Er hat das schwach/schwächer betont; das Meer ist schwach/schwächer bewegt.* Ebenso: *dicht behaart, dicht besetzt.* § 36 E1 (4)

schwach; schwach begabt; schwach betont; schwach bevölkert; schwach bewegt; das schwache Geschlecht *scherzh.:* die Frauen
schwach be|gabt (*alt:* schwachbe|gabt)
schwach be|tont (*alt:* schwachbe|tont)
schwach be|völ|kert (*alt:* schwach|be|völ|kert)
schwach be|wegt (*alt:* schwachbe|wegt)
Schwä|che *f. 11;* eine S. für etwas oder jmdn. haben: eine Vorliebe
Schwä|che|an|fall *m. 2*
schwä|cheln *intr. 1, ugs.:* schwächer werden, an Wert oder Leistung abnehmen; die westlichen Börsen s. bereits seit Wochen
schwä|chen *tr. 1*
Schwä|che|zu|stand *m. 2*
Schwach|heit *f. 10 nur Sg.; Pl. nur ugs. in der Wendung* bilde dir nur keine Schwachheiten ein: glaube nur nicht, dass du deinen Willen durchsetzen kannst!
Schwach|kopf *m. 2* Dummkopf
schwach|köp|fig
schwäch|lich
Schwäch|ling *m. 1*
schwach|sich|tig
Schwach|sich|tig|keit *f. 10 nur Sg.*
Schwach|sinn *m. 1 nur Sg.*
schwach|sin|nig
Schwach|strom *m. 2* Strom mit Spannung bis 24 Volt
Schwä|chung *f. 10*
Schwa|de *f. 11,* **Schwa|den** *m. 7*
Schwa|den *m. 7* **1.** = Schwade; **2.** Dampf-, Gas-, Dunstströmung; **3.** (giftige) Bodenausströmung
Schwa|dron *auch:* **Schwad|ron** [ital.] *f. 10* Einheit der Kavallerie
Schwa|dro|na|de *auch:* **Schwad|rona|de** *f. 11* prahlerisches Gerede, lauter Wortschwall
Schwa|dro|neur *auch:* **Schwad|roneur** [-nør] *m. 1* jmd., der viel schwadroniert
schwa|dro|nie|ren *auch:* **schwadro|nie|ren** *intr. 3* prahlerisch oder aufdringlich reden
Schwa|drons|chef *auch:* **Schwadrons|chef** [-ʃɛf] *m. 9*
Schwa|fe|lei *f. 10 nur Sg., ugs.*
schwa|feln *intr. 1, ugs.:* viel daherreden, töricht reden
Schwa|ger *m. 6* **1.** *veraltet:* Postkutscher; **2.** Ehemann der Schwester; Bruder des Ehepartners

S

Schwä|ge|rin *f. 10* Ehefrau des Bruders; Schwester des Ehepartners
schwä|ger|lich
Schwä|ger|schaft *f. 10 nur Sg.*
Schwä|her *m. 5, veraltet:* Schwager, Schwiegervater; vgl. Schwieger
Schwai|ge *f. 11, bair., österr.:* Sennhütte mit Alm, Schwaighof
schwai|gen *intr. 1, bair., österr.:* Käse herstellen
Schwai|ger *m. 5, bair., österr.:* Senn
Schwaig|hof *m. 2* Schwaige
Schwal|be *f. 11*
Schwal|ben|nest *n. 3*
Schwal|ben|schwanz *m. 2* **1.** ein Schmetterling; **2.** verzahnte Holzverbindung mit Nuten
Schwalk *m. 1, nddt.:* Dampf, Rauch, Qualm
schwal|ken *intr. 1, nddt.:* sich herumtreiben
Schwall *m. 1* Welle, Guss, Flut
Schwamm *m. 2* **1.** Angehöriger eines Stammes festsitzender Wassertiere, Spongie; **2.** saugfähiger Stoff (zum Reinigen u. a.); **3.** *bair., österr.:* Ständerpilz, *meist:* Schwammerl
Schwämm|chen *n. 7* **1.** kleiner Schwamm; **2.** *Pl.* Soor
Schwam|merl *n. 14, bair., österr.:* Ständerpilz
schwam|mig weich, nachgebend
Schwan *m. 2*
Schwän|chen *n. 7*
schwa|nen *intr. 1, ugs.;* mir schwant, dass ..., es schwant mir, dass ...: ich ahne, fühle, dass ...; mir schwant Böses
Schwa|nen|ge|sang *m. 2, übertr.:* letztes Werk eines Dichters oder Komponisten vor seinem Tod
Schwa|nen|hals *m. 2* **1.** *poet.:* schlanker Hals; **2.** *Jägerspr.:* ein Fangeisen
Schwa|nen|jung|frau *f. 10, dt. Myth.:* halbgöttliches weibl. Wesen in Schwanengestalt
Schwa|nen|teich *m. 1*
schwa|nen|weiß
Schwang *m., nur in der Wendung* im Schwange sein: üblich, gebräuchlich, in Mode sein
schwan|ger s. sein: ein Kind erwarten
Schwan|ge|ren|be|ra|tung *f. 10*
Schwan|ge|ren|für|sor|ge *f. 11 nur Sg.*
schwän|gern *tr. 1* **1.** schwanger machen; eine Frau s.: mit ihr ein Kind zeugen; **2.** erfüllen; von Wohlgeruch geschwängerte Luft
Schwan|ger|schaft *f. 10*
Schwan|ger|schafts|ab|bruch *m. 2*
Schwan|ger|schafts|test *m. 1 oder m. 9*
Schwan|ger|schafts|ur|laub *m. 1*
Schwan|ger|schafts|ver|hü|tung *f. 10 nur Sg.*
Schwän|ge|rung *f. 10*
schwank *veraltet, poet.:* biegsam, unsicher, schwankend; auf schwankem Steg
Schwank *m. 2* derb-komisches Bühnenstück oder eine ebensolche Erzählung
Schwänk|chen *n. 7*
schwan|ken *intr. 1*
Schwank|punkt *m. 1* = Metazentrum
Schwan|kung *f. 10*
Schwanz *m. 2*
Schwänz|chen *n. 7*
schwän|zeln *intr. 1* **1.** mit dem Schwanz wedeln; **2.** geziert gehen; **3.** um jmdn. s.: sich eifrig um jmdn. bemühen
schwän|zen *tr. 1* **1.** mit einem Schwanz versehen; geschwänzte Note; **2.** absichtlich versäumen; die Schule, eine Vorlesung s.
Schwän|zer *m. 5* jmd., der schwänzt, z. B. Schulschwänzer
Schwanz|flos|se *f. 11*
...schwän|zig *in Zus.,* z. B. lang-, kurz-, neunschwänzig
schwanz|las|tig hinten zu sehr beladen (Flugzeug)
Schwanz|lurch *m. 1* ein Amphibium, Molch
schwapp!
Schwapp, Schwaps *m. 1* kleiner Guss, kleine Menge Flüssigkeit; ein Schwapp Wasser, Suppe
schwap|pen, schwap|sen *intr. 1* sich bewegen (Flüssigkeit im Gefäß); über den Rand s.: überlaufen
schwap|pern *intr. 1, ugs. für* schwappen
schwäp|pern *intr. 1, ugs.* **1.** schwappen; **2.** Flüssigkeit verschütten
schwapps!, schwaps!
Schwaps *m. 1* = **Schwapp**
schwap|sen *intr. 1, ugs.* = **schwappen**
Schwär *m. 1,* **Schwä|re** *f. 11, veraltet:* Geschwür
schwä|ren *intr. 1* eitern, ein Geschwür bilden
schwä|rig geschwürig, eiterig
Schwarm *m. 2*
schwär|men *intr. 1* **1.** durcheinander laufen, fahren; **2.** die Bienen s.: fliegen zur Bildung eines neuen Staates aus; **3.** begeistert reden; von etwas oder jmdm. s.
Schwär|mer *m. 5* **1.** jmd., der leicht in Begeisterung gerät; **2.** ein Nachtfalter
Schwär|me|rei *f. 10*
schwär|me|risch
Schwarm|geist *m. 3* relig. Eiferer
Schwärm|zeit *f. 10* (der Bienen)
Schwar|te *f. 11* **1.** dicke Haut; **2.** *Jägerspr.:* Haut (von Dachs und Wildschwein); **3.** verwachsene Stelle von Brust- und Rippenfell (nach Entzündungen); **4.** altes, wertloses Buch; **5.** die nach dem Zersägen übrig bleibenden äußeren Teile des Baumstamms
schwar|ten **1.** *tr. 2* die Schwarte abziehen (von etwas); **2.** *intr. 2* wie besessen lesen
Schwar|ten|ma|gen *m. 8* in einen Schweinsmagen gestopfte Presswurst mit Schwarte
schwar|tig

schwarz, schwarzweiß malen, aus Schwarz Weiß machen wollen: Das Adjektiv *schwarz* schreibt man klein. Auch Zusammensetzungen aus Farbadjektiven schreibt man klein und zusammen: *Sie malte das Bild schwarzweiß.* § 36 (4)
Getrennt: *schwarz auf weiß beweisen.* § 58 (3)
Das substantivierte Adjektiv schreibt man dagegen groß: *aus Schwarz Weiß machen.* § 57 (1)
In Eigennamen und bestimmten substantivischen Wortgruppen schreibt man das Adjektiv ebenfalls groß: *der Schwarze Freitag* (= Börsenkrach am 25.10.1929), *der Schwarze Holunder, das Schwarze Meer, die Schwarze Witwe* (= Spinne). § 60, § 64
In festen Gefügen, die keine Eigennamen sind, schreibt man das Adjektiv klein: *das schwarze Brett, ein schwarzes Geschäft, die schwarze Liste, die schwarze Magie, der schwarze Markt, der schwarze Tod* (= Beulenpest) usw. § 63

schwarz **1.** *Kleinschreibung:* etwas schwarz auf weiß haben: schrift-

S

lich haben; schwarze Blattern: Pocken; das schwarze Brett: Anschlagtafel; schwarze Diamanten: Kohle; ein schwarzer Freitag; ein schwarzes Geschäft; schwarzer Humor: düsterer, grausiger Humor; auf der schwarzen Liste stehen: auf der Liste verdächtiger oder missliebiger Personen oder Bücher; schwarze Kunst: Zauberei, *auch:* Buchdruckerkunst; schwarze Magie; schwarze Messe; der schwarze Mann: Schornsteinfeger; schwarzer Markt: ungesetzl. Handel zu überhöhten Preisen; das schwarze Schaf der Familie: ungeratenes Kind oder Kind, das gegen den Willen der Familie seine eigenen Wege geht; ein schwarzer Tag; schwarzer Tee; schwarzer Peter: ein Kartenspiel für Kinder; der schwarze Tod *MA:* Beulenpest; **2.** *Großschreibung:* ins Schwarze treffen; man kann nicht aus Schwarz Weiß machen; Schwarzer Holunder; Schwarze Johannisbeere; die Schwarze Witwe: eine amerik. Giftspinne; der Schwarze Freitag: Tag des Börsensturzes in den 20er Jahren in den USA; das Schwarze Meer; **3.** *in Verbindung mit Verben:* sich schwarz ärgern; schwarz färben; schwarz sein, werden; da kannst du warten, bis du schwarz wirst! *ugs.:* da wirst du vergeblich warten; schwarz sehen *ugs.:* eine negative Entwicklung erwarten; für die Zukunft sehe ich schwarz; schwarz malen *ugs.:* er hat in seiner Prognose (sehr) schwarz gemalt; *aber:* → schwarzarbeiten, schwarzfahren, schwarzhören, schwarzsehen u. a.; **4.** *in Verbindung mit Partizipien:* schwarz gerändert; schwarz gestreift

S

Schwarz *n. Gen. - nur Sg.* schwarze Farbe, die alles Licht absorbiert, kein Licht reflektiert; (ganz) in Schwarz gehen, gekleidet sein; Schwarz ist am Zug *Schach;* vgl. Blau

Schwarz|ar|beit *f. 10* Lohnarbeit unter Umgehung der gesetzl. Bestimmungen (z. B. ohne Abführung von Steuern od. bei gleichzeitigem Bezug von Arbeitslosenunterstüzung)

Schwarz|ach|sel|ad|ler [-ks-] *m. 5* afrikanischer Greifvogel

schwarzarbeiten: Fügungen aus Adjektiv und Verb, deren erster Teil weder steigerbar noch veränderbar ist, schreibt man zusammen: *Sie haben vier Wochen schwarzgearbeitet.*
Ebenso: *schwarzfahren, schwarzhören, schwarzsehen.* § 34 (2.2)

schwarz|ar|bei|ten *intr. 2;* ich arbeite schwarz, habe schwarzgearbeitet

schwarz|äu|gig

Schwarz|bee|re *f. 11, süddt., österr.:* Blau-, Heidelbeere

schwarz|blau vgl. blau

schwarz|braun

Schwarz|bren|ne|rei *f. 10 nur Sg.* Schnapsbrennerei ohne behördl. Genehmigung

Schwarz|brot *n. 1*

Schwarz|dorn *m. 1* ein Strauch, Schlehdorn

Schwarz|dros|sel *f. 11* ein Singvogel, Amsel

Schwär|ze *f. 11 nur Sg.*

Schwar|ze(r) *m. 18 (17) bzw. f. 17 oder 18* Mensch schwarzer Hautfarbe

schwär|zen *tr. 1*

Schwarz|er|de *f. 11 nur Sg.* dunkler Humus

schwarz|fah|ren *intr. 32* ohne Führerschein oder ohne Fahrkarte fahren; ich fahre schwarz, bin schwarzgefahren

Schwarz|fah|rer *m. 5*

Schwarz|fahrt *f. 10*

Schwarz|fäu|le *f. 11 nur Sg.* eine Pflanzenkrankheit

Schwarz|fleisch *n. Gen. -(e)s nur Sg.* geräuchertes Schweinefleisch, Schwarzgeräuchertes

Schwarz|fuß *m. 2,* **Schwarz|fuß|in|di|a|ner** *m. 5* Angehöriger eines nordamerik. Indianerstammes

schwarz|ge|hen *intr. 47* Wilddieberei treiben

schwarz ge|rän|dert (*alt:* schwarz|ge|rän|dert)

Schwarz|ge|räu|cher|tes *n. 17* geräuchertes Schweinefleisch, Schwarzfleisch

schwarz ge|streift (*alt:* schwarz|ge|streift)

schwarz|grau vgl. blau

schwarz|haa|rig

Schwarz|han|del *m. Gen. -s nur Sg.* ungesetzl. Handel zu überhöhten Preisen

Schwarz|holz *n. 4 nur Sg.* = Ebenholz

schwarz|hö|ren *intr. 1* Radio oder Vorlesungen hören, ohne Gebühren bezahlt zu haben; ich höre schwarz, habe schwarzgehört

Schwarz|hö|rer *m. 5*

Schwarz|kehl|chen *n. 7* ein Singvogel

Schwarz|kie|fer *f. 11* eine Kiefernart

Schwarz|kunst *f. 2 nur Sg.* Schabkunst

Schwarz|künst|ler *m. 5* Zauberkünstler

schwärz|lich vgl. bläulich

schwarz ma|len (*alt:* schwarz|malen) *tr. 1, ugs.*

Schwarz|markt *m. 2* schwarzer Markt

Schwarz|markt|preis *m. 1*

Schwarz|meer|ge|biet *n. 1 nur Sg.*

Schwarz|rock *m. 2, scherzh.:* Geistlicher

schwarz|rot vgl. blau

schwarz|rot|gol|den = **schwarz-rot-gol|den;** eine schwarzrotgoldene *oder:* schwarz-rot-goldene Fahne; die Fahne Schwarzrotgold *oder:* Schwarz-Rot-Gold

Schwarz|sau|er *n. Gen. -s nur Sg.* säuerl. Schweine-, Geflügel- oder Wildragout mit Soße aus dem Blut des Tieres

Schwarz|schim|mel *m. 5* Pferd mit überwiegend weißem und etwas schwarzem Haar

schwarz|schlach|ten *tr. 2* ohne amtliche Genehmigung schlachten; ich schlachte schwarz, habe schwarzgeschlachtet

schwarz|se|hen *intr. 136* fernsehen, ohne Gebühren bezahlt zu haben; ich sehe schwarz, habe schwarzgesehen

schwarz se|hen (*alt:* schwarz|sehen) *tr. 136, ugs.:* alles, bes. Zukünftiges, pessimistisch betrachten; vgl. schwarz

Schwarz|se|her *m. 5*

Schwarz|se|he|rei *f. 10 nur Sg.*

schwarz|se|he|risch

Schwarz|sen|der *m. 5* ohne behördliche Genehmigung betriebener Rundfunksender

Schwarz|specht *m. 1*

Schwär|zung *f. 10*

Schwarz|wald *m. Gen. -(e)s* Mittelgebirge in Südwestdtld.; Schwarzwälder Kirschwasser

Schwarz|wäl|der *m. 5*

schwarz|wäl|de|risch

Schwarz|was|ser|fie|ber *n. 5 nur Sg.* schwere Form der Malaria

mit Schwarzfärbung des Urins, Melanurie
schwarz|weiß = **schwarz-weiß** schwarz und weiß; vgl. blau
Schwarz|weiß|film *m. 1*
Schwarz|weiß|ma|le|rei *f. 10 nur Sg.* Darstellung in starken Kontrasten
Schwarz|wild *n. Gen.* -(e)s *nur Sg., Sammelbez. für* männliches und weibliches Wildschwein und die Jungen
Schwarz|wur|zel *f. 11* eine Gemüsepflanze
Schwatz *m. 1* gemütl. Unterhaltung, Geplauder; wir haben einen kleinen S. gehalten
Schwatz|ba|se *f. 11* Frau, die gern und viel redet
Schwätz|chen *n. 7*
schwat|zen, *süddt., österr.:* **schwät|zen** *intr. 1*
Schwät|zer *m. 5*
Schwat|ze|rei, Schwät|ze|rei *f. 10*
schwatz|haft
Schwe|be *f. Gen. - nur Sg.* Zustand des Schwebens, *nur in Wendungen wie* die Sache ist noch in der Schwebe: ist noch nicht entschieden; sich in der Schwebe halten: schweben
Schwe|be|bahn *f. 10* Seilbahn, Hängebahn in Wuppertal
Schwe|be|bal|ken *m. 2* ein Turngerät für Balancierübungen
schwe|ben *intr. 1*
Schwe|be|zu|stand *m. 2*
Schwe|bung *f. 10* Überlagerung zweier Schwingungen mit geringem Frequenzunterschied
Schwe|de *m. 11* Einwohner von Schweden; alter S.! *ugs.:* alter Freund!
Schwe|den Staat in Nordeuropa
Schwe|den|plat|te *f. 11* garnierte Platte mit pikanten Happen und belegten Brötchen
Schwe|den|punsch *m. 1 nur Sg.* heißes alkohol. Getränk mit Arrak und Zucker
Schwe|den|trunk *m. Gen.* -s *nur Sg., im 30-jährigen Krieg:* gewaltsames Einflößen von Jauche o. Ä. (als Foltermethode)
Schwe|din *f. 10*
schwe|disch; hinter schwedischen Gardinen sitzen *ugs.:* im Gefängnis sein
Schwe|disch *n. Gen.* -(s) *nur Sg.* zu den nordgerman. Sprachen gehörende Sprache; vgl. Deutsch
Schwe|fel *m. Gen.* -s *nur Sg.* (*Zeichen:* S) chemisches Element
Schwe|fel|blu|me *f. 11,* **Schwe|fel|blü|te** *f. 11 nur Sg.* pulvriger Schwefel (im Handel)
Schwe|fel|di|o|xid *n. 1 nur Sg.*
schwe|fel|gelb
schwe|fe|lig s. **schwef|lig**
Schwe|fel|kies *m. 1* ein Mineral, Eisenkies
Schwe|fel|koh|len|stoff *m. 1 nur Sg.* ein organ. Lösungsmittel
Schwe|fel|le|ber *f. 11 nur Sg.* mit Pottasche verschmolzener Schwefel (für Heilbäder)
schwe|feln *tr. 1* mit Schwefel bzw. Schwefelverbindung behandeln; ich schwefele, schwefle es
Schwe|fel|re|gen *m. 7* Schicht von gelbem Blütenstaub auf Wasserflächen
schwe|fel|sau|er
Schwe|fel|säu|re *f. 11 nur Sg.* eine starke anorganische Säure, Schwefeltrioxid
Schwe|fe|lung *f. 10*
Schwe|fel|was|ser|stoff *m. Gen.* -s *nur Sg.* ein farbloses, nach faulen Eiern riechendes Gas
schwef|lig, schwe|fe|lig; schweflige Säure: eine schwache anorgan. Säure
Schweif *m. 1*
schwei|fen **1.** *tr. 1* mit einem Schweif versehen; kurvenförmig, bogig zu- oder ausschneiden; **2.** *intr. 1* ziellos umherlaufen
Schweif|stern *m. 1* Komet
schweif|we|delnd; *auch übertr.:* liebedienerisch
Schwei|ge|geld *n. 3*
Schwei|ge|marsch *m. 2*
schwei|gen *intr. 130*
Schwei|ge|pflicht *f. 10;* ärztliche S.
Schwei|ger *m. 5*
schweig|sam
Schweig|sam|keit *f. 10 nur Sg.*
Schwein *n. 1;* Schwein haben *ugs. übertr.:* Glück haben
Schwei|ne|bra|ten *m. 7*
Schwei|ne|fleisch *n. Gen.* -(e)s *nur Sg.*
Schwei|ne|hirt *m. 10*
Schwei|ne|hund *m. 1, vulg.:* niederträchtiger Mensch; seinen inneren S. überwinden *ugs.:* seine Feigheit, die Versuchung, unanständig zu handeln
Schwei|ne|rei *f. 10*
schwei|nern vom Schwein stammend
Schwei|ner|nes *n. 17, süddt., österr.:* Schweinefleisch
Schwei|ne|schnit|zel, Schweins|schnit|zel *n. 5*
Schwei|ne|stall *m. 2*
Schwein|i|gel *m. 5* **1.** schmutziger Mensch; **2.** Mensch, der (oft) schmutzige Witze macht oder erzählt
Schwein|i|ge|lei *f. 10*
schwein|i|geln *intr. 1* schmutzige Witze erzählen oder machen
schwei|nisch
Schweins|bra|ten *m. 7, süddt., österr. für* Schweinebraten
Schweins|ga|lopp *m. Gen.* -s *nur Sg., ugs. scherzh.:* eiliges, etwas ungeschicktes Laufen; im S. davonlaufen
Schweins|ha|xe *f. 11, bair., österr.:* Schenkel des Schweins (als Speise)
Schweins|kopf *m. 2* Kopf vom Schwein
Schweins|le|der *n. 5 nur Sg.*
schweins|le|dern
Schweins|ohr *n. 12; auch:* ein knuspriges Blätterteiggebäck in Doppelspiralenform
Schweins|schnit|zel, Schwei|ne|schnit|zel *n. 5*
Schweins|wal *m. 1* ein bis zu 2 m langer Zahnwal
Schweins|wurst *f. 2*
Schweiß *m. 1 nur Sg.* **1.** wässrige Absonderung der Schweißdrüsen der Haut; **2.** *übertr.:* Mühe, mühevolle Arbeit; **3.** *Jägerspr.:* Blut (vom Wild)
Schweiß|aus|bruch *m. 2*
schweiß|be|deckt; schweißbedeckte Stirn; *aber:* seine Stirn war von Schweiß bedeckt
Schweiß|bren|ner *m. 5*
Schweiß|bril|le *f. 11* Schutzbrille beim Schweißen
Schweiß|drü|se *f. 11*
schwei|ßen **1.** *tr. 1;* Metallstücke s.: durch Druck oder Hämmern bei Weißglut verbinden; **2.** *intr. 1, Jägerspr.:* bluten (Wild)
Schwei|ßer *m. 5*
Schweiß|fähr|te *f. 11, Jägerspr.:* Blutspur (vom Wild)
Schweiß|fuß *m. 2*
Schweiß|hund *m. 1* Jagdhund, der die Schweißfährte des Wildes verfolgt, Spürhund
schwei|ßig
Schweiß|le|der *n. 5* Lederband im Hut zum Schutz des Filzes gegen Schweiß

S

Schweiß|naht *f. 2* Stelle, an der Metallstücke geschweißt worden sind
Schweiß|stahl *m. 2* schweißbarer Stahl
schweiß|trei|bend; schweißtreibendes Mittel; schweißtreibende Arbeit
schweiß|trie|fend
Schweiß|trop|fen *m. 7*
Schweiß|tuch *n. 4* Taschentuch
Schwei|ßung *f. 10*
Schweiz *f. Gen.* - Staat in Europa; die französische, italienische, deutsche Schweiz; *aber:* die Holsteinische, Sächsische Schweiz; Schweizer Jura; Schweizer Käse
Schwei|zer *m. 5* **1.** Einwohner der Schweiz; **2.** ausgebildeter Melker; **3.** Angehöriger der Schweizergarde
Schwei|zer|de|gen *m. 7* jmd., der als Schriftsetzer und Drucker ausgebildet ist
schwei|zer|deutsch; schweizerdeutsche Mundarten: die in der deutschen Schweiz gesprochenen Mundarten
Schwei|zer|deutsch *n. Gen.* -(s) *nur Sg.*
Schwei|zer|gar|de *f. 11* Leibwache des Papstes
schwei|ze|risch; *aber:* Schweizerische Bundesbahnen (*Abk.:* SBB); Schweizerische Eidgenossenschaft: *amtl. Bez. für die* Schweiz
schwe|len *intr. 1* **1.** langsam und ohne Flamme mit starker Rauchentwicklung brennen; **2.** *übertr.:* im Geheimen weiterbestehen (Hass, Feindschaft, Groll)
Schwe|le|rei *f. 10* Anlage zur Schwelung
schwel|gen *intr. 1* üppig leben; in etwas schwelgen: etwas in vollen Zügen genießen; in Musik schwelgen
Schwel|ge|rei *f. 10*
schwel|ge|risch üppig, verschwenderisch
Schwel|koks *m. 1* durch Schwelung gewonnener Koks, Grude
Schwel|le *f. 11*
schwel|len **1.** *intr. 131* dicker, größer werden, sich weiten, sich ausdehnen; er schwillt, er schwoll; **2.** *tr. 1* größer, weiter machen, aufblasen; Stolz schwellte ihm die Brust; der Wind schwellt die Segel
Schwel|ler *m. 5, an Orgel und Harmonium:* Vorrichtung zum An- und Abschwellenlassen des Tons, Schwellwerk
Schwell|kör|per *m. 5*
Schwel|lung *f. 10*
Schwell|werk *n. 1* Schweller
Schwel|teer *m. 1* bei der Schwelung gewonnener Teer
Schwe|lung *f. 10* trockene Destillation von festen Brennstoffen, wobei hauptsächlich Gase, Teere und Koks entstehen
Schwem|me *f. 11* **1.** Badeplatz für Wild oder Pferde; **2.** billige Gastwirtschaft; **3.** *österr.:* Abteilung eines Warenhauses mit niedrigen Preisen
schwem|men *tr. 1* **1.** waschen (Pferde); **2.** wässern (Felle); **3.** *österr.:* spülen (Wäsche); **4.** treiben, ablagern; der reißende Fluss schwemmt Sand ans Ufer
Schwemm|land *n. Gen.* -(e)s *nur Sg.* angeschwemmtes L.
Schwemm|sand *m. Gen.* -(e)s *nur Sg.*
Schwen|de *f. 11, süddt.:* Rodung, Waldblöße
Schwen|gel *m. 5* **1.** schwenkbarer Griff, z. B. an der Pumpe; **2.** Klöppel (der Glocke)
Schwen|ke *f. 11, ostmitteldt.:* Schaukel
schwen|ken *intr. u. tr. 1*
Schwen|ker *m. 5* bauchiges Glas, z. B. Kognakschwenker
Schwenk|kran *m. 2*
Schwen|kung *f. 10*

schwer behindert/fallen/nehmen, schwerstbehindert: Fügungen aus einem Adjektiv und einem Verb/Partizip schreibt man getrennt, wenn das Adjektiv steigerbar oder erweiterbar ist: *Er war nach dem Unfall sehr schwer behindert. Diese Aufgaben sind ihnen schwerer gefallen, als sie gedacht hätten.* § 34 E3 (3) Dagegen wird die Superlativform zusammengeschrieben, weil der erste Bestandteil (*schwerst-*) nicht selbständig vorkommt: *Die Unfallopfer waren schwerstbehindert.* § 36 (2)

schwer; schwere Artillerie; schweres Geschütz auffahren *ugs. übertr.:* sich sehr deutlich und energisch ausdrücken; schwerer Junge *ugs.:* gefährl. Verbrecher, Gewaltverbrecher; schweres Wasser: Verbindung von Sauerstoff und Deuterium; ich muss schwer aufpassen *ugs.:* sehr; das wird sich nur schwer machen lassen *ugs.:* nur unter Schwierigkeiten; jmdn. schwer bestrafen: hart; da bist du schwer im Irrtum *ugs.:* sehr; das Kind ist durch den Unfall sehr schwer behindert; *aber:* schwerbehindert; ein schwer beladenes Fahrzeug; das Fahrzeug ist schwer beschädigt; *aber:* schwerbeschädigt; schwer bewaffnete Truppen; ein schwer erziehbares Kind; die Aufgabe wird dir schwer fallen; die Arbeit ist mir schwer gefallen; es wird schwer halten, dies durchzusetzen; ein schwer kranker Patient; sich das Leben schwer machen; etwas sehr schwer nehmen; damit wird er sich schwer tun; diese schwer verdaulichen Speisen; ein schwer verletzter Autofahrer; schwer verständliche Texte; schwer verträgliche Weine; schwer verwundete Opfer; ein schwer wiegender *oder:* schwerwiegender Fehler
Schwer|ar|bei|ter *m. 5*
Schwer|ath|let *m. 10*
Schwer|ath|le|tik *f. 10 nur Sg., Sammelbez. für* Boxen, Ringen, Judo, Gewichtheben
schwer|be|hin|dert mit einem ärztl. Attest versehen
schwer be|la|den (*alt:* schwer|be|la|den)
schwer|be|schä|digt mit einem ärztl. Attest versehen
Schwer|be|schä|dig|te(r) *m. 18 (17) bzw. f. 17 oder 18*
Schwer|be|schä|dig|ten|aus|weis *m. 1*
schwer bewaff|net (*alt:* schwer|be|waff|net)
schwer|blü|tig nicht leicht erregbar, bedächtig, zur Melancholie neigend
Schwer|blü|tig|keit *f. 10 nur Sg.*
Schwe|re *f. 11 nur Sg.*, **Schwe|re|feld** *n. 3* Gravitationsfeld
schwe|re|los
Schwe|re|lo|sig|keit *f. 10 nur Sg.*
Schwe|re|not *f., veraltet, als Ausruf und in den Wendungen* S. noch einmal!: Donnerwetter noch einmal!
Schwe|re|nö|ter *m. 5* liebenswürdiger Draufgänger
schwer er|zieh|bar (*alt:* schwer|er|zieh|bar)

S

Schwer|er|zieh|bar|keit *f. 10 nur Sg.*
schwer fal|len (*alt:* schwer|fal|len) *intr. 33*
schwer|fäl|lig
Schwer|fäl|lig|keit *f. 10 nur Sg.*
Schwer|ge|wicht *n. 1 nur Sg.* Gewichtsklasse in der Schwerathletik
schwer|ge|wich|tig
Schwer|ge|wicht|ler *m. 5*
schwer hal|ten (*alt:* schwer|halten) *intr. 61, ugs.:* schwer sein, schwierig sein
schwer|hö|rig
Schwer|hö|rig|keit *f. 10 nur Sg.* vermindertes Hörvermögen
Schwe|rin Hauptstadt von Mecklenburg-Vorpommern
Schwer|in|dus|trie *auch:* **Schwer-in|dust|rie** *f. 11, Sammelbez. für* Großeisen-, Stahlindustrie und Bergbau
Schwer|kraft *f. 2 nur Sg.*
schwer krank (*alt:* schwer|krank)
Schwer|kriegs|be|schä|dig|te(r) *m. 18 (17) bzw. f. 17 oder 18*
schwer|lich kaum; das wird dir s. gelingen
schwer ma|chen (*alt:* schwer|machen) *tr. 1* Schwierigkeiten bereiten
Schwer|me|tall *n. 1* Metall mit spezifischem Gewicht über 5
Schwer|mut *f. Gen. - nur Sg.* anhaltende Niedergeschlagenheit
schwer|mü|tig
Schwer|mü|tig|keit *f. 10 nur Sg.* Schwermut
schwer neh|men (*alt:* schwer|nehmen) *tr. 88*
Schwer|punkt *m. 1*
schwer|reich; ein schwerreicher Mann
Schwer|spat *m. 1* ein Mineral, Baryt
Schwerst|ar|bei|ter *m. 5*
schwerst|be|hin|dert
schwerst|be|schä|digt
Schwerst|be|schä|dig|te(r) *m. 18 (17) bzw. f. 17 oder 18*
Schwert *n. 3*
Schwert|brü|der|or|den *m. 7* ein Ritterorden, Schwertritterorden
Schwer|tel *n. 5, österr.:* Schwertlilie
Schwer|ter|tanz *m. 2*
Schwert|fe|ger *m. 5, früher:* Waffenschmied
Schwert|fisch *m. 1* Fisch mit schwertförmig verlängertem Oberkiefer
Schwert|le|hen *n. 7* nur in der männl. Linie vererbbares Lehen
Schwert|lei|te *f. 11, früher:* feierliche Übergabe des Schwertes an den Knappen bei der Aufnahme in den Ritterstand, Ritterschlag
Schwert|li|lie [-ljə] *f. 11* eine Zierpflanze
Schwert|rit|ter|or|den *m. 7* Schwertbrüderorden
Schwert|schlu|cker *m. 5, Zirkus:* Artist, der ein Schwert oder einen Degen in die Speiseröhre einführt
schwer tun (*alt:* schwer|tun) *refl. 167* sich abmühen
Schwer|ver|bre|cher *m. 5*
schwer ver|dau|lich (*alt:* schwer-ver|dau|lich)
Schwer|ver|dau|lich|keit *f. 10 nur Sg.*
schwer ver|letzt (*alt:* schwer|verletzt)
schwer ver|ständ|lich (*alt:* schwer|ver|ständ|lich)
schwer ver|träg|lich (*alt:* schwer-ver|träg|lich)
schwer ver|wun|det (*alt:* schwer-ver|wun|det)
schwer|wie|gend = schwer wie-gend **1.** schwerwiegendere Überlegungen, schwerwiegendste Überlegungen; **2.** schwerer wiegende Bedenken, am schwersten wiegende Bedenken
Schwes|ter *f. 11*
Schwes|ter|fir|ma *f. Gen. - Pl.* -men
Schwes|ter|kind *n. 3, veraltet:* Kind der Schwester, Nichte, Neffe
schwes|ter|lich
Schwes|tern|paar *n. 1*
Schwes|tern|schaft *f. 10 nur Sg.* Gesamtheit der Schwestern (eines Krankenhauses usw.)
Schwes|tern|wohn|heim *n. 1*
Schwes|ter|schiff *n. 1*
Schwib|bo|gen *m. 8* Bogen zwischen zwei Gebäuden, z. B. über engen Gassen
Schwie|ger *f. 11, veraltet:* Schwiegermutter; vgl. Schwäher
Schwie|ger|el|tern *nur Pl.*
Schwie|ger|mut|ter *f. 6*
Schwie|ger|sohn *m. 2*
Schwie|ger|toch|ter *f. 6*
Schwie|ger|va|ter *m. 6*
Schwie|le *f. 11*
schwie|lig
Schwie|mel *m. 5, nddt., mitteldt.* **1.** Rausch; **2.** Zechbruder, Trinker, Schwiemler
Schwie|me|lei *f. 10, nddt., mitteldt.:* Zecherei
schwie|me|lig, schwiem|lig *nddt.:* schwindelig, taumelig
schwie|meln *intr. 1, nddt., mitteldt.* **1.** leichtsinnig leben, bummeln, viel zechen; **2.** taumeln
Schwiem|ler *m. 5* s. **Schwie|mel** (2)
schwiem|lig s. **schwie|me|lig**
schwie|rig
Schwie|rig|keit *f. 10*
Schwie|rig|keits|grad *m. Gen.* -(e)s *Pl.* -(e)
Schwimm|an|zug *m. 2*
Schwimm|bad *n. 4*
Schwimm|be|cken *n. 7*
Schwimm|bla|se *f. 11* Hohlorgan der Knochenfische
Schwimm|dock *n. 9*
Schwimmei|ster (-mm|m-) (*alt für:* Schwimm|meis|ter) *m. 5*
schwim|men *intr. 132*
Schwim|mer *m. 5*
schwimm|fä|hig
Schwimm|fä|hig|keit *f. 10 nur Sg.*
Schwimm|flos|se *f. 11*
Schwimm|fuß *m. 2* Fuß (der Schwimmvögel) mit Schwimmhäuten
Schwimm|gür|tel *m. 5*
Schwimm|hal|le *f. 11*
Schwimm|haut *f. 2, bei Schwimmvögeln:* Haut zwischen den Zehen
Schwimm|ho|se *f. 11*
Schwimm|kis|sen *n. 7*
Schwimm|leh|rer *m. 5*
Schwimm|meis|ter *m. 5* Schwimmlehrer, *meist:* Bademeister
Schwimm|ring *m. 1*
Schwimm|sand *m. Gen.* -(e)s *nur Sg.* feiner, von Wasser durchtränkter Sand in bestimmten Erdschichten
Schwimm|sport *m. Gen.* -s *nur Sg.*
Schwimm|vo|gel *m. 6*
Schwimm|wes|te *f. 11*
Schwin|del *m. 5 nur Sg.* **1.** Störung des Gleichgewichtssinns; Schwindel erregend *oder:* schwindelerregend; **2.** Lüge, Betrug; **3.** *ugs.:* wertloses Zeug; was kostet der ganze S.?
Schwin|del|an|fall *m. 2*
Schwin|de|lei *f. 10*
schwin|del|er|re|gend = Schwin-del er|re|gend
schwin|del|frei
Schwin|del|frei|heit *f. 10 nur Sg.*
Schwin|del|ge|fühl *n. 1*
schwin|del|haft
schwin|de|lig, schwind|lig

schwin|deln *intr. 1;* ich schwindele, schwindle (lüge); mir schwindelt, es schwindelt mir: ich werde schwindelig
schwin|den *intr. 133*
Schwind|ler *m. 5*
schwind|lig, schwin|de|lig
Schwind|maß *n. 1* Maß, um das sich Werkstoffe beim Trocknen oder Erstarren zusammenziehen
Schwind|sucht *f. Gen. - nur Sg.; veraltet:* Lungentuberkulose
schwind|süch|tig
Schwin|dung *f. 10* Veränderung der Größe eines Gussstückes vom Erstarren bis zur Abkühlung
Schwing|ach|se [-ks-] *f. 11*
Schwing|bo|den *m. 8* federnder Fußboden in Turnhallen
Schwin|ge *f. 11* **1.** Flügel (des Vogels); **2.** ein Hebel am Handwebstuhl; **3.** Gerät zum Schwingen des Flachses; **4.** flacher Korb
schwin|gen *tr. u. intr. 134; schweiz. auch:* ringen (wobei man versucht, den Gegner hochzuheben und auf den Boden zu werfen)
Schwin|ger *m. 5* **1.** *Boxen:* Schlag mit gestrecktem Arm; **2.** *schweiz.:* das Schwingen betreibender Ringer; **3.** Damenhut mit breiter Krempe
Schwin|get *m. Gen. -s nur Sg., schweiz.:* Schwingveranstaltung
Schwing|kreis *m. 1* elektr. Schaltung mit Kondensator und Spule, die zu elektr. Schwingungen angeregt werden kann
Schwing|tür *f. 10*
Schwin|gung *f. 10* period. Hin- und Herbewegung
Schwin|gungs|zahl *f. 10* Frequenz
schwipp!; schwipp, schwapp!
Schwip|pe *f. 11* biegsames Ende (einer Gerte oder Peitsche)
schwip|pen *tr. u. intr. 1* **1.** (Flüssigkeit) verspritzen, verschütten; **2.** (Gerte) schnellen lassen; mit der Gerte, mit dem Finger schwippen
Schwipp|schwa|ger *m. 5* **1.** Ehemann der Schwägerin; **2.** Bruder des Schwagers oder der Schwägerin
Schwipp|schwä|ge|rin *f. 10* **1.** Ehefrau des Schwagers; **2.** Schwester des Schwagers oder der Schwägerin
Schwips *m. 1* leichter Rausch, leichte Betrunkenheit; er hatte schon nach einem Glas einen S.

schwir|be|lig, schwirb|lig *südd.:* schwindelig
schwir|beln *intr. 1, südd.:* sich im Kreis drehen; mir schwirbelt: mir schwindelt
schwir|ren *intr. 1*
Schwirr|flug *m. 2 nur Sg.* Flug mit extrem hoher (nicht mehr sichtbarer) Schlagfolge der Flügel
Schwirr|holz *n. 4, bei Naturvölkern:* ein Kultgerät
Schwirr|vo|gel *m. 6* Kolibri
Schwitz|bad *n. 4*
Schwitz|bläs|chen *n. 7*
Schwit|ze *f. 11* Mehlschwitze
schwit|zen *intr. 1*
schwit|zig schwitzend, schweißig; schwitzige Hände
Schwitz|kas|ten *m. 8*
Schwitz|kur *f. 10*
Schwitz|pa|ckung *f. 10*
Schwitz|was|ser *n. 5 nur Sg.* Kondenswasser
Schwof *m. 1, ugs.:* öffentliche, billige Tanzveranstaltung
schwo|fen *intr. 1, ugs.:* tanzen
schwoi|en, schwo|jen [ndrl.] *intr. 1, Seew.:* sich vor Anker drehen; das Schiff schwoit, schwojt
schwö|ren *tr. u. intr. 135;* einen Eid s.; auf jmdn. oder etwas s.: fest von jmds. Wert oder von der Wirkung einer Sache überzeugt sein
Schwuch|tel *f. 11, ugs.:* Homosexueller
schwul *ugs.:* homosexuell
schwül
Schwü|le *f. 11 nur Sg.*
Schwu|li|bus *m., ugs., scherzh., nur in der Wendung* in S. sein: in Bedrängnis, in Verlegenheit sein
Schwu|li|tät *f. 10* Schwierigkeit, Bedrängnis, Verlegenheit; in Schwulitäten sein
Schwulst *m. Gen. -(e)s nur Sg.* überladene, hochtrabende Ausdrucksweise
schwüls|tig
Schwüls|tig|keit *f. 10 nur Sg.*
Schwulst|stil *m. 1 nur Sg.* überladener Stil (bes. der Barockliteratur)
Schwulst|zeit *f. 10 nur Sg.*
schwum|me|rig, schwumm|rig *ugs.* **1.** schwindelig; **2.** etwas ängstlich; mir ist, wird schwummrig
Schwund *m. Gen. -(e)s nur Sg.*
Schwund|aus|gleich *m. 1*
Schwung *m. 2;* in Schwung kommen; viel, keinen S. haben; ein ganzer Schwung (Briefe, Zeitungen, Wäsche usw.) *ugs.:* eine ganze Menge, ein Stoß
Schwung|fe|der *f. 11*
schwung|haft *nur in der Wendung* einen schwunghaften Handel betreiben
Schwung|kraft *f. 2*
schwung|los
Schwung|lo|sig|keit *f. 10 nur Sg.*
Schwung|rad *n. 4*
schwung|voll
schwupp!
Schwupp *m. 1;* etwas in einem Schwupp erledigen *ugs.:* sehr schnell
schwupp|di|wupp!
schwupps!
Schwupps *m. 1*
Schwur *m. 2*
Schwur|fin|ger *Pl.* Finger, die man beim Schwören hebt
Schwur|ge|richt *n. 1* Gericht aus Berufsrichtern und Geschworenen, Geschworenengericht
Schwur|hand *f. 2* rechte Hand, die man beim Schwören erhebt
Schwyz [ʃvits] Kanton und Stadt in der Schweiz
Schwy|zer [ʃvitsər] *m. 5* Einwohner von Schwyz
Schwy|zer|dütsch [ʃvitsər-] *n. Gen. -(s) nur Sg.* Schweizerdeutsch

Sciencefiction: Bildungen aus zwei Substantiven schreibt man zusammen. Diese Regel gilt auch für fremdsprachige Ausdrücke: *Sciencefiction.* Daneben ist die Bindestrichschreibung als Variante zulässig: *Science-Fiction.* § 37 (1)

Sci|ence|fic|tion (*alt:* Sci|ence-fiction) [saɪənsfɪkʃn, engl.] *f. Gen. - nur Sg.* fantasievolle, utop. Schilderungen auf naturwiss.-techn. Grundlage
Sci|ence|fic|tion|film *auch:* **Science-Fic|tion-Film** (*alt:* Science-fic|tion-Film) *m. 1*
Sci|en|to|lo|ge [saɪən-, engl.] *m. 11* Anhänger von Scientology
Sci|en|to|lo|gy [saɪəntɔlɔdʒi, engl.] *f. Gen. - nur Sg.* Gemeinschaft mit relig. Anspruch, deren Anhänger behaupten, auf wiss. Grundlage beruhende Methoden zur geistigen und seelischen Gesundung zu vermitteln
scil., sc. *Abk. für* scilicet
sci|li|cet [stsi-, lat.] nämlich

S

Scil|la *f. Gen. - Pl.* -len = **Szil|la**
Scor|da|tu|ra *f. Gen. - Pl.* -ren, *ital. Form von* Skordatur
Score, Skore [skɔ(r), engl.] *n. 9* **1.** *Sport:* Punktzahl bzw. Spielstand; **2.** *Psych.:* in Zahlen ausgedrückte Leistung (im Experiment oder Test)
sco|ren [skɔ-, engl.] *tr. u. intr. 1, Sport* **1.** Schläge oder Punkte von Spielern zählen; **2.** einen Punkt bzw. ein Tor erzielen oder vorbereiten
Sco|rer [skɔrə(r), engl.] *m. 5, Sport* **1.** jmd., der die Schläge oder Punkte von Spielern zählt; **2.** jmd., der einen Punkt bzw. ein Tor erzielt oder vorbereitet
Sco|ring [skɔrıŋ, engl.] *n. 9, Sport* **1.** Zählen von Schlägen oder Punkten; **2.** Erzielen oder Vorbereiten von Punkten bzw. Toren
Scotch [skɔtʃ] *m. 9* schott. Whisky
Scotch|ter|ri|er [skɔtʃ-] *m. 5* kurzbeiniger schott. Terrier
Scot|land Yard [skɔtlənd ja(r)d] *ohne Artikel* **1.** Hauptgebäude der Londoner Polizei; **2.** *übertr.:* die Londoner Kriminalpolizei
Scrab|ble® *auch:* **Scrabb|le** [skrɛbl, engl.] *n. Gen.* -s *nur Sg.* Gesellschaftsspiel, bei dem Buchstaben zu Wörtern zusammengesetzt werden
Screen [skrin, engl.] *m. Gen.* -s *Pl.* -s Bildschirm eines Computers
Scrib|ble *auch:* **Scribb|le** [skrıbl, engl.] *m. 9* erster Entwurf
Scrip [skrıp, engl.] *m. 9* **1.** Gutschein über nicht gezahlte Zinsen; **2.** *in Großbritannien und den USA:* Zwischenschein für neu auszugebende Aktien
Script|girl [skrıptgəːl, engl.], Skript|girl *n. 9* Sekretärin des Regisseurs bei Filmaufnahmen
Scu|do [ital.], Sku|do *m. Gen.* -s *Pl.* -di alte ital. Münze
sculps., sc. *Abk. für* sculpsit
scul|p|sit [lat.] (*Abk.:* sc., sculps.) hat (es) gestochen (Vermerk auf Kupfer- oder Stahlstichen hinter dem Namen des Künstlers)
Scyl|la [stsyl-], Skyl|la *f. Gen. - nur Sg.* **1.** antiker Name für eine gefährliche Felsklippe gegenüber der Charybdis, einem Felsenschlund mit Wasserstrudel, in der Straße von Messina; zwischen S. und Charybdis: zwischen zwei Gefahren; **2.** *griech. Myth.:* Seeungeheuer, das die Vorüberfahrenden verschlingt
s. d. *Abk. für* siehe dieses
Se *chem. Zeichen für* Selen
Seal [sil, engl.] *m. 9* Fell des Seebären
Seal|skin [sil-] *m. 9 oder n. 9* **1.** Fell der Bärenrobbe; **2.** Plüschgewebe, Nachahmung des Seals
Sé|ance [seãs, frz.] *f. 11* spiritist. Sitzung
SEATO *Kurzwort für* South-East Asia Treaty Organization: Südostasien-Verteidigungspakt
Se|bor|rhö [lat. + griech.] *f. 10* übermäßige Absonderung der Talgdrüsen der Haut, Schmerfluss
Se|bas|ti|an männl. Vorname
sec **1.** *Abk. für* Sekans; **2.** *Abk. für* Sekunde; **3.** [sɛk] *frz. Bez. für* herb, trocken (Wein, Sekt)
sec|co *ital. Bez. für* herb, trocken (Wein)
Sec|co|ma|le|rei *f. 10* Malerei auf trockenen Putz; vgl. al secco; *Ggs.:* Freskomalerei
Se|cen|tis|mus [-tʃɛn-, ital.] *m. Gen. - nur Sg.* der überladene Stil der ital. Barockdichtung des 17. Jh.
Se|cen|tist [-tʃɛn-] *m. 10* Vertreter des Secentismus
Se|cen|to [-tʃɛn-, ital. »sechshundert« (nach 1000)], Sei|cen|to [sɛıtʃɛn-] *n. Gen.* -(s) *nur Sg.* die künstlerische Stilepoche des 17. Jh. in Italien
Sech *n. 1* Pflugmesser
sechs [-ks]; wir waren zu sechst *oder:* zu sechsen; *Zus.* vgl. acht
Sechs [-ks] *f. 10* die Zahl 6; eine Sechs würfeln; *Zus.* vgl. Acht
Sechs|ach|ser, *mit Ziffer:* 6-Ach|ser [-ks-] *m. 5* Wagen mit sechs Achsen
sechs|ach|sig, *mit Ziffer:* 6-ach|sig [-ks-]
Sechs|ach|tel|takt [-ks-] *m. 1*
Sech|ser [-ks-] *m. 5* **1.** *veraltet, ugs.:* Fünfpfennigstück; *noch in Wendungen wie* ich habe nicht für 'nen S. Lust: gar keine Lust; er hat nicht für 'nen S. Verstand; **2.** Autobus Linie 6; **3.** *süddt.:* die Zahl 6
Sechs|flach *n. 1,* **Sechs|fläch|ner** [-ks-] *m. 5* Hexaeder
Sechs|fü|ßer [-ks-] *m. 5* Insekt
sechs|fü|ßig [-ks-]
sechs|mal [-ks-] vgl. achtmal
Sechs|mei|len|zo|ne [-ks-] *f. 11*
Sechs|pass (*alt:* Sechs|paß) [-ks-] *m. 2, got. Baukunst:* aus sechs Dreiviertelkreisen zusammengesetztes Ornament
sechs|spän|nig [-ks-] mit sechs Pferden bespannt
Sechs|ta|ge|ren|nen [-ks-] *n. 7*
sechs|tau|send [-ks-]
sechs|te [-ks-] vgl. achte; er hat einen sechsten Sinn dafür *ugs.:* ein bes. Gefühl
sechs|tel [-ks-] vgl. achtel
Sechs|und|sech|zig [-ks-] *n. Gen. - nur Sg.* ein Kartenspiel
Sechs|zy|lin|der [-ks-] *m. 5*
sechs|zy|lin|drig *auch:* **sechs|zy|lind|rig,** *mit Ziffer:* 6-zy|lin|drig [-ks-]
Sech|ter *m. 5* **1.** altes Getreidemaß; **2.** Sieb, Handschöpfer
sech|zehn
sech|zig vgl. achtzig
Se|cond|hand|ge|schäft (*alt:* Second-hand-Ge|schäft) [sɛkəndhænd-, engl.] *n. 1* Geschäft mit Waren aus zweiter Hand, mit gebrauchten Waren

Secondhandshop: Bildungen aus zwei Substantiven schreibt man zusammen, auch wenn sie entlehnt sind: *Secondhandshop.* § 37 (1)

Se|cond|hand|shop [sɛkəndhændʃɔp] *m. 9*
Se|cret Ser|vice *auch:* **Sec|ret Ser|vice** [sikrıt sɔvıs, engl.] *m. Gen. - nur Sg.* der brit. Geheimdienst
SED *Abk. für* Sozialist. Einheitspartei Deutschlands
se|da|tiv [lat.] beruhigend, einschläfernd
Se|da|tiv *n. 1,* **Se|da|ti|vum** [-vum] *n. Gen.* -s *Pl.* -va [-va] Beruhigungsmittel
Se|dez [lat.] *n. 1* (*Zeichen:* 16°), **Se|dez|for|mat** *n. 1* altes Buchformat in der Größe eines Sechzehntelbogens
Se|di|ment [lat.] *n. 1* **1.** Ablagerung, Absatz-, Schichtgestein; **2.** *Chem.:* Bodensatz
se|di|men|tär durch Ablagerung entstanden
Se|di|men|ta|ti|on *f. 10* Sedimentbildung, Vorgang des Ablagerns
Se|di|ment|ge|stein *n. 1*
Se|dis|va|kanz [-va-, lat.] *f. 10* Zeitraum, während dessen der päpstl. oder ein bischöfl. Stuhl nicht besetzt ist

S

Se|dum [lat.] *n. Gen.* -s *Pl.* -da Dickblattgewächs
See **1.** *m. 14;* **2.** *f. 11 nur Sg.* Meer; **3.** *f. 11* Sturzwelle
See|ad|ler *m. 5*
See|amt *n. 4* Behörde zur Untersuchung von Seeunfällen von Handelsschiffen
See|bad *n. 4*
See|bär *m. 10* **1.** eine Ohrenrobbe; **2.** *übertr. scherzh.:* erfahrener Seemann
See|be|ben *n. 7* Erdbeben, dessen Herd unter dem Meer liegt
see|be|schä|digt auf See beschädigt, havariert

Seeelefant: Beim Zusammentreffen dreier gleicher Buchstaben in einer Zusammensetzung können die Schreibenden entscheiden, ob sie zusammenschreiben oder einen Bindestrich zur besseren Gliederung bevorzugen: *Seeelefant, See-Elefant.* § 45 (4)

See-E|le|fant *Nv.* **See|e|le|fant** *Hv. m. 10* Elefantenrobbe
see|fah|rend Seefahrt treibend
See|fah|rer *m. 5*
See|fah|rer|volk *n. 4*
See|fahrt *f. 10*
See|fahrts|buch *n. 4* Arbeitsbuch für Seeleute
See|fahrts|schu|le *f. 11*
see|fest **1.** seetüchtig (Schiff); **2.** nicht seekrank werdend
See|fisch *m. 1*
See|fi|sche|rei *f. 10 nur Sg.*
See|gang *m. Gen.* -(e)s *nur Sg.* Wellenbewegung (des Meeres); leichter, schwerer S.
See|gras *n. 4* in Küstennähe vorkommende Meerespflanze mit grasähnlichen Blättern, die getrocknet als Polstermaterial verwendet werden
See|gur|ke *f. 11* Seewalze
See|ha|fen *m. 8*
See|ha|se *m. 11* ein nordeurop. Meeresfisch
See|hund *m. 1* eine Robbe
See|hunds|fell *n. 1*
See|i|gel *m. 5* ein Meerestier, Stachelhäuter
See|jung|fer *f. 11* Wasserjungfer, eine Libelle
See|jung|frau *f. 10, Myth.:* junger weiblicher Wassergeist mit Fischschwanz
See|ka|dett *m. 10*
See|kar|te *f. 11*
see|klar fertig zum Auslaufen (Schiff)
See|kli|ma *n. Gen.* -s *nur Sg.* Klima mit geringen Temperaturunterschieden; *Ggs.:* Kontinentalklima
see|krank
See|krank|heit *f. 10 nur Sg.*
See|krieg *m. 1*
See|kuh *f. 2* ein walähnl. Meeressäugetier, Sirene
See|lachs [-ks] *m. 1* eine Schellfischart, *volkstüml.:* Köhler, Kohlfisch, Blaufisch
Seel|chen *n. 7*
See|le *f. 11; veraltet auch:* Einwohner; ein Dorf mit 200 Seelen; *auch:* Hohlraum des Gewehrlaufs oder Geschützrohres
See|len|ach|se [-ks-] *f. 11* gedachte Längsachse in der Seele von Feuerwaffen
See|len|amt *n. 4, kath. Kirche:* Totenmesse
See|len|blind|heit *f. 10 nur Sg.* Unfähigkeit, Gesichtseindrücke innerlich zu verarbeiten
See|len|frie|den *m. Gen.* -s *nur Sg.*
See|len|grö|ße *f. 11 nur Sg.*
see|len|gut, see|lens|gut
See|len|gü|te *f. 11 nur Sg.*
See|len|heil *n. 1 nur Sg.*
See|len|le|ben *n. 7 nur Sg.*
see|len|los
See|len|mes|se *f. 11, kath. Kirche:* Totenmesse
See|len|qual *f. 10*
See|len|ru|he *f. Gen.* - *nur Sg.*
see|len|ruhig
see|lens|gut
See|len|taub|heit *f. 10 nur Sg.* Unfähigkeit, Gehörseindrücke innerlich zu verarbeiten
see|len|ver|gnügt stillvergnügt
See|len|ver|käu|fer *m. 5* **1.** *früher:* Anwerber von Soldaten, bes. für die Kolonien; **2.** *übertr.:* jmd., der Menschen an andere ausliefert; **3.** nicht (mehr) voll seetüchtiges Schiff
see|len|ver|wandt
See|len|ver|wandt|schaft *f. 10 nur Sg.*
see|len|voll
See|len|wan|de|rung *f. 10, in verschiedenen Religionen:* Wiederverkörperung der Seele nach dem Tod in einem anderen Lebewesen
See|len|zu|stand *m. 2*
See|leu|te *Pl. von* Seemann
See|li|lie [-ljə] *f. 11* ein Meerestier, Haarstern
see|lisch; seelisches Gleichgewicht
Seel|sor|ge *f. 11 nur Sg.*
Seel|sor|ger *m. 5*
seel|sor|ge|risch, seel|sor|ger|lich, seel|sorg|lich
See|luft *f. 2 nur Sg.*
See|macht *f. 2*
See|mann *m. Gen.* -(e)s *Pl.* -leu|te
see|män|nisch
See|manns|amt *n. 4* Behörde zur Beaufsichtigung und Betreuung der Seeleute
See|manns|garn *n. 1 nur Sg., übertr.:* stark übertriebene und nicht ganz der Wahrheit entsprechende Erzählung eines Seemanns
See|manns|spra|che *f. 11 nur Sg.*
See|mei|le *f. 11* (*Abk.:* sm) internat. Längenmaß, 1,852 km
See|na|del *f. 11* ein nadelförmiger Meeresfisch
See|nel|ke *f. 11* ein Meerestier
Se|en|kun|de *f. 11 nur Sg.*
See|not *f. 2 nur Sg.*
See|not|ret|tungs|dienst *m. 1*
See|not|zei|chen *n. 7*
Se|en|plat|te *f. 11*
See|of|fi|zier *m. 1*
See|pferd|chen *n. 7*
See|pro|test *m. 1* = Verklarung
See|ra|be *m. 11* = Kormoran
See|räu|ber *m. 5*
See|räu|be|rei *f. 10 nur Sg.*
See|recht *n. 1 nur Sg.*
See|ro|se *f. 11*
See|sack *m. 2* großer Sack aus wasserdichtem Segeltuch für Kleidung u. Ä. der Seeleute
See|sand *m. Gen.* -(e)s *nur Sg.*
See|schiff *n. 1*
See|schiff|fahrt (*alt:* See|schiffahrt) (-ff|f-) *f. 10 nur Sg.*
See|schlacht *f. 10*
See|stern *m. 1* ein Stachelhäuter
See|stra|ße *f. 11* bestimmte, von Schiffen befahrene Route über die Meere
See|stra|ßen|ord|nung *f. 10*
See|streit|kräf|te *Pl.*
See|stück *n. 1* Gemälde mit Meer oder Seeschlacht als Motiv
See|tang *m. 1* Seegras
See|tier *n. 1* Meerestier
See|ton|ne *f. 11* Schwimmboje
see|tüch|tig (Schiff)
See|tüch|tig|keit *f. 10 nur Sg.*
See|u|fer *n. 5*
see|un|tüch|tig
See|un|tüch|tig|keit *f. 10 nur Sg.*
See|ver|kehr *m. Gen.* -s *nur Sg.*
See|ver|si|che|rung *f. 10*

S

See|volk *n. 4* Seefahrt treibendes Volk
See|wal|ze *f. 11* ein Meerestier, ein Stachelhäuter, Seegurke
See|was|ser *n. 5 nur Sg.* Meereswasser
See|weg *m. 1* Weg übers Meer; ein Land auf dem S. erreichen
See|we|sen *n. 7 nur Sg.*
See|wet|ter|dienst *m. 1*
See|wind *m. 1* vom Meer her wehender Wind; *Ggs.:* Landwind
See|wolf *m. 2* ein Meeresfisch, Katfisch
See|zei|chen *n. 7* Zeichen im Meer oder an Küsten zur Orientierung für Schiffe, z. B. Boje, Leuchtturm
See|zun|ge *f. 11* ein Plattfisch
Se|gel *n. 5;* die S. streichen: **1.** einziehen; **2.** *übertr.:* nachgeben, sich zurückziehen
Se|gel|boot *n. 1*
se|gel|flie|gen *intr., nur im Infinitiv*
Se|gel|flie|ger *m. 5*
Se|gel|flug *m. 2*
Se|gel|flug|zeug *n. 1*
Se|gel|jacht, Se|gel|yacht *f. 10*
se|gel|klar bereit zum Absegeln
Se|gel|klub *m. 9*
se|gel|los ohne Segel
se|geln *intr. 1;* ich segele, segle; *auch übertr. ugs.:* stürzen, fallen; *auch:* mit fliegenden Röcken gehen; um die Ecke segeln
Se|gel|re|gat|ta *f. Gen. - Pl.* -ten
Se|gel|schiff *n. 1*
Se|gel|sport *m. Gen.* -s *nur Sg.*
Se|gel|törn *m. 9* Fahrt auf einem Segelboot
Se|gel|tuch *n. 4 nur Sg.* festes, wasserdichtes Gewebe
Se|gel|yacht *f. 10* = **Se|gel|jacht**
Se|gen *m. 7 nur Sg.;* Segen bringend, Segen spendend
Se|gen brin|gend (*alt:* se|gen|bringend)
Se|gen spen|dend (*alt:* se|genspen|dend)
Se|gen|spen|dung *f. 10*
se|gens|reich
Se|gens|wunsch *m. 2*
Se|ger|ke|gel [nach dem Chemiker Hermann Seger] *m. 5* (*Abk.:* SK) kleines, kegelförmiges Gerät zur Temperaturmessung in keram. Brennöfen
Seg|ge *f. 11* ein Riedgras
Seg|ler *m. 5*
Seg|ment [lat.] *n. 1* Abschnitt, Glied
seg|men|tal in der Form eines Segments
seg|men|tär aus Segmenten (bestehend)
Seg|men|ta|ti|on *f. 10* **1.** Aufgliederung des Marktes in Marktsegmente, z. B. nach Käufergruppen oder Absatzräumen; **2.** *Meinungsforschung:* Aufgliederung der zu befragenden Personen
Seg|ment|bo|gen *m. 7, Archit.:* Flachbogen
seg|nen *tr. 2*
Se|gno *auch:* **Seg|no** [sẹnjo, ital.] *n. Gen.* -s *Pl.* -gni (*Abk.:* s.) *Mus.:* Zeichen; da capo al segno: nochmals bis zum Zeichen (zu spielen, zu singen)
Seg|nung *f. 10*
Se|gre|gat [lat.] *n. 1, veraltet:* Ausgeschiedenes
Se|gre|ga|ti|on *f. 10* **1.** *veraltet:* Ausscheidung; **2.** *amerik. Bez. für* Absonderung (von Minderheiten der Bevölkerung)
Se|gui|dil|la [segidilja, span.] *f. Gen. - nur Sg.* ein span. Tanz
Seh|ach|se [-ks-] *f. 11* die bis zum betrachteten Gegenstand verlängerte Augenachse
seh|be|hin|dert
se|hen *tr. u. intr. 136;* siehe (*Abk.:* s.); siehe Seite 20 (*Abk.:* s. S. 20); siehe auch (*Abk.:* s. a.); siehe dieses (*Abk.:* s. d.); sieh(e) da!; siehe oben (*Abk.:* s. o.); siehe unten (*Abk.:* s. u.); ich habe ihn gesehen; *aber:* ich habe ihn kommen sehen; er fuhr so schnell, dass mir Hören und Sehen *oder:* hören und sehen verging
se|hens|wert
se|hens|wür|dig sehenswert
Se|hens|wür|dig|keit *f. 10*
Se|her *m. 5* **1.** jmd., der in die Zukunft blickt, Prophet; **2.** *Jägerspr.:* Auge (vom Hasen und niederen Raubwild)
se|he|risch
Seh|feh|ler *m. 5*
Seh|feld *n. 3* = Gesichtsfeld
Seh|kraft *f. 2 nur Sg.*
Seh|kreis *m. 1* = Horizont
Seh|ne *f. 11*
seh|nen *refl. 1;* sich nach etwas oder jmdm. sehnen: etwas haben wollen, jmdn. sehen wollen
Seh|nen|re|flex *m. 1*
Seh|nen|schei|de *f. 11* bindegewebige Hülle der Sehne
Seh|nen|schei|den|ent|zün|dung *f. 10*
Seh|nen|zer|rung *f. 10*
Seh|nerv *m. 12, fachsprachl.: m. 10*
seh|nig
sehn|lich; ich wünsche es s.; mein sehnlicher Wunsch
Sehn|sucht *f. 2*
sehn|süch|tig
sehn|suchts|voll
Seh|or|gan *n. 1* Auge
Seh|pur|pur *m. Gen.* -s *nur Sg.* roter Farbstoff in der Netzhaut
sehr; sehr schön, sehr gut; sie hat im Deutschen (die Note) sehr gut; sie hat für ihren Aufsatz ein Sehr gut bekommen; gar sehr; ich wünsche es mir so sehr
Seh|rohr *n. 1*
Seh|schär|fe *f. 11 nur Sg.*
Seh|schwä|che *f. 11*
Seh|stö|rung *f. 10*
Seh|test *m. 1 oder m. 9*
Seh|ver|mö|gen *n. 7 nur Sg.*
Seh|wei|te *f. 11 nur Sg.;* in Sehweite bleiben
Seh|win|kel *m. 5* = Gesichtswinkel (1)
Sei|ber, Sei|fer *m. 5 nur Sg.* ausfließender Speichel
sei|bern, sei|fern *intr. 1* sabbern
Sei|cen|to [sɛıtʃẹnto, ital.] *n. Gen.* -(s) *nur Sg.* s. **Se|cẹn|to**
Seich *m. 1 nur Sg.* **1.** Sei|che *f. 11 nur Sg.* Harn; **2.** *übertr. ugs.:* oberflächliches, sich bedeutend gebendes Gerede
Sei|che *f. 11 nur Sg.* s. **Seich** (1)
sei|chen *intr. 1*
Seiches [sɛʃ, frz.] *Pl.* Schwankungen des Wasserspiegels in Binnenseen
seicht **1.** flach (Gewässer); **2.** *übertr. ugs.:* oberflächlich, fad (Unterhaltung, Vortrag, Buch)
Seicht|heit *f. 10 nur Sg.*
Seich|tig|keit *f. 10 nur Sg.*
Sei|de *f. 11*
Sei|del *n. 5* **1.** altes südd. Flüssigkeitsmaß, 0,3-0,5 Liter; **2.** *südd., österr.:* Bierglas, Bierkrug
Sei|del|bast *m. 1* ein giftiger Strauch, Heideröschen
sei|den aus Seide
Sei|den|pa|pier *n. 1*
Sei|den|rau|pe *f. 11*
Sei|den|schwanz *m. 2* ein Singvogel
Sei|den|spin|ner *m. 5* ein Schmetterling
Sei|den|stra|ße *f. 11* alte Karawanenstraße von China nach Westasien, auf der bes. Seide ausgeführt wurde

S

sei|den|weich
sei|dig wie Seide
Sei|fe *f. 11* **1.** ein Waschmittel; **2.** *Geol.:* Ablagerung (von Erzen, Edelsteinen)
sei|fen *tr. 1* auswaschen (Erz, Edelsteine)
Sei|fen|baum *m. 2* südamerik. Baum, der Quillajarinde liefert
Sei|fen|bla|se *f. 11*
Sei|fen|ge|bir|ge *n. 5, Geol.:* Gebirge mit Ablagerungen von Erzen oder Edelsteinen
Sei|fen|kis|ten|ren|nen *n. 7, ugs.:* Wettfahrt mit selbst gebastelten, motorlosen Fahrzeugen auf vier Rädern
Sei|fen|lau|ge *f. 11*
Sei|fen|o|per *f. 11, ugs.:* rührselige Familienserie im Fernsehen, Soapopera
Sei|fen|pul|ver [-vɛr] *n. 5*
Sei|fen|schaum *m. 2 nur Sg.*
Sei|fen|sie|der *m. 5, früher:* Arbeiter in der Seifenindustrie; *auch:* Kerzenzieher; da ging mir ein S. auf *übertr. ugs.:* da wurde mir die Sache klar
Sei|fer *m. 5* s. **Sei|ber**
sei|fern *intr. 1* s. **sei|bern**
sei|fig
Sei|ge *f. 11, Bgb.:* vertiefte Rinne als Ablauf für Grubenwasser
sei|ger *Bgb.* senkrecht
Sei|ger *m. 5* **1.** Sanduhr; **2.** Pendel; **3.** Senkblei
sei|gern **1.** *intr. 1* sich ausscheiden; **2.** *tr. 1* ausscheiden (Metalle)
Sei|ger|riss (*alt:* Sei|ger|riß) *m. 1* bildlicher Längsschnitt eines Bergwerks
Sei|ger|schacht *f. 2* senkrechter Schacht
Sei|ge|rung *f. 10*
Sei|gneur *auch:* **Seig|neur** [sɛnjœr, frz.] *m. 9* **1.** *im alten Frankreich:* Lehnsherr; **2.** *früher:* vornehmer, weltgewandter Herr
Sei|he *f. 11* **1.** Seiher; **2.** geseihte Flüssigkeit
sei|hen *tr. 1* durchlaufen, durchsickern lassen (Milch u. a.)
Sei|her *m. 5* Sieb
Seih|tuch *n. 4*
Seil *n. 1;* übers Seil springen
Seil|bahn *f. 10*
Sei|ler *m. 5*
Sei|le|rei *f. 10*
Sei|ler|wa|ren *Pl.*
seil|hüp|fen *intr. 1, nur im Infinitiv und Partizip II;* ich bin seilgehüpft
Seil|schaft *f. 10* durch ein Seil verbundene Gruppe von Bergsteigern; *übertr.:* Gruppe von Personen, die zu eigenem Vorteil eng zusammenarbeiten
Seil|schwe|be|bahn *f. 10* Bahn für Personen- und Gütertransport, deren Wagen (Gondeln) auf einem Tragseil laufen
seil|sprin|gen *intr. 148, nur im Infinitiv und Partizip II;* ich bin seilgesprungen
seil|tan|zen *intr. 1, nur im Infinitiv und Partizip II*
Seil|tän|zer *m. 5*
Seil|trom|mel *f. 11* Trommel, auf die ein Seil aufgewickelt oder von der ein Seil abgewickelt werden kann
Seil|win|de *f. 11* Gerät, bei dem ein Seil auf eine Trommel gewickelt wird und eine am Seil hängende Last gehoben und gesenkt werden kann
Seil|zug *m. 2* über ein Seil hergestellte mechan. Verbindung zweier bewegl. Teile
Seim *m. 1* dicker Saft, z. B. Honigseim
sei|mig dickflüssig

seine, das Seine: Das Possessivpronomen schreibt man mit kleinem Anfangsbuchstaben: *Gib ihm deine Tasche, ich habe seine vergessen.* § 58 (1)
Die substantivierte Form schreibt man groß: *das Seine.* § 57 (1)
Feste Fügungen ohne Präpositionen werden kleingeschrieben, obwohl sie Merkmale der Substantivierung aufweisen. Wortgruppen mit bestimmtem Artikel kann man jedoch auch als substantivische possessive Adjektive verstehen und großschreiben: *Jedem das seine/Seine (seinige/Seinige); für die seinen/Seinen sorgen (seinigen/Seinigen).* § 58 E3

sein **1.** *intr. 137;* mehr sein als scheinen; er hat es sein lassen; **2.** *Possessivpronomen;* sein Haus; seine Tochter; seine Eltern; das Buch ist sein(e)s *ugs.;* der Graben hat seine drei Meter *oder:* ist gut seine drei Meter breit; alles zu seiner Zeit: zur rechten Zeit; *aber:* Seine Durchlaucht; Seine Königliche Hoheit; Seine Majestät; *substantivisch:* sie ist die Seine *oder:* seine: seine Frau, seine Braut; jedem das Seine *oder:* seine; die Seinen *oder:* seinen *oder:* die Seinigen *oder:* seinigen: seine Angehörigen; er muss das Seine *oder:* seine *oder:* Seinige *oder:* seinige dazu tun: seinen Beitrag dazu leisten; **3.** *Personalpronomen im Genitiv;* ich gedenke sein *oder:* seiner; er war seiner nicht mehr mächtig

sein: Fügungen mit *sein* werden stets getrennt geschrieben: *da sein, hier sein, auf sein, zusammen sein. Er will das in Zukunft sein lassen* (= nicht mehr tun). *Sie hat es sein lassen.* (falsch: *gelassen*). § 35
Die substantivierte Form wird dagegen zusammengeschrieben: *das Dasein, das Hiersein, das Sosein, das Zusammensein; das So-und-nicht-anders-Sein* (Durchkoppelungsbindestrich bei Fügungen).

Sein *n. Gen.* -s *nur Sg.* Dasein, Vorhandensein, Existenz; Sein oder Nichtsein; Sein und Schein
Sei|ne [sɛn(ə)] *f. Gen.* - Fluss in Frankreich
sei|ner vgl. sein (3)
sei|ner|seits
sei|ner|zeit (*Abk.:* s. Z.) damals
sei|nes|glei|chen; er und s.; Leute s.; dieses Werk hat nichts s.
sei|net|hal|ben, sei|net|we|gen
sei|net|wil|len; um s.
sei|ni|ge vgl. sein
sein las|sen (*alt:* sein|las|sen) *tr. 75*
Sei|sing, Zei|sing *n. 1, Seew.:* kurzes Tau
Seis|mik [griech.] *f. 10 nur Sg.* Lehre von den Erdbeben, Seismologie
seis|misch Erdbeben betreffend, auf Erdbeben beruhend, seismologisch

Seismograph/Seismograf: Die fremdsprachige Schreibweise *Seismograph* ist die Hauptvariante, die ins Deutsche integrierte Schreibweise *Seismograf* die zulässige Nebenvariante. § 32 (2)

Seis|mo|graf *m. 10* s. **Seis|mo|graph**
seis|mo|gra|fisch s. **seis|mo|gra|phisch**

S

Seis|mo|gramm *n. 1* Aufzeichnung eines Erdbebens
Seis|mo|graph *auch:* **Seis|mo|graf** *m. 10* Gerät zum Aufzeichnen von Erdbeben
seis|mo|gra|phisch *auch:* **seis|mo-gra|fisch**
Seis|mo|lo|ge *m. 11*
Seis|mo|lo|gie *f. 11 nur Sg.* Seismik
seis|mo|lo|gisch
Seis|mo|me|ter *n. 5* Gerät zum Messen der Erdbebenstärke
seis|mo|me|trisch *auch:* **seis|mo-met|risch**
seit **1.** *Präp. mit Dat.;* seit meiner Rückkehr, seit meinem Unfall; seit alters, seit damals, seit gestern; seit kurzem, langem; **2.** *Konj.;* seit er fort ist
seit|ab abseits
seit|dem

Seite, auf Seiten/aufseiten: Das Substantiv *Seite* schreibt man groß. Ebenso: *ihm zur Seite.* § 55 (4)
Bei Fügungen, die mit einer Präposition eingeleitet sind, ist es den Schreibenden überlassen, ob sie getrennt schreiben oder zusammen: *auf Seiten/aufseiten der Gegner; von Seiten/vonseiten des Ministeriums; zu Seiten/zuseiten des Ministers.* § 39 E3 (3)

Sei|te *f. 11;* siehe Seite 10 (*Abk.:* s. S. 10); auf der einen, auf der anderen Seite; von allen Seiten; von seiner Seite (her) ist nichts zu befürchten; zur Seite gehen, treten; auf Seiten, von Seiten, zu Seiten *oder:* aufseiten, vonseiten, zuseiten
Sei|ten|al|tar *m. 2*
Sei|ten|an|sicht *f. 10*
Sei|ten|aus|gang *m. 2*
Sei|ten|blick *m. 1*
Sei|ten|ein|gang *m. 2*
Sei|ten|flü|gel *m. 5*
Sei|ten|ge|bäu|de *n. 5*
Sei|ten|ge|wehr *n. 1* jede an der Seite getragene Hieb- oder Stichwaffe der Soldaten
Sei|ten|hieb *m. 1*
sei|ten|lang
Sei|ten|li|nie *f. 11*
sei|ten|rich|tig; das Dia steht s.; *Ggs.:* seitenverkehrt
sei|tens *Präp. mit Gen.;* vgl. Seite
Sei|ten|schei|tel *m. 5*
sei|ten|schwim|men *intr. 132, nur im Infinitiv und Partizip II*
Sei|ten|schwim|men *n. 7*
Sei|ten|sprung *m. 2*
Sei|ten|ste|chen *n. Gen.* -s *nur Sg.*
Sei|ten|stra|ße *f. 11*
sei|ten|ver|kehrt dem Spiegelbild des Originals entsprechend; das Dia steht s.; *Ggs.:* seitenrichtig
Sei|ten|wind *m. 1*
Sei|ten|zahl *f. 10*
seit|her
seit|he|rig bisherig
...sei|tig *in Zus.:* halbseitig, ganzseitig, ein-, zweiseitig, beidseitig
seit|lich *mit Gen.;* seitlich des Hauses
seit|lings mit der Seite voran
...seits *in Zus.:* meinerseits, ärztlicherseits, väterlicherseits
Sejm [sejm, poln.] *m. 1* **1.** *im Königreich Polen:* Reichstag; **2.** *heute:* polnische Volksvertretung
sek, Sek. *Abk. für* Sekunde
Se|kans [lat.] *m. Gen.* - *Pl.* -kanten (*Abk.:* sec) eine Winkelfunktion, Verhältnis der Hypotenuse zur Ankathete
Se|kan|te *f. 11* Gerade, die eine Kurve schneidet
Se|kel, Sche|kel *m. 5* alte hebr., phöniz. u. babylon. Gewichts- u. Währungseinheit, etwa 15 g
sek|kant [ital.] *veraltet, noch österr.:* lästig, zudringlich
sek|kie|ren *tr. 3, veraltet, noch österr.:* belästigen
Se|kond *f. 10, Fechten:* eine bestimmte Haltung der Klinge
Se|kon|de|leut|nant [-kõ-, frz.] *m. 9, veraltet:* Unterleutnant
Se|kret *n. 1* **1.** Ausscheidung, nach außen abgesonderte Flüssigkeit, z. B. von Drüsen; *Ggs.:* Inkret; **2.** *kath. Kirche:* stilles Gebet des Priesters während der Messe
Se|kre|tar *m. 1* Geschäftsführer (einer gelehrten Körperschaft)
Se|kre|tär *m. 1* **1.** kaufmännischer Angestellter, der die Korrespondenz führt u. a.; **2.** Dienstbezeichnung für bestimmte Beamte; **3.** hoher Funktionär einer Partei; **4.** Schreibschrank; **5.** ein afrik. Greifvogel
Se|kre|ta|ri|at *n. 1* Dienststelle eines Sekretärs, Geschäftsstelle
Se|kre|ta|ri|us *m. Gen.* - *Pl.* -rii, *veraltet für* Sekretär
se|kre|tie|ren *tr. 3* **1.** absondern; **2.** geheim halten, verschließen
Se|kre|ti|on *f. 10* Absonderung von Sekret; Drüsen mit äußerer, innerer S.; vgl. Inkretion
se|kre|to|risch auf Sekretion beruhend; *Ggs.:* inkretorisch
Sekt [ital.] *m. 1* Schaumwein
Sek|te [lat.] *f. 11* kleinere relig. Gemeinschaft, die sich von einer größeren Glaubensgemeinschaft gelöst hat
Sek|ten|we|sen *n. 7 nur Sg.*
Sek|tie|rer *m. 5* **1.** Angehöriger einer Sekte; **2.** polit. Eigenbrötler
sek|tie|re|risch
Sek|tie|rer|tum *n. Gen.* -s *nur Sg.*
Sek|ti|on *f. 10* **1.** Abteilung, Gruppe; **2.** medizin. Zerlegung und Untersuchung von Leichen zu Lehrzwecken
Sek|ti|ons|chef *m. 9* Leiter einer Sektion (1)
Sekt|kelch *m. 1*
Sekt|kel|le|rei *f. 10*
Sekt|lau|ne *f. 11* beschwingte Stimmung
Sek|tor [lat.] *m. 13* **1.** Sachgebiet; **2.** Abschnitt, Gebietsteil; **3.** *nach 1945:* jedes der vier Besatzungsgebiete in Berlin; **4.** *Math.:* Ausschnitt (Kreis, Kugel)
Sek|to|ren|gren|ze *f. 11*
Se|kund *f. 10* = **Se|kun|de** (3)
Se|kun|da [lat.] *f. Gen.* - *Pl.* -den 6. und 7. Klasse (Unter-, Obersekunda) des Gymnasiums
Se|kund|ak|kord *m. 1, Mus.:* dritte Umkehrung des Dominantseptimenakkords
Se|kun|da|ner *m. 5* Schüler der Sekunda
Se|kun|dant *m. 10* **1.** Betreuer, Beistand (beim Duell, Boxkampf); **2.** *auch allg.:* Helfer, Beschützer
se|kun|där **1.** zweitrangig, in zweiter Linie in Betracht kommend; **2.** nachträglich hinzugekommen; vgl. primär
Se|kun|dar|arzt *m. 2, österr.:* Krankenhausarzt ohne eigene Abteilung; vgl. Primararzt
Se|kun|där|e|mis|si|on *f. 11* nach Zwischenprozessen auftretende Aussendung von Teilchen (z. B. Elektronen)
Se|kun|där|in|fek|ti|on *f. 10* zweite Infektion (mit anderen Erregern) eines bereits befallenen Organismus
Se|kun|dar|leh|rer *m. 5, schweiz.:* Lehrer an einer Sekundarschule
Se|kun|där|li|te|ra|tur *f. 10 nur Sg.* Literatur über Werke der Dichtkunst; vgl. Primärliteratur
Se|kun|dar|schu|le *f. 11, schweiz.:* höhere Volksschule

S

Se|kun|där|strom *m. 2* elektr. Strom in der Sekundärwicklung
Se|kun|dar|stu|fe *f. 11* die Klassen 5 bis 10
Se|kun|där|wick|lung *f. 10* Wicklung eines Transformators, an der die transformierte Spannung abgenommen werden kann
Se|kun|da|wech|sel [-ks-] *m. 5* zweite Ausfertigung eines Wechsels
Se|kun|de *f. 11* **1.** (*Abk.:* Sek.; *veraltet:* sec, sek) 60. Teil einer Minute; **2.** *Math.* (*Zeichen:* ''), *auch:* Altsekunde, 60. Teil einer Minute; **3.** Se|kund *f. 10, Mus.:* zweite Stufe der diatonischen Tonleiter; Intervall von zwei Stufen; **4.** *Buchw.:* Signatur auf der dritten Seite eines Druckbogens; vgl. Prime (3)
Se|kun|den|herz|tod *m. 1 nur Sg.*
se|kun|den|lang; *aber:* einige Sekunden lang
Se|kun|den|me|ter *n. 5* = Metersekunde
Se|kun|den|schnel|le *f. 11 nur Sg.;* in S.
Se|kun|den|uhr *f. 10* kleines Zifferblatt auf dem Zifferblatt einer Uhr mit Sekundenzeiger und den Sekundenzahlen
Se|kun|den|zei|ger *m. 5* die Sekunden anzeigender Uhrzeiger
se|kun|die|ren *intr. 3; jmdm. s.:* **1.** jmdm. beistehen, jmdn. betreuen (im Duell, im Boxkampf); **2.** jmdm. helfen, jmdn. unterstützen
se|kund|lich, se|künd|lich in jeder Sekunde; die gute Nachricht kann s. hier eintreffen
Se|kun|do|ge|ni|tur *f. 10* Besitzrecht des zweiten Sohnes (eines Herrscherhauses) und seiner Nachkommen; vgl. Primogenitur
Se|ku|rit® *n. Gen. -s nur Sg.* nicht splitterndes Sicherheitsglas, z. B. für Autofensterscheiben
Se|ku|ri|tät [lat.] *f. 10 nur Sg., veraltet:* Sicherheit
sel. *Abk. für* selig (= verstorben; in alten Firmennamen)
se|la! [hebr.] *ugs.:* abgemacht!; in Ordnung!, Schluss!
Se|la *n. 9, in den Psalmen des AT:* Musikzeichen
se|la|don [-dɔ̃, nach der Kleiderfarbe des Seladon] *unflektierbar:* zartgrün
Se|la|don [-dɔ̃, nach dem Helden eines frz. Schäferromans] **1.** *m. 9, veraltet:* schmachtender Liebhaber; **2.** *n. 9* altes chin. Porzellan mit grüner Glasur
Se|lam! s. **Sa|lam!**
Se|lam|lik *m. 9, im Wohnhaus der Muslime:* Empfangsraum
selb; im selben Augenblick; zur selben Zeit; am selben Tisch
selb|an|der *veraltet:* zu zweit
selb|dritt *veraltet:* zu dritt
sel|ber *ugs. für* selbst
sel|big *veraltet für* selb; zur selbigen Stunde
selbst **1.** persönlich, in eigener Person; ich selbst; der Maler selbst; er hat es selbst gesagt; selbst gebackener Kuchen; selbst geschriebener Text; selbst gestrickt; selbst verdientes Geld; sie ist ein selbst zahlender Gast **2.** sogar; selbst ich weiß es nicht; selbst bei schlechtem Wetter; selbst wenn …; selbst dann
Selbst *n. Gen. - nur Sg.* die eigene Person, Ich; mein besseres Selbst; ein Stück meines Selbst; da zeigte er sein wahres Selbst
Selbst|ach|tung *f. Gen. - nur Sg.;* die Selbstachtung verlieren
Selbst|a|na|ly|se *f. 11*

selbständig/selbstständig: Die richtige Schreibweise lautet *selbstständig,* die alte Schreibung mit Tilgung des zweiten *-st-* bleibt aber weiterhin zulässig. Die Schreibenden sollen selbst entscheiden, welche Variante sie wählen.

selb|stän|dig = **selbst|stän|dig;** sich s. machen
Selb|stän|dig|keit = **Selbst|stän|dig|keit** *f. 10 nur Sg.*
Selbst|an|kla|ge *f. 11* Beschuldigung der eigenen Person
selbst|an|klä|ge|risch
Selbst|an|zei|ge *f. 11*
Selbst|aus|lö|ser *m. 5, Fot.*
Selbst|be|die|nung *f. 10 nur Sg.*
Selbst|be|die|nungs|ge|schäft *n. 1*
Selbst|be|ein|flus|sung *f. 10 nur Sg.* Autosuggestion
Selbst|be|frie|di|gung *f. 10 nur Sg.* Masturbation, Onanie
Selbst|be|fruch|tung *f. 10*
Selbst|be|herr|schung *f. 10 nur Sg.*
Selbst|be|stim|mung *f. 10 nur Sg.*
Selbst|be|stim|mungs|recht *n. 1*
Selbst|be|tei|li|gung *f. 10 nur Sg.*
Selbst|be|weih|räu|che|rung *f. 10 nur Sg.*

selbstbewusst, selbstsicher: Zusammensetzungen aus Adverbien mit Adjektiven oder Partizipien, bei denen der erste Bestandteil für eine Wortgruppe steht, schreibt man zusammen: *Das klang sehr selbstbewusst. Sie ist eine selbstsichere Frau.* § 36 (1)

selbst|be|wusst (*alt:* selbst|bewußt)
Selbst|be|wusst|sein (*alt:* Selbst|be|wußt|sein) *n. 1 nur Sg.*
Selbst|bild|nis *n. 1*
Selbst|bin|der *m. 5* **1.** Krawatte; **2.** Mähmaschine mit Binder
Selbst|bi|o|gra|phie *Nv.* **Selbst|bi|o|gra|fie** *Hv. f. 11*
Selbst|dis|zi|plin *auch:* **Selbst|dis|zip|lin** *f. Gen. - nur Sg.*
Selbst|ent|la|der *m. 5* Lastwagen mit Kippvorrichtung, der automatisch entladen werden kann
Selbst|ent|lei|bung *f. 10* Selbstmord
selbst|ent|zünd|lich
Selbst|er|fah|rung *f. 10*
Selbst|er|hal|tungs|trieb *m. 1 nur Sg.*
Selbst|er|kennt|nis *f. 1*
Selbst|fah|rer *m. 5* **1.** Krankenrollstuhl, den der Kranke selbst fortbewegt; **2.** Fahrer eines (Miet-)Kraftwagens ohne Chauffeur
Selbst|fi|nan|zie|rung *f. 10*

selbst gebacken/geschneidert: Gefüge aus *selbst* und Verb/Partizip schreibt man getrennt: *Der Kuchen ist selbst gebacken. Das Kleid war selbst geschneidert.* § 34 E3 (2)

selbst ge|ba|cken (*alt:* selbst|gebacken)
selbst|ge|fäl|lig
Selbst|ge|fäl|lig|keit *f. 10 nur Sg.*
selbst ge|macht (*alt:* selbst|gemacht)
selbst|ge|recht
Selbst|ge|rech|tig|keit *f. 10 nur Sg.*
selbst ge|schrie|ben (*alt:* selbst|ge|schrie|ben)
selbst ge|strickt (*alt:* selbst|gestrickt)
selbst|herr|lich
Selbst|herr|lich|keit *f. 10 nur Sg.*
Selbst|hil|fe *f. 11 nur Sg.*
Selbst|hil|fe|grup|pe *f. 11*
Selbst|in|duk|ti|on *f. 10 nur Sg.* Widerstandseigenschaft einer Spule gegenüber Wechselstrom

S

Sẹlbst|i|ro|nie *f. 11 nur Sg.*
sẹlbs|tisch
Sẹlbst|jus|tiz *f. 10 nur Sg.*
sẹlbst|kle|bend
Sẹlbst|kos|ten|preis *m. 1*
Sẹlbst|kri|tik *f. 10 nur Sg.*
sẹlbst|kri|tisch
Sẹlbst|la|de|ge|wehr *n. 1,* **Sẹlbst|la|der** *m. 5* Gewehr, bei dem das Spannen, das Nachrücken der nächsten Patrone und das Auswerfen der leeren Patronenhülse selbsttätig geschieht
Sẹlbst|laut *m. 1* = Vokal, vgl. Mitlaut
sẹlbst|los
Sẹlbst|lo|sig|keit *f. 10 nur Sg.*
Sẹlbst|mit|leid *n. 1 nur Sg.*
Sẹlbst|mord *m. 1*
Sẹlbst|mör|der *m. 5*
sẹlbst|mör|de|risch
Sẹlbst|mord|ver|such *m. 1*
sẹlbst|quä|le|risch
sẹlbst|re|dend
Sẹlbst|re|gie|rung *f. 10* Autokratie
Sẹlbst|rei|ni|gung *f. 10*
sẹlbst|schrei|bend
Sẹlbst|schrei|ber *m. 5*
Sẹlbst|schuss (*alt:* Sẹlbst|schuß) *m. 2*
sẹlbst|si|cher
Sẹlbst|si|cher|heit *f. 10 nur Sg.*
sẹlbst|stän|dig, sẹlb|stän|dig
Sẹlbst|stän|dig|keit, Sẹlb|stän|dig|keit *f. 10 nur Sg.*
Sẹlbst|steu|e|rung *f. 10*
Sẹlbst|sucht *f. Gen. - nur Sg.* Egoismus
sẹlbst|süch|tig
sẹlbst|tä|tig
Sẹlbst|tä|tig|keit *f. 10 nur Sg.*
Sẹlbst|täu|schung *f. 10*
Sẹlbst|trän|ke *f. 11* Viehtränke, bei der durch Druck des Tiermauls Wasser freigegeben wird
Sẹlbst|ü|ber|schät|zung *f. 10 nur Sg.*
Sẹlbst|ü|ber|win|dung *f. 10 nur Sg.*
Sẹlbst|un|ter|richt *m. 1 nur Sg.*
Sẹlbst|ver|bren|nung *f. 10*
sẹlbst ver|dient (*alt:* sẹlbst|ver|dient)
sẹlbst|ver|ges|sen
Sẹlbst|ver|ges|sen|heit *f. 10 nur Sg.*
Sẹlbst|ver|lag *m. 1*
Sẹlbst|ver|leug|nung *f. 10 nur Sg.*
sẹlbst|ver|ständ|lich
Sẹlbst|ver|ständ|lich|keit *f. 10*
Sẹlbst|ver|ständ|nis *n. 1 nur Sg.*
Sẹlbst|ver|stüm|me|lung *f. 10*
Sẹlbst|ver|such *m. 1*
Sẹlbst|ver|trau|en *n. 7 nur Sg.*
Sẹlbst|ver|wal|tung *f. 10*
Sẹlbst|ver|wirk|li|chung *f. 10 nur Sg.*
Sẹlbst|wähl|fern|dienst *m. 1 nur Sg.*
Sẹlbst|wert|ge|fühl *n. 1 nur Sg.*
sẹlbst zah|lend (*alt:* sẹlbst|zah|lend)
Sẹlbst|zah|ler *m. 5* jmd., der privat versichert ist
Sẹlbst|zucht *f. Gen. - nur Sg.*
sẹlbst|zu|frie|den
Sẹlbst|zu|frie|den|heit *f. 10 nur Sg.*
Sẹlbst|zün|dung *f. 10*
Sẹlbst|zweck *m. 1 meist Sg.*
Sẹlbst|zwei|fel *m. 5*
selb|viert *veraltet:* zu viert
Sẹlch *f. 10, süddt., österr.:* Räucherkammer
sẹl|chen *tr. 1, süddt., österr.:* trocknen, räuchern
Sẹl|cher *m. 5, süddt., österr.:* Schweineschlächter
Sel|che|rei *f. 10*
Sẹlch|fleisch *n. 1 nur Sg.* = Geselchtes
Sel|dschu̩|ke *auch:* **Seld|schu̩|ke** *m. 11* Angehöriger eines türkischen Herrschergeschlechts
se|lek|tie|ren [lat.] *tr. 3* auswählen (bes. zur Zucht)
Se|lek|ti|on *f. 10* Auswahl, Auslese, Zuchtwahl
se|lek|ti|o|nie|ren *tr. 3, schweiz. für* selektieren
Se|lek|ti|ons|the|o|rie *f. 11 nur Sg.* Theorie von der natürl. Zuchtwahl im Lauf der Stammesgeschichte
se|lek|tiv **1.** auswählend; **2.** trennscharf (Rundfunkempfänger)
Se|lek|ti|vi|tät [-vi-] *f. 10 nur Sg.* Trennschärfe (eines Rundfunkempfängers)
Se|len [griech.] *n. 1 nur Sg.* (*Zeichen:* Se) chem. Element
Se|le|nat *n. 1* Salz der Selensäure
se|le|nig Selen enthaltend, selenähnlich
Se|le|nit *n. 1* Salz der selenigen Säure
Se|le|no|gra|phie *auch:* **Se|le|no|gra|fie** *f. 11 nur Sg.* Beschreibung der physikal. und topograph. Beschaffenheit des Mondes
se|le|no|gra|phisch *auch:* **se|le|no|gra|fisch**
Se|le|no|lo|gie *f. 11 nur Sg.* Wissenschaft vom Mond
se|le|no|lo|gisch
Se|len|zel|le *f. 11* ein Fotoelement mit Selensperrschicht
Se|leu|ki|de, Se|leu|zi|de *m. 11* Angehöriger eines syrischen Herrschergeschlechts mazedonischer Abstammung
Self... [engl.] *in Zus.:* Selbst...
Sẹlf|ak|tor [-æktə(r), engl.] *m. 9* automat. Spinnmaschine
Sẹlf|made|man [-mεıdmæn] *m. Gen.* -s *Pl.* -men [-men] jmd., der sich aus eigener Kraft hochgearbeitet hat

> **selig machen/preisen/sprechen/sein:** Adjektive mit der Ableitungsendung *-ig* (oder *-isch* bzw. *-lich*) werden vom Verb getrennt: *Das kann ihn selig machen. Sie wurde selig gesprochen.* § 34 E3 (3)
> Auch: *selig sein.* § 35

se|lig; selig sein, machen, werden; selig preisen; selig sprechen
Se|lig|keit *f. 10 nur Sg.*
se|lig prei|sen (*alt:* se|lig|prei|sen) *tr. 92*
Se|lig|prei|sung *f. 10*
se|lig spre|chen (*alt:* se|lig|spre|chen) *tr. 146*
Se|lig|spre|chung *f. 10*
Sẹl|le|rie [griech.], *österr.:* [-ri] *m. 9, österr.: f. 11* eine Gemüsepflanze
sẹl|ten; seltene Erden *veraltet:* Oxide der Erdmetalle; ein selten schönes Tier *ugs.:* ein sehr schönes Tier
Sẹl|ten|heit *f. 10*
Sẹl|ten|heits|wert *m. 1 nur Sg.*
Sẹl|ters *n. Gen. - Pl. -, kurz für* Selterswasser
Sẹl|ters|was|ser *n. 6* **1.** Mineralwasser aus Niederselters an der Ems; **2.** mit Kohlensäure versetztes Wasser
sẹlt|sam
selt|sa|mer|wei|se
Sẹlt|sam|keit *f. 10*
Se|mạn|tik [griech.] *f. 10 nur Sg.* **1.** Lehre von der Bedeutung der Wörter und ihrer Wandlungen, Semasiologie; **2.** Lehre von den in einer Wissenschaft verwendeten Zeichen
se|mạn|tisch
Se|ma|phor [griech.] *n. 1 oder m. 1* Signalmast mit schwenkbaren Armen
se|ma|pho|risch mithilfe des Semaphors
Se|ma|si|o|lo|gie [griech.] *f. 11 nur Sg.* Semantik (1)

S

se|ma|si|o|lo|gisch
Se|mei|o|gra|phie *auch:* **Se|mei|o|gra|fie** *f. 11* **1.** Lehre von den musikal. Zeichen; **2.** Zeichen-, Notenschrift
Se|mem *n. 1* Bedeutung eines Morphems
Se|men [lat.] *n. Gen.* -s *Pl.* -mi|na Samen (von Pflanzen), Samenkorn
Se|mes|ter [lat.] *n. 5* **1.** Studienhalbjahr; **2.** *ugs. übertr.:* Student eines bestimmten Semesters; alle ersten S.; er ist schon ein älteres, höheres S.
Se|mes|ter|fe|ri|en *nur Pl.*
...se|mes|trig *auch:* **...se|mest|rig** *in Zus.,* z. B. achtsemestriges, 8-semestriges Studium, zweisemestriger, 2-semestriger Lehrgang
se|mi..., Se|mi... [lat.] *in Zus.:* halb..., Halb...
Se|mi|fi|na|le *n. 5, Sport:* Vorschlussrunde
Se|mi|ko|lon *n. Gen.* -s *Pl.* -s *oder* -la (*Zeichen:* ;) Strichpunkt
se|mi|lu|nar halbmondförmig
Se|mi|lu|nar|klap|pe *f. 11* eine Herzklappe
Se|mi|na *Pl. von* Semen
Se|mi|nar [lat.] *n. 1, österr. Pl. auch:* -ri|en **1.** Übungskurs an Hochschulen; **2.** Hochschulinstitut; **3.** Ausbildungsanstalt (für Geistliche, Lehrer u. a.)
Se|mi|nar|ar|beit *f. 10*
Se|mi|na|rist *m. 10* Angehöriger eines Seminars (3)
se|mi|na|ris|tisch
Se|mi|o|lo|gie [griech.] *f. 11 nur Sg.* Semiotik (1)
se|mi|o|lo|gisch semiotisch
Se|mi|o|tik *f. 10 nur Sg.* **1.** *Med.:* Lehre von den Krankheitserscheinungen, Semiologie, Symptomatologie; **2.** *Sprachw.:* Lehre von den Zeichen (Verkehrszeichen, Formeln usw.)
se|mi|o|tisch
se|mi|per|me|a|bel [lat.] halbdurchlässig
Se|mit [nach Sem, einem Sohn Noahs] *m. 10* Angehöriger einer vorderasiat. und nordafrikan. Völkergruppe
se|mi|tisch
Se|mi|tist *m. 10* Kenner der Semitistik
Se|mi|tis|tik *f. 10 nur Sg.* Wissenschaft von den semit. Sprachen und Literaturen
se|mi|tis|tisch
Sem|mel *f. 11* (bes. rundes) Weißbrötchen
sem|mel|blond
Sem|mel|brö|sel *Pl.*
Sem|mel|kloß *m. 2*
Sem|mel|knö|del *m. 5, süddt., österr.*
Sem|stwo *auch:* **Semst|wo** [russ.] *m. 9, bis 1917:* russ. Selbstverwaltungsverband
Sen [jap., chin.] *m. oder n. Gen.* - *Pl.* - **1.** jap. Währungseinheit, 1/100 Yen; **2.** indones. Währungseinheit, 1/100 Rupiah
sen. *Abk. für* senior
Se|nat [lat.] *m. 1* **1.** *im alten Rom:* Rat der Ältesten, oberste Regierungsbehörde; **2.** *in verschiedenen Staaten:* erste Kammer des Parlaments; **3.** *in Hamburg, Bremen und Berlin Bez. für die* Regierungsbehörde; **4.** *an Hochschulen:* Selbstverwaltungsbehörde; **5.** *an dt. höheren Gerichten:* Richterkollegium, z. B. Strafsenat
Se|na|tor *m. 13* Mitglied des Senats
se|na|to|risch
Se|nats|be|schluss (*alt:* Se|nats|beschluß) *m. 2*
Se|nats|sit|zung *f. 10*
Se|na|tus Po|pu|lus|que Ro|ma|nus (*Abk.:* S. P. Q. R.) Senat und Volk von Rom
Send *m. 1, veraltet für* Sendgericht
Send|bo|te *m. 11*
Sen|de|an|la|ge *f. 11*
Sen|de|an|stalt *f. 10*
Sen|de|fol|ge *f. 11*
Sen|de|lei|ter *m. 5*
sen|den **1.** *tr. 138* schicken; **2.** *tr. 2, Rundfunk, Fernsehen:* ausstrahlen
Sen|de|pau|se *f. 11*
Sen|de|pro|gramm *n. 1*
Sen|der *m. 5*
Sen|de|raum *m. 2*
Sen|de|rei|he *f. 11*
Sen|de|schluss (*alt:* Sen|de|schluß) *m. 2 nur Sg.*
Sen|de- und Emp|fangs|ge|rät *n. 1*
Sen|de|zei|chen *n. 7*
Sen|de|zeit *f. 10*
Sen|de|zen|tra|le *auch:* **Sen|de|zent|ra|le** *f. 11*
Send|ge|richt *n. 1* kirchl. Gericht für kirchl. Vergehen von Laien
Send|schrei|ben *n. 7* offener Brief
Sen|dung *f. 10*
Sen|dungs|be|wusst|sein (*alt:* Sen|dungs|be|wußt|sein) *n. 1 nur Sg.*
Se|ne|ca röm. Philosoph
Se|ne|gal **1.** Staat in Westafrika; **2.** *m. Gen.* -s Fluss in Afrika
Se|ne|ga|le|se *m. 11* Einwohner von Senegal (1)
se|ne|ga|le|sisch, se|ne|ga|lisch
Se|ne|schall *m. 1, im merowing. Reich:* oberster Hofbeamter
Se|nes|zenz [lat.] *f. 11 nur Sg.* das Altern, Altwerden
Senf *m. 1* ein Gewürz; seinen Senf dazugeben *ugs.:* seine Meinung zu etwas sagen
senf|far|ben gelbbraun
Senf|gas *n. 1 nur Sg.* ein chem. Kampfstoff, Gelbkreuz, Lost
Senf|korn *n. 4*
Sen|ge *nur Pl., mittel-, norddt.:* Prügel, Schläge
sen|gen **1.** *intr. 1* brennen, heiß sein; **2.** *tr. 1* oberflächlich verbrennen, leicht anbrennen; Geflügel s.: ihm nach dem Rupfen die letzten Federn abbrennen
sen|ge|rig, seng|rig leicht angebrannt, brenzlig
Se|nhor *auch:* **Sen|hor** [sɛnjo̱r, port.] *m. Gen.* -s *Pl.* -res, *port. Anrede (allein stehend o. vor dem Namen):* Herr
Se|nho|ra *auch:* **Sen|ho|ra** [sɛnjo̱-] *f. 9, port. Anrede (allein stehend oder vor dem Namen):* Frau, meine Dame
Se|nho|ri|ta *auch:* **Sen|ho|ri|ta** [sɛnjo-] *f. 9, port. Anrede (allein stehend oder vor dem Namen):* Fräulein
se|nil [lat.] greisenhaft, altersschwach; *Ggs.:* juvenil
Se|ni|li|tät *f. 10 nur Sg.*
se|ni|or (*Abk.:* sen.) älter, der Ältere (hinter Namen); Otto Schmidt sen.; *Ggs.:* junior
Se|ni|or *m. 13* **1.** der Ältere; *Ggs.:* Junior; **2.** Vorsitzender, Alterspräsident; **3.** *Sport:* Angehöriger einer bestimmten Altersklasse
Se|ni|o|rat *n. 1* **1.** = Majorat; *Ggs.:* Juniorat; **2.** *veraltet:* Ältestenwürde
Se|ni|or|chef [-ʃef] *m. 9* der ältere von zwei Chefs (eines Betriebes); *Ggs.:* Juniorchef
Se|ni|o|ren|heim *n. 1* Altenwohnheim
Se|ni|o|ren|mann|schaft *f. 10*
Se|ni|o|ren|pass (*alt:* Se|ni|o|renpaß) *m. 2*
Senk|blei *n. 1* an einem Faden aufgehängtes Gewicht zur Bestimmung der Senkrechten, Senklot

S

Sen|ke *f. 11* flache Bodenvertiefung, flache Mulde
Sen|kel *m. 5* Schnürband, Schnürsenkel
sen|ken *tr. u. refl. 1*
Sen|ker *m. 5* **1.** Werkzeug; **2.** Stein oder Bleikugel zum Beschweren des Fischernetzes; **3.** *Bot.* = Ableger
Senk|fuß *m. 2*
Senk|gru|be *f. 11* Grube, in der Abwasser versickern kann, Sickergrube
Senk|kas|ten *m. 8*
Senk|lot *n. 1* = Senkblei
senk|recht; senkrecht stehen
Senk|recht|star|ter *m. 5* **1.** Flugzeug, das senkrecht starten und landen kann; **2.** *ugs.:* jmd., der rasch Karriere macht
Sen|kung *f. 10; auch Metrik:* unbetonte Silbe (im Vers); *Ggs.:* Hebung
Sen|kungs|ge|schwin|dig|keit *f. 10* (bei der Blutsenkung)
Senk|waa|ge *f. 11* = Aräometer
Senn *m. 1,* **Sen|ne** *m. 11,* Sen|ner *m. 5* Almhirt, der auch die Butter- und Käsezubereitung besorgt, Almwirt
Sen|na [arab.] *f. Gen. - nur Sg.* = Kassia
Sen|ne *m. 11* = **Senn**
sen|nen *intr. 1, bair., österr.:* Käse bereiten
Sen|ner *m. 5* s. **Senn**
Sen|ne|rei *f. 10* Almwirtschaft, Sennwirtschaft
Sen|ne|rin, Sen|nin *f. 10*
Sen|nes|blät|ter *Pl.* als Abführmittel verwendete Blätter einiger Arten der Kassia
Senn|hüt|te *f. 11*
Sen|nin, Sen|ne|rin *f. 10*
Senn|tum *n. 4, schweiz.:* Viehherde eines Senns
Se|non [nach der frz. Stadt Sens] *n. Gen. -s nur Sg.* Stufe der oberen Kreideformation
Se|no|ne *m. 11* Angehöriger eines keltischen Volksstammes an der oberen Seine
se|no|nisch
Se|ñor [sɛnjor, span.] *m. Gen. -s Pl. -res, span. Anrede (allein stehend oder vor dem Namen):* Herr
Se|ño|ra [sɛnjo-] *f. 9, span. Anrede (allein stehend oder vor dem Namen):* Frau, meine Dame
Se|ño|ri|ta [sɛnjo-] *f. 9, span. Anrede (allein stehend oder vor dem Namen):* Fräulein

Sen|sal [ital.] *m. 1, österr.:* Vermittler von Warenkäufen, Warenmakler; *auch:* Börsenmakler
Sen|sa|lie [-ljə], **Sen|sa|rie** [-riə] *f. 11, österr.:* Maklergebühr
Sen|sa|ti|on [lat.-frz.] *f. 10* **1.** *urspr.:* Sinnesempfindung; **2.** *heute:* Aufsehen erregendes Ereignis, Aufsehen, große Überraschung
sen|sa|ti|o|nell
Sen|sa|ti|ons|be|dürf|nis *n. 1 nur Sg.*
Sen|sa|ti|ons|lust *f. Gen. - nur Sg.*
sen|sa|ti|ons|lüs|tern
Sen|sa|ti|ons|mel|dung *f. 10*
Sen|sa|ti|ons|pres|se *f. 11 nur Sg.*
Sen|se *f. 11;* Sense! *ugs.:* aus!, genug!; Schluss!; und damit (ist) Sense *ugs.*
sen|sen *tr. 1* mit der Sense mähen
Sen|sen|mann *m. 4 nur Sg.* der mit Sense dargestellte Tod
sen|si|bel [lat.] reizempfindlich, empfindsam, feinfühlig
Sen|si|bi|li|sa|tor *m. 13* Farbstoff, der die Farbempfindlichkeit fotografischer Schichten erhöht
sen|si|bi|li|sie|ren *tr. 3* empfindlicher machen
Sen|si|bi|li|sie|rung *f. 10 nur Sg.*
Sen|si|bi|li|tät *f. 10 nur Sg.* Reizempfindlichkeit, Empfindsamkeit
Sen|sil|le *f. 11* Sinneszelle
sen|si|tiv leicht reizbar, überempfindlich
sen|si|ti|vie|ren [-vi-] *tr. 3* stark empfindlich machen (fotograf. Schicht)
Sen|si|ti|vi|tät [-vi-] *f. 10 nur Sg.*
Sen|si|to|me|ter *n. 5* Gerät zum Messen der Lichtempfindlichkeit fotografischer Schichten
Sen|si|to|me|trie *auch:* **Sen|si|to|met|rie** *f. 11 nur Sg.* Messung der Lichtempfindlichkeit
sen|si|to|me|trisch *auch:* **sen|si|to|met|risch**
Sen|sor *m. Gen. -s Pl. -so|ren* hochempfindl. elektron. Test- und Kontrollgerät
sen|so|risch zu den Sinnesorganen gehörend, auf ihnen beruhend
Sen|so|ri|um *n. Gen. -s nur Sg.* Gesamtheit der Sinnesorgane, Bewusstsein
Sen|su|a|lis|mus *m. Gen. - nur Sg.* Lehre, dass alle Erkenntnis nur auf den Sinneswahrnehmungen beruhe
Sen|su|a|list *m. 10*
sen|su|a|lis|tisch

Sen|su|a|li|tät *f. 10 nur Sg.* Empfindungsvermögen
sen|su|ell auf den Sinnen beruhend, sinnlich wahrnehmbar, Sinnes…
Sen|ta weibl. Vorname
Sen|te *f. 11, nddt.:* dünne, biegsame Latte
Sen|tenz [lat] *f. 10* **1.** allgemein gültiger, knapp formulierter Ausspruch, Sinnspruch; **2.** richterl. Urteilsspruch
sen|ten|zi|ös in der Art einer Sentenz, knapp formuliert, einprägsam
Sen|ti|ment [sãtimã, frz.] *n. 9* Empfindung, Gefühl, Gefühlsäußerung
sen|ti|men|tal (übertrieben) gefühlvoll, gefühls-, rührselig
Sen|ti|men|ta|li|tät *f. 10* Gefühls-, Rührseligkeit, übertriebene Gefühlsäußerung
Se|oul [seul, seul] Hauptstadt der Rep. Korea (Südkorea)
se|pa|rat [lat.] abgesondert, einzeln
Se|pa|rat|frie|den *m. 15* Sonder-, Einzelfriede
Se|pa|ra|ti|on *f. 10* Abtrennung, Absonderung
Se|pa|ra|tis|mus *m. Gen. - nur Sg., meist abwertend:* Streben nach Abtrennung, Loslösung, Verselbständigung (in polit., relig. oder geistiger Hinsicht)
Se|pa|ra|tist *m. 10*
se|pa|ra|tis|tisch
Se|pa|ra|tor *m. 13* Schleuder zum Trennen von Stoffgemischen, z. B. Milchzentrifuge, Erzscheider
Sé|pa|rée [-re, frz.] *auch:* **Se|pa|ree** *n. 9* abgetrennter Gästeraum, Nische
se|pa|rie|ren *tr. 3* absondern, trennen, loslösen; sich von anderen separieren
Se|phar|dim [auch: -dim, hebr.] *Pl.* die span.-port. Juden und ihre Nachkommen; vgl. Aschkenasim
se|pia [griech.] dunkelbraun, schwarzbraun
Se|pia *f. Gen. - Pl. -pi|en* **1.** Se|pie [-pjə] *f. 11* Tintenfisch; **2.** *f. Gen. - nur Sg.* aus dem Sekret des Tintenfisches gewonnener, dunkelbrauner Farbstoff
Se|pia|zeich|nung *f. 10*
Se|pie [-pjə] *f. 11* s. **Se|pia** (1)
Se|pi|o|lith *m. 10* = Meerschaum

S

Se|poy [sipɔı, Hindi-engl.] *m. 9* Soldat der aus Indern bestehenden früheren britischen Kolonialtruppe in Indien; vgl. Spahi
Sẹp|pu|ku [auch: -pu̲-, jap.] *n. Gen.* -(s) *Pl.* -s s. **Ha|ra|ki̲|ri**
Sẹp|sis [griech.] *f. Gen.* - *Pl.* -sen Blutvergiftung
Sẹp|ta *Pl. von* Septum
Sẹpt|ak|kord *m. 1, kurz für* Septimenakkord
Sep|tẹm|ber [lat.] *m. Gen.* -(s) *Pl.* - (*Abk.:* Sept.)
Sep|tem|ber-Ok|to̲|ber-Heft, Sep|tem|ber/Ok|to̲|ber-Heft *n. 1*
Sep|tẹtt *n. 1* Musikstück für sieben Instrumente oder Singstimmen sowie die Ausführenden
Sep|ti̲m [lat.] *f. 10, österr. für* Septime
Sẹp|ti|me [auch: -ti̲-] *f. 11* **1.** siebenter Ton der diatonischen Tonleiter; **2.** Intervall von sieben Tönen
Sẹp|ti|men|ak|kord *m. 1* Akkord aus Grundton, Terz, Quinte und Septime
Sep|ti|mo̲|le *f. 11* s. **Sep|to̲|le**
sẹp|tisch [griech.] Krankheitserreger enthaltend, Sepsis hervorrufend
Sep|to̲|le [lat.], Sep|ti|mo̲|le *f. 11, Mus.:* Gruppe von sieben Noten mit dem Taktwert von sechs oder acht Noten
Sep|tu|a|ge̲|si|ma *ohne Artikel* 70. Tag (neunter Sonntag) vor Ostern; Sonntag S.
Sep|tu|a|gịn|ta *f. Gen.* - *nur Sg.* (im 3. Jh. von angeblich 70 Gelehrten angefertigte) griech. Übersetzung des AT
Sẹp|tum [lat.] *n. Gen.* -s *Pl.* -ta Scheidewand (in einem Organ, z. B. im Herzen)
se̲|quens [lat.] (*Abk.:* seq.) *veraltet:* folgend
se|quẹn|tes *veraltet* **1.** die folgenden (Seiten); **2.** die Folgenden, die Nachkommen; Vivant s.!: Die Folgenden sollen leben!
se|quen|ti|ẹll *Nv.* **se|quen|zi|ẹll** *Hv.*
Se|quẹnz *f. 10* **1.** Folge, Reihe; **2.** *in der Liturgie des MA:* hymnusähnl. Gesang; **3.** *Mus.:* auf einer anderen Tonstufe wiederholte Tonfolge; **4.** *Film:* im Handlungsablauf aufeinander folgende Reihe von Einstellungen; **5.** *Kartenspiel:* mindestens drei aufeinander folgende Karten der gleichen Farbe; **6.** *im programmierten Unterricht:* Lerneinheit; **7.** *EDV:* Folge von Daten, Befehlen

sequenziell/sequentiell: Die ins Deutsche integrierte Schreibweise *sequenziell* (angeschlossen an die Schreibung von *Sequenz*) ist die Hauptvariante, die fremdsprachige Form *sequentiell* die zulässige Nebenvariante. § 32 (2)

se|quen|zi|ẹll, se|quen|ti|ẹll
Se|quẹs|ter [lat.] **1.** *n. 5* abgestorbenes Gewebe-, *bes.:* Knochenstück; **2.** *m. 5* behördlich eingesetzter Verwalter oder Verwahrer
Se|ques|tra|ti|o̲n *auch:* **Se|quest|ra|ti|o̲n** *f. 10* Verwaltung, Verwahrung durch einen Sequester
se|ques|tri̲e|ren *auch:* **se|quest|ri̲e|ren** *tr. 3* durch einen Sequester verwalten, verwahren
Se|quo̲|ia, Se|quo̲|ie [-jə, Indianerspr.] *f. 11* ein nordamerik. Nadelbaum
Se̲|ra *Pl. von* Serum
Sé|rac [serak, frz.] *m. 9* Eisblock, Eiszacke auf Gletschern
Se̲|ra|fim *m. Gen.* -s *Pl.* -e *oder* -fim s. **Se̲|ra|phim**
se|ra̲|fisch s. **se|ra̲|phisch**
Se|rai̲l [auch: -ra̲j, frz.] *n. 9* Palast (des osman. Sultans)
Se̲|ra|phim, Se̲|ra|fim [hebr.] *m. Gen.* -s *Pl.* -e *oder* -phim, *AT:* sechsflügeliger Engel
se|ra̲|phisch, se|ra̲|fisch engelgleich, erhaben
Se|ra̲|pis, Sa|ra̲|pis *ägypt. Myth.:* Gott der Unterwelt
Sẹr|be *m. 11* Angehöriger eines südslaw. Volkes
Sẹr|bi|en Teilrepublik der Bundesrepublik Jugoslawien
Sẹr|bin *f. 10*
sẹr|bisch
Sẹr|bisch *n. Gen.* -(s) *nur Sg.* vgl. deutsch, Deutsch
Ser|bo|kro|a̲|tisch Staatssprache im ehem. Jugoslawien
se|re̲n [lat.] *veraltet:* heiter
Se̲|ren *Pl. von* Serum
Se|re|na̲|de [ital.] *f. 11* **1.** abendliches Ständchen, Abendmusik; **2.** meist mehrsätziges, freies Instrumentalstück
Se|ren|ge̲|ti *f. Gen.* - naturgeschützte Savannenlandschaft in Tansania
Se|re|nịs|si|mus [lat.] *m. Gen.* - *Pl.* -mi **1.** *Titel für* regierender Fürst, Durchlaucht; **2.** *scherzh.:* Fürst eines Kleinstaates
Se|re|ni|tä̲t *f. 10 nur Sg., veraltet:* Heiterkeit
Serge [zẹrʒ, frz.] *f. 11, österr. auch m. 11* Futterstoff aus Seide, Zell- oder Baumwolle in Köperbindung
Ser|geant [zɛrʒa̜nt, frz.] *m. 10* Unteroffizier
Se̲|rie [-riə, schweiz.: -ri̲, lat.] *f. 11* Reihe, Folge, gleichartige Gruppe (z. B. von Sammelgegenständen)
se|ri|ẹll *Mus.:* vorgegebene Tonreihen verwendend, darauf aufbauend; serielle Musik: Form der Zwölftonmusik
se̲|ri|en|mä|ßig
Se̲|ri|en|pro|duk|ti|on *f. 10*
Se̲|ri|en|schal|tung *f. 10*
se̲|ri|en|wei|se
Se|ri̲|fe [lat.-frz.] *f. 11, in Antiquaschriften:* kleiner Querstrich am Kopf und Fuß mancher Buchstaben
se|ri̲|fen|los
Se|ri|gra|phi̲e *auch:* **Se|ri|gra|fi̲e** [lat. + griech.] *f. 11* Siebdruck
se|ri|ö̲s [lat.-frz.] ernst, ernst gemeint, gediegen
Se|ri|o|si|tä̲t *f. 10 nur Sg.*
Ser|mo̲n [lat.] *m. 1* **1.** *veraltet:* Rede; **2.** *heute:* langweiliger Vortrag, Strafpredigt
Se|ro|di|a|gnọs|tik *auch:* **Se|ro|di|ag|nọs|tik** [lat. + griech.] *f. 10* Erkennung von Krankheiten aus dem Blutserum oder der Gehirn- und Rückenmarksflüssigkeit
se|ro|di|a|gnọs|tisch *auch:* **se|ro|di|ag|nọs|tisch**
Se|ro|lo̲|ge *m. 11*
Se|ro|lo|gi̲e *f. 11 nur Sg.* Lehre vom Blutserum
se|ro|lo̲|gisch
se|rö̲s serumhaltig, serumähnlich
Se|ro|the|ra|pi̲e *f. 11 nur Sg.* Heilbehandlung mit Serum
Ser|pen|ti̲n [lat.] *m. 1* ein Mineral
Ser|pen|ti̲|ne *f. 11* **1.** Windung, Schlangenlinie, Kehre; **2.** in Kehren ansteigender Weg an Berghängen
Se̲|rum [lat.] *n. Gen.* -s *Pl.* -ra *oder* -ren wässriger, nicht gerinnender Bestandteil des Blutes und der Lymphe
Sẹr|val [-va:l, port.] *m. 1 oder m. 9* eine afrik. Raubkatze

S

Ser|ve|la [-və-] *f. 9 oder m. 9, schweiz. für* Cervelat
Ser|ve|lat|wurst [-və-] *f. 2* = Zervelatwurst
Ser|ver [səvə(r), engl.] *m. Gen.* -s *Pl.* - Computer innerhalb eines Netzwerks, der für die Bereitstellung von bestimmten Dateien und Diensten sorgt
Ser|vice **1.** [zɛrvis, frz.] *n. Gen.* - *oder* -s [-visəs] *Pl.* - [-visə] zusammengehöriges Essgeschirr, z. B. Kaffeeservice; Gedeck; **2.** [səvıs, engl.] *m. Gen.* - *Pl.* -s [-vısız] Kundendienst, Bedienung **3.** [səvıs, engl.] *m. Gen.* - *nur Sg., Tennis:* Aufschlagball
Ser|vice|point [səvıspɔınt, engl.] *m. 9,* **Ser|vice|stel|le** [səvıs-] *f. 11* Informationsschalter (z. B. in Kaufhäusern)
Ser|vice|wel|le [səvis-] *f. 11* Rundfunksendung mit Unterhaltungsmusik, Angaben über den Autoverkehr, Suchmeldungen u. a.
ser|vie|ren [-vi-] *tr. u. intr. 3* Speisen auftragen, bei Tisch bedienen
Ser|vie|re|rin [-vi-] *f. 10*
Ser|vier|tisch [-vir-] *m. 1*
Ser|vi|et|te [-vi-] *f. 11* Mundtuch
Ser|vi|et|ten|ring [-vi-] *m. 1*
ser|vil [-vil, lat.] unterwürfig
Ser|vi|li|tät [-vi-] *f. 10 nur Sg.*
Ser|vit [-vit] *m. 10* Angehöriger des Bettelordens der Diener Mariä
Ser|vi|tut [-vi-] *n. 1* Nutzungsrecht (an einer fremden Sache)
Ser|vo|an|trieb [-vo-] *m. 1* Zusatzantrieb zur Leistungsunterstützung von Motoren
Ser|vo|ge|rät [-vo-] *n. 1* Hilfsgerät für schwer zu handhabende Steuerungen
Ser|vo|len|kung [-vo-] *f. 10 nur Sg.* Lenkhilfe
Ser|vo|mo|tor [-vo-] *m. 13* Hilfsmotor
ser|vus! [-vus] *bair., österr.:* freundschaftl. Gruß
Se|sam [semit.-lat.] *m. 9* eine Ölpflanze; S. öffne dich!: Zauberformel in einem Märchen aus 1001 Nacht
Se|schel|len *Pl.* s. **Sey|chel|len**
Ses|sel *m. 5*
Ses|sel|bahn *f. 10*
Ses|sel|lift *m. 1*
sess|haft (*alt:* seß|haft)
Sess|haf|tig|keit (*alt:* Seß|haf|tigkeit) *f. 10 nur Sg.*
Ses|si|on *f. 10* Sitzung, Sitzungsperiode
Ses|ter [lat.] *m. 5* altes Hohlmaß, Scheffel, 15 Liter
Ses|terz *m. 1* altröm. Silbermünze, $^1/_4$ Denar
Ses|ter|zi|um *n. Gen.* -s *Pl.* -zi|en 1000 Sesterze
Ses|ti|ne *f. 11* **1.** sechszeilige Strophe; **2.** Gedicht aus sechs Strophen zu je sechs Zeilen mit fünffüßigen Jamben und einer dreizeiligen Strophe am Ende
Set [engl.] *n. 9* **1.** mehrere gleiche zusammengehörige Gegenstände, Satz; **2.** kleines Tischdeckchen aus Stoff oder Bast für ein Gedeck
Set|te|cen|tist [-tʃɛn-] *m. 10* Künstler des Settecento
Set|te|cen|to [-tʃɛn-, ital. »siebenhundert« (nach 1000)] *n. Gen.* -(s) *nur Sg.* die künstlerische Stilepoche des 18. Jh. in Italien
Set|ter [engl.] *m. 5* engl. Vorsteh- und Stöberhund
Set|tle|ment *auch:* **Sett|le|ment** [settl-, engl.] *n. 9, engl. Bez. für* Niederlassung, Ansiedlung
Setz|ei *n. 3* Spiegelei
set|zen *tr. u. refl. 1;* ich setze darauf, dass …: ich vertraue darauf; ich setze (20 Euro) auf das Pferd: ich wette; einen Text in Musik s.: komponieren; Junge setzen *Jägerspr.:* zur Welt bringen (vom Haarwild außer Schwarzwild)
Set|zer *m. 5* Schriftsetzer
Set|ze|rei *f. 10*
Setz|ha|se *m. 11, Jägerspr.:* Häsin
Setz|lat|te *f. 11* Richtscheit
Setz|ling *m. 1* **1.** junge Pflanze, die in die Erde gepflanzt wird oder worden ist; **2.** junger Fisch, der zur Zucht in einen Teich gesetzt wird
Setz|ma|schi|ne *f. 11*
Setz|milch *f. 10* saure Milch
Set|zung *f. 10*
Setz|waa|ge *f. 11* = Wasserwaage
Seu|che *f. 11*
Seu|chen|ge|fahr *f. 10*
Seu|chen|herd *m. 1*
seuf|zen *intr. 1*
Seuf|zer *m. 5*
Seuf|zer|brü|cke *f. 11 nur Sg.* Brücke zum einstigen Staatsgefängnis von Venedig
Se|ve|rin [-və-] männl. Vorname
Se|vil|la [-vilja, span. -vija] Stadt in Spanien
Sè|vres|por|zel|lan *auch:* **Sè|vres-por|zel|lan** [sɛvrə-] *n. 1* Porzellan aus der frz. Stadt Sèvres
Sex [lat.] *m. Gen.* -es *nur Sg., Kurzwort für* Sexus, Geschlecht, Geschlechtlichkeit; *ugs.:* Sexappeal
Se|xa|ge|si|ma [lat.] *ohne Artikel* 60. Tag (achter Sonntag) vor Ostern; Sonntag S.
se|xa|ge|si|mal auf der Zahl 60 aufbauend, sechzigteilig
Se|xa|ge|si|mal|sys|tem *n. 1*

> **Sexappeal:** Die Bildung aus zwei Substantiven wird zusammengeschrieben: *der Sexappeal.* Als Variante ist die Bindestrichschreibung möglich: *der Sex-Appeal.* § 37 (1)

Sex|ap|peal (*alt:* Sex-ap|peal) [-əpil, engl.] *m. Gen.* -s *nur Sg.* Anziehungskraft (bes. einer Frau) auf das andere Geschlecht
Sex|bom|be *f. 11, ugs. derb:* Frau mit starkem sexuellen Reiz
Sex|film *m. 1*
Se|xis|mus *m. Gen.* - *nur Sg.* Überbewertung der geschlechtl. Unterschiede zwischen Mann und Frau, die zur Benachteiligung der Frau führt
se|xis|tisch bes. gegenüber Frauen geschlechtsspezifisch herabsetzend
Sex|muf|fel *m. 5, ugs. scherzh.:* jmd., der für Sexuelles, für Erotik keinen Sinn hat
Se|xo|lo|ge *m. 11*
Se|xo|lo|gie *f. 11 nur Sg.* Sexualforschung
Sex|shop [-ʃɔp] *m. 9* Geschäft, in dem Bücher sexuellen Inhalts und Gegenstände zur sexuellen Anregung verkauft werden
Sext *f. 10* = **Sex|te**
Sex|ta [lat.] *f. Gen.* - *Pl.* -ten unterste Klasse des Gymnasiums
Sext|ak|kord *m. 1* erste Umkehrung eines Dreiklangs, Akkord aus Grundton, Terz und Sexte
Sex|ta|ner *m. 5* Schüler der Sexta
Sex|tant *m. 10* astronom. Winkelmessinstrument
Sex|te *f. 11,* **Sext** *f. 10* **1.** sechster Ton der diaton. Tonleiter; **2.** Intervall von sechs Tönen
Sex|tett *n. 1* Musikstück für sechs Instrumente oder Singstimmen sowie die Ausführenden
Sex|to|le *f. 11* Gruppe von sechs

S

Noten im Taktwert von vier Noten
se|xu|al..., Se|xu|al... [lat.] *in Zus.:* geschlechts..., Geschlechts...
se|xu|al s. **se|xu|ell**
Se|xu|al|de|likt *n. 1* Delikt auf sexuellem Gebiet
Se|xu|al|er|zie|hung *f. 10 nur Sg.*
Se|xu|al|e|thik *f. 10 nur Sg.*
Se|xu|al|for|schung *f. 10*
Se|xu|al|hor|mon *n. 1*
Se|xu|al|hy|gi|e|ne *f. 11 nur Sg.* Wissenschaft von allen mit dem Geschlechtsleben zusammenhängenden gesundheitl. Fragen
Se|xu|a|li|tät *f. 10 nur Sg.* Geschlechtlichkeit
Se|xu|al|kun|de *f. 11 nur Sg.*
Se|xu|al|or|gan *n. 1* Geschlechtsorgan
Se|xu|al|päd|a|go|gik *auch:* **Se|xu|al|pä|da|go|gik** *f. 10 nur Sg.*
Se|xu|al|psy|cho|lo|gie *f. 11 nur Sg.*
Se|xu|al|trieb *m. 1 nur Sg.*
Se|xu|al|ver|bre|chen *n. 7* Sittlichkeitsverbrechen
Se|xu|al|wis|sen|schaft *f. 10 nur Sg.* Wissenschaft zur Erforschung des Geschlechtslebens
se|xu|ell, se|xu|al das Geschlechtliche betreffend, auf ihm beruhend, geschlechtlich
Se|xus *m. Gen. - nur Sg.*
se|xy [engl.] *ugs.:* geschlechtlich anziehend, reizvoll
Sey|chel|len [zeʃɛl-], Se|schel|len *Pl.* Inselgruppe und Staat im Ind. Ozean
se|zer|nie|ren [lat.] *tr. 3* entfernen, abtrennen, absondern
Se|zes|si|on [lat.] *f. 10* **1.** Trennung, Loslösung; **2.** Name einer Künstlergruppe, die sich von einer bestehenden Künstlergemeinschaft losgelöst hat; **3.** Streben der nordamerik. Südstaaten, sich von den Nordstaaten zu trennen (1861-1865)
Se|zes|si|o|nist *m. 10* Angehöriger einer Sezession (2)
se|zes|si|o|nis|tisch
Se|zes|si|ons|krieg *m. 1 nur Sg.* Krieg zwischen den nordamerikanischen Süd- und Nordstaaten (1861-1865)
Se|zes|si|ons|stil *m. 1 nur Sg.* der Kunststil der Wiener Sezession, die österreichische Richtung des Jugendstils
se|zie|ren [lat.] *tr. 3* **1.** anatomisch untersuchen, zerlegen (Leiche); **2.** *übertr., ugs.:* genau untersuchen
Se|zier|mes|ser *n. 5*
sf *Abk. für* sforzando, sforzato
SFB *Abk. für* Sender Freies Berlin

s-förmig/S-förmig, s-Genitiv:
Man setzt einen Bindestrich in Zusammensetzungen mit Einzelbuchstaben, Abkürzungen oder Ziffern: *s-förmig* (auch: *S-förmig*), *s-Genitiv.* § 40

S-för|mig = **s-för|mig** [ɛs-]
sfor|zan|do, sfor|za|to (*Abk.:* sf) *Mus.:* betont, mit starkem Ton, akzentuiert
Sfor|zan|do, Sfor|za|to *n. Gen.* -(s) *Pl.* -s *bzw.* -ti, *Mus.:* starke Betonung
sfr., *schweiz.:* sFr., *Abk. für* Schweizer Franken
sfu|ma|to [ital.] mit weichen, verschwimmenden Umrissen (gemalt)
SG *Abk. für* Sportgemeinschaft
s-Ge|ni|tiv [ɛs-] *m. 1*
Sgraf|fi|to [ital.] *n. Gen.* -(s) *Pl.* -s *oder* -ti wetterbeständige, in die noch feuchte, helle Tünche (auf dunkler Grundierung) eingeritzte Zeichnung
sh, s *Abk. für* Shilling
Shag [ʃæg, engl.] *m. 9 nur Sg.* fein geschnittener Pfeifentabak
Shag|pfei|fe [ʃæg-] *f. 11* Tabakpfeife mit kleinem Kopf für fein geschnittenen Tabak
Shake [ʃɛɪk, engl.] **1.** *m. 9* ein Mischgetränk; **2.** *n. 9, Jazz:* Trompeten- oder Posaunenvibrato über einer Note; Betonung einer Note
Shake|hands [ʃɛɪkhændz] *n. Gen. - nur Sg.* Händeschütteln, Händedruck; S. machen
Sha|ker [ʃɛɪkə(r)] *m. 5* Becher zum Mixen von Getränken
Shake|speare *auch:* **Shakes|peare** [ʃɛɪkspi:ə], *William* engl. Schriftsteller
shake|spea|resch *auch:* **shakes|pea|resch, shake|spea|risch** *auch:* **shakes|pea|risch** [ʃɛɪkspi:ə-]; die shakespeareschen *oder:* shakespearischen Dramen
Sham|poo [ʃæmpu:] *n. 9* Haarwaschmittel
Shang|hai *engl. Schreibung von* Schanghai
Shan|ty [ʃæntɪ, engl.] *n. 9* Seemannslied
Sha|ping|ma|schi|ne [ʃɛɪ-, engl.] *f. 11* Waagerechtstoßmaschine
Share [ʃɛ(r), engl.] *m. Gen. - Pl.* -s Kapitalanteil, Aktie
Share|ca|pi|tal (*alt:* Share ca|pi|tal) [ʃɛ(r)kæpɪtl] *n. 9* Stammkapital
Share|hol|der [ʃɛ(r)hoʊldə(r)] *m. 9* Aktionär
Share|hol|der|va|lue (*alt:* Share-hol|der Va|lue) [ʃɛ(r)hoʊldə(r)-vɛlju] *m. Gen.* -s *Pl.* -s Kapitalanteil von Aktionären, Unternehmenswert
Share|ware [ʃɛ(r)wɛ:(r), engl.] *f. 9* Software, die zunächst kostenlos getestet werden kann
Shaw [ʃɔ], *George Bernard* engl.-ir. Schriftsteller
Shed|bau [ʃɛd-, engl.] *m. Gen.* -(e)s *Pl.* -ten s. **Sched|bau**
Shed|dach [ʃɛd-] *n. 4* s. **Sched-dach**
Sheng [ʃɛng, chin.] *n. 9* = Mundorgel
She|riff [ʃɛ-, engl.] *m. 9, in Großbritannien und den USA:* höchster Vollzugsbeamter einer Grafschaft
Sher|lock Holmes [ʃəlɔk hoʊmz] Name eines Detektivs in Romanen von C. Doyle
Sher|pa [ʃɛr-, tibet.] *m. 9 oder Gen. - Pl. -* Angehöriger eines Volksstammes im Himalaya, meist als Lastträger bei Himalaya-Expeditionen tätig
Sher|ry [ʃɛrɪ, engl. Form von Jerez] *m. 9* ein süßer bis trockener Dessertwein der span. Stadt Jerez de la Frontera
Shet|land [ʃɛt-, nach den britischen Shetlandinseln] *m. 9* ein grau melierter Wollstoff
Shet|land|in|seln [ʃɛt-] *Pl.*
Shet|land|po|ny [ʃɛt-] *n. 9*
Shil|ling [ʃɪl-, engl.] *m. 9, nach Zahlen Pl. auch: -* (*Abk.:* s, sh) bis 1971 Währungseinheit in Großbritannien
Shim|my [ʃɪm-, engl.] *m. 9* ein nordamerik. Gesellschaftstanz der 20er Jahre
Shin|to|is|mus [ʃɪn-] *m. Gen. - nur Sg.* s. **Schin|to|is|mus**
Shirt [ʃœ(r)t, engl.] *n. 12* kurzes Hemd
Shit [ʃɪt, engl.] *n. 9 nur Sg., ugs.:* Haschisch
Shi|va [ʃiva] s. **Schi|wa**
sho|cking [ʃɔkɪŋ, engl.] *unflektierbar:* anstößig, den Anstand, die gute Sitte verletzend

S

Shod|dy [ʃɔdı, engl.] *n. Gen.* -s *nur Sg.* Garn aus Woll- oder Seidenlumpen, Reißgarn
Sho|gun [ʃo-, jap.] *m. 1, früher jap. Titel für* Feldherr
Shoo|ting|star (*alt:* Shoo|ting-star) [ʃu:tıŋsta:(r), engl.] *m. 9* **1.** Sternschnuppe; **2.** *übertr.:* Aufsteiger mit Blitzkarriere, »Senkrechtstarter«
Shop [ʃɔp, engl.] *m. 9* Laden, Geschäft
shop|pen [ʃɔpən, engl.] *intr. 3* einkaufen, einen Einkaufsbummel machen
Shop|ping [ʃɔpıŋ] *n. Gen.* -s *nur Sg.* Einkaufsbummel

Shoppingcenter, Showmaster: Bildungen aus Substantiv bzw. Adjektiv oder Verb/Partizip und einem Substantiv schreibt man zusammen. Diese Regel gilt auch für fremdsprachige Bildungen: *Shoppingcenter, Showmaster.* § 37 (1)

Shop|ping|cen|ter (*alt:* Shop|ping-cen|ter) [ʃɔpıŋsentə(r)] *n. 5, engl. Bezeichnung für* Einkaufszentrum
Shore|här|te [ʃɔ(r)-, nach dem engl. Physiker Shore] *f. 11, Maßbez. für* die Härte von Metallen, Fallhärte
Short|drink [ʃɔ(r)t-, engl.] *m. 9* unverdünntes, stark alkohol. Getränk; *Ggs.:* Longdrink
Shorts [ʃɔ(r)ts] *Pl.* kurze Sommerhosen
Short|sto|ry *auch:* **Short Sto|ry** (*alt:* Short-Sto|ry) [ʃɔ(r)tstɔ:rı] *f. 9* Kurzgeschichte, Kurznovelle
Shor|ty [ʃɔ(r)-] *m. 9* Damenschlafanzug mit kurzem Höschen, *auch:* kurzes Höschen
Show [ʃoʊ, engl.] *f. 9* Schau, unterhaltende Darbietung
Show|biz [ʃoʊbis, engl.] *n. Gen.* - *nur Sg., kurz für* Showbusiness
Show|busi|ness (*alt:* Show|busi-neß) [ʃoʊbiznis] *n. Gen.* - *nur Sg.*

Show-down/Showdown: Man setzt einen Bindestrich in substantivisch gebrauchten mehrteiligen Ausdrücken: *der Show-down.* § 43
Zusammenschreibung ist möglich, wenn der letzte Bestandteil des Ausdrucks kein Substantiv ist: *der Showdown.* § 37 (2)

Show|down *Nv.* **Show-down** *Hv.* [ʃoʊdaʊn] *n. 9* **1.** *in Wildwestfilmen:* entscheidender (meist blutiger) Kampf zwischen den beiden Helden; **2.** *allg.:* Macht-, Kraftprobe
Show|ge|schäft [ʃoʊ-] *n. 1 nur Sg., Sammelbez. für* alle öffentl. Darbietungen der Unterhaltungsindustrie
Show|mas|ter [ʃoʊma:stə(r)] *m. 9* Conférencier bei einer Show
Show|view® [ʃoʊvju:] *n. Gen.* - *nur Sg.* Programm, das die Videoprogrammierung über vorgegebene Zahlenreihen ermöglicht
Shred|der [ʃrẹd-, engl.] *m. 5* s. **Schrẹd|der**
Shrịmp, **Schrịmp** *m. 9*
Shuf|fle|board *auch:* **Shuff|le-board** [ʃʌflbɔ:(r)d, engl.] *n. Gen.* -s *nur Sg.* ein Rasenspiel
Shunt [ʃʌnt, engl.] *m. 9* Vorschaltwiderstand zur Veränderung des Messbereichs z. B. eines Amperemeters
Shut|tle *auch:* **Shutt|le** [ʃʌtl, engl.] *n. 9 oder m. 9 Kurzwort für* Spaceshuttle
Si *chem. Zeichen für* Silicium
Sị|al [Kurzwort aus Silicium und Aluminium] *n. Gen.* -s *nur Sg.* oberster Teil der Erdkruste
Si̱|am *früherer Name von* Thailand
Si|a|me̱|se *m. 11* Einwohner von Siam
Si|a|me̱|sin *f. 10*
si|a|me̱|sisch; siamesische Zwillinge: zusammengewachsene Zwillinge
Si̱|am|kat|ze *f. 11*
Si|bi|lạnt [lat.] *m. 10* Zischlaut, z. B. s, sch
Si|bi̱|ri|en russ. Teil von Nordasien
Si|bi̱|ri|er *m. 5*
si|bi̱|risch
Si|byl|la, Si|byl|le, Si|bịl|la, Si|bịl|le weibl. Vorname
Si|byl|le *f. 10, im alten Griechenland:* Wahrsagerin
si|byl|li̱|nisch weissagend, geheimnisvoll; die sibyllinischen Bücher: die Bücher der Sibylle von Cumae
sic! [sịk, lat.] (wirklich) so! (z. B. als Randbemerkung bei ungewöhnl. Ausdrücken oder Schreibungen im Text)
sịch; sich beeilen; hinter, vor, in sich
Sị|chel *f. 11*
sị|cheln *tr. 1* mit der Sichel mähen

sicher gehen, auf Nummer Sicher/sicher gehen: Die Fügung aus Adjektiv und Verb schreibt man getrennt, wenn das Adjektiv steigerbar oder erweiterbar ist: *Sie konnten auf dem befestigten Weg (sehr) sicher/sicherer gehen.* § 34 E3 (3)
Auch bei *sein* gilt Getrenntschreibung: *Sie konnten sicher sein, dass …* § 35
Die substantivierte Form schreibt man groß: *das Sichere/Sicherste; im Sichern.* § 57 (1)
Auch: *auf Nummer Sicher gehen* (neben: *auf Nummer sicher gehen*).

sị|cher; ich weiß es aus sicherer Quelle; es ist das Sicherste, wenn wir …; im Sichern sein; das Sicherste (das sicherste Verhalten) wäre …; er sitzt auf Nummer Sicher *oder:* sicher *ugs.:* im Gefängnis; ich gehe auf Nummer Sicher *oder:* sicher *ugs.:* ich gehe den sichersten Weg; auf dem vereisten Weg kann man nicht sicher gehen; *aber:* → sichergehen; ein sicher wirkendes Mittel

sichergehen, sicherstellen: Die Fügungen schreibt man im Infinitiv, Partizip und am Ende eines Nebensatzes zusammen: *Sie wollten sichergehen* (= sich vergewissern). *Die Polizei konnte das Fluchtauto sicherstellen* (= in polizeilichen Gewahrsam nehmen). § 34 (2.2)

sị|cher|ge|hen *intr. 47* sicher sein; sich einer Sache vergewissern
Sị|cher|heit *f. 10* **1.** *nur Sg.* Gewissheit, sichere Beschaffenheit; **2.** Bürgschaft, Pfand; gewisse Sicherheiten geben, fordern
Sị|cher|heits|ab|stand *m. 2*
Sị|cher|heits|dienst *m. 1*
Sị|cher|heits|glas *n. 4* splitterfreies Glas
Sị|cher|heits|gurt *m. 1*
sị|cher|heits|hal|ber
Sị|cher|heits|kräf|te *nur Pl.*
Sị|cher|heits|na|del *f. 11*
Sị|cher|heits|po|li|tik *f. 10 nur Sg.*
Sị|cher|heits|rat *m. 2 nur Sg.* ein Organ der UN
Sị|cher|heits|schloss (*alt:* Sị|cher-heits|schloß) *n. 4*
Sị|cher|heits|ven|til [-vɛn-] *n. 1*

S

Si|cher|heits|vor|keh|rung *f. 10*
Si|cher|heits|ver|schluss (*alt:* Si|cher|heits|ver|schluß) *m. 2*
si|cher|lich
si|chern **1.** *tr. 1;* **2.** *intr. 1, Jägerspr.:* den Wind prüfen; das Reh, der Hirsch sichert
si|cher|stel|len *tr. 1* beschlagnahmen, in Sicherheit bringen
Si|cher|stel|lung *f. 10*
Si|che|rung *f. 10*
Si|che|rungs|ko|pie *f. 11, EDV*
Si|che|rungs|ver|wah|rung *f. 10 nur Sg.*
si|cher wir|kend (*alt:* si|cher|wir|kend)
Sich|ler *m. 5* ein Schreitvogel mit sichelförmigem Schnabel
Sicht *f. 10 nur Sg.;* auf lange, kurze Sicht; in, außer Sicht sein
sicht|bar
Sicht|bar|keit *f. 10 nur Sg.*
sicht|bar|lich *veraltet für* sichtlich
Sicht|be|ton [-tõ] *m. Gen.* -s *nur Sg., bei Bauwerken:* unverputzter, unverkleideter Beton
sich|ten *tr. 2* **1.** erblicken; **2.** prüfend, auswählend durchsehen
Sicht|flug *m. 2* Flug mit ausreichender Sicht auf den Boden und entsprechender Orientierung
Sicht|ge|schäft *n. 1* Geschäft mit bestimmten Fristen
sich|tig klar (Wetter)
Sich|tig|keit *f. 10 nur Sg.*
sicht|lich
Sicht|schutz *m. Gen.* -es *nur Sg.* Schutz vor unerwünschten Blicken
Sicht|tag *m. 1* Tag, an dem etwas (z. B. Wechsel) vorgezeigt, vorgelegt wird
Sich|tung *f. 10 nur Sg.*
Sicht|ver|merk *m. 1*
Sicht|wech|sel [-ks-] *m. 5* Wechsel, der bei Vorlage oder eine bestimmte Zeit danach fällig wird
Sicht|wei|te *f. 11;* in S. bleiben, außer S. sein
Sicht|wer|bung *f. 10* Werbung an weithin sichtbarer Stelle, z. B. an Litfaßsäulen
Si|cke *f. 11* **1.** Randwulst, Randversteifung; bogenförmige Rille; **2.** *Jägerspr.:* Vogelweibchen (bes. von Wachtel und Drossel)
si|cken *tr. 1* mit einer Sicke (1) versehen
Si|cker|gru|be *f. 11* Senkgrube
si|ckern *intr. 1*
Si|cker|was|ser *n. 5 nur Sg.*
sic tran|sit glo|ria mun|di [sik - - -, lat.] so vergeht der Ruhm der Welt
Side|board [saɪdbɔ:(r)d, engl.] *n. 9* niedriger, breiter Schrank, bes. für Geschirr
si|de|risch **1.** [lat.] auf die Fixsterne bezogen, zu den Fixsternen gehörig; siderisches Jahr: Sternenjahr; siderische Umlaufzeit; **2.** [griech.] aus Eisen bestehend; siderisches Pendel: Pendel, das in der Hand mancher Menschen über Wasser- oder Erzadern ausschlägt
Si|de|rit *m. 1* ein Mineral, Eisenspat
Si|de|ro|lith *m. 1 oder m. 10* ein eisenhaltiger Meteorit
Si|de|ro|lo|gie *f. 11 nur Sg.* Lehre vom Eisen
si|de|ro|phil sich gern mit Eisen verbindend

Sie: In der höflichen Anrede schreibt man das Anredepronomen *Sie*, das entsprechende Possessivpronomen *Ihr* sowie alle zugehörigen flektierten Formen groß: *Würden Sie mir helfen? Geht es Ihnen gut? Ist das Ihr Auto? Bestehen Ihrerseits Alternativen?* § 65

sie *Großschreibung* **1.** *in der veralteten Anrede für weibl. Untergebene;* das lasse Sie künftig bleiben!; **2.** *in der Anrede an eine oder mehrere Personen, gleich welchen Geschlechts;* bitte setzen Sie sich; jmdn. Sie nennen
Sie *f. Gen. - nur Sg., ugs.:* weibl. Person oder weibl. Tier; ein Er und eine Sie
Sieb *n. 1*
Sieb|bein *n. 1* Schädelknochen vor dem Keilbein
Sieb|druck *m. 1* Druckverfahren, bei dem die Druckfarbe durch ein feines Sieb gedrückt wird
sie|ben *tr. 1* durch ein Sieb schütten
sie|ben 7; wir sind sieben, zu sieben, zu siebent, zu siebt; **1.** *Kleinschreibung:* die sieben Bitten des Vaterunsers; die sieben Sakramente; das ist mir ein Buch mit sieben Siegeln *übertr.:* davon verstehe ich überhaupt nichts; die sieben Todsünden; die sieben Schwaben; Schneewittchen und die sieben Zwerge; die sieben freien Künste; die sieben Weltwunder; **2.** *Großschreibung:* Sieben gegen Theben; *Zus.* vgl. acht
Sie|ben *f. 7* die Zahl 7; die böse Sieben; *Zus.* vgl. Acht
sie|ben|ar|mig; siebenarmiger Leuchter
Sie|ben|bür|gen histor. Landschaft in Rumänien
Sie|ben|bür|ger *m. 5*
sie|ben|bür|gisch
sie|ben|ge|scheit übergescheit, naseweis, neunmalklug
Sie|ben|ge|stirn *n. 1 nur Sg.* Sternbild der Plejaden
sie|ben|jäh|rig; *aber:* der Siebenjährige Krieg
sie|ben|mal vgl. achtmal
Sie|ben|mei|len|stie|fel *Pl.*
Sie|ben|mo|nats|kind *n. 3* sieben Monate nach der Empfängnis geborenes Kind
Sie|ben|punkt *m. 1* Marienkäfer
Sie|ben|sa|chen *Pl., ugs.:* Habseligkeiten, kleines Gepäck
Sie|ben|schlä|fer *m. 5* **1.** *nur Sg.* Fest der sieben Schläfer am 27. Juni; **2.** ein Nagetier, Schlafmaus, Bilch
Sie|ben|schritt *m. 1 nur Sg.*
Sie|ben|sprung *m. 2 nur Sg.* ein Volkstanz
Sie|ben|stern *m. 1* ein Primelgewächs
sie|ben|te, sieb|te; im siebenten Himmel schweben; vgl. achte
sie|ben|tel, sieb|tel vgl. achtel
Sie|ben|tel, Sieb|tel *n. 5* vgl. Achtel
sie|ben|tens, sieb|tens
Sie|ben|zahl *f. 10 nur Sg.*
sieb|te s. **sie|ben|te**
Sieb|tel *n. 5* s. **Sie|ben|tel**
sieb|tens s. **sie|ben|tens**
sieb|zehn
sieb|zig vgl. achtzig
siech lange krank, gebrechlich
sie|chen *intr. 1* lange krank sein, *meist:* dahinsiechen
Sie|chen|haus *n. 4, veraltet:* Pflegeheim
Siech|tum *n. Gen.* -s *nur Sg.* Zustand des ständigen Krankseins
Sie|de *f. 11* gesottenes Viehfutter
Sie|de|grad *m. 1*
Sie|de|hit|ze *f. 11 nur Sg.*
Sie|del|land *n. 4*
sie|deln *intr. 1;* ich siedele, siedle
sie|den **1.** *tr. 139* kochen; Gebratenes und Gesottenes; **2.** *intr. 2;* siedend heißes Wasser, das Wasser ist siedend heiß, es überlief mich siedend heiß

S

Sie|de|punkt *m. 1*
Sie|der *m. 2*
Sied|fleisch *n. 1 nur Sg., schwäb., schweiz.:* gekochtes Fleisch
Sied|ler *m. 5*
Sied|lung *f. 10*
Sied|lungs|ge|biet *n. 1*
Sied|lungs|haus *n. 4*
Sieg *m. 1*
Sie|gel *n. 5*
Sie|gel|baum *m. 2* ein Bärlappbaum des Devons, Karbons und Perms, Sigillarie
Sie|gel|kun|de *f. 11 nur Sg.* Wiss. von den Siegeln, Sphragistik
Sie|gel|lack *m. 1*
sie|geln *tr. 1*
Sie|gel|ring *m. 1*
Sie|gel|zy|lin|der *m. 5* = Rollsiegel
sie|gen *intr. 1;* über jmdn. s.
Sie|ger *m. 5*
Sie|ger|kranz, Sie|ges|kranz *m. 2*
sie|ges|be|wusst (*alt:* sie|ges|bewußt)
Sie|ges|fei|er *f. 11*
sie|ges|ge|wiss (*alt:* sie|ges|ge|wiß); s. ging er an den Start
Sie|ges|ge|wiss|heit (*alt:* Sie|ges|gewiß|heit) *f. 10 nur Sg.*
Sie|ges|göt|tin *f. 10*
Sie|ges|kranz, Sie|ger|kranz *m. 2*
Sie|ges|preis *m. 1*
Sie|ges|säu|le *f. 11*
sie|ges|si|cher
sie|ges|trun|ken
Sie|ges|zug *m. 2*
Sieg|fried, Sig|fried männl. Vorname
sieg|ge|wohnt
sieg|haft
Sieg|lin|de, Sig|lin|de weibl. Vorname
sieg|los
Sieg|mund, Sig|mund, Si|gis|mund männl. Vorname
sieg|reich
Sieg|wurz *f. 1* = Gladiole
sie|he (*Abk.:* s.) vgl. sehen
Siel *m. 1 oder f. 1* **1.** Abwasserkanal; **2.** kleine Deichschleuse
Sie|le *f. 11* Zugriemen am Geschirr der Zugtiere; in den Sielen sterben *übertr.:* mitten in der (schweren) Arbeit sterben
sie|len [zu Siel] *refl. 1;* sich in etwas s.: sich (mit Behagen) in etwas wälzen
Sie|len|ge|schirr *n. 1,* **Sie|len|zeug, Siel|zeug** *n. 1* Pferdegeschirr mit breitem Brustblatt
Sie|mens [nach dem Industriellen Werner von S.] *n. Gen. - Pl. -* (*Abk.:* S) Maßeinheit der elektrischen Leitfähigkeit
Sie|mens-Mar|tin-O|fen *m. 8* (*Kurzwort:* SM-Ofen)
si|e|na [siena, nach der rotbraunen Erde um die ital. Stadt Siena] *unflektierbar:* rotbraun
Si|e|na 1. [siɛ-] Stadt in Italien; **2.** [siena] *n. Gen. -s nur Sg.* rotbraune Farbe
Si|e|ne|se [siɛ-] *m. 11,* **Si|e|ne|ser** *m. 5* Einwohner von Siena
si|e|ne|sisch [siɛ-]
Si|er|ra [span.] *f. Gen. - Pl. -s oder* -ren Gebirgszug, Gebirgskette
Si|er|ra Le|o|ne westafrik. Staat
Si|er|ra-Le|o|ner (*alt:* Si|er|ra|leoner) *m. 5*
si|er|ra-le|o|nisch (*alt:* si|er|ra|leonisch)
Si|es|ta [siɛs-, ital. »sechste« (Tagesstunde)] *f. Gen. - Pl.* -ten Mittagsruhe
sie|zen *tr. 1, ugs.:* mit »Sie« anreden
Sif|flet [-fle, frz.], **Sif|flöt** *m. 9,* **Sif|flö|te** *f. 11* kleines Orgelregister, Flötenzug
Si|gel [lat.] *n. 5,* **Si|gle** *auch:* **Sig|le** [lat.] *f. 11* Wort-, Abkürzungszeichen, z. B. in der Kurzschrift
Sight|see|ing [saitsi:iŋ, engl.] *n. Gen. -s nur Sg., engl. Bez. für* Besichtigung von Sehenswürdigkeiten
Sight|see|ing|tour (*alt:* Sight|seeing-tour) [saitsi:iŋtur] *f. 10*
Si|gil|la|rie [-riə, lat.] *f. 11* Siegelbaum
Si|gle *auch:* **Sig|le** *f. 11* = **Si|gel**
Sig|ma *n. Gen. -(s) Pl. -s (Zeichen:* σ, ς, Σ) griech. Buchstabe
sign. *Abk. für* signatum

♦ Die Buchstabenfolge **si|gn...** kann in Fremdwörtern auch **sig|n...** getrennt werden.

♦ **Si|gna** *Pl. von* Signum
♦ **Si|gnal** [auch: siŋnal, lat.] *n. 1* **1.** Zeichen mit festgelegter Bedeutung; **2.** Warnzeichen
♦ **Si|gnal|buch** *n. 4*
♦ **Si|gna|le|ment** [-mã, frz.] *n. 9, österr., schweiz.:* [-mɛnt] *n. 1* kurze Personenbeschreibung
♦ **Si|gnal|flag|ge** *f. 11, Seew.:* Flagge zum Zeichengeben nach bestimmtem Kode
♦ **Si|gnal|gast** *m. 12, Seew.:* Matrose, der die Signalflaggen bedient
♦ **Si|gnal|horn** *n. 4* Horn zum Blasen von Signalen, z. B. Jagdhorn, Posthorn
♦ **si|gna|li|sie|ren** *tr. 3* **1.** durch Signal(e) übermitteln; **2.** ankündigen
♦ **Si|gna|tar|macht** [lat.] *f. 2* Macht, die einen Vertrag unterzeichnet (hat)
♦ **si|gna|tum** (*Abk.:* sign.) unterzeichnet
♦ **Si|gna|tur** *f. 10* **1.** Zeichen, meist Buchstabe(n) oder Zahl(en); **2.** abgekürzter Namenszug (bei Unterschriften); **3.** *auf Landkarten:* bildl. Zeichen zur Darstellung bestimmter Gegenstände, Kartenzeichen; **4.** *Buchw.:* laufende Nummer auf der ersten Seite eines Druckbogens links unten; **5.** *Buchw.:* Kerbe, Einschnitt am Fuß einer Letter; **6.** *Bibliothekswesen:* Kennzeichen eines Buches, Buchnummer
♦ **Si|gnet** [sinje, siŋnet, signet] *n. 9* Schutzmarke, Druckerei-, Verlags-, Firmenzeichen
♦ **si|gnie|ren** [auch: siŋni-] *tr. 3* mit einem Signum, einer Signatur versehen; ein Buch s.: in ein Buch seinen Namen schreiben (als Verfasser); ein Bild s.: auf ein Bild seinen Namen schreiben (als Maler)
♦ **si|gni|fi|kant** bezeichnend, bedeutsam
♦ **Si|gni|fi|kanz** *f. 10*
♦ **Si|gnor** [sinjor, ital.] *ital. Anrede (vor dem Namen):* Herr; vgl. Signore
♦ **Si|gno|ra** [sinjo-] *f. Gen. - Pl.* -re, *ital. Anrede (allein stehend oder vor dem Namen):* Frau, meine Dame
♦ **Si|gno|re** [sinjo-] *m. Gen. -s Pl.* -ri, *ital. Anrede (ohne Namen):* Herr; vgl. Signor
♦ **Si|gno|ria** [sinjo-] *f. Gen. - Pl.* -rie, *auch:* -ri|en, *in den ital. Stadtstaaten:* oberste Behörde, Rat der Stadt
♦ **Si|gno|ri|na** [sinjo-] *f. Gen. - Pl.* -ne, *ital. Anrede (allein stehend oder vor dem Namen):* Fräulein
♦ **Si|gnum** [auch: si-, lat.] *n. Gen. -s Pl.* -gna **1.** Zeichen, Kennzeichen; **2.** abgekürzter Name
Sig|rid, Sieg|rid weibl. Vorname
Si|grist *auch:* **Sig|rist** [auch: si-] *m. 10, veraltet, noch schweiz.:* Küster, Mesner
Sikh [Sanskrit] *m. 9* Anhänger des Sikhismus

S

Si|khis|mus *m. Gen. - nur Sg.*

Sik|ka|tiv [lat.] *n. 1* Trockenmittel für Ölfarben

Sik|kim indischer Bundesstaat im Himalaya

Si|la|ge [-ʒə, frz.], En|si|la|ge [-sã-] *f. 11* **1.** Einbringen (von Grünfutter) ins Silo; vgl. silieren; **2.** im Silo aufbewahrtes Grünfutter

Sil|be *f. 11*

Sil|ben|rät|sel *n. 5*

Sil|ben|schrift *f. 10* Schrift, deren Zeichen für Silben stehen (nicht für Buchstaben oder Wörter), z. B. die jap. Schrift; vgl. Lautschrift, Bilderschrift

Sil|ben|ste|cher *m. 5* = Wortklauber

Sil|ben|tren|nung *f. 10*

Sil|ber *n. 5 nur Sg.* **1.** (*Zeichen:* Ag) chem. Element, Edelmetall, Argentum; **2.** *ugs.:* silbernes Tafelbesteck oder Tafelgeschirr; **3.** *veraltet:* Hartgeld, Münzen

Sil|ber|blick *m. 1, ugs.:* leichtes Schielen

Sil|ber|bro|kat *m. 1* Brokat mit eingewebten Silberfäden

Sil|ber|dis|tel *f. 11* ein Korbblütler mit silbrig glänzenden Hüllblättern

Sil|ber|draht *m. 2*

Sil|ber|fisch|chen *n. 7* ein ungeflügeltes Insekt

Sil|ber|fuchs [-ks] *m. 2* Unterart des Rotfuchses

Sil|ber|gras *n. 4* eine Zierstaude, Pampasgras

sil|ber|grau

Sil|ber|haar *n. Gen. -(e)s nur Sg., poet.:* silbergraues Haar

sil|ber|hell

Sil|ber|hoch|zeit *f. 10* 25. Wiederkehr des Hochzeitstages

sil|be|rig, sil|b|rig

Sil|ber|ling *m. 1, biblisch:* silberne Münze

Sil|ber|lö|we *m. 11* = Puma

Sil|ber|me|dail|le [-daljə] *f. 11*

Sil|ber|mün|ze *f. 11*

sil|bern **1.** aus Silber; **2.** *übertr.:* wie Silber, hell und klar; silberne Hochzeit; vgl. Silberhochzeit

Sil|ber|ni|trat *auch:* **Sil|ber|nit|rat** *n. 1* salpetriges Silbersalz, ein Ätzmittel, Höllenstein

Sil|ber|pa|pier *n. 1* Aluminiumfolie

Sil|ber|pap|pel *f. 11*

Sil|ber|schmied *m. 1*

Sil|ber|strei|fen *m. 7, in der ugs. Wendung* S. am Horizont: Anlass zur Hoffnung

Sil|ber|tan|ne *f. 11* Edeltanne

sil|ber|weiß

Sil|ber|zeug *n. 1 nur Sg., ugs.:* silbernes Besteck und Geschirr

...sil|big *in Zus.,* z. B. drei-, mehr-, vielsilbig

sil|bisch eine Silbe bildend

...silb|ler, ...silb|ner *m. 5, in Zus.:* Vers mit einer bestimmten Anzahl von Silben, z. B. Achtsilbler, Achtsilbner

silb|rig, sil|be|rig

Sild [norw.], Sill *m. 1* junger Hering

Si|len [griech.] *m. 1, griech. Myth.* **1.** dicker, trunkener Begleiter des Dionysos; **2.** alter Satyr, meist mit Bocksbeinen, stumpfer Nase und Glatze

Si|len|ti|um [-tsjum, lat.] *n., nur als Ausruf* Silentium!: Schweigen!, Ruhe!, *oder in der Wendung* S. gebieten

Sil|hou|et|te [ziluẹtə, nach dem frz. Finanzminister Etienne de S.] *f. 11* Schattenriss, -bild, Scherenschnitt

Si|li|cat *n. 1* s. **Si|li|kat**

Si|li|ci|um *n. Gen. -s nur Sg.* (*Zeichen:* Si) chem. Element

Si|li|con *n. 1* s. **Si|li|kon**

si|lie|ren *tr. 3* ins Silo einbringen (Grünfutter); vgl. Silage

Si|li|fi|ka|ti|on [lat.] *f. 10 nur Sg.* Verkieselung

si|li|fi|zie|ren *tr. 3* verkieseln

Si|li|kat, *fachsprachl.:* Si|li|cat [lat.] *n. 1* Salz der Kieselsäure

Si|li|kon, *fachsprachl.:* Si|li|con *n. 1* sehr beständiger Kunststoff

Si|li|ko|se *f. 11* Erkrankung der Lunge durch ständiges Einatmen von kieselsäurehaltigem Staub, Steinstaublunge

Si|li|zi|um *n. Gen. -s nur Sg., eindeutschende Schreibung von* Silicium

Silk *m. 1* **1.** glänzender Kleiderstoff; **2.** *nur Sg.* Petersilie

Sill *m. 1* s. **Sild**

Si|lo [span.] *n. 9* Speicher für Gärfutter oder Getreide

Si|lu|min® *n. 1 nur Sg.* Legierung aus Aluminium und Silicium

Si|lur [nach dem Volksstamm der Silurer] *n. Gen. -s nur Sg.* eine Formation des Paläozoikums

Si|lu|rer *m. 5* Angehöriger eines vorkelt. Volksstammes in Wales

si|lu|risch

Sil|va|ner [-va-] *m. 5* eine Traubensorte

Sil|ves|ter [-vẹs-, nach dem Papst Silvester I.] *n. Gen. -s nur Sg.* letzter Tag des Jahres, 31. Dezember

Si|ma [lat.] **1.** *f. Gen. - Pl. -men, an antiken Tempeln:* Traufrinne; **2.** *n. Gen. -s nur Sg.* eine durch Silicium- und Magnesiumgehalt gekennzeichnete Schicht der Erdkruste

Sim|bab|we Staat im südl. Afrika

Sim|bab|wer *m. 5*

sim|bab|wisch

Si|me|on männl. Vorname

Si|mi|li [lat.] *n. 9 oder m. 9* Nachahmung (von Edelsteinen)

Si|mi|li|stein *m. 1* unechter Edelstein

Si|mon männl. Vorname, *Nebenform von* Simeon

Si|mo|na, Si|mo|ne weibl. Vorname

Si|mo|nie [nach dem angebl. Wundertäter Simon Magus im 1. Jh.] *f. 11* **1.** Kauf und Verkauf von geistlichen Ämtern; **2.** Erschleichung eines Amtes

si|mo|nisch auf Simonie beruhend

sim|pel [lat.] **1.** einfach; ein simples Beispiel; **2.** einfältig, anspruchslos

Sim|pel *m. 5, süddt.:* Einfaltspinsel, Dummkopf

Sim|perl *n. 14, österr.:* Strohschale, Brotkorb

Sim|pla [lat.] *Pl. von* Simplum

Sim|plex *n. Gen. (-es) Pl. -e oder* -pli|zia einfaches, nicht zusammengesetztes Wort, z. B. Kind, Freundschaft, Schönheit; *Ggs.:* Kompositum

Sim|pli|cis|si|mus **1.** Titelheld eines Romans von H.J. Chr. von Grimmelshausen; **2.** *m. Gen. - nur Sg.* Name einer politisch-satirischen Wochenschrift

sim|pli|ci|ter *veraltet:* schlechthin

Sim|pli|fi|ka|ti|on *f. 10* Vereinfachung

sim|pli|fi|zie|ren *tr. 3* (zu sehr) vereinfachen

Sim|pli|zia *Pl. von* Simplex

Sim|pli|zi|a|de *f. 11* Nachahmung des Romans »Simplicissimus« von Grimmelshausen, Roman um einen einfältigen Menschen im Getriebe der Welt

Sim|pli|zi|tät *f. 10 nur Sg.* Einfachheit, Einfalt

Sim|plum [lat.] *n. Gen. -s Pl. -pla, Wirtschaft:* einfacher Steuersatz

Sims *n. 1* **1.** = Gesims; **2.** Mauervorsprung unter dem Fenster

Sim|sa|la|bim ein Zauberwort
Sim|se *f. 11, Bez. für* verschiedene grasartige Pflanzen
sim|sen *intr. 1* eine SMS schicken
Si|mu|lant [lat.] *m. 10* jmd., der eine Krankheit simuliert
Si|mu|la|ti|on *f. 10* Vortäuschung (einer Krankheit); *Ggs.:* Dissimulation
Si|mu|la|tor *m. 13* Apparat, in dem zu Lehr- und Trainingszwecken Bedingungen hergestellt werden können, wie sie in der Natur gegeben sind, z. B. Flugsimulator
si|mu|lie|ren 1. *tr. 3* vortäuschen (Krankheit); **2.** *intr. 3* sich verstellen, so tun, als ob
si|mul|tan [neulat.] gemeinsam, gleichzeitig
Si|mul|tan|büh|ne *f. 11, MA:* Bühne, auf der alle Schauplätze nebeneinander aufgebaut sind und während des Stücks sichtbar bleiben
Si|mul|tan|dol|met|scher *m. 5* Dolmetscher, der einen Text übersetzt, während dieser noch gesprochen wird
Si|mul|ta|ne|i|tät, Si|mul|ta|ni|tät *f. 10 nur Sg.* Gleichzeitigkeit, Gemeinsamkeit
Si|mul|tan|kir|che *f. 11* Kirche, die von Angehörigen verschiedener Bekenntnisse benutzt wird
Si|mul|tan|schu|le *f. 11* Schule für Kinder verschiedener Bekenntnisse, Gemeinschaftsschule; *Ggs.:* Bekenntnisschule
Si|mul|tan|spiel *n. 1* Schachspiel gegen mehrere Partner gleichzeitig
sin *Abk. für* Sinus
Si|nai [-na|i] **1.** Halbinsel im nördl. Roten Meer; **2.** Gebirgsmassiv auf der Sinaihalbinsel
Sin|an|thro|pus *auch:* **Si|nanth|ro|pus** [lat. + griech.] *m. Gen. - nur Sg.* in China gefundene Frühmenschenform, Pekingmensch
si|ne an|no [lat.] (*Abk.:* s. a.) ohne Jahr (Vermerk in bibliograf. Angaben, wenn das Erscheinungsjahr des Buches nicht angegeben ist); vgl. sine loco
si|ne i|ra et stu|dio ohne Zorn und Eifer (d. h. ohne Hass oder Vorliebe), sachlich
Si|ne|ku|re *f. 11* Pfründe ohne Amtspflichten, einträgliches, müheloses Amt
si|ne lo|co (*Abk.:* s. l.) ohne Ort (Vermerk in bibliograf. Angaben, wenn der Erscheinungsort des Buches nicht angegeben ist)
si|ne lo|co et an|no (*Abk.:* s. l. e. a.) ohne Ort und Jahr (Vermerk in bibliograf. Angaben)
si|ne tem|po|re (*Abk.:* s. t.) ohne Zeit, d. h. ohne akadem. Viertel, pünktlich (bei Zeitangaben für Vorlesungen an Hochschulen); die Vorlesung beginnt um 9 Uhr s. t.; *Ggs.:* cum tempore
Sin|fo|nie [griech.], **Sym|pho|nie** *f. 11* mehrsätziges Musikstück für Orchester
Sin|fo|nie|or|ches|ter, Sym|pho|nie|or|ches|ter [-kɛs-] *n. 5* Name großer Orchester
Sin|fo|ni|et|ta *f. Gen. - Pl.* -ten kleine Sinfonie
Sin|fo|nik, Sym|pho|nik *f. 10 nur Sg.* **1.** Lehre von der sinfon. Gestaltung; **2.** sinfon. Schaffen
Sin|fo|ni|ker, Sym|pho|ni|ker *m. 5* **1.** Komponist von Sinfonien; **2.** Mitglied eines Sinfonieorchesters
sin|fo|nisch, sym|pho|nisch in der Art einer Sinfonie
Sing|a|ka|de|mie *f. 11* Vereinigung für Chorgesang
Sin|ga|pore [-pur] *engl. Schreibung von* Singapur
Sin|ga|pur Stadt und Inselstaat in Südostasien
Sin|ga|pu|rer *m. 5*
sin|ga|pu|risch
sing|bar
Sing|bar|keit *f. 10 nur Sg.*
Sing|dros|sel *f. 11*
sin|gen *tr. u. intr. 140*
Sin|ge|rei *f. 10 nur Sg.*
Sin|gha|le|se *m. 11* Angehöriger eines ind. Volkes auf Sri Lanka
sin|gha|le|sisch
Sin|gle *auch:* **Sing|le** [sɪŋ(g)l] **1.** *n. 9* Einzelspiel zweier Spieler (im Tennis); **2.** *m. 9* allein stehende Person; **3.** *f. 9* kleine Schallplatte
Sing|sang *m. 1 nur Sg.*
Sing|spiel *n. 1* Bühnenstück mit musikal. Einlagen
Sing|stim|me *f. 11*
Sing|stun|de *f. 11*
Sin|gu|lar [lat.] *m. 1* Zahlform des Nomens und Verbs, Einzahl; *Ggs.:* Plural; vgl. Dual
sin|gu|lär einzeln, vereinzelt
Sin|gu|la|re|tan|tum *n. 9, Pl. auch:* Sin|gu|la|ri|a|tan|tum Wort, das nur in der Einzahl vorkommt, z. B. Kälte, Hunger
sin|gu|la|risch im Singular (gebraucht, stehend)
Sin|gu|la|ris|mus *m. Gen. - nur Sg.* Lehre, dass die Welt eine Einheit aus nur scheinbar selbständigen Teilen und auf ein einziges Prinzip zurückzuführen sei; *Ggs.:* Pluralismus (1)
sin|gu|la|ris|tisch
Sin|gu|la|ri|tät *f. 10 nur Sg.* vereinzelte Erscheinung, Seltenheit
Sing|vo|gel *m. 6*
si|nis|ter [lat.] unheilvoll, unselig, unglücklich; eine sinistre Angelegenheit
sin|ken *intr. 141*
Sink|ge|schwin|dig|keit *f. 10*
Sink|kas|ten *m. 8, an Abwasseranlagen:* kastenartige Vertiefung, in der sich Sinkstoffe absetzen können

> **Sinn geben/haben:** Die Fügung aus Substantiv und Verb schreibt man getrennt: *Die Unternehmung hatte keinen Sinn gehabt.* Ebenso: *von Sinnen sein. Die Enttäuschte war wie von Sinnen.* § 55 (4)
> Anmerkung: Die neudeutsche Form *Das macht keinen Sinn* ist ein Anglizismus und nicht korrekt. Richtig ist: *Das hat/ergibt keinen Sinn/ist sinnlos.*

Sinn *m. 1;* (nicht) bei Sinnen sein; von Sinnen sein; mir steht der Sinn nach etwas anderem; seine fünf Sinne (nicht) beieinander haben
Sinn|bild *n. 3*
sinn|bild|lich
sin|nen *intr. 142*
Sin|nen|freu|de *f. 11*
sin|nen|froh
Sin|nen|mensch *m. 10*
Sin|nen|rausch *m. 2 nur Sg.*
Sin|nen|reiz *m. 1 meist Pl.* auf die Sinne einwirkender Reiz
sinn|ent|leert; ein sinnentleerter Ausdruck
sinn|ent|stel|lend; *aber:* ein den Sinn entstellender Fehler
Sin|nes|än|de|rung *f. 10*
Sin|nes|art *f. 10*
Sin|nes|ein|druck *m. 2*
Sin|nes|or|gan *n. 1*
Sin|nes|reiz *m. 1* auf ein Sinnesorgan einwirkender Reiz
Sin|nes|stö|rung *f. 10*
Sin|nes|täu|schung *f. 10*
Sin|nes|wahr|neh|mung *f. 10*

S

Sin|nes|zel|le *f. 11*
sinn|fäl|lig augenfällig, einleuchtend, geistig erkennbar
Sinn|fäl|lig|keit *f. 10 nur Sg.*
Sinn Fein [ʃin fɛɪn, irisch »wir allein«] *f. Gen. - - nur Sg.* polit. Partei der IRA
Sinn|ge|bung *f. 10*
Sinn|ge|dicht *n. 1* Epigramm
Sinn|ge|halt *m. 1*
sinn|ge|mäß
sinn|ge|treu
sin|nie|ren *intr. 3* grübeln, sinnen
Sin|nie|rer *m. 5*
sin|nig **1.** gut durchdacht (Äußerung), gut ausgedacht (Geschenk); **2.** *ugs. iron.:* überlegt, aber das Falsche treffend
Sin|nig|keit *f. 10 nur Sg.*
sinn|lich **1.** mit den Sinnen wahrnehmbar, körperlich; **2.** dem Sinnengenuss, der Geschlechtslust zugänglich
Sinn|lich|keit *f. 10 nur Sg.*
sinn|los
Sinn|lo|sig|keit *f. 10 nur Sg.*
sinn|reich gut ausgedacht (Vorrichtung, Gerät)
Sinn|spruch *m. 2*
sinn|ver|fäl|schend
sinn|ver|wandt in der Bedeutung, im Sinn verwandt, ähnlich, synonym (Wörter)
Sinn|ver|wandt|schaft *f. 10 nur Sg.*
sinn|ver|wir|rend
sinn|voll
sinn|vol|ler|wei|se
sinn|wid|rig
Sinn|wid|rig|keit *f. 10 nur Sg.*
Si|no|lo|ge [griech.] *m. 11*
Si|no|lo|gie *f. 11 nur Sg.* Wissenschaft von der chin. Sprache und Kultur
si|no|lo|gisch
sin|te|ma|len *veraltet, noch scherzh.:* da, weil
Sin|ter *m. 5 nur Sg.* mineral. Ablagerung aus fließendem oder tropfendem Wasser
sin|tern *intr. 1* **1.** sich absetzen, sich ablagern; **2.** bei hoher Temperatur zusammenbacken, sich verfestigen
Sin|te|rung *f. 10 nur Sg.*
Sint|flut *f. 10 nur Sg.*, **Sünd|flut** *f. 10 nur Sg.* große Flut
Sin|to *m. Gen. - Pl.* -ti *meist Pl.* Angehörige(r) eines deutschstämmigen Zigeunervolkes
si|nu|ös [lat.] *Med.:* ausgebuchtet, mit Vertiefungen
Si|nus [lat.] *m. Gen. - Pl.* -nus|se **1.** *Math.:* eine Winkelfunktion, Verhältnis der Gegenkathete zur Hypotenuse; **2.** *Med.:* Hohlraum, Vertiefung, Ausbuchtung
Si|nus|kur|ve [-və] *f. 11* zeichnerische Darstellung des Sinus (1)
Si|nus|schwin|gung *f. 10* Schwingung, deren Verlauf zeichnerisch als Sinuskurve darstellbar ist
Si|oux [engl.: su, auch: siuks] *m. Gen. - Pl. -* Angehöriger eines nordamerik. Indianervolkes
Si|pho [griech.] *m. Gen.* -s *Pl.* -pho|nen Atemröhre der Weichtiere
Si|phon [-fõ, österr.: -fon, griech.-frz.] *m. 9* **1.** Geruchverschluss (bei Abwasserleitungen); **2.** Gefäß mit Druckverschluss für kohlensäurehaltige Getränke
Si|pho|no|pho|re *f. 11* Röhrenqualle, Staatsqualle
Sip|pe *f. 11*
Sip|pen|for|schung *f. 10*
Sip|pen|haf|tung *f. 10 nur Sg.* Haftung der Sippe für das Vergehen eines einzelnen Angehörigen
Sipp|schaft *f. 10* **1.** *abwertend:* Verwandtschaft; **2.** *übertr.:* Klüngel
Sir [sə, engl.] *m. 9* **1.** *engl. Anrede (ohne Namen):* Herr; **2.** engl. Titel (in Verbindung mit dem Vornamen) für einen Adligen, z. B. Sir George
Sire [sir, frz.] *m. 9, frz. Anrede (ohne Namen):* Majestät
Si|re|ne [griech.] *f. 11* **1.** *meist Pl., griech. Myth.:* auf einer Insel lebendes Mädchen mit Vogelleib, das vorbeifahrende Schiffer mit seinem Gesang anlockte und tötete; **2.** Gerät zur Erzeugung eines Warntons, Typhon; **3.** Seekuh
Si|re|nen|ge|sang *m. 2*
Si|re|nen|pro|be *f. 11*
Si|ri|us [griech.] *m. Gen. -* ein Fixstern, Hundsstern
sir|ren *intr. 1* hell und scharf brummen, zischend tönen
Si|rup [arab.] *m. 1* dickflüssige Lösung aus Obstsaft und Zucker
Si|sal [nach der amerik. Hafenstadt S.] *m. 1 nur Sg.* **1.** Blattfaser der Sisalagave; **2.** daraus hergestelltes Garn
Si|sal|a|ga|ve [-və] *f. 11* eine trop. Pflanze
Si|sal|hanf *m. Gen.* -s *nur Sg.* = Sisal
sis|tie|ren [lat.] *tr. 3, Rechtsw.* **1.** aufheben, einstellen (Verfahren); **2.** zur Feststellung der Personalien zur Polizeiwache bringen
Sis|tie|rung *f. 10*
Sis|trum *auch:* **Sist|rum** [griech.] *n. Gen.* -s *Pl.* -tren altägypt. Rasselinstrument
Si|sy|phus|ar|beit [nach einer griech. Sagengestalt, dem König Sisyphos v. Korinth] *f. 10* mühevolle, vergebliche Arbeit
Si|tar [iran.] *m. 9* ein iran. Saiteninstrument mit langem Hals
Site [saɪt, engl.] *f. 9, kurz für* Website
Sit-in [engl.] *n. 9* Sitzstreik (bes. von Studenten, um auf Missstände hinzuweisen); vgl. Go-in
Sit|te *f. 11*
Sit|ten|bild *n. 3*
Sit|ten|ge|schich|te *f. 11*
sit|ten|ge|schicht|lich
Sit|ten|leh|re *f. 11* Morallehre, Ethik
sit|ten|los
Sit|ten|po|li|zei *f. Gen. - nur Sg.*
Sit|ten|pre|di|ger *m. 5*
Sit|ten|rich|ter *m. 5*
sit|ten|streng
Sit|ten|strolch *m. 1* Mann, der Frauen und bes. Kinder unsittlich belästigt
sit|ten|wid|rig
Sit|ten|wid|rig|keit *f. 10 nur Sg.*
Sit|tich [lat.] *m. 1* ein Papagei
sit|tig *veraltet:* sittsam
sitt|lich
Sitt|lich|keit *f. 10 nur Sg.*
Sitt|lich|keits|de|likt *n. 1*
Sitt|lich|keits|ver|bre|chen *n. 7*
sitt|sam
Sitt|sam|keit *f. 10 nur Sg.*
Si|tu|a|ti|on [lat.] *f. 10* Sachlage, Lage, Zustand
Si|tu|a|ti|ons|ko|mik *f. 10 nur Sg.*
si|tu|a|tiv durch die Situation bedingt, auf einer bestimmten Situation beruhend
si|tu|iert in einer bestimmten Lebensstellung (befindlich); gut s. sein
Si|tu|la [lat.] *f. Gen. - Pl.* -tu|len Gefäß der Bronzezeit
Si|tus [lat.] *m. Gen. - Pl. -* die natürl. Lage der Organe im Körper, bes. des Embryos in der Gebärmutter
sit ve|nia ver|bo [lat. »es sei Erlaubnis (gegeben) dem Wort«] man verzeihe das harte Wort, mit Verlaub zu sagen
Sitz *m. 1*
Sitz|bad *n. 4*

S

Sitz|blo|cka|de *f. 11*
sit|zen *intr. 143;* einem Maler s., Modell s.: sich porträtieren lassen; einen s. haben *ugs.:* betrunken sein; sitzende Lebensweise; auf einem Stuhl sitzen bleiben; auf der Ware sitzen bleiben: sie nicht verkaufen können; in der Schule sitzen bleiben; jmdn. im bequemen Sessel sitzen lassen; er hat sie sitzen lassen *ugs.:* im Stich gelassen; den Vorwurf nicht auf sich sitzen lassen

> **sitzen bleiben:** Die frühere Unterscheidung *sitzenbleiben* (= in der Schule nicht versetzt werden) und *sitzen bleiben* (= nicht aufstehen) ist aufgehoben; beide Verwendungsweisen werden getrennt geschrieben: *Sie ist auf dem Gymnasium sitzen geblieben. Wir sind auf der Bank sitzen geblieben.* § 34 E3 (6)
> Aber: *das Sitzenbleiben.* § 37 (2)

sit|zen blei|ben (*alt:* sit|zen|blei|ben) *intr. 17*
Sit|zen|blei|ber *m. 5*
sit|zen las|sen (*alt:* sit|zen|las|sen) *tr. 75*
…sit|zer *m. 5, in Zus.,* z. B. Zwei-, Viersitzer: Auto mit zwei bzw. vier Sitzen
Sitz|fleisch *n., nur in der ugs. Wendung* S. haben: lange bleiben
Sitz|ge|le|gen|heit *f. 10*
…sit|zig *in Zus.,* z. B. zwei-, viersitzig: mit zwei bzw. vier Sitzen versehen
Sitz|platz *m. 2*
Sitz|rie|se *m. 11* Mensch mit kurzen Beinen, der im Sitzen größer wirkt
Sitz|streik *m. 9*
Sit|zung *f. 10*
Sit|zungs|saal *m. Gen.* -(e)s *Pl.* -sä|le
Sit|zungs|zim|mer *n. 5*
Six|ti|na [nach Papst Sixtus IV.] *f. Gen. - nur Sg.* eine Kapelle im Vatikan mit Fresken von Michelangelo u. a.
six|ti|nisch; *aber:* Sixtinische Kapelle; Sixtinische Madonna (von Raffael)
Si|zi|li|a|ner *m. 5* Einwohner Siziliens
si|zi|li|a|nisch; *aber:* Sizilianische Vesper: Volksaufstand in Palermo 1282
Si|zi|li|en
Si|zi|li|enne [-ljɛn] *f. 11* **1.** *auch:* Si|zi|li|a|ne *f. 11* eine Form der Stanze; **2.** Eolienne
SJ *(hinter dem Namen) Abk. für* Societas Jesu: (von der) Gesellschaft Jesu, Jesuit
SK **1.** *Abk. für* Segerkegel; **2.** *Kfz-Kennzeichen für* Slowakei
Ska|bi|es [-biɛs, lat.], Sca|bi|es *f. Gen. - nur Sg.* = Krätze
ska|bi|ös an Skabies erkrankt
Ska|bi|o|se *f. 11* eine krautige Pflanze, häufig Zierpflanze
skål! [skɔl, skand.] *skand. Zuruf beim Zutrinken:* prosit!
Ska|la [lat.] *f. Gen. - Pl.* -len **1.** *an Messgeräten:* Maßeinteilung; **2.** Reihe, Folge zusammengehöriger Dinge, z. B. Farbskala
ska|lar eindimensional, durch eine einzige Zahl darstellbar
Ska|lar *m. 1* skalare Größe
Skal|de [altnord.] *m. 11* altnord. Dichter und Sänger
Ska|le|no|e|der [griech.] *n. 5* durch zwölf gleichseitige Dreiecke begrenzter Körper
Skalp [engl.] *m. 1, früher bei den nordamerik. Indianern:* abgezogene Kopfhaut des Feindes
Skal|pell [lat.] *n. 1* kleines chirurg. Messer
skal|pie|ren *tr. 3;* jmdn. s.: jmdm. die Kopfhaut abziehen
Skan|dal [griech.] *m. 1* **1.** Aufsehen erregendes Ärgernis; **2.** Unerhörtes, Empörendes
skan|da|lös unerhört
skan|die|ren [lat.] *intr. u. tr. 3* mit starker Betonung der Hebungen Verse lesen oder sprechen
Skan|di|na|vi|en [-vi-, lat.] *i. e. S.:* Norwegen und Schweden, *i. w. S.:* auch Finnland und Dänemark
Skan|di|na|vi|er [-vi-] *m. 5*
skan|di|na|visch [-viʃ]
Skan|di|um *n. Gen.* -s *nur Sg.* s. **Scan|di|um**
Ska|po|lith [lat. + griech.] *m. 1 oder m. 10* ein Mineral
Ska|pu|lier [mlat.] *n. 1, bei manchen Mönchstrachten:* bis zu den Füßen reichender Überwurf
Ska|ra|bä|us [griech.] *m. Gen. - Pl.* -bä|en **1.** ein Blatthornkäfer; **2.** *im alten Ägypten:* Nachbildung des Käfers aus Stein, Ton oder Metall, als Siegel oder Amulett benutzt
Ska|ra|muz [ital.] *m. 1, in der Commedia dell' Arte und im frz. Lustspiel:* Figur des prahlerischen Soldaten
Skarn [schwed.] *m. 1* eine aus Kalken entstandene Kontaktlagerstätte (mit Eisen u. a.)
skar|tie|ren [ital.] *tr. 3, österr., Amtsspr.:* aussortieren (Schriftstücke)
Skat [ital.] *m. 1 nur Sg.* ein Kartenspiel; Skat spielen
Skate|board [skɛɪtbɔ:(r)d, engl.] *n. 9* lenkbares, auf vier Räder montiertes Brett, auf dem der Fahrer frei steht, Rollbrett
ska|ten *intr. 2* **1.** *ugs.:* Skat spielen **2.** [skɛɪ-] *ugs.:* Skateboard fahren
Ska|ter *m. 5, kurz für* **1.** Skatspieler; **2.** [skɛɪtə(r), engl.] Skateboardfahrer
Ska|tol [griech.] *n. Gen.* -s *nur Sg.* übel riechende organische Verbindung (im Kot)
ska|to|phag = koprophag
Ska|to|pha|ge *m. 11* = Koprophage
Skeet|schie|ßen [ski:t-, engl.] *n. Gen.* -s Tontaubenschießen
Ske|le|ton [skɛlətn, engl.] *m. 9* niedriger Sportschlitten
Ske|lett [griech.] *n. 1* Knochengerüst, Gerippe
Ske|lett|bau *m. Gen.* -(e)s *nur Sg.*
ske|let|tie|ren *tr. 3;* einen Körper s.: das Skelett bloßlegen
Skep|sis [griech.] *f. Gen. - nur Sg.* Zweifel, Ungläubigkeit
Skep|ti|ker *m. 5* **1.** Anhänger des Skeptizismus; **2.** jmd., der stets skeptisch ist, Zweifler
skep|tisch zweifelnd, ungläubig
Skep|ti|zis|mus *m. Gen. - nur Sg.* **1.** philos. Richtung, die die Möglichkeit der Erkenntnis der Wirklichkeit in Frage stellt und den Zweifel zum Denkprinzip erhebt; **2.** skept. Einstellung, Zweifelsucht
Sketsch, Sketch [skɛtʃ, engl.] *m. 1* kurzes Bühnenstück, meist mit witzigem Schlusseffekt

> **Ski/Schi laufen:** Die Fügung aus Substantiv und Verb (*wir laufen Ski*) schreibt man im Infinitiv, Partizip und am Ende eines Nebensatzes getrennt: *Sie sind zwei Wochen Ski/Schi gelaufen.* § 34 E3 (5), § 55 (4)

Ski [ʃi], Schi *m. Gen.* -s *Pl.* Ski|er, Schi|er, *bair., österr., schwäb. Pl. auch:* - Schneeschuh; Ski, Schi laufen, fahren

S

Ski|bob [ʃi-], Schi|bob *m. 9* lenkbarer Schlitten mit einer Kufe
Ski|er [ʃiər], Schi|er *Pl. von* Ski, Schi
Ski|fah|rer [ʃi-], Schi|fah|rer *m. 5*
Skiff [engl.] *n. 1* nord. Einmannruderboot
Ski|flie|gen [ʃi-], Schi|flie|gen *n. Gen.* -s *nur Sg.* Skispringen von einer Flugschanze
Ski|fu|ni [ʃi-, Kurzwort aus Ski und ital. funicolare »Drahtseilbahn«] *m. 9, schweiz.:* Schlittenlift, -seilbahn
Ski|ha|serl [ʃi-], Schi|ha|serl *n. 14, süddt., österr.:* Anfänger(in) im Skilaufen
Ski|kjö|ring [ʃijø:-, norw.], Schi|kjö|ring *n. 9*
Ski|lauf [ʃi-], Schi|lauf *m. 2*
Ski|läu|fer [ʃi-], Schi|läu|fer *m. 5*
Ski|leh|rer [ʃi-], Schi|leh|rer *m. 5*
Ski|lift [ʃi-], Schi|lift *m. 1*
Skin|head [-hɛd], Skin *m. 9* jmd., der zu einer Gruppe gewaltbereiter Jugendlicher mit kahl geschorenem Kopf gehört
Ski|sport [ʃi-], Schi|sport *m. Gen.* -s *nur Sg.*
Ski|sprin|gen [ʃi-], Schi|sprin|gen *n. Gen.* -s *nur Sg.*
Ski|sprin|ger [ʃi-], Schi|sprin|ger *m. 5*
Ski|stock [ʃi-], Schi|stock *m. 2*
Ski|wachs [ʃivaks], Schi|wachs *n. 1 nur Sg.*
Skiz|ze [ital.] *f. 11* **1.** Entwurf, unfertige Zeichnung; **2.** kurze, nicht ganz ausgearbeitete Erzählung
skiz|zen|haft
skiz|zie|ren *tr. 3* in einer Skizze darstellen, andeuten, umreißen
Skla|ve [-və, griech.] *m. 11* **1.** Leibeigener; **2.** *übertr.:* jmd., der von etwas oder jmdm. abhängig ist
Skla|ven|hal|ter [-vən-] *m. 5*
Skla|ven|han|del [-vən-] *m. Gen.* -s *nur Sg.*
Skla|ven|händ|ler [-vən-] *m. 5*
Skla|ven|markt [-vən-] *m. 2*
Skla|ve|rei [-və-] *f. 10 nur Sg.*
skla|visch [-viʃ]
Skle|ra [griech.] *f. Gen.* - *Pl.* -ren Lederhaut (des Auges), das Weiße im Auge
Skle|ri|tis *f. Gen.* - *Pl.* -ti|den Entzündung der Sklera
Skle|ro|der|mie *f. 11* allmähl. Verlederung, Verhärtung der Haut, Darrsucht, Sklerom
Skle|rom *n. 1* Sklerodermie
Skle|ro|me|ter *n. 5* Gerät zum Bestimmen der Härte von Kristallen
Skle|ro|se *f. 11* Verhärtung, Verkalkung eines Organs
Skle|ro|ti|ker *m. 5* jmd., der an einer Sklerose leidet
skle|ro|tisch
Sko|li|on [griech.] *n. Gen.* -s *Pl.* -li|en altgriech. Tischlied, das von den Gästen abwechselnd gesungen wurde
Sko|li|o|se, Sko|li|o|sis *f. Gen.* - *Pl.* -sen Rückgratverkrümmung nach der Seite
skon|tie|ren [ital.] *tr. 3;* eine Rechnung, einen Betrag s.: das Skonto von einer R., einem B. abziehen
Skon|to *n. 9 oder m. 9* Abzug vom Rechnungsbetrag bei sofortiger Zahlung
Skon|tra|ti|on *auch:* **Skont|ra|ti|on** *f. 10* das Skontrieren
skon|trie|ren *auch:* **skont|rie|ren** *tr. u. intr. 3* den neuen Bestand durch Aufrechnung der Zu- und Abgänge ermitteln
Skon|tro *auch:* **Skont|ro** *n. 9* Buch mit den Eintragungen der tägl. Zu- und Abgänge, Riskontro
Skon|tro|buch *auch:* **Skont|ro|buch** *n. 4*
Skoo|ter [sku-, engl.] *m. 5, auf Jahrmärkten:* elektrisches Kleinauto
Skop|je Hauptstadt von Mazedonien
Skor|but [ndrl.] *m. Gen.* -s *nur Sg.* Krankheit infolge Mangels an Vitamin C
skor|bu|tisch
Skor|da|tur [lat.-ital.] *f. 10, bei Saiteninstrumenten:* Umstimmung (von Saiten, z. B. zum Erzielen von Klangeffekten)
Skore [skɔ(r)] *n. 9* s. **Score**
sko|ren *tr. u. intr. 1, schweiz.* = **sco|ren**
Skor|pi|on [griech.] *m. 1* **1.** ein Spinnentier; **2.** *nur Sg.* ein Sternbild
Sko|te *m. 11* Angehöriger eines alten irischen Volksstammes in Schottland
Sko|tom [griech.] *n. 1* krankhafter Ausfall eines Teils des Gesichtsfeldes, dunkler Fleck vor dem Auge
skr *Abk. für* schwed. Krone
Skri|bent [lat.] *m. 10* Vielschreiber, Schreiberling
Skript *n. 12* **1.** schriftl. Ausarbeitung, Schriftstück; **2.** Drehbuch
Skript|girl [-gə:l] *n. 9* s. **Script|girl**
Skrip|tum *n. Gen.* -s *Pl.* -ten **1.** *veraltet für* Skript (2); **2.** *österr.:* Vorlesungsmitschrift
Skrja|bin, *Alexander* russ. Komponist
Skro|fel [lat.] *f. 11* Halsdrüsengeschwulst, verdickter Halslymphknoten
skro|fu|lös an Skrofulose erkrankt
Skro|fu|lo|se *f. 11* tuberkulöse Haut- und Lymphknotenerkrankung bei Kindern
Skro|ta [lat.] *Pl. von* Skrotum
skro|tal zum Skrotum gehörig, von ihm ausgehend
Skro|tal|bruch *m. 2* Hodenbruch
Skro|tum *n. Gen.* -s *Pl.* -ta Hodensack
Skrubs [skrʌbs, engl.] *Pl.* minderwertige Tabakblätter
Skru|pel [lat.] *Pl.* Bedenken
skru|pel|los
Skru|pel|lo|sig|keit *f. 10 nur Sg.*
skru|pu|lös bedenklich
Sku|do *m. Gen.* -s *Pl.* -di s. **Scu|do**
Skull|boot [engl.] *n. 1* Sportruderboot mit zwei Rudern für einen Ruderer, Skuller
skul|len *intr. 1* im Skullboot rudern
Skul|ler *m. 5* **1.** Skullboot; **2.** Ruderer im Skullboot
skulp|tie|ren [lat.] *tr. 3* bildhauerisch darstellen
Skulp|tur *f. 10* **1.** *nur Sg.* Bildhauerkunst; **2.** Werk der Bildhauerkunst, Plastik, Statue
Skunk [indian.] *m. 9* Stinktier
skur|ril [lat.] possenhaft, drollig
Skur|ri|li|tät *f. 10 nur Sg.*

S-Kurve, s-Laut: Man setzt einen Bindestrich in Zusammensetzungen mit Einzelbuchstaben, Abkürzungen oder Ziffern: *S-Kurve, s-Laut, s-förmig, s-Genitiv.* § 40 (1)
Man setzt ebenso einen Bindestrich zwischen allen Bestandteilen mehrteiliger Zusammensetzungen, in denen eine Wortgruppe oder eine Zusammensetzung mit Bindestrich auftritt: *S-Kurven-reich.* (sonst: *kurvenreich*). Ebenso: *A-Dur-Tonleiter, 35-Stunden-Woche.* § 44

S-Kurve [ɛs-kurvə] *f. 11;* S-Kurvenreich

S

Skü|s [frz.] *m. Gen. - Pl. -, Tarock:* Trumpfkarte
Skye|ter|ri|er [skaı-, nach der Hebrideninsel Skye] *m. 5* eine Terrierrasse
Sky|lab [skaılæb, engl.] *n. Gen. -s nur Sg.* zeitweilig bemannte, US-amerik. Weltraumstation
Sky|light [skaılaıt, engl.] *n. 9, auf Schiffen:* Oberlicht, Luke
Sky|line [skaılaın] *f. 9* Horizont(linie)
Sky|l|la [stsyl-] *f. Gen. - nur Sg.* s. **Scyl|la**
Sky|sur|fer [skaısɔ:-] *m. 5* = Drachenflieger
Sky|the *m. 11, im Altertum Bez. für* Bewohner der südruss. Steppe
sky|thisch
s. l. *Abk. für* sine loco
Sla|lom [norw.] *m. 9 oder n. 9* Skilauf oder Kanufahrt durch abgesteckte Tore, Torlauf
Slang [slæŋ, engl.] *m. 9* nachlässige Umgangssprache
Slap|stick [slæp-, eng.] *m. 9* groteske, unwahrscheinliche Filmszene
Slash [slæʃ, engl.] *m. Gen. -(e)s Pl. -(e)s* Tastaturzeichen, mit dem z. B. im Internet Adressen abgegrenzt werden
s-Laut (*alt:* S-Laut) [ɛs-] *m. 1*
Sla|we *m. 11* Angehöriger einer ost- und südosteurop. Völkergruppe
Sla|win *f. 10*
sla|wisch
sla|wi|sie|ren *tr. 3*
Sla|wis|mus *m. Gen. - Pl. -men* aus einer slaw. Sprache übernommene Spracheigentümlichkeit
Sla|wist *m. 10* Kenner der Slawistik
Sla|wis|tik *f. 10 nur Sg.* Wissenschaft von den slaw. Sprachen und Literaturen
sla|wis|tisch
Sla|wo|ni|en kroatische Landschaft zwischen Drau, Save und Donau
Sla|wo|ni|er *m. 5*
sla|wo|nisch
sla|wo|phil slawenfreundlich
Sla|wo|phi|lie *f. 11 nur Sg.*
s. l. e. a *Abk. für* sine loco et anno
Sli|bo|witz [serb.], **Sli|wo|witz** *m. 1* Pflaumenbranntwein
Slice [slaıs, engl. »Scheibe«] *m. Gen. - Pl. -s* [-sız] *Tennis, Golf:* Schlag, bei dem der Ball angeschnitten wird
Sli|ding|tack|ling *auch:* **Sli|ding Tack|ling** (*alt:* Sli|ding-tack|ling) [slaıdıŋtæklıŋ, engl.] *n. Gen. -s Pl. -s, Fußball:* Abwehrtechnik, bei der ein Spieler versucht, den Ball durch die Beine des Gegners wegzutreten
Slip [engl.] *m. 9* **1.** *auf Werften* s. **Schlipp;** **2.** kurzes Unterhöschen
Slip|per *m. 5* **1.** Straßenschuh ohne Schnürung; **2.** *österr.:* leichter Mantel; **3.** *Bankw.:* Formularstreifen, bes. bei Ausführung von Börsenaufträgen
Sli|wo|witz *m. 1* = **Sli|bo|witz**
SLO *Kfz-Kennzeichen für* Slowenien
Slo|gan [slougən, engl.] *m. 9* Schlagwort, bes. in der Werbung; ein guter S.
Sloop [slup] *f. 9 oder f. 10* s. **Schlup**
Slo|wa|ke *m. 11* Angehöriger eines westslaw. Volkes
Slo|wa|kei *f. Gen. -* Staat im östl. Mitteleuropa
slo|wa|kisch
Slo|wa|kisch *n. Gen. -(s) nur Sg.* zu den westslaw. Sprachen gehörende Sprache; vgl. Deutsch
Slo|we|ne *m. 11* Angehöriger eines südslaw. Volkes
Slo|we|ni|en Staat in Südosteuropa
slo|we|nisch
Slo|we|nisch *n. Gen. -(s) nur Sg.* zu den südslaw. Sprachen gehörende Sprache; vgl. Deutsch
Slow|fox [slou-, engl.] *m. 1* ein Gesellschaftstanz
Slum [slʌm, engl.] *m. 9 meist Pl.* Elendsviertel
Slup *f. 9 oder f. 10* s. **Schlup**
sm *Abk. für* Seemeile
Sm *chem. Zeichen für* Samarium
S. M. *Abk. für* Seine Majestät

Smalltalk/Small Talk: Mehrteilige Ausdrücke aus Adjektiv und Substantiv schreibt man zusammen. Die Regel gilt auch für fremdsprachige Substantive: *Smalltalk.* § 37 (1)
Daneben kann auch getrennt geschrieben werden: *Small Talk.* Ebenso: *Bigband/Big Band.* § 37 E1

Small|talk *auch:* **Small Talk** (*alt:* Small talk) [smɔltɔ:k, engl.] *n. oder m. Gen. (-) - nur Sg.* oberflächliche Konversation
Smal|te *f. 11* s. **Schmal|te**
Sma|ragd [griech.] *m. 1* ein Mineral, grüner Edelstein
sma|rag|den **1.** aus Smaragd(en); **2.** grün wie Smaragd
smart [engl.] **1.** hübsch; **2.** *leicht abwertend:* gerieben (Person)
Smash [smæʃ, engl.] *m. 9* Schmetterschlag (Tennis)
Sme|ta|na, *Bedřich (Friedrich)* tschech. Komponist
SM-O|fen *m. 8, Kurzwort für* Siemens-Martin-Ofen
Smog [engl.] *m. 9* schmutziger, dichter Nebel über Industriestädten
Smog|a|larm *m. 1 nur Sg.*
Smok|ar|beit [slaw.] *f. 10* Verzierung an Kleidungsstücken, bei der der Stoff durch einen Zierstich in kleine Fältchen gezogen wird
smo|ken *tr. 1* mit Zierstich in Fältchen ziehen
Smo|king [engl.] *m. 9, österr.: m. 1* meistens schwarzer Herren-Gesellschaftsanzug mit seidenen Rockaufschlägen
Smör|re|bröd *n. 9* gut belegtes Butterbrot
smor|zan|do [ital.] *Mus.:* ersterbend, verlöschend
SMS *Abk. für* short message service: Kurznachricht, die per Handy oder Internet gesendet und empfangen werden kann; eine SMS versenden
Smut|je *m. 9, Seemannsspr.: Spitzname für den* Schiffskoch
Smyr|na [nach der türk. Stadt Smyrna, heute: Izmir] *m. 9* ein Teppich mit großer Musterung und hohem Flor
Sn *chem. Zeichen für* Stannum, Zinn
Snack [snæk, engl.] *m. 9* Imbiss
Snack|bar [snæk-, engl.] *f. 9* Imbissstube
Snob [engl.] *m. 9* (besonders auf seinen Reichtum, seine gesellschaftliche Stellung) eingebildeter Mensch
Sno|bis|mus *m. Gen. - nur Sg.* Verhalten wie ein Snob
sno|bis|tisch wie ein Snob, eitel und eingebildet
Snow|board [snoubɔ:(r)d, engl.] *n. 9* Sportgerät aus Kunststoff zum Gleiten auf Schnee
snow|boar|den [snoubɔ:(r)dən, engl.] *intr. 2* Snowboard fahren
Snow|boar|der [snoubɔ:(r)də(r), engl.] *m. 5*
Snow|boar|ding [snoubɔ:(r)dıŋ, engl.] *n. Gen. - nur Sg.*

S

so oft, so genannt, so sehr, so viel(e), so weit: Getrennt schreibt man hinweisende Gefüge aus *so* und Adjektiv, Adverb oder Pronomen: *Ein so hohes Haus! Er hat das schon so oft gesagt! Sie wurde seit langem so genannt. Das sind die so genannten Überhangmandate. So viel Geld! So viele Menschen!* § 39 E2 (2.4)
Anmerkung: *So* ist betont.
Im Gegensatz dazu wird die Konjunktion *sooft* (ebenso: *solang(e), sosehr, soviel* usw.) zusammengeschrieben.

so 1. so!; so einer bist du; so bleiben, sein, werden; so wahr ich lebe; so gut wie nie; so dass *oder:* sodass; so etwas; so lange wie möglich; *aber:* → solang, solange; ich habe es dir schon so oft gesagt; *aber:* → sooft; ich habe es mir so sehr gewünscht; *aber:* → sosehr; ich habe schon so viel davon gehört; so viel für heute; rede nicht so viel!; ich gebe dir so viel (wie) du willst; so viel wie möglich; doppelt/halb so viel; so viel als; *aber:* → soviel; der Weg ist so weit, dass wir nicht zu Fuß gehen können; ich bin so weit fertig; es geht ihm so weit gut; ich werde so weit wie/als möglich nachgeben; *aber:* → soweit; ich weiß davon so wenig, dass ich es nicht beurteilen kann; tu das so wenig wie/als möglich; sie haben so wenig Geld; so wenige Mal(e); *aber:* → sowenig; so wie ich ihn kenne; *aber:* → sowie; ich habe mich so wohl bei ihnen gefühlt; *aber:* → sowohl; umso besser; und so fort (*Abk.:* usf.); so genannt (*Abk.:* sog.); die so genannte Reichskristallnacht; 2. *veraltet, noch poet.:* wenn, sofern, z. B. so Gott will

So *Abk. für* Sonntag; vgl. Dienstag

SO *Abk. für* Südost(en)

s. o. *Abk. für* siehe oben

Soap|o|pe|ra (*alt:* Soap-ope|ra) [soupɔpərə, engl.] *f. 9* = Seifenoper

→ Soiree Obwohl das aus dem Französischen stammende Fremdwort *Soiree* mit [soa-] anlautet, wird es wie in der Herkunftssprache mit *Soi-* geschrieben.

So|a|ve [-və] *m. Gen. - nur Sg.* ital. Weißwein aus Soave, Venetien

sobald, sofern, solange, sooft, soviel, soweit: Mehrteilige Konjunktionen schreibt man zusammen, wenn die Wortart, Wortform oder die Bedeutung der einzelnen Bestandteile nicht mehr deutlich erkennbar sind: *Sooft er kommt, bin ich …; soviel ich weiß, hat er …* § 39 (2)
Anmerkung: Die letzte Silbe ist stets betont!

so|bald sofort wenn; s. ich etwas weiß, rufe ich dich an; vgl. so

So|bri|e|tät *auch:* **Sob|ri|e|tät** [-briə-, lat.] *f. 10 nur Sg., veraltet:* Mäßigkeit

Soc|cer [sɔkə(r), engl.] *m. Gen. -s nur Sg., amerik. Bez. für* Fußballspiel

So|ci|e|tas Je|su [-tsiə-, lat.] *f. Gen. - - nur Sg.* (*Abk.:* SJ) die Gesellschaft Jesu, der Jesuitenorden

So|cke *f. 11*

So|ckel *m. 5* 1. vorspringender Unterbau (von Gebäuden, Statuen); 2. unterer, durch Bemalung o. Ä. abgesetzter Teil einer Wand; 3. Kontaktstück oder Aufnahmeteil von Lampen, Röhren usw.

So|ckel|be|trag *m. 2* Faktor bei Lohnerhöhungen

So|cken *m. 7, bair., österr. für* Socke

Sod *m. 1, veraltet:* Brühe

So|da [span.] 1. *f. Gen. - oder n. Gen. -s nur Sg.* Natriumcarbonat; 2. *n. Gen. -s nur Sg.* Sodawasser

So|da|le [lat.] *m. 11* Mitglied einer Sodalität

So|da|li|tät *f. 10* kath. Bruderschaft

So|da|lith [span. + griech.] *m. 1* ein Mineral

so|dann

sodass/so dass: Es bleibt den Schreibenden überlassen, ob sie die Konjunktion getrennt oder zusammenschreiben: *Er umwarb sie heftig, sodass/so dass sie nicht anders konnte als …* § 39 E3 (2)

so|dass *auch:* **so dass** (*alt:* so|daß)

So|da|was|ser *n. 5 nur Sg.* mit Kohlensäure versetztes Wasser, Selterswasser

Sod|bren|nen *n. Gen. -s nur Sg.*

So|de *f. 11* 1. abgestochenes Rasenstück, Torfstück; 2. Salzsiederei; 3. ein Gänsefußgewächs (auf Salzböden)

So|dom bibl. Stadt; S. und Gomorrha *Symbol für* Sündenpfuhl

So|do|mie *f. 11 nur Sg.* Unzucht mit Tieren

So|do|mit *m. 10* jmd., der Sodomie betreibt

so|do|mi|tisch

so|e|ben eben, vor sehr kurzer Zeit; er ist s. gekommen; *aber:* er kommt in der Schule so eben noch mit *ugs.:* er kommt gerade noch mit

So|fa [arab.-frz.] *n. 9*

so|fern wenn, falls; s. er heute noch kommt; vgl. so

Sof|fit|te [frz.] *f. 11* 1. Dekorationsteil als oberer Abschluss des Bühnenbildes; 2. lange Glühlampe mit Stromanschluss an beiden Enden, Sofittenlampe

Sof|fit|ten|lam|pe *f. 11* s. **Sof|fit|te** (2)

So|fia Hauptstadt von Bulgarien

so|fort gleich, im nächsten Augenblick

So|fort|hil|fe *f. 11*

Soft|drink *auch:* **Soft Drink** (*alt:* Soft-drink) [sɔft-, engl.] *m. 1*

Softeis, Software: Bildungen aus Adjektiven und Substantiven schreibt man zusammen: *Softeis, Software.* § 37 (1)
Anmerkung: Bei *Softdrink* und *Softrock* ist in Anlehnung an das Englische auch Getrenntschreibung möglich: *Softdrink/Soft Drink* und *Softrock/Soft Rock.* § 37 E1

Soft|eis [sɔft-] *n. 1 nur Sg.* weiches Milchspeiseeis

Sof|tie [sɔf-, engl.] *m. 9* sanfter, empfindsamer Mann

Soft Rock *Nv.* **Soft|rock** *Hv.* [sɔft-] *m. Gen. (-) - nur Sg.*

Soft|ware [sɔftwɛ:(r), engl.] *f. Gen. - nur Sg.* alle zum Betrieb einer EDV-Anlage notwendigen Programme; vgl. Hardware

Soft|ware|pa|ket [sɔftwɛ:(r)-] *n. 1* Gruppe verschiedener Programme, die besonders aufeinander abgestimmt sind

Sog *m. 1* 1. saugende Luft- oder Wasserströmung; 2. verführerische Anziehungskraft

sog. *Abk. für* so genannt

so|gar obendrein, darüber hinaus; er hat mir s. noch zehn Mark ge-

S

schenkt; *aber:* ich habe so gar keine Lust *ugs.:* überhaupt keine Lust

so genannt (*alt:* so|ge|nannt) (*Abk.:* sog.)

so|gen *intr. 1* **1.** sich voll saugen, durchtränkt werden; **2.** sich in Kristallform niederschlagen (Salz in der Sole)

so|gleich gleich, sofort; er soll s. kommen; *aber:* das ist mir ja so gleich

so|hin *veraltet für* somit

Soh|le *f. 11; auch:* Boden (von Tälern, Flüssen, Kanälen); *Bgb.:* untere Begrenzung eines Grubenraumes, *auch:* Höhenlage einer Strecke

Soh|len|gän|ger *m. 5* Säugetier, das beim Gehen mit der ganzen Sohle auftritt; *Ggs.:* Zehengänger

Soh|len|le|der, Sohl|le|der *n. 5*

söh|lig *Bgb.:* waagerecht

Sohn *m. 2*

Söhn|chen *n. 7*

sohr *nddt.:* dürr, trocken, welk

Sohr *m. Gen.* -s *nur Sg., nddt.:* Sodbrennen

Söh|re *f. 11 nur Sg., nddt.:* Dürre

söh|ren *intr. 1, nddt.:* verdorren, vertrocknen

soi|gniert *auch:* **soig|niert** [soanjirt, frz.] gepflegt (Person)

Soi|ree [soare, frz.] *f. 11* Abendgesellschaft, Abendveranstaltung

So|ja|boh|ne [chin.] *f. 11* eine Nutzpflanze

So|ja|mehl *n. 1 nur Sg.*

So|ja|öl *n. 1 nur Sg.*

So|jus [sɔjus, russ. »Bündnis«] *m. Gen. - nur Sg.* russ. Weltraumfahrzeug

So|kra|tes *auch:* **Sok|ra|tes** altgriech. Philosoph

So|kra|ti|ker *auch:* **Sok|ra|ti|ker** *m. 5* Anhänger des Sokrates und seiner Lehre

so|kra|tisch *auch:* **sok|ra|tisch**

Sol **1.** *m. 9, nach Zahlenangaben: Pl.* - Währungseinheit in Peru; **2.** *n. 1* kolloidale Lösung

so|la fi|de [lat.] allein durch den Glauben (Grundsatz der Rechtfertigungslehre Luthers)

so|lang, so|lan|ge die ganze Zeit, während; s. du da bist; vgl. so; *aber:* wir haben schon so lange nichts von ihm gehört

So|la|nin [lat.] *n. 1* giftiges Alkaloid

So|la|num *n. Gen.* -s *Pl.* -nen Nachtschatten

so|lar [lat.], **so|la|risch** zur Sonne gehörend, von ihr ausgehend

So|lar *n. 1* Sonnenjahr

So|lar|an|la|ge *f. 11*

So|lar|au|to *n. 9*

So|lar|e|ner|gie *f. 11*

So|la|ri|sa|ti|on *f. 10* Umkehrung der Lichteinwirkung im Entwickler bei stark überbelichtetem Negativ

so|la|risch = **so|lar**

So|la|ri|um *n. Gen.* -s *Pl.* -ri|en Anlage zur Höhensonnenbestrahlung

So|lar|kon|stan|te *auch:* **So|lar|kons|tan|te** *f. 11* die auf der Erde ankommende Strahlungsintensität der Sonne, meist gemessen in Kalorien pro m² und Minute

So|lar|ple|xus *m. Gen. -Pl.* - Sonnengeflecht

So|lar|tech|nik *f. 10 nur Sg.*

So|lar|zel|le *f. 11* Halbleiterbauelement zur direkten Umwandlung von Sonnenenergie in elektr. Energie

So|la|wech|sel [-ks-] *m. 5* Eigenwechsel, Wechsel, in dem sich der Aussteller zur Zahlung einer Geldsumme verpflichtet

Sol|bad *n. 4* **1.** Bad mit Zusatz von Sole; **2.** Badeort mit solehaltiger Quelle

solch, ein solches: Das Pronomen *solch* schreibt man klein: *solch ein Getümmel, solche Menschen.* Ebenso: *solche, solcher, solches.* § 58 (4)
Pronomen als Stellvertreter von Substantiven werden ebenfalls kleingeschrieben, obwohl sie Merkmale der Substantivierung aufweisen: *Ein solches ist mir geschehen.* § 58 (4)

solch(e, -er, -es) derartig, von dieser Art; ein solcher Mensch; ein solches; solch ein Mensch; *Flexion:* vgl. manch

sol|cher|art; solcherart Pflanzen; *aber:* Pflanzen von solcher Art

sol|cher|ge|stalt *selten für* solcherart

sol|cher|lei so ähnliche (Dinge)

sol|cher|ma|ßen auf solche Weise

sol|cher|wei|se

Sold [lat.] *m. 1 nur Sg.* Lohn (des Soldaten)

Sol|da|nel|la [lat.], **Sol|da|nel|le** *f. Gen. - Pl.* -len Troddelblume, Alpenglöckchen

Sol|dat [lat.-ital.] *m. 10*

Sol|da|ten|fried|hof *m. 2*

Sol|da|ten|lied *n. 3*

Sol|da|ten|spra|che *f. 11*

Sol|da|tes|ka *f. Gen. - Pl.* -ken roher Soldatenhaufen, zügelloses Kriegsvolk

sol|da|tisch

Sold|buch *n. 4*

Söld|ner *m. 5* Soldat, der für Geld Kriegsdienste leistet

Söld|ner|heer *n. 1*

So|le *f. 11* kochsalzhaltiges Wasser

Sol|ei *n. 3* hart gekochtes, in Salzwasser eingelegtes Ei

so|lenn [lat.] *veraltet:* feierlich, festlich

So|len|ni|tät *f. 10 nur Sg.*

Sol|fa|ta|ra [ital.], **Sol|fa|ta|re** *f. Gen. - Pl.* -ren vulkan. Ausströmen schwefelhaltiger Wasserdämpfe

sol|feg|gie|ren [-dʒi-, ital.] *intr. 3* ein Solfeggio singen

Sol|feg|gio [-fedʒo] *n. Gen.* -s *Pl.* -feg|gien [-fedʒən] mit den Solmisationssilben gesungenes Übungsstück

So|li *Pl. von* Solo

so|lid = **so|li|de**

So|li|dar|bei|trag *m. 2*

So|li|dar|haf|tung *f. 10 nur Sg.* Haftung mehrerer Personen als Gesamtschuldner

so|li|da|risch gemeinsam, eng verbunden, übereinstimmend, einig; sich mit jmdm. s. erklären; s. haften

so|li|da|ri|sie|ren *refl. 3* sich (mit jmdm.) solidarisch erklären, sich (mit jmdm.) verbinden

So|li|da|ris|mus *m. Gen. - nur Sg.* Lehre vom Verbundensein aller Menschen zum Zweck des allgemeinen Wohls

So|li|da|ri|tät *f. 10 nur Sg.* Zusammengehörigkeitsgefühl, Verbundenheit

So|li|da|ri|täts|zu|schlag *m. 2*

So|li|dar|ność [-nɔʃtʃ, poln.] *f. Gen. - nur Sg.* poln. Gewerkschaftsverband

So|li|dar|pakt *m. 1*

So|li|dar|schuld|ner *m. 5* = Gesamtschuldner

so|li|de [lat.], **so|lid** **1.** haltbar, fest, gut gebaut; **2.** zuverlässig, charakterfest, anständig; **3.** häuslich, nicht ausschweifend; ein solides Leben führen

so|li|die|ren *tr. 3, veraltet:* befestigen, sichern

S

So|li|di|tät *f. 10 nur Sg.* **1.** Haltbarkeit, Festigkeit; **2.** Anständigkeit, Zuverlässigkeit
So|ling *f. Gen. - Pl. -s oder -e bzw. n. 9 oder m. 9* Kielboot für drei Personen (Segeln)
Sol|ip|sis|mus *auch:* **So|lip|sis|mus** [lat.] *m. Gen. - nur Sg.* Lehre, dass nur das eigene Ich wirklich sei und die Welt nur in dessen Vorstellung existiere
Sol|ip|sist *auch:* **So|lip|sist** *m. 10*
sol|ip|sis|tisch *auch:* **so|lip|sis|tisch** auf dem Solipsismus beruhend, von ihm ausgehend
So|list *m. 10* vom Orchester, Chor oder einem Instrument begleiteter, einzeln hervortretender Sänger oder Spieler, Einzelsänger, -spieler
so|lis|tisch
So|li|tär *m. 1* großer, einzeln gefasster Diamant
So|li|tü|de *f. 11* Einsamkeit (oft Name von Schlössern)
Soll **1.** *n. 2* kleine, runde, wassergefüllte Mulde aus der Eiszeit; **2.** *n. 9, Buchführung:* Belastung, Schuld; *Ggs.:* Haben; **3.** *n. 9, allg.:* festgelegte Menge, die regelmäßig fertiggestellt werden muss, Pensum; das S. erfüllen
Soll-Be|stand = **Soll|be|stand** *m. 2* geplanter Bestand; *Ggs.:* Ist-Bestand
sol|len *tr. 1;* ich habe es gesollt (selten); *aber:* ich habe, hätte ihr helfen sollen
Söl|ler *m. 5* erhöhter, offener Saal, offener Dachumgang, Balkon
Sol|li|zi|tant [lat.] *m. 10, veraltet:* Bittsteller
Sol|li|zi|ta|ti|on *f. 10, veraltet:* förmliche Bitte, Gesuch
sol|li|zi|tie|ren *tr. 3*
Soll-Stär|ke = **Soll|stär|ke** *f. 11 nur Sg.* geplante zahlenmäßige Stärke; *Ggs.:* Ist-Stärke
Sol|lux|lam|pe® *f. 11* Lampe zur Wärmebestrahlung
Sol|mi|sa|ti|on [nach den beiden Silben sol und mi] *f. 10* System für die Bezeichnung der Töne der diaton. Tonleiter mit den so genannten Solmisationssilben
Sol|mi|sa|ti|ons|sil|ben *Pl.* die Silben »do, re, mi, fa, sol, la, si« zur Bezeichnung der Töne der diaton. Tonleiter anstatt c, d, e, f, g, a, h
sol|mi|sie|ren *tr. 3* mit den Solmisationssilben singen

S

so|lo [ital.] *unflektierbar, Mus.:* allein, für sich; s. singen, spielen; ich bin ganz s. *ugs., scherzh.*
So|lo *n. Gen. -s Pl. -li Mus.* **1.** Gesang bzw. Instrumentalspiel eines einzelnen Sängers bzw. Spielers; ein S. spielen; *Ggs.:* Tutti; **2.** *Ballett:* Tanz eines einzelnen Tänzers
So|lo|ge|sang *m. 2*
So|lo|sän|ger *m. 5*
So|lo|sze|ne *f. 11*
So|lo|tanz *m. 2*
So|lo|tän|zer *m. 5*
So|lo|thurn **1.** *frz.:* So|leure [-lœr] Hauptstadt des Kantons S.; **2.** schweiz. Kanton
So|lö|zis|mus [griech.] *m. Gen. - Pl.* -men grober sprachl. Fehler
Sol|per *m. 5, hess., niederrhein.:* Salzbrühe (für Pökelfleisch)
Sol|per|fleisch *n. Gen. -(e)s nur Sg.* Pökelfleisch
Sol|quel|le *f. 11* solehaltige Quelle
Sol|salz *n. 1* Salz aus einer Solquelle
Sol|sche|ni|zyn [-tsin], *Alexander* russ. Schriftsteller
Sol|sti|ti|um [-tsjum, lat.] *n. Gen.* -s *Pl.* -ti|en [-tsjən] Sonnenwende
so|lu|bel [lat.] *Chem.:* löslich
So|lu|tio *f. Gen. - Pl.* -ti|o|nes, **So|lu|ti|on** *f. 10* Arzneimittellösung
sol|va|bel [-va-, lat.] **1.** auflösbar; **2.** *veraltet:* zahlungsfähig, solvent
Sol|va|ta|ti|on [-va-, lat.] *f. 10*
Sol|vens [-vens] *n. Gen. - Pl.* -ven|tia [-ventsja] *oder:* -zi|en schleimlösendes Mittel
sol|vent [-vent] zahlungsfähig
Sol|venz [-vens] *f. 10 nur Sg.* Zahlungsfähigkeit
sol|vie|ren [-vi-] *tr. 3* **1.** *Chem.:* auflösen; **2.** zahlen, abzahlen
Sol|was|ser *n. 5* kochsalzhaltiges Wasser
Som *m. Gen. -(s) Pl.* Som|lar, *nach Zahlenangaben Pl. - (Abk.:* K. S.) Währungseinheit in Kirgistan, 100 Tyin
So|ma [griech.] *m. 9* Leib, Körper
So|ma|li *m. Gen. -(s) Pl.* So|mal Angehöriger eines hamit. Volksstammes in Ostafrika
So|ma|lia ostafrik. Staat
So|ma|li|land *n. Gen. -(e)s nur Sg.* ostafrik. Landschaft
so|ma|lisch
so|ma|tisch [griech.] leiblich, körperlich; vgl. Soma

so|ma|to|gen **1.** körperlich bedingt, durch den Körper verursacht; **2.** von Körperzellen (nicht von der Erbmasse) gebildet
So|ma|to|lo|gie *f. 11 nur Sg.* Lehre vom menschl. Körper
so|ma|to|lo|gisch
Som|bre|ro *auch:* **Somb|re|ro** [span.] *m. 9* breitrandiger Strohhut in Mittel- und Südamerika
so|mit [auch: -mit] also, folglich
Som|mer *m. 5;* des Sommers; *aber:* sommers
Som|mer|fahr|plan *m. 2*
Som|mer|fe|ri|en *nur Pl.*
Som|mer|fri|sche *f. 11*
Som|mer|frisch|ler *m. 5*
söm|me|rig einen Sommer alt
som|mer|lich
Som|mer|mo|nat *m. 1*
som|mern *intr. 1, unpersönlich, veraltet:* Sommer werden; es sommert
söm|mern *tr. 1* **1.** sonnen; **2.** auf die Sommerweide treiben
Som|mer|nacht *f. 2*
Som|mer|nachts|traum *m. 2*
Som|mer|rei|se *f. 11*
som|mers im Sommer, während des Sommers; *aber:* des Sommers
Som|mer|an|fang *m. 2*
Som|mer|schluss|ver|kauf (*alt:* Som|mer|schluß|ver|kauf) *m. 2*
Som|mer|se|mes|ter *n. 5*
Som|mer|son|nen|wen|de *f. 11*
Som|mer|spros|sen *Pl.* kleine, braune Hautflecken im Gesicht, die im Sommer deutlicher hervortreten als im Winter
som|mer|spros|sig
som|mers|über; *aber:* den Sommer über
Som|mers|zeit *f. 10 nur Sg.* Jahreszeit des Sommers; zur S.; *aber:* Sommerzeit
Som|mer|tag *m. 1*
Söm|me|rung *f. 10 nur Sg.* das Sömmern
Som|mer|weg *m. 1* nicht befestigter Weg neben der Landstraße
Som|mer|zeit *f. 10* vorverlegte Stundenzählung während des Sommers (meist um eine Stunde); *aber:* Sommerszeit
som|nam|bul [lat.] = mondsüchtig
Som|nam|bu|le *m. 11 oder f. 11*
Som|nam|bu|lis|mus *m. Gen. - nur Sg.* = Mondsüchtigkeit
som|no|lent benommen, schlafsüchtig, schläfrig
Som|no|lenz *f. 10 nur Sg.*
so|nach demnach, folglich

So|nant [lat.] *m. 10* selbsttönender, Silben bildender Laut, Vokal
so|nan|tisch
So|na|te [ital.] *f. 11* drei- oder viersätziges Musikstück für ein oder mehrere Instrumente
So|na|ti|ne *f. 11* kleine Sonate
Son|de [frz.] *f. 11* **1.** stab- od. schlauchförmiges Instrument zum Einführen in Körperhöhlen; **2.** dünner Schlauch zur künstl. Ernährung; **3.** *Bgb.:* Probebohrung (Erdöl u. a.); **4.** Instrument zum Messen von Druck, Richtung, Geschwindigkeit und Temperatur von Flüssigkeiten; **5.** *Weltraumfahrt:* unbemannter Flugkörper
son|der *veraltet:* ohne; s. Tadel
Son|der|an|ge|bot *n. 1*
Son|der|auf|trag *m. 2*
Son|der|aus|ga|be *f. 11*
son|der|bar
son|der|ba|rer|wei|se
Son|der|be|auf|trag|te(r) *m. 18 (17) bzw. f. 17 oder 18*
Son|der|de|po|nie *f. 10* Deponie für gefährliche Stoffe
Son|der|druck *m. 1*
Son|der|fahrt *f. 10*
Son|der|fall *m. 2*
son|der|glei|chen ohnegleichen, einzig dastehend; das ist eine Frechheit s.

in Sonderheit: Substantive in festen Gefügen werden mit großem Anfangsbuchstaben geschrieben: *In Sonderheit erwähnte er, dass …* (= vor allem). § 55 (4)

Son|der|heit *f. 10, nur in der Wendung* in Sonderheit
son|der|lich **1.** sonderbar; **2.** *in verneinenden Sätzen:* besonders; nicht s. schön
Son|der|ling *m. 1*
Son|der|müll *m. 1 nur Sg.* Müll mit gefährlichen Giftstoffen, z. B. giftige Chemikalien
son|dern **1.** *Konj.:* vielmehr; nicht nur die Kinder, s. auch die Erwachsenen; **2.** *tr. 1* trennen, beiseite legen; ich sondere, sondre es; gesondert: getrennt, für sich, einzeln
son|ders *nur in der Wendung* samt und s.: alles zusammen, alle miteinander
Son|der|schicht *f. 10*
Son|der|schu|le *f. 11*
Son|der|spra|che *f. 11* Ausdrucksweise bestimmter Alters- oder Berufsgruppen, z. B. Schüler-, Jägersprache
Son|der|stel|lung *f. 10*
Son|de|rung *f. 10*
Son|der|zug *m. 2*
son|die|ren *tr. 3* **1.** mit der Sonde untersuchen; **2.** *übertr.:* erkunden, erforschen; die Lage s.
Son|die|rung *f. 10*
So|nett [ital.] *n. 1* Gedicht aus zwei vier- und zwei dreizeiligen Strophen
Song [engl.] *m. 9* **1.** *seit B. Brecht:* scharf satirisches, dem Bänkellied ähnliches und dem Jazz nahe stehendes Lied; **2.** *danach allg.:* Schlager, Lied
Son|ja, So|nia weibl. Vorname
Sonn|a|bend *m. 1,* Sams|tag *m. 1* (*Abk.:* Sa); vgl. Dienstag
sonn|a|bends vgl. dienstags
Son|ne *f. 11*
son|nen *tr. 1*
Son|nen|an|be|ter *m. 5*
son|nen|arm
Son|nen|auf|gang *m. 2*
Son|nen|bad *n. 4*
son|nen|ba|den *intr. 2, nur im Infinitiv und Partizip II;* ich will sonnenbaden, habe sonnengebadet
Son|nen|bahn *f. 10*
Son|nen|ball *m. 2, poet.:* Sonne
Son|nen|bank *f. 2*
Son|nen|bat|te|rie *f. 11* Batterie von Halbleiterelementen zum Verwandeln der Sonnenenergie in elektr. Energie
Son|nen|blen|de *f. 11, Fot.:* ringförmiger Aufsatz für das Objektiv zum Schutz gegen Sonnenstrahlen
Son|nen|blu|me *f. 11*
Son|nen|blu|men|öl *n. 1*
Son|nen|brand *m. 2*
Son|nen|bril|le *f. 11*
Son|nen|e|ner|gie *f. 11*
Son|nen|fer|ne *f. 11* größte Entfernung eines Planeten von der Sonne; vgl. Aphel
Son|nen|fern|rohr *n. 1*
Son|nen|fins|ter|nis *f. 1* teilweise oder volle Verfinsterung der Sonne durch den Mond, wenn er zwischen Erde und Sonne hindurchläuft
Son|nen|fleck *m. 1 meist Pl.* zeitweise erscheinender dunkler Fleck auf der Sonnenoberfläche
son|nen|ge|bräunt
Son|nen|ge|flecht *n. 1* Nervengeflecht unter dem Zwerchfell, Solarplexus
Son|nen|glanz *m. Gen.* -es *nur Sg.*
Son|nen|glut *f. Gen.* - *nur Sg.*
Son|nen|gott *m. 4*
son|nen|hell
Son|nen|jahr *n. 1* Zeit eines Umlaufs der Erde um die Sonne
son|nen|klar
Son|nen|kö|nig *m. 1* Beiname Ludwigs XIV. von Frankreich
Son|nen|kult *m. 1*
Son|nen|licht *n. Gen.* -(e)s *nur Sg.*
Son|nen|nä|he *f. 11* kleinste Entfernung eines Planeten von der Sonne; vgl. Perihel
Son|nen|pro|tu|be|ranz *f. 10* vgl. Protuberanz
Son|nen|re|gen *m. 7* Regen bei nur teilweise bedecktem Himmel
Son|nen|rös|chen *n. 7* ein Zierstrauch, Helianthemum
Son|nen|schein *m. Gen.* -s *nur Sg.*
Son|nen|schirm *m. 1*
Son|nen|schutz *m. Gen.* -es *nur Sg.*
Son|nen|se|gel *n. 5*
Son|nen|sei|te *f. 11*
Son|nen|stand *m. 2*
Son|nen|stich *m. 1* Kreislauf- und Bewusstseinsstörung durch zu starke Sonneneinwirkung auf den Kopf
Son|nen|sys|tem *n. 1, Bez. für* die Sonne und alle Körper, die sie umlaufen
Son|nen|tag *m. 1* **1.** sonniger Tag; **2.** Zeit einer Umdrehung der Erde um sich selbst (von Mitternacht bis Mitternacht)
Son|nen|tau *m. Gen.* -s *nur Sg.* eine Fleisch fressende Pflanze, Drosera
Son|nen|tier|chen *n. 7* Wurzelfüßler mit strahligen Fortsätzen, Heliozoon
Son|nen|uhr *f. 10*
Son|nen|un|ter|gang *m. 2*
son|nen|ver|brannt, sonn|verbrannt
Son|nen|wa|gen *m. 7 nur Sg., griech. Myth.:* Wagen des Sonnengottes Helios
Son|nen|war|te *f. 11* ein astronom. Observatorium
Son|nen|wen|de *f. 11*
Son|nen|wend|fei|er, Sonn|wend|fei|er *f. 11*
Son|nen|wind *m. 1* von der Sonne ausgehende Korpuskularstrahlung
son|nig

S

Sonn|tag *m. 1* (*Abk.:* So); vgl. Dienstag; an Sonn- und Feiertagen

Sonntagabend, sonntags: Das Substantiv wird großgeschrieben: *der Sonntag, am Sonntag, alle Sonntage, jeden Sonntag.* Das Adverb wird kleingeschrieben: *sonntags, immer sonntags, sonntagabends* (auch: *sonntags abends*). § 37 (1), § 55 (4) Verbindungen aus einem Wochentag und einer Tageszeitangabe werden zusammengeschrieben: *am Sonntagabend, jeden Sonntagabend, eines Sonntagabends.*

Sonn|tag|a|bend *m. 1*
sonn|täg|lich
sonn|tags; sonn- und feiertags; vgl. dienstags
Sonn|tags|aus|ga|be *f. 11*
Sonn|tags|bei|la|ge *f. 11*
Sonn|tags|fah|rer *m. 5, ugs.:* nur selten fahrender und daher ungeübter Autofahrer
Sonn|tags|jä|ger *m. 5* Jäger, der nur an Sonntagen auf die Jagd geht und daher ungeübt ist
Sonn|tags|kind *n. 3* an einem Sonntag geborenes Kind und daher (nach dem Volksglauben) ein Glückskind
Sonn|tags|maler *m. 5* sich nur gelegentlich und aus Liebhaberei betätigender Maler
Sonn|tags|rück|fahr|kar|te *f. 11*
Sonn|tags|schu|le *f. 11, veraltet:* Kindergottesdienst
Son|ny|boy [sʌnıbɔı, engl.] *m. 9* junger Mann mit Charme
So|no|graph *auch:* **So|no|graf** *m. 10* Gerät zum Aufzeichnen von akust. Vorgängen
So|no|gra|phie *auch:* **So|no|gra|fie** *f. 11 nur Sg.*
so|nor [lat.] klangvoll, tönend; sonore Stimme; sonore Laute
So|nor|lau|te *Pl., Sammelbez. für* Nasale und Liquiden
sonst; sonst keiner, sonst niemand; sonst jemand *ugs.;* sonst was *ugs.;* sonst wem *ugs.;* sonst wen *ugs.;* sonst wer *ugs.;* sonst wie *ugs.;* sonst wo *ugs.;* sonst woher *ugs.;* sonst wohin *ugs.;* sonst wird es zu spät
sons|tig; das Sonstige; Sonstiges: Verschiedenes, was nicht einzuordnen ist
sonst je|mand (*alt:* sonst|je|mand) *ugs.:* irgendjemand, jeder
sonst was (*alt:* sonst|was) *ugs.:* irgendwas, alles
sonst wem (*alt:* sonst|wem) *ugs.:* irgendwem, jedem
sonst wen (*alt:* sonst|wen) *ugs.:* irgendwen, jeden
sonst wer (*alt:* sonst|wer) *ugs.:* irgendwer, jeder
sonst wie (*alt:* sonst|wie) *ugs.:* irgendwie
sonst wo (*alt:* sonst|wo) *ugs.:* irgendwo, überall
sonst wo|her (*alt:* sonst|wo|her) *ugs.:* irgendwoher
sonst wo|hin (*alt:* sonst|wo|hin) *ugs.:* irgendwohin, überallhin
so|oft; s. ich ihn frage, weicht er mir aus; vgl. so
Soor *m. 1, bei Kindern:* Pilzbelag in der Mundhöhle, Schwämmchen
So|phia, So|fia, **So|phie,** So|fie weibl. Vorname
So|phis|ma [griech.] *n. Gen.* -s *Pl.* -men, **So|phis|mus** *m. Gen. - Pl.* -men Scheinbeweis, Trugschluss
So|phist *m. 10* **1.** *urspr.:* Denker, Wissenschaftler, wandernder Lehrer der Weisheit und Redekunst; **2.** *seit Sokrates:* spitzfindiger Gelehrter, Wortklauber
So|phis|te|rei *f. 10* Wortklauberei, spitzfindiges Philosophieren
So|phis|tik *f. 10 nur. Sg.* **1.** Lehre der Sophisten; **2.** spitzfindige Weisheit, Scheinweisheit
So|phis|ti|ka|ti|on *f. 10* Vernunftschluss, Schluss von etwas, das man kennt, auf etwas, das man nicht kennt und nicht beweisen kann
so|phis|tisch in der Art eines Sophisten, spitzfindig
so|pho|kle|isch *auch:* **so|phok|le|isch** in der Art des Sophokles, von Sophokles stammend
So|pho|kles *auch:* **So|phok|les** altgriech. Tragödiendichter
So|por [lat.] *m. Gen.* -s *nur Sg.* starke Benommenheit, Schlaftrunkenheit
so|po|rös stark benommen

♦ Die Buchstabenfolge **so|pr...** kann in Fremdwörtern auch **sop|r...** getrennt werden.

♦ **so|pra** [ital.] *beim Spiel auf Tasteninstrumenten:* »oben«, über die andere Hand hinwegzuführen; vgl. sotto
♦ **So|pran** [lat.-ital.] *m. 1* **1.** höchste Stimmlage bei Frauen und Knaben, Sopranstimme; **2.** Sänger(in) mit dieser Stimme; **3.** höchste Stimmlage bei Musikinstrumenten, z. B. Sopranblockflöte; **4.** Gesamtheit der Sopranstimmen im Chor
♦ **So|pra|nist** *m. 10* Sänger mit Sopranstimme
♦ **So|pra|nis|tin** *f. 10* Sängerin mit Sopranstimme
♦ **So|pran|stim|me** *f. 11* Sopran (1)
♦ **So|pra|por|te** [lat.-ital.], Su|pra|por|te *f. 11, bes. im Barock und Rokoko:* Verzierung über der Tür
Sor|be *m. 11* Angehöriger eines westslaw. Volksstamms
Sor|bet [auch: -be, türk.-ital.], **Sor|bett,** Scher|bett *n. 9 oder m. 9* **1.** Fruchtsaft mit Eis; **2.** Halbgefrorenes
Sor|bin|säu|re *f. 11* eine organ. Säure, Konservierungsmittel
sor|bisch zu den Sorben gehörend, von ihnen stammend
Sor|bisch *n. Gen.* -(s) *nur Sg.* Sprache der Sorben
Sor|bit [lat.] *m. 1 nur Sg.* **1.** ein Fruchtalkohol; **2.** ein feinkörniges Stahlgefüge
Sor|bonne [-bɔn, nach dem frz. Domherrn R. von Sorbon] Name der Universität in Paris
Sor|di|no [ital.] *m. Gen.* -s *Pl.* -ni, *bei Musikinstrumenten:* Dämpfer
Sor|ge *f. 11;* in S. um jmdn. sein; für etwas S. tragen
sor|gen *intr. u. refl. 1;* für etwas s.; sich um jmdn. s.
sor|gen|frei
Sor|gen|kind *n. 3*
Sor|gen|last *f. 10*
sor|gen|los ohne Sorgen
Sor|gen|stuhl *m. 2, veraltet:* Lehnstuhl
sor|gen|voll
Sor|ge|recht *n. 1 nur Sg.*
Sorg|falt *f. Gen. - nur Sg.*
sorg|fäl|tig
Sor|gho [ital.] *m. 9,* **Sor|ghum** *n. 9* Mohrenhirse
sorg|lich
sorg|los sich keine Sorgen machend, unbekümmert
Sorg|lo|sig|keit *f. 10 nur Sg.*
sorg|sam
Sorg|sam|keit *f. 10 nur Sg.*
Sorp|ti|on [lat.] *f. 10* Aufnahme eines gasförmigen oder gelösten Stoffes; vgl. Absorption, Adsorption

S

Sor|te [lat.-ital.] **1.** *f. 11* **2.** *Pl., im Bankwesen Bez. für* ausländische Banknoten und Münzen
sor|tie|ren *tr. 3*
Sor|tie|rung *f. 10 nur Sg.*
Sor|ti|le|gi|um *n. Gen.* -s *Pl.* -gi|en Weissagung durch Lose
Sor|ti|ment *n. 1* **1.** Gesamtheit der vorhandenen (Waren-)Sorten, Warenangebot; **2.** *kurz für* Sortimentsbuchhandel
Sor|ti|men|ter *m. 5* Sortimentsbuchhändler
Sor|ti|ments|buch|han|del *m. Gen.* -s *nur Sg.* Handel in Ladengeschäften mit Büchern
SOS *n. Gen.* - *nur Sg.* Morsezeichen als Hilferuf von Schiffen in Seenot (gedeutet als engl. »save our souls«: »rettet unsere Seelen« oder »save our ship«: »rettet unser Schiff«, in Wirklichkeit eine Folge von Zeichen, die sich bes. leicht merken lassen)
so|sehr; s. ich mich über seinen Erfolg freue, ich habe doch einige Bedenken; vgl. so
SOS-Kin|der|dorf *n. 4*
so|so **1.** *allein stehend* s.!: aha!, so ist das also!; **2.** *Adv., ugs.:* nicht bes. gut und nicht bes. schlecht; es geht mir s.
SOS-Ruf *m. 1*
So|ße, *fachsprachl.:* Sau|ce [zosə, frz.] *f. 11*
so|ßen *tr. 1*
sos|te|nu|to [ital.] *Mus.:* breit, getragen, gebunden
So|ter [griech.] *m. 1* **1.** *im antiken Griechenland:* Retter, Erlöser; **2.** *im NT:* Beiname Christi
So|te|ri|o|lo|gie *f. 11 nur Sg.* Lehre vom Erlösungswerk Christi, Heilslehre
Sott *m. oder n. Gen.* -s *nur Sg., nddt.:* Ruß
sot|tig *nddt.:* rußig
Sot|ti|se [frz.] *f. 11, veraltet* **1.** Dummheit; **2.** Grobheit, Flegelei; **3.** Stichelei, freche Bemerkung
sot|to [ital.] *beim Spiel auf Tasteninstrumenten:* »unten«, bei gekreuzten Händen unten liegend; vgl. sopra
sot|to vo|ce [- votʃə] *Mus.:* halblaut
Sou [su, frz.] *m. 9* frz. Währungseinheit, 5 Centimes
Sou|bret|te *auch:* **Soub|ret|te** [su-, frz.] *f. 11, Oper, Operette:* Sopransängerin für heitere Rollen

Sou|chong [sutʃɔŋ, chin.] *m. 9* Teesorte aus großen, breiten Blättern

Soufflé/Soufflee: Die französische Schreibweise *Soufflé* ist die Hauptvariante, die ins Deutsche integrierte Form *Soufflee* die zulässige Nebenvariante.
§ 20 (2)

Souf|flé *auch:* **Souff|lé** [sufle, frz.] *auch:* **Souf|flee** *n. 9* **1.** Speise aus geschlagenen, in der Pfanne gebackenen Eiern mit Zucker; **2.** lockerer Eierauflauf
Souf|fleur *auch:* **Souff|leur** [suflør, frz.] *m. 1, Theater:* jmd., der während des Spiels die Rollen flüsternd mitliest und damit den Schauspielern einsagt
Souf|fleur|kas|ten *auch:* **Souff|leur-kas|ten** [suflør-] *m. 8*
Souf|fleu|se *auch:* **Souff|leu|se** [sufløzə] *f. 11* weibl. Souffleur
souf|flie|ren *auch:* **souff|lie|ren** [su-, frz.] *intr. 3* **1.** jmdm. s.: jmdm. vor-, einsagen; **2.** als Souffleur tätig sein
Soul [soul, engl.] *m. 9 nur Sg.* gefühlsbetonter Jazz oder Beat
Sound [saund, engl.] *m. 9* Art des Klingens
Sound|track [saundtræk, engl.] *m. 9* Filmmusik
so|und|so unbestimmt, von unbestimmtem Maß; s. viel, groß, lange; Herr Soundso
so|und|so|viel|mal; *aber:* soundso viele Mal(e)
so|und|so|viel|te; der s. Januar; das s. Mal; am Soundsovielten; zum soundsovielten Mal(e)
Sou|per [supe, frz.] *n. 9* großes, festliches Abendessen
Sou|sa|phon *auch:* **Sou|sa|fon** [susa-, nach dem amerik. Komponisten J.Ph. Sousa] *n. 1* Basstuba
Sou|ta|che [sutaʃ(ə), frz.] *f. 11* schmale, geflochtene Schnur
sou|ta|chie|ren [sutaʃi-, frz.] *tr. 3* mit einer Soutache versehen
Sou|ta|ne [su-, frz.], **Su|ta|ne** *f. 11* fußlanges Übergewand der kath. Geistlichen
Sou|ta|nel|le [su-, frz.] *f. 11* knielange Soutane
Sou|ter|rain [sutərɛ̃, frz.] *n. 9* Kellergeschoss
South Ca|ro|li|na [sauθ kærəlainə] (*Abk.:* SC) Staat der USA

South Da|ko|ta [sauθ dəkoutə] (*Abk.:* SD) Staat der USA
Sou|ve|nir [suvə-, frz.] *n. 9* kleines Andenken
sou|ve|rän [suvə-, frz.] **1.** unumschränkt herrschend, die Herrschergewalt ausübend; **2.** überlegen; eine Situation s. meistern
Sou|ve|rän [suvə-, frz.] *m. 1* **1.** Herrscher; **2.** *schweiz.:* Gesamtheit der Stimmbürger
Sou|ve|rä|ni|tät [suvə-, frz.] *f. 10 nur Sg.* **1.** Herrschergewalt, Oberhoheit; **2.** Unabhängigkeit; **3.** Überlegenheit
So|ve|reign [sʌv(ə)rın, engl.] *m. 9, nach Zahlenangaben Pl.* - frühere engl. Goldmünze, 20 Shilling

so viel — soviel: Im Gegensatz zur bisherigen Schreibweise wird die Folge von *so* (ebenso: *wie, zu*) und einem Adjektiv, Adverb oder Pronomen als Zahladverb getrennt geschrieben: *so viel Geld, so viel(e) Menschen, so viel Pech* usw. Ebenso: *so viel für heute; so viel (wie) du willst; das ist/bedeutet doppelt so viel wie …*
§ 39 E2 (2.4)
Dagegen wird die Konjunktion *soviel* zusammengeschrieben: *Soviel ich weiß, kommt er heute.* Ebenso: *sooft, soweit.* § 39 (2)

so|viel *Konj.;* s. ich weiß; vgl. so
so|viel|mal; *aber:* so viele Mal(e)
so|viel|te; *aber:* das s. Mal; zum sovielten Mal(e)
Sow|chos [-xɔs, russ.] *n. Gen.* - *Pl.* -cho|sen [-xo-], *früher* **Sow|cho-se** [-xo-] *f. 11, in der UdSSR:* Staatsgut
so|weit *Konj.;* s. ich weiß; vgl. so

so wenig — sowenig: Die Folge von betonter Partikel (*so*) und Zahlwort wird getrennt geschrieben: *Das war so wenig, dass es nicht der Rede wert war. Ich habe so wenig Geld wie sie.* Dagegen wird die auf der zweien Silbe (*sowenig*) betonte Konjunktion zusammengeschrieben: *Sowenig wir ihn verstehen, unterstützen wir ihn dennoch.* Ebenso: *so weit/soweit, so wie/sowie.*

so|we|nig *Konj.;* s. ich glauben kann, dass …; vgl. so; *aber:* ebenso wenig

S

so|wie *Konj.;* s. ich fertig war; s. der Zug aus der Halle fuhr; morgens, mittags s. am Abend; vgl. so

so|wie|so; das mache ich s.; Herr Sowieso: der Herr, dessen Namen ich nicht weiß

So|wjet *auch:* **Sow|jet** [auch: so-, russ. »Rat«] *m. 9* **1.** *in der UdSSR:* Verwaltungsbehörde; **2.** *Pl.* die Sowjets *ugs.:* die Sowjetrussen

So|wjet|ar|mee *auch:* **Sow|jet|ar|mee** *f. 11 nur Sg.*

So|wjet|bür|ger *auch:* **Sow|jet|bür|ger** *m. 5*

so|wje|tisch *auch:* **sow|je|tisch**

So|wjet|re|pu|blik *auch:* **Sow|jet|re|pub|lik** *f. 10*

So|wjet|rus|se *auch:* **Sow|jet|rus|se** *m. 11*

so|wjet|rus|sisch *auch:* **sow|jet|rus|sisch**

So|wjet|russ|land *auch:* **Sow|jet|russ|land** (*alt:* So|wjet|ruß|land)

So|wjet|stern *auch:* **Sow|jet|stern** *m. 1*

So|wjet|u|ni|on *auch:* **Sow|jet|u|ni|on** *f. 10 nur Sg.* (*Abk.:* SU); vgl. UdSSR

Sow|jet|zo|ne *auch:* **Sow|jet|zo|ne** *f. 11* Sowjetische Besatzungszone (*Abk.:* SBZ), das Gebiet der DDR 1945 bis 1949

> **sowohl als auch:** Die mehrteilige Konjunktion wird getrennt geschrieben: *Sowohl er als auch seine Freundin hatten das Examen bestanden.*
> Die substantivierte Form wird mit Bindestrich verbunden, das erste Wort schreibt man dabei groß: *das Sowohl-als-auch.* Ebenso: *das Entweder-oder, das Als-ob.*
> § 43, § 57 E4

S

so|wohl *nur in der Fügung* s. … als auch …; s. der eine als auch der andere; *häufig auch:* s. … wie …; s. die Kinder wie die Lehrer; vgl. so; das Sowohl-als-auch

So|zi *m. 9, abwertendes Kurzwort für* Sozialdemokrat

so|zi|a|bel [lat.] **1.** gesellschaftlich; **2.** gesellig, umgänglich

So|zi|a|bi|li|tät *f. 10 nur Sg.*

so|zi|al die Gemeinschaft, Gesellschaft betreffend, zu ihr gehörig, ihr dienend, gemeinnützig, wohltätig; soziale Berufe; die soziale Frage; soziale Marktwirtschaft; sozialer Wohnungsbau

So|zi|al|amt *n. 4*

So|zi|al|ar|beit *f. 10 nur Sg.*

So|zi|al|ar|bei|ter *m. 5*

So|zi|al|de|mo|krat *m. 10*

So|zi|al|de|mo|kra|tie *f. 11*

so|zi|al|de|mo|kra|tisch; *aber:* Sozialdemokratische Partei Deutschlands (*Abk.:* SPD)

So|zi|al|e|thik *f. 10*

So|zi|al|hil|fe *f. 11 nur Sg.* Gesamtheit aller staatl. Hilfen für Menschen in materieller Notlage

So|zi|al|hil|fe|emp|fän|ger *m. 5*

So|zi|al|hy|gi|e|ne [-gje:-] *f. 11 nur Sg.*

So|zi|al|in|di|ka|to|ren *Pl.* Kriterien, die den Lebensstandard qualitativ (nicht quantitativ) beschreiben

So|zi|a|li|sa|ti|on *f. 10* Einordnung des Einzelnen in die Gemeinschaft

so|zi|a|li|sie|ren *tr. 3* **1.** verstaatlichen; **2.** gemeinschaftsfähig machen

So|zi|a|li|sie|rung *f. 10* Verstaatlichung

So|zi|a|lis|mus *m. Gen. - nur Sg.* Bewegung zum Umsturz oder zur Umgestaltung der kapitalist. Staats- und Wirtschaftsordnung

So|zi|a|list *m. 10*

so|zi|a|lis|tisch; *aber (bis 1990):* Sozialistische Einheitspartei Deutschlands (*Abk.:* SED)

So|zi|al|kri|tik *f. 10*

So|zi|al|kri|ti|ker *m. 5*

so|zi|al|kri|tisch

So|zi|al|kun|de *f. 11 nur Sg.* Unterrichtsfach

So|zi|al|leis|tun|gen *Pl.*

So|zi|al|mi|nis|ter *m. 5*

So|zi|al|ö|ko|no|mie *f. 10 nur Sg.* = Volkswirtschaftslehre

So|zi|al|päd|a|go|gik *auch:* **So|zi|al|pä|da|go|gik** *f. 10 nur Sg.* Erziehung des Einzelnen in seinem Verhältnis zur Gemeinschaft

So|zi|al|part|ner *m. 5* Arbeitgeber und Arbeitnehmer (bzw. deren Vertreter)

So|zi|al|plan *m. 2*

So|zi|al|po|li|tik *f. 10 nur Sg.*

So|zi|al|po|li|ti|ker *m. 5*

so|zi|al|po|li|tisch

So|zi|al|pres|tige [-ti:ʒ] *n. Gen.* -s *nur Sg.* gesellschaftl. Ansehen, Geltung

So|zi|al|pro|dukt *n. 1* der Geldwert aller jährlich produzierten Güter und Dienstleistungen einer Volkswirtschaft, Nationaleinkommen, Volkseinkommen

So|zi|al|psy|cho|lo|gie *f. 11 nur Sg.*

So|zi|al|re|form *f. 10*

So|zi|al|rent|ner *m. 5* jmd., der eine staatl. Rente bezieht

So|zi|al|staat *m. 12*

So|zi|al|sys|tem *n. 1* staatliches System der sozialen Sicherung

so|zi|al|ver|si|chern *tr. 1*

So|zi|al|ver|si|che|rung *f. 10* (*Abk.:* SV)

so|zi|al|ver|träg|lich; eine sozialverträgliche Kündigung: nach sozialen Kriterien entschiedene K.

So|zi|al|woh|nung *f. 10*

So|zi|e|tät [-tsje-] *f. 10* **1.** *veraltet:* Genossenschaft; **2.** *Zool.:* Gesellschaft (von Tieren)

So|zi|o|gramm *n. 1* graf. Darstellung der sozialen Beziehungen innerhalb einer Gruppe

So|zi|o|lekt *m. 1* einer sozialen Schicht eigentümliche Sprachform

So|zi|o|lin|gu|is|tik *f. 10 nur Sg.* Lehre vom Sprachverhalten sozialer Gruppen

So|zi|o|lo|ge [lat. + griech.] *m. 11*

So|zi|o|lo|gie *f. 11 nur Sg.* Gesellschaftswissenschaft

so|zi|o|lo|gisch

So|zi|o|me|trie *auch:* **So|zi|o|met|rie** *f. 11 nur Sg.* Untersuchung der sozialen Beziehungen innerhalb einer Gruppe

So|zi|us [lat.] *m. Gen. - Pl.* -us|se **1.** Teilhaber; **2.** Beifahrer (auf dem Motorrad)

So|zi|us|sitz *m. 1*

so|zu|sa|gen [auch: so-] wenn man es so ausdrücken will, gewissermaßen; er hat ihn s. hinausgeworfen

Sp. *Abk. für* Spalte (im Buch)

Space|lab [speɪslæb, engl.] *n. 9* Raumlabor

Space|shut|tle *auch:* **Space|shutt|le** (*alt:* Space-shut|tle) [speɪsʃʌt(ə)l] *n. 9 oder m. 9* Raumtransporter

Spach|tel *m. 5 oder f. 11* kleines Werkzeug zum Abkratzen, Aufbringen und Glätten weicher oder fester Stoffe

spach|teln **1.** *tr. 1;* ich spachtele, spachtle es; **2.** *intr. 1, ugs.:* tüchtig essen

spack *nddt.* **1.** dürr, trocken; **2.** eng, schmal; **3.** sparsam

Spa|da [griech.] *f. 9* degenähnl. Fechtwaffe

Spa|gat [ital.] *m. 1* **1.** völliges Spreizen der Beine nach vorn und hinten; **2.** *bair., österr.:* Bindfaden

> **Spaghetti/Spagetti:** Die fremdsprachige Schreibweise *Spaghetti* ist die Hauptvariante, die ins Deutsche integrierte Form *Spagetti* die zulässige Nebenvariante. § 32 (2)

Spa|ghet|ti *auch:* **Spa|get|ti** *nur Pl.* lange, dünne Nudeln
spä|hen *intr. 1* scharf und vorsichtig schauen
Spä|her *m. 5* Kundschafter
Spa|hi [pers.] *m. 9* **1.** *früher:* (urspr. adliger) Reitersoldat im osman. Heer; **2.** Angehöriger einer im 19. und 20. Jh. aus Nordafrika rekrutierten frz. Kavallerieeinheit; vgl. Sepoy
Späh|trupp *m. 9*
Spa|ke *f. 11, nddt.:* Hebebaum, Hebel
Spa|lett *n. 1, österr.:* hölzerner Fensterladen
Spa|lier [ital.] *n. 1* **1.** Holzgitter an einer Mauer zum Befestigen von Kletterpflanzen oder jungen Obstbäumen; **2.** eine Gasse bildende Doppelreihe von Personen zum Empfang hoch gestellter Persönlichkeiten; ein S. bilden; S. stehen
Spa|lier|baum *m. 2*
Spa|lier|obst *n. Gen. -es nur Sg.*
Spalt *m. 1*
spalt|bar
Spalt|bar|keit *f. 10 nur Sg.*
Spält|chen *n. 7*
Spal|te *f. 11; bair.-österr. auch:* (Apfel-, Wurst-)Scheibe
spal|ten *tr.;* er/sie/es spaltete, er/sie/es hat gespalten
Spal|ten|brei|te *f. 11*
Spalt|fuß *m. 2* die Grundgliedmaße der Gliederfüßer
Spalt|fü|ßer *Pl.* eine Ordnung der Krebstiere
...spal|tig *in Zus.,* z. B. ein-, zwei-, mehrspaltig
Spalt|pflan|zen *Pl. Sammelbez. für* Blaualgen und Bakterien
Spalt|pilz *m. 1* **1.** *meist Pl.* Bakterium; **2.** *ugs.:* Mensch, der eine Gruppe von Leuten böswillig auseinander bringt
Spalt|pro|dukt *n. 1* bei der Kernspaltung entstehendes, meist stark radioaktives Produkt
Spal|tung *f. 10*
Spal|tungs|ir|re|sein *n. Gen. -s nur Sg.* = Schizophrenie
Span *m. 2*
span|ab|he|bend
Spän|chen *n. 7*
Span|dril|le *auch:* **Spand|ril|le** [lat.-frz.] *f. 11* dreieckige Fläche zwischen einem Bogen und der rechteckigen Begrenzung der Maueröffnung, Bogenzwickel
spa|nen *intr. 1* Späne abheben; spanende Werkzeuge
spä|nen *tr. 1* **1.** mit Metallspänen abreiben (Parkett); **2.** säugen (Ferkel)
Span|fer|kel *n. 5* Ferkel, das noch gesäugt (gespänt) wird
Span|ge *f. 11*
Span|gen|schuh *m. 1*
Spa|niel [-njɛl, span.-engl.] *m. 5* eine langhaarige Hunderasse mit Schlappohren
Spa|ni|en Staat in Westeuropa
Spa|ni|er *m. 5*
Spa|ni|ol *m. 1* span. Schnupftabak
Spa|ni|o|le *m. 11* von Spanien nach Nordafrika, dem Balkan u. a. Ländern ausgewanderter Jude
spa|nisch; das kommt mir s. vor *ugs.:* seltsam, bedenklich, verdächtig; spanische Wand: Wandschirm; spanischer Pfeffer: Paprika; *aber:* Spanischer Erbfolgekrieg; Spanische Hofreitschule (in Wien)
Spa|nisch *n. Gen. -(s) nur Sg.* zu den roman. Sprachen gehörende Sprache; vgl. Deutsch
Spann *m. 1* oberer Teil des Fußes, Rist
Spann|be|ton [-tõ, ugs.: -tɔŋ] *m. Gen. -s nur Sg.* mit Hilfe von Stahleinlagen vorgespannter Beton
Spann|bett|tuch (*alt:* Spannbettuch (-tt|t-)) *n. 4*
Spann|dienst *m. 1, früher:* Frondienst, Hand- und Spanndienst: Arbeit mit Hand und Pferden für den Grundherrn
Span|ne *f. 11* **1.** altes Längenmaß, 20 cm; **2.** Zwischenraum, Unterschied, z. B. Zeit-, Verdienstspanne
span|nen *tr. 1*
span|nen|lang; *aber:* eine Spanne lang
Span|ner *m. 5* **1.** ein Schmetterling; **2.** Gerät zum Spannen (von Kleidungsstücken u. a.); **3.** *ugs.:* Voyeur
...spän|ner *m. 5, in Zus.,* z. B. Ein-, Zweispänner
Spann|fut|ter *n. 5* Vorrichtung zum Einspannen von Werkstücken
...spän|nig *in Zus.,* z. B. ein-, zweispännig
Spann|klup|pe *f. 11 meist Pl.* Blech oder dünnes Holz zum Schutz des Werkstücks beim Einspannen in den Schraubstock
Spann|kraft *f. 2 nur Sg.*
Spann|rah|men *m. 7* zwei genau ineinander passende Holzreifen, in die der Stoff zum Besticken gespannt wird
Span|nung *f. 10;* Spannung führend
Span|nungs|feld *n. 3*
Span|nung füh|rend (*alt:* spannung|füh|rend); *aber:* spannungsführend
Span|nungs|ge|biet *n. 1* Gebiet mit polit. Spannungen
span|nungs|ge|la|den
Span|nungs|herd *m. 1* Ausgangspunkt immer neuer Spannungen
Span|nungs|ir|re|sein *n. Gen. -s nur Sg.* = Katatonie
span|nungs|los
Span|nungs|mes|ser *m. 5*
Span|nungs|reg|ler *m. 5* Einrichtung zum Konstanthalten der elektr. Spannung
Spann|wei|te *f. 11, bei Vögeln und Flugzeugen:* Entfernung zwischen den Spitzen der (ausgebreiteten) Flügel
Spant *n. 12* rippenähnl. Bauteil zum Verstärken der Außenwand von Schiffs- und Flugzeugrümpfen
Spar|buch *n. 4*
Spar|büch|se [-ks-] *f. 11*
Spar|ein|la|ge *f. 11*
spa|ren *tr. 1*
Spa|rer *m. 5*
Spar|flam|me *f. 11*
Spar|gel *m. 5* eine Gemüsepflanze, Asparagus
Spar|gut|ha|ben *n. 7*
Spar|kas|se *f. 11*
Spar|kas|sen|buch *n. 4*
Spar|kon|to *n. Gen. -s Pl. -ten*
Spar|kurs *m. 1* der Finanzminister schlägt einen S. ein
spär|lich
Spar|maß|nah|me *f. 11*
Spar|pa|ket *n. 1* Katalog von Sparmaßnahmen
Spar|pfen|nig *m. 1*
Spar|prä|mie *f. 11*

S

Spar|ra|te *f. 11*
Spar|ren *m. 7* **1.** schräger Balken (im Dach); **2.** *übertr., ugs.:* kleine Verrücktheit, Klaps, Spleen; er hat einen S.; einen S. zu viel im Kopf haben: ein bisschen verrückt sein
Spar|ring [engl.] **1.** *n. Gen.* -s *nur Sg.* Boxtraining; **2.** *m. 9* Übungsball dafür
spar|sam
Spar|sam|keit *f. 10 nur Sg.*
Spar|schwein *n. 1*
Spart *m. 1 oder n. 1* s. **Es|par|to**
Spar|ta, *heute:* Spar|ti Stadt in Griechenland
Spar|ta|ki|a|de [nach Spartacus, dem Führer des Sklavenaufstandes im Röm. Reich 73 v. Chr.] *f. 11, früher in den Ostblockstaaten:* internationales Sportlertreffen mit Wettkämpfen
Spar|ta|kist *m. 10* Angehöriger des Spartakusbundes
spar|ta|kis|tisch
Spar|ta|kus|bund *m. Gen.* -(e)s *nur Sg.*
Spar|ta|ner *m. 5* Einwohner von Sparta
spar|ta|nisch; *auch übertr.* **1.** genügsam, einfach (Lebensweise); **2.** streng, hart (Erziehung)
Spar|te [ital.] *f. 11* Abteilung, Fach, Wissens-, Geschäftszweig
spar|ten|ü|ber|grei|fend
Spar|te|rie [frz.] *f. 11* Flechtwerk aus Span oder Bast
Spart|gras *n. 4 nur Sg.* s. **Es|par|to**
Spar|ti|at *m. 10, im alten Sparta:* Vollbürger mit allen polit. Rechten, im Unterschied zum Heloten und Periöken
spar|tie|ren [ital.] *tr. 3* in Partitur setzen (Musikwerk, das nur in einzelnen Stimmen aufgezeichnet ist)
spas|misch, spas|mo|disch, spas|tisch [griech.] in der Art eines Spasmus, krampfartig, krampfhaft
Spas|mo|ly|ti|kum *n. Gen.* -s *Pl.* -ka krampflösendes Mittel
Spas|mus *m. Gen.* - *Pl.* -men Krampf
Spaß, *österr. auch:* **Spass** *m. 2*
Späß|chen *n. 7*
spa|ßen *intr. 1*
spa|ßes|hal|ber
spaß|haft
spa|ßig
Späß|lein *n. 7*
Spaß|ma|cher *m. 5*

S

Spaß|vo|gel *m. 5*
Spas|ti|ker *m. 5*
spas|tisch s. **spas|misch**
spat *veraltet:* spät; früh und s.
Spat *m. 1* **1.** ein Mineral, z. B. Feldspat; **2.** *nur Sg., bei Pferden:* Entzündung am Sprunggelenk

spät: Das Adjektiv wird kleingeschrieben: *eine späte Einsicht, die späten Jahre.* In der Fügung mit einem Verb/Partizip wird getrennt geschrieben, weil *spät* erweiterbar bzw. steigerbar ist: *(sehr) spät auch kommen, spät abreisen, spät einschlafen, (zu) spät sein, ein spät geborenes Kind.*
§ 34 E3 (3), § 35, § 36 E1 (1.2)
Die substantivierte Form schreibt man groß: *Der Spätgeborene.* § 37 (2)
Aber: *Mein Zu-spät-Kommen, die zu spät Kommenden.*
Das feste Gefüge *von früh bis spät* schreibt man klein und getrennt. § 58 (3)

spät; das späte Mittelalter; ein später Apfel: ein s. reifender Apfel; bis s. in die Nacht *oder:* bis in die späte Nacht; s. geboren
spät|a|bends
Spät|aus|sied|ler *m. 5*
Spa|tel *n. 5* schmaler, flacher Stab (Holz, Kunststoff) zum Aufstreichen von Salbe u. a.
Spa|ten *m. 7*
Spa|ten|stich *m. 1*
Spät|ent|wick|ler *m. 5*
spä|ter
spä|ter|hin
spä|tes|tens
Spät|fol|ge *f. 11*
Spät|ge|bä|ren|de *f. 11*
Spa|tha [griech.] *f. Gen.* - *Pl.* -then **1.** german. Schwert; **2.** Hochblatt an kolbenförmigen Blütenständen (bei Palmen)
Spät|herbst *m. 1*
spät|herbst|lich
Spa|ti|en [-tsjən] *Pl. von* Spatium
Spa|ti|o|naut *m. 10, frz. Bez. für* Weltraumfahrer
spa|ti|o|nie|ren [-tsjo-, lat.] *tr. 3* mit Spatium versehen, sperren (Schriftsatz)
spa|ti|ös [-tsjøs, lat.] weiträumig (gesetzt), mit Zwischenräumen (Schriftsatz)
Spa|ti|um [-tsjum, lat.] *n. Gen.* -s *Pl.* -ti|en Zwischenraum (zwischen den Druckbuchstaben)

spät|la|tei|nisch
Spät|le|se *f. 11*
Spät|ling *m. 1* spät reifende Frucht, spät geborenes Kind
Spät|nach|mit|tag *m. 1*
spät|nach|mit|tags
Spät|obst *n. Gen.* -(e)s *nur Sg.*
Spät|schicht *f. 10*
Spät|som|mer *m. 5*
Spät|vor|stel|lung *f. 10*
Spatz *m. 12 oder m. 10*
Spät|zeit *f. 10* letzter Abschnitt eines Zeitraums
Spät|zin *f. 10*
Spätz|le, *schweiz.:* **Spätz|li** *Pl.* ein schwäb. Nudelgericht
spa|zie|ren *intr. 3* gemächlich gehen; auf und ab s.; spazieren fahren; spazieren führen; spazieren gehen; spazieren reiten

spazieren fahren/führen/gehen/reiten: Fügungen aus einem Verb (Infinitiv) und einem weiteren Verb schreibt man getrennt: *Sie sind gestern spazieren gegangen.* Ebenso: *kennen lernen, sitzen bleiben* usw.
§ 34 E3 (6)

spa|zie|ren fah|ren (*alt:* spa|zie|ren|fah|ren) *intr. 32*
spa|zie|ren füh|ren (*alt:* spa|zie|ren|füh|ren) *tr. 1*
spa|zie|ren ge|hen (*alt:* spa|zie|ren|ge|hen) *intr. 47*
spa|zie|ren rei|ten (*alt:* spa|zie|ren|rei|ten) *intr. 97*
Spa|zier|gang *m. 2*
Spa|zier|gän|ger *m. 5*
SPD *Abk. für* Sozialdemokratische Partei Deutschlands, politische Partei in Deutschland
Spea|ker [spi-, engl.] *m. 5, im brit. Unterhaus und im Repräsentantenhaus der USA:* Leiter der Sitzungen, Präsident
Specht *m. 1* ein Vogel
Specht|mei|se *f. 11* ein Singvogel, Kleiber
Speck *m. 1 nur Sg.*
Speck|gür|tel *m. 5* schnell wachsender Ring um Städte mit Industrie- und Wohngebieten
spe|ckig
Speck|ku|chen *m. 7*
Speck|schwar|te *f. 11*
Speck|sei|te *f. 11;* mit der Wurst nach der S. werfen *ugs.:* durch ein kleines Geschenk ein größeres zu erhalten suchen
Speck|stein *m. 1* s. **Talk**

spe|di|e|ren [lat.-ital.] *tr. 3* versenden, befördern
Spe|di|teur [-tør] *m. 1* Unternehmer, der Güter oder Möbel befördert
Spe|di|ti|on *f. 10* **1.** Unternehmen zur Beförderung von Gütern und Möbeln; **2.** Versandabteilung (eines Betriebs)
Spe|di|ti|ons|fir|ma *f. Gen. - Pl.* -men
spe|di|tiv *schweiz.:* rasch, zügig
Speech [spitʃ, engl.] *m. Gen.* -(e)s *Pl.* -es [-tʃiz] Rede, Ansprache
Speed [spid, engl.] *m. 9* **1.** *Sport:* Geschwindigkeit, Geschwindigkeitssteigerung (eines Läufers oder Pferdes); **2.** Designerdroge
Speed|way|ren|nen [spidweɪ-] *n. 7, neuere Bez. für* Dirt-Track-Rennen
Speer *m. 1*
Speer|wer|fen *n. Gen.* -s *nur Sg.*
Speer|wer|fer *m. 5*
Spei|che *f. 11*
Spei|chel *m. 5 nur Sg.*
Spei|chel|drü|se *f. 11*
Spei|chel|le|cker *m. 5, abwertend:* kriecherischer, unangenehmer Schmeichler
Spei|chel|le|cke|rei *f. 10 nur Sg., abwertend*
spei|cheln *intr. 1* Speichel absondern, ausfließen lassen
Spei|cher *m. 5*
Spei|cher|geld *n. 3 nur Sg.* Gebühr für das Aufbewahren von Möbeln oder Waren in einem Speicher
spei|chern *tr. 1*
Spei|che|rung *f. 10 nur Sg.*
spei|en *tr. u. intr. 144;* aussehen wie gespien *ugs.:* blass und elend aussehen
Spei|gatt *n. 12 oder n. 9* Öffnung in der Schiffswand als Wasserablauf
Speik [lat.] *m. 1, Sammelbez. für* mehrere alpine Pflanzenarten
Speil *m. 1* Holzstäbchen, Span (z. B. im Wurstende)
spei|len *tr. 1* mit einem Speil verschließen oder befestigen
Speis **1.** *m. 1, süddt.:* Mörtel; **2.** *f. 10, süddt., österr.:* Speisekammer; **3.** *f. 10, veraltet:* Speise; *nur noch in der Wendung* S. und Trank
Spei|se **1.** *f. 11;* **2.** *nur Sg.* s. **Speis** (1)
Spei|se|eis *n. Gen.* -es *nur Sg.*
Spei|se|fett *n. 1*
Spei|se|kam|mer *f. 11*
Spei|se|kar|te, Spei|sen|kar|te *f. 11*
spei|sen *tr. u. intr. 1*
Spei|sen|auf|zug *m. 2*
Spei|sen|fol|ge *f. 11*
Spei|se|öl *n. 1*
Spei|se|op|fer *n. 5* Darbringung von Speise (für Götter oder Ahnen)
Spei|se|pilz *m. 1*
Spei|se|raum *m. 2*
Spei|se|re|stau|rant *auch:* **Spei|se|res|tau|rant** [-rɛstorã] *n. 9*
Spei|se|röh|re *f. 11*
Spei|se|saal *m. Gen.* -(e)s *Pl.* -sä|le
Spei|se|wa|gen *m. 7*
Spei|se|was|ser *n. 5* Wasser zum Nachfüllen von Dampfkesseln
Spei|se|zet|tel *m. 5* Küchenzettel
Spei|se|zim|mer *n. 5*
Speis|ko|balt *m. 1* ein Mineral, Smaltin
Spei|sung *f. 10*
Spei|täub|ling *m. 1,* **Spei|teu|fel** *m. 5* ein ungenießbarer Pilz
spei|ü|bel *ugs.* zum Erbrechen übel; mir ist s.
Spek|ta|bi|li|tät [lat.] *f. 10, Titel für den* Dekan einer Hochschule; Eure (*Abk.:* Ew.) Spektabilität(en); Seine S.
Spek|ta|kel **1.** *n. 5, veraltet:* Schauspiel; **2.** *n. oder m. 5* Aufregung, Lärm
spek|ta|keln *intr. 1* ein Spektakel machen, lärmen
spek|ta|ku|lär Aufsehen erregend
spek|ta|ku|lös **1.** *veraltet:* seltsam; **2.** *ugs., scherzh. für* spektakulär

♦ Die Buchstabenfolge **spek|tr...** kann in Fremdwörtern auch **spekt|r...** getrennt werden.

♦ **Spek|tra** *Pl. von* Spektrum
♦ **spek|tral** [lat.] das Spektrum betreffend, von ihm ausgehend
♦ **Spek|tral|a|na|ly|se** *f. 11* Bestimmung der Zusammensetzung eines strahlenden Körpers aus der Art des ausgesandten Spektrums
♦ **Spek|tral|far|be** *f. 11* **1.** Licht von nur einer Wellenlänge; **2.** *Pl.* die durch Zerlegung eines Spektrums entstehenden, reinen, unvermischten Farben
♦ **Spek|tral|li|nie** *f. 11* für eine bestimmte Lichtwellenlänge charakterist. Linie in bestimmter Farbe
♦ **Spek|tren** *Pl. von* Spektrum
♦ **Spek|tro|graph** *auch:* **Spek|tro|graf** *m. 10* Gerät zur Aufzeichnung von Spektren
♦ **Spek|tro|gra|phie** *auch:* **Spek|tro|gra|fie** *f. 11 nur Sg.* Zerlegung von Licht in die Spektralfarben
♦ **spek|tro|gra|phisch** *auch:* **spek|tro|gra|fisch**
♦ **Spek|tro|me|ter** *n. 5* Gerät zum Ausmessen der Linien eines Spektrums
♦ **Spek|tro|skop** *auch:* **Spek|tros|kop** *n. 1* Gerät zur Spektroskopie
♦ **Spek|tro|sko|pie** *auch:* **Spek|tros|ko|pie** *f. 11* Untersuchung von Spektren
♦ **spek|tro|sko|pisch** *auch:* **spek|tros|ko|pisch**
♦ **Spek|trum** *n. Gen.* -s *Pl.* -tra *oder* -tren **1.** durch Zerlegung von Licht (oder anderer Strahlung) in seine einzelnen Farben (Wellenlängen) entstehendes, farbiges Band; **2.** *übertr.:* Vielfalt
Spe|ku|la *Pl. von* Spekulum
Spe|ku|lant [lat.] *m. 10* **1.** jmd., der spekuliert; **2.** jmd., der um des Gewinns willen gewagte Geschäfte macht
Spe|ku|la|ti|on *f. 10* **1.** Versuch, durch Überlegung über die Erfahrung hinaus zur Erkenntnis (bes. Gottes) zu gelangen; **2.** Geschäft (bes. mit Wertpapieren oder Grundstücken) auf Grund von Preisschwankungen; **3.** bloße Vermutung
Spe|ku|la|ti|ons|ge|schäft *n. 1*
Spe|ku|la|ti|ons|pa|pier *n. 1* Wertpapier, dessen Kurs sich häufig ändert
Spe|ku|la|ti|us [-tsjus, lat.] *m. Gen. - Pl. -* Pfefferkuchen
spe|ku|la|tiv [lat.] **1.** auf Spekulation beruhend; **2.** grüblerisch
spe|ku|lie|ren *intr. 3* **1.** auf Grund von Spekulationen Handel treiben; **2.** auf etwas s. *ugs.:* mit etwas rechnen, auf etwas warten
Spe|ku|lum *n. Gen.* -s *Pl.* -la mit Spiegel versehenes Instrument zur Untersuchung von Körperhöhlen
Spe|lä|o|lo|gie [griech.] *f. 11 nur Sg.* Höhlenkunde
spe|lä|o|lo|gisch
Spelt, Spelz *m. 1* = Dinkel
Spe|lun|ke [griech.] *f. 11* **1.** schlechte, verrufene Kneipe; **2.** schmutziger, verkommener Wohnraum
Spelz *m. 1* = Dinkel
Spel|ze *f. 11* **1.** Schale, Hülse (des

S

Getreidekorns); **2.** trockenes Blatt (der Grasblüte)
spel|zig voller Spelzen
spen|da|bel *ugs.:* freigebig
Spen|de *f. 11*
spen|den *tr. 2*
Spen|den|kon|to *n. Gen.* -s *Pl.* -ten
spen|die|ren *tr. 3*
Spen|dier|ho|sen *Pl., nur in der ugs. Wendung* die S. anhaben: freigebig sein, etwas spendieren
Speng|ler *m. 5, süddt. österr., westmitteldt.:* Klempner
Spen|ser [nach dem engl. Minister George John Spencer] *m. 5, österr. neben:* Spenzer
Spen|zer *m. 5, veraltet:* eng anliegendes Jäckchen mit Schoß
Sper|ber *m. 5* ein Greifvogel
sper|bern *intr. 1, schweiz.:* scharf blicken
Spe|renz|chen [mlat.], **Spe|ren|zi|en** *nur Pl., ugs.:* Ausflüchte, Schwierigkeiten; mach keine S.!
Sper|ling *m. 1*
Sper|lings|vo|gel *m. 6*
Sper|ma [griech.] *n. Gen.* -s *Pl.* -ta *oder* -men, *bei Mensch und Tier:* Samenzellen enthaltende Flüssigkeit, Samenflüssigkeit
Sper|ma|ti|tis *f. Gen.* - *Pl.* -ti|ti|den Entzündung des Samenstrangs
Sper|ma|to|ge|ne|se, Sper|mi|o|ge|ne|se *f. 11* Samenbildung in den Hoden
Sper|ma|to|phyt *m. 10* Samenblütenpflanze
Sper|ma|tor|rhö *f. 10* Samenerguss ohne geschlechtl. Erregung
Sper|ma|to|zo|on *n. Gen.* -s *Pl.* -zo|en Spermium
Sper|ma|zet *n. Gen.* -(e)s *nur Sg.*, **Sper|ma|ze|ti** *n. Gen.* -s *nur Sg.* = Walrat
Sper|mi|en *Pl. von* Spermium
Sper|mi|o|ge|ne|se *f. 11* s. **Sper|ma|to|ge|ne|se**
Sper|mi|o|gramm *n. 1* Untersuchung der Samenflüssigkeit
Sper|mi|um *n. Gen.* -s *Pl.* -mi|en, *bei Mensch und Tier:* männl. Samenzelle, Spermatozoon
Sperrad (-rr|r-) (*alt für:* Sperr|rad) *n. 4*
sperr|an|gel|weit; die Tür ist s. offen
Sperr|bal|lon [-lɔ̃ oder -lɔn] *m. 9,* [-lo:n] *m. 1* Luftballon mit herabhängenden Stahltrossen für Luftsperren
Sperr|baum *m. 2* Schlagbaum, Schranke
Sperr|be|zirk *m. 1* **1.** Sperrgebiet; **2.** Gebiet in einer Stadt, in dem Prostitution verboten ist
Sperr|druck *m. Gen.* -(e)s *nur Sg.* Druck mit Zwischenräumen zwischen den Buchstaben
Sper|re *f. 11*
sper|ren *tr. 1*
Sperr|feu|er *n. 5*
Sperr|frist *f. 10* Schutzfrist, während der bestimmte Rechtshandlungen ruhen müssen
Sperr|ge|trie|be *n. 5* Getriebe, bei dem einzelne Glieder zeitweise gesperrt werden können, Hemmwerk, Sperrwerk
Sperr|gut *n. 4* sperriges (zu beförderndes) Gut
Sperr|gut|ha|ben *n. 7* Guthaben auf einem Sperrkonto
Sperr|holz *n. 4 nur Sg.* Holz aus kreuzweise übereinander geleimten Platten, die das Sichverziehen verhindern (sperren)
Sperrie|gel (-rr|r-) (*alt für:* Sperr|rie|gel) *m. 5*
sper|rig lang, groß, unhandlich
Sperr|klau|sel *f. 11*
Sperr|kon|to *n. Gen.* -s *Pl.* -ten Konto, über das nicht oder nur begrenzt verfügt werden kann
Sperr|kreis *m. 1* elektr. Schaltung, die außer einer bestimmten Frequenz alle anderen stark schwächt
Sperr|mi|no|ri|tät *f. 10, Wirtsch.:* Minderheit an Stimmen, die ausreicht, um bestimmte Beschlüsse zu verhindern
Sperr|müll *m. 1 nur Sg.* sperrige Gegenstände, die außerhalb der normalen Müllabfuhr abgeholt werden
Sperr|rad *n. 4* Zahnrad in einem Sperrgetriebe
Sperr|rie|gel *m. 5*
Sperr|sitz *m. 1* **1.** *im Zirkus:* die vorderen Plätze; **2.** *im Kino:* die hinteren Plätze
Sperr|stun|de *f. 11* = Polizeistunde
Sper|rung *f. 10*
sperr|weit sperrangelweit
Sperr|werk *n. 1*
Sperr|zoll *m.* erhöhter Warenzoll
Spe|sen [lat.] *nur Pl.* Auslagen, Unkosten
spe|sen|frei
spet|ten *intr. 2, schweiz.:* stundenweise aushelfen (bes. im Haushalt)
Spet|ter *m. 5, schweiz.* **1.** Hilfskraft, Tagelöhner; **2.** Spediteur
Spet|te|rin *f. 10, schweiz.:* Putzfrau, Aufwartefrau
Spe|ze|rei [ital.] *f. 10 meist Pl.* Gewürz
Spe|ze|rei|wa|ren *Pl.* **1.** Spezereien; **2.** *schweiz.:* Gemischtwaren
Spe|zi *m. 9, süddt., österr., schweiz.:* enger Freund, Kumpan; vgl. speziell
spe|zi|al *selten für* speziell
Spe|zi|al *m. 1* guter Wein vom Fass
spe|zi|al..., Spe|zi|al... *in Zus.:* einzel..., Einzel..., sonder..., Sonder..., besonder..., Fach...
Spe|zi|al|arzt *m. 2* Facharzt
Spe|zi|a|li|en *Pl., veraltet:* Besonderheiten, Einzelheiten
Spe|zi|a|li|sa|ti|on *f. 10* **1.** Unterscheidung, Gliederung; **2.** eingehendes Studium eines bestimmten Wissensgebietes
spe|zi|a|li|sie|ren *tr. 3* **1.** unterscheiden, gliedern, einzeln anführen; **2.** sich auf etwas s.: sich mit einem Teilgebiet bes. eingehend befassen
Spe|zi|a|li|sie|rung *f. 10*
Spe|zi|a|list *m. 10* jmd., der sich auf etwas spezialisiert hat, Fachmann; er ist S. im Bereich Musik
Spe|zi|a|lis|ten|tum *n. Gen.* -s *nur Sg.*
Spe|zi|a|li|tät *f. 10* **1.** Besonderheit; **2.** Fach, Gebiet, mit dem man sich am meisten beschäftigt hat

im Speziellen: Substantivierte Adjektive schreibt man groß: *Er meinte im Speziellen dazu, dass ...* § 57 (1)

spe|zi|ell **1.** *Adj.:* einzeln, besonders; spezielle Wünsche; **2.** *Adv.:* besonders, eigens; das ist s. für mich gemacht worden; auf dein Spezielles! *ugs.:* auf dein spezielles Wohl!; im Speziellen
Spe|zi|es [-tsje:s] *f. Gen.* - *Pl.* - **1.** Art, Gattung; **2.** *Biol.:* Art; **3.** *Math.:* Grundrechenart; **4.** Teemischung
Spe|zi|es|kauf *m. 2* = Stückkauf
Spe|zi|es|ta|ler *m. 5, früher:* Taler in Hartgeld
Spe|zi|fi|ka *Pl. von* Spezifikum
Spe|zi|fi|ka|ti|on *f. 10* unterscheidende Gliederung, Aufschlüsselung
Spe|zi|fi|kum *n. Gen.* -s *Pl.* -ka **1.** etwas Besonderes, Eigentümliches; **2.** gegen eine bestimmte Krankheit wirkendes Mittel

S

spe|zi|fisch eigen, eigentümlich, arteigen, kennzeichnend; spezifisches Gewicht; spezifische Wärme
spe|zi|fi|zie|ren *tr. 3* unterscheidend gliedern, einzeln anführen
Spe|zi|fi|zie|rung *f. 10*
Spe|zi|men *n. Gen.* -s *Pl.* -zi|mi|na **1.** Muster, Probe; **2.** Versuch, Probearbeit
Sphä|re [griech.] *f. 11* **1.** Kugel, Himmelskugel; **2.** Kreis, Gesichtskreis, Wirkungskreis, Bereich, Machtbereich
Sphä|ren|har|mo|nie *f. 11 nur Sg.*
Sphä|ren|mu|sik *f. 10 nur Sg., nach Pythagoras:* durch die Bewegung der Himmelskörper entstehende, für den Menschen nicht hörbare Töne
Sphä|rik *f. 10 nur Sg.* Lehre von der Kugel
sphä|risch zur Himmelskugel gehörend, auf sie bezüglich; sphärisches Dreieck: Dreieck auf der Oberfläche einer Kugel; sphärische Trigonometrie: Trigonometrie auf der Kugeloberfläche
Sphä|ro|id *n. 1* Rotationsellipsoid
sphä|ro|i|disch
Sphä|ro|lith *m. 10* kugelförmiges Gesteins- oder Kristallgebilde
sphä|ro|li|thisch
Sphä|ro|lo|gie *f. 11 nur Sg.* Lehre von der Kugel
Sphä|ro|me|ter *n. 5* Gerät zum Messen von Krümmungen, Kugelmesser
Sphen [griech.] *m. 1 nur Sg.* ein Mineral, Titanit
sphe|no|id, sphe|no|i|dal keilförmig
Sphe|no|id *n. 1* **1.** keilförmige Kristallform; **2.** *Anat.:* Keilbein
sphe|no|i|dal s. **sphe|no|id**
Sphink|ter [griech.] *m. Gen.* -s *Pl.* -te|re, *Med.:* Schließmuskel
Sphinx [sfiŋks, griech.] **1.** *m. Gen.* - *Pl.* Sphin|gen, *ugs. auch: f. 1, ägypt. Myth.:* Fabelwesen mit Löwenleib und Menschenkopf, Sinnbild des Herrschers; **2.** *f. Gen. - nur Sg., griech. Myth.:* Ungeheuer mit Löwenleib und Frauenkopf, das jeden tötet, der das aufgegebene Rätsel nicht lösen kann
Sphra|gis|tik [griech.] *f. 10 nur Sg.* = Siegelkunde
sphra|gis|tisch
Sphyg|mo|gramm [griech.] *n. 1* mit dem Sphygmographen aufgezeichnete Pulskurve
Sphyg|mo|graph *auch:* **Shyg|mo|graf** *m. 10* Gerät zum selbsttätigen Aufzeichnen des Pulses, Pulsschreiber
Sphyg|mo|ma|no|me|ter *n. 5* Blutdruckmesser
Spick|aal *m. 1* Räucheraal
spi|cken **1.** *tr. 1;* Fleisch s.: vor dem Braten mit Speckstreifen durchziehen; jmdn. s. *ugs., übertr.:* bestechen; **2.** *intr. 1, Schülerspr.:* vom Heft des Nachbarn oder vom Buch oder vorbereiteten Zettel abschreiben
Spi|cker *m. 5, kurz für* Spickzettel
Spick|na|del *f. 11* dicke, lange Nadel zum Spicken von Fleisch
Spick|zet|tel *m. 5, Schülerspr.:* Notizzettel zum Spicken (2)
Spi|der [spaɪ-, engl.] *m. 5* zweisitziger Sportwagen mit aufklappbarem Verdeck
Spie|gel *m. 5; auch Jägerspr.:* weißer Fleck um den After (vom Reh- und Rotwild)
Spie|gel|bild *n. 3*
spie|gel|bild|lich
spie|gel|blank
Spie|gel|ei *n. 3*
Spie|gel|fech|ter *m. 5* Angeber, Blender, Heuchler
Spie|gel|fech|te|rei *f. 10* **1.** *urspr.:* Scheinkampf; **2.** *übertr.:* Getue, Blendwerk, Angeberei, Schwindel
Spie|gel|glas *n. 4*
spie|gel|glatt
spie|gel|gleich symmetrisch
Spie|gel|gleich|heit *f. Gen. - nur Sg.* Symmetrie
spie|ge|lig spiegelartig
spie|geln *tr. u. intr. 1;* ich spiegele, spiegle es
Spie|gel|re|flex|ka|me|ra *f. 9* Kamera mit eingebautem Spiegel, auf dem das aufzunehmende Bild im richtigen Ausschnitt zu sehen ist
Spie|gel|saal *m. Gen.* -(e)s *Pl.* -säle
Spie|gel|schrift *f. 10* seitenverkehrte Schrift
Spie|gel|strich *m. 1* waagerechter Strich am Anfang eines eingerückten Absatzes
Spie|gel|te|le|skop *auch:* **Spie|gel|te|les|kop** *n. 1* Fernrohr mit eingebauten Spiegeln
Spie|ge|lung, Spieg|lung *f. 10*
spie|gel|ver|kehrt
Spie|ker *m. 5, Seew.:* großer Nagel
spie|kern *tr. 1* mit Spieker(n) befestigen
Spiel *n. 1*
Spiel|art *f. 10* Abweichung (innerhalb einer Art), Sonderform
Spiel|au|to|mat *m. 10*
Spiel|ball *m. 2; auch übertr.:* willenloser Mensch als Werkzeug anderer, willenloses Objekt
Spiel|bank *f. 10* Unternehmen für Glücksspiele, Spielkasino
Spiel|bein *n. 1, Sport, Kunst:* das den Körper im Stehen nur leicht stützende, nicht voll tragende Bein; *Ggs.:* Standbein
Spiel|brett *n. 3*
Spiel|chen *n. 7, ugs.:* kurzes Spiel (beim Glücks-, Kartenspiel); ein S. machen
Spiel|do|se *f. 11*

spielen (Karten/Klavier): Die Gefüge aus Substantiv und Verb schreibt man getrennt: *Die Männer haben Karten gespielt. Sie wollte gern Klavier spielen.* § 34 E3 (5)

spie|len **1.** *tr. u. intr. 1;* falsch s.; hoch s. (beim Glücksspiel); das schaffe ich spielend: mühelos; Klavier, Karten s.; **2.** *refl. 1;* sich müde s.; sich mit etwas s. *österr.:* sich mit etwas nicht ernsthaft beschäftigen
Spie|ler *m. 5*
Spie|le|rei *f. 10*
spie|le|risch
Spie|ler|trans|fer *m. 9, Sport:* Wechsel eines Berufsspielers zu einem anderen Verein nach Zahlung einer Ablösesumme
Spiel|feld *n. 3*
Spiel|film *m. 1* Film mit durchgehender Handlung
Spiel|füh|rer *m. 5* Mannschaftskapitän
Spiel|ge|fähr|te *m. 11*
Spiel|geld *n. 3 nur Sg.*
Spiel|hahn *m. 2* (balzender) Birkhahn
Spiel|höl|le *f. 11*
Spiel|hös|chen *n. 7*
spie|lig verspielt
Spiel|ka|me|rad *m. 10*
Spiel|kar|te *f. 11*
Spiel|ka|si|no *n. 9* Spielbank
Spiel|kind *n. 3* Kind im Spielalter, verspieltes Kind
Spiel|klas|se *f. 11, Sport:* Leistungsklasse (von Mannschaften), z. B. Bundesliga
Spiel|lei|den|schaft *f. 10 nur Sg.*
Spiel|lei|ter *m. 5*

S

Spiel|leu|te *Pl. von* Spielmann
Spiel|ma|cher *m. 5, ugs.:* Spieler, der das Spiel seiner Mannschaft entscheidend bestimmt
Spiel|mann *m. Gen.* -(e)s *Pl.* -leu|te **1.** *MA:* fahrender Musikant; **2.** Angehöriger eines Spielmannszuges
Spiel|manns|dich|tung *f. 10, MA:* von einem Spielmann (1) verfasste oder vorgetragene Dichtung
Spiel|manns|zug *m. 2* Musikkapelle eines militär. oder ähnl. Zuges
Spiel|mar|ke *f. 11*
Spiel|mi|nu|te *f. 11, Sport*
Spiel|o|per *f. 11* heitere Oper mit gesprochenen Dialogen
Spiel|plan *m. 2* Plan der in einer Spielzeit zu spielenden Stücke
Spiel|platz *m. 2*
Spiel|raum *m. 2* **1.** freier Raum zwischen Gegenständen; **2.** Bewegungsfreiheit
Spiel|re|gel *f. 11*
Spiel|sa|chen *Pl.*
Spiel|schuld *f. 10*
Spiel|stand *m. 2* vorläufiges Ergebnis eines Wettspiels zu einem bestimmten Zeitpunkt
Spiel|stät|te *f. 11*
Spiel|stra|ße *f. 11*
Spiel|the|ra|pie *f. 11*
Spiel|ver|bot *n. 1*
Spiel|ver|der|ber *m. 5*
Spiel|wa|ren *Pl.*
Spiel|zeit *f. 10*
Spiel|zeug *n. Gen.* -s *nur Sg.*
Spier *m. 1 oder n. 1, norddt.:* eben durchs Erdreich durchbrechende Grasspitze
Spie|re *f. 11* **1.** *Seew.:* Rundholz, Segelstange; **2.** s. **Spi|räe**
Spier|ling *m. 1* ein Fisch
Spier|stau|de *f. 11* Mädesüß, Geißbart
Spier|strauch *m. 4* Spiräe
Spieß *m. 1* **1.** Stich- und Wurfwaffe; langer, spitzer Eisenstab; **2.** *Buchw.:* versehentlich mitdruckendes Ausschlussstück; **3.** *Mil.:* Feldwebel; **4.** *Pl., Jägerspr.:* Geweihstangen ohne Enden
Spieß|bock *m. 2, Jägerspr.:* Rehbock, der Spieße (4) trägt, Spießer (1)
Spieß|bür|ger *m. 5* Mensch mit beschränktem Gesichtskreis, engstirniger Mensch, Spießer (2)
spieß|bür|ger|lich
Spieß|bür|ger|lich|keit *f. 10 nur Sg.*
Spieß|bür|ger|tum *n. Gen.* -s *nur Sg.*

spie|ßen **1.** *tr. 1* aufspießen; **2.** *intr. 1, österr.:* stecken bleiben, stocken; die Schublade spießt; **3.** *refl. 1, österr.:* nicht gut vorangehen; die Sache spießt sich
Spie|ßer *m. 5* **1.** *Jägerspr.:* junger Hirsch, Elch oder Rehbock mit Geweihstangen ohne Enden; **2.** = Spießbürger
spie|ßer|haft
Spieß|ge|sel|le *m. 11* **1.** *urspr.:* Waffengefährte; **2.** *dann:* Mittäter
Spieß|glanz *m. 1, Sammelbez. für* eine Gruppe von Mineralen
spie|ßig in der Art eines Spießbürgers, engstirnig, beschränkt (in den Ansichten)
Spie|ßig|keit *f. 10 nur Sg.*
Spieß|ru|te *f. 11* lange, spitze Gerte; Spießruten laufen **1.** *früher als militär. Strafe:* durch eine Gasse von Soldaten laufen und sich von jedem mit einer Spießrute schlagen lassen; **2.** *übertr.:* sich von den Leuten spöttisch ansehen lassen
Spieß|ru|ten|lau|fen *n. Gen.* -s *nur Sg.*
Spikes [spaıks, engl.] *Pl.* **1.** Rennschuhe mit herausstehenden Stahldornen an der Sohle; **2.** Stahlstifte in Autoreifen
Spike(s)|rei|fen *m. 7* Autoreifen mit Spikes für das Fahren auf verschneiten und vereisten Straßen
Spill *n. 1, Seew.:* Winde mit senkrechter Achse, z. B. Ankerspill
Spil|la|ge [-ʒə] *f. 11* Warenverlust infolge Eindringens von Feuchtigkeit
Spil|le *f. 11* Spindel, Kunkel
spil|le|rig, spill|rig schmächtig, dünn, mager
Spill|geld *n. 3, nddt.:* Nadelgeld, Taschengeld
Spil|ling *m. 1* gelbe Pflaume
spill|rig s. **spil|le|rig**
Spin [engl.] *m. Gen.* -s *nur Sg.* die den Elementarteilchen zugeschriebene Eigendrehung
Spi|na [lat.] *f. Gen.* - *Pl.* -nen Knochenfortsatz, Knochendorn, Rückgrat
spi|nal zur Wirbelsäule gehörig, von ihr ausgehend, z. B. spinale Kinderlähmung
Spi|nat *m. 1* eine Gemüsepflanze
Spi|nat|wach|tel *f. 11, derb:* schrullige Frau
Spind *n. oder m. 1* schmaler Schrank (bes. des Soldaten)

Spin|del *f. 11* **1.** *an Spinnrädern und Spinnmaschinen:* die Garnspule tragender Teil; **2.** *an Werkzeugmaschinen:* Welle mit Gewinde, die das Werkzeug oder Werkstück dreht; **3.** Säule der Wendeltreppe; **4.** *Bot.:* Hauptachse des Blütenstandes oder gefiederter Blätter; **5.** *allg.:* Achse, Stange
spin|del|dürr sehr dürr (Person)
Spin|del|le|hen *n. 7* = Kunkellehen
Spin|deln|drei|er *m. 5, an Werkzeugmaschinen:* Dreikantwelle mit Gewinde, die ein bes. schweres Werkzeug oder Werkstück dreht
Spin|del|trep|pe *f. 11* **1.** = Wendeltreppe; **2.** eine schraubenförmige Treppe
Spi|nell [lat.] *m. 1* ein Mineral, ein Edelstein
Spi|nett [nach dem ital. Erfinder Giovanni Spinetti] *n. 1* Tasteninstrument, bei dem die Saiten mit einem Kiel angerissen werden
Spin|na|ker *m. 5* großes, dreieckiges Beisegel
Spin|ne *f. 11*
spin|ne|feind *nur prädikativ;* jmdm. s. sein; die beiden sind sich s.
spin|nen *tr. u. intr. 145* **1.** *von Spinnen, Raupen:* einen Faden erzeugen; **2.** Fasern zu Garn drehen; **3.** schnurren (Katze); **4.** erzählen, ersinnen, ausdenken; **5.** *ugs.:* verrückt sein
Spin|nen|netz *n. 1*
Spin|nen|tie|re *Pl.* Arachn(o)iden
Spin|ner *m. 5; auch ugs.:* jmd., der nicht ganz ernst zu nehmende Dinge redet
Spin|ne|rei *f. 10* **1.** Betrieb, in dem Fasern zu Garn versponnen werden; **2.** *ugs.:* nicht ganz ernst zu nehmende Rede oder Idee
Spin|ner|lied *n. 3*
spin|nig *ugs.:* ein bisschen verrückt
Spinn|ma|schi|ne *f. 11*
Spinn|rad *n. 4*
Spinn|ro|cken *m. 7, am Spinnrad:* Holzstab, um den die zu spinnenden Fasern aufgewickelt sind
Spinn|stu|be *f. 11*
Spinn|web *n. 1, österr. neben* Spinnwebe
Spinn|we|be *f. 11 meist Pl.*
Spin-off [spınɔff, engl.] *n. Gen.* -s *Pl.* -s Nebenprodukt, Weiterentwicklung eines Produkts

S

spi|nös [lat.] **1.** schwierig, knifflig, spitzfindig; **2.** *auch:* spinnig

> **Spinoza:** Bei Eigennamen kann das Possessivverhältnis auf verschiedene Weise ausgedrückt werden: *die spinozaische Philosophie, die Spinoza'schen Werke* (mit Apostroph und Großschreibung). § 62

Spi|no|za, *Benedictus* ndrl. Philosoph

Spi|no|zis|mus *m. Gen. - nur Sg.* Lehre des Spinoza

Spi|no|zist *m. 10*

spi|no|zis|tisch

Spint *m. 1 oder n. 1* altes Trockenhohlmaß, 2,4-7 Liter

spin|ti|sie|ren [ital.?] *intr. 2* grübeln

Spin|ti|sie|re|rei [ital.?] *f. 10*

Spi|on [frz.] *m. 1* **1.** jmd., der Spionage treibt, Kundschafter, Horcher; **2.** Spiegel außen am Fenster, in dem man die Straße überblicken kann; **3.** Guckloch (in Türen)

Spi|o|na|ge [-ʒə] *f. 11 nur Sg.* heimliches Auskundschaften von polit., wirtschaftl. oder militär. Geheimnissen eines fremden Staates

Spi|o|na|ge|ab|wehr [-ʒə-] *f. 10 nur Sg.*

Spi|o|na|ge|ring [-ʒə-] *m. 1* über ein Gebiet verbreitete Zahl von Agenten

spi|o|nie|ren *intr. 3*

Spi|o|nie|re|rei *f. 10 nur Sg., ugs.*

Spi|räe [lat.] *f. 11* ein ostasiat. Zierstrauch, Spiere

Spi|ra|le [lat.] *f. 11*

spi|ra|lig wie eine Spirale

Spi|ral|ne|bel *m. 5* Sternsystem in spiralig erscheinender Form

Spi|rans [lat.] *m. Gen. - Pl.* -ran|ten, **Spi|rant** *m. 10* = Reibelaut

spi|ran|tisch

Spi|ril|le [griech.] *f. 11* schraubenförmiges Bakterium

Spi|ril|lo|se *f. 11* durch Spirillen hervorgerufene Infektionskrankheit

Spi|rit [spɪ-, engl.] *m. 9, Okkultismus:* Geist (eines Verstorbenen)

Spi|ri|tis|mus *m. Gen. - nur Sg.* Glaube an Geister und ihre Erscheinungen

Spi|ri|tist *m. 10*

spi|ri|tis|tisch

spi|ri|tu|al s. **spi|ri|tu|ell**

Spi|ri|tu|al [spɪrɪtjuəl, engl.] *n. 9* geistl. Lied der Schwarzen in den nordamerik. Südstaaten

spi|ri|tu|a|li|sie|ren *tr. 3* vergeistigen

Spi|ri|tu|a|lis|mus *m. Gen. - nur Sg.* Lehre, dass der Geist das einzig Wirkliche und das Körperliche nur seine Erscheinungsweise sei

Spi|ri|tu|a|list *m. 10*

spi|ri|tu|a|lis|tisch

Spi|ri|tu|a|li|tät *f. 10 nur Sg.* Geistigkeit

spi|ri|tu|ell, spi|ri|tu|al geistig

spi|ri|tu|os, spi|ri|tu|ös Weingeist enthaltend

spi|ri|tu|ös **1.** spirituos; **2.** geistig

Spi|ri|tu|o|sen *Pl.* geistige, d. h. alkohol. Getränke

spi|ri|tu|o|so [spi-, ital.] *Mus.:* geistvoll, feurig

Spi|ri|tus *m. Gen. - nur Sg.* **1.** [spi-] Hauch, Atem, Geist; S. asper (*Zeichen:* ʿ) *in der griech. Schrift:* über Vokalen Zeichen für die Aussprache mit anlautendem h, z. B. ʿo (= ho); **2.** [ʃpi-] Alkohol, Weingeist, Sprit

Spi|ri|tus Rec|tor (*alt:* Spi|ri|tus rec|tor) *m. Gen. - - nur Sg.* führender Geist

Spi|ro|chä|te [-çɛ-, griech.] *f. 11* schraubenförmiges Bakterium

Spi|ro|chä|to|se *f. 11* durch Spirochäten hervorgerufene Infektionskrankheit

Spi|ro|me|ter [lat. + griech.] *n. 5* Atmungsmesser

Spi|ro|met|rie *auch:* **Spi|ro|met|rie** *f. 11* Atmungsmessung

Spir|re *f. 11* sich nach oben verjüngender Blütenstand

Spi|tal [lat.] *n. 4, Kurzform von* Hospital

Spi|tals|arzt *m. 2*

Spit|tel *n. 5, volkstüml., veraltet* **1.** Spital; **2.** Armenhaus

spitz; s. zulaufen; etwas mit spitzen Fingern anfassen: vorsichtig nur mit Daumen und Zeigefinger; eine spitze Zunge haben *übertr.:* boshaft sein; spitze Reden führen *übertr.:* boshafte Reden

Spitz *m. 1* eine Hunderasse

Spitz|a|horn *m. 1* eine Art des Ahorns

Spitz|bart *m. 2*

spitz|bär|tig

spitz|be|kom|men *tr. 71, ugs.:* bemerken

Spitz|bo|gen *m. 7 oder 8*

spitz|bo|gig

Spitz|bu|be *m. 11* **1.** Gauner, Betrüger, Dieb; **2.** Frechdachs, Schelm

Spitz|bü|be|rei *f. 10*

spitz|bü|bisch

Spit|ze *f. 11;* das ist Spitze

Spit|zel *m. 5* jmd., der (im Auftrag) andere aushorcht, heimlich auf andere aufpasst

Spit|ze|lei *f. 10*

spit|zeln *intr. 1*

spit|zen **1.** *tr. 1;* **2.** *intr. 1* ein wenig hervorschauen; aus der Erde s.; **3.** *intr. 1, süddt.:* aufpassen, spähen, lugen; da wirst du s.!: da wirst du Augen machen!

Spit|zen... *in Zus.*

Spit|zen|kan|di|dat *m. 10*

Spit|zen|klas|se *f. 11*

Spit|zen|ma|na|ger [-mænɪdʒə(r)] *m. 5*

Spit|zen|po|si|ti|on *f. 10*

Spit|zen|rei|ter *m. 5* **1.** *Sport:* Erstplatzierter in einer Leistungsklasse, Tabellenführer; **2.** *Reitsport:* sehr guter Turnierreiter; **3.** *übertr., ugs.;* das Theaterstück ist der S. der Saison

Spit|zen|sport|ler *m. 5*

Spit|zen|steu|er|satz *m. 2*

Spit|zen|tanz *m. 2* Bühnentanz auf den Zehenspitzen in eigens dafür gearbeiteten Schuhen

spitz|fin|dig allzu scharf unterscheidend

Spitz|fin|dig|keit *f. 10*

Spitz|ha|cke *f. 11*

spit|zig spitz

...spit|zig *in Zus.,* z. B. zwei-, mehrspitzig

Spitz|keh|re *f. 11* **1.** *Skisport:* Richtungsänderung um 180°; **2.** Kurve um mehr als 90°

Spitz|mar|ke *f. 11* am Anfang eines Absatzes halbfett, gesperrt oder kursiv herausgehobenes Wort

Spitz|maus *f. 2* mausähnliches Kleinsäugetier

Spitz|na|me *m. 15*

Spitz|po|cken *Pl.* = Windpocken

Spitz|weg, *Carl* dt. Maler

Spitz|we|ge|rich *m. 1* eine Futter- und Heilpflanze

spitz|win|ke|lig, spitz|wink|lig

spitz|zün|gig

Splanch|no|lo|gie [splanç-, griech.] *f. 11 nur Sg.* Lehre von den Eingeweiden

Spleen [ʃpliːn, engl.] *m. 1* kleine Verrücktheit, Schrulle

splee|nig [ʃpliː-]

Spleiß *m. 1,* **Splei|ße** *f. 11* Splitter, Spliss

S

spleißen, splis|sen *tr. 1, unregelmäßige Konjugation* (spliss, gesplissen *oder:* spleißte, gespleißt), *veraltet* **1.** spalten (Holz); **2.** *Seew.:* miteinander verbinden (Taue)
Splen [griech.] *m. 1 nur Sg.* Milz
splen|did [splen-, lat.] **1.** großzügig, freigebig; **2.** *Buchw.:* weiträumig, mit Zwischenräumen, z. B. splendid gesetzter Text
Splen|did I|so|la|tion (*alt:* Splendid iso|la|tion) [splɛndɪd aɪzəlɛɪʃn, engl.] Schlagwort für die polit. Unabhängigkeit Englands von Europa
Splen|di|di|tät *f. 10 nur Sg., veraltet:* Freigebigkeit, Großzügigkeit
Splett *m. 1, nddt.:* Splitter
Splint *m. 1* **1.** zweischenkliger Stift mit aufgebogenen Enden (zur Sicherung von Maschinenteilen); **2.** Splintholz
Splint|holz *n. Gen.* -es *nur Sg.* weiche Holzschicht unter der Rinde des Baumes
Spliss (*alt:* Spliß) *m. 1* = Spleiß
splis|sen *tr. 1* = spleißen
Splitt *m. 1* **1.** Span, Splitter; **2.** grobkörniges Gestein (zum Straßenbau)
split|ten *tr. 1* das Splitting anwenden
Split|ter *m. 5*
split|ter|fa|ser|nackt völlig nackt
split|ter|frei nicht splitternd (beim Bruch)
Split|ter|grup|pe *f. 11*
split|te|rig, splitt|rig
split|tern *intr. 1*
split|ter|nackt völlig nackt
Split|ter|par|tei *f. 10*
split|ter|si|cher
Split|ting [splɪt-, engl.] *n. Gen.* -s *nur Sg.* Form der Besteuerung von berufstätigen Eheleuten im Rahmen der Einkommensteuer
Split|ting|ta|bel|le [splɪt-] *f. 11*
splitt|rig, split|te|rig
SPÖ *Abk. für* Sozialistische Partei Österreichs
Spo|di|um [griech.] *n. Gen.* -s *nur Sg.* Knochenkohle
Spo|du|men *m. 1* ein Mineral
Spoi|ler [engl.] *m. 5* Windleitblech am Kfz
Spök *m. 1* **1.** *nddt.:* Geist, Spuk; **2.** *nord-, mitteldt.:* Unsinn, Spaß
spö|ken *intr. 1* **1.** *nddt.:* spuken; **2.** *nord-, mitteldt.:* Unsinn treiben, Spaß machen
Spö|ken|kie|ker *m. 5, nddt.:* Geisterseher, Hellseher
Spo|li|en [lat.] *Pl. von* Spolium
Spo|li|en|recht *n. 1 nur Sg.* Recht auf das Spolium eines kath. Geistlichen
Spo|li|um *n. Gen.* -s *Pl.* -li|en **1.** *im alten Rom:* Kriegsbeute; **2.** *früher:* Nachlass (eines kath. Geistlichen); **3.** Teil eines Kunstwerks, das einem andern entnommen wurde
spon|de|isch aus Spondeen bestehend
Spon|de|us [griech.] *m. Gen.* - *Pl.* -de|en Versfuß aus zwei langen Silben
Spon|dy|li|tis [griech.] *f. Gen.* - *Pl.* -ti|den Wirbelentzündung
Spon|dy|lo|se *f. 11* Erkrankung der Zwischenwirbelscheiben (Bandscheiben)
spon|dy|lo|tisch
Spon|gie [-gjə, griech.] *f. Gen.* - *Pl.* -gi|en Schwamm (1)
Spon|gin *n. Gen.* -s *nur Sg.* faserige Gerüstsubstanz der Hornschwämme
spon|gi|ös schwammig
Spon|sa|li|en [spon-, lat.] *Pl., veraltet:* Verlobungsgeschenke
spon|sern *tr. 1, meist im Passiv:* durch Sponsoring bezahlen; der Beitrag wird gesponsert
Spon|si|on *f. 10, österr.:* Verleihung des Magistertitels
Spon|sor *m. 13* **1.** jmd., der Sponsoring betreibt; **2.** *Rundfunk, Fernsehen:* Auftraggeber für eine Werbesendung; **3.** Auftraggeber für eine demoskop. Untersuchung
Spon|so|ring [engl.] *n. Gen.* -s *nur Sg.* Bereitstellen von Mitteln für Personen und Organisationen zum Zweck der Werbung für das Unternehmen
spon|tan [lat.] von selbst, aus eigenem Antrieb, aus einer plötzl. Regung heraus
Spon|ta|ne|i|tät [-ne:i-], **Spon|ta|ni|tät** *f. 10 nur Sg.* spontanes Geschehen, spontanes Handeln
Spor *m. 1* Schimmel(pilz)
spo|ra|disch vereinzelt (vorkommend), hin und wieder
Spor|an|gi|um *auch:* **Spo|ran|gi|um** *n. Gen.* -s *Pl.* -gi|en Sporenbehälter bei vielen Algen und Pilzen sowie Farnen, Moosen u. a.
Spo|re *f. 11, bei vielen Algen und Pilzen:* ungeschlechtl. Fortpflanzungszelle; Sporen bildend; Sporen tragend
Spo|ren *Pl., Sg.:* Sporn zwei an den Stiefelfersen angebrachte Metallrädchen oder -stifte zum Antreiben des Pferdes
Spo|ren bil|dend (*alt:* spo|ren|bil|dend)
spo|ren|klir|rend
Spo|ren|pflan|ze *f. 11* blütenlose Pflanze, Kryptogame
Spo|ren|tier|chen *n. 7* ein parasitisch lebender Einzeller
Spo|ren tra|gend (*alt:* spo|ren|tragend)
spo|rig voller Spor, schimmelig
Sporn *m. Gen.* -s *Pl.* -e, *ugs. auch:* Spo|ren Fortsatz, spitzer Vorsprung; vgl. Sporen
spor|nen *tr. 1;* ein Pferd s.: einem Pferd die Sporen geben; die Stiefel s.: Sporen an die Stiefel schnallen; gestiefelt und gespornt: reisefertig, ausgehbereit
sporn|streichs sofort und geradenwegs
Spo|ro|phyt [griech.] *m. 10, bei Pflanzen mit Generationswechsel:* Sporen bildende (ungeschlechtl.) Generation
Spo|ro|zo|on *n. Gen.* -s *Pl.* -zo|en *meist Pl.* Sporentierchen
Sport [engl.] *m. 1; auch übertr., ugs.:* Neigung, Vorliebe, Liebhaberei; etwas als S. betreiben; Sport treibend
Sport|art *f. 10*
Sport|arzt *m. 2*
sport|be|geis|tert
Sport|dress (*alt:* Sport|dreß) *m. 1*
Spor|tel [lat.] *f. 11, MA:* Gebühr für Amtshandlungen
spor|teln *intr. 1* ein wenig Sport treiben; *aber:* das Sporttreiben; ich sportele, sportle
Sport|fest *n. 1*
Sport|flug|zeug *n. 1*
Sport|funk|ti|o|när *m. 1*
Sport|ge|mein|schaft *f. 10*
Sport|herz, Sport|ler|herz *n. 16* durch dauernde hohe körperl. Leistungen vergrößertes Herz
Sport|hoch|schu|le *f. 11*
Sport|klub *m. 9*
Sport|leh|rer *m. 5*
Sport|ler *m. 5*
sport|lich
Sport|lich|keit *f. 10 nur Sg.*
Sport|me|di|zin *f. 10 nur Sg.*
Sport|platz *m. 2*
Sport|schuh *m. 1*
Sports|mann *m. 4 Pl. auch:* -leu|te

Sports|wear [spɔ:(r)tswɛ:(r), engl.] *Pl.* legere, sportliche Kleidung
Sport trei|bend (*alt:* sport|treibend)
Sport|ver|ein *m. 1* (*Abk.:* SV)
Sport|wart *m. 1, in Sportvereinen:* Mitarbeiter, der den Ablauf des Sportbetriebs organisiert
Spot [spɔt, engl.] *m. 9* **1.** *Funk, Fernsehen:* kurze Werbesendung; **2.** *kurz für* Spotlight
Spot|ge|schäft [spɔt-] *n. 1* Geschäft gegen sofortige Bezahlung und Lieferung
Spot|light [spɔtlaɪt] *n. 9* gezielte Beleuchtung, Punktlicht, Spot (2)
Spott *m. Gen.* -(e)s *nur Sg.*
spott|bil|lig
Spott|dros|sel *f. 11* **1.** ein Singvogel; **2.** *übertr.:* jmd., der andere gern verspottet
Spöt|te|lei *f. 10*
spöt|teln *intr. 1;* ich spöttele, spöttle
spot|ten *intr. 2*
Spöt|ter *m. 5*
Spöt|te|rei *f. 10*
Spott|ge|dicht *n. 1*
Spott|geld *n. 3 nur Sg.* sehr wenig Geld; etwas für ein S. verkaufen
spöt|tisch
Spott|lust *f. Gen. - nur Sg.*
spott|lus|tig
Spott|na|me *m. 15*
Spott|preis *m. 1* sehr niedriger Preis
Spott|sucht *f. Gen. - nur Sg.*
spott|süch|tig
Spott|vo|gel *m. 5* **1.** Vogel, der die verschiedensten Laute nachahmen kann, Spötter; **2.** *übertr.:* jmd., der gern spottet
S. P. Q. R. *Abk. für* Senatus Populusque Romanus
Sprach|at|las *m. 1 oder Gen. - Pl.* -lan|ten Kartenwerk, in dem die Verbreitung der dt. Mundarten und ihre Besonderheiten verzeichnet sind
Sprach|bar|ri|e|re [-rie:-] *f. 11* Behinderung der sprachl. Entwicklung bei Kindern aus Elternhäusern mit geringem Bildungsstand
sprach|be|gabt
Sprach|be|ga|bung *f. 10*
Sprach|denk|mal *n. 4* sprachlich bedeutendes oder interessantes Schriftwerk aus früherer Zeit
Sprach|dumm|heit *f. 10*
Spra|che *f. 11*
Spra|chen|schu|le *f. 11*
Sprach|ent|wick|lung *f. 10*
Sprach|er|werb *m. 1 nur Sg.* das Erlernen der Muttersprache
Sprach|er|zie|hung *f. 10 nur Sg.*
Sprach|fa|mi|lie *f. 11*
Sprach|feh|ler *m. 5*
Sprach|for|scher *m. 5*
Sprach|for|schung *f. 10*
Sprach|füh|rer *m. 5*
Sprach|ge|biet *n. 1*
Sprach|ge|brauch *m. 2*
Sprach|ge|fühl *n. 1 nur Sg.*
Sprach|ge|o|gra|phie *auch:* **Sprach|ge|o|gra|fie** *f. 11 nur Sg.* Wissenschaft von der geograph. Verbreitung der Sprachen und Mundarten
Sprach|ge|schich|te *f. 11 nur Sg.*
sprach|ge|schicht|lich
Sprach|ge|setz *n. 1*
sprach|ge|wandt
Sprach|ge|wandt|heit *f. 10*
Sprach|gren|ze *f. 11*
Sprach|gut *n. 4 nur Sg.*
...spra|chig vgl. deutschsprachig, fremdsprachig
Sprach|in|sel *f. 11*
Sprach|kennt|nis|se *Pl.*
Sprach|la|bor *n. 9*
Sprach|leh|re *f. 11*
sprach|lich
...sprach|lich vgl. deutschsprachlich, fremdsprachlich
sprach|los
Sprach|lo|sig|keit *f. 10 nur Sg.*
Sprach|me|lo|die *f. 11 nur Sg.*
Sprach|phi|lo|so|phie *f. 11 nur Sg.*
Sprach|rohr *n. 1;* jmds. S. sein *übertr.:* jmds. Meinung nachreden oder öffentlich vertreten
Sprach|schatz *m. 2 nur Sg.* Gesamtheit der Wörter und Wendungen einer Sprache
Sprach|sil|be *f. 11* der Wortbildung entsprechende Silbe, z. B. Länd|er; vgl. Sprechsilbe
Sprach|stö|rung *f. 10*
Sprach|ta|lent *n. 1*
Sprach|un|ter|richt *m. 1*
Sprach|ver|ein *m. 1*
Sprach|wis|sen|schaft *f. 10*
Spray [sprɛɪ, engl.] *n. 9* **1.** Flüssigkeit zum Zerstäuben, z. B. Haarspray; **2.** Apparat zum Zerstäuben von Flüssigkeit
spray|en *auch:* **spra|yen** [sprɛɪən, engl.] *tr. 1* mit einem Spray bestäuben; ich spraye es, habe es gesprayt
Spray|er *auch:* **Spra|yer** [sprɛɪə(r), engl.] *m. 5*
Sprech|an|la|ge *f. 11*
Sprech|bla|se *f. 11* gezeichnete Blase vor dem Mund oder über einer Figur, die deren Gedanken oder Äußerungen enthält
Sprech|chor [-ko:r] *m. 2*

> **sprechen lernen:** Fügungen aus einem Verb (Infinitiv) und einem weiteren Verb schreibt man getrennt: *Sie haben früh sprechen gelernt.* Ebenso: *kennen lernen, sitzen bleiben* usw.
> § 34 E3 (6)

spre|chen *intr. u. tr. 146;* sprechen lernen
Spre|cher *m. 5*
Sprech|er|zie|hung *f. 10 nur Sg.*
Sprech|funk *m. 1*
Sprech|plat|te *f. 11* Schallplatte mit gesprochenem Text
Sprech|rol|le *f. 11* Bühnenrolle, die gesprochen (nicht gesungen) wird
Sprech|sil|be *f. 11* der natürl. Aussprache des Wortes entsprechende Silbe, z. B. Län|der; vgl. Sprachsilbe
Sprech|stun|de *f. 11*
Sprech|stun|den|hil|fe *f. 11*
Sprech|vor|gang *m. 2*
Sprech|wei|se *f. 11*
Sprech|zeit *f. 10*
Sprech|zim|mer *n. 5*
Spree *f. Gen. -* Fluss in Ostdtld.
Spree-A|then *scherzh. Bez. für* Berlin
Spree|wald *m. Gen.* -es Landschaft in d. Niederlausitz
Spree|wäl|der *m. 5*
Spre|he *f. 11, norddt.:* Star
Sprei|ßel *süddt.: m. 5, österr.: n. 5* Holzspan, Splitter (den man sich eingezogen hat)
Sprei|ßel|holz *n. 4 nur Sg., österr.:* Kleinholz
Sprei|te *f. 11* Fläche des Laubblatts, Blattspreite
sprei|ten *tr. 2, veraltet, poet.:* ausbreiten
spreiz|bei|nig
Sprei|ze *f. 11* **1.** waagerechte Holz- oder Metallstange zum seitl. Abstützen von Gräben oder Gruben; **2.** *nur Sg.* Stellung mit gespreizten Beinen
sprei|zen **1.** *tr. 1* auseinander stellen (Beine, Zehen, Finger, Flügel); **2.** *refl. 1* geziert gehen, geziert tun; sich zieren, sich geziert bitten lassen

S

Spreiz|fuß *m. 2*
Sprei|zung *f. 10* gespreizte Anordnung (von Maschinenteilen)
Spreng|bom|be *f. 11*
Spren|gel *m. 5* **1.** Amtsbezirk eines Bischofs, Pfarrers oder einer weltl. Behörde, Kirchspiel, Diözese; Schulsprengel; **2.** Wedel zum Sprengen (bes. von Weihwasser)
spren|gen **1.** *tr. 1;* **2.** *intr. 1* galoppieren
Spreng|kap|sel *f. 11*
Spreng|kom|man|do *n. 9* Gruppe von Personen, die etwas sprengen soll
Spreng|kopf *m. 2* die Sprengladung enthaltender Geschossteil
Spreng|kör|per *m. 5*
Spreng|kraft *f. 2 nur Sg.*
Spreng|la|dung *f. 10*
Spreng|stoff *m. 1*
Spren|gung *f. 10*
Spren|kel *m. 5* Fleck, Tupfen
spren|keln *tr. 1*
spren|zen *südwestdt.* **1.** *tr. 1* (be)spritzen, stark sprengen; **2.** *intr. 1* leicht regnen
Spreu *f. Gen. - nur Sg.*
Sprich|wort *n. 4*
Sprich|wör|ter|samm|lung *f. 10*
sprich|wört|lich
Sprie|gel *m. 5* **1.** Haken (zum Aufhängen von Fleisch); **2.** Bügel (zum Stützen des Verdecks von Planwagen)
Sprie|ße *f. 11* Stütze, Stützbalken, Sprießholz
Sprie|ßel *m. 5, österr.* **1.** Holzstange **2.** Sitzstange (im Vogelkäfig)
sprie|ßen **1.** *tr. 1* (mit einer Sprieße) stützen; sprießte, gesprießt; **2.** *intr. 147* keimen, wachsen; spross, gesprossen
Sprieß|holz *n. 4* s. **Sprie|ße**
Spriet *n. 1* Rundholz zum Spannen des Segels
Spring **1.** *m. 1* Quelle, Sprudel; **2.** *f. 1, Seew.:* Trosse zum Festmachen
Spring|bock *m. 2* eine Antilope
Spring|brun|nen *m. 7*
sprin|gen *intr. 148; ugs.:* etwas s. lassen: etwas spendieren, etwas ausgeben; jmdn. für sich s. lassen: seine Hilfe dauernd in Anspruch nehmen
Sprin|ger *m. 5*
Sprin|ger|le *n. 5* ein schwäb. Weihnachtsgebäck
Spring|flut *f. 10* hohe Flut zur Zeit des Voll- und Neumonds
Spring|form *f. 10* ein Kuchenblech mit abnehmbarem Rand
Spring|ins|feld *m. Gen. -s nur Sg.* **1.** lebhaftes, fröhliches Kind; **2.** unbekümmerter, leichtsinniger junger Mensch
Spring|kraut *n. 4 nur Sg.* eine Pflanze, deren Früchte bei Berührung die Samen wegschleudern, Rührmichnichtan
spring|le|ben|dig
Spring|maus *f. 2*
Spring|mes|ser *m. 5* Messer, dessen Klinge aus der Scheide springt
Spring|pro|zes|si|on *f. 10*
Spring|quell *m. 1, poet. für* Springbrunnen
Spring|rei|ten *n. 7* Jagdspringen
Spring|schwanz *m. 2* ein flügelloses Insekt
Spring|seil *n. 1*
Spring|tanz *m. 2*
Spring|wurz *f. 10* = Alraune
Sprink|ler [engl.] *m. 5* Gerät zum Beregnen, Berieseln größerer Flächen (als Feuerschutz und Rasensprenger)
Sprink|ler|an|la|ge *f. 11* automat. Feuerlöschanlage
Sprint [engl.] *m. 1 oder m. 9* **1.** Kurzstreckenlauf; **2.** Radrennfahrt über eine kurze Strecke
sprin|ten *intr. 2*
Sprin|ter *m. 5*
Sprint|stre|cke *f. 11*
Sprit *m. 1* **1.** Spiritus (2); **2.** Treibstoff
spri|tig Sprit enthaltend, spritähnlich
Sprit|ze *f. 11*
sprit|zen *intr. u. tr. 1*
Sprit|zer *m. 5*
sprit|zig **1.** prickelnd (Wein); **2.** lebhaft und geistreich, sprühend witzig
Spritz|ma|le|rei *f. 10*
Spritz|pis|to|le *f. 11*
Spritz|tour [-tu:r] *f. 10, ugs.:* kleiner Ausflug
spröd, sprö|de
Spröd|heit, Sprö|dig|keit *f. 10 nur Sg.*

Spross, Sprössling: Nach kurzem Vokal bzw. Umlaut schreibt man *-ss-* (alt: *-ß-*): *der Spross, der Sprössling.* Auch: *Die Pflanze sprosste, hat gesprosst.* § 25

Spross (*alt:* Sproß) *m. 1* **1.** junger Pflanzentrieb; **2.** Nachkomme
Spröss|chen (*alt:* Sprößchen) *n. 7*
Spros|se *f. 11; auch Jägerspr.:* Zacke, Ende (des Geweihs)
spros|sen *intr. 1* sprießen, keimen
Spros|sen|wand *f. 2*
Spros|ser *m. 5* eine Nachtigall
Spröss|ling (*alt:* Sprößling) *m. 1*
Spross|pflan|ze (*alt:* Sproßpflanze) *f. 11* = Kormophyt
Spros|sung *f. 10 nur Sg.*
Sprot|te *f. 11* ein dem Hering ähnl. Fisch, Breitling
Spruch *m. 2*
Spruch|band *n. 4*
Spruch|dich|tung *f. 10*
Spruch|kam|mer *f. 11, nach dem 2. Weltkrieg:* Behörde zur Entnazifizierung
spruch|reif reif zur Entscheidung
Spru|del *m. 5*
spru|deln *intr. 1*
Spru|del|was|ser *n. 5*
Sprud|ler *m. 5, österr.:* Quirl
Sprüh|do|se *f. 11*
sprü|hen *tr. u. intr. 1*
Sprüh|re|gen *m. 7*
Sprung *m. 2*
Sprung|bal|ken *m. 7*
Sprung|be|cken *n. 7*
Sprung|bein *n. 1* einer der Fußwurzelknochen
sprung|be|reit
Sprung|brett *n. 3*
Sprung|fe|der *f. 11*
Sprung|fe|der|ma|trat|ze *auch:* **Sprung|fe|der|mat|rat|ze** *f. 11*
Sprung|ge|lenk *n. 1*
Sprung|gru|be *f. 11*
sprung|haft
Sprung|haf|tig|keit *f. 10 nur Sg.*
Sprung|kraft *f. 2*
Sprung|lauf *m. 2* Skispringen
Sprung|schan|ze *f. 11*
Sprung|stab *m. 2* (für den Stabhochsprung)
Sprung|tuch *n. 4*
Sprung|turm *m. 2*
Sprung|wurf *m. 2, Handball*
Sprutz *m. 1, schweiz.:* Spritzer
SPS *Abk. für* Sozialdemokratische Partei der Schweiz
Spu|cke *f. 11 nur Sg., ugs.:* Speichel
spu|cken *tr. u. intr. 1;* Blut s.; ich spucke darauf, ob … *ugs.:* es ist mir gleichgültig, ob …; große Töne s. *ugs.:* prahlen, angeben
Spuk *m. 1* Gespenstererscheinung, gespenstisches Geschehen
spu|ken *intr. 1* als Geist umgehen, als Gespenst erscheinen; hier spukt es: hier gehen Gespenster um
Spuk|geist *m. 3*

S

spuk|haft
Spu|le *f. 11*
Spü|le *f. 11* Spülbecken
Spül|ei|mer *m. 5*
spu|len *tr. 1* auf eine Spule wickeln, von einer Spule abwickeln
spü|len *tr. 1*
Spü|licht *n. 1* schmutziges Spülwasser
Spül|ma|schi|ne *f. 11*
spül|ma|schi|nen|fest
Spü|lung *f. 10*
Spul|wurm *m. 4* im Darm von Menschen und Säugetieren schmarotzender Fadenwurm
Spu|man|te [spu-, ital.] *m. 9* ital. Schaumwein
Spund *m. 1, schweiz.* **Spun|ten** *m. 7* **1.** Holzpflock (zum Verschließen), Zapfen; **2.** *übertr., ugs.:* (junger) Kerl, Rekrut
spun|den *tr. 2* mit einem Spund verschließen
Spund|loch *n. 4*
Spun|dung *f. 10 nur Sg.*
Spur *f. 10*
spür|bar
Spur|brei|te *f. 11* Breite einer Spur, Spurweite
spu|ren *intr. 1* **1.** die erste Spur (z. B. im Neuschnee) ziehen; **2.** exakt in einer Spur fahren; **3.** *übertr., ugs.:* gehorchen, sich fügen, einordnen
spü|ren **1.** *tr. 1;* etwas s.; **2.** *intr. 1, Jägerspr.:* Wild nach der Spur suchen (vom Jagdhund)
Spu|ren|e|le|men|te *Pl.* anorgan. chem. Grundstoffe, die in geringen Mengen zum Leben notwendig sind
Spür|hund *m. 1*
spur|los *meist in der Wendung* s. verschwinden
Spür|na|se **1.** *f. 11* feine Nase (vom Hund); **2.** *übertr.:* Ahnungsvermögen, feines Gefühl (für etwas Bestimmtes)
Spür|sinn *m. 1 nur Sg.*
Spurt [engl.] *m. 9 oder m. 1*
spur|ten *intr. 2*
Spur|wech|sel [-ks-] *m. 5*
Spur|wei|te *f. 11, Eisenbahn:* Abstand der Schienen voneinander
Spu|ta *Pl. von* Sputum
spu|ten *refl. 2* sich beeilen
Sput|nik [russ.] *m. 9* erster Typ der sowjet. Erdsatelliten
Spu|tum [lat.] *n. Gen.* -s *Pl.* -ta aus den Luftwegen durch Husten oder Räuspern entfernter Schleim, Auswurf

Spvg., Spvgg. *Abk. für* Spielvereinigung

Squaredance: Zusammengesetzte Substantive, auch solche fremdsprachiger Herkunft, schreibt man zusammen: *Squaredance.* Ebenso: *Bottleparty, Personalityshow* usw. § 37 (1)

Square|dance (*alt:* Square dance) [skwɛ(r)dæns, engl.] *m. Gen.* - *Pl.* -s [-siz] aus den USA stammender Volkstanz
Squash [skwɔʃ, engl.] *n. Gen.* - *nur Sg.* mit einem kleinen Gummiball geführtes Rückschlagspiel zwischen zwei Spielern auf einer 6,40 × 9,75 m großen, von vier Wänden begrenzten Fläche
Squaw [skwɔ, indian.-engl.] *f. 9* nordamerik. Indianerfrau
Squire [skwaɪə(r), engl.] *m. 9* englischer Gutsbesitzer (auch Titel)
sr *Abk. für* Steradiant
Sr *chem. Zeichen für* Strontium
SR *Abk. für* Saarländischer Rundfunk
SRG *Abk. für* Schweiz. Radio- und Fernsehgesellschaft
Sri Lan|ka seit 1972 Name von Ceylon
Sri-Lan|ker (*alt:* Sri Lan|ker) *m. 5*
sri-lan|kisch (*alt:* sri lan|kisch)
SS. *Abk. für* Santi, Sante
SSO *Abk. für* Südsüdost(en)
SSR *Abk. für* Sozialistische Sowjetrepublik
SSW *Abk. für* Südsüdwest(en)
st! still, Ruhe!; *auch:* Achtung!
St **1.** *Abk. für* Saint; **2.** *Abk. für* Stratus
St. **1.** *Abk. für* Sankt; **2.** *Abk. für* Stück; **3.** *Abk. für* Stunde
s. t. *Abk. für* sine tempore
S. T. *Abk. für* salvo titulo
Sta. *Abk. für* Santa
Staat **1.** *m. 12;* **2.** *nur Sg., ugs.:* Prunk, Pracht, Aufwand; mit etwas S. machen *ugs.:* Aufwand treiben, sich mit etwas sehen lassen; Staaten bildend
Staa|ten bil|dend (*alt:* staa|ten|bildend)
Staa|ten|bund *m. 2*
staa|ten|los
Staa|ten|lo|se(r) *m. 18 (17) bzw. f. 17 oder 18* jmd., der keine Staatsangehörigkeit besitzt
staat|lich
staat|li|cher|seits
Staats|akt *m. 1*
Staats|ak|ti|on *f. 10;* eine S. aus etwas machen *ugs.:* (viel) Aufhebens von etwas machen
Staats|an|ge|hö|rig|keit *f. 10 nur Sg.*
Staats|an|lei|he *f. 11*
Staats|an|walt *m. 2*
Staats|an|walt|schaft *f. 10*
Staats|ar|chiv *n. 1*
Staats|be|am|te(r) *m. 18 (17)*
Staats|be|gräb|nis *n. 1*
Staats|be|such *m. 1*
Staats|bi|bli|o|thek *auch:* **Staats|bib|li|o|thek** *f. 10*
Staats|bür|ger *m. 5*
Staats|bür|ger|kun|de *f. 11 nur Sg.*
staats|bür|ger|lich; staatsbürgerliche Rechte
Staats|bür|ger|schaft *f. 10 nur Sg.*
Staats|bürg|schaft *f. 10 nur Sg.*
Staats|chef [-ʃɛf] *m. 9*
Staats|dienst *m. 1*
staats|ei|gen
Staats|ei|gen|tum *n. Gen.* -s *nur Sg.*
Staats|ex|a|men *auch:* **Staats|e|xa|men** *n. 7 Pl. auch:* -a|mi|na
staats|feind|lich
Staats|flag|ge *f. 11*
Staats|ge|biet *n. 1*
staats|ge|fähr|dend
Staats|ge|heim|nis *n. 1*
Staats|ge|walt *f. 10 nur Sg.*
Staats|gren|ze *f. 11*
Staats|haus|halt *m. 1*
Staats|kanz|lei *f. 10*
Staats|ka|pi|ta|lis|mus *m. Gen.* - *nur Sg.*
Staats|kas|se *f. 11*
Staats|kir|che *f. 11* vom Staat gegenüber anderen Religionsgemeinschaften bevorrechtete Kirche
Staats|klug|heit *f. 10 nur Sg.*
Staats|kos|ten *nur Pl.;* auf S. (leben)
Staats|kunst *f. 2 nur Sg.*
Staats|mann *m. 4*
staats|män|nisch
Staats|mi|nis|ter *m. 5*
Staats|o|ber|haupt *n. 4*
Staats|o|per *f. 11*
Staats|or|gan *n. 1*
Staats|prä|si|dent *m. 10*
Staats|prü|fung *f. 10*
Staats|qual|le *f. 11* ein Nesseltier, Röhrenqualle
Staats|rä|son [-zɔ̃] *f. Gen.* - *nur Sg.* Staatsklugheit; aus Gründen der S.
Staats|rat *m. 2*
Staats|recht *n. 1*

S

staats|recht|lich
Staats|re|gie|rung *f. 10*
Staats|schau|spie|ler *m. 5, vom Staat verliehener Titel für* verdienten Schauspieler
Staats|schutz *m. Gen.* -es *nur Sg.*
Staats|se|kre|tär *m. 1*
Staats|si|cher|heit *f. 10 nur Sg.*
Staats|so|zi|a|lis|mus *m. Gen. - nur Sg.*
Staats|stra|ße *f. 11*
Staats|streich *m. 1* Regierungsumsturz
Staats|the|a|ter *n. 5* vom Staat unterhaltenes Theater
Staats|ver|bre|chen *n. 7* gegen den Staat gerichtetes Verbrechen
Staats|ver|fas|sung *f. 10*
Staats|ver|trag *m. 2*
Staats|ver|wal|tung *f. 10*
Staats|wirt|schaft *f. 10*
staats|wirt|schaft|lich
Staats|wis|sen|schaft *f. 10 nur Sg.*
Stab *m. 2, veraltet, als Mengenangabe Pl. auch: -*
Stab|an|ten|ne *f. 11*
Sta|bat Ma|ter (*alt:* Sta|bat ma|ter) [lat., eigtl.: stabat mater dolorosa »(es) stand die Mutter schmerzerfüllt«; Anfangsworte eines Marienhymnus aus dem 13. Jh.] *n. Gen. - - nur Sg.* Marienlied
Stäb|chen *n. 7*
Stab|ei|sen *n. 7*
Sta|bel|le [lat.] *f. 11, schweiz.:* Schemel
Stab|füh|rung *f. 10 nur Sg.* musikal. Leitung
Stab|heu|schre|cke *f. 11*
Stab|hoch|sprung *m. 2*
sta|bil [lat.] fest, standfest, dauerhaft, widerstandsfähig; *Ggs.:* instabil
Sta|bi|li|sa|tor *m. 13* Gerät zum Unterdrücken von Veränderungen eines Gleichgewichts
sta|bi|li|sie|ren *tr. 3* stabil machen, festigen
Sta|bi|li|sie|rung *f. 10 nur Sg.*
Sta|bi|li|tät *f. 10 nur Sg.* Festigkeit, Dauerhaftigkeit; *Ggs.:* Instabilität
Stab|kir|che *f. 11* mittelalterl. norweg. Holzkirche
Stab|reim *m. 1* = Alliteration
stab|rei|mend
Stabs|arzt *m. 2* Arzt im Rang eines Hauptmanns
Stabs|feld|we|bel *m. 5* Dienstgrad zwischen Haupt- und Oberstabsfeldwebel
Stab|sich|tig|keit *f. 10 nur Sg.* s. **A|stig|ma|tis|mus**
Stabs|of|fi|zier *m. 1*
Stab|werk *n. 1, Baukunst:* vertikale Teilung eines Spitzbogenfensters
stac|ca|to, stak|ka|to [ital.] *Mus.:* (einzeln) gestoßen
Stac|ca|to [ital.] *n. Gen.* -(s) *Pl.* -ti Spiel mit kurz gestoßenen Tönen
Sta|chel *m. 14*
Sta|chel|bee|re *f. 11*
Sta|chel|draht *m. 2*
Sta|chel|häu|ter *m. 5* wirbelloses Tier mit oft stachelbewehrtem Hautskelett
sta|che|lig, stach|lig
sta|cheln *intr. 1*
Sta|chel|schwein *n. 1*
stach|lig, sta|che|lig
Stack *n. 1, nddt.:* Buhne
stad *bair., österr.:* still, ruhig
Sta|del *m. 5, schweiz.: m. 6, bair., österr., schweiz.:* Scheune; Gerüst zum Trocknen von Gras, Heustadel
sta|di|al [lat.] abschnitts-, stufenweise
Sta|di|en *Pl. von* Stadion, Stadium
Sta|di|on *n. Gen.* -s *Pl.* -di|en **1.** altgriech. Wegemaß; **2.** Wettkampfplatz, Kampfbahn, z. B. Fußballstadion
Sta|di|um *n. Gen.* -s *Pl.* -di|en Entwicklungsstufe, Abschnitt, Zustand
Stadt *f. 2*
Stadt|au|to|bahn *f. 10*
stadt|be|kannt; er ist ein stadtbekannter Hochstapler
Stadt|be|zirk *m. 1*
Stadt|bi|bli|o|thek *auch:* **Stadt|bib|li|o|thek** *f. 10*
Städt|chen *n. 7*
Stadt|di|rek|tor *m. 13* hauptamtl. Leiter der Verwaltung in Städten einiger Bundesländer
Städ|te|bau *m. Gen.* -e(s) *nur Sg.*
städ|te|bau|lich
Städ|te|bund *m. 2*
Stadt|ent|wick|lung *f. 10*
Städ|ter *m. 5* Stadtbewohner
Städ|te|tag *m. 1* Zusammenschluss von Städten zur Vertretung ihrer gemeinsamen Interessen
Stadt|gas *n. 1 nur Sg.*
Stadt|ge|biet *n. 1*
Stadt|ge|mein|de *f. 11*
Stadt|ge|spräch *n. 1* **1.** (telefon.) Ortsgespräch; **2.** etwas, wovon in der ganzen Stadt gesprochen wird
Stadt|haus *n. 4* Verwaltungsgebäude als Ergänzung des Rathauses
städ|tisch
Stadt|käm|me|rer *m. 5* Verwalter der städt. Finanzen
Stadt|kas|se *f. 11*
Stadt|klatsch *m. Gen.* -e(s) *nur Sg.*
Stadt|kreis *m. 1*
Stadt|mau|er *f. 11*
Stadt|mu|si|kant *m. 10, früher:* Musikant mit dem Privileg, bei feierlichen Anlässen zu musizieren, Stadtpfeifer
Stadt|pfei|fer *m. 5, veraltet:* in einer Zunft organisierter Musiker im Dienst der Stadt
Stadt|plan *m. 2*
Stadt|rat *m. 2*
Stadt|rei|ni|gung *f. 10*
Stadt|staat *m. 12* Stadt als selbständiges Staatswesen, z. B. die Reichsstädte, die Polis im antiken Griechenland
Stadt|teil *m. 1*
Stadt|the|a|ter *n. 5*
Stadt|tor *n. 1*
Stadt|vä|ter *Pl.* der Rat der Stadt
Stadt|ver|ord|ne|te(r) *m. 18 (17) bzw. f. 17 oder 18* Mitglied der Gemeindevertretung
Stadt|ver|wal|tung *f. 10*
Stadt|vier|tel *n. 5*
Stadt|wap|pen *n. 7*
Stadt|wer|ke *nur Pl.* von einer Stadt betriebenes Unternehmen zur Energieversorgung
Staël [stal], *Madame de* (eigtl. Germaine Baronne de S.-Holstein) frz. Schriftstellerin
Sta|fel *m. 6, schweiz.:* Alpenweide
Sta|fet|te [ital.] *f. 11* **1.** *früher:* berittener Eilbote; **2.** Gruppe von Läufern beim Staffellauf
Sta|fet|ten|lauf *m. 2* Staffellauf
Staf|fa|ge [-ʒə] *f. 11* schmückendes Beiwerk, Nebensächliches
Staf|fa|ge|fi|gur [-ʒə-] *f. 10, Malerei, Fot.:* Mensch oder Tier zur Belebung des Vordergrunds
Staf|fel *f. 11* **1.** Stufe, Sprosse; **2.** *schwäb.:* Treppe; **3.** Verband von Flugzeugen; **4.** (meist vierköpfige) Mannschaft beim Staffellauf; 4×100-m-Staffel
Staf|fe|lei *f. 10* **1.** Gestell für das Bild beim Malen; **2.** *südd.:* Leiter
Staf|fel|lauf *m. 2* Mannschaftswettbewerb, bei dem jeder Teilnehmer eine Teilstrecke laufen muss, wobei jeweils ein Stab

S

vom einen zum anderen weitergegeben wird

Staf|fel|mie|te *f. 11* Miete, die in regelmäßigen Abständen erhöht wird

staf|feln *tr. 1* abstufen, in Stufen gliedern; gestaffelter Tarif

Staf|fe|lung, Stafflung *f. 10*

staf|fie|ren [frz.] *tr. 3* **1.** ausstatten, *meist:* ausstaffieren; **2.** *österr.:* verzieren, schmücken

Stag *n. 1 oder n. 12* Seil zum Sichern von Masten

Stag|fla|ti|on [Bildung aus stagnieren und Inflation] *f. 10* Wirtschaftslage, in der bei steigenden Preisen Beschäftigung und Produktion zurückgehen

Sta|gio|ne [-dʒo-, ital.] *f. Gen. - Pl.* -ni, *ital. Theater:* Spielzeit

Sta|gna|ti|on *auch:* **Stag|na|ti|on** [lat.] *f. 10* Stillstand, Stockung

sta|gnie|ren *auch:* **stag|nie|ren** *intr. 3* stocken, stillstehen, nicht vorangehen

Sta|gnie|rung *auch:* **Stag|nie|rung** *f. 10*

Stahl *m. 2 oder m. 1* **1.** schmiedbares Eisen; **2.** *poet.:* blanke Waffe, z. B. Schwert

Stahl|bau *m. Gen.* -e(s) *Pl.* -bauten

Stahl|be|ton [-tõ oder ugs. -tɔŋ] *m. Gen.* -s *nur Sg.*

Stahl|blech *n. 1*

Stahl|draht *m. 2*

stäh|len *tr. 1* härten, abhärten, kräftigen

stäh|lern aus Stahl, wie Stahl; eine stählerne Brust

stahl|grau

stahl|hart

Stahl|helm *m. 1*

Stahl|kam|mer *f. 11* feuer- und einbruchsicherer Raum (bes. in Banken)

Stahl|ste|cher *m. 5* Künstler, der Stahlstiche herstellt

Stahl|stich *m. 1* dem Kupferstich ähnliches graf. Verfahren, bei dem statt der Kupfer- eine Stahlplatte verwendet wird

Stahl|wol|le *f. 11 nur Sg.* lange, feine Stahlspäne

Sta|ke *f. 11* s. **Sta|ken**

sta|ken *tr. 1* **1.** mit dem Staken abstoßen und so vorwärts bewegen (Kahn); **2.** *intr. 1* steifbeinig gehen

Sta|ken *m. 7,* Sta|ke *f. 11* lange Stange

Sta|ket *n. 1* Lattenzaun

Sta|ke|te *f. 11, österr.:* Holzlatte

sta|kig s. **stak|sig**

stak|ka|to s. **stac|ca|to**

stak|sen *intr. 1, ugs.:* steifbeinig gehen, stelzen

stak|sig, sta|kig *ugs.* **1.** steifbeinig, ungelenk; **2.** dünn und lang, sperrig

Sta|lag|mit [griech.] *m. 10 oder m. 1* von unten nach oben sich aufbauendes Tropfsteingebilde; vgl. Stalaktit

sta|lag|mi|tisch

Sta|lak|tit *m. 10 oder m. 1* von oben nach unten wachsendes Tropfsteingebilde; vgl. Stalagmit

Sta|lak|ti|ten|ge|wöl|be *n. 1*

sta|lak|ti|tisch

Sta|lin [eigtl. Dschugaschwili], *Josef* sowjet. Politiker

Sta|li|nis|mus *m. Gen. - nur Sg.* die von Stalin geprägte Staatsform

Sta|li|nist *m. 10*

sta|li|nis|tisch

Sta|lin|or|gel *f. 11, im 2. Weltkrieg:* Vorrichtung zum gleichzeitigen Abschießen mehrerer Geschosse

Stall **1.** *m. 2;* **2.** *m. 1 nur Sg.* Harn (vom Pferd)

Stal|la|ter|ne (-ll|l-) (*alt für:* Stall|la|ter|ne) *f. 11*

Ställ|chen *n. 7*

stal|len **1.** *tr. 1* im Stall unterbringen; **2.** *intr. 1* harnen (Pferd)

Stall|feind *m. 1 nur Sg., schweiz.:* Maul- und Klauenseuche

Stall|ge|fähr|te *m. 11*

Stall|ge|ruch *m. 2 nur Sg., auch übertr.*

Stall|ha|se *m. 11* Hauskaninchen

Stall|knecht *m. 1*

Stall|la|ter|ne *f. 11*

Stall|meis|ter *m. 5, an Fürstenhöfen:* Aufseher über den Pferdestall

Stal|lung *f. 10 meist Pl.* Stall (1)

Stam|bul *Kurzform von* Istanbul

Stamm *m. 2*

Stamm|ak|tie *f. 11* einfache Aktie ohne Vorrechte; *Ggs.:* Vorzugsaktie

Stamm|baum *m. 2*

Stamm|buch *n. 4*

Stämm|chen *n. 7*

Stamm|ein|la|ge *f. 11* Kapitaleinlage eines Gesellschafters einer GmbH

stam|meln *intr. 1* gehemmt, stotternd sprechen

Stamm|el|tern *Pl.* die Begründer eines Stammes

stam|men *intr. 1;* aus einer Gelehrtenfamilie s.; aus Berlin s.; dieser Ausdruck stammt von Luther

stam|mern *intr. 1, nddt. für* stammeln

Stam|mes|ge|schich|te *f. 11*

stam|mes|ge|schicht|lich

Stam|mes|zu|ge|hö|rig|keit *f. 10 nur Sg.*

Stamm|form *f. 10, Gramm.:* ohne Hilfsverb gebildete Form

Stamm|gast *m. 2*

Stamm|hal|ter *m. 5* männl. Nachkomme

Stamm|haus *n. 4* Haus, in dem die Firma gegründet worden ist

Stammie|te (-mm|m-) (*alt für:* Stamm|mie|te) *f. 11*

stäm|mig

Stäm|mig|keit *f. 10 nur Sg.*

Stamm|ka|pi|tal *n. Gen.* -s *nur Sg.* Gesamtheit der Kapital- bzw. Stammeinlagen

Stamm|kun|de *m. 11*

Stamm|kund|schaft *f. 10 nur Sg.* regelmäßig (in einem Geschäft) kaufende Kundschaft; *Ggs.:* Laufkundschaft

Stamm|ler *m. 5* jmd., der stammelt, Stotterer

Stamm|mie|te *f. 11, Theater:* Platzmiete, Abonnement

Stamm|mut|ter *f. 6* Begründerin eines Geschlechts

Stamm|rol|le *f. 11* Liste der wehrdienstpflichtigen Männer (einer Gemeinde)

Stamm|sil|be *f. 11* sinntragende Silbe eines Wortes ohne Flexionsendungen und Vor- und Nachsilben

Stamm|sitz *m. 1*

Stamm|tisch *m. 1*

Stammut|ter (-mm|m-) (*alt für:* Stamm|mut|ter) *f. 6*

Stamm|va|ter *m. 6* Begründer eines Geschlechts

stamm|ver|wandt

Stamm|vo|kal [-vo-] *m. 1* Vokal der Stammsilbe

Stamm|zel|le *f. 11, Biol.:* Zelle, die noch nicht differenziert ist und sich unbegrenzt teilen kann

Stam|perl *n. 14, bair., österr.:* Wein- oder Schnapsglas ohne Stiel

Stamp|fe *f. 11* Gerät zum Stampfen, Handramme, Stößel

stamp|fen *intr. u. tr. 1*

Stamp|fer *m. 5* **1.** Gerät zum Stampfen; **2.** Sauggerät zum Reinigen verstopfter Abflüsse

S

Stam|pi|glie *auch:* **Stam|pig|lie** [-ljə, ital.] *f. 11, österr.* **1.** Gerät zum Stempeln; **2.** Stempelaufdruck

außer Stande/außerstande sein: Bei einigen festen Fügungen zu einer Präposition bleibt es den Schreibenden überlassen, welche Schreibweise gewählt wird: *außer Stand/außerstand setzen; außer Stande/außerstande sein; im Stande/imstande sein; in Stand/instand setzen; zu Stande/zustande bringen/kommen.* § 39 E3 (1)

Stand *m. 2;* gut im Stande sein: in gutem Zustand; imstande *oder:* im Stande sein; etwas in gutem Stand(e) erhalten *bzw.* instand *oder:* in Stand halten; außerstand *oder:* außer Stand setzen; außerstande *oder:* außer Stande sein; zustande *oder:* zu Stande bringen

Stan|dard [engl.] *m. 9* Richt-, Eichmaß, Norm

stan|dar|di|sie|ren *tr. 3* einem Standard angleichen, auf einen Standard bringen, normen

Stan|dar|di|sie|rung *f. 10*

Stan|dard|typ *m. 12*

Stan|dard|werk *n. 1* grundlegendes Werk (bes. der Fachliteratur)

Stan|dar|te *f. 11* **1.** *früher:* Fahne von Staatsoberhäuptern oder Fürsten; **2.** Fahne berittener oder motorisierter Truppen; **3.** *Jägerspr.:* Schwanz (des Fuchses)

Stand|bein *n. 1, Kunst, Sport:* die Hauptlast des Körpers (beim Stehen) tragendes Bein; *Ggs.:* Spielbein

Stand|bild *n. 3*

Stand-by [stæ̣ndbaɪ, engl.] *n. 2* Flugreise ohne feste Platzbuchung

Stand-by-Be|trieb [stændbaɪ-, engl.] *m. 1 nur Sg.* Betriebsart eines elektr. Gerätes, bei dem es ausgeschaltet ist, aber jederzeit (z. B. durch eine Fernbedienung) aktiviert werden kann

Stand|chen *n. 7* Musikstück, das jmdm. zur Huldigung (bes. unter dem Fenster) vorgetragen wird

Stan|de *f. 11,* **Stan|den** *m. 7, schweiz.:* Fass, Bottich, Bütte

Stän|de|kam|mer *f. 11, in nichtdemokrat. Staaten:* aus Vertretern der Stände gebildetes Organ des Parlaments

Stän|del *m. 5,* **Stän|del|wurz** *f. 10* s. **Sten|del, Sten|del|wurz**

Stan|den *m. 7* = **Stan|de**

Stän|de|ord|nung *f. 10* nach Ständen gegliederte Ordnung (einer Gesellschaft)

Stan|der *m. 5* dreieckige Flagge

Stän|der *m. 5; auch Jägerspr.:* Fuß (des Federwildes außer Wasserwild)

Stän|de|rat *m. 2, schweiz.:* zweite Kammer der Bundesversammlung, Vertretung der Kantone

Stan|des|amt *n. 4*

Stan|des|be|am|te(r) *m. 18 (17)*

stan|des|be|wusst (*alt:* stan|des|bewußt)

Stan|des|be|wusst|sein (*alt:* Standes|be|wußt|sein) *n. Gen.* -s *nur Sg.*

Stan|des|dün|kel *m. 5 nur Sg.*

stan|des|ge|mäß

Stan|des|per|son *f. 10*

Stän|de|staat *m. 12* nach gesellschaftl. Ständen gegliederter Staat

Stan|des|un|ter|schied *m. 1*

Stan|des|vor|ur|teil *n. 1*

Stän|de|tag *m. 1*

Stän|de|ver|samm|lung *f. 10, im Dt. Reich:* Landtag

stand|fest

Stand|fes|tig|keit *f. 10 nur Sg.*

Stand|geld *n. 3* **1.** Gebühr für das Aufstellen eines Verkaufsstandes (auf Märkten, Ausstellungen); **2.** Gebühr für die Benutzung von Güterwagen bei Überschreitung der Einladefrist

Stand|ge|richt *n. 1* aus Offizieren gebildetes Gericht zur Ausübung des Standrechts

stand|haft

Stand|haf|tig|keit *f. 10 nur Sg.*

stand|hal|ten *intr. 61;* ich halte ihm stand, habe ihm standgehalten

stän|dig

Stan|ding|o|va|tions *auch:* **Stan|ding O|va|tions** (*alt:* Stan|ding ova|tions) [stæ̣ndɪŋ ouvẹɪʃənz, engl.] *nur Pl.* starke, lang anhaltende Beifallsbekundung (im Stehen)

stän|disch zu den Ständen gehörig, nach Ständen

Stand|licht *n. 3*

Stand|ort *m. 1*

stand|ort|be|zo|gen

stand|ort|ü|ber|grei|fend

Stand|pau|ke *f. 11, ugs.:* Strafpredigt

Stand|platz *m. 2*

Stand|punkt *m. 1*

Stand|quar|tier *n. 1*

Stand|recht *n. 1* vereinfachtes und beschleunigtes Strafverfahren während des Krieges

stand|recht|lich

stand|si|cher

Stand|si|cher|heit *f. 10 nur Sg.*

Stand|spur *f. 10* Spur neben der Fahrbahn zum Halten und Parken

Stand|uhr *f. 10*

Stand|vo|gel *m. 6* Vogel, der beim Einsetzen der ungünstigen Jahreszeit den Aufenthaltsort nicht wechselt; *Ggs.:* Zugvogel; vgl. Strichvogel

Stand|wild *n. Gen.* -(e)s *nur Sg., Jägerspr.:* Wild, das im Revier bleibt; *Ggs.:* Wechselwild

Stan|ge *f. 11;* jmdm. die S. halten *ugs.:* zu jmdm. halten, jmdm. beistehen; das kostet eine S. Geld *ugs.:* ziemlich viel Geld; ein Anzug von der S.: ein Konfektionsanzug

Stängel: Entsprechend dem Stammprinzip wird, ausgehend von *Stange,* nun *Stängel* geschrieben (alt: *Stengel*). Ebenso: *stängellos.* § 13

Stän|gel *m. 5* Hauptachse der höheren Pflanzen; fall nicht vom S. *ugs., scherzh.:* fall nicht herunter

Stän|gel|chen *n. 7*

stän|gel|los

stän|geln *tr. 1* an Stangen festbinden (Pflanzen)

Stan|gen|holz *n. 4* junger Wald

Stan|gen|spar|gel *m. 5* ganzer (nicht zerkleinerter) Spargel

Stangs *m. Gen.* - *Pl.* - thailänd. Währungseinheit, 1/100 Baht

Sta|nit|zel *n. 5, österr.:* spitze Tüte

Stank *m. 2 nur Sg.* **1.** *veraltet:* Gestank; **2.** *übertr., ugs.:* Zank

Stän|ke|rei *f. 10*

Stän|ke|rer *m. 5*

stän|kern *intr. 1, ugs.* **1.** Unfrieden stiften; **2.** in fremden Sachen herumschnüffeln

Stan|nin [lat.] *n. 1 nur Sg.* Zinnkies

Stan|ni|ol *n. 1* Zinnfolie, *ugs. auch:* Aluminiumfolie

Stan|ni|ol|pa|pier *n. 1* s. **Stan|ni|ol**

Stan|num *n. Gen.* -s *nur Sg.* (*chem. Zeichen:* Sn) chem. Element, Zinn

S

stan|te pe|de [lat.] stehenden Fußes, sofort; ich bin s. p. umgekehrt
Stan|ze 1. [ital.] *f. 11* Strophe mit acht jambischen Zeilen; **2.** [dän.?] *f. 11* Prägestempel, Maschine zum Ausschneiden
stan|zen *tr. 1* mit der Stanze (2) ausschneiden oder prägen
Sta|pel *m. 5* **1.** geschichteter Haufen, Stoß; **2.** Gerüst für das Schiff während des Baues; ein Schiff vom S. (laufen) lassen; eine Rede vom S. lassen *ugs., übertr., iron.:* eine Rede halten
Sta|pe|lie [-ljə, nach dem ndrl. Arzt J.B. van Stapel] *f. 11* eine kakteenähnliche südafrik. Pflanze, Ordensstern
Sta|pel|lauf *m. 2*
sta|peln *tr. 1;* ich stapele, staple sie
Sta|pel|platz *m. 2*
Sta|pel|wa|re *f. 11*
Stap|fe *f. 11,* **Stap|fen** *m. 7 meist Pl.* Fußspur, Fußstapfe(n)
stap|fen *intr. 1*
Sta|phy|lo|kok|ken [griech.] *Pl.* traubenförmig zusammenhängende Kugelbakterien
Star 1. *m. 1* ein Singvogel; **2.** *m. 1, Sammelbez. für* mehrere Augenkrankheiten; grauer, grüner, schwarzer S.; **3.** *m. 9* berühmte(r) Sänger(in), Schauspieler(in) oder Sportler(in)
Star... *in Zus. ugs.:* der, die fähigste, wichtigste, bedeutendste ..., z. B. Starreporter, Staranwalt
Stär *m. 1* Widder
Star|boot *n. 1* **1.** Sportsegelboot; **2.** Regattaboot
stä|ren *intr. 1* brünstig sein nach dem Stär
Sta|ren|kas|ten *m. 8* s. **Star|kas|ten**
Star|figh|ter [starfaitə(r), engl.] *m. 5* ein Flugzeugtyp

> **stark besiedelt/bevölkert:** Die Fügung aus Adjektiv und Verb/Partizip schreibt man getrennt, wenn der erste Teil steigerbar oder erweiterbar ist: *Das Land ist (sehr) stark besiedelt.* Ebenso: *stark verschmutzt, stark behaart.* § 36 E1 (4)

stark; das starke Geschlecht *scherzh.:* die Männer; den starken Mann spielen; *in Verbindung mit Partizipien getrennt:* s. verschmutzt; s. behaart; s. besiedelt
Star|kas|ten, Sta|ren|kas|ten *m. 8*
Stark|bier *n. 1*
Stär|ke *f. 11*
Stär|ke|mehl *n. 1 nur Sg.*
stär|ken *tr. 1*
stark|kno|chig
Stark|strom *m. 2* elektr. Strom mit einer Spannung von mehr als 24 Volt
Stär|kung *f. 10*
Stär|kungs|mit|tel *n. 5*
Star|let, Star|lett [engl.] *n. 9* Nachwuchsfilmschauspielerin, Filmsternchen
Sta|rost [russ.] *m. 10* **1.** *früher in Polen:* Inhaber eines vom König verliehenen Lehens; **2.** Gerichtsstatthalter; **3.** *im zarist. Russland:* Gemeindevorsteher
Sta|ros|tei *f. 10, früher in Polen:* vom König verliehenes Lehen
starr
Star|re *f. 11 nur Sg.*
star|ren *intr. 1* **1.** starr schauen; **2.** voll (von etwas) sein; vor *oder:* von Schmutz s.: sehr schmutzig sein
Starr|heit *f. 10 nur Sg.*
Starr|kopf *m. 2* eigensinniger, starrsinniger Mensch
starr|köp|fig
Starr|köp|fig|keit *f. 10 nur Sg.*
Starr|krampf *m. 2 nur Sg., kurz für* Wundstarrkrampf
Starr|sinn *m. 1 nur Sg.*
starr|sin|nig
Starr|sin|nig|keit *f. 10 nur Sg.*
Starr|sucht *f. Gen. - nur Sg.* s. **Ka|ta|lep|sie**
starr|süch|tig
Stars and Stripes [sta(r)z ənd straips, engl. »Sterne und Streifen«] *Bez. für* Nationalflagge der USA
Start [engl.] *m. 9 oder m. 1* **1.** Beginn, Anfang, Ablauf, Abfahrt, Abflug; fliegender S.: S. mit Anlauf; stehender S.: S. aus dem Stand; **2.** Ablauf-, Abfahrts-, Abflugstelle
Start|bahn *f. 10*
Start|block *m. 2*
star|ten *intr. u. tr. 2*
Star|ter *m. 5* **1.** *Sport:* jmd., der das Zeichen zum Start gibt; **2.** *früher an Kraftfahrzeugen:* Anlasser
Start|er|laub|nis *f. 1*
Star|ter|kit [engl.] *n. 9* Erstausstattung, z. B. für den Zugang zum Internet
Start|flag|ge *f. 11*
Start|ma|schi|ne *f. 11, bei Pferderennen:* Vorrichtung aus mehreren über die Bahn gespannten Gurten, die zum Start hochgezogen werden
Start|num|mer *f. 11*
Start|schuss (*alt:* Start|schuß) *m. 2*
Start|si|gnal *auch:* **Start|sig|nal** *n. 1*
Start|sprung *m. 2*
Start-up-Un|ter|neh|men [-ʌp-, engl.] *n. 7, Wirtsch.:* gerade gegründetes Unternehmen des Neuen Marktes
Start|ver|bot *n. 1*
Sta|se [griech.] *f. 11* = **Sta|sis**
Sta|si *f. bzw. m. Gen. - nur Sg., DDR, Kurzwort für:* (Ministerium für) Staatssicherheit bzw. Staatssicherheitsdienst
Sta|sis, Sta|se *f. Gen. - Pl.* -sen *Med.:* Stauung
stät 1. *schweiz.:* stetig; **2.** stä|tisch *alem.:* störrisch (Pferd)
sta|ta|risch [lat.] langsam fortschreitend, oft verweilend; statarische Lektüre: durch häufige Erläuterungen immer wieder unterbrochene Lektüre
State De|part|ment [steit dipa(r)tmənt, engl.] *n. Gen.* - -s *nur Sg.* das Außenministerium der USA
State|ment [steit-, engl.] *n. 9* Feststellung, Verlautbarung
Stä|tig|keit *f. 10 nur Sg., alem.:* Störrigkeit (von Pferden)
Sta|tik [lat.] *f. 10 nur Sg.* Lehre von den in ruhenden Körpern wirkenden Kräften; *Ggs.:* Dynamik (1)
Sta|ti|ker *m. 5* Fachmann auf dem Gebiet der Statik
Sta|ti|on [lat.] *f. 10* **1.** Bahnhof, Haltestelle, Haltepunkt; **2.** Aufenthalt; S. machen; **3.** Funksendestelle; **4.** wissenschaftl. Beobachtungsstelle, z. B. meteorologische S.; **5.** Abteilung (eines Krankenhauses)
sta|ti|o|när 1. in Ruhe befindlich; **2.** ortsfest; *Ggs.:* ambulant; stationäre Behandlung: Behandlung im Krankenhaus
sta|ti|o|nie|ren *tr. 3* an einen Standort stellen, an einem Platz aufstellen; Truppen s.: ihnen einen Standort zuweisen
Sta|ti|o|nie|rung *f. 10 nur Sg.*
Sta|ti|ons|arzt *m. 2*
Sta|ti|ons|schwes|ter *f. 11*
Sta|ti|ons|vor|stand *m. 2, österr., schweiz.*
Sta|ti|ons|vor|ste|her *m. 5*
sta|ti|ös [-tsjøs] *veraltet:* stattlich

S

sta|tisch **1.** die Statik betreffend, auf Statik beruhend; *Ggs.:* dynamisch (1); statisches Organ: Gleichgewichtsorgan; statischer Sinn: Schweresinn; **2.** ruhend, stillstehend; *Ggs.:* dynamisch (2)
stä|tisch s. **stät** (2)
Sta|tist [lat.] *m. 10, Theater, Film:* Darsteller einer stummen Rolle
Sta|tis|te|rie *f. 11 nur Sg., Theater, Film:* Gesamtheit der Statisten
Sta|tis|tik *f. 10* **1.** zahlenmäßige Erfassung, Gruppierung und systematische Darstellung von Tatbeständen, die sich aus Massenerscheinungen ergeben; **2.** Darstellung statistischer Daten in Tabellenform
Sta|tis|ti|ker *m. 5*
sta|tis|tisch; *aber:* Statistisches Bundesamt
Sta|tiv *n. 1* Ständer für physikal., fotograf. u. a. Geräte
Sta|to|blast *m. 10, bei Moostierchen:* Überwinterungsknospe
Sta|to|lith *m. 10, meist Pl.* **1.** körniger Einschluss in gewissen Pflanzenzellen; **2.** Gehörsteinchen im Gleichgewichtsorgan des Ohrs
Sta|tor *m. 13* fest stehender Teil einer elektrischen Maschine, Ständer

statt seiner, statt dass: Präposition und Pronomen schreibt man getrennt: *Sie tat es statt seiner*. Die Konjunktion wird ebenfalls getrennt geschrieben: *Statt dass sie ihre Schuld bekannte, …* Ebenso: *ohne dass, außer dass.* § 39 E2 (2.2)
Das feste Gefüge schreibt man getrennt und *statt* klein: *an Eides statt.*

statt **1.** *Präp. mit Gen.:* an Stelle; s. meiner; s. meines Sohnes; s. einer Anzeige; s. deren; der Vorsitzende, s. dessen sein Nachfolger gekommen war, ließ danken für …; **2.** *Konj.;* s. herumzustehen(,) solltest du mir lieber helfen; schicken Sie das Buch an mich s. an ihn
statt (*alt:* Statt) *f. Gen. - nur Sg.* Platz, Stelle, *nur in bestimmten Wendungen* an Kindes statt; an Eides statt; an Zahlungs statt; an meiner, seiner statt
Statt *f. Gen. - nur Sg. nur noch poet.:* Heimat, Wohnung; wir haben hier keine bleibende Statt

statt|des|sen (*alt:* statt des|sen); das Geschenk wurde nicht persönlich überbracht, s. kam es mit der Post

stattdessen: Mehrteilige Adverbien (*stattdessen, indessen* usw.) schreibt man wie mehrteilige Konjunktionen (*anstatt dass/zu, inwiefern* usw.), Präpositionen (*anstatt, zufolge* usw.) und Pronomen (*irgendein, irgendwas* usw.) zusammen, wenn Wortart oder Bedeutung der einzelnen Bestandteile nicht mehr deutlich erkennbar sind. § 39 (1)
Aber: Als Präposition wird *statt* vom nachfolgenden Wort getrennt geschrieben: *statt dessen/deren/meiner.*

Stät|te *f. 11*
statt|fin|den *intr. 36*
statt|ge|ben *intr. 45;* einer Bitte s.: eine Bitte erfüllen; einem Gesuch s.: ein Gesuch bewilligen; einer Sache s.: eine Sache zulassen
statt|ha|ben *intr. 60, veraltet für* stattfinden
statt|haft erlaubt, gestattet; es ist nicht s., den Rasen zu betreten
Statt|hal|ter *m. 5*
statt|lich
Statt|lich|keit *f. 10 nur Sg.*
sta|tu|a|risch [lat.] wie eine Statue, statuenhaft
Sta|tue *f. 11* bildhauerisch gestaltete Figur, Standbild
sta|tu|en|haft
Sta|tu|et|te *f. 11* kleine Statue
sta|tu|ie|ren *tr. 3* feststellen, festsetzen; ein Exempel s.: ein (warnendes, abschreckendes) Beispiel geben
Sta|tur *f. 10* Wuchs, Gestalt
Sta|tus *m. Gen. - Pl. -* Lage, Zustand
Sta|tus Nas|cen|di (*alt:* Sta|tus nas|cen|di) *m. Gen. - - nur Sg.* Zustand des Entstehens
Sta|tus quo *m. Gen. - - nur Sg.* gegenwärtiger Zustand
Sta|tus quo an|te *m. Gen. - - - nur Sg.* vorheriger Zustand
Sta|tut *n. 12* Satzung, Gesetz, Vorschrift
sta|tu|ta|risch den Statuten entsprechend, satzungsgemäß
sta|tu|ten|wid|rig
Stau *m. 1*
Staub *m. Gen. -(e)s nur Sg.;* S. saugen *oder:* staubsaugen; ich sauge S., habe S. gesaugt *oder:* gestaubsaugt; sich aus dem S. machen: sich heimlich entfernen, entfliehen
staub|be|deckt; staubbedeckter Boden; *aber:* von dichtem Staub bedeckt
Stäub|chen *n. 7*
stau|ben *intr. 1;* die Straße staubt
stäu|ben **1.** *intr. 1* in feinste Teilchen zerstieben; **2.** *tr. 1* feinstens verteilen; Mehl, Zucker über etwas s.
Staub|fän|ger *m. 5*
staub|frei
Staub|ge|fäß *n. 1*
stau|big
Staub|kamm *m. 2*
Staub|korn *n. 4*
Stäub|ling *m. 1* ein Pilz
Staub|lun|ge *f. 11* chron. Erkrankung der Lunge infolge ständigen Einatmens bestimmter Staubarten, Pneumokoniose

staubsaugen/Staub saugen: Das Gefüge aus Substantiv und Verb/Partizip kann man getrennt schreiben: *Sie haben Staub gesaugt*. § 34 E3 (5)
Zusammenschreibung ist jedoch ebenfalls möglich; die Schreibenden können sich selbst für eine Variante entscheiden: *Sie staubsaugt/saugt Staub.* § 33 (1)
Die substantivierte Form schreibt man zusammen: *das Staubsaugen*. Ebenso: *der Staubsauger*. § 37 (2), § 57 (2)

staub|sau|gen, Staub sau|gen *intr. 1;* ich habe gestaubsaugt *oder:* Staub gesaugt; vgl. Staub
Staub|sau|ger *m. 5*
Staub|tuch *n. 4*
Staub|wol|ke *f. 11*
Staub|zu|cker *m. Gen. -s nur Sg.* Puderzucker
stau|chen *tr. 1* **1.** stoßen und zusammendrücken; **2.** *ugs.:* scharf zurechtweisen
Stau|cher *m. 5, ugs.:* scharfe Zurechtweisung
Stau|damm *m. 2*
Stau|de *f. 11* nicht verholzende, ausdauernde Pflanze
stau|dig
stau|en **1.** *tr. 1;* Ladung s.: auf dem Schiff, Wagen o. Ä. unterbringen; **2.** *refl. 1;* der Verkehr, das Wasser staut sich

S

Stau|er *m. 5* Arbeiter, der Ladung oder Möbel staut
Stauf *m. 1, alem.:* Humpen, Flüssigkeitsmaß
Stau|fer *m. 5* Angehöriger des Geschlechts von Hohenstaufen
Stauf|fer|fett *n. 1* Schmiermittel
stau|fisch
Stau|mau|er *f. 11*
stau|nen *intr. 1*
Stau|nen *n. Gen.* -s *nur Sg.;* S. erregen; Staunen erregend *oder:* staunenerregend

> **staunenerregend/Staunen erregend:** Die Fügung aus Substantiv und Verb/Partizip schreibt man getrennt: *Das war ein Staunen erregendes Ereignis.* Da man den mehrteiligen Ausdruck auch als adjektivischen Zusammensetzung auffassen kann, ist die Zusammenschreibung als Variante korrekt: *staunenerregend.*
> Bei Erweiterungen oder Steigerungen gilt jedoch nur Zusammenschreibung: *Überaus staunenerregende Kunststücke.* § 34 E3 (5), § 36 E1 (1.2)

stau|nen|er|re|gend = **Stau|nen er|re|gend;** ein staunenerregendes *oder:* Staunen erregendes Ergebnis; *aber nur:* die staunenerregendste Neuerung seit Jahren *(bei Steigerung und mit Attribut)*
stau|nens|wert
Stau|pe *f. 11* **1.** eine Infektionskrankheit der Hunde und Füchse; **2.** *MA:* Schandpfahl; Züchtigung mit Ruten
stäu|pen *tr. 1, MA:* mit Ruten schlagen (als Strafe)
Stau|raum *m. 2*
Stau|see *m. 11*
Stau|stu|fe *f. 11* Teil eines Systems von Staudämmen
Stau|ung *f. 10*
Stau|was|ser *n. 5* Umkehr des Gezeitenstroms, Stillwasser
Stau|wehr *n. 1*
Stau|werk *n. 1*
Std. *Abk. für* Stunde
Ste *Abk. für* Sainte
Steak [steɪk, engl.] *n. 9* gegrillte oder kurz gebratene Fleischscheibe
Ste|a|lit *m. 1* Talk
Stea|mer [sti-, engl.] *m. 9* Dampfer
Ste|a|rin [griech.] *n. 1* aus Fettspaltung gewonnene, wachsartige Masse
Ste|a|rin|ker|ze *f. 11*
Ste|a|tom *n. 1* Talggeschwulst
Ste|a|to|se *f. 11* Verfettung
Stech|ap|fel *m. 6* ein Nachtschattengewächs, eine Heilpflanze
Stech|bei|tel *m. 5* Werkzeug zur Holzbearbeitung
ste|chen *tr. u. intr. 149;* jmdn. (oder jmdm.) in den Arm s.
Ste|chen *n. Gen.* -s *nur Sg., bes. im Reitsport:* letzter Ausscheidungskampf, Stichkampf
Ste|cher *m. 5* **1.** Kupfer-, Stahlstecher; **2.** *Jägerspr.:* Schnabel (der Schnepfenvögel)
Stech|fla|sche *f. 11* Urinflasche für männl. Kranke
Stech|flie|ge *f. 11*
Stech|he|ber *m. 5* Röhrchen zum Entnehmen von Flüssigkeit
Stech|im|me *f. 11* ein Hautflügler mit Stachelapparat (z. B. Biene)
Stech|kahn *m. 2* Kahn, der mit Stange durch Abstoßen vom Boden fortbewegt wird
Stech|kar|te *f. 11* Kontrollkarte für die Stechuhr
Stech|pal|me *f. 11*
Stech|uhr *f. 10* Uhr, die bei Hebeldruck die Zeit auf eine Karte stempelt
Stech|zir|kel *m. 5* Zirkel mit Spitzen an beiden Schenkeln
Steck|brief *m. 1* öffentlich bekannt gegebene Personenbeschreibung (eines gesuchten Verbrechers)
steck|brief|lich durch Steckbrief
Steck|do|se *f. 11* Vorrichtung zum Anschluss an das Stromnetz
ste|cken **1.** *tr. 1;* **2.** *intr. 1 oder 150* sich befinden, festsitzen, festgemacht sein; der Schlüssel steckte im Schloss; der Dorn stak *oder:* steckte tief im Fleisch; stecken bleiben; stecken lassen
Ste|cken *m. 7* Stock

> **stecken bleiben/lassen, stehen bleiben:** Fügungen aus einem Verb (Infinitiv) und einem weiteren Verb schreibt man getrennt: *Er ist im Stau stecken geblieben. Sie hat den Schlüssel stecken lassen. Die Uhr ist stehen geblieben.* § 34 E3 (6)

ste|cken blei|ben (*alt:* stecken|blei|ben) *intr. 17*
ste|cken las|sen (*alt:* stecken|lassen) *tr. 75*
Ste|cken|pferd *n. 1; übertr.:* Liebhaberei, Hobby
Ste|cker *m. 5*
Steck|kon|takt *m. 1* Stecker oder/und Steckdose
Steck|ling *m. 1* abgeschnittener Pflanzenteil, der in Wasser oder in die Erde gesteckt wird, damit er neue Wurzeln treibt
Steck|na|del *f. 11*
Steck|reis *n. 3* Reis als Steckling
Steck|rü|be *f. 11* Kohlrübe
Steck|schloss (*alt:* Steck|schloß) *n. 4*
Steck|schuss (*alt:* Steck|schuß) *m. 2* Schussverletzung mit noch in der Wunde steckendem Geschoss
Stee|ple|chase *auch:* **Steep|le|chase** [stipəltʃɛɪs, engl.] *f. 11* Hindernisrennen zu Pferde, Jagdrennen
Steep|ler *m. 5* für die Steeplechase geeignetes Pferd
Ste|fan, Ste|phan männl. Vorname
Ste|fa|na, Ste|pha|na weibl. Vorname
Ste|fa|nie, Ste|pha|nie weibl. Vorname
Stef|fen männl. Vorname, *Kurzform von* Stefan
Steg *m. 1; auch Buchw.:* nicht druckendes Füllmaterial in der Druckform
Ste|ga|no|gra|phie *auch:* **Ste|ga|no|gra|fie** [griech.] *f. 11 nur Sg.* Methode zur Verschlüsselung von Nachrichten durch Verstecken der Information in Texten und Bildern
Steg|o|don *auch:* **Ste|go|don** [griech.] *m. Gen.* -s *Pl.* -don|ten ausgestorbenes Rüsseltier, Vorläufer des Elefanten
Ste|go|sau|ri|er *m. 5* ein Dinosaurier
Steg|reif *m. 1, nur noch in der Wendung* aus dem S. (reden, dichten, singen, spielen): ohne Vorbereitung
Steg|reif|ge|dicht *n. 1*
Steg|reif|spiel *n. 1*
Steh|auf *m. Gen.* - *Pl.* - **1.** altes, halbkugelförmiges Trinkgefäß ohne Fuß und Henkel, das sich, auf die Seite gelegt, wieder aufrichtet; vgl. Tummler; **2.** Stehaufmännchen
Steh|auf|chen, Steh|auf|männ|chen *n. 7*
Steh|aus|schank *m. 2*
Steh|bier|hal|le *f. 11*

S

ste|hen *intr. 151;* das wird dich teuer zu s. kommen: das wird dich viel kosten, das wird dir schaden; es steht nicht dafür: es lohnt sich nicht; etwas steht ins Haus: etwas wird erwartet, ist zu erwarten; uns steht Besuch ins Haus; stehenden Fußes: sofort; stehen bleiben; die Uhr ist stehen geblieben; stehen lassen; ich habe meinen Schirm stehen lassen *oder:* stehen gelassen

stehen bleiben, stehen lassen: Die Fügung eines Verbs (Infinitiv) und eines weiteren Verbs schreibt man immer getrennt: *Sie wollten einen Moment stehen bleiben. Ein Baum ist stehen geblieben.* Ebenso: *stehen lassen, sitzen bleiben, gehen lassen.*
§ 34 E3 (6)
Die substantivierte Form wird großgeschrieben: *Das Stehenbleiben.*

ste|hen blei|ben (*alt:* ste|hen|blei|ben) *intr. 17*
ste|hen las|sen (*alt:* ste|hen|las|sen) *tr. 75*
Ste|her *m. 5* Radrennfahrer im Steherrennen
Ste|her|ren|nen *n. 7* Radrennen über längere Strecken mit Schrittmachern
Steh|gei|ger *m. 5* erster Geiger und Leiter einer Tanzkapelle
Steh|kon|vent [-vɛnt] *m. 1* **1.** *urspr. in Studentenverbindungen:* Versammlung im Stehen; **2.** *scherzh.:* Gruppe sich im Stehen unterhaltender Personen
Steh|lam|pe *f. 11*
Steh|lei|ter *f. 11* frei stehende Leiter mit zwei Schenkelpaaren
steh|len *tr. 152*
Stehl|sucht *f. 2 nur Sg.* s. **Klep|to|ma|nie**
Steh|par|ty *f. 9*
Steh|satz *m. 2 nur Sg., Buchw.:* Schriftsatz, der nicht abgelegt, sondern für eine neue Auflage aufgehoben wird
Steh|ver|mö|gen *n. 7 nur Sg.* die Kraft, einer starken Belastung (plötzlich oder andauernd) standzuhalten
Stei|e|rin *f. 10* Steiermärkerin
stei|e|risch s. **stei|risch**
Stei|er|mark *f. Gen.* - Land in Österreich
Stei|er|mär|ker *m. 5*
stei|er|mär|kisch
steif; eine steife Brise *Seemannsspr.:* stark und stetig wehender Wind; ein steifer Grog: starker Grog; steife See *Seemannsspr.:* stark bewegte See; s. sein, werden; s. machen, schlagen; den Arm, das Bein s. halten; die Ohren steif halten: sich nicht unterkriegen lassen
Stei|fe *f. 11* **1.** *nur Sg.* Steifheit; **2.** Stütze
steif|bei|nig
stei|fen *tr. 1* steif machen; jmdm. den Nacken s. *übertr.:* jmdm. Mut machen, jmdn. ermuntern
steif hal|ten (*alt:* steif|hal|ten) *tr. 61*
Steif|heit *f. 10 nur Sg.*
Steif|lei|nen *n. 7* = Schneiderleinen
Stei|fung *f. 10*
Steig *m. 1* schmaler, steiler Weg
Steig|bü|gel *m. 5;* jmdm. den S. halten *übertr.:* ihm (bes. beruflich) helfen, vorwärts zu kommen
Stei|ge *f. 11* **1.** *schwäb. für* Steig; **2.** Lattenkiste (für Obst)
Steig|ei|sen *n. 7*
stei|gen *intr. 153*
Stei|ger *m. 5* Aufsicht führender Bergmann
Stei|ge|rer *m. 5* jmd., der (bei einer Auktion) steigert
stei|gern **1.** *tr. 1;* ich steigere, steigre es; **2.** *intr. 1, auf Auktionen:* bieten
Stei|ge|rung *f. 10; auch Gramm.:* das Bilden der Steigerungsstufen des Adjektivs, Komparation
stei|ge|rungs|fä|hig
Stei|ge|rungs|stu|fe *f. 11, Gramm.:* Komparativ, Superlativ
Steig|fä|hig|keit *f. 10 nur Sg.* (bei Kraftfahrzeugen)
Steig|flug *m. 2*
Steig|lei|tung *f. 10* senkrechte Rohrleitung
Steig|rohr *n. 1* senkrechtes Leitungsrohr
Stei|gung *f. 10*
steil
Stei|le *f. 11 nur Sg.* Steilheit
Steil|hang *m. 2*
Steil|heit *f. 10*
Steil|küs|te *f. 11*
Steil|pass (*alt:* Steil|paß) *m. 2, Sport:* einem Mitspieler hoch und weit zugespielter Ball
Steil|u|fer *n. 5*
Steil|vor|la|ge *f. 11, Sport:* Steilpass
Stein *m. 1*
Stein|ad|ler *m. 5* ein Greifvogel
stein|alt sehr alt
Stein|bau|kas|ten *m. 8*
Stein|beck, *John* amerik. Schriftsteller
Stein|bock **1.** *m. 2* ein ziegenartiges Hochgebirgstier; **2.** *nur Sg.* ein Sternbild
Stein|brech *m. 1* eine meist staudige Gebirgspflanze
Stein|bre|cher *m. 5* Arbeiter im Steinbruch
Stein|bruch *m. 2*
Stein|butt *m. 1* ein Plattfisch
Stein|druck *m. 1* altes Druckverfahren, bei dem die Zeichnung auf einen Stein übertragen und von dort abgedruckt wird, Lithographie
Stein|ei|che *f. 11*
stei|nern
Stein|er|wei|chen *nur in der Wendung* er heult zum S.
Stein|frucht *f. 2* Frucht mit hartem Kern, z. B. Kirsche
Stein|gar|ten *m. 8* Garten mit Gebirgspflanzen und Steinen, Alpinum
Stein|geiß *f. 10* weibl. Steinwild
Stein|gut *n. Gen.* -(e)s *nur Sg.* Tonware aus porösem Scherben
Stein|hä|ger® *m. 5* ein Wacholderbranntwein
stein|hart
Stein|hau|er *m. 5* Arbeiter im Steinbruch
stei|nig
stei|ni|gen *tr. 1* durch Steinwürfe töten
Stei|ni|gung *f. 10*
Stein|kauz *m. 2* eine Eule
Stein|klee *m. Gen.* -s *nur Sg.* ein Schmetterlingsblütler, eine Futterpflanze
Stein|koh|le *f. 11* schwarze, glänzende Kohle mit 80–96% Kohlenstoff
Stein|koh|len|zeit *f. 10 nur Sg.* = Karbon
Stein|lei|den *n. 7* krankhafte Steinbildung, bes. in der Galle und den Harnwegen, Steinkrankheit
Stein|mar|der *m. 5*
Stein|metz *m. 10* Handwerker, der Steine bearbeitet (für Bauten)
Stein|nel|ke *f. 11*
Stein|obst *n. Gen.* -(e)s *nur Sg.* Steinfrüchte
Stein|pilz *m. 1*
stein|reich reich an Steinen
stein|reich sehr reich

S

Stein|salz *n. 1* ein Mineral bzw. Sediment (chemisch: Natriumchlorid)
Stein|schlag *m. 2*
Stein|schnei|de|kunst *f. 2* Herstellung von Gemmen und Kameen, Glyptik
Stein|set|zer *m. 5* Straßenpflasterer
Stein|wild *n. Gen.* -(e)s *nur Sg., Jägerspr.:* Steinbock, Steingeiß und die Jungen, Fahlwild
Stein|wurf *m. 2;* einen S. weit
Stein|wüs|te *f. 11*
Stein|zeich|nung *f. 10* Lithographie
Stein|zeit *f. 10* Abschnitt der Erdgeschichte, in der Stein für Geräte und Werkzeuge benutzt wurde
Stein|zeug *n. 1* Tonware aus dichtem, nicht porösem Scherben
Stei|rer *m. 5* Steiermärker
stei|risch, stei|e|risch zur Steiermark gehörend
Steiß *m. 1*
Steiß|bein *n. 7*
Steiß|la|ge *f. 11* (nicht normale) Lage des Kindes mit dem Steiß voran bei der Geburt
Ste|le [griech.] *f. 11* Pfeiler, Säule als Grab- oder Gedenkstein, oft mit Bildnis des Toten
Stel|la|ge [-ʒə] *f. 11* Gestell
Stel|la|ge|ge|schäft [-ʒə-] *n. 1, Börse:* Termingeschäft
stel|lar [lat.] zu den Fixsternen gehörend, sie betreffend
Stel|lar|as|tro|no|mie *auch:* **Stel|lar|ast|ro|no|mie** *f. 11 nur Sg.* Erforschung der Fixsterne, Sternhaufen und Sternsysteme
Stell|dich|ein *n. Gen.* -s *Pl.* -(s) Verabredung, Zusammentreffen, Rendezvous; sich (mit jmdm.) ein S. geben

an Stelle/anstelle: Substantive, die Bestandteil fester Gefüge sind, schreibt man groß: *An Stelle des vorgesehenen Redners sprach* … § 55 (4)
In Fügungen, die mit einer Präposition beginnen, ist auch Zusammenschreibung möglich: *anstelle des Redners.* § 39 E3 (3)
Den Schreibenden bleibt die Entscheidung überlassen, welche Schreibweise gewählt wird: *An Stelle/anstelle* …

Stel|le *f. 11;* an Ort und S.; an erster, zweiter S.; an Stelle des … *oder:* anstelle; ich an deiner S.; er war auf der S. tot: sofort
stel|len *tr. u. refl. 1*
Stel|len|ab|bau *m. Gen.* -s *nur Sg.* Reduzierung der Arbeitsplätze in einem Unternehmen
Stel|len|an|ge|bot *n. 1*
Stel|len|ge|such *n. 1*
stel|len|los, stel|lungs|los
Stel|len|markt *m. 2*
Stel|len|nach|weis *m. 1*
Stel|len|plan *m. 2*
Stel|len|ver|mitt|lung *f. 10 nur Sg.*
stel|len|wei|se
Stel|len|wert *m. 1*
Stell|flä|che *f. 11*
…stel|lig *in Zus.,* z.B.: ein-, zehn-, *mit Ziffer:* 10-stellig
Stell|ma|cher *m. 5* Wagenbauer
Stell|ma|che|rei *f. 10*
Stell|platz *m. 2*
Stell|pro|be *f. 11, Theater:* Probe, in der Auftritte und Gänge festgelegt werden
Stell|schrau|be *f. 11*
Stel|lung *f. 10;* S. zu etwas nehmen; in S., ohne S. sein
Stel|lung|nah|me *f. 11*
Stel|lungs|krieg *m. 1*
stel|lungs|los
stel|lung(s)|su|chend
Stel|lungs|wech|sel [-ks-] *m. 5*
stell|ver|tre|tend
Stell|ver|tre|ter *m. 5*
Stell|ver|tre|tung *f. 10*
Stell|werk *n. 1*
St.-Elms-Feu|er *n. 5* vgl. Elmsfeuer
Stelz|bein *n. 1* Holzbein, Stelzfuß
stelz|bei|nig
Stel|ze *f. 11* **1.** Stange mit Trittholz; auf Stelzen gehen *übertr., scherzh.:* sich hochtrabend benehmen; **2.** Angehöriger einer Vogelfamilie; **3.** *österr.:* Unterschenkel (von Schwein und Kalb)
stel|zen *intr. 1* **1.** auf Stelzen gehen; **2.** *meist übertr.:* steifbeinig gehen
Stel|zen|baum *m. 2* Baum mit Stelzwurzeln
Stelz|fuß *m. 2* **1.** Holzbein; **2.** *ugs.:* Mensch mit Stelzfuß
stel|zig
Stelz|wur|zeln *Pl.* starke Luftwurzeln, auf denen der Stamm wie auf Stelzen steht
Stem|ma [griech.] *n. Gen.* -s *Pl.* -ma|ta **1.** Stammbaum; **2.** Reihe der Fassungen (eines Literaturdenkmals) im Laufe der Überlieferung, Überlieferungsreihe
Stemm|bo|gen *m. 7, Skisport*
Stemm|ei|sen *n. 7*
Stemmei|ßel (-mm|m-) (*alt für:* Stemm|mei|ßel) *m. 5*
stem|men *tr. u. refl. 1*
Stemm|mei|ßel *m. 5*
Stem|pel *m. 5*
Stem|pel|geld *n. 3, ugs.:* Arbeitslosenunterstützung
Stem|pel|kis|sen *n. 7*
stem|peln *tr. 1;* ich stempele, stemple es; s. gehen *ugs.:* Arbeitslosenunterstützung beziehen
Stem|pe|lung *f. 10 nur Sg.*
Sten|del *auch:* **Stän|del** *m. 5,* **Stendel|wurz** *auch:* **Stän|del|wurz** *f. 10* eine Orchideengattung
Sten|dhal [stɛ̃dal] (eigtl. Marie-Henri Beyle) frz. Schriftsteller
Sten|ge *f. 11, Seew.:* Verlängerung des Mastes
Sten|gel (*alt für:* Stän|gel) *m. 5*
sten|gel|los (*alt für:* stän|gel|los)
Ste|no [griech.] *f. Gen.* - *nur Sg., ugs. Kurzwort für* Stenografie
Ste|no|blei|stift *m. 1*
Ste|no|graf, Ste|no|graph *m. 10* jmd., der beruflich stenografiert

Stenografie/Stenographie: Die ins Deutsche integrierte Schreibweise *Stenografie* ist die Hauptvariante die fremdsprachige Form *Stenographie* die zulässige Nebenvariante. Ebenso: *Stenograf/Stenograph; stenografisch/stenographisch.* § 32 (2)

Ste|no|gra|fie, Ste|no|gra|phie *f. 11 nur Sg.* Kurzschrift
ste|no|gra|fie|ren, ste|no|gra|phie|ren *tr. u. intr. 3* Kurzschrift schreiben, in Kurzschrift niederschreiben
ste|no|gra|fisch, ste|no|gra|phisch
Ste|no|gramm *n. 1*
Ste|no|gramm|block *m. 2*
Ste|no|graph *m. 10* s. **Ste|no|graf**
Ste|no|gra|phie *f. 11 nur Sg.* s. **Ste|no|gra|fie**
ste|no|gra|phie|ren *tr. u. intr. 3* s. **ste|no|gra|fie|ren**
ste|no|gra|phisch s. **ste|no|gra|fisch**
sten|ök *auch:* **ste|nök** [griech.] an bestimmte Standorte gebunden (Pflanze, Tier), empfindlich gegen Schwankungen der Umweltbedingungen
Ste|no|kar|die [griech.] *f. 11* Herzbeklemmung

S

Ste|no|kon|to|ris|tin *f. 10*
ste|no|phag auf bestimmte Nahrung angewiesen (Tier, Pflanze)
Ste|no|se *f. 11,* **Ste|no|sis** *f. Gen. - Pl.* -sen Verengung (von Hohlräumen oder Hohlorganen)
Ste|no|stift *m. 1*
ste|no|therm empfindlich gegen Temperaturschwankungen (Tier, Pflanze)
ste|no|top in nur einem oder in wenigen Lebensräumen verbreitet (Tier, Pflanze)
ste|no|ty|pie|ren *tr. 3* in Stenografie niederschreiben und in Maschinenschrift übertragen
Ste|no|ty|pis|tin *f. 10*
Sten|tor|stim|me [nach dem griech. Sagenhelden Stentor] *f. 11* laute, dröhnende Stimme
Stenz *m. 1* Geck
Step (*alt für:* Stepp) [engl.] *m. 9*
Step|ei|sen (*alt für:* Stepp|ei|sen) [engl.-dt.] *n. 7*
Ste|pha|nit [nach dem Erzherzog Stephan von Österreich] *m. 1 nur Sg.* ein Mineral
Ste|phans|kro|ne *f. 11 nur Sg.* die ungar. Königskrone, benannt nach König Stephan I.

Stepp tanzen: Anschließend an das Verb *steppen* wird jetzt auch das Substantiv *Stepp* mit *pp* geschrieben (alt: *Step*): *Sie haben Stepp getanzt.*

Stepp [engl.] *m. 9;* S. tanzen
Stepp|de|cke *f. 11*
Step|pe [russ.] *f. 11* baumlose Grasebene
Stepp|ei|sen [engl.-dt.] *n. 7* an den Schuhsohlen angebrachtes Eisenplättchen für den Stepptanz
step|pen **1.** *tr. 1* mit Steppstichen nähen; **2.** [engl.] *intr. 1* Stepp tanzen
Step|pen|wolf *m. 2*
Step|per *m. 5* Stepptänzer
Step|pe|rei *f. 10* Verzierung durch Steppnaht
Stepp|ke *m. 9, berlin.:* kleiner Junge, Kerlchen
Stepp|naht *f. 2*
Stepp|schritt [engl.-dt.] *m. 1*
Stepp|stich *m. 1*
Step|schritt (*alt für:* Stepp|schritt) [engl.-dt.] *m. 1*
Stepp|tanz (*alt:* Step|tanz) [engl.-dt.] *m. 2* Tanz in Schuhen mit Steppeisen, wobei mit Sohlen und Fersen der Rhythmus geschlagen wird
Ster [griech.] *m. Gen.* -s *Pl.* - altes Raummaß für Holz, Raummeter
Ste|ra|di|ant [griech. + lat.] *m. 10* (*Abk.:* sr) Einheit des Raumwinkels
Ster|be *f. 11 nur Sg.* tödliche Tierseuche
Ster|be|bett *n. 12*
Ster|be|fall *m. 2*
Ster|be|geld *n. 3*
Ster|be|hemd *n. 12*
Ster|be|hil|fe *f. Gen. - nur Sg.* Vereinigung mit dem Ziel, das Sterben menschlicher zu gestalten
ster|ben *intr. 154;* im Sterben liegen; zum Sterben müde
ster|bens|krank
ster|bens|lang|wei|lig
ster|bens|matt
Ster|bens|wort *n. 1,* **Ster|bens|wört|chen** *n. 7, in Wendungen wie* er hat mir kein S. davon gesagt, er hat kein S. davon verlauten lassen: kein Wort, überhaupt nichts
Ster|be|ort *m. 1*
Ster|be|sa|kra|ment *auch:* **Ster|be|sak|ra|ment** *n. 1*
Ster|be|stun|de *f. 11*
Ster|bet *m. Gen.* -s *nur Sg., schweiz.:* Massensterben
Ster|be|ur|kun|de *f. 11*
sterb|lich
Sterb|li|che(r) *m. 18 (17) bzw. f. 17 oder 18*
Sterb|lich|keit *f. 10 nur Sg.*
Ste|reo [griech.] *n. 9, Kurzwort für* Stereotypie
ste|re|o..., Ste|re|o... *in Zus.* **1.** starr, fest; **2.** räumlich, Raum...
Ste|re|o|a|kus|tik *f. 10 nur Sg.* räuml. Hören, räuml. Hörbarkeit
Ste|re|o|an|la|ge *f. 11* Anlage zum räuml. Hören (von Compactdiscs, Schallplatten, Tonbändern, Rundfunksendungen)
Ste|re|o|che|mie [-çe-] *f. 11 nur Sg.* Zweiggebiet der Chemie, das die räuml. Anordnung der Atome im Molekül erforscht
Ste|re|o|emp|fang *m. 2 nur Sg.*
Ste|re|o|fern|se|hen *n. Gen.* -s *nur Sg.*
Ste|re|o|film *m. 1, Kurzwort für* stereoskop. Film
ste|re|o|fon s. **ste|re|o|phon**
Ste|re|o|fo|nie *f. 11 nur Sg.* s. **Ste|re|o|pho|nie**
Ste|re|o|fo|to|gra|fie *f. 11* **1.** Herstellung von Fotografien, die, im Stereoskop betrachtet, räumlich wirken; **2.** die Fotografie selbst
Ste|re|o|ka|me|ra *f. 9* Kamera mit zwei Objektiven in Augenabstand zum Erzielen räumlicher Bilder
Ste|re|o|me|trie *auch:* **Ste|re|o|met|rie** *f. 11 nur Sg.* Lehre von der Berechnung der Oberflächen und Rauminhalte von Körpern
ste|re|o|me|trisch *auch:* **ste|re|o|met|risch**
ste|re|o|phon *auch:* **ste|re|o|fon** auf Stereophonie beruhend, mehrkanalig, räumlich (hörbar)

Stereophonie/Stereofonie: Die fremdsprachige Schreibweise *Stereophonie* ist die Hauptvariante, die ins Deutsche integrierte Form *Stereofonie* die zulässige Nebenvariante.
Ebenso: *stereophon/stereofon.*
§ 32 (2)

Ste|re|o|pho|nie *auch:* **Ste|re|o|fo|nie** *f. 11 nur Sg.* räumliche Tonwiedergabe, Raumtontechnik
Ste|re|o|plat|te *f. 11, ugs.:* stereophone Schallplatte
Ste|re|o|skop *auch:* **Ste|re|os|kop** *n. 1* Gerät zum Betrachten von Stereofotografien
Ste|re|o|sko|pie *auch:* **Ste|re|os|ko|pie** *f. 11* Raumbildtechnik
ste|re|o|sko|pisch *auch:* **ste|re|os|ko|pisch** räumlich (sichtbar, wirkend); stereoskopischer Film: dreidimensionaler Film, Film mit räuml. Wirkung, Raumfilm
Ste|re|o|ton *m. 2 nur Sg.* räumlich wirkender Ton, Raumton
ste|re|o|typ **1.** feststehend, unveränderlich; **2.** *übertr.:* immer wieder gleich, sich ständig wiederholend, z. B. stereotype Antwort, stereotypes Lächeln
Ste|re|o|typ|druck *m. 1* Druck von Druckplatten, unveränderter Nachdruck
Ste|re|o|ty|peur [-pør] *m. 1* Facharbeiter für die Herstellung von Stereotypien
Ste|re|o|ty|pie *f. 11* **1.** *nur Sg.* Herstellung von Druckplatten aus Bleilegierung; **2.** die Druckplatte selbst; **3.** krankhafte ständige Wiederholung der gleichen Bewegung oder Äußerung
ste|re|o|ty|pie|ren *tr. 3* Stereotypien (2) herstellen (von etwas)
ste|re|o|ty|pisch s. **ste|re|o|typ**

ste|ril [lat.] **1.** keimfrei; **2.** unfruchtbar, zeugungsunfähig (bei erhaltener Potenz); **3.** *übertr.:* übertrieben geistig, allzu intellektuell, nicht mehr natürlich
Ste|ri|li|sa|ti|on *f. 10* das Keimfrei-, Unfruchtbarmachen
Ste|ri|li|sa|tor *m. 13,* **Ste|ri|li|sier|ap|pa|rat** *m. 1* Apparat zum Sterilisieren ärztlicher Instrumente
ste|ri|li|sie|ren *tr. 3* **1.** keimfrei machen; **2.** unfruchtbar, zeugungsunfähig machen
Ste|ri|li|sie|rung *f. 10*
Ste|ri|li|tät *f. 10 nur Sg.* **1.** Keimfreiheit; **2.** Unfruchtbarkeit, Zeugungsunfähigkeit
Ste|rin [griech.] *n. 1 meist Pl.* Gruppe biologisch wichtiger aromatischer Kohlenwasserstoffe
Ster|ke *f. 11, nddt.:* junge Kuh vor dem ersten Kalben
Ster|ling [stə-] *m. 1* altengl. Währungseinheit; Pfund S. (*Zeichen:* £): brit. Währungseinheit
Stern *m. 1* **1.** Himmelskörper; **2.** Stirnfleck (bei Pferden); **3.** [engl.] Heck (des Schiffes)
ster|nal zum Sternum gehörend, von ihm ausgehend
Stern|bild *n. 3*
Stern|blu|me *f. 11* Aster
Stern|deu|ter *m. 5*
Stern|deu|tung *f. 10*
Stern|dik|tat *n. 1* telefon. Diktat auf ein zentrales Aufnahmegerät
Ster|nen|ban|ner *n. 5* Nationalflagge der USA; vgl. Stars and Stripes
ster|nen|hell s. **stern|hell**
Ster|nen|him|mel *m. 5 nur Sg.* s. **Stern|him|mel**
ster|nen|klar s. **stern|klar**
Ster|nen|licht *n. 3 nur Sg.*
ster|nen|los
ster|nen|wärts
ster|nen|weit
Ster|nen|zelt *n. 1 nur Sg.*
Stern|fahrt *f. 10* Wettfahrt von verschiedenen Ausgangspunkten auf ein gemeinsames Ziel zu, Rallye
Stern|gu|cker *m. 5, ugs.:* Astronom
stern|ha|gel|voll *ugs.:* völlig betrunken
Stern|hau|fen *m. 7*
stern|hell, ster|nen|hell
Stern|him|mel, Stern|en|him|mel *m. 5 nur Sg.*
Stern|jahr *n. 1* Zeit des Erdumlaufs um die Sonne, an der Stellung eines Fixsternes gemessen
stern|klar, ster|nen|klar
Stern|kun|de *f. 11 nur Sg.* = Astronomie
Stern|marsch *m. 2* Marsch von verschiedenen Ausgangsorten zu einem gemeinsamen Treffpunkt
Stern|ort *m. 4* Ort eines Gestirns an der Himmelskugel, astronomischer Ort
Stern|schnup|pe *f. 11* Materieteilchen aus dem Weltraum, das beim Eintritt in die Erdatmosphäre aufglüht
Stern|sin|gen *n. Gen.* -s *nur Sg.* Volksbrauch am Dreikönigstag
Stern|sin|ger *m. 5*
Stern|stun|de *f. 11* bes. günstige, glückhafte Stunde
Stern|sys|tem *n. 1*
Stern|tag *m. 1* Zeit zwischen zwei Durchgängen eines Fixsterns
Ster|num [griech.-lat.] *n. Gen.* -s *Pl.* -na Brustbein
Ster|nu|ta|ti|ons|the|o|rie [lat. + griech] *f. 11, Psych.:* Theorie, wonach ein wiederkehrender Niesreiz auch durch außersinnliche Wahrnehmung ausgelöst werden kann
Stern|war|te *f. 11*
Stern|zei|chen *n. 7*
Stern|zeit *f. 10* in Sterntagen gemessene Zeit
Stert *m. 1, nddt.:* Sterz, Schwanz
Sterz *m. 1* **1.** Schwanz (von Vögeln); **2.** Haltegriff (am Pflug)
ster|zeln *intr. 1* den Hinterleib aufrichten (Biene)
stet stetig, dauernd; in stetem Gedenken
Ste|te, Stet|heit *f. Gen.* - *nur Sg.* Stetigkeit
Ste|tho|skop *auch:* **Ste|thos|kop** [griech.] *n. 1, Med.:* schallleitender Gummischlauch (*früher:* Rohr) zum Abhorchen, Hörrohr (des Arztes)
ste|tig
Ste|tig|keit *f. 10 nur Sg.*
stets
stets|fort *schweiz.:* fortwährend
Stetl, Schtetl [jidd.] *n. Gen.* -s *Pl.* -, *früher:* jüd. Kleinstadtgemeinden in Osteuropa
Steu|er **1.** *n. 5;* **2.** *f. 11*
steu|er|be|güns|tigt
Steu|er|be|ra|ter *m. 5*
Steu|er|be|ra|tung *f. 10 nur Sg.*
Steu|er|be|scheid *m. 1*
steu|er|bord(s) *Seew.:* rechts (in Fahrtrichtung gesehen); *Ggs.:* backbord(s)
Steu|er|bord *n. 1* rechte Schiffsseite; *Ggs.:* Backbord
Steu|er|ein|nah|me *f. 11*
Steu|er|er|hö|hung *f. 10*
Steu|er|er|klä|rung *f. 10*
Steu|er|er|lass (*alt:* Steu|er|er|laß) *m. 1*
Steu|er|fahn|der *m. 5*
Steu|er|fahn|dung *f. 10*
steu|er|frei
Steu|er|frei|be|trag *m. 2* steuerfreier Betrag
Steu|er|ge|heim|nis *n. 1 nur Sg.* Verpflichtung des Steuerbeamten zur Geheimhaltung der Vermögensverhältnisse von Steuerpflichtigen
Steu|er|gelder *Pl.*
Steu|er|hin|ter|zie|hung *f. 10* das Nichtangeben von steuerpflichtigen Beträgen
Steu|er|kar|te *f. 11*
Steu|er|klas|se *f. 11*
Steu|er|knüp|pel *m. 5, Flugwesen:* Steuer in Form eines Knüppels
steu|er|lich
steu|er|los
Steu|er|mann *m. 4, Pl. auch:* -leu|te
steu|ern *intr. u. tr. 1;* ich steuere, steure (es)
steu|er|pflich|tig
Steu|er|po|li|tik *f. 10 nur Sg.*
Steu|er|rad *n. 4*
Steu|er|recht *n. 1*
Steu|er|re|form *f. 10*
Steu|er|ru|der *n. 5*
Steu|er|satz *m. 2* Größe, mit deren Hilfe die Höhe der Steuerschuld errechnet wird
Steu|er|schuld *f. 10*
Steu|er|schuld|ner *m. 5*
Steu|er|sen|kung *f. 10*
Steu|e|rung *f. 10*
Steu|er|ver|an|la|gung *f. 10*
Steu|er|zah|ler *m. 5*
Ste|ven [-vən] *m. 7* Bauteil des Schiffes am Bug und Heck, der den Kiel verlängert
Ste|ward [stjuə(r)d, engl.] *m. 9, auf Schiffen und in Flugzeugen:* Betreuer der Reisenden

> **Stewardess:** Im Gegensatz zur bisherigen Schreibweise (*Stewardeß*) wird nach kurzem Vokal *-ss-* geschrieben: *die Stewardess.* § 25 E1
> Bisher schon: *die Stewardessen.*

Ste|war|dess (*alt:* Ste|war|deß) [stjuə(r)dɛs] *f. Gen.* - *Pl.* -des|sen weibl. Steward

S

StGB *Abk. für* Strafgesetzbuch

Sthe|nie [griech.] *f. 11 nur Sg., Med.:* Kraft, Kraftfülle

sthe|nisch *Med.:* kraftvoll

sti|bit|zen *tr. 1* heimlich wegnehmen; er hat etwas stibitzt

Sti|bi|um [ägypt.-lat.] *n. Gen.* -s *nur Sg.* (*chem. Zeichen:* Sb) = Antimon

Stich *m. 1;* die Milch hat einen S. *übertr.:* sie ist am Sauerwerden; er hat einen S. *ugs. übertr.:* er ist verrückt, er hat einen Klaps

Stich|bahn *f. 10* kurze Abzweigung einer Eisenbahnlinie

Stich|blatt *n. 4* Handschutz am Degen zwischen Griff und Klinge

Stich|bo|gen *m. 8, Baukunst:* flacher Bogen

Stich|boh|rer *m. 5* Ahle

Sti|chel *m. 5* Werkzeug beim Holz-, Kupfer- und Stahlstich

Sti|che|lei *f. 10* **1.** *nur Sg.:* mühselige Näherei; **2.** boshafte Anspielung

Sti|chel|haar *n. 1 nur Sg.* raues, halb langes Haar (vom Hund)

sti|chel|haa|rig

sti|cheln *intr. 1* **1.** emsig nähen; ich stichele, stichle; **2.** boshafte Anspielungen machen

stich|fest; hieb- und s.

Stich|flam|me *f. 11* lange, spitze, plötzlich auflodernde Flamme

stich|hal|ten *intr. 61* Gegenargumenten standhalten, sich als richtig, als wahr erweisen; der Beweis hält nicht stich, hat nicht stichgehalten

stich|hal|tig überzeugend, begründet, unwiderlegbar; stichhaltiger Beweis

stich|häl|tig *österr. für* stichhaltig

Stich|hal|tig|keit *f. 10 nur Sg.*

sti|chig leicht säuerlich, nicht mehr einwandfrei (Milch)

...sti|chig **1.** einen Schimmer einer anderen Farbe aufweisend, z. B. blau-, grünstichig; **2.** einen Stich habend, z. B. wurmstichig

Stich|kampf *m. 2* Wettkampf um den Sieg zwischen punktgleichen Gegnern

Stich|ka|nal *m. 2* Durchstich zwischen zwei größeren Kanälen

Stich|kap|pe *f. 11* Gewölbe, das in ein größeres Gewölbe quer zu dessen Achse einschneidet

Stich|ling *m. 1* ein Fisch

Sti|cho|man|tie [griech.] *f. 11* Wahrsagung aus einer willkürlich mit der Nadel aufgeschlagenen Buchstelle

Sti|cho|my|thie *f. 11, im antiken griech. Drama:* Wechsel von Rede und Gegenrede mit jeder Verszeile

Stich|pro|be *f. 11* Probe eines einzelnen Stücks bzw. Kontrolle einer einzelnen Person, aus der man auf das Ganze schließen kann

Stich|punkt *m. 1 meist Pl.* Stichwort

Stich|tag *m. 1* für ein bestimmtes Geschehen (Inkrafttreten einer Verordnung u. a.) festgesetzter Tag

Stich|waf|fe *f. 11*

Stich|wahl *f. 11* Wahl zwischen den zwei letzten Bewerbern nach Ausscheiden der übrigen

Stich|wort *n. 4* **1.** *in Nachschlagewerken:* Wort, das erläutert wird und am Anfang eines Artikels steht; **2.** Wort, auf das hin ein Schauspieler auftreten oder zu sprechen beginnen muss

Sti|ckel *m. 5, schweiz.:* Stock, Stützstange (für Pflanzen)

sti|cken *tr. 1*

Sti|cker [engl.] *m. 9* Aufkleber (mit einem Spruch)

Stick|hus|ten *m. 7* Keuchhusten

sti|ckig

Stick|luft *f. 2 nur Sg.*

Stick|stoff *m. 1 nur Sg.* (*Zeichen:* N) chem. Element, Nitrogenium

stick|stoff|frei

stick|stoff|hal|tig

Stick|stoff|samm|ler *m. 5* Pflanze, die eine Anreicherung des Bodens mit Stickstoff bewirkt

stie|ben *intr. 155* sprühen

Stief|bru|der *m. 5*

Stie|fel *m. 5*

Stie|fe|let|te *f. 11* **1.** kurzer Herrenstiefel ohne Schnürung; **2.** zierlicher Damenstiefel

Stie|fel|knecht *m. 1* Gerät zum Ausziehen der Stiefel

stie|feln *intr. 1, ugs.:* derb, unbeholfen oder auch eilig gehen

Stief|el|tern *Pl.*

Stief|ge|schwis|ter *Pl.*

Stief|kind *n. 3; auch übertr.:* Sache, der man zu wenig Beachtung widmet, Mensch, der im Leben wenig Glück gehabt hat; ein S. des Schicksals

Stief|mut|ter *f. 6*

Stief|müt|ter|chen *n. 7* eine Veilchenart

stief|müt|ter|lich; jmdn. s. behandeln

Stief|schwes|ter *f. 11*

Stief|sohn *m. 2*

Stief|toch|ter *f. 6*

Stief|va|ter *m. 6*

Stieg *m. 1, mundartl. für* Steig

Stie|ge *f. 11* **1.** schmale, steile Treppe; **2.** *bair., österr. allg.:* Treppe; **3.** = Steige (2)

Stie|gen|haus *n. 4*

Stieg|litz *m. 1* ein Singvogel, Distelfink

stie|kum [jidd.] heimlich, leise

Stiel *m. 1;* etwas mit Stumpf und S. ausrotten: es restlos, völlig vernichten

Stiel|au|ge *n. 14* auf einem beweglichen Stiel sitzendes Auge mancher Krebstiere; Stielaugen machen *ugs., übertr.:* etwas begierig oder neugierig ansehen

Stiel|bril|le *f. 11* Brille mit Stiel (ohne Bügel), Lorgnon

Stiel|glas *n. 4* **1.** Stielbrille; **2.** Glas mit Stiel

...stie|lig *in Zus.,* z. B. kurzstielig, langstielig

Stiel|stich *m. 1* Nähstich, bei dem eine stielähnliche Linie entsteht

Stiem *m. 1, nddt.:* Schneesturm

stie|men *intr. 1, nddt.* **1.** dicht schneien; **2.** qualmen

stier starr und ausdruckslos; mit stierem Blick

Stier *m. 1* männl. Rind, Bulle

stie|ren *intr. 1* **1.** nach dem Stier brünstig sein (Kuh); **2.** starr blicken, starren

stie|rig brünstig (Kuh)

Stier|kampf *m. 2*

Stier|kämp|fer *m. 5*

Stier|na|cken *m. 7, ugs.:* breiter, starker Nacken

stier|na|ckig

Stie|sel *m. 5, ugs.:* langweiliger oder unhöfl. Mensch

stie|se|lig, sties|lig, stie|ße|lig, stieß|lig

Stift **1.** *m. 1* kleiner Nagel, kleiner Pflock; Blei-, Buntstift; **2.** *m. 1* Lehrling, halbwüchsiger Junge; **3.** *n. 1 oder n. 3, urspr.:* mit Grundbesitz ausgestattetes Priesterkollegium einer Bischofs-, Kloster- oder anderen Kirche; kirchliche, wohltätigen Zwecken dienende, auf eine Stiftung zurückgehende Anstalt, z. B. Waisenhaus, Altersheim; *später auch Bez. für* Bistum (Hochstift) oder Erzbistum (Erzstift)

stif|ten *tr. 2* schenken, spenden; Frieden s.: Frieden veranlassen, vermitteln; stiften gehen

stiften gehen: Fügungen aus einem Verb (Infinitiv) und einem weiteren Verb schreibt man getrennt: *Die Diebe wollten stiften gehen* (= verschwinden). Ebenso: *sitzen bleiben, spazieren gehen.* § 34 E3 (6)

stif|ten ge|hen (*alt:* stif|ten|ge-hen) *intr. 47, ugs.:* davonlaufen, ausreißen
Stif|ter, *Adalbert* österr. Schriftsteller
Stif|ter *m. 5*
Stifts|da|me *f. 11,* **Stifts|fräu|lein** *n. 7* Angehörige eines Stifts
Stifts|herr *m. Gen.* -(e)n *Pl.* -en
Stifts|kir|che *f. 11*
Stif|tung *f. 10*
Stift|zahn *m. 2* künstl. Zahn
Stig|ma [griech.] *n. Gen.* -s *Pl.* -men *oder* -ma|ta **1.** Kennzeichen, Mal, Brandmal; **2.** Wundmal (Christi); **3.** Narbe (des Fruchtknotens); **4.** Augenfleck (der Geißeltierchen); **5.** Atemöffnung (der Insekten)
Stig|ma|ti|sa|ti|on *f. 10* Hautblutung, bes. das Erscheinen der Wundmale Christi am Körper mancher Menschen
stig|ma|ti|sie|ren *tr. 3* brandmarken, mit (den) Wundmalen (Christi) zeichnen; *fast nur im Passiv:* stigmatisiert sein
Stig|ma|ti|sie|rung *f. 10*
Stil *m. 1* **1.** Schreibart, Ausdrucks-, Mal-, Kompositionsweise usw. (eines Künstlers), Gepräge (eines Kunstwerks, Bauwerks, einer Zeit); **2.** Art, Technik der Ausübung einer Sportart, z. B. Schlagstil, Schwimmstil; **3.** Art, z. B. Lebensstil
Stilb [griech.] *n. Gen.* - *Pl.* - (*Abk.:* sb) Maßeinheit der Leuchtdichte
Stil|blü|te *f. 11* erheiternder sprachl. Missgriff
Stil|bruch *m. 2* Verstoß gegen die Einheitlichkeit des Stils
Stil|e|be|ne *f. 11* bestimmte Ebene des Stils
stil|echt
Sti|lett [lat.] *n. 1* kleiner Dolch mit dreikantiger Klinge
Stil|feh|ler *m. 5*
Stil|ge|fühl *n. 1 nur Sg.*
stil|ge|recht
sti|li|sie|ren *tr. 3* stivoll gestalten, künstlerisch vereinfachen (z. B. Naturformen)
Sti|li|sie|rung *f. 10*
Sti|list *m. 10* jmd., der die sprachl. Formen und Möglichkeiten (gut oder schlecht) beherrscht; ein guter, schlechter S. sein
Sti|lis|tik *f. 10 nur Sg.* Lehre vom sprachlichen Stil, Stilkunde
sti|lis|tisch
Stil|kun|de *f. 11 nur Sg.*
stil|kund|lich
still 1. *Kleinschreibung:* stille Messe; stiller Teilhaber; stiller Ort, stilles Örtchen *ugs., scherzh.:* Toilette; sich dem stillen Suff ergeben *ugs.;* stille Reserven; stille Wasser sind tief; **2.** *Großschreibung:* im Stillen; Stiller Ozean; Stiller Freitag: Karfreitag; Stille Woche: Karwoche; **3.** *in Verbindung mit Verben:* still sein, werden, sitzen; still bleiben; wir wollen uns ganz still halten; *aber:* → stillhalten; still liegen: ruhig liegen; *aber:* → stillliegen; still stehen: ruhig stehen; *aber:* → stillstehen
still blei|ben (*alt:* still|blei|ben) *intr. 17*
stil|le s. **still**
Stil|le *f. 11 nur Sg.*
Stil|le|ben (-ll|l-) (*alt für:* Still|le-ben) *n. 7*
stil|le|gen (-ll|l-) (*alt für:* still|le-gen) *tr. 1*
Stil|le|gung (-ll|l-) (*alt für:* Still|le-gung) *f. 10*
Stil|leh|re *f. 11* Stilkunde, Stilistik
stil|len *tr. 1*
still|ge|stan|den! militär. Kommando
Still|hal|te|ab|kom|men *n. 7* **1.** Abkommen zwischen Gläubiger und Schuldner, dass fällige Schulden bis auf weiteres nicht bezahlt werden; **2.** *allg.:* Abkommen, dass von beiden Seiten keine Schritte unternommen werden
still|hal|ten *intr. 61* ohne Widerspruch ausharren; vgl. still
stil|lie|gen (-ll|l-) (*alt für:* still|lie-gen) *intr. 80* vgl. still
Still|le|ben *n. 7* malerische Darstellung lebloser oder unbewegter Gegenstände, z. B. erlegte Tiere, Pflanzen, Früchte
still|le|gen *tr. 1* außer Betrieb setzen, schließen, einstellen (Fabrik, Verkehr)
Still|le|gung *f. 10*

stilllegen, stillliegen: Ist der erste Bestandteil des mehrteiligen Ausdrucks aus Adjektiv und Verb weder steiger- noch erweiterbar, schreibt man zusammen: *Sie haben den Betrieb stillgelegt* (= außer Betrieb gesetzt); *die stillliegende Rohstoffverarbeitung.* § 34 (2.2)

still|lie|gen *intr. 80* außer Betrieb, geschlossen (Fabrik); vgl. still
stil|los ohne Stil, nicht in den Stil der übrigen Teile hineinpassend, geschmacklos
Stil|lo|sig|keit *f. 10 nur Sg.*
still|schwei|gen *intr. 130*
Still|schwei|gen *n. Gen.* -s *nur Sg.;* strengstes S. bewahren; etwas mit S. übergehen
Still|stand *m. Gen.* -(e)s *nur Sg.;* zum S. kommen, bringen
still|ste|hen *intr. 151* in der Bewegung aufhören; die Maschine hat stillgestanden; sein Herz hat stillgestanden; stillgestanden!; vgl. still
still|ver|gnügt
Still|was|ser *n. 5* Stauwassser
Stil|mit|tel *n. 5* Mittel zum Hervorbringen eines bestimmten Stils oder einer bestimmten Wirkung, z. B. durch Wiederholung
Stil|mö|bel *n. 5*
stil|prä|gend
Sti|lus *m. Gen.* - *Pl.* -li antiker Griffel zum Schreiben auf Wachstafeln
stil|voll
stil|wid|rig
Stil|wid|rig|keit *f. 10*
Stil|wör|ter|buch *n. 4*
Stimm|auf|wand *f. Gen.* -(e)s *nur Sg.;* etwas mit großem S. erklären
Stimm|band *n. 4 meist Pl.*
stimm|be|rech|tigt
Stimm|be|rech|ti|gung *f. 10 nur Sg.*
Stimm|be|zirk *m. 1* Wahlbezirk
Stimm|bil|dung *f. 10 nur Sg.* Bildung der Stimme im Kehlkopf
Stimm|bruch *m. 2* = Stimmwechsel
Stimm|bür|ger *m. 5, schweiz.:* mit allen Rechten ausgestatteter Bürger
Stimm|chen *n. 7*
Stim|me *f. 11*
stim|men 1. *intr. 1;* es stimmt; für oder gegen etwas oder jmdn. s.; **2.** *tr. 1;* das stimmt mich traurig;

S

ein Musikinstrument s.: die Höhe der einzelnen Töne richtig einstellen
Stim|men|gleich|heit *f. 10 nur Sg.*
Stim|men|mehr|heit *f. 10 nur Sg.*
Stimm|ent|hal|tung *f. 10*
Stim|men|ver|hält|nis *n. 1*
Stim|mer *m. 5* jmd., der ein Instrument stimmt, z. B. Klavierstimmer
stimm|fä|hig
Stimm|fä|hig|keit *f. 10 nur Sg.*
Stimm|ga|bel *f. 11*
stimm|ge|wal|tig
stimm|haft mit Hilfe der Stimmbänder gebildet; stimmhafte Laute, z. B. b, d, g, m, r sowie alle Vokale; stimmhaftes »s«
stim|mig stimmend; in sich s. sein: in sich stimmen
...stim|mig *in Zus.*, z. B. ein-, drei-, mehr-, vielstimmig, *mit Ziffer:* 3-stimmig
Stimm|la|ge *f. 11*
stimm|lich
stimm|los ohne Hilfe der Stimmbänder gebildet; stimmlose Laute, z. B. p, t, k, sch
Stimm|recht *n. 1*
Stimm|rit|ze *f. 11* Ritze zwischen den Stimmbändern
Stim|mung *f. 10*
Stim|mungs|bild *n. 3*
Stim|mungs|ma|che *f. Gen. - nur Sg.*
stim|mungs|voll
Stimm|vieh *n. Gen. -s nur Sg., ugs., abwertend:* Wähler nur als S. betrachten: nur im Hinblick darauf, ob sie »richtig« wählen
Stimm|wech|sel [-ks-] *m. 5* Übergang von der Knaben- zur Männerstimme, Stimmbruch
Stimm|zet|tel *m. 5*
Sti|mu|lans [lat.] *n. Gen. - Pl.* -lan|tia [-tsja] *oder* -lan|zi|en Anregungsmittel
Sti|mu|lanz *f. Gen. - Pl.* -en Anreiz, Antrieb
Sti|mu|la|ti|on *f. 10* Anregung
Sti|mu|la|tor *m. 13* Vorrichtung, die einen Reiz auslöst
sti|mu|lie|ren *tr. 3* anregen
Sti|mu|lie|rung *f. 10*
Sti|mu|lus *m. Gen. - Pl.* -li Antrieb, Reiz
stin|ken *intr. 156*
stink|faul
stin|kig
Stink|lau|ne *f. 11 nur Sg.*
Stink|mar|der *m. 5* Stinktier
Stink|mor|chel *f. 11* ein Pilz
Stink|na|se *f. 11* chron. Nasenkatarrh mit üblem Geruch
stink|reich *ugs.*
Stink|stie|fel *m. 5, ugs., derb:* übellauniger, unhöfl. Mensch
Stink|tier *n. 1* ein Marder, der bei Gefahr eine übel riechende Flüssigkeit aus dem After spritzt, Stinkmarder, Skunk
Stink|wut *f. Gen. - nur Sg.*
stink|wü|tend
Stint *m. 1* **1.** ein Fisch; **2.** dummer Kerl, Einfaltspinsel; sich freuen wie ein S.: sich kindisch freuen
Sti|pen|di|at [lat.] *m. 10* jmd., der ein Stipendium bezieht
Sti|pen|dist *m. 10, österr. für* Stipendiat
Sti|pen|di|um *n. Gen. -s Pl.* -di|en finanz. Unterstützung für Schüler, Studenten, junge Wissenschaftler
Stipp *m. 1,* **Stip|pe** *f. 11, nddt., westdt.* **1.** Kleinigkeit, Stückchen; **2.** Fleck, Pustel; **3.** Soße
stip|pen *tr. 1* (hinein)tunken; Croissants in Milch, Kaffee s.
stip|pig voller Flecken oder Pusteln
Stipp|vi|si|te [-vi-] *f. 11* kurzer Besuch
Sti|pu|la|ti|on [lat.] *f. 10, röm. Recht:* mündl. Vertrag
sti|pu|lie|ren *tr. 3* vereinbaren
Sti|pu|lie|rung *f. 10*
Stirn *f. 10,* Stir|ne *f. 11;* jmdm. die S. bieten *übertr.:* jmdm. trotzen; er hat die S., zu behaupten ...: er wagt es, zu behaupten
Stirn|band *n. 4*
Stirn|bein *n. 1* vorderer Teil des Gehirnschädels
Stir|ne *f. 11* s. **Stirn**
Stirn|fal|te *f. 11*
Stirn|höh|le *f. 11*
...stir|nig *in Zus.*, z. B. breit-, schmal-, hoch-, engstirnig
stirn|run|zelnd
Stirn|sei|te *f. 11* Vorderseite
Stirn|wand *f. 2*
Sti|ze *f. 11, schweiz.:* Gefäß
Stoa [griech. »Säulenhalle«] *f. Gen. - nur Sg.* griech. Philosophenschule um 300 v. Chr.
Stö|ber|hund *m. 1* Jagdhund zum Aufstöbern des Wildes
stö|bern *intr. 1* **1.** umherfliegen (Schneeflocken); **2.** Wild aufspüren (Jagdhund); **3.** nach etwas suchen, kramen; **4.** *auch tr. 1, bair.;* gründlich sauber machen (Zimmer)
Sto|chas|tik [-xas-, griech.] *f. Gen. - nur Sg.* Lehre von den Zufallsgrößen
sto|chas|tisch [-xas-, griech.] zufällig
Sto|cher *m. 5* Werkzeug zum Stochern
sto|chern *intr. 1;* ich stochere, stochre
Stock **1.** *m. 2;* **2.** *m. Gen. -s Pl. - oder* -wer|ke; wir wohnen im zweiten S.; das Haus ist zwei S. hoch, hat zwei Stockwerke; **3.** [stɔk, engl.] *m. 9* Warenvorrat; Grundkapital (einer Handelsgesellschaft)
stock... *in Zus.:* völlig, z. B. stocktaub
stock|be|sof|fen
Stock|car (*alt:* Stock car) [stɔkka:(r), engl.] *n. 9* für den Motorsport hergerichtetes Serienauto
Stöck|chen *n. 7*
stock|dun|kel
Stö|ckel *n. 5, österr.:* kleineres Wohngebäude, Nebengebäude (z. B. eines Schlosses)
stö|ckeln *intr. 1* in Stöckelschuhen gehen, geräuschvoll trippeln
Stö|ckel|schuh *m. 1* Schuh mit sehr hohem, dünnem Absatz
sto|cken *intr. 1; bair., österr. auch:* gerinnen (Milch); gestockte Milch; ins Stocken geraten
Stock|en|te *f. 11* Hausente
Stock|fäu|le *f. 11* Kernfäule im Baumstamm
stock|fins|ter
Stock|fisch *m. 1* **1.** auf einem Stock (oder anders) getrockneter Fisch; **2.** *übertr., ugs.:* langweiliger Mensch
Stock|fleck *m. 1* durch Schimmel verursachter Fleck in Textilien
stock|fle|ckig
stock|hei|ser
Stock|hieb *m. 1*
Stock|holm [auch: stɔk-] Hauptstadt von Schweden
Stock|hol|mer [auch: stɔk-] *m. 5*
sto|ckig **1.** geronnen (Milch); **2.** *selten für* stockfleckig
...stö|ckig *in Zus.*, z. B. ein-, zwei-, mehrstöckig, *mit Ziffer:* 2-stöckig
Stock|job|ber [-dʒɔbə(r), engl.] *m. 5* Börsenspekulant
Stöck|li *n. Gen. -s Pl. -, schweiz.:* Altenteil
Stock|pup|pe *f. 11* an einem Stock befestigte Puppe (im Puppentheater)

Stock|ro|se *f. 11* ein Malvengewächs
stock|sau|er *süddt.:* beleidigt, ärgerlich, eingeschnappt; er ist wirklich s.
Stock|schirm *m. 1* Schirm mit fester Hülle, der auch als Spazierstock benutzt werden kann
Stock|schnup|fen *m. 7* festsitzender Schnupfen
Stock|schwämm|chen *n. 7* ein Blätterpilz (an Laubholzstümpfen)
stock|steif
stock|taub
Stock|uhr *f. 10, österr.:* Standuhr
Sto|ckung *f. 10*
Stock|werk *n. 1* vgl. Stock (2)
Stoff *m. 1; auch ugs.:* Rauschgift
Stoffar|be (-ff|f-) (*alt für:* Stoff|far|be) *f. 11*
Stoff|bahn *f. 10*
Stof|fel [Koseform von Christoph] *m. 5, ugs.:* ungeschliffener, unhöfl. Mensch
stof|fe|lig, stoff|lig unhöflich, ungeschliffen
Stof|fe|lig|keit, Stoff|lig|keit *f. 10 nur Sg.*
Stoffet|zen (-ff|f-) (*alt für:* Stoff|fet|zen) *m. 7*
Stoff|far|be *f. 11*

> **Stofffetzen:** Treffen in Zusammensetzungen drei gleiche Buchstaben zusammen, kann man die einzelnen Bestandteile durch einen Bindestrich hervorheben: *Stoff-Fetzen.* § 45 (4)

Stoff|fet|zen *m. 7*
stoff|lich
Stoff|lich|keit *f. 10 nur Sg.*
stoff|lig s. **stof|fe|lig**
Stoff|wech|sel [-ks-] *m. 5 nur Sg.*
stöh|nen *intr. 1*
Sto|i|ker *m. 5* **1.** Vertreter der Stoa; **2.** *übertr.:* unerschütterlich ruhiger, gleichmütiger Mensch
sto|isch **1.** zur Stoa gehörend; von ihr stammend; **2.** *übertr.:* unerschütterlich, z. B. stoische Ruhe, stoische Gelassenheit
Sto|i|zis|mus *m. Gen. - nur Sg.* unerschütterliche Ruhe, Gelassenheit
Sto|la [griech.] *f. Gen. - Pl.* -len **1.** altröm. Frauengewand; **2.** Teil des priesterl. Messgewandes; **3.** breiter Schal
Stol|le, *süddt., österr.:* **Stol|len** *f. 11* langer, flacher Weihnachtskuchen mit Hefe, Rosinen, Mandeln, Zitronat u. a.
Stol|len *m. 7* **1.** *süddt., österr. für* Stolle; **2.** die ins Hufeisen geschraubten Zapfen; **3.** *Bgb.:* waagerechter, unterird. Gang; **4.** *im Meistergesang:* Strophe des Aufgesangs
Stol|per|draht *m. 2*
stol|pern *intr. 1;* ich stolpere, stolpre
stolz
Stolz *m. Gen.* -es *nur Sg.*
Stol|ze-Schrey [nach den beiden Erfindern] ein Kurzschriftsystem
stol|zie|ren *intr. 3* stolz einherschreiten
Sto|ma [griech.] *n. Gen.* -s *Pl.* -ma|ta Mund, Spalt, Öffnung
Sto|ma|ti|tis *f. Gen. - Pl.* -ti|ti|den Mundschleimhautentzündung
Sto|ma|to|lo|ge *m. 11*
Sto|ma|to|lo|gie *f. 11 nur Sg.* Lehre von der Mundhöhle und ihren Krankheiten
sto|ma|to|lo|gisch
Stone|henge [stounhendʒ, engl.] vorgeschichtliche Kultstätte bei Salisbury (England)
stop [engl.] *in Telegrammen Bez. für* Punkt
Stop (*alt für:* Stopp) *m. 9*
stop! halt! (auf Verkehrsschildern); vgl. stopp!
Stop-and-go-Ver|kehr [stɔpænd-gou-] *m. Gen.* -s *nur Sg.*
Stop|ball (*alt für:* Stopp|ball) *m. 2*
stop|fen **1.** *tr. 1;* **2.** *intr. 1* den Stuhlgang verlangsamen
Stop|fen *m. 7, nordwestdt.:* Korken, Stöpsel
Stopf|na|del *f. 11*
Stopf|pilz *m. 1*

> **Stopp, Stop-and-go-Verkehr:** Zu dem Verb *stoppen* gibt es das Substantiv *(der) Stopp* (auch beim Tennis); dagegen steht auf Verkehrsschildern weiterhin *stop.*
> Einen Bindestrich setzt man zwischen allen Bestandteilen mehrteiliger Zusammensetzungen, in denen eine Wortgruppe oder eine Zusammensetzung mit Bindestrich auftritt: *Stop-and-go-Verkehr.* Ebenso: *Erste-Hilfe-Lehrgang* usw. § 44

Stopp *m. 9* Unterbrechung, Halt
stopp! halt!, Anhalten!; vgl. stop, stoppen;
Stopp|ball *m. 2, Tennis:* Ballschlag kurz hinters Netz
Stop|pel *f. 11*
Stop|pel|bart *m. 2*
Stop|pel|feld *n. 3*
stop|pe|lig s. **stopp|lig**
Stop|pe|lig|keit *f. 10 nur Sg.* s. **Stopp|lig|keit**
stop|peln *tr. 1;* Ähren s.: auf einem Stoppelfeld lesen
stop|pen [engl.] **1.** *tr. 1* mit der Stoppuhr messen; die Zeit s.; **2.** *intr. 1* halten, anhalten, stehen bleiben
Stop|per *m. 5* **1.** jmd., der mit der Stoppuhr die Zeit misst; **2.** *Fußball:* Mittelläufer; **3.** jmd., der Autos anhält, um mitgenommen zu werden
Stopp|licht *n. 3*
stopp|lig, stop|pe|lig
Stopp|lig|keit, Stop|pe|lig|keit *f. 10 nur Sg.*
Stopp|schild *n. 3*
Stopp|stra|ße *f. 11* Straße mit Stoppschild, auf der Fahrzeuge vor dem Überqueren der Kreuzung halten müssen
Stopp|uhr *f. 10*
Stop|sel *m. 5, süddt. für* Stöpsel
Stöp|sel *m. 5* **1.** kleiner Korken, Pfropfen; **2.** *ugs.:* kleiner Junge, Knirps
stöp|seln *tr. 1* mit Stöpsel verschließen
Stör **1.** *m. 1* ein Fisch; **2.** *f. Gen. - nur Sg., bair., österr., schweiz.:* Arbeit eines Handwerkers, bes.: einer Schneiderin, im Haus des Kunden; auf der S. arbeiten; auf die, in die S. gehen
Storch *m. 2* ein Stelzvogel
stor|chen *intr. 1, ugs.:* steifbeinig gehen
Storch|schna|bel *m. 6* **1.** eine Pflanze mit schnabelartig verlängerten Früchten, Geranie; **2.** Gerät zum geometr. Vergrößern oder Verkleinern von Zeichnungen, Pantograph
Store [stor, frz.] *m. 6* **1.** *meist Pl.* weißer, durchsichtiger Fenstervorhang; **2.** [stɔ(r), engl.] Vorrat, Lager, Laden
stö|ren *tr. 1*
Stö|ren|fried *m. 1*
Stör|fall *m. 2*
stör|frei
Storm, *Theodor* dt. Schriftsteller
Stor|nel|lo [ital.] *n. Gen.* -s *Pl.* -s *oder* -li dreizeiliges ital. Liedchen

S

stor|nie|ren [ital.] *tr. 3* **1.** ungültig machen, durch Gegenbuchung ausgleichen, ristornieren; einen Betrag s.; **2.** *österr.:* rückgängig machen; einen Auftrag s.
Stor|no *n. Gen.* -s *Pl.* -ni **1.** Rückbuchung, Löschung, Ristorno; **2.** *österr.:* das Rückgängigmachen
stör|rig s. **stör|risch**
Stör|rig|keit *f. 1 nur Sg.*
stör|risch, stör|rig
Stör|risch|keit *f. 10 nur Sg.*
Stör|schnei|de|rin *f. 10* vgl. Stör (2)
Stör|schutz *m. Gen.* -es *nur Sg.* Schutz gegen Störungen beim Rundfunkempfang
Stör|sen|der *m. 5*
Stör|te|be|ker, *Klaus* dt. Seeräuber, Führer der Vitalienbrüder (hingerichtet 1402)
Stor|ting [stur-, norw.] *n. 9 oder n. 1* norw. Volksvertretung
Stö|rung *f. 10*
Stö|rungs|feu|er *n. 5, Mil.*
stö|rungs|frei
Stö|rungs|stel|le *f. 11* für Störungen im Telefonnetz zuständige Stelle bei der Telekom

Storys: Fremdwörter aus dem Englischen, die auf *-y* enden und im Englischen die Pluralform *-ies* haben, erhalten im Deutschen im Plural ein *-s: die Storys.* Ebenso: *die Babys, Ladys* usw. § 21

Sto|ry [stɔrɪ, engl.] *f. 9* **1.** Geschichte; **2.** *Lit., Film, Theater:* Handlungsaufbau, Fabel
Stoß *m. 2; auch Bgb.:* Seitenwände (eines Grubenbaus); *auch Jägerspr.:* Schwanz (bei größerem Federwild)
Stöß|chen *n. 7*
Stoß|dämp|fer *m. 5*
Stö|ßel *m. 5* Werkzeug zum Zerkleinern, Zerstampfen; Mörser und S.
stoß|emp|find|lich
sto|ßen *tr. 157*
Stö|ßer *m. 5* **1.** Sperber; **2.** Stößel
Stoß|fe|der *f. 11* Feder aus dem Stoß (eines Vogels)
stoß|fest
Stoß|fes|tig|keit *f. 10 nur Sg.*
Stoß|ge|bet *n. 1*
stö|ßig leicht angreifend, mit den Hörnern stoßend (Kuh, Ziegenbock)
Stoß|kraft *f. 2*
Stoß|rich|tung *f. 10*
Stoß|seuf|zer *m. 5*
stoß|si|cher
Stoß|stan|ge *f. 11*
Stoß|the|ra|pie *f. 11* Therapie, bei der ein Medikament in großer Menge innerhalb eines kurzen Zeitraums verabreicht wird
Stoß|ver|kehr *m. Gen.* -s *nur Sg.* starker Verkehr zu einer bestimmten Zeit, z. B. Berufsverkehr
Stoß|waf|fe *f. 11*
stoß|wei|se
Stoß|zahn *m. 2*
Stoß|zeit *f. 10* Zeit des Stoßverkehrs
Sto|tin|ka *f. Gen.* - *Pl.* -ki bulgar. Währungseinheit, 1/100 Lew
Stot|te|rei *f. 10 nur Sg.*
Stot|te|rer *m. 5*
stot|te|rig, stott|rig
stot|tern *intr. 1;* ich stottere; stottre; etwas auf Stottern kaufen *ugs.:* auf Ratenzahlung
Stotz *m. 1,* **Stot|zen** *m. 7* **1.** *süddt., österr., schweiz.:* Baumstumpf; **2.** *süddt., schweiz.:* Bottich
Stout [staut, engl.] *m. 9* dunkles, bitteres engl. Bier
Stöv|chen *n. 7* **1.** *nddt.:* Kohlenbecken; **2.** Untersatz mit Teelicht zum Warmhalten von Tee oder Kaffee
Sto|ve [-və] *f. 11, nddt.:* Trockenraum
sto|ven [-vən], **sto|wen** *tr. 1, nddt.:* dünsten, schmoren; gestovtes, gestowtes Obst
StPO *Abk. für* Strafprozessordnung
Str. *Abk. für* Straße
Stra|bis|mus [griech.] *m. Gen.* - *nur Sg.* das Schielen
Strac|cia|tel|la [stratʃa-, ital.] *n. Gen.* -(s) *nur Sg.* Eis mit kleinen Schokoladestückchen
stracks geradewegs, sofort
Strad|dle *auch:* **Stradd|le** [strædəl, engl.] *m. 9, beim Hochsprung:* eine Sprungtechnik
Stra|di|va|ri [-va-] *f. 9* von dem ital. Geigenbauer Antonio Stradivari gebaute Geige
Straf|an|stalt *f. 10*
Straf|an|zei|ge *f. 11*
Straf|ar|beit *f. 10*
Straf|bank *f. 2, Sport:* Bank für Spieler, die wegen einer Regelwidrigkeit vorübergehend vom Spielfeld verwiesen sind
straf|bar
Straf|bar|keit *f. 10 nur Sg.*
Straf|be|scheid *m. 1*
Stra|fe *f. 11*
stra|fen *tr. 1*
Straf|ent|las|se|ne(r) *m. 18 (17) bzw. f. 17 oder 18*
Straf|er|lass (*alt:* Straf|er|laß) *m. 2*
straf|er|schwe|rend
straff
straf|fäl|lig; s. werden
straf|fen *tr. 1*
Straff|heit *f. 10 nur Sg.*
straf|frei
Straf|frei|heit *f. 10 nur Sg.*
Straf|ge|fan|ge|ne(r) *m. 18 (17) bzw. f. 17 oder 18*
Straf|ge|richt *n. 1*
Straf|ge|richts|bar|keit *f. 10 nur Sg.*
Straf|ge|setz *n. 1*
Straf|ge|setz|buch *n. 4* (*Abk.:* StGB)
Straf|kam|mer *f. 11*
Straf|kom|pa|nie *f. 11*
Straf|la|ger *n. 5*
sträf|lich; jmdn. s. vernachlässigen
Sträf|ling *m. 1*
Sträf|lings|klei|dung *f. 10 nur Sg.*
straf|los
Straf|lo|sig|keit *f. 10 nur Sg.*
Straf|maß *n. 1*
Straf|maß|nah|me *f. 11*
straf|mil|dernd
straf|mün|dig alt genug, um (vom Gericht) bestraft zu werden
Straf|mün|dig|keit *f. 10 nur Sg.*
Straf|por|to *n. Gen.* -s *Pl.* -ti, *ugs.:* = Nachgebühr
Straf|pre|digt *f. 10*
Straf|pro|zess (*alt:* Straf|pro|zeß) *m. 1*
Straf|pro|zess|ord|nung (*alt:* Straf|pro|zeß|ord|nung) *f. 10* (*Abk.:* StPO)
Straf|punkt *m. 1, Sport*
Straf|raum *m. 2, Fußball:* Raum um das Tor, in dem verschärfte Strafbestimmungen gelten
Straf|recht *n. 1*
Straf|recht|ler *m. 5* Hochschullehrer für Strafrecht
straf|recht|lich
Straf|rechts|leh|rer *m. 5*
Straf|re|gis|ter *n. 5*
Straf|stoß *m. 2*
Straf|tat *f. 10*
Straf|tä|ter *m. 5*
Straf|ver|fah|ren *n. 7*
Straf|ver|fol|ger *m. 5*
straf|ver|schär|fend
straf|ver|set|zen *tr. 1, nur im Infinitiv und Partizip II;* ich werde ihn s., er ist strafversetzt worden
Straf|voll|zug *m. 2*
Straf|voll|zugs|an|stalt *f. 10*

S

straf|wei|se
Straf|zet|tel *m. 5*
Strahl *m. 12*
Strahl|an|trieb *m. 1* Antrieb durch Raketentriebwerk oder Luftstrahl

strahlend hell: Die Fügung aus (adjektivischem) Partizip und Adjektiv schreibt man getrennt: *strahlend hell.* Ebenso: *abschreckend hässlich, kochend heiß* usw. § 36 E1 (3)

strah|len *intr. 1;* strahlend hell
sträh|len *tr. 1* kämmen
Strah|len|bi|o|lo|gie *f. 11 nur Sg.* Zweiggebiet der Biologie, das sich mit der Wirkung von radioaktiven Strahlen auf Lebewesen befasst
Strah|len|che|mie *f. 1 nur Sg.* Zweiggebiet der Chemie, das sich mit den unter Einfluss radioaktiver Strahlen stehenden chemischen Vorgängen befasst
Strah|len|do|sis *f. Gen. - Pl.* -sen
Strah|len|krank|heit *f. 10 nur Sg.*
Strah|len|kranz *m. 2*
Strah|len|pilz *m. 1*
Strah|len|pilz|krank|heit *f. 10* durch Strahlenpilze hervorgerufene Gewebsentzündung und -vereiterung, Aktinomykose
Strah|len|schä|den *Pl.*
Strah|len|schutz *m. Gen.* -es *nur Sg.*
Strah|len|the|ra|pie *f. 11* Heilbehandlung mit Licht- und Wärmestrahlen
Strah|len|tier|chen *n. 7* Wurzelfüßer mit strahlenförmigem Skelett, Radiolarie
strah|lig
...strah|lig *in Zus.:* mit Strahltriebwerk(en) ausgerüstet, z. B. vierstrahliges (4-strahliges), mehrstrahliges Flugzeug
Strahl|trieb|werk *n. 1*
Strah|lung *f. 10*
Strah|lungs|e|ner|gie *f. 11*
Strah|lungs|wär|me *f. 11*
Strähn *m. 1, österr. neben:* Strähne
Sträh|ne *f. 11*
sträh|nig
Strak *n. 1, Seew.:* Krümungslinien am Schiff
stra|ken **1.** *intr. 1, Seew., Tech.:* vorschriftsmäßig verlaufen (Kurve); **2.** *tr. 1, nddt.:* strecken, streichen

Stral|zie|rung *f. 10, veraltet:* Liquidierung
Stra|min [ndrl.] *m. 1* Gitterleinen (für Stickereien)
stramm; ein strammer Max: ein strammer Junge; strammer Max: ein pikantes Gericht; s. sitzen (Kleidung); *aber:* → strammstehen; s. ziehen (an einem Seil); *aber:* → strammziehen
stram|men *tr. 1* straffen
Stramm|heit *f. 10 nur Sg.*
stramm|ste|hen *intr. 151;* er steht stramm, hat strammgestanden
stramm|zie|hen *tr. 187;* jmdm. die Hosen s.; vgl. stramm
Stram|pel|an|zug *m. 2*
Stram|pel|hös|chen *n. 7*
stram|peln *intr. 1;* ich strampele, strample
stramp|fen *tr. 1, österr.:* stampfen; Schnee von den Schuhen s.
Strand *m. 2*
Strand|bad *n. 4*
Strand|dis|tel *f. 11*
Strand|dorn *m. 1* = Sanddorn
stran|den *intr. 2*
Strand|gut *n. 4* an den Strand geschwemmte Gegenstände von gestrandeten Schiffen
Strand|ha|fer *m. 5 nur Sg.* ein Süßgras
Strand|korb *m. 2*
Strand|läu|fer *m. 5* eine Schnepfe
Strand|raub *m. Gen.* -(e)s *nur Sg.* Raub von Strandgut
Strand|räu|ber *m. 5*
Stran|dung *f. 10*
Strand|wa|che *f. 11* (bei Sturmflut)
Strand|wäch|ter *m. 5*
Strang *m. 2;* jmdn. durch den S. hinrichten: ihn henken; über die Stränge schlagen *übertr.:* aus der gewohnten Ordnung ausbrechen, übermütig sein
Stran|ge *f. 11, schweiz.:* Strähne, Strang; eine S. Wolle
strän|gen *tr. 1* anspannen (Pferd)
Stran|gu|la|ti|on [lat.] *f. 10* **1.** Erdrosselung; **2.** *Med.:* Abschnürung, Abklemmung
stran|gu|lie|ren *tr. 3* **1.** erdrosseln; **2.** abschnüren
Stran|gu|lie|rung *f. 10*
Strang|u|rie *auch:* **Stran|gu|rie** [griech.] *f. 11* = Harnzwang
Stra|paz... *österr., in Zus.* s. **Strapa|zier...**
Stra|pa|ze *f. 11* große Anstrengung
Stra|pa|zier... *in Zus.:* etwas, das man strapazieren kann, z. B. Strapazierschuh

stra|pa|zie|ren *tr. 3* stark in Anspruch nehmen, häufig benutzen; ein Kleidungsstück, jmds. Nerven s.
stra|pa|zier|fä|hig
Stra|pa|zier|ho|se *f. 11*
Stra|pa|zier|schuh *m. 1*
stra|pa|zi|ös sehr anstrengend
Straps *m. 1* Strumpfhalter
Strass (*alt:* Straß) *m. Gen. - oder* -s|ses *Pl. - oder* -s|se Edelsteinimitation aus Bleiglas
straß|auf *in der Wendung* straßauf, straßab
Straß|burg, *frz.:* Stras|bourg Stadt im Elsass; Straßburger Münster
straß|bur|gisch
Sträß|chen *n. 7*
Stra|ße *f. 11*
Stra|ßen|ar|beit *f. 10*
Stra|ßen|bahn *f. 10*
Stra|ßen|bah|ner *m. 5, ugs.:* Angestellter bei der Straßenbahn
Stra|ßen|bau *m. Gen.* -(e)s *Pl.* -bau|ten
Stra|ßen|be|leuch|tung *f. 10*
Stra|ßen|dorf *n. 4*
Stra|ßen|keh|rer *m. 5*
Stra|ßen|kreu|zer *m. 5, ugs.:* bes. langer und breiter Personenkraftwagen
Stra|ßen|netz *n. 1*
Stra|ßen|raub *m. Gen.* -(e)s *nur Sg.*
Stra|ßen|räu|ber *m. 5*
Stra|ßen|ren|nen *n. 7*
Stra|ßen|schild *n. 3*
Stra|ßen|ver|kehr *m. 1 nur Sg.*
Stra|ßen|ver|kehrs|ord|nung *f. 10* (*Abk.:* StVO)
Stra|ßen|ver|kehrs-Zu|las|sungs-Ord|nung *f. 10* (*Abk.:* StVZO)
Stra|te|ge [griech.] *m. 11* jmd., der sich auf Strategie versteht
Stra|te|gem *n. 1* Kriegslist
Stra|te|gie *f. 11 nur Sg.* **1.** Kunst der Kriegführung **2.** umfassende Planung zur Verwirklichung von Grundvorstellungen
stra|te|gisch
Stra|ti|fi|ka|ti|on [lat.] *f. 10* **1.** Ablagerung in Schichten, Schichtung (von Gesteinen); **2.** Schichtung von Saatgut in feuchtem Sand zum Vorkeimen
stra|ti|fi|zie|ren *tr. 3*
Stra|ti|gra|phie *auch:* **Stra|ti|gra|fie** *f. 11 nur Sg.* Lehre von der Gesteinsschichtung
stra|ti|gra|phisch *auch:* **stra|ti|gra|fisch**
Stra|to|skop *auch:* **Stra|tos|kop** *n. 1*

von einem unbemannten Ballon in große Höhe getragenes, ferngesteuertes Spiegelteleskop für Aufnahmen von der Sonne
Stra|to|sphä|re *auch:* **Stra|tos|phä|re** *f. 11* mittlere Schicht der Erdatmosphäre zwischen etwa 10 und 80 km
stra|to|sphä|risch *auch:* **stra|tos|phä|risch**
Stra|tus *m. Gen. - Pl.* -ti, **Stra|tus|wol|ke** *f. 11* (*Abk.:* St) niedrige Schichtwolke
Strau|be *f. 11, süddt.:* ein Schmalzgebäck, Spritzkuchen
sträu|ben *tr. u. refl. 1;* sich gegen etwas s.
strau|big struppig
Strauch *m. 4*
Strauch|dieb *m. 1* Straßenräuber
strau|cheln *intr. 1;* ich strauchele, strauchle
strau|chig
Sträuch|lein *n. 7*
Strauch|rit|ter *m. 5* Strauchdieb
Strauch|werk *n. 1 nur Sg.*
Straus, *Oscar* österr. Komponist
Strauß, *Johann* Name zweier österr. Komponisten
Strauß **1.** *m. 2* zusammengebundene Blumen; **2.** *m. 1* ein afrik. Laufvogel; **3.** *m. 2, poet.:* Kampf, Streit; einen S. mit jmdm. ausfechten
Strauss, *Richard* dt. Komponist
Sträuß|chen *n. 7*
Strau|ßen|ei *n. 3*
Strau|ßen|fe|der *f. 11*
Sträuß|lein *n. 7, poet.*
Strauß|wirt|schaft, Strau|ßen|wirt|schaft *f. 10* durch einen Strauß von Zweigen über der Tür kenntlich gemachte Wirtschaft, die selbst gezogenen heurigen Wein ausschenkt, *österr.:* Buschenschenke
Stra|wins|ky, *Igor* russischer Komponist
Straz|za [ital.] *f. Gen. - Pl.* -zen Abfall bei der Rohseidenverarbeitung
Streb|bau *m. Gen.* -(e) *nur Sg., Bgb.:* Abbauverfahren
Stre|be *f. 11* schräge Stütze, bes. im Dach
Stre|be|bal|ken *m. 7*
Stre|be|bo|gen *m. 7 oder m. 8*
stre|ben *intr. 1*
Stre|be|pfei|ler *m. 5*
Stre|ber *m. 5*
Stre|be|rei *f. 10 nur Sg.*
stre|ber|haft
Stre|be|werk *n. 1* Gefüge aus Strebebogen und Strebepfeilern
streb|sam
Streb|sam|keit *f. 10 nur Sg.*
streck|bar
Streck|bar|keit *f. 10 nur Sg.*
Streck|bett *n. 12* Vorrichtung zum allmählichen Strecken verkrümmter Gliedmaßen
Stre|cke *f. 11; auch Bgb.:* waagerechter Grubenbau, der von einem anderen Grubenbau ausgeht und zur Lagerstätte führt; *Jägerspr.:* Jagdbeute
stre|cken *tr. 1*
Stre|cken|ar|bei|ter *m. 5* Arbeiter beim Gleisbau
Stre|cken|auf|se|her *m. 5*
Stre|cken|netz *n. 1* Gesamtheit der von einem öffentl. Verkehrsmittel befahrenen Strecken
Stre|cken|wär|ter *m. 5* Gleisaufseher auf der Strecke
stre|cken|wei|se
Stre|cker *m. 5* Streckmuskel
Streck|mus|kel *m. 5*
Stre|ckung *f. 10*
Streck|ver|band *m. 2*
Street|wear [striːtwɛː(r), engl.] *f. Gen.* -(s) *nur Sg.* schlichte Alltagskleidung, Straßenkleidung
Street|work [striːtwɔː(r)k, engl.] *n. Gen. - nur Sg.* Beratung und Betreuung Jugendlicher innerhalb ihres Wohnbereichs durch das Jugendamt
Street|wor|ker [striːtwɔː(r)kə(r), engl.] *m. 5* Sozialarbeiter in einem bestimmten Wohngebiet, der gefährdete Jugendliche betreut
Streh|ler *m. 5* Werkzeug zum Gewindeschneiden
Streich *m. 1*
Strei|che *f. 11* **1.** *früher:* Flanke (der Festung); **2.** *Bgb.:* Verlauf der Schichtungen
strei|cheln *tr. 1;* ich streichele, streichle ihn
strei|chen *tr. u. intr. 158*
Strei|cher *m. 5* Spieler eines Streichinstruments
Streich|garn *n. 1* Garn aus kurzen, nicht gekämmten Fasern
Streich|holz *n. 4*
Streich|in|stru|ment *auch:* **Streich|ins|tru|ment, Streich|inst|ru|ment** *n. 1*
Streich|kon|zert *n. 1*
Streich|mas|sa|ge [-ʒə] *f. 11*
Streich|or|ches|ter [-kɛs-] *n. 5*
Streich|quar|tett *n. 1*
Streich|quin|tett *n. 1*
Streich|trio *n. 9*
Strei|chung *f. 10*
Streif *m. 1* = **Strei|fen**
Streif|band *n. 4* um eine Drucksache (bes. Zeitung) gelegter Papierstreifen
Streif|chen *n. 7*
Strei|fe *f. 11* Gruppe von Polizisten auf Kontrollgang
strei|fen *tr. u. intr. 1*
Strei|fen *m. 7,* **Streif** *m. 1*
Strei|fen|dienst *m. 1 nur Sg.* Kontrolldienst
Strei|fen|wa|gen *m. 7* Kraftwagen der Polizeistreife
strei|fig
Streif|licht *n. 3*
Streif|schuss (*alt:* Streif|schuß) *m. 2*
Streif|zug *m. 2*
Streik [engl.] *m. 9* vorübergehende Arbeitsniederlegung (von Arbeitnehmern)
Streik|bre|cher *m. 5*
strei|ken *intr. 1*
Streik|lei|tung *f. 10*
Streik|pos|ten *m. 7*
Streik|recht *n. 1*
Streit *m. 1*
Streit|axt *f. 2*
streit|bar **1.** zum Streiten neigend; **2.** kampflustig, tapfer, mannhaft
Streit|bar|keit *f. 10 nur Sg.*
strei|ten *intr. 159;* für jmdn. oder etwas s.
Strei|ter *m. 5*
Strei|te|rei *f. 10*
Streit|fall *m. 2*
Streit|fra|ge *f. 11*
Streit|ge|gen|stand *m. 2*
Streit|ge|spräch *n. 1*
Streit|hahn *m. 2,* **Streit|ham|mel** *m. 5, österr.:* **Streit|hansl** *m. 14* streitsüchtiger Mensch
strei|tig = strittig; jmdm. etwas s. machen
Strei|tig|keit *f. 10*
Streit|kol|ben *m. 7* Schlagwaffe
Streit|kräf|te *Pl.*
streit|lus|tig
Streit|macht *f. 2* Truppen und Waffen
Streit|sa|che *f. 11* Rechtsstreitigkeit
Streit|schrift *f. 10*
Streit|sucht *f. Gen. - nur Sg.*
streit|süch|tig
Streit|wert *m. 1* gerichtlich festgesetzter Wert eines Streitgegenstandes
strem|men *tr. u. intr. 1, mitteldt.:* zu stramm sitzen, beengen

S

strẹng; s. sein; s. bestrafen; streng nehmen; streng genommen; aufs strengste/Strengste: sehr s.
Strẹn|ge *f. 11 nur Sg.*
strẹng ge|nọm|men (*alt:* strẹng|ge|nom|men) genau genommen, eigentlich
strẹng|gläu|big
Strẹng|gläu|big|keit *f. 10 nur Sg.*

streng nehmen/genommen: Fügungen aus Adjektiv und Verb/Partizip, in denen das Adjektiv steigerbar oder erweiterbar ist, schreibt man getrennt: *Er wollte das Thema streng nehmen. Streng genommen besteht kein Unterschied* (= genau genommen). § 34 E3 (3)

strẹng neh|men (*alt:* strẹng|neh|men) *tr. 88* genau nehmen
strẹngs|tens
Strep|to|kọk|ken [griech.] *Pl.* kugelförmige, schnurartig zusammenhängende Bakterien, Eitererreger
Strep|to|my|zin, *fachsprachl.:* Strep|to|my|cin *n. 1 nur Sg.* ein Antibiotikum
Stre|se|mann, *Gustav* dt. Politiker
Stre|se|mann [nach Gustav S.] *m. 9* Herrenanzug aus schwarz und grau gestreifter Hose ohne Aufschläge mit schwarzer oder marengofarbener Jacke

Stress, Stresssituation: Nach kurzem Vokal schreibt man *-ss-*: *der Stress* (alt: *Streß*), *stressig* (ugs.). Entsprechend stehen in der Zusammensetzung drei Konsonanten: *die Stresssituation.* Der besseren Lesbarkeit wegen wird die Bindestrichschreibung empfohlen: *die Stress-Situation.* § 25

Strẹss (*alt:* Strẹß) [engl.] *m. 1* anhaltende körperl. oder geistige Belastung durch Überbeanspruchung oder schädl. Reize
strẹs|sen *tr. 1* sehr anstrengen, erschöpfen; das stresst mich; ich bin (ziemlich) gestresst
Strẹs|sor *m. 13* etwas, das einen Stress ausübt
Strẹss|si|tu|a|ti|on (*alt:* Strẹß|si|tua|ti|on) *f. 10*
Stretch [strẹtʃ, engl.] *m. Gen.* -es *Pl.* -es ein elast. Gewebe, bes. für Strümpfe
Stret|ching [strẹtʃɪŋ, engl.] *n. Gen.* -s *nur Sg.* Gymnastik mit Dehnungsübungen
Strẹt|ta [ital.] *f. 9* bravouröser Schluss einer Arie oder eines Musikstücks in beschleunigtem Tempo
Streu *f. Gen. - nur Sg.* Stroh, bes. als Lager für Stalltiere
streu|en *tr. 1*
streu|nen *intr. 1* sich herumtreiben (bes. von Hunden)
Streu|ner *m. 5*
Streu|salz *n. 1 nur Sg.*
Streu|sand *m. 1 nur Sg.*
Streu|sel *n. 5 meist Pl.*
Streu|sel|ku|chen *m. 7*
Streu|sied|lung *f. 10*
Streu|ung *f. 10* **1.** Richtungs-, Bewegungsänderung (einer Strahlung); **2.** planvolle Verteilung; **3.** *Statistik:* Abweichung vom Mittelwert
Streu|zu|cker *m. 5 nur Sg.*
Strịch *m. 1;* auf den S. gehen *ugs.:* als Prostituierte(r) arbeiten; das geht mir gegen den S.: das ist mir unangenehm; unterm S. läuft es gut: insgesamt, alles zusammen betrachtet
Strịch|ät|zung *f. 10* nach einer Strichzeichnung angefertigter Druckstock, im Unterschied zur Autotypie
Strịch|code [-ko:d] *m. 9, fachsprachl.* s. **Strịch|kode**
Strị|chel|chen *n. 7*
strị|cheln *tr. 1;* ich strichele, strichle es
Strịch|jun|ge *m. 11* homosexueller Prostituierter
Strịch|kode [-ko̲d, lat.], *fachsprachl.:* **Strịch|code** *m. 9* Verschlüsselung bestimmter (Waren-)Angaben in Form paralleler Striche unterschiedl. Stärke
Strịch|mäd|chen *n. 7* = Prostituierte
Strịch|punkt *m. 1* = Semikolon
Strịch|vo|gel *m. 6* Vogel, der seinen Aufenthaltsort innerhalb bestimmter Gebiete wechselt, im Unterschied zum Zug- und Standvogel
strịch|wei|se
Strịch|zeich|nung *f. 10* Zeichnung nur aus Strichen ohne Halbtöne
Strịck *m. 1; auch ugs., scherzh.:* spitzbübisches Kind, Schlingel, Schelm; wenn alle Stricke reißen *ugs.:* wenn alles schief geht
strị|cken *tr. u. intr. 1*
Stri|cke|rei *f. 10*
Strịck|kleid *n. 3*
Strịck|lei|ter *f. 11*
Strịck|mus|ter *n. 5*
Strịck|na|del *f. 11*
Strịck|zeug *n. 1 nur Sg.*
Stri|dor [lat.] *m. Gen.* -s *nur Sg., Med.:* pfeifendes Atemgeräusch
Stri|du|la|ti|on *f. 10, bei Insekten:* Hervorbringen zirpender Laute
Strie|gel *m. 5* Gerät zum Reinigen des Fells der Haustiere
strie|geln *tr. 1;* ich striegele, striegle es
Strie|me *f. 11,* **Strie|men** *m. 7* blutunterlaufener Streifen (auf der Haut)
Strie|zel *m. 5* **1.** *ugs.:* Lausbub; **2.** *bair.:* Hefegebäck, -zopf
strie|zen *tr. 1* **1.** *ugs.:* ärgern, peinigen, quälen; **2.** *norddt.:* stibitzen
strịkt, strịk|te [lat.] **1.** streng (Befehl, Anweisung); **2.** peinlich genau; sich s. an die Vorschrift halten
Strik|ti|on [lat.] *f. 10* Zusammenziehung
Strik|tur *f. 10* krankhafte Verengung (z. B. der Harnröhre)
Strịnd|berg, *August* schwed. Schriftsteller
string. *Abk. für* stringendo
strin|gen|do [strindʒẹn-, ital.] (*Abk.:* string.) *Mus.:* drängend
strin|gẹnt zwingend, bündig
Strin|gẹnz *f. 10 nur Sg.* zwingende Beweiskraft
Strip [strɪp, engl.] *m. 9* **1.** gebrauchsfertiger Streifen Wundpflaster; **2.** *kurz für* Striptease
Strịp|pe *f. 11* **1.** *ugs., bes. berlin.:* Bindfaden, Schnur; **2.** *übertr., scherzh.:* Telefon; an der S. hängen: telefonieren
strip|pen [strɪpən, engl.] *intr. 1, ugs.:* Striptease vorführen
Strịp|ping [strɪpɪŋ, engl.] *n. Gen.* -s *nur Sg.* spezielle Kernumwandlung
Strip|tease [strɪpti:z, engl.] *m. oder n. Gen. - nur Sg., im Varietee:* erot. Entkleidung vor Publikum, Strip
strịt|tig umstritten, fraglich
Strịz|zi *m. 9, österr.* **1.** leichtsinniger Mensch; **2.** Zuhälter
Stro|bel *m. 5* wirrer Haarschopf
stro|be|lig, stro̲b|lig strubbelig, wirr
Stro|bel|kopf *m. 2* Strubbelkopf
stro|beln *tr. 1* strubbelig machen, verwirren

S

stro|b|lig s. **stro|be|lig**
Stro|bo|skop *auch:* **Stro|bos|kop** [griech.] *n. 1* opt. Gerät zum Auflösen oder Zusammensetzen von Bewegungsabläufen
stro|bo|sko|pisch *auch:* **stro|bos|ko|pisch**
Stroh *n. Gen.* -s *nur Sg.;* leeres S. dreschen *übertr., ugs.:* Nichtssagendes reden
stroh|blond
Stroh|blu|me *f. 11* Blume, die auch nach dem Trocknen ihre Farbe behält, Immortelle
stroh|dumm sehr dumm
stro|hern aus Stroh
Stroh|feu|er *n. 5, übertr.:* rasch aufflammende, aber ebenso schnell verschwindende Begeisterung
Stroh|feu|er|tem|pe|ra|ment *n. 1*
Stroh|halm *m. 1*
Stroh|hut *m. 2*
stro|hig wie Stroh
Stroh|kopf *m. 2, ugs.:* Dummkopf
Stroh|mann *m. 4* **1.** *übertr.:* nach außen in Erscheinung tretende Person, hinter der sich eine andere verbirgt; **2.** *Kartenspiel:* Ersatz für einen fehlenden Spieler
Stroh|pup|pe *f. 11*
Stroh|wit|we *f. 11, ugs., scherzh.:* Frau, deren Ehemann verreist ist
Stroh|wit|wer *m. 5, ugs., scherzh.:* Mann, dessen Ehefrau verreist ist
Strolch *m. 1*
strol|chen *intr. 1* umherwandern, -streifen
Strol|chen|fahrt *f. 10, schweiz.:* Fahrt mit gestohlenem Auto
Strom *m. 2;* ein Strom führendes Kabel
Stro|ma [griech.] *n. Gen.* -s *Pl.* -ma|ta **1.** *Bot.:* farblose Grundsubstanz (in Farbstoffträgern); **2.** *Zool.:* Gerüst aus Bindegewebe (in drüsigen Organen)
strom|ab *kurz für* stromabwärts
Strom|ab|neh|mer *m. 5*
strom|ab|wärts zur Flussmündung zu; *aber:* den Strom abwärts
strom|an, strom|auf(wärts) zur Flussquelle zu
Strom|bett *n. 12*
Strom|bo|li **1.** eine der Liparischen Inseln; **2.** *m. Gen.* -(s) Vulkan auf dieser Insel
strö|men *intr. 1*
Stro|mer *m. 5, ugs.* **1.** Landstreicher; **2.** Schlingel, spitzbübisches Kind
stro|mern *intr. 1* umherstreifen
Strom|kon|zern *m. 1*
Strom|kreis *m. 1*
Strom|lei|tung *f. 10*
Ström|ling *m. 1* Heringsfisch
Strom|li|nie *f. 11*
Strom|li|ni|en|form *f. 10*
Strom|mes|ser *m. 5*
Strom|netz *n. 1*
Strom|schnel|le *f. 11* kurze Flussstrecke mit bes. starker Strömung
strom|spa|rend = **Strom spa|rend;** eine stromsparende *oder:* Strom sparende Erneuerung; *aber nur:* das stromsparendste Gerät *(bei Steigerung und mit Attribut)*
Strom|stär|ke *f. 11*
Strom|stoß *m. 2*
Strö|mung *f. 10*
Strö|mungs|leh|re *f. 11* Lehre von den Bewegungen der Flüssigkeiten und Gase
Strom|ver|sor|gung *f. 10 nur Sg.*
Stron|ti|a|nit [-tsja-, nach dem Fundort Strontian in Schottland] *m. 1 nur Sg.* ein Mineral
Stron|ti|um [-tsjum] *n. Gen.* -s *nur Sg.* (*Zeichen:* Sr) chem. Element, ein Metall
Stroph|an|thin *auch:* **Stro|phan|thin** [griech.] *n. 1 nur Sg.* Heilmittel gegen Herzkrankheiten
Stroph|an|thus *auch:* **Stro|phan|thus** *m. Gen. - nur Sg.* ein Hundsgiftgewächs
Stro|phe [griech.] *f. 11* mehrzeiliger Abschnitt eines Gedichts oder Liedes
...stro|phig *in Zus.,* z. B. zwei-, mehr-, vielstrophig, *mit Ziffer:* 2-strophig
stro|phisch in Strophenform
Stropp [ndrl.] *m. 9* **1.** *Seew.:* Schlinge oder Ring aus Tau, Kette oder Draht; **2.** *nddt., scherzh.:* Schlingel
Stros|se *f. 11, Bgb.* **1.** Rinne zum Ableiten von Wasser aus der Sohle; **2.** die Sohle selbst
strot|zen *intr. 1* übervoll sein; er strotzt vor *oder:* von Kraft, Gesundheit, Geld
strub *schweiz.* **1.** struppig, zerzaust; **2.** schlimm, schwierig
strub|be|lig, strubb|lig
Strub|bel|kopf *m. 2*
stru|be|lig, strub|lig
Stru|bel|kopf *m. 2* jmd. mit zerzaustem Haar
Struck [engl.: strʌk] *m. 9 oder n. 9* ein cordsamtähnl. Gewebe
Stru|del *m. 5* **1.** Wasserwirbel; **2.** eine Mehlspeise
stru|deln *intr. 1* wirbeln (Wasser)
Stru|del|wurm *m. 4* ein Plattwurm, Turbellarie
Struk|tur [lat.] *f. 10* Bau, Aufbau, Gefüge, Gliederung
Struk|tu|ra|lis|mus *m. Gen. - nur Sg.* Lehre vom Aufbau der Sprache aus ihren kleinsten Elementen, den Phonemen und Morphemen, ohne Rücksicht auf ihre Bedeutung
Struk|tu|ra|list *m. 10*
struk|tu|ra|lis|tisch
Struk|tur|a|na|ly|se *f. 11* Untersuchung des Aufbaus von Körpern
struk|tu|rell der Struktur nach
Struk|tur|for|mel *f. 11* Schreibweise für chem. Verbindungen (mit Elementsymbolen und Strichen)
struk|tu|rie|ren *tr. 3* die Struktur (von etwas) bestimmen; mit einer Struktur versehen; auf bestimmte Weise strukturiert sein: eine bestimmte Struktur haben
Struk|tu|rie|rung *f. 10*
Struk|tur|po|li|tik *f. 10 nur Sg.* Politik, die einen Ausgleich in der wirtsch. Entwicklung für benachteiligte Bereiche oder Regionen erstrebt
struk|tur|schwach
Struk|tur|wan|del *m. 5 nur Sg.*
Stru|ma [lat.] *f. Gen. - Pl.* -men *oder* -mae [-mɛː] Kropf
stru|mös kropfartig
Strumpf *m. 2*
Strümpf|chen *n. 7*
Strumpf|hal|ter *m. 5*
Strumpf|ho|se *f. 11*
Strunk *m. 2* **1.** Baumstumpf mit Wurzeln; **2.** dicker Pflanzenstängel ohne Blätter
Strünk|chen *n. 7*
strup|pig
Strup|pig|keit *f. 10 nur Sg.*
struw|we|lig s. **strub|be|lig**
Struw|wel|kopf *m. 2* s. **Strub|bel|kopf**
Struw|wel|pe|ter *m. 5* **1.** Gestalt eines dt. Kinderbuches; **2.** *danach:* Kind mit zerzaustem Haar
Struz *m. 1, nddt., mitteldt.:* Strauß (Blumen)
Strych|nin [griech.] *n. 1 nur Sg.* ein sehr giftiges Alkaloid der Brechnuss, Heilmittel
Stu|art [stjuət, engl.] *m. 9* Angehöriger eines schott. Adelsgeschlechts

S

Stu|art|kra|gen [stjuət-, engl. + dtsch.] *m. 7, 16./17. Jh.:* hoher Spitzenkragen an Frauenkleidern
Stub|be *f. 11*, **Stub|ben** *m. 7* Baumstumpf
Stüb|chen *n. 7; auch:* altes norddt. Flüssigkeitsmaß, 3-4 Liter
Stu|be *f. 11*
Stu|ben|äl|tes|te(r) *m. 18 (17) bzw. f. 17 oder 18*
Stu|ben|ar|rest *m. 1*
Stu|ben|flie|ge *f. 11*
Stu|ben|ge|lehr|te(r) *m. 18 (17) bzw. f. 17 oder 18*
Stu|ben|ho|cker *m. 5*
Stu|ben|ho|cke|rei *f. 10 nur Sg.*
stu|ben|rein
Stü|ber *m. 5* **1.** alte niederrhein. Münze; **2.** *veraltet:* Stoß, Schlag, *nur noch in* Nasenstüber
Stüb|lein *n. 7, poet.*
Stubs|na|se *f. 11* s. **Stups|na|se**
Stuck [ital.] *m. 1 nur Sg.* **1.** Masse aus Gips, Kalk, Sand und Leimwasser zum Verzieren von Zimmerdecken und -wänden; **2.** die Verzierung(en) selbst
Stück *n. 1, nach Zahlenangaben Pl. auch:* - (*Abk.:* St.) *ugs. Pl. auch:* Stücker; fünf S. Kuchen; ein S. Wild *Jägerspr.;* es waren Stücker zehn *ugs.;* ein freches S. *ugs.:* ein frecher Kerl; ein starkes S. *ugs.:* eine Unverschämtheit, eine Zumutung; 200 g Käse am *oder* im S.: nicht aufgeschnitten
Stück|ar|beit *f. 10* Akkordarbeit

> **Stuckateur:** Die bisherige Schreibung *Stukkateur* wird nach dem Stammprinzip auf *Stuck* bezogen und angepasst: *der Stuckateur.*

Stu|cka|teur [-tør] *m. 1* Stuckarbeiter
Stu|cka|tur *f. 10* Stuckarbeit
stü|ckeln *tr. 1* s. **stü|cken;** ich stückele, stückle es; ein gestückeltes Betttuch
stu|cken *intr. 1, österr.:* angestrengt lernen, büffeln
stü|cken *tr. 1* in Stücke teilen; in Stücken zusammensetzen
Stück|fass (*alt:* Stück|faß) *n. 4* ein Weinmaß, 10-12 hl
Stück|gut *n. 4* **1.** *Frachtverkehr:* als Einzelstück abgefertigte Sendung, z. B. Kiste; **2.** in einzelnen Stücken verkaufte Ware
stu|ckie|ren *tr. 3* mit Stuck verzieren
Stück|kauf *m. 2*
Stück|lohn *m. 2* nach hergestellten Stücken berechneter Lohn; vgl. Zeitlohn
stück|wei|se
Stück|werk *n. 1 nur Sg.* unvollständige Arbeit
Stück|zin|sen *Pl., bei festverzinsl. Wertpapieren:* seit der letzten fälligen Zinszahlung aufgelaufene Zinsen
stud. *Abk. für* studiosus, z. B. stud. med.: studiosus medicinae, Student der Medizin
Stu|dent *m. 10* Hochschüler
Stu|den|ten|aus|weis *m. 1*
Stu|den|ten|be|we|gung *f. 10 nur Sg.* Ende der 1960er Jahre von Studenten ausgehende Protestbewegung
Stu|den|ten|blu|me *f. 11* eine Zierpflanze, Tagetes
Stu|den|ten|fut|ter *n. Gen.* -s *nur Sg.* Mischung aus Nüssen, Mandeln und Rosinen
Stu|den|ten|ge|mein|de *f. 11* Gemeinschaft der evang. bzw. kath. Studenten einer Hochschule
Stu|den|ten|lied *n. 3*
Stu|den|ten|pfar|rer *m. 5*
Stu|den|ten|schaft *f. 10 nur Sg.* Gesamtheit der Studenten (einer Hochschule)
Stu|den|ten|ver|bin|dung *f. 10*
Stu|den|ten|werk *n. 1 nur Sg.* Einrichtung an Hochschulen zur sozialen Betreuung der Studenten
stu|den|tisch
Stu|die [-djə] *f. 11* **1.** schriftl. wissenschaftl. Arbeit, Untersuchung; **2.** Vorarbeit zu einem wissenschaftl. Werk; **3.** Entwurf, Skizze zu einem Kunstwerk, bes. der Malerei
Stu|di|en|an|stalt *f. 10*
Stu|di|en|as|ses|sor *m. 13*
stu|dien|be|glei|tend; ein studienbegleitendes Praktikum
Stu|di|en|di|rek|tor *m. 13* **1.** Leiter einer Fachschule; **2.** stellvertretender Leiter einer höheren Schule
Stu|di|en|freund *m. 1*
Stu|di|en|gang *m. 2* Art des Studienabschlusses, z. B. Magister, Diplom
Stu|di|en|ge|bühr *f. 10*
stu|di|en|hal|ber
Stu|di|en|jahr *n. 1*
Stu|di|en|kol|leg *n. 9* Kurs zur Vorbereitung auf ein Hochschulstudium
Stu|di|en|pro|fes|sor *m. 13*
Stu|di|en|pro|gramm *n. 1*
Stu|di|en|rat *m. 2*
Stu|di|en|rä|tin *f. 10*
Stu|di|en|re|fe|ren|dar *m. 1*
Stu|di|en|rei|se *f. 11*
Stu|di|en|zeit *f. 10 nur Sg.*
stu|die|ren **1.** *intr. 3* eine Hochschule besuchen; das Studieren; Studierende; **2.** *tr. 3* etwas an einer Hochschule erlernen; gründlich untersuchen, erforschen
Stu|di|ker *m. 5, ugs.:* Student
Stu|dio **1.** *n. 9* Arbeitsraum (bes. von Künstlern); *Funk, Fernsehen:* Sende-, Aufnahmeraum; **2.** *m. 9, ugs., scherzh.:* Student
Stu|di|o|auf|nah|me *f. 11* Rundfunk- oder Fernsehaufnahme in einem Studio
Stu|di|o|sus *m. Gen.* - *Pl.* -si *oder* -sen Student
Stu|di|um *n. Gen.* -s *Pl.* -di|en **1.** Ausbildung an einer Hochschule; **2.** wissenschaftliche, gründliche Untersuchung
Stu|di|um ge|ne|ra|le *n. Gen.* - *nur Sg.* **1.** *MA:* Frühform der Universität; **2.** *an Hochschulen der BR Dtld.:* allgemein bildende Vorlesungen
Stu|fe *f. 11*
stu|fen *tr. 1*
Stu|fen|bar|ren *m. 7* ein Turngerät
Stu|fen|fol|ge *f. 11*
Stu|fen|heck *n. 9 oder n. 1, Kfz:* in zwei oder mehreren Stufen abfallendes Heck
Stu|fen|lei|ter *f. 11* Rangordnung
stu|fen|wei|se
stu|fig
...stu|fig *in Zus.,* z. B. ein-, drei-, mehrstufig; *mit Ziffer:* 3-stufig
Stu|fung *f. 10*
Stuhl *m. 2; auch kurz für* Stuhlgang; der Heilige, Päpstliche Stuhl: Thron des Papstes, *auch:* die päpstl. Regierung
Stühl|chen *n. 7*
Stuhl|ent|lee|rung *f. 10* Ausscheidung von Kot
Stuhl|gang *m. 2* Ausscheidung von Kot
Stuhl|leh|ne *f. 11*
Stuhl|un|ter|su|chung *f. 10* Untersuchung des Kots zu diagnost. Zwecken
Stuhl|ver|hal|tung *f. 10* krankhafte Unfähigkeit, Kot auszuscheiden
Stu|ka *m. 9, im 2. Weltkrieg Kurzwort für* Sturzkampfflugzeug
Stuk|ka|teur (*alt für:* Stu|cka|teur) [-tør] *m. 1*

S

Stuk|ka|tur (*alt für:* Stu|cka|tur) *f. 10*
Stul|le *f. 11, norddt., berlin.:* belegtes Brot
Stulp|är|mel *m. 5*
Stul|pe *f. 11* umgeschlagenes Stück der Kleidung, z. B. des Ärmels
stül|pen *tr. 1*
Stul|pen|är|mel *m. 5*
Stul|pen|hand|schuh *m. 1*
Stul|pen|stie|fel *m. 5*
Stulp|hand|schuh *m. 1*
Stulp|na|se *f. 11* aufwärts gebogene Nase
stumm
Stum|mel *m. 5*
Stum|mel|chen, Stüm|mel|chen *n. 7*
stüm|meln *tr. 1* stark zurückschneiden (Bäume)
Stum|mel|pfei|fe *f. 11* kurze Tabakspfeife
Stumm|film *m. 1*
Stumm|heit *f. 10 nur Sg.*
Stümp|chen *n. 7* kleiner Stumpen
Stum|pe *f. 11, nddt., mitteldt.:* Baumstumpf
Stum|pen *m. 7* **1.** *süddt.:* Baumstumpf, Stumpf; **2.** grob zugeschnittene Filzform für Hüte; **3.** Zigarre ohne Spitzen
Stüm|per *m. 5, abwertend:* Nichtskönner, jmd., der von seinem Fach nichts versteht
Stüm|pe|rei *f. 10*
stüm|per|haft
stüm|pern *intr. 1* unsachgemäß arbeiten
stumpf
Stumpf *m. 2;* mit S. und Stiel: ganz und gar
Stümpf|chen *n. 7*
Stumpf|heit *f. 10 nur Sg.*
Stümpf|lein *n. 7*
Stumpf|na|se *f. 11*
stumpf|na|sig
Stumpf|sinn *m. 1 nur Sg.*
stumpf|sin|nig
stumpf|win|ke|lig, stumpf|wink|lig
stund *veraltete Form von* stand
Stund *f., für* Stunde, *nur noch in der Wendung* von Stund an: von da an
Stünd|chen *n. 7*
Stun|de *f. 11* (*Abk.:* St., Std.; Zeichen: h); eine halbe, ganze Stunde; vgl. Viertelstunde; drei, mehrere, viele Stunden lang: *aber:* → stundenlang; eine Stunde lang
stun|den *tr. 2;* jmdm. etwas s.: jmdm. Zahlungsaufschub für etwas gewähren
Stun|den|buch *n. 4, bes. 13.-16. Jh.:* Gebetssammlung für Laien
Stun|den|ge|bet *n. 1*
Stun|den|ge|schwin|dig|keit *f. 10*
Stun|den|glas *n. 4* Sanduhr
Stun|den|ho|tel *n. 9* Hotel, in dem Zimmer stundenweise vermietet werden, z. B. zur Prostitution
Stun|den|ki|lo|me|ter *n. 5, ugs. m. 5* Kilometer pro Stunde

stundenlang, eine Stunde lang: Substantive können mit Adjektiven Zusammensetzungen bilden, darunter solche, bei denen der erste Bestandteil für eine Wortgruppe steht: *stundenlang* (= mehrere Stunden lang. Ebenso: *angsterfüllt, hitzebeständig.* § 36 (1)
Kann der erste Teil erweitert oder gesteigert werden, schreibt man getrennt: *Sie blieben eine Stunde lang weg.* § 36 E1 (4)

stun|den|lang; stundenlanges Warten; *aber:* eine Stunde lang; vgl. Stunde
Stun|den|lohn *m. 2* nach Arbeitsstunden berechneter Lohn; vgl. Leistungs-, Stücklohn
Stun|den|plan *m. 2*
Stun|den|takt *m. 1 nur Sg.;* die Züge verkehren im Stundentakt
stun|den|wei|se
stun|den|weit; *aber:* drei, mehrere, viele Stunden weit
Stun|den|zei|ger *m. 5* kleinerer Zeiger der Uhr, der die Stunden anzeigt
...stün|dig *in Zus.:* eine gewisse Zahl von Stunden dauernd, z. B. einstündig, *in Ziffern:* 1-stündig
Stünd|lein *n. 7, poet.*
stünd|lich jede Stunde
...stünd|lich *in Zus.:* alle soundso viel Stunden, z. B. zwei-, dreistündlich; die Arznei ist zweistündlich einzunehmen; in dreistündlichem Wechsel, *in Ziffern:* 3-stündlich
Stun|dung *f. 10*
Stunk *m. Gen. -s nur Sg., ugs.:* Zank, Streit, Nörgelei
Stunt [stʌnt, engl.] *m. 9* gefährl. Aufgabe eines Darstellers in einer Filmszene
Stunt|man [stʌntmæn, engl.] *m. Gen. -s Pl. -men* [-men] als Ersatz für einen Filmschauspieler bei gefährl. Szenen (z. B. Akrobatik) eintretender Darsteller
Stu|pa [Sanskrit] *m. 9* buddhist. Sakralbau für eine Reliquie
stu|pend [lat.] erstaunlich; stupendes Wissen, Können
Stupf *m. 1, bair., schweiz.:* leichter Stoß
stup|fen *tr. 1, bair., schweiz.*
Stup|fer *m. 5, österr.* **1.** leichter Stoß; **2.** Ableger, Senker (einer Pflanze)
stu|pid [lat.], **stu|pi|de** **1.** dumm, beschränkt (Person); **2.** langweilig, ermüdend eintönig (Tätigkeit)
Stu|pi|di|tät *f. 10 nur Sg.*
Stu|por *m. Gen. -s nur Sg., Med.:* Zustand körperlicher Unbeweglichkeit und völliger Reaktionsunfähigkeit bei erhaltenem Bewusstsein
Stupp *f. Gen. - nur Sg., österr.:* Puder
stup|pen *tr. 1, österr.:* pudern (z. B. Säugling)
stu|prie|ren *auch:* **stup|rie|ren** [lat.] *tr. 3* vergewaltigen
Stu|prum *auch:* **Stup|rum** *n. Gen. -s Pl. -pra* Vergewaltigung
Stups *m. 1* leichter Stoß
stup|sen *tr. 1*
Stups|na|se, Stubs|na|se *f. 11* kurze, leicht nach oben gebogene Nase
stur **1.** verbissen-eigensinnig, unbelehrbar; **2.** hartnäckig, beharrlich; **3.** starr, stier (Blick)
Stur|heit *f. 10 nur Sg.*

Sturm laufen/läuten: Die Fügung aus Substantiv und Verb schreibt man getrennt: *Sie sind Sturm gegen die Gebührenerhöhung gelaufen.* § 34 E3 (5)

Sturm *m. 2; österr. auch:* gärender Most; S. und Drang: Richtung der dt. Literatur von 1767 bis 1785; (an der Tür) S. läuten; gegen etwas S. laufen: sich heftig gegen etwas auflehnen, sich zur Wehr setzen
Sturm|an|griff *m. 1*
sturm|be|wegt; sturmbewegte See; *aber:* vom Sturm bewegte See
Sturm|bock *m. 2, früher:* Balken zum Einbrechen von Mauern
Sturm|deich *m. 1*
stür|men *intr. u. tr. 1*
Stür|mer *m. 5, Sport;* S. und Dränger *Pl.:* die Dichter des Sturm und Drang
Stur|mes|brau|sen *n. Gen. -s nur Sg.*

S

Sturm|flut *f. 10*
sturm|frei; sturmfreie Bude *ugs.*
sturm|ge|peitscht
Sturm|hau|be *f. 11,* **Sturm|hut** *m. 2* eine Heilpflanze, Eisenhut, Akonit
stür|misch
Sturm|lauf *m. 2 nur Sg., Mil.:* beschleunigter Sturmschritt
Sturm|rei|he *f. 11, Sport:* die Spieler einer Mannschaft, die in vorderster Linie spielen
Sturm|rie|men *m. 7* Kinnriemen am Helm
Sturm|schritt *m. 1 nur Sg., Mil.:* beschleunigter Schritt beim Angriff
Sturm|se|gel *n. 5* kleines, bei Sturm als einziges gesetztes Segel
Sturm-und-Drang-Zeit *f. 10 nur Sg.* vgl. Sturm
Sturm|vo|gel *m. 6* möwenartiger Hochseevogel
Sturm|war|nung *f. 10*
Sturm|wind *m. 1, poet. für* Sturm
Sturz **1.** *m. 2;* **2.** *m. 1* oberer Abschluss von Fenster und Tür
Sturz|a|cker *m. 5* umgepflügter Acker
Sturz|bach *m. 2*
Sturz|bad *n. 4* Dusche
Stür|ze *f. 11* **1.** *mittel-, norddt.:* Topfdeckel; **2.** *bei Blechblasinstrumenten:* Schalltrichter
Stur|zel, Stür|zel *m. 5* **1.** stumpfes Ende; vgl. Sterz; **2.** Baumstumpf
stür|zen **1.** *intr. 1;* **2.** *tr. 1* umdrehen; einen Pudding s.
Sturz|flug *m. 2*
Sturz|ge|burt *f. 10* sehr rasche Geburt
Sturz|gut *n. 4* Ware, die unverpackt geschüttet werden kann, z. B. Kohle
Sturz|helm *m. 1*
Sturz|kampf|flug|zeug *n. 1* (*Kurzwort:* Stuka), *im 2. Weltkrieg:* Bombenflugzeug, das sich im Sturzflug seinem Ziel nähert
Sturz|see, Sturz|wel|le *f. 11* sich überstürzende Welle, Brecher
Stuss (*alt:* Stuß) [jidd.] *m. 1 nur Sg., ugs.:* Unsinn, dummes Zeug; Stuss reden, machen
Stut|buch *n. 4* Stammtafeln der zur Zucht verwendeten Pferde
Stu|te *f. 11* weibl. Pferd
Stu|ten *m. 7, norddt.:* längl. Kuchenbrot
Stu|ten|foh|len *n. 7* jung. weibl. Pferd
Stutt|gart Hauptstadt von Baden-Württemberg
Stutt|gar|ter *m. 5*
Stutz *m. 1* **1.** *veraltet:* Stoß; auf den S.: plötzlich; **2.** Stumpf; **3.** Federbusch; **4.** *schweiz.:* steiler Hang
Stütz *m. 1, Turnen:* Haltung des Körpers auf den gestreckten oder gewinkelten Armen, z. B. Liegestütz
Stütz|bal|ken *m. 7*
Stüt|ze *f. 11*
stut|zen **1.** *tr. 1* kurz schneiden, beschneiden (Bart, Flügel); **2.** *intr. 1* erstaunt, verwirrt blicken oder innehalten, Verdacht schöpfen
Stut|zen *m. 7* **1.** kurzes Jagdgewehr; **2.** Rohrstück; **3.** fußloser Kniestrumpf der alpenländ. Männertracht
stüt|zen *tr. 1*
Stut|zer *m. 5* **1.** *schweiz. für* Stutzen (1); **2.** sehr kurzer, nur über die Hüften reichender Männermantel; **3.** Modenarr, Geck
stut|zer|haft
Stutz|flü|gel *m. 5* kleiner Flügel
Stütz|ge|we|be *n. 5*
stut|zig verwundert, argwöhnisch; jmdn. s. machen
Stütz|keh|re *f. 11, Gerätturnen:* aus dem Stütz heraus geführter Schwung mit einer Kehre zurück in den Stütz
Stütz|mau|er *f. 11*
Stütz|pfei|ler *m. 5*
Stütz|punkt *m. 1*
Stütz|strumpf *m. 2* Strumpf aus elast. Gewebe
Stutz|uhr *f. 10* Tischstanduhr
Stüt|zung *f. 10*
Stütz|ver|band *m. 2*
StVO *Abk. für* Straßenverkehrsordnung
StVZO *Abk. für* Straßenverkehrs-Zulassungs-Ordnung
sty|gisch zum Styx gehörend, schaurig
sty|len [staɪlən, engl.] *tr. 1* mit einer modischen Form versehen; gestylter Haarschnitt
Sty|ling [staɪlɪŋ, engl.] *n. Gen. -s nur Sg., Autoindustrie:* Formgebung im Karosseriebau
Sty|list [staɪlɪst, engl.] *m. 1* Gestalter von Industrieformen, bes. im Kraftfahrzeugbau
Sty|lit [griech.] *m. 10* frühchristl. Säulenheiliger
Sty|rol *n. 1 nur Sg.* eine farblose, wie Benzin riechende Flüssigkeit (chem.: Phenyläthylen)
Sty|ro|por® *n. 1 nur Sg.* ein Schaumstoff
Styx *m. Gen. - nur Sg., griech. Myth.:* Fluss der Unterwelt
SU *Abk. für die ehem.* Sowjetunion
s. u. *Abk. für* siehe unten
Su|a|da [lat.], **Su|a|de** *f. Gen. - Pl. -den* Rede-, Wortschwall
Su|a|he|li **1.** *m. 9 oder Gen. - Pl. -* Angehöriger eines ostafrikanischen Volksstammes; **2.** *n. Gen. -(s) nur Sg.* dessen Sprache
sub..., Sub... [lat.] *in Zus.:* unter..., Unter...
sub|al|pin zur unteren Vegetationsstufe der Alpen gehörig
sub|al|tern [lat.] untergeordnet, unselbständig (Arbeit, Angestellter)
sub|ant|ark|tisch zwischen der Südpolar- und der südl. gemäßigten Zone liegend
sub|ark|tisch zwischen der Nordpolar- und der nördl. gemäßigten Zone liegend
Sub|do|mi|nan|te *f. 11* **1.** vierte Stufe der diaton. Tonleiter; **2.** Dreiklang auf diesem Ton
sub|fos|sil in geschichtl. Zeit ausgestorben
sub|gla|zi|al unter dem Eis liegend
Sub|jekt [lat.] *n. 1* **1.** *Philos.:* das denkende Ich; *Ggs.:* Objekt (1); **2.** *Gramm.:* Satzteil, der den Träger oder Gegenstand des durch das Verb ausgedrückten Geschehens bezeichnet, Satzgegenstand; **3.** *abwertend:* Person; erbärmliches, widerwärtiges S.
Sub|jek|ti|on *f. 10, Rhetorik:* Aufwerfen einer Frage, die man selbst beantwortet
sub|jek|tiv [auch: sub-] **1.** zum Subjekt gehörig, von ihm ausgehend; **2.** persönlich, nicht sachlich, parteiisch; *Ggs.:* objektiv
Sub|jek|ti|vis|mus [-vis-] *m. Gen. - nur Sg.* **1.** Lehre, dass alle Erkenntnis nur für das Subjekt, nicht allgemein gültig sei; *Ggs.:* Objektivismus; **2.** Ichbezogenheit
Sub|jek|ti|vist [-vist] *m. 10*
sub|jek|ti|vis|tisch [-vis-]
Sub|jek|ti|vi|tät [-vi-] *f. 10 nur Sg.* persönl. Auffassung, Unsachlichkeit; *Ggs.:* Objektivität
Sub|jekt|satz *m. 2, Gramm.:* Subjekt in Form eines Satzes, Ge-

S

genstandssatz, z. B. »wer glücklich ist, ...« statt »der Glückliche«
Sub|kon|ti|nent *m. 1* Teil eines Kontinents, der durch seine Größe und geograph. Lage eine gewisse Eigenständigkeit aufweist, z. B. der indische S.: Vorderindien
Sub|kul|tur *f. 10* relativ eigenständige und in sich geschlossene Kultur einer kleineren Gruppe, die innerhalb einer Gesellschaft lebt, an deren Kultur aber nicht voll teilnimmt, z. B. die Kultur der Hippies
sub|ku|tan [lat.] **1.** unter der Haut (befindlich); **2.** unter die Haut; subkutane Einspritzung
sub|lim *auch:* **su|blim** [lat.] verfeinert, erhaben, nur einem feinen Verständnis zugänglich
Sub|li|mat *auch:* **Su|bli|mat** *n. 1* **1.** durch Sublimation gewonnener Stoff; **2.** *Bez. für* das Chlorid des zweiwertigen Quecksilbers
Sub|li|ma|ti|on *auch:* **Su|bli|ma|ti|on** *f. 10* Übergang eines Stoffes aus dem festen in den gasförmigen Aggregatzustand (oder umgekehrt), wobei der flüssige Zustand übersprungen wird
sub|li|mie|ren *auch:* **su|bli|mie|ren** *tr. 3* **1.** verfeinern, ins Erhabene steigern; **2.** einer Sublimation unterwerfen
Sub|li|mie|rung *auch:* **Su|bli|mie|rung** *f. 10* **1.** Verfeinerung, Steigerung ins Erhabene; **2.** *Chem.* s. **Sub|li|ma|ti|on**
sub|lu|na|risch [lat.] irdisch, *eigtl.:* unter dem Mond
sub|ma|rin [lat.] unterseeisch
sub|mers [lat.] unter Wasser lebend; *Ggs.:* emers
Sub|mer|si|on *f. 10 veraltet:* Überschwemmung
Sub|mis|si|on [lat.] *f. 10* **1.** *veraltet:* Ehrerbietung, Ergebenheit; **2.** Vergebung von Arbeiten an denjenigen mit den geringsten Forderungen
Sub|mit|tent *m. 10* jmd., der sich um einen ausgeschriebenen Auftrag bewirbt
sub|mit|tie|ren *intr. 3* sich um einen ausgeschriebenen Auftrag bewerben
Sub|or|di|na|ti|on [lat.] *f. 10* **1.** *veraltet:* Unterordnung, Gehorsam (im Dienst); **2.** *Gramm.:* Unterordnung (von Satzteilen)
sub|or|di|nie|ren *tr. 3* unterordnen; subordinierende Konjunktion: Bindewort, das einen Nebensatz mit einem Hauptsatz verbindet, z. B. obwohl, weil
sub|po|lar zwischen Polar- und gemäßigter Zone (liegend)
sub|si|di|är [lat.], **sub|si|di|a|risch** behelfsweise
Sub|si|di|a|ri|tät *f. 10 nur Sg.*
Sub|si|di|um *n. Gen.* -s *Pl.* -di|en **1.** *veraltet:* Beistand, Rückhalt; **2.** Hilfsgelder
Sub|sis|tenz [lat.] *f. 10* **1.** *Philos.:* das Bestehen durch sich selbst; **2.** *veraltet:* Lebensunterhalt
sub|sis|tie|ren *intr. 3* **1.** durch sich selbst bestehen; **2.** *veraltet:* seinen Lebensunterhalt finden
Sub|skri|bent *auch:* **Subs|kri|bent, Subsk|ri|bent** [lat.] *m. 10* jmd., der etwas subskribiert
sub|skri|bie|ren *auch:* **subs|kri|bie|ren, subsk|ri|bie|ren** *tr. 3* vorbestellen und sich damit zur Abnahme verpflichten (bes. von Büchern)
Sub|skrip|ti|on *auch:* **Subs|krip|ti|on, Subsk|rip|ti|on** *f. 10* Vorbestellung und Verpflichtung zur Abnahme
Sub|skrip|ti|ons|preis *auch:* **Subs|krip|ti|ons|preis, Subsk|rip|ti|ons|preis** *m. 1* etwas geringerer Preis bei Subskription
sub spe|cie ae|ter|ni|ta|tis [- spetsje: etɛr-, lat. »unter dem Gesichtspunkt der Ewigkeit«] unter der Voraussetzung unbeschränkter Dauer
Sub|spe|zi|es *f. Gen.* - *Pl.* -, *Biol.:* Unterart

♦ Die Buchstabenfolge **sub|st...** kann in Fremdwörtern auch **subs|t...** getrennt werden. Davon ausgenommen sind Zusammensetzungen, in denen die fremdsprachigen bzw. sprachhistorischen Bestandteile deutlich als solche erkennbar sind, z. B. *-standard.*

Sub|stan|dard *m. 9* (Qualitäts-) Stufe unter Durchschnitt
♦ **Sub|stan|ti|a|li|tät** [-tsja-] *Nv.* **Sub|stan|zi|a|li|tät** *Hv.* [lat.] *f. 10 nur Sg.*
♦ **sub|stan|ti|ell** [-tsjɛl] *Nv.* **sub|stan|zi|ell** *Hv.*
♦ **sub|stan|ti|ie|ren** *Nv.* **sub|stan|zi|ie|ren** *Hv. tr. 3*
♦ **Sub|stan|tiv** *n. 1* Wort, das ein Lebewesen, einen Gegenstand oder Begriff bezeichnet, Hauptwort, Dingwort
♦ **sub|stan|ti|vie|ren** [-vi-] *tr. 3* zum Substantiv machen, in substantivische Form bringen
♦ **Sub|stan|ti|vie|rung** [-vi-] *f. 10*
♦ **sub|stan|ti|visch** [-viʃ] wie ein Substantiv, als Substantiv, hauptwörtlich
♦ **Sub|stanz** *f. 10* **1.** *Philos.:* Wesen (aller Dinge), Urgrund (alles Seins); **2.** *Phys.:* Materie, Stoff; **3.** *übertr., ugs.:* Vorrat, Kapital, Vermögen
♦ **Sub|stan|zi|a|li|tät**, Sub|stan|ti|a|li|tät *f. 10 nur Sg.*

substanziell/substantiell: Die dem Stammprinzip folgende, ins Deutsche integrierte Schreibung *substanziell* (zu: *Substanz*) ist die Hauptvariante, die fremdsprachige Schreibweise *substantiell* die zulässige Nebenvariante. § 32 (2)

♦ **sub|stan|zi|ell**, sub|stan|ti|ell **1.** wesenhaft; **2.** stofflich, materiell
♦ **sub|stan|zi|ie|ren**, sub|stan|ti|ie|ren *tr. 3* **1.** begründen; **2.** mit Vollmacht ausstatten
♦ **sub|sti|tu|ie|ren** [lat.] *tr. 3* austauschen, ersetzen
♦ **Sub|sti|tut** **1.** *n. 1* Ersatz, Ersatzmittel; **2.** *m. 10* Ersatzmann, Stellvertreter
♦ **Sub|sti|tu|ti|on** *f. 10* Ersatz, Austausch, Stellvertretung
♦ **Sub|sti|tu|ti|ons|the|ra|pie** *f. 11, Med.:* medikamentöser Ersatz eines dem Körper fehlenden Stoffes
♦ **Sub|strat** *auch:* **Subst|rat** [lat.] *n. 1* **1.** Grund, Grundlage; **2.** Nährboden
♦ **Sub|struk|ti|on** *auch:* **Subst|ruk|ti|on** [lat.] *f. 10, Bauwesen:* Unterbau, Grundbau
sub|su|mie|ren [lat.] *tr. 3* **1.** ein-, unterordnen (bes. einen engeren Begriff einem umfassenderen); **2.** zusammenfassen
sub|sump|tiv s. **sub|sum|tiv**
Sub|sum|ti|on *f. 10* Unterordnung, Zusammenfassung
sub|sum|tiv unterordnend, einbegreifend
sub|til [lat.] **1.** zart, fein; **2.** spitzfindig, scharfsinnig; **3.** schwierig
Sub|ti|li|tät *f. 10 nur Sg.*

S

Sub|tra|hend [lat.] *m. 10* Zahl, die von einer anderen Zahl abgezogen werden soll; *Ggs.:* Minuend

sub|tra|hie|ren *tr. 3* abziehen; *Ggs.:* addieren; eine Zahl von einer anderen Zahl s.

Sub|trak|ti|on *f. 10* das Abziehen, eine der vier Grundrechenarten; *Ggs.:* Addition

Sub|tro|pen *Pl.* Zone zwischen Tropen und gemäßigter Zone

sub|tro|pisch

sub|ur|ban [lat.] vorstädtisch

Sub|urb *auch:* **Su|burb** [sʌbə:b, engl.] *m. 9* Vorstadt

sub|ur|bi|ka|risch [lat.] zur Stadt (Rom) gehörig; suburbikarische Bistümer: sieben kleine Bistümer in der Nähe Roms

Sub|ven|ti|on [-vɛn-, lat.] *f. 10* zweckgebundene Unterstützung aus öffentl. Mitteln

sub|ven|ti|o|nie|ren [-vɛn-] *tr. 3* durch Subvention unterstützen

Sub|ver|si|on [-vɛr-, lat.] *f. 11* Staatsumsturz

sub|ver|siv [-vɛr-] umstürzlerisch, zerstörend

sub vo|ce [- votsə, lat.] (*Abk.:* s. v.) *Sprachw.:* unter dem Stichwort

Sub|way [sʌbwɛı, engl.] *m. oder f. Gen. - Pl.* -s Untergrundbahn

Such|ak|ti|on *f. 10*

Such|dienst *m. 1*

Su|che *f. Gen. - nur Sg.;* auf die S. gehen; auf der S. sein

su|chen *tr. 1*

Su|cher *m. 5* **1.** *an Kameras:* kleines Fenster, in dem der Bildausschnitt erscheint; **2.** *an astronom. Fernrohren:* kleines Hilfsfernrohr

Su|che|rei *f. 10 nur Sg.*

Such|ma|schi|ne *f. 11, EDV:* Programm, mit dem man im Internet Informationen zu Stichwörtern oder Themen sucht

Such|mel|dung *f. 10*

Sucht *f. 2* krankhaft gesteigertes Bedürfnis, z. B. Trunksucht

süch|tig

Süch|tig|keit *f. 10 nur Sg.*

sucht|krank

Sucht|krank|heit *f. 10*

su|ckeln *intr. 1* in kleinen Zügen saugen

Su|cre *auch:* **Suc|re** [span.] *m. Gen. - Pl. -* Währungseinheit in Ecuador, 100 Centavos

Sud *m. 1* aus einer Substanz herausgekochte Brühe

Süd **1.** (*Abk.:* S) *in geographischen Angaben* Süden; Stuttgart Süd; der Wind kommt aus *oder:* von Süd; **2.** *m. Gen. -*(e)s *nur Sg., poet.:* Südwind; ein warmer Süd

Süd|a|fri|ka *auch:* **Süd|af|ri|ka** **1.** der südl. Teil Afrikas; **2.** Staat in Afrika

Süd|a|fri|ka|ner *auch:* **Süd|af|ri|ka|ner** *m. 5*

süd|a|fri|ka|nisch *auch:* **süd|af|ri|ka|nisch**

Süd|a|me|ri|ka

Süd|a|me|ri|ka|ner *m. 5*

süd|a|me|ri|ka|nisch

Su|dan *m. Gen.* -s **1.** Großlandschaft in Afrika; **2.** Staat im nordöstlichen Afrika

Su|da|ner *m. 5,* **Su|da|ne|se** *m. 11*

su|da|ne|sisch, su|da|nisch

süd|a|si|a|tisch

Süd|a|si|en

Su|da|ti|on [lat.] *f. 10* das Schwitzen

Su|da|to|ri|um *n. Gen.* -s *Pl.* -ri|en Schwitzbad

süd|deutsch

Su|del *m. 5, schweiz.:* flüchtiger Entwurf

Su|de|lei *f. 10* Geschmier; gesudelte Arbeit

Su|de|ler, Sud|ler *m. 5* jmd., der sudelt

su|de|lig, sud|lig gesudelt, unsorgfältig, unsauber

su|deln *intr. 1* **1.** Schmutz machen, mit Schmutz spielen; **2.** unsorgfältig, unsauber arbeiten

Su|del|wet|ter *n. 5 nur Sg.* Schmutz-, Matschwetter

Sü|den *m. Gen.* -s *nur Sg.* **1.** (*Abk.:* S) Himmelsrichtung; nach, von Süden; **2.** die um das Mittelmeer liegenden Länder; **3.** südl. Teil, südl. Gebiet; im S. der Stadt, im S. Europas

Su|de|ten *Pl.* Gebirge in Mitteleuropa

su|de|ten|deutsch

Su|de|ten|land *n. Gen.* -(e)s *nur Sg.*

su|de|tisch

Süd|frucht *f. 2 meist Pl.*

Sud|haus *n. 4, in Bierbrauereien:* Raum, in dem die Würze gekocht wird

Süd|ko|rea Staat in Ostasien

Süd|län|der *m. 5*

süd|län|disch

Sud|ler *m. 5* s. **Su|de|ler**

süd|lich *mit Gen.;* s. Berlins *oder:* von Berlin; 10 Grad südlicher Breite (*Abk.:* s. Br.): auf dem 10. Breitengrad s. des Äquators liegend

sud|lig s. **su|de|lig**

Süd|ost **1.** (*Abk.:* SO) *in geograph. Angaben* Südosten; **2.** *m. Gen.* -(e)s *nur Sg., poet.:* Südostwind

Süd|os|ten *m. Gen.* -s *nur Sg.* **1.** (*Abk.:* SO) Himmelsrichtung zwischen Süden und Osten; **2.** südöstlich gelegener Teil; im S. der Stadt

süd|öst|lich; s. Berlins *oder:* von Berlin

Süd|ost|wind *m. 1*

Süd|pol *m. 1 nur Sg.*

Süd|po|lar|ge|biet *n. 1*

Süd|po|lar|meer *n. 1 nur Sg.*

Süd|see *f. 11 nur Sg.* südwestl. Teil des Stillen Ozeans

Süd|see|in|seln *Pl.*

Süd|see|in|su|la|ner *m. 5*

Süd|staa|ten *Pl.* die südl. Staaten der USA

Süd|süd|ost **1.** (*Abk.:* SSO) *in geograph. Angaben* Südsüdosten; **2.** *m. Gen.* -(e)s *nur Sg.* Südsüdostwind

Süd|süd|os|ten *m. Gen.* -s *nur Sg.* (*Abk.:* SSO) Himmelsrichtung zwischen Süden und Südosten

Süd|süd|ost|wind *m. 1*

Süd|süd|west **1.** (*Abk.:* SSW) *in geograph. Angaben* Südsüdwesten; **2.** *m. Gen.* -(e)s *nur Sg.* Südsüdwestwind

Süd|süd|wes|ten *m. Gen.* -s *nur Sg.* (*Abk.:* SSW) Himmelsrichtung zwischen Süden und Südwesten

Süd|süd|west|wind *m. 1*

Süd|ti|rol, *ital.:* Al|to Adige

Süd|ti|ro|ler *m. 5*

süd|ti|ro|lisch

süd|wärts

Süd|wein *m. 1* süßer Wein aus einem südeurop. Land

Süd|west **1.** (*Abk.:* SW) *in geographischen Angaben* Südwesten; **2.** *m. Gen.* -(e)s *nur Sg., poet.:* Südwestwind

Süd|wes|ten *m. Gen.* -s *nur Sg.* **1.** (*Abk.:* SW) Himmelsrichtung zwischen Süden und Westen; **2.** südwestlich gelegener Teil

Süd|wes|ter *m. 5* wasserdichter Hut des Seemanns

süd|west|lich

Süd|west|rund|funk *m. 1 nur Sg.* (*Abk.:* SWR), *seit 1.9.1998:* öffentl.-rechtl. Sendeanstalt, gebildet aus Südwestfunk und Süddeutscher Rundfunk

S

Süd|west|wind *m. 1*
Süd|wind *m. 1*
Sue|be [sve-] *m. 11* s. **Swe|be**
Su|es, Su|ez Stadt in Ägypten
Su|es|ka|nal, Su|ez|ka|nal *m. 2 nur Sg.* Kanal zwischen Mittelmeer und Rotem Meer
Sue|ve [svevə] *m. 11* s. **Swe|be**
Su|ez *frz. Schreibung von* Sues
Suff *m. Gen.* -s *nur Sg., ugs., derb* **1.** übermäßiges Trinken; sich dem (stillen) S. ergeben; **2.** Zustand des Betrunkenseins; etwas im S. sagen, tun
Süf|fel *m. 5, ugs., scherzh.:* Säufer
süf|feln *tr. 1, ugs.:* trinken (Alkohol); ich süffele, süffle
süf|fig angenehm schmeckend (Wein)
Süf|fi|sance [-zãs, frz.] *f. Gen. - nur Sg.* s. **Süf|fi|sanz**
süf|fi|sant dünkelhaft, selbstgefällig, spöttisch-überheblich
Süf|fi|sanz, Süf|fi|sance *f. Gen. - nur Sg.* Dünkel, Selbstgefälligkeit
Suf|fix [lat.] *n. 1* Nachsilbe, z. B. -lich, -keit
suf|fi|zi|ent [lat.] *Med.:* ausreichend; *Ggs.:* insuffizient
Suf|fi|zi|enz *f. 10, Med.:* ausreichende Fähigkeit; *Ggs.:* Insuffizienz
Süff|ler *m. 5, ugs., scherzh.:* Säufer, Süffel
Suf|fra|gan *auch:* **Suff|ra|gan** [lat.] *m. 1, kath. Kirche:* einem Erzbischof unterstehender Diözesanbischof
Suf|fra|get|te *auch:* **Suff|ra|get|te** *f. 11, in Großbritannien und den USA:* Kämpferin für die Gleichberechtigung der Frauen
Suf|fra|gi|um *auch:* **Suff|ra|gi|um** *n. Gen.* -s *Pl.* -gi|en **1.** Stimmrecht; **2.** Abstimmung
Su|fi [arab. »mit Wolle Bekleideter«] *m. 9,* Su|fist *m. 10* Anhänger des Sufismus
Su|fis|mus *m. Gen. - nur Sg.* asketisch-mystische Richtung des Islam
Su|fist *m. 10* s. **Su|fi**
sug|ge|rie|ren [lat.] *tr. 3;* jmdm. etwas s.: jmdm. etwas einreden
sug|ges|ti|bel leicht beeinflussbar; suggestibler Mensch
Sug|ges|ti|bi|li|tät *f. 10 nur Sg.* Beeinflussbarkeit
Sug|ges|ti|on *f. 10* Beeinflussung, Willensübertragung
sug|ges|tiv beeinflussend, (auf den andern) stark einwirkend
Sug|ges|tiv|fra|ge *f. 11* Frage, die dem andern die Antwort in den Mund legt
Sug|ges|ti|vi|tät [-vi-] *f. 10 nur Sg.* Fähigkeit, jmdn. zu beeinflussen
Suh|le *f. 11* morastige Bodenstelle, Wassertümpel, Schlammmulde
suh|len *refl. 1* **1.** sich in der Suhle wühlen (Schwarz- und Rotwild); **2.** *übertr., ugs.:* sich wälzen
Süh|ne *f. 11*
Süh|ne|geld *n. 3*
süh|nen *tr. 1*
Süh|ne|op|fer *n. 5*
Süh|ne|rich|ter *m. 5*
Süh|ne|ter|min *m. 1*
Süh|ne|ver|fah|ren *n. 7* Gerichtsverfahren zur gütlichen Beilegung eines Streits
sui ge|ne|ris [lat.] von seiner eigenen Art, durch sich selbst eine Klasse bildend, besonders
Suit|case [sjutkɛɪs, engl.] *m. oder n. Gen. - Pl.* -(s) [-siz] kleiner Handkoffer
Sui|te [svit(ə), frz.] *f. 11* **1.** militär. oder fürstl. Gefolge; **2.** Musikstück aus mehreren Tanzsätzen in der gleichen Tonart, Partita; **3.** *veraltet:* Zimmerflucht; **4.** *in Hotels:* zwei Einzelzimmer mit gemeinsamem Bad
Su|i|zid [lat.] *m. 1* Selbstmord
Su|jet [syʒe, frz.] *n. 9* Gegenstand, Thema (einer künstlerischen Darstellung)
Suk|ka|de [frz.] *f. 11* kandierte Schale von Zitrusfrüchten, z. B. Orangeat, Zitronat
Suk|ku|bus [lat.] *m. Gen. - Pl.* -ku|ben, *im Volksglauben des MA:* mit einem Mann buhlender Teufel in Frauengestalt; *Ggs.:* Inkubus
suk|ku|lent [lat.] *Biol.:* saftig, fleischig
Suk|ku|len|te *f. 11, in Trockengebieten:* Wasser speichernde Pflanze
Suk|ku|lenz *f. 10 nur Sg., Biol.:* Saftfülle
Suk|kurs [lat.] *m. 1 nur Sg., veraltet:* Unterstützung, Hilfe
Suk|zes|si|on [lat.] *f. 10* **1.** Rechtsnachfolge, Thronfolge; **2.** Aufeinanderfolge verschiedener Pflanzengesellschaften am selben Ort
suk|zes|siv, suk|zes|si|ve [-və] allmählich, nach und nach
Sul|fat [lat.] *n. 1* Salz der Schwefelsäure
Sul|fid *n. 1* Salz der Schwefelwasserstoffsäure
sul|fi|disch Schwefel enthaltend
Sul|fit *n. 1* Salz der schwefligen Säure
Sülf|meis|ter *m. 5* **1.** *früher:* Besitzer einer Saline; **2.** *nddt.:* Pfuscher
Sul|fon|a|mid *auch:* **Sul|fo|na|mid** [lat.] *n. 1* chem. Verbindung mit bakterienhemmender Wirkung
Sul|fur *n. Gen.* -s *nur Sg.* (*Zeichen:* S) chem. Element, Schwefel
Sul|ky [engl.: sʌlkɪ] *n. 9* zweirädriger, einspänniger Wagen für Trabrennen
Sul|tan [arab.] *m. 1, Titel für* muslim. Herrscher
Sul|ta|nat *n. 1* Herrschaftsgebiet eines Sultans
Sul|ta|ni|ne *f. 11* große, helle Rosine
Sulz *f. 10, süddt., österr., schweiz.* s. **Sül|ze** (1)
Sul|ze *f. 11, schweiz. für* Sülze (1)
Sül|ze *f. 11* **1.** Sulz *f. 10* Fleisch oder Fisch in Gallert; **2.** Sole; **3.** Salzlecke (für Wild)
sul|zen *tr. 1, bair. für* sülzen (2)
sül|zen *tr. 1* **1.** (Wild) Salz geben; **2.** als Sülze zubereiten
Sülz|ko|te|lett *n. 9* Schweinefleisch in Sülze
Sulz|schnee *m. Gen.* -s *nur Sg.* körniger, schwerer Schnee
Sum *m. Gen.* -(s) *Pl.* Sum|lär, *nach Zahlenangaben Pl.* - (*Abk.:* U. S.) Währungseinheit in Usbekistan, 100 Tijin
Su|mach [arab.] *m. 1* Holzgewächs mit Steinfrüchten, das Gerbstoff liefert
Su|ma|tra *auch:* **Su|mat|ra** eine der Großen Sundainseln
Su|mer [-me:r] *alter Name für* Babylonien
Su|me|rer *m. 5* Einwohner von Sumer
su|me|risch
Sum|ma [lat.] *f. Gen. - Pl.* -men **1.** *Scholastik:* zusammenfassende Darstellung eines theolog.-philosoph. Lehrsystems; **2.** (*Abk.:* Sa.) *veraltet:* Summe
sum|ma cum lau|de [lat.] mit höchstem Lob, ausgezeichnet (beste Note bei akadem. Prüfungen); vgl. magna cum laude
Sum|mand *m. 10* Zahl, die zu einer anderen hinzugezählt werden soll, Addend
sum|ma|risch **1.** kurz zusammengefasst, bündig; **2.** *auch:* oberflächlich

S

sum|ma sum|ma|rum [lat. »die Summe der Summen«] alles in allem, insgesamt
Sum|ma|ti|on *f. 10* Bildung einer Summe
Sümm|chen *n. 7*
Sum|me *f. 11* **1.** Ergebnis einer Zusammenrechnung; **2.** Gesamtheit
sum|men *tr. u. intr. 1*
Sum|mer *m. 5* Gerät zum Erzeugen eines Summtones
Sum|mer|zei|chen
Summ|zei|chen *n. 7*
sum|mie|ren [lat.] **1.** *tr. 3* zusammenzählen; **2.** *refl. 3* anwachsen, sich anhäufen
Sum|mie|rung *f. 10*
Sum|mum Bo|num (*alt:* Sum|mum bo|num) [lat.] *n. Gen. - - nur Sg.* höchstes Gut
Sum|mus E|pi|sco|pus *auch:* **Summus E|pis|co|pus** *m. Gen. - - nur Sg.* **1.** höchster Bischof, der Papst; **2.** *bis 1918:* der Landesherr als Oberhaupt der evang. Landeskirche
Su|mo [jap.] *n. Gen. - oder -s nur Sg.* eine jap. Form des Ringens
Sumpf *m. 2*
Sumpf|blü|te *f. 11, übertr.:* durch schlechte Umwelt hervorgerufene, negative Erscheinung
Sümpf|chen *n. 7*
sump|fen *intr. 1, ugs.:* unsolide leben, die Nacht durchzechen
sümp|fen *tr. 1* **1.** *Bgb.:* entwässern; **2.** *Töpferei:* kneten
Sumpf|fie|ber *n. 5 nur Sg.* = Malaria
Sumpf|gas *n. 1* = Methangas
Sumpf|huhn *n. 4* **1.** uferbewohnende Ralle; **2.** *übertr., ugs.:* jmd., der gern die Nächte durchzecht
sump|fig
Sumpf|land *n. 4 nur Sg.*
Sumpf|ot|ter *m. 5* ein Pelztier, Nerz
Sums *m. Gen. -es nur Sg., ugs.:* Aufhebens, großes Gerede; mach nicht so viel S.!; einen großen *oder:* viel S. um jmdn. oder etwas machen
sum|sen *intr. 1, mundartl. für* summen
Sund *m. 1* Meerenge
Sun|da|in|seln *Pl.* eine südostasiat. Inselgruppe; die Großen, Kleinen S.
Sün|de *f. 11*
Sün|den|be|kennt|nis *n. 1*
Sün|den|bock *m. 2, ugs.*
Sün|den|fall *m. 2 nur Sg.*
Sün|den|geld *n. 3, übertr., ugs.;* das kostet ein S.
Sün|den|lohn *m. 2 nur Sg.*
sün|den|los, sünd|los
Sün|den|pfuhl *m. 2, abwertend:* sündhaftes Leben, Stätte liederlichen Lebens
Sün|den|re|gis|ter *n. 5, ugs.*
Sün|den|ver|ge|bung *f. 10*
Sün|der *m. 5*
Sün|der|mie|ne *f. 11*
Sünd|flut *f. 10 nur Sg.* = **Sint|flut**
sünd|haft; s. teuer *ugs.:* sehr teuer
Sünd|haf|tig|keit *f. 10 nur Sg.*
sün|dig
sün|di|gen *intr. 1*
sünd|los
Sünd|lo|sig|keit *f. 10 nur Sg.*
Sun|na [arab.] *f. Gen. - nur Sg.* Sammlung von Aussprüchen Mohammeds, neben dem Koran Glaubensgrundlage des Islam
Sun|nit *m. 10* Anhänger der Sunna; vgl. Schiit
sun|ni|tisch
Su|o|mi *finn. für* Finnland
su|per [lat.] *unflektierbar, ugs.:* vorzüglich, sehr gut; eine s. Stimmung
Su|per **1.** *n. 5 nur Sg., Kurzwort für* Superbenzin; **2.** *m. 5, Kurzwort für* Superheterodynempfänger
su|per..., Su|per... *in Zus.:* ober..., Ober..., über..., Über..., *ugs.:* sehr, z. B. superklug, superleicht

süperb: Das Adjektiv wird in der ins Deutsche integrierten Form geschrieben, die französische Schreibweise ist als Variante korrekt: *superb.*

su|perb, sü|perb [frz.] vorzüglich
Su|per|ben|zin *n. 1* Benzin von hoher Klopffestigkeit, von hoher Oktanzahl
Su|per|e|go *n. 9, Psych.:* »Überich«, innere Kontrollinstanz des Menschen, Gewissen
su|per|fein *ugs.*
su|per|fi|zi|ell *Med.:* oberflächlich
Su|per-G [-dʒi, engl.] *Gen.* -(s) *Pl.* -(s) alpiner Skiwettbewerb
Su|per-GAU *m. 9, ugs.:* allergrößter GAU
su|per|ge|scheit *ugs.*
Su|per|het *m. 9, Kurzwort für* Superheterodynempfänger
Su|per|he|te|ro|dyn|emp|fän|ger [lat. + griech.] *m. 5* ein leistungsstarkes Radio
Su|per|in|ten|dent *m. 10, evang. Kirche:* Vorsteher eines Kirchenkreises, Ephorus
Su|per|in|ten|den|tur *f. 10* Amt und Amtsräume des Superintendenten
Su|pe|ri|or [lat.] *m. 13, kath. Kirche:* Vorsteher eines Klosters oder Ordens
Su|pe|ri|o|rin *f. 10*
Su|pe|ri|o|ri|tät *f. 10 nur Sg.* Überlegenheit
Su|per|kar|go *m. 9* vom Absender bevollmächtigter Begleiter und Kontrolleur einer Fracht
su|per|klug *ugs.*
Su|per|la|tiv *m. 1* **1.** *Gramm.:* zweite Steigerungsstufe, Höchst-, Meiststufe, z. B. am schönsten; vgl. Positiv, Komparativ; **2.** *allg.:* übertreibender Ausdruck
su|per|la|ti|visch [-viʃ]
Su|per|la|ti|vis|mus [-vis-] *m. Gen. - nur Sg.* übertriebene Verwendung von Superlativen
Su|per|macht *m. 1, ugs.:* Weltmacht
Su|per|markt *m. 2* großes Lebensmittelgeschäft mit Selbstbedienung und etwas niedrigeren Preisen
Su|per|na|tu|ra|lis|mus *m. Gen. - nur Sg.* s. **Su|pra|na|tu|ra|lis|mus**
Su|per|no|va [-va] *f. Gen. - Pl.* -vae [-vɛː] *Astron.:* Nova von überragender Helligkeit
Su|per|o|xid *n. 1* = Peroxid
Su|per|phos|phat *n. 1* ein Phosphordünger
Su|per|star *m. 9, ugs.:* bes. berühmter Star
Su|pi|num [lat.] *n. Gen. -s Pl. -na, im Latein.:* substantiv. Verbalform, z. B. lectum »um zu lesen«
Süpp|chen *n. 7*
Sup|pe *f. 11*
Sup|pé [zupe], *Franz von* österr. Komponist
Sup|pen|fleisch *n. Gen. -(e)s nur Sg.*
Sup|pen|grün *n. Gen. -s nur Sg., österr.:* **Sup|pen|grü|ne(s)** *n. 18 (17)* = Wurzelwerk
Sup|pen|huhn *n. 4*
Sup|pen|schild|krö|te *f. 11* eine Schildkrötenart tropischer Meere, deren Fleisch als Delikatesse gilt
Sup|pen|ter|ri|ne *f. 11*
sup|pig

S

Sup|ple|ant [lat.] *m. 10, schweiz.:* Stellvertreter, Ersatzmann (in einer Behörde)
Süpp|lein *n. 7, poet.*
Sup|ple|ment [lat.] *n. 1* Ergänzung, Nachtrag, Anhang (zu einem Schriftwerk)
sup|ple|men|tär ergänzend
Sup|ple|ment|band *m. 2* Ergänzungsband
Sup|ple|ment|win|kel *m. 5* Winkel, der einen anderen zu 180° ergänzt; vgl. Komplementwinkel
Sup|plik [lat.] *f. 10, veraltet:* Bittgesuch
Sup|pli|kant *m. 10, veraltet:* Bittsteller
sup|pli|zie|ren *intr. 3, veraltet:* ein Bittgesuch einreichen
sup|po|nie|ren [lat.] *tr. 3* voraussetzen, annehmen, unterstellen
Sup|port [lat.] *m. 1, an Werkzeugmaschinen:* Vorrichtung zum Halten und Führen des Werkstücks
Sup|po|si|ti|on [lat.] *f. 10* Voraussetzung, Annahme
Sup|po|si|to|ri|um *n. Gen. -s Pl.* -rien Heilmittel in Zäpfchenform, das in den Darm eingeführt wird, Zäpfchen
Sup|po|si|tum *n. Gen. -s Pl.* -ta, *veraltet:* das Vorgesetzte, Angenommene
Sup|pres|si|on [lat.] *f. 10, Med.:* Unterdrückung
sup|pres|siv *Med.:* unterdrückend, zurückdrängend
sup|pri|mie|ren *tr. 3* unterdrücken, zurückdrängen

♦ Die Buchstabenfolge **su|pr...** kann in Fremdwörtern auch **sup|r...** getrennt werden.

♦ **su|pra..., Su|pra...** [lat.] *in Zus.:* ober..., Ober..., über..., Über...
♦ **Su|pra|lei|ter** *m. 5* Stoff, der bei gewisser, sehr geringer Temperatur keinen messbaren elektr. Widerstand mehr aufweist
♦ **su|pra|na|ti|o|nal** übernational, überstaatlich
♦ **Su|pra|na|tu|ra|lis|mus,** Su|per|na|tu|ra|lis|mus *m. Gen. - nur Sg.* über die Natur und das Natürliche hinausgehende Denkweise, Glaube an Übernatürliches, bes. an eine übernatürliche Offenbarung
♦ **su|pra|na|tu|ra|lis|tisch,** su|per|na|tu|ra|lis|tisch

S

♦ **Su|pra|port** *n. 1,* **Su|pra|por|te** *f. 11* s. **So|pra|por|te**
♦ **Su|pre|mat** [lat.] *m. 1 oder n. 1,* **Su|pre|ma|tie** *f. 11* **1.** Oberherrschaft (des Papstes); **2.** Überordnung, Vorrang
♦ **Su|pre|mats|eid,** Su|pre|mat|eid *m. 1, in Großbr. 1534–1829:* von den Beamten zu leistender Eid, den König auch als obersten Kirchenherrn und die protestant. Thronfolge anzuerkennen
Su|re [arab.] *f. 11* Abschnitt, Kapitel (des Koran)
Surf|brett [sə(r)f-, engl. + dt.] *n. 3* Brett zum Surfen
sur|fen [sə(r)fən, engl.] *intr. 1* **1.** den Sport des Surfens ausüben; **2.** *kurz für* netsurfen
Sur|fen, Sur|fing [sə(r)f(ɪŋ), engl.] *n. Gen. -s nur Sg.* Wassersportübung, bei der man sich aufrecht auf einem Brett über die Brandung ans Ufer tragen lässt, Brandungsreiten, Wellenreiten
Sur|fleisch *n. 1 nur Sg., österr. für* Pökelfleisch
Su|ri|na|me südamerikan. Staat, *früher:* Niederländ.-Guayana
Sur|plus [frz.: syrply, engl.: sə(r)pləs] *m. Gen. - Pl. -* Überschuss, Gewinn
Sur|re|a|lis|mus [auch: syr-, frz. sur »über«] *m. Gen. - nur Sg., seit etwa 1917:* künstlerische Richtung, die das Überwirkliche, Traumhafte, Unbewusste darzustellen sucht
Sur|re|a|list [auch: syr-] *m. 10*
sur|re|a|lis|tisch [auch: syr-]
sur|ren *intr. 1*
Sur|ro|gat [lat.] *n. 1* Ersatz, Behelf, Ersatzstoff
Sur|ro|ga|ti|on *f. 10* Ersatz, Austausch eines Vermögenswertes gegen einen anderen, der denselben Rechtsverhältnissen unterliegt
Su|san [suz(ə)n, engl.], Su|sann, Su|san|na, Su|san|ne weibl. Vorname
Su|shi [zuʃi, jap.] *n. 9* japanisches Gericht aus Reis, rohem Fisch, Gemüse und Pilzen
su|spekt *auch:* **sus|pekt** [lat.] verdächtig
sus|pen|die|ren [lat.] *tr. 3* **1.** bis auf weiteres des Amtes entheben (Beamte, bes. Geistliche); **2.** zeitweilig aufheben; **3.** *Chem.:* (kleinste Teilchen) in der Flüssigkeit fein verteilen; **4.** *Med.:* schwebend aufhängen (Gliedmaßen)
Sus|pen|si|on *f. 10* **1.** (zeitweilige) Entlassung, Aufhebung; **2.** feine Verteilung; **3.** schwebende Aufhängung
sus|pen|siv aufhebend, aufschiebend
Sus|pen|so|ri|um *n. Gen. -s Pl.* -ri|en Tragverband
süß
Sü|ße *f. 11 nur Sg.*
sü|ßen *tr. 1*
Süß|gras *n. 4*
Süß|holz *n. 4* Wurzel eines Schmetterlingsblütlers, Hustenmittel; S. raspeln *übertr., ugs.:* schmeichlerisch reden (von Männern Frauen gegenüber)
Süß|holz|rasp|ler *m. 5, übertr., ugs.*
Sü|ßig|keit *f. 10*
Süß|kar|tof|fel *f. 11* Batate
Süß|kir|sche *f. 11*
süß|lich
Süß|most *m. 1*

süßsauer: Zusammensetzungen gleichrangiger Adjektive werden zusammengeschrieben. Ebenso bei Farbadjektiven: *blaugrün, rotgelb.* § 36 (4)

süß|sau|er
Süß|spei|se *f. 11*
Süß|stoff *m. 1*
Süß|wa|re *f. 11 meist Pl.*
Süß|was|ser *n. 5* Fluss-, Seewasser, im Unterschied zum Meerwasser
Süß|was|ser|fisch *m. 1*
Süß|wein *m. 1*
Su|ta|ne *f. 11* = **Sou|ta|ne**
Su|tra *auch:* **Sut|ra** [Sanskrit] *f. Gen. - Pl.* -tren, *in der altind. Lit.:* kurzer, einprägsamer Lehrsatz
Süt|ter|lin|schrift *f. 10 nur Sg.* von L. Sütterlin entworfene, stark gerundete Schrift
Su|tur [lat.] *f. 10* **1.** Verbindungsstelle zwischen den Schädelknochen, Schädelnaht; **2.** chirurg. Naht
su|um cu|i|que [lat.] jedem das Seine (Wahlspruch Friedrichs I. von Preußen und des preuß. Schwarzen-Adler-Ordens)
SUVA *Abk. für* Schweizerische Unfallversicherungsanstalt
SV *Abk. für* **1.** Spielvereinigung; **2.** Sportverein
s. v. *Abk. für* **1.** sub voce; **2.** salva venia

Sven männl. Vorname
SVP *Abk. für* Schweizerische Volkspartei
SW *Abk. für* Südwest(en)
Swa|mi *m. 9* hinduist. Mönch, Lehrer
Swamps [swɔmps, engl.] *Pl.* Sumpfwald an subtrop. Küsten
Swap|ge|schäft [swɔp-, engl.] *n. 1* Devisenaustauschgeschäft
SWAPO *f. Gen. - nur Sg., Kurzwort für* South West African People's Organization: südwestafrik. Befreiungsbewegung
Swa|si *m. 9*
Swa|si|land Königreich im südöstl. Afrika
Swas|ti|ka [Sanskrit] *f. Gen. - Pl.* -ken altindisches Hakenkreuz, Sonnenkreuz
Swea|ter [swɛtər, engl.] *m. 5 nur Sg.* Pullover
Sweat|shirt [swɛtʃəːt] *n. 9* weiter, leichter Baumwollpullover
Swe|be, Sue|be, Sue|ve *m. 11* Angehöriger einer westgerman. Völkergruppe
swe|bisch
Sweet [swiːt, engl.] *m. 9 nur Sg.* dem Jazz nachgebildete, aber nicht improvisierte Unterhaltungs- und Schlagermusik
Swift, *Jonathan* engl. Schriftsteller
Swim|ming|pool [-puːl, engl.] *m. 9* Schwimmbecken
Swin|e|gel *m. 5, nddt.:* Igel
Swing [engl.] *m. Gen. -(s) nur Sg.* **1.** ruhiger Jazzstil; **2.** Tanz in diesem Stil; **3.** *bei bilateralen Handelsverträgen:* höchste gegenseitig eingeräumte Kreditquote
swin|gen *intr. 1* Swing tanzen
Swiss|air [-ɛːr, engl.] *f. Gen. - nur Sg.* schweiz. Luftfahrtgesellschaft
SWR *Abk. für* Südwestrundfunk
Syd|ney [sidni] austral. Stadt
Sy|e|nit [nach der altägypt. Stadt Syene, heute Assuan] *m. 1* ein Tiefengestein
Sy|ko|mo|re [griech.] *f. 11* ostafrik. Feigenbaum, Maulbeerfeige
syl|la|bisch [griech.] **1.** silbenweise; **2.** *Mus.:* zu jedem Ton eine Silbe
Syl|lep|se [griech.] *f. 11,* **Syl|lep|sis** *f. Gen. - Pl.* -sen unkorrekte Beziehung eines Prädikats oder Attributs auf mehrere in Genus und Numerus verschiedene Subjekte, z. B. eine Person wurde getötet und drei weitere schwer verletzt
syl|lep|tisch
Syl|lo|gis|mus [griech.] *m. Gen. - Pl.* -men logischer Schluss vom Allgemeinen aufs Besondere
syl|lo|gis|tisch
Syl|phe [lat.] *im Volksglauben des MA* **1.** *m. 11* männl. Luftgeist; **2.** *f. 11* weibl. Luftgeist
Syl|phi|de *f. 11* **1.** weibl. Luftgeist; **2.** zartes, anmutiges junges Mädchen
Syl|ves|ter [-vɛs-] s. **Sil|ves|ter**
sym..., Sym... vgl. syn..., Syn...
Sym|bi|ont [griech.] *m. 10* Lebewesen, das mit einem anderen in Symbiose lebt
Sym|bi|o|se *f. 11* dauerndes Zusammenleben zweier Lebewesen zu beiderseitigem Nutzen; vgl. Synözie
sym|bi|o|tisch in Symbiose
Sym|bol [griech.] *n. 1* **1.** Sinnbild, bildhaftes Zeichen, das einen tieferen Sinn ausdrückt; **2.** Zeichen für einen physikal. Begriff oder ein chem. Element
sym|bol|haft
Sym|bo|lik *f. 10 nur Sg.* **1.** sinnbildl. Bedeutung oder Darstellung; **2.** Anwendung von Symbolen
sym|bo|lisch in der Art eines Symbols, mit Hilfe eines Symbols
sym|bo|li|sie|ren *tr. 3* durch ein Symbol darstellen
Sym|bo|lis|mus *m. Gen. - nur Sg., Ende des 19. Jh.:* literar. Richtung, die nach symbolhafter Darstellung der hinter dem Gegenständlichen liegenden Ideen strebte
Sym|bo|list *m. 10*
sym|bo|lis|tisch zum Symbolismus gehörend, in der Art des Symbolismus
sym|bol|träch|tig
Sym|me|trie *auch:* **Sym|met|rie** [griech.] *f. 11* spiegelbildliche Gleichheit, Spiegelgleichheit
Sym|me|trie|ach|se *auch:* **Sym|met|rie|ach|se** [-ks-] *f. 11* Gerade, die einen Körper in zwei gleiche Hälften zerlegt
Sym|me|trie|e|be|ne *auch:* **Sym|met|rie|e|be|ne** *f. 11* Ebene, die einen Körper in zwei gleiche Hälften zerlegt
sym|me|trisch *auch:* **sym|met|risch** auf beiden Seiten der Mittelachse ein Spiegelbild ergebend, spiegelbildlich, spiegelgleich
sym|pa|the|tisch geheime Gefühlswirkung ausübend, geheimkräftig; sympathetische Kur: angebliches Heilverfahren durch Gesundbeten o. Ä.
Sym|pa|thie *f. 11* Zuneigung, Wohlgefallen, Verwandtschaft der Gesinnungen, Empfindungen; *Ggs.:* Antipathie
Sym|pa|thi|kus *m. Gen. - nur Sg., bei Säugetieren und beim Menschen:* Teil des vegetativen Nervensystems, einer der Lebensnerven
Sym|pa|thi|sant *m. 10* jmd., der mit einer Gruppe sympathisiert
sym|pa|thisch **1.** auf Sympathie beruhend, wohlgefällig, angenehm; **2.** auf dem Sympathikus beruhend, mit ihm verbunden
sym|pa|thi|sie|ren *intr. 3* **1.** übereinstimmen; **2.** eine Neigung (zu jmdm. oder etwas) haben
Sym|pho|nie *f. 11* = **Sin|fo|nie**
Sym|pho|nie|or|ches|ter [-kɛs-] *n. 5* = **Sin|fo|nie|or|ches|ter**
Sym|pho|nik *f. 10 nur Sg.* = **Sin|fo|nik**
Sym|pho|ni|ker *m. 5* = **Sin|fo|ni|ker**
sym|pho|nisch = **sin|fo|nisch**
Sym|po|si|on [griech.], **Sym|po|si|um** *n. Gen. -s Pl.* -si|en **1.** *im antiken Griechenland:* Trinkgelage; **2.** dabei geführtes wissenschaftl. Gespräch; **3.** *heute:* Tagung mit wissenschaftlichen Vorträgen und Diskussionen
Sym|ptom *auch:* **Symp|tom** [griech.] *n. 1* Zeichen, Kennzeichen, Merkmal (bes. einer Krankheit)
Sym|pto|ma|tik *auch:* **Symp|to|ma|tik** *f. 10 nur Sg.* Gesamtheit aller Symptome
sym|pto|ma|tisch *auch:* **symp|to|ma|tisch** kennzeichnend, typisch
Sym|pto|ma|to|lo|gie *auch:* **Symp|to|ma|to|lo|gie** *f. 11 nur Sg.* Lehre von den Krankheitserscheinungen, Semiologie
syn..., Syn..., sym..., Sym... [griech.] *in Zus.:* mit..., Mit...
Syn|a|go|ge *auch:* **Sy|na|go|ge** [griech.] *f. 11* Bet- und relig. Gemeindehaus, Tempel der Juden
Syn|al|la|ge [-geː, griech.] *f. 11* gegenseitiger Vertrag
syn|al|lag|ma|tisch gegenseitig
syn|an|drisch *auch:* **sy|nan|drisch** [griech.] verwachsene Staubblätter aufweisend
Syn|an|dri|um *auch:* **Sy|nan|dri|um**

S

Gen. -s *Pl.* -dri|en die zu einem einzigen Gebilde verwachsenen Staubblätter einer Blüte
Syn|ap|se *auch:* **Sy|nap|se** *f. 11* Stelle, an der eine Nervenzelle die Erregung überträgt
Syn|ä|re|se *auch:* **Sy|nä|re|se** [griech.] *f. 11,* **Syn|ä|re|sis** *auch:* **Sy|nä|re|sis** *f. Gen.* - *Pl.* -re|sen Zusammenziehung der Vokale zweier Silben zu einem, z. B. gehen — gehn
Syn|äs|the|sie *auch:* **Sy|näs|the|sie** [griech.] *f. 11* Miterregung eines Sinnesorgans, wenn ein anderes gereizt wird, Verknüpfung mehrerer Sinnesempfindungen, z. B. die Vorstellung von Farben beim Hören von Klängen
syn|äs|the|tisch *auch:* **sy|näs|the|tisch**
syn|chron [-kron, griech.] zeitlich übereinstimmend, gleichlaufend, zeitgleich, gleichzeitig; *Ggs.:* asynchron
Syn|chron|ge|trie|be [-kron-] *n. 5* synchronisiertes Getriebe
Syn|chro|ni|sa|ti|on [-kro-] *f. 10* das Synchronisieren, zeitl. Gleichschaltung
syn|chro|ni|sie|ren [-kro-] *tr. 3* **1.** in zeitl. Übereinstimmung bringen, zeitlich gleichschalten; **2.** *Film:* Bild- und Tonspur auf einem Tonband vereinigen; *bei einem fremdsprachigen Film:* ein Tonband in der eigenen Sprache herstellen und mit den Mundbewegungen der Schauspieler in Übereinstimmung bringen
Syn|chro|ni|sie|rung [-kro-] *f. 10*
Syn|chro|nis|mus [-kro-] *m. Gen.* - *nur Sg.* zeitl. Übereinstimmung
syn|chro|nis|tisch [-kro-] zeitlich gleichschaltend
Syn|chron|ma|schi|ne [-kron-] *f. 11*
Syn|chron|mo|tor [-kron-] *m. 13*
Syn|chron|schwim|men [-kron-] *n. 7 nur Sg., Sport:* synchrones Schwimmen von zwei oder mehreren Frauen mit Betonung der Harmonie und Choreografie
Syn|chro|tron *auch:* **Syn|chrot|ron** [-kro-] *n. 1* ein Beschleuniger für geladene Elementarteilchen
Syn|dak|ty|lie [griech.] *f. 11* angeborene Verwachsung von Fingern oder Zehen
syn|de|tisch [griech.] durch Bindewörter verbunden (Satzteile, Sätze); *Ggs.:* asyndetisch
Syn|di|ka|lis|mus [griech.] *m. Gen.* - *nur Sg.* Lehre einer revolutionären sozialist. Arbeiterbewegung (bes. in roman. Ländern), die die Vergesellschaftung der Produktionsmittel erstrebte
Syn|di|ka|list *m. 10*
syn|di|ka|lis|tisch
Syn|di|kat *n. 1* **1.** Amt eines Syndikus; **2.** Absatzkartell; zentrale Verkaufsstelle mit eigener Rechtspersönlichkeit, z. B. Kalisyndikat
Syn|di|kus *m. Gen.* - *Pl.* -ken *oder* -zi ständiger Rechtsbeistand eines Unternehmens, Vereins o. Ä.
Syn|drom [griech.] *n. 1* Krankheitsbild, das sich aus dem Zusammentreffen verschiedener (für sich allein nicht charakteristischer) Symptome ergibt
Syn|e|dri|on *auch:* **Sy|ned|ri|on** [griech.] *n. Gen.* -s *Pl.* -dri|en **1.** altgriech. Ratsbehörde; **2.** s. **Syn|e|dri|um**
Syn|e|dri|um *auch:* **Sy|ned|ri|um** *n. Gen.* -s *Pl.* -dri|en, *im alten Jerusalem:* oberste Staatsbehörde und oberstes Gericht
Syn|ek|do|che *auch:* **Sy|nek|do|che** [-xe:, griech.] *f. 11* Stilmittel, bei dem ein engerer oder konkreter Begriff für einen umfassenden oder abstrakten gesetzt wird, z. B. »der Deutsche« statt »die Deutschen« oder »Brot« statt »Nahrung«
syn|er|ge|tisch *auch:* **sy|ner|ge|tisch** [griech.] zusammenwirkend
Syn|er|gie *auch:* **Sy|ner|gie** *f. 11* das Zusammenwirken (z. B. von Muskeln)
Syn|er|gie|ef|fekt *auch:* **Sy|ner|gie|ef|fekt** *m. 1* positives Ergebnis, das aus dem Zusammenwirken verschiedener Bereiche (z. B. Unternehmen) entsteht
Syn|er|gis|mus *auch:* **Sy|ner|gis|mus** *m. Gen.* - *nur Sg.* **1.** Zusammenwirken in gleicher Richtung (von Muskeln, Arzneimitteln u. a.); **2.** Lehre, dass der Mensch selbst mitwirken müsse, um Gottes Gnade zu erlangen
syn|er|gis|tisch *auch:* **sy|ner|gis|tisch**
Syn|e|sis *auch:* **Sy|ne|sis** [griech.] *f. Gen.* - *Pl.* -sen sinngemäß richtige, aber nicht den grammat. Regeln entsprechende Wortfügung, z. B. die kleine Gretchen *oder:* es haben eine ganze Reihe von Kindern mitgeholfen
syn|karp [griech.] zu einem einzigen Fruchtknoten verwachsen
Syn|kar|pie *f. 11* Verwachsung der Fruchtblätter einer Blüte zu einem Fruchtknoten
syn|kli|nal [griech.] muldenförmig
Syn|kli|na|le, Syn|kli|ne *f. 11* Mulde
Syn|ko|pe [griech.] *f. 11* **1.** *Gramm.:* Ausfall eines unbetonten Vokals im Wortinnern, z. B. freud'ge statt: freudige; **2.** *Metrik:* Ausfall einer Senkung im Vers; **3.** *Mus.:* Betonung eines unbetonten Taktteils, während der normalerweise betonte ohne Akzent bleibt
syn|ko|pie|ren *tr. 3* **1.** durch Weglassen zusammenziehen (Wort, Vers); **2.** an unbetonter Stelle betonen; synkopierter Rhythmus
syn|ko|pisch
Syn|kre|tis|mus [griech.] *m. Gen.* - *nur Sg.* Vermischung mehrerer Religionen, philosophischer Lehren, Auffassungen usw.
Syn|kre|tist *m. 10* Vertreter eines Synkretismus
syn|kre|tis|tisch
Syn|od *auch:* **Sy|nod** [griech.] *m. 1, in den orthodoxen und autokephalen Kirchen:* oberste Behörde
syn|o|dal *auch:* **sy|no|dal** zur Synode gehörig, auf ihr beruhend
Syn|o|da|le *auch:* **Sy|no|da|le** *m. 11* Mitglied einer Synode
Syn|o|dal|ver|fas|sung *auch:* **Sy|no|dal|ver|fas|sung** *f. 10, evang. Kirche:* Verfassung, nach der die Verwaltung bei der Synode liegt; vgl. Konsistorialverfassung
Syn|o|dal|ver|samm|lung *auch:* **Sy|no|dal|ver|samm|lung** *f. 10*
Syn|o|de *auch:* **Sy|no|de** *f. 11* **1.** *evang. Kirche:* aus Geistlichen und Laien bestehende Verwaltungsbehörde; Kirchenversammlung; vgl. Konsistorium (1); **2.** *kath. Kirche:* = Konzil
syn|o|nym *auch:* **sy|no|nym** [griech.] = sinnverwandt
Syn|o|nym *auch:* **Sy|no|nym** *n. 1* Wort von ähnlicher oder gleicher Bedeutung, sinnverwandtes Wort, z. B. »flach« im Verhältnis zu »platt«
Syn|o|ny|mik *auch:* **Sy|no|ny|mik** *f. 10 nur Sg.* **1.** Sinn-, Bedeutungsverwandtschaft; **2.** Lehre von der Bedeutungsverwandtschaft der Wörter
Syn|o|nym|wör|ter|buch *auch:* **Sy|no|nym|wör|ter|buch** *n. 4*

Syn|op|se *auch:* **Sy|nop|se** [griech.] *f. 11,* **Syn|op|sis** *auch:* **Sy|nop|sis** *f. Gen. - Pl.* -op|sen vergleichende Übersicht, bes. der Berichte gleichen Inhalts im Matthäus-, Markus- und Lukasevangelium

Syn|op|tik *auch:* **Sy|nop|tik** *f. 10 nur Sg.* großräumige Wetterbeobachtung

Syn|op|ti|ker *auch:* **Sy|nop|ti|ker** *Pl.* die Evangelisten Matthäus, Markus und Lukas

syn|op|tisch *auch:* **sy|nop|tisch** übersichtlich nebeneinander zusammengestellt; synoptische Evangelien: die E. der Synoptiker; synoptische Meteorologie

Syn|ö|zie *auch:* **Sy|nö|zie** [griech.] *f. 11* dauerndes Zusammenleben zweier Lebewesen, bei dem nur eines einen Nutzen davon hat; vgl. Symbiose

syn|ö|zisch *auch:* **sy|nö|zisch**

Syn|tag|ma [griech.] *n. Gen.* -s *Pl.* -men **1.** *veraltet:* Sammlung von Schriften verwandten Inhalts; **2.** *Sprachw.:* syntaktisch verbundene Gruppe von Wörtern, die bei Stellungswechsel im Satz nicht getrennt werden können, z. B. die ganze Nacht, aus voller Kehle

syn|tag|ma|tisch in der Art eines Syntagmas

syn|tak|tisch zur Syntax gehörend, auf ihr beruhend

Syn|tax *f. Gen. - nur Sg.* Lehre vom Satzbau, Satzlehre

Syn|the|se [griech.] *f. 11* **1.** Aufbau, Verbindung von Teilen zu einem Ganzen; **2.** Verbindung zweier gegensätzlicher Begriffe oder Aussagen (These und Antithese) zu einer höheren Einheit; die so gewonnene Einheit selbst; **3.** Herstellung einer (oft komplizierteren) chem. Verbindung aus gegebenen Stoffen

Syn|the|se|pro|dukt *n. 1* synthetisch hergestelltes Produkt, Kunststoff

Syn|the|si|zer [-saɪzə(r), griech. + engl.] *m. 5* elektronisch gesteuertes Gerät zur Musikübertragung

Syn|the|tics *nur Pl.* Textilien aus Kunstfasern

Syn|the|tik *f. 10 nur Sg.* nicht zergliedernde Betrachtung mathematischer Probleme, im Unterschied zur Analytik

syn|the|tisch **1.** *Chem.:* künstlich (hergestellt); aus einfachen Stoffen aufgebaut; **2.** zusammensetzend; synthetische Sprachen: Sprachen, in denen die Flexion durch Endungen und Vorsilben gebildet wird (nicht durch Hilfszeitwörter), z. B. lat. »amavi«, dt. »ich habe geliebt«; **3.** *Philos.:* vom Allgemeinen zum Besonderen führend

syn|the|ti|sie|ren *tr. 3, Chem.:* aus einfachen Stoffen herstellen

Syn|u|rie *auch:* **Sy|nu|rie** [griech.] *f. 11* Ausscheidung von Fremdstoffen durch den Urin

Syn|zy|ti|um [-tsjum, griech.] *n. Gen.* -s *Pl.* -ti|en [-tsjən] vielkerniger Plasmabereich ohne teilende Zellmembranen

Sy|phi|lis [nach Syphilus, dem Schäfer in einem lat. Lehrgedicht des 16. Jh.] *f. Gen. - nur Sg.* Geschlechtskrankheit, Lues

Sy|phi|li|ti|ker *m. 5* jmd., der an der Syphilis erkrankt ist

sy|phi|li|tisch auf Syphilis beruhend, an S. erkrankt

Sy|ra|kus Stadt auf Sizilien

sy|ra|ku|sisch

Syrer, Sy|ri|er *m. 5* Einwohner von Syrien

Sy|ri|en Staat in Vorderasien

Sy|rin|ge [griech.] *f. 11* Flieder

Sy|rin|gen *Pl. von* Syringe und Syrinx

Sy|rinx *f. Gen. - Pl.* -rin|gen **1.** Stimmorgan der Vögel; **2.** Hirten-, Panflöte

sy|risch zu Syrien gehörend

Syr|jä|ne *m. 11* Angehöriger eines ostfinn. Volkes, Komi

syr|jä|nisch

Sy|ro|lo|ge *m. 11*

Sy|ro|lo|gie *f. 11 nur Sg.* Wissenschaft von den Sprachen und der Kultur Syriens

sy|ro|lo|gisch

Sys|tem [griech.] *n. 1* **1.** Aufbau, Gefüge, Gesamtheit (von miteinander verbundenen Teilen), gegliedertes, geordnetes Ganzes; **2.** Ordnungsprinzip

Sys|tem|ad|mi|nis|tra|tor *auch:* **Sys|tem|ad|mi|nist|ra|tor** *m. 13, EDV:* jmd., der eine Datenverarbeitungsanlage technisch betreut, überwacht

Sys|te|ma|tik *f. 10* **1.** Aufbau eines Systems; **2.** Kunst, ein System aufzubauen, planmäßige Darstellung; **3.** Lehre vom System einer Wissenschaft

Sys|te|ma|ti|ker *m. 5* jmd., der ein System beherrscht, der systematisch arbeitet

sys|te|ma|tisch mit Hilfe eines Systems, nach einem System

sys|te|ma|ti|sie|ren *tr. 3* in ein System bringen, nach einem System gliedern

sys|tem|be|dingt

sys|tem|feind|lich

sys|tem|im|ma|nent einem System innewohnend

sys|tem|los

Sys|tem|lo|sig|keit *f. 10 nur Sg.*

Sy|sto|le *auch:* **Sys|to|le** [-le:, griech.] *f. Gen. - Pl.* -sto|len Zusammenziehung des Herzmuskels; *Ggs.:* Diastole

s. Z. *Abk. für* seinerzeit

Sze|nar [griech.] *n. 1, kurz für* Szenarium

Sze|na|rio [ital.] *n. Gen.* -s *Pl.* -ri|en **1.** s. **Sze|na|ri|um; 2.** Entwurf eines Zukunftsmodells

Sze|na|ri|um [griech.-lat.] *n. Gen.* -s *Pl.* -ri|en **1.** *Theater:* Verzeichnis der für eine Aufführung nötigen Dekorationen, Requisiten und techn. Vorgänge; **2.** *Film:* literar. Teil eines Drehbuchs

Sze|ne *f. 11* **1.** Bühne; **2.** Schauplatz; **3.** Teil eines Aktes, Auftritt; **4.** Vorgang, Anblick; **5.** heftige Auseinandersetzung, Streit, Zank; jmdm. eine S. machen; **6.** Bereich (in dem etwas vorgeht), z. B. Drogenszene

Sze|nen|wech|sel [-ks-] *m. 5*

Sze|ne|rie *f. 11* **1.** Bühnenbild; **2.** Landschaft, Gegend

sze|nisch zu einer Szene gehörend, in der Art einer Szene

Szep|ter *österr.,* **Zep|ter** *n. 5*

szi|en|ti|fisch [stsiɛn-, lat.] wissenschaftlich

Szi|en|tis|mus [stsiɛn-] *m. Gen. - nur Sg.* **1.** auf Wissen und Wissenschaft (nicht auf Glauben) gegründete Anschauungsweise; **2.** Lehre der Christian Science

Szi|en|tist [stsiɛn-] *m. 10* Vertreter des Szientismus (2)

szi|en|tis|tisch [stsiɛn-]

Szil|la [griech.], **Scil|la** *f. Gen. - Pl.* -len eine Heil- und Zierpflanze, Blaustern

Szin|til|la|ti|on [lat.] *f. 10* **1.** das Blitzen, Funkeln (von Lichtern, z. B. der Sterne); **2.** das Aufblitzen mineralischer Stoffe beim Auftreffen radioaktiver Strahlen

szin|til|lie|ren *intr. 3* aufleuchten, blitzen, funkeln

S

t *Abk. für* Tonne

T **1.** *chem. Zeichen für* Tritium; **2.** *Abk. für* Tera...

Ta *chem. Zeichen für* Tantal

Tab [engl.] *m. 1* vorspringender Teil einer Karteikarte (zur Kennzeichnung)

Ta|bak [auch: ta-, auch, bes. österr.: -bak, karib.] *m. 1*

Ta|bak|in|dus|trie *auch:* **Ta|bak|in|dust|rie** *f. 11*

Ta|bak|lun|ge *f. 11*

Ta|baks|beu|tel *m. 5*

Ta|baks|do|se *f. 11*

Ta|baks|pfei|fe *f. 11*

Ta|bak|wa|ren *Pl.*

Ta|bas|co® [span.] *m. Gen. -s nur Sg.* Würzsoße

Ta|ba|ti|e|re [-tjɛrə, frz.] *f. 11* **1.** Dose für Schnupftabak; **2.** *österr. auch:* Zigarettendose

ta|bel|la|risch [lat.] in Form einer Tabelle

ta|bel|la|ri|sie|ren *tr. 3* in Tabellen anordnen

Ta|bel|la|ri|sie|rung *f. 10 nur Sg.*

Ta|bel|le *f. 11* Übersicht in Spalten oder Listen

Ta|bel|len|füh|rer *m. 5, Sport* = Spitzenreiter (1)

Ta|bel|len|füh|rung *f. 10*

Ta|bel|len|platz *m. 2*

Ta|bel|lier|ma|schi|ne *f. 11, EDV:* Maschine, die Daten von Lochkarten in Listen überträgt

Ta|ber|na|kel [lat.] *n. 5 auch: m. 5* **1.** *kath. Kirche:* Altarschrein für die geweihte Hostie, Hostienschrein; **2.** turmartiges Dach über Standbildern, Altären u. a.

Ta|bes [lat.] *f. Gen. - nur Sg.* Auszehrung, Schwund, Schwindsucht; T. dorsalis: Rückenmark(s)schwindsucht

> ♦ Die Buchstabenfolge **ta|bl...** kann in Fremdwörtern auch **tab|l...** getrennt werden.

♦**Ta|blar** [lat.] *n. 1, schweiz.:* Brett (im Regal)

♦**Ta|bleau** [-blo, frz.] *n. 9* **1.** *Theater:* wirkungsvoll gruppiertes Bild; **2.** *österr.:* übersichtl. Darstellung eines Vorgangs auf einzelnen Tafeln; **3.** T.! (Ausruf, wenn man sich im Gespräch geschlagen geben muss)

♦**Ta|ble d'hôte** [ta:bl(ə)do:t] *f. Gen. - - nur Sg., veraltet:* gemeinsame Speisetafel

♦**Ta|blett** *n. 1*

♦**Ta|blet|te** *f. 11*

♦**Ta|blet|ten|miss|brauch** (*alt:* Ta|blet|ten|miß|brauch) *m. 2*

♦**Ta|blet|ten|sucht** *f. 2*

♦**ta|blet|ten|süch|tig**

Ta|bo|rit [nach der tschech. Stadt Tabor] *m. 10* Angehöriger der radikalen Gruppe der Hussiten

Tä|bris *auch:* **Täb|ris** [nach der iran. Stadt T.] *m. Gen. - Pl. -* ein Perserteppich

ta|bu [polynes.] unantastbar, heilig, verboten

Ta|bu *n. 9* **1.** *bei Naturvölkern:* Vorschrift, bestimmte Dinge zu meiden oder nicht zu berühren; **2.** *allg.:* Verbotenes, etwas, worüber man nicht spricht

ta|bu|ie|ren, ta|bu|i|sie|ren *tr. 3* mit einem Tabu belegen

> **Tabula rasa machen:** Im Gegensatz zur bisherigen Schreibweise *tabula rasa machen* (= reinen Tisch machen) wird das fremdsprachige Substantiv mit großem Anfangsbuchstaben geschrieben: *Tabula rasa machen.* § 55 (3)

Ta|bu|la ra|sa [lat.] *f. Gen. - - nur Sg.* **1.** *urspr.:* abradierte Schreibtafel; **2.** *übertr.:* unbeschriebenes Blatt; Tabula rasa machen: reinen Tisch machen, mit allem aufräumen

Ta|bu|la|tor *m. 13, an Schreib- und Rechenmaschinen:* Einstelltaste zum Schreiben von Tabellen

Ta|che|les [jidd.] *nur in der Wendung* T. reden: zur Sache kommen, offen miteinander reden

ta|chi|nie|ren [-xi-] *intr. 3, österr.:* faulenzen, sich der Arbeit entziehen

Ta|chi|nie|rer *m. 5, österr.:* Faulenzer

Ta|chis|mus [-ʃɪs-, lat.-frz.] *m. Gen. - nur Sg.* eine Richtung der nicht gegenständl. Malerei

Ta|cho *m. 9, ugs.: Kurzwort für* Tachometer

Ta|cho|graph *auch:* **Ta|cho|graf,** Ta|chy|graph [griech.] *m. 10* Instrument zum Aufzeichnen von Geschwindigkeiten

Ta|cho|me|ter *n. 5* = Geschwindigkeitsmesser

Ta|chy|graph *auch:* **Ta|chy|graf** *m. 10* **1.** *Antike:* jmd., der die Tachygraphie beherrscht; **2.** s. **Ta|cho|graph**

Ta|chy|gra|phie *auch:* **Ta|chy|gra|fie** *f. 11, Antike:* Kurzschriftsystem aus Zeichen für Silben

Ta|chy|kar|die *f. 11 nur Sg.* stark beschleunigter Herzschlag, Herzjagen

Ta|chy|me|ter *n. 5* Schnellmessgerät für Entfernung und Höhenwinkel mit nur einer Einstellung

Ta|chy|me|trie *auch:* **Ta|chy|met|rie** *f. 11 nur Sg.*

ta|chy|me|trisch *auch:* **ta|chy|met|risch**

Tack|ling [tæklɪŋ, engl.] *n. 9, Sport* **1.** im Fußball das Hineingrätschen beim Ball führenden Gegner zum Zweck der Abwehr; **2.** harter, aber nicht regelwidriger körperlicher Einsatz (Fußball, Rugby, Hockey)

Tacks [engl.], Täks *m. 1, Schuhmacherei:* kleiner, keilförmiger Stahlnagel

Ta|del *m. 5*

ta|del|frei

ta|del|los

ta|deln *tr. 1;* ich tadele, tadle ihn

ta|delns|wert

Tad|ler *m. 5*

Ta|dschi|ke *auch:* **Tad|schi|ke** *m. 11* Angehöriger eines iran. Volksstammes

Ta|dschi|kin *auch:* **Tad|schi|kin** *f. 10*

ta|dschi|kisch *auch:* **tad|schi|kisch**

Ta|dschi|ki|stan *auch:* **Ta|dschi|kis|tan** Staat in Mittelasien

Tae-Bo [korean.] *n. Gen. - nur Sg.* Fitnesssport, der auf Taekwondo aufbaut

Tae|kwon|do *auch:* **Taek|won|do** [korean.] *n. Gen. - nur Sg.* korean. Form der waffenlosen Selbstverteidigung (ähnlich dem Karate)

Tael [tɛl, chin.] *n. 9, nach Zahlenangaben Pl. -* alte chines. Gewichtseinheit und Münze

Taf. *Abk. für* Tafel (bei Verweisen auf Abbildungen in Büchern)

Ta|fel *f. 11*

Ta|fel|auf|satz *m. 2*

Ta|fel|berg *m. 1*

Ta|fel|bild *n. 3* auf eine Holztafel gemaltes Bild
Tä|fel|chen *n. 7*
Ta|fel|freu|den *Pl.* Freude am guten Essen
Ta|fel|ge|schäft *n. 1, Bankw.:* Geschäft am Bankschalter mit Wertpapieren oder Edelmetallen gegen Bargeld
Ta|fel|ge|schirr *n. 1*
Ta|fel|mu|sik *f. 10*
ta|feln *intr. 1* gut essen und trinken
tä|feln *tr. 1* mit Holztafeln verkleiden (Wand); ich täfele, täfle es
Ta|fel|obst *n. Gen.* -(e)s *nur Sg.*
Ta|fel|öl *n. 1*
Ta|fel|run|de *f. 11*
Ta|fel|spitz *m. 1, österr.:* Hüftstück vom Rind
Ta|fel|tuch *n. 4*
Tä|fe|lung, Täf|lung *f. 10* Holzverkleidung
Ta|fel|waa|ge *f. 11*
Ta|fel|wa|gen *m. 7* Wagen mit offener, tafelförmiger Ladefläche
Ta|fel|was|ser *n. 6*
Tä|fer *n. 5,* **Tä|fe|rung** *f. 10, schweiz. für* Täfelung

> **→ tough** Trotz der Aussprache [tʌf] wird das aus dem Englischen entlehnte Wort *tough* entsprechend seiner Herkunftssprache geschrieben. Ebenso behält auch das englische Fremdwort *rough* im Deutschen seine Schreibung und Lautung [rʌf] bei.

Taft *m. 1* glänzendes Seiden- oder Halbseidengewebe
Taft|bin|dung *f. 10 nur Sg.* Leinwandbindung
taf|ten aus Taft

> **zutage - zu Tage bringen/fördern/treten:** Das Substantiv und seine deklinierten Formen schreibt man groß: *der Tag, des/eines Tages.* Substantive als Bestandteile fester Gefüge schreibt man im Regelfall ebenfalls groß: *Sie förderten das Ergebnis zu Tage.* § 55 (4)
> Doch bleibt es grundsätzlich den Schreibenden überlassen, ob sie solche festen Fügungen zu einer Präposition getrennt schreiben oder zusammen: *zu Tage/zutage bringen/fördern/kommen/treten.* § 39 E3 (1)

Tag *m. 1* **1.** *Großschreibung:* eines Tages; dieser Tage; des Tages *selten für* tagsüber; drei Tage lang; *aber:* → tagelang; am Tage; bei Tage; über Tage, unter Tages: tagsüber; vor Tags: vor Anbruch des Tages; zutage *oder:* zu Tage fördern; (jmdm.) Guten *oder:* guten Tag sagen; **2.** *Kleinschreibung:* tags, tagsüber; tags darauf; tags zuvor
tag|aus *in der Wendung* tagaus, tagein
Tag|bau *m. 1, süddt., österr. für* Tagebau
Tag|blatt *n. 4, süddt., österr. für* Tageblatt
tag|blind = nachtsichtig
Tag|dieb *m. 1, österr. für* Tagedieb
Ta|ge|bau *m. 1* Bergbau an der Erdoberfläche
Ta|ge|blatt *n. 4* täglich erscheinende Zeitung (meist als Titel)
Ta|ge|buch *n. 4*
Ta|ge|buch|num|mer *f. 11*
Ta|ge|dieb *m. 1*
Ta|ge|die|be|rei *f. 10 nur Sg.*
Ta|ge|geld *n. 3*
tag|ein *in der Wendung* tagein, tagaus
ta|ge|lang; *aber:* drei Tage lang
Ta|ge|lohn *m. 2*
Ta|ge|löh|ner *m. 5*
ta|ge|löh|nern *intr. 1*
ta|gen *intr. 1*
Ta|ge|rei|se, Ta|ges|rei|se *f. 11*
Ta|ges|an|bruch *m. 2*
Ta|ges|ar|beit *f. 10*
Ta|ges|aus|zug *m. 2, Bankw.*
Ta|ges|be|darf *m. Gen.* -s *nur Sg.*
Ta|ges|be|fehl *m. 1*
Ta|ges|be|richt *m. 1*
Ta|ges|dienst *m. 1*
Ta|ges|ein|nah|me *f. 11*
Ta|ges|er|eig|nis *n. 1*
Ta|ges|ge|spräch *n. 1*
Ta|ges|grau|en *n. Gen.* -s *nur Sg.* bei, vor T.
Ta|ges|kar|te *f. 11*
Ta|ges|kurs *m. 1* Preis von Währungen und Wertpapieren an einem bestimmten Tag
Ta|ges|licht *n. Gen.* -(e)s *nur Sg.*
Ta|ges|marsch *m. 2*
Ta|ges|mut|ter *f. 6* Frau, die die Kinder berufstätiger Mütter tagsüber betreut
Ta|ges|ord|nung *f. 10*
Ta|ges|ord|nungs|punkt *m. 1 (Abk.:* TOP)
Ta|ges|raum *m. 2*
Ta|ges|rei|se, Ta|ge|rei|se *f. 11*
Ta|ges|schau *f. 10*
Ta|ges|zeit *f. 10*
Ta|ges|zei|tung *f. 10*
Ta|ge|tes [lat.] *f. Gen. - nur Sg.* eine Zierpflanze, Studentenblume, Samtblume
ta|ge|wei|se
Ta|ge|werk *n. 1* **1.** altes Feldmaß (soviel man an einem Tag mit einem Gespann pflügen kann, etwa 35 Ar); **2.** *allg.:* Tagesarbeit
Tag|fahrt *f. 10, Bgb.:* Ausfahrt aus dem Bergwerk
Tag|fal|ter *m. 5*
tag|hell
...tä|gig eine gewisse Zahl von Tagen dauernd, z. B. dreitägiger Kurs; *mit Ziffer:* 3-tägig; vgl. ...täglich
Ta|gli|a|tel|le *auch:* **Tag|li|a|tel|le** [talja-, ital.] *Pl.* schmale Bandnudeln
täg|lich jeden Tag; tägliche Arbeit; er kommt täglich
...täg|lich *in Zus.:* alle so und so viel Tage, z. B. in dreitäglichem, *mit Ziffer:* 3-täglichem Wechsel; die Zeitschrift erscheint vierzehntäglich, *mit Ziffer:* 14-täglich; vgl. ...tätig
Tag|lohn *m. 2, süddt., österr., schweiz. für* Tagelohn
Tag|löh|ner *m. 5, süddt., österr., schweiz. für* Tagelöhner
Tag|raum *m. 2, österr. für* Tagesraum
tags tagsüber, am Tage; t. darauf; t. zuvor; *aber:* des Tags
Tag|sat|zung *f. 10, österr.:* Gerichtstermin
Tag|schicht *f. 10; Ggs.:* Nachtschicht
tags|ü|ber
tag|täg|lich
Tag|und|nacht|glei|che *f. 11;* Frühlings-T.; Herbst-T.
Ta|gung *f. 10*
Tag|wa|che *f. 11,* **Tag|wacht** *f. 10, schweiz., Mil.:* Weckruf
Tag|werk *n. 1, süddt., österr. für* Tagewerk
Ta|hi|ti größte der Gesellschaftsinseln in Polynesien
Tai Chi Chu|an [- tʃi -, chin.], Tai|ji|qan *n. Gen. - - - nur Sg.* chin. Kampfkunst, Schattenboxen in Bewegungen, die Hexagramme beschreiben
Tai|fun [chin.] *m. 1* Wirbelsturm, bes. in Südostasien
Tai|ga [russ.] *f. Gen. - nur Sg.* Wald-, Sumpfgebiet in Sibirien

T

Tail|le [taljə, frz.] *f. 11* **1.** Teil des Rumpfes zwischen Brust bzw. Rücken und Hüften; **2.** *Kartenspiel:* Aufdecken der Blätter; **3.** *in Frankreich vom 15. Jh. bis 1789:* Steuer der nicht privilegierten Stände
Tail|len|wei|te [taljən-] *f. 11*
Tail|leur [tajœr] **1.** *m. 1* Schneider; **2.** *m. 1, bei Glücksspielen:* Bankhalter; **3.** *n. 9, schweiz.:* Schneiderkostüm
tail|lie|ren [taji-] *tr. 3* **1.** auf Taille arbeiten; **2.** *Kartenspiel:* aufdecken (die Karten)
tai|lor|made [teılə(r)meıd, engl.] *nur prädikativ:* vom Schneider gearbeitet; der Anzug ist t.
Tai|wan, *früher:* For|mo|sa Inselstaat in Ostasien
Take [teık, engl.] *n. 9 oder m. 9, Film, Fernsehen* **1.** Einstellung, kurze Szene; **2.** *bei der Synchronisation:* zur Schleife geklebter Filmstreifen mit kurzem Dialog
Ta|kel *f. 11, Seew.:* Zugwinde, Flaschenzug, Talje
Ta|ke|la|ge [-ʒə] *f. 11, Seew.:* Gesamtheit der Segel und Masten, Takelung, Takelwerk
Ta|ke|ler, Tak|ler *m. 5* Werftarbeiter, der an der Takelage arbeitet
Ta|kel|meis|ter *m. 5* für die Takelage Verantwortlicher
ta|keln *tr. 1* mit Takelage versehen
Ta|ke|lung *f. 10* = Takelage
Ta|kel|werk *n. 1* = Takelage
Take-off [teıkɔf, engl.] *n. oder m. 9* **1.** Start (eines Flugzeugs); **2.** Beginn (einer Show)
Tak|ler *m. 5* s. **Ta|ke|ler**
Täks *m. 1* s. **Tacks**
Takt [lat.] *m. 1* **1.** rhythm. Maßeinheit von Musikstücken; **2.** kleinster Teil eines Musikstücks; **3.** regelmäßige Bewegung, Arbeitsgang (von Motoren, Maschinen); **4.** Abschnitt bei der Arbeit am Fließband; **5.** *nur Sg.* Feingefühl, Gefühl für richtiges Verhalten; Takt haben, besitzen
takt|fest *Mus.*
Takt|fes|tig|keit *f. 10 nur Sg.*
Takt|ge|fühl *n. 1 nur Sg.*
tak|tie|ren *intr. 3* **1.** *Mus.:* den Takt schlagen; **2.** *allg.:* taktisch klug vorgehen
...tak|tig *in Zus.,* z. B. zehntaktig, mehrtaktig
Tak|tik [griech.] *f. 10* **1.** Kunst der Kampf-, Truppenführung; **2.** *übertr.:* planmäßiges Vorgehen
Tak|ti|ker *m. 5* jmd., der eine Taktik verfolgt; er ist ein guter T.
tak|tisch auf Taktik beruhend, die Taktik betreffend
takt|los
Takt|lo|sig|keit *f. 10*
Takt|maß *n. 1*
Takt|stock *m. 2*
Takt|stra|ße *f. 11* Fließband
Takt|strich *m. 1*
takt|voll
Tal *n. 4*
tal|ab, tal|ab|wärts
Ta|lar [lat.] *m. 1* weites, schwarzes, knöchellanges Amtsgewand der Geistlichen, Richter u. a.
tal|auf, tal|auf|wärts
Täl|chen *n. 7*
Tal|en|ge *f. 11*
Ta|lent [griech.] *n. 1* **1.** antike Gewichts- und Münzeinheit; **2.** Begabung; **3.** jmd., der Talent hat
ta|len|tiert Talent besitzend
ta|lent|los
Ta|lent|lo|sig|keit *f. 10 nur Sg.*
ta|lent|voll
Ta|ler *m. 5, bis 18. Jh.:* dt. Münze, in Preußen 3 Mark
ta|ler|groß
Tal|fahrt *f. 10* Fahrt bergab (bei Bergbahnen), flussabwärts; *Ggs.:* Bergfahrt
Talg *m. 1 nur Sg.*
Talg|drü|se *f. 11*
tal|gig
Talg|licht *n. 3*
Ta|lis|man [arab.] *m. 1* kleiner, vermeintlich schützender oder Glück bringender Gegenstand

→ Taille Das aus dem Französischen stammende Wort *Taille* wird im Deutschen nicht [taj], sondern [taljə] ausgesprochen. Die beibehaltene Schreibung dieses Wortes orientiert sich aber an der französischen Aussprache, wo der Laut [j] durch die Buchstabenfolge *ill* wiedergegeben wird und das auslautende *e* ungesprochen bleibt.

Tal|je *f. 11* Takel
tal|jen *tr. 1* mit der Talje aufwinden, straffen
Talk [arab.], Tal|kum *n. Gen.* -s *nur Sg.* ein Mineral, Steatit
Talk [tɔk, engl.] *m. 9* Unterhaltung, Gespräch
tal|ken [tɔkən] *intr. 1* plaudern
Tal|kes|sel *m. 5*
Talk|mas|ter [tɔk-] *m. 9*

Talkshow, Talkmaster: Bildungen aus Substantiven oder Verbstämmen mit Substantiven werden zusammengeschrieben. Diese Regel gilt auch für fremdsprachige Bildungen: *die Talkshow, der Talkmaster.* Als Variante ist die Bindestrichschreibung korrekt: *Talk-Show.* § 37 (1)

Talk|show (*alt:* Talk show) [tɔkʃoʊ] Unterhaltungssendung im Fernsehen mit Interview
Tal|kum *n. Gen.* -s *nur Sg.* s. **Talk**
Tal|linn, *früher:* Re|val Hauptstadt von Estland
tal|mi [frz.] *österr. für* talmin
Tal|mi *n. Gen.* -s *nur Sg.* **1.** goldfarbene Kupfer-Zink-Legierung; **2.** Unechtes
tal|min unecht
Tal|mi|wa|re *f. 11*
Tal|mud [hebr.] *m. Gen.* -s *nur Sg.* Sammlung der Gesetze, Lehren und relig. Überlieferungen des nachbiblischen Judentums
tal|mu|disch zum Talmud gehörend, auf dem Talmud beruhend
Tal|mu|dist *m. 10* Kenner des Talmuds
Ta|lon [-lɔ̃, frz.] *m. 9* **1.** Gutschein; **2.** Erneuerungsschein bei Wertpapieren; **3.** Zinsabschnitt; **4.** *Kartenspiel:* nicht verteilter Kartenrest; **5.** *Domino:* Kaufstein
Tal|schaft *f. 10, schweiz.:* die Bewohner eines Tals
Tal|sen|ke *f. 11*
Tal|soh|le *f. 11*
Tal|sper|re *f. 11* Stauwerk
Ta|lung *f. 10*
tal|wärts
Ta|ma|got|chi® [-gɔtʃi, jap.] *m. 9* interaktives elektron. Spielgerät, das ein Lebewesen vorstellt
Ta|ma|rin|de [arab.] *f. 11* ein tropischer Baum
Ta|ma|ris|ke [arab.] *f. 11* ein heidekrautähnl. Strauch
Tam|bour [-bu:r, arab.] *m. 1, schweiz.: m. 12* **1.** *Mil.:* Trommler; **2.** *Baukunst:* mit Fenstern versehener Sockel einer Kuppel
Tam|bour|ma|jor [-bu:r-] *m. 1* Leiter eines Spielmannszuges
Tam|bur *m. 1,* Tam|bu|rin *n. 1* Stickrahmen
tam|bu|rie|ren *tr. 3* **1.** mit Kettenstichen besticken; **2.** Haare t.: in eine Perücke einknoten
Tam|bu|rin *n. 1* **1.** kleine, flache Handtrommel mit Schellen;

2. kleines, flaches, trommelartiges Gerät zum Ballspiel; 3. Tambur

Ta|mil *n. Gen.* -(s) *nur Sg.* zu den drawid. Sprachen gehörende Sprache der Tamilen

Ta|mi|le *m. 11* Angehöriger eines drawid. Volksstammes im Süden Vorderindiens und auf Sri Lanka

ta|mi|lisch; tamilische Sprache

Tamp *m. 1,* **Tam|pen** *m. 7, Seew.:* Tauende

Tam|pon [-pɔ̃, frz.] *m. 9* Watte- oder Zellstoffbausch

Tam|po|na|de *f. 11* Ausstopfen (von Körperhöhlen) mit Tampons

tam|po|nie|ren *tr. 3* mit Tampons ausstopfen

Tam|tam [Hindi] 1. [auch: tam-] *n. 9* ostasiat. Musikinstrument, Gong; 2. *n. 9 nur Sg., ugs.:* Aufhebens, Aufwand, Getue

tan *Abk. für* Tangens

Ta|na|gra|fi|gu|ren *auch:* **Ta|nag|ra|fi|gu|ren** [auch: ta-, nach dem griech. Fundort Tanagra] *Pl.* zierliche, bemalte Tonfigürchen des 4. bis 3. Jh. v. Chr.

Tand *m. Gen.* -s *nur Sg.* wertlose Sachen, kleine, hübsche, aber wertlose Dinge

Tän|de|lei *f. 10*

Tan|del|markt *m. 2, österr. für* Tändelmarkt

Tän|del|markt *m. 2* Trödelmarkt

tän|deln *intr. 1* 1. scherzen, spielen, flirten; 2. mit Nichtigkeiten die Zeit verbringen

Tän|del|schür|ze *f. 11* Zierschürze

Tan|dem [lat.] *n. 9* 1. Fahrrad für zwei Fahrer hintereinander; 2. Maschine mit zwei hintereinander geschalteten Antrieben

Tand|ler *m. 5, bair., österr.:* Trödler

Tänd|ler *m. 5* jmd., der gern tändelt (1), Schäker

Tang *m. 1, Sammelbez. für* Formen der Braunalgen

Tan|ga *m. 9* besonders knapper Bikini oder Slip

Tan|gan|ji|ka ehem. Staat in Ostafrika, mit Sanibar zu Tansania vereinigt

Tan|gens [lat.] *m. Gen.* - *Pl.* (*Abk.:* tan) *Math.:* eine Winkelfunktion, Verhältnis der Gegenkathete zur Ankathete

Tan|gen|te *f. 11* Gerade, die eine Kurve in einem Punkt berührt

tan|gen|ti|al [-tsjal] (eine Kurve oder gekrümmte Fläche) in einem Punkt berührend

tan|gie|ren *tr. 3* 1. *Math.:* berühren (Kurve oder gekrümmte Fläche); 2. *übertr.:* berühren, betreffen; das tangiert mich nicht

Tan|go [span.] *m. 9* ein Gesellschaftstanz

Tan|ja, Ta|nia weibl. Vorname, *Kurzform von* Tatjana

Tank *m. 9 oder m. 1* 1. großer Behälter für feuergefährliche Flüssigkeiten; 2. *früher Bez. für* Panzerkampfwagen

Tan|ka [jap.] *n. Gen.* -(s) *Pl.* - jap. Kurzgedicht aus einer drei- oder einer zweizeiligen Strophe

tan|ken *tr. 1* aufnehmen, einfüllen (Treibstoff)

Tan|ker *m. 5* Schiff, das Flüssigkeit, bes. Treibstoff, befördert, Tankschiff

Tank|säu|le *f. 11*

Tank|schloss (*alt:* Tank|schloß) *n. 4*

Tank|stel|le *f. 11*

Tank|wa|gen *m. 7*

Tank|wart *m. 1* Angestellter in einer Tankstelle

Tann *m. Gen.* -s *nur Sg., poet.:* Tannenwald, Tannendickicht

Tan|nat *n. 1* Salz der Gerbsäure; vgl. Tannin

Tänn|chen *n. 7*

Tan|ne *f. 11* Nadelbaum

tan|nen aus Tannenholz

Tan|nen|baum *m. 2, poet.:* Tanne

Tan|nen|na|del *f. 11*

Tan|nen|zap|fen *m. 7*

Tan|nicht, Tän|nicht *n. 1, veraltet:* Tannendickicht

tan|nie|ren [frz.] *tr. 3* mit Tannin beizen

Tan|nin *n. 1 nur Sg.* Gerbstoff (meist aus Gallen)

Tänn|ling *m. 1* junge Tanne

Tan|sa|nia [auch: -sania] Staat in Ostafrika

Tan|sa|ni|er *m. 5*

tan|sa|nisch

Tan|se *f. 11, schweiz.:* Rückentraggefäß für Flüssigkeiten oder Trauben

Tan|tal *n. Gen.* -s *nur Sg.* (*Zeichen:* Ta) chem. Element

Tan|ta|lus|qua|len [nach dem König Tantalus der griech. Sage] *Pl.* Qualen, die man aussteht, wenn man etwas Ersehntes, das erreichbar ist, nicht bekommt

Tant|chen *n. 7*

Tan|te *f. 11*

tan|ten|haft *abwertend:* zimperlich, schrullig

Tan|ti|e|me [auch: tãtjɛmə, frz.] *f. 11 meist Pl.* Gewinnanteil

tant mieux [tãmjø, frz.] umso besser

Tan|tra *auch:* **Tant|ra** [Sanskrit] *n. 9* ind. relig. Schrift, die sich bes. mit Mystik und Magie befasst

tan|trisch *auch:* **tant|risch** zu den Tantras gehörend, auf ihnen beruhend

Tan|tris|mus *auch:* **Tant|ris|mus** *m. Gen.* - *nur Sg.* ind. Lehre, dass alles im Weltall in mystischer Verbindung miteinander stehe

Tanz *m. 2*

Tanz|bar *f. 9*

Tanz|bär *m. 10*

Tanz|bein *n., nur in der Wendung* das T. schwingen

Tanz|bo|den *m. 8*

Tänz|chen *n. 7*

Tanz|die|le *f. 11*

tän|zeln *intr. 1*

> **tanzen:** Fügungen aus Substantiv und Verb schreibt man im Infinitiv, Partizip und am Ende des Nebensatzes getrennt: *Sie wollen Walzer/Tango tanzen.* § 34 E3 (5)

tan|zen *intr. 1*

Tän|zer *m. 5*

Tan|ze|rei *f. 10*

tän|ze|risch

Tanz|kunst *f. 2 nur Sg.*

Tanz|leh|rer *m. 5*

Tanz|lied *n. 3*

Tanz|lo|kal *n. 1*

tanz|lus|tig

Tanz|meis|ter *m. 5*

Tanz|mu|sik *f. 10*

Tanz|saal *m. Gen.* -(e)s *Pl.* -säle

Tanz|sport *m. Gen.* -s *nur Sg.*

Tanz|stun|de *f. 11*

Tanz|tee *m. 9*

Tanz|tur|nier *n. 1*

Tao [taʊ, chin. »Weg«] *n. Gen.* - *nur Sg.* = **Dao**

Ta|o|is|mus *m. Gen.* - *nur Sg.* = **Da|o|is|mus**

Tape [tɛɪp, engl.] *n. 9* Tonband

Tape|deck [tɛɪp-] *n. 9 oder n. 1* Tonbandgerät ohne Verstärker

Tape|re|cor|ding (*alt:* Tape re|cording) [tɛɪprɪkɔ:dɪŋ, engl.] *n. 9* Tonbandaufnahme

Ta|per|greis *m. 1, abwertend:* gebrechl. alter Mann, Tattergreis

ta|pe|rig, tap|rig zitterig

ta|pern *intr. 1* sich zitterig, unbeholfen bewegen

T

Ta|pet [lat.] *n. 1, urspr.:* Tischdecke auf dem Sitzungstisch; *nur noch in der Wendung* etwas aufs Tapet bringen: etwas zur Sprache bringen
Ta|pe|te *f. 11*
Ta|pe|ten|tür *f. 10*
Ta|pe|ten|wech|sel [-ks-] *m. 5, ugs.:* Wechsel der Umgebung
ta|pe|zie|ren *tr. 3*
Ta|pe|zie|rer *m. 5*
Ta|pe|zier|na|gel *m. 6* = Reißbrettstift
Tap|fe *f. 11,* **Tap|fen** *m. 7* Spur, Fußspur, *meist:* Fuß(s)tapfen
tap|fer
Tap|fer|keit *f. 10 nur Sg.*
Tap|fer|keits|me|dail|le [-daljə] *f. 11*
Ta|pi|o|ka [Tupispr.] *f. Gen. - nur Sg.* aus den Knollen des Manioks gewonnene Stärke
Ta|pir [österr.: -pir, indian.] *m. 1* ein dem Schwein ähnliches Huftier
Ta|pis|se|rie [frz.] *f. 11* **1.** Teppichwirkerei; **2.** Wandteppich; **3.** Kreuzstichstickerei auf gitterartigem Gewebe
tap|pen *intr. 1*
Tap|pen *Pl., bair.:* Hausschuhe
tap|pig s. **tap|sig**
täp|pisch unbeholfen, plump, tollpatschig
tap|rig s. **ta|pe|rig**
Taps *m. 1* **1.** leichter Schlag, Klaps; **2.** Tollpatsch, unbeholfener Bursche
tap|sig, tap|pig unbeholfen
Ta|ra [ital.] *f. Gen. - Pl.* -ren **1.** Gewicht der Verpackung; **2.** die Verpackung selbst
Ta|ran|tel [ital.] *f. 11* eine Wolfsspinne; wie von der T. gestochen aufspringen *ugs.*
Ta|ran|tel|la *f. Gen. Pl.* -s *oder* -len lebhafter ital. Volkstanz
Tar|busch [arab.] *m. 9, arab. Bez. für* Fes
Ta|ren *Pl. von* Tara
ta|rie|ren *tr. 3;* ein Gefäß, eine Verpackung t.: sein bzw. ihr Gewicht feststellen
Ta|rier|waa|ge *f. 11*
Ta|rif [arab.-ital.] *m. 1* **1.** festgelegte Summe für Preise, Löhne, Gehälter, Steuern usw.; **2.** amtl. Verzeichnis davon
Ta|rif|ab|schluss (*alt:* Ta|rif|ab-schluß) *m. 2*
Ta|rif|au|to|no|mie *f. 11* Berechtigung, in eigener Verantwortung Tarifverträge zu schließen
Ta|rif|er|hö|hung *f. 10*
Ta|rif|kom|mis|si|on *f. 10*
ta|rif|lich
Ta|rif|lohn *m. 2*
Ta|rif|ord|nung *f. 10*
Ta|rif|par|tei *f. 10*
Ta|rif|part|ner *m. 5*
Ta|rif|po|li|tik *f. 10 nur Sg.*
Ta|rif|run|de *f. 11* Verhandlungen zwischen Gewerkschaften und Arbeitgeberverbänden um Löhne und Gehälter
Ta|rif|ver|hand|lung *f. 10*
Ta|rif|ver|trag *m. 2*
Tar|la|tan [frz.] *m. 1* durchsichtiges, steifes Baumwollgewebe
Tarn|an|strich *m. 1*
tar|nen *tr. 1*
Tarn|far|be *f. 11*
Tarn|kap|pe *f. 11, german. Myth.:* unsichtbar machende Kappe
Tar|nung *f. 10*
Ta|ro [polynes.] *m. 9* stärkehaltiger Wurzelstock einer trop. Nutzpflanze
Ta|rock [arab.-ital.] *n. oder m. Gen.* -s *nur Sg.* ein Kartenspiel für drei Spieler
ta|ro|cken *intr. 3* **1.** Tarock spielen; **2.** tarockieren
ta|ro|ckie|ren *intr. 3, im Tarock:* Trumpf ausspielen
Ta|rot [-ro, ital.-frz.] *n. 9 oder m. 9* ein Karten-Wahrsagespiel
Tar|pan *m. 1* ausgestorbenes europ. Wildpferd
Tar|sus [griech.] *m. Gen. - Pl.* -sen **1.** Fußglied (der Gliederfüßer); **2.** Fußwurzel; **3.** Lidknorpel (im Oberlid)
Tar|tan [tatən, engl.] *m. 9* **1.** dicke, wollene, karierte Reisedecke; **2.** *auch:* Wollstoff mit schott. Muster
Tar|tan® *m. Gen.* -s *nur Sg.* synthetischer Oberflächenbelag von Freisportanlagen
Tar|tan|bahn *f. 10*
Tar|ta|ne [arab.-ital.] *f. 11* einmastiges Fischerboot
Tar|tar *m. 10, fälschl. für* Tatar
Tar|ta|ros [griech.] *m. Gen. - nur Sg., griech. Myth.:* tiefster Teil der Unterwelt
Tar|ta|rus *m. Gen. - nur Sg.* **1.** *lat. Form von* Tartaros; **2.** Weinstein
Tar|trat *auch:* **Tart|rat** *n. 1, Chemie:* Salz der Weinsäure
Tart|sche *f. 11* mittelalterl. Schild
Tar|tüff [nach Tartuffe, der Titelgestalt einer Komödie von Molière] *m. 9* Heuchler
Täsch|chen *n. 7*
Ta|sche *f. 11*
Ta|schen|buch *n. 4*
Ta|schen|dieb *m. 1*
Ta|schen|dieb|stahl *m. 2*
Ta|schen|geld *n. 3*
Ta|schen|lam|pe *f. 11*
Ta|schen|mes|ser *n. 5*
Ta|schen|rech|ner *m. 5*
Ta|schen|spie|ler *m. 5*
Ta|schen|spie|le|rei *f. 10*
Ta|schen|spie|ler|trick *m. 9*
Ta|schen|tuch *n. 4*
Tasch|kent Hauptstadt von Usbekistan
Täsch|lein *n. 7*
Tasch|ner, Täsch|ner *m. 5, süddt., österr.:* Hersteller von Taschen
Tas|ma|ni|en Insel und Gliedstaat Australiens
Tas|ma|ni|er *m. 5*
tas|ma|nisch
TASS *f. Gen.* - Nachrichtenagentur der ehem. UdSSR
Täss|chen (*alt:* Täß|chen) *n. 7*
Tas|se *f. 11; österr.:* Untertasse; Tablett
Tas|sen|kopf *m. 2* Obertasse (als Maßangabe); ein T. voll
Tas|ta|tur [ital.] *f. 10* Gesamtheit der Tasten (an Klavier, Schreibmaschine, Computer)
tast|bar
Tast|bar|keit *f. 10 nur Sg.*
Tas|te *f. 11*
tas|ten *intr. u. tr. 2;* einen Text t. *Buchw.:* auf der Setzmaschine einen Lochstreifen von einem Text herstellen
Tas|ten|in|stru|ment *auch:* **Tas|ten-ins|tru|ment, Tas|ten|inst|ru-ment** *n. 1*
Tas|ten|te|le|fon *n. 1*
Tas|ter *m. 5* **1.** Palpe; **2.** schreibmaschinenähnl. Teil der Setzmaschine; **3.** Setzer, der diesen bedient
Tast|sinn *m. 1 nur Sg.*
Tat *f. 10;* in der Tat: wirklich; mit Rat und Tat
Ta|tar *m. 10* **1.** Angehöriger eines mongol. Volksstammes; **2.** *auch:* Angehöriger eines mongol.-türk. Mischvolkes in Russland, Westsibirien
Ta|tar|beef|steak [-bi:fste:k] *n. 9* rohes, gehacktes, mit Ei, Zwiebel, Essig und Öl angemachtes Rindfleisch
Ta|ta|ren|nach|richt *f. 10, veraltend:* erfundene, aber wahr erscheinende Nachricht

T

ta|ta|risch
ta|tau|ie|ren *tr. 3, fachsprachl. Form von* tätowieren
Tat|be|stand *m. 2*
Tat|ein|heit *f. 10 nur Sg.* Verletzung mehrerer Strafgesetze durch dieselbe Handlung, Idealkonkurrenz; *Ggs.:* Tatmehrheit
Ta|ten|drang *m. Gen.* -(e)s *nur Sg.*
Ta|ten|durst *m. Gen.* -(e)s *nur Sg.*
ta|ten|durs|tig
ta|ten|froh
ta|ten|los
Ta|ten|lo|sig|keit *f. 10 nur Sg.*
Tä|ter *m. 5*
Tä|ter|schaft *f. 10 nur Sg.* **1.** das Tätersein (bes. bei Straftaten); die T. leugnen; **2.** *schweiz. auch:* Gesamtheit der Täter
Tat|form, Tä|tig|keits|form *f. 10* Aktiv; *Ggs.:* Leideform
tä|tig
tä|ti|gen *tr. 1*
Tä|tig|keit *f. 10*
Tä|tig|keits|drang *m. Gen.* -(e)s *nur Sg.*
Tä|tig|keits|wort *n. 4* Verb
Tat|ja|na, Ta|ti|a|na weibl. Vorname
Tat|kraft *f. 2 nur Sg.*
tat|kräf|tig
tät|lich handgreiflich; tätlich werden: jmdn. schlagen
Tät|lich|keit *f. 10* Schlag, Gewalttätigkeit; er neigt zu Tätlichkeiten, es kam zu Tätlichkeiten
Tat|mehr|heit *f. 10 nur Sg.* Verletzung mehrerer Strafgesetze durch mehrere Handlungen, Realkonkurrenz; *Ggs.:* Tateinheit
Tat|ort *m. 1*
tä|to|wie|ren [tahit.] *tr. 3;* jmdn., einen Körperteil t.: mit Nadelstichen farbige, nicht mehr entfernbare Zeichnungen in die Haut einbringen
Tä|to|wie|rung *f. 10*
Ta|tra *auch:* **Tat|ra** *f. Gen.* - höchster Gebirgsteil der Karpaten; Hohe, Niedere Tatra
Tat|sa|che *f. 11*
Tat|sa|chen|be|richt *m. 1*
tat|säch|lich [auch: tat-]
tät|scheln *tr. 1*
tat|schen *tr. u. intr. 1, ugs.:* plump, zudringlich streicheln, anfassen
Tat|ter|greis *m. 1, ugs.* Tapergreis
Tat|te|rich *m. 1, ugs.:* nervöses Zittern der Hände
tat|te|rig, tatt|rig *ugs.:* zittrig
tat|tern *intr. 1* zittern (vor Kälte)
tät|tern *intr. 1, ugs.:* schnell und aufgeregt reden
Tat|ter|sall [nach dem Engländer R. Tattersall] *m. 9* Reithalle, Reitbahn
Tat|too [tətu, engl.] *n. Gen.* -(s) *Pl.* -s Zapfenstreich
tatt|rig s. **tat|te|rig**
Tat|ver|dacht *m. 1*
tat|ver|däch|tig; *aber:* er ist der Tat verdächtig
Tätz|chen *n. 7*
Tat|ze *f. 11* **1.** Pfote, Pranke (von größeren Tieren); **2.** *scherzh.:* große, breite Hand; **3.** *süddt. Schülerspr.:* Schlag auf die Hand (als Strafe)
Tat|zel|wurm *m. 4, im Volksglauben einiger Alpengebiete:* großes Kriechtier
Tätz|lein *n. 7, poet.*
Tau **1.** *m. 1 nur Sg.* Niederschlag am frühen Morgen; **2.** *n. 1* starkes Seil; **3.** *n. Gen.* -(s) *Pl.* -s (*Zeichen:* τ, T) griech. Buchstabe
taub gehörlos; gefühllos; taube Nuss: leere Nuss; taubes Gestein *Bgb.:* Gestein ohne Erz; sich taub stellen
taub|blind taub und blind zugleich
Taub|blind|heit *f. 10 nur Sg.*
Täub|chen *n. 7*
Tau|be *f. 11*
tau|ben|blau
tau|be|netzt; *aber:* von Tau benetzt
tau|ben|grau
Tau|ben|haus *n. 4*
Tau|ben|post *f. Gen.* - *nur Sg.* Post mit der Brieftaube
Tau|ben|schlag *m. 2*
Tau|ben|stö|ßer *m. 5* Sperber
Tau|ber, Täu|ber *m. 5,* **Tau|be|rich, Täu|be|rich** *m. 1* männl. Taube
Taub|heit *f. 10 nur Sg.*
Täub|lein *n. 7, poet.*
Täub|ling *m. 1* ein Blätterpilz
Taub|nes|sel *f. 11*
taub|stumm; *besser:* gehörlos
Taub|stum|men|an|stalt *f. 10, früher Bez. für* Gehörlosenschule
Taub|stum|men|leh|rer *m. 5* Lehrer für gehörlose Kinder
Taub|stumm|heit *f. 10 nur Sg., besser:* Gehörlosigkeit
Tauch|boot *n. 1* Unterseeboot
tau|chen *intr. u. tr. 1*
Tau|cher *m. 5*
Tau|cher|glo|cke *f. 11*
Tau|cher|krank|heit *f. 10 nur Sg.* Durchblutungsstörung bei plötzlichem Rückgang des Luftdrucks, Caissonkrankheit
tauch|fä|hig
Tauch|sie|der *m. 5*
Tauch|sport *m. 1*
Tauch|sta|ti|on *f. 10, ugs. in der Wendung* auf T. gehen: sich zurückziehen
tau|en *intr. 1* **1.** *nur unpersönl.:* es taut: Tau fällt; **2.** schmelzen; der Schnee, das Eis taut
Tau|en|de *n. 14, bes. in der Wendung* etwas mit dem T. kriegen *Seemannsspr.:* Prügel kriegen
Tau|ern *Pl.* Gebirge in den Alpen; Hohe, Niedere Tauern
Tau|ern|tun|nel *m. 5*
Tauf|be|cken *n. 7*
Tau|fe *f. 11*
tau|fen *tr. 1*
Täu|fer *m. 5*
tau|feucht
Tauf|for|mel *f. 11*
Tauf|ka|pel|le *f. 11*
Tauf|kir|che *f. 11*
Täuf|ling *m. 1*
Tauf|na|me *m. 15*
Tauf|pa|te *m. 11*
Tauf|pa|tin *f. 10*
tau|frisch; *auch übertr.:* jung, frisch und unberührt (Mädchen)
Tauf|schein *m. 1*
Tauf|stein *m. 1*
tau|gen *intr. 1;* zu etwas, zu nichts taugen
Tau|ge|nichts *m. 1*
taug|lich
Taug|lich|keit *f. 10 nur Sg.*
tau|ig voller Tau
Tau|mel *m. 5*
tau|me|lig, taum|lig
Tau|mel|lolch *m. 1* ein giftiges Unkraut
tau|meln *intr. 1;* ich taumele, taumle
taum|lig, tau|me|lig
Tau|punkt *m. 1* Temperatur, bei der die Luft mit Wasserdampf gesättigt ist
Tau|rus *m. Gen.* - Gebirge in der Türkei
Tausch *m. 1*
tau|schen *tr. 1*
täu|schen *tr. 1*
Täu|scher *m. 5* **1.** *urspr.:* Händler, z. B. Rosstäuscher; **2.** Betrüger
Tausch|ge|schäft *n. 1*
Tausch|han|del *m. Gen.* -s *nur Sg.*
Tau|schier|ar|beit *f. 10*
tau|schie|ren [arab.] *tr. 3* mit anderem, edlerem Metall einlegen
Tau|schie|rung *f. 10*
Täu|schung *f. 10*
Tausch|wert *m. 1*

tausend: Das Zahlwort wird kleingeschrieben: *(ein)tausend Menschen, tausend gute Wünsche.* In Verbindung mit bestimmten Zahlwörtern schreibt man zusammen: *zweitausend, viertausendfünfhundert(und)ein Euro, mit (ein)tausend(und)einem Kilogramm Gewicht.*
Unbestimmte Mengenangaben werden klein- oder großgeschrieben: *ein paar tausend/Tausend, tausende und abertausende/Tausend(e) und Abertausend(e) Blumen; mehrere/viele tausende/Tausende von Schülern; das geht in die tausende/Tausende; zu tausenden/Tausenden flohen die Menschen.*

tau|send eintausend, *in Ziffern:* 1000; vgl. acht, hundert
Tau|send *n. 1 Pl. auch:* - (*Abk.:* Tsd.) **1.** Zahl 1000; **2.** Menge von tausend Stück; Tausend(e) und Abertausend(e) *oder:* tausende und abertausende Blumen; viele Tausend Mal(e) *oder:* viele tausend Mal(e); zehn von Tausend: zehn Promille; vgl. Hundert; vgl. auch Acht; **3.** *m.* Teufel; *nur noch in der Wendung* ei der Tausend!
Tau|send|blatt *n. 4 nur Sg.*
tau|send|eins, tau|send|und|eins
Tau|sen|der *m. 5* **1.** *bei Dezimalbrüchen:* die vierte Zahl vor dem Komma; **2.** *ugs.:* Tausendmarkschein
tau|sen|der|lei tausend Dinge
tau|send|fach vgl. achtfach
tau|send|fäl|tig
Tau|send|fuß *m. 1,* **Tau|send|fü|ßer, Tau|send|füß|ler** *m. 5* ein Gliederfüßer
Tau|send|gül|den|kraut *n. 4*
Tau|send|jahr|fei|er *f. 11* Feier der 1000. Wiederkehr eines Ereignisses oder zum 1000-jährigen Bestehen, Millenniumsfeier; vgl. Jahrtausendfeier
tau|send|jäh|rig; *iron. für die Nazizeit:* tausendjähriges Reich; *aber:* das Tausendjährige Reich: im Frühchristentum erwartetes Reich des messianischen Heils
Tau|send|künst|ler *m. 5* **1.** Taschenspieler; **2.** *ugs.:* jmd., der vieles kann
tau|send|mal vgl. achtmal
Tau|send|sa|sa, *österr., schweiz.:* **Tau|send|sas|sa** *m. 9* tüchtiger Kerl, Mordskerl
Tau|send|schön *n. 1,* **Tau|send|schön|chen** *n. 7* eine Art des Gänseblümchens
tau|sends|te; der tausendste Besucher; *aber:* das weiß der Tausendste nicht: das weiß kaum jemand; vom Hundertsten ins Tausendste kommen: immer etwas Neues zu erzählen wissen
tau|sends|tel, Tau|sends|tel *n. 5, schweiz.: m. 5* vgl. achtel, Achtel
Tau|send|s|tel|se|kun|de *f. 11*
tau|send|und|ein, tau|send|ein; das Märchen aus Tausendundeiner Nacht
Tau|ta|zis|mus [griech.] *m. Gen. - Pl.* -men unschöne Häufung gleicher oder ähnlicher Anfangslaute in aufeinander folgenden Wörtern
Tau|to|lo|gie *f. 11* Bezeichnung derselben Sache durch mehrere Ausdrücke, z. B. alter Greis, schon bereits
tau|to|lo|gisch
tau|to|mer auf Tautomerie beruhend
Tau|to|me|rie *f. 11 nur Sg.* ein chem. Gleichgewicht infolge Protonenumlagerung
Tau|trop|fen *m. 7*
Tau|was|ser *n. 5 nur Sg.*
Tau|werk *n. 1 nur Sg.*
Tau|wet|ter *n. 5 nur Sg.*
Tau|wind *m. 1*
Tau|zie|hen *n. Gen.* -s *nur Sg.*
Ta|ver|ne [-vẹr-, lat.] *f. 11* Schenke
Ta|xa|me|ter [lat. + griech.] *n. 5* Zählwerk im Taxi, Fahrpreisanzeiger
Ta|xa|ti|on [lat.] *f. 10* Schätzung
Ta|xa|tor *m. 13* jmd., der etwas taxiert
Ta|xe *f. 11* **1.** festgesetzter Preis; Gebühr, Abgabe, z. B. Kurtaxe; **2.** Ta|xi *n. 9*
ta|xen *tr. 1, selten für* taxieren
Ta|xi *n. 9, schweiz. auch: m. 9,* **Ta|xe** *f. 11* Mietauto
Ta|xi|chauf|feur [-ʃɔfør] *m. 1*
Ta|xi|der|mie [griech.] *f. 11 nur Sg.* das Ausstopfen (von Tieren)
Ta|xie [griech.] *f. 11,* Ta|xis *f. Gen. - Pl.* -xen durch Reiz von außen ausgelöste und auf diesen gerichtete Bewegung (von Pflanzen)
ta|xie|ren [lat.] *tr. 3,* etwas, jmdn. t.: Wert, Ausmaße, Alter usw. einschätzen
Ta|xi|fah|rer *m. 5*
Ta|xi|fah|re|rin *f. 10*
Ta|xi|funk *m. 1*
Ta|xi|girl [-gɔ:l, lat. + engl.] *n. 9* in Tanzlokalen angestellte Tanzpartnerin
Ta|xis *f. Gen. - Pl.* -xen s. **Ta|xie**
Ta|xo|no|mie [griech.] *f. 11* Einordnung in ein biolog. System
Tax|preis *m. 1* durch Taxieren ermittelter Preis
Ta|xus [lat.] *m. Gen. - Pl. -* = Eibe
Tax|wert *m. 1* durch Taxieren ermittelter Wert
Tay|lo|ris|mus [tɛɪlɔ-, nach dem amerik. Ingenieur F.W. Taylor] *m. Gen. - nur Sg.* Konzept zur betriebswirtschaftl. optimalen Gestaltung von Arbeitsabläufen
Tb **1.** *chem. Zeichen für* Terbium; **2.** = Tbc
Tbc *Abk. für* Tuberkulose
Tbc-krank, Tb-krank
Tbi|lis|si *dt.:* Tif|lis Hauptstadt von Georgien

T-Bone-Steak: Man setzt einen Bindestrich zwischen allen Bestandteilen mehrteiliger Zusammensetzungen, in denen eine Wortgruppe oder eine Zusammensetzung mit Bindestrich auftritt: *T-Bone-Steak.* Ebenso: *D-Zug-Wagen, 35-Stunden-Woche* usw. § 44

T-Bone-Steak (*alt:* T-bone-Steak) [tiboʊnstɛɪk, engl.] *n. 9* Steak aus dem Rippenstück des Rinds mit T-förmigem Knochen
Tc *chem. Zeichen für* Technetium
TCS *Abk. für* Touring-Club der Schweiz
Te *chem. Zeichen für* Tellur
Teach-in [ti:tʃ-, engl.] *n. 9* Protestdiskussion
Teak [tik, drawid.-engl.] *n. 1 nur Sg.*
Teak|baum [tik-] *m. 2* ein trop. Baum
Teak|holz [tik-] *n. 4*
Team [tim, engl.] *n. 9* **1.** *Sport:* Mannschaft; **2.** *allg.:* Arbeitsgruppe
Team|ar|beit [tim-] *f. 10 nur Sg.*
Team|chef [timʃɛf, engl. + frz.] *m. 9* Leiter eines Teams
Team|kol|le|ge [tim-] *m. 11* Mitarbeiter eines Teams
team|o|ri|en|tiert [tim-]
Team|tea|ching [timti:tʃɪŋ] *n. 9* Vorlesungsreihe, in der mehrere Dozenten nacheinander ein Thema von verschiedenen Seiten beleuchten

T

Team|work [ti̱mwə:k] *n. 9 nur Sg.* gute Zusammenarbeit, Arbeit eines gut aufeinander abgestimmten Teams, Teamarbeit

Tearoom: Fremdsprachige wie deutschsprachige Substantivverbindungen schreibt man zusammen: *Tearoom.* § 37 (1)

Tea|room (*alt:* Tea-Room) [ti̱ru:m, engl.] *m. 9* **1.** *in Hotels und Restaurants:* Teestube; **2.** *schweiz.:* Café oder Restaurant, in dem nur alkoholfreie Getränke ausgeschenkt werden

Tech|ne̱|ti|um [-tsjum, griech.] *n. Gen.* -s *nur Sg.* (*Zeichen:* Tc) chem. Element

Tẹch|nik [griech.] *f. 10* **1.** *nur Sg.* Gesamtheit aller Mittel, die Natur dem Menschen nutzbar zu machen; **2.** *nur Sg., Sammelbez. für* die Ingenieurwissenschaften; **3.** Gesamtheit der Regeln und Verfahren einer Tätigkeit, z. B. Fahrtechnik; **4.** *österr.:* Technische Hochschule

Tẹch|ni|ker *m. 5*

Tẹch|ni|kum *n. Gen.* -s *Pl.* -ken techn. Fachschule

tẹch|nisch die Technik betreffend, zu ihr gehörend, auf ihr beruhend; technischer Leiter (eines Betriebes); *aber:* der Technische Direktor; technisches Maßsystem; (irgendeine) technische Hochschule, Universität; *aber:* die Technische Universität (*Abk.:* TU) Berlin; Technischer Überwachungs-Verein (*Abk.:* TÜV); technischer Zeichner; das technische Zeitalter

tech|ni|si̱e̱|ren *tr. 3* auf techn. Betrieb umstellen, für techn. Betrieb einrichten

Tech|ni|si̱e̱|rung *f. 10 nur Sg.*

Tech|ni|zịs|mus *m. Gen.* - *Pl.* -men techn. Ausdruck, techn. Redewendung

Tech|no [tẹkno, engl.] *m. Gen.* - *nur Sg.* hektisch rhythmisierte Computermusik

Tech|no|kra̱t *m. 10* Vertreter der Technokratie

Tech|no|kra|ti̱e̱ *f. 11 nur Sg.* in den USA entstandene Lehre, dass Technik und Techniker Wirtschaft und Gesellschaft beherrschen (bzw. beherrschen sollten); *auch:* die techn. Führungsschicht

Tech|no|lẹkt *m. 1* Fachsprache

Tech|no|lo̱|ge *m. 11*

Tech|no|lo|gi̱e̱ *f. 11 nur Sg.* Lehre von den techn. Produktionsverfahren, Herstellungs- und Verarbeitungskunde

Tech|no|lo|gi̱e̱|trans|fer *m. Gen.* -s *nur Sg.* Weitergabe technologischen Wissens

tech|no|lo̱|gisch

tech|no|mọrph durch die Technik geformt; vgl. biomorph, soziomorph

Tech|tel|mẹch|tel [ital.?] *n. 5* Liebelei

Tẹ|ckel *m. 5* = Dackel

Tẹd|dy [engl.] *m. 9, Kurzwort für* Teddybär

Tẹd|dy|bär *m. 10* Stoffbär

Te|de̱|um [lat., Anfangsworte des Hymnus Te Deum laudamus »Dich, Gott, loben wir«] *n. 9* altkirchl. Lobgesang

Te̱e [chin.-engl.] *m. 9;* chinesischer, indischer, grüner, schwarzer Tee

Tee-Ei, Tee-Ernte: Ein Bindestrich kann zur Gliederung unübersichtlicher Zusammensetzungen oder beim Zusammentreffen von drei gleichen Buchstaben gesetzt werden: *Tee-Ei, Tee-Ernte.* § 45 (4)

Te̱e-Ei = **Te̱e|ei** *n. 3*

Te̱e-Ern|te = **Te̱e|ern|te** *f. 11*

Te̱e|haus *m. 4*

Te̱e|licht *n. 1*

Te̱e|löf|fel *m. 5;* drei T. voll

Teen [ti̱n, engl.] *m. 9 meist Pl.*

Teen|a|ger *auch:* **Tee|na|ger** [ti̱neɪdʒə(r)] *m. 5*

Teen|nie, Tee|ny [ti̱-] *m. 9* Mädchen, *auch:* Junge zwischen 13 und 19 Jahren

Te̱er *m. 1* bei der trockenen Destillation von Holz, Kohle u. a. entstehende, dunkelbraune, zähe Flüssigkeit

te̱e|ren *tr. 1* mit Teer bestreichen

Te̱er|farb|stoff *m. 1*

te̱e|rig

Te̱er|ja|cke *f. 11, scherzh.:* Matrose

Te̱er|pap|pe *f. 11*

Te̱e|rung *f. 10*

Te̱e|strauch *m. 4*

Te̱e|stu|be *f. 11*

Te̱e|tas|se *f. 11*

Te̱e|tisch *m. 1*

Te̱e|wa|gen *m. 7*

Te̱e|wurst *f. 2* feine Mettwurst

Te̱e|ze|re|mo|nie *f. 11*

Te|fil|la̱ [hebr.] *f. Gen.* - *nur Sg.* jüd. Gebet und Gebetbuch

Te|fil|li̱n *Pl.* Gebetsriemen der Juden

Tẹf|lon® *auch:* **Tẹf|lon** *n. Gen.* -s *nur Sg.* hitzebeständige Kunststoffbeschichtung in Bratpfannen u. Ä.

Te|he|ran [auch: -ra̱n] Hauptstadt des Iran

Te̱ich *m. 1*

Te̱ich|rohr|sän|ger *m. 5* ein Singvogel

Te̱ich|ro|se *f. 11* eine Wasserpflanze, Mummel

te̱ig *süddt.:* überreif, weich (Obst)

Te̱ig *m. 1*

te̱i|gig

Te̱ig|wa|ren *Pl.*

Te̱il *m. 1 oder n. 1;* seinen Teil zu etwas beitragen; ein gut Teil davon; er hat das bessere Teil erwählt; zum Teil (*Abk.:* z. T.); zum größten Teil

Te̱il|an|sicht *f. 10*

te̱il|bar

Te̱il|bar|keit *f. 10 nur Sg.*

Te̱il|be|trag *m. 2*

Te̱il|chen *n. 7*

Te̱il|chen|be|schleu|ni|ger *m. 5* Anlage, in der Elektronen u. a. Elementarteilchen auf extreme Geschwindigkeiten beschleunigt werden

te̱i|len *tr. 1;* zehn geteilt durch zwei ist, gibt, macht fünf; sie waren geteilter Meinung

Te̱i|ler *m. 5* Zahl, die in einer anderen Zahl mehrmals ohne Rest enthalten ist

Te̱il|ha|be *f. 11 nur Sg.*

teilhaben, teilnehmen: Fügungen aus einem teilweise verblassten Substantiv und einem Verb schreibt man im Infinitiv, Partizip und am Ende eines Nebensatzes zusammen: *Wir wollten am Erfolg teilhaben. Sie haben an der Sitzung teilgenommen.* § 34 (3)

te̱il|ha|ben *intr. 60;* jmdn. an etwas t. lassen; er hatte nicht teil daran, er hat daran teilgehabt

Te̱il|ha|ber *m. 5*

Te̱il|ha|ber|schaft *f. 10 nur Sg.*

te̱il|hạf|tig; einer Sache t. werden

...te̱i|lig *in Zus.,* z. B. ein-, drei-, mehr-, vielteilig; *mit Ziffer:* 5-teilig

T

Teil|kal|ku|la|ti|on *f. 10* nur die Einzelkosten berücksichtigende Kalkulationsweise
Teil|kas|ko|ver|si|che|rung *f. 10*
Teil|men|ge *f. 11*
Teil|nah|me *f. 11 nur Sg.*
teil|nah|me|be|rech|tigt
Teil|nah|me|be|rech|ti|gung *f. 10 nur Sg.*
teil|nahms|los
Teil|nahms|lo|sig|keit *f. 10 nur Sg.*
teil|nahms|voll
teil|neh|men *intr. 88;* ich nehme teil
Teil|neh|mer *m. 5*
Teil|neh|mer|zahl *f. 10*
teils; teils, teils *ugs.:* wechselnd, einmal so und einmal so, sowohl als auch
Teil|stre|cke *f. 11*
Teil|strich *m. 1*
Teil|stück *n. 1*
Tei|lung *f. 10*
Tei|lungs|ar|ti|kel *m. 5, in manchen Sprachen:* Artikel zur Bezeichnung einer kleinen, unbestimmten Menge, z. B. ital.: desidera del vino »er wünscht Wein«
teil|wei|se
Teil|zah|lung *f. 10*

(in) Teilzeit arbeiten: Fügungen aus Substantiv und Verb schreibt man getrennt: *Sie arbeiten seit gestern (in) Teilzeit.* § 34 E3 (5), § 55 (4)

Teil|zeit *f. 10;* (in) Teilzeit arbeiten; ich arbeite (in) Teilzeit
Te|in *n. 1 nur Sg.* im Tee enthaltenes Koffein
Teint [tẽ, frz.] *m. 9* Farbe, Zustand, Tönung der Gesichtshaut
T-Ei|sen *n. 7* Eisenträger mit T-förmigem Querschnitt
tek|tie|ren [lat.] *tr. 3* durch Überkleben unkenntlich machen (Text)
Tek|to|ge|ne|se *f. 11* Gebirgsbildung
Tek|to|nik *f. 10 nur Sg.* **1.** Lehre vom Aufbau und von den Bewegungen der Erdkruste; **2.** Lehre vom Zusammenfügen von Einzelteilen, bes. der Bauteile, zu einem Ganzen; **3.** Lehre vom inneren Aufbau eines Kunstwerkes
tek|to|nisch
Tek|tur *f. 10, Buchw.* **1.** Decke, Deckblatt; **2.** Berichtigung (eines Textes) durch Überkleben
Tel A|viv-Ja|ffa [-vif-] Stadt in Israel

te|le..., Te|le... [griech.] *in Zus.:* fern..., Fern...
Te|le|ban|king [-bæŋkɪŋ, engl.] *n. 1 nur Sg.* das Abwickeln von Bankgeschäften mittels Telekommunikation
Te|le|fax *n. 1* Fernkopiersystem für Text- und Bildvorlagen
Te|le|fon *n. 1*
Te|le|fo|nat *n. 1* Telefongespräch
Te|le|fon|ban|king [-bæŋkɪŋ, engl.] *n. 1 nur Sg.* Abwicklung von Bankgeschäften per Telefon
Te|le|fon|buch *n. 4*
Te|le|fon|ge|sell|schaft *f. 10*
Te|le|fon|ge|spräch
te|le|fo|nie|ren *intr. 3*
te|le|fo|nisch
Te|le|fo|nis|tin *f. 10*
Te|le|fo|ni|tis *f., scherzh. in der Wendung* die T. haben: viel, lange telefonieren
Te|le|fon|num|mer *f. 11*
Te|le|fon|zel|le *f. 11*
Te|le|fon|zen|tra|le *auch:* **Te|le|fon-zent|ra|le** *f. 11*
Te|le|fo|to *n. 9, Kurzwort für* Telefotografie
Te|le|fo|to|gra|fie, Te|le|pho|to|gra-phie *f. 11* mit einem Teleobjektiv aufgenommene Fotografie
te|le|gen für Fernsehaufnahmen geeignet
Te|le|graf, Te|le|graph *m. 10* Gerät zur Nachrichtenübermittlung durch elektrische, akustische oder optische Zeichen
Te|le|gra|fie, Te|le|gra|phie *f. 11 nur Sg.* Nachrichtenübermittlung durch Telegrafen
te|le|gra|fie|ren, te|le|gra|phie|ren *tr. 3*
te|le|gra|fisch, te|le|gra|phisch
Te|le|gra|fist, Te|le|gra|phist *m. 10* Angestellter, der telegrafisch Nachrichten übermittelt
Te|le|gramm *n. 1* telegrafisch übermittelte Nachricht
Te|le|gramm|a|dres|se *auch:* **Te|le-gramm|ad|res|se** *f. 11* verkürzte Adresse für Telegramme
Te|le|gramm|bo|te *m. 11*
Te|le|graph *m. 10* s. **Te|le|graf**
Te|le|gra|phie *f. 11 nur Sg.* s. **Te|le-gra|fie**
te|le|gra|phie|ren *tr. 3* s. **te|le|gra-fie|ren**
te|le|gra|phisch s. **te|le|gra|fisch**
Te|le|gra|phist *m. 10* s. **Te|le|gra|fist**
Te|le|ki|ne|se *f. 11, Okkultismus:* angebl. Bewegung von Gegenständen durch übersinnl. Kräfte

Te|le|kol|leg *n. 9* Fernunterricht im Fernsehen
Te|le|kom *f. Gen. - nur Sg., Kurzwort für* Deutsche Telekom AG: Unternehmen der Telekommunikation
Te|le|kom|mu|ni|ka|ti|on *f. 10*
te|le|ko|pie|ren *tr. 3*
Te|le|ko|pie|rer *m. 5* Fernkopierer
Te|le|mann, *Georg Philipp* dt. Komponist
Te|le|mark *m. 9, Skilauf:* Bremsschwung
Te|le|me|ter *n. 5* Entfernungsmesser
Te|le|me|trie *auch:* **Te|le|met|rie** *f. 11 nur Sg.*
Te|le|muf|fel *m. 5, ugs. scherzh.:* jmd., der nicht gern fernsieht, Fernsehmuffel
Te|le|ob|jek|tiv *n. 1* langbrennweitiges Objektiv zur Aufnahme weit entfernter Gegenstände
Te|le|o|lo|gie *f. 11 nur Sg.* Lehre, dass die Entwicklung der Natur zweckmäßig und zielgerichtet sei; *Ggs.:* Dysteleologie
te|le|o|lo|gisch
Te|le|os|ti|er *m. 5* Knochenfisch
Te|le|path *m. 10* jmd., der für Telepathie empfänglich ist
Te|le|pa|thie *f. 11 nur Sg.* Wahrnehmung von Vorgängen über weite Entfernung oder Übertragung von Gedanken ohne Hilfe der Sinnesorgane
te|le|pa|thisch
Te|le|phon *n. 1 frühere Schreibung für* Telefon
Te|le|pho|to|gra|phie *f. 11* s. **Te|le|fo-to|gra|fie**
Te|le|promp|ter® *m. 5* (neben der Kamera platzierter) Monitor, von dem Moderatoren ihre Texte ablesen
Te|le|shop|ping [-ʃɔpɪŋ, engl.] *n. 9 nur Sg.* Bestellung von Waren, die im Fernsehen angeboten werden
Te|le|skop *auch:* **Te|les|kop** *n. 1* Fernrohr
Te|le|skop|au|ge *auch:* **Te|les|kop-au|ge** *n. 14, bes. bei Tiefseefischen:* längsachsig gestrecktes Auge
Te|le|skop|fisch *auch:* **Te|les|kop-fisch** *m. 1* eine Zuchtform des Goldfischs mit gestielten Augen
te|le|sko|pisch *auch:* **te|les|ko|pisch** mittels Teleskops
Te|le|vi|si|on [-vi-] *f. 10 nur Sg.* (*Abk.:* TV) Fernsehen

Te|lex [Kurzwort aus engl. teleprinter exchange] *n. Gen. - nur Sg.* Fernschreibnetz
Tel|ler *m. 5*
Tel|ler|ei|sen *n. 7* Tierfalle, Schlag-, Tritteisen
Tel|ler|fleisch *n. Gen.* -(e)s *nur Sg.* gekochtes Rindfleisch
Tel|ler|samm|lung *f. 10* Geldsammlung, bei der jmd. mit einem Teller reihum geht
Tel|lur [lat.] *n. Gen.* -s *nur Sg.* (*Zeichen:* Te) chem. Element
tel|lu|rig; tellurige Säure
tel|lu|risch von der Erde herrührend, Erd…
Tel|lu|rit *n. 1* Salz der tellurigen Säure
Tel|lu|ri|um *n. Gen.* -s *Pl.* -ri|en Gerät zur Veranschaulichung der Bewegungen von Erde, Sonne und Mond
tel quel [tɛlkɛl, frz. »so wie«] internationale Handelsformel für den Ausschluss von Gewährleistungsansprüchen
Te|lu|gu *n. Gen.* -(s) *nur Sg.* eine drawid. Sprache
Tem|pel [lat.] *m. 5* **1.** geheiligte, kultischen Zwecken dienende Stätte; **2.** einer Gottheit geweihter, nichtchristl. Bau; jmdn. zum T. hinausjagen *übertr. ugs.:* jmdn. hinauswerfen
Tem|pel|herr *m. 10* Angehöriger des Templerordens
Tem|peln *n. Gen.* -s *nur Sg.* ein Kartenglücksspiel
Tem|pel|raub *m. 1 nur Sg.*
Tem|pel|tanz *m. 2*
Tem|pel|tän|ze|rin *f. 10*
Tem|pe|ra|far|be [lat.] *f. 11* mit Bindemitteln versetzte Farbe, die rasch trocknet und danach wasserunlöslich wird
Tem|pe|ra|ma|le|rei *f. 10 nur Sg.*
Tem|pe|ra|ment [lat.] *n. 1* **1.** Wesensart, Gemütsart; **2.** *nur Sg.* Lebhaftigkeit, Schwung, Erregbarkeit, Munterkeit
tem|pe|ra|ment|los
Tem|pe|ra|ment|lo|sig|keit *f. 10 nur Sg.*
Tem|pe|ra|ments|aus|bruch *m. 2*
tem|pe|ra|ment|voll
Tem|pe|ra|tur *f. 10* **1.** Wärmegrad, Wärmezustand; **2.** *Med.:* leichtes Fieber; **3.** *Mus., bei Tasteninstrumenten:* temperierte Stimmung
tem|pe|ra|tur|ab|hän|gig
Tem|pe|ra|tur|reg|ler *m. 5*
Tem|pe|ra|tur|sturz *m. 2*
Tem|pe|renz *f. 10 nur Sg.* Mäßigkeit, bes. bezüglich des Alkoholgenusses
Tem|pe|renz|ler *m. 5* Angehöriger eines Temperenzvereins
Tem|pe|renz|ver|ein *m. 1* Verein zur Verbreitung der Enthaltsamkeit von Alkohol
Tem|per|guss (*alt:* Tem|per|guß) *m. 2* ein Gussverfahren mittels Tempern
tem|pe|rie|ren *tr. 3* **1.** in gleichmäßige Temperatur bringen (Räume); **2.** *übertr.:* mäßigen, mildern; **3.** temperierte Stimmung *Mus.:* Stimmung (von Instrumenten) aufgrund der in zwölf Halbtöne eingeteilten Oktave
tem|pern [engl.] *tr. 1* erhitzen (zwecks Änderung der Materialeigenschaften)
Tem|per|stahl *m. 2* getemperter Gussstahl
Tem|pi pas|sa|ti [ital.] *Pl.* vergangene Zeiten
Temp|ler *m. 5* Angehöriger des Templerordens, Tempelherr
Temp|ler|or|den *m. 7 nur Sg., MA:* geistl. Ritterorden zum Schutz des Heiligen Grabes
Tem|po [lat.-ital.] *n. 9 Mus. Pl.* -pi Geschwindigkeit, Schnelligkeit
Tem|po|li|mit *n. 9* Geschwindigkeitsbegrenzung
Tem|po|ra *Pl. von* Tempus
tem|po|ral **1.** das Tempo betreffend, zeitlich; **2.** zu den Schläfen gehörend; vgl. Temporalis
Tem|po|ra|li|en *Pl.* **1.** kirchl. Vermögen, Einkünfte; **2.** weltl. Hoheitsrechte der Kirche
Tem|po|ra|lis [lat.] *f. Gen. - Pl.* -les [-le:s], *Med.:* Schläfe
Tem|po|ral|satz [lat.] *m. 2*
tem|po|rär zeitweilig, vorübergehend, nicht dauernd
Tem|pus *n. Gen. - Pl.* -po|ra die Zeit bezeichnende Form des Verbums, z. B. Präsens
ten. *Abk. für* tenuto
Te|na|kel [lat.] *n. 5* Manuskripthalter (des Schriftsetzers)
Te|na|zi|tät [lat.] *f. 10 nur Sg.* **1.** Zähigkeit, Ziehbarkeit, Zug-, Reißfestigkeit; **2.** Beharrlichkeit, Ausdauer
Ten|denz [lat.] *f. 10* **1.** Streben, Neigung, Hang; **2.** erkennbare Absicht (eines Buches, Theaterstücks); **3.** *Börse:* Stimmung
Ten|denz|be|trieb *m. 1*
ten|den|zi|ell der Tendenz nach
ten|den|zi|ös eine Tendenz erkennen lassend, parteilich gefärbt
Ten|denz|stück *n. 1*
Ten|der [engl.] *m. 5* **1.** Vorratswagen für die Lokomotive (mit Kohle, Wasser usw.); **2.** Begleit-, Versorgungsschiff
ten|die|ren [lat.] *intr. 3;* zu etwas tendieren: eine Tendenz zu etwas aufweisen, zu etwas neigen
Te|ne|rif|fa, *span.:* Te|ne|ri|fe eine der Kanarischen Inseln
Ten|ge *m. Gen. - Pl.* Ten|ge|lär, *nach Zahlenangaben Pl.* - (*Abk.:* T) Währungseinheit in Kasachstan, 100 Tiin
Tenn *n. 1, schweiz. für* Tenne
Ten|ne *f. 11*
Ten|nes|see [-si:] **1.** *m. Gen.* - Nebenfluss des Ohio; **2.** (*Abk.:* TN) Staat der USA
Ten|nis [lat.-frz.] *n. Gen. - nur Sg.* ein Ballspiel zwischen zwei oder vier Spielern
Ten|nis|ball *m. 2*
Ten|nis|schlä|ger *m. 5*
Ten|no [jap.] *m. 9, Titel für den* jap. Kaiser
Te|nor [lat.] *m. Gen.* -s *nur Sg.* **1.** Grundhaltung, -inhalt; der T. eines Briefes; **2.** *Rechtsw.:* entscheidender Teil eines Urteils; **3.** *Mus. des MA:* den Cantus firmus bildende Hauptmelodiestimme
Te|nor [ital.] *m. 2* **1.** höchste Stimmlage der Männer, Tenorstimme; **2.** Sänger mit dieser Stimme; **3.** hohe Stimmlage bei Musikinstrumenten, z. B. Tenorblockflöte; **4.** Gesamtheit der hohen Männerstimmen im Chor
te|no|ral tenorartig, in Tenorlage
Te|nor|buf|fo *m. 9* Sänger mit Tenorstimme für komische Rollen
Te|nor|schlüs|sel *m. 5* ein Notenschlüssel, C-Schlüssel
Te|no|to|mie [griech.] *f. 11* Sehnendurchtrennung
Ten|sid *n. 1* Rohstoff für Waschmittel
Ten|si|on [lat.] *f. 10* Spannung, Druck (von Gasen, Dämpfen)
Ten|sor [lat.] *m. 13* **1.** Spannmuskel; **2.** eine mathemat. Rechengröße
Ten|ta|kel [lat.] *m. 5 oder n. 5* **1.** *bei Fleisch fressenden Pflanzen:* Fanghaar; **2.** *bei wirbellosen Wassertieren:* Fühler oder Fangarm
Ten|ta|ku|lit *m. 10* ein fossiles, wahrscheinlich zu den Mollusken gehörendes Tier

ten|tie|ren [lat.] *tr. 3, österr.:* beabsichtigen, vorhaben
Te|nu|is [lat.] *f. Gen. - Pl.* -nu|es [-e:s] stimmloser Verschlusslaut, z. B. p, t, k
te|nu|to [ital.] (*Abk.:* ten.) *Mus.:* in gleicher Tonstärke gehalten
Te|phrit *auch:* **Teph|rit** [griech.] *m. 1* ein Ergussgestein
Te|pi|da|ri|um [lat.] *n. Gen.* -s *Pl.* -ri|en **1.** *im röm. Bad:* Warmluftraum; **2.** *veraltet:* Gewächshaus mit mittlerer Temperatur
Tep|pich *m. 1*
Tep|pich|bo|den *m. 8*
Te|qui|la [tekila, indian.-span.] *m. Gen.* -(s) *nur Sg.* mexikanischer Branntwein aus Agavensaft
Te|ra... [griech.] (*Abk.:* T) *in Zus.:* das Billionenfache (einer Maßeinheit)
te|ra|to|gen [griech.] Missbildungen hervorrufend
Te|ra|to|lo|gie *f. 11 nur Sg.* Lehre von den Missbildungen der Lebewesen
Te|ra|tom *n. 1* angeborene Geschwulst
Ter|bi|um [nach dem schwed. Ort Ytterby] *n. Gen.* -s *nur Sg.* (*Zeichen:* Tb) chem. Element
Te|re|bin|the [griech.] *f. 11* eine Pistazienart
Term [lat.] *m. 1, Math.:* Glied einer Formel, einer Reihe oder eines Produktes
Ter|min [lat.] *m. 1* bestimmter Zeitpunkt, z. B. für Zahlungen, Verhandlungen
Ter|mi|nal [təmɪnəl, engl.] *m. oder n. 9* **1.** *Verkehrswesen:* Endstation; **2.** *Datenverarbeitung:* Datenausgabe
ter|min|ge|mäß
ter|min|ge|recht
Ter|min|ge|schäft *n. 1* Geschäft, das nicht sofort nach Vertragsabschluss, sondern zu einem späteren Termin, aber zum gleichen Kurs erfolgen soll; *Ggs.:* Lokogeschäft
Ter|mi|ni *Pl. von* Terminus
ter|mi|nie|ren *tr. 3;* etwas t.: für etwas einen Termin festlegen, etwas befristen
Ter|mi|nis|mus *m. Gen. - nur Sg.* Lehre, dass alles Denken nur in Begriffen vor sich gehe
ter|mi|nis|tisch
Ter|min|ka|len|der *m. 5*
Ter|min|kurs *m. 1* Kurs, der einem Termingeschäft zugrunde liegt
Ter|mi|no|lo|gie *f. 11* Gesamtheit der Fachausdrücke (eines Wissensgebietes); medizinische Terminologie
ter|mi|no|lo|gisch
Ter|mi|nus *m. Gen. - Pl.* -ni **1.** Zeitpunkt, Stichtag; **2.** *kurz für* Terminus technicus: Fachausdruck
Ter|mi|te [lat.] *f. 11* ein Staaten bildendes Insekt, Weiße Ameise
Ter|mi|ten|bau *m. 1*
ter|när [lat.] aus drei Einheiten oder Stoffen bestehend, dreifach
Ter|ror|or|ga|ni|sa|ti|on *f. 10*
Ter|pen [griech.] *n. 1* aus Isopreneinheiten aufgebauter Kohlenwasserstoff
Ter|pen|tin *n. 1, österr. m. 1 oder n. 1* Balsam von Nadelbäumen
Ter|psi|cho|re *auch:* **Terp|si|cho|re** [-xore:] *griech. Myth.:* Muse der Tanzkunst
Ter|rain [-rẽ, frz.] *m. 9* **1.** Gelände; **2.** Baugrundstück
Ter|ra in|co|gni|ta *auch:* **Ter|ra in|cog|ni|ta** [lat.] *f. Gen. - nur Sg.* unbekanntes, unerforschtes Land, etwas Unerforschtes
Ter|ra|kot|ta [ital.] **1.** *f. Gen. - nur Sg.* gebrannter Ton; **2.** *f. Gen. - Pl.* -ten Terrakotte
Ter|ra|kot|te *f. 11* kleine Figur aus gebranntem Ton
Ter|ra|ri|um [lat.] *n. Gen.* -s *Pl.* -rien Behälter zum Halten von kleinen Kriechtieren und Lurchen
Ter|ras|se [frz.] *f. 11* **1.** waagerechte Stufe im Gelände; **2.** an ein Haus angebauter, ebenerdiger oder leicht erhöhter Platz
Ter|ras|sen|gar|ten *m. 8*
ter|ras|sie|ren *tr. 3* terrassenförmig, stufenförmig anlegen
Ter|raz|zo [ital.] *m. Gen.* -s *Pl.* -zi aus kleinen, farbigen Steinen mosaikartig zusammengesetzter Fußboden
ter|res|trisch *auch:* **ter|rest|risch** [lat.] **1.** zur Erde gehörig, Erd..., irdisch; **2.** zum Festland gehörig, auf dem Festland entstanden
Ter|ri|er [engl.] *m. 5* kleine bis mittelgroße Hunderasse
ter|ri|gen [lat. + griech.] *Biol.:* vom Festland stammend
Ter|ri|ne [frz.] *f. 11* Schüssel, *bes.:* Suppenschüssel
ter|ri|to|ri|al [lat.] zu einem Territorium gehörig, auf einem Territorium beruhend, es beherrschend
Ter|ri|to|ri|al|ge|walt *f. 10*
Ter|ri|to|ri|a|lis|mus *m. Gen. - nur Sg.* Territorialsystem
Ter|ri|to|ri|a|li|tät *f. 10 nur Sg.* Zugehörigkeit zu einem Territorium
Ter|ri|to|ri|a|li|täts|prin|zip *n. Gen.* -s *nur Sg.*
Ter|ri|to|ri|al|sys|tem *n. 1* Staatsform, in der die Kirche dem Staat untergeordnet ist, Territorialismus
Ter|ri|to|ri|um *n. Gen.* -s *Pl.* -ri|en Land, Gebiet, Hoheitsgebiet
Ter|ror [lat.] *m. Gen.* -s *nur Sg.* **1.** Schrecken; **2.** Schreckensherrschaft; **3.** *ugs.:* aufgeregtes, rücksichtsloses Handeln
Ter|ror|akt *m. 1* Gewaltakt
ter|ro|ri|sie|ren *tr. 3* durch Gewaltakte in Schrecken versetzen
Ter|ro|ris|mus *m. Gen. - nur Sg.* **1.** Gewalt-, Schreckensherrschaft; **2.** das Verüben von Terrorakten aus polit. Gründen
Ter|ro|rist *m. 10* jmd., der aus politischen Gründen Terrorakte verübt
ter|ro|ris|tisch
Ter|tia [-tsja, lat.] *f. Gen. - Pl.* -ti|en [-tsjən] **1.** vierte (Untertertia) und fünfte Klasse (Obertertia) des Gymnasiums; **2.** *nur Sg.* ein Schriftgrad, 16 Punkt
Ter|ti|a|na|fie|ber [-tsja-] *n. 5 nur Sg.* Art der Malaria mit Fieberanfällen an jedem dritten Tag
Ter|ti|a|ner [-tsja-] *m. 5* Schüler der Tertia
ter|ti|är [-tsjɛr] **1.** die dritte Stelle einnehmend; **2.** zum Tertiär gehörig, aus ihm stammend
Ter|ti|är [-tsjɛr] *n. 1 nur Sg.* untere Formation des Känozoikums
Ter|ti|a|ri|er [-tsja-] *m. 5,* Ter|zi|ar *m. 5* Angehöriger des Tertiarierordens
Ter|ti|a|ri|er|or|den [-tsja-] *m. 7 nur Sg.* ein kath. Laienorden
Ter|ti|um Com|pa|ra|ti|o|nis (*alt:* Ter|ti|um com|pa|ra|ti|o|nis) [-tsjum -] *n. Gen. - - Pl.* -tia - Vergleichspunkt, dritter Faktor, der zwei zu vergleichende Dinge verbindet
Terz [lat.] *f. 10* **1.** dritter Ton der diaton. Tonleiter; **2.** Intervall von drei Tonstufen; **3.** *Fechten:* eine bestimmte Haltung der Klinge; **4.** drittes Stundengebet
Ter|zel *m. 5, Jägerspr.:* männl. Jagdfalke
Ter|ze|rol [ital.] *n. 1* kleine Pistole

T

Ter|ze|ro|ne [lat.] *m. 11* Nachkomme eines europiden und eines Mulatten-Elternteils
Ter|ze|ro|nin *f. 10* weibl. Terzerone
Ter|zett [ital.] *n. 1* Musikstück für drei Singstimmen oder gleiche Instrumente sowie die Ausführenden; vgl. Trio
Ter|zi|ar [lat.] *m. 1* Tertiarier
Ter|zi|ne [ital.] *f. 11* ital. Strophenform aus drei Zeilen mit dem Reimschema a b a, b c b, c d c
Te|sching *m. 1* Kleinkalibergewehr oder -pistole
Tes|la [nach dem amerik. Physiker Nikola T.] *n. Gen. - Pl. -* (*Zeichen:* T) Einheit der magnet. Flussdichte
Tes|sin **1.** *m. Gen. -s, Jägerspr.:* Fluss in der Schweiz; **2.** *n. Gen. -s* schweiz. Kanton
Tes|si|ner *m. 5*
Test [engl.] *m. 1 oder m. 9* Versuch, Probe, Untersuchung, Eignungsprüfung
Tes|ta|ment [lat.] *n. 1* **1.** letztwillige Verfügung, letzter Wille; **2.** Teil der Bibel; Altes, Neues T.
tes|ta|men|ta|risch durch Testament, letztwillig
Tes|ta|ments|er|öff|nung *f. 10*
Tes|ta|ments|voll|stre|cker *m. 5*
Tes|tat [lat.] *n. 1* Bescheinigung, schriftl. Bestätigung (bes. über den Besuch von Vorlesungen)
Tes|ta|tor *m. 13* **1.** jmd., der ein Testament gemacht hat, Erblasser; **2.** jmd., der ein Testat gegeben hat
Tes|ta|zee [-tseə, lat.] *f. 11* ein Wurzelfüßer mit Gehäuse, Schalenamöbe
Test|bild *n. 3* von Fernsehsendern gesendetes Bild zur Überprüfung des Empfangs
tes|ten [engl.] *tr. 2* durch Test untersuchen, erproben, prüfen
Tes|ter *m. 5* Material-, Warenprüfer
tes|tie|ren [lat.] *tr. 3* bescheinigen
Tes|tier|frei|heit *f. 10 nur Sg.* Recht, über sein Vermögen durch Testament frei zu verfügen
Tes|tie|rung *f. 10*
Tes|ti|mo|ni|um [lat.] *n. Gen. -s Pl. -ni|en* Zeugnis
Tes|tis [lat.] *m. Gen. - Pl. -tes* [-te:s], **Tes|ti|kel** *m. 5* Hoden
Tes|to|ste|ron *auch:* **Tes|tos|te|ron** [lat. + griech.] *n. 1 nur Sg.* ein männl. Geschlechtshormon
Test|pi|lot *m. 10*
Test|rei|he *f. 11*
Test|spiel *n. 1*
Tes|tung *f. 10*
Test|ver|fah|ren *n. 7*
Te|ta|nie [griech.] *f. 11 nur Sg.* schmerzhafter Muskelkrampf, Starrkrampf, Spasmophilie
te|ta|nisch starrkrampfartig
Te|ta|nus *m. Gen. - nur Sg.* = Wundstarrkrampf
Te|ta|nus|imp|fung *f. 10*
Tete [tɛt, frz.] *f. 11* Spitze (einer Marschkolonne); an der Tete marschieren
Tête-à-tête = **Tete-a-tete** [tɛtatɛt] *n. 9* trautes Beisammensein, Liebesstündchen

♦Die Buchstabenfolge **te|tr...** kann in Fremdwörtern auch **tet|r...** getrennt werden.

♦**te|tra..., Te|tra...** [griech.] *in Zus.:* vier..., Vier...
♦**Te|tra|chlor|koh|len|stoff** *m. 1 nur Sg.* eine farblose Flüssigkeit, hauptsächlich als Lösungsmittel verwendet
♦**Te|tra|chord** [-kɔrd, griech.] *m. 1 oder n. 1* Folge von vier Tönen einer Oktave, halbe Oktave
♦**Te|tra|de** *f. 11* aus vier Einheiten bestehendes Ganzes
♦**Te|tra|e|der** *m. 5 oder n. 5* von vier Dreiecken begrenzter Körper, Pyramide mit dreiseitiger Grundfläche; Vierflächner
♦**Te|tra|e|drit** *auch:* **Te|tra|ed|rit** *m. 1* ein Mineral, Fahlerz
♦**Te|tra|gon** *n. 1* Viereck
♦**te|tra|go|nal** viereckig
♦**Te|tra|lo|gie** *f. 11* **1.** *im altgriech. Theater:* Folge von drei Tragödien und einem Satyrspiel; **2.** aus vier selbständigen Teilen bestehendes Literaturwerk oder Musikdrama
♦**Te|tra|me|ter** *m. 5* Vers aus vier Versfüßen
♦**Te|tra Pak®** *auch:* **Te|tra|pak** *m. 9* beschichtete Einwegverpackung aus Pappe für Getränke
♦**Te|tra|po|de** *m. 11* Vierfüßer
♦**Te|trarch** *m. 10, Antike:* Herrscher über den vierten Teil eines Landes, Vierfürst
♦**Te|trar|chie** *f. 11* Herrschaftsgebiet eines Tetrarchen
♦**Te|tro|de** *f. 11* Elektronenröhre mit den vier Polen Anode, Kathode, Steuer- und Schirmgitter, Vierpolröhre

teu|er; ein teueres *oder:* teures Stück; teuere, teure Miete: *fälschl. für* hohe Miete; teuere, teure Zeiten *ugs.:* Zeiten, in denen alles sehr teuer ist
Teu|e|rung *f. 10*
Teu|e|rungs|ra|te *f. 11*
Teu|fe *f. 11, Bgb.:* Tiefe
Teu|fel *m. 5;* pfui T.!; zum T.!; jmdn. zum T. jagen *übertr. ugs.:* fortjagen; ich kümmere, *oder:* schere mich den T. darum *ugs.:* gar nicht
Teu|fe|lei *f. 10* niederträchtige Tat
Teu|fe|lin *f. 10*
Teu|fels|be|schwö|rung *f. 10*
Teu|fels|bra|ten *m. 7, ugs.* Satansbraten
Teu|fels|fin|ger *m. 5* = Belemnit
Teu|fels|kerl *m. 1* kühner, wagemutiger Kerl
Teu|fels|kreis *m. 1*
teu|fen *tr. 1, Bgb.:* graben
teuf|lisch
Teu|to|bur|ger Wald *m. Gen. - -es* dt. Mittelgebirge
Teu|to|ne *m. 11* Angehöriger eines german. Volksstammes
teu|to|nisch
Te|xa|ner *m. 5* Einwohner von Texas
te|xa|nisch
Te|xas (*Abk.:* TX) Staat der USA
Text [lat.] **1.** *m. 1* Wortlaut; Dichtung (zu einem Musikstück, z. B. Operntext); Bibelstelle (als Grundlage einer Predigt); **2.** *f. Gen. - nur Sg.* ein Schriftgrad, 20 Punkt
text|ba|siert auf Text, Schriftzeichen beruhend
Text|buch *n. 4*
Text|dich|ter *m. 5*
tex|ten *intr. 2* einen Schlager- oder Werbetext verfassen
Tex|ter *m. 5* Verfasser von Schlager- oder Werbetexten
Text|er|fas|sung *f. 10* Eingabe von Texten in die Datenverarbeitung
tex|til [lat.] zur Textiltechnik oder -industrie gehörig
Tex|til|che|mie *f. Gen. - nur Sg.*
tex|til|frei *ugs. scherzh.:* nackt
Tex|ti|li|en *Pl. Sammelbez. für* Gewebe, Kleidung, Wäsche
Tex|til|in|dus|trie *auch:* **Tex|til|in|dust|rie** *f. 11*
Tex|til|tech|nik *f. 10*
Text|kri|tik *f. 10* Prüfung eines literar. Textes auf seine Echtheit oder um die ursprüngl. Fassung zu ermitteln

T

text|kri|tisch
Text|lin|gu|is|tik *f. 10 nur Sg.* Teilgebiet der Sprachwissenschaft
Tex|tur [lat.] *f. 10* **1.** Gewebe, Faserung; **2.** Gefüge, Anordnung (der Teile in einem Stoff)
Tex|tu|ra *f. Gen. - nur Sg.* got. Schrift
Text|ver|ar|bei|tung *f. 10*
Te|zett *n., nur in den ugs. Wendungen* bis ins, bis zum T.: ganz genau, bis ins Letzte

> **T-förmig:** In der Bedeutung »in der Form des Großbuchstabens T« wird das *T* großgeschrieben und ein Bindestrich gesetzt: *die T-förmige Kreuzung.* § 40

T-för|mig in der Form des Großbuchstabens T
Th *chem. Zeichen für* Thorium
TH *Abk. für* Techn. Hochschule
Thai **1.** *m. 9 oder Gen. - Pl. -* Angehöriger einer Völkergruppe in Hinterindien und Südchina; Einwohner Thailands; **2.** *n. Gen. -(s) nur Sg.* siames. Sprache
Thai|land Staat in Hinterindien
Thai|län|der *m. 5*
thai|län|disch
Tha|la|mus *m. Gen. - Pl. -mi* Ansammlung grauer Substanz im Zwischenhirn, Nervenkerngebiet
tha|las|so|gen [griech.] durch die Tätigkeit des Meeres entstanden
Tha|las|so|gra|phie *auch:* **Tha|las|so|gra|fie** *f. 11 nur Sg.* Meereskunde
Tha|las|so|me|ter *n. 5* **1.** Meerestiefenmesser; **2.** Gezeitenmesser
Tha|les altgriech. Philosoph
Tha|lia *griech. Myth.:* Muse des Lustspiels, später des Theaters
Thal|li|um [griech.] *n. Gen. -s nur Sg.* (*Zeichen:* Tl) chem. Element, ein Metall
Thal|lo|phyt [griech.] *m. 10* eine Pflanze, die keine Wurzeln und Sprosse bildet, Lagerpflanze, z. B. Alge, Pilz, Flechte; *Ggs.:* Kormophyt
Thal|lus *m. Gen. - Pl. -li* Körper der Thallophyten
Tha|na|to|lo|gie [griech.] *f. 11* Lehre vom Tod, Sterbenskunde
The|a|ter [griech.] *n. 5* **1.** *Sammelbez. für* Schauspiel, Oper, Operette, Bühnentanz; **2.** Gebäude für deren Aufführungen, Schauspiel-, Opernhaus; **3.** Bühne; **4.** Gesamtheit der Bühnenwerke eines Volkes oder einer Epoche; **5.** *übertr. ugs.:* Aufhebens, Aufregung, Getue
The|a|ter|kas|se *f. 11*
The|a|ter|kri|tik *f. 10*
The|a|ter|stück *n. 1*
The|a|ter|vor|stel|lung *f. 11*
The|a|ter|wis|sen|schaft *f. 10 nur Sg.*
The|a|ti|ner [nach Theate, dem lat. Namen der ital. Stadt Chieti] *m. 5* Angehöriger eines kath. ital. Ordens
The|a|tra|lik *auch:* **The|at|ra|lik** [griech.] *f. Gen. - nur Sg.* unnatürliches, gespreiztes Benehmen
the|a|tra|lisch *auch:* **the|at|ra|lisch** **1.** zum Theater gehörend; **2.** *oft übertr.:* unnatürlich, in seinen Gefühlsäußerungen gespreizt
The|ba|ner *m. 5* Einwohner von Theben
the|ba|nisch
The|ben **1.** griech. Stadt; **2.** antike Stadt in Ägypten
The|is|mus [griech.] *m. Gen. - nur Sg.* Glaube an einen einzigen, persönlichen Gott, der die Welt erschaffen hat und lenkt; vgl. Deismus
The|ist *m. 10*
the|is|tisch
The|ke [griech.] *f. 11* Schanktisch; *auch:* Ladentisch
The|kla *auch:* **Thek|la** weibl. Vorname
The|le|ma [griech.] *n. Gen. -s Pl. -le|ma|ta, Philos.:* Wille
The|le|ma|tis|mus *m. Gen. - nur Sg.*
The|le|ma|to|lo|gie *f. 11 nur Sg.* = Voluntarismus
the|le|ma|to|lo|gisch
The|lis|mus *m. Gen. - nur Sg.* = Voluntarismus
the|lis|tisch
The|ma [griech.] *n. Gen. -s Pl. -men* **1.** Gegenstand, Stoff (einer Abhandlung, eines Vortrags usw.); **2.** Hauptmelodie (eines Musikstücks); **3.** Leit-, Grundgedanke
The|ma|tik *f. 10 nur Sg.* **1.** Themenkreis; **2.** Themenstellung; **3.** *Mus.:* Kunst der Ausführung eines Themas
the|ma|tisch zum Thema gehörig, es betreffend
the|ma|ti|sie|ren *tr. 3*
the|men|be|zo|gen
Theo männl. Vorname, *Kurzform von* Theodor
The|o|bro|min [griech.] *n. 1 nur Sg.* Alkaloid der Kakaobohne und des Tees, Heilmittel
The|o|di|zee [griech.] *f. 11* philosoph. Rechtfertigung Gottes, Versuch, den Glauben an Gott mit dem Vorhandensein des Bösen in der Welt in Einklang zu bringen
The|o|do|lit [arab.] *m. 10* Winkelmessgerät
The|o|dor männl. Vorname
The|o|gno|sie *auch:* **The|og|no|sie** [griech.], **The|o|gno|sis** *auch:* **The|og|no|sis** *f. Gen. - nur Sg.* Gotteserkenntnis
The|o|go|nie *f. 11, Myth.:* Auffassung, Lehre von der Abstammung der Götter
The|o|kra|tie *f. 11* Staatsform, bei der staatl. und kirchl. Gewalt vereinigt sind und der Herrscher als Vertreter Gottes betrachtet wird
the|o|kra|tisch
The|o|la|trie *auch:* **The|o|lat|rie** *f. 11* Gottesverehrung
The|o|lo|ge *m. 11* Wissenschaftler auf dem Gebiet der Theologie
The|o|lo|gie *f. 11, i. w. S.:* Lehre von den Religionen, Religionswissenschaft; *i. e. S.:* Lehre von der christl. Religion; katholische, evangelische, jüdische T.
the|o|lo|gisch
The|o|ma|nie *f. 11 nur Sg.* religiöser Wahnsinn
The|o|man|tie *f. 11* angebliche Weissagung durch göttliche Eingebung
the|o|man|tisch
the|o|morph in göttlicher Gestalt (auftretend, dargestellt)
The|o|pha|nie *f. 11* Gotteserscheinung
The|o|phyl|lin [griech.] *n. 1 nur Sg.* Alkaloid des Tees, Heilmittel zur Wasserausscheidung
The|or|be [ital.] *f. 11, Mus., 16.-18. Jh.:* größere Form der Basslaute mit 14-24 Saiten
The|o|rem [griech.] *n. 1, bes. Math.:* Lehrsatz
The|o|re|ti|ker *m. 5* jmd., der eine Sache gedanklich, begrifflich betrachtet oder untersucht, Wissenschaftler; *Ggs.:* Praktiker
the|o|re|tisch gedanklich, begrifflich; *Ggs.:* praktisch
the|o|re|ti|sie|ren *intr. 3* eine Sache nur von der gedanklichen, begrifflichen Seite betrachten

T

The|o|rie *f. 11* **1.** rein gedankliche Betrachtungsweise; *Ggs.:* Praxis; **2.** Lehre, Lehrmeinung; **3.** Zusammenschau, die möglichst viele Sachverhalte erklärt
the|o|rie|las|tig (zu sehr) von der Theorie bestimmt
The|o|soph [griech.] *m. 10* Vertreter der Theosophie
The|o|so|phie *f. 11* Lehre, nach der die Welt und ihr Sinn nur in mystischer Berührung mit Gott erfasst werden können
The|ra|peut [griech.] *m. 10* jmd., der eine Therapie anwendet, behandelnder Arzt
The|ra|peu|tik *f. 10 nur Sg.* Lehre von der Behandlung der Krankheiten
The|ra|peu|ti|kum *n. Gen.* -s *Pl.* -ka Heilmittel
the|ra|peu|tisch mit Hilfe einer Therapie
The|ra|pie *f. 11* Behandlung von Krankheiten
the|ra|pie|ren *tr. 3* ärztlich behandeln
The|re|sa, The|re|se weibl. Vorname
therm..., Therm... [griech.] *in Zus.* vgl. thermo..., Thermo...
ther|mal auf Wärme beruhend, durch sie bewirkt
Ther|mal|bad *n. 4* **1.** Bad von einer warmen Quelle; **2.** Ort mit warmer Quelle
Ther|mal|quel|le *f. 11* warme Quelle
Ther|me *f. 11* **1.** warme Quelle; **2.** *Pl., im antiken Rom:* öffentliche Bäder
Ther|mik *f. 10 nur Sg.* aufwärts strömende Warmluft
ther|misch auf Wärme beruhend
ther|mo..., Ther|mo... *in Zus.:* wärme..., Wärme...
Ther|mo|che|mie *f. Gen. - nur Sg.* Zweig der Chemie, der sich mit reaktionsbedingten Wärmemengen befasst
ther|mo|che|misch
Ther|mo|chro|mie [-kro-] *f. 11* Farbveränderung (von Stoffen) bei Temperaturveränderungen
Ther|mo|dy|na|mik *f. 10 nur Sg.* Lehre von den Beziehungen zwischen Wärme und Teilchenbewegung
ther|mo|dy|na|misch
ther|mo|e|lek|trisch *auch:* **ther|mo|e|lekt|risch**; thermoelektrischer Effekt: Umwandlung von Wärmeenergie in elektrische Energie
Ther|mo|e|lek|tri|zi|tät *auch:* **Ther|mo|e|lekt|ri|zi|tät** *f. 10 nur Sg.* durch Temperaturdifferenz hervorgerufene elektr. Spannung
Ther|mo|e|le|ment *n. 1* Gerät zum Messen von Temperaturdifferenzen
Ther|mo|graph *auch:* **Ther|mo|graf** *m. 10* Gerät zum selbsttätigen Aufzeichnen der Temperatur
Ther|mo|me|ter *n. 5* Gerät zum Messen der Temperatur
ther|mo|phil Wärme liebend
Ther|mo|phor *m. 1* Wärme speicherndes Gerät
Ther|mo|plast *m. 1* in Wärme formbarer Kunststoff
ther|mo|plas|tisch aus Thermoplast
Ther|mos|fla|sche® *f. 11* Gefäß zum Warm- oder Kühlhalten von Speisen und Getränken
ther|mo|sta|bil wärmebeständig
Ther|mo|stat *auch:* **Ther|mos|tat** *m. 10* Gerät, das die Temperatur in einem Raum in etwa gleich bleibender Höhe hält, Wärmeregler
the|sau|rie|ren [lat.] *tr. 3* **1.** ansammeln, anhäufen, horten (Geld, Gold u. a.); **2.** erwirtschaftete Gewinne erneut investieren
The|sau|rie|rung *f. 10* erneutes Investieren erwirtschafteter Gewinne
The|sau|rus [»Schatzhaus«] *m. Gen. - Pl.* -ri *oder* -ren Titel wissenschaftl. Sammlungen und großer Wörterverzeichnisse
The|se [griech.] *f. 11* Behauptung, Lehrsatz; vgl. Antithese, Synthese
The|seus griech. Sagengestalt, König von Athen
The|sis [griech.] *f. Gen. - Pl.* -sen **1.** *altgriech. Metrik:* betonter Teil des Taktes, Hebung; *Ggs.:* Arsis; **2.** *altröm. Metrik:* unbetonter Taktteil, Senkung; **3.** *moderne Metrik:* Hebung; **4.** *Mus.:* durch Senken der Hand (beim Dirigieren) gekennzeichneter, betonter Taktteil
Thes|pis mutmaßlicher Begründer der altathen. Tragödie (um 534 v. Chr.)
Thes|pis|kar|ren *m. 7, scherzh.:* Wanderbühne
Thes|sa|li|en Landschaft in Griechenland
Thes|sa|li|er *m. 5*
thes|sa|lisch
Thes|sa|lo|ni|cher|brief *m. 1, im NT:* Brief des Apostels Paulus an die Thessalonicher
Thes|sa|lo|ni|ki *griech. Form von* Saloniki
thes|sa|lo|nisch
The|ta *n. Gen.* -(s) *Pl.* -s (*Zeichen:* θ, Θ) griech. Buchstabe
The|tik [griech.] *f. 10 nur Sg.* Lehre von den Thesen oder dogmat. Lehren
the|tisch in der Art einer These
Thig|mo|ta|xis [griech.] *f. Gen. - Pl.* -xen, *bei Pflanzen und niederen Tieren:* Orientierungsbewegung nach einem Berührungsreiz
thig|mo|tak|tisch
Thing, Ding *n. 1* germanische Versammlung
Thing|platz *m. 2* Versammlungsplatz für das Thing
Thi|o|phen [griech.] *n. 1 nur Sg.* ringförmige Kohlenstoffverbindung mit einem Schwefelatom im Ring
Thi|o|plast *m. 1* ein kautschukähnlicher, schwefelhaltiger Kunststoff
Tho|los [griech.] *m. Gen. - Pl.* -loi altgriech., von Säulen umgebener Rundbau
Tho|ma|ner *m. 5* Mitglied des Thomanerchores
Tho|ma|ner|chor *m. Gen.* -(e)s *nur Sg.* Knabenchor der Thomaskirche in Leipzig
Tho|mas männl. Vorname
Tho|mas|kan|tor *m. 13* Leiter des Thomanerchores in Leipzig
Tho|mas|mehl *n. 1 nur Sg.* gemahlene Thomasschlacke, ein Düngemittel
Tho|mas|ver|fah|ren *n. 7 nur Sg.* ein Verfahren zur Stahlgewinnung
Tho|mas von A|quin ital. Theologe und Philosoph
Tho|mis|mus *m. Gen. - nur Sg.* Lehre des Thomas von Aquin
Tho|mist *m. 10*
tho|mis|tisch
Thor, Do|nar *german. Myth.:* Donnergott, Sohn Wotans
Tho|ra, To|ra [hebr. »Lehre«] *f. Gen. - nur Sg.* die fünf Bücher Mose
tho|ra|kal [griech.] zum Thorax gehörig, von ihm ausgehend
Tho|ra|ko|plas|tik *f. 10* chirurg. Verfahren zum Heilen von Lungentuberkulose mit Entfernung von Rippen

T

Tho|rax *m. 1* **1.** Brustkorb; **2.** *bei Gliederfüßern:* mittlerer Körperabschnitt
Tho|ri|um *n. Gen.* -s *nur Sg.* (*Zeichen:* Th) chem. Element
Thor|vald|sen, Thor|wald|sen, *Bertel* dän. Bildhauer
Thra|ker, Thra|zi|er *m. 5* Einwohner von Thrakien bzw. Thrazien
Thra|ki|en, Thra|zi|en *urspr. Bez. für* die Balkanhalbinsel, *später für* deren östl. Hälfte
thra|kisch, thra|zisch
Thril|ler [θrịl-, engl.] *m. 5* reißerischer, erregender Roman, Film u. Ä.
Thrips [griech.] *m. Gen.* - *Pl.* - Insekt mit Haftblasen an den Füßen, Blasenfüßer, Fransenflügler, Tausendflügler
Throm|bin [griech.] *n. 1 nur Sg.* Blutgerinnung bewirkendes Ferment
Throm|bo|se *f. 11* Blutgerinnung innerhalb eines Blutgefäßes, bes. einer Vene
Throm|bo|zyt *m. 10* Blutplättchen
Throm|bus *m. Gen.* - *Pl.* -ben Blutpfropf innerhalb eines Blutgefäßes, bes. einer Vene
Thron [griech.] *m. 1*
thro|nen *intr. 1*
Thron|er|be *m. 11*
Thron|fol|ge *f. 11*
Thron|fol|ger *m. 5*
Thron|prä|ten|dent *m. 10* jmd., der auf den Thron Anspruch erhebt
Thron|räu|ber *m. 5*
Thron|re|de *f. 11* Rede des Monarchen an das Parlament bei Eröffnung der Sitzungsperiode
Thron|saal *m. Gen.* -(e)s *Pl.* -sä|le
Thu|ja [griech.], *österr.:* **Thu|je** *f. Gen.* - *Pl.* -jen = Lebensbaum
Thu|le **1.** *Antike:* sagenhaftes nördlichstes Land der Erde; **2.** Eskimosiedlung im nordwestl. Grönland
Thu|li|um *n. Gen.* -s *nur Sg.* (*Zeichen:* Tm) chem. Element

T

Thunfisch/Tunfisch: Die fremdsprachige Form *Thunfisch* ist die Hauptvariante, die ins Deutsche integrierte Schreibweise *Tunfisch* die zulässige Nebenvariante. § 32 (2)

Thun|fisch *auch:* **Tun|fisch** [arab.-lat.] *m. 1* große Makrele
Thur|gau schweiz. Kanton
Thü|rin|gen dt. Bundesland
Thü|rin|ger *m. 5*
thü|rin|gisch
Thurn und Ta|xis dt., urspr. lombard. Fürstengeschlecht; Thurn-und-Taxis'sche Post
THW *n. nur Sg. Abk. für* Technisches Hilfswerk
Thy|mi|an [griech.] *m. 1* eine Gewürz- und Heilpflanze
Thy|mus [griech.] *m. Gen.* - *nur Sg.*
Thy|mus|drü|se *f. 11* hinter dem Brustbein liegende Drüse, Wachstumsdrüse, Bries
Thy|ris|tor [griech.] *m. 13* ein Halbleiterbauelement
Thyr|o|xin *auch:* **Thy|ro|xin** [griech.] *n. 1 nur Sg.* Hauptbestandteil des Schilddrüsenhormons
Thyr|sus [griech.] *m. Gen.* - *Pl.* -si, **Thyr|sus|stab** *m. 2* mit Weinlaub umwundener Stab des Gottes Dionysos und seines Gefolges
Ti *chem. Zeichen für* Titan (2)
Ti|a|ra [griech.] *f. Gen.* - *Pl.* -ren **1.** hohe, spitze Kopfbedeckung der altpers. Könige; **2.** dreireifige Krone des Papstes
Ti|bet **1.** Hochland in Innerasien; **2.** *m. 1* Fell eines nordchines. Schafes; **3.** *m. 1* Reißwolle aus Kammgarnlumpen
Ti|be|ter *m. 5,* **Ti|be|te|rin** *f. 10* Einwohnerin von Tibet
ti|be|tisch
Tick [ital.-frz.] *m. 9* **1.** zwanghaft in Abständen wiederholte Bewegung; **2.** *übertr. ugs.:* Angewohnheit, Schrulle, Klaps
ti|cken *intr. 1*
Ti|cket [engl.] *n. 9* Fahr-, Flug-, Eintrittskarte
Ti|de *f. 11, nddt.* **1.** Flut; **2.** *Pl.* Gezeiten
Ti|den|hub *m. Gen.* -s *nur Sg.* Höhenunterschied des Wasserstands im Wechsel der Gezeiten
Tie-Break *Nv.* **Tie|break** *Hv.* [taıbreık, engl.] *m. 9 oder n. 9, Tennis:* Satzverkürzung beim Stand 6:6, zur Vermeidung überlanger Wettspiele
tief; ich bedaure es aufs/auf das tiefste *oder:* Tiefste; *in Verbindung mit Verben:* tief betrüben, bewegen, empfinden, erschüttern, fühlen, gehen, sitzen, stehen; *aber:* → tiefstapeln; *in Verbindung mit Adjektiven oder Partizipien:* die tief betrübte Mutter; sie ist tief betrübt; die tief bewegten Zuhörer; sie waren tief bewegt; tief empfundene Worte; ich habe es tief empfunden; die tief erschütterten Zuschauer; sie waren tief erschüttert; ein tief gefühlter Dank; ein tief gehendes Gespräch; tief greifende Veränderungen; eine tief liegende Wunde; tief schürfende Analysen; eine (moralisch) tief stehende Person; eine tief verschneite Landschaft; *aber:* → tiefernst, tiefgefroren, → tiefgründig, → tiefsinnig
Tief *n. 9* **1.** *kurz für* Tiefdruckgebiet; **2.** Fahrrinne zwischen Sandbänken
Tief|aus|läu|fer *m. 5* Warm- oder Kaltfront eines Tiefdruckgebietes
Tief|bau *m. Gen.* -(e)s *nur Sg.*
Tief|bau|in|ge|ni|eur [-ʒənjøːr] *m. 1*
tief be|trübt (*alt:* tief|be|trübt)
tief be|wegt (*alt:* tief|be|wegt)
tief|blau
Tief|druck *m. 1* ein Druckverfahren, bei dem die druckenden Stellen vertieft in der Druckform liegen
Tief|druck|ge|biet *n. 1* Zone niedrigen Luftdrucks
Tief|druck|ver|fah|ren *n. 7* vgl. Tiefdruck
Tie|fe *f. 11*
Tief|e|be|ne *f. 11*

tief empfunden/greifend: Die Folge aus Adjektiv und Verb/Partizip schreibt man getrennt, wenn das Adjektiv steigerbar oder erweiterbar ist: *Das war eine (sehr) tief empfundene Klavierinterpretation. (Absolut) tief greifende Veränderungen stehen bevor.*
Ebenso: *eine tief verschneite Landschaft, tief gehende Überlegungen, ein tiefer gelegtes Fahrzeug.* § 34 E3 (3)
Aber: *tiefblau, tiefernst, tiefgefroren, tiefgekühlt, tiefgründig, tiefschwarz, tieftraurig.* § 34

tief emp|fun|den (*alt:* tief|emp|fun|den)
Tie|fen|be|strah|lung *f. 10*
Tie|fen|ge|stein *n. 1* in der Erdkruste erstarrtes Eruptivgestein
Tie|fen|psy|cho|lo|gie *f. 11 nur Sg.*
tie|fen|psy|cho|lo|gisch
Tie|fen|rausch *m. 2 nur Sg.* Benommenheit beim Tauchen in größere Tiefe

Tie|fen|schär|fe *f. 11 nur Sg.*
Tie|fen|wir|kung *f. 10*
tief|ernst
tief er|schüt|tert (*alt:* tief|er|schüttert)
Tief|flie|ger *m. 5*
Tief|flug *m. 2*
Tief|gang *m. 2 nur Sg.*
Tief|ga|ra|ge [-ʒə] *f. 11*

> **tiefgefroren, tiefernst:** Ist das Adjektiv in mehrgliedrigen Ausdrücken aus Adjektiv und Verb/Partizip nicht steigerbar oder erweiterbar, schreibt man zusammen: *tiefgefrorenes Fleisch.* § 33 (2)
> Zusammensetzungen mit bedeutungsverstärkendem ersten Bestandteil (Reihenbildung) schreibt man ebenfalls zusammen: *ein tiefernstes Gespräch.* Ebenso: *bitterkalt, erzkatholisch, ultrakonservativ* usw. § 36 (5)

tief|ge|fro|ren
tief ge|fühlt (*alt:* tief|ge|fühlt)
tief ge|hend (*alt:* tief|ge|hend)
tief|ge|kühlt; tiefgekühltes Fleisch; das Fleisch ist tiefgekühlt
tief grei|fend (*alt:* tief|grei|fend)
tief|grün|dig
Tief|grün|dig|keit *f. 10 nur Sg.*
Tief|kühl|tru|he *f. 11*
Tief|land *n. 1 oder n. 4*
tief lie|gend (*alt:* tief|lie|gend)
Tief|punkt *m. 1*
tief|rot
Tief|schlag *m. 2, Boxen:* Schlag unterhalb der Gürtellinie
Tief|schnee *m. Gen.* -s *nur Sg.*
tief schür|fend (*alt:* tief|schürfend)
Tief|see *f. 11*
Tief|see|for|schung *f. 10*
Tief|sinn *m. 1 nur Sg.*
tief|sin|nig
Tief|sin|nig|keit *f. 10 nur Sg.*
Tief|stand *m. 2*
Tief|sta|pe|lei *f. 10 nur Sg., ugs.*
tief|sta|peln *intr. 1, ugs.:* die eigenen Fähigkeiten und Kenntnisse als weniger bedeutend hinstellen, als sie in Wirklichkeit sind; ich stapele, staple tief
Tief|stap|ler *m. 5, ugs.*
Tief|start *m. 9* Start aus gebeugter Stellung
tief ste|hend (*alt:* tief|ste|hend)
Tief|strah|ler *m. 5*
Tiefst|tem|pe|ra|tur *f. 10*
Tief|ton *m. 2* schwächste Betonung (im Wort, im Satz); *Ggs.:* Hochton
tief|trau|rig
tief ver|schneit (*alt:* tief|verschneit)
Tie|gel *m. 5*
Tie|gel|druck|pres|se *f. 11*
Tier *n. 1*
Tier|arzt *m. 2*
tier|ärzt|lich
Tier|a|syl *n. 1* Heim, in dem herrenlose Tiere gepflegt werden
Tier|freund *m. 1*
Tier|gar|ten *m. 8*
Tier|ge|o|gra|phie *auch:* **Tier|ge|o|gra|fie** *f. 11 nur Sg.* Wissenschaft von der geograph. Verbreitung der Tiere, Zoogeographie
Tier|ge|schich|te *f. 11*
Tier|hal|ter *m. 5* jmd., der sich Tiere hält
Tier|heil|kun|de *f. 11 nur Sg.* = Veterinärmedizin
Tier|heim *n. 1*
tie|risch
Tier|kreis *m. 1 nur Sg.* Folge der zwölf Sternbilder auf der Ekliptik, Zodiakus
Tier|kreis|zei|chen *n. 7* Sternbild des Tierkreises
Tier|kult *m. 1*
Tier|kun|de *f. 11 nur Sg.* Zoologie
Tier|leh|rer *m. 5* = Dresseur
Tier|lie|be *f. 11 nur Sg.*
tier|lie|bend
Tier|me|di|zin *f. 10 nur Sg.* Veterinärmedizin
Tier|me|di|zi|ner *m. 5*
Tier|mehl *n. 1* aus tierischen Abfällen hergestelltes Mehl, das als Tierfutter dient
Tier|park *m. 9*
Tier|pfle|ger *m. 5*
Tier|psy|cho|lo|gie *f. 11 nur Sg.*
Tier|quä|le|rei *f. 10*
Tier|reich *n. 1 nur Sg.*
Tier|schutz *m. Gen.* -es *nur Sg.*
Tier|schutz|ver|ein *m. 1*
Tier|so|zi|o|lo|gie *f. 11 nur Sg.*
Tier|spra|che *f. 11*
Tier|ver|such *m. 1*
Tier|welt *f. 10 nur Sg.*
Tier|zucht *f. Gen. - nur Sg.*
Tif|fa|ny|lam|pe [tɪfənɪ-, nach dem amerik. Kunsthandwerker Louis Comfort Tiffany] *f. 11* Jugendstillampe mit aus bunten Glasstücken zusammengesetztem Schirm
Tif|lis s. **Tbi|lis|si**
Ti|fo|so *m. Gen. - Pl.* -si *ital. Bez. für* (Fußball-)Fan
tif|teln *intr. 1* s. **tüf|teln**
Ti|ger *m. 5*
Ti|ger|au|ge *n. 14* ein Mineral
Ti|ger|kat|ze *f. 11* eine Raubkatze
ti|gern **1.** *tr. 1* mit Streifen versehen; getigerter Stoff; **2.** *intr. 1, ugs.:* herumstreifen; durch die Stadt tigern
Til|bu|ry [-bəri, engl.] *m. 9* zweirädriger, einspänniger Wagen mit Klappverdeck
Til|de [lat.-span.] *f. 11* **1.** Zeichen (~) über einem Vokal zur Bez. der nasalen Aussprache, z. B. port. São, oder über dem n zur Bez. der mouillierten Aussprache, z. B. span. Señor [sɛnjor]; **2.** Zeichen für die Wiederholung eines Wortes oder Wortteiles
til|bar
Tilg|bar|keit *f. 10 nur Sg.*
til|gen *tr. 1*
Til|gung *f. 10*
Til|gungs|ra|te *f. 11*
Till, Til männl. Vorname, *Kurzform von* Tillman
Till|mann, Til|mann, Til|man männl. Vorname
Til|sit Stadt an der Memel; Tilsiter Käse
Tim, Timm männl. Vorname, *nddt. Kurzform von* Dietmar
Tim|bre *auch:* **Timb|re** [tɛ̃brə, frz.] *n. 9* Klangfarbe (der Singstimme)
tim|brie|ren [tɛ̃-] *tr. 3* mit einem bestimmten Timbre ausstatten; eine angenehm dunkel timbrierte Stimme
ti|men [taɪmən, engl.] *tr. 1* **1.** mit der Stoppuhr messen; **2.** eine Handlung, einen Vorgang timen: den richtigen Zeitpunkt, Einsatz dafür festlegen; ich time [taɪmə] es, er hat es getimt [-taɪmt]
Time-out [taɪmaut] *n. Gen.* -(s) *Pl.* -s, *Basketball, Volleyball:* Auszeit

> **Timesharing, Time-out:** Substantivisch gebrauchte Zusammensetzungen, bei denen der letzte Teil kein Substantiv ist, schreibt man zusammen: *das Timesharing.* § 37 (2)
> Man setzt einen Bindestrich in substantivisch gebrauchten Zusammensetzungen, die als Aneinanderreihungen verstanden werden: *das Time-out.* Ebenso: *das Make-up.* § 43

Time|sha|ring (*alt:* Time-sha|ring) [taɪmʃæ:rɪŋ] *n. Gen.* -(s) *nur Sg.*

T

Verfahren zur Durchführung des Mehrprogrammbetriebs eines Rechners
Ti|ming [taı-] *n. Gen.* -s *nur Sg.* das Aufeinanderabstimmen von Vorgängen, um den günstigsten Zeitpunkt für etwas festzulegen
Ti|mo männl. Vorname
Tim|pa|no [griech.-ital.] *m. Gen.* -s *Pl.* -ni *meist Pl.* Kesselpauke
tin|geln *intr.* auf Jahrmärkten, in Varietees u. Ä. auftreten
Tin|gel|tan|gel *n. 9* Tanzlokal oder Varietee niederen Ranges
tin|gie|ren [lat.] *tr. 3, Chem.:* färben
Tin|gue|ly [tε̃gəli], *Jean* schweiz. Bildhauer
Tink|ti|on *f. 10, Chem.:* Färbung
Tink|tur *f. 10* Auszug aus einem pflanzlichen oder tierischen Stoff
Tin|nef [jidd.] *m. 9 nur Sg., ugs.* **1.** wertloses Zeug, Schund; **2.** Unsinn, dummes Zeug
Tin|ni|tus [lat.] *m. Gen.* - *Pl.* -, *Med.:* mit Ohrgeräuschen verbundene Krankheit
Tin|te *f. 11*
tin|ten|blau
Tin|ten|fass (*alt:* Tin|ten|faß) *n. 4*
Tin|ten|fisch *m. 1*
Tin|ten|fleck *m. 1*
Tin|ten|klecks *m. 1*
Tin|ten|ku|li *m. 9* Kugelschreiber
Tin|ten|stift *m. 1*
tin|tig **1.** wie Tinte; **2.** voller Tinte
Tin|to|ret|to ital. Maler
Tip (*alt für:* Tipp) *m. 9*
Ti|pi [indian.] *n. 9* spitzes Zelt der nordamerik. Prärieindianer; vgl. Wigwam
Ti|pi|ta|ka *n. Gen.* - *nur Sg.* s. **Tri|pi|ta|ka**

> **Tipp:** Dem Stammprinzip (*tippen*) folgend wird auch das Substantiv mit einem Doppelkonsonanten geschrieben: *der Tipp, die Tipps, der Tippfehler*.

Tipp [engl.] *m. 9* Wink, Hinweis
Tip|pel *m. 5, österr. ugs.:* Beule, *norddt.:* Punkt
Tip|pel|bru|der *m. 6, ugs.:* Landstreicher
Tip|pe|lei *f. 10 nur Sg.*
tip|peln *intr. 1, ugs.:* zu Fuß gehen
tip|pen **1.** *intr. u. tr. 1* leicht berühren; jmdn. *oder:* jmdm. auf die Schulter tippen; **2.** *tr. 1* auf der Maschine schreiben; **3.** *intr. 1* im Lotto oder Toto spielen, wetten; **4.** *intr. 1* ich tippe darauf, dass ...: ich vermute
Tip|pett, *Michael* brit. Komponist
Tipp-Ex® *n. Gen.* - *nur Sg.* Korrekturflüssigkeit, meist weiß
Tipp|feh|ler *m. 5*
Tipp|fräu|lein *n. 7, ugs., scherzh.*
Tipp|ge|mein|schaft *f. 10* Gruppe, die sich bei Lotterien Einsatz und Gewinn teilt
Tipp|se *f. 11, ugs., abwertend:* Maschinenschreiberin
tipp|topp *unbeugbar, ugs.:* einwandfrei, tadellos; das ist t.; das hat er t. gemacht
Tipp|zet|tel *m. 5* Wett-, Lotto-, Totoschein
Ti|ra|de [ital.] *f. 11* **1.** Wortschwall, Redeerguss; **2.** *Mus.:* Lauf schnell aufeinander folgender Töne
Ti|ra|mi|su *n. Gen.* - *nur Sg.* ital. Süßspeise aus Löffelbiskuits mit Espresso, Amaretto, Eigelb, Mascarpone und Kakaopulver
Ti|ra|na Hauptstadt von Albanien
ti|ri|li!
ti|ri|lie|ren *intr. 3* pfeifen, singen (Vögel)
Ti|rol Land in Österreich
Ti|ro|ler *m. 5*
ti|ro|le|risch *veraltet für* tirolisch
Ti|ro|li|enne [-ljẹn, frz.], Ty|ro|li|enne *f. 11* auf Tiroler Liedern beruhender Rundtanz
ti|ro|lisch
ti|ro|ni|sche No|ten (*alt:* Ti|ro|ni|sche No|ten) *Pl.* von dem Freigelassenen Tiro, dem Sekretär Ciceros, entwickeltes Kurzschriftsystem
Tisch *m. 1;* bei, nach, vor Tisch: bei, nach dem, vor dem Essen; bitte zu Tisch!; vgl. grün
Tisch|da|me *f. 11*
Tisch|de|cke *f. 11*
Tisch|gast *m. 2*
Tisch|herr *m. Gen.* -n *Pl.* -en
Tisch|kar|te *f. 11*
Tisch|lein|deck|dich *n. Gen.* - *Pl.* -
Tisch|ler *m. 5*
Tisch|le|rei *f. 10*
tisch|lern *intr. 1* als Tischler arbeiten (bes. aus Liebhaberei)
Tisch|re|de *f. 11*
Tisch|rü|cken *n. Gen.* -s *nur Sg.* Praktik im Spiritismus
Tisch|sit|ten *Pl.*
Tisch|ten|nis *n. Gen.* -s *nur Sg.*
Tisch|wein *m. 1*
Tisch|zeit *f. 10*
Ti|tan [griech.] **1.** *m. 10, griech. Myth.:* Angehöriger eines Riesengeschlechts; *allg.:* Riese; **2.** *n. Gen.* -s *nur Sg.* (*Zeichen:* Ti) chem. Element, ein Metall
ti|ta|nen|haft
Ti|ta|nic [taıtænık] *f. Gen.* - *nur Sg.* engl. Schnelldampfer, der 1912 aufgrund eines Zusammenstoßes mit einem Eisberg sank
Ti|ta|ni|de *m. 1* Nachkomme der Titanen
ti|ta|nisch riesenhaft
Ti|ta|nit *m. 1* ein Mineral, Sphen
Ti|ta|no|ma|chie [-xi] *f. 11* Kampf zwischen Zeus und den Titanen
Ti|tan|weiß *n. Gen.* - *nur Sg.* eine weiße Anstrichfarbe
Ti|tel [auch: tị-, griech.] *m. 5* **1.** Überschrift; **2.** Amts-, Dienstbezeichnung, ehrenvolle Bez. für jmdn., der sich besondere Verdienste erworben hat
Ti|tel|bild *n. 3*
Ti|tel|blatt *n. 4*
Ti|te|lei *f. 10* dem Text eines Buches vorausgehende Seiten
Ti|tel|ge|schich|te *f. 11* Beitrag, der auf der Titelseite einer Zeitung angekündigt ist
Ti|tel|held *m. 10*
Ti|tel|hel|din *f. 10*
Ti|tel|kampf *m. 2, Sport:* Wettkampf um einen Siegertitel
Ti|tel|kup|fer *n. 5, in älteren Büchern:* Kupferstich als Titelbild
ti|teln *tr. 1;* die Zeitung titelt mit Riesenschlagzeilen
Ti|tel|rol|le *f. 11* Bühnenfigur, deren Name mit dem Titel des Bühnenstücks übereinstimmt
Ti|tel|schutz *m. Gen.* -es *nur Sg.* gesetzl. Schutz für einen Buch-, Zeitungs- oder Zeitschriftentitel
Ti|tel|sei|te *f. 11*
Ti|tel|ver|tei|di|ger *m. 5* Sportler, der einen Meistertitel im neuen Wettkampf aufs Spiel setzt (auch für Mannschaften gebraucht)
Ti|ter [frz.] *m. 5* **1.** in Gramm je Liter angegebener Gehalt von gelöstem Stoff in einer Lösung; **2.** Maßbez. für die Feinheit von Textilfasern
Ti|tra|ti|on *auch:* **Tit|ra|ti|on** *f. 10* Bestimmung des Titers
Ti|trier|a|na|ly|se *auch:* **Tit|rier|a|na|ly|se** *f. 11* Maßanalyse
ti|trie|ren *auch:* **tit|rie|ren** *tr. 3* den Titer feststellen
Ti|tri|me|trie *auch:* **Tit|ri|met|rie** *f. 11* = Maßanalyse

tit|schen *tr. 1, ugs.* **1.** unter Wasser drücken (beim Schwimmen); **2.** eintauchen, in den Kaffee tauchen
Tit|te *f. 11, vulg.:* weibl. Brust
Ti|tu|lar [lat.] *m. 1* jmd., der ein Amt nur dem Titel nach innehat, z. B. Titularbischof
Ti|tu|la|tur *f. 10* Anrede mit allen Titeln
ti|tu|lie|ren *tr. 3* mit dem Titel anreden, *auch übertr.:* mit Schimpfwörtern
Ti|tu|lie|rung *f. 10*
Ti|tu|lus *m. Gen. - Pl.* -li, *MA:* Bildunterschrift, meist in Versform
Ti|vo|li [-vo-, nach der ital. Stadt T.] *n. 9* **1.** Vergnügungspark; **2.** ital. Kugelspiel
Ti|zi|an (eigtl. Tiziano Vecelli) ital. Maler
ti|zi|an|rot [nach Tizian] golden purpurrot
Tjalk [ndrl.] *f. 10* einmastiges Küstensegelboot
tkm *Abk. für* Tonnenkilometer
Tl *chem. Zeichen für* Thallium
TL *Abk. für* türk. Pfund (Lira)
Tm *chem. Zeichen für* Thulium
Tme|sis [griech.] *f. Gen. - Pl.* -sen Trennung von eigentlich zusammengehörigen Wörtern, z. B. ich erkenne es an, ich sah ihn bald wieder
TN *Abk. für* Tennessee (2)
TNT *Abk. für* Trinitrotoluol
Toast [tost, engl.] *m. 1* **1.** geröstete Weißbrotscheibe; **2.** Trinkspruch; einen Toast auf jmdn. ausbringen
Toast|brot [tost-] *n. 1*
toas|ten [tos-] **1.** *tr. 2* rösten (Weißbrot); **2.** *intr. 2* einen Trinkspruch ausbringen
Toas|ter [tos-] *m. 5* Brotröster
To|bak *m. 1, veraltet, nur noch in den scherzh. Wendungen* Anno Tobak *und* starker Tobak: derber Ausdruck, derber Witz, Zumutung
To|bel *m. 5, süddt., österr., schweiz.:* Waldschlucht
to|ben *intr. 1*
To|bi|as männl. Vorname
To|bog|gan [indian.-engl.] *m. 9* **1.** kanad. Schlitten ohne Kufen; **2.** *auf Jahrmärkten:* Förderband mit anschließender Rutschbahn
Tob|sucht *f. Gen. - nur Sg.*
tob|süch|tig
Tob|suchts|an|fall *m. 2*
Toc|ca|ta [ital.], Tok|ka|ta *f. Gen. - Pl.* -ten frei gestaltetes, bewegtes Musikstück
Toch|ter *f. 6*
Töch|ter|chen *n. 7*
Toch|ter|ge|ne|ra|ti|on *f. 10, Biol.:* Nachkommengeneration, Filialgeneration
Toch|ter|ge|schwulst *f. 2, Med.:* Metastase
Toch|ter|ge|sell|schaft *f. 10*
Töch|ter|lein *n. 7*
töch|ter|lich
Toch|ter|mann *m. 4, veraltet für* Schwiegersohn
Toch|ter|spra|che *f. 11* Sprache, die sich aus einer anderen Sprache entwickelt hat
Tod *m. 1*
tod|blass (*alt:* tod|blaß) vgl. totenblass
tod|bleich vgl. totenbleich
tod|brin|gend
Tod|dy [Hindi] *m. 9* **1.** Palmwein; **2.** grogähnliches Getränk
tod|ernst
To|des|angst *f. 2*
To|des|an|zei|ge *f. 11*
To|des|art *f. 10*
To|des|er|klä|rung *f. 10*
To|des|fall *m. 2*
To|des|furcht *f. Gen. - nur Sg.*
To|des|ge|fahr *f. 10*
To|des|jahr *n. 1*
To|des|kampf *m. 2 nur Sg.*
To|des|kan|di|dat *m. 10*
to|des|mu|tig
To|des|not *f. 2*
To|des|op|fer *n. 5*
To|des|stoß *m. 2*
To|des|stra|fe *f. 11*
To|des|strei|fen *m. 7* (Grenz-)Gebiet, in dem der Aufenthalt verboten und mit Todesgefahr verbunden ist
To|des|stun|de *f. 11*
To|des|tag *m. 1*
To|des|trieb *m. 1 nur Sg., Tiefenpsych.*
To|des|ur|sa|che *f. 11*
To|des|ur|teil *n. 1*
To|des|ver|ach|tung *f. 10 nur Sg.*
to|des|wür|dig
Tod|feind *m. 1; veraltet, prädikativ;* sie sind sich Todfeind
tod|ge|weiht
tod|krank; *aber:* er ist auf den Tod krank
töd|lich
tod|mü|de
tod|schick *ugs.*
tod|si|cher
Tod|sün|de *f. 11*
tod|trau|rig
tod|un|glück|lich
tod|wund
Toe|loop (*alt:* Toe-loop) [tu̲lu:p, engl.] *m. Gen.* -(s) *Pl.* -s Drehsprung im Eis- und Rollkunstlauf
Töff *n. 9 oder m. 9, schweiz.:* Motorrad
Tof|fee [-fi:, engl.] *n. 9* weiches Sahnebonbon
Tof|fel, Töf|fel *m. 5, ugs.:* einfältiger Mensch
Töff|töff *n. 9, ugs. scherzh.:* kleines Auto
To|fu [jap.] *m. Gen.* -(s) *nur Sg.* weißgraue, quarkähnliche Sojabohnenpaste (als Brotaufstrich, in der fleischlosen Küche)
To|ga [lat.] *f. Gen. - Pl.* -gen, *im alten Rom:* weites Obergewand für Männer
To|go Staat in Westafrika
To|go|er *m. 5,* **To|go|le|se** *m. 11* Einwohner von Togo
to|go|isch, to|go|le|sisch
To|hu|wa|bo|hu [hebr.] *n. 9* Durcheinander, Wirrwarr
To|i|let|te [toa-, frz.] *f. 11* **1.** Frisiertisch, Spiegeltisch; **2.** festliche Kleidung; **3.** Abort, Klosett; **4.** *nur Sg.* das Ankleiden und Frisieren; T. machen
To|i|let|ten|ar|ti|kel [toa-] *m. 5*
To|i|let|ten|pa|pier [toa-] *n. 1*
toi, toi, toi! *ugs.:* unberufen!
To|ka|dil|le [-dijə, span.] *n. Gen.* -s *nur Sg.* ein Brettspiel
To|kai|er, To|ka|jer [auch: to-, nach der ung. Stadt Tokaj] *m. 5* ein ung. Süßwein
To|kio Hauptstadt von Japan
To|ki|o|er *m. 5,* **To|ki|o|ter** *m. 5* Einwohner von Tokio
to|ki|o|isch, to|ki|o|tisch
Tok|ka|ta *f. Gen. - Pl.* -ten s. **Toc|ca|ta**
To|ko|go|nie [griech.] *f. 11* geschlechtl. Fortpflanzung
To|lar *m. Gen.* -(s) *Pl.* -(s) (*Abk.:* SIT) Währungseinheit in Slowenien, 100 Stotin
Töle *f. 11, nddt., häufig abwertend:* Hund
To|le|da|ner *m. 5* Einwohner von Toledo
To|le|do Stadt in Spanien
to|le|rant [lat.] duldsam, nachsichtig; *Ggs.:* intolerant
To|le|ranz **1.** *f. 10 nur Sg.* Duldsamkeit, Nachsicht; *Ggs.:* Intoleranz; **2.** *f. 10* zulässige Abweichung

To|le|ranz|be|reich *m. 1*

To|le|ranz|do|sis *f. Gen. - Pl.* -sen für den Menschen zulässige Dosis an radioaktiver Strahlung

To|le|ranz|gren|ze *f. 11*

to|le|rie|ren *tr. 3* gewähren lassen

toll

toll|dreist

Tol|le *f. 11* Locke, Haarbüschel

tol|len *intr. 1*

Toll|haus *n. 4, veraltet:* Irrenhaus

Toll|häus|ler *m. 5*

Toll|heit *f. 10*

Toll|kir|sche *f. 11* ein Nachtschattengewächs mit giftigen Beeren

toll|kühn

Toll|kühn|heit *f. 10 nur Sg.*

> **Tollpatsch:** Dem Stammprinzip folgend wird das Wort volksetymologisch auf das Adjektiv *toll* bezogen. Deshalb wird jetzt *Tollpatsch* (-*ll*-) geschrieben.

Toll|patsch [ung.] *m. 1* ungeschickter Mensch

toll|pat|schig

Toll|wut *f. Gen. - nur Sg.* auf den Menschen übertragbare, sehr gefährliche Tierkrankheit

toll|wü|tig

Tol|patsch (*alt für:* Toll|patsch) *m. 1*

tol|pat|schig (*alt für:* toll|pat|schig)

Töl|pel *m. 5* **1.** einfältiger Mensch; **2.** ein gänsegroßer Seevogel

töl|pel|haft

Tols|toi, Tols|toj, *Lew (Leo)* russ. Schriftsteller

Tol|te|ke *m. 11* Angehöriger eines altmexikan. Kulturvolkes

tol|te|kisch

To|lu|bal|sam [nach der kolumbian. Stadt Tolú] *m. 1* aus einer südamerik. Pflanze gewonnenes Heil-, Räucher- und Kosmetikmittel

To|lu|i|din *n. 1 nur Sg.* ein Toluolabkömmling (für Farbstoffsynthesen u. a.)

To|lu|ol *n. 1 nur Sg.* ein aromat. Kohlenwasserstoff, Methylbenzol

Tom. *Abk. für* Tomus

To|ma|hawk [tɔməhɔ:k, indian.-engl.] *m. 9* Streitaxt der nordamerik. Indianer

To|ma|te [mexikan. Indianerspr.] *f. 11*

To|ma|ten|ketch|up *Nv.* **To|ma|ten|ket|schup** *Hv.* [-kɛtʃʌp] *m. 9 oder n. 9*

To|ma|ten|mark *n. Gen.* -s *nur Sg.*

to|ma|ten|rot

Tom|bak [siames.] *m. 9 nur Sg.* Kupfer-Zink-Legierung (für unechten Schmuck)

tom|ba|ken mit Tombak überzogen

Tom|bo|la [ital.] *f. Gen. - Pl.* -s *oder* -len, *bei Festen:* Verlosung

Tom|my [engl. Koseform von Thomas] *m. 9, scherzh. Bez. für:* brit. Soldat

To|mo|gra|phie *auch:* **To|mo|gra|fie** [griech.] *f. 11* schichtweises Röntgen

Ton 1. *m. 1* ein feinkörniges Mineralaggregat; **2.** *m. 2* Klang, Laut; den Ton angeben *übertr.:* maßgebend sein

Ton|ab|neh|mer *m. 5*

to|nal *Mus.:* auf den Grundton einer Tonart (die Tonika) bezogen; *Ggs.:* atonal

To|na|li|tät *f. 10 nur Sg., Mus.*

ton|an|ge|bend

Ton|art *f. 10*

Ton|aus|fall *m. 2*

Ton|band *n. 4*

Ton|band|auf|nah|me *f. 11*

Ton|band|ge|rät *n. 1*

Ton|dich|ter *m. 5* Komponist

Ton|dich|tung *f. 10* Komposition

Ton|do [ital.] *n. Gen.* -s *Pl.* -s *oder* -di rundes Gemälde oder Relief

tö|nen 1. *intr. 1* klingen; **2.** *tr. 1* schwach farbig machen, schattieren

To|ner *m. 5* **1.** Farbe angebende Baueinheit in elektrofotograf. Entwicklern, z. B. in Fotokopiergeräten; **2.** Druckfarbpulver für elektrofotograf. Entwickler

Ton|er|de *f. 11;* essigsaure T.

tö|nern aus Ton

Ton|fall *m. 2*

Ton|film *m. 1*

Ton|ga, Ton|ga|in|seln *Pl.* Staat in der Südsee

Ton|ge|schlecht *n. 3* jede der beiden Gattungen der Tonarten, Dur bzw. Moll

Ton|hö|he *f. 11*

To|nic, To|nic|wa|ter [-wɔ:tə(r), engl.] *n. Gen.* -s *Pl.* -s mit Chinin und Kohlensäure versetztes Mineralwasser

to|nig 1. wie Ton (1); **2.** satt, weich in der Farbe

To|ni|ka [ital.] *f. Gen. - Pl.* -ken Grundton (einer Tonleiter)

To|ni|ka-Do-Me|tho|de *f. 11 nur Sg.* Methode des Gesangsunterrichts, bei der nach Solmisationssilben gesungen wird

To|ni|kum [griech.] *n. Gen.* -s *Pl.* -ka stärkendes Arzneimittel

to|nisch 1. *Mus.:* auf der Tonika aufgebaut; **2.** *Med.:* stärkend; tonisches Mittel: Tonikum

to|ni|sie|ren *tr. 3, Med.:* stärken

Ton|ka|me|ra *f. 9* Kamera zur Aufnahme von Tönen auf einen Film

Ton|kopf *m. 2* Aufnahme- bzw. Wiedergabeteil beim Tonbandgerät

Ton|kunst *f. 2 nur Sg.* Musik

Ton|künst|ler *m. 5* Komponist

Ton|lei|ter *f. 11*

ton|los

Ton|ma|le|rei *f. 10* Nachahmung von außermusikal. Tönen durch Musik

Ton|meis|ter *m. 5, Film:* Techniker, der die Tonbänder mit Sprache, Musik und Geräuschen aufeinander abstimmt

Ton|na|ge [-ʒə, frz.] *f. 11* in Registertonnen gemessener Rauminhalt (von Schiffen)

Tönn|chen *n. 7*

Ton|ne *f. 11* **1.** Fass; **2.** (*Abk.:* t) Maßeinheit des Gewichts, 1000 kg

Ton|nen|ge|wöl|be *n. 5*

Ton|nen|ki|lo|me|ter *n. 5* (*Abk.:* tkm), *im Gütertransportverkehr:* Maßeinheit für die Arbeitsleistung, Produkt aus Gewicht und Weg

ton|nen|wei|se

...ton|ner *m. 5, in Zus.:* Lastwagen mit einem bestimmten, in Tonnen gemessenen Ladegewicht, z. B. Zweitonner; *in Ziffern:* 2-Tonner

ton|sil|lar [lat.] zu den Tonsillen gehörig, von ihnen ausgehend

Ton|sil|le *f. 11 meist Pl.* vgl. Mandel (3)

Ton|sill|ek|to|mie *auch:* **Ton|sil|lek|to|mie** *f. 11* operative Entfernung der Tonsillen

Ton|sil|li|tis *f. Gen. - Pl.* -ti|den Mandelentzündung

Ton|sil|lo|to|mie *f. 11* operatives Kappen der Tonsillen

Ton|spur *f. 10, Film:* Aufzeichnung des Tons auf dem Filmstreifen neben den Bildern

Ton|stück *n. 1* Musikstück

Ton|sur [lat.] *f. 10* runde, geschorene Stelle auf dem Kopf von Mönchen

ton|su|rie|ren *tr. 3* mit einer Tonsur versehen
Ton|tau|be *f. 11* in die Luft geworfene Tonscheibe (als Ziel beim Wettschießen)
Ton|tau|ben|schie|ßen *n. Gen. -s nur Sg.*
Ton|trä|ger *m. 5*
Tö|nung *f. 10*
To|nus [griech.] *m. Gen. - nur Sg.* Spannungszustand (von Muskeln)
top *ugs.:* hervorragend
Top [engl.] *n. 9, Kleidung:* Oberteil ohne Ärmel; vgl. Topp
TOP *kurz für* Tagesordnungspunkt
To|pas [griech.] *m. 1* ein Mineral, ein Edelstein
to|pa|sen aus Topas, wie Topas
Topf *m. 2*
Topf|blu|me *f. 11*
Töpf|chen *n. 7*
top|fen *tr. 1, ugs.:* aufs Töpfchen setzen (Kind)
Top|fen *m. 7 nur Sg., süddt., österr.:* Quark
Top|fen|stru|del *m. 5*
Töp|fer *m. 5*
Töp|fe|rei *f. 10*
Töp|fer|markt *m. 2*
töp|fern *intr. 1* als Töpfer arbeiten (bes. aus Liebhaberei); ich töpfere, töpfre
Töp|fer|schei|be *f. 11*
Töp|fer|wa|re *f. 11*
Top|form *f. 10, Sport:* beste körperl. Verfassung
Topf|gu|cker *m. 5* jmd., der neugierig in Kochtöpfe schaut
top|fit [engl.] *Sport:* in bester körperlicher Verfassung; ich fühle mich topfit
Topf|ku|chen *m. 7* Napfkuchen
Topf|pflan|ze *f. 11*
Topf|schla|gen *n. Gen. -s nur Sg.* ein Kinderspiel
To|pik [griech.] *f. 10 nur Sg.* **1.** *griech. Rhetorik:* Lehre von den Topoi; vgl. Topos; **2.** *veraltet:* Lehre von der Wort- und Satzstellung
to|pisch [griech.] *Med.:* äußerlich (wirkend)
top|less [engl.] busenfrei
Top|ma|nage|ment [-mænɪdʒmənt, engl.] *n. 9* oberste Leitung (eines Unternehmens)
Top|ma|na|ger [-mænɪdʒə(r)] *m. 5* Führungskraft an der Spitze eines Großunternehmens
Top|mo|del [-mɔdəl] *n. 9* besonders erfolgreiches Fotomodell
to|po..., To|po... [griech.] *in Zus.:* orts..., Orts...
To|po|graph *auch:* **To|po|graf** *m. 10* Vermessungsingenieur

Topographie/Topografie: Die fremdsprachige Schreibweise *Topographie* ist die Hauptvariante, die ins Deutsche integrierte Form *Topografie* die zulässige Nebenvariante. Ebenso: *topographisch/topografisch*. § 32 (2)

To|po|gra|phie *auch:* **To|po|gra|fie** *f. 11* Ortskunde, Lagebeschreibung
to|po|gra|phisch *auch:* **to|po|gra|fisch**
To|poi *Pl. von* Topos
To|po|lo|gie *f. 11, Geometrie:* Lehre von der Anordnung von Punktmengen
Top|o|no|mas|tik *auch:* **To|po|no|mas|tik** *f. 10 nur Sg.* Ortsnamenkunde
To|pos *m. Gen. - Pl. -poi* **1.** *antike Rhetorik:* allg. anerkannter Gesichtspunkt, Redewendung; **2.** *Literaturwiss.:* feste Formel oder Wendung
Topp [ndrl.] *m. 1, Seew.:* oberes Ende des Mastes; vgl. Top
topp! abgemacht!
top|pen [engl.] *tr. 1* **1.** Benzin t.: durch Destillation vom Rohöl trennen; **2.** Rahen t.: mit einem am Mast befestigten Tau höher oder tiefer stellen
Topp|flag|ge *f. 11*
Topp|licht *n. 3*
Topp|se|gel *n. 5*

topsecret: Bildungen aus bedeutungsverstärkendem ersten Bestandteil (*top-*) und einem Adjektiv schreibt man zusammen: *topsecret*. Ebenso: *hyperkorrekt, extrastark*. § 36 (5)

top|se|cret *auch:* **top|sec|ret** (*alt:* top-se|cret) [tɔpsiːkrɪt, engl.] streng geheim
Top|spin [engl.] *m. Gen. -(s) Pl. -s, (Tisch-)Tennis* **1.** starker Vorwärtsdrall eines Balles; **2.** der den Drall verursachende Schlag
Top|star [engl.] *m. 9, ugs.:* bes. beliebter Filmstar
Top|ten *auch:* **Top Ten** (*alt:* Top - ten) *nur Pl.*
Toque [tɔk, frz.] *f. 9, 16. Jh.:* kleiner, barettartiger Hut
Tor **1.** *n. 1;* **2.** *m. 10* törichter, einfältiger Mensch
To|ra *f. Gen. - nur Sg.* s. **Tho|ra**
Tord|alk *m. 12 oder m. 1* nordatlant. Seevogel
Tor|bo|gen *m. 7, süddt.: m. 8*
tor|die|ren *tr. 3* verdrehen; vgl. Torsion
To|re|a|dor [span.] *m. 1 oder m. 10* berittener Stierkämpfer
Tor|ein|fahrt *f. 10*
To|re|ro *m. 9* Stierkämpfer (zu Fuß)
To|reut [griech.] *m. 10* Kunsthandwerker, der Metalle ziseliert, treibt u. a.
To|reu|tik *f. Gen. - nur Sg.* künstlerische Metallbearbeitung
Torf *m. Gen. -(e)s nur Sg.* Boden aus unvollständig zersetzten Pflanzenresten
Torf|er|de *f. 11 nur Sg.*
tor|fig aus Torf, wie Torf
Torf|moor *n. 1*
Torf|mull *m. Gen. -s nur Sg.* getrockneter Torf
Tor|heit *f. 10*
Tor|hü|ter *m. 5, Sport:* Torwart
tö|richt
tö|rich|ter|wei|se
Tö|rin *f. 10*
Tor|kel *m. 5 oder f. 11, südwestdt.:* Weinkelter
tor|keln *intr. 1* schwankend gehen; ich torkele, torkle
Tor|kret® [lat.] *m. 1 nur Sg.* Spritzbeton
tor|kre|tie|ren *tr. 3* mit Torkret verputzen
Törl *n. Gen. -s Pl. -, österr.:* Felsendurchgang, Gebirgspass
Tor|lauf *m. 2* = Slalom
Tor|men|till [lat.] *n. Gen. -s nur Sg.* **1.** eine Heilpflanze, Blutwurz; **2.** aus deren Wurzel gewonnenes Heilmittel
Törn *m. 9* **1.** *Segelsport:* Rundfahrt, Ausflug; vgl. Turn; **2.** *Seew.:* Tauschlinge
Tor|na|do [span.] *m. 9* Wirbelsturm im südlichen Nordamerika
Tor|nis|ter [slaw.] *m. 5* Ranzen (bes. der Soldaten); *auch:* Schulranzen
To|ro [tɔ-, span.] *m. 9* Stier
tor|pe|die|ren [lat.] *tr. 3* **1.** mit Torpedos beschießen, versenken; **2.** *übertr.:* zu verhindern suchen, stören
Tor|pe|die|rung *f. 10*
Tor|pe|do *m. 9* Unterwassergeschoss
Tor|pe|do|boot *n. 1*

Tor|pe|do|fisch *m. 1* = Zitterrochen
tor|quie|ren [lat.] *tr. 3* **1.** *veraltet:* quälen, peinigen; **2.** *Tech.:* drehen, krümmen
Torr [nach dem ital. Mathematiker E. Torricelli] *n. Gen.* -s *Pl.* - nicht mehr zulässige Maßeinheit für den Luftdruck
Tor|schluss|pa|nik (*alt:* Tor|schluß|pa|nik) *f. 10*
Tor|schüt|ze *m. 11, Sport:* Spieler, der ein Tor geschossen hat
Tor|si|on [lat.] *f. 10, Tech.:* Drehung um die Längsachse, Verdrillung
Tor|si|ons|fes|tig|keit *f. 10 nur Sg.*
Tor|so [griech.-ital.] *m. 9* **1.** unvollendete oder nicht vollständig erhaltene Statue; **2.** Bruchstück, unvollendetes Werk
Tors|ten, Thors|ten männl. Vorname
Tort [lat.] *m. Gen.* -s *nur Sg.* Kränkung; jmdm. einen Tort antun, jmdm. etwas zum Tort tun
Tört|chen *n. 7*
Tor|te *f. 11*
Tor|te|lett *n. 9,* **Tor|te|let|te** *f. 11* Törtchen
Tor|tel|li|ni [ital.] *Pl.* gefüllte Nudeln in Ringform
Tor|ten|bo|den *m. 8*
Tor|ten|guss (*alt:* Tor|ten|guß) *m. 2*
Tor|ten|he|ber *m. 5,* **Tor|ten|schau|fel** *f. 11*
Tor|til|la [-tilja, span.] *f. 9, in Spanien und Lateinamerika:* kleiner, runder Kuchen aus Kartoffelscheibchen und Ei oder Maismehl
Tor|tur [lat.] *f. 10* **1.** *früher:* Folter; die T. anwenden; **2.** Qual, Plage
Tor|wart *m. 1*
Tor|weg *m. 1*
To|ry [tɔrı, engl.] *m. 9, früher:* Angehöriger einer der beiden Parteien des Oberhauses im brit. Parlament; vgl. Whig; *heute:* Konservativer
to|sen *intr. 1* brausend fließen (Bach, Wasserfall)
Tos|ka|na, ital.: Tos|ca|na *f. Gen.* - ital. Landschaft
Tos|ka|ner *m. 5*
tos|ka|nisch
tos|to [ital.] *Mus.:* hurtig, flink
tot; toter Arm (eines Flusses); totes Gleis: Abstellgleis; toter Punkt: Punkt, an dem man (bei einer Tätigkeit) nicht vorankommt; totes Rennen: unentschiedenes Rennen; toter Winkel: nicht einsehbarer Bereich; *aber:* das Tote Meer; die Tote Hand: Körperschaft oder Stiftung, deren Vermögen nicht veräußert oder geteilt werden kann; tot sein; sich tot stellen; tot zusammenbrechen; tot umfallen; ein tot geborenes Kind; das Kind wurde tot geboren; *aber:* totarbeiten, totärgern, totlachen, totschlagen, totschweigen
to|tal [lat.] ganz, gänzlich, völlig
To|tal|aus|ver|kauf *m. 2*
To|ta|le *f. 11, Film:* Aufnahme des gesamten Szenenbildes
To|ta|li|sa|tor *m. 13* **1.** *bei Rennen und Turnieren:* Einrichtung zum Wetten; **2.** Sammelgefäß zum Messen von Niederschlägen in schwer zugänglichen Gebieten
to|ta|li|sie|ren *tr. 3, Wirtsch.:* zusammenzählen
to|ta|li|tär **1.** alles umfassend; **2.** sich alles unterwerfend (Staat, Regierung)
To|ta|li|ta|ris|mus *m. Gen.* - *nur Sg.* Streben nach totalitärer Regierung
To|ta|li|tät *f. 10 nur Sg.* Gesamtheit, Ganzheit
To|tal|scha|den *m. 8*
tot|ar|bei|ten *refl. 2, ugs.;* sich t.: lange Zeit sehr angestrengt arbeiten
tot|är|gern *refl. 1, ugs.:* sich sehr ärgern
To|te(r) *m. 18 (17) bzw. f. 17 oder 18*
To|tem [Algonkin] *n. 9, bei Naturvölkern:* Lebewesen oder Ding, dem sich eine Gruppe verbunden fühlt, dem übernatürliche Kräfte zugeschrieben werden und das nicht verletzt werden darf
To|te|mis|mus *m. Gen.* - *nur Sg.* Glaube an die übernatürliche Kraft eines Totems, Verehrung eines Totems
to|te|mis|tisch
To|tem|pfahl *m. 2* Pfahl mit geschnitzten Darstellungen des Totems bzw. der Totemgeschichte
tö|ten *tr. 2*
To|ten|a|cker *m. 5, poet.:* Friedhof
To|ten|amt *n. 4, kath. Kirche:* eine Totenmesse
To|ten|bah|re *f. 11*
To|ten|bett *n. 12*
to|ten|blass (*alt:* to|ten|blaß)
to|ten|bleich
To|ten|fei|er *f. 11*
To|ten|fle|cke *Pl.* nach dem Tod auftretende Flecke am Körper
To|ten|frau *f. 10* = Heimbürgin
To|ten|grä|ber *m. 5*
To|ten|hemd *n. 12*
To|ten|kla|ge *f. 11*
To|ten|kopf *m. 2*
To|ten|kult *m. 1*
To|ten|mas|ke *f. 11*
To|ten|mes|se *f. 11*
To|ten|schä|del *m. 5*
To|ten|schein *m. 1*
To|ten|sonn|tag *m. 1*
To|ten|star|re *f. 11 nur Sg.*
to|ten|still
To|ten|stil|le *f. 11 nur Sg.*
To|ten|tanz *m. 2*
To|ten|vo|gel *m. 6* Steinkauz
To|ten|wa|che *f. 11*
tot|fah|ren *tr. 32*

> **tot geboren, sich totarbeiten:**
> Fügungen aus Adjektiv und Verb/Partizip werden wegen der Eigenständigkeit der Bestandteile getrennt geschrieben: *ein tot geborenes Kind.* Ebenso: *sich tot stellen, tot zusammenbrechen, tot sein.* § 34 E3 (3).
> Sonst gilt die Zusammenschreibung im Infinitiv, Partizip und am Ende eines Nebensatzes: *(sich) totarbeiten, totärgern, totlachen, die Zeit totschlagen, totschweigen.* § 34 E2 (2.2)

tot ge|bo|ren (*alt:* tot|ge|bo|ren)
Tot|ge|burt *f. 10*
Tot|ge|glaub|te(r) *m. 18 (17) bzw. f. 17 oder 18;* die Totgeglaubten leben länger
tot|la|chen *refl. 1;* halb totlachen
tot|lau|fen *refl. 76, ugs.:* von selbst, erfolglos zu Ende gehen; die Sache hat sich totgelaufen
tot|ma|chen *tr. 1*
To|to [Kurzwort für Totalisator] *m. 9, ugs.: n. 9* Wette im Fußballsport
To|to|schein *m. 1*
Tot|punkt *m. 1* toter Punkt
tot|sa|gen *tr. 1*
tot|schie|ßen *tr. 113, ugs.*
Tot|schlag *m. 2*
tot|schla|gen *tr. 116;* halb totschlagen
Tot|schlä|ger *m. 5* Stock mit Bleiknopf (als Waffe)
tot|schwei|gen *tr. 130;* eine Sache t.: so lange über eine Sache schweigen, bis sie vergessen ist
tot|ste|chen *tr. 149*
tot stel|len (*alt:* tot|stel|len) *refl. 1*
tot|tre|ten *tr. 163*

Tö|tung *f. 10*
Tö|tungs|ab|sicht *f. 10*
Touch [tʌtʃ, engl.] *m. 9* Anflug, Einschlag; München hat weltstädtischen Touch
tou|chie|ren [tuʃi-, frz.] *tr. 3* berühren (z. B. Hindernis beim Springen, die Billardkugel vorzeitig u. a.)
Touch|screen [tʌtʃskri:n, engl.] *m. 9, EDV:* Computerbildschirm, dessen Funktionen durch das Antippen bestimmter Sensorfelder gesteuert werden, Berührungsbildschirm
tough [tʌf, engl.], *ugs.:* hart gesotten, selbstsicher; eine toughe Frau; ein tougher Typ
Tou|louse-Lau|trec *auch:* **Toulouse-Laut|rec** [tuluz lotrẹk], *Henri* frz. Maler
Tou|pet [tupe, frz.] *n. 9* Stück Haarersatz, Haarteil
tou|pie|ren [tu-] *tr. 3* mit dem Kamm aufbauschen (Haar)
Tour [tu̱r, frz.] *f. 10* **1.** Umdrehung (einer Maschine); **2.** Ausflug; **3.** Runde (des Karussells, beim Tanzen); **4.** *ugs.:* Art, Weise; in einer Tour: ununterbrochen; auf die Tour darfst du mir nicht kommen; auf Touren kommen *übertr.:* in Schwung kommen, in Eifer geraten
Tour de France [tu:rdəfrã̱s] *f. Gen. - - - nur Sg.* Straßen-Radrennen von Berufsradfahrern in Frankreich
Tour de Suisse [tu:rdəsyi̱s] *f. Gen. - - - nur Sg.*
tou|ren [tu̱-] *intr. 1, ugs.:* auf Tournee sein
Tou|ren|ski|er, Tou|ren|schi|er [tu̱-] *Pl.*
Tou|ren|wa|gen [tu̱-] *m. 7*
Tou|ren|zahl [tu̱-] *f. 10* Umdrehungszahl
Tou|ren|zäh|ler [tu̱-] *m. 5*
Tou|ris|mus [tu-] *m. Gen. - nur Sg.* Reisewesen, Fremdenverkehrswesen
Tou|rist [tu-] *m. 10* Wanderer, Reisender
Tou|ris|ten|klas|se [tu-] *f. 11 nur Sg., auf Schiffen und in Flugzeugen:* Klasse mit ermäßigtem Preis
Tou|ris|tik [tu-] *f. 10 nur Sg.* Gesamtheit der tour. Einrichtungen und Veranstaltungen
tou|ris|tisch [tu-] zum Tourismus, zur Touristik gehörend
Tour|nee [tur-] *f. 11* Gastspielreise (von Künstlern)
tour|nie|ren [tur-] **1.** *intr. 3* die Spielkarte(n) aufdecken; **2.** *tr. 3* in Formen ausstechen oder schneiden (Kartoffeln, Butter zum Garnieren)
To|wa|rischtsch [ta-, russ.] *m. Gen. - Pl.* -i, *in der ehem. UdSSR Anrede für* Genosse
Tow|er *auch:* **To|wer** [taʊə(r), engl.] *m. 5* **1.** *nur Sg.* ein histor. Gebäude in London; **2.** Kontrollturm eines Flughafens
tox..., Tox..., to|xi..., To|xi... [griech.] *in Zus.:* gift..., Gift...
To|xi|der|mie *f. 11* durch Arzneimittel hervorgerufener Hautausschlag
to|xi|gen, to|xo|gen durch Vergiftung entstanden
To|xi|ka *Pl. von* Toxikum
To|xi|ko|lo|ge *m. 11*
To|xi|ko|lo|gie *f. 11 nur Sg.* Lehre von den Giften und Vergiftungen
to|xi|ko|lo|gisch
To|xi|ko|se *f. 11* Vergiftung
To|xi|kum *n. Gen.* -s *Pl.* -ka Gift
To|xin *n. 1* organ. Giftstoff, *bes.:* Bakteriengift
to|xisch **1.** giftig; **2.** durch Toxine hervorgerufen
To|xi|zi|tät *f. 10 nur Sg.* Giftigkeit
to|xo|gen s. **to|xi|gen**
To|xo|id *n. 1* entgiftetes Toxin, das im Körper Antitoxine bilden kann
tr *Mus.: Abk. für* Triller
TR *Kfz-Kennzeichen für* Türkei

Trab laufen: Die Fügung aus Substantiv und Verb schreibt man im Infinitiv, Partizip und am Ende eines Nebensatzes getrennt: *Das Pferd ist Trab gelaufen.* § 34 E3 (5)

Trab [auch: trạb] *m. Gen.* -s *nur Sg.;* (im) Trab laufen, reiten
Tra|bant [slaw.] *m. 10* **1.** *früher:* Leibwächter; **2.** *heute:* abhängiger Begleiter; **3.** Satellit
Tra|ban|ten|stadt *f. 2* Entlastungsstadt in der Nähe einer Großstadt, Satellitenstadt
tra|ben *intr. 1*
Tra|ber *m. 5* Pferd, das für Trabrennen ausgebildet ist
Tra|ber|wa|gen *m. 8* leichter, zweirädriger Wagen für Trabrennen
Trab|renn|bahn [auch: trạb-] *f. 10*
Trab|ren|nen *n. 7*
Trab|renn|fah|rer *m. 5*
Tra|cer [trɛɪsə(r), engl.] *m. 5* radioaktiver Markierungsstoff
Tra|chea [-xe̱a, griech.] *f. Gen. - Pl.* -che|en [-xe̱ən], **Tra|chee** *f. 11* **1.** Luft-, Atemröhre; **2.** *bei Pflanzen:* Wasser leitendes Gefäß
Tra|che|o|skop *auch:* **Tra|che|os|kop** *n. 1* Gerät mit Spiegel zur Untersuchung der Luftröhre
Tra|che|o|to|mie *f. 11* Luftröhrenschnitt
Tra|chom *n. 1* hartnäckige Bindehautentzündung, Ägyptische Augenkrankheit, Körnerkrankheit
Tracht *f. 10* **1.** Art der Kleidung (von Volks-, Berufsgruppen u. a.); **2.** Art der Frisur; **3.** Traglast; eine Tracht Holz; **4.** Anteil, Portion; eine Tracht Prügel
trach|ten *intr. 2;* nach etwas t.: etwas zu erlangen suchen
Trach|ten|an|zug *m. 2*
Trach|ten|kos|tüm *n. 1*
träch|tig schwanger (Tier)
Träch|tig|keit *f. 10 nur Sg.*
Tra|chyt [griech.] *m. 1* ein Ergussgestein
Track [træk, engl.] *m. 9* **1.** *Seew.:* Reiseroute (eines Schiffes), die eingehalten werden muss; **2.** *engl. Bez. für* Trabrennbahn; **3.** *Sammelbez. für* Kette, Seil, Riemen; **4.** *Mus.:* Titel, Stück (auf einer CD)
Tra|des|kan|tie [-tsjə, nach dem Engländer J. Tradescant] *f. 11* eine Zierpflanze
Trade|u|ni|on (*alt:* Trade-uni|on) [trɛɪdju:njən, engl.] *f. Gen. - Pl.* -s engl. Gewerkschaft
tra|die|ren [lat.] *tr. 3* überliefern
Tra|ding-up (*alt:* Tra|ding up) [trɛɪdɪŋʌp, engl.] *n. Gen. - nur Sg., Handel:* Maßnahmen, das Einkaufen attraktiver zu gestalten
Tra|di|ti|on *f. 10* **1.** Überlieferung; **2.** Herkommen, Brauch, Gewohnheit
Tra|di|ti|o|na|lis|mus *m. Gen. - nur Sg.* Festhalten am Überlieferten, Herkömmlichen
tra|di|ti|o|nell der Tradition gemäß
tra|di|ti|ons|be|wusst (*alt:* tra|di|ti|ons|be|wußt)
tra|di|ti|ons|ge|mäß
tra|di|ti|ons|reich
Tra|fik [ital.] *f. 10, österr.* **1.** Tabakhandel; **2.** Tabakgeschäft

T

Tra|fi|kant *m. 10, österr.:* Inhaber einer Trafik (2)
Tra|fo *m. 9, Kurzwort für* Transformator
Tra|gant [griech.] *m. 1* **1.** ein Schmetterlingsblütler; **2.** daraus gewonnenes Bindemittel für Tabletten, Farbstoffe u. a.
Trag|bah|re *f. 11*
trag|bar; das ist nicht mehr t. *ugs.:* das ist unerträglich
Tra|ge *f. 11* Traggestell, Tragkorb
träg, trä|ge
tra|gen *tr. 160*
Trä|ger *m. 5*
Trä|ger|ra|ke|te *f. 11*
Trä|ger|wel|le *f. 11*
Tra|ge|zeit *f. 10* s. **Trag|zeit**
trag|fä|hig
Trag|fä|hig|keit *f. 10 nur Sg.*
Trag|flä|che *f. 11*
Trag|flä|chen|boot *n. 1*
Träg|heit *f. 10 nur Sg.*
Träg|heits|mo|ment *n. 1, Phys.:* Beharrungsvermögen
Trag|him|mel *m. 5* tragbarer Baldachin
tra|gie|ren [lat.] *tr. 3* tragisch gestalten, tragisch spielen (Rolle)
Tra|gik *f. 10 nur Sg.* unabwendbares, trauriges Geschehen, erschütterndes Leid
Tra|gi|ker *m. 5* Tragödiendichter
Tra|gi|ko|mik *f. Gen. - nur Sg.* Komik, die einen Anflug von Tragik, bzw. Tragik, die einen Anflug von Komik hat
tra|gi|ko|misch tragisch und komisch zugleich
Tra|gi|ko|mö|die *f. 11* halb tragisches, halb komisches Schauspiel
tra|gisch auf Tragik beruhend, erschütternd
Trag|korb *m. 2*
Trag|kraft *f. 2*
trag|kräf|tig
Trag|last *f. 10*
Tra|gö|de [griech.] *m. 11* Schauspieler, der tragische Rollen spielt
Tra|gö|die [-djə] *f. 11* **1.** Schauspiel mit tragischem Ausgang, Trauerspiel; **2.** erschütterndes, trauriges Geschehen
Tra|gö|di|en|dich|ter *m. 5*
Tra|gö|din *f. 10* Schauspielerin, die tragische Rollen spielt
Trag|wei|te *f. 11 nur Sg.; auch übertr.:* Bedeutung, Ausmaß (der Wirkung)
Trag|zeit, Tra|ge|zeit *f. 10* Dauer der Trächtigkeit (bei Tieren)
Trai|ler [trɛɪ-, auch: tre-, engl.] *m. 5* **1.** *Film, Fernsehen:* kurzer, für einen demnächst zu spielenden Hauptfilm werbender Vorfilm; **2.** *Kfz:* Anhänger
Train [trɛ̃, österr. auch: tren, frz.] *m. 9* Tross
Trai|nee [trɛɪni, engl.] *m. 9* jmd., der innerhalb eines Unternehmens für besondere Aufgaben ausgebildet wird
Trai|ner [trɛɪ-, auch: tre-, engl.] *m. 5* jmd., der Sportler oder Pferde auf Wettkämpfe vorbereitet
trai|nie|ren [trɛɪ-, auch: tre-] *tr. u. intr. 3* auf einen Wettkampf vorbereiten; seinen Körper t.: stählen, üben
Trai|ning [trɛɪ-, auch: tre-] *n. 9* systematisches Üben
Trai|ning-on-the-Job (*alt:* Training-on-the-job) [trɛɪnɪŋ ɔn θə dʒɔb] *n. Gen. - nur Sg.* gezielter Erwerb berufl. Fähigkeiten durch Einsatz am Arbeitsplatz
Trai|nings|an|zug [trɛɪ-, auch: tre-] *m. 2*
Trai|nings|la|ger [trɛɪ-, auch: tre-] *n. 5*
Tra|jekt [lat.] *n. 1* Fährschiff für Eisenbahnzüge, Automobile u. a. Fahrzeuge, Trajektschiff
Tra|jek|to|rie [-riə] *f. 11* Kurve, die eine andere senkrecht schneidet (z. B. bei Differentialgleichungen)
Tra|keh|ner *m. 5* ostpreußisches Warmblutpferd aus dem ehemaligen Gestüt Trakehnen
Trakt [lat.] *m. 1* **1.** größerer Gebäudeteil, Flügel; **2.** Strecke
Trak|tan|dum *n. Gen. -s Pl. -den, schweiz.:* Verhandlungsgegenstand
Trak|tat *n. 1* **1.** wissenschaftl. Abhandlung; **2.** relig. Flugschrift
Trak|tät|chen *n. 7, abwertend:* Erbauungsschrift
trak|tie|ren *tr. 3, ugs.* **1.** (schlecht) behandeln; jmdn. mit Schlägen t.; **2.** bewirten, *auch:* überfüttern
Trak|ti|on *f. 10, Med.:* Ziehen, Zug (z. B. bei der Geburtshilfe)
Trak|tor *m. 13* Schleppfahrzeug, Zugmaschine
Trak|to|rist *m. 10, DDR:* Traktorfahrer
Trak|tur *f. 10, an der Orgel:* Vorrichtung zur Weiterleitung des Tastendrucks
Tral|je [lat.-frz.] *f. 11* Gitter-, Geländerstab
träl|lern *tr. 1;* ich trällere, trällre
Tram *m. 1 oder m. 2,* Tra|men *m. 7* Balken, Sprosse
Tram *f. 9, schweiz.: n. 9, Kurzwort für* Trambahn
Tram|bahn *f. 10* Straßenbahn
Trä|mel *m. 5* **1.** Sägebock; **2.** *schweiz.:* gefällter Baum
Tra|men *m. 7* Tram
Tra|mi|ner [nach dem Südtiroler Ort Tramin] *m. 5* **1.** eine weiße Traubensorte; **2.** Rotwein aus Tramin
Tra|mon|ta|na [ital.], **Tra|mon|ta|ne** *f. Gen. - Pl. -nen, in Oberitalien:* von den Alpen her wehender Nordwind
Tramp [auch: trɛmp, engl.] *m. 9* **1.** Landstreicher, wandernder Gelegenheitsarbeiter; **2.** Dampfer ohne feste Route, der Gelegenheitsfahrten unternimmt
Tram|pel *n. 5 oder m. 5, ugs.:* plumper, schwerfälliger Mensch
tram|peln *intr. u. tr. 1;* ich trampele, trample
Tram|pel|pfad *m. 1* durch häufiges Begehen entstandener Pfad
Tram|pel|tier *n. 1* **1.** zweihöckeriges Kamel; **2.** *auch übertr. ugs.:* plumper, schwerfälliger Mensch
tram|pen [trɛm-, engl.] *intr. 1* reisen, indem man Autos anhält und sich mitnehmen lässt
Tram|per [trɛm-] *m. 5*
Tram|po|lin [ital.] *n. 1* mit Stahlfedern oder Gummiseilen gefedertes, in einen Rahmen gespanntes Sprungtuch, Federsprungtuch, Federsprungbrett, Schleuderbrett
Tramp|schiff|fahrt (*alt:* Trampschiffahrt (-ff|f-)) [auch: træmp-] *f. 10 nur Sg.* nicht an feste Routen gebundene Schifffahrt
Tram|way [tramvaɪ, engl.] *f. 9, österr. für* Straßenbahn
Tran *m. 1* **1.** aus dem Speck von Meerestieren gewonnenes Öl; **2.** *nur Sg., ugs.:* Schlaftrunkenheit, Benommenheit
Tran|ce [trɑ̃s(ə), lat.-frz.] *f. 11 nur Sg.* schlafähnlicher Entrückungszustand
Tran|che [trɑ̃ʃ(ə), frz.] *f. 11* **1.** fingerdicke, Fleisch- oder Fischscheibe; **2.** Teilbetrag einer Anleihe
Trän|chen *n. 7*
tran|chie|ren [trɑ̃ʃi-] *tr. 3* s. **tran|schie|ren**
Tran|chier|mes|ser [trɑ̃ʃir-] *n. 5* s. **Tran|schier|mes|ser**

Trä|ne *f. 11*
trä|nen *intr. 1*
Trä|nen|drü|se *f. 11;* auf die Tränendrüsen drücken *ugs.:* sentimental sein (Buch, Film)
trä|nen|feucht; tränenfeuchte Wangen; *aber:* ihre Wangen waren von Tränen feucht
Trä|nen|gas *n. 1* die Augenschleimhäute reizende chem. Verbindung
Trä|nen|na|sen|gang *m. 2*
trä|nen|reich
Trä|nen|sack *m. 2*
trä|nen|ü|ber|strömt
Tran|fun|zel *f. 11, ugs.:* Tranlampe
tra|nig **1.** wie Tran, voller Tran; **2.** *übertr. ugs.:* benommen, schlaftrunken
Trank *m. 2*
Trän|ke *f. 11* Stelle, wo Vieh Wasser trinken kann
trän|ken *tr. 1* **1.** trinken lassen, zu trinken geben (Tier); **2.** sich voll saugen lassen
Trank|op|fer *n. 5* Getränk als Opfer für die Götter
Tran|lam|pe *f. 11* **1.** mit Tran gespeiste Lampe; **2.** *ugs.:* langsamer, beschränkter Mensch
Trän|lein *n. 7*
Tran|qui|li|zer [trẹŋkwılaızə(r), lat.-engl.] *m. 5* beruhigendes Arzneimittel
tran|quil|lo [ital.] *Mus.:* ruhig
trans..., Trans... [lat.] *in Zus.:* über..., über... hin, hinüber..., jenseits (von)
Trans|ak|ti|on [lat.] *f. 10* großes Geld- oder Bankgeschäft
trans|al|pin [lat.], **trans|al|pi|nisch** jenseits der Alpen (von Rom aus gesehen)
trans|at|lan|tisch jenseits des Ozeans liegend, überseeisch

transchieren/tranchieren: Die ins Deutsche integrierte Schreibweise *transchieren* ist die Hauptvariante, die fremdsprachige Form *tranchieren* die zulässige Nebenvariante. § 32 (2)

tran|schie|ren, tran|chie|ren [trãʃi-, frz.] *tr. 3* zerschneiden (Geflügel, Braten)
Tran|schier|mes|ser, Tran|chier|mes|ser [trãʃir-] *n. 5*
Trans|duk|tor [lat.] *m. 13* magnetischer Verstärker
Tran|sept [lat.] *n. 1 oder m. 1* Querschiff (der Kirche)
Trans|fer [lat.] *m. Gen.* -s *nur Sg.* **1.** Zahlung ins Ausland in fremder Währung; **2.** Übertragung einer Geldsumme von einer Währung in die andere; **3.** Überführung im Reiseverkehr, z. B. vom Flughafen zum Hotel
trans|fe|ra|bel in eine andere Währung umwechselbar
trans|fe|rie|ren *tr. 3* **1.** ins Ausland zahlen; **2.** in eine andere Währung übertragen
Trans|fer|stra|ße *f. 11, Industrie:* vollautomatische Folge von Werkzeugmaschinen und Transporteinrichtungen
Trans|fi|gu|ra|ti|on [lat.] *f. 10* (Darstellung der) Verklärung (Christi)
Trans|for|ma|ti|on [lat.] *f. 10* Umformung, Umwandlung
Trans|for|ma|tor *m. 13* (*Kurzwort:* Trafo) Gerät zum Erhöhen oder Herabsetzen von elektrischer Spannung, Umspanner
Trans|for|ma|to|ren|häus|chen *n. 7*
trans|for|mie|ren *tr. 3* **1.** umformen, umwandeln; **2.** Dreh-, Wechselstrom t.: umspannen, seine Spannung erhöhen oder verringern
Trans|for|mie|rung *f. 10 nur Sg.*
trans|fun|die|ren [lat.] *tr. 3* übertragen (Blut)
Trans|fu|si|on *f. 10* Übertragung, z. B. Bluttransfusion
Tran|sis|tor [lat.] *m. 13* elektronischer Verstärker oder Schalter aus Halbleiterelementen
Tran|sis|tor|ra|dio *n. 9* Radio, dessen Verstärker aus Transistoren bestehen
Tran|sit [lat.] *m. 1* Durchfuhr, Durchreise
Tran|sit|ab|kom|men *n. 7*
Tran|sit|han|del *m. Gen.* -s *nur Sg.*
tran|si|tie|ren *tr. 3* hindurchführen (Waren durch ein anderes Land)
tran|si|tiv [auch: -tif, lat.] *Gramm.:* zielend; transitive Verben: Verben, die ein Akkusativobjekt bei sich haben und ein persönliches Passiv bilden können, z. B. bringen, holen; *Ggs.:* intransitiv
Tran|si|tiv *n. 1,* Tran|si|ti|vum [auch: -ti-] *n. Gen.* -s *Pl.* -va [-va] transitives Verb
Tran|sit|vi|sum [-vi-] *n. Gen.* -s *Pl.* -sa *oder* -sen
tran|si|to|risch vorübergehend, später wegfallend; transitorische Störungen
Tran|si|to|ri|um *n. Gen.* -s *Pl.* -ri|en einmalige Bewilligung von Ausgaben (im Staatshaushalt)
Tran|sit|pas|sa|gier [-ʒir] *m. 1* Durchreisepassagier
Tran|sit|ver|kehr *m. Gen.* -s *nur Sg.*
Tran|sit|zoll *m. 2*
Trans|kau|ka|si|en Landschaft südlich des Großen Kaukasus
trans|kon|ti|nen|tal [lat.] einen Kontinent durchquerend
tran|skri|bie|ren *auch:* **trans|kri|bie|ren, transk|ri|bie|ren** [lat.] *tr. 3* **1.** in eine andere Schrift oder in phonet. Umschrift übertragen; **2.** für ein anderes Instrument umschreiben (Musikstück)
Tran|skrip|ti|on *auch:* **Trans|krip|ti|on, Transk|rip|ti|on** *f. 10*
Trans|la|ti|on [lat.] *f. 10* **1.** Übersetzung, Übertragung; **2.** Parallelverschiebung (von Kristallflächen); **3.** fortschreitende, geradlinige Bewegung, im Unterschied zur Rotation
Trans|li|te|ra|ti|on [lat.] *f. 10* buchstabengetreues Umschreiben einer Schrift in eine andere; vgl. Transkription
trans|li|te|rie|ren *tr. 3* buchstabengetreu umschreiben
Trans|lo|ka|ti|on [lat.] *f. 10* **1.** *veraltet:* Ortsveränderung; **2.** *Biol.:* eine Mutationsform mit Übertragung von Chromosomenstücken
trans|lo|zie|ren *tr. 3* verlagern
trans|lu|na|risch [lat.] jenseits des Mondes befindlich
trans|ma|rin überseeisch
Trans|mis|si|on [lat.] *f. 10* **1.** Übertragung, Übermittlung; **2.** *Phys.:* Durchlässigkeit für Strahlungen
Trans|mis|si|ons|wel|le *f. 11* Antriebswelle für Treibriemen, Getriebewelle
Trans|mit|ter *m. 5* Sender, Überträger
trans|mit|tie|ren *tr. 3* übertragen, übersenden
trans|o|ze|a|nisch jenseits des Ozeans liegend, überseeisch
trans|pa|rent [lat.] durchscheinend, durchsichtig
Trans|pa|rent *n. 1* **1.** Spruchband; **2.** Bild auf durchsichtigem Material, das von hinten beleuchtet wird
Trans|pa|rent|pa|pier *n. 1* durchsichtiges Papier
Trans|pa|renz *f. 10 nur Sg.* **1.** Durchsichtigkeit; *Ggs.:* Opazität;

T

2. *übertr.:* Durchschaubarkeit, Erkennbarkeit
Tran|spi|ra|ti|on *auch:* **Trans|pi|ra|ti|on** [lat.] *f. 10* 1. Schweißabsonderung; 2. *bei Pflanzen:* Abgabe von Wasserdampf
tran|spi|rie|ren *auch:* **trans|pi|rie|ren** *intr. 3* 1. schwitzen; 2. Wasserdampf abgeben (Pflanze)
Trans|plan|tat [lat.] *n. 1* verpflanztes Gewebestück
Trans|plan|ta|ti|on *f. 10* 1. Ersetzung von Körpergewebe oder Organen; 2. *Bot.:* Pfropfung
trans|plan|tie|ren *tr. 3* verpflanzen
trans|po|nie|ren [lat.] *tr. 3* in eine andere Tonart umsetzen
Trans|po|nie|rung *f. 10*
Trans|port [lat.] *m. 1* Beförderung
trans|por|ta|bel tragbar, beweglich; transportable Maschine
Trans|port|ar|bei|ter *m. 5*
Trans|por|ter *m. 5* Kraftfahrzeug, Flugzeug oder Schiff, das große Mengen von Gütern transportieren kann
Trans|por|teur [-tør] *m. 1* 1. Spediteur; 2. Winkelmesser; 3. *an Nähmaschinen:* Vorrichtung zum ruckweisen Weiterbefördern des Stoffes
trans|port|fä|hig
Trans|port|fä|hig|keit *f. 10 nur Sg.*
Trans|port|flug|zeug *n. 1*
trans|por|tie|ren *tr. 3* befördern
Trans|port|un|ter|neh|men *n. 7*
Trans|po|si|ti|on [lat.] *f. 10, Mus.:* Umsetzung in eine andere Tonart
Trans|ra|pid® *m. Gen. - nur Sg.* eine Magnetschwebebahn
Trans|si|bi|ri|sche Ei|sen|bahn *f. 10 nur Sg.* Sibirien durchquerende Eisenbahn(strecke)
Trans|sil|va|ni|en [-va-, lat.] *alter Name von* Siebenbürgen
trans|sil|va|nisch [-va-]; *aber:* die Transsilvanischen Alpen
Trans|sub|stan|ti|a|ti|on *auch:* **Trans|subs|tan|ti|a|ti|on** [lat.] *f. 10, kath. Kirche:* die Wandlung von Brot und Wein in Leib und Blut Christi beim Abendmahl
Trans|su|dat [lat.] *n. 1* bei der Transsudation abgesonderte Flüssigkeit
Trans|su|da|ti|on *f. 10* nicht entzündliche Ansammlung von Flüssigkeit in Körperhöhlen
Trans|u|ran *n. 1 meist Pl.* jedes radioaktive chem. Element mit höherem Atomgewicht als Uran
trans|u|ra|nisch im Periodensystem der chem. Elemente nach dem Uran stehend
trans|ver|sal [-vɛr-, lat.] quer zur Längsachse (verlaufend), senkrecht zur Ausbreitungsrichtung (verlaufend)
Trans|ver|sal|bahn [-vɛr-] *f. 10* ein Land durchquerende Eisenbahn
Trans|ver|sa|le [-vɛr-] *f. 11* 1. eine Figur durchschneidende Gerade; 2. ein Land durchquerende Eisenbahnstrecke oder Fahrstraße
Trans|ver|sal|schwin|gung [-vɛr-] *f. 10* Schwingung, bei der Energiebewegung und Teilchen- bzw. Feldbewegung senkrecht aufeinander stehen
Trans|ver|sal|wel|le [-vɛr-] *f. 11* Welle, bei der die Ausbreitungsrichtung der Energie und die Schwingungsbewegung senkrecht aufeinander stehen
Trans|ves|tis|mus [-vɛs-] [lat.] *m. Gen. - nur Sg.* krankhafte Neigung, sich wie das andere Geschlecht zu kleiden (und zu benehmen)
Trans|ves|tit [-vɛs-] *m. 10* jmd., der an Transvestismus leidet
tran|szen|dent *auch:* **trans|zen|dent** [lat.] die Grenzen des sinnlich Wahrnehmbaren überschreitend, übersinnlich
tran|szen|den|tal *auch:* **trans|zen|den|tal** 1. *in der Scholastik:* transzendent; 2. *bei Kant:* vor aller auf Erfahrung beruhenden Erkenntnis liegend und diese erst ermöglichend
Tran|szen|denz *auch:* **Trans|zen|denz** *f. 10 nur Sg.* das Überschreiten der Grenzen der Erfahrung und des Bewusstseins
tran|szen|die|ren *auch:* **trans|zen|die|ren** *intr. 3* über sinnliche Wahrnehmung und Erfahrung hinausgehen
Trap *m. 9* 1. Verschlussschraube am Siphon; 2. Geruchsverschluss
Tra|pez [griech.] *n. 1* 1. Viereck mit zwei parallelen Seiten; 2. Schwebe-, Schaukelreck
Tra|pez|künst|ler *m. 5*
Tra|pe|zo|id *n. 1* Viereck ohne parallele Seiten
Trapp *m. 1* treppenartig übereinander liegendes Ergussgestein
Trap|pe *f. 11* ein kranichartiger Vogel
trap|peln *intr. 1* mit kurzen Schritten rasch laufen
trap|pen *intr. 1* mit schweren Schritten gehen
Trap|per [engl.] *m. 5* nordamerik. Pelztierjäger
Trap|pist [nach der Abtei La Trappe in Frankreich] *m. 10* Angehöriger eines Trappistenordens
Trap|pis|ten|or|den *m. 7 nur Sg.* ein aus dem Zisterzienserorden hervorgegangener Mönchsorden
trap|sen *intr. 1* geräuschvoll auftreten, laut gehen
tra|ra!
Tra|ra *n. Gen. -s nur Sg., ugs.:* Aufhebens, Getue, wichtigtuerischer Lärm; ein großes T. um etwas machen
Trass (*alt:* Traß) [ital.] *m. 1* ein vulkan. Tuff
Tras|sant [ital.] *m. 10* Aussteller eines Wechsels
Tras|sat *m. 10* 1. jmd., an den eine Zahlungsaufforderung gerichtet ist; 2. *Wechselverkehr:* Bezogener
Tras|se [ital.] 1. *Pl. von* Trass; 2. *f. 11, schweiz.:* **Tras|see** *n. 9* festgelegte Linie für eine Straße oder Bahnstrecke
tras|sie|ren *tr. 3* vermessen; eine Eisenbahnstrecke t.: ihren Verlauf festlegen
Tras|sie|rung *f. 10*
Tras|te|ve|re [-vere:] Stadtteil von Rom
Tratsch *m. Gen. -(e)s nur Sg.* Klatsch, Geschwätz, Gerede über andere
Trat|sche *f. 11, ugs.:* Klatschbase
trat|schen *intr. 1* viel über andere nachteilig reden, etwas ausplaudern, klatschen
Trat|te [ital.] *f. 11* gezogener Wechsel
Trat|to|ria [ital.] *f. Gen. - Pl. -ri|en* ital. Gastwirtschaft
trat|zen *tr. 1, süddt.:* necken
Trau|al|tar *m. 2*
Träub|chen *n. 7*
Trau|be *f. 11;* saure Trauben *übertr.:* etwas, das man insgeheim gern haben möchte, aber nicht erlangen kann
Trau|ben|kur *f. 10*
Trau|ben|saft *m. 2*
Trau|ben|zu|cker *m. 5 nur Sg.* ein Einfachzucker mit sechs O-Atomen, Dextrose
trau|big wie eine Traube, wie Trauben
Träub|le *n. 5 Pl., schwäb.:* Johannisbeeren
Träub|lein *n. 7*

trau|en 1. *tr. 1* zum Ehepaar machen, ehelich verbinden; 2. *intr. 1;* jmdm. t.: Vertrauen, Glauben schenken; 3. *refl. 1* wagen; ich traue mich (nicht), das zu tun; *auch:* ich traue mir (nicht)
Trau|er *f. 11 nur Sg.*
Trau|er|fah|ne *f. 11* Fahne mit schwarzem Flor
Trau|er|fall *m. 2* Todesfall
Trau|er|fei|er *f. 11*
Trau|er|flor *m. 1*
Trau|er|jahr *n. 1*
Trau|er|klei|dung *f. Gen. - nur Sg.*
Trau|er|kloß *m. 2, ugs.:* sehr langweiliger, energieloser Mensch
Trau|er|man|tel *m. 6* ein Schmetterling
Trau|er|marsch *m. 2*
trau|ern *intr. 1;* ich trauere, traure um ihn
Trau|er|nach|richt *f. 10*
Trau|er|rand *m. 4*
Trau|er|spiel *n. 1* 1. Tragödie; 2. *ugs.:* bedauerlicher Vorgang
trau|er|voll
Trau|er|wei|de *f. 11* Zierweide mit herabhängenden Zweigen
Trau|er|zeit *f. 10*
Trau|er|zug *m. 2*
Trau|fe *f. 11* 1. untere, waagerechte Kante des Daches, Dachtraufe; 2. aus der Dachrinne abfließendes Regenwasser; vom Regen in die T. kommen *übertr.:* von einer schlimmen Lage in eine noch schlimmere geraten
träu|feln *tr. 1;* ich träufele, träufle es
träu|fen *tr. 1, Nebenform von* träufeln
Trau|for|mel *f. 11*
Trauf|rin|ne *f. 11* Dachrinne
trau|lich
Trau|lich|keit *f. 10 nur Sg.*
Traum *m. 2*
Trau|ma [griech.] *n. Gen. -s Pl.* -men *oder* -ma|ta 1. Wunde; 2. seelische Erschütterung, Schock
trau|ma|tisch durch ein Trauma hervorgerufen, in der Art eines Traumas; *Ggs.:* idiopathisch
trau|ma|ti|sie|ren *tr. 3* ein Trauma auslösen
Trau|ma|to|lo|gie *f. 11 nur Sg.* Lehre von der Wundbehandlung
trau|ma|to|lo|gisch
Traum|bild *n. 3*
Traum|deu|tung *f. 10*
träu|men *tr. u. intr. 1;* ich habe von ihm geträumt; mir hat von ihm geträumt; es hat mir geträumt, dass …; das habe *oder:* hätte ich mir nicht träumen lassen: das habe *oder:* hätte ich nicht für möglich gehalten; das soll er sich nur nicht träumen lassen!: das soll er nur nicht denken *oder:* glauben!
Träu|mer *m. 5*
Träu|me|rei *f. 10*
träu|me|risch
Traum|ge|sicht *n. 1*
traum|haft
Traum|le|ben *n. 7 nur Sg.*
traum|ver|lo|ren
traum|wan|deln *intr. 1* schlafwandeln
Traum|wand|ler *m. 5* Schlafwandler
traum|wand|le|risch
traun *veraltet:* fürwahr
trau|rig
Trau|rig|keit *f. 10 nur Sg.*
Trau|ring *m. 1*
Trau|schein *m. 1*
traut vertraut, lieb
Trau|te *f. Gen. - nur Sg., berlin.:* Mut; keine T. haben (etwas zu tun)
Trau|to|ni|um® [nach dem Erfinder, Friedrich Trautwein] *n. Gen.* -s *Pl.* -ni|en ein elektron. Musikinstrument
Trau|ung *f. 10*
Trau|zeu|ge *m. 11*
Tra|vel|ler|scheck [trɛvələ(r)-, engl.] *m. 9* Reisescheck
tra|vers [-vɛrs, frz.] quer, quer gestreift
Tra|vers [-vɛrs] *n. Gen. - nur Sg.,* **Tra|ver|sa|le** [-vɛr-] *f. 11, hohe Schule:* Gang (des Pferdes) schräg seitwärts
Tra|ver|se [-vɛr-] *f. 11* 1. Querbalken, Querträger; 2. Querverbindung zweier Maschinenteile; 3. *Flussregulierung:* quer zur Strömung angebrachter, bühnenartiger Bau; 4. Schutzwall auf Schießständen
Tra|vers|flö|te [-vɛrs-] *f. 11* Querflöte
tra|ver|sie|ren [-vɛr-] *intr. u. tr. 3* 1. eine Fläche quer oder schräg durchschreiten oder auch -reiten; 2. eine Felswand t.: sich an einer Felswand waagerecht vorarbeiten; 3. *Fechten:* dem Hieb des Gegners seitlich ausweichen
Tra|ver|tin [-vɛr-] *m. 1* Kalksinter bzw. -tuff (bes. der aus den Sabinerbergen)
Tra|ves|tie [-vɛs-] [lat.] *f. 11* satir. Umdichtung eines Literaturwerkes, wobei nur die Form, nicht der Inhalt verändert wird; vgl. Parodie (1)
tra|ves|tie|ren [-vɛs-] *tr. 3* in einer Travestie verspotten
Tra|ves|tie|show [-vɛstiʃoʊ] *f. 9* Unterhaltungsprogramm, bei dem Männer in Frauenkleidung auftreten
Trawl [trɔl, engl.] *n. 9, Fischerei:* Grundschleppnetz
Traw|ler [trɔ-] *m. 5* mit Trawl arbeitender Fischereidampfer
Trax® *m. Gen.* -(es) *Pl.* -e *schweiz. für* fahrbarer Bagger
Treat|ment [tritmənt, engl.] *n. 9, Film:* Vorstufe des Drehbuchs mit ausgearbeiteten Dialogen und Handlungsabläufen
Tre|be|gän|ger *m. 5* sich herumtreibender Jugendlicher
Tre|ber *m. 5* Rückstand beim Keltern und Bierbrauen (Viehfutter)
Tre|cen|tist [-tʃɛn-] *m. 10* Künstler des Trecentos
Tre|cen|to [-tʃɛn-, ital. »300« (nach tausend)] *n. Gen.* -(s) *nur Sg.* die künstlerische Stilepoche des 14. Jh. in Italien
Treck *m. 9* 1. Zug, z. B. Flüchtlingstreck; 2. Auszug, Auswanderung
tre|cken 1. *intr. 1* mit einem Treck wandern; 2. *tr. 2;* etwas t.: ziehen, schleppen
Tre|cker *m. 5* Zugmaschine, Traktor
Tre|cking *n. Gen.* -s *nur Sg.* s. **Trekking**
Treff 1. [lat.-frz.] *n. 9* Farbe im frz. Kartenspiel, Kreuz; da ist Treff Trumpf *übertr. ugs.:* das kann gut, aber auch schlecht ausgehen; 2. *m. 9, ugs.:* Treffen, Zusammenkunft
Treff|ass (*alt:* Treff-As) *n. 1*
tref|fen *tr. 161*
Tref|fen *n. 7*
Tref|fer *m. 5*
treff|lich
Treff|punkt *m. 1*
treff|si|cher
Treib|ar|beit *f. 10* das Treiben (von Edelmetall); *auch:* der auf diese Weise verzierte Gegenstand
Treib|eis *n. Gen.* -es *nur Sg.*
trei|ben *tr. u. intr. 162;* Gold, Silber treiben: in kaltem Zustand durch Hämmern formen
Trei|ben *n. 7* 1. *nur Sg.;* 2. *Jägerspr.:*

T

Treibjagd; *auch:* bei der Treibjagd umstelltes Gebiet
Trei|ber *m. 5*
Trei|be|rei *f. 10 nur Sg., ugs.,* z. B. Preistreiberei
Treib|gas *n. 1*
Treib|haus *n. 4*
Treib|haus|ef|fekt *n. Gen.* -(e)s *nur Sg.* Überhitzung der Erdatmosphäre durch Abblasen von Gasen, Ruß u. a. in die Luft
Treib|holz *n. 4 nur Sg.*
Treib|jagd *f. 10*
Treib|sand *m. Gen.* -(e)s *nur Sg.*
Treib|stoff *m. 1*
treib|stoff|spa|rend = **Treib|stoff spa|rend**; eine treibstoffsparende *oder:* Treibstoff sparende Version; *aber nur:* die treibstoffsparendste Methode *(bei Steigerung und mit Attribut)*
Trei|del *m. 14* Tau zum Treideln eines Schiffes
Trei|de|lei *f. 10 nur Sg.*
trei|deln *tr. 1* ein Schiff vom Ufer aus ziehen
Trei|del|pfad *m. 1,* **Trei|del|weg** *m. 1* Weg entlang eines Flusses oder Kanals zum Treideln, Leinpfad
Treid|ler, Trei|de|ler *m. 5*
trei|fe [hebr.] *jidd. Bez. für* unrein, den jüd. Speisevorschriften nicht entsprechend; *Ggs.:* koscher

Trekking/Trecking: Die fremdsprachige Schreibweise *Trekking* ist die Hauptvariante, die ins Deutsche integrierte Form *Trecking* die zulässige Nebenvariante. § 32 (2)

Trek|king *auch:* **Tre|cking** [Afrikaans] *n. Gen.* -s *nur Sg.* Wandern im Hochgebirge mit Trägern
Tre|ma **1.** [griech.] *n. Gen.* -s *Pl.* -s *oder* -ma|ta *(Zeichen:* ¨) Zeichen über einem von zwei nebeneinander stehenden Vokalen, die getrennt auszusprechen sind, z. B. frz. naïf (im Deutschen kaum noch verwendet) oder zur langen Aussprache des ersten Vokals, z. B. in ndrl. und frz. Namen: -daël [da:l], Staël; **2.** [lat.] *n. 9, Med.:* Lücke zwischen den Schneidezähnen
Tre|ma|to|de [griech.] *f. 11* Saugwurm
tre|mo|lie|ren [lat.-ital.], tre|mu|lie|ren *intr. 3* (technisch fehlerhaft) bebend singen
Tre|mo|lo *n. Gen.* -s *Pl.* -s *oder* -li **1.** Beben (beim Singen); **2.** *bei Streich- und Tasteninstrumenten:* sehr schnelle Wiederholung zweier Töne oder Akkorde im Wechsel
Tre|mor *m. Gen.* -s *Pl.* -mo|res *Med.:* Zittern
Tre|mu|lant *m. 10, an der Orgel:* Vorrichtung, um Vibrieren (Schwebung) des Tons zu erzeugen
tre|mu|lie|ren *intr. 3* s. **tre|mo|lie|ren**
Trench|coat [trɛntʃkoʊt, engl.] *m. 9* Regenmantel aus Gabardine oder Popeline
Trend [engl.] *m. 9* Richtung (einer Entwicklung)
Trend|set|ter [-sɛtə(r)] *m. 5* den Trend Bestimmender, den Trend Auslösendes
Trend|wen|de *f. 11*
trenn|bar
Trenn|bar|keit *f. 10 nur Sg.*
tren|nen *tr. 1*
Trenn|li|nie *f. 11*
Trenn|mes|ser *n. 5*
trenn|scharf
Trenn|schär|fe *f. 11 nur Sg.*
Tren|nung *f. 10*
Tren|nungs|ent|schä|di|gung *f. 10*
Tren|nungs|geld *n. 3*
Tren|nungs|li|nie *f. 11*
Tren|nungs|strich *m. 1*
Trenn|wand *f. 2*
Tren|se [ndrl.] *f. 11* einfacher Zaum mit Gebissstange und Zügel
Trente-et-qua|rante [trãtekarãt, frz.] *n. Gen.* - *nur Sg.* ein Kartenglücksspiel
Trente-et-un [trãteœ̃] *n. Gen.* - *nur Sg.* ein Kartenglücksspiel
Tre|pan [griech.] *m. 1* chirurg. Gerät zum Anbohren des Schädels
Tre|pa|na|ti|on *f. 10, Med.:* Schädelöffnung
tre|pa|nie|ren *tr. 3* mit dem Trepan öffnen (Schädel)
trepp|auf *in der Wendung* treppauf, treppab
Trepp|chen *n. 7*
Trep|pe *f. 11*
Trep|pen|ge|län|der *n. 5*
Trep|pen|haus *n. 4*
Trep|pen|stu|fe *f. 11*
Trep|pen|witz *m. 1* witzige oder treffende Antwort, die einem zu spät, sozusagen erst beim Gehen auf der Treppe, einfällt
Tre|sen *m. 7, norddt.:* Ladentisch, Theke
Tre|sor [griech.] *m. 1* **1.** Stahlschrank (für Geld und Wertsachen); **2.** *in Banken:* unterird. Raum mit Stahlschränken
Tres|pe *f. 11* eine Grasgattung
Tres|se [griech.-frz.] *f. 11* Borte, Besatz, meist aus Gold- oder Silberfäden
Tres|ter *m. 5* **1.** Rückstand beim Keltern von Trauben; **2.** Überrest der → Maische
tre|ten **1.** *tr. u. intr. 163;* jmdn. oder jmdm. auf den Fuß treten; jmdn. treten *übertr. ugs.:* jmdn. drängen, bedrängen (etwas zu tun); **2.** *tr. 163* begatten (Geflügel); der Hahn tritt die Henne
Tre|ter *Pl., ugs.:* derbe oder abgetragene Schuhe
Tret|mi|ne *f. 11*
Tret|müh|le *f. 11, nur noch übertr. ugs.:* immer gleiche Arbeit
Tret|strah|ler *m. 5, an Fahrrädern:* Rückstrahler am Pedal
treu; jmdm. etwas zu treuen Händen übergeben, überlassen: vertrauensvoll zur Aufbewahrung; treu ergeben; treu gesinnt; treu sorgend; treu bleiben, sein
Treu|bruch *m. 2*
treu|brü|chig
Treue *f. 11 nur Sg.;* meiner Treu! *veraltet:* wahrhaftig!; jmdm. etwas auf Treu und Glauben überlassen: im Vertrauen auf seine Redlichkeit
Treu|eid *m. 1*
Treu|e|pflicht *f. 10*
Treu|e|prä|mie [-mjə] *f. 11*

treu ergeben, treu sein: Fügungen mit dem Hilfsverb *sein* werden immer getrennt geschrieben: *Er wollte ihr treu sein. Sie sind sich jahrelang treu gewesen.*
Fügungen aus Adjektiv und Verb/Partizip werden getrennt geschrieben, wenn das Verb gesteigert oder erweitert werden kann: *Er war ihr (ganz) treu ergeben. Sie war eine (äußerst) treu sorgende Frau.* § 34 E3 (3)

treu er|ge|ben *(alt:* treu|er|ge|ben)
Treue|schwur *m. 2*
Treu|ga Dei [lat.] *f. Gen.* - - *nur Sg., MA:* Gottesfriede, kirchl. Verbot der Fehde an bestimmten Tagen
treu ge|sinnt *(alt:* treu|ge|sinnt)
Treu|hand, Treu|hand|schaft *f.*

T

Gen. - nur Sg. Verwaltung fremden Eigentums durch einen Treuhänder
Treu|hand|an|stalt *f. Gen. - nur Sg.*
Treu|hän|der *m. 5* jmd., der fremdes Eigentum im eigenen Namen, aber in fremdem Interesse verwaltet
Treu|hand|ge|sell|schaft *f. 10* als Treuhänderin tätige Gesellschaft
treu|her|zig
Treu|her|zig|keit *f. 10 nur Sg.*
treu|lich
treu|los
Treu|lo|sig|keit *f. 10 nur Sg.*
treu sor|gend (*alt:* treu|sor|gend)
Tre|vi|sa|ner [-vi-] *m. 5* Einwohner von Treviso
Tre|vi|so [-vi-] Stadt in Italien
tri..., Tri... [griech.-lat.] *in Zus.:* drei..., Drei..., dreimalig, dreifach
Tri|a|de [griech.] *f. 11* Dreiheit, Dreizahl, drei zusammengehörige, gleichartige Dinge
tri|a|disch
Tri|a|ge [-ʒə,frz.] *f. 11, bei Kaffeebohnen:* Ausschuss
Trial [traɪəl, engl. »Probe«] *n. 9* **1.** *Motorsport:* Geschicklichkeitsprüfung; **2.** *Reitsport:* Proberennen
Tri|al and Er|ror (*alt:* Tri|al and er|ror) [traɪəl ənd ɛrə, engl.] Versuch und Irrtum, Bez. für eine Lernmethode, bei der durch Probieren eine Lösung gefunden wird (bes. bei Tierversuchen angewendet)
Tri|an|gel [lat.] *m. 5* **1.** Musikinstrument aus einem zum Dreieck gebogenen Metallstab, der mit einem Metallstäbchen angeschlagen wird; **2.** *ugs.:* dreieckiger Riss (in der Kleidung)
tri|an|gu|lär dreieckig
Tri|an|gu|la|ti|on *f. 10* Landvermessung mithilfe eines Netzes von Dreiecken
Tri|an|gu|la|ti|ons|punkt *m. 1, bei der Triangulation:* Punkt, der im Gelände markiert ist und der jeweils dem Eckpunkt eines Dreiecks auf der Karte entspricht, trigonometrischer Punkt
tri|an|gu|lie|ren *tr. 3* mittels eines Netzes von Dreiecken vermessen
Tri|as [griech.] *f. Gen. - nur Sg.* untere Formation des Mesozoikums
tri|as|sisch zur Trias gehörend, aus ihr stammend
Tri|ath|lon *n. 9* aus Radfahren, Schwimmen und Langstreckenlauf kombinierter sportlicher Wettbewerb
Tri|ba|de [griech.] *f. 11* homosexuelle Frau
Tri|ba|die *f. 11 nur Sg.* Homosexualität zwischen Frauen
Tri|ba|lis|mus *m. Gen. - nur Sg.* **1.** Stammesbewusstsein; **2.** Gefühl der Zugehörigkeit zu einem Stamm
Tri|bun [lat.] *m. 12 oder m. 10, im alten Rom* **1.** Bezirksbeamter; **2.** zweithöchster Offizier einer Legion; **3.** Sonderbeamter zum Schutz des Volkes gegen Beamtenwillkür, Volkstribun
Tri|bu|nal *n. 1, im alten Rom* **1.** *urspr.:* erhöhter Platz für den Richter; **2.** *dann:* Gerichtshof
Tri|bu|nat *n. 1* Amt eines Tribuns
Tri|bü|ne *f. 11* **1.** Rednerbühne; **2.** Gerüst mit Sitzreihen für Zuschauer; **3.** die Zuschauer selbst
Tri|but [lat.] *m. 1* **1.** Beitrag, Steuer; **2.** *übertr.:* Hochachtung, Anerkennung; jmds. Leistung den schuldigen T. zollen
tri|bu|tär *veraltet:* steuerpflichtig
tri|but|pflich|tig
Tri|but|pflich|tig|keit *f. 10 nur Sg.*
Tri|chi|ne [-xi-, griech.] *f. 11* in den Muskeln mancher Säugetiere, z. B. des Schweins, schmarotzender Fadenwurm
Tri|chi|nen|schau [-xi-] *f. 10* Untersuchung von Fleisch auf Trichinen
tri|chi|nös [-xi-] von Trichinen befallen (Fleisch)
Tri|chi|no|se [-xi-] *f. 11 nur Sg.* durch Trichinen hervorgerufene Krankheit
Tri|chlor|ä|thy|len, *fachsprachl.:* Tri|chlor|e|thy|len *n. Gen. -s nur Sg.* ein Lösungs- und Reinigungsmittel
Tri|cho|to|mie [-xo-, griech.] *f. 11* **1.** Auffassung von der Dreiteilung des Menschen in den Leib, den Geist und die Seele; **2.** *Rechtsw.:* Einteilung der Straftaten in Übertretung, Vergehen und Verbrechen; **3.** *Math., Bez. für die* Eigenschaft einer Ordnungsrelation; **4.** *übertr.:* Haarspalterei
tri|cho|to|misch
Trich|ter *m. 5*
Trich|ter|mün|dung *f. 10* Flussmündung, die sich flussabwärts verbreitert
Tri|ci|ni|um [-tsi-, lat.] *n. Gen. -s Pl. -ni|en, 15./16. Jh.:* Musikstück für drei Singstimmen oder Instrumente
Trick [engl.] *m. 9* **1.** Kunstgriff, Kniff; **2.** *Whist:* höherer Stich
Trick|be|trü|ger *m. 5*
Trick|film *m. 1*
trick|sen *tr. 1, Sport, bes. Fußball:* geschickt umspielen (Gegner)
Trick|ski|fah|ren, Trick|schi|fah|ren *n. 7 nur Sg.*
Trick|track [frz.] *n. 9 nur Sg.* Brett- und Würfelspiel
Tri|dent [lat.] *m. 10* Dreizack (als Waffe, z. B. Poseidons)
Tri|den|ti|ner *m. 5* Einwohner von Trient
tri|den|ti|nisch; *aber:* Tridentinisches Konzil
Tri|den|ti|num *n. Gen. -s nur Sg.* das Tridentinische Konzil, Trienter Konzil 1545-1563
Tri|du|um [lat.] *n. Gen. -s Pl. -du|en* Zeitraum von drei Tagen
Trieb *m. 1*
Trieb|fe|der *f. 11*
trieb|haft
Trieb|haf|tig|keit *f. 10 nur Sg.*
Trieb|hand|lung *f. 10*
Trieb|kraft *f. 2*
Trieb|le|ben *n. 7 nur Sg.*
Trieb|rad *n. 4* Treibrad
Trieb|sand *m. Gen. -(e)s nur Sg.* Treibsand
Trieb|tä|ter *m. 5*
Trieb|wa|gen *m. 7*
Trieb|werk *n. 1*
Trief|au|ge *n. 14*
trief|äu|gig
trie|fen *intr. 164*
trief|nass (*alt:* trief|naß)
Triel *m. 1* ein Schnepfenvogel
Tri|en|ni|um *n. Gen. -s Pl. -ni|en* Zeitraum von drei Jahren
Trier Stadt an der Mosel
Tri|e|re [griech.] *f. 11, im antiken Griechenland:* Kriegsschiff mit drei übereinander liegenden Ruderbänken, Trireme
Tri|eur [-ør, frz.] *m. 1* Maschine zum Trennen der Getreidekörner vom Unkraut
trie|zen *tr. 1, ugs.:* peinigen, plagen, ärgern, necken
Tri|fo|kal|bril|le *f. 11* Brille mit Trifokalgläsern
Tri|fo|li|um [lat.] *n. Gen. -s Pl. -li|en* Klee
Tri|fo|ri|um [lat.] *n. Gen. -s Pl. -ri|en, in roman. und got. Kirchen:* Galerie mit dreifachen Bogen-

T

stellungen über den Säulenreihen des Mittel- oder Querschiffs

Trift *f. 10* **1.** das Treiben des Viehs auf die Weide; **2.** Viehweide; **3.** Drift; **4.** Flößerei einzelner Stämme

Trift|eis *n. Gen.* -es *nur Sg.* Treibeis

trif|ten *tr. 2* flößen

Trift|holz *n. 4 nur Sg.* Treibholz

trif|tig begründet, stichhaltig (Einwand, Grund)

Trif|tig|keit *f. 10 nur Sg.*

Tri|ga [lat.] *f. Gen. - Pl.* -s *oder* -gen Dreigespann

Tri|ge|mi|nus [lat.] *m. Gen. - nur Sg.* der aus drei Ästen bestehende fünfte Hirnnerv, der Gesicht und Kaumuskeln versorgt

Tri|ge|mi|nus|neur|al|gie *auch:* **Tri|ge|mi|nus|neu|ral|gie** *f. 11*

Tri|glyph [griech.] *m. 1,* **Tri|gly|phe** *f. 11, am Fries des dor. Tempels:* Platte mit zwei schlitzförmigen, senkrechten Rinnen und seitlich zwei Halbschlitzen, die mit Metopen abwechselt, Dreischlitz

Tri|gon [griech.] *n. 1* Dreieck

tri|go|nal dreieckig

Tri|go|no|me|trie *auch:* **Tri|go|no|met|rie** *f. 11 nur Sg.* Dreiecksberechnung; sphärische T.: Berechnung von Dreiecken im Raum

tri|go|no|me|trisch *auch:* **tri|go|no|met|risch**; trigonometrischer Punkt

tri|klin [griech.], **tri|kli|nisch** drei verschieden lange, sich schiefwinklig schneidende Achsen aufweisend

Tri|kli|ni|um *n. Gen.* -s *Pl.* -ni|en **1.** *im alten Rom:* Speiseraum mit dem an drei Seiten von Liegestätten umgebenen Esstisch; **2.** der Esstisch mit den Liegestätten

tri|ko|lor [frz.] dreifarbig

Tri|ko|lo|re *f. 11* dreifarb. Fahne, bes. die der frz. Republik

Tri|kot [-ko, frz.] **1.** *m. 9 oder n. 9* gewirkter Stoff; **2.** hemdartiges Kleidungsstück aus solchem Stoff

Tri|ko|ta|ge [-ʒə] *f. 11 meist Pl.* Wirkware

Tril|ler *m. 5, Mus.:* rascher, mehrmaliger Wechsel eines Tons mit dem nächsthöheren halben oder ganzen Ton

tril|lern *intr. 1*

Tril|ler|pfei|fe *f. 11*

Tril|li|ar|de [lat.] *f. 11* 1000 Trillionen

Tril|li|on *f. 10* **1.** eine Million Billionen, 10^{18}; **2.** *in Frankreich bis 1948 und in den USA:* = Billion

Tri|lo|bit [griech.] *m. 10* ausgestorbener Gliederfüßer, dessen Panzer längs und quer dreifach gegliedert ist, Dreilappkrebs

Tri|lo|gie [griech.] *f. 11* aus drei selbständigen Teilen bestehendes Literaturwerk; Romantrilogie, Dramentrilogie

Tri|mes|ter [lat.] *n. 5* dritter Teil eines Studienjahres

Tri|me|ter [griech.] *m. 5* aus drei Versfüßen bestehender Vers

Trimm [engl.] *m. 1 nur Sg.* **1.** Lage eines Schiffes in Bezug auf Tiefgang und Schwerpunkt, Trimmlage; **2.** Zustand eines Schiffes hinsichtlich seiner Pflege

Trimm-dich-Pfad *m. 1*

trim|men *tr. 1* **1.** ein Schiff oder Flugzeug t.: durch Gewichtsverteilung eine günstige Schwimmbzw. Fluglage herstellen; **2.** ein Schiff t.: es in einen ordentlichen Zustand bringen; **3.** Kohlen t. *Seew.:* sie aus den Bunkern zu den Kesseln schaffen; **4.** einen Schwingkreis t.: auf eine bestimmte Frequenz einstellen; **5.** einen Hund t.: ihm das Fell scheren; **6.** *übertr.:* jmdn. oder etwas t.: in einen gewünschten Zustand bringen; *auch ugs.:* jmdn. oder ein Tier auf etwas t.; **7.** sich t.: sich fit machen

Trim|mer *m. 5* **1.** jmd., der Kohlen trimmt; **2.** *Elektr.:* Bauelement zum Trimmen (4) von Schwingkreisen

Trimm|la|ge *f. 11 nur Sg.* = Trimm (1)

Trimm|tank *m. 9* Wassertank zum Trimmen (1) des Schiffes

Trim|mung *f. 10*

tri|morph [griech.] *Bot.:* dreigestaltig

Tri|mor|phis|mus *m. Gen. - nur Sg., Bot.:* Dreigestaltigkeit

Tri|ni|dad Insel im Karib. Meer

Tri|ni|dad und To|ba|go Inselstaat vor der Nordküste Südamerikas

Tri|ni|ta|ri|er *m. 5* Angehöriger eines kath. Ordens, urspr. zum Loskauf christlicher Sklaven, später Bettelorden

Tri|ni|tät *f. 10 nur Sg.* Dreieinigkeit, Dreifaltigkeit

Tri|ni|ta|tis *ohne Artikel* Sonntag nach Pfingsten; an, zu T.

Tri|ni|ta|tis|fest *n. 1*

Tri|ni|tro|to|lu|ol *auch:* **Tri|nit|ro|to|lu|ol** *n. 1 nur Sg.* (*Abk.:* TNT) ein hochexplosiver Sprengstoff

trink|bar

Trink|bar|keit *f. 10 nur Sg.*

trin|ken *tr. 165; aber:* Drink

Trin|ker *m. 5*

Trin|ker|heil|stät|te *f. 11*

trink|fest

Trink|fes|tig|keit *f. 10 nur Sg.*

Trink|ge|la|ge *n. 5*

Trink|geld *n. 3*

Trink|lied *n. 3*

Trink|spruch *m. 2*

Trink|was|ser *n. 5 nur Sg.*

Tri|nom [griech.] *n. 1* dreigliedriger Ausdruck

tri|no|misch dreigliedrig

Trio [ital.] *n. 9* **1.** Musikstück für drei verschiedene Instrumente sowie die ausführenden Musiker; vgl. Terzett; **2.** Teil des Menuetts und Scherzos; **3.** *ugs.:* drei zusammengehörige Personen

Tri|o|de [griech.] *f. 11* Elektronenröhre mit drei Polen: Anode, Kathode, Steuergitter

Tri|o|le [ital.] *f. 11* Gruppe von drei Noten im Taktwert von zwei (oder vier) Noten

Tri|o|lett [frz.] *n. 1* Gedicht aus acht Zeilen mit zwei Reimen, wobei die erste Zeile auch als 4. und 7. und die zweite als 8. Zeile auftritt

Tri|o|so|na|te *f. 11* Sonate für zwei Soloinstrumente und Generalbass

Tri|ö|zie [griech.] *f. 11 nur Sg., Bot.* = Dreihäusigkeit

tri|ö|zisch *Bot.* = dreihäusig

Trip [engl.] *m. 9* **1.** Ausflug, kleine Reise; **2.** Rauschzustand; vgl. Horrortrip; **3.** für eine oder mehrere Personen ausreichende Menge eines Rauschgifts

Tri|pel **1.** [lat.] *n. 5, Math.:* drei zusammengehörige Dinge, z. B. Dreieckspunkte; **2.** *m. 5 nur Sg., nach der Stadt Tripolis im Libanon:* Kieselgur; **3.** *m. 5, veraltet:* dreifacher Gewinn

tri|pel..., **Tri|pel...** *in Zus.:* drei..., Drei..., dreifach

Tri|pel|al|li|anz [lat. + frz.] *f. 10,* **Tri|pel|en|tente** [-ãtãt] *f. 11* Bündnis zwischen drei Staaten, Dreibund

Tri|pel|fu|ge *f. 11* Fuge mit drei durchgeführten Themen

T

Tri|pel|kon|zert *n. 1* Konzert für drei Soloinstrumente und Orchester

Tri|pel|takt *m. 1, Mus.:* dreiteiliger Takt, z. B. 3/4-Takt

tri|phi|bisch [griech.] zu Lande, zu Wasser und in der Luft

Tri|phthong *auch:* **Triph|thong** [griech.] *m. 1* drei nebeneinander stehende, ineinander übergehende vokalische Laute, z. B. in frz. ouaille [uaj, »Schaf«]

Tri|pi|ta|ka [Sanskrit »Dreikorb«], Ti|pi|ta|ka *n. Gen. - nur Sg.* die aus drei Teilen (»Körben«) bestehende Lehre des Buddhismus

Tri|ple... *auch:* **Trip|le...**[frz.] vgl. Tripel...

Tri|plik [lat.-frz.] *f. 10* Antwort (des Klägers) auf eine Duplik (des Beklagten)

Tri|pli|kat *n. 1* dritte Ausfertigung

Tri|pli|ka|ti|on *f. 10, Rhetorik:* dreimalige Wiederholung desselben Wortes oder Satzes

Tri|pli|zi|tät *f. 10 nur Sg.* dreifaches Vorhandensein, dreimaliges Vorkommen

tri|plo|id *auch:* **trip|lo|id** mit dreifachem Chromosomensatz versehen

Trip|ma|dam *f. 10* eine Art der Fetthenne, Gewürz- und Gemüsepflanze

Tri|po|den *Pl. von* Tripus

Tri|po|die *f. 11* metrische Einheit aus drei gleichen Versfüßen

Tri|po|lis Hauptstadt von Libyen

trip|peln *intr. 1* mit kleinen Schritten laufen

trip|pen *intr. 1, nddt.:* tropfen

Trip|per *m. 5* Gonorrhö

Tri|ptik *auch:* **Trip|tik** *n. 9* s. **Tri|ptyk**

Tri|pty|chon *auch:* **Trip|ty|chon** [-xɔn, griech.] *n. Gen.* -s *Pl.* -chen aus drei beweglich miteinander verbundenen Teilen bestehendes Tafelgemälde (meist Altarbild)

Tri|ptyk *auch:* **Trip|tyk,** Tri|ptik *n. 9* dreiteilige Bescheinigung für Grenzübertritt von Wohnanhängern und Wasserfahrzeugen

Tri|pus [griech.] *m. Gen. - Pl.* -po|den altgriech. Dreifuß für Gefäße

Tri|re|me *f. 11* s. **Tri|e|re**

Tri|sek|ti|on [lat.] *f. 10* Dreiteilung (des Winkels)

trist [lat.-frz.] traurig, öde

Tris|tan männl. Vorname

Tris|te *f. 11, bair., österr., schweiz.:* hoher Vorratshaufen (Heu)

Tris|tesse [-tɛs, frz.] *f. 11* Traurigkeit, Schwermut

Trit|a|go|nist *auch:* **Tri|ta|go|nist** [griech.] *m. 10, im antiken griech. Theater:* dritter Schauspieler

Tri|ti|um [-tsjum, griech.] *n. Gen.* -s *nur Sg.* (*Zeichen:* T) Isotop des Wasserstoffs

Tri|ton **1.** *m. Gen.* -s *Pl.* -to|nen, *griech. Myth.:* Meergottheit, halb Mensch, halb Fisch; **2.** *n. Gen.* -s *Pl.* -to|nen Kern eines Tritiumatoms

Tri|tons|horn *n. 4* Meeres-, Trompetenschnecke

Tri|to|nus [lat.] *m. Gen. - nur Sg.* Intervall aus drei ganzen Tönen, übermäßige Quarte

Tritt *m. 1;* den Tritt halten (beim Marschieren im Gleichschritt)

Tritt|brett *n. 3*

Tritt|brett|fah|rer *m. 5, ugs.*

Tritt|lei|ter *f. 11*

tritt|si|cher (beim Bergsteigen)

Tritt|si|cher|heit *f. 10 nur Sg.*

Tri|umph [lat.] *m. 1* **1.** *im alten Rom:* feierlicher Einzug des Siegers nach der Schlacht; **2.** Freude, Genugtuung über einen Sieg; **3.** Siegesfeier

tri|um|phal herrlich, großartig

Tri|um|pha|tor *m. 13, im alten Rom:* siegreicher Feldherr beim feierlichen Einzug in die Stadt

Tri|umph|bo|gen *m. 7* **1.** *im alten Rom:* Ehrentor für den Einzug des Triumphators; **2.** *im Kirchenbau:* Bogen zwischen Mittelschiff und Chor

tri|um|phie|ren *intr. 3* über einen Sieg oder Erfolg jubeln, frohlocken

Tri|umph|kreuz *n. 1* Kruzifix unter dem Triumphbogen

Tri|umph|zug *m. 2* **1.** *im alten Rom:* feierlicher Einzug des Triumphators; **2.** *allg.:* mit Jubel begleiteter Einzug

Tri|um|vir [-vir, lat.] *m. Gen.* -s *oder* -n *Pl.* -n Mitglied eines Triumvirats

Tri|um|vi|rat [-vi-, lat.] *n. 1, im alten Rom:* Gremium von drei Männern zur Erledigung von Staatsgeschäften, Dreimännerherrschaft

tri|va|lent [-va-, lat.] *Chem.:* dreiwertig

tri|vi|al [-vi-, lat.] alltäglich, abgedroschen, platt, geistlos

Tri|vi|a|li|tät [-vi-, lat.] *f. 10*

Tri|vi|al|li|te|ra|tur [-vi-] *f. 10 nur Sg.* leichteste Unterhaltungsliteratur

Tri|vi|um [-vi-, lat.] *n. Gen.* -s *nur Sg., MA:* die ersten (unteren) drei der sieben Freien Künste: Grammatik, Dialektik und Rhetorik; vgl. Quadrivium

Tri|zeps [lat.] *m. 1* dreiköpfiger Muskel

tro|chä|isch [-xɛ-, griech.] aus Trochäen bestehend

Tro|chan|ter [-xan-, griech.] *m. 5* Vorsprung am Oberschenkelknochen, Rollhügel

Tro|chä|us [-xɛ-, griech.] *m. Gen. - Pl.* -en Versfuß aus einer langen, betonten und einer kurzen, unbetonten Silbe, Choreus

Tro|chit [-xit, griech.] *m. 10* versteinerter Stielteil der Seelilie

Tro|chi|ten|kalk [-xi-, griech.] *m. Gen.* -s *nur Sg.* Trochiten enthaltender Muschelkalk

Tro|cho|pho|ra [griech.] *f. Gen. - Pl.* -pho|ren Larve des Ringelwurms

trocken, trocken schleudern, auf dem Trockenen sitzen/sein: Einen mehrteiligen Ausdruck aus Adjektiv und Verb schreibt man getrennt, wenn das Adjektiv steigerbar oder erweiterbar ist: *Bei diesem Verfahren wird trocken geschleudert* (= in trockenem Zustand). § 34 E3 (3)
Dagegen schreibt man *trockenschleudern* im Sinne von »durch Schleudern trocknen« zusammen, weil das Adjektiv weder steigerbar noch erweiterbar ist: *Die Wäsche wird trockengeschleudert.* § 34 (2.2)
Substantivierte Adjektive schreibt man groß, auch in festen Fügungen: *Sie saßen auf dem Trock(e)nen. Der Politiker brachte seine Schäfchen ins Trock(e)ne. Sie waren im Trock(e)nen.* § 57 (1)

tro|cken; t. sein, werden; t. sitzen: an trockener Stelle; *auch:* ohne Getränke dasitzen *ugs.;* t. stehen: auf trockenem Boden; in trockenem Raum; *auch:* kein Milch geben (Kühe); *aber:* trockenlegen, trockenreiben, trockenwischen; auf dem Trock(e)nen: auf trockenem Boden; *aber:* auf dem Trock(e)nen sitzen *übertr.:* in

T

unangenehmer Lage, in Verlegenheit sein; im Trock(e)nen: in trockener Unterkunft; sein Schäfchen im Trock(e)nen haben *oder:* ins Trockene bringen *übertr., ugs.:* seinen Vorteil bei einer Sache haben
Tro|cken|bat|te|rie *f. 11* Zusammenschaltung von Trockenelementen
Tro|cken|bee|ren|aus|le|se *f. 11* Wein aus am Stock eingetrockneten Beeren
Tro|cken|bo|den *m. 8* Dachboden zum Wäschetrocknen
Tro|cken|dock *n. 9* Dock, in dem Schiffe zur Reparatur auf dem Trock(e)nen liegen
Tro|cken|ei *n. 3 nur Sg.* Eipulver
Tro|cken|eis *n. Gen. -es nur Sg.* festes Kohlendioxid
Tro|cken|e|le|ment *n. 1* galvan. Element mit eingedicktem Elektrolyten
Tro|cken|fut|ter *n. 5 nur Sg.*
Tro|cken|füt|te|rung *f. 10 nur Sg.*
Tro|cken|ge|biet *n. 1* Gebiet mit wenig Niederschlägen
Tro|cken|ge|mü|se *n. 5*
Tro|cken|hau|be *f. 11* Gerät zum Trocknen des Haars
Tro|cken|he|fe *f. 11 nur Sg.*
Tro|cken|heit *f. 10*
tro|cken|lau|fen *intr. 76;* das Gleitlager ist trockengelaufen
tro|cken|le|gen *tr. 1;* ein Kind t.; Land t.: es entwässern
Tro|cken|le|gung *f. 10 nur Sg.* Entwässerung (von Land)
Tro|cken|milch *f. 10 nur Sg.* Milchpulver
Tro|cken|obst *m. Gen. -(e)s nur Sg.*
Tro|cken|platz *m. 2*
Tro|cken|pe|ri|o|de *f. 11*
Tro|cken|ra|sie|rer *m. 5*
tro|cken|rei|ben *tr. 95* durch Reiben trocknen
Tro|cken|schleu|der *f. 11*
tro|cken|schleu|dern *tr. 1*
tro|cken sit|zen (*alt:* tro|cken|sit|zen) *intr. 143, ugs.:* ohne Getränke dasitzen; vgl. trocken
tro|cken ste|hen (*alt:* tro|cken|ste|hen) *intr. 151* keine Milch geben; vgl. trocken
Tro|cken|sub|stanz *auch:* **Tro|cken|subs|tanz** *f. 10* wasserfreie Substanz (eines Stoffes)
Tro|cken|ü|bung *f. 10* vorbereitende Übung auf dem Trock(e)nen zum Erlernen verschiedener sportlicher Tätigkeiten

Tro|cken|zeit *f. 10* regelmäßig eintretende Zeit ohne Niederschläge
trock|nen *tr. u. intr. 2*
Trock|nung *f. 10 nur Sg.*
Trod|del *f. 11* Quaste, Bommel
Trod|del|blu|me *f. 11* Soldanella
Trod|del|chen, Tröd|del|chen *n. 7*
Trö|del *m. 5 nur Sg.* **1.** alter, billiger Kram, *bes.:* alter Hausrat, alte Kleidung, Trödelkram; **2.** *ugs.:* umständliche Sache
Trö|de|lei *f. 10 nur Sg.*
Trö|del|fritz *m. Gen. - Pl. -en, ugs.*
trö|de|lig
Trö|del|kram *m. Gen. -s nur Sg.* = Trödel (1)
Trö|del|la|den *m. 8*
Trö|del|lie|se *f. 11, ugs.*
Trö|del|markt *m. 2*
trö|deln *intr. 1* langsam sein, langsam arbeiten; ich trödele, trödle
Trö|del|su|se *f. 11, ugs.*
Tröd|ler *m. 5* jmd., der mit Trödel (1) handelt, Altwarenhändler
Tro|er, Tro|ja|ner *m. 5* Einwohner von Troja
Trog *m. 2*
Tro|glo|dyt *auch:* **Trog|lo|dyt** [griech.] *m. 10* Höhlenbewohner
Trog|tal *n. 4* Tal mit breiter Sohle
Troi|ka [russ.] *f. Gen. - Pl. -s oder -ken* **1.** aus drei Pferden bestehendes Gespann; **2.** mit drei Pferden bespannter Wagen; **3.** *übertr.:* Dreigespann von Politikern
tro|isch trojanisch
Tro|ja antike Stadt in Kleinasien
Tro|ja|ner, Tro|er *m. 5*
tro|ja|nisch; *aber:* Trojanischer Krieg; Trojanisches Pferd *griech. Myth.:* hölzernes Pferd, in dessen hohlem Bauch eine Schar griechischer Krieger nach Troja gelangte
tro|kie|ren [lat.-frz.] *tr. 3* austauschen (Waren)
Tröl|bu|ße *f. 11, schweiz.*
trö|len *intr. 1, schweiz.:* ein Gerichtsverfahren mutwillig verzögern
Troll *m. 1* **1.** *nord. Myth.:* Dämon, Unhold; **2.** *nur Sg., Jägerspr.:* Trab (vom Schalenwild)
Troll|blu|me *f. 11* ein Hahnenfußgewächs
trol|len **1.** *refl. 1* (ein wenig beleidigt) weggehen; **2.** *intr. 1, Jägerspr.:* traben (Schalenwild)
Trol|ley|bus [trɔlı-, engl.] *m. 1, schweiz.:* Oberleitungsomnibus

Trom|be [frz.] *f. 11* Wirbelwind, Windhose, Wasserhose
Trom|mel *f. 11*
Trom|mel|brem|se *f. 11*
Tröm|mel|chen *n. 7*
Trom|me|lei *f. 10 nur Sg.*
Trom|mel|fell *n. 1*
Trom|mel|feu|er *n. 5*
trom|meln *intr. 1;* ich trommele, trommle
Trom|mel|re|vol|ver [-vɔlvər] *m. 5* Revolver
Trom|mel|schlag *m. 2*
Trom|mel|schlä|gel (*alt:* Trom|mel|schle|gel) *m. 5*
Trom|mel|sucht *f. Gen. - nur Sg.* Krankheit der Wiederkäuer, Blähsucht, Tympanie
Trom|mel|wir|bel *m. 5*
Tromm|ler *m. 5*
Trom|pe|te *f. 11*
trom|pe|ten *intr. 2;* er trompetete, hat trompetet
Trom|pe|ten|baum *m. 2* ein nordamerik. Baum mit trompetenförmigen Blüten
Trom|pe|ten|blu|me *f. 11* eine Narzisse
Trom|pe|ten|ge|schmet|ter *n. 5 nur Sg.*
Trom|pe|ten|schne|cke *f. 11* eine Meeresschnecke, Tritonshorn
Trom|pe|ten|stoß *m. 2*
Trom|pe|ter *m. 5*
Tro|pe [griech.] *f. 11* Tropus
Tro|pen [griech.] *nur Pl.* heiße Zone der Erde zwischen den beiden Wendekreisen
Tro|pen|fie|ber *n. 5 nur Sg.* Malaria
Tro|pen|helm *m. 1*
Tro|pen|hy|gi|e|ne [-gje:-] *f. 11 nur Sg.*
Tro|pen|in|sti|tut *auch:* **Tro|pen|ins|ti|tut** *n. 1*
Tro|pen|kli|ma *n. Gen. -s nur Sg.*
Tro|pen|kol|ler *m. 5 nur Sg.* bei Nichteingeborenen in den Tropen auftretender Erregungszustand
Tro|pen|krank|heit *f. 10*
Tro|pen|me|di|zin *f. 10 nur Sg.*
Tropf **1.** *m. 2* Kerl, Bursche; armer Tropf; **2.** *m. 2, auch:* einfältiger Mensch; **3.** *m. 1, ugs. kurz für* Dauertropfinfusion
tropf|bar
Tröpf|chen *n. 7*
Tröpf|chen|in|fek|ti|on *f. 10*
tröpf|chen|wei|se
tröp|feln *intr. 1*
trop|fen *intr. u. tr. 1*
Trop|fen *m. 7*

Trop|fen|fän|ger *m. 5*
trop|fen|wei|se
Tropf|fla|sche *f. 11*
Tröpf|lein *n. 7*

tropfnass: Mehrteilige Ausdrücke aus einem Verbstamm und einem Adjektiv, bei denen der erste Bestandteil für eine Wortgruppe steht, schreibt man zusammen: *das tropfnasse Hemd.* Ebenso: *röstfrisch, fernsehmüde* usw. § 36 (1)

tropf|nass (*alt:* tropf|naß)
Tropf|stein *m. 1* durch Ablagerungen aus tropfendem, kalkreichem Wasser entstandenes Gebilde, Stalagmit, Stalaktit
Tropf|stein|höh|le *f. 11*
Tro|phäe [griech.] *f. 11* **1.** Siegeszeichen, z. B. erbeutete Fahne; **2.** Zeichen der erfolgreichen Jagd, z. B. Geweih
tro|phisch [griech.] auf der Ernährung (der Gewebe, Muskeln) beruhend, sie bewirkend
Tro|pi|cal [trɔpıkəl, engl.] *m. 9* luftdurchlässiger Anzugstoff
Tro|pi|ka *f. Gen. - nur Sg.* schwere Form der Malaria
tro|pisch aus den Tropen stammend, zu ihnen gehörend, wie in den Tropen
Tro|pis|mus *m. Gen. - Pl.* -men durch einen äußeren Reiz hervorgerufene Bewegung von Pflanzenorganen
Tro|po|pau|se *f. 11* Grenze zwischen Tropo- und Stratosphäre
Tro|po|phyt *m. 10* an den starken Wechsel zwischen niederschlagsreicher und -armer Jahreszeit angepasste Pflanze
Tro|pos *m. Gen. - Pl.* -poi, *griech. Form von* Tropus
Tro|po|sphä|re *auch:* **Tro|pos|phä|re** [griech.] *f. 11* **1.** unterste Schicht der Erdatmosphäre bis 12 km; **2.** Meerestiefe zwischen 200 und 600 m
trop|po [ital.] *Mus.:* zu viel, zu sehr, z. B. allegro ma non t.: lebhaft, aber nicht zu sehr
Tro|pus [griech.] *m. Gen. - Pl.* -pen, Tro|pos *m. Gen.* -s *Pl.* -poi, Tro|pe *f. 11* **1.** bildl. Ausdruck, poetische Wendung, z. B. »silbernes Band« statt »Fluss«; **2.** Erweiterung der Liturgie; **3.** daraus entstandene mittelalterl. geistl. Liedform

Tross (*alt:* Troß) *m. 1* **1.** *Mil.:* Truppe (mit Ausrüstung), Train; **2.** *übertr.:* Gefolge, Anhängerschar
Tros|se *f. 11* starkes Tau
Trost *m. Gen.* -(e)s *nur Sg.;* Trost bringend
trost|be|dürf|tig
Trost brin|gend (*alt:* trost|bringend)
trös|ten *tr. 2*
Trös|ter *m. 5*
tröst|lich
trost|los
Trost|lo|sig|keit *f. 10 nur Sg.*
Trost|pflas|ter *n. 5*
Trost|preis *m. 1*
trost|reich
Trös|tung *f. 10*
trost|voll
Trost|wort *n. 1*
Trott *m. 1 nur Sg.* **1.** langsamer, schwerfälliger Trab (vom Pferd); **2.** *übertr., ugs.:* alltägl., gewohnte Lebensweise
Trot|te *f. 11, alem.:* Weinkelter
Trot|tel *m. 5* einfältiger Mensch;
Trot|te|lei *f. 10 nur Sg.*
trot|tel|haft
Trot|tel|haf|tig|keit *f. 10 nur Sg.*
trot|te|lig, trott|lig
Trot|te|lig|keit, Trott|lig|keit *f. 10 nur Sg.*
trot|teln *intr. 1* geruhsam, aber unaufmerksam gehen; ich trottele, trottle
trot|ten *intr. 2* langsam, nicht zielstrebig gehen
Trot|teur [-tør, frz.] *m. 9* bequemer Straßenschuh
Trot|ti|nett [frz.] *n. 1, schweiz. für* Kinderroller
Trot|toir [-toar] *n. 9* Gehsteig

trotz: Die Präposition regiert den Genitiv: *trotz des Regens, trotz ihrer Proteste.* In der gesprochenen Sprache wird häufig der Dativ verwendet: *trotz kräftigem Regen, trotz größeren Verlusten.* Dies geschieht auch in Analogie zu Formen wie *trotz allem, trotz alledem.*
Steht ein stark flektiertes Substantiv ohne Artikelwort oder begleitendes Adjektiv, wird gelegentlich auch die Grundform (Nominativ) verwendet: *trotz Wind, trotz Regen, trotz Umbau.*

trotz *Präp., urspr. mit Dat., heute meist mit Gen.;* trotz des Regens; trotz alledem
Trotz *m. Gen.* -es *nur Sg.*
Trotz|al|ter *n. Gen.* -s *nur Sg.*
trotz|dem; t. hat er Recht; *oft fälschl. für* obwohl: t. er Recht hat *statt:* obwohl er Recht hat
trot|zen *intr. 1;* jmdm. t.
trot|zig
Trotz|kij, *Leo* russ. Revolutionär
Trotz|kis|mus *m. Gen. - nur Sg.* von der sowjetischen Parteilinie abweichende polit. Einstellung im Sinne Trotzkis
Trotz|kist *m. 10*
trotz|kis|tisch
Trotz|kopf *m. 2*
trotz|köp|fig
Trou|ba|dour [trubadur, auch: tru-, frz.] *m. 1 oder m. 9* provenzal. Minnesänger; vgl. Trouvère
Trou|ble *auch:* **Troub|le** [trʌb(ə)l, engl.] *m. Gen.* -s *nur Sg., ugs.:* Mühe, Schwierigkeiten, Ungelegenheiten
Trou|ble|shoo|ting *auch:* **Troub|le-shoo|ting** [trʌblʃu:tıŋ] *n. Gen.* -s *nur Sg.* Maßnahmen zur Behebung von Schwierigkeiten
Trou|pier [trupje, frz.] *m. 9* altgedienter, erfahrener Offizier (niederen Ranges), Haudegen
Trou|vère [truvɛr, frz.] *m. 9* nordfrz. Minnesänger; vgl. Troubadour
Troy|ge|wicht [trɔı-, nach der frz. Stadt Troyes] *n. 1, in Großbritannien und den USA:* Gewicht für Edelmetalle
Trub *m. Gen.* -s *nur Sg.* trüber Niederschlag bei der Bier- und Weinherstellung

im Trüben fischen: Das substantivierte Adjektiv schreibt man auch in festen Gefügen mit großem Anfangsbuchstaben: *Die Schüler fischten im Trüben.* § 57 (1)

trüb, trü|be; im Trüben fischen *übertr.:* aus einer ungeklärten Lage seinen Vorteil ziehen
Trü|be *f. Gen. - nur Sg.*
Tru|bel *m. 5 nur Sg.*
tru|be|lig, trüb|lig
trü|ben *tr. 1*
Trüb|heit *f. 10 nur Sg.*
Trüb|nis *f. 1, poet.:* Trübheit, Kummer
Trüb|sal *f. 1 nur Sg.* Kummer, seelischer Schmerz; T. blasen *ugs.:* trüben Gedanken nachhängen, missgestimmt sein

T

trüb|se|lig
Trüb|se|lig|keit *f. 10 nur Sg.*
Trüb|sinn *m. 1 nur Sg.*
trüb|sin|nig
Trü|bung *f. 10*
Truch|sess (*alt:* Truch|seß) *m. 1, MA:* Aufseher über Hofhaltung und Küche eines Fürsten
Truck [trʌk, engl.] *m. 9, amerik. Bez. für* Lastkraftwagen
Tru|cker [trʌkə(r)] *m. 5* Fahrer eines Groß-Lkw
Truck|sys|tem [trʌk-, engl.] *n. 1 nur Sg., früher:* Lohnzahlungssystem, bei dem der Arbeitnehmer ausschließlich Waren oder Gutscheine erhielt
tru|deln *intr. 1* sich um die Längsachse drehend niedersinken oder abstürzen (Flugzeug)
Trüf|fel *f. 11, ugs.: m. 5* **1.** unterirdisch lebender Pilz; **2.** Praline mit feiner, weicher Füllung
Trug *m. Gen. -(e)s nur Sg.;* Lug und Trug
Trug|bild *n. 3*
trü|gen *intr. 166*
trü|ge|risch
Trug|schluss (*alt:* Trug|schluß) *m. 2*
Tru|he *f. 11*
Trul|lo [ital.] *m. Gen. -s Pl. -li, in Apulien:* rund gebautes, steinernes Bauernhaus mit kegelförmigem Dach
Trum *n. 4 oder m. 1* s. **Trumm**
Trumm *n. 4 oder m. 1* **1.** *Geol.:* Zweig eines Mineralgangs; **2.** *Bgb.:* für einen besonderen Zweck bestimmter Teil eines Schachtes; **3.** zwischen zwei Riemenscheiben liegender Teil eines Treibriemens **4.** *süddt., österr.:* großes Stück, Brocken, Exemplar
Trüm|mer *Pl.* Teile, Stücke (eines kaputtgegangenen Gegenstandes), Bruchstücke; in T. gehen: kaputtgehen
Trüm|mer|feld *n. 3*
Trüm|mer|flo|ra *f. Gen. - Pl. -ren* auf Schutt- und Trümmerhaufen wachsende Pflanzen
Trüm|mer|hau|fen *m. 7*
Trumpf *m. 2* **1.** *Kartenspiel:* Farbe oder Karte einer Farbe, die die anderen Farben sticht; **2.** *übertr.:* Vorteil; einen T. ausspielen, in der Hand haben
Trumpf|ass (*alt:* Trumpf|as) *n. 1*
trump|fen *tr. 1, Kartenspiel:* mit einer Trumpfkarte stechen
Trumpf|kar|te *f. 11*
Trum|scheit *n. 1* altes Streichinstrument mit nur einer Saite
Trunk *m. 2* **1.** Getränk; ein T. Wasser; **2.** *nur Sg.* das Trinken, Trunksucht; sich dem T. ergeben; dem T. verfallen sein
trun|ken **1.** betrunken; **2.** *übertr.:* ganz erfüllt, glückselig; t. vom Licht; t. vor Begeisterung
Trun|ken|bold *m. 1* gewohnheitsmäßiger Trinker
Trun|ken|heit *f. 10 nur Sg.*
Trunk|sucht *f. Gen. - nur Sg.*
trunk|süch|tig
Trupp *m. 9*
Trüpp|chen *n. 7*
Trup|pe *f. 11*
Trup|pen|arzt *m. 2*
Trup|pen|pa|ra|de *f. 11*
Trup|pen|ü|bungs|platz *m. 2*
trupp|wei|se
Trust [trʌst, engl.] *m. 9* Zusammenschluss mehrerer Unternehmen unter einheitlicher Führung
Trus|tee [trʌsti, engl.] *m. 9* Treuhänder
Trut|hahn *m. 2*
Trut|hen|ne *f. 11*
Trut|huhn *n. 4*
Trutz *m. Gen. -es nur Sg., veraltet:* Abwehr, Verteidigung; zu Schutz und Trutz; Schutz- und-Trutz-Bündnis
trut|zig *veraltet, noch poet.:* grimmig; mächtig, massig (Burg)
Try|pa|no|so|ma [griech.] *n. Gen. -s Pl. -men* Geißeltierchen
Tryp|sin [griech.] *n. 1 nur Sg.* Eiweiß spaltendes Ferment der Bauchspeicheldrüse
Tsan|tsa *auch:* **Tsant|sa** [indian.] *f. 9* = Schrumpfkopf
Tsa|tsi|ki *auch:* **Tsat|si|ki** *m. 9 oder n. 9* s. **Za|zi|ki**
Tschad Staat im nördl. Zentralafrika
Tscha|der *m. 5* Einwohner von Tschad
tscha|disch
Tscha|dor [pers.] *m. 9* langer Gesichtsschleier des Frauengewandes in islam. Ländern
Tschad|see *m. Gen. -(e)s* See im mittleren Sudan (1)
Tschai|kows|ky, Tschai|kows|kij, *Pjotr Iljitsch* russ. Komponist
Tscha|ko [ung.] *m. 9* urspr. ungarische militär. Kopfbedeckung mit Schild und zylinderförmigem Oberteil, später auch von dt. Polizisten getragen
Tschan|du [Hindi] *n. Gen. -s nur Sg.* zum Rauchen zubereitetes Opium
Tschap|ka [poln.] *f. 9* Kopfbedeckung der Ulanen mit viereckigem Oberteil
tschau!, ciao! auf Wiedersehen!
Tsche|che *m. 11* Angehöriger eines westslaw. Volkes
Tsche|cherl *n. Gen. -s nur Sg.*
Tsche|chi|en *Kurzform für* Tschech. Republik
tsche|chisch vgl. deutsch
Tsche|chisch *n. Gen. -(s) nur Sg.* zu den westslaw. Sprachen gehörende Sprache
Tsche|chi|sche Re|pu|blik *auch:* **Tsche|chi|sche Re|pub|lik** *f. 10* (*Abk.:* ČR)
Tsche|chow [tʃɛxɔf], *Anton* russ. Schriftsteller
Tsche|re|mis|se *m. 11* Angehöriger eines ostfinn. Volkes, *Selbstbez.:* Mari
tsche|re|mis|sisch
Tscher|kes|se *m. 11* Angehöriger einer kaukas. Völkergruppe
tscher|kes|sisch
Tscher|no|byl Stadt in der Ukraine
Tsche|tsche|ne *auch:* **Tschet|sche|ne** *m. 11* Angehöriger eines kaukas. Volkes
Tsche|tsche|ni|en *auch:* **Tschet|sche|ni|en** Republik im Süden Russlands
tsche|tsche|nisch *auch:* **tschet|sche|nisch**
Tschi|buk [türk.] *m. 9* lange türk. Tabakspfeife
tschil|pen, schil|pen *intr. 1* wie der Spatz zwitschern
Tschis|men [ung.] *Pl.* farbige ung. Stiefel
Tschuk|tsche *auch:* **Tschukt|sche** *m. 11* Angehöriger eines altsibir. Volkes

tschüs!/tschüss!: Die ins Deutsche integrierte Form *tschüss!* ist korrekt, die traditionelle Schreibung *tschüs!* die ebenfalls gültige Variante.

tschüs! *auch:* **tschüss!** *ugs. Kurzform von* adjüs, *eigtl.* adieu: auf Wiedersehen!
Tschu|wa|sche *m. 11* Angehöriger eines Volkes an der Wolga
tschu|wa|schisch
Tsd. *Abk. für* Tausend
Tse|tse|flie|ge *f. 11* Stechfliege, Überträgerin der Schlafkrankheit

T

T-Shirt, T-Träger: Man setzt einen Bindestrich in Zusammensetzungen mit Einzelbuchstaben, Abkürzungen oder Ziffern: *T-Shirt, T-Träger.* Ebenso: *S-Kurve, x-beinig* usw. § 40

T-Shirt [tiʃə:t, engl.] *n. 9* kurzärmeliges Hemd aus Trikot
Tsuga *f. Gen. - Pl.* -s *oder* -gen Hemlocktanne, Schierlingstanne
T-Trä|ger *m. 5* Walzstahl mit T-förmigem Querschnitt
TU *Abk. für* Techn. Universität
Tu|a|reg **1.** *Pl. von* Targi Angehöriger eines Berbervolkes in der Sahara; **2.** *n. Gen.* -(s) *nur Sg.* zu den hamit. Sprachen gehörende Sprache der Tuareg
Tub [tʌb, engl.] *n. Gen. - Pl.* - ehemalige britische Gewichtseinheit für Butter (38,102 kg) und Tee (27,216 kg)
Tuba [lat.] *f. Gen. - Pl.* -ben **1.** tiefstes Blechblasinstrument; **2.** Ohrtrompete; **3.** Tu|be *f. 11* Eileiter
Tüb|bing [nddt.] *m. 9* bis 1,5 m hoher, gusseiserner Ring zum Abstützen von wasserdichten Schächten
Tube [lat.] *f. 11* **1.** biegsamer, röhrenförmiger Behälter; auf die Tube drücken *ugs.:* Gas geben, eine Sache in Gang bringen; **2.** = Tu|ba (3)
Tuben *Pl. von* Tuba *und* Tube
Tu|ben|schwan|ger|schaft *f. 10* Eileiterschwangerschaft
Tu|ber|kel [lat.] *m. 5, österr. auch: f. 11*
Tu|ber|kel|bak|te|ri|um *n. Gen.* -s *Pl.* -ri|en Erreger der Tuberkulose
Tu|ber|kel|ba|zil|lus *m. Gen. - Pl.* -len Tuberkelbakterium
tu|ber|ku|lar knotig, knötchenartig
Tu|ber|ku|lin *n. 1 nur Sg.* aus Zerfallsprodukten der Tuberkelbakterien gewonnener Giftstoff, mit dem Tuberkulose nachgewiesen werden kann
tu|ber|ku|lös an Tuberkulose erkrankt, mit Tuberkeln behaftet
Tu|ber|ku|lo|se *f. 11* (*Abk.:* Tb, Tbc, Tbk) durch Tuberkelbakterien hervorgerufene, chron. Infektionskrankheit
Tu|be|ro|se [lat.] *f. 11* eine mexikan. Zierpflanze
Tü|bin|gen Stadt am Neckar
tu|bu|lär [lat.], **tu|bu|lös** röhren-, schlauchförmig
Tu|bus *m. Gen. - Pl.* -ben *oder* -bus|se **1.** Röhre; **2.** Zwischenring
Tuch **1.** *n. 1* ein Streichgarngewebe; **2.** *n. 4* gesäumtes Stück Stoff
Tü|chel|chen *n. 7*
tu|chen aus Tuch (1)
Tu|chent *f. 10, österr.:* Federbett
Tuch|füh|lung *f. 10 nur Sg.*
Tüch|lein *n. 7*
Tu|cho|ls|ky, *Kurt* dt. Schriftsteller
tüch|tig
Tüch|tig|keit *f. 10 nur Sg.*
Tü|cke *f. 11*
tu|ckern *intr. 1* Geräusch machen, leise knattern (Motor des Motorboots)
tü|ckisch
tück|schen *intr. 1, mittel-, norddt.:* grollen, beleidigt sein, schmollen
Tü|der *m. 5, nddt.:* Seil (zum Anbinden eines weidenden Tieres)
tü|dern *nddt.* **1.** *tr. 1* anbinden (Tier); **2.** *intr. 1* umständlich vorgehen
Tu|dor [tjudə(r)] *m. 9* Angehöriger eines engl. Herrschergeschlechts
Tu|dor|bo|gen [tjudə(r)-] *m. 7, in der engl. Spätgotik:* flacher Spitzbogen
Tu|e|rei *f. 10 nur Sg.* Getue, Sichzieren
Tuff *m. 1* **1.** Gestein aus erstarrten, verkitteten vulkan. Auswürfen, Tuffstein, Duckstein; **2.** Strauß kurzstieliger Blumen; **3.** vielfach gebundene Schleife
Tuff|stein *m. 1* s. **Tuff** (1)
Tüf|tel|ar|beit *f. 10*
Tüf|te|lei *f. 10*
tüf|te|lig, tüft|lig **1.** schwierig, genaues Denken oder Fingerspitzengefühl verlangend (Arbeit); **2.** genau, sorgsam arbeitend oder überlegend
tüf|teln *intr. 1* grübeln, etwas Schwieriges herauszubringen versuchen; ich tüftele, tüftle an einem Problem
Tuf|ting [engl.: tʌf-] *n. 9* ein Teppichgewebe
Tüft|ler *m. 5* jmd., der gerne tüftelt
tüft|lig s. **tüf|te|lig**
Tu|gend *f. 10*
Tu|gend|bold *m. 1, leicht spött.:* tugendhafter Mensch
tu|gend|haft
Tu|gend|haf|tig|keit *f. 10 nur Sg.*
tu|gend|sam
Tu|i|le|ri|en [tyilərịən, frz. »Ziegeleien« (die früher dort standen)] *Pl.* ehemaliges Residenzschloss der frz. Könige in Paris
Tu|kan [indian.] *m. 1* spechtartiger Vogel Mittel- und Südamerikas, Pfefferfresser
Tu|lar|ä|mie *auch:* **Tu|la|rä|mie** [nach der kaliforn. Stadt Tulare + griech.] *f. 11* auf den Menschen übertragbare Infektionskrankheit der Nagetiere, Hasenpest
Tu|li|pan [türk.] *m. 1,* **Tu|li|pa|ne** *f. 11, veraltet für* Tulpe
Tüll [nach der frz. Stadt Tulle] *m. 1* ein feines, netzartiges Gewebe
Tül|le *f. 11* **1.** Ausguss (an Kannen); **2.** kurzes Rohrstück
Tul|pe [türk.-pers.] *f. 11* eine Zierpflanze
Tul|pen|baum *m. 2* ein Parkbaum
Tum|ba [lat.] **1.** *f. Gen. - Pl.* -ben Grabdenkmal in Form eines Sarkophags **2.** *f. Gen. - Pl.* -s große Trommel
tum|meln **1.** *tr. 1;* ein Pferd t.: es reiten, um ihm Bewegung zu verschaffen; **2.** *refl. 1* spielend umherlaufen (von Kindern, Tieren); **3.** *refl. 1* sich beeilen
Tum|mel|platz *m. 2*
Tumm|ler *m. 5* vgl. Stehauf (1)
Tümm|ler *m. 5* **1.** *Sammelbez. für* verschiedene Zahnwale; **2.** Haustaubenrasse
Tu|mor [lat.] *m. 13* Geschwulst
Tüm|pel *m. 5*
Tu|mu|li *Pl. von* Tumulus
Tu|mult [lat.] *m. 1* Aufruhr, lärmendes, aufgeregtes Durcheinander
Tu|mul|tu|ant *m. 10* Unruhestifter
tu|mul|tu|a|risch, tu|mul|tu|ös aufgeregt lärmend
Tu|mu|lus [lat.] *m. Gen. - Pl.* -li vorgeschichtl. Hügelgrab
tun **1.** *tr. 167;* Gutes, Böses t.; vgl. gut t.; freundlich t.; **2.** *refl. 167, ugs. in bestimmten Wendungen;* du tust dich leichter, wenn du es so machst: es geht leichter; da tut sich was: da ist etwas los
Tun *n. Gen.* -s *nur Sg.;* T. und Lassen; T. und Treiben
Tün|che *f. 11*
tün|chen *tr. 1*
Tun|dra *auch:* **Tund|ra** [russ.] *f. Gen. - Pl.* -dren, *in den Polargebieten:* baumlose Steppe jenseits der Waldgrenze
Tun|dren|klima *auch:* **Tund|ren-klima** *n. Gen.* -s *Pl.* -ma|ta *oder* -ma|te

T

Tu|nell *n. 1, österr.:* Tunnel
tu|nen [tjunən, engl.] *tr. 1* **1.** *Elektroakustik:* einstellen, abstimmen; **2.** ein Kraftfahrzeug t.: es auf hohe Leistung trimmen, »frisieren«
Tu|ner [tjunə(r), engl.] *m. 5* Radiogerät ohne Verstärker
Tu|ne|si|en Staat in Nordafrika
Tu|ne|si|er *m. 5*
tu|ne|sisch
Tun|fisch *m. 1* s. **Thun|fisch**
Tung|baum *m. 2* chin. Baum, der Holzöl liefert
Tung|stein *m. 1* ein Mineral
Tun|gu|se *m. 11* Angehöriger einer Völkergruppe in Sibirien und Nordostchina
tun|gu|sisch
Tu|nicht|gut *m. 1*
Tu|ni|ka [lat.] *f. Gen. - Pl.* -ken, *im alten Rom:* langes, hemdartiges, weißes Gewand
Tu|ni|ka|te *f. 11* = Manteltier
Tu|ning [tjunıŋ, engl.] *n. Gen.* -s *nur Sg.* das Tunen; vgl. tunen
Tu|nis Hauptstadt von Tunesien
Tu|ni|ser *m. 5*
tu|ni|sisch
Tun|ke *f. 11* Soße
tun|ken *tr. 1* eintauchen; er tunkte den Pinsel in den Farbtopf
tun|lich **1.** ratsam; **2.** *auch:* tunlichst: möglichst
Tun|nel *m. 5, österr.* **Tu|nell** *n. 1*
Tun|te *f. 11, ugs.* **1.** *abwertend:* Frau; alte T.; **2.** älterer Homosexueller
tun|tig *ugs.:* **1.** wie eine Tunte; **2.** langweilig-schulmeisterlich, *auch:* zimperlich
Tu|pa|ma|ro *m. 9* **1.** *urspr.:* Aufständischer in Uruguay; **2.** *danach:* Angehöriger einer radikalen, gewalttätigen Gruppe
Tupf *m. 1* **1.** *süddt., österr.* Tupfen; **2.** *österr. auch:* leichter Stoß
Tüpf|chen *n. 7*
Tüp|fel *m. 5 oder n. 5* kleiner Fleck, Punkt
Tüp|fel|chen *n. 7*
Tüp|fel|hy|ä|ne *f. 11* eine gefleckte Hyänenart
tüp|feln *tr. 1* mit Tüpfeln, Punkten versehen; getüpfelter Stoff
tup|fen *tr. 1* **1.** mit Tupfen versehen; **2.** leicht berühren
Tup|fen *m. 7* Fleck
Tup|fer *m. 5* Wattebausch
Tu|pi **1.** *m. 9 oder Gen. - Pl. -* Angehöriger eines südamerik. Indianervolkes; **2.** *n. Gen.* -(s) *nur Sg.* dessen Sprache

Tür *f. 10*, **Tü|re** *f. 11;* zwischen T. und Angel *übertr.:* ohne hereinzukommen, auf der Schwelle, in Eile
Tur|ban [türk.-pers.] *m. 1* **1.** Kopfbedeckung der Muslime (nicht mehr in der Türkei); **2.** *danach:* um den Kopf geschlungener Schal (als Kopfbedeckung für Frauen)
Tur|bel|la|rie [-riə, lat.] *f. 11* ein Plattwurm, Strudelwurm
Tur|bi|ne *f. 11* Kraftmaschine zur Erzeugung einer kreisenden Bewegung
Tur|bi|nen|trieb|werk
tur|bo…, Tur|bo… *in Zus.:* durch Turbine(n) angetrieben
tur|bo|e|lek|trisch *auch:* **tur|bo|e|lekt|risch**
Tur|bo|ge|ne|ra|tor *m. 13*
Tur|bo|la|der *m. 5* Einrichtung zur Vorverdichtung des Kraftstoff-Luftgemisches bei Verbrennungsmotoren
Tur|bo|mo|tor *m. 13 oder m. 12*
Tur|bo|prop *f. 9, Kurzwort für* Propellerturbine
Tur|bo-Prop-Flug|zeug *n. 1* Flugzeug mit Turbinen-Propeller-Luftstrahltriebwerk
tur|bu|lent wirbelnd, stürmisch, sehr unruhig
Tur|bu|lenz *f. 10* **1.** ungeordnete Strömung (Wirbel); **2.** *nur Sg., übertr.:* große Unruhe
Tür|chen *n. 7*
Tü|re *f. 11* Tür
Turf [engl.] *m. 1 nur Sg.* **1.** Pferderennbahn; **2.** Pferderennsport; **3.** *Golf:* Rasenfläche
Tür|flü|gel *m. 5*
Tür|fül|lung *f. 10*
Tur|ge|njew, *Iwan* russ. Schriftsteller
Tur|ges|zenz [lat.] *f. 10 nur Sg.* **1.** Straffheit der Pflanzenzellen; **2.** *Med.:* Anschwellung, Blutreichtum
tur|ges|zie|ren *intr. 3, Med.:* anschwellen, prall gefüllt sein
Tur|gor *m. Gen.* -s *nur Sg.* **1.** *Bot.:* Innendruck auf die Zellwand; **2.** *Med.:* Spannungszustand (der Gewebe)
…tü|rig *in Zus.,* z. B. ein-, vier-, mehrtürig
Tür|ke *m. 11* **1.** Angehöriger einer in Asien verbreiteten Völkergruppe; **2.** Einwohner der Türkei
Tür|kei *f. Gen. -* Staat in Südosteuropa und Vorderasien

tür|ken *tr. 1, ugs.:* vortäuschen; ein getürkter Unfall
Tür|ken *m. 7 nur Sg., österr. für* Mais
Tür|ken|bund *m. 2 nur Sg.* eine Zierpflanze
Tür|ken|krie|ge *Pl.*
Tür|ken|tau|be *f. 11* eine Taubenart
Tur|ke|stan *auch:* **Tur|kes|tan** Gebiet in Innerasien
Tür|kin *f. 10*
tür|kis *unflektierbar, kurz für* türkisfarben
Tür|kis *m. 1* ein Edelstein
tür|kisch; türkischer Honig; türkisches Pfund (*Abk.:* TL); Türkischer Weizen
Tür|kisch *n. Gen.* -(s) *nur Sg.* zu den Turksprachen gehörende Sprache der Türken
Tür|kisch|rot *n. Gen.* -(s) *nur Sg.* leuchtend rote Farbe
tür|ki|sen aus Türkisen; türkisenes Armband
tür|kis|far|ben
tür|kis|grün
tur|ki|sie|ren *tr. 3* nach türkischem Muster gestalten
Tür|klin|ke *f. 11*
Turk|me|ne *m. 11* Angehöriger eines Turkvolkes in Mittelasien
Turk|me|ni|en Turkmenistan
Turk|me|nin *f. 10*
turk|me|nisch
Turk|me|ni|stan *auch:* **Turk|me|nis|tan**
Tur|ko *m. 9, früher:* farbiger Fußsoldat des frz. Kolonialheeres in Algerien
Tur|ko|lo|ge *m. 11*
Tur|ko|lo|gie *f. 11 nur Sg.* Wissenschaft von den Turksprachen und Kulturen der Turkvölker
tur|ko|lo|gisch
Turk|spra|chen *Pl.* die Sprachen der Turkvölker, z. B. Türkisch, Mongolisch
Turk|ta|ta|ren *Pl., veraltete Sammelbez. für* mehrere Völker mit Turksprachen
Turk|völ|ker *Pl., Sammelbez. für* eine in Asien und Osteuropa verbreitete Völkergruppe
Turm *m. 2*
Tur|ma|lin [singales.-frz.] *m. 1* ein Edelstein
Turm|bau *m. Gen.* -(e)s *Pl.* -bauten
Türm|chen *n. 7*
tür|men **1.** *tr. 1* häufen, schichten; **2.** [hebr.- Gaunerspr.] *intr. 1, ugs.:* davonlaufen, ausreißen

Tür|mer *m. 5, früher:* oben in einem Turm wohnender Wächter, der auf Feuer u. a. Gefahren zu achten hatte, Turmwächter
Turm|fal|ke *m. 11*
turm|hoch
...tür|mig *in Zus.,* z. B. zwei-, vieltürmig
Türm|lein *n. 7, poet.*
Turm|sprin|gen *n. Gen.* -s *nur Sg., Sport:* Springen von 5 oder 10 m Höhe ins Wasser
Turm|uhr *f. 10*
Turm|wäch|ter *m. 5* Türmer
Turn [tən, engl.] *m. 9* **1.** *Kunstflug:* steiles Aufsteigen und Kehre; vgl. Törn; **2.** Rauschzustand nach Drogengenuss
Turn|an|zug *m. 2*
tur|nen *intr. 1*
Tur|ner *m. 5*
tur|ne|risch
Tur|ner|schaft *f. 10*
Turn|fest *n. 1*
Turn|hal|le *f. 11*
Tur|nier *n. 1* **1.** *früher:* ritterliches Kampfspiel; **2.** *heute:* sportl. Wettkampf größeren Ausmaßes
tur|nie|ren *intr. 3, veraltet:* im Turnier kämpfen
Tur|nier|pferd *n. 1*
Tur|nier|rei|ter *m. 5*
Turn|kunst *f. 2 nur Sg.*
Turn|leh|rer *m. 5*
Turn|schuh *m. 1*
Turn|stun|de *f. 11*
Turn|ü|bung *f. 10*
Turn|un|ter|richt *m. 1*
Tur|nü|re [frz.] *f. 11, 19. Jh.:* hinten unter dem Kleiderrock getragenes Gestell oder Polster
Tur|nus [lat.] *m. Gen. - Pl.* -nus|se regelmäßiger Wechsel, festgelegter Umlauf, Ablauf
tur|nus|mä|ßig
Turn|va|ter *m. 6, Beiname für* Friedrich Ludwig Jahn
Turn|ver|ein *m. 1 (Abk.:* TV)
Turn|wart *m. 1, in Turnvereinen:* Leiter des Turnbetriebes
Tür|öff|ner *m. 5*
Tür|rah|men *m. 7*
Tür|schlie|ßer *m. 5*
Tür|schloss (*alt:* Tür|schloß) *n. 4*
Tür|schwel|le *f. 11*
Tür|ste|her *m. 5* Türwächter
Tür|stock *m. 2* **1.** *südd., österr.:* Türrahmen; **2.** *Bgb.:* Gefüge aus zwei Trägern und einem waagerecht darüberliegenden Balken
Tür|sturz *m. 2 oder m. 1* obere Mauerbegrenzung der Tür
tur|teln *intr. 1* **1.** girren, gurren (Taube); **2.** *übertr., ugs.:* miteinander zärtlich sein
Tur|tel|tau|be *f. 11* eine Wildtaubenart
Tusch *m. 1* nacheinander erklingender Dreiklangstoß der Musikkapelle; einen Tusch blasen, schmettern
Tu|sche *f. 11* Zeichentinte
Tu|sche|lei *f. 10*
tu|scheln *intr. 1* heimlich miteinander flüstern
tu|schen *tr. 1* mit Tusche zeichnen
Tusch|far|be *f. 11*
tu|schie|ren *tr. 3;* Metall t.: Unebenheiten mittels Tusche sichtbar machen und dann glätten
Tusch|zeich|nung *f. 10*
Tus|ku|lum [nach der altröm. Stadt Tusculum] *n. Gen.* -s *Pl.* -la behaglicher Land-, Wohnsitz
Tu|tand [lat.] *m. 10* jmd., der von einem Tutor betreut wird
Tüt|chen *n. 7*
Tu|te *f. 11* **1.** ein Signalhorn; **2.** ein trichterförmiger Gegenstand
Tü|te *f. 11;* das kommt nicht in die T. *ugs.:* nicht in Frage
Tu|tel [lat.] *f. 10* Vormundschaft
tu|te|la|risch vormundschaftlich
tu|ten *intr. 2*
Tut|horn, Tu|te|horn *n. 4* Signalhorn
Tu|ti|o|ris|mus [lat.] *m. Gen. - nur Sg.* die Einstellung, zwischen zwei Möglichkeiten immer die sicherere zu wählen
Tu|tor [lat.] *m. 13* **1.** *im röm. Recht:* Vormund; **2.** *allg.:* Student als Ratgeber jüngerer Studenten
Tüt|tel *m. 5 oder n. 5* Punkt, Fleck
Tüt|tel|chen *n. 7* Pünktchen, Kleinigkeit
tüt|te|lig *norddt.:* vergesslich; übergenau
tut|ti [ital.] *Mus.:* alle (Stimmen)
Tut|ti *n. 9, Mus.:* Spiel aller Stimmen, des vollen Orchesters; *Ggs.:* Solo (1)
Tut|ti|frut|ti *n. 9* Süßspeise mit Früchten
TÜV *Abk. für* Technischer Überwachungs-Verein
Tu|va|lu[-va-] pazif. Inselstaat
TV *Abk. für* **1.** Turnverein; **2.** Television
Tweed [twid, engl.] *m. 9* kräftiges, klein gemustertes Woll- oder Mischgewebe
Twen [engl.] *m. 9* Mann oder Frau um die zwanzig
Twen|ter [ndrl.] *m. 5* zweijähriges Pferd
Twie|te *f. 11, nddt.:* Gässchen, schmaler Weg
Twill [engl.] *m. 9 oder m. 1* Seiden- oder feines Baumwollgewebe
Twin|set [engl.] *m. 9* kurzärmeliger Pullover mit Jacke aus gleicher Wolle und Farbe
Twist [engl.] *m. 1* **1.** aus mehreren Fäden locker gedrehtes Garn; **2.** ein Modetanz
twis|ten *intr. 2* Twist tanzen
Two|stepp (*alt:* Two|step) [tustɛp, engl.] *m. 9* schneller Gesellschaftstanz
TX *Abk. für* Texas
Ty|che [-çe:, griech.] *f. 11 nur Sg.* Zufall, Glück
Ty|chis|mus [-çis-, griech.] *m. Gen. - nur Sg.* Lehre, dass alles Geschehen vom Zufall beherrscht wird
Ty|coon [taɪkun, engl.] *m. 9* mächtiger Geschäftsmann
Tym|pa|na *Pl. von* Tympanum *und* Tympanon
Tym|pa|non, Tym|pa|num *n. Gen.* -s *Pl.* -na oft mit Relief oder Malerei verziertes Feld über Fenstern und Türen, Bogen-, Giebelfeld
Tym|pa|num *n. Gen.* -s *Pl.* -na **1.** *Anat.:* Trommelfell; **2.** Kesselpauke; **3.** s. **Tym|pa|non**
Tyn|dall|ef|fekt [tindəl-, nach dem irischen Physiker J. Tyndall] *m. 1* Streuung des Lichts an kleinsten Teilchen
Typ [griech.] *m. 12* **1.** Ty|pus *m. Gen. - Pl.* -pen Urbild, Urform, Muster; **2.** Modell, Bauart; **3.** Typus *m. Gen. - Pl.* -pen Gattung, »Schlag«; **4.** Ty|pus *m. Gen. - Pl.* -pen Gepräge, das mehrere Personen gemeinsam haben; **5.** Typus *m. Gen. - Pl.* -pen eine solche Person selbst; **6.** *ugs.:* Kerl, Bursche, Mensch
Ty|pe *f. 11* **1.** aus Blei gegossener Druckbuchstabe, Letter; **2.** Grad der Ausmahlung von Mehl; **3.** *ugs.:* komischer, ulkiger Mensch
ty|pen *tr. 1, Industrie:* in bestimmten Größen herstellen
Ty|pen|leh|re *f. 11 nur Sg.* Lehre von den Konstitutionstypen
Ty|phli|tis *auch:* **Typh|li|tis** [griech.] *f. Gen. - Pl.* -ti|den Blinddarmentzündung
Ty|phlon *n. 1* Blinddarm

T

ty|phös [griech.] typhusartig, auf Typhus beruhend
Ty|phus *m. Gen. - nur Sg.* eine fieberhafte Infektionskrankheit
Ty|pik [griech.] *f. 10 nur Sg.* Lehre von den Typen (4, 5)
ty|pisch **1.** für einen Typ charakteristisch, kennzeichnend; **2.** einen Typ darstellend, mustergültig
ty|pi|sie|ren *tr. 3* **1.** als Typ, nicht als Individualität, darstellen, einordnen; **2.** nach Typen einteilen
Ty|pi|sie|rung *f. 10*
Ty|po|graf, Ty|po|graph *m. 10* **1.** Gestalter des Schriftsatzes; **2.** Zeilensetz- und -gießmaschine

Typografie/Typographie: Die ins Deutsche integrierte Schreibweise *Typografie* ist die Hauptvariante, die fremdsprachige Form ist die zulässige Nebenvariante *Typographie*. Ebenso: *typografisch/typographisch*. § 32 (2)

Ty|po|gra|fie, Ty|po|gra|phie *f. 11 nur Sg.* **1.** Buchdruckerkunst; **2.** Gestaltung des Schriftsatzes
ty|po|gra|fisch, ty|po|gra|phisch die Typografie betreffend, auf ihr beruhend, zu ihr gehörend
Ty|po|graph *Nv.* **Ty|po|graf** *Hv. m. 10*
Ty|po|gra|phie *Nv.* **Ty|po|gra|fie** *Hv. f. 11 nur Sg.*
ty|po|gra|phisch *Nv.* **ty|po|gra-fisch** *Hv.*
Ty|po|lo|gie *f. 11* Lehre von den Typen (4, 5)
ty|po|lo|gisch
Ty|po|maß *n. 1,* **Ty|po|me|ter** *n. 5* Maßstab für das typograf. Maßsystem, Buchstaben-, Zeilenmesser
Ty|po|skript *auch:* **Ty|pos|kript, Ty-posk|ript** *n. 1* maschinengeschriebenes Manuskript (als Vorlage für den Setzer)
Ty|pung *f. 10 nur Sg.* das Typen
Ty|pus *m. Gen. - Pl.* -pen = **Typ** (1, 3, 4, 5)
Ty|rann [griech.] *m. 10* **1.** Gewaltherrscher; **2.** *übertr.:* strenger, herrschsüchtiger Mensch
Ty|ran|nei *f. 10 nur Sg.* Gewaltherrschaft
Ty|ran|nen|mord *m. 1*
Ty|ran|nis *f. Gen. - nur Sg., bes. im antiken Griechenland:* Gewaltherrschaft
ty|ran|nisch
ty|ran|ni|sie|ren *tr. 3;* jmdn. tyrannisieren: jmdn. beherrschen, unterdrücken, jmdm. seinen Willen aufzwingen
Ty|ran|ni|sie|rung *f. 10 nur Sg.*
Ty|ro|li|enne [-ljẹn] *f. 11* s. **Ti|ro|li-enne**
Tyr|rhe|ner *m. 5* Etrusker
tyr|rhe|nisch etruskisch; *aber:* Tyrrhenisches Meer: Teil des Mittelmeeres
Tz vgl. Tezett

T

U **1.** *chem. Zeichen für* Uran; **2.** *Abk. für* Universität; **3.** *Abk. für* Untergrund; **4.** *Abk. für* Umdrehung

u. a. *Abk. für* und andere(s), unter anderem, unter anderen

u. Ä. (*alt:* u. ä.) *Abk. für* und Ähnliche(s)

u. a. m. *Abk. für* und andere(s) mehr

u. A. w. g, U. A. w. g *auf Einladungskarten Abk. für* um *oder:* Um Antwort wird gebeten

U-Bahn *Kurzwort für* Untergrundbahn

U-Bahn|hof *m. 2*

U-Bahn-Sta|ti|on *f. 10*

U-Bahn-Tun|nel *m. 5*

ü|bel; üble Nachrede; übler Ruf; etwas übel aufnehmen; übel sein, werden; das ist nicht übel: ganz gut; ein übel gelaunter Mensch; er ist heute übel gelaunt; übel gesinnte Nachbarn; übel nehmen; ich nehme es übel, habe es übel genommen; eine übel riechende Brühe; er will niemandem übel, hat niemandem übel gewollt

Ü|bel *n. 5;* von Übel sein: nicht gut, schädlich sein

Ü|bel|be|fin|den *n. Gen.* -s *nur Sg.* schlechtes Befinden

übel gelaunt/nehmen/wollen: Mehrteilige Ausdrücke aus Adjektiv und Verb/Partizip schreibt man getrennt, wenn das Adjektiv steigerbar oder erweiterbar ist: *Sie war ständig übel gelaunt. Sie haben ihm das sehr übel genommen.* § 34 E3 (3) Aber: *übellaunig, übelnehmerisch.*

ü|bel ge|launt (*alt:* übel|ge|launt)

ü|bel ge|sinnt (*alt:* übel|ge|sinnt)

Ü|bel|keit *f. 10*

ü|bel|lau|nig

Ü|bel|lau|nig|keit *f. 10 nur Sg.*

ü|bel neh|men (*alt:* übel|neh|men) *tr. 88*

ü|bel|neh|me|risch

ü|bel rie|chend (*alt:* übel|rie|chend)

Ü|bel|stand *m. 2*

Ü|bel|tat *f. 10*

Ü|bel|tä|ter *m. 5*

ü|bel wol|len (*alt:* übel|wol|len) *intr. 185*

ü|bel wol|lend (*alt:* übel|wol|lend) vgl. übel

ü|ben **1.** *tr. 1;* Klavier üben; Gerechtigkeit üben; **2.** *refl. 1;* sich im Lesen üben

ü|ber *Präp. mit Dat. oder Akk.* **1.** die Lampe hängt über dem Tisch; *aber:* wir haben die Lampe über den Tisch gehängt; **2.** *in postal. Angaben:* Neuhausen über Engelskirchen; **3.** über Nacht; über Ostern; **4.** mehr als: wir sind über zwei Stunden gelaufen; über 100 Personen; Kinder über 6 Jahre; über kurz oder lang: bald; **5.** und noch mehr; Fehler über Fehler; einmal über das andere *übertr.:* sehr oft, immer wieder; über und über: ganz und gar, völlig; **6.** *Adv.:* ich habe noch 5 Euro über *ugs.:* übrig

ü|ber|all [auch: yber-]

ü|ber|all|her

ü|ber|all|hin

ü|ber|al|tert

Ü|ber|al|te|rung *f. 10 nur Sg.*

Ü|ber|an|ge|bot *n. 1 nur Sg.*

ü|ber|an|stren|gen *tr. 1;* ich überanstrenge mich; er hat seine Hand, das Pferd überanstrengt

Ü|ber|an|stren|gung *f. 10*

ü|ber|ant|wor|ten *tr. 2* übergeben; ich überantworte ihm das Kind, habe es ihm überantwortet

Ü|ber|ant|wor|tung *f. 10 nur Sg.*

ü|ber|ar|bei|ten *refl. 2*

Ü|ber|ar|bei|tung *f. 10 nur Sg.*

ü|ber|aus sehr

ü|ber|ba|cken *tr. 4* kurz im Rohr backen

Ü|ber|bau *m. 1 Pl. auch:* -bau|ten

ü|ber|bau|en *tr. 1* über eine Grenze hinwegbauen

ü|ber|bau|en *tr. 1* mit einem Bau überdachen, überwölben

ü|ber|be|an|spru|chen *tr. 1;* ich überbeanspruche ihn, habe ihn überbeansprucht

Ü|ber|be|an|spru|chung *f. 10 nur Sg.*

ü|ber|be|hal|ten *tr. 61, ugs.:* übrig behalten

Ü|ber|bein *n. 1* Geschwulst an Gelenken oder Sehnenscheiden

ü|ber|be|kom|men *tr. 71, ugs.:* satt bekommen; ich bekomme etwas über, habe es überbekommen

ü|ber|be|las|ten *tr. 2, nur im Infinitiv und Partizip II üblich:* der Wagen ist überbelastet

Ü|ber|be|las|tung *f. 10*

ü|ber|be|le|gen *tr. 1, nur im Infinitiv und Partizip II üblich;* der Raum ist überbelegt

Ü|ber|be|le|gung *f. 10*

ü|ber|be|lich|ten *tr. 2, nur im Infinitiv und Partizip II üblich;* die Aufnahme ist überbelichtet

Ü|ber|be|lich|tung *f. 10*

ü|ber|be|to|nen *tr. 1, nur im Infinitiv und Partizip II üblich*

Ü|ber|be|to|nung *f. 10*

Ü|ber|be|völ|ke|rung *f. 10 nur Sg.*

ü|ber|be|wer|ten *tr. 2, nur im Infinitiv und Partizip II üblich;* er hat diese Vorgänge überbewertet

Ü|ber|be|wer|tung *f. 10*

ü|ber|bie|ten *tr. 13*

Ü|ber|bie|tung *f. 10 nur Sg.*

ü|ber|bla|sen *intr. 16 (nur im Infinitiv), bei Blasinstrumenten:* durch starkes Blasen einen um eine Oktave höher liegenden Ton hervorbringen

ü|ber|blat|ten *tr. 2;* Hölzer ü.: miteinander verbinden

Ü|ber|blat|tung *f. 10*

ü|ber|blei|ben *intr. 17, ugs.:* übrig bleiben

Ü|ber|bleib|sel *n. 5*

ü|ber|blen|den *tr. 2, Film:* zwei Bilder (auch Töne) ü.: sie so ineinander übergehen lassen, dass das eine allmählich verschwindet und das nächste erscheint; ich überblende das Bild

Ü|ber|blen|dung *f. 10*

Ü|ber|blick *m. 1*

ü|ber|bli|cken *tr. 1*

ü|ber|bor|den *intr. 2* über ein gewisses Maß hinausgehen

ü|ber|brin|gen *tr. 21*

Ü|ber|brin|ger *m. 5*

ü|ber|brü|cken *tr. 1*

Ü|ber|brü|ckung *f. 10*

Ü|ber|brü|ckungs|bei|hil|fe *f. 11*

ü|ber|bu|chen *tr. 1;* ein Hotel ü.

ü|ber|da|chen *tr. 1*

Ü|ber|da|chung *f. 10*

ü|ber|dau|ern *tr. 1*

ü|ber|de|cken *tr. 1* zudecken, bedecken

ü|ber|deh|nen *tr. 1*

Ü|ber|deh|nung *f. 10 nur Sg.*

ü|ber|den|ken *tr. 22;* etwas ü.: über etwas nachdenken

über|deut|lich
über|dies außerdem
über|di|men|si|o|nal über die normalen Ausmaße hinausgehend, übergroß
über|di|men|si|o|niert
über|do|sie|ren *tr. 3, nur im Infinitiv und Partizip II üblich;* ein Medikament ü.: eine zu große oder übernormale Dosis eines Medikaments geben oder verschreiben
Über|do|sie|rung *f. 10*
Über|do|sis *f. Gen. - Pl.* -sen
über|dre|hen *tr. 1;* die Feder ist überdreht; er ist überdreht *übertr. ugs.:* er ist übermäßig erregt, zu übermütig
Über|druck *m. 2 Phys.:* den normalen Luftdruck übersteigender Druck
Über|druck *m. 1 Buchw.*
über|dru|cken *tr. 1*
Über|druck|ven|til *n. 1*

> **Überdruss:** Nach kurzem Vokal schreibt man *-ss-* (alt: *-ß-*): *der Überdruss.* § 25 E1

Über|druss (*alt:* Über|druß) *m. 1 nur Sg.*
über|drüs|sig *mit Gen.;* jmds. oder einer Sache ü. sein; ich bin seiner überdrüssig
über|dün|gen *tr. 1*
über|durch|schnitt|lich
über|eck *österr. für* über Eck
Über|ei|fer *m. 5 nur Sg.*
über|eif|rig
über|eig|nen *tr. 2* zu Eigen geben; ich übereigne es ihm, habe es ihm übereignet
Über|eig|nung *f. 10*
über|ei|len *tr. u. refl. 1*
Über|ei|lung *f. 10 nur Sg.*

> **übereinander legen/stellen:** Fügungen aus dem mehrgliedrigen Adverb *übereinander* und einem Verb werden im Infinitiv, Partizip und am Ende eines Nebensatzes getrennt geschrieben: *Sie wollten die Bücher übereinander legen. Die Tassen waren übereinander gestellt. Er hatte vor, die Kleider übereinander zu legen.* Wie bisher: *übereinander lachen, schreiben.* § 34 E3 (2)

über|ein|an|der *auch:* **über|ei|nan|der;** übereinander sprechen: voneinander sprechen; übereinander lachen, reden; übereinander legen; übereinander liegen; die Beine übereinander schlagen; die Kisten übereinander stellen
über|ein|an|der le|gen *auch:* **über|ei|nan|der le|gen** (*alt:* über|ein|an|der|le|gen) *tr. 1*
über|ein|an|der lie|gen *auch:* **über|ei|nan|der lie|gen** (*alt:* über|ein|an|der|lie|gen) *intr. 80*
über|ein|an|der schla|gen *auch:* **über|ei|nan|der schla|gen** (*alt:* über|ein|an|der|schla|gen) *tr. 116*
über|ein|an|der stel|len *auch:* **über|ei|nan|der stel|len** (*alt:* über|ein|an|der|stel|len) *tr. u. refl. 1*
über|ein|kom|men *intr. 71;* ich komme mit ihm überein, bin übereingekommen
Über|ein|kom|men *n. 7*
Über|ein|kunft *f. 2*
über|ein|stim|men *intr. 1*
Über|ein|stim|mung *f. 10*
über|emp|find|lich
Über|emp|find|lich|keit *f. 10 nur Sg.*
über|er|reg|bar
Über|er|reg|bar|keit *f. 10 nur Sg.*
über|es|sen *refl. 31;* sich etwas ü.: zu viel von etwas essen, so dass man es nicht mehr mag; das esse ich mir leicht über, ich habe es mir übergegessen
über|es|sen *refl. 31;* sich ü.: zu viel essen; ich habe mich übergessen

> **überfahren, überführen, übersetzen:** Wie nach der bisherigen Regel werden Zusammensetzungen mit der Partikel *über-* und einem Verb, auf dem die Betonung liegt, zusammengeschrieben: *Der Hund ist überfahren worden. Der Verbrecher ist überführt worden* (= das Verbrechen wurde nachgewiesen). *Sie hat den Roman übersetzt.* Ebenso: *übergehen, überholen, überlaufen, übersehen* usw. § 33 (3)

über|fah|ren *tr. 32* (jmdn.) über etwas, z. B. einen Fluss, fahren; ich fahre ihn über, habe ihn übergefahren
über|fah|ren *tr. 32* **1.** mit einem Fahrzeug (über etwas oder jmdn.) hinwegfahren; ich überfahre ihn, habe ihn überfahren; **2.** *auch übertr., ugs.:* benachteiligen, überstimmen; **3.** *auch:* nicht beachten; ein Signal ü.
Über|fahrt *f. 10*
Über|fall *m. 2*
über|fal|len *intr. 33, ugs.:* die Hose fällt über
über|fal|len *tr. 33;* jmdn. ü.
Über|fall|ho|se *f. 11*
über|fäl|lig nicht zur erwarteten Zeit eingetroffen; das Schiff ist ü.
Über|fall|kom|man|do, *österr.:* Über|falls|kom|man|do *n. 9*
Über|fang *m. 2 nur Sg., bei Gläsern:* Überzug mit einer andersfarbigen Glasschicht
über|fan|gen *tr. 34* mit Überfang überziehen
Über|fang|glas *n. 4*
über|fein
über|fei|nert
Über|fei|ne|rung *f. 10 nur Sg.*
über|fi|schen *tr. 1;* Gewässer ü.: die Fischbestände von Gewässern übermäßig ausbeuten
über|flie|gen *tr. 38;* das Flugzeug überfliegt die Stadt, hat sie überflogen; einen Brief ü.: nur flüchtig lesen
Über|flie|ger *m. 5, ugs.:* jmd., der begabter ist als die Mehrzahl
über|flie|ßen *intr. 40; auch übertr.:* vor Mitleid ü.
über|flü|geln *tr. 1* übertreffen, mehr leisten (als jmd.); ich überflügele, überflügle ihn, habe ihn überflügelt
Über|fluss (*alt:* Über|fluß) *m. 2 nur Sg.*
über|flüs|sig
über|flüs|si|ger|wei|se
über|flu|ten *intr. 2* über den Rand fluten; der See flutet über, ist übergeflutet
über|flu|ten *tr. 2* überschwemmen; der Strom überflutet das Land, hat es überflutet
Über|flu|tung *f. 10*
über|for|dern *tr. 1;* du überforderst das Kind; er ist überfordert
Über|for|de|rung *f. 10 nur Sg.*
über|frach|ten *tr. 2* überladen; der Wagen ist überfrachtet
über|fra|gen *tr. 1, nur in der Wendung* da bin ich überfragt: das weiß ich nicht
über|frem|den *tr. 2* mit fremden Einflüssen durchsetzen; das Land, die Sprache ist überfremdet
Über|frem|dung *f. 10 nur Sg.*

U

ü|ber|fres|sen *refl. 41, derb:* zu viel fressen; *ugs.:* sich überessen; ich habe mich überfressen
ü|ber|frie|ren *intr. 42*
Ü|ber|fuhr *f. 10, österr.:* Fähre
ü|ber|füh|ren *tr. 1* an einen anderen Ort bringen; der Kranke wurde in ein Krankenhaus übergeführt, *ugs. auch:* überführt
ü|ber|füh|ren *tr. 1* **1.** jmdn. eines Verbrechens ü.: ihm ein V. nachweisen; ich überführe ihn, habe ihn überführt; **2.** eine Straße, Eisenbahnlinie ü.: einen Verkehrsweg über eine S. oder E. bauen
Ü|ber|füh|rung *f. 10*
Ü|ber|fül|le *f. 11 nur Sg.*
ü|ber|fül|len *tr. 1;* der Saal war überfüllt
Ü|ber|fül|lung *f. 10 nur Sg.*
Ü|ber|funk|ti|on *f. 10*
ü|ber|füt|tern *tr. 1;* er überfüttert den Hund, hat ihn überfüttert
Ü|ber|füt|te|rung *f. 10 nur Sg.*
Ü|ber|ga|be *f. 11*
Ü|ber|gang *m. 2*
Ü|ber|gangs|er|schei|nung *f. 10*
Ü|ber|gangs|lö|sung *f. 10*
Ü|ber|gangs|pha|se *f. 11*
Ü|ber|gangs|sta|di|um *n. Gen.* -s *Pl.* -di|en
Ü|ber|gangs|zeit *f. 10*
ü|ber|ge|ben **1.** *tr. 45;* ich übergebe es ihm, habe es ihm übergeben; **2.** *refl. 45* sich erbrechen

> **übergehen, übergießen, übersehen:** Partikeln (*über-, auf-, her-* usw.) im Gefüge mit einem Verb werden im Infinitiv, Partizip und am Ende eines Nebensatzes zusammengeschrieben (mit Betonung der Partikel): *Er ist zu anderen Methoden übergegangen. Sie haben sich an den Bildern übergesehen.*
> Ebenso: *überfahren, überlassen, überlaufen, übersetzen.* § 34 (1)

ü|ber|ge|hen *intr. 47;* das Grundstück geht in andere Hände über; er ist zu neuen Methoden übergegangen; die Augen gingen ihm über
ü|ber|ge|hen *tr. 47* nicht beachten; ich überging seine Bemerkungen mit Stillschweigen; er ist bei der Beförderung übergangen worden
Ü|ber|ge|hung *f. 10 nur Sg.*
ü|ber|ge|nug
Ü|ber|ge|päck *n. 1 nur Sg.*
Ü|ber|ge|wicht *n. 1 nur Sg.*
ü|ber|gie|ßen *tr. 54* versehentlich verschütten
ü|ber|gie|ßen *tr. 54* begießen; sie stand da wie mit Blut übergossen
ü|ber|glück|lich
ü|ber|gol|den *tr. 2, bes. übertr.:* (wie) mit Gold überziehen
ü|ber|grei|fen *intr. 59;* das Feuer greift auf das Nachbarhaus über, hat auf das N. übergegriffen
Ü|ber|griff *m. 1*
ü|ber|groß
Ü|ber|grö|ße *f. 11*
ü|ber|ha|ben *tr. 60* **1.** satt haben; ich habe das lange Warten jetzt über; **2.** *ugs.:* anhaben; ich hatte nur einen Mantel über
ü|ber|hal|ten *tr. 61, österr.:* übervorteilen

> **überhand nehmen:** Zusammengesetzte Adverbien (*überhand*) bilden mit Verben Gefüge, die im Infinitiv, Partizip und am Ende eines Nebensatzes getrennt geschrieben werden: *Die Belastungen der Arbeit haben überhand genommen.* § 34 E3 (2)

ü|ber|hand; die Fälle nehmen überhand, haben überhand genommen; überhand zu nehmen
ü|ber|hand neh|men (*alt:* über|hand|neh|men) *intr. 88* sich zu sehr ausbreiten, zu viel werden
Ü|ber|hang *m. 2* **1.** Abweichung von der Senkrechten; **2.** überhängender Gegenstand; **3.** überschüssige Ware, überschüssiger Betrag
ü|ber|hän|gen **1.** *intr. 62* über einen Rand hängen; die Zweige hängen über; **2.** *tr. 62* umhängen, über die Schulter hängen; sich die Tasche ü.
Ü|ber|hang|man|dat *n. 1* Mandat einer Partei, die mehr Direktmandate gewonnen hat als ihr nach der Landesliste zustehen
Ü|ber|hangs|recht *n. 1*
ü|ber|has|ten *tr. u. refl. 2;* überhaste nichts!
ü|ber|häu|fen *tr. 1;* sie überhäufen ihn mit Schmeicheleien
Ü|ber|häu|fung *f. 10 nur Sg.*
ü|ber|haupt
ü|ber|he|ben **1.** *tr. 64;* jmdn. einer Sache ü.: jmdn. von einer Sache befreien; damit bin ich der größten Sorge überhoben; **2.** *refl. 64* sich bei zu schwerem Heben Schaden tun; überheb dich nicht; er hat sich überhoben; *übertr.:* dünkelhaft, eingebildet werden
ü|ber|heb|lich
Ü|ber|heb|lich|keit *f. 10 nur Sg.*
ü|ber|hei|zen *tr. 1;* der Raum ist überheizt
ü|ber|hit|zen *tr. 1;* der Raum ist überhitzt; überhitzte Fantasie *übertr.*
Ü|ber|hit|zung *f. 10 nur Sg.*
ü|ber|hö|hen *tr. 1;* wir überhöhen die Kurve; die Kurve ist überhöht; überhöhte Geschwindigkeit
Ü|ber|hö|hung *f. 10*
ü|ber|ho|len **1.** *tr. 1* herüberholen; **2.** *intr. 1* sich zur Seite neigen; das Schiff holt über
ü|ber|ho|len *tr. 1* **1.** jmdn. ü.: an jmdm. vorbeilaufen oder -fahren; ich überhole ihn, habe ihn überholt; **2.** erneuern, prüfen, instand setzen; mein Fahrzeug ist überholt worden
Ü|ber|hol|ma|nö|ver [-vər] *n. 5*
Ü|ber|hol|spur *f. 10*
Ü|ber|ho|lung *f. 10 nur Sg.*
Ü|ber|hol|ver|bot *n. 1*
ü|ber|hö|ren *tr. 1, ugs.:* nicht hören (wollen), hören und nicht beachten; das möchte ich überhört haben!
Ü|ber-Ich = **Ü|ber|ich** *n. 9, Psychoanalyse*
ü|ber|ir|disch
ü|ber|kan|di|delt *ugs.:* überspannt, ein bisschen verrückt
Ü|ber|ka|pa|zi|tät *f. 10*
ü|ber|kip|pen *intr. 1;* der Wagen kippt über, ist übergekippt
ü|ber|kle|ben *tr. 1;* ich überklebe die Stelle, habe sie überklebt
Ü|ber|kle|bung *f. 10*
ü|ber|klei|den *tr. 2* verkleiden, überziehen
Ü|ber|klei|dung *f. 10*
Ü|ber|klei|dung *f. 10 nur Sg.* Oberbekleidung
ü|ber|ko|chen *intr. 1;* die Milch kocht über, ist übergekocht
ü|ber|kom|men **1.** *intr. 71, nur im Partizip II;* der Brauch ist uns seit langem überkommen; überkommene Gebräuche; **2.** *intr. 71* erfassen, überfallen; Rührung überkam mich, als ich das hörte
ü|ber|kom|pen|sie|ren *tr. 3* zu stark kompensieren; er überkompensiert seine Hemmungen
ü|ber|krie|gen *tr. 1, ugs. für* überbekommen

U

über|la|den *tr. 74;* ich überlade den Wagen, habe ihn überladen
Über|la|dung *f. 10 nur Sg.*
über|la|gern *tr. 1;* ein Sender überlagert den anderen
Über|la|ge|rung *f. 10 nur Sg.*
Über|land|fahrt *f. 10*
Über|land|ver|kehr *m. 1*
Über|land|zen|tra|le *auch:* **Über|land|zent|ra|le** *f. 11*
über|lang
Über|län|ge *f. 11*
über|lap|pen *tr. 1;* die beiden Termine ü. sich (*eigtl.:* einander)
über|las|sen *tr. 75, ugs.:* übrig lassen; ich lasse es über, habe es übergelassen
über|las|sen *tr. 75;* ich überlasse ihm das Kind, habe es ihm überlassen
Über|las|sung *f. 10 nur Sg.*
über|las|ten *tr. 2;* ich überlaste den Wagen, habe ihn überlastet
über|las|tig einseitig belastet
Über|las|tung *f. 10 nur Sg.*
Über|lauf *m. 2* Stelle, an der überschüssiges Wasser ablaufen kann
über|lau|fen *intr. 76* **1.** über den Rand laufen; das Wasser läuft über; **2.** zu voll werden; das Becken ist übergelaufen; **3.** auf die andere Seite laufen; er ist zum Feind übergelaufen
über|lau|fen **1.** *tr. 76* erfassen, ergreifen (nur von Empfindungen); ein Schauer überlief mich; es überläuft mich kalt, heiß; **2.** *Adj.:* zu stark beansprucht; der Ort, der Arzt ist sehr überlaufen
Über|läu|fer *m. 5*
Über|lauf|ven|til *n. 1*
über|laut
über|le|ben *tr. 1* **1.** jmdn. ü.: länger als jemand leben; sie hat ihn (um drei Jahre) überlebt; **2.** etwas ü.: lebend aus etwas hervorgehen; er hat das Unglück überlebt; **3.** *refl. 1;* sich ü.: veralten, nicht mehr zweckmäßig sein; dieser Brauch hat sich überlebt
Über|le|ben|de(r) *m. 18 (17) bzw. f. 17 oder 18*
Über|le|bens|chan|ce [-ʃãsə] *f. 11*
über|le|bens|groß
Über|le|bens|grö|ße *f. 11 nur Sg.*
Über|le|bens|trai|ning [-tre-] *n. 9 nur Sg.*
über|le|gen *tr. 1, ugs.:* übers Knie legen, verhauen; er legte ihn über, hat ihn übergelegt
über|le|gen **1.** *tr. 1;* etwas ü.: über etwas nachdenken; ich überlege es (mir), habe es überlegt; **2.** *Adj.:* jmdm. ü. sein; ü. lächeln
Über|le|gen|heit *f. 10 nur Sg.*
Über|le|gung *f. 10*
über|lei|ten *intr. 2;* er leitet zum nächsten Thema über, hat übergeleitet
Über|lei|tung *f. 10*
über|le|sen *tr. 79* **1.** flüchtig *oder:* rasch prüfend lesen; ich überlese den Brief; **2.** beim Lesen nicht bemerken; ich habe den Fehler überlesen
über|lie|fern *tr. 1* berichten, erzählen; der Chronist überliefert, dass …, hat es uns überliefert
Über|lie|fe|rung *f. 10*
über|lis|ten *tr. 2* durch List täuschen; ich überliste ihn, habe ihn überlistet
Über|lis|tung *f. 10 nur Sg.*
überm *ugs.:* über dem; er ist überm Berg *übertr.:* er hat das Schlimmste überstanden
Über|macht *f. Gen. - nur Sg.*
über|mäch|tig
über|ma|len *tr. 1;* ich übermale das Bild, habe es übermalt
Über|ma|lung *f. 10*
über|man|gan|sau|er; übermangansaures Kalium: Kaliumpermanganat
über|man|nen *tr. 1* überkommen, ergreifen; die Müdigkeit übermannte mich, hat mich übermannt
Über|maß *n. 1*
über|mä|ßig
Über|mensch *m. 10*
über|mensch|lich
Über|mi|kro|skop *auch:* **Über|mik|ros|kop** *n. 1* Elektronenmikroskop
über|mit|teln *tr. 1;* ich übermittele, übermittle seinen Dank; er hat mir seinen Dank übermittelt
Über|mit|te|lung, Über|mitt|lung *f. 10 nur Sg.*
über|mor|gen; übermorgen Abend
über|mü|den *tr. 2, nur im Infinitiv und Partizip II üblich;* ich bin übermüdet
Über|mü|dung *f. 10 nur Sg.*
Über|mut *m. Gen.* -(e)s *nur Sg.*
über|mü|tig
übern *ugs.:* über den
über|nächst; der, die, das Übernächste; am übernächsten Tag
über|nach|ten *intr. 2;* ich übernachte im Hotel, habe dort übernachtet
über|näch|tig, über|näch|tigt müde nach einer durchwachten Nacht
Über|nach|tung *f. 10*
Über|nah|me *f. 11 nur Sg.*
über|na|tür|lich
über|neh|men *tr. 88, ugs.:* sich umhängen; ich nehme den Mantel, Schal über, habe ihn übergenommen
über|neh|men **1.** *tr. 88;* ich übernehme den Auftrag, habe ihn übernommen; **2.** *refl. 88* sich überanstrengen; ich übernehme mich, habe mich übernommen
über|ord|nen *tr. 2;* ich ordne das eine dem andern über, habe es übergeordnet; übergeordnete Dienststelle
Über|ord|nung *f. 10 nur Sg.*
Über|or|ga|ni|sa|ti|on *f. 10*
über|or|ga|ni|sie|ren *tr. 3; nur im Infinitiv und Partizip II üblich;* die Sache ist überorganisiert
über|par|tei|lich
Über|par|tei|lich|keit *f. 10 nur Sg.*
über|pflan|zen *tr. 1* verpflanzen; *auch:* bepflanzen
über|pin|seln *tr. 1;* ich überpinsele, überpinsle es, habe es überpinselt
Über|preis *m. 1* zu hoher Preis
Über|pro|duk|ti|on *f. 10 nur Sg.*
über|pro|por|ti|o|nal
über|prü|fen *tr. 1;* ich überprüfe es, habe es überprüft
Über|prü|fung *f. 10*
über|quel|len *intr. 93;* die Suppe quillt über, ist übergequollen; überquellende Freude
über|quer über Kreuz; das ging überquer: das ist fehlgeschlagen
über|que|ren *tr. 1;* ich überquere den Platz, habe ihn überquert
Über|que|rung *f. 10*
über|ra|gen *tr. 1;* er überragt alle um Haupteslänge; eine überragende Leistung
über|ra|schen *tr. 1*
Über|ra|schung *f. 10*
Über|ra|schungs|ef|fekt *m. 1*
über|re|den *tr. 2*
Über|re|dung *f. 10 nur Sg.*
Über|re|dungs|kunst *f. 2*
über|re|gi|o|nal nicht an bestimmte Regionen gebunden
über|reich
über|rei|chen *tr. 1;* ich überreiche es ihm, habe es ihm überreicht
über|reich|lich
Über|rei|chung *f. 10 nur Sg.*
über|reif

U

Ü|ber|rei|fe *f. 11 nur Sg.*
ü|ber|rei|zen *tr. 1, nur im Infinitiv und Partizip II üblich;* er ist, seine Nerven sind überreizt
Ü|ber|reizt|heit *f. 10 nur Sg.*
Ü|ber|rei|zung *f. 10 nur Sg.*
ü|ber|ren|nen *tr. 98;* er überrennt ihn, hat ihn überrannt
ü|ber|re|prä|sen|tie|ren *tr. 3;* innerhalb der Partei sind die Radikalen überrepräsentiert: übermäßig vertreten
Ü|ber|rest *m. 1*
ü|ber|rie|seln *tr. 1;* es überrieselt mich, hat mich überrieselt
ü|ber|rol|len *tr. 1;* sie überrollten den Gegner, haben ihn überrollt
ü|ber|rum|peln *tr. 1;* ich überrumpele, überrumple sie, habe sie überrumpelt
Ü|ber|rum|pe|lung, Ü|ber|rump|lung *f. 10*
ü|ber|run|den *tr. 2;* ich überrunde ihn, habe ihn überrundet
Ü|ber|run|dung *f. 10*
ü|bers *ugs.:* über das; übers Jahr: in einem Jahr, nach einem Jahr
ü|ber|sät; mit Blumen, Sternen übersät
ü|ber|satt
ü|ber|sät|ti|gen *tr. 1, nur Infinitiv und Partizip II üblich:* ich bin mit *oder:* von Süßigkeiten übersättigt; übersättigte Lösung *Chem.*
Ü|ber|sät|ti|gung *f. 10 nur Sg.*
ü|ber|säu|ern *tr. 1*
Ü|ber|säu|e|rung *f. 10 nur Sg.*
Ü|ber|schall *m. 1* Schallschwingungen jenseits der Hörbarkeitsgrenze, Ultraschall
ü|ber|schal|len *tr. 1* übertönen
Ü|ber|schall|flug|zeug *n. 1*
Ü|ber|schall|ge|schwin|dig|keit *f. 10*
Ü|ber|schar *f. 10, Bgb.:* zwischen Gruben liegendes Land, das wegen zu geringen Ausmaßes nicht bebaut wird
ü|ber|schat|ten *tr. 2;* der Vorfall überschattete unsere Freude
ü|ber|schät|zen *tr. 1;* ich überschätze ihn, habe ihn überschätzt
Ü|ber|schät|zung *f. 10 nur Sg.*
Ü|ber|schau *f. 10*
ü|ber|schau|bar
Ü|ber|schau|bar|keit *f. 10 nur Sg.*
ü|ber|schau|en *tr. 1*
ü|ber|schäu|men *intr. 1;* der Sekt schäumt über, ist übergeschäumt
ü|ber|schla|fen *tr. 115;* eine Sache ü. *ugs.:* bis zum nächsten Tag überdenken; ich überschlafe es, habe es überschlafen
Ü|ber|schlag *m. 2*
ü|ber|schla|gen *intr. 116;* seine Stimme schlug über, ist übergeschlagen
ü|ber|schla|gen **1.** *tr. 116* ungefähr berechnen (Kosten); weglassen, nicht lesen, nicht sprechen (Textstelle); ich überschlage es, habe es überschlagen; **2.** *refl. 116;* der Wagen überschlug sich, hat sich überschlagen
ü|ber|schlä|gig ungefähr; überschlägige Berechnung
Ü|ber|schlag|la|ken *n. 7*
ü|ber|schläg|lich ungefähr; etwas ü. berechnen
ü|ber|schnap|pen *intr. 1;* seine Stimme schnappte über; er ist übergeschnappt *ugs.:* er ist verrückt (geworden)
ü|ber|schnei|den *tr. 125;* die Flächen, Unterrichtsstunden überschneiden sich, haben sich überschnitten
Ü|ber|schnei|dung *f. 10*
ü|ber|schrei|ben *tr. 127* **1.** mit einer Überschrift versehen; **2.** jmdm. etwas ü.: jmdm. etwas schriftlich als Eigentum überlassen; ich überschreibe ihm das Haus, habe es ihm überschrieben
Ü|ber|schrei|bung *f. 10*
ü|ber|schrei|en *tr. 128;* er wurde von den andern überschrien; seine Stimme ist überschrien: durch zu starke Beanspruchung heiser
ü|ber|schrei|ten *tr. 129;* ich überschreite die Grenze, habe sie überschritten
Ü|ber|schrei|tung *f. 10*
Ü|ber|schrift *f. 10*
Ü|ber|schuh *m. 1*
ü|ber|schul|den *tr. 2;* das Haus ist überschuldet
Ü|ber|schul|dung *f. 10 nur Sg.*

> **Überschuss:** Nach kurzem Vokal wird *-ss-* (alt: *-ß-*) geschrieben: *der Überschuss, der Schuss.* § 25 E1

Ü|ber|schuss (*alt:* Über|schuß) *m. 2*
ü|ber|schüs|sig
ü|ber|schüt|ten *tr. 2, ugs.:* verschütten
ü|ber|schüt|ten *tr. 2* überhäufen; er überschüttete sie mit Fragen; sie hat ihn mit Geschenken überschüttet
Ü|ber|schwang *m. 2 nur Sg.*

> **überschwänglich:** Dem Stammprinzip folgend wird im Anschluss an *Überschwang* nun auch *überschwänglich* geschrieben (alt: *überschwenglich*). § 13

ü|ber|schwäng|lich
Ü|ber|schwäng|lich|keit *f. 10 nur Sg.*
ü|ber|schwap|pen *intr. 1, ugs.:* das Wasser schwappt über, ist übergeschwappt
ü|ber|schwem|men *tr. 1*
Ü|ber|schwem|mung *f. 10*
Ü|ber|schwem|mungs|ge|biet *n. 1*
über|schweng|lich (*alt für:* ü|ber|schwäng|lich)
Über|schweng|lich|keit (*alt für:* Ü|ber|schwäng|lich|keit) *f. 10 nur Sg.*
Ü|ber|see *ohne Artikel:* die Länder jenseits des Ozeans; in, nach Ü.; Waren aus Ü.
Ü|ber|see|damp|fer *m. 5*
Ü|ber|see|ha|fen *m. 8*
Ü|ber|see|han|del *m. Gen. -s nur Sg.*
ü|ber|see|isch
ü|ber|seh|bar
Ü|ber|seh|bar|keit *f. 10 nur Sg.*
ü|ber|se|hen *tr. 136, ugs.:* sich etwas ü.: etwas so oft sehen, dass man es nicht mehr mag; dieses Muster sieht man sich leicht über; ich habe es mir übergesehen
ü|ber|se|hen *tr. 136* **1.** nicht sehen, nicht beachten; ich übersehe manche Fehler, ich habe den Fehler übersehen; **2.** überblicken; ich übersehe die Lage noch nicht
ü|ber|sen|den *tr. 138;* ich übersende es ihm, habe es ihm übersandt
Ü|ber|sen|dung *f. 10 nur Sg.*
ü|ber|setz|bar
Ü|ber|setz|bar|keit *f. 10 nur Sg.*
ü|ber|set|zen *tr. 1* über einen Fluss bringen; er setzt ihn über, hat ihn übergesetzt
ü|ber|set|zen *tr. 1* **1.** in eine andere Sprache übertragen; ich übersetze das Buch, habe es übersetzt; **2.** *schweiz.:* überhöhen; übersetzte Preise
Ü|ber|set|zer *m. 5*
Ü|ber|set|zung *f. 10; bei Getrieben:* schnellerer Lauf des angetriebenen Rades gegenüber dem antreibenden Rad; *Elektrotech.:* Verhältnis der Primär- zur Sekundärspannung beim Transformator

U

Ü|ber|set|zungs|feh|ler *m. 5*
Ü|ber|set|zungs|ma|schi|ne *f. 11*
Ü|ber|sicht *f. 10*
ü|ber|sich|tig weitsichtig
Ü|ber|sich|tig|keit *f. 10 nur Sg.*
ü|ber|sicht|lich
Ü|ber|sicht|lich|keit *f. 10 nur Sg.*
Ü|ber|sichts|kar|te *f. 11*
ü|ber|sie|deln [auch: -si-] *intr. 1;* ich siedele, siedle nach Berlin über *oder:* ich übersiedele, übersiedle nach Berlin; ich bin nach Berlin übergesiedelt *oder:* übersiedelt
Ü|ber|sie|de|lung, Ü|ber|sied|lung [auch: -si-] *f. 10 nur Sg.*
ü|ber|sinn|lich
Ü|ber|sinn|lich|keit *f. 10 nur Sg.*
ü|ber|span|nen *tr. 1;* die Brücke überspannt den Fluss; ich habe den Bogen überspannt *übertr.:* ich bin zu weit gegangen
ü|ber|spannt übertrieben, vom Üblichen abweichend
Ü|ber|spannt|heit *f. 10 nur Sg.*
Ü|ber|span|nung *f. 10*
Ü|ber|span|nung *f. 10 nur Sg.* zu hohe Spannung im Stromnetz
ü|ber|spie|len *tr. 1;* ein Musikstück von einer Schallplatte auf ein Tonband ü.; eine Verlegenheit geschickt ü.: sie nicht merken lassen
ü|ber|spielt *Sport:* überanstrengt
Ü|ber|spie|lung *f. 10*
ü|ber|spit|zen *tr. 1, übertr.:* zu weit treiben, zu genau, zu streng beurteilen oder behandeln; etwas überspitzt formulieren
ü|ber|spitzt
Ü|ber|spitzt|heit *f. 10 nur Sg.*
Ü|ber|spit|zung *f. 10 nur Sg.*
ü|ber|spre|chen *tr. 146* **1.** *Fernsprechverkehr:* überlagern; **2.** erneut besprechen; ein Tonband übersprechen
ü|ber|sprin|gen *intr. 148* von einer Stelle auf eine andere springen; der Funke springt über, ist übergesprungen
ü|ber|sprin|gen *tr. 148* **1.** (über etwas) hinwegspringen; ich überspringe den Graben; **2.** weglassen; ich habe beim Lesen einen Abschnitt übersprungen
ü|ber|spru|deln *intr. 1;* er sprudelt über von guter Laune; übersprudelndes Temperament
ü|ber|spü|len *tr. 1;* die Wellen ü. den Strand
ü|ber|staat|lich
Ü|ber|staat|lich|keit *f. 10 nur Sg.*
Ü|ber|stän|der *m. 5* überalterter Baum
ü|ber|stän|dig überaltert
ü|ber|ste|hen *intr. 151* über einen Rand hinausragen; das Dach steht über
ü|ber|ste|hen *intr. 151* überwinden; ich überstehe die Krankheit, habe sie überstanden
ü|ber|steig|bar
ü|ber|stei|gen *intr. 153* hinübersteigen; er steigt über, ist übergestiegen
ü|ber|stei|gen *tr. 153* größer sein als; das übersteigt meine Kräfte
ü|ber|stei|gern *tr. 1* übertreiben, zu sehr steigern; Preise ü.; übersteigertes Selbstbewusstsein
Ü|ber|stei|ge|rung *f. 10 nur Sg.*
ü|ber|stel|len *tr. 1, Behördenspr.:* einer anderen Dienststelle übergeben; die Akten wurden überstellt
Ü|ber|stel|lung *f. 10 nur Sg.*
ü|ber|stem|peln *tr. 1;* die Briefmarken ü.
ü|ber|steu|ern *tr. 1;* einen Verstärker ü.: einen Verstärker überlasten (wodurch Verzerrungen bei der Aufnahme oder Wiedergabe entstehen); die Aufnahme ist übersteuert
Ü|ber|steu|e|rung *f. 10 nur Sg.*
ü|ber|stim|men *tr. 1* durch Stimmenmehrheit besiegen; er wurde überstimmt, sie haben ihn überstimmt
ü|ber|strah|len *tr. 1;* sein Ruhm überstrahlt den des Vaters
ü|ber|strei|fen *tr. 1;* erstreifte sich die Handschuhe über, hat sie sich übergestreift
ü|ber|strö|men *intr. 1, meist übertr.:* er strömte über von Dank; überströmende Freude
Ü|ber|stun|de *f. 11;* Überstunden machen
Ü|ber|stun|den|zu|schlag *m. 2*
ü|ber|stür|zen **1.** *tr. 1* zu schnell, unbesonnen tun; wir wollen nichts ü.; **2.** *refl. 1* schnell aufeinander folgen, rasch vor sich gehen; die Ereignisse überstürzten sich, haben sich überstürzt
ü|ber|ta|rif|lich
ü|ber|teu|ern *tr. 1, meist im Infinitiv oder Partizip II:* zu teuer machen; die Waren sind überteuert
Ü|ber|teu|e|rung *f. 10 nur Sg.*
ü|ber|töl|peln *tr. 1, meist im Partizip II oder Passiv:* plump betrügen oder überlisten; er hat ihn übertölpelt, er wurde übertölpelt
Ü|ber|töl|pe|lung *f. 10 nur Sg.*
ü|ber|tö|nen *tr. 1;* der Lärm übertönt die Musik, hat sie übertönt
Ü|ber|trag *m. 2* von einer Seite oder Spalte auf die andere übertragene Summe
ü|ber|trag|bar
Ü|ber|trag|bar|keit *f. 10 nur Sg.*
ü|ber|tra|gen *tr. 160;* ich übertrage ihm die Aufgabe; sie haben das Konzert im Rundfunk ü.; übertragene Bedeutung
Ü|ber|tra|ger *m. 5* Transformator
Ü|ber|trä|ger *m. 5* (z. B. einer Krankheit)
Ü|ber|tra|gung *f. 10*
Ü|ber|tra|gungs|sa|tel|lit *m. 10*
ü|ber|trai|niert [-trɛ-] durch zu starkes Training überanstrengt
ü|ber|tref|fen *tr. 161;* sie übertrifft ihn, hat ihn übertroffen
ü|ber|trei|ben *tr. 162;* ich übertreibe es; übertriebene Vorsicht
Ü|ber|trei|bung *f. 10*
ü|ber|tre|ten *intr. 163;* er trat zum Katholizismus über, ist zum K. übergetreten; er ist übergetreten *Sport:* er ist über die Absprunglinie getreten
ü|ber|tre|ten *tr. 163;* er übertrat die Vorschrift, hat sie übertreten
Ü|ber|tre|tung *f. 10*
Ü|ber|tre|tungs|fall *m. 2;* im Ü.
ü|ber|trie|ben
Ü|ber|tritt *m. 2*
ü|ber|trump|fen *tr. 1;* jmdn. ü.
ü|ber|tün|chen *tr. 1;* ich übertünche die Wand, habe sie übertüncht
ü|ber|ü|ber|mor|gen *ugs.:* der Tag *oder:* am Tag nach übermorgen
ü|ber|ver|si|chern *tr. 1* mit einer höheren Summe versichern, als es dem Wert entspricht; das Haus ist überversichert
Ü|ber|ver|si|che|rung *f. 10 nur Sg.*
ü|ber|völ|kern *tr. 1;* das Land ist übervölkert
Ü|ber|völ|ke|rung *f. 10 nur Sg.* zu starke Bevölkerung
ü|ber|voll
ü|ber|vor|tei|len *tr. 1;* er übervorteilt ihn, hat ihn übervorteilt
Ü|ber|vor|tei|lung *f. 10 nur Sg.*
ü|ber|wach
ü|ber|wa|chen *tr. 1;* ich überwache ihn, habe ihn überwacht
Ü|ber|wa|chung *f. 10 nur Sg.*
Ü|ber|wa|chungs|sys|tem *n. 1*
ü|ber|wal|len *intr. 1;* das Wasser wallt über; überwallende Freude
ü|ber|wäl|ti|gen *tr. 1;* die Freude

U

überwältigt mich; der Verbrecher wurde überwältigt; die überwältigende Mehrheit
ü|ber|wäl|ti|gend
Ü|ber|wäl|ti|gung *f. 10 nur Sg.*
ü|ber|wäl|zen *tr. 1;* die Umsatzsteuer wird auf den Endverbraucher überwälzt
Ü|ber|wäl|zung *f. 10 nur Sg.*
ü|ber|wei|sen *tr. 177;* ich überweise den Betrag, habe ihn überwiesen; einen Dieb ü. *österr.:* überführen
Ü|ber|wei|sung *f. 10*
Ü|ber|wei|sungs|auf|trag *m. 2*
Ü|ber|wei|te *f. 11*
Ü|ber|welt *f. 10 nur Sg.*
ü|ber|welt|lich
ü|ber|wend|lich *in der Fügung* ü. nähen: so zusammennähen, dass die Fäden zwischen den beiden aneinander gelegten Stoffkanten nicht zu sehen sind
ü|ber|wer|fen *tr. 181;* ich warf dem Pferd eine Decke über, habe sie ihm übergeworfen
ü|ber|wer|fen *refl. 181;* sich (mit jmdm.) ü.: sich mit jmdm. entzweien; sie überwarfen sich, haben sich überworfen
ü|ber|wie|gen *tr. 182, ugs.:* zu viel wiegen; der Brief wiegt über
ü|ber|wie|gen *tr. 182* mehr Gewicht haben als …; seine Neugier überwog seine Furcht
ü|ber|wie|gend in der Mehrzahl, vor allem; an dem Kurs nehmen überwiegend Jugendliche teil
ü|ber|wind|bar
ü|ber|win|den *tr. 183;* ich überwand meinen Ärger, habe ihn überwunden
Ü|ber|win|der *m. 5*
Ü|ber|win|dung *f. 10 nur Sg.*
ü|ber|win|tern *intr. 1;* der Vogel überwintert hier, hat hier überwintert
Ü|ber|win|te|rung *f. 10 nur Sg.*
ü|ber|wöl|ben *tr. 1*
Ü|ber|wöl|bung *f. 10 nur Sg.*
ü|ber|wu|chern *tr. 1;* die Pflanzen überwuchern den Weg, haben ihn überwuchert
Ü|ber|wurf *m. 2* **1.** Umhang; **2.** ein Griff beim Ringen, wobei man den Gegner hebt und über den Kopf hinter sich wirft
Ü|ber|zahl *f. 10 nur Sg.;* wir sind in der Ü.
ü|ber|zah|len *intr. 1* mehr zahlen als notwendig (z. B. an Automaten)
ü|ber|zäh|len *tr. 1;* jmdm. ein paar überzählen *ugs.:* jmdm. ein paar Schläge versetzen
ü|ber|zäh|lig
ü|ber|zeich|nen *tr. 2;* die Anleihe wurde überzeichnet: es wurde mehr Geld als nötig für sie gezeichnet
Ü|ber|zeich|nung *f. 10*
Ü|ber|zeit|ar|beit *f. 10, schweiz.:* Überstundenarbeit
ü|ber|zeu|gen *tr. 1;* ich überzeugte ihn, habe ihn überzeugt
Ü|ber|zeu|gung *f. 10*
Ü|ber|zeu|gungs|kraft *f. 2 nur Sg.*
Ü|ber|zeu|gungs|tä|ter *m. 5* jmd., der aus relig. oder weltanschaul. Überzeugung eine Straftat begeht
ü|ber|zie|hen *tr. 187* **1.** ich ziehe eine Jacke über, habe sie übergezogen; **2.** jmdm. eins ü.: jmdm. einen Schlag, Hieb versetzen
ü|ber|zie|hen *tr. 187* **1.** ich überziehe das Kissen, habe es überzogen; **2.** das Konto überziehen: mehr Geld abheben, als auf dem Konto ist
Ü|ber|zie|her *m. 5* Herrenmantel
Ü|ber|zie|hungs|kre|dit *m. 1*
ü|ber|züch|ten *tr. 2;* ein Tier ü.: durch bestimmte züchter. Maßnahmen eine unnormale Entwicklung bei ihm herbeiführen; die Rasse ist überzüchtet
Ü|ber|züch|tung *f. 10 nur Sg.*
Ü|ber|zug *m. 2*
ü|ber|zwerch *süddt., österr.:* über Kreuz, quer
U|bi|er *m. 5* Angehöriger eines german. Volksstammes
U|bi|quist [lat.] *m. 10* über die ganze Erde verbreitete Tier- oder Pflanzenart
u|bi|qui|tär überall vorkommend
U|bi|qui|tät *f. 10 nur Sg.* **1.** Allgegenwart; **2.** überall erhältliche Ware
üb|lich
üb|li|cher|wei|se
U-Boot *n. 1, Kurzwort für* Unterseeboot
U-Boot-Krieg *m. 1*

übrig bleiben/lassen/sein, im Übrigen: Fälle, in denen der erste Teil des Gefüges eine Ableitung auf *-ig* (oder *-isch* bzw. *-lich*) ist, werden getrennt geschrieben: *Sie sind übrig geblieben. Wir wollen das übrig lassen.* § 34 E3 (3)
Fügungen mit *sein* werden immer getrennt geschrieben: *Das könnte noch übrig sein.* § 35
Die substantivierte Form des Adjektivs wird großgeschrieben: *das/alles Übrige, die/alle Übrigen, im Übrigen, ein Übriges tun.* § 57 (1)

üb|rig; das, alles Übrige; die, alle Übrigen; ich werde noch ein Übriges tun: noch etwas, was eigentlich nicht notwendig ist; im Übrigen; übrig haben, sein; übrig behalten; übrig bleiben; übrig lassen; mir ist nichts anderes übrig geblieben als …
üb|rig be|hal|ten (*alt:* üb|rig|be|hal|ten) *tr. 61*
üb|rig blei|ben (*alt:* üb|rig|blei|ben) *intr. 17*
üb|ri|gens
üb|rig las|sen (*alt:* üb|rig|las|sen) *tr. 75*
Ü|bung *f. 10*
Ü|bungs|ar|beit *f. 10*
Ü|bungs|auf|ga|be *f. 11*
Ü|bungs|buch *n. 4*
ü|bungs|hal|ber
Ü|bungs|platz *m. 2*
Ü|bungs|stück *n. 1*
UÇK [u:tʃe:ka, alban.] *Abk. für* Ushtria Çlirimtare e Kosovës: Befreiungsarmee von Kosovo
u. d. M. *Abk. für* unter dem Meeresspiegel
ü. d. M. *Abk. für* über dem Meeresspiegel
Ud|mur|te *m. 11* Angehöriger eines ostfinn. Volkes
ud|mur|tisch
U|do männl. Vorname
UdSSR *Abk. für die ehem.* Union der Sozialistischen Sowjetrepubliken
u. E. *Abk. für* unseres Erachtens
Ü|echt|land, Ücht|land Landschaft in der Schweiz
UEFA *f. Gen. - nur Sg., Kurzwort für* Union Européenne de Football Association: Europ. Fußballverband
U-Ei|sen *n. 7* U-förmiges Eisen
U|fer *n. 5*
u|fer|los; das geht ins Uferlose *ugs.:* das führt zu weit
Uf|fi|zi|en *Pl.* Palast in Florenz mit Gemäldesammlung
Uffz. *Abk. für* Unteroffizier
UFO, U|fo *n. 9, Kurzwort für* unbekanntes Flugobjekt, »fliegende Untertasse«

U

u-förmig/U-förmig: Man setzt einen Bindestrich in Zusammensetzungen mit Einzelbuchstaben, Abkürzungen oder Ziffern: *ein u-förmiges/U-förmiges Stadion.* § 40

U-för|mig = **u-för|mig**
U|gan|da Staat in Ostafrika
U|gan|der *m. 5*
u|gan|disch
U|gri|er *auch:* **Ug|ri|er** *Pl., Sammelbez. für* Ungarn, Wogulen und Ostjaken
u|grisch *auch:* **ug|risch;** ugrische Sprachen: die zur finn.-ugr. Sprachgruppe gehörenden Sprachen der Ugrier
U-Haft *f. 10 nur Sg. Kurzwort für* Untersuchungshaft
Uh|land, *Ludwig* dt. Schriftsteller

Uhr: Das Substantiv wird mit großem Anfangsbuchstaben geschrieben: *ein Uhr (es ist eins); 8.30 Uhr (8.³⁰ Uhr)* (gesprochen: *es ist acht Uhr dreißig/halb neun*); er kommt um 22.15 Uhr (gesprochen: *zweiundzwanzig Uhr fünfzehn/viertel nach zehn*); *dort kommt der Zwölfuhrzug/12-Uhr-Zug.*

Uhr *f. 10;* achtzehn Uhr; es ist achtzehn Uhr fünf, *in Ziffern:* 18.05 Uhr; Achtzehn-Uhr-Zug, *mit Ziffer:* 18-Uhr-Zug
Uhr|arm|band *n. 4*
Uh|ren|in|dus|trie *auch:* **Uh|ren|in|dust|rie** *f. 11 nur Sg.*
Uhr|ket|te *f. 11*
Uhr|ma|cher *m. 5*
Uhr|ma|che|rei *f. 10*
Uhr|werk *n. 1*
Uhr|zei|ger *m. 5*
Uhr|zei|ger|sinn *m. 1 nur Sg.;* im U.: rechtsherum; entgegen dem U.: linksherum
Uhr|zeit *f. 10*
U|hu *m. 9* eine Eule
U|kas [russ.] *m. 1* **1.** *früher:* Erlass des Zaren; **2.** *allg.:* Befehl, Verordnung; per Ukas anordnen, einen Ukas unterzeichnen
U|ke|lei [poln.] *m. 1 oder m. 9* ein Karpfenfisch, aus dessen Schuppen Farbstoff für künstl. Perlen gewonnen wird
U|krai|ne *auch:* **Uk|ra|i|ne** Staat in Osteuropa
U|krai|ner *m. 5*
u|krai|nisch
U|ku|le|le [polynes.-engl.] *f. oder n. Gen. - Pl.* -n kleine Gitarre aus Hawaii mit vier Stahlsaiten
UKW *Abk. für* Ultrakurzwelle
UKW-Emp|fän|ger *m. 5*
UKW-Sen|der *m. 5*
U|lan [türk.] *m. 10* **1.** *urspr.:* poln. leichter Lanzenreiter; **2.** *in Preußen bis zum 1. Weltkrieg:* Angehöriger der schweren Kavallerie
U|lan-Ba|tor Hauptstadt der Mongolei
U|lan|ka *f. 9* Waffenrock der Ulanen
Ul|cus *n. Gen. - Pl.* -ce|ra [-tsɛ-], *fachsprachl.* Ul|kus
U|len|spie|gel *Nebenform von* Eulenspiegel
Ul|fi|las *lat. Form von* Wulfila
Ulk *m. 1* Spaß, Unfug
ul|ken *intr. 1* Ulk machen, spaßen
ul|kig spaßig, drollig
Ul|kus [lat.] *n. Gen. - Pl.* -ze|ra Geschwür
Ul|la weibl. Vorname, *Kurzform von* Ursula oder Ulrika
Ul|me *f. 11* Laubbaum, Rüster
Ul|rich männl. Vorname
Ul|ri|ke, Ul|ri|ka weibl. Vorname
Uls|ter [nach dem alten Namen für Nordirland] *m. 5* **1.** schwerer Mantelstoff; **2.** zweireihiger Herrenmantel
ult. *Abk. für* ultimo
Ul|ti|ma [lat.] *f. Gen. - Pl.* -mae letzte Silbe (eines Wortes)

Ultima Ratio: Substantive aus fremden Sprachen (z. B. Latein) werden großgeschrieben, auch jene Teile im Innern mehrteiliger Fügungen, die als Ganzes die Funktion eines Substantivs haben: *die Ultima Ratio.* Ebenso: *die Alma Mater* (= Universität), *das Corned Beef* usw. § 55 (3)

Ul|ti|ma Ra|tio (*alt:* Ul|ti|ma ra|tio) [-tsjo] *f. Gen. - - nur Sg.* letztes Mittel, letzter Ausweg
ul|ti|ma|tiv **1.** in Form eines Ultimatums; **2.** *übertr.:* nachdrücklich
Ul|ti|ma|tum *n. Gen.* -s *Pl.* -ma|ten befristete, mit einer Drohung verbundene Aufforderung
ul|ti|mo (*Abk.:* ult.) am letzten (des Monats), z. B. ultimo Mai
Ul|ti|mo *m. 9* letzter (Tag des Monats); wir liefern per Ultimo

♦ Die Buchstabenfolge **ul|tra...** kann in Fremdwörtern auch **ult|ra...** getrennt werden.

♦ **Ul|tra** [lat.] *m. 9* Angehöriger einer extremen polit. Richtung
♦ **ul|tra..., Ul|tra...** *in Zus.:* über... hinaus, jenseits des..., der...
♦ **Ul|tra|kurz|wel|le** *f. 11* (*Abk.:* UKW) elektromagnet. Welle unter 10 m Länge
♦ **Ul|tra|kurz|wel|len|emp|fän|ger** *m. 5*
♦ **Ul|tra|kurz|wel|len|sen|der** *m. 5*
♦ **Ul|tra|ma|rin** *n. Gen.* -s *nur Sg.* blaue Farbe
♦ **Ul|tra|mi|kro|skop** *auch:* **Ul|tra|mik|ros|kop** *n. 1* Mikroskop mit einer höheren Auflösung als ein gewöhnl. Mikroskop
♦ **ul|tra|mon|tan** streng päpstlich gesinnt
♦ **Ul|tra|mon|ta|nis|mus** *m. Gen. - nur Sg.* streng päpstl. Einstellung
♦ **Ul|tra|or|tho|do|xe(r)** *m. 18 (17) bzw. f. 17 oder 18* jmd., der sehr strenggläubig ist
♦ **ul|tra|rot** infrarot
♦ **Ul|tra|rot** *n. Gen.* -(s) *nur Sg.* Infrarot
♦ **Ul|tra|schall** *m. Gen.* -s *nur Sg.* Überschall; vgl. Infraschall
♦ **Ul|tra|schall|di|a|gnos|tik** *auch:* **Ul|tra|schall|di|ag|nos|tik** *f. 10 nur Sg.*
♦ **Ul|tra|strah|lung** *f. 10* energiereiche Strahlung aus dem Weltraum, Höhenstrahlung, kosmische Strahlung
♦ **ul|tra|vi|o|lett** (*Abk.:* UV) im Spektrum jenseits des Violetts liegend; ultraviolette Strahlen
♦ **Ul|tra|vi|o|lett** *n. Gen.* -s *nur Sg.* kurzwellige Strahlung jenseits des violetten Endes des sichtbaren Spektrums
U|lys|ses *lat. Form von* Odysseus
Ul|ze|ra *Pl. von* Ulkus
Ul|ze|ra|ti|on [lat.] *f. 10* Geschwürbildung
ul|ze|rie|ren *intr. 3* zu einem Geschwür werden
ul|ze|rös

um ein Bedeutendes/Beträchtliches: Im Gegensatz zur bisher üblichen Kleinschreibung (*um ein bedeutendes*) werden substantivierte Adjektive generell großgeschrieben: *um ein Bedeutendes größer; um ein Beträchtliches größer* (= sehr viel). § 57 (1)

um 1. *Präp. mit Akk.:* um alles in der Welt nicht; um nichts und wieder nichts streiten; schade um ihn; um sich schauen; einen Tag um den anderen; jmdn. um etwas bitten; jmdn. um Rat fragen; um ein Haar: beinahe; *mit Gen.* vgl. willen; 2. *Adv.:* etwas um und um wenden; er ist um die dreißig; um die Mittagszeit; um sein *ugs.:* vorbei sein; die Frist ist um, ist um gewesen; 3. umso; 4. *Konj. beim Infinitiv mit »zu«:* er kommt(,) um uns zu helfen
um|a|ckern *intr. 1*
um|än|dern *tr. 1;* ich ändere, ändre es um; die Jacke musste umgeändert werden
Um|än|de|rung *f. 10*
um|ar|bei|ten *tr. 2;* ich arbeite es um, habe es umgearbeitet
Um|ar|bei|tung *f. 10*
um|ar|men *tr. 1;* ich umarme ihn, habe ihn umarmt
Um|ar|mung *f. 10*
Um|bau *m. Gen.* -(e)s *Pl.* -bau|ten

umbauen, umfahren, umschreiben: Fügungen aus Partikeln (*um-*) und Verben werden im Infinitiv, Partizip und am Ende eines Nebensatzes zusammengeschrieben, wenn die Betonung auf dem Verb liegt: *Die Anlage ist umbaut worden. Er umfährt das Hindernis. Der Begriff ist umschrieben worden.*
Ebenso: *umbrechen, umfassen, umpflanzen* usw. § 33 (3)

um|bau|en *tr. 1* durch Bauen verändern; ich baue das Haus um, habe es umgebaut
um|bau|en *tr. 1* durch Bauten einschließen; der Platz ist umbaut worden; umbauter Raum
um|be|hal|ten *tr. 61, ugs.;* ich behalte den Schal um
um|be|nen|nen *tr. 89;* wir benennen die Straße um
Um|be|nen|nung *f. 10*
Um|ber [lat.] 1. *m. 5* = **Um|bra;** 2. *m. 14* ein Speisefisch
um|be|set|zen *tr. 1;* wir besetzen die Rolle um
Um|be|set|zung *f. 10*
um|bet|ten *tr. 2;* wir betten den Kranken um; er wurde umgebettet
Um|bet|tung *f. 10*
um|bie|gen *tr. 12*
um|bil|den *tr. 2;* das Kabinett wurde umgebildet
Um|bil|dung *f. 10*
um|bin|den *tr. 14;* ich binde mir ein Tuch um, habe es umgebunden
um|bin|den *tr. 14;* ich umbinde den Strauß mit einem Band, habe ihn umbunden
um|bla|sen *tr. 16*
um|blät|tern *tr. 1;* ich blättere die Seite um, habe sie umgeblättert
um|bli|cken *refl. 1;* ich blicke mich um, habe mich umgeblickt
Um|bra *auch:* **Umb|ra** [lat.] *f. Gen. - nur Sg.* 1. Um|ber *m. 5* dunkelbraune Farbe; 2. dunkler Kern eines Sonnenflecks
Um|bral|glas *auch:* **Umb|ral|glas** *n. 4* Glas für Sonnenbrillen
um|brau|sen *tr. 1;* vom Sturm umbrauster Felsen
um|bre|chen 1. *tr. 19* umbiegen, umgraben; ich breche die Pappe um, habe sie umgebrochen; 2. *intr. 19* umstürzen; der Zaun ist umgebrochen
um|bre|chen *tr. 19;* ich umbreche den Schriftsatz: stelle ihn zu Seiten zusammen
Um|brer *auch:* **Umb|rer** *m. 5* Einwohner von Umbrien
Um|bri|en *auch:* **Umb|ri|en** eine Landschaft in Italien
um|brin|gen *tr. 21;* er bringt ihn um, hat ihn umgebracht; er bringt sich um vor Höflichkeit *ugs.:* er ist allzu höflich
um|brisch *auch:* **umb|risch** zu Umbrien gehörig, aus ihm stammend
Um|bruch *m. 2* 1. grundlegende Änderung; 2. *Buchw.:* das Umbrechen des Schriftsatzes
Um|bruch|kor|rek|tur *f. 10*
um|bu|chen *tr. 1;* ich buche den Betrag um, habe ihn umgebucht
Um|bu|chung *f. 10*
um|den|ken *tr. 22*
Um|denk|pro|zess (*alt:* Um|denk|pro|zeß) *m. 1*
Um|den|kungs|pro|zess (*alt:* Um|den|kungs|pro|zeß) *m. 1*
um|deu|ten *tr. 2*
Um|deu|tung *f. 10*
um|dis|po|nie|ren *tr. 3;* ich disponiere um, habe umdisponiert
Um|dis|po|nie|rung *f. 10*
um|drän|gen *tr. 1;* die Leute umdrängten den Redner
um|dre|hen *tr. 1*
Um|dre|hung *f. 10*
Um|dre|hungs|ge|schwin|dig|keit *f. 10*
Um|dre|hungs|zahl *f. 10*
Um|druck *m. 1*
Um|druck|ver|fah|ren *n. 7*
um|düs|tern *refl. 1;* sein Gesicht umdüsterte sich
um|ein|an|der *auch:* **um|ei|nan|der;** sie kümmern sich nicht umeinander; umeinander herumgehen; sich umeinander sorgen; umeinander laufen
um|er|zie|hen *tr. 187*
Um|er|zie|hung *f. 10 nur Sg.*
um|fah|ren 1. *intr. 32, ugs.:* einen Umweg fahren; wir sind umgefahren; 2. *tr. 32* beim Fahren umwerfen; fahr mich nicht um; er hat den Pfahl umgefahren
um|fah|ren *tr. 32* (um etwas) herumfahren; er umfährt die Insel, hat sie umfahren
Um|fall *m. 2, ugs.:* plötzlicher Gesinnungswechsel
um|fal|len *intr. 33*
Um|fang *m. 2*
um|fan|gen *tr. 34* umfassen; ich umfange sie, habe sie umfangen
um|fäng|lich
um|fang|reich

umfassen, umschreiben, umstellen: Partikeln (*um-*) können mit Verben Fügungen bilden (*er fasst um*), die auf der Partikel betont werden. Man schreibt sie im Infinitiv, Partizip und am Ende eines Nebensatzes zusammen, ansonsten getrennt: *Sie hat ihn umgefasst. Der Text musste umgeschrieben werden. Die Möbel sind umgestellt worden.*
Ebenso: *umbauen, umbinden, umfahren, umpflanzen* usw.
§ 34 (1)

um|fas|sen *tr. 1* mit einer anderen Fassung versehen, anders fassen (Edelstein); er fasst sie um, hat sie umgefasst
um|fas|sen *tr. 1* umschließen; der Abschnitt umfasst mehrere Seiten
Um|fas|sung *f. 10*
Um|fas|sungs|mau|er *f. 11*
Um|feld *n. 3 nur Sg.*
um|flech|ten *tr. 37;* mit Bast umflochtene Flasche
um|flie|gen *intr. 38, ugs.:* umfallen
um|flie|gen *tr. 38* (um etwas) herumfliegen; das Flugzeug hat den Berg umflogen

um|flie|ßen *tr. 40* (um etwas) herumfließen; der Fluss umfließt die Insel; vom Licht umflossen
um|flort verschleiert; von Tränen umflorter Blick
um|for|men *tr. 1;* ich forme es um, habe es umgeformt
Um|for|mer *m. 5*
Um|for|mung *f. 10*
Um|fra|ge *f. 11;* U. halten; eine U. veranstalten
um|fra|gen *intr. 1*
um|frie|den *tr. 2* einfassen, mit einer Hecke, einem Zaun umgeben; umfriedetes Grundstück
um|frie|di|gen *tr. 1* umfrieden
Um|frie|di|gung, Um|frie|dung *f. 10*
um|fül|len *tr. 1*
um|funk|ti|o|nie|ren *tr. 3;* einen Gegenstand umfunktionieren: ihm eine andere Funktion geben; ich funktioniere es um, habe es umfunktioniert
Um|gang *m. 2*
um|gäng|lich
Um|gäng|lich|keit *f. 10 nur Sg.*
Um|gangs|for|men *f. 10 Pl.;* gute U. haben
Um|gangs|spra|che *f. 11*
um|gangs|sprach|lich
Um|gangs|ton *m. 2 nur Sg.*
um|gar|nen *tr. 1;* sie umgarnt ihn, hat ihn umgarnt
um|gau|keln *tr. 1;* Schmetterlinge umgaukeln die Blumen
um|ge|ben *tr. 45*
Um|ge|bung *f. 10 nur Sg.*
um|ge|hen *intr. 47;* das Gerücht geht um; ein Gespenst geht um; wir sind umgegangen *ugs.:* wir haben einen Umweg gemacht
um|ge|hen *tr. 47* (um etwas) herumgehen, -fahren, vermeiden; wir umgehen den Ort; ich habe das Thema umgangen
um|ge|hend sofort, sofortig; wir werden die Angelegenheit umgehend klären
Um|ge|hung *f. 10 nur Sg.;* unter U. der Vorschriften
Um|ge|hungs|stra|ße *f. 11*
um|ge|kehrt
um|ge|stal|ten *tr. 2;* ich gestalte es um
Um|ge|stal|tung *f. 10*
um|gra|ben *tr. 58*
um|gren|zen *tr. 1;* ich habe das Thema genau umgrenzt
Um|gren|zung *f. 10*
um|grup|pie|ren *tr. 3;* ich gruppiere sie um, habe sie umgruppiert
Um|grup|pie|rung *f. 10*
um|gür|ten *refl. 2;* er umgürtete sich, hat sich mit dem Schwert umgürtet
um|ha|ben *tr. 60, ugs.:* umhängen haben; ich habe einen Mantel um, habe ihn umgehabt
um|hal|sen *tr. 1* umarmen; sie umhalst ihn, hat ihn umhalst
Um|hang *m. 2*
um|hän|gen *tr. 1;* ich hänge das Bild um; ich habe mir einen Mantel umgehängt
Um|hän|ge|ta|sche *f. 11*
um|hau|en *tr. 63;* er hieb den alten Baum um; die Nachricht hat mich fast umgehauen *ugs.:* hat mich erschüttert, überrascht
um|her... *meist in gehobener Sprache statt »herum«,* z. B. umherirren, umherschauen
um|hin... *nur in der Fügung* nicht umhinkönnen: nicht anders können; ich kann nicht umhin, es ihm zu sagen; ich werde wohl nicht umhinkommen
um|hö|ren *refl. 1, ugs.;* ich werde mich einmal u., ob ... *oder:* ich werde mich danach u.: ich werde (es) durch Fragen zu erfahren suchen
um|hül|len *tr. 1;* ich umhülle den Kranken mit einer Decke
Um|hül|lung *f. 10; auch:* Hülle
um|ju|beln *tr. 1;* die Zuhörer umjubelten die Künstlerin, sie wurde umjubelt
um|kämp|fen *tr. 1;* eine hart umkämpfte Entscheidung
Um|kehr *f. 10 nur Sg.*
um|kehr|bar
um|keh|ren *intr. u. tr. 1;* ich kehre um; ich kehrte die Tasche um; es ist gerade umgekehrt
Um|kehr|film *m. 1* Diapositivfilm
Um|keh|rung *f. 10*
um|kip|pen *tr. u. intr. 1;* die Vase ist umgekippt
um|klam|mern *tr. 1;* er umklammert ihn
Um|klam|me|rung *f. 10 nur Sg.;* sich aus der U. befreien
um|klapp|bar
um|klap|pen *tr. 1*
Um|klei|de|ka|bi|ne *f. 11*
um|klei|den *refl. 2;* ich kleide mich um, habe mich umgekleidet
um|klei|den *tr. 2* ringsherum bedecken; ich umkleide die Lampe mit Bast, habe sie umkleidet
Um|klei|de|raum *m. 2*
Um|klei|dung *f. 10*
um|kni|cken *tr. u. intr. 1;* ich knicke um, bin umgeknickt; ich knicke das Papier um, habe es umgeknickt
um|kom|men *tr. 71;* ich komme um vor Durst *ugs.;* er ist bei dem Unglück beinahe umgekommen
um|krän|zen *tr. 1;* ich umkränze das Bild, habe es umkränzt
Um|kreis *m. 1*
um|krei|sen *tr. 1* der Satellit umkreist die Erde, hat sie umkreist
Um|krei|sung *f. 10*
um|krem|peln *tr. 1;* ich krempele, kremple die Ärmel um, habe sie umgekrempelt
Um|la|de|bahn|hof *m. 2*
um|la|den *tr. 74;* wir laden die Säcke um, haben sie umgeladen
Um|la|dung *f. 10*
Um|la|ge *f. 11* Anteil einer von mehreren Personen zu zahlenden Summe
um|la|gern *tr. 1;* die Leute umlagerten den Verkaufsstand; er war von Leuten umlagert
Um|land *n. 4 nur Sg.* umliegendes Land
Um|lauf *m. 2*
Um|lauf|bahn *f. 10*
um|lau|fen *intr. 76* kreisen; Geld läuft um
um|lau|fen *tr. 76* (um etwas) herumlaufen; er hat den Platz einmal umlaufen
Um|lauf|ge|schwin|dig|keit, Umlaufs|ge|schwin|dig|keit *f. 10*
Um|lauf|ren|di|te *f. 11* Gewinn festverzinslicher Wertpapiere, die sich im Umlauf befinden
Um|laufs|ge|schwin|dig|keit, Umlauf|ge|schwin|dig|keit *f. 10*
Um|lauf(s)|zeit *f. 10*
Um|lauf|ver|mö|gen *n. 7 nur Sg., Betriebswirtsch.:* der Teil des Vermögens, der nicht in Anlagen investiert ist
Um|laut *m. 1* **1.** Verwandlung eines Vokals in einen helleren Vokal, z. B. a zu ä, o zu ö; **2.** der so entstandene Laut selbst
um|lau|ten *tr. 2;* umgelautete Vokale
Um|le|ge|kra|gen *m. 7*
um|le|gen *tr. 1;* sie legt sich eine Kette um, hat sie sich umgelegt; *auch vulg.:* töten, umbringen
Um|le|gung *f. 10*
um|lei|ten *tr. 2*
Um|lei|tung *f. 10*
um|len|ken *tr. 1;* ich lenke den Wagen um, habe ihn umgelenkt

um|ler|nen *intr. 1;* ich lerne um, habe umgelernt
um|lie|gend; die umliegenden Dörfer
Um|luft *f. 2 nur Sg.* aufbereitete Luft
um|mau|ern *tr. 1;* ummauerter Hof
um|mel|den *tr. 2*
Um|mel|dung *f. 10*
um|mo|deln *tr. 1, ugs.:* ändern; ich modele, modle es um, habe es umgemodelt
um|mün|zen *tr. 3* umwandeln (und dadurch verwerten)
um|nach|tet (geistig) verwirrt, geisteskrank; sein Geist ist *oder:* er ist (geistig) u.
Um|nach|tung *f. 10 nur Sg.*
um|nä|hen *tr. 1;* ich nähe den Saum um, habe ihn umgenäht
um|nä|hen *tr. 1;* ich umnähe den Saum mit Langettenstich, habe ihn umnäht
um|ne|beln *tr. 1;* ich war vom Alkohol umnebelt: nicht mehr klar im Kopf
um|neh|men *tr. 88, ugs.:* sich umhängen oder umlegen; ich nehme einen Mantel um, habe ihn umgenommen
um|pflan|zen *tr. 1* an eine andere Stelle, in neue Erde pflanzen; ich pflanze die Sträucher um, habe sie umgepflanzt
um|pflan|zen *tr. 1* mit Pflanzen umgeben; ich umpflanze das Beet, habe es umpflanzt
um|pflü|gen *tr. 1;* ich pflüge das Feld um, habe es umgepflügt
um|po|len *tr. 1;* ich pole die Schaltung um: vertausche ihren Plus- und Minuspol; ich habe sie umgepolt
um|quar|tie|ren *tr. 3;* ich quartiere ihn um, habe ihn umquartiert
Um|quar|tie|rung *f. 10*
um|rah|men *tr. 1;* der Vortrag wurde von musikalischen Darbietungen umrahmt
Um|rah|mung *f. 10*
um|ran|den *tr. 2;* ich umrande die Zeichnung, habe sie umrandet
Um|ran|dung *f. 10* **1.** das Umranden; **2.** Rand
um|ran|ken *tr. 1;* Rosen umranken die Laube, haben sie umrankt
um|räu|men *tr. 1;* wir räumen das Zimmer um, haben es umgeräumt
um|rech|nen *tr. 2;* ich rechne es um, habe es umgerechnet
Um|rech|nung *f. 10*
Um|rech|nungs|kurs *m. 1*
Um|rech|nungs|ta|bel|le *f. 11*
um|rei|ßen *tr. 96;* reiß mich nicht um; er hat mich umgerissen
um|rei|ßen *tr. 96* skizzieren, mit wenigen Linien oder Worten darstellen, schildern; ich umreiße den Inhalt des Buches, habe ihn umrissen
um|rei|ten *tr. 97* beim Reiten umwerfen
um|rei|ten *tr. 97* (um etwas) herumreiten; er umreitet den Platz, hat ihn umritten
um|ren|nen *tr. 98;* er rannte mich um, hat mich umgerannt
um|rin|gen *tr. 1* von allen Seiten umgeben; sie umringten ihn, haben ihn umringt
Um|riss (*alt:* Um|riß) *m. 1*
Um|riss|li|nie (*alt:* Um|riß|li|nie) *f. 11*
Um|riss|zeich|nung (*alt:* Um|riß-zeich|nung) *f. 10*
um|rüh|ren *tr. 1*
um|run|den *tr. 2*
um|rüs|ten *tr. 2*
ums *ugs.:* um das; einmal ums andere; es geht ums Ganze
um|sat|teln *intr. 1, meist übertr.:* das Studium, den Beruf wechseln; ich sattle (auf Volkswirtschaft) um, habe umgesattelt
Um|satz *m. 2* Erlös aus den Verkäufen eines Unternehmens innerhalb eines Zeitraumes, z. B. Jahres-, Tagesumsatz
Um|satz|plus *n. Gen. - Pl. -*
Um|satz|ren|di|te *f. 11* Anteil des Umsatzes, der als Gewinn verbleibt
Um|satz|steu|er *f. 11*
um|säu|men *tr. 1;* ich säume den Rand um, habe ihn umgesäumt
um|säu|men *tr. 1, meist übertr.:* der See ist von Bäumen umsäumt
um|schal|ten **1.** *tr. 2;* ich schalte den Apparat um, habe ihn umgeschaltet; **2.** *intr. 1, Funk, Fernsehen:* auf einen anderen Sender schalten; wir schalten um nach Hamburg; *übertr.:* sich umstellen; man muss nach dem Urlaub wieder auf den Alltag u.
Um|schal|ter *m. 5*
Um|schal|tung *f. 10*
um|schat|ten *tr. 2* mit Schatten umgeben, verdunkeln; Trauer umschattete ihren Blick; ihre Augen waren tief umschattet
Um|schau *f. 10* Rund-, Überblick, oft als Titel von Zeitungen und Zeitschriften; U. halten
um|schau|en *refl. 1;* ich schaue mich nach ihr um, habe mich umgeschaut
um|schich|ten *tr. 2;* ich schichte es um, habe es umgeschichtet
Um|schich|tung *f. 10*
um|schif|fen *tr. 1* mit dem Schiff (um etwas) herumfahren; sie umschiffen den Felsen, haben ihn umschifft; eine Klippe umschiffen *übertr. ugs.:* ein Hindernis umgehen, einer Schwierigkeit aus dem Weg gehen
Um|schif|fung *f. 10 nur Sg.*
Um|schlag *m. 2*
Um|schlag|bahn|hof *m. 2* Umladebahnhof
um|schla|gen *tr. u. intr. 116;* ich schlage den Kragen um; das Wetter schlägt um; das Wetter ist *schweiz. auch:* hat umgeschlagen; seine Begeisterung schlug in Zorn um
Um|schlag|ha|fen *m. 8* Hafen, in dem Waren vom Schiff auf andere Fahrzeuge umgeschlagen (umgeladen) werden
Um|schlag|tuch *n. 4*
Um|schlag|zeich|nung *f. 10* Zeichnung auf dem Schutzumschlag (eines Buches)
um|schlei|chen *tr. 117* (um etwas) herumschleichen; er umschlich das Haus, hat es umschlichen
um|schlie|ßen *tr. 120;* die Mauer umschließt das Grundstück
Um|schlie|ßung *f. 10*
um|schlin|gen *tr. 121;* er umschlang sie, hielt sie umschlungen
Um|schlin|gung *f. 10*
um|schmei|ßen *tr. 122, ugs.:* umwerfen
um|schnal|len *tr. 1;* ich schnalle mir den Gürtel um, habe ihn umgeschnallt
um|schnü|ren *tr. 1;* ich umschnüre das Paket mit einem Strick, habe es umschnürt
Um|schnü|rung *f. 10 nur Sg.*
um|schrei|ben *tr. 127* anders schreiben; ich schreibe das Buch um, habe es umgeschrieben
um|schrei|ben *tr. 127* mit anderen Worten ausdrücken; ich umschreibe den Begriff, habe ihn umschrieben
Um|schrei|bung *f. 10 nur Sg.*
Um|schrei|bung *f. 10*
Um|schrift *f. 10* **1.** umgeschriebener Text; **2.** rundum laufende Inschrift (z. B. auf Münzen); **3.** Transkription

U

um|schul|den *tr. 2;* ein Unternehmen u.: kurzfristige Kredite für ein Unternehmen in langfristige umwandeln; sie haben es umgeschuldet
Um|schul|dung *f. 10*
um|schu|len *tr. 1* in eine andere Schule schicken, für einen anderen (als den erlernten) Beruf ausbilden; wir schulen das Kind um, einige Arbeitslose werden umgeschult
Um|schü|ler *m. 5* jmd., der sich für einen anderen als den erlernten Beruf ausbilden lässt
Um|schu|lung *f. 10*
um|schüt|ten *tr. 2;* ich schütte den Kaffee um, habe ihn umgeschüttet
um|schwär|men *tr. 1;* ein umschwärmter Filmstar
Um|schwei|fe *Pl.* einleitende Redensarten; U. machen; ohne U. zur Sache kommen
um|schwen|ken *intr. 1;* auf einen anderen Kurs umschwenken
um|schwir|ren *tr. 1* (um etwas) herumschwirren; Mücken umschwirren mich
Um|schwung **1.** *m. 2;* **2.** *nur Sg., schweiz.:* um das Haus liegendes Land, Hofstatt
um|se|geln *tr. 1;* ich umsegele, umsegle die Erde, habe sie umsegelt
Um|se|ge|lung, Um|seg|lung *f. 10*
um|se|hen *refl. 136;* ich sehe mich (nach ihm, nach einer neuen Stellung) um, habe mich umgesehen
um sein (*alt:* um|sein) *intr. 137, ugs.:* vorbei, abgelaufen sein
um|sei|tig auf der Rückseite; die umseitige Abbildung
um|seits *Adv.:* auf der Rückseite; wie u. vermerkt
um|setz|bar
um|set|zen *tr. 1;* ich setze es um, habe es umgesetzt
Um|set|zung *f. 10*
Um|sicht *f. 10 nur Sg.*
um|sich|tig
Um|sich|tig|keit *f. 10 nur Sg.*
um|sie|deln **1.** *tr. 1* an einem anderen Ort ansiedeln, in eine andere Wohnung einweisen; wir siedeln sie um, sie sind umgesiedelt worden; **2.** *intr. 1* umziehen; ich siedele, siedle in eine andere Wohnung um
Um|sied|ler *m. 5*
Um|sied|lung, Um|sie|de|lung *f. 10*
um|sin|ken *intr. 141*

umso mehr/weniger: Mehrteilige Adverbien (*umso*), Konjunktionen oder Präpositionen schreibt man zusammen, wenn die Bedeutung der einzelnen Bestandteile nicht mehr erkennbar ist (bisher wurde getrennt geschrieben: *um so*): *umso mehr/weniger.* Ebenso: *geradeso, wieso, sowieso, ebenso.* § 39 (1)

um|so (*alt:* um so) desto; umso mehr; umso weniger
um|sonst *unflektierbar*
um|sor|gen *tr. 1;* ich umsorge sie, habe sie umsorgt
um|span|nen *tr. 1* **1.** vor einen anderen Wagen spannen; ich spanne die Pferde um, habe sie umgespannt; **2.** transformieren
um|span|nen *tr. 1, nur im Infinitiv und Partizip II üblich;* ich kann den Baumstamm mit den Armen u.; eine die Welt umspannende Entwicklung
Um|span|ner *m. 5* Transformator
Um|spann|werk *n. 1*
um|spie|len *tr. 1;* er umspielt den Gegner, hat ihn umspielt; ein Lächeln umspielte seine Lippen
um|sprin|gen *intr. 148;* der Wind springt um: wechselt die Richtung; so kannst du mit ihm nicht u.: so kannst du ihn nicht behandeln; er ist übel mit ihm umgesprungen
um|spu|len *tr. 1* auf eine andere Spule wickeln; ich spule das Band um, habe es umgespult
um|spü|len *tr. 1;* Wellen u. die Insel; von Wellen umspült
Um|stand *m. 2;* mach keine Umstände; in anderen Umständen sein: schwanger sein; unter Umständen (*Abk.:* u. U.): vielleicht
um|stän|de|hal|ber das Geschäft ist u. zu verkaufen; *aber:* gewisser Umstände halber
um|ständ|lich
Um|ständ|lich|keit *f. 10 nur Sg.*
Um|stands|be|stim|mung *f. 10* = Adverbialbestimmung
um|stands|hal|ber
Um|stands|kas|ten *m. 8, ugs., scherzh.:* = Umstandskrämer
Um|stands|kleid *n. 3*
Um|stands|krä|mer *m. 5, ugs. scherzh. für:* umständlicher Mensch, Umstandskasten
Um|stands|satz *m. 2* = Adverbialsatz
Um|stands|wort *n. 4* = Adverb
um|stands|wört|lich = adverbial, adverbiell
um|ste|chen *tr. 149* umgraben; ich steche das Beet um, habe es umgestochen
um|ste|chen *tr. 149* mit Stichen rundherum befestigen; ich umsteche das Knopfloch, habe es umstochen
um|ste|cken *tr. 1* anders stecken; ich stecke das Telefon um, habe es umgesteckt
um|ste|hen *tr. 151;* die Leute umstanden den Unfallwagen: standen um ihn herum
um|ste|hend auf der Rückseite; wie u. beschrieben; im Umstehenden

die Umstehenden, im Umstehenden: Das Partizip schreibt man mit kleinem (*umstehend*), die substantivierte Form mit großem Anfangsbuchstaben: *Die Umstehenden applaudierten; im Umstehenden* (= auf der Rückseite) *ist alles erklärt.* § 57 (1)

Um|ste|hen|de *Pl.;* die Umstehenden
um|stei|gen *intr. 153;* ich steige um, bin umgestiegen
um|stel|len *tr. 1;* ich stelle den Betrieb um, habe ihn umgestellt
um|stel|len *tr. 1;* die Polizisten umstellten das Haus, haben es umstellt
Um|stel|lung *f. 10*
Um|stel|lung *f. 10*
um|stim|men *tr. 1;* ich stimme ihn um, habe ihn umgestimmt
Um|stim|mung *f. 10 nur Sg.*
um|sto|ßen *tr. 157*
um|strah|len *tr. 1;* von Sonne, Licht umstrahlt
um|stri|cken *tr. 1;* ich stricke den Pullover um, habe ihn umgestrickt
um|stri|cken *tr. 1;* sie umstrickt ihn mit Lügen: betört ihn mit Lügen
um|strit|ten nicht geklärt, zweifelhaft
um|struk|tu|rie|ren *tr. 3;* ich strukturiere es um, habe es umstrukturiert
Um|struk|tu|rie|rung *f. 10*
um|stül|pen *tr. 1*
Um|sturz *m. 2*
um|stür|zen *tr. u. intr. 1*
Um|stürz|ler *m. 5*
um|stürz|le|risch
Um|sturz|ver|such *m. 1*

U

um|tau|fen *tr. 1*
Um|tausch *m. 2*
um|tau|schen *tr. 1*
Um|tausch|kas|se *f. 11*
um|topf|fen *tr. 1;* ich topfe die Pflanzen um, habe sie umgetopft
um|trei|ben *tr. 162;* es treibt ihn um: er ist ruhelos
Um|trieb *m. 1* **1.** *Forstw.:* Zeit vom Pflanzen junger Bäume bis zum Fällen; **2.** Ränke, Machenschaften; geheime Umtriebe; *schwäb., schweiz. auch:* (umständl.) Arbeiten
um|trie|big unruhig, geschäftig, quirlig
Um|trunk *m. 2* Trinken reihum, gemeinsames (kurzes) Trinken
UMTS *Abk. für* universal mobile telecommunication system: leistungsfähige Technologie der Datenübertragung im Mobilfunk
um|tun **1.** *tr. 167, ugs.:* umlegen, umhängen; ich tue mir vorsichtshalber einen Schal um, habe ihn mir umgetan; **2.** *refl. 167, ugs.:* sich nach etwas erkundigen; ich tue mich nach einer neuen Stellung um, habe mich danach umgetan
um|wach|sen [-ks-] *tr. 172* (um etwas) herumwachsen; die Sträucher umwachsen den Stein, haben ihn umwachsen
um|wal|len *tr. 1;* von Nebelschwaden umwallt
Um|wal|lung *f. 10* Begrenzung durch einen Wall; *auch:* Wall
Um|wälz|an|la|ge *f. 11* (für Wasser im Schwimmbad oder Springbrunnen)
um|wäl|zen *tr. 1;* ich wälze den Stein um, habe ihn umgewälzt; umwälzende Neuerungen *übertr.*
Um|wälz|pum|pe *f. 11*
Um|wäl|zung *f. 10, übertr.*
Um|wand|lungs|pro|zess (*alt:* Um|wand|lungs|pro|zeß) *m. 1*
um|wan|del|bar
um|wan|deln *tr. 1;* ich wandele, wandle es um, habe es umgewandelt
Um|wand|lung *f. 10*
um|we|ben *tr. 175, zumeist übertr.;* von Sonnenstrahlen umwoben
um|wech|seln [-ks-] *tr. 1;* ich wechsele, wechsle es um, habe es umgewechselt
Um|wechs|lung [-ks-] *f. 10*
Um|weg *m. 1*
um|we|hen *tr. 1;* der Wind weht den Zaun um, hat ihn umgeweht
um|we|hen *tr. 1;* vom Wind umwehte Felsen
Um|welt *f. 10 nur Sg.*
um|welt|be|dingt
Um|welt|be|din|gung *f. 10 meist Pl.*
Um|welt|ein|fluss (*alt:* Um|welt|ein|fluß) *m. 2*
um|welt|freund|lich
Um|welt|mi|nis|ter *m. 5*
Um|welt|mi|nis|te|ri|um *n. Gen.* -s *Pl.* -ri|en
Um|welt|po|li|tik *f. 10 nur Sg.*
Um|welt|schä|den *Pl.*
um|welt|scho|nend
Um|welt|schutz *m. Gen.* -es *nur Sg.*
Um|welt|schüt|zer *m. 5*
Um|welt|ver|schmut|zung *f. 10 nur Sg.*
um|welt|ver|träg|lich
um|wen|den *tr. 178;* ich wende das Blatt um, habe es umgewendet; ich wandte *oder:* wendete mich um, habe mich umgewandt *oder:* umgewendet
um|wer|ben *tr. 179;* er umwirbt sie, hat sie umworben
Um|wer|bung *f. 10 nur Sg.*
um|wer|fen *tr. 181;* von umwerfender Komik *übertr.*
um|wer|ten *tr. 2*
Um|wer|tung *f. 10 nur Sg.*
um|wi|ckeln *tr. 1;* ich umwickele, umwickle den Arm, habe ihn umwickelt
um|win|den *tr. 183;* ich umwinde den Korb mit Weinlaub, habe ihn umwunden
um|wit|tert; von Geheimnissen u.: umgeben
um|wo|gen *tr. 1;* Wellen u. den Felsen; von Wellen umwogt
Um|woh|nen|de *Pl., ugs.;* die Umwohnenden: alle, die in der unmittelbaren Umgebung wohnen
Um|woh|ner *m. 5, ugs.*
um|wöl|ken *refl. 1;* der Himmel, seine Stirn umwölkt sich, hat sich umwölkt
um|zäu|nen *tr. 1;* ich umzäune den Garten, habe ihn umzäunt
Um|zäu|nung *f. 10*
um|zeich|nen *tr. 2;* ich zeichne es um, habe es umgezeichnet
um|zie|hen **1.** *tr. 187;* jmdn., sich u.; ich ziehe mich um, habe mich umgezogen; **2.** *intr. 187* die Wohnung wechseln; ich ziehe um, bin umgezogen
um|zie|hen *refl. 187* sich bewölken; der Himmel umzieht sich, hat sich umzogen
um|zin|geln *tr. 1;* wir umzingeln sie, haben sie umzingelt
Um|zin|ge|lung, Um|zing|lung *f. 10 nur Sg.*
Um|zug *m. 2*
Um|zugs|kos|ten *Pl.*
UN *Abk. für* United Nations: Vereinte Nationen; vgl. UNO
un|ab|än|der|lich [auch: -ɛn-]
Un|ab|än|der|lich|keit *f. 10 nur Sg.*
un|ab|ding|bar [auch: -dɪŋ-]
Un|ab|ding|bar|keit *f. 10 nur Sg.*
un|ab|hän|gig
Un|ab|hän|gig|keit *f. 10 nur Sg.*
un|ab|kömm|lich
un|ab|läs|sig [auch: -lɛs-]
un|ab|seh|bar [auch: -ze-]
un|ab|sicht|lich
un|ab|weis|bar [auch: -vaɪs-]
un|ab|weis|lich [auch: -vaɪs-]
un|ab|wend|bar [auch: -vɛnt-]
Un|ab|wend|bar|keit *f. 10 nur Sg.*
un|acht|sam
Un|acht|sam|keit *f. 10 nur Sg.*
un|ähn|lich
Un|ähn|lich|keit *f. 10 nur Sg.*
un|an|fecht|bar [auch: -fɛçt-]
Un|an|fecht|bar|keit *f. 10 nur Sg.*
un|an|ge|bracht
un|an|ge|foch|ten
un|an|ge|mel|det
un|an|ge|mes|sen
Un|an|ge|mes|sen|heit *f. 10 nur Sg.*
un|an|ge|nehm
un|an|ge|tas|tet; etwas u. lassen
un|an|greif|bar [auch: -graɪf-]
Un|an|greif|bar|keit *f. 10 nur Sg.*
un|an|nehm|bar [auch: -nem-]
Un|an|nehm|bar|keit *f. 10 nur Sg.*
Un|an|nehm|lich|keit *f. 10*
un|an|sehn|lich
Un|an|sehn|lich|keit *f. 10 nur Sg.*
un|an|stän|dig
Un|an|stän|dig|keit *f. 10*
un|an|tast|bar
Un|an|tast|bar|keit *f. 10 nur Sg.*
un|ap|pe|tit|lich
Un|ap|pe|tit|lich|keit *f. 10 nur Sg.*
Un|art *f. 10*
un|ar|tig
un|ar|ti|ku|liert
U|na Sanc|ta [lat.] *f. Gen.* - - *nur Sg.* die eine heilige (Kirche) des apostol. Glaubensbekenntnisses
un|äs|the|tisch
un|auf|dring|lich
un|auf|fäl|lig
Un|auf|fäl|lig|keit *f. 10 nur Sg.*
un|auf|find|bar [auch: un-]
un|auf|ge|for|dert
un|auf|ge|klärt
un|auf|halt|bar [auch: un-]

Un|auf|halt|bar|keit *f. 10 nur Sg.*
un|auf|halt|sam [auch: un-]
Un|auf|halt|sam|keit *f. 10 nur Sg.*
un|auf|hör|lich [auch: un-]
un|auf|lös|bar [auch: un-]
Un|auf|lös|bar|keit *f. 10 nur Sg.*
un|auf|lös|lich [auch: un-]
Un|auf|lös|lich|keit *f. 10 nur Sg.*
un|auf|merk|sam
Un|auf|merk|sam|keit *f. 10*
un|auf|rich|tig
Un|auf|rich|tig|keit *f. 10 nur Sg.*
un|auf|schieb|bar [auch: un-]
un|aus|bleib|lich [auch: un-]
un|aus|denk|bar [auch: un-]
un|aus|führ|bar [auch: un-]
Un|aus|führ|bar|keit *f. 10 nur Sg.*
un|aus|ge|füllt
un|aus|ge|gli|chen
Un|aus|ge|gli|chen|heit *f. 10 nur Sg.*
un|aus|ge|go|ren *ugs.*
un|aus|ge|schla|fen
un|aus|ge|setzt unaufhörlich, fortwährend
un|aus|ge|spro|chen
un|aus|lösch|lich [auch: un-]
un|aus|rott|bar [auch: un-]
un|aus|sprech|bar; unaussprechbare Namen, Wörter, Laute
un|aus|sprech|lich [auch: un-]
un|aus|steh|lich [auch: un-]
un|aus|weich|lich [auch: un-]
Un|band *m. 2 nur Sg.* wildes, ungebärdiges Kind
un|bän|dig [auch: un-] sehr, riesig; ich freue mich unbändig; unbändiger Zorn
un|bar bargeldlos, nicht bar
un|barm|her|zig
Un|barm|her|zig|keit *f. 10 nur Sg.*
un|be|ab|sich|tigt
un|be|an|stan|det
un|be|dacht unbesonnen
un|be|dach|ter|wei|se
un|be|dacht|sam
Un|be|dacht|sam|keit *f. 10 nur Sg.*
un|be|darft unerfahren, naiv
un|be|denk|lich
Un|be|denk|lich|keit *f. 10 nur Sg.*
Un|be|denk|lich|keits|be|schei|ni|gung *f. 10* Bestätigung des Finanzamts über ordnungsgemäße Steuerzahlung
un|be|deu|tend
un|be|dingt [auch: -dingt]
Un|be|dingt|heit *f. 10 nur Sg.*
un|be|ein|druckt
un|be|ein|flusst (*alt:* un|be|ein-flußt) [auch: un-]
un|be|fahr|bar [auch: un-]
un|be|fan|gen
Un|be|fan|gen|heit *f. 10 nur Sg.*
un|be|fleckt; *aber:* Mariä Unbefleckte Empfängnis
un|be|frie|di|gend
un|be|frie|digt
Un|be|frie|digt|heit *f. 10 nur Sg., ugs.*
un|be|fris|tet
un|be|fugt
Un|be|fug|te(r) *m. 18 (17) bzw. f. 17 oder 18*
un|be|greif|lich [auch: un-]
un|be|grenzt [auch un-]
Un|be|grenzt|heit *f. 10 nur Sg.*
un|be|grün|det
Un|be|ha|gen *n. 7 nur Sg.*
un|be|hag|lich
Un|be|hag|lich|keit *f. 10 nur Sg.*
un|be|hau|en
un|be|haust *veraltet:* ohne Heimstatt
un|be|hel|ligt
un|be|herrscht
un|be|hin|dert
un|be|hol|fen
Un|be|hol|fen|heit *f. 10 nur Sg.*
un|be|irr|bar [auch: un-]
Un|be|irr|bar|keit *f. 10 nur Sg.*
un|be|irrt
Un|be|irrt|heit *f. 10 nur Sg., ugs.*

ein Unbekannter, gegen unbekannt: Das Adjektiv schreibt man mit kleinem (*unbekannt*), die substantivierte Form mit großem Anfangsbuchstaben: *Er ist ein Unbekannter.* § 57 (1) Mit kleinem Anfangsbuchstaben schreibt man: *eine Anzeige gegen unbekannt erstatten; (nach) unbekannt verzogen.*

un|be|kannt; unbekannte Größe *Math.;* das Grabmal des Unbekannten Soldaten; Anzeige gegen unbekannt erstatten; nach unbekannt verzogen
un|be|kann|ter|wei|se
un|be|küm|mert
Un|be|küm|mert|heit *f. 10 nur Sg.*
un|be|las|tet
un|be|lebt; die unbelebte Natur
un|be|leckt *übertr. ugs.:* unberührt
un|be|lehr|bar [auch un-]
Un|be|lehr|bar|keit *f. 10 nur Sg.*
un|be|liebt
Un|be|liebt|heit *f. 10 nur Sg.*
un|be|mannt; unbemanntes Raumfahrzeug
un|be|merkt
un|be|mit|telt
un|be|nom|men; es bleibt dir u., es ist dir u.: es steht dir frei
un|be|nutz|bar [auch: un-]
un|be|nutzt, un|be|nützt
un|be|ob|ach|tet *auch:* **un|be|o-bach|tet**
un|be|quem
Un|be|quem|lich|keit *f. 10*
un|be|rech|en|bar [auch: un-]
Un|be|rech|en|bar|keit *f. 10 nur Sg.*
un|be|rech|tigt
un|be|rech|tig|ter|wei|se
un|be|rück|sich|tigt
un|be|ru|fen unaufgefordert; sich u. einmischen; u. toi, toi, toi! *ugs.:* wir wollen es nicht berufen, nicht verfrüht darüber sprechen
un|be|rühr|bar [auch: un-]; die Unberührbaren *in Indien:* die Parias
un|be|rührt
Un|be|rührt|heit *f. 10 nur Sg.*
un|be|scha|det *Präp. mit Gen.:* ohne Schaden für, ohne zu schmälern; u. seiner Verdienste
un|be|schä|digt
un|be|schäf|tigt
un|be|schei|den
Un|be|schei|den|heit *f. 10 nur Sg.*
un|be|schol|ten
Un|be|schol|ten|heit *f. 10 nur Sg.*
un|be|schrankt ohne Schranken (Bahnübergang)
un|be|schränkt [auch: un-]
un|be|schreib|lich [auch: un-]
un|be|schrie|ben; er ist ein unbeschriebenes Blatt: er hat noch keine Erfahrungen oder Verdienste, man kennt ihn noch nicht
un|be|schützt
un|be|schwert
Un|be|schwert|heit *f. 10 nur Sg.*
un|be|seelt
Un|be|seelt|heit *f. 10 nur Sg.*
un|be|se|hen; etwas unbesehen nehmen, kaufen
un|be|setzt; unbesetzte Stelle
un|be|sieg|bar [auch: un-]
Un|be|sieg|bar|keit *f. 10 nur Sg.*
un|be|sieg|lich [auch: un-]
un|be|son|nen
Un|be|son|nen|heit *f. 10*
un|be|spiel|bar
un|be|stän|dig
Un|be|stän|dig|keit *f. 10 nur Sg.*
un|be|stä|tigt
un|be|stech|lich; er ist ein unbestechlicher Beamter
Un|be|stech|lich|keit *f. 10 nur Sg.*
un|be|stimm|bar [auch: un-]
un|be|stimmt; unbestimmtes Fürwort: Indefinitpronomen
Un|be|stimmt|heit *f. 10 nur Sg.*

U

Un|be|stimmt|heits|re|la|ti|on *f. 10* ein Prinzip der Quantenphysik
un|be|streit|bar [auch: un-]
Un|be|streit|bar|keit *f. 10 nur Sg.*
un|be|strit|ten [auch: un-]
un|be|tont; unbetonte Silbe
un|be|trächt|lich *meist verneinend;* nicht unbeträchtliche Kosten, Verdienste
un|beug|bar [auch: un-]
un|beug|sam [auch: un-]
Un|beug|sam|keit [auch: un-] *f. 10 nur Sg.*
un|be|wacht
un|be|waff|net
un|be|wäl|tigt
un|be|wan|dert unerfahren, ohne Kenntnisse
un|be|weg|lich
Un|be|weg|lich|keit *f. 10 nur Sg.*
un|be|wegt
un|be|weibt *ugs. scherzh.:* ohne Ehefrau, unverheiratet
un|be|weis|bar [auch: un-]
un|be|wie|sen
un|be|wohn|bar [auch: un-]
Un|be|wohn|bar|keit *f. 10 nur Sg.*
un|be|wohnt
un|be|wusst (*alt:* un|be|wußt)
Un|be|wuss|te(s) (*alt:* Un|be|wuß-te(s)) *n. 18 (17) nur Sg.*
un|be|zahl|bar [auch: un-]
un|be|zahlt
un|be|zähm|bar [auch: un-]
un|be|zwei|fel|bar [auch: un-]
un|be|zwing|bar [auch: un-]
un|be|zwing|lich [auch: un-]
Un|bil|den *nur Pl., in den Wendungen* die Unbilden des Wetters, des Winters
Un|bil|dung *f. 10 nur Sg.*
Un|bill *f. Gen. - nur Sg.* Unrecht, Schimpf; U. erleiden
un|bil|lig ungerecht
Un|bil|lig|keit *f. 10 nur Sg.*
un|blu|tig
un|bot|mä|ßig widersetzlich
Un|bot|mä|ßig|keit *f. 10*
un|brauch|bar [auch: un-]
Un|brauch|bar|keit *f. 10 nur Sg.*
un|bü|ro|kra|tisch
un|christ|lich
Un|cle Sam *auch:* **Unc|le Sam** [ʌŋkl sæm, engl.] *ohne Artikel, Gen. - -s nur Sg., scherzh. für:* die USA
und (*Abk.:* u., *in Firmennamen Zeichen:* &; *mathemat. Zeichen:* +); zwei und zwei ist vier; Tag und Nacht; und andere(s) (*Abk.:* u. a.); und Ähnliches (*Abk.:* u. Ä.); und anderes mehr (*Abk.:* u. a. m.); und so fort (*Abk.:* usf.); und so weiter (*Abk.:* usw.)
Un|dank *m. Gen.* -(e)s *nur Sg.*
un|dank|bar
Un|dank|bar|keit *f. 10 nur Sg.*
un|da|tiert ohne Datum
un|de|fi|nier|bar
un|de|mo|kra|tisch
un|denk|bar [auch: un-]
un|denk|lich *nur in der Wendung* seit, vor undenklichen Zeiten
Un|der|co|ver|a|gent [ʌndə(r)kʌ-və(r)-, engl.] *m. 10* Geheimagent
Un|der|dog [ʌndə(r)dɔg, engl.] *m. Gen.* (-)s *Pl.* -s sozial Schwächerer
Un|der|ground [ʌndə(r)graʊnd, engl. »Untergrund«] *m. 9 nur Sg.* Protestbewegung
Un|der|state|ment [ʌndə(r)steɪt-mənt, engl.] *n. 9* Untertreibung; *Ggs.:* Overstatement
un|deut|lich
Un|deut|lich|keit *f. 10 nur Sg.*
Un|de|zi|me [lat.] *f. 11, Mus.* **1.** der elfte Ton vom Grundton aus; **2.** Intervall von elf Stufen
un|dicht
un|dif|fe|ren|ziert
Un|di|ne *f. 11, Myth.:* weibl. Wassergeist
Un|ding *n. Gen.* -s *nur Sg.* etwas Widersinniges; es ist ein U., zu glauben, man könnte …
un|dis|zi|pli|niert *auch:* **un|dis|zip|li|niert**
Un|dis|zi|pli|niert|heit *f. 10 nur Sg.*
un|dra|ma|tisch
Un|du|la|ti|on [lat.] *f. 10* **1.** *Physik:* Wellenbewegung; **2.** *Geol.:* Sattel- und Muldenbildung
un|du|la|to|risch wellenförmig
un|duld|sam
Un|duld|sam|keit *f. 10 nur Sg.*
un|du|lie|ren *intr. 3* sich wellenförmig bewegen, wellenförmig verlaufen
un|durch|dring|lich [auch: un-]
un|durch|führ|bar [auch: un-]
Un|durch|führ|bar|keit *f. 10 nur Sg.*
un|durch|läs|sig
Un|durch|läs|sig|keit *f. 10 nur Sg.*
un|durch|schau|bar [auch: un-]
Un|durch|schau|bar|keit *f. 10 nur Sg.*
un|durch|sich|tig
Un|durch|sich|tig|keit *f. 10 nur Sg.*
un|e|ben; das ist nicht u. *ugs.:* nicht übel
Un|e|ben|heit *f. 10*
un|echt
Un|echt|heit *f. 10 nur Sg.*
un|e|del; unedle Metalle
un|e|he|lich
Un|e|he|lich|keit *f. 10 nur Sg.*
Un|eh|re *f. 11 nur Sg.;* jmdm. oder sich U. machen
un|eh|ren|haft
un|ehr|er|bie|tig
Un|ehr|er|bie|tig|keit *f. 10 nur Sg.*
un|ehr|lich
Un|ehr|lich|keit *f. 10 nur Sg.*
un|ei|gen|nüt|zig
Un|ei|gen|nüt|zig|keit *f. 10 nur Sg.*
un|ei|gent|lich *ugs.*
un|ein|ge|schränkt
un|ein|ge|weiht
un|ei|nig
Un|ei|nig|keit *f. 10 nur Sg.*
un|ein|nehm|bar [auch: un-]; uneinnehmbare Festung
un|eins uneinig; wir sind uneins; uneins sein
un|ein|sich|tig
un|emp|fäng|lich
Un|emp|fäng|lich|keit *f. 10 nur Sg.*
un|emp|find|lich
Un|emp|find|lich|keit *f. 10 nur Sg.*

> **unendlich, das Unendliche:** Das Adjektiv wird kleingeschrieben: *Das Universum ist unendlich, eine unendliche Geschichte.*
> Die substantivierte Form wird großgeschrieben: *bis ins Unendliche.* § 57 (1)
> In Verbindung mit *Mal* wird getrennt geschrieben: *unendliche Mal(e).* Aber: *unendlichmal.*

un|end|lich; unendliche Ferne; die Geraden schneiden sich im Unendlichen; bis ins Unendliche; unendlich viel: sehr viel
Un|end|lich|keit *f. 10 nur Sg.*
un|ent|behr|lich [auch: un-]
Un|ent|behr|lich|keit *f. 10 nur Sg.*
un|ent|gelt|lich [auch: un-] umsonst, ohne Bezahlung
un|ent|rinn|bar [auch: un-]
un|ent|schie|den
Un|ent|schie|den *n. Gen.* -s *nur Sg.* unentschiedener Ausgang (bei Mannschaftsspielen)
Un|ent|schie|den|heit *f. 10 nur Sg.*
un|ent|schlos|sen
Un|ent|schlos|sen|heit *f. 10 nur Sg.*
un|ent|schuld|bar [auch: un-]
un|ent|schul|digt
un|ent|wegt [auch: un-]; ein paar Unentwegte *ugs.*
un|ent|wirr|bar [auch: un-]
un|er|bitt|lich [auch: un-]
Un|er|bitt|lich|keit *f. 10 nur Sg.*

un|er|fah|ren
Un|er|fah|ren|heit *f. 10 nur Sg.*
un|er|find|lich [auch: un-] unbegreiflich
un|er|forsch|lich [auch: un-]
un|er|freu|lich
un|er|füll|bar [auch: un-]
Un|er|füll|bar|keit *f. 10 nur Sg.*
un|er|gie|big
un|er|gründ|bar [auch: un-]
un|er|gründ|lich [auch: un-]
Un|er|gründ|lich|keit *f. 10 nur Sg.*
un|er|heb|lich
Un|er|heb|lich|keit *f. 10 nur Sg.*
un|er|hört
un|er|hört unglaublich
un|er|klär|bar [auch: un-]
Un|er|klär|bar|keit *f. 10 nur Sg.*
un|er|klär|lich [auch: un-]
un|er|läss|lich (*alt:* un|er|läß|lich)
un|er|laubt

(bis) ins Unermessliche: Die substantivierte Form schreibt man mit großem Anfangsbuchstaben: *das Unermessliche; (sich) ins Unermessliche verlieren/steigern.* § 57 (1)

un|er|mess|lich (*alt:* un|er|meß|lich); unermessliche Ausdehnung; unermesslich reich; sich ins Unermessliche verlieren
Un|er|mess|lich|keit (*alt:* Un|er|meß|lich|keit) *f. 10 nur Sg.*
un|er|müd|lich [auch: un-]
Un|er|müd|lich|keit *f. 10 nur Sg.*
un|ernst
un|er|quick|lich
Un|er|quick|lich|keit *f. 10 nur Sg.*
un|er|reich|bar [auch: un-]
un|er|reicht
un|er|sätt|lich [auch: un-]
Un|er|sätt|lich|keit *f. 10 nur Sg.*
un|er|schöpf|lich [auch: un-]
Un|er|schöpf|lich|keit *f. 10 nur Sg.*
un|er|schro|cken
Un|er|schro|cken|heit *f. 10 nur Sg.*
un|er|schüt|ter|lich [auch: un-]
Un|er|schüt|ter|lich|keit *f. 10 nur Sg.*
un|er|schwing|lich [auch: un-]
un|er|setz|bar [auch: un-]
un|er|setz|lich [auch: un-]
un|er|sprieß|lich
un|er|träg|lich
un|er|war|tet
un|er|war|te|ter|wei|se
un|er|wi|dert
un|er|wünscht
un|er|zo|gen
Un|er|zo|gen|heit *f. 10 nur Sg.*

U

UNESCO *f. Gen. -, Kurzwort für* United Nations Educational, Scientific and Cultural Organization: Organisation der Vereinten Nationen für Erziehung, Wissenschaft und Kultur
un|fä|hig
Un|fä|hig|keit *f. 10 nur Sg.*
un|fair [-fɛ:r, engl.] nicht anständig, nicht ehrlich; *Ggs.:* fair
Un|fall *m. 2*
Un|fall|arzt *m. 2*
Un|fall|flucht *f. Gen. - nur Sg.*
un|fall|frei; unfallfreies Fahren
un|fall|ge|schä|digt
Un|fall|schutz *m. Gen. -es nur Sg.*
Un|fall|sta|ti|on *f. 10*
Un|fall|ur|sa|che *f. 11*
Un|fall|ver|si|che|rung *f. 10*
un|fass|bar (*alt:* un|faß|bar)
Un|fass|bar|keit (*alt:* Un|faß|bar|keit) *f. 10 nur Sg.*
un|fass|lich (*alt:* un|faß|lich)
un|fehl|bar [auch: un-]
Un|fehl|bar|keit *f. 10 nur Sg.*
un|fern *als Präp. mit Gen.:* unfern des Waldes
Un|flat *m. Gen. -(e)s nur Sg.* **1.** Unrat, Schmutz; **2.** *übertr.:* Beschimpfungen, Schimpfreden
un|flä|tig gemein, sehr grob, wüst, unanständig; unflätig schimpfen
Un|flä|tig|keit *f. 10 nur Sg.*
un|för|mig **1.** ohne rechte oder ohne schöne Form; **2.** missgestaltet
Un|för|mig|keit *f. 10 nur Sg.*
Un|förm|lich|keit *f. 10 nur Sg.*
un|fran|kiert
un|frei; *auch:* nicht freigemacht, unfrankiert
Un|frei|heit *f. 10 nur Sg.*
un|frei|wil|lig
un|freund|lich
Un|frie|de *m. 15, ältere Form von* Unfrieden
Un|frie|den *m. 7 nur Sg.*
un|froh
un|frucht|bar
Un|frucht|bar|keit *f. 10 nur Sg.*
Un|frucht|bar|ma|chung *f. 10 nur Sg.*
Un|fug *m. Gen. -s nur Sg.*
un|gang|bar [auch: un-]; ungangbarer Weg
Un|gar *m. 11* Einwohner von Ungarn, Madjar
un|ga|risch; *aber:* Ungarische Rhapsodie von Liszt
Un|ga|risch *n. Gen. -(s) nur Sg.* zu den finnisch-ugrischen Sprachen gehörende Sprache der Ungarn; vgl. Deutsch

Un|garn Staat in Europa
Un|gar|wein *m. 1*
un|gast|lich
Un|gast|lich|keit *f. 10 nur Sg.*
un|gat|tig, un|gatt|lich *schweiz.:* grob, ungefüge, ungefällig
un|ge|ach|tet *Präp. mit Gen.* ohne … zu berücksichtigen, trotz; ungeachtet seiner Fehler; *auch:* seiner Fehler u.; ungeachtet dessen; dessen ungeachtet; des ungeachtet
un|ge|ahnt *ugs.;* ungeahnte Möglichkeiten
un|ge|bär|dig
Un|ge|bär|dig|keit *f. 10 nur Sg.*
un|ge|be|ten; ungebetene Gäste
un|ge|bil|det
un|ge|bo|ren
un|ge|bräuch|lich
Un|ge|bräuch|lich|keit *f. 10 nur Sg.*
un|ge|braucht
Un|ge|bühr *f. Gen. - nur Sg.* **1.** Unrecht; **2.** Ungehörigkeit
un|ge|büh|rend
un|ge|bühr|lich **1.** ungehörig; sich u. benehmen; **2.** allzu, über das normale Maß hinaus; die Forderung ist u. hoch; jmdn. u. lange warten lassen
un|ge|bun|den
Un|ge|bun|den|heit *f. 10 nur Sg.*
un|ge|deckt; ungedeckter Scheck: Scheck ohne Deckung durch ein Bankguthaben
un|ge|dient *in der ugs. Fügung* ungedienter Soldat: jmd., der nicht gedient hat
Un|ge|duld *f. Gen. - nur Sg.*
un|ge|dul|dig
un|ge|eig|net
un|ge|fähr; das kommt nicht von u.: das ist kein Zufall
un|ge|fähr|det
un|ge|fähr|lich
un|ge|fäl|lig
Un|ge|fäl|lig|keit *f. 10 nur Sg.*
un|ge|fragt
un|ge|fü|ge plump in der Form
un|ge|hal|ten unbeherrscht
Un|ge|hal|ten|heit *f. 10 nur Sg.*
un|ge|hei|ßen *meist in verneinenden Sätzen:* unaufgefordert; ich werde das nicht ungeheißen tun

ins Ungeheure steigern: Die substantivierte Form schreibt man im Gegensatz zur bisherigen Kleinschreibung mit großem Anfangsbuchstaben: *Die Kosten steigerten sich ins Ungeheure.* § 57 (1)

un|ge|heu|er; eine ungeheure Verantwortung; ins Ungeheure steigern
Un|ge|heu|er *n. 5* **1.** großes, hässliches Fabeltier; wildes, großes Tier; **2.** grausamer Mensch
un|ge|heu|er|lich [auch: un-] empörend, unglaublich
Un|ge|heu|er|lich|keit *f. 10*
un|ge|hin|dert
un|ge|ho|belt *übertr.:* unhöflich, unerzogen, grob
un|ge|hö|rig
Un|ge|hö|rig|keit *f. 10*
un|ge|hor|sam
Un|ge|hor|sam *m. Gen.* -s *nur Sg.*
un|ge|hört; sein Rufen verhallte ungehört
Un|geist *m. Gen.* -(e)s *nur Sg.* ungeistige, geistlose Beschaffenheit
un|geis|tig
un|ge|küns|telt
un|ge|le|gen unpassend; ich kam u.; zu ungelegener Zeit
Un|ge|le|gen|heit *f. 10* Unannehmlichkeit
un|ge|legt *nur in der Fügung* ungelegte Eier: Dinge, um die man sich jetzt noch nicht zu kümmern braucht; das sind alles noch ungelegte Eier
un|ge|leh|rig
un|ge|lehrt
un|ge|lenk
un|ge|len|kig
Un|ge|len|kig|keit *f. 10 nur Sg.*
un|ge|lernt *nur in der ugs. Fügung* ungelernter Arbeiter: Arbeiter ohne Ausbildung
Un|ge|lern|te(r) *m. 18 (17) bzw. f. 17 oder 18*
Un|ge|mach *n. Gen.* -s *nur Sg.* Unglück, Beschwernis
un|ge|mein [auch: un-]; ungemein schwierig; das freut mich ungemein
un|ge|müt|lich
Un|ge|müt|lich|keit *f. 10 nur Sg.*
un|ge|nannt; der Spender will u. bleiben
un|ge|nau
Un|ge|nau|ig|keit *f. 10*
un|ge|niert [-ʒə-]
Un|ge|niert|heit *f. 10 nur Sg.*
un|ge|nieß|bar [auch: un-]
Un|ge|nieß|bar|keit *f. 10 nur Sg.*
un|ge|nü|gend
un|ge|nutzt, un|ge|nützt
un|ge|pflegt
Un|ge|pflegt|heit *f. 10 nur Sg.*
un|ge|prüft
un|ge|rade, un|gra|de

un|ge|ra|ten schlecht geraten; ungeratener Sohn
un|ge|recht
un|ge|recht|fer|tigt
Un|ge|rech|tig|keit *f. 10*
un|ge|reimt; *auch übertr.:* unsinnig; ungereimtes Zeug reden
Un|ge|reimt|heit *f. 10*
un|ge|rupft; *auch übertr. scherzh.:* ohne Schaden, ohne Verlust oder Strafe; er kam ungerupft davon
un|ge|sagt; das wäre besser ungesagt geblieben
un|ge|sät|tigt; ungesättigte Lösung *Chem.*
un|ge|säu|ert ohne Sauerteig; ungesäuertes Brot
un|ge|säumt *poet.:* ohne zu säumen, sofort, unverzüglich
un|ge|säumt ohne Saum
un|ge|sche|hen; man kann das nicht mehr u. machen
un|ge|scheut [auch: un-] ohne Scheu
Un|ge|schick *n. Gen.* -s *nur Sg.*
Un|ge|schick|lich|keit *f. 10*
un|ge|schickt
un|ge|schlacht von grobem Körperbau, groß und plump
un|ge|schlecht|lich; ungeschlechtliche Fortpflanzung
un|ge|schlif|fen; *auch übertr.:* unhöflich, ohne Umgangsformen
Un|ge|schlif|fen|heit *f. 10 nur Sg.*
un|ge|schminkt; *auch übertr.:* unverhüllt, deutlich; jmdm. u. die Wahrheit sagen
un|ge|scho|ren; jmdn. u. lassen *übertr.:* in Ruhe lassen
un|ge|schrie|ben; ein ungeschriebenes Gesetz
un|ge|schützt
un|ge|se|hen; er entkam u.
un|ge|sel|lig
Un|ge|sel|lig|keit *f. 10 nur Sg.*
un|ge|setz|lich
Un|ge|setz|lich|keit *f. 10 nur Sg.*
un|ge|sit|tet
un|ge|stalt *veraltet:* missgestaltet; unförmig
un|ge|stal|tet nicht gestaltet
un|ge|straft; das wird er nicht ungestraft tun
un|ge|stüm
Un|ge|stüm *n. Gen.* -s *nur Sg.*
un|ge|sund
un|ge|tan; es blieb ungetan
un|ge|treu
un|ge|trübt; in ungetrübter Freude
Un|ge|tüm *n. 1* großes, wildes Tier; *übertr.:* großer, schwerer Gegenstand

un|ge|wandt
Un|ge|wandt|heit *f. 10 nur Sg.*

das Ungewisse, im Ungewissen lassen: Substantivierte Adjektive schreibt man mit großem Anfangsbuchstaben: *das Ungewisse; ins Ungewisse fahren; im Ungewissen bleiben/lassen/sein.* § 57 (1)

un|ge|wiss (*alt:* un|ge|wiß); ein ungewisses Schicksal; das bleibt ungewiss; etwas im Ungewissen lassen; im Ungewissen bleiben; ein Weg ins Ungewisse
Un|ge|wiss|heit (*alt:* Un|ge|wiß-heit) *f. 10 nur Sg.*
Un|ge|wit|ter *n. 5, nur noch übertr.:* Zornausbruch
un|ge|wöhn|lich
Un|ge|wöhn|lich|keit *f. 10 nur Sg.*
un|ge|wohnt
un|ge|wollt

ungezählt, Ungezählte: Im Gegensatz zur bisherigen Schreibweise wird das substantivierte Zahladjektiv mit großem Anfangsbuchstaben geschrieben: *Zu der Ausstellung kamen Ungezählte* (alt: *ungezählte*). § 57 (1)

un|ge|zählt; *auch übertr.:* sehr viele; ungezählte Opfer; Ungezählte kamen
Un|ge|zie|fer *n. 5 nur Sg.* tierische Schmarotzer und Schädlinge
un|ge|zie|mend
un|ge|zo|gen
Un|ge|zo|gen|heit *f. 10*
un|ge|zwun|gen
Un|ge|zwun|gen|heit *f. 10 nur Sg.*
un|gif|tig
Un|glau|be *m. 15 nur Sg.*
un|glaub|haft
un|gläu|big
Un|gläu|big|keit *f. 10 nur Sg.*
un|glaub|lich [auch: un-]
un|glaub|wür|dig
Un|glaub|wür|dig|keit *f. 10 nur Sg.*
un|gleich
un|gleich|ar|tig
Un|gleich|ar|tig|keit *f. 10*
Un|gleich|heit *f. 10*
un|gleich|mä|ßig
Un|gleich|mä|ßig|keit *f. 10*
un|gleich|sei|tig
Un|glimpf *m. 1 nur Sg., veraltet:* Schaden, Unheil
Un|glück *n. 1*
un|glück|lich

U

un|glück|li|cher|wei|se
Un|glücks|bot|schaft *f. 10*
un|glück|se|lig
un|glück|se|li|ger|wei|se
Un|glücks|fall *m. 2*
Un|glücks|mensch *m. 10, ugs.:* jmd., der Pech hat oder hatte, der versehentlich Schaden angerichtet hat
Un|glücks|ort *m. 1*
Un|glücks|ra|be *m. 11,* **Un|glücks|vo|gel** *m. 6,* **Un|glücks|wurm** *m. 4 oder n. 4, ugs.:* Unglücksmensch
Un|gna|de *f. 11 nur Sg.;* (bei jmdm.) in U. fallen
un|gnä|dig
un|grad, un|gra|de, un|ge|ra|de
un|gül|tig
Un|gül|tig|keit *f. 10 nur Sg.*
Un|gül|tig|keits|er|klä|rung *f. 10*

> **zu Ungunsten/zuungunsten:** Bei einigen festen Fügungen zu einer Präposition können die Schreibenden selbst entscheiden: *Der Prozess wurde zu Ungunsten/zuungunsten des Lehrers entschieden.* § 39 E3 (3)

Un|gunst *f. 10;* er hat sich zu meinen Ungunsten verrechnet; zu Ungunsten *oder:* zuungunsten meines Freundes
un|güns|tig
un|gut; ein ungutes Gefühl; nichts für ungut!: nehmen Sie es nicht übel!
un|halt|bar
Un|halt|bar|keit *f. 10 nur Sg.;* die U. seiner Behauptung
un|hand|lich
Un|hand|lich|keit *f. 10 nur Sg.*
un|har|mo|nisch
Un|heil *n. Gen. -s nur Sg.;* Unheil bringend *oder:* unheilbringend; mit unheilverkündender *oder:* Unheil verkündender Ruhe
un|heil|bar [auch: un-]
Un|heil|bar|keit *f. 10 nur Sg.*

> **Unheil bringen/bringend:** Der mehrteilige Ausdruck aus Substantiv und Verb/Partizip wird getrennt geschrieben: *Das konnte nur Unheil bringen; eine Unheil bringende Botschaft.* § 34 E3 (5)
> Da man die Folge von Substantiv und Partizip auch als adjektivische Zusammensetzung auffassen kann, ist als Variante die Zusammenschreibung möglich: *eine unheilbringende Entwicklung.* Bei Erweiterung des Ausdrucks und im Komparativ ist ausschließlich Zusammenschreibung gültig: *eine überaus unheilbringende Entscheidung, noch viel unheilbringender.*
> Ebenso: *Unheil verkündend/unheilverkündend;* aber: *unheildrohend.*

un|heil|brin|gend = **Un|heil brin|gend**
un|heil|dro|hend
un|heil|schwan|ger
un|heil|ver|kün|dend = **Un|heil ver|kün|dend**
un|heil|voll
un|heim|lich [auch: un-] nicht geheuer
Un|heim|lich|keit *f. 10 nur Sg.*
un|his|to|risch
un|höf|lich
un|hold feindselig, abgeneigt
Un|hold *m. 1* **1.** böser Geist, Teufel, böser Dämon; **2.** Wüstling, Sittlichkeitsverbrecher, Übeltäter
un|hör|bar [auch: un-]
Un|hör|bar|keit *f. 10 nur Sg.*
un|hy|gi|e|nisch [-gje:-]
u|ni [yni, auch: yni, frz.] einfarbig
U|ni *ugs. Kurzwort für* Universität
UNICEF *f. Gen. -, Kurzwort für* United Nations International Children's Emergency Fund: Internationaler Kinderhilfsfonds der Vereinten Nationen
u|nie|ren [lat.] *tr. 3* vereinigen (bes. Religionsgemeinschaften); unierte Kirchen: mit der kath. Kirche vereinigte Ostkirchen
U|ni|fi|ka|ti|on *f. 10* Vereinheitlichung
u|ni|fi|zie|ren *tr. 3* vereinheitlichen
U|ni|fi|zie|rung *f. 10*
u|ni|form einheitlich, einförmig
U|ni|form [auch: uni-] *f. 10* einheitliche Dienstkleidung
u|ni|for|mie|ren *tr. 3* einheitlich machen, *bes.:* einheitlich kleiden, in eine Uniform stecken
U|ni|for|mi|tät *f. 10* Einheitlichkeit, Einförmigkeit
U|ni|ka *Pl. von* Unikum
U|ni|kat *n. 1* einzige Ausfertigung (eines Schriftstücks, Kunstwerks o. Ä.)
U|ni|kum *n. Gen. -s Pl. -ka* **1.** Einziges (seiner Art), etwas nur einmal Hergestelltes; **2.** *übertr.:* origineller Mensch
u|ni|la|te|ral einseitig, nur auf einer Seite gelegen
un|in|ter|es|sant *auch:* **un|in|te|res|sant**
un|in|ter|es|siert *auch:* **un|in|te|res|siert**
U|nio mys|ti|ca [lat.] *Mystik:* die »geheimnisvolle Vereinigung« der Seele mit Gott
U|ni|on *f. 10* Vereinigung, Bund, Zusammenschluss (bes. von Staaten und von Kirchen)
U|ni|o|nist *m. 10* Anhänger einer Union
U|ni|on Jack [junjən dʒæk, engl.] *m. Gen. - -s Pl. - -s* brit. Nationalflagge
U|ni|ons|par|tei|en *f. 10 Pl., Sammelbez. für* die Parteien CDU und CSU
u|ni|pe|tal [lat. + griech.] einblättrig (Pflanze)
u|ni|po|lar einpolig
un|ir|disch nicht irdisch
U|ni|sex *m. Gen. - oder -es nur Sg.* Verwischung der Unterschiede zwischen den Geschlechtern, z. B. in der Kleidung
u|ni|son [ital.], **u|ni|so|no** einstimmig oder in Oktaven (singend, spielend)
U|ni|so|no *n. Gen. -s Pl. -s oder -ni* einstimmiger Gesang, einstimmiges Spiel, Gesang, Spiel in Oktaven
u|ni|tär [lat.] unitarisch
U|ni|ta|ri|er *m. 5* Anhänger einer Richtung der protestant. Kirche, die die Dreifaltigkeit ablehnt und die Einheit Gottes betont
u|ni|ta|risch, u|ni|tär Einheit erstrebend
U|ni|ta|ris|mus *m. Gen. - nur Sg.* Streben nach Einheit, nach Festigung der Zentralgewalt, nach einem Einheitsstaat; *Ggs.:* Föderalismus
U|ni|ta|rist *m. 10*
u|ni|ta|ris|tisch
U|ni|ted Na|tions [junaitid neiʃnz, engl.] *Pl.* (*Abk.:* UN) Vereinte Nationen; vgl. UNO, UNESCO
u|ni|ver|sal, u|ni|ver|sell [-vɛr-, lat.] allgemein, umfassend, gesamt
U|ni|ver|sal|er|be [-vɛr-] *m. 11* Alleinerbe
U|ni|ver|sal|ge|nie [-vɛrzalʒəni:] *n. 9, ugs.:* jmd., der auf vielen Gebieten sehr befähigt ist
U|ni|ver|sal|ge|schich|te [-vɛr-] *f. 11 nur Sg.* Weltgeschichte
U|ni|ver|sa|li|en [-vɛr-] *Pl.* Gattungsbegriffe, allgemeine Begriffe

U

U|ni|ver|sa|lis|mus [-vɛr-] *m. Gen. - nur Sg.* **1.** Lehre, dass das Ganze dem Einzelnen übergeordnet sein müsse; **2.** Vielseitigkeit, Begabung oder Betätigung auf vielen Gebieten
U|ni|ver|sa|li|tät [-vɛr-] *f. 10 nur Sg.* **1.** Gesamtheit, Allseitigkeit; **2.** Vielseitigkeit, vielseitige Bildung, umfassendes Wissen
U|ni|ver|sal|mit|tel [-vɛr-] *n. 5* Allheilmittel, Allerweltsmittel
u|ni|ver|sell [-vɛr-] = **u|ni|ver|sal**
U|ni|ver|si|tät [-vɛr-] *f. 10* Hochschule, Lehr- und Forschungsanstalt für alle Wissensgebiete
U|ni|ver|si|täts|bi|bli|o|thek *auch:* **U|ni|ver|si|täts|bib|li|o|thek** [-vɛr-] *f. 10*
U|ni|ver|si|täts|lauf|bahn [-vɛr-] *f. 10*
U|ni|ver|si|täts|pro|fes|sor [-vɛr-] *m. 13*
U|ni|ver|si|täts|stu|di|um [-vɛr-] *n. Gen. -s Pl. -di|en*
U|ni|ver|sum [-vɛr-] *n. Gen. -s nur Sg.* das Weltall
Un|ke *f. 11* ein Froschlurch, Feuerkröte
un|ken *intr. 1, ugs.:* Unglück prophezeien
un|kennt|lich
Un|kennt|lich|keit *f. 10 nur Sg.;* bis zur U. entstellt
Un|kennt|nis *f. 1 nur Sg.;* in Unkenntnis der Tatsachen
Un|ken|ruf *m. 1, übertr. ugs.:* düstere Prophezeiung
un|keusch
Un|keusch|heit *f. 10 nur Sg.*
un|kirch|lich

> **(sich) im Unklaren befinden/sein:** Die substantivierte Form schreibt man mit großem Anfangsbuchstaben: *Sie befanden sich über ihre Lage im Unklaren.* § 57 (1)
> Großschreibung auch bei: *im Unklaren sein.* § 35

un|klar; jmdn. im Unklaren lassen; im Unklaren bleiben, sein, befinden
Un|klar|heit *f. 10*
un|kleid|sam
un|klug
un|kol|le|gi|al
Un|kol|le|gi|a|li|tät *f. 10 nur Sg.*
un|kon|trol|lier|bar *auch:* **un|kont|rol|lier|bar** [auch: un-]
un|kon|ven|ti|o|nell [-vɛn-]
un|kor|rekt
Un|kor|rekt|heit *f. 10*
Un|kos|ten *nur Pl.* **1.** Kosten, die dem Einzelerzeugnis nicht zugerechnet werden können, sondern auf alle Erzeugnisse umgelegt werden; **2.** *ugs.:* Kosten, Ausgaben
Un|kos|ten|bei|trag *m. 2*
Un|kraut *n. 4*
Unk|ti|on [lat.] *f. 10* Einreibung, Salbung
un|kul|ti|viert [-vi:rt]
Un|kul|tur *f. 10 nur Sg.* Mangel an Kultur, unkultiviertes Benehmen
un|künd|bar [auch: un-]
Un|künd|bar|keit *f. 10 nur Sg.*
un|kun|dig; des Lesens und Schreibens unkundig sein
Un|land *n. 4* nicht anbaufähiges Land
un|längst kürzlich, neulich
un|lau|ter unehrlich, nicht anständig; unlauterer Wettbewerb, unlautere Absichten
un|leid|lich
Un|leid|lich|keit *f. 10 nur Sg.*
un|le|ser|lich
un|leug|bar [auch: un-]
un|lieb; es ist mir nicht unlieb, dass …
un|lieb|sam unangenehm; unliebsames Aufsehen
un|li|mi|tiert unbegrenzt, unbeschränkt
un|lo|gisch
un|lös|bar [auch: un-]
Un|lös|bar|keit *f. 10 nur Sg.*
un|lös|lich
Un|lust *f. Gen. - nur Sg.*
Un|lust|ge|fühl *n. 1*
un|lus|tig
Un|maß *n. Gen. -es nur Sg.* Übermaß, übergroße Menge
Un|mas|se *f. 11* riesige, überaus große Menge
un|maß|geb|lich
un|mä|ßig
Un|mä|ßig|keit *f. 10 nur Sg.*
Un|men|ge *f. 11* riesige Menge
Un|mensch *m. 10* grausamer, roher Mensch; ich bin doch kein Unmensch *ugs.:* ich lasse ja mit mir reden
un|mensch|lich [auch: un-]
Un|mensch|lich|keit *f. 10 nur Sg.*
un|merk|lich [auch: un-]
un|miss|ver|ständ|lich (*alt:* un|miß|ver|ständ|lich); jmdm. etwas unmissverständlich klar machen
un|mit|tel|bar
Un|mit|tel|bar|keit *f. 10 nur Sg.*

> **Unmögliches verlangen:** Die substantivierte Form schreibt man mit großem Anfangsbuchstaben: *das Unmögliche; (Mögliches und) Unmögliches verlangen.* § 57 (1)

un|mög|lich [auch: un-]; nichts Unmögliches
Un|mög|lich|keit *f. 10 nur Sg.*
Un|mo|ral *f. Gen. - nur Sg.*
un|mo|ra|lisch
un|mo|ti|viert [-vi:rt] unbegründet, ohne (einleuchtenden) Beweggrund
un|mün|dig
Un|mün|dig|keit *f. 10 nur Sg.*
un|mu|si|ka|lisch
Un|mu|si|ka|li|tät *f. 10 nur Sg.*
Un|mut *m. Gen. -(e)s nur Sg.*
un|mu|tig
un|nach|ahm|lich
un|nach|gie|big
Un|nach|gie|big|keit *f. 10 nur Sg.*
un|nach|sich|tig
Un|nach|sich|tig|keit *f. 10 nur Sg.*
un|nach|sicht|lich *veraltet für* unnachsichtig
un|nah|bar
Un|nah|bar|keit *f. 10 nur Sg.*
Un|na|tur *f. 10 nur Sg.* Unnatürlichkeit
un|na|tür|lich
Un|na|tür|lich|keit *f. 10 nur Sg.*
un|nö|tig
un|nö|ti|ger|wei|se
un|nütz
un|nüt|zer|wei|se
un|nütz|lich *veraltet für* unnütz
UNO, UN *f. Gen. - nur Sg., Kurzwort für* United Nations Organization: Organisation der Vereinten Nationen
un|or|dent|lich
Un|or|dent|lich|keit *f. 10 nur Sg.*
Un|ord|nung *f. 10 nur Sg.*
UNO-Ge|ne|ral|se|kre|tär, UN-Ge|ne|ral|se|kre|tär *m. 1*
UNO-Si|cher|heits|rat, UN-Si|cher|heits|rat *m. Gen. -(e)s nur Sg.*
un|paar in ungerader Zahl; *Ggs.:* paar; u. gefiedertes Blatt
Un|paar|hu|fer *m. 5, Sammelbez. für* eine Ordnung von huftragenden Säugetieren, deren Mittelzehe am stärksten ausgebildet ist (z. B. Pferd), Unpaarzeher
un|paa|rig
Un|paar|ze|her *m. 5* = Unpaarhufer
un|par|tei|isch neutral, zwischen zwei (streitenden) Parteien stehend

U

Un|par|tei|i|sche(r) *m. 18 (17) bzw. f. 18 (17)* Schiedsrichter
un|par|tei|lich keiner bestimmten Partei angehörend, nicht von der Haltung einer Partei bestimmt, unparteiisch
un|pass (*alt:* un|paß) *Adv.:* ungelegen, zur unrechten Zeit; das Angebot kommt mir unpass
un|passend
un|pas|sier|bar
Un|pas|sier|bar|keit *f. 10 nur Sg.*

> **unpässlich:** Nach kurzem Vokal oder Umlaut schreibt man *-ss-* (alt: *-ß-*): *unpässlich* (alt: *unpäßlich*). § 25 E1

un|päss|lich (*alt:* un|päß|lich) nicht ganz gesund, nicht ganz wohl
Un|päss|lich|keit (*alt:* Un|päß|lich-keit) *f. 10 nur Sg.*
Un|per|son *f. 10* Person des öffentl. Lebens, die (in den Medien) ignoriert wird
un|per|sön|lich
Un|per|sön|lich|keit *f. 10 nur Sg.*
un|pfänd|bar [auch: un-]

> **unplatziert:** Dem Stammprinzip folgend wird das Adjektiv zu *Platz* gestellt und mit *-tz-* geschrieben: *Der Torwart hielt den unplatzierten Schuss.*

un|plat|ziert (*alt:* un|pla|ziert); unplatziert schießen
un po|co [ital.] *Mus.:* ein wenig
un|po|li|tisch
un|po|pu|lär
Un|po|pu|la|ri|tät *f. 10 nur Sg.*
un|prak|tisch
un|prä|zis, un|prä|zi|se
un|pro|ble|ma|tisch *auch:* **un|prob|le|ma|tisch**
un|pro|duk|tiv
Un|pro|duk|ti|vi|tät [-vi-] *f. 10 nur Sg.*
un|pro|fes|si|o|nell
un|pro|por|ti|o|niert schlecht proportioniert
un|pünkt|lich
Un|pünkt|lich|keit *f. 10 nur Sg.*
un|qua|li|fi|ziert
Un|rast *m. Gen. - nur Sg.* **1.** Ruhelosigkeit; **2.** *schweiz.:* polit. Unruhe
Un|rat *m. Gen. -(e)s nur Sg.* Abfall, Schmutz, Kehricht
un|ra|ti|o|nell
un|re|al
un|re|a|lis|tisch

> **unrecht handeln/tun/sein, Unrecht bekommen/erhalten/geben/haben:** Das Adjektiv *unrecht* (= falsch) wird in Fügungen mit Verben klein- und getrennt geschrieben: *Er hat unrecht gehandelt. Sein Vorgehen war unrecht.* § 35
> Liegt das Substantiv *Unrecht* in festen Gefüge vor, wird großgeschrieben: *Sie haben Unrecht bekommen. Sie haben Unrecht.* § 55 (4)

un|recht; unrecht handeln, tun, sein; das war unrecht von dir; in unrechte Hände fallen
Un|recht *n. 1 nur Sg.;* jmdm. ein Unrecht tun; Unrecht bekommen; Unrecht geben; du hast Unrecht; Unrecht leiden; es ist ihm Unrecht geschehen; im Unrecht bleiben; jmdn. zu Unrecht verdächtigen; an den Unrechten geraten; etwas, nichts Unrechtes
un|recht|mä|ßig
un|recht|mä|ßi|ger|wei|se
Un|recht|mä|ßig|keit *f. 10 nur Sg.*
un|red|lich
Un|red|lich|keit *f. 10 nur Sg.*
un|re|ell
un|re|gel|mä|ßig
Un|re|gel|mä|ßig|keit *f. 10*
un|reif
Un|rei|fe *f. 11 nur Sg.*
un|rein; unreine Reime; ins Unreine schreiben
Un|rein|heit *f. 10*
un|rein|lich
Un|rein|lich|keit *f. 10 nur Sg.*
un|ren|ta|bel
Un|ren|ta|bi|li|tät *f. 10 nur Sg.*
un|rett|bar [auch: un-]
un|rich|tig
Un|rich|tig|keit *f. 10 nur Sg.*
Un|ruh *f. 10, in Uhren:* Gangregler
Un|ru|he *f. 11*
Un|ru|he|herd *m. 1*
Un|ru|he|stif|ter, Un|ruh|stif|ter *m. 5*
un|ru|hig
un|rühm|lich
un|rund *Techn.:* nicht mehr rund (infolge Abnutzung o. Ä.)
uns *Personalpron., Dat. und Akk. von* wir; unter uns; ein Freund von uns
un|sach|ge|mäß
un|sach|lich
Un|sach|lich|keit *f. 10 nur Sg.*
un|sag|bar, un|säg|lich
un|sanft
un|sau|ber
un|schäd|lich
Un|schäd|lich|keit *f. 10 nur Sg.*
un|scharf
Un|schär|fe *f. 11*
Un|schär|fe|re|la|ti|on *f. 10* Unbestimmtheitsrelation
un|schätz|bar [auch: un-]
un|schein|bar
Un|schein|bar|keit *f. 10 nur Sg.*
un|schick|lich
Un|schick|lich|keit *f. 10*
Un|schlitt *n. 1 nur Sg.* Talg
un|schlüs|sig; unschlüssiger Beweis; ich bin mir unschlüssig, ob ich es tun soll
Un|schlüs|sig|keit *f. 10*
Un|schuld *f. Gen. - nur Sg.*
un|schul|dig
un|schulds|voll
un|schwer; das wird sich unschwer feststellen lassen
Un|se|gen *m. Gen. -s nur Sg.* Fluch, Verhängnis
un|selb|stän|dig = **un|selbst|stän|dig**
Un|selb|stän|dig|keit = **Un|selbst|stän|dig|keit** *f. 10 nur Sg.*
un|se|lig
un|se|li|ger|wei|se

> **unser/Unser, das Uns(e)re/uns(e)re:** Das Possessivpronomen schreibt man klein (*unser Gepäck*), die substantivierte Form hingegen mit großem Anfangsbuchstaben; als Stellvertreter eines Substantivs kann sie aber auch mit kleinem Anfangsbuchstaben geschrieben werden. Die Schreibenden können selbst entscheiden: *das Uns(e)re/uns(e)re, das Unsrige/unsrige, die Uns(e)ren/uns(e)ren, die Unsrigen/unsrigen.*
> § 57 (1), § 58 E3, § 58 (4)

un|ser **1.** *Personalpron., Gen. von* wir; er gedenkt, erinnert sich unser; wir sind unser vier (*nicht:* unserer); **2.** *Possessivpron.;* unser Sohn, unsere Tochter, unser Kind; unseres Wissens (*Abk.:* u. W.); dieses Haus ist das Unsere/unsere *oder:* Unsre/unsre *oder:* Unsrige/unsrige; die Unseren/unseren *oder:* Unsren/unsren *oder:* Unsrigen/unsrigen: unsere Angehörigen; das Haus ist unser; vgl. dein, mein
un|ser|ei|ner, un|ser|eins jmd. wie wir; das ist nichts für unsereinen *oder:* unsereins

ụn|se|rer|seits, ụn|ser|seits, ụns|rer|seits von uns aus, von unserer Seite aus
ụn|se|res|glei|chen, ụn|sers|glei|chen, ụns|res|glei|chen Leute wie wir
ụn|se|res|teils, ụns|res|teils von unserer Seite, was uns betrifft
ụn|se|ri|ge, ụns|ri|ge vgl. unser
ụn|ser|seits, ụn|se|rer|seits
ụn|sers|glei|chen, ụn|se|res|glei|chen
ụn|se|ret|hal|ben, ụns|ret||hal|ben
ụn|se|ret|we|gen, ụns|ret|we|gen
ụn|se|ret|wil|len, ụns|ret|wil|len
Ụn|ser|va|ter *n. Gen.* - *Pl.* -, *schweiz. für* Vaterunser
ụn|si|cher; sich u. sein; jmdn. im Unsicheren lassen
Ụn|si|cher|heit *f. 10*
Ụn|si|cher|heits|fak|tor *m. 13*
ụn|sicht|bar
Ụn|sicht|bar|keit *f. 10 nur Sg.*
ụn|sich|tig trüb, dunstig (Wasser, Luft)
Ụn|sinn *m. 1 nur Sg.*
ụn|sin|nig
un|sin|ni|ger|wei|se
Ụn|sin|nig|keit *f. 10 nur Sg.*
ụn|sinn|lich
Ụn|sit|te *f. 11*
ụn|sitt|lich
Ụn|sitt|lich|keit *f. 10 nur Sg.*
ụn|so|lid, ụn|so|li|de
ụn|so|zi|al
ụn|spe|zi|fisch
ụn|sport|lich
Ụn|sport|lich|keit *f. 10 nur Sg.*
ụns|rer|seits, ụn|se|rer|seits
ụns|res|glei|chen, ụn|se|res|glei|chen
ụns|res|teils, ụn|se|res|teils
ụns|ret|hal|ben, ụn|sert|hal|ben
ụns|ret|we|gen, ụn|se|ret|we|gen
ụns|ret|wil|len, ụn|se|ret|wil|len
ụns|ri|ge, ụn|se|ri|ge vgl. unser
ụn|stän|dig nicht ständig; unständige Arbeit
ụn|statt|haft
un|stẹrb|lich [auch: ụn-]
Un|stẹrb|lich|keit *f. 10 nur Sg.*
Ụn|stern *m. 1* böses Geschick; über dem Geschehen stand, waltete ein U.; unter einem U. geboren sein
ụn|stet ruhelos
ụn|ste|tig *veraltet für* unstet
Ụn|ste|tig|keit *f. 10 nur Sg.*
un|stịll|bar [auch: ụn-]
ụn|stim|mig
Ụn|stim|mig|keit *f. 10*
ụn|strei|tig bestimmt, zweifellos
Ụn|sum|me *f. 11 meist Pl.* sehr große Summe; er hat Unsummen dafür ausgegeben
ụn|sym|me|trisch *auch:* **ụn|sym|met|risch**
ụn|sym|pa|thisch
ụn|sys|te|ma|tisch
ụn|ta|de|lig, ụn|tad|lig
Ụn|ta|de|lig|keit, Ụn|tad|lig|keit *f. 10 nur Sg.*
ụn|ta|len|tiert
Ụn|tat *f. 10*
ụn|tä|tig
Ụn|tä|tig|keit *f. 10 nur Sg.*
ụn|taug|lich
Ụn|taug|lich|keit *f. 10 nur Sg.*
un|teil|bar [auch: ụn-]
Un|teil|bar|keit *f. 10 nur Sg.*
ụn|ten; unten sein, unten bleiben; dort, hier unten; links, rechts unten; nach unten (hin), von unten (her); unten erwähnt; unten genannt; unten liegend; unten stehend; das unten Stehende *oder:* Untenstehende; unten Stehendes *oder:* Untenstehendes; im unten Stehenden *oder:* Untenstehenden; bei jmdm. unten durch sein: es sich verscherzt haben
un|ten|ạn am unteren Ende; untenan sitzen, stehen
un|ten|aus *veraltet:* unten hin; von obenan bis untenaus

unten erwähnt/genannt, das unten Erwähnte/Stehende: Adverbien und Verben/Partizipien bilden Gefüge, die man getrennt schreibt: *Die Information ist unten erwähnt/genannt; das unten Erwähnte sollte jeder lesen; das unten Stehende.* Als Alternative kann man Substantivierungen auch zusammenschreiben: *das Untenerwähnte; das Untenstehende; im Untenstehenden.* § 36 E1 (1.2), § 37 (2)

ụn|ten er|wähnt (*alt:* ụn|ten|er|wähnt)
ụn|ten ge|nannt (*alt:* ụn|ten|ge|nannt)
ụn|ten lie|gend (*alt:* ụn|ten|lie|gend)
ụn|ten ste|hend (*alt:* ụn|ten|ste|hend)
ụn|ter 1. *Präp. mit Dat. und Akk.;* unter dem Tisch liegen, unter den Tisch legen; unter der Bedingung, dass …; etwas unter der Hand verkaufen: heimlich; unter anderem *oder:* anderen (*Abk.:* u. a.); unter Tage arbeiten *Bgb.:* in der Grube; unter Tags: tagsüber; Kinder unter 14 Jahren; **2.** *Adv.:* weniger als; Gemeinden von unter 1000 Einwohnern
Ụn|ter *m. 5, dt. Kartenspiel:* Bube, Wenzel
Ụn|ter|ab|tei|lung *f. 10*
Ụn|ter|an|ge|bot *n. 1 nur Sg.*
Ụn|ter|arm *m. 1*
Ụn|ter|art *f. 10*
Ụn|ter|bau *m. Gen.* -(e)s *Pl.* -bauten
un|ter|bau|en *tr. 1;* ich unterbaue es, habe es unterbaut
Ụn|ter|be|griff *m. 1*
ụn|ter|be|legt
ụn|ter|be|lich|ten *tr. 2*
Ụn|ter|be|lich|tung *f. 10 nur Sg.*
ụn|ter|be|schäf|tigt
Ụn|ter|be|schäf|ti|gung *f. 10 nur Sg.*
ụn|ter|be|wer|ten *tr. 2, nur im Infinitiv und Partizip üblich;* unterbewertet
Ụn|ter|be|wer|tung *f. 10 nur Sg.*
ụn|ter|be|wusst (*alt:* ụn|ter|be|wußt)
Ụn|ter|be|wusst|sein (*alt:* Ụn|ter|be|wußt|sein) *n. Gen.* -s *nur Sg.*
un|ter|bie|ten *tr. 13;* ich unterbiete den Preis, habe ihn unterboten
Un|ter|bie|tung *f. 10*
un|ter|bịn|den *tr. 14;* ich unterbinde es, habe es unterbunden
Un|ter|bịn|dung *f. 10 nur Sg.*
un|ter|blei|ben *intr. 17;* das unterbleibt, ist unterblieben
un|ter|brẹ|chen *tr. 19;* ich unterbreche ihn, habe ihn unterbrochen
Un|ter|brẹ|cher *m. 5, Elektr.*
Un|ter|brẹ|chung *f. 10*
ụn|ter|brei|ten *tr. 2;* ich breite ihm eine Decke unter, habe sie untergebreitet
un|ter|brei|ten *tr. 2;* ich unterbreite es ihm: lege es ihm vor; ich habe es ihm unterbreitet
ụn|ter|brin|gen *tr. 21;* ich bringe es unter, habe es untergebracht
Ụn|ter|brin|gung *f. 10 nur Sg.*
Ụn|ter|bruch *m. 2, schweiz. für* Unterbrechung
ụn|ter|but|tern *tr. 1, ugs.:* unterdrücken (in der Familie, im Betrieb)
un|ter der Hạnd (*alt:* un|ter|der|hạnd) heimlich
un|ter|dẹs, un|ter|dẹs|sen
Ụn|ter|druck *m. 2* Druck, der kleiner ist als der atmosphärische Druck
un|ter|drụ̈|cken *tr. 1*

U

Un|ter|drü|cker *m. 5*
Un|ter|druck|kam|mer *f. 11* Raum, in dem der Luftdruck für luftfahrtmed. Untersuchungen herabgesetzt werden kann
Un|ter|drü|ckung *f. 10 nur Sg.*
un|te|re(r, -s); die untere Schicht; vgl. unterste
un|ter|ein|an|der *auch:* **un|ter|ei|nan|der** unter uns, unter euch, unter sich, miteinander; etwas untereinander besprechen, tauschen, teilen; untereinander legen; untereinander schreiben; untereinander setzen; untereinander stehen; untereinander stellen

untereinander legen/schreiben/stellen: Gefüge aus zusammengesetztem Adverb *(untereinander)* und Verb schreibt man getrennt: *Sie wollten die Stoffe untereinander legen.* § 34 E3 (2)

un|ter|ein|an|der le|gen *auch:* **un|ter|ei|nan|der le|gen** (*alt:* un|ter|ein|an|der|le|gen) *tr. 1*
un|ter|ein|an|der schrei|ben *auch:* **un|ter|ei|nan|der schrei|ben** (*alt:* un|ter|ein|an|der|schrei|ben) *tr. 127*
un|ter|ein|an|der set|zen *auch:* **un|ter|ei|nan|der set|zen** (*alt:* un|ter|ein|an|der|set|zen) *tr. 1*
un|ter|ein|an|der ste|hen *auch:* **un|ter|ei|nan|der ste|hen** (*alt:* un|ter|ein|an|der|ste|hen) *intr. 151*
un|ter|ein|an|der stel|len *auch:* **un|ter|ei|nan|der stel|len** (*alt:* un|ter|ein|an|der|stel|len) *tr. 1*
un|ter|ent|wi|ckelt
Un|ter|ent|wick|lung *f. 10 nur Sg.*
un|ter|er|nährt
Un|ter|er|näh|rung *f. 10 nur Sg.*
un|ter|fah|ren *tr. 32* nachträglich vertiefen; die Grundmauern werden unterfahren
un|ter|fan|gen **1.** *tr. 34* unterfahren; **2.** *refl. 34* wagen; er unterfängt sich, hat sich unterfangen, zu behaupten, er habe …
Un|ter|fan|gen *n. 7* Unternehmen; ein kühnes U.
un|ter|fas|sen *tr. 1;* ich fasse sie unter, habe sie untergefasst
un|ter|fer|ti|gen *tr. 1, Amtsdt.:* unterschreiben; er unterfertigt den Brief, hat ihn unterfertigt
Un|ter|fer|tig|te(r) *m. 18 (17) bzw. f. 17 oder 18* jmd., der unterschrieben hat
Un|ter|flur|mo|tor *m. 12* unter dem Fahrzeugboden angebrachter Motor
un|ter|füh|ren *tr. 1* unter etwas (z. B. Eisenbahnlinie) hindurchbauen; die Straße wird unterführt
Un|ter|füh|rung *f. 10*
Un|ter|funk|ti|on *f. 10*
Un|ter|gang *m. 2*
un|ter|gä|rig
Un|ter|gä|rung *f. 10* Gärung (des Bieres) mit sich absetzender Hefe
un|ter|ge|ben; jmdm. u. sein: in jmds. Dienst stehen
Un|ter|ge|be|ne(r) *m. 18 (17) bzw. f. 17 oder 18*
un|ter|ge|hen *intr. 47*
un|ter|ge|ord|net
Un|ter|ge|schoss (*alt:* Un|ter|ge|schoß) *n. 1* vgl. Geschoss
Un|ter|ge|wicht *n. 1 nur Sg.*
un|ter|glie|dern *tr. 1, nur im Infinitiv und Partizip II üblich;* in kleinere Abschnitte untergliederter Text
Un|ter|glie|de|rung *f. 10*
un|ter|gra|ben *tr. 58* beim Graben unter die Erde bringen; ich grabe den Dünger unter, habe ihn untergegraben
un|ter|gra|ben *tr. 58* unterhöhlen, langsam zerstören; du untergräbst meine Autorität, hast sie untergraben
Un|ter|gra|bung *f. 10 nur Sg.*
Un|ter|grund *m. 2*
Un|ter|grund|bahn *f. 10* (*Kurzwort:* U-Bahn)
Un|ter|grund|be|we|gung *f. 10*
un|ter|grün|dig
Un|ter|grund|or|ga|ni|sa|ti|on *f. 10* geheime Widerstandsbewegung gegen eine Regierung oder Besatzungsmacht
Un|ter|grup|pe *f. 11*
un|ter|ha|ken *tr. 1, ugs.:* ich hake sie unter, habe sie untergehakt
un|ter|halb *Präp. mit Gen.;* unterhalb des Daches
Un|ter|halt *m. 1 nur Sg.;* Unterhalt zahlen; für jmds. Unterhalt aufkommen
un|ter|hal|ten *tr. 61, ugs.:* darunter halten; ich halte eine Schüssel unter, habe sie untergehalten
un|ter|hal|ten *tr. 61* **1.** jmdn. u.: für jmds. Lebensunterhalt aufkommen, für jmdn. sorgen; **2.** jmdn. oder sich u.: jmdm. oder sich die Zeit vertreiben; sich mit jmdm. u.: mit jmdm. sprechen, plaudern; **3.** etwas u.: in Gang halten (Institution), instand halten (Gebäude); Feuer u.: brennend erhalten
un|ter|halt|sam kurzweilig
Un|ter|halt|sam|keit *f. 10 nur Sg.*
Un|ter|halts|bei|trag *m. 2*
un|ter|halts|be|rech|tigt
Un|ter|halts|kla|ge *f. 11*
Un|ter|halts|kos|ten *nur Pl.*
Un|ter|halts|pflicht *f. 10*
un|ter|halts|pflich|tig
Un|ter|halts|zah|lung *f. 10*
Un|ter|hal|tung *f. 10*
Un|ter|hal|tungs|li|te|ra|tur *f. 10 nur Sg.*
Un|ter|hal|tungs|mu|sik *f. 10*
Un|ter|hal|tungs|ro|man *m. 1*
un|ter|han|deln *intr. 1* verhandeln; er unterhandelt mit ihm wegen des Vertrages, hat unterhandelt
Un|ter|händ|ler *m. 5*
Un|ter|hand|lung *f. 10*
Un|ter|haus *n. 4 nur Sg., bes. in Großbritannien:* zweite Kammer (des Parlaments)
Un|ter|haut *f. 2 nur Sg.*
Un|ter|haut|zell|ge|we|be *n. 5 nur Sg.*
un|ter|höh|len *tr. 1;* Wasser unterhöhlt den Felsen, hat ihn unterhöhlt
Un|ter|höh|lung *f. 10 nur Sg.*
Un|ter|holz *n. 4 nur Sg.* niedriges Gehölz im Wald, Gebüsch
Un|ter|ho|se *f. 11*
un|ter|ir|disch
un|ter|jo|chen *tr. 1* unterwerfen, unterdrücken; er unterjocht sie, sie wurden unterjocht
Un|ter|jo|chung *f. 10 nur Sg.*
un|ter|ju|beln *tr. 1, ugs.;* jmdm. etwas u.: es ihm unbemerkt (und gegen seinen Willen) zuschieben
un|ter|kei|len *tr. 1* mit einem Keil stützen; ich unterkeile den Schrank, habe ihn unterkeilt
un|ter|kel|lern *tr. 1;* mit einem Keller versehen; das Haus ist unterkellert
Un|ter|kel|le|rung *f. 10 nur Sg.*
Un|ter|kie|fer *m. 5*
Un|ter|kinn *n. 1*
Un|ter|klei|dung *f. 10 nur Sg.*
un|ter|kom|men *intr. 71* **1.** Unterkunft finden, Stellung finden; wir kommen im Hotel unter, sind untergekommen; **2.** vorkommen; so etwas ist mir noch nicht untergekommen; **3.** auffallen; mir ist ein neuer Begriff untergekommen

Un|ter|kom|men *n. 7 nur Sg.;* kein U. finden
un|ter|krie|chen *intr. 73, ugs.:* Schutz suchen; wir sind in einer Felsenhöhle untergekrochen
un|ter|krie|gen *tr. 1, ugs.:* bezwingen, besiegen; ich kriege ihn unter, habe ihn untergekriegt; sich nicht u. lassen
un|ter|küh|len *tr. 1* bis unter den Kondensationspunkt oder Erstarrungspunkt abkühlen; bis unter 36,3 °C Körpertemperatur abkühlen
un|ter|kühlt
Un|ter|küh|lung *f. 10 nur Sg.*
Un|ter|kunft *f. 2*
Un|ter|la|ge *f. 11* **1.** etwas, das untergelegt wird; **2.** Grundlage; **3.** Nachweis
Un|ter|land *n. 4 nur Sg.* tiefer gelegenes Land, Tiefland, Ebene
Un|ter|län|der *m. 5*
Un|ter|lass (*alt:* Un|ter|laß) *m., nur in der Wendung* ohne U.: unaufhörlich, fortwährend
un|ter|las|sen *tr. 75* nicht tun, bleiben lassen; ich unterließ es, habe es unterlassen, ihn zu fragen
Un|ter|las|sung *f. 10*
Un|ter|las|sungs|sün|de *f. 11* Handlung, die man unterlassen hat, aber eigentlich hätte tun sollen
Un|ter|lauf *m. 2* letzter Abschnitt (eines Flusses)
un|ter|lau|fen **1.** *intr. 76* vorkommen, passieren; es ist mir ein Fehler unterlaufen; **2.** *tr. 76;* den Gegner unterlaufen: ihn unterhalb seiner Deckung angreifen; **3.** *intr. 76, fast nur im Passiv;* die Stelle, das Auge ist mit Blut u.: im darunter liegenden Gewebe ist Blut ausgetreten
un|ter|le|gen *tr. 1;* ich lege ihm eine Decke unter, habe sie untergelegt
un|ter|le|gen **1.** *tr. 1* mit einer Unterlage verstärken; ich unterlege den Stoff mit Watte; er hat dem Lied einen anderen Text unterlegt: einen anderen Text dazu geschrieben; **2.** *Partizip II von* unterliegen; der unterlegene Gegner; ich bin ihm u.: ich komme ihm nicht gleich
Un|ter|le|gen|heit *f. 10 nur Sg.*
Un|ter|le|gung *f. 10 nur Sg.*
Un|ter|leib *m. 3*
Un|ter|leibs|o|pe|ra|ti|on *f. 10*
un|ter|lie|gen *intr. 80* bezwungen, besiegt werden; er unterliegt ihm, ist ihm unterlegen; vgl. unterlegen (2)
Un|ter|lip|pe *f. 11*
un|term *ugs.:* unter dem; unterm Dach
un|ter|ma|len *tr. 1* begleiten; ich untermale den Vortrag mit Musik, habe ihn untermalt
Un|ter|ma|lung *f. 10 nur Sg.*
un|ter|mau|ern *tr. 1, auch übertr.:* er hat seine Argumente mit Tatsachen untermauert
Un|ter|mau|e|rung *f. 10 nur Sg.*
un|ter|mee|risch
Un|ter|mie|te *f. 11;* in, zur U. bei jmdm. wohnen
Un|ter|mie|ter *m. 5*
Un|ter|miet(s)|ver|hält|nis *n. 1*
un|ter|mi|nie|ren *tr. 3* **1.** untergraben, unterhöhlen und mit einer Sprengladung füllen; **2.** *übertr.:* langsam zerstören; seine Stellung ist unterminiert
Un|ter|mi|nie|rung *f. 10 nur Sg.*
un|ter|mi|schen *tr. 1* darunter mischen; danach wird der Zucker untergemischt
un|ter|mi|schen *tr. 1, fast nur im Passiv:* vermischen; die Haferflocken werden mit Zucker untermischt
un|tern *ugs.:* unter den; untern Tisch fallen
un|ter|neh|men *tr. 88, ugs.:* unterfassen
un|ter|neh|men *tr. 88;* ich unternehme heute nicht viel; ich habe noch nichts dagegen unternommen
Un|ter|neh|men *n. 7* **1.** Tat, Handlung; **2.** eine oder mehrere Fabriken als wirtschaftl. Einheit
un|ter|neh|mend unternehmungslustig
Un|ter|neh|mens|be|ra|ter *m. 5* berufsmäßiger Berater von Unternehmen
Un|ter|neh|mens|be|ra|tung *f. 10*
Un|ter|neh|mens|füh|rung *f. 10*
un|ter|neh|mens|spe|zi|fisch
Un|ter|neh|mer *m. 5*
Un|ter|neh|mung *f. 10*
Un|ter|neh|mungs|geist *m. 3 nur Sg.*
Un|ter|neh|mungs|lust *f. Gen. - nur Sg.*
un|ter|neh|mungs|lus|tig
Un|ter|of|fi|zier *m. 1* (*Abk.:* Uffz.)
Un|ter|of|fi|ziers|schu|le *f. 11*
un|ter|ord|nen *tr. 2;* ich ordne mich ihm unter, habe mich ihm untergeordnet
Un|ter|ord|nung *f. 10 nur Sg.*
Un|ter|pfand *n. 4* Pfand; *meist übertr.:* sichtbares Zeichen
un|ter|pflü|gen *tr. 1* beim Pflügen unter die Erde bringen; er pflügt den Dünger unter, hat ihn untergepflügt
Un|ter|pri|ma [auch: -pri-] *f. Gen. - Pl.* -men die 8. Klasse des Gymnasiums
Un|ter|pri|ma|ner [auch: -ma-] *m. 5*
un|ter|pri|vi|le|giert [-vi-] weniger Rechte als andere besitzend; unterprivilegierte Schichten
Un|ter|pri|vi|le|gier|te(r) [-vi-] *m. 18 (17) bzw. f. 17 oder 18*
un|ter|re|den *refl. 2;* ich habe mich mit ihm unterredet
Un|ter|re|dung *f. 10*
Un|ter|richt *m. 1*
un|ter|rich|ten *tr. 2;* ich unterrichte sie in Deutsch; ich habe ihn davon unterrichtet, dass …: davon in Kenntnis gesetzt
un|ter|richt|lich
Un|ter|richts|fach *n. 4*
Un|ter|richts|ge|gen|stand *m. 2*
Un|ter|richts|stun|de *f. 11*
Un|ter|richts|ziel *n. 1*
Un|ter|rich|tung *f. 10*
Un|ter|rock *m. 2*
un|ters *ugs.:* unter das; bis unters Dach
un|ter|sa|gen *tr. 1* verbieten; ich untersage es ihm, habe es ihm untersagt
Un|ter|sa|gung *f. 10*
Un|ter|satz *m. 2;* fahrbarer U. *ugs., scherzh.:* Auto
un|ter|schät|zen *tr. 1;* ich unterschätze es, habe es unterschätzt
un|ter|scheid|bar
un|ter|schei|den *tr. 107*
Un|ter|schei|dung *f. 10*
Un|ter|schei|dungs|merk|mal *n. 1*
Un|ter|schei|dungs|ver|mö|gen *n. 7 nur Sg.*
Un|ter|schen|kel *m. 5*
Un|ter|schicht *f. 10*
un|ter|schie|ben *tr. 112;* ich habe ihm ein Kissen untergeschoben
un|ter|schie|ben *tr. 112* (heimlich) zuschieben; sie haben ihm unlautere Absichten unterschoben; man hat ihr das Kind unterschoben: das Kind mit ihrem eigenen Kind vertauscht
Un|ter|schie|bung *f. 10*
Un|ter|schied *m. 1;* im U. zu …; zum U. von …
un|ter|schied|lich
un|ter|schieds|los

U

un|ter|schläch|tig durch Wasser von unten her angetrieben (Mühlrad)
un|ter|schla|gen *tr. 116;* ich schlage die Arme, Beine unter: kreuze sie; mit untergeschlagenen Beinen sitzen
un|ter|schla|gen *tr. 116* widerrechtlich zurückbehalten, veruntreuen; er unterschlägt Briefe, Gelder, hat sie unterschlagen
Un|ter|schla|gung *f. 10*
Un|ter|schleif *m. 1* Unterschlagung, Betrug
Un|ter|schlupf *m. 1* Zuflucht, Obdach, Schutz; Unterschlupf suchen, finden
un|ter|schlup|fen *intr. 1, süddt. für* unterschlüpfen
un|ter|schlüp|fen *intr. 1;* ich schlüpfe unter, bin untergeschlüpft
un|ter|schnei|den *tr. 125* auf der Unterseite abschrägen; wir unterschneiden das Gesims, haben es unterschnitten
Un|ter|schnei|dung *f. 10 nur Sg.*
un|ter|schrei|ben *tr. 127*
un|ter|schrei|ten *tr. 129;* wir haben die Summe unterschritten: haben weniger gebraucht
Un|ter|schrei|tung *f. 10*
Un|ter|schrift *f. 10*
Un|ter|schrif|ten|samm|lung *f. 10*
un|ter|schrift|lich
Un|ter|schrifts|be|rech|ti|gung *f. 10*
Un|ter|schrifts|map|pe *f. 11*
Un|ter|schuss (*alt:* Un|ter|schuß) *m. 2* Defizit
un|ter|schwel|lig unterhalb der Bewusstseinsschwelle (liegend), unterbewusst
Un|ter|see|boot *n. 1* (*Kurzwort:* U-Boot)
un|ter|see|isch
Un|ter|se|kun|da [auch: -kun-] *f. Gen. - Pl.* -den die 6. Klasse des Gymnasiums
Un|ter|se|kun|da|ner [auch: -da-] *m. 5*
un|ter|set|zen *tr. 1;* ich setze eine Schüssel unter, habe sie untergesetzt
Un|ter|set|zer *m. 5*
un|ter|setzt klein, aber kräftig, stämmig, gedrungen (Person, Körperbau)
Un|ter|setzt|heit *f. 10 nur Sg.*
Un|ter|set|zung *f. 10, bei Getrieben:* langsamerer Lauf des angetriebenen Rades gegenüber dem antreibenden Rad

un|ter|sin|ken *tr. 141*
un|ter|spü|len *tr. 1* unterhöhlen; das Wasser unterspült das Ufer, hat es unterspült
Un|ter|stand *m. 2, im Stellungskrieg:* ein ausgebauter Schutzraum; *auch:* Unterkunft, Obdach
un|ter|stän|dig **1.** unterhalb der Blütenhülle befindlich, mit der Blütenachse verwachsen (Fruchtknoten); **2.** mit schräg stehenden Füßen (Pferd)
un|ters|te(r, -s); die unterste Schicht, das Unterste zuoberst kehren
un|ter|ste|hen *intr. 151, nur im Infinitiv und Partizip II üblich:* sich unterstellen, unter etwas Schutz suchen; hier können wir endlich u., wir haben *süddt., österr., schweiz.:* sind (unter dem Baum) untergestanden
un|ter|ste|hen **1.** *intr. 151;* jmdm. u.: jmdm. unterstellt, untergeordnet sein; ich unterstehe ihm, habe ihm unterstanden; **2.** *refl. 151* wagen; untersteh dich (das zu tun)!
un|ter|stel|len *tr. 1* unter etwas stellen; ich stelle mich, stelle den Wagen dort unter, habe mich, ihn untergestellt
un|ter|stel|len *tr. 1* **1.** unter jmds. Leitung stellen; die Abteilung ist ihm unterstellt; **2.** als wahr annehmen; wir wollen einmal u., er habe ...; **3.** zur Last legen, behaupten; er hat ihm falsche Beweggründe, böse Absichten unterstellt
Un|ter|stel|lung *f. 10;* das ist eine böswillige U.
un|ter|strei|chen *tr. 158; auch übertr.:* bestätigend betonen; ich unterstreiche seine Behauptung
Un|ter|strei|chung *f. 10*
Un|ter|strö|mung *f. 10*
Un|ter|stu|fe *f. 11*
un|ter|stüt|zen *tr. 1;* ich unterstütze ihn, habe ihn unterstützt
Un|ter|stüt|zung *f. 10*
un|ter|stüt|zungs|be|dürf|tig
Un|ter|stüt|zungs|emp|fän|ger *m. 5*
Un|ter|such *m. 1, schweiz., neben:* Versuch, Untersuchung
un|ter|su|chen *tr. 1*
Un|ter|su|chung *f. 10*
Un|ter|su|chungs|aus|schuss (*alt:* Un|ter|su|chungs|aus|schuß) *m. 2*
Un|ter|su|chungs|ge|fan|ge|ne(r) *m. 18 (17) bzw. f. 17 oder 18*
Un|ter|su|chungs|ge|fäng|nis *n. 1*

Un|ter|su|chungs|haft *f. Gen. - nur Sg.*
Un|ter|su|chungs|rich|ter *m. 5*
Un|ter|ta|ge|ar|bei|ter, Un|ter|tag|ar|bei|ter *m. 5*
Un|ter|ta|ge|bau, Un|ter|tag|bau *m. 1*
un|ter|tan *nur prädikativ und adverbial:* untergeben; jmdm. untertan sein; sich jmdn. untertan machen
Un|ter|tan *m. 12 auch: m. 10*
Un|ter|ta|nen|geist *m. 3 nur Sg.*
un|ter|tä|nig ergeben
Un|ter|tä|nig|keit *f. 10 nur Sg.*
Un|ter|tas|se *f. 11;* fliegende U.: Flugobjekt angeblich außerirdischer Herkunft; vgl. UFO
un|ter|tau|chen *intr. u. tr. 1;* ich tauche ihn unter, bin untergetaucht, habe ihn untergetaucht
Un|ter|teil *n. 1 oder m. 1*
un|ter|tei|len *tr. 1;* ich unterteile die Gruppe in drei Untergruppen, habe sie unterteilt
Un|ter|tei|lung *f. 10*
Un|ter|tem|pe|ra|tur *f. 10* Temperatur unter der normalen Körpertemperatur
Un|ter|ter|tia [-tsja, auch: -ter-] *f. Gen. - Pl.* -ti|en [-tsjən] die 4. Klasse des Gymnasiums
Un|ter|ter|ti|a|ner [auch: -tsja-] *m. 5*
Un|ter|ti|tel *m. 5*
Un|ter|ton *m. 2*
un|ter|tou|rig [-tu:-] mit zu niedriger Drehzahl
un|ter|trei|ben *tr. 162* als geringer darstellen, als es der Wirklichkeit entspricht; ich untertreibe (es), habe (es) untertrieben; das ist stark untertrieben
Un|ter|trei|bung *f. 10*
un|ter|tre|ten *intr. 163* unter etwas treten, Schutz unter etwas suchen; hier können wir u.; wir sind untergetreten
un|ter|tun|neln *tr. 1* mit einem Tunnel unterführen; die Straße wird untertunnelt
Un|ter|tun|ne|lung *f. 10 nur Sg.*
un|ter|ver|mie|ten *tr. 2, nur im Infinitiv und Partizip II üblich:* als Mieter weitervermieten; ich habe ein Zimmer untervermietet
Un|ter|ver|mie|tung *f. 10*
un|ter|ver|si|chern *tr. 1, nur im Infinitiv und Partizip II bzw. Passiv üblich:* mit einer zu geringen Summe versichern; das Haus ist unterversichert

U

Un|ter|wal|den Schweizer Kanton
Un|ter|wald|ner *m. 5*
un|ter|wald|ne|risch
un|ter|wan|dern *tr. 1* durch langsames Eindringen schwächen, aufspalten; eine Partei wird unterwandert
Un|ter|wan|de|rung *f. 10 nur Sg.*
un|ter|wärts *ugs.* **1.** unten, unten hin; **2.** *mit Gen.:* unterhalb
Un|ter|wä|sche *f. 11 nur Sg.*
un|ter|wa|schen *tr. 174* unterspülen
Un|ter|wa|schung *f. 10 nur Sg.*
Un|ter|was|ser *n. 5 nur Sg.* **1.** unter einem Stauwerk abfließendes Wasser; *Ggs.:* Oberwasser; **2.** Grundwasser
Un|ter|was|ser|ka|me|ra *f. 9*
Un|ter|was|ser|mas|sa|ge [-ʒə] *f. 11*
Un|ter|was|ser|the|ra|pie *f. 11* therapeutische Behandlung unter Wasser
un|ter|wegs auf dem Wege
un|ter|wei|sen *tr. 177;* ich unterweise ihn, habe ihn unterwiesen
Un|ter|wei|sung *f. 10; schweiz. auch:* Konfirmandenunterricht
Un|ter|welt *f. 10 nur Sg.* **1.** *Myth.:* Totenreich; **2.** *übertr.:* Verbrecherwelt
Un|ter|welt|ler *m. 5* Angehöriger der Unterwelt (2)
un|ter|welt|lich
un|ter|wer|fen *tr. u. refl. 181;* er unterwirft das Volk, hat es unterworfen; er unterwirft sich: fügt sich; er hat sich dem Gerichtsurteil unterworfen
Un|ter|wer|fung *f. 10 nur Sg.*
Un|ter|werk *n. 1, bei Orgeln:* unter dem Hauptmanual liegendes Manual
Un|ter|werks|bau *m. Gen.* -(e)s *nur Sg., Bgb.:* Abbau unter der Fördersohle
un|ter|wer|tig unter dem normalen Wert
Un|ter|wer|tig|keit *f. 10 nur Sg.*
un|ter|wür|fig
Un|ter|wür|fig|keit *f. 10 nur Sg.*
un|ter|zeich|nen *tr. 2;* ich unterzeichne den Brief, habe ihn unterzeichnet
Un|ter|zeich|ner *m. 5*
Un|ter|zeich|ne|te(r) *m. 18 (17) bzw. f. 17 oder 18*
Un|ter|zeich|nung *f. 10 nur Sg.*
Un|ter|zeug *n. 1 nur Sg., ugs.:* Unterwäsche
un|ter|zie|hen *tr. 187* unter der Oberkleidung anziehen; ich ziehe einen Pullover unter, habe ihn untergezogen
un|ter|zie|hen *tr. 187;* er unterzog ihn einer Prüfung, einem Verhör: er prüfte, verhörte ihn; ich habe mich der Prüfung unterzogen: ich habe sie abgelegt
un|tief seicht
Un|tie|fe *f. 11* seichte Stelle, Sandbank; *ugs. auch:* große Tiefe
Un|tier *n. 1* Ungeheuer
un|tilg|bar [auch: ụn-]
Un|tilg|bar|keit *f. 10 nur Sg.*
un|trag|bar [auch: ụn-]
Un|trag|bar|keit *f. 10 nur Sg.*
un|trai|niert [-trɛ-]
un|trenn|bar [auch: ụn-]
Un|trenn|bar|keit *f. 10 nur Sg.*
un|treu
Un|treue *f. 11 nur Sg.*
un|trink|bar [auch: ụn-]
un|tröst|lich [auch: ụn-]
un|trüg|lich [auch: ụn-]
un|tüch|tig
Un|tüch|tig|keit *f. 10 nur Sg.*
Un|tu|gend *f. 10*
un|ty|pisch
un|über|brück|bar [auch: ụn-]
Un|über|brück|bar|keit *f. 10 nur Sg.*
un|über|legt
Un|über|legt|heit *f. 10*
un|über|schreit|bar [auch: ụn-]
un|über|schau|bar
un|über|seh|bar [auch: ụn-]
Un|über|seh|bar|keit *f. 10 nur Sg.*
un|über|setz|bar [auch: ụn-]
Un|über|setz|bar|keit *f. 10 nur Sg.*
un|über|sicht|lich
Un|über|sicht|lich|keit *f. 10 nur Sg.*
un|über|treff|bar [auch: ụn-]
un|über|treff|lich [auch: ụn-]
un|über|trof|fen [auch: ụn-]
un|über|wind|bar [auch: ụn-]
un|über|wind|lich [auch: ụn-]
Un|über|wind|lich|keit *f. 10 nur Sg.*
un|üb|lich
un|um|gäng|lich [auch: ụn-]
Un|um|gäng|lich|keit *f. 10 nur Sg.*
un|um|schränkt [auch: ụn-]
un|um|stöß|lich [auch: ụn-]
un|um|strit|ten [auch: ụn-]
un|um|wun|den [auch: ụn-]
un|un|ter|bro|chen [auch: ụn-]
un|ver|än|der|bar [auch: ụn-]
un|ver|än|der|lich [auch: ụn-]
Un|ver|än|der|lich|keit *f. 10 nur Sg.*
un|ver|än|dert [auch: ụn-]
un|ver|ant|wort|bar [auch: ụn-]
un|ver|ant|wort|lich [auch: ụn-]
un|ver|äu|ßer|lich [auch: ụn-]
Un|ver|äu|ßer|lich|keit *f. 10 nur Sg.*
un|ver|bes|ser|lich [auch: ụn-]
un|ver|bil|det
un|ver|bind|lich
Un|ver|bind|lich|keit *f. 10 nur Sg.*
un|ver|blümt offen, freimütig, geradeheraus
un|ver|brüch|lich [auch: ụn-]
un|ver|bürgt
un|ver|däch|tig
un|ver|dau|lich
Un|ver|dau|lich|keit *f. 10 nur Sg.*
un|ver|daut
un|ver|dient
un|ver|dien|ter|ma|ßen
un|ver|dien|ter|wei|se
un|ver|dor|ben *meist übertr.:* rein, unschuldig, anständig
Un|ver|dor|ben|heit *f. 10 nur Sg.*
un|ver|dros|sen [auch: ụn-]
Un|ver|dros|sen|heit *f. 10 nur Sg.*
un|ver|dünnt
un|ver|ein|bar [auch: ụn-]
Un|ver|ein|bar|keit *f. 10 nur Sg.*
un|ver|fälscht
un|ver|fäng|lich keinen Verdacht erregend; unverfängliche Frage
un|ver|fro|ren dreist, frech, keck
Un|ver|fro|ren|heit *f. 10 nur Sg.*
un|ver|gäng|lich [auch: ụn-]
Un|ver|gäng|lich|keit *f. 10 nur Sg.*
un|ver|ges|sen
un|ver|gess|lich (*alt:* un|ver|geß|lich) [auch: ụn-]
un|ver|gleich|bar [auch: ụn-]
un|ver|gleich|lich unübertrefflich, einzig dastehend, ausgezeichnet
un|ver|go|ren
un|ver|hält|nis|mä|ßig; u. viel, u. wenig
un|ver|hei|ra|tet
un|ver|hofft
un|ver|hoh|len unverhüllt, offen; mit unverhohlener Neugier
un|ver|hüllt
un|ver|käuf|lich
un|ver|kenn|bar [auch: ụn-]
un|ver|langt
un|ver|letz|bar [auch: ụn-]
Un|ver|letz|bar|keit *f. 10 nur Sg.*
un|ver|letz|lich
Un|ver|letz|lich|keit *f. 10 nur Sg.*
un|ver|letzt
un|ver|meid|bar [auch: ụn-]
un|ver|meid|lich
un|ver|min|dert
un|ver|mit|telt
Un|ver|mö|gen *n. 7 nur Sg.* Unfähigkeit
un|ver|mö|gend ohne Vermögen; *meist in der Fügung:* nicht unvermögend
un|ver|mu|tet

Un|ver|nunft *f. Gen. - nur Sg.*
un|ver|nünf|tig
un|ver|rich|te|ter Din|ge (*alt:* un|ver|rich|te|ter|din|ge)
un|ver|rich|te|ter Sa|che (*alt:* un|ver|rich|te|ter|sa|che) ohne etwas erreicht zu haben
un|ver|rück|bar
un|ver|schämt
Un|ver|schämt|heit *f. 10 nur Sg.*
un|ver|schul|det
un|ver|se|hens plötzlich, unerwartet
un|ver|sehrt
Un|ver|sehrt|heit *f. 10 nur Sg.*
un|ver|sieg|bar [auch: un-]
un|ver|sieg|lich [auch: un-]
un|ver|söhn|lich
Un|ver|söhn|lich|keit *f. 10 nur Sg.*
Un|ver|stand *m. Gen.* -(e)s *nur Sg.* Mangel an Verstand, Torheit
un|ver|stan|den
un|ver|stän|dig
Un|ver|stän|dig|keit *f. 10 nur Sg.*
un|ver|ständ|lich [auch: un-]
Un|ver|ständ|lich|keit *f. 10 nur Sg.*
Un|ver|ständ|nis *n. 1 nur Sg.*
un|ver|steu|ert
un|ver|sucht; wir wollen nichts unversucht lassen
un|ver|träg|lich
Un|ver|träg|lich|keit *f. 10 nur Sg.*
un|ver|wandt immerzu, ohne sich abzuwenden; er sah sie unverwandt an; unverwandten Blick(e)s
un|ver|wech|sel|bar [auch: unfɐrvɛksl-]
un|ver|wehrt erlaubt; es ist dir u., zu gehen, wohin du willst
un|ver|weilt *poet. für* unverzüglich
un|ver|wes|lich [auch: un-] unvergänglich
un|ver|wund|bar [auch: un-]
Un|ver|wund|bar|keit *f. 10 nur Sg.*
un|ver|wüst|lich [auch: un-]
Un|ver|wüst|lich|keit *f. 10 nur Sg.*
un|ver|zagt
un|ver|zeih|lich [auch: un-]
un|ver|zins|lich
un|ver|zollt
un|ver|züg|lich [auch: un-] sofort, sogleich
un|voll|en|det
un|voll|kom|men
Un|voll|kom|men|heit *f. 10*
un|voll|stän|dig
Un|voll|stän|dig|keit *f. 10 nur Sg.*
un|vor|be|rei|tet
un|vor|denk|lich *in der Wendung* seit unvordenklichen Zeiten: seit sehr langer Zeit

un|vor|ein|ge|nom|men
Un|vor|ein|ge|nom|men|heit *f. 10 nur Sg.*
un|vor|her|ge|se|hen
un|vor|sich|tig
Un|vor|sich|tig|keit *f. 10 nur Sg.*
un|vor|stell|bar [auch: un-]
un|vor|teil|haft
un|wäg|bar [auch: un-]
Un|wäg|bar|keit *f. 10 nur Sg.*
un|wahr
un|wahr|haf|tig
Un|wahr|haf|tig|keit *f. 10 nur Sg.*
Un|wahr|heit *f. 10 nur Sg.*
un|wahr|schein|lich
Un|wahr|schein|lich|keit *f. 10 nur Sg.*
un|wan|del|bar [auch: un-]
Un|wan|del|bar|keit *f. 10 nur Sg.*
un|weg|sam schwer zu begehen (Gelände)
un|wei|ger|lich [auch: un-] ganz bestimmt, auf jeden Fall
un|weit *Präp. mit Gen.;* unweit des Hauses
un|wert
Un|wert *m. 1 nur Sg.*
un|wer|tig
Un|we|sen *n. 7 nur Sg.* verderbliches Treiben, z. B. Bandenunwesen; sein U. treiben
un|we|sent|lich
Un|wet|ter *n. 5*
un|wich|tig
un|wi|der|leg|bar [auch: un-]
un|wi|der|leg|lich
un|wi|der|ruf|lich [auch: un-]
Un|wi|der|ruf|lich|keit *f. 10 nur Sg.*
un|wi|der|spro|chen [auch: un-]; diese Behauptung kann nicht u. bleiben
un|wi|der|steh|lich [auch: un-]
Un|wi|der|steh|lich|keit *f. 10 nur Sg.*
un|wie|der|bring|lich [auch: un-]
Un|wil|le *m. 15 nur Sg.*
Un|wil|len *m. 7 nur Sg.*
un|wil|lig
un|will|kom|men
un|will|kür|lich [auch: un-] ohne Absicht, unbewusst
un|wirk|lich
Un|wirk|lich|keit *f. 10 nur Sg.*
un|wirk|sam
Un|wirk|sam|keit *f. 10 nur Sg.*
un|wirsch unfreundlich, kurz angebunden, barsch
un|wirt|lich unfreundlich (Wetter, Raum), einsam, unfruchtbar (Gegend)
Un|wirt|lich|keit *f. 10 nur Sg.*
un|wirt|schaft|lich

Un|wirt|schaft|lich|keit *f. 10 nur Sg.*
un|wis|send
Un|wis|sen|heit
un|wis|sen|schaft|lich
Un|wis|sen|schaft|lich|keit *f. 10 nur Sg.*
un|wis|sent|lich ohne es zu wissen, ohne Kenntnis (einer Sache)
un|wohl
Un|wohl|sein *n. Gen.* -s *nur Sg.*
un|wohn|lich
Un|wort **1.** *n. 4* schlecht gebildetes, unschönes Wort; **2.** *n. 1* unerwünschter Begriff, unangebrachtes Wort; das Unwort des Jahres
un|wür|dig
Un|wür|dig|keit *f. 10 nur Sg.*
Un|zahl *f. 10 nur Sg.* sehr große Zahl; eine U. von Vögeln
un|zähl|bar [auch: un-]

unzählig, Unzählige: Das Zahladjektiv schreibt man klein, die substantivierte Form hingegen im Gegensatz zur bisherigen Regel mit großem Anfangsbuchstaben: *Zum Papstbesuch kamen Unzählige.* § 57 (1)

un|zäh|lig [auch: un-]; unzählige Mal; unzählige Male; die Veranstaltung zog Unzählige an
Un|ze [lat.] *f. 11* **1.** alte Gewichtseinheit von 28 bis 100 g; *heute noch in englischsprachigen Ländern:* 28,35 g (Ounce); **2.** Schneeleopard
Un|zeit *f. 10 nur Sg.* unrechte Zeit; zur U. kommen
un|zeit|ge|mäß nicht zeitgemäß
un|zei|tig spät; unreif (Obst)
un|zer|brech|lich
Un|zer|brech|lich|keit *f. 10 nur Sg.*
un|zer|kaut
un|zer|reiß|bar [auch: un-]
un|zer|stör|bar [auch: un-]
Un|zer|stör|bar|keit *f. 10 nur Sg.*
un|zer|trenn|bar [auch: un-]
un|zer|trenn|lich [auch: un-]
Un|zi|a|le [lat.] *f. 11,* **Un|zi|al|schrift** *f. 10* mittelalterliche griech. und röm. Schrift aus abgerundeten Großbuchstaben
un|ziem|lich
Un|ziem|lich|keit *f. 10 nur Sg.*
un|zi|vi|li|siert [-vi-]
Un|zucht *f. Gen. - nur Sg.*
un|züch|tig
Un|züch|tig|keit *f. 10 nur Sg.*
un|zu|frie|den
Un|zu|frie|den|heit *f. 10 nur Sg.*
un|zu|gäng|lich

Un|zu|gäng|lich|keit *f. 10 nur Sg.*
un|zu|kömm|lich *österr.* **1.** unzureichend; **2.** unangemessen
un|zu|läng|lich
Un|zu|läng|lich|keit *f. 10*
un|zu|läs|sig
Un|zu|läs|sig|keit *f. 10 nur Sg.*
un|zu|mut|bar
un|zu|rech|nungs|fä|hig
Un|zu|rech|nungs|fä|hig|keit *f. 10 nur Sg.*
un|zu|sam|men|hän|gend
un|zu|stell|bar
un|zu|stän|dig
Un|zu|stän|dig|keit *f. 10 nur Sg.*
un|zu|träg|lich
Un|zu|träg|lich|keit *f. 10 nur Sg.*
un|zu|tref|fend
un|zu|ver|läs|sig
Un|zu|ver|läs|sig|keit *f. 10 nur Sg.*
un|zweck|mä|ßig
Un|zweck|mä|ßig|keit *f. 10 nur Sg.*
un|zwei|deu|tig sehr deutlich, eindeutig, grob
un|zwei|fel|haft
U|pa|ni|schad [Sanskrit] *f. Gen. - Pl.* -scha|den *meist Pl.* altind. philosophisch-theolog. Schrift
Up|date [ʌpdeɪt, engl.] *n. Gen.* -(s) *Pl.* -s Ergänzung oder Neuversion eines meist kommerziellen Computerprogramms oder Datensatzes
up|da|ten [ʌpdeɪtən, engl.] *tr. 2* aktualisieren
UPI [ju:pi:aɪ, engl.] *Abk. für* United Press International: eine US-amerikan. Nachrichtenagentur
Up|load [ʌploʊd, engl.] *n. 9 oder m. 9, EDV:* Übermittlung von Programmen und Dateien durch Datenfernübertragung; *Ggs.:* Download
Up|per|class *auch:* **Up|per Class** (*alt:* Up|per class) [ʌpə(r)kla:s, engl.] *f. Gen. - nur Sg.* Oberschicht
Up|per|cut [ʌpə(r)kʌt, engl.] *m. 9, Boxen:* Schlag von unten gegen das Kinn des Gegners
Up|per|ten *auch:* **Up|per Ten** (*alt:* Up|per ten) [ʌpə(r)tɛn, engl. »obere zehn«] *Pl.* die Oberschicht
üp|pig
Üp|pig|keit *f. 10*
up to date [ʌptədeɪt, engl.] auf dem Laufenden, zeitgemäß, der Mode entsprechend
Ur *m. 1* Auerochse
ur..., Ur... *in Zus.* **1.** erste(r, -s), Anfangs..., ursprünglich, z. B. Urmensch; **2.** sehr, in hohem Maße, z. B. uralt, urmusikalisch; **3.** zur vorangehenden oder nachfolgenden Generation gehörend, z. B. Urenkel
Ur|ab|stim|mung *f. 10* **1.** geheime Abstimmung aller Mitglieder einer Gewerkschaft; **2.** *schweiz.:* schriftl. Umfrage in einem Verein
Ur|a|del *m. Gen.* -s *nur Sg.*
Ur|ahn *m. 12* = Urahne (1)
Ur|ah|ne **1.** *m. 11* Vorfahr, Urgroßvater, Urahn; **2.** *f. 11* Urgroßmutter
U|ral *m. Gen.* -s Gebirge in Russland, gilt als Grenze zwischen Europa und Asien
u|ral|al|ta|isch; uralaltaische Sprachen: *frühere Bez. für* die finnisch-ugr. und Turksprachen
u|ra|lisch zum Ural gehörig, von dort stammend; uralische Sprachen: *frühere Bez. für* die finnisch-ugrischen Sprachen
ur|alt
Ur|al|ter *n. Gen.* -s *nur Sg.* Urzeit, Vorzeit; *aber:* von uralters her
Ur|ä|mie *auch:* **U|rä|mie** [griech.] *f. 11* durch mangelhafte Ausscheidung von Urin hervorgerufene Krankheit, Harnvergiftung
ur|ä|misch *auch:* **u|rä|misch**
U|ran [nach dem Planeten Uranus] *n. 1 nur Sg.* (*Zeichen:* U) ein chem. Element
Ur|an|fang *m. 2*
ur|an|fäng|lich

uranhaltig, Uran-238-haltig:
Die aus Substantiv und Adjektiv zusammengesetzte Bildung schreibt man zusammen: *uranhaltiges Gestein*. Ansonsten setzt man einen Bindestrich zwischen allen Bestandteilen mehrteiliger Zusammensetzungen, in denen eine Wortgruppe oder eine Zusammensetzung mit Bindestrich auftritt: *Uran-238-haltig*. Ebenso: *UV-Strahlen-gefährdet* (aber: *strahlengefährdet*), *Vitamin-B-haltig*. § 44

u|ran|hal|tig; *aber:* Uran-238-haltig
U|ra|nia *griech. Myth.:* Muse der Sternkunde
U|ra|ni|den *m. 11 Pl., Sammelbez. für* Uran, Neptunium, Plutonium
U|ra|nier *m. 5* Uranist
U|ra|ni|nit *n. 1 nur Sg.* ein Mineral, Uranpecherz, Pechblende
U|ra|nis|mus [nach Urania, dem Beinamen der griech. Göttin Aphrodite] *m. Gen. - nur Sg.* Homosexualität
U|ra|nist *m. 10*, Ura|ni|er *m. 5*, Urning *m. 1, veraltet:* homosexueller Mann
U|ra|no|lo|gie [griech.] *f. 11, veraltet:* Himmelskunde
U|ra|nos *griech. Myth.:* Urvater der Titanen, Vater des Kronos
U|ran|pech|erz *n. 1 nur Sg.* Uraninit
U|ra|nus *m. Gen. -* ein Planet
U|rat [griech.] *n. 1* Salz der Harnsäure
ur|auf|füh|ren *tr. 1, nur im Partizip II und Passiv üblich;* das Stück wurde in Berlin uraufgeführt
Ur|auf|füh|rung *f. 10* erste Aufführung (eines Musik-, Bühnenstücks oder Films), im Unterschied zu folgenden Erstaufführungen in anderen Ländern oder Städten
U|räus|schlan|ge *f. 11* eine afrik. Giftschlange
Ur|ban männl. Vorname
ur|ban [lat.] **1.** städtisch; **2.** *übertr.:* weltmännisch
ur|ba|ni|sie|ren *tr. 3* **1.** städtisch machen, verstädtern; **2.** verfeinern
Ur|ba|ni|tät *f. 10 nur Sg.* **1.** weltmännische Gewandtheit und Höflichkeit; **2.** städt. Leben, städt. Lebensform
ur|bar anbaufähig, nutzbar (Boden)
ur|ba|ri|sie|ren *tr. 3, schweiz.:* urbar machen
Ur|ba|ri|sie|rung *f. 10 nur Sg.*
Ur|bar|ma|chung *f. 10 nur Sg.*
Ur|be|ginn *m. Gen.* -s *nur Sg.* von Urbeginn an
Ur|be|völ|ke|rung *f. 10 nur Sg.*
Ur|be|woh|ner *m. 5*
ur|bi et or|bi [lat.] der Stadt (Rom) und der Welt (Formel für die Bitte um Segen des Papstes)
Ur|bild *n. 3*
ur|chig *schweiz. für* urig
Ur|chris|ten|tum *n. Gen.* -s *nur Sg.* das Christentum bis etwa 200 n. Chr.
ur|christ|lich
Ur|du *n. Gen.* -(s) *nur Sg., ind. Bez. für* Hindustani
U|rea [griech.] *f. Gen. - nur Sg.* Harnstoff
ur|ei|gen **1.** ursprünglich eigen; **2.** *verstärkend:* ganz eigen; das liegt in seinem ureigenen Interesse

U

Ur|ein|woh|ner *m. 5*
Ur|el|tern *Pl.* Stammeltern; Urahnen
Ur|en|kel *m. 5*
U|re|ter [griech.] *m. Gen.* -s *Pl.* -teren Harnleiter
U|re|thra *auch:* **U|reth|ra** *f. Gen.* - *Pl.* -ren Harnröhre
U|re|thri|tis *auch:* **U|reth|ri|tis** *f. Gen.* - *Pl.* -ti|den Harnröhrenentzündung
u|re|tisch harntreibend
ur|e|wig *ugs.:* seit urewigen Zeiten
Ur|fas|sung *f. 10*
Ur|feh|de *f. 11, MA:* eidl. Versprechen, auf Rache zu verzichten; U. schwören
Ur|form *f. 10*
Ur|ge|mein|de *f. 11* urchristl. Gemeinde
ur|ge|müt|lich
ur|gent [lat.] dringend
Ur|genz *f. 10 nur Sg.* Dringlichkeit
ur|ger|ma|nisch
Ur|ge|schich|te *f. 11 nur Sg.* älteste Geschichte, Vorgeschichte
ur|ge|schicht|lich
Ur|ge|sell|schaft *f. 10* älteste Form der menschl. Gesellschaft
Ur|ge|stalt *f. 10*
Ur|ge|stein *n. 1, veraltet für* magmatische und metamorphe Gesteine
Ur|ge|walt *f. 10*
ur|gie|ren [lat.] *tr. 3, bes. österr.:* dringlich machen, um sofortige Erledigung (von etwas) bitten; ein Gesuch u.
Ur|groß|el|tern *Pl.*
Ur|groß|mut|ter *f. 6*
ur|groß|müt|ter|lich
Ur|groß|va|ter *m. 6*
ur|groß|vä|ter|lich
Ur|grund *m. 2*
Ur|he|ber *m. 5* **1.** jmd., der etwas veranlasst (hat); **2.** Verfasser, Schöpfer (eines literar. oder musikal. Werkes)
Ur|he|ber|recht *n. 1*
ur|he|ber|recht|lich
Ur|he|ber|schaft *f. Gen.* - *nur Sg.*
Ur|he|ber|schutz *m. Gen.* -es *nur Sg.*
Ur|hei|mat *f. Gen.* - *nur Sg.*
U|ri Schweizer Kanton; vgl. Urner
U|ri|an **1.** *m. 1* unwillkommener Gast; **2.** *nur Sg.* der Teufel
U|ri|as|brief [nach Uria, dem Heerführer Davids] *m. 1* Brief, der dem Überbringer Unheil bringt
u|rig, *schweiz.* **ur|chig** urwüchsig-komisch, urwüchsig-humorvoll
U|rin [griech.] *m. 1* Harn
U|ri|nal *n. 1* Harnflasche, Harnglas
u|ri|nie|ren *intr. 3* Wasser lassen, harnen
Ur|kan|ton *m. 1* Gründungskanton der Schweiz (Uri, Schwyz, Unterwalden)
Ur|kir|che *f. 11 nur Sg.* die christl. Kirche bis etwa 200 n. Chr.
Ur|knall *m. 1 nur Sg.* allgemein angenommener Anfang unseres Universums
ur|ko|misch
Ur|kraft *f. 2*
Ur|kun|de *f. 11*
Ur|kun|den|fäl|schung *f. 10*
Ur|kun|den|samm|lung *f. 10*
ur|kund|lich
Ur|kunds|be|am|te(r) *m. 18 (17)*
URL *Abk. für* uniform resource locator: eindeutige Adresse für eine Website
Ur|laub *m. 1*
Ur|lau|ber *m. 5*
Ur|laubs|geld *n. 3*
Ur|laubs|schein *m. 1*
Ur|laubs|tag *m. 1*
Ur|laubs|ü|ber|schrei|tung *f. 10*
Ur|laubs|zeit *f. 10*
Ur|maß *n. 1* Normalmaß
Ur|mensch *m. 10*
Ur|me|ter *n. 5 nur Sg.* Normmaß für das Meter
Ur|mut|ter *f. 6* Stammmutter, Mutter des Menschengeschlechts
Ur|ne [lat.] *f. 11* **1.** henkelloses Gefäß mit Deckel zur Aufbewahrung der Asche eines Toten; **2.** Behälter für Stimmzettel (bei Wahlen)
Ur|nen|fried|hof *m. 2*
Ur|nen|gang *m. 2* Wahl
Ur|nen|grab *n. 4*
Ur|ner *m. 5* Einwohner von Uri
Ur|ner See *m. Gen.* - -s Teil des Vierwaldstädter Sees
Ur|ning *m. 1* Uranist
Ur|nings|lie|be *f. 11 nur Sg., veraltet:* Homosexualität
u|ro..., **U|ro...** [griech.] *in Zus.:* harn..., Harn...
u|ro|ge|ni|tal [griech. + lat.] zu den Harn- und Geschlechtsorganen gehörend, von ihnen ausgehend
U|ro|ge|ni|tal|sys|tem *n. 1* die Harn- und Geschlechtsorgane
U|ro|lith *m. 10* Harnstein
U|ro|lo|ge *m. 11* Facharzt für Erkrankungen der Harnorgane
U|ro|lo|gie *f. 11 nur Sg.* Lehre von den Erkrankungen der Harnorgane
u|ro|lo|gisch
U|ro|me|ter *n. 5* Gerät zum Bestimmen des spezifischen Gewichts von Harn, Harnwaage
ur|plötz|lich *verstärkend:* u. stand ein Elch vor mir
Ur|pro|dukt *n. 1* Rohstoff
Ur|quell *m. 1*, **Ur|quel|le** *f. 11*
Ur|sa|che *f. 11*
ur|säch|lich
Ur|schrift *f. 10* erste Niederschrift, Original
ur|schrift|lich
urspr. *Abk. für* ursprünglich
Ur|spra|che *f. 11* **1.** Sprache, aus der sich mehrere Sprachen entwickelt haben; **2.** Sprache, in der ein übersetzter Text ursprünglich geschrieben ist, Originalsprache
Ur|sprung *m. 2*
ur|sprüng|lich (*Abk.:* urspr.)
Ur|sprüng|lich|keit *f. 10 nur Sg.*
Ur|sprungs|land *n. 4*
Ur|ständ *f. Gen.* - *nur Sg., veraltet:* Auferstehung; *nur noch in der Wendung* fröhliche U. feiern: wieder aufleben
Ur|stoff *m. 1*
ur|stoff|lich
Ur|strom|tal *n. 4* breites, durch das Schmelzwasser eines Eiszeitgletschers entstandenes Tal
Ur|su|la weibl. Vorname
Ur|su|li|ne *f. 11*, **Ur|su|li|ne|rin** *f. 10* Angehörige eines kath. Ordens
Ur|teil *n. 1*
ur|tei|len *intr. 1*
ur|teils|fä|hig
Ur|teils|fä|hig|keit *f. 10 nur Sg.*
Ur|teils|kraft *f. 2 nur Sg.*
ur|teils|los keine Urteilsfähigkeit besitzend
Ur|teils|spruch *m. 2*
Ur|teils|ver|kün|dung *f. 10*
Ur|teils|ver|mö|gen *n. 7 nur Sg.*
Ur|teils|voll|stre|ckung *f. 10*
Ur|text *m. 1* ursprüngl. Text, einer Übersetzung zugrunde liegender Text
Ur|tier *n. 1*, **Ur|tier|chen** *n. 7* einzelliges Lebewesen
Ur|ti|ka|ria *f. Gen.* - *nur Sg.* Nesselausschlag, Nesselsucht
Ur|trieb *m. 1*
ur|tüm|lich
Ur|tüm|lich|keit *f. 10 nur Sg.*
Ur|typ *m. 12*, **Ur|ty|pus** *m. Gen.* - *Pl.* -pen
U|ru|gu|ay [auch: -gwai] **1.** Staat in Südamerika; **2.** *m. Gen.* -(s) Fluss in Südamerika

U|ru|gu|ay|er *auch:* **U|ru|gu|a|yer** *m. 5*
u|ru|gu|ay|isch *auch:* **u|ru|gu|a|yisch**
Ur|ur|en|kel *m. 5*
Ur|ur|groß|el|tern *Pl.*
Ur|ur|groß|mut|ter *f. 6*
Ur|ur|groß|va|ter *m. 6*
Ur|va|ter *m. 6* Stammvater
ur|ver|wandt
Ur|ver|wandt|schaft *f. 10 nur Sg.*
Ur|viech, Ur|vieh *n. Gen.* -s *Pl.* -vie|cher, *ugs. scherzh.:* witziger, komischer Mensch
Ur|vo|gel *m. 6* = Archäopteryx
Ur|wahl *f. 10* Wahl von Wahlmännern
Ur|wäh|ler *m. 5*
Ur|wald *m. 4*
Ur|welt *f. 10 nur Sg.*
ur|wüch|sig [-ks-]
Ur|wüch|sig|keit [-ks-] *f. 10 nur Sg.*
Ur|zeit *f. 10*
ur|zeit|lich
Ur|zeu|gung *f. 10* angenommene Entstehung von Leben aus unbelebtem Stoff
Ur|zu|stand *m. 2*
US(A) *f. Gen. - Abk. für* United States (of America): Vereinigte Staaten (von Amerika)
U|sam|ba|ra|veil|chen [nach dem ostafrik. Bergland Usambara] *n. 7* eine Zimmerpflanze
US-A|me|ri|ka|ner *m. 5*
US-a|me|ri|ka|nisch
U|sance [yzãs, frz.] *f. 11, bes. im Handel:* Brauch, Gepflogenheit, *schweiz.* Usanz
U|san|cen|han|del [yzãsən-] *m. Gen.* -s *nur Sg.* Devisenhandel in fremder Währung
U|sanz *f. 10, schweiz. für* Usance
Us|be|ke *m. 11* Angehöriger eines Turkvolkes
us|be|kisch
Us|be|ki|stan *auch:* **Us|be|kis|tan** Staat in Mittelasien
U|se|dom Insel an der dt. Ostseeküste

U|ser [ju-, engl.] *m. 5* **1.** jmd., der regelmäßig Rauschgift nimmt; **2.** PC-Benutzer, Anwender eines EDV-Programms
usf. *Abk. für* und so fort
U|so *m. 9* [ital.] Handel: Brauch, Gepflogenheit, Gewohnheit
U|so|wech|sel [-ks-] *m. 5* Wechsel, der nach dem am Zahlungsort übl. Brauch zu zahlen ist
u|su|ell [lat.] gebräuchlich
U|sur|pa|ti|on *f. 10* widerrechtl. Machtergreifung, Thronraub
U|sur|pa|tor *m. 13* jmd., der Usurpation begeht, Thronräuber
u|sur|pa|to|risch
u|sur|pie|ren *tr. 3* gewaltsam nehmen, an sich reißen, rauben; die Macht, den Thron u.
U|sus *m. Gen. - nur Sg.* Brauch, Gepflogenheit, Sitte; es ist hier (so) U., dass …
usw. *Abk. für* und so weiter
UT *Abk. für* Utah (3)
U|ta, U|te weibl. Vorname
U|tah [juta] **1.** *m. 9 oder m. Gen. - Pl. -* Angehöriger eines nordamerik. Indianervolkes; **2.** *n. Gen.* -(s) *nur Sg.* dessen Sprache; **3.** (*Abk.:* UT) Staat der USA
U|ten|sil [lat.] *n. Gen.* -s, *meist Pl.,* **U|ten|si|li|en** *Pl.* kleine, für einen bestimmten Zweck notwendige Gebrauchsgegenstände, z. B. Schreib-, Waschutensilien
u|te|rin [lat.] zum Uterus gehörig
U|te|rus *m. Gen. - Pl.* -ri Gebärmutter, Teil der weibl. Geschlechtsorgane
u|ti|li|tär
U|ti|li|ta|ri|er [lat.] *m. 5* Utilitarist
U|ti|li|ta|ris|mus *m. Gen. - nur Sg.* Lehre, dass der Nutzen Grundlage und Zweck des menschl. Handelns sei und der Gemeinschaft dienstbar gemacht werden müsse
U|ti|li|ta|rist *m. 10,* U|ti|li|ta|ri|er *m. 5*
u|ti|li|ta|ris|tisch

U|to|pia [nach dem Titel eines Romans von Th. Morus], U|to|pi|en *n. Gen.* -(s) *nur Sg.* Wunsch-, Traumland
U|to|pie *f. 11* **1.** Schilderung eines künftigen (gesellschaftl. o. Ä.) Lebens oder Zustandes; **2.** Plan ohne eine reale Grundlage, Wunschtraum
u|to|pisch unerfüllbar, nur in der Vorstellung vorhanden, erträumt; utopischer Roman
U|to|pis|mus **1.** *m. Gen. - nur Sg.* Neigung zu Utopien; **2.** *m. Gen. - Pl.* -men utop. Vorstellung
U|to|pist *m. 10* **1.** Schilderer einer Utopie (1); **2.** jmd., der zu Utopien (2) neigt
U|tra|quis|mus *auch:* **Ut|ra|quis|mus** [lat.] *m. Gen. - nur Sg.* Lehre der Utraquisten
U|tra|quist *m. 10* = Kalixtiner
u. U. *Abk. für* unter Umständen
UV *Abk. für* ultraviolett
UV-be|strahlt
U. v. D. *Abk. für* Unteroffizier vom Dienst
U|vi|ol [-vi-] *n. Gen.* -s *nur Sg., Kurzwort für* Ultraviolett
U|vi|ol|glas® [-vi-] *n.* ultraviolette Strahlen durchlassendes Glas
UV-Lam|pe *f. 11*
UV-Strah|len *Pl.* ultraviolette Strahlen
UV-Strah|len-ge|fähr|det
U|vu|la [-vu-, lat.] *f. Gen. - Pl.* -lae [-lɛ:] Gaumenzäpfchen
u|vu|lar [-vu-] mit dem Gaumenzäpfchen gebildet (Laut)
U|vu|lar [-vu-] *m. 1* mit dem Gaumenzäpfchen gebildeter Laut, z. B. das Gaumen-r
u. W. *Abk. für* unseres Wissens
Ü-Wa|gen *m. 7 Kurzwort für* Übertragungswagen
U|we männl. Vorname
u. Z. *Abk. für* unsere(r) Zeitrechnung
u|zen *tr. 1, ugs.:* necken

U

v. **1.** *Abk. für* verte!; **2.** *Abk. für* vide; **3.** *Abk. für* von, vom (vor Namen)

V **1.** *röm. Zahlzeichen für* 5; **2.** *Abk. für* Volt; **3.** *Abk. für* Volumen; **4.** *chem. Zeichen für* Vanadium

V. *Abk. für* Vers

VA **1.** *Abk. für* Voltampere; **2.** *Abk. für* Virginia (1)

v. a. *Abk. für* vor allem

> **Vabanque/va banque spielen:** Den Schreibenden bleibt die Entscheidung überlassen, ob sie das Gefüge zusammen- (Hauptvariante) oder getrennt (Nebenvariante) schreiben; beide Schreibweisen sind korrekt: *Sie haben Vabanque/va banque gespielt* (= mit vollem Risiko).

va banque *Nv.* **Va|banque** *Hv.* [vabā̱k, frz.] *beim Glücksspiel:* es gilt die Bank; Vabanque *oder:* va banque spielen: um den gesamten Einsatz der Bank spielen; *übertr.:* alles einsetzen, alles wagen

Va|banque|spiel [vabā̱k-, frz.] *n. 1*

va|cat [va̱-, lat.] es fehlt, es ist nicht vorhanden; vgl. Vakat

Vache|le|der [va̱ʃ-, frz.] *n. 5* Rindsleder (für Schuhsohlen)

Va|de|me|kum [va:-, lat.] *n. 9* kleines Lehrbuch, Ratgeber, Taschenbuch, den man bei sich tragen kann

Va|di|um [va̱-, lat.] *n. Gen.* -s *Pl.* -di|en, *im alten dt. Recht:* Gegenstand als symbol. Pfand; Anzahlung

va|dos [va-, lat.] *in der Fügung* vadoses Wasser: von Niederschlägen und Oberflächengewässern herrührendes, in der Erdkruste befindl. Wasser, Grundwasser; *Ggs.:* juveniles Wasser

Va|duz [faduts, auch: vaduts] Hauptstadt von Liechtenstein

vag [va̱g] = vage

Va|ga|bund [va-, frz.] *m. 10* **1.** Landstreicher; **2.** *übertr.:* ruheloser, häufig den Wohnsitz wechselnder Mensch

Va|ga|bun|da|ge [vagabundaʒə] *f. 11 nur Sg.* Landstreicherei

Va|ga|bun|den|le|ben [va-] *n. 7 nur Sg.*

va|ga|bun|die|ren [va-] *intr. 3* **1.** als Vagabund leben; **2.** *übertr.:* ein ruheloses Leben führen

Va|gant [va-] *m. 10, MA:* fahrender Spielmann, fahrender Schüler

Va|gan|ten|dich|tung [va-] *f. 10*

va|ge [va̱-, frz.] unbestimmt, verschwommen, ungenau

Vag|heit [va̱g-] *f. 10 nur Sg.*

va|gie|ren [va-, lat.] *intr. 3* umherziehen, -schweifen

Va|gi|na [auch: va̱-, lat.] *f. Gen. - Pl.* -nen weibl. Scheide

va|gi|nal [va-] zur Vagina gehörend, von ihr ausgehend

Va|gi|nis|mus [va-] *m. Gen. - nur Sg.* Scheidenkrampf

Va|go|to|nie [va-, lat.] *f. 11* erhöhte Erregbarkeit des parasympath. Nervensystems

Va|go|to|ni|ker [va-] *m. 5* jmd., der an Vagotonie leidet

Va|gus [va̱-] *m. Gen. - nur Sg.* Hauptnerv des parasympath. Nervensystems, Nervus vagus

va|kant [va-, lat.] offen, leer, unbesetzt (Stelle)

Va|kanz [va-] *f. 10* **1.** unbesetzte Stelle; **2.** *süddt. veraltet:* Ferien

Va|kat [va̱-] *n. 9* leere Seite (eines Druckbogens)

Va|ku|blitz [va̱-] *m. 1* ein Elektronenblitzgerät

Va|ku|o|le [va-] *f. 11, bes. bei Einzellern:* mit Flüssigkeit oder Nahrung gefülltes Bläschen

Va|ku|um [va̱-] *n. Gen.* -s *Pl.* -kua **1.** luftverdünnter, nahezu luftleerer Raum; **2.** unausgefüllter Raum, unausgefüllte Zeit

va|ku|u|mie|ren [va-] *tr. 3* bei verringertem Luftdruck verdampfen (Flüssigkeit)

Va|ku|um|me|ter [va̱-] *n. 5* Manometer für niedrigen Druck

Va|ku|um|pum|pe [va̱-] *f. 11* Pumpe zum Erzeugen eines Vakuums

Va|ku|um|ver|pa|ckung [va̱-] *f. 10*

Vak|zin [vak-, lat.] *n. 1* = Vakzine

Vak|zi|na|ti|on [vak-] *f. 10* Impfung mit Vakzinen

Vak|zi|ne [vak-] *f. 11* Impfstoff aus abgetöteten oder abgeschwächten Krankheitserregern, Vakzin

vak|zi|nie|ren [vak-] *tr. 3* mit Vakzinen impfen

Vak|zi|nie|rung [vak-] *f. 10*

va|le! [va̱-, lat.] leb wohl!

Va|len|cia [valẹnθja] span. Stadt, Hauptstadt einer Provinz

Va|len|ci|ennes|spit|ze [valãsjẹn-, nach der frz. Stadt Valenciennes] *f. 11* feine Klöppelspitze mit Blumenmustern

Va|len|tin [vạ- süddt. auch: fạ-] männl. Vorname

Va|lenz [va-, lat.] *f. 10* Wertigkeit **1.** *Chem.:* Maßzahl für die Fähigkeit eines Atoms, Elektronen aufzunehmen oder abzugeben; **2.** *Gramm.:* Wertigkeit, v. a. von Verben, durch die Zahl und Art der Ergänzungen bestimmt wird, damit der Satz grammatisch vollständig wird

Va|le|ri|a|na [va-, lat.] *n. Gen. - Pl.* -nen Baldrian

Va|le|ri|an|säu|re [va-] *f. 11 nur Sg.* Baldriansäure

Va|le|ri|at [va-] *n. 1* Salz der Valeriansäure

Va|let [va-, lat.] *n. 9, veraltet:* Abschied, Abschiedsgruß, Lebewohl; jmdm. V. sagen; jmdm. (das) V. geben

Va|let [vale̱, frz.] *m. 9, frz. Kartenspiel:* Bube

Va|leur [valø̱r, frz.] *m. 9* **1.** *veraltet:* Wertpapier; **2.** *Pl., Malerei:* Farbtonwerte, Abstufung von Licht und Schatten

Va|li|di|tät [va-] *f. 10 nur Sg.* Wertigkeit, Gültigkeit

Va|lo|ren [va-] *Pl.* Wertgegenstände, Wertpapiere, auch Banknoten

Va|lo|ren|ver|si|che|rung [va-] *f. 10*

Va|lo|ri|sa|ti|on [va-] *f. 10* Steigerung der Preise (durch Stapeln, Aufkaufen, u. a.)

va|lo|ri|sie|ren [va-] *tr. 3;* Waren v.: den Wert, Preis von Waren steigern

Va|lo|ri|sie|rung [va-] *f. 10*

Val|po|li|cel|la [valpolitʃẹla] *m. Gen.* -(s), *nur Sg.* ein italienischer trockener Rotwein (nach dem gleichnamigen Anbauort)

Va|lu|ta [va-, lat.] *f. Gen. - Pl.* -ten **1.** Wert (Währung an einem bestimmten Tag); **2.** Geldsorte, Währung; **3.** *Bankwesen:* Datum, an dem eine Gutschrift oder Belastung für einen Kunden erfolgt; **4.** *Pl.* Zinsscheine ausländischer Effekten

va|lu|tie|ren [va-] *tr. 3* **1.** bewerten; **2.** terminlich festlegen; **3.** *Bankwesen:* zu einem bestimmten Tag gutschreiben oder belasten; einen Betrag einem Konto v.
Val|va|ti|on [valva-] *f. 10* Wertbestimmung (bes. von fremden Münzen)
Vamp [væmp, engl.] *m. 9* verführerische, doch kalt berechnende Frau
Vam|pir [vam-, slaw.] *m. 1* **1.** eine (südamerik. Blut leckende) Fledermaus; **2.** *im Volksglauben:* Blut saugendes Nachtgespenst; **3.** *übertr.:* Wucherer, Blutsauger
van [van, auch: fan] *ndrl.:* von (vor Namen), z. B. van Eyck
Va|na|di|um [va-, nach Vanadis, dem Beinamen der Göttin Freia] *n. Gen.* -s *nur Sg.* (*Zeichen:* V) chem. Element, ein Metall
Van-Al|len-Gür|tel [vɛnælın-, nach dem US-amerik. Physiker J.A. Van Allen] *m. 5* jeder der zwei Strahlungsgürtel der Erde
Van|cou|ver [vɛnkuvə(r)] Stadt und Insel im Westen Kanadas
Van|da|le [van-] *m. 11* = **Wan|da|le**

Vandalismus/Wandalismus: Die Schreibenden entscheiden selbst, ob sie die fremdsprachige Form *Vandalismus* oder die ins Deutsche integrierte Schreibweise *Wandalismus* wählen. Beide Varianten sind korrekt.

Van|da|lis|mus [van-] *m. Gen. - nur Sg.* = **Wan|da|lis|mus**
Va|nil|le [vanil(j)ə, lat.-frz.] *f. 11 nur Sg.* **1.** eine Orchidee; **2.** ein Gewürz
Va|nil|le|eis [vanil(j)ə-] *n. Gen.* -es *nur Sg.*
Va|nil|le|pud|ding [vanil(j)ə-] *m. 9*
Va|nil|le|scho|te [vanil(j)ə-] *f. 11*
Va|nil|le|stan|ge [vanil(j)ə-] *f. 11*
Va|nil|le|zu|cker [vanil(j)ə-] *m. 5 nur Sg.* ein Aromastoff
Va|peur [vapør, frz.] **1.** *m. 9 nur Sg.* ein Baumwollgewebe; **2.** *Pl.* Blähungen; *übertr.:* Launen, Kaprizen
Va|po|ri|me|ter [va-, lat. + griech.] *n. 5* Gerät zum Bestimmen des Alkoholgehalts einer Flüssigkeit aus dem Dampfdruck beim Sieden
Va|po|ri|sa|ti|on [va-] *f. 10* **1.** Verdampfung; **2.** Bestimmung des Alkoholgehalts einer Flüssigkeit mittels Vaporimeters; **3.** Blutstillung durch Wasserdampf
va|po|ri|sie|ren [va-] *tr. 3* **1.** verdampfen; **2.** den Alkoholgehalt (von etwas) feststellen
Va|po|ri|sie|rung [va-] *f. 10*
var. *Abk. für* varietas vgl. Varietät (2) (bei naturwissenschaftlichen Namen)
Va|ria [va-, lat.] *Pl. Bibliothekswesen:* Verschiedenes
va|ri|a|bel [va-] veränderlich, schwankend; variable Kosten
Va|ri|a|bi|li|tät [va-] *f. 10 nur Sg.* Veränderlichkeit
Va|ri|a|ble *auch:* **Va|ri|ab|le** [va-] *f. 11, Math.:* veränderl. Größe; *Ggs.:* Konstante
Va|ri|an|te [va-] *f. 11* **1.** abweichende Form; **2.** abweichende Lesart (bei Texten)
Va|ri|a|ti|on [va-] *f. 10* Abweichung, Veränderung, Abwandlung
Va|ri|a|ti|ons|brei|te [va-] *f. 11*
va|ri|a|ti|ons|fä|hig [va-]
Va|ri|e|tät [variə-] *f. 10* **1.** Verschiedenheit, Andersartigkeit; **2.** *Biol.:* abweichende Form einer Art

Varietee/Varieté: Die ins Deutsche integrierte Form *Varietee* ist die Hauptvariante, die französische Schreibweise *Varieté* die zulässige Nebenvariante. § 20 (2)

Va|ri|e|té *Nv.* **Va|ri|e|tee** *Hv.* [variəte, frz.] *n. 9* Bühne für artistische, tänzerische und musikalische Darbietungen
va|ri|ie|ren [va-] **1.** *intr. 3* verschieden sein, abweichen; **2.** *tr. 3* abwandeln
va|ri|kös [va-, lat.] in Form von Varizen, mit Varizen behaftet, krampfaderig
Va|ri|ko|si|tät [va-] *f. 10 nur Sg.* Bildung von Varizen
Va|ri|ko|ze|le [va-] *f. 11* Krampfaderbruch
Va|ri|o|la [va-, lat.] *f. Gen. - Pl.* -lae [-lɛ:] *oder* -len, **Va|ri|o|le** [va-] *f. 11* eine Infektionskrankheit, Pocken, Blattern
Va|ri|o|me|ter [va-, lat. + griech.] *n. 5* **1.** Gerät zum Messen der Steig- und Sinkgeschwindigkeit eines Flugzeugs; **2.** elektron. Bauteil mit veränderbarer Kapazität bzw. Induktivität
Va|ris|tor [va-, lat.] *m. 13* Vorschaltwiderstand, der Stromstärke und Spannung im nachfolgenden Stromkreis begrenzt
Va|ri|ty|per [værıtaıpə(r), engl.] *m. 5* eine fotomechanische Schreib- und Setzmaschine
Va|rix [va-, lat.] *f. Gen. - Pl.* -ri|zen
Va|ri|ze [va-] *f. 11* Krampfader
Va|ri|zel|len [va-] *Pl.* = Windpocken
va|sal [va-, lat.] zu den Blutgefäßen gehörend, von ihnen ausgehend
Va|sall [va-, kelt.-mlat.] *m. 10* **1.** *MA:* Lehnsmann, Gefolgsmann; **2.** *allg.:* Abhängiger
Va|sal|len|staat [va-] *m. 10* von einer Großmacht abhängiger Staat
va|sal|lisch [va-]
Väs|chen [vɛs-] *n. 7*
Va|se [va-, lat.] *f. 11*
Vas|ek|to|mie *auch:* **Va|sek|to|mie** [vas-, lat. + griech.] *f. 11* operative Entfernung eines Blutgefäßteiles bzw. eines Teils des männl. Samenleiters, Vasotomie
Va|se|lin [va-] *n. Gen.* -s *nur Sg.*, **Va|se|li|ne** *f. Gen. - nur Sg.* eine Fettsalbe
Va|se|nol® [va-] *n. Gen.* -s *nur Sg.* eine Salbengrundlage
vas|ku|lar [vas-, lat.] zu den kleinen Blutgefäßen gehörig, von ihnen ausgehend
Vas|ku|la|ri|sa|ti|on [vas-] *f. 10* Versorgung mit feinsten Blutgefäßen
vas|ku|lös [vas-] blutgefäßreich
Va|so|li|ga|tur [va-] *f. 10* Unterbindung eines Blutgefäßes
Va|so|mo|to|ren [va-] *Pl.* Gefäßnerven
va|so|mo|to|risch [va-] zu den Vasomotoren gehörend, auf ihnen beruhend
Va|so|to|mie [va-] *f. 11* = Vasektomie
Va|ter *m. 6*
Vä|ter|chen *n. 7*
Va|ter|haus *n. 4 nur Sg.*
Va|ter|land *n. 4*
va|ter|län|disch
Va|ter|lands|lie|be *f. 11 nur Sg.*
va|ter|lands|lie|bend
va|ter|lands|los
Va|ter|lands|ver|tei|di|ger *m. 5*
Vä|ter|lein *n. 7, poet.*
vä|ter|lich
vä|ter|li|cher|seits
Vä|ter|lich|keit *f. 10 nur Sg.*
Va|ter|mord *m. 1*
Va|ter|mör|der *m. 5; auch:* hoher, steifer Kragen am Herrenhemd

V

Va|ter|recht *n. 1 nur Sg.* Erbfolge nach der väterl. Linie, Patriarchat; *Ggs.:* Mutterrecht
Va|ter|schaft *f. 10 nur Sg.*
Va|ter|schafts|be|stim|mung *f. 10*
Va|ter|schafts|nach|weis *m. 1*
Va|ters|na|me *m. 15* Familien-, Nachname
Va|ter|stadt *f. 2*
Va|ter|stel|le *f. 11 nur Sg.*
Va|ter|un|ser *n. 5;* ein V. beten
Va|ti|ca|no [va-] *m. Gen.* -(s) *nur Sg.* einer der Hügel in Rom
Va|ti|kan [va-, lat.] *m. 1 nur Sg.* **1.** Residenz des Papstes in Rom; **2.** die päpstl. Regierung
va|ti|ka|nisch [va-]; *aber:* die Vatikanische Bibliothek, das Vatikanische Konzil
Va|ti|kan|staat [va-] *m. 12 nur Sg.*
Va|ti|kan|stadt [va-] *f. 2 nur Sg.* Stadtteil von Rom
Vau|de|ville [vod(ə)vil, frz.] *n. 9* **1.** *seit dem 18. Jh.:* frz. possenhaftes Singspiel; **2.** Schlager daraus
V-Aus|schnitt *m. 1*
v. Chr. *Abk. für* vor Christus, vor Christi Geburt
VdK *Abk. für* Verband der Kriegs- und Wehrdienstopfer, Behinderten und Sozialrentner
VDS *Abk. für* Verband Deutscher Studentenschaften, *jetzt:* Vereinigte Deutsche Studentenschaften
VEB *in der DDR Abk. für* Volkseigener Betrieb
Ve|da [ve-, Sanskrit »Wissen«], We|da *m. Gen. - Pl.* -den Name mehrerer ind. relig. Schriften
ve|disch [ve-], we|disch zu den Veden gehörig
Ve|du|te [vɛ-, ital.] *f. 11* naturgetreue Ansicht einer Stadt oder Landschaft
Ve|du|ten|ma|le|rei [vɛ-] *f. 10 nur Sg.*
ve|ge|ta|bil [ve-, lat.] *kurz für* vegetabilisch
Ve|ge|ta|bi|li|en [ve-] *Pl.* pflanzl. Stoffe, pflanzl. Nahrungsmittel
ve|ge|ta|bi|lisch [ve-] pflanzlich
Ve|ge|ta|ri|a|ner [ve-] *m. 5* = Vegetarier
Ve|ge|ta|ri|a|nis|mus [ve-] *m. Gen. - nur Sg.* = Vegetarismus
Ve|ge|ta|ri|er [ve-] *m. 5* jmd., der sich nur von pflanzl. Kost ernährt
ve|ge|ta|risch [ve-] pflanzlich; v. leben: nur von pflanzlicher Kost leben
Ve|ge|ta|ris|mus [ve-] *m. Gen. - nur Sg.* Ernährung nur von pflanzl. Kost
Ve|ge|ta|ti|on [ve-] *f. 10 nur Sg.* Pflanzenwuchs
Ve|ge|ta|ti|ons|pe|ri|o|de [ve-] *f. 11* Zeitraum des stärksten Pflanzenwuchses innerhalb eines Jahres
Ve|ge|ta|ti|ons|punkt [ve-] *m. 1* Wachstumsspitze (an Spross oder Wurzel)
ve|ge|ta|tiv [ve-] **1.** pflanzlich; **2.** *Med.:* nicht dem Willen unterliegend (Nerv); vegetatives Nervensystem
ve|ge|tie|ren [ve-] *intr. 3* kümmerlich dahinleben
ve|he|ment [ve-, lat.] ungestüm
Ve|he|menz [ve-] *f. 10 nur Sg.*
Ve|hi|kel [ve-, lat.] *n. 5* altmod. oder schlechtes Fahrzeug; *auch übertr.:* Mittel zum Zweck; etwas als V. für etwas benutzen
Vei|ge|lein *n. 7, veraltet für* Veilchen
Vei|gerl *n. 14, österr. für* Veilchen
Veil|chen *n. 7*
veil|chen|blau
Veit männl. Vorname
Veits|tanz *m. 2 nur Sg.* Nervenleiden mit Muskelzuckungen, Chorea
Vek|tor [vɛk-, lat.] *m. 13, Math.:* gerichtete Größe in einer Ebene oder im Raum
Vek|tor|glei|chung [vɛk-] *f. 10*
Ve|la [ve-] *Pl.* von Velum
ve|lar [ve-, lat.] am hinteren Gaumen (Velum) gesprochen, gebildet (Laut)
Ve|lar [ve-] *m. 1,* **Ve|lar|laut** *m. 1* = Hintergaumenlaut
Ve|láz|quez [velaskes], *Diego* span. Maler
Ve|lin [vəlin, frz.: vəlɛ̃] *n. Gen.* -s *nur Sg.,* **Ve|lin|pa|pier** *n. 1* weiches, pergamentartiges Papier (für Bucheinbände)
Ve|lo [ve-, Kurzwort aus Veloziped] *n. 9, schweiz.:* Fahrrad
Ve|lo|drom [ve-] *n. 1* Hallenradrennbahn
Ve|lours [vəlur, frz.] *m. Gen.* - [-lurs] *Pl.* - [-lurs] ein samtartiges Gewebe
Ve|lours|le|der [vəlur-] *n. 5* samtartiges Leder
Ve|lo|zi|ped [ve-, lat.-frz.] *n. 1 veraltet:* Fahrrad
Velt|lin [vɛlt-, schweiz.: fɛlt-] *n. Gen.* -s Landschaft oberhalb des Comer Sees
Velt|li|ner [vɛlt-, schweiz.: fɛlt-] *m. 5* **1.** Einwohner des Veltlins; **2.** Wein aus dem Veltlin
Ve|lum [ve-, lat.] *n. Gen.* -s *Pl.* -la **1.** rechteckiges Schultertuch des kath. Priesters; Tuch zum Bedecken des Kelchs und des Ziboriums; **2.** *Anat.:* bewegl. Platte, z. B. Gaumensegel (Velum palatinum), Herzklappensegel; **3.** *Zool.:* Schirmrand mancher Medusen; **4.** *Bot.:* häutige Hülle bei jungen Blätterpilzen
Vel|vet [vɛlvət, engl.] *m. 9* Baumwollsamt
Ven|det|ta [vɛn-, ital.] *f. Gen. - Pl.* -ten Blutrache
Ve|ne [ve-, lat.] *f. 11* zum Herzen führendes Blutgefäß
Ve|ne|dig [ve-] ital. Stadt an der Adria; vgl. Venezia, Venezianer
Ve|nen|ent|zün|dung [ve-, lat.] *f. 10*
ve|ne|ra|bel [ve-, lat.] *veraltet:* ehrwürdig, verehrungswürdig; eine venerable Gestalt
Ve|ne|ra|bi|le [ve-] *n. Gen.* -s *nur Sg., kath. Kirche:* Allerheiligstes
ve|ne|ra|bi|lis [ve-] (*Abk.:* ven.) *bes. im Titel kath. Geistlicher:* hoch-, ehrwürdig
ve|ne|risch [ve-, nach der Liebesgöttin Venus] Geschlechtskrankheiten betreffend; venerische Krankheit: Geschlechtskrankheit
Ve|ne|ro|lo|gie [ve-] *f. 11 nur Sg.* Lehre von den Geschlechtskrankheiten
Ve|ne|ter [ve-] *m. 5* Einwohner von Venetien
Ve|ne|ti|en [venetsjən] Landschaft in Italien
Ve|ne|zia [venetsja] *ital. Form von* Venedig
Ve|ne|zi|a|ner [venetsja-] *m. 5* Einwohner von Venedig
ve|ne|zi|a|nisch [venetsja-]
Ve|ne|zo|la|ner [ve-] *m. 5* Einwohner von Venezuela
ve|ne|zo|la|nisch [ve-]
Ve|ne|zu|e|la [ve-] Staat in Südamerika
Ve|nia Le|gen|di (*alt:* Ve|nia le|gen|di) [ve-, lat. »Erlaubnis zu lesen«] *f. Gen. - - nur Sg.* Berechtigung, an einer Hochschule zu lehren
ve|ni, vi|di, vi|ci [veni, vidi, vitsi, lat.] ich kam, ich sah, ich siegte (Mitteilung Cäsars nach der Schlacht bei Zela 47 v. Chr.)
ve|nös [ve-, lat.] zu den Venen ge-

hörig, von ihnen ausgehend, von ihnen geleitet
Ven|til [vɛn-, lat.] *n. 1* **1.** Absperrvorrichtung für Gase und Flüssigkeiten; **2.** *bei Blechblasinstrumenten:* Vorrichtung zum Verändern der Grundstimmung; **3.** *bei der Orgel:* Vorrichtung zum Regeln der Windzufuhr
Ven|ti|la|ti|on [vɛn-] *f. 10* Lüftung, Luftwechsel; *Bgb.:* Bewetterung
Ven|ti|la|tor [vɛn-] *m. 13* Gerät zum Lüften von Räumen, zur Bewetterung von Bergwerken usw.
ven|ti|lie|ren [vɛn-] *tr. 3* **1.** lüften; **2.** genau überlegen, erwägen
ven|tral *auch:* **vent|ral** [vɛn-, lat.] zum Bauch gehörend, bauchwärts gelegen
Ven|tri|kel *auch:* **Vent|ri|kel** [vɛn-] *m. 5, Anat.:* Hohlraum, Kammer, Herz-, Hirnkammer
ven|tri|ku|lar *auch:* **vent|ri|ku|lar** [vɛn-] zum Ventrikel gehörend
Ven|tri|lo|quist *auch:* **Vent|ri|lo|quist** [vɛn-] *m. 10* Bauchredner
Ve|nus [ve-] **1.** *röm. Myth.:* Liebesgöttin; **2.** *f. Gen.* - ein Planet
Ve|nus|berg [ve-] *m. 1* Schamberg
Ve|ra [ve-] weibl. Vorname
ver|aa|sen *tr. 1, vulg.:* vergeuden
ver|ab|fol|gen *tr. 1* aushändigen, geben, verabreichen (Arznei, Prügel); ich verabfolge sie ihm, habe sie ihm verabfolgt
ver|ab|re|den *tr. 2;* etwas v.; sich mit jmdm. v.
Ver|ab|re|dung *f. 10*
ver|ab|rei|chen *tr. 1* geben (Arznei, Ohrfeige)
Ver|ab|rei|chung *f. 10 nur Sg.*
ver|ab|säu|men *tr. 1* versäumen (ewas zu tun)
ver|ab|scheu|en *tr. 1*
ver|ab|scheu|ens|wert, ver|ab|scheu|ungs|wür|dig
ver|ab|schie|den *tr. 2*
Ver|ab|schie|dung *f. 10*
ver|ab|so|lu|tie|ren *tr. 3* absolut setzen
ver|ach|ten *tr. 2*
ver|ach|tens|wert
Ver|äch|ter *m. 5*
ver|ächt|lich
Ver|ächt|lich|keit *f. 10 nur Sg.*
Ver|ach|tung *f. 10 nur Sg.*
ver|al|bern *tr. 1;* ich veralbere, veralbre ihn
Ver|al|be|rung *f. 10 nur Sg.*
ver|all|ge|mei|nern *tr. 1;* ich verallgemeinere es
Ver|all|ge|mei|ne|rung *f. 10*
ver|al|ten *intr. 2*
Ve|ran|da [ve-, port.] *f. Gen.* - *Pl.* -den überdachter, verglaster (vorgebauter oder eingezogener) Raum am Haus
ver|än|der|bar
Ver|än|der|bar|keit *f. 10 nur Sg.*
ver|än|der|lich
Ver|än|der|liche *f. 18, Math.:* veränderliche Größe; *Ggs.:* Konstante
Ver|än|der|lich|keit *f. 10 nur Sg.*
ver|än|dern *tr. 1;* ich verändere, verändre es
Ver|än|de|rung *f. 10*
ver|ängs|ti|gen *tr. 1; fast nur als Partizip:* verängstigt
ver|an|kern *tr. 1;* ich verankere, verankre es
Ver|an|ke|rung *f. 10 nur Sg.*
ver|an|la|gen *tr. 1;* jmdn. v.: jmds. Steuern festsetzen; musikalisch veranlagt sein: musikalisch begabt sein
Ver|an|la|gung *f. 10* **1.** Festsetzung der Steuern; **2.** Begabung, charakterliche Eigentümlichkeit
ver|an|las|sen *tr. 1;* jmdn. zu etwas v.; sich veranlasst sehen, etwas zu tun
Ver|an|las|sung *f. 10;* auf V. von Herrn X.
ver|an|schau|li|chen *tr. 1*
Ver|an|schau|li|chung *f. 10 nur Sg.*
ver|an|schla|gen *tr. 1* im Voraus berechnen, abschätzen (Kosten)
Ver|an|schla|gung *f. 10 nur Sg.*
ver|an|stal|ten *tr. 2*
Ver|an|stal|ter *m. 5*
Ver|an|stal|tung *f. 10*
ver|ant|wor|ten *tr. 2*
ver|ant|wort|lich; für etwas verantwortlich sein
Ver|ant|wort|lich|keit *f. 10 nur Sg.*
Ver|ant|wor|tung *f. 10 nur Sg.*
ver|ant|wor|tungs|be|wusst (*alt:* ver|ant|wor|tungs|be|wußt)
Ver|ant|wor|tungs|be|wusst|sein (*alt:* Ver|ant|wor|tungs|be|wußt|sein) *n. Gen.* -s *nur Sg.*
Ver|ant|wor|tungs|ge|fühl *n. 1 nur Sg.*
ver|ant|wor|tungs|los
Ver|ant|wor|tungs|lo|sig|keit *f. 10 nur Sg.*
ver|ant|wor|tungs|voll
ver|äp|peln *tr. 1, ugs.:* veralbern; ich veräppele, veräpple ihn
ver|ar|bei|ten *tr. 2*
Ver|ar|bei|tung *f. 10 nur Sg.*
ver|ar|gen *tr. 1;* jmdm. etwas v.: jmdm. etwas übel nehmen
ver|är|gern *tr. 1;* ich verärgere, verärgre ihn
Ver|är|ge|rung *f. 10 nur Sg.*
ver|ar|men *intr. 1*
Ver|ar|mung *f. 10 nur Sg.*
ver|ar|schen *tr. 1, vulg.:* verspotten, veralbern
ver|arz|ten *tr. 2, ugs.*
ver|äs|teln *refl. 1*
Ver|äs|te|lung, Ver|äst|lung *f. 10*
ver|ät|zen *tr. 1*
ver|aus|ga|ben *tr. 1*
ver|aus|la|gen *tr. 1* auslegen, (Geld)
Ver|aus|la|gung *f. 10 nur Sg.*
ver|äu|ßer|li|chen *tr. u. intr. 1* äußerlich, oberflächlich machen bzw. werden
Ver|äu|ßer|li|chung *f. 10 nur Sg.*
ver|äu|ßern *tr. 1* verkaufen; ich veräußere, veräußre es
Ver|äu|ße|rung *f. 10 nur Sg.*
Verb [vɛrb, lat.] *n. 12,* **Ver|bum** [vɛr-] *n. Gen.* -s *Pl.* -ben Wort, das eine Handlung oder einen Vorgang ausdrückt, Zeitwort, Tätigkeitswort, z. B. essen, bringen
ver|bal [vɛr-] **1.** als Verb gebraucht, zeitwörtlich; **2.** durch Worte, mündlich
Ver|ba|le [vɛr-] *n. Gen.* -s *Pl.* -li|en von einem Verb abgeleitetes Wort, z. B. »Schläfer« von »schlafen«
Ver|bal|in|ju|rie [vɛrbalinju:riə] *f. 11* Beleidigung durch Worte, Beschimpfung
ver|ba|li|sie|ren [vɛr-] *tr. 3* **1.** zu einem Verb umbilden (Wort), z. B. »Funk« zu »funken«; **2.** in Worte fassen, formulieren
Ver|ba|lis|mus [vɛr-] *m. Gen.* - *nur Sg.* Übergewicht der Worte über die Sache, Neigung zum Wortemachen
Ver|ba|list [vɛr-] *m. 10* jmd., der auf das Wort, auf die Formulierung mehr Wert legt als auf die Sache
ver|ba|lis|tisch [vɛr-]
ver|ba|li|ter [vɛr-] *veraltet:* wörtlich
ver|ball|hor|nen [nach dem Buchdrucker Ballhorn] *tr. 1* durch vermeintl. Verbessern verschlechtern, ballhornisieren
Ver|ball|hor|nung *f. 10*
Ver|bal|no|te [vɛr-, lat.] *f. 11* zur mündlichen Mitteilung bestimmte, meist vertrauliche diplomatische Note

V

Ver|bal|stil [vɛr-] *m. 1 nur Sg.* Stil, der Verben bevorzugt, im Unterschied zum Nominalstil
Ver|bal|sub|stan|tiv *auch:* **Ver|bal-subs|tan|tiv** [vɛr-] *n. 1* als Verb gebrauchtes oder von einem Verb abgeleitetes Substantiv, z. B. »Fluss« von »fließen«, »Drehung« von »drehen«, »Leuchte« von »leuchten«; das »Wiedersehen«, beim »Gehen«
Ver|bal|suf|fix [vɛr-] *n. 1* an den Stamm des Verbs angefügte Silbe, z. B. -eln (lächeln)
Ver|band *m. 2*
Ver|band|platz *m. 2*
Ver|bands|kas|ten *m. 8*
Ver|bands|lei|ter *m. 5*
Ver|band|stoff *m. 2*
Ver|bands|wat|te *f. 11 nur Sg.*
Ver|bands|zeug *n. 1 nur Sg.*
ver|ban|nen *tr. 1*
Ver|ban|nung *f. 10 nur Sg.*
ver|bar|ri|ka|die|ren *tr. 3*
ver|bau|en *tr. 1*
ver|be|am|ten *tr. 1*
Ver|be|am|tung *f. 10*
ver|bei|ßen *tr. u. refl. 8;* (sich) den Schmerz v.; sich in eine Sache v.: hartnäckig an einer Sache festhalten
ver|bel|len *tr. 1;* Wild v.: dem Jäger durch Bellen anzeigen, wo das aufgespürte verendete oder kranke Wild liegt
Ver|be|ne [vɛr-, lat.] *f. 11* Eisenkraut, eine Heilpflanze
ver|ber|gen *tr. 9*
ver|bes|sern *tr. 1;* ich verbessere, verbessre es
Ver|bes|se|rung *f. 10*
ver|bes|se|rungs|be|dürf|tig
ver|beu|gen *refl. 1*
Ver|beu|gung *f. 10*
ver|beu|len *tr. 1; meist im Partizip II:* verbeult
ver|bie|gen *tr. 12*
Ver|bie|gung *f. 10*
ver|bies|tern *tr. 1, ugs.:* ärgern, böse machen; verbiestert: verstört, verärgert, missmutig
ver|bie|ten *tr. 13*
ver|bil|den *tr. 2*
ver|bild|li|chen *tr. 1*
Ver|bild|li|chung *f. 10 nur Sg.*
Ver|bil|dung *f. 10*
ver|bil|li|gen *tr. 1; meist im Partizip II:* verbilligt
Ver|bil|li|gung *f. 10*
ver|bim|sen *tr. 1, ugs.:* verhauen, verprügeln
ver|bin|den *tr. 14*
ver|bind|lich
Ver|bind|lich|keit *f. 10*
Ver|bin|dung *f. 10*
Ver|bin|dungs|li|nie *f. 11*
Ver|bin|dungs|mann *m. 4 Pl. auch:* -leu|te
Ver|bin|dungs|of|fi|zier *m. 1*
Ver|bin|dungs|stück *n. 1*
Ver|bin|dungs|stu|dent *m. 10*
Ver|bin|dungs|tür *f. 10*
Ver|biss (*alt:* Ver|biß) *m. 1* durch Tiere abgebissene Knospen und Triebe junger Bäume
ver|bis|sen
Ver|bis|sen|heit *f. 10 nur Sg.*
ver|bit|ten *tr. 15;* sich etwas v.; ich habe mir das verbeten
ver|bit|tern *tr. u. intr. 1*
Ver|bit|te|rung *f. 10 nur Sg.*
ver|bla|sen verschwommen, schwülstig (Ausdrucksweise)
ver|blas|sen *intr. 1;* verblasste Farben

> **verbläuen:** Dem Stammprinzip folgend wird *verbläuen* im Anschluss an *blau* mit Umlaut geschrieben (alt: *verbleuen*). § 13

ver|bläu|en *tr. 1, ugs.:* verprügeln
Ver|bleib *m. Gen. -s nur Sg.*
ver|blei|ben *intr. 17* **1.** verharren, bleiben; **2.** sich einigen, sich verabreden; wir sind so verblieben, dass ...; **3.** übrig bleiben; **4.** *schweiz. auch:* eine Prüfung nicht bestehen
ver|blei|chen *intr. 28;* der Verblichene: der Verstorbene
ver|blei|en *tr. 1* mit Blei versehen, füllen
Ver|blei|ung *f. 10 nur Sg.*
ver|blen|den *tr. 2* **1.** mit besonderem Baustoff verkleiden (Mauer); **2.** der Vernunft, der Einsicht berauben; sein Erfolg hat ihn verblendet
Ver|blen|dung *f. 10 nur Sg.*
ver|bleu|en (*alt für:* ver|bläu|en) *tr. 1, ugs.*
ver|bli|chen; ein verblichenes Foto
Ver|bli|che|ne(r) *m. 18 (17) bzw. f. 17 oder 18*
ver|blö|den *intr. 2, ugs.*
Ver|blö|dung *f. 10 nur Sg.*
ver|blüf|fen *tr. 1*
Ver|blüfft|heit *f. 10 nur Sg.*
Ver|blüf|fung *f. 10 nur Sg.*
ver|blü|hen *intr. 1; auch ugs.:* verschwinden, weggehen
ver|blümt andeutend, höflich umschrieben
ver|blu|ten *intr. 2*
Ver|blu|tung *f. 10 nur Sg.*
ver|bo|cken *tr. 1, ugs.:* falsch machen
ver|boh|ren *refl. 1, ugs.:* sich in etwas v.: hartnäckig beharren
ver|bohrt
Ver|bohrt|heit *f. 10 nur Sg.*

> **im Verborgenen:** Die substantivierte Form schreibt man mit großem Anfangsbuchstaben: *das Verborgene.* Gleiches gilt für feste Fügungen: *im Verborgenen blühen* (= unbemerkt). § 57 (1)

ver|bor|gen **1.** *tr. 1* verleihen; **2.** *Partizip II von* verbergen; im Verborgenen blühen; das Verborgene
Ver|bor|gen|heit *f. 10 nur Sg.*
Ver|bot *n. 1*
ver|bo|te|ner|wei|se
Ver|bots|schild *n. 3*
ver|bots|wid|rig
ver|brä|men *tr. 1*
Ver|brä|mung *f. 10 nur Sg.*
Ver|brauch *m. Gen. -(e)s nur Sg.*
ver|brau|chen *tr. 1*
Ver|brau|cher *m. 5*
Ver|brau|cher|be|ra|tung *f. 10*
ver|brau|cher|freund|lich
Ver|brau|cher|ge|nos|sen|schaft *f. 10*
Ver|brau|cher|zen|tra|le *f. 11*
Ver|brauchs|gü|ter *Pl.*
Ver|brauch(s)|steu|er *f. 11*
ver|bre|chen *tr. 19* **1.** etwas v.: ein Verbrechen begehen; **2.** *fast nur im Partizip II:* er hat etwas verbrochen; wer hat dieses Buch verbrochen? *ugs. scherzh.:* wer hat dieses (schlechte) Buch geschrieben?
Ver|bre|chen *n. 7*
Ver|bre|chens|be|kämp|fung *f. 10*
Ver|bre|cher *m. 5*
ver|bre|che|risch
ver|brei|ten *tr. 2;* sich über etwas v.: sich ausführlich zu etwas äußern
ver|brei|tern *tr. u. refl. 1;* ich verbreitere es
Ver|brei|te|rung *f. 10*
Ver|brei|tung *f. 10 nur Sg.*
Ver|brei|tungs|ge|biet *n. 1*
ver|bren|nen *tr. u. intr. 20*
Ver|bren|nung *f. 10*
Ver|bren|nungs|mo|tor *m. 13*
ver|brie|fen *tr. 1* urkundlich sichern; jmdn. ein Recht v.; verbrieftes Recht

V

ver|brin|gen *tr. 21*
ver|brü|dern *refl. 1;* ich verbrüdere mich mit ihm
Ver|brü|de|rung *f. 10 nur Sg.*
ver|brü|hen *tr. 1*
Ver|brü|hung *f. 10*
ver|bu|chen *tr. 1*
Ver|bu|chung *f. 10*
Ver|bum [vẹr-, lat.] *n. Gen.* -s *Pl.* -ben Verb
ver|bum|fie|deln *tr. 1, ugs.:* falsch machen; *auch:* aus Nachlässigkeit nicht tun oder vergessen; ich verbumfiedle es
ver|bum|meln **1.** *tr. 1, ugs.:* die Zeit verbummeln: nutzlos verbringen; einen Auftrag verbummeln: aus Nachlässigkeit nicht ausführen oder vergessen; ich verbummele, verbummle es bestimmt nicht; **2.** *intr. 1* aus Faulheit nicht vorwärts kommen, faul werden
Ver|bund *m. 1* Verbindung
Ver|bund|bau|wei|se *f. 11*
ver|bün|den *refl. 2*
Ver|bun|den|heit *f. 10 nur Sg.*
Ver|bün|de|te(r) *m. 18 (17) bzw. f. 17 oder 18*
Ver|bund|fens|ter *n. 5* Doppelfenster mit fest verbundenen Scheiben
Ver|bund|glas *n. 4 nur Sg.*
Ver|bund|netz *n. 1* von mehreren Kraftwerken gespeistes Elektrizitätsnetz
Ver|bund|sys|tem *n. 1*
Ver|bund|ta|rif *m. 1*
ver|bür|gen *refl. 1* Gewähr leisten, sichern; ich verbürge mich dafür; verbürgte Nachricht
ver|bü|ßen *tr. 1;* eine Strafe v.
Ver|bü|ßung *f. 10 nur Sg.*
ver|char|tern [-tʃar-, auch: -ʃar-, engl.] *tr. 1* vermieten (Schiff, Flugzeug)
ver|chro|men [-kro-] mit Chrom überziehen
Ver|chro|mung [-kro-] *f. 10 nur Sg.*
Ver|dacht *m. 1* V. schöpfen
ver|dacht|er|re|gend = **Ver|dacht er|re|gend;** ein verdachterregendes *oder:* Verdacht erregendes Foto; *aber nur:* die verdachterregendste Person *(bei Steigerung und mit Attribut)*
ver|däch|tig
ver|däch|ti|gen *tr. 1*
Ver|däch|ti|gung *f. 10*
Ver|dachts|mo|ment *n. 1*
ver|dam|men *tr. 1*
ver|dam|mens|wert
Ver|damm|nis *f. 1 nur Sg.*
ver|dammt; das ist deine verdammte Pflicht und Schuldigkeit: deine unbedingte …; v. gut, v. peinlich *ugs.:* sehr gut, sehr peinlich
Ver|dam|mung *f. 10 nur Sg.*
Ver|dam|mungs|ur|teil *n. 1*
ver|damp|fen *tr. u. intr. 1*
Ver|damp|fer *m. 5*
Ver|damp|fung *f. 10 nur Sg.*
ver|dan|ken *tr. 1;* jmdm. etwas verdanken
ver|dat|tert *ugs.:* verwirrt und erschrocken
ver|dau|en *tr. 1*
ver|dau|lich; leicht verdauliche Speisen, schwer verdauliche Speisen
Ver|dau|lich|keit *f. 10 nur Sg.*
Ver|dau|ung *f. 10 nur Sg.*
Ver|dau|ungs|ka|nal *m. 2*
Ver|dau|ungs|stö|rung *f. 10*
Ver|dau|ungs|trakt *m. 1*
Ver|deck *n. 1*
ver|de|cken *tr. 1*
ver|den|ken *tr. 22;* ich kann es ihm nicht v.: ich kann es ihm nicht übel nehmen
Ver|derb *m. Gen.* -s *nur Sg.;* auf Gedeih und V.: was auch geschehen mag
ver|der|ben *tr. u. intr. 168*

verderbenbringend/Verderben bringend: Die Folge aus Substantiv und Verb/Partizip schreibt man getrennt: *eine Verderben bringende Entwicklung.* § 34 E3 (5)
Da man den mehrteiligen Ausdruck auch als adjektivische Zusammensetzung auffassen kann, ist die Zusammenschreibung als Variante korrekt: *eine verderbenbringende Entwicklung.* Bei Erweiterungen oder Steigerungen gilt jedoch nur Zusammenschreibung: *eine äußerst verderbenbringende Entwicklung.*

ver|der|ben|brin|gend = **Ver|der|ben brin|gend;** ein verderbenbringender *oder:* Verderben bringender Fluch; *aber nur:* eine äußerst verderbenbringende Überreaktion *(bei Steigerung und mit Attribut)*
ver|derb|lich
Ver|derb|lich|keit *f. 10 nur Sg.*
Ver|derb|nis *f. 1 nur Sg.* (moralische) Verkommenheit
ver|derbt *nur noch Sprachw.:* verdorben, entstellt (Textüberlieferung)
Ver|derbt|heit *f. 10 nur Sg.*
ver|deut|li|chen *tr. 1*
Ver|deut|li|chung *f. 10 nur Sg.*
ver|deut|schen *tr. 1*
Ver|deut|schung *f. 10 nur Sg.*
Ver|di [vẹr-], *Giuseppe* ital. Komponist
ver|dich|ten *tr. 2*
Ver|dich|tung *f. 10 nur Sg.*
ver|di|cken *tr. 1*
Ver|di|ckung *f. 10*
ver|die|nen *tr. 1*
Ver|die|ner *m. 5*
Ver|dienst **1.** *m. 1* Gewinn, Einkommen, Lohn; **2.** *n. 1* Tat zum Wohl anderer
Ver|dienst|a|del *m. Gen.* -s *nur Sg.*
Ver|dienst|aus|fall *m. 2*
Ver|dienst|kreuz *n. 1*
ver|dienst|lich
Ver|dienst|or|den *m. 7*
Ver|dienst|span|ne *f. 11*
ver|dienst|voll
ver|dien|ter|ma|ßen
ver|dien|ter|wei|se
Ver|dikt [vɛr-, lat.] *n. 1* Urteil, Entscheidung
ver|din|gen **1.** *tr. 23, veraltet:* vergeben (Arbeit); **2.** *refl. 23* eine Arbeit, einen Dienst annehmen; sich als Knecht verdingen
ver|ding|li|chen *tr. 1*
Ver|ding|li|chung *f. 10 nur Sg.*
Ver|din|gung *f. 10 nur Sg.*
ver|dol|met|schen *tr. 1*
Ver|dol|met|schung *f. 10 nur Sg.*
ver|don|nern *tr. 1, ugs.:* verurteilen; jmdn. zu Arbeiten v.
ver|dop|peln *tr. 1;* ich verdoppele, verdopple es
Ver|dop|pe|lung, Ver|dopp|lung *f. 10 nur Sg.*
ver|dor|ben
Ver|dor|ben|heit *f. 10 nur Sg.*
ver|dor|ren *intr. 1*
ver|dö|sen *tr. 1, ugs.* **1.** aus Nachlässigkeit vergessen; **2.** mit Nichtstun verbringen; die Zeit v.
ver|döst *ugs.:* verschlafen, benommen
Ver|döst|heit *f. 10 nur Sg.*
ver|drän|gen *tr. 1*
Ver|drän|gung *f. 10*
ver|dre|hen *tr. 1*
ver|dreht verwirrt, ein bisschen verrückt
Ver|dreht|heit *f. 10 nur Sg.*
Ver|dre|hung *f. 10 nur Sg.*
ver|drei|fa|chen *tr. 1*
ver|dre|schen *tr. 24, ugs.:* verhauen

V

verdrießen, der Verdruss: Nach Diphthong oder langem Vokal schreibt man *-ß-* (*verdrießen*), nach kurzem Vokal konsequent *-ss(-)*: *es verdross sie; der Verdruss war gewaltig.* § 25, § 25 E1

ver|drie|ßen *tr. 169* ärgern, Verdruss bereiten; lass es dich nicht v.: mach dir nichts daraus
ver|drieß|lich
Ver|drieß|lich|keit *f. 10 nur Sg.*
Ver|dril|lung *f. 10* = Torsion
ver|dros|sen missmutig
Ver|dros|sen|heit *f. 10 nur Sg.*
ver|drü|cken **1.** *tr. 1* zerknittern; **2.** *tr. 1, ugs.:* essen; er hat fünf Semmeln verdrückt; **3.** *refl. 1, ugs.:* heimlich, unauffällig weggehen
Ver|druss (*alt:* Ver|druß) *m. 1 nur Sg.* Ärger
ver|duf|ten *intr. 2, ugs.:* heimlich, unauffällig weggehen
ver|dum|men *tr. u. intr. 1*
Ver|dum|mung *f. 10 nur Sg.*
ver|dun|keln *tr. u. refl. 1;* ich verdunkele, verdunkle den Raum
Ver|dun|ke|lung, Ver|dunk|lung *f. 10 nur Sg.*
Ver|dun|ke|lungs|ge|fahr *f. 10 nur Sg.* Gefahr geheimer Absprache
ver|dün|nen *tr. 1*
ver|dün|ni|sie|ren *refl. 3, ugs.:* weggehen, sich entfernen
Ver|dün|nung *f. 10*
ver|duns|ten *intr. 2*
Ver|duns|tung *f. 10 nur Sg.*
Ver|du|re [vɛrdyrə, zu frz. vert »grün«] *f. 11, MA bis 18. Jh.:* gewirkter Wandteppich mit Pflanzenmotiven in überwiegend grünen Farben
ver|durs|ten *intr. 2*
ver|dus|seln *tr. 1, ugs:* aus Nachlässigkeit vergessen
ver|düs|tern *tr. u. refl. 1*
ver|dut|zen *intr. 2* verblüffen
Ver|dutzt|heit *f. 10 nur Sg.*
ver|eb|ben *intr. 1;* der Lärm verebbte, ist verebbt
ver|e|deln *tr. 1;* ich veredele, veredle es
Ver|e|de|lung, Ver|ed|lung *f. 10 nur Sg.*
ver|e|he|li|chen *refl. 1* sich verheiraten; Gisela Schulze, verehelichte (*Abk.:* verehel.) Richter
Ver|e|he|li|chung *f. 10*
ver|eh|ren *tr. 1*
Ver|eh|rer *m. 5*
Ver|eh|rung *f. 10 nur Sg.*
ver|eh|rungs|voll
ver|eh|rungs|wür|dig
ver|ei|di|gen *tr. 1* durch Eid verpflichten; jmdn. (auf etwas) v.; vereidigter Sachverständiger
Ver|ei|di|gung *f. 10*
Ver|ein *m. 1;* im V. mit ...: zusammen mit ...; vgl. eingetragen
ver|ein|bar
ver|ein|ba|ren *tr. 1*
Ver|ein|bar|keit *f. 10 nur Sg.*
Ver|ein|ba|rung *f. 10*
ver|ein|ba|rungs|ge|mäß
ver|ei|nen *tr. 1;* mit vereinten Kräften; *aber:* Vereinte Nationen vgl. United Nations
ver|ein|fa|chen *tr. 1*
Ver|ein|fa|chung *f. 10*
ver|ein|heit|li|chen *tr. 1*
Ver|ein|heit|li|chung *f. 10 nur Sg.*
ver|ei|ni|gen *tr. 1*
Ver|ei|nig|te A|ra|bi|sche E|mi|ra|te *Pl.* Staat am Persischen Golf
Ver|ei|nig|te Staa|ten von A|me|ri|ka *Pl.* Staat in Nordamerika; vgl. US(A)
Ver|ei|ni|gung *f. 10*
ver|ein|nah|men *tr. 1*
Ver|ein|nah|mung *f. 10 nur Sg.*
ver|ein|sa|men *intr. 1*
Ver|ein|sa|mung *f. 10 nur Sg.*
Ver|eins|bank *f. 10*
Ver|eins|haus *n. 4*
Ver|eins|lei|ter *m. 5*
Ver|eins|mei|er *m. 5, ugs.:* jmd. mit übertriebener Vorliebe für das Vereinsleben
Ver|eins|mei|e|rei *f. 10 nur Sg. ugs.*
Ver|eins|we|sen *n. 7 nur Sg.*
ver|ein|zeln *tr. 1*
Ver|ein|ze|lung *f. 10 nur Sg.*

vereinzelt, Vereinzelte: Das Partizip schreibt man klein: *vereinzelte Fälle.* Die substantivierte Form wird mit großem Anfangsbuchstaben geschrieben: *Zur gestrigen Vorstellung kamen nur Vereinzelte.* § 57 (1)

ver|ein|zelt; es kamen Vereinzelte
ver|ei|sen **1.** *intr. 1* zu Eis werden, sich mit Eis überziehen; **2.** *tr. 1* mit einem Betäubungsmittel unempfindlich machen
Ver|ei|sung *f. 10 nur Sg.*
ver|ei|teln *tr. 1* verhindern (Plan, Vorhaben)
Ver|ei|te|lung, Ver|eit|lung *f. 10 nur Sg.*
ver|ei|tern *intr. 1*
Ver|ei|te|rung *f. 10*
ver|e|keln *tr. 1*
ver|e|len|den *intr. 2*
Ver|e|len|dung *f. 10 nur Sg.*
Ve|re|na [ve-] weibl. Vorname
ver|en|den *intr. 2*
Ver|en|dung *f. 10 nur Sg.*
ver|en|gen *tr. 1*
ver|en|gern *tr. 1;* ich verengere es
Ver|en|ge|rung, Ver|en|gung *f. 10*
ver|er|ben *tr. u. refl. 1*
ver|erb|lich
Ver|er|bung *f. 10 nur Sg.*
Ver|er|bungs|leh|re *f. 11 nur Sg.* Lehre vom Erbmaterial, Genetik
ver|e|wi|gen **1.** *tr. 1;* der Verewigte *poet.:* der Verstorbene; **2.** *refl. 1, ugs.:* seinen Namen (in einen Baum, einen Stein u. a.) einritzen, (in ein Buch)
Ver|e|wi|gung *f. 10 nur Sg.*
ver|fah|ren **1.** *tr. 32* vorgehen, handeln; wir verfahren am besten so, dass ...; **2.** *tr. 32* durch Fahren verbrauchen (Benzin); **3.** *refl. 32* den falschen Weg fahren
Ver|fah|ren *n. 7*
Ver|fah|rens|tech|nik *f. 10 nur Sg.*
Ver|fah|rens|wei|se *f. 11*
Ver|fall *m. 2 nur Sg.;* in V. geraten; dem V. preisgeben
ver|fal|len *intr. 33* **1.** allmählich kaputtgehen; das Haus verfällt; **2.** nicht mehr gelten (Gutschein); **3.** einer Sache oder jmdm. v.: von einer Sache oder jmdm. abhängig werden; er ist ihr v.
Ver|falls|da|tum *n. Gen. -s Pl. -ten* Datum, an dem die Haftung für die Qualität von Waren endet
Ver|falls|er|schei|nung *f. 10*
Ver|falls|klau|sel *f. 11*
Ver|fall(s)|tag *m. 1*
ver|fäl|schen *tr. 1*
Ver|fäl|schung *f. 10 nur Sg.*
ver|fan|gen **1.** *intr. 34* wirken, nützen; diese Ausrede verfängt nicht; **2.** *refl. 34* sich (in etwas) verwickeln, verwirren; der Vogel hat sich in dem Netz verfangen; sich in Widersprüche v.
ver|fäng|lich; verfängliche Frage
Ver|fäng|lich|keit *f. 10 nur Sg.*
ver|fär|ben *tr. u. refl. 1*
Ver|fär|bung *f. 10*

verfassen, Verfassung: Nach kurzem Vokal schreibt man *-ss-*. *Er verfasst* (alt: *verfaßt*) *einen Roman; die Verfassung von 1918.* § 25 E1

ver|fas|sen *tr. 1;* er hat den Artikel verfasst

V

Ver|fas|ser *m. 5*
Ver|fas|ser|ka|ta|log *m. 1* nach Verfassern geordneter Katalog, Nominalkatalog; *Ggs.:* Sachkatalog
Ver|fas|ser|schaft *f. 10 nur Sg.*
Ver|fas|sung *f. 10*
ver|fas|sung|ge|bend; verfassunggebende Versammlung
Ver|fas|sungs|be|schwer|de *f. 11*
Ver|fas|sungs|ge|richt *n. 1*
ver|fas|sungs|mä|ßig; v. beschränkte Monarchie
Ver|fas|sungs|recht *n. 1 nur Sg.*
ver|fas|sungs|recht|lich
Ver|fas|sungs|rich|ter *m. 5*
Ver|fas|sungs|schutz *m. Gen.* -es *nur Sg.*
ver|fas|sungs|wid|rig; eine verfassungswidrige Handlung
ver|fau|len *intr. 1*
ver|fech|ten *tr. 35;* etwas v.: für etwas eintreten
Ver|fech|ter *m. 5*
ver|feh|len *tr. 1;* das Ziel, das Thema v.; sich (*eigtl.:* einander) v.: sich nicht treffen; wir haben uns verfehlt
Ver|feh|lung *f. 10* Verstoß, Vergehen, Sünde
ver|fein|den *refl. 2;* sich mit jmdm. verfeinden
Ver|fein|dung *f. 10 nur Sg.*
ver|fei|nern *tr. 11;* ich verfeinere es
Ver|fei|ne|rung *f. 10 nur Sg.*
ver|fe|men *tr. 1* ächten, für vogelfrei erklären
Ver|fe|mung *f. 10 nur Sg.*
ver|fer|keln *intr. 1* verwerfen (beim Schwein)
ver|fer|ti|gen *tr. 1*
Ver|fer|ti|gung *f. 10 nur Sg.*
ver|fes|ti|gen *tr. u. refl. 1*
Ver|fes|ti|gung *f. 10 nur Sg.*
ver|feu|ern *tr. 1;* ich verfeuere, verfeure es
ver|fi|chen [-fiʃən] *tr. 1;* Texte, Bilder v.: Mikrofiches davon herstellen
ver|fil|men *tr. 1*
Ver|fil|mung *f. 10*
ver|fil|zen *intr. 1* filzig werden, sich kaum lösbar ineinander verwickeln
ver|fins|tern *refl. 1*
Ver|fins|te|rung *f. 10 nur Sg.*
ver|fit|zen *tr. u. refl. 1, ugs.*
ver|fla|chen *tr. u. intr. 1*
Ver|fla|chung *f. 10 nur Sg.*
ver|flech|ten *tr. 37*
Ver|flech|tung *f. 10 nur Sg.*
ver|flie|gen **1.** *intr. 38* verschwinden, schnell vergehen; **2.** *refl. 38* beim Fliegen in eine falsche Richtung geraten
ver|flie|ßen *intr. 40;* verflossene, verflossne Tage
ver|flixt *ugs.* **1.** verflucht, verdammt; **2.** sehr; verflixt schwer
Ver|floch|ten|heit *f. 10 nur Sg.*
ver|flu|chen *tr. 1*
ver|flucht; eine verfluchte Sache; das ist v. schwer
ver|flüch|ti|gen *refl. 1*
Ver|flüch|ti|gung *f. 10 nur Sg.*
Ver|flu|chung *f. 10 nur Sg.*
ver|flüs|si|gen *tr. 1*
Ver|flüs|si|gung *f. 10 nur Sg.*
Ver|folg *m. Gen.* -s *nur Sg.* Fortgang; *fast nur noch in der Wendung* im Verfolg dieser Sache
ver|fol|gen *tr. 1*
Ver|fol|ger *m. 5*
Ver|fol|gung *f. 10*
Ver|fol|gungs|wahn, Ver|fol|gungs|wahn|sinn *m. Gen.* -s *nur Sg.*
ver|for|men *tr. u. refl. 1*
Ver|for|mung *f. 10 nur Sg.*
ver|frach|ten *tr. 2*
Ver|frach|tung *f. 10 nur Sg.*
ver|fran|zen *refl. 1, ugs.:* sich verfliegen, sich verfahren
ver|frem|den *tr. 2*
Ver|frem|dung *f. 10*
ver|fres|sen **1.** *tr. 41, ugs.:* fürs Essen verbrauchen; sein Geld v.; **2.** *Adj. ugs.:* gefräßig; verfressen sein
Ver|fres|sen|heit *f. 10 nur Sg.*
ver|fro|ren; v. sein: viel frieren
ver|frü|hen *refl. 1* früher kommen als erwartet; ich habe mich verfrüht; die Freude war verfrüht
ver|füg|bar
Ver|füg|bar|keit *f. 10 nur Sg.*
ver|fü|gen **1.** *tr. 1* anordnen, bestimmen; **2.** *intr. 1;* über etwas v.: über etwas bestimmen, etwas besitzen; **3.** *refl. 1, ugs.:* sich begeben; sich in ein anderes Zimmer verfügen
Ver|fü|gung *f. 10* **1.** *nur Sg.;* zur V. stehen, stellen, halten; **2.** Anordnung, Bestimmung; amtliche V.
Ver|fü|gungs|recht *n. 1 nur Sg.*
ver|füh|ren *tr. 1*
Ver|füh|rer *m. 5*
ver|füh|re|risch
Ver|füh|rung *f. 10*
Ver|füh|rungs|kunst *f. 2*
ver|füt|tern *tr. 1;* ich verfüttere es
Ver|füt|te|rung *f. 10 nur Sg.*
Ver|ga|be *f. 1 nur Sg.* das Vergeben, Übertragung; Vergabe von Arbeiten
ver|ga|ben *tr. 1, schweiz.:* vermachen, schenken
Ver|ga|bung *f. 10, schweiz.:* Vermächtnis, Schenkung
ver|gack|ei|ern *tr. 1, ugs.:* verulken, aufziehen
ver|gaf|fen *refl. 1, ugs.:* sich verlieben
ver|gäl|len *tr. 1* ungenießbar machen (Branntwein); jmdm. etwas v.: verbittern, die Freude an etwas zerstören
Ver|gäl|lung *f. 10 nur Sg.*
ver|ga|lop|pie|ren *refl. 3, ugs.:* einen Missgriff tun, etwas Unangebrachtes tun
ver|gam|meln *intr. 1, ugs.* **1.** verbummeln (2); **2.** alt, schlecht werden
Ver|gan|gen|heit *f. 10*
Ver|gan|gen|heits|form *f. 10*
ver|gäng|lich
Ver|gäng|lich|keit *f. 10 nur Sg.*
ver|gä|ren *tr. 1*
Ver|gä|rung *f. 10 nur Sg.*
ver|ga|sen *tr. 1* **1.** in Gas umwandeln; **2.** durch Giftgas töten
Ver|ga|ser *m. 5* Vorrichtung zum Zerstäuben und Verdunsten leichtflüchtiger Brennstoffe zur Herstellung eines zündfähigen Gemischs für Verbrennungsmotoren
Ver|ga|sung *f. 10*
ver|gat|tern *tr. 1;* die Wache v.: die Wache auf die Wachvorschriften verpflichten
Ver|gat|te|rung *f. 10 nur Sg.*
ver|ge|ben *tr. u. refl. 45;* sich etwas v.: seinem Ansehen schaden; du vergibst dir wirklich nichts, wenn du …
ver|ge|bens
ver|geb|lich
Ver|geb|lich|keit *f. 10 nur Sg.*
Ver|ge|bung *f. 10 nur Sg.*
ver|ge|gen|wär|ti|gen *tr. 1*
Ver|ge|gen|wär|ti|gung *f. 10 nur Sg.*
ver|ge|hen **1.** *intr. 47* verschwinden, verstreichen; **2.** *refl. 47;* sich an jmdm. v.: ein Verbrechen, *bes.:* ein Sittlichkeitsverbrechen an jmdm. begehen
Ver|ge|hen *n. 7* mittelschwere Straftat
ver|gei|len *intr. 1* infolge Lichtmangels emporschießen (Pflanze)
Ver|gei|lung *f. 10 nur Sg.*
ver|geis|ti|gen *tr. 1*
Ver|geis|ti|gung *f. 10 nur Sg.*
ver|gel|ten *tr. 49;* Böses mit Gu-

V

tem vergelten; vergelt's Gott! *bair.:* danke!
Ver|gẹl|tung *f. 10 nur Sg.*
Ver|gẹl|tungs|maß|nah|me *f. 11*
Ver|gẹl|tungs|schlag *m. 2*
ver|ge|sẹll|schaf|ten *tr. 2* in das Eigentum einer *oder:* der Gesellschaft überführen, verstaatlichen, sozialisieren
Ver|ge|sẹll|schaf|tung *f. 10 nur Sg.*

> **vergessen, er vergisst, er vergaß:** Nach kurzem Vokal wird *-ss-* geschrieben, nach langem Vokal *-ß-: Er vergisst, sie vergessen, er vergaß, sie vergaßen* usw. § 25, § 25 E1
> Daher auch: *Vergissmeinnicht.* § 37 (2), § 57 E1

ver|gẹs|sen *tr. 170*
Ver|gẹs|sen|heit *f. 10 nur Sg.;* in V. geraten
ver|gẹss|lich (*alt:* ver|gẹß|lich)
Ver|gẹss|lich|keit (*alt:* Ver|gẹß|lich|keit) *f. 10 nur Sg.*
ver|geu|den *tr. 2*
Ver|geu|dung *f. 10 nur Sg.*
ver|ge|wạl|ti|gen *tr. 1*
Ver|ge|wạl|ti|gung *f. 10*
ver|ge|wịs|sern *refl. 1;* ich vergewissere, vergewissre mich dessen
Ver|ge|wịs|se|rung *f. 10 nur Sg.*
ver|gie|ßen *tr. 54*
ver|gịf|ten *tr. 2*
Ver|gịf|tung *f. 10*
Ver|gil [vɛr-] röm. Schriftsteller
ver|gịl|ben *intr. 1* gelblich werden
ver|gịp|sen *tr. 1* mit Gips befestigen
Ver|gịss|mein|nicht (*alt:* Ver|gịß|mein|nicht) *n. 1* eine Wiesenpflanze
ver|gịt|tern *tr. 1;* ich vergittere die Fenster
ver|gla|sen *tr. 1*
ver|glast starr, stier (Blick, bes. bei Trunkenheit)
Ver|gla|sung *f. 10*
Ver|gleich *m. 1*
ver|gleich|bar
Ver|gleich|bar|keit *f. 10 nur Sg.*
ver|glei|chen **1.** *tr. 55;* vergleiche (*Abk.:* vgl.); **2.** *refl. 55, Rechtsw.:* sich (mit jmdm.) gütlich einigen, einen Vergleich (mit jmdm.) eingehen
Ver|gleichs|mög|lich|keit *f. 10*
Ver|gleichs|punkt *m. 1*
Ver|gleichs|satz *m. 2* = Komparativsatz
Ver|gleichs|stu|fe *f. 11* = Komparativ
Ver|gleichs|ver|fah|ren *n. 7*
ver|gleichs|wei|se
Ver|glei|chung *f. 10 nur Sg.*
ver|glẹt|schern *intr. 1*
Ver|glẹt|sche|rung *f. 10 nur Sg.*
ver|glịm|men *intr. 57*
ver|glü|hen *intr. 1*
ver|gnü|gen *tr. u. refl. 1*
Ver|gnü|gen *n. 7*
ver|gnüg|lich
ver|gnügt
Ver|gnü|gung *f. 10*
Ver|gnü|gungs|rei|se *f. 11*
Ver|gnü|gungs|steu|er *f. 11*
Ver|gnü|gungs|sucht *f. Gen. - nur Sg.*
ver|gnü|gungs|süch|tig
ver|gọl|den *tr. 2*
Ver|gọl|dung *f. 10 nur Sg.*
ver|gọ̈n|nen *tr. 1* **1.** gewähren, *meist in Wendungen wie* es war mir (nicht) vergönnt; **2.** *mundartl. auch:* gönnen; ich vergönne es ihm; **3.** *schweiz. auch:* missgönnen
ver|gọt|ten *tr. 2* zum Gott machen
ver|gọ̈t|tern *tr. 1* schwärmerisch verehren oder lieben
Ver|gọ̈t|te|rung *f. 10 nur Sg.*
Ver|gọt|tung *f. 10 nur Sg.* Erhebung zum Gott
ver|gra|ben *tr. 58*
ver|grä|men *tr. 1* **1.** verärgern, kränken; **2.** Wild vergrämen: verscheuchen
ver|grạ̈t|zen *tr. 1, ugs.:* verärgern, verstimmen
ver|grau|len *tr. 1, ugs.:* erschrecken oder ärgern und dadurch vertreiben
ver|grei|fen *refl. 59* falsch, daneben greifen; sich an etwas v.: etwas stehlen; sich an jmdm. v.: jmdn. tätlich angreifen, sexuell belästigen
ver|grei|sen *intr. 1*
Ver|grei|sung *f. 10 nur Sg.*
ver|grịf|fen nicht mehr lieferbar (z. B. Buch)
ver|grö|bern *tr. u. refl. 1*
Ver|grö|be|rung *f. 10 nur Sg.* Vereinfachung
ver|grö|ßern *tr. 1;* ich vergrößere es
Ver|grö|ße|rung *f. 10*
Ver|grö|ße|rungs|glas *n. 4*
ver|gụ|cken *refl. 1, ugs.* **1.** sich beim Hingucken irren; da habe ich mich verguckt; **2.** sich verlieben; er hat sich in sie verguckt
Ver|gụnst *f., in der veralteten Wendung* mit V.: mit Verlaub, mit deiner Erlaubnis
ver|gụ̈ns|ti|gen *tr. 1; nur noch im Partizip II:* vergünstigt: ermäßigt
Ver|gụ̈ns|ti|gung *f. 10*
ver|gü|ten *tr. 2* **1.** verbessern (Linse); **2.** härten (Stahl); **3.** erstatten, bezahlen, jmdm. etwas v.
Ver|gü|tung *f. 10*
Ver|hạck *m. 1, veraltet für* Verhau
ver|hạck|stü|cken *tr. 1, ugs.:* böse und kleinlich kritisieren
ver|hạf|ten *tr. 2*
Ver|hạf|tung *f. 10*
ver|ha|geln *tr. 1; nur im Partizip II:* das Getreide ist verhagelt: durch Hagel vernichtet
ver|hạl|ten *tr. 61* zurückhalten, dämpfen; mit verhaltenem Zorn
Ver|hạl|ten *n. 7 nur Sg.*
Ver|hạl|ten|heit *f. 10 nur Sg.*
Ver|hạl|tens|for|schung *f. 10 nur Sg.*
ver|hạl|tens|ge|stört
Ver|hạl|tens|maß|re|gel *f. 11* Regel für richtiges Verhalten
Ver|hạl|tens|mus|ter *n. 5*
Ver|hạl|tens|stö|rung *f. 10*
Ver|hạl|tens|wei|se *f. 11*
Ver|hạ̈lt|nis *n. 1; auch ugs.:* Liebschaft; ein V. mit jmdm. haben
Ver|hạ̈lt|nis|glei|chung *f. 10* Gleichsetzung zweier Verhältnisse, z. B. a : b = b : c
ver|hạ̈lt|nis|mä|ßig
Ver|hạ̈lt|nis|mä|ßig|keit *f. 10 nur Sg.*
Ver|hạ̈lt|nis|wahl *f. 10* Wahl, bei der die Sitze nach dem Verhältnis der abgegebenen Stimmen verteilt werden, Proportionalwahl, Proporzwahl
Ver|hạ̈lt|nis|wahl|recht *n. 1*
Ver|hạ̈lt|nis|wort *n. 4* = Präposition
Ver|hạ̈lt|nis|zahl *f. 10* Zahl, die zu einer anderen Zahl in ein Verhältnis gesetzt wird, z. B. 2 : 3, 10%, Relativzahl, Indexziffer
Ver|hạl|tung *f. 10 nur Sg.* Zurückhaltung, Dämpfung
Ver|hạl|tungs|maß|re|gel *f. 11, veraltet für* Verhaltensmaßregel
ver|hạn|deln *tr. u. intr. 1;* ich verhandele, verhandle
Ver|hạnd|lung *f. 10*
ver|hạnd|lungs|be|reit; sie erklärte sich verhandlungsbereit
Ver|hạnd|lungs|part|ner *m. 5*
ver|hạn|gen bedeckt, bewölkt (Himmel)

V

ver|hän|gen *tr. 1;* mit verhängten Zügeln: lockeren Zügeln
Ver|häng|nis *n. 1*
ver|häng|nis|voll
Ver|hän|gung *f. 10 nur Sg.;* V. des Ausnahmezustandes
ver|harm|lo|sen *tr. 1*
Ver|harm|lo|sung *f. 10 nur Sg.*
ver|härmt
ver|har|ren *intr. 1;* er verharrte in dieser Stellung, bei seinem Entschluss
ver|har|schen *intr. 1;* verharschter Schnee
ver|här|ten *intr. 2*
Ver|här|tung *f. 10 nur Sg.*
ver|har|zen *intr. 1*
ver|has|peln *refl. 1* sich beim Sprechen verwirren; ich verhaspele, verhasple mich
ver|hasst (*alt:* ver|haßt)
ver|hät|scheln *tr. 1;* ich verhätschele, verhätschle ihn
Ver|hät|sche|lung, Ver|hätsch|lung *f. 10 nur Sg.*
Ver|hau *m. 1* **1.** geflochtenes oder aus vielen Einzelteilen zusammengefügtes Hindernis, z. B. Drahtverhau; **2.** *ugs.:* große Unordnung
ver|hau|en *tr. 63* **1.** verprügeln; **2.** *Schülerspr.:* falsch, schlecht machen (Arbeit); **3.** *refl.* sich irren
ver|he|ben *refl. 64* sich beim Heben Schaden tun
ver|hed|dern *tr. u. refl. 1* verwirren (Fäden); sich beim Sprechen verwirren
ver|hee|ren *tr. 1* verwüsten
ver|hee|rend fürchterlich, sehr unangenehm
Ver|hee|rung *f. 10*
ver|heh|len *tr. 1* verheimlichen, verbergen; vgl. verhohlen
ver|hei|len *intr. 1*
ver|heim|li|chen *tr. 1*
Ver|heim|li|chung *f. 10 nur Sg.*
ver|hei|ra|ten *tr. u. refl. 21;* verheiratet (*Abk.:* verh., *Zeichen:* ⚭)
Ver|hei|ra|tung *f. 10*
ver|hei|ßen *tr. 65;* jmdm. etwas v.
Ver|hei|ßung *f. 10*
ver|hei|ßungs|voll
ver|hei|zen *tr. 1; auch übertr.:* jmdn. v.: rücksichtslos einsetzen und opfern
ver|hel|fen *intr. 66;* jmdm. zu etwas verhelfen
ver|herr|li|chen *tr. 1*
Ver|herr|li|chung *f. 10* Glorifizierung
ver|het|zen *tr. 1*
Ver|het|zung *f. 10 nur Sg.*
ver|he|xen *tr. 1, meist im Partizip II:* das ist wie verhext: es will nicht klappen
ver|him|meln *tr. 1, ugs.:* schwärmerisch verehren
ver|hin|dern *tr. 1;* ich verhindere, verhindre es
Ver|hin|de|rung *f. 10 nur Sg.*
ver|hof|fen *intr. 1, Jägerspr.:* stehen bleiben und sichern (Wild)
ver|hoh|len verborgen; mit kaum verhohlenem Spott
ver|höh|nen *tr. 1*
ver|hoh|ne|pi|peln *tr. 1, ugs.:* verspotten, lächerlich machen
Ver|höh|nung *f. 10*
ver|hö|kern *tr. 1* (billig) verkaufen; ich verhökere es
ver|ho|len *tr. 1, Seew.:* mit Tauen an eine andere Stelle ziehen (Schiff)
ver|hol|zen *intr. 1*
Ver|hol|zung *f. 10 nur Sg.*
Ver|hör *n. 1;* jmdn. ins V. nehmen
ver|hö|ren **1.** *refl. 1* falsch hören; **2.** *tr. 1* polizeilich, gerichtlich befragen
ver|hor|nen *intr. 1*
Ver|hor|nung *f. 10 nur Sg.*
ver|hül|len *tr. 1*
Ver|hül|lung *f. 10 nur Sg.*
ver|hun|dert|fa|chen *tr. 1*
ver|hun|gern *intr. 1;* vor Hunger, aus Mangel an Nahrungs sterben
ver|hun|zen *tr. 1, ugs.:* verderben, verpfuschen (Arbeit)
ver|hurt *vulg.:* häufig Hurerei treibend; verhurter Kerl
ver|hü|ten *tr. 2*
ver|hüt|ten *tr. 2* in Hütten verarbeiten (Erz)
Ver|hüt|tung *f. 10 nur Sg.*
Ver|hü|tung *f. 10 nur Sg.*
Ver|hü|tungs|mit|tel *n. 5* empfängnisverhütendes Mittel
ver|hut|zelt faltig, zusammengeschrumpft
Ve|ri|fi|ka|ti|on [ve-, lat.] *f. 10* Wahrheits-, Richtigkeitsnachweis, Beglaubigung
ve|ri|fi|zier|bar [ve-] nachprüfbar, nachweisbar
Ve|ri|fi|zier|bar|keit [ve-] *f. 10 nur Sg.*
ve|ri|fi|zie|ren [ve-] *tr. 3* nachprüfen, als richtig nachweisen, beglaubigen, bestätigen
Ve|ri|fi|zie|rung [ve-] *f. 10 nur Sg.*
ver|in|ner|li|chen *tr. 1*
Ver|in|ner|li|chung *f. 10 nur Sg.*
ver|ir|ren *refl. 1*
Ver|ir|rung *f. 10*
Ve|ris|mus [ve-, lat.] *m. Gen. - nur Sg.* (literarische) Kunstrichtung, die eine krass wirklichkeitsgetreue Darstellung anstrebt
Ve|rist [ve-] *m. 10*
ve|ris|tisch [ve-]
ve|ri|ta|bel [ve-] *veraltet:* wahrhaft, echt
ver|jäh|ren *intr. 1* nach einer bestimmten Zeit seine Gültigkeit verlieren (Schuld, Anspruch)
Ver|jäh|rung *f. 10 nur Sg.*
Ver|jäh|rungs|frist *f. 10*
ver|ju|beln *tr. 1* verschwenden; ich verjubele, verjuble mein Geld
ver|jün|gen *tr. u. refl. 1*
Ver|jün|gung *f. 10 nur Sg.*
Ver|jün|gungs|kur *f. 10*
ver|ju|xen *tr. 1, ugs.:* verjubeln
ver|ka|beln *tr. 1*
Ver|ka|be|lung *f. 10*
ver|kad|men *tr. 2* = kadmieren
ver|kal|ben *intr. 1* verwerfen (beim Rind)
ver|kal|ken *intr. 1*
ver|kal|ku|lie|ren *refl. 3* sich verrechnen
Ver|kal|kung *f. 10 nur Sg.*
ver|kan|ten *tr. 2* auf die Kante stellen, legen, drehen
ver|kappt verborgen; er ist ein verkappter Dichter; verkappter Nebensatz
ver|kap|seln *refl. 1*
Ver|kap|se|lung, Ver|kaps|lung *f. 10 nur Sg.*
ver|kars|ten *intr. 2* durch Abfluss des Wassers unfruchtbar, steinig werden
Ver|kars|tung *f. 10 nur Sg.*
ver|kä|sen **1.** *tr. 1* zu Käse machen; **2.** *intr. 1* zu Käse werden; *Med.:* zu einer teigigen Masse werden (abgestorbenes Gewebe)
Ver|kä|sung *f. 10 nur Sg.*
ver|ka|tert, *ugs.:* (nach Alkoholgenuss) müde und übernächtigt
Ver|kauf *m. 2*
ver|kau|fen *tr. 1*
Ver|käu|fer *m. 5*
ver|käuf|lich
ver|kaufs|för|dernd
Ver|kaufs|för|de|rung *f. 10 nur Sg.*
Ver|kaufs|kul|tur *f. 10 nur Sg.*
Ver|kaufs|lei|ter *m. 5*
ver|kaufs|of|fen; verkaufsoffener Samstag, Sonntag
Ver|kaufs|preis *m. 1*
Ver|kaufs|schla|ger *m. 5*
Ver|kaufs|trai|ner [-tre:-] *m. 5* jmd., der Verkäufer und Vertre-

V

ter in Psychologie und Taktik des Verkaufs schult
Ver|kehr *m. 1 (Pl. nur fachsprachl.)*
ver|keh|ren *intr. u. tr. 1*
Ver|kehrs|a|der *f. 11*
Ver|kehrs|am|pel *f. 11*
Ver|kehrs|be|trie|be *Pl.*
Ver|kehrs|bü|ro *n. 9* Verkehrsverein
Ver|kehrs|cha|os [-ka-] *n. Gen. - nur Sg.*
Ver|kehrs|de|likt *n. 1*
Ver|kehrs|dich|te *f. 11 nur Sg.*
Ver|kehrs|dis|zi|plin *auch:* **Ver|kehrs|dis|zip|lin** *f. Gen. - nur Sg.*
Ver|kehrs|er|zie|hung *f. 10 nur Sg.*
Ver|kehrs|flug|zeug *n. 1*
Ver|kehrs|hin|der|nis *n. 1*
Ver|kehrs|in|sel *f. 11*
Ver|kehrs|kno|ten|punkt *f. 1*
Ver|kehrs|mi|nis|ter *m. 5*
Ver|kehrs|mit|tel *n. 5*
Ver|kehrs|netz *n. 1*
Ver|kehrs|ord|nung *f. 10 nur Sg.*
Ver|kehrs|pla|nung *f. 10*
Ver|kehrs|po|li|tik *f. 10 nur Sg.*
ver|kehrs|po|li|tisch
Ver|kehrs|po|li|zist *m. 10*
Ver|kehrs|recht *n. 1 nur Sg.*
Ver|kehrs|re|gel *f. 11*
ver|kehrs|reich
Ver|kehrs|schild *n. 3*
ver|kehrs|schwach
ver|kehrs|si|cher
Ver|kehrs|si|cher|heit *f. 10 nur Sg.*
Ver|kehrs|spra|che *f. 11* im Verkehr zwischen verschiedenen Sprachgemeinschaften gebrauchte Sprache
Ver|kehrs|sto|ckung *f. 10*
Ver|kehrs|sün|der *m. 5*
Ver|kehrs|teil|neh|mer *m. 5*
Ver|kehrs|un|fall *m. 2*
Ver|kehrs|un|ter|richt *m. 1 nur Sg.*
Ver|kehrs|ver|ein *m. 1* Unternehmen zur Förderung des Fremdenverkehrs, Verkehrsbüro
Ver|kehrs|vor|schrift *f. 10*
ver|kehrs|wid|rig
Ver|kehrs|zei|chen *n. 7*
ver|kehrt; Kaffee verkehrt: wenig Kaffee mit viel Milch
Ver|kehrt|heit *f. 10 nur Sg.*
Ver|keh|rung *f. 10 nur Sg.;* Verkehrung ins Gegenteil
ver|kei|len **1.** *tr. 1* mit Keil(en) befestigen; **2.** *tr. 1, ugs.:* verhauen; **3.** *refl. 1* sich ineinander schieben und dadurch unbeweglich werden
ver|ken|nen *tr. 67*
Ver|ken|nung *f. 10 nur Sg.;* in V. der Tatsachen
ver|ket|ten *tr. 2*
Ver|ket|tung *f. 10 nur Sg.*
ver|ket|zern *tr. 1*
Ver|ket|ze|rung *f. 10 nur Sg.*
ver|kit|schen *tr. 1* **1.** kitschig gestalten; *meist im Partizip II:* verkitscht; **2.** *ugs.:* verkaufen
ver|kit|ten *tr. 2*
ver|kla|gen *tr. 1* Klage gegen jmdn. erheben
ver|klam|mern *tr. 1;* ich verklammere es
Ver|klam|me|rung *f. 10 nur Sg.*
ver|klap|pen *intr. u. tr. 1* Industrieabfallstoffe von Schiffen aus ins Meer einleiten
ver|klap|sen *tr. 1, ugs.:* veralbern
ver|kla|ren *intr. 1* über einen Schiffsunfall eidlich aussagen
ver|klä|ren *tr. u. refl. 1*
Ver|kla|rung *f. 10* Verhandlung über einen Schiffsunfall, Seeprotest
Ver|klä|rung *f. 10 nur Sg.*
ver|klat|schen *tr. 1, Schülerspr.:* angeben, verraten
ver|klau|seln *tr. 1,* **ver|klau|su|lie|ren** *tr. 3* **1.** mit (zu vielen) Klauseln, Vorbehalten versehen (Vertrag); **2.** *übertr.:* zu umständlich, zu schwierig und dadurch schwer verständlich darstellen
Ver|klau|su|lie|rung *f. 10 nur Sg.*
ver|klei|den *tr. 2*
Ver|klei|dung *f. 10*
ver|klei|nern *tr. u. refl. 1;* ich verkleinere es
Ver|klei|ne|rung *f. 10*
Ver|klei|ne|rungs|form *f. 10* eine Ableitungsform des Substantivs, z. B. Vögelchen, Vöglein, Kindel, Männle, Diminutiv
Ver|klei|ne|rungs|sil|be *f. 11,* z. B. -chen, -el, -lein, -li, -le
ver|kleis|tern *tr. 1, ugs.:* ich verkleistere es
Ver|kleis|te|rung *f. 10 nur Sg.*
ver|klem|men *refl. 1*
ver|klemmt *übertr.:* gehemmt, verkrampft
Ver|klemmt|heit *f. 10 nur Sg.*
Ver|klem|mung *f. 10 nur Sg.* psychische Hemmung
ver|klop|pen *tr. 1, ugs.* **1.** verkaufen; **2.** verhauen
ver|klüf|ten *refl. 2, Jägerspr.:* sich im Bau vergraben
ver|klum|pen *intr. 1* sich in Klumpen zusammenballen
ver|kna|cken *tr. 1, ugs.:* verurteilen; er ist zu fünf Jahren verknackt worden
ver|knack|sen *tr. 1, ugs.:* verstauchen; den Fuß v.
ver|knal|len *refl. 1, ugs.:* verlieben
ver|knap|pen *tr. u. refl. 1* knapper, kleiner machen bzw. werden
Ver|knap|pung *f. 10 nur Sg.*
ver|knei|fen *tr. 70, ugs.:* sich etwas v.: auf etwas verzichten
ver|knif|fen hart, scharf geworden (Gesicht)
ver|knö|chern *intr. 1;* verknöcherter Junggeselle
Ver|knö|che|rung *f. 10 nur Sg.*
ver|knor|peln *intr. 1*
Ver|knor|pe|lung *f. 10 nur Sg.*
ver|knüp|fen *tr. 1*
Ver|knüp|fung *f. 10*
ver|knur|ren *tr. 1, ugs.:* ärgern, böse machen; verknurrt sein
ver|knu|sen *tr. 1, ugs., nur in verneinenden Sätzen* leiden; ich kann ihn nicht v.
ver|ko|chen *tr. u. intr. 1*
ver|koh|len **1.** *tr. 1* in Kohle verwandeln; *übertr. ugs.:* veralbern, im Scherz beschwindeln; **2.** *intr. 1* zu Kohle werden
Ver|koh|lung *f. 10 nur Sg.*
ver|ko|ken *tr. 1* Steinkohle in Koks umwandeln
Ver|ko|kung *f. 10 nur Sg.*
ver|kom|men **1.** *intr. 71* schlecht werden, verderben (Lebensmittel); baufällig werden; den inneren und äußeren Halt verlieren, verwahrlosen; **2.** *schweiz. tr. u. intr.* vereinbaren, übereinkommen
Ver|kom|men|heit *f. 10 nur Sg.*
ver|kom|pli|zie|ren *tr. 3* kompliziert machen
ver|kon|su|mie|ren *tr. 3, ugs.*
ver|kop|peln *tr. 1* verbinden (Interessen), zusammenlegen (Grundstücke); ich verkoppele, verkopple es
Ver|kop|pe|lung, Ver|kopp|lung *f. 10 nur Sg.*
ver|kor|ken *tr. 1* mit Korken verschließen
ver|kork|sen *tr. 1, ugs.:* falsch machen, verpfuschen; eine Arbeit v.; sich den Magen v.: verderben
ver|kör|pern *tr. 1*
Ver|kör|pe|rung *f. 10 nur Sg.*
ver|kos|ten *tr. 2, ugs.:* kosten, auf den Geschmack prüfen
ver|kös|ti|gen *tr. 1*
Ver|kös|ti|gung *f. 10 nur Sg.*
ver|kra|chen **1.** *intr. 1* scheitern; *nur noch im Partizip II:* verkrachter Student; **2.** *refl. 1* sich

V

entzweien, sie sind *oder:* haben sich verkracht; ich bin mit ihm verkracht
ver|kraf|ten *tr. 2, ugs.;* etwas v.: mit etwas fertig werden
ver|kral|len *refl. 11* sich in etwas v.: sich mit den Krallen in etwas festhalten; *übertr. ugs.:* sich intensiv mit etwas beschäftigen
ver|kra|men *tr. 1, ugs.:* (unauffindbar) verlegen
ver|kramp|fen *refl. 1*
ver|krampft *übertr.:* gehemmt, unfrei
Ver|krampft|heit *f. 10 nur Sg.*
Ver|kramp|fung *f. 10*
ver|krie|chen *refl. 73*
ver|kröp|fen *tr. 1* = kröpfen (1)
ver|krü|meln **1.** *tr. 1;* **2.** *refl., ugs. übertr.:* verloren gehen, verschwinden; sich unauffällig entfernen; ich verkrümele, verkrümle mich
ver|krüm|men *tr. u. refl. 1*
Ver|krüm|mung *f. 10*
ver|krüp|pelt verbogen, missgestaltig (Person, Glied, Baum)
ver|küh|len *refl. 1, ugs.:* zu kühl werden, sich erkälten
Ver|küh|lung *f. 10 nur Sg.*
ver|küm|mern *intr. 1* **1.** allmählich eingehen (Pflanze), sich zurückbilden (Organ); **2.** *ugs.:* die Lebensfreude verlieren; ich verkümmere hier
Ver|küm|me|rung *f. 10 nur Sg.*
ver|kün|den *tr. 2*
ver|kün|di|gen *tr. 1* als frohe Botschaft bringen, feierlich mitteilen
Ver|kün|di|ger *m. 5*
Ver|kün|di|gung *f. 10* **1.** *nur Sg.;* Mariä Verkündigung: ein kath. Fest; **2.** künstler. Darstellung der Verkündigung Mariä
Ver|kün|di|gungs|en|gel *m. 5*
Ver|kün|dung *f. 10 nur Sg.*
ver|kup|peln *tr. 1* **1.** beweglich verbinden; ich verkuppele, verkupple es; **2.** jmdn. (an jmdn.) v.: jmdn. um des eigenen Vorteils willen mit jmdm. zwecks Geschlechtsverkehrs oder Heirat zusammenbringen
Ver|kup|pe|lung, Ver|kupp|lung *f. 10* vgl. Kuppelei
ver|kür|zen *tr. 1*
Ver|kür|zung *f. 10*
ver|la|chen *tr. 1* auslachen
Ver|lad *m. 1, schweiz. für* Verladung
Ver|la|de|bahn|hof *m. 2*
Ver|la|de|kran *m. 2*
ver|la|den *tr. 74*
Ver|la|der *m. 5*
Ver|la|de|ram|pe *f. 11*
Ver|la|dung *f. 10 nur Sg.*
Ver|lag *m. 1, österr. auch: m. 2* **1.** Unternehmen zur Veröffentlichung von Literatur-, Musikwerken u. Ä.; **2.** Vertrieb (Bierverlag); **3.** *nur Sg., schweiz.:* Aufwand; *auch:* Herumliegen (von Gegenständen)
ver|la|gern *tr. 1;* ich verlagere es
Ver|la|ge|rung *f. 10*
Ver|lags|an|stalt *f. 10* Verlag (1)
Ver|lags|buch|han|del *m. Gen. -s nur Sg.*
Ver|lags|buch|händ|ler *m. 5*
Ver|lags|buch|hand|lung *f. 10* Verlag
Ver|lags|ka|ta|log *m. 1*
Ver|lags|recht *n. 1*
Ver|lags|we|sen *n. 7 nur Sg.*
ver|lam|men *intr. 1* verwerfen (beim Schaf)
ver|lan|den *intr. 2* zu Land werden (Fluss, See)
Ver|lan|dung *f. 10 nur Sg.*
ver|lan|gen *tr. 1*
Ver|lan|gen *n. 7 nur Sg.*
ver|län|gern *tr. 1;* ich verlängere es
Ver|län|ge|rung *f. 10*
Ver|län|ge|rungs|ka|bel *n. 5*
Ver|län|ge|rungs|schnur *f. 2*
ver|lang|sa|men *tr. 1*
Ver|lang|sa|mung *f. 10 nur Sg.*
ver|läp|pern *tr. 1, ugs.:* vergeuden, in kleiner Münze ausgeben (Geld), nutzlos verbringen (Zeit); ich verläppere es
Ver|lass (*alt:* Ver|laß) *m., nur in den Wendungen* auf ihn ist V.; es ist kein V. auf ihn
ver|las|sen **1.** *tr. 75;* **2.** *refl. 75;* sich auf jmdn., auf etwas v.
Ver|las|sen|heit *f. 10 nur Sg.*
Ver|las|sen|schaft *f. 10, österr., schweiz.:* Hinterlassenschaft, Nachlass
ver|läss|lich (*alt:* ver|läß|lich)
Ver|läss|lich|keit (*alt:* Ver|läß|lich|keit) *f. 10 nur Sg.*
ver|läs|tern *tr. 1;* jmdn. v.: Schlechtes über ihn reden
Ver|laub *m., nur noch in der Wendung* mit V.: mit Ihrer Erlaubnis; das ist, mit V. zu sagen, eine Schweinerei
Ver|lauf *m. 2*
ver|lau|fen **1.** *intr. 76* ablaufen, vergehen; die Sache ist gut, schlecht verlaufen; **2.** *refl. 76* sich verirren; *auch:* auseinander gehen, sich zerstreuen, versickern; die Menge, das Wasser hat sich verlaufen
ver|laust von Läusen befallen, mit Läusen behaftet
ver|laut|ba|ren *tr. 1* bekannt geben; *nur noch in der Wendung* amtlich wird verlautbart, dass …
Ver|laut|ba|rung *f. 10*
ver|lau|ten *intr. 2* bekannt, gesagt werden; wie aus Berlin verlautet, …; nichts v. lassen; davon ist nichts verlautet
ver|le|ben *tr. 1*
ver|le|ben|di|gen *tr. 1*
Ver|le|ben|di|gung *f. 10 nur Sg.*
ver|lebt durch ausschweifendes Leben alt, verbraucht, faltig
ver|le|gen **1.** *tr. 1* an einen anderen Platz legen; **2.** *tr. 1* im Verlag veröffentlichen; **3.** *Adj.* befangen, beschämt, peinlich berührt
Ver|le|gen|heit *f. 10*
Ver|le|gen|heits|lö|sung *f. 10*
Ver|le|ger *m. 5*
ver|le|ge|risch
Ver|le|gung *f. 10 nur Sg.*
ver|lei|den *tr. 2;* jmdm. etwas v.; er hat mir das Autofahren verleidet, das Autofahren ist mir verleidet
Ver|leih *m. 1*
ver|lei|hen *tr. 78*
Ver|lei|her *m. 5*
Ver|lei|hung *f. 10 nur Sg.*
ver|lei|men *tr. 1*
Ver|lei|mung *f. 10 nur Sg.*
ver|lei|ten *tr. 2* verführen
ver|ler|nen *tr. 1*
ver|le|sen *tr. 79*
Ver|le|sung *f. 10 nur Sg.*
ver|letz|bar
Ver|letz|bar|keit *f. 10 nur Sg.*
ver|let|zen *tr. 1*
ver|letz|lich
Ver|letz|lich|keit *f. 10 nur Sg.*
Ver|let|zung *f. 10*
ver|let|zungs|be|dingt durch Verletzungen hervorgerufen
ver|leug|nen *tr. 2*
Ver|leug|nung *f. 10 nur Sg.*
ver|leum|den *tr. 2*
Ver|leum|der *m. 5*
ver|leum|de|risch
Ver|leum|dung *f. 10*
Ver|leum|dungs|kla|ge *f. 11*
ver|lie|ben *refl. 1*
Ver|liebt|heit *f. 10 nur Sg.*
ver|lie|ren *tr. 171;* verlorene Eier: roh in Salzwasser geschlagene Eier; der verlorene Sohn; auf verlorenem Posten kämpfen

V

Ver|lie|rer *m. 5*
Ver|lies *n. 1* unterird. Gefängnis, Kerker
ver|lin|ken [engl.] *tr. 1* mit digitalen Verweisen versehen
Ver|lin|kung *f. 10*
ver|lo|ben *refl. 1*
Ver|löb|nis *n. 1*
Ver|lob|te(r) *m. 18 (17) bzw. f. 17 oder 18*
Ver|lo|bung *f. 10*
Ver|lo|bungs|ring *m. 1*
ver|lo|cken *tr. 1*
Ver|lo|ckung *f. 10*
ver|lo|gen oft lügend, lügenhaft, lügnerisch
Ver|lo|gen|heit *f. 10 nur Sg.*
ver|loh|nen *refl. 1, ugs.:* sich lohnen

> **verloren geben/gehen:** Gefüge aus einem Partizip und einem Verb schreibt man im Infinitiv, Partizip und am Ende eines Nebensatzes getrennt: *Sie hatten das Schiff verloren gegeben. Mein Ausweis ist verloren gegangen.* Ebenso: *gefangen nehmen, geschenkt bekommen.* § 34 E3 (4)

ver|lo|ren vgl. verlieren; verloren sein; verloren geben; sie haben das Spiel verloren gegeben; verloren gehen; verloren gegangen
ver|lo|ren ge|hen (*alt:* ver|lo|ren-ge|hen) *intr. 47*
ver|lö|schen *intr. 1*
ver|lo|sen *tr. 1*
Ver|lo|sung *f. 10*
ver|lö|ten *tr. 2*
ver|lot|tern *intr. 1, ugs.*
ver|lu|dern *intr. 1, ugs.:* verkommen
ver|lum|pen *intr. 1* verkommen
Ver|lust *m. 1*
ver|lus|tie|ren *refl. 3, scherzh.:* sich vergnügen
ver|lus|tig *mit Gen., nur in der Wendung* v. gehen: verlieren, einbüßen; er ist seines Ansehens, seines guten Rufs v. gegangen
ver|ma|chen *tr. 1;* jmdm. etwas v.
Ver|mächt|nis *n. 1*
ver|mäh|len *tr. u. refl. 1*
Ver|mäh|lung *f. 10*
Ver|mäh|lungs|an|zei|ge *f. 11*
ver|mah|nen *tr. 1* ermahnen
Ver|mah|nung *f. 10*
ver|ma|le|dei|en *tr. 1, veraltet:* verfluchen; *noch als Partizip II in Wendungen wie* dieser vermaledeite Leim hält nicht
ver|männ|li|chen *tr. 1*
ver|mar|ken *tr. 1* vermessen
ver|mark|ten *tr. 2*
Ver|mark|tung *f. 10*
Ver|mar|kung *f. 10* das Setzen von Vermessungszeichen, Vermessung
ver|mas|seln *tr. 1, ugs.:* verderben, falsch machen
ver|mas|sen *intr. 1* in der Masse untergehen; vermasst sein
Ver|mas|sung *f. 10 nur Sg.*
ver|mau|ern *tr. 1;* ich vermauere, vermaure es
Ver|meer, *Jan* ndrl. Maler
ver|meh|ren *tr. 1*
Ver|meh|rung *f. 10 nur Sg.*
ver|meid|bar
ver|mei|den *tr. 82*
ver|meid|lich
Ver|mei|dung *f. 10 nur Sg.*
ver|meil [vɛrmɛj, frz.] hochrot
Ver|meil [vɛrmɛj] *n. Gen.* -s *nur Sg.* vergoldetes Silber
ver|mei|nen *intr. 1* meinen, irrtümlich annehmen
ver|meint|lich
ver|mel|den *tr. 2* melden, mitteilen, berichten
ver|men|gen *tr. 1*
Ver|men|gung *f. 10 nur Sg.*
ver|mensch|li|chen *tr. 1*
Ver|mensch|li|chung *f. 10 nur Sg.*
Ver|merk *m. 1*
ver|mer|ken *tr. 1;* dies sei nur am Rande vermerkt: nur nebenbei gesagt
ver|mes|sen **1.** *tr. 84* ausmessen; **2.** *refl. 84* sich erkühnen, sich erdreisten, es wagen; er hat sich v. zu behaupten, …; **3.** *Adj.:* tollkühn; anmaßend, überheblich
Ver|mes|sen|heit *f. 10 nur Sg.*
Ver|mes|ser *m. 5*
Ver|mes|sung *f. 10*
Ver|mes|sungs|in|ge|ni|eur [-ʒənjø:r] *m. 1* (*Abk.:* Verm.-Ing.)
ver|mi|ckert *bes. mitteldt.:* zurückgeblieben, schwächlich, kümmerlich
ver|mie|sen *tr. 1;* jmdm. etwas v. *ugs.:* jmdm. die Freude an etwas verderben
ver|mie|ten *tr. 2*
Ver|mie|ter *m. 5*
Ver|mie|tung *f. 10*
Ver|mil|lon [vɛrmijɔ̃, frz.] *n. Gen.* -s *nur Sg.* fein gemahlener Zinnober
ver|min|dern *tr. 1;* ich vermindere es
Ver|min|de|rung *f. 10 nur Sg.*
ver|mi|nen *tr. 1* mit Minen durchsetzen; vermintes Gelände, Gewässer
Verm.-Ing. *Abk. für* Vermessungsingenieur
Ver|mi|nung *f. 10 nur Sg.*
ver|mi|schen *tr. 1*
Ver|mi|schung *f. 10 nur Sg.*
ver|mis|sen *tr. 1;* im Krieg vermisst
Ver|miss|ten|an|zei|ge (*alt:* Ver-miß|ten|an|zei|ge) *f. 11*
ver|mit|teln *tr. 1;* ich vermittele, vermittle es
ver|mit|tels *mit Gen.:* mittels, mithilfe; v. eines geeigneten Gerätes
Ver|mitt|ler *m. 51*
Ver|mitt|ler|rol|le *f. 11*
Ver|mitt|lung *f. 10 nur Sg.*
Ver|mitt|lungs|aus|schuss (*alt:* Ver|mitt|lungs|aus|schuß) *m. 2 nur Sg.*
Ver|mitt|lungs|ge|bühr *f. 10*
ver|mö|beln *tr. 1, ugs.:* verhauen; ich vermöbele, vermöble ihn
ver|mo|dern *intr. 1* verfaulen (bes. Holz)
ver|mö|ge *Präp. mit Gen.:* auf Grund, dank; v. ihres Tanztalents
ver|mö|gen *tr. 86*
Ver|mö|gen *n. 7 nur Sg.* **1.** Fähigkeit; *Ggs.:* Unvermögen; **2.** Besitz
ver|mö|gend wohlhabend
Ver|mö|gens|be|ra|ter *m. 5*
Ver|mö|gens|bil|dung *f. 10 nur Sg.*
Ver|mö|gen(s)|steu|er *f. 11*
ver|mö|gens|wirk|sam; vermögenswirksame Leistungen
Ver|mont [vɔ:mɔnt] (*Abk.:* VT) nordöstl. Staat der USA
ver|mor|schen *intr. 1* morsch, brüchig werden; vermorscht: morsch
ver|mum|men *tr. 1*
Ver|mum|mung *f. 10*
ver|mu|ren *tr. 1* **1.** [zu: Mure] durch Schutt verwüsten; **2.** [engl.] vor zwei Anker legen (Schiff)
ver|mur|ksen *tr. 1, ugs.:* verderben, falsch machen
ver|mu|ten *tr. 2*
ver|mut|lich
Ver|mu|tung *f. 10*
ver|mu|tungs|wei|se
ver|nach|läs|si|gen *tr. 1*
Ver|nach|läs|si|gung *f. 10 nur Sg.*
ver|na|geln *tr. 1* mit Nägeln verschließen; ich vernagele, vernagle die Kiste
ver|na|gelt *ugs. übertr.:* begriffsstutzig; wie vernagelt sein
ver|nä|hen *tr. 1*

V

Ver|na|li|sa|ti|on [vɛr-, lat.-frz.] *f. 10* = Jarowisation
ver|nar|ben *intr. 11*
Ver|nar|bung *f. 10 nur Sg.*
ver|narrt verliebt; in etwas oder jmdn. (ganz) v. sein
Ver|narrt|heit *f. 10 nur Sg.*
ver|na|schen *tr. 1, ugs.*
ver|ne|beln *tr. 1* **1.** mit künstlichem Nebel einhüllen; **2.** *übertr.:* verschleiern
Ver|ne|be|lung, Ver|neb|lung *f. 10 nur Sg.*
ver|nehm|bar
ver|neh|men *tr. 88*
Ver|neh|men *n. Gen. -s, nur in der Wendung* dem V. nach: wie man hört
Ver|nehm|las|sung *f. 10, schweiz.:* Umfrage, Überprüfung
ver|nehm|lich
Ver|neh|mung *f. 10*
ver|neh|mungs|fä|hig der Beklagte ist nicht v.
ver|nei|gen *refl. 1*
Ver|nei|gung *f. 10*
ver|nei|nen *tr. 1*
Ver|nei|nung *f. 10*
ver|net|zen *tr. 1* in ein (Kommunikations-)Netz einbeziehen
Ver|net|zung *f. 10*
ver|nich|ten *tr. 2;* vernichtender Blick: entrüsteter, empörter Blick
Ver|nich|tung *f. 10 nur Sg.*
ver|ni|ckeln *tr. 1*
Ver|ni|cke|lung, Ver|nick|lung *f. 10 nur Sg.*
ver|nied|li|chen *tr. 1*
Ver|nied|li|chung *f. 10 nur Sg.*
ver|nie|ten *tr. 2*
Ver|nie|tung *f. 10 nur Sg.*
Ver|nis|sa|ge [vɛrnisaʒ(ə), frz.] *f. 11* Eröffnung einer Kunstausstellung
Ver|nunft *f. Gen. - nur Sg.*
Ver|nunft|e|he *f. 11*
ver|nünf|tig
ver|nünf|ti|ger|wei|se
Ver|nunft|mensch *m. 10*
ver|nunft|wid|rig
ver|nu|ten *tr. 2*
ver|nü|ti|gen *tr. 1, schweiz.:* als nichtig, unbedeutend hinstellen, verharmlosen; *auch:* herabwürdigen
Ver|nu|tung *f. 10 nur Sg.*
ver|ö|den **1.** *intr. 2* öde werden (Landschaft); **2.** *tr. 2* Krampfadern v.: durch Einspritzen eines Medikaments stilllegen
Ver|ö|dung *f. 10*
ver|öf|fent|li|chen *tr. 1*
Ver|öf|fent|li|chung *f. 10*
Ve|ro|ne|ser [ve-] *m. 5* Einwohner von Verona
ve|ro|ne|sisch [ve-]
Ve|ro|ni|ka [ve-] weibl. Vorname
ver|ord|nen *tr. 2*
Ver|ord|nung *f. 10*
ver|pach|ten *tr. 2*
Ver|päch|ter *m. 5*
Ver|pach|tung *f. 10 nur Sg.*
ver|pa|cken *tr. 1*
Ver|pa|ckung *f. 10*
Ver|pa|ckungs|ma|te|ri|al *n. Gen. -s Pl.* -li|en
Ver|pa|ckungs|müll *m. 1 nur Sg.*
ver|pas|sen *tr. 1* **1.** versäumen; ich habe den Zug verpasst; **2.** jmdm. eins v. *ugs.:* jmdn. verprügeln; er hat ihm wiederholt ein paar Ohrfeigen verpasst
ver|pat|zen *tr. 1, ugs.:* verderben, verpfuschen
ver|pen|nen *tr. 1, ugs.:* verschlafen
ver|pes|ten *tr. 2* mit Gestank erfüllen
Ver|pes|tung *f. 10 nur Sg.*
ver|pet|zen *tr. 1, Schülerspr.:* angeben, verraten
ver|pfän|den *tr. 2*
Ver|pfän|dung *f. 10*
ver|pfei|fen *tr. 90;* jmdn. v. *ugs.:* verraten, anzeigen
ver|pflan|zen *tr. 1*
Ver|pflan|zung *f. 10*
ver|pfle|gen *tr. 1*
Ver|pfle|gung *f. 10 nur Sg.*
ver|pflich|ten *tr. 2*
Ver|pflich|tung *f. 10*
ver|pfrün|den *tr. 2;* jmdm. etwas v. *schweiz.:* jmdm. etwas auf Rentenbasis übertragen
ver|pfu|schen *tr. 1, ugs.:* verderben, schlecht machen (Arbeit)
ver|pi|chen *tr. 1* mit Pech ausfüllen
ver|pim|peln *tr. 1, ugs.:* verzärteln, verweichlichen (Kinder)
ver|pla|nen *tr. 1*
Ver|pla|nung *f. 10*
ver|plap|pern *refl. 1, ugs.* versehentlich etwas verraten; ich verplappere mich
ver|plau|dern *tr. 1* mit Plaudern verbringen; wir haben eine halbe Stunde verplaudert
ver|plem|pern *tr. 1, ugs.:* vergeuden, verschwenden; ich verplempere es
ver|pönt nicht angebracht, nach herrschender Sitte nicht zulässig
ver|pras|sen *tr. 1* verschwenden; er hat sein Geld verprasst
ver|prel|len *tr. 1* **1.** *Jägerspr.:* verscheuchen, vergrämen, aufschrecken (Wild); **2.** *allg.:* verwirren, erschrecken
ver|pro|le|ta|ri|sie|ren *intr. u. tr. 3*
Ver|pro|le|ta|ri|sie|rung *f. 10 nur Sg.*
ver|pro|vi|an|tie|ren [-vi-] *tr. 3* mit Proviant versorgen
Ver|pro|vi|an|tie|rung [-vi-] *f. 10 nur Sg.*
ver|prü|geln *tr. 1;* ich verprügele, verprügle ihn
ver|puf|fen *intr. 1* **1.** schwach explodieren; **2.** *übertr.:* wirkungslos, spurlos vorübergehen
Ver|puf|fung *f. 10 nur Sg.*
ver|pul|vern [-vərn] *tr. 1, ugs.:* unnütz verbrauchen, vergeuden (Geld); ich verpulvere es
ver|pum|pen *tr. 1, ugs.:* verborgen, verleihen
ver|pup|pen *refl. 1* (von der Larve) zur Puppe werden, sich einspinnen (Insekt)
Ver|pup|pung *f. 10 nur Sg.*
ver|pus|ten *refl. 2, ugs.:* Atem schöpfen, zu Atem kommen
Ver|putz *m. 1 nur Sg.* Mauerbewurf
ver|put|zen *tr. 1* **1.** mit Mörtel bewerfen (Mauer); **2.** *ugs.:* (auf)essen; **3.** jmdn. oder etwas nicht v. können *ugs.:* nicht leiden können
ver|qual|men *tr. 1, ugs.:* mit Qualm erfüllen
ver|quält durch Sorgen, Kummer gezeichnet (Gesicht); v. aussehen: kummervoll
ver|qua|sen *tr. 1, norddt.:* vergeuden
ver|quat|schen *ugs.* **1.** *tr. 1* verplaudern; **2.** *refl. 1* verplappern
ver|quer **1.** unpassend, ungelegen; das kommt mir nun ziemlich verquer; **2.** falsch; das ist mir ganz schön verquer gegangen
ver|qui|cken *tr. 1* **1.** *eigtl.:* mit Quecksilber vermischen, amalgamieren; **2.** *übertr.:* verbinden
Ver|qui|ckung *f. 10 nur Sg.*
ver|quir|len *tr. 1*
ver|quol|len (durch Feuchtigkeit oder vom Weinen) geschwollen (Holz, Gesicht)
ver|ram|meln *tr. 1* durch Hindernisse versperren
ver|ram|schen *tr. 1, ugs.:* billig verkaufen (Waren)
Ver|rat *m. 1 nur Sg.*
ver|ra|ten *tr. 94*
Ver|rä|ter *m. 5*
Ver|rä|te|rei *f. 10*

ver|rä|te|risch
ver|rau|chen 1. *intr. 1* verschwinden, vergehen (Zorn); 2. *tr. 1, ugs.:* durch Rauchen verbrauchen (Geld)
ver|räu|chern *tr. 1* mit Rauch erfüllen; ich verräuchere das ganze Wohnzimmer
ver|rau|schen *intr. 1*
ver|rech|nen 1. *tr. 2* durch Rechnen ausgleichen; 2. *refl. 2* sich beim Rechnen irren; *übertr.:* seine Erwartungen nicht erfüllt sehen
Ver|rech|nung *f. 10*
Ver|rech|nungs|ein|heit *f. 10*
Ver|rech|nungs|scheck *m. 9 oder m. 1*
ver|re|cken *intr. 1, ugs.:* sterben (Vieh, *vulg.:* Mensch)
ver|reg|nen *tr. 2, nur unpersönlich oder im Partizip II;* es hat die Obstblüte verregnet; der Ausflug ist verregnet; ein verregneter Sommer
ver|rei|ben *tr. 95*
Ver|rei|bung *f. 10 nur Sg.*
ver|rei|sen *intr. 1*
ver|rei|ßen *tr. 96, übertr.:* (in der Presse) schlecht kritisieren; er hat das Theaterstück, das Buch verrissen
ver|ren|ken *tr. u. refl. 1*
Ver|ren|kung *f. 10*
ver|ren|nen *refl. 98;* sich in etwas v.: hartnäckig an etwas festhalten, auf etwas beharren; er hat sich total in diesen Gedanken verrannt
ver|rich|ten *tr. 2*
Ver|rich|tung *f. 10*
ver|rie|geln *tr. 1;* ich verriegele, verriegle die Tür
ver|rin|gern *tr. 1;* ich verringere es
Ver|rin|ge|rung *f. 10 nur Sg.*
ver|rin|nen *intr. 101*
Ver|riss (*alt:* Ver|riß) *m. 1* schlechte Kritik (in der Presse); vgl. verreißen
ver|ro|hen *intr. 1*
Ver|ro|hung *f. 10 nur Sg.*
ver|rol|len 1. *intr. 1* aufhören zu rollen, verhallen (Donner); 2. *tr. 1, ugs.:* verhauen; 3. *refl. 1, ugs.:* zu Bett gehen
ver|ros|ten *intr. 2*
ver|rot|ten *intr. 2* verfaulen, zerbröckeln; *auch übertr.:* verrottete Gesellschaft
Ver|rot|tung *f. 10 nur Sg.*
ver|rucht schändlich, ruchlos
Ver|rucht|heit *f. 10 nur Sg.*
ver|rü|cken *tr. 1*
ver|rückt; dabei kann man v. werden; es ist zum Verrücktwerden
Ver|rück|te(r) *m. 18 (17) bzw. f. 17 oder 18*
Ver|rückt|heit *f. 10*
Ver|ruf *m. 1 nur Sg.* schlechter Ruf; jmdn. in V. bringen
ver|ru|fen in schlechtem Ruf stehend; verrufener Stadtteil, verrufenes Lokal
ver|ru|ßen *tr. 1*
ver|rut|schen *intr. 1*
Vers [fers, österr.: vers, lat.] *m. 1* (*Abk.:* V.) Zeile einer Strophe; *ugs. auch:* Strophe
ver|sach|li|chen *tr. 1* sachlich darstellen, vergegenständlichen
Ver|sach|li|chung *f. 10 nur Sg.*
ver|sa|cken *intr. 1, ugs.:* versinken, untergehen
ver|sa|gen *intr. u. tr. 1;* er hat versagt; jmdm. oder sich einen Genuss v.
Ver|sa|ger *m. 5*
Ver|sailles [vɛrsaj] Stadt in Frankreich; Versailler Vertrag
Ver|sal [vɛr-, lat.] *m. Gen.* -s *Pl.* -li|en, **Ver|sal|buch|sta|be** *m. 15* Großbuchstabe (in der Typografie)
ver|sal|zen *tr. 1;* zu stark salzen; *übertr.:* (etwas) verderben
ver|sam|meln *tr. u. refl. 1;* ich versammele, versammle sie um mich
Ver|samm|lung *f. 10*
Ver|samm|lungs|frei|heit *f. 10 nur Sg.*
Ver|sand *m. Gen.* -(e)s *nur Sg.*
Ver|sand|ab|tei|lung *f. 10*
Ver|sand|buch|han|del *m. Gen.* -s *nur Sg.*
ver|san|den *intr. 2*
ver|sand|fer|tig
Ver|sand|ge|schäft *n. 1*
Ver|sand|han|del *m. Gen.* -s *nur Sg.*
Ver|sand|haus *n. 4* Unternehmen, das Versandhandel betreibt
Ver|sand|kos|ten *nur Pl.;* er musste hohe V. zahlen
Ver|san|dung *f. 10 nur Sg.*
Ver|satz *m. 2 nur Sg.* das Versetzen, Verpfänden
Ver|satz|amt *n. 4* Leihhaus
Ver|satz|stück *n. 1* 1. bewegl. Stück der Bühnendekoration; 2. *österr. auch:* Pfandstück
ver|sau|en *tr. 1, ugs.* 1. beschmutzen; 2. durch Nachlässigkeit oder Beschmutzen verderben (Arbeit, Kleid)
ver|sau|ern *intr. 1* 1. sauer werden; 2. *übertr.:* geistig unbeweglich, stumpf werden
ver|sau|fen 1. *tr. 103; ugs.:* durch Saufen verbrauchen (Geld); versoffen: häufig betrunken, dem Trunk ergeben; 2. *intr. 103, ugs.:* ertrinken; 3. *intr. 103, Bgb.:* sich mit Grundwasser füllen
ver|säu|men *tr. 1*
Ver|säum|nis *n. 1 oder f. 1*
Ver|säum|nis|ur|teil *n. 1, im Zivilprozess:* Urteil gegen die nicht erschienene Partei
ver|scha|chern *tr. 1, ugs.:* zu hohem Preis verkaufen
ver|schach|telt 1. wie Schachteln ineinander geschoben; 2. *übertr.:* kompliziert gebaut (Satz)
ver|schaf|fen *tr. 1;* jmdm. oder sich etwas v.
ver|scha|len *tr. 1* mit Brettern verkleiden
Ver|scha|lung *f. 10 nur Sg.*
ver|schämt
Ver|schämt|heit *f. 10 nur Sg.*
ver|schan|deln *tr. 1, ugs.:* verunstalten, hässlich machen
Ver|schan|de|lung, Ver|schand|lung *f. 10 nur Sg.*
ver|schan|zen *tr. u. refl. 1;* sich hinter Ausreden v.
Ver|schan|zung *f. 10*
ver|schär|fen *tr. u. refl. 11*
Ver|schär|fung *f. 10 nur Sg.*
ver|schar|ren *tr. 1*
ver|schät|zen *refl. 1* falsch schätzen; er hat sich verschätzt
ver|schau|keln *tr. 1, ugs.:* betrügen
ver|schei|den *intr. 107, poet.:* sterben
ver|schen|ken *tr. 1*
ver|scher|beln *tr. 1, ugs.:* verkaufen; ich verscherbele, verscherble es
ver|scher|zen *tr. 1;* sich etwas v.: etwas durch Leichtsinn, falsches Verhalten nicht bekommen oder verlieren; ich habe mir sein Wohlwollen verscherzt
ver|scheu|chen *tr. 1*
ver|scheu|ern *tr. 1, ugs.:* verkaufen; ich verscheuere es
ver|schi|cken *tr. 1*
Ver|schi|ckung *f. 10*
ver|schieb|bar
Ver|schie|be|bahn|hof *m. 2*
ver|schie|ben *tr. 112; auch übertr. ugs.:* zu Schwarzmarktpreisen verkaufen
ver|schieb|lich verschiebbar
Ver|schie|bung *f. 10*

Verschiedene, Verschiedenes: Die substantivierte Form schreibt man mit großem Anfangsbuchstaben: *Es kamen Verschiedene* (alt: *verschiedene*); *Verschiedenes* (alt: *verschiedenes*) *war sehr unklar; Verschiedenstes* (alt: *verschiedenstes*) *war laut zu hören.* § 57 (1)

ver|schie|den; verschieden groß; verschiedene Leute; etwas Verschiedenes; Verschiedene haben sich schon gemeldet; ich kann für Sie Verschiedenes tun; Verschiedenstes wurde verlost; Ähnliches und Verschiedenes; man kann nicht Verschiedenes zusammenbringen; verschiedene Male
ver|schie|den|ar|tig
Ver|schie|den|ar|tig|keit *f. 10 nur Sg.*
ver|schie|de|ner|lei
ver|schie|den|far|big
ver|schie|den|ge|schlecht|lich
Ver|schie|den|heit *f. 10*
ver|schie|denst; Verschiedenste kamen; Verschiedenstes
ver|schie|dent|lich ab und zu, öfters, mehrmals
ver|schie|ßen **1.** *tr. 113* durch Schießen verbrauchen; vgl. Pulver; **2.** *intr. 113* verbleichen, Farbe verlieren; **3.** *refl. 113, ugs.:* sich verlieben
ver|schif|fen *tr. 1* mit dem Schiff verschicken
Ver|schif|fung *f. 10 nur Sg.*
ver|schil|fen *intr. 1* sich mit Schilf bedecken (See)
ver|schim|meln *intr. 1*
ver|schimp|fie|ren *tr. 3, ugs.:* verunglimpfen, beleidigen
Ver|schiss (*alt:* Ver|schiß) *m. Stud.:* Verruf; *nur in der Wendung* in V. geraten: die Achtung der anderen verlieren
ver|schla|cken *intr. 1* sich mit Schlacke füllen
Ver|schla|ckung *f. 10 nur Sg.*
ver|schla|fen **1.** *tr. u. intr. 115;* **2.** *Adj.:* schlaftrunken; *auch:* langweilig, geistig träge
Ver|schlag *m. 2*
ver|schla|gen **1.** *tr. 116* mit Brettern abteilen, abtrennen (Raum) oder verschließen; *übertr.:* wegnehmen; der Schreck verschlug mir die Sprache; die Kälte verschlug mir den Atem; an einen Ort verschlagen werden: ungewollt, durch Zufall an einen Ort geraten; **2.** *intr. 116* nützen, helfen; die Arznei verschlägt nicht; das verschlägt nichts; gutes Zureden verschlägt bei ihm am besten; **3.** *Adj.:* heimtückisch; durch Schläge scheu, ängstlich geworden (Hund)
Ver|schla|gen|heit *f. 10 nur Sg.*
ver|schlam|men *intr. 1*
Ver|schlam|mung *f. 10 nur Sg.*
ver|schlam|pen *ugs.* **1.** *tr. 1* durch Nachlässigkeit verlieren oder verlegen; **2.** *intr. 1* unordentlich, schlampig werden
ver|schlech|tern *tr. u. refl. 1*
Ver|schlech|te|rung *f. 10 nur Sg.*
ver|schlei|ern *tr. 1*
Ver|schlei|e|rung *f. 10 nur Sg.*
ver|schlei|men *tr. 1*
Ver|schlei|mung *f. 10 nur Sg.*
Ver|schleiß *m. 1 nur Sg.* **1.** Abnutzung, Verbrauch; **2.** *österr.:* Kleinverkauf
ver|schlei|ßen *tr. 119*
Ver|schleiß|er|schei|nung *f. 10*
Ver|schleiß|teil *n. 1*
ver|schlep|pen *tr. 1*
Ver|schlep|pung *f. 10 nur Sg.*
Ver|schlep|pungs|tak|tik *f. 10*
ver|schleu|dern *tr. 1;* ich verschleudere es
ver|schließ|bar
ver|schlie|ßen *tr. 120*
ver|schlimm|bes|sern *tr. 1*
Ver|schlimm|bes|se|rung, Ver|schlimm|bess|rung (*alt:* Verschlimm|beß|rung) *f. 10*
ver|schlim|mern *tr. 1*
Ver|schlim|me|rung *f. 10 nur Sg.*
ver|schlin|gen *tr. u. refl. 121*
Ver|schlin|gung *f. 10*
ver|schlos|sen *übertr.:* wenig mitteilsam, in sich gekehrt
Ver|schlos|sen|heit *f. 10 nur Sg.*
ver|schlu|cken *tr. u. refl. 1*
Ver|schluss (*alt:* Ver|schluß) *m. 2*
ver|schlüs|seln *tr. 1;* ich verschlüssele, verschlüssle es
Ver|schlüs|se|lung *f. 10 nur Sg.*
Ver|schluss|laut (*alt:* Ver|schluß|laut) *m. 1* durch Öffnen des verschlossenen Mundkanals entstehender Laut, Plosivlaut: p, t, k, b, d, g
Ver|schluss|sa|che (*alt:* Ver|schluß|sa|che) *f. 11* Geheimdokument
ver|schmach|ten *intr. 2*
ver|schmä|hen *tr. 1*
ver|schmei|ßen *tr. 122, ugs.:* durch Nachlässigkeit verlieren oder verlegen
ver|schmel|zen *tr. u. intr. 123*
Ver|schmel|zung *f. 10 nur Sg.*
ver|schmer|zen *tr. 1*
ver|schmie|ren *tr. 3*
ver|schmitzt schelmisch, spitzbübisch
Ver|schmitzt|heit *f. 10 nur Sg.*
ver|schmut|zen *tr. u. intr. 1*
Ver|schmut|zung *f. 10 nur Sg.*
ver|schnau|fen *intr. u. refl. 1* Atem schöpfen, eine Pause machen
Ver|schnauf|pau|se *f. 11*
ver|schnei|den *tr. 125* **1.** beschneiden, kürzer schneiden; **2.** kastrieren; **3.** falsch zuschneiden (Stoff); **4.** mischen (Wein, Branntwein)
Ver|schnei|dung *f. 10 nur Sg.* Kastration; vgl. Verschnitt
ver|schneit
Ver|schnitt *m. 1* **1.** Mischung (von Wein, Branntwein); **2.** Abfall (beim Zuschneiden)
Ver|schnit|te|ne(r) *m. 18 (17)* kastrierter Mann, Eunuch
ver|schnör|keln *tr. 1*
ver|schnup|fen *tr. 1, ugs.:* verärgern, kränken; verschnupft sein: Schnupfen haben; *übertr.:* verärgert, gekränkt sein
ver|schnü|ren *tr. 1*
Ver|schnü|rung *f. 10*
ver|schol|len seit längerer Zeit vermisst und deshalb als verloren oder tot betrachtet
ver|scho|nen *tr. 1*
ver|schö|nen *tr. 1*
ver|schö|nern *tr. 1;* ich verschönere es
Ver|schö|ne|rung *f. 10*
ver|schor|fen *intr. 1*
Ver|schor|fung *f. 10 nur Sg.*
ver|schos|sen **1.** ausgebleicht; ein verschossenes Hemd; **2.** *ugs.:* verliebt; er ist in sie v.
ver|schram|men *tr. 1*
ver|schrän|ken *tr. 1*
Ver|schrän|kung *f. 10*
ver|schrau|ben *tr. 1*
Ver|schrau|bung *f. 10 nur Sg.*
ver|schre|cken *tr. 1* erschrecken, einschüchtern
ver|schrei|ben **1.** *tr. 127* verordnen; jmdm. etwas v.; **2.** *refl. 127* falsch schreiben; sich einer Sache v.: sich ihr ganz widmen
Ver|schrei|bung *f. 10 nur Sg.*
ver|schrei|bungs|pflich|tig
ver|schri|en; er ist als geizig verschrien: als geizig bekannt
ver|schro|ben schrullig, wunderlich, überspannt

Ver|schro|ben|heit *f. 10 nur Sg.*
ver|schro|ten *tr. 2* zu Schrot zermahlen
ver|schrot|ten *tr. 2* zu Schrott machen und als Altmetall verwenden
ver|schrum|peln *intr. 1, ugs.*
ver|schüch|tert
ver|schul|den *intr. 2*
Ver|schul|dung *f. 10 nur Sg.*
ver|schu|len *tr. 1* **1.** ähnlich wie in der Schule gestalten; **2.** umpflanzen (Sämlinge)
ver|schüt|ten *tr. 2;* er hat es mit ihm verschüttet *ugs.:* er hat sich sein Wohlwollen verscherzt
ver|schütt ge|hen (*alt:* ver|schüttge|hen) *intr. 47, ugs.:* verloren gehen
Ver|schüt|tung *f. 10 nur Sg.*
ver|schwä|gert durch Heirat verwandt
ver|schwei|gen *tr. 130*
Ver|schwei|gung *f. 10 nur Sg.*
ver|schwei|ßen *tr. 1*
Ver|schwei|ßung *f. 10 nur Sg.*
ver|schwen|den *tr. 2*
Ver|schwen|der *m. 5*
ver|schwen|de|risch
Ver|schwen|dung *f. 10 nur Sg.*
Ver|schwen|dungs|sucht *f. Gen. - nur Sg.*
ver|schwen|dungs|süch|tig
ver|schwie|gen
Ver|schwie|gen|heit *f. 10 nur Sg.*
ver|schwie|melt *ugs.:* verquollen, verschwollen
ver|schwin|den *intr. 133*
ver|schwis|tert als Geschwister verbunden; *übertr.:* zusammengehörig, eng verbunden
ver|schwit|zen *tr. 1; auch ugs.:* aus Nachlässigkeit vergessen (Auftrag, Verabredung)
ver|schwom|men
Ver|schwom|men|heit *f. 10 nur Sg.*
ver|schwö|ren *refl. 135*
Ver|schwö|rer *m. 5*
ver|schwö|re|risch
Ver|schwö|rung *f. 10*
ver|se|hen **1.** *tr. 136* versorgen, verwalten; den Haushalt v.; **2.** *tr. 136* falsch machen; das habe ich leider v.; **3.** *refl. 136* sich irren; da habe ich mich v.; und ehe man sich's versieht *oder:* ehe man sich dessen versieht, ist die Zeit um: schneller, als man denkt
Ver|se|hen *n. 7;* aus V.
ver|se|hent|lich
Ver|seh|gang *m. 2* Gang des Priesters zu einem Todkranken, um ihn mit den Sterbesakramenten zu versehen
ver|seh|ren *tr. 1* verletzen, beschädigen
ver|sehrt
Ver|sehr|te(r) *m. 18 (17) bzw. f. 17 oder 18*
Ver|sehrt|heit *f. 10 nur Sg.*
ver|selb|stän|di|gen = **ver|selbststän|di|gen** *refl. 1*
Ver|selb|stän|di|gung = **Ver|selbststän|di|gung** *f. 10 nur Sg.*
ver|sen|den *tr. 138*
Ver|sen|dung *f. 10 nur Sg.*
ver|sen|gen *tr. 1* oberflächlich verbrennen
ver|senk|bar
Ver|senk|büh|ne *f. 11*
ver|sen|ken *tr. 1*
Ver|sen|kung *f. 10*
Ver|se|schmied [fer-] *m. 1, leicht abwertend für* Dichter
ver|ses|sen *in der Wendung* auf etwas v. sein: etwas immer wieder haben wollen, eifrig auf etwas bedacht sein
Ver|ses|sen|heit *f. 10 nur Sg.*
ver|set|zen *tr. 1* **1.** an eine andere Stelle setzen; **2.** ins Leihhaus bringen; **3.** in eine höhere Klasse aufnehmen (Schüler); **4.** an eine andere Dienststelle beordern; **5.** *ugs.:* vergeblich warten lassen; **6.** (mit etwas) mischen; **7.** *intr. 1* antworten, entgegnen
Ver|set|zung *f. 10*
Ver|set|zungs|zei|chen *n. 7* (*Zeichen:* ♯, ♭) *Mus.:* Zeichen der Erhöhung bzw. Erniedrigung eines Tons um einen halben Ton
ver|seu|chen *tr. 1*
Ver|seu|chung *f. 10 nur Sg.*
Vers|form *f. 10*
Vers|fuß *m. 2* kleinste rhythm. Einheit eines Verses, z. B. Jambus, Trochäus
Ver|si|che|rer *m. 5*
ver|si|chern *tr. 1;* ich versichere es dir; ich versichere Sie meines Beileids; ich versichere Ihnen, dass ...; ich versichere mich gegen Feuer, Diebstahl; seien Sie versichert, dass ich ...
Ver|si|cher|te(r) *m. 18 (17) bzw. f. 17 oder 18*
Ver|si|che|rung *f. 10*
Ver|si|che|rungs|a|gent *m. 10*
Ver|si|che|rungs|an|stalt *f. 10*
Ver|si|che|rungs|bei|trag *m. 2*
Ver|si|che|rungs|be|trug *m. 1 nur Sg.*
Ver|si|che|rungs|fall *m. 2*
Ver|si|che|rungs|ge|sell|schaft *f. 10*
Ver|si|che|rungs|kar|te *f. 11*
Ver|si|che|rungs|neh|mer *m. 5*
Ver|si|che|rungs|pflicht *f. 10*
ver|si|che|rungs|pflich|tig
Ver|si|che|rungs|po|li|ce [-li:sə] *f. 11* Urkunde über eine abgeschlossene Versicherung
Ver|si|che|rungs|prä|mie [-mjə] *f. 11*
Ver|si|che|rungs|schein *m. 1*
Ver|si|che|rungs|schutz *m. Gen. -es nur Sg.*
Ver|si|che|rungs|ver|tre|ter *m. 5*
Ver|si|che|rungs|we|sen *n. 7 nur Sg.*
ver|si|ckern *tr. 1*
ver|sie|ben *tr. 1, ugs.:* aus Nachlässigkeit verlieren, verlegen
ver|sie|geln *tr. 1;* ich versiegele, versiegle es
Ver|sie|ge|lung, Ver|sieg|lung *f. 10 nur Sg.*
ver|sie|gen *intr. 1* aufhören zu fließen (Quelle)
ver|siert [vɛr-, lat.-frz.] erfahren, bewandert, geübt; versierter Fachmann
Ver|siert|heit [vɛr-] *f. 10 nur Sg.*
Ver|si|fi|ka|ti|on [vɛr-, lat.] *f. 10*
ver|si|fi|zie|ren [vɛr-] *tr. 3* in Verse bringen, in Verse verwandeln
Ver|si|fi|zie|rung [vɛr-] *f. 10*
Ver|sil|be|rer *m. 5*
ver|sil|bern *tr. 1; auch übertr. ugs.:* verkaufen; ich versilbere es
Ver|sil|be|rung *f. 10 nur Sg.*
ver|sim|peln **1.** *tr. 1* (zu sehr) vereinfachen; **2.** *intr. 1* seine geistigen Interessen verlieren
ver|sinn|bild|li|chen *tr. 1*
Ver|sinn|bild|li|chung *f. 10 nur Sg.*
Ver|si|on [vɛr-, lat.] *f. 10* Fassung, Lesart, Darstellung
ver|sippt verwandt
ver|sit|zen *tr. 143, ugs.* **1.** mit nutzlosem Dasitzen verbringen; ich habe eine Stunde im Wartezimmer versessen; **2.** durch Sitzen zerknittern (Kleid)
Ver|sitz|gru|be *f. 11* Sickergrube für Abwässer
ver|skla|ven [-vən] *tr. 1*
Ver|skla|vung [-vuŋ] *f. 10 nur Sg.*
Vers|kunst *f. 2 nur Sg.*
Vers|leh|re *f. 11 nur Sg.*
ver|slu|men [-slʌmən, engl.] *intr. 1* herunterkommen, verfallen
Vers|maß *n. 1*
ver|snobt zum Snob geworden
Ver|so [vɛr-, lat.] *n. 9* Rückseite (eines Buchblattes, einer Handschrift); *Ggs.:* Rekto

V

ver|sof|fen vgl. versaufen
ver|soh|len *tr. 1, ugs.:* verhauen
ver|söh|nen *tr. u. refl. 1*
ver|söhn|lich
Ver|söhn|lich|keit *f. 10 nur Sg.*
Ver|söh|nung *f. 10*
Ver|söh|nungs|fest *n. 1,* **Ver|söh-nungs|tag** *m. 1* hoher israel. Feiertag, Jom Kippur
ver|son|nen nachdenklich, träumerisch
Ver|son|nen|heit *f. 10 nur Sg.*
ver|sor|gen *tr. 1*
Ver|sor|ger *m. 5*
Ver|sor|gung *f. 10 nur Sg.*
Ver|sor|gungs|an|spruch *m. 2*
ver|sor|gungs|be|rech|tigt
ver|spach|teln *tr. 1* **1.** mit Putz, Kitt oder Ähnlichem ausfüllen und glätten; ich verspachtele, verspachtle es; **2.** *ugs.:* essen, aufessen
ver|span|nen *tr. 1*
Ver|span|nung *f. 10*
ver|spä|ten *refl. 2*
Ver|spä|tung *f. 10*
ver|spei|sen *tr. 1*
ver|spe|ku|lie|ren *refl. 3* sich (beim Spekulieren) verrechnen, Erwartungen nicht erfüllt sehen
ver|sper|ren *tr. 1*
ver|spie|len **1.** *tr. 1;* **2.** *intr. 1, nur im Partizip II:* verspielt haben; bei jmdm. verspielt haben: jmds. Wohlwollen, Wertschätzung verloren haben; verspieltes Kind: nur ans Spielen denkendes Kind
ver|spin|nen *tr. 145* durch Spinnen verbrauchen; (in sich) versponnen *übertr.:* verträumt
ver|spot|ten *tr. 2*
Ver|spot|tung *f. 10 nur Sg.*
ver|spre|chen **1.** *tr. 146;* jmdm. etwas v.; ich verspreche mir Erfolg davon; **2.** *refl. 146* versehentlich anders sagen, falsch aussprechen; ich habe mich nur versprochen; sich jmdm. v. *veraltet:* sich mit jmdm. verloben
Ver|spre|chen *n. 7*
Ver|spre|cher *m. 5* Fehlleistung beim Sprechen
Ver|spre|chung *f. 10* Zusicherung; Verheißung; (große) Versprechungen machen
ver|spren|gen *tr. 1;* versprengte Soldaten: von ihrer Einheit getrennte, in die Flucht geschlagene Soldaten
ver|spro|che|ner|ma|ßen
ver|sprü|hen *tr. 1*
ver|spü|ren *tr. 1*

ver|staat|li|chen *tr. 1*
Ver|staat|li|chung *f. 10 nur Sg.*
ver|städ|tern *tr. u. intr. 1*
Ver|städ|te|rung *f. 10 nur Sg.*
ver|stäh|len *tr. 1* mit einer Stahlschicht überziehen (Kupferplatte)
Ver|stäh|lung *f. 10 nur Sg.*
Ver|stand *m. Gen.* -(e)s *nur Sg.*
Ver|stan|des|mensch *m. 10*
ver|stän|dig
ver|stän|di|gen *tr. u. refl. 1*
Ver|stän|di|gung *f. 10 nur Sg.*
ver|ständ|lich
Ver|ständ|lich|keit *f. 10 nur Sg.*
Ver|ständ|nis *n. 1 nur Sg.*
ver|ständ|nis|in|nig
ver|ständ|nis|los
Ver|ständ|nis|lo|sig|keit *f. 10 nur Sg.*
ver|ständ|nis|voll
Ver|stands|kas|ten *m. 8, ugs. scherzh.:* Verstand, Kopf
ver|stän|kern *tr. 1, derb:* mit Gestank, Tabaksqualm erfüllen
ver|stär|ken *tr. 1*
Ver|stär|ker *m. 5*
Ver|stär|kung *f. 10 nur Sg.*
ver|stat|ten *tr. 2, veraltet:* gestatten; *noch in den Wendungen* wenn es verstattet ist; ist es verstattet einzutreten?
ver|stau|ben *intr. 1*
ver|stäu|ben *tr. 1*
ver|stau|chen *tr. 1;* sich etwas v.
Ver|stau|chung *f. 10*
ver|stau|en *tr. 1*
Ver|steck *n. 1;* Versteck *oder:* Verstecken spielen
ver|ste|cken *tr. 1;* ich verstecke es
Ver|steck|spiel *n. 1*
ver|ste|hen **1.** *tr. 151;* jmdm. etwas zu v. geben: jmdm. etwas andeutend sagen; **2.** *refl. 151;* sich zu etwas v.: sich zu etwas entschließen, bereit finden; sich auf etwas v.: etwas können, seine Tätigkeit beherrschen
ver|stei|fen *tr. u. refl. 1;* sich auf etwas v.: hartnäckig an etwas festhalten; auf etwas beharren
Ver|stei|fung *f. 10*
ver|stei|gen *refl. 153;* sich zu der Behauptung v., dass …: sich erkühnen, sich anmaßen zu behaupten, dass …
Ver|stei|ge|rer *m. 5*
ver|stei|gern *tr. 1;* ich versteigere es
Ver|stei|ge|rung *f. 10*
ver|stei|nern *intr. 1*
Ver|stei|ne|rung *f. 10*

ver|stell|bar
ver|stel|len *tr. u. refl. 1*
Ver|stel|lung *f. 10 nur Sg.*
Ver|stel|lungs|kunst *f. 2*
ver|step|pen *intr. 1* zu Steppe werden
Ver|step|pung *f. 10 nur Sg.*
ver|ster|ben *intr. 154* sterben; *nur im Präteritum und Partizip II;* gestern verstarb …; er ist verstorben; der Verstorbene
ver|steu|ern *tr. 1;* ich versteuere, versteure es
Ver|steu|e|rung *f. 10 nur Sg.*
ver|stie|gen überspannt
Ver|stie|gen|heit *f. 10 nur Sg.*
ver|stim|men *tr. 1*
ver|stimmt **1.** nicht (mehr) richtig gestimmt (Instrument); **2.** verärgert, ungehalten
Ver|stimmt|heit *f. 10 nur Sg.*
Ver|stim|mung *f. 10*
ver|stockt trotzig, uneinsichtig, nicht zum Einlenken bereit
Ver|stockt|heit *f. 10 nur Sg.*
ver|stoh|len heimlich, unauffällig
ver|stop|fen *tr. 1*
Ver|stop|fung *f. 10*
ver|stö|ren *tr. 1* aus dem seelischen Gleichgewicht bringen
Ver|stört|heit *f. 10 nur Sg.*
Ver|stoß *m. 2*
ver|sto|ßen *tr. u. intr. 157;* gegen eine Regel verstoßen
ver|stre|ben *tr. 1* durch Streben stützen
Ver|stre|bung *f. 10*
ver|strei|chen *tr. u. intr. 158*
ver|streu|en *tr. 1*
ver|stri|cken *tr. u. refl. 1*
Ver|stri|ckung *f. 10*
ver|stüm|meln *tr. 1*
Ver|stüm|me|lung, Ver|stümm|lung *f. 10*
ver|stum|men *intr. 1*
Ver|such *m. 1*
ver|su|chen *tr. 1*
Ver|su|cher *m. 5; in der christl. Lehre:* der Teufel
Ver|suchs|an|stalt *f. 10*
Ver|suchs|ka|nin|chen *n. 7, ugs.*
Ver|suchs|per|son *f. 10*
Ver|suchs|rei|he *f. 11*
ver|suchs|wei|se
Ver|su|chung *f. 10*
ver|sump|fen *intr. 1; auch übertr. ugs.:* verbummeln
Ver|sump|fung *f. 10 nur Sg.*
ver|sün|di|gen *refl. 1* schuldig werden, eine Sünde, ein Unrecht begehen; sich an jmdm. v.
Ver|sün|di|gung *f. 10*

V

Ver|sun|ken|heit *f. 10 nur Sg.*
ver|sus [vɛr-, lat.] *Präp. mit Akk.:* gegen, gegenüber
ver|sü|ßen *tr. 1*
vert. *Abk. für* vertatur
ver|ta|gen *tr. 1*
Ver|ta|gung *f. 10*
ver|tän|deln *tr. 1* mit Nichtigkeiten verbringen; den Tag, die Zeit v.
ver|ta|tur! [vɛr-, lat.] (*Abk.:* vert.; *Zeichen:* V) *Buchw.:* man wende! (Vermerk bei auf dem Kopf stehenden Buchstaben)
ver|tau|ben *intr. 1, Bgb.:* taub werden (Erzgang): erschöpft sein
Ver|tau|bung *f. 10 nur Sg.*
ver|täu|en *tr. 1, Seew.:* mit Tauen befestigen
ver|tausch|bar
Ver|tausch|bar|keit *f. 10 nur Sg.*
ver|tau|schen *tr. 1*
Ver|tau|schung *f. 10*
ver|tau|send|fa|chen *tr. 1*
Ver|täu|ung *f. 10*
ver|te|bral *auch:* **ver|teb|ral** [vɛr-, lat.] zu den Wirbeln, zur Wirbelsäule gehörend
Ver|te|bra|ten *auch:* **Ver|teb|ra|ten** [vɛr-] *Pl. Sammelbez. für* Wirbeltiere
ver|tei|di|gen *tr. 1*
Ver|tei|di|ger *m. 5*
Ver|tei|di|gung *f. 10 nur Sg.*
Ver|tei|di|gungs|stel|lung *f. 10 nur Sg.*
Ver|tei|di|gungs|mi|nis|ter *m. 5*
Ver|tei|di|gungs|mi|nis|te|ri|um *n. Gen.* -s *Pl.* -ri|en
ver|tei|len *tr. 1*
Ver|tei|ler *m. 5*
Ver|tei|lung *f. 10*
ver|teu|ern *tr. 1*
Ver|teu|e|rung *f. 10*
ver|teu|feln *tr. 1* als Teufel, als schlecht, böse hinstellen
ver|teu|felt *ugs.* **1.** unangenehm, schwierig; **2.** sehr; v. schwer
Ver|teu|fe|lung *f. 10 nur Sg.*
ver|tie|fen *tr. u. refl. 1*
Ver|tie|fung *f. 10*
ver|tie|ren *intr. 3* tierische Gewohnheiten annehmen; *meist übertr.:* roh, unmenschlich werden
ver|ti|kal [vɛr-, lat.] senkrecht; *Ggs.:* horizontal
Ver|ti|ka|le [vɛr-] *f. 11 oder f. 17* senkrechte Gerade, senkrechte Stellung; *Ggs.:* Horizontale
Ver|ti|ka|le|be|ne [vɛr-] *f. 11*
Ver|ti|ka|lis|mus [vɛr-] *m. Gen. - nur Sg., Baukunst:* Bestreben, die vertikalen Linien gegenüber den horizontalen zu betonen
Ver|ti|ko [vɛr-, angeblich nach dem Tischler Vertikow] *n. 9* Zierschrank mit Aufsatz
ver|til|gen *tr. 1*
Ver|til|gung *f. 10 nur Sg.*
ver|tip|pen *tr. u. refl. 1* sich beim Maschinenschreiben verschreiben
ver|to|ba|cken *tr. 1, ugs.:* verhauen
ver|to|nen *tr. 1* in Musik setzen, komponieren
Ver|to|nung *f. 10*
ver|trackt *ugs.:* verwickelt, schwierig
Ver|trag *m. 2*
ver|tra|gen *tr. u. refl. 160; schweiz. auch:* austragen (Zeitungen)
Ver|trä|ger *m. 5, schweiz:* Austräger (von Zeitungen u. Ä.)
ver|trag|lich
ver|träg|lich
Ver|trags|bruch *m. 2*
ver|trags|brü|chig
Ver|trags|part|ner *m. 5*
ver|trags|schlie|ßend
Ver|trags|stra|fe *f. 11*
ver|trags|wid|rig
ver|trau|en *intr. 11*
Ver|trau|en *n. 7;* Vertrauen erwe|ckende oder: vertrauenerweckende Maßnahmen

vertrauenerweckend/Vertrauen erweckend: Die Fügung aus Substantiv und Verb/Partizip wird getrennt geschrieben: *Das waren Vertrauen erweckende Maßnahmen.* Weil der mehrteilige Ausdruck auch als adjektivische Zusammensetzung aufgefasst werden kann, ist daneben die Klein- und Zusammenschreibung möglich: *vertrauenerweckend.* Bei Erweiterbarkeit und Steigerbarkeit ist diese obligatorisch: *äußerst vertrauenerweckend, vertrauenerweckender aussehen.* § 34 E3 (5)

ver|trau|en|er|weckend = **Ver|trau|en er|we|ckend;** *aber nur:* vertrauenerweckender, sehr vertrauenerweckend *(bei Steigerung und mit Attribut)*
Ver|trau|ens|arzt *m. 2* von einer Krankenkasse beauftragter Arzt
Ver|trau|ens|be|weis *m. 1*
ver|trau|ens|bil|dend
Ver|trau|ens|bruch *m. 2*
Ver|trau|ens|fra|ge *f. 11*
Ver|trau|ens|mann *m. 4 Pl. auch:* -leu|te
Ver|trau|ens|per|son *f. 10*
Ver|trau|ens|sa|che *f. 11*
ver|trau|ens|se|lig
Ver|trau|ens|se|lig|keit *f. 10 nur Sg.*
Ver|trau|ens|stel|lung *f. 10*
Ver|trau|ens|ver|hält|nis *n. 1*
ver|trau|ens|voll
Ver|trau|ens|vo|tum [-vo-] *n. Gen.* -s *Pl.* -ten *oder* -ta Abstimmung über die Vertrauensfrage (im Parlament)
ver|trau|ens|wür|dig; eine vertrauenswürdige Person
Ver|trau|ens|wür|dig|keit *f. 10 nur Sg.*
ver|trau|lich
Ver|trau|lich|keit *f. 10;* Vertraulichkeiten dulden
ver|träu|men *tr. 1*
Ver|träumt|heit *f. 10 nur Sg.*
ver|traut
Ver|trau|te(r) *m. 18 (17) bzw. f. 17 oder 18*
Ver|traut|heit *f. 10 nur Sg.*
ver|trei|ben *tr. 162*
Ver|trei|bung *f. 10*
ver|tret|bar
ver|tre|ten *tr. 163*
Ver|tre|ter *m. 5*
Ver|tre|tung *f. 10;* in Vertretung (*Abk.:* i. V., I. V.); vgl. i. A.
Ver|tre|tungs|stun|de *f. 11*
ver|tre|tungs|wei|se
Ver|trieb *m. 1*
Ver|trie|be|ne(r) *m. 18 (17) bzw. f. 17 oder 18*
Ver|triebs|ge|sell|schaft *f. 10*
ver|trim|men *tr. 1, ugs.:* verprügeln
ver|trock|nen *intr. 2*
ver|trö|deln *tr. 1, ugs.:* mit Nichtstun verbringen; ich vertrödele, vertrödle die Zeit
ver|trös|ten *tr. 2*
Ver|trös|tung *f. 10*
ver|trot|teln *intr. 1, ugs.:* zum Trottel werden
ver|trus|ten [-trʌs-, engl.] *tr. 2* in einen Trust eingliedern
Ver|trus|tung [-trʌs-] *f. 10 nur Sg.*
ver|tüd|dern, ver|tü|dern *tr. 1, nddt.:* verwirren
ver|tun *tr. 167* vergeuden, verschwenden (Geld, Zeit)
ver|tu|schen *intr. 1*
ver|übeln *tr. 1;* ich verübele, verüble es ihm
ver|üben *tr. 1;* ein Attentat auf jmdn. v.
ver|ul|ken *tr. 1* veralbern, verspotten

V

ver|un|eh|ren *tr. 1 veraltet:* respektlos begegnen
ver|un|ei|ni|gen *tr. u. refl. 1*
ver|un|fal|len *intr. 1, schweiz.:* einen Unfall haben, verunglücken
ver|un|glimp|fen *tr. 1* beleidigen, beschimpfen
Ver|un|glimp|fung *f. 10*
ver|un|glü|cken *intr. 1*
ver|un|mög|li|chen *tr. 1*
ver|un|rei|ni|gen *tr. 1*
Ver|un|rei|ni|gung *f. 10*
ver|un|schi|cken *tr. 1, schweiz.:* (durch eigene Schuld) einbüßen
ver|un|si|chern *tr. 1* unsicher machen
ver|un|stal|ten *tr. 2* entstellen, hässlich machen
Ver|un|stal|tung *f. 10*
ver|un|treu|en *tr. 1* widerrechtlich für sich behalten, unterschlagen (Geld)
Ver|un|treu|ung *f. 10*
ver|un|zie|ren *tr. 1*
Ver|un|zie|rung *f. 10*
ver|ur|sa|chen *tr. 1*
Ver|ur|sa|chung *f. 10 nur Sg.*
ver|ur|tei|len *tr. 1*
Ver|ur|tei|lung *f. 10*
ver|u|zen *tr. 1, ugs.:* veralbern, verspotten
Ver|ve [vɛrv(ə), frz.] *f. 11 nur Sg.* Schwung; etwas mit großer V. darstellen, tun
ver|viel|fa|chen *tr. 1*
Ver|viel|fa|cher *m. 5*
Ver|viel|fa|chung *f. 10 nur Sg.*
ver|viel|fäl|ti|gen *tr. 1*
Ver|viel|fäl|ti|gung *f. 10 nur Sg.*
Ver|viel|fäl|ti|gungs|ap|pa|rat *m. 1*
Ver|viel|fäl|ti|gungs|recht *n. 1*
Ver|viel|fäl|ti|gungs|zahl *f. 10* z. B. dreimal, vierfach
ver|voll|komm|nen *tr. 1*
Ver|voll|komm|nung *f. 10 nur Sg.*
ver|voll|stän|di|gen *tr. 1*
Ver|voll|stän|di|gung *f. 10 nur Sg.*
verw. *Abk. für* verwitwet; Gerda Meier, verw. Müller, …
ver|wach|sen [-ks-] **1.** *tr. 172;* ein Kleidungsstück v.: zu großwerden für ein Kleidungsstück; **2.** *tr. 172* zuwachsen, sich schließen (Wunde, Narbe, Weg), zusammenwachsen; zu einer Einheit v.; mit etwas v.; **3.** *refl. 172, ugs.:* sich beim Wachsen ausgleichen; die Verkrümmung verwächst sich noch; **4.** *Adj.:* missgestaltet, bucklig
Ver|wach|sung [-ks-] *f. 10*
ver|wa|ckeln *tr. 1* **1.** durch Wackeln unscharf machen; ein Foto v.; **2.** *ugs.:* verprügeln
ver|wäh|len *refl. 1* beim Wählen einen Fehler machen (z. B. beim Telefonieren)
Ver|wahr *m. Gen.* -s *nur Sg.* Verwahrung
ver|wah|ren *tr. 1*
ver|wahr|lo|sen *intr. 1*
Ver|wahr|lo|sung *f. 10 nur Sg.*
Ver|wah|rung *f. 10 nur Sg.;* etwas in V. geben, nehmen
ver|wai|sen *intr. 1* **1.** die Eltern verlieren; das Kind ist verwaist; **2.** *übertr.* nicht mehr benutzt werden; das Haus ist verwaist: es wird nicht mehr bewohnt
ver|wal|ken *tr. 1, ugs.:* verprügeln, verhauen
ver|wal|ten *tr. 2*
Ver|wal|ter *m. 5*
Ver|wal|tung *f. 10*
Ver|wal|tungs|ap|pa|rat *m. 1* Gesamtheit der zur Verwaltung gehörenden Behörden und Einrichtungen
Ver|wal|tungs|be|zirk *m. 1*
Ver|wal|tungs|ge|richt *n. 1*
Ver|wal|tungs|ge|richts|hof *m. 2*
ver|wam|sen *tr. 1, ugs.:* verprügeln
ver|wan|deln *tr. 1;* ich verwandele, verwandle es
Ver|wand|lung *f. 10*
ver|wandt
Ver|wand|ten|e|he *f. 11*
Ver|wand|te(r) *m. 18 (17) bzw. f. 17 oder 18*
Ver|wandt|schaft *f. 10*
ver|wandt|schaft|lich
Ver|wandt|schafts|grad *m. 1*
ver|wanzt *ugs.:* voller Wanzen
ver|war|nen *tr. 1*
Ver|war|nung *f. 10*
ver|wa|schen durch vieles Waschen blass, farblos geworden
ver|wäs|sern *tr. 1*
Ver|wäs|se|rung
ver|we|ben *tr. 175; in der wörtl. Bedeutung oft regelmäßig konjugiert:* in den Stoff sind Goldfäden verwebt *oder:* verwoben worden; *in der übertr. Bedeutung stets unregelmäßig:* in dem Roman sind mehrere Motive miteinander verwoben
ver|wech|seln [-ks-] *tr. 1;* ich verwechsele, verwechsle es
Ver|wech|se|lung, Ver|wechs|lung [-ks-] *f. 10*
Ver|wechs|lungs|ko|mö|die [-ks-] *f. 11*
ver|we|gen kühn, keck
Ver|we|gen|heit *f. 10 nur Sg.*
ver|we|hen *tr. u. intr. 1*
ver|weh|ren *tr. 1;* jmdm. etwas verwehren
Ver|we|hung *f. 10*
ver|weich|li|chen *tr. 1*
Ver|weich|li|chung *f. 10 nur Sg.*
ver|wei|gern *tr. 1;* ich verweigere es
Ver|wei|ge|rung *f. 10*
Ver|weil|dau|er *f. 11 nur Sg.*
ver|wei|len *intr. u. refl. 1*
Ver|weis *m. 1*
ver|wei|sen **1.** *tr. 177;* jmdm. etwas v.: verbieten; **2.** *tr. 177;* auf etwas v.: hinweisen
Ver|wei|sung *f. 10*
ver|wel|ken *intr. 1*
ver|welt|li|chen *tr. u. intr. 1*
Ver|welt|li|chung *f. 10 nur Sg.*
ver|wend|bar
Ver|wend|bar|keit *f. 10 nur Sg.*
ver|wen|den *tr. 178;* ich habe es dafür verwendet *oder:* verwandt
Ver|wen|dung *f. 10*
Ver|wen|dungs|mög|lich|keit *f. 10*
Ver|wen|dungs|zweck *m. 1*
ver|wer|fen **1.** *tr. 181* unauffindbar verlegen; für unannehmbar erklären (Plan); die Hände verwerfen *schweiz.:* lebhaft gestikulieren; **2.** *intr. 181, bei Tieren:* eine Fehlgeburt haben; das Schaf hat verworfen; **3.** *refl. 181* sich verbiegen (Holz)
ver|werf|lich
Ver|wer|fung *f. 10; auch Geol.:* vertikale Verschiebung von Schollen der Erdkruste
ver|wert|bar
Ver|wert|bar|keit *f. 10 nur Sg.*
ver|wer|ten *tr. 2*
Ver|wer|tung *f. 10*
Ver|wer|tungs|ge|sell|schaft *f. 10*
ver|we|sen **1.** *intr. 1* verfaulen, sich zersetzen; **2.** *tr. 1, veraltet:* verwalten
Ver|we|ser *m. 5* Verwalter, *nur noch in bestimmten Zus.:* z. B. Pfarr-, Reichsverweser
ver|wes|lich
Ver|we|sung *f. 10 nur Sg.*
Ver|we|sungs|ge|ruch *m. 2*
ver|wet|ten *tr. 2* beim Wetten verlieren
ver|wich|sen [-ks-] *tr. 1, ugs. scherzh.:* verhauen; *auch:* vergeuden
ver|wi|ckeln *tr. u. refl. 1*
Ver|wi|cke|lung, Ver|wick|lung *f. 10*
ver|wil|dern *intr. 1*
Ver|wil|de|rung *f. 10 nur Sg.*

V

ver|win|den *tr. 183* überwinden, (seelisch über etwas) hinwegkommen
Ver|win|dung *f. 10* = Torsion
ver|win|kelt
ver|wir|ken *tr. 1* (durch eigene Schuld) einbüßen; er hat seine Freiheit verwirkt; sich einen Anspruch v.
ver|wirk|li|chen *tr. 11*
Ver|wirk|li|chung *f. 10 nur Sg.*
Ver|wir|kung *f. 10* Rechtsverlust infolge verspäteter Geltendmachung
ver|wir|ren *tr. u. refl. 1* vgl. verworren
Ver|wir|rung *f. 10*
ver|wirt|schaf|ten *tr. 2*
ver|wi|schen *tr. 1*
ver|wit|tern *intr. 1*
Ver|wit|te|rung *f. 10 nur Sg.*
ver|wit|wet (*Abk.:* verw.) Witwe bzw. Witwer geworden
ver|woh|nen *tr. 1* durch Wohnen abnutzen
ver|wöh|nen *tr. 1*
Ver|wöhnt|heit *f. 10 nur Sg.*
Ver|wöh|nung *f. 10 nur Sg.*
ver|wor|fen lasterhaft, unsittlich, moralisch gesunken
Ver|wor|fen|heit *f. 10 nur Sg.*
ver|wor|ren konfus, unklar, verwickelt
Ver|wor|ren|heit *f. 10 nur Sg.*
ver|wund|bar
Ver|wund|bar|keit *f. 10 nur Sg.*
ver|wun|den *tr. 2*
ver|wun|der|lich
ver|wun|dern *tr. 1*
Ver|wun|de|rung *f. 10 nur Sg.*
Ver|wun|de|ten|trans|port *m. 1*
Ver|wun|de|te(r) *m. 18 (17) bzw. f. 17 oder 18*
Ver|wun|dung *f. 10*
ver|wun|schen verzaubert
ver|wün|schen *tr. 1* verfluchen
Ver|wün|schung *f. 10*
ver|wurs|teln *tr. 1, ugs.:* verwirren, durcheinander bringen
ver|wurs|ten *tr. 2* **1.** zu Wurst verarbeiten; **2.** *scherzhaft:* verarbeiten, verwenden, verbrauchen (obwohl es eigentlich nicht dafür gedacht war)
ver|wur|zeln *intr. 1* Wurzeln schlagen; verwurzelt *auch übertr.:* fest verbunden, verwachsen
Ver|wur|ze|lung, Ver|wurz|lung *f. 10 nur Sg.*
ver|würzt zu viel und nicht gut gewürzt
ver|wüs|ten *tr. 1*
Ver|wüs|tung *f. 10*
ver|za|gen *intr. 1*
Ver|zagt|heit *f. 10 nur Sg.*
ver|zäh|len **1.** *refl. 1* falsch zählen, sich beim Zählen irren; **2.** *tr. 1, veraltet:* erzählen
ver|zah|nen *tr. 1* ineinander fügen, ineinander greifen lassen
Ver|zah|nung *f. 10 nur Sg.*
ver|zan|ken *refl. 1* sich durch Zank entzweien; die beiden sind *oder:* haben sich verzankt
ver|zap|fen *tr. 1* **1.** vom Fass ausschenken; **2.** durch Zapfen verbinden; **3.** *ugs. abwertend:* verfassen, schreiben (Gedicht, Rede); Unsinn v.: Unsinn reden
Ver|zap|fung *f. 10*
ver|zär|teln *tr. 1*
Ver|zär|te|lung *f. 10 nur Sg.*
ver|zau|bern *tr. 1*
Ver|zau|be|rung *f. 10*
ver|zehn|fa|chen *tr. 1*
Ver|zehr *m. Gen. -s nur Sg.* Verbrauch (von Esswaren); das ist nicht zum V. geeignet
ver|zeh|ren *tr. 1*
ver|zeich|nen *tr. 2* **1.** falsch zeichnen; **2.** notieren, aufschreiben
Ver|zeich|nis *n. 1*
Ver|zeich|nung *f. 10*
ver|zei|gen *tr. 1, schweiz.:* anzeigen (Person)
ver|zei|hen *intr. 186*
ver|zeih|lich
Ver|zei|hung *f. 10 nur Sg.*
ver|zer|ren *tr. 1*
Ver|zer|rung *f. 10*
ver|zer|rungs|frei
ver|zet|teln **1.** *tr. 1* auf einzelne Zettel schreiben; ich verzettele, verzettle es; **2.** *refl. 1* zu vieles ohne wirkliche Konzentration tun, sich zu viel mit Kleinigkeiten abgeben
Ver|zet|te|lung *f. 10 nur Sg.*
Ver|zicht *m. 1*
ver|zich|ten *intr. 2;* auf etwas v.
Ver|zicht|er|klä|rung *f. 10*
Ver|zicht|leis|tung *f. 10*
ver|zie|hen **1.** *tr. 187;* das Gesicht v.; **2.** *intr. 187* umziehen; sie sind nach Hamburg verzogen
ver|zie|ren *tr. 1*
Ver|zie|rung *f. 10;* brich dir keine V. ab! *ugs.:* stell dich nicht so an!
ver|zim|mern *tr. 1, Bgb.:* mit Balken stützen
Ver|zim|me|rung *f. 10 nur Sg.*
ver|zin|ken *tr. 1* **1.** mit Zink überziehen; **2.** *ugs.:* anzeigen, verraten
Ver|zin|kung *f. 10 nur Sg.*
ver|zin|nen *tr. 1*
Ver|zin|nung *f. 10 nur Sg.*
ver|zins|bar verzinslich
ver|zin|sen *tr. 1*
ver|zins|lich Zinsen einbringend
Ver|zins|lich|keit *f. 10 nur Sg.*
Ver|zin|sung *f. 10 nur Sg.*
ver|zo|gen; ein verzogenes Kind
ver|zö|gern *tr. 1;* ich verzögere es
Ver|zö|ge|rung *f. 10*
ver|zol|len *tr. 1*
Ver|zol|lung *f. 10 nur Sg.*
ver|zu|ckern *tr. 1*
ver|zü|cken *intr. 1*
ver|zückt **1.** in Ekstase; **2.** begeistert, hingerissen
Ver|zückt|heit *f. 10 nur Sg.*
Ver|zü|ckung *f. 10 nur Sg.*
Ver|zug *m. 2 nur Sg.* Verzögerung, in Verzug geraten; mit der Zahlung im Verzug sein; Gefahr ist im Verzug *eigtl.:* Gefahr liegt im Verzug, d. h. wenn man zögert, wird es gefährlich; ohne Verzug: sofort
Ver|zugs|zin|sen *Pl.*
ver|zwackt verzwickt
ver|zwei|feln *intr. 1;* ich verzweifele, verzweifle
Ver|zweif|lung *f. 10 nur Sg.*
Ver|zweif|lungs|tat *f. 10*
ver|zwei|gen *refl. 1*
Ver|zwei|gung *f. 10*
ver|zwickt verwickelt, knifflig
Ver|zwickt|heit *f. 10 nur Sg.*
Ve|si|ca [ve-, lat.] *f. Gen. - Pl.* -cae [-tsɛ:] Blase, *bes.:* Harnblase
Ve|si|ka|to|ri|um [ve-] *n. Gen. -s Pl.* -ri|en Arzneimittel
ve|si|ku|lär [ve-] bläschenartig
Ves|pa® [vɛs-] *f. 9* Motorroller
Ves|per [fɛs-, lat.] **1.** *f. 11* Gebetsstunde des kath. Breviers gegen Abend; Gottesdienst gegen Abend; **2.** *auch: n. 14, süddt., österr.:* Zwischenmahlzeit am Nachmittag
Ves|per|bild [fɛs-] *n. 3* Darstellung der Muttergottes mit dem Leichnam Christi auf dem Schoß, Pietà
Ves|per|brot [fɛs-] *n. 1*
ves|pern [fɛs-] *intr. 1, süddt.:* eine Nachmittagsmahlzeit einnehmen; ich vespere
Ves|ta|lin [vɛs-, lat.] *f. 10* Priesterin der altröm. Göttin Vesta
Ves|te [fɛs-] *f. 11, veraltet:* Festung; Veste Coburg
Ves|ti|bül [vɛs-, lat.] *n. 1* Vorhalle, Treppenhalle

Ves|ti|bu|lum [vɛs-, lat.] *n. Gen.* -s *Pl.* -la **1.** *im altröm. Haus:* Vorhalle; **2.** *Anat.:* Eingang zu einem Hohlraum
Ves|ti|tur [vɛs-, lat.] *f. 10, ältere Form von* Investitur
Ves|ton [vɛstɔ̃, frz.] *n. Gen.* -s *Pl.* -s *schweiz.:* Herrenjackett
Ve|suv [vezuf] *m. Gen.* -s Vulkan bei Neapel
Ve|su|vi|an [vezuvjan] *n. 1 nur Sg.* ein Mineral
ve|su|visch [vezuviʃ]
Ve|te|ran [ve-, lat.] *m. 10* Soldat, der schon an einem früheren Feldzug teilgenommen hat; alter Soldat
ve|te|ri|när [ve-, lat.] tierärztlich
Ve|te|ri|när [ve-] *m. 1* Tierarzt
Ve|te|ri|när|me|di|zin [ve-] *f. Gen. - nur Sg.* Tiermedizin, Tierheilkunde
Ve|to [ve-, lat. »ich verbiete«] *n. 9* Einspruch; sein Veto einlegen
Ve|to|recht [ve-] *n. 1 nur Sg.*
Vet|tel [fɛt-, lat.] *f. 11, veraltend:* liederliches, schlampiges Weib
Vet|ter [fɛt-] *m. 11* **1.** Sohn des Onkels oder der Tante; **2.** *veraltet:* Verwandter, Gevatter
Vet|tern|wirt|schaft [fɛt-] *f. 10 nur Sg.* Begünstigung von Verwandten und Bekannten (beim Vergeben von Stellen u. Ä.)
Ve|xier|bild [ve-, lat.] *n. 3* Bild, das eine nicht sofort erkennbare Figur enthält
ve|xie|ren [ve-] *tr. 3;* jmdn. v.: sich über jmdn. lustig machen, jmdn. necken *auch:* quälen
Ve|xier|schloss (*alt:* Ve|xier|schloß) [ve-] *n. 4* Buchstaben-, Zahlenschloss
Ve|xier|spie|gel [ve-] *m. 5* verzerrender Spiegel

V-förmig/v-förmig: Man setzt einen Bindestrich in Zusammensetzungen mit Einzelbuchstaben. Klein- und Großschreibung sind möglich; die Schreibenden entscheiden selbst: *eine v-förmige/V-förmige Astgabel.* § 40, § 55 (2)

V-för|mig = **v-för|mig**
vgl. *Abk. für* vergleiche
v. H. *Abk. für* vom Hundert
VHS *Abk. für* Volkshochschule
via [via] (auf dem Weg) über; nach Rom via Zürich fliegen
Vi|a|dukt [vi-] *n. 1* Talbrücke
Vi|a|gra® *auch:* **Vi|ag|ra** [vi-, engl.] *n. Gen.* -s *nur Sg., Med.:* Medikament zur Steigerung der männlichen Potenz
Vi|a|ti|kum [vi-] *n. Gen.* -s *Pl.* -ka *oder* -ken, *kath. Kirche:* letzte Kommunion (für Sterbende)

♦ Die Buchstabenfolge **vi|br…** kann in Fremdwörtern auch **vib|r…** getrennt werden.

♦**Vi|bra|phon** *auch:* **Vi|bra|fon** [vi-, lat. + griech.] *n. 1* ein elektron. Musikinstrument

Vibraphon/Vibrafon: Die fremdsprachige Schreibweise *Vibraphon* ist die Hauptvariante, die ins Deutsche integrierte Form *Vibrafon* die zulässige Nebenvariante. § 32 (2)

♦**Vi|bra|pho|nist** *auch:* **Vi|bra|fo|nist** [vi-] *m. 10*
♦**Vi|bra|ti|on** [vi-, lat.] *f. 10* Schwingung, Vibrieren
♦**vi|bra|to** [vi-] *Mus.:* bebend, fein schwingend
♦**Vi|bra|to** [vi-] *n. Gen.* -s *Pl.* -s *oder* -ti *Mus.:* leichtes Beben (des Tons der Singstimme und bei Streich- und Holzblasinstrumenten)
♦**Vi|bra|tor** [vi-] *m. 13* Gerät zum Erzeugen von Schwingungen
♦**vi|brie|ren** [vi-] *intr. 3*
vi|ce ver|sa [vitsə vɛrsa, lat.] (*Abk.:* v. v.) umgekehrt
Vi|ckers|här|te [vi-, nach dem brit. Konzern Vickers] *f. 11 nur Sg.* (*Abk.:* HV) Maß für die Härte von Werkstoffen
Vi|comte [vikɔ̃t, frz.] *m. 9* frz. Titel für Adligen zwischen Baron und Graf
Vi|com|tesse [vikɔ̃tɛs] *f. 11* weibl. Vicomte
Vic|to|ria **1.** Staat in Australien; **2.** s. **Vik|to|ria**
vid. *Abk. für* videatur
vi|de [vi-, lat.] (*Abk.:* v.) *veraltet:* siehe
vi|de|a|tur [vi-, lat.] (*Abk.:* vid.) *veraltet:* man sehe nach
Vi|deo [vi-, lat.] *n. 9 kurz für* Videofilm u. a.
Vi|de|o|auf|zeich|nung [vi-] *f. 10*
Vi|de|o|band [vi-] *n. 4*
Vi|de|o|clip [vi-] *m. 9* Kurzfilm zur Untermalung eines Songtitels
Vi|de|o|film [vi-] *m. 1*
Vi|de|o|ka|me|ra [vi-] *f. 9*
Vi|de|o|kas|set|te [vi-] *f. 11*
Vi|de|o|re|kor|der, Vi|de|o|re|cor|der [vi-] *m. 5* Gerät zur Speicherung und Wiedergabe von Fernsehbildfolgen
Vi|de|o|spiel [vi-] *n. 1*
Vi|de|o|text [vi-] *m. Gen.* -(e)s *nur Sg.* Informationen, die über das Fernsehgerät abgerufen werden können
Vi|de|o|thek [vi-] *f. 10* Sammlung (und Ausleihe) von Videos, Filmen und Fernsehaufzeichnungen
vi|de|o|über|wa|chen [vi-] *tr. 1*
vi|de|o|über|wacht [vi-]
vi|die|ren [vi-] *tr. 3* vermerken (Sicht)
Viech *n. 3, ugs.* **1.** Tier; **2.** jmd., der gern Unsinn treibt
Vie|che|rei *f. 10, ugs.* **1.** Gemeinheit; **2.** große Anstrengung; **3.** (derber) Spaß, Ulk
Vieh *n. Gen.* -s *nur Sg.*
Vieh|fut|ter *n. 5 nur Sg.*
Vieh|hal|tung *f. 10*
vie|hisch roh, brutal
Vieh|salz *n. 1 nur Sg.* rot gefärbtes Salz (als Futtermittel und zum Streuen bei Schneeglätte)
Vieh|wa|gen *m. 7*
Vieh|zeug *n. 1 nur Sg.* Kleinvieh, kleine Tiere; *auch:* Ungeziefer
Vieh|zucht *f. Gen. - nur Sg.*

viel, die vielen, vieles, das viele: Das Zahladjektiv *viel* (ebenso: *wenig, der andere*) wird in allen Flexionsformen kleingeschrieben, auch bei Substantivierungen: *die vielen, vieles, das viele* usw. § 58 (5)
Bei besonderer Betonung oder Wertung ist aber auch die Großschreibung erlaubt: *das Viele* neben *das viele.* § 58 E4, § 57 (1)

viel; das ist (nicht) viel; viele (= viele Leute); die Begeisterung der vielen *oder:* Vielen; vieles; ich stimme mit ihm in vielem überein; um vieles besser; er hat, kann viel mehr als du; *aber:* → vielmehr; er hat so viel gegessen, dass …; *aber:* soviel ich weiß; sie können beide gleich viel; *aber:* → gleichviel; viel zu viel; viel zu wenig; so viel Zeit; so viele Leute; wie viel Zeit, wie viele Leute; zu viel Zeit; zu viele Leute; vgl. zu; viel Schönes, vieles Schöne,

V

mit vielem Schönen; viele Angestellte, vieler Angestellter *oder:* Angestellten, mit vielen Angestellten; viele kleine Kinder, vieler kleinen Kinder, mit vielen kleinen Kindern, viele kleine Kinder; viel reifes Obst, mit viel reifem Obst *oder:* mit vielem reifen Obst, vgl. manch; eine viel befahrene Straße; die viel begehrte Aufnahme; ein viel beschäftigter Arzt; ein viel besprochenes Theaterstück; das Stück wurde viel besprochen; ein viel gebrauchtes Gerät; es wird viel gebraucht; ein viel gekauftes Buch; es wird viel gekauft; ein viel gelesener Schriftsteller; er wird viel gelesen; ein viel gereister Mann; er ist viel gereist; eine viel gepriesene Aufführung

viel befahren/beschäftigt/bewundert/gelesen: Die Folge aus dem Wort *viel* und einem Verb/Partizip wird getrennt geschrieben, wenn *viel* als selbständiges Wort aufgefasst werden kann: *Die Straße ist viel befahren (Man befährt die Straße viel). Sie ist eine viel bewunderte Schauspielerin (Man bewundert die Schauspielerin viel)* usw. § 34 E3 (3), § 36 E1 (1.2)
Kann die Folge aufgrund ihrer festen Bedeutung oder möglichen Steigerbarkeit als Zusammensetzung aufgefasst werden, wird wie bei *vielsagend* oder *vielversprechend* zusammengeschrieben: *er warf mir einen vielsagenden (noch vielsagenderen) Blick zu; sie lieferte vielversprechende (vielversprechendere) Ergebnisse.*

viel be|fah|ren (*alt:* viel|be|fah|ren)
viel be|schäf|tigt (*alt:* viel|be|schäf|tigt)
viel be|spro|chen (*alt:* viel|be|spro|chen)
viel|deu|tig
Viel|deu|tig|keit *f. 10 nur Sg.*
Viel|eck *n. 1*
viel|e|ckig
Viel|e|he *f. 11* Ehe mit mehreren Männern bzw. Frauen, Polygamie bzw. Polyandrie; *Ggs.:* Einehe
vie|len|orts, vie|ler|orts
vie|ler|lei
vie|ler|orts

vielfach, das Vielfache: Zusammensetzungen, bei denen der zweite Bestandteil (*-fach*) in dieser Form nicht selbständig vorkommt, schreibt man zusammen: *vielfaches Geschrei.* § 36 (2) Ebenso: *eine vieldeutige Antwort.*
Die substantivierte Form wird großgeschrieben: *das Vielfache, um ein Vielfaches größer/schlanker.* § 57 (1)

viel|fach
Viel|fa|che(s) *n. 18 (17)*
Viel|fach|ge|rät *n. 1* für mehrere Zwecke verwendbares landwirtschaftl. Gerät
Viel|falt *f. Gen. - nur Sg.*
viel|fäl|tig
Viel|fäl|tig|keit *f. 10 nur Sg.*
viel|far|big
Viel|far|big|keit *f. 10 nur Sg.*
Viel|flach *n. 1,* **Viel|fläch|ner** *m. 5* = Polyeder
Viel|fraß *m. 1* **1.** eine Marderart; **2.** *ugs.:* jmd. der gern und viel isst
viel ge|braucht (*alt:* viel|ge|braucht)
viel ge|le|sen (*alt:* viel|ge|le|sen)
viel ge|reist (*alt:* viel|ge|reist)
viel|ge|stal|tig
Viel|ge|stal|tig|keit *f. 10 nur Sg.*
viel|glied|rig
Viel|göt|te|rei *f. 10 nur Sg.* = Polytheismus
viel|hun|dert|mal [auch: -hun-]; *aber:* viele hundert Male
viel|köp|fig
viel|leicht
viel|lieb *veraltet, noch scherzhaft:* sehr lieb; mein viellieber Sohn
viel|mal
viel|ma|lig
viel|mals; *aber:* viele Mal(e)
Viel|män|ne|rei *f. 10 nur Sg.* = Polyandrie
viel|mehr eher, im Gegenteil; ich bin vielmehr der Meinung, dass …; *aber:* er weiß viel mehr, als er zugibt
viel|sa|gend; ein vielsagender Blick; *aber:* ein im Unterricht viel sagender Schüler
viel|schich|tig
Viel|schich|tig|keit *f. 10 nur Sg.*
Viel|schrei|ber *m. 5*
viel|sei|tig
Viel|sei|tig|keit *f. 10 nur Sg.*
viel|stim|mig
Viel|stim|mig|keit *f. 10 nur Sg.*
viel|tau|send|mal [auch: -tau-]; *aber:* vieltausend(e) Mal(e); viele tausend(e) Mal(e)
viel|ver|spre|chend; eine vielversprechende Musikerin; *aber:* ein viel versprechender Wortheld
Viel|wei|be|rei *f. 10 nur Sg.* = Polygynie
Viel|zahl *f. 10 nur Sg.*
Viel|zel|ler *m. 5* vielzelliges Tier, Metazoon
vier; die vier Jahreszeiten, Evangelisten; in alle vier Winde zerstreut; unter vier Augen; alle viere von sich strecken *ugs.:* sich bequem hinsetzen, *auch:* verenden (Tier); auf allen vieren kriechen; wir sind zu vieren, zu viert; vgl. acht
Vier *f. 10* **1.** die Zahl 4; er setzte alles auf die Vier; **2.** Schulnote 4; im Rechnen eine Vier haben, schreiben; **3.** Straßenbahn Linie 4; vgl. Acht
Vier|ach|tel|takt *m. 1*
Vier|bei|ner *m. 5*
vier|bei|nig
vier|blät|te|rig, vier|blätt|rig
Vier|bund *m. 2*
vier|di|men|si|o|nal
Vier|eck *n. 1*
vier|e|ckig
Vie|rer *m. 5* **1.** Autobus Linie 4; **2.** *süddt.:* die Zahl 4; Schulnote 4; vgl. Vier
Vier|far|ben|druck *m. 1*
Vier|fürst *m. 10* = Tetrarch
Vier|fü|ßer *m. 5*
vier|fü|ßig
vier|hän|dig; v. Klavier spielen
vier|hun|dert
Vier|jah|res|plan *m. 2*
vier|kant *Seewesen:* rechtwinkelig zur Kiellinie, waagerecht
Vier|kant *m. 1* Werkzeug, Geräteteil mit vier Kanten
Vier|ling *m. 1*
Vier|mäch|te|ab|kom|men *n. 7*
Vier|plät|zer *m. 5, schweiz.:* Viersitzer
vier|plät|zig *schweiz.:* viersitzig
Vier|rad|brem|se *f. 11*
vier|rä|de|rig, vier|räd|rig
vier|schrö|tig breit und kräftig (Person)
Vier|sit|zer *m. 5* Kraftwagen mit vier Sitzen
vier|sit|zig
Vier|spän|ner *m. 5* Wagen für vier Pferde
vier|spän|nig mit vier Pferden bespannt
vier|stim|mig

V

Vier|ta|ge|fie|ber *n. 5 nur Sg.* = Quartanafieber
Vier|takt|mo|tor *m. 13*
vier|tei|len *tr. 1*

> **viertel/Viertel:** Kleinschreibung gilt bei: *um (drei) viertel acht (Uhr).* § 56 (6.2)
> Großgeschrieben wird dagegen: *(ein/um) Viertel vor acht.* § 56 E4
> Ebenso: *die/eine Viertelstunde, in drei Viertelstunden.* Auch: *die/eine viertel Stunde, in drei viertel Stunden.* § 56 (6.1)

vier|tel [fir-, auch in Zus.] vgl. achtel; die/eine viertel Stunde; in drei viertel Stunden; um viertel acht: 7^{15}
Vier|tel *n. 5;* (ein) Viertel vor acht *oder:* auf acht: 7^{45}; ein Viertel nach acht: 8^{15}; vgl. Achtel
Vier|tel|bo|gen *m. 7* der vierte Teil eines Druckbogens
Vier|tel|dre|hung *f. 10*
Vier|tel|fi|na|le *n. 5, Sport:* Ausscheidungswettkampf zur Teilnahme am Halbfinale
Vier|tel|jahr *n. 1*
Vier|tel|jahr|hun|dert *n. 1* vierter Teil eines Jahrhunderts, 25 Jahre
vier|tel|jähr|lich jedes Vierteljahr, alle drei Monate
Vier|tel|jahrs|schrift *f. 10*
vier|teln *tr. 1*
Vier|tel|pfund *n. 1 nur Sg.*
Vier|tel|stun|de *f. 11*
vier|tel|stün|dig eine Viertelstunde dauernd; eine viertelstündige Pause
vier|tel|stünd|lich jede Viertelstunde; der Umschlag ist v. zu wechseln
Vier|tel|ton *m. 2*
vier|tü|rig
Vier|und|sech|zigs|tel *n. 5*
Vie|rung *f. 10* Raumteil der Kirche, der durch die Kreuzung von Längs- und Querschiff gebildet wird
Vier|vier|tel|takt [-fir-] *m. 1*
Vier|wald|stät|ter See *m. Gen. - -s* See in der Schweiz
vier|zehn|tä|gig vierzehn Tage dauernd
Vier|zei|ler *m. 5* Gedicht aus vier Zeilen
vier|zig vgl. achtzig
Vier|zi|ger *m. 5* vgl. Achtziger
vier|zy|lin|drig *auch:* **vier|zy|lind|rig;** *mit Ziffer:* 4-zylindrig

Vi|et|cong [viɛt-] *m. Gen. - nur Sg.* Partisan bzw. Partisanenbewegung im ehem. Südvietnam
Vi|et|nam [viɛt-] Staat in Südostasien
Vi|et|na|me|se [viɛt-] *m. 11* Einwohner von Vietnam
vi|et|na|me|sisch [viɛt-]
Vi|et|nam|krieg [viɛt-] *m. 1 nur Sg.*
vif [vif, frz.] **1.** lebendig, beweglich, munter, regsam **2.** *österr., schweiz.:* klug, gewieft
Vi|gil [vi-, lat.] *f. Gen. - Pl.* -li|en Vortag eines hohen kath. Festes, Vigilie
vi|gi|lant [vi-] aufmerksam, pfiffig, schlau
Vi|gi|lanz [vi-] *f. 10 nur Sg.*
Vi|gi|lie [vigiljə] *f. 11* = Vigil
vi|gi|lie|ren [vi-] *intr. 3* aufmerksam sein, aufpassen
Vi|gnet|te *auch:* **Vig|net|te** [vinjɛtə, frz.] *f. 11* kleine Zierform oder Zierbildchen (auf dem Titelblatt u. Ä.)
Vi|go|gne *auch:* **Vi|gog|ne** [vigɔnjə, frz., zu: Vikunja] *f. 11*
Vi|go|gne|wol|le *auch:* **Vi|gog|ne|wol|le** [vigɔnjə-] *f. 11* Garn aus Baumwolle und Wolle
Vi|kar [vi-, lat.] *m. 1* **1.** Stellvertreter, *bes.:* Gehilfe eines Geistlichen; **2.** evang. Theologe nach der ersten Prüfung
Vi|ka|ri|at [vi-, lat.] *n. 1* Amt eines Vikars
Vi|ka|rin [vi-] *f. 10* **1.** weibl. Vikar; **2.** evang. Theologin nach der zweiten Prüfung
Vik|ti|mo|lo|gie [vik-, lat. + griech.] *f. 11 nur Sg.* Teil der Kriminologie, der die Beziehungen zwischen Verbrecher und Opfer untersucht
Vik|tor, Vic|tor [vik-] männl. Vorname
Vik|to|ria, Vic|to|ria [vik-] **1.** weibl. Vorname; **2.** *ohne Artikel:* Sieg, *nur in Wendungen wie* Viktoria rufen, schießen
vik|to|ri|a|nisch [vik-]; *aber:* das Viktorianische Zeitalter
Vik|tu|a|li|en [vik-, lat.] *Pl. veraltet, noch österr.:* Lebensmittel
Vik|tu|a|li|en|brü|der [vik-] *Pl.* = Vitalienbrüder
Vi|kun|ja [vi-, span.] *f. Gen. - Pl.* -jen eine Lamaart
Vil|la [vila, lat.] *f. Gen. - Pl.* -len größeres Einzelwohnhaus
Vil|la|nell [vil-, lat.-ital.] *n. 1,* **Vil|la|nel|la, Vil|la|nel|le** *f. Gen. - Pl.* -len, *im 16./17. Jh.:* ital. Bauern-, Hirten-, Tanzlied
Vil|lon [vijɔ̃], *François* frz. Schriftsteller
Vil|ni|us [vil-] Hauptstadt von Litauen
Vi|nai|gret|te *auch:* **Vi|naig|ret|te** [vinɛgrɛt(ə), frz.] *f. 11* klass. Essigsauce (für Salat)
Vin|di|ka|ti|on [vin-, lat.] *f. 10* Anspruch des Eigentümers auf Herausgabe seiner Sache gegenüber dem Besitzer
vin|di|zie|ren [vin-] *intr. 3* eine Vindikation geltend machen
Vin|di|zie|rung [vin-] *f. 10*
Vi|ne|ta [vi-] Name einer sagenhaften, im Meer versunkenen Stadt an der Ostseeküste
Vingt-et-un [vɛ̃teœ̃, frz. »einundzwanzig«], **Vingt-un** [vɛ̃tœ̃] *n. Gen. - nur Sg.* ein Kartenglücksspiel
Vi|nyl [vi-, lat. + griech.] *f. 11* eine einwertige, ungesättigte organ. Molekülgruppe mit zwei Kohlenstoffatomen
Vin|zenz, Vin|zent, Vin|cent [vin-, süddt. auch: fin-] männl. Vorname
Vi|o|la [vi-, lat.-ital.] *f. Gen. - Pl.* -len **1.** Veilchen, Stiefmütterchen; **2.** ein Streichinstrument, Bratsche
Vi|o|la da Brac|cio (*alt:* Vio|la da brac|cio) [violadabratʃɔ] *f. Gen. - - - Pl.* -le - - Armgeige, Bratsche
Vi|o|la da Gam|ba (*alt:* Vio|la da gam|ba) [vi-] *f. Gen. - - - Pl.* -le - - Kniegeige mit meist 6 Seiten, Gambe
Vi|o|la d'A|mo|re (*alt:* Vio|la d'amore) [vi-] *f. Gen. - - Pl.* -le - Geige mit 6-7 Darmsaiten und je einer nur mitklingenden Metallsaite
Vi|o|le [vi-] *f. 11 gehoben:* Veilchen
vi|o|lent [vi-, lat.] *veraltet:* gewaltsam
Vi|o|lenz [vi-] *f. 10 nur Sg.*
vi|o|lett [vi-, lat.] veilchenfarbig, blaurot
Vi|o|lett [vi-] *n. Gen. -s nur Sg.* blaurote Farbe
Vi|o|lin|bo|gen [vi-] *m. 7, süddt.: m. 8*
Vi|o|li|ne [vi-, lat.] *f. 11* Geige
Vi|o|li|nist [vi-] *m. 10* Geiger
Vi|o|lin|kon|zert [vi-] *n. 1*
Vi|o|lin|schlüs|sel [vi-] *m. 5* ein Notenschlüssel, G-Schlüssel
Vi|o|lon|cel|list [violontʃɛl-] *m. 10*

V

Vi|o|lon|cel|lo [violɔntʃɛl-] *n. Gen.* -s *Pl.* -li (*Kurzwort:* Cello) Kniegeige
Vi|o|lo|ne [vi-] *m. Gen.* -s *Pl.* -s *oder* -ni Bassgeige, Kontrabass
VIP [vip oder viːaɪpiː] *f. 9, Kurzwort für engl.* very important person: Prominente(r)
Vi|per [vi-, lat.] *f. 11* eine Giftschlange
VIP-Lounge [viplaundʒ, engl.] *f. Gen.* - *Pl.* -s [-dʒɪz] Raum zum Empfang von VIPs (in Stadien)
Vi|ra|gi|ni|tät [vi-, lat.] *f. 10 nur Sg.* männl. Geschlechtsempfinden (bei Frauen)
Vi|re|ment [vir(ə)mã, frz.] *n. 9, im Staatshaushalt:* Übertragung von Mitteln eines Titels auf einen anderen oder auf ein anderes Jahr
Vi|ren [vi-] *Pl. von* Virus
Vir|gi|nia [vir-, engl.: vədʒinjə] **1.** (*Abk.:* VA) Staat der USA; **2.** *f. 9* lange, dünne, schwere Zigarre
Vir|gi|ni|a|ta|bak *m. 1* [vir-]
Vir|gin Is|lands [vədʒɪn aɪləndz] *Pl.* Jungferninseln, Inselgruppe der Kleinen Antillen, teils brit., teils US-amerikanisch
Vir|gi|ni|tät [vir-] *f. 10 nur Sg.* Jungfräulichkeit, Unberührtheit
vi|ril [vi-, lat.] männlich
Vi|ri|li|tät [vi-] *f. 10 nur Sg.* Männlichkeit, Manneskraft
Vi|ro|lo|ge [vi-, lat. + griech.] *m. 11*
Vi|ro|lo|gie [vi-] *f. 11 nur Sg.* Lehre von den Viren
vi|ro|lo|gisch [vi-]
vi|rös [vi-] von Viren befallen
Vi|ro|se [vi-] *f. 11* Viruskrankheit
Vir|tu|a|li|tät [vir-, lat.] *f. 10* (innewohnende) Kraft, Möglichkeit
vir|tu|ell [vir-] der Möglichkeit nach vorhanden, nur gedacht, scheinbar; virtuelles Bild *Optik:* scheinbares Bild
vir|tu|os [vir-, lat.] meisterhaft, (techn.) vollkommen
Vir|tu|o|se [vir-] *m. 11* Künstler, bes. Musiker, der die Technik seiner Kunst glänzend beherrscht
Vir|tu|o|sen|tum [vir-] *n. Gen.* -s *nur Sg.*
Vir|tu|o|si|tät [vir-] *f. 10 nur Sg.*
vi|ru|lent [vi-, lat.] ansteckend, krankheitserregend; *Ggs.:* avirulent
Vi|ru|lenz [vi-] *f. 10 nur Sg.*
Vi|rus [vi-, lat.] *n. ugs. auch: m. Gen.* - *Pl.* -ren Krankheitserreger
Vi|rus|grip|pe [vi-] *f. 11*
Vi|rus|in|fek|ti|on [vi-] *f. 10*
Vi|sa [vi-] *Pl. von* Visum
Vi|sa|ge [vizaʒə, frz.] *f. 11, ugs. abwertend:* Gesicht
Vi|sa|gist [vizaʒist] *m. 10* Kosmetiker, Maskenbildner

> **vis-a-vis/vis-à-vis:** Die ins Deutsche integrierte Schreibweise *vis-a-vis* ist ebenso wie die französische Form *vis-à-vis* korrekt.

vis-à-vis = **vis-a-vis** [vizavi, frz.] gegenüber; sie saßen im Abteil v.
Vis|a|vis *auch:* **Vi|sa|vis** [vizavi] *n. Gen.* - [-vis] *Pl.* - [-vis] das Gegenüber
Vis|ce|ra [vis-] *Pl.* s. **Vis|ze|ra**
Vis|con|te [vis-, ital.] *m. Gen.* - *Pl.* -ti ital. Titel für Adligen zwischen Graf und Baron
Vis|con|tes|sa [vis-] *f. Gen.* - *Pl.* -se *oder* -sen weibl. Visconte
Vis|count [vaɪkaunt, engl.] *m. 9* engl. Titel für Adligen zwischen Graf und Baron
Vis|coun|tess [vaɪkauntɪs] *f. Gen.* - *Pl.* -tes|ses [-tɪsɪz] weibl. Viscount
Vish|nu [vis-], Wisch|nu einer der Hauptgötter des Hinduismus
vi|si|bel [vi-, lat.] *veraltet:* sichtbar
Vi|sier [vi-, lat.] *n. 1* **1.** beweglicher, das Gesicht schützender Teil des Helms; **2.** *an Feuerwaffen:* Zielvorrichtung
vi|sie|ren [vi-, lat.] *tr. 3* **1.** (nach etwas) zielen; **2.** eichen; **3.** mit Visum versehen (Pass); **4.** *veraltet:* beglaubigen
Vi|sier|li|nie [vi-, lat.] *f. 11* gedachte Linie zwischen Kimme und Korn
Vi|si|on [vi-, lat.] *f. 10* Traumgesicht, Trugbild, Erscheinung vor dem geistigen Auge
vi|si|o|när [vi-] in der Art einer Vision, traumhaft, seherisch; ein visionäres Bild der Zukunft
Vi|si|o|när *m. 1* jmd., der visionäre Fähigkeiten besitzt
Vi|si|ta|ti|on [vi-, lat.] *f. 10* (prüfende) Besichtigung; Durch-, Untersuchung (der Kleidung, des Gepäcks)
Vi|si|ta|tor *m. 13, veraltet:* jmd., der etwas visitiert
Vi|si|te [vi-] *f. 11* Besuch (bes. zur Untersuchung von Kranken)
Vi|si|ten|kar|te [vi-] *f. 11* kleine Karte mit Aufdruck des Namens, der Adresse oder Firma
vi|si|tie|ren [vi-] *tr. 3* **1.** (zwecks Prüfung) besuchen; **2.** durchsuchen
Vi|sit|kar|te [vi-] *f. 11, österr. für* Visitenkarte
vis|kos, vis|kös [vis-, lat.] zähflüssig, leimartig
Vis|ko|se [vis-] *f. 11 nur Sg.* eine Zelluloseverbindung, Ausgangsstoff für Kunstfasern
Vis|ko|si|me|ter [vis-] *n. 5* Gerät zum Messen der Zähigkeit von Flüssigkeiten
Vis|ko|si|tät [vis-] *f. 10 nur Sg.* Zähflüssigkeit
Vis|ta [vis-, ital.] *f. Gen.* - *nur Sg.* Sicht, Vorzeigen (eines Wechsels)
Vis|ta|wech|sel [vistavɛks-] *m. 5* Sichtwechsel
vi|su|a|li|sie|ren [vi-, lat.] *tr. 3* in Bildform, in Anschauung umsetzen, grafisch gestalten (Werbeideen)
Vi|su|a|li|sie|rung [vi-] *f. 10*
Vi|su|a|li|zer [vɪʒjuəlaɪzə(r), engl.] *m. 5* Werbegrafiker
vi|su|ell [vi-, lat.] zum Sehen gehörend, durch Sehen hervorgerufen; visueller Typ: jmd., der sich Gesehenes leichter merkt als Gehörtes; *Ggs.:* akustischer Typ
Vi|sum [vi-] *n. Gen.* -s *Pl.* -sa *oder* -sen Erlaubnis, Sichtvermerk zum Aufenthalt in einem Staat
Vis|ze|ra, Vis|ce|ra [vis-, lat.] *Pl.* Eingeweide
vis|ze|ral [vis-] zu den Eingeweiden gehörend, von ihnen ausgehend
Vi|ta [vi-, lat. »Leben«] *f. Gen.* - *Pl.* -tae [-tɛː] Lebensbeschreibung
vi|tal [vi-] lebenskräftig, zum Leben gehörig, lebens…
Vi|ta|li|en|brü|der [vi-, lat.] *Pl. im 14./15. Jh.:* Seeräuber in der Ostsee, Viktualienbrüder
Vi|ta|lis|mus [vi-, lat.] *m. Gen.* - *nur Sg.* Lehre, dass dem organ. Leben eine über die chemisch-physikal. Vorgänge hinausgehende Lebenskraft innewohne
Vi|ta|list [vi-] *m. 10*
vi|ta|lis|tisch [vi-]
Vi|ta|li|tät [vi-] *f. 10 nur Sg.* Lebensfähigkeit, Lebenskraft, Lebendigkeit
Vit|a|min *auch:* **Vi|ta|min** [vi-] *n. 1* meist von Pflanzen gebildeter, lebenswichtiger Wirkstoff
vit|a|min|arm *auch:* **vi|ta|min|arm** [vi-]

Vit|a|min-B-hal|tig *auch:* **Vi|ta|min-B-hal|tig** [vi-]
Vit|a|min-B-Man|gel *auch:* **Vi|ta-min-B-Man|gel** [vi-] *m. 6 nur Sg.*

> **vitaminhaltig, Vitamin-B-haltig:** Zusammensetzungen, bei denen der zweite Bestandteil (*-haltig*) in dieser Form nicht selbständig vorkommt, schreibt man zusammen: *eine vitaminhaltige Nahrung.* § 36 (2)
> Man setzt einen Bindestrich zwischen allen Bestandteilen mehrteiliger Zusammensetzungen, in denen eine Wortgruppe oder eine Zusammensetzung mit Bindestrich auftritt: *Vitamin-B-haltig, Vitamin-B-Mangel.* § 44

vit|a|min|hal|tig *auch:* **vi|ta|min|hal-tig**
vit|a|mi|nie|ren *auch:* **vi|ta|mi|nie-ren** [vi-] *tr. 3* = vitaminisieren
vit|a|mi|ni|sie|ren *auch:* **vi|ta|mi|ni-sie|ren** [vi-] *tr. 3* mit Vitaminen anreichern
vit|a|min|reich *auch:* **vit|a|min|reich** [vi-]
Vit|a|min|stoß *auch:* **Vi|ta|min|stoß** [vi-] *m. 2*
vi|ti|ös [vitsjøs, lat.] fehlerhaft, lasterhaft, bösartig
Vi|ti|um [vitsjum] *n. Gen.* -s *Pl.* -tia [-tsja], *Med.:* Fehler, Übel

> ♦ Die Buchstabenfolge **vi|tr...** kann in Fremdwörtern auch **vit|r...** getrennt werden.

♦**Vi|trek|to|mie** [vi-, lat. + griech.] *f. 11* operative Entfernung des Glaskörpers des Auges
♦**Vi|tri|ne** [vi-, lat.] *f. 11* Glasschrank; Schauschrank, -kasten
♦**Vi|tri|ol** [vi-, mlat.] *n. 1, Sammelbez. für* wasserhaltige Sulfate zweiwertiger Metalle, bes. Eisen- und Kupfervitriol
♦**Vi|trit** [vi-] *m. 1* Glanzkohle, eine meist streifige Lage in Steinkohlen
vi|va|ce [vivatʃə, ital.] *Mus.:* lebhaft, munter
Vi|va|ce [vivatʃə] *n. Gen.* - *Pl.* - lebhafter Teil eines Musikstücks
Vi|val|di [vival-], *Antonio* ital. Komponist
Vi|va|ri|um [viva-, lat.] *n. Gen.* -s *Pl.* -ri|en Terrarium mit Aquarium
Vi|vat [vivat] *n. 9* Hoch-, Heilruf
Vi|vi|a|na, Vi|vi|a|ne, Vi|vi|en [vivi-] weibl. Vorname
Vi|vi|a|nit [vivi-, nach dem engl. Mineralogen J.G. Vivian] *n. 1* Blaueisenerde, Blauerz
vi|vi|par [vivi-, lat.] lebend gebärend; *Ggs.:* ovipar
Vi|vi|sek|ti|on [vivi-] *f. 10* Eingriff am lebenden Tier
vi|vi|se|zie|ren [vivi-] *tr. 3*
vi|vo [vivo-, ital.] *Mus.:* lebhaft
Vi|ze... [fi-, auch: vi-, lat.] *in Zus.:* stellvertretende(r) ..., z.B. Vizekanzler
Viz|tum [fits-, auch: vits-] *m. 1, MA:* Regierungsbeamter, Vertreter des Landesherrn (in einem Bezirk)
v. J. *Abk. für* vorigen Jahres
Vla|me [fla-] *m. 11, ndrl. Schreibung von* Flame
vlä|misch [flɛ-] *ndrl. Schreibung von* flämisch
Vlies [flis, ndrl.] *n. 1* Rohwolle vom Schaf; das Goldene Vlies *griech. Myth.:* das Fell eines goldenen Widders
Vlie|se|li|ne® [fli-] *f. 11 nur Sg.* Stoff aus Fasern, Kunstharz und Kautschuk zum Versteifen z.B. von Kragen
v. M. *Abk. für* vorigen Monats
V-Mann *m. 4, Pl. auch:* -leute, *Kurzwort für* Verbindungs-, Vertrauensmann
v. o. *Abk. für* von oben
Vo|gel *m. 6*
Vo|gel|bau|er *n. 5*
Vo|gel|beer|baum *m. 2* Eberesche
Vo|gel|bee|re *f. 11*
Vö|gel|chen *n. 7*
Vo|gel|flug|li|nie *f. 11 nur Sg.* kürzester Verkehrsweg zwischen Hamburg und Kopenhagen
vo|gel|frei *im alten dt. Recht:* ohne Rechtsschutz, geächtet
Vo|gel|herd *m. 1* Platz zum Vogelfang
Vo|gel|kun|de *f. 11 nur Sg.* Ornithologie
vö|geln *intr. u. tr. 1, vulg.:* den Beischlaf ausüben (mit jmdm.)
Vo|gel|per|spek|ti|ve *auch:* **Vo|gel-pers|pek|ti|ve** *f. 11 nur Sg.*
Vo|gel|schau *f. 10 nur Sg.* Sicht von oben; etwas aus der V. sehen
Vo|gel|scheu|che *f. 11*
Vo|gel|schie|ßen *n. Gen.* -s *nur Sg.* Schützenfest
Vo|gel|schutz *m. Gen.* -es *nur Sg.*
Vo|gel|schutz|ge|biet *n. 1*
Vo|gel|stel|ler *m. 5* Vogelfänger
Vo|gel-Strauß-Po|li|tik *f. 10 nur Sg.*
Vo|gel|war|te *f. 11*
Vo|gel|zug *m. 2*
Vo|ge|sen [vo-], *frz.:* Vosges [voʒ] frz. linksrhein. Mittelgebirge, Wasgenwald
Vogt *m. 2* **1.** *früher:* Verwalter, Schirmherr, Richter; **2.** *heute noch schweiz.:* Vormund
Vog|tei *f. 10* Amtsbereich eines Vogtes
vog|ten *tr. 2, schweiz.:* bevormunden
Vogt|land *n. Gen.* -(e)s Landschaft zwischen Fichtel- und Erzgebirge
Vogt|län|der *m. 5*
Vogue [vog, frz.] vgl. en vogue
voi|là [voala, frz.] sieh her!, sieh da!, hier ist ...!
Voile [voal, frz.] *m. 9* schleierartiges Gewebe

> **→ Voyeur** Obwohl das aus dem Französischen stammende Fremdwort *Voyeur* auf [-jœ:r] auslautet, wird es, wie in seiner Herkunftssprache, mit *-yeur* geschrieben. Bei einigen aus dem Französischen entlehnten Wörtern dagegen kann oder muss der Laut [œ:] in Anpassung an die deutsche Orthographie mit dem Umlaut *ö* wiedergegeben werden: *Frisör* neben *Friseur*, aber nur: *Likör*.

Vo|ka|bel [vo-, lat.] *f. 11* einzelnes Wort, bes. aus einer fremden Sprache
Vo|ka|bu|lar [vo-] *n. 1* **1.** Wörterverzeichnis; **2.** Gesamtheit der Wörter, Wortschatz (einer Sprache, eines Menschen)
Vo|ka|bu|la|ri|um [vo-] *n. Gen.* -s *Pl.* -ri|en, *veraltet:* Vokabular
vo|kal [vo-, lat.] für Singstimme(n), zur Singstimme gehörig
Vo|kal [vo-] *m. 1* Laut, bei dem der Atemstrom ungehindert aus dem Mund entweichen kann, Selbstlaut, a, e, i, o u; vgl. Konsonant
Vo|ka|li|sa|ti|on [vo-] *f. 10 nur Sg.* **1.** Aussprache der Vokale (beim Singen); **2.** Bezeichnung der fehlenden Vokale eines ohne Vokale geschriebenen Textes (z.B. im Hebräischen) durch Punkte oder Striche unter den zugehörigen Konsonanten

vo|ka|lisch [vo-] in der Art eines Vokals, mit einem Vokal
Vo|ka|li|se [vo-] *f. 11* Gesangsübung nur mit Vokalen
vo|ka|li|sie|ren [vo-] **1.** *intr. 3, beim Singen:* die Vokale bilden, aussprechen; **2.** *tr. 3* mit Vokalzeichen versehen (Text)
Vo|ka|li|sie|rung [vo-] *f. 10 nur Sg.*
Vo|ka|lis|mus [vo-] *m. Gen. - nur Sg.* Bestand an Vokalen (einer Sprache oder Sprachstufe)
Vo|kal|mu|sik [vo-] *f. 10 nur Sg.* Musik für Singstimmen; *Ggs.:* Instrumentalmusik
Vo|kal|quar|tett [vo-] *n. 1* Quartett für Singstimmen
Vo|ka|ti|on [vo-, lat.] *f. 10* Berufung (in ein Amt)
Vo|ka|tiv [vo-] *m. 1, Gramm.:* Anredefall, z. B. im Lateinischen: Christe! (o Christus!)
vol. *Abk. für* Volumen (2)
Vol.-% *Abk. für* Volumprozent
Vo|land [fo-] *m. Gen. -s nur Sg., alte Bez. für* Teufel; Junker V.
Vo|lant [volã, frz.] *m. 9* **1.** gefältelter Besatz, Falbel; **2.** *veraltet:* Steuer, Lenkrad (des Autos)
Vo|la|pük [vo-, Kunstwort] *n. Gen. -s nur Sg.* eine Welthilfssprache
Vo|li|e|re [vɔljɛrə, frz.] *f. 11* Vogelhaus
Volk *n. 4*
Völk|chen *n. 7, meist übertr.:* Leute, Schar; lustiges Völkchen
Vol|ker männl. Vorname
Völ|ker|ball *m. 2 nur Sg.* Ballspiel zwischen zwei Mannschaften
Völ|ker|bund *m. 2 nur Sg.*
Völ|ker|kun|de *f. 11 nur Sg.* Ethnologie, Ethnographie
Völ|ker|kund|ler *m. 5*
völ|ker|kund|lich
Völ|ker|mord *m. 1*
Völ|ker|recht *n. 1 nur Sg.*
völ|ker|recht|lich
Völ|ker|schaft *f. 10* Volksgruppe
Völ|ker|schlacht *f. 10 nur Sg.;* die V. bei Leipzig 1813
völ|ker|ver|bin|dend
Völ|ker|wan|de|rung *f. 10*
völ|kisch
volk|lich
Volks|ab|stim|mung *f. 10*
Volks|ar|mee *f. 11 nur Sg., DDR*
Volks|auf|stand *m. 2*
Volks|bal|la|de [frz.] *f. 11* episches Volkslied
Volks|bank *f. 10*
Volks|be|fra|gung *f. 10*
Volks|be|geh|ren *n. 7*
Volks|bi|bli|o|thek *auch:* **Volks|bib|li|o|thek** *f. 10* öffentl. Bibliothek mit (bes. schöngeistiger) Literatur für breite Kreise der Bevölkerung, Volksbücherei
Volks|brauch *m. 2*
Volks|buch *n. 4, im MA:* auf einer höfischen oder bürgerlichen Dichtung beruhende, für den Volksgeschmack umgearbeitete Erzählung
Volks|bü|che|rei *f. 10* = Volksbibliothek
Volks|de|mo|kra|tie *f. 11* Staatsform in kommunist. Ländern
volks|ei|gen *in der DDR:* Volkseigener Betrieb (*Abk.:* VEB); Volkseigenes Gut (*Abk.:* VEG)
Volks|ein|kom|men *n. 7 nur Sg.*
Volks|ent|scheid *m. 1*
Volks|e|ty|mo|lo|gie *f. 11* volkstüml. Umwandlung eines nicht allgemein verständlichen Wortes in ein ähnliches, bekanntes, z. B. ahd. »heviana« in »Hebamme«
Volks|fest *n. 1*
Volks|front *f. 10* Koalition linksgerichteter bürgerl. Parteien mit den Kommunisten
Volks|glau|be *m. 15 nur Sg.*
Volks|herr|schaft *f. 10* Demokratie
Volks|hoch|schu|le *f. 11* (*Abk.:* VHS)
Volks|kam|mer *f. 11 nur Sg.* Parlament der DDR
Volks|kun|de *f. 11 nur Sg.*
Volks|kund|ler *m. 5*
volks|kund|lich
Volks|kunst *f. 2 nur Sg.*
Volks|lied *n. 3*
Volks|mär|chen *n. 7*
Volks|mund *m. 4 nur Sg.* im Volk üblicher Gebrauch (von Wörtern)
Volks|mu|sik *f. 10 nur Sg.*
Volks|par|tei *f. 10* Partei, die mit ihrer Programmatik für breite Wählerschichten offen ist
Volks|po|li|zei *f. Gen. - nur Sg.* (*Abk.:* VP, *Kurzwort:* Vopo), *in der DDR*
Volks|po|li|zist *m. 10* (*Kurzwort:* Vopo), *in der DDR*
Volks|re|pu|blik *auch:* **Volks|re|pub|lik** *f. 10* (*Abk.:* VR)
Volks|schu|le *f. 11*
Volks|schü|ler *m. 5*
Volks|schul|leh|rer *m. 5*
Volks|sou|ve|rä|ni|tät [-suvɛ-] *f. 10 nur Sg.*
Volks|spra|che *f. 11* Umgangssprache
Volks|stamm *m. 2*
Volks|stück *n. 1* volkstüml. Theaterstück
Volks|tanz *m. 2*
Volks|tri|bun *m. 12 oder m. 10* vgl. Tribun (3)
Volks|tum *n. Gen. -s nur Sg.*
volks|tüm|lich
Volks|tüm|lich|keit *f. 10 nur Sg.*
volks|ver|bun|den
Volks|ver|bun|den|heit *f. 10 nur Sg.*
Volks|ver|mö|gen *n. 7* Summe des einem Volk gehörenden Realkapitals
Volks|ver|samm|lung *f. 10*
Volks|ver|tre|ter *m. 5*
Volks|ver|tre|tung *f. 10*
Volks|wa|gen® *m. 7* (*Abk.:* VW)
Volks|wei|se *f. 11*
Volks|wirt *m. 1, kurz für* Volkswirtschaftler
Volks|wirt|schaft *f. 10 nur Sg.*
Volks|wirt|schaft|ler *m. 5* Wissenschaftler auf dem Gebiet der Volkswirtschaftslehre, Nationalökonom
volks|wirt|schaft|lich
Volks|wirt|schafts|leh|re *f. 11* Zweig der Wirtschaftswissenschaften
Volks|zäh|lung *f. 10*

voll sein, aus dem Vollen schöpfen: Fügungen mit *sein* werden immer getrennt geschrieben: *Das Fass konnte noch nicht voll sein. Die Zisterne ist voll gewesen.* § 35
Die substantivierte Form schreibt man mit großem Anfangsbuchstaben, und zwar auch in festen Gefügen: *ins Volle greifen; aus dem Vollen schöpfen; im Vollen leben; in die Vollen gehen.* § 57 (1)

voll **1.** *Kleinschreibung:* voll(er) Freude, Zorn; ein Fass voll(er) Wein; ein Glas voll Wein, voll Weines; er ist voll des süßen Weines *scherzh.:* betrunken; es ist mein voller Ernst; mit vollem Recht; der Raum war voll (voller) Menschen; drei Teller voll; (eine) Hand voll (Stroh); drei volle Teller; halb, ganz, drei viertel voll; **2.** *Großschreibung:* ins Volle greifen; aus dem Vollen leben, schöpfen; in die Vollen gehen *ugs.:* Geld verschwenden, etwas energisch anpacken, sich sehr anstrengen; **3.** *in Verbindung mit Verben und Partizipien:* jmdn. nicht für voll nehmen *ugs.:* nicht ernst nehmen; den Mund voll nehmen *übertr. ugs.:* aufschneiden, prahlen; ein voll besetzter Raum; sich voll essen *ugs.*; etwas voll füllen; bis zum Rand voll gießen; den Lkw voll laden; das Glas voll machen; der voll gelaufene Tank; ein voll gepackter Koffer; das Becken voll pumpen; die Gläser voll schenken; sich den Bauch voll schlagen *ugs.*; die Tasche voll stopfen; den Wagen voll tanken

vọl|la|den (-ll|l-) (*alt für:* vọll la|den) *tr. 74*

vọll|auf; v. genug

vọl|lau|fen (-ll|l-) (*alt für:* vọll lau|fen) *intr. 76*

vọll|au|to|ma|tisch

Vọll|bad *n. 4*

Vọll|bart *m. 2*

vọll|bär|tig

vọll|be|schäf|tigt

Vọll|be|schäf|ti|gung *f. 10 nur Sg.*

voll besetzt: Fügungen aus Adjektiv und Verb/Partizip schreibt man getrennt, wenn das Adjektiv erweiterbar oder steigerbar ist: *es war ein (ganz) voll besetzter Saal.* § 34 E3 (3)

vọll be|setzt (*alt:* vọll|be|setzt)

Vọll|be|sitz *m., nur in der Wendung* im V. seiner Kräfte

Vọll|blut *n. Gen.* -(e)s *nur Sg.* edles, temperamentvolles Pferd

Vọll|blü|ter *m. 5* Vollblutpferd

vọll|blü|tig

Vọll|blü|tig|keit *f. 10 nur Sg.*

Vọll|blut|mu|si|ker *m. 5*

Vọll|brem|sung *f. 10*

vollbringen, vollstrecken, vollziehen: Diese Zusammensetzungen aus Adjektiv und Verb schreibt man stets zusammen: *Er vollbringt eine Heldentat.* Die Betonung liegt auf dem Verbbestandteil: *Die Arbeit ist vollbracht. Sie vollstreckten das Urteil. Das Opfer wurde vollzogen.* § 33 (2)

voll|brịn|gen *tr. 21*

Vọll|dampf *m. 2 nur Sg., Seew.:* volle Maschinenkraft

Vọ̈l|le *f. 11 nur Sg.*

Vọ̈l|le|ge|fühl *n. 1*

voll|ẹn|den *tr. 2*

vọll|ends

Voll|ẹn|dung *f. 10 nur Sg.*

vọl|ler vgl. voll

Vọ̈l|le|rei *f. 10 nur Sg.*

vọll es|sen (*alt:* vọll|es|sen) *refl. 31, ugs.*

Vol|ley|ball [vọle-, engl.] *m. 2 nur Sg.* ein Ballspiel zwischen zwei Mannschaften, Flugball

voll|füh|ren *tr. 1* ausführen, vollbringen

voll füllen/laden/laufen: Fügungen aus Adjektiv und Verb/Partizip, deren erster Bestandteil steigerbar oder erweiterbar ist, werden getrennt geschrieben: *Er hat den Tank voll gefüllt. Das Fass ist voll gelaufen.*
Ebenso: *voll pumpen, voll stopfen.* § 34 E3 (3)

vọll fül|len (*alt:* vọll|fül|len) *tr. 1*

Vọll|gas *n. 1 nur Sg.* volle Geschwindigkeit; V. geben

vọll|ge|fres|sen

Vọll|ge|fühl *n., nur in der Fügung* im Vollgefühl (seiner Wichtigkeit o. Ä.)

vọll gie|ßen (*alt:* vọll|gie|ßen) *tr. 54*

vọll|gül|tig; vollgültiger Beweis

Vọll|gum|mi|rei|fen *m. 7*

vọ̈l|lig

vọll|in|halt|lich; ich stimme dem Brief v. zu

vọll|jäh|rig = mündig; *Ggs.:* minderjährig

Vọll|jäh|rig|keit *f. 10 nur Sg.*

Vọll|kas|ko *n. Gen.* -s *nur Sg.* Kaskoversicherung gegen sämtliche Schäden

vọll|kas|ko|ver|si|chert

Vọll|kerf *m. 1* voll entwickeltes Insekt

vollklimatisiert: Zusammensetzungen mit bedeutungsverstärkendem erstem Bestandteil (*erz-, hyper-, ultra-, ur-, voll-* usw.) werden zusammengeschrieben: *ein vollklimatisiertes Zimmer.* § 36 (5)

vọll|kli|ma|ti|siert

voll|kọm|men [auch: fọl-]

Voll|kọm|men|heit *f. 10 nur Sg.*

Vọll|korn|brot *n. 1*

Vọll|kos|ten|rech|nung *f. 10* die Einzelkosten und die Fixkosten berücksichtigende Kalkulationsweise

vọll la|den *tr. 74*

vọll lau|fen *intr. 76*

vọll ma|chen (*alt:* vọll|ma|chen) *tr. 1*

Vọll|macht *f. 10*

Vọll|macht|ge|ber *m. 5*

vọll|mast bis zur Spitze des Mastes (hochgezogen); v. flaggen

Vọll|ma|tro|se *auch:* **Vọll|mat|ro|se** *m. 11*

Vọll|milch *m. 10 nur Sg.* nicht entrahmte Milch

Vọll|mond *m. 1 nur Sg.*

Vọll|mond|ge|sicht *n. 3*

vọll|mun|dig kräftig, voll im Geschmack (Wein)

vọll pa|cken (*alt:* vọll|packen) *tr. 1*

vọll pum|pen (*alt:* vọll|pum|pen) *tr. 1*

Vọll|pen|si|on *f. 10 nur Sg.*

vọll schen|ken (*alt:* vọll|schen|ken) *tr. 1*

Vọll|schiff *n. 1* Segelschiff (ab Dreimaster) mit voller Takelung

vọll schla|gen (*alt:* vọll|schla|gen) *tr. 116, ugs.*

vọll|schlank nicht ganz schlank

Vọll|spur *f. 10, Eisenbahn:* Normalspur

vọll|spu|rig

vọll|stän|dig

Vọll|stän|dig|keit *f. 10 nur Sg.*

vọll stop|fen (*alt:* vọll|stop|fen) *tr. 1*

voll|strẹck|bar

voll|strẹ|cken *tr. 1*

Voll|strẹ|ckung *f. 10*

Voll|strẹ|ckungs|be|am|te(r) *m. 18 (17)*

vọll tan|ken (*alt:* vọll|tan|ken) *tr. 1*

Vọll|text *m. 1 EDV:* vollständig digitalisierter, elektronisch verfügbarer Text

Vọll|text|re|cher|che [-reʃɛrʃə, frz.] *f. 11 EDV:* Suche in der gesamten Textmenge

vọll|tö|nend

Vọll|tref|fer *m. 5*

vọll|trun|ken

Vọll|ver|samm|lung *f. 10*

Vọll|wai|se *f. 11* Kind, das beide Eltern verloren hat

vọll|wer|tig

Vọll|wer|tig|keit *f. 10 nur Sg.*

Vọll|wert|kost *f. Gen.* - *nur Sg.*

vọll|zäh|lig

Vọll|zäh|lig|keit *f. 10 nur Sg.*

Vọll|zeit *f. 10;* (in) Vollzeit arbeiten, vgl. Teilzeit

voll|zieh|bar

voll|zie|hen *tr. 187*

Voll|zie|hung *f. 10 nur Sg.*

Voll|zug *m. 2*

Voll|zugs|ge|walt *f. 10 nur Sg.*

V

Vo|lon|tär [volɔn-, lat.-frz.] *m. 1* jmd., der (z. T. unentgeltlich) zur Ausbildung in einem Betrieb arbeitet
Vo|lon|ta|ri|at [volɔn-] *n. 1* Arbeitsverhältnis eines Volontärs
vo|lon|tie|ren [volɔn-] *intr. 3* als Volontär arbeiten
Vols|ker [vɔls-] *m. 5* Angehöriger eines italischen Volksstammes
vols|kisch [vɔls-]
Volt [vɔlt, nach dem ital. Physiker A. Volta] *n. Gen.* -(s) *Pl.* - (*Abk.:* V) Maßeinheit für die elektr. Spannung
Vol|ta|e|le|ment [vɔl-, zu Volt] *n. 1* galvan. Element
Vol|taire [vɔltɛ(r)], *Françoise-Marie* frz. Philosoph
Vol|ta|me|ter [vɔl-] *n. 5* Gerät zum Messen der Stromstärke
Volt|am|pere [vɔltampɛːr] *n. Gen.* -(s) *Pl.* - (*Abk.:* VA) Maßeinheit für elektr. Leistung, entspricht dem Watt
vol|ta|sche Säu|le *auch:* **Vol|ta'sche Säu|le** (*alt:* Vol|ta|sche Säu|le) [vɔl-] *f. 11 nur Sg.* = Voltampere
Vol|te [vɔl-, ital.] *f. 11* **1.** *Taschenspielerei:* Kunstgriff beim Kartenmischen; **2.** *Reitsport:* kreisförmige Figur
vol|tie|ren [vɔl-] *intr. 3; selten für* voltigieren
Vol|ti|geur [vɔltiʒøːr] *m. 1* Artist, der voltigiert
vol|ti|gie|ren [vɔltiʒiː-] *intr. 3* auf dem galoppierenden Pferd turnen
Volt|me|ter [vɔlt-] *n. 5* Gerät zum Messen elektr. Spannung
Vo|lu|men [vo-, lat.] *n. 7 Pl. auch:* -mi|na **1.** (*Abk.:* V) Rauminhalt; **2.** (*Abk.:* vol.) Band (eines Schriftwerkes), z. B. vol. II
Vo|lu|men|ein|heit [vo-] *f. 10* Einheit des Rauminhalts
Vo|lu|men|pro|zent [vo-] *n. 1* = Volumprozent
Vo|lu|me|ter [vo-] *n. 5* Gerät zum Messen der Dichte einer Flüssigkeit
Vo|lu|me|trie *auch:* **Vo|lu|met|rie** [vo-] *f. 11 nur Sg.* Maßanalyse
Vo|lum|ge|wicht [vo-] *n. 1* spezif. Gewicht
Vo|lu|mi|na [vo-] *Pl. von* Volumen
vo|lu|mi|nös [vo-] umfangreich
Vo|lum|pro|zent [vo-] *n. 1* (*Abk.:* Vol.-%) Prozent, auf den Rauminhalt bezogen, Volumenprozent

Vo|lun|ta|ris|mus [vo-, lat.] *m. Gen.* - *nur Sg.* Lehre, dass der Wille das Grundprinzip allen Seins und Geschehens sei
Vo|lun|ta|rist [vo-] *m. 10*
vo|lun|ta|ris|tisch [vo-]
Vo|lu|te [vo-, lat.] *f. 11, Baukunst:* Ornament in Form einer Spirale, Konvolute
Vo|lu|ten|ka|pi|tell [vo-] *n. 1* Kapitell mit Voluten, ionisches K.
vom *ugs.:* von dem
Vom|hun|dert|satz *m. 2* Hundertsatz, Prozentsatz
vo|mie|ren [vo-, lat.] *intr. 3 gehoben, scherz.* sich erbrechen
Vom|tau|send|satz *m. 2* Tausendsatz, Promillesatz
von (*Abk.: vor Namen:* v.) *Präp. mit Dat.;* von oben (*Abk.:* v. o.); von unten (*Abk.:* v. u.); von links (*Abk.:* v. l.); von rechts (*Abk.:* v. r.); von links nach rechts (*Abk.:* v. l. n. r.); von vorn; von dort; vonseiten *oder:* von Seiten; von wegen! *ugs.:* keineswegs!; von (ganzem) Herzen; von mir, von ihm
von|ein|an|der *auch:* **von|ei|nan|der**; etwas, nichts voneinander haben, hören, wissen, lernen; voneinander gehen
von|ein|an|der ge|hen *auch:* **von|ei|nan|der ge|hen** (*alt:* von|ein|an|der|ge|hen) *intr. 47* sich trennen
von|nö|ten nötig, notwendig; in dieser Situation ist rasche Hilfe vonnöten

> **vonseiten/von Seiten:** Bei einigen festen Fügungen zu einer Präposition bleibt es den Schreibenden überlassen, ob sie getrennt oder zusammenschreiben: *vonseiten/von Seiten der Eltern.* § 39 E3 (3), § 55 (4)

von|sei|ten *auch:* **von Sei|ten** (*alt:* von sei|ten)

> **vonstatten gehen:** Gefüge aus *vonstatten* und einem Verb schreibt man im Infinitiv, Partizip und am Ende eines Nebensatzes getrennt: *Die Veranstaltung konnte vonstatten gehen.* § 34 E3 (2)

von|stat|ten; vonstatten gehen
Voo|doo [vudu], **Wo|du** *m. Gen.* -s *nur Sg.* westafrik. religiöse Geheimkulte, bes. bei der schwarzen Bevölkerung der Karibik
Vo|po [foː-] *f. Gen.* - *nur Sg. bzw. m. 9, in der DDR Kurzwort für* Volkspolizei bzw. Volkspolizist
vor *Präp. mit Dativ und Akk.;* vor dem Tisch sitzen; vor den Tisch stellen; vor Angst, Kälte zittern; Gnade vor Recht ergehen lassen; vor Christi Geburt (*Abk.:* v. Chr.); vor allem, weil …; vor allem, wenn …

> **vorab, voran, voraus:** Wörter, die sprachhistorisch Zusammensetzungen sind, aber nicht mehr als solche empfunden werden, kann man nach Bestandteilen der Zusammensetzung (*vor|ab, vor|an, vor|aus*) trennen oder aber so, dass der letzte Konsonant auf die neue Zeile kommt: *vo|rab, vo|ran, vo|raus.* Entsprechend: *vor|an|ge|hen/vo|ran|ge|hen* usw. § 112

vor|ab *auch:* **vo|rab** zunächst, im Voraus
Vor|a|bend *m. 1*
Vor|ah|nung *f. 10* Vorgefühl; düstere Vorahnungen haben
vor|an *auch:* **vo|ran**
vor|an|brin|gen *auch:* **vo|ran|brin|gen** *tr. 21*

> **vorangehen:** Die Fügung aus Partikel und Verb schreibt man im Infinitiv, Partizip und am Ende eines Nebensatzes zusammen: *Sie wollten vorangehen.* § 34 (1) Die substantivierte Form wird großgeschrieben: *der Vorangehende*, auch in festen Gefügen: *im Vorangehenden.* § 57 (1)

vor|an|ge|hen *auch:* **vo|ran|ge|hen** *intr. 47;* im Vorangehenden wurde ausgeführt, dass …; der, die Vorangehende; Vorangehendes
vor|an|kom|men *auch:* **vo|ran|kom|men** *intr. 71*
vor|an|mel|den *tr. 2*
Vor|an|mel|dung *f. 10*
Vor|an|schlag *m. 2* Schätzung der Kosten im Voraus
vor|an|stel|len *auch:* **vo|ran|stel|len** *tr. 1*
vor|an|trei|ben *auch:* **vo|ran|trei|ben** *tr. 162*
Vor|an|zei|ge *f. 11*
Vor|ar|beit *f. 10*
vor|ar|bei|ten *intr. 2*

V

Vor|ar|bei|ter *m. 5*
Vor|arl|berg Land in Österreich
Vor|arl|ber|ger *m. 5*
vor|arl|ber|gisch
vor|auf *auch:* **vo|rauf** voran, voraus
vor|auf|ge|hen *auch:* **vo|rauf|ge|hen** *intr. 47*
vor|aus *auch:* **vo|raus;** vielen Dank im Voraus [auch: fo-]; zum Voraus
vor|aus|be|rech|nen *auch:* **vo|raus|be|rech|nen** *tr. 2*
vor|aus|be|stim|men *auch:* **vo|raus|be|stim|men** *tr. 1*
Vor|aus|be|stim|mung *auch:* **Vo|raus|be|stim|mung** *f. 10*
vor|aus|be|zah|len *auch:* **vo|raus|be|zah|len** *tr. 1*
vor|aus|da|tie|ren *auch:* **vo|raus|da|tie|ren** *tr. 3;* eine Rechnung v.
vor|aus|den|ken *auch:* **vo|raus|den|ken** *tr. 22*
vor|aus|fah|ren *auch:* **vo|raus|fah|ren** *intr. 32*
vor|aus|ge|hen *auch:* **vo|raus|ge|hen** *intr. 47;* im Vorausgehenden; vgl. vorangehen
vor|aus|ha|ben *auch:* **vo|raus|ha|ben** *tr. 60;* jmdm. etwas v.
Vor|aus|kor|rek|tur *auch:* **Vo|raus|kor|rek|tur** *f. 10 Buchw.:* Korrektur des Manuskripts vor Satzbeginn
vor|aus|lau|fen *auch:* **vo|raus|lau|fen** *intr. 76*
vor|aus|neh|men *auch:* **vo|raus|neh|men** *tr. 88*
Vor|aus|sa|ge *auch:* **Vo|raus|sa|ge** *f. 11*
vor|aus|sa|gen *auch:* **vo|raus|sa|gen** *tr. 1;* etwas v.; *aber:* das kann ich nicht im Voraus sagen
vor|aus|schi|cken *auch:* **vo|raus|schi|cken** *tr. 1*
vor|aus|se|hen *auch:* **vo|raus|se|hen** *tr. 136*
vor|aus|set|zen *auch:* **vo|raus|set|zen** *tr. 1;* vorausgesetzt, dass …
Vor|aus|set|zung *auch:* **Vo|raus|set|zung** *f. 10*
Vor|aus|sicht *auch:* **Vo|raus|sicht** *f. 10 nur Sg.;* aller V. nach; in der V., dass …
vor|aus|sicht|lich *auch:* **vo|raus|sicht|lich;** ich werde v. im September im Urlaub sein
vor|aus|wis|sen *auch:* **vo|raus|wis|sen** *tr. 184*
vor|aus|zah|len *auch:* **vo|raus|zah|len** *tr. 11*
Vor|aus|zah|lung *auch:* **Vo|raus|zah|lung** *f. 10*

Vo|ra|zi|tät [vo-, lat.] *f. 10 nur Sg.* Gefräßigkeit, Heißhunger
Vor|bau *m. Gen.* -(e)s *Pl.* -bau|ten
vor|bau|en **1.** *tr. 1;* **2.** *intr. 1;* einer Sache v.: ihr vorbeugen; wir müssen dem rechtzeitig v.; der kluge Mann baut vor
Vor|be|dacht *m. Gen.* -(e)s *nur Sg.;* etwas mit V. tun
Vor|be|din|gung *f. 10, ugs.:* Bedingung
Vor|be|halt *m. 1;* mit, ohne V.; mit dem V., dass …
vor|be|hal|ten *tr. 61;* sich etwas v.
vor|be|halt|lich *Präp. mit Gen.;* mit dem Vorbehalt des …, der …; v. der Erlaubnis
vor|be|halt|los; ich stimme dem v. zu
vor|bei; vorbei sein; es ist ein Uhr vorbei; als alles schon vorbei war
vor|bei|be|neh|men *refl. 88, ugs.:* sich schlecht benehmen
vor|bei|fah|ren *intr. 32*
vor|bei|flie|gen *intr. 38*
vor|bei|flie|ßen *intr. 40*
vor|bei|füh|ren *tr. u. intr. 1*
vor|bei|ge|hen *tr. 47*
vor|bei|kom|men *intr. 71*
vor|bei|kön|nen *intr. 72, ugs.*
vor|bei|las|sen *tr. 75*
vor|bei|lau|fen *intr. 76*
Vor|bei|marsch *m. 2*
vor|bei|mar|schie|ren *intr. 3*
vor|bei|re|den *intr. 2;* an etwas v.: das Wesentliche nicht erwähnen; aneinander v.: miteinander reden, ohne sich wirklich zu verstehen
vor|be|las|tet
Vor|be|mer|kung *f. 10*
vor|be|rei|ten *tr. 2*
Vor|be|rei|tung *f. 10*
Vor|be|rei|tungs|zeit *f. 10 nur Sg.*
Vor|be|spre|chung *f. 10*
vor|be|stel|len *tr. 1*
Vor|be|stel|lung *f. 10*
vor|be|straft
vor|be|ten *tr. 2*
Vor|be|ter *m. 5*
vor|beu|gen **1.** *tr. 1;* den Rumpf v., sich v.; **2.** *intr. 1* einer Sache v.: sie vorsorglich verhindern
Vor|beu|gung *f. 10 meist Sg.*
Vor|beu|gungs|maß|nah|me *f. 11*
vor|be|zeich|net *veraltend:* oben genannt, oben erwähnt
Vor|bild *n. 3*
vor|bil|den *tr. 2* vorbereitend formen, vorformen
vor|bild|lich
Vor|bild|lich|keit *f. 10 nur Sg.*

Vor|bil|dung *f. 10 nur Sg.*
vor|bin|den *tr. 14;* sich eine Schürze vorbinden
Vor|bör|se *f. 11 nur Sg.* inoffizielle Geschäfte vor der eigtl. Börsenversammlung
vor|börs|lich
Vor|bo|te *m. 11*
vor|brin|gen *tr. 21*
vor|christ|lich; in vorchristlicher Zeit: vor Christi Geburt
Vor|dach *n. 4*
vor|da|tie|ren *tr. 3* mit einem in der Zukunft liegenden Datum versehen
Vor|da|tie|rung *f. 10*
vor|dem *veraltend:* einst, früher
Vor|der|ach|se [-ks-] *f. 11*
Vor|der|an|sicht *f. 10*
Vor|der|a|si|en
Vor|der|bein *n. 1*
Vor|der|deck *n. 9; Ggs.:* Achterdeck
vor|de|re(r, -s)
Vor|der|front *f. 10*
Vor|der|fuß *m. 2*
Vor|der|gau|men *m. 7*
Vor|der|gau|men|laut *m. 1* am vorderen Gaumen gebildeter Laut, z. B. g, k (vor e und i), ch (wie in »ich«), Palatal
Vor|der|ge|bäu|de *n. 5*
Vor|der|grund *m. 2*
vor|der|grün|dig
Vor|der|grün|dig|keit *f. 10 nur Sg.*
vor|der|hand einstweilen, zunächst
Vor|der|hand *f. 2* Vorderbein (Pferd, Hund)
Vor|der|haus *n. 4*
Vor|der|in|di|en
Vor|der|la|der *m. 5* Feuerwaffe, die von der Mündung aus geladen wird; *Ggs.:* Hinterlader
vor|der|las|tig vorn mehr belastet als hinten, kopflastig (Schiff, Flugzeug); *Ggs.:* achterlastig, hinterlastig
Vor|der|lauf *m. 2, Jägerspr.:* Vorderbein
Vor|der|mann *m. 4*
Vor|der|pfo|te *f. 11*
Vor|der|pran|ke *f. 11*
Vor|der|rad *n. 4*
Vor|der|rad|an|trieb *m. 1*
Vor|der|rei|fen *m. 7*
Vor|der|satz *m. 2* vorangestellter Satz (in Satzgefüge oder -verbindung)
Vor|der|schin|ken *m. 7*
Vor|der|sitz *m. 1*
Vor|der|teil *n. 1*
Vor|der|tür *f. 10*

Vor|der|zahn *m. 2*
Vor|der|zim|mer *n. 5*
vor|drin|gen *intr. 25*
vor|dring|lich
Vor|dring|lich|keit *f. 10 nur Sg.*
Vor|druck *m. 1*
vor|e|he|lich
vor|ei|lig
Vor|ei|lig|keit *f. 10 nur Sg.*
vor|ein|an|der *auch:* **vor|ei|nan|der;** voreinander fliehen
vor|ein|ge|nom|men
Vor|ein|ge|nom|men|heit *f. 10 nur Sg.*
Vor|ein|sen|dung *f. 10 nur Sg.;* gegen V. des Betrages
vor|eis|zeit|lich
Vor|el|tern *Pl.* Vorfahren
vor|ent|hal|ten *tr. 61;* jmdm. etwas vorenthalten
Vor|ent|scheid *m. 1*
Vor|ent|schei|dung *f. 10*
Vor|ent|schei|dungs|kampf *m. 2*
Vor|er|be **1.** *m. 11* bis zu einem bestimmten Zeitpunkt eingesetzter Erbe; **2.** *n. Gen. -s nur Sg.* Erbe eines Vorerben
vor|erst zunächst, einstweilen; ich kann v. nicht kommen
vor|er|wähnt *Amtsdeutsch:* bereits oben erwähnt
vor|er|zäh|len *tr. 1, ugs.*
Vor|fahr *m. 10*
vor|fah|ren *intr. 32*
Vor|fahrt *f. 10*
Vor|fahrts|recht *n. 1 nur Sg.*
Vor|fahrts|schild *n. 3*
Vor|fahrts|stra|ße *f. 11*
Vor|fall *m. 2*
vor|fal|len *intr. 33*
Vor|feld *n. 3*
Vor|film *m. 1*
vor|fi|nan|zie|ren *tr. 3*
Vor|fi|nan|zie|rung *f. 10*
vor|fin|den *tr. 36*
Vor|flu|ter *m. 5* Gewässer, das aufließendes Wasser bzw. Abwasser aufnimmt
Vor|freu|de *f. 11 nur Sg.*
vor|fris|tig
Vor|früh|ling *m. 1 nur Sg.*
vor|füh|len *intr. 1, ugs.*
Vor|führ|da|me *f. 11* Mannequin
vor|füh|ren *tr. 1*
Vor|führ|raum *m. 2*
Vor|füh|rung *f. 10*
Vor|führ|wa|gen *m. 7*
Vor|ga|be *f. 11* **1.** *Sport:* Vergünstigung für einen schwächeren Gegner; **2.** *Tech.:* Menge Gestein, die mit einem Schuss gesprengt werden soll
Vor|gang *m. 2*
Vor|gän|ger *m. 5*
Vor|gar|ten *m. 8*
vor|gau|keln *tr. 1* vorspiegeln
vor|ge|ben *tr. 45*
Vor|ge|bir|ge *n. 5*
vor|geb|lich
vor|ge|fasst (*alt:* vor|ge|faßt) *in der Fügung* vorgefasste Meinung: ohne Kenntnis der Tatsachen gebildete Meinung
Vor|ge|fühl *n. 1*
vor|ge|hen *intr. 47*
vor|ge|la|gert; der Küste vorgelagerte Inseln
vor|ge|nannt *Amtsdeutsch:* bereits oben genannt
Vor|ge|schich|te *f. 11*
vor|ge|schicht|lich
Vor|ge|schmack *m. Gen. -s nur Sg.;* das gibt einen V. auf …
Vor|ge|setz|te(r) *m. 18 (17) bzw. f. 17 oder 18*
vor|ges|tern
vor|gest|rig
vor|grei|fen *intr. 59*
Vor|griff *m. 1;* in Vorgriff: im Voraus
vor|ha|ben *tr. 60; auch ugs.:* vorgebunden haben; eine Schürze, ein Lätzchen v.
Vor|ha|ben *n. 7*
Vor|halt *m. 1* **1.** *Mus:* dissonierender Ton vor dem benachbarten Ton, der die Auflösung bringt; **2.** die Entfernung, um die eine Schusswaffe vor ein bewegtes Ziel gerichtet wird; **3.** *schweiz.:* Vorhaltung
vor|hal|ten **1.** *tr. 61;* jmdm. etwas v.; **2.** *intr. 61* reichen, anhalten; die Erholung hat lange vorgehalten; **3.** *intr. 61* vor das bewegte Objekt zielen
Vor|hal|tung *f. 10* Vorwurf; jmdm. Vorhaltungen machen
Vor|hand *f. 2* **1.** der vor dem Reiter liegende Körperabschnitt des Pferdes; **2.** *Tennis:* Schlag, bei dem die Handfläche dem Gegner zugewendet ist; *Ggs.:* Rückhand; **3.** Vorrecht, Vorkaufsrecht
vor|han|den
Vor|han|den|sein *n. Gen. -s nur Sg.*
Vor|hang *m. 2*
vor|hän|gen *tr. 1*
Vor|hän|ge|schloss (*alt:* Vor|hän|ge|schloß) *n. 4*
Vor|haus *n. 4, österr.:* Hausflur, Hauseinfahrt
Vor|haut *f. 2*
Vor|haut|ver|en|gung *f. 10* Phimose

vorher sagen — vorhersagen: In der Bedeutung »früher sagen« schreibt man das Gefüge getrennt, die Betonung liegt auf *vor-*: *Sie hatte es vorher gesagt* (= vor diesem Zeitpunkt).
In der Bedeutung »voraussagen« schreibt man zusammen, die Betonung liegt auf *-her-*: *Das Wetter wurde vorhergesagt.* § 34 E3 (2), § 34 (1)

vor|her; etwas vorher sagen: früher, eher sagen; vorher gehen: eher, früher gehen; *aber Zusammenschreibung:* vorhersagen: voraussagen; vorhergehen: vorausgehen
vor|her|be|stim|men *tr. 1* vgl. vorher

vorhergehend, im Vorhergehenden: Das Adverb schreibt man klein, die substantivierte Form groß: *Im Vorhergehenden schrieben wir …* § 57 (1)

vor|her|ge|hen *intr. 47* vorausgehen, vorangehen; das Vorhergehende; im Vorhergehenden
vor|he|rig [auch: -he-]
Vor|herr|schaft *f. 10 nur Sg.*
vor|herr|schen *intr. 1*
Vor|her|sa|ge *f. 11*
vor|her|sa|gen *tr. 1* voraussagen; vgl. vorher
vor|her|se|hen *tr. 136*
vor|heu|len *tr. 11, ugs.:* jmdm. etwas v.
vor|hin

vorhinein, im Vorhinein: Das Adverb schreibt man klein, die substantivierte Form hingegen groß: *Im Vorhinein dankte er allen Teilnehmern.* § 57 (5)

vor|hin|ein *auch:* **vor|hi|nein;** *in der Fügung* im Vorhinein: im Voraus
Vor|hut *f. 10* der Truppe vorausgeschickter Sicherungsverband
vo|rig **1.** die Vorigen *in Regieanweisungen:* die Personen der vorhergehenden Szene; im Vorigen *veraltend:* im vorher Gesagten, im eben Gesagten; voriges Jahr; vorigen Jahres (*Abk.:* v.J.); vorigen Monats (*Abk.:* v.M.); **2.** *schweiz.:* übrig; etwas vorig lassen; es ist noch Geld vorig
Vor|jahr *n. 1*

Vor|jah|res|ni|veau [-vo] *n. 9*
vor|jäh|rig
vor|jam|mern *tr. 1, ugs.;* jmdm. etwas v.
Vor|kämp|fer *m. 5* jmd., der für etwas Zukünftiges kämpft
vor|kau|en *tr. 1* **1.** vorher zerkauen (Nahrung); **2.** *ugs. übertr.:* bis ins Einzelne erklären
Vor|kaufs|recht *n. 1*
Vor|kehr *f. 10, schweiz.:* Vorkehrung
Vor|keh|rung *f. 10;* Vorkehrungen treffen
vor|kei|men *tr. 1* in Wasser legen, um das Keimen zu beschleunigen
Vor|kennt|nis|se *Pl.* Kenntnisse, die zum Erlernen von etwas notwendig sind; V. in Physik haben
vor|knöp|fen *tr. u. refl. 1;* sich jmdn. v. *ugs.:* jmdn. zur Rechenschaft ziehen
vor|kom|men *intr. 71*
Vor|kom|men *n. 7* Vorhandensein (bes. von Bodenschätzen)
Vor|komm|nis *n. 1* Begebenheit, Vorfall
vor|kra|gen *intr. 1* herausragen (Bauteil)
vor|la|den *tr. 74*
Vor|la|dung *f. 10*
Vor|la|ge *f. 11*
Vor|land *n. 4 nur Sg.* vorgelagerter Landstreifen
vor|las|sen *tr. 75*
Vor|lauf *m. 2*
vor|lau|fen *intr. 76*
Vor|läu|fer *m. 5*
vor|läu|fig provisorisch
vor|laut
vor|le|ben *tr. 1;* seine Mutter hat ihm ein intensives Leben vorgelebt
Vor|le|ben *n. 7 nur Sg.* bisheriges Leben
Vor|le|ge|be|steck *n. 1*
Vor|le|ge|ga|bel *f. 11*
vor|le|gen *tr. 1*
Vor|le|ger *m. 5* sehr kleiner Teppich
Vor|le|ge|schloss (*alt:* Vor|le|ge-schloß) *n. 4*
vor|le|sen *tr. 79*
Vor|le|se|wett|be|werb *m. 1*
Vor|le|sung *f. 10*
Vor|le|sungs|ver|zeich|nis *n. 1*
vor|letzt; er kommt zu vorletzt; der Vorletzte
vor|lieb; mit etwas vorlieb nehmen
Vor|lie|be *f. 11*

vorlieb nehmen: Das Gefüge aus zusammengesetztem Adverb und Verb schreibt man im Infinitiv, Partizip und am Ende eines Nebensatzes getrennt: *Sie mussten mit dem dritten Platz vorlieb nehmen.* § 34 E3 (2)

vor|lieb neh|men (*alt:* vor|lieb-neh|men) *intr. 88*
vor|lie|gen *intr. 80;* es liegt nichts gegen ihn vor; Vorliegendes; im Vorliegenden
vor|lü|gen *tr. 81;* jmdm. etwas vorlügen
vorm *ugs.:* vor dem; vorm Mittagessen
vorm. 1. *Abk. für* vormals **2.** *Abk. für* vormittags
vor|ma|chen *tr. 1*
Vor|macht *f. 2 nur Sg.*
Vor|macht|stel|lung *f. 10*
vor|ma|lig früher, ehemalig; der vormalige Besitzer
vor|mals (*Abk.:* vorm.) früher, ehemals; Firma Heyn, vormals Richter
Vor|marsch *m. 2*
Vor|märz *m. 1 nur Sg.* die Zeit von 1815 bis zur dt. Märzrevolution 1848
vor|märz|lich
Vor|mensch *m. 10* der Mensch auf der frühesten Entwicklungsstufe der Menschheit, Frühmensch
Vor|merk|buch *n. 4*
vor|mer|ken *tr. 1;* jmdn. v.; sich etwas v.
Vor|mer|kung *f. 10*
Vor|mit|tag *m. 1;* heute Vormittag; vormittags (*Abk.:* vorm.); *aber:* des Vormittags; vgl. abend, Abend
vor|mit|tä|gig *selten:* am Vormittag
vor|mit|täg|lich jeden Vormittag
vor|mit|tags vgl. abends
Vor|mo|nat *m. 1*
Vor|mund *m. 4 auch: m. 1*
Vor|mund|schaft *f. 10*
vor|mund|schaft|lich
Vor|mund|schafts|ge|richt *n. 1*
vorn; hinten und v.; von v.
Vor|nah|me *f. 11 nur Sg.* das Vornehmen; die V. einer Änderung *besser:* das Ändern
Vor|na|me *m. 15*
vorn|an an erster Stelle
vor|ne
vor|nehm
vor|neh|men *tr. u. refl. 88;* sich etwas v.
Vor|nehm|heit *f. 10 nur Sg.*
vor|nehm|lich besonders, vor allem
vorn|her|ein *auch:* **vorn|he|rein** *in der Fügung* von vorn(e)herein: von Anfang an
vorn|über
vorn|über|ge|beugt
vorn|über|kip|pen
vorn|weg; vornweg laufen
Vor|ort 1. *m. 1;* **2.** *m. 1 nur Sg., schweiz.:* Vorstand (einer Körperschaft)
Vor|ort(s)|ver|kehr *m. Gen. -s nur Sg.*
Vor|ort(s)|zug *m. 2*
vor|pre|schen *intr. 1, übertr.:* überstürzt handeln
Vor|pro|gramm *n. 1*
vor|pro|gram|mie|ren *tr. 3*
vor|quel|len 1. *tr. 1* vorher quellen lassen; **2.** *intr. 93;* vorquellende Augen
Vor|rang *m. 2 nur Sg.;* den V. (vor etwas oder jmdm.) haben
vor|ran|gig
Vor|rang|stel|lung *f. 10*
Vor|rat *m. 2*
vor|rä|tig
Vor|rats|kam|mer *f. 11*
Vor|raum *m. 2*
vor|rech|nen *tr. 2*
Vor|recht *n. 1*
Vor|re|de *f. 11*
vor|re|den *tr. 2;* jmdm. etwas v.: Belangloses erzählen; ich lasse mir doch nichts v.!
Vor|red|ner *m. 5*
vor|rich|ten *tr. 2*
Vor|rich|tung *f. 10* Gerät, Ausrüstung
vor|rü|cken *intr. 1;* im vorgerückten Alter; zu vorgerückter Stunde
Vor|ru|he|stand *m. 2 nur Sg.* vorzeitiger Ruhestand vor Erreichen der Altersgrenze
Vor|run|de *f. 11*
vors *ugs.:* vor das; vors Haus gehen
vor|sa|gen *tr. 1;* jmdm. etwas v.
Vor|sai|son [-sɛzɔ̃] *f. 9*
Vor|sän|ger *m. 5*
Vor|satz *m. 2*
Vor|satz|blatt *n. 4* Doppelblatt, das den Buchdeckel mit dem Buchblock verbindet, Vorsatzpapier
vor|sätz|lich
Vor|satz|lin|se *f. 11* Linse zur Verlängerung oder Verkürzung der Brennweite des Objektivs
Vor|satz|pa|pier *n. 1* = Vorsatzblatt
vor|schal|ten *tr. 2*
Vor|schalt|wi|der|stand *m. 1*

V

Vor|schau *f. 10*
Vor|schein *m., nur in den Wendungen* zum Vorschein kommen, bringen
vor|schie|ßen *tr. 113;* jmdm. Geld v.: als Teil einer Zahlung im Voraus geben
Vor|schiff *n. 1* vorderer Teil des Schiffes
Vor|schlag *m. 2*
vor|schla|gen *tr. 116*
Vor|schlag|ham|mer *m. 6*
Vor|schlags|recht *n. 1*
Vor|schluss|run|de (*alt:* Vor|schluß|run|de) *f. 11, Sport:* Runde zur Ermittlung der Teilnehmer an der Endrunde
vor|schme|cken *intr. 1* im Geschmack überwiegen
vor|schnell zu schnell, voreilig; v. urteilen
Vor|schot|mann *m. 4 Pl. auch:* -leute, **Vor|scho|ter** *m. 5, Segelsport:* Segler, der die Vorschot bedient
vor|schrei|ben *tr. 127;* jmdm. etwas vorschreiben
vor|schrei|ten *intr. 129;* die Zeit schreitet vor; in vorgeschrittenem Alter; zu vorgeschrittener Stunde
Vor|schrift *f. 10*
vor|schrifts|ge|mäß vgl. …gemäß
vor|schrifts|mä|ßig
vor|schrifts|wid|rig
Vor|schub *m., nur in der Wendung* einer Sache V. leisten: eine Sache begünstigen, fördern
Vor|schul|al|ter *n. Gen.* -s *nur Sg.*
Vor|schu|le *f. 11*
Vor|schul|er|zie|hung *f. 10 nur Sg.*
vor|schu|lisch
Vor|schuss (*alt:* Vor|schuß) *m. 2* im Voraus gegebener Teil einer Zahlung (bes. des Lohns oder Gehalts)
Vor|schuss|lor|bee|ren (*alt:* Vor|schuß|lor|bee|ren) *Pl., ugs.:* zu früh erteiltes Lob
vor|schüt|zen *tr. 1* als Vorwand angeben; eine Erkältung v.
vor|schwär|men *tr. 1*
vor|schwat|zen *tr. 1, ugs.*
vor|schwe|ben *intr. 1;* mir schwebt etwas Bestimmtes vor
vor|schwin|deln *tr. 1;* ich schwindele, schwindle ihm etwas vor
vor|se|hen **1.** *tr. 136;* jmdn. für ein Amt vorsehen; für heute Abend ist eine kleine Feier vorgesehen; **2.** *refl. 36* sich in Acht nehmen
Vor|se|hung *f. 10 nur Sg.*
Vor|sicht *f. Gen. - nur Sg.*
vor|sich|tig
Vor|sich|tig|keit *f. 10 nur Sg.*
vor|sichts|hal|ber
Vor|sichts|maß|re|gel *f. 11*
Vor|sil|be *f. 11* einem Wort vorangesetzte Ableitungssilbe, z. B. be-, ent-, ver-; *Ggs.:* Nachsilbe
vor|sin|gen *tr. 140*
vor|sint|flut|lich *übertr. ugs.:* altmodisch, völlig veraltet
Vor|sitz *m. 1* Leitung (eines Vereins, einer Versammlung); den V. haben
vor|sit|zen *intr. 143;* einer Versammlung v.: eine Versammlung leiten
Vor|sit|zen|de(r) *m. 18 (17) bzw. f. 17 oder 18*
Vor|sor|ge *f. 11 nur Sg.;* V. (für etwas) treffen, tragen
vor|sor|gen *intr. 1;* für etwas v.
Vor|sor|ge|pau|scha|le *f. 11* Pauschale zur Abgeltung von Vorsorgeaufwendungen bei der Einkommensteuer
vor|sorg|lich vorausblickend; v. etwas zu trinken besorgen
Vor|spann *m. 1* **1.** dem eigtl. Gespann vorgespannte Zugtiere; **2.** einem Film, Buch, einer Fernsehsendung vorangestellte Angaben; *Ggs.:* Nachspann
vor|span|nen *tr. 1*
Vor|spei|se *f. 11*
vor|spie|geln *tr. 1;* ich spiegele, spiegle es ihm vor
Vor|spie|ge|lung, Vor|spieg|lung *f. 10 nur Sg.;* unter V. falscher Tatsachen
Vor|spiel *n. 1*
vor|spie|len *tr. 1*
vor|spre|chen *tr. 146;* jmdm. etwas v.; bei jemandem v.
vor|sprin|gen *intr. 148*
Vor|sprung *m. 2*
Vor|stadt *f. 2*
vor|städ|tisch
Vor|stand *m. 2*
Vor|stands|mit|glied *n. 3*
Vor|stands|sit|zung *f. 10*
Vor|stands|spre|cher *m. 5*
Vor|stands|vor|sit|zen|de(r) *m. 18 (17) bzw. f. 17 oder 18*
vor|ste|hen *intr. 151* **1.** vorspringen, hervorragen; **2.** einer Organisation v.: sie leiten; **3.** der Hund steht vor *Jägerspr.:* wittert das Wild und bleibt stehen; **4.** im Vorstehenden *Amtsdeutsch:* im oben Gesagten; Vorstehendes
Vor|ste|her *m. 5*
Vor|ste|her|drü|se *f. 11* = Prostata
Vor|steh|hund *m. 1* auf das Vorstehen abgerichteter Jagdhund, Hühnerhund; vgl. vorstehen (3)
vor|stell|bar
vor|stel|len *tr. u. refl. 1*
vor|stel|lig *nur in der Wendung* (bei einer Behörde o. Ä.) v. werden: ein Anliegen vorbringen, Einspruch erheben
Vor|stel|lung *f. 10*
Vor|stel|lungs|kraft *f. 2 nur Sg.*
Vor|stel|lungs|ver|mö|gen *n. 7 nur Sg.*
Vor|stoß *m. 2*
vor|sto|ßen *intr. 157*
Vor|stra|fe *f. 11*
vor|stre|cken *tr. 1;* jmdm. Geld vorstrecken: vorschießen
Vor|stu|fe *f. 11*
Vor|tag *m. 1* Tag vorher; am V.
vor|tan|zen *tr. 1*
Vor|tän|zer *m. 5*
vor|täu|schen *tr. 1*
Vor|täu|schung *f. 10 nur Sg.*
Vor|teil [auch: for-] *m. 1;* das ist für mich von (großem) V.; im V. sein; V. bringen
vor|teil|haft
Vor|trag *m. 2*
vor|tra|gen *tr. 160*
Vor|trags|fol|ge *f. 11*
Vor|trags|künst|ler *m. 5*
Vor|trags|rei|he *f. 11*
vor|treff|lich
Vor|treff|lich|keit *f. 10 nur Sg.*
vor|tre|ten *intr. 163*
Vor|trieb *m. 1 nur Sg., Bgb., U-Bahnbau:* das Vortreiben eines Stollens oder Tunnels
Vor|tritt *m. 1 nur Sg.; schweiz. auch für* Vorfahrt
Vor|trupp *m. 9*
vor|tur|nen *tr. 1*
Vor|tur|ner *m. 5*
vor|ü|ber *auch:* **vo|rü|ber;** es wird bald vorüber sein
vor|ü|ber|fah|ren *auch:* **vo|rü|ber|fah|ren** *intr. 32*
vor|ü|ber|ge|hen *auch:* **vo|rü|ber|ge|hen** *intr. 7*
vor|ü|ber|ge|hend *auch:* **vo|rü|ber|ge|hend** nur kurze Zeit dauernd
Vor|ur|teil *n. 1* Meinung ohne Kenntnis oder Prüfung der Tatsachen
vor|ur|teils|frei
vor|ur|teils|los
Vor|vä|ter *Pl.* Ahnen, Vorfahren
Vor|ver|gan|gen|heit *f. 10 nur Sg.* = Plusquamperfekt
Vor|ver|kauf *m. 2 nur Sg.*
Vor|ver|kaufs|kas|se *f. 11*

vor|ver|le|gen *tr. 1*
Vor|ver|le|gung *f. 10 nur Sg.*
vor|vor|ges|tern
vor|vo|rig vor dem vorigen Jahr, vor der vorigen Woche; vorvoriges Jahr
vor|vor|letzt drittletzt
Vor|wahl *f. 10*
vor|wäh|len *tr. 1*
Vor|wähl|num|mer *f. 11*
vor|wal|ten *intr. 2* vorherrschen; vorwaltende Umstände
Vor|wand *m. 2*

vorwärts blicken/gehen/kommen: Fügungen aus dem mehrgliedrigen Adverb *vorwärts* und einem Verb/Partizip schreibt man im Infinitiv, Partizip und am Ende eines Nebensatzes getrennt: *Es muss nun endlich vorwärts gehen* (= besser werden). § 34 E3 (2)

vor|wärts; vorwärts und rückwärts; vor- und rückwärts; wir handelten stets vorwärts blickend; den Wagen vorwärts bringen; wir müssen ihr Talent vorwärts bringen; wir müssen vorwärts gehen; die Konjunktur muss vorwärts gehen; das Auto ist vorwärts gefahren; sie ist schnell im Beruf vorwärts gekommen; eine vorwärts weisende Planung
vor|wärts brin|gen (*alt:* vor|wärts-brin|gen) *tr. 21* fördern
vor|wärts ge|hen (*alt:* vor|wärts-ge|hen) *intr. 47*
vor|wärts kom|men (*alt:* vor-wärts|kom|men) *intr. 71*
vor|wärts wei|send (*alt:* vor-wärts|wei|send)
vor|weg vorher, im Voraus; v. sein
Vor|weg|nah|me *f. 11 nur Sg.*

vorwegnehmen, vorweg sein: Fügungen aus Partikeln (*ab-, herum-, vorweg-* usw.) und Verben schreibt man im Infinitiv, Partizip und am Ende eines Nebensatzes zusammen: *Marion wollte die Frage vorwegnehmen.* § 34 (1) Fügungen mit *sein* werden immer getrennt geschrieben: *Sie wollte vorweg sein.* § 35

vor|weg|neh|men *intr. 88*
vor|wei|sen *tr. 177*
Vor|wei|sung *f. 10*
Vor|welt *f. 10 nur Sg.* erdgeschichtliche Vergangenheit
vor|welt|lich
vor|wer|fen *tr. 181;* jmdm. etwas vorwerfen *übertr.:* zum Vorwurf machen; er hat sich nichts vorzuwerfen
Vor|werk *n. 1* von einem Landgut abgeteiltes Gut mit eigenen Wirtschaftsgebäuden
vor|wie|gend überwiegend, vorherrschend
Vor|wis|sen *n. Gen.* -s *nur Sg., ugs.:* Wissen; ohne mein V.: ohne dass ich es vorher wusste, ohne mein Wissen
Vor|witz *m. 1 nur Sg.*
vor|wit|zig neugierig, vorlaut
Vor|wit|zig|keit *f. 10 nur Sg.*
Vor|wo|che *f. 11* vergangene Woche
Vor|wort *n. 1*
Vor|wurf *m. 2;* jmdm. etwas zum V. machen
vor|wurfs|voll
Vor|zei|chen *n. 7*
vor|zeich|nen *tr. 2*
Vor|zeich|nung *f. 10*
vor|zei|gen *tr. 1*
Vor|zeit *f. 10*
vor|zei|ten; *aber:* vor langen Zeiten; v. habe ich einmal …
vor|zei|tig
Vor|zei|tig|keit *f. 10 nur Sg.* Zeitenfolge im Satzgefüge: die Handlung des Nebensatzes liegt vor der des Hauptsatzes; *Ggs.:* Nachzeitigkeit
vor|zeit|lich zur (erdgeschichtl.) Vorzeit gehörend
vor|zie|hen *tr. 187*
Vor|zim|mer *n. 5*
vor|zu *schweiz.:* jeweils
Vor|zug *m. 2*
vor|züg|lich
Vor|zugs|ak|tie *f. 11* Aktie mit gewissen Vorrechten; *Ggs.:* Stammaktie
Vor|zugs|preis *m. 1*
Vor|zugs|schü|ler *m. 5, österr.:* bester Schüler
vor|zugs|wei|se
Vo|ta [vo-] *Pl. von* Votum
Vo|tant [vo-, lat.] *m. 10* jmd., der votiert (hat)
Vo|ta|ti|on [vo-] *f. 10, veraltet:* Abstimmung
Vo|ten [vo-] *Pl. von* Votum
vo|tie|ren [vo-] *intr. 3* abstimmen, sich entscheiden; für etwas v.
Vo|tiv|bild [vo-] *n. 2* aufgrund eines Gelübdes einem Heiligen geweihtes Bild
Vo|tiv|kir|che [vo-] *f. 11* einem Heiligen geweihte Kirche
Vo|tiv|mes|se [vo-] *f. 11* für einen bestimmten Zweck oder eine Person gelesene Messe
Vo|tum [vo-] *n. Gen.* -s *Pl.* -ta *oder* -ten **1.** Gelübde; **2.** Meinungsäußerung, Urteil, Stimme; sein V. abgeben
Vou|cher [vautʃə(r), engl.] *n. oder m. Gen.* -s *Pl.* -(s) Gutschein für im Voraus bezahlte Leistungen im Tourismus
Vou|te [vut(ə), lat.-frz.] *f. 11, Bauw.:* Hohlkehle als Verstärkung zwischen Decke und Wand
Vox [vɔks, lat.] *f. Gen.* - *Pl.* Vo|ces [votse:s] Stimme; Vox populi vox Dei: Volkes Stimme (ist) Gottes Stimme
Vo|ya|geur *auch:* **Voy|a|geur** [voajaʒœr, frz.] *m. 1, veraltet:* Handelsreisender
Voy|eur *auch:* **Vo|yeur** [voajœr, frz.] *m. 1* Zuschauer (bei geschlechtl. Handlungen)
voy|eu|ris|tisch *auch:* **vo|yeu|ris|tisch** [voajœ-]
VP *in der DDR Abk. für* Volkspolizei
v. r. *Abk. für* von rechts
v. r. n. l. *Abk. für* von rechts nach links
V. S. O. P. *Abk. für* very superior old product: sehr hervorragendes altes Erzeugnis (Gütezeichen für Weinbrände)
VT *Abk. für* Vermont
v. T. *Abk. für* vom Tausend
v. u. *Abk. für* von unten
vul|gär [vul-, lat.] gewöhnlich, gemein, ordinär
Vul|ga|ri|tät [vul-] *f. 10 nur Sg.*
Vul|gär|la|tein [vul-] *n. Gen.* -s *nur Sg.* umgangssprachl. Form der latein. Sprache
Vul|gär|spra|che [vul-] *f. 11*
Vul|ga|ta [vul-, lat. »die allgemein verbreitete (Fassung)«] *f. Gen.* - *nur Sg.* die auf Hieronymus zurückgehende lateinische Bibelübersetzung
vul|go [vul-] gemeinhin, gewöhnlich benannt
Vul|kan [vul-, nach Vulcanus, dem röm. Gott des Feuers] *m. 1* Feuer speiender Berg
Vul|kan|aus|bruch [vul-] *m. 2*
Vul|kan|fi|ber [vul-] *f. 11 nur Sg.* ein hornartiger Kunststoff
Vul|ka|ni|sa|ti|on [vul-] *f. 10 nur Sg.* Einarbeiten von Schwefel in Rohkautschuk
vul|ka|nisch [vul-]

vul|ka|ni|sie|ren [vul-] *tr. 3* mit Schwefel oder ähnl. chem. Verbindungen behandeln

Vul|ka|ni|sie|rung [vul-] *f. 10 nur Sg.*

Vul|ka|nis|mus [vul-] *m. Gen. - nur Sg.* **1.** *zusammenfassende Bez. für* alle Kräfte und Erscheinungen, die mit dem Empordringen von Stoffen aus dem Erdinnern zusammenhängen; **2.** Auffassung, dass der größte Teil aller geolog. Veränderungen auf die Einwirkung von Hitze zurückzuführen sei, Plutonismus; *Ggs.:* Neptunismus

Vul|ka|nist [vul-] *m. 10* Anhänger des Vulkanismus (2)

Vul|ka|nit [vul-] *m. 1* Ergussgestein

Vul|ka|no|lo|gie [vul-] *f. 11 nur Sg.*

vul|ne|ra|bel [vul-, lat.] *Med.:* verletzlich, leicht verwundbar

Vul|ne|ra|bi|li|tät [vul-] *f. 10 nur Sg.* vulnerable Beschaffenheit

Vul|va [vul-, lat.] *f. Gen. - Pl.* -ven äußeres weibl. Geschlechtsteil, Scham

v. u. Z. *Abk. für* vor unserer Zeitrechnung

v. v. *Abk. für* vice versa

VW® *Abk. für* Volkswagen

V-Waf|fen *Pl., II. Weltkrieg, Kurzwort für* Vergeltungswaffen

V

W

W **1.** *Abk. für* West(en); **2.** *Abk. für* Watt; **3.** *Abk. für* Werst; **4.** *chem. Zeichen für* Wolfram
WA *Abk. für* Washington (1)
Waadt, *frz.:* Vaud [vo], **Waadtland** schweiz. Kanton
Waadt|län|der *m. 5*
waadt|län|disch
Waa|ge *f. 11*
waa|ge|recht, waag|recht; w. stehen
Waa|ge|rech|te, Waag|rech|te *f. 18*
Waag|scha|le *f. 11*
wab|be|lig, wabb|lig *ugs.:* gallertartig, halbfest
wab|beln *intr. 1, ugs.:* wackeln (halbfeste Masse)
Wa|be *f. 11* Zellenbau (des Bienenstocks)
Wa|ben|ho|nig *m. Gen.* -s *nur Sg.* Honig in Waben; *Ggs.:* Schleuderhonig
Wa|ber|lo|he *f. 11 nur Sg., germ. Myth.:* flackerndes, wogendes Feuer
wa|bern *intr. 1* flackern, flammend wogen (Feuer)

wach bleiben/sein, wachrütteln: Ist in einem mehrgliedrigen Ausdruck aus Adjektiv und Verb das Adjektiv steigerbar oder erweiterbar, schreibt man getrennt: *Gisela wollte noch lange wach bleiben.* § 34 E3 (3)
Ebenso: *wach sein.* § 35
Ist hingegen der erste Bestandteil weder steigerbar noch erweiterbar, schreibt man zusammen: *Er wurde von dieser Nachricht endlich wachgerüttelt.* § 34 (2.2)

wach; wach bleiben, sein, werden; jmdn. wach halten *oder:* wachhalten: am Einschlafen hindern; jmds. Interesse wach halten *oder:* wachhalten
Wach|ab|lö|sung *f. 10*
Wach|dienst *m. 1*

Wache/Wacht halten: Die Fügung aus Substantiv und Verb schreibt man im Infinitiv, Partizip und am Ende eines Nebensatzes getrennt: *Die Soldaten mussten Wache halten.*
Ebenso: *Angst haben, Auto fahren, Pleite gehen, Rad fahren.*
§ 34 E3 (5)

Wa|che *f. 11;* Wache halten, stehen; ein Wache stehender Soldat; *Soldatenspr. auch:* W. schieben
wa|chen *intr. 1;* über jmdn. *oder:* jmdm. wachen
Wa|che stehend (*alt:* wa|che|stehend)
Wach|feu|er *n. 5*
wach|ha|bend
wach|hal|ten = **wach hal|ten** *tr. 61, übertr.:* lebendig erhalten; jmds. Interesse w.; vgl. wach
Wach|hund *m. 1*
Wach|lo|kal *n. 1* Wachstube
Wach|mann *m. 2 Pl. auch:* -leu|te
Wach|mann|schaft *f. 10*
Wa|chol|der *m. 5* **1.** ein Nadelbaum, Machandelbaum, Krammet, Juniperus; **2.** Wacholderschnaps
Wa|chol|der|bee|re *f. 11*
Wa|chol|der|brannt|wein *m. 1,* **Wa|chol|der|schnaps** *m. 2*
Wach|pos|ten, Wacht|pos|ten *m. 7*
wach|ru|fen *tr. 102, übertr.:* wieder in Erinnerung rufen
wach|rüt|teln *tr. 1;* ich rüttele, rüttle ihn wach
Wachs [-ks] *n. 1*
wach|sam
Wach|sam|keit *f. 10 nur Sg.*
Wachs|bild [-ks-] *n. 3*
wachs|bleich [-ks-]
Wachs|blu|me [-ks-] *f. 11* **1.** eine südostasiat. Kletterpflanze, Porzellanblume; **2.** künstl. Blume aus Wachs
Wach|schiff *n. 1*
wach|sen [-ks-] **1.** *intr. 172* größer werden; **2.** *tr. 1* mit Wachs einreiben
wäch|sern [-ks-] aus Wachs
Wachs|fi|gur [-ks-] *f. 10*
Wachs|fi|gu|ren|ka|bi|nett [-ks-] *n. 1*
Wachs|ker|ze [-ks-] *f. 11*
Wachs|lein|wand [-ks-] *f. Gen.* - *nur Sg., österr. für* Wachstuch
Wachs|ma|le|rei [-ks-] *f. 10* = Enkaustik
Wachs|stock [-ks-] *m. 2* schraubenförmige Wachskerze (bes. für kirchl. Zwecke)
Wachs|ta|fel [-ks-] *f. 11* antike Schreibtafel aus Wachs
Wachs|tuch [-ks-] *n. 4 nur Sg.* auf einer Seite mit glänzendem, elastischem Überzug versehenes Gewebe
Wachs|tum [-ks-] *n. Gen.* -s *nur Sg.*
Wachs|tums|hor|mon [-ks-] *n. 1 nur Sg.*
Wachs|tums|ra|te [-ks-] *f. 11* prozentuale Veränderung des Sozialprodukts im Vergleich zur Vorperiode
Wachs|tums|stö|rung [-ks-] *f. 10*
wachs|weich [-ks-] *auch übertr.:* gefügig
Wachs|zie|her [-ks-] *m. 5* Hersteller von Wachskerzen
Wacht *f. 10, veraltet, poet.:* Wache; noch gebräuchl. in Eigennamen: Deutsche Verkehrswacht
Wäch|te (*alt für:* Wech|te) *f. 11*
Wach|tel *f. 11* ein Hühnervogel;
Wach|tel|hund *m. 1* eine Hunderasse
Wach|tel|kö|nig *m. 1* ein Vogel, Wiesenralle
Wach|tel|schlag *m. 2 nur Sg.* Ruf der Wachtel
Wäch|ter *m. 5*
Wacht|meis|ter *m. 5* Feldwebel, Polizeibeamter
Wacht|pa|ra|de *f. 11*
Wacht|pos|ten *m. 7* = Wachposten
Wach|traum *m. 2*
Wacht|turm *m. 2*
Wach- und Schlie|ß|ge|sell|schaft *f. 10*
Wach|zu|stand *m. 2 nur Sg.*
Wa|cke *f. 11* verwitternder Basalt
Wa|cke|lei *f. 10 nur Sg., ugs.*
wa|cke|lig, wack|lig
Wa|ckel|kon|takt *m. 1*
wa|ckeln *intr. 1;* ich wackele, wackle
Wa|ckel|pe|ter *m. 5, ugs.:* Gelatinepudding
wa|cker
Wa|cker|stein *m. 1* großer Stein, Gesteinsbrocken
wack|lig, wa|cke|lig
Wad [engl.] *n. 1* ein Mineral
Wad|di|ke [zu: Wasser] *f. 11 nur Sg., nddt.:* Käsewasser, Molke
Wa|de *f. 11*
Wa|den|bein *n. 1*
Wa|den|krampf *m. 2*
Wa|di [arab.] *n. 9, in Nordafrika:* nur bei Regen Wasser führendes Flussbett, Trockental
Waf|fe *f. 11*

Waf|fel *f. 11*
Waf|fel|ei|sen *n. 7*
Waf|fen|ar|se|nal *n. 1*
Waf|fen|bru|der *m. 6*
Waf|fen|bru|der|schaft *f. 10 nur Sg.*
Waf|fen|em|bar|go *n. 9* Lieferverbot für Waffen und für zum Waffenbau verwendbare Materialien
waf|fen|fä|hig
Waf|fen|gang *m. 2* kriegerische Auseinandersetzung
Waf|fen|ge|walt *f. 10 nur Sg.*
waf|fen|los
Waf|fen|platz *m. 2, schweiz.:* Garnison
Waf|fen|ru|he *f. Gen. - nur Sg.*
Waf|fen|schein *m. 1*
Waf|fen|schmied *m. 1*
Waf|fen|still|stand *m. 2 nur Sg.*
Waf|fen|tanz *m. 2*
waff|nen *tr. 2, veraltet:* bewaffnen
wäg|bar *übertr. auch:* nachdenkenswert
Wäg|bar|keit *f. 10 nur Sg.*
Wa|ge|hals, Wag|hals *m. 2* wagemutiger Mensch
wa|ge|hal|sig, wag|hal|sig
Wa|ge|hal|sig|keit, Wag|hal|sig|keit *f. 10 nur Sg.*
Wä|gel|chen *n. 7* **1.** kleine Waage; **2.** kleiner Wagen
Wa|ge|mut *m. Gen.* -(e)s *nur Sg.*
wa|ge|mu|tig
wa|gen *tr. 1;* sein Leben wagen; ich wage mich nicht aus dem Haus; eine gewagte Sache: gefährliche Sache; ein gewagter Witz: schlüpfriger, nicht ganz anständiger Witz
Wa|gen *m. 7;* jmdm. an den W. fahren *übertr. ugs.:* jmdn. beleidigen, grob anreden, jmdm. etwas anhaben
wä|gen *tr. 173, veraltet:* das Gewicht (von etwas) bestimmen, wiegen; *übertr.:* einschätzen, erwägen, bedenken
Wa|gen|bau|er *m. 5*
Wa|gen|burg *f. 10*
Wa|gen|füh|rer *m. 5*
Wa|gen|he|ber *m. 5*
Wa|gen|la|dung *f. 10*
Wa|gen|park *m. 9* Gesamtheit der Wagen (eines Fuhrunternehmens)
Wa|gen|pferd *n. 1*
Wa|gen|rad *n. 4*
Wa|gen|ren|nen *n. 7*
Wa|gen|schlag *m. 2* Tür einer Kutsche
Wa|gen|schmie|re *f. 11 nur Sg.*
Wa|gen|stand|geld *n. 3* Gebühr für nicht rechtzeitige Be- oder Entladung eines Güterwagens
Wa|ge|stück, Wag|stück *n. 1* Wagnis, wagemutige Tat

> **Waggon/Wagon:** Die ins Deutsche integrierte Schreibweise *Waggon* ist die Hauptvariante, die fremdsprachige Form *Wagon* die zulässige Nebenvariante

Wag|gon *auch:* **Wa|gon** [-gɔ̃ oder -gɔŋ, engl.] *m. 9*
wag|gon|wei|se *auch:* **wa|gon|wei|se** [-gɔ̃ oder -gɔŋ-]
Wag|hals *m. 2* s. **Wa|ge|hals**
wag|hal|sig, wa|ge|hal|sig mutig, kühn
Wag|hal|sig|keit, Wa|ge|hal|sig|keit *f. 10 nur Sg.*
Wag|ner, *Richard* dt. Komponist
Wag|ner *m. 5* Wagenbauer
Wag|ne|ri|a|ner *m. 5* Anhänger der Musik Richard Wagners
wag|ne|risch
Wag|nis *n. 1*
Wag|stück *n. 1* s. **Wa|ge|stück**
Wa|gon [-gɔ̃ oder -gɔŋ] *m. 9* s. **Wag|gon**
wa|gon|wei|se [-gɔ̃- oder -gɔŋ-] s. **wag|gon|wei|se**
Wä|he *f. 11, südwestdt. und schweiz.:* Blechkuchen mit süßem oder salzigem Belag
Wahl *f. 10*
wähl|bar
Wähl|bar|keit *f. 10 nur Sg.*
wahl|be|rech|tigt
Wahl|be|rech|ti|gung *f. 10 nur Sg.*
Wahl|be|tei|li|gung *f. 10*
Wahl|be|zirk *m. 1*
wäh|len *tr. 1*
Wäh|ler *m. 5*
Wahl|er|geb|nis *n. 1*
wäh|le|risch
Wäh|ler|schaft *f. 10 nur Sg.*
Wahl|fach *n. 4*
Wahl|feld|zug *m. 2*
wahl|frei; wahlfreier Unterricht
Wahl|gang *m. 2, bei Wahlen:* Stimmabgabe
Wahl|ge|heim|nis *n. 1*
Wahl|ge|setz *n. 1*
Wahl|hei|mat *f. Gen. - nur Sg.*
Wahl|kam|pa|gne *auch:* **Wahl|kam|pag|ne** *f. 11*
Wahl|kampf *m. 2*
Wahl|kreis *m. 1*
Wahl|lis|te *f. 11*
Wahl|lo|kal *n. 1*
Wahl|lo|ko|mo|ti|ve *f. 11, ugs.:* im Wahlkampf Persönlichkeit von besonderer Popularität und Zugkraft
wahl|los
Wahl|mann *m. 4, bei indirekten Wahlen:* von den Wählern gewählte Person, die den Abgeordneten wählt
Wahl|mo|dus *m. Gen. - Pl.* -di
Wahl|mon|ar|chie *auch:* **Wahl|mo|nar|chie** *f. 11*
Wahl|ord|nung *f. 10*
Wahl|pflicht *f. 10 nur Sg.*
Wahl|recht *n. 1 nur Sg.*
Wahl|re|de *f. 11*
Wahl|schein *m. 1*
Wahl|sieg *m. 1*
Wahl|spruch *m. 2*
Wahl|sys|tem *n. 1*
Wahl|ur|ne *f. 11*
Wahl|ver|ge|hen *n. 7*
wahl|ver|wandt geistig-seelisch verwandt
Wahl|ver|wandt|schaft *f. 10*
Wahl|zel|le *f. 11*
Wahn *m. Gen.* -(e)s *nur Sg.*
Wahn|bild *n. 3*
wäh|nen *tr. 1*
Wahn|ge|bil|de *n. 5*
Wahn|i|dee *f. 11*
wahn|schaf|fen *nddt.:* hässlich
Wahn|sinn *m. 1 nur Sg.*
wahn|sin|nig
Wahn|vor|stel|lung *f. 10*
Wahn|witz *m. 1 nur Sg.*
wahn|wit|zig

> **wahr bleiben/machen/werden, wahrhaben:** Ist in einem mehrteiligen Ausdruck aus Adjektiv und Verb das Adjektiv steigerbar oder erweiterbar, schreibt man getrennt: *Sie wollten es wahr machen.* § 34 E3 (3)
> Sind dagegen Steigerung oder Erweiterung nicht möglich, schreibt man die Verbindung zusammen: *Sie wollten die Schwierigkeiten nicht wahrhaben* (= nicht glauben).
> Ebenso: *wahrnehmen, wahrsagen.* § 34 (2.2)

wahr; eine wahre Geschichte; nicht wahr?; das ist nicht der wahre Jakob *ugs.:* nicht das Richtige; wahr sein; etwas für wahr halten; etwas wahr machen; *aber:* wahrhaben, wahrnehmen, wahrsagen
wah|ren *tr. 1;* den Schein, jmds. Interessen wahren

wäh|ren *intr. 1* dauern; es währte nicht lange

wäh|rend **1.** *Präposition mit Gen.:* bezeichnet eine Zeitdauer, in deren Verlauf etwas stattfindet, sich ereignet u. Ä.; während des letzten Jahres; während zweier Jahre; die Wochen, während deren sie krank war; der Monat, während dessen …; vgl. währenddessen; *mit Dat., wenn der Gen. nicht erkennbar wäre:* während fünf Jahren; **2.** *Konjunktion:* leitet Gliedsatz ein; während sie verreist waren, hat man bei ihnen eingebrochen; während die einen sich freuten …

wäh|rend|dem *ugs. für* währenddessen

wäh|rend|des|sen; er war währenddessen spazieren gegangen

wahr|ha|ben *tr., nur im Infinitiv:* glauben, zur Kenntnis nehmen; er will es nicht wahrhaben, hat es nicht wahrhaben wollen, dass es so ist

wahr|haft *Adv.;* w. scheußlich

wahr|haf|tig

Wahr|haf|tig|keit *f. 10 nur Sg.*

Wahr|heit *f. 10*

Wahr|heits|fin|dung *f. 10*

wahr|heits|ge|mäß

wahr|heits|ge|treu

Wahr|heits|lie|be *f. 11 nur Sg.*

wahr|heits|lie|bend

wahr|heits|wid|rig

wahr|lich

wahr|nehm|bar

Wahr|nehm|bar|keit *f. 10 nur Sg.*

wahr|neh|men *tr. 88;* ich habe es wahrgenommen

Wahr|neh|mung *f. 10*

Wahr|neh|mungs|ver|mö|gen *n. 7 nur Sg.*

Wahr|sa|ge|kunst *f. 2 nur Sg.*

wahr|sa|gen *tr. 1;* sie sagte (es) wahr, sie wahrsagte es, sie hat es wahrgesagt

Wahr|sa|ger *m. 5*

Wahr|sa|ge|rei *f. 10 nur Sg.*

Wahr|sa|gung *f. 10*

währ|schaft *schweiz.:* dauerhaft, widerstandsfähig (z. B. Schuh); zuverlässig, tüchtig (Person); nahrhaft, kräftig (Essen)

Währ|schaft *f. 10, schweiz.:* Bürgschaft, Gewähr, Mängelhaftung

Wahr|schau *f. 10, Seemannsspr.:* Warnung; Unfallverhütung

wahr|schau|en *intr. 1* Schiffe warnen; er wahrschaut, hat gewahrschaut

Wahr|schau|er *m. 5*

wahr|schein|lich [auch: var-]

Wahr|schein|lich|keit *f. 10 nur Sg.*

Wahr|schein|lich|keits|rech|nung *f. 10*

Wah|rung *f. 10 nur Sg.* das Wahren, Aufrechterhaltung

Wäh|rung *f. 10* **1.** Geldordnung (eines Landes); **2.** Geldeinheit (eines Landes), z. B. Dollarwährung; **3.** Art der Deckung einer Geldeinheit, z. B. Goldwährung

Wäh|rungs|fonds [-fɔ̃] *m. Gen. - Pl.* - [-fɔ̃s] Institution zur Förderung der internationalen Währungsstabilität

Wäh|rungs|po|li|tik *f. 10 nur Sg.*

Wäh|rungs|re|form *f. 10*

Wäh|rungs|sys|tem *n. 1;* Europ. W. (*Abk.:* EWS)

Wäh|rungs|u|ni|on *f. 10*

Wahr|zei|chen *n. 7*

Waid *m. 1* Vertreter einer Gattung der Kreuzblütler

waid…, Waid… vgl. weid…, Weid…

Wai|se *f. 11* **1.** Kind, das seine Eltern verloren hat; **2.** *im Meistergesang:* einzelne reimlose Zeile

Wai|sen|haus *n. 4*

Wai|sen|kind *n. 3*

Wai|sen|kna|be *m. 11;* gegen ihn bist du ein W. *übertr. ugs.:* im Vergleich mit ihm kannst du, bist du gar nichts

Wa|ke *f. 11, nddt.:* eisfreie Stelle im Fluss

Wal *m. 1* ein Meeressäugetier

Wa|la|che *m. 11* Einwohner der Walachei

Wa|la|chei *f. Gen. -* Landschaft in Rumänien

wa|la|chisch

Wal|bur|ga weibl. Vorname

Wald *m. 4*

Wald|a|mei|se *f. 11*

Wald|brand *m. 2*

Wald|bo|den *m. 8*

Wäld|chen *n. 7*

Wal|de|mar männl. Vorname

Wald|erd|bee|re *f. 11*

Wal|des|rand *m. 4, poet.*

Wal|des|rau|schen *n. Gen. -s nur Sg.*

Wald|fre|vel [-fəl-] *m. 5*

Wald|gren|ze *f. 11 nur Sg.*

Wald|horn *n. 4* ein Blechblasinstrument, Horn

wal|dig

Wald|meis|ter *m. 5 nur Sg.* eine Waldpflanze, als Würze für Bowlen verwendet

Wal|dorf|schu|le *f. 11* auf der Erziehungsmethode von Rudolf Steiner beruhende Schulform

wald|reich

Wald|reich|tum *m. Gen. -s nur Sg.*

Wald|schrat *m. 1* = Schrat

Wald|statt *f. 2, schweiz.:* Kanton am Vierwaldstätter See

Wald|ster|ben *n. 7*

Wal|dung *f. 10* Wald

Wales [wɛɪlz] Teil von Großbritannien; vgl. Waliser

Wal|fang *m. 2*

Wal|fän|ger *m. 5* Schiff für den Walfang

Wal|fang|flot|te *f. 11*

Wal|fisch *m. 1, verdeutlichend für* Wal

Wäl|ger|holz *n. 4* Nudelholz

wäl|gern *tr. 1* ausrollen (Teig)

Wal|hall, Wal|hal|la *f. Gen. - nur Sg.* **1.** *germ. Myth.:* Aufenthaltsort der im Kampf gefallenen Krieger; **2.** Ruhmeshalle bei Regensburg

Wa|li|ser *m. 5* Einwohner von Wales; vgl. Walliser

wa|li|sisch

Wal|ke *f. 11* **1.** Verfilzmaschine; **2.** *nur Sg.* Vorgang des Verfilzens

wal|ken *tr. 1* **1.** verfilzen (Fasern für Tuch); **2.** kneten, schlagen

Wal|ker *m. 5* Textilarbeiter, der Fasern walkt

Wal|kie-Tal|kie (*alt:* Wal|kie-tal|kie) [wɔ:kitɔ:ki, engl.] *n. 9* sehr kleines Funk(sprech)gerät

Walk|man® [wɔ:kmæn, engl.] *m. Gen. -s Pl. -men* [-men] Kassettenrekorder im Taschenformat mit Kopfhörern

Wal|kü|re *f. 11, germ. Myth.:* Jungfrau, die diejenigen Krieger auswählt, die im Kampf fallen werden, und sie nach Walhall geleitet

Wall **1.** *m. 2* lang gestreckte Erdaufschüttung, bes. als Befestigung; **2.** *m. Gen. -s Pl. -* Zählmaß, bes. für Fische, 80 Stück

Wal|la|by [wɔləbi, austr.] *m. 9* ein Känguru

Wal|lach *m. 1* kastrierter Hengst

wal|len *intr. 1* **1.** sieden, kochen, sprudeln; **2.** *poet.:* lang herabfallen (Locken, Falten); **3.** *veraltet:* pilgern, feierlich gehen, schreiten

wäl|len *tr. 1* wallen lassen, kochen lassen

Wal|ler *m. 5* = Wels

wạll|fah|ren *intr. 1* eine Wallfahrt machen, pilgern; ich wallfahre, wallfahrte, bin gewallfahrt
Wạll|fah|rer *m. 5* Pilger
Wạll|fahrt *f. 10*
wạll|fahr|ten *intr. 2* ich wallfahrte, wallfahrtete, bin gewallfahrtet
Wạll|fahrts|kir|che *f. 11*
Wạll|fahrts|ort *m. 1*
Wall|gra|ben *m. 8*
Wạll|holz *n. 4, schweiz.:* Nudelholz
Wạl|lis *n. Gen. -, frz.:* Valais [valɛ], schweiz. Kanton
Wạl|li|ser *m. 5* Einwohner des Wallis; vgl. Waliser
wạl|li|se|risch
Wal|lo|ne *m. 11* Nachkomme romanisierter Kelten und Germanen (Belgen) in Belgien und Nordfrankreich
wal|lo|nisch
Wall|street, Wall Street [wɔːlstriːt] *f. Gen. - nur Sg.* **1.** Geschäftsstraße in New York mit Banken und Börsen; **2.** *übertr.:* der US-amerik. Geldmarkt
Wạl|lung *f. 10*
Wạlm *m. 1* dreieckige, schräge Dachfläche über dem Giebel
Wạlm|dach *n. 4*

> **Walnuss:** Nach kurzem Vokal schreibt man *-ss* (alt: *-ß*): *die Walnuss* (alt: *Walnuß*). Ebenso: *walnussartig.* § 25 E1

Wạl|nuss (*alt:* Wạl|nuß) *f. 2*
Wạl|nuss|baum (*alt:* Wạl|nußbaum) *m. 2*
Wal|lo|ne *f. 11* Fruchtbecher der Eichel
Wal|pụr|gis|nacht [nach der hl. Walpurgis] *f. 2* Nacht vor dem 1. Mai, in der nach dem Volksglauben die Hexen auf dem Blocksberg zusammenkommen
Wal|rat *m. oder n. Gen. -s nur Sg.* aus dem Kopf und Rückenkanal des Pottwals gewonnene, fettartige Masse (für Kerzen und Salben), Spermazet
Wal|ross (*alt:* Wal|roß) *n. 1* eine Robbe
Wal|statt *f. Gen. - Pl.* -stät|ten, *veraltet:* Kampfplatz, Schlachtfeld
wạl|ten *intr. 2* herrschen, wirken; im Hause w.; hier w. gute, rohe Kräfte; Gnade w. lassen; seines Amtes walten
Wạl|ter, Wạl|ther männl. Vorname
Wạl|ther von der Vo|gel|wei|de dt. Dichter

Wạl|traud, Wạl|traut weibl. Vorname
Wạlz|blech *n. 1*
Wạl|ze *f. 11*
wạl|zen **1.** *tr. 1;* **2.** *intr. 1, früher scherzh.:* (Walzer) tanzen; *heute noch ugs.:* gewichtig einherschreiten
wạ̈l|zen *tr. 1*

> **Walzer tanzen/tanzend:** Die Fügung aus Substantiv und Verb/Partizip schreibt man getrennt: *Sie haben zum ersten Mal Walzer getanzt. Walzer tanzend vergnügten sie sich den ganzen Abend.* § 34 E3 (5)

Wạl|zer *m. 5* ein Gesellschaftstanz; W. tanzen
Wạ̈l|zer *m. 5, ugs. scherzh.:* großes, dickes Buch
Wạl|zer|takt *m. 1*
Wạlz|stahl *m. 2*
Wạlz|werk *n. 1*
Wạm|me *f. 11* **1.** *bei Rindern und Hunden:* herabhängende Hautfalte zwischen Kehle und Brust; **2.** Fell vom Bauch mancher Tiere, z. B. Bisamwamme; **3.** Bauchfleisch vom Schwein
Wạm|merl *n. 14, süddt. für* Wamme (3)
Wạm|pe *f. 11, Nebenform von* Wamme (1)
Wam|pum [Algonkin] *m. 1, bei nordamerik. Indianern:* Gürtel, Kette aus Muschelschalen (als Schmuck und Zahlungsmittel)
Wạms *n. 4, früher:* Männer(schoß)rock; *heute noch mundartl.:* Jacke, Joppe
Wạnd *f. 2* Gebäudemauer, Seiten-, Begrenzungsfläche
Wan|da|le, Van|da|le *m. 11* **1.** Angehöriger eines ostgerman. Volkes; **2.** *übertr. ugs.:* zerstörungswütiger Mensch
wan|da|lisch, van|da|lisch
Wan|da|lịs|mus, Van|da|lịs|mus *m. Gen. - nur Sg.* [fälschl. nach den Wandalen] Zerstörungswut
Wạn|del *m. Gen. -s nur Sg.*
wạn|del|bar
Wạn|del|bar|keit *f. 10 nur Sg.*
Wạn|del|gang *m. 2*
Wạn|del|hal|le *f. 11*
wạn|deln *intr. 1;* ich wandele, wandle
Wạn|del|stern *m. 1* = Planet; *Ggs.:* Fixstern
Wạn|der|aus|stel|lung *f. 10*

Wạn|der|büh|ne *f. 11*
Wạn|der|dü|ne *f. 11*
Wạn|de|rer, Wạnd|rer *m. 5*
Wạn|der|fahrt *f. 10*
Wạn|der|ge|wer|be *n. 5* ambulantes Gewerbe
Wạn|de|rin *f. 10*
Wạn|der|jah|re *Pl.*
Wạn|der|kar|te *f. 11*
Wạn|der|le|ben *n. 7 nur Sg.*
Wạn|der|lied *n. 3*
Wạn|der|lust *f. Gen. - nur Sg.*
wạn|der|lus|tig
wạn|dern *intr. 1;* ich wandere, wandre
Wạn|der|preis *m. 1*
Wạn|der|schaft *f. 10 nur Sg.;* auf der W. sein
Wạn|ders|mann *m. Gen. -(e)s Pl.* -leu|te
Wạn|der|sport *m. 1 nur Sg.*
Wạn|de|rung *f. 10*
Wạn|der|vo|gel *m. 6, 1896–1933:* dt. Jugendbund
Wạn|der|zir|kus *m. 1*
Wạnd|ge|mäl|de *n. 5*
Wạnd|leuch|ter *m. 5*
Wạnd|lung *f. 10*
wạnd|lungs|fä|hig
Wạnd|lungs|fä|hig|keit *f. 10 nur Sg.*
Wand|ma|le|rei *f. 10*
Wạnd|rer, Wạn|de|rer *m. 5*
Wạnd|re|rin *f. 10, selten*
Wạnds|be|cker Bo|te *m. 11,* 1771–1775 von Matthias Claudius geleitete Zeitung
Wạnds|bek Stadtteil von Hamburg
Wạnd|schirm *m. 1*
Wạnd|ta|fel *f. 11*
Wạnd|tep|pich *m. 1*
Wạnd|uhr *f. 10*
Wạn|dung *f. 10* Wand, Hülle
Wạnd|zei|tung *f. 10*
Wa|ne *m. 11, germ. Myth.:* Angehöriger eines Göttergeschlechts
Wạn|ge *f. 11; auch:* Seitenteil (z. B. von Maschinen, vom Chorgestühl)
Wạn|gen|bein *n. 1* = Jochbein
wa|nisch zu den Wanen gehörend
wạnk *nordwestdt.:* schwankend, wackelig
Wạnk *m. Gen. -s nur Sg., schweiz.* **1.** Verlagerung des Schwerpunktes; ohne Wank: unbeweglich, fest; **2.** *übertr.:* Untreue, Unstetigkeit
Wạn|kel|mo|tor [nach dem Ingenieur Felix Wankel] *m. 12* ein Verbrennungsmotor mit rotierenden Kolben, Drehkolbenmotor

Wan|kel|mut *m. Gen.* -(e)s *nur Sg.*
wan|kel|mü|tig
Wan|kel|mü|tig|keit *f. 10 nur Sg.*
wan|ken *intr. 1*
wann; bis, seit wann?; dann und wann; wann auch immer
Wänn|chen *n. 7*
Wan|ne *f. 11*
wan|nen *in der veralteten Fügung* von wannen: von woher
Wan|nen|bad *n. 4*
Wanst **1.** *m. 2* dicker Bauch; **2.** *n. 4, ugs. derb, scherzh.:* kleines Kind
Want *f. 10, Seew.:* Tau, Stahldraht zum seitl. Stützen des Mastes; in die Wanten klettern
Wan|ze *f. 11* **1.** Insekt mit Halbdeckflügeln; **2.** den Menschen als Parasit befallende Wanze; **3.** *derb für* widerlicher Mensch; **4.** *übertr. ugs.:* sehr kleines Abhörgerät
WAP [engl.] *Abk. für* wireless application protocol: Einrichtung beim Handy zum Abruf von Internetseiten
Wa|pi|ti [Algonkin] *m. 9* eine nordamerikanische Hirschart
Wap|pen *n. 7*
Wap|pen|kun|de *f. 11 nur Sg.* Heraldik
Wap|pen|tier *n. 1*
Wap|perl *n. 14, bair., österr.:* Etikett, Schildchen
wapp|nen *tr. 2* bewaffnen; sich gegen etwas wappnen *übertr.:* sich auf etwas gefasst machen
Wa|rä|ger *m. 5* Normanne in Osteuropa
Wa|ran [arab.] *m. 1* tropische Echse
War|dein [mlat.] *m. 1* Prüfer; Bergwardein: Erzprüfer; Münzwardein: Münzprüfer
war|die|ren *tr. 3* prüfen, bewerten
Wa|re *f. 11*
Wa|ren|an|nah|me *f. 11*
Wa|ren|auf|zug *m. 2*
Wa|ren|be|gleit|schein *m. 1*
Wa|ren|haus *n. 4*
Wa|ren|kun|de *f. 11 nur Sg.*
wa|ren|kund|lich
Wa|ren|la|ger *n. 5*
Wa|ren|pro|be *f. 11*
Wa|ren|test *m. 9 oder m. 1*
Wa|ren|zei|chen *n. 7* gesetzlich geschütztes Zeichen zur Kennzeichnung einer Ware
Warf *m. 1* **1.** *Weberei:* Aufzug; **2.** *auch:* Warft; *auf Halligen:* Hügel (als Wohnplatz), Wurt, Wurte; **3.** *nddt. Form von* Werft

warm werden/machen, warmblütig: Mehrteilige Ausdrücke aus Adjektiv und Verb schreibt man getrennt, wenn das Adjektiv steigerbar oder erweiterbar ist: *Die Mutter wollte das Essen (richtig) warm machen. Er konnte mit ihr nicht warm werden.* § 34 E3 (3)
Zusammensetzungen, bei denen der zweite Bestandteil in dieser Form nicht selbständig vorkommt, schreibt man zusammen: *das warmblütige Pferd.* § 36 (2)

warm; auf kalt und warm reagieren; warme Küche: warme Speisen; warme Würstchen; warme Miete: Miete einschließlich der Heizkosten; warmer Bruder *vulg.:* Homosexueller; das Essen warm halten; sich jmdn. warm halten *oder:* warmhalten *ugs.:* sich jmds. Wohlwollen erhalten; sich warm laufen *oder:* warmlaufen: im Laufen warm werden; den Motor warm laufen *oder:* warmlaufen lassen; warm machen; warm stellen
Warm|bier *n. 1 nur Sg.*
Warm|blut *n. Gen.* -s *nur Sg.* Angehöriger einer Rassengruppe mittelschwerer und leichter Pferde; vgl. Kaltblut
Warm|blü|ter *m. 5* Tier, das seine Körperwärme stets etwa gleich bleibend erhält, Homöotherme; *Ggs.:* Wechselwarmblüter
warm|blü|tig
Wär|me *f. 11 nur Sg.;* W. spenden
Wär|me|dämm|ung *f. 10*
Wär|me|ein|heit *f. 10* Kalorie
wär|me|emp|find|lich
Wär|me|i|so|lie|rung *f. 10*
Wär|me|leh|re *f. 11 nur Sg.* Kalorik, Thermik
wär|men *tr. 1*
Wär|me|pum|pe *f. 11*
Wär|me|spei|cher *m. 5*
Wärm|fla|sche *f. 11*
Warm|front *f. 10*
warm|hal|ten = **warm hal|ten** *tr. 61, ugs.;* vgl. warm
Warm|haus *n. 4* Gewächshaus für Pflanzen, die viel Luftfeuchtigkeit und eine Temperatur von mehr als 25°C beanspruchen
warm|her|zig
Warm|her|zig|keit *f. 10 nur Sg.*
warm|lau|fen = **warm lau|fen** *intr. u. refl. 76, übertr.*

Warm|luft *f. 2 nur Sg.*
Wär|mung *f. 10 nur Sg.*
Warm|was|ser *n. 5 nur Sg.;* fließendes Kalt- u. W.
Warm|was|ser|be|rei|ter *m. 5*
Warm|was|ser|hei|zung *f. 10*
Warm|zeit *f. 10* Zeitraum zwischen den Eiszeiten, Zwischeneiszeit
Warn|an|la|ge *f. 11*
Warn|blink|an|la|ge *f. 11*
war|nen *tr. 1*
Warn|schild *n. 3*
Warn|schuss (*alt:* Warn|schuß) *m. 2*
Warn|si|gnal *auch:* **Warn|sig|nal** *n. 1*
Warn|streik *m. 9*
War|nung *f. 10*
War|nungs|ta|fel *f. 11*
Warn|zei|chen *n. 7*
Warp [engl.] *m. 1* **1.** *Weberei:* Kettgarn, Kettfaden; **2.** *Seew.:* leichte Trosse
Warp|an|ker *m. 5* kleiner Anker
Warp|lei|ne *f. 11* vgl. Warp (2)
War|rant [engl.: wɔrənt] *m. 9* Lagerschein, Urkunde über die Lagerung von Waren
War|schau Hauptstadt von Polen
War|schau|er *m. 5*
War|schau|er Pakt *m. Gen.* - -s *nur Sg.*
War|schau|er-Pakt-Staa|ten *Pl.*
Wart *m. 1, veraltet:* Aufsichtführender, *nur noch in Zus. wie* Hauswart, Tankwart
War|te *f. 11, veraltet:* Beobachtungs-, Wachtturm; *noch in* Wetterwarte *und in der Wendung* etwas von der hohen Warte betrachten: von einem überlegenen, allgemeinen Standpunkt aus
War|te|frau *f. 10* Wärterin
War|te|geld *n. 3* Bezüge eines Beamten im Wartestand
War|te|hal|le *f. 11*
war|ten **1.** *intr. 2;* na warte!; auf etwas oder jmdn. w.; die Nachricht lässt auf sich w.; **2.** *tr. 2;* jmdn. oder etwas w.: für jmdn. oder etwas sorgen, jmdn. oder etwas pflegen
Wär|ter *m. 5*
War|te|raum *m. 2*
War|te|saal *m. Gen.* -(e)s *Pl.* -sä|le
War|te|schlei|fe *f. 11*
War|te|stand *m. 2 nur Sg., bei Beamten:* vorübergehender Ruhestand
War|te|zeit *f. 10*
War|te|zim|mer *n. 5*

W

Wart|saal *m. Gen.* -(e)s *Pl.* -säl|le, *schweiz. für* Wartesaal
Wart|turm *m. 2* Beobachtungsturm
War|tung *f. 10* Pflege, Betreuung
war|tungs|frei
war|um *auch:* **wa|rum**; warum nicht?; warum nicht gar! (Ausruf des Erstaunens); nach dem Warum fragen
Wärz|chen *n. 7*
War|ze *f. 11*
War|zen|schwein *n. 1* ein Wildschwein
was **1.** *Interrogativpron.;* was? *unhöflich für:* wie bitte?; was für ein …?; was hast du gesagt?; was Wunder, dass …; **2.** *Relativpron.;* das ist alles, was ich weiß; es ist unglaublich, was er mir erzählt hat; **3.** *ugs. kurz für* etwas; das ist was Gutes; kann ich dir was helfen?; er hat mir wer weiß was alles erzählt
Wasch|an|la|ge *f. 11*
Wasch|an|stalt *f. 10*
Wasch|au|to|mat *m. 10*
wasch|bar
Wasch|bär *m. 10* ein Kleinbär
Wasch|be|cken *n. 7*
Wasch|ben|zin *n. 1 nur Sg.*
Wasch|blau *n. Gen.* -s *nur Sg.* Farbstoff zum Bleichen von Wäsche
Wä|sche *f. 11*
wasch|echt; *auch übertr.:* echt, unverfälscht; ein waschechter Berliner
Wä|sche|klam|mer *f. 11*
Wä|sche|knopf *m. 2*
Wä|sche|lei|ne *f. 11*
wa|schen *tr. 174*
Wä|sche|rei *f. 10*
Wä|sche|stoff *m. 1*
Wä|sche|tin|te *f. 11*
Wä|sche|trock|ner *m. 5*
Wasch|frau *f. 10*
Wasch|haus *n. 4*
Wasch|kleid *n. 3*
Wasch|kü|che *f. 11*
Wasch|lap|pen *m. 7; auch übertr. ugs.:* Mensch ohne Mut und Rückgrat
Wasch|le|der *n. 5*
Wasch|ma|schi|ne *f. 11*
Wasch|mit|tel *n. 5*
Wasch|sa|lon [-lɔ̃, ugs.: -lɔŋ, österr.: -lon] *m. 9*
Wa|schung *f. 10*
Wasch|was|ser *n. 5 nur Sg.*
Wasch|weib *n. 3, heute nur noch übertr. ugs.:* klatschsüchtige Person
Wasch|zet|tel *m. 5* einem Buch beigegebener Zettel oder Innenseite des Schutzumschlags mit kurzer Inhaltsangabe oder Besprechung
Wasch|zeug *n. 1 nur Sg.*
Wasch|zu|ber *m. 5*
Wasch|zwang *m. 2*
Wa|sen *m. 7* **1.** Rasen; **2.** *nddt.:* Dunst, Dampf; **3.** *norddt.:* Reisiggeflecht; **4.** Schindanger
Wa|sen|meis|ter *m. 5* Abdecker
wash and wear [wɔʃ ənd wɛə »waschen und tragen«, engl.] *Bez. für* bügelfreie Textilien
Wa|shing|ton [wɔʃɪŋtən], *George* erster Präsident der USA
Wa|shing|ton [wɔʃɪŋtən] **1.** (*Abk.:* WA) Staat der USA; **2.** Hauptstadt der USA
Was|ser *n. 5, bei Mineralwasser u. Ä.: n. 6;* jmdm. das W. abgraben *übertr.:* jmdn. in seiner Wirksamkeit behindern; zu W. und zu Land; Wasser abstoßend *oder:* wasserabstoßend; Wasser abweisend *oder:* wasserabweisend

Wasser abstoßend/wasserabstoßend: Die Folge aus Substantiv und Verb/Partizip schreibt man wegen der Selbständigkeit der Bestandteile getrennt: *Das ist eine Wasser abstoßende Verbindung.* Ebenso: *Wasser abweisend.* § 34 E3 (5)
Da man den Ausdruck auch als adjektivische Zusammensetzung auffassen kann, ist als Variante die Zusammenschreibung möglich. Bei Erweiterung des Ausdrucks ist ausschließlich Zusammenschreibung gültig: *total wasserabstoßende Produkte.*

was|serab|sto|ßend = **Was|ser ab|sto|ßend**
was|serab|wei|send = **Was|ser ab|wei|send**
Was|ser|a|der *f. 11*
was|ser|arm
Was|ser|bad *n. 4*
Was|ser|ball *m. 2*
Was|ser|bett *n. 12*
was|ser|blau blassblau
Was|ser|büf|fel *m. 5*
Was|ser|burg *f. 10*
Wäs|ser|chen *n. 7;* er kann kein W. trüben: er ist harmlos
Was|ser|dampf *m. 2*
was|ser|dicht
Was|ser|fall *m. 2*
Was|ser|far|be *f. 11*
Was|ser|flug|zeug *n. 1*
Was|ser|flut *f. 10*
Was|ser|glas **1.** *n. 4;* **2.** *nur Sg.* glasige, in Wasser lösl. Masse (Kalium- oder Natriumsilikat) für Kitt, Kunststein u. a.
Was|ser|glät|te *f. Gen.* - *nur Sg.* = Aquaplaning
Was|ser|hahn *m. 2*
Was|ser|ho|se *f. 11* Wasser mitführender Wirbelsturm
wäs|se|rig, wäss|rig
Wäs|se|rig|keit, Wäss|rig|keit
Was|ser|jung|fer *f. 11* Libelle
Was|ser|kan|te *f. 11 nur Sg., hochdeutsch für* Waterkant
Was|ser|klo|sett *n. 9* (*Abk.:* WC)
Was|ser|kopf *m. 2* krankhafte Erweiterung der Gehirnkammern infolge vermehrter Gehirnflüssigkeit, Hydrozephalus
Was|ser|kraft *f. 2 nur Sg.*
Was|ser|kraft|werk *n. 1*
Was|ser|kul|tur *f. 10* = Hydrokultur
Was|ser|kunst *f. 2*
Was|ser|lauf *m. 2*
Wäs|ser|lein *n. 7, poet.*
Was|ser|lei|tung *f. 10*
Was|ser|lin|se *f. 11* = Entenflott
was|ser|lös|lich
Was|ser|lös|lich|keit *f. 10 nur Sg.*
Was|ser|mann *m. 4* **1.** Wassergeist, Nöck; **2.** *nur Sg.* ein Sternbild
Was|ser|me|lo|ne *f. 11*
was|sern *intr. 1* aufs Wasser niedergehen (Flugzeug)
wäs|sern *tr. 1* einige Zeit ins Wasser legen (Salzfisch, Film); ich wässere, wässre ihn
Was|ser|ni|xe *f. 11*
Was|ser|not *f. 2 nur Sg.*
Was|ser|pfei|fe *f. 11*
Was|ser|po|li|zei *f. 10 nur Sg.*
Was|ser|rat|te *f. 11* **1.** eine Wühlmaus; **2.** *ugs. scherzh.:* jmdm., der gern schwimmt
was|ser|reich
Was|ser|reich|tum *m. Gen.* -s *nur Sg.*
Was|ser|schei|de *f. 11* (gedachte) Grenzlinie zwischen zwei Flussgebieten einschließlich Nebenflüssen
was|ser|scheu
Was|ser|scheu *f. Gen.* - *nur Sg.*
Was|ser|schi *m. Gen.* -s *Pl.* -schi|er s. **Was|ser|ski**
Was|ser|schloss (*alt:* Was|ser-schloß) *n. 4*
Was|sers|not *f. 2 nur Sg., veraltet:* Überschwemmung

Wasserski [-ʃi:], Wasserschi *m. Gen.* -s *Pl.* -skier, -schier; Wasserski fahren
Wasserspeier *m. 5* meist künstlerisch gestalteter Abfluss für Regenwasser am Dach
Wasserspiegel *m. 5*
Wassersport *m. 1 nur Sg.*
Wasserstand *m. 2*
Wasserstandsanzeiger *m. 5*
Wasserstoff *m. 1 nur Sg.* (*Zeichen:* H) chem. Element, Hydrogenium
Wasserstoffbombe *f. 11* (*Kurzwort:* H-Bombe)
Wasserstoffexponent *m. 10* = pH-Wert
Wasserstoffsuperoxid, *fachsprachl.:* Wasserstoffperoxid *n. 1 nur Sg.* eine sirupartige Flüssigkeit, starkes Oxidationsmittel
Wasserstraße *f. 11*
Wassersucht *f. Gen. - nur Sg.* krankhafte Ansammlung von wasserähnlicher, aus dem Blut stammender Flüssigkeit in Gewebsspalten oder Körperhöhlen, Hydropsie
wassertreibend
Wasseruhr *f. 10*
Wasserung *f. 10*
Wässerung *f. 10*
Wasserwaage *f. 11* Gerät zum Bestimmen der Waagerechten oder Senkrechten (von Flächen oder Kanten), Richtwaage, Setzwaage
Wasserweg *m. 1*
Wasserwerfer *m. 5*
Wasserwerk *n. 1*
Wasserzeichen *n. 7* durchscheinendes Zeichen im Papier (als Gütezeichen oder zur Verhinderung von Fälschungen)
wässrig (*alt:* wäßrig), wässerig
Wässrigkeit (*alt:* Wäßrigkeit), Wässerigkeit *f. 10 nur Sg.*
waten *intr. 2*
Waterkant *f. Gen. - nur Sg.* Meeresküste, *bes.:* Nordseeküste
waterproof [wɔtə(r)pru:f, engl.] wasserdicht (bes. als Garantiebez.)
Waterproof *m. 9* wasserdichter Stoff
Watsche *f. 1,* Watschen *f. Gen. - Pl. -, bair., österr.:* Ohrfeige
watscheln *intr. 1*
watschen *tr. 1;* jmdm. eine watschen *bair., österr.:* jmdm. eine Ohrfeige geben
Watschen *f. Gen. - Pl. -* s. **Watsche**

Watt 1. *n. 12* Wattenmeer; **2.** [nach dem engl. Ingenieur James W.] *n. Gen.* -s *Pl.* - (*Abk.:* W) Maßeinheit der elektr. Leistung; 40-Watt-Birne
Watte *f. 11 nur Sg.*
Wattebausch *m. 2*
Watten *n. Gen.* -(s) *nur Sg., bair.:* ein Kartenspiel
Wattenmeer *n. 1 nur Sg.* Seichtwassergebiet in Gezeitenmeeren, Watt
wattieren *tr. 3* mit Watte unterlegen
Wattierung *f. 10*
Wattmeter *n. 5* Gerät zum Messen der elektr. Leistung
Wattsekunde *f. 11* (*Abk.:* Ws) Maßeinheit der elektr. Energie, Leistung von 1 Watt während einer Sekunde
Watvogel *m. 6* am Wasser oder in sumpfigem Gelände lebender Vogel, z. B. Schnepfe
Wau *m. 1* eine Pflanzengattung, Reseda
wau, wau!
Wauwau *m. Gen.* -s *Pl.* -s, *Kindersprache:* Hund
Wax *n. 1, österr. für* Skiwachs
WC *n. Gen.* -(s) *Pl.* -s, *Abk. für* Wasserklosett (engl. water closet)
WDR *Abk. für* Westdeutscher Rundfunk
Web [engl.] *n. Gen.* -(s) *nur Sg., kurz für* World Wide Web
Webcam [-kæm, engl.] *f. 9* digitale Foto- und Videokamera, deren Aufnahmen ins Internet eingespeist werden
Webdesign [-dızaın, engl.] *n. 9* Gestaltung von Websites
Webe *f. 11, österr.:* Gewebe (bes. für Bettzeug)
Webekante *f. 11* = Webkante
weben *tr. 175 od. 1, in übertr. Bedeutung unregelmäßig konjugiert;* ich webte einen Teppich, habe ihn gewebt; das Mondlicht wob einen silbernen Schleier über die Landschaft
Weber 1. *m. 5;* **2.** [nach dem dt. Physiker Wilhelm W.] *n. Gen. - Pl.* - Maßeinheit des magnet. Flusses, Voltsekunde
Weber, *Carl Maria von* dt. Komponist
Weberei *f. 10*
Weberknecht *m. 1* ein Spinnentier, Kanker, Schuster, Schneider
Weberknoten *m. 7*

Webern, *Anton* österr. Komponist
Weberschiffchen, Webschiffchen *n. 7* Gerät, mit dem der Schussfaden durch die Kettfäden gezogen wird, Schütze, Schützen
Webkante, Webekante *f. 11* seitl. Abschlusskante am Gewebe, Salband, Salkante, Salleiste
Webmaster [-ma:stə(r), engl.] *m. 9* Verwalter einer Website
Webseite *f. 11, EDV:* eine im Internet anwählbare Einzelseite (meist als Teil einer Website)
Website [wɛbsaıt, engl.] *f. 9, EDV:* Gruppe mehrerer zusammengehöriger Dokumente im WWW
Webstuhl *m. 2*
Webwaren *Pl.*
Wechsel [-ks-] *m. 5* **1.** *auch:* schriftl. Verpflichtung in bestimmter Form zur Zahlung einer Summe an den Inhaber der Urkunde; **2.** *n. 5 nur Sg.* Kleidungs- oder Wäschestück zum Wechseln
Wechselbad [-ks-] *n. 4 meist Pl.*
Wechselbalg [-ks-] *m. 4, im Volksglauben:* missgestaltetes, von Zwergen oder bösen Geistern vertauschtes Kind
Wechselbeziehung [-ks-] *f. 10*
Wechselbürge [-ks-] *m. 11* jmd., der einen Wechsel mit unterschreibt und damit für die Zahlung bürgt
Wechselbürgschaft [-ks-] *f. 10*
Wechselfälschung [-ks-] *f. 10*
Wechselfieber [-ks-] *n. 5 nur Sg.* = Malaria
Wechselgeld [-ks-] *n. 3 nur Sg.*
Wechselgesang [-ks-] *m. 2*
Wechselgespräch [-ks-] *n. 1* = Dialog
Wechselgläubiger [-ks-] *m. 5*
wechselhaft [-ks-]
Wechseljahre [-ks-] *Pl.* = Klimakterium
Wechselkurs [-ks-] *m. 1*
wechseln [-ks-] **1.** *tr. 1;* ich wechsele, wechsle es; **2.** *intr. 1; auch Jägerspr.:* regelmäßig auf einem bestimmten Pfad gehen (Wild)
Wechselrecht [-ks-] *n. 1 nur Sg.*
Wechselrede [-ks-] *f. 11* = Dialog
Wechselschuld [-ks-] *f. 10*
wechselseitig [-ks-]
Wechselstrom [-ks-] *m. 2* elektr. Strom, dessen Stärke und Richtung rasch und regelmäßig wechseln
Wechseltierchen [-ks-] *n. 7* Einzeller, Amöbe

W

Wech|sel|wäh|ler [-ks-] *m. 5* Wähler, der sich bei jeder Wahl neu für eine Partei entscheidet
wech|sel|voll [-ks-]
wech|sel|warm [-ks-]
Wech|sel|warm|blü|ter [-ks-] *m. 5* Tier, dessen Körpertemperatur sich der Temperatur der Umgebung anpasst, Poikilotherme; *Ggs.:* Warmblüter
wech|sel|wei|se [-ks-]
Wech|sel|wild [-ks-] *n. Gen.* -(e)s *nur Sg.* Wild, das regelmäßig von einem Revier ins andere wechselt; *Ggs.:* Standwild
Wech|sel|wir|kung [-ks-] *f. 10*
Wech|sel|wirt|schaft [-ks-] *f. 10* *nur Sg.* Wechsel in der Nutzung des Ackerbodens
Wechs|ler [-ks-] *m. 5* Geldwechsler
Wech|te *f. 11* überhängende Schneemasse
Weck *m. 12,* **We|cke** *f. 11* = **We|cken**
Weck|a|min *auch:* **We|cka|min** *n. 1* Herz und Kreislauf anregender Wirkstoff
Weck|ap|pa|rat® [nach dem Erfinder, Johann Weck] *m. 1*
we|cken *tr. 1*
We|cken *m. 7,* **Weck** *m. 12,* **We|cke** *f. 11,* **We|ckerl** *n. 14,* **Weg|gen** *m. 7* *bair., österr., schweiz.:* längliches Brötchen
We|cker *m. 5*
We|ckerl *n. 14, bair.* = **We|cken**
Weck|glas® *n. 4* Glas zum Einwecken; vgl. Weckapparat
We|da [Sanskrit »Wissen«] *m. Gen.* -s *Pl.* -den s. **Ve|da**
We|del *m. 5*
we|deln *intr. 1*
We|den *Pl. von* Weda

> **das Weder-noch:** Bei mehrteiligen substantivierten Konjunktionen, die mit einem Bindestrich verbunden werden, schreibt man nur das erste Wort mit großem Anfangsbuchstaben: *das Weder-noch, das Als-ob, das Sowohl-als-auch.* § 43, § 57 E4

we|der *nur in der Fügung* weder … noch …; weder er noch ich; er kann weder lesen noch schreiben; er hat weder geschrieben, noch ist er gekommen; das Weder-noch
Wedg|wood|wa|re [wędʒwud-, nach dem engl. Kunsttöpfer Josiah Wedgwood] *f. 11* feines, unglasiertes Steingut
Week|end [wik-, engl.] *n. 9* Wochenende
weg; weg!; weg da!; weg sein; ganz weg sein *ugs.:* völlig begeistert sein; über etwas weg sein *ugs.:* etwas überwunden haben

> **zu Wege/zuwege bringen:** Bei einigen festen Fügungen zu einer Präposition bleibt es den Schreibenden überlassen, ob sie zusammenschreiben oder trennen: *Inge wollte das bis Montag zu Wege/zuwege bringen.* § 39 E3 (1)

Weg *m. 1;* jmdn. ein Stück Weg(es) begleiten; krumme Wege gehen: unehrlich handeln; etwas zu Wege *oder:* zuwege bringen
weg|be|kom|men *tr. 71, ugs.* = wegkriegen
weg|be|rei|tend
Weg|be|rei|ter *m. 5*
weg|bla|sen *tr. 16*
weg|blei|ben *intr. 17*
weg|bre|chen *intr. 19, übertr.:* an Präsenz oder Wirksamkeit verlieren, hinfällig werden; das Fundament seines Glaubens bricht weg
weg|brin|gen *tr. 21*
We|ge|bau *m. Gen.* -(e)s *nur Sg.*
We|ge|kar|te *f. 11*
We|ge|la|ge|rer *m. 5* Straßenräuber

> **wegen:** Die Präposition regiert den Genitiv: *wegen des Bruders, wegen der Auseinandersetzungen mit dem Ehemann.* Folgt ein Substantiv ohne Artikelwort oder begleitendes Adjektiv, wird es häufig nicht dekliniert: *wegen Diebstahl.*
> In der gesprochenen Sprache wird häufig der Dativ statt des Genitivs verwendet: *wegen dem Kind, wegen dem Prozess.* Akzeptabel in der Standardsprache ist der Dativ in Fällen, in denen er nicht mehr erkennbar ist: *wegen Problemen, wegen etwas anderem.* Ebenso ist es bei einem eingeschobenen Genitivattribut: *wegen meines Vaters neuem Haus.* Zusammensetzungen: *meinetwegen, unseretwegen.*
> Fügungen: *von Amts wegen, von Rechts wegen.*

we|gen *Präp. mit Gen.;* wegen vieler Arbeit, wegen der vielen Arbeit; wegen des Kindes, des Kindes wegen; *ugs. oder wenn der Gen. nicht erkennbar wäre, auch mit Dativ:* wegen Geschäften verreisen; von wegen! *ugs.:* davon kann nicht die Rede sein; von Amts, von Rechts wegen
We|ge|ord|nung *f. 10*
We|ge|recht *n. 1 nur Sg.*
We|ge|rich *m. 1* eine Wiesenpflanze
weg|es|sen *tr. 31, ugs.*
weg|fah|ren *intr. u. tr. 32*
Weg|fall *m. 2 nur Sg.;* in W. kommen *besser:* wegfallen
weg|fal|len *intr. 33*
weg|fe|gen *tr. 1*
weg|flie|gen *intr. 38*
weg|fres|sen *tr. 41*
Weg|gang *m. 2 nur Sg.*
Weg|ge|fähr|te *m. 11*
weg|ge|hen *intr. 47*
Weg|gen *m. 7, schweiz.* = **We|cken**
Weg|ge|nos|se *m. 11*
Weg|gli *n. Gen.* -s *Pl.* -, *schweiz.:* Brötchen
weg|ha|ben *tr. 60;* ich will das hier w.; er hat da was weg *ugs.:* er hat darin eine gewisse Geschicklichkeit, hat dafür eine Begabung
weg|hän|gen *tr. 1*
weg|ho|len *tr. 1*
weg|ja|gen *tr. 1*
weg|kom|men *intr. 71*
Weg|kreu|zung *f. 10*
weg|krie|gen *tr. 1, ugs.* **1.** beseitigen können; **2.** verstehen, begreifen, dahinter kommen
weg|las|sen *tr. 75*
weg|lau|fen *intr. 76*
weg|le|gen *tr. 1*
weg|lo|ben *tr. 1* jemand in eine vermeintlich bessere, jedoch weniger einflussreiche Stellung befördern (z. B. vom Bundeskanzler zum Bundespräsidenten)
weg|los
weg|ma|chen *tr. 1, ugs.*
Weg|mar|ke *tr. 11*
weg|mü|de
weg|müs|sen *intr. 87*
Weg|nah|me *f. 11 nur Sg.*
weg|neh|men *tr. 88*
weg|put|zen *tr. 1*
weg|ra|die|ren *tr. 3*
Weg|rand *m. 4*
weg|ra|ti|o|na|li|sie|ren *tr. 3*
weg|räu|men *tr. 1*
weg|rei|ßen *tr. 96*
weg|ren|nen *intr. 98*
weg|ru|fen *tr. 102*
weg|sa|nie|ren *tr. 3*
weg|schaf|fen *tr. 1*
Weg|schei|de *f. 11* Weggabelung

W

weg|schen|ken *tr. 1*
weg|sche|ren *refl., derb, nur im Infinitiv und Imperativ:* sich entfernen; scher dich weg!; er soll sich wegscheren
weg|schi|cken *tr. 1*
weg|schlei|chen *intr. u. refl. 117*
weg|schlie|ßen *tr. 120*
weg|schmei|ßen *tr. 122*
weg|schnap|pen *tr. 1;* jmdm. etwas w.; er hat ihm das letzte Stück vor der Nase weggeschnappt
weg|schnei|den *tr. 125*
weg|schüt|ten *tr. 2*
weg|se|hen *intr. 136*
weg|set|zen *tr. 1*
weg|spü|len *tr. 1*
weg|ste|cken *tr. 1*
weg|steh|len *refl. 152*
weg|ster|ben *intr. 154, ugs.;* ihm sind kurz nacheinander beide Eltern weggestorben
weg|sto|ßen *tr. 157*
weg|stre|ben *intr. 1*
Weg|stre|cke *f. 11*
weg|strei|chen *tr. 158*
Weg|stun|de *f. 11*
weg|tra|gen *tr. 160*
weg|trei|ben *tr. 162*
weg|tre|ten *intr. 163*
weg|tun *tr. 167*
Weg|war|te *f. 11* eine Salatpflanze, Endivie
weg|wa|schen *tr. 174*
weg|wei|send
Weg|wei|ser *m. 5*
weg|wer|fen *tr. 181*
weg|wer|fend geringschätzig, verächtlich
Weg|werf|fla|sche *f. 11*
Weg|werf|men|ta|li|tät *f. 10*
weg|wi|schen *tr. 1*
weg|zau|bern *tr. 1, meist in Wendungen wie* meine Schmerzen waren wie weggezaubert
Weg|zeh|rung *f. 10* Mundvorrat, Proviant
Weg|zei|chen *n. 7*
weg|zie|hen *intr. u. tr. 187*
Weg|zug *m. 2 nur Sg.*
weh, we|he; ein weher Finger; mir ist weh ums Herz; es tut weh; o weh!; au weh!; weh(e) dir (wenn du …)!; weh(e) über uns! weh sein, werden; *aber:* wehtun, wehklagen
Weh *n. 1;* ein großes Weh im Herzen; mit Ach und Weh; Ach und Weh schreien
Weh|dag *m. 1, nddt.:* Schmerz, Unglück
we|he vgl. weh
We|he *f. 11* **1.** *meist Pl.* schmerzhafte Zusammenziehung der Gebärmutter bei der Geburt; **2.** zusammengewehter kleiner Schneeberg, Schneewehe
we|hen *intr. 1*
Weh|frau *f. 10, veraltet für* Hebamme
Weh|ge|fühl *n. 1 nur Sg.*
Weh|ge|schrei *n. Gen. -s nur Sg.*
Weh|kla|ge *f. 11*
weh|kla|gen *intr. 1*
weh|kla|gend
Wehl *n. 1,* **Weh|le** *f. 11, nddt.:* Küstenbucht, Wasserloch, Teich
weh|lei|dig
Weh|lei|dig|keit *f. 10 nur Sg.*
Weh|mut *f. Gen. - nur Sg.*
weh|mü|tig
weh|muts|voll
Weh|mut|ter *f. 6, veraltet für* Hebamme
Weh|ne *f. 11, nddt.:* Beule
Wehr 1. *n. 1* Stauwerk in fließendem Wasser; **2.** *f. 10, veraltet:* Waffe, Waffenausrüstung; **3.** *f. 10 nur Sg., veraltet:* Widerstand, Verteidigung; *noch in Zus. wie* Notwehr, Wehrdienst *und in der Wendung* sich zur Wehr setzen
Wehr|be|auf|trag|te(r) *m. 18 (17) bzw. f. 17 oder 18* Beauftragte(r) des dt. Bundestags, der bzw. die die Wahrung der Grundrechte in der Bundeswehr überwacht
Wehr|dienst *m. 1 nur Sg.*
Wehr|dienst|leis|ten|der *m. 18*
wehr|dienst|pflich|tig
wehr|dienst|taug|lich
wehr|dienst|un|taug|lich
Wehr|dienst|ver|wei|ge|rer *m. 5*
Wehr|dienst|ver|wei|ge|rung *f. 10 nur Sg.*
weh|ren 1. *tr. 1;* jmdm. etwas w.: verhindern, dass jmd. etwas tut, jmdm. etwas verbieten; **2.** *refl. 1* Widerstand leisten
Wehr|er|satz|dienst *m. 1*
wehr|fä|hig
Wehr|fä|hig|keit *f. 10 nur Sg.*
Wehr|gang *m. 2* überdachter Gang an einer Burg- oder Stadtmauer
Wehr|ge|hän|ge *n. 5,* **Wehr|ge|henk** *n. 1* Leibriemen zum Befestigen der Waffe
wehr|haft
Wehr|haf|tig|keit *f. 10 nur Sg.*
Wehr|ho|heit *f. 10 nur Sg.* Recht (eines Staates) zum Aufstellen und Unterhalten von Streitkräften
Wehr|kir|che *f. 11, früher:* Kirche mit Verteidigungsanlagen
wehr|los
Wehr|lo|sig|keit *f. 10 nur Sg.*
Wehr|macht *f. 10 nur Sg., 1935–1945:* Gesamtheit der dt. Streitkräfte
Wehr|machts|an|ge|hö|ri|ge(r) *m. 18 (17) bzw. f. 17 oder 18*
Wehr|pass (*alt:* Wehr|paß) *m. 2* Urkunde über erfolgte Musterung und weitere Wehrpflichtangaben
Wehr|pflicht *f. 10 nur Sg.*
wehr|pflich|tig
Wehr|ü|bung *f. 10*

weh sein, wehklagen, wehtun:
Fügungen mit *sein* werden generell getrennt geschrieben: *Ihm sollte nicht so weh sein.* § 35
Dagegen wird die Zusammensetzung mit einem Verb zusammengeschrieben, wenn der Bestandteil *weh-* nicht abgetrennt werden kann: *Sie wehklagten die ganze Woche* (nicht: *sie klagten … weh*). § 33 (1)
Mehrteilige Verben wie *wehtun,* deren erster Bestandteil seine substantivischen Merkmale eingebüßt hat, schreibt man auch in getrennter Stellung klein: *Er tut ihr sehr weh.* § 56 (2)

weh|tun (*alt:* weh tun) *tr. 167*
Weh|weh|chen *n. 7, scherzh.:* kleine Wunde, unbedeutender Schmerz
Weib *n. 3*
Weib|chen *n. 7* **1.** *Pl. auch:* Wei|berchen, kleines Weib; **2.** weibliches Tier
Wei|bel *m. 5* **1.** *veraltet für:* Feldwebel, Unteroffizier; **2.** *schweiz. veraltet für:* Amts-, Gerichtsdiener
Wei|ber|chen *Pl. von* Weibchen (1)
Wei|ber|feind *m. 1* Misogyn
Wei|ber|held *m. 10*
Wei|ber|volk, Weibs|volk *n. 4 nur Sg., veraltet, heute noch abwertend:* Frauen
wei|bisch
Weib|lein *n. 7*
weib|lich
Weib|lich|keit *f. 10 nur Sg.*
Weibs|bild *n. 3, abwertend:* Frau, *bes.:* unangenehme, böse Frau
Weib|sen *Pl. , ugs. iron.:* Frauen
Weibs|leu|te *nur Pl., veraltet:* Frauen
Weibs|per|son *f. 10, abwertend:* Frau

W

Weibs|stück *n. 1* verkommene oder bösartige Frau
Weibs|volk *n. 4 nur Sg.* = Weibervolk
weich; w. klopfen, kochen, liegen, machen, sitzen, sein; ein weich geklopftes Stück Fleisch; ein weich gekochtes Ei; deine Tränen haben sie weich gemacht: zermürbt
Weich|bild *n. 5* Stadtgebiet, Stadtgerichtsbezirk
Wei|che *f. 11* **1.** *nur Sg.* Weichheit; **2.** Vorrichtung zum Umstellen von Gleisen; **3.** *Elektrotechnik:* Schaltelement; **4.** Seite, Flanke (des Körpers, bes. vom Pferd)
wei|chen **1.** *intr. 1* weich werden; **2.** *tr. 1* weich machen, einweichen; **3.** *intr. 176* zurückgehen, nachgeben; dem Stärkeren, der Übermacht weichen
Wei|chen|stel|ler *m. 5*
Wei|chen|wär|ter *m. 5*
weich ge|klopft (*alt:* weich|geklopft)

weich gekocht/geklopft/machen: Die Fügung aus Adjektiv und Verb schreibt man getrennt, wenn das Adjektiv steigerbar oder erweiterbar ist: *weich gekochte Eier; weich geklopftes Fleisch; die Nachricht kann einen weich machen.* § 34 E3 (3)

weich ge|kocht (*alt:* weich|gekocht)
weich|her|zig
Weich|her|zig|keit *f. 10 nur Sg.*
Weich|kä|se *m. 5*
weich|lich
Weich|ling *m. 1*
weich ma|chen (*alt:* weich|machen) *tr. 1, übertr.:* zermürben; vgl. weich
Weich|ma|cher *m. 5, Chem.*
weich|mäu|lig *bei Pferden:* empfindsam im Maul für Zügelhilfen
Weich|sel [-ks-] **1.** *f. Gen.* - Fluss in Polen; **2.** *f. 11* eine Sauerkirsche
Weich|spü|ler *m. 5*
Weich|spül|mit|tel *n. 5*
Weich|tei|le *Pl.* die knochenlosen Körperteile, *bes.:* Eingeweide
Weich|tier *n. 1* (oft von einer Kalkschale umgebenes) Tier, Muschel, Schnecke, Molluske
Weich|zeich|ner *m. 5* fotograf. Vorsatzlinse zur Verringerung der Schärfe

weid..., Weid..., weid..., Weid... *in Zus.:* jagd..., Jagd...
Wei|de *f. 11* **1.** ein Laubbaum, Weidenbaum; **2.** Wiese, auf der Vieh weiden kann
wei|den **1.** *intr. 2* auf der Weide Nahrung suchen; **2.** *refl. 2;* sich an etwas w.: sich an etwas erfreuen, etwas genießen; **3.** *tr. 2* auf die Weide führen; er weidet die Schafe
Wei|den|baum *m. 2* = Weide (1)
Wei|den|kätz|chen *n. 7* Blüte der Weide (1)
Wei|den|ru|te *f. 11*
Wei|de|platz *m. 2*
Wei|de|recht *n. 1 nur Sg.*
Wei|de|wirt|schaft *f. 10 nur Sg.*
weid|ge|recht, waid|ge|recht
weid|lich, waid|lich [eigtl.: jagdgerecht] tüchtig, gehörig, kräftig; jmdn. w. auslachen, ausschimpfen
Weid|ling *m. 1, schweiz.:* Fischerkahn
Weid|loch, Waid|loch *n. 4, Jägerspr.:* After (des Wildes)
Weid|mann, Waid|mann *m. 4* Jäger und Heger zugleich
weid|män|nisch, waid|män|nisch
Weid|manns|dank!, Waid|mannsdank! Antwort auf »Weidmannsheil!«
Weid|manns|heil!, Waid|mannsheil! Gruß der Jäger untereinander; Wunsch für Jagdglück
Weid|mes|ser, Waid|mes|ser *n. 5* fest stehendes Jagdmesser
Weid|werk, Waid|werk *n. 1 nur Sg.* Jagd und Jägerei
weid|wund, waid|wund *Jägerspr.:* krank geschossen (Wild)
wei|gern **1.** *tr. 1, veraltet für* verweigern; jmdm. etwas w.; **2.** *refl. 1;* ich weigere, weigre mich, das zu tun
Wei|ge|rung *f. 10*
Weih *m. 1,* **Wei|he** *f. 11* ein Greifvogel
Weih|bi|schof *m. 2* Geistlicher mit Bischofsweihe, aber ohne Nachfolgerecht
Wei|he *f. 11* **1.** Segen, Einsegnung, feierliche Einsetzung, feierliches Ingebrauchnehmen; **2.** = **Weih**
Wei|hel *m. 5* der über der Stirn liegende Teil des Nonnenschleiers
wei|hen *tr. 1*
Wei|her *m. 5* angelegter Teich
Wei|he|stun|de *f. 11*
wei|he|voll
Weih|ge|schenk

Weih|nacht *f. Gen. - nur Sg.* = Weihnachten
weih|nach|ten *intr. 2, nur unpersönlich;* es weihnachtet: Weihnachten nähert sich
Weih|nach|ten *n. 7, häufig ohne Artikel;* an, zu, vor, nach W.; *süddt., österr., schweiz. meist Pl.;* dieses W. war verschneit *oder:* diese W. waren verschneit; *in Wunschformeln auch hochsprachlich Pl.:* jmdm. frohe W. *oder:* ein frohes W. wünschen
weih|nacht|lich
Weih|nachts|a|bend *m. 1* der Heilige Abend, 24. Dezember
Weih|nachts|bä|cke|rei *f. 10*
Weih|nachts|baum *m. 2*
Weih|nachts|fei|er|tag *m. 1*
Weih|nachts|fest *n. 1*
Weih|nachts|gans *f. 2*
Weih|nachts|ge|bäck *n. 1*
Weih|nachts|geld *n. 3 nur Sg.*
Weih|nachts|gra|ti|fi|ka|ti|on *f. 10*
Weih|nachts|lied *n. 3*
Weih|nachts|mann *m. 4*
Weih|nachts|markt *m. 2*
Weih|nachts|py|ra|mi|de *f. 11*
Weih|nachts|stol|len *m. 7*
Weih|nachts|tag *m. 1*
Weih|nachts|zeit *f. 10 nur Sg.*
Weih|rauch *m. Gen.* -(e)s *nur Sg.*
Wei|hung *f. 10, besser:* das Weihen, die Weihe
Weih|was|ser *n. 5 nur Sg.*
Weih|we|del *m. 5*
weil
wei|land *veraltet, noch scherzh.:* einstmals, vormals; wie weiland Kaiser Barbarossa
Weil|chen *n. 7*
Wei|le *f. 11 nur Sg.;* damit hat es (noch) gute Weile: das wird vorerst nicht geschehen, das hat noch Zeit; eile mit Weile!: nicht zu schnell!, nichts überhasten!
wei|len *intr. 1, nur noch poet.:* sich aufhalten, (an einem Ort) sein
Wei|ler *m. 5* kleines Dorf
Weill, *Kurt* dt. Komponist
Wei|mar Stadt in Thüringen
Wei|ma|rer
wei|ma|risch
Wei|muts|kie|fer *f. 11* = **Weymouths|kie|fer**
Wein *m. 1*
Wein|bau *m. Gen.* -(e)s *nur Sg.*
Wein|bau|er *m. 11*
Wein|bee|re *f. 11*
Wein|berg *m. 1*
Wein|berg(s)|be|sit|zer *m. 5*
Wein|berg|schne|cke *f. 11*

W

Wein|brand *m. 2* aus Wein hergestelltes Getränk mit mindestens 38% Alkohol
wei|nen *intr. 1*
wei|ner|lich
Wein|es|sig *m. 1 nur Sg.*
Wein|geist *m. 1 nur Sg.* Spiritus
Wein|gut *n. 4*
Wein|jahr *n. 1;* ein gutes, schlechtes W.
Wein|kar|te *f. 11*
Wein|kel|ler *m. 5*
Wein|kel|le|rei *f. 10*
Wein|krampf *m. 2*
Wein|laub *n. Gen.* -(e)s *nur Sg.*
Wein|lau|ne *f. 11 nur Sg.*
Wein|le|se *f. 11*
Wein|mo|nat *m. 1* Oktober
Wein|pro|be *f. 11*
Wein|re|be *f. 11*
wein|rot purpurrot
Wein|säu|re *f. 11* in vielen Pflanzen bzw. Früchten vorkommende Säure, Weinsteinsäure
Wein|stein *m. 1 nur Sg.* saures Kaliumsalz der Weinsäure (scheidet sich krustig in Weinfässern ab)
Wein|stein|säu|re *f. 11* = Weinsäure
Wein|stock *m. 2*
Wein|trau|be *f. 11*
Wein|zierl *m. 14, süddt., österr.:* Weinbauer, Winzer
wei|se; weise Frau *veraltet:* Wahrsagerin, *auch:* Hebamme
Wei|se *f. 11*
...wei|se *in Zus.* **1.** in einer bestimmten Art, z. B. kistenweise; **2.** mit einem bestimmten Umstand verbunden, z. B. zwangsweise
Wei|sel *m. 5* Bienenkönigin
wei|sen **1.** *tr. 177;* jmdn. in eine Richtung w.; jmdn. etwas weisen *veraltet:* jmdm. etwas zeigen, jmdn. etwas lehren; **2.** *intr. 177;* auf etwas w.; in eine Richtung w.
Wei|ser *m. 5, veraltet:* Wegweiser
Wei|se(r) *m. 18 (17) bzw. f. 17 oder 18* weiser Mensch, Denker(in), Philosoph(in)
Weis|heit *f. 10*
weis|heits|voll
Weis|heits|zahn *m. 2* hinterster Backenzahn
weis|lich klugerweise, wohlweislich; ich habe es ihm w. verschwiegen
weis|ma|chen *tr. 1;* jmdm. etwas w.: jmdm. etwas vortäuschen, vorschwindeln

weiß blühen, aus Schwarz Weiß machen, das Weiße Haus, der weiße Tod: Eine Fügung aus Adjektiv und Verb schreibt man getrennt, wenn das Adjektiv erweiterbar ist: *Die Blumen haben (strahlend) weiß geblüht.* § 34 E3 (3)
Mit großem Anfangsbuchstaben schreibt man substantivierte Adjektive: *das Weiße; aus Schwarz Weiß machen.* § 57 (1)
Ebenso Eigennamen: *eine Berliner Weiße* (= Getränk); *das Weiße Haus; der Weiße Nil; der Weiße Sonntag.* § 60 (3.4)
Kleingeschrieben wird hingegen in festen Gefügen, die keine Eigennamen sind: *ein weißer Fleck auf der Landkarte; der weiße Sport* (= Tennis); *der weiße Tod* (= Lawinentod); *die weiße Kohle* (= Elektrizität); *eine weiße Weste haben; die weiße Fahne hissen.* § 63

weiß **1.** *Kleinschreibung:* weiße Blutzellen; die weiße Fahne hissen; weißer Kreis; weiße Magie; der weiße Sport: Tennis; ein weißer Rabe *übertr.:* eine Ausnahmeerscheinung; weiße Rasse; der weiße Tod: Lawinentod; eine weiße Weste haben *ugs.:* schuldlos sein; etwas schwarz auf weiß besitzen: schriftlich besitzen; weiß gekleidete Kinder; weiß blühende Rosen; weiß glühen, kalken, tünchen, waschen; *aber:* weißglühen, -kalken, -tünchen, -waschen; **2.** *Großschreibung:* aus Schwarz Weiß machen (wollen); eine Weiße: Berliner Biergetränk; Weiße Ameise; das Weiße Haus: Regierungsgebäude der USA in Washington; Weißes Meer; Weiße Rose: Name einer Widerstandsgruppe gegen den Nationalsozialismus; Weißer Sonntag: Sonntag nach Ostern
Weiß *n. Gen. - nur Sg.* weiße Farbe, vgl. Blau
weis|sa|gen *tr. 1* voraussagen, prophezeien; er hat es geweissagt
Weis|sa|gung *f. 10*
Weiß|bier *n. 1*
Weiß|bin|der *m. 5* Böttcher
Weiß|blech *n. 1* verzinntes Eisenblech
weiß|blond
weiß blü|hend (*alt:* weiß|blühend)
Weiß|blu|ten *s., nur in der Wendung* bis zum W.: bis zum Letzten
weiß|blü|tig an Leukämie leidend
Weiß|blü|tig|keit *f. 10 nur Sg.* = Leukämie
Weiß|brot *n. 1*
Weiß|buch *n. 4* vgl. Farbbuch
Weiß|bu|che *f. 11* = Hainbuche
Weiß|dorn *m. 1* ein Strauch, Hagedorn
Wei|ße *f. 11* **1.** *nur Sg.* Weißsein, weißes Aussehen; **2.** Weißbier, *in der Fügung* Berliner Weiße
wei|ßeln *tr. 1, süddt., österr., schweiz.:* weißen; ich weißele, weißle das Zimmer
wei|ßen *tr. 1* weiß tünchen
Wei|ße(r) *m. 18 (17) bzw. f. 17 oder 18* Angehörige(r) der weißen Rasse
Weiß|fisch *m. 1* Karpfenfisch
Weiß|fluss (*alt:* Weiß|fluß) *m. 2 nur Sg.* gelblich weißer Ausfluss aus der weiblichen Scheide
weiß ge|klei|det (*alt:* weiß|ge|kleidet)
weiß|gelb hell-, blassgelb
Weiß|ger|ber *m. 5, früher:* Gerber, der feines Leder herstellt
Weiß|ger|be|rei *f. 10*
weiß|glü|hen *tr. 1, fachsprachl.:* (Metall) so stark erhitzen, dass es weißlich leuchtet; vgl. weiß
Weiß|glut *f. 10 nur Sg.; auch übertr. ugs.:* höchster Zorn; jmdn. bis zur W. bringen
weiß|grau hell-, blassgrau
weiß|haa|rig
Weiß|herbst *m. 1* sehr heller Rotwein
weiß|kal|ken *tr. 1* vgl. weiß
Weiß|kä|se *m. 5* Quark
Weiß|kohl *m. 1 nur Sg.*
Weiß|kraut *n. 4 nur Sg.*
weiß|lich
Weiß|ling *m. 1* **1.** ein Schmetterling; **2.** ein karpfenartiger Fisch, Wittling
weiß|nä|hen *tr. 1* Wäsche nähen und ausbessern
Weiß|nä|he|rin *f. 10*
Weiß|rus|se *m. 11* = Belorusse
Weiß|russ|land, *amtl.:* Be|la|rus Staat in Osteuropa
Weiß|sti|cke|rei *f. 10* Stickerei in weißer Wäsche
Weiß|sucht *f. Gen. - nur Sg.* = Albinismus
weiß|tün|chen *tr. 1* vgl. weiß
Weiß|wa|re *f. 11 meist Pl.* weiße Stoffe oder Wäsche

W

weiß|wa|schen *tr. 174, nur im Infinitiv und Partizip II, übertr.:* von einem Verdacht befreien; er hat sich, ihn weißgewaschen; vgl. weiß
Weiß|wein *m. 1*
Weiß|wurst *f. 2* Wurst aus Kalbfleisch
Weiß|zeug *n. 1* Weißwaren
Weis|tum *n. 4* **1.** *MA:* Rechtsauskunft kundiger Männer; **2.** *danach:* schriftl. Sammlung von Rechtssprüchen der Dorfältesten oder Schöffen
Wei|sung *f. 10*
Wei|sungs|be|fug|nis *f. 1*
wei|sungs|be|rech|tigt
wei|sungs|ge|bun|den
wei|sungs|ge|mäß

das Weite, des Weiteren, ohne weiteres: Die substantivierte Form schreibt man mit großem Anfangsbuchstaben: *das Weite suchen; sich ins/in die Weite verlieren; im/des Weiteren erklärte der Minister …; ein Weiteres; alles Weitere.* § 57 (1)
Einige feste Fügungen aus Präposition und dekliniertem oder nicht dekliniertem Adjektiv schreibt man hingegen klein: *von weitem; bei weitem; ohne weiteres* (österr.: *ohneweiters*); *bis auf weiteres.* § 58 (3)

weit **1.** *Kleinschreibung:* weit und breit; weit hinaus; bei weitem; von weitem; **2.** *Großschreibung:* das Weite suchen: ausreißen, davonlaufen; sich ins Weite verlieren; **3.** *in Verbindung mit Verben meist Getrenntschreibung:* weit laufen, springen, sein; *aber:* weitspringen; (es) weit bringen; zu weit gehen; du wirst es noch so weit treiben, dass …; *aber:* soweit; wie weit ist es noch?; *aber:* wieweit; **4.** *in Verbindung mit Partizipien:* weit (weiter, am weitesten) blickend *oder:* weitblickend, weitblickender, am weitblickendsten; weit (weiter, am weitesten) gehende *oder:* weitgehende, weitergehendere Forderungen; ein weit gereister Mann; er ist in seinem Leben weit gereist; eine weit hergeholte Erklärung; weit (weiter) reichende *oder:* weitreichende Vollmachten; eine weit schauende Bestimmung; weit (weiter) tragende Konsequenzen *oder:* weittragendere Konsequenzen; ein weit verbreiteter Irrtum; eine weit verzweigte Verwandtschaft; vgl. weiter
weit|ab
weit|aus bei weitem, viel; w. besser, größer
Weit|blick *m. 1 nur Sg.*
weit|bli|ckend = **weit bli|ckend** vgl. weit
Wei|te *f. 11*
wei|ten *tr. u. refl. 2*
wei|ter **1.** *Kleinschreibung:* ohne weiteres, *österr.:* ohneweiters; bis auf weiteres; **2.** *Großschreibung:* im Weiteren (= weiterhin) erklärte er …; das Weitere, alles Weitere wirst du noch hören; ich möchte noch ein Weiteres (= einen weiteren Umstand) dazu sagen; und damit war ich des Weiteren (= der weiteren Aufgaben, Pflichten) enthoben; **3.** *in Verbindung mit Verben Getrenntschreibung in der Bedeutung:* a) über eine größere Entfernung, z. B. weiter laufen, fliegen, springen (als …); b) weiterhin, z. B. jmdn. weiter unterstützen; **4.** *Zusammenschreibung in der Bedeutung:* a) fortfahren zu …, z. B. weiterarbeiten; b) an einen anderen Ort, voran, vorwärts (auch im übertragenen Sinn), z. B. weiterkommen; c) einer anderen Person, anderen Personen, z. B. weitererzählen, weitergeben
wei|ter|ar|bei|ten *intr. 2;* ich muss schnell weiterarbeiten; *aber:* ich nehme keinen Urlaub und werde weiter arbeiten (= weiterhin)
wei|ter|be|för|dern *tr. 1*
Wei|ter|be|för|de|rung *f. 10 nur Sg.*
wei|ter|be|schäf|ti|gen *tr. 1* das Arbeitsverhältnis fortsetzen
wei|ter|be|ste|hen = **wei|ter be|ste|hen** *intr. 151*
wei|ter|bil|den *tr. 2*
Wei|ter|bil|dung *f. 10*
wei|ter|brin|gen *tr. 21*
wei|ter|emp|feh|len *tr. 27;* ich werde dich weiterempfehlen; *aber:* ich werde dich weiter empfehlen (= weiterhin)
wei|ter|ent|wi|ckeln *tr. 1*
Wei|ter|ent|wick|lung *f. 10 nur Sg.*
wei|ter|er|zäh|len *tr. 1*
wei|ter|fah|ren *intr. 32; schweiz. auch:* fortfahren, nicht aufhören
Wei|ter|fahrt *f. 10 nur Sg.*
wei|ter|flie|gen *intr. 38;* nach Rom w.
Wei|ter|flug *m. 2 nur Sg.;* zum W. nach Rom
wei|ter|füh|ren *tr. 1;* weiterführende Literatur
Wei|ter|ga|be *f. 11 nur Sg.;* zur W. an Herrn X.
wei|ter|ge|ben *tr. 45*

weitergehen — weiter gehen: Fügungen aus Partikeln, Adjektiven oder Substantiven mit Verben schreibt man im Infinitiv, in den Partizipien sowie am Ende eines Nebensatzes zusammen: *Das könnte so weitergehen.* § 34 (1)
Aber: Ist der erste Teil des Gefüges als selbständiges Adverb mit räumlicher oder zeitlicher Bedeutung erkennbar, schreibt man getrennt: *Er ist weiter gegangen, als er eigentlich wollte; er wollte die Strecke lieber weiter* (= *weiterhin*) *gehen, nicht fahren.* § 34 E3 (3)

wei|ter|ge|hen *intr. 47;* die Geschichte ist so weitergegangen; *aber:* ich bin weiter gegangen als du; weitergehend
wei|ter|hel|fen *intr. 66;* kann ich dir weiterhelfen?; *aber:* ich werde dir auch weiter helfen (= weiterhin)
wei|ter|hin
wei|ter|klin|gen *intr. 69*
wei|ter|kom|men *intr. 71;* ich bin mit der Sache noch nicht weitergekommen; vgl. weiter
wei|ter|kön|nen *intr. 72*
wei|ter|lau|fen *intr. 76;* die Zahlungen werden w.; er ist einfach weitergelaufen
wei|ter|le|ben *intr. 1*
wei|ter|lei|ten *tr. 2*
Wei|ter|lei|tung *f. 10 nur Sg.*
wei|ter|ma|chen *intr. 1, ugs.:* nicht aufhören; *aber:* ich muss das Kleid weiter machen
Wei|ter|rei|se *f. 11 nur Sg.*
wei|ter|rei|sen *intr. 1;* nach Rom w.; vgl. weiter
wei|ters *österr.:* weiterhin, ferner
wei|ter|sa|gen *tr. 1;* du darfst es niemandem w.; *aber:* ich will dazu nichts weiter sagen
wei|ter|se|hen *intr. 136;* beende erst diese Aufgabe, dann wird man weitersehen; *aber:* mit dieser Brille kann ich weiter sehen

W

wei|ter|schi|cken *tr. 1*
wei|ter|spie|len *intr. 1*
wei|ter|tö|nen *intr. 1*
Wei|te|rung *f. 10* (sich aus etwas ergebende Schwierigkeit)
wei|ter|ver|ar|bei|ten *tr. 2*
wei|ter|ver|brei|ten *tr. 2*
Wei|ter|ver|kauf *m. 2*
wei|ter|ver|kau|fen *tr. 1*
wei|ter|ver|mie|ten *tr. 2*
wei|ter|wol|len *intr. 1*
wei|ter|zah|len *tr. 1*
wei|ter|zie|hen *intr. 187*
weit|ge|hend = **weit ge|hend** vgl. weit
weit ge|reist (*alt:* weit|ge|reist)
weit|her; von w.; *auch:* von weit her
weit her|ge|holt (*alt:* weit|her|geholt)
weit|her|zig großzügig
weit|hin; sein Geschrei war w. zu hören
weit hin|aus *auch:* **weit hi|naus** (*alt:* weit|hin|aus)
weit|läu|fig
Weit|läu|fig|keit *f. 10 nur Sg.*
weit|ma|schig
weit|räu|mig
weit|rei|chend = **weit rei|chend**
weit|schau|end = **weit schau|end**
weit|schwei|fig zu ausführlich
Weit|schwei|fig|keit *f. 10 nur Sg.*
Weit|sicht *f. 10 nur Sg.* Fähigkeit, Zukünftiges vorauszusehen und zu beurteilen
weit|sich|tig
Weit|sich|tig|keit *f. 10 nur Sg.* ein Sehfehler
weit|sprin|gen *intr. 148;* ich springe weit, bin weitgesprungen (als sportl. Übung); *aber:* ich bin sehr weit gesprungen
Weit|sprung *m. 2*
weit|tra|gend = **weit tra|gend**
Wei|tung *f. 10 nur Sg.*
weit ver|brei|tet (*alt:* weit|verbrei|tet)

> **weit verzweigt:** Fügungen aus einem Adjektiv und einem Verb/Partizip werden getrennt geschrieben, wenn das Adjektiv steigerbar oder erweiterbar ist: *ein weit verzweigtes Netz von Käufern, sie hatten weit reichende Pläne.* Ebenso: *weit gehend,* auch: *weitgehend, weit verbreitet.* § 34 E3 (3)

weit ver|zweigt (*alt:* weit|verzweigt)

Wei|zen *m. 7*
Wei|zen|bier *n. 1*
Wei|zen|brot *n. 1*
Wei|zen|keim|öl *n. 1*
Wei|zen|kleie *f. 11 nur Sg.*
Wei|zen|mehl *n. 1*
welch(e, -r, -s) 1. *Interrogativpronomen:* was für; welches Kleid nimmst du?; welchen Tieres *oder:* welches Tieres Spur ist das?; welch ein Wunder!; welches Wunder!; **2.** *Indefinitpronomen:* einiges, einige; ich habe kein Geld bei mir, hast du welches?; ich habe welche gesehen; **3.** *Relativpronomen, veraltend:* der, die, das; das Tier, welches ...; *Flexion* vgl. manch
wel|cher|art *veraltet:* was für; w. Neigung, Vorliebe; *aber:* (von) welcher Art seine Neigung sein mag
wel|cher|ge|stalt *veraltet:* = welcherart
wel|cher|lei
Welf *m. 10* **1.** *auch: n. Gen.* -(e)s *Pl.* -er = **Wel|pe; 2.** s. **Wel|fe**
Wel|fe *m. 11,* Welf *m. 10* Angehöriger eines dt. Fürstengeschlechts
wel|fisch
welk
wel|ken *intr. 1*
Welk|heit *f. 10 nur Sg.*
Well|blech *n. 1* verzinktes, wellig geformtes Eisenblech
Wel|le *f. 11*
wel|len *tr. u. refl. 1*
Wel|len|bad *n. 4*
Wel|len|be|reich *m. 1*
Wel|len|berg *m. 1*
Wel|len|bre|cher *m. 5*
Wel|len|gang *m. 2 nur Sg.;* hoher W.
Wel|len|kamm *m. 2*
Wel|len|län|ge *f. 11*
Wel|len|li|nie *f. 11*
Wel|len|rei|ten *n. Gen.* -s *nur Sg.* = Surf, Surfing
Wel|len|schlag *m. 2*
Wel|len|sit|tich *m. 1* ein kleiner, austral. Papagei
Wel|len|tal *n. 4*
Wel|ler *m. 5* Mischung aus Lehm oder Ton und Stroh zum Ausfüllen von Fachwerk
wel|lern *tr. 1* mit Weller ausfüllen
Well|fleisch *n. Gen.* -(e)s *nur Sg.* gekochtes Fleisch vom frisch geschlachteten Schwein
wel|lig
Wel|ling|ton [wɛlıŋtən] Hauptstadt von Neuseeland

Well|ness [engl.] *f. Gen. - nur Sg.* durch leichte körperl. Betätigung erzieltes Wohlbefinden
Well|pap|pe *f. 11*
Wel|lung *f. 10 nur Sg.*
Welp *m. 12,* **Wel|pe** *m. 11* Junges (vom Hund), Welf
Wels *m. 1* ein Süßwasserfisch, Waller
welsch 1. aus Welschland stammend; **2.** *schweiz. für* welschschweizerisch; die welsche Schweiz *schweiz.:* die frz. Schweiz; **3.** *übertr. veraltet:* fremdländisch
Welsch|kohl *m. Gen.* -s *nur Sg.* Wirsing
Welsch|korn *n. 4 nur Sg.* = Mais
Welsch|kraut *n. Gen.* -s *nur Sg.* Wirsing
Welsch|land *n. Gen.* -s *nur Sg., veraltet:* Italien, *auch:* Frankreich
Welsch|schwei|zer *m. 5* Schweizer mit frz. Muttersprache
welsch|schwei|ze|risch zur frz. Schweiz gehörend, aus ihr stammend
Welt *f. 10;* die Dritte Welt
Welt|all *n. Gen.* -s *nur Sg.*
Welt|al|ter *n. 5* Abschnitt der Weltgeschichte
welt|an|schau|lich
Welt|an|schau|ung *f. 10*
Welt|aus|stel|lung *f. 10*
Welt|bank *f. 10 nur Sg.*
welt|be|kannt
welt|be|rühmt
Welt|best|leis|tung *f. 10, Sport*
welt|be|we|gend; das ist nicht w.; ein weltbewegendes Ereignis; *aber:* ein die ganze Welt bewegendes Ereignis
Welt|bild *n. 3*
Welt|brand *m. 2, poet. für* Weltkrieg
Welt|bür|ger *m. 5*
Welt|bür|ger|tum *n. Gen.* -s *nur Sg.*
Welt|cup [-kʌp] *m. 9, Sport:* Pokal bei Weltmeisterschaftswettkämpfen
Wel|ten|bumm|ler *m. 5* jmd., der viel in der Welt umherreist
welt|er|schüt|ternd
welt|fern
Welt|flucht *f. 10 nur Sg.*
welt|fremd
Welt|fremd|heit *f. 10 nur Sg.*
Welt|frie|de *m. 15*
Welt|frie|dens|be|we|gung *f. 10 nur Sg.*
Welt|geist|li|cher *m. 5* Geistlicher, der nicht dem Klosterstand an-

W

gehört, Weltpriester, Leutpriester, Säkularkleriker
Welt|gel|tung *f. 10 nur Sg.*
Welt|ge|schich|te *f. 11 nur Sg.*
welt|ge|schicht|lich
welt|ge|wandt
Welt|ge|wandt|heit *f. 10 nur Sg.*
Welt|ge|werk|schafts|bund *m. 2 nur Sg.*
welt|größ|te(r, -s)
Welt|han|del *m. Gen. -s nur Sg.*
Welt|herr|schaft *f. 10 nur Sg.*
Welt|kar|te *f. 11*
Welt|kennt|nis *f. 1 nur Sg.*
Welt|kind *n. 3* am Leben und an den Lebensgenüssen sich freuender Mensch
Welt|klas|se *f. 11 nur Sg.*
welt|klug
Welt|krieg *m. 1;* Erster, Zweiter W.
Welt|ku|gel *f. 11*
Welt|lauf *m. 2 nur Sg.*
welt|lich
Welt|li|te|ra|tur *f. 10 nur Sg.*
Welt|macht *f. 2*
Welt|mann *m. 4*
welt|män|nisch
Welt|markt *m. 2 nur Sg.*
Welt|meer *n. 1* Ozean
Welt|meis|ter *m. 5*
Welt|meis|ter|schaft *f. 10*
welt|of|fen
Welt|ord|nung *f. 10*
Welt|po|li|tik *f. 10 nur Sg.*
welt|po|li|tisch
Welt|post|ver|ein *m. 1 nur Sg.* internationaler Verein zur Regelung des Postverkehrs
Welt|pries|ter *m. 5* = Weltgeistlicher
Welt|rang|lis|te *f. 11*
Welt|raum *m. 2 nur Sg.*
Welt|raum|fah|rer *m. 5*
Welt|raum|fahrt *f. 10*
Welt|raum|fahr|zeug *n. 1*
Welt|raum|for|schung *f. 10*
Welt|raum|son|de *f. 11*
Welt|raum|sta|ti|on *f. 10*
Welt|reich *n. 1*
Welt|rei|se *f. 11*
Welt|re|kord *m. 1*
Welt|ruf *m. 1 nur Sg.;* eine Firma von W.; die Firma hat W.
Welt|ruhm *m. Gen. -(e)s nur Sg.*
Welt|schmerz *m. 12 nur Sg.* Trauer über den Widerspruch zwischen dem eigenen Wollen und den Gegebenheiten der Welt
welt|schmerz|lich
Welt|see|le *f. 11 nur Sg., in Philosophien:* geistig-seelischer Urgrund der Welt
Welt|si|cher|heits|rat *m. 2 nur Sg.* wichtigstes, ständig tagendes Organ der UNO
Welt|spra|che *f. 11*
Welt|stadt *f. 2*
welt|städ|tisch
Welt|teil *m. 1* Erdteil
Welt|um|se|ge|lung, Welt|um|seg|lung *f. 10*
welt|um|span|nend; eine weltumspannende Entwicklung; *aber:* eine die ganze Welt umspannende Entwicklung
Welt|un|ter|gang *m. 2 nur Sg.*
Welt|ver|band *m. 2;* der W. Deutschsprachiger Journalisten
Welt|ver|bes|se|rer *m. 5*
welt|weit
Welt|wirt|schaft *f. 2 nur Sg.*
Welt|wirt|schafts|kri|se *f. 11*
Welt|wun|der *n. 5;* die sieben W. *im Altertum:* sieben (nicht immer einheitlich angegebene) außergewöhnl. Bau- und Kunstwerke
wem *Dativ von* wer
wen *Akk. von* wer
Wen|de **1.** *f. 11* Drehung, Wandlung; **2.** *m. 11* Angehöriger eines westslaw. Volkes
Wen|de|hals *m. 2* **1.** ein Specht; **2.** *übertragen abwertend für* einen Menschen, der sich politischen Änderungen rasch anpasst (bes. nach der »Wende« 1989 in der DDR)
Wen|de|kreis *m. 1*
Wen|del *m. 5* schrauben-, spiralförmiges Gebilde
Wen|del|trep|pe *f. 11* spiralig verlaufende Treppe
wen|den **1.** *tr. 178;* ich wandte *oder:* wendete den Kopf; ich wandte *oder:* wendete mich an ihn; *aber nur:* ich habe Heu gewendet; es hat sich alles zum Guten gewendet; ich habe den Rock gewendet; **2.** *intr. 2* umkehren, kehrtmachen
Wen|de|punkt *m. 1*
wen|dig flink, behände, beweglich
Wen|dig|keit *f. 10 nur Sg.*
wen|disch zu den Wenden (2) gehörend, von ihnen stammend
Wen|dung *f. 10;* W. zum Besseren
we|nig; ein (klein) wenig; ein weniges; das wenige *oder:* Wenige; einiges wenige *oder:* Wenige; man kann mit wenig(em) *oder:* Wenig(em) auskommen; es gibt nur wenige, die meinen …; er spricht nur wenig Deutsch; wenig Neues; wenig Zeit haben; mit wenigem Neuen, *Flexion* vgl. manch; das ist wenig schön; das ist das wenigste, was ich erwarten kann; die wenigsten wissen das; zum wenigsten drei: mindestens drei; eine wenig befahrene Straße; ein wenig gelesenes Buch

wenig befahren/gelesen, die wenigsten: Die Fügung aus Adjektiv und Verb/Partizip schreibt man getrennt, wenn der erste Bestandteil des Gefüges eine Ableitung auf *-ig* (oder *-isch* bzw. *-lich*) ist: *eine wenig befahrene Strecke; das wenig gelesene Buch.* § 36 E1 (2)
Das Zahladjektiv *wenig* (ebenso: *viel, der eine/andere*) schreibt man auch in substantivierter Form klein: *Es war nur noch weniges zu gebrauchen. Die wenigsten kannten den Dichter.*
Ebenso: *die wenigen, ein wenig, das wenige, das wenigste.* § 58 (5), § 58 E4
Bei besonderer Betonung oder Wertung ist aber auch die Großschreibung erlaubt: *das Wenige, was du mir geschenkt hast, …* § 58 E4

we|nig be|fah|ren (*alt:* we|nig|be|fah|ren)
we|nig ge|le|sen (*alt:* we|nig|ge|le|sen)
We|nig|keit *f. 10 nur Sg.;* meine W. *ugs.:* ich
we|nigs|tens
wenn; wenn auch; wenn möglich; er setzt allem ein Wenn und ein Aber entgegen; viele Wenn und Aber
Wen|zel *m. 5, im dt. Kartenspiel:* Bube, Unter
wer **1.** *Interrogativpronomen;* wer ist das?; wer anders soll es sein?; **2.** *Indefinitpronomen, ugs.:* jemand; es ist wer gekommen; **3.** *Relativpronomen;* ich weiß nicht, wer es war
Wer|be|a|gen|tur *f. 10*
Wer|be|brief *m. 1*
Wer|be|chef [-ʃɛf] *m. 9*
Wer|be|fern|se|hen *n. Gen. -s nur Sg.*
Wer|be|film *m. 1*
Wer|be|kam|pa|gne *auch:* **Wer|be|kam|pag|ne** [-panjə] *f. 11*
wer|be|kräf|tig

W

Wer|be|lei|ter *m. 5*
wer|ben *intr. 179;* für etwas w.
Wer|ber *m. 5*
wer|be|risch
Wer|be|schrift *f. 10*
Wer|be|slo|gan [-slougən] *m. 9*
Wer|be|spot *m. 9*
Wer|be|text *m. 1*
Wer|be|tex|ter *m. 5*
Wer|be|trom|mel *f. 11, nur in der Wendung* die W. rühren: werben
wer|be|wirk|sam
Wer|be|wirk|sam|keit *f. 10 nur Sg.*
werb|lich
Wer|bung *f. 10*
Wer|bungs|kos|ten *nur Pl.*
Wer|da|ruf *m. 1* der Ruf »Wer da?« des Postens
Wer|de|gang *m. 2 nur Sg.*
wer|den *tr. 180;* werdende Mutter; die Sache ist im Werden
Wer|der *m. 5* **1.** Insel im Fluss; **2.** Landstrich zwischen Fluss und stehendem Gewässer
wer|fen *tr. 181;* ein Tier wirft Junge: bringt Junge zur Welt
Wer|fer *m. 5*
Werft **1.** *f. 10* Anlage zum Bauen und Ausbessern von Schiffen; **2.** *m. 1* Kette (eines Gewebes)
Werg *n. 1 nur Sg.* Abfall bei der Hanf- und Flachsspinnerei
Wer|geld *n. 3, germ. Recht:* Sühnegeld für einen Totschlag, Manngeld
Werk *n. 1;* ans Werk gehen, sich ans Werk machen: eine Arbeit beginnen; etwas ins Werk setzen: verwirklichen; vorsichtig zu Werk gehen: vorsichtig vorgehen
Werk|bank *f. 2* Arbeitstisch (in der Fabrik)
Werk|bü|che|rei, Werks|bü|che|rei *f. 10*
werk|ei|gen, werks|ei|gen betriebseigen
Wer|kel *n. 5, österr.:* Leierkasten, Drehorgel
Wer|kel|mann *m. 4, österr.:* Leierkastenmann, Drehorgelspieler
wer|keln *intr. 1* sich zu schaffen machen; ich werkele, werkle im Garten
Wer|kel|tag *m. 1* Werktag
wer|ken *intr. 1* (bes. praktisch) arbeiten, tätig sein
Wer|ken *n. Gen.* -s *nur Sg.* Werkunterricht
Werk|füh|rer *m. 5* = Werkmeister
werk|ge|recht kunstgerecht, regelrecht
werk|ge|treu den Absichten des Komponisten entsprechend; werkgetreue Wiedergabe
Werk|hal|le, Werks|hal|le *f. 11*
Werk|leu|te *nur Pl.*
Werk|meis|ter *m. 5* Leiter einer Werkstatt oder Abteilung eines Werkes, Werkführer
werks…, Werks… vgl. auch werk…, Werk…
Werks|bü|che|rei, Werk|bü|che|rei *f. 10*
werks|ei|gen, werkeigen
Werks|hal|le, Werkhalle *f. 11*
Werks|kü|che *f. 11*
Werk|spi|o|na|ge [-ʒə] *f. 11 nur Sg.*
Werk|statt *f. Gen.* - *Pl.* -stät|ten
Werk|stät|te *f. 11* = Werkstatt
Werk|stoff *m. 1* fester Rohstoff, z. B. Holz, Stein, Leder
Werk|stoff|hof *m. 2*
Werk|stück *n. 1*
Werk|stu|dent *m. 10*
Werks|woh|nung *f. 10*
Werk|tag *m. 1* Wochentag; an Werk- und Feiertagen
werk|täg|lich
werk|tags; *aber:* des, eines Werktags; werk- und feiertags
werk|tä|tig arbeitend, berufstätig
Werk|tä|ti|ge(r) *m. 18 (17) bzw. f. 17 oder 18*
Werk|tä|tig|keit *f. 10 nur Sg.*
Werk|treue *f. 11 nur Sg.;* werkgetreue Auffassung oder Wiedergabe (eines Musikstücks)
Werk|un|ter|richt *m. 1 nur Sg.*
Werk|ver|trag *m. 2* Vertrag zur Herstellung und Lieferung eines bestimmten Werkes
Werk|zeug *n. 1*
Werk|zeug|kas|ten *m. 7*
Wer|mut *m. Gen.* -s *nur Sg.* **1.** eine Gewürz- und Heilpflanze; **2.** *kurz für* Wermutwein
Wer|muts|trop|fen *m. 7, übertr.:* etwas Schmerzliches, ein wenig Bitterkeit
Wer|mut|wein *m. 1* mit Wermut gewürzter Wein
Wer|ner, Wern|her männl. Vorname
Werst [russ.] *f. Gen.* - *Pl.* - russ. Längenmaß, etwa 1 km
Wert *m. 1* Wert legen auf
wert; werter Herr X. *veraltete Anrede im Brief;* er ist mir lieb und wert; das ist nicht der Mühe wert; jmdn. seines Vertrauens für wert halten; *aber:* → werthalten; etwas für wert erachten
Wert|ar|beit *f. 10* genaue, sorgfältige Arbeit
wert|be|stän|dig
Wert|be|stän|dig|keit *f. 10 nur Sg.*
Wert|brief *m. 1*
wer|ten *tr. 2*
Wert|fracht *f. 10*
wert|hal|ten *tr. 61;* ein Andenken w.; vgl. wert
…wer|tig *in Zus.,* z. B. ein-, zwei-, hoch-, minderwertig
Wer|tig|keit *f. 10 nur Sg.* = Valenz
Wert|leh|re *f. 11 nur Sg.* = Wertphilosophie
wert|los
Wert|lo|sig|keit *f. 10 nur Sg.*
Wert|mar|ke *f. 11* Gutschein
Wert|mes|ser *m. 5*
Wert|pa|ket *n. 1*
Wert|pa|pier *n. 1*
Wert|phi|lo|so|phie *f. 11 nur Sg.* philosoph. Lehre, die sich mit dem ethischen Verhältnis zwischen Subjekt und Umwelt befasst, Wertlehre
Wert|sa|chen *Pl.*
wert|schät|zen *tr. 1, selten:* ich schätze ihn wert, habe ihn wertgeschätzt
Wert|schät|zung *f. 10 nur Sg.*
wert|schöp|fend
Wert|stoff *m. 1*
Wert|stoff|samm|lung *f. 10*
Wer|tung *f. 10 nur Sg.*
Wert|ur|teil *n. 1*
wert|voll
Wert|zu|wachs [-ks] *m. Gen.* -es *nur Sg.*
Wer|wolf *m. 2, im Volksglauben:* Mensch, der sich zeitweilig in einen Wolf verwandelt
wes *veraltete Form von* wessen; *noch in bestimmten Wendungen:* wes das Herz voll ist, des geht der Mund über; wes Brot ich ess, des Lied ich sing; ich will wissen, wes Geistes Kind er ist: wie ich ihn einschätzen muss
we|sen *intr. 1, veraltet:* (als Kraft) tätig, wirksam sein
We|sen *n. 7* **1.** Lebewesen; **2.** *nur Sg.* Sosein, Eigenart, Wesenheit; (nicht) viel Wesens um etwas oder jmdn. machen
we|sen|haft
We|sen|heit *f. 10 nur Sg.* = Wesen (2)
we|sen|los
We|sens|art *f. 10 nur Sg.*
we|sens|ei|gen
we|sens|fremd
we|sens|gleich
We|sens|gleich|heit *f. 10 nur Sg.*
We|sens|zug *m. 2*

W

im Wesentlichen: Das substantivierte Adjektiv schreibt man hier groß: *Im Wesentlichen beklagte er den wenig erfreulichen finanziellen Zustand der Firma* (alt: *im wesentlichen*). § 57 (1)
Ebenso: *das Wesentliche.*

we|sent|lich; im Wesentlichen; das Wesentliche; nichts Wesentliches
We|ser *f. Gen.* - Fluss in Nordwestdeutschland
wes|halb
We|sir [arab.-türk.] *m. 1, früher in islam. Staaten:* Minister
We|si|rat *n. 1* Amt eines Wesirs
Wes|ley|a|ner *auch:* **Wes|le|ya|ner** [wɛslia-, nach den engl. Theologen John und Charles Wesley] *m. 5, selten:* Methodist
Wes|pe *f. 11*
Wes|pen|nest *n. 3;* in ein W. stechen *übertr.:* die schwache Stelle (eines Menschen oder einer Gruppe) treffen und dadurch heftige Reaktionen hervorrufen
Wes|pen|tail|le [-taljə] *f. 11, ugs. scherzh.:* sehr schlanke Taille
wes|sen *Interrogativpronomen, Gen. von* wer; wessen Haus ist das?; mit wessen Auto bist du gefahren?
Wes|si *m. 9, ugs.:* Bewohner der alten Bundesländer; *Ggs.:* Ossi
West **1.** (*Abk.:* W) *in geograph. Angaben* = Westen; der Wind kommt aus *oder:* von West; der Konflikt zwischen Ost und West; **2.** *m. 1, poet.:* Westwind; ein milder West
West|ber|lin, West|ber|li|ner *m. 5* [auch: vest-]
west|deutsch; *aber:* Westdeutscher Rundfunk (*Abk.:* WDR)
Wes|te *f. 11*
Wes|ten *m. Gen.* -s *nur Sg.* **1.** (*Abk.:* W) Himmelsrichtung; nach, von Westen; **2.** die in Westeuropa gelegenen Gebiete; *auch:* die westlichen (d. h. nicht kommunist.) Länder; **3.** westl. Teil, westl. Gebiet; im W. der Stadt
Wes|tern *m. 7* = Wildwestfilm
Wes|ter|wald *m. 4* Teil des Rheinischen Schiefergebirges
West|eu|ro|pa
west|eu|ro|pä|isch; Westeuropäische Union (*Abk.:* WEU); westeuropäische Zeit (*Abk.:* WEZ)
West|fa|le *m. 11*
West|fa|len
West|fä|lin *f. 10*

der westfälische Schinken, der Westfälische Frieden: In substantivischen Wortgruppen, die zu festen Fügungen geworden, aber keine Eigennamen sind, schreibt man das Adjektiv klein: *der westfälische Schinken.*
§ 63
Dagegen schreibt man einzelne Adjektive in Wortgruppen groß, wenn es sich um Eigennamen handelt: *der Westfälische Frieden.* Ebenso: *der Zweite Weltkrieg.*
§ 64 (4)

west|fä|lisch; der westfälische Schinken; *aber:* die Westfälische Pforte; der Westfälische Frieden
West|ger|ma|ne *m. 11*
west|ger|ma|nisch
West|go|te *m. 11* Angehöriger eines der beiden got. Volksstämme
west|go|tisch
West|in|di|en *Bez. für* die karibischen Inseln, Antillen und Bahamas
west|in|disch; *aber:* die Westindischen Inseln
West|jor|dan|land *n. 4 nur Sg.,* West|bank [wɛstbæŋk, engl.] *f. Gen.* - westl. des Jordans gelegenes Gebiet in Palästina
Wes|tler *m. 5, ugs.:* jmd., der aus den alten Bundesländern stammt
west|lich *mit Gen.;* westlich der Stadt; westlich Berlins, westlich von Berlin; 10 Grad westlicher Länge (*Abk.:* w. L.): auf dem 10. Längengrad westlich des Nullmeridians von Greenwich
West|mäch|te *Pl.* Großbritannien, Frankreich und die USA
West|nord|west **1.** (*Abk.:* WNW) *in geograph. Angaben* = Westnordwesten; **2.** *m. 1* Wind aus Westnordwest
West|nord|wes|ten *m. Gen.* -s *nur Sg.* (*Abk.:* WNW) Himmelsrichtung zwischen Westen und Nordwesten
west|öst|lich von Westen nach Osten (verlaufend); Westen u. Osten betreffend
West|o|ver *auch:* **Wes|to|ver** [-ovə(r), engl.] *m. 5* ärmelloser Pullover
West|punkt *m. 1* westl. Schnittpunkt des Meridians mit dem Horizont; *Ggs.:* Ostpunkt
West|rom
west|rö|misch; *aber:* Weströmisches Reich
West|sa|ha|ra von Marokko verwaltetes Gebiet im Nordwesten Afrikas
West|sa|moa Staat im Pazif. Ozean, vgl. Samoa
West|süd|west **1.** (*Abk.:* WSW) *in geograph. Angaben* = Westsüdwesten; **2.** *m. 1* Westsüdwestwind
West|süd|wes|ten *m. Gen.* -s *nur Sg.* (*Abk.:* WSW) Himmelsrichtung zwischen Westen und Südwesten
West|teil *m. 1;* der W. einer Stadt
West Vir|gi|nia [engl.: wɛst vəd͡ʒinjə] (*Abk.:* WV) Staat der USA
west|wärts
West|wind *m. 1*
wes|we|gen
wett quitt; wir sind wett
Wettau|chen (-tt|t-) (*alt für:* Wett-tau|chen) *n. 7*
Wett|be|werb *m. 1*
Wett|be|wer|ber *m. 5*
wett|be|werbs|fä|hig
Wett|be|werbs|fä|hig|keit *f. 10*
Wett|bü|ro *n. 9*
Wet|te *f. 11;* um die Wette laufen
Wett|ei|fer *m. Gen.* -s *nur Sg.*
wett|ei|fern *intr. 1;* ich wetteifere, wetteifre mit ihm
wet|ten *intr. 2;* auf etwas w.; um etwas wetten
Wet|ter *n. 5* **1.** *nur Sg.* Zustand der Lufthülle der Erde und seine Veränderungen; **2.** Gewitter, Unwetter; es kommt ein Wetter; **3.** *meist Pl., Bgb.:* Gase in der Grube; schlagende W.: explosives Gasgemisch
Wet|ter|amt *n. 4*
Wet|ter|be|richt *m. 1*
wet|ter|be|stän|dig
wet|ter|be|stim|mend
Wet|ter|dach *n. 4*
Wet|ter|fah|ne *f. 11*
wet|ter|fest
wet|ter|füh|lig
Wet|ter|füh|lig|keit *f. 10 nur Sg.*
Wet|ter|füh|rung *f. 10 nur Sg., Bgb.:* Versorgung von Grubenbauen mit Frischluft
Wet|ter|glas *n. 4, volkstüml.:* Barometer
Wet|ter|hahn *m. 2* Wetterfahne in Form eines Hahns
Wet|ter|häus|chen *n. 7*
Wet|ter|kar|te *f. 11*
Wet|ter|kun|de *f. 11 nur Sg.* = Meteorologie

wet|ter|kun|dig über das Wetter Bescheid wissend
wet|ter|kund|lich zur Wetterkunde gehörend
Wet|ter|la|ge *f. 11*
wet|ter|leuch|ten *intr. 2, nur unpersönlich;* es wetterleuchtet: es blitzt, ohne dass Donner zu hören ist; es hat gewetterleuchtet
Wet|ter|leuch|ten *n. Gen.* -s *nur Sg.*
Wet|ter|man|tel *m. 6*
wet|tern *intr. 1* **1.** *unpersönlich;* es wettert: es ist ein Gewitter; **2.** energisch schelten; gegen etwas w.
Wet|ter|pro|gno|se *auch:* **Wet|ter|prog|no|se** *f. 11* Wettervorhersage
Wet|ter|pro|phet *m. 10*
Wet|ter|re|gel *f. 11*
Wet|ter|schacht *m. 2* der Wetterführung dienender Schacht
Wet|ter|scha|den *m. 8*
Wet|ter|schei|de *f. 11*
Wet|ter|sei|te *f. 11*
Wet|ter|strahl *m. 12, poet.:* Blitz
Wet|ter|sturz *m. 2*
Wet|ter|vor|her|sa|ge *f. 11*
Wet|ter|war|te *f. 11*
wet|ter|wen|disch *meist übertr.:* launisch
Wet|ter|wol|ke *f. 11*
Wett|fah|rer *m. 5*
Wett|fahrt *f. 10*
Wett|kampf *m. 2*
Wett|kämp|fer *m. 5*
Wett|lauf *m. 2*
wett|lau|fen *intr., nur im Infinitiv*
Wett|läu|fer *m. 5*

> **wettmachen:** Fügungen aus teilweise verblasstem Substantiv und Verb schreibt man im Infinitiv, Partizip und am Ende eines Nebensatzes zusammen: *Das hat er wettgemacht.* § 34 (3)

wett|ma|chen *tr. 1* wieder gutmachen, ausgleichen
wett|ren|nen *intr., nur im Infinitiv*
Wett|ren|nen *n. 7*
Wett|rüs|ten *n. 7 nur Sg.*
Wett|streit *m. 1*
wett|strei|ten *intr., nur im Infinitiv*
Wett|tau|chen *n. 7*
Wett|tur|nen (*alt:* Wettur|nen (-tt|t)) *n. 7*
wet|zen **1.** *tr. 1* schärfen, schleifen; **2.** *intr. 1, ugs.:* rennen
Wetz|stahl *m. 2*
Wetz|stein *m. 1*
WEU *Abk. für* Westeuropäische Union
Wey|den, *Rog(i)er van der* ndrl. Maler
Wey|mouths|kie|fer [weɪmaʊθ-, auch: vaimu:ts-, engl.], **Wei|muts|kie|fer** *f. 11* nach Lord Weymouth benannter Forstbaum
WEZ *Abk. für* westeurop. Zeit
WG *Abk. für* Wohngemeinschaft
Whig [wig, engl.] *m. 9, früher:* Angehöriger einer der beiden Parteien des Oberhauses im brit. Parlament; vgl. Tory
Whip [wip, engl.] *m. 9* = Einpeitscher
Whip|cord [wipkɔ:rd, engl.] *m. 9* ein schräg geripptes Kammgarngewebe
Whirl|pool [wə(r)lpu:l, engl.] *m. 9* Sprudelbecken
Whis|key [wiski, engl.] *m. 9* in Irland hergestellter Whisky
Whis|ky *m. 9* ein Branntwein aus Getreide oder Mais
Whis|ky|so|da *m. 9* Whisky mit Sodawasser
Whist [wist, engl.] *n. Gen.* -s *nur Sg.* ein Kartenspiel
Whit|worth|ge|win|de [witwə:θ-, nach dem engl. Erfinder Sir John Whitworth] *n. 9* ein Schraubengewinde
WHO *Abk. für engl.* World Health Organization: Weltgesundheitsorganisation
Who's who [hu:s hu, engl. »wer ist wer«] *n. Gen.* - - *Pl.* - -s Titel von biograf. Lexika
WI *Abk. für* Wisconsin (2)
wib|beln *intr. 1* die Frequenz einer elektr. Schwingung zur Vermessung der Resonanzkurve periodisch verändern
Wichs [viks] *m. 1* Festkleidung (der Verbindungsstudenten); in vollem W.
Wich|se [-ks-] *f. 11* **1.** Putzmittel (für Schuhe oder Parkett); **2.** *nur Sg., ugs.:* Prügel, Schläge
wich|sen [-ks-] *tr. 1* **1.** einreiben und glänzend machen; **2.** *vulg.:* onanieren
Wicht *m. 1* **1.** Kobold, Zwerg; **2.** kleiner Kerl, kleiner Junge; **3.** Schuft, gemeiner Mensch
Wich|te *f. 11* spezif. Gewicht
Wich|tel *m. 5,* **Wich|tel|männ|chen** *n. 7* Heinzelmännchen
wich|tig; alles Wichtige; etwas, nichts Wichtiges; ich habe Wichtigeres zu tun; sich w. machen; sich w. nehmen; w. sein; (sich) w. tun
Wich|tig|keit *f. 10*
Wich|tig|tu|er *m. 5*
Wich|tig|tu|e|rei *f. 10 nur Sg.*
wich|tig|tu|e|risch
Wi|cke *f. 11* ein Schmetterlingsblütler; in die Wicken gehen *ugs.:* verloren gehen
Wi|ckel *m. 5*
wi|ckeln *tr. 1;* ich wickele, wickle es
Wi|cke|lung, Wick|lung *f. 10*
Wi|cli|fit *auch:* **Wic|li|fit** *m. 10* Anhänger der Lehre des engl. Theologen John Wiclif
Wid|der *m. 5* **1.** männl. Schaf, Schafbock; **2.** *nur Sg.* ein Sternbild
Wid|der|chen *n. 7* ein Schmetterling, Blutströpfchen
Wid|der|punkt *m. 1* = Frühlingspunkt
wi|der *Präp. mit Akk.:* gegen; wider Erwarten; das ist wider die Abrede; wider Willen; das Für und Wider; *aber:* → wieder

> **das Für und Wider, widersprechen, widereinander arbeiten:** Substantivierte Präpositionen (sowie Adverbien, Konjunktionen und Interjektionen) schreibt man groß: *das Für und Wider einer Entscheidung erwägen.* § 57 (5)
> Ebenso: *das Hier und Jetzt.*
> Man schreibt zusammen: *widerfahren, widersetzen, widerspenstig, widersprechen, widerstreben, widerwärtig.* § 33 (3), § 36 (2)
> Dagegen wird nur im Infinitiv und den Partizipien zusammengeschrieben: *widerhallen* (= entgegenhallen), dementsprechend in den flektierten Formen getrennt. § 34 (1)
> Die Fügung aus zusammengesetztem Adverb und Verb schreibt man im Infinitiv, Partizip und am Ende eines Nebensatzes getrennt: *Sie mussten widereinander arbeiten/stoßen.* § 34 E3 (2)

wi|der… *in Zus.:* gegen…, entgegen…, zurück…, z. B. widerhallen, widerspiegeln; *aber:* → wieder…
wi|der|bors|tig
Wi|der|bors|tig|keit *f. 10 nur Sg.*

W

Wi|der|christ *m. 1* = Antichrist (2)
Wi|der|druck **1.** *m. 2* Gegendruck; **2.** *m. 1* das Bedrucken der Rückseite eines Druckbogens; *auch:* diese bedruckte Seite; *Ggs.:* Schöndruck
wi|der|ein|an|der *auch:* **wi|der|ei|nan|der** *veraltet:* gegeneinander; widereinander kämpfen; widereinander stoßen
wi|der|ein|an|der sto|ßen *auch:* **wi|der|ei|nan|der sto|ßen** (*alt:* wi|der|ein|an|der|sto|ßen) *tr. 157*
wi|der|fah|ren *intr. 32* zustoßen, geschehen; damit ihm kein Unheil widerfährt; mir ist ein Unglück w.
Wi|der|ha|ken *m. 7* Angelhaken
Wi|der|hall *m. 1* Echo; keinen W. finden: keinen Anklang, keine gute Aufnahme finden
wi|der|hal|len *intr. 1;* der Ruf hallt wider, hat widergehallt
Wi|der|halt *m. 1* Stütze
Wi|der|hand|lung *f. 10, schweiz.:* Zuwiderhandlung
Wi|der|kla|ge *f. 11* Gegenklage
Wi|der|klä|ger *m. 5*
wi|der|klin|gen *intr. 69* der Ton klingt wider, hat widergeklungen
Wi|der|la|ger *n. 5* Baukörper, der ein Gewölbe o. Ä. trägt
wi|der|leg|bar
wi|der|le|gen *tr. 1;* eine Behauptung w.: das Gegenteil einer B. beweisen; ich widerlege es, habe es widerlegt
wi|der|leg|lich widerlegbar
Wi|der|le|gung *f. 10*
wi|der|lich
Wi|der|lich|keit *f. 10 nur Sg.*
Wi|der|ling *m. 1, ugs.:* widerlicher Mensch
Wi|der|moos *n. 1 nur Sg.* = Widertonmoos
wi|der|na|tür|lich
Wi|der|na|tür|lich|keit *f. 10 nur Sg.*
Wi|der|part *m. 1* **1.** Widersacher; Gegner; **2.** Widerstand; jmdm. W. bieten
wi|der|ra|ten *tr. 94;* jmdm. etwas w. *poet:* jmdm. raten, etwas nicht zu tun; er widerriet es mir, hat es mir widerraten
wi|der|recht|lich
Wi|der|recht|lich|keit *f. 10*
Wi|der|re|de *f. 11*
Wi|der|rist *m. 1, bei Huf- und Horntieren:* vorderer Teil des Rückens
Wi|der|ruf *m. 1;* bis auf Widerruf
wi|der|ru|fen *tr. 102* zurücknehmen, für ungültig erklären; ich widerrufe es, habe es widerrufen
wi|der|ruf|lich widerrufbar, bis auf Widerruf; das Betreten des Grundstücks ist w. gestattet
Wi|der|ruf|lich|keit *f. 10 nur Sg.*
Wi|der|sa|cher *m. 5* Gegner
Wi|der|schein *m. 1*
wi|der|schei|nen *intr. 108;* die Sonne scheint in den Fenstern wider, hat widergeschienen
wi|der|set|zen *refl. 1;* ich widersetze mich der Anordnung, habe mich ihr widersetzt
wi|der|setz|lich
Wi|der|setz|lich|keit *f. 10 nur Sg.*
Wi|der|sinn *m. 1 nur Sg.*
wi|der|sin|nig
Wi|der|sin|nig|keit *f. 10 nur Sg.*
wi|der|spens|tig
Wi|der|spens|tig|keit *f. 10 nur Sg.*
wi|der|spie|geln *tr. 1;* das Wasser spiegelt die Wolken wider, hat sie widergespiegelt
Wi|der|spie|ge|lung, Wi|der|spieg|lung *f. 10 nur Sg.*
Wi|der|spiel *n. 1* Gegenstück
wi|der|spre|chen *intr. 146;* ich widerspreche ihm, habe ihm widersprochen
Wi|der|spruch *m. 2*
wi|der|sprüch|lich
Wi|der|sprüch|lich|keit *f. 10 nur Sg.*
Wi|der|spruchs|geist *m. 3* **1.** *nur Sg.* Neigung zum Widersprechen; **2.** jmd., der häufig widerspricht
wi|der|spruchs|los
wi|der|spruchs|voll
Wi|der|stand *m. 2*
Wi|der|stands|be|we|gung *f. 10*
wi|der|stands|fä|hig
Wi|der|stands|fä|hig|keit *f. 10 nur Sg.*
Wi|der|stands|kämp|fer *m. 5*
Wi|der|stands|kraft *f. 2*
wi|der|stands|los
Wi|der|stands|mes|ser *m. 5* elektrotechn. Messgerät
wi|der|ste|hen *intr. 151;* ich habe der Versuchung widerstanden
wi|der|strah|len *intr. 1*
wi|der|stre|ben *intr. 1;* es widerstrebt mir, hat mir widerstrebt
wi|der|stre|bend ungern, zögernd
Wi|der|streit *m. 1 nur Sg.;* im W. mit etwas liegen
wi|der|strei|ten *intr. 159, fast nur in Wendungen wie* widerstreitende Gefühle, Interessen
Wi|der|ton *m. 2 nur Sg.* Polster bildendes Moos, Laubmoos, Widermoos
wi|der|wär|tig
Wi|der|wär|tig|keit *f. 10*
Wi|der|wil|le *m. 15 nur Sg.*
wi|der|wil|lig
Wi|der|wil|lig|keit *f. 10 nur Sg.*
wid|men *tr. 2;* jmdm. etwas w.
Wid|mung *f. 10*
Wid|mungs|ex|em|plar *auch:* **Wid|mungs|e|xemp|lar** *n. 1*
wid|rig
wid|ri|gen|falls wenn dies nicht eintritt, andernfalls
Wid|rig|keit *f. 10 nur Sg.*
wie; wie weit ist es noch?; *aber:* wieweit; wie lange; wie oft; wie sehr; wie viel Schönes; wie viel ist, macht zwei mal zwei?; wie viel es ausmacht; wie viele Personen; wie oben; wie du mir, so ich dir; sie ist ebenso schön wie klug; so schnell wie möglich; sowohl Männer wie (auch) Frauen; einer wie der andere; wie schön!; und wie! *ugs.;* das Was und das Wie
Wie|bel *m. 5* Kornkäfer
wie|beln *tr. 1, mitteldt.:* stopfen; ich wiebele, wieble es
Wie|de|hopf *m. 1* ein Rackenvogel
wie|der **1.** nochmals, erneut, noch einmal; hin und wieder; immer wieder; einmal und nie wieder; für nichts und wieder nichts; **2.** *in Verbindung mit Verben:* ein Haus wieder aufbauen; *aber:* wiederaufbauen; wieder aufbereitetes Material; ein Theaterstück wieder aufführen; sie haben die Arbeit wieder aufgenommen; einen Mast wieder aufrichten; jmdn., sich wieder aufrichten; so eine gute Stellung wirst du nicht wieder bekommen; *aber:* wiederbekommen; der Verkehr hat sich wieder belebt; *aber:* wiederbeleben; ich kann mir das Geld wieder beschaffen; *aber:* wiederbeschaffen; er hat das Argument schon wieder gebracht; *aber:* wiederbringen; die Nummer ist mir wieder eingefallen; die Geschwindigkeitsbegrenzung ist wieder eingeführt worden; die Straftäter sind wieder eingegliedert worden; sie ist in ihr Amt wieder eingesetzt worden; du wirst das Buch schon wieder entdecken; *aber:* wiederentdecken; sie haben die Stadt wieder erobert; *aber:* wiedererobern; ich muss ihm die Geschichte gleich wieder erzählen; *aber:* wieder-

W

erzählen; ich werde das Buch bestimmt wieder finden; *aber:* wiederfinden; er hat den Wettbewerb wieder gewonnen; *aber:* wiedergewinnen; er hat den Schaden wieder gutgemacht; *aber:* er wird die Sache wieder gut machen; diese Ware wird seit kurzem wieder hergestellt; *aber:* wiederherstellen; ich habe mir das Buch wieder geholt; *aber:* wiederholen; er ist immer wieder (zu mir) gekommen; *aber:* wiederkommen; jmdn. wieder sehen; *aber:* wiedersehen; das Paar will sich jetzt wieder vereinigen; *aber:* wiedervereinigen; ich würde ihn wieder wählen; *aber:* wiederwählen

wiederbekommen — wieder bekommen: Fügungen aus Partikel und Verb in der Bedeutung »zurück« schreibt man im Infinitiv und den Partizipien zusammen: *Sie wollen das Geld wiederbekommen* (= zurück).
Aber: In der Bedeutung »erneut, nochmals« wird das Gefüge getrennt geschrieben (sowohl die Partikel *wieder* als auch das Verb sind betont): *Wir sollen den Preis wieder bekommen* (= erneut).
Ebenso: *wieder entdecken, wieder erzählen, wieder bekommen* (= zum zweiten Mal) usw.

wie|der... 1. *Zusammenschreibung* a) *in der Bedeutung:* »zurück«, z. B. wiederbekommen, wiedererlangen, wiedererstatten, wiederfinden, b) *wenn der zweite Bestandteil in dieser Form oder Bedeutung nicht selbständig vorkommt,* z. B. wiederkäuen, wiederkehren; **2.** *Getrenntschreibung, wenn* wieder *nach Bedeutung* (»nochmals, erneut, wiederholt« usw.) *und Funktion Adverb ist und sich zwischen* wieder *und dem folgenden Verb ein Satzglied einfügen lässt, z. B.* wieder (nach Hause) kommen, *bzw. das folgende Verb bereits ein trennbares Präfix besitzt, z. B.* wieder aufsuchen, wieder gutmachen

Wie|der|auf|ar|bei|tung *f. 10* Behandlung radioaktiver Stoffe, um sie in der Kerntechnik erneut einzusetzen

Wie|der|auf|bau *m. Gen.* -(e)s *nur Sg.*

wie|der|auf|bau|en *tr. 1;* der Staat wurde wiederaufgebaut; *aber:* das Haus wurde wieder aufgebaut

wie|der auf|be|rei|ten (*alt:* wie|der|auf|be|rei|ten) *tr. 2*

Wie|der|auf|be|rei|tungs|an|la|ge *f. 11*

wie|der auf|füh|ren (*alt:* wie|der|auf|füh|ren) *tr. 1*

Wie|der|auf|füh|rung *f. 10*

Wie|der|auf|nah|me *f. 11*

Wie|der|auf|nah|me|ver|fah|ren *n. 7*

wie|der auf|neh|men (*alt:* wie|der|auf|neh|men) *tr. 88*

wie|der auf|rich|ten (*alt:* wie|der|auf|rich|ten) *tr. 2*

Wie|der|auf|rich|tung *f. 10 nur Sg.*

Wie|der|auf|rüs|tung *f. 10 nur Sg.*

Wie|der|be|ginn *m. Gen.* -s *nur Sg.*

wie|der|be|kom|men *tr. 71;* er bekommt das gestohlene Geld wieder, hat es wiederbekommen; *aber:* er hat wieder Geld bekommen

wie|der|be|le|ben *tr. 1;* der Verunglückte konnte wiederbelebt werden; *aber:* der Verkehr hat sich wieder belebt

Wie|der|be|le|bung *f. 10 nur Sg.*

Wie|der|be|le|bungs|ver|such *m. 1*

wie|der|be|schaf|fen *tr. 1* zurückbeschaffen; er hat sich das Geld wiederbeschafft; *aber:* er konnte es sich wieder beschaffen

Wie|der|be|schaf|fung *f. 10 nur Sg.*

wie|der|brin|gen *tr. 21;* er brachte das geliehene Buch wieder, er hat es wiedergebracht; *aber:* er hat das Argument schon wieder gebracht

wie|der ein|fal|len (*alt:* wie|der|ein|fal|len) *intr. 33*

wie|der ein|füh|ren (*alt:* wie|der|ein|füh|ren) *tr. 1*

wie|der ein|glie|dern (*alt:* wie|der|ein|glie|dern) *tr. 1*

wie|der ein|set|zen (*alt:* wie|der|ein|set|zen) *tr. u. intr. 1*

Wie|der|ein|set|zung *f. 10 nur Sg.*

wie|der|ent|de|cken *tr. 1;* ich habe das verloren geglaubte Stück wiederentdeckt; *aber:* du wirst es schon wieder entdecken

wie|der|er|hal|ten *tr. 61;* er erhält das Geld wieder, hat es wiedererhalten; *aber:* er hat es wieder erhalten

wie|der|er|ken|nen *tr. 67;* ich erkenne ihn wieder, habe ihn wiedererkannt; *aber:* ich werde ihn immer wieder erkennen

wie|der|er|lan|gen *tr. 1*

wie|der|er|o|bern *tr. 1;* sie eroberten die Stadt wieder, haben sie wiedererobert *oder:* wieder erobert

Wie|der|er|o|be|rung *f. 10*

wie|der|er|öff|nen *tr. 2;* sie haben das Theater wiedereröffnet; *aber:* sie wollen das Haus wieder eröffnen

Wie|der|er|öff|nung *f. 10 nur Sg.*

wie|der|er|stat|ten *tr. 2, verstärkend für* erstatten; ich erstatte ihm die Auslagen wieder, habe sie ihm wiedererstattet

wie|der|er|we|cken *tr. 1*

wie|der|er|zäh|len *tr. 1;* ich habe es ihm wiedererzählt; *aber:* ich habe es erst heute wieder erzählt

wie|der|fin|den *tr. 36;* ich finde das Buch wieder, habe es wiedergefunden; *aber:* ich werde es bestimmt wieder finden

wie|der|for|dern *tr. 1;* ich fordere, fordre mein Geld wieder, habe es wiedergefordert

Wie|der|ga|be *f. 11*

wie|der|ge|ben *tr. 45;* ich gebe das Gehörte mit eigenen Worten wieder, habe es wiedergegeben

Wie|der|ge|burt *f. 10*

wie|der|ge|win|nen *tr. 53;* er hat seine gute Laune wiedergewonnen; *aber:* er hat beim Wettbewerb wieder gewonnen

Wie|der|ge|win|nung *f. 10 nur Sg.*

wie|der gut|ma|chen (*alt:* wie|der|gut|ma|chen) *tr. 1*

Wie|der|gut|ma|chung *f. 10 nur Sg.*

wie|der|ha|ben *tr. 60;* nach langer Trennung hatten sie sich wieder; ich möchte das Buch wiederhaben *oder:* bald wieder haben

wie|der her|rich|ten (*alt:* wie|der|her|rich|ten) *tr. 2*

wie|der|her|stel|len *tr. 1;* sie hat den alten Zustand wiederhergestellt; er ist völlig wiederhergestellt: völlig gesund; *aber:* diese Waren werden jetzt wieder hergestellt

Wie|der|her|stel|lung *f. 10 nur Sg.*

wie|der|ho|len *tr. 1;* ich hole mir das Schmuckstück wieder, habe es mir wiedergeholt *oder:* wieder geholt

wie|der|ho|len *tr. 1;* ich wiederhole den Satz noch einmal, habe ihn wiederholt

wie|der|holt; zum wiederholten Male

Wie|der|ho|lung *f. 10*

Wie|der|ho|lungs|fall *m. 2;* im W. werden Sie bestraft
Wie|der|ho|lungs|spiel *n. 1*
Wie|der|ho|lungs|zei|chen *n. 7* (*Zeichen:* |: *und* :|), *Mus.*
Wie|der|hö|ren; auf *oder:* Auf W.! (Verabschiedungsgruß am Telefon und im Rundfunk)
Wie|der|in|stand|set|zung *f. 10 nur Sg.*
Wie|der|in|stand|set|zungs|ar|bei|ten *Pl.*
wie|der|käu|en *tr. 1;* die Kühe käuen (das Futter) wieder, haben (es) wiedergekäut
Wie|der|käu|er *Pl.*
Wie|der|kehr *f. 10 nur Sg.*
wie|der|keh|ren *intr. 1*
wie|der|kom|men *intr. 71;* ich komme wieder, bin wiedergekommen; *aber:* er ist immer wieder (zu mir) gekommen und hat gefragt
Wie|der|kunft *f. 2 nur Sg.*
Wie|der|schau|en *nur in der Fügung* auf *oder:* Auf W.!
wie|der|se|hen *tr. 136;* ich sah ihn wieder, habe ihn wiedergesehen; *aber:* jmdn. wieder sehen
Wie|der|se|hen *n. 7;* auf (baldiges) W.!; jmdm. auf *oder:* Auf W. sagen

jemandem auf/Auf Wiedersehen sagen: Substantivierte Verben schreibt man groß; die Präposition kann klein- oder großgeschrieben werden: *Er sagte seiner Frau auf/Auf Wiedersehen.* § 57 (2)

Wie|der|tau|fe *f. 11*
Wie|der|täu|fer *m. 5* Angehöriger einer christlichen Sekte, in der die Erwachsenentaufe üblich ist
wie|der tun (*alt:* wie|der|tun) *tr. 167*
wie|der|um *auch:* **wie|de|rum**
wie|der|ver|ei|ni|gen *tr. 1;* das Land wurde wiedervereinigt; *aber:* das Pärchen hat sich wieder vereinigt
Wie|der|ver|ei|ni|gung *f. 10 nur Sg.*
wie|der|ver|hei|ra|ten *refl. 2*
Wie|der|ver|hei|ra|tung *f. 10 nur Sg.*
Wie|der|ver|kauf *m. 2*
wie|der|ver|kau|fen *tr. 1;* er hat die Waren wiederverkauft (als Großhändler); *aber:* ich habe das Auto wieder verkauft
Wie|der|ver|käu|fer *m. 5*
wie|der|ver|wen|den *tr. 178;* wir haben das Material wiederverwendet; *aber:* die Maschinen können wieder verwendet werden
Wie|der|vor|la|ge *f. 11 nur Sg.;* zur W. (*Abk.:* z. Wv.)
Wie|der|wahl *f. 10*
wie|der|wäh|len *tr. 1;* ich wähle ihn wieder, habe ihn wiedergewählt; *aber:* ich würde ihn wieder wählen
wie|fern = inwiefern
Wie|ge *f. 11*
Wie|ge|mes|ser *n. 5*
wie|gen 1. *tr. 1* schaukeln; ein Kind w.; **2.** *tr. 1* klein schneiden; gewiegte Petersilie; **3.** *tr. 182;* etwas w.: das Gewicht von etwas feststellen; ich habe es gewogen; **4.** *intr. 182* schwer sein; er wog 90 Kilo
Wie|gen|druck *m. 1* = Inkunabel
Wie|gen|fest *n. 1, poet.:* Geburtstag
Wie|gen|lied *n. 3*
wie|hern *intr. 1* Laut geben (Pferd); er wieherte vor Lachen *ugs.;* wir haben laut gewiehert *ugs.:* laut gelacht
Wiek *f. 10, nddt.:* kleine, flache Bucht
Wie|land männl. Vorname
Wie|men *m. 7* **1.** Gestell zum Trocknen und Räuchern; **2.** Sitzstange für Hühner
Wien 1. Hauptstadt von Österreich; Wiener Kongress; Wiener Schnitzel; Wiener Walzer; Wiener Würstchen; **2.** österr. Bundesland
Wie|ner *m. 5*
wie|ne|risch
wie|nern *tr. 1, ugs.:* polieren
Wie|ner|wald *m. Gen.* -(e)s *nur Sg.* waldiges Bergland westlich und südwestlich von Wien
Wies|ba|den Hauptstadt von Hessen
Wies|ba|de|ner *m. 5*
wies|ba|disch
Wies|baum, Wie|se|baum *m. 2* Stange über dem beladenen Heuwagen
Wies|chen *n. 7*
Wie|se *f. 11*
Wie|se|baum *m. 2* s. **Wies|baum**
Wie|sel *n. 5* sehr gewandter Marder
wie|sel|flink
Wie|sen|blu|me *f. 11*
Wie|sen|schaum|kraut *n. 4 nur Sg.*
wie|so warum

wie viel: Im Gegensatz zur bisherigen Schreibweise (*wieviel?*, aber: *wie viele?*) wird die Frage jetzt auch im Singular getrennt geschrieben: *Wie viel kostet das?* Analog zu: *Wie viele sind gekommen?*

wie viel (*alt:* wie|viel)
wie|vie|ler|lei
wie|viel|mal [auch: fil-]; *aber:* wie viele Mal(e)
wie|viel|te; in die wievielte Klasse geht die Schülerin?; das wievielte Mal; zum wievielten Mal(e); *Frage nach dem Datum:* der Wievielte ist heute?
wie|weit in welchem Maß; ich weiß nicht, wieweit man ihm trauen kann; *aber:* wie weit bist du gegangen?
wie|wohl 1. obwohl; wiewohl er genau weiß, dass …; **2.** allerdings, aber doch; das kleinste, wiewohl das kostbarste Stück
Wig|wam [indian.] *m. 9* Hauszelt der nordamerik. Indianer
Wi|king [auch: vi-, altnord.] *m. 5,* **Wi|kin|ger** *m. 5* = Normanne
wi|kin|gisch
Wi|la|jet [türk.] *n. 9, im Osman. Reich:* Verwaltungsbezirk
wild 1. *Kleinschreibung:* wilde Blumen; wilde Ehe *veraltet:* nicht standesamtlich geschlossene Ehe; wildes Fleisch: an Wunden wucherndes Fleisch; wildes Gestein: taubes Gestein; wilder Streik: von der Gewerkschaft nicht genehmigter Streik; den wilden Mann spielen; wild lebende Tiere; wild wachsende Blumen; **2.** *Großschreibung:* das Wilde Heer, die Wilde Jagd *im dt. Volksglauben:* bes. in den Zwölf Nächten durch die Luft brausendes Heer von Toten; Wilder Jäger: Anführer der Wilden Jagd; Wilder Kaiser: Teil des Kaisergebirges in Tirol; der Wilde Westen: der westliche Teil der USA während der Pionierzeit
Wild *n. Gen.* -(e)s *nur Sg.; Sammelbez. für* jagdbare Tiere; *Sg.:* ein Stück Wild
Wild|bach *m. 2*
Wild|bad *n. 4* Badeort mit warmer Heilquelle
Wild|bahn *f. 10* Jagdgebiet
Wild|beu|ter *m. 5*

Wild|bret *n. Gen.* -s *nur Sg.* Fleisch vom Wild
Wild|card (*alt:* Wild card) [waıld-ka:(r)d, engl.] *f. Gen.* - *Pl.* -s, *Tennis:* vom Veranstalter frei an einen Spieler vergebener Platz
Wild|dieb *m. 1*
Wild|die|be|rei *f. 10 nur Sg.* = Wilderei
Wilde [vaıld], *Oscar* irisch-engl. Schriftsteller
wil|deln *intr. 1, bair., österr.:* nach Wild riechen, schmecken
Wild|en|te *f. 11*
Wil|de(r) *m. 18 (17) bzw. f. 17 oder 18, veraltet:* Angehörige(r) eines Volkes auf niedriger Kulturstufe
Wil|de|rei *f. 10 nur Sg.* das Wildern, Wilddieberei
Wil|de|rer *m. 5* Wilddieb
wil|dern *intr. 1* unberechtigt jagen
Wild|e|sel *m. 5*
Wild|fang *m. 2* sehr lebhaftes Kind
wild|fremd
Wild|gans *f. 2*
Wild|heit *f. 10 nur Sg.*
Wild|kat|ze *f. 11*
wild le|bend (*alt:* wild|le|bend)
Wild|le|der *n. 5* Reh-, Hirsch- oder Gamsleder mit samtiger Oberfläche
Wild|ling *m. 1* **1.** Unterlage bei der Pflanzenveredlung; **2.** Wildfang; *auch:* ungestümer junger Mensch
Wild|nis *f. Gen.* - *nur Sg.*
Wild|park *m. 9*
Wild|pferd *n. 1*
wild|reich
Wild|reich|tum *m. Gen.* -s *nur Sg.*
Wild|rind *n. 3*
wild|ro|man|tisch
Wild|sau *f. 10*
Wild|scha|den *m. 8*
Wild|schaf *n. 1*
Wild|schütz *m. 10*
Wild|schüt|ze *m. 11* **1.** *veraltet:* Jäger; **2.** Wilddieb
Wild|schwein *n. 1*
wild wach|send (*alt:* wild|wachsend) [-ks-]
Wild|wech|sel [-ks-] *m. 5*
Wild|west *ohne Artikel* der Wilde Westen; vgl. wild
Wild|west|film *m. 1* im Wilden Westen spielender Film, Western
Wild|wuchs [-ks] *m. Gen.* -es *nur Sg.*
wil|hel|mi|nisch; wilhelminischer Stil; *aber:* Wilhelminisches Zeitalter: das Zeitalter Kaiser Wilhelms II.
Wil|fried, Will|fried, Wil|frid männl. Vorname
Wil|helm männl. Vorname
Wil|hel|mi|na, Wil|hel|mi|ne weibl. Vorname

guten Willens, um … willen:
Das Substantiv und die festen Fügungen schreibt man groß: *Sie war guten Willens; jemandem zu Willen sein.* § 55 (4)
Die Präposition hingegen schreibt man klein: *um seiner Kinder willen.* § 56 (4)
Auch: *Er tat das umwillen seiner Kinder.*

Wil|le *m. 15,* **Wil|len** *m. 7;* letzter Wille; guten Willens sein; wider Willen; jmdm. zu Willen sein; vgl. willen, willens
wil|len *Präp. mit Gen.;* um … willen: wegen; um der Kinder willen; um des lieben Friedens willen; um Gottes willen
Wil|len *m. 7* = **Wil|le**
wil|len|los
Wil|len|lo|sig|keit *f. 10 nur Sg.*
wil|lens; willens sein: bereit, gewillt sein
Wil|lens|akt *m. 1*
Wil|lens|äu|ße|rung *f. 10*
Wil|lens|bil|dung *f. 10*
Wil|lens|er|klä|rung *f. 10*
Wil|lens|frei|heit *f. 10 nur Sg.*
Wil|lens|kraft *f. 2 nur Sg.*
wil|lens|schwach
Wil|lens|schwä|che *f. 11 nur Sg.*
wil|lens|stark
Wil|lens|stär|ke *f. 11 nur Sg.*
wil|lent|lich absichtlich, mit Willen; ich habe es nicht w. getan
will|fah|ren *intr. 1;* jmdm. w.: jmdm. seinen Willen tun; ich willfahre ihm, habe ihm willfahrt *oder:* gewillfahrt
will|fäh|rig gefügig, nachgiebig
Will|fäh|rig|keit *f. 10 nur Sg.*
wil|lig
wil|li|gen *intr. 1;* in etwas w.: mit etwas einverstanden sein
Wil|lig|keit *f. 10 nur Sg.*
Will|komm *m. 1;* jmdm. einen herzlichen W. bieten, bereiten
will|kom|men; willkommene Gelegenheit; das ist mir sehr w.; jmdn. w. heißen
Will|kom|men *n. 7 oder m. 7;* jmdm. ein herzliches W. bieten
Will|kom|mens|gruß *m. 2*
Will|kom|mens|trunk *m. 2*
Will|kür *f. Gen.* - *nur Sg.*
Will|kür|herr|schaft *f. 10 nur Sg.*
will|kür|lich
Will|kür|lich|keit *f. 10 nur Sg.*
wim|meln *intr. 1, nur unpersönlich;* es wimmelt von Ameisen; in dieser Rechnung wimmelt es von Fehlern
wim|men *intr. 1, schweiz.:* Trauben lesen
Wim|mer *m. 5* **1.** harte Stelle im Holz, Knorren; **2.** Schwiele; **3.** *schweiz.:* Winzer
Wim|mer|holz *n. 4, ugs., scherzh.:* Geige, Laute
Wim|mer|kis|te *f. 11, ugs., scherzh.:* Klavier
Wim|merl *n. 14, bair., österr.:* Eiterbläschen
wim|mern *intr. 1;* es ist zum Wimmern *ugs.:* es ist schrecklich; *auch:* es ist sehr komisch
Wim|met *m. Gen.* -s *nur Sg., schweiz.:* Weinlese
Wim|pel *m. 5* kleine, dreieckige Flagge
Wim|per *f. 11*
Wim|perg *m. 1,* **Wim|per|ge** *f. 11, got. Baukunst:* Ziergiebel über Fenstern und Portalen
Wim|pern|tu|sche *f. 11*
Wim|per|tier|chen *n. 7* Einzeller
wind *schweiz.:* bange, unruhig, ungemütlich
Wind *m. 1;* Wind und Wetter; Wind machen *ugs.:* prahlen, sich wichtig tun; er hat Wind davon bekommen *ugs.:* er hat etwas davon erfahren
Wind|beu|tel *m. 5* **1.** ein mit Schlagsahne gefülltes Gebäck; **2.** *übertr.:* leichtsinniger, leichtfertiger Mensch
Wind|beu|te|lei *f. 10* leichtfertige Handlung
Wind|bruch *m. 2* durch Wind entstandener Schaden im Wald
Wind|büch|se [-ks-] *f. 11* Luftgewehr
Win|de *f. 11* **1.** mit einer Kurbel betriebenes Gerät zum Heben; **2.** eine Rankenpflanze; **3.** *schweiz. auch:* Dachboden, Speicher
Wind|ei *n. 3* **1.** Vogelei ohne Kalkschale, Fließei; **2.** abgestorbene Leibesfrucht, Mole; **3.** *übertr.:* nur scheinbar bedeutsame Angelegenheit
Win|del *f. 11*
win|del|weich *nur in:* jmdn. w. prügeln
win|den **1.** *tr. 183* drehen, wickeln, schlingen; sich vor Schmerz win-

W

den; **2.** *intr. 2, nur unpersönlich;* es windet: es ist windig
Wind|e|ner|gie *f. 11*
Wind|er|hit|zer *m. 5* Vorrichtung am Hochofen zum Erhitzen der Verbrennungsluft
Win|des|ei|le *f. Gen. -, nur in den Fügungen* in, mit W.
Wind|fah|ne *f. 11* Wetterfahne
Wind|fang *m. 2*
Wind|fang|tür *f. 10*
wind|ge|schützt
Wind|har|fe *f. 11* = Äolsharfe
Wind|hauch *m. 1 nur Sg.*
Wind|ho|se *f. 11* Wirbelsturm
Wind|hund *m. 1* **1.** eine hochbeinige, langhaarige Hunderasse, Windspiel; **2.** *übertr.:* leichtsinniger Mensch
win|dig *auch übertr. ugs.:* nicht überzeugend; windige Ausrede; windige Sache
Wind|ja|cke *f. 11*
Wind|jam|mer [zu engl. jam »drücken«] *m. 5* großes Segelschiff
Wind|ka|nal *m. 2* Vorrichtung zum Erzeugen eines Luftstroms, in dem Fahrzeuge (Autos, Luftfahrzeuge) oder Teile davon geprüft werden
Wind|licht *n. 3*
Wind|ma|schi|ne *f. 11, Theater:* Gerät zum Erzeugen des Windgeräuschs
Wind|mes|ser *m. 5, Meteor.:* Anemometer
Wind|mo|tor *m. 12* = Windrad
Wind|müh|le *f. 11*
Wind|müh|len|flü|gel *m. 5;* gegen W. kämpfen *übertr.:* gegen Nichtiges oder Eingebildetes kämpfen
Wind|po|cken *Pl.* eine pockenartige (ungefährliche) Infektionskrankheit, Spitzpocken, Schafpocken; Varizellen
Wind|rad *n. 3* Gerät, das die Windenergie in technisch nutzbare Energie umwandelt, Windmotor
Wind|rich|tung *f. 10*
Wind|rös|chen *n. 7* Anemone
Wind|ro|se *f. 11* Scheibe im Kompass, auf der die Himmelsrichtungen eingezeichnet sind
Wind|sack *m. 2, auf Flugplätzen u. a.:* an einem Mast befestigter Schlauch, der die Windrichtung anzeigt
Winds|braut *f. 2 nur Sg., poet.:* sehr starker Wind
Wind|scha|den *m. 8*
Wind|schat|ten *m. 7 nur Sg.* dem Wind abgekehrte Seite; *Ggs.:* Windseite, Wetterseite
wind|schief
wind|schlüp|fig stromlinienförmig, glatt
Wind|schutz *m. Gen. -es nur Sg.*
Wind|schutz|schei|be *f. 11*
Wind|sei|te *f. 11* die dem Wind zugekehrte Seite; *Ggs.:* Windschatten
Wind|sor [winzə(r)] **1.** engl. Stadt; **2.** seit 1917 Name des brit. Königshauses
Wind|spiel *n. 1* vgl. Windhund (1)
Wind|stär|ke *f. 11*
wind|still
Wind|stil|le *f. 11 nur Sg.*
Wind|stoß *m. 2*
Wind|sur|fer [-sə:-, engl.] *m. 5* aus einem Brett mit Mast, Segel und Schwert bestehendes Boot, das im Stehen gesteuert wird
Wind|sur|fing [-sə:-] *n. Gen. -s nur Sg.* Segelsport mit dem Windsurfer
Win|dung *f. 10*
Wind|zug *m. 2*
Win|fried, Win|frid männl. Vorname
Win|gert *m. 1, westdeutsch, schweiz.:* Weinberg
Wink *m. 1*
Win|kel *m. 5*
Win|kel|ad|vo|kat [-vo-] *m. 10, abwertend:* Advokat mit geringen Kenntnissen
Win|kel|ei|sen *n. 7* **1.** Walzeisen mit winkelförmigem Querschnitt; **2.** Eisenbeschlag an Ecken
Win|kel|funk|ti|on *f. 10 Oberbegriff für* Sinus, Kosinus, Tangens, Kotangens
Win|kel|ha|ken *m. 7* Gerät des Schriftsetzers
Win|kel|hal|bie|ren|de *f. 17 oder 18*
win|ke|lig, wink|lig
Win|kel|maß *n. 1*
Win|kel|mes|ser *m. 5*
Win|kel|zug *m. 2;* Winkelzüge machen
win|ken *intr. u. tr. 1;* jmdn. zu sich w.
Win|ker|flag|ge *f. 11*
wink|lig, win|ke|lig
Win|se|lei *f. 10 nur Sg.*
win|seln *intr. 1;* um Gnade w.
Win|ter *m. 5;* des Winters; *aber:* winters
Win|ter|an|fang *m. 2*
Win|ter|fahr|plan *m. 2*
Win|ter|fri|sche *f. 11*
Win|ter|frisch|ler *m. 5*
Win|ter|frucht *f. 2* vgl. Wintergetreide
Win|ter|gar|ten *m. 8*
Win|ter|ge|trei|de *n. 5* Getreide, das im Herbst ausgesät wird
Win|ter|kar|tof|fel *f. 11*
Win|ter|kleid *n. 3*
Win|ter|land|schaft *f. 10*
win|ter|lich
Win|ter|ling *m. 1* ein im Winter blühendes Hahnenfußgewächs
Win|ter|mo|nat *m. 1*
win|tern *intr. 1, nur unpersönlich;* es wintert: es wird Winter
Win|ter|pau|se *f. 11*
Win|ter|rei|fen *m. 7*
win|ters im Winter; *aber:* des Winters
Win|ter|saat *f. 10*
Win|ter|schlaf *m. Gen. -(e)s nur Sg.*
Win|ter|schluss|ver|kauf (*alt:* Win|ter|schluß|ver|kauf) *m. 2*
Win|ter|se|mes|ter *n. 5*
Win|ter|son|nen|wen|de *f. 11*
Win|ter|spie|le *Pl.* Teil der Olymp. Spiele
Win|ter|sport *m. Gen. -(e)s nur Sg.;* W. treiben
win|ters|ü|ber; *aber:* den Winter über
Win|ters|zeit *f. 10 nur Sg.;* zur W.
Win|te|rung *f. 10* Wintersaat
Win|ter|zeit *f. 10 nur Sg.*
Win|zer *m. 5* Weinbauer
win|zig
Win|zig|keit *f. 10*
Wip|fel *m. 5*
Wip|pe *f. 11*
wip|pen *intr. 1*
Wip|per *m. 5* vgl. Kipper (3)
wir; wir alle; wir Kinder; wir Armen; wir Deutschen *oder:* Deutsche; ich (früher von Herrschern gebraucht, heute noch von Autoren, wenn sie in ihren Büchern von sich selbst sprechen)
Wir|bel *m. 5*
wir|be|lig, wirb|lig
wir|bel|los
Wir|bel|lo|se *Pl., Sammelbez.* Tiere ohne Wirbelsäule, Evertebraten, Invertebraten
wir|beln *intr. u. tr. 1;* ich wirbele, wirble es durch die Luft
Wir|bel|säu|le *f. 11*
Wir|bel|sturm *m. 2*
Wir|bel|tie|re *Pl.* wichtigster Unterstamm der Chordatiere, Vertebraten
Wir|bel|wind *m. 1*

W

wịrb|lig, wịr|be|lig
wịr|ken 1. *intr. 1* tätig sein; **2.** *tr. 1* hervorbringen; **3.** *tr. 1* durch Verschlingen der Fäden herstellen (Stoffe)
Wịr|ker *m. 5*
Wịr|ke|rei *f. 10*
wịrk|lich
Wịrk|lich|keit *f. 10*
wịrk|lich|keits|fern
Wịrk|lich|keits|form *f. 10* = Indikativ
wịrk|lich|keits|fremd
Wịrk|lich|keits|mensch *m. 10*
wịrk|lich|keits|nah
Wịrk|lich|keits|nä|he *f. Gen. - nur Sg.*
Wịrk|lich|keits|sinn *m. 1 nur Sg.*
wịrk|sam
Wịrk|sam|keit *f. 10 nur Sg.*
Wịrk|stoff *m. 1*
Wịr|kung *f. 10*
Wịr|kungs|be|reich *m. 1*
Wịr|kungs|feld *n. 3*
Wịr|kungs|grad *m. 1*
Wịr|kungs|kreis *m. 1*
wịr|kungs|los
Wịr|kungs|lo|sig|keit *f. 10 nur Sg.*
Wịr|kungs|stät|te *f. 11*
wịr|kungs|voll
Wịr|kungs|wei|se *f. 11*
Wịrk|wa|re *f. 11*
wịrr
Wịr|ren *nur Pl.*
Wịrr|heit *f. 10 nur Sg.*
Wịrr|kopf *m. 2* jmd., der nicht klar und folgerichtig denken kann
Wịrr|nis *f. 1*
Wịrr|sal *f. 1*
Wịr|rung *f. 10, poet.*
Wịrr|warr *m. 1 nur Sg.*
wịrsch *südwestdt.:* grob, aufgeregt, schroff, zornig, unwirsch
Wịr|sing *m. 1,* **Wịr|sing|kohl** *m. 1 nur Sg.* eine Gemüsepflanze, Welschkohl, Wirz
Wịrt *m. 1*
Wịr|tel *m. 5* **1.** Kreis von Blättern oder Zweigen an ein und demselben Stängelknoten, Quirl; **2.** Teil des Spinnrads
wịrt|lich gastlich
Wịrt|lich|keit *f. 10 nur Sg.*
Wịrt|schaft *f. 10*
wịrt|schaf|ten *intr. 2*
Wịrt|schaf|ter *m. 5, österr.:* Verwalter
Wịrt|schaft|ler *m. 5* Wirtschaftswissenschaftler
wịrt|schaft|lich
Wịrt|schaft|lich|keit *f. 10 nur Sg.*
Wịrt|schafts|ab|kom|men *n. 7*
Wịrt|schafts|för|de|rung *f. 10*
Wịrt|schafts|for|schung *f. 10*
Wịrt|schafts|ge|bäu|de *n. 5*
Wịrt|schafts|geld *n. 3*
Wịrt|schafts|ge|mein|schaft *f. 10;* Europ. W. (*Abk.:* EWG)
Wịrt|schafts|ge|o|gra|phie *auch:* **Wịrt|schafts|ge|o|gra|fie** *f. 11 nur Sg.*
Wịrt|schafts|ge|schich|te *f. 11 nur Sg.*
Wịrt|schafts|jahr *n. 1*
Wịrt|schafts|kri|se *f. 11*
Wịrt|schafts|la|ge *f. 11*
Wịrt|schafts|mi|nis|ter *m. 5*
Wịrt|schafts|mi|nis|te|ri|um *n. Gen. -s Pl.* -ri|en
Wịrt|schafts|ord|nung *f. 10*
Wịrt|schafts|po|li|tik *f. 10 nur Sg.*
wịrt|schafts|po|li|tisch
Wịrt|schafts|prü|fer *m. 5*
Wịrt|schafts|teil *m. 1* Teil der Zeitung mit Wirtschafts- und Finanzberichten
Wịrt|schafts|wachs|tum [-ks-] *n. Gen. -s nur Sg.*
Wịrt|schafts|wis|sen|schaf|ten *Pl.*
Wịrt|schafts|wis|sen|schaft|ler *m. 5*
Wịrt|schafts|wun|der *n. 5*
Wịrts|haus *n. 4*
Wịrts|leu|te *nur Pl.*
Wịrts|pflan|ze *f. 11* Pflanze als Wirt eines Parasiten
Wịrts|stu|be *f. 11*
Wịrts|tier *n. 1* Tier als Wirt eines Parasiten
Wịrz *m. 1, schweiz. für* Wirsing
Wịsch *m. 1*
wị|schen *tr. 1*
Wi|schi|wạ|schi *n. Gen. -s nur Sg., ugs.:* oberflächliches Gerede
Wisch|nu s. **Vish|nu**
Wis|cọn|sin 1. Nebenfluss des Mississippi; **2.** (*Abk.:* WI) Staat der USA
Wi|sent *m. 1* Wildrind
Wịs|mut *n. Gen. -s nur Sg.* (*Zeichen:* Bi) chem. Element, ein Metall, Bismutum
wịs|peln *tr. 1, Nebenform von* wispern
wịs|pern *tr. 1* flüstern
Wịss|be|gier (*alt:* Wịß|be|gier), **Wịss|be|gier|de** (*alt:* Wịß|be|gier|de) *f. Gen. - nur Sg.*
wịss|be|gie|rig (*alt:* wịß|be|gie|rig)
wịs|sen *tr. 184*
Wịs|sen *n. 7 nur Sg.;* meines Wissens (*Abk.:* m. W.)
Wịs|sen|schaft *f. 10*
Wịs|sen|schaft|ler *österr., schweiz. auch:* **Wịs|sen|schaf|ter** *m. 5*
wịs|sen|schaft|lich
Wịs|sen|schaft|lich|keit *f. 10 nur Sg.*
Wịs|sen|schafts|the|o|rie *f. 11*
Wịs|sens|drang *m. Gen. -(e)s nur Sg.*
Wịs|sens|durst *m. Gen. -(e)s nur Sg.*
wịs|sens|durs|tig
Wịs|sens|ge|biet *n. 1*
Wịs|sens|lü|cke *f. 11*
wịs|sens|wert
Wịs|sens|zweig *m. 1*
wịs|sent|lich mit Wissen, absichtlich
Wịt|frau *f. 10,* **Wị|tib,** Wịt|tib *f. 1, veraltet:* Witwe
Wị|ti|ber, Wịt|ti|ber *m. 5,* **Wịt|mann** *m. 4, veraltet:* Witwer
wịt|tern *tr. 1* **1.** mit dem Geruchssinn spüren, riechen (Hund, Wild); **2.** *ugs. übertr.:* ahnen, spüren: ich wittere, wittre Verrat; vgl. Morgenluft
Wịt|te|rung *f. 10* **1.** Wetter; **2.** Ausdünstung, Geruch (von Tieren); W. bekommen (von etwas): riechen; **3.** Geruchssinn (vom Hund und Wild); eine gute W. haben
wịt|te|rungs|be|dingt von der Witterung (1) abhängig
Wịt|te|rungs|ver|hält|nis|se *Pl.*
Wịt|tib *f. 1, veraltet:* Witwe
Wịt|ti|ber *m. 5, veraltet:* Witwer
Wịtt|ling *m. 1* vgl. Weißling (2)
Wịt|tum *n. Gen. -s nur Sg.* **1.** *früher:* Zuwendung des Mannes für die Frau im Falle seines Todes; **2.** unbewegl. Vermögen einer Kirchenpfründe
Wịt|we *f. 11* (*Abk.:* Wwe.)
Wịt|wen|geld *n. 3*
Wịt|wen|ren|te *f. 11*
Wịt|wen|schaft *f. 10 nur Sg.*
Wịt|wen|schlei|er *m. 5*
Wịt|wen|stand *m. 2 nur Sg.*
Wịt|wen|ver|bren|nung *f. 10*
Wịt|wer *m. 5*
Wịt|wer|schaft *f. 10 nur Sg.*
Wịtz *m. 1*
Wịtz|blatt *n. 4*
Wịtz|bold *m. 1*
Wịt|ze|lei *f. 10*
wịt|zeln *intr. 1;* ich witzele, witzle über ihn
Wịtz|fi|gur *f. 10*
wịt|zig
Wịt|zig|keit *f. 10 nur Sg.*
Wịtz|ling *m. 1* Witzbold
wịtz|los; *ugs. auch:* nutz-, zwecklos
Wịtz|wort *n. 1* witzige Bemerkung; vgl. Wortwitz

w. L. *Abk. für* westl. Länge
Wla|di|wos|tok [auch: -tok] Stadt im fernöstl. Sibirien
WM *Abk. für* Weltmeisterschaft
WNW *Abk. für* Westnordwest(en)
wo 1. *Interrogativpron.;* wo warst du?; wo immer er auch ist *oder:* sein mag; von wo, *besser:* woher; wo anders (d. h. wo sonst) soll ich gewesen sein; *aber:* → woanders; das Wo und das Wann; 2. *Relativpron.;* dort, wo …; der Ort, wo ich geboren bin; in Berlin, wo ich mehrere Jahre gelebt habe; 3. *Konj., veraltet:* wenn; wo nicht, dann …; 4. *in ugs. Fügungen:* ach wo!; i wo!; ach, wo werd' ich denn!
wo|an|ders; woanders sein, stehen, liegen; vgl. wo (1)
wo|an|ders|hin; w. gehen, fahren, laufen
wo|bei
Wo|che *f. 11*
Wo|chen|bett *n. 12* = Kindbett
Wo|chen|blatt *n. 4* wöchentlich erscheinende (kleine) Zeitung
Wo|chen|en|de *n. 14*
Wo|chen|end|haus *n. 4*
Wo|chen|fluss (*alt:* Wo|chen|fluß) *m. 2 nur Sg.* = Lochien
Wo|chen|kar|te *f. 11*
wo|chen|lang; nach wochenlangem Warten; es dauerte w.; *aber:* mehrere Wochen lang
Wo|chen|lohn *m. 2*
Wo|chen|markt *m. 2*
Wo|chen|schau *f. 10*
Wo|chen|schrift *f. 10* wöchentlich erscheinende Zeitung oder Zeitschrift
Wo|chen|tag *m. 1*
wo|chen|tags
wö|chent|lich jede Woche (stattfindend); die Zeitschrift erscheint w.; w. zweimal
…wö|chent|lich *in Zus.,* z. B. vierwöchentlich: alle vier Wochen; 4-wöchentlich; in vierwöchentlichem Wechsel; vgl. …wöchig
wo|chen|wei|se jeweils eine Woche lang
Wo|chen|zei|tung *f. 10* wöchentlich erscheinende Zeitung
…wö|chig *in Zus.,* z. B. vierwöchig: vier Wochen dauernd, 4-wöchig; vierwöchige Kur
Wöch|ne|rin *f. 10* Frau im Wochenbett
Wo|cken *m. 7, niederdeutsch für* Rocken (1)
Wo|dan s. **Wo|tan**
Wod|ka [russ. »Wässerchen«] *m. 9* russ. Branntwein
Wo|du *m. Gen. -s nur Sg.* s. **Voo|doo**
wo|durch
wo|fern *veraltet:* sofern, falls
wo|für; wofür soll das gut sein?
Wo|ge *f. 11;* die Wogen glätten
wo|ge|gen; w. sträubt er sich eigentlich so?
wo|gen *intr. 1*
Wo|gu|le *m. 11* Angehöriger eines ugrischen Volkes
wo|gu|lisch
Wo|gu|lisch *n. Gen. -(s) nur Sg.* zu den finnisch-ugr. Sprachen gehörende Sprache
wo|her; woher kommst du?; ich weiß, woher er gekommen ist *oder:* wo er hergekommen ist; ach woher! *ugs.:* keineswegs!; woher des Weges?; jmdn. nach dem Woher fragen
wo|her|um *auch:* **wo|he|rum**
wo|hin; wohin gehst du?; ich weiß, wohin er gegangen ist *oder:* wo er hingegangen ist; wohin des Weges?; jmdn. nach dem Woher und Wohin fragen
wo|hin|auf *auch:* **wo|hi|nauf**
wo|hin|aus *auch:* **wo|hi|naus;** ich verstehe, w. er will *oder:* wo er hinauswill *oder:* worauf er hinauswill
wo|hin|ein *auch:* **wo|hi|nein**
wo|hin|ge|gen
wo|hin|ter
wo|hin|un|ter *auch:* **wo|hi|nun|ter**
wohl 1. gut, angenehm; sich wohl fühlen; es sich wohl ergehen, wohl sein lassen; nicht ganz wohl sein; mir ist nicht wohl; ein wohl bedachter Plan; ich habe alle Umstände wohl bedacht; wohl behütet aufwachsen; ein wohl bekannter Name; eine wohl durchdachte Liste; ein wohl gemeinter Ratschlag; wohl geordnete Bücherschränke; eine wohl situierte Familie; das wird dir wohl tun; wohl überlegte Ferienpläne; von wohl unterrichteter Seite; wohl verwahrte Papiere; leb wohl!; wohl oder übel; 2. vermutlich, wahrscheinlich; es wird wohl drei Uhr sein; er wird wohl noch kommen; das ist wohl wahr
Wohl *n. Gen. -s nur Sg.;* für jmds. (leibliches) Wohl sorgen; auf dein Wohl!; zum Wohl(e)!
wohl|an *veraltet:* gut, also los
wohl|an|stän|dig *veraltet:* anständig
wohl|auf gesund; w. sein
wohl be|dacht (*alt:* wohl|bedacht)
Wohl|be|fin|den *n. Gen. -s nur Sg.*
Wohl|be|ha|gen *n. Gen. -s nur Sg.*
wohl|be|hal|ten; w. ankommen
wohl be|hü|tet (*alt:* wohl|be|hütet)
wohl be|kannt (*alt:* wohl|bekannt)
wohl durch|dacht (*alt:* wohldurch|dacht)
Wohl|er|ge|hen *n. Gen. -s nur Sg.*
wohl|er|zo|gen artig, brav
Wohl|fahrt *f. 10 nur Sg.*
Wohl|fahrts|pfle|ge *f. 11 nur Sg.*
Wohl|fahrts|staat *m. 12*
Wohl|fahrts|ver|band *m. 2*
wohl|feil preiswert, billig (z. B. Buchausgabe)
wohl|füh|len *refl. 1*
Wohl|ge|bo|ren *veraltete Anrede:* Euer W.
Wohl|ge|fal|len *n. Gen. -s nur Sg.*
wohl|ge|fäl|lig
wohl|ge|formt = **wohl ge|formt**
Wohl|ge|fühl *n. 1*
wohl ge|meint (*alt:* wohl|gemeint)
wohl|ge|merkt *meist eingeschoben:* das sei betont; er hat, wohlgemerkt, nie davon gesprochen; *aber:* du hast es wohl gemerkt, dass …
wohl|ge|mut
wohl|ge|nährt = **wohl ge|nährt**
wohl ge|ord|net (*alt:* wohl|ge|ordnet)
wohl|ge|ra|ten; ein wohlgeratenes Werk
Wohl|ge|ruch *m. 2*
Wohl|ge|schmack *m. Gen. -s nur Sg.*
wohl|ge|setzt; in wohlgesetzten Worten
wohl|ge|tan

wohlhabend, wohlan: Fügungen mit *wohl,* bei denen der zweite Teil in dieser Form nicht selbständig vorkommt, schreibt man zusammen: *ein wohlhabender Mann, eine wohlweisliche Überlegung.* § 36 (2)
Zusammenschreibung gilt auch für *wohl* in Kombination mit einer Partikel: *wohlan, wohlauf (sein).* § 39 (1), § 35

wohl|ha|bend

W

Wohl|ha|ben|heit *f. 10 nur Sg.*
wohl|lig
Wohl|klang *m. 2 nur Sg.*
wohl|klin|gend
Wohl|laut *m. 1 nur Sg.*
wohl|lau|tend
Wohl|le|ben *n. Gen.* -s *nur Sg.*
wohl|löb|lich *veraltet, noch scherzh.:* löblich, ehrenwert, achtbar
wohl|mei|nend; ein wohlmeinender Ratschlag
wohl|schme|ckend
Wohl|sein *n. Gen.* -s *nur Sg.;* (zum) W.!: Gesundheit!

> **wohl situiert, wohl bleiben:**
> Mehrteilige Ausdrücke aus einem Adjektiv (*wohl* = gut) und einem Verb/Partizip schreibt man getrennt, wenn das Adjektiv steigerbar oder erweiterbar ist: *Sie gelten als wohl situierte Partner. Das hat ihr wohl getan.* § 34 E3 (3)
> Ebenso schreibt man getrennt, wenn *wohl* in der Bedeutung »wahrscheinlich, vermutlich« gebraucht wird: *Er wird wohl bleiben. Sie werden diese Woche wohl nicht kommen.* § 34 E3 (2)

wohl si|tu|iert (*alt:* wohl|si|tu|iert)
Wohl|stand *m. 2 nur Sg.*
Wohl|stands|ge|sell|schaft *f. 10*
Wohl|tat *f. 10*
Wohl|tä|ter *m. 5*
wohl|tä|tig
Wohl|tä|tig|keit *f. 10 nur Sg.*
Wohl|tä|tig|keits|ver|ein *m. 1*
wohl tun (*alt:* wohl|tun) *intr. 167*
wohl über|legt (*alt:* wohl|über|legt)
wohl un|ter|rich|tet (*alt:* wohl|un|ter|rich|tet)
Wohl|ver|leih *m. Gen.* -s *Pl.* -(e) Arnika
wohl|ver|stan|den *meist eingeschoben:* vgl. wohlgemerkt
wohl ver|wahrt (*alt:* wohl|ver|wahrt)
wohl|weis|lich mit gutem Grund; ich habe w. nichts davon gesagt
wohl|wol|lend
Wohl|wol|len *n. Gen.* -s *nur Sg.*
Wohn|an|la|ge *f. 11*
Wohn|bau *m. Gen.* -(e)s *Pl.* -bauten
wohn|be|rech|tigt
Wohn|be|rech|ti|gung *f. 10 nur Sg.*
Wohn|block *m. 9*
Wohn|ei|gen|tum *n. 4 nur Sg.*
woh|nen *intr. 1*
Wohn|ge|biet *n. 1*
Wohn|ge|mein|schaft *f. 10*
wohn|haft *bes. auf Formularen:* ständig wohnend; w. in Berlin
Wohn|haus *n. 4*
Wohn|heim *n. 1*
Wohn|kü|che *f. 11*
Wohn|kul|tur *f. 10 nur Sg.*
wohn|lich
Wohn|mo|bil *n. 1* Kraftfahrzeug mit Wohnwagenaufbau
Wohn|ort *m. 1*
Wohn|raum *m. 2*
Wohn|schlaf|zim|mer *n. 5*
Wohn|sitz *m. 1*
Woh|nung *f. 10*
Woh|nungs|bau *m. Gen.* -(e)s *nur Sg.*
Woh|nungs|bau|ge|sell|schaft *f. 10*
Woh|nungs|markt *m. 2*
Woh|nungs|not *f. 2 nur Sg.*
Woh|nungs|su|che *f. Gen.* - *nur Sg.*
woh|nungs|su|chend, woh|nung|su|chend
Woh|nungs|wech|sel [-ks-] *m. 5*
Wohn|vier|tel *n. 5*
Wohn|wa|gen *m. 7*
Wohn|zim|mer *n. 5*
Wöhr|de *f. 11, nddt.:* ums Wohnhaus gelegenes Ackerland
Woi|lach [russ.] *m. 1* wollene Pferdedecke
Woi|wod, Woi|wo|de [poln.] *m. 11* **1.** *früher in Polen, Siebenbürgen, in der Walachei, im Banat:* gewählter Fürst; **2.** *in Polen:* oberster Beamter eines Bezirks
Woi|wod|schaft *f. 10* Verwaltungsbezirk in Polen
Wok *m. 9* chinesische Rührpfanne mit hohem Rand
wöl|ben *tr. 1*
Wöl|bung *f. 10*
Wolf männl. Vorname
Wolf, *Hugo* österr. Komponist
Wolf *m. 2*
Wölf|chen *n. 7*
wöl|fen *intr. 1* Junge werfen (Wolf)
Wolf|gang männl. Vorname
Wöl|fin *f. 10*
wöl|fisch
Wölf|lein *n. 7, poet.*
Wolf|ram männl. Vorname
Wolf|ram *n. Gen.* -s *nur Sg.* (*Zeichen:* W) chem. Element, ein Metall
Wolf|ra|mit *n. 1 nur Sg.* ein Mineral
Wolf|ram von Eschen|bach dt. Dichter
Wolfs|hun|ger *m. Gen.* -s *nur Sg., ugs.*
Wolfs|milch|ge|wäch|se [-ks-] *Pl.* eine Gattung Milchsaft führender Pflanzen
Wolfs|ra|chen *m. 7* eine Missbildung des Gaumens
Wolfs|spitz *m. 1* eine Hunderasse
Wol|ga *f. Gen.* - Fluss in Russland
Wo|lhy|ni|en *auch:* **Wol|hy|ni|en** s. **Wo|ly|ni|en**
wo|lhy|nisch *auch:* **wol|hy|nisch** s. **wol|y|nisch;** Wolhynisches Fieber: Fünftagefieber
Wölk|chen *n. 7*
Wol|ke *f. 11*
Wol|ken|bruch *m. 2*
Wol|ken|krat|zer *m. 5* Hochhaus
Wol|ken|ku|ckucks|heim *n. Gen.* -s *nur Sg.* Traumland
wol|ken|los
wol|kig
Wol|lap|pen (-ll|l-) (*alt für:* Woll|lap|pen) *m. 7*
Wol|le *f. 11*
wol|len aus Wolle
wol|len *tr. 185;* ich habe das nicht gewollt; *aber:* ich habe das nicht tun wollen
Woll|gras *n. 4* ein Gras
Woll|haar *n. 1 nur Sg.* krauses Haar
wol|lig
Woll|käm|me|rei *f. 10*
Woll|lap|pen *m. 7*
Wol|lust *f. 2* geschlechtl. Lustgefühl; *auch:* triebhafte Freude
wol|lüs|tig
Wol|lüst|ling *m. 1*
Wol|per|tin|ger *m. 5* bayr. Fabeltier
Wo|ly|ni|en, Wo|lhy|ni|en histor. Landschaft in der Ukraine
wo|ly|nisch, wo|lhy|nisch
Wom|bat [austr.] *m. 9* ein austral. Beuteltier
wo|mit; womit soll ich das abschneiden?; er hat das Haus verkauft, womit ich nicht einverstanden war
wo|mög|lich
Won *m. Gen.* - *Pl.* Won|tul, *nach Zahlenangaben Pl.* - Währungseinheit in Nord- und Südkorea, 100 Chon
wo|nach
Won|ne *f. 11*
Won|ne|mo|nat *m. 1*
Won|ne|mond *m. 1, alter Name für* Mai
won|ne|voll
won|nig
won|nig|lich *veraltet*
wor|an *auch:* **wo|ran;** woran liegt das?; das ist etwas, woran ich nicht gedacht habe

W

wor|auf *auch:* **wo|rauf;** worauf hast du Appetit?; er wurde sehr grob, worauf *oder:* woraufhin ich mich umdrehte und ging
wor|auf|hin *auch:* **wo|rauf|hin** vgl. worauf
wor|aus *auch:* **wo|raus;** woraus besteht das Stück?; er schwieg, woraus ich schließen konnte, dass er doch etwas vorhatte
Worces|ter|so|ße [vustə(r)-, nach der engl. Stadt Worcester] *f. 11* eine pikante Soße
wor|ein *auch:* **wo|rein**
wor|feln *tr. 1;* Getreide w.: die Getreidekörner von der Spreu trennen
Wor|schau|fel *f. 11*
wor|in *auch:* **wo|rin;** worin besteht die Aufgabe?

Workaholic, Workshop: Substantivisch gebrauchte Zusammensetzungen, deren letzter Teil kein Substantiv ist, schreibt man zusammen: *der Workaholic.* § 37 (2)
Zusammensetzungen aus Substantiven schreibt man zusammen, auch wenn sie fremdsprachig sind: *der Workshop.* Ebenso: *der Background* usw. § 37 (1)

Work|a|ho|lic *auch:* **Wor|ka|ho|lic** [wəːkəhɔlık, engl.] *m. 9, Psych.:* jmd., der ständig arbeitet, Arbeitssüchtiger
Work|shop [wəkʃɔp, engl.] *m. 9* **1.** Seminar; **2.** Ort, an dem ein Kunstwerk entsteht; **3.** künstlerische Methode

Worldcup: Zusammensetzungen zweier Substantive schreibt man zusammen. Diese Regel gilt auch für fremdsprachige Substantive wie *Worldcup.* § 37 (1)

World|cup [wəldkʌp, engl.] *m. Gen.* -(s) *Pl.* -s Weltmeisterschaft in sportl. Disziplinen
World Wide Fund for Na|ture [wəld waıd fʌnd fɔr nɛıtʃə(r)] *m. Gen.* - - - - - *nur Sg.* (*Abk.:* WWF) intern. Naturschutzorganisation
Wort 1. *n. 4* kleinster selbständiger Sinn tragender Redeteil; einsilbige Wörter; Wörter falsch aussprechen; **2.** *n. 1* sprachl. Äußerung, Ausdruck, Ausspruch; das waren seine letzten Worte; er verabschiedete sich mit folgenden Worten; für eine solche Frechheit finde ich keine Worte; ein paar freundliche Worte; etwas in kurzen Worten erklären; ich will nicht viel *oder:* viele Worte machen; Wort halten: sein Versprechen halten; der Hund gehorcht aufs Wort; jmdn. beim Wort nehmen: von jmdm. verlangen, dass er sein Versprechen hält; er lässt mich nicht zu Wort kommen; sich zu Wort melden; kein Wort über etwas verlieren
Wort|art *f. 10*
Wort|bil|dung *f. 10 nur Sg.*
Wort|bruch *m. 2* Nichteinhalten eines Versprechens
wort|brü|chig
Wört|chen *n. 7*
Wor|te|ma|cher *m. 5* jmd., der viel redet, ohne danach zu handeln
Wör|ter|buch *n. 4*
Wör|ter|ver|zeich|nis *n. 1*
Wort|fa|mi|lie *f. 11* Gruppe von Wörtern, die ihrem Aufbau nach zusammengehören
Wort|feld *n. 3* Gruppe von Wörtern, die ihrer Bedeutung nach zusammengehören
Wort|fol|ge *f. 11*
Wort|füh|rer *m. 5* Sprecher
Wort|ge|fecht *n. 1*
Wort|ge|schich|te *f. 11 nur Sg.*
wort|ge|treu
wort|ge|wal|tig
wort|ge|wandt
wort|karg
Wort|karg|heit *f. 10 nur Sg.*
Wort|klau|ber *m. 5* jmd., der zu starr an der wörtl. Bedeutung eines Begriffs festhält
Wort|klau|be|rei *f. 10 nur Sg.*
Wort|laut *m. 1 nur Sg.*
wört|lich; wörtliche Rede: direkte Rede
wort|los
Wort|mel|dung *f. 10, in Versammlungen:* Meldung zum Wort
wort|reich
Wort|schatz *m. 2*
Wort|schwall *m. 1*
Wort|spiel *n. 1*
Wort|streit *m. 1*
Wort|ver|zeich|nis *n. 1*
Wort|wech|sel [-ks-] *m. 5*
Wort|witz *m. 1* auf einem Wortspiel beruhender Witz; vgl. Witzwort
wort|wört|lich ganz wörtlich
wor|ü|ber *auch:* **wo|rü|ber;** worüber hat er gesprochen?; er hat mich angerufen, worüber ich recht froh war
wor|um *auch:* **wo|rum** [auch: -rum]; worum handelt es sich?; mir fällt gerade etwas ein, worum ich dich bitten möchte
wor|un|ter *auch:* **wo|run|ter;** er nannte einen Begriff, worunter ich mir aber nichts vorstellen kann
Wo|tan, Wo|dan, O|din *germ. Myth.:* oberster Gott
Wo|tru|ba *auch:* **Wot|ru|ba,** *Fritz* österr. Bildhauer
wo|von; wovon habt ihr gesprochen?; er hat mich einiges gefragt, wovon ich keine Ahnung hatte
wo|vor; wovor hast du Angst?; ich muss morgen mit ihm sprechen, wovor mir ziemlich graust
wo|zu; wozu soll das gut sein?; wozu brauchst du das?; er wollte ins Kino gehen, wozu ich auch Lust hatte
wrack nicht mehr ausbesserungsfähig
Wrack *n. 9* unbrauchbar gewordenes Schiff, Flugzeug, Auto; *übertr.:* Mensch mit zerrütteter Gesundheit
Wra|sen *m. 7, norddt.* mit Fett und Feuchtigkeit angereicherter Dampf, der beim Kochen entsteht
Wra|sen|ab|zug *m. 2* Vorrichtung über dem Herd, durch die Dämpfe abziehen können
wri|cken, wrig|gen *tr. 1;* ein Boot w.: mit einem am Heck befestigten Riemen vorwärts bewegen
wrin|gen *tr. 100* auswinden (Wäsche); *meist:* auswringen
Ws *Abk. für* Wattsekunde
WSW *Abk. für* Westsüdwest(en)
WTO *Abk. für* World Trade Organization: Welthandelsorganisation
Wu|cher *m. 5 nur Sg.*
Wu|cher|blu|me *f. 11* = Chrysantheme
Wu|che|rer *m. 5*
wu|che|risch
wu|chern *intr. 1*
Wu|cher|preis *m. 1*
Wu|che|rung *f. 10, Med.:* nicht normale Gewebsbildung
Wu|cher|zin|sen *Pl.*
Wuchs [-ks] *m. Gen.* -es *nur Sg.*
...wüch|sig [-ks-] *in Zus.,* z. B. kleinwüchsig

Wuchs|stoff [-ks-] *m. 1*
Wucht *f. Gen. - nur Sg.;* mit voller Wucht; das ist 'ne Wucht *ugs.:* das ist großartig
wuch|ten *tr. 2* mit Kraft heben
wuch|tig
Wuch|tig|keit *f. 10 nur Sg.*
Wühl|ar|beit *f. 10 nur Sg.* geheime Hetze
wüh|len *intr. 1*
Wüh|ler *m. 5*
Wüh|le|rei *f. 10*
Wühl|maus *f. 2*
Wuh|ne *f. 11* s. **Wu|ne**
Wuhr *n. 1,* **Wuh|re** *f. 11, bair., alem.:* Wehr, Buhne
Wul|fe|nit [nach dem österr. Mineralogen F. X. von Wulfen] *n. 1 nur Sg.* ein Mineral, Gelbbleierz
Wulst *m. 2 oder f. 2*
wuls|tig
Wulst|ling *m. 1* ein Blätterpilz
wum|mern *intr. 1* dumpf dröhnen
wund; wund sein, werden, laufen, reiben; er liegt sich wund, hat sich wund gelegen: wunder Punkt: Sache, von der man ungern spricht
Wund|arzt *m. 2, veraltet:* Chirurg
Wund|brand *m. 2*
Wun|de *f. 11*

> **Wunder was (glauben), wundernehmen:** Das Substantiv schreibt man auch in festen Gefügen groß: *Sie glaubte Wunder was geschafft zu haben.*
> Fügungen aus teilweise verblasstem Substantiv und Verb (*wundernehmen, heimgehen, standhalten*) schreibt man im Infinitiv, Partizip sowie am Ende eines Nebensatzes zusammen: *Das sollte uns nicht wundernehmen.* Am Satzanfang schreibt man getrennt: *Wunder nimmt, dass er …* § 34 (3), § 34 E3

Wun|der *n. 5;* kein Wunder, dass …; was Wunder, wenn …; du wirst dein blaues Wunder erleben *ugs.:* du wirst dich noch sehr wundern; und damit glaubst du Wunder was erreicht zu haben; er glaubt, er sei Wunder wer; du glaubst Wunder wie klug zu sein
wun|der|bar
wun|der|ba|rer|wei|se
Wun|der|ding *n. 1;* er hat davon Wunderdinge erzählt
Wun|der|dok|tor *m. 13*
Wun|der|glau|be *m. 15 nur Sg.*
Wun|der|hei|ler *m. 5*
Wun|der|horn *n. 4; Myth.:* nie leer werdendes Füllhorn; Des Knaben W.: Titel einer dt. Volksliedersammlung
wun|der|hübsch
Wun|der|ker|ze *f. 11*
Wun|der|kind *n. 3*
Wun|der|land *n. 4*
wun|der|lich
Wun|der|lich|keit *f. 10 nur Sg.*
wun|dern *tr. u. refl. 1;* ich wundere, wundre mich; es wundert mich, dass …; mich wundert, dass …; seine Gelassenheit wundert mich
wun|der|neh|men *tr. 88* wundern; es nimmt mich wunder, hat mich wundergenommen, dass …
wun|ders
wun|der|sam
wun|der|schön
Wun|der|tat *f. 10*
Wun|der|tä|ter *m. 5*
Wun|der|tier *n. 1, nur in Wendungen wie* sie starrten ihn an wie ein W.
wun|der|voll
Wun|der|werk *n. 1*
Wund|fie|ber *n. 5 nur Sg.*
Wund|klam|mer *f. 11*
wund lie|gen (*alt:* wund|lie|gen) *refl. 80*
Wund|mal *n. 1;* die Wundmale Christi
Wund|starr|krampf *m. 2 nur Sg.* mit Krämpfen verbundene Infektion, Tetanus
Wu|ne, Wuh|ne *f. 11* ins Eis geschlagenes Loch
Wunsch *m. 2*
Wunsch|den|ken *n. Gen. -s nur Sg.*
Wün|schel|ru|te *f. 11*
wün|schen *tr. 1*
wün|schens|wert
wunsch|ge|mäß
wunsch|los
Wunsch|traum *m. 2*
Wunsch|zet|tel *m. 5*
wupp|dich *ugs.;* und w., war er weg; mit einem Wuppdich
Wür|de *f. 11*
wür|de|los
Wür|de|lo|sig|keit *f. 10 nur Sg.*
Wür|den|trä|ger *m. 5*
wür|de|voll
wür|dig
wür|di|gen *tr. 1*
Wür|dig|keit *f. 10 nur Sg.*
Wür|di|gung *f. 10*
Wurf *m. 2*
Wür|fel *m. 5*
Wür|fel|be|cher *m. 5*
wür|fe|lig, würf|lig
wür|feln *intr. 1;* ich würfele, würfle; um etwas w.
Wür|fel|spiel *n. 1*
Wür|fel|zu|cker *m. 5 nur Sg.*
Wurf|ge|schoss (*alt:* Wurf|geschoß) *n. 1* vgl. Geschoss
Wurf|holz *n. 4*
würf|lig, wür|fe|lig
Wurf|schei|be *f. 11* Diskus
Wurf|sen|dung *f. 10, kurz für* Postwurfsendung
Wurf|spieß *m. 1*
Wurf|tau|ben|schie|ßen *m. Gen. -s nur Sg.*
Wür|ge|griff *m. 1*
Wür|gel *n. 5, mitteldt., abwertend:* kleines Kind
wür|gen *tr. u. intr. 1;* mit Hängen und Würgen *ugs.:* mit knapper Not, gerade noch
Würg|en|gel *m. 5* Todesengel
Wür|ger *m. 5* ein Singvogel, der Beute auf Vorrat schlägt
Wurm 1. *m. 4;* da ist der Wurm drin *ugs.:* da stimmt etwas nicht; **2.** *n. 4, ugs.:* Kind; das arme Wurm
Würm|chen *n. 7*
wur|men *tr. 1* ärgern; seine Gleichgültigkeit wurmt mich; es wurmt mich, dass …
Wurm|farn *m. 1* eine Farnpflanze, aus deren Wurzelstock ein bandwurmtreibendes Mittel gewonnen wird
Wurm|fort|satz *m. 2* wurmförmiger Fortsatz des Blinddarms
Wurm|fraß *m. 1 nur Sg.*
wur|mig
Wurm|krank|heit *f. 10*
Wurm|mit|tel *n. 5*
wurm|sti|chig
wurscht *ugs.:* vgl. wurst
wursch|tig *ugs.;* vgl. wurstig
wurst *nur in Wendungen wie* das ist mir (ganz) wurst *oder (in gesprochener Spr.):* wurscht *ugs.:* das ist mir gleichgültig, einerlei
Wurst *f. 2;* es geht um die Wurst *ugs.:* um die Entscheidung; Wurst wider Wurst: wie du mir, so ich dir; vgl. Speckseite
Wurst|blatt *n. 4, ugs.:* kleine, unbedeutende, *auch:* schlechte Zeitung
Wurst|brü|he *f. 11*
Würst|chen *n. 7; übertr. ugs.:* unbedeutender Mensch
Wurs|tel *m. 5, bair., österr.:* Hanswurst, Kasperle

W

Wụrs|tel *n. 5 oder n. 14, bair., österr.:* Würstchen
Wurs|te|lei *f. 10 nur Sg.*
wụrs|teln *intr. 1* langsam und unsachgemäß oder lustlos arbeiten; ich wurstele, wurstle; er wurstelte lange vor sich hin
wụrs|ten *intr. 2* Wurst machen
wụrs|tig, *ugs., in gesprochener Spr.:* wụrsch|tig gleichgültig; er ist ziemlich w.
Wụrs|tig|keit, *ugs., im mündl. Gebrauch:* Wụrsch|tig|keit *f. 10 nur Sg.* Gleichgültigkeit
Wụrst|kü|che *f. 11*
Wụrst|sup|pe *f. 11*
Wụrst|zip|fel *m. 5*
Wụrt *f. 10*
Wụr|te *f. 11* = Warf (2)
Wụ̈rt|tem|berg
Wụ̈rt|tem|ber|ger *m. 5*
wụ̈rt|tem|ber|gisch
Wụrz *f. 10, veraltet:* Pflanze, Kraut; *noch in Pflanzennamen,* z. B. Nieswurz
Wụ̈r|ze *f. 11*
Wụr|zel *f. 11; auch Math.:* Grundzahl einer Potenz (*Zeichen:* √)
Wụr|zel|brand *m. 2*
Wụ̈r|zel|chen *n. 7*
Wụr|zel|fü|ßer *Pl.* eine Gruppe tierischer Einzeller mit veränderlichen Plasmafortsätzen
wụr|zel|los
Wụr|zel|lo|sig|keit *f. 10 nur Sg.*
wụr|zeln *intr. 1*
Wụr|zel|stock *m. 2*
Wụr|zel|werk *n. 1 nur Sg.* etwas Sellerie, Möhre, Petersilie, Lauch zum Kochen von Fleisch für Brühe, Suppengrün
Wụr|zel|zie|hen *m. Gen. -s nur Sg., Math:* Ermittlung der Grundzahl einer Potenz
wụ̈r|zen *tr. 1*
Wụ̈rz|fleisch *n. Gen. -(e)s nur Sg.* Ragout
wụ̈r|zig
Wụ̈r|zig|keit *f. 10 nur Sg.*
wụrz|lig
Wụ|schel|haar *n. 1 nur Sg.*
wụ|sche|lig, wụsch|lig
Wụ|schel|kopf *m. 2*
wu̲|se|lig
wu̲|seln *intr. 1* sich rasch und geschäftig bewegen; sich wuselnd betätigen
Wu̲st *m. Gen. -(e)s nur Sg.* Durcheinander, Unordnung
WUSt, Wụst *schweiz. Abk. für* Warenumsatzsteuer
wü̲st; *auch ugs.:* sehr; er hat sich wüst betrunken; *alem.:* hässlich, garstig
Wü̲s|te *f. 11*
wü̲s|ten *intr. 2;* mit etwas w.: leichtsinnig mit etwas umgehen; mit dem Geld, mit seiner Gesundheit w.
Wüs|te|nei *f. 10*
Wü̲s|ten|tier *n. 1*
Wü̲st|ling *m. 1* ausschweifend lebender Mensch
Wü̲s|tung *f. 10* verlassene Siedlung, aufgegebene Ackerflur; *Bgb.:* verlassene Lagerstätte
Wu̲t *m. Gen. - nur Sg.*
Wu̲t|aus|bruch *m. 2*
wü̲|ten *intr. 2*
wü̲|tend
wu̲t|ent|brannt
Wü̲|te|rich *m. 1*
...wü|tig *in Zus.,* z. B. blindwütig, lesewütig
wu̲t|schäu|mend
wụt|schen *intr. 1 ugs.* sich schnell entfernen; aus dem Zimmer wutschen
wu̲t|schnau|bend
WV *Abk. für* West Virginia
Wwe. *Abk. für* Witwe
WWF *m. Gen. - nur Sg., Abk. für* World Wide Fund for Nature: Internationale Naturschutzorganisation
WWU *f. Gen. - nur Sg., Abk. für* Wirtschafts- und Währungsunion
WWW *n. Gen. - nur Sg., EDV: Abk. für* World Wide Web: weltweit verbreitetes Computernetz
WY *Abk. für* Wyoming
Wy|an|dot [wa̲ɪəndɔt] *m. 9 oder Gen. - Pl. -* Angehöriger eines nordamerik. Indianerstammes, Hurone
Wy|an|dotte [wa̲ɪəndɔt] *n. 9 oder f. 11* eine Haushuhnrasse
Wyk auf Föhr
Wy|o|ming [waɪo̲ʊmɪŋ] (*Abk.:* WY) Staat der USA

W

x **1.** *Math.:* unbekannte Größe; **2.** *auch allg.:* sehr viele

X **1.** *röm. Zahlzeichen für* 10; **2.** *ugs. Bez. für* jmd., dessen Namen man nicht kennt oder nicht nennen möchte; **3.** jmdm. ein X für ein U vormachen: jmdn. täuschen, *eigtl.:* aus dem römischen Zahlzeichen V (= 5) ein X (= 10) machen

x-Ach|se [-ks-] *f. 11* = Abszissenachse

Xan|thin *n. 1 nur Sg.* ein dem Koffein verwandtes Alkaloid

Xan|thip|pe [nach der Frau des Sokrates] *f. 11* zänkische Frau, böses Weib

X-Bei|ne *Pl.* vom Knie an abwärts leicht nach außen gerichtete Beine

X-/x-beinig, X-/x-förmig: Man setzt einen Bindestrich in Zusammensetzungen mit Einzelbuchstaben (bzw. Abkürzungen oder Ziffern). Den Buchstaben schreibt man groß oder klein (= in der Form eines großen oder kleinen *x*): *ein X-/x-beiniger Mann; ein X-/x-förmiges Werkstück.* § 55 (2)

X-bei|nig = **x-bei|nig**

x-be|lie|big; ein x-beliebiges Wort: irgendein Wort; ein x-beliebiger Typ von der Straße; jeder x-Beliebige: irgendeiner

X-Chro|mo|som [-krɔ-, griech.] *n. 12* das weibl. Geschlecht festlegendes Chromosom, eines der beiden Geschlechtschromosomen

Xe *chem. Zeichen für* Xenon

XE *Abk. für* X-Einheit

X-Ein|heit *f. 10* (*Abk.:* XE) Maßeinheit für die Länge von Röntgenstrahlen

Xe|nie [-njə, griech.] *f. 11,* **Xe|ni|on** *n. Gen.* -s *Pl.* -ni|en **1.** Gastgeschenk; **2.** Sinnspruch; **3.** kurzes Spottgedicht

Xe|no|kra|tie [griech.] *f. 11* Fremdherrschaft

Xe|non *n. Gen.* -s *nur Sg.* (*Zeichen:* Xe) chem. Element, ein Edelgas

Xe|res [xerɛθ, ugs.: çerɛs] *m. Gen.* - *nur Sg.* = Jerez

xe|ro..., Xe|ro... [griech.] *in Zus.:* trocken, auf trockenem Wege

Xe|ro|gra|phie *auch:* **Xe|ro|gra|fie** *f. 11* ein Vervielfältigungsverfahren

xe|ro|gra|phisch *auch:* **xe|ro|gra|fisch**

Xe|ro|ko|pie *f. 11* mittels Xerographie hergestellte Kopie

xe|ro|phil die Trockenheit liebend (Pflanze)

Xe|ro|phi|lie *f. 11 nur Sg.* Vorliebe für Trockenheit, für trockene Standorte

Xer|oph|thal|mie *auch:* **Xe|roph|thal|mie** *f. 11*

Xer|oph|thal|mus *auch:* **Xe|roph|thal|mus** *m. Gen.* - *Pl.* -men Austrocknung der Horn- und Bindehaut des Auges, Augendarre, Xerose

Xe|ro|phyt *m. 10* Trockenheit liebende Pflanze

Xe|ro|se *f. 11* = Xerophthalmie

xe|ro|therm trocken-heiß (Klima)

xe|ro|tisch *Med.:* trocken, eingetrocknet

x-fach vielfach; das x-fache

X-för|mig = **x-för|mig**

X-Ha|ken *m. 7* Aufhängehaken (für Bilder)

Xi *n. Gen.* -(s) *Pl.* -s (*Zeichen:* ξ, Ξ) griech. Buchstabe

x-mal viele Male, sehr oft

X-Strah|len *Pl.* = Röntgenstrahlen

x-te; der, die, das x-te: der, die, das Soundsovielte; zum x-ten Mal

xy|lo..., Xy|lo... [griech.] *in Zus.:* holz..., Holz...

Xy|lo|graph *auch:* **Xy|lo|graf** [griech.] *m. 10* Künstler des Holzschnitts

Xy|lo|gra|phie *auch:* **Xy|lo|gra|fie** *f. 11* **1.** *nur Sg.*Holzschneidekunst; **2.** Holzschnitt

xy|lo|gra|phisch *auch:* **xy|lo|gra|fisch**

Xy|lol *n. 1* ein aromat. Kohlenwasserstoff, Lösungsmittel

Xy|lo|lith® *m. 1* ein Kunststoff für Fußböden, Steinholz

Xy|lo|me|ter *n. 5* Gerät zum Messen des Rauminhalts unregelmäßig geformter Holzstücke durch Wasserverdrängung

Xylophon: Die Hauptvariante wird mit *-ph* geschrieben (*Xylophon*); die ins Deutsche integrierte Form ist die Nebenvariante: *Xylofon.* § 32 (2)

Xy|lo|phon *auch:* **Xy|lo|fon** *n. 1* Musikinstrument, bei dem kleine, horizontal liegende Stäbe aus Metall (früher aus Holz) mit Holzhämmerchen angeschlagen werden

Xy|lo|se *f. 11 nur Sg.* ein Holzzucker

y *Math.:* unbekannte Größe

y., yds. *Abk. für* Yard, Yards

Y **1.** *chem. Zeichen für* Yttrium; **2.** *ugs. Bez. für* jmd., dessen Namen man nicht nennen möchte

y-Ach|se [-ks-] *f. 11* = Ordinatenachse

Yacht *f. 10* = **Jacht**

Yak *m. 9* = **Jak**

Ya|ku|za *f. Gen. - nur Sg.* Gruppe, die der organisierten Kriminalität in Japan angehört

Ya|ma|shi|ta|sprung [jamaʃita-, nach dem japanischen Kunstturner H. Yamashita] *m. 2, Sport:* Bücküberschlag über das Lang- oder Seitpferd

Yams|wur|zel *f. 11* s. **Jams|wur|zel**

Yang s. **Jin und Jang**

Yan|kee [jæŋkı, engl.] *m. 9, Spitzname für* US-Amerikaner

Yan|kee Doo|dle (*alt:* Yan|kee-doo|dle) [jæŋkıdu:dl] *m. Gen. - -(s) nur Sg.* Marschlied aus der Zeit des amerikan. Unabhängigkeitskrieges

Yard [ja(r)d, engl.] *n. 9, nach Zahlenangaben Pl. auch: - (Abk.:* y., *Pl.:* yds.), *in angloamerikan. Ländern:* Längenmaß, 0,91 m

Yas|min, Jas|min, Yas|mine [jasmin], Yas|mi|na weibl. Vorname

Yawl [jɔl, engl.] *f. 9 oder f. 1* zweimastiges Segelschiff

Yb *chem. Zeichen für* Ytterbium

Y-Chro|mo|som [-krɔ-, griech.] *n. 12* das männliche Geschlecht festlegendes Chromosom, eines der beiden Geschlechtschromosomen

yds. *Abk. für* Yards

Yel|low|stone-Na|ti|o|nal|park [jɛloʊstoʊn-] *m. Gen. -s nur Sg.* ein Naturschutzgebiet der USA (Rocky Mountains)

Ye|men *m. Gen. -s* s. **Je|men**

Yen [jɛn, jap.] *m. Gen. -s Pl. -* jap. Währungseinheit, 100 Sen

Ye|ti [je-, nepales.] *m. 9* = Schneemensch

Ygg|dra|sil [yk-] *ohne Artikel, germ. Myth.:* Weltesche am Mittelpunkt der Welt

Yi|jing *n. Gen. - nur Sg.* s. **J Ging**

Yin und Yang s. **Jin und Jang**

Yip|pie [jipi:, engl.] *m. Gen. -s Pl. -s* radikaler Hippie

Y|lang-Y|lang [ilaŋ-, mal.] *n. 9* tropischer Baum, aus dessen Blüten ätherisches Öl gewonnen wird

YMCA [waıɛmsi:ɛı, engl.] *Abk. für* Young Men's Christian Association: Christl. Verein Junger Männer; vgl. CVJM

Yo|ga *m. Gen. -(s) nur Sg.* = **Jo|ga**

Yo|gi *m. 9* = **Jo|gi**

Yo|him|bin [jo-, afrik.-lat.] *n. Gen. -s nur Sg.* Alkaloid des westafrik. Yohimbebaumes

York|shire|ter|ri|er [jɔkʃə-, engl.] *m. 5* kleine Hunderasse

Yo-Yo *n. Gen. -s Pl. -s* = **Jo-Jo**

Yo|se|mi|te-Na|ti|o|nal|park [jousɛmıtı-] *m. Gen. -s nur Sg.* ein Naturschutzgebiet der USA (in Kalifornien)

Youngs|ter [jʌŋs-, engl.] *m. 5* **1.** junger Sportler; **2.** zweijähriges Rennpferd

Yp|si|lon [griech.] *n. 9 (Zeichen:* y, Y) vorletzter Buchstabe des Alphabets

Y|sop [i-, hebr.-griech.] *m. 1* eine südeurop. Gewürzpflanze

Y|tong® [i-, Kunstwort] *m. 9 nur Sg.* ein Leichtbeton, Gasbeton

Yt|ter|bi|um [yt-, nach dem schwed. Ort Ytterby] *n. Gen. -s nur Sg.* (*Zeichen:* Yb) chem. Element

Yt|tri|um *auch:* **Ytt|ri|um** *n. Gen. -s nur Sg.* (*Zeichen:* Y) chem. Element

YU *Kfz-Kennzeichen für* (Rest-)Jugoslawien

Yü|an, Jü|an *m. Gen. - Pl. -* chin. Währungseinheit

Yuc|ca [ju-, indian.-span.] *f. 9* eine Zierpflanze

Yu|ka|tan, *amtl. span.* Yucatán [ju-] Halbinsel in Mittelamerika

Yu|kon [ju-] *m. Gen. -* Fluss in Kanada und den USA (Alaska)

Yup|pie [auch: jʌp-, engl.] karrierebewusster, gewandter junger Mensch mit gepflegtem, sportlichem Äußeren

Y|vonne, I|vonne [ivɔn] weibl. Vorname

YWCA [waıdʌblju:siɛı, engl.] *Abk. für* Young Women's Christian Association: Christl. Verein Junger Frauen

Z

z *Math.:* (neben x und y) unbekannte Größe
Z. *Abk. für* Zeile
Za|ba|gli|o|ne *auch:* **Za|bag|li|o|ne** [-baljoːnə], **Za|ba|io|ne** *f. 9* ital. Eierweinschaumcreme
zack!
Zäck|chen *n. 7*
Za|cke *f. 11,* Za|cken *m. 7*
za|cken *tr. 1* mit Zacken versehen; gezackter Rand
Za|cken *m. 7,* Za|cke *f. 11;* du wirst dir keinen Z. abbrechen, aus der Krone brechen *ugs.:* es wird dir nichts schaden
Za|cken|firn *m. 1* in Zackenform halb geschmolzene Schneedecke im Hochgebirge, Büßerschnee
za|ckig **1.** gezähnt; **2.** schneidig
zag *poet.:* zaghaft, scheu
za|gen *intr. 1;* mit Zittern und Zagen
zag|haft
Zag|haf|tig|keit *f. 10 nur Sg.*
Zag|heit *f. 10 nur Sg., poet.*
Za|greb *auch:* **Zag|reb** Hauptstadt von Kroatien
zäh
Zä|heit (*alt für:* Zäh|heit) *f. 10 nur Sg.*
zäh|flüs|sig
Zäh|flüs|sig|keit *f. 10 nur Sg.*

> **Zähheit:** Bei der Endung *-heit* bleibt ein vorausgehendes *-h-* erhalten. Statt *Zäheit* wird also *Zähheit* geschrieben. Ebenso: *Rohheit.*

Zäh|heit *f. 10 nur Sg.*
Zä|hig|keit *f. 10 nur Sg.*
Zahl *f. 10*
zahl|bar
zähl|bar
Zahl|bar|keit *f. 10 nur Sg.*
Zähl|bar|keit *f. 10 nur Sg.*
zäh|le|big
Zäh|le|big|keit *f. 10 nur Sg.*
zah|len *tr. 1*
zäh|len *tr. 1*
Zah|len|fol|ge *f. 11*
Zah|len|ge|dächt|nis *n. 1 nur Sg.*
Zah|len|kom|bi|na|ti|on *f. 10*
Zah|len|lot|te|rie *f. 11*
Zah|len|lot|to *n. 9*
zah|len|mä|ßig
Zah|len|rät|sel *n. 5*
Zah|len|the|o|rie *f. 11*
Zah|ler *m. 5*
Zäh|ler *m. 5, bei Bruchzahlen:* Zahl über dem Bruchstrich; *Ggs.:* Nenner
Zahl|form *f. 10* = Numerus
Zahl|gren|ze *f. 11*
Zahl|kar|te *f. 11*
Zahl|kell|ner *m. 5*
zahl|los; es waren Zahllose, die …
Zahl|meis|ter *m. 5* **1.** Kassenverwalter; **2.** *früher Mil.:* Verwaltungsbeamter
zahl|reich; Zahlreiche kamen
Zähl|rohr *n. 1* Gerät zum Nachweis radioaktiver Strahlung, Geigerzähler
Zahl|schein *m. 1* Formular für Bareinzahlungen
Zahl|stel|le *f. 11*
Zahl|tag *m. 1*

> **an Zahlungs statt:** Analog zu *an Eides statt* wird zukünftig *an Zahlungs statt* (alt: *an Zahlungs Statt*) geschrieben.

Zah|lung *f. 10;* an Zahlungs statt
Zäh|lung *f. 10*
Zah|lungs|an|wei|sung *f. 10*
Zah|lungs|auf|for|de|rung *f. 10*
Zah|lungs|be|din|gung *f. 10 meist Pl.*
Zah|lungs|be|fehl *m. 1*
zah|lungs|fä|hig
Zah|lungs|frist *f. 10*
Zah|lungs|mit|tel *n. 5*
zah|lungs|un|fä|hig
Zah|lungs|un|fä|hig|keit *f. 10 nur Sg.*
Zah|lungs|ver|kehr *m. Gen. -s nur Sg.*
Zähl|werk *n. 1*
Zahl|wort *n. 4* eine Zahl bezeichnendes Wort, Numerale
Zahl|zei|chen *n. 7*
zahm
zähm|bar
Zähm|bar|keit *f. 10 nur Sg.*
zäh|men *tr. 1*
Zahm|heit *f. 10 nur Sg.*
Zäh|mung *f. 10 nur Sg.*
Zahn *m. 2*
Zahn|arzt *m. 2*
zahn|ärzt|lich
Zahn|be|lag *m. 2*
Zahn|bürs|te *f. 11*
Zähn|chen *n. 7*

> **Zahncreme:** Die traditionelle Schreibweise hat jetzt zwei korrekte Varianten: *Zahnkrem* und *Zahnkreme.*

Zahn|creme [-krɛm oder -kreːm], Zahn|krem, Zahn|kre|me *f. 9*
zäh|ne|ble|ckend
zäh|ne|flet|schend
Zäh|ne|klap|pern *n. Gen. -s nur Sg.;* Heulen und Z.
zäh|ne|knir|schend
zäh|neln *tr. 1* = zähnen; ich zähnele, zähnle den Rand
zah|nen *intr. 1* Zähne bekommen
zäh|nen, zäh|neln *tr. 1* mit Zähnen, Zacken versehen
Zahn|er|satz *m. 2*
Zahn|fäu|le *f. 11 nur Sg.* Karies
Zahn|fleisch *n. 1 nur Sg.*
Zahn|fleisch|blu|ten *n. 7 nur Sg.*
Zahn|heil|kun|de *f. 11 nur Sg.* Odontologie
Zahn|kli|nik *f. 10*
Zahn|krem *f. 9* s. **Zahn|creme**
Zahn|kre|me *f. 9* s. **Zahn|creme**
Zahn|laut *m. 1* = Dental
Zähn|lein *n. 7, poet.*
zahn|los
Zahn|lo|sig|keit *f. 10 nur Sg.*
Zahn|lü|cke *f. 11*
zahn|lü|ckig
Zahn|me|di|zin *f. 10*
Zahn|pas|ta *f. Gen. - Pl. -ten*
Zahn|pfle|ge *f. 11 nur Sg.*
Zahn|rad *n. 4*
Zahn|rad|bahn *f. 10*
Zahn|schmelz *m. 1 nur Sg.* die Zahnkrone bedeckende Hartsubstanz
Zahn|span|ge *f. 11*
Zahn|stein *m. 1 nur Sg.*
Zahn|sto|cher *m. 5*
Zahn|tech|ni|ker *m. 5*
Zah|nung *f. 10 nur Sg.*
Zäh|nung *f. 10*
Zahn|wal *m. 1*
Zäh|re *f. 11, veraltet:* Träne
Zain *m. 1* **1.** Weidengerte; **2.** Münzmetallbarren
Zai|ne, Zei|ne *f. 11, schweiz.:* Flechtwerk, Korb
Za|i|re [zaiːr(ə)] ehem. Name der Demokratischen Republik Kongo
Zam|ba [θam-, span.] *f. 9* weibl. Zambo
Zam|bo [θam-], Sam|bo *m. 9*

Nachkomme eines schwarzen und eines indian. Elternteils
Zam|pa|no *m. 9* prahlender Mensch
Zan|der *m. 5* ein Speisefisch
Zan|ge *f. 11; auch übertr., ugs.:* zanksüchtige Frau
Zan|gen|ge|burt *f. 10* Entbindung mit Hilfe der Geburtszange
Zan|gen|griff *m. 1* ein Griff beim Ringen
Zank *m. 2 nur Sg.*
Zank|ap|fel *m. 6*
zan|ken *tr. u. refl. 1*
Zän|ker *m. 5, veraltet*
Zan|ke|rei *f. 10*
zän|kisch
Zank|sucht *f. Gen. - nur Sg.*
zank|süch|tig
Zan|te|des|chia [-kja, nach dem ital. Botaniker Zantedeschi] *f. Gen. - Pl.* -chi|en [-kjən] ein Aronstabgewächs, Kalla
Za|pa|ta [za-], *Emiliano* mexikan. Revolutionsführer
Za|pa|tist [nach dem Revolutionär E. Zapata] *m. 10* Anhänger der »Nationalen Zapatistischen Befreiungsarmee« in Mexiko
Zapf *m. 2* = **Zap|fen**
Zäpf|chen *n. 7*
Zäpf|chen-R = **Zäpf|chen-r** *n. Gen.* -(s) *Pl.* -(s), *Sprachwiss.:* mit dem Gaumenzäpfchen gebildeter r-Laut
zap|fen *tr. 1* durch ein Spundloch aus dem Fass entnehmen (Wein, Bier)
Zap|fen *m. 7,* **Zapf** *m. 2*
Zap|fen|streich *m. 1, Mil.:* Signal am Abend, bei dem die Soldaten wieder in der Kaserne sein müssen
Zap|fer *m. 5* Wirt, Küfer
za|po|nie|ren *tr. 3* mit Zaponlack überziehen
Za|pon|lack *m. 1 nur Sg.* farbloser Schutzlack für Buntmetalle
zap|pe|lig, zapp|lig
zap|peln *intr. 1;* ich zappele, zapple
zap|pen [zæp-, amerik.] *intr. 1* beim Fernsehen (rasch) die Kanäle wechseln
zap|pen|dus|ter *ugs.* **1.** völlig dunkel; **2.** *in der Wendung* und dann ist's z.: dann ist keine Aussicht, keine Hoffnung mehr
zapp|lig s. **zap|pe|lig**
Zar [lat.] *m. 10, früher in Russland, Bulgarien, Serbien:* Titel des Herrschers
Za|ren|reich *n. 1*
Za|ren|tum *n. Gen.* -s *nur Sg.*
Za|re|witsch [russ.] *m. 1* Sohn des russ. Zaren, russ. Kronprinz
Za|rew|na *f. 9* Tochter des russ. Zaren
Zar|ge *f. 11* **1.** Einfassung (von Türen, Fenstern); **2.** Seitenwand (von Schachteln sowie Saiteninstrumenten); **3.** Verstrebung zwischen Tisch- oder Stuhlbeinen
Za|rin *f. 10* **1.** weibl. Zar; **2.** Gemahlin des Zaren
Za|ris|mus *m. Gen. - nur Sg.* Zarenherrschaft
za|ris|tisch
Za|ri|za *f. Gen. - Pl.* -s *oder* -zen Gemahlin eines Zaren
zart; zart besaitet *oder:* zartbesaitet; zart fühlend *oder:* zartfühlend

zartbesaitet, zart besaitet: Fügungen aus einem Adjektiv und einem Verb/Partizip werden getrennt geschrieben, wenn das Adjektiv steigerbar oder erweiterbar ist: *Er war ein (sehr, ganz) zart besaitetes Kind.* § 34 E3 (3) Die Zusammenschreibung ist die korrekte Variante: *zartbesaitet.*

zart|be|sai|tet = **zart be|sai|tet** empfindsam

zartblau, zartrosa: Fügungen aus Adjektiv und Adjektiv werden zusammengeschrieben, wenn der erste Bestandteil (*zart-*) der Zusammensetzung als bedeutungsverstärkendes Element (mit Reihenbildung) aufgefasst wird: *zartblau, zartgrün, zartrosa.* § 36 (5)

zart|blau
Zär|te *f. 11 nur Sg., veraltet:* Zartheit
zär|teln *intr. 1* zärtlich sein
zart|füh|lend = **zart füh|lend**
Zart|ge|fühl *n. 1 nur Sg.*
Zart|heit *f. 10 nur Sg.*
zärt|lich
Zärt|lich|keit *f. 10*
Zart|sinn *m. 1 nur Sg.*
zart|sin|nig
Zä|si|um, *fachsprachl.:* Cae|si|um [tsæ-, lat.] *n. Gen.* -s *nur Sg.* (*Zeichen:* Cs) chem. Element, ein Metall
Zas|ter [romani »Eisen«] *m. 5 nur Sg., ugs.:* Geld
Zä|sur [lat.] *f. 10* Einschnitt, Ruhepunkt (im Vers, in der musikal. Tonfolge, in der geschichtlichen Entwicklung)
Zau|ber *m. 5*
Zau|be|rei *f. 10*
Zau|be|rer *m. 5*
Zau|ber|for|mel *f. 11*
zau|ber|haft
Zau|be|rin *f. 10*
zau|be|risch
Zau|ber|kraft *f. 2*
zau|ber|kräf|tig
Zau|ber|kreis *m. 1*
Zau|ber|kunst *f. 2*
Zau|ber|künst|ler *m. 5*
Zau|ber|kunst|stück *n. 1*
Zau|ber|macht *f. 2*
Zau|ber|mär|chen *n. 7*
zau|bern *tr. u. intr. 1;* ich zaubere, zaubre
Zau|ber|nuss (*alt:* Zau|ber|nuß) *f. 2* = Hamamelis
Zau|ber|pos|se *f. 11*
Zau|ber|reich *n. 1*
Zau|ber|spruch *m. 2*
Zau|ber|stab *m. 2*
Zau|ber|trank *m. 2*
Zau|ber|trick *m. 9*
Zau|ber|wort *n. 1*
Zau|de|rer, Zaud|rer *m. 5*
zau|dern *intr. 1;* ich zaudere, zaudre
Zaum *m. 2* Vorrichtung zum Lenken von Zug-und Reittieren
zäu|men *tr. 1* **1.** ein Zugtier z.: einem Zugtier den Zaum anlegen; **2.** Geflügel z. *veraltet:* zum Essen herrichten
Zaum|zeug *n. 1* Zaum
Zaun *m. 2*
Zäun|chen *n. 7*
zaun|dürr
Zaun|gast *m. 2*
Zaun|kö|nig *m. 1* ein Singvogel
Zaun|pfahl *m. 2;* ein Wink mit dem Z.: indirekter, aber deutlicher Hinweis
zau|sen *tr. 1* leicht reißen, zupfen
zau|sig *österr.:* zerzaust, zerrauft (Haare)
Za|zi|ki, Tsa|tsi|ki [griech.] *m. 9 oder n. 9* Joghurt mit Knoblauch und Gurkenstückchen
z. B. *Abk. für* zum Beispiel
z. b. V. *Abk. für* zur besonderen Verwendung
z. D. *Abk. für* zur Disposition
ZDF *Abk. für* Zweites Deutsches Fernsehen

Z

Ze|ba|ot, Ze|ba|oth [hebr.] der Herr Z. *im AT Bez. für* Gott

♦Die Buchstabenfolge **ze|br...** kann in Fremdwörtern auch **zeb|r...** getrennt werden.

♦**Ze|bra** [afrik.] *n. 9* südafrik. Wildpferd mit schwarzweiß gestreiftem Fell
♦**Ze|bra|holz** *n. 4*
♦**Ze|bra|no** *n. 9 nur Sg.* trop. Holz mit dunkler Maserung auf hellem Grund
♦**Ze|bra|strei|fen** *m. 7* mit weißen Streifen markierter Übergang auf der Fahrbahn, auf dem Fußgänger den Vorrang vor Fahrzeugen haben
♦**Ze|bro|id** *n. 1* Kreuzung zwischen Zebra und Pferd bzw. Esel
Ze|bu [tibetanisch] *n. 9* ein Hausrind, tropisches Buckelrind
Zech|bru|der *m. 5*
Ze|che *f. 11* **1.** Rechnung über verzehrte Speisen und Getränke im Gasthaus; die Z. prellen: sie nicht bezahlen; die Z. bezahlen *übertr., ugs.:* für den Schaden aufkommen; **2.** Bergwerk
ze|chen *intr. 1* viel Alkohol trinken
Ze|cher *m. 5*
Ze|che|rei *f. 10*
Zech|ge|la|ge *n. 5*
Ze|chi|ne [arab.-ital.] *f. 11* alte venezian. Geldmünze
Zech|kum|pan *m. 1*
Zech|prel|ler *m. 5*
Zech|prel|le|rei *f. 10 nur Sg.*
Zech|stein *m. 1 nur Sg.* obere Abteilung des Perms
Zeck **1.** *n. Gen.* -s *nur Sg.* Haschen; Z. spielen; **2.** *m. 1, bair., österr. für* Zecke
Ze|cke *f. 11,* **Zeck** *m. 1* eine Milbe
Ze|cken|en|ze|pha|li|tis *f. Gen. - Pl.* -ti|den
ze|cken *tr. 1, mitteldt.:* necken, ärgern
Ze|dent [lat.] *m. 10* Gläubiger, der seine Forderung an einen Dritten abtritt; vgl. zedieren
Ze|der [hebr.-griech.] *f. 11* ein Nadelbaum
ze|dern aus Zedernholz
Ze|dern|holz *n. 4 nur Sg.*
ze|die|ren [lat.] *tr. 3* abtreten (Anspruch, Forderung)
Ze|dre|la|holz *auch:* **Zed|re|la|holz** [griech.] *n. 4 nur Sg.* rotes, leichtes Holz der Zedrele (für Zigarrenkisten)
Ze|dre|le *auch:* **Zed|re|le** *f. 11* ein mittelamerik. Baum
Zee|se *f. 11, in der Ostseefischerei:* ein Schleppnetz
Zeh *m. 12,* **Ze|he** *f. 11* große, kleine Zehe
Ze|hen|gän|ger *m. 5* Säugetier, das beim Gehen nur mit den Zehen auftritt; *Ggs.:* Sohlengänger
Ze|hen|spit|ze *f. 11;* auf Zehenspitzen gehen
Ze|hen|stand *m. 2 nur Sg.*
Ze|hent *m. 10* = Zehnt
zehn 10; wir sind zu zehnt; die Zehn Gebote; *Sport:* die ersten z.; vgl. acht
Zehn *f. 10* die Zahl 10; vgl. Acht
Zeh|ner *m. 5* **1.** *bei mehrstelligen Zahlen:* die zweite Zahl von rechts bzw. vor dem Komma; **2.** *ugs.:* Zehncentstück, Zehneuroschein
Zehn|fin|ger|blind|schreib|me|tho|de *f. 11 nur Sg.,* **Zehn|fin|ger|sys|tem** *n. 1 nur Sg.* Maschinenschreibmethode
Zehn|flach *n. 1,* **Zehn|fläch|ner** *m. 5* = Dekaeder
Zehn|jah|res|fei|er, Zehn|jahr|fei|er *f. 11*
Zehn|kampf *m. 2 nur Sg.* aus zehn Einzeldisziplinen bestehender Wettkampf in der Leichtathletik
Zehn|klas|sen|schu|le *f. 11*
Zehn|mark|schein *m. 1*
Zehn|me|ter|brett, 10-Me|ter-Brett *n. 3*
Zehn|pfen|nig|stück *n. 1*
Zehnt *m. 10,* Zehn|te *m. 18*
Ze|hent *m. 10, MA:* Abgabe (urspr. des zehnten Teils des Ertrages) an Grundherrn, Kirche
zehn|tau|send [auch: -tau-] 10 000; die oberen zehntausend *oder:* Zehntausend: die Oberschicht einer Gesellschaft; es kamen zehntausende *oder:* Zehntausende von Zuschauern
Zehn|tel *n. 5* vgl. Achtel
Zehn|tel|se|kun|de *f. 11*
zeh|ren *intr. 1;* von etwas z.
Zehr|geld *n. 3*
Zehr|pfen|nig *m. 1, veraltet:* Geld für unterwegs
Zei|chen *n. 7*
Zei|chen|block *m. 2*
Zei|chen|brett *n. 3*
Zei|chen|fe|der *f. 11*
Zei|chen|kunst *f. 2*
Zei|chen|pa|pier *n. 1*
Zei|chen|schutz *m. Gen.* -es *nur Sg.* Schutz für Warenzeichen
Zei|chen|set|zung *f. 10 nur Sg.* = Interpunktion
Zei|chen|spra|che *f. 11*
Zei|chen|trick|film *m. 1*
zeich|nen *tr. 2; auch:* sich durch Unterschrift zur Zahlung oder Übernahme verpflichten; hundert Mark, eine Anleihe z.
Zeich|ner *m. 5*
zeich|ne|risch
Zeich|nung *f. 10*
zeich|nungs|be|rech|tigt
Zei|del|bär *m. 10* Honig naschender Bär
zei|deln *tr. 1, veraltet:* vom Bienenstock ausschneiden (Honigwabe)
Zeid|ler *m. 5, veraltet:* Bienenzüchter
Zeid|le|rei *f. 10 nur Sg., veraltet:* Bienenzucht
Zei|ge|fin|ger *m. 5*
zei|gen *tr. 1*
Zei|ger *m. 5*
Zei|ge|stock *m. 2*
Zeig|fin|ger *m. 5, schweiz. für* Zeigefinger
zei|hen *tr. 186;* jmdn. (eines Vergehens o. Ä.) z.: jmdn. beschuldigen
Zei|le *f. 11* (*Abk.:* Z.)
Zei|len|ab|stand *m. 2*
Zei|len|sprung *m. 2, Verslehre*
zei|len|wei|se
...zei|ler *m. 5, in Zus.:* Gedicht mit bestimmter Anzahl von Zeilen, z. B. Zwei-, Vierzeiler
...zei|lig *in Zus.,* z. B. zwei-, mehr-, eng-, weit-, halbzeilig, *mit Ziffer:* 2-zeilig
Ze|in [lat.] *n. 1 nur Sg.* ein Eiweiß im Maiskorn
Zei|ne *f. 11* = **Zai|ne**
Zei|sel|bär *m. 10* Tanzbär
Zei|sig *m. 1* ein Singvogel
Zei|sing *n. 1* s. **Sei|sing**
zeit während; *nur in den Wendungen* zeit seines, ihres Lebens
Zeit *f. 10;* Z. haben; keine, viel, wenig Z. haben; Z. rauben, sparen, vergeuden; Zeit raubend *oder:* zeitraubend; Zeit sparend *oder:* zeitsparend; eine Zeit lang; auf Z. (*Abk.:* a. Z.): für eine bestimmte Dauer; von Z. zu Z.; vor, nach, seit einiger Z.; zur Z. (*Abk.:* z. Z., *oder:* z. Zt.); zu der Z., als ...; zu meiner Z.: als ich jung war; zur Z. *oder:* zu Zeiten Kaiser Karls; *aber:* → zurzeit, → zuzeiten; zu jeder Z.; *aber:* → jederzeit

Z

Zeit|ab|schnitt *m. 1*
Zeit|al|ter *n. 5*
Zeit|an|sa|ge *f. 11*
Zeit|ar|beit *f. 10*
Zeit|auf|wand *m. Gen.* -(e)s *nur Sg.*
zeit|auf|wen|dig = **zeit|auf|wän|dig**
Zeit|druck *m. 1 nur Sg.;* in Z. sein
Zei|ten|fol|ge *f. 11 nur Sg.* = Consecutio temporum; vgl. Vorzeitigkeit, Nachzeitigkeit
Zei|ten|wen|de, Zeit|wen|de *f. 11 nur Sg.* das Jahr Null; vor, nach der Z.: vor, nach Christi Geburt
Zeit|form *f. 10* = Tempus
Zeit|fra|ge *f. 11 nur Sg.*
zeit|ge|bun|den; *aber:* an eine bestimmte, an keine Zeit gebunden
Zeit|ge|fühl *n. 1 nur Sg.*
Zeit|geist *m. 3 nur Sg.*
zeit|ge|mäß
Zeit|ge|nos|se *m. 11*
zeit|ge|nös|sisch in der Zeit sich abspielend, aus der Zeit stammend, von dereben gesprochen wird
Zeit|ge|sche|hen *n. 7*
Zeit|ge|schich|te *f. 11 nur Sg.* Geschichte der Gegenwart und jüngsten Vergangenheit
zeit|ge|schicht|lich
Zeit|ge|winn *m. 1 nur Sg.*
zeit|gleich = synchron
Zeit|glei|chung *f. 10* Unterschied zwischen wahrer und mittlerer Sonnenzeit eines Ortes
zei|tig früh, frühzeitig
zei|ti|gen *tr. 1* hervorbringen, nachsich ziehen; gute Wirkung, üble Folgen z.
Zeit|kar|te *f. 11*
Zeit|kri|tik *f. 10 nur Sg.*
zeit|kri|tisch
Zeit|lang *f. Gen. - nur Sg. bair.:* Sehnsucht; Z. nach jmdm. haben
Zeit lang (*alt:* Zeit|lang) *f. Gen. - nur Sg.;* eine Z. spazieren gehen; ihm war eine Z. schwindlig
Zeit|lauf *m. Gen.* -(e)s *Pl.* -läuf|te; in unseren heutigen Zeitläuften: in der Gegenwart

zeitlebens — zeit seines Lebens, zur Zeit/zurzeit, zu Zeiten/zuzeiten: Mehrteilige Adverbien schreibt man zusammen, wenn Wortform oder Bedeutung der einzelnen Bestandteile nicht mehr deutlich erkennbar sind: *Zeitlebens hat er versucht, …* § 39 (1)
Wird das Gefüge hingegen erweitert, schreibt man getrennt: *zeit seines Lebens.* Ebenso: *(eine) Zeit lang.* § 39 E2 (1)
Mit einer Präposition beginnende Fügungen schreibt man ebenfalls getrennt: *zur Zeit/zu Zeiten Goethes.* § 39 E2 (2.3)
Ansonsten wird das Gefüge, wenn Wortart, Wortform oder die Bedeutung der einzelnen Bestandteile nicht mehr deutlich erkennbar sind, zusammengeschrieben: *zurzeit* (wie: *derzeit, jederzeit, seinerzeit*) bzw. *zuzeiten* (wie: *beizeiten, vorzeiten*). § 39 (1)

zeit|le|bens; *aber:* zeit meines Lebens
zeit|lich 1. die Zeit betreffend; **2.** irdisch, vergänglich; das Zeitliche segnen: sterben; **3.** *österr. auch:* zeitig
Zeit|lich|keit *f. 10 nur Sg.*
Zeit|lohn *m. 2* nach einer bestimmten Arbeitszeit festgesetzter Lohn, z.B. Stunden-, Wochenlohn; vgl. Leistungslohn, Stücklohn
zeit|los
Zeit|lo|se *f. 11* = Herbstzeitlose
Zeit|lo|sig|keit *f. 10 nur Sg.*
Zeit|lu|pe *f. 11 nur Sg.; Ggs.:* Zeitraffer; im Zeitlupentempo: sehr langsam
Zeit|ma|schi|ne *f. 11* imaginäre Maschine, die das Reisen in der Zeit ermöglicht
Zeit|maß *n. 1*
zeit|nah
Zeit|nä|he *f. 11 nur Sg.*
Zeit|plan *m. 2*
Zeit|punkt *m. 1*
Zeit|raf|fer *m. 5; Ggs.:* Zeitlupe
zeit|rau|bend = **Zeit rau|bend;** *aber nur:* zeitraubender, sehr zeitraubend *(bei Steigerung und mit Attribut)*
Zeit|raum *m. 2*
Zeit|rech|nung *f. 10;* vor unserer Z. (*Abk.:* v. u. Z.): vor Christi Geburt; (nach) unserer Z. (*Abk.:* (n.) u. Z.): nach Christi Geburt
Zeit|rei|hen|a|na|ly|se *f. 11* statistische Zerlegung einer Reihe zeitl. aufeinander folgender Werte in ihre Komponenten
Zeit|schrift *f. 10*
Zeit|schrif|ten|auf|satz *m. 2*
Zeit|sinn *m. 1 nur Sg.;* keinen Z. haben
Zeit|span|ne *f. 11*
zeit|spa|rend = **Zeit spa|rend;** eine zeitsparende *oder:* Zeit sparende Methode; *aber nur:* zeitsparender, sehr zeitsparend *(bei Steigerung und mit Attribut)*
Zeit|ta|fel *f. 11*
Zei|tung *f. 10*
Zei|tungs|an|zei|ge *f. 11*
Zei|tungs|ar|ti|kel *m. 5*
Zei|tungs|aus|schnitt *m. 1*
Zei|tungs|aus|trä|ger *m. 5*
Zei|tungs|be|richt *m. 1*
Zei|tungs|en|te *f. 11, ugs.:* falsche Zeitungsmeldung
Zei|tungs|ki|osk *m. 1*
Zei|tungs|le|ser *m. 5*
Zei|tungs|mel|dung *f. 10*
Zei|tungs|pa|pier *n. 1 nur Sg.*
Zei|tungs|ro|man *m. 1*
Zei|tungs|trä|ger *m. 5*
Zei|tungs|wis|sen|schaft *f. 10 nur Sg.* Journalistik
Zei|tungs|wis|sen|schaft|ler *m. 5*
zeit|ver|setzt
Zeit|ver|treib *m. 1*
zeit|wei|lig
zeit|wei|se
Zeit|wen|de *f. 11 nur Sg.* = Zeitenwende
Zeit|wert *m. 1* Wert eines Gegenstandes zu einem späteren Zeitpunkt, im Unterschied zum Neuwert
Zeit|wort *n. 4* = Verb
zeit|wört|lich
Zeit|zei|chen *n. 7* Morsezeichen bei der Zeitansage
Zeit|zeu|ge *m. 11*
Zeit|zo|ne *f. 11*
Zeit|zün|der *m. 5*
Ze|le|brant *auch:* **Ze|leb|rant** [lat.] *m. 10, kath. Kirche:* die Messe lesender Priester
Ze|le|bra|ti|on *auch:* **Ze|leb|ra|ti|on** *f. 10* Feier (des Messopfers)
ze|le|brie|ren *auch:* **ze|leb|rie|ren** *tr. 3* feiern; die Messe z.
Ze|le|bri|tät *auch:* **Ze|leb|ri|tät** *f. 10 nur Sg.*
Zel|le *f. 11*
Zel|len|leh|re *f. 11* = Zytologie
Zel|len|schmelz *m. 1* = Cloisonné
Zell|ge|we|be *n. 5*
…zel|lig *in Zus.,* z. B. einzellig, vielzellig
Zell|kern *m. 1*
Zell|kul|tur *f. 10* gezüchtete Gewebezellen
Zel|lo|phan, *fachsprachl.:* Cel|lo|phan® *n. 1 nur Sg.*
Zell|stoff *m. 1 nur Sg.*

zel|lu|lar, zel|lu|lär zur Zelle, zu den Zellen gehörig
Zel|lu|lar|the|ra|pie *f. 11 nur Sg.* = Frischzellentherapie
Zel|lu|li|tis *f. Gen. - Pl.* -li|ti|den Entzündung des Zellgewebes
Zel|lu|loid, *fachsprachl.:* Cel|lu|loid *n. 1 nur Sg.* ein Kunststoff
Zel|lu|lo|se, *fachsprachl.:* Cel|lu|lo|se *f. 11* ein hochmolekulares pflanzl. Kohlenhydrat
Zẹll|wol|le *f. 11 nur Sg.* eine Kunstfaser
Ze|lot [griech.] *m. 10* Glaubenseiferer, Fanatiker
ze|lo|tisch
Ze|lo|tis|mus *m. Gen. - nur Sg.*
Zẹlt *n. 1*
Zẹlt|bahn *f. 10*
Zẹlt|blatt *n. 4, österr. für* Zeltbahn
Zẹlt|dach *n. 4*
zẹl|ten *intr. 2*
Zẹl|ten *m. 7,* Zẹl|te *f. 11, bair., österr., schweiz.:* kleiner, flacher Kuchen, Lebzelten
Zẹl|ter *m. 5, früher:* auf Passgang abgerichtetes Reitpferd
Zẹlt|la|ger *n. 5*
Zẹlt|pla|ne *f. 11*
Zẹlt|platz *m. 2*
Ze|mẹnt [lat.] *m. 1 nur Sg.* **1.** ein abbindender Baustoff; **2.** Hartsubstanz des Zahnes, Zahnkitt; **3.** Masse für Zahnfüllungen
Ze|men|ta|ti|on *f. 10 nur Sg.* **1.** Ausgießung mit Zement; **2.** Anreichern von Kohlenstoff in Stahloberflächen (zur späteren Härtung); **3.** Trennen gelösten Metalls aus Lösung durch Zugabe eines leichter oxidierbaren Metalls
ze|men|tie|ren *tr. 3*
Ze|men|tie|rung *f. 10; übertr.:* endgültige Festlegung
Zẹn [Sanskrit] *n. Gen. - nur Sg.,* **Zẹn-Bud|dhis|mus** *Nv.* **Zẹn|bud|dhis|mus** *Hv. m. Gen. - nur Sg.* japan. Form des Buddhismus
Ze|nit [arab.] *m. 1* **1.** senkrecht über dem Beobachter liegender Punkt des Himmelsgewölbes, Scheitelpunkt; **2.** *übertr.:* Höhepunkt
Ze|no|taph [griech.], Ke|no|taph *n. 1* leeres Grabmal zum Gedenken an einen woanders bestatteten Toten
zen|sie|ren [lat.] *tr. 3* **1.** bewerten, mit einer Note versehen (Schularbeit); **2.** der Zensur unterziehen (Film, Buch, Brief)
Zẹn|sor *m. 13* **1.** *altes Rom:* mit dem Zensus (und zugleich sittenrichterlichen Aufgaben) betrauter Beamter; **2.** *heute:* Prüfer (von Filmen, Briefen, Druckwerken u. a.)
Zen|sur *f. 10* **1.** *nur Sg., altes Rom:* Amt des Zensors; **2.** Prüfen (Filme, Briefe, Bücher u. a.); **3.** Bewertungsnote, Schulnote
zen|su|rie|ren *tr. 3, schweiz., österr. für* zensieren (2)
Zẹn|sus *m. Gen. - Pl. -* **1.** *im alten Rom:* Schätzung des Vermögens der Bürger; **2.** *heute:* statist. Erfassung, (Volks-)Zählung, Datenerhebung
Zẹnt [lat.] *f. 10* **1.** Hundertschaft; **2.** *im fränk. Reich:* Gerichtsbezirk
Zen|taur [griech.], **Ken|taur** *m. 10, griech. Myth.:* Fabelwesen mit Menschenkopf und -brust und Pferdeleib
Zen|te|nar [lat.] *m. 1* hundert Jahre alter Mensch
Zen|te|nar|fei|er *f. 11*
Zen|te|na|ri|um *n. Gen. -s Pl.* -ri|en = Hundertjahrfeier
zẹn|tern [lat.] *tr. 1, österr., Fußball;* den Ball z.: zur Mitte spielen
zen|te|si|mal [lat.] hundertteilig
Zen|te|si|mal|waa|ge *f. 11* Waage, bei der ein Gewicht der hundertfachen Last das Gleichgewicht hält
Zẹnt|ge|richt *n. 1* Gericht der Zent (2)
Zẹnt|graf *m. 10* Vorsteher der Zent (2)
zen|ti..., Zen|ti... [lat.] *vor Maßeinheiten:* ein Hundertstel, z. B. Zentimeter
Zen|ti|fo|lie [-ljə, lat.] *f. 11* stark gefüllte Rosenart
Zen|ti|grad [auch: tsẹn-] *m. 1, nach Zahlenangaben Pl. -* $^1/_{100}$ Grad
Zen|ti|grạmm [auch: tsẹn-] *n. Gen. -s Pl. - (Abk.:* cg) $^1/_{100}$ g
Zen|ti|li|ter [auch: tsẹn-] *n. 5 oder m. 5 (Abk.:* cl) $^1/_{100}$ Liter
Zen|ti|me|ter [auch: tsẹn-] *n. 5, ugs.: m. 5 (Abk.:* cm) $^1/_{100}$ Meter
Zen|ti|me|ter|maß *n. 1*
Zẹnt|ner [lat.] *m. 5 (Abk.:* Ztr.) Maßeinheit, 100 Pfund = 50 kg; *in Österreich und der Schweiz auch* 100 kg (Doppelzentner)
Zẹnt|ner|ge|wicht *n. 1*
Zẹnt|ner|last *f. 10; auch übertr.:* schwere, bedrückende Sorge
zẹnt|ner|schwer
zẹnt|ner|wei|se

♦ Die Buchstabenfolge **zen|tr...** kann in Fremdwörtern auch **zent|r...** getrennt werden.

♦ **zen|tral** [lat.] **1.** im Mittelpunkt (liegend, stehend); das Haus liegt z.: in der Mitte der Stadt; **2.** *übertr.:* wichtigst; das zentrale Problem ist das mangelnde Zeitmanagement
♦ **zen|tral..., Zen|tral...** [lat.] *in Zus.:* mittel..., Mittel..., vom Mittelpunkt, von einer einzigen Stelle aus gesteuert
♦ **Zen|tral|afri|ka** *auch:* **Zen|tral|af|ri|ka**
♦ **zen|tral|afri|ka|nisch** *auch:* **zen|tral|af|ri|ka|nisch**
♦ **Zen|tral|ame|ri|ka**
♦ **zen|tral|ame|ri|ka|nisch**
♦ **Zen|tral|asi|en**
♦ **zen|tral|asi|a|tisch**
♦ **Zen|tral|bank** *f. 10* Institution mit dem Recht zur Notenausgabe, die die Geld- und Kreditpolitik eines Landes oder einer Währungsunion regelt
♦ **zen|tral|be|heizt** sammelbeheizt
♦ **Zen|tra|le** *f. 11* **1.** Mittel-, Ausgangspunkt; **2.** Hauptgeschäft; **3.** Stelle, an der mehrere Arbeitsgänge zusammenlaufen; **4.** *in Betrieben, Büros usw.:* Fernsprechvermittlungsstelle
♦ **Zen|tral|ge|walt** *f. 10, in Bundesstaaten:* oberste Gewalt
♦ **Zen|tral|hei|zung** *f. 10*
♦ **Zen|tra|li|sa|ti|on** *f. 10 nur Sg.* **1.** Vereinigung in einem Mittelpunkt; **2.** Übertragung der Leitung an eine einzige Stelle; **3.** Leitung von einer einzigen Stelle aus
♦ **zen|tra|li|sie|ren** *tr. 3* **1.** in einem (Mittel-)Punkt vereinigen; **2.** von einer einzigen Stelle aus steuern, leiten lassen
♦ **Zen|tra|li|sie|rung** *f. 10 nur Sg.*
♦ **Zen|tra|lis|mus** *m. Gen. - nur Sg.* Streben nach Einheitlichkeit, nach einheitlichen Leitung (des Staates, der Verwaltung)
♦ **zen|tra|lis|tisch**
♦ **Zen|tral|ko|mi|tee** *n. 9 (Abk.:* ZK), *in kommunist. und manchen sozialist. Parteien:* oberstes leitendes Organ
♦ **Zen|tral|kraft** *f. 2* Kraft, die nach dem Mittelpunkt hin gerichtet ist

Z

♦**Zen|tral|ner|ven|sys|tem** *n. 1 nur Sg.* Gehirn und Rückenmark

♦**Zen|tral|rat** *m. 2;* Z. der Juden

♦**Zen|tral|ver|band** *m. 2;* Z. der deutschen Geographen

♦**zen|trie|ren** *tr. 3* auf die Mitte hin richten, einstellen; ein Bild, einen Text z.

♦**zen|tri|fu|gal** vom Mittelpunkt wegstrebend

♦**Zen|tri|fu|gal|kraft** *f. 2* bei drehender Bewegung nach außen wirkende Kraft, Fliehkraft; *Ggs.:* Zentripetalkraft

♦**Zen|tri|fu|ge** *f. 11* sich drehendes Gerät zum Trennen von Stoffen (bes. Flüssigkeiten) verschiedenen spezif. Gewichts

♦**zen|tri|fu|gie|ren** *tr. 3* mittels Zentrifuge trennen

♦**zen|tri|pe|tal** zum Mittelpunkt strebend

♦**Zen|tri|pe|tal|kraft** *f. 2* bei drehender Bewegung auf den Mittelpunkt zu wirkende Kraft; *Ggs.:* Zentrifugalkraft

♦**zen|trisch** im Mittelpunkt (gelegen), zum Mittelpunkt hin (strebend)

♦**Zen|tri|win|kel** *m. 5* Winkel zwischen zwei Kreisradien

♦**Zen|trum** *n. Gen.* -s *Pl.* -tren **1.** Mitte, Mittelpunkt; **2.** *kurz für* Zentrumspartei; **3.** Innenstadt

♦**Zen|trums|par|tei** *f. 10 nur Sg.* 1870-1933 und 1945-1957 politische katholische Partei (nach ihren mittleren Sitzen im Parlament)

Zen|tu|rie, Cen|tu|rie [-riə, lat.] *f. 11, im alten Rom:* Heeresabteilung von 100 Mann, Hundertschaft

Zen|tu|rio *m. Gen.* -s *Pl.* -ri|o|nen Anführer einer Zenturie

Zen|tu|ri|um *n. Gen.* -s *nur Sg., früher Bez. für* Fermium

Ze|o|lith [griech.] *m. 1, Sammelbez. für* eine Gruppe von Mineralien

Ze|pha|lo|po|de *m. 11* = Kopffüßer

Ze|phir, Ze|phyr [griech.] **1.** *m. Gen.* -s *nur Sg., im Altertum:* warmer Westwind; *poet. veraltet:* milder Wind; **2.** *m. 1, österr. Pl.* -phi|re ein feines Baumwollgewebe

Ze|phir|wol|le, Ze|phyr|wol|le *f. 11* weiches, lockeres Wollgarn

Ze|phyr *m. Gen.* -s *nur Sg. oder m. 1* s. **Ze|phir**

Ze|phyr|wol|le *f. 11* s. **Ze|phir|wol|le**

Zep|pe|lin [nach dem Erfinder, Ferdinand Graf von Z.] *m. 1* mit Gas gefülltes Luftschiff

Zepter/Szepter: Die ins Deutsche integrierte Schreibweise *Zepter* ist die Hauptvariante; in Österreich wird die alte Form *Szepter* bevorzugt.

Zep|ter [griech.], *österr.:* **Szep|ter** *n. 5* Herrscherstab, Sinnbild der Macht; das Z. führen, schwingen *übertr.:* bestimmen, befehlen

zer... *Vorsilbe von Verben,* z.B. zerschlagen

Ze|rat [lat.] *n. 1* mit Wachs zubereitete Salbe

zer|bei|ßen *tr. 8*

zer|bers|ten *intr. 10*

Zer|be|rus, Cer|be|rus [nach Kerberos, dem Hund der griech. Sage, der den Eingang zur Unterwelt bewacht] *m. Gen.* - *Pl.* -rus|se, *scherzh.:* grimmiger Wächter

zer|beu|len *tr. 1*

zer|bom|ben *tr. 1*

zer|bre|chen *tr. u. intr. 19*

zer|brech|lich

Zer|brech|lich|keit *f. 10 nur Sg.*

zer|brö|ckeln *tr. u. intr. 1;* ich zerbröckele, zerbröcklees

zer|drü|cken *tr. 1*

Ze|re|a|li|en [nach der röm. Göttin Ceres] *Pl.* Feldfrüchte, *bes.:* Getreide; vgl. Cerealien

ze|re|bel|lar [lat.] zum Zerebellum oder Kleinhirn gehörig, von ihm ausgehend

Ze|re|bel|lum *n. Gen.* -s *Pl.* -la s. **Ce|re|bel|lum**

ze|re|bral *auch:* **ze|reb|ral** zum Zerebrum gehörend, von ihm ausgehend

Ze|re|bral *auch:* **Ze|reb|ral** *m. 1,* **Ze|re|bral|laut** *auch:* **Ze|reb|ral|laut** *m. 1* mit der Zungenspitze am Gaumen gebildeter Laut

ze|re|bro|spi|nal *auch:* **ze|reb|ro|spi|nal** zum Gehirn und Rückenmark gehörend, von ihnen ausgehend

Ze|re|brum *auch:* **Ze|reb|rum** *n. Gen.* -s *Pl.* -bra s. **Ce|re|brum**

Ze|re|mo|nie [auch, österr. nur: -monjə, lat.] *f. 11* feierliche, an feste Regeln gebundene Handlung

ze|re|mo|ni|ell in der Art einer, nach einer bestimmten Zeremonie verlaufend, förmlich

Ze|re|mo|ni|ell *n. 1* Gesamtheit der Zeremonien bei bestimmten Anlässen

Ze|re|mo|ni|en|meis|ter *m. 5, früher an Fürstenhöfen:* der für die Einhaltung des Hofzeremoniells verantwortliche Beamte

ze|re|mo|ni|ös förmlich, gemessen, steif

Ze|re|sin, Ce|re|sin [lat.] *n. 1 nur Sg.* Erdwachs

Ze|re|vis [-vis, lat.] *n. Gen.* - *Pl.* - bestickte, schirmlose Mütze der Verbindungsstudenten

zer|fah|ren *übertr.:* gedankenlos, unkonzentriert

Zer|fah|ren|heit *f. 10 nur Sg.*

Zer|fall *m. Gen.* -s *nur Sg.*

zer|fal|len *intr. 33;* mit sich und der Welt z. sein: niedergeschlagen sein, Weltschmerz haben

Zer|falls|pro|dukt *n. 1*

zer|fet|zen *tr. 1*

zer|fled|dert, zer|fle|dert zerlesen (Buch, Zeitung), abgenutzt (Brieftasche)

zer|flei|schen *tr. 1*

Zer|flei|schung *f. 10 nur Sg.*

zer|flie|ßen *intr. 40*

zer|fres|sen *tr. 41*

zer|furcht; zerfurchte Stirn

zer|ge|hen *intr. 47*

zer|gen *tr. 1, nordostdt.:* necken, ärgern

zer|glie|dern *tr. 1;* ich zergliedere, zergliedre es

Zer|glie|de|rung *f. 10 nur Sg.*

zer|ha|cken *tr. 1*

zer|hau|en *tr. 63*

zer|kau|en *tr. 1*

zer|klei|nern *tr. 1;* ich zerkleinere, zerkleinre es

Zer|klei|ne|rung *f. 10 nur Sg.*

zer|klüf|tet vielfach gespalten, geborsten, von Spalten durchzogen (Gestein, Gebirgszug)

zer|knal|len 1. *intr. 1* mit Knall zerplatzen; **2.** *tr. 1, ugs.:* zerbrechen

zer|knaut|schen *tr. 1, ugs.:* zerdrücken, zerknittern

zer|knirscht reuig, schuldbewusst

Zer|knirscht|heit *f. 10 nur Sg.*

Zer|knir|schung *f. 10 nur Sg.*

zer|knit|tern *tr. 1*

zer|knül|len *tr. 1*

zer|ko|chen *tr. u. intr. 1*

zer|krat|zen *tr. 1*

zer|krü|meln *tr. 1;* ich zerkrümele, zerkrümle es

zer|las|sen *tr. 75* zergehen lassen, flüssig werden lassen (Fett)

zer|lau|fen *intr. 76*

zer|leg|bar

zer|le|gen *tr. 1*
Zer|le|gung *f. 10 nur Sg.*
zer|le|sen durch häufiges Lesen abgenutzt (Buch, Zeitschrift)
zer|lumpt
zer|mah|len *tr.*, zermahlte, zermahlen
zer|mal|men *tr. 1*
zer|mar|tern *tr. 1, nur in den Wendungen* sich den Kopf, das Hirn z.: angestrengt (aber vergeblich) grübeln, nachdenken
zer|mür|ben *tr. 1*
Zer|mür|bung *f. 10 nur Sg.*
zer|na|gen *tr. 1*
Ze|ro [ze-, arab.] *f. 9 oder n. 9* **1.** Null; **2.** *Roulette:* Gewinnfeld des Bankhalters
Ze|ro|graph *auch:* **Ze|ro|graf** [griech.] *m. 10*
Ze|ro|gra|phie *auch:* **Ze|ro|gra|fie** *f. 11* Wachsgravierung
Ze|ro|plas|tik, Ke|ro|plas|tik *f. 10* **1.** *nur Sg.* Wachsbildnerei; **2.** Wachsbildwerk, Wachsmodell (für Bronzeguss)
zer|pflü|cken *tr. 1*
zer|quet|schen *tr. 1*
zer|rau|fen *tr. 1;* zerrauftes Haar
Zerr|bild *n. 3*
zer|re|den *tr. 2* durch zu vieles Darüberreden schädigen oder zerstören
zer|rei|ben *tr. 95*
zer|reiß|bar
zer|rei|ßen *tr. u. intr. 96*
Zer|reiß|pro|be *f. 11*
Zer|rei|ßung *f. 10 nur Sg.*
zer|ren *tr. 1*
Zer|re|rei *f. 10 nur Sg., ugs.*
zer|rin|nen *intr. 101*
Zer|ris|sen|heit *f. 10 nur Sg.*
Zer|rung *f. 10*
zer|rup|fen *tr. 1*
zer|rüt|ten *tr. 2* zerstören, schädigen; zerrüttete Ehe, Nerven, Gesundheit
Zer|rüt|tung *f. 10 nur Sg.*
zer|schel|len *intr. 1* durch Aufprall in Stücke brechen; am Felsen zerschelltes Schiff
zer|schla|gen *tr. 116;* z. sein: erschöpft, überanstrengt
Zer|schla|gen|heit *f. 10 nur Sg.*
Zer|schla|gung *f. 10 nur Sg.*
zer|schlis|sen abgetragen und zerrissen; zerschlissene Kleider
zer|schmel|zen *intr. 123*
zer|schmet|tern *tr. 1*
zer|schnei|den *tr. 125*
Zer|schnei|dung *f. 10 nur Sg.*
zer|schram|men *tr. 1*
zer|schrammt
zer|set|zen *tr. 1*
Zer|set|zung *f. 10 nur Sg.*
Zer|set|zungs|pro|dukt *n. 1*
zer|sie|deln *tr. 1* ich zersiedele, zersiedle; durch weitflächige Besiedlung zerstören
Zer|sie|de|lung, Zer|sied|lung *f. 10*
zer|sin|gen *tr. 140;* ein Volkslied z.: durch ungenaues Singen allmählich verändern
zer|spal|ten *tr.* zerspaltet
zer|spa|nen *tr. 1* in Späne zerschneiden
Zer|spa|nung *f. 10 nur Sg.*
zer|spel|len *tr. 1* zersplittern
zer|split|tern *tr. u. intr. 1*
Zer|split|te|rung *f. 10 nur Sg.*
zer|spren|gen *tr. 1*
zer|sprin|gen *intr. 148*
zer|stamp|fen *tr. 1*
zer|stäu|ben *tr. 1*
Zer|stäu|ber *m. 5*
Zer|stäu|bung *f. 10 nur Sg.*
zer|ste|chen *tr. 149*
zer|stie|ben *intr. 155;* in alle Winde zerstoben
zer|stör|bar
zer|stö|ren *tr. 1*
Zer|stö|rer *m. 5* schnelles Kriegsschiff
Zer|stö|rung *f. 10*
Zer|stö|rungs|werk *n. 1*
Zer|stö|rungs|wut *f. Gen. - nur Sg.;* blinde Z. (Vandalismus)
zer|streu|en *tr. 1; auch übertr.:* jmdn., sich z.: jmdm., sich die Zeit vertreiben, jmdn., sich unterhalten
zer|streut unaufmerksam, in Gedanken mit anderen Dingen beschäftigt
Zer|streut|heit *f. 10 nur Sg.*
Zer|streu|ung *f. 10* Unterhaltung
Zer|streu|ungs|lin|se *f. 11* Konkavlinse; *Ggs.:* Sammellinse
zer|stü|ckeln *tr. 1*
Zer|stü|cke|lung *f. 10*
zer|talt durch viele Täler zerschnitten
zer|tei|len *tr. 1*
Zer|tei|lung *f. 10 nur Sg.*
zer|tep|pern, zer|töp|pern *tr. 1, ugs.:* zerbrechen, zerschlagen
Zer|ti|fi|kat [lat.] *n. 1* **1.** amtl. Bescheinigung; **2.** Anteilschein einer Kapitalanlagegesellschaft
zer|ti|fi|zie|ren *intr. 3* bescheinigen
zer|tram|peln *tr. 1*
zer|tren|nen *tr. 1*
Zer|tren|nung *f. 10 nur Sg.*
zer|tre|ten *tr. 163*
zer|trüm|mern *tr. 1*
Zer|trüm|me|rung *f. 10 nur Sg.*
Zer|ve|lat|wurst, Ser|ve|lat|wurst, *schweiz. auch:* Cer|ve|lat [sɛrvə-, ital.] *f. 2* Hartwurst, Dauerwurst
zer|vi|kal [-vi-, lat.] zum Hals, Nacken, Gebärmutterhals gehörend
Zer|würf|nis *n. 1* Verfeindung, Entzweiung
zer|zau|sen *tr. 1*
zes|si|bel [lat.] übertragbar, abtretbar (Forderung)
Zes|si|on *f. 10* Abtretung einer Forderung an Dritte
Zes|si|o|nar *m. 1* jmd., an den eine Forderung abgetreten wird
Ze|ta *n. Gen.* -(s) *Pl.* -s (*Zeichen:* ζ, Z) griech. Buchstabe
Ze|ter *n. 5, veraltet, noch in der Wendung* Z. und Mord(io) schreien
Ze|ter|ge|schrei *n. Gen.* -s *nur Sg.*
ze|ter|mor|dio; z. schreien
ze|tern *intr. 1* laut jammern
Ze|tin [lat.] *n. 1 nur Sg.* Bestandteil des Walrats
Zet|kin, *Clara* dt. Politikerin
Zet|tel *m. 5; auch Weberei:* Längsfäden, Folge der Kettfäden
Zet|tel|baum *m. 2* Kettbaum
Zet|tel|kar|tei *f. 10*
Zet|tel|kas|ten *m. 8*
Zet|tel|ka|ta|log *m. 1*
Zeug *n. 1* **1.** Gewebe; **2.** *nur Sg.* Textilien, Kleidung, Utensilien, z. B. Bettzeug, Wasch-, Schreibzeug; Sachen, Kram; jmdm. etwas am Z. flicken: etwas an jmdm. kritisieren und ihm damit schaden; **3.** *übertr.:* Fähigkeit; er hat das Z. dazu, ein guter Architekt zu werden
Zeug|druck *m. 1* Druck auf Gewebe, Textildruck
Zeu|ge *m. 11*
zeu|gen *tr. 1* **1.** erzeugen, hervorbringen; ein Kind z.; Unheil z.; **2.** *intr. 1;* von etwas z.: etwas zeigen, verraten; sein Verhalten zeugt von Mut
Zeu|gen|aus|sa|ge *f. 11*
Zeu|gen|bank *f. 2* Platz der Zeugen im Gerichtssaal
Zeu|gen|schaft *f. 10 nur Sg.*
Zeu|gen|stand *m. 2* Platz, von dem aus Zeugen aussagen
Zeug|haus *n. 4, früher:* Gebäude zum Aufbewahren von Kriegsgerät
Zeu|gin *f. 10*
Zeug|ma [griech.] *n. 9, Pl. auch:* -ma|ta Stilfigur, bei der ein Satz-

Z

teil (meist das Prädikat) nur einmal gesetzt wird, obwohl es mehrmals stehen müsste, z. B. »Der See kann sich, der Landvogt nicht erbarmen« (Schiller)
Zeug|nis *n. 1*
Zeugs *n. Gen. - nur Sg., ugs.:* Zeug, Sachen, Kram
Zeu|gung *f. 10*
Zeu|gungs|akt *m. 1*
zeu|gungs|fä|hig
Zeu|gungs|fä|hig|keit *f. 10 nur Sg.*
Zeu|gungs|kraft *f. 2 nur Sg.*
zeu|gungs|un|fä|hig
Zeu|gungs|un|fä|hig|keit *f. 10 nur Sg.*
Zeus *griech. Myth.:* höchster Gott
ZGB *in der Schweiz Abk. für* Zivilgesetzbuch
z. H. *Abk. für* zu Händen (in Briefanschriften); vgl. Hand
Zib|be *f. 11, nord-, mitteldt.:* Mutterschaf, Mutterkaninchen
Zi|be|be [arab.] *f. 11, südostdt.:* Rosine
Zi|bet [arab.-ital.] *m. Gen. -s nur Sg.* als Duftstoff verwendetes Afterdrüsensekret der Zibetkatze
Zi|bet|kat|ze *f. 11* afrikanische und südasiatische Schleichkatze, Zivette
Zi|bo|ri|um, Ci|bo|ri|um [griech.-lat.] *n. Gen.* -s *Pl.* -ri|en **1.** Gefäß zum Aufbewahren der Hostie, Hostienkelch; **2.** von Säulen getragenes Dach über dem Altar
Zi|cho|rie [tsiçoriə, griech.] *f. 11* **1.** Wegwarte; **2.** aus deren Wurzel gewonnener Kaffeezusatz
Zi|cke *f. 11, ugs.* **1.** Ziege; **2.** *übertr.:* altjüngferl. Frau; **3.** Torheit, gezierte Handlung; mach keine Zicken!
Zi|ckel *n. 5* Junges der Ziege, Zicklein
zi|ckeln *intr. 1* Junge werfen (Ziege)
zi|ckig *ugs.:* altjüngferlich
Zick|lein *n. 7* = Zickel
Zick|zack *m. 1* in Zacken verlaufende Linie; im Z. laufen, fliegen
Zick|zack|kurs *m. 1*
Zick|zack|li|nie [-njə] *f. 11*
Zi|der [hebr.], **Ci|dre** [si-, frz.] *m. 5* Obstwein, *bes.:* Apfelwein
Zie|che *f. 11, österr.:* Überzug, z. B. Bett-, Polsterzieche
Zie|ge *f. 11*
Zie|gel *m. 5*
Zie|ge|lei *f. 10*
zie|gel|rot
Zie|gel|stein *m. 1*
Zie|gen|bart *m. 2, Sammelbez. für* eine Gruppe verzweigter Pilze
Zie|gen|bock *m. 2*
Zie|gen|kä|se *m. 5*
Zie|gen|le|der *n. 5*
Zie|gen|mel|ker *m. 5* Nachtschwalbe
Zie|gen|milch *f. 10 nur Sg.*
Zie|gen|pe|ter *m. 5* = Mumps
Zie|ger *m. 5, österr. für* Quark
Zieg|ler *m. 5* Ziegelbrenner
Zieh|brun|nen *m. 7*
Zieh|el|tern *Pl.* Pflegeeltern
zie|hen *tr. u. intr. 187*
Zieh|har|mo|ni|ka *f. Gen. - Pl.* -s *oder* -ken
Zieh|kind *n. 3* Pflegekind
Zieh|mut|ter *f. 6* Pflegemutter
Zie|hung *f. 10, Lotterie:* Bestimmung der Gewinner
Zie|hungs|lis|te *f. 11*
Zieh|va|ter *m. 6* Pflegevater
Ziel *n. 1*
Ziel|band *n. 4, bei Wettläufen:* das Ziel bezeichnendes weißes Band
ziel|be|wusst (*alt:* ziel|be|wußt)
Ziel|be|wusst|sein (*alt:* Ziel|be|wußt|sein) *n. Gen.* -s *nur Sg.*
zie|len *intr. 1;* zielendes Verb: transitives Verb
Ziel|fern|rohr *n. 1*
Ziel|ge|ra|de *f. 17 oder 18, Sport:* gerade, letzte Strecke vor dem Ziel
ziel|ge|rich|tet
Ziel|grup|pe *f. 11* Gruppe von Personen, die bei einer bestimmten Unternehmung (z. B. Werbung) erreicht werden soll
ziel|los
Ziel|lo|sig|keit *f. 10 nur Sg.*
ziel|o|ri|en|tiert
Ziel|schei|be *f. 11*
Ziel|set|zung *f. 10*
ziel|si|cher
Ziel|si|cher|heit *f. 10 nur Sg.*
ziel|stre|big
Ziel|stre|big|keit *f. 10 nur Sg.*
Ziem *m. 1* oberes Keulenstück (vom Rind)
zie|men *intr. u. refl. 1;* es ziemt mir *veraltet:* es ist richtig, passend, schicklich für mich, es kommt mir zu; es ziemt sich (nicht): es gehört sich (nicht)
Zie|mer *m. 5* **1.** Rücken (vom Wild); **2.** = Ochsenziemer
ziem|lich **1.** *Adj., veraltet:* geziemend, schicklich; **2.** *Adj., ugs.:* recht groß, lang usw.; eine ziemliche Anstrengung, Strecke, Weile; **3.** *Adv.:* recht; z. groß, lang, viel
Ziep|chen, Zie|pel|chen *n. 7* Küken, junges Hühnchen
zie|pen **1.** *intr. 1* einen feinen hohen Ton ausstoßen; **2.** *intr. 1, ugs.:* ziehend schmerzen; **3.** *tr. 1, mitteldt.:* zupfen, leicht reißen; jmdn. an den Haaren z.
Zier *f. Gen. - nur Sg., poet. für* Zierde
Zie|rat (*alt für:* Zier|rat) *m. 1*
Zier|de *f. 11,* **Zier** *f. Gen. - nur Sg.*
zie|ren **1.** *tr. 1* schmücken; **2.** *refl. 1* sich bitten lassen, bescheiden tun, bescheiden abwehren
Zier|fisch *m. 1*
Zier|gar|ten *m. 8*
zier|lich
Zier|lich|keit *f. 10 nur Sg.*
Zier|pflan|ze *f. 11*

> **Zierrat:** Analog zu *der Vorrat* wird *Zierrat* mit zwei *r* geschrieben (bisher nur ein *r*): *der Zierrat* (alt: *Zierat*).

Zier|rat *m. 1* Schmuck, schmückendes Beiwerk
Zier|schrift *f. 10*
Zier|stich *m. 1*
Zier|strauch *m. 4*
Zie|sel *m. 5, österr. auch n. 5* ein Bodenhörnchen, Nagetier
Ziest [slaw.] *m. 1* eine Heilpflanze
Ziff. *Abk. für* Ziffer
Zif|fer *f. 11* Zahlzeichen; die Z. Null
Zif|fer|blatt *n. 4*
...zif|fe|rig, ...ziff|rig *in Zus.,* z. B. zweizifferig, *mit Ziffer:* 2-zifferig, mehrzifferig

> **zigtausende/Zigtausende:** Wenn *tausende* eine unbestimmte Menge angibt, kann es auch auf das Zahlsubstantiv *Tausend* bezogen werden. Entsprechend haben die Schreibenden die Entscheidung zwischen Klein- und Großschreibung: *In das Fußballstadion kamen zigtausende/Zigtausende.* § 58 E5

zig *ugs.:* eine unbestimmte Zahl von; es waren z. Leute da; das habe ich schon zigmal gesehen; zigtausend *oder:* Zigtausend; zigtausende *oder:* Zigtausende
Zi|ga|ret|te [frz.] *f. 11*
Zi|ga|ret|ten|län|ge *f. 11, ugs.:* auf eine Z.: für ein paar Minuten
Zi|ga|ret|ten|pa|pier *n. 1*
Zi|ga|ret|ten|pau|se *f. 11*

Z

Zi|ga|ret|ten|spit|ze *f. 11*
Zi|ga|ret|ten|stum|mel *m. 5*
Zi|ga|ril|lo [auch: -ljo, span.] *n. 9 oder m. 9* kleine Zigarre
Zi|gar|re *f. 11; auch übertr., ugs.:* energische Rüge
Zi|gar|ren|kis|te *f. 11*
Zi|ger *m. 5, schweiz. für* Quark, Kräuterkäse
Zi|geu|ner *m. 5*
zi|geu|ner|haft wie (ein) Zigeuner
zi|geu|ne|risch von Zigeunern stammend, zu ihnen gehörend
Zi|geu|ner|le|ben *n. 7 nur Sg., übertr.:* unstetes Wanderleben
Zi|geu|ner|mu|sik *f. 10 nur Sg.*
Zi|geu|ner|spra|che *f. 11* Dialekte der Sinti und Roma
Zi|ka|de [lat.] *f. 11* ein Insekt, Zirpe
Zik|ku|rat [akkad.] *f. 9, sumer., babylon., assyr. Baukunst:* turmartiger, stufenförmiger Tempel
zi|li|ar [lat.] wimpernähnlich, mit Wimpern versehen, strahlig
Zi|li|ar|kör|per *m. 5* vorderer, verdickter Teil der Aderhaut des Auges, Strahlenkörper
Zi|li|a|ten *Pl.* Wimpertierchen
Zi|lie [-ljə] *f. 11* feines Haar, Wimper
Zil|le *f. 11* flacher Frachtkahn
Zim|bal *n. 1 oder n. 9* Hackbrett
Zim|bel *f. 11* Orgelstimme
Zim|ber *m. 14* s. **Kim|ber**
Zi|me|lie [-ljə, griech.] *f. 11,* **Zi|me|li|um** *n. Gen.* -s *Pl.* -li|en **1.** Kleinod (eines Kirchenschatzes); **2.** wertvoller Gegenstand (einer Bibliothek, z. B. Papyrus)
Zi|ment [ital.] *n. 1, bair., österr.:* metallenes, zylindr. Hohlmaß (der Gastwirte)
zi|men|tie|ren *tr. 3, bair., österr.:* mit dem Ziment abmessen
Zi|mier [griech.-frz.] *n. 1 oder f. 10* Helmschmuck
Zim|mer *n. 5*
Zim|mer|ar|beit, Zim|me|rer|ar|beit *f. 10*
Zim|mer|chen *n. 7*
Zim|mer|de|cke *f. 11*
Zim|me|rei *f. 10* Bautischlerei
Zim|me|rer *m. 5* = Zimmermann
Zim|mer|flucht *f. 10* zusammenhängende Reihe von Zimmern
Zim|mer|frau *f. 10, österr.:* Vermieterin eines Zimmers, Wirtin
Zim|mer|herr *m. Gen.* -n *Pl.* -en, *veraltet:* Untermieter
...zim|me|rig, ...zimm|rig *in Zus.,* z. B. zwei-, mehrzimmerig, *mit Ziffer:* 2-zimmerig
Zim|mer|kell|ner *m. 5*
Zim|mer|laut|stär|ke *f. 11 nur Sg.*
Zim|mer|ling *m. 1, Bgb. für* Zimmermann
Zim|mer|mäd|chen *n. 7*
Zim|mer|mann *m. Gen.* -(e)s *Pl.* -leu|te Bautischler, Zimmerer
Zim|mer|meis|ter *m. 5*
zim|mern *tr. 1* **1.** aus Holz bauen; **2.** *übertr.:* bauen, aufbauen
Zim|mer|pflan|ze *f. 11*
Zim|met *m. 1, veraltet für* Zimt
...zimm|rig s. **...zim|me|rig**
zi|mo|lisch [nach der griech. Insel Kimolos]; zimolische Erde: hellgrauer Ton
zim|per|lich übertrieben empfindlich
Zim|per|lich|keit *f. 10 nur Sg.*
Zim|per|lie|se *f. 11, ugs.:* zimperliches Mädchen
Zimt *m. 1 nur Sg.* **1.** ein Gewürz; **2.** *ugs.:* Kram, Zeug, lästige Sache; der ganze Z.
Zimt|baum *m. 2* ein asiat. Baum
zimt|far|ben
Zimt|stan|ge *f. 11*
Zin|der *m. 5* ausgeglühte Steinkohle
Zi|ne|ra|ria [lat.], **Zi|ne|ra|rie** [-riə] *f. Gen. - Pl.* -ri|en eine Zimmerpflanze, Aschenblume
Zin|gu|lum [lat.] *n. Gen.* -s *Pl.* -la **1.** Schnur zum Gürten der Albe; **2.** Schärpe der Soutane
Zink **1.** *n. 1 nur Sg. (Zeichen:* Zn) chem. Element, ein Metall; **2.** *m. 12* Zin|ken *m. 7* ein altes Holzblasinstrument
Zink|blech *n. 1*
Zink|blen|de *f. 11* ein Mineral
Zin|ke *f. 11,* Zin|ken *m. 7* **1.** Zacke, Spitze (z. B. an Kamm, Gabel, Rechen); **2.** *Schreinerei:* Zapfen für Eckverbindungen; **3.** Zeichen, z. B. Gaunerzinken
zin|ken *tr. 1* mit Zinken versehen; gezinkte Ecke; gezinkte Karten: zu betrügerischen Zwecken mit Zeichen versehene Spielkarten
Zin|ken *m. 7* **1.** s. **Zin|ke;** **2.** *ugs.:* große, dicke Nase; **3.** Blashorn; vgl. Zink (2)
Zin|ke|nist *m. 10 Schreinerei:* Zinkenbläser
Zin|ker *m. 5* Spitzel, Verräter, Schnüffler
...zin|kig *in Zus.,* mit einer bestimmten Anzahl von Zinken, Zacken versehen, z. B. dreizinkig
Zin|ko *n. 9, Kurzwort für* Zinkographie
Zin|ko|gra|phie *auch:* **Zin|ko|gra|fie** *f. 11* Zinkdruck
Zink|sal|be *f. 11*
Zink|weiß *n. Gen. - nur Sg.* eine Malerfarbe
Zinn *n. 1 nur Sg. (Zeichen:* Sn) chem. Element, Stannum
Zin|na|mom [lat.] *n. 1, veraltet für* Zimt
Zinn|be|cher *m. 5*
Zin|ne *f. 11* rechteckige Zacke (auf Türmen, Mauern)
zin|nen, zin|nern aus Zinn
Zinn|guss (*alt:* Zinn|guß) *m. 2*
Zin|nie [-njə, nach dem Botaniker J. G. Zinn] *f. 11* eine Gartenpflanze
Zinn|kies *m. 1* ein Mineral
Zinn|kraut *n. 4 nur Sg.* eine Heilpflanze
Zin|no|ber **1.** *m. 5 nur Sg.* ein Mineral; **2.** *auch, bes. österr.: n. 5 nur Sg.* rote Farbe; **3.** *m. 5 nur Sg., ugs.:* Unsinn, Unfug; Kram, Zeug, Sachen; der ganze Z.; mach nicht solchen Z.!
zin|no|ber|rot
Zinn|sol|dat *m. 10*
Zinn|tel|ler *m. 5*
Zins *m. 12* **1.** Ertrag; **2.** Abgabe, Steuer, Miete, Pacht
Zins|bau|er *m. 11*
zin|sen *intr. 1, noch schweiz.:* Zinsen zahlen
Zins|er|hö|hung *f. 10*
Zin|ses|zins *m. 12 meist Pl.*
zins|frei
Zins|frei|heit *f. 10 nur Sg.*
Zins|fuß *m. 2* = Zinssatz
Zins|gro|schen *m. 7, MA:* kleine Abgabe an den Grundherrn
Zins|herr|schaft *f. 10 nur Sg.*
Zins|knecht|schaft *f. 10 nur Sg.*
zins|los; zinsloses Darlehen
Zins|pflicht *f. 10*
zins|pflich|tig
Zins|rech|nung *f. 10*
Zins|satz *m. 2* in Prozent ausgedrückter Preis für die Überlassung von Kapital, Zinsfuß
Zins|sen|kung *f. 10*
zins|tra|gend
Zins|wu|cher *m. 5 nur Sg.*
Zi|on **1.** *m. Gen.* -s *nur Sg.* Hügel in Jerusalem mit Tempel; **2.** *ohne Artikel, Name für* Jerusalem
Zi|o|nis|mus *m. Gen. - nur Sg.* Bewegung zur Aufrichtung, Sicherung eines nationalen jüd. Staates
Zi|o|nist *m. 10*
zi|o|nis|tisch

Zip|fel *m. 5*
zip|fe|lig s. **zipf|lig**
Zip|fel|müt|ze *f. 11*
zip|feln *intr. 1* etwas (z. B. die Federn in einem Federkopfkissen) zu einem Zipfel formen
zipf|lig, zip|fe|lig schlaff und spitz
Zip|lauf|werk [zip-] *n. 1, EDV:* spezielles Laufwerk für Datenträger mit hoher Speicherkapazität
zip|pen [zip-] *tr. 1* komprimieren (von elektron. Daten)
Zip|per|lein *n. 7 nur Sg.* Gicht
Zir|be *f. 11,* **Zir|bel|drü|se** *f. 11, bei Menschen und Säugetieren:* eine Drüse im Zwischenhirn, Epiphyse
Zir|bel|kie|fer *f. 11*
Zir|bel|nuss (*alt:* Zir|bel|nuß) *f. 2* essbarer Samen der Zirbe, Zirbelkiefer
zir|ka, cir|ca (*Abk.:* ca.) ungefähr, etwa
Zir|kel [lat.] *m. 5* **1.** Gerät zum Zeichnen von Kreisen und Abtragen von Strecken; **2.** geselliger Kreis von Personen, Klub, z. B. Lesezirkel
Zir|kel|de|fi|ni|ti|on *f. 10* Definition, bei der das Wort, das erklärt werden soll, zur Erklärung benutzt wird, z. B.: Wetter ist der Ablauf meteorologischer Erscheinungen
Zir|kel|kas|ten *m. 8*
zir|keln **1.** *tr. 1* genau abmessen; **2.** *intr. 1, übertr., ugs.:* tüfteln, genau überlegen
Zir|kel|schluss (*alt:* Zir|kel|schluß) *m. 2*
Zir|kon [pers.] *m. 1 nur Sg.* ein Mineral
Zir|ko|ni|um *n. Gen.* -s *nur Sg.* (*Zeichen:* Zr) chem. Element, ein Metall
zir|ku|lar [lat.], **zir|ku|lär** kreisförmig
Zir|ku|lar *n. 1, veraltet:* Rundschreiben
Zir|ku|lar|no|te *f. 11* ein mehreren Staatenzugleich zugestelltes diplomat. Schreiben
Zir|ku|la|ti|on *f. 10* das Zirkulieren, Umlauf
zir|ku|lie|ren *intr. 3* umlaufen, in Umlauf sein (Geld), sich in einem Kreislauf bewegen (Blut)
zir|kum..., Zir|kum... [lat.] *in Zus.:* herum..., Herum..., um ... herum
Zir|kum|flex [lat.] *m. 1* (*Zeichen:* ˆ) Dehnungszeichen über einem Vokal, z. B. in frz. fenêtre [fənɛtrə] = Fenster
Zir|kum|po|lar|stern *m. 1* Stern, der für den Beobachtungsort nie untergeht
Zir|kum|skrip|ti|on *auch:* **Zir|kums-krip|ti|on, Zir|kumsk|rip|ti|on** *f. 10* **1.** Umschreibung; **2.** Abgrenzung (kirchlicher Verwaltungsgebiete); **3.** Grenzlinie
Zir|kum|zi|si|on *f. 10* Beschneidung
Zir|kus, Cir|cus *m. 1* **1.** *im alten Rom:* kreisförmige Bahn für Wagen- u. a. Rennen; **2.** *heute:* Unternehmen, das Tierdressuren, artist. u. a. Darbietungen zeigt; **3.** Gebäude, Zelt dafür; **4.** *übertr., ugs.:* lärmendes Durcheinander, Trubel, Aufhebens, Umstände um nichts
Zir|kus|zelt *n. 1*
Zir|pe *f. 11* ein Insekt, Zikade
zir|pen *intr. 1*
Zir|ren *Pl. von* Zirrus
Zir|rho|se [griech.] *f. 11* entzündliche Bindegewebswucherung, die auch Drüsengewebe angreift
Zir|ro|ku|mu|lus [lat.] *m. Gen. - Pl.* -li Schäfchenwolke
Zir|ro|stra|tus *m. Gen. - Pl. -* Schleierwolke
Zir|rus **1.** *m. Gen. - Pl. -* Zirruswolke; **2.** *m. Gen. - Pl.* -ren Ranke; *bei Wassertieren:* rankenförmiger Körperanhang
Zir|rus|wol|ke *f. 11* Federwolke
zir|zen|sisch [lat.]; zirzensische Spiele *im alten Rom:* Wagen- und Pferderennen im Zirkus
zis|al|pin, cis|al|pin [lat.] diesseits der Alpen (von Rom aus gesehen)
Zi|sche|lei *f. 10 nur Sg.*
zi|scheln *intr. 1*
zi|schen *intr. 1*
Zisch|laut *m. 1* stimmloser Reibelaut, z. B. s, sch
Zi|se|leur [-lør, frz.] *m. 1* Metallstecher
zi|se|lie|ren *tr. 3* mittels Stichels oder Punze verzieren; ziseliertes Silber
Zis|sa|li|en [lat.] *Pl.* schlecht geprägte Münzen, die wieder eingeschmolzen werden
Zis|so|i|de [griech.] *f. 11* algebraische Kurve dritter Ordnung, ähnelt der Spitze eines Efeublatts
Zis|ta [griech.-lat.], **Zis|te** *f. Gen. - Pl.* -ten vorgeschichtl. sowie etrusk. Urne
Zis|ter|ne [lat.] *f. 11* gemauerter Behälter zum Auffangen von Regenwasser
Zis|ter|zi|en|ser [nach dem frz. Kloster Cîteaux] *m. 5* Angehöriger des Zisterzienserordens
Zis|ter|zi|en|ser|or|den *m. 7 nur Sg.* ein benediktin. Mönchsorden
Zist|ro|se [griech.-dt.], Cist|ro|se *f. 11* Strauch mit rosenähnlichen Blüten
Zi|ta|del|le [lat.-ital.] *f. 11* Befestigungsanlage in einer Stadt, Kernbau einer Festung
Zi|tat *n. 1* **1.** wörtlich angeführte Stelle aus einem Buch; **2.** oft gebrauchter Ausspruch
Zi|ta|ten|le|xi|kon *n. Gen.* -s *Pl.* -ka
Zi|ta|ti|on *f. 10* Vorladung (vor eine Behörde u. Ä.)
Zi|ther [griech.] *f. 11* ein Zupfinstrument
zi|tie|ren [lat.] *tr. 3* **1.** wörtlich anführen, wörtlich wiedergeben; einen Spruch z.; **2.** vorladen, zum Erscheinen auffordern; jmdn. vor Gericht, zu sich z.
Zi|tie|rung *f. 10*

♦ Die Buchstabenfolge **zi|tr...** kann in Fremdwörtern auch **zit|r...** getrennt werden.

♦ **Zi|trat** , *fachsprachl.:* Ci|trat *n. 1* Salz der Zitronensäure
♦ **Zi|trin** *m. 1* **1.** ein Mineral, Halbedelstein (Goldtopas); **2.** Wirkstoff im Vitamin P
♦ **Zi|tro|nat** *n. 1 nur Sg.* kandierte Zitronenschale
♦ **Zi|tro|ne** *f. 11* eine Zitrusfrucht; mit Z. gehandelt *ugs.:* verkalkuliert; jmdn. auspressen/ausquetschen wie eine Z. *ugs.:* jmdn. in aufdringlicher Weise ausfragen, jmdm. viel Geld aus der Tasche ziehen
♦ **Zi|tro|nen|baum** *m. 2*
♦ **Zi|tro|nen|fal|ter** *m. 5* ein Schmetterling
♦ **zi|tro|nen|gelb**
♦ **Zi|tro|nen|kraut** *n. 4* = Melisse
♦ **Zi|tro|nen|me|lis|se** *f. 11* Gewürzpflanze
♦ **Zi|tro|nen|pres|se** *f. 11*
♦ **Zi|tro|nen|saft** *m. 2*
♦ **Zi|tro|nen|säu|re** *f. 11 nur Sg.*
♦ **Zi|trus|frucht** *f. 2* Frucht der Zitrusgewächse
♦ **Zi|trus|ge|wächs** [-ks] *n. 1* eine Pflanzengattung, zu der u. a. Zitrone, Apfelsine, Mandarine, Pampelmuse gehören

Zit|ter|aal *m. 1* ein Zitterfisch
Zit|ter|fisch *m. 1* Fisch, der zur Verteidigung und zum Beutefang elektrische Schläge austeilen kann
Zit|ter|gras *n. 4*
zit|te|rig, zitt|rig
Zit|te|rig|keit, Zitt|rig|keit *f. 10 nur Sg.*

mit Zittern und Zagen: Das substantivierte Verb wird mit großem Anfangsbuchstaben geschrieben, auch in festen Fügungen: *Sie kamen mit Zittern und Zagen.* Ebenso: *auf Biegen und Brechen.* § 57 (2)

zit|tern *intr. 1;* ich zittere, zittre vor Kälte; mit Zittern und Zagen; das Zittern
Zit|ter|pap|pel *f. 11*
Zit|ter|par|tie *f. 11* Spiel, bei dem der günstige Ausgang bis zum Ende gefährdet scheint
Zit|ter|ro|chen *m. 7* ein Zitterfisch, Torpedofisch
Zit|ter|wels *m. 1* ein Zitterfisch
zitt|rig s. **zit|te|rig**
Zitt|rig|keit *f. 10 nur Sg.* s. **Zit|te|rig|keit**
Zit|ze *f. 11* Brust-, Saugwarze (bei weiblichen Säugetieren)
zit|zerl|wei|se *österr., schweiz., ugs.:* nach und nach, stückweise, Schritt für Schritt
Zi|vet|te [-vɛt(ə)] *f. 11* = Zibetkatze
Zi|vi [-vi] *m. 9, ugs.:* Zivildienstleistender
zi|vil [-vil, lat.] **1.** bürgerlich, nicht militärisch; ziviler Ersatzdienst; **2.** *übertr., ugs.:* mäßig, angemessen; zivile Preise
Zi|vil [-vil, lat.] *n. Gen. -s nur Sg.* nicht militär. Kleidung; in Zivil gehen
Zi|vil|be|völ|ke|rung [-vil-] *f. 10 nur Sg.*
Zi|vil|cou|ra|ge [-vilkuraʒə] *f. 11 nur Sg.* Mut, seine Überzeugung zu vertreten
Zi|vil|dienst [-vil-] *m. 1* waffenloser, meist sozialer Dienst für Wehrdienstverweigerer
Zi|vil|dienst|leis|ten|de(r) [-vil-] *m. 18 (17)*
Zi|vil|e|he [-vil-] *f. 11* standesamtlich (nicht kirchlich) geschlossene Ehe
Zi|vil|ge|setz|buch [-vil-] *n. 4* (*Abk.:* ZGB), *schweiz.:* Gesetzbuch des bürgerl. Rechts
Zi|vi|li|sa|ti|on [-vi-] *f. 10 nur Sg.* durch Technik, Wissenschaft verfeinerte Lebensform, im Unterschied zur Kultur
Zi|vi|li|sa|ti|ons|krank|heit [-vi-] *f. 10*
zi|vi|li|sa|to|risch [-vi-] auf Zivilisation beruhend
zi|vi|li|sie|ren [-vi-] *tr. 3* mit den Mitteln der Technik und Wissenschaftverfeinern
Zi|vi|li|sie|rung [-vi-] *f. 10 nur Sg.*
Zi|vi|list [-vi-] *m. 10* Nichtsoldat, Bürger, Zivilperson
Zi|vil|kla|ge [-vil-] *f. 11* Klage im Zivilprozess
Zi|vil|klei|dung [-vil-] *f. 10 nur Sg.* Zivil
Zi|vil|per|son [-vil-] *f. 10* = Zivilist
Zi|vil|pro|zess (*alt:* Zi|vil|pro|zeß) [-vil-] *m. 1* Gerichtsverfahren aufgrund des Zivilrechts
Zi|vil|pro|zess|ord|nung (*alt:* Zi|vil|pro|zeß|ord|nung) [-vil-] *f. 10 nur Sg.* (*Abk.:* ZPO)
Zi|vil|recht [-vil-] *n. 1 nur Sg.* bürgerl. Recht, im Unterschied zu Straf-, Staats-, Völkerrecht
zi|vil|recht|lich [-vil-]
Zi|vil|stand [-vil-] *m. 2 nur Sg.* **1.** Stand im Unterschied zum Soldatenstand; **2.** *schweiz.:* Familien-, Personenstand
Zi|vil|stands|amt [-vil-] *n. 4, schweiz.:* Standesamt
Zi|vil|trau|ung [-vil-] *f. 10* standesamtl. Trauung
ZK *Abk. für* Zentralkomitee
Zl, Zł *Abk. für* Zloty, Złoty
Zlo|ty [slɔti], *poln.* **Zło|ty** [swɔti] *m. Gen. -(s) Pl. -* (*Abk.:* Zl, Zł) poln. Währungseinheit, 100 Groszy
Zn *chem. Zeichen für* Zink
Zo|bel [russ.] *m. 5* ein Marder
zo|cken *intr. 1* um Geld spielen, ein Glücksspiel spielen
zo|ckeln, zu|ckeln *intr. 1*
Zo|cker *m. 5*
zo|di|a|kal [griech.] zum Zodiakus gehörend, von ihm ausgehend
Zo|di|a|kal|licht *n. 3 nur Sg.* kegelförmiger Lichtstreifen längs des Zodiakus
Zo|di|a|kus *m. Gen. - nur Sg.* = Tierkreis
Zöf|chen *n. 7*
Zo|fe *f. 11* Dienerin, Zimmermädchen
Zoff [jidd.] *m. Gen. -s nur Sg., ugs.:* Streit, Ärger, Unfrieden
zö|ger|lich
zö|gern *intr. 1;* ich zögere, zögre
Zög|ling *m. 1*
Zo|la [zola], *Émile* frz. Schriftsteller
Zö|les|tin [lat.] *m. 1* ein Mineral
Zö|les|ti|ner [nach Papst Cölestinus V.] *m. 5* Angehöriger einer Benediktinerkongregation
zö|les|tisch *veraltet:* himmlisch
Zö|li|bat [lat.] *n. 1 oder m. 1 nur Sg.* Ehelosigkeit (der kath. Geistlichen); im Z. leben
zö|li|ba|tär im Zölibat (lebend)
Zoll **1.** *n. Gen. -s Pl. -* (*Zeichen:* ''), *früher:* dt. Längenmaß, $^1/_{10}$ oder $^1/_{12}$ Fuß; engl. Längenmaß, 2,54 cm, Inch; **2.** *m. 2, früher:* Abgabe für Benutzung von Verkehrswegen, z. B. Brücken-, Wegezoll; *heute:* Abgabe für Waren, die in einen Staat eingeführt werden
Zoll|ab|fer|ti|gung *f. 10*
Zoll|amt *n. 4*
zoll|amt|lich
zoll|breit
Zoll|breit *m., nur in der Wendung* keinen Z. zurückweichen
zoll|dick; ein zolldickes Brett; *aber:* das Brett ist drei Zoll dick
Zoll|ein|neh|mer *m. 5*
zol|len *tr. 1;* jmdm. Achtung, Bewunderung, Beifall z.: erweisen, ausdrücken
zoll|frei
Zoll|gren|ze *f. 11*
Zoll|gut *n. 4*
zoll|hoch; der Schnee liegt z.; *aber:* zwei Zoll hoch
...zol|lig, ...zöl|lig *in Zus.,* z. B. dreizollig, dreizöllig, *mit Ziffer:* 3-zollig, 3-zöllig
Zoll|in|halts|er|klä|rung *f. 10*
Zoll|kon|trol|le *auch:* **Zoll|kont|rol|le** *f. 11*
Zöll|ner *m. 5* **1.** *früher:* Zolleinnehmer; **2.** *ugs.:* Zollbeamter
zoll|pflich|tig
Zoll|schran|ke *f. 11 meist Pl.*
Zoll|stock *m. 2*
Zoll|ta|rif *m. 1*
Zoll|u|ni|on *f. 10*
Zoll|ver|ein *m. 1;* preuß. Z.
Zom|bie *m. 9* **1.** *im Voodookult Haitis* jmd., der durch Gift willenlos gemacht wurde; **2.** *übertr.:* jmd., der alt und sonderbar ist
Zö|me|te|ri|um [griech.] *n. Gen. -s Pl. -ri|en* Ruhestätte, Friedhof; *auch:* Katakombe
Zö|na|kel [lat.] *n. 5, in Klöstern:* Refektorium, Speisesaal
zo|nal zu einer Zone gehörend

Zo|ne *f. 11* Gebiet, Landstreifen
Zo|nen|gren|ze *f. 11*
Zo|nen|ta|rif *m. 1*
Zo|nen|zeit *f. 10* = Normalzeit
Zö|no|bit [lat.] *m. 10* im Kloster lebender Mönch, im Unterschied zum Eremiten
Zö|no|bi|um *n. Gen.* -s *Pl.* -bi|en **1.** Kloster; **2.** Vereinigung einzelliger Pflanzen oder Tiere, Zellkolonie
Zoo *m. 9, Kurzwort für* zoologischer Garten
zoo..., Zoo... [tso:o-, griech.] *in Zus.:* tier..., Tier...
zo|o|gen [tso:o-] aus tier. Resten gebildet (Gestein)
Zo|o|ge|o|gra|phie *auch:* **Zo|o|ge|o|gra|fie** [tso:o-] *f. 11 nur Sg.* = Tiergeographie
Zo|o|gra|phie *auch:* **Zo|o|gra|fie** [tso:o-] *f. 11* Benennung und Einordnung der Tiere in ein biologisches System
zo|o|gra|phisch *auch:* **zo|o|gra|fisch** [tso:o-]
Zo|o|la|trie *auch:* **Zo|o|lat|rie** [tso:o-] *f. 11* Verehrung von Tiergöttern, Tierkult
Zo|o|lith [tso:o-] *m. 10* tierische Versteinerung
Zo|o|lo|ge [tso:o-] *m. 11*
Zo|o|lo|gie [tso:o-] *f. 11 nur Sg.* Wissenschaft von den Tieren, Tierkunde
zo|o|lo|gisch [tso:o-]
Zoom [zum, engl.] *n. 9* stufenlos verstellbares fotograf. Objektiv
zo|o|morph [tso:o-] tiergestaltig
Zo|on [tso:ɔn, griech.] *n. Gen.* -s *nur Sg., in Zus. Pl.* -zo|en Lebewesen; Z. politikon: gesellig lebendes Wesen (bei Aristoteles Bez. für den Menschen)
Zo|o|no|se [tso:o-] *f. 11* von Tieren auf Menschen übertragbare Infektionskrankheit

> **Zooorchester:** Beim Zusammentreffen dreier gleicher Buchstaben in Zusammensetzungen werden alle Buchstaben geschrieben.
> Die Schreibung mit Bindestrich zur klareren Gliederung der Bestandteile des Kompositums ist jedoch auch möglich: *das Zooorchester, das Zoo-Orchester.*
> § 45 (4)

Zoo-Or|ches|ter = **Zoo|or|ches|ter** [tso:o-] *n. 5*
zo|o|phag [tso:o-] Fleisch fressend
Zo|o|pha|ge [tso:o-] *m. 11* Fleisch fressendes Lebewesen
Zo|o|phyt [tso:o-] *m. 10* Pflanzentier, *veraltete Bez. für* festsitzendes Hohltier, Schwamm
Zo|o|plank|ton [tso:o-] *n. Gen.* -s *nur Sg., Zool., Sammelbez. für* die frei im Wasser schwebenden Tiere
Zo|o|to|mie [tso:o-] *f. 11 nur Sg.* Zerschneidung und Zerlegung von Tierkörpern zu Lehrzwecken, Tieranatomie
Zo|o|to|xin [tso:o-] *n. 1* tierisches Gift
Zopf *m. 2;* alter Z. *übertr.:* alter, überholter Brauch
Zöpf|chen *n. 7*
zop|fig rückständig
Zopf|hal|ter *m. 5*
Zöpf|lein *n. 7, poet.*
Zopf|mus|ter *n. 5*
Zo|res [hebr.] *m. Gen.* - *nur Sg.* **1.** Ärger, Bedrängnis; **2.** *bes. südwestdt.:* Durcheinander, Ärger, Wirrwarr
Zo|ril|la [span.] *m. 9* ein afrik. Marder
Zorn *m. Gen.* -(e)s *nur Sg.*
Zorn|a|der, Zor|nes|a|der *f. 11* Stirnader
Zorn|aus|bruch *m. 2*
zorn|ent|brannt
Zor|nes|rö|te *f. Gen.* - *nur Sg.*
zor|nig
zorn|mü|tig
Zo|ro|as|tris|mus *auch:* **Zo|ro|ast|ris|mus** *m. Gen.* - *nur Sg.* von Zoroaster (Zarathustra) begründete Eingottreligion
Zo|te [frz.] *f. 11* grob unanständiger Witz
zo|ten *intr. 2* Zoten erzählen
zo|tig
Zot|te *f. 11* **1.** Gewebeausbuchtung, Darmzotte; **2.** dicke, große Zottel; **3.** Quaste, Troddel; **4.** *südwestdt.:* Ausgießer, Schnauze
Zot|tel *f. 11* unordentliche, verfilzte Haarsträhne, Fellsträhne
Zot|tel|haar *n. 1*
zot|te|lig, zott|lig
zot|teln *intr. 1* langsam und achtlos gehen
Zot|ten|haut *f. 2, bei Menschen und Säugetieren:* äußere Embryonalhülle, Chorion
zot|tig
ZPO *Abk. für* Zivilprozessordnung
Zr *chem. Zeichen für* Zirkonium
z. T. *Abk. für* zum Teil
Ztr. *Abk. für* Zentner

> **zu hoch/oft, zu Hause:** Getrenntschreibung liegt vor bei *zu* und Adjektiv/Adverb oder Pronomen: *zu hoch/oft/weit.*
> § 39 E2 (2.4)
> Ebenso bei festen Fügungen zu einer Präposition: *zu Hause bleiben/sein* (österr. und schweiz. auch: *zuhause bleiben/sein*), *zu Ende gehen/kommen, zu Fuß gehen, zu Hilfe kommen, zu Schaden kommen, zu Wasser und zu Lande, hier zu Lande* (auch: *hierzulande*). § 39 E2 (2.1)

zu **1.** *Präp. mit Dat.;* bis zu dem Wald; geh zu den Kindern; zu Anfang; zu Ende; zu Boden schlagen; zu Dank verpflichtet; zu Hause *österr., schweiz. auch:* zuhause; es geht mir zu Herzen; zu Wasser und zu Lande; es ist mir zu Ohren gekommen; das Rathaus zu Bremen: in, von Bremen; zu Hilfe kommen; zu Schaden kommen; zu Zeiten Goethes; jmdm. etwas zu Eigen geben; zu Grunde *oder:* zugrunde gehen; zu Gunsten *oder:* zugunsten meines Bruders; zu Lasten *oder:* zulasten des Angeklagten; jmdm. etwas zu Leide *oder:* zuleide tun; zu Mute *oder:* zumute sein; sich etwas zu Nutze *oder:* zunutze machen; zu Rande *oder:* zurande kommen; jmdn. zu Rate *oder:* zurate ziehen; etwas zu Schanden *oder:* zuschanden machen; sich etwas zu Schulden *oder:* zuschulden kommen lassen; zu Seiten *oder:* zuseiten des Hauses; etwas zu Stande *oder:* zustande bringen; etwas zu Tage *oder:* zutage fördern; zu Ungunsten *oder:* zuungunsten verrechnen; etwas zu Wege *oder:* zuwege bringen; **2.** *beim Infinitiv:* ich hoffe(,) bald kommen zu können; ich habe zu arbeiten; zu sein *ugs.;* **3.** *beim Partizip I:* eine oft zu hörende Oper; eine zu lösende Aufgabe; die aufzunehmenden Gäste; der zu Versichernde; **4.** *beim Adjektiv:* zu schön; zu gut; das ist zu schade; zu viel; das ist zu viel des Guten; nicht zu viel und nicht zu wenig; zu viel essen; zu wenig; **5.** *in bestimmten Wendungen:* ab und zu; mach zu! *ugs.:* beeil dich!

zu|al|ler|erst [auch: -al-] *ugs.*
zu|al|ler|letzt [auch: -al-] *ugs.*
zu|al|ler|meist [auch: -al-] *ugs.*
zu|äu|ßerst
Zu|a|ve [-və, frz.] *m. 11* **1.** Angehöriger eines alger. Berberstammes; **2.** Angehöriger einer ehemaligen frz. Kolonialtruppe
Zu|bau *m. Gen.* -(e)s *Pl.* -bau|ten, *österr.:* Anbau
zu|bau|en *tr. 1* durch Bauen schließen
Zu|be|hör *n. Gen.* -s *nur Sg., schweiz. m. Gen.* -s *Pl.* -e *oder* -hör|den
zu|bei|ßen *intr. 8;* der Hund hat zugebissen
zu|be|kom|men *tr. 71, ugs.;* ich bekomme die Tür nicht zu
Zu|ber *m. 5* großer Behälter, Wanne
zu|be|rei|ten *tr. 2*
Zu|be|rei|tung *f. 10*
Zu|bett|ge|hen *n. Gen.* -s *nur Sg.;* beim, vor, nach dem Z.
zu|bil|li|gen *tr. 1;* jmdm. etwas z.
Zu|bil|li|gung *f. 10 nur Sg.*
zu|blei|ben *intr. 17, ugs.;* die Tür bleibt zu, ist zugeblieben
zu|brin|gen *tr. 21;* ich bringe die Tür nicht zu; jmdm. etwas z.; ich habe zwei Stunden beim Arzt zugebracht
Zu|brin|ger *m. 5*
Zu|brin|ger|bus *m. 1*
Zu|brin|ger|dienst *m. 1*
Zu|brin|ger|stra|ße *f. 11*
Zu|brin|ger|ver|kehr *m. Gen.* -s *nur Sg.*
Zu|brot *n. 1 nur Sg.* Brotbeilage
Zu|bu|ße *f. 11* geldlicher Zuschuss
zu|but|tern *tr. 1, ugs.:* zusetzen, zugeben (Geld)
Zuc|chi|ni [tsukini, ital.] *nur Pl.* gurkenähnliche Gemüsefrüchte
Zucht **1.** *f. Gen.* - *nur Sg.* strenge Erziehung und Ordnung, Gehorsam; **2.** *f. 10* Ergebnis des Züchtens; die beiden Tiere stammen aus verschiedenen Zuchten
Zucht|buch *n. 4*
Zucht|bul|le *m. 11*
Zucht|e|ber *m. 5*
züch|ten *tr. 2*
Züch|ter *m. 5*
züch|te|risch
Zucht|haus *n. 4*
Zucht|häus|ler *m. 5*
Zucht|haus|stra|fe *f. 11*
Zucht|hengst *m. 1*
züch|tig
züch|ti|gen *tr. 1*
Züch|tig|keit *f. 10 nur Sg.*
Züch|ti|gung *f. 10*
Züch|ti|gungs|recht *n. 1 nur Sg.*
Zucht|läh|me *f. Gen.* - *nur Sg.* Beschälseuche
zucht|los
Zucht|lo|sig|keit *f. 10 nur Sg.*
Zucht|meis|ter *m. 5, veraltet:* Erzieher
Zucht|per|le *f. 11*
Zucht|ru|te *f. 11* Sinnbild harter Erziehung; unter jmds. Z. stehen
Zucht|stier *m. 1*
Zucht|tier *n. 1*
Züch|tung *f. 10*
Zucht|vieh *n. Gen.* -s *nur Sg.*
Zucht|wahl *f. 10 nur Sg.*
zu|ckeln, zo|ckeln *intr. 1* langsam und müde gehen, *meist:* hinterherzuckeln
Zu|ckel|trab *m. Gen.* -s *nur Sg.*
zu|cken *intr. 1*
zü|cken *tr. 1* ziehen, herausziehen; das Messer z.; mit gezücktem Dolch
Zu|cker *m. 5*
Zu|cker|bä|cker *m. 5*
Zu|cker|brot *n. 1 nur Sg.* **1.** *urspr.:* Konditoreiware; **2.** *dann:* Sinnbild für milde Erziehung; mit Z. und Peitsche
Zu|cker|guss (*alt:* Zucker|guß) *m. 2*
Zu|cker|harn|ruhr *f. Gen.* - *nur Sg.* = Diabetes
Zu|cker|hut *m. 2* gepresster Zuckerkegel
zu|cke|rig, zuck|rig
Zu|cker|kand *m. 1 nur Sg.* = Kandiszucker
zu|cker|krank
Zu|cker|kran|ke(r) *m. 18 (17) bzw. f. 17 oder 18* jmd., der an Diabetes mellitus leidet
Zu|cker|krank|heit *f. 10 nur Sg.* Diabetes mellitus
Zu|ckerl *n. 14, bair., österr.:* Bonbon
zu|ckern *tr. 1*
Zu|cker|rohr *n. 1 nur Sg.* ein Rispengras
Zu|cker|rü|be *f. 11*
zu|cker|süß
Zu|cker|werk *n. 1 nur Sg.* Süßigkeiten, Bonbons
Zuck|may|er, *Carl* dt. Schriftsteller
zuck|rig, zu|cke|rig
Zu|ckung *f. 10*
Zu|de|cke *f. 11, ugs.*
zu|de|cken *tr. 1*
zu|dem überdies, obendrein, außerdem
zu|dik|tie|ren *tr. 3;* jmdm. etwas z.
zu|dring|lich
Zu|dring|lich|keit *f. 10*
zu|drü|cken *tr. 1*

> **zu Eigen machen, sein Eigen nennen:** Substantive als Bestandteile fester Gefüge schreibt man groß: *Sie machte sich das zu Eigen. Er nannte das Schiff sein Eigen.* § 55 (4)

zu Ei|gen (*alt:* zu ei|gen); jmdm. etwas zu Eigen geben; sich etwas zu Eigen machen
zu|eig|nen *tr. 2;* jmdm. etwas z.
Zu|eig|nung *f. 10*

> **zueinander finden/passen:** Gefüge aus dem zusammengesetzten Adverb *zueinander* und einem Verb schreibt man im Infinitiv, Partizip und am Ende eines Nebensatzes getrennt: *Sie haben zueinander gefunden.* § 34 E3 (2)

zu|ein|an|der *auch:* **zu|ei|nan|der;** z. passen; z. gehören; zueinander finden
zu|ein|an|der fin|den *auch:* **zu|ei|nan|der fin|den** (*alt:* zu|ein|ander|fin|den) *tr. 36*
zu|er|ken|nen *tr. 67;* jmdm. etwas z.
Zu|er|ken|nung *f. 10 nur Sg.*
zu|erst; der zuerst Genannte
zu|er|tei|len *tr. 1*
zu|fah|ren *intr. 32, ugs.:* weiterfahren;fahr zu!
Zu|fahrt *f. 10*
Zu|fahrts|stra|ße *f. 11*
Zu|fall *m. 2*
zu|fal|len *intr. 33*
zu|fäl|lig
zu|fäl|li|ger|wei|se
Zu|fäl|lig|keit *f. 10*
Zu|falls|er|geb|nis *n. 1*
Zu|falls|tref|fer *m. 5*
zu|fas|sen *intr. 1*
zu|fleiß *österr.:* absichtlich; jmdm. etwas z. tun: etwas tun, um jmdn. zu ärgern
zu|flie|gen *intr. 38;* der Vogel ist uns zugeflogen
Zu|flö|te *f. 11, scherzh.:* Souffleuse
Zu|flucht *f. 10*
Zu|fluchts|ort *m. 1*
Zu|fluchts|stät|te *f. 11*
Zu|fluss (*alt:* Zu|fluß) *m. 2*
zu|flüs|tern *tr. 1;* jmdm. (leise) etwas z.
zu|fol|ge *Präp. mit Dat. u. Gen.;*

dem Befehl z.; *aber:* z. eines falschen Befehls

zufrieden stellen/sein: Die Fügung aus Adjektiv und Verb schreibt man im Infinitiv, Partizip und am Ende eines Nebensatzes getrennt: *Sie wollten die Lehrerin mit ihrer Leistung zufrieden stellen.* Ebenso: *zufrieden lassen, sich zufrieden geben.* § 34 E3 (3)
Wird der mehrteilige Ausdruck gesteigert, gilt er als adjektivische Zusammensetzung und wird klein- und zusammengeschrieben: *Das Ergebnis fiel zufriedenstellender aus als erwartet.* Die Fügung mit *sein* wird ebenfalls getrennt geschrieben: *Sie konnten zufrieden sein.* § 35

zu|frie|den; z. sein; sich zufrieden geben; er hat sich damit zufrieden gegeben; zufrieden lassen; er hat mich zufrieden gelassen; zufrieden stellen; er hat mich zufrieden gestellt; zufrieden gestellte Kunden
zu|frie|den ge|ben (*alt:* zu|frie|den|ge|ben) *refl. 45*
Zu|frie|den|heit *f. 10 nur Sg.*
zu|frie|den las|sen (*alt:* zu|frie|den|las|sen) *tr. 75*
zu|frie|den stel|len; (*alt:* zu|frie|den|stel|len) *tr. 1*
Zu|frie|den|stel|lung *f. 10 nur Sg.*
zu|frie|ren *intr. 42*
zu|fü|gen *tr. 1;* jmdm. etwas z.
Zu|fü|gung *f. 10 nur Sg.*
Zu|fuhr *f. 10*
zu|füh|ren *tr. 1*
Zu|füh|rung *f. 10 nur Sg.*
Zug **1.** *m. 2;* Fünfuhrzug, *mit Ziffer:* 5-Uhr-Zug; **2.** Hauptstadt des Kantons Zug; **3.** schweiz. Kanton
Zu|ga|be *f. 11*
Zug|ab|teil *n. 1*
Zu|gang *m. 2*
zu|gäng|lich
Zu|gäng|lich|keit *f. 10 nur Sg.*
Zug|be|gleit|per|so|nal *n. Gen. -s nur Sg.*
Zug|brü|cke *f. 11*
zu|ge|ben *tr. 45*
zu|ge|den|ken *tr. 22; fast nur noch im Partizip II:* dieses Buch habe ich dir zugedacht
zu|ge|ge|be|ner|ma|ßen
zu|ge|gen anwesend, dabei; ich war z., als …
zu|ge|hen *intr. 47;* die Tür geht zu; dortgeht es lustig zu; auf etwas oder jmdn. z.
Zu|geh|frau *f. 10, süddt.:* Aufwarte-, Reinigungsfrau
Zu|ge|hör *n. 1, österr., schweiz. für* Zubehör
zu|ge|hö|ren *intr. 1, poet. für* gehören
zu|ge|hö|rig
Zu|ge|hö|rig|keit *f. 10 nur Sg.*
zu|ge|knöpft *übertr., ugs.:* wortkarg, zurückhaltend
Zu|ge|knöpft|heit *f. 10 nur Sg.*
Zü|gel *m. 5*
zü|gel|los *übertr.:* unbeherrscht, hemmungslos
Zü|gel|lo|sig|keit *f. 10 nur Sg.*
zü|geln *tr. 1;* ich zügele, zügle das Pferd, meinen Zorn
Zü|ge|lung, Zügl|lung *f. 10 nur Sg.*
Zu|ger *m. 5* Einwohner von Zug (Schweiz)
zu|ge|risch
Zu|ger See, *schweiz.:* Zu|ger|see *m. Gen. -s*
zu|ge|sel|len *refl. 1;* ich gesellte mich ihm zu, habe mich ihm zugesellt
zu|ge|stan|de|ner|ma|ßen
Zu|ge|ständ|nis *n. 1*
zu|ge|ste|hen *tr. 151;* jmdm. etwas z.; ich habe es ihm zugestanden
zu|ge|tan; jmdm. z. sein; den Künsten z. sein
zu|ge|wandt
Zu|ge|winn *m. 1*
Zu|ge|winn|ge|mein|schaft *f. 10* Form des ehelichen Güterstandes
Zug|fe|der *f. 11*
Zug|fes|tig|keit *f. 10 nur Sg.*
Zug|fol|ge *f. 11*
Zug|füh|rer *m. 5*
zu|gig
zü|gig **1.** flott, rasch (vorangehend); **2.** *schweiz.:* zugkräftig
Zü|gig|keit *f. 10 nur Sg.*
Zug|kraft *f. 2*
zug|kräf|tig
zu|gleich
Zug|loch *n. 4*
Zug|luft *f. 2*
Zug|ma|schi|ne *f. 11*
Zug|mit|tel *n. 5*
Zug|num|mer *f. 11* zugkräftige Nummer (im Zirkus, Varietee)
Zug|och|se [-ks-] *m. 11*
Zug|per|so|nal *n. Gen. -s nur Sg.*
Zug|pferd *n. 1*
Zug|pflas|ter *n. 5*
zu|grei|fen *intr. 59*
Zu|griff *m. 1*

zugrunde/zu Grunde gehen: Es bleibt den Schreibenden überlassen, ob sie die erste Variante *zu Grunde gehen* oder die zweite Variante *zugrunde gehen* bevorzugen: *An dieser Arbeit werde ich noch zugrunde/zu Grunde gehen.* Ebenso: *zuleide/zu Leide tun, zumute/zu Mute sein, zunutze/zu Nutze machen, zurande/zu Rande kommen, zurate/zu Rate ziehen, zuschanden/zu Schanden hauen/machen/werden, zuschulden/zu Schulden kommen lassen, zustande/zu Stande bringen, zutage/zu Tage treten/fördern, zuwege/zu Wege bringen.* § 39 E3 (1)
Die substantivierte Form schreibt man zusammen: *das Zugrundegehen.* Die Bindestrichschreibung gilt als Variante: *Das Zu-Grunde-Gehen.*

zu|grun|de = **zu Grun|de;** zugrunde *oder:* zu Grunde gehen, legen, liegen, richten; zugrunde *oder:* zu Grunde liegend
Zug|sal|be *f. 11*
Zug|scheit *n. 1* = Ortscheit
Zug|seil *n. 1*
Zugs|füh|rer *m. 5, österr. für* Zugführer
Zug|spitz|bahn *f. 10 nur Sg.*
Zug|spit|ze *f. Gen. -* höchster Berg Deutschlands
Zug|stück *n. 1* bes. zugkräftiges Theaterstück
Zugs|ver|kehr *m. Gen. -s nur Sg., österr. für* Zugverkehr
Zug|tier *n. 1*

zugunsten/zu Gunsten: Bei einigen festen Fügungen zu einer Präposition bleibt es den Schreibenden überlassen, ob sie zusammenschreiben oder trennen: *Zugunsten/zu Gunsten des Angeklagten sprach …* § 39 E3 (3)
Ebenso: *zulasten/zu Lasten, zuseiten/zu Seiten, zuungunsten/zu Ungunsten.*

zu|guns|ten = **zu Guns|ten** *mit Gen.;* zugunsten *oder:* zu Gunsten meines Bruders
zu|gu|te; jmdm. etwas z. halten; jmdm. z. kommen; jmdm. etwas z. tun
Zug|ver|band *m. 2* Streckverband

Z

Zug|ver|bin|dung *f. 10*
Zug|ver|kehr *m. Gen.* -s *nur Sg.*
Zug|vo|gel *m. 6* Vogel, der beim Einsetzen der ungünstigen Jahreszeit wärmere Gegenden aufsucht; *Ggs.:* Standvogel; vgl. Strichvogel
Zug|wind *m. 1*
Zug|zwang *m. 2 nur Sg.* Zwang zum Handeln; unter Z. stehen
zu|ha|ken *tr. 1*
zu|hal|ten *tr. 61;* die Tür z.; jmdm. den Mund z.; jmdm. eine Arbeit, eine Summe z. *schweiz.:* zuweisen, zuteilen, zusprechen
Zu|häl|ter *m. 5* jmd., der von den Einkünften einer Prostituierten lebt
Zu|häl|te|rei *f. 10 nur Sg.*
zu|häl|te|risch
zu|han|den **1.** *veraltet:* in die Hände; es ist mir z. gekommen; **2.** *schweiz. für* zu Händen
zu|hau|en *intr. u. tr. 63*
zu|hauf *poet., veraltet:* in Haufen, in Scharen; sie kamen z.

zu Haus, zu Hause: Großschreibung: *zu Haus(e) sein, bleiben, sich erholen; sich auf zu Hause freuen.* In Österreich und der Schweiz auch: *zuhause.*
Die Substantivierung lautet: *das Zuhause.* § 57 (5)
In Verbindung mit einem substantivierten Verb wird dieses getrennt oder mit *zu Haus* zusammengeschrieben: *die zu Haus(e) Wohnenden/Gebliebenen* oder: *die Zuhauswohnenden/Zuhausgebliebenen.* § 39 E2 (2.1)

Zu|hau|se *n. 5 nur Sg.;* mein Z.; kein Z. haben; *aber:* zu Hause sein, bleiben *österr., schweiz. auch:* zuhause sein, bleiben
zu|hei|len *intr. 1*
Zu|hil|fe|nah|me *f. Gen. - nur Sg., fast nur in der Wendung* unter Z. von … *oder:* eines …
zu|hin|terst
zu|höchst ganz oben; z. auf dem Berg
zu|hö|ren *intr. 1*
Zu|hö|rer *m. 5*
Zu|hö|rer|schaft *f. 10*
zu|in|nerst
zu|ju|beln *intr. 1* ich jubele, juble jmdm. zu
zu|keh|ren *tr. 1;* jmdm. den Rücken z.
zu|kle|ben *tr. 1*
zu|knöp|fen *tr. 1* vgl. zugeknöpft
zu|kom|men *intr. 71;* er kam auf mich zu; das kommt mir nicht zu; jmdm. etwas z. lassen
Zu|kost *f. Gen. - nur Sg.* Beilage zum Hauptgericht, Zuspeise, z. B. Gemüse
Zu|kunft *f. Gen. - nur Sg.; Gramm.:* = Futur
zu|künf|tig; mein Zukünftiger: mein Verlobter
Zu|kunfts|aus|sich|ten *Pl.*
Zu|kunfts|for|schung *f. 10* = Futurologie
Zu|kunfts|mu|sik *f. 10 nur Sg.* Zukunftsträume; das ist vorläufig noch Z.
zu|kunfts|o|ri|en|tiert
Zu|kunfts|plä|ne *Pl.*
zu|kunfts|träch|tig
zu|kunfts|wei|send
zu|lä|cheln *intr. 1*
Zu|la|ge *f. 11*
zu Lan|de; bei uns zu Lande; zu Lande und zu Wasser
zu|lan|gen *intr. 1*
zu|läng|lich
Zu|läng|lich|keit *f. 10 nur Sg.*
zu|las|sen *tr. 75*
zu|läs|sig
Zu|las|sung *f. 10*
Zu|las|sungs|ar|beit *f. 10*
Zu|las|sungs|pa|pie|re *Pl.*
zu Las|ten = **zu|las|ten;** zu Lasten *oder:* zulasten des Beklagten
Zu|lauf *m. 2;* das Geschäft, das Theater hat viel, wenig Z.
zu|lau|fen *intr. 76;* auf jmdn. z.; der Hund ist uns zugelaufen
zu|le|gen *tr. 1*
zu|lei|de = **zu Lei|de;** jmdm. etwas zuleide *oder:* zu Leide tun
zu|lei|ten *tr. 2*
Zu|lei|tung *f. 10*
Zu|lei|tungs|rohr *n. 1*
zu|letzt; *aber:* zu guter Letzt
zu|lie|be; mir, ihr z.; jmdm. etwas z. tun
Zu|lie|fe|rer *m. 5*
Zu|lie|fer|in|dus|trie *auch:* **Zu|lie|fer|in|dust|rie** *f. 11*
zul|len *intr. 1, ostmitteldt.:* saugen
Zul|ler *m. 5, ostmitteldt.:* Sauger, Schnuller
Zulp *m. 1, ostmitteldt.:* Lutschbeutel
zul|pen *intr. 1, ostmitteldt.:* lutschen
Zu|lu **1.** *m. 9 oder Gen. - Pl. -* Angehöriger eines Bantuvolkes in Südafrika; **2.** *n. Gen.* -(s) *nur Sg.* dessen Sprache
zum zu dem; Gasthaus »Zum Schwan« *oder:* »Gasthaus zum Schwan«; es ist zum Lachen; zum Ersten, zum Zweiten, zum Dritten!; zum Mindesten; *aber:* zumindest
zu|ma|chen *tr. 1; aber:* da ist nichts zu machen; mach zu! *ugs.:* mach schnell, beeil dich!
zu|mal **1.** vor allem (weil), umso mehr, als; er hat viel Geduld mit Kindern, z. er selbst drei hat; wir haben ihn alle gern, z. unsere Tochter; **2.** *veraltet:* zugleich; sie kamen alle z.
zu|meist meist, meistens
zu|mes|sen *tr. 84;* jmdm. seinen Anteil z.
zu|min|dest; *aber:* zum Mindesten; z. drei; du solltest es z. versuchen
zu|mut|bar
zu|mu|te = **zu Mu|te;** mir ist wohl, traurig zumute *oder:* zu Mute
zu|mu|ten *tr. 2;* jmdm. etwas z.
Zu|mu|tung *f. 10*
zu|nächst **1.** *mit Dat.:* nahe (bei); z. dem Wald; **2.** zuerst; z. werde ich nach Berlin fahren
Zu|nächst|lie|gen|de(s) *n. 18 (17);* das Zunächstliegende
zu|na|geln *tr. 1;* ich nagele, nagle die Kiste zu
Zu|nah|me *f. 11*
Zu|na|me *m. 15* **1.** Familienname; **2.** Beiname
Zünd|blätt|chen *n. 7*
zün|deln *intr. 1, bair., österr.:* mit Feuer spielen
zün|den *tr. u. intr. 2*
Zun|der *m. 5 nur Sg.* **1.** Zündstoff aus getrocknetem Zunderschwamm; **2.** *ugs.:* Prügel; **3.** Beschuss; jmdm. Z. geben
Zün|der *m. 5*
zu|neh|men *tr. u. intr. 88;* ich muss noch ein paar Kilo z.; der Lärm nimmt zu
zu|neh|mend
Zünd|holz *n. 4*
Zünd|hüt|chen *n. 7*
Zünd|ker|ze *f. 11*
Zünd|schloss (*alt:* Zünd|schloß) *n. 4*
Zünd|schlüs|sel *m. 5*
Zünd|schnur *f. 2*
Zünd|stoff *m. 1*
Zün|dung *f. 10*
zu|nei|gen *intr. u. refl. 1;* ich neige der Ansicht zu, dass …; sich einer Sache oder jmdm. z.; einer Sache oder jmdm. zugeneigt sein

Z

Zu|nei|gung *f. 10 nur Sg.*
Zunft *f. 2, 11.-19. Jh.:* berufliche Vereinigung der Handwerker
zünf|tig **1.** fachmännisch, fachgerecht; **2.** *übertr.:* kräftig, tüchtig; **3.** volkstümlich, lustig
Zunft|ord|nung *f. 10*
Zun|ge *f. 11; übertr. auch:* Sprache, Rede; eine spitze Z. haben: boshaft sein
Zün|gel|chen *n. 7*
zün|geln *intr. 1*
Zun|gen|bre|cher *m. 5*
zun|gen|fer|tig redegewandt
Zun|gen|fer|tig|keit *f. 10 nur Sg.*

Zungen-R/Zungen-r: Groß- oder Kleinschreibung nach dem Bindestrich ist möglich. § 55 (1), § 55 (2)

Zun|gen-R = **Zun|gen-r** *n. Gen.* -(s) *Pl.* -(s) mit der Zunge hinter den oberen Schneidezähnen gebildeter r-Laut
Zun|gen|schlag *m. 2 nur Sg.;* falscher Z.: ein Sichversprechen, versehentlich falsche Ausdrucksweise
Zun|gen|wurst *f. 2*
Züng|lein *n. 7;* das Z. an der Waage

zunichte machen: Die Fügung aus zusammengesetztem Adverb und Verb schreibt man getrennt: *Die Kritiker wollten alles zunichte machen.* § 34 E3 (2)

zu|nich|te; etwas z. machen
zu|nie|derst *bair.:* zuunterst
Züns|ler *m. 5* ein Kleinschmetterling
zu|nut|ze = **zu Nut|ze;** sich etwas zunutze *oder:* zu Nutze machen
zu|o|berst
zu|or|den|bar
zu|ord|nen *tr. 2*
Zu|ord|nung *f. 10 nur Sg.*

zupass/zupasse kommen: Nach kurzem Vokal schreibt man *-ss-*. Das Gefüge aus zusammengesetztem Adverb und Verb schreibt man getrennt: *Das würde ihm so richtig zupass kommen.* § 34 E3 (2)

zu|pass (*alt:* zu|paß), **zu|pas|se** *nur in der Wendung* zupass kommen: willkommen, gelegen sein; das kommt mir gut, sehr, nicht z.
zup|fen *tr. 1*
Zupf|gei|ge *f. 11* Gitarre
Zupf|gei|gen|hansl *m. Gen. - nur Sg.* Liederbuch der Wandervögel
Zupf|in|stru|ment *auch:* **Zupf|ins|tru|ment, Zupf|inst|ru|ment** *n. 1*
Zup|pa Ro|ma|na [dzu-] *f. Gen. - - nur Sg.* ital. Kuchen aus likörgetränktem Biskuitteig, Vanillecreme und kandierten Früchten
zu|pros|ten *intr. 2;* jmdm. z.
zur zu der; zur Ruhe gehen, kommen; zur Schule gehen; zur Rechten, zur Linken; Gasthaus »Zur Linde« *oder:* »Gasthaus zur Linde«
zu Ran|de = **zu|ran|de;** *nur in der Wendung* zu Rande *oder:* zurande kommen: eine Aufgabe bewältigen
zu Ra|te = **zu|ra|te;** jmdn. zu Rate *oder:* zurate ziehen
zu|ra|ten *intr. 94;* jmdm. z.
zu|rau|nen *tr. 1;* jmdm. etwas z.
Zür|cher *m. 5, schweiz. Form von* Züricher
zür|che|risch *schweiz. Form von* züricherisch
zu|rech|nen *tr. 2*
Zu|rech|nung *f. 10 nur Sg.*
zu|rech|nungs|fä|hig
Zu|rech|nungs|fä|hig|keit *f. 10 nur Sg.*
zu|recht... *in Zus. mit Verben:* richtig, gerade, in Ordnung, zur rechten Zeit; *aber:* zu Recht bestehen
zu|recht|bie|gen *tr. 12*
zu|recht|brin|gen *tr. 21*
zu|recht|fin|den *refl. 36*
zu|recht|kom|men *intr. 71*
zu|recht|le|gen *tr. 1*
zu|recht|ma|chen *tr. 1*
zu|recht|rü|cken *tr. 1;* jmdm. den Kopf z. *ugs., übertr.:* jmdm. die Meinung sagen
zu|recht|set|zen *tr. u. refl. 1;* jmdm. den Kopf z.; vgl. zurechtrücken
zu|recht|stel|len *tr. 1*
zu|recht|stut|zen *tr. 1*
zu|recht|wei|sen *tr. 177*
Zu|recht|wei|sung *f. 10*
zu|recht|zim|mern *tr. 1*
zu|re|den *tr. 2;* jmdm. gut z.; trotz allem Zureden *oder:* trotz allen (alles) Zuredens
zu|rei|chen **1.** *tr. 1;* jmdm. etwas z.; **2.** *intr. 1, ugs.:* reichen, ausreichen; es wird gerade z.
zu|rei|ten **1.** *tr. 97;* ein Pferd z.: es an die Hilfen des Reiters gewöhnen; **2.** *intr. 97;* auf etwas z.
Zü|rich [schweiz.: tsy-] **1.** Hauptstadt des Kantons Zürich; **2.** schweiz. Kanton
Zü|ri|cher, *schweiz.:* Zür|cher *m. 5*
zü|ri|che|risch, *schweiz.:* zür|cherisch
Zü|rich|see *m. Gen.* -s schweiz. See
zu|rich|ten *tr. 2*
Zu|rich|ter *m. 5*
Zu|rich|tung *f. 10 nur Sg.*
zu|rie|geln *tr. 1;* ich riegele, riegle die Tür zu
zür|nen *intr. 1;* jmdm. z.
zur|ren *tr. 1, Seew.:* binden, festbinden (Decksladung)
Zur|schau|stel|lung *f. 10*
zu|rück; z. sein; er ist noch nicht z.; ich bin um 17 Uhr z.; ich werde bald z. sein; der Weg z.; es gibt kein Zurück
zu|rück|be|hal|ten *tr. 61*
Zu|rück|be|hal|tungs|recht *n. 1 nur Sg.*
zu|rück|be|kom|men *tr. 71*
zu|rück|be|ru|fen *tr. 102*
Zu|rück|be|ru|fung *f. 10*
zu|rück|bil|den *refl. 2*
Zu|rück|bil|dung *f. 10*
zu|rück|blei|ben *intr. 17*
zu|rück|bli|cken *intr. 1*
zu|rück|brin|gen *tr. 21*
zu|rück|däm|men *tr. 1*
zu|rück|da|tie|ren *tr. 3* mit einem früheren Datum versehen (Brief), nachdatieren
zu|rück|den|ken *intr. 22*
zu|rück|drän|gen *tr. u. intr. 1*
Zu|rück|drän|gung *f. 10 nur Sg.*
zu|rück|dre|hen *tr. 1*
zu|rück|er|bit|ten *tr. 15*
zu|rück|er|hal|ten *tr. 61*
zu|rück|er|o|bern *tr. 1;* zurückeroberte Gebiete
zu|rück|er|stat|ten *tr. 2, verstärkend für* erstatten
zu|rück|fah|ren *intr. u. tr. 32*
zu|rück|fal|len *intr. 33*
zu|rück|fin|den *tr. u. intr. 36*
zu|rück|flie|gen *intr. 38*
zu|rück|for|dern *tr. 1;* ich fordere, fordre es zurück
zu|rück|fra|gen *intr. 1*
zu|rück|füh|ren *intr. u. tr. 1*
Zu|rück|füh|rung *f. 10 nur Sg.*
Zu|rück|ga|be *f. 11 nur Sg.*
zu|rück|ge|ben *tr. 45*
zu|rück|ge|hen *intr. 47*
zu|rück|ge|zo|gen
Zu|rück|ge|zo|gen|heit *f. 10 nur Sg.*
zu|rück|grei|fen *intr. 59;* auf etwas (Vertrautes) z.
zu|rück|ha|ben *tr. 60*

Z

zu|rück|hal|ten *tr. 61*
zu|rück|hal|tend
Zu|rück|hal|tung *f. 10 nur Sg.*
zu|rück|keh|ren *intr. 1*
zu|rück|kom|men *intr. 71*
zu|rück|kön|nen *intr. 72*
zu|rück|las|sen *tr. 75*
Zu|rück|las|sung *f. 10 nur Sg.*
zu|rück|le|gen *tr. 1*
zu|rück|leh|nen *tr. 1*
zu|rück|lie|gen *intr. 80*
zu|rück|mel|den *refl. 2*
Zu|rück|mel|dung *f. 10*
zu|rück|müs|sen *intr. 87*
Zu|rück|nah|me *f. 11 nur Sg.*
zu|rück|neh|men *tr. 88*
zu|rück|pral|len *intr. 1*
zu|rück|ru|fen *tr. 102*
zu|rück|schal|len *intr. 106*
zu|rück|schau|dern *intr. 1;* ich schaudere, schaudre davor zurück
zu|rück|schau|en *intr. 1*
zu|rück|scheu|en *intr. 1;* vor etwas z.
zu|rück|schi|cken *tr. 1*
zu|rück|schla|gen *tr. u. intr. 116*
zu|rück|schre|cken *intr. 126;* ich schrak *oder:* schreckte davor zurück, bin davor zurückgeschreckt *oder:* zurückgeschrocken
zu|rück|schrei|ben *tr. 127*
zu|rück|seh|nen *tr. u. refl. 1*
zu|rück|sen|den *tr. 138*
zu|rück|set|zen *tr. u. intr. 1*
Zu|rück|set|zung *f. 10 nur Sg.*
zu|rück|ste|cken *tr. 1, ugs. auch intr. 1;* einen Pflock z. *übertr.:* nachgeben; man muss auch einmal z. können: nachgeben können
zu|rück|ste|hen *intr. 151*
zu|rück|stel|len *tr. 1*
Zu|rück|stel|lung *f. 10*
zu|rück|strah|len *tr. u. intr. 1*
Zu|rück|strah|lung *f. 10 nur Sg.*
zu|rück|stu|fen *tr. 1*
zu|rück|tre|ten *intr. 163*
zu|rück|ü|ber|set|zen *tr. 1; meist:* rückübersetzen
zu|rück|ver|fol|gen *tr. 1*
Zu|rück|ver|fol|gung *f. 10 nur Sg.*
zu|rück|ver|lan|gen *tr. 1*
zu|rück|ver|set|zen *tr. u. refl. 1*
zu|rück|wei|chen *intr. 176*
zu|rück|wei|sen *tr. 177*
Zu|rück|wei|sung *f. 10*
zu|rück|wer|fen *tr. 181*
zu|rück|wol|len *intr. 185*
zu|rück|wün|schen *tr. 1*
zu|rück|zah|len *tr. 1*
Zu|rück|zah|lung *f. 10*
zu|rück|zie|hen *tr. u. refl. 187*
Zu|ruf *m. 1*
zu|ru|fen *tr. 102;* jmdm. etwas z.
zu|rüs|ten *tr. 1*
Zu|rüs|tung *f. 10*
Zur|ver|fü|gung|stel|lung *f. 10 nur Sg., Amtsdeutsch*
zur|zeit derzeit, augenblicklich; sie ist z. krank; *aber:* zur Zeit Kaiser Karls des Großen
Zu|sa|ge *f. 11*
zu|sa|gen *tr. u. intr. 1*
zu|sam|men gemeinsam, miteinander, gleichzeitig; zusammen sein; z. fahren; *aber:* → zusammenfahren; z. singen, spielen, lachen
zu|sam|men... *in Zus.* **1.** beieinander, z. B. zusammensitzen; **2.** an-, ineinander, z. B. zusammenfügen; **3.** übereinstimmend, z. B. zusammenklingen; **4.** *ugs.:* kaputt, z. B. zusammenschlagen
Zu|sam|men|ar|beit *f. 10 nur Sg.*
zu|sam|men|ar|bei|ten **1.** *tr. 2* vereinigen (z. B. Texte); **2.** *intr. 2* gemeinsam arbeiten; wir werden gut z.; *aber:* wir wollen heute zusammen arbeiten
zu|sam|men|bal|len *tr. 1*
Zu|sam|men|bal|lung *f. 10 nur Sg.*
Zu|sam|men|bau *m. Gen.* -(e)s *nur Sg.* Montage
zu|sam|men|bau|en *tr. 1*
zu|sam|men|bei|ßen *tr. 8;* die Zähne z.
zu|sam|men|bet|teln *tr. 1;* sich seinen Lebensunterhalt z.; *aber:* sie gehen zusammen (= gemeinsam) betteln
zu|sam|men|bin|den *tr. 14*
zu|sam|men|blei|ben *intr. 17*
zu|sam|men|brau|en **1.** *tr. 1;* **2.** *refl. 1, ugs.:* sich zusammenziehen (Gewitter)
zu|sam|men|bre|chen *intr. 19*
Zu|sam|men|bruch *m. 2*
zu|sam|men|drän|gen *tr. 1*
zu|sam|men|drü|cken *tr. 1*
zu|sam|men|fah|ren *intr. 32* zusammenzucken, erschrecken; *aber:* wir können zusammen (= miteinander) fahren
Zu|sam|men|fall *m. 2 nur Sg.*
zu|sam|men|fal|len *intr. 33* zerbröckeln; zeitlich z. mit
zu|sam|men|fal|ten *tr. 2*
zu|sam|men|fas|sen *tr. 1*
Zu|sam|men|fas|sung *f. 10*
zu|sam|men|flie|ßen *intr. 40*
Zu|sam|men|fluss (*alt:* Zu|sam|men|fluß) *m. 2*
zu|sam|men|fü|gen *tr. 1*
Zu|sam|men|fü|gung *f. 10 nur Sg.*
zu|sam|men|füh|ren *tr. 1;* Familien (wieder) z.
Zu|sam|men|füh|rung *f. 10 nur Sg.*
zu|sam|men|ge|hen *intr. 47, ugs.* **1.** sich vereinigen (Linien); **2.** einlaufen, kleiner werden (Stoff); **3.** alt, faltig werden; *aber:* wir können ein Stück zusammen (= miteinander) gehen
zu|sam|men|ge|hö|ren *intr. 1*
zu|sam|men|ge|hö|rig
Zu|sam|men|ge|hö|rig|keit *f. 10 nur Sg.*
Zu|sam|men|ge|hö|rig|keits|ge|fühl *n. 1 nur Sg.*
zu|sam|men|ha|ben *tr. 60, ugs.;* das Geld für etwas z.
Zu|sam|men|halt *m. 1 nur Sg.*
zu|sam|men|hal|ten *intr. u. tr. 61;* fest, treulich z.; seine Gedanken, sein Geld z.; *aber:* wenn wir das Brett zusammen (= miteinander) halten, geht es besser
Zu|sam|men|hang *m. 2*
zu|sam|men|hän|gen *intr. u. tr. 62;* zusammenhängend sprechen
zu|sam|men|hang(s)|los
Zu|sam|men|hang(s)|lo|sig|keit *f. 10 nur Sg.*
zu|sam|men|hau|en *tr. 63, ugs.*
zu|sam|men|keh|ren *tr. 1*
zu|sam|men|klam|mern *tr. 1;* ich klammere, klammre die Seiten zusammen
Zu|sam|men|klang *m. 2*
zu|sam|men|klapp|bar
zu|sam|men|klap|pen **1.** *tr. 1;* **2.** *intr. 1, ugs.:* (vor Erschöpfung) zusammenbrechen, einen Zusammenbruch erleiden
zu|sam|men|klin|gen *intr. 69*
zu|sam|men|knei|fen *tr. 70*
zu|sam|men|kom|men *intr. 71* sich begegnen; sich ansammeln; es ist viel Geld zusammengekommen; *aber:* sie sind zusammen (= miteinander, gleichzeitig) gekommen
zu|sam|men|kramp|fen *refl. 1*
Zu|sam|men|kunft *f. 2*
zu|sam|men|läp|pern *refl. 1, ugs.:* nach und nach zusammenkommen; es läppert sich zusammen
zu|sam|men|lau|fen *intr. 76* herbeilaufen, ineinander laufen; die Farben sind zusammengelaufen; *aber:* wir sind zusammen (= miteinander) gelaufen
zu|sam|men|le|ben **1.** *refl. 1* sich einander anpassen; sie haben sich

Z

zusammengelebt; **2.** *intr. 1* miteinander leben; sie haben einige Jahre zusammengelebt; *aber:* sie können nicht mehr zusammen leben
Zu|sạm|men|le|ben *n. Gen. -s nur Sg.*
zu|sạm|men|leg|bar
zu|sạm|men|le|gen *tr. 1*
Zu|sạm|men|le|gung *f. 10 nur Sg.*
zu|sạm|men|le|sen *tr. 79* sammeln, aufsammeln (Früchte); *aber:* wir wollen das Stück, das Buch zusammen (= gemeinsam) lesen
zu|sạm|men|lie|gen *intr. 80*
zu|sạm|men|lü|gen *tr. 81, ugs.;* was er alles zusammenlügt!
zu|sạm|men|nä|hen *tr. 1*
zu|sạm|men|neh|men **1.** *tr. 88;* seine Gedanken z.; alles zusammengenommen ergibt 200 Euro; **2.** *refl. 88* sich beherrschen, aufpassen
zu|sạm|men|pa|cken *tr. 1*
zu|sạm|men|pas|sen *intr. 1*
zu|sạm|men|pfer|chen *tr. 1*
Zu|sạm|men|prall *m. 1 nur Sg.*
zu|sạm|men|pral|len *intr. 1*
zu|sạm|men|pres|sen *tr. 1*
zu|sạm|men|rau|fen *refl. 1, ugs.*
zu|sạm|men|rech|nen *tr. 2;* die Zahlen, Posten z.; *aber:* wir wollen jetzt zusammen (= miteinander) rechnen
zu|sạm|men|rei|men *tr. 1;* jetzt kann ich mir das z.: jetzt verstehe, durchschaue ich das
zu|sạm|men|rei|ßen *refl. 96, ugs.:* sich beherrschen
zu|sạm|men|rot|ten *refl. 2*
Zu|sạm|men|rot|tung *f. 10 nur Sg.*
zu|sạm|men|rü|cken *tr. u. intr. 1*
zu|sạm|men|ru|fen *tr. 102*
zu|sạm|men|schar|ren *tr. 1*
Zu|sạm|men|schau *f. 10 nur Sg.* kurzer Überblick
zu|sạm|men|schla|gen *tr. 116; auch ugs.:* entzwei-, niederschlagen
zu|sạm|men|schlie|ßen *tr. u. refl. 120*
Zu|sạm|men|schluss (*alt:* Zu|sạm|men|schluß) *m. 2*
zu|sạm|men|schnü|ren *tr. 1*
zu|sạm|men|schre|cken *intr. 126;* ich schrak zusammen, bin zusammengeschrocken *oder:* zusammengeschreckt
zu|sạm|men|schrei|ben *tr. 127;* die beiden Wörter werden zusammengeschrieben; Texte z.: miteinander vereinigen; er hat viel Unsinn zusammengeschrieben
ugs.; aber: sie wollen das Buch zusammen (= gemeinsam) schreiben
zu|sạm|men|schrump|fen *intr. 1*
zu|sạm|men sein (*alt:* zu|sạm|men|sein) *intr. 137*
Zu|sạm|men|sein *n. Gen. -s nur Sg.;* während unseres Zusammenseins
zu|sạm|men|set|zen *tr. 1*
Zu|sạm|men|set|zung *f. 10*
zu|sạm|men|sin|ken *intr. 141*
zu|sạm|men|sit|zen *intr. 143*
zu|sạm|men|spa|ren *tr. 1;* etwas Geld z.
Zu|sạm|men|spiel *n. 1 nur Sg.*
zu|sạm|men|spie|len *intr. 1* **1.** sich beim Spiel gut verstehen; **2.** *übertr.:* gemeinsame Sache machen; *aber:* wir wollen zusammen (= gemeinsam) spielen
zu|sạm|men|stau|chen *tr. 1, ugs.:* scharf zurechtweisen
zu|sạm|men|ste|hen *intr. 151*
zu|sạm|men|stel|len *tr. 1*
Zu|sạm|men|stel|lung *f. 10*
zu|sạm|men|stim|men *intr. 1*
Zu|sạm|men|stoß *m. 2*
zu|sạm|men|sto|ßen *tr. u. intr. 157*
zu|sạm|men|strei|chen *tr. 158*
zu|sạm|men|strö|men *intr. 1*
zu|sạm|men|stü|ckeln, zu|sạm|men|stü|cken *tr. 1;* ich stückele, stückle es zusammen
zu|sạm|men|su|chen *tr. 1;* seine Sachen z.; *aber:* wir wollen es zusammen (= gemeinsam) suchen

zusammen tragen — zusammentragen, zusammen sein:
In der Bedeutung »gemeinsam, miteinander« wird das Gefüge im Infinitiv, Partizip und am Ende eines Nebensatzes getrennt geschrieben: *Sie haben den Tisch/die Verantwortung zusammen getragen.* Ebenso: *zusammen spielen* (Betonung auf *zusammen* und dem folgenden Verb).
§ 34 E2
Ebenso: *zusammen sein.* § 35
In der Bedeutung »in eins tragen« wird das Verb in diesen Fällen zusammengeschrieben: *Bei der Recherche wurden die Einzelheiten zusammengetragen.*
§ 34 (1)

zu|sạm|men|tra|gen *tr. 160;* Material z.; *aber:* wir können den Koffer zusammen (= gemeinsam) tragen
Zu|sạm|men|tra|gung *f. 10 nur Sg.*
zu|sạm|men|tref|fen *intr. 161;* die beiden sind gestern zusammengetroffen; *aber:* ich habe beide zusammen getroffen; es war ein merkwürdiges Zusammentreffen
zu|sạm|men|tre|ten *intr. 163*
Zu|sạm|men|tritt *m. 1 nur Sg.*
zu|sạm|men|trom|meln *tr. 1, ugs.:* zusammenrufen
zu|sạm|men|tun *tr. u. refl. 167;* sie haben sich zusammengetan und betreiben das Geschäft nun gemeinsam
zu|sạm|men|wach|sen [-ks-] *intr. 172*
zu|sạm|men|wir|ken *intr. 1*
zu|sạm|men|zäh|len *tr. 1*
zu|sạm|men|zie|hen *tr. u. intr. 187;* Truppen z.; zusammenziehendes Mittel; sie sind zusammengezogen: sie haben eine gemeinsame Wohnung genommen
Zu|sạm|men|zie|hung *f. 10 nur Sg.*
zu|sạm|men|zu|cken *intr. 1*
Zu̲|satz *m. 2*
Zu̲|satz|aus|bil|dung *f. 10*
Zu̲|satz|ge|rät *n. 1*
zu̲|sätz|lich
Zu̲|satz|ver|si|che|rung *f. 10*
Zu̲|satz|zahl *f. 10*
zu|schạn|den = **zu Schạn|den;** etwas zuschanden *oder:* zu Schanden machen: kaputt machen; ein Pferd zuschanden *oder:* zu Schanden reiten
zu̲|schan|zen *tr. 1, ugs.;* jmdm. etwas z.: jmdm. zu etwas verhelfen; jmdm. einen Posten z.
zu̲|schau|en *intr. 1*
Zu̲|schau|er *m. 5*
Zu̲|schau|er|raum *m. 2*
Zu̲|schau|er|tri|bü|ne *f. 11*
zu̲|schi|cken *tr. 1;* jmdm. etwas z.
zu̲|schie|ben *tr. 112; auch übertr.:* jmdm. etwas z.
zu̲|schie|ßen **1.** *tr. 113* beisteuern, dazugeben; der Summe 150 Euro z.; **2.** *intr. 113, ugs.;* auf jmdn. z.: rasch auf jmdn. zulaufen
Zu̲|schlag *m. 2*
zu̲|schla|gen *tr. u. intr. 116*
zu̲|schlag|frei, zu̲|schlags|frei
zu̲|schlag|pflich|tig, zu̲|schlags|pflich|tig
zu̲|schlie|ßen *tr. 120*
zu̲|schnap|pen *intr. 1*
zu̲|schnei|den *tr. 125*
Zu̲|schnei|der *m. 5*
zu̲|schnei|en *intr. 1, meist im Passiv und Partizip II:* der Weg ist zugeschneit; zugeschneite Wege

Zu|schnitt *m. 1 nur Sg.*
zu|schrei|ben *tr. 127;* jmdm. die Schuld an etwas z.; einem Maler ein Bild z.: ihn für den Maler des Bildes halten
Zu|schrift *f. 10*
zu|schul|den = **zu Schul|den** *nur in der Wendung* sich etwas zuschulden *oder:* zu Schulden kommen lassen: etwas Unrechtes tun
Zu|schuss (*alt:* Zu|schuß) *m. 2*
Zu|schuss|be|trieb (*alt:* Zu|schuß|be|trieb) *m. 1*
zu|schus|tern *tr. 1, ugs.* **1.** = zuschanzen; **2.** zusetzen (Geld)
zu|se|hen *intr. 136*
zu|se|hends merklich, sichtbar; es geht ihm z. besser

> **zu sein, zufliegen:** Fügungen mit *sein* werden getrennt geschrieben: *Das Geschäft dürfte schon zu sein* (= geschlossen sein). *Das Theater ist heute zu gewesen.* § 35
> Sonst gilt Zusammenschreibung bei Fügungen aus der Partikel *zu* und Verb: *Der Wellensittich ist mir zugeflogen.*

zu sein (*alt:* zu|sein) *intr. 137, ugs.:* geschlossen sein
zu|sei|ten *auch:* **zu Sei|ten** (*alt:* zu sei|ten) an der Seite; zuseiten *oder:* zu Seiten des Hauses
zu|sen|den *tr. 138*
Zu|sen|dung *f. 10*
zu|set|zen *tr. u. intr. 1;* ich habe dabei eine Menge Geld zugesetzt; jmdm. z.: jmdn. bedrängen (etwas zu tun)
zu|si|chern *tr. 1;* ich sichere es Ihnen zu
Zu|si|che|rung *f. 10*
Zu|spät|kom|men|de *Pl.;* die Zuspätkommenden
Zu|spei|se *f. 11* = Zukost
zu|sper|ren *tr. 1 süddt., österr., schweiz.*
zu|spie|len *tr. 1;* jmdm. etwas z.
zu|spit|zen *tr. u. refl. 1*
Zu|spit|zung *f. 10 nur Sg.*
zu|spre|chen *tr. 146;* die Kinder sind ihr zugesprochen worden
Zu|spre|chung *f. 10 nur Sg.*
Zu|spruch *m. 2 nur Sg.*
Zu|stand *m. 2*
zu|stan|de = **zu Stan|de;** zustande *oder:* zu Stande bringen; zustande *oder:* zu Stande kommen; beim Zustandekommen
zu|stän|dig
Zu|stän|dig|keit *f. 10 nur Sg.*
zu|stän|dig|keits|hal|ber; ein Gesuch z. weiterleiten
zu|ständ|lich
Zu|stands|än|de|rung *f. 10*
Zu|stands|glei|chung *f. 10, Phys.*
zu|stat|ten *nur in der Fügung* z. kommen: nützen, nützlich sein; seine Sprachkenntnisse kommen ihm jetzt sehr z.
zu|ste|cken *tr. 1;* jmdm. etwas z.
zu|stel|len *tr. 1;* eine Tür z. *ugs.;* jmdm. etwas z.: ins Haus bringen
Zu|stel|ler *m. 5*
Zu|stell|ge|bühr *f. 10*
Zu|stel|lung *f. 10 nur Sg.*
Zu|stel|lungs|ge|bühr *f. 10*
Zu|stell|ver|merk *m. 1*
zu|steu|ern *intr. 1;* ich steuere, steure darauf, auf ein Ziel zu
zu|stim|men *intr. 1*
Zu|stim|mung *f. 10*
zu|sto|ßen **1.** *tr. 157;* die Tür z.; **2.** *intr. 157;* mit dem Messer z.
zu|stre|ben *intr. 1;* einem Ziel *oder:* auf ein Ziel z.
Zu|strom *m. 2 nur Sg.*
zu|ta|ge = **zu Ta|ge;** zutage *oder:* zu Tage bringen, fördern, treten
Zu|tat *f. 10*

> **zuteil werden:** Gefüge aus zusammengesetztem Adverb und Verb schreibt man im Infinitiv, Partizip und am Ende eines Nebensatzes getrennt: *Große Anerkennung sollte ihr zuteil werden.* § 34 E3 (2)
> Ebenso: *zupass(e) kommen, zustatten kommen.* § 34 E3 (2)

zu|teil; z. werden; mir ist ein großes Glück z. geworden
zu|tei|len *tr. 1;* jmdm. etwas z.
Zu|tei|lung *f. 10*
zu|tiefst
zu|tra|gen **1.** *tr. 160;* jmdm. etwas z.: etwas zu jmdm. hintragen; *übertr.:* jmdm. etwas (heimlich) mitteilen; **2.** *refl. 160* sich ereignen, geschehen
Zu|trä|ger *m. 5*
Zu|trä|ge|rei *f. 10*
zu|träg|lich
Zu|träg|lich|keit *f. 10 nur Sg.*
zu|trau|en *tr. 1;* jmdm. oder sich etwas z.
Zu|trau|en *n. Gen. -s nur Sg.*
zu|trau|lich
Zu|trau|lich|keit *f. 10 nur Sg.*
zu|tref|fen *intr. 161;* deine Vermutung hat zugetroffen; eine zutreffende Bezeichnung
zu|tref|fen|den|falls
zu|trin|ken *intr. 165;* jmdm. z.
Zu|tritt *m. 1 nur Sg.*
Zu|trunk *m. 2*
zut|schen *intr. 1, mitteldt.:* saugen, lutschen; an etwas z.
zu|tu|lich = **zu|tun|lich**
zu|tun *tr. 167* **1.** etwas hinzutun; **2.** schließen; die ganze Nacht kein Auge z.; **3.** *schweiz.:* zulegen, kaufen, anschaffen; sich etwas z.
Zu|tun *n. Gen. -s nur Sg.;* ohne mein Z.
zu|tun|lich zutraulich, entgegenkommend
Zu|tun|lich|keit *f. 10 nur Sg.*
zut|zeln *tr. u. intr. 1* s. **zu|zeln**
zu|un|guns|ten = **zu Un|guns|ten** *mit Gen.;* er hat sich zuungunsten *oder:* zu Ungunsten des Käufers verrechnet; zu seinen Ungunsten: zum Nachteil
zu|un|terst
zu|ver|läs|sig
Zu|ver|läs|sig|keit *f. 10 nur Sg.*
Zu|ver|sicht *f. 10 nur Sg.*
zu|ver|sicht|lich
Zu|ver|sicht|lich|keit *f. 10 nur Sg.*

> **zu viel, zu wenig:** Im Gegensatz zur bisherigen Zusammenschreibung (*zuviel, zuwenig*) werden jetzt Gefüge aus *zu* und Adjektiv/Adverb getrennt geschrieben: *zu viel Geld, zu viel des Guten, zu wenig Erfolg.* § 39 E2 (2.4)

zu viel (*alt:* zu|viel)
zu|viel|mal; *aber:* zu viel(e) Mal(e)
zu|vor; z. meine besten Wünsche!; ich habe mich z. danach erkundigt, ob …
zu|vor|derst ganz vorn
zu|vör|derst zuerst; z. möchte ich meinen Dank abstatten
zu|vor|kom|men *intr. 71;* jmdm. z.
zu|vor|kom|mend liebenswürdig, höflich
Zu|vor|kom|men|heit *f. 10 nur Sg.*
zu|vor|tun *tr. 167;* es jmdm. z.: etwas besser als jmd. tun; er tut es mir an Treue zuvor, hat es mir zuvorgetan; *aber:* das habe ich noch nie zuvor (= vorher) getan
Zu|waa|ge *f. 11, bair., österr.:* Knochenzugabe (beim Fleisch)
Zu|wachs [-ks] *m. Gen. -es Pl. -wäch|se* [-ks-]

zu|wach|sen [-ks-] *intr. 172*
Zu|wachs|ra|te [-ks-] *f. 11*
Zu|wan|de|rer, Zu|wand|rer *m. 5*
zu|wan|dern *intr. 1*
Zu|wan|de|rung *f. 10 nur Sg.*
zu|war|ten *intr. 2, ugs.:* immer weiter warten; jmdn. z. lassen
zu|we|ge = **zu Wegel;** etwas zuwege *oder:* zu Wege bringen; mit etwas zuwege *oder:* zu Wege kommen
zu|wei|len
zu|wei|sen *tr. 177;* jmdm. etwas z.
Zu|wei|sung *f. 10*
zu|wen|den *tr. 178*
Zu|wen|dung *f. 10 nur Sg.*
zu we|nig (*alt:* zu|we|nig)
zu|we|nig|mal; *aber:* zu wenig(e) Mal(e)
zu|wer|fen *tr. 181*
zu|wi|der; z. sein; das ist mir z.
zu|wi|der|han|deln *intr. 1;* einem Gesetz z.
Zu|wi|der|hand|lung *f. 10*
zu|wi|der|lau|fen *intr. 76;* das läuft meinen Absichten, den Regeln zuwider
zu|win|ken *intr. 1*
zu|zah|len *tr. 1* zusätzlich, mehr zahlen
zu|zäh|len *tr. 1* hinzuzählen
Zu|zah|lung *f. 10*
zu|zei|ten manchmal, zuweilen; *aber:* zu Zeiten Kaiser Karls
zu|zeln, zut|zeln *tr. u. intr. 1, südd., österr.:* saugen, lutschen; ein Bonbon, an etwas z.
zu|zie|hen 1. *tr. 187;* den Vorhang z.; sich eine Erkältung z.; **2.** *intr. 187, ugs.:* den Wohnsitz verlegen, hierher ziehen; wir sind erst zugezogen
Zu|zug *m. 2* **1.** Zuziehen neuer Einwohner; Z. von außerhalb; **2.** *schweiz. auch:* Hilfeleistung
Zu|zü|ger *m. 5, schweiz. für* Zuzügler
Zu|züg|ler *m. 5, ugs.:* jmd., der zuzieht
zu|züg|lich *Präp. mit Gen. und Artikel:* z. des Fahrpreises, des Portos; *aber ohne Artikel:* z. Fahrpreis; z. Porto
Zu|zugs|ge|neh|mi|gung *f. 10*
zwa|cken *tr. 1;* zwicken und zwacken
Zwang *m. 2*
zwän|gen *tr. 1;* sich in einen überfüllten Wagen z.
zwang|haft
zwang|los
Zwang|lo|sig|keit *f. 10 nur Sg.*
Zwangs|an|lei|he *f. 11*
Zwangs|ar|beit *f. 10*
Zwangs|ar|bei|ter *m. 5*
Zwangs|ein|wei|sung *f. 10*
Zwangs|ent|eig|nung *f. 10*
Zwangs|hand|lung *f. 10*
Zwangs|ja|cke *f. 11*
Zwangs|la|ge *f. 11*
zwangs|läu|fig
Zwangs|läu|fig|keit *f. 10 nur Sg.*
Zwangs|maß|nah|me *f. 11*
zwangs|räu|men *tr. 1, nur im Infinitiv und Passiv*
Zwangs|räu|mung *f. 10*
zwangs|ste|ri|li|sie|ren *tr. 3, Med.:* gegen den eigenen Willen unfruchtbar, zeugungsunfähig machen
zwangs|ver|stei|gern *tr. 1, nur im Infinitiv und Passiv;* das Haus wird zwangsversteigert
Zwangs|ver|stei|ge|rung *f. 10*
Zwangs|voll|stre|ckung *f. 10*
zwangs|wei|se
zwan|zig 20; vgl. achtzig
Zwan|zig|mark|schein *m. 1, mit Ziffer:* 20-Mark-Schein
zwar; er ist z. klein, aber kräftig; ich habe z. schon gegessen, aber ...; ich werde es Ihnen schicken, und z. noch heute
Zweck *m. 1*
Zweck|bau *m. Gen.* -(e)s *Pl.* -bauten
zweck|dien|lich
Zweck|dien|lich|keit *f. 10 nur Sg.*
Zwe|cke *f. 11, kurz für* Reißzwecke
zwe|cken *tr. 1;* ein Bild an die Wand z.
zweck|ent|frem|det; die Räume wurden, sind z.
Zweck|ent|frem|dung *f. 10 nur Sg.*
zweck|ent|spre|chend
zweck|ge|bun|den
zweck|los
Zweck|lo|sig|keit *f. 10 nur Sg.*
zweck|mä|ßig
Zweck|mä|ßig|keit *f. 10 nur Sg.*
zwecks *Präp. mit Gen.;* z. besserer Verständigung
Zweck|satz *m. 2* = Finalsatz
Zweck|spa|ren *n. Gen.* -s *nur Sg.*
Zweck|ver|band *m. 2* Zusammenschluss von Unternehmen oder Gemeinden zur Erfüllung bestimmter Zwecke oder Aufgaben
zweck|wid|rig
Zweck|wid|rig|keit *f. 10 nur Sg.*
zween *veraltet:* zwei
zwei *Gen.* -er *Dat.* -en; wir, ihr z.; alle z.; z. von ihnen; die Eltern zweier Kinder, zweier kleiner Kinder; ich habe das Geld zweien geschenkt, z. Kindern geschenkt; zu zweien *oder:* zu zweit; vgl. acht
Zwei *f. 10* **1.** die Zahl 2; vgl. Acht **2.** *als Schulnote:* gut; vgl. Eins; **3.** Straßenbahn Linie 2
zwei|ar|mig; ein zweiarmiger Leuchter
Zwei|bei|ner *m. 5, scherzh.:* Mensch
zwei|bei|nig
zwei|bet|tig
Zwei|bett|zim|mer *n. 5*
Zwei|bund *m. 2*
zwei|deu|tig
Zwei|deu|tig|keit *f. 10*
zwei|di|men|si|o|nal
Zwei|drit|tel|mehr|heit *f. 10 nur Sg.*
zwei|ei|ig; zweieiige Zwillinge
zwei|ein|halb, zwei|und|ein|halb
Zwei|er *m. 5* **1.** Autobus Linie 2; **2.** *südd.:* Zahl 2; Schulnote 2; vgl. Zwei
Zwei|er|be|zie|hung *f. 10*

zweifach/2fach, der Zweite Weltkrieg: Zusammensetzungen, deren zweiter Bestandteil in dieser Form nicht selbständig vorkommt, schreibt man zusammen: *die zweifache Prüfung* (auch: *die 2fache Prüfung*). § 36 (2), § 40 (3)
Der *Zweite Weltkrieg,* obwohl kein Eigenname, wird als historisches Ereignis großgeschrieben. § 64 (4)

zwei|fach, 2fach
Zwei|fa|mi|li|en|haus *n. 4*
zwei|far|big
Zwei|fel *m. 5*
Zwei|fel|der|wirt|schaft *f. 10 nur Sg.*
zwei|fel|haft
zwei|fel|los
zwei|feln *intr. 1;* ich zweifele, zweifle
Zwei|fels|fall *m. 2;* im Z.
Zwei|fels|fra|ge *f. 11*
zwei|fels|frei
zwei|fels|oh|ne ohne Zweifel; z. hat er gelogen
Zweif|ler *m. 5*
zwei|flü|ge|lig, zwei|flüg|lig
Zwei|flüg|ler *m. 5* Fliege, Mücke
Zwei|fron|ten|krieg *m. 1*
zwei|fü|ßig mit zwei Versfüßen versehen
Zweig *m. 1*
Zweig, *Stefan* österr. Schriftsteller
zwei|ge|schlech|tig *Biol.:* männl.

Z

und weibl. Geschlechtsmerkmale zeigend, bisexuell
Zwei|ge|schlech|tig|keit *f. 10 nur Sg., Biol.:* zweigeschlechtige Beschaffenheit, Bisexualität
Zwei|ge|spann *n. 1*
zwei|ge|stri|chen *Mus.:* vom eingestrichenen Ton aus eine Oktave höherliegend; das zweigestrichene A
Zweig|ge|schäft *n. 1*
zwei|glei|sig
zwei|glie|de|rig, zwei|glied|rig
Zweig|nie|der|las|sung *f. 10*
Zweig|stel|le *f. 11*
Zwei|hän|der *m. 5* = Beidhänder
zwei|hän|dig
zwei|häu|sig männl. und weibl. Blüten auf verschiedenen Einzelpflanzen tragend, diözisch, heterözisch
Zwei|häu|sig|keit *f. 10 nur Sg.* zweihäusige Beschaffenheit, Diözie, Heterözie
Zwei|heit *f. 10*
zwei|hun|dert [auch: -hun-]
zwei|jäh|rig zwei Jahre alt, dauernd; zweijähriges Kind; zweijähriges Studium
zwei|jähr|lich alle zwei Jahre; die Ausstellung findet z. statt
Zwei|kam|mer|sys|tem *n. 1*
Zwei|kampf *m. 2*
zwei|keim|blät|te|rig, zwei|keim|blätt|rig mit zwei Keimblättern versehen
zwei|mäh|dig; zweimähdige Wiese: Wiese, die man zweimal jährlich mähen kann
zwei|mal; ein- bis zweimal, *mit Ziffer:* 1- bis 2-mal; *bei besonderer Betonung:* zwei Mal
zwei|ma|lig
Zwei|mark|stück *n. 1, mit Ziffer:* 2-Mark-Stück
Zwei|mas|ter *m. 5* Segelschiff mit zwei Masten
zwei|mo|na|tig zwei Monate alt, zwei Monate dauernd; zweimonatiger Lehrgang
zwei|mo|nat|lich alle zwei Monate; die Zeitschrift erscheint z.
Zwei|mo|nats|rhyth|mus *m. Gen. - Pl.* -men
Zwei|mo|nats|schrift *f. 10*
zwei|mo|to|rig
Zwei|pfün|der *m. 5, mit Ziffer:* 2-Pfünder
Zwei|rad
zwei|rä|de|rig, zwei|räd|rig
Zwei|rei|her *m. 5* Anzug mit zwei Knopfreihen an der Jacke
zwei|rei|hig
Zwei|sam|keit *f. 10 nur Sg.* Gemeinschaftzu zweien
zwei|schlä|fe|rig, zwei|schläf|rig für zwei Schläfer (Bett, Federbett)
zwei|schnei|dig auf beiden Seiten geschliffen (Messer); das ist ein zweischneidiges Schwert *oder:* eine zweischneidige Sache *übertr.:* etwas, das nützen, aber auch schaden kann *oder:* das für jmdn. eher ungünstig verlaufen kann
zwei|schü|rig; zweischürige Schafe: Schafe, die man zweimal jährlich scheren kann
zwei|sei|tig
zwei|sil|big
Zwei|sit|zer *m. 5* Fahrzeug mit zwei Sitzen
zwei|sit|zig
zwei|spal|tig in zwei Spalten; z. gedrucktes Wörterbuch
Zwei|spän|ner *m. 5* Wagen, der mit zwei Pferden bespannt wird
zwei|spän|nig
zwei|spra|chig 1. vom Kindesalter an zwei Sprachen sprechend; z. aufwachsen; **2.** in zwei Sprachen abgefasst (Buch)
Zwei|spra|chig|keit *f. 10 nur Sg.*
zwei|spu|rig
zwei|stel|lig
zwei|stim|mig
zwei|stö|ckig
zwei|stu|fig
zwei|stün|dig zwei Stunden dauernd; zweistündige Sitzung
zwei|stünd|lich alle zwei Stunden; die Arznei z. einnehmen; in zweistündlichem Wechsel
zwei|tä|gig zwei Tage dauernd
Zwei|tak|ter *m. 5*
Zwei|takt|mo|tor *m. 13*
zweit|äl|tes|te
Zweit|aus|fer|ti|gung *f. 10* = Duplikat
zweit|bes|te
zwei|te vgl. achte; **1.** *Kleinschreibung:* der z. Bildungsweg; die z. Geige; mein zweites Ich; das zweite Gesicht; **2.** *Großschreibung:* jeder Zweite; das kann er wie kein Zweiter; es kommt noch ein Zweites hinzu; Zweites Deutsches Fernsehen (*Abk.:* ZDF); die Zweite Bundesliga; der Zweite Weltkrieg
zwei|tei|lig
Zwei|tei|lung *f. 10 nur Sg.*
zwei|tens
Zweit|fri|sur *f. 10* modische Perücke
Zweit|ge|rät *n. 1*
zweit|klas|sig
zweit|letz|te vgl. letzte
Zweit|li|gist *m. 10*
zwei|tou|rig [-tu-]
zweit|ran|gig
Zweit|schrift *f. 10* Abschrift, Kopie
Zweit|stim|me *f. 11* die zweite von zwei einem Wähler zur Verfügung stehenden Stimmen
zwei|tü|rig
Zweit|wa|gen *m. 7*
Zweit|woh|nung *f. 10*
Zwei|und|drei|ßigs|tel *n. 5, mit Ziffer:* 32stel
Zwei|und|drei|ßigs|tel|no|te *f. 11*
Zwei|vier|tel|takt *m. 1, mit Ziffer:* $^2/_4$-Takt
zwei|wer|tig
Zwei|zei|ler *m. 5* Gedicht aus zwei Zeilen
zwei|zei|lig
Zwei|zim|mer|woh|nung *f. 10, mit Ziffer:* 2-Zimmer-Wohnung
Zwei|zy|lin|der *m. 5,* **Zwei|zy|lin|der|mo|tor** *m. 13*
zwei|zy|lin|drig *auch:* **zwei|zy|lind|rig**, *mit Ziffer:* 2-zylindrig
zwerch *veraltet:* quer
Zwerch|fell *n. 1* Scheidewand zwischen Brust- und Bauchhöhle
zwerch|fell|er|schüt|ternd zum Lachen reizend
Zwerg *m. 1*
Zwerg... *in Zus.:* sehr klein, von kleiner Rasse
zwer|gen|haft
Zwerg|huhn *n. 4*
zwer|gig
Zwer|gin *f. 10*
Zwerg|pin|scher *m. 5*
Zwerg|staat *m. 12*
Zwerg|volk *n. 4*
Zwerg|wuchs [-ks-] *m. Gen.* -es *nur Sg.*
Zwet|sche, *bair., schwäb., schweiz.:* **Zwetsch|ge,** *österr.:* **Zwetsch|ke** *f. 11* ein kultiviertes Rosengewächs, Hauspflaume
Zwi|cke *f. 11* Zange
Zwi|ckel *m. 5* **1.** drei- oder viereckiger Einsatz in Kleidungsstücken; **2.** *Baukunst:* dreieckige Fläche; **3.** *ugs.:* Kerl; ein sonderbarer Z.
zwi|cken *tr. 1*
Zwi|cker *m. 5* = Kneifer
Zwick|müh|le *f. 11* **1.** bestimmte Stellung im Mühlespiel; **2.** *übertr.:* Lage, aus der jeder Ausweg unangenehm ist

Z

zwie..., Zwie... *in Zus.:* zwei..., Zwei...
Zwie|back *m. 2*
Zwie|bel *f. 11*
Zwie|bel|fisch *m. 1, Buchw.:* Buchstabe aus einer falschen Schrift
Zwie|bel|mus|ter *n. 5 nur Sg.* ein Muster der Meiss(e)ner Porzellanmanufaktur
zwie|beln *tr. 1, ugs.:* peinigen, quälen, böswillig zu hohe Anforderungen stellen
Zwie|bel|turm *m. 2*
zwie|fach zweifach
Zwie|fa|che(r) *m. 18 (17)* ein Volkstanz mit Wechsel von zwei- und dreiteiligem Takt
zwie|fäl|tig
zwie|ge|näht; zwiegenähte Ledersohlen
Zwie|ge|sang *m. 2*
Zwie|ge|spräch *n. 1* = Dialog
Zwie|laut *m. 1* = Diphthong
Zwie|licht *n. 3 nur Sg.*
zwie|lich|tig *übertr.:* nicht durchschaubar, anrüchig
Zwie|sel *m. 5 oder f. 11* Gabelung des Baumstamms; gegabelter Baumstamm
zwie|se|lig, zwies|lig gegabelt, gespalten
zwie|seln *refl. 1* sich spalten, sich gabeln
zwies|lig s. **zwie|se|lig**
Zwie|spalt *m. 1*
zwie|späl|tig
Zwie|späl|tig|keit *f. 10 nur Sg.*
Zwie|spra|che *f. 11 nur Sg.;* mit jmdm. *oder:* sich Z. halten
Zwie|tracht *f. Gen. - nur Sg.;* Z. säen
zwie|träch|tig
Zwilch *m. 1* = **Zwil|lich**
zwil|chen aus Zwilch
Zwil|le *f. 11* kleine Steinschleuder, Flitsche
Zwil|lich, Zwilch *m. 1* grobes Leinengewebe
Zwil|ling *m. 1*
Zwil|lings|bru|der *m. 6*
Zwil|lings|for|schung *f. 10 nur Sg.*
Zwil|lings|ge|burt *f. 10*
Zwil|lings|ge|schwis|ter *nur Pl.*
Zwil|lings|paar *n. 1*
Zwil|lings|pär|chen *n. 7*
Zwil|lings|schwes|ter *f. 11*
Zwing|burg *f. 10*
Zwin|ge *f. 11* **1.** Werkzeug zum Einspannen, Festhalten; **2.** Metall- oder Gummiring (an Werkzeugen oder Krückstöcken)
zwin|gen *tr. 188*
Zwin|ger *m. 5* **1.** Gang zwischen äußerer und innerer Burgmauer; **2.** Platz für Kampfspiele in der Burg; **3.** Käfig, Gehege für wilde Tiere oder Hunde
Zwing|herr *m. Gen.* -(e)n *Pl.* -en Tyrann
Zwing|herr|schaft *f. 10*
zwin|kern *intr. 1;* ich zwinkere, zwinkre
zwir|be|lig *schweiz.:* schwindelig
zwir|beln *tr. 1* zwischen zwei oder drei Fingern drehen; ich zwirbele, zwirble es
Zwirn *m. 1*
zwir|nen **1.** *tr. 1* zu Zwirn verarbeiten; **2.** *Adj.:* aus Zwirn
Zwir|ne|rei *f. 10*
Zwirns|fa|den *m. 8*
zwi|schen *Präp. mit Dat. oder Akk.;* z. den Bäumen stehen; z. die Bäume stellen
Zwi|schen|akt *m. 1*
Zwi|schen|be|richt *m. 1*
Zwi|schen|be|scheid *m. 1*
zwi|schen|drin
zwi|schen|durch
Zwi|schen|fall *m. 2*
Zwi|schen|fra|ge *f. 11*
Zwi|schen|glied *n. 3*
Zwi|schen|han|del *m. Gen.* -s *nur Sg.*
Zwi|schen|händ|ler *m. 5*
zwi|schen|her zwischendurch
zwi|schen|hin|ein *auch:* **zwi|schen|hi|nein** *ugs.*
Zwi|schen|hirn *n. 1* ein Gehirnabschnitt
Zwi|schen|la|ger *n. 5*
zwi|schen|lan|den *intr. 2*
Zwi|schen|lan|dung *f. 10*
Zwi|schen|lö|sung *f. 10*
Zwi|schen|mahl|zeit *f. 10*
zwi|schen|mensch|lich
Zwi|schen|raum *m. 2*
Zwi|schen|ruf *m. 1*
Zwi|schen|run|de *f. 11, Sport*
Zwi|schen|spiel *n. 1*
zwi|schen|staat|lich
Zwi|schen|text *m. 1*
Zwi|schen|trä|ger *m. 5* jmd., der Äußerungen, Handlungen einer Person einer zweiten berichtet und umgekehrt
Zwi|schen|trä|ge|rei *f. 10*
Zwi|schen|wirt *m. 1* Organismus, in dem ein Parasit nur während eines Entwicklungsabschnitts lebt
Zwi|schen|zeit *f. 10*
zwi|schen|zeit|lich *ugs.*
Zwi|schen|zeug|nis *n. 1*
Zwist *m. 1*
Zwis|tig|keit *f. 10*
zwit|schern **1.** *intr. 1;* **2.** *tr. 1, ugs.;* einen z.: einen Schnaps trinken
Zwit|ter *m. 5*
Zwit|ter|bil|dung *f. 10*
Zwit|ter|ding *n. 1*
zwit|ter|haft
zwit|te|rig, zwitt|rig
Zwit|ter|we|sen *n. 7*
zwitt|rig, zwit|te|rig
zwo *(gelegentlich zur besseren Verständigung, z. B. am Telefon)* = zwei

> **zwölf:** Das Zahlwort schreibt man mit kleinem Anfangsbuchstaben: *es ist zwölf (Uhr), wir kamen zu zwölfen* (ugs.: *zwölft*), *die zwölf Monate des Jahres, die zwölf Apostel.*
> Als Bestandteil eines mehrteiligen Namens wird das Wort großgeschrieben: *die Zwölf Nächte (nach Weihnachten).*

zwölf 12; vgl. acht; es ist fünf Minuten vor z. *übertr.:* es ist höchste Zeit, das Ende steht bevor; die z. Monate; die z. Apostel
Zwölf *f. 10* die Zahl 12; vgl. Acht
Zwölf|en|der *m. 5* **1.** Hirsch, dessen Geweih zwölf Enden hat; **2.** *Soldatenspr.:* Soldat mit zwölfjähriger Dienstzeit
Zwölf|fin|ger|darm *m. 2*
Zwölf|flach *n. 1*
Zwölf|fläch|ner *m. 5* = Dodekaeder
zwölf|tel vgl. achtel
Zwölf|tö|ner *m. 5* Vertreter der Zwölftonmusik
Zwölf|ton|mu|sik *f. 10 nur Sg.* atonale Musik, Dodekaphonie
zwo|te = zweite; vgl. zwo
z. Wv. *Abk. für* zur Wiedervorlage
Zy|an *n. 1 nur Sg.* s. **Cy|an**
Zy|an|ka|li *n. Gen.* -s *nur Sg.* sehr giftiges Kaliumsalz der Blausäure
Zy|gä|ne [griech.] *f. 11* = Blutströpfchen
Zy|go|ma [griech.] *n. Gen.* -s *Pl.* -ma|ta Teil des Gesichtsschädels, Jochbogen

> ♦ Die Buchstabenfolge **zy|kl...** kann in Fremdwörtern auch **zyk|l...** getrennt werden.

♦ **Zy|kla|me** *f. 11,* **Zy|kla|men,** *fachsprachl.:* Cy|cla|men *n. 7* [griech.] Alpenveilchen
♦ **Zy|klen** *Pl. von* Zyklus

♦ **Zy|kli|ker,** Ky|kli|ker *Pl.* Gruppe altgriech. Dichter, deren Werke zusammen mit der Ilias und Odyssee zu einem Zyklus vereinigt wurden

♦ **zy|klisch,** *fachsprachl.:* cy|klisch in der Art eines Zyklus, regelmäßig wiederkehrend

♦ **zy|klo|id** kreisförmig

♦ **Zy|klo|i|de** *f. 11* algebraische Kurve, die von einem Punkt des Halbmessers eines Kreises beschrieben wird, wenn der Kreis auf einer Geraden abrollt

♦ **Zy|klon** [griech.] *m. 1* **1.** Wirbelsturm (in den Tropen); **2.** Gerät zum Trennen feinkörniger Mineralgemische; **3.** ein sehr giftiges Schädlingsbekämpfungsmittel

♦ **Zy|klo|ne** *f. 11* Tiefdruckgebiet

♦ **Zy|klop,** Ky|klop [griech.] *m. 10, griech. Myth.:* einäugiger Riese

♦ **Zy|klo|pen|mau|er** *f. 11* frühgeschichtl. Mauer aus unbehauenen, fugenlos gefügten Steinen

♦ **zy|klo|pisch** riesenhaft

♦ **zy|klo|thym** [griech.] gesellig, aufgeschlossen, rasch die Stimmung wechselnd

♦ **Zy|klo|tron** *auch:* **Zy|klot|ron** *n. 1* Gerät zum Beschleunigen geladener Elementarteilchen

♦ **Zy|klus** [griech.-lat.] *m. Gen. - Pl.* -klen **1.** Kreis, Kreislauf; **2.** Reihe, Folge (mehrerer gleichartiger Werke)

Zy|lin|der [griech.-lat.] *m. 5* **1.** röhrenförmiger Körper; **2.** röhrenförmiger Hut aus Seidensamt

Zy|lin|der|kopf *m. 2* Teil des Verbrennungsmotors

Zy|lin|der|pro|jek|ti|on *f. 10* eine Kartenprojektion

...zy|lin|drig *auch:* **...zy|lind|rig** *in Zus.,* z. B. sechszylindrig, *mit Ziffer:* 6-zylindrig

zy|lin|drisch *auch:* **...zy|lind|risch** zylinderförmig

Zy|ma [griech.] *n. Gen.* -s *Pl.* -mata Gärstoff, Hefe

Zy|ma|se *f. 11* Zucker vergärendes Enzym(gemisch)

Zym|bal [griech.-lat.], Zim|bal *n. 1 oder n. 9,* Zim|bel *f. 11* **1.** Schlaginstrument, Vorläufer des Beckens; **2.** Glockenspiel

zy|misch [griech.] auf Gärung beruhend

Zy|mo|lo|gie *f. 11 nur Sg.* Gärungslehre

zy|mo|tisch Gärung bewirkend, fermentierend

Zy|ni|ker [griech.] *m. 5* zynischer Mensch; vgl. Kyniker

zy|nisch bissig-spöttisch, verletzend-frech

Zy|nis|mus *m. Gen. - nur Sg.* bissiger, pietätloser Spott

Zy|per|gras [griech.] *n. 4* ein Sauergras

Zy|pern Inselstaat im Mittelmeer

Zy|prer *auch:* **Zyp|rer** *m. 5*

Zy|pres|se *auch:* **Zyp|res|se** [griech.] *f. 11* ein Nadelbaum bes. der Mittelmeerländer

zy|pri|o|tisch *auch:* **zyp|ri|o|tisch, zy|prisch** *auch:* **zyp|risch**

zy|ril|lisch s. **ky|ril|lisch**

Zys|te [griech.] *f. 11* **1.** mit Flüssigkeit gefüllte Geschwulst; **2.** *bei niederen Tieren:* derbhülliges Gewebe zur Überdauerung bzw. Fortpflanzung

Zys|te|in *n. 1 nur Sg.* s. **Cys|te|in**

Zys|tin *n. 1 nur Sg.* s. **Cys|tin**

Zys|tis *f. Gen. - Pl.* -ten Blase, Harnblase

zys|tisch **1.** blasenartig; **2.** auf die Zyste bezogen

Zys|ti|tis *f. Gen. - Pl.* -ti|ti|den Blasenentzündung

Zys|to|skop *auch:* **Zys|tos|kop** [griech.] *n. 1* Gerät zum Untersuchen der Harnblase, Blasenspiegel

Zys|to|sko|pie *auch:* **Zys|tos|ko|pie** *f. 11* Untersuchung mit dem Zystoskop

Zys|to|sto|mie *auch:* **Zys|tos|to|mie** *f. 11* Anlegen einer Blasenfistel

Zys|to|to|mie *f. 11* operative Öffnung der Harnblase, Blasenschnitt

Zy|to|blast [griech.] *m. 10* Zellkern

zy|to|gen von einer Zelle gebildet

Zy|to|lo|gie *f. 11 nur Sg.* Lehre von den Zellen, Zellenlehre

zy|to|lo|gisch

Zy|to|ly|se *f. 11* Zellauflösung

Zy|to|plas|ma *n. Gen.* -s *Pl.* -men Zellplasma

Zy|to|som *n. 1*

Zy|to|so|ma *n. Gen.* -s *Pl.* -ma|ta Zellkörper

Zy|to|sta|ti|kum *auch:* **Zy|tos|ta|ti|kum** *n. Gen.* -s *Pl.* -ka das Zellwachstum (bes. der Krebszellen) hemmendes Arzneimittel

zy|to|sta|tisch *auch:* **zy|tos|ta|tisch**

Zy|to|stom *auch:* **Zy|tos|tom** *n. 1,* **Zy|to|sto|ma** *auch:* **Zy|tos|to|ma** *n. Gen.* -s *Pl.* -ma|ta Zellmund (Einzeller)

Zy|to|to|xin *n. 1* zellwirksames Gift

Zy|to|to|xi|zi|tät *f. Gen. - nur Sg.*

Z

Deutsche Grammatik – Ein Abriss in Stichworten

abhängige Rede → indirekte Rede

abhängiger Satz → Nebensatz

Abkürzungen 1. Mit Punkt schreibt man Abkürzungen, wenn sie ungekürzt gesprochen werden, z. B.: *d. h.* = *das heißt, m. E.* = *meines Erachtens, s. o.* = *siehe oben, usw.* = *und so weiter.* Ausnahmen sind Gewichts- und Maßbezeichnungen wie *kg, cm* so wie Bezeichnungen für die Einheiten in Naturwissenschaft und Technik (*Hz* für *Hertz, V* für *Volt*), die Himmelsrichtungen (*S* für *Süden*) und Währungseinheiten (*DM* für *Deutsche Mark*). Vgl. ›*Die neuen Regeln mit Erläuterungen*‹ (§ 101, 102).
2. Ohne Punkt schreibt man Abkürzungen, wenn sie in der Kurzform gesprochen werden, z. B.: *Pkw* [pekawe], *CDU* [tsedeu].
3. Sind Abkürzungen mit einem anderen Wort bzw. einer weiteren Abkürzung verbunden, so steht zwischen beiden ein Bindestrich, z. B.: *EDV-System, US-amerikanisch, K.-o.-Schlag, Dipl.-Kfm.*
4. Flexion: Abkürzungen, die als solche gesprochen werden, haben ein Genitiv-*s*, aber ohne Apostroph; sie können jedoch auch ohne *-s* verwendet werden: *die Karosserie des Pkws* (oder: *des Pkw*), entsprechend im Plural: *die Pkws* (oder: *die Pkw*).

Ablaut Regelmäßiger Wechsel des Stammvokals in wurzelverwandten Wörtern. Der Ablaut ist besonders in der Konjugation zu beobachten (z. B. *brechen, brach, gebrochen*), doch tritt er auch bei der Bildung von Substantiven auf, z. B. *reiten – Ritter, trinken – Trunk, geben – Gabe.*

Adjektiv (Eigenschaftswort) Wort, das eine Eigenschaft von Dingen, Lebewesen oder Begriffen bezeichnet. Es kann attributiv *(ein langer Weg)*, prädikativ *(Der Weg ist lang)* sowie als Apposition verwendet werden, und es kann im Regelfall gesteigert werden *(der längere, längste Weg)*. Steht das Adjektiv als Attribut, wird es dekliniert (vgl. Deklinations- und Konjugationstabellen); in prädikativer Stellung bleibt es unflektiert: *Hier ist ein unerträglicher Lärm; der Lärm ist unerträglich.* Manche Adjektive werden nur prädikativ verwendet, z. B. *quitt* (*wir sind quitt,* aber nicht: eine quitte Angelegenheit), *gewärtig, nütze* sowie *gram, leid, schuld* usw.
Eine Reihe von Adjektiven kann nicht dekliniert werden, vor allem aus fremden Sprachen übernommene Farbbezeichnungen wie *lila, beige, orange* usw.
Verschiedene Adjektive können auch nicht gesteigert werden, insbesondere die fremdsprachigen und deutschen Farbadjektive (außer im meta-

phorischen Gebrauch: *ein schwärzerer Tag war nie!*) sowie Adjektive, deren Bedeutung eine Steigerung nicht erlaubt: *angeblich, falsch, mutmaßlich, richtig, schwanger, tot* usw.
Zwei hintereinander stehende Adjektive werden im Regelfall gleich dekliniert: *bei schönem, sonnigem Wetter.* Bei Zahladjektiven wird hingegen unterschiedlich dekliniert: *die Ursachen mancher großen Kriege.*
Bei zusammengesetzten Adjektiven wird nur der zweite Teil dekliniert: *ein blaugrüner Mantel, ein sauersüßes Lächeln.* Zu den Adjektiven gehören auch die → Zahladjektive. Das Adjektiv kann substantiviert werden und wird dann wie ein Substantiv dekliniert: *die Alten und die Jungen.*

Adverb (Umstandswort)

Wort, das ein Verb, Substantiv, Adjektiv, ein weiteres Adverb oder den ganzen Satz näher bestimmt und auf *w*-Fragen (*wo, wie lange* usw.) antwortet oder selbst ein *w*-Fragewort ist: *Ich komme gern. Die Straße hier rechts führt zum Bahnhof.*
Ursprüngliche (»echte«) Adverbien (*fast, immer, noch* usw.) sind endungslos und können im Regelfall nicht gesteigert werden; dagegen sind adverbial gebrauchte Adjektive unbegrenzt steigerbar. Die folgenden ursprünglichen Adverbien sind steigerbar: *bald – eher/früher – am ehesten/frühesten; gern(e) – lieber – am liebsten; oft – öfter/häufiger – am häufigsten; sehr/viel – mehr – am meisten; wenig – weniger/minder – am wenigsten/am mindesten; wohl – besser/wohler – am besten/wohlsten.*
Adverbien werden ihrer Bedeutung nach unterschieden in
1. Lokaladverbien (des Ortes): *dort, hierher, hinaus, oben, wo?*
2. Temporaladverbien (der Zeit): *bald, jetzt, nachher, täglich, wann?, wie lange?*
3. Kausaladverbien (des Grundes): *andernfalls, daher, infolgedessen, trotzdem, weshalb?*
4. Modaladverbien (der Art und Weise bzw. der Modifizierung): *dagegen, gern, sehr, teilweise, wie, inwiefern?*
5. Instrumentaladverbien: (des Mittels): *damit, dadurch, womit?*
6. Finaladverbien (des Zwecks): *dafür, dazu, hierfür, wozu?*
Ihrer Form nach werden Adverbien unterschieden in:
1. unveränderliche Adverbien: *immer, noch, schon*
2. veränderliche Adverbien: *bald, eher/früher, am ehesten/frühesten*
3. getrennte Adverbien: *auch immer, wann immer, dort … hin*
4. Präpositionaladverbien (Pronominaladverbien): *da(r), hier, wo(r)* + *an, auf, aus, bei, durch, für, gegen, hinter, in, mit, nach, neben, über, um, unter, vor, zu, zwischen*

Affix

Ableitungssilbe; zum Wortstamm hinzutretendes Formelement, das vor den Stamm treten (Vorsilbe; → Präfix) oder an ihn angehängt werden kann (Nachsilbe; → Suffix).

Akkusativ (4. Fall)

Deklinationsfall des → Nomens, der auf die Frage *Wen?* oder *Was?* antwortet: *Ich sehe ihn. Wir besichtigen das Museum.* In der Valenzstruktur (→ Valenz) zahlreicher Verben (obligatorischer) Ergänzungskasus. Traditionell: Kasus der transitiven Verben.

Aktionsart Handlungsart des Verbs, die das vom Verb ausgedrückte Geschehen in Bezug auf seinen zeitlichen (Beginn, Dauer, Ende des Geschehens) sowie inhaltlichen (Veranlassung, Wiederholung, Verstärkung des Geschehens) Verlauf bezeichnet. Man kann folgende Gruppen unterscheiden:
1. inchoative oder ingressive Verben bezeichnen den Beginn einer Handlung, z. B. *entzünden, erblühen, erwachen;*
2. iterative oder frequentative Verben drücken die Wiederholung eines Geschehens aus, z. B. *hüsteln* (= immer wieder husten), *kränkeln* (= oft ein wenig krank sein), *sticheln* (= immer wieder stechen);
3. perfektive oder resultative Verben drücken die Vollendung eines Geschehens aus, z. B. *austrinken, verklingen, verwelken;*
4. kausative oder faktitive Verben bezeichnen das Bewirken einer Tätigkeit, z. B. *erheitern, fällen, tränken;*
5. intensive Verben drücken die Verstärkung einer Tätigkeit aus, z. B. *nicken* (zu *neigen*), *schnitzen* (zu *schneiden*), *schnupfen* (zu *schnaufen*).
Man kann die Aktionsart auch durch zusätzliche Wörter ausdrücken, z. B.: *Er schläft gerade.*

Aktiv (traditionell Tätigkeitsform) Finite Form des Verbs, die ausdrückt, dass das Geschehen im Satz vom Subjekt (Agens) ausgeht. Die Aktivform bezeichnet:
1. Handlungen: *Ich fahre mit dem Fahrrad.*
2. Vorgänge: *Das Wasser fließt. Sie erhält die Auszeichnung.*
3. Zustände: *Die Sonne scheint.*
4. unpersönliche Sachverhalte: *Es regnet.*

Akzent Die Betonung einer Silbe im Wort oder eines Wortes im Satz. Die Akzentzeichen Akut (´), Gravis (`), Zirkumflex (ˆ) kommen im Deutschen nur in Fremdwörtern und fremden Namen, vorwiegend aus dem Französischen, vor: *Moiré, Molière, Pietà, Lemaître.* Vgl. diakritische Zeichen.

Anführungszeichen (umgangssprachlich: Gänsefüßchen) Zeichen zur Kennzeichnung der direkten Rede und zur Hervorhebung von Wörtern oder Sätzen. Das Anführungszeichen steht vor und nach der Anführung, d. h. dem wörtlich angeführten oder hervorgehobenen Satz oder Satzteil. Man nennt es, wenn es am Ende steht, auch „Aus-“ oder „Abführungszeichen“ oder „schließendes Anführungszeichen“. Neben der Form „“ bzw. “ “ kommt auch die französische Form « » oder » « vor.
Vgl. ›*Die neuen Regeln mit Erläuterungen*‹ (§ 89–95).

Angaben (adverbiale Bestimmungen) Angaben sind Satzteile oder Sätze (Nebensätze), die weglassbar bzw. frei zum Verb hinzufügbar sind, also nicht – wie die Ergänzungen – von der Valenz des Verbs abhängen: *Sie hat ihn l e t z t e s J a h r geheiratet. Er lebt gern i n H a m b u r g.* Angaben – die traditionellen adverbialen Bestimmungen – treten auf als Adverb *(Sie lebt ruhig)*, als Substantiv mit Präposition *(Sie warteten auf dem Bahnhof)* sowie als Nebensatz *(Sie wohnen jetzt dort, wo früher Müllers ihr Haus hatten)*. Semantische Unterscheidung:

1. Lokalangaben (des Ortes); Frage: *Wo? Woher? Wohin? – Sie wohnen in Leipzig. Ich fahre nach Berlin.*
2. Temporalangaben (der Zeit); Frage: *Wann? Wie lange? Wie oft? – Er war früher Lehrer. Bis zum 5. Januar ist er krank. Zum achten Mal fehlt er schon.*
3. Kausalangaben (des Grundes); Frage: *Warum? Weshalb? usw. – Darum können wir nichts tun. Weil er noch krank ist, verschieben wir die Sitzung.*
4. Modalangaben (der Art und Weise); Frage: *Wie? – Er fährt schneller als sie. Er lässt das Radio in voller Lautstärke laufen.*
5. Finalangaben (des Zwecks); Frage: *Wozu? – Dafür gab er sein Leben. Hans studierte, um einmal Lehrer zu werden.*
6. Instrumentalangaben (des Mittels); Frage: *Womit? Wodurch? – Er öffnete die Tür mit einem Spezialschlüssel. Der Brief wird durch Boten überbracht.*
7. Konditionalangaben (der Bedingung); Frage: *Unter welcher Bedingung? – Dann hatten wir noch eine Chance. Falls er kommt, lassen wir ihn noch hinein.*
8. Konsekutivangaben (der Folge); Frage: *Mit welcher Folge? – Sie hat in der Lotterie gewonnen, sodass sie nicht mehr arbeiten muss.*
9. Konzessivangaben (der Einschränkung); Frage: *Trotz welchen Umstands? – Ungeachtet seiner Verletzung spielte er weiter.*
10. Adversativangabe (des Gegensatzes); Frage: *Was stattdessen? – Er fuhr nach Haus, während sie noch im Lokal blieb. Anstatt zu arbeiten, verjubelte er sein Geld.*

Anmerkung: Die Unterscheidung von den Präpositionalergänzungen (→ Ergänzungssatz) ist einfach: Bei den Präpositionalergänzungen ist die Präposition fest mit dem Verb verbunden: *Sie wartet auf ihren Freund* (Präpositionalergänzung). Dagegen: *Sie wartet auf dem Bahnhof* (Lokalangabe).

Angabesatz In der Valenzgrammatik (→ Valenz) bzw. Dependenz-Verb-Grammatik ein satzförmiger Ausbau einer Angabe, also eines freien/weglassbaren Satzgliedes, z. B.: *Wir können sie treffen, wo wir uns damals gesehen haben.* Es gibt lokale, kausale, temporale, modale, konditionale, finale und andere Angabesätze.

Anlaut Laut (Vokal oder Konsonant), mit dem eine Silbe oder ein Wort beginnt, z. B. das *A* in *Anlaut* oder das *L* in *Laut*. Vgl. Auslaut.

Anrede Vgl. ›*Die neuen Regeln mit Erläuterungen*‹ (§ 65, 66, 69, 79).

Anschrift Die Anschrift im Brief oder auf dem Umschlag wird in Deutschland folgendermaßen geschrieben: 1. Name des Empfängers, 2. Straße und Hausnummer oder Postfach, 3. Postleitzahl und Bestimmungsort:

Herrn Direktor	*Bayerischer Rundfunk*
Theodor Zauzich	*Pressestelle*
Sanddünenweg 21	
26316 Varel	*80300 München*

Akademische Titel stehen vor dem Namen, Berufs- oder Dienstbezeichnungen hinter *Herr* bzw. *Frau*. Auf Briefen ins Ausland steht der Name des Landes in international vereinbarter Kurzform vor der Postleitzahl oder ausgeschrieben unter dem Bestimmungsort. In manchen Ländern steht die Hausnummer mit Komma vor der Straße:

Herrn	*Dr. Eric Forbes*	*Firma*
Prof. Dr. H.-H. Voigt	*23, Carfrae Road*	*Residenz Verlag Ges. mbH*
Calsowstr. 15	*2 EDINBURGH EH4 3*	*QGGaisbergstr. 6*
D-37085 GÖTTINGEN	*GROSSBRITANNIEN*	*A-5025 SALZBURG*

Antonym
Wörter mit dem entgegengesetzten Wortsinn: *hoch – tief, dick – dünn* usw.; Ggs.: → Synonym.

Apostroph (Auslassungszeichen)
Der Apostroph (') weist stets auf die Auslassung eines oder zweier Buchstaben hin; er wird also dort gesetzt, wo sonst der Buchstabe stünde, z. B.: *Hier steht's ja. Willst du noch 'n Stück Kuchen?*
Vgl. ›*Die neuen Regeln mit Erläuterungen*‹ (§ 49, 62, 96, 97).

Apposition (Beisatz)
Satzteil (kein Satz), der einem Substantiv oder Pronomen »beigesetzt« ist. Die Apposition ist ein substantivisches → Attribut, das im gleichen Kasus steht wie das Wort, zu dem es gehört: *Das Königreich Belgien; Edison, der Erfinder der Glühlampe. Ich habe den Brief an Herrn Prof. Becker, den Chefarzt des Krankenhauses, adressiert.* Vgl. ›*Die neuen Regeln mit Erläuterungen*‹ (§ 77).

Artikel (traditionell: Geschlechtswort, Begleiter)
Teil der Wortart → Artikelwörter. Der Artikel verdeutlicht Genus (grammatisches Geschlecht), Kasus (Fall) und Numerus (Ein- oder Mehrzahl) des nachfolgenden Substantivs, substantivierten Adjektivs oder Infinitivs. Man unterscheidet den bestimmten *(der, die, das)* und den unbestimmten Artikel *(ein, eine, ein)*. Beispiele: *der Vater, ein Vater; die Mutter, eine Mutter; das Kind, ein Kind; Friedrich der Große; das Gute; die Sache hat ein Gutes; das Gehen.*
Der bestimmte Artikel bezeichnet, wie der Name sagt, eine bestimmte Person oder Sache, der unbestimmte dagegen eine beliebige oder jedenfalls nicht näher bezeichnete Person oder Sache. Im Plural fällt der unbestimmte Artikel entweder weg, oder es tritt ein unbestimmtes Pronomen für ihn ein, z. B.: *manche, viele Väter*. Vgl. Deklinations- und Konjugationstabellen.

Artikelwörter
Wörter, die stets vor einem Substantiv, Adjektiv, Verb oder Pronomen stehen und mit diesem in Genus, Kasus und Numerus übereinstimmen. Andere Wörter (z. B. Adjektive, Partizipien) können zwischen das Artikelwort und das Substantiv treten: *eine schöne Frau, jene überzeugenden Argumente.*
Artikelwörter verhalten sich syntaktisch gleich, d. h. wie der bestimmte bzw. unbestimmte Artikel. Liste der Artikelwörter:
1. bestimmter Artikel: *der, die, das, die*
2. unbestimmter Artikel: *ein, eine, ein*
3. Nullartikel: (ohne Artikel, z. B. Häuser)

4. Demonstrativpronomen: *dieser, jener, derselbe, solch ein* usw.
5. Possessivpronomen: *mein, eure, ihr* usw.
6. Interrogativpronomen: *wer, welcher, welch ein, was für* usw.
7. Indefinitpronomen: *mancher, etliche, alle, jeder, kein, mehrere* usw.

Attribut (Beifügung)
Syntaktisches Glied, das nicht von einem Verb abhängt, sondern von einem Substantiv, Adjektiv oder Adverb und diese näher bestimmt. Beim Substantiv und Adjektiv antwortet das Attribut auf die Frage: *Was für ein?* Ein Attribut kann sein:
1. Ein Adjektiv oder Partizip, das dem Substantiv meist vorangestellt wird: *eine großartige Aufführung, ein strahlender Tag, ein gefeierter Künstler.* In poetischer Sprache oder in Namen wird es oft unflektiert gebraucht: *Klein-Ilse, Alt-Heidelberg, all mein Gedanken.*
Gelegentlich kann das Attribut nachgestellt werden, dann wird es ebenfalls unflektiert gebraucht, in poetischer Sprache allerdings auch – mit Wiederholung des Artikels – flektiert: *ein Tag, strahlend und unvergesslich; so weit er die Stimme, die rufende, schicket.*
2. Ein Substantiv im Genitiv: *ein Mann der Tat, die Mitglieder unseres Vereins.* Steht das Attribut im gleichen Kasus wie das Substantiv *(Peter der Große)*, dann handelt es sich um eine → Apposition.
3. Ein Substantiv oder Pronomen mit Präposition: *ihre Empörung über diesen Vorfall* oder: *ihre Empörung darüber; ein Geschenk von mir. Der Weg zum Bahnhof führt hier rechts hinunter.*
4. Ein Infinitiv mit *zu: das Bedürfnis zu sprechen.*
5. Ein Adverb: *dieser Mann hier* (Attribut beim Substantiv); *eine erstaunlich gute Leistung* (beim Adjektiv); *das tue ich äußerst ungern* (beim Adverb).
6. Ein Nebensatz: → Attributsatz.

Attributsatz
Nebensatz, der anstelle eines Attributs (Gliedteil, kein Satzglied) ein Substantiv näher bestimmt, z. B.: *Ein Mann, der krank ist, darf nicht arbeiten.* Attribut: *ein kranker Mann.* Der Attributsatz antwortet auf die Frage *Was für ein?* oder *Welcher?* Er kann sein ein:
1. Relativsatz beim Substantiv, beim substantivierten Adjektiv, beim substantivierten Partizip, beim Pronomen: *Gestern wurde der neue Kollege, den ich schon kannte, eingeführt. Wenn ich ihm nur das Gute, das er mir getan hat, einmal vergelten könnte! Alle Verletzten, die gehfähig waren, wurden wieder entlassen. Jeder, der sich an dem Wettbewerb beteiligt hatte, bekam einen Preis.*
2. Konjunktionalsatz: *Ich bin der Meinung, dass wir ihm helfen müssen.*
3. indirekter Fragesatz: *Die Frage, wie es zu dem Unfall kam, ist noch immer nicht geklärt.*
4. Infinitivsatz: *Ich habe die Absicht, im Sommer ins Gebirge zu fahren.*

Aufforderungssatz
Eine der → Satzarten; → Imperativsatz.

Auslassungssatz
→ Ellipse

Auslassungszeichen → Apostroph

Auslaut Laut (Vokal oder Konsonant), mit dem eine Silbe oder ein Wort endet, z. B. das *e* in *Silbe*. Vgl. Anlaut.

Ausrufezeichen Vgl. ›*Die neuen Regeln mit Erläuterungen*‹ (§ 69).

Aussagesatz Eine der → Satzarten. Der Aussagesatz dient zum Ausdruck eines realen oder irrealen Sachverhalts. Das Verb steht an der zweiten Stelle: *Ich habe ihn letzte Woche in Berlin getroffen.*

Bedingungssatz → Konditionalsatz

Beifügung → Attribut

Beistrich → Komma

Berufsbezeichnungen 1. Die meisten männlichen Berufsbezeichnungen werden von Verben oder Substantiven mittels des Suffixes *-er* abgeleitet. Beispiele: *Bäcker, Maurer, Bauer, Lehrer, Gärtner.* Selten sind die nur aus dem Wortstamm gebildeten Berufsbezeichnungen wie *Koch, Arzt.*
Viele Bezeichnungen sind aus Fremdsprachen entlehnt, vor allem solche technischer oder wissenschaftlicher Berufe: *Ingenieur, Apotheker, Pilot.*
2. Die weiblichen Berufsbezeichnungen werden im Allgemeinen durch Anhängen des Suffixes *-in* an die männliche Form oder an den Wortstamm gebildet (manchmal mit Umlaut): *Lehrerin, Gärtnerin, Beamtin, Anwältin, Ärztin.* Daneben werden zunehmend geschlechtsspezifische Berufsbezeichnungen durch Anhängen von *-frau* (vgl. *-mann*) an die Stammsilbe gebildet: *Kauffrau, Amtsfrau,* Plural: *die Kauffrauen* (falsch: die Kaufmännin).
Die Anrede lautet je geschlechtsspezifisch: *Herr Präsident/Frau Präsidentin!;* → Motionsbildung.
3. Berufsbezeichnungen werden nicht dekliniert, wenn der Artikel fehlt, das Genitiv-*s* wird an den Namen angehängt, z. B.: *Bäcker Meyers Brote sind die bekömmlichsten.* Geht jedoch der Artikel voraus, wird die Berufsbezeichnung dekliniert, wohingegen der Familienname nicht flektiert wird: *Die Brote des Bäckers Meyer sind die bekömmlichsten.*

besitzanzeigendes Fürwort → Possessivpronomen

Betonung → Akzent

Beugung → Flexion, → Deklination, → Konjugation

bezügliches Fürwort → Relativpronomen

Bindewort → Konjunktion

Bindestrich Vgl. ›*Die neuen Regeln mit Erläuterungen*‹ (§ 40–52).

Bruchzahl Teil der Zahladjektive. Sie bestehen aus dem Zähler (Kardinalzahl) und dem Nenner (Ordinalzahl mit der Endung *-el*): *ein viertel/Viertel, fünf tausendstel/Tausendstel.*

Dativ (3. Fall) Deklinationsfall des → Nomens, der auf die Frage *Wem?* antwortet: *Sie hilft ihm. Er dankt ihr.* In der Valenzstruktur (→ Valenz) zahlreicher Verben (obligatorischer) Ergänzungskasus (Dativergänzung).

Datum Die Zahlen für den Tag und Monat werden mit Punkt geschrieben, z. B.: *Er wurde am 27.9.1943 geboren.* Tritt vor das Datum eine Ortsangabe, so wird diese durch Komma vom Datum getrennt: *Mainz, den 1. Dezember 1998,* oder: *Mainz, 1.12.98.* Auf Briefköpfen, am Schluss von Verträgen u. Ä., steht das Datum ohne abschließenden Punkt. In Datumsangaben mit *am* vor dem Wochentag kann der nachfolgende Monatstag im Dativ stehen (erklärender Beisatz, in Kommas eingeschlossen): *Ich treffe am Montag, dem 17. Juli, bei Ihnen ein.* – Der Monatstag kann auch im Akkusativ stehen (dann ohne schließendes Komma): *Ich treffe bei meinem Freund am Montag, den 17. Juli ein.* – Fehlt *am* vor der Angabe des Wochentags, so steht der nachfolgende Monatstag im Akkusativ: *Montag, den 17. Juli, werde ich bei Ihnen eintreffen.*
Treten Zeitangaben zum Datum hinzu, dann werden sie von diesem durch Kommas getrennt: *Der Vortrag findet am Dienstag, dem 4. Februar 1998, (um) 10 Uhr statt.* – Die Minutenzahl wird von der Stundenzahl durch Punkt getrennt oder durch Hochstellen abgesetzt: *10.30 Uhr* – *10*^{30} *Uhr.* Vgl. Zahlen und Ziffern.

Deklination (traditionell Beugung) Mit der Konjugation Unterkategorie der Flexion: das Bilden der vier Fälle des Nomens, Adjektivs, Pronomens oder der Artikelwörter im Singular und Plural.

Demonstrativpronomen (hinweisendes Fürwort) Pronomen, das Menschen oder Dinge im näheren bzw. entfernteren Gesichtsfeld oder Satzzusammenhang bezeichnet: *dieser, jener, derjenige, derselbe, solch ein, ein solcher* usw. Teil der → Artikelwörter.

diakritische Zeichen Zeichen über oder unter Buchstaben zur Bezeichnung ihrer Aussprache. Die wichtigsten diakritischen Zeichen sind:
1. der Akut (´); er bezeichnet im Französischen (accent aigu [aksɑ̃tɛgy]) die Betonung und geschlossene Aussprache des *e*, z. B. *Gérard* [ʒerar], im Spanischen die Betonung: *Córdoba* [kɔrdova], im Ungarischen und Tschechischen die lange Aussprache (nicht die Betonung): *Molnár* [mɔlna:r], *Bartók* [bɔrto:k], *Husák* [husa:k];
2. der Gravis (`); er bezeichnet im Französischen (accent grave [aksɑ̃ grav]) die lange und offene Aussprache des *e*: *Molière* [mɔljɛr], im Italienischen die kurze, betonte Aussprache: *Pietà* [pieta];
3. der Zirkumflex (ˆ); er bezeichnet im Französischen (accent circon-

flexe [aksɑ̃sirkɔ̃flɛks]) die lange, offene Aussprache eines Vokals oder Diphthongs: *fenêtre* [fənɛ:trə], *maître* [mɛ:trə], Table d'hôte [tabl do:t], âne [a:n]. Er deutet zugleich an, dass in der lateinischen Grundform des betreffenden Wortes ein *s* auf den bezeichneten Vokal folgte: *fenestra, magister, hostis, asinus;*
4. das Háček (eindeutschend Hatschek: ˇ); es bezeichnet in slawischen Sprachen über dem *c* die Aussprache wie [tʃ], z. B. *Čechov* [tʃɛxof], über dem *z* die Aussprache wie [ʒ], z. B. *Žatec* [ʒatɛts] (Saaz an der Eger), über dem *s* die Aussprache wie [ʃ], z. B. *Beneš* [beneʃ] (tschech. Politiker), über dem *r* die Aussprache wie [rʒ], z. B. *Dvořák* [dvɔrʒa:k];
5. das Trema (¨); es bezeichnet die getrennte Aussprache zweier nebeneinander stehender Vokale, z. B. *Alëuten;*
6. die Tilde (˜); sie bezeichnet im Spanischen über dem n die Aussprache wie [nj] z. B. *Señor* [sɛnjo:r], im Portugiesischen über Vokalen die nasale Aussprache, z. B. *São* [sɑ̃u] (Sankt);
7. die Cedille [sedijE] (¸); sie bezeichnet im Französischen unter dem *c* die Aussprache wie [s] vor *a, o* und *u,* z. B. Façon [fasɔ̃].

Diminutiv (Verkleinerungsform) Form des Substantivs, die die Kleinheit einer Person oder Sache kennzeichnet. Das Diminutiv wird durch Anhängen eines Diminutivsuffixes (*-chen* oder *-lein*) gebildet, wie z. B. *das Tischchen, das Entchen, das Zicklein.*

Dingwort → Substantiv

Diphthong (Zwielaut) Verbindung zweier verschiedener Vokale, von denen der erste etwas stärker gesprochen wird. Im Deutschen treten auf: *ai, ei, au, äu, eu, oi.* In Eigennamen wird statt des *i* oft ein *y* geschrieben, also *Mayer, Meyer,* außerdem kommt *oy* vor. Vgl. Doppellaut.

direkte Rede (wörtliche Rede) Wortgetreue Wiedergabe der Äußerungen einer oder mehrerer Personen. Die direkte Rede wird durch Anführungszeichen gekennzeichnet. Geht ihr ein Einführungssatz voraus, so steht nach diesem der Doppelpunkt, z. B.: *Er sagte zu mir: »Das habe ich nicht gewollt.«* Nach dem Doppelpunkt wird großgeschrieben. Steht die direkte Rede voran, trennt man durch Komma: *»Ich verstehe kein Wort«, sagte sie.* Endet die Rede mit einem Frage- oder Ausrufezeichen, steht ein Komma: *»Was wollen Sie eigentlich von mir?«, fragte er.*

Doppellaut Verbindung zweier gleicher Laute, entweder Doppelvokal, z. B. *aa, ee,* oder Doppelkonsonant, z. B. *tt, mm.* Der Doppelvokal darf nicht mit dem Zwielaut oder → Diphthong verwechselt werden.

Doppelpunkt (Kolon) Vgl. ›*Die neuen Regeln mit Erläuterungen*‹ (§ 81).

Eigenname (nomen proprium) Bezeichnung von Lebewesen, Gegenständen oder Ideen, die häufig nur einmal vorkommen: → Familiennamen, → Vornamen, → Straßennamen, → geographische Namen usw. Vgl. ›*Die neuen Regeln mit Erläuterungen*‹ (§ 59-62).

Eigenschaftswort → Adjektiv

Einteilungszahl → Numerale

Einzahl → Singular

Ellipse (Auslassungssatz) Satz oder Satzgefüge, in dem ein oder mehrere Satzteile fehlen, dessen Inhalt aber in der Sprachsituation verstanden wird. Es können der Hauptsatz oder der Nebensatz oder beide verkürzt sein: *Immer mit der Ruhe! Licht aus!*

Ergänzung Valenzgebundener (obligatorischer) Teil im Satz; → Valenz.

Ergänzungssatz Nebensatz in der Funktion einer (valenzgebundenen) Ergänzung des Verbs. Zu unterscheiden sind:
1. Subjektsatz: *dass*-Satz, *ob*-Satz, *wenn*- Satz, *wer*-Satz, *wie*-Satz, Fragesatz, Infinitivsatz: *Dass sie kommt, freut uns. Ob er fährt, wissen wir nicht. Wer das getan hat, ist ein Verbrecher. Wie es ihr geht, ist uns nicht egal. Täglich in die Sauna zu gehen(,) wäre ungesund.*
2. Objektsatz
a) Akkusativergänzung: *dass*-Satz, *ob*-Satz, *wann*- Satz, *wer*-Satz, *wenn*-Satz, *wie*-Satz, Fragesatz, Infinitivsatz: *Sie sagte uns, dass sie nach München umzieht. Klaus fragt, ob du kommst. Sie will wissen, wann der Zug abfährt. Sie hoffen, bald in ihr neues Haus umzuziehen.*
b) Genitivergänzung: *dass*-Satz, *ob*-Satz, Fragesatz, Infinitivsatz: *Er erinnerte sich, dass schon einmal eingebrochen worden war. Er erinnerte sich nicht mehr, ob sie damals schwanger war. Er war sich nicht mehr bewusst, was er gesagt hatte/damals gelogen zu haben.*
c) Präpositionalergänzung: *dass*-Satz, *ob*-Satz, Fragesatz, Infinitivsatz mit Korrelat: *Sie besteht darauf, dass er sich entschuldigt. Das hängt davon ab, ob er kommt. Er bittet sie darum, etwas zu tun.*
d) Verbalergänzung: *was immer, wer auch immer* + Modalverb: *Was immer er gewollt haben mag, es war am Ende ein Chaos. Wer auch immer der Täter gewesen sein soll, er wird vor Gericht gestellt werden.*
e) Vergleichsergänzung (irreale Vergleichssätze): *Sie tun so, als ob nichts geschehen wäre. Er benimmt sich, als ob er der Chef wäre.*
Anmerkung: Bei zahlreichen dieser Sätze steht ein Korrelat (Bezugswort) im Hauptsatz: *es* (*enttäuschen, gehören* usw.), Pronominaladverbien (*damit, darauf* usw.), *dessen.*

Fachsprachen Fachsprachen sind mündliche oder schriftliche Varianten der Gemeinsprache, die entwickelt werden, um Fachbereiche zu bezeichnen und zur Kommunikation zwischen Vertretern des Faches (z.B. Wissenschaftssprachen, Sprachen der Technik), Vertretern unterschiedlicher Fächer (interdisziplinärer Dialog) oder zwischen Fachleuten und Laien (populärwissenschaftliche Fachsprachen) beizutragen.

Fall → Kasus

Familiennamen 1. Schreibung: Die Schreibung der Familiennamen richtet sich nicht immer nach den Rechtschreibregeln, sondern gewöhnlich nach der überlieferten Schreibweise. Selbst irrige Schreibweisen, z. B. in Taufbüchern, können sich manchmal durchsetzen. So finden sich oft verschiedene Schreibungen desselben Familiennamens, z. B. *Goethe* und *Göthe, Schulze* und *Schultze, Mayer, Meyer, Meier* usw. Familiennamen werden immer großgeschrieben.

Das Adelsprädikat *von* jedoch schreibt man auch am Satzanfang klein, wenn es abgekürzt wird, z. B.: *v. Brauchitsch war ein bekannter Rennfahrer.* Doppelnamen schreibt man mit Bindestrich: *Schröder-Devrient, von Droste-Hülshoff.* Auch hier gibt es Ausnahmen, für die oft besondere Gründe gelten: *Walther Leisler Kiep.*

Steht der Familienname als Grundwort, so wird er mit dem Bestimmungswort durch Bindestrich verbunden: *Pfeifen-Huber.* Zusammensetzungen von Namen mit Adjektiven schreibt man klein und zusammen: die marxabhängige Soziologie. Vgl. ›*Die neuen Regeln mit Erläuterungen*‹ (§ 62).

2. Deklination: Der Genitiv von Familiennamen wird durch Anfügen von *s* gebildet, wenn kein Artikel vor dem Namen steht: *Picassos Bilder, die Musik Mozarts.* Steht der Artikel vor dem Namen, fällt das Genitiv-*s* weg: *die Werke des Lukas Cranach.*

Familiennamen mit *von, van, de* u. Ä. bilden den Genitiv ebenfalls mit *s: August von Kotzebues Theaterstücke.* Nur wenn der Familienname eigentlich ein geographischer Name ist – meist bei Adelsnamen – und an zweiter Stelle steht, rückt das Genitiv-*s* an den Vornamen, z. B.: *die Werke Hartmanns von Aue,* aber: *Hartmann von Aues Werke.*

Beim Genitiv von Familiennamen, die auf *s, ss, ß* oder *z* enden, setzt man entweder einen Apostroph *(Richard Strauss' Lieder)* oder man fügt die Endung *-ens* an *(Richard Straussens Lieder);* man kann auch den Artikel oder das Wort von voranstellen *(die Schriften des Lukrez, die Walzer von Johann Strauß).*

Steht vor dem Namen ein → Titel oder eine → Berufsbezeichnung mit Artikel, so wird nur der Titel bzw. die Berufsbezeichnung dekliniert: *des Studienrats Mayer, des Oberbürgermeisters Ude.* Steht kein Artikel davor, so wird der Name dekliniert: *Studienrat Mayers Unterricht.* Der Plural wird im Allgemeinen mit *s* gebildet: *die Bismarcks, bei Hartmanns.* Will man jedoch das ganze Geschlecht bezeichnen, so fällt das *s* weg: *die Hohenzollern, die Medici.* Gelegentlich wird der Plural auch durch die Ableitung auf *-er* gebildet: *die Oranier* (zu *Oranien*), *die Wittelsbacher* (zu *Wittelsbach*).

Femininum Weibliches grammatisches Geschlecht; → Genus

Flexion Sammelbegriff für die → Deklination des → Substantivs, → Adjektivs, der → Artikelwörter, des → Pronomens sowie die → Konjugation des → Verbs.

Fragefürwort → Interrogativpronomen, → Artikelwörter

Fragesatz (Interrogativsatz) Satz, der entweder ein Geschehen, Verhalten oder einen Zustand klären will oder der nach einer Person, einer bestimmten Sache oder einem Umstand fragt. Den ersten Typ nennt man Entscheidungsfrage (Satzfrage), z. B.: *Kennst du ihn? Ist das wahr? Hast du das gesehen?*. Den zweiten Typ nennt man Ergänzungsfrage (*w*-Frage), z. B.: *Wie alt ist er? Was für ein Zeichen soll hier stehen?* Beide Fragesatztypen sind im Schriftbild durch das Fragezeichen am Ende gekennzeichnet, beim Sprechen durch die Hebung des Tons am Satzende im Entscheidungsfragesatz; beim Ergänzungsfragesatz steigt die Tonhöhe nicht. Alle diese Beispiele sind direkte Fragesätze; der Fragesatz kann jedoch auch ein indirekter Fragesatz sein. Er wird dann durch ein Fragepronomen (*wer, was*) oder Frageadverb (*wo, warum*) oder durch die Konjunktion ob eingeleitet und hat am Ende kein Fragezeichen, sondern einen Punkt: *Ich fragte ihn, wer gekommen sei. Ich bin mir nicht klar darüber, was eigentlich geschehen ist. Ich weiß nicht, ob er schon zurückgekommen ist.*

Fragezeichen Vgl. ›*Die neuen Regeln mit Erläuterungen*‹ (§ 70).

Fremdwörter Vgl. ›*Die neuen Regeln mit Erläuterungen*‹ (§ 20).

Fugenzeichen Das Fugenzeichen (Kompositionsfuge) bezeichnet die Nahtstelle zwischen den einzelnen Gliedern eines → Kompositums, bei mehr als zwei Gliedern die Hauptfuge: *Arbeit-s-platz, Weih-nacht-s-geld* usw. Das häufigste Fugenzeichen ist das *-(e)s,* die Genitivendung Maskulinum und Neutrum. Andere Fugenzeichen sind:
-en: die Bär-en-tatze
-er: der Hühn-er-hof
-e: die Hund-e-steuer
In Analogiebildung wird das Fugenzeichen *-(e)s* aber auch bei Feminina *(die Leistung-s-prämie)* eingesetzt, vor allem aus Gründen der besseren Aussprache sowie der deutlicheren Gliederung.

Funktionsverbgefüge Syntaktische Struktur, bestehend aus einem (weitgehend bedeutungsverblassten) Funktionsverb + Substantiv (mit oder ohne Artikel) + Präposition: *zur Diskussion stellen* (mit Artikel: *zu* + *der* → *zur*), *in Anspruch nehmen* (ohne Artikel). Auch akkusativische Strukturen werden zu den Funktionsverbgefügen gerechnet: *Vereinbarungen treffen, Abschied nehmen.*
Funktionsverbgefüge treten vor allem in Textsorten des öffentlichen Sprachgebrauchs *(zur Abstimmung stellen, zum Abschluss bringen)* sowie der Fachsprachen *(in Betrieb gehen, zu Protokoll nehmen)* auf.

Fürwort → Pronomen, → Artikelwörter

Futur Im Deutschen werden die Zeitformen Futur I und Futur II für Handlungen und Sachverhalte in der Zukunft (Zeitstufe) sowie zum Ausdruck der Modalität (Unsicherheit, Wahrscheinlichkeit usw.) benutzt. Futur I wird mit *werden* + Infinitiv des Verbs *(Sie wird kommen)*, Futur II mit *werden* + Partizip II des Verbs sowie dem Infinitiv von *haben* oder *sein* gebildet *(Sie wird gekommen sein)*. Die traditionellen Bezeichnungen dieser Zeitformen als einfache Zukunft bzw. vollendete Zukunft sind irreführend, wie ein Beispiel verdeutlicht: *Letzte Woche wird er in Tokio angekommen sein* (= bereits vergangen, nicht zukünftig, aber vollzogen und eher vermutend). Die Tempusform Futur II drückt eher Modus (Art und Weise) als einen Bezug auf Zukünftiges aus. Das Futur I dient auch als Aufforderung: *Du wirst jetzt schlafen!*

Gattungsname (Appellativum)

Unter den Substantiven werden → Eigennamen und Gattungsnamen unterschieden. Während Eigennamen unverwechselbare, weil häufig nur einmal vorkommende Lebewesen, Gegenstände oder Ideen bezeichnen, benennen Gattungsnamen Personen, Tiere, Pflanzen oder Gegenstände als Gattung: *Erwachsene, Buddhisten, Hunde, Nelken, Eichen, Autos, Sessel* usw.

Gebirgsname

→ geographische Namen

Gedankenstrich

Vgl. ›*Die neuen Regeln mit Erläuterungen*‹ (§ 82–85).

Gegenwart

Die drei Kategorien der Zeit (Zeitstufen) sind: Gegenwart, Vergangenheit und Zukunft. Ihnen stehen im Deutschen die sechs Zeitformen (→ Tempus) gegenüber, die teils vergangenheitsbezogen (Präteritum, Plusquamperfekt), teils vergangenheits- sowie gegenwartsbezogen (Perfekt) sind, teils zeitstufenneutral (Präsens). Futur I und II sind teilweise zukunftsbezogen, teils modal: *Er wird wohl kommen. Morgen wird sie angekommen sein.* Gleichsetzung von Gegenwart (Zeitstufe) und Präsens (Zeitform) ist daher unzulässig: Mit der Präsensform können Vergangenes *(Goethe geht 1765 nach Leipzig)*, Gegenwärtiges *(Ich wohne in Herrsching)*, Zukünftiges *(Sie fahren morgen nach Rom)* und Zeitneutrales/allgemein Gültiges *(Die Gesetze sind liberal)* ausgedrückt werden.

Genitiv (2. Fall)

Deklinationsfall des → Nomens; er antwortet auf die Frage *Wessen?*, z. B.: *Der Sohn unseres Freundes. Die Einführung neuer Methoden. Er rühmte sich seiner Tat.* In der gesprochenen Sprache wird das Genitivattribut oft durch *von* gekennzeichnet, z. B.: *Die Einführung von neuen Methoden.* Bestimmte Verben verlangen den Genitiv, z. B.: *bedürfen, gedenken, sich entledigen, sich erbarmen.* → Valenz. Vgl. Abkürzungen, Familiennamen, geographische Namen, Maß– und Mengenangaben, Vornamen.

Genus (grammatisches Geschlecht)

Jedes Substantiv der deutschen Sprache gehört im Regelfall einem der drei grammatischen Geschlechter (Genera) an: Maskulinum (männliches Geschlecht): *der Mann;* Femininum (weibliches Geschlecht): *die Frau;* Neutrum (sächliches Geschlecht): *das Kind.* Manche Substantive haben zwei Genera: *der/das Curry, die/das Cola* usw.
Das grammatische Geschlecht der zusammengesetzten Substantive (→ Kompositum) richtet sich nach dem Grundwort *(die Eisenbahn)*, das Geschlecht von Abkürzungen und Kurzwörtern ebenfalls nach dem Grundwort des ausgeschriebenen Gesamtbegriffs *(die GmbH, das StGB, die Uni).* Vgl. Kurzwort.

Bei Fremdwörtern richtet sich das grammatische Geschlecht entweder nach dem des entsprechenden deutschen Wortes: *die Band* (weil: *die Kapelle*), *das Callgirl* (weil: *das Girl, das Mädchen*), oder nach dem des fremden Wortes: *der Ponte Vecchio* (obwohl: *die Brücke,* weil ital. *il ponte*).
Zum schwankenden Sprachgebrauch in Bezug auf das Genus (*der* oder *das Liter, der* oder *das Sakko*) vergleiche die einzelnen Wörter im Wörterverzeichnis.

Genus Verbi Art des verbalen Geschehens: → Aktiv oder → Passiv.

geographische Namen

1. Schreibung
Adjektive, die zum Namen gehören, schreibt man groß: *das Rote Meer, der Wilde Kaiser, die Kleinen Antillen, der Große Bärensee, das Nördliche Eismeer.* Man schreibt sie klein, wenn sie nicht zum Namen gehören, z. B.: *im nördlichen China.* Zusammensetzungen mit unflektiertem Adjektiv schreibt man zusammen: *Mittelamerika, Oberbayern, Neuguinea, Großbritannien, Kleinasien, Osteuropa, Westeuropa.* Jedoch schwankt hier die Schreibung häufig: *Alt-Wien, Neu-Ulm,* aber *Neuaubing* (bei München), *Klein Auheim* (bei Hanau), aber *Kleinbardorf* (bei Bad Neustadt).
Ableitungen auf *-er* schreibt man groß und getrennt: *die Schweizer Kantone, Schweizer Käse, Neusiedler See, Straßburger Münster.* Trifft die Ableitungssilbe *-er* auf auslautendes *-ee*, wie in den Namen von Seen, so werden nur zwei *e* geschrieben: *Tegernseer Tal.* Manchmal ist die Silbe *-er* keine Ableitungssilbe, sondern gehört zum Namen; dann schreibt man das Wort zusammen: *Großglocknerstraße, Brennerbad.*
Flektierte Ableitungen auf *-isch* schreibt man groß, wenn sie zum Namen gehören: *Bayerischer Wald, Sächsische Schweiz,* aber: *die bayerischen Seen, das sächsische Industriegebiet.* Namen mit unflektierter Ableitungssilbe *-isch* schreibt man im Allgemeinen mit Bindestrich: *Französisch-Guayana, Spanisch-Sahara.* Ausnahmen sind einige amtliche Schreibungen wie *Schwäbisch Hall, Bayrischzell.*
Mit Bindestrich schreibt man Zusammensetzungen, wenn das Wort aus zwei oder drei geographischen Bestandteilen besteht oder wenn der geographische Bestandteil mehrgliedrig ist: *Österreich-Ungarn, Baden-Württemberg, Rhein-Main-Donau-Kanal.* Die Schreibung schwankt bei Zusammensetzungen mit Personennamen: *Wrangel-Insel,* aber: *Humboldtstrom.* Ein Bindestrich wird immer gesetzt, wenn der Personenname mehrgliedrig ist: *Königin-Maud-Gebirge.*
Zusammensetzungen mit *Sankt (St.)* werden in deutschen Namen getrennt geschrieben: *Sankt Andreasberg (St. Andreasberg)*. Die englischen Namen mit *Sankt* werden ebenso geschrieben: *Saint Andrews (St. Andrews),* die französischen jedoch mit Bindestrich: *Sainte-Croix.* Italienische und spanische Zusammensetzungen mit *San* oder *Santa* werden getrennt geschrieben: *San Sebastian, Santa Cruz.* Zusammensetzungen von *Santo* und einem Namen, der mit Vokal beginnt, werden mit Apostroph und zusammengeschrieben, der Name wird jedoch großgeschrieben: *Sant'Angelo.*

Zusammensetzungen mit *Bad* werden gewöhnlich getrennt geschrieben: *Bad Nauheim* (aber: *Badgastein* – analog *Hofgastein*). Bei Zusammensetzung mit einem anderen geographischen Namen setzt man einen Bindestrich: *Stuttgart-Bad Cannstatt.*
2. Deklination und Ableitung
Der Genitiv erhält ein *-s*, wenn kein Artikel vorausgeht: *Deutschlands, Europas, Australiens.* Geht der Artikel voraus, so schwankt der Gebrauch. Korrekt ist bei Ländernamen das Anhängen eines *-s*, doch setzt sich zunehmend die Schreibung ohne *-s* durch: *des heutigen Amerikas oder Amerika.* Bei deutschen Flussnamen wird das Genitiv-*s* immer gesetzt: *an den Ufern des Rheins.* Bei ausländischen Flussnamen fällt es meist weg: *des Missouri, des Rio de la Plata.* Ebenso verfährt man bei Namen von Bergen: *des Brockens, des Kilimandscharo(s).*
Zusammensetzungen mit Adjektiven werden bei Getrenntschreibung dekliniert: *des Großen Bärensees, des Roten Meeres, des Indischen Ozeans, des Hohen Venns.* Zusammensetzungen aus zwei geographischen Namen, die mit Bindestrich geschrieben werden, können Ableitungen bilden: *die Rheinland-Pfälzer, rheinland-pfälzisch; der Schleswig-Holsteiner, schleswig-holsteinisch.* Ableitungen von zusammengesetzten Namen werden zusammengeschrieben: *Nordkoreaner.* Vgl. ›*Die neuen Regeln mit Erläuterungen*‹ (§ 60, 61).

Geschlecht → Genus

Geschlechtswort → Artikelwörter

Getrennt- und Zusammenschreibung Vgl. ›*Die neuen Regeln mit Erläuterungen*‹ (§ 33–39).

Gliedsatz → Nebensatz

grammatisches Geschlecht → Genus

Groß– und Kleinschreibung Vgl. ›*Die neuen Regeln mit Erläuterungen*‹ (§ 53–66).

Grundform des Verbs → Infinitiv

Grundstufe → Positiv

Grundwort Teil des → Kompositums

Grundzahl → Kardinalzahl

Gruppensprache Sprachliche Ausdrucksformen, die die Zugehörigkeit zu einer sozialen Gruppe kennzeichnen, z. B. Jugendsprache (*ätzend, geil* usw.).

***haben* und *sein* im Perfekt der Verben**

1. Folgende Verben bilden das Perfekt mit *haben*:
a) alle traditionell transitiven Verben: *Ich habe das Buch gelesen.*
b) alle reflexiven Verben: *Ich habe mich gewundert. Er hat sich beeilt.*
c) diejenigen traditionell intransitiven Verben, die einen Vorgang in seiner Dauer bezeichnen: *Wir haben drei Jahre in München gewohnt.*
d) alle unpersönlichen Verben: *Es hat geblitzt/geregnet/geschneit/gehagelt.*
e) alle Modalverben: *Ich habe nicht kommen dürfen.*
2. Folgende Verben bilden das Perfekt mit *sein*:
a) Verben, die eine Bewegung und Ortsveränderung bezeichnen: *Ich bin gelaufen/geritten/geschwommen/gekommen.* Verben, die zwar eine Bewegung, aber weniger eine Ortsveränderung bezeichnen, können beide Formen bilden: *Sie hat die ganze Nacht hindurch getanzt.* Aber: *Sie ist vor Freude durch alle Zimmer getanzt.*
b) diejenigen traditionell intransitiven Verben, die den Abschluss eines Vorgangs bezeichnen: *Das Jahr ist schnell vergangen. Die Blumen sind aufgeblüht.*
c) die Verben *sein, werden, bleiben: Wir sind gestern im Zirkus gewesen. Sie ist sehr hübsch geworden. Ich bin zu Hause geblieben.*
3. Viele Verben können das Perfekt sowohl mit *haben* als auch mit *sein* bilden, je nachdem, ob sie transitiv oder intransitiv gebraucht werden: *Ich bin nach Hause gefahren. Er hat mich nach Hause gefahren. Er hat früher einen VW gefahren. – Der Arzt hat ihn von seiner Krankheit geheilt. Die Wunde ist schnell geheilt. – Ich habe den Kühlschrank abgetaut. Das Eis ist abgetaut.*
Bei den Verben *liegen, sitzen, stehen* wird in Norddeutschland die Form mit *haben* verwendet, die als standardsprachlich gilt, im süddeutschen Sprachraum die Form mit *sein: Ich habe (bin)vor dem Haus gestanden. Ich habe (bin) in der Sonne gesessen.*

Hauptsatz

Unterschieden werden einfache Sätze *(Der Mann steht an der Ecke)* und zusammengesetzte Sätze, bestehend aus Haupt- und Nebensätzen. Innerhalb der einfachen Sätze werden nach ihrer Funktion vier → Satzarten unterschieden: Aussagesätze, Imperativsätze, Fragesätze und Wunschsätze.
Innerhalb der zusammengesetzten Sätze werden nach ihrer Struktur Satzverbindung (Parataxe) und Satzgefüge (Hypotaxe) unterschieden. Die Satzverbindung besteht aus zwei oder mehreren Hauptsätzen, verbunden durch nebenordnende Konjunktionen, oder unverbunden: *Er geht nach Haus(,) und sie fährt in ihr Büro. An der Ecke steht ein Mann, er raucht eine Zigarette.* Das Satzgefüge besteht aus einem Hauptsatz (Obersatz) und einem oder mehreren (abhängigen) Nebensätzen (Gliedsätzen). Nebensätze sind in ihrem Verhältnis zum Hauptsatz → Ergänzungssätze, → Angabesätze oder → Attributsätze. Der Nebensatz steht voran (Vordersatz), hinter dem Hauptsatz (Nachsatz) oder wird eingeschoben (Zwischensatz). Er wird im Regelfall mit einer unterordnenden Konjunktion (*weil, dass, obwohl* usw.) eingeleitet: *Weil er sie*

noch immer mag, umarmte er sie. Sie teilte uns mit, dass sie nach München umzieht.

Hauptwort → Substantiv

Hilfsverb (Hilfszeitwort) Sammelbegriff für die Verben *haben, sein* und *werden,* mit deren Hilfe Perfekt, Plusquamperfekt, Futur I, Futur II und Passiv gebildet werden. Beispiele: *Ich habe (hatte) gelesen. Ich bin (war) gekommen. Ich werde arbeiten (gearbeitet haben). Ich werde gefragt.* Das Hilfsverb kann auch als selbstständiges Verb (Vollverb) verwendet werden: *Er hat Mut. Daraus wird nichts. Wer sind Sie?* Vgl. Modalverben.

hinweisendes Fürwort → Demonstrativpronomen

Homonym Wort mit gleicher Schreibung und Aussprache bei unterschiedlicher Bedeutung: *Bank, Leiter* usw.

Hypotaxe Satzgefüge, bestehend aus einem Hauptsatz und einem oder mehreren Nebensätzen.

Imperativ Form des Verbs (→ Modus), die einen Befehl, eine Bitte, einen Wunsch (an jemanden), eine Aufforderung, eine Mahnung, Warnung, Drohung o. Ä. ausdrückt.
Die zweite Person (Singular und Plural) besitzt dafür eine eigene Verbform, bei den übrigen Personen verwendet man den Infinitiv (mit Ausnahme von *sein*): *Iss! Gib her! Kommt! Seht euch vor! Gehen wir! Kommen Sie! Haben Sie keine Angst! Seien Sie unbesorgt!* Vgl. auch Ausrufezeichen.
In der zweiten Person Singular wird in der gesprochenen Sprache (nicht nur in der Umgangssprache) das *-e* immer häufiger weggelassen, z. B.: *Frag!* statt *Frage!, Schlaf!* statt *Schlafe!*
In der poetischen Sprache sind die Formen mit *-e* jedoch noch häufig zu finden. Bei den Verben auf *-nen, -ern, -eln* bleibt das *-e* immer erhalten: *Rechne! Räuspere dich! Handle!* (oder: *Handele!*). Vgl. auch Apostroph.
Der Imperativ ist eine formale Möglichkeit der → Imperativsätze. Weitere Formen: Infinitiv *(Nicht rauchen!)*, Partizip II *(Stillgestanden!)*, *dass*-Sätze *(Dass du mir ja nicht erst um 12 nach Haus kommst!)* usw.

Imperativsatz (Aufforderungssatz) Satz, der einen Befehl, eine Bitte, einen (an einen anderen gerichteten) Wunsch, eine Aufforderung, Mahnung, Drohung o. Ä. ausdrückt: *Sei doch still! Freu dich deiner Freiheit! Bitte lass das! Schauen wir uns das an!* Gelegentlich steht in der förmlichen Anrede wie auch in der nachdrücklichen Aufforderung statt der Befehlsform die Aussageform: *Du bleibst hier! Sie wollen bitte zur Kenntnis nehmen, dass …!* In der zweiten Person Singular und Plural ist die Person bereits in der Befehlsform enthalten und wird nur dann ausdrücklich genannt, wenn sie besonders hervorgehoben werden soll: *Sei du nur still! Kümmert ihr euch doch um eure eigenen Angelegenheiten! Rede du mit ihm, ich kann es nicht!*

Imperfekt → Präteritum

Indefinitpronomen (unbestimmtes Fürwort, Indefinitum) Fürwort, das eine oder mehrere nicht genau bestimmte Personen oder Sachen bezeichnet: *man, jemand, einer, einige, keiner, nichts, etwas.* Die Indefinitpronomen *jemand, einer, einige* usw. werden wie der bestimmte Artikel (→ Artikelwörter) dekliniert; *nichts* und *etwas* sind undeklinierbar, *man* tritt nur im Nominativ auf und wird in den übrigen Deklinationsfällen durch die Formen von *einer* ersetzt: *Das kann einem egal sein. Es freut einen, wenn …*

Indikativ Derjenige → Modus des Verbs, durch den eine Feststellung mitgeteilt bzw. ein Sachverhalt als real gekennzeichnet wird: der neutrale Modus, z. B.: *Fritz ist krank,* im Unterschied zu: *Fritz sagte, er sei krank. – Er konnte nicht kommen, da er keine Zeit hatte.* Dagegen: *Er wäre gekommen, wenn er Zeit gehabt hätte* (Konjunktiv). Doch drückt der Indikativ nicht nur Reales, sondern auch Fiktives oder Konditionales aus: *Das Raumschiff landete auf der Venus. Wenn sie krank ist, kann sie nicht arbeiten.* Vgl. Konjunktiv.

indirekte Rede (abhängige Rede) Sie wird verwendet, wenn man die Mitteilungen einer anderen Person wiedergibt. Die indirekte Rede steht gewöhnlich im → Konjunktiv. Sie wird durch einen Hauptsatz eingeleitet, z. B.: *Er erklärte, dass er keine Zeit habe./Er erklärte, er habe keine Zeit. Aber: Er erklärte dem Kind, dass sich die Erde um die Sonne dreht.* (Indikativ, ausschließlich in der gesprochenen Sprache).

Das → Tempus der indirekten Rede ist nicht abhängig von dem des einleitenden Hauptsatzes, sondern von der Zeitstufe (Vergangenheit, Gegenwart, Zukunft), in der der mitgeteilte Sachverhalt stattgefunden hat: *Sie sagte, er treibe gern Sport. – Sie sagte, er habe schon früher gern Sport getrieben.*

In der Regel wird in der indirekten Rede der Konjunktiv I verwendet, es sei denn, die Verbformen stimmen mit denen des Indikativs überein. Um Missverständnisse zu vermeiden, verwendet man in diesem Fall den Konjunktiv II (Ersetzungsregel): *Er sagte, er habe keine Zeit (gehabt).* Aber: *Er sagte, wir kommen erst morgen.* In der gesprochenen Sprache können auch die umschriebenen Formen des Konjunktivs mit *würde* verwendet werden: *Sie erzählte, er würde schon fragen, wenn er den Mut dazu hätte* (nicht: *Sie erzählte, er würde immer wieder fragen*). Wird eine solche Einschränkung nicht gemacht, dann steht der Konjunktiv I: *Sie erzählte, er frage immer wieder.* Oder: *Sie erzählte, er habe immer wieder gefragt.* Konjunktiv II statt des Konjunktivs I wird in der direkten Rede – neben der Ersetzungsregel – im privaten Gespräch häufig vorgezogen, weil der Konjunktiv I – zu Unrecht – als veraltet gilt. Daneben gebraucht man Konjunktiv II statt des Konjunktivs I, um nicht lediglich eine Aussage zu referieren, sondern ihren Wahrheitsgehalt zu bestreiten. Vgl.: *Sie sagt, er sei krank.* (Wiedergabe einer Information). *Sie sagt, er wäre krank* (sie glaubt es nicht).

Infinitiv (Grundform des Verbs, Nennform)

Die nicht konjugierte/finite Form des Verbs *(gehen, fragen);* sie bringt das durch das Verb bezeichnete Geschehen oder Sein ohne Bindung an Person, Zahl oder Zeit zum Ausdruck. Neben dem ursprünglichen Infinitiv kommen im Deutschen als abgeleitete Formen vor: Infinitiv des Perfekts: *gefragt haben;* ferner bei traditionell transitiven Verben die passiven Infinitivformen: Präsens: *gefragt werden;* Perfekt: *gefragt worden sein.* Der Infinitiv kann substantiviert werden; er wird dann großgeschrieben und erhält meistens einen Artikel: *(Das) Rauchen ist schädlich.*

Im Satzzusammenhang kommt der Infinitiv außer in reiner Form *(Ich möchte gehen. Das Kind lernt sprechen.)* besonders häufig mit *zu, um zu, (an)statt zu, ohne zu* vor.

Vgl. ›*Die neuen Regeln mit Erläuterungen*‹ (§ 76).

Interjektion (Ausrufewort)

Wort, das unmittelbar ein Gefühl zum Ausdruck bringt, z. B. Staunen *(aha!, oh!),* Schmerz *(au!),* Schadenfreude *(ätsch!),* Ekel *(ih!)* oder Abscheu *(pfui!),* oder Geräusche nachahmt *(peng!, bums!).* Interjektionen sind unveränderlich.

Interpunktion (Zeichensetzung)

Die Handhabung der Satzzeichen, die die Satzglieder und seine Betonung bestimmen: Ausrufezeichen, Bindestrich, Doppelpunkt, Fragezeichen, Gedankenstriche, Klammern, Komma, Punkt, Semikolon. Zur Neuregelung der Interpunktion vergleiche ›*Die neuen Regeln mit Erläuterungen*‹ (§ 67–106).

Interrogativpronomen (Fragefürwort)

Pronomen, das eine Frage zum Ausdruck bringt oder einleitet. Die Pronomen *wer* und *was* werden allein stehend verwendet, sie fragen nach Personen oder Sachen: *Wer hat das gesagt? Was ist das?* Die Pronomen *welcher* und *was für (ein)* fragen nach der Beschaffenheit einer Person oder Sache oder zielen auf die Auswahl aus einer Menge. Sie werden in Verbindung mit einem Substantiv gebraucht: *Welcher Wagen? Was für ein Wagen? Was für Geräusche? Welcher* kann auch allein gebraucht werden, bezieht sich aber immer auf ein bereits genanntes Substantiv: *Welchen sollen wir nehmen?*

Irrealis (Nichtwirklichkeit)

Der Irrealis drückt Nichtwirkliches/Unwirkliches aus; seine grammatische Form ist der → Konjunktiv II. Er steht in → Aussagesätzen *(Er wäre gern gekommen),* in Fragesätzen *(Hätte er anders gelebt als seine Vorfahren?),* in irrealen Vergleichssätzen *(Wenn die Haifische Menschen wären, …)* sowie irrealen Wunschsätzen *(Wenn sie nur wieder gesund wäre!).* → Konjunktiv.

Kardinalzahl (Grundzahl)

Zahladjektiv, das eine der natürlichen Grundzahlen (*eins, zwei, drei* usw.) bezeichnet. Unterschieden werden: einfache Kardinalzahlen (*eins, zehn* usw.), zusammengesetzte Kardinalzahlen (*vierundzwanzig* usw.), abgeleitete Kardinalzahlen (*dreißig, achtzig* usw.) und Kombinationen von Kardinalzahlen *(sechs Millionen).* Von den Kardinalzahlen werden nur die Zahlen *eins, zwei* und *drei* dekliniert: *eins* wie der Artikel *ein (die Aussage eines Zeugen allein); zwei* und *drei* haben jedoch nur den

Genitiv *(die Aussagen zweier Zeugen);* im Übrigen bleiben die Zahlwörter unverändert. Die Wörter *Million, Milliarde, Billion* usw. sind Substantive und werden dekliniert: *eine Million, vier Millionen.* Vom Grundzahlwort abgeleitet sind die Wiederholungszahlen *(dreimal, vierfach).* Vgl. Zahladjektiv.

Kasus (grammatischer Fall)
Die Form des → Nomens, → Adjektivs, → Pronomens oder der → Artikelwörter. Es gibt im Deutschen vier grammatische Fälle: → Nominativ, → Genitiv, → Dativ und → Akkusativ.

Klammern
Als Satzzeichen werden hauptsächlich runde und eckige Klammern verwendet: ( ), [ ]. Vgl. ›*Die neuen Regeln mit Erläuterungen*‹ (§ 86–88).

Kolon
→ Doppelpunkt

Komma
Vgl. ›*Die neuen Regeln mit Erläuterungen*‹ (§ 71–79).

Komparation (Steigerung)
Durch die Komparation des Adjektivs werden mehrere Dinge, Begriffe oder Wesen, Zustände oder Tätigkeiten miteinander verglichen, z. B.: *Das Haus ist hoch. Dieses ist höher. Jenes Haus ist das höchste oder: am höchsten. – Ich schwimme schnell. Er schwimmt schneller. Sie schwimmt am schnellsten.*

Man unterscheidet bei der Komparation drei Stufen:

1. die Grundstufe, den Positiv. Er wird mit dem unmarkierten Adjektiv gebildet: *Er schwimmt schnell.* Auch: *Er schwimmt sehr schnell.*

2. die erste Steigerungsstufe, der Komparativ (auch: Mehr- oder Vergleichsstufe), wird durch Anhängen der Endung *-er* an den Positiv gebildet. Er stellt die Ungleichheit zweier Dinge oder Wesen fest; das Vergleichswort ist *als: Er läuft schneller als die andern.* Zur Verstärkung tritt oft noch ein Adverb hinzu, z. B.: *Er läuft viel schneller* oder: *bei weitem schneller als die andern.*

Das Vergleichswort *denn* statt *als* ist veraltet, es wird nur noch gebraucht, wenn zweimal *als* hintereinander stehen müsste, und auch dann nur in der gehobenen Sprache: *Er ist als Musiker bedeutender denn als Dichter.*

3. die zweite Steigerungsstufe, der Superlativ (auch: Meist- oder Höchststufe) wird mit der Endung *-st* oder *-est* gebildet. Steht er beim Substantiv, so wird er mit dem Artikel gebraucht, steht er beim Verb, tritt zu ihm das Wort *am: Diese Arbeit ist die beste. Er läuft am schnellsten.* Zur Bezeichnung des sehr hohen Grades kann auch der Elativ oder absolute Superlativ (Endung *-ens* oder *-st*) sowie der Superlativ mit *aufs* verwendet werden: *Er hat alles bestens geregelt* oder: *aufs Beste/beste. Ich war höchst erfreut.*

Bei zusammengesetzten Adjektiven wird der zweite Wortteil gesteigert: *eine vielseitige Bildung, eine vielseitigere Bildung, die vielseitigste Bildung.*

Eine Reihe von Adjektiven hat unregelmäßige Steigerungsformen, z. B.: *viel, mehr, am meisten* oder: *meist; hoch, höher, am höchsten* oder: *höchst.*

Farbadjektive können nicht gesteigert werden, vor allem solche, die

auch nicht flektiert werden können, wie: *lila, beige;* daneben solche, die einen bestimmten Zustand ausdrücken, wie: *tot, nackt* sowie solche zusammengesetzten Adjektive, deren erster Wortteil bereits einen hohen Grad ausdrücken soll, wie: *blutjung, urkomisch, mordsmäßig, überschlank.*
Auch Adverbien können gesteigert werden: *gern(e) – lieber – am liebsten; bald – eher/früher – am ehesten/frühesten; oft – öfter/häufiger – am häufigsten; sehr/viel - mehr – am meisten; wenig – weniger/minder – am wenigsten/am mindesten; wohl - besser/wohler – am besten/am wohlsten.*
Oft wird für den Komparativ auch *mehr* oder *weiter* zu Hilfe genommen, z. B.: *Du musst dich mehr rechts halten. Der Schlüssel liegt weiter hinten.*

Komparativ Erste Steigerungsstufe des → Adjektivs; vgl. Komparation.

Kompositum (Zusammensetzung) Zusammensetzung zweier oder mehrerer selbstständiger Wörter: Substantiv + Substantiv *(Haustür),* Verb + Substantiv *(Esstisch),* Adjektiv + Substantiv *(Blaupapier, Schnellzug),* Präposition + Substantiv *(Aufwind),* Adverb + Substantiv *(Rechtsverkehr),* Adjektiv + Adjektiv *(hellblau).*
Das Kompositum besteht aus dem hinten stehenden Grundwort – das Wortart und Genus bestimmt – sowie dem davor stehenden Bestimmungswort, das den Wortakzent trägt. Oft gibt es ein → Fugenzeichen *(-[e]s, -en, -er, -e),* das jedoch nicht regelhaft gebraucht wird. Häufig steht es aus Aussprachegründen bzw. markiert die Hauptfuge bei mehrsilbigen Komposita: *der Vertrags-bruch, die Wiederaufbereitungs-anlage.*

Konditionalsatz (Bedingungssatz) Satz, der die Bedingung für ein im neben- oder übergeordneten Hauptsatz ausgedrücktes Geschehen angibt. Er antwortet auf die Frage: *Unter welcher Bedingung?* Als Hauptsatz wird er durch Konjunktionen wie *sonst, ander(e)nfalls* eingeleitet: *Ich muss die Brille aufsetzen, sonst kann ich nichts sehen.*
Als Nebensatz vertritt er eine adverbiale Bestimmung der Bedingung (→ Angabesatz) und wird durch Konjunktionen wie *wenn, falls* eingeleitet: *Falls ich nicht kommen kann, gebe ich Ihnen noch Bescheid.*

Kongruenz Formale Abstimmung zwischen dem Subjekt und dem finiten Verb in Person und Numerus *(Der Mann liest eine Zeitung),* zwischen Substantiv und Artikelwort in Genus, Numerus und Kasus *(die Frau, der Mann),* Substantiv und Adjektiv *(ein kleines Haus)* sowie dem es und Substantiv bzw. Verb *(Es sind große Versprechungen gemacht worden).*

Konjugation (Beugung) Die Abwandlung des → Verbums nach → Person, → Numerus, → Modus, → Tempus und → Aktionsart. Man unterscheidet die regelmäßige und unregelmäßige Konjugation.
Die regelmäßige Konjugation ist dadurch gekennzeichnet, dass der Stammvokal nicht verändert, das Präteritum mit der Endung *-te* und das Partizip II mit der Silbe *ge-* und der Endung *-t* gebildet werden, z. B. *kaufen, kaufte, gekauft.*

Die unregelmäßige Konjugation ist durch die Veränderung des Stammvokals (→ Ablaut) gekennzeichnet: *schwimmen, schwamm, geschwommen.*
Einige Verben haben gemischte Formen, z. B. *bringen, brachte, gebracht; brennen, brannte, gebrannt.* Bei manchen Verben ist das Präteritum in die unregelmäßige Form übergegangen, im Partizip II hat sich jedoch die regelmäßige noch erhalten, z. B. *hauen, haute* (neben: *hieb*), *gehauen.*

Konjunktion (Bindewort)

Wort, das Satzteile oder Sätze miteinander verknüpft. Ihrer Form nach kann man die Konjunktionen einteilen in einfache *(und, oder, denn),* zusammengesetzte *(vielmehr, trotzdem)* und mehrgliedrige *(weder ... noch; sowohl ... als auch).*
Wichtiger ist die Einteilung nach ihrer Funktion im Satzzusammenhang. Es gibt Konjunktionen, die zwischen zwei Sätzen ein Verhältnis der Nebenordnung, und solche, die ein Verhältnis der Unterordnung herstellen. Nebenordnende Konjunktionen verbinden zwei → Hauptsätze; unterordnende Konjunktionen machen den durch sie eingeleiteten Satz zum → Nebensatz: *Er hatte keinen Pfennig bei sich, trotzdem ging er mit. Er ging mit, obwohl er keinen Pfennig bei sich hatte.* Schließlich kann man die Konjunktionen einteilen nach der besonderen Art des Verknüpfungsverhältnisses, das sie ausdrücken (z. B. begründend, einräumend).

Konjunktionalsatz (Bindewortsatz)

In der traditionellen Grammatik ein Satz, der durch eine → Konjunktion eingeleitet wird. Er kann Hauptsatz sein, dann wird er durch eine koordinierende (nebenordnende) Konjunktion eingeleitet, oder Nebensatz, dann wird er durch eine subordinierende (unterordnende) Konjunktion eingeleitet. Es besteht jedoch auch die Möglichkeit, einen Gedanken in einem Nebensatz ohne Konjunktion auszudrücken; man spricht dann von einem verkürzten Nebensatz (nicht eingeleiteter Nebensatz): *Er sagt, dass sie komme.* → *Er sagt, sie komme.*

Konjunktiv (Möglichkeitsform)

Derjenige → Modus des Verbs, der eine Irrealität (→ Irrealis), eine Bedingung oder auch einen Wunsch (Konjunktiv II) ausdrückt bzw. in der → indirekten Rede (Konjunktiv I) verwendet wird.
Die Formen des Konjunktivs I werden durch Anhängen eines *-e-* an den Verbstamm gebildet *(leb-en: du leb-e-st),* die Formen des Konjunktivs II durch (falls noch nicht vorhanden) Anhängen eines *-e-* an den Stamm der Präteritumsform *(du sag-t-est, du lief-est).* Die umlautfähigen Vokale werden umgelautet (*a, o, u: du käm-est, du wär-est, du möcht-est, du müsst-est* usw.). Bei den Tempusformen gibt es – im Gegensatz zu den sechs Indikativtempora (Präsens, Präteritum, Perfekt, Plusquamperfekt, Futur I, Futur II) – nur drei Zeitstufen: Konjunktiv I/II der Verlaufsstufe, Vollzugsstufe bzw. Erwartungsstufe:
Verlaufsstufe: *Hans sagt, dass er heute ins Kino gehe/ginge.*
Vollzugsstufe: *Hans sagte, dass er letzte Woche ins Kino gegangen sei/wäre.*
Erwartungsstufe: *Hans sagte, dass er morgen ins Kino gehen werde/würde.*

Anmerkung: Wegen der zahlreichen formalen Übereinstimmungen zwischen Präteritum und Konjunktiv-II-Formen *(Er sagte)* wird, zumal in der gesprochenen Sprache, die *würde*-Umschreibung benutzt *(Er würde sagen)*. Dies gilt auch für Konjunktiv I in der indirekten Rede sowie zur Vermeidung umlautender veralteter Formen (*Er schwämme, gewänne/gewönne* usw.).

Konsonant (Mitlaut)

Laut, bei dem die ausströmende Atemluft durch Lippen, Zähne, Zunge gehemmt wird. Man kann die deutschen Konsonanten nach Art und Stelle ihrer Bildung (Artikulationsart, Artikulationsstelle) einteilen, außerdem danach, ob sie stimmhaft oder stimmlos sind, d.h., ob die Stimmbänder mitschwingen oder nicht.

1. Artikulationsart: Bei den Explosivlauten (Verschlusslauten) ist der Mundkanal zunächst gesperrt, dann wird der Verschluss gesprengt: *p, t, k* (stimmlos), *b, d, g* (stimmhaft). Die stimmlosen Verschlusslaute nennt man auch Tenues (Tenuis), die stimmhaften Verschlusslaute auch Mediä oder Medien.

Bei den Frikativlauten oder Spiranten (Reibelauten) ist der Mundkanal verengt: *s, sch* [ʃ], *ch* [ç, x], *f* (stimmlos); *s* [z], *w* (stimmhaft).

Bei den Nasalen (Nasenlauten) ist der Mundkanal versperrt, sodass nur der Weg durch die Nase frei ist: *m, n, ng.*

Bei den Liquiden (Fließ-, Schmelz- oder Schwinglauten) wird ein Teil der Zunge in Schwingung versetzt: *l, r* (Zungen-*r*, Zäpfchen-*r*).

Bei den Affrikaten (angeriebenen Lauten oder Lautverbindungen) verbinden sich Verschluss- und Reibelaut: *pf, z* [ts], *tsch* [tʃ].

2. Artikulationsstelle: Die Labiale (Lippenlaute) werden mit beiden Lippen gebildet: *b, m, p* (Bilabiale), oder mit Unterlippe und Oberzähnen: *f, w* (Labiodentale). Die Dentale oder Alveolare (Zahnlaute) werden durch Verschluss oder Reibung von Zähnen und Zunge gebildet: *d, t, l, n, s,* Zungen-*r*.

Die Gutturale (Kehl- oder Gaumenlaute) werden mit Zunge und Gaumen gebildet: *ch* [ç], *g, k* vor *e* und *i* (Palatale oder Vordergaumenlaute), *ch* [x], *g, k* vor *a, o* und *u*, Zäpfchen-*r* (Velare, Laryngale, Hintergaumen- oder Kehllaute).

Eine Sonderstellung nimmt der Hauchlaut *h* ein; er wird im Kehlkopf gebildet, doch wird bei ihm nicht, wie bei den übrigen Konsonanten, die Atemluft gehemmt, sondern strömt frei aus.

3. In anderen Sprachen gibt es noch weitere Laute, z.B. im Englischen zwischen den Zähnen gebildete Laute (Interdentale): stimmhaftes und stimmloses *th* [ð,θ] wie in father [fa̱ðə], *thing* [θi̱ŋ]; im Französischen, Italienischen und Spanischen mouillierte Laute (erweichte oder palatalisierte Laute), z.B. das *l* in frz. *famille* [famijə], das *n* in span. *Señor* [sɛnjo̱r]; im Französischen, Ungarischen und in slawischen Sprachen stimmhafte Reibelaute wie das *j* in frz. *Jean* [ʒɑ̃] oder das *zs* in ung. *József* [jo̱ʒɛf]; im Englischen und Italienischen stimmhafte Affrikaten wie das *j* in engl. *Jack* [dʒæk] oder das *g* vor *e* und *i* in ital. *Agrigento* [agridʒe̩ntɔ] und *Giovanni* [dʒɔva̩ni].

	Labiale		*Dentale oder*	*Gutturale*	
	Bilabiale	Labiodentale	*Alveolare*	Palatale	Velare
Explosivlaute					
stimmhaft	b		d	g } vor e	g } vor
stimmlos	p		t	k } und i	k } a, o, u
Frikative oder Spiranten					
stimmhaft		w	s [z], sch [ʒ]		
stimmlos		f	s, sch [ʃ]	ch [ç]	ch [x]
Nasale	m		n	ng	
Liquiden			l, Zungen-r		Zäpfchen-r
Hauchlaute					h

Kopula Satzband; in der traditionellen Grammatik Teil des zusammengesetzten → Prädikats. Folgende Verben sind danach Kopulaverben: *sein, werden, bleiben, scheinen* (= den Anschein haben).

Kurzwort Kurzwörter entstehen durch Weglassen eines oder mehrerer Wortteile z. B. *Kripo* aus Kri*minal*po*lizei*, *Mofa* aus Mo*tor*fa*hrrad;* sie entstehen ferner durch Zusammenziehen von Silben oder auch Einzelbuchstaben zu sprechbaren Wörtern, z. B. *NATO, Agfa.* Die Kurzwörter werden mehr als Wort empfunden, weniger als Abkürzung, sie erhalten deshalb keinen Punkt. Sie erhalten im Allgemeinen das grammatische Geschlecht des Wortes, aus dem sie entstanden sind: *das Auto (das Automobil), die Interpol (die Internationale Kriminalpolizeiliche Kommission), das Motel* (aus engl. *motorist's hotel,* das Hotel), doch bilden sich im Sprachgebrauch auch Abweichungen (zumeist aus Analogiegründen) von dieser Regel: *der Konsum,* obwohl *die Konsumgenossenschaft, das Taxi,* obwohl *der Taxameter.* Aus Einzelbuchstaben gebildete Wörter haben überwiegend das grammatische Geschlecht des Grundworts: *die UN(O),* weil *die Organisation (der Vereinten Nationen).* Kurzwörter werden großenteils wie Substantive dekliniert.

Laut → Konsonant, → Vokal, → Diphthong, → Umlaut. Vgl. Doppellaut.

Lexem Wort einer natürlichen Sprache: Sprachliche Einheit oberhalb des Morphems (bedeutungstragende Silbe) und unterhalb der Wortgruppe (Syntagma) sowie des Satzes.

Majuskel Großbuchstabe

männliches grammatisches Geschlecht (Maskulinum) → Genus

Maskulinum Männliches grammatisches Geschlecht; → Genus

Maß- und Mengenangaben 1. Männliche und sächliche Maß- und Mengenangaben werden im Singular dekliniert, z. B.: *wegen eines Liters Milch, wegen eines Zentimeters.* Im Plural werden sie in Verbindung mit Zahlen nicht dekliniert: *fünf Paar Schuhe, drei Bund Radieschen, 50 Pfennig.* Bei Geldangaben schwankt der Gebrauch: *50 Dollar, 50 Centavo(s).* In Verbindung mit unbestimmten Zahladjektiven werden sie im Plural meist dekliniert: *ein paar Dollar(s), einige Pfennig(e).*
Ausnahmen: Steht vor der Zahl eine Präposition, kann die Maßangabe dekliniert werden: *eine Strecke von 100 Meter(n).* Die Maßangabe muss dekliniert werden, wenn damit der Gegenstand gemeint ist: *Er kaufte zwei Fass Sauerkraut.* Aber: *Er kann noch zwei Fässer aufladen. 1000 Stück Zigarren,* aber: *Das Glas zersprang in tausend Stücke.*
2. Weibliche Maß- und Mengenangaben werden im Plural dekliniert: *drei Tonnen, 50 Peseten, zwei Millionen.*
3. In einzelnen Fällen kann die Maßbezeichnung wegfallen: *Wir haben drei Kaffee und vier Bier zu zahlen* statt: *drei Tassen Kaffee, vier Glas Bier.*
4. Bei der Verbindung von Maßangabe mit Adjektiv und Substantiv müssten korrekterweise sowohl das Adjektiv als auch das darauf folgende Substantiv im Genitiv stehen, z. B.: *ein Glas frischen Wassers, ein Paar neuer Schuhe, mit einer Flasche alten Rotweins, nach einer Stunde intensiven Übens.* Doch wird heute der Genitiv nach der Maßangabe meist als gespreizt empfunden, sodass er nur noch in der gehobenen Sprache verwendet wird. In der Umgangssprache bestimmt der Kasus der Maßangabe den Kasus des folgenden Adjektivs und Substantivs: *ein Glas frisches Wasser, wegen eines Glases frischen Wassers; er kam mit einer Flasche altem Rotwein, nach einer Stunde intensivem Üben; er brachte mir eine Flasche alten Rotwein.*

Mehrzahl → Plural

Metapher Bildhaft übertragener sprachlicher Ausdruck: *am Fuß des Berges.*

Minuskel Kleinbuchstabe

Mitlaut → Konsonant

Mittelwort → Partizip

Modalpartikel (Abtönungspartikel) Die Modalpartikeln wie *aber, denn, doch, eben, schon, ja, vielleicht, wohl* usw. variieren die Aussage des Satzes und drücken Erstaunen, Enttäuschung, Drohungen usw. aus: *Das ist aber teuer! Das ist doch nicht zu glauben! Meyer ist vielleicht ein Pechvogel!* Diese Partikeln haben im Regelfall gleich lautende Vertreter jedoch mit unterschiedlicher Bedeutung (→ Homonyme): *Schon gestern war sie krank.* (Temporaladverb). *Das geht schon in Ordnung* (Modalpartikel). Die Partikeln können im Aussagesatz nicht am Beginn stehen (nicht erststellenfähig), sondern stehen normalerweise direkt hinter dem Verb. Sie können nicht erfragt oder verneint werden und sind im Regelfall nicht betont (Ausnahme sind die Drohungen: *Komm' ja nicht erst um Mitternacht nach Haus!*).

Modalverben Die Verben *dürfen, können, mögen, müssen, sollen, wollen* sowie *brauchen zu;* sie haben die Funktion des Hilfsverbs übernommen und dienen dazu, eine Möglichkeit, Unmöglichkeit, einen Wunsch, eine Ungewissheit bzw. eine Notwendigkeit auszudrücken, wobei ihnen immer ein Verb im Infinitiv (sei es des Präsens oder des Perfekts) folgt: *Das Kind mag nicht essen. Ich muss jetzt gehen. Willst du heute Nachmittag kommen? Der Kranke darf heute wieder aufstehen. Du brauchst das nicht zu tun* (= du musst das nicht tun). *Du kannst ihn nicht gesehen haben.* Im Perfekt stehen sie, wenn sie mit einem Verb im Infinitiv verbunden sind, ebenfalls im Infinitiv: *Ich habe doch noch kommen können* (nicht: kommen gekonnt). *Ich habe lachen müssen.* Treten sie jedoch allein auf, was umgangssprachlich oft der Fall ist, dann stehen sie im Partizip II: *Ich habe nicht gekonnt. Er hat nicht gewollt. Sie hat nicht gedurft.*
Die Modalverben können auch als Vollverben verwendet werden: *Ich habe ihn nie gemocht. Wenn sie nicht will, hilft kein Zureden. Ich glaube, dass ich das kann.*

Modalwort Teil der Modaladverbien (→ Adverb) mit syntaktischen Besonderheiten. Vgl.: *Sie arbeitet fleißig.* (Modaladverb) – *Sie arbeitet sicherlich/ wahrscheinlich.* (Modalwort). – Modalwörter sind Aussagen über den gesamten Satz und antworten auf Entscheidungsfragen (Satzfragen), Modaladverbien hingegen auf Ergänzungsfragen (*w*-Fragen): *Arbeitet sie? Sicherlich. – Wie arbeitet sie? Fleißig.* Zudem steht die Negationspartikel hinter dem Modalwort, aber vor dem Modaladverb: *Sie arbeitet sicherlich nicht. Sie arbeitet nicht fleißig.*

Modus (Aussageform) Eine Aussageweise des Verbs. Im Deutschen unterscheidet man drei Modi: → Indikativ, → Konjunktiv, → Imperativ.

Möglichkeitsform → Konjunktiv

Motionsbildung (movierte Form) Bildung der weiblichen Berufsbezeichnung durch Anhängen der Silbe *-in: Lehrer - Lehrerin, Präsident – Präsidentin* usw.

Nachsilbe → Suffix

Namen → Familiennamen, → geographische Namen, → Völkernamen, → Vornamen

Nebensatz (Gliedsatz) Satz, der anstelle eines Satzteils/Satzglieds steht und immer von einem Hauptsatz abhängig ist. Man unterscheidet Nebensätze
1. nach ihrer Stellung zum Hauptsatz:
Vordersatz: *Nachdem er lange nichts von sich hatte hören lassen, rief er mich gestern plötzlich an.*

Zwischensatz: *Er rief mich gestern an, nachdem er lange nichts von sich hatte hören lassen, und erzählte ...*
Nachsatz: *Er rief mich an, nachdem er lange nichts von sich hatte hören lassen.*
2. nach der Art ihres Anschlusses an den Hauptsatz: Relativsatz, Konjunktionalsatz, indirekter Fragesatz, nicht eingeleiteter Nebensatz.
3. nach ihrem Inhalt (d. h. dem Satzteil, den sie vertreten): Angabesatz, Attributsatz, Ergänzungssatz.

Negation Verneinung. Im Regelfall verneint die Partikel *nicht* den Satz; vor Substantiven mit unbestimmtem Artikel steht *kein: Sie kommt nicht. Er ist kein Lehrer* (Satznegation). Normalerweise steht die Negationspartikel *nicht* im Aussagesatz am Satzende, ansonsten negiert sie (außer bei präpositionalen Valenzergänzungen) das (betonte) Satzglied, vor dem sie steht: *Er kommt nicht heute, sondern morgen* (Satzteilnegation/Sondernegation). Andere Verneinungen: *nichts, nie(mals), miss-, un-* usw.

Neutrum Sächliches grammatisches Geschlecht; → Genus

Nomen → Substantiv. Nomina haben im Regelfall ein festes → Genus, sind deklinierbar und werden mit großem Anfangsbuchstaben geschrieben.

Nominativ (1. Fall) Deklinationsfall des → Nomens; er anwortet auf die Frage *Wer* oder *was?*, z. B.: *Die Kinder spielen im Schulhof. Wir fahren morgen nach Berlin. Peter hatte am Mittwoch Geburtstag.* Das Subjekt steht im Nominativ.

Numerale → Zahladjektiv, das eine Zahl, Größe, Menge angibt, z. B.: *zehn Euro, das dritte Mal, ein Viertel des Gesamtbetrags.* Die Zahlwörter lassen sich nicht eindeutig als Wortart abgrenzen, z. B. sind *Million, Milliarde, Schock, Dutzend* Substantive. Andererseits werden unbestimmte Zahladjektive wie *mehrere, alle* heute meist unter die → Indefinitpronomen eingereiht. Nach ihrer Funktion kann man die Zahlwörter in folgende Gruppen gliedern: Grundzahlen: *eins, zwei* (→ Kardinalzahlen); Ordnungszahlen: *der erste, die zwanzigste* (→ Ordinalzahlen); Gattungszahlen: *dreierlei;* Wiederholungszahlen: *zweimal, dreifach;* Einteilungszahlen: *erstens, drittens;* Bruchzahlen: *zwei Drittel;* unbestimmte Zahladjektive: *andere, einige, halb, ganz, viel(e), wenig(e).*

Numerus (Zahlform) Der Numerus gibt an, ob ein Substantiv, ein Adjektiv, ein Verb, ein Artikelwort oder ein Pronomen im → Singular oder → Plural auftritt.

Objekt → Ergänzung

Objektsatz → Ergänzungssatz

Ordinalzahl (Ordnungszahl) Zahladjektiv (→ Numerale), das eine Reihenfolge oder Rangordnung angibt: *der erste, der zweite (Mann).* Die Ordinalzahlen werden – mit Ausnahme der Sonderformen *erste* und *dritte* – durch Anfügen der Endung *-(s)te* an das Grundzahlwort gebildet und haben im Allgemeinen den Artikel bei sich *(der siebente, die zwanzigste).*

Parataxe (Satzverbindung)
Ein zusammengesetzter Satz, bestehend aus zwei oder mehr selbstständigen Hauptsätzen. Ggs.: → Hypotaxe.

Parenthese
Einschub, eingeschalteter Teil der Rede, z. B.: *In der Erregung – das habe ich schon oft beobachtet – fängt er an zu stottern.* Die Parenthese wird in Gedankenstriche, Kommas oder runde Klammern eingeschlossen.

Partikel (Fügewort)
Im weiteren Sinne werden zu den Partikeln alle – von wenigen Ausnahmen abgesehen – nicht deklinierbaren Wortarten gerechnet: Adverbien, Präpositionen, Konjunktionen und Interjektionen. Im engeren Sinne versteht man darunter die → Modalpartikeln wie *denn, doch, ja, schon, vielleicht* usw. bzw. die Gradpartikeln wie *einzig, erst, noch, nur, selbst, sogar* usw.

Partizip (Mittelwort)
Vom Verb abgeleitete Form, die wie ein Adjektiv dekliniert werden kann (es nimmt also eine Mittelstellung zwischen Verb und Adjektiv ein, daher die deutsche Bezeichnung), z. B.: *Er gab nur zögernd Auskunft; seine zögernde Antwort.* Man unterscheidet das Partizip I *(zögernd)* und das Partizip II *(gezögert).* Das Partizip I drückt die Gleichzeitigkeit einer Handlung mit einer anderen aus: *Murrend ging er aus dem Zimmer.* Das Partizip II wird zur Bildung des → Perfekts und → Plusquamperfekts verwendet; es drückt die Vollendung einer Handlung und oft ihr Ergebnis aus: *Ich habe mich darüber sehr gefreut. Erfreut nahm er das Angebot an.*

Partizipialsatz
Ein → verkürzter Nebensatz.

Passiv (traditionell Leideform)
Das Passiv drückt einen agensabgewandten Vorgang bzw. Handlung aus, d. h., nicht der Handelnde steht – wie im Aktiv – im Vordergrund, sondern der Vorgang selbst. Unterschieden werden das persönliche Passiv (*werden-* und *sein-*Passiv bei Verben mit einer Akkusativergänzung: *Er wird geschlagen. Die Rechnung ist bezahlt.*) und das unpersönliche Passiv mit *es (Es wurde getanzt).*
Das Passiv wird gebraucht, wenn das Agens nicht bekannt ist *(Die Bank wurde überfallen),* nicht genannt werden muss, weil bekannt oder alltäglich *(Die Briefkästen werden um 6 Uhr geleert)* oder weil der/die Handelnde bewusst verschwiegen werden soll *(In den umkämpften Gebieten wurden im letzten Jahr 5000 Menschen erschossen).*

Passiversatzformen
Vornehmlich aus stilistischen Gründen verwendete Aktivformen mit passivischer Aussage, z. B.: *man (Man regelte das Problem), bekommen/erhalten/kriegen* + Partizip II *(Sie bekam die Post nachgesandt), sich lassen* + Infinitiv *(Das lässt sich machen),* Wortbildungsmittel wie *-bar, -lich, -fähig (Das ist realisierbar).*

Perfekt (2. Vergangenheit)
Das Perfekt ist die Erzählform der Vergangenheit in der gesprochenen Sprache *(Gestern sind wir schnell 'mal nach München gefahren)* und wird allgemein verwendet, wenn eine Handlung in der Gegenwart, Vergan-

genheit oder Zukunft abgeschlossen *(Er hat die Prüfung bestanden)* bzw. ein Zustand beendet ist *(Die Periode ist morgen abgeschlossen)*, aber häufig bis unmittelbar an den Sprechzeitpunkt heranreicht *(Soeben ist er angekommen)*. Das Perfekt wird mit *haben* oder *sein* gebildet.

Person Erste (sprechende) Person: *ich, wir;* zweite (angesprochene) Person: *du, ihr;* dritte (besprochene) Person: *er, sie, es, sie.*

Personalpronomen (persönliches Fürwort) Pronomen, das stellvertretend für Namen und Bezeichnungen von Personen oder Sachen steht: *Gib mir die Schere! Ich finde sie nicht.* Nur in der 3. Person Singular gibt es für die drei Geschlechter die drei Formen *er, sie, es;* bei allen übrigen Personen, auch für die Anrede *Sie,* wird kein Unterschied nach Geschlechtern gemacht. Die Genitivform wird häufig präpositional ersetzt: *Wir erinnern uns seiner → an ihn.* Vgl. die Deklinations- und Konjugationstabellen.

Plural (Mehrzahl) Flexionsform des → Nomens und → Verbs, die angibt, dass von mehreren Lebewesen, Dingen oder Begriffen gesprochen wird, z. B.: *Die Kinder spielen im Garten. Ihr kommt spät.* Manche Substantive können zwei verschiedene Pluralformen bilden, je nach ihrer Bedeutung, z. B. *Bank : Bänke* (= zum Sitzen) und *Banken* (= Geldinstitute). Andere Substantive treten nur im Plural auf, z. B. *Leute, Einkünfte, Kosten, Wirren.* Man nennt ein solches Substantiv »Pluraletantum«. Zu den einzelnen Pluralformen vergleiche die Deklinations- und Konjugationstabellen.

Plusquamperfekt (3. Vergangenheit, Vorvergangenheit) Tempus (Zeitform) des Verbs; bezeichnet eine abgeschlossene Handlung in der Vergangenheit, die noch vor einem anderen Geschehen (das im Präteritum steht) abgelaufen ist, und mit dem Partizip II und einer Präteritumsform von *haben* oder *sein* gebildet wird. Bei den Konjunktionen *nachdem* und teilweise *als* ist die Tempusfolge (Consecutio Temporum) Plusquamperfekt – Präteritum regelhaft: *Nachdem er gegessen hatte, zündete er sich eine Zigarette an. Als die Sonne untergegangen war, wurde es schnell dunkel.*

Positiv (Grundstufe) Die Form des Adjektivs vor der Steigerung zum Komparativ oder Superlativ. Vgl. Komparation.

Possessivpronomen (besitzanzeigendes Fürwort) Unterkategorie der → Artikelwörter, die ein Besitzverhältnis *(mein Wagen)* oder eine diesem ähnliche Beziehung *(mein Arzt)* anzeigt. Das Possessivpronomen ist abgeleitet aus dem Genitiv des Personalpronomens *(ich – meiner – mein).* Welches Pronomen zu verwenden ist, hängt im Deutschen vom Besitzer ab; es heißt, wenn der Besitzer eine Frau ist, *ihr Mann, ihr Kind* – ohne Rücksicht darauf, dass *Mann* männlich, *Kind* sächlich ist. Dagegen richtet sich die Deklinationsendung des Pronomens nach Person, Genus und Numerus des Objekts, das Gegenstand des Besitzverhältnisses ist: *sein Onkel, seine Tante.*

Prädikat (Satzaussage) In traditionellen Grammatiken ist das Prädikat jener Satzteil, der etwas über das → Subjekt aussagt. Neuere Grammatiken nennen stattdessen das finite (gebeugte) Verb den zentralen Teil im Satz, von dem aus sich

→ Valenzklassen mit unterschiedlichen Ergänzungen eröffnen. Traditionelle Verbzusätze *(Müller fährt Auto. Ich gehe die Treppe hinauf.)* gehören zum Verb. Das traditionelle Prädikativum ist Einordnungsergänzung *(Sein Vater ist Arzt. Er nannte ihn einen Betrüger.)*, das prädikativ gebrauchte Adjektiv/Adverb gehört zur Artergänzung *(Die Äpfel sind reif. Ich halte das für gefährlich. Sie kaufen das Obst ungespritzt.)*

Präfix (Vorsilbe)
Vor den Wortstamm gestellte Silbe, im Deutschen ein wesentliches Mittel zur differenzierenden Wortbildung, z. B.: *anheben, aufheben, beheben, entheben, erheben, hervorheben* usw.; vgl. Affix. Trennbare Präfixe *(ankommen)* tragen den Wortakzent, untrennbare *(bedienen)* sind unbetont.

Präposition (Verhältniswort)
Wortart, die undeklinierbar ist und räumliche bzw. zeitliche Verhältnisse oder logische Beziehungen zwischen Personen, Sachen und Vorgängen kennzeichnet, z. B.: *Er ist in der Stadt. Während der Arbeit kann ich nicht Musik hören. Wir kamen zu Fuß.*
Jede Präposition fordert einen oder zwei bestimmte Fälle:
1. den Genitiv: *während der Pause; innerhalb des Gartens*
2. den Dativ: *gegenüber dem Haus; mit der Hand*
3. den Akkusativ: *ohne mein Wissen; für seinen Freund*
4. den Genitiv oder Dativ: *trotz seines Widerstandes, trotz allem; längs des Flusses, längs dem Fluss* (gesprochene Sprache), *wegen seines Bruders, wegen ihm* (gesprochene Sprache)
5. den Dativ oder Akkusativ, je nachdem, ob eine Ruheposition (Dativ) oder eine Richtung (Akkusativ) bezeichnet werden soll: *Das Buch liegt auf dem Tisch.* Aber: *Ich lege das Buch auf den Tisch.*

Präsens
Das Präsens drückt ein zum Zeitpunkt der Aussage andauerndes Geschehen sowie allgemein gültige Sachverhalte aus: *Die Tochter zieht sich modisch an. Jede Generation kritisiert die andere.* Darüber hinaus drückt dieses Tempus Zukünftiges (konkurrierend mit FuturI) sowie Vergangenes aus: *Morgen fliege ich nach New York. 1832 stirbt Goethe.*

Präteritum (Imperfekt, 1. Vergangenheit)
Das Präteritum wird gebraucht, um eine Handlung/ein Geschehen mitzuteilen, die/das zum Sprechzeitpunkt vergangen oder abgeschlossen ist, also immer in der Vergangenheit liegt. Darüber hinaus ist es das charakteristische Erzähltempus der schönen Literatur: *Er kam nach Hause und war schlechter Laune.* Vor allem dominiert das Präteritum bei *haben, sein* (als Vollverben) und den modalen Hilfsverben: *Sie hatte viele Kinder. Er war oft krank. Wir wollten nicht mehr.*

Pronomen (Fürwort)
Wort, das im Satz anstelle eines → Substantivs steht: → Personalpronomen, → Demonstrativpronomen, → Possessivpronomen, → Interrogativpronomen, → Indefinitpronomen, → Reflexivpronomen, → Relativpronomen, → Artikelwörter.

Pronominaladverb
Dem Pronomen verwandtes Wort, das als Stellvertreter für Substantive, Satzglieder oder Teilsätze auftritt, die vorher oder nachher im Satz erscheinen, z. B.: *damit, darin, hieraus, wonach* usw.

Punkt Vgl. ›*Die neuen Regeln mit Erläuterungen*‹ (§ 67, 68).

reflexive Verben (rückbezügliche Verben) Verben, die sich mit Hilfe des → Reflexivpronomens auf das Subjekt zurückbeziehen. Kennzeichen der »echten« (obligatorischen) reflexiven Verben ist, dass das Reflexivpronomen im Akkusativ steht und dass sie kein persönliches Passiv bilden können, z. B. *sich beeilen, sich betrinken, sich bedanken, sich erkälten, sich freuen, sich schämen, sich wundern.*
Das Reflexivpronomen ist obligatorisch (Teil des Verbs) und kann daher nicht durch ein Substantiv oder ein anderes Pronomen ersetzt werden: *Ich freue mich.* → **Ich freue Mathilde/sie.* Ausnahmen sind z. B. *sich etwas aneignen, sich etwas vornehmen, sich etwas anschauen* oder *anhören.* Bei diesen Verben steht das Reflexivpronomen im Dativ, und die Verben sind eigentlich traditionell transitive Verben (Verben mit Akkusativergänzung): *etwas anschauen.* Manche reflexiven Verben sind eigentlich traditionell transitive Verben, doch gewinnen sie beim reflexiven Gebrauch eine vom transitiven Gebrauch abweichende Bedeutung, und sie können – in dieser Bedeutung – kein persönliches Passiv bilden. Zum Beispiel:

transitiv	reflexiver Gebrauch
Ich entscheide die Angelegenheit. (Die Angelegenheit wird von mir entschieden.)	*Ich entscheide mich.* (Ich fasse einen Entschluss.)
Ich stelle die Blumen auf den Tisch. (Die Blumen werden von mir auf den Tisch gestellt.)	*Er stellt sich der Polizei.* (Er meldet sich freiwillig bei der Polizei.)

Eine zweite Klasse reflexiver Verben wird lediglich reflexiv gebraucht (unechte/fakultative reflexive Verben). Die Bedeutung dieser Verben bleibt bei reflexivem Gebrauch dieselbe, und sie können ein persönliches Passiv bilden. Das Reflexivpronomen steht im Akkusativ oder Dativ und ist Ergänzung, also nicht Teil des Verbs. Entsprechend kann es durch ein Substantiv oder ein anderes Pronomen ersetzt werden. Beispiele: *beschäftigen, ändern, fragen, opfern, kaufen, waschen. Ich beschäftige ihn. Ich beschäftige mich. – Sie ändert mir ein Kleid. Sie hat sich in den letzten Jahren nicht geändert. – Ich wasche ihn. Ich wasche mich. Ich wasche ihm/mir die Hände. – Diese Übung strengt die Beinmuskeln an. Ich strenge mich an.*
Zu diesen Verben setzt man in manchen Fällen zur Verdeutlichung, dass wirklich das Subjekt gemeint ist, das Wort *selbst* hinzu: *Er belügt sich selbst. Das Kind kann sich schon selbst waschen. Sie hat sich selbst geopfert.*

Reflexivpronomen (rückbezügliches Fürwort) Wortart, die angibt, dass sich das Geschehen des Satzes auf das Subjekt zurückbezieht. *Sich* ist das einzige echte Reflexivpronomen, es wird in der 3. Person Singular und Plural verwendet *(sie freut sich, sie freuen sich).* Für die übrigen Personen werden die Formen des Personalpronomens verwendet: *Ich begnüge mich; du erkältest dich; wir bewerben uns; ihr bedankt euch.*

Das Pronomen *sich* kann auch im Dativ stehen, z. B.: *Da hat er sich etwas Schlimmes eingebrockt. Das bildet er sich nur ein. Sie haben sich ein Auto gekauft.*
Bestimmte Verben können nur mit dem Reflexivpronomen verwendet werden, man nennt sie → reflexive Verben. Bei → reziproken Verben kann gelegentlich der wechselseitige Bezug außer durch *sich* auch durch *einander/sich gegenseitig* ausgedrückt werden: *Sie trafen sich zum letzten Mal. Sie trafen einander zum letzten Mal* (lit.). – *Die Kinder halfen sich. Die Kinder halfen sich gegenseitig.*

regelmäßiges Verb (schwaches V.) Regelmäßig konjugiertes Verb, das das Präteritum durch Anhängen von *-te* an den Stamm bildet: *legen – er legte;* → Konjugation.

Rektion Im Gegensatz zur → Valenz der Verben, Adjektive und Substantive handelt es sich bei der Rektion der → Präpositionen nicht um eine von der Bedeutung gesteuerte (semantische), sondern um eine rein syntaktische Einwirkung auf den Kasus des Substantivs: *an der Wand, in die Stadt, nach der Halbzeit* usw.

Relativpronomen (bezügliches Fürwort) Pronomen, das einen Nebensatz auf ein Wort des übergeordneten Satzes oder auf diesen insgesamt bezieht; es leitet zugleich den Nebensatz ein. Die Relativpronomen sind die → Artikelwörter *der, die, das, welcher, welche, welches, wer, was.*
Das Relativpronomen richtet sich in Genus und Numerus nach dem Wort, auf das es verweist: *der Film, der heute läuft; die kritischen Bemerkungen, die hier stehen.* Der Kasus des Relativpronomens richtet sich allerdings nach der Funktion, die es im Nebensatz hat: *der Hund, der dort läuft …* (Nominativ); *der Hund, den Sie dort sehen …* (Akkusativobjekt).
Die Pronomen *wer* und *was* beziehen sich auf eine unbestimmte Person bzw. auf einen ganzen Sachverhalt: *Wer das behauptet hat, muss auch dazu stehen. Das ist alles, was ich dazu sagen kann.*
Die Genitiv- und Dativformen werden wie die des Demonstrativpronomens gebildet: *Das sind Fehler, denen man häufig begegnet. Ein Mensch, von dessen Fähigkeiten jeder überzeugt ist.*

Relativsatz Charakteristischer Vertreter des → Attributsatzes; er wird durch ein Relativpronomen eingeleitet und charakterisiert ein Substantiv im Hauptsatz oder den gesamten Inhalt des Satzes näher: *Der Mann, der dort steht, ist der Staatssekretär.* Der Regelfall (s. o.) ist der Zwischensatz; vorangestellte Nebensätze werden in der Regel durch ein *w*-Element eingeleitet: *Wer das gesagt hat, ist ein Lügner.* Neben den eingeleiteten Relativsätzen gibt es auch uneingeleitete Relativsätze, die in der → Apposition stehen: *Goethe, geboren 1749, …; mein Vater, von Beruf Lehrer für alte Sprachen, …*
Es gibt außerdem Relativsätze zu Pronomina: *Sie, die uns immer geholfen hat; das, was mich hier besonders interessiert; keiner, der sich hier auskennt.*

reziproke Verben

Bei reziproken Verben gibt es ein Wechselverhältnis zwischen A und B, also keinen Rückbezug auf das Subjekt; stets sind (mindestens) zwei Personen beteiligt: *sich treffen, sich begegnen, sich wiedersehen* usw. Wie bei den → reflexiven Verben gibt es auch hier »echte« (obligatorische) und »unechte« (fakultative) reziproke Verben: Bei den obligatorischen ist das Reflexivpronomen Teil des Verbs und daher nicht austauschbar gegen eine andere Wortart, bei den fakultativen ist das Reflexivpronomen Ergänzung und somit austauschbar:
Obligatorische reziproke Verben: *sich anfreunden (Wir freunden uns an* → **Wir freunden Hans an), sich einigen, sich verfeinden.*
Fakultative reziproke Verben: *sich aussprechen (Wir haben uns ausgesprochen – Wir haben das Wort ausgesprochen), sich auseinander setzen, sich begegnen, sich besprechen, sich streiten, sich treffen, sich vertragen.*

Rhema

In der → Textlinguistik (hier: funktionale Satzperspektive, die jede Äußerung nach ihrem Mitteilungswert gliedert) jene Teile im Satz bzw. Text, die die neue Information beinhalten; das, was über das → Thema (das Bekannte) ausgesagt wird: (Ein Mann steht an der Ecke.)

Er	*liest*	*eine Zeitung.*
(Thema)		(Rhema)

rückbezügliches Fürwort

→ Reflexivpronomen

rückbezügliche Verben

→ reflexive Verben

sächliches grammatisches Geschlecht (Neutrum)

→ Genus

Satz

Relativ selbstständige und inhaltlich abgeschlossene Einheit mit dem finiten (gebeugten) Verb im Zentrum, die durch den Tonhöhenverlauf als Klangeinheit gekennzeichnet ist und zwischen Punkten oder vergleichbaren Satzzeichen steht. Die Syntax ist die Lehre vom Satz und analysiert ihn.
Unterschieden werden einfache Sätze *(Der Mann lacht)* und zusammengesetzte Sätze (Hypotaxe, Parataxe).
Während die traditionelle Satzgliedlehre behauptete, ein Satz bestehe mindestens aus Subjekt und Prädikat, nennen moderne Grammatiken auch Ein-Wort-Äußerungen Sätze: *Komm! Hoch! Feuer!*

Satzarten

Nach ihrer Funktion bzw. den Absichten der Sprecher/Schreiber werden vier Satzarten unterschieden, die sich auch in der jeweiligen Position des Verbs unterscheiden:

1. Aussagesätze/Deklarativsätze/Konstativsätze (Verb in Zweitstellung): *Er fährt nach Berlin.* Unterkategorie: Ausrufesätze: *Du bist aber groß geworden!*
2. Imperativsätze/Aufforderungssätze (Verb an unterschiedlichen Positionen): *Gib mir das Geld! Herhören! Stillgestanden! Dass du ja pünktlich bist!*
3. Wunschsätze (Konjunktiv I, II; Verb in Spitzen-, Zweit- oder Endstellung): *Wenn sie doch endlich käme! Käme sie doch endlich! Gott helfe ihm!*
4. Fragesätze/Interrogativsätze (Verb in Spitzen- oder Zweitstellung): *Fliegst du morgen? Wann fliegst du?*

Satzaussage → Prädikat

Satzbauplan Satzmuster in der Valenzgrammatik (→ Valenz), bei dem Verben mit ihren Ergänzungen Klassen zugeordnet werden (Verb + Substantiv, Verb + Substantiv + Akkusativergänzung usw.).

Satzergänzung → Ergänzung, → Objekt, → Valenz

Satzfeld Das Satzfeld gliedert den Aussagesatz in drei Teile: Vorfeld, Mittelfeld und Nachfeld. Das Verb markiert die Grenze:

(Vorfeld)		(Mittelfeld)		(Nachfeld)
Er	*hat*	*sie gestern*	*gesehen,*	*und zwar am Bahnhof.*

Satzgefüge → Hypotaxe

Satzgegenstand → Subjekt

Satzglied In der traditionellen Grammatik gibt es fünf Satzglieder: Subjekt, Prädikat, Objekt, adverbiale Bestimmung und Attribut.
In der Valenzgrammatik (→ Valenz) sind Satzglieder die Ergänzungen des Verbs:
Subjekt *(Er atmet)*, Genitivergänzung *(Sie bedarf der Pflege)*, Dativergänzung *(Er hilft seiner Mutter)*, Akkusativergänzung *(Sie bezahlen die Rechnung)*, Präpositionalergänzung *(Sie wartet auf ihren Freund)*, Situativergänzung *(München liegt an der Isar. Der Unfall passierte am Montag.)*, Richtungsergänzung *(Wir reisen nach Japan)*, Einordnungsergänzung *(Hans ist Lehrer)*, Artergänzung *(Sie ist intelligent)* und Infinitivergänzung/Verbergänzung *(Müllers wollen jetzt gehen. Er hört Margot Klavier spielen.)*.

Satzlehre → Syntax

Satzverbindung → Parataxe

schwaches Verb → regelmäßiges Verb

Selbstlaut → Vokal

Semikolon (Strichpunkt) — Vgl. ›*Die neuen Regeln mit Erläuterungen*‹ (§ 80).

Silbe — Kleinste abtrennbare Lautgruppe bzw. Sprecheinheit eines Wortes. Man unterscheidet offene Silben, die auf einen Vokal auslauten (z. B. in *Belustigung* die Silben *Be-* und *-sti-*), und geschlossene Silben, die auf einen Konsonanten auslauten (*-gung*). Außerdem unterscheidet man Sprach- und Sprechsilben, was für die Worttrennung am Zeilenende wichtig ist. Unter Sprachsilbe versteht man eine Silbe im Hinblick auf die Wortbildung: *Be-lust-ig-ung* (*-lust-* ist die → Stammsilbe, die übrigen sind Ableitungssilben); unter Sprechsilbe versteht man eine Silbe im Hinblick auf die flüssige Aussprache des Wortes (entsprechend wird abgetrennt): *Be-lus-ti-gung.*

Silbentrennung (Worttrennung am Zeilenende) — Vgl. ›*Die neuen Regeln mit Erläuterungen*‹ (§ 107–112).

Singular (Einzahl) — Kategorie bei sämtlichen flektierbaren Wortklassen, die angibt, dass nur von einem Lebewesen, Ding oder Begriff die Rede ist: *der Turm, ich lief, ein Mann, er* usw. Ggs.: → Plural. Manche Substantive treten ausschließlich im Singular auf (Singularetantum): *Hunger, Eifersucht, Obst, Zucker, Schnee* usw.

Stammsilbe (Wurzel) — Letzter Bestandteil eines Wortes, der übrig bleibt, wenn man Vor- und Nachsilben abgetrennt hat. An den Stamm werden die Ableitungssilben *(trinken, Trinker, Getränk)* und die Flexionssilben *(Getränkes, trinkst)* angefügt. Der Vokal der Stammsilbe wechselt bei der Wortbildung durch Ableitung und Flexion häufig, z. B.: *trinken, trank, getrunken, Getränk, Trank.* Vgl. Ablaut, Umlaut.

starkes Verb — → unregelmäßiges Verb

Steigerung — → Komparation

Straßennamen — 1. Bei Straßennamen, die aus einem Substantiv mit flektiertem Adjektiv oder mit Präposition bestehen, schreibt man das Adjektiv und die Präposition für sich und groß: *Alte Gasse, Hohe Straße, Kleine Freiheit, Am Karlstor, In der Rosenau.* Ist das Adjektiv jedoch nicht flektiert, so schreibt man nur ein Wort: *Altgasse, Hochtor.*
2. Setzt sich der Straßenname aus einem Substantiv oder Personennamen als Bestimmungswort und einer Straßenbezeichnung als Grundwort zusammen, so schreibt man beides in einem Wort: *Ludwigstraße, Schlossgasse, Lindenallee, Kurfürstendamm.*
Ist die Zusammensetzung unübersichtlich, so ist auch die Schreibung mit Bindestrich zulässig: *Zeus-Straße.* Bei mehreren Bestimmungswörtern steht zwischen allen Teilen ein Bindestrich: *Richard-Wagner-Straße, Heinrich-Heine-Platz.*

3. Straßennamen, die mit einem nicht abgeleiteten Ortsnamen verbunden sind, schreibt man zusammen: *Chiemgaustraße.* Hat der Ortsname jedoch eine Ableitungssilbe, so schreibt man getrennt: *Chiemgauer Allee, Bayerische Straße.* Ist der abgeleitete Ortsname ein Familienname, wie z. B. *Altdorfer,* dann schreibt man zusammen: *Altdorferstraße* (nach dem Maler *Albrecht Altdorfer*), aber: *Altdorfer Straße* (nach dem Ort *Altdorf*).
4. Deklination: Bei Straßennamen, die mit einem flektierten Adjektiv zusammengesetzt sind, wird das Adjektiv auch im Genitiv und Dativ flektiert, z. B.: *Sie wohnt in der Hohen Straße.* Aber: *Sie wohnt Hohe Straße 35.* Vgl. ›*Die neuen Regeln mit Erläuterungen*‹ (§ 59–61).

Strichpunkt → Semikolon

Subjekt (Satzgegenstand) Wichtigstes Satzglied, von der Valenz des Verbs abhängig. Es ist durch folgende Kriterien gekennzeichnet:
1. Es steht im Nominativ.
2. Es kann ein Substantiv, Pronomen, substantiviertes Verb, ein Infinitiv mit oder ohne *zu (Spazierengehen ist gesund)* oder ein Nebensatz *(Dass du so etwas tust, gefällt mir nicht)* sein (→ Subjektsatz).
3. Es wird mit *Wer?* (Personen) oder *Was?* (Sachen, Begriffe) erfragt.
4. Es stimmt in Person und Numerus mit dem finiten Verb überein (→ Kongruenz).
5. Es ist im Regelfall das Agens (Träger der Handlung).
6. Es steht in unmarkierter Satzgliedfolge (»Normalstellung«) am Beginn des Aussagesatzes.

Subjektsatz → Ergänzungssatz, der anstelle des Subjekts steht. Die Frage lautet: *Wer* oder *was?* Ein Subjektsatz kann formal ein *dass*-Satz (traditionell Konjunktionalsatz), *ob*- oder *w*-Satz (Fragesatz) oder ein Infinitivsatz sein: *Dass er mitfährt, freut mich.* (← Es freut mich, dass er mitfährt). *Es interessiert mich nicht, ob er gesund ist/wann sie wieder gesund wird. Zum Vorsitzenden gewählt zu werden(,) ist eine Ehre für ihn.* Steht der Hauptsatz voran, erscheint ein Platzhalter *(es): Es ist wunderbar, dass sie den Unfall überlebt hat.*

Substantiv (Nomen, Dingwort, Hauptwort, Nennwort) Wort, das vor allem Lebewesen und Gegenstände benennt, aber auch abstrakte Begriffe, wie z. B. Fähigkeiten, Eigenschaften, Institutionen u. a. Folgende Kriterien definieren das Substantiv:
1. Es wird mit großem Anfangsbuchstaben geschrieben.
2. Es wird häufig mit einem Artikelwort *(der, die, das)* verbunden, an dem das grammatische Geschlecht (Genus) deutlich wird. Die Mehrzahl aller deutschen und fremdsprachigen Substantive hat ein Genus, wenige zwei (*die/das Cola, der/die Abscheu, der/das Gulasch* usw.). Andere Substantive weisen bei gleichem Genus Bedeutungsunterschiede auf: *die Bank, der Block, der Strauß* usw.
3. Es wird als Subjekt, Ergänzung oder Apposition gebraucht.
4. Verben, Adjektive und Pronomen können durch Voranstellen eines Artikelwortes substantiviert werden; sie werden dann großgeschrieben: *das Singen, die Schöne, das Wir/Unsere*

Suffix (Nachsilbe) An den Wortstamm angehängte Silbe. Sie dient der Wortbildung: *Freiheit, freiheitlich, Feigling, Reichtum, Freundschaft, Gelächter.* Vgl. Affix.

Superlativ Zweite Steigerungsstufe des → Adjektivs. Vgl. Komparation

Synonym Bedeutungsgleiches oder bedeutungsähnliches Wort: *schauen – sehen, Fleischer - Metzger, Apfelsine – Orange, Zoo – Tiergarten.* Ggs.: Antonym.

Syntax (Satzlehre) Teil der Grammatik. Die Syntax beschreibt die Struktur des Einzelsatzes, die Satzglieder, die Satzgliedstellung (traditionell Wortstellung), die Satzarten und die Satztypen, also (einfache und zusammengesetzte) Sätze. Die nächsthöhere Ebene über dem Satz ist der Text, der von der → Textlinguistik beschrieben wird.

Tätigkeitsform → Aktiv

Tätigkeitswort → Verb

Tempus (Zeitform) Konjugationsform des → Verbs zur zeitlichen Bestimmung einer Handlung, eines Vorgangs oder Zustands. Im Deutschen gibt es sechs Tempora; zwei eigentliche (Präsens und Präteritum) und vier zusammengesetzte (Perfekt, Plusquamperfekt, Futur I, Futur II). Vgl. Deklinations- und Konjugationstabellen.
Diesen sechs Zeitformen (Tempora) stehen drei Zeitstufen gegenüber: Vergangenheit, Gegenwart, Zukunft. Dabei ist es keineswegs so, dass eine Zeitform immer einer Zeitstufe entspricht, wie das Beispiel der Präsensform zeigt:
Mit dem Präsens können sowohl Gegenwärtiges *(Ich wohne in Marburg),* Vergangenes *(Goethe geht 1765 nach Leipzig)* wie auch Zukünftiges *(Nächste Woche ist Gabriele in New York)* ausgedrückt werden. Deshalb ist die Gleichsetzung: Präsens = Gegenwart falsch, ebenso wie jene des Perfekt = Vergangenheit, weil mit der Zeitform Perfekt sowohl abgeschlossene Handlungen im Vergangenen wie Zukünftigen ausgedrückt werden, oder die des Futur I und Futur II, die sowohl Zukünftiges *(Er wird morgen abreisen)* wie die Vermutung bzw. Wahrscheinlichkeit (Modus) ausdrücken *(Er wird schon hier sein).* Lediglich Präteritum und Plusquamperfekt drücken immer Vergangenes aus.
Es muss daher stets zwischen den sechs Zeitformen (lateinische Termini) und den drei Zeitstufen (deutsche Benennungen) unterschieden werden.

Textlinguistik Zweig der Sprachwissenschaft, der sich mit Problemen von Texten gesprochener und geschriebener Sprache beschäftigt. Die Textlinguistik untersucht Elemente der Satzverknüpfung (→ Konjunktionen, voraus- und zurückverweisende Elemente wie Anaphern und Kataphern sowie die → Thema-Rhema-Struktur), Probleme der sprachlichen Deixis (Zeigefeld der Sprache) und klassifiziert Textsorten (private, wissenschaftliche, didaktische und publizistische Textsorten). In jüngster Zeit werden vor allem Texte der Jugendsprache und der Frauensprache auf ihre Besonderheiten untersucht.

Thema Im Rahmen der Prager Untersuchungen zur funktionalen Satzperspektive jener Teil des Satzes, der bereits bekannt ist. Gegenteil: → Rhema.

Thema-Rhema-Struktur Abfolge von Gliedern im Text, häufig als Wechsel von bekannten und neuen Aussagen mit wachsender Informationsverdichtung zu verstehen. Unterschieden werden fünf Typen der Textprogression: einfache lineare Progression, Progression mit einem durchlaufenden Thema, Progression mit gespaltenem(en) Thema(en), Progression mit abgeleiteten Themen, Progression mit einem thematischen Sprung.

Titel 1. Schreibung: Adjektive, Pronomen und Zahlwörter als Bestandteile eines Titels oder Namens schreibt man groß: *Ludwig der Strenge, der Alte Fritz, der Erste Sekretär der Kommunistischen Partei; Seine Durchlaucht.* Steht ein Adjektiv nicht am Beginn des Titels, kann man es auch kleinschreiben: *Verein für christlich-jüdische Zusammenarbeit; Club der hanseatischen Kaufleute.*
2. Deklination: Titel mit dem vorausgehenden Artikel werden dekliniert: *des Studienrats Mayer, die Studienräte Mayer, Klein und Hofer.* Stehen Titel und Name ohne Artikel, so wird der Name dekliniert: *Studienrat Mayers Vorschläge.* Der Titel »Herr« wird immer dekliniert, ob mit oder ohne Artikel: *der Brief des Herrn Hofer, Herrn Hofers Brief, mit Herrn Hofer, für Herrn Hofer, die Herren Klein und Hofer.* Steht »Herr« vor einem weiteren Titel, so wird in der Regel auch der zweite Titel dekliniert: *die Anweisungen des Herrn Doktors* (auch: *des Herrn Doktor*), *die Rede des Herrn Bundespräsidenten.* Die beiden Titel »Doktor« und »Professor« nehmen eine gewisse Sonderstellung ein, da sie als zum Namen gehörig empfunden werden. Sie werden deshalb in Verbindung mit dem Namen meist nicht dekliniert: *die Anweisungen des Herrn Doktor Klein, des Herrn Professor Voigt,* aber: *die Rede des Herrn Bundespräsidenten Dr. von Weizsäcker, des Herrn Bundespräsidenten Professor Dr. Herzog.* Vgl. ›*Die neuen Regeln der Rechtschreibung*‹ (§ 60).

Titel von Büchern, Zeitungen u. Ä. Titel von Schrift- und Musikwerken, Zeitschriften usw. werden auch dann dekliniert, wenn sie in Anführungszeichen stehen, z. B.: *Gottfried Kellers »Grüner Heinrich«, eine Stelle aus der »Versunkenen Glocke« von Gerhart Hauptmann, die Maler des »Blauen Reiters«, der erste Teil des »Tagebuchs« von Max Frisch.* Will man den vollständigen, unveränderten Titel angeben, so muss man die Gattungsbezeichnung zu Hilfe nehmen: *eine Stelle aus Kellers Roman »Der grüne Heinrich«, aus dem Schauspiel »Die versunkene Glocke« von Hauptmann.* Vgl. ›*Die neuen Regeln mit Erläuterungen*‹ (§ 94).

Tonhöhenverlauf Bei der Aussprache von Sätzen werden unterschieden:
1. terminaler (abschließender) Tonhöhenverlauf:
Gestern ist er abgereist. - - - - - - -↓

2. progredienter (weiter gehender) Tonhöhenverlauf:
Gestern ist er gekommen, und heute - - - - - - - →
3. interrogativer (steigender) Tonhöhenverlauf: *Kommst du morgen?* - - - - - - -↑

transitive und intransitive Verben

In der traditionellen Grammatik sind transitive (»zielende«) Verben solche, die ein Akkusativobjekt bei sich haben müssen oder können *(bringen, essen),* intransitive Verben hingegen jene, die kein Akkusativobjekt bei sich haben können: Verben ohne Ergänzung (*regnen, schneien,* aber auch *blühen*), Verben mit Genitivobjekt *(gedenken),* Dativobjekt *(helfen)* oder Präpositionalobjekt *(abhängen von);* gelegentlich wird noch zwischen transitivem und intransitivem Gebrauch unterschieden *(Ich trockne die Wäsche. Die Wäsche trocknet.).* Vor allem aber werden obligatorische Ergänzungen und fakultative/weglassbare Teile nicht genau unterschieden (vgl. *bringen* + obligatorische Akkusativergänzung, *essen* + fakultative Akkusativergänzung). In modernen Grammatiken wurde wegen dieser Ungenauigkeit der Begriff der → Valenz eingeführt.

Umlaut

Die Laute *ä, ö, ü* sowie *äu.* Der Umlaut ist hauptsächlich in der Konjugation *(ich laufe, du läufst),* bei der Pluralbildung *(Nuss, Nüsse)* und bei Ableitungen *(Rose, Röschen; jung, Jüngling)* zu beobachten.

unbestimmtes Fürwort

→ Indefinitpronomen

unregelmäßiges Verb (starkes V.)

Unregelmäßig konjugiertes Verb *(singen, sang, gesungen);* → Konjugation.

Valenz (Wertigkeit)

Unter »Valenz« wird die Eigenschaft von Verben, Substantiven und Adjektiven verstanden, nach Art und Zahl (Wertigkeit) unterschiedliche → Ergänzungen an sich zu binden. Umgekehrt sind diese Ergänzungen abhängig vom Verb, Substantiv oder Adjektiv.
Eine Grammatik, die eine Wortart – im Deutschen zumeist das Verb – in das Zentrum des Satzes stellt und von hier aus Klassen von (obligatorischen) Ergänzungen analysiert, heißt Valenzgrammatik. Mithilfe syntaktischer Proben (Austauschprobe, Ersatzprobe usw.) werden jene Satzglieder (Ergänzungen) ermittelt, die beim jeweiligen Verb unverzichtbar sind (nicht weglassbar). Danach werden folgende Verbklassen unterschieden:

1. nullwertige Verben: *Es regnet. Es schneit.* (subjektlos)
2. einwertige Verben: *Michaela schläft.* (Subjekt)
3. zweiwertige Verben: *Ich kenne den Mann.* (Subjekt + Akkusativergänzung) *Sie hilft ihrer Mutter.* (Subjekt + Dativergänzung)
4. dreiwertige Verben: *Sie stellt die Vase auf den Tisch.* (Subjekt + Akkusativergänzung + Richtungsergänzung)

Sie ernennt ihn zum Nachfolger.
(Subjekt + Akkusativergänzung + Präpositionalergänzung)
Sie wirft ihm das Buch an den Kopf.
(Subjekt + Akkusativergänzung + Richtungsergänzung mit Pertinenzdativ)

Die Beschreibung der Valenzen von Verben, Substantiven *(Hoffnung auf, Abhängigkeit von)* und Adjektiven *(verantwortlich sein für, dankbar sein)* hat sich als geeignet für die Syntax (Satzlehre) der deutschen Sprache erwiesen und wird in zahlreichen modernen Grammatiken und Lehrbüchern der Gegenwartssprache angewendet.

Verb(um) (Tätigkeitswort) Wort zur Bezeichnung von Handlungen, Vorgängen oder auch Zuständen mit der Fähigkeit, andere Wortarten als Ergänzungen an sich zu binden (→ Valenz). Strukturelles Zentrum des Satzes, das durch die → Konjugation in der → Person, im → Numerus, → Genus Verbi, → Modus, → Tempus und in der → Aktionsart bestimmt wird.
Diejenigen Formen des Verbs, die Person und Numerus erkennen lassen, nennt man »finite« (bestimmte) Formen; z. B. ist die Form *schwimmst* durch die zweite Person Singular bestimmt. Die »infiniten« (unbestimmten) Formen des Verbs sind Infinitiv *(schwimmen),* Partizip I *(schwimmend)* und Partizip II *(geschwommen);* sie sagen allein stehend nichts über Person und Numerus aus. Unterschieden werden → regelmäßige und → unregelmäßige Verben, daneben → reflexive und → reziproke Verben sowie → Hilfsverben und → Modalverben. Vgl. transitive und intransitive Verben, Valenz.

Vergangenheit Eine der drei Zeitstufen jeder natürlichen Sprache. Im Deutschen sind Präteritum und Plusquamperfekt die charakteristischen Zeitformen (Tempora) der Vergangenheit, daneben das Perfekt für den Ausdruck abgeschlossener Handlungen, die aber, im Zusammenhang mit einer Temporalangabe, auch zukünftig sein können *(Morgen habe ich die Arbeit beendet).*

Verhältniswort → Präposition

Verkleinerungsform → Diminutiv

verkürzter Nebensatz Nebensatz ohne konjunktionale Einleitung, der mit einem Partizip gebildet wird: *Von der Aussicht auf Millionengewinne geblendet, stürzte er sich in Investitionen, die ihn ruinierten.* (Umzuformen in einen Nebensatz: *Weil er von der Aussicht auf Millionengewinne geblendet war, stürzte er …*).

Vokal (Selbstlaut) Laut, bei dem die Atemluft frei ausströmen kann (im Unterschied zum → Konsonanten): *a, e, i, o, u;* vgl. Diphthong, Umlaut. In anderen Sprachen, z. B. im Französischen und Portugiesischen, gibt es auch nasalierte Vokale (Nasalvokale), bei denen ein Teil des Atemstroms durch die

Nase geleitet wird, z. B. in frz. *Chanson* [ʃɑ̃sɔ̰̃], *Saint* [sɛ̰], *Verdun* [verdɑ̰̃], portugies. *São* [sɑ̰̃u].

Völkernamen Zusammensetzungen von Völkernamen als Bezeichnungen für Personen schreibt man mit Bindestrich, wenn beide Bestandteile gleichermaßen betont sein sollen: *Samoa-Franzose, Australien-Deutscher.* Dagegen ist ein *Angloamerikaner* ein Amerikaner englischer Herkunft, aber auch der Sammelbegriff für Engländer und Amerikaner. Ebenso schreibt man zusammen: *Deutschfranzose, Deutschschweizer:* Franzose bzw. Schweizer mit einem deutschen Elternteil. Adjektivisch gebrauchte Völkernamen schreibt man in Zusammensetzungen mit Bindestrich, wenn beide Bestandteile eine gewisse Eigenständigkeit behalten haben: *das deutsch-belgische Kulturabkommen, die spanisch-französische Grenze, der Deutsch-Französische Krieg von 1870/71.* Man kann solche Verbindungen jedoch auch zusammenschreiben, besonders wenn ein Bestandteil der näheren Bestimmung des anderen dient, z. B.: *die frankokanadische Minderheit.*

Vornamen 1. Schreibung: Die Schreibung der Vornamen wird oft von individuellen Gesichtspunkten beeinflusst. Es kommen vor: *Claus* neben *Klaus, Ekkehart* neben *Ekkehart, Eckhart, Eckart, Eckard* oder *Eckhard, Günther* neben *Günter, Siegrid* neben *Sigrid.* Die Schreibung fremdstämmiger Vornamen mit *ph, th, ch* wird zunehmend der deutschen Schreibung angeglichen. So findet man heute fast nur noch *Josef* u. a. statt *Joseph;* gelegentlich schreibt man *Teo* und *Käte* statt *Theo* und *Käthe;* es gibt auch vereinzelt Schreibungen wie *Kristine* und *Kristof* statt *Christine* und *Christoph.* Doppelnamen kann man zusammen- oder mit Bindestrich schreiben, man findet sie jedoch auch getrennt: *Marieluise, Marie-Luise* oder *Marie Luise, Fritz-Heinrich* oder *Fritzheinrich.* Immer getrennt schreibt man diejenigen Doppelnamen, bei denen jeder einen Hauptton trägt: *Anna Amalia, Wolfgang Amadeus.* Zusammensetzungen, die einen einheitlichen Begriff bilden, schreibt man zusammen: *Gänseliesel, Heulpeter, Prahlhans, Transuse.* Die besonders mundartlich gebräuchlichen Zusammensetzungen mit Berufsbezeichnungen schreibt man meist mit Bindestrich: *Schreiner-Sepp, Jager-Loisl.* Vgl. ›*Die neuen Regeln mit Erläuterungen*‹ (§ 46, 47, 60).

2. Deklination: Der Genitiv wird mit dem Genitiv-*s* gebildet, wenn kein Artikel vorausgeht: *Peters Zimmer, Giselas Bruder, die Politik Friedrichs des Großen,* oder: *Friedrichs des Zweiten (Friedrichs II.).*

Bei den Namen, die auf *s* oder *z* enden, wird das Genitiv-*s* durch einen Apostroph ersetzt: *Hans' Zimmer, Heinz' Schwester.* Geht dem Namen eine Verwandtschaftsbezeichnung oder ein Titel ohne Artikel voraus, so erhält der Name ebenfalls ein *s: Onkel Heinrichs Brief, Tante Evas Geschenk, König Friedrichs Politik.* Geht der Artikel dem Namen voraus, so erhält der Name kein *s: des kleinen Peter.* Geht dem Namen eine Verwandtschaftsbezeichnung oder ein Titel mit Artikel bzw. Pronomen voraus, so erhalten Verwandtschaftsbezeichnung und Titel das *-s: der Brief meines Onkels Heinrich, die Politik des Königs Friedrich des Zweiten (des Königs Friedrich II.).*

Gelegentlich und häufig mit ironischem Unterton werden Vornamen auch in den Plural gesetzt. Dafür gibt es Bildungen mit angehängtem *-e (Wir haben in unserer Schule drei Heinriche)*, mit *-s (zwei Evas, vier Michaels)*, mit *-n* oder *-en (zwei Christianen, drei Gudrunen)* oder ohne Endung (*zwei Peter, zwei Gretel*, ugs. auch: *Gretels*) gegebenenfalls auch mit verdoppeltem *-s* und *-e (ihr seid ja zwei ungläubige Thomasse)*. Vgl. ›*Die neuen Regeln mit Erläuterungen*‹.

Vorsilbe → Präfix

weibliches grammatisches Geschlecht (Femininum) → Genus

Wiederholungszahl → Numerale

Wortklasse Je nach der Grammatiktheorie lassen sich alle Wörter einer natürlichen Sprache wie des Deutschen bestimmten Wortklassen zuordnen. Die Valenzgrammatik (→ Valenz) klassifiziert fünf flektierbare (deklinierbare bzw. konjugierbare) und fünf (im Regelfall) unflektierbare Wortklassen:
1. flektierbare Wortklassen: Verb, Substantiv, Adjektiv, Artikelwörter, Pronomen;
2. unflektierbare Wortklassen: Adverb, Präposition, Konjunktion, Partikel, Interjektion/Satzwort.

wörtliche Rede → direkte Rede

Worttrennung am Zeilenende Vgl. ›*Die neuen Regeln mit Erläuterungen*‹ (§ 107–112).

Wunschsatz Unterkategorie der → Satzarten im → Konjunktiv I oder Konjunktiv II mit dem Verb in Spitzen-, Zweit- oder Endstellung: *Wäre ich doch Millionär! Wenn ich doch Millionär wäre! Edel sei der Mensch, hilfreich und gut!* Oft werden zur Verstärkung des Wunsches Modalpartikeln *(doch, nur)* hinzugefügt.

Zahladjektiv Syntaktisch verhalten sich die traditionellen Zahlwörter (→ Numerale) wie attributiv gebrauchte Adjektive; sie werden deshalb zu den → Adjektiven gerechnet.

Zahlen und Ziffern 1. Groß- oder Kleinschreibung: In Verbindung mit einem Substantiv oder Pronomen schreibt man Zahlen klein: *drei Äpfel, wir zwei, drei von uns.* In Verbindung mit dem Artikel schreibt man sie groß: *die Sieben, ein knappes Hundert.* Ordnungszahlen werden großgeschrieben, wenn sie ein Glied oder eine Person in einer Reihenfolge bezeichnen: *Er war der Zehnte in der Schlange vor der Kasse.* Man schreibt sie auch

groß, wenn sie einen Rang bezeichnen: *Er wurde bei dem Wettkampf Zweiter.* In Verbindung mit Namen schreibt man sie ebenfalls groß: *Friedrich der Zweite.*
2. Zusammen- oder Getrenntschreibung: Zahlen bis zu einer Million schreibt man zusammen: *dreihundert, achttausend.* Daher: *eine Million vierhundert(und)achtzig.* Steht eine Zahl als Bestimmungswort in einer Zusammensetzung, so schreibt man diese zusammen: *Zwölftonmusik, Zwanzigeuroschein, vierhändig, dreiteilig.* Will man die Zahl in Ziffern schreiben, so schreibt man sie in Verbindung mit zwei Wörtern mit Bindestrich: *20-Euro-Schein, 100-Meter-Lauf;* in Verbindung mit nur einem Substantiv schreibt man Zahlen am besten in Buchstaben, z. B. *Achttonner.*
3. Schreibung in Buchstaben oder Ziffern: Zahlen unter zwölf schreibt man im laufenden Text meist in Buchstaben, über zwölf in Ziffern, besonders wenn es sich um sehr hohe, in Buchstabenschrift unübersichtliche Zahlen handelt. Man schreibt die Ziffern in Dreiergruppen, von hinten nach vorn gegliedert: *1 400 570.* Ausnahmen sind die Telefonnummern, die nach postamtlicher Regelung in Zweiergruppen, von hinten nach vorn gegliedert, geschrieben werden: *6 12 43 46.*
4. Zahlenbereiche können mit Bindestrich oder mit bis verbunden werden: *1989–1999* oder: *1989 bis 1999* oder: *von 1989 bis 1999; 16-18 Uhr* oder: *von 16 bis 18 Uhr; 12-14 Kilo* oder: *12 bis 14 Kilo.* Bei zwei aufeinander folgenden Jahreszahlen kann man statt des Bindestrichs auch einen Schrägstrich setzen: *1995/1996* oder: *1995/96.*
5. In Datumsangaben werden die Ziffern für Tag und Monat mit Punkt geschrieben: *27.9.1998* oder: *27.9.98.* Neuerdings begegnet man auch dieser Schreibweise: *98-09-27;* → Datum. Vgl. ›*Die neuen Regeln mit Erläuterungen*‹ (§ 55–58).

Zeichensetzung Vgl. ›*Die neuen Regeln mit Erläuterungen*‹ (§ 67–106).

Zeitform → Tempus

Zeitstufe → Gegenwart, → Vergangenheit, → Zukunft

Zukunft Zeitstufe des sich demnächst ereignenden bzw. noch nicht eingetretenen Geschehens. Die dafür verwendeten Tempusformen sind im Regelfall Futur I und Futur II (beide mit starkem modalen Akzent: *Er wird morgen [wohl] angekommen sein.*) sowie, vor allem in der gesprochenen Sprache, das Präsens mit einer Temporalangabe: *Nächste Woche bin ich in Paris.*

Zusammen- und Getrenntschreibung Vgl. ›*Die neuen Regeln mit Erläuterungen*‹ (§ 33–39).

zusammengesetzter Satz → Satz, → Parataxe, → Hypotaxe, → Nebensatz

Deklinationstabellen

Deklination des Personalpronomens

	Singular					*Plural*		
Nominativ	ich	du	er	sie	es	wir	ihr	sie
Genitiv	meiner	deiner	seiner	ihrer	seiner	unser	euer	ihrer
Dativ	mir	dir	ihm	ihr	ihm	uns	euch	ihnen
Akkusativ	mich	dich	ihn	sie	es	uns	euch	sie

Deklination des Demonstrativpronomens

Singular	***Nominativ***	der	die	das
	Genitiv	dessen	deren	dessen
	Dativ	dem	der	dem
	Akkusativ	den	die	das
Plural	***Nominativ***	die	die	die
	Genitiv	derer, deren	derer, deren	derer, deren
	Dativ	denen	denen	denen
	Akkusativ	die	die	die
Singular	***Nominativ***	dieser Mann	diese Frau	dieses Kind
	Genitiv	dieses Mannes	dieser Frau	dieses Kindes
	Dativ	diesem Mann(e)	dieser Frau	diesem Kind(e)
	Akkusativ	diesen Mann	diese Frau	dieses Kind
Plural	***Nominativ***	diese Männer	diese Frauen	diese Kinder
	Genitiv	dieser Männer	dieser Frauen	dieser Kinder
	Dativ	diesen Männern	diesen Frauen	diesen Kindern
	Akkusativ	diese Männer	diese Frauen	diese Kinder

Deklination des Interrogativpronomens

Singular	***Nominativ***	wer, was	welcher Mann	welche Frau	welches Kind
	Genitiv	wessen	welches / welchen } Mannes	welcher Frau	welches / welchen } Kindes
	Dativ	wem	welchem Mann(e)	welcher Frau	welchem Kind(e)
	Akkusativ	wen, was	welchen Mann	welche Frau	welches Kind
Plural	***Nominativ***		welche Männer	welche Frauen	welche Kinder
	Genitiv		welcher Männer	welcher Frauen	welcher Kinder
	Dativ		welchen Männern	welchen Frauen	welchen Kindern
	Akkusativ		welche Männer	welche Frauen	welche Kinder

Deklination des Possessivpronomens

1. Person Singular

Singular	***Nominativ***	mein Bruder	meine Schwester	mein Kind
	Genitiv	meines Bruders	meiner Schwester	meines Kindes
	Dativ	meinem Bruder	meiner Schwester	meinem Kind(e)
	Akkusativ	meinen Bruder	meine Schwester	mein Kind

Plural	*Nominativ*	meine Brüder	meine Schwestern	meine Kinder
	Genitiv	meiner Brüder	meiner Schwestern	meiner Kinder
	Dativ	meinen Brüdern	meinen Schwestern	meinen Kindern
	Akkusativ	meine Brüder	meine Schwestern	meine Kinder
		2. Person Singular		
Singular	*Nominativ*	dein Bruder	deine Schwester	dein Kind
	Genitiv	deines Bruders	deiner Schwester	deines Kindes
	Dativ	deinem Bruder	deiner Schwester	deinem Kind(e)
	Akkusativ	deinen Bruder	deine Schwester	dein Kind
Plural	*Nominativ*	deine Brüder	deine Schwestern	deine Kinder
	Genitiv	deiner Brüder	deiner Schwestern	deiner Kinder
	Dativ	deinen Brüdern	deinen Schwestern	deinen Kindern
	Akkusativ	deine Brüder	deine Schwestern	deine Kinder
		3. Person Singular		
Singular	*Nominativ*	sein, ihr Bruder	seine, ihre Schwester	sein, ihr Kind
	Genitiv	seines, ihres Bruders	seiner, ihrer Schwester	seines, ihres Kindes
	Dativ	seinem, ihrem Bruder	seiner, ihrer Schwester	seinem, ihrem Kind(e)
	Akkusativ	seinen, ihren Bruder	seine, ihre Schwester	sein, ihr Kind
Plural	*Nominativ*	seine, ihre Brüder	seine, ihre Schwestern	seine, ihre Kinder
	Genitiv	seiner, ihrer Brüder	seiner, ihrer Schwestern	seiner, ihrer Kinder
	Dativ	seinen, ihren Brüdern	seinen, ihren Schwestern	seinen, ihren Kindern
	Akkusativ	seine, ihre Brüder	seine, ihre Schwestern	seine, ihre Kinder
		1. Person Plural		
Singular	*Nominativ*	unser Bruder	unsere Schwester	unser Kind
	Genitiv	unseres Bruders	unserer Schwester	unseres Kindes
	Dativ	unserem Bruder	unserer Schwester	unserem Kind(e)
	Akkusativ	unseren Bruder	unsere Schwester	unser Kind
Plural	*Nominativ*	unsere Brüder	unsere Schwestern	unsere Kinder
	Genitiv	unserer Brüder	unserer Schwestern	unserer Kinder
	Dativ	unseren Brüdern	unseren Schwestern	unseren Kindern
	Akkusativ	unsere Brüder	unsere Schwestern	unsere Kinder
		2. Person Plural		
Singular	*Nominativ*	euer Bruder	eure Schwester	euer Kind
	Genitiv	eures Bruders	eurer Schwester	eures Kindes
	Dativ	eurem Bruder	eurer Schwester	eurem Kind(e)
	Akkusativ	euren Bruder	eure Schwester	euer Kind
Plural	*Nominativ*	eure Brüder	eure Schwestern	eure Kinder
	Genitiv	eurer Brüder	eurer Schwestern	eurer Kinder
	Dativ	euren Brüdern	euren Schwestern	euren Kindern
	Akkusativ	eure Brüder	eure Schwestern	eure Kinder
		3. Person Plural		
Singular	*Nominativ*	ihr Bruder	ihre Schwester	ihr Kind
	Genitiv	ihres Bruders	ihrer Schwester	ihres Kindes
	Dativ	ihrem Bruder	ihrer Schwester	ihrem Kind(e)
	Akkusativ	ihren Bruder	ihre Schwester	ihr Kind

3. Person Plural

Plural	*Nominativ*	ihre Brüder	ihre Schwestern	ihre Kinder
	Genitiv	ihrer Brüder	ihrer Schwestern	ihrer Kinder
	Dativ	ihren Brüdern	ihren Schwestern	ihren Kindern
	Akkusativ	ihre Brüder	ihre Schwestern	ihre Kinder

Starke Deklination des Substantivs

		Singular	Plural	Singular	Plural
		Maskulinum			
1	*Nominativ*	der Weg	die Wege	der Greis	die Greise
	Genitiv	des Weg(e)s	der Wege	des Greises	der Greise
	Dativ	dem Weg(e)	den Wegen	dem Greis(e)	den Greisen
	Akkusativ	den Weg	die Wege	den Greis	die Greise
	Nominativ	der Kürbis	die Kürbisse	der Riss	die Risse
	Genitiv	des Kürbisses	der Kürbisse	des Risses	der Risse
	Dativ	dem Kürbis	den Kürbissen	dem Riss	den Rissen
	Akkusativ	den Kürbis	die Kürbisse	den Riss	die Risse
		Femininum			
	Nominativ	die Drangsal	die Drangsale	die Kenntnis	die Kenntnisse
	Genitiv	der Drangsal	der Drangsale	der Kenntnis	der Kenntnisse
	Dativ	der Drangsal	den Drangsalen	der Kenntnis	den Kenntnissen
	Akkusativ	die Drangsal	die Drangsale	die Kenntnis	die Kenntnisse
		Neutrum			
	Nominativ	das Pferd	die Pferde	das Gleis	die Gleise
	Genitiv	des Pferd(e)s	der Pferde	des Gleises	der Gleise
	Dativ	dem Pferd(e)	den Pferden	dem Gleis(e)	den Gleisen
	Akkusativ	das Pferd	die Pferde	das Gleis	die Gleise
	Nominativ	das Ereignis	die Ereignisse	das Geschoss	die Geschosse
	Genitiv	des Ereignisses	der Ereignisse	des Geschosses	der Geschosse
	Dativ	dem Ereignis	den Ereignissen	dem Geschoss	den Geschossen
	Akkusativ	das Ereignis	die Ereignisse	das Geschoss	die Geschosse
	Nominativ	das Maß	die Maße		
	Genitiv	des Maßes	der Maße		
	Dativ	dem Maß(e)	den Maßen		
	Akkusativ	das Maß	die Maße		
		Maskulinum			
2	*Nominativ*	der Sohn	die Söhne	der Hals	die Hälse
	Genitiv	des Sohn(e)s	der Söhne	des Halses	der Hälse
	Dativ	dem Sohn(e)	den Söhnen	dem Hals(e)	den Hälsen
	Akkusativ	den Sohn	die Söhne	den Hals	die Hälse
	Nominativ	der Fluss	die Flüsse	der Spaß	die Späße
	Genitiv	des Flusses	der Flüsse	des Spaßes	der Späße
	Dativ	dem Fluss(e)	den Flüssen	dem Spaß(e)	den Späßen
	Akkusativ	den Fluss	die Flüsse	den Spaß	die Späße

Femininum

	Nominativ	die Maus	die Mäuse	die Nuss	die Nüsse
	Genitiv	der Maus	der Mäuse	der Nuss	der Nüsse
	Dativ	der Maus	den Mäusen	der Nuss	den Nüssen
	Akkusativ	die Maus	die Mäuse	die Nuss	die Nüsse

Neutrum

	Nominativ	das Floß	die Flöße		
	Genitiv	des Floßes	der Flöße		
	Dativ	dem Floß(e)	den Flößen		
	Akkusativ	das Floß	die Flöße		

Maskulinum

3	*Nominativ*	der Leib	die Leiber		
	Genitiv	des Leib(e)s	der Leiber		
	Dativ	dem Leib(e)	den Leibern		
	Akkusativ	den Leib	die Leiber		

Neutrum

	Nominativ	das Rind	die Rinder	das Ei	die Eier
	Genitiv	des Rind(e)s	der Rinder	des Ei(e)s	der Eier
	Dativ	dem Rind(e)	den Rindern	dem Ei(e)	den Eiern
	Akkusativ	das Rind	die Rinder	das Ei	die Eier

Maskulinum

4	*Nominativ*	der Mann	die Männer	der Strauch	die Sträucher
	Genitiv	des Mann(e)s	der Männer	des Strauch(e)s	der Sträucher
	Dativ	dem Mann(e)	den Männern	dem Strauch(e)	den Sträuchern
	Akkusativ	den Mann	die Männer	den Strauch	die Sträucher

Neutrum

	Nominativ	das Blatt	die Blätter	das Gras	die Gräser
	Genitiv	des Blatt(e)s	der Blätter	des Grases	der Gräser
	Dativ	dem Blatt(e)	den Blättern	dem Gras(e)	den Gräsern
	Akkusativ	das Blatt	die Blätter	das Gras	die Gräser
	Nominativ	das Fass	die Fässer		
	Genitiv	des Fasses	der Fässer		
	Dativ	dem Fass(e)	den Fässern		
	Akkusativ	das Fass	die Fässer		

Maskulinum

5	*Nominativ*	der Kater	die Kater	der Sessel	die Sessel
	Genitiv	des Katers	der Kater	des Sessels	der Sessel
	Dativ	dem Kater	den Katern	dem Sessel	den Sesseln
	Akkusativ	den Kater	die Kater	den Sessel	die Sessel

Neutrum

	Nominativ	das Fenster	die Fenster	das Rätsel	die Rätsel
	Genitiv	des Fensters	der Fenster	des Rätsels	der Rätsel
	Dativ	dem Fenster	den Fenstern	dem Rätsel	den Rätseln
	Akkusativ	das Fenster	die Fenster	das Rätsel	die Rätsel

Neutrum

	Nominativ	das Gebirge	die Gebirge
	Genitiv	des Gebirges	der Gebirge
	Dativ	dem Gebirge	den Gebirgen
	Akkusativ	das Gebirge	die Gebirge

Maskulinum

6	***Nominativ***	der Vater	die Väter	der Vogel	die Vögel
	Genitiv	des Vaters	der Väter	des Vogels	der Vögel
	Dativ	dem Vater	den Vätern	dem Vogel	den Vögeln
	Akkusativ	den Vater	die Väter	den Vogel	die Vögel

Femininum

	Nominativ	die Tochter	die Töchter
	Genitiv	der Tochter	der Töchter
	Dativ	der Tochter	den Töchtern
	Akkusativ	die Tochter	die Töchter

Neutrum

	Nominativ	das Kloster	die Klöster
	Genitiv	des Klosters	der Klöster
	Dativ	dem Kloster	den Klöstern
	Akkusativ	das Kloster	die Klöster

Maskulinum

7	***Nominativ***	der Tropfen	die Tropfen
	Genitiv	des Tropfens	der Tropfen
	Dativ	dem Tropfen	den Tropfen
	Akkusativ	den Tropfen	die Tropfen

Neutrum

	Nominativ	das Zeichen	die Zeichen
	Genitiv	des Zeichens	der Zeichen
	Dativ	dem Zeichen	den Zeichen
	Akkusativ	das Zeichen	die Zeichen

Maskulinum

8	***Nominativ***	der Graben	die Gräben
	Genitiv	des Grabens	der Gräben
	Dativ	dem Graben	den Gräben
	Akkusativ	den Graben	die Gräben

Maskulinum

9	***Nominativ***	der Kakadu	die Kakadus	der Trupp	die Trupps
	Genitiv	des Kakadus	der Kakadus	des Trupps	der Trupps
	Dativ	dem Kakadu	den Kakadus	dem Trupp	den Trupps
	Akkusativ	den Kakadu	die Kakadus	den Trupp	dic Trupps

Femininum

	Nominativ	die Kobra	die Kobras	die Bar	die Bars
	Genitiv	der Kobra	der Kobras	der Bar	der Bars
	Dativ	der Kobra	den Kobras	der Bar	den Bars
	Akkusativ	die Kobra	die Kobras	die Bar	die Bars

		Neutrum		
Nominativ	das Auto	die Autos	das Fräulein	die Fräuleins
Genitiv	des Autos	der Autos	des Fräuleins	der Fräuleins
Dativ	dem Auto	den Autos	dem Fräulein	den Fräuleins
Akkusativ	das Auto	die Autos	das Fräulein	die Fräuleins

Schwache Deklination des Substantivs

	Singular	**Plural**	**Singular**	**Plural**
		Maskulinum		
10 ***Nominativ***	der Held	die Helden		
Genitiv	des Helden	der Helden		
Dativ	dem Helden	den Helden		
Akkusativ	den Helden	die Helden		
		Femininum		
Nominativ	die Frau	die Frauen	die Bahn	die Bahnen
Genitiv	der Frau	der Frauen	der Bahn	der Bahnen
Dativ	der Frau	den Frauen	der Bahn	den Bahnen
Akkusativ	die Frau	die Frauen	die Bahn	die Bahnen
Nominativ	die Freundin	die Freundinnen	die Union	die Unionen
Genitiv	der Freundin	der Freundinnen	der Union	der Unionen
Dativ	der Freundin	den Freundinnen	der Union	den Unionen
Akkusativ	die Freundin	die Freundinnen	die Union	die Unionen
		Maskulinum		
11 ***Nominativ***	der Knabe	die Knaben	der Bauer	die Bauern
Genitiv	des Knaben	der Knaben	des Bauern	der Bauern
Dativ	dem Knaben	den Knaben	dem Bauern	den Bauern
Akkusativ	den Knaben	die Knaben	den Bauern	die Bauern
		Femininum		
Nominativ	die Blume	die Blumen	die Harmonie	die Harmonien
Genitiv	der Blume	der Blumen	der Harmonie	der Harmonien
Dativ	der Blume	den Blumen	der Harmonie	den Harmonien
Akkusativ	die Blume	die Blumen	die Harmonie	die Harmonien
Nominativ	die Feder	die Federn	die Wurzel	die Wurzeln
Genitiv	der Feder	der Federn	der Wurzel	der Wurzeln
Dativ	der Feder	den Federn	der Wurzel	den Wurzeln
Akkusativ	die Feder	die Federn	die Wurzel	die Wurzeln

Gemischte Deklination des Substantivs

	Singular	**Plural**	**Singular**	**Plural**
		Maskulinum		
12 ***Nominativ***	der Strahl	die Strahlen	der Schmerz	die Schmerzen
Genitiv	des Strahl(e)s	der Strahlen	des Schmerzes	der Schmerzen
Dativ	dem Strahl(e)	den Strahlen	dem Schmerz(e)	den Schmerzen
Akkusativ	den Strahl	die Strahlen	den Schmerz	die Schmerzen

	Singular	Plural	Singular	Plural
	Neutrum			
Nominativ	das Ohr	die Ohren	das Juwel	die Juwelen
Genitiv	des Ohr(e)s	der Ohren	des Juwel(e)s	der Juwelen
Dativ	dem Ohr(e)	den Ohren	dem Juwel	den Juwelen
Akkusativ	das Ohr	die Ohren	das Juwel	die Juwelen
	Maskulinum		**Neutrum**	
13 *Nominativ*	der Doktor	die Doktoren	das Elektron	die Elektronen
Genitiv	des Doktors	der Doktoren	des Elektrons	der Elektronen
Dativ	dem Doktor	den Doktoren	dem Elektron	den Elektronen
Akkusativ	den Doktor	die Doktoren	das Elektron	die Elektronen
	Maskulinum			
14 *Nominativ*	der Vetter	die Vettern	der Muskel	die Muskeln
Genitiv	des Vetters	der Vettern	des Muskels	der Muskeln
Dativ	dem Vetter	den Vettern	dem Muskel	den Muskeln
Akkusativ	den Vetter	die Vettern	den Muskel	die Muskeln
Nominativ	der See	die Seen		
Genitiv	des Sees	der Seen		
Dativ	dem See	den Seen		
Akkusativ	den See	die Seen		
	Neutrum			
Nominativ	das Auge	die Augen	das Marterl	die Marterln
Genitiv	des Auges	der Augen	des Marterls	der Marterln
Dativ	dem Auge	den Augen	dem Marterl	den Marterln
Akkusativ	das Auge	die Augen	das Marterl	die Marterln
	Maskulinum			
15 *Nominativ*	der Name	die Namen		
Genitiv	des Namens	der Namen		
Dativ	dem Namen	den Namen		
Akkusativ	den Namen	die Namen		
	Neutrum			
16 *Nominativ*	das Herz	die Herzen		
Genitiv	des Herzens	der Herzen		
Dativ	dem Herzen	den Herzen		
Akkusativ	das Herz	die Herzen		

Starke Deklination des substantivierten Adjektivs

	Singular	Plural
	Maskulinum	
17 *Nominativ*	ein Angestellter	viele Angestellte
Genitiv	eines Angestellten	vieler Angestellter
Dativ	einem Angestellten	vielen Angestellten
Akkusativ	einen Angestellten	viele Angestellte

	Femininum	
Nominativ	eine Angestellte	viele Angestellte
Genitiv	einer Angestellten	vieler Angestellter
Dativ	einer Angestellten	vielen Angestellten
Akkusativ	eine Angestellte	viele Angestellte
	Neutrum	
Nominativ	ein Ganzes	viele Ganze
Genitiv	eines Ganzen	vieler Ganzer
Dativ	einem Ganzen	vielen Ganzen
Akkusativ	ein Ganzes	viele Ganze

Schwache Deklination des substantivierten Adjektivs

	Singular	Plural
	Maskulinum	
18 *Nominativ*	der Angestellte	die Angestellten
Genitiv	des Angestellten	der Angestellten
Dativ	dem Angestellten	den Angestellten
Akkusativ	den Angestellten	die Angestellten
	Femininum	
Nominativ	die Angestellte	die Angestellten
Genitiv	der Angestellten	der Angestellten
Dativ	der Angestellten	den Angestellten
Akkusativ	die Angestellte	die Angestellten
	Neutrum	
Nominativ	das Ganze	die Ganzen
Genitiv	des Ganzen	der Ganzen
Dativ	dem Ganzen	den Ganzen
Akkusativ	das Ganze	die Ganzen

Deklination von Substantiven, die ein flektiertes Adjektiv enthalten

19 *Nominativ*	der Dummejungenstreich	die Dumme(n)jungenstreiche
Genitiv	des Dumme(n)jungenstreichs	der Dumme(n)jungenstreiche
Dativ	dem Dumme(n)jungenstreich	den Dumme(n)jungenstreichen
Akkusativ	den Dumme(n)jungenstreich	die Dumme(n)jungenstreiche
Nominativ	ein Dummerjungenstreich	viele Dummejungenstreiche
Genitiv	eines Dumme(n)jungenstreichs	vieler Dumme(r)jungenstreiche
Dativ	einem Dumme(n)jungenstreich	vielen Dumme(n)jungenstreichen
Akkusativ	einen Dumme(n)jungenstreich	viele Dummejungenstreiche

Deklination des Adjektivs ohne Artikel, mit bestimmtem und unbestimmtem Artikel

(starke, schwache und gemischte Deklination)

Maskulinum

		Singular	
Nominativ	guter Freund	der gute Freund	ein guter Freund
Genitiv	guten Freundes	des guten Freundes	eines guten Freundes
Dativ	gutem Freund(e)	dem guten Freund(e)	einem guten Freund(e)
Akkusativ	guten Freund	den guten Freund	einen guten Freund
		Plural	
Nominativ	gute Freunde	die guten Freunde	keine guten Freunde
Genitiv	guter Freunde	der guten Freunde	keiner guten Freunde
Dativ	guten Freunden	den guten Freunden	keinen guten Freunden
Akkusativ	gute Freunde	die guten Freunde	keine guten Freunde

Femininum

		Singular	
Nominativ	schöne Blume	die schöne Blume	eine schöne Blume
Genitiv	schöner Blume	der schönen Blume	einer schönen Blume
Dativ	schöner Blume	der schönen Blume	einer schönen Blume
Akkusativ	schöne Blume	die schöne Blume	eine schöne Blume
		Plural	
Nominativ	schöne Blumen	die schönen Blumen	keine schönen Blumen
Genitiv	schöner Blumen	der schönen Blumen	keiner schönen Blumen
Dativ	schönen Blumen	den schönen Blumen	keinen schönen Blumen
Akkusativ	schöne Blumen	die schönen Blumen	keine schönen Blumen

Neutrum

		Singular	
Nominativ	kleines Kind	das kleine Kind	ein kleines Kind
Genitiv	kleinen Kindes	des kleinen Kindes	eines kleinen Kindes
Dativ	kleinem Kind(e)	dem kleinen Kind(e)	einem kleinen Kind(e)
Akkusativ	kleines Kind	das kleine Kind	ein kleines Kind
		Plural	
Nominativ	kleine Kinder	die kleinen Kinder	keine kleinen Kinder
Genitiv	kleiner Kinder	der kleinen Kinder	keiner kleinen Kinder
Dativ	kleinen Kindern	den kleinen Kindern	keinen kleinen Kindern
Akkusativ	kleine Kinder	die kleinen Kinder	keine kleinen Kinder

Vollständiges Konjugationsbeispiel (regelmäßiges Verbum)

	Aktiv			Passiv		
Infinitiv		*Indikativ Präsens*			*Indikativ Präsens*	
fragen	ich frage	du fragst	er (sie, es) fragt	ich werde gefragt	du wirst gefragt	er (sie, es) wird gefragt
	wir fragen	ihr fragt	sie fragen	wir werden gefragt	ihr werdet gefragt	sie werden gefragt
Imperativ		*Indikativ Präteritum*			*Indikativ Präteritum*	
frag!	ich fragte	du fragtest	er (sie, es) fragte	ich wurde gefragt	du wurdest gefragt	er (sie, es) wurde gefragt
fragt!	wir fragten	ihr fragtet	sie fragten	wir wurden gefragt	ihr wurdet gefragt	sie wurden gefragt

	Indikativ Perfekt			*Indikativ Perfekt*	
ich habe gefragt wir haben gefragt	du hast gefragt ihr habt gefragt	er (sie, es) hat gefragt sie haben gefragt	ich bin gefragt worden	du bist gefragt worden	er (sie, es) ist gefragt worden
Im Folgenden ist als zweites Beispiel ein Verbum hinzugefügt, dessen Perfekt mit »sein« gebildet wird					
ich bin erkrankt wir sind erkrankt	du bist erkrankt ihr seid erkrankt	er (sie, es) ist erkrankt sie sind erkrankt	wir sind gefragt worden	ihr seid gefragt worden	sie sind gefragt worden
	Indikativ Plusquamperfekt			*Indikativ Plusquamperfekt*	
ich hatte gefragt wir hatten gefragt	du hattest gefragt ihr hattet gefragt	er (sie, es) hatte gefragt sie hatten gefragt	ich war gefragt worden	du warst gefragt worden	er (sie, es) war gefragt worden
ich war erkrankt wir waren erkrankt	du warst erkrankt ihr wart erkrankt	er war erkrankt sie waren erkrankt	wir waren gefragt worden	ihr wart gefragt worden	sie waren gefragt worden

	Indikativ Futur I			*Indikativ Futur I*	
ich werde fragen wir werden fragen	du wirst fragen ihr werdet fragen	er (sie, es) wird fragen	ich werde gefragt werden wir werden gefragt werden	du wirst gefragt werden ihr werdet gefragt werden	er (sie, es) wird gefragt werden sie werden gefragt werden

	Indikativ Futur II			*Indikativ Futur II*	
ich werde gefragt haben wir werden gefragt haben	du wirst gefragt haben ihr werdet gefragt haben	er (sie, es) wird gefragt haben sie werden gefragt haben	ich werde gefragt worden sein wir werden gefragt worden sein	du wirst gefragt worden sein ihr werdet gefragt worden sein	er (sie, es) wird gefragt worden sein sie werden gefragt worden sein
ich werde erkrankt sein wir werden erkrankt sein	du wirst erkrankt sein ihr werdet erkrankt sein	er (sie, es) wird erkrankt sein sie werden erkrankt sein			

	Konjunktiv I			*Konjunktiv II*	
ich frage wir fragen	du fragest ihr fraget	er (sie, es) frage sie fragen	ich fragte wir fragten	du fragtest ihr fragtet	er (sie, es) fragte sie fragten

Konjunktiv I/II der Verlaufsstufe: er frage/fragte
Konjunktiv I/II der Vollzugsstufe: er habe/hätte gefragt
Konjunktiv I/II der Erwartungsstufe: er werde/würde fragen; er werde/würde gefragt haben

Konjugation der regelmäßigen Verben

	Infinitiv	*Indikativ Präsens*			*Indikativ Präteritum*			*Imperativ*	*Partizip II*
1	lachen	lache -en	lachst -t	lacht -en	lachte -ten	lachtest -tet	lachte -ten	lach! lacht!	gelacht
	fassen	fasse fassen	fasst fasst	fasst fassen	fasste fassten	fasstest fasstet	fasste fassten	fass! fasst!	gefasst
2	baden	bade -en	badest -et	badet -en	badete -eten	badetest -etet	badete -eten	bad(e)! badet!	gebadet
	zeichnen	zeichne -en	zeichnest -et	zeichnet -en	zeichnete -eten	zeichnetest -etet	-ete -eten	zeichne! zeichnet!	gezeichnet
3	rasieren	rasiere -en	rasierst -t	rasiert -en	rasierte -ten	rasiertest -tet	rasierte -ten	rasier(e)! rasiert!	rasiert

Konjugation der unregelmäßigen Verben

	Infinitiv	*Indikativ Präsens*			*Indikativ Präteritum*			*Imperativ*	*Partizip II*
4	backen	backe backen	bäckst backt	bäckt backen	buk -en	bukst -t	buk -en	back! backt!	gebacken
	wird im Sprachgebrauch meist regelmäßig konjugiert								
5	befehlen	befehle befehlen	befiehlst befehlt	befiehlt befehlen	befahl -en	befahlst -t	befahl -en	befiehl! befehlt!	befohlen
6	befleißen	befleiße -en	befleiß(es)t -t	befleißt -en	befliss -ssen	beflissest -sset	befliss -ssen	befleiß(e)! befleißt!	beflissen
7	beginnen	beginne -en	beginnst -t	beginnt -en	begann -en	begannst -t	begann -en	beginn(e)! beginnt!	begonnen
8	beißen	beiße -en	beißt -t	beißt -en	biss bissen	bissest bisst	biss bissen	beiß! beißt!	gebissen

	Infinitiv	*Indikativ Präsens*			*Indikativ Präteritum*			*Imperativ*	*Partizip II*
9	bergen	berge bergen	birgst bergt	birgt bergen	barg -en	bargst -t	barg -en	birg! bergt!	geborgen
10	bersten	berste bersten	birst berstet	birst bersten	barst -en	barstest -et	barst -en	birst! berstet!	geborsten
11	bewegen	bewege -en	bewegst -t	bewegt -en	bewog -en	bewogst -t	bewog -en	beweg(e)! bewegt!	bewogen
	wird nur im Sinne von »veranlassen« unregelmäßig konjugiert								
12	biegen	biege -en	biegst -t	biegt -en	bog -en	bogst -t	bog -en	bieg! biegt!	gebogen
13	bieten	biete -en	bietest -et	bietet -en	bot -en	bot(e)st -et	bot -en	biet(e)! bietet!	geboten
14	binden	binde -en	bindest -et	bindet -en	band -en	band(e)st -et	band -en	bind(e)! bindet!	gebunden
15	bitten	bitte -en	bittest -et	bittet -en	bat -en	bat(e)st -et	bat -en	bitt(e)! bittet!	gebeten
16	blasen	blase blasen	bläst blast	bläst blasen	blies -en	blies(e)st -t	blies -en	blas! blast!	geblasen
17	bleiben	bleibe -en	bleibst -t	bleibt -en	blieb -en	bliebst -t	blieb -en	bleib! bleibt!	geblieben
18	braten	brate braten	brätst bratet	brät braten	briet -en	briet(e)st -et	briet -en	brat(e)! bratet!	gebraten
19	brechen	breche brechen	brichst brecht	bricht brechen	brach -en	brachst -t	brach -en	brich! brecht!	gebrochen
20	brennen	brenne -en	brennst -t	brennt -en	brannte auch: brennte -ten	branntest auch: brenn- test -tet	brannte auch: brennte -ten	brenne(e)! brennt!	gebrannt

	Infinitiv	Indikativ Präsens			Indikativ Präteritum			Imperativ	Partizip II
21	bringen	bringe -en	bringst -t	bringt -en	brachte -ten	brachtest -tet	brachte -ten	bring! bringt!	gebracht
22	denken	denke -en	denkst -t	denkt -en	dachte -ten	dachtest -tet	dachte -ten	denk! denkt!	gedacht
23	dingen	dinge -en	dingst -t	dingt -en	dang -en	dangst -t	dang -en	ding! dingt!	gedungen
	wird auch regelmäßig konjugiert								
24	dreschen	dresche dreschen	drischst drescht	drischt dreschen	drosch -en	droschst -t	drosch -en	drisch! drescht!	gedroschen
25	dringen	dringe -en	dringst -t	dringt -en	drang -en	drangst -t	drang -en	dring(e)! dringt!	gedrungen
26	dürfen	darf dürfen	darfst dürft	darf dürfen	durfte -ten	durftest -tet	durfte -ten	– –	gedurft
27	empfehlen	empfehle empfehlen	empfiehlst empfehlt	empfiehlt empfehlen	empfahl -en	empfahlst -t	empfahl -en	empfiehl! empfehlt!	empfohlen
28	erbleichen	erbleiche -en	erbleichst -t	erbleicht -en	erblich -en	erblichst -t	erblich -en	erbleich(e)! erbleicht!	erblichen
	wird heute meist regelmäßig konjugiert								
29	erkiesen	erkiese -en	erkies(es)t -t	erkiest -en	erkor -en	erkorst -t	erkor -en	erkies(e)! erkiest!	erkoren
30	erlöschen	erlösche erlöschen	erlischst erlöscht	erlischt erlöschen	erlosch -en	erloschst -t	erlosch -en	erlisch! erlöscht!	erlosch! -en
31	essen	esse essen	isst esst	isst essen	aß -en	aßest -t	aß -en	iss! esst!	gegessen
32	fahren	fahre fahren	fährst fahrt	fährt fahren	fuhr -en	fuhrst -t	fuhr -en	fahr! fahrt!	gefahren

	Infinitiv	*Indikativ Präsens*			*Indikativ Präteritum*			*Imperativ*	*Partizip II*
33	fallen	falle fallen	fällst fallt	fällt fallen	fiel -en	fielst -t	fiel -en	fall! fallt!	gefallen
34	fangen	fange fangen	fängst fangt	fängt fangen	fing -en	fingst -t	fing -en	fang! fangt!	gefangen
35	fechten	fechte fechten	fichtst fechtet	ficht fechten	focht -en	fochtest -et	focht -en	ficht! fechtet!	gefochten
36	finden	finde -en	findest -et	findet -en	fand -en	fand(e)st -et	fand -en	find(e)! findet!	gefunden
37	flechten	flechte flechten	flichtst flechtet	flicht flechten	flocht -en	flochtest -et	flocht -en	flicht! flechtet!	geflochten
38	fliegen	fliege -en	fliegst -t	fliegt -en	flog -en	flogst -t	flog -en	flieg! fliegt!	geflogen
39	fliehen	fliehe -en	fliehst -t	flieht -en	floh -en	flohst -t	floh -en	flieh! flieht!	geflohen
40	fließen	fließe -en	fließ(es)t -t	fließt -en	floss flossen	flossest flosst	floss flossen	fließ(e)! fließt!	geflossen
41	fressen	fresse fressen	frisst fresst	frisst fressen	fraß -en	fraßest -t	fraß -en	friss! fresst!	gefressen
42	frieren	friere -en	frierst -t	friert -en	fror -en	frorst -t	fror -en	frier(e)! friert!	gefroren
43	gären	gäre -en	gärst -t	gärt -en	gor -en	gorst -t	gor -en	gär(e)! gärt!	gegoren
	wird auch regelmäßig konjugiert								
44	gebären	gebäre gebären	gebierst gebärt	gebiert gebären	gebar -en	gebarst -t	gebar -en	gebier! gebärt!	geboren
45	geben	gebe geben	gibst gebt	gibt geben	gab -en	gabst -t	gab -en	gib! gebt!	gegeben

	Infinitiv	Indikativ Präsens			Indikativ Präteritum			Imperativ	Partizip II
46	gedeihen	gedeihe -en	gedeihst -t	gedeiht -en	gedieh -en	gediehst -t	gedieh -en	gedeih(e)! gedeiht!	gediehen
47	gehen	gehe -en	gehst -t	geht -en	ging -en	gingst -t	ging -en	geh! geht!	gegangen
48	gelingen	– –	– –	gelingt gelingen	– –	– –	gelang -en	geling! gelingt!	gelungen
49	gelten	gelte gelten	giltst geltet	gilt gelten	galt -en	galt(e)st -et	galt -en	gilt! geltet!	gegolten
50	genesen	genese -en	genes(es)t -t	genest -en	genas -en	genasest -t	genas -en	genes(e)! genest!	genesen
51	genießen	genieße -en	genießt -t	genießt -en	genoss genossen	genossest genosst	genoss genossen	genieß(e)! genießt!	genossen
52	geschehen	– –	– –	geschieht geschehen	– –	– –	geschah -en	– –	geschehen
53	gewinnen	gewinne -en	gewinnst -t	gewinnt -en	gewann -en	gewannst -t	gewann -en	gewinn(e)! gewinnt!	gewonnen
54	gießen	gieße -en	gießt -t	gießt -en	goss gossen	gossest gosst	goss gossen	gieß! gießt!	gegossen
55	gleichen	gleiche -en	gleichst -t	gleicht -en	glich -en	glichst -t	glich -en	gleich(e)! gleicht!	geglichen
56	gleiten	gleite -en	gleitest -et	gleitet -en	glitt -en	glitt(e)st -et	glitt -en	gleit(e)! gleitet!	geglitten
57	glimmen	glimme -en	glimmst -t	glimmt -en	glomm -en	glommst -t	glomm -en	glimm! glimmt!	geglommen
	wird auch regelmäßig konjugiert								
58	graben	grabe graben	gräbst grabt	gräbt graben	grub -en	grubst -t	grub -en	grab! grabt!	gegraben

	Infinitiv	Indikativ Präsens			Indikativ Präteritum			Imperativ	Partizip II
59	greifen	greife -en	greifst -t	greift -en	griff -en	griffst -t	griff -en	greif! greift!	gegriffen
60	haben	habe haben	hast habt	hat haben	hatte -en	hattest -et	hatte -en	hab(e)! habt!	gehabt
61	halten	halte halten	hältst haltet	hält halten	hielt -en	hielt(e)st -et	hielt -en	halt(e)! haltet!	gehalten
62	hängen	hänge -en	hängst -t	hängt -en	hing -en	hingst -t	hing -en	häng! hängt!	gehangen
	wird nur bei intransitivem Gebrauch unregelmäßig konjugiert								
63	hauen	haue -en	haust -t	haut -en	hieb -en	hiebst -t	hieb -en	hau! haut!	gehauen
	mit den Vorsilben *ein-*, *herunter-*, *hin-*, *ver-* (sowie *ab-* bei intransitivem Gebrauch) Präteritum: *-haute*								
64	heben	hebe -en	hebst -t	hebt -en	hob -en	hobst -t	hob -en	heb! hebt!	gehoben
65	heißen	heiße -en	heiß(es)t -t	heißt -en	hieß -en	hieß(es)t -t	hieß -en	heiß! heißt!	geheißen
66	helfen	helfe helfen	hilfst helft	hilft helfen	half -en	halfst -t	half -en	hilf! helft!	geholfen
67	kennen	kenne -en	kennst -t	kennt -en	kannte -ten	kanntest -tet	kannte -ten	kenn(e)! kennt!	gekannt
68	klimmen	klimme -en	klimmst -t	klimmt -en	klomm auch: klimmte -en	klommst auch: klimmtest -t	klomm auch: klimmte -en	klimm! klimmt!	geklommen
69	klingen	klinge -en	klingst -t	klingt -en	klang -en	klangst -t	klang -en	kling! klingt!	geklungen

	Infinitiv	*Indikativ Präsens*			*Indikativ Präteritum*			*Imperativ*	*Partizip II*
70	kneifen	kneife -en	kneifst -t	kneift -en	kniff -en	kniffst -t	kniff -en	kneif! kneift!	gekniffen
71	kommen	komme -en	kommst -t	kommt -en	kam -en	kamst -t	kam -en	komm! kommt!	gekommen
72	können	kann können	kannst könnt	kann können	konnte -ten	konntest -tet	konnte -ten	– –	gekonnt
73	kriechen	krieche -en	kriechst -t	kriecht -en	kroch -en	krochst -t	kroch -en	kriech! kriecht!	gekrochen
74	laden	lade laden	lädst ugs. auch ladest ladet	lädt ugs. auch ladet laden	lud -en	lud(e)st -et	lud -en	lad! ladet!	geladen
75	lassen	lasse lassen	läss(es)t lasst	lässt lassen	ließ -en	ließ(es)t -t	ließ -en	lass! lasst!	gelassen
76	laufen	laufe laufen	läufst lauft	läuft laufen	lief -en	liefst -t	lief -en	lauf! lauft!	gelaufen
77	leiden	leide -en	leidest -et	leidet -en	litt -en	litt(e)st -et	litt -en	leid(e)! leidet!	gelitten
78	leihen	leihe -en	leihst -t	leiht -en	lieh -en	liehst -t	lieh -en	leih! leiht!	geliehen
79	lesen	lese lesen	liest lest	liest lesen	las -en	lasest -t	las -en	lies! lest!	gelesen
80	liegen	liege -en	liegst -t	liegt -en	lag -en	lagst -t	lag -en	lieg! liegt!	gelegen
81	lügen	lüge -en	lügst -t	lügt -en	log -en	logst -t	log -en	lüg! lügt!	gelogen

	Infinitiv	*Indikativ Präsens*			*Indikativ Präteritum*			*Imperativ*	*Partizip II*
82	meiden	meide -en	meidest -et	meidet -en	mied -en	miedst -et	mied -en	meid(e)! meidet!	gemieden
83	melken	melke melken	melkst auch: milkst melkt	melkt auch: milkt melken	molk -en	molkst -t	molk -en	melk! milk! melkt!	gemolken auch: gemelkt
	wird auch regelmäßig konjugiert								
84	messen	messe messen	misst messt	misst messen	maß -en	maßest -t	maß en	miss! messt!	gemessen
85	misslingen	– –	– –	misslingt misslingen	– –	– –	misslang -en	– –	misslungen
86	mögen	mag mögen	magst mögt	mag mögen	mochte -ten	mochtest -tet	mochte -ten	– –	gemocht
87	müssen	muss müssen	musst müsst	muss müssen	musste -ten	musstest -tet	musste -ten	– –	gemusst
88	nehmen	nehme nehmen	nimmst nehmt	nimmt nehmen	nahm -en	nahmst -t	nahm -en	nimm! nehmt!	genommen
89	nennen	nenne -en	nennst -t	nennt -en	nannte -ten	nanntest -tet	nannte -ten	nenn(e)! nennt!	genannt
90	pfeifen	pfeife -en	pfeifst -t	pfeift -en	pfiff -en	pfiffst -t	pfiff -en	pfeif! pfeift!	gepfiffen
91	pflegen	pflege -en	pflegst -t	pflegt -en	pflog -en	pflogst -t	pflog -en	pfleg(e)! pflegt!	gepflogen
	wird nur noch in Fügungen wie »Beziehungen pflegen« unregelmäßig konjugiert								
92	preisen	preise -en	preist -t	preist -en	pries -en	priesest -t	pries -en	preis(e)! preist!	gepriesen

	Infinitiv	*Indikativ Präsens*			*Indikativ Präteritum*			*Imperativ*	*Partizip II*
93	quellen	quelle	quillst	quillt	quoll	quollst	quoll	quill!	gequollen
		quellen	quellt	quellen	-en	-t	-en	quellt!	
	wird bei transitivem Gebrauch regelmäßig konjugiert								
94	raten	rate	rätst	rät	riet	riet(e)st	riet	rat(e)!	geraten
		raten	ratet	raten	-en	-et	-en	ratet!	
95	reiben	reibe	reibst	reibt	rieb	riebst	rieb	reib(e)!	gerieben
		-en	-t	-en	-en	-t	-en	reibt!	
96	reißen	reiße	reißt	reißt	riss	rissest	riss	reiß!	gerissen
		-en	-t	-en	rissen	risst	rissen	reißt!	
97	reiten	reite	reitest	reitet	ritt	rittst	ritt	reit(e)!	geritten
		-en	-et	-en	-en	-et	-en	reitet!	
98	rennen	renne	rennst	rennt	rannte	ranntest	rannte	renn(e)!	gerannt
		-en	-t	-en	-ten	-tet	-ten	rennt!	
99	riechen	rieche	riechst	riecht	roch	rochst	roch	riech!	gerochen
		-en	-t	-en	-en	-t	-en	riecht!	
100	ringen	ringe	ringst	ringt	rang	rangst	rang	ring(e)!	gerungen
		-en	-t	-en	-en	-t	-en	ringt!	
101	rinnen	rinne	rinnst	rinnt	rann	rannst	rann	rinn(e)!	geronnen
		-en	-t	-en	-en	-t	-en	rinnt!	
102	rufen	rufe	rufst	ruft	rief	riefst	rief	ruf	gerufen
		-en	-t	-en	-en	-t	-en	ruft!	
103	saufen	saufe	säufst	säuft	soff	soffst	soff	sauf!	gesoffen
		saufen	sauft	saufen	-en	-t	-en	sauft!	
104	saugen	sauge	saugst	saugt	sog	sogst	sog	saug!	gesogen
		-en	-t	-en	-en	-t	-en	saugt!	
	wird auch regelmäßig konjugiert								

	Infinitiv	*Indikativ Präsens*			*Indikativ Präteritum*			*Imperativ*	*Partizip II*
105	schaffen	schaffe -en	schaffst -t	schafft -en	schuf -en	schufst -t	schuf -en	schaff(e)! schafft!	geschaffen
	wird im Sinne von »arbeiten« und mit den Vorsilben *an-*, *be-*, *ver-*, *hinaus-* u. Ä. regelmäßig konjugiert								
106	schallen	schalle -en	schallst -t	schallt -en	scholl -en	schollst -t	scholl -en	schall(e)! schallt!	geschollen
	wird auch regelmäßig konjugiert								
107	scheiden	scheide -en	scheidest -et	scheidet -en	schied -en	schied(e)st -et	schied -en	scheid(e)! scheidet!	geschieden
108	scheinen	scheine -en	scheinst -t	scheint -en	schien -en	schienst -t	schien -en	schein(e)! scheint!	geschienen
109	scheißen	scheiße -en	scheißt -t	scheißt -en	schiss schissen	schissest schisst	schiss schissen	scheiß! scheißt!	geschissen
110	schelten	schelte schelten	schiltst scheltet	schilt schelten	schalt -en	schalt(e)st -et	schalt -en	schilt! scheltet!	gescholten
111	scheren	schere -en	scherst -t	schert -en	schor auch: scherte -en	schorst auch: schertest -t	schor auch: scherte -en	scher! schert!	geschoren
112	schieben	schiebe -en	schiebst -t	schiebt -en	schob -en	schobst -t	schob -en	schieb! schiebt!	geschoben
113	schießen	schieße -en	schießt -t	schießt -en	schoss schossen	schossest schosst	schoss schossen	schieß! schießt!	geschossen
114	schinden	schinde -en	schindest -et	schindet -en	schund auch: schindete -en	schund(e)st auch: schindetest -et	schund auch: schindete -en	schind(e)! schindet!	geschunden
115	schlafen	schlafe schlafen	schläftst schlaft	schläft schlafen	schlief -en	schliefst -t	schlief -en	schlaf(e)! schlaft!	geschlafen

	Infinitiv	Indikativ Präsens			Indikativ Präteritum			Imperativ	Partizip II
116	schlagen	schlage schlagen	schlägst schlagt	schlägt schlagen	schlug -en	schlugst -t	schlug -en	schlag(e)! schlagt!	geschlagen
117	schleichen	schleiche -en	schleichst -t	schleicht -en	schlich -en	schlichst -t	schlich -en	schleich! schleicht!	geschlichen
118	schleifen	schleife -en	schleifst -t	schleift -en	schliff -en	schliffst -t	schliff -en	schleif! schleift!	geschliffen
	wird im Sinne von »zerstören« (Festung) regelmäßig konjugiert								
119	schleißen	schleiße -en	-(es)t -t	-t -en	schliss schlissen	schlissest schlisst	schliss schlissen	schleiß! schleißt!	geschlissen
120	schließen	schließe -en	schließt -t	schließt -en	schloss schlossen	schlossest schlosst	schloss schlossen	schließ! schließt!	geschlossen
121	schlingen	schlinge -en	schlingst -t	schlingt -en	schlang -en	schlangst -t	schlang -en	schling! schlingt!	geschlungen
122	schmeißen	schmeiße -en	schmeißt -t	schmeißt -en	schmiss schmissen	schmissest schmisst	schmiss schmissen	schmeiß! schmeißt!	geschmissen
123	schmelzen	schmelze schmelzen	schmilzt auch: schmelzt schmelzt	schmilzt auch: schmelzt schmelzen	schmolz auch: schmelzte -en	schmolzest auch: schmelztest -t	schmolz auch: schmelzte -en	schmilz! schmelzt!	geschmolzen
124	schnauben	schnaube -en	schnaubst -t	schnaubt -en	schnob -en	schnobst -t	schnob -en	schnaub(e)! schnaubt!	geschnoben
	wird heute meist regelmäßig konjugiert								
125	schneiden	schneide -en	schneidest -et	schneidet -en	schnitt -en	schnitt(e)st -et	schnitt -en	schneid(e)! schneidet!	geschnitten
126	schrecken	schrecke schrecken	schrickst schreckt	schrickt schrecken	schrak -en	schrakst -t	schrak -en	schreck(e)! schreckt!	geschrocken
	wird bei transitivem Gebrauch regelmäßig konjugiert								

	Infinitiv	*Indikativ Präsens*			*Indikativ Präteritum*			*Imperativ*	*Partizip II*
127	schreiben	schreibe -en	schreibst -t	schreibt -en	schrieb -en	schriebst -t	schrieb -en	schreib! schreibt!	geschrieben
128	schreien	schreie -en	schreist -t	schreit -en	schrie schrie(e)n	schriest schrie(e)t	schrie schrie(e)n	schrei! schreit!	geschrie(e)n
129	schreiten	schreite -en	schreitest -et	schreitet -en	schritt -en	schrittest -et	schritt -en	schreit(e)! schreitet!	geschritten
130	schweigen	schweige -en	schweigst -t	schweigt -en	schwieg -en	schwiegst -t	schwieg -en	schweig! schweigt!	geschwiegen
131	schwellen	schwelle schwellen	schwillst schwellt	schwillt schwellen	schwoll -en	schwollst -t	schwoll -en	schwill! schwellt!	geschwollen
	wird bei transitivem Gebrauch regelmäßig konjugiert								
132	schwimmen	schwimme -en	schwimmst -t	schwimmt -en	schwamm -en	schwammst -t	schwamm -en	schwimm! schwimmt!	geschwommen
133	schwinden	schwinde -en	schwindest -et	schwindet -en	schwand -en	schwand(e)st -et	schwand -en	schwind(e)! schwindet!	geschwunden
134	schwingen	schwinge -en	schwingst -t	schwingt -en	schwang -en	schwangst -t	schwang -en	schwing! schwingt!	geschwungen
135	schwören	schwöre -en	schwörst -t	schwört -en	schwur -en auch: schwor usw.	schwurst -t	schwur -en	schwör(e)! schwört!	geschworen
136	sehen	sehe sehen	siehst seht	sieht sehen	sah -en	sahst -t	sah -en	sieh(e)! seht!	gesehen
137	sein	bin sind	bist seid	ist sind	war -en	warst -t	war -en	sei! seid!	gewesen

	Infinitiv	Indikativ Präsens			Indikativ Präteritum			Imperativ	Partizip II
138	senden	sende -en	sendest -et	sendet -en	sandte sandten	sandtest sandtet	sandte sandten	send(e)! sendet!	gesandt
	wird auch, im Sinne von »ausstrahlen« (Rundfunk, Fernsehen), ausschließlich regelmäßig konjugiert								
139	sieden	siede -en	siedest -et	siedet -en	sott -en	sott(e)st -et	sott -en	sied(e)! siedet!	gesotten
	wird bei intransitivem Gebrauch regelmäßig konjugiert								
140	singen	singe -en	singst -t	singt -en	sang -en	sangst -t	sang -en	sing! singt!	gesungen
141	sinken	sinke -en	sinkst -t	sinkt -en	sank -en	sankst -t	sank -en	sink! sinkt!	gesunken
142	sinnen	sinne -en	sinnst -t	sinnt -en	sann -en	sannst -t	sann -en	sinn(e)! sinnt!	gesonnen auch: gesinnt
143	sitzen	sitze -en	sitzt -t	sitzt -en	saß -en	saß(es)t -t	saß -en	sitz! sitzt!	gesessen
144	speien	speie -en	speist -t	speit -en	spie spie(e)n	spiest spie(e)t	spie spie(e)n	spei! speit!	gespie(e)n
145	spinnen	spinne -en	spinnst -t	spinnt -en	spann -en	spannst -t	spann -en	spinn! spinnt!	gesponnen
146	sprechen	spreche sprechen	sprichst sprecht	spricht sprechen	sprach -en	sprachst -t	sprach -en	sprich! sprecht!	gesprochen
147	sprießen	sprieße -en	sprieß(es)t -t	sprießt -en	spross sprossen auch: sprosste sprossten	sprossest sprosst sprosstest sprosstet	spross sprossen sprosste sprossten	sprieß(e)! sprießt!	gesprossen
	wird auch regelmäßig konjugiert								

	Infinitiv	*Indikativ Präsens*			*Indikativ Präteritum*			*Imperativ*	*Partizip II*
148	springen	springe -en	springst -t	springt -en	sprang -en	sprangst -t	sprang -en	spring! springt!	gesprungen
149	stechen	steche stechen	stichst stecht	sticht stechen	stach -en	stachst -t	stach -en	stich! stecht!	gestochen
150	stecken	stecke -en	steckst -t	steckt -en	stak -en	stakst -t	stak -en	steck! steckt!	gesteckt
	wird auch (transitiv immer) regelmäßig konjugiert								
151	stehen	stehe -en	stehst -t	steht -en	stand -en	stand(e)st -et	stand -en	steh! steht!	gestanden
152	stehlen	stehle stehlen	stiehlst stehlt	stiehlt stehlen	stahl -en	stahlst -t	stahl -en	stiehl! stehlt!	gestohlen
153	steigen	steige -en	steigst -t	steigt -en	stieg -en	stiegst -t	stieg -en	steig! steigt!	gestiegen
154	sterben	sterbe sterben	stirbst sterbt	stirbt sterben	starb -en	starbst -t	starb -en	stirb! sterbt!	gestorben
155	stieben	stiebe -en	stiebst -t	stiebt -en	stob -en	stobst -t	stob -en	stieb(e)! stiebt!	gestoben
	wird auch regelmäßig konjugiert								
156	stinken	stinke -en	stinkst -t	stinkt -en	stank -en	stankst -t	stank -en	stink! stinkt!	gestunken
157	stoßen	stoße stoßen	stößt stoßt	stößt stoßen	stieß -en	stieß(es)t -t	stieß -en	stoß! stoßt!	gestoßen
158	streichen	streiche -en	streichst -t	streicht -en	strich -en	strichst -t	strich -en	streich! streicht!	gestrichen
159	streiten	streite -en	streitest -et	streitet -en	stritt -en	stritt(e)st -et	stritt -en	streit(e)! streitet!	gestritten

	Infinitiv	Indikativ Präsens			Indikativ Präteritum			Imperativ	Partizip II
160	tragen	trage tragen	trägst tragt	trägt tragen	trug -en	trugst -t	trug -en	trag! tragt!	getragen
161	treffen	treffe treffen	triffst trefft	trifft treffen	traf -en	trafst -t	traf -en	triff! trefft!	getroffen
162	treiben	treibe -en	treibst -t	treibt -en	trieb -en	triebst -t	trieb -en	treib! treibt!	getrieben
163	treten	trete treten	trittst tretet	tritt treten	trat -en	tratst -et	trat -en	tritt! tretet!	getreten
164	triefen	triefe -en	triefst -t	trieft -en	troff -en	troffst -t	troff -en	– –	getroffen
	wird auch regelmäßig konjugiert								
165	trinken	trinke -en	trinkst -t	trinkt -en	trank -en	trankst -t	trank -en	trink! trinkt!	getrunken
166	trügen	trüge -en	trügst -t	trügt -en	trog -en	trogst -t	trog -en	trüg(e)! trügt!	getrogen
167	tun	tue tun	tust tut	tut tun	tat -en	tat(e)st -et	tat -en	tu! tut!	getan
168	verderben	verderbe verderben	verdirbst verderbt	verdirbt verderben	verdarb -en	verdarbst -t	verdarb -en	verdirb! verderbt!	verdorben verderbt
169	verdrießen	verdrieße -en	verdrießt -t	verdrießt -en	verdross -ssen	verdrossest -sst	verdross -ssen	verdrieß! verdrießt!	verdrossen
170	vergessen	vergesse vergessen	vergisst vergesst	vergisst vergessen	vergaß -en	vergaß(es)t -t	vergaß -en	vergiss! vergesst!	vergessen
171	verlieren	verliere -en	verlierst -t	verliert -en	verlor -en	verlorst -t	verlor -en	verlier! verliert!	verloren
172	wachsen	wachse wachsen	wächst wachst	wächst wachsen	wuchs -en	wuchs(es)t -t	wuchs -en	wachs(e)! wachst!	gewachsen

	Infinitiv	*Indikativ Präsens*			*Indikativ Präteritum*			*Imperativ*	*Partizip II*
173	wägen	wäge -en	wägst -t	wägt -en	wog -en	wogst -t	wog -en	wäg! wägt!	gewogen
	wird auch regelmäßig konjugiert								
174	waschen	wasche waschen	wäschst wascht	wäscht waschen	wusch -en	wuschst -t	wusch -en	wasch! wascht!	gewaschen
175	weben	webe -en	webst -t	webt -en	wob -en	wobst -t	wob -en	web! webt!	gewoben
	wird auch regelmäßig konjugiert								
176	weichen	weiche -en	weichst -t	weicht -en	wich -en	wichst -t	wich -en	weich(e)! weicht!	gewichen
177	weisen	weise -en	weist -t	weist -en	wies -en	wies(es)t -t	wies -en	weis(e)! weist!	gewiesen
178	wenden	wende -en	wendest -et	wendet -en	wandte wandten	wandtest wandtet	wandte wandten	wend(e)! wendet!	gewandt
	wird auch (transitiv immer) regelmäßig konjugiert								
179	werben	werbe werben	wirbst werbt	wirbt werben	warb -en	warbst -t	warb -en	wirb! werbt!	geworben
180	werden	werde werden	wirst werdet	wird werden	wurde auch: ward -en	wurdest auch: wardest -et	wurde auch: ward -en	werd(e)! werdet!	geworden als Hilfsverb: worden
181	werfen	werfe werfen	wirfst werft	wirft werfen	warf -en	warfst -t	warf -en	wirf! werft!	geworfen
182	wiegen	wiege -en	wiegst -t	wiegt -en	wog -en	wogst -t	wog -en	wieg! wiegt!	gewogen
183	winden	winde -en	windest -et	windet -en	wand -en	wand(e)st -et	wand -en	wind(e)! windet!	gewunden

	Infinitiv	Indikativ Präsens			Indikativ Präteritum			Imperativ	Partizip II
184	wissen	weiß	weißt	weiß	wusste	wusstest	wusste	wisse!	gewusst
		wissen	wisst	wissen	wussten	wusstet	wussten	wisst!	
185	wollen	will	willst	will	wollte	wolltest	wollte	wolle!	gewollt
		wollen	wollt	wollen	-ten	-tet	-ten	wollt!	
186	zeihen	zeihe	zeihst	zeiht	zieh	ziehst	zieh	zeih(e)!	geziehen
		-en	-t	-en	-en	-t	-en	zeiht!	
187	ziehen	ziehe	ziehst	zieht	zog	zogst	zog	zieh!	gezogen
		-en	-t	-en	-en	-t	-en	zieht!	
188	zwingen	zwinge	zwingst	zwingt	zwang	zwangst	zwang	zwing!	gezwungen
		-en	-t	-en	-en	-t	-en	zwingt!	